INDICIS THOMISTICI
SUPPLEMENTUM

S. THOMAE AQUINATIS OPERA OMNIA

ut sunt in indice thomistico

additis 61 scriptis ex aliis medii aevi auctoribus

curante Roberto Busa S.I.

A.D. 1980

frommann-holzboog

S. THOMAE AQUINATIS
OPERA OMNIA

5

COMMENTARIA
IN
SCRIPTURAS

OPERUM TEXTUS
PER · IBM · AUTOMATUM
DENUO ORDINATUS ATQUE PHOTOCOMPOSITUS EST
EX INITIALI ILLA ELECTRONICA NOSTRA TRANSCRIPTIONE
UNDE IPSE INDEX THOMISTICUS PROCESSIT.

Professor in Facultate Philosophica «Aloisianum»
via Gonzaga 8, Gallarate, Italia

Friedrich Frommann Verlag Günther Holzboog KG
Stuttgart-Bad Cannstatt 1980
ISBN: 3-7728-0805-0

Impressum in Italia,
typis IBM automato photocompositis,
charta ab officinis «Cartiere Binda - Milano» confecta,
apud Hamilcaris Pizzi officinam typographicam mediolanensem.

HANC EDITIONEM PROMOVERUNT

1 *suo Patrocinio:*

Albareda Card. Anselmo OSB
Alfonsi Luigi
Andreotti Giulio
Angelini Arnaldo Maria
Arnaldi Francesco
Battaglia Felice
Biraghi Lossetti Ludovico
Boldrini Marcello
Boyer Charles SI
Cacciavillani Antonio
Caglioti Vincenzo
Calderini Aristide
Cappelletti Vincenzo
Carrelli Antonio
Dadda Luigi
Delitala Giacomo
Dell'Amore Giordano
Dezza Paolo SI
Dondaine Antoine OP
Dosi Mario
Faedo Alessandro
Ferrabino Aldo
Gemelli Agostino OFM
Lazzati Giuseppe
LUCIANI CARD. ALBINO
Maisonrouge Jacques G.
Martini Mons. Carlo Maria
MONTINI CARD. G. BATTISTA
O'Connor Mons. Martin
Pagliaro Antonino
Petrini Cattaneo Giannina
Petruzzellis Nicola
Polvani Giovanni
Quagliariello Ernesto
Raes Alfons SI
Riverso Renato
Salvini Giorgio
Severi Francesco
Stabilini Luigi
Stickler Alfons SDB
Vallauri Giancarlo
Vuccino Giulio

2 *in re Scientifica et Editoriali:*

Arnou Réné SI
Braga Ugo
Brugger Walter SI
de Contenson Pierre-Marie OP
Faller Otto SI
Giacon Carlo SI
Kaufman James
Lippi Luciano
Stefani Rev. Pietro
Zampolli Antonio

3 *in usu Electronici Automati:*

IBM Italia et IBM World Trade Corporation periti

4 *in re Oeconomica:*

Borlenghi Lorenzo
Caiani Ambrogio
Crespi Lucia
Cuccirelli Aldo Luigi
Labadini Pietro
Melloni Luigi
Moderatores IBM
Pensotti Carlo
Sardella Alessandro
Tasman Paul
Valentini Mario
Valera Giulio

5 *rem totam moderando:*

Pozzi Enrico SI

INDEX THOMISTICUS

SANCTI THOMAE AQUINATIS OPERUM OMNIUM INDICES ET CONCORDANTIAE

in quibus verborum omnium et singulorum
formae et lemmata cum suis frequentiis et contextibus
variis modis referuntur quaeque

auspice PAULO VI Summo Pontifice

consociata plurium opera atque electronico IBM automato usus digessit
Robertus Busa SI
in Gallaratensi Facultate Philosophica Aloisiani Collegii Professor

A.D. 1974-1980

frommann-holzboog

Signa posita inter voces in parte superiore linearum indicant typologiam sermonis, qualem agnovimus et consignavimus. Quare:

signum° indicat initium citationis ad litteram;

signum″ indicat initium citationis ad sensum;

signum* indicat initium ubicationis auctoris et loci unde citatio derivata est;

signum′ indicat initium sermonis proprii ipsius auctoris, proprii vero quantum operis aut paragraphi natura patitur.

Illae in titulis denominationes partium, ut v.g. *ds qu ar lc,* carent numero quae vel sunt unicae vel continent prologos seu prooemia.

Numeri linearum |25| |50| |75| ... indicant numeros linearum in nostro textu electronico, illos scilicet qui adsunt in ubicationibus nostrarum concordantiarum.

In solo textu operis 006 ADL occurrunt alia duo signa:
* indicans finem loci integre deleti;
/ indicans deletiones partiales quas S. Thomas prius consecutive operatus erat, antequam totum illum locum complete deleret.
Quare deletiones quae asterisco separantur possunt in textu dissita occurrere nec ullam mutuam relationem habere; pertinent vero ad eumdem contextum illae quae separantur lineola obliqua.

IN JOB

---

067 CIO

cp ‘ Sicut in rebus quae naturaliter generantur paulatim ex imperfecto ad perfectum pervenitur, sic accidit hominibus circa cognitionem veritatis; nam a principio parvum quid de veritate attigerunt, posterius autem quasi pedetentim ad quandam pleniorem mensuram veritatis pervenerunt: ex quo contigit multos a principio propter imperfectam cognitionem circa veritatem errasse. * inter quos aliqui extiterunt qui “ divinam providentiam auferentes omnia fortunae et casui attribuebant: et priorum quidem intantum ad hoc invaluit opinio ut ponerent mundum casu factum esse et ea quae naturaliter generantur casui attribuerent, sicut perspici potest ex positionibus antiquorum naturalium ponentium solum causam materialem; * posteriorum etiam quidam, ut democritus et empedocles, “ plurima casui attribuebant. ‘sed posteriorum philosophorum diligentia perspicacius intuens veritatem, evidentibus indiciis et rationibus ostenderunt res naturales providentia agi: non enim tam certus cursus in motu caeli et siderum et in aliis naturae effectibus inveniretur nisi haec omnia a quodam intellectu supereminente ordinata gubernarentur. opinione igitur plurimorum firmata in hoc quod res naturales non casu sed providentia agerentur propter ordinem qui manifeste apparet in eis, emersit dubitatio apud plurimos de actibus hominum, utrum res humanae casu procederent an aliqua providentia vel ordinatione superiori gubernarentur. cui quidem dubitationi maxime fomentum ministravit quod in eventibus humanis nullus certus ordo apparet: non enim semper bonis bona eveniunt aut malis mala, neque rursus semper bonis mala aut malis bona, sed indifferenter bonis et malis et bona et mala. hoc igitur est quod maxime corda hominum commovit ad opinandum res humanas providentia divina non regi, * sed quidam “ eas casualiter procedere * dicunt “ nisi quatenus providentia et consilio humano reguntur, * quidam vero “ caelesti fato eorum eventus attribuunt. ‘ haec autem opinio maxime humano generi nociva invenitur; divina enim providentia sublata, nulla apud homines dei reverentia aut timor cum veritate remanebit, ex quo quanta desidia circa virtutes, quanta pronitas ad vitia subsequatur satis quilibet perpendere potest: nihil enim est quod tantum revocet homines a malis et ad bona inducat quantum dei timor et amor. unde eorum qui divino spiritu sapientiam consecuti sunt ad aliorum eruditionem, primum et praecipuum studium fuit hanc opinionem a cordibus hominum amovere; et ideo post legem datam et prophetas, in numero hagiographorum, idest librorum per spiritum dei sapienter ad eruditionem hominum conscriptorum, primus ponitur liber iob, cuius tota intentio circa hoc versatur ut per probabiles rationes ostendatur res humanas divina providentia regi. proceditur autem in hoc libro ad propositum ostendendum ex suppositione quod res naturales divina providentia gubernentur. id autem quod praecipue providentiam dei circa res humanas impugnare videtur est afflictio iustorum: nam quod malis interdum bona eveniant, etsi irrationabile primo aspectu videatur et providentiae contrarium, tamen utcumque habere potest aliquam excusationem ex miseratione divina; sed quod iusti sine causa affligantur totaliter videtur subruere providentiae fundamentum. proponitur igitur ad quaestionem intentam, quasi quoddam thema, multiplex et gravis afflictio cuiusdam viri in omni virtute perfecti qui dicitur iob. * fuerunt autem aliqui quibus visum est quod “ iste iob non fuerit aliquid in rerum natura, sed quod fuerit quaedam parabola conficta ut esset quoddam thema ad providentiae disputationem, sicut frequenter homines confingunt aliqua facta ad disputandum de eis. ‘ et quamvis ad intentionem libri non multum differat utrum sic vel aliter fuerit, refert tamen quantum ad ipsam veritatem. videtur enim praedicta opinio auctoritati sacrae scripturae obviare: dicitur enim * ez. xiv 14 ‘ ex persona domini ° si fuerint tres viri isti in medio eius, noe, daniel et iob, ipsi iustitia sua liberabunt animas suas; ‘ manifestum est autem noe et danielem homines in rerum natura fuisse, unde nec de tertio eis connumerato, scilicet de iob, in dubium debet venire. * dicitur etiam iac. v 11 ° ecce beatificamus eos qui sustinuerunt; sufferentiam iob audistis et finem domini vidistis. ‘ sic igitur credendum est iob hominem in rerum natura fuisse. quo autem tempore fuerit vel ex quibus parentibus originem duxerit, quis etiam huius libri fuerit auctor, utrum scilicet ipse iob hunc librum conscripserit de se quasi de alio loquens, an alius de eo ista retulerit, non est praesentis intentionis discutere. intendimus enim compendiose secundum nostram possibilitatem, de divino auxilio fiduciam habentes, librum istum qui intitulatur beati iob secundum litteralem sensum exponere; eius enim mysteria tam subtiliter et diserte beatus papa gregorius nobis aperuit ut his nihil ultra addendum videatur.

cp1 ° Vir erat in terra hus ‘ etc.. quia, * sicut dictum est, ‘ intentio huius libri tota ordinatur ad ostendendum qualiter res humanae providentia divina regantur, praemittitur quasi totius disputationis fundamentum quaedam historia in qua cuiusdam viri iusti multiplex afflictio recitatur: hoc enim est quod maxime videtur divinam providentiam a rebus humanis excludere. huius igitur viri primo persona describitur, et quantum ad sexum * dum dicitur ° vir erat: ‘ hic enim sexus ad perferendas molestias invenitur robustior; describitur etiam quantum ad patriam * cum dicitur ° in terra hus, ‘ quae est in partibus orientis, et quantum ad nomen * cum dicitur ° nomine iob: ‘et videntur haec duo posita esse ad insinuandum hoc quod dicitur non esse parabolam sed rem gestam. et ne aliquis adversitates quae postmodum inducuntur pro peccatis huius viri ei accidisse crederet, consequenter describitur eius virtus, per quam a peccatis demonstratur immunis. sciendum siquidem est hominem tripliciter peccare: sunt enim quaedam peccata quibus peccatur in proximum, sicut homicidia, adulteria, furta et alia huiusmodi; quaedam quibus peccatur in deum, sicut periurium, sacrilegium, blasphemia et huiusmodi; quaedam quibus unusquisque in se ipsum peccat, * secundum illud apostoli cor. vi 18 ° qui fornicatur, in corpus suum peccat. ‘ in proximum autem quis peccat dupliciter, occulte per dolum et manifeste per vim; hic autem vir per dolum proximum non circumvenit, * unde dicitur ° et erat vir ille simplex: ‘simplicitas enim proprie dolositati opponitur; nulli violentiam intulit, * sequitur enim ° et rectus: ‘ rectitudo enim ad iustitiam proprie pertinet, quae in aequalitate consistit, * secundum illud is. xxvi 7 ° semita iusti recta est, rectus callis iusti ad inambulandum. ‘ quod autem in deum non peccaverit aperte ostenditur * per hoc quod subditur ° ac timens deum, ‘ in quo reverentia ad deum designatur. quod etiam in se ipsum non peccaverit ostenditur * in hoc quod subditur ° ac recedens a malo, ‘ quia malum odio habuit propter se ipsum, non solum propter nocumentum proximi vel offensam dei. descripta igitur huius viri et persona et virtute, eius prosperitas consequenter ostenditur, ut ex praecedenti prosperitate gravior sequens iudicetur adversitas, simul etiam ad ostendendum quod ex prima dei intentione iustis semper bona tribuuntur non solum spiritualia sed etiam temporalia; sed quod aliquando iusti adversitatibus premantur accidit propter aliquam specialem causam: unde et a principio homo sic institutus fuit ut nullis subiaceret perturbationibus si in innocentia permansisset. principium autem prosperitatis temporalis, post bonam consistentiam personae propriae, consistit in personis coniunctis et praecipue in natis qui sunt quodammodo aliquid parentum. describitur igitur primo eius prosperitas quantum ad fecunditatem prolis, * cum dicitur ° natique sunt ei septem filii et tres filiae. ‘ convenienter numerosior multitudo marium quam feminarum ponitur quia parentes magis affectare solent filios quam filias, tum quia id quod perfectius est desiderabilius est, mares autem comparantur ad feminas sicut perfectum ad imperfectum, tum quia in auxilium rerum gerendarum solent esse parentes magis nati quam natae. deinde ostenditur prosperitas eius quantum ad multitudinem divitiarum et praecipue in animalibus: nam circa principium humani generis, propter hominum paucitatem, agrorum possessio non ita pretiosa erat sicut animalium, et maxime in partibus orientis in quibus usque hodie sunt pauci habitatores prae latitudine regionis. inter animalia autem primo ponuntur ea quae maxime deserviunt ad victum et vestitum personae, scilicet oves, * unde dicitur ° et fuit possessio eius septem millia ovium; ‘ secundo ponuntur ea quae maxime deserviunt ad onera deferenda, scilicet cameli, * et hoc est quod subditur ° et tria millia camelorum; ‘ tertio ponuntur ea quae deserviunt ad culturam agrorum, * et hoc est quod subditur ° quingenta quoque iuga boum; ‘ quarto ponuntur animalia quibus homines ad vecturam utuntur, * unde sequitur ° et quingentae asinae, ‘ ex quibus muli generantur, quibus antiqui maxime insidebant. sub istis autem quatuor generibus animalium comprehenduntur omnia alia quae ad eosdem usus deserviunt, puta sub ovibus omnia victui et vestitui necessaria, et sic de reliquis. et quia homines multas divitias possidentes ad eas gubernandas multitudine indigent famulorum, * convenienter subditur ° ac familia multa nimis. ‘ consequenter ponitur prosperitas eius quantum ad honorem et famam quae longe lateque diffundebatur, * et hoc est quod dicitur ° eratque vir ille magnus inter omnes orientales, ‘ idest honoratus et famosus. ad maiorem autem ipsius iob commendationem consequenter disciplina domus eius describitur, quae immunis erat ab illis vitiis quae opulentia gignere solet. plerumque namque divitiarum abundantia discordiam parit, * unde legitur in genesi quod ‘ abraham et loth nequiverunt simul habitare, ad vitandum iurgium quod ex rerum abundantia proveniebat. frequenter etiam homines multa possidentes, dum ea quae possident immoderate amant, eis tenacius utuntur, * unde dicitur eccl. vi 1 ° est et aliud malum quod vidi sub sole, et quidem frequens apud homines: vir cui dedit deus divitias et substantiam et honorem, et nihil deest animae eius ex omnibus quae desiderat, nec tribuit ei deus potestatem ut comedat ex eo. ‘ ab his igitur malis immunis erat domus beati iob: erat enim ibi concordia et iocunda et aequa frugalitas, * quod significatur cum dicitur ° et ibant filii eius et faciebant convivia per domos unusquisque in die sua. ‘ haec autem caritas et concordia non solum inter fratres erat sed usque ad sorores extendebatur, quae frequenter despiciuntur a fratribus propter superbiam quam opulentia plurimum gignit, * unde subditur ° et mittentes vocabant tres sorores suas ut comederent et biberent cum eis vinum. ‘ simul etiam designatur in hoc securitas quae de castitate filiarum habebatur; alias enim non circumducendae erant sed includendae, * secundum illud sapientis eccli. xxvi 13 ° in filia non avertente se firma custodiam, ne inventa occasione abutatur se. ‘ sicut autem in domo iob frugalitas et concordia vigebat, sic in ipso iob vigebat sancta sollicitudo puritatis quam frequenter divitiae obruunt vel etiam minuunt, * secundum illud deut.. ° incrassatus est dilectus et recalcitravit, * et postea sequitur ° dereliquit deum factorem ‘ etc.. et quidem de sua puritate intantum sollicitus erat quod ab his quae inquinare poterant totaliter procul erat: * dictum est enim supra quod ° erat timens deum et recedens a malo. ‘ sed etiam circa filiorum puritatem maxime sollicitus erat; permittebat siquidem eos convivia agere eorum indulgens aetati: quaedam enim in iuvenibus tolerantur quae in personis gravibus reprehensibilia sunt. et quia in conviviis vix aut numquam homines vitare possunt quin vel per ineptam laetitiam vel per inordinatam loquacitatem aut etiam immoderatum cibi usum offendant, filiis quos a conviviis non arcebat purificationis exhibebat remedium, * unde dicitur ° cumque in orbem transissent dies convivii, mittebat ad eos iob et sanctificabat illos. ‘ dicuntur autem in orbem dies transire convivii quia cum septem filii essent et unusquisque in die sua convivium faceret, per omnes dies septimanae seriatim huiusmodi consummabant convivia; postmodum quasi circulariter sive orbiculariter, sicut in diebus septimanae ita in conviviis ad principium rediebatur. notandum autem quod licet iob filiis indulgeret ut convivia agerent, tamen ipse suam gravitatem conservans eorum conviviis se non immiscebat: * unde dicitur quod ° mittebat ad eos, ‘ non quod ipse ad eos iret. modus autem sanctificationis quo per internuntium sanctificabat potest intelligi dupliciter: vel quia salubribus monitis eos instrui faciebat ut si quid in conviviis deliquerant emendarent, vel etiam expiationis aliquem ritum habebant quo huiusmodi delicta expiabantur, sicut et sacrificia etiam ante legem data fuerunt, et primitiarum et decimarum oblatio. in conviviis autem homines interdum non solum impuritatem incurrunt modis praedictis, sed etiam gravioribus peccatis immerguntur usque ad dei contemptum, propter lasciviam ratione absorpta et a reverentia divina abstracta, * sicut in exodo dicitur ° sedit populus manducare et bibere et surrexerunt ludere, ‘ idest fornicari vel idolis immolare. iob igitur non solum contra levia delicta filiis sanctificando subveniebat, sed etiam contra graviora remedium studebat apponere quo eis deus placaretur, * unde sequitur ° consurgensque diluculo offerebat holocausta per singulos. ‘ in quibus verbis ostenditur perfectio devotionis ipsius, et quantum ad tempus quia diluculo consurgebat, * secundum illud psalmi ° mane astabo tibi ‘etc.; et quantum ad modum oblationis quia holocausta offerebat quae totaliter comburebantur ad honorem dei, nulla parte relicta in usum offerentis vel eius pro quo offerebatur sicut erat in hostiis pacificis et pro peccato: dicitur enim holocaustum quasi totum incensum; et quantum ad numerum quia per singulos filios holocausta offerebat: singula enim peccata convenientibus satisfactionibus sunt expianda. causam autem oblationis holocaustorum subiungit * dicens ° dicebat enim, ‘ scilicet iob in corde suo, non quidem de peccatis filiorum certus sed dubitans, ° ne forte peccaverint filii mei, ‘ scilicet opere vel verbo, ° et benedixerint deo in cordibus suis. ‘ quod quidem dupliciter intelligi potest. uno modo ut totum intelligatur coniunctim: quamvis enim benedicere deum sit bonum, tamen benedicere deum de hoc quod homo peccavit significat voluntatem in peccatis quiescentem, et quantum ad hoc vituperatur, * sicut in zacharia dicitur contra quosdam: ° pasce pecora occisionis, quae qui possederant occidebant et non dolebant et vendebant ea dicentes: benedictus dominus. divites facti sumus. ‘ alio modo ut intelligatur divisim, * et sic per hoc quod dicitur ° benedixerint, ‘ intelligitur maledixerint: crimen enim blasphemiae tam horribile est ut pia ora ipsum nominare proprio nomine reformident, sed ipsum per contrarium significant. et convenienter pro peccato blasphemiae holocausta offeruntur, quia ea quae in deum committuntur honoratione divina sunt expurganda. solet autem contingere quod divinus cultus a quibusdam devote perficiatur si rarus sit, cum autem frequens fuerit in fastidium venit, quod est peccatum accidiae, cum aliquis scilicet tristatur de spirituali labore. cui quidem vitio iob subiectus non erat, * nam subditur ° sic faciebat iob cunctis diebus, ‘ quasi perseverantem in divino cultu devotionem conservans. ° quadam autem die cum venissent ‘ etc.. post prosperitatem beati iob enumeratam ponitur adversitas ipsius, et primo inducitur causa ipsius. et ne quis putaret adversitates iustorum absque divina providentia procedere et per hoc aestimaret res humanas providentiae subiectas non esse, praemittitur quomodo deus de rebus humanis curam habet et eas dispensat. hoc autem symbolice et sub aenigmate proponitur secundum consuetudinem sacrae |225| scripturae, quae res spirituales sub figuris rerum corporalium describit, * sicut patet is. vi 1 ° vidi dominum sedentem super solium excelsum et elevatum, * et in principio ezechielis et in pluribus aliis locis. ‘ et quamvis spiritualia sub figuris rerum corporalium proponantur, non tamen ea quae circa spiritualia intenduntur per figuras sensibiles ad mysticum sensum pertinent sed litteralem, quia sensus litteralis est qui primo per verba intenditur, sive proprie dicta sive figurate. sciendum est autem quod divina providentia tali ordine res gubernat quod inferiora per superiora dispensat; corpora enim generabilia et corruptibilia subduntur motui corporum caelestium, et similiter inferiores spiritus rationales mortalibus corporibus uniti, scilicet animae, per superiores spiritus incorporeos administrantur. hoc autem habet ecclesiastica traditio quod inter incorporeos spiritus quidam sunt boni qui, puritatem in qua creati sunt conservantes, divina gloria perfruuntur a dei voluntate numquam recedentes: et hi quidem spiritus in scripturis interdum dicuntur angeli, idest nuntii, quia divina hominibus annuntiant, interdum autem filii dei dicuntur inquantum deo per participationem gloriae assimilantur. mali autem spiritus quidam sunt, non |250| per naturam aut per creationem cum cuiusque naturae auctor sit deus nec summum bonum potest esse causa nisi bonorum, sed sunt mali per propriam culpam; huiusmodi autem spiritus in scripturis daemones dicuntur, et eorum primus dicitur diabolus, quasi deorsum cadens, vel etiam satan, idest adversarius. utrique igitur spiritus homines ad aliqua agenda movent, boni quidem ad bona mali autem ad mala. et sicut homines moventur a deo per spiritus supra dictos, ita etiam ea quae per homines aguntur dicuntur in scripturis eisdem spiritibus mediantibus ad divinum examen referri. ad ostendendum igitur quod tam bona quam mala quae homines agunt divino iudicio subsunt, * dicitur ° quadam autem die cum venissent filii dei ut assisterent coram domino, affuit inter eos etiam satan. ‘ sciendum vero est quod angeli, qui hic ° filii dei ‘ dicuntur, assistere dicuntur domino dupliciter: uno modo inquantum deus ab eis conspicitur, * sicut scriptum est in daniele ° millia millium ministrabant ei et decies centena millia assistebant ei, ‘ alio modo inquantum ipsi angeli et eorum actus a deo conspiciuntur; nam qui alicui domino assistunt, et eum conspiciunt et ab eo conspiciuntur. primo igitur modo assistere non convenit angelis nisi beatis qui divina |275| visione perfruuntur, nec his omnibus sed illis tantum qui inter eos superiores existunt, “ qui magis intime divina visione perfruuntur et ad exteriora ministeria, * secundum dionysii sententiam, “ non exeunt: ‘ unde et a ministrantibus in praedicta auctoritate danielis assistentes distinguuntur. secundo autem modo assistere convenit non solum omnibus bonis angelis sed etiam malis et etiam hominibus, quia quaecumque per eos aguntur divino conspectui et examini subduntur, * et propter hoc dicitur quod ° cum venirent filii dei ut assisterent coram domino, affuit inter eos etiam satan. ‘ et quamvis ea quae per angelos bonos vel malos administrantur continue divino conspectui et examini subdantur, et sic semper et filii dei assistant et satan adsit inter eos, * dicitur tamen ° quadam die, ‘ secundum morem scripturae quae ea quae supra tempus sunt interdum per tempus designat ex aliquibus quae dicuntur in tempore; sicut in principio genesis dicitur deus aliqua dixisse primo vel secundo die quamvis eius dicere sit aeternum, propter hoc quod ea quae ab ipso dicuntur fiebant in tempore. ita et nunc, quia factum de quo nunc intenditur determinato tempore extitit, dicuntur administratores huius facti ° quadam die ‘ coram domino astitisse quamvis coram domino |300| assistere numquam desistant. considerandum est etiam quod ad dei iudicium aliter referuntur ea quae per bonos angelos aguntur aliter ea quae per malos. nam boni angeli hoc intendunt ut ea quae agunt referantur in deum, et ideo dicitur quod filii dei venerunt ° ut assisterent coram domino, ‘ quasi proprio motu et intentione omnia divino iudicio subdentes; mali vero angeli non intendunt ea quae agunt referre in deum, sed eis nolentibus hoc accidit ut quicquid agunt subdatur divino iudicio, et ideo non dicitur de satan quod venit ut assisteret coram domino sed solum quod ° affuit inter eos. * dicitur autem ° inter eos ‘ tum propter naturae parilitatem, tum ad insinuandum quod mala non sunt ex principali intentione sed superveniunt bonis quasi per accidens. est autem differentia inter ea quae per bonos angelos et malos aguntur: nam boni angeli nihil agunt nisi ad quod divino iussu et voluntate moventur, in omnibus enim voluntatem divinam sequuntur; mali vero sua voluntate discordant a deo, unde ea quae ipsi agunt a deo aliena existunt quantum ad eorum intentionem. et quia non consuevimus interrogare de his quae nos facimus sed de his quae absque nobis fiunt, ideo non dicitur quod dominus |325| aliquid quaesierit a filiis dei sed solum a satan, * et hoc est quod subditur ° cui dixit dominus: unde venis? ‘ et notandum est quod non dicit ei dominus quid facis? aut ubi es? sed ° unde venis?, ‘ quia ea ipsa facta quae per daemones procurantur interdum ex divina voluntate proveniunt, dum per eos vel puniuntur mali vel exercentur boni; sed daemonum intentio semper mala est et a deo aliena, et ideo a satan quaeritur ° unde venis? ‘ quia eius intentio, a qua procedit tota ipsius actio, a deo est aliena. sciendum autem est quod dicere dupliciter accipitur, nam quandoque refertur ad conceptum cordis, quandoque autem ad significationem qua huiusmodi conceptus alteri exprimitur. secundum igitur primum modum dicere dei est aeternum et nihil est aliud quam generare filium qui est verbum ipsius. secundo autem modo temporaliter deus aliqua dicit, diversimode tamen secundum quod congruit eis quibus dicit: nam hominibus corporeos sensus habentibus aliquando deus locutus est corporeo sono formato in aliqua subiecta creatura, sicut vox sonuit in baptismo et in transfiguratione christi: ° hic est filius meus dilectus; ‘ aliquando autem per imaginariam visionem, * sicut multotiens legitur in prophetis; |350| ‘ aliquando autem intelligibili expressione, et hoc modo intelligendum est deum ad satan dixisse inquantum eum intelligere facit quod ea quae ipse agit a deo conspiciuntur. sicut ergo dicere dei ad satan est ei notitiam praebere, ita respondere satan deo est non quidem alicuius rei deo notitiam tradere sed considerare omnia sua divino conspectui aperta esse, * et secundum hunc modum dicitur ° qui respondens ait: circuivi terram et perambulavi eam. ‘ per hoc igitur quod dominus dicit ad satan ° unde venis? ‘ intentionem et acta diaboli deus examinat; per hoc autem quod satan respondet ° circuivi terram et perambulavi eam, ‘ quasi suorum actuum deo rationem reddit, ut ex utroque ostendatur omnia quae per satan fiunt divinae providentiae subiecta esse. per circuitum autem satan calliditas eius ostenditur ad explorandum quos decipere possit, * secundum illud i petri ult. ° adversarius vester diabolus tamquam leo rugiens circuit, quaerens quem devoret. ‘ convenienter autem per circuitum calliditas designatur, sicut per rectum simplex iustitia, nam rectum est ° cuius medium non exit ab extremis: ‘ quia igitur actio iusti a suo principio quod est voluntas et fine intento non discrepat, convenienter iustis ascribitur rectitudo; |375| callidorum autem est aliud praetendere et aliud intendere, et sic id quod demonstrant ex suo opere exit ab extremis dum nec voluntati concordat nec fini: unde recte callidi circuire dicuntur, * propter quod scriptum est ° in circuitu impii ambulant. ‘ sciendum vero est quod etsi diabolus erga cunctos tam bonos quam malos calliditatis suae studio utatur, effectum tamen calliditatis suae in solis malis consequitur, qui recte terra nominantur; cum enim homo compositus sit ex natura spirituali et carne terrena, malum hominis in hoc consistit quod, derelictis spiritualibus bonis ad quae secundum rationalem mentem ordinatur, terrenis bonis inhaeret quae sibi competunt secundum carnem terrenam: et ideo mali inquantum naturam terrenam sequuntur recte terra dicuntur. huiusmodi igitur terram non solum circuit satan sed etiam perambulat, quia in eis effectum suae malitiae complet: in perambulatione enim complementum processus ipsius designatur, sicut e contrario de viris iustis dicitur quod in eis deus perambulat, * unde apostolus cor. vi 16 inducit ° inhabitabo in illis et inambulabo inter eos. ‘ potest etiam et ex hoc aliud intelligi. triplex enim est status viventium: quidam sunt super terram, idest in caelo, ut angeli et beati omnes, quidam |400| in terra sicut homines mortali carne viventes, quidam autem sub terra ut daemones et damnati omnes. primos igitur satan neque circuit neque perambulat, quia in caelestibus civibus nihil malitiae potest esse, sicut nec in caelestibus corporibus invenitur aliquod malum naturae; eos autem qui sunt in inferno perambulat sed non circuit, quia eos totaliter suae malitiae subiectos habet, nec oportet ut ad eos decipiendos aliqua calliditate utatur; eos autem qui sunt in terra circuit et perambulat, quia et caliditate eos decipere nititur et quosdam eorum ad suam malitiam trahit, qui maxime per terram designantur, * ut dictum est. ‘ et quod per terram homines terreni designentur satis aperte ostenditur per hoc quod dominus iob, quamvis in terra habitantem, a terra segregare videtur. nam cum satan dixisset ° circuivi terram et perambulavi eam, * subiungitur ° dixitque dominus ad eum: numquid considerasti servum meum iob, quod non sit ei similis in terra? ‘ frustra enim quaesitum videretur an iob considerasset qui terram circuisse et perambulasse se asserebat, nisi servum suum iob praeter terram esse intelligeret. et manifeste ostendit in quo a terra segregetur * in hoc quod dicit ° servum meum iob. ‘ homo enim quasi medius constitutus est |425| inter deum et res terrenas, nam mente inhaeret deo carne autem rebus terrenis coniungitur; omne autem medium duorum eo magis ab uno extremo recedit quo magis alteri appropinquat: homo igitur quanto magis deo inhaeret tanto remotior est a terra. hoc autem est servum dei esse quod mente deo inhaerere, nam servus est qui non sui causa est: ille autem qui mente deo inhaeret se ipsum in deum ordinat quasi servus amoris non timoris. et notandum est quod affectiones terrenae aliquo modo a remotis imitantur spirituales affectus quibus mens deo coniungitur, sed ad eorum similitudinem nullo modo pervenire possunt: nam et amor terrenus ab amore dei deficit, et per consequens omnis affectio, nam cuiuslibet affectionis est amor principium. unde convenienter postquam dixerat ° numquid considerasti servum meum iob, * subditur ° quod non sit similis ei in terra? ‘ quia nihil in terrenis spiritualibus aequari potest. quamvis et possit aliter intelligi: nam in unoquoque sancto est aliqua virtutis praeminentia quantum ad aliquem specialem usum, propter quod de singulis confessorum in ecclesia canitur ° non est inventus similis illi qui conservaret legem excelsi, ‘ nisi quod in christo omnia secundum perfectissimam excellentiam fuerunt; |450| et secundum hunc modum intelligi potest quod nullus in terra habitantium similis erat iob, inquantum iob praeminebat quantum ad aliquem usum virtutis. in quo autem iob fuerit servus dei et nullus ei similis in terra, ostendit * cum subdit ° homo simplex et rectus ac timens deum et recedens a malo, * quae quia supra exposita sunt ad praesens dimittantur. ‘ considerandum autem quod deus iustorum vitam non solum ad eorum bonum ordinat sed aliis eam conspicuam reddit; sed conspicientes eam non similiter afficiuntur ad ipsam: nam boni eam pro exemplo habentes ex ipsa proficiunt, mali vero si non corriguntur ut eius exemplo boni fiant, ex sanctorum vita inspecta deficiunt dum vel per invidiam torquentur vel falsis iudiciis eam pervertere conantur, * secundum illud apostoli cor. ii 15 ° christi odor bonus sumus deo, et in his qui salvi fiunt et in his qui pereunt: aliis quidem odor mortis in mortem, aliis autem odor vitae in vitam. ‘ sic igitur deus sanctorum vitam non solum ab electis considerari vult ad profectum salutis sed etiam ab iniquis ad cumulum damnationis, quia ex vita sanctorum condemnabilis ostenditur perversitas impiorum, * secundum illud quod dicitur sap. iv 16 ° condemnat iustus |475| mortuus vivos impios. ‘ et ideo dominus ad satan dicit ° numquid considerasti servum meum iob ‘ etc., quasi dicat: terram quidem circuis et perambulas, sed servum meum iob solum considerare potes et eius virtutem mirari. solet autem perversorum hominum, quorum princeps est satan et eorum hic personam gerit, talis esse consuetudo ut, sanctorum vitam quia reprehendere non possunt, non ex recta intentione eos agere calumnientur, * secundum illud eccli. xi 33 ° bona in mala convertens insidiatur et in electis imponet maculam. * et hoc apparet ex hoc quod subditur ° cui respondens satan ait: numquid frustra iob timet deum? ‘ quasi dicat: negare non possum quin bona faciat, sed hoc non agit ex recta intentione propter tuum amorem et honestatis, sed propter temporalia quae a te consecutus est. * et ideo dicit ° numquid frustra iob timet deum? ‘ illud enim frustra facere dicimur ex quo id quod intendimus assequi non possumus; iob autem tibi servit propter temporalia quae a te assecutus est, unde non est frustra quod tibi serviendo te timet. et quod temporalem prosperitatem consecutus sit ostendit quantum ad duo. primo quantum ad immunitatem malorum, quia scilicet praeservatus erat |500| a deo ab omni adversitate, * et hoc est quod dicit ° nonne tu vallasti, ‘ idest protexisti sicut protegit vallum aut murus, ° eum, ‘ quantum ad suam personam, ° ac domum eius, ‘ quantum ad prolem et familiam, ° et universam substantiam eius, ‘ quantum ad possessiones; * et addit ° per circuitum, ‘ ut perfecta immunitas ostendatur, quia illud quod per circuitum vallatur ex nulla parte potest pati insultum. secundo ostendit eius prosperitatem quantum ad multiplicationem bonorum, * et hoc est quod dicit ° operibus manuum eius benedixisti. ‘ et quidem cum deus dicendo omnia faciat, benedicere dei est bonitatem rebus dare: tunc ergo deus operibus alicuius benedicit quando ea ad bonum perducit ut finem debitum consequantur. et quia quaedam bona homini proveniunt absque suo opere et intentione, * propter hoc addit ° et possessio eius crevit in terra. ‘ sic igitur satan calumniatur facta beati iob quasi ea ex intentione ageret bonitatis terrenae; unde manifestum est quod bona quae agimus non referuntur ad prosperitatem terrenam quasi ad praemium, alias non esset perversa intentio si quis propter prosperitatem temporalem deo serviret; et similiter e contrario adversitas temporalis non est propria poena peccatorum, de quo fere in toto libro quaestio erit. |525| vult autem ostendere satan quod propter prosperitatem terrenam quam consecutus erat iob deo servierat per oppositum: si enim cessante prosperitate terrena iob deum timere desineret, manifestum fieret quod propter prosperitatem terrenam qua fruebatur deum timebat; * et ideo subdit ° sed extende paululum manum tuam et tange cuncta quae possidet, ‘ scilicet ea auferendo, ° nisi in faciem benedixerit tibi, ‘ idest manifeste maledixerit, supple male mihi accidat. et notandum quod ex magna adversitate etiam vere iustorum interdum corda commoventur, sed simulate iusti ex modica adversitate turbantur velut nullam virtutis radicem habentes. vult ergo satan innuere quod iob non vere iustus erat sed simulate, et ideo dicit quod si etiam paululum adversitate tangatur murmuraret contra deum, quod est deum blasphemare. * et signanter dicit ° nisi in faciem benedixerit tibi, ‘ ut significet quia etiam in prosperitate in corde suo deum quodammodo blasphemabat dum eius amori temporalia praeponebat, sed prosperitate sublata etiam in faciem blasphemaret, idest manifeste. potest et aliter intelligi hoc quod dicit ° nisi in faciem benedixerit tibi, ‘ ut benedictio proprie sumatur et sit sensus: si tu paululum eum tangas prosperitatem terrenam |550| auferendo, haec mihi accidant nisi manifestum fiat quod antea benedixerit tibi non in vero corde sed in facie, idest ad apparentiam hominum. et quia, * sicut dictum est, ‘ dominus sanctorum virtutem vult omnibus esse notam, et bonis et malis, placuit sibi ut sicut bona facta eius omnes conspexerant ita etiam recta eius intentio omnibus fieret manifesta: et ideo voluit iob prosperitate terrena privare, ut eo in dei timore perseverante manifestum fieret quod ex recta intentione et non propter temporalia deum timebat. sed sciendum est quod deus malos punit et per bonos angelos et per malos, sed bonis numquam adversitatem inducit nisi per malos: et ideo super beatum iob adversitatem non nisi per satan induci voluit, * et propter hoc subditur ° dixit ergo dominus ad satan: ecce universa quae habet in manu tua sunt, ‘ idest potestati tuae trado, ° tantum in eum ne extendas manum tuam. ‘ ex quo manifeste datur intelligi quod iustis viris satan non quantum vult sed quantum permittitur nocere potest. considerandum etiam quod dominus dictum non praecepit satan ut iob offenderet sed solum ei potestatem dedit, quia ° voluntas nocendi inest cuilibet malo ex se ipso sed potestas non nisi a deo. |575| ‘ patet igitur ex praedictis hanc fuisse causam adversitatis beati iob ut eius virtus omnibus fieret manifesta, * unde et de tobia dicitur quod ° ideo dominus ei tentationem evenire permisit ut posteris daretur exemplum patientiae eius sicut et sancti iob. ‘ cavendum autem est ne credatur dominum ex verbis satan inductum esse ad permittendum iob affligi, sed aeterna dispositione hoc ordinavit ad manifestandam virtutem iob contra omnes calumnias impiorum: et ideo praemittitur calumnia et subsequitur divina permissio. ° egressusque est satan a facie domini ‘ etc.. posita causa adversitatis beati iob, consequenter ostenditur qualiter ei huiusmodi adversitas supervenit. et quia tota inducta est per satan, * ideo de ipso primo dicitur ° egressusque est satan a facie domini, ‘ quasi ad utendum potestate sibi permissa. * et signanter dicitur quod ° egressus est a facie domini, ‘ nam satan secundum quod potestas ei permittitur nocendi alicui coram facie domini est, quia ex rationabili dei voluntate hoc accidit, sed dum exequitur permissam sibi potestatem a facie domini exit, quia ab intentione permittentis recedit; quod in proposito apparet: permissum enim fuit ei a deo ut posset nocere iob ad manifestandam eius virtutem, sed satan non |600| propter hoc eum afflixit sed ut eum ad impatientiam et blasphemiam provocaret. simul autem in hoc manifeste apparet verum esse quod supra diximus, satan affuisse inter filios dei coram eo assistentes secundum quod assistere dicuntur deo aliqui prout divino iudicio et examini subduntur, non secundum quod assistere coram deo dicuntur qui deum vident: unde et hic non dicitur quod satan abiecerit a facie sua deum sed quod ° egressus est a facie domini, ‘ quasi ab intentione providentiae eius recedens licet ordinem providentiae effugere non valens. considerandum est autem quod in adversitate enarranda ordo contrarius observatur ordini quo fuerat prosperitas enarrata. nam in prosperitate enarrata a potioribus ad minora processit incipiens a persona ipsius iob, et post hoc posuit prolem et deinde animalia, primo oves et deinceps alia: et hoc rationabiliter quia perpetuitas quae in persona salvari non potest quaeritur in prole, ad cuius sustentationem possessionibus indigetur. in adversitate autem proponitur e converso: nam primo narratur amissio substantiae, secundo oppressio prolis, tertio afflictio propriae personae, et hoc ad adversitatis augmentum, nam ille qui maiori adversitate oppressus est minorem non sentit, sed post minorem sentitur |625| maior. et ideo ut a singulis adversitatibus iob propriam afflictionem sentiret et sic magis ad impatientiam commoveretur, incepit satan a minori adversitate iob affligere et paulatim processit ad maiora. considerandum est etiam quod ab his quae subito superveniunt hominis animus magis commovetur, nam praecogitata adversa facilius tolerantur; et ideo ut iob magis commoveretur, in tempore maximae iocunditatis quando minus de adversitate cogitari poterat, ei satan adversitatem induxit, ut etiam ex ipsa iocunditate praesenti adversitas gravior appareret: nam ° contraria iuxta se posita magis elucescunt. * et ideo dicitur ° cum autem quadam die filii et filiae eius comederent et biberent vinum, ‘ quod specialiter ponitur ad iocunditatis indicium, * secundum illud eccli. xxxi 35 ° vinum in iocunditate creatum est, non in ebrietate, ab initio; in domo fratris sui primogeniti, ‘ quod etiam ad maiorem solemnitatem ponitur: probabile enim est quod in domo primogeniti solemnius convivium celebraretur; ° nuntius venit ad iob qui diceret: boves arabant, ‘ ut ex memoria fructus damnum intolerabilius videretur; ° et asinae pascebantur iuxta eos, ‘ quod etiam ponitur ad augmentum doloris, dum consideraret quod eo |650| tempore hostes supervenerunt quo plura simul possent rapere; ° et irruerunt sabaei, ‘ hostes scilicet a remotis venientes, a quibus non de facili recuperari possent quae rapuissent; ° tuleruntque omnia, ‘ ne si aliqua reliquissent, ea saltem sufficerent ad necessarium usum et ad propaginem; ° et pueros percusserunt gladio, ‘ quod viro iusto gravius fuit; ° et evasi ego solus ut nuntiarem tibi, ‘ quasi dicat: ideo hoc divina dispositione evenit ut ego solus evaderem, ut tu posses habere nuntium tanti damni, quasi deus te dolore affligere intendit. hac autem adversitate nuntiata statim altera nuntiatur, ne si aliquod intervallum fieret interim ad cor suum rediret et se ad patientiam praepararet, et sic sequentia facilius sustineret; * et propter hoc subditur ° cumque adhuc ille loqueretur venit alter et dixit: ignis dei, ‘ idest a deo missus, ° descendit de caelo, ‘ ut quasi eius menti imprimeretur quod non solum ab hominibus sed etiam a deo persecutionem pateretur, et sic facilius contra deum provocaretur; ° et tactas oves puerosque consumpsit, ‘ quasi divinitus hoc procuratum sit ut statim ad tactum ignis omnia consumarentur, quod est supra naturalem virtutem ignis; ° et effugi ego solus ut nuntiarem tibi. * sequitur ° sed adhuc illo loquente venit alius et |675| dixit: chaldaei, ‘ qui erant feroces et potentes; unde ad eorum potentiam ostendendam * subditur ° fecerunt tres turmas, ‘ ut sic vindicta sperari non possit nec recuperatio damni; * de quo damno subditur ° et invaserunt camelos * etc.. sequitur de oppressione prolis: ° adhuc loquebatur ille et ecce alius intravit et dixit: filiis tuis et filiabus vescentibus et bibentibus vinum in domo fratris sui, ‘ ut ex hoc eorum mors tristior foret quo iob poterat dubitare eos in statu alicuius peccati fuisse morte praeventos: nam et ipse propterea sanctificabat eos et holocausta per singulos offerebat quia timebat ne in conviviis aliquod peccatum incurrissent. et ne forte posset credi quod paenituerint et animae suae providerint, * subditur ° repente ventus vehemens irruit a regione deserti et concussit quatuor angulos domus, ‘ quod dicitur ad ostendendum vehementiam venti qui praeter consuetudinem totam domum simul subvertit, ut per hoc ostendatur ex divina voluntate processisse, et sic facilius contra deum moveretur dum affligebatur ab eo cui devota mente servierat. et ad maiorem doloris cumulum subditur damnum interemptae prolis, * cum dicitur ° quae corruens oppressit liberos tuos et mortui sunt, ‘ scilicet omnes, ne saltem in aliquo evadente ex liberis posteritatis spes remaneret. et |700| hoc eo magis credebatur dolorosum quo liberis omnibus interemptis, aliquis famulorum evadere potuit ad concitandum dolorem, * nam sequitur ° et effugi ego solus ut nuntiarem tibi. ‘ considerandum vero est quod cum omnis praedicta adversitas sit per satan inducta, necesse est confiteri quod deo permittente daemones possunt turbationem aeris inducere, ventos concitare, et facere ut ignis de caelo cadat. quamvis enim materia corporalis non oboediat ad nutum angelis neque bonis neque malis ad susceptionem formarum sed soli creatori deo, tamen ad motum localem natura corporea nata est spirituali naturae oboedire; cuius indicium in homine apparet, nam ad solum imperium voluntatis moventur membra ut opus a voluntate dispositum prosequantur. quaecumque igitur solo motu locali fieri possunt, haec per naturalem virtutem non solum spiritus boni sed etiam mali facere possunt, nisi divinitus prohibeantur; venti autem et pluviae et aliae huiusmodi aeris perturbationes ex solo motu vaporum resolutorum ex terra et aqua fieri possunt, unde ad huiusmodi procuranda naturalis virtus daemonis sufficit: sed interdum ab hoc divina virtute prohibentur ut non liceat eis facere omne quod naturaliter possunt. * nec est contrarium |725| quod dicitur ier. xiv 22 ° numquid sunt in sculptilibus gentium qui pluant? ‘ aliud enim est naturali cursu pluere, quod solius dei est qui causas naturales ad hoc ordinavit, aliud vero est causis naturalibus a deo ad pluendum ordinatis interdum artificialiter uti ad pluviam, vel ventum interdum quasi extraordinarie producendum. ° tunc surrexit iob ‘ etc.. enumerata adversitate beati iob, agitur hic de patientia quam in adversitate monstravit. sciendum autem est ad evidentiam eorum quae hic dicuntur quod circa corporalia bona et circa animi passiones antiquorum philosophorum diversa opinio fuit. * nam stoici dixerunt “ bona exteriora nulla bona hominis esse, et quod pro eorum amissione nulla tristitia animo sapientis poterat inesse; * peripateticorum vero sententia fuit quod “ bona exteriora sunt quidem aliqua hominis bona, non quidem principalia sed quasi instrumentaliter ordinata ad principale hominis bonum, quod est bonum mentis: et propter hoc sapientem in amissionibus exteriorum bonorum moderate tristari concedebant, ita scilicet quod per tristitiam ratio non absorberetur ut a rectitudine declinaret. * et haec sententia verior est et ecclesiasticae doctrinae concordat, ut patet per augustinum in libro de civitate dei. |750| ‘ hanc igitur sententiam iob secutus, tristitiam quidem in adversitate monstravit, tamen sic moderatam ut rationi subiecta esset, * et ideo dicitur quod ° tunc surrexit iob et scidit tunicam suam, ‘ quod apud homines solet esse tristitiae indicium. notandum vero est quod * dicit ° tunc, ‘ scilicet post mortem filiorum auditam, ut de eis magis quam de amissione rerum doluisse videatur. de amicis enim mortuis non dolere duri et insensibilis cordis esse videtur, sed virtuosi est hunc dolorem non immoderatum habere, * secundum illud apostoli thess. iv 13 ° nolumus vos ignorare de dormientibus, ut non contristemini sicut et ceteri qui spem non habent: ‘ et hoc in beato iob fuit, unde et status mentis eius per actum exteriorem apparuit. quia enim ratio erecta stetit, congruenter * dicitur quod ° iob surrexit, ‘ quamvis homines dolentes magis soleant prosterni; quia vero tristitiam patiebatur sed non penetrantem usque ad intima rationis perturbanda, in exterioribus tristitiae signum ostendit quantum ad duo, scilicet quantum ad ea quae sunt extra naturam corporis, * unde dicitur ° et scidit tunicam suam, ‘ et quantum ad ea quae de natura corporis procedunt, * unde dicitur ° et tonso capite, ‘ quod apud eos qui comam nutriunt solet esse doloris indicium. unde haec duo signa |775| tristitiae convenienter praemissis adversitatibus respondent, nam scissio tunicae respondet amissioni rerum, tonsio capitis amissioni filiorum. tunc autem mens erecta stat quando humiliter deo subicitur: unumquodque enim tanto in maiori nobilitatis altitudine consistit quanto magis suo perfectivo substat, sicut aer dum subditur luci et materia dum subditur formae; quod igitur mens beati iob per tristitiam deiecta non erat sed in sua rectitudine persistens, manifestatur per hoc quod deo se humiliter subdidit, * nam sequitur ° corruens in terram adoravit, ‘ ad humilitatis et devotionis indicium demonstrandum. et non solum factis statum suae mentis declaravit sed etiam verbis; rationabiliter enim demonstravit, etsi tristitiam pateretur, se tristitiae non debere succumbere. primo quidem ex condicione naturae, * unde dicitur ° et dixit: nudus egressus sum de utero matris meae, ‘ scilicet terrae quae est communis mater omnium, ° nudus revertar illuc, ‘ idest in terram; * et secundum hunc modum dicitur eccli. xl 1 ° occupatio magna creata est hominibus, et iugum grave super filios adam a die exitus de ventre matris eorum usque in diem sepulturae in matrem omnium. ‘ potest et aliter intelligi, * ut quod dicitur ° de utero matris |800| meae ‘ accipiatur ad litteram de utero mulieris quae genuit eum, * quod autem dicitur ° nudus revertar illuc ‘ intelligitur quod haec dictio ° illuc ‘ facit simplicem relationem: non enim aliquis iterato in ventrem matris revertitur, sed revertitur in illum statum quem habuit in utero matris quantum ad aliquid, scilicet quantum ad hoc quod est alienum esse a conversatione humana. hoc igitur dicens rationabiliter ostendit quod propter amissionem exteriorum bonorum non debet homo tristitia absorberi, quia exteriora bona non sunt ei connaturalia sed accidentaliter adveniunt, quod ex hoc patet quia homo sine eis in hunc mundum venit et sine eis recedit: unde accidentalibus bonis sublatis, si substantiale remaneat, non debet homo tristitia superari etsi eum tristitia tangat. secundo ostendit idem ex divina operatione * dicens ° dominus dedit, dominus abstulit: ‘ ubi primo consideranda est vera eius sententia de providentia divina circa res humanas. * in hoc enim quod dixit ° dominus dedit, ‘ confessus est prosperitatem mundanam hominibus advenire non casualiter neque ex fato stellarum nec ex solo humano studio sed ex dispensatione divina; * in hoc vero quod dicit ° dominus abstulit, ‘ confitetur etiam adversitates mundanas in |825| hominibus divinae providentiae iudicio provenire. hoc autem inducit quod non habet homo iustam querelam de deo si temporalibus bonis spolietur, quia qui gratis dedit potuit vel usque ad finem vel ad tempus largiri: unde cum ante finem homini temporalia aufert, homo conqueri non potest. tertio ostendit idem ex beneplacito divinae voluntatis * dicens ° sicut domino placuit ita factum est; ‘ est autem amicorum idem velle et nolle: unde si ex beneplacito divino procedit quod aliquis bonis temporalibus spolietur, si deum amat, debet voluntatem suam voluntati divinae conformare, ut hac consideratione tristitia non absorbeatur. hae igitur tres rationes debito ordine ponuntur: nam in prima ratione ponitur quod bona temporalia sunt homini extranea, in secunda quod a deo homini dantur et auferuntur, in tertia quod hoc accidit secundum beneplacitum divinae voluntatis. unde ex prima ratione concluditur quod homo propter amissionem temporalium bonorum non debet tristitia absorberi, ex secunda quod nec etiam potest conqueri, ex tertia quod etiam debet gaudere. non enim esset placitum deo quod aliquis adversitatem pateretur nisi propter aliquod inde proveniens |850| bonum: unde adversitas, licet ipsa ex se amara sit et tristitiam generet, tamen ex consideratione utilitatis propter quam deo placet debet esse iocunda, * sicut et de apostolis dicitur ° ibant apostoli gaudentes ‘ etc.; nam et de sumptione medicinae amarae aliquis ratione gaudet propter spem sanitatis licet sensu turbetur. et quia gaudium est materia gratiarum actionis, ideo hanc tertiam rationem in gratiarum actionem concludit * dicens ° sit nomen domini benedictum. ‘ benedicitur quidem nomen domini ab hominibus inquantum de eius bonitate notitiam habent, quod scilicet omnia bene dispenset et nihil agat iniuste. sic igitur concluditur innocentia iob * cum dicitur ° in omnibus his non peccavit iob labiis suis, ‘ ut scilicet per verba impatientiae motum exprimeret, ° neque stultum quid contra deum locutus est, ‘ idest blasphemum, ut scilicet de divina providentia blasphemaret: stultitia enim sapientiae opponitur quae proprie est cognitio divinorum.

cp2 ° Factum est autem, cum quadam die ‘ etc.. cum triplex sit hominis bonum, scilicet animae, corporis et exteriorum rerum, hoc modo ad invicem ordinantur ut corpus sit propter animam, res vero exteriores et propter corpus et propter animam. sicut igitur est perversa intentio si quis bona animae ordinet ad prosperitatem exteriorum bonorum, ita est perversa intentio si quis bona animae ordinet ad corporis salutem. et quidem quod iob in actibus virtutum abundaret, quae sunt animae bona, sensibiliter cunctis poterat esse manifestum, unde et dominus ad satan supra dixerat ° numquid considerasti servum meum iob ‘etc.. sed satan calumniam inferebat quasi iob actibus virtutum intenderet propter temporalia bona, sicut et mali homines quorum satan princeps est perniciose iudicant de intentione bonorum; sed haec calumnia repulsa erat per hoc quod post exteriorum bonorum amissionem adhuc in virtute stabilis permanebat, ex quo sufficienter ostensum est quod eius intentio non erat ad exteriora bona obliquata. restabat igitur ostendere ad perfectam demonstrationem virtutis iob quod nec etiam ad salutem proprii corporis incurvata erat eius intentio, et ideo rursus inducitur divinum |25| iudicium quo hoc manifestatur: * hoc est ergo quod dicitur ° factum est autem, cum quadam die venissent filii dei et starent coram domino, venisset quoque satan inter eos et staret in conspectu eius, ut diceret dominus ad satan: unde venis? ‘ quibus verbis quia supra exposita sunt diutius immorandum non est, nisi quod hoc notandum est quod propter aliud factum alia dies hic inducitur, sicut et in principio genesis secundum diversa rerum genera quae instituebantur diversi dies describuntur. quid autem satan examinatus responderit ostenditur consequenter * cum dicitur ° qui respondens ait: circuivi terram et perambulavi eam. * et hoc ut supra. ‘ et rursus dominus virtutem iob ei quasi conspicuam proponit * ut supra, * unde sequitur ° et dixit dominus ad satan: numquid considerasti servum meum iob, quod non est illi similis in terra? vir simplex et rectus et timens deum ac recedens a malo. ‘ sed quia iam quaedam virtus beati iob manifestata erat quae prius manifesta non fuerat, scilicet constantia in adversis, ideo nunc addit ° et adhuc, ‘ scilicet post amissionem temporalium bonorum, ° retinens innocentiam; ‘ ex quo ulterius dominus ostendit suspicionem satan fuisse calumniosam et intentionem frustratam, * unde sequitur ° tu autem commovisti me adversus eum ut |50| affligerem illum frustra. * ex hoc autem quod dicitur ° commovisti me adversus eum, ‘ non est intelligendum quod deus ab aliquo provocetur ad volendum quod prius nolebat sicut est apud homines consuetum * dicitur enim num. xxiii 19 ° non est deus ut homo ut mentiatur, neque ut filius hominis ut mutetur, ‘ sed loquitur hic scriptura de deo figuraliter more humano: homines enim quando facere aliquid volunt propter aliquem ab illo commoveri dicuntur; deus autem vult quidem facere, sicut et facit, hoc propter illud, tamen absque omni mentis commotione quia ab aeterno in mente habuit quid propter quod facturus esset. disposuerat igitur dominus ab aeterno iob temporaliter affligere ad demonstrandam veritatem virtutis eius, ut omnis malignorum excluderetur calumnia, * unde ad hoc significandum hic dicitur ° tu autem commovisti me adversus eum. * quod autem dicitur ° ut affligerem illum frustra, ‘ intelligendum est quantum ad intentionem satan non quantum ad intentionem dei: expetierat enim satan adversitatem iob intendens ex hoc eum in impatientiam et blasphemiam deducere, quod consecutus non erat; deus autem hoc permiserat ad declarandam virtutem eius, quod et factum erat: sic igitur frustra afflictus est iob quantum ad intentionem satan |75| sed non quantum ad intentionem dei. repulsus autem satan non quiescit sed adhuc calumniam instruit, ostendere volens quod omnia bona quae iob fecerat, et etiam hoc ipsum quod patienter adversa toleraverat, non pro amore dei fecerat sed pro sui corporis salute, * unde sequitur ° cui respondens satan ait: pellem pro pelle, et cuncta quae habet homo dabit pro anima sua. ‘ considerandum est autem quod iob dupliciter afflictus fuerat, scilicet in amissione possessionum et in amissione natorum. intendit igitur satan dicere quod utramque afflictionem iob patienter toleraverat pro corporis sui salute, et hoc non erat magnae virtutis sed erat humanum et apud homines consuetum; * et hoc est quod dicit ° homo, ‘ quasi quicumque etiam non virtuosus, dabit de facili ° pellem pro pelle, ‘ idest carnem alienam pro carne sua: sustinet enim homo non virtuosus ut quicumque alii etiam quantumcumque coniuncti potius corpore affligantur quam ipse; et similiter homo quicumque dabit cuncta exteriora quae possidet ° pro anima sua, ‘ idest pro vita sua conservanda: exteriora enim bona ad conservationem vitae quaeruntur, ut sint in subsidium victus et vestitus et aliorum huiusmodi quibus vita hominis commode conservatur. |100| * et quia posset aliquis dicere ad satan “ unde: potest probari quod iob amissionem natorum et possessionum patienter tulerit timens pelli suae et vitae suae? ‘ quasi huic quaestioni respondens * subdit ° alioquin, ‘ scilicet si verbo simplici non creditur, ° mitte manum tuam, ‘ idest exerce virtutem tuam, ° et tange os eius et carnem, ‘ idest affligas eum in corpore, non solum in superficie, quod posset significari per tactum carnis, sed etiam in profundum, quod significatur per tactum ossis, ut scilicet tactus usque ad intima perveniat; ° et tunc videbis, ‘ idest manifeste ab omnibus conspici poterit, ° quod in faciem benedixerit tibi, * quod exponendum est ut supra. ‘ voluit igitur dominus ostendere quod iob deo non serviverat propter corporis salutem, sicut supra ostenderat quod ei non servivit propter exteriora bona, * unde subditur ° dixit ergo dominus ad satan: ecce in manu tua, ‘ idest potestatem tibi trado eum in corpore affligendi, ° verum tamen animam illius serva, ‘ idest vitam ei ne auferas. non enim totaliter deus servos suos voluntati satan exponit sed secundum mensuram convenientem, * secundum illud apostoli cor. x 13 ° fidelis deus, qui non patietur vos tentari supra id quod potestis. egressus igitur satan ‘ etc.. accepta potestate satan |125| ad eius executionem procedit, * unde dicitur ° egressus igitur satan a facie domini percussit iob, ‘ percussione quidem turpi et abominabili, * unde dicitur ° ulcere, ‘ incurabili et doloroso, * unde dicitur ° pessimo, ‘ et universali, * unde dicitur ° a planta pedis usque ad verticem eius. ‘ solent autem aegrotantium afflictiones remediis exterius adhibitis et deliciis alleviari, sed iob sic alleviatus non fuit, * sequitur enim ° qui testa saniem radebat, ‘ in quo ostenditur quod lenitiva medicamenta et delicata ei non adhibebantur; ° sedens in sterquilinio, ‘ ex quo ostenditur quod non recreabatur neque loci amoenitate neque stramentorum mollitie neque alicuius suavitatis odore, sed magis contrariis utebatur. potest autem hoc dupliciter contigisse: vel quia percussus a domino ipse etiam se magis sponte affligebat et humiliabat ut misericordiam facilius obtineret, vel quia cuncta quae habebat amiserat, unde non poterat sibi convenientia remedia exhibere; et hoc satis probabile est ex hoc quod supra dominus dixit; nec videtur quod satan citra potestatem sibi datam aliquid egerit ad nocendum. solent etiam afflictiones hominum verbis consolatoriis relevari, sed afflicto iob verba exasperantia dicuntur, tanto magis provocantia quanto a persona |150| magis coniuncta proferuntur, * sequitur enim ° dixit autem illi uxor sua, ‘ quam solam diabolus reliquerat ut per eam viri iusti mentem pulsaret qui per feminam primum hominem deiecerat. haec autem primo in verba irrisionis prorupit dicens ° adhuc tu permanes in simplicitate tua, ‘ quasi dicat: saltem post tot flagella cognoscere debes quia inutile tibi fuit simplicitatem servare, * sicut etiam ex quorundam persona dicitur mal. iii 14 ° vanus est qui servit deo; et quod emolumentum quia custodivimus praecepta eius? ‘ secundo procedit ad verba perversae suggestionis * dicens ° benedic deo, ‘ idest maledic, quasi dicat: ex quo tibi benedicenti deo adversitas supervenit, maledic deo ut prosperitate potiaris. ultimo concludit in verba desperationis * dicens ° et morere, ‘ quasi dicat: pro mortuo te habe quia nihil tibi residuum est in simplicitate remanenti nisi ut moriaris. vel aliter ° benedic deo et morere, ‘ idest ex quo post tantam dei reverentiam sic adversitate afflictus es, si adhuc deo benedicas nihil restat nisi ut mortem expectes. sanctus autem vir qui sua incommoda patienter tulerat, iniuriam dei ferre non potuit, * sequitur enim ° qui ait ad illam: quasi una de stultis mulieribus locuta es. ‘ recte eam stultitiae arguit quae contra divinam |175| sapientiam loquebatur. quod autem stulte locuta fuerit ostendit ° si bona suscepimus de manu domini, mala autem quare non sustineamus? ‘ in quo perfectam hominis sapientiam docet. cum enim temporalia bona et corporalia non sint amanda nisi propter spiritualia et aeterna, istis salvatis quasi principalioribus, non debet homo deici si illis privetur nec elevari si eis abundet. docet ergo nos iob tantam animi constantiam habere ut et bonis temporalibus, si nobis a deo dentur, sic utamur ut ex hoc in superbiam non elevemur, et contraria mala sic sustineamus ut ex eis noster animus non deiciatur, * secundum illud apostoli phil. ult.. ° scio humiliari, scio et abundare, * et postea ° omnia possum in eo qui me confortat. ‘ deinde concluditur perseverans innocentia iob * cum dicitur ° in omnibus his non peccavit iob labiis suis. ‘ non solum per uxorem diabolus mentem beati iob exasperare nitebatur sed etiam per amicos, qui quamvis ad consolandum venerint tamen ad verba increpationis processerunt, * de quibus dicitur ° igitur audientes tres amici iob omne malum quod accidisset ei, venerunt singuli de loco suo, eliphaz themanites et baldath suites et sophar naamathites. ‘ et quia inter hos fere vertitur tota disputatio huius libri, |200| considerandum est quod hi tres in aliquo eiusdem opinionis erant cum iob, unde amici eius dicuntur, et in aliquo ab eo differebant inter se invicem concordantes, unde sibi invicem connumerantur et a iob discernuntur. conveniebant siquidem cum iob quod non solum res naturales sed etiam res humanae divinae providentiae subiacerent, sed differebant ab eo quod putabant hominem pro bonis quae agit remunerari a deo prosperitate terrena, et pro malis quae agit puniri a deo adversitate temporali, sicut temporalia bona sint praemia virtutum et temporalia mala sint propriae poenae peccatorum. hanc autem opinionem quilibet eorum propriis modis defendere nititur, secundum quod sibi proprium ingenium suggerebat: propter quod dicuntur venisse ° singuli de loco suo. ‘ iob autem huius opinionis non erat, sed credebat bona opera hominum ordinari ad remunerationem spiritualem futuram post hanc vitam, et similiter peccata futuris suppliciis esse punienda. quod autem praedicti amici iob ad consolandum venerint, * ostenditur ex hoc quod sequitur ° condixerant enim ut pariter venientes visitarent eum et consolarentur, ‘ in quo veros amicos se ostenderunt in tribulationibus sibi non deficientes, * dicitur enim eccli. |225| xii 9 ° in tristitia et in malitia viri amicus agnitus est. ‘ et primo quidem ipsa visitatio consolativa erat: nam videre amicum et ei convivere delectabilissimum est. consolantur etiam ipsum factis, compassionis suae ad eum signa ostendendo. quibus compassionis signis praemittitur provocativum ad compassionem * cum dicitur ° cumque elevassent procul oculos suos non cognoverunt eum: ‘ erat enim immutata facies ex ulcere, et habitus et reliquus cultus ex rerum amissione; quod autem dicit ° procul ‘ intelligendum est secundum eam mensuram qua homo a remotis potest cognosci. haec autem immutatio amici eos provocavit ad tristitiam et compassionem quam per signa ostenderunt, * sequitur enim ° et exclamantes, ‘ scilicet prae magnitudine doloris, ° ploraverunt, scissisque vestibus sparserunt pulverem super caput suum ‘ in signum humilitatis et deiectionis, quasi se ex deiectione amici deiectos reputantes. * addit autem ° in caelum, ‘ ut quasi hac humiliatione caelestem misericordiam provocarent. considerandum est autem quod amicorum compassio consolativa est, vel quia adversitas quasi onus quoddam levius fertur quando a pluribus portatur, vel magis quia omnis tristitia ex admixtione delectationis alleviatur: delectabilissimum autem est experimentum sumere |250| de amicitia alicuius, quod maxime sumitur ex compassione in adversis, et ideo consolationem affert. non solum autem ex compassione ostensa eum consolabantur sed etiam ei societatem exhibendo, * sequitur enim ° et sederunt cum eo in terra septem diebus et septem noctibus; ‘ intelligendum tamen est non continue sed congruentibus horis, indigebat enim magna tristitia diuturna consolatione. sed tertium quod maxime est consolatorium, scilicet verbum, non exhibebant, * sequitur enim ° et nemo loquebatur ei verbum. ‘ taciturnitatis autem causa ostenditur * cum subditur ° videbant enim dolorem esse vehementem, ‘ quae causa magis redditur secundum consolantium opinionem quam secundum statum afflicti; cum enim mens alicuius fuerit dolore absorpta consolationis verba non recipit, * unde et poeta dicit ° quis matrem nisi mentis inops in funere nati flere vetat? ‘ iob autem non sic erat dispositus ut prae tristitia consolationem recipere non posset, sed magis ipse secundum rationem consolabatur se ipsum, ut ex verbis eius supra inductis apparet.

cp3 ° Post haec autem aperuit iob os suum * etc.. sicut supra dictum est, * circa passiones animae duplex fuit antiquorum opinio: stoici enim dixerunt “ tristitiam in sapientem non cadere, * peripatetici vero dixerunt “ sapientem quidem tristari sed in tristitiis secundum rationem moderate se habere, * et haec opinio veritati concordat. ‘ ratio enim condicionem naturae auferre non potest; est autem naturale sensibili naturae ut et convenientibus delectetur et gaudeat et de nocivis doleat et tristetur: hoc igitur ratio auferre non potest sed sic moderatur ut per tristitiam ratio a sua rectitudine non divertat. concordat etiam haec opinio sacrae scripturae, quae tristitiam in christo ponit, in quo est omnis virtutis et sapientiae plenitudo. sic igitur iob ex praenarratis adversitatibus tristitiam quidem sensit, alias patientiae virtus in eo locum non haberet, sed propter tristitiam ratio a rectitudine non declinavit quin potius tristitiae dominabatur. * ad hoc igitur ostendendum dicitur ° post haec aperuit iob os suum. ‘ dicit autem ° post haec, ‘ idest post septem taciturnitatis dies; ex quo manifestum fit quod verba quae sequuntur sunt secundum rationem prolata per tristitiam non perturbatam; |25| si enim ex perturbatione mentis dicta fuissent, prius ea protulisset quando vis tristitiae vehementior erat: tristitia enim quaelibet longitudine temporis mitigatur et in principio magis sentitur; unde propter hoc tandiu tacuisse videtur ne perturbata mente loqui iudicaretur. * quod etiam ostenditur per hoc quod dicitur ° aperuit os suum; ‘ cum enim aliquis loquitur ex impetu passionis, non ipse aperit os suum sed agitur passione ad loquendum: non enim per passionem nostri actus domini sumus sed per solam rationem. loquendo autem tristitiam quam patiebatur ostendit: consuetum est enim apud sapientes ut ex ratione loquantur passionum motus quos sentiunt, sicut et christus dixit ° tristis est anima mea usque ad mortem, * et apostolus dicit rom. viii ° non enim quod volo bonum hoc ago, sed quod odi malum illud facio; * sic etiam et boetius in principio de consolatione “ tristitiam aperuit ut ostenderet quomodo eam ratione mitigaret: ‘ sic et iob loquendo tristitiam suam aperuit * unde sequitur ° et maledixit diei suo, * quod videtur esse contra illud apostoli rom. xii 14 ° benedicite et nolite maledicere. ‘ sed sciendum est quod maledicere multipliciter dicitur: cum enim maledicere nihil aliud sit quam malum dicere, totiens dicitur maledicere |50| quotiens contingit malum dicere. contingit autem aliquem alicui malum dicere primo dictione causante malum, sicut divinum dicere est causa eorum quae dicuntur, et sententia iudicis aliquem condemnantis est causa poenae eius qui condemnatur; et per hunc modum intelligitur quod dominus dixit * gen. iii 17 ° maledicta terra in opere tuo, * et gen. x ° maledictus chanaan, servus sit fratrum suorum; ‘ et iosue maledixit achor qui de anathemate sustulerat. secundo imprecando malum vel optando, * sicut legitur in i reg. quod ° philisthaeus maledixit david in viis suis. ‘ tertio contingit aliquem dicere malum simpliciter enuntiando vel in praesenti vel in praeterito vel in futuro, sive vere sive false. prohibet igitur apostolus maledicere tali maledictione qua quis imprecatur malum alicui vel eum falso diffamat, non autem eo modo quo iudex reum condemnat vel aliquis verax malum alicuius rei ordinate demonstrat, vel demonstrando praesens vel recitando praeteritum vel praenuntiando futurum. sic igitur intelligendum est iob suo diei maledixisse quia eum malum esse denuntiavit, non secundum suam naturam qua a deo creatus est, sed secundum illam scripturae consuetudinem qua tempus dicitur bonum vel malum secundum ea quae in tempore |75| aguntur, * secundum illud apostoli eph. v 16 ° redimentes tempus quoniam dies mali sunt; ‘ maledixit igitur iob diei suo inquantum mala sibi in ipso die accidisse commemorat. quomodo autem maledixerit * subditur: ° et locutus est: pereat dies in qua natus sum, et nox in qua dictum est: conceptus est homo. ‘ sciendum est autem quod licet esse et vivere secundum se sit appetibile, tamen esse et vivere in miseria est fugiendum secundum quod huiusmodi, licet interdum esse in miseria libenter sustineatur propter aliquem finem; unde illa misera vita quae non ordinatur ad aliquem finem bonum nullo modo est eligenda, secundum quod dominus dicit * matth. xxvi 24 ° melius erat ei si natus non fuisset homo ille. ‘ bonum autem quod ex aliqua miseria expectatur sola ratio apprehendit, vis autem sensitiva non percipit, sicut amaritudinem medicinae gustus percipit sed sola ratio in fine sanitatis delectatur; si quis igitur passionem sui gustus vellet exprimere denuntiaret medicinam esse malam, quamvis ratio iudicaret eam esse bonam propter finem; sic igitur miseria quam beatus iob sustinebat rationi quidem poterat videri quantum ad aliquid utilis esse, sed inferior pars animae quae ex ea tristitia afficiebatur adversitatem |100| totaliter repudiabat, unde et ipsum vivere sub tali adversitate odiosum ei erat. quando autem est nobis aliquid odiosum, omnia abominamur per quae in illud devenimus; et ideo iob secundum inferiorem partem animae, cuius passionem nunc exprimere intendebat, et nativitatem et conceptionem suam ex quibus in hanc vitam devenerat odio habebat, et per consequens diem nativitatis et noctem conceptionis, secundum illum loquendi modum quo ex his quae in tempore aguntur aliquid ascribitur tempori bonum vel malum. sic igitur iob quia secundum partem sensibilem vitam sub adversitate repudiabat, volebat se numquam natum vel conceptum fuisse, * et hoc est quod dicit ° pereat dies in qua natus sum, ‘ ac si diceret numquam natus fuissem. ° et nox in qua dictum est, ‘ idest vere dici potuit ° conceptus est homo, ‘ idest utinam numquam conceptus fuissem. et congrue ordinat, quia nativitate sublata conceptio non aufertur sed e converso; congruenter etiam conceptionem nocti ascribit et nativitatem diei, quia secundum astrologos nativitas diurna est laudabilior, principaliori sidere existente super terram, idest sole, conceptio autem nocturna est frequentior. * similis modus loquendi habetur ier. xx 14: ° maledicta dies in qua natus sum, dies in qua peperit me mater |125| mea non sit benedicta. ‘ posita ergo maledictione diei nativitatis et noctis conceptionis, prosequitur singillatim de maledictione utriusque, et primo de maledictione diei nativitatis * dicens ° dies ille vertatur in tenebras. ‘ considerandum autem est quod, * sicut hieronymus dicit in prologo, ° a verbis iob in quibus ait pereat dies in qua natus sum usque ad eum locum ubi ante finem voluminis scriptum est idcirco ipse me reprehendo, hexametri versus sunt, dactylo spondeoque currentes; ‘ et sic patet quod liber iste exhinc per modum poematis conscriptus est, unde per totum hunc librum figuris et coloribus utitur quibus poetae uti consueverunt. solent autem poetae, ut vehementius moveant, ad eandem sententiam diversa inducere, unde et hic iob ad maledicendum diei suae secundum modum quem dicimus ea inducit quibus aliquis dies solet esse odiosus. dignitas autem diei est claritas eius, hac enim a nocte distinguitur; hanc igitur dignitatem excludit * dicens ° dies ille vertatur in tenebras, ‘ quae quidem sententia quantum ad superficiem litterae frivola videtur et vana. dies enim nativitatis praeterierat et iam non erat; quod autem praeteriit immutabile est: quomodo igitur poterat dies qui praeterierat |150| in tenebras verti? sed sciendum est quod quaedam per modum optandi dicuntur ad exprimendum iudicium quod de aliqua re habetur; * sic igitur nunc dicitur ° dies ille vertatur in tenebras ‘ ac si diceretur: dies nativitatis meae debuisset esse tenebrosus ut congrueret tenebris miseriae quam patior. quia enim aspectus luminis delectabilis est, * secundum illud eccl. xi 7 ° dulce lumen, et delectabile est oculis videre solem, ‘ consuetum est in scripturis ut per tenebras tristitia significetur, * secundum illud eccl. v 16 ° comedit in tenebris et in curis multis et in aerumna atque tristitia. ‘ est autem aliquis dies clarus multipliciter: primo quidem ex dei sanctificatione qui eum celebrem esse instituit, * sicut habetur exodi xx 8 ° memento ut diem sabbati sanctifices; ‘ hanc igitur claritatem a praedicto die removet * dicens ° non requirat eum deus desuper, ‘ quasi dicat: non exigat deus ab hominibus ut hunc diem celebrem agant. dies enim aliqui exiguntur a deo ad celebritatem propter aliquod insigne beneficium in illa die hominibus collatum, sicut sabbatum in veteri lege propter beneficium creationis, et dies paschae propter beneficium liberationis ex aegypto; quod etiam manifestum est in diebus festis qui in novo testamento celebrantur. |175| vult ergo per hoc significare quod sua nativitas non debet computari inter insignia dei beneficia, cum magis ad miseriam natus esse videatur quam ad laetitiam. secundo aliquis dies clarus est ex hominum recordatione: solent enim homines aliquos dies celebres agere in quibus aliqua magna et iocunda eis contigerunt, sicut herodes et pharao diem nativitatis celebrabant; hanc igitur claritatem a praedicto die removet * dicens ° et non sit in recordatione, ‘ scilicet hominum, quia videlicet non aliquid iocundum in illa die accidit sed magis tristitia et ex eventu apparet. tertio dies clarus est ex corporali lumine, quae quidem claritas multipliciter aufertur: primo quidem ex subtractione radiorum solis illuminantium terram, ut patet quando sol eclipsatur, * et quantum ad hoc dicit ° nec illustretur lumine; ‘ secundo ex oppositione nubium vel aliquorum huiusmodi occultantium radios solis, * et quantum ad hoc dicit ° obscurent eum tenebrae; ‘ tertio ex defectu visivae virtutis, cum enim aliquis moritur vel visu privatur, quantum ad eum claritas diei aufertur, * et quantum ad hoc dicit ° et umbra mortis. ‘ modum autem obtenebrationis praemissae exponit dupliciter: primo quidem quantum ad ordinem * in hoc quod dicit ° occupet eum caligo: ‘ tunc enim dies |200| caligine occupatur quando diei prius splendenti subito et ex insperato tenebrae inducuntur, cuius simile in vita ipsius iob apparet; secundo quantum ad genus tenebrarum * in hoc quod dicit ° et involvatur amaritudine, ‘ per quod dat intelligere totum quod de obtenebratione dictum est ad tenebras tristitiae esse referendum: hunc enim morem observare videtur ut parabolicam locutionem ex aliquo subsequenti exponat. per omnia igitur haec nihil aliud dicere intendit quam quod dies suae nativitatis non debet iudicari dies gaudii sed maeroris, cum per suam nativitatem ad vitam tantae adversitati subiectam devenerit. post maledictionem igitur diei suae nativitatis, consequenter maledicit noctem suae conceptionis secundum similem modum loquendi, et primo attribuit ei illud unde nox magis horribilis redditur. cum enim nox propter tenebras secundum se ipsam horrida sit, quanto magis tenebrae noctis augmentantur tanto magis horrida redditur, quod contingit cum aliqua magna tempestas in nocte oboritur, * et quantum ad hoc dicit ° noctem illam tenebrosus turbo possideat, ‘ quasi diceret: congruum fuisset noctem illam tenebroso turbine possideri ut vitae meae congrueret, quae tanto adversitatis turbine involvitur. |225| deinde removet ab ea illa quae pertinere videntur ad bonum noctis, et primo quantum ad opinionem hominum. cum enim homines tempora distinguant secundum ea quae aguntur in tempore, in nocte autem pauca vel nulla fiant memoria digna, nox non notatur per se ipsam in hominum memoriis sed ex die coniuncta. hoc igitur bonum a nocte praedicta removet * dicens ° non computetur in diebus anni nec numeretur in mensibus, ‘ quasi dicat: nox illa non est memoria digna cum nihil insigne in ea acciderit sed magis aliquid dolorosum. inter noctes autem quae in memoriis hominum aguntur, quaedam non solum memorabiles sunt sed etiam celebres et festivae in quibus homines ad aliqua festa agenda congregantur, et hoc removet * dicens ° sit nox illa solitaria. ‘ huiusmodi autem hominum congregatio in aliqua nocte fit in laude et celebritate illius noctis propter aliquod celebre factum quod in illa nocte recolitur, sicut apud fideles agitur in nocte dominicae resurrectionis, * et ideo subdit ° nec laude digna: ‘ est enim aliqua nox digna laude propter aliquod magnum factum in illa nocte contingens. ex hoc ergo nihil aliud intendit quam significare quod sua conceptio non fuit aliquid magnum nec ad bonum ordinata sed potius ad malum adversitatis |250| quam sentiebat, * unde subdit ° maledicant ei qui maledicunt diei, qui parati sunt suscitare leviathan. ‘ quod quidem secundum litteram dupliciter potest exponi: uno modo secundum quod per leviathan intelligitur aliquis magnus piscis, prout videtur congruere his quae in fine huius libri de eo dicuntur ° an extrahere, ‘ inquit, ° poteris leviathan hamo? ‘ et secundum hoc intelligendum est quod illi qui huiusmodi magnos pisces piscantur de nocte eos invadunt in tenebris, et ideo quando dies incipit apparere maledicunt diei quia per hoc eorum opus et intentio impeditur. alio modo potest intelligi ut per leviathan significetur draco antiquus, scilicet diabolus, * secundum illud is. xxvii 1 ° in die illa visitabit dominus in gladio suo duro et gravi et forti super leviathan, serpentem tortuosum. ‘ illi ergo parati sunt suscitare leviathan qui student ad suggestiones diaboli implendas operibus iniquitatis vacando, qui diei maledicunt quia, * ut dicitur ioh. iv, ° omnis qui male agit odit lucem, * et infra xxiv 15 dicitur ° oculus adulteri observat caliginem, * et postea ° si subito apparuerit aurora arbitratur umbram mortis. ‘ secundum hoc igitur, sicut per hoc quod dixerat ° nec laude digna ‘ vult praedictam noctem esse odiosam bonis, * ita per hoc quod subdit ° maledicant ei ‘ etc. |275| vult eam esse odiosam malis: nam adversitatem et boni et mali abhorrent. deinde excludit a praedicta nocte quae videtur ad bonum noctis pertinere secundum naturam, quorum unum est quod nox decoratur aspectu stellarum, et hoc removet * dicens ° obtenebrentur stellae caligine eius; ‘ aliud est quod decoratur ex spe diei, et hoc removet * dicens ° expectet lucem et non videat, ‘ quasi dicat: quamvis naturale sit ut in nocte lux diei expectetur, illa tamen nox habeat tenebras infinitas quae numquam diurnae lucis successione terminentur. noctis quidem tenebrae plena luce diei totaliter excluduntur, aurorae vero crepusculo diminuuntur; imprecatur autem praedictae nocti non solum ut eius tenebrae non excludantur per diem sed quod nec minuantur per auroram, * unde dicit ° nec ortum surgentis aurorae. ‘ sed quia id quod dixerat impossibile videbatur, ut scilicet nocti non succederet dies nec aurora, ostendit ex quo sensu id dictum sit * subdens ° quia non conclusit ostia ventris qui portavit me. ‘ vita enim hominis in ventre matris abscondita est, unde tenebris noctis comparatur; cum autem per nativitatem in manifestum prodit, tunc clarae diei similitudinem habet; ideo ergo dixit quod nox illa neque |300| diem neque auroram succedentem haberet, ut ostenderet se desiderare quod suus conceptus numquam venisset ad partum neque ad pueritiam, quae per auroram intelligitur, neque ad iuventutem, quae per plenam lucem diei designatur. * dicit autem ° quia non conclusit ostia ‘ etc., non quod ipsa nox concludat ventrem, idest impediat partum, sed quia in nocte hoc agitur: ex ipsa enim conceptione potest praestari impedimentum ne conceptus ad partum perveniat. et quia hoc etiam videbatur irrationabile quod aliquis vitam abhorreret cum omnibus desiderabile sit esse et vivere, ostendit ex qua ratione id dixerit * cum subdit ° nec abstulit mala ab oculis meis, ‘ quasi dicat: non ipsam vitam propter se abhorreo sed propter mala quae patior; etsi enim vita secundum se desiderabilis sit, non tamen vita miseriis subiecta. ubi considerandum est quod omnia quae supra figurative locutus est hac finali clausula exposuisse videtur, quod etiam in aliis eius dictis advertendum est. ° quare non in vulva mortuus sum? ‘ postquam diei nativitatis et nocti conceptionis suae maledixerat ut ostenderet initia suae vitae se abhorrere, nunc ostendit se abhorrere suam conservationem in vita, ut ex his manifestius ostendat quod vita eius est |325| ei onerosa. est autem duplex status vitae: unus occultus quo concepti vivunt in utero, alius manifestus quo vivunt homines post nativitatem ex utero. quantum ergo ad primum statum * dicit ° quare non in vulva mortuus sum? ‘ quantum ad secundum ° egressus ex utero non statim perii? ‘ et de hoc secundo primo prosequitur. sciendum est autem quod exterior vita dupliciter tollitur: quandoque quidem ex aliquo nocumento superveniente, vel intrinseco sicut est morbus, vel extrinseco sicut gladius aut aliquid huiusmodi, * et ad hoc potest referri quod dixit ° egressus ex utero non statim perii? ‘ quandoque vero ex subtractione necessarii subsidii, quod quidem est vel extrinsecum ut sunt vehicula, fomenta et alia huiusmodi adiumenta, * et quantum ad hoc dicit ° quare exceptus genibus? ‘ vel intrinsecum sicut est cibus, * et quantum ad hoc dicit ° aut lactatus uberibus? ‘ his enim adminiculis indiget vita nati in sui primordio. et quia cum aliquis dicit quare hoc factum est? dat intelligere hoc inutiliter esse factum, ideo consequenter ostendit inutile sibi fore se fuisse conservatum in vita, immo potius nocivum. quod quidem ostendit primo quantum ad mala quae nunc patitur, * dicens ° nunc enim dormiens silerem: ‘ mortem |350| quidem somnum dicit propter spem resurrectionis, de qua postmodum plenius loquetur; per silentium autem intelligit quietem ab adversitatibus quas patiebatur, quasi dicat: si statim post ortum mortuus fuissem, his malis quae patior non inquietarer. secundo quantum ad bona quae primo habuerat; posset enim ei aliquis dicere: si in vita conservatus non esses, non habuisses bona quae olim habuisti, sed quasi ad hoc respondens ostendit quod nec propter illa bona vitae conservatio sibi fuisset optanda: nam etiam illi qui in tota vita sua maximis prosperitatibus florent hoc fine concluduntur, scilicet mortis; * hoc est ergo quod dicit ° et somno meo, ‘ idest morte, ° requiescerem, ‘ idest a vitae inquietudinibus immunis essem, ° cum regibus et consulibus terrae. ‘ sciendum est autem quod eorum qui in dignitatibus constituti sunt, qui maxime prosperari videntur, intentio est vel ad voluptatibus fruendum, * et quantum ad hos dicit ° qui aedificant sibi solitudines, ‘ ad litteram causa venationis vel aliarum voluptatum solitarii esse volentes; vel ad divitias congregandum, * et quantum ad hos dicit ° aut cum principibus qui possident aurum et replent domos suas argento, ‘ quasi dicat: si statim mortuus essem post ortum, nihil nunc minus haberem quam habent illi |375| post mortem qui in multis prosperantur. considerandum est autem quod cum quiescere non sit nisi subsistentis, ex his verbis dat intelligere hominem secundum animam post mortem subsistere. * si autem aliquis obiciat quod " huiusmodi reges aut principes de quibus loquitur forte non quiescunt sed sunt in poenis inferni, vel etiam quod ipsi iob in hoc fuit utilis vita quod sibi meritum acquisivit, ' advertendum est quod, * ut supra diximus, ' iob nunc loquitur ex persona sensualis partis, exprimens eius affectum, quae non habet locum nisi ad corporalia et praesentia bona vel mala. sic igitur postquam ostendit sibi desiderandum non fuisse quod post ortum conservaretur, consequenter ostendit sibi desiderandum non fuisse quod conservatus in utero perveniret ad ortum, * explicans quod supra dixerat ° quare non in vulva mortuus sum. ' considerandum est autem quod in vulva aliqui moriuntur ante infusionem animae rationalis quae sola immortalis est, * et quantum ad hoc dicit ° aut sicut abortivum absconditum non subsisterem: ' ab huiusmodi enim abortivis fetibus nihil perpetuum remanet; aliqui vero moriuntur post infusionem animae rationalis, qui quidem post mortem subsistunt secundum animam sed lucem huius mundi non |400| vident, * et quantum ad hoc dicit ° vel, ' supple sicut, ° qui concepti non viderunt lucem, ' scilicet vitae praesentis. et quod hoc sibi fuisset optandum ostendit per hoc quod non esset subiectus malis huius vitae, * unde dicit ° ibi, ' scilicet in statu quem habent qui concepti non viderunt lucem, ° impii cessaverunt a tumultu, ' scilicet quem aliis inferebant eos affligendo, quod refertur ad immunitatem a malo culpae; ° et ibi, ' scilicet in statu mortuorum, ° fessi robore, ' idest viri bellatores qui bella gerendo fatigati sunt, ° requieverunt, ' idest caruerunt huiusmodi labore quia, ut dictum est, non loquitur nunc nisi de quiete a malis praesentis vitae; potest etiam et intelligi de fatigatione in quocumque labore quem quis patitur sua fortitudine operando. ° et ' illi qui fuerunt ° quondam vincti ' erunt ibi ° pariter sine molestia, ' idest sine priori angustia, pariter cum eis qui eos vinctos detinebant; et ibi homines oppressi angariis vel servitutibus ° non exaudierunt vocem exactoris, * secundum illud quod dicitur is. xiv 4 ° quomodo cessavit exactor, quievit tributum. ' et quod hoc sit verum ostendit * per hoc quod subdit ° parvus et magnus ibi sunt ' pariter, quia parvitas et magnitudo est in hac vita secundum inaequalitatem prosperitatis terrenae, qua sublata remanent secundum naturam aequales; * quod ergo |425| dicit ° parvus et magnus, ' intelligendum est: idest illi qui fuerunt in hac vita differentes secundum magnitudinem terrenae prosperitatis. sciendum tamen est quod differentia magnitudinis et parvitatis secundum spiritualia bona remanet etiam ibi, sed de his nunc non loquitur, * ut iam dictum est. ' et ibi erit ° servus liber a domino suo, ' unde non habebit locum exactio aut aliquid huiusmodi. ° quare data est misero lux? ' postquam iob vitam propriam detestatus fuerat multipliciter, nunc detestatur communiter totius humani generis vitam, tam quantum ad eos qui in prosperitate sunt quam quantum ad eos qui in adversitate, de quibus primo prosequitur quasi a manifestiori incipiens. sciendum est autem quod in viventibus duo videntur esse praecipua, scilicet vivere et cognoscere. et quidem ipsum cognoscere quamvis delectabilissimum sit et nobilissimum, tamen cognoscere ea quae hominem affligunt poenosum est, * et ideo dicit ° quare data est misero lux? ' quasi dicat: ad quid prodest homini miseriis subiecto quod lucem cognitionis habet, cum per eam consideret mala quibus affligitur? vivere autem nobile est propter animam; quod si anima in amaritudine sit, ipsum vivere redditur amarum, * et ideo dicit ° et vita his qui in amaritudine animae |450| sunt, ' resume quare data? et quod inutiliter detur ostendit hac ratione quia contrarium eius desideratur a miseris, * unde dicit ° qui, ' scilicet in amaritudine existentes, ° expectant mortem et non venit, ' scilicet tam cito sicut optant. et ut ostendat quod expectant mortem non horrentes sed desiderantes eam, * subiungit ° quasi effodientes thesaurum, ' qui scilicet magno desiderio accenduntur ut fodiendo ad thesaurum perveniant. et quia desiderium cum completur gaudium parit, * subiungit ° gaudentque vehementer cum sepulcrum invenerint, ' idest cum vident se pervenire ad mortem per quam sepulcrum inveniunt. * quidam autem " hoc referunt ad eos qui thesaurum effodiunt, qui gaudent sepulcro invento, quia in sepulcris antiquis consueverunt thesauri inveniri; * sed prima expositio melior est. et quia posset aliquis dicere quod " vita etsi inutiliter detur miseris, utiliter tamen datur his qui in prosperitate sunt, ' ad hoc removendum * subdit ° viro cuius abscondita est via, ' supple quare data est lux et vita? viri enim via abscondita est quia nescitur quo status praesentis prosperitatis perveniat, * dicitur enim prov. xiv 13 ° risus dolore miscebitur et extrema gaudii luctus occupat, * et ier. x 23 dicitur ° non est in homine via eius, * eccl. vii 1 ° quid necesse |475| est homini maiora se quaerere cum ignoret quid conducat sibi in vita sua? aut quis potest indicare quid post eum futurum sub sole sit? ' quomodo autem sit via hominis abscondita exponit subdens ° et circumdedit eum deus tenebris, ' quod quidem multipliciter manifestum est: quantum ad ea quae sunt ante et post, * secundum illud eccl. viii 6 ° multa hominis afflictio quia ignorat praeterita et ventura nullo scire potest nuntio; ' et quantum ad ea quae sunt iuxta, scilicet ad homines, * secundum illud cor. ii 11 ° quis scit quae sunt hominis nisi spiritus hominis qui in ipso est? ' et quantum ad ea quae sunt supra, * secundum illud tim. ult. ° lucem habitat inaccessibilem, ' scilicet deus, ° quem nullus hominum vidit sed nec videre potest, * et in psalmo dicitur quod ° posuit tenebras latibulum suum; ' et quantum ad ea quae sunt infra, * dicitur enim eccl. i 8 ° cunctae res difficiles, non potest homo eas explicare sermone. ' dicitur autem deus hominem tenebris circumdedisse, quia deus ei talem intellectum tribuit quod praedicta cognoscere non possit. ostenso igitur quod vita hominum difficilis est propter miseriam et amaritudinem hominum, haec quae communiter dixerat sibi adaptat, exprimens suam amaritudinem * cum dicit ° antequam comedam |500| suspiro; ' sicut enim risus gaudii signum est, ita suspirium amaritudinis animae: ostendit igitur ex modo suspirii suae amaritudinis modum. suspirium igitur eius et tempestive incipiebat, * dicit enim ° antequam comedam suspiro, ' et continuum erat et magnum, * unde subdit ° et quasi inundantis aquae sic rugitus meus; ' sicut enim suspirium moderatae tristitiae signum est ita rugitus vehementis et quae vix tolerari potest. hic autem rugitus aquae rugitui comparatur: aqua enim de facili movetur et murmuris sonum facit, sic et homo in magna afflictione constitutus ex levi memoria suae miseriae provocatur ad rugitum. * addit autem ° inundantis aquae ' ut ostendat suae amaritudinis continuitatem: aqua enim inundans continue movetur et sonum facit. sed quia animae amaritudo ex miseria nascitur, post amaritudinem animae de sua miseria * subiungit dicens ° quia timor quem timebam evenit mihi. ' et notandum est quod miseria hominis ad amaritudinem provocans in duobus consistere videtur: in damnis rerum vel personae et in dehonorationibus. * quantum ergo ad primum dicit ° timor quem timebam evenit mihi, ' idest ea quae timebam mihi provenerunt, ubi magnitudo damnorum et poenarum exprimitur: quanto enim aliquis prudentior est, tanto in |525| statu prosperitatis magis recogitat quae in adversitatis tempore sibi accidere possunt, * secundum illud eccli. xi 27 ° in die bonorum ne immemor sis malorum; ' magnam igitur miseriam iob prudentissimus patiebatur dum sibi quae timuerat evenerunt. quantum autem ad secundum, scilicet ad dehonorationes, * dicit ° et quod verebar accidit: ' est enim verecundia * secundum philosophum ° timor inhonorationis; ' per hoc igitur ostendit quod ex magna gloria in multa opprobria et dehonorationes acciderat. solet autem aliquis miseriam et amaritudinem pati sed ex propria culpa, sed hoc removet iob dicens ° nonne dissimulavi? ' et sciendum est quod aliquis offendit unde poenam meretur a deo dupliciter: uno modo quando ex iniuriis sibi illatis ultra modum provocatur ad vindictam, * secundum quod dicitur in psalmo ° si reddidi retribuentibus mihi mala, decidam merito ab inimicis meis inanis, ' hoc autem a se removet dicens ° nonne dissimulavi? ' scilicet iniurias mihi factas; alio modo dum ipse alium primitus offendit vel verbis, et hoc removet * dicens ° nonne silui? ' quasi dicat: nulli contumeliosa aut iniuriosa verba protuli; vel factis, et hoc removet a se * dicens ° nonne quievi? impii enim quasi mare fervens quod quiescere non potest * is. lvii 20. ' et quamvis |550| innocens sim tamen ° venit super me indignatio, ' idest poena a deo - ira enim in deo non accipitur pro commotione animi sed pro punitione -, in quo recognoscit adversitates huius mundi non absque divino nutu provenire. si quis igitur colligere velit quae in hac deploratione iob dicta sunt, sciendum est tria in ea contineri: primo enim ostendit sibi suam vitam esse taediosam, secundo magnitudinem miseriae quam patiebatur, * ibi ° antequam comedam ' etc., tertio ostendit suam innocentiam * cum dicit ° nonne dissimulavi ' etc..

cp4 ° Respondens autem eliphaz themanites ' etc.. amici iob qui ad consolandum venerant, cum prius propter doloris magnitudinem tacuissent, post locutionem iob audaciam sumpserunt loquendi. et primo loquitur eliphaz themanites quia verba a iob proposita non eo animo accepit quo erant dicta: nam odium praesentis vitae quod dixerat se pati desperationi imputabat, magnitudinem amaritudinis impatientiae, innocentiae confessionem praesumptioni. primo igitur arguit eius impatientiam, et incipit loqui ad eum quasi ad hominem impatientiae vitio subiacentem qui ex verbis sibi prolatis indignatur, * unde dicit ° si coeperimus loqui tibi forsitan moleste accipies, ' ubi satis impatientis et irati consuetudinem exprimit, qui non suffert audire verba usque ad finem sed statim in ipso verborum exordio provocatur. * addit autem ° forsitan ' ne de temerario iudicio condemnetur, quamvis etiam in praesumptionibus seu suspicionibus in meliorem partem dicta vel facta interpretanda sunt. sed dum ipse iob de impatientia arguit, se ipsum impatientiae et fatuitatis reum ostendit * dicens ° sed conceptum sermonem tenere quis poterit? * secundum illud eccli. xix 12 ° sagitta infixa femori canis, sic verbum in corde stulti; |25| ' quamvis et iusti ex zelo divino interdum ea quae concipiunt ad honorem dei dicenda tacere non possunt, * secundum illud ier. xx 9 ° dixi: non recordabor eius, ' scilicet sermonis domini, ° neque loquar ultra in nomine illius; et factus est in corde meo quasi ignis exaestuans claususque in ossibus meis, et defeci ferre non sustinens. ' ulterius autem procedit ad manifeste eius impatientiam ostendendam. exaggerat autem eius impatientiam ex duobus, scilicet ex praecedenti doctrina et ex praecedenti vita: ex praecedenti quidem doctrina quia turpe est homini cum non servat ad quod alios inducit, * secundum illud matth. xx ° dicunt enim et non faciunt; ' iob autem multos antea ab impatientia retraxerat, et diversimode secundum quod diversis congruebat. sunt enim aliqui qui per impatientiam deficiunt ex ignorantia dum nesciunt adversis uti ad virtutem, * et quantum ad hos dicit ° ecce docuisti multos; ' quidam vero primo quidem in adversis virtuose agunt sed adversitate durante quasi recta actione fatigati deficiunt, * et quantum ad hos dicit ° et manus lassas roborasti, ' scilicet bonis inductionibus; sunt etiam aliqui qui in adversis in dubitationem incidunt an ex divino iudicio proveniant, et * quantum ad hos dicit ° vacillantes confirmaverunt |50| sermones tui; ' sunt etiam aliqui qui parvam quidem adversitatem sustinerent sed sub magna adversitate quasi sub magno pondere deficiunt, * et quantum ad hos dicit ° et genua trementia confortasti, ' scilicet tuis sermonibus: tremunt enim genua homini magnum pondus portanti. ad praedicta autem implenda exhortatur dominus * is. xxxv 3 ' dicens ° confortate manus dissolutas et genua debilia roborate. ' vult autem consequenter ostendere quod ea quae docuerat non implevit, * unde subditur ° nunc autem venit super te plaga et defecisti, ' a firmitate scilicet mentis quam habere videbaris et quam aliis suggerebas, et hoc referendum est ad adversitatem quam passus fuerat in exterioribus rebus; ° tetigit te et conturbatus es, ' idest quietem mentis quam habuisse videbaris amisisti, quod referendum est ad afflictionem corporis quam sustinebat: unde et supra satan dixerat ° mitte manum tuam et tange os eius et carnem. ' sic igitur iob arguitur quod praecedentem doctrinam subsequenti patientia non confirmaverit, * contra id quod scriptum est prov. xix 11 ° doctrina viri per patientiam noscitur. ' sed et ex vita praeterita quae in iob videbatur subsequentem impatientiam exaggerat; videtur enim |75| non fuisse vera virtus quae tam cito in tribulatione defecit quia, * sicut scriptum est eccli. ii 5, ° in igne probabitur aurum et argentum, homines vero receptibiles in camino humiliationis. ' multiplici autem virtute aliquis in tribulationibus conservatur ne deficiat: primo quidem per reverentiam divinam, dum homines considerant mala quae patiuntur ex divina providentia provenire, sicut et iob supra dixerat ° sicut domino placuit ita factum est, ' et ad hoc excludendum inducit ° ubi est timor tuus? ' quo scilicet deum revereri videbaris. secundo aliqui conservantur animi firmitate, quae quidem duos gradus habet: in quibusdam enim tanta est animi firmitas ut eorum animus adversitatibus non nimium molestetur, et hoc ad fortitudinem pertinere videtur, * unde dicit ° ubi est fortitudo tua? ' nec accipitur hic fortitudo secundum quod conservat hominem ne succumbat timori, sed ut non deiciatur per tristitiam; quidam vero gravem quidem tristitiae passionem ex adversitate patiuntur sed ab ea propter rationem bene dispositam non abducuntur, et hoc videtur ad patientiam pertinere, ut talis sit differentia inter patientiam et fortitudinem qualem assignant philosophi inter continentiam et castitatem, * et ideo adiungit ° patientia tua? ' tertio vero conservantur |100| aliqui ex amore honestae actionis et ex eo quod horrent turpiter agere, qui etsi interius conturbentur in adversitatibus, tamen nec verbo nec facto in aliquid indecens prorumpunt, * et propter hoc addit ° et perfectio viarum tuarum? ' per vias enim actiones intelliguntur quibus quasi quibusdam viis pervenitur ad finem; vel per vias possunt intelligi excogitata consilia quibus aliquis se evadere confidit, unde adversitates facilius tolerat. ° recordare, obsecro te ' etc.. postquam eliphaz arguerat iob impatientiae occasione accepta ex eo quod dixerat ° antequam comedam suspiro, ' nunc intendit eum praesumptionis arguere eo quod se dixerat innocentem. ad ostendendum autem eum non esse innocentem, ex eius adversitate argumentum assumit * dicens ° recordare, obsecro te, quis umquam innocens periit, aut quando recti deleti sunt? ' ubi considerandum est hanc fuisse opinionem eliphaz, et aliorum duorum, * sicut supra dictum est, ' quod adversitates huius mundi non adveniunt alicui nisi in poenam peccati et e contrario prosperitates pro merito iustitiae; unde secundum eius opinionem inconveniens videbatur quod aliquis innocens temporaliter periret, aut quod aliquis rectus, idest iustus secundum virtutem, deleretur per amissionem |125| gloriae temporalis, quam credebat praemium esse iustitiae. et hanc quidem opinionem intantum veram esse credebat quod etiam iob ab ea discordare non posset; aestimabat tamen quod perturbata mente ipsius, veritatem quam aliquando cognoverat quasi oblitus esset, * unde dicit ° recordare. ' posito ergo quod innocentibus et rectis adversitas non contingat, consequenter adiungit quibus adversitas contingat * dicens ° quin potius vidi eos qui operantur iniquitatem et seminant dolores et metunt eos, flante deo perisse et spiritu irae eius esse consumptos. * in hoc autem quod dicit ° vidi ' dat intelligere se ista per experimentum probasse; per eos autem ° qui operantur iniquitatem ' intelligit eos qui manifeste iniustitiam faciunt et praecipue in nocumentum aliorum; per eos autem qui ° seminant dolores et metunt eos ‘ intelligit eos qui per dolum aliis nocent: hi enim dolores seminant dum calumnias praeparant quibus alios dolentes reddant, quos quidem dolores metunt dum malitiam suam ad effectum perducunt, et hoc pro magno fructu habent. quam quidem metaphoram ulterius prosequitur quantum ad poenam: consueverunt enim segetes vento urente siccari et consumi, * unde dicitur mal. iii 11 ° increpabo pro vobis devorantem, ‘ scilicet ventum, ° et non |150| corrumpet fructum terrae vestrae, ‘ et hoc est quod dicit quod flante deo pereunt, quasi ipsum divinum iudicium ad vindictam iniquitatis procedens flatus quidam venti sit; ipsa autem dei vindicta dicitur spiritus, idest ventus, irae eius. non solum autem dicit quod pereunt sed quod consumuntur, quia non solum in propriis personis puniuntur sed et eorum filii et familia tota perit ut nihil ex eis residuum videatur, in quo videbatur tangere iob qui et in suo corpore flagellatus erat, et filios et familiam et opes amiserat. sed quia videbatur hoc esse contra opinionem eliphaz quod pro peccato parentis filii et familia puniretur, cum ipse intendat hanc opinionem defendere quod adversitates in hoc mundo sunt poenae peccati, huic obiectioni respondens * subiungit ° rugitus leonis et vox leaenae et dentes catulorum leonum contriti sunt. ‘ ubi primo considerandum occurrit quod homo ceteris animalibus praeminet ratione; cum igitur ratione praetermissa passiones brutales sequitur, efficitur similis bestiis, et illius bestiae nomen sibi competit cuius passionem imitatur, utpote qui subiacet concupiscentiae passionibus equo vel mulo comparatur, * secundum illud psalmi ° nolite fieri sicut equus et mulus quibus non est intellectus; |175| ‘ propter ferocitatem autem vel iram leo aut ursus nominatur, * secundum illud prov. xxviii 15 ° leo rugiens et ursus esuriens, princeps impius super populum pauperem, * et ez. xix 3 ° leo factus est et didicit capere praedam hominemque comedere: ‘ sic igitur et nunc hominem ferocem leoni comparat dicens ° rugitus leonis, ‘ rugitus enim est leoninae ferocitatis indicium. contingit autem frequenter quod ferocitas viro additur ex suggestione uxoris, et sic ea quae vir ferociter agit uxori imputantur in culpam, sicut patet de uxore herodis quae impulit eum ad decollandum iohannem, * propter quod dicitur ° et vox leaenae. ‘ his autem quae tyrannus aliquis ferociter acquirit eius filii luxuriose interdum utuntur, et sic in rapina patris delectantur: unde et ipsi a culpa immunes non sunt, * propter quod subditur ° et dentes catulorum leonum contriti sunt, * secundum illud nah. ii 12 ° et leo cepit sufficienter catulis suis. ‘ et sic obiectioni praemissae respondisse videtur, quia cum pro peccato viri punitur uxor et filii non est iniustum, cum et ipsi culpae participes fuerint; quod totum dicebat volens iob et eius familiam de rapina notabilem reddere. videbatur tamen hoc quod dixerat ad iob non pertinere quia eius uxor punita non videbatur, et | 200 | ideo ad hoc removendum * subiungit ° tigris perit eo quod non haberet praedam: ‘ hi enim qui rapere consueverunt in hoc ipsum puniri se aestimant quod eis rapere non licet. considerandum est autem quod mulierem et leaenae comparat propter ferocitatem irae, et tigridi propter promptitudinem sive velocitatem ad iram, * dicitur enim eccli. xxv 23 ° non est ira super iram mulieris, * et iterum ° brevis omnis malitia super malitiam mulieris. ‘ et quia filii iob totaliter perierant, * subiungit ° et catuli leonum dissipati sunt. porro ad me dictum est verbum absconditum ‘ etc.. quia asseruerat eliphaz quod adversitates in hoc mundo non adveniunt alicui nisi propter eius peccatum, volens ex hoc arguere iob et eius familiam fuisse peccatis subiectam, cuius contrarium videbatur ex his quae manifeste in iob et in eius familia apparuerant, vult ostendere quod nec iob nec eius familia fuerit a peccato immunis. et quia, propter auctoritatem iob et famam ipsius, eius verbum invalidum videbatur, recurrit ad auctoritatem maiorem ostendens ea quae propositurus est se ex revelatione didicisse; et ad ostendendum altitudinem revelationis proponit eius obscuritatem: quanto enim aliqua sunt altiora tanto humano respectu sunt |225| minus perceptibilia, * unde et apostolus dicit cor. xii 4 quod ° raptus est in paradisum dei et audivit arcana verba quae non licet homini loqui, ‘ iuxta quem modum et eliphaz hic vel vere vel ficte loquitur dicens ° porro ad me dictum est verbum absconditum. ‘ considerandum est autem quod aliqua veritas, quamvis propter sui altitudinem sit homini abscondita, revelatur tamen quibusdam manifeste, quibusdam vero occulte; ad effugiendam igitur notam iactantiae hanc veritatem absconditе dicit sibi esse revelatam, * unde subdit ° et quasi furtive suscepit auris mea venas susurrii eius, ‘ ubi triplex modus occultationis innuitur qui solet in revelationibus contingere. quorum primus est cum intelligibilis veritas alicui revelatur per imaginariam visionem, * secundum quod dicitur num. xii 6 ° si quis fuerit inter vos propheta domini, per somnium aut in visione loquar ad eum; at non talis servus meus moyses: ore ad os loquar ei qui palam et non per aenigmata videt deum; ‘ moyses igitur hoc verbum absconditum per modum clarae vocis audivit, alii vero per modum susurrii. secundus modus occultationis est quia in ipsa imaginaria visione proferuntur quandoque aliqua verba expresse continentia veritatem, * sicut est illud is. vii 14 ° ecce virgo concipiet, ‘ quandoque vero |250| sub quibusdam figuratis locutionibus, * sicut est illud is. xi 1 ° egredietur virga de radice iesse et flos ‘ etc.; in hoc igitur quod isaias audivit ° ecce virgo concipiet ‘ percepit ipsum susurrium, in hoc autem quod audivit ° egredietur virga de radice iesse ‘ percepit venas susurrii: nam figuratae locutiones sunt quasi quaedam venae ab ipsa veritate per similitudinem derivatae. tertius modus est quod aliquando aliquis revelationem divinam frequentem et diutinam habet, * sicut dicitur de moyse exodi xxxiii 11 quod ° loquebatur dominus ad moysem facie ad faciem, sicut solet homo loqui ad amicum suum; ‘ aliquando autem aliquis habet revelationem subitam et transitoriam: hunc igitur subitum revelationis modum significat * in hoc quod dicit ° quasi furtive, ‘ nam ea quasi furtive audimus quae raptim et quasi pertranseundo ad nos perveniunt. sic igitur altitudine visionis ostensa, prosequitur de circumstantiis revelationis, et primo de tempore * dicens ° in horrore visionis nocturnae quando sopor solet occupare homines. ‘ tempus enim nocturnum propter quietem magis est congruum revelationibus percipiendis: in die enim a tumultibus hominum et occupationibus sensuum mens quendam strepitum patitur ut susurrium verbi absconditi percipere nequeat. secundo ex dispositione percipientis, * unde subdit ° pavor tenuit me: ‘ homines enim ad insolita pavere consueverunt, unde quando alicui fiunt insolitae revelationes in principio timorem patiuntur. et ad magnitudinem huius timoris ostendendam subiungit ° et tremor: ‘ est enim tremor corporis indicium magnitudinis timoris. et ad magnificandum huiusmodi tremorem * subiungit ° et omnia ossa mea perterrita sunt, ‘ quasi dicat: tremor non fuit superficialis sed vehemens, qui etiam ossa concuteret; * simile est quod habetur dan. x 8 ° vidi visionem hanc grandem et non remansit in me fortitudo, sed et species mea immutata est in me et emarcui nec habui in me quicquam virium. ‘ causam autem huius timoris consequenter ostendit * dicens ° et cum spiritus me praesente transiret, inhorruerunt pili carnis meae: ‘ rationabile enim est quod ad praesentiam maioris virtutis minor obstupescat; manifestum est autem virtutem spiritus esse maiorem quam carnis, unde non est mirum si ad praesentiam spiritus carnis pili inhorrescunt quod ex subito timore procedit, et praesertim cum praesentia spiritus aliquo corporali indicio insolito sentitur: quae enim insolita sunt admirationem et timorem inducere solent. et ut |300| huic terrori quem se passum esse commemorat temporis dispositio conveniret, * supra dixit ° in horrore visionis nocturnae: ‘ quia enim in tempore noctis res visu discerni non possunt, quaecumque modica commotio perturbationem inducere solet aestimantibus aliquid maius esse, * et hoc est quod dicitur sap. xvii 17 ° sive spiritus sibilans aut inter spissos ramos avium sonus suavis deficientes faciebat illos prae timore. ‘ tertio ponitur persona revelans * cum dicitur ° stetit quidam cuius non agnoscebam vultum, imago coram oculis meis, ‘ ubi tria ponit ad visionis certitudinem pertinentia. sciendum est enim quod aliquando propter nimiam commotionem fumositatum et humorum, vel omnino non apparent somnia, phantasmatibus totaliter suffocatis, aut apparent somnia perturbata et instabilia sicut in febricitantibus solent accidere, et huiusmodi somnia cum parum vel nihil spiritualitatis habeant omnino absque significatione existunt; cum autem humores et fumositates resederint apparent somnia quieta et ordinata, quae cum sint magis spiritualia, intellectiva parte in quendam vigorem erumpente, huiusmodi somnia solent esse veriora, * et ideo dicit ° stetit quidam, ‘ per quod stabilitatem visionis ostendit. item considerandum |325| est quod somnia etiam cum sunt quieta plerumque sunt reliquiae praecedentium cogitationum, unde homo frequentius in somno videt illos cum quibus consuevit conversari; et quia talia somnia causam habent ex nobis et non ab aliqua superiori natura, non sunt magnae significationis: ad hoc ergo removendum * dicit ° cuius non agnoscebam vultum, ‘ per quod ostendit huiusmodi visionem non traxisse originem ex prius visis sed ex aliqua occultiori causa. tertio considerandum est quod huiusmodi visa quae ex aliqua superiori causa oriuntur, quandoque apparent dormientibus quandoque autem vigilantibus, et veriora solent esse et certiora cum vigilantibus apparent quam cum dormientibus, eo quod in vigilando est ratio magis libera et quia in somno spirituales revelationes minus discerni possunt a somniis frivolis et consuetis; et ideo ut ostendat hanc revelationem non dormienti sed vigilanti factam esse, * subiungit ° imago coram oculis meis, ‘ per quod significat se hoc vidisse cum oculis per vigiliam apertis, quod etiam supra significavit cum diceret ° quando sopor solet occupare homines, ‘ ubi innuit se sopore occupatum non fuisse. deinde modum denuntiationis sibi factae narrat * dicens ° et vocem quasi aurae lenis audivi. ‘ ubi considerandum |350| est quod huiusmodi apparitiones aliquando fiunt a spiritu bono, aliquando a spiritu malo: utroque autem modo in principio timorem patitur homo propter insolitam visionem; sed cum a bono spiritu apparitio procedit, timor in consolationem finitur, sicut patet de angelo confortante danielem, * dan. x 18, ‘ et de gabriele confortante zachariam et mariam, * luc. i; ‘ sed malus spiritus hominem perturbatum relinquit. * per hoc igitur quod dicit ° vocem quasi aurae lenis audivi, ‘ consolationem quandam sedantem pavorem praeteritum demonstrat, ut per hoc visio demonstretur esse a spiritu bono non a spiritu malo, a quo frequenter visiones mendaces ostenduntur, * secundum illud reg. ult. ° egrediar et ero spiritus mendax in ore omnium prophetarum eius; * per hunc etiam modum iii reg. legitur de apparitione facta eliae quod ° post commotionem tenuis aurae sibilus, et ibi dominus. ‘ sciendum tamen est quod etiam in visionibus quae a bono spiritu procedunt interdum commotiones magnae et voces horribiles audiuntur, * ut patet ez. i 4 ubi dicitur ° et vidi, et ecce ventus turbinis veniebat ab aquilone, * et post multa subditur ° et audiebam sonum alarum quasi sonum aquarum multarum, * et apoc. i 10 dicitur ° audivi post me vocem magnam |375| tamquam tubae, ‘ sed hoc est ad designandum comminationes aut aliqua gravia pericula quae in huiusmodi revelationibus continentur; sed quia hic aliquid consolatorium dicendum erat, ideo inducitur loquentis vox similis aurae leni. ultimo autem ponuntur verba quae sibi asserit esse revelata * cum dicit ° numquid homo dei comparatione iustificabitur? ‘ quae quidem verba inducit ad confirmandum suam opinionem quam supra tetigerat, quod scilicet adversitates in hoc mundo non proveniant alicui nisi pro peccato. ut igitur nullus posset se excusare quia adversa patitur per hoc quod se asserat a peccato immunem, inducit tres rationes, quarum prima sumitur ex comparatione ad deum et est ducens ad impossibile: si enim homo absque culpa punitur a deo, sequitur quod homo sit iustior deo. cum enim opus iustitiae sit reddere unicuique quod suum est, si deus homini innocenti cui non debetur poena inferat poenam, homo autem qui a deo patitur nulli homini absque culpa poenam intulerit quod oportet dicere si innocens ponitur, sequitur quod homo punitus a deo sit iustior deo, quod est hominem comparatione dei iustificari, ut eum scilicet comparatione iustitiae ad deum iustificari. et quia forte alicui hoc non videretur |400| inconveniens, ducit ad aliud apparentius inconveniens * dicens ° aut factore suo purior erit vir? ‘ quaelibet enim res puritatem habet secundum quod in sua conservatur natura quam ex causis propriis habet; puritas igitur uniuscuiusque effectus a sua causa dependet, unde suam causam in puritate superare non potest: unde nec vir potest esse purior suo factore, scilicet deo. secundam rationem ponit ex comparatione ad angelos, et est a maiori, * cum dicit ° ecce qui serviunt ei non sunt stabiles, et in angelis suis reperit pravitatem, ‘ quae quidem sententia secundum doctrinam catholicae fidei plana est: tenet enim fides catholica omnes angelos bonos fuisse creatos, quorum quidam per propriam culpam ceciderunt a rectitudinis statu, quidam vero ad maiorem gloriam pervenerunt. quod autem angeli a statu rectitudinis ceciderunt mirum videtur propter duo, quorum unum pertinet ad vim contemplativam, aliud ad vim activam ipsorum. ex vi enim contemplativa videbatur quod in angelis esse deberet stabilitas. manifestum est enim quod causa mutabilitatis est potentia, causa immutabilitatis est actus: est enim de ratione potentiae quod se habeat ad esse et non esse, sed secundum quod magis perficitur ab actu firmius |425| stat in uno, id vero quod secundum se actus est omnino immobile est. sciendum est autem quod sicut materia comparatur ad formam ut potentia ad actum, ita voluntas ad bonum; id igitur quod est ipsum bonum, scilicet deus, omnino immutabile est, ceterarum vero naturarum voluntates quae non sunt ipsum bonum comparantur ad ipsum ut potentia ad actum, unde quanto magis inhaerent ei tanto magis stabiliuntur in bono; et ideo cum angeli inter ceteras creaturas magis et propinquius deo videantur inhaerere utpote ipsum subtilius contemplantes, stabiliores inter ceteras creaturas videntur, et tamen non fuerunt stabiles; unde multo minus inferiores creaturae, scilicet homines, quantumcumque deo inhaerere videantur ipsum colendo, quod est ei servire, stabiles iudicari possunt. ex vi vero activa videtur quod in angelis vel nihil vel minimum de pravitate esse possit: quanto enim regula propinquior est primae rectitudini minus habet de obliquitate; deus autem in quo est prima rectitudo, sua providentia dirigens universa, inferiores creaturas per superiores disponit; unde in superioribus creaturis quae dicuntur angeli, quasi a deo missi ad alia dirigenda, minimum videtur esse vel nihil de pravitate; unde cum in eis inventa sit pravitas, |450| credendum est quod in quovis hominum quantumcumque magnus appareat pravitas possit inveniri. cavendum autem est ne ex his verbis aliquis in errorem incidat * origenis qui “ etiam nunc quoscumque spiritus creatos instabiles * asserit “ et posse ad pravitatem perduci; ‘ hoc enim aliqui per gratiam assecuti sunt ut immobiliter deo inhaereant ipsum per essentiam videntes; et secundum hoc, etiam aliquibus hominibus, quamvis sint inferioris naturae quam angeli, per gratiam conceditur etiam in hac vita quod sint a pravitate peccati mortalis immunes. tertiam rationem ponit sumptam ex condicione humana cui coniungitur conclusio praecedentis rationis, unde etiam posset ex duobus una ratio formari, * et hoc cum dicit ° quanto magis hi qui habitant domos luteas. ‘ est autem humana condicio talis quod ex terrena materia corpus eius compactum est, quod designat cum dicit ° quanto magis qui habitant domos luteas: ‘ corpus enim humanum luteum dicitur quia ex terra et aqua, gravioribus elementis, abundantius constat, quod eius motus declarat, * unde gen. i dicitur quod ° formavit deus hominem de limo terrae; ‘ hoc igitur luteum corpus domus animae dicitur quia anima humana quantum ad aliquid est in corpore sicut homo in domo vel sicut nauta in navi, inquantum scilicet est motor corporis. * fuerunt autem aliqui qui propter hoc dixerunt quod “ anima non unitur corpori nisi accidentaliter sicut homo vestimento aut nauta navi, ‘ sed ut hanc opinionem excluderet subdit ° qui terrenum habent fundamentum, ‘ per quod datur intelligi quod anima humana unitur corpori etiam ut forma materiae: dicitur enim materia fundamentum formae eo quod est prima pars in generatione sicut fundamentum in constitutione domus. utitur autem tali modo loquendi ut id quod est animae attribuat homini, non ideo quod anima sit homo * ut quidam posuerunt dicentes “ hominem nihil aliud esse quam animam indutam corpore, ‘ sed quia anima est principalior pars hominis: unumquodque autem consuevit appellari id quod est in eo principalius. haec autem duo quae de hominis infirmitate dicit videntur contraponi his quae supra de angelorum excellentia dixerat: * nam hoc quod dicit ° qui habitant domos luteas ‘ videtur ponere * contra id quod dixerat ° qui serviunt ei, ‘ quod est inhaerere ei et in ipso spiritualiter habitare; * quod vero dicit ° qui terrenum habent fundamentum, ‘ ei quod dixerat ° in angelis suis: ‘ angeli enim natura incorporei sunt, * secundum illud psalmi ° qui facit angelos suos spiritus. ‘ ex praemissa autem hominis condicione miserabilem eius eventum concludit * dicens ° consumentur velut a tinea, ‘ et quidem potest hoc secundum superficiem litterae de morte corporali intelligi quam homo necessario patitur ex eo quod terrenum habet fundamentum; et secundum hoc potest designari duplex mors, scilicet naturalis * in hoc quod dicit ° consumentur velut a tinea: ‘ tinea enim sic vestimentum corrodit quod ex vestimento nascitur, ita et mors naturalis ex causis interioribus corporis exoritur; et mors violenta * in hoc quod subditur ° de mane usque ad vesperam succidentur: ‘ succisio enim arboris ex causa exteriori procedit. * et satis signanter dicit ° de mane usque ad vesperam, ‘ quia mors naturalis potest quidem per aliqua naturalia signa praecognosci, sed mors violenta omnino incerta est utpote diversis casibus subiecta, unde non potest sciri si homo de mane perveniat usque ad vesperum. sciendum tamen quod hoc non est intentio litterae: nam supra proposuit de defectu peccati * cum diceret ° in angelis suis reperit pravitatem; ‘ unde ut conclusio praemissis respondeat oportet hoc etiam ad peccatum referre, per quod vita iustitiae in homine consumitur dupliciter: uno modo ex interiori corruptione, * quod significat cum dicit ° consumentur velut a tinea: ‘ sicut enim vestimentum consumitur a tinea quae ex eo nascitur, ita iustitia hominis consumitur ex his quae in homine sunt sicut est corruptio fomitis, malae cogitationes et alia huiusmodi; alio modo ex exteriori tentatione, quod notatur * in hoc quod dicit ° de mane usque ad vesperam succidentur. ‘ sed considerandum est quod interior tentatio non subito hominem prosternit sed paulatim, dum per negligentiam aliquis in se ipso peccati initia reprimere non curat, * secundum illud eccli. ° qui minima negligit paulatim defluit, ‘ sicut etiam vestimentum quod non excutitur, a tinea consumitur; exterior vero tentatio hominem plerumque subito prosternit, sicut david ad aspectum mulieris in adulterium prorupit et etiam multi in tormentis fidem negaverunt. quocumque autem modo homo per peccatum ruat, si peccatum suum recognoscat et paeniteat misericordiam consequetur; sed quia nullus est qui omnia peccata possit cognoscere, * secundum illud ° delicta quis intelligit? ‘ sequitur quod plurimi hominum peccata non cognoscentes eis remedia non adhibent per quae liberentur * et hoc est quod subdit ° et quia nullus intelligit, ‘ scilicet lapsus peccatorum, ° in aeternum peribunt, ‘ scilicet plurimi quasi a peccato numquam liberati. sed quia aliqui sunt qui contra peccata remedia adhibent licet ea non plene intelligant, sicut david qui dicebat ° ab occultis meis munda me, domine, ‘ subiungit ° qui autem reliqui fuerint, ‘ scilicet de numero eorum qui in aeternum pereunt, ° auferentur ex eis, ‘ idest segregabuntur ex eorum consortio; ° morientur ‘ quidem quia quamvis homo a peccato paeniteat a mortis tamen necessitate non liberatur, sed sapientia in eis non moritur, * et hoc est quod dicit ° et non in sapientia. ‘ vel hoc quod dicit ° morientur et non in sapientia ‘ non respondet ad immediate dictum sed ad id * quod supra dixerat ° in aeternum peribunt, ‘ ut sit sensus quod morientur sine sapientia. vel * hoc quod dicit ° qui reliqui fuerint ‘ potest intelligi de filiis qui relinquuntur ex parentibus pereuntibus, qui propter peccata parentum quae imitantur et ipsi auferuntur sine sapientia morientes. vult ergo ex omnibus istis eliphaz habere quod cum condicio hominis sit tam fragilis de facili cadit in peccatum, quod dum homo non cognoscit in perditionem vadit ipse et filii eius; et sic iob licet se peccatorem non recognosceret, credendum erat quod propter peccata aliqua ipse et filii eius perierint. sic igitur postquam revelationem sibi factam exposuerat, quia posset iob hanc revelationem non credere * ideo subiungit ° voca ergo si est qui tibi respondeat, ‘ quasi dicat: si mihi hoc esse revelatum non credis, tu ipse invoca deum si forte ipse tibi ad hanc dubitationem respondere voluerit; et si per merita propria hoc a deo obtinere non putas, ° ad aliquem sanctorum convertere, ‘ ut eo mediante huius rei veritatem a deo cognoscere possis. et notandum est * quod dicit ° ad aliquem sanctorum, ‘ quia non licet per immundos spiritus quocumque modo vel arte occulta perquirere sed solum per deum vel per sanctos dei, * secundum illud is. viii 19 ° cum dixerint ad vos: quaerite a pythonibus et a divinis qui strident in incantationibus suis, numquid non populus a deo suo requirit visionem pro vivis aut mortuis?

cp5 ° Virum stultum interficit iracundia. ‘ quia in revelatione quam sibi factam esse commemoraverat eliphaz inter cetera hoc continetur quod homines ° qui terrenum habent fundamentum consumuntur velut a tinea, ‘ vult hoc ostendere per hominum diversas condiciones: non enim est aliqua condicio hominum cui non adsit pronitas ad aliquod peccatum. sunt autem duae hominum condiciones: quidam enim sunt magni et elati animi qui facile provocantur ad iram, quod ideo est quia ira est appetitus vindictae ex praecedenti offensa proveniens; quanto autem aliquis est magis elati animi tanto ex leviori causa se putat offensum, et ideo facilius provocatur ad iram, et hoc est quod dicit ° virum stultum interficit iracundia. ‘ vocat autem eum qui est superbi et elati animi stultum, quia per superbiam homo praecipue metas rationis excedit et humilitas viam sapientiae parat, * secundum illud prov. xi 2 ° ubi humilitas ibi sapientia; ‘ cum hoc etiam stultitia iracundiae competit: “ iracundus enim, * ut docet philosophus, “ utitur quidem ratione dum pro offensa intentat vindictam, sed perverse dum in vindicta modum rationis non servat: ‘ perversitas autem rationis stultitia est. quidam vero sunt pusillanimes et hi proni sunt ad invidiam, * unde subdit ° et parvulum occidit invidia, ‘ et hoc rationabiliter dicitur: invidia enim nihil aliud est quam tristitia de prosperitate alicuius inquantum prosperitas illius aestimatur propriae prosperitatis impeditiva; hoc autem ad parvitatem animi pertinet quod aliquis non se aestimet posse prosperari inter alios prosperantes. sic igitur manifestum videtur quod homo, cuiuscumque condicionis existat, pronus est ad aliquod peccatum: facile enim esset his similia de aliis peccatis inducere. sic igitur per omnia supra dicta eliphaz probare intendit quod adversitates in hoc mundo non adveniunt alicui nisi pro peccato. * contra quod videntur esse duae obiectiones, quarum una est ex hoc quod “ multi iusti videntur adversitatibus subdi, ‘ sed hanc obiectionem dissolvere visus est per hoc quod homines ostendit esse faciles ad peccandum; * secunda obiectio est quod “ aliqui iniqui in hoc mundo prosperantur, ‘ cui consequenter satisfacere intendit per hoc quod prosperitas eorum in malum ipsorum redundat, * unde dicit ° ego vidi stultum, ‘ idest hominem in divitiis superbientem, ° firma radice, ‘ idest firmatum in prosperitate huius mundi, ut videbatur, sed eius prosperitatem non approbavi, quin immo ° maledixi pulchritudini eius statim. ‘ ubi considerandum est quod loquitur de homine sub metaphora arboris, cuius cum radix fuerit firma, pulchritudinem habet in ramis et fructibus; comparat igitur prosperitatem hominis in divitiis firmati pulchritudini arboris, quam maledicit, idest malam esse pronuntiat et nocivam, * secundum illud eccl. v 12 ° est et alia infirmitas pessima quam vidi sub sole: divitiae conservatae in malum domini sui; ‘ addidit autem ° statim ‘ ut ostendat se de hac sententia nullatenus dubitare. quae autem mala ex prosperitate stulti proveniant ostendit primo quantum ad filios. frequenter enim contingit quod quando aliquis dives et potens filios sine disciplina nutrit, quod proprium est stulti, filii eius in multa pericula incidunt: et quandoque quidem propter odia quae contra se concitant absque iudicio perimuntur, vel etiam dum ipsi sibi non cavent inordinate delectabilibus utentes vitam amittunt, * et quantum ad hoc dicit ° longe fient filii eius a salute; ‘ quandoque vero dum calumnias et iniurias aliis inferunt coram iudicibus conveniuntur et ibi condemnantur, * et quantum ad hoc dicit ° et conterentur in porta, ‘ idest per sententiam iudicum, nam iudices olim in portis sedere solebant. et quia homines stulti in prosperitatibus nullum dubitant offendere, in adversitatibus non inveniunt adiutorem, * et ideo subdit ° et non erit qui eruat. ‘ sed quia posset aliquis dicere non curo quicquid accidat filiis meis dum ego prosperitate fruar in hoc mundo, ideo secundo ponit mala provenientia ipsi stulto et in rebus et in persona * dicens ° cuius messem famelicus comedet: ‘ frequenter enim homines stulti divitiis abundantes pauperes opprimunt, qui plerumque gravamina sustinere non valentes quasi quadam necessitate ad rapiendum bona divitum coguntur; et quia tales homines deliciose viventes solent per vitae delicias vigorem animi amittere et imbelles esse, de facili a pauperibus bellicosis destruuntur, * unde sequitur ° et ipsum rapiet armatus, ‘ quasi absque omni resistentia. et ut quod dixerat de messibus generaliter intelligatur, * subiungit ° et bibent sitientes divitias eius, ‘ idest homines cupidi. remotis igitur praedictis obiectionibus, finaliter rationem inducit ad probandum principalem intentionem, scilicet quod adversitates in hoc mundo non proveniant alicui nisi pro peccato, et est ratio talis: quaecumque fiunt in terra ex propriis et determinatis causis proveniunt; si igitur adversitates in hoc mundo alicui accidant hoc habet determinatam causam, quae nulla alia videtur esse nisi peccatum; * hoc est ergo quod dicit ° nihil in terra sine causa fit: ‘ videmus enim omnes effectus ex determinatis causis procedere. ex quo quasi concludens * subdit ° et de humo non orietur dolor, ‘ et est metaphorica locutio: quaedam enim herbae sine semine producuntur de quibus dicitur quod eas humus sponte profert; quicquid igitur sine causa propria contingeret quasi sine semine, per quandam similitudinem metaphorice posset dici quod oritur de humo: dolor autem, idest adversitas, non orietur de humo, idest non est sine causa. * quod autem dixerat ° nihil in terra sine causa fit, ‘ ex hoc praecipue redditur manifestum quod omnia habent dispositionem naturalem congruam propriae operationi, ex quo apparet quod dispositiones naturales rerum non sunt sine causa sed propter determinatum finem, * et ideo dicit ° homo ad laborem nascitur et avis ad volandum. ‘ manifestum est enim quod quia proprius motus quem natura avis requirebat est volatus, oportuit avem habere ex sua natura instrumenta congrua ad volandum, scilicet alas et pennas; homo vero quia rationem habebat per quam proprio labore posset sibi omnia necessaria adiumenta conquirere, naturaliter productus est absque omnibus adiumentis quae natura aliis animalibus dedit, scilicet absque tegumento, absque armis et aliis huiusmodi quae sibi proprio labore parare poterat ex industria rationis. ° quamobrem ego deprecabor dominum ‘ etc.. quia eliphaz proposuerat omnia quae in terris fiunt determinatam causam habere et hoc probaverat per hoc quod res naturales apparebant esse dispositae propter finem, hoc autem, scilicet quod res naturales sunt propter finem, potissimum argumentum est ad ostendendum mundum regi divina providentia et non omnia agi fortuito, idcirco eliphaz statim ex praemissis concludit de regimine divinae providentiae. sciendum est autem quod providentia divina sublata orationis fructus tollitur et cognitio dei circa res humanas, quae tamen necesse est ponere ei qui regimen providentiae concedit; et ideo eliphaz concludens dicit: ex quo omnia quae in terra fiunt sunt propter finem, necesse est concedere regimen providentiae, ° quamobrem ego deprecabor dominum, ‘ quasi oratione fructuosa existente utpote deo disponente res humanas, ° et ad deum ponam eloquium meum, ‘ utpote deo cognoscente facta et dicta et cogitata humana; ad cuius confirmationem subiungit ea quae maxime divinam providentiam ostendunt. est autem sciendum quod * illi qui providentiam negant “ omnia quae apparent in rebus mundi ex necessitate naturalium causarum provenire * dicunt, “ utpote ex necessitate caloris et frigoris, gravitatis et levitatis et aliorum huiusmodi. ‘ ex his ergo potissime providentia divina manifestatur quorum ratio reddi non potest ex huiusmodi naturalibus principiis, inter quae unum est determinata magnitudo corporum huius mundi: non enim potest assignari ratio ex aliquo principio naturali quare sol aut luna aut terra sit tantae quantitatis et non maioris aut minoris; unde necesse est dicere quod ista dispensatio quantitatum sit ex ordinatione alicuius intellectus, et hoc designat * in hoc quod dicit ° qui facit magna, ‘ idest qui res in determinata magnitudine disponit. rursus si omnia ex necessitate principiorum naturalium provenirent, cum principia naturalia sint nobis nota haberemus viam ad inquirendum omnia quae in hoc mundo sunt; sunt autem aliqua in hoc mundo ad quorum cognitionem nulla inquisitione possumus pervenire, utpote substantiae spirituales, distantiae stellarum et alia huiusmodi; unde manifestum est non procedere omnia ex necessitate principiorum naturalium sed ab aliquo superiori intellectu res esse institutas, * et propter hoc addit ° et inscrutabilia. ‘ item quaedam sunt quae videmus quorum rationem nullo modo possumus assignare, puta quod stellae disponuntur secundum talem figuram in hac parte caeli et in alia secundum aliam; unde manifestum est hoc non provenire ex principiis naturalibus sed ab aliquo superiori intellectu, * et propter hoc addit ° et mirabilia: ‘ sic enim differt inscrutabile et mirabile quod inscrutabile est quod ipsum latet et perquiri non potest, mirabile autem est quod ipsum quidem apparet sed causa eius perquiri non potest. sciendum est etiam quod * aliqui posuerunt “ dispositionem rerum secundum quendam ordinem numeri a deo procedere, utpote quod a primo uno simplici procedit tantum unus effectus primus in quo iam aliquid compositionis et pluralitatis habetur, et sic ex ipso procedunt duo vel tria quae sunt adhuc minus simplicia, et sic gradatim secundum eos progreditur tota rerum multitudo; secundum quam quidem positionem tota universi dispositio non est ex ordinatione intellectus divini sed ex quadam necessitate naturae; ‘ unde ad hanc positionem removendam * adiungit ° absque numero: ‘ vel quia absque necessitate numeralis ordinis res in esse productae sunt, vel quia a deo immediate innumerabilia nobis producta sunt, quod praecipue apparet in primo caelo in quo sunt plurimae stellae. sic igitur eliphaz ostendit productionem rerum esse a deo et non ex necessitate naturae. consequenter ostendit et rerum factarum cursum divina providentia gubernari. et primo in rebus naturalibus, ex hoc quod res naturales contemperatae esse videntur ad hominum et aliorum animalium usum, licet naturalis elementorum ordo aliud requirere videatur: si quis enim in elementis gravitatem et levitatem consideret, manifestum est naturaliter terram aquae subiacere, aeri vero aquam, aerem autem igni. invenitur autem aliqua pars terrae discooperta ab aquis immediate aeri subiacere: aliter enim animalia respirantia in terra vivere non possent; et rursus ne terra ab aquis discooperta sua siccitate infructuosa et inhabitabilis redderetur, dupliciter humectatur a deo: primo quidem per pluviam qua superficies terrae infunditur, * et quantum ad hoc dicit ° qui dat pluviam super faciem terrae; ‘ alio modo quantum ad fontes, rivos et flumina, quibus terra irrigatur, quorum principium sub terra est sicut pluviae in alto, et quantum ad hoc dicit ° et irrigat aquis universa. ‘ deinde ostendit operationem providentiae etiam in rebus humanis. et quidem si res humanae currerent secundum quod earum dispositio videtur exigere, nullum vel parvum in eis divinae providentiae vestigium appareret; sed rebus humanis alio modo currentibus, stulti qui superiores causas non considerant hoc casui et fortunae attribuunt, ex quorum persona loquitur salomon * eccl. ix 11 ‘ dicens ° vidi sub sole nec velocium esse cursum nec fortium bellum nec sapientium panem nec doctorum divitias nec artificum gratiam, sed tempus casumque in omnibus; ‘ eliphaz autem in altiorem causam hoc refert, scilicet in providentiam dei. et primo quantum ad oppressos qui et de infimo elevantur in altum, * et quantum ad hoc dicit ° qui ponit humiles, ‘ idest deiectos, ° in sublimi, ‘ et de dolore transferuntur ad gaudium, * et quantum ad hoc dicit ° et maerentes erigit sospitate. ‘ secundo quantum ad opprimentes, quorum duplex est genus. quidam enim manifeste alios opprimunt per potentiam, * et quantum ad hos dicitur ° qui dissipat cogitationes malignorum ne possint implere manus eorum quod coeperant, ‘ quia scilicet in ipsa operis prosecutione impediuntur a deo ne iniquam cogitationem possint perducere ad effectum; quidam vero per astutiam decipiunt, * et quantum ad hos dicitur ° qui apprehendit sapientes in astutia eorum, ‘ inquantum scilicet ea quae astute cogitant in contrarium propositi eorum cedunt, ° et consilium pravorum dissipat, ‘ dum scilicet ea quae ab eis sapienter consiliata videntur, aliquibus impedimentis superinductis, ad effectum perducere non possunt; quandoque vero non solum astute consiliata impediuntur in opere, sed etiam eorum mens obscuratur ne in consiliando possint discernere meliora, * unde subdit ° per diem incurrent tenebras, ‘ quia scilicet in re manifesta omnino quid faciant nesciunt, ° et quasi in nocte sic palpabunt in meridie, ‘ idest in his quae nullo modo sunt dubia sic dubitabunt sicut in rebus obscuris. et ut haec ex divina providentia provenire videantur, subiungit utilitatem ex praemissis provenientem. dum enim malignorum astutia impeditur, pauperes ab eorum deceptionibus liberantur, * et hoc est quod subdit ° porro salvum faciet egenum a gladio oris eorum: ‘ qui enim sunt astuti in malo blandis verbis et fictis alios seducere solent, quae quidem verba in nocendo gladio comparantur, * secundum illud psalmi ° lingua eorum gladius acutus. ‘ cum vero operationes malorum potentium impediuntur a deo, manifestum est etiam quod pauperes salvantur, * unde sequitur ° et de manu violenti pauperem. ‘ et ex hoc duo sequuntur, quorum unum est quod homines, qui ex se ipsis impotentes sunt, de divina potentia confidunt, tamquam deo de rebus humanis curante, * unde subdit ° et erit egeno spes; ‘ aliud est quod homines potentes et iniqui se ipsos retrahunt ne ex toto malignentur, * unde sequitur ° iniquitas autem contrahet os suum, ‘ ne scilicet se ex toto effundat in perniciem aliorum. ° beatus homo qui corripitur a domino * etc.. sicut supra dictum est, ‘ eliphaz in superioribus beatum iob et impatientiae arguerat et praesumptionis super hoc quod se asseruerat innocentem, nunc autem desperationem ab eo nititur auferre ex qua verba illa provenire credidit quibus iob vitam suam fuerat detestatus. sciendum est igitur quod ex supra dictis quibus divinam providentiam tam circa res naturales quam circa res humanas asseruerat, hoc accipit tamquam notum quod omnes adversitates hominibus divino iudicio inducantur, sed quibusdam quidem ad ultimam condemnationem qui sunt incorrigibiles, quibusdam autem ad correptionem qui per adversitates emendantur, quos asserit esse beatos * dicens ° beatus homo qui corripitur a domino: ‘ si enim correptio ab homine salubris est, qui tamen perfecte scire non potest mensuram et modum secundum quem possit esse salubris correptio nec est omnipotens ad mala removenda et bona tribuenda, multo magis reputari debet salubris et felix dei omnipotentis et omnia scientis correptio. ex qua sententia ad propositum concludit * dicens ° increpationem ergo domini ne reprobes, ‘ quasi dicat: licet hanc adversitatem patiaris a deo propter tua peccata, tamen debes aestimare quod hoc sit quasi quaedam domini increpatio ad te corrigendum, unde non debes hanc adversitatem intantum reprobare quod propter hoc vitam tuam habeas odiosam. et praedictorum causam subiungit * dicens ° quia ipse vulnerat, ‘ graviori adversitate, ° et medetur, ‘ auferendo mala et restituendo bona; ° percutit, ‘ leviori adversitate, ° et manus eius, ‘ idest operationes ipsius, ° sanabunt, ‘ idest liberabunt. non ergo eliphaz eum qui corripitur a domino beatum asseruit propter futuram vitam, quam non credebat, sed propter praesentem in qua post correptionem homo a deo obtinebat immunitatem a malis et abundantiam bonorum. unde consequenter de immunitate a malis subiungit * dicens ° in sex tribulationibus liberabit te, et in septima non tanget te malum: ‘ quia enim septenario dierum omne tempus agitur solet septenario numero universitas designari, ut sit sensus quod ei qui a domino corripitur post emendationem nulla nocebit adversitas. et quia secundum eius sententiam quanto aliquis magis fuerit depuratus a culpa tanto minus adversitatem patitur in hoc mundo, * ideo dicit ° in septima non tanget te malum, ‘ quasi ante emendationem homo ab adversitate non liberetur, cum autem incipit liberari ab ea tangatur sed non opprimatur deo liberante, post perfectam autem liberationem omnino non tangatur. quod quidem verum est quantum ad mentem, quae dum finem suum in rebus mundanis constituit adversitatibus mundanis opprimitur; cum ab eis amorem suum revocans deum amare coeperit tristatur quidem in adversitatibus sed non opprimitur, quia spem suam non habet in mundo; cum autem totaliter mundum contempserit tunc eum adversitates mundanae vix tangunt. non est autem haec sententia vera quantum ad corpus, sicut eliphaz eam intellexit, cum perfectissimi viri interdum gravissimas adversitates patiantur, * secundum illud psalmi ° propter te mortificamur tota die, ‘ quod de apostolis inducitur. et quia septem tribulationes tetigerat, eas subsequenter enumerat. sciendum est autem quod quandoque adversitas est ex aliquo periculo particulari alicuius personae, quod quidem quandoque est contra vitam corporalem eius, quae quandoque aufertur per subtractionem necessariorum, * et quantum ad hoc dicit ° in fame eruet te de morte, ‘ quasi dicat: patieris quidem famem utpote increpatus a domino sed ex hoc non pervenies ad mortem deo te liberante; et haec est prima tribulatio. quandoque vero aufertur per violentiam alicuius inferentis nocumentum, * et quantum ad hoc dicit ° et in bello de manu, ‘ idest potestate, ° gladii, ‘ quasi dicat: superveniet tibi bellum sed in potestate gladii non deduceris; et haec est secunda tribulatio. aufertur autem et vita corporalis per mortem naturalem, sed hoc inter tribulationes non computatur cum natura hominis hoc requirat. quandoque autem personale periculum est contra famam hominis quae pertinet ad vitam civilem, * et quantum ad hoc dicit ° a flagello linguae abscondéris: ‘ dicitur autem flagellum linguae detractio graviter infamantis, a quo tunc homo absconditur quando facta sua de quibus posset infamari latent detrahentem; et haec est tertia tribulatio. quandoque autem est adversitas ex aliquo periculo generali, quod quidem imminet vel personis vel rebus: personis quidem utpote quando alicui patriae exercitus hostium supervenit per quem timetur communiter vel mors vel captivatio, * et quantum ad hoc dicit ° et non timebis calamitatem cum venerit, ‘ quasi dicat: imminente calamitate ab hostibus tuae patriae tu non timebis; et haec est quarta tribulatio. rebus autem imminet commune periculum vel per sterilitatem terrae, quod est tempore famis, vel per aliquam devastationem fructuum ab hostibus, * et quantum ad haec duo dicit ° in fame et vastitate ridebis, ‘ idest abundantiam habebis quae erit tibi materia gaudii; et sic tangitur quinta et sexta tribulatio. quandoque autem est adversitas ab impugnatione brutorum animalium sive in communi sive in particulari, * et quantum ad hoc dicit ° et bestiam terrae non formidabis; ‘ et haec videtur esse septima tribulatio in qua non tangit malum. post immunitatem autem a malis ponit abundantiam in bonis, et primo quantum ad fertilitatem terrarum * dicens ° sed cum lapidibus regionum pactum tuum, ‘ idest etiam terrae lapidosae et steriles tibi afferent fructum, * secundum illud deut. xxxii 13 ° ut suggeres mel de petra ‘ etc.; secundo quantum ad animalia bruta, * et quantum ad hoc dicit ° et bestiae terrae erunt tibi pacificae, ‘ idest non te offendent possent et haec duo aliter exponi, ut per lapides intelligantur homines duri et rudes, per bestias homines crudeles; tertio quantum ad homines domesticos, * cum dicit ° et scies quod pacem habeat tabernaculum tuum, ‘ idest familia tua pacem habebit ad invicem; quarto specialiter quantum ad uxorem, et quantum ad hoc dicit ° et visitans speciem tuam non peccabis, ‘ quasi dicat: habebis uxorem honestam et pacificam cum qua conversari poteris sine peccato; quinto quantum ad filios, unde dicit ° progenies tua quasi herba terrae, ‘ idest habebis multos filios et nepotes; sexto quantum ad pacificam et quietam mortem, et quantum ad hoc dicit ° ingredieris in abundantia sepulcrum, ‘ quasi in bona prosperitate non spoliatus rebus tuis, ° sicut infertur acervus tritici in tempore suo, ‘ quasi non praeventus intempestiva et subita morte. ultimo autem approbat ea quae supra dixerat, dicens ° ecce hoc ut investigavimus ita est. ‘ et quia aestimat iob ita esse tristitia absorptum quod talia non multum cogitaret, eum reddit attentum dicens ° quod auditum, mente pertracta.

cp6 ° Respondens autem iob dixit. ‘ sicut ex superioribus patet, eliphaz in lamento iob tria notaverat: desperationem quidem quia videbatur appetere se non esse, impatientiam sive immoderatam tristitiam propter suspiria et gemitus quos se perpeti dicebat, praesumptionem quia se innocentem asseruerat. et circa haec tria totus superior eliphaz sermo versabatur, in quo ad ostendendum iob peccato fuisse subiectum et ideo adversa tolerasse, proposuit inter cetera fragilitatem condicionis humanae ex qua nullus potest se praesumere immunem a peccato: hinc ergo iob sumit suae responsionis initium. certum est enim quod ex fragilitate condicionis humanae nullus homo est immunis a peccato quantumcumque iustus appareat, sed tamen in viris iustis non sunt peccata gravia et mortalia sed sunt in eis peccata levia et venialia quae ex negligentia et subreptione proveniunt; si autem hoc esset verum quod eliphaz asserere nitebatur, quod propriae poenae peccatorum essent adversitates vitae praesentis, sequeretur quod propter gravia peccata graves adversitates homines paterentur et propter levia leves, et sic viri iusti numquam gravibus adversitatibus subiacerent, quod patet esse falsum. hanc ergo rationem iob contra disputationem eliphaz proponit, * unde dicitur ° respondens autem iob dixit: utinam appenderentur peccata mea quibus iram merui et calamitas quam patior in statera. ‘ quasi dicat: dicere non possum in me nulla esse peccata, confido tamen in me non esse mortalia sed venialia; si ergo pro peccatis huiusmodi iram, idest poenam, a deo merui, debuisset in statera iustitiae appendi calamitas et peccatum ut secundum aequalitatem unum alteri responderet. sed adversitas apparet multo maior, * et hoc est quod subdit ° quasi arena maris, ‘ idest incomparabiliter, ° haec, ‘ scilicet calamitas, ‘ gravior appareret ‘ si sententia eliphaz esset vera quod adversitates in hoc mundo infliguntur solum secundum peccata, cum appareat multos sceleratos, quorum peccatis peccata iob comparata quasi nulla erant, quasdam leves adversitates sustinere. ex hoc autem ulterius procedit ad se excusandum a tristitia quam verbis expresserat, * dicens ° unde et verba mea dolore sunt plena, ‘ quod concludendo infert quia dolor ex adversitatis magnitudine causabatur. causam autem doloris subiungit duplicem: causatur enim dolor interdum ex his quae aliquis iam perpessus est, interdum vero ex his quae perpeti timet. primo igitur assignat causam sui doloris ex his quae perpessus iam erat, * dicens ° quia sagittae domini in me sunt, ‘ in quo ostendit ex improviso se fuisse afflictum, nam sagitta ex remotis et ex improviso venit; et ut ostendat percussionis magnitudinem * subiungit ° quarum indignatio ebibit spiritum meum, ‘ idest me respirare non permisit, sed totaliter quicquid in me virium aut consolationis esse poterat sustulit. deinde ostendit causam doloris ex his quae perpeti timebat, * dicens ° et terrores dei militant contra me: ‘ solent enim afflicti ex spe melioris status consolari, sed cum post afflictionem aliquis iterum similia vel maiora timet, nulla videtur esse consolatio residua. * posset autem aliquis dicere: “ causam quidem doloris habes sed ex ea in verba doloris prorumpere non deberes. ‘ contra quae respondet iob ex his quae in aliis animalibus inveniuntur. homo enim aliis animalibus similis est in natura sensitiva, unde ea quae naturam sensitivam consequuntur naturaliter adsunt homini sicut et aliis animalibus; quod autem naturale est non potest totaliter vitari; invenitur autem in aliis animalibus quod afflictionem cordis ore exprimunt, * et hoc significat dicens ° numquid rugiet onager cum habuerit herbam? aut mugiet bos cum ante praesepe plenum steterit? ‘ quasi dicat non; rugit autem onager et mugit bos cum necessario victu caruerint, in quo apparet naturale esse animalibus quod interiorem afflictionem exprimant voce. * rursus aliquis dicere posset “ naturale esse quod dolor conceptus voce exprimatur, sed ad sapientem non pertinere quod ex quibuscumque causis tristitiam corde concipiat, * ut stoici posuerunt. ‘ sed hoc ostendit iob esse contra naturam sensitivam: nam sensus non potest non refugere id quod est nocivum vel inconveniens, * et ideo dicit ° aut poterit comedi insulsum quod non est sale conditum? ‘ quasi dicat non, quia videlicet huiusmodi insipida non conveniunt ad delectationem gustus; et similiter ea quae non sunt delectabilia non potest cor hominis libenter acceptare, et multo minus illa quae sunt amara et noxia, * unde subdit ° aut potest aliquis gustare quod gustatum affert mortem? ‘ quasi dicat non; et sicut hoc est impossibile in sensu exteriori, ita impossibile est quod ea quae per sensus interiores apprehenduntur ut noxia, sine tristitia recipiantur. sed quia sapiens licet tristitiam patiatur eius tamen ratio a tristitia non absorbetur, ostendit iob consequenter quod licet tristitiam pateretur tamen ei maxima inerat sollicitudo et timor ut se contra tristitiam tueretur, ne per tristitiam deduceretur in aliquod vitiosum: quod ut vitaret praeoptabat mortem, * et ad hoc exprimendum dicit ° quae prius tangere nolebat anima mea, nunc prae angustia cibi mei sunt, ‘ quasi dicat: ea quae anima mea prius abhorrebat nunc delectabiliter appetit. et quae sint ista ostendit * dicens ° quis det ut veniat petitio mea? ‘ et ut hanc petitionem non oretenus tantum sed etiam ex intimo corde proponere ostendatur, * subiungit ° et quod expecto tribuat mihi deus? ‘ et quae sit ista petitio ostendit * subdens ° et qui coepit, ‘ scilicet me affligere, ° ipse me conterat, ‘ scilicet per mortem, * et hoc est quod subdit ° solvat manum suam et succidat me? ‘ manum dei dicit potentiam divinam qua ipsum deus afflixerat, quae quidem manus quodammodo ligata videtur divina voluntate et misericordia dum affligere desistit, solvitur autem quodammodo dum ad finem occisionis percussio divina perducitur. et quia dixerat ea quae prius tangere nolebat nunc cibos suos esse, ostendit quomodo hoc sit intelligendum, quia scilicet mors quae sibi fuerat horribilis nunc effecta est dulcis, * unde subdit ° et haec mihi sit consolatio ut affligens me dolore, ‘ scilicet deus, ° non parcat, ‘ idest non retrahat manum suam sed me ad mortem perducat. et quare hoc optet ostendit * per id quod subdit ° nec contradicam sermonibus sancti, |125| ‘ idest dei, hoc est eius iudiciis sive sententiis quibus me afflixit. timebat enim iob ne per afflictiones multas ad impatientiam deduceretur, ita quod ratio tristitiam reprimere non posset; impatientiae autem ratio est cum ratio alicuius adeo a tristitia deducitur quod divinis iudiciis contradicit; si vero aliquis tristitiam quidem patiatur secundum sensualem partem sed ratio divinae voluntati se conformet, non est impatientiae defectus, et sic frustra eliphaz arguebat iob ubi dixerat ° nunc venit super te plaga, et defecisti: ‘ licet enim tristaretur non tamen defecerat. deinde assignat rationem ex propria fragilitate quare timebat ne ad hoc perduceretur ut contradiceret sermonibus sancti. huiusmodi enim timor ex duplici causa tolli posset: primo quidem si tanta sibi esset rationis fortitudo ut nullo modo superari posset, sicut est in illis quorum est liberum arbitrium per gratiam confirmatum, sed hanc fortitudinem in se non sentiebat, * unde dicit ° quae est enim fortitudo mea ut sustineam? ‘ scilicet quascumque tribulationes; secundo si tribulationes et tristitias aliquo brevi tempore tolerare oporteret, et ideo ad hoc removendum * adiungit ° aut quis finis meus ut patienter agam? ‘ quasi dicat: quis terminus tribulationibus |150| meis positus est ut usque ad illum expectans possim praesumere me patientiam servaturum? et ad horum expositionem subiungit dicens ° nec fortitudo lapidum fortitudo mea: ‘ fortitudo enim lapidum sine sensu est; hominis autem fortitudo est cum sensu eorum quae noxia sunt, propter quod subdit ° nec caro mea aenea est, ‘ idest sine sensu, quia quantumcumque ratio mortalis hominis fortis sit tamen necesse est quod ex parte carnis experiatur sensum doloris. et per hoc excluditur increpatio eliphaz qui tristitiam in beato iob arguebat: etsi enim inesset beato iob fortitudo mentis aderat tamen ex parte carnis sensus doloris, quem tristitia consequebatur. simul etiam per hoc confutatur * opinio stoicorum dicentium “ sapientem non tristari, ‘ cuius opinionis eliphaz fuisse videtur; beatus autem iob hoc defendere intendit quod sapiens tristatur quidem sed ad hoc studet per rationem ut ad inconveniens non deducatur, * quod etiam peripatetici posuerunt. ° ecce non est auxilium mihi in me ‘ etc.. ostenderat iob in praecedentibus se rationabiliter dolorem sensisse et verba doloris protulisse, sed tamen dolore non esse absorptum propter ea quae passus erat; sed quia interdum homo licet aliqua adversa patiatur ita se suo et alieno auxilio et solatio contra |175| adversa tuetur ut vel parvum vel nullum inde dolorem concipiat, vult ostendere beatus iob se huiusmodi remediis esse destitutum, ut ex hoc appareat evidentius se rationabiliter verba doloris protulisse. et primo quidem ostendit se praedictis remediis destitutum esse ex parte sua, * cum dicit ° ecce non est auxilium mihi in me: ‘ etsi enim bona eius aliqua direpta fuissent, posset hoc absque tristitia tolerare si se posset adiuvare ad recuperandum bona amissa et ad vindicandum iniuriam illatam, sed hoc non poterat, omnibus divitiis, filiis et proprii corporis sanitate destitutus. rursus multa per nos ipsos non possumus quae possumus per amicos; et ideo iob secundo ostendit se etiam auxilio amicorum destitutum esse, * cum dicit ° et necessarii quoque mei, ‘ idest familiares et domestici, ° recesserunt a me. ‘ et quod hoc non sine culpa illorum sit, ostendit * subdens ° qui tollit ab amico suo misericordiam, ‘ scilicet in tempore miseriae, ° timorem domini derelinquit, ‘ idest reverentiam quam debet habere ad deum, propter quem et in quo proximus diligendus est: ° qui non diligit fratrem suum quem videt, deum quem non videt quomodo potest diligere? * ut dicitur ioh. iv 20. ‘ deinde ostendit se etiam a consanguineis esse derelictum |200| * dicens ° fratres mei, ‘ idest consanguinei, ° praeterierunt me: ‘ loquitur ad similitudinem simul in via incedentium, ac si uno cadente in foveam alii nihilominus praecedant eo dimisso. et quidem aliqualiter excusabiles essent si, postquam aliquo tempore auxilium tulissent, eum dimisissent vel propter taedium vel propter desperationem adiuvandi; et ideo ut inexcusabiles sint, ostendit se statim et subito ab eis esse desertum, * quod significat cum subdit ° sicut torrens qui raptim transit in convallibus, ‘ qui velocissime movetur. et ne hoc se impune fecisse credant, * subiungit ° qui timent pruinam, irruet super eos nix, ‘ quasi dicat: qui propter timorem minoris periculi a iustitia et misericordia discedit in maiora pericula deducetur; unde et fratres iob qui eum praeterierunt compati nolentes, ipsi tristitiam in propriis damnis sustinebunt. et quod eorum pericula sint futura sine remedio ostendit * subdens ° tempore quo fuerint dissipati, ‘ idest quo incurrent aliqua pericula, ° peribunt, ‘ scilicet totaliter, ° et ut incaluerint, solventur de loco suo. ‘ loquitur sub metaphora nivis, de qua fecerat mentionem, quae cum multum firmata fuerit per congelationem non statim ad primam calefactionem dissolvitur, sed cum adhuc non est congelata statim ad radium solis dissolvitur |225| et fluit: * hoc est ergo quod dicit ° ut incaluerint, solventur de loco suo, ‘ idest statim ad primum impetum adversitatis quasi cuiusdam caloris tota eorum prosperitas dissolvetur. et causam ostendit * subdens ° involutae sunt semitae gressuum eorum: ‘ illud enim quod involvitur, in se ipsum quadam tortuositate redit; illorum igitur semitae involutae sunt qui in consanguineis et amicis nihil nisi propriam utilitatem quaerunt, et propter hoc in tempore prosperitatis amicitiam simulant sed in tempore adversitatis derelinquunt. sed homines qui fraudulenter propriam utilitatem quaerunt plerumque a sua spe deficiunt, * et ideo subdit ° ambulabunt in vacuum: ‘ tunc enim aliqui in vacuum ambulare dicuntur quando a fine ambulationis deficiunt; et non solum eorum spes evacuabitur sed etiam contrarium eis accidet, * unde sequitur ° et peribunt, ‘ idest totaliter destruentur. sic igitur neque in se ipso neque in domesticis neque in consanguineis auxilium habebat. consequenter ostendit quod neque in aliis amicis, * unde dicit ° considerate semitas theman, itinera saba, ‘ in quibus regionibus maxime videbatur habuisse amicos, nam et eliphaz de theman venerat, ° et expectate paulisper, ‘ considerantes scilicet utrum aliqui per has vias venerint ad auxilium mihi ferendum; et hoc non videbitis |250| quia ° confusi sunt, ‘ scilicet venire ad me, ° quia speravi, ‘ idest quia tempus erat in quo ab eis auxilium sperare debebam: homines enim qui auxiliari nolunt confunduntur visitare illos a quibus aestimant sibi rationabiliter posse peti auxilium; ° venerunt quoque, ‘ aliqui scilicet eorum, ° usque ad me, et pudore cooperti sunt, ‘ quia scilicet mihi non dederunt auxilium cum recognoscerent se debere. nec est mirum de aliis cum etiam vos, qui sapientiores videmini, in hoc deficiatis, * unde subdit ° nunc venistis, et modo videntes plagam meam timetis, ‘ ne forte scilicet oporteat vos mihi auxilium ferre; sed ne timeatis quia in nullo auxilium vestrum requisivi: neque enim requiro a vobis ut subveniatis mihi in denariis, * et hoc est quod dicit ° numquid dixi: afferte mihi et de substantia vestra donate mihi? ‘ neque petii a vobis auxilium in bello contra hostes, * et hoc est quod subdit ° liberate me de manu hostis, et de manu robustorum eruite me? ‘ neque petii a vobis auxilium doctrinae, et hoc est quod dicit: * numquid dixi ° docete me, ‘ scilicet in speculativis, ° et ego tacebo, et si quid forte ignoravi, instruite me? ‘ scilicet in agendis. nec solum vos mihi auxilium non praebetis, sed etiam quantum in vobis est me ulterius verbis affligitis, * et hoc est quod subdit ° quare detraxistis sermonibus |275| veritatis? ‘ quos scilicet primo protuli in mea lamentatione, quam eliphaz reprehendere visus est, * ut dictum est. ‘ et ut haec detractio inexcusabilis ostendatur, excludit omnia illa quibus aliquis reprehensor a detractione potest excusari. quorum primum est cum aliquis maioris auctoritatis alium pro culpa reprehendit, * et hoc excludit dicens ° cum ex vobis nullus sit qui possit arguere me. ‘ secundum est cum aliquis contra aliquem verba dura profert ad eius utilitatem et non ad ipsum exacerbandum, * et hoc est quod subdit ° ad increpandum tantum, ‘ et non ad utilitatem, ° eloquia concinnatis, ‘ idest studiose componitis ut non videantur leviter esse dicta. tertium est cum aliquis verba quae profert contra aliquem efficacibus rationibus munit, et hoc removet * dicens ° et in ventum verba profertis, ‘ quasi dicat: verba vestra inania sunt nullum robur rationis habentia. quartum est cum aliquis aliquem reprehendit eo tempore et in illo statu in quo praesumi potest quod non fiat inde deterior sed melior; sed si aliquis eo tempore aliquem reprehendere velit quo est consternatus animo et ad iram dispositus, videtur non velle correctionem sed subversionem, * et ideo dicit ° super pupillum irruitis, et subvertere nitimini amicum vestrum: ‘ se ipsum pupillum nominat quia in tristitia |300| positus omni auxilio destitutus erat. et ne quis putaret quod hoc diceret timens concertationem cum eis, quasi de veritate suae sententiae et iustitia suae causae non praesumeret, * subiungit ° verum tamen quod coepistis explete, ‘ ut ex mutua disputatione veritas elucescat; * unde subdit ° praebete aurem, ‘ idest auscultate, ° et videte, ‘ idest considerate, ° an mentiar: ‘ hoc est enim primum impedimentum veritatis inveniendae per disputationem, cum aliquis ea quae ab adversario dicuntur audire non vult. secundum impedimentum est cum ad audita clamose et contumeliose respondet, et ad hoc removendum dicit ° respondete, obsecro, absque contentione: est enim contentio, * ut ambrosius dicit, ° impugnatio veritatis cum confidentia clamoris. ‘ tertium impedimentum est cum aliquis in disputatione non intendit ad veritatem sed ad victoriam et gloriam, ut accidit in disputationibus litigiosis et sophisticis: ° et loquentes id quod iustum est iudicate, ‘ ut scilicet concedatis ea quae vobis videntur vera, et negetis ea quae videntur falsa. ° et, ‘ si hoc feceritis, ° non invenietis in lingua mea iniquitatem, ‘ scilicet aliquid contra iustitiam quae debetur proximo, ° nec in faucibus meis stultitia personabit, ‘ idest aliquid contra sapientiam qua recte sentitur de deo: intendebat enim et circa divina |325| et circa humana defendere et probare veritatem.

cp7 ° Militia est vita hominis super terram ‘ etc.. eliphaz in superioribus, volens beatum iob a desperatione removere, ei quandam terrenam beatitudinem repromiserat si increpationem domini non reprobaret; unde beatus iob, postquam tristitiae suae rationabiles causas ostendit, vult ulterius ostendere praedictam consolationem eliphaz ex repromissione terrenae felicitatis esse incongruam. et primo hoc ostendit ex condicione praesentis vitae, postmodum vero id ostendet ex sua propria condicione. * circa condicionem vero praesentis vitae diversa fuit hominum sententia: quidam enim posuerunt “ in hac vita ultimam felicitatem esse, ‘ et hanc sententiam videntur sequi dicta eliphaz. ibi enim est ultimus finis hominis ubi expectat finalem retributionem pro bonis aut malis: unde si in hac vita homo remuneratur a deo pro bene actis et punitur pro malis, ut eliphaz astruere nitebatur, consequens videtur quod in hac vita sit ultimus hominis finis. hanc autem sententiam intendit iob reprobare et vult ostendere quod praesens vita hominis non habet in se ultimum finem, sed comparatur ad ipsum sicut motus ad quietem et via ad terminum; et ideo comparat eam illis statibus hominum qui tendunt |25| ad aliquem finem, scilicet statui militum qui militando ad victoriam tendunt, * et hoc est quod dicit ° militia est vita hominis super terram, ‘ ac si dicat: vita praesens qua super terram vivimus non est sicut status victoriae sed sicut status militiae; comparat etiam eam statui mercennariorum, * et hoc est quod subdit ° et sicut dies mercennarii dies eius, ‘ scilicet hominis super terram viventis. comparat autem praesentem vitam his duobus statibus propter duo quae imminent homini in praesenti vita, ut scilicet resistat impedimentis et nocivis et propter hoc comparatur militiae, et ut operetur utilia ad finem et propter hoc comparatur mercennario. ex utroque autem exemplo datur intelligi praesens vita divinae providentiae subdi: nam et milites sub duce militant et mercennarii a patrono mercedem expectant. satis etiam in his duobus exemplis apparet falsitas sententiae quam eliphaz defendebat. manifestum est enim quod dux exercitus strenuis militibus non parcit a periculis aut laboribus, sed secundum quod militiae ratio exigit interdum eos et maioribus laboribus et maioribus periculis exponit, sed post victoriam adeptam magis strenuos plus honorat; sic et paterfamilias melioribus mercennariis maiores labores committit, sed in tempore mercedis eis maiora |50| munera largitur; unde nec divina providentia hoc habet ut bonos magis ab adversitatibus et vitae praesentis laboribus eximat, sed quod in fine eos magis remuneret. quia igitur ex his verbis eliphaz sententia tota subruitur, ad eorum confirmationem iob intendit et ea efficaci ratione demonstrat. manifestum est enim quod quaelibet res adepto ultimo fine quiescit, unde necesse est quod quando voluntas humana ultimum finem consecuta fuerit, in illo quiescat et ulterius ad alia desideranda non moveatur; huius autem contrarium in praesenti vita experimur, nam semper homo quasi non contentus praesentibus futura desiderat: unde manifestum est in hac vita ultimum finem non esse, sed hanc vitam ordinari ad alium finem sicut ordinatur militia ad victoriam et dies mercennarii ad mercedem. sciendum est autem quod in praesenti vita praesentia non sufficiunt sed desiderium tendit in futura propter duo: scilicet propter afflictiones praesentis vitae, et propter hoc inducit exemplum servi desiderantis umbram * dicens ° sicut servus, ‘ ab aestu afflictus, ° desiderat umbram, ‘ qua refrigeretur; et propter defectum perfecti boni et finalis quod hic non habetur, et ideo ponit exemplum de mercennario * dicens ° et sicut mercennarius praestolatur |75| finem operis sui - ‘ perfectum enim bonum est hominis finis -, ° sic et ego habui menses vacuos, ‘ idest reputavi menses praeteritos mihi vacuos praeterisse, utpote in quibus perfectionem finalem adeptus non eram; ° et noctes, ‘ deputatas quieti contra afflictiones, ° laboriosas numeravi mihi, ‘ idest reputavi ac si essent laboriosae, inquantum in eis retardabar a consecutione finis. quomodo autem habuerit menses vacuos et noctes laboriosas exponit * subdens ° si dormiero, ‘ idest cum fuerit tempus dormiendi de nocte, ° dico: quando consurgam? ‘ exoptans diem. ° et rursum, ‘ facto die, ° expectabo vesperam, ‘ sic semper in futurum per desiderium tendens. et hoc quidem commune est omni homini viventi super terram, sed plus et minus hoc sentiunt homines secundum quod magis aut minus gaudiis seu tristitiis afficiuntur: nam qui in gaudio est minus desiderat futurum, plus autem qui in tristitia; et ideo ut hoc desiderium iob in se esse vehemens ostendat, * subiungit ° et replebor doloribus usque ad tenebras, ‘ propter quos dolores praesens tempus fit mihi taediosum et futurum magis desidero. ° induta est caro mea putredine ‘ etc.. ostenderat supra beatus iob consolationem eliphaz ex promissione felicitatis in vita terrena fuisse ineptam ex generali condicione vitae hominis super terram, nunc autem intendit ostendere eandem consolationem ineptam esse ex sua propria condicione. et proponit duo quae impediunt ipsum expectare prosperitatem super terram, quorum primum est infirmitas corporis quam patiebatur: homini enim gravi infirmitate detento nihil potest contingere quod eum in hac vita faciat esse felicem, * et ideo dicit ° induta est caro mea putredine, ‘ quasi dicat: undique corpus meum circumdatum est putredine ulcerum sicut corpus circumdatur vestimento. et quia vulnera a principio curata ad sanitatem perveniunt, ostendit ulcera sua fuisse neglecta, * unde dicit ° et sordibus pulveris: ‘ non enim erant debito modo curata quia ad litteram in sterquilinio sedebat, * ut supra dictum est. ‘ expectatur autem sanitas aliquando etiam si ulcera sint neglecta, quando natura est fortis, sed in iob vigor naturae defecerat, * unde dicit ° cutis mea aruit et contracta est, ‘ quia scilicet humor naturalis iam consumptus est vel propter senectutem vel propter infirmitatem, unde non videtur locus ut in hac vita ulterius felicitatem expectem. secundum est quia plurimum tempus vitae suae iam praeterierat, unde modicum tempus restabat nec in eo poterat magnam felicitatem expectare, * et propter hoc dicit ° dies mei velocius transierunt quam a texente tela succiditur. ‘ vita enim hominis quantum ad aliquid similis est texturae: sicuti enim ille qui texit telam fila filis adiungit ut ad perfectionem telae perveniat, qua perfecta eam succidit, sic ad hoc quod vita hominis perficiatur dies diebus adduntur, cum autem fuerit perfecta tollitur. ideo tamen dicit quod velocius transeunt dies hominis quam tela succidatur quia in opere telae textor interdum quiescit, sed tempus vitae hominis absque quiete continuo labitur. * sed posset aliquis dicere quod “ licet plurimum temporis vitae eius transierit adhuc tamen posset expectare reditum ad statum vitae praeteritae: * posuerunt enim aliqui quod “ post mortem, transactis plurimis annorum curriculis, homo rediturus erat ad eandem vitae seriem quam prius egerat, ut puta quod plato in futuris temporibus lecturus erit athenis et eadem acturus quae prius egit, et sic homo licet plurimum temporis vitae eius transierit posset expectare restitutionem beatitudinis in vita terrena; ‘ et ideo ad hoc removendum subiungit iob ° et consumpti sunt absque ulla spe, ‘ redeundi scilicet ad pristinos dies. et ad hoc probandum subiungit ad deum loquens - ad quem ab illo loco ° militia est vita hominis super terram ‘ videtur direxisse sermonem -, * dicens ° memento quia ventus est vita mea, ‘ idest vento similis: sicut enim ventus pertransit et ultra non revertitur, ita vita hominis cum pertransierit non redit, * et hoc est quod subdit ° et non revertetur oculus meus ut videat bona, ‘ scilicet terrenae vitae quae quondam habui et nunc amisi. et sicut cum vita mea praeterierit ego non revertar ut videam bona terrena, sic nec videbor ab oculo terreno, * unde sequitur ° nec aspiciet me visus hominis; ‘ ponit autem haec duo ut significet quod non revertetur ad conversationem humanam quae maxime consistit in videre et videri: nam visus cum sit subtilior sensuum principatum tenet in vita sensibili. sed quamvis post mortem ab oculo hominis se dixerit non videndum, confitetur tamen se videndum esse ab oculo divino * in hoc quod subdit ° oculi tui in me, ‘ scilicet erunt: deo enim mortui conspicui sunt qui spiritualia intuetur, quia mortui secundum spiritum vivunt, non secundum carnem quam visus hominis aspicere potest. * posset autem ex hoc aliquis intelligere quod “ oculi dei ita respiciant mortuum non secundum statum praesentem sed sicut respicit futura, quasi homo mortuus iterum rediturus sit ad vitam quam dimisit, ‘ et ideo ad hoc excludendum * subiungit ° et non subsistam, ‘ quasi dicat: sic dico quod oculi tui in me erunt post mortem, quod tamen ego postmodum iterato non subsistam in statu huius vitae terrenae. et hoc probat per simile * cum subdit ° sicut consumitur nubes et pertransit, sic qui descendit ad inferos non ascendet. ‘ dicuntur autem mortui ad inferos descendere, vel quia secundum animam ante christi mortem omnes ad infernum descendebant, vel quia secundum carnem sub terra ponuntur; quantum enim ad praesens pertinet, nihil differt quomodolibet exponatur: nihil enim aliud vult dicere nisi quod mortui non redeunt ad vitam praeteritam, et hoc probat in quodam simili, probatione sufficienti. * sicut enim philosophus docet in ii de generatione, “ tam in corporibus corruptibilibus quam in corporibus incorruptibilibus quidam circularis motus apparet; sed haec est differentia quia in corporibus caelestibus secundum circulationem reiteratur idem numero, sicut idem sol numero qui occidit redit ad ortum, et hoc ideo quia substantia non corrumpitur in tali mutatione sed solum locus mutatur; in motu vero generabilium et corruptibilium non redit idem numero sed idem specie. patet enim quod secundum circularem motum solis annuum, circulatio quaedam fit in dispositione aeris: nam in hieme sunt nubes, et postmodum in aestate consumuntur, et iterum redeunte hieme redeunt nubes, non tamen eadem numero sed eadem specie quia illae nubes quae prius fuerunt omnino dispereunt. et similiter est in hominibus: non enim iidem homines per generationes redeunt qui prius fuerunt secundum numerum sed solum secundum speciem. ‘ ex quo patet solutio rationis * illorum qui ponebant “ reditum ad eandem vitam et ad eosdem actus: * credebant enim quod “ inferiora disponuntur secundum motum corporum caelestium, unde cum redierit eadem constellatio post plurima temporum spatia credebant quod rediret eadem res numero; ‘ non est autem necesse quod redeant eadem numero, * ut dictum est, ‘ sed solum similes secundum speciem. * ponebant autem isti quod “ homo mortuus, post certa temporum spatia non solum rediret ad vitam sed etiam ad easdem possessiones et domos quas prius habuit, ‘ et ideo ad hoc excludendum * subiungit ° nec revertetur ultra ad domum suam. * ponebant etiam quod “ eadem opera acturus erat quae prius egit et eadem officia et dignitates habiturus, ‘ unde ad hoc etiam excludendum * subiungit ° neque cognoscet eum amplius locus eius, ‘ idest non redibit ulterius ad locum suum; et accipitur hic locus pro statu personae, illo modo loquendi quo dicere consuevimus: iste habet magnum locum in ista civitate. manifestum est autem ex his quod iob hic resurrectionem quam fides asserit non negat, sed reditum ad vitam carnalem quem iudaei ponunt et quidam philosophi etiam posuerunt. nec hoc etiam contradicit narrationi scripturae de hoc quod aliqui sunt resuscitati ad vitam praesentem, quia aliud est quod miraculose agitur, aliud est quod agitur secundum cursum naturae prout hic loquitur iob. considerandum est etiam quia quod supra dixit ° memento quia ventus est vita mea ‘ non ideo dixit quasi in deum oblivio cadat, sed loquitur ex hypothesi positionis adversariorum: si enim deus repromitteret homini cuius vita iam quasi praeteriit bona in hac vita terrena, videretur quasi oblitus quod vita hominis ad modum venti sine reditu transit. ° quapropter et ego non parcam ori meo. ‘ postquam ostendit iob consolationem eliphaz promittentis prosperitatem terrenam fuisse incongruam per rationes ostensivas, nunc ostendit deducendo ad inconvenientia, quia si illi consolationi inniteretur quae ex spe terrenae prosperitatis sibi ab eliphaz data erat, cum ista spes frivola sit, ut ostensum est, sequebatur quod oporteret eum adhuc in tristitia remanere et doloris verba proferre et penitus desperare. et ideo quasi contra positionem disputans, * concludit ° quapropter, ‘ quia scilicet vanum est expectare prosperitatem terrenam, ut ostensum est, et vos aliunde non habeatis unde me consolemini, ° et ego, ‘ quasi consolatione destitutus, ° non parcam ori meo ‘ quin loquar verba lamentationis prout mens suggerit: * et hoc est quod subdit ° loquar in tribulatione spiritus mei, ‘ idest secundum quod tribulatio quam patior spiritum meum impellit ad loquendum. nec solum aderat ei tribulatio exterior sed tristitia interior exinde concepta, * et ideo subdit ° confabulabor cum amaritudine animae meae, ‘ idest inania et quasi fabulosa verba loquar secundum quod amaritudo animae meae mihi ministrabit. inter cetera autem quae homines amaricati confabulari solent, praecipue solent inquirere de causis suae amaritudinis, quia vix est aliquis amaricatus quin videatur sibi vel penitus iniuste vel plus iusto afflictus esse: et ideo iob, gerens personam hominis amaricati, inquirit de causa suae afflictionis * dicens ° numquid mare sum ego aut cetus quia circumdedisti me carcere? ‘ ubi notandum est quod aliter providentia dei operatur circa creaturas rationales et aliter circa irrationales: in creaturis enim rationalibus invenitur meritum et demeritum propter liberum arbitrium, et propter hoc debentur eis poenae et praemia; creaturae vero irrationales cum non habeant liberum arbitrium, nec merentur nec demerentur poenas aut praemia, sed operatur deus circa eas ad earum ampliationem vel restrictionem secundum quod competit ad bonum universi. ex qua quidem provisione seu ratione contingit quod deus mare coercet ne totam terrae superficiem occupet, ut sit locus animalibus et terraenascentibus; similiter etiam cetum infra mare oceanum coercet ne si in alia maria deduceretur aliquibus posset esse in nocumentum. et ideo inquirit iob utrum similis causa sit suae afflictionis causae propter quam coartatur mare aut cetus, ut scilicet afflictus sit non propter aliquod suum demeritum sed propter aliquam utilitatem exinde aliis provenientem. dicit autem se carcere circumdatum eo quod ita oppressus erat tribulatione quod ex nulla parte patebat sibi vel liberatio vel consolatio, et ideo consequenter ostendit se privatum esse illis remediis quibus afflicti solent consolari, quorum unum est somnus, nam post somnum tristitia mitigatur, et hoc notat * cum dicit ° si dixero: consolabitur me lectulus meus, ‘ scilicet tempore dormitionis. aliud remedium est cum homines sapientes per deliberationem rationis se ipsos consolantur, et hoc remedium tangit * cum dicit ° relevabor, ‘ scilicet ab oppressione tristitiae, ° loquens mecum, ‘ per deliberationem rationis, ° in stratu meo: ‘ homines enim sapientes quando solitarii sunt et a tumultibus hominum et negotiorum semoti, tunc magis secum loqui possunt secundum rationem aliquid cogitando. sed ista remedia eum iuvare non poterant, quia tempore quo his remediis uti debebat aderant sibi alia impedimenta quibus perturbabatur, scilicet somnia terribilia et visiones horribiles, * et hoc est quod subdit ° terrebis me per somnia, ‘ quae scilicet dormienti apparent, ° et per visiones, ‘ quae scilicet apparent vigilanti ab usu exteriorum sensuum alienato, ° horrore concuties. ‘ solent enim nocturna phantasmata conformia esse diurnis cogitationibus, unde quia iob in die quae maeroris sunt cogitabat, similibus phantasmatibus perturbabatur in nocte; infirmitas etiam corporis ad hoc operatur ut perturbata phantasmata dormientibus appareant. sic igitur undique consolatione exclusa, nullus modus mihi remanet tot angustias evadendi nisi per mortem, et ideo praeeligo mortem quantumcumque abiectam vitae tam miserae, * et hoc est quod dicit ° quamobrem elegit suspendium anima mea. ‘ et ne putaretur haec electio ex aliqua infirma cogitatione provenire, aliis fortibus cogitationibus repugnantibus, subiungit nihil esse in se tam forte quod mortem non desideret, * et hoc est quod dicit ° et mortem ossa mea: ‘ solet enim per ossa in scriptura id quod est in homine roboris designari. et quare hoc eligat, ostendit cum subdit ° desperavi, ‘ scilicet a spe quam mihi dedisti ut iterum fruar prosperitate terrena; et quare desperaverit, ostendit * subdens ° nequaquam ultra iam vivam: ‘ in quo duo possunt intelligi quae supra posuerat, scilicet quod maius tempus vitae suae iam praeterierat et quod non erat reditus post mortem ad eandem vitam, ut scilicet viveret super terram. hoc igitur inconveniens consequebatur ipsi iob ex consolatione eliphaz, quod scilicet desperaret, mortem eligeret et non haberet unde tristitiam reprimeret. ° parce mihi, domine. ‘ postquam ostendit iob quod consolatio eliphaz ex promissione felicitatis terrenae inducebat eum ad desperationem et desiderium mortis, ostendit quid sibi sperandum relinquatur a deo, ut scilicet tribulatio illata cesset, * et hoc est quod dicit ° parce mihi, domine, ‘ quasi dicat: a spe prosperitatis terrenae decidi, hoc mihi sufficit ut parcas, idest flagellare desistas. et quia ad parcendum inducere solet parvitas et miseria hominis, * subiungit ° nihil enim sunt dies mei, ‘ quod videtur referri ad hominis parvitatem et ad vitae brevitatem: et communiter quantum ad omnes et specialiter quantum ad se ipsum cuius dies iam quasi praeterierant. utrumque autem consequenter prosequitur, et primo de parvitate * dicens ° quid est homo, ‘ idest quam parvum quid et infirmum secundum corpus, ° quia magnificas eum ‘ honore quodam inter ceteras creaturas, ° aut quia ponis erga eum cor tuum, ‘ eum speciali cura custodiendo et protegendo? ubi considerandum est quod licet omnia subsint divinae providentiae et omnia secundum statum suum magnitudinem consequantur a deo, aliter tamen et aliter. cum enim omnia particularia bona quae sunt in universo ordinari videantur ad commune bonum universi sicut pars ad totum et imperfectum ad perfectum, eo modo aliqua disponuntur secundum divinam providentiam secundum quod habent ordinem ad universum; sciendum est autem quod secundum modum quo aliqua participant perpetuitatem, essentialiter ad perfectionem universi spectant, secundum autem quod a perpetuitate deficiunt, accidentaliter pertinent ad perfectionem universi et non per se: et ideo secundum quod aliqua perpetua sunt, propter se disponuntur a deo, secundum autem quod corruptibilia sunt, propter aliud. quae igitur perpetua sunt et specie et individuo, propter se gubernantur a deo; quae autem sunt corruptibilia individuo, perpetua specie tantum, secundum speciem quidem propter se disponuntur a deo, secundum individuum propter speciem tantum, sicut bonum et malum quod accidit in brutis animalibus, utpote quod haec ovis occiditur ab hoc lupo vel aliquid aliud huiusmodi, non dispensatur a deo propter aliquod meritum vel demeritum huius lupi vel huius ovis, sed propter bonum specierum, quia divinitus unicuique speciei ordinatus est proprius cibus. * et hoc est quod dicit ° aut quia ponis erga eum cor tuum, ‘ dum scilicet ei provides propter eius bonum; non ponit autem erga animalia singularia cor suum, sed erga bonum speciei quod potest esse perpetuum. quomodo autem ponat erga eum cor suum ostendit * cum subdit ° visitas eum diluculo, ‘ idest a principio nativitatis tua providentia administras ei quae sunt necessaria ad vitam et magnificationem, tam corporalia quam spiritualia; ° et subito probas illum ‘ per adversa in quibus apparet qualiter se habeat ad virtutem quia, * sicut habetur eccli. xxvii 6, ° vasa figuli probat fornax, et homines iustos tentatio tribulationis. ‘ dicitur autem deus hominem probare non ut ipse addiscat qualis est homo sed ut alios eum cognoscere faciat et ut ipsemet se ipsum cognoscat. haec autem verba iob non sunt intelligenda tamquam improbantis divinam circa homines sollicitudinem, sed tamquam inquirentis et admirantis: id enim quod de homine videtur exterius parvum quid est, fragile et caducum, unde mirum videretur quod deus tantam sollicitudinem haberet de homine nisi aliquid lateret in eo quod esset perpetuitatis capax. unde per hanc inquisitionem et admirationem sententia eliphaz excluditur, quia si non esset alia vita hominis nisi quae est super terram, non videretur condignus homo tanta dei sollicitudine circa ipsum: ipsa ergo sollicitudo quam deus specialiter habet de homine demonstrat esse aliam vitam hominis post corporis mortem. deinde aliam rationem subdit ut sibi parcatur sumptam ex brevitate vitae, eam sub interrogatione proponens * cum dicit ° usquequo non parcis mihi? ‘ quasi dicat: tempus vitae hominis breve est et temporis vitae meae maior pars iam transiit, quis ergo terminus expectatur ut mihi parcas si modo non parcis, ut saltem aliquod breve spatium habeam in quo quiescam? quod significat * in hoc quod subdit ° nec dimittis me ut glutiam salivam meam? ‘ homines enim dum verba proferunt salivam glutire non possunt: necesse est ergo in loquendo aliquam modicam pausam fieri ut saliva vel expuatur vel glutiatur; cui quidem horulae residuum tempus vitae suae comparat, ac si dicat: si parcere differas, non remanebit mihi a laboribus aliqua quies saltem illi pausae similis qua loquentes salivam glutiunt. et haec etiam ratio procedit ex suppositione sententiae eliphaz, quia si non sit vita alia hominis nisi quae est super terram, non restabit quando deus parcat si in hac vita non parcit. * posset autem aliquis dicere “ iob indignum esse ut sibi parcatur a deo, quia peccata sua merentur eum ulterius affligi, ‘ secundum sententiam eliphaz qui eum propter peccata flagellari putabat, * et ideo subdit ° peccavi, ‘ quasi dicat: esto quod peccaverim et propter hoc merear flagellari, adhuc remanet ratio quare mihi parcere debeas. et subiungit ad hoc tres rationes quare parcere debeat sumptas ex hominis infirmitate, quarum prima sumitur ex impotentia satisfaciendi. homo enim nihil condignum facere potest propriis viribus ad recompensandum offensam quam contra deum commisit, * et hoc est quod dicit ° quid faciam tibi, o custos hominum? ‘ quasi dicat: si tantam sollicitudinem de hominibus habes quasi custos eorum ut de singulis eorum actibus rationem requiras, non suppetunt meae vires ad faciendum aliquid propter quod peccata remittas, unde si hoc expectatur numquam mihi parceres; et ideo hoc non obstante mihi parcas. secunda ratio sumitur ex impotentia perseverandi. homo enim post corruptionem humanae naturae perseverare non potest sine gratia dei, unde et in sacra scriptura consuetum est dici quod deus aliquem indurat vel excaecat ex hoc quod gratiam non largitur per quam emolliatur et videat; secundum ergo hunc modum et hic iob loquitur dicens ° quare posuisti me contrarium tibi? ‘ idest quare mihi gratiam non dedisti per quam in hoc perseveram ut tibi contrarius non essem per peccatum? quicumque enim peccat deo contrarius est, dum divinis mandatis repugnat sive quae sunt in lege scripta tradita sive quae sunt naturaliter indita hominis rationi. sciendum est autem quod ratio fortior est inter omnes animae virtutes, cuius signum est quod aliis imperat et eis utitur ad suum finem; contingit tamen quod ratio interdum ad modicum absorbetur per concupiscentiam vel iram aut alias inferiorum partium passiones, et sic homo peccat; non tamen inferiores vires sic possunt rationem ligatam tenere quin semper redeat ad suam naturam, qua in spiritualia bona tendit sicut in proprium finem. sic igitur pugna quaedam fit etiam hominis ad se ipsum ratio renititur ei quod per concupiscentiam vel iram absorpta peccavit; et quia ex peccato praeterito inferioribus viribus est addita pronitas ad similes actus propter consuetudinem, ratio non potest libere uti inferioribus viribus ut eas in superiora bona ordinet et ab inferioribus retrahat: et sic homo dum fit contrarius deo per peccatum fit etiam sibimet ipsi gravis, * et hoc est quod subdit ° et factus sum mihimet ipsi gravis? ‘ in quo apparet quod peccatum statim suam poenam habet; et sic post hanc poenam facilius videtur homini esse parcendum. tertia ratio sumitur ex impotentia hominis ad purgandum peccatum. homo enim per se ipsum in peccatum labitur, sed solius dei est peccatum remittere, et ideo quaerit iob: si poena mea cessare non debet quandiu peccatum manet, et tu solus peccatum auferre potes, ° cur non tollis peccatum meum ‘ quod in deum vel in me ipsum commisi? ° et quare non aufers iniquitatem meam, ‘ si qua est contra proximum commissa? considerandum est autem quod huiusmodi quaestiones iob non facit quasi temerarius divinorum iudiciorum inquisitor, sed ad falsitatem destruendam quam adversarii asserere nitebantur, scilicet quod in hac vita tantum essent expectanda a deo bona vel mala pro factis humanis: quo quidem posito, tota ratio divinorum iudiciorum turbatur, quibus homines in hac vita punit propter peccata vel peccata remittit secundum quod eos praeordinat ad vitam futuram vel praedestinando vel reprobando. si autem non esset vita futura sed tantum praesens, non esset ratio quare deus differret parcere his quibus parcere intendit aut eos iustificare et remunerare, et ideo iob ut suam intentionem aperiat, * subdit ° ecce nunc in pulvere dormiam, ‘ quasi iam in promptu est finis vitae meae cum moriar resolvendus in pulverem; et propter incertitudinem mortis non potest expectari firmiter etiam dies crastinus, * et ideo subdit ° et si mane me quaesieris non subsistam, ‘ quasi dicat: non possum repromittere mihi tempus vitae usque in mane, nedum longa vitae spatia in quibus expectare possim quod mihi parcas si alia vita non erit. considerandum est autem quod iob procedit more disputatoris, cui a principio sufficit falsam opinionem refellere et postmodum aperit quid ipse de veritate sentiat. notandum est etiam quod iob in verbis praemissis tres rationes tetigit quare aliquis in hac vita flagellatur a deo: prima est ut cohibeatur eius malitia ne aliis nocere possit, et hanc rationem tetigit * cum dixit ° numquid mare sum ego aut cetus quia circumdedisti me carcere? ‘ secunda est ad hominis probationem ut virtus eius manifestetur, et hanc tetigit cum dixit ° visitas eum diluculo et subito probas illum; ‘ tertia est in poenam peccatorum, et hoc tetigit cum dixit ° peccavi, quid faciam tibi, o custos hominum ‘ etc..

cp8 ° Respondens autem baldath suites ‘ etc.. in superioribus beatus iob dictis eliphaz responderat eius sententiam efficaciter et profunde evacuando; sed baldath suites in eadem sententia cum eliphaz concordans profunditatem beati iob non comprehenderat, et ideo contra responsionem beati iob loquitur sicut solent homines loqui contra sententias non intellectas. homines autem non comprehendentes mentes loquentium in duobus deficere solent, quorum unum est quia nesciunt quando ille qui loquitur ad finem propositum pervenerit, aliud est quia ordinationem sermonum loquentis capere non possunt. et hoc in verbis baldath manifeste apparet, * dicitur enim ° respondens autem baldath suites dixit: usquequo loqueris talia? ‘ videbatur enim ei quod nimis protraxisset sermonem, non considerans nec intelligens ad quem finem iob suum sermonem perducere volebat; similiter etiam neque ordinationem eorum quae iob dixerat, qualiter scilicet ad invicem compacta erant, capiebat, * et ideo subiungit ° et spiritus multiplex sermonis oris tui? ‘ reputabat enim, quia iob multa protulerat quorum ordinem ipse non capiebat, quod essent verba dissuta et quasi hominis sine ratione ex impetu spiritus varia loquentis absque ordine rationis. et quia, * ut dictum est, ‘ baldath intentionem iob non comprehenderat, eius verba in alia intentione accipiens ad inconveniens deducere conatur. volens enim iob superius excludere sententiam eliphaz ponentis quod adversitates in hoc mundo pro peccatis hominum contingebant et quod peccatores flagellati a deo si convertantur ad statum prosperitatis reducentur, contra utrumque locutus fuerat: nam contra primum, * ut supra expositum est, * dixerat ° utinam appenderentur peccata mea et calamitas quam patior in statera. ‘ contra secundum dixerat ° desperavi, nequaquam ultra iam vivam, ‘ et multa huiusmodi * ut ex superioribus patet. ‘ haec autem dicebat iob intendens quod poena peccatorum et iustitiae praemium non sunt expectanda a deo in hac vita; baldath autem, qui aliam vitam nesciebat, sic accepit haec verba ac si iob intenderet dicere quod deus peccata non punit nec benefacta remunerat, quod videtur esse divinae iustitiae contrarium, et ideo baldath proponit dicens ° numquid deus supplantat iudicium et omnipotens subvertit quod iustum est? ‘ quasi dicat: hoc sequitur ex tuis verbis si homines in hoc mundo absque peccato punit aut ultra mensuram peccati, vel si ad se reversis bona non reddit. et notandum est quod iustitia dupliciter corrumpitur, scilicet per astutiam alicuius sapientis et per violentiam alicuius potentis; in deo autem utrumque est, et perfecta sapientia et omnipotentia, nec tamen per sapientiam quae nomine dei intelligitur quasi astute agens supplantat iudicium, neque per omnipotentiam quasi violenter subvertit quod iustum est. duo autem erant quae videbantur impedire iob ne pristina prosperitas ei restitui posset etiam si converteretur ad deum, ut eliphaz dixerat, quorum unum erat quia filii quos amiserat mortui erant, nec expectari poterat quod resuscitarentur per suam conversionem ad vitam, et ideo baldath dicit ° etiam si filii tui peccaverunt ei, et dimisit eos in manu iniquitatis suae, ‘ quasi dicat: cum tu conversus fueris ad deum, illa recuperabis quae pro peccatis tuis amisisti; filii autem tui morte oppressi sunt non propter peccata tua sed propter peccata eorum, unde non est contra sententiam eliphaz - qua dixerat quod per conversionem redibis ad prosperitatem -, si filii tui te converso non resuscitentur. et notandum est quod quia poenas praesentis vitae pro peccatis accidere credebat, ultima autem poenarum praesentium est mors, tunc homo videtur perfecte pro peccato punitus quando usque ad mortem pro peccato perducitur; * et ideo signanter dicit ° et dimisit eos in manu iniquitatis suae, ‘ quasi in potestate peccatorum suorum, ut absque aliquo retinaculo usque ad ultimam poenam pro peccatis deducerentur. aliud autem est, quod reditum ad pristinam prosperitatem impedire videbatur, quod plurimum tempus vitae iob iam transierat et parvum restabat, ut iob supra dixerat, unde non videbatur quod in illo modico tempore sufficienter sibi pristina prosperitas posset restitui etiam si converteretur ad deum; et ideo baldath ei promittit post conversionem recompensationem fiendam quantitatis ad tempus, ut scilicet multo maiora bona obtineat quam prius habuit per hoc quod modico tempore ea esset habiturus. et ideo baldath primo describit ei modum debitae conversionis, ad quam tria requiruntur, quorum primum est ut peccator absque mora a peccato surgat, * et hoc est quod dicit ° tu tamen si diluculo, ‘ idest tempestive, ° consurrexeris ad deum, ‘ relictis peccatis, * secundum illud eccli. v 8 ° ne tardes converti ad dominum; ‘ secundum est ut homo pro peccatis satisfaciat, * et quantum ad hoc dicit ° et omnipotentem fueris deprecatus: ‘ inter satisfactionis enim opera quasi praecipuum videtur esse oratio; tertium est ut homo perseveret cavens sibi a recidivo peccati, * et ideo dicit ° si mundus et rectus incesseris, ‘ scilicet cavens tibi ab immunditiis carnis et ab iniustitiis quibus laeditur proximus. sic autem perfecta conversione descripta, subiungit promissionem prosperitatis * dicens ° statim evigilabit ad te: ‘ deus enim quasi dormire videtur cum iustos affligi permittit, evigilare autem quando eos defendit, * secundum illud ° exurge, quare obdormis, domine? ‘ et effectum huius evigilationis subiungit * dicens ° et pacatum reddet habitaculum iustitiae tuae, ‘ quasi dicat: domus et familia tua tempore peccati tui fuit perturbata, sed tempore iustitiae tuae pacem habebit. et ne posset conqueri de temporis brevitate, repromittit excessum prosperitatis * dicens ° intantum ut priora tua fuerint parva, ‘ scilicet comparatione sequentium, * et hoc est quod subdit ° et novissima tua multiplicentur nimis, ‘ ita quod magnitudo prosperitatis recompenset tibi tempus quo in adversitate fuisti. ° interroga enim generationem pristinam ‘ etc.. baldath suites in praecedentibus eandem sententiam cum eliphaz themanite defendens, proposuerat homines pro peccato in praesenti vita divinitus punitos post conversionem ad prosperitatis statum redituros, quod quidem ex nunc probare intendit. probat autem dupliciter: primo quidem ex experimento, secundo ex similitudine. experimentum enim in rebus particularibus maxime efficax est ad probandum, et tanto magis quanto diuturnius est observatum et infallibile inventum. ea autem quae diuturnitatem temporis requirunt per antiquorum memorias maxime comprobantur, et ideo ad propositi probationem recurrit ad antiquorum memorias, et quantum ad antiquos * cum dicit ° interroga enim generationem pristinam, ‘ et quantum ad immediate praecedentes * cum dicit ° et diligenter investiga patrum memoriam, ‘ idest ea quae patres tui in memoria habent. interrogatio autem generationis pristinae est considerando antiquorum gestorum scripta et ea quae de antiquis per famam feruntur; et quia de rebus antiquis multa fabulose et scribuntur et narrantur, ne ex hoc aliquis se falli reputaret, remittit ad patres qui narrare possunt ea quae viderunt. necessitatem autem huius investigationis ostendit * subdens ° hesterni quippe sumus, ‘ quasi heri nati, ° et ignoramus ‘ propter hoc antiqua; et hoc quidem dicit ad ostendendam vitae nostrae brevitatem, * unde subdit ° quoniam sicut umbra dies nostri sunt super terram: ‘ umbra enim cito transit, statim scilicet dum removetur obstaculum lucis, et dum corpus movetur ad cuius obiectum fit umbra, prior umbra transit et alia succedit: ita et dies hominis sunt in continuo transitu dum alii aliis succedunt. quid autem ex praecedenti investigatione utilitatis assequatur, ostendit * subdens ° ipsi, ‘ scilicet pristini et patres interrogati, ° docebunt te ‘ veritatem super praemissis, vel verbis patres, vel scriptis et fama antiqui; ° et de corde suo proferent eloquia, ‘ quod subdit ad ostendendam veritatem huius doctrinae, quasi dicat: non aliud docebunt quam quod corde senserunt quia nulla inest causa eis decipiendi. deinde inducit similitudinem ad propositi probationem ex rebus corporalibus sumptam. et ponit exemplum de duobus terraenascentibus, quorum unum ad sui conservationem exigit humorem in terra, scilicet scirpus, idest iuncus, * unde dicit ° numquid vivere potest scirpus absque humore? ‘ aliud autem requirit loca aquosa, scilicet carices, et sunt herbae latae et in summitate acutae quae non crescunt nisi in locis aquosis, * unde subdit ° aut crescere carectum sine aqua? ‘ dicitur enim carectum locus in quo huiusmodi herbae crescunt; et quod scirpus humorem requirat et carectum aquam, ostendit quia per solam subtractionem humoris aut aquae faciliter desiccantur, nulla alia causa desiccationis existente. est autem duplex causa in aliis terraenascentibus desiccationis: una est naturalis propter antiquitatem, alia est violenta quando evelluntur; utraque autem causa cessante, scirpus et carectum arefiunt ex sola subtractione humoris et aquae, * et hoc est quod dicit ° cum adhuc sit in flore, ‘ idest cum adhuc sit in sua iuventute et suo vigore, per quod excluditur temporis antiquitas, ° nec carpatur manu, ‘ per quod excluditur violentia, ° ante omnes herbas arescit, ‘ idest prae omnibus aliis herbis facilius. hoc autem adaptat ad propositum. ubi considerandum est quod adhaesionem hominis ad deum hoc modo intellexit esse causam prosperitatis mundanae sicut humor est causa viriditatis herbae, et hoc ideo quia bonum hominis aestimabat esse prosperitatem terrenam; bonum autem hominis manifestum est esse ex hoc quod homo deo inhaeret, et ideo credidit quod ex quo deo non inhaeret eius prosperitas terrena deficiat: quod quidem verum est de felicitate spirituali quae est verum hominis bonum, non autem de prosperitate terrena quae inter minima bona computatur utpote organice deserviens ad veram hominis felicitatem; * et ideo subdit ° sic viae omnium qui obliviscuntur deum, et spes hypocritae peribit. ‘ ubi considerandum est quod duobus supra positis duo hic correspondentia subdit: carectum enim manifestam aquam requirit ad sui viriditatem et per eius subtractionem arescit, scirpus autem requirit aquam in terra occultatam et eam humectantem et per eius defectum siccatur; similiter et aliqui sunt qui secundum eius sententiam pereunt propter hoc quod eis subtrahitur in manifesto adhaesio ad deum, scilicet quia opera manifeste agunt deo contraria, quos significat per eos ° qui obliviscuntur deum: ‘ qui enim manifeste male agere non formidant, omnino dei reverentiam postponere videntur et eum in memoria non habere; aliqui autem sunt qui secundum eius sententiam pereunt propter subtractionem occultae adhaesionis ad deum, et hi sunt hypocritae qui exterius praetendunt ac si deo inhaereant sed cor eorum est ad terrena: et ideo de hypocrita loquens nominavit spem, de obliviscentibus deum nominavit vias, idest operationes, quia eorum opera sunt aversa a deo, hypocritae autem spes. quomodo autem spes hypocritae pereat, ostendit * cum subdit ° non ei placebit vecordia sua, ‘ ubi considerandum est quod hypocrita cor habet vanum quidem et negligens ad spiritualia sed quantum ad temporalia sollicitum, et hoc quidem ei placet quandiu in temporalibus ei bene succedit secundum quod sperat; si autem ei temporalia subtrahantur, tunc necesse est quod ei displiceat quod circa deum cor verum et firmum non habuit. * dicit ergo ° non ei placebit vecordia sua, ‘ idest adversitate veniente displicebit ei quod ad deum cor rectum non habuit; et sollicitudo eius quam circa temporalia habuit omnino deficiet, * et hoc est quod subdit ° et sicut tela aranearum fiducia eius, ‘ idest ea in quibus confidebat de facili frangentur sicut aranearum tela: confidebat enim non in divino auxilio sed in domus suae fortitudine, idest in abundantia divitiarum, multitudine consanguineorum et aliis huiusmodi, sed haec ei de facili deficient, * unde sequitur ° innitetur super domum suam, ‘ idest fiduciam habebit suae stabilitatis in prosperitate domus suae, ° et ‘ tamen ° non stabit, ‘ quia cum deerit ei divinum auxilium ruet. contingit autem quod aliquis in futurum adversa prospiciens aliqua adminicula sibi et domui suae contra adversa parat, sed et hoc ei non valebit, * sequitur enim ° fulciet eam, ‘ aliquibus scilicet remediis contra adversa, sicut domui quae minatur ruinam fulcimenta aliqua adhibentur, ° et ‘ tamen ° non consurget ‘ vel ipse vel domus sua ad prosperitatis statum. ad hanc autem sententiam quam de fragilitate fiduciae dixerat praemissam similitudinem de scirpo adaptat. ex duobus enim de scirpo fiducia haberi videtur: primo quidem ex propria viriditate, quae tamen adveniente sole et desiccante terrae humorem cito deficit, * et quantum ad hoc dicit ° humectus videtur, ‘ scilicet scirpus, ° antequam veniat sol, ‘ qui eius viriditatem tollat; ° et in ortu suo, ‘ scilicet scirpi, ° germen eius egreditur: ‘ cito enim crescere et proprium fructum facere videtur; et similiter hypocrita quia a principio arridet sibi fortuna proficere videtur, sed veniente sole, idest tribulatione, cito prosperitas eius deficit. secundo potest haberi fiducia de scirpo ex aliis, scilicet vel ex multitudine aliorum scirporum ei coadhaerentium, vel ex soliditate loci in quo crescit dum nascitur in loco lapidoso: * et ideo consequenter dicit ° super acervum petrarum radices eius, ‘ scilicet scirpi, ° densabuntur, ‘ inquantum simul coniunguntur multorum scirporum radices, quod dicit quantum ad primum; quantum ad secundum * dicit ° et inter lapides commorabitur; ‘ ita etiam et aliquis hypocrita potest habere fiduciam de sua stabilitate, non solum propter prosperitatem propriam sed etiam propter multitudinem consanguineorum et domesticorum, aut etiam propter fortitudinem regni aut civitatis in qua inhabitat. sed haec fiducia eius deficit ei sicut et circa scirpum accidit, * sequitur enim ° si absorbuerit eum, ‘ scilicet scirpum, aliquis ° de loco suo, ‘ locus eius ° negabit eum et dicet: non novi te, ‘ quasi dicat: ita scirpus de loco suo evellitur quod nec vestigium eius in loco apparet nec locus eius aliquid operatur ad hoc quod ille idem scirpus iterum inseratur. et causam subiungit * dicens ° haec est enim laetitia viae eius - ‘ vel ° vitae eius - ut rursum de terra alii germinentur, ‘ quasi dicat: processus et vita scirporum in aliquo loco commorantium non ad hoc naturali appetitu tendit, nec per hoc conservatur, quod idem numero scirpus qui ereptus est reinseratur, sed ad hoc quod alii eiusdem speciei renascantur; ita etiam est cum aliquis per mortem aut alio modo ab aliqua fortium societate separatur, statim quasi oblivioni traditur, * secundum illud psalmi ° oblivioni datus sum tamquam mortuus a corde, ‘ sed huiusmodi societas gaudet in his qui ei succedunt, * secundum illud eccl. iv 14 ° alius natus in regno inopia consumatur. vidi cunctos viventes qui ambulant sub sole cum adolescente secundo qui consurgit pro eo. ‘ haec autem ad hoc introducta sunt ut ostendat quod etsi aliqua prosperitas interdum malis eveniat, non tamen est firma de qua confidere possint, sed cito transit, unde pro nihilo reputanda est. ex omnibus autem supra dictis ostendit consequenter quid intendat * dicens ° deus non proiciet simplicem, ‘ idest a se eum non elongabit ut eum non sustentet qui simplici corde ei adhaeret; ° nec porriget manum malignis, ‘ idest non dabit eis auxilium ut eorum prosperitas confirmetur. et quia posset dicere iob: quicquid tu dicas et similitudinibus confirmare velis, tamen ego contrarium in me sum expertus, qui cum simplex essem adversitatem patior et maligni adversarii mei contra me praevaluerunt, ideo ad hoc excludendum * subiungit ° donec impleatur risu os tuum et labia tua iubilo, ‘ quasi dicat: hoc quod dixi intantum verum est quod hoc in te senties, si tamen fueris simplex, ita scilicet quod ex prosperitate quae subsequetur laetitia tua prorumpet in risum et iubilum, quae solent ex magnitudine gaudii provenire; et e contrario, ° qui oderunt te induentur confusione, ‘ idest manifeste ac multipliciter confundentur ut sic sit eis confusio quasi vestimentum. et ne hoc alicui videatur impossibile propter prosperitatem praesentem qua videntur florere, * subiungit ° et tabernaculum impiorum non subsistet: ‘ per tabernaculum enim, in quo plurimi orientalium habitare consueverunt et suas divitias et supellectiles habere, potest intelligi omne illud quod pertinet ad prosperitatem vitae praesentis. considerandum est autem quod ideo baldath de hypocrita et simplici fecit mentionem quia aestimabat iob non vere sanctum sed hypocritam fuisse, et quod propterea prosperitas eius firma non fuerit, sed si simplex esse inceperit promittit ei prosperitatem affuturam.

cp9 ° Et respondens iob ait: vere scio quod ita sit. ‘ beatus iob in superiori responsione qua verbis eliphaz responderat, unum praetermisisse videbatur quod eliphaz de dei iustitia proposuerat cum dixerat ° numquid homo comparatione dei iustificabitur? ‘ quin immo quadam quasi contentiosa disputatione visus est ad deum loqui * cum dixit ° numquid mare sum ego aut cetus ‘ etc., et iterum ° usquequo non parcis mihi ‘ etc.. et ideo baldath suites replicans contra responsionem beati iob a defensione divinae iustitiae incepit * dicens ° numquid deus supplantat iudicium ‘ etc., et in hoc idem suum sermonem terminavit * cum dixit ° deus non proiciet simplicem ‘ etc.. et ideo beatus iob in hac responsione primo ostendit se divinae iustitiae contradicere nolle nec contra deum velle contendere, ut illi suspicabantur, * et hoc est quod dicitur ° et respondens iob ait: vere scio quod ita sit, ‘ scilicet quod ° deus non supplantat iudicium ‘ et quod ° non proiciet simplicem, ‘ quae baldath proposuit; ° et ‘ scio etiam ° quod non iustificetur homo compositus deo, ‘ idest comparatus ei, et hoc dicit respondens ei quod supra eliphaz dixerat ° numquid homo comparatione dei iustificabitur? ‘ et unde hoc sciat consequenter ostendit ex quodam signo. cum enim aliquis comparatione alterius iustus est, libere et secure potest cum eo contendere, quia per mutuam disceptationem iustitia et veritas manifestatur; nulli autem homini tutum est cum deo contendere, * et ideo subdit ° si voluerit contendere cum eo, ‘ scilicet homo cum deo, ° non poterit respondere ei, ‘ scilicet homo deo, ° unum pro mille. ‘ sciendum siquidem est quod maior numerorum qui apud nos proprium nomen habeat est millenarius, nam omnes maiores numeri per replicationem inferiorum numerorum nominantur, ut puta decem millia, centum millia; et hoc rationabiliter accidit, nam * secundum quosdam antiquorum “ species numerorum usque ad decem protenduntur, postmodum enim priores numeri repetuntur - ‘ quod quidem secundum nominationem manifestum est quicquid sit secundum rei veritatem -; “ cubicus autem ex denario consurgens millenarius est: decies enim decem decies mille sunt. ‘ millenarium igitur numerum quasi maximum numerorum nominatorum apud nos pro quantumcumque magno determinato numero sumpsit: idem est ergo quod dicit quod non potest homo deo respondere ° unum pro mille ‘ ac si diceret quod nulla determinata numeri mensura metiri potest quantum divina iustitia humanam excedat, cum haec sit finita, illa autem infinita. quod autem homo in contendendo nulla proportione possit ad deum accedere, ostendit consequenter * cum dicit ° sapiens corde est et fortis robore, ‘ scilicet deus. duplex enim est contentio: una qua contenditur disputando et haec est per sapientiam, alia qua contenditur pugnando et haec est per fortitudinem; in utroque autem excedit deus quia et fortitudine et sapientia omnem fortitudinem et sapientiam excedit. et utrumque horum excessuum ostendit consequenter, et primo excessum fortitudinis, quem quidem ostendere incipit quantum ad homines * cum dicit ° quis restitit ei et pacem habuit? ‘ quasi dicat nullus. sciendum siquidem est quod aliter homo obtinet pacem a potentiori, aliter a minus potenti vel ab aeque potenti: manifestum est enim quod potentior a minus potenti pacem acquirit contra eum pugnando, sicut cum rex potens contra aliquem rebellem in suo regno bellum movet et victoriam obtinens pacem regni reformat; similiter etiam et ab aeque potenti quandoque aliquis pacem obtinet pugnando: licet enim eum superare non possit, tamen assiduitate pugnae eum fatigat ut ad pacem reducatur; sed a magis potente numquam aliquis pacem obtinet resistendo vel pugnando, sed se ei humiliter subdendo. hoc est igitur evidens signum quod fortitudo dei omnem humanam fortitudinem excedit, quia nullus cum eo pacem habere potest resistendo sed solum humiliter oboediendo, * unde dicitur is. xxvi 3 ° servabis pacem, pacem, quia in te speravimus; ‘ sed impii qui deo resistunt pacem habere non possunt, * secundum quod dicitur is. lvii 21 ° non est pax impiis, dicit dominus, * et hoc est quod hic dicitur ° quis restitit ei et pacem habuit? ‘ deinde ostendit quod fortitudo dei omnem fortitudinem rerum naturalium excedit, et hoc quidem ostendit tam in corporibus superioribus quam inferioribus. in corporibus quidem inferioribus hoc ostendit ex hoc quod ea quae maxime videntur esse stabilia et firma in inferioribus corporibus pro sua voluntate movet. inter corpora igitur mixta, ad quae post homines transitum facit, maxime videntur esse firma et stabilia montes, quorum stabilitati sanctorum stabilitas in scripturis comparatur, * secundum illud psalmi ° qui confidunt in domino sicut mons sion; ‘ et tamen montes deus sua virtute movet, * et hoc est quod subditur ° qui transtulit montes, ‘ quod quidem etsi miraculose divina virtute fieri possit - cum hoc videatur firmitati fidei repromissum, * secundum illud matth. xxi 21 ° si habueritis fidem et non haesitaveritis, si monti huic dixeritis: tolle et iacta te in mare, fiet * et cor. xiii 2 ° si habuero omnem fidem ita ut montes transferam -, ‘ tamen congruentius videtur ut hoc ad naturalem cursum rerum referatur. hoc enim habet naturae ordo ut omne quod naturaliter generatur etiam determinato tempore corrumpatur: unde cum generatio montium sit naturalis, necesse est quod quandoque montes naturaliter destruantur; et hanc quidem naturalem montium corruptionem translationem vocat, eo quod dissolutio montium et ruina cum quadam translatione partium eius accidit. nec autem irrationabiliter ea quae naturaliter contingunt divinae virtuti attribuit: cum enim natura agat propter finem, omne autem quod ad finem certum ordinatur vel se ipsum dirigit in finem vel ab alio dirigente in finem ordinatur, necesse est quod res naturalis, quae finis notitiam non habet ut se in ipsum dirigere possit, ab aliquo superiori intelligente ordinetur in finem. comparatur igitur tota naturae operatio ad intellectum dirigentem res naturales in finem, quem deum dicimus, sicut comparatur motus sagittae ad sagittatorem: unde sicut motus sagittae convenienter sagittatori attribuitur, ita convenienter tota naturae operatio attribuitur virtuti divinae; unde si per operationem naturae montes subruuntur, manifestum est quod a virtute divina montium stabilitas superatur. contingit autem quandoque apud homines quod aliquis rex sua virtute aliquam fortem civitatem expugnat, quod quanto citius et insensibilius fit tanto magis virtus regis demonstratur; hoc igitur quod montes transferuntur maxime virtuti divinae attestatur cum quasi subito et insensibiliter fiat, ut etiam ab his qui circa montes habitant et per subversionem montium pereunt praecognosci non possit, * et hoc est quod subditur ° et nescierunt hi quos subvertit in furore suo, ‘ quasi dicat: adeo subito tantam rem deus operatur quod etiam hi qui circa montes habitant praenoscere non possunt, quod inde evidens fit quia si praecognoscerent, sibi caverent ut non subverterentur. * addit autem ° in furore suo, ‘ ad ostendendum quod deus interdum naturales operationes moderatur secundum ordinem suae providentiae prout necessarium est ad hominum peccata punienda, quibus metaphorice irasci dicitur cum in eos vindictam exercet, quae apud nos solet esse irae effectus. ex corporibus autem mixtis transit ad elementa, inter quae firmissimum et stabilissimum videtur esse terra quae est immobilis sicut centrum motus totius, et tamen quandoque secundum aliquas partes suas movetur naturaliter ex vapore incluso, ut philosophi tradunt, * et hoc est quod subdit ° qui commovet terram de loco suo, ‘ non quidem totaliter secundum se totam sed cum aliquae partes eius agitantur, sicut in terraemotu accidit; in quo quidem motu etiam montes concutiuntur, qui sunt quasi columnae super terram fundatae, * unde sequitur ° et columnae eius concutientur. ‘ possunt etiam per columnas ad litteram intelligi columnae et quaecumque alia aedificia videntur terrae adhaerere, quae in terraemotu concutiuntur; vel possunt intelligi per columnas terrae inferiores et intimae partes terrae, eo quod sicut domus stabilitas super columnas firmatur ita stabilitas terrae ex centro procedit, ad quod omnes partes terrae naturaliter tendunt, et per consequens omnes inferiores partes terrae sunt superiorum sustentatrices et quasi columnae: et sic cum terraemotus ex profundis partibus terrae procedat, videtur quasi ex concussione columnarum terrae causari. ultimo autem ad corpora caelestia procedit, quae etiam virtuti divinae cedunt. considerandum est autem quod sicut de natura terrae est immobilitas et quies, ita de natura caeli est quod semper moveatur; sicut ergo virtus terrae ostenditur superari a virtute divina per motum qui in ea apparet, ita virtus caelestis corporis ostenditur a virtute divina superari per hoc quod motus eius impeditur per quem fit solis et aliorum siderum ortus et occasus, * et ideo subdit ° qui praecipit soli, et non oritur. ‘ quod quidem non dicitur propter hoc quod ortus solis impediatur secundum rei veritatem, cum motus caeli continuus sit, sed quia secundum apparentiam aliquando non oriri videtur, puta cum aer fuerit nubilosus intantum quod solis ortus habitantibus super terram in solita claritate apparere non possit; huiusmodi autem nebulositas, cum per operationem naturae fiat, convenienter divino praecepto attribuitur, a quo tota natura in sua operatione regulatur, * ut dictum est. ‘ et quod sic intelligat solem non oriri inquantum solis ortus occultatur, * manifeste apparet ex hoc quod subditur ° et stellas claudit quasi sub signaculo: ‘ stellae enim quasi claudi videntur cum nubibus caelum obtegitur ne stellae inspici possint. ° qui extendit caelos solus ‘ etc.. postquam beatus iob ostendit robur divinae fortitudinis, hic incipit ostendere profunditatem divinae sapientiae. procedit autem contrario ordine nunc et prius: nam primo quidem incepit ab ostensione divinae fortitudinis in rebus humanis et processit usque ad corpora caelestia, hic autem incipit a corporibus caelestibus et procedit usque ad res humanas; et hoc rationabiliter, nam sapientia factoris ostenditur in hoc quod opera stabilia facit, et ideo in ostensione divinae sapientiae incipit a creaturis magis stabilibus, utpote ab habentibus evidentius divinae sapientiae indicium; robur autem alicuius fortitudinis ostenditur ex hoc quod potest aliqua a suo statu mutare - unde homines consueverunt examinari in elevatione vel proiectione lapidum, prostratione hominum et huiusmodi -, et propterea cum ostendebat robur divinae fortitudinis, incepit ab his in quibus manifestius apparet mutatio. sic igitur ad ostendendam divinam sapientiam a corporibus caelestibus incipit * dicens ° qui extendit caelos solus. ‘ sciendum autem est quod sapientia dei in tribus praecipue commendabilis apparet, primo quidem in hoc quod aliqua magna suo intellectu et sapientia metiri potest, * et quantum ad hoc dicit ° qui extendit caelos solus: ‘ in extensione enim caelorum magnitudo quantitatis eorum exprimitur; sic igitur deus solus extendisse caelos dicitur inquantum ipse solus tantam quantitatem sua sapientia mensuratam caelis dare potuit. secundo dei sapientia commendabilis apparet in hoc quod res variabiles et quasi in incertum fluctuantes in certum ordinem reducit et suae gubernationi subditas esse facit, * et quantum ad hoc subdit ° et graditur super fluctus maris: ‘ fluctus enim maris inordinatissimi esse videntur utpote quia ventis variis nunc hac nunc illac circumferuntur, et tamen super eos deus graditur inquantum eos deus suae gubernationi subdit. tertio dei sapientia commendabilis apparet ex hoc quod deus multa condidit secundum suae sapientiae rationem quae mirabilia hominibus apparent, et eorum rationem investigare non possunt, et haec praecipue sunt quae in situ et dispositione stellarum apparent, quae tamen a deo sapientissime et rationabiliter sunt instituta. et haec quidem enumerat incipiens a polo septentrionali et procedens usque ad polum meridionalem, * unde dicit ° qui facit arcturum: ‘ arcturus quidem est quaedam constellatio in caelo quae vocatur ursa maior et habet septem stellas claras quae numquam nobis occidunt sed semper circueunt polum septentrionalem. * sequitur ° et oriona: ‘ orion est quaedam constellatio multum evidens in caelo propter sui magnitudinem et claritatem stellarum quae dicuntur esse in tauro et geminis. * sequitur ° et hyadas, ‘ quae sunt quaedam stellae in pectore tauri, ut dicitur, existentes et sunt etiam multum notabiles visu. * sequitur ° et interiora austri, ‘ ubi considerandum est quod his qui sub aequinoctiali habitant, si tamen aliqui ibi habitant, uterque polus conspicuus est, cum horizon eorum ad rectos angulos aequinoctialem secet, et sic oportet quod transeat per utrumque polum aequinoctialem, unde uterque polus redditur conspicuus habitantibus sub aequinoctiali, * ut dictum est; ‘ recedentibus autem ab aequinoctiali et accedentibus versus polum septentrionalem, elevatur super horizontem polus septentrionalis et deprimitur polus australis secundum modum elongationis ab aequinoctiali: unde nobis qui in parte septentrionali sumus polus australis numquam potest esse conspicuus, et similiter stellae ei vicinae occultae sunt nobis secundum quantitatem qua elongamur ab aequinoctiali, * et haec dicuntur hic ° interiora austri ‘ quia sunt nobis occulta, quasi sub horizonte abscondita et depressa. * et ne aliquis credat quod “ in praedictis solum divina sapientia se manifestaverit, ‘ ostendit consequenter quod multa alia similia innumerabilia nobis deus fecit, * dicens ° qui facit magna, ‘ in quibus scilicet commendabilis apparet dei sapientia ex commensuratione magnitudinis: et hoc respondet ei * quod dixerat ° qui extendit caelos solus; et inscrutabilia, ‘ quae scilicet homines scrutari non possunt propter eorum instabilitatem, quae tamen divina gubernatione ordinantur: et hoc respondet ei * quod dixerat ° et graditur super fluctus maris; et mirabilia, ‘ quorum scilicet rationes homines considerare non possunt licet a deo secundum rationem sint facta: et hoc respondet ei * quod dixerat ° qui facit arcturum * etc.. quod autem addit ° quorum non est numerus ‘ ad singula referendum est, ita tamen quod intelligantur divina opera innumerabilia esse hominibus, sed numerabilia deo qui facit ° omnia in numero, pondere et mensura. si venerit ad me non videbo. ‘ beatus iob volens ostendere suam intentionem non esse ut cum deo contendat, per plura indicia profunditatem divinae sapientiae in rebus naturalibus ostendit; nunc autem vult ostendere profunditatem divinae sapientiae in rebus humanis. considerandum est autem quod ad rectorem humanarum rerum tria pertinere videntur: primum est ut suis subiectis iustitiae praecepta et alia beneficia dispenset, secundum est ut actus subditorum examinet, tertium est ut quos culpabiles invenit poenis subiciat. in his ergo tribus immensam profunditatem divinae sapientiae ostendit: primo quidem quia tam profunde et subtiliter suis subditis providet sua beneficia quod etiam eis qui recipiunt incomprehensibile est, * et hoc est quod dicit ° si venerit ad me non videbo, si abierit non intelligam eum. ‘ ubi considerandum est quod in scripturis deus venire ad hominem dicitur quando ei sua beneficia largitur, sive intellectum eius illuminando sive affectum inflammando sive qualitercumque ei benefaciendo, * unde dicitur is. xxxv 4 ° deus noster ipse veniet et salvabit nos; ‘ e contrario vero deus ab homine recedere dicitur quando ei sua beneficia vel suam protectionem subtrahit, * secundum illud psalmi ° ut quid, domine, recessisti longe, despicis in opportunitatibus, in tribulatione? ‘ contingit autem quandoque quod deus aliquibus vel tribulationes vel etiam aliquos spirituales defectus evenire permittit ad procurandum eorum salutem, * sicut dicitur rom. viii 28 ° diligentibus deum omnia cooperantur in bonum; ‘ sic ergo deus ad hominem venit eius procurando salutem, et tamen homo eum non videt quia beneficium eius non percipit; e contrario vero multis deus manifesta beneficia non subtrahit quae tamen in eorum perniciem vergunt, et ideo dicitur quod deus sic recedit ab homine quod homo eum non intelligit recedentem. sic ergo apparet profunditas sapientiae divinae in dispensatione suorum beneficiorum. ostenditur autem secundo divinae sapientiae profunditas in examinatione humanorum actuum, quia videlicet sic subtiliter et efficaciter examinat ut eius examinationem nullus per quamcumque cavillationem subterfugere possit, * et hoc est quod dicit ° si repente interroget, quis respondebit ei? ‘ interrogat autem deus hominem quando eum ad considerandum suam conscientiam reducit, vel interius inspirando vel exterius provocando beneficiis aut flagellis, * secundum illud psalmi ° dominus interrogat iustum et impium; ‘ tunc autem homo sufficienter deo responderet quando in eo nihil inveniretur quod iuste a deo reprehendi posset, quod nulli hominum in hac vita contingit, * secundum illud prov. xx 9 ° quis potest dicere: mundum est cor meum, purus sum a peccato? * signanter autem dicit ° si repente interroget, ‘ quia si homini spatium respondendi detur potest per poenitentiam delicta diluere. contingit autem quandoque quod aliquis in examinando aliorum excessus remissus invenitur, timens ne et sui excessus versa vice ab aliis examinentur, sed hoc deo formidandum non est ut in sua examinatione mollescat, quia non habet superiorem qui de eius factis iudicare possit, * et ideo subditur ° vel quis dicere ei potest: cur ita facis? ‘ quasi eum castigando. tertio autem ostenditur divinae sapientiae profunditas in punitione delictorum, quia quocumque se vertat homo, nulla astutia, nulla potentia dei vindictam declinare potest, * secundum illud psalmi ° quo ibo a spiritu tuo et quo a facie tua fugiam? * et hoc est quod dicit ° deus cuius irae resistere nemo potest: ‘ ira enim secundum quod deo attribuitur in scripturis non importat commotionem animi sed vindictam. huius autem probationem consequenter inducit: ° et sub quo curvantur qui portant orbem. “ intelligendi sunt autem portare orbem caelestes spiritus quorum ministerio tota corporalis creatura divinitus procuratur, * ut augustinus dicit iii de trinitate. ‘ hi autem caelestes spiritus sub deo curvantur quia ei per omnia oboediunt, * secundum illud psalmi ° benedicite domino omnes angeli eius, ministri eius, qui facitis voluntatem eius; ‘ sic igitur angelis deo oboedientibus, manifestum est quod totus cursus rerum corporalium qui per angelos administratur divinae subiacet voluntati, et sic ex nulla creatura homo potest habere auxilium ad effugiendum dei vindictam, * secundum illud psalmi ° si ascendero in caelum tu illic es, si descendero ad infernum ades; ‘ quin immo, * ut dicitur sap. v 21, ° pugnabit cum illo orbis terrarum contra insensatos. ‘ possent etiam intelligi portare orbem reges et principes mundi qui sub deo curvantur, * secundum illud prov. viii 15 ° per me reges regnant, ‘ vel quia nec ipsi reges irae divinae resistere possunt, ut ex hoc a maiori idem de aliis concludi possit. sic igitur ostensa multipliciter immensitate divinae potentiae et profunditate divinae sapientiae, concludit propositum, quod scilicet suae intentionis non est cum deo contendere, * et hoc est quod dicit ° quantus ergo ego sum, ‘ idest quam potens, quam sapiens, ° qui respondeam ei, ‘ scilicet deo interroganti potentissimo et sapientissimo, ° et loquar verbis meis cum eo, ‘ examinando facta eius * et dicendo ° cur ita facis? ‘ ac si diceret: non sufficiens sum ut contendam cum deo; contentio enim in respondendo et obiciendo consistit. contingit autem quandoque quod aliquis, etsi non sit multum potens aut sapiens, tamen propter securitatem suae conscientiae non formidat contendere cum quovis iudice; sed hanc etiam causam contendendi cum deo a se excludit * dicens ° qui etiam si habuero quippiam iustum non respondebo, ‘ scilicet deo examinanti quasi meam iustitiam defendendo, ° sed meum iudicem deprecabor, ‘ quasi non petens iudicium sed misericordiam. * signanter autem dicit ° si habuero quippiam iustum, ‘ ad designandum incertitudinem humanae iustitiae * per hoc quod dicit ° si habuero, * secundum illud apostoli i ad cor. iv 4 ° nihil mihi conscius sum, sed non in hoc iustificatus sum; ‘ et ad ostendendum quod iustitia hominis parva est et imperfecta ad divinum examen relata, propter quod dicit ° quippiam, * secundum illud is. lxiv 6 ° omnes iustitiae nostrae quasi pannus menstruatae ‘ sic sunt coram illo. quid autem ex sua deprecatione consequatur, ostendit * cum subdit ° et cum invocantem exaudierit me, non credo quod audierit vocem meam. ‘ contingit enim quandoque quod deus hominem exaudit non ad votum sed ad profectum: sicut enim medicus non exaudit ad votum infirmum postulantem amoveri medicinam amaram, si medicus eam non removeat eo quod scit eam esse salutiferam, exaudit tamen ad profectum quia per hoc sanitatem inducit quam maxime infirmus desiderat, ita deus homini in tribulationibus constituto tribulationes non subtrahit, quamvis deprecanti, quia scit eas expedire ad finalem salutem; et sic licet deus vere exaudiat, tamen homo in miseriis constitutus se exaudiri non credit. et quare non credat ostendit * subdens ° in turbine enim conteret me; ‘ et more suo quod metaphorice dictum est exponit * subdens ° et multiplicabit vulnera mea etiam sine causa: ‘ hoc enim est conterere quod multiplicare vulnera, idest tribulationes, et hoc est ° in turbine, ‘ idest in horribili obscuritate, * quod dicit ° sine causa, ‘ scilicet manifesta et ab homine afflicto perceptibili; si enim homo afflictus perciperet causam quare deus eum affligit et quod afflictiones sunt ei utiles ad salutem, manifestum est quod crederet se exauditum, sed quia hoc non intelligit credit se non exauditum. et ideo non solum exterius affligitur sed etiam interius, sicut infirmus qui nesciret se per medicinam amaram sanitatem consecuturum non solum affligeretur in gustu sed etiam in animo, * et ideo subdit ° non concedet requiescere spiritum meum: ‘ requiescit enim spiritus licet carne afflicta propter spem finis, * secundum quod dominus docet matth. v 11 ° beati eritis cum maledixerint vobis homines, ‘ et postea subdit ° gaudete, quoniam merces vestra copiosa est in caelis; ‘ et sic dum affligor exterius et interius non requiesco, ° implet me amaritudinibus, ‘ scilicet intus et extra. et est considerandum quod ab illo loco ° et cum invocantem exaudierit ‘ etc. evidenter exposuit quod supra occulte * dixerat ° si venerit ad me non videbo: ‘ hoc enim fere ubique in dictis iob observandum est quod obscure dicta per aliqua consequentia exponuntur. * et quia supra breviter et summarie dixerat ° quantus ego sum qui respondeam ei? ‘ hoc consequenter diffusius explicat, ubi etiam assignat causam quare non respondet sed iudicem deprecatur. quod enim aliquis audacter iudici respondeat potest ex duobus contingere: primo quidem si iudex sit debilis qui subditum coercere non possit, sed hoc excludit * dicens ° si fortitudo quaeritur, ‘ scilicet in deo ad subditos coercendum, ° robustissimus est, ‘ omne robur excedens; secundo aliquis audacter respondet iudici quia confidit de sua causa, quod aliquando contingit quia habet multos excusatores, sed hoc excludit * dicens ° si aequitas iudicii, ‘ scilicet requiritur, secundum quam aliquis habens pro se multos testes absolvitur, ° nemo pro me audet testimonium dicere: ‘ intellectus enim hominis hoc non capit quod hominis iustitia maior sit quam veritas dei redarguentis. aliquando vero homo, etsi non habeat alios testes pro se, confidit tamen de causa sua innitens testimonio conscientiae suae; sed testimonium conscientiae non potest valere homini contra redargutionem divinam, et hoc ostendit per singulos gradus. habet enim testimonium conscientiae tres gradus, quorum summus est quando alicui conscientia sua testimonium reddit quod sit iustus, * secundum illud rom. viii 16 ° ipse spiritus testimonium reddit spiritui nostro quod sumus filii dei; ‘ sed hoc testimonium non valet contra divinam reprehensionem, * unde dicit ° si iustificare me voluero, ‘ idest si voluero dicere me esse iustum, deo mihi obiciente quod sim impius, ° os meum condemnabit me, ‘ idest condemnabilem me reddet propter blasphemiam. secundus gradus est quando aliquis, etsi non praesumat se esse iustum, tamen non reprehendit eum conscientia de aliquo peccato, * secundum illud i ad cor. iv 4 ° nihil mihi conscius sum; ‘ sed nec hoc testimonium valet contra deum, * unde dicit ° si innocentem ostendero, ‘ idest si voluero me ostendere esse sine peccato, ° pravum me comprobabit, ‘ inquantum mihi vel aliis manifestabit peccata quorum mihi non sum conscius quia, * ut dicitur in psalmo, ° delicta quis intelligit? ‘ tertius gradus est quando aliquis, etsi sit sibi conscius de peccato, tamen praesumit vel quia non habuit malam intentionem aut quia non fecit ex malitia et dolo sed ex ignorantia et infirmitate; sed nec hoc testimonium valet homini contra deum, * et ideo dicit ° etiam si simplex fuero, ‘ idest sine dolo vel duplicitate pravae intentionis, ° hoc ipsum ignorabit anima mea: ‘ homo enim non potest ad liquidum motum sui affectus deprehendere, tum propter variationem eius tum propter permixtionem et impetum multarum passionum, * propter quod dicitur ier. xvii 9 ° pravum est cor hominis et inscrutabile; quis cognoscet illud? ‘ et propter huiusmodi ignorantiam quod homo se ipsum non cognoscit nec statum suum, redditur etiam iustis sua vita taediosa, * et propter hoc subdit ° et taedebit me vitae meae. unum est quod locutus sum. ‘ postquam beatus iob ostendit non esse suae intentionis ut cum deo contendat, proponit illud de quo cum adversariis ei disputatio erat. dixerat enim eliphaz quod poenae a deo non nisi pro peccatis immittuntur, contra quod in superiori responsione iob locutus fuerat; et quia baldath sententiam eliphaz asserere conatus fuerat, iob iterato sententiam suam repetit dicens ° unum est quod locutus sum: innocentem et impium ipse consumit, ‘ quasi dicat: non solum peccatoribus sed etiam innocentibus mors a deo immittitur, quae tamen est maxima poenarum praesentium, et sic non est verum quod vos dicitis, quod solum pro peccatis propriis homo puniatur a deo. quod autem mors a deo sit * dicitur deut. xxxii 39 ° ego occidam et ego vivere faciam; ‘ sed cum mors communiter omnibus immittatur a deo, unum est quod durum |525| videtur, scilicet quod innocentes praeter mortem communem multiplices adversitates sustinent in hac vita, cuius rei causam investigare intendit, * et ideo subdit ° si flagellat, occidat semel, ‘ quasi dicat: detur quod flagellum mortis omnibus sit commune, videretur tamen rationabile quod innocentibus, qui ex propriis peccatis non sunt rei, praeter mortem quae debetur peccato communi aliam poenam infligere non deberet. si enim, ut vos dicitis, nulla alia causa est quare iuste alicui infligi poena possit nisi peccatum, manifestum est autem innocentes pati poenam in hoc mundo, videtur sequi quod sine causa puniantur ac si ipsae poenae propter se deo placerent, * et ideo subdit ° et de poenis innocentium non rideat: ‘ de illis enim ridere solemus quae nobis secundum se placent. si autem hoc est inconveniens quod poenae innocentium deo secundum se placeant, inveniuntur autem innocentes frequenter in terris puniri, videtur sequi aliud inconveniens, scilicet quod istae poenae ex divino iudicio non procedant sed ex malitia alicuius iniqui domini qui habeat potestatem in terra et puniat innocentes, * unde sequitur ° terra data est in manus impii, ‘ quasi dicat: si ipsi deo non placent secundum se poenae innocentium qui tamen |550| puniuntur in terra, oportebit dicere quod deus regimen terrae alicui impio commiserit, ex cuius iniquitate iudicium in terra pervertitur ut innocentes puniantur; * et hoc est quod subdit ° vultum iudicum eius operit, ‘ idest rationem eorum obnubilat vel cupiditate aut odio aut amore, ne veritatem iudicii in iudicando sequantur. ° quod si ille non est, ‘ scilicet impius cui tradita est terra, a quo scilicet causatur innocentium punitio, ° quis ergo est, ‘ scilicet huius punitionis causa? non enim dici potest, ut ostensum est, quod hoc sit a deo, supposita vestra positione quod solum peccatum sit causa poenarum praesentium. * hoc autem quod dixit ° terra data est in manus impii ‘ est quidem secundum aliquid verum, inquantum scilicet terreni homines sub potestate diaboli a deo relinquuntur, * secundum illud ° qui facit peccatum servus est peccati; ‘ simpliciter autem est falsum: non enim diabolo absolute terrae dominium est concessum, ut scilicet libere in ea facere possit quod velit, sed quicquid facere permittitur ex divina dispositione procedit quae omnia ex rationabili causa dispensat; unde hoc ipsum quod innocentes puniantur non dependet absolute ex malitia diaboli sed ex sapientia dei permittentis. unde si peccatum non est causa punitionis innocentium, |575| non sufficit hoc ad malitiam diaboli reducere, sed oportet ulterius aliquam rationabilem causam esse propter quam deus permittit, * et ideo signanter dicit ° quod si ille non est, quis ergo est? ‘ quasi dicat: si malitia diaboli non est sufficiens causa punitionis innocentium, oportet aliam causam investigare. ad investigandum igitur rationem quare innocentes puniantur in hoc mundo, primo proponit defectum quem sustinuerat in amissione bonorum, ostendens mutabilitatem prosperitatis praesentis ex similitudine eorum quae videntur esse velocissima in hoc mundo. sed considerandum est quod ad prosperitatem huius mundi aliqui diversimode se habent: quidam enim ipsam pro fine habent nihil ultra ipsam sperantes - * ad quod videbatur declinare illorum opinio qui omnia praemia et poenas in hac vita constituebant -, ‘ tales autem non pertranseunt prosperitatem huius mundi, sed prosperitas huius mundi fugit ab eis quando eam amittunt; quidam vero, de quorum numero fuit iob, in prosperitate huius mundi finem non ponunt sed ad alium finem tendunt, et tales prosperitatem huius mundi magis ipsi pertranseunt quam pertranseantur ab ea. tendentibus autem ad aliquem finem tria sunt necessaria: primum est ut in nullo alio cor suum figant per |600| quod retardari possint a fine, sed festinent ad finem consequendum, et ideo primo ponit exemplum de cursore qui sic tendit ad finem sui cursus quod in via moram non contrahit, * unde dicit ° dies mei velociores fuerunt cursore, ‘ in quibus verbis et labilitatem praesentis fortunae et intentionem suam in aliud tendentem demonstrat; ° fugerunt, ‘ quasi in rebus huius mundi requie cordis non inventa, * unde sequitur ° et non viderunt bonum, ‘ scilicet in quod mea intentio ferebatur, quod est verum bonum: unde pro iustitia me remuneratum non reputo; quod si prosperitatem praesentem remunerationem putatis, ea subtracta innocens punitus sum. secundo requiritur quod tendens in aliquem finem acquirat sibi illa per quae possit ad finem pervenire, sicuti qui vult sanari oportet quod acquirat medicinas quibus sanetur; similiter qui vult ad verum bonum pervenire oportet quod acquirat virtutes quibus illud consequi possit, * unde subdit ° pertransierunt quasi naves poma portantes, ‘ in quo etiam duo demonstrat: et labilitatem praesentis fortunae, quia naves poma portantes ad vendendum festinant ne per moram putrescant, et studium tendendi in finem, quasi dicat: dies mei non pertransierunt vacui, sed virtutes congregavi cum quibus tendo ad finem consequendum. |625| tertium restat consecutio finis, * unde dicit ° sicut aquila volans ad escam, ‘ in quo etiam duo praedicta designantur: nam aquila velocis volatus est praecipue cum a fame impellitur, et escam habet pro fine quo reficitur. quia ergo in his verbis quasi innuerat se esse iustum et innocentem, quod praesumptuosum ab adversariis reputabatur, incipit de sua innocentia conferre cum deo qui solus est conscientiae iudex, * unde subdit ° cum dixero, ‘ scilicet in corde meo: ° nequaquam ita loquar, ‘ ut scilicet sim iustus et innocens, ° commuto faciem meam, ‘ scilicet a fiducia quam conceperam de mea innocentia ad quandam sollicitudinem investigandi peccata, ° et dolore torqueor, ‘ in conscientiae propriae discussione recogitans ne forte pro aliquo peccato sic puniar. et causam doloris subdit * dicens ° verebar omnia opera mea: ‘ est enim alicui magna causa doloris quando magnam sollicitudinem habet de re aliqua et tamen incidit in illud quod vitare studebat; ipse autem circa omnia opera sua magnam sollicitudinem apponebat, timens ne in aliquo a iustitia declinaret, * et hoc est quod dicit ° verebar omnia opera mea. ‘ et causa quare sic verebatur in omni suo opere erat timor de severitate divini iudicii, * unde subditur ° sciens quod non parceres |650| delinquenti, ‘ nisi scilicet convertatur quia, * sicut in psalmo dicitur, ° nisi conversi fueritis gladium suum vibrabit. si autem, ‘ post tantum studium innocentiae, ° et sic impius sum ‘ ut tam gravibus poenis a deo puniri meruerim, ° quare frustra laboravi ‘ in tanta sollicitudine innocentiae conservandae? frustra enim laborare dicitur qui suo labore tendit ad finem ad quem non pertingit. sed quia puritas hominis quantacumque sit ad divinum examen relata deficiens invenitur, ideo consequenter ostendit quod cum se purum et innocentem dicit, se purum et innocentem intelligit quasi hominem, non quasi in nullo penitus a rectitudine divinae iustitiae recedentem. est autem sciendum quod duplex est puritas: una quidem innocentis altera paenitentis; utraque autem imperfecta est in homine si ad perfectam rectitudinem divinae regulae comparetur. dicit ergo quantum ad puritatem poenitentis ° si lotus fuero, ‘ idest si a peccatis meis me purgare studuero, ° quasi aquis nivis, ‘ quae bene ablutivae esse dicuntur; quantum vero ad puritatem innocentis * subdit ° et fulserint velut mundissimae manus meae, ‘ idest et in operibus meis, quae per manus designantur, nulla inveniatur immunditia, sed fulgeat in eis iustitiae claritas - * dicit autem ° velut mundissimae |675| ‘ ad insinuandum quod in homine perfecta munditia esse non potest -; si, inquit, sic fuero mundus, ° tamen sordibus intinges me, ‘ idest sordidus demonstrabor tuae iustitiae comparatus et per tuam sapientiam convictus. semper enim in operibus humanis aliquis defectus invenitur: quandoque quidem ex ignorantia propter debilitatem rationis, quandoque autem ex negligentia propter infirmitatem carnis; quandoque autem aliqua infectio alicuius terrenae affectionis etiam in bonis operibus admiscetur, propter volubilitatem humani cordis quod non fixum in eodem perseverat: unde semper aliquid in humanis operibus invenitur quod deficit a puritate divinae iustitiae. cum autem aliquis immundus est qui tamen exterius aliquam iustitiae ostensionem habet, signa iustitiae quae de eo exterius apparent ei non competunt, * et ideo subdit ° et abominabuntur me vestimenta mea: ‘ per vestimenta enim exteriora opera designantur quibus homo quasi contegitur, * secundum illud matth. vii 15 ° veniunt ad vos in vestimentis ovium; ‘ tunc ergo vestimenta alicuius aliquem abominantur quando exteriora hominis quae iustitiam praetendunt interioribus non concordant. quare autem quantumcumque sit purus non potest se defendere quin a deo convincatur impurus, |700| consequenter ostendit ex duobus in quibus deus homines excellit, videlicet ex puritate iustitiae et ex auctoritate maiestatis. * quantum ergo ad primum dicit ° neque enim viro qui similis mei est respondebo, ‘ quasi dicat: si aliquis homo me impurum vellet convincere, possem ei resistere, si mihi obiceret quae ipse sentiret in homine servari non posse de perfecta iustitiae puritate; sed sic respondere non possum deo in quo nullus defectus invenitur. * quantum ad secundum dicit ° nec qui mecum in iudicio ex aequo possit audiri: ‘ cum enim duo homines ad invicem contendunt, iudicem possunt habere qui utriusque dicta examinet; sed hoc inter deum et hominem esse non potest duplici ratione: una ratio est quia oportet quod in iudice sit altior sapientia quae sit quasi regula ad quam examinentur dicta utriusque partis: manifestum est autem quod divina sapientia est prima regula ad quam omnium veritas examinatur, * et propter hoc subdit ° non est qui utrumque valeat arguere, ‘ quasi dicat: non est alius superior deo ex cuius maiori sapientia divina sapientia corrigi possit. alia ratio est quia oportet quod in iudice sit maior potestas qua possit utramque partem comprimere, et hoc excludit * dicens ° et ponere manum suam in ambobus, ‘ idest coercere utrumque: hoc enim |725| excluditur per immensitatem divinae potentiae, quam supra ostendit. et quia, * ut dictum est, ‘ intendit perscrutari qua ratione innocentes puniantur in hoc mundo, consequenter ostendit quid eum impedire posset ab hac perscrutatione et qua intentione hoc perscrutari velit. impediri autem posset ab hac perscrutatione ex duobus, primo quidem ex afflictione quam patiebatur: homines enim quorum mens occupata est tristitia non possunt subtiliter perscrutari, * et quantum ad hoc dicit ° auferat a me virgam suam; ‘ secundo ex reverentia quam ad deum habebat: homines enim aliquando ex quadam reverentia quam ad deum habent omittunt ea quae dei sunt perscrutari, * et quantum ad hoc dicit ° et pavor eius non me terreat, ‘ quasi dicat: concedat spiritum meum requiescere ab afflictione quam patior, et non imputetur mihi ad irreverentiam quod de divinis disputo; et sic potero perscrutari, * unde sequitur ° loquar et non timebo eum, ‘ idest ac si non timerem eum; ° neque enim possum metuens respondere, ‘ idest dum ex reverentia eius revocor a perscrutatione. sciendum est autem quod timor dei aliquando timentes deum a perscrutatione divinorum non revocat, quando scilicet perscrutantur divina desiderio veritatis cognoscendae, non |750| ut comprehendant incomprehensibilia sed semper eo moderamine ut intellectum suum divinae subiciant veritati; revocantur autem per timorem dei ne sic perscrutentur divina quasi comprehendere volentes et intellectum suum divina veritate non regulantes. sic igitur per haec verba iob intendit ostendere quod eo moderamine de his quae ad divinam providentiam pertinent perscrutatur, ut intellectum suum divinae veritati subiciat, non ut divinam veritatem impugnet, quod esset contra reverentiam divini timoris.

cp10 ° Taedet animam meam vitae meae ‘ etc.. postquam proposuit superius iob quod tam innocentes quam impii in hoc saeculo tribulantur, et tetigit unam causam punitionis innocentium quae posset aestimari, scilicet quod terra quasi derelicta a deo sit exposita voluntati quasi iniquae potestatis innocentes pro libitu punientis, hoc autem remoto quia manifestum inconveniens continet, inquisivit quis esset innocentium punitor et qua de causa, et hanc quaestionem hic prosequi intendit. prius tamen quam ad investigationem procedat, ostendit quo animo hic loquatur: loquitur enim in persona hominis afflicti secundum conceptiones quas ei tristitia subministrat; unde primo ponit taedium quod patitur in hac vita propter tribulationes quas patitur, quae intantum graves sunt quod etiam ipsam vitam reddunt taediosam: licet enim vivere delectabile sit, tamen in angustiis vivere taediosum est, * unde dicit ° taedet animam meam vitae meae. ‘ sicut autem homo cui delectabilis est sua vita optat se vivere, ita cui taediosa est sua vita optat se vita privari, * et ideo subiungit ° dimittam adversum me eloquium meum; ‘ hoc enim est contra aliquem quod est peremptivum ipsius: tunc ergo homo adversum se loquitur quando |25| se vita privari exoptat. * sed signanter dicit ° dimittam: ‘ multotiens enim homo aliquos motus in corde patitur propter aliquam passionem vel tristitiae vel concupiscentiae vel irae aut cuiuscumque alterius, sed tamen ita ratione omnes motus reprimit quod ad verbum exterius non procedit; quando autem ratio ostendere volens quid interius patiatur occultos motus in verba producit, tunc eloquium dimittere dicitur quasi prius retentum, * et propter hoc subdit ° loquar in amaritudine animae meae, ‘ quasi dicat: verba quae exterius proferam interiorem amaritudinem ostendunt, ut det intelligere se in persona hominis amaricati loqui. sed ne rursus intelligatur quod ista eloquii dimissio sit per hoc quod ratio a tristitia superatur, * subiungit ° dicam deo: noli me condemnare; ‘ cum enim ratio a passione vincitur, homo contra deum remurmurat et quandoque usque ad blasphemiam procedit, sed dum inter tribulationes hominis ratio recta manet, deo se subdit et ab ipso remedium praestolatur * dicens deo ° noli me condemnare. ‘ simul etiam in hoc ad quaestionem accedit: cum enim supra quaesivisset quis esset causa innocentium poenae in hoc mundo, hic iam confitetur deum esse auctorem punitionis dum petit quod ab eo non condemnetur, * secundum illud i reg. ii 6 |50| ° dominus mortificat et vivificat, ‘ ex quo manichaeorum haeresis confutatur. his autem praemissis, supposito quod deus sit punitionis auctor, inquirit de causa suae punitionis * ad deum loquens: ° indica mihi cur me ita iudices, ‘ idest facias me cognoscere causam propter quam a te puniar: sciebat enim quod rationis investigatio ad veritatis terminum pervenire non potest nisi divinitus doceatur. scire autem causam suae punitionis necessarium est homini vel ad correctionem vel ut patientius flagella sustineat. ad inquisitionem autem huius quaestionis procedit sub quadam disiunctione: necesse est enim quod ipse qui punitur vel sit innocens vel peccator. primo autem procedit supponendo quod sit innocens; et quia ad cognitionem divinorum per res humanas pervenimus, proponit duos modos quibus in humano iudicio quandoque innocentes puniuntur. primus modus est propter malitiam punientis, ex qua contingit tripliciter poenas innocentibus irrogari: aliquando quidem dum per astutiam innocentibus calumnias ingerunt, * et quantum ad hoc dicit ° numquid bonum tibi videtur si calumnieris; ‘ aliquando vero per potentiam opprimunt, * et quantum ad hoc subdit ° et opprimas me opus manuum tuarum; |75| ‘ aliquando vero ipsi quidem ex proprio motu innocentes non puniunt, sed quia inordinate aliquos impios diligunt, eos etiam in oppressione innocentium iuvant, * unde subditur ° et consilium impiorum adiuves? ‘ sed considerandum est quod aliquando diversis naturis unum et idem potest esse bonum et malum, sicut iracundum esse cani quidem est bonum, homini autem malum; nullus autem sanae mentis hoc in dubitationem ducit si deus ex malitia aliquid operetur: non enim potest in summo bono aliquid mali esse; sed potest contingere quod aliquid malum est in homine quod ad divinam pertinet bonitatem, sicut non misereri secundum quod misericordia in passionem sonat in homine quidem vituperatur, quod tamen divina bonitas ex sui perfectione requirit. manifestum est autem quod tria praedicta, calumniari, opprimere et consilium impiorum adiuvare, in hominibus mala sunt: unde hoc in quaestionem inducit utrum deo possint esse bona, unde non quaerit numquid calumniaris et opprimis? sed ° numquid bonum tibi videtur ut calumnieris et opprimas? ‘ quasi supponens pro firmo quod deus numquam aliquid facit nisi quod bonum sibi videtur, et hoc vere est bonum. item considerandum est quod ea quae naturaliter sunt nulli imputantur in |100| culpam vel in malum; naturale autem est quod unumquodque perdat suum contrarium, unde et deus qui est summe bonus, odit ea quae contra se fiunt et ipsa disperdit, * secundum illud psalmi ° odisti omnes qui operantur iniquitatem, perdes ‘ etc.; si ergo homines non essent a deo facti sed a principio contrario, * ut manichaei fabulantur, ‘ bonum videretur quod deus homines opprimeret propter se ipsos: ad hoc igitur excludendum * non simpliciter dicit ° ut opprimas me, * sed addit ° opus manuum tuarum. ‘ item bonum videtur quod deus iustorum voluntates adimpleat; qui autem innocentem calumniari aut opprimere volunt non sunt iusti sed impii, et praecipue si non ignoranter vel casu sed ex consilio et deliberatione hoc velint: unde cum se innocentem supponat in prima parte quaestionis, sequitur impios esse qui eum ex deliberato consilio opprimere vel calumniari vellent, * et ideo signanter dicit ° et consilium impiorum adiuves. ‘ hac igitur causa remota, quia deo hoc bonum videri non potest, cum ipse sit opus manuum dei et cum eius hostes qui ipsum oppresserant impii comprobentur, procedit consequenter ad secundum modum quo in humano iudicio quandoque innocentes affliguntur. contingit enim quandoque quod |125| quando aliquis innocens falso apud iudicem accusatur, iudex ad exquirendam veritatem eum tormentis subicit secundum iustitiam agens, sed huius rei causa est defectus cognitionis humanae, qui triplex est: unus quidem quia omnis cognitio hominis a sensu procedit et, quia sensus corporei et corporalium sunt, non potest iudex interiorem conscientiam accusati cognoscere; ut ergo hoc excludat a deo * dicit ° numquid oculi carnei tibi sunt? ‘ ac si dicat: numquid tu corporalibus sensibus cognoscis ut sola corporalia videas et interiora cognoscere non possis? ponit autem oculos quia visus inter alios sensus excedit. secundus defectus est quod homo per sensus corporeos nec etiam omnia corporalia conspicere potest: non enim potest cognoscere quae a remotis et in abditis fiunt, quod a deo removet * dicens ° aut sicut videt homo ita et tu vides, ‘ ut scilicet non possis quae ubique fiunt etiam occulta cognoscere? tertius defectus humanae cognitionis est ex tempore, tum quia homo de die in diem plura cognoscit tum etiam quia per temporis longitudinem obliviscitur eorum quae novit, ut sic oporteat eum iterato quasi addiscere: hoc ergo a deo removet * dicens ° numquid sicut dies hominis dies tui, ‘ ut scilicet de die in diem tua crescat cognitio; ° et anni tui sicut |150| humana sunt tempora, ‘ ut scilicet per cursum temporum aliquid tuae cognitioni decrescat? * et subdit ° ut quaeras iniquitatem meam et peccatum meum scruteris, ‘ idest ut per flagella inquiras an ego peccaverim opere et iniquus sim mente, sicut homines per tormenta peccata exquirunt? et sic post inquisitionem huiusmodi in me peccata non inveniens, ° scias quia nihil impium fecerim, ‘ quasi hoc aliunde cognoscere non possis nisi per flagella peccata mea exquiras; et hoc libere facias absque contradictione, ° cum sit nemo qui de manu tua possit eruere: ‘ aliquando enim ab hac inquisitione quae est per tormenta iudices deficiunt, dum hi qui torqueri debent ab eorum manibus eruuntur. et quia supra dixerat se esse opus manuum dei, ut ex hoc ostenderet quod bonum deo videri non potest ut eum opprimat propter se, quasi in oppressione eius delectatus, quod supposuerat manifestat, * unde subdit ° manus tuae fecerunt me. * et ne aliquis credat, secundum manichaeorum haeresim, “ hominis animam a deo factam corpus vero a contrario auctore formatum, * subiungit ° et plasmaverunt me totum in circuitu. in circuitu ‘ dicit quia corpus videtur esse animae in circuitu sicut vestimentum vestito vel sicut domus habitatori; ° totum ‘ dicit ut |175| ad singula corporis membra referatur; ° plasmaverunt ‘ dicit ut alludat ei quod homo ex limo terrae dicitur esse formatus; per manus autem operatio divina intelligitur, unde dicit pluraliter ° manus ‘ quia licet sit una divina virtus operans, multiplicatur tamen eius operatio in effectibus, tum propter diversitatem effectuum tum etiam propter varietatem causarum mediarum mediantibus quibus suos effectus producit. * subdit autem ° et sic repente praecipitas me? ‘ quia repentinum esse videtur ut aliquis qui aliquam rem produxit eam absque causa manifesta corrumpat: qui enim facit aliquid vult illud esse - ad hoc enim facit ut sit -, qui autem corrumpit vult illud non esse; videtur igitur si aliquis destruat quod prius fecit, videtur repentina mutatio voluntatis, nisi aliqua manifesta causa de novo oriatur ex qua appareat illud esse corrumpendum quod prius fuit fiendum; huiusmodi autem repentina mutatio voluntatis in deum cadere non potest, * et ideo quasi admirative quaerit ° et sic repente praecipitas me? ‘ quasi dicat: hoc inconveniens videtur si quem prius fecisti sine causa nunc destruas. vel * quod dixit ° fecerunt me ‘ potest referri ad constitutionem substantiae, * quod autem dixit ° et plasmaverunt me totum in circuitu ‘ potest referri ad ea quae substantiae adveniunt, sive |200| sint bona animae sive corporis sive exterioris fortunae. et quia in generali se factum et plasmatum a deo posuerat, in speciali prosequitur de modo suae factionis, ad similitudinem alicuius qui alicui vult reducere aliquid ad memoriam quod oblitus videtur: particulariter ei cuncta edisserit ut vel sic ei in memoriam reducatur. videtur autem deus benivolentiae quam ad suam facturam habet oblivisci cum eam corruptioni exponit: ad modum enim obliviscentis se habet, * et secundum hunc modum dicitur in psalmo ° usquequo, domine, oblivisceris me in finem, * et ideo dicit ° memento, quaeso, quod sicut lutum feceris me. ‘ ubi considerandum est quod duplicem hominis factionem commemorat, primo quidem eam quae pertinet ad primam institutionem naturae, alludens ei * quod dicitur gen. i ° deus hominem de limo terrae formavit, * et ideo dicit ° quod sicut lutum feceris mei ‘ ubi etiam compositionem hominis ex primis elementis tangere videtur. et quia etiam primo homini * dictum est ° pulvis es et in pulverem reverteris, ‘ consequenter subiungit ° et in pulverem reduces me, ‘ quod etiam naturali materiae competit: nam ea quae ex terra generantur consequens est secundum naturae ordinem ut resolvantur |225| in terram. sed de hoc aliquis mirari potest, cum maius videatur de terra formare hominem quam hominem formatum retinere ne in pulverem redigatur, unde est quod deus qui hominem de luto formavit eum in pulverem redigi permittit: utrum scilicet hoc sit solum ex necessitate materiae, ut homo in hoc nihil plus habeat aliis quae ex terra formantur, vel hoc sit ex divina providentia aliquam hominis culpam puniente. consequenter autem tangit factionem hominis quantum ad opus propagationis secundum quod homo ab homine generatur. ubi considerandum est quod omnia naturae opera deo attribuit non ut excludat naturae operationem sed eo modo quo principali agenti attribuuntur ea quae per causas secundas aguntur, ut artifici operatio serrae: hoc enim ipsum quod natura operatur a deo habet, qui ad hoc eam instituit. in hac autem hominis generatione primo occurrit seminis resolutio, * et quantum ad hoc dicit ° nonne sicut lac mulsisti me? ‘ sicut enim semen est superfluum alimenti ita et lac. secundo autem occurrit compactio massae corporeae in utero mulieris, * et quantum ad hoc subdit ° et sicut caseum me coagulasti? ‘ ita enim se habet semen maris ad materiam quam femina ministrat in generatione |250| hominis et aliorum animalium sicut se habet coagulum in generatione casei. tertio autem occurrit distinctio organorum, quorum quidem consistentia et robur est ex nervis et ossibus, circumdantur autem exterius a pelle et carnibus, * unde dicit ° pelle et carnibus vestisti me, ossibus et nervis compegisti me. ‘ quartum autem est animatio fetus, et praecipue quantum ad animam rationalem quae non infunditur nisi post organisationem; simul autem cum anima rationali infunduntur homini divinitus quaedam seminaria virtutum, aliqua quidem communiter omnibus, aliqua vero specialiter aliquibus secundum quod homines quidam sunt naturaliter dispositi ad unam virtutem, quidam ad aliam: iob autem dicit infra ° ab infantia crevit mecum miseratio, et de utero egressa est mecum, * unde et hic dicit ° vitam et misericordiam tribuisti mihi. ‘ ultimum autem est conservatio vitae tam in materno utero quam post exitum ex utero, quae quidem conservatio est partim quidem per principia naturalia, partim autem per alia dei beneficia naturae superaddita, sive pertineant ad animam sive ad corpus sive ad exteriora bona, * et quantum ad hoc subdit ° et visitatio tua custodivit spiritum meum: ‘ sicut enim deus ab aliquo recedere dicitur in scripturis |275| quando deus ab eo sua dona subtrahit, sic eum visitare dicitur quando ei sua dona largitur. ne autem ex hoc quod deo dixerat ° memento, quaeso, quod sicut lutum feceris me ‘ aliquis credere posset eum huius opinionis esse quod oblivio in deum cadere posset, excusat se ab hoc * subdens ° licet haec celes in corde tuo, tamen scio quia universorum memineris; ‘ dicitur autem deus ad similitudinem hominis aliquid in corde celare quando non ostendit per effectum quod habet in cognitione vel affectione: sic itaque deum praedicta in corde celare dicit quia in effectu non ostenditur quod eum pro sua factura recognoscat, quem sic repente praecipitare videtur. ° si peccavi et ad horam pepercisti mihi ‘ etc.. superius inquisivit iob causam suae punitionis supposito quod innocens esset, nunc autem procedit ad inquirendum si propter hoc puniatur quia peccator est. et quod pro peccato non puniatur primo ostendit utens tali ratione: si enim peccatum commisit, maxime hoc commisisse videtur tempore prosperitatis; si autem peccatum est tota causa quare aliqui adversitates sustineant in praesenti, posita autem causa ponitur effectus, oporteret quod statim cum aliquis peccat adversitas sequeretur; manifestum autem |300| erat quod iob tempore suae prosperitatis eundem modum vivendi servavit: unde si peccavit hoc modo vivendo, diu ante peccaverat quam adversitatem pateretur; oporteret ergo dicere quod, cum statim post peccatum adversitas secuta non sit, quod deus pro tempore illo ei pepercerit quo adversitates non induxit; inconveniens autem est dicere quod peccatum quod deus pepercit iterum imputet ad poenam: non ergo videtur quod pro peccato prius ab eo commisso nunc puniatur. * hoc est ergo quod dicit ° si peccavi, ‘ scilicet tempore prosperitatis meae, ° et ad horam pepercisti mihi, ‘ quia scilicet non statim adversitatem induxisti, ° cur ab iniquitate mea mundum me esse non pateris? ‘ quasi dicat: cur ex quo reputasti me aliquo tempore quasi purum parcendo mihi iniquitatem meam, nunc iterum me punis quasi non sim purus? aliam etiam rationem consequenter subiungit quae talis est: si peccatum est tota causa adversitatum praesentium, sequeretur quod non tam iusti quam peccatores adversitates in hoc mundo patiantur; videmus autem et iustis et peccatoribus adversitates esse communes, * et hoc est quod dicit ° et si impius fuero, vae mihi est. ‘ idest adversitates sustineo; ° et si iustus ‘ vel prius fui vel modo factus, ° non | 325 | ‘ propter hoc ° levabo caput, ‘ quasi a miseria sublevatus: ego dico existens ° saturatus afflictione, ‘ quantum ad dolores, ° et miseria, ‘ quantum ad penuriam et confusionem. in saturitate autem abundantiam afflictionis et miseriae designat, et hoc videtur dicere contra dictum eliphaz et baldath qui dixerant quod si converteretur ab adversitate liberaretur: contra quod dicit quod etiam si iustus effectus sit non tamen propter hoc a miseria relevatur, quamvis pro praecedentibus peccatis si qua fuerint iam sufficienter punitus sit, quod per saturitatem afflictionis et miseriae designat. et quia hoc ei ad superbiam eliphaz imputaverat quod se innocentem dicebat, * subiungit ° et propter superbiam quasi leaenam capies me: ‘ dixerat enim supra eliphaz in denotatione iob ° rugitus leonis et vox leaenae et dentes catulorum leonum contriti sunt; * dicit ergo ° propter superbiam quasi leaenam capies me, ‘ quasi dicat: facis me reputari ab his qui capiunt verba mea quasi leaenam propter superbiam. et hoc ipsum quod sic malus reputabatur erat ei poena super poenam, * unde subdit ° reversusque mirabiliter me crucias, ‘ quasi prius venisti affligens me per subtractionem rerum et corporis vulnera, et nunc iterato redisti et crucias me per amicos, quod |350| est mirabile quia ab amicis magis consolationem deberem accipere; vel hoc dicit quia maxime homo affligitur cum ab amicis deridetur. qualis autem sit iste cruciatus ostendit * subdens ° instauras testes tuos contra me: ‘ eliphaz enim dum videbatur iustitiam dei defendere et similiter socii eius, in quo quasi testes dei se demonstrabant, contra iob loquebantur eum de peccato arguentes; ° et ‘ sic ° multiplicas iram tuam, ‘ idest effectum irae dum me multipliciter punis, ° et poenae militant in me, ‘ quasi cum quadam auctoritate et sine contradictione me impugnant: milites enim consueverunt cum auctoritate regia et absque ulla contradictione aliquem qui reputatur reus invadere. ° quare de vulva eduxisti me ‘ etc.. terminaverat iob inquisitionem suam in hoc quod, sive iustus sive peccator esset, tribulationibus multiplicibus subiacebat; et ne aliquis posset credere deum in eius tribulationibus delectari, vult inquirere an hoc verum esse possit. inconveniens autem videtur quod aliquis effectum suum producat ad hoc quod male se habeat, cum potius omne agens in suo effectu bonum intendat; supponit autem, * sicut ex praemissis patet, ‘ se esse opus dei, et ideo ab eo quaerit ° quare de vulva eduxisti me? ‘ quasi dicat: numquid propter |375| hoc me nasci fecisti ut tribulationibus subdas? * et quia posset aliquis dicere quod “ etiam sic in tribulationibus esse melius est simpliciter quam natum non esse, ‘ excludit hoc * dicens ° qui utinam consumptus essem, ‘ scilicet in materno utero, ° ne oculus me videret, ‘ idest ne confusionem paterer ex tantis malis quae in me oculi hominum conspiciunt; et tamen si in materno utero consumptus essem, habuissem dignitatem essendi sine miseria quae mihi existenti accidit, * et hoc est quod dicit ° fuissem, ‘ quasi participans, idest participassem id quod boni est in esse, ° quasi non essem, ‘ idest immunis forem a malis huius vitae ac si numquam fuissem; non est enim dignitas humani esse ut in perpetuum conservetur sed, ut tandem homo moriatur et transferatur ad tumulum qui mortuo praeparatur ad hoc quod aliqualis eius memoria post mortem remaneat: et hoc etiam mihi non defuisset, * unde sequitur ° de utero translatus ad tumulum. ' nullus autem in poenis alicuius delectatus ita crudelis invenitur qui vel non ad modicum ab affligendo cesset; dato ergo quod deus causa nativitatis hominis non esset, tamen dies hominis breves sunt et praecipue in comparatione ad aeternitatem dei, et ista etiam brevitas, quando homo iam magnam partem |400| vitae transivit, cito finienda expectatur, * et hoc est quod dicit ° numquid non paucitas dierum meorum, ' quia omnes dies vitae meae pauci sunt, ° finietur brevi ' iam ipsius paucitatis magna parte transacta? non est ergo magnum si de cetero a percutiendo cesses, * et hoc est quod concludit ° dimitte ergo me. ' et si tibi durum videtur quod vel ad horam absque afflictionibus sim, certum est quod etiam te cessante a percussione non mihi remanet unde gaudeam sed unde doleam, * et hoc est quod subdit ° ut plangam paululum dolorem meum, ' scilicet quem ex praecedentibus percussionibus concepi; hoc autem dicit quia percuti se adhuc reputabat dum amici eum obiurgabant, de quibus dixerat ° instauras testes tuos contra me. ' et quia posset sibi responderi immo potius hic modico tempore affligendus es, quando hinc transibis consolationem invenies, quod posset esse dupliciter: uno modo iterato redeundo ad hanc vitam, et hoc excludit * cum dicit ° antequam vadam, ' scilicet per mortem, ° et non revertar, ' ut iterum vivam - quod potest exponi dupliciter: uno modo ut dicat se non reverti ad similem modum vivendi, * ut quidam fabulabantur; ' vel melius dicendum quod more disputatoris loquitur secundum id quod adversarii sentiunt |425| antequam veritas manifestetur: infra autem iob manifeste veritatem resurrectionis indicabit, et ideo in omnibus praecedentibus loquitur de resurrectione supponendo opinionem eorum cum quibus disputabat, qui non credebant aliam vitam esse nisi istam, sed in hac sola homines aut puniri aut praemiari pro malis ac bonis quae agunt -; alio modo posset post finem huius vitae consolationem expectare in ipso statu mortis, sed hoc excludit * dicens ° ad terram tenebrosam, ' ad quam scilicet vadam post mortem. et potest hoc exponi dupliciter: uno modo de inferno ad quem animae omnium hominum descendebant etiam iustorum ante christum, licet iusti ibi poenas sensibiles non paterentur sed solum tenebras, alii vero et poenas et tenebras; sed quia iob sic locutus fuerat ac si dubium esset utrum ipse esset iustus ut rei veritas erat, vel peccator ut amici eius calumniabantur, describit infernum communiter et quantum ad bonos et quantum ad malos. accipiendo ergo infernum sic communiter * dicitur ° terra tenebrosa ' inquantum caret claritate divinae visionis; * dicitur ° operta mortis caligine ' quantum ad peccatum originale quod est caligo inducens ad mortem; * dicitur ° terra miseriae ' quantum ad poenas quas ibi |450| reprobi patiuntur; * dicitur ° terra tenebrarum ' quantum ad obscuritates peccatorum actualium quibus mali involvuntur; * dicitur autem ibi esse ° umbra, ' idest similitudo, ° mortis ' quia sic affliguntur ac si semper morerentur; * dicitur autem ibi ° nullus ordo ' esse vel propter confusionem mentium quam patiuntur damnati vel propter hoc quod ille ordo non ibi servatur qui hic: hic enim ignis ardet et lucet, quod ibi non est; ° sempiternus ' autem ° horror ' ibi ° inhabitat ' quia licet semper doleant de poenis praesentibus, semper tamen timent futuras. * sed quia illi contra quos disputabat immortalitatem animae non ponebant " ut sic post mortem remaneret, ' ipse autem adhuc loquitur secundum positiones eorum, melius quantum ad sensum litterae sic exponitur ut totum referatur ad corpus quod in terra sepelitur et in terram convertitur. * dicit ergo ° ad terram tenebrosam ' quantum ad ipsam proprietatem terrae, quae in se opaca est; sed licet in se sit opaca, tamen viventes qui super terram habitant illustrantur lumine aeris operientis terram, sed isto lumine mortui non perfruuntur, * unde subdit ° et opertam mortis caligine, ' quasi dicat: mors facit ut post mortem aliquis non utatur lumine quo vivi utuntur. contingit autem quandoque quod licet aliquis vivus |475| lumine circumdante terram non perfruatur, tamen in aliquo occulto loco terrae existens fruitur desideratis quoad appetitum et considerat veritates secundum intellectum, sed hoc mortui carent, * unde subdit ° terram miseriae ' quantum ad carentiam omnium desiderabilium, ° et tenebrarum ' inquantum deficit consideratio veritatum. inter alia etiam in quibus vivi delectantur, praecipuum est societas humana cum debito ordine quo quidam praesunt et alii subsunt et alii serviunt, sed hoc mortui privantur, * unde subdit ° ubi umbra mortis, ' quasi dicat: apud mortuos non sunt nisi umbrae secundum aestimationem viventium, * ut dicitur sap. xvii 4 ° personae apparentes tristes pavorem illis dederunt; et nullus ordo, ' quia absque differentia honoris et dignitatis similis est condicio mortuorum; ° sed sempiternus horror inhabitat, ' quantum ad viventes quibus horrori sunt mortui, quasi dicat: nihil est in statu mortuorum nisi quae homines horrent, et hoc in sempiternum apud eos erit si ad vitam non redeunt. sic igitur iob inquirendo causam suae tribulationis ostendit hoc non esse ab aliquo impio in cuius manu data sit terra, non esse a deo calumniose opprimente, non esse a deo culpam inquirente, non esse a deo peccata puniente, non esse a deo in poenis |500| sibi complacente: unde adhuc remanet sub dubio causa tribulationis eius. quae omnia prosequitur iob ut de necessitate inducat eos ad ponendum aliam vitam in qua et iusti praemiantur et mali puniuntur, ex quo ea non posita non potest reddi causa tribulationis iustorum, quos certum est aliquando in hoc mundo tribulari.

cp11 ° Respondens autem sophar naamathites dixit ' etc.. superius iob inter cetera mala quae patiebatur, mirabiliter cruciari se dixerat ab amicis suis qui contra eum insurgebant quasi testes pro deo, a quo verbo tactus sophar respondit, * unde dicitur ° respondens autem sophar naamathites dixit: numquid qui multa loquitur nonne et audiet? ' quasi dicat: tu multa locutus es inordinate, unde non est mirum si ab amicis tuis reprehensus es; quia si homo qui loquitur multa non reprehenderetur, sequeretur hoc inconveniens quod homines ex hoc ipso quod sunt loquaces iusti reputarentur, * unde sequitur ° aut vir verbosus iustificabitur, ' idest iustus reputabitur? et quia posset dicere iob sibi debere deferri propter suam dignitatem, excludit hoc * subdens ° tibi soli tacebunt homines, et cum ceteros irriseris a nullo confutaberis? ' intelligebat enim et alios esse irrisos in hoc quod eos testes dei vocaverat * et in hoc quod supra dixerat ° quare detraxistis sermonibus veritatis? ' et ideo dicit non esse mirandum si etiam alii contra ipsum loquantur. sed forte posset dicere quod non haberent quid dicerent contra eum vel contra verba eius, et ad hoc excludendum * subdit ° dixisti enim: purus est sermo meus: ' hoc accipit ab |25| eo * quod supra dixerat ° non invenietis in lingua mea iniquitatem, nec in faucibus meis stultitia personabit; et mundus sum in conspectu tuo: ' hoc iob expresse non dixerat, sed ex verbis eius accipere volebat quia disputaverat se non pro peccato punitum, * vel ex eo quod dixerat ° scias quia nihil impium fecerim, * vel ex eo quod supra dixit ° nonne dissimulavi? nonne silui? ' considerandum est autem quod cum peccatum sit obliquatio a lege dei, non potest plene cognosci peccatum vel quantitas eius nisi lex dei cognoscatur: ° rectum enim est iudex sui ipsius et obliqui; ' quod igitur iob se diceret immunem a peccato vel non ita graviter peccasse sicut puniebatur, ex hoc reputabat sophar accidere quod iob legem dei non perfecte cognosceret, * et ideo dicit ° atque utinam deus loqueretur tecum et aperiret labia sua tibi. ' hoc videtur in suggillationem iob dicere, quia dixerat ° indica mihi cur me ita iudices; ' et potest dici quod deus simpliciter loquitur homini cum eius cordi aliquid de sua sapientia inspirat, * secundum illud psalmi ° audiam quid loquatur in me dominus deus; ' labia autem sua aperit cum per aliquos effectus hominibus aliquid revelat: labiis enim formantur voces exterius quibus interiores conceptus cordis exprimimus. considerandum autem quod ab intellectu divinorum duplici ratione deficimus: primo quidem quia cum ° invisibilia dei ' cognoscere non possimus nisi ° per ea quae facta sunt, ' ea vero quae facta sunt multum deficiant a virtute factoris, oportet quod remaneant multa in factore consideranda quae nobis occultantur, et haec vocantur secreta sapientiae dei, * de quibus dicit ° ut ostenderet tibi secreta sapientiae. ' secundo quia etiam ipsum creaturarum ordinem ad plenum comprehendere non possumus secundum quod a divina providentia dispensatur; aliter enim est in humano regimine et aliter in divino: nam apud homines quanto aliquis est superior in regendo tanto eius ordinatio ad universaliora solum se extendit, particularia vero relinquit inferioribus rectoribus dispensanda, et sic lex regiminis superioris rectoris est universalis et simplex; sed deus quanto est superior in regendo tanto eius ordinatio etiam usque ad minima se extendit: unde lex sui regiminis non solum est secreta, si respiciamus ad altitudinem rectoris excedentem universam proportionem creaturae, sed etiam est multiplex, universa etiam singularia et minima sub certo ordine, dispensans, * et ideo addidit ° et quod multiplex sit lex eius. |75| ' et hoc quidem non solum in rebus naturalibus est considerare, prout divino subduntur regimini, sed etiam in rebus humanis. leges enim humanae, quia non potuerunt earum latores omnia singularia respicere, ad universalia quaedam respiciunt quae ut in pluribus accidunt; qualiter autem universalia statuta humana sint factis singularibus applicanda relinquitur prudentiae operantis: unde in multis homo potest deficere a rectitudine, in quibus tamen non contrariatur legi humanitus positae; sed lex divina secundum quod est in sapientia dei ad omnia particularia et minima se extendit, et sic non potest contingere quod homo in aliquo a rectitudine discordet et non contrarietur legi divinae. quia igitur homo ad ipsam legem divinam, prout est in secreto sapientiae dei inspiciendam, pertingere non potest et per consequens nec eius multiplicitatem agnoscere, contingit quod aliquando non putet se contra legem dei agere cum tamen agat, vel parum delinquere cum multum delinquat, * unde subdit ° et intelligeres, ' scilicet si essent tibi ostensa secreta sapientiae et multiplicitas legis dei, ° quod multo minora exigaris ab eo, ' scilicet in sustinendo poenas, ° quam meretur iniquitas tua, ' quam vel non cognoscis vel aestimas parvam. et in hoc videtur reprehendere quod iob |100| supra dixerat ° utinam appenderentur peccata mea quibus iram merui et calamitas quam patior in statera. quasi arena maris haec gravior appareret. ' et quia supposuerat in divina sapientia esse aliquod secretum quod nondum erat iob ostensum, ne hoc posset negari, per sequentia confirmat * dicens ° forsitan vestigia dei comprehendes. ' vestigia signa sunt per viam procedentis; opera autem dei viae ipsius dicuntur, et productio creaturarum a deo quidam processus dei intelligitur in creaturas, prout divina bonitas ab eo in quo simpliciter et summe existit gradatim ad effectus derivata procedit dum superiora inferioribus meliora inveniuntur: vestigia ergo dei sunt signa quaedam in creaturis inventa, ex quibus per eas deus aliquatenus cognosci potest. sed cum humana mens nec ipsas creaturas totaliter et perfecte cognoscere possit, multo minus et de ipso creatore perfectam notitiam habere potest, * et ideo interrogando subdit ° et usque ad perfectum omnipotentem reperies? ' quasi dicat: si creaturas perfecte cognoscere non potes, multo minus nec creatorem; * et signanter dicit ° reperies ' quia per quandam inquisitionem ratio ab effectibus procedit ad causam, quam dum per effectus cognoscit eam dicimur invenire. |125| nec est mirum si creaturis non perfecte cognitis creator non perfecte cognoscitur, quia etiam creaturis perfecte cognitis adhuc creator non perfecte cognosceretur: tunc enim per effectus perfecte causa cognosci potest quando effectus adaequant causae virtutem, quod de deo dici non potest, * et ideo subdit ° excelsior caelo est, et quid facies? profundior inferno, et unde cognosces? longior terra mensura eius et latior mari. ' haec sub metaphora dicuntur: non enim debet intelligi quod deus qui incorporeus est dimensionibus corporalibus distendatur, sed magnitudinem virtutis sub similitudine magnitudinis corporalis describit, quia quantumcumque quantitates corporeae videntur esse magnae vel altitudine vel profunditate vel longitudine vel latitudine, deficiunt tamen a magnitudine virtutis dei quae maiora facere posset, et ideo signanter deum omnipotentem prius nominavit. ex hoc ergo ostendit quod perfecte in creaturis inveniri non potest, quia dato quod omnes creaturae perfecte cognoscerentur, ex eis cognosci non posset virtus ei aequalis: quod ergo medium sumi potest ad cognoscendum virtutem dei secundum quod excedit omnem creaturam? et hoc significat * cum dicit ° quid facies? ' et ° unde cognosces? |150| ' non solum autem divina virtus excedit omnem creaturam in producendo sed etiam in conservando: non enim creaturae conservatio est nisi a deo, nec est aliqua virtus in creatura quae divinae voluntati resistere posset si ipsam creaturam ulterius conservare non vellet, * et ideo subdit ° si subverterit omnia, ' in nihilum redigendo, subtrahendo scilicet eis esse, ° vel in unum coartaverit, ' confusionem inducendo per subtractionem ordinis quo res distinguit, ° quis contradicet ei? ' idest quae virtus creaturae poterit esse contraria, contra eius voluntatem conservans vel se vel alia in esse? * sed ne aliquis dicat quod " licet nihil posset conservari in esse nisi per eum, tamen quasi ex debito res in esse conservat, ' ad hoc excludendum * subdit ° vel quis dicere ei potest: cur ita facis? ' quasi ab eo exigens rationem de debito praetermisso. ° ipse enim novit hominum vanitatem ' etc.. postquam ostendit sophar quod in divina sapientia est aliquid secretum quod homini incomprehensibile est, procedit ad aliud manifestandum quod prius supposuerat, scilicet quod deus pro peccato ab homine exigat poenam et, ad hoc quidem manifestandum, quod deus facta hominum cognoscat, unde dicit: recte dico quod exigeris a deo minora quam mereatur tua iniquitas, ° ipse enim novit hominum vanitatem, |175| ' idest hominum facta vana. vana autem dici consueverunt quae instabilia sunt eo quod debitis finibus non stabiliuntur: ex hoc igitur est vanitas hominis quod cor eius in veritate non figitur per quam solam potest stabiliri, et ex hoc quod a veritate recedit iniquitatem operatur, dum videlicet appetit illud quod apparet bonum loco eius quod est bonum, * unde subdit ° et videns, ' scilicet deus, ° iniquitatem, ' ex vanitate hominum prodeuntem, ° nonne considerat, ' scilicet ad puniendum? tunc enim iudex peccatum videns inconsiderate pertransire videtur quando dissimulat et poenam apponere non curat, quod de deo videtur non esse dicendum: cum igitur ipse videat hominum vanitatem, pro iniquitate exigit poenam. sicut autem ex vanitate contingit quod homo ad iniquitatem declinat, ita ex eadem vanitate provenit quod homo divino iudicio se subiectum esse non reputat, * et ideo subdit ° vir vanus in superbiam erigitur, ' ut scilicet suo superiori se subditum esse non credat, * et hoc est quod subdit ° et tamquam pullum onagri natum se liberum putat. ' onager asinus silvestris est, cuius pullus ab hominis dominio liber nascitur; pulli autem asinorum qui ab hominibus possidentur in servitute hominum nascuntur: homines |200| igitur qui se divino iudicio subiectos esse non putant reputant se quasi pullos onagri natos, licet videant alios homines eiusdem condicionis divino iudicio coerceri. hoc in suggillationem beati iob dicere videbatur, intelligens ex verbis eius quod quasi de pari cum deo vellet contendere quia dixerat ° auferat a me virgam suam et pavor eius non me terreat; loquar et non timebo eum, * et ideo subdit ° tu autem firmasti cor tuum, ' ut scilicet defenderes iniquitatem tuam. et tamen cum hac cordis obfirmatione,

° expandisti ad deum manus tuas ' orando, * supra scilicet cum dixit ° dicam deo: noli me condemnare; ' et ideo inutilis est oratio tua: utilis enim oratio est quando homo primo iniquitatem dimittit et postea a deo petit ut a puniendo cesset, * et hoc est quod subdit ° si iniquitatem quae est in manu tua abstuleris a te, ' ut scilicet desistas ab opere iniquo quod adhuc prae manibus habes, ° et non manserit in tabernaculo tuo iniustitia, ' ut scilicet quae iniuste accepta reposita habes restituas, vel ut tuos familiares corrigas pro quorum delictis interdum domini puniuntur propter negligentiam corrigendi, ° tum levare poteris, ' scilicet ad deum orando, ° faciem tuam absque macula, ' scilicet culpae. et sic cessabit condemnatio, primo quidem quantum ad futura, * unde |225| subdit ° et eris stabilis, ' ut scilicet ulterius per tribulationes non commovearis, ° et ' etiam ° non timebis ' futura pericula; et quia aliquando licet non timeat de futuro, homo tamen affligitur pro his quae amisit vel passus est, * subiungit ° miseriae quoque, ' scilicet quam hactenus passus es, ° oblivisceris, ' propter abundantiam bonorum supervenientium; et hoc exemplo confirmat cum subdit ° et quasi aquarum quae praeterierunt non recordaberis, ' quod dicit quia homo post tempestatem pluviae, cum serenitas advenit, pluviarum praecedentium obliviscitur, vel propter hoc quod aquae fluviorum citissime currunt, et earum postquam transeunt nulla remanet memoria. sed quia contra promissionem prosperitatis in hac vita iob supra duo opposuerat, scilicet devastationem proprii corporis cum dixit ° induta est caro mea putredine, ' et praeteritionem dierum vitae suae cum dixit ° dies mei velocius transierunt ' etc., ideo ad utramque obiectionem excludendam * subiungit ° et quasi meridianus fulgor consurget tibi ad vesperam, ' ac si dicat: licet tibi videatur quod dies tui pertransierint et vita tua sit in fine quasi ad vesperam, tamen tanta poterit tibi supervenire prosperitas quod quasi reducet te ad gaudium iuventutis tuae: sicut enim per vesperam intelligitur senectus, ita |250| per meridiem iuventus; fulgorem autem vocat claritatem terrenae prosperitatis. contra hoc vero quod dixerat de consumptione proprii corporis * subiungit ° et cum te consumptum putaveris, ' scilicet propter infirmitatem quam passus es, ° orieris ut lucifer, ' idest ad pristinum decorem revertetur corpus tuum. et quia iterum supra iob dixerat quod dies sui consumpti erant ° absque ulla spe, * subiungit ° et habebis fiduciam, proposita tibi spe. ' et quia iob supra improbaverat opinionem dicentium quod homo post mortem, transactis multis saeculis, iterum redit ad hunc modum vivendi, non huius rei spem dicit ei esse propositam sed secundum quod homo post mortem vivit in memoriis hominum. quod quidem ex duobus contingit: uno quidem modo ex tumulis in quibus corpora mortuorum conduntur ut conservetur memoria defunctorum, unde et monumenta dicuntur, * et quantum ad hoc dicit ° et defossus securus dormies, ' quasi nullus sepulcrum tuum violabit, nec etiam timendum erit quod aliquis attentet, * unde subdit ° requiesces et non erit qui exterreat; ' alio modo mortui vivunt in memoriis hominum propter bona quae fecerunt dum viverent, ex quibus eorum vita desideraretur, * et quantum ad hoc subdit ° et deprecabuntur faciem tuam plurimi, ' idest plurimi exoptabunt |275| praesentiam tuam vel reverentiam exhibebunt tumulo tuo, memorantes beneficia tua. et quia haec promiserat si iob ab iniquitate vellet discedere, ostendit consequenter quod iniquis ista non dantur, * et ideo subdit ° oculi autem impiorum deficient, ' quia videlicet bona quae exoptant non obtinebunt: tunc enim oculi alicuius deficere dicuntur quando aspicit ad aliquod apprehendendum ad quod attingere non valet. et sicut bona desiderata non adipiscuntur, ita etiam mala quae patiuntur vel timent vitare non possunt, * unde sequitur ° et effugium peribit ab eis, ' quia scilicet non poterunt fugere mala. post mortem autem non erunt in veneratione vel desiderio sed in abominatione propter mala quae fecerunt, * et hoc est quod subditur ° et spes eorum abominatio animae, ' idest illud quod de eis potest sperari post mortem est quod sint in abominatione.

cp12 ° Respondens autem iob dixit ' etc.. sophar in verbis praecedentibus conatus fuerat ostendere quod secreta sapientiae dei homo comprehendere non potest, ad suggillandum iob qui quasi cum deo disputationem requirere videbatur. et sicut ex verbis eius et aliorum amicorum perpendi potest, circa tria tota eorum versabatur intentio: primo enim studebant ad dicendum aliqua magnifica de deo, extollentes eius sapientiam et potentiam et iustitiam, ut ex hoc eorum causa favorabilior appareret; secundo huiusmodi magnifica de deo assumpta ad falsa quaedam dogmata applicabant, utpote quod propter iustitiam homines prosperarentur in hoc mundo et propter peccata tribularentur, et quod post hanc vitam non esset aliquid expectandum; tertio ex huiusmodi assertionibus, propter adversitatem quam patiebatur iob, arguebant eum quasi iniquum et promittebant ei quaedam inania si iniquitatem desereret, utpote quod ° defossus securus ' dormiret et quod ad vesperam oriretur ei fulgor meridianus, quae iob quasi irrisiones reputabat: et circa haec tota iob responsio versatur. primo ergo contra eos loquitur de hoc quod se extollebant, quaedam magnalia de deo proponentes ac si soli ipsi ea scirent et iob ea ignoraret, |25| * et ideo dicitur ° respondens autem iob dixit: ergo vos soli estis homines? ' quod sequitur si vos haec solos scire reputatis de magnitudine dei quae omnes homines cognoscunt; et cum in cognitione magnitudinis dei consistat sapientia, sequitur quod, si haec soli vos nostis, quod in vobis solum sit sapientia, et ita cessantibus vobis sapientia cessat, * et ideo subdit ° et vobiscum morietur sapientia? ' quasi dicat: inconveniens est vel quod vos soli sitis homines vel quod vos soli sitis sapientes. sed quia possent dicere non soli nos scimus sed tamen tu nescis, respondet subdens ° et mihi est cor, ' scilicet ad haec scienda, ° sicut et vobis, nec inferior vestri sum, ' quantum scilicet ad hanc cognitionem. et ne hoc arrogantiae posset ascribi, * subiungit ° quis enim haec quae nostis ignorat? ' quasi dicat: non est magnum si dico me scire ea quae scitis quia non est magnum ea scire, cum quilibet ea sciat; sed in hoc quod me haec ignorare reputatis, me contemptui habere videmini quasi ignorem ea quae omnes sciunt, * unde subdit ° qui deridetur ab amico suo sicut ego, ' a vobis scilicet dum me insipientem reputatis, ° invocabit deum, et exaudiet eum, ' quia ubi deest auxilium humanum ibi maxime adest auxilium divinum, * secundum illud psalmi ° quoniam pater meus et mater |50| mea dereliquerunt me, dominus autem assumpsit me; ' et in hoc videtur quasi respondere ei quod supra dixerat sophar ° tunc levare poteris faciem tuam, ' ac si dicat: non oportet me amplius expectare ad fiducialiter orandum, quia ex hoc ipso quod ab amicis derideor datur mihi spes recurrendi ad deum. quare autem irrisus ab amico a deo exaudiatur, ostendit * subdens ° deridetur enim iusti simplicitas, ' ubi ostendit et qui sunt qui derideantur et quare, et etiam a quibus, * cum subdit ° lampas contempta apud cogitationes divitum. ' derideri enim deficientis est, deridere autem superabundantis; qui autem in virtutibus superabundant eos qui in virtutibus deficiunt non irrident, sed magis compatiuntur et iuvant si possunt, sed illi qui in temporalibus abundant maxime solent irridere eos qui in temporalibus deficiunt, et praecipue quando studium non adhibent ad temporalia conquirenda; studium autem iustorum non est ad temporalia conquirenda sed ad rectitudinem sectandam, unde a fraudibus et dolis abstinent quibus plerumque divitiae acquiruntur, et ex hoc simplices reputantur: ergo ut plurimum deridentur iusti. causa autem irrisionis est simplicitas, sed non sic irridetur quasi malum manifestum sed |75| quasi bonum occultum, et ideo hic simplicitas vocatur ° lampas ' propter claritatem iustitiae, sed ° contempta apud cogitationes divitum, ' scilicet qui finem suum in divitiis ponunt - qui enim summum bonum in divitiis ponit, oportet quod cogitet quod intantum sunt aliqua magis bona inquantum magis prosunt ad divitias conquirendas -, unde oportet quod eis sit contemptibilis iustorum simplicitas per quam divitiarum multiplicitas impeditur. sed licet ipsa simplicitas iustorum in cogitationibus divitum contemnatur, tamen suo tempore a fine debito non fraudatur, unde dicit ° parata ad tempus statutum; ' non autem dicit hoc quasi in aliquo tempore praesentis vitae iustis pro sua simplicitate aliqua terrena prosperitas sit reddenda, sed indeterminatum relinquit quod sit istud tempus statutum et ad quem finem iustorum simplicitas praeparetur: nondum enim ad hoc disputatio pervenit sed in sequentibus ostendetur. sic igitur iob occulte insinuat quare ab amicis irrideretur, quos divites vocat, quia prosperitatem huius mundi finem hominis ponebant quasi praemium iustitiae hominis; ipse autem sua simplicitate non hoc praemium quaerebat sed aliud in tempore statuto, et ideo fiduciam habebat ut si invocaret dominum ab eo exaudiretur. |100| et quia divites iusti simplicitatem irridentes non in hoc sistunt sed usque ad contemptum dei procedunt, * unde subditur ° abundant tabernacula praedonum: ' consequens enim est quod, ex quo aliqui finem suum in divitiis ponunt, quod omnes vias exquirant ad hunc finem ultimum consequendum vel fraudando vel quocumque alio modo, et sic efficiuntur praedones et dum praedantur divitiis abundant; ex hac autem abundantia sequitur contemptus dei, * unde subditur ° et audacter provocant deum. ' tunc enim aliquis aliquid audacter facit quando credit hoc esse bonum quod facit: cum enim conscientia remordet de malo, non sine timore homo perpetrat malum quia, * ut dicitur sap. xvii 10, ° cum sit timida nequitia data est in omnium condemnationem; ' qui autem finem ultimum in divitiis ponunt, ex hoc ipso aestimant bona omnia esse per quae hunc finem consequuntur; manifestum est autem quod cum divitias acquirunt praedando, provocant deum contra eius iustitiam facientes: unde consequens est quod audacter provocent deum. vel aliter: ex divitiis homo in superbiam erigitur reputans se per eas sibi sufficere, et ex hoc contemnit deum audacter in divitiis suis confidens, * secundum illud deut. xxxii 15 ° incrassatus est dilectus et recalcitravit. |125| ' sed quia dixerat abundare praedonum tabernacula qui provocant deum, ne forte responderetur quod talis abundantia non est a deo, subiungit ° cum ipse dederit omnia in manibus eorum, ' idest in potestate eorum, quia potestas nocendi alicui non est nisi a deo, voluntas autem malefaciendi non est nisi a se ipso, et ideo in hoc quod praedantur deum provocant, sed abundantia consequens est eis a deo. et hoc consequenter probat cum subdit ° nimirum interroga iumenta et docebunt te, et volatilia caeli et indicabunt tibi; loquere terrae et respondebit tibi, et narrabunt pisces maris; ' quid autem omnia ista interrogata respondeant, ostendit subdens ° quis ignorat quod omnia haec manus domini fecerit? ' hoc ergo est quod omnia confitentur se a deo esse facta; tunc autem homo creaturas interrogat quando eas diligenter considerat, sed interrogatae respondent dum per considerationem ipsarum homo percipit quod tanta ordinatio quae invenitur in dispositione partium, in ordine actionum, nullo modo posset esse nisi ab aliqua superiori sapientia dispensante. si autem huiusmodi creaturae a deo factae sunt, manifestum est quod in dei potestate sunt sicut artificiata in potestate artificis, et ideo subdit ° in cuius manu, ' idest potestate, ° est anima omnis viventis, ' et |150| non solum aliorum animalium sed ° et spiritus universae carnis hominis; ' si autem in potestate eius sunt, manifestum est quod nullus illas habere potest nisi ab ipso, * secundum illud dan. iv 14 ° dominatur excelsus in regno hominum, et cuicumque voluerit dabit illud. ' manifestum est igitur quod et terram et animalia de quibus supra dixerat, in quibus humanae divitiae consistunt, nullus homo habere potest nisi deus in manu eius dederit: et sic si praedones abundant, deus dedit in manibus eorum; per hoc ergo confutatur illorum opinio qui ponebant divitias a deo dari pro merito iustitiae, cum etiam praedonibus a deo dentur. ° nonne auris verba diiudicat ' etc.. quia superius posuerat iob ea quae sophar de excellentia divinae magnitudinis dixerat esse omnibus manifesta, intendit hic ostendere quod hoc ad notitiam hominum pervenire potest per experimentum divinae potentiae et sapientiae in rebus humanis. unde primo manifestat quomodo homines per experimentum in rerum cognitionem deveniant, * dicens ° nonne auris verba diiudicat, ' scilicet dum ea audit? ° et fauces comedentis saporem ' nonne diiudicant? quia experimentum a sensu est, convenienter per iudicium sensuum virtutem experimenti manifestat, et praecipue per |175| auditum et gustum, quia auditus inter omnes sensus est disciplinabilior, unde plurimum ad scientias contemplativas valet; gustus autem est perceptivus ciborum qui homini sunt necessarii ad vitam, unde per iudicium gustus experimentum significat quod de rebus activae vitae habetur. et propter hoc ex iudicio duorum sensuum ostendit virtutem experimenti tam in speculativis quam in operativis, * cum subdit ° in antiquis est sapientia, ' quae ad contemplationem pertinet, quia scilicet antiqui multa audierunt; ° et in multo tempore prudentia, ' quae ad actionem pertinet, quia scilicet in multo tempore homines multa degustant, utilia vel nociva. sic igitur manifestata experimenti virtute, subiungit quid homines de deo experiri possunt cum dicit ° apud ipsum est sapientia et fortitudo, ipse habet consilium et intelligentiam. ' ubi quatuor deo attribuit quae se per ordinem habent: nam primum quidem est occulta cognoscere, quod ad intelligentiam pertinet; secundum autem est, ex his quae homo intelligit, invenire in activis quidem vias accommodas ad aliquem finem, quod ad consilium pertinet, sicut et in speculativis, per ea quae homo intelligit, rationes deducit ad aliquas conclusiones cognoscendas; tertium autem est ut de his quae homo adinvenit |200| rectum iudicium habeat, quod ad sapientiam pertinet; quartum autem est ut ea quae aliquis iudicat esse facienda potenter exequatur, et ad hoc pertinet fortitudo. quia vero experimentum procedit a sensibilibus, quae licet sint priora secundum nos sunt tamen simpliciter et secundum naturam posteriora, ideo incipit ostendere quomodo homines experiri possunt fortitudinem divinam, et primo quidem in ipsis rebus humanis. videmus enim quod aliqui homines totaliter destruuntur, vel per mortem quantum ad esse naturae vel per omnimodam abiectionem quantum ad esse civile cum tamen habeant multos manutentores; unde cum adiuvari per homines non possunt ne ad destructionem perveniant, manifestum est quod ab aliqua occulta causa et divina et excellente humanam virtutem hoc contingit, cum ei virtus humana resistere non possit, * et hoc est quod dicit ° si destruxerit nemo est qui reaedificet. ' item videmus aliquos homines in suis processibus impediri, etsi non totaliter destruantur, licet habeant plurimos directores; unde manifestum est quod hoc etiam ab aliqua excellentiori virtute fit, * unde subditur ° et si incluserit hominem, ' involvendo eum diversis difficultatibus, ° nullus est qui aperiat, ' idest qui |225| expedire possit, * unde eccl. vii 14 dicitur ° nemo potest corrigere eum quem deus despexerit. ' deinde ostendit quomodo possint homines experiri divinam potentiam in rebus naturalibus, praecipue quantum ad pluvias et siccitates, unde dicit ° si continuerit aquas, ' ne scilicet pluendo cadant, ° omnia siccabuntur, ' scilicet quae ex terra germinant, ° et si emiserit eas, ' in magna abundantia, ° subvertent terram, ' sicut in diluviis accidit. et licet hoc ex aliquibus causis naturalibus proveniat quod aliquando pluviae cessent usque ad omnimodam siccitatem, aliquando autem abundent usque ad terrae subversionem, non tamen hoc a divina potentia subtrahitur quae etiam ipsas naturales causas ad proprios ordinavit effectus: sic igitur quasi ex praemissis concludens, * subdit ° apud ipsum est fortitudo. ‘ deinde incipiens progredi ad secundum membrum, * adiungit ° et sapientia, ‘ quasi proponens quod manifestare intendit. est autem proprium sapientiae ut per eam rectum iudicium habeatur de rebus; ille autem recte iudicat de rerum veritate qui potest discernere quomodo aliquis decipiatur a veritate declinans: et ideo ad ostendendum quod in deo sit sapientia, * subdit ° ipse novit decipientem et eum qui decipitur, ‘ idest discernit recto iudicio deceptiones, quibus aliquis praetermittit veritatem, a recta veritatis cognitione. et hoc quidem supponit ab eo quod communiter ipse et amici conveniunt in hoc quod res humanae divino iudicio subduntur, de quibus iudicare non posset nisi peccata cognosceret, inter quae magnum locum obtinent deceptiones et fraudes. deinde ostendit per ea quae in rebus humanis apparent quod apud deum sit consilium. circa quod tamen considerandum est quod sicut deus scit et principia speculativarum scientiarum et conclusiones et ordinem eorum ad invicem, non tamen per principia conclusionum cognitionem accipit sed omnia primo et simplici aspectu cognoscit, ita et in operativis et fines et ea quae sunt ad finem novit et quae viae ad fines aliquos consequendos expediant, non tamen vias ex finibus inquirit sicut nos dum consiliamur; sicut igitur in deo dicitur esse ratio inquantum cognoscit ordinem principiorum ad sequentia, non tamen ei convenit investigare aliquid per modum rationis ut ratio facit, ita apud ipsum dicitur esse consilium non per modum inquisitionis sed per modum simplicis et absolutae cognitionis. profunditas autem alicuius in consiliis ex duobus perpendi potest: primo quidem quando subtilitate sui consilii adversarios, etiam si exercitati in consiliis videantur, ad hoc deducit eos quod necesse sit eis, deficientibus omnibus viis eorum, ad finem inconvenientem pervenire; * et quantum ad hoc dicit ° adducit consiliarios in stultum finem, ‘ impediendo scilicet profunditate sui consilii vias quas adinveniunt ad finem huiusmodi evitandum. secundo autem ostenditur profunditas alicuius in consiliis quando adversarios ad hoc deducere potest subtilitate sui consilii ut ignorent quid eos oporteat agere; * et quantum ad hoc subdit ° et iudices in stuporem: ‘ dicit autem iudices sapientes qui de agendis rectum iudicium consueverunt habere. sicut etiam et in disputationibus speculativis accidit quod aliquis efficax disputator habetur, qui adversarium ad inconveniens ducere potest vel propositum taliter firmare quod in contrarium nihil dici possit, sic autem et deus contra suos adversarios facit, quia et per vias quas ipsi eligunt eos ad perditionem ducit et suam veritatem et opera sic firmat ut ab adversariis commoveri non possint. et quia hoc generaliter dixerat, consequenter per specialia exempla manifestat, ostendens quomodo omnia quae in rebus humanis excellere videntur profunditate divini consilii ° in stultum finem ‘ et ° in stuporem ‘ adducuntur. in rebus autem humanis excellunt reges secundum potentiam, et quantum ad hos dicit ° balteum, ‘ idest cingulum militare, ° regum dissolvit: ‘ in cingulo enim eorum potentia designatur, * secundum illud psalmi ° accingere gladio tuo super femur tuum, potentissime; et praecingit fune renes eorum, ‘ dum in captivitatem trahuntur, in quo maximus defectus potentiae denotatur. sacerdotes autem excellunt quantum ad reverentiam in qua habentur, * de quibus subdit ° ducit sacerdotes inglorios. ‘ primarii autem et consiliarii civitatis aut regni excellere videntur secundum prudentiam in consiliis, * et de his subdit ° et optimates supplantat, ‘ idest decipit. philosophi autem excellunt in consideratione veritatis, * et de his dicit ° commutans labium veracium, ‘ idest eorum qui ad veritatem loquendam student: aliquando enim deus obnubilat eorum mentem per subtractionem suae gratiae, ut veritatem invenire non possint et per consequens nec loqui, * secundum illud rom. i 22 ° dicentes se esse sapientes stulti facti sunt. ‘ excellunt etiam senes in directione iuvenum, * et de his subdit ° et doctrinam senum auferens, ‘ vel quia senes infatuantur, vel quia totaliter de medio subtrahuntur, * secundum illud is. iii 1 ° auferet dominus a ierusalem iudicem et prophetam et ariolum et senem. ‘ excellunt autem principes in auctoritate quam habent aliis praecipiendi, * et de his subdit ° effundit despectionem super principes, ‘ ut scilicet despiciantur ab his qui eis oboedire debebant. haec igitur omnia pertinere videntur * ad hoc quod dixerat ° adducit consiliarios in stultum finem; ‘ sed quod aliquando aliqui ex infimo statu provehantur ad summum, pertinere videtur * ad hoc quod dixerat ° et iudices in stuporem, * et quantum ad hoc subdit ° et eos qui oppressi fuerant relevat, ‘ ut hoc referatur ad impotentes potentia maiorum oppressos, qui oppressoribus deiectis interdum ad statum potentiae elevantur. quantum vero ad eos qui nullius sunt gloriae sed in infimo statu latent, * subdit ° qui revelat profunda de tenebris, ‘ idest homines in infimo statu positos, et propter hoc ignotos quasi in tenebris existentes, in gloriam adducit, eos aliis revelando. quantum vero ad eos qui ignorantes reputantur et stulti, * subdit ° et producit in lucem umbram mortis: ‘ umbra enim mortis ignorantia esse videtur vel stultitia, cum per cognitionem maxime viventia a non viventibus distinguantur; ° producit ‘ ergo ° in lucem umbram mortis ‘ quando vel ignorantibus sapientiam tribuit vel eos qui sapientes erant sapientes esse demonstrat quorum sapientia erat prius ignota. * ut sic quod dictum est ° eos qui oppressi fuerant relevat, ‘ dicatur quasi in oppositum eius quod dixerat ° balteum regum dissolvit; * quod vero subditur ° qui revelat profunda de tenebris, ‘ contra id quod dixerat ° ducit sacerdotes inglorios; * quod vero subditur ° et producit in lucem umbram mortis, ‘ contra omnia quae sequuntur. sicut autem huiusmodi alternationem sublimitatis et deiectionis circa singulares personas a deo fieri dixerat, hoc idem et circa totam gentem ostendit * subdens ° qui multiplicat gentes, ‘ ut scilicet numerositate hominum crescant, ° et perdit eas, ‘ idest destruit aut bellis aut pestilentiis, ° et subversas, ‘ vel ex his casibus, vel ex oppressione alicuius vel aliquorum qui inique praesident, ° in integrum restituit, ‘ idest ad bonum statum reducit. ostenso igitur quod in deo sit fortitudo, sapientia et consilium, ultimo ostendit quod in eo sit intelligentia, quam diximus pertinere ad cognitionem occultorum, quae maxime videntur esse ea quae in corde latent: haec autem deum cognoscere ostendit per hoc quod in cordibus hominum operatur, et sic occulta cordium quasi suos effectus cognoscit. * dicit ergo ° qui immutat cor principum populi terrae, ‘ quantum scilicet ad voluntatem, * unde et prov. xxi 1 dicitur ° cor regis in manu domini, quocumque voluerit inclinabit illud; ‘ et licet omnium hominum voluntates deus inclinet, tamen specialis mentio fit de regibus et principibus quia eorum voluntates maius pondus habent, utpote quorum voluntatem multi sequuntur. quantum vero ad intellectum * subiungit ° et decipit eos, ‘ quod quidem dicitur non quod in falsitatem eos inducat, sed quia lumen suum eis subtrahit ne veritatem cognoscant, et eorum rationem obnubilat ne ad mala quae proponunt consequenda vias idoneas invenire possint, * unde sequitur ° ut frustra incedant per invium, ‘ idest ut procedant per vias non convenientes quibus ad finem suum pervenire non possint. contingit autem aliquem errare in agendis dupliciter: uno modo per ignorantiam, * et quantum ad hoc dicit ° palpabunt in tenebris et non in luce, ‘ ut per tenebras ignorantia, per lucem cognitio designetur; palpant autem aliqui per ignorantiam ad modum caecorum dum non considerant nisi quae praesentialiter quasi tangendo sentiunt; alio modo errant aliqui in agendis propter passiones, quibus eorum ratio ligatur circa particularia ut ne universalem cognitionem applicet ad agenda, * et quantum ad hoc subdit ° et errare eos faciet quasi ebrios: ‘ sic enim passione ligatur ratio quasi quadam ebrietate.

cp13 ° Ecce haec omnia vidit oculus meus. ‘ postquam ostenderat iob quod per experimentum cognosci poterat divinae virtutis excellentia, * quasi concludens subdit ° ecce haec omnia vidit oculus meus et audivit auris mea, ‘ quasi dicat: effectus praedictos, quibus divina fortitudo et sapientia ostenditur, partim visu partim auditu cognovi; nec in his sensibilibus effectibus mea cognitio requievit, sed ex eis ad intelligentiam veritatis ascendi, * unde subdit ° et intellexi singula, ‘ quid scilicet singuli effectus demonstrarent circa deum vel eius sapientiam vel intelligentiam vel consilium vel fortitudinem. unde eorum iactantiam excludens, qua magnifica de deo proponendo se iob praeferre videbantur, * subdit ° secundum scientiam vestram et ego novi, ‘ ea scilicet quae ad dei magnificentiam pertinent, ° nec inferior vestri sum, ‘ quasi vel minus vel imperfectius ea cognoscens vel a vobis modo addiscens. sed quia sophar excellentiam divinam proposuerat ad arguendum iob de eo quod cum deo disputare molitetur, * subiungit ° sed tamen ad omnipotentem loquar, ‘ quasi dicat: quamvis intelligam ex diversis eius effectibus excellentiam divinae sapientiae et virtutis non minus quam vos, tamen per hoc rationabiliter a meo proposito non mutor quin deum alloqui velim, motus cordis mei aperiendo ei qui est cordium scrutator et iudex, et ab eo qui totius veritatis est doctor veritatem exquirendo; * unde subdit ° et disputare cum deo cupio, ‘ non quidem ut eius iudicia improbare velim sed ut vestros errores destruam, quibus suppositis sequeretur quod esset iniustitia apud deum, * unde subdit ° prius vos ostendens fabricatores mendacii, ‘ quia hoc mendacium adinvenerant quod iob iniquam vitam duxisset. in hoc autem mendacium devenerant propter hoc quod circa fidem qua deus colitur errabant, credentes quod in hac vita tantum fieret meritorum ac poenarum retributio, * et ideo subdit ° et cultores perversorum dogmatum: ‘ quicumque enim a vera dei cognitione declinat, non deum sed sua falsa dogmata colit. non autem sic intelligendum est * quod dicit ° prius vos ostendens, ‘ quasi prius in ordine sequentis doctrinae destructurus sit prava eorum dogmata et postmodum cum deo disputaturus, sed quia dum cum deo disputare intendit, hoc primum est in intentione sua ut eorum dogmata destruat. contingit autem quandoque ut aliqui aliqua probabilia licet falsa proponant, sed dum ea verisimiliter defendere nesciunt aut probare, in loquendo suam insipientiam manifestant, quod amicis iob contingebat, * et ideo subdit ° atque utinam taceretis ut putaremini esse sapientes. ‘ quia hoc ipsum quod vestra falsa dogmata inconvenienter defenditis et probatis vos insipientes esse demonstrat. quia ergo falsa dogmata proponitis et ad eorum manifestationem inconvenientia media assumitis, ideo correctione indigetis, et hoc est quod concludit * subdens ° audite ergo correctionem meam, ‘ qua vestrum processum corrigam, ° et iudicium labiorum meorum attendite, ‘ quo vestra falsa dogmata condemnabo. primo autem intendit corrigere eorum inconvenientem processum. quia enim ponebant bonorum et malorum operum praemia et poenas in hac vita retribui, ad iustitiam dei defendendam oportebat quod quaedam mendacia assumerent: cum enim manifestum sit quosdam innocentes et iustos in hac vita adversitatibus premi, necesse erat eis iustis imponere crimina ad dei iustitiam defendendam, et sic iob quem afflictum videbant impietatis arguebant; non autem convenienti medio utitur qui veritatem per mendacia defendit, * et ideo dicit ° numquid deus indiget mendacio vestro? ‘ quasi dicat: numquid necessarium est quod ad defendendum divinam iustitiam mendacia assumantur? quod enim non potest nisi per mendacia defendi impossibile est esse verum. cum autem aliquis contra manifestam veritatem mentiri nititur, cogitur aliquas dolosas et fraudulentas vias adinvenire ut mendacium aliqua fraude coloret; sic et isti cum contra iustitiam iob quae omnibus manifesta erat mentiri conarentur, quibusdam dolis utebantur, ostendendo scilicet fragilitatem humanam quae facile labitur in peccatum et comparando eam ad divinam excellentiam, ut sic probabilius reputaretur iob iniquum fuisse quam deum esse iniustum, * et ideo subiungit ° ut pro illo loquamini dolos? ‘ quia quasi pro deo dolos loquebantur, dum dolose impietatem iob conabantur imponere ut deum esse iustum defenderent. possent autem dicere se non dolose contra iob aliquid dicere, sed hoc tantum dicere quod putabant. ostendit ergo iob quod si hoc verum esset, a dolositate excusati in aliud vitium labebantur, scilicet in acceptionem personarum, quae iustitiam iudicantis excludit. est enim personarum acceptio si aliquis iustitiam alicuius quae apparet contemnit aut negat propter magnitudinem alterius, licet iustitiam eius non cognoscat; si igitur amici iob eum esse iniquum iudicabant, videntes in eo iustitiam manifestam, ac sola divinae magnitudinis consideratione licet intelligere non possent secundum sua dogmata qualiter iob iuste puniretur a deo, in suo iudicio quo iob condemnabant quasi dei personam accipere videbantur. * et ideo subdit ° numquid faciem eius accipitis et pro deo iudicare nitimini? ‘ quod signanter dicit quia ille pro aliquo iudicare nititur, qui eius iustitiam non cognoscit et tamen conatur qualescumque vias adinvenire ad hoc quod eius causam iustam esse ostendat. contingit autem quandoque quod aliquis alicuius causam fraudulenter defendens, ei placeat etiam si sit iustus, quod potest esse dupliciter: uno modo quia ignorat suam causam esse iniustam, unde placet ei quod ab aliquo defendatur, et hoc a deo excludit * dicens ° aut placebit ei, ‘ scilicet deo, quod pro eo iniuste iudicare nitimini cum hoc ei non possit esse ignotum, * propter quod subdit ° quem celare nihil potest? ‘ alio modo quando ille cuius causa per fraudem defenditur fraudibus defendentis decipitur ut eius defensionem reputet esse iustam, et hoc etiam a deo excludit * subdens ° aut decipietur ut homo vestris fraudulentiis? ‘ sic igitur manifestum est quod divina bonitas et iustitia mendacio non indiget ad sui defensionem quia veritas sine mendacio defendi potest: ex quo etiam patet quod, si positis eorum dogmatibus hoc inconveniens sequitur quod iustitia dei mendacio indigeat ad sui defensionem, manifestum fit dogmata proposita esse falsa. sed ulterius considerandum est quod ille qui ad ostendendam dei iustitiam vel bonitatem mendacio utitur non solum rem agit qua deus non indiget, sed etiam hoc ipso contra deum vadit: cum enim deus veritas sit, omne autem mendacium veritati contrarietur, quicumque mendacio utitur ad dei magnificentiam ostendendam hoc ipso contra deum agit. * et hoc manifeste patet per apostolum cor., ubi dicit ° invenimur autem et falsi testes dei, quoniam testimonium diximus adversus deum quod suscitaverit christum, quem non suscitavit si mortui non resurgunt; ‘ dicere ergo quod deus mortuum suscitavit, si verum non sit, contra deum est quamvis videatur divinae virtutis ostensivum, quia est contra dei veritatem. sic igitur qui ad deum defendendum mendacium assumunt non solum praemium non accipiunt quasi ei placentes, sed etiam poenam merentur quasi contra deum agentes, * et ideo subdit ° ipse vos arguet quoniam in abscondito faciem eius accipitis; ‘ et dicit ° in abscondito ‘ quia licet viderentur exterius causam dei agere quasi dei iustitiam cognoscentes, tamen in conscientiis eorum hoc erat quod nesciebant qua iustitia iob punitus esset, et sic quantum ad cordis eorum absconditum faciem dei accipiebant dum eius iustitiam falso defendere nitebantur. quomodo autem eos arguet, ostendit * subdens ° statim ut se commoverit, turbabit vos, ‘ quasi dicat: vos quia modo adversitatem non patimini tranquilla mente de dei iustitia disputatis, sed si super vos veniat tribulatio - quam commotionem dei nominat eo modo loquendi quo punitio in scriptura ira dei nominatur - mens vestra conturbabitur, et praecipue cum in veritate solidata non sit. et quia non alia bona vel mala reputabant nisi haec temporalia, dum a peccatis cavebant ne mala eis supervenirent, propter solum timorem praesentium malorum deo servire velle videbantur, * et ideo subdit ° et terror eius irruet super vos, ‘ quasi dicat: illud propter quod tantum deum timetis vobis superveniet, scilicet adversitas praesens, * secundum illud quod dicitur prov. x 24 ° quod timet impius veniet super eum. ‘ et quia ipsi vane iob promiserant quod etiam post mortem in memoria hominum remaneret, ipse contrarium eis promittit quasi eos irridens, * dicens ° memoria vestra comparabitur cineri: ‘ sicut enim cinis post consumptionem lignorum ad modicum durat, ita fama hominis post mortem cito pertransit, unde expectare famam post mortem vanum videtur. promiserant etiam ei immunitatem et reverentiam quandam habendam ad eius sepulcrum post mortem, sed hoc etiam pro nihilo ducens contrarium eis promittit * dicens ° et redigentur in lutum cervices vestrae, ‘ per cervices eorum potentiam et dignitatem designans, quas dicit esse redigendas ° in lutum, ‘ idest in rem contemptibilem et infirmam. ° tacete paulisper ut loquar ‘ etc.. postquam iob correxerat amicorum processum qui mendaciis divinam iustitiam defendere nitebantur, nunc procedit ad eorum falsa dogmata destruenda sub figura divinae disputationis, et primo petit audientiam quasi grandia dicturus, * dicens ° tacete paulisper ut loquar quaecumque mihi mens suggesserit; ‘ hoc addit ne forte dicerent: tu inania loqueris et ideo non es audiendus, sed paulisper audire quicquid aliquis loquatur non est durum; vel hoc addit ad designandum quod non componendo mendacia vel adinveniendo dolos locuturus sit sed illud quod habet in mente. duo autem imposuerant iob eius amici, scilicet impatientiam et iactantiam, quorum utrumque a se excludit ne videatur in sequenti disputatione vel ex ira vel ex superbia locuturus. considerandum est autem quod impatientia contingit ex tristitiae superabundantia non moderatae per rationem, superabundans autem tristitia desperationem inducit; ex desperatione autem contingit quod homo salutem et corporis et animae parvipendit: ut ergo a se impatientiam excludat, * dicit ° quare lacero carnes meas dentibus meis? ‘ quasi dicat: nulla est ratio quare de corporis salute desperem per impatientiam ad modum eorum qui, desperantes de corporali vita, fame oppressi carnes suas comedunt; ° et ‘ iterum quare ° animam meam porto in manibus meis? ‘ idest nulla est ratio quare salutem animae meae parvipendam: illud enim quod in manibus portatur de facili amittitur, unde videtur quod eius amissio non multum timeatur: quae enim aliquis amittere timet diligenter abscondit. et rationem quare nec per impatientiam carnem lacerare debeat nec animam in manibus portare, subdit * dicens ° etiam si occiderit me in ipso sperabo, ‘ quasi dicat: non credatis quod propter mala temporalia quae patior de deo sperare cessaverim; si enim spes mea esset de deo propter bona temporalia tantum, cogerer desperare - * sicut supra dixit ° desperavi -, ‘ sed quia spes mea de deo est propter bona spiritualia quae manent post mortem, etiam si me usque ad occisionem afflixerit spes quam de ipso habeo non cessabit. sed quia inordinata spes in praesumptionem degenerat, * propter hoc subdit ° verum tamen vias meas in conspectu eius arguam, ‘ quasi dicat: non sic spero in ipso quasi ab ipso liberandus etiam si in peccatis perseveravero, sed quia me liberabit si peccata mea reprehendero, * et hoc est quod subditur ° et ipse erit salvator meus, ‘ si scilicet peccata mea mihi displicuerint. quare autem salvet eos qui in conspectu eius vias suas arguunt, ostendit * subdens ° non enim veniet in conspectu eius omnis hypocrita, ‘ idest simulator qui cum sit iniquus se tamen iustum profitetur et vias suas non arguit coram deo: unde ° non veniet in conspectu eius ‘ ut deum videat in quo ultima salus hominis consistit, sicut infra magis exponet, veniet tamen in conspectu eius quasi ab eo iudicandus. sic igitur non solum impatientiam a se exclusit sed etiam praesumptionem innocentiae, dum profitetur quod vias suas arguit coram deo, ut sic omnis amicorum calumnia cesset. deinde ingressurus disputationem, primo reddit auditores attentos dupliciter: uno quidem modo per occultationem dicendorum - cum enim ea quae dicenda sunt difficilia profitemur, auditores attentiores redduntur -, * unde dicit ° audite sermonem meum et aenigmata percipite auribus vestris: ‘ aenigma dicitur sermo obscurus qui aliud praetendit in superficie et aliud interius significat; alio vero modo ex certitudine veritatis eorum quae dicenda sunt, * unde subdit ° si fuero iudicatus, scio quod iustus inveniar, ‘ quod quidem non dicit de iustitia vitae, cum supra dixerit ° vias meas in conspectu eius arguam, ‘ sed de veritate doctrinae de qua quasi in iudicio contendebatur; ille autem in iudicio invenitur iustus pro quo sententia fertur: unde cum aliquis disputando verum dicere demonstratur, quasi in iudicio iustus invenitur. postquam ergo auditores reddidit attentos, modum disputationis suae determinat: vult enim disputare quasi cum alio contendens, * et hoc est quod subdit ° quis est qui iudicetur mecum, ‘ idest cum quo de veritate disputem? ° veniat, ‘ idest ad disputandum accedat. causam autem quare de veritate disputare intendit, * subdit dicens ° quare tacens consumor? ‘ homo enim per decursum praesentis vitae paulatim consumitur, et praecipue cum est infirmitati subiectus sicut erat iob; tacens autem consumitur qui sic praesentem vitam decurrit quod tamen suae sapientiae per doctrinam nullum vestigium relinquit: ne ergo iob hoc pateretur, disposuit non tacere de veritate ut consumptus corpore post mortem viveret in sua doctrina. vel potest hoc ad aliam intentionem referri: cum enim aliquis dolorem quem in corde patitur exterius exprimit, quodammodo eius animus mitigatur, sed tacendo interius magis a dolore angustatur et quodammodo sua taciturnitate consumitur. quia ergo condisputatorem petierat * dicens ° quis est qui iudicetur mecum? * et supra dixerat ° disputare cum deo cupio, ‘ ex nunc loquitur quasi deum habens praesentem et cum eo disputans. videbatur autem disputatio hominis ad deum esse indebita propter excellentiam qua deus hominem excellit; sed considerandum est quod veritas ex diversitate personarum non variatur, unde cum aliquis veritatem loquitur vinci non potest cum quocumque disputet; certus autem erat iob quod veritatem loquebatur sibi a deo per donum fidei et sapientiae inspiratam, unde de veritate non diffidens petebat se divina fortitudine non premi, neque per mala praesentialiter illata neque per timorem inferendorum, * et hoc est quod dicit ° duo tantum ne facias mihi, et tunc a facie tua non abscondar, ‘ quasi non timebo tecum disputare: timentes enim se abscondere solent a facie eorum quos timent. quae autem sint ista duo ostendit * subdens ° manum tuam longe fac a me, ‘ idest non me percutias per flagella praesentia; ° et fortitudo tua non me terreat, ‘ quantum ad flagella futura: his enim duobus modis potest impediri homo ne etiam veritatem quam certissime novit disputando defendere possit, dum vel molestatur in corpore vel sollicitatur in anima timore aut aliqua alia passione. est autem disputatio inter duas personas, scilicet opponentem et respondentem; ingrediens ergo disputationem cum deo, dat ei optionem utramlibet personam eligendi vel opponentis vel respondentis, * unde dicit ° voca me et respondebo tibi, ‘ quasi dicat: obicias et respondebo, ° aut certe loquar, ‘ obiciendo, ° et tu responde mihi; ‘ hoc autem dicit aenigmatice ostendendo paratum se esse ad utrumque, sive ad defendendam veritatem quam profitetur sive ad impugnandum quod contra veritatem diceretur. primo autem deo dat partes opponentis * dicens ° quantas habeo iniquitates et peccata, scelera mea atque delicta ostende mihi. ‘ ubi considerandum est quod amici iob quasi causam dei agentes contra iob disputare videbantur, * secundum illud quod supra dixit ° numquid faciem eius accipitis et pro deo iudicare nitimini? ‘ amici autem iob hoc contra ipsum opponebant quod pro peccatis suis punitus erat: hoc igitur sibi a deo obiciendum expetit * dicens ° quantas habeo iniquitates et peccata, scelera mea atque delicta ostende mihi, ‘ quasi dicat: si sic est quod pro peccatis meis me affligis, ut amici mei pro te loqui conantes calumniantur, peto ut mihi ostendas pro quibus peccatis tam graviter me affligis. unde non dicit quas habeo iniquitates sed ° quantas, ‘ quia si non est alia ratio adversitatum praesentium quam peccata hominum, ut amici iob opinabantur, necesse est maxima esse peccata quae maximis afflictionibus puniuntur. peccatorum autem quaedam sunt commissa quae contra praecepta legis negativa fiunt, quaedam omissa quibus praecepta affirmativa negliguntur; committitur autem aliquid contra praeceptum legis tripliciter: uno modo quia est in nocumentum proximi, ut furtum, homicidium et huiusmodi quae proprie ° iniquitates ‘ dicuntur, quia aequitati iustitiae quae est ad alium contrariantur; alio modo secundum quod homo peccat in se ipso per deordinationem sui actus, ut apparet in peccatis praecipue gulae et luxuriae, et haec dicuntur ° peccata, ‘ quasi deordinationes quaedam hominis; tertio modo committuntur aliqua directe contra deum, ut blasphemiae, sacrilegium et huiusmodi, et haec propter sui gravitatem ° scelera ‘ dicuntur. omissiones autem proprie nominantur ° delicta. ‘ deinde quasi tacente eo cui partes opponentis dederat, ipse partes obicientis assumit et inquirit de causis suae punitionis. * et primo quia posset aliquis dicere quod “ deus eum punivit quasi inimicum, ‘ hanc causam excludit * dicens ° cur faciem tuam abscondis et arbitraris me inimicum tuum? ‘ iniquum enim videtur quod aliquis alium sibi inimicum arbitretur absque causa; causa autem inimicitiae conveniens esse non potest nisi offensa: tunc igitur manifestum est quod deus hominem inimicum sibi arbitratur quando eius peccata manifestantur; petiverat autem iob sibi ostendi sua peccata, nec erant ei ostensa; non ergo apparebat ratio quare deus sibi inimicaretur, et hoc est quod insinuat * dicens ° cur faciem tuam abscondis, ‘ quasi latenter et ex ratione occulta eum odio habens? facies enim hominis odientis aperta est quando rationem sui odii non occultat. * secundo quia posset aliquis dicere quod “ deus eum punivit ut in ipso ostenderet suam potentiam, ‘ hanc etiam causam excludit * dicens ° contra folium quod vento rapitur ostendis potentiam tuam? ‘ non enim conveniens est quod aliquis fortissimus suam potentiam velit ostendere in re debilissima; comparatur autem humana condicio folio quod vento rapitur, quia et in se ipso homo fragilis est et infirmus sicut folium quod de facili cadit, et nihilominus decursu temporis et varietate fortunae ducitur ut folium vento: unde non videtur convenienter dici quod deus ad hoc solum aliquem hominem puniat quod in eo suam potentiam ostendat. * tertio quia posset aliquis dicere quod “ deus punivit eum propter peccata quae in sua iuventute commisit, ‘ etiam et hoc excludit * dicens ° et stipulam siccam persequeris? scribis enim contra me amaritudines, et consumere me vis peccatis adolescentiae meae? ‘ homo enim in iuventute comparatur herbae virenti, sed in senectute comparatur quasi stipulae siccae: idem ergo videtur hominem in senectute punire pro peccatis adolescentiae ac si aliquis pro defectu herbae virentis desaeviret in stipulam. sed considerandum est quod in hac inquisitione, ab hac sententia non recedit quod adversitates hominum ex divino iudicio inferuntur, * ad quod significandum dicit ° scribis contra me amaritudines, ‘ ac si amaritudines, idest adversitates hominum, ex scriptura divinae sententiae procedant. * quarto quia posset aliquis dicere quod, “ licet iob gravia peccata non commiserit, tamen aliqua peccata commisit sine quibus praesens vita non agitur, et pro his sic punitus est, ‘ hoc etiam excludit * dicens ° posuisti in nervo pedem meum et observasti omnes semitas meas et vestigia pedum meorum considerasti, qui quasi putredo consumendus sum et quasi vestimentum quod comeditur a tinea? ‘ ubi considerandum est quod illi qui ponuntur in carceris nervo, sic ligantur quod a nervo divertere non possunt: sicut autem pes hominis constringitur nervo, ita processus hominis constringitur lege divinae iustitiae a qua divertere non licet, * et hoc est quod dicit ° posuisti in nervo pedem meum. ‘ ad divinam autem iustitiam pertinet ut facta hominum discutiat, non solum quid unusquisque faciat sed etiam quo animo vel quo fine, * et ideo dicit ° observasti omnes semitas meas, ‘ quantum ad facta, ° et vestigia pedum meorum considerasti, ‘ quantum ad affectum facientis vel etiam quantum ad quascumque circumstantias operis. irrationabile autem videtur quod deus tantam diligentiam de actibus hominum habeat, si totaliter esse desinunt per corporis mortem: quae quidem quandoque est naturalis, quandoque autem violenta, * unde de utraque subiungit dicens ° qui quasi putredo consumendus sum, ‘ quantum ad mortem naturalem, ° et sicut vestimentum quod comeditur a tinea, ‘ quantum ad mortem violentam, ac si dicat: si, ut amici mei suspicantur, non est alia vita nisi praesens quam homo amittit vel per modum putredinis vel per modum succisionis, irrationabile videretur quod deus tanta districtione de actibus hominum curam haberet ut etiam pro minimis peccatis et negligentiis hominem puniret. et quia hoc quod ultimo dictum est magnam viam praestat ad inquisitionem veritatis, circa hanc manifestandam magis insistit, et quod de se singulariter dixerat generaliter ad totum genus humanum reducit. ubi primo exponit fragilitatem humanae condicionis: et quantum ad originem * cum dicit ° homo natus de muliere, ‘ quasi de re fragili, et quantum ad durationem * cum dicit ° brevi vivens tempore, ‘ et quantum ad condicionem * cum dicit ° repletur multis miseriis, ‘ ubi quasi exponere videtur quod supra dixerat ° contra folium quod vento rapitur ostendis potentiam tuam? ‘ secundo excludit ea de quibus homo gloriari posset, quorum primum est corporis pulcritudo qua pollet in iuventute: sed ista gloria nulla est quia cito transit ad modum floris, * unde dicit ° qui quasi flos egreditur et conteritur, ‘ scilicet de facili; secundum est fama quae diu non durat, * unde dicit ° et fugit velut umbra: ‘ umbrae enim transeuntis nullum vestigium aut memoria manet; tertium est potestas et virtus qua aliquis se et sua conservare conatur, * et contra hoc dicit ° et numquam in eodem statu permanet. ‘ et possunt haec tria ad tria superiora referri: homo enim natus de muliere quasi flos egreditur et cito conteritur, sic autem brevi vivit tempore ut velut umbra fugiat cuius non restat vestigium, sic autem multis repletur miseriis ut si interdum prosperitate et gaudio potiatur numquam tamen in eodem statu permaneat. tertio admiratur diligentiam divinae providentiae circa hominem: mirabile enim videtur quod de re tam fragili et despecta deus tantam curam habet. quamvis autem omnia divinae providentiae subsint, specialiter tamen sollicitudo divina circa hominem apparet in tribus: primo quidem quantum ad hoc quod ei leges et praecepta vivendi dedit, * et hoc tangit cum dicit ° et dignum ducis super huiuscemodi aperire oculos tuos, ‘ eo modo loquendi quo aliquis dicitur super aliquem oculos suos aperire cum eum dirigit et vias eius considerat; secundo quantum ad hoc quod deus hominem pro bonis praemiat et pro malis punit, * et hoc tangit cum dicit ° et adducere eum tecum in iudicium; ‘ tertio quantum ad hoc quod deus eum virtutibus ornat quibus contra foeditates peccati se mundum conservat, * et hoc tangit cum dicit ° quis potest facere mundum de immundo conceptum semine? ‘ semen quidem hominis immundum est non secundum naturam sed secundum concupiscentiae infectionem; de hoc tamen immundo semine homo conceptus interdum mundus invenitur per virtutes.

sicuti autem de frigido facere calidum est eius quod per se calidum est, ita de immundo facere mundum est eius qui per se mundus est, * et ideo subdit ° nonne tu qui solus es, ‘ scilicet vere et per te ipsum mundus? puritas enim et munditia in solo deo perfecte invenitur, in quo nec potentialitas nec defectus aliquis esse potest, unde quicquid quocumque modo mundum vel purum est, a deo munditiam et puritatem habet.

cp14 ° Breves dies hominis sunt ‘ etc.. admiratus fuerat iob de dignatione divina circa homines, cum tamen homo sit tam fragilis et miserae condicionis considerato statu vitae praesentis, sed haec admiratio cessat si consideretur quod post hanc vitam homini alia vita reservatur in qua in aeternum permaneat: et ideo ad hoc ostendendum ex nunc conatur. praemittit ergo, quasi supponens quod ostendere intendit, et brevitatem praesentis vitae, * cum dicit ° breves dies hominis sunt; ‘ et quod ipsa mensura vitae humanae determinatur a deo, * cum dicit ° numerus mensium eius apud te est, ‘ sicut apud nos numerum illorum esse dicimus quorum numerus a nobis stabilitur; et iterum immutabilitatem divinae determinationis, * cum dicit ° constituisti terminos eius qui praeteriri non poterunt: ‘ divina enim dispositio non fallitur, unde hominem vel diutius vel minus vivere quam divina dispositio habet est impossibile, licet hunc hominem nunc vel prius mori sit contingens si in se consideretur. sunt autem et termini humanae vitae praestituti ex aliquibus corporalibus causis, puta ex complexione vel ex aliquo huiusmodi, ultra quos vita hominis protendi non potest, quamvis ante possit deficere ex aliqua accidentali causa, sed terminos praestitutos secundum divinam providentiam, sub qua omnia cadunt, nec in plus nec in minus vita hominis potest praeterire. praemittit etiam alterius vitae expectationem * cum dicit ° recede paululum ab eo ut quiescat donec optata veniat et sicut mercennarii dies eius. ‘ ubi considerandum est quod sicut sol est causa diei, ita deus est auctor vitae; recedente autem sole, dies finitur et nox venit: per recessum ergo dei intelligit terminationem praesentis vitae quae est homini a deo. vita autem praesens multis turbationibus repletur, secundum hanc enim dictum est de homine quod ° repletur multis miseriis; ‘ et quia quies finis laboris esse videtur ideo mortem quietem vocat: * dicit ‘ ergo ° recede paululum ab eo ut quiescat, ‘ idest subtrahe virtutem tuam qua hominem vivificas, ut moriatur. sed mors hominis non est in perpetuum, sed iterum reparabitur ad vitam immortalem; status ergo mortis humanae, quantocumque tempore resurrectio differatur, brevis est in comparatione ad statum futurae immortalitatis, unde signanter dicit ° paululum: ‘ ab aliis enim rebus quae non reditura intereunt non paululum sed in aeternum deus recedit, sed ab hominibus qui sic intereunt ut resurgant, per modicum tempus. dictum est autem supra quod vita hominis super terram est sicut dies mercennarii desiderantis tempus mercedis; tempus autem retributionis hominis non est in hac vita, ut amici iob opinabantur, sed in illa vita ad quam homo resurgendo reparatur: * dicit ergo ° ut quiescat, ‘ idest ut moriatur, non tamen in perpetuum sed ° donec veniat optata dies eius, ‘ sicut mercennarii dies est optata in qua mercedem recipit, ubi primo iob suam intentionem aperuit: non enim sic negat adversitates praesentes esse punitiones quasi deus hominum actus non remuneret vel puniat, sed quia tempus retributionis proprie est in alia vita. ° lignum habet spem si praecisum fuerit. ‘ posita sententia sua, hic iob ad eius manifestationem procedit, et primo ostendit quod homo secundum ea quae apparent in hac vita est peioris condicionis quibusdam etiam infimis creaturis quae post interitum reparantur, ut praecipue apparet in lignis. dupliciter autem vita arboris deficit, sicut et vita hominis, scilicet per violentiam et per naturam: quantum ergo ad violentum defectum arboris * dicit ° lignum si praecisum fuerit habet spem, ‘ idest naturalem aptitudinem ut iterum reparetur, quia ° rursum virescit ‘ ipsum in se ipso si plantetur; ° et rami eius pullulant, ‘ in quo ostenditur perfectam vitam recuperare sicut et prius. quantum autem ad defectum naturalem arboris * subdit ° si senuerit in terra radix eius, ‘ cum non possit attrahere alimentum propter defectum virtutis naturalis, et sic consequenter ° in pulvere emortuus fuerit truncus illius, ‘ idest per putredinem in pulvere sit redactus secundum aliquam partem, ° ad odorem aquae germinabit, ‘ idest veniente pluvia, ex putredine ligni habente vim sementinam, ° et faciet comam, ‘ scilicet frondium, ° quasi cum primo plantatum est. ‘ hoc autem in homine non invenitur secundum decursum praesentis vitae, * unde subdit ° homo vero cum mortuus fuerit et nudatus atque consumptus, ubi, quaeso, est? ‘ et ponit tria quae gradatim homo amittit: primo enim anima separatur a corpore, * et ad hoc pertinet quod dicit ° cum mortuus fuerit; ‘ secundo vero tegumenta et ornatus corporis, quae interdum post mortem homini remanent sed postea etiam his nudatur, et ad hoc pertinet quod dicit ° et nudatus; ‘ ad ultimum vero etiam ipsa compago corporis solvitur, * et ad hoc pertinet quod dicit ° atque consumptus. ‘ quae cum peracta fuerint, nihil sensibiliter apparet de homine remanens, unde apud illos qui nihil nisi sensibilia et corporalia esse credunt videtur totaliter in nihilum redactus: horum igitur dubitationem exprimens * dicit ° ubi, quaeso, est? ‘ considerandum est autem quod ea quae non totaliter pereunt reparari posse videntur, sicut de ligno praeciso vel senescente dictum est, sed ea quorum nihil remanet impossibile videtur iterum reparari, sicut si totaliter aqua maris aut fluminis desiccaretur; homo autem, * sicut iam dictum est, ‘ videtur sic per mortem consumi ut nihil eius remaneat, unde secundum hanc rationem apparet quod impossibile sit ipsum iterum reparari ad vitam, * et hoc est quod subdit ° quomodo si recedant aquae de mari et fluvius vacuefactus arescat, sic homo cum dormierit, ‘ idest cum mortuus fuerit, ° non resurget ‘ a morte. eiusdem autem impossibilitatis esse videtur ut incorruptibilia corrumpantur et ut totaliter corrupta iterum reparentur; caelum autem incorruptibile est, * et ideo subdit ° donec atteratur caelum, non evigilabit, ‘ quasi reviviscens, ° nec consurget de somno suo, ‘ ad opera vitae peragenda, quasi dicat: sicut impossibile est caelum atteri, idest corrumpi, ita impossibile est hominem mortuum resurgere; et hoc quidem dicitur, * ut dictum est, ‘ supposito quod de homine nihil remaneat post mortem, * secundum hoc quod dictum est ° ubi, quaeso, est? * vel potest hoc referri ad opinionem illorum qui ponebant “ totum universum corporale istud corrumpendum et iterum reparandum, in qua quidem reparatione ponebant eosdem homines redituros, ut sit sensus: durante isto mundo, homo a morte non resurget; ‘ fides autem catholica non ponit substantiam mundi perituram, sed huius mundi statum qui nunc est, * secundum illud i cor. vii 31 ° praeterit figura huius mundi; ‘ haec ergo mundi immutatio secundum figuram potest hic intelligi per caeli attritionem: resurrectio enim mortuorum communis in fine mundi expectatur, * secundum illud iob xi 24 ° scio quia resurget in resurrectione, in novissimo die. quis mihi hoc tribuat ut in inferno protegas me ‘ etc.. postquam iob ostenderat quid ex his quae sensibiliter apparent de resurrectione hominis conici possit, hic suam sententiam circa resurrectionem ponit. esset autem valde horrendum et miserabile si homo per mortem sic deficeret quod numquam esset reparandus ad vitam, quia unumquodque naturaliter esse desiderat: unde iob suum desiderium ostendit de resurrectione futura, * dicens ° quis mihi hoc tribuat ut ‘ etiam post mortem ° in inferno protegas me, ‘ idest sub speciali cura qua homines protegis me contineas, ° donec pertranseat furor tuus, ‘ idest tempus mortis - quia, * sicut supra dictum est, ‘ mors hominis accidit per subtractionem divinae operationis conservantis vitam, unde dixerat ° recede paululum ab eo -: ‘ videtur enim deus homini esse iratus quando beneficium vitae ei subtrahit, et praecipue cum credamus mortem ex peccato primi hominis provenisse. quomodo autem se protegi velit etiam in inferno, exponit * subdens ° et constituas mihi tempus in quo recorderis mei? ‘ videtur enim deus hominis esse oblitus quando ei subtrahit beneficium vitae, tunc ergo eius recordatur cum ipsum ad vitam reducit: constituere ergo tempus in quo deus hominis mortui recordetur nihil est aliud quam constituere tempus resurrectionis. et satis convenienter hoc nominat protectionem: cum enim artifex, dissoluto artificio, ex eadem materia non intendit iterum aedificium reparare, utpote domum vel aliquid huiusmodi, de materia dissoluti aedificii nullam curam agere videtur; sed quando ex ea intendit aedificium reparare, diligenter custodit ne pereat: hanc ergo custodiam protectionem vocat. postquam igitur desiderium suum de resurgendo expressit, quia desideria quandoque sunt etiam impossibilium consequenter sub quaestione ponit utrum hoc quandoque futurum sit quod ipse desideravit, * unde subdit ° putasne mortuus homo rursum vivet? ‘ et super hoc quid ipse sentiat, ostendit dicens ° cunctis diebus quibus nunc milito expecto donec veniat immutatio mea. ‘ ubi considerandum est quod supra vitam hominis super terram militiae comparaverat et diebus mercennarii, quia tam milites quam mercennarii aliquid post statum praesentem expectant, et ideo sicut supra resurrectionis statum per diem optatam mercennarii expressit, ita et nunc sub similitudine militis idem ostendit. et notandum est quod optatum finem non expectat in aliqua parte temporis huius vitae, quia cunctos dies huius vitae statui militiae deputat * dicens ° cunctis diebus quibus nunc milito. ‘ item notandum est quod non expectat aliam vitam huic similem, quia tunc et illa esset militia, sed expectat vitam in qua non militet sed triumphet et regnet, * et ideo dicit ° expecto donec veniat immutatio mea, ‘ quasi dicat: in hac tota vita milito, mutabilitati, laboribus et angustiis subiectus, sed expecto immutari in statum alterius vitae quae sit sine labore et angustia; * et de hac immutatione dicit apostolus i cor. xv 51 ° omnes quidem resurgemus sed non omnes immutabimur. * et ne aliquis crederet quod “ naturali virtute homo in statum alterius vitae immutaretur, ‘ hoc excludit * subdens ° vocabis me et ego respondebo tibi, ‘ quasi dicat: futura immutatio ex virtute tuae vocis sive ex tuo imperio procedet, * secundum illud ioh. v 28 ° omnes qui in monumentis sunt audient vocem filii dei, et qui audierint vivent; ‘ vocare enim ad imperium pertinet, sed respondere ad oboedientiam qua creatura creatori oboedit. sed quia mortui ad imperium dei non solum resurgent ad vitam sed in quendam altiorem statum immutabuntur, et hoc virtute divina, * propter hoc subdit ° operi manuum tuarum porriges dexteram, ‘ quasi dicat: homo resurgens non erit opus naturae sed opus tuae virtutis, cui quidem operi adiutricem dexteram tuam porriges dum per auxilium tuae gratiae in gloriam novitatis exaltabitur. * vel quod dicit ° vocabis me et ego respondebo tibi, ‘ potest referri ad corporis reparationem, quod autem subdit ° operi manuum tuarum porriges dexteram, ‘ ad animam quae naturaliter appetit uniri suo corpori, cui deus adiutricem dexteram porriget dum quod sua virtute non potest consequi virtute divina consequetur. posita ergo sententia sua de resurrectione mortuorum futura, redit ad id quod supra admiratus fuerat, quod deus tam sollicite opera hominum considerat, * cum dixit ° observasti omnes semitas meas et vestigia pedum meorum considerasti, * unde subdit ° tu quidem gressus meos dinumerasti, ‘ quasi dicat: iam non est mirum si facta hominum sic diligenter examinas ex quo eum ad aliam vitam reservas. considerandum est autem quod circa humanos actus divina providentia secundum duo attenditur: primo quidem secundum hoc quod ea examinat et discutit, * quod quidem significatur in hoc quod dicit ° tu quidem gressus meos dinumerasti: ‘ dinumeramus enim ea de quibus diligentiam habemus; et ne videretur alicui esse magnae severitatis quod deus hominis fragilis facta tanta diligentia examinaret, innuit consequenter eius pronitatem ad parcendum * cum dicit ° sed parce peccatis meis, ‘ quasi dicat: licet dinumeres tamen hanc spem retineo quod parcas. secundo vero secundum hoc quod facta hominum bona vel mala in sua memoria conservat ad retribuendum pro eis bona vel mala, * unde subdit ° signasti quasi in sacculo delicta mea: ‘ ea enim quae signantur in sacculo diligenter conservantur; et ne ista signatio divinam misericordiam excluderet, * subdit ° sed curasti iniquitatem meam, ‘ quasi dicat: sic pro peccatis reservas poenam quod tamen per poenitentiam delicta curas. ° mons cadens defluit et saxum transfertur de loco suo. ‘ postquam iob suam sententiam de futura resurrectione posuerat, hic probabilibus rationibus eam munit, et prima ratio sumitur ex comparatione hominis ad inferiores creaturas, quae totaliter consumuntur absque spe reparationis. omnia enim quae generantur corruptioni subiecta sunt, unde et montes, licet videantur firmissimi, tamen ex certis causis post aliqua temporum curricula dissolvuntur, * et hoc est quod dicit ° mons cadens defluit; ‘ saxa etiam, licet videantur fortissima, tamen vel per violentiam vel ex aliqua causa naturali exciduntur, * et hoc est quod sequitur ° et saxum transfertur de loco suo; ‘ lapides etiam, licet videantur durissimi, tamen aquis excavantur, * et hoc est quod subditur ° lapides excavant aquae; ‘ terra etiam, licet videatur stabilissima, tamen a sua dispositione paulatim immutatur, * et hoc est quod subditur ° et abluvione paulatim terra consumitur. ‘ inconveniens autem esset si esset eadem ratio corruptionis hominis et rerum praedictarum, et ideo concludit, quasi inconveniens, ° et homines ergo similiter perdes? ‘ quasi dicat: non est conveniens quod similiter corrumpantur homines sicut aliae creaturae corporales; nam praedictae creaturae totaliter corrumpuntur, unde non reparantur eaedem numero; homo vero, licet corrumpatur secundum corpus, remanet tamen incorruptibilis secundum animam quae totum genus corporalium transcendit, ut sic remaneat spes reparationis. deinde inducit ad idem rationes sumptas ex proprietatibus hominis. in duobus autem excellit homo omnes inferiores creaturas, quorum unum est virtus operativa: est enim dominus sui actus per liberum arbitrium, quod nulli alii creaturae corporali competit, et secundum hoc homo est potentior qualibet creatura corporali, unde et aliis utitur propter se ipsum; aliud autem in quo excellit est cognitio intellectiva, quae cum sit in mente, aliquod tamen eius indicium apparet in corpore, et praecipue in facie quam habet homo valde diversam ab aliis animalibus; et ex his duobus apparet quod homo non sic corrumpitur sicut alia ut in perpetuum non sint. * quantum ergo ad primum horum dicit ° roborasti eum paululum ut in perpetuum pertransiret? ‘ quasi dicat: non est conveniens quod tantum robur homini praestiteris ad modicum tempus, sic quod postea in perpetuum non esset; stultum enim videretur si aliquis faceret fortissimum instrumentum ut ad modicam horam eo uteretur, et postea ipsum omnino proiceret; virtus autem cuiuscumque creaturae corporeae est determinata ad finitos effectus, sed virtus liberi arbitrii se habet ad infinitas actiones: unde hoc ipsum attestatur virtuti animae ad hoc quod in infinitum duret. quantum autem ad secundum, scilicet ad intellectum, * dicit ° immutabis faciem eius et emittes eum? ‘ quasi dicat: non est conveniens quod tu faciem eius immutaveris, idest diversificaveris ab aliis animalibus, et tamen emittas eum a statu vitae in perpetuum non rediturum sicut alia animalia. per faciem autem intellectiva cognitio accipi solet propter hoc quod est proprium rationalis creaturae; intellectualis autem cognitio non potest convenire nisi substantiae incorruptibili, ut a philosophis probatur. * posset autem aliquis dicere quod, “ licet homo post mortem ad vitam non redeat, tamen non in perpetuum pertransit, inquantum quodammodo vivit in suis filiis: quod etiam verba baldath sonant, cum supra dixit ° haec est laetitia viae eius ut rursum alii de terra germinentur. ‘ sed hanc responsionem excludit iob subdens ° sive nobiles fuerint filii eius sive ignobiles, non intelliget, ‘ quasi dicat: homo per intellectum capit aeternum bonum, unde et naturaliter ipsum desiderat; bonum autem quod est in successione filiorum non potest satiare appetitum intellectualem, si homo totaliter per mortem consumatur ut in perpetuum non sit, quia appetitus intellectualis non quiescit nisi in bono intellecto; bonum |325| autem quod est in successione filiorum non intelligit homo neque dum vivit neque post mortem si totaliter desinat esse per mortem. non ergo ad aeternitatem huius boni tendit appetitus intellectivus hominis sed ad bonum vel malum quod in se ipso habet, * unde subdit ° attamen caro eius dum vivet dolebit, et anima illius super semet ipso lugebit, ‘ ubi duplicem dolorem distinguit: unum quidem carnis in apprehensione sensus, alium autem animae ex apprehensione intellectus vel imaginationis qui proprie dicitur tristitia et hic luctus nominatur.

cp15 ° Respondens autem eliphaz themanites dixit. ‘ auditis verbis iob, eliphaz non ad profunditatem sententiarum eius respondet sed nititur ad calumniose reprehendendum aliqua verba a iob prolata, secundum superficiem ipsorum verborum ea considerans et non secundum profunditatem intellectus eorum. et primo quidem reprehendit hoc quod iob dixerat in principio suae locutionis ° et mihi est cor sicut et vobis, nec inferior vestri sum, ‘ in quo quidem de duobus eum notat: primo quidem de inani gloria quia se ipsum commendat, * et hoc est quod dicit ° numquid sapiens respondebit quasi in ventum loquens: ‘ in ventum enim loqui videtur qui ad gloriam captandam verba componit; secundo autem de iracundia, propter hoc quod obiurgando loqui inceperat * cum dixerat ° ergo vos estis soli homines * etc., et ideo subdit ° et implebit ardore stomachum suum, ‘ idest iracundia animum suum? deinde reprehendit eum de hoc quod dixerat ° disputare cum deo cupio, ‘ et iterum ° duo tantum ne facias mihi, et tunc a facie tua non abscondar ‘ etc., in quo quidem eum notat multipliciter: primo quidem de superbia quia contra maiorem se contendit, * et hoc est quod dicit ° arguis eum verbis qui |25| non est aequalis tui; ‘ secundo de stultitia quia eliphaz talem disputationem nocivam reputabat, * unde subdit ° et loqueris quod tibi non expedit, ‘ disputando scilicet cum deo. et quare non expediat cum eo disputare, ostendit per hoc quod huiusmodi disputatio duo valde necessaria excludere videtur, quorum primum est timor dei: qui enim timet aliquem non praesumit cum eo contendere, unde etiam et iob supra dixerat ° fortitudo tua non me terreat, ‘ et ideo eliphaz hic subdit ° quantum in te est evacuasti timorem, ‘ quia scilicet conatus es a te timorem dei excludere; secundum est oratio ad deum: non enim est eiusdem contendere cum aliquo et eum rogare, * et ideo subdit ° et tulisti, ‘ idest abstulisti, ° preces coram domino, ‘ contra id quod supra eliphaz dixerat ° quamobrem ego deprecabor dominum. ‘ disputaverat autem iob cum deo non ex superbia sed ex fiducia veritatis, sed eliphaz temerarie iudicavit hoc ex iniquitate procedere, * unde subdit ° docuit enim iniquitas tua os tuum; ‘ et hoc ex effectu apparet quia blasphemas, * unde sequitur ° et imitaris linguam blasphemantium. ‘ blasphemans enim est qui dei iustitiam negat, sed linguam blasphemantis imitari videtur qui cum deo disputat de eius iustitia: disputare enim de aliquo videtur esse dubitantis de illo, |50| dubitans autem propinquus est neganti. volens ergo eliphaz contra disputationem iob loqui, primo dicit quod iob tam manifeste male locutus est quod non indiget alio reprehensore sed ipsa verba eius indicant eius malitiam, * et hoc est quod dicit ° condemnabit te os tuum et non ego, et labia tua respondebunt tibi, ‘ quasi dicat: non indigent verba tua alio respondente sed ipsa se interimunt. ostendit tamen multipliciter disputationem praedictam non fuisse convenientem: primo quidem per comparationem eius ad omnes creaturas; si enim aliqua creatura cum deo contendere posset, hoc praecipue competeret primae et excellentissimae creaturae: quod non conveniebat iob, unde dicit ° numquid primus homo tu natus es et ante omnes colles formatus, ‘ ut ex hoc scilicet competat tibi pro toto humano genere vel pro tota creatura disputare cum deo? secundo per comparationem ad deum: ille enim potest cum aliquo de factis eius disputare convenienter qui cognoscit rationem qua ille cum quo disputat operatur, quam quidem cognoscere potest dupliciter: uno modo ut ab eo addiscens, alio modo ut per superiorem sapientiam de factis alterius iudicans; sed neutrum competit iob in comparatione hominis ad deum, * et hoc est quod dicit |75| ° numquid consilium dei audisti, ‘ quantum ad primum, ° et inferior te erit eius sapientia, ‘ quantum ad secundum, ut sic cum deo disputare possis? tertio per comparationem ad alios homines, quibus non magis sciens appareт ut ex fiducia maioris scientiae cum deo disputare praesumat, * unde dicit ° quid nosti, ‘ scilicet per fidem vel revelationem, ° quod ignoremus? quid intelligis, ‘ naturali cognitione, ° quod nesciamus? ‘ sed quia posset se iob iactare de scientia accepta ab aliis, * subdit ° et senes, ‘ scilicet dignitate scientiae et vitae, ° et antiqui ‘ tempore ° sunt in nobis multo vetustiores quam patres tui, ‘ idest quam magistri tui a quibus scientiam accepisti vel, ad litteram, quam tui progenitores; per maiorem autem vetustatem maiorem sapientiam vult intelligi, quia per experimentum longi temporis aliquis sapientior redditur. quarto ex parte ipsius iob ostendit disputationem eius cum deo fuisse inconvenientem, et primo quidem quia fuit ei nociva, explicans quod supra dixerat ° loqueris quod tibi non expedit, * unde dicit ° numquid grande est ut consoletur te deus? ‘ quasi dicat: facile est deo ut te ad statum prosperitatis reducat, ° quia ipse vulnerat et medetur, ‘ ut supra dixerat, ° sed verba tua prava hoc prohibent, ‘ quibus iram dei magis contra te provocas. secundo ostendit quod |100| fuit vana et superba, * quasi exponens quod supra dixerat ° numquid sapiens respondebit quasi in ventum loquens? * unde subdit ° quid te elevat cor tuum, ‘ scilicet per superbiam, ut intantum de tua sapientia praesumas? et signum superbiae ostendit * subdens ° et quasi magna cogitans, attonitos habes oculos? ‘ cum enim aliquis aliqua magna et mirabilia considerat, in stuporem adducitur et exinde contingit quod oculos attonitos habet. tertio ostendit quod disputatio eius fuit praesumptuosa et impia, * exponens quod supra dixerat ° arguis eum verbis qui non est aequalis tui, * unde subdit ° quid tumet contra deum spiritus tuus, ut proferas de ore tuo huiuscemodi sermones, ‘ quibus scilicet deum ad disputationem provocas? ° quid est homo ut immaculatus sit ‘ etc.. postquam eliphaz reprehenderat iob de hoc quod deum ad disputandum provocaverat, quod videbatur ad praesumptionem sapientiae pertinere, nunc reprehendit eum de praesumptione iustitiae quia * dixerat ° si fuero iudicatus, scio quod iustus inveniar. ‘ quod quidem eliphaz impugnat, primo quidem ex fragilitate condicionis humanae per quam homo, et difficulter vitat peccatum, * unde dicit ° quid est homo ut immaculatus sit? ‘ et etiam difficulter operatur bonum, |125| unde subdit ° et ut iustus appareat natus de muliere? ‘ quia, * ut dicitur prov., ° in abundanti iustitia virtus maxima est, ‘ quae non videtur competere ei qui ex infirma re originem habet. secundo impugnat idem ex comparatione sublimiorum creaturarum, * unde subdit ° ecce inter sanctos eius, ‘ idest angelos, ° nemo est immutabilis, ‘ scilicet per naturam propriam sed solum dono divinae gratiae, quin possit in peccatum deflecti; ° et caeli, ‘ qui tenent supremum locum puritatis inter corpora, ° non sunt mundi, in conspectu eius, ‘ idest per comparationem ad ipsum, quia sunt materiales et corporei et mutabiles. tertio impugnat idem ex propria condicione ipsius iob, quasi a maiori concludens: ° quanto magis abominabilis, ‘ per peccatum, ° et inutilis, ‘ per defectum iustitiae, ° homo qui bibit quasi aquam iniquitatem, ‘ idest qui pro nihilo et absque aliqua observatione iniquitatem committit; qui enim bibit vinum cum aliqua observatione bibit ne inebrietur, quod in potu aquae non observatur: in hoc ergo ipsum iob notat quod de facili ad iniquitatem declinaret, sicut aliquis de facili et in promptu habet quod aquam bibat. ° ostendam tibi, audi me ‘ etc.. postquam eliphaz reprehenderat iob quod deum ad disputationem provocaverat et quod de sua iustitia praesumebat, nunc |150| reprehendit eum de verbis quae disputando dixerat, et praecipue de illis ° arbitraris me inimicum tuum; contra folium quod vento rapitur ostendit potentiam tuam, ‘ et ° posuisti in nervo ‘ etc.. et primo excitat attentionem * dicens ° ostendam tibi, ‘ scilicet illud quod a deo quaerebas, ° audi me ‘ attente; unde autem ostendere possit, manifestat * subdens ° quod vidi, ‘ scilicet ex proprio intellectu inveniens, ° narrabo tibi; ‘ et iterum non erubescam dicere quod ab aliis audivi, eos in auctoritatem inducens, quia ° sapientes confitentur et non abscondunt patres suos, ‘ a quibus scilicet sapientiam perceperunt: hoc enim insipientium et superborum est ut quae ab aliis acceperunt sibi ascribant. et quare non sint abscondendi, ex eorum dignitate ostendit * cum subdit ° quibus solis data est terra; ‘ et potest hoc indifferenter et sub eodem sensu referri vel ad sapientes vel ad patres sapientum, quos vult intelligi etiam sapientes: sapientibus enim solis terra data esse dicitur quia bonorum terrenorum ipsi sunt domini, utentes eis ad suum bonum, insipientes autem utuntur eis ad suum damnum, * secundum illud sap. xiv 11 ° creaturae factae sunt in muscipulam pedibus insipientium. ‘ et iterum ad eorundem dignitatem ostendendam * subdit ° et non transibit alienus per eos, ‘ quia videlicet hi qui sunt |175| a sapientia alieni consortio sapientum annumerari non possunt; vel quia sapientes ab extraneis non suppeditantur: per illos enim alienus transire dicitur qui ab aliquo alieno vincuntur et subiciuntur. postquam ergo auditorem attentum reddiderat, iam contra verba iob disputantis respondere conatur, ex quibus duo intellexit: primo quidem quod iob in angustia et timore vivebat, quasi deo eum persequente et insidias ei ponente, * quia dixerat ° arbitraris me inimicum tuum ‘ et ° observasti omnes semitas meas; ‘ secundo quia de sua consumptione credebat eum dubitare, * quia dixerat ° scribis contra me amaritudines, et consumere me vis peccatis adolescentiae meae: ‘ primo ergo loquitur contra primum et secundo contra secundum, * ibi ° habitabit in civitatibus desolatis. ‘ ostendit ergo primo ex qua radice praedicta suspicio in corde iob oriatur: quia ex eius impietate et voluntate nocendi, * unde dicit ° cunctis diebus suis impius superbit, ‘ idest extollitur contra deum et in nocumentum hominum. dies autem suos dicit non dies vitae eius sed dies potestatis vel prosperitatis; sed quia voluntas nocendi est homini a se ipso, potestas autem a deo, non potest scire quanto tempore ei detur potestas implendi suam impiam voluntatem, * unde subditur ° et numerus annorum incertus |200| est tyrannidis eius. ‘ et ex ista incertitudine sequitur suspicio et timor, quam consequenter describit * dicens ° sonitus terroris semper in auribus illius, ‘ quia scilicet ad quemlibet rumorem timet aliquid contra se parari, quasi de nullo confidens, * propter quod subdit ° et cum pax sit, ille insidias suspicatur, ‘ idest cum nullus contra eum aliquid moliatur, ipse tamen de omnibus formidat propter suam impiam voluntatem qua paratus esset omnibus nocere. cum autem aliquis de aliquibus suis inimicis timet, potest sperare liberationem, etiam si ad horam succumbat, per adiutorium amicorum; sed ille qui de nullo confidit sed de omnibus timet, non potest sperare quod post oppressionem relevetur, * et ideo subdit ° non credit quod reverti possit de tenebris ad lucem, ‘ idest de statu adversitatis in statum prosperitatis, ° circumspectans undique gladium, ‘ idest ex omni parte inimicos sibi imminere videns; et hoc specialiter dicit propter hoc quod iob dixerat ° quasi putredo consumendus sum, et quasi vestimentum quod comeditur a tinea, ‘ per quod intellexit eliphaz iob desperare de sua liberatione. contingit autem quandoque quod aliquis tyrannus etsi ab omnibus extraneis timeat, habet tamen aliquos familiares et domesticos cum quibus secure conversatur; sed |225| quando est superabundans malitia eius, etiam a domesticis suis timet cum quibus vivit, * unde sequitur ° cum se moverit ad quaerendum panem, novit quod paratus sit in manu eius tenebrarum dies, ‘ idest mortis, quasi dicat: non solum insidias suspicatur in actibus exterioribus in quibus necesse habet cum extraneis conversari, sed etiam in actibus domesticis comedendo et bibendo et huiusmodi, a domesticis suis mortem sibi parari credens. et cum ipse sic timeat de omnibus, non quiescit sed contra eos quos timet semper aliquid machinatur, et sic crescit ei timoris occasio, * unde subdit ° terrebit eum tribulatio, ‘ scilicet ab aliis sibi imminens, ° et angustia vallabit eum, ‘ scilicet per cordis timorem ex omni parte, ° sicut regem qui praeparatur ad proelium: ‘ rex enim qui praeparatur ad proelium sic angustiatur timore ne perdat quod tamen molitur inimicos destruere. quo autem merito in tantam miseriam timoris impius et tyrannus deveniat, ostendit * subdens ° tetendit enim adversus deum manum suam, ‘ contra deum agendo, ° et contra omnipotentem roboratus est, ‘ idest potentia sibi data usus est contra deum. et quomodo contra deum egerit, ostendit * subdens ° cucurrit adversus eum erecto collo, ‘ idest superbiendo: per superbiam enim maxime homo deo resistit cui |250| per humilitatem subici debet, * secundum illud eccli. x 14 ° initium superbiae hominis apostatare a deo; ‘ et sicut ille qui deum diligit in via eius currere dicitur propter promptitudinem voluntatis ad serviendum ei, ita et superbus propter praesumptionem spiritus contra deum currere dicitur. superbia autem ex abundantia temporalium rerum oriri solet, * et ideo sequitur ° et pingui cervice armatus est, ‘ scilicet contra deum superbiendo: pinguedo enim ex abundantia humorum causatur, unde abundantiam temporalium significat. sicut autem humilitas principium est sapientiae, ita et superbia sapientiae est impedimentum, * unde sequitur ° operuit faciem eius crassitudo: ‘ per operimentum enim faciei impedimentum cognitionis designatur. nec solum opulentia quae est superbiae causa in ipso invenitur, sed etiam ad collaterales eius derivatur, * unde sequitur ° et de lateribus eius arvina dependet. ‘ per quae omnia significare intendit quod iob ex opulentia in superbiam incidit, per quam contra deum se erexit et tyrannidem in homines exercuit, et ideo in hanc suspicionem devenit ut deum sibi adversarium et insidiatorem suspicaretur. ° habitabit in civitatibus desolatis ‘ etc.. postquam ostendit eliphaz angustias timoris quas impius patitur |275| etiam in statu prosperitatis existens, nunc loquitur de amaritudinibus quibus in adversitatem deiectus consumitur, propter hoc quod iob dixerat ° scribis contra me amaritudines, et consumere me vis peccatis adolescentiae meae. ‘ inter alias amaritudines primam ponit quod efficitur fugitivus; est autem fugitivorum consuetudo quod loca occulta et inhabitata quaerunt, * et ideo dicit ° habitabit in civitatibus desolatis et in domibus desertis, quae in tumulos sunt redactae: ‘ huiusmodi enim loca consueverunt esse fugitivorum receptacula. secundam, quod suis divitiis spoliatur, * unde dicit ° non ditabitur, ‘ ut scilicet de novo divitias acquirat, ° nec perseverabit substantia eius, ‘ ut divitias prius acquisitas retinere possit. tertiam ponit impossibilitatem recuperandi, * dicens ° nec mittet in terra radicem suam: ‘ arbor enim si extirpetur et iterum plantetur, convalescit si in terram mittat radicem, sed si in terram radicem mittere non possit, non potest iterum convalescere. * et quasi hoc exponens subdit ° non recedet de tenebris, ‘ idest de statu adversitatis; et rationem non redeundi ad lucem assignat * subdens ° ramos eius arefaciet flamma: ' arbor enim si extirpata fuerit, ramis virentibus adhuc remanet spes reparationis quia possunt inseri vel plantari, sed si rami comburantur, nulla spes ultra remanet recuperationis; rami autem hominis sunt filii et aliae personae coniunctae per quas homo interdum a statu adversitatis resurgit, sed filii iob occisi erant et eius familia perierat; et ipsemet infirmitate oppressus erat, * quod innuit subdens ° et auferetur spiritu oris sui, ' idest superbia verborum suorum, ut non posset aliquo modo recuperationem sperare, nec etiam a deo quem superbia verborum offendit, * unde subdit ° non credat frustra errore deceptus quod aliquo pretio redimendus sit, ' idest quod aliquo auxilio liberandus sit de tribulatione. quartam amaritudinem ponit abbreviationem vitae, * unde subdit ° antequam dies eius impleantur peribit, ' idest morietur antequam perficiatur tempus aetatis eius, ° et manus eius arescent, ' idest eius filii et propinqui deficient. et subdit exemplum * dicens ° laedetur quasi vinea in primo flore botrus eius, ' quae quidem laesio ex frigore solet accidere, unde significat exteriorem persecutionem; ° et quasi oliva proiciens florem suum, ' quod solet accidere ex aliqua interiori causa, unde significat meritum adversitatis ex parte ipsius qui patitur. unde de hoc merito subdit ° congregatio enim hypocritae sterilis, ' idest illa quae congregantur ab hypocrita infructuosa redduntur, ° et ignis devorabit tabernacula eorum qui munera libenter accipiunt: ' fit enim interdum ex divino iudicio ut ea quae male acquisita sunt de facili consumantur; et hoc dicit notans iob de rapacitate et hypocrisi quasi propter huiusmodi peccata ei adversitas acciderit. et addit tertium peccatum, scilicet dolositatem, * unde sequitur ° concepit dolorem, ' idest praeexcogitavit in corde suo qualiter alii dolorem inferret; cuius quidem conceptus partus est nocumentum iniuste illatum, * unde sequitur ° et peperit iniquitatem. ' adiungit consequenter modum quo hoc perficiat * dicens ° et uterus eius praeparat dolos: ' hypocritarum enim est non manifeste sed dolose aliis nocumentum inferre; per uterum autem cor intelligitur in quo fiunt conceptus spirituales, sicut in utero conceptus corporales.

cp16 ° Respondens autem iob dixit ' etc.. eliphaz in sua responsione durius contra iob locutus fuerat: unde iob in principio sui sermonis eum arguit de indecenti consolatione, primo quidem quia frequenter eadem repetebat, tam ipse quam amici eius, * unde dicit ° audivi frequenter talia, ' quasi dicat: vestra locutio semper circa idem versatur. diversis enim verbis ad idem intendebant, scilicet ad arguendum iob quod pro peccatis suis in adversitates inciderat, * et ideo subdit ° consolatores onerosi omnes vos estis: ' consolatoris enim officium est ea dicere quibus dolor mitigetur; onerosus ergo consolator est qui ea loquitur quae magis animum exasperant. possent tamen haec excusationem habere quando ad utilitatem aliquam verba exasperantia proferrentur et veritatem continerent aut etiam breviter et pertranseundo dicerentur, sed si aliquis verba exasperantia contristatum falso, inutiliter et prolixe prosequatur, onerosus consolator videtur, * unde subdit ° numquid habebunt finem verba ventosa? ' in hoc enim quod dicit ° numquid habebunt finem, ' ostendit quod prolixe immorabantur circa verba exasperantia; * in hoc vero quod dicit ° verba ventosa, ' ostendit quod inutilia et falsa erant, soliditatem non habentia. ostendit autem consequenter quod non erat paritas ex utraque parte in hac disputatione quia amici iob absque molestia loquebantur, * unde dicit ° aut aliquid molestum tibi est si loquaris? ' quasi dicat: ideo tam prolixe loqueris in meam calumniam quia ex hoc nullam molestiam sentis; iob autem molestabatur. et ne aliquis crederet quod haec disputatio esset facilis amicis iob propter eminentem scientiam, iob autem molesta propter scientiae defectum, hoc excludit ostendens quod si adversitate non deprimeretur et esset in statu amicorum suorum, similia loqui posset, * unde dicit ° poteram et ego similia vobis loqui, ' scilicet si adversitate non gravarer. et huius rei experiendae sibi facultatem desiderat * dicens ° atque utinam esset anima vestra pro anima mea, ' ut scilicet vos adversitatem pateremini quam ego patior. quod quidem dicit non affectu odii aut livore vindictae sed ut a crudelitate qua utebantur, suis verbis iob exasperantes, revocarentur dum sentirent sibi esse aspera verba similia si eis dicerentur: * unde subdit ° consolarer et ego vos sermonibus, ' scilicet similibus quibus vos me consolamini, ° et moverem caput meum super vos, ' in signum compassionis vel in signum reprobationis, sicut vos me arguitis; et etiam ° roborarem vos ore meo, ' ne per impatientiam deficeretis, ° et moverem labia, ' scilicet ad loquendum, ° quasi parcens vobis, ' idest simulans me ex misericordia quam ad vos haberem loqui, sicut vos circa me facitis. sic igitur leve esset mihi loqui sicut et vobis si in statu vestro essem, sed nunc impedior dolore qui non tollitur neque locutione neque taciturnitate, * unde subdit ° sed quid agam? si locutus fuero non quiescet dolor meus, et si tacuero non recedet a me. ' est autem duplex dolor: unus quidem interior qui tristitia nominatur, proveniens ex apprehensione alicuius mali inhaerentis; alius autem est dolor exterior qui est dolor secundum sensum, puta ex solutione continui proveniens vel ex aliquo huiusmodi. primus quidem igitur horum dolorum collocutione tolli potest, non autem secundus, et ideo consequenter ostendit quod intelligit de hoc secundo dolore qui verbis non tollitur, * dicens ° nunc autem oppressit me dolor meus, ' idest impedivit me ne faciliter et libere uti possim ratiocinatione sicut antea solebam: nam cum est dolor vehemens in sensu, oportet quod intentio animae avocetur vel impediatur ab intellectualium consideratione. et quod de dolore corporali intelligat, ostendit * subdens ° et in nihilum redacti sunt omnes artus mei: ' omnia enim membra eius ulcerata erant, * sicut supra dictum est quod ° satan percussit iob ulcere pessimo a planta pedis usque ad verticem. ' et non solum dissipationes membrorum dolorem sensibilem mihi ingerunt, sed etiam sunt in argumentum contra me: amici enim iob videntes eum sic ulceratum ex hoc argumentabantur quod graviter peccasset, putantes hoc ei in poena peccati accidisse, * et hoc est quod sequitur ° rugae meae testimonium dicunt contra me: ' ex infirmitatibus enim corrugatur corpus propter humidi consumptionem sicut et ex senectute. quomodo autem rugae contra ipsum testimonium perhibeant, ostendit * subdens ° et suscitatur falsiloquus adversum faciem meam, contradicens mihi: ' falsum enim dixerat eliphaz quod propter peccatum in hanc infirmitatem incidisset. vel potest dici quod iob intellexit per spiritum sanctum suam adversitatem a diabolo procuratam, deo permittente; unde quicquid passus est vel in damnis rerum et filiorum vel in proprii corporis ulcere vel etiam in molestatione uxoris et amicorum, totum hoc diabolo attribuit quasi instiganti: ipsum ergo vocat falsiloquum contra suam faciem suscitatum quia intelligebat instigante diabolo amicos suos contradicentes ei. * et secundum hunc sensum planius est quod sequitur ° collegit furorem suum in me: ' videtur enim diabolus totum furorem suum contra iob collegisse dum omni modo nocendi ipsum impugnavit; et non solum in praeterito me afflixit sed etiam in futurum mihi comminatur, * et hoc est quod sequitur ° et comminans mihi infremuit contra me dentibus suis. ' et loquitur per similitudinem bestiae quae homini comminando dentes contra ipsum parat; hoc autem dicit propter hoc quod eliphaz usque ad mortem ei sub persona impii mala imminere praenuntiaverat: intelligebat autem iob huiusmodi comminationes per os eliphaz a diabolo esse procuratas, et ideo dicebat quod dentibus contra eum infremuerat. non solum autem eliphaz verbis comminationis contra eum usus fuerat mala praenuntiando sed etiam de factis eius male iudicaverat, eum impium et hypocritam nominans, * et ideo subdit ° hostis meus terribilibus oculis me intuitus est: ' placidis enim oculis aliquem aliquis intuetur quando facta eius benigne interpretatur, sed quando bona interpretatur in malum tunc terribilibus oculis intuetur, * et ideo subdit ° aperuerunt super me ora sua, ' scilicet amici mei ab hoste meo instigati; et hoc exponit subdens ° exprobrantes percusserunt maxillam meam: ' ille enim dicitur in faciem aliquem percutere qui ei improperium in facie dicit; amici autem iob multa improperia contra eum dixerant, peccata multa ei exprobrantes. et quia iusti homines videntes peccata puniri de iustitia laetantur, * secundum illud psalmi ° laetabitur iustus cum viderit vindictam, ' amici iob se iustos reputantes, iob autem peccatorem, de poenis eius gaudebant quodammodo quasi divinae iustitiae congratulantes, * et ideo sequitur ° satiati sunt poenis meis. * et ne aliquis crederet quod " iob opinaretur huiusmodi poenas sibi a deo inflictas non esse quia dixerat ab hoste se esse afflictum, ' ad hoc excludendum * subdit ° conclusit me deus apud iniquum, ' idest diabolum, concedendo me scilicet potestati ipsius, ° et manibus impiorum me tradidit, ' quantum ad eos qui instinctu diaboli eum vel factis vel verbis afflixerant: intellexit enim iob afflictiones suas sibi per diabolum quidem sed deo permittente irrogatas. et huius signum evidens ostendit quadruplex: primo quidem quia a maxima prosperitate non paulatim decidit, sicut consuetum est in rebus humanis, sed subito totaliter corruit, quod non videtur potuisse subito casu accidere sed ex sola divina ordinatione, * et hoc est quod dicit ° ego ille opulentus quondam repente contritus sum; * et in hoc quod dicit ° opulentus ' designatur divitiarum abundantia, in hoc autem quod dicit ° ille ' designatur claritas famae eius qua ab omnibus demonstrabatur. secundum autem signum est quod totaliter corruit, * ad quod significandum subdit ° tenuit cervicem meam, confregit me; ' et loquitur ad similitudinem alicuius fortissimi viri qui, alicuius debilis cervice apprehensa, eam confringeret et sic totaliter eum de vita auferret: sic enim iob videbatur totaliter prosperitatis statum amisisse. tertium signum est quod non una adversitate sed multis simul concurrentibus oppressus fuit, * ut supra narratum est, ' et quantum ad hoc subdit ° posuit me sibi quasi in signum, ' quod scilicet ponitur diversis sagittis feriendum, * et ideo subdit ° circumdedit me lanceis suis, ' ubi tripliciter multitudinem suarum adversitatum describit: primo namque ostendit se exterius vulneratum in rebus possessis, * et ad hoc pertinet quod dicit ° circumdedit me lanceis suis; ' res enim exteriores circa nos sunt quasi extrinsecae: tunc ergo homo lanceis adversitatis circumdatur quando in rebus exterioribus damnificatur. secundo autem dicit se percussum interius quantum ad personarum afflictionem, * et hoc est quod subdit ° convulneravit lumbos meos, ' quasi dicat: non solum in circuitu lanceatus sum, sed vulnera pervenerunt usque ad interiora in quibus delectabatur, quae per lumbos significantur in quibus est delectatio vel etiam generationis origo, unde etiam per lumbos filii oppressi possunt designari; et insuper ostendit multiplicitatem percussionis ex acerbitate vulneris, * cum subdit ° non pepercit, ' quasi retrahens manum suam a percussione ne gravius offenderet, sed gravissime laesit, * et hoc est quod subdit ° et effudit in terram viscera mea, ' quia scilicet omnes filios suos et filias una ruina in mortem oppressit. tertio ostendit multitudinem percussionis ex his quae in propria persona est passus, * unde subdit ° concidit me, ' in propria scilicet persona, ° vulnere ' ulceris pessimi, ° super vulnus ' mortis filiorum. quartum signum est, quod eius tribulatio ex divina providentia processerit, quod resisti non potuit nec remedium adhiberi, * secundum illud quod supra ix 13 dictum est ° deus cuius irae resistere nemo potest, ' et hoc est quod subdit ° irruit in me quasi gigas, ' cui propter magnitudinem potestatis homo debilis resistere non potest. et possunt haec omnia intelligi vel de deo qui conclusit, vel melius de iniquo, scilicet diabolo, apud quem conclusit. haec igitur omnia commemoravit iob de magnitudine suae adversitatis ad ostendendum quod non de pari poterat cum eis contendere, quia ab huiusmodi adversitatibus immunes erant. verum eliphaz eum de superbia notaverat dicens ° quid te elevat cor tuum ' etc. quae tanto fuisset detestabilior quanto per graves adversitates emendari potuisset, * secundum quod contra quosdam in psalmo dicitur ° dissipati sunt nec compuncti; ' et ideo consequenter descripta sua adversitate, ostendit se humiliatum, primo quidem quantum ad exteriorem habitum, * cum dicit ° saccum consui super cutem meam: ' talis enim habitus est humilitatis signum, * ut legitur de ninivitis ion. iii 5; ' similiter etiam cinis adhibetur ad recognoscendum propriam fragilitatem - unde abraham dixit * gen. xviii 27 ° loquar ad dominum meum, cum sim pulvis et cinis -, * unde subdit ° et operui cinere carnem meam: ' legitur enim supra quod in sterquilinio sedebat in signum humilitatis. secundo ostendit suam humilitatem per multitudinem fletus, cuius duo signa ponit: primo quidem tumorem faciei, * cum dicit ° facies mea intumuit a fletu: ' ascendens enim multa lacrimarum materia ad caput, facies plorantium intumescit; secundum vero impedimentum visus, * et hoc est quod subdit ° et palpebrae meae caligaverunt, ' scilicet a fletu: ad litteram enim propter discursum humorum visus oculorum impeditur. ex his autem quae de gravitate suae adversitatis praemisit et de magnitudine suae humiliationis, posset aliquis suspicari quod ipse, quasi recognoscens gravitatem suorum peccatorum, se paenitendo humiliaverit reputans se pro suis peccatis afflictum, quod eliphaz innuere volebat dicens ° ecce inter sanctos nemo immutabilis ' etc., et ideo ad hoc removendum dicit ° haec passus sum absque iniquitate manus meae, ' per quod excludit a se peccata operum; * subdit autem ° cum haberem mundas ad deum preces, ' ut excludat a se peccatum indevotionis et omissionis, per quod videtur respondere ei quod * supra xi 14 ' dixerat sophar ° si iniquitatem quae est in manu tua abstuleris, levare poteris manum tuam absque macula. ' sed ad excludendum innocentiam iob eliphaz iam bis usus fuerat argumento supposito ex fragilitate terrenae naturae: * nam supra iv 18 dixerat ° ecce qui serviunt ei non sunt stabiles, quanto magis hi qui habitant domos luteas, ' et postea * supra xv 15 ' idem repetierat dicens ° caeli non sunt mundi in conspectu eius, quanto magis abominabilis et inutilis homo; ' et ideo ad hoc excludendum * subdit ° terra, ne operias sanguinem meum, ' et intelligit per sanguinem sui corporis afflictionem: hic autem sanguis operiretur si pro culpa fuisset effusus, sic enim non haberet gloriam; operiretur autem a terra si occasione terrenae fragilitatis praesumptio de praecedenti culpa praesumeretur. si autem sanguis eius absque culpa fuit effusus, iustam querelam habuit contra effundentem, * sicut gen. iv 10 dicitur ° ecce vox sanguinis fratris tui clamat ad me de terra; ' hic autem clamor lateret si iniusta conquestio sua videretur, quasi eius qui pro culpa fuerit punitus, * et ideo subdit ° neque inveniat in te locum latendi clamor meus, ' ut scilicet ex terrenae conversationis fragilitate videar iniuste conqueri, quasi sim pro culpa punitus. verum est autem quod difficile est hominem terrena conversatione absque iniquitate peccati mortalis uti, non est tamen impossibile, deo adiuvante per gratiam, qui etiam interioris puritatis est testis, * et ideo subdit ° ecce enim in caelo testis meus, ' quasi dicat: ideo terra non potest operire sanguinem meum quia maius est testimonium caeli quam praesumptio de fragilitate terrae. est autem hic testis caeli idoneus quia etiam conscientiae secreta rimatur, * unde subdit ° et conscius meus in excelsis, ' quasi dicat: ideo in infimo terrae non potest locum latendi clamor meus invenire quia conscientia mea nota est in excelso. ° verbosi amici mei ' etc.. postquam iob descripsit magnitudinem suae adversitatis et suam humilitatem et innocentiam, procedit ulterius ad improbandum vanam consolationem quam amici eius ei frequenter iterabant, scilicet de spe temporalis prosperitatis recuperandae, unde et eliphaz supra dixerat ° numquid grande est ut consoletur te deus ‘ etc.. unde huius consolationis vanitatem ostendere intendens, * praemittit ° verbosi amici mei, ‘ quasi dicat: verba inania mihi promittunt; non enim in temporalibus recuperandis est consolatio mea sed in dei fruitione adipiscenda, * et hoc est quod subdit ° ad deum stillat oculus meus, ‘ idest lacrimatur prae dei desiderio, * secundum illud psalmi ° fuerunt mihi lacrimae meae panes die ac nocte, dum dicitur mihi quotidie: ubi est deus tuus? ‘ et ad expositionem eius quod dixerat * subdit ° atque utinam sic iudicaretur vir cum deo quomodo iudicatur filius hominis cum collega suo. ‘ iudicatur enim vir cum collega suo dum unus alteri praesentialiter adest et invicem sibi suas rationes promunt: desiderabat ergo deo praesens existere et rationes divinorum operum et iudiciorum cognoscere, in quo felicitas humana consistit, in cuius spe erat eius consolatio, non in vanis amicorum verbis quibus |300| recuperationem temporalis prosperitatis promittebant; et ideo ad ostendendam vanitatem huius promissionis * subiungit ° ecce enim breves anni transeunt, ‘ quia scilicet ° homo brevi vivit tempore, * ut supra xiii 1 dictum est; ‘ temporis autem vitae iob iam transierat magna pars, unde breves anni ei restabant in quibus si esset prosperitas non magnam consolationem afferret propter temporis brevitatem. fuerunt autem aliqui qui credebant hominem post mortem iterato ad praesentis vitae cursum redire, et sic videri posset quod in spe terrenae prosperitatis recuperandae saltem in illa futura vita, posset iob consolationem habere; et ideo ad hoc excludendum * subdit ° et semitam per quam non revertar ambulo: ‘ homo enim in hac mortali vita per aetatis processum tendit in mortem, nec in hoc processu iteratio potest esse, ut scilicet iterato homo sit puer et aetates huius vitae perambulet.

cp17 ° Spiritus meus attenuabitur ‘ etc.. ostenderat superius iob multiplicitatem suae afflictionis et mentis humilitatem et innocentiam et vitae irrevertibilis brevitatem ex qua verbositas amicorum eius convincebatur, et ideo in hoc capitulo intendit manifestare praemissa et finaliter eorum ignorantiam concludere. primo autem incipit manifestare quod dixerat de processu vitae humanae, * et praemittit ‘ causam brevitatis vitae, cum dicit ° spiritus meus attenuabitur: ‘ vita enim corporis est per vitales spiritus qui a corde ad omnia membra diffunduntur, qui quandiu in corpore durant corpus vivit; sed quando virtus caloris naturalis incipit debilitari in corde, huiusmodi spiritus minuuntur, quam quidem diminutionem et debilitationem per spiritus attenuationem designat. et huius causae subiungit effectum * dicens ° dies mei breviabuntur: ‘ debilitas enim vitalis spiritus abbreviat dies vitae. et ne aliquis crederet quod attenuatus spiritus iterum roborandus esset secundum speciem huius vitae mortalis, ad hoc excludendum * subdit ° et solum mihi superest sepulcrum, ‘ quasi dicat: finitis huius brevibus vitae diebus, nihil de praesenti vita mihi relinquitur nisi sepulcrum et ea quae sepulcro conveniunt. |25| deinde alio modo consolationis eorum vanum ostendit: consolabantur enim eum dicentes huiusmodi adversitates propter peccata ei provenisse, de quibus si paeniteret ad prosperitatem rediret; sed ipse hoc excludens * dicit ° non peccavi, ‘ quia scilicet non habebat conscientiam remordentem de aliquo gravi peccato propter quod tantas adversitates incurrisset, * unde et infra xxvii 6 dicit ° neque enim reprehendit me cor meum in omni vita mea * et ideo non est contra id quod dicitur i ioh. i 8 ° si dixerimus quia peccatum non habemus, ipsi nos seducimus, ‘ et per hoc exprimit quod supra dixerat de sua innocentia ° haec passus sum absque iniquitate manus meae. * subdit autem ° et in amaritudinibus moratur oculus meus; * pluraliter autem dicit ° amaritudinibus, ‘ propter multiplices adversitates quas supra enumeravit; * dicit autem ° moratur, ‘ quia quamvis inter amaritudines se humiliaverit saccum consuens super cutem suam, adhuc tamen amaritudines perseverant; attribuit autem amaritudines oculo propter fletum, * de quo supra dixerat ° facies mea intumuit a fletu, ‘ et iterum ° ad deum stillat oculus meus, ‘ quia sic oculus eius flebat inter amaritudines quod ad solum divinum auxilium intendebat, * et ideo hic subditur ° libera me: ‘ intelligebat enim se ab eo |50| solo liberari posse qui eum apud iniquum concluserat. non autem sic se liberari ab adversitate petebat sicut qui post adversitatem prosperitatem terrenam assequuntur, sed petit ut ad celsitudinem spiritualem perducatur, * unde subdit ° et pone me iuxta te: ‘ quia enim deus est ipsa essentia bonitatis, necesse est ut qui iuxta deum ponitur a malo liberetur. ponitur autem homo iuxta deum inquantum ei mente appropinquat per cognitionem et amorem, sed hoc quidem imperfecte contingit in statu viae in quo homo impugnationes patitur, et quia est iuxta deum positus ab eis non superatur; perfecte autem homo mente iuxta deum ponitur in statu ultimae felicitatis in quo impugnationes iam pati non potest, et hoc est quod desiderare se ostendit * dicens ° et cuiusvis manus pugnet contra me, ‘ quia scilicet quantumcumque aliqui me velint impugnare, si iuxta te perfecte positus fuero nullius impugnatio me molestabit: hoc est ergo in quo iob inter amaritudines consolationem habebat, sperans se iuxta deum ponendum ubi impugnationes timere non posset. hanc autem spiritualem consolationem ipsius iob amici eius verbosi non intelligebant, * et ideo subdit ° cor eorum longe fecisti a disciplina, ‘ scilicet tua spirituali, |75| per quam doces spiritualia bona contemptis temporalibus sperare; et quia in solis temporalibus et infimis rebus spem ponunt, ad spiritualem altitudinem pervenire non possunt ut iuxta deum ponantur, * et hoc est quod subdit ° propterea non exaltabuntur. ‘ et ex hoc quod longe facti sunt a disciplina spirituali, procedit quod sola temporalia eliphaz iob in consolationem promittebat, * et hoc est quod subdit ° praedam pollicetur sociis, ‘ idest temporalium adeptionem quae uni advenire non possunt nisi alio amittente, unde temporalium acquisitio depraedationi assimulatur. non est autem hoc universaliter verum ut post poenitentiam homines temporalem prosperitatem recuperent, quia nec boni semper temporali prosperitate florent, * unde subdit ° et oculi filiorum eius deficient; ‘ filios eius dicit illos qui eius promissioni credentes ex bonis quae agunt temporalia sperant, sed dum ea non assequuntur oculi eorum deficiunt, quasi a spe sua decidentes. sicut autem bene agentibus temporalia eliphaz promittebat, ita etiam omnes adversitates temporales propter peccata eius qui patitur asserebat provenire; et quia iob multas adversitates passus erat, eum in exemplum apud vulgus ponebat, * et hoc est quod subdit ° posuit me quasi in proverbium vulgi et exemplum |100| suum coram eis, ‘ quia scilicet ad suam sententiam asserendam de causa adversitatum iob in exemplum ponebat, ac si esset pro peccato punitus. pertinet autem ad iustorum zelum ut videntes per falsam doctrinam rectitudinem divinorum iudiciorum perverti indignentur, et ideo iob consequenter magnitudinem sui zeli ostendit dupliciter: primo quidem per quandam mentis turbationem - ° ira enim per vitium oculum caecat, sed ira per zelum oculum turbat, * ut gregorius dicit -, et ideo subdit ° caligavit ad indignationem oculus meus, ‘ scilicet rationis, cuius acies est per iram zeli turbata; secundo per hoc quod ira per zelum etiam in corpore ex dolore quandam commotionem facit - * unde dicitur i mach. ii 24 quod ‘ mathathias videns iudaeum idolis sacrificantem ° doluit et contremuerunt renes eius -, * et ideo hic subditur ° et membra mea quasi in nihilum sunt redacta, ‘ inquantum scilicet per dolorem corpus hominis tabescere videtur. * posset autem aliquis credere quod “ ista oculi caligatio contra iustitiam esset et indignatio contra innocentiam, ‘ et ideo ad hoc excludendum * subdit ° stupebunt iusti super hoc, ‘ quasi diceret: etiam ad iustos pertinet ut videntes malorum doctrinam obstupescant, et hunc stuporem supra caligationem dixit. * sequitur autem |125| ° et innocens contra hypocritam suscitabitur, ‘ quasi dicat: non est contra innocentiam si aliquis contra hypocritam perversorem verae doctrinae per zelum iustitiae indignatus concitetur. et quia, * ut dictum est, ‘ ira per zelum animum turbat sed non caecat, sic vir iustus stupet vel caligat ex zelo quod tamen a iustitia non recedit, * et hoc est quod subdit ° et tenebit iustus viam suam, ‘ quia scilicet non deseret eam propter iram zeli: talis enim ira non praecedit rationem sed sequitur, et ideo non potest hominem a iustitia separare; utilis enim est ira per zelum quia facit hominem cum maiore animi fortitudine insurgere contra mala, * et hoc est quod subdit ° et mundis manibus addet fortitudinem, ‘ concitatus scilicet per zelum, * unde et philosophus dicit in iii ethicorum quod “ ira fortitudinem iuvat. ° igitur vos omnes convertimini ‘ etc.. postquam iob proposuerat ea ex quibus sententia eliphaz confutatur, hic colligit praemissa et ordinat ea ad propositum ostendendum. et primo excitat attentionem * dicens ° igitur, ‘ ex quo scilicet praedicta sunt vera, ° vos omnes, ‘ qui scilicet contra me convenistis et patres vestri, ° convertimini ‘ a vestris erroribus, ° et venite ‘ ad veritatem considerandam, qua perspecta patebit quantum a vera sapientia longe sitis, * et hoc est |150| quod subdit ° et non inveniam in vobis ullum sapientem, ‘ et hoc dicit ad reprimendam iactantiam eliphaz, qui * supra xv 9 ‘ dixerat ° quid nosti quod ignoremus ‘ etc., et iterum ° sapientes confitentur ‘ etc.. in hoc autem praecipue eorum insipientiam ostendere intendit quod ei consolationem temporalis prosperitatis promittebant, contra quod primo proponit tempus vitae suae iam in magna parte esse elapsum, * et hoc est quod dicit ° dies mei transierunt. ‘ deinde proponit mala quae patitur * cum subdit ° cogitationes meae dissipatae sunt, ‘ idest impeditae a quieta contemplatione sapientiae propter acerbitatem corporalis doloris, * et hoc est quod subdit ° torquentes cor meum, ‘ quia videlicet eius cogitationes a suavi consideratione veritatis erant deductae in amaritudinem qua cor torquebatur. hoc autem tormentum cordis nec nox interrumpebat quae est tempus deputatum humanae quieti, * unde subdit ° noctem verterunt in diem, ‘ quia videlicet propter praedictas cogitationes noctem ducebat insomnem sicut diem. est autem gravius pati somni defectum in nocte quam in die, quia in die relevatur animus hominis ex hominum societate et lucis aspectu: et ideo dum nox ei esset insomnis desiderabat eam cito finiri, * et hoc est quod subdit ° et rursum post tenebras |175| spero lucem, ‘ idest spero quod lux diei post tenebras noctis rursus adveniat. sed quia eliphaz eum inducebat ut omnia adversa patienter toleraret sub expectatione futuri, ideo consequenter ostendit quid sibi in futurum de temporalibus rebus residuum videatur, * unde dicit ° si sustinuero, ‘ idest patienter portavero huiusmodi dolores, nihil mihi restat nisi habitatio sepulcri, * et hoc est quod dicit ° infernus domus mea est; ‘ vocat autem infernum sepulcrum * secundum opinionem eorum contra quos disputabat, qui non credebant “ animam hominis remanere post mortem sed solum corpus in sepulcro, quod vocabant infernum quia infra terram situatur. ‘ homo autem in sepulcro iacens tenebras patitur tum propter defectum sensus tum etiam propter defectum exterioris lucis, * et ideo subdit ° in tenebris stravi lectulum meum. ‘ sicut autem homo nascens a parentibus originem sumit ex qua cum eis affinitatem contrahit, ita post mortem in sepulcro iacens in putredinem et vermes resolvitur quae ex eius corpore generantur, * et ideo subdit ° putredini dixi: pater meus es; mater mea et soror mea, vermibus, ‘ quasi dicat: cum nulla alia re temporali remanebit mihi affinitas in sepulcro nisi cum putredine et vermibus. |200| ex his ergo quasi ad inconveniens deducens concludit * dicens ° ubi est ergo nunc praestolatio mea? ‘ quasi diceret: si propter expectationem temporalis prosperitatis consolarer, vana esset expectatio mea. et iterum ad maius inconveniens deducit * subdens ° et patientiam meam quis considerat? ‘ quasi dicat: si sustinuero per patientiam, nihilominus non restat nisi sepulcrum et eius tenebrae, putredines et vermes; si ergo propter temporalia bona promerenda a deo patientiam haberem, sequeretur quod deus patientiam non consideraret, quod est abnegare providentiam. et ne forte aliquis diceret quod etiam in sepulcro temporalis prosperitas sibi daretur a deo, ideo hoc quasi irridens * subdit ° in profundissimum infernum descendent omnia mea, ‘ idest quicquid meum est ad sepulcrum deducetur quod mihi solum superest; ° putasne saltem ibi erit requies mihi? ‘ idest numquid ibi etiam debeo expectare prosperitatem terrenam? manifestum est hoc ridiculum esse.

cp18 ° Respondens autem baldath suites ‘ etc.. quia praemissa verba beati iob baldath suites comprehendere intellectu non potuit, putavit ut quae ipse non intelligebat etiam a dicente inaniter proferrentur, unde in principio suae responsionis * dicit ° usque ad quem finem verba iactabis? ‘ ubi de tribus eum videtur arguere: primo quidem de inefficacia locutionis, ac si praemissa verba iob ad nihil confirmandum efficaciam haberent, * quod significatur in hoc quod dicit ° usque ad quem finem; ‘ secundo arguit eum de vana multiplicatione verborum, ac si praemissis verbis iob pondus sententiarum deesset, * quod significatur in hoc quod dicit ° verba; ‘ tertio notat eum de inordinata connexione verborum, * quod significatur in hoc quod dicit ° iactabis: ‘ ille enim dicitur verba iactare qui ea inordinate spargit, quamvis etiam possit hoc tertium ad iactantiam elationis referri. haec autem tria proveniunt in locutione alicuius ex defectu intellectus; cum eo autem qui deficit intellectu inutilis est collatio, * et ideo subdit ° intellige prius et sic loquamur, ‘ quasi dicat: ex hoc quod inefficaciter, leviter et inordinate loqueris patet quod deficis intellectu, unde prius insiste ut intelligas et postea poterimus conferre ad invicem. deinde arguit |25| eum de praesumptione quia eos non reputaverat sapientes * cum dixit ° non inveniam in vobis ullum sapientem, ‘ et ideo ad hoc respondens * subdit ° quare reputati sumus ut iumenta et sorduimus coram te? ‘ homo enim qui sapientia caret similis iumentis videtur et sordidus, quia in sapientia honor hominis et ornatus consistit. consequenter reprehendit eum de iracundia quia * dixerat ° caligavit ad indignationem oculus meus, ‘ quod prave intellexerat credens quod esset talis indignatio quae ei lumen sapientiae abstulisset, non attendens id * quod postea dixerat ° et tenebit iustus viam suam, * et ideo subdit ° quid perdis animam tuam in furore tuo? ‘ ille enim in furore animam perdit qui propter furorem a sapientia et iustitia excidit quae sunt praecipue animae bona. his igitur praemissis quibus personam iob notavit de defectu intellectus, de praesumptione et de furore, accedit consequenter ad principale propositum de quo controversia vertebatur, scilicet quod adversitates praesentis vitae erant poenae peccatorum, contra quod iob dixit ° non peccavi, et in amaritudinibus moratur oculus meus. ‘ sed quia baldath ad assertionem suae sententiae rationibus uti non poterat, voluit suam sententiam astruere quasi ex communi opinione firmissimam, et ideo comparavit |50| eam rebus quae amoveri non possunt, scilicet terrae et rupibus, * unde dicit ° numquid propter te derelinquetur terra et transferentur rupes de loco suo? ‘ quasi dicat: haec sententia, quod adversitates accidunt pro peccatis, firma est sicut terra et rupes: numquid ergo poterit removeri propter tuas disputationes ut innocens comproberis? deinde prosequitur diffusius suam sententiam, enarrans per singula mala quae peccatoribus proveniunt, inter quae primo ponit cessationem prosperorum successuum, quos comparat luci quia ° qui ambulat in luce non offendit, * ut dicitur ioh. xi 9, ‘ unde videntur in luce ambulare quibus omnia prospere succedunt ad votum; de huius ergo lucis, idest prosperitatis, amissione * dicit ° nonne lux impii extinguetur, ‘ idest prosperitas cessabit? sicut autem lux corporalis ex flamma ignis procedit, ita etiam claritas prosperitatis ex hominis affectu procedit dum sibi provenit quod optat, * et ideo subdit ° nec splendebit flamma ignis eius? ‘ per ignem enim ardor amoris significari solet, * secundum illud cant. viii 6 ° lampades eius, lampades ignis atque flammarum. ‘ est autem considerandum quod prosperitas successus humani ex duplici causa procedit: quandoque quidem ex humana providentia, puta cum homo prudenter et caute singula quaeque disponit, * et quantum ad hoc de cessatione prosperitatis dicit ° lux obtenebrescet in tabernaculo illius, ‘ quia scilicet tam ipse quam sui familiares prudentia in consiliis carebunt; quandoque vero prosperitas humani successus ex causa superiori procedit, scilicet ex divina providentia, et quantum ad hoc cessationem prosperitatis describens * dicit ° et lucerna quae super eum est extinguetur, ‘ non quidem ut in se non luceat sed ut impium non illustret. et bene providentiam hominis lucem dixit quasi ab alio mutuatam, providentiam dei lucernam quasi per se lucentem. praemisit autem de luce humanae providentiae, quia per hoc quod homo lucem rationis dimittit videtur mereri ut luce divinae providentiae non protegatur. consequenter post cessationem prosperitatis subiungit de adversitate, circa quam primo ponit impedimenta operationis et conatus; ex duobus autem homo nititur ad effectum suae operationis pervenire: uno modo per propriam fortitudinem, * et contra hoc dicit ° artabuntur gressus virtutis eius, ‘ quia videlicet conatus fortitudinis eius amplos processus habere non potuit; alio modo conatur homo ad aliquid obtinendum per sapientiam, * et quantum ad hoc dicit ° et praecipitabit eum consilium suum, ‘ dum scilicet id quod excogitavit tamquam utile fiat ei damnosum. horum autem impedimentorum causam ex ipso eius peccato dicit procedere * cum subdit ° immisit enim in rete pedes suos: ‘ sicut enim ille qui sponte ponit pedem in reti se praeparat captioni, ita ille qui se sponte ingerit ad peccandum ad hoc se disponit ut processus eius impediantur, * secundum illud prov. v 22 ° iniquitates suae capiunt impium; ‘ et sicut in reti sunt diversae maculae, ita etiam in peccato sunt multae diversitates quibus homines diversimode illaqueantur, * et ideo subdit ° et in maculis eius ambulat, ‘ dum scilicet procedit de uno genere peccati in aliud vel de uno modo peccandi in alium. et quia ipse sponte ingerit se periculis et non desistit sed semper procedit ulterius, ideo quandoque impedimentum sentiet, * unde subdit ° tenebitur planta illius laqueo, ‘ idest processus voluntatis et operationis eius aliquo contrario impedietur. huiusmodi autem nocumenta ex triplici causa proveniunt in peccato procedentibus: primo quidem ex parte ipsius peccantis qui quanto plus peccat tanto plus auget sibi desiderium peccandi, * et quantum ad hoc subdit ° et exardescet contra eum sitis, ‘ quia videlicet quandoque homo peccator ex ratione considerat aliquid sibi esse nocivum, sed fervens desiderium peccandi compellit eum contra suam sententiam agere. secundo, causa nocumenti est quandoque ex ipsis rebus in quibus peccat, * sicut dicit eccl. v 12 ° divitiae conservantur in malum domini sui; ‘ huiusmodi autem nocumenta proveniunt quandoque ex rebus iam adeptis, * et quantum ad hoc dicit ° abscondita est in terra pedica eius, ‘ quia videlicet in ipsis terrenis rebus latet aliquod periculum unde pedes peccatoris capiantur; quandoque autem huiusmodi nocumenta proveniunt dum homo est in via acquirendi, * et quantum ad hoc dicit ° et decipula eius super semitam, ‘ quia videlicet antequam adipiscatur peccator quod quaerit, in ipsa via latent eius pericula. tertio causantur huiusmodi nocumenta ex parte aliorum hominum quorum insidiae et impugnationes formidantur, * unde subdit ° undique terrebunt eum formidines, ‘ quia, * ut dicitur sap. xvii 10, ° cum sit timida nequitia, data est in omnium condemnationem; ‘ cum autem homo ab omnibus sibi cavet, necesse est quod in multis actus eius impediantur, * unde subdit ° et involvent pedes eius, ‘ ut scilicet non possit quoquam libere procedere. ° attenuetur fame robur eius ‘ etc.. praemiserat baldath poenas peccatorum ad exteriores adversitates pertinentes, hic autem incipit prosequi poenas pertinentes ad personas eorum. est autem considerandum quod ipsa peccata exterioribus adversitatibus implicant, et ideo adversitates exteriores prosecutus est praenuntiando quasi cum quadam certitudine; poenae autem corporales non videntur directe causari ex ipsis peccatis nisi forte ex aliquibus, sicut praecipue ex gula et luxuria quibus aliquis in proprium corpus peccat, et ideo corporales poenas non prosequitur denuntiando sed magis imprecando. praemittit autem poenas corporales praecedentes mortem, et quia per nutrimentum conservatur vita, primo imprecatur ei nutrimenti subtractionem ex qua primitus homo incipit debilitari, * et quantum ad hoc dicit ° attenuetur fame robur eius. ‘ deinde autem deficiente nutrimento, etiam subtrahitur vita, * et quantum ad hoc subdit ° et inedia invadat costas eius, ‘ per quod significatur debilitatio vitalium operationum, quarum principium est cor quod sub costis continetur. corporis autem bona quae per famem attenuari incipiunt per mortem totaliter consumuntur; bona autem praecipua corporis videntur esse pulcritudo et fortitudo, * et ideo subdit ° devoret pulcritudinem cutis eius, ‘ quia scilicet pulcritudo in exteriori apparentia consideratur, ° et consumat brachia illius, ‘ in quibus praecipue attenditur fortitudo, ° primogenita mors, ‘ idest tempestiva, naturalis aetatis finem praeveniens. mortuus autem homo a domo sua exportatur, * et quantum ad hoc subdit ° avellatur de tabernaculo suo fiducia eius, ‘ quia scilicet spem suam non in deo posuit sed in opulentia et gloria domus suae, de qua post mortem eicitur. eiectus autem de domo sua, sepulcro includitur ubi totaliter exterminatur a morte, * et quantum ad hoc subdit ° et calcet super eum quasi rex interitus, ‘ quia scilicet mors quasi regis plena potestate eum in pulverem conterit. eo autem egresso de domo eius, remanent mortui domestici cum quibus in vita societatem habuit, * et quantum ad hoc subdit ° habitent in tabernaculo eius socii illius qui non est, ‘ idest mortui qui iam esse desiit in rebus humanis. domestici autem, patrono mortuo, luctum agunt et aliqua signa tristitiae demonstrant vel quantum ad nigras et sordidas vestes vel etiam quantum ad aliquos fetidos odores, * et quantum ad hoc dicit ° aspergatur in tabernaculo illius sulphur, ‘ per quod intelliguntur omnia quae possunt esse signa tristitiae, sicut et boni odores assumuntur in signum laetitiae. homine autem mortuo, frequenter omnia quae fuerunt eius depereunt, quod consequenter ostendens primo incipit a terraenascentibus, quorum quaedam eo mortuo remanent adhuc seminata, * et quantum ad haec dicit ° deorsum radices eius siccentur, ‘ ut scilicet si quid seminavit vel plantavit destruatur ut fructum non ferat; quaedam vero iam sunt perducta ad fructum, * et quantum ad haec subdit ° sursum autem atteratur messis eius; ‘ et potest hoc referri ad quaecumque negotia inchoata vel iam pene perfecta. deinde procedit ad famam quae de homine remanet post mortem, ex qua quidam desiderant se in memoriis hominum victuros et gloriam habere etiam post mortem, unde quantum ad deletionem peccatoris de memoriis hominum * subdit ° memoria illius pereat de terra; ‘ quantum autem ad cessationem celebris famae ipsius * subdit ° et non celebretur nomen eius in plateis, ‘ quod signanter dicit quia non est celebritas nominis nisi apud multitudinem, quae in plateis solet inveniri. et sic cessante memoria et nominis celebritate, claritas gloriae eius commutabitur in tenebras perpetuae oblivionis, * et hoc est quod subdit ° expellet eum de luce in tenebras, ‘ idest de gloria mundana in oblivionem. cessante autem fama eius et corpore consumpto per mortem, iam nihil ipsius remanebit in mundo, quia baldath et socii eius opinabantur quod anima non remaneret post mortem: ° et de orbe transferet eum, ‘ ut scilicet nihil eius in mundo remaneat. sed quia parentes etiam in filiis vivunt, ideo ad hoc excludendum * subdit ° non erit semen eius, ‘ quia filii ipsius morientur, ° neque progenies in populo suo, ‘ quia nec nepotes aut pronepotes remanebunt, nec etiam aliqui ad ipsum pertinentes, * unde subdit ° nec ullae reliquiae in regionibus eius, ‘ idest nec consanguinei nec domestici per quos de ipso memoria habeatur. quis autem effectus ex hoc sequatur in cordibus aliorum, ostendit * cum subdit ° in die eius, ‘ quae scilicet est dies perditionis ipsius, ° stupebunt novissimi, ‘ idest minores de populo, prae nimia admiratione, non valentes considerare quomodo tanta gloria peccatoris subito in nihilum sit redacta; et quantum ad maiores subdit ° et primos invadet horror, ‘ timentes scilicet ne eis eveniat simile. et videtur hoc induxisse ad respondendum ei quod iob * supra xiv 21 ‘ dixerat ° sive nobiles fuerint filii eius sive ignobiles, non intelliget, attamen caro eius dum vivit dolebit, ‘ ex quo videbatur iob comminationes amicorum vel promissiones de eventibus futuris contingentibus post mortem confutasse; sed hic baldath respondet quod huiusmodi infortunia quae post mortem accidunt, etsi mortuus non cognoscat, infliguntur tamen a deo - huiusmodi poenae - propter correptionem aliorum. et quia praemiserat quasdam poenas peccatoris ad viam praesentis vitae pertinentes, quasdam vero ad finem viae, scilicet ad mortem vel ad ea quae post mortem eveniunt, * ideo quasi epilogando subdit ° haec ergo sunt tabernacula iniqui, ‘ idest processus eius in via praesentis vitae: tabernaculis enim viatores utuntur; quantum autem ad ultimum finem qui est quasi terminus motus, * subdit ° et iste locus eius qui ignorat deum, ‘ vel per infidelitatem vel per inoboedientiam.

cp19 ° Respondens autem iob dixit: usquequo affligitis animam meam ‘ etc.. baldath in praemissis verbis ad duo intendisse videtur: primo quidem ad confutandum iob de insipientia et superbia et furore, per quod eum affligere intendebat similiter aliis amicis suis, * et ideo dicit ° usquequo affligitis animam meam? ‘ secundo ad confirmandum suam sententiam quod adversitates praesentis vitae pro peccatis proveniunt, quod quidem prolixe prosecutus fuerat enumerando diversas adversitates absque alia probatione inducta, * et quantum ad hoc subdit ° et atteritis me sermonibus, ‘ idest verbis fatigatis, non probationibus convincitis? est autem tolerabile si semel aliquis contra amicum suum loquatur, sed si homo multiplicet huiusmodi verba videtur esse malitiae confirmatae, * unde subdit ° en decies confudistis me, ‘ et ipsi loquendo et me cum quadam indignatione audiendo: ante hanc autem responsionem quinquies iob invenitur locutus si incipiamus ab hoc * quod dixit ° pereat dies in qua natus sum, ‘ et quinquies ei respondisse amici sui inveniuntur; saltem autem prae confusione etsi non propter amicitiam debuissent ab afflicti afflictione cessare, * unde subdit ° et non erubescitis opprimentes me, ‘ scilicet tam opprobriis quam prolixitate verborum me gravantes. inter cetera autem opprobria videtur eum baldath de ignorantia notasse, * cum dixit ° intellige prius et sic loquamur, ‘ quae quidem ignorantia toleranda ab amicis esset, et propter eam excusandus, non autem erat ei improperanda maxime tempore adversitatis, * et ideo subdit ° nempe si ignoravi, mecum erit ignorantia mea, ‘ quasi dicat: nihil vos sed me solum gravat, unde ad vos non pertinebat inter adversa mihi ignorantiam improperare, * et ideo subdit ° at vos contra me erigimini, ‘ scilicet excellentiam vestram ostentantes, ° et arguitis me opprobriis meis, ‘ idest quae ad me solum pertinent et alios non gravant. quibus praemissis ad confutationem amicorum pertinentibus, accedit ad principale propositum prosequendum, intendens ostendere falsum esse quod dicebant quod praesentes adversitates semper propter peccata praeterita proveniunt. ex qua suppositione statim a principio ad inconveniens ducit * dicens ° saltem nunc intelligite quia deus non aequo iudicio afflixerit me, ‘ quasi dicat: si adversitates non adveniunt nisi pro peccatis, non est aequum dei iudicium quo me non graviter peccantem graviter afflixit; * dicit autem ° saltem nunc, ‘ quia hactenus non ita particulariter enumeravit suas adversitates sicut nunc. non solum autem se dicit adversitatibus afflictum, sed etiam eis conclusum ut viam evadendi invenire non possit, * unde sequitur ° et flagellis suis me cinxerit, ‘ quia scilicet ipsa flagella remediorum viam subtraxerunt; et hoc secundum primo incipit prosequi. potest autem in adversitatibus remedium inveniri primo quidem per auxilium humanum, et hoc dupliciter: uno modo in ipso facto, puta cum aliquis ab aliquo violenter opprimitur et ab alio succursum habet, et ad hoc excludendum * dicit ° ecce clamabo vim patiens, et nemo exaudiet, ‘ quasi dicat: si clamarem contra eos qui me violenter opprimunt nullus exaudiret ut auxilium ferret; alio modo post factum, puta cum aliquis iniuriam passus conqueritur iudici qui eum sententialiter restituit et vindicat, et hoc excludens * subdit ° vociferabor, et non est qui iudicet, ‘ idest si vociferarer conquerendo non adesset iudex qui me suo iudicio liberaret. secundo invenitur in adversitatibus remedium ab ipso homine qui adversitates evadit, et hoc dupliciter: uno modo per potentiam, et hoc excludit * dicens ° semitam meam circumsepsit, et transire non possum, ‘ quasi dicat: tot impedimenta processibus meis apposuit ut ea amovere non possim; alio modo per prudentiam, et ad hoc excludendum * subdit ° et in calle meo tenebras posuit, ‘ ut scilicet non videam qualiter sit procedendum. deinde exclusis remediis, subiungit adversitates incipiens ab exterioribus bonis quae perdidit, inter quae primo ponit iacturam honoris et gloriae * cum dicit ° spoliavit me gloria mea, ‘ quia cum prius in honore et reverentia haberetur, tunc etiam eum iuniores tempore irridebant, * ut dicitur infra xxx 1. ‘ secundo ponit dispendium dignitatis * cum subdit ° et abstulit coronam de capite meo, ‘ quia qui ante sedebat ° quasi rex circumstante exercitu, * ut dicitur infra xxix 25, ‘ nunc ° sedens in sterquilinio testa saniem radebat, * ut dictum est supra ii 8. ‘ tertio ponit damnum exteriorum rerum * cum dicit ° destruxit me undique, ‘ scilicet devastatis omnibus exterioribus bonis, ° et pereo, ‘ adversitate durante, quia non est spes recuperandi, * unde subdit ° et quasi avulsae arbori abstulit spem meam: ‘ arbor enim quandiu radicibus terrae inhaeret habet spem si praecisi fuerint rami eius ut rursum virescat, sed si evellantur eius radices de terra necesse est ut siccetur et pereat; ita etiam ipse, quasi avulsis radicibus, nullam habebat spem prosperitatem temporalem recuperandi. radix autem spei est duplex: una quidem ex parte divini auxilii, alia vero ex parte auxilii humani; radix autem spei quae est ex divino auxilio videbatur esse avulsa per hoc quod deus ei graviter videbatur iratus, secundum illorum opinionem qui divinam punitionem in solis adversitatibus huius vitae ponebant, * unde dicit ° iratus est contra me furor eius, ‘ quod dicit ad designandum vehementiam irae: nam furor est ira accensa. solet autem furor quo vehementior est eo citius transire, et sic potest in futurum remanere spes de irato, sed si ira in odium transeat iam non videtur spes ulla restare, * et ad hoc significandum subdit ° et sic me habuit quasi hostem suum: ‘ ab inimico autem non speratur remedium. divinae autem irae et odii signum ponit * cum subdit ° simul venerunt latrones eius: ‘ latrones nominat sabaeos et chaldaeos et daemones qui eius bona vastaverant simul quasi ex condicto; quos nominat dei latrones quasi hoc ex ordinatione divina contigerit, sicut etiam amici iob dicebant. praedicti autem latrones depraedati sunt iob publice absque aliqua reverentia vel metu, * unde subdit ° et fecerunt sibi viam per me, ‘ quasi: ita me sunt depraedati sicut hostis qui invenitur in via. infestaverunt etiam eum universaliter et perseveranter, * et quantum ad hoc subdit ° et obsederunt, ‘ scilicet perseveranter, ° in gyro, ‘ idest universaliter quantum ad omnia, ° tabernaculum meum, ‘ idest bona domus meae. deinde ostendit avulsam esse radicem spei quae est ex humano auxilio, ostendens quod nihil auxilii poterat expectare de quibus magis videbatur, et enumerat primo illos qui sunt habitatione domus separati, incipiens a fratribus, * dicens ° fratres meos longe fecit a me, ‘ ut scilicet mihi auxilium ferre vel non velint vel non possint; deinde ponit familiares amicos * cum subdit ° et noti mei quasi alieni recesserunt a me, ‘ mihi scilicet auxilium non ferentes; quantum autem ad consanguineos vel quacumque alia necessitudine coniunctos * subdit ° dereliquerunt me propinqui mei, ‘ auxilium non ferentes; quantum vero ad illos cum quibus aliquando fuerat conversatus * subdit ° et qui me noverant, ‘ scilicet olim quasi familiarem amicum, nunc in tribulatione ° obliti sunt mei, ‘ scilicet de me non curantes. post hos accedit ad enumerandum domesticos * dicens ° inquilini domus meae, ‘ qui scilicet mihi servire consueverant, ° et ancillae sicut alienum habuerunt me, ‘ de meis scilicet afflictionibus non curantes, ° et quasi peregrinus fui in oculis eorum, ‘ me scilicet penitus contemnentes. deinde de inoboedientia servorum * subdit ° servum meum vocavi et non respondit mihi; ‘ addit autem et superbum contemptum: ° ore proprio deprecabar illum, ‘ idest oportebat me ad eum agere non imperio sed precibus propter hoc quod me contemnebat. deinde enumerat personas maxime coniunctas, scilicet uxorem et filios; solet autem uxori maxime delectabilis fieri praesentia viri, nisi forte ex aliqua gravi corruptione horribilis reddatur, * et ad hoc significandum subdit ° halitum meum exhorruit uxor mea, ‘ scilicet propter fetorem ulcerum ex quibus ei horribilis reddebatur. filiorum autem est solo nutu parentis voluntatem implere; ex magno autem contemptu parentis provenit quod patrem, cui oportet a filio reverentiam exhiberi, oporteat suppliciter filium deprecari, * et ad hoc ostendendum subdit ° et orabam filios uteri mei. * sed hoc videtur contra id quod dictum est supra i 19, quod ‘ filii eius et filiae oppressi sunt per domus ruinam; sed potest dici quod aliqui parvuli remanserant qui non interfuerant illi convivio, vel forte aliqui filii filiorum, qui mortem propriorum parentum peccatis propriis imputantes peccatis iob ipsum contemnebant. postquam igitur se despectum dixit a domesticis et a forinsecis, ostendit consequenter se despectum esse et a stultis et a sapientibus. est autem stultorum proprium quod eos despiciant quos in miseriis vident, quia sola bona terrena honoranda putant, * et ideo dicit ° stulti quoque despexerunt me, ‘ scilicet corde praesentem, ° et cum ab eis recessissem detrahebant mihi, ‘ scilicet ore pronuntiantes quae in praesentia dicere verebantur. deinde etiam se a sapientibus despectum dicit quos aliquando familiares habuerat, * unde dicit ° abominati sunt me quondam consiliarii mei, ‘ quos scilicet propter eorum sapientiam ad meum consilium admittebam, ° et quem maxime diligebam adversatus est me: ‘ et forte hoc dicit propter aliquem eorum qui praesentes aderant, qui ei gravius adversabatur. sic igitur praemissis adversitatibus quae pertinent ad exteriora, subiungit de proprii corporis consumptione * dicens ° pelli meae, consumptis carnibus, adhaesit os meum, ‘ quia scilicet propter gravitatem aegritudinis carnes eius consumptae erant ita quod cutis eius ossibus adhaereret. sed quia labia sunt carnea quae dentibus sicut ossibus adhaerent, ideo ad haec excipienda * subdit ° et derelicta sunt tantummodo labia circa dentes meos, ‘ per quod videtur occulte innuere quod omnibus aliis officiis membrorum cessantibus, solum ei remanserat locutionis officium. enumeratis ergo adversitatibus suis, eos ad compassionem invitat geminans misericordiae petitionem propter multitudinem miseriarum, * dicens ° miseremini mei, miseremini mei, saltem vos, amici mei, ‘ ex quo ab aliis sum derelictus; causa autem miserendi est miseria, quae tanto gravior est quanto a fortiori inducitur, * et ideo subdit ° quia manus domini tetigit me: ‘ intelligebat enim se a deo percussum. non videtur autem decens ut homo afflicto afflictionem addat, * et ideo subdit ° quare persequimini me sicut deus? ‘ quasi dicat: sufficit mihi persecutio quae est a deo, vestrum autem esset magis consolationem adhibere. qualiter autem eum persequerentur ostendit * subdens ° et carnibus meis saturamini? ‘ quod proprie ad detractores pertinet, qui carnibus humanis vesci dicuntur inquantum in infirmitatibus aliorum delectantur: caro enim est infirmior pars animalis. ° quis mihi tribuat ut scribantur ‘ etc.. dixerat superius iob spem suam esse ablatam ° quasi arboris avulsae, ‘ quod quidem dixit referens ad spem temporalis prosperitatis recuperandae, ad quam eum amici eius multipliciter incitabant; hanc autem spem sibi habendam non esse supra multipliciter ostendit ad diversa inconvenientia deducendo, nunc autem manifeste suam intentionem aperit ostendens se praedicta non dixisse quasi de deo desperans, sed quia altiorem spem de eo gerebat non quidem relatam ad praesentia bona sed ad futura. et quia grandia et mira et certa dicturus erat, praeostendit desiderium suum ad hoc quod sententia quam dicturus erat in fide posterorum perpetuetur; transmittimus autem sensus et verba nostra in posteros per scripturae officium, * et ideo dicit ° quis mihi tribuat ut scribantur sermones mei, ‘ quos scilicet dicturus sum de spe quam in deo firmavi, ne oblivioni deleantur? solent autem ea quae atramento scribuntur per longinquitatem temporis deleri, et ideo quando volumus aliquam scripturam in longinquum servari, non solum per modum scripturae eam describimus sed per aliquam impressionem sive in pelle sive in metallo sive in lapide; et quia illud quod sperabat non erat in proximo futurum sed in fine temporum reservatur implendum, * ideo subdit ° quis mihi det ut exarentur in libro stilo ferreo, ‘ quasi impressione aliqua facta in pelle, ° aut, ‘ si hoc parum est, impressione facta fortiori in ° lamina plumbi, vel, ‘ si et hoc parum videtur, ° certe sculpantur ‘ stilo ferreo ° in silice? ‘ qui sunt autem hi sermones quos tanta diligentia velit conservari, ostendit * subdens ° scio enim quod redemptor meus vivit, ‘ et signanter hoc per modum causae assignat: ea enim quae pro certo non habemus non curamus mandare memoriae, * et ideo signanter dicit ° scio enim, ‘ scilicet per certitudinem fidei. est autem haec spes de gloria resurrectionis futurae, circa quam primo assignat causam * cum dicit ° redemptor meus vivit. ‘ ubi considerandum quod homo qui immortalis fuerat constitutus a deo mortem per peccatum incurrit, * secundum illud rom. v 12 ° per unum hominem peccatum in hunc mundum intravit, et per peccatum mors, ‘ a quo quidem peccato per christum redimendum erat genus humanum, quod iob per spiritum fidei praevidebat. redemit autem nos christus de peccato per mortem pro nobis moriendo; non autem sic mortuus est quod eum mors absorberet, quia etsi mortuus sit secundum humanitatem mori tamen non potuit secundum divinitatem; ex vita autem divinitatis etiam humanitas est reparata ad vitam resurgendo, * secundum illud ii ad cor. ult. ° nam etsi crucifixus est ex infirmitate nostra, sed vivit ex virtute dei; ‘ et vita autem christi resurgentis ad omnes homines diffundetur in resurrectione communi, * unde et ibidem subdit apostolus; ° nam et nos infirmi sumus in illo, sed vivemus in eo virtute dei in nobis, ‘ unde et dominus dicit * iob v 25 ° mortui audient vocem filii dei, et qui audierint vivent: sicut enim pater habet vitam in semet ipso sic dedit et filio vitam habere in semet ipso. ‘ est ergo primordialis causa resurrectionis humanae vita filii dei, quae non sumpsit initium ex maria, * sicut ebionitae dixerunt, ‘ sed semper fuit, * secundum illud hebr. ult. ° iesus christus heri et hodie, ipse et in saecula, ‘ et ideo signanter non dicit redemptor meus vivet sed ° vivit. ‘ et ex hac causa futuram resurrectionem praenuntiat, tempus ipsius determinans, * cum subdit ° et in novissimo die de terra surrecturus sum, * ubi considerandum est quod quidam ponentes “ motum caeli et hunc statum mundi in aeternum duraturum, * posuerunt quod “ post certas revolutiones annorum, redeuntibus stellis ad situs eosdem, homines mortui repararentur ad vitam; ‘ cum autem dies ex motu caeli causetur, si motus caeli in aeternum durabit nullus erit novissimus dies: et ideo ad praedictum errorem tollendum signanter * dicit ° in novissimo die, ‘ et concordat sententiae domini, qui dicit * ioh. vi 40 ° ego resuscitabo eum in novissimo die. * fuerunt alii qui dixerunt quod “ homines resurgent resumendo non terrena sed quaedam caelestia corpora, ‘ sed ad hoc excludendum * subdit ° et rursum circumdabor pelle mea, ‘ quod signanter dicit quia supra dixerat solam pellem circa ossa remansisse; ex ipso autem modo loquendi rationem resurrectionis assignat, ne scilicet anima a proprio indumento semper remaneat denudata. * rursus fuerunt alii qui dicerent “ animam idem corpus quod deposuerat resumpturam sed secundum condicionem eandem, ut scilicet indigeat cibis et potibus et alia opera carnalia huius vitae exerceat, ‘ sed hoc excludit * subdens ° et in carne mea videbo deum. ‘ manifestum est enim quod caro hominis secundum statum vitae praesentis corruptibilis est; ° corpus autem quod corrumpitur aggravat animam, * ut dicitur sap. ix 15, ‘ et ideo nullus in hac mortali carne vivens potest deum videre; sed caro quam anima in resurrectione resumet eadem quidem erit per substantiam sed incorruptionem habebit ex divino munere, * secundum illud apostoli i ad cor. xv 53 ° oportet corruptibile hoc induere incorruptionem, ‘ et ideo illa caro huius erit condicionis quod in nullo animam impediet quin deum possit videre, sed erit ei omnino subiecta. * quod ignorans porphyrius dixit quod ° animae, ad hoc quod fiat beata, omne corpus fugiendum est, ‘ quasi anima sit deum visura non homo, et ad hoc excludendum * subdit ° quem visurus sum ego ipse, ‘ quasi dicat: non solum anima mea deum videbit sed ° ego ipse ‘ qui ex anima et corpore subsisto. et ut ostendat quod illius visionis etiam suo modo erit particeps corpus, * subiungit ° et oculi mei conspecturi sunt, ‘ non quia oculi corporis divinam essentiam sint visuri sed quia oculi corporis videbunt deum hominem factum; “ videbunt etiam gloriam dei in creatura refulgentem, * secundum augustinum in fine de civitate dei. ‘ et ut idem numero non solum specie reparandus homo credatur ad deum videndum, * subiungit ° et non alius, ‘ scilicet numero, ne credatur talem se vitae reparationem expectare * qualem describit aristoteles in ii de generatione, dicens quod “ quorumcumque substantia est corruptibilis mota reiterantur eadem specie non eadem numero. ‘ his igitur praemissis de causa resurrectionis, tempore et modo, et gloria resurgentis et identitate eiusdem, * subiungit ° reposita est haec spes mea in sinu meo, ‘ quasi dicat: non est spes mea in terrenis quae vane promittitis, sed in futura resurrectionis gloria. * signanter autem dicit ° reposita est in sinu meo, ‘ ad ostendendum quod hanc spem non solum habebat in verbis sed in corde absconditam, non dubiam sed firmissimam, non quasi vilem sed quasi pretiosissimam: quod enim in sinu absconditur in occulto habetur et firmiter conservatur et carum reputatur. sic ergo ostensa altitudine spei suae quam habebat de deo, excludit eorum calumnias quas contra eum quaerebant, quasi dei spem et timorem abiecisset quia in temporalibus spem non ponebat, * unde subdit ° quare ergo nunc dicitis: persequamur eum, ‘ scilicet tamquam de deo desperantem vel deum non timentem, ° et radicem verbi inveniamus contra eum, ‘ improbando dicta mea quasi providentiam dei negaverim? quam non nego sed assero dicens praemia et poenas a deo praeparari hominibus etiam post hanc vitam, * et ideo subdit ° fugite ergo a facie gladii, ‘ idest divinae ultionis in futura vita vobis reservatae, quamvis temporali prosperitate floreatis, ° quoniam ultor iniquitatum gladius eius, ‘ idest ultio quam ipse proprie inducet post mortem; ° et scitote esse iudicium, ‘ non solum in hac vita sed etiam post hanc vitam in resurrectione bonorum et malorum.

cp20 ° Respondens autem sophar naamathites dixit: idcirco cogitationes meae ‘ etc.. sophar, audita sententia iob de spe futurae vitae, acquievisse videtur, unde et post hanc responsionem secundam eius tertio nihil contradixit. sed tamen adhuc erat aliquid in corde eius quod a priori sententia eum non permittebat omnino recedere: putabat enim quod etsi in futura vita fierent retributiones et punitiones pro meritis, ut a iob didicerat, nihilominus tamen adhuc ei videbatur quod prosperitates et adversitates huius vitae hominibus dispensarentur a deo pro merito virtutum vel peccatorum, et ideo quasi in parte convictus et in parte adhuc primam sententiam retinens * dicit ° idcirco, ‘ scilicet propter verba quae dicta de spe futurae vitae, ° cogitationes meae variae succedunt sibi. ‘ et ut non intelligantur huiusmodi variae cogitationes ad eandem sententiam pertinere, sicut cum aliquis ad eandem conclusionem varias rationes excogitat, * subdit ° et mens in diversa rapitur, ‘ scilicet violentia rationum quae induci possunt pro utraque sententia nunc ad unum nunc ad aliud ducor, quasi non sufficeret ad contrarias rationes solvendas. videbatur enim ei quod sententiam iob de spe futurae vitae repudiare non deberet, * et ideo subdit ° doctrinam qua me arguis audiam, ‘ credendo scilicet quod dixisti de resurrectione futura, sed tamen adhuc totaliter primam sententiam non dimitto, * et hoc est quod subdit ° et spiritus intelligentiae meae respondebit mihi, ‘ quasi dicat: adhuc intellectus meus habet quid pro sententia sua respondeat. hoc autem videbatur ei certissimum et experimento probatum quod mali etsi aliqua prosperitate gaudeant, tamen illa sit brevis et cito in hac vita etiam finiatur vel per festinam mortem vel per aliquam subsequentem adversitatem, * et hoc est quod subdit ° hoc scio, ‘ considerans scilicet ° a principio ex quo est positus homo super terram, ‘ quasi diceret a principio humani generis, ° quod laus impiorum brevis sit: ‘ laudantur enim quandoque ad modicum propter aliqua bonitatis signa et initia quae in eis apparent, sed illa statim obnubilantur ex iniquis operibus quae in eis apparent, et ideo gaudium quod habent de favore quem capiunt ex sua simulatione in brevi pertransit, * et hoc est quod subdit ° et gaudium hypocritae ad instar puncti, ‘ quasi in momento pertransiet, quia postea ex fructibus suis cognoscitur, * ut dicitur matth. vii 16. ‘ contingit enim quandoque quod ex illo favore quem brevi tempore ex sua simulatione captavit ad aliquem altum statum sublimatus est, unde consequenter ostendit quod nec hoc ei stabile erit, * dicens ° si ascenderit usque in caelum superbia eius, ‘ idest si propter altum statum quem adeptus est in tantam ascendat superbiam quod non reputet se caducum quasi terrenum sed immobilem quasi caelestem, ° et caput eius nubes tetigerit, ‘ ut scilicet ultra communem statum hominum promoveatur, ° quasi sterquilinium in fine perdetur, ‘ vel per festinam mortem ex qua redditur humanum cadaver vile et abominabile quasi stercus, * secundum illud ier. ix 22 ° cadet morticinum hominis quasi stercus super faciem regionis, ‘ vel per hoc quod eius malitia detegetur et ab omnibus reputabitur vilis, * secundum illud eccli. ix 10 ° omnis mulier quae est fornicaria quasi stercus in via conculcabitur. ‘ eius autem superbia deiecta, stupor in cordibus hominum orietur de tam subita deiectione, et reverentia quae habebatur ad ipsum cessabit, * unde subditur ° et qui eum viderant dicent: ubi est? ‘ vel mirantes vel contemnentes. et ut ostendat eius deiectionem irreparabilem esse, * subdit ° velut somnium avolans non invenietur: ‘ sicut enim avis faciliter avolando aufertur ab oculis hominum, ita etiam somnia de facili auferuntur a cognitione humana; et quia eorum nullum manet vestigium vel debile, neque ad aliquem testimonium per quod si perdatur possit requiri, ideo irreparabiliter transit eius cognitio: et similiter dat intelligere quod casus impiorum sit irreparabilis. et huius irreparabilitatis causam ostendit multiplicem: primo quidem ex parte ipsius peccatoris qui perit, * unde dicitur ° transibit sicut visio nocturna, ‘ quae quidem est visio phantasmatis non permanentis, et ideo postquam desierit ad eam reditus haberi non potest; visio autem diurna est alicuius rei permanentis, quam si aliquis videre desierit ad eam videndam rursus recurrere potest; et similiter quandiu peccator manet, si adversitas ei adveniat potest reparatio sperari, sed quando ipse ex hac vita transierit nulla ulterius reparatio speratur. secundo autem ex parte aliorum hominum ostendit casum eius irreparabilem, * cum subdit ° oculus qui eum viderat non videbit: ‘ ea enim quae ab oculis recedunt de facili etiam a memoria transeunt, unde mortui qui subtrahuntur humanis aspectibus de facili oblivioni traduntur, ut sic nec in memoriis hominum gloriam habeant nec amici eorum amplius auxilium praestare curent. tertio ostendit causam irreparabilitatis eius, quia non potest redire ad priorem statum, * unde subdit ° nec ultra intuebitur eum locus eius: ‘ non enim potest redire homo post mortem ad eundem modum vivendi. et non solum ipse deicietur et in propria persona transiens et oculis hominum subtractus proprio loco numquam restituendus, sed etiam filii pro peccato eius punientur, * unde sequitur ° filii eius atterentur egestate, ‘ iusto scilicet dei iudicio, ut quia pro divitiis filiorum peccavit in hoc etiam spe sua frustretur, filiis eius pauperibus effectis. deinde quasi acquiescens iam sententiae iob, subiungit etiam de poenis futurae vitae * dicens ° et manus illius reddent ei dolorem suum, ‘ idest pro operibus peccatorum quae fecit dolorem patietur in poenis. et quod ista retributio doloris sit intelligenda post mortem, * apparet per hoc quod subditur ° ossa eius implebuntur vitiis adolescentiae eius et cum eo in pulvere dormient, ‘ quasi dicat: etiam post mortem quando carnes eius in pulverem resolventur, solis ossibus in sepulcro remanentibus, poenam patietur pro peccatis, non solum quae in senectute sed etiam quae in adolescentia commisit quae est magis praeceps ad peccandum. et causam quare etiam post mortem puniatur pro peccatis, ostendit * subdens ° cum enim dulce fuerit in ore eius malum, abscondit illud sub lingua sua, ‘ et loquitur ad similitudinem hominis dulcem cibum comedentis, qui non cito illum absorbet sed diu tenet in ore ut diutius delectetur. unde hanc similitudinem exponens * subdit ° parcet illi, ‘ scilicet malo vel peccato quod est ei dulce, nolens illud destruere; quod quidem destrueret deserendo, * unde sequitur ° et non relinquit illud; ‘ quare autem non relinquat, ostendit * subdens ° et celabit in gutture suo, ‘ idest nulli manifestabit, et propter hoc nullus ei peccatum occultum dissuadebit neque aliquod remedium adhibebit quod adhibetur peccata sua confitentibus: haec est ergo causa quare peccata alicuius puniuntur post mortem quia ea in vita relinquere noluit. ° panis eius in utero illius ‘ etc.. quia dixerat quod ossa impii replenda sunt vitiis adolescentiae eius, ut scilicet pro eis puniatur post mortem, nunc de poenis eius prosequitur latius, et primo ostendit quod bona quae in hoc mundo habuit ei vertentur in mala. et utitur similitudine comedentis cui cibus quandoque in malum convertitur, et hoc duobus modis: uno modo quando cibus indigestus interius manet et convertitur in humores venenosos, * et quantum ad hoc dicit ° panis eius in utero illius vertetur in fel aspidum intrinsecus, ‘ quasi dicat: sicut quandoque cibus comestus vertitur in humores venenosos, ita et bona quae in hoc mundo habuit perseveranter usque ad mortem ei vertentur in amaritudinem mortis. secundo cibus comestus quandoque si digeri non potest per vomitum extra eicitur cum abominatione et dolore, ita etiam quandoque contingit quod homines peccatores bona temporalia quae in hoc mundo acquirunt, quia eis bene non utuntur, quasi indigesta divino iudicio cum dolore amittunt, * unde subdit ° divitias quas devoravit, ‘ idest rapaciter acquisivit, ° evomet, ‘ idest cum abominatione perdet, ° et de ventre eius, ‘ idest de eius dominio, ° extrahet eas deus, ‘ quia scilicet divino iudicio per quandam violentiam ei auferentur. nec solum bona quae habuit ei vertentur in malum, sed etiam ab inimicis mala patietur et facto et verbo, et ideo duo exempla ponit: primum quidem de aspide quae mordendo interficit, * unde dicit ° caput aspidum surget, ‘ scilicet contra eum ad eum mordendum, per quod significatur aliquis malefactorum princeps vel etiam diabolus eum invadens; secundum exemplum ponit de vipera quae lingua sua venena diffundit, * unde sequitur ° et occidet eum lingua viperae, ‘ per quam intelligitur quodcumque nocumentum proveniens ex lingua hominis quasi venenum ex lingua viperae. deinde subiungit poenam ex privatione bonorum * cum subdit ° non videat rivulos fluminis torrentis mellis et butyri. ‘ mel autem et butyrum in hoc conveniunt quod utrumque suave est ad edendum, sed mel officio apum ex floribus colligitur, butyrum autem ministerio hominum ex lacte domesticorum animalium sumitur; unde per mel potest significari quodcumque bonum delectabile proveniens absque industria hominum, per butyrum autem designatur aliquod bonum delectans ex studio humano proveniens. torrens autem subito supervenit et ex insperato; in flumine abundantia designatur propter aquarum multitudinem; in rivulis autem distributio bonorum designatur: non enim omnes omnia habent neque temporalia neque spiritualia bona, sed quidam haec quidam illa. datur ergo intelligi quod bonis, secundum sophar sententiam, suavitas bonorum proveniat abundanter et ex insperato, tum ex humano ministerio tum ex providentia divina sine humana industria, secundum tamen quandam ordinatam distributionem, qua quidem distributione privandum asserit peccatorem. et quia quandoque ex multitudine poenarum homo deficit ut ulteriores poenas sustinere non possit, subiungit quod peccator quamvis in hac vita multipliciter puniatur tamen ulterius reservatur ad poenas futurae vitae, * unde sequitur ° luet quae fecit omnia, ‘ idest pro singulis peccatis suis poenam patietur, ° nec tamen consumetur, ‘ scilicet secundum animam quae futuris poenis reservatur. consequenter ostendit convenientiam poenarum ad culpas * cum subdit ° iuxta multitudinem adinventionum suarum, ‘ idest peccatorum quae sollicite excogitavit, ° sic et sustinebit, ‘ quia scilicet poena per quandam convenientiam culpae respondebit. et primo hoc manifestat quantum ad culpam rapacitatis, in qua duo per ordinem ponit, quorum primum est violenta depraedatio * quam significat subdens ° quoniam confringens nudavit domum pauperis, ‘ in confractione quidem violentiam significans, in nudatione rapinam; secundo ponit restitutionis negligentiam, * et quantum ad hoc subdit ° domum rapuit et non aedificavit eam, ‘ quasi dicat: ea quae de domo rapuit vel quae in domo confringendo destruxit recompensare neglexit. huic autem culpae convenientem poenam subiungit * dicens ° nec est satiatus venter eius, ‘ quasi dicat: quia ° nudavit domum pauperis ‘ eum de bonis suis satiari non sinens, ideo appetitus eius non est satiatus neque de bonis quae iure possidet neque de his quae iniuste acquisivit, quia, * sicut dicitur eccl. v 9, ° avarus non implebitur pecunia, et qui amat divitias fructum non capiet ab eis, * et quantum ad hoc secundum subdit ° et cum habuerit quae concupierat, possidere non poterit, ‘ quia vel ipse subtrahetur eis vel illa subtrahentur ei; et hoc conveniens est, ut quia ea quae rapuit sponte restituere noluit ea invitus amittat. deinde manifestat idem in culpa voracitatis quam ponit * subdens ° non remansit de cibo eius, ‘ quia scilicet quicquid habuit in suos usus convertit, nihil in aliorum necessitatem reservans. et subiungit convenientem poenam * dicens ° propterea nihil permanebit de bonis eius, ‘ scilicet ei quia omnia perdet, et hoc est conveniens poena quantum ad hoc quod de bonis suis aliis noluit reservare: unde iustum est ut nihil ei reservetur. quantum vero ad hoc quod superflua in suos usus consumpsit, subiungit aliam convenientem poenam * dicens ° cum satiatus fuerit, artabitur, ‘ et loquitur ad similitudinem hominis qui nimis comedit, cuius viscera artantur ex nimio cibo compressa, per quod significatur quod homo qui superflua in suos usus expendit vel qui superflua sibi acquisivit artationem quandam patietur, non valens omnia acquisita recte disponere, * sicut patet luc. xii 18 ‘ de divite cuius ager uberes fructus protulerat, quod voluit horrea sua destruere ut faceret ampliora. ex artatione autem viscerum sequitur inordinatus calor et anxietas, * unde subdit ° et aestuabit, ‘ et similiter illi qui multa sibi inordinate congregant nimia sollicitudine affliguntur; demum ex superfluo cibo ad omnia membra solet dolor pervenire, * unde subdit ° et omnis dolor irruet in eum: ‘ similiter etiam his qui superflua congregaverunt multiplex dolor exoritur dum in pluribus dispendia patiuntur. considerans ergo sophar quod saturitas impii est ei nociva, quasi ex zelo iustitiae optat ei saturitatem bonorum temporalium ut poenam patiatur, * unde sequitur ° utinam impleatur venter eius, ‘ scilicet abundantia temporalium bonorum, ° ut emittat in eum, ‘ scilicet deus, ° iram furoris sui, ‘ idest vindictam sine misericordia. et modum irae ostendit * subdens ° et pluat super illum bellum suum; ‘ et * in hoc quod dicit ° pluat ‘ designat malorum abundantiam; * in hoc quod dicit ° super illum, ‘ idest supra vires peccatoris, designat impotentiam resistendi; * in hoc autem quod dicit ° bellum suum * ostendit quod ‘ mala non inferuntur ei ad correctionem per modum disciplinae qua pater castigat filium, sed per modum exterminii quo hostes perduntur; * unde subdit ° fugiet arma ferrea, ‘ idest poenas praesentes, impatienter eas sustinendo, quae ad modum gladii ferrei feriunt de propinquo; ° et irruet in arcum aereum, ‘ idest in poenas futurae vitae quae quasi feriunt a remotis ad modum arcus aerei, qui est infrangibilis, ut futurarum poenarum interminabilitas designetur. exponit autem consequenter huius arcus processum * dicens ° eductus et egrediens de vagina sua, ‘ supple erit arcus ille: quandiu enim arcus est in vagina non percutit, et similiter ultio futurae damnationis quandiu est in dei praescientia quasi in quadam vagina non damnat, sed educitur de hac vagina per malitiam provocantem deum, et tunc egreditur per dispositionem divinam. et eius effectum ostendit * subdens ° et fulgurans in amaritudinem suam: ‘ sicut enim fulgur de supernis et subito et cum violentia et claritate venit, ita illa ultio inferetur peccatori a deo ex improviso cum tanta violentia quod resisti non poterit, et cum tanta claritate iustitiae quod excusationis locus non erit, et ex hoc peccator replebitur amaritudine. deinde poenas ultionis explicat per partes, et primo quantum ad hoc quod sub potestate daemonum tradetur, et * quantum ad hoc subdit ° vadent et venient super eum horribiles, ‘ idest liberam potestatem super eum accipient daemones. deinde ponit poenam damni * cum subdit ° omnes tenebrae absconditae sunt in occultis eius, ‘ quia scilicet perfectas tenebras interiores et exteriores patietur, elongatus a claritate dei; quod quidem in occulto dicit esse quia sicut sanctorum claritas in hac vita nobis occulta est, ita et tenebrositas impiorum. deinde ponit poenam sensus * cum dicit ° devorabit eum, ‘ non quidem consumendo sed sua afflictione absorbendo, ° ignis, ‘ scilicet gehennae, ° qui non succenditur, ‘ scilicet humano studio sed divina virtute, * secundum illud is. xxx 33 ° flatus domini sicut torrens sulphuris succendens eam. ‘ in his autem poenis nullum auxilium sibi aderit, * unde subdit ° affligetur relictus in tabernaculo suo, ‘ idest ex hoc quod relinquetur sine auxilio in loco poenarum sibi deputato. positis ergo poenis quas in se ipso patietur, subiungit poenas quae pertinent ad ipsum secundum quod post mortem remanet in hac vita, et primo quidem quantum ad hoc quod remanet in memoriis hominum, * dicens ° revelabunt caeli iniquitatem eius, ‘ idest caelesti virtute fiet quod iniquitas eius reveletur post mortem quae latebat in vita, ° et terra consurget adversus eum, ‘ quia manifestata eius iniquitate, homines terreni etiam contra mortuum turbabuntur qui forte vivum reverebantur. deinde ponit poenam eius quantum ad hoc quod remanet in filiis, * cum dicit ° apertum erit germen domus illius, ‘ idest filii eius expositi erunt tribulationibus; et hoc germen ° detrahetur, ‘ scilicet de hac vita, ° in die furoris domini, ‘ idest in die vindictae divinae; quamvis possit et hoc ad finale iudicium referri, in quo sancti revelabunt iniquitatem peccatoris et totus mundus ° pugnabit contra insensatos ‘ et germina, idest opera peccati, manifestabuntur et tandem impius detrahetur in infernum. * deinde epilogando subdit ° haec est pars hominis impii a deo, ‘ idest quam sibi acquisivit impiis operibus, ° et hereditas verborum eius a domino, ‘ quam scilicet sibi acquisivit pravis verbis. et considerandum quod inter praemissa praesentibus poenis futuras commiscuit.

cp21 ° Respondens autem iob dixit: audite, quaeso ‘ etc.. quia sophar in praemissis verbis quantum ad aliquid iam sententiae iob consenserat ut poneret peccata puniri post mortem, quamvis adhuc in hoc suam sententiam retineret quod etiam in vita ista peccata temporaliter puniuntur, erectus fuit iob in spem convertendi eos totaliter ad veram sententiam, et ideo primo humiliter inducit eos ad attentionem, * cum dicit ° audite, quaeso, sermones meos. ‘ et quia hactenus cum quadam irrisione eius verba audierant, * subdit ° et agite paenitentiam, ‘ scilicet de hoc quod verba mea irrisistis vel quod veritati contradixistis; et quia iam omnes bis locuti estis, ° sustinete me ut et ego loquar, ‘ respondendo scilicet ad ea quae ultimo proposita sunt. et ne antequam audirent iudicium condemnationis proferant, * subdit ° et post mea, si videbitur, verba ridete, ‘ quasi dicat: si iudicatis meam hanc sententiam derisibilem esse; prius tamen meam responsionem audiatis, quae si vobis non satisfaciat postea poteritis iustius irridere. et ne videantur eius verba despicienda fore, ostendit quod de magnis locuturus est, scilicet de divinis iudiciis non de humanis, * unde subdit ° numquid contra hominem disputatio mea est ut merito non debeam contristari? ‘ quasi dicat: si ad hoc tenderet meae disputationis intentio ut inquirerem an aliqua homo iuste vel iniuste me afflixerit, qualitercumque hoc accidisset, merito tristitia carerem; sed disputatio mea tendit ad inquirendum quomodo hoc iusto dei iudicio acciderit. et quia de magna re est ista disputatio, est audienda attente, * unde dicit ° attendite me; ‘ est etiam audienda non leviter et cum irrisione sed magis graviter et cum stupore, * unde subdit ° et obstupescite; ‘ est etiam audienda silenter et sine mussitatione, * unde subdit ° et superponite digitum ori vestro. ‘ et ne videatur hoc iactanter dicere quasi ad deferendum honorem suae auctoritati, ostendit se etiam in altitudine huius quaestionis stupere, * unde subdit ° et ego quando recordatus fuero perstupesco, ‘ ne scilicet in tanta quaestione in aliquo a veritate deficiam aut irreverenter de divinis iudiciis loquar; timor autem iste non sistit in mente sed pervenit usque ad carnem, * unde subdit ° et concutit carnem meam tremor: ‘ ex vehementi enim animi passione etiam caro immutatur. quibus praemissis sufficientibus ad attentionem excitandam, procedit ad quaestionem; et quia sophar dixerat quod prosperitates malorum, si quae sunt, brevi finiuntur et in malum eis vertuntur, ideo haec statim iob improbat dicens ° quare ergo impii vivunt, ‘ scilicet diu? quasi dicat: si impius sic, velut avis avolans et velut visio nocturna, cito transit, unde est quod multi impii habent vitae diuturnitatem? item si ° gaudium hypocritae est ad instar puncti ‘ et eius ascensus cito deicitur, quare ° sublevati sunt, ‘ idest in honoribus promoti? item si ° divitias quas devoravit evomit, ‘ quare sunt ° confortati divitiis, ' idest quare eorum divitiae sunt eis confirmatae? * contra hoc etiam quod dixerat ° filii eius atterentur egestate, * dicit ° semen eorum permanet coram eis, ' idest filii, eis videntibus, perseverant; et idem subiungit de aliis personis coniunctis * dicens ° propinquorum turba et nepotum in conspectu eorum; ' per quod duplicem prosperitatem designat, quia nec eorum propinqui subtrahuntur per mortem, * quod significat in hoc quod dicit ° permanet, ' nec elongantur per exilium vel aliquid huiusmodi, * quod designat per hoc quod dicit ° coram eis ' et ° in conspectu eorum. ' deinde prosequitur per partes praemissam prosperitatem impiorum, primo quidem quantum ad ipsos, praemittens immunitatem a malo * cum dicit ° domus eorum, ' idest familiae eorum cum necessariis rebus, ° securae sunt, ' scilicet ab insultu hostium, ° et |75| pacatae, ' idest carentes interna dissensione; et etiam immunes sunt a divino flagello, * et quantum ad hoc subdit ° et non est virga dei super illos, ' quia scilicet pro peccatis suis non corriguntur in hac vita. et subiungit de multiplicatione bonorum, quia scilicet bona eorum non sunt sterilia nec fructu suo privantur, et hoc manifestat in specie boum qui apud antiquos acceptissimi erant propter agriculturam. * unde dicit ° bos eorum, ' idest vacca, ° concepit, ' per quod tollitur sterilitas, est autem conceptio primum in fructificatione animalium; secundum est formatio fetus concepti in ventre et perductio ad perfectum, quod impeditur per aborsum, * et quantum ad hoc dicit ° et non abortivit; ' tertium autem est partus, * et quantum ad hoc dicit ° vacca peperit, ' idem significans nomine bovis et vaccae, et utitur utroque vel propter ornatum sermonis vel propter necessitatem metri; quartum autem est educatio prolis, * et quantum ad hoc subdit ° et non est privata fetu suo, ' morte scilicet praeoccupante. consequenter autem subdit de prosperitate quantum ad filios, circa quod primo ponit prolis multitudinem * cum dicit ° egrediuntur, ' scilicet in plateis ambulantes, non praeventi morte, ° quasi greges parvuli eorum, ' scilicet in multitudine et mutua concordia; |100| secundo ponit eorum incolumitatem * cum subdit ° et infantes eorum exultant lusibus, ' quasi non gemunt infirmitatibus; tertio ponit eorum disciplinam qua apud antiquos liberi instruebantur in musicis, * unde dicit ° tenent tympanum et citharam, et gaudent ad sonitum organi, ' quasi instructi ad hoc quod et ipsi convenienter musica utantur et alios audiendo prudenter iudicent. * sed ne aliquis dicat quod " haec eorum prosperitas modicum durat ° ad instar puncti, * contra hoc subdit ° ducunt in bonis dies suos, ' quasi dicat: omnes dies vitae suae in prosperitate peragunt. necesse est autem ex communi condicione quod finaliter sentiant mortem, sed tamen hanc patiuntur absque praecedenti angustia, * unde subdit ° et in puncto ad inferna descendunt, ' idest in mortem: omnes enim antiqui ante redemptoris adventum, de quo supra locutus fuerat, ad inferna descendebant; sed quidam adversitatibus pressi in vita, non subito sed per multas amaritudines ad inferna descendebant, sicut iacob dixit * gen. xxxvii 35 ° descendam ad filium meum lugens in infernum; ' sed illi qui prosperitate vigent usque ad mortem quasi in puncto usque ad inferna descendunt. posset autem responderi quod impii inter multa |125| mala quae faciunt, meruerunt a deo prosperitatem terrenam vel eum amando vel cognoscendo vel ei qualibuscumque operibus serviendo vel saltem bona temporalia ab ipso petendo, sed hoc excludit * subdens ° qui dixerunt deo, ' scilicet ex corde proposito quasi ex certa malitia peccantes: ° recede a nobis, ' quod pertinet ad defectum amoris, ° scientiam viarum tuarum nolumus, ' quod pertinet ad defectum cognitionis per ignorantiam affectatam: viae autem dei dicuntur praecepta et iudicia eius quibus ab ipso disponimur; ° quis est omnipotens ut serviamus ei? ' quod pertinet ad defectum bonorum operum provenientem ex dei contemptu, ° et quid nobis prodest si adoraverimus eum? ' quod pertinet ad contemptum petitionis propter defectum spei. sic ergo evidentissime confutavit eorum sententiam, ostendens quod prosperitas temporalis non semper est praemium virtutis nec adversitas temporalis est poena peccati, quia impii frequenter prosperantur in hac vita nihil boni merentes a deo, et cum hoc nullas graves adversitates patiuntur. * posset autem aliquis obicere: " si malis prospera eveniunt et adversitatibus carent, ergo nulla est ratio a malitia declinandi, * unde eccl. ix 3 dicitur ° eadem cunctis eveniunt, unde et corda filiorum hominum |150| implentur malitia; ' sed huic obiectioni respondet * dicens ° verum tamen quia non sunt in manu eorum bona sua, consilium eorum longe sit a me. ' circa quod sciendum est quod in manu hominis, idest in potestate ipsius, sunt quaedam bona, scilicet voluntaria virtutum opera quorum est dominus per liberum arbitrium gratia dei iuvatum, et ideo huiusmodi bona semper possunt retinere virtuosi quandiu volunt, et propter hoc consilium sectandi huiusmodi bona est acceptandum; sed bona temporalis prosperitatis non sunt in potestate habentium ut possint ea acquirere vel retinere cum volunt, et ideo abiciendum est eorum consilium quo deum et iustitiam contemnunt ut prospere vivant, quia per hoc non possunt assequi quod intendunt sed quandoque adversitatibus premuntur. est autem considerandum ulterius quod adversitas impii gravior est quam iusti, quia cum iustus adversitatem patitur temporalem remanet ei fulcimentum virtutis et consolatio in deo, unde non totaliter dissipatur; sed malis, amissis temporalibus bonis quae sola sibi quaesierunt, nullum remanet fulcimentum: * unde subditur ° quotiens lucerna, ' idest prosperitas, ° impiorum extinguitur, ' idest finitur, ° et supervenit eis, ' scilicet divino iudicio, ° inundatio, ' idest |175| gravis tempestas adversitatis, ° et ' quotiens deus ° dividit, ' idest sub certa mensura distribuit, ° dolores, ' idest afflictiones aliquas, ° furoris sui, ' idest ex eius furore provenientes, ° erunt, ' impii scilicet, ° sicut paleae ante faciem venti, ' quae scilicet propter levitatem resistere non possunt vento, ° et sicut favilla, ' quae scilicet remanet ligno combusto, ° quam turbo dispergit, ' quia scilicet non habet humorem ut simul se teneat: ita etiam impii, veniente adversitate, resistere non possunt quia carent fulcimento divinae spei, et per diversas cogitationes disperguntur carentes humore virtutis. et post hoc subdit de adversitate quantum ad filios * cum dicit ° deus servabit filiis illius dolorem patris, ' quia scilicet poena patris pertingit usque ad filios imitatores paternae malitiae. nec differetur hoc usque post mortem patris sed vivente et cognoscente patre hoc erit, * unde subdit ° et cum reddiderit, ' scilicet deus poenam filiis, ° tunc sciet, ' scilicet pater, * unde subdit ° videbunt oculi eius interfectionem suam, ' idest filiorum suorum, vel quamcumque adversitatem, et in hoc ipso ° de furore omnipotentis bibet, ' quia hoc ipsum pertinet ad poenam patris quod filii eo vivente puniuntur, non autem si punirentur post eius mortem, * unde subdit ° quid enim ad eum pertinet |200| de domo sua post se? ' idest non affligeretur a futuris infortuniis posterorum, maxime cum peccator post mortem hoc ignoret, * sicut supra xiv 21 dictum est ° sive nobiles fuerint filii eius sive ignobiles, non intelliget; aut ' etiam quid pertinet ad eum ° si numerus mensium eius dimidietur: ' non potest de hoc dolere in vita quia hoc ignorabat futurum. ° numquid deum docebit quispiam ' etc.. quia supra iob proposuerat quod impiis in hac vita quandoque prospera quandoque adversa adveniunt, quod facit apud homines dubitationem, ideo ad huius dubitationis solutionem accedens praemittit quod hoc non provenit ex defectu divinae scientiae, quasi eum lateat malitia illorum quibus prospere cedit, * et ideo dicit ° numquid deum docebit quispiam scientiam? ' quasi dicat: non indiget ut ab aliquo instruatur de meritis hominum ut sciat quibus prospera et quibus reddat adversa. * quod autem subdit ° qui excelsos iudicat ' potest dupliciter adiungi: uno modo ut sit sensus quod deus non indiget instructione alicuius ad hoc quod possit excelsos iudicare, idest eos qui prosperantur in hoc mundo, sicut in rebus humanis indigent iudices instrui per testes de meritis iudicandorum; alio modo potest intelligi ut inducatur quasi probatio praecedentis: quod enim |225| deus omnia sciat et quod ab aliis instrui non indigeat patet per hoc quod ipse habet iudicium super quantumcumque excelsos; nullus autem iudicat quae ignorat: unde non potest esse quod alicuius quantumcumque excelsa scientia lateat ipsum. praemissa igitur sufficientia divinae scientiae, subdit dubitationis materiam quae potest accidere super diversa humanarum rerum dispositione, in qua quidam prosperantur usque ad mortem, quidam vero in miseria moriuntur. consistit autem temporalis prosperitas primo quidem in potestate, * et quantum ad hoc dicit ° iste moritur robustus, ' secundo in corporis sanitate, * et quantum ad hoc subdit ° et sanus, ' tertio in exteriorum rerum opulentia, * et quantum ad hoc subdit ° dives, ' quarto in consiliorum et operum prospero successu, * et quantum ad hoc subdit ° et felix: ' dicitur enim felix apud quosdam cui omnia succedunt ad votum. ut autem non solum divitias sufficientes sed etiam superabundantes significet, * subdit ° viscera eius plena sunt adipe: ' adeps enim propter superabundantiam nutrimenti generatur. et ut rursus ostendat eius potentiam multiplicibus auxiliis suffultam, * subdit ° et medullis ossa illius irrigantur: ' per ossa enim fortitudo designatur quorum robur nutrimento medullarum sustentatur. subiungit |250| autem de aliorum adversitate * dicens ° alius vero moritur in amaritudine animae suae, ' quod scilicet pertinet ad interiores dolores quos homines concipiunt vel de corporalibus nocumentis vel ex infortunatis eventibus; * addit autem ° absque ullis opibus ' ad designandum exteriorum rerum defectum. sed tamen cum sic diversificentur in vita cum aequalitate meritorum, non potest dici quod saltem in his quae sunt post mortem diversa ad corpus pertinentia eorum sors commutetur: aequaliter enim eorum corpora disponuntur post mortem, * unde subdit ° et tamen simul in pulvere dormient, ' idest aequaliter in terra sepelientur, ° et vermes operient eos, ' idest aequaliter eorum corpora putrescent: unde patet quod non potest assignari ratio differentiae quae est inter homines secundum prosperitatem et adversitatem, in his quae sunt aequalis meriti vel demeriti, ex diversa corporum dispositione post mortem. erat autem opinio amicorum iob quod ratio praedictae diversitatis esset ex diversitate meritorum, quod est contra id quod experimento apparet de hoc quod impiorum quidam prosperantur, quidam adversa patiuntur; unde quasi iam improbatam eorum opinionem vituperando commemorat * cum subdit ° certe novi cogitationes vestras, ' quibus scilicet |275| iob temerarie condemnabant, ° et sententias, ' scilicet exterioribus verbis prolatas, ° contra me iniquas, ' quia scilicet iniquae impietatis me arguitis ex adversis quae patior; * unde subdit ° dicitis enim: ubi est domus principis? et ubi tabernacula impiorum? ' quasi dicerent: tu simul cum familia tua ex altitudine tanti principatus cecidisti sicut solent deficere tabernacula impiorum. sic igitur per ea quae supra dixerat ostensa iniquitate sententiae ipsorum, accedit ad determinandum veritatem. et praemittit hoc quod dicturus est non esse novum sed apud multos divulgatum, * subdit enim ° interrogate quemlibet de viatoribus, ' quasi dicat: non oportet me cum magno studio testimonium quaerere, quia haberi poterit a quibuscumque transeuntibus per viam; vel viatores dicit eos qui hac vita utuntur non ut termino sed ut via; ° et haec eadem illum intelligere cognoscetis, ' quae scilicet dicturus sum vobis: unde inexcusabiles estis qui a veritate receditis quam omnes communiter tenent. quam quidem veritatem exponit * subdens ° quia in diem perditionis servatur malus, ' quasi dicat: quod in hac vita non punitur sed prosperatur, hoc ideo est quia reservatur eius punitio in aliud tempus quando gravius punietur, * unde subdit ° et ad diem |300| furoris ducitur: ' quia enim furor est ira accensa, nomine furoris acrior vindicta significatur. quare autem in diem perditionis et furoris servetur, ostendit * subdens ° quis arguet coram eo viam eius? et quae fecit quis reddet illi? ' ubi duas rationes assignare videtur, quarum prima est quia intantum est sapientiae imperceptibilis ut nec per poenas erudiretur ut suam recognosceret culpam, sed inter flagella murmuraret quasi punitus iniuste, * et hoc est quod dicit ° quis arguet coram eo, ' idest ut ipse recognoscat ° viam eius, ' scilicet iniquam? alia ratio est quia poenae huius vitae non sunt sufficientes ad tantarum culparum punitionem, quia si acerbae sunt cito interimunt, * et hoc est quod dicit ° et quae fecit quis reddet illi, ' scilicet in hac vita? et ideo quasi concludit quod dies praedictus perditionis et furoris non est in hac vita sed post mortem, * subdit enim ° ipse ad sepulcrum ducetur, ' scilicet mortuus, et tamen secundum animam vivet, * et hoc est quod subdit ° et in congerie mortuorum vigilabit, ' quia scilicet licet videatur dormire per corporis mortem, vigilabit tamen per animae vitam. et ne videatur post mortem transire ad gaudium, * subdit ° dulcis fuit glareis cocyti: ' quia enim testimonium etiam viatorum invocavit, veritatem de poenis malorum post mortem proponit |325| sub fabula quae vulgariter ferebatur, quod scilicet in inferno inter alios esset quidam fluvius nomine cocytus, qui interpretatur luctus, quo animae malorum perducuntur; et sicut alii fluvii trahunt glareas, ita ille fluvius quodammodo involvebat animas impiorum: dicitur ergo impius ° dulcis fuisse glareis cocyti ' quia eius conversatio acceptabilis fuit malis, et ideo inter malos qui sunt in luctu locum habebit. effectum autem huius fluvii quantum ad homines * subdit: ° et post se omnem hominem trahit, ' quia scilicet omnes homines cum quodam luctu moriuntur: quod enim est post mortem est quasi postremum huius fluvii, cuius anterius est quod in hac vita agitur, * et ideo subdit ° et ante se innumerabiles, ' quia scilicet plurimos etiam in hac vita praeoccupat luctus. sic igitur iob per ordinem suam sententiam explicavit, primo quidem * supra xix 25 ' ostendens spem iustorum tendere in remunerationem futurae vitae, hic autem exprimit poenam reservari malis post mortem, et ideo ex utraque parte confutata adversariorum sententia * subdit ° quomodo igitur consolamini me frustra, ' scilicet promittendo temporalem prosperitatem, ° cum responsio vestra repugnare ostensa sit veritati? ' in hoc quod dicitis hominibus deputari praemia et poenas in hac vita, quod supra multipliciter |350| est improbatum.

cp22 ° Respondens autem eliphaz themanites dixit: numquid deo comparari potest homo ' etc.. finitis sermonibus beati iob, eliphaz eius verba non ea intentione qua dicebantur accepit: primo namque quod iob dixerat ad ostendendum altitudinem materiae ° numquid contra hominem disputatio mea? ' eliphaz sic accepit dictum ac si contentiose cum deo disputare intenderet, unde eum praesumptionis arguit ex triplici consideratione. primo namque aliquis provocatur ad disputandum vel contendendum cum aliquo quando videt eum comparabilem sibi in scientia veritatis, ut ex mutua collatione aliquid occultum indagetur; est autem valde praesumptuosum quod homo suam scientiam divinae audeat comparare, * unde dicit ° numquid deo comparari potest homo, etiam cum perfectae fuerit scientiae? ' quasi dicat non, eo quod dei scientia sit infinita. secundo provocatur aliquis ad disputandum vel ratiocinandum cum aliquo propter aliqua quae ab eo accepit, ut fiat collatio datorum et acceptorum; est autem praesumptuosum quod homo putet bona quae facit esse deo utilia, * unde et psalmista dicit ° dixi domino: deus meus es tu quoniam bonorum meorum non eges, * unde subdit ° quid |25| prodest deo si iustus fueris, ' scilicet recta opera faciendo? ° aut quid ei conferes si immaculata fuerit vita tua, ' scilicet a peccatis abstinendo? tertio provocatur aliquis ad hoc quod iudicio contendat cum aliquo propter timorem superioris potestatis eum in iudicium vocantis, quod nefas est cogitare de deo, * unde subdit ° numquid timens, ‘ scilicet aliquem iudicem, ° arguet te, ‘ scilicet accusando, ° et veniet tecum ad iudicium, ‘ quasi de pari citatus? deinde quia iob dixerat iniquas esse eorum sententias quibus dicebant domum eius perisse sicut ° tabernacula impiorum, ‘ intendit suam sententiam rectam esse * cum subdit ° et non propter malitiam tuam plurimam et infinitas iniquitates tuas? ‘ quasi dicat: deus te arguit poenas infligendo non propter timorem sed propter amorem iustitiae, ut puniat tua peccata; unde malitia potest referri ad peccata quibus alios laesit, iniquitas autem ad peccata quibus iustitiae opera praetermisit; unde malitiam * dicit ° plurimam ‘ sed iniquitates ° infinitas, ‘ quia in pluribus peccat homo omittendo quam committendo. unde subiungit primo de nocumentis proximis illatis, quae quandoque per modum calumniae inferuntur sub praetextu iustitiae, * unde subdit ° abstulisti enim pignus fratrum tuorum sine causa, ‘ scilicet necessaria, quia de fratribus tuis sine pignore confidere poteras; quandoque autem inferuntur nocumenta sine aliquo colore iustitiae, * et quantum ad hoc subdit ° et nudos spoliasti vestibus, ‘ quod potest intelligi dupliciter: uno modo quia spoliando, nudos reliquisti nihil eis reservans; alio modo quia cum essent nudi, idest non sufficienter vestiti, illud modicum quod habebant eis subtraxisti. subiungit autem de omissione bonorum operum * dicens ° aquam lasso non dedisti, ‘ qui scilicet ea indigebat propter sitim ex labore viae ortam, quasi dicat: laborantibus et afflictis opem et solatium non tulisti; ° et esurienti subtraxisti panem, ‘ quasi dicat: indigenti non subvenisti. et haec quidem dicta sunt quantum ad peccata quae commisit sicut privata persona. subiungit autem de peccatis pertinentibus ad principatum ipsius, inter quae primo ponit quod principatum non per iustitiam sed per violentiam obtinuit, * unde dicit ° in fortitudine brachii tui possidebas terram, ‘ idest per potentiam tuam dominium terrae acquisivisti. secundo ponit quod subditos suos non gubernabat per iustitiam sed per potentiam, * secundum illud sap. ii 11 ° sit fortitudo nostra lex iniustitiae, * unde subdit ° et potentissimus obtinebas eam, ‘ quasi dicat: per excellentiam potestatis subditis utebaris ad nutum. tertio ponit iniqua iudicia, quia scilicet infirmis personis iustitiam non reddebat, * unde subdit ° viduas dimisisti vacuas, ‘ scilicet dum non fecisti eis iustitiam de adversariis, * secundum illud is. i 23 ° causa viduae non ingreditur ad eos; ‘ et iterum, quod amplius est, infimas personas opprimebat, * unde subdit ° et lacertos pupillorum comminuisti, ‘ quasi dicat: si quid virium in eis erat adnullasti, * contra illud quod dicitur in psalmo ° iudicare pupillo et humili. ‘ et pro his culpis subdit sibi poenas provenisse, * unde subdit ° propterea circumdatus es laqueis, ‘ idest adversitatibus undique te opprimentibus ut evasionis locus non pateat postquam in eis incidisti; nec etiam ante potueras quia subito tibi supervenerunt, * unde subdit ° et conturbat te formido subita, ‘ quia scilicet mala ei subito supervenerunt ex quibus poterat etiam alia timere. causam autem quare subito ei supervenerint ostendit * subdens ° et putabas te tenebras non visurum, ‘ idest non perventurum ad has dubitationes in quibus nescis quid facias, quod refertur ad laqueos; deinde quantum ad formidinem conturbantem * subdit ° et impetu aquarum inundantium non oppressurum, ‘ quasi dicat: putabas quod numquam ad hoc pervenires quod opprimereris violentia et multitudine adversitatum desuper venientium, * secundum illud i ad thess. v 3 ° cum dixerint: pax et securitas, repentinus eis superveniet interitus. ‘ quod autem pro peccatis non putet aliquis se poenas passurum, ad hoc pertinet quod non credit deum de rebus humanis providentiam habere; ad quod forte voluit retorquere quod iob dixerat ° numquid deum docebit quispiam scientiam? ‘ quod ad defectum scientiae divinae prave interpretatus est, et ideo videtur ei consequenter imponere quod iob dei providentiam neget. * est autem considerandum quod aliqui “ negant deum habere cognitionem et providentiam rerum humanarum propter altitudinem suae substantiae, cui proportionari dicunt suam scientiam ut nihil sciat nisi se ipsum, putantes quod scientia eius vilesceret si se ad inferiora extenderet, * unde subdit ° an cogitas quod deus excelsior caelo sit, ‘ idest tota universitate creaturarum, ° et super stellarum verticem sublimetur, ‘ idest supra altissimam creaturarum? et huius cogitationis conclusionem * subdit ° et dicis: quid enim novit dominus, ‘ scilicet de istis inferioribus rebus? “ non tamen * huiusmodi homines “ rerum cognitionem deo totaliter subtrahunt, sed * dicunt quod “ eas cognoscit in universali, puta cognoscendo naturam entis vel universales causas, * unde subdit ° et quasi per caliginem iudicat: ‘ cognoscere enim aliquid solum in universali est cognoscere imperfecte, et ideo huiusmodi cognitionem vocat caliginosam, sicut contingit de eo quod a remotis videtur quasi caliginose, quia percipitur esse homo sed non quis homo sit. et adhibet similitudinem ex his quae apud homines contingunt, apud quos qui in aliquo loco latet, sicut non videtur ab his qui extra locum sunt, ita nec eos videt: ° nubes latibulum eius nec nostra considerat, ‘ quasi dicat: sicut ipse latet nos quasi nubibus occultatus inquantum ea quae supra nubes sunt plene cognoscere non valemus, ita e converso ea quae ad nos pertinent quasi sub nubibus existentia ipse non videt, * sicut ez. ix 9 ex persona quorundam dicitur ° dereliquit dominus terram, dominus non videt. * ponebant enim quod “ quia ea quae in terris sunt multis defectibus et inordinationibus subiacent, divina providentia non reguntur, sed solum caelestia, quorum ordo indeficiens perseverat, * unde sequitur ° et circa cardines caeli perambulat; ‘ dicitur autem cardo in quo volvitur ostium, unde per hoc designat per dei providentiam caelum moveri, ex cuius motu sicut ex quodam ostio providentia divina usque ad haec inferiora descendat: * sicut enim dicunt quod “ deus cognoscit humana sed in universali, * ita dicunt quod “ gubernat humana sed per universales causas quas per se gubernat; ‘ et forte ad hoc referre voluit quod supra dixerat iob ° qui excelsos iudicat. numquid semitam saeculorum ‘ etc.. quia eliphaz in verbis praemissis imposuisse videtur iob quod non crederet deum habere providentiam de rebus humanis, nunc consequenter videtur ei imponere huius infidelitatis effectum: solent enim illi qui deum res humanas curare non credunt, contempto dei timore, in omnibus sequi propriam voluntatem, * unde dicit ° numquid semitam saeculorum custodire cupis? ‘ idest processum eorum qui nihil credunt nisi ista temporalia quae vident, et ex hoc procedunt ad iniustitiae opera, * unde subdit ° quam calcaverunt viri iniqui; ‘ illi autem calcare aliquam viam dicuntur qui frequenter et sine aliqua dubitatione et ex proposito viam terunt: sic autem illi qui non credunt divinam providentiam, frequenter et secure et ex proposito iniustitiae opera agunt; quod non contingit illis qui divinam providentiam credunt, quamvis quandoque ex infirmitate ad iniustitiam declinent. et ne hoc impune fecisse videantur, * subdit ° qui sublati sunt ante tempus suum, ‘ idest qui mortui sunt nondum completo naturali spatio vitae, et causam assignat * subdens ° et fluvius subvertit fundamentum eorum; ‘ est autem uniuscuiusque hominis fundamentum id cui principaliter spes eius innititur: tales autem non in deo spem suam ponunt sed in solis temporalibus rebus, quae corrumpuntur ipso cursu mutabilitatis rerum quem fluvium nominat. quae autem sit praedicta semita exponit * subdens ° qui dicebant deo: recede a nobis, ‘ scilicet contemnentes ipsum et spiritualia bona eius quantum ad affectum; sed quantum ad intellectum incredulitatem eorum describit * subdens ° et quasi nihil possit facere omnipotens, aestimabant eum, ‘ quia scilicet si ad eum non pertinet cura rerum humanarum nihil bene vel male homini facere potest, quod contrariatur omnipotentis rationi; et ad exaggerandum culpam subicit de eorum ingratitudine * dicens ° cum ille implesset domos eorum bonis, ‘ scilicet temporalibus quae a deo dantur hominibus; et ad eorum assertionem improbandam * subdit ° quorum sententia procul sit a me. ‘ et ne videretur quod simul cum impiis etiam iusti subverterentur, hoc excludit * subdens ° videbunt iusti et laetabuntur, ‘ per quod datur intelligi quod ipsi non subvertentur sed in laetitia erunt; et ne videretur quod ex hoc ipso a iustitia deficerent quod de subversione aliorum gauderent, * subdit ° et innocens subsannabit eos, ‘ quasi dicat: salva innocentia, eos poterunt subsannare de hoc quod contra suam opinionem subvertuntur: in hoc enim iusti congaudent divinae iustitiae; et videtur hoc proprie respondere ad id quod iob dixerat ° post mea, si videbitur, verba ridete, ‘ quasi conquerens se derideri ab eis. * et ne aliquis dubitaret “ fundamentum impiorum a fluvio esse subversum, ‘ hoc quasi manifestum sub interrogatione proponit * dicens ° nonne succisa est erectio eorum? ‘ videbantur enim per prosperitatem terrenam vel etiam per propriam elationem ad modum arboris erigi in sublime; sed sicut arboris erectio per successionem subito impeditur, ita etiam et eorum elevatio per eorum subtractionem subito cessat. contingit autem quandoque quod arbor succisa in altius quidem crescere non potest, sed tamen adhuc eius remanet longitudo; si tamen ignis apponatur, nullum vestigium praeteritae altitudinis restat: ita etiam si mortuo vel deiecto homine peccatore, per ignem adversitatis etiam filii eius pereant et divitiae diripiantur, nihil residuum videbitur de altitudine praeterita remanere, * unde sequitur ° et reliquias eorum devoravit ignis, ‘ idest ardor tribulationis, * secundum illud iac. i 11 ° exortus est sol cum ardore et arefecit fenum; ‘ dicuntur autem reliquiae hominis vel filii vel quaecumque aliae res eius post eum remanentes. quia igitur huiusmodi subversionem impiis accidere dixerat ex hoc quod contra deum nitebantur, ut similia iob evitare posset, * subdit ° acquiesce ergo ei et habeto pacem, ‘ quasi dicat: propter hoc perturbatus es quia contra eum contendere voluisti; ° et per hoc, ‘ scilicet per pacem qua ei reconciliaberis, ° habebis fructus optimos, ‘ quasi dicat: quicquid optimum esse potest, quasi fructum huius pacis consequeris. qualiter autem ei acquiescere debeat, ostendit * subdens ° suscipe ex ore illius legem, ‘ quasi dicat: non aestimes quod res humanae divina providentia non regantur, quin immo secundum legem regiminis eius tuam vitam disponas. et quia quidam legem divini regiminis profitentur sed tamen eam opere non sequuntur, * ideo subdit ° et pone sermones eius in corde tuo, ‘ ut scilicet mandata eius mediteris et ea servare disponas. qualiter autem per hoc ° fructus optimos ‘ habiturus sit, ostendit * subdens ° si reversus fueris ad omnipotentem, ‘ ut scilicet eius omnipotentiam credas et ei te subicias, ° aedificaberis, ‘ quasi dicat: domus tuae prosperitas quae destructa est reparabitur. quomodo autem ad deum perfecte reverti debeat, ostendit * subdens ° et longe facies iniquitatem a tabernaculo tuo, ‘ et est subintelligendum si, ut littera sic legatur: si longe facias iniquitatem a tabernaculo tuo, ° dabit, ‘ scilicet deus, ° pro terra silicem et pro silice torrentes aureos, * ut hoc quod dicit ° longe facies iniquitatem a tabernaculo tuo ‘ sit expositivum eius * quod dixerat ° si reversus fueris ad omnipotentem. ‘ et non dicit: si longe feceris iniquitatem a te, sed ° a tabernaculo tuo, ‘ volens innuere quod adversitas ei acciderat non solum pro peccato personae suae sed etiam pro peccato suae familiae. * quod vero dicit ° dabit pro terra silicem * refertur ad hoc quod dixit ° aedificaberis, ‘ ut scilicet detur intelligi quod restauratio sit futura, sed ad aliquid maius, ut scilicet pro amissis maiora reddat: silex enim pretiosior est quam gleba terrae et aurum quam silex. quae sint autem ista bona quae ei restituenda promittit enumerat consequenter, primo ponens securitatem ex dei protectione * cum subdit ° eritque omnipotens contra hostes tuos, ‘ ne scilicet iterato possint subripere quae tibi restituentur a deo; secundo ponit divitiarum abundantiam * cum dicit ° et argentum coacervabitur tibi: ‘ nomine enim argenti omnes divitiae significantur quia ex argento pecunia fieri solet. et ne videatur solum corporalia bona promittere subiungit de spiritualibus bonis, inter quae primum ponit ut homo deum diligat et delectetur in eo, * unde sequitur ° tunc super omnipotentem deliciis afflues, ‘ idest quando pacem cum eo habebis in eo delectaberis; et quia unusquisque libenter respicit id in quo delectatur * subdit ° et elevabis ad deum faciem tuam, ‘ idest mentem tuam ut ipsum frequenter contempleris; et ex hoc fiduciam accipies recurrendi ad ipsum, * unde subdit ° rogabis eum; ‘ et hoc non sine fructu, * sequitur enim ° et exaudiet te; ‘ solent autem exauditi a deo vota implere quae postulando promiserunt, * unde subdit ° et vota tua reddes, ‘ quasi in signum exauditionis. deinde promittit prosperum propositi successum * cum subdit ° decernes rem, ‘ idest ordinabis per tuam providentiam qualiter aliquid sit futurum, ° et veniet tibi, ‘ idest dispositio tua non frustrabitur; et ne dubites quid sit decernendum, hoc etiam tibi manifestabitur, * unde subdit ° et in viis tuis splendebit lumen, ‘ idest clare apparebit tibi per quas vias procedere debeas. rationem autem harum promissionum ostendit * subdens ° qui enim humiliatus fuerit, ‘ scilicet deo se subiciendo per affectum, ° erit in gloria, ‘ quam scilicet consequetur a deo; ° et qui inclinaverit oculos suos, ‘ ne scilicet per intellectum aliquid superbum et stultum contra deum sentiat, ° ipse salvabitur, ‘ a malis scilicet liberatus et in bonis stabilitus. non solum autem requiritur ad salutem interior humilitas affectus et intellectus sed etiam exterior puritas operum, * unde subdit ° salvabitur innocens; ‘ et quo merito salvetur ostendit * subdens ° salvabitur autem munditia manuum suarum, ‘ idest innocentia operum suorum. et est considerandum quod hic eliphaz non solum promittit iob, si convertatur, bona temporalia quae possunt esse bonis et malis communia, sicut supra fecerat, sed etiam bona spiritualia quae sunt propria bonorum, sed tamen solum in hac vita.

cp23 ° Respondens autem iob dixit: nunc quoque in amaritudine est ‘ etc.. eliphaz in verbis praemissis duo contra iob proposuisse videtur: primo quidem quod propter malitiam suam plurimam fuerit punitus, secundo quod de dei providentia dubitaverit vel eam negaverit; solent autem homines cum eis falso aliqua crimina imponuntur ex hoc contristari, unde quia iob haec in se non recognoscebat dicit ° nunc quoque in amaritudine est sermo meus, ‘ quasi dicat: sicut supra me contristastis opprobriis vestris ita etiam et nunc, ut cogar cum amaritudine loqui. cum autem alicui afflicto de novo afflictio additur, priores afflictiones ad memoriam revocantur ex quibus praesens gemitus aggravatur, * unde subdit ° et manus, ‘ idest potestas, ° plagae meae, ‘ idest adversitatis quam olim sum passus, ° aggravata est super gemitum meum, ‘ idest facit praesentem gemitum graviorem. incipit autem primo respondere ad hoc quod dixerat propter malitiam suam eum punitum. recognoscebat autem se iob punitum divino iudicio - * unde supra xvi 12 ‘ dixerat ° conclusit me ‘ deus apud iniquum -, unde inquirere causam quare punitus sit est inquirere rationem divini iudicii, quam quidem nullus cognoscere potest nisi ipse deus, ex quo patet praesumptuose eliphaz asseruisse eum propter malitiam fuisse punitum; unde super hoc non vult cum eliphaz contendere, sed disputationem suam vertit ad deum qui solus sui iudicii rationem novit. reputaret autem se divino iudicio praegravatum si propter malitiam plurimam esset punitus; solent autem qui ab aliquo iudice sunt gravati primo quidem ad iudicem accedere, quod facere non possunt nisi locum eius inveniant, quod etiam non possunt nisi prius eum cognoscant: nullus enim potest quaerens invenire id quod omnino ignorat, * unde dicit ° quis mihi tribuat ut cognoscam et inveniam illum et veniam usque ad solium eius? ‘ sciebat enim quod deus eius cognitionem excederet, et ideo non poterat perfecte de se invenire viam per quam usque ad solium eius perveniret, idest usque ad plenam cognitionem iudiciorum ipsius. solet autem gravatus a iudice cum ad eum pervenerit causae suae iustitiam demonstrare, * unde subdit ° ponam coram eo iudicium, ‘ quasi dicat: proponam ei quale debeat esse iustum iudicium causae meae; ° et os meum replebo increpationibus, ‘ idest conquestionibus, non quidem ut credam divinum iudicium esse iniustum sed per modum quaerentis, sicut solent disputantes contra dicta aliorum obicere ut plenius veritatem intelligant, * unde subdit ° ut sciam verba quae mihi respondeat, ‘ quod pertinet ad veritatem responsionis cognoscendam, ° et intelligam quid loquatur mihi, ‘ quod pertinet ad percipiendam verborum intelligentiam: non enim potest homo scire an verum sit quod ei dicitur nisi intelligat quid ei dicatur. frequenter autem supra quasi ad divinum iudicium sustinendum proposuerant divinam fortitudinem et magnitudinem, sicut sophar * supra xi 8: ° excelsior caelo est, et quid facies? ‘ et cetera quae ibi sequuntur, et ideo hanc responsionem excludens * subdit ° nolo multa fortitudine contendat mecum, nec magnitudinis suae mole me premat, ‘ quasi dicat: non sufficit mihi ista responsio ut solum contra me allegetur dei potentia et magnitudo, quia sicut ipse est fortissimus et maximus ita etiam est iustissimus et aequitatis amator; * unde subdit ° proponat aequitatem contra me, ‘ idest assignetur ratio ad aequitatem pertinens, et ita apparebit quod non propter malitiam sum punitus, * unde subdit ° et perveniet ad victoriam iudicium meum, ‘ quo scilicet contra vos contendo asserens me non pro peccatis punitum. * et ne quis credat ex eo quod dixit ° quis mihi tribuat ut cognoscam et inveniam illum et veniam usque ad solium eius? * quod crederet “ deum corporali loco concludi aut per creaturas sufficienter posse cognosci, * subiungit ° si ad orientem iero non apparet. * ubi considerandum est quod secundum aristotilem “ in caelo distinguuntur sex positionis differentiae, scilicet sursum et deorsum, dextrorsum et sinistrorsum, ante et retro. ‘ principium enim motus totius firmamenti manifeste apparet in oriente; est autem in quolibet animali principium motus a dextro: si ergo imaginemur motum firmamenti sicut motum unius animalis, oportebit ponere dextrum caeli in oriente, sinistrum vero in occidente, sursum in meridie, deorsum vero in septentrione, anterius vero in superiori hemisphaerio, posterius vero in inferiori hemisphaerio; velut si imaginaremur unum hominem qui sua dextra moveret caelum ab oriente versus superius hemisphaerium, consequens esset quod caput teneret versus meridiem et pedes versus septentrionem, et pars anterior hominis esset versus superius hemisphaerium, posterius vero hominis, idest dorsum, versus inferius. * quidam tamen “ non respicientes ad dispositionem humani corporis sed magis ad ordinem motus caeli * posuerunt “ superius caeli esse partem orientalem eo quod ibi incipit motus, dextrum autem caeli in parte meridionali, versus quam partem quoad nos procedunt motus planetarum; unde per oppositum inferius caeli intelligitur occidens, sinistrum vero caeli intelligitur pars septentrionalis. ‘ et hoc modo videntur hic procedere verba iob: nam dextrum et sinistrum dividit contra orientem et occidentem. potest ergo simpliciter intelligi quod in nulla parte caeli deus localiter concluditur, ut sit sensus: ° si ad orientem iero non apparet, ‘ quasi ibi vicinior existens, ac si ibi localiter existeret; ° si ad occidentem non intelligam illum, ‘ quasi propinquiorem et ibi conclusum; ° si ad sinistram, ‘ idest versus septentrionalem partem, ° quid agam? non apprehendam eum, ‘ quia scilicet non est ibi corporaliter situatus; ° si me vertam ad dextram, ‘ idest versus partem meridionalem, ° non videbo illum, ‘ quasi ibi existentem. vel possunt haec verba induci non ad excludendum a deo localem situm sed ad ostendendum quod non potest sufficienter per inferiores effectus inveniri; inter omnes autem effectus in rebus corporalibus apparentes universalior est et maior motus firmamenti, et quamvis manifeste appareat huius motus principium in oriente, tamen huius motus principium non sufficienter demonstrat infinitatem divinae virtutis, * unde dicit ° si ad orientem iero, ‘ scilicet progressu meae considerationis, quasi considerans principium motus firmamenti, ° non apparet, ‘ scilicet sufficienter per hanc considerationem. secundus autem effectus divinae virtutis in rebus corporalibus est motus planetarum, qui est ex adverso motus firmamenti: unde principium est in occidente, ex quo etiam non sufficienter potest considerari virtus divina, * unde subdit ° si ad occidentem, ‘ scilicet iero, considerans principium motus planetarum, ° non intelligam illum; ‘ et valde signanter loquitur: hic enim motus magis intelligitur ex diversitate situs planetarum quam appareat oculis. ex parte vero septentrionali non videtur esse principium nobis nisi tenebrarum, quia versus illam partem sol numquam accedit; tenebrae autem impediunt actionem, * secundum illud ioh. ix 4 ° venit nox quando nemo potest operari, * unde subdit ° si ad sinistram, ‘ scilicet per considerationem perrexero, ° quid agam? ‘ idest non invenio ibi nisi defectum actionis, unde nullum vestigium dabitur ad eum cognoscendum, * unde subdit ° non apprehendam eum, ‘ etiam qualitercumque. ex parte vero meridionali est nobis principium luminis propter corpora luminarium ex illa parte nobis apparentium, * unde subdit ° si me vertam, ‘ scilicet per considerationem, ° ad dextram, ‘ idest ad partem meridionalem caeli, ° non videbo illum, ‘ quasi dicat: inveniam ibi lumen corporale, per quod tamen ipse videri non potest. et quamvis ipse sic me lateat, eum tamen non latent quae circa me aguntur, * unde subdit ° ipse vero scit viam meam, ‘ idest totum processum vitae meae; quod videtur iob dicere contra id quod eliphaz supra induxerat ex persona impiorum quasi imponendo * illud iob: ° nubes latibulum eius nec nostra considerat. * et quia posset aliquis dicere “ si scit viam tuam ergo propter peccata tua te punivit, * ipse respondet ° et probabit me quasi aurum quod per ignem transit, ‘ ubi primo manifeste exponit causam suae adversitatis, quae fuit ei inducta ut ex ea approbatus hominibus appareret, sicut aurum approbatur quod potest ignem sustinere; et sicut aurum non fit verum aurum ex igne sed eius veritas hominibus manifestatur, ita iob per adversitatem probatus est non ut eius virtus appareret coram deo, sed ut hominibus manifestaretur; * dicit autem ° probabit ‘ de futuro, quasi exhibens se per patientiam etiam ad futuram examinationem. quod autem non sit punitus pro peccato praecedenti probat per rectitudinem vitae suae. ubi considerandum est quod unumquodque ostenditur rectum per hoc quod suae regulae conformatur. est autem duplex regula humanae vitae; prima quidem est lex naturalis a deo mentibus hominum impressa, per quam naturaliter homo intelligit quid est bonum ex similitudine divinae bonitatis. in quo primo attendendum est quod homo secundum suum posse imitetur in suis affectibus et operibus divinae bonitatis operationem, * secundum illud matth. v 48 ° estote perfecti sicut et pater vester caelestis perfectus est, * et eph. v 1 ° estote imitatores dei sicut filii carissimi; ‘ unde dicit ° vestigia eius, ‘ idest aliquam licet ex parva parte similitudinem bonitatis divinae operantis, ° secutus est, ‘ scilicet per imitationem, ° pes meus, ‘ idest affectus meus, quo ad operandum procedimus. secundo requiritur quod aliquis tota mente sollicitudinem adhibeat ad deum imitandum, * unde subdit ° viam eius custodivi, ‘ quasi sollicitus ne ab ea recederem. tertio requiritur quod homo in ea perseveret et totaliter in ea maneat, non ex parte, * unde subdit ° et non declinavi ex ea, ‘ idest ex nulla parte recessi. secunda autem regula humanae vitae est lex exterior divinitus tradita, contra quam homo peccat dupliciter: uno quidem modo per contemptum, * et contra hoc dicit ° a mandatis labiorum eius non recessi: ‘ fuerant non aliqua praecepta divinitus data et forte aliquibus aliis sanctis viris in quorum labiis deus loquebatur; secundo aliquis peccat contra legem dei per ignorantiam vel oblivionem, * et contra hoc subdit ° et in sinu meo, ‘ idest in occulto cordis, ° abscondi verba oris eius, * secundum illud psalmi ° in corde meo abscondi eloquia tua, ut non peccem tibi. * et ne aliquis diceret “ hanc probationem quam induxit ex rectitudine suae vitae non esse convenientem, ‘ ostendit consequenter quod de divinis iudiciis certissima et demonstrativa probatio induci non potest propter incomprehensibilitatem divinae voluntatis, * unde subdit ° ipse enim solus est, ‘ quasi: non habet aliquam creaturam similem vel aequalem quae eum comprehendere possit, et per consequens nec eius voluntatem, * unde subdit ° et nemo advertere potest, ‘ idest per certitudinem cognoscere, ° cogitationes eius, ‘ idest dispositiones iudiciorum ipsius. et sicut non potest comprehendi eius dispositio, ita nec ei potest ab ulla creatura resisti, * unde sequitur ° et anima eius, ‘ idest voluntas eius, ° quodcumque voluit hoc fecit, ‘ quasi nullo resistere valente. contingit autem quandoque, maxime in aliquo sapiente qui voluntatem suam moderatur secundum suam virtutem, quod ultra facere non potest, sed hoc a deo excludit * cum subdit ° cum expleverit in me voluntatem suam, et alia multa similia praesto sunt ei, ‘ quasi dicat: quod in me ultra adversitatem non inducat, non est quia ultra non possit sed quia ultra non vult; ° et idcirco, ‘ quia scilicet considero quod ultra facere potest et non possum advertere utrum ultra facere velit, ° turbatus sum, ‘ scilicet turbatione timoris; * unde subdit ° et considerans eum, ‘ idest potentiam eius, ° timore sollicitor, ‘ ne scilicet adhuc me probaturus sit adversitate graviori. causam autem huius sollicitudinis formidolosae assignat per hoc quod est expertus in se divinam percussionem, * unde subdit ° deus mollivit cor meum, ‘ quasi liquefaciens ipsum, firmitate securitatis sublata, ° et omnipotens conturbavit me, ‘ idest per omnipotentiam suam turbationem tristitiae de praesentibus malis et timoris de futuris induxit. quare autem timeat in futurum cum non sit sibi conscius de culpa, ostendit * subdens ° non enim perii, ‘ idest adversitatem passus sum, ° propter imminentes tenebras, ‘ idest errores vel peccata, quae quidem imminere dicuntur quando in mente hominis confirmantur, puta cum quis ex malitia peccat. contingit autem quandoque quod malitia in homine non firmatur, sed ex aliqua subita passione, puta concupiscentiae vel irae, ad peccandum impellitur; et hoc a se excludit * subdens ° nec faciem meam operuit caligo: ‘ quasi enim caligat oculus rationis quando propter passionem iudicium eius in opere particulari decipitur.

cp24 ° Ab omnipotente non sunt abscondita tempora ‘ etc.. in praecedenti capitulo iob ostendit se non esse propter malitiam punitum, ut eliphaz asserurat, nunc autem vult manifestare quod non existimat deum non habere curam rerum humanarum, sicut eliphaz ei imponebat. * est autem considerandum quod aliqui ponebant “ deum humanarum rerum notitiam et curam non habere propter distantiam eius a nobis: credebant enim quod sicut propter huiusmodi distantiam nos eum cognoscere non valemus, ita nec ipse nos; ‘ sed hoc ipse primo excludit * dicens ° ab omnipotente non sunt abscondita tempora, ‘ quasi dicat: quamvis omnipotens sit extra temporum mutabilitatem ipse tamen temporum cursum cognoscit; illi vero qui sunt in tempore ita eum cognoscunt quod tamen modum aeternitatis eius comprehendere non valent, * unde subdit ° qui autem noverunt eum, ‘ idest homines temporales eius notitiam qualemcumque habentes vel naturali cognitione vel per fidem vel aliqua maiori sapientiae illustratione, ° ignorant dies illius, ‘ idest comprehendere non valent modum aeternitatis eius. et quia dixerat temporalium cursum deo ignotum non esse, consequenter ostendit qualiter temporalia iudicat, praemittens diversas hominum culpas, quorum quidam fraudulenter aliis inferunt nocumenta, * unde dicit ° alii, ‘ scilicet inter homines, ° terminos transtulerunt, ‘ furtive scilicet mutantes possessionum confinia, et similia fecerunt in animalibus quae gregatim pascuntur, * unde subdit ° diripuerunt, ‘ scilicet furtive, ° greges, ‘ scilicet alienos, ° et paverunt eos, ‘ ut sic videantur esse eorum. et eorum culpam exaggerat ex condicione personarum quibus inferunt nocumenta: consueverunt enim homines misereri pupillorum propter defectum aetatis et carentiam sustentationis parentum, * et contra hoc dicit ° asinum pupillorum abegerunt, ‘ idest aberrare fecerunt ut eum raperent non miserantes pupillum. similiter etiam viduarum consueverunt homines misereri propter fragilitatem sexus et quia destitutae sunt virorum solatio, * sed contra hoc subdit ° et abstulerunt pro pignore bovem viduae, ‘ quasi sub quodam colore iustitiae eam gravantes. consueverunt etiam homines misereri pauperum qui divitiarum sustentatione carent, * et contra hoc subdit ° subverterunt pauperum viam, ‘ idest abstulerunt eis facultatem sibi necessaria procurandi, eos multipliciter molestando. solent etiam homines desistere a nocumento eorum qui aliis nocere non consueverunt sed inter alios suaviter conversantur, * et contra hoc subdit ° et oppresserunt pariter mansuetos terrae, ‘ qui scilicet nec provocari nec provocare alios noverant. sunt autem quidam qui non fraudulenter ut praedicti sed per manifestam violentiam aliis nocent, qui ad mala facienda prorumpunt quasi nulla disciplina legis continentur, * de quibus subdit ° alii quasi onagri in deserto, ‘ idest asini silvestres qui hominum servituti non subsunt, ° egrediuntur ad opus suum, ‘ scilicet ad latrocinium cui quasi proprio operi sollicite intendunt, * unde subdit ° vigilantesque ad praedam, ‘ scilicet diripiendam, ° praeparant panem liberis, ‘ scilicet suis ex praeda direpta. deinde genus praedae determinat * subdens ° agrum non suum demetunt, ‘ per violentiam scilicet messes alienas colligentes, ° et vineam eius quem vi oppresserunt vindemiant, ‘ quia scilicet prius aliquem opprimunt ad hoc quod eius bona liberius rapiant. nec solum exteriora bona per violentiam subtrahunt sed etiam ea quae iam sunt ad usum corporis fovendi assumpta, * unde subdit ° nudos dimittunt homines, ‘ idest nihil eis relinquunt, ° indumenta tollentes. ‘ et ut magis exaggeret huius rapinae culpam, subiungit afflictiones quas ex nuditate patiuntur, * unde dicit ° quibus non est operimentum in frigore: ‘ esset enim aliqualiter tolerabile si aliunde possent nuditati subvenire. nec solum indumenta sunt necessaria ad calefaciendum contra frigus sed etiam ad tegumentum contra pluviam, unde oportet a latronibus denudatos non solum frigore perfligi sed etiam pluvia perfundi; * et hoc est quod subdit ° quos imbres montium rigant: ‘ solent enim homines ad loca montana quasi munitiora confugere pro timore latronum vel hostium, ubi propter aeris frigiditatem et frequentiores et graviores sunt pluviae, maxime nudis hominibus. est autem qualecumque nuditatis remedium si ille qui vestimentorum operimentum non habet saltem operimento domus non careat, sed contra hoc * subdit ° et non habentes velamen, ‘ scilicet vestimenti nec domus, ° amplexantur lapides, ‘ idest abscondunt se in cavernis lapidum quae inveniuntur in locis montanis. ulterius autem exaggerat eorum culpam ex condicione miserabilium personarum quae gravant, * unde subdit ° vim fecerunt depraedantes pupillos, ‘ qui scilicet magis erant sustentandi, ° et vulgum pauperem spoliaverunt, ‘ cui scilicet magis erat subveniendum. esset autem utcumque tolerabile si saltem habentibus sufficientiam subtrahere vellent; et ideo ad maiorem exaggerationem iniquitatum eorum subdit ° nudis, ‘ idest non habentibus vestimenta, ° et incedentibus absque vestitu, ‘ idest prae nimia necessitate etiam ad publicum sine vestibus nudis prodeuntibus, quod pertinet ad magnam inopiam vestitus; et ut ostendat etiam in victu eos penuriam pati, * subdit ° et esurientibus; ‘ his autem nihil magni auferre possunt, sed id modicum quod habent eis subripere non verentur, * unde subdit ° tulerunt spicas, ‘ quasi dicat: non tulerunt eis messem quam non habent sed aliquas paucas spicas quas sibi collegerant. et si forte in aliquo abundare videantur, illud subtrahunt non pensantes quantam penuriam in aliis patiuntur, * unde subdit ° inter acervos, ‘ frugum scilicet, ° eorum meridiati sunt, ‘ idest in meridie quieverunt quasi lascivientes de bonis eorum ° qui calcatis torcularibus sitiunt, ‘ idest qui statim post vindemiam modicum habent de vino. nec solum homines spoliant in rebus exterioribus sed etiam laedunt in personis, * unde subdit ° de civitatibus fecerunt viros gemere, ‘ quia scilicet quibusdam laesis multi ex civibus conturbantur; et ipsi qui laesi sunt conqueruntur, * unde subdit ° et animae verberatorum clamabunt, et deus, ‘ a quo scilicet non sunt abscondita quae in tempore aguntur, ° inultum abire non patitur, ‘ quod scilicet non esset si de rebus humanis providentiam non haberet. |125| causam autem quare deus hoc inultum non patitur ostendit ex hoc quod non per ignorantiam sed per malitiam peccant, ex qua sapientiam odiunt ipsorum peccata arguentem; * unde subdit ° ipsi fuerunt rebelles lumini, ‘ scilicet ex proposito agentes contra id quod eis lumen rationis dictat. sicut autem sapientia praeoccupat eos qui se concupiscunt, ita fugit ab eis qui ei renituntur, * unde subdit ° nescierunt vias eius, ‘ idest habentes sensum per malitiam depravatum non potuerunt sapientiae processus cognoscere; vel ° nescierunt, ‘ idest non approbaverunt nec experiri voluerunt sapientiae mandata. et impaenitentiam eorum demonstrat * subdens ° nec reversi sunt per semitas illius: ‘ illi quidem per semitam sapientiae revertuntur qui etsi sapientiae peccando rebelles fuerint, tamen paenitendo ad sapientiam revertuntur. in signum autem quod spirituali lumini sapientiae repugnent, inducit quod etiam lumen exterius detestantur tenebras amantes, * secundum quod ioh. iii 20 dicitur ° omnis qui male agit odit lucem; * unde et hic subditur ° mane primo, ‘ adhuc scilicet existentibus tenebris, ° consurgit homicida et interficit egenum et pauperem, ‘ quia scilicet illa hora nondum communiter homines vadunt per viam, sed aliqui |150| pauperes necessitate ducti praeoccupant tempus operis, quibus latrones insidiantur in via. ad hoc autem quod de domibus aliquid furtive subripiant profundioribus indigent tenebris, * unde subdit ° per noctem vero erit quasi fur, ‘ scilicet spolians domos, quod ei primo mane facere tutum non esset quia tunc homines evigilare incipiunt. idem autem in adultero ostendit * subdens ° oculus adulteri, ‘ qui scilicet insidiatur alieno toro, ° observat caliginem, ‘ ut scilicet deprehendi non possit, * unde subdit ° dicens: non videbit me oculus, ‘ idest hoc proposito observat caliginem ne a cuiusquam oculo videatur; et quasi non sufficiat ei occultatio noctis adhuc alias occultandi artes assumit, * unde subdit ° et operiet vultum suum, ‘ qualicumque scilicet mutatione habitus. et sicut ad incipiendum opus observat caliginem, ita etiam et opus exequitur in tenebris, * unde subdit ° perfodiunt in tenebris domos, ‘ scilicet qualicumque fraude vel violentia obstacula auferentes, ° sicut in die condixerunt sibi, ‘ scilicet adulter et adultera, ° et ignoraverunt lucem, ‘ idest abiecerunt in tota executione nefarii operis; ° si subito, ‘ quasi ex impraemeditato, quia tempus eis breve videtur dum carnali delectationi vacant, ° apparuerit aurora, ‘ quae est diurnae lucis principium, ° arbitrantur umbram mortis, ‘ idest eam existimant |175| odiosam sicut umbram mortis dum se vident suas lascivias ulterius non posse protrahere. solent autem homines dupliciter a suis operibus impediri; uno modo quando non prospiciunt rei eventum, alio modo quando habent in suo proposito debile fulcimentum; sed adulteri, qui ex concupiscentia ducuntur, e contrario primo quidem inconsiderate se periculis ingerunt quamvis ignorent quid sequatur, * et ad hoc significandum dicit ° et sic in tenebris, ‘ idest in dubiis et obscuris, ° quasi in luce, ‘ idest in manifestis, ° ambulant, ‘ idest procedunt; secundo ex re modica et fragili magnam fiduciam capiunt, * unde subdit ° levis est, ‘ scilicet adulter, ° super faciem aquae, ‘ quasi dicat: adeo leviter movetur ut videatur ei quod per aliqua mollia, sicut est aqua, possit pertransire ad suum propositum prosequendum. vel ad litteram, * quod dicit ° sic in tenebris quasi in luce ambulant ‘ potest ad hoc referri quod uterque, scilicet adulter et adultera, sua opera in tenebris agere amant; * quod vero subdit ° levis est super faciem aquae ‘ refertur specialiter ad adulterum, cui propter impetum concupiscentiae videtur quod etiam super aquam, idest super quamcumque difficultatem vel adversitatem, leviter pertransire possit ad hoc quod perveniat ad fruitionem rei concupitae. |200| enarratis igitur diversis generibus peccatorum subiungit de poena, et primo quidem quantum ad poenam praesentis vitae * cum subdit ° maledicta sit pars eius in terra: ‘ illud unicuique pars esse videtur quod quasi potissimum bonum desiderat; peccator autem in rebus terrenis quasi in sua parte ultimum finem constituit, * secundum illud sap. ° haec est pars nostra et haec est sors, ‘ quae quidem maledicta est quia bona huius mundi quibus male utitur ei vertuntur in malum. * et hoc manifestat subdens ° nec ambulet per viam vinearum: ‘ solent enim viae vinearum umbrosae esse et per consequens temperatae; vineae etiam temperatum locum requirunt, nam in locis nimis frigidis destruuntur per glaciem et in locis nimis calidis aduruntur per calorem; impius ergo per viam vinearum non ambulat quia rebus huius mundi moderate non utitur, sed quandoque declinat ad unum extremum quandoque ad aliud, * et quantum ad hoc subdit ° ad nimium calorem transeat ab aquis nivium, ‘ quasi a contrario vitio in contrarium transeat quia in medio virtutis non manet; et ista poena consequitur omnes malos quia ° inordinatus animus sibi ipsi est poena, * ut augustinus dicit in i confessionum. ‘ deinde ponit poenam quae erit post mortem * cum |225| subdit ° et usque ad inferos peccatum illius, ‘ quasi dicat: non solum in terra pars eius maledicitur dum inordinate utitur rebus mundi, sed etiam pro hoc in inferno poenas patietur, ad quas etiam poenas referri potest * quod dixerat ° ab aquis nivium ‘ etc., quia in inferno nulla erit temperies. et ne crederet aliquis poenas illas per dei misericordiam finiendas, * subdit ° obliviscatur eius, ‘ scilicet peccatoris in inferno damnati, ° misericordia, ‘ scilicet dei, ut numquam exinde liberetur. qualis autem sit illa poena ostendit * subdens ° dulcedo illius vermis, ‘ idest delectatio peccati convertetur ei in vermem, idest in conscientiae remorsum, * de quo dicitur is. ult. ° vermis eorum non morietur, ‘ unde et de huius poenae interminabilitate * subdit ° non sit in recordatione, ‘ idest ita totaliter relinquatur a deo sine remedio liberationis ac si eius esset oblitus. et ponit similitudinem * cum subdit ° sed conteratur quasi lignum infructuosum: arbor enim quae non facit fructum bonum excidetur et in ignem mittetur, * ut dicitur matth. iii 10, ‘ lignum autem fructuosum praecidit ut purgetur, * secundum illud ioh. xvi ° omnem palmitem qui fert fructum purgabit eum, ut fructum plus afferat; ‘ impii ergo puniuntur ad exterminium, iusti autem ad profectum. |250| quare autem infructuoso ligno comparatur manifestat ex duobus: primo quidem quia bona sua in res inutiles consumpsit, * unde dicit ° pavit enim sterilem et quae non parit, ‘ et loquitur de eo qui bona sua in res inutiles consumpsit ad similitudinem eius qui uxorem sterilem inutiliter nutrit; secundo quia indigentibus non subvenit, quod ei esse poterat fructuosum, * unde subdit ° et viduae bene non fecit, ‘ per viduam omnes indigentes significans. nec solum fuit infructuosus sed etiam fuit nocivus sicut lignum proferens fructus venenosos, * unde subdit ° detraxit fortes in fortitudine sua, ‘ idest potestate sua usus est non ad subveniendum oppressis sed magis ad opprimendum fortes. et hoc quod aliis nocet etiam in suum nocumentum redundat, quia scilicet in se securam vitam agere non potest, timens laedi ab eis quos laeserat, * unde subdit ° et cum steterit, ‘ idest cum nihil adversum passus fuerit, ° non credet vitae suae, ‘ idest non erit de vita sua securus secundum illud quod eliphaz * supra xv 21 ‘ dixerat ° sonitus terroris semper in auribus eius, et cum pax sit ille semper insidias suspicatur. ‘ causam autem quare absque misericordia sit puniendus assignat ex hoc quod dei misericordia noluit uti dum potuit, * unde subdit ° dedit ei deus locum |275| paenitentiae, ‘ scilicet differens poenam, et haec est ratio quare permissus est in prosperitate aliquandiu vivere; sed hoc quod deus exhibuit ei in bonum ipse pervertit in malum, * unde subdit ° et ille abutitur eo in superbiam, ‘ non attribuens divinae misericordiae quod post peccatum non statim punitur, sed ex hoc sumit peccandi audaciam usque ad dei contemptum. et quamvis peccator tenebras quaerat ad peccandum, non tamen potest facere quin videatur, * unde subdit ° oculi enim, ‘ scilicet dei, ° sunt in viis illius, ‘ idest considerant processus eius quamvis in tenebris ambulet. et inde est quod ° elevati sunt ad modicum, ‘ idest ad aliquam terrenam sublimitatem et caducam, deo dante eis locum paenitentiae, ° et non subsistent, ‘ scilicet finaliter, quia abutuntur dei misericordia in superbiam. et adhibet huius rei similitudinem: omnia enim quae in tempore generantur, determinato tempore crescunt et postea incipiunt deici et tandem totaliter destruuntur, et ita contingit de impiis, * unde subdit ° et humiliabuntur sicut omnia, ‘ quae scilicet in tempore crescunt, ° et auferentur, ‘ scilicet totaliter, quando ad summum pervenerint; et adhibet similitudinem * subdens ° et sicut summitates spicarum conterentur: ‘ non enim conteruntur fruges quandiu sunt in herba et crescunt |300| sed quando iam ad perfectam maturitatem pervenerint, et similiter impii non statim puniuntur a deo sed quando ad summum pervenerint secundum mensuram a deo praevisam. hoc autem induxit ad ostendendum quod hoc, quod impii temporaliter non puniuntur sed prosperam vitam agunt, non contingit ex defectu divinae providentiae, sed ex hoc quod differt deus poenam in congruum tempus; et sic patet falsum esse quod eliphaz ei calumniose imposuerat de negatione providentiae divinae, * unde subdit ° quod si non est ita, ‘ sicut praedixi de punitione malorum, sicut vos opinamini credentes semper hominem in hac vita puniri pro peccatis, ° quis me potest arguere esse mentitum, ‘ quasi scilicet divinam providentiam negem, ° et ponere ante deum verba mea, ‘ idest verba mea in accusationem vertere coram deo ac si sint contra eius providentiam dicta?

cp25 ° Respondens autem baldath suites dixit: potestas et terror ‘ etc.. iob in sua responsione duas calumnias quas ei eliphaz iniecerat in praecedenti sua responsione iam repulit, ostendens se neque pro peccatis punitum neque divinae providentiae negatorem. ostenderat autem valde expresse quod divinae providentiae non repugnabat si impii in hoc mundo prosperantur, quia reservatur eorum poena in aliud tempus, et ideo contra hoc ulterius insistere non potuerunt; sed alterum, scilicet quod non fuerit pro peccatis punitus, non tam evidenter ostenderat quin potius debilitatem suae ostensionis significavit * cum dixit ° nemo advertere potest cogitationes eius, ‘ et ideo contra hoc ulterius baldath resistere nititur, redarguens iob quod se asserebat non pro peccatis suis punitum. et quasi immemor verborum iob quibus dixerat non sibi sufficere si contra eum ex dei fortitudine contendatur, a divina potestate disputationis suae sumit exordium, et proponit magnitudinem divinae potestatis dupliciter: primo quidem quantum ad hoc quod potentiam exercet in superiores creaturas in summa pace eas conservans, * unde dicit ° potestas et terror, ‘ idest ex qua timeri debet, ° apud eum est, ‘ scilicet |25| deum, ° qui facit concordiam in sublimibus suis. ‘ in inferioribus enim creaturis discordia multiplex invenitur tam in creaturis rationalibus, ut patet per contrarios motus humanarum voluntatum, quam in creaturis corporalibus, ut ex earum contrarietate apparet per quam generationi et corruptioni subduntur; sed in superioribus corporibus nulla contrarietas reperitur, unde et incorruptibilia sunt: similiter etiam et superiores intellectuales substantiae in summa concordia vivunt, unde absque miseria sunt. haec autem summa concordia superiorum creaturarum ex potestate divina procedit, quae superiores creaturas in perfectiori suae unitatis participatione constituit quasi sibi propinquiores, * et ideo signanter dicit ° in sublimibus suis, ‘ idest sibi magis conformibus. secundo commendat divinam potestatem ex his quae operatur in inferioribus creaturis, in quibus operatur per ministerium superiorum creaturarum, quarum multitudo homini est ignota, * unde subdit ° numquid est numerus militum eius? ‘ milites quidem dei vocat omnes caelestes virtutes quae divinum nutum sequuntur sicut milites oboediunt imperio ducis; harum autem caelestium virtutum numerus ignotus est homini, * et simile est quod habetur |50| is. xl 26 ° qui educit in numero militiam eorum. * et ne aliquis crederet quod “ caelestes virtutes non se haberent sicut milites parentes alieno imperio sed sicut duces et principes ex suo arbitrio cuncta agentes, * sicut aestimaverunt multorum deorum cultores, subiungit ° et super quem non surgit lumen eius? ‘ quasi dicat: omnes caelestes virtutes per illuminationem divinam diriguntur sicut homines per hoc quod super eos surgit lux solis. proposita ergo potestate divina, accedit ad propositum * dicens ° numquid iustificari potest homo comparatus deo? ‘ quasi dicat: ex quo deus tam magnus est et in iustitia praecellens ut etiam in sublimibus concordiam faciat, quae est iustitiae effectus * secundum illud is. xxxiii ° opus iustitiae pax, ‘ omnis iustitia hominis divinae iustitiae comparata quasi nihil reputatur. nec solum homo deo comparatus non potest iustus videri, sed quod plus est ei comparatus apparet iniustus, sicut in comparatione ad res pulcherrimas res quae parum pulchritudinis habent videntur immundae, * unde subdit ° aut apparet mundus natus de muliere? ‘ quod signanter dicit quia ex hoc ipso quod homo de muliere per concupiscentiam carnis nascitur maculam contrahit. hoc autem quod dixerat consequenter per simile |75| confirmat * cum subdit ° ecce etiam luna non splendet et stellae non sunt mundae in conspectu eius; ‘ ubi considerandum est quod de sole mentionem non facit quia non apparet sensibiliter quod ad praesentiam maioris luminis lumen eius obtenebretur, sed luna et stellae etiam ad praesentiam corporalis solis obfuscantur, unde multo magis earum claritas quasi obscuritas quaedam est immensitati divini luminis comparata. et ex hoc concludit propositum * subdens ° quanto magis homo putredo et filius hominis vermis, ‘ scilicet non potest reputari splendens splendore iustitiae si divinae iustitiae comparetur, neque mundus per innocentiam si comparetur puritati divinae; signanter autem hominem putredini comparat quasi ex materia existentem putrefactioni vicina, et filium hominis vermi quia vermis ex putredine generatur. hoc autem inducit ad ostendendum quod homo non potest quantamcumque iustitiam et innocentiam suam proponere, quasi nihil reputatam in comparatione ad deum, cum agitur de divino iudicio.

cp26 ° Respondens autem iob dixit: cuius adiutor es ‘ etc.. baldath in verbis praemissis iob convincere voluit ex consideratione divinae potestatis omnibus tremendae, respectu cuius nullus homo potest iustitiam aut innocentiam praetendere ut se asserat absque peccato punitum; unde iob triplicem responsionem subiungit, quarum prima specialiter est contra baldath qui iob terrere conatus fuerat ex consideratione divinae potestatis. solent autem homines non ratione contra aliquem condemnatum utentes, sed iudicis potentiam et sapientiam allegantes, hoc facere in iudicis favorem; adhibetur autem favor alicui personae dupliciter: uno modo propter defectum potentiae illius cui favetur, alio modo propter defectum sapientiae; * quantum ergo ad primum dicit ° cuius adiutor es? numquid imbecillis? ' quasi dicat: haec quae locutus es non secundum viam rationis sed quasi in dei favorem, numquid ad hoc dixisti ut deo ferres auxilium quasi infirmo? adiuvare autem videtur aliquem qui eius operationem defendit, * unde subdit ° et sustentas brachium eius qui non est fortis? ' quasi dicat: numquid vis tu his verbis defendere dei operationem qua punitus sum ab eo, ac si ipse non esset fortis ad se defendendum? |25| deinde quantum ad favorem qui alicui adhibetur propter defectum sapientiae, considerandum est quod hic favor est duplex: unus quidem ex hoc quod consilium datur alicui circa res agendas, * et quantum ad hoc dicit ° cui dedisti consilium? ' videtur aliquis alicui consilium dare quando eius causam sine ratione defendit; non autem consilio indiget deus, qui est in sapientia perfectus, * unde subdit ° forsitan illi qui non habet sapientiam? ' quasi dicat: numquid dubitas deum sapientiam non habere ut tam stulte pro eo loquaris? qui autem sapienti consilium dat videtur hoc facere ad sapientiam ostendendam, * unde subdit ° et prudentiam tuam ostendisti plurimam? ' quasi dicat: numquid per hoc voluisti tuae prudentiae abundantiam ostentare? alius autem modus favoris contra defectum sapientiae est ut quis instruat ignorantem circa scibilia, * et quantum ad hoc subdit ° quem docere voluisti? ' visus es enim deum docere dum eius potentiam contra me allegasti, sed ipse doceri non indiget qui est totius humanae scientiae causa, * unde subdit ° nonne eum qui fecit spiramentum, ' idest qui creavit humanam animam per quam homo et intelligit et spirat? una enim et eadem anima est quae per intellectum scientiam percipit et per alias |50| vires corpus vivificat. deinde ne videatur in aliquo potentiae dei derogare, commendat ipsam multo diffusius quam baldath enumerans multos effectus divinae potentiae, et incipit ab his quae potenter fecit in genere humano circa diluvium. * legitur enim gen. vi 4 quod ° gigantes erant super terram in diebus illis, * et postea subditur ° cumque vidisset deus terram esse corruptam, omnis quippe caro corruperat viam suam super terram, dixit ad noe: finis universae carnis venit coram me, * et postea subdit ° ecce ego adducam aquas diluvii super terram et interficiam omnem carnem. ' hunc ergo effectum divinae potentiae ostendit * subdens ° ecce gigantes, ' scilicet antiqui, ° gemunt, ' scilicet in poenis inferni, ° sub aquis, ' idest qui fuerunt submersi aquis diluvii; et quia non soli ipsi perierunt sed multi alii cum eis et tunc et postea, * subiungit ° et qui habitant cum eis, ' scilicet similiter gemunt, scilicet a virtute potestatis ipsius. * et ne aliquis crederet quod " divina providentia se extenderet solum ad iudicandos homines in hac vita, non autem post mortem * sicut amici iob sentire videbantur, ' ad hoc excludendum * subdit ° nudus est infernus coram illo, ' quasi dicat: ea quae in inferno aguntur conspicua sunt oculis eius et secundum |75| eius iudicium aguntur; unde ad huius expositionem * subdit ° et nullum est operimentum perditioni, ' idest his qui sunt perditi in inferno, ut possint ab oculis dei occultari sicut occultantur a nobis. deinde enumerat effectus divinae providentiae in rebus naturalibus, et incipit ab extremis, scilicet a caelo et a terra, in quorum utroque aliquid apparet ex divina potentia institutum quod humanas vires excedit. secundum autem id quod sensibiliter apparet, videtur caelum extensum esse super terram sicut quoddam tabernaculum, terram autem esse sub caelo sicut tabernaculi pavimentum; quicumque autem tabernaculum erigit, aliquid supponit quo tabernaculum sustentatur, sed hoc in caelo non apparet: non enim videtur aliquid caelum sustentans nisi virtus divina, * unde dicit ° qui extendit aquilonem super vacuum. ' per aquilonem intelligit superius hemisphaerium quoad nos: nobis enim aquilonaris polus supra horizontem elevatur, australis vero sub horizonte deprimitur, unde dicit aquilonem extendi ° super vacuum, ' quia sub superiori hemisphaerio caeli nihil nobis apparet nisi spatium aere plenum, quod vulgares homines reputant vacuum: loquitur enim secundum aestimationem vulgarium hominum, prout est moris in sacra scriptura. |100| similiter etiam qui pavimentum iacit super aliquid ipsum firmat; terra autem quae est quasi caeli fundamentum non apparet super aliquid firmata quod eam possit sustentare, sed sola dei potentia sustinetur, * unde subdit ° et appendit terram super nihilum. ' haec autem non ita dicuntur quasi caelum sit ponderosum ut indigeat sustentamento ne cadat, aut terra possit descendere nisi usque ad centrum, sed ipsas naturales virtutes quibus corpora in suis locis naturaliter continentur ex divina potestate processisse significat: sicut enim motus violentus est a potestate humana, ita inclinatio naturalis est ex virtute divina quae est naturae principium. deinde enumerat effectus divinae potentiae in spatio medio quod est inter caelum et terram, et primo in aere, in quo hoc admirabile videtur quod aqua in aere suspenditur vaporabiliter elevata, et non tota simul cadit sed guttatim ut apparet in pluviis, * unde dicit ° qui ligat aquas in nubibus suis, ' idest eius virtute causatis, ° ut non erumpant, ' scilicet aquae pluviarum, ° pariter deorsum ' sed guttatim secundum quod expedit ad temperiem terrae, quasi divina virtute illud quod remanet in nubibus esse ligatum ut non a principio cadat: fit enim divina virtute ut vapores non simul condensentur ut oporteat |125| eos simul in aquam conversos pariter cadere. pluviis autem ex nubibus deorsum cadentibus, remanent quaedam vaporum reliquiae ex quibus nebulae generantur, per quas nobis tegitur caelum quod est quasi solium dei, * secundum illud is. ult. ° caelum mihi sedes est, * et quantum ad hoc subdit ° qui tenet vultum solii sui, ' idest qui detinet quasi occultatam faciem caeli quod est solium eius, et hoc per nebulas quibus prohibemur caelum videre, * unde subdit ° et expandit super illud nebulam suam, ' idest eius virtute productam. deinde ostendit effectum divinae potentiae in aquis * cum subdit ° terminum circumdedit aquis: ' aquae enim secundum naturalem elementorum ordinem undique terram operire deberent, sed quod aliqua pars terrae remanet discooperta ab aquis, hoc factum est divina virtute, quae usque ad certum terminum terram fecit operiri ab aquis; et hoc praecipue videtur ad oceanum pertinere qui undique terram circumdat, * et propter hoc subdit ° usque dum finiantur lux et tenebrae: ' finitur enim nobis lux diei et tenebra noctis sole accedente vel discedente ab hemisphaerio superiori quod superponitur nostrae habitabili, quae quasi undique oceano concluditur; vel potest intelligi quod terminus aquarum intransmutabilis permanebit, |150| manente hoc statu mundi in quo est successio lucis et tenebrarum. sic igitur enumeratis effectibus divinae potentiae in corporalibus creaturis, ostendit eius effectum in creaturis spiritualibus quas vocat columnas caeli, quia scilicet eorum officio administratur motus caelorum, * unde dicit ° columnae caeli, ' scilicet angeli, ° contremiscunt et pavent ad nutum eius, ' idest oboediunt ei ad nutum, et loquitur ad similitudinem servi ad nutum oboedientis domino propter timorem et tremorem ipsius, ut timor referatur ad animam, tremor ad corpus. non est autem putandum quod in sanctis angelis sit timor poenalis, sed eorum reverentia ad deum hic timor nominatur, et sic pavor refertur ad affectum, tremor autem ad exteriorem effectum. et quia in angelis aliqui sunt qui a debita dei reverentia discesserunt, * de quibus supra iv 18 dictum est ° in angelis suis reperit pravitatem, ' ideo consequenter de distinctione bonorum et malorum angelorum subiungit. creditur autem simul cum distinctione creaturae corporalis etiam creaturae spiritualis distinctionem fuisse, et ideo ad insinuandam distinctionem creaturae spiritualis praemittit de creatura corporali * dicens ° in fortitudine illius repente maria |175| congregata sunt, * secundum illud gen. i 9 ° congregentur aquae quae sunt super terram in locum unum, et appareat arida. ' et sicut creaturae corporales sunt distinctae divina virtute ita etiam creaturae spirituales, * unde subdit ° et prudentia eius percussit superbum, ' idest per virtutem providentiae ipsius diabolus superbiens est sua gloria privatus; et simul eo percusso bonis angelis sunt spiritualia dona augmentata, * unde subdit ° spiritus eius ornavit caelos, ' idest caelestes spiritus, ornamentis scilicet spiritualium donorum. non erat autem conveniens ut percussus per privationem gloriae cum ornatis per spiritum sanctum remaneret, * et ideo subdit ° et obstetricante manu eius eductus est, ' scilicet a societate bonorum angelorum, ° coluber tortuosus, ' idest diabolus, qui colubro comparatur propter malignitatis venenum et tortuosus dicitur propter calliditatem; signanter autem dicit eum eductum obstetricante manu dei: sicut enim obstetrix sic educit infantem quandoque mortuum ut mater non laedatur, ita deus sic eduxit diabolum de medio angelorum ut bonorum angelorum societas in nullo detrimentum sit passa. * et ne aliquis crederet " hos effectus licet sint magni divinam potentiam adaequare, * subdit ° ecce haec |200| ex parte sunt dicta viarum eius, ' idest operum eius quibus et nos in dei cognitionem ascendimus et deus nobis se quodammodo communicat. et ne videantur haec etsi non totam divinam potentiam adaequare tamen ex magna parte ad eius aequalitatem accedere, * subiungit ° et cum vix parvam stillam sermonum eius audierimus, quis poterit magnitudinem tonitrui eius intueri? ' quasi dicat: omnium quae nunc dicta sunt de effectibus divinae potentiae, minor est comparatio ad divinam potentiam quam unius parvi sermonis quasi silenter stillantis ad maximum tonitrui sonum.

cp27 ° Addidit quoque iob assumens parabolam ' etc.. in praemissis verbis iob confutaverat dicta baldath qui contra eum divinam potestatem allegaverat, quasi iob eius magnitudinem ignoraret; finita autem sua responsione, intelligitur expectasse ut tertius amicorum, scilicet sophar, more solito suo ordine responderet, sed quia ille quasi convictus conticuit, iob iterato sermonem assumit et per aliam rationem ostendit non esse contra divinam providentiam si mali in hoc mundo prosperantur et boni adversitates patiuntur; * unde dicitur ° addidit quoque iob, ' postquam scilicet ei nullus respondebat, ° assumens parabolam suam, ' quia scilicet per similitudines loquebatur ad modum parabolas inducentium. ante autem quam propositum ostendat, se in amicorum sententiam numquam transiturum esse denuntiat, et ad huius firmitatem iuramentum praemittit, * unde subditur ° et ait: vivit deus qui abstulit iudicium meum, ' supposita scilicet vestra sententia qua asseritis ad iustitiam divini iudicii pertinere ut adversitates praesentes non nisi peccatoribus inducat; et ideo ad exponendum in quo iudicium suum ablatum dixerit * subdit ° et omnipotens qui ad amaritudinem duxit animam meam, ' idest qui absque culpa |25| praecedente mihi adversitates exteriores induxit ex quibus amaritudinem in anima patior: nec tamen ab eius reverentia et amore discedo, ut patet ex hoc quod per ipsum iuro. inducit autem praedictum iuramentum ad hoc * quod subditur ° quia donec superest halitus in me, ' idest donec habebo vitam quae per respirationem conservatur; et ut ostendat se vitae beneficium a deo recognoscere, * subdit ° et spiritus dei in naribus meis: ' respiratio enim praecipue fit per nares, nam " respiratio quae fit per os non est adeo congrua, * ut aristotiles dicit in libro de historiis animalium; ' respiratio ergo hominis, quae principaliter in naribus posita est, hic ° spiritus dei ' dicitur quia hoc habet homo a deo ut vivere possit respirando. et huic beneficio ipse non vult esse ingratus peccando, * unde subdit ° non loquentur labia iniquitatem, ' ut scilicet dicam omnes qui adversitates patiuntur esse iniquos, ° nec lingua mea meditabitur mendacium, ' ut scilicet dicam hoc pertinere ad divinam iustitiam ut iustorum merita praesenti prosperitate remuneret et iniquorum peccata temporali adversitate condemnet. et quia amici iob ista asserebant * subiungit ° absit a me ut iustos vos iudicem: ' non enim poterat eos iustos iudicare nisi eorum iniustam sententiam approbaret, |50| per quod a iustitia sua recederet, unde * subdit ° donec deficiam, ' scilicet per mortem, ° non recedam, ' idest propono non recedere ° ab innocentia mea, ' a qua scilicet recederem si sanctos adversitatem in hoc mundo patientes vobiscum impios iudicarem; et sicut ab innocentia ad nocendum transgredi non propono, ita nec iustitiae viam deserere, * unde subdit ° iustificationem meam, ' quod scilicet pertinet ad iustitiae executionem, ° quam coepi tenere, ' scilicet non approbando hominem pro prosperitate quam habet nec condemnando pro adversitate quam patitur in hac vita, ° non deseram, ' scilicet declinando in vestram sententiam. solent autem qui semel peccaverunt proniores esse ad iterato peccandum, qui vero peccatorum sunt inexperti difficilius ad peccata prolabuntur, * unde subdit ° neque enim reprehendit me cor meum in omni vita mea, ' quasi dicat: ideo confido quod non recedam ab innocentia nec iustitiam deseram quia hoc per experientiam didici: non enim habeo conscientiam remordentem de aliquo gravi quod commiserim in tota vita mea. vel aliter potest continuari: quia enim dixerat se non recessurum ab innocentia sua nec iustificationem quam tenere coeperat deserturum, posset aliquis dicere quod ipse ante hoc neque innocentiam neque iustitiam |75| habuerat, sed ipse hoc excludit * subdens ° nec enim reprehendit me cor meum ' etc.. declinarem autem ab innocentia et desererem iustitiam si vobis faverem qui iniustitiam et impietatem sustinetis, * unde subdit ° sicut impius inimicus meus, ' inquantum scilicet contra veritatem divini iudicii loquitur, ° adversarius meus quasi iniquus, ' inquantum scilicet iniquam sententiam profert mihi adversando, dum dicit me impium esse quia graviter sum afflictus. his igitur praemissis pertinentibus ad amicorum suorum confutationem et suae sententiae firmitatem, accedit ad principale propositum, ut scilicet ostendat non esse contrarium divinae providentiae si mali in hoc mundo temporaliter prosperentur et iusti temporaliter affligantur; et supra quidem hoc manifestaverat ex futuris praemiis et flagellis quae reservantur bonis et malis post hanc vitam, nunc autem hoc ostendit ex debilitate bonorum temporalium quae mali possident in hac vita et magnitudine bonorum spiritualium quae bonis conceduntur. asserit ergo primo inutile esse peccatoribus si in hac vita bona temporalia consequantur absque animae bonis, * unde dicit ° quae est enim spes hypocritae si avare rapiat, ' idest si iniuste divitias congreget, ° et non liberet deus animam eius, ' scilicet a |100| peccato per gratiae dona, idest quid boni potest ex hoc consequi? et loquitur de hypocrita, idest simulatore, loco omnium peccatorum quia ° simulata aequitas est duplex iniquitas, ' et hypocritae tamquam falsarii virtutis videntur maxime esse abominabiles apud deum, * sicut infra xxxvi 13 dicitur ° simulatores et callidi provocant iram dei. ' ostendit autem consequenter eos duplici spe privari, quarum una est quam habent iusti de deo quod in tempore necessitatis eorum orationem exaudiat, sed hoc ab impiis excludit * dicens ° numquid deus audiet clamorem illius cum venerit super illum angustia? ' quasi dicat non; et ratio huius assignatur * prov. i 24 ex ore sapientiae dicentis ° vocavi et renuistis, * et post pauca subditur ° tunc, ' scilicet quando veniet super eos angustia, ° invocabunt me et non exaudiam; * et prov. xxviii 9 dicitur ° qui declinat aurem suam ne audiat legem, oratio eius fiet execrabilis. ' secunda autem spes iustorum est quod cum deficit eis temporalis consolatio in tempore tribulationis, fruuntur delectatione divina et delectantur in laude ipsius, sed hoc ab impiis excludit

* subdens ° aut poterit in omnipotente delectari, ‘ quem scilicet non diligere ex operibus comprobatur, ° et invocare deum omni tempore? ‘ ex magna enim dilectione dei provenit quod semper sit in aliquorum ore laus dei. et quia ostenderat parum valere bona temporalia quae impii possident sine spe iustorum quam sancti habent, ostendit consequenter temporalia bona quae interdum impii possident fragilia esse. et ad assertionem eorum quae dicturus est duo praemittit: primo quidem quod ea quae dicturus est sapientiae divinae conveniunt, * unde dicit ° docebo vos per manum dei, ‘ idest per virtutem ipsius, ° quae omnipotens habeat, ‘ scilicet in sua sapientia quasi certum, ° nec abscondam, ‘ quae scilicet deo instruente me didici. secundo ostendit quod ea quae dicturus est tam sunt manifesta ut etiam ipsi ea ignorare non possint, * unde subdit ° ecce omnes nostis, ‘ scilicet vera esse quae dicturus sum, et ideo mirum est quod tam irrationabiliter contra veritatem manifestam loquimini; * et hoc est quod subdit ° et quid sine causa vana loquimini, ‘ idest ea quae rationis fulcimentum non habent? solent enim homines hebetes cum cognoscant praemissa non advertere quid ex eis sequatur. est autem considerandum quod cum deus sit creator omnium et gubernator, omnes ab eo suscipiunt aliquid quasi hereditatem suam a patre: mali autem homines quasi suam partem et suam hereditatem a deo accipiunt bona temporalia huius mundi, * unde ex eorum persona dicitur ° haec est pars nostra et haec est sors, ‘ e contrario autem boni percipiunt quasi suam partem et hereditatem spiritualia bona, * secundum illud psalmi ° funes ceciderunt mihi in praeclaris, etenim hereditas mea praeclara est mihi. ‘ describens ergo quam fragilis sit et caduca pars impiorum quam in rebus temporalibus accipiunt, * dicit ° haec est pars hominis impii apud deum, ‘ idest tale est quod eis in sortem venit dum bonis spiritualia et eis temporalia distribuuntur, ° et hereditas violentorum, ‘ idest iniuste acquirentium temporalia bona, ° quam ab omnipotente suscipient, ‘ eo scilicet permittente et facultatem praebente, * sicut supra xxii 18 dictum est ° cum ille implesset domos eorum bonis. ‘ ostendit autem hanc partem sive hereditatem esse caducam primo quidem quantum ad hoc quod plerumque circa impiorum prolem accidit, quae tamen inter temporalia bona potissimum reputatur; contingit autem quandoque quod impiorum filii qui in hoc mundo prosperati sunt occiduntur, * unde dicit ° si multiplicati fuerint filii eius, ‘ quod scilicet ad magnam prosperitatem computabatur, ° in gladio erunt, ‘ idest occidentur. et quamvis raro contingat quod divitum filii ad magnam paupertatem deveniant, tamen hoc circa nepotes et posteros frequenter contingit, * unde subdit ° et nepotes eius non saturabuntur pane, ‘ scilicet propter inopiam. quantum autem ad alios familiares eius * subdit ° qui reliqui fuerint ex eo, ‘ scilicet domestici et amici, ° sepelientur in interitu, ‘ idest absque solemnitate quasi occisi, unde et quantum ad uxores subdit ° et viduae illius non plorabuntur, ‘ quod scilicet fieri solet in solemnibus sepulturis. sicut ergo fragilis est et caduca eorum felicitas quantum ad filios et amicos, ita etiam quantum ad divitias possessas, inter quas quaedam sunt divitiae artificiales, scilicet pecunia “ quae est adinventa quasi mensura commutationis rerum, * ut philosophus dicit, et quantum ad hoc subdit ° si comportaverit quasi terram argentum, ‘ idest si tantam copiam pecuniae acquirat quanta habetur terrae. aliae vero sunt divitiae naturales, quae scilicet hominum naturali necessitati subveniunt, sicut panis et vinum, vestimenta et alia huiusmodi, * et quantum ad hoc subdit ° et sicut lutum praeparaverit vestimenta, ‘ ut scilicet tantam eorum copiam habeat quantam et luti; ° praeparavit quidem, ‘ idest habuit sollicitudinem et laborem in praeparando, alius tamen habebit fructum, et quandoque bonus qui circa hoc non sollicitatur, * unde subdit ° sed iustus vestietur illis, ‘ scilicet vestimentis ad suam necessitatem, ° et argentum innocens dividet, ‘ idest distribuet et dabit pauperibus: non reservabit coacervatum, quod contra innocentiam esset. pertinet etiam ad prosperitatem terrenam spatiositas domorum, sed et hoc ostendit esse caducum propter duo: primo quidem quia quandoque sibi domum aedificat per violentiam in loco alieno a qua depellitur, * unde subdit ° aedificavit sicut tinea domum suam, ‘ quae scilicet corrodendo vestem alienam praeparat sibi locum, a quo excussa veste deicitur; alio modo quia etsi in solo proprio domum aedificet, non tamen est sibi datum ut diu illius possessionis curam et dominium habeat, sed ad modicum tempus, * unde subdit ° et sicut custos, ‘ scilicet vineae, ° fecit umbraculum, ‘ quod scilicet deicitur finito tempore custodiae eius. quomodo autem acquisita bona amittat, ostendit * subdens ° dives cum dormierit, ‘ idest cum mortuus fuerit, ° nihil, ‘ ex his quae possidet, ° secum afferet, ‘ scilicet in aliam vitam; ° aperiet oculos suos, ‘ scilicet in resurrectione, ° et nihil inveniet, ‘ quia scilicet non revertetur ad temporalia bona possidenda; quandoque etiam in hac vita subito ea perdit ad modum quo pluvia subito homini supervenit, * unde subdit ° apprehendet eum quasi aqua, ‘ scilicet pluvialis, ° inopia, ‘ idest subito superveniet ei; et quamvis pluvia in die aliqualiter praevideri possit, in nocte tamen omnino subito praeoccupat hominem, * unde subdit ° nocte opprimet eum tempestas, ‘ scilicet adversitatis, idest omnino ex improviso. ultimo autem ostendit fragilitatem mundanae prosperitatis quantum ad ipsam personam hominis, quae quandoque perit per aliquam febrem vel per aliquam persecutionem, * et quantum ad hoc subdit ° tollet eum ventus urens, ‘ idest occidet eum febris, ° et auferet, ‘ scilicet a societate viventium; et hoc fiet subito et ex improviso, * unde sequitur ° et velut turbo rapiet eum de loco suo, ‘ idest violenter et absque mora. quandoque vero non ab interiori infirmitate sed ab exteriori persecutore occiditur, unde subdit ° emittet, ‘ scilicet deus, aliquem persecutorem ° super eum, ‘ idest qui potentior eo sit, cui non possit resistere, ° et non parcet, ‘ ipse scilicet persecutor; unde ipse impius ° de manu eius, ‘ idest de potestate eius, ° fugiens fugiet, ‘ vel per mortem quia ° postquam occiderit non habet amplius quid faciat. ‘ eo autem mortuo, amicis eius remanet stupor et luctus, * unde subdit ° stringet super illum manus suas, ‘ quasi prae stupore, ° et sibilabit super illum, ‘ quasi compatiens ei, ° intuens locum eius, ‘ idest considerans eius pristinam dignitatem.

cp28 ° Habet argentum venarum suarum principia ‘ etc.. supra iob ostenderat quam fragilis et caduca sit pars impiorum quam a deo recipiunt, nunc autem ostendere intendit e contrario dignitatem spiritualis boni quod homines iusti a deo percipiunt etiam in hoc mundo, quod quidem spirituale bonum sub sapientia comprehendit; et ideo intendit praeferre sapientiam omnibus corporalibus rebus et quantum ad originem et quantum ad pretiositatem. et incipit primo ostendere quod omnia quae in rebus corporalibus pretiosa videntur habent in certis locis originem, et incipit a metallis quae apud homines pretiosa habentur. est autem considerandum quod metalla generantur ex vaporibus humidis resolutis a terra per virtutem solis et aliarum stellarum et in terra retentis - unde et metalla ductilia et liquabilia sunt -, sicut e contrario lapides et alia huiusmodi quae non malleantur neque funduntur generantur ex sicca exhalatione infra terram retenta. diversificantur autem metallorum species secundum maiorem vel minorem puritatem vaporis resoluti et secundum differentiam caloris digerentis, inter quae aurum videtur purissimum et post hoc argentum et sub hoc aes, infimum autem ferrum; et secundum maiorem vel minorem puritatem metalla ut plurimum habent diversas origines: quia ergo aurum est purissimum, invenitur ut plurimum generatum in sua puritate inter arenas fluminum propter multitudinem evaporationis et caliditatem arenae; argentum autem invenitur ut plurimum in quibusdam venis vel terrae vel etiam lapidum; aes autem invenitur ut incorporatum lapidibus; ferrum autem, quasi in terra faeculenta nondum perfectam digestionem habente ut sit perventum usque ad generationem lapidis. enumerans ergo diversa metallorum loca * dicit ° habet argentum venarum suarum principia, ‘ scilicet in aliquibus determinatis locis, ex quibus tales vapores resolvuntur qui sunt apti ad generationem argenti: et sic dum immiscentur terrae vel lapidi praedicti vapores, efficiuntur ibi venae argenteae. quantum autem ad aurum * subdit ° et auro locus est in quo conflatur, ‘ quia scilicet ex multis arenis colliguntur quaedam granula auri quae in unum liquantur, quod quidem non fit in omni loco sed in aliquo determinato in quo concurrit debita proportio virtutis activae ad materiam proportionatam tali speciei. deinde quantum ad ferrum * subdit ° ferrum de terra tollitur, ‘ quia scilicet in terra quasi indigesta invenitur. deinde quantum ad aes * dicit ° et lapis, ‘ cui scilicet vapor proportionatus naturae eius permiscetur, ° solutus calore, ‘ scilicet ignis vehementis, ° in aes vertitur, ‘ dum scilicet id quod est ibi de natura aeris per calorem ignis eliquatur. deinde prosequitur de aliis rebus quae habent determinatum tempus et locum ex dispositione divina, unde divinae cognitioni subiacent pleraque ipsorum quae ab hominibus sunt occulta. occultantur autem a nobis et sol et multa alia per tenebras noctis, sed hoc fit per dispositionem divinam, * unde dicit ° tempus posuit tenebris; ‘ occultantur etiam quaedam a nobis per eorum corruptionem dum resolvuntur in sua principia quae deo sunt nota nobis autem occulta, * unde subdit ° et universorum finem ipse considerat, ‘ idest terminum resolutionis rerum. inveniuntur etiam quaedam ab hominibus occulta propter locum invium, sicut quandoque sunt quidam montes inaccessibiles in quibus sunt quaedam invisa hominibus, * et quantum ad hoc subdit ° lapidem quoque caliginis, ‘ idest aliquam rupem alicuius excelsi montis quae quasi semper caligine nebularum obtegitur, ° et umbram mortis, ‘ idest aliquem locum umbrosum inter convalles montium ad quem vitalis calor solis numquam pertingit, ° dividit torrens a populo peregrinante: ‘ solent enim in radicibus quorundam montium defluere immeabiles torrentes, ita quod ex una parte torrentis est via per quam peregrini transeunt et ad aliam partem ripae non patet accessus. contingit autem quandoque quod in huiusmodi inaccessibilibus locis aliqui rari homines habitant, ad quos etiam pauperes qui omnia circueunt accedere non praesumunt propter accessus difficultatem, * unde subdit ° et ‘ torrens dividit a populo peregrinante ° illos ‘ homines ° quos ‘ in locis inaccessibilibus habitantes ° oblitus est pes egentis hominis, ‘ ut scilicet ad eos non accedat, ° et invios, ‘ idest propter hoc quod ad eos via non patet. sunt etiam quaedam loca non propter situm sed propter aliqua accidentia inaccessibilia, puta quia per aliquam alterationem subvertuntur * ut legitur gen. xix 24 de sodoma et gomorra, unde subdit ° terra de qua oriebatur panis in loco suo, ‘ idest quasi in proprio et convenienti loco, ° igni subversa est, ‘ scilicet subversionis eius causa ex superabundantia caloris procedit; calore autem superabundante sequitur quod resolutiones tam siccae quam humidae ad magnam digestionem perveniant ut exinde generentur aliqua pretiosa, puta lapides vel metalla: unde quantum ad lapides pretiosos qui generantur ab exhalatione sicca * subditur ° locus sapphiri lapides eius, ‘ scilicet terrae subversae igni; quantum autem ad pretiosa metalla quae generantur ex evaporatione humida * subdit ° et glebae illius aurum. ‘ huiusmodi autem loca sic subversa propter corruptionem aeris ex abundantia sulphuris non solum homines vitant sed etiam animalia bruta; unde primo quantum ad aves de quibus minus videtur * dicit ° semitam, ‘ scilicet illius terrae, ° ignoravit avis, ‘ quia scilicet super eam volare non audet propter aeris corruptionem, nec etiam ei appropinquare, * unde subdit ° nec intuitus est, ‘ scilicet eam, ° oculus vulturis, ‘ qui tamen valde a remotis solet videre; vel potest aliter exponi: terra illa ° ignoravit, ‘ idest non est experta, ° semitam avis, ‘ quia scilicet nec avis per eam transit, ° nec intuitus est, ‘ scilicet aliquis in terra illa, ° oculus vulturis. ‘ deinde quantum ad homines * dicit ° non calcaverunt eam filii institorum, ‘ idest mercatorum qui tamen difficilia loca solent adire ad lucrandum. deinde quantum ad quadrupedia * subdit ° nec pertransibit per eam leaena, ‘ quae scilicet silvestria loca inhabitat. haec autem quamvis hominibus sint occulta, deum tamen non latent qui et in montibus et in fluminibus suam virtutem exercet, * unde subdit ° ad silicem, ‘ idest ad montes lapidosos, ° extendit manum, ‘ idest potestatem ° suam. ‘ et hoc in duobus effectibus manifestat: primo per hoc quod montes quandoque funditus diruuntur, * et hoc est quod subdit ° subvertit a radicibus montes; ‘ secundum autem est quod ° inter medium montium pertranseunt aquae, ‘ quasi divina virtute esset eis via excisa a deo in petris, * unde subdit ° in petris rivos excidit, ‘ idest meatus rivorum. et sicut potentia sua se extendit ad omnia magnifica facienda, ita eius sapientia se extendit ad omnia pretiosa cognoscenda, * unde subdit ° et omne pretiosum vidit oculus eius: ‘ si enim ipse potest montes subvertere, si potest petras excidere et similem potestatem exercere in totam terram, consequens est quod pretiosa videat quae ibi latent quamvis oculus hominis ea videre non possit; et non solum ea quae latent in terris oculus eius videt, sed ° profunda quoque fluviorum scrutatus est, ‘ idest ea quae in profundis fluviorum latent ita perfecte cognoscit sicut si ea scrutaretur, et huius signum est quia ° abscondita producit in lucem, ‘ idest manifestationem hominum. ° sapientia vero ubi invenitur ‘ etc.. quia ostenderat omnia pretiosa quae in corporalibus inveniuntur determinatis locis contineri, quae si ignota sint hominibus sunt tamen cognita deo, ad ostendendum eminentiam sapientiae primo inducit quod determinato loco non continetur, * unde dicit ° sapientia vero ubi invenitur? ‘ quasi dicat: nullo corporeo loco concluditur quia non est aliquid corporale; ea vero quae sunt in corporibus pretiosa non solum ipsa sed etiam eorum principia locis corporalibus concluduntur, sed hoc de sapientia dici non potest, * unde subdit ° et quis est locus intelligentiae? ‘ intellectus enim est principium scientiae et sapientiae; sicut autem sapientia non concluditur loco, ita etiam nec intelligentia quae est principium eius. secundo ostendit dignitatem sapientiae eo quod pretio aestimari non potest, * unde subdit ° nescit homo pretium eius, ‘ idest nihil quod homo cognoscat est sufficiens sapientiae pretium. utrumque autem praemissorum per consequentiam manifestat, et primo quidem quod dixerat sapientiam in loco determinato non inveniri. inveniuntur autem quae apud homines pretiosa reputantur, partim quidem apud homines deliciosos qui pretiosa lapidum et metallorum congregare nituntur, * unde subdit ° nec invenitur in terra suaviter viventium, ‘ idest deliciosorum, quia ipsi maxime a sapientiae perceptione impediuntur cor habentes deliciis occupatum. partim autem inveniuntur huiusmodi pretiosa corporalium in aliquibus profunditatibus obscuris, sed non est ita de sapientia, * unde subdit ° abyssus dicit: non est in me, ‘ quasi scilicet ea quae in absconditis profundorum latent maxime sunt sapientiae humanae abscondita. partim autem inveniuntur in mari, tum quia ibi generantur, sicut margaritae in conchis marinis, sive quia ibi depereunt in navibus ibi submersis, sed non est ita de sapientia, tum etiam quia per mare solent huiusmodi pretiosa deferri de loco ad locum, * unde subdit ° et mare loquitur: non est mecum, ‘ quin immo ea quae sunt in mari maxime latent sapientiam humanam. deinde manifestat id quod dixerat de hoc quod sapientia pretio aestimari non potest, et enumerat quae sunt apud homines pretiosissima, * dicens ° non dabitur aurum obrizum, ‘ idest purissimum, ° pro ea, ‘ quia nullo auro potest pretium sapientiae aestimari; post aurum autem inter cetera pretiosius reputatur argentum, * de quo subdit ° nec appendetur argentum in commutatione eius. ‘ sunt etiam praeter metalla quidam pretiosissimi lapides diversorum colorum qui maxime nutriuntur in india, * de quibus subditur ° non conferetur, ‘ idest non comparabitur sapientia, ° tinctis indiae coloribus, ‘ idest lapidibus pretiosis diversis coloribus naturaliter in india tinctis. et subiungit de quibusdam pretiosis lapidibus qui etiam |200| in aliis terris inveniuntur, * unde subdit ° nec lapidi sardonycho pretiosissimo, ‘ qui scilicet ° est compositus ex duobus lapidibus, ‘ scilicet ex sardio, qui est rubei coloris ° accendens animum ad gaudium et acuens ingenium, ‘ et onychino, qui ab eo ligatur quasi habens quasdam noxias virtutes, scilicet ° excitandi tristitias et timores, ‘ cuius nocumentum refrenatur per sardium: unde proprietatem habere dicitur quod ° luxuriam depellit, hominem castum et pudicum reddens, ‘ unde et pretiosissimus nominatur; * subdit autem ° et sapphiro, ‘ qui est caelestis coloris, qui etiam pretiosus est propter multas virtutes quas habet; nec refert quod aliqui alii lapides pretiosiores sunt, quia pretia lapidum non sunt eadem nec in omnibus locis nec in omnibus temporibus. subdit autem de his quae habent pretiositatem ex pulchritudine * dicens ° non adaequabitur ei aurum, ‘ quod habet pulchritudinem ex splendore, ° vel vitrum, ‘ quod habet pulchritudinem ex perspicuitate quamvis non sit praecellens pretii aestimatione. subdit autem de his quae habent pulchritudinem ex artificio * cum dicit ° non commutabuntur pro ea vasa auri excelsa, ‘ scilicet quantitate, ° et eminentia, ‘ scilicet in compositione. et sicut non possunt pro sapientia commutari, ita etiam omnia praedicta nihil reputantur in comparatione |225| ad sapientiam, * unde subdit ° nec commemorabuntur in comparatione eius, ‘ idest non est dignum quod etiam memoria de his habeatur cum fit de excellentia sapientiae mentio. et quia dixerat quaedam corporalia esse occulta et ob hoc pretiosa reputari, consequenter ostendit quod haec etiam pretiositas sapientiae non deest * cum subditur ° trahitur autem sapientia de occultis; ‘ est enim humanae sapientiae origo occulta dupliciter: uno modo ex parte intellectualis luminis quod derivatur ad nos ab occultissima omnium causa, scilicet a deo, alio modo ex parte rerum cognitarum quarum occultas proprietates et essentias sapientia inquirit, et ex his in divinorum cognitionem ascendit, quae maxime sapientiae appropriatur. unde concludit quod neque ratione pretiositatis neque ratione occultationis aliquid potest ei comparari, neque in lapidibus pretiosis, * unde subdit ° non adaequabitur ei topazius de aethiopia, ‘ qui scilicet ° sic vocatur a loco primae suae inventionis, vel quia in colore auri similitudinem praetendit; ‘ quantum autem ad pretiosas vestes subdit ° nec tincturae mundissimae, ‘ idest cuiuscumque panni serici vel lanei, ° componentur, ‘ idest comparabuntur sapientiae. quia ergo sapientiam sic incomparabilem dixerat |250| et occultam habere originem, inquirit unde sit eius principium * cum subdit ° unde ergo sapientia venit, ‘ idest unde derivatur? ° et quis est locus intelligentiae, ‘ idest a quo principio homines lumen intellectus participant? ostendit autem hoc principium excedere omnem cognitionem humanam, * unde subdit ° abscondita est ab oculis omnium viventium, ‘ quia ° fons sapientiae est verbum dei in excelsis, * ut dicitur eccli. i 5. fuerunt autem aliqui auguriorum sectatores qui crederent “ quasdam aves augurales quendam effectum sapientiae participare supra homines, inquantum scilicet ex eis ad homines pervenire credebant cognitionem futurorum; ‘ sed quod sapientia hanc coniecturam excedat ostendit * subdens ° volucres quoque caeli latet, ‘ per quod potest intelligi quod origo sapientiae excedit caelestia corpora a quibus huiusmodi aves moventur. sunt etiam aliqui qui a mortuis futurorum cognitionem exquirerent, sed nec hoc attingit ad sapientiae originem, * unde subdit ° perditio et mors dixerunt: auribus nostris audivimus famam eius; ‘ et recte famam sapientiae morti et perditioni attribuit, quia perditio et mors important recessum et elongationem a bonis quae sapientiam consequuntur. possunt tamen tria praedicta secundum metaphoram ad tria rationalis |275| creaturae genera pertinere, * ut quod dicit ° abscondita est ab oculis omnium viventium ‘ referatur ad homines, * quod vero subdit ° volucres caeli latet ‘ referatur ad angelos, * quod vero additur ° perditio et mors dixerunt: audivimus famam eius ‘ referatur ad daemones qui a deo damnabiliter elongati, a remotis quasi ex sola fama divinae sapientiae notitiam habent. ut ergo ostendat sapientiae radicem * subdit ° deus intelligit viam eius, ‘ idest totum sapientiae processum, dum et ipse est et origo sapientiae et locus intelligentiae; et quia ipse se ipsum perfecte novit * ideo subdit ° et ipse novit locum illius, ‘ idest se ipsum in quo plene sapientia invenitur sicut in prima origine. derivatur autem sapientia ab ipso in omnes creaturas quae per dei sapientiam fiunt, sicut ars derivatur a mente artificis in opere eius, * unde dicitur eccli. i 10 quod ° deus effundit sapientiam super omnia opera sua; ‘ unde etiam ipsa universitas creaturarum est quasi quidam secundarius sapientiae locus; et ideo ad ostendendum quod deus cognoscit locum sapientiae, subiungit quod ipse cognoscit universitatem creaturarum: primo quidem hoc ostendit quantum ad extremas creaturas sub quibus aliae continentur, * unde subdit ° ipse enim fines mundi intuetur, ‘ idest excellentiores creaturas in quibus ordo |300| creaturarum terminatur ab inferioribus ascendendo, sicut sunt caelestia corpora et caelestes spiritus; deinde hoc ostendit quantum ad alias creaturas sub eis contentas, sicut sunt elementa, * unde subdit ° et omnia quae sub caelo sunt respicit. * et ne aliquis crederet quod “ notitiam rerum habeat a rebus acceptam sicut nos habemus, ‘ ostendit consequenter quod cognoscit res sicut omnium causa, unde subdit quantum ad quasdam occultas creaturas, scilicet ventos et pluvias, ° qui fecit ventis pondus, ‘ idest dedit eis inclinationem motus, ut scilicet quandoque moveantur ad hanc partem quandoque ad illam. deinde loquitur de pluviis, et primo quidem secundum quod sunt vaporabiliter elevatae in nubibus, * unde subdit ° et aquas, ‘ scilicet vaporabiles, ° appendit, ‘ idest appensas tenet in aere, et hoc ° in mensura, ‘ ne scilicet si superexcederent omnia submergerent, vel si plus debito diminuerentur omnia siccarentur; secundo quantum ad ipsam generationem pluviarum * cum dicit ° quando ponebat pluviis legem, ‘ ut scilicet certis temporibus et locis descenderent; tertio quantum ad effectum, et praecipue in mari quod maxime ex immutatione aeris commovetur, * unde subdit ° et viam, ‘ scilicet ponebat, ° procellis, ‘ scilicet marinis, ° sonantibus, ‘ ex magna commotione, quia |325| etiam huiusmodi procellae certis temporibus et secundum certam quantitatem consurgunt. quia vero ex ipsis creaturis sapientiam non acquirit sicut nos sed potius ex sua sapientia creaturas produxit, * ideo subiungit ° tunc, ‘ scilicet quando creaturas faciebat, ° vidit illam, ‘ scilicet sapientiam in se ipso, inquantum per actualem suae sapientiae considerationem res in esse produxit. ab ipso autem sapientia derivata est primo quidem ad angelos qui facti sunt participes sapientiae divinae, * et quantum ad hoc dicit ° et enarravit, ‘ scilicet sapientiam suam eis manifestando; secundo vero ad universitatem creaturarum eam per sapientiam suam disponendo, * et ad hoc pertinet quod subdit ° et praeparavit, ‘ scilicet in sapientia sua orbem terrae; tertio ad homines qui non per simplicem apprehensionem percipiunt sapientiam veritatis, sicut angeli quibus enarratur, sed per inquisitionem rationis ad eam perveniunt, * unde subdit ° et investigavit, ‘ idest homines eam investigare fecit, * et hoc est quod subdit ° et dixit homini, ‘ scilicet per interiorem inspirationem illuminando ipsum et sapientiam communicando: ° ecce timor domini, ‘ quem scilicet praesentialiter tibi do, ° ipse est sapientia, ‘ quia per timorem domini homo deo inhaeret in quo est vera sapientia hominis sicut in |350| altissima omnium causa; ° et recedere a malo, ‘ idest a peccato quo homo amittit deum, est ° intelligentia, ‘ quia scilicet intelligentia ad hoc praecipue est homini necessaria ut per intelligentiam discernat a bonis mala, quibus evitatis per executionem bonorum operum ad sapientiae divinae participationem perveniat. sic igitur quia ° timor domini est sapientia, et recedere a malo intelligentia, ‘ consequens est quod iusti qui deum timent et recedunt a malo habeant sapientiam et intelligentiam, quae praeferuntur omnibus bonis terrenis quae mali homines possident: et sic manifestum est quod in hoc salvatur ratio providentiae divinae quod iustis dantur bona spiritualia tamquam meliora, malis autem bona temporalia tamquam caduca.

cp29 ° Addidit autem iob assumens parabolam suam et dixit: quis mihi tribuat ‘ etc.. quia iob in praemissis verbis in universali ostenderat rationem ex qua evidenter apparet non esse contra divinam iustitiam quod mali prosperantur et boni interdum in hoc mundo temporali prosperitate carent, quibus conceduntur maiora, scilicet spiritualia bona, manifestat hoc in se ipso quasi in exemplo, intendens eorum confutare sententiam etiam quantum ad hoc quod asserebant eum pro peccato adversitates passum. et primo commemorat prosperitatem praeteritam qua virtuose utebatur, et deinde magnitudinem adversitatis in quam inciderat, et ad ultimum multipliciter suam innocentiam demonstrat. datur autem intelligi quod sicut postquam satisfecerat verbis baldath, sophar tacente processerit ad suum propositum ostendendum, ita etiam manifestato proposito expectavit si aliquis aliorum loqueretur: omnibus autem tacentibus ipse iterato sermonem resumpsit, * unde dicitur ° addidit quoque iob assumens parabolam suam, ‘ quia scilicet metaphorice locuturus erat, et ° dixit: quis mihi tribuat, ‘ quod ponitur ad desiderium designandum magis quam ad petitionem formandum, ° ut sim iuxta menses pristinos, |25| ‘ idest ut in prosperitate vivam sicut olim? et quia hanc prosperitatem non fortunae neque suis viribus sed divino attribuebat auxilio, * subdit ° secundum dies quibus deus custodiebat me, ‘ protegendo scilicet contra adversa, et etiam dirigebat ad bona: in quibusdam quidem perducendo ad bonos effectus etiam supra meam intentionem, * et hoc est quod dicit ° quando splendebat lucerna eius, ‘ idest providentia ipsius, ° super caput meum, ‘ idest mentem meam, dirigens in multa bona ad quae mens mea non attingebat; in quibusdam vero dirigebatur a deo quasi ab eo instructus de his quae erant agenda, * unde subdit ° et ad lumen eius, ‘ idest ad instructionem ipsius, ° ambulabam, ‘ idest procedebam, ° in tenebris, ‘ idest in dubiis; et ut non attribuatur hoc merito iustitiae praecedentis, * subiungit ° sicut fui in diebus adolescentiae meae, ‘ quando scilicet adhuc non potueram tantam prosperitatem mereri. deinde seriatim exponit bona status praeteriti, et incipit quasi a praecipuo a familiaritate divina quam in oratione et contemplatione percipiebat, * unde dicit ° quando secreto deus erat in tabernaculo meo, ‘ idest dei praesentiam sentiebam dum secreto in tabernaculo meo orabam et meditabar, quod pertinet ad contemplationem; quantum vero ad actionem |50| * subdit ° quando erat omnipotens mecum, ‘ quasi scilicet mihi cooperans ad bene agendum. deinde describit prosperitatem suam ex parte prolis * cum subdit ° et in circuitu meo pueri mei: ‘ adolescentis enim patris filios pueros esse oportet. ulterius autem procedit ad affluentiam rerum quae pertinent ad usum vitae * cum subdit ° quando lavabam pedes meos butyro: ‘ apud antiquos enim divitiae praecipue in pecudibus erant, “ a quibus propter hoc * secundum augustinum “ pecunia nominatur; ‘ inter fructus autem pecudum pretiosior videtur esse butyrum quod est lactis pinguedo, cuius affluentiam parabolice designat per pedum lotionem, puta si aliquis diceret se tantum sibi abundare aliquem pretiosum liquorem usque ad pedum lotionem. et sicut butyrum videtur esse pretiosius inter fructus animalium, ita etiam oleum inter fructus terrarum; solent autem olivae optimum oleum habentes in locis lapidosis et arenosis esse, * unde subdit ° et petra fundebat mihi rivos olei, ‘ per quod abundantiam designat et fructus bonitatem. deinde exponit magnitudinem pristinae gloriae * cum subdit ° quando procedebam ad portam civitatis, ‘ per quod dat intelligere se habuisse auctoritatem iudicandi, quia apud antiquos iudicia exercebantur |75| in portis. et ut ostenderet se non fuisse quasi unum ex pedaneis iudicibus, * subdit ° et in platea ponebant cathedram mihi: ‘ per hoc ostenditur singularis dignitatis fuisse. ostendit autem consequenter auctoritatem sui iudicii, primo quidem per signum acceptum ex parte iuvenum * cum dicit ° videbant me iuvenes, ‘ qui scilicet solent esse ad peccata proclives, ° et abscondebantur, ‘ quasi scilicet meum iudicium formidantes. secundo quantum ad senes * cum subdit ° et senes assurgentes stabant, ‘ quasi scilicet meo iudicio subiecti: habebat enim auctoritatem non solum ad iudicandum iuvenes sed etiam senes. tertio quantum ad civitatum rectores qui eius iudicio reverentiam exhibebant, primo quidem quantum ad hoc quod verba inchoata dimittebant dum ille loqui volebat, * unde subdit ° principes cessabant loqui; ‘ secundo quia eo loquente ipsum interrumpere non audebant, * unde subdit ° et digitum superponebant ori suo. ‘ quarto quantum ad duces bellorum qui solent audaciores esse et promptiores ad loquendum, qui tamen coram eo praesumptuose et tumultuose loqui non audebant, * unde subdit ° vocem suam cohibebant duces, ‘ scilicet plane et humiliter loquendo; et quandoque intantum stupebant quod loqui penitus non auderent, * unde subdit ° et lingua eorum gutturi suo |100| adhaerebat, ‘ quasi loqui non valerent. et quia solent homines tam rigidae auctoritatis a populo potius timeri quam amari, ostendit se populo amabilem fuisse, quia ad magnanimum pertinet ut apud magnos auctoritatem servet et tamen minoribus condescendat, * unde subdit ° auris audiens, ‘ scilicet ab aliis, recitari scilicet meam gloriam vel mea iudicia, non odiebat nec invidebat sed ° beatificabat me, ‘ idest beatum me reputabat et beatitudinem mihi optabat, et hoc pertinet ad absentes; quantum autem ad praesentes * subdit ° et oculus videns, ‘ scilicet meam gloriam et iudicia, ° testimonium, ‘ scilicet de virtute, ° reddebat mihi, ‘ scilicet apud alios, et hoc propter opera misericordiae quae exercebam. et hoc primo ostendit quantum ad pauperes, * unde subdit ° eo quod liberassem, ‘ scilicet de manu opprimentis, ° pauperem vociferantem, ‘ idest conquerentem; secundo quantum ad pupillos, * unde subdit ° et pupillum cui non erat adiutor, ‘ scilicet amisso patre; tertio quantum ad homines in periculis existentes, * unde subdit ° benedictio perituri super me veniebat, ‘ idest ille qui in periculis erat a me adiutus mihi benedicebat; quarto quantum ad viduas, * unde subdit ° et cor viduae consolatus sum, ‘ quia scilicet solatium viri amiserat. |125| non est autem sic in iudicio aliquibus miserendum quod iustitia relinquatur, * unde subdit ° iustitia indutus sum, ‘ idest undique in processibus meis iustitia apparuit: vestimento enim homo undique circumdatur; et ut ostendat se non esse coactum sed voluntarie fecisse iustitiam, * subdit ° et vestivi me, ‘ quasi propria sponte, iustitiam induens ° sicut vestimentum, ‘ scilicet undique protegens et ornans. sicut autem in concertatione bellorum victoribus datur corona, ita etiam et iudex cum per iudicium suum iustitiae victoriam tribuit coronam meretur, * unde subdit ° et diademate iudicio meo, ‘ ac si dicat: indutus sum iudicio meo sicut diademate. et ut ostendat qualiter simul cum iustitia potuerit misericordiam conservare, * subdit ° oculus fui caeco, ‘ idest instruxi simplices qualiter in negotiis suis procederent ne per ignorantiam detrimentum paterentur; et quia non solum ignorantibus dabat consilium sed etiam impotentibus auxilium, * subdit ° et pes claudo, ' idest illi qui non poterat procedere in suo negotio auxilium dedi ut posset procedere; tuebatur etiam illos qui tutela carebant, * unde subdit ° pater eram pauperum, ' scilicet eos protegendo et fovendo. contingit autem quandoque quod simplices, impotentes et pauperes aliqui per fraudulentiam calumniose laedunt, |150| sed contra hoc adhibebat diligentem sollicitudinem ut calumniosos processus malignorum excluderet, * unde subdit ° et causam quam nesciebam diligentissime investigabam, ' ne scilicet aliquid fraudis ibi lateret. quidam vero per violentiam pauperes opprimunt eos quodammodo per rapinam deglutientes, quorum violentiam iob sua potentia destruebat, * unde subdit ° conterebam molas iniqui, ' idest destruebam violentiae rapacitatem ne scilicet posset ulterius rapere, ° et de dentibus illius auferebam praedam, ' quia scilicet eos restituere cogebat id quod iam acceperant per rapinam. ex praemissis autem bonis operibus confidebat quod eius prosperitas perduraret; cuius continuationem primo describit quantum ad propriam personam, * unde subdit ° dicebamque: in nidulo meo moriar, ' idest sperabam propter praecedentia merita quod in quiete domus meae moriturus essem, non exul a domo nec etiam domo mea perturbata; nec tamen credebat se tempestiva morte praeoccupari, * unde subdit ° et sicut palma, ' quae scilicet diutissime vivit, ° multiplicabo dies, ' scilicet per vitae longaevitatem. secundo describit continuitatem prosperitatis quantum ad divitias, quarum augmentum describit * subdens ° radix mea aperta est secus aquas: ' arbores |175| enim quae secus aquas radices habent solent abundare in fructibus, unde per hoc designat temporalium fructuum multiplicationem; contingit autem quandoque quod fructus alicuius hominis multiplicantur, sed propter aliqua impedimenta supervenientia eos colligere non potest, unde ad hoc excludendum * subdit ° et ros morabitur in messione mea: ' contingit enim in terris calidis quod propter vehementiam aestus messores in agro consistere non possunt ad metendum, sed nubes roris eis refrigerium praestat ut a metendo non impediantur, * secundum illud is. xviii 4 ° sicut nubes roris in diebus messis. ' tertio describit processus continuitatem quantum ad gloriam * cum subdit ° gloria mea semper innovabitur, ' scilicet per bona opera quae multiplicare proponebat. quarto quantum ad continuationem potentiae * subdit ° et arcus meus in manu mea instaurabitur: ' per arcum enim potentia designatur, talibus enim armis maxime orientales utuntur ad bella. sic igitur in praemissis descripsit et severitatem et misericordiam quam exhibebat in iudicando, nunc autem tertio ostendit quomodo etiam sapientia utebatur; et primo quidem in iudiciis, * et quantum ad hoc dicit ° qui me audiebant, ' quasi meo iudicio subiecti, |200| ° expectabant sententiam, ' scilicet meam, credentes se aliquid sapientissimum audire; quantum vero ad consilia * subdit ° et intenti tacebant ad consilium meum, ' scilicet expectantes ipsum et avide audientes. et postquam consilium dederam erant eo contenti, * unde subdit ° verbis meis addere nihil audebant, ' propter scilicet magnam sapientiam quam in me aestimabant; et non solum firmum tenebant meum consilium sed etiam in eo consolabantur, percipientes illud esse efficax ad suum propositum consequendum, * unde subdit ° super illos stillabat eloquium meum, ' idest ad modum stillarum eos refrigerabat. quia igitur iam dixerat qualis erat in iudiciis et in consiliis, consequenter ostendit qualis erat in communi hominum conversatione, et primo ostendit quod erat gratiosus, quia cum erat absens eius praesentia desiderabatur, * unde dicit ° expectabant me sicut pluviam, ' per quam scilicet homines refrigerantur; quando autem erat praesens ex eius aspectu et sermonibus consolabantur, * unde subdit ° et os suum, ' idest suum animum, ° aperiebant, ' scilicet versus me ut consolationem reciperent, * et hoc est quod subdit ° quasi ad imbrem serotinum, ' qui scilicet refrigerium praestat post aestum diei. secundo ostendit quod erat in conversatione moderatus: neque enim |225| dissolvebatur gaudio, * unde dicit ° si quando ridebam ad eos, ' scilicet aliqua signa laetitiae ostendens, ° non credebant, ' scilicet me esse risibus deditum; similiter etiam non erat per tristitiam depressus, * unde subdit ° et lux vultus mei non cadebat in terram: ' solent enim homines maerore depressi oculos ad terram demersos habere. tertio ostendit quod non erat immoderatus circa honores, quia scilicet neque eos cupiebat, * unde subdit ° si voluissem ire ad eos, ' quod tamen non de facili faciebam, ° sedebam primus, ' scilicet apud eos in honore existens; neque tamen erat in honoribus fastuosus, * unde subdit ° cumque sederem quasi rex circumstante exercitu, ' omnibus scilicet me hinc inde admirantibus, ° eram tamen maerentium consolator, ' quasi non despiciens eos.

cp30 ° Nunc autem derident me iuniores tempore ' etc.. postquam enumeraverat multa ad prosperitatem pertinentia quae in tempore praecedenti habuerat, hic enumerat adversitates quas tunc patiebatur, et primo quidem contra gloriam et reverentiam pristinam ostendit se in praesenti contemptui haberi. tanto autem aliquis gravius fert alicuius contemptum quanto fuerit persona contemnentis abiectior; unde ostendit eos a quibus contemnebatur esse abiectos multipliciter: primo quidem ex tempore, * unde dicit ° nunc autem derident me iuniores tempore, * contra id quod supra dixerat ° videbant me iuvenes et abscondebantur et senes assurgentes stabant. ' secundo ex ignobilitate * cum subdit ° quorum non dignabar patres ponere cum canibus gregis mei, ' idest non reputabam eos dignos ut eos assumerem ad ministeria domus meae quantumcumque infima, puta ad custodiam canum, quod per oppositum respondet ei * quod supra dixerat ° principes cessabant loqui. ' tertio quantum ad modicitatem potentiae, * unde subdit ° quorum, ' scilicet deridentium vel etiam patrum ipsorum, ° virtus manuum mihi erat pro nihilo, ' idest omnem eorum potentiam quasi nihilum parvipendebam, et hoc per oppositum respondet |25| ei * quod supra dixerat ° vocem suam cohibebant duces. ' quarto quantum ad inhonestatem, * unde subdit ° et vita ipsa putabantur indigni, ' scilicet propter multitudinem gravium peccatorum, et hoc per oppositum respondet ei * quod supra dixerat ° auris audiens beatificabat me ' etc.. quinto quantum ad paupertatem, * unde subdit ° egestate, ' scilicet quantum ad rerum defectum, ° et fame, ' quantum ad afflictionem inde consequentem, ° steriles, ' idest fructificare non valentes, * contra id quod supra de se dixerat ° petra fundebat mihi rivos olei. ' sexto quantum ad gravem vitam quam ducebant, * unde subdit ° qui rodebant in solitudine, ' idest grossis cibis utebantur quos in desertis quaerebant, puta glandibus aut aliis huiusmodi, eo quod fructus agrorum non habebant prae egestate; et huius victus effectus ostendit * subdens ° squalentes, ' idest deturpati, ° calamitate, ' quantum ad afflictionem proprii corporis, ° et miseria, ' quantum ad adversitates exteriores. exponit autem consequenter quid rodebant * cum subdit ° et mandebant herbas, ' scilicet agrestes et crudas, ° et arborum cortices, et radix iuniperorum erat cibus eorum, ' in quibus grossitiem et vilitatem cibi ipsorum demonstrat. ostendit autem consequenter quod nec in huiusmodi tam vilibus cibis abundabant, ostendens quod huiusmodi |50| cibos acquirebant, et laboriose, * quod significat cum dicit ° qui de convallibus ista rapientes, ' idest cum magna difficultate accipientes propter ascensum et descensum, et in parva quantitate, * quod significat cum dicit ° cum singula reperissent, ' et cum quadam contentione, * quod significat cum dicit ° ad ea cum clamore currebant, ' ut scilicet unus alium praeveniret; et omnia ista per oppositum respondent ei * quod supra dixerat ° lavabam pedes meos butyro. ' septimo ostendit eorum abiectionem ex parte habitationis, quia scilicet domos non habebant ad manendum, * quod significat subdens ° in desertis habitabant torrentium, ' idest in alveis torrentium desiccatis in quibus se protegebant a calore, ° et in cavernis terrae, ' scilicet propter umbram, ° vel super glaream, ' scilicet propter refrigerium aquae vicinae vel propter mollitiem arenae; et hoc etiam eis iocundum videbatur quando talia loca invenire poterant ad manendum, * unde subdit ° qui inter huiuscemodi laetabantur, ' quasi etiam talium locorum copiam non habentes; et si aliquando contingeret quod commodiora loca invenirent, hoc quasi deliciosum reputabant, * unde subdit ° et esse sub sentibus, ' idest sub umbra parvarum arborum, ° delicias computabant, ' quia scilicet talis locus erat commodior ad manendum quam praemissa; hoc autem |75| videtur respondere per oppositum ad id * quod supra dixerat ° in nidulo meo moriar. ' enumeratis autem per singula eorum miseriis, quasi epilogando colligit quod dictum est * subdens ° filii stultorum, ' scilicet mente, ° et ignobilium, ' scilicet genere, ° et in terra penitus non parentes, ' idest nulla dignitate vel gloria conspicui. consequenter exponit quid ab eis patiebatur, et primo quidem ostendit quod ab eis irridebatur ore, et in ludis, * quod significat cum dicit ° nunc in eorum canticum versus sum, ' quia scilicet de eo faciebant irrisorias cantilenas; et in seriis, * et quantum ad hoc subdit ° et factus sum eis in proverbium, ' quia scilicet in communi quasi proverbiis utebantur infortuniis iob, inducentes eum in exemplum culpae et miseriae; secundo ostendit quomodo contemnebant eum corde * cum subdit ° abominantur me, ' scilicet quasi vilem et immundum; tertio ostendit quomodo contemnebant eum facto, primo quidem inquantum eius praesentiam horrebant, * unde subdit ° et longe fugiunt a me, ' contra id quod supra dixerat ° expectabant me sicut pluviam; ' secundo vero inquantum ei iniurias irrogabant: ° et faciem meam conspuere non verentur, ' scilicet in signum contumeliae et despectus. et ne putaretur propter aliquam culpam |100| commissam se in despectum venisse, ostendit causam praedicti contemptus ex parte divinae percussionis, ostendens primo quidem se divinitus afflictum * cum dicit ° pharetram enim suam aperuit et afflixit me: ' ex pharetra sagittae extrahuntur quibus aliqui utuntur ad percutiendum; per sagittas autem intelliguntur divina flagella, * secundum quod supra vi 4 dixerat ° sagittae domini in me sunt quarum indignatio ebibit spiritum meum; ' pharetra ergo dei est divina dispositio ex qua hominibus adversitates proveniunt, quam apertam esse dicit propter abundantiam adversitatum ex quibus non solum exterius sed etiam interius se afflictum dicit. secundo asserit se impeditum a deo ne saltem verbo suas iniurias repellere possit, * unde subdit ° et frenum posuit in os meum, ' quia scilicet per flagella divina auferebatur sibi fiducia respondendi cum alii ex ipsis flagellis argumenta sumerent contra eum. ostendit autem consequenter huiusmodi adversitates esse sibi a deo immissas ex eo quod praeter consuetum modum humanarum adversitatum advenerint, quod quidem primo ostendit ex loco unde adversitates advenerint. solent enim, et praecipue in terris illis, impugnationes insurgere a parte septentrionali, in qua habitabant barbarae nationes et |125| homines magis feroces et bellicosi, * secundum illud ier. i 14 ° ab aquilone pandetur omne malum; ' sed impugnatores beati iob provenerunt ex parte meridiei ubi solent homines minus bellicosi et feroces habitare: dictum est enim supra quod eius adversitas incepit a sabaeis qui tulerunt boves et asinas et pueros occiderunt, * unde dicit ° ad dexteram orientis, ' idest ex parte meridiei quae est dextrum respectu orientis - si quis enim se ad orientem convertat meridies erit ei a dextro -, ° calamitates meae illico surrexerunt, ' idest statim a principio sabaeis irruentibus. secundo ostendit suas adversitates esse praeter communem modum quantum ad multiplicitatem impugnationis: impugnatus enim fuit et quantum ad amissionem bonorum ex quibus homo habet facultatem operandi, quae per pedes significatur, * unde subdit ° pedes meos subverterunt, ' idest omnes facultates meas destruxerunt, et hoc fecerunt faciliter et totaliter, * unde subdit ° et oppresserunt, ' scilicet praedictos pedes meos, ° semitis suis, ' quasi in suo transitu sine aliqua difficultate; et exemplum addit * cum dicit ° quasi fluctibus: ' fluctus enim maris et subito cooperiunt terram sive navem et totaliter eam absorbent. subversis autem pedibus, idest facultatibus, |150| per consequens sequitur quod eius processus fuerint impediti, * unde sequitur ° dissipaverunt itinera mea, ' idest omnes processus operum meorum. ulterius etiam me in persona persecuti sunt, et dolose, * quod significat cum subdit ° insidiati sunt mihi, ' et potenter, in hoc quod addit ° et praevaluerunt, ' et sine contradictione quia non fuit qui eos impediret in ipso facto, * unde subdit ° et non fuit qui ferret auxilium, ' scilicet mihi dum ab eis opprimerer, nec etiam qui eos impediret ne ad me accederent, * unde subdit ° quasi rupto muro et aperta ianua irruerunt super me, ' idest ac si nullum obstaculum fuisset, neque ex ipsa substantia negotii, quod significatur per murum, neque ex sollicitudine humana, quod significatur per ianuam; ad me autem tam libere intrantes non sunt miserti, * unde subdit ° et ad meas miserias devoluti sunt, ' idest totaliter ad hoc intenderunt ut me miserum redderent. tertio ostendit huiusmodi adversitates esse a deo immissas ex effectu earum, quia scilicet per eas totaliter erat destitutus, * unde subdit ° redactus sum in nihilum, ' quod dicit quia nihil ei de pristina prosperitate remanserat, quae quidem in duobus consistebat: uno quidem modo in exterioribus rebus quae per violentiam amiserat, * unde subdit ° abstulit |175| quasi ventus, ' scilicet per violentiam, ° desiderium meum, ' idest omne desiderabile quod in rebus exterioribus habebam; alio modo consistebat eius prosperitas in salute propriae personae, * et quantum ad hoc subdit ° et velut nubes, ' idest subito et totaliter, ° pertransiit salus mea, ' scilicet meae personae. ablatis autem desiderabilibus bonis, eius anima in tristitia remanebat, * unde subdit ° nunc autem in memet ipso marcescit, ' scilicet per tristitiam, ° anima mea: ' non enim poterat non tristari, filiis et rebus amissis. recedente autem salute corporali, consequens erat ut etiam corporalem dolorem sentiret qui nec in die dabat ei requiem, * unde subdit ° et possident me dies afflictionis, ' idest corporalis doloris, qui etiam in nocte aggravabatur, * unde subdit ° nocte os meum perforatur doloribus, ' quasi dicat: ita in nocte increscunt dolores mei quod videtur mihi quod perveniant usque ad ossium perforationem. causam autem doloris ex vulneribus putrefactis fuisse ostendit, * unde subdit ° et qui me comedunt, ' scilicet vermes ex putredine vulnerum generati, ° non dormiunt, ' quia scilicet nullam requiem ei dabant; et ut eorum multitudinem ostendat, * subdit ° in multitudine eorum consumitur vestimentum meum, ' quasi dicat: tanta est vermium multitudo quod non solum carnem comedunt |200| sed etiam vestimenta corrodunt; et ut ostendat eos non in una tantum parte corporis esse sed quasi per totum corpus usque ad caput diffundi, * subdit ° et quasi caputio tunicae succinxerunt me, ' quasi dicat: prae multitudine non continentur sub velamine ligaturae et vestimenti sed prorumpunt in apertum et circumdant collum. ex huiusmodi autem poena ostendit se abominabilem hominibus factum, * unde subdit ° comparatus sum luto, ' ut scilicet mihi prae multitudine putredinis et vermium nullus appropinquare velit sicut nec luto, ° et assimulatus sum favillae et cineri, ' idest omnino deiectus et contemptui habitus. solent autem qui ab hominibus despiciuntur auxilium habere a deo, sed ipse a deo relinquebatur in temporali adversitate, * unde subdit ° clamabo ad te, ' scilicet continue petens liberari ab hac adversitate, ° et non exaudies me, ' scilicet tam cito; ° sto, ' idest persevero in orando, ° et non respicis me, ' scilicet ab adversitate liberando; et ita si considerarem tantum temporalem statum reputarem te crudelem et durum hostem, * unde subdit ° mutatus es mihi in crudelem, ‘ secundum scilicet quod videtur ex exterioribus flagellis dum nec deprecanti parcis, ° et in duritia manus tuae adversaris mihi, ‘ scilicet graviter me affligendo. et secundum quod ex exterioribus apparet, videtur quod in malum meum mihi pristinam prosperitatem concesseris, * unde subdit ° elevasti me, ‘ scilicet tempore prosperitatis, ° et quasi super ventum ponens, ‘ idest in altissimo statu, instabili tamen ad modum venti, ° elisisti me valide, ‘ idest graviter me laesisti quasi de alto in terram proiciens. et ne videretur haec ex desperatione dixisse, * subdit ° scio quia morti trades me, ‘ quasi dicat: non patior haec quasi inexcogitata, scio enim quod adhuc ad ulteriorem defectum deducar, scilicet usque ad mortem; hoc autem dicit se scire propter condicionem mortalis vitae, * unde subdit ° ubi constituta est domus omni viventi, ‘ quia videlicet ad mortem omnes homines tendunt sicut homo ad suam domum; nec tamen per mortem homo totaliter consumitur, quia remanet anima immortalis, * unde subdit ° verum tamen non ad consumptionem eorum, ‘ scilicet hominum viventium, ° emittis manum tuam, ‘ ut scilicet per tuam potentiam eos in nihilum redigas, ° et si corruerint, ‘ scilicet per mortem, ° ipse salvabis, ‘ animas scilicet beatificando, et hoc de tua benignitate spero quantumcumque in temporalibus adversis mihi crudelis et durus videaris. his igitur praemissis de pristina prosperitate et subsecuta adversitate, quasi sub quodam compendio praemissa recolligit * dicens ° flebam quondam, ‘ scilicet prosperitatis tempore, ° super eo qui afflictus erat, * secundum illud apostoli rom. xii 15 ° flere cum flentibus; ‘ et etiam compatiebar defectum patientibus, quod ostendit * subdens ° et compatiebatur anima mea pauperi, ‘ scilicet non solum in affectu sed etiam in effectu, * ut supra dixit; ‘ et pro his misericordiae operibus ° expectavi bona, ‘ scilicet prospera huius mundi secundum opinionem amicorum suorum, ° et venerunt mihi mala, ‘ idest adversa, per quod patet eorum sententiam esse falsam; ° praestolabar lucem, ‘ idest consolationem vel consilium quo a malis eriperer, ° et irruperunt tenebrae, ‘ scilicet amaritudinum et dubitationum. exponit autem consequenter mala supervenientia, et incipit ab interioribus malis * cum dicit ° interiora mea efferbuerunt absque ulla requie, ‘ quod potest referri ad infirmitatem interiorum viscerum procedentem ex inordinati caloris fervore, vel etiam ad afflictionem cordis procedentem ex fervore doloris; et ut huiusmodi inquietudinem nimis tempestivam ostenderet, * subdit ° praevenerunt me dies afflictionis: ‘ omnes enim homines senectutis tempore affliguntur propter invalitudinem, sed ipse in iuventute fuerat praeventus afflictionibus. deinde quantum ad exteriora * subdit ° maerens incedebam, ‘ idest cum inter homines ambulavi post miseriam tristitiam praetendebam, sed licet tristitia sit causa irae haec tamen in me non fuit, * unde subdit ° sine furore consurgens in turba clamavi, ‘ exponens scilicet meas miserias, quae scilicet partim erant ex defectu amicorum * de quibus subdit ° frater fui draconum, ‘ idest illi qui me debebant ut fratrem diligere mordebant me ut dracones, ° et socius strutionum, ‘ qui scilicet solent oblivisci etiam proprii fetus: ita et ipsi obliti sunt mei ut mihi non subvenirent. partim autem erat eius adversitas ex infirmitate corporali, unde primo quantum ad exteriora * dicit ° cutis mea denigrata est super me, ‘ scilicet propter interiorem corruptionem humorum; deinde quantum ad interiora * subdit ° et ossa mea aruerunt prae caumate, ‘ idest tanta vis inordinati caloris in me irruit quod quasi medullae ossium aruerunt. partim autem consistebat eius adversitas in exterioribus tristitiae signis, unde subdit in quae commutata erant signa gaudii, quae quidem sunt vel musica instrumenta, * et quantum ad hoc dicit ° versa est in luctum cithara mea, ‘ quasi dicat: succedit mihi luctus citharae qua ad iocunditatem utebar; vel sunt humanae vocis cantica, * unde subdit ° et organum meum, ‘ quo scilicet utebar ad gaudium, ° in vocem flentium, ‘ scilicet versum est.

cp31 ° Pepigi foedus ‘ etc.. postquam iob narraverat pristinam prosperitatem et subsequentem adversitatem, hic consequenter innocentiam suam ostendit ne credatur propter peccata in adversitates incidisse. incipit autem innocentiam suam ostendere per immunitatem a peccato luxuriae quod plures involvit; quod quidem peccatum in lubrico positum est, ut nisi aliquis principia vitet vix a posterioribus possit pedem retrahere; primum autem in hoc peccato est aspectus oculorum quo mulier pulchra aspicitur et praecipue virgo, secundum autem est cogitatio, tertium delectatio, quartum consensus, quintum opus. voluit igitur iob principia huius peccati excludere ut eo non involveretur, * unde dicit ° pepigi foedus, ‘ idest in corde meo firmavi sicut pacta firmantur, ° cum oculis meis, ‘ ex quorum scilicet aspectu provenit concupiscentia mulierum, ita ab inspiciendis mulieribus abstinere ° ut nec cogitarem quidem de virgine, ‘ idest ut nec primum gradum interiorem attingerem, scilicet cogitationem: videbat enim esse difficile si in primum incideret, scilicet in cogitationem, quin in alia laberetur, scilicet in delectationem et consensum. deinde ostendit quare tam sollicite hoc peccatum vitaverit, et primo quidem rationem assignat ex hoc quod per peccatum luxuriae homo maxime videtur a deo discedere: accedit enim homo ad deum per spirituales actus, qui maxime impediuntur per delectationem veneream, * unde subdit ° quam enim partem haberet deus desuper in me? ‘ quasi dicat: intantum in me deus partem habet inquantum ad superiora mea mens rapitur; si vero per luxuriam mens mea ad carnalem delectationem eiciatur, nullam partem in me deus desuper habebit. contingit autem quandoque quod etiam luxuriosi ad horam aliquid de deo spiritualiter cogitant, sed mox per delectationis concupiscentiam ad ima revocantur, unde pars dei in eis firma esse non potest quasi hereditas, * unde subdit ° et hereditatem, ‘ idest firmam possessionem, in me scilicet ad inferiora prolapso, habere non poterit ° omnipotens de excelsis, ‘ idest qui in excelsis habitat; unde oportet quod hereditas eius sit in his qui sublimia petunt, scilicet spiritualia, non autem in his qui ad carnalia descendunt. secundo ostendit causam quare luxuriae peccatum vitaverit ex damno quod homini infert, quod est duplex: unum quidem corporale, dum scilicet homo propter peccatum luxuriae incurrit periculum personae et rerum, * unde subdit ° numquid non perditio est iniquo? ‘ quasi dicat: iniquus qui hoc peccato involvitur in perditionem vadit; aliud vero damnum est impedimentum a bonis operibus, * unde subdit ° et alienatio operantibus iniquitatem? ‘ quia enim vehemens delectatio magis animum ad se trahit, inde est quod homines luxuriae dediti a bonis operibus discedunt, et etiam a bonis praedicationibus. tertio assignat causam quam considerat ex parte divinae providentiae quae omnia facta hominum prospicit, et sic nullus potest a poena esse immunis, * unde subdit ° nonne ipse considerat vias meas, ‘ idest processum meorum operum ad remunerandum? nec solum totalem processum ipse cognoscit sed et singulas partes illius processus, * unde subdit ° et cunctos gressus meos dinumerat? ‘ idest omnia etiam modica quae in actibus meis reprehensibilia videntur suo iudicio examinat, et ita non transirem pro eis impunitus. secundo mundat se a vitio dolositatis, utens in hoc et in omnibus subsequentibus quodam iuramento quod fit per execrationem, dum scilicet homo si non est verum quod dicitur obligat se ad poenam, * unde dicit ° si ambulavi, ‘ idest si processi, ° in vanitate, ‘ idest in aliqua falsitate: dicuntur enim vana illa quae soliditatem non habent, soliditas autem maxima est per veritatem. quomodo autem ambuletur in vanitate ostendit * subdens ° et festinavit in dolo pes meus, ‘ idest affectus meus et quaecumque alia virtus animae est motionis principium; * signanter autem dicit ° festinavit in dolo, ‘ quia scilicet homo per aliquas vias dolosas intendit velociter obtinere quod per viam veritatis cum magna difficultate obtineretur. quod autem aliquis absque dolo ambulet considerari potest ex inspectione rectitudinis iustitiae a qua dolosus declinat, * unde subdit ° appendat me in statera iusta, ‘ scilicet deus, ut ex eius iustitia discernatur an ego in dolo processerim. cum autem dolus praecipue in intentione cordis consistat, ille solus potest de dolo iudicare cui patet cordis intentio, scilicet deus, * unde subdit ° et sciat deus simplicitatem meam, ‘ quae scilicet duplicitati dolositatis opponitur; * dicit autem ° sciat deus, ‘ non quasi de novo cognosciturus sed quasi de novo alios scire facturus, vel quia in ratione suae iustitiae hoc ab aeterno cognovit. et quia universaliter a se dolum excluserat, descendit ad quaedam specialia peccata quibus aliquis dolose rebus alienis insidiatur, quod quidem contingit et in furto et in adulterio. in furto enim aliquis dolose insidiatur rebus possessis a proximo, et hoc excludit a se * dicens ° si declinavit gressus meus de via, ‘ scilicet iustitiae contemnendo ipsam; ex quo sequitur quod homo res proximi insidioso oculo videat ad rapiendum, * unde subdit ° si secutus est oculus meus cor meum, ‘ idest desiderium meum, quasi dicat: si ad hoc habendum oculus meus intendit quod cor desideravit; tertio autem contingit quod homo, contempta iustitia et intentione directa ad acquirendum quod cor concupiscit, adhibet homo manum ad rapiendum aliena, * unde sequitur ° et manibus meis adhaesit macula, ‘ scilicet per ablationem rei alienae. iustum est autem ut si quis bona aliena rapit, etiam bona eius ab aliis diripiantur, * unde subdit ° seram et alius comedat, ‘ quasi dicat: si bona aliena rapui, bona mea ab aliis rapiantur, quod est execrationis iuramentum. solent autem homines aliena rapere ut filiis suis divitias congregent, * secundum illud nah. ii 12 ° leo cepit sufficienter catulis suis, ‘ et ideo iustum est ut homini qui aliena rapit non solum sua diripiantur sed etiam filii moriantur, * unde subdit ° et progenies mea eradicetur, ‘ cui scilicet videretur rapina fuisse conservata. in adulterio vero homo uxori proximi dolose insidiatur, in quibus insidiis quaedam cordis deceptio praecedit, dum scilicet ratio per concupiscentiam obtenebratur, * unde subdit ° si deceptum est cor meum super mulierem, ‘ scilicet alienam concupiscendam; ex quo autem cor a concupiscentia mulieris vincitur, consequens est ut mulierem concupitam quibuscumque dolis habere conetur, * unde subdit ° et si ad ostium vicini mei insidiatus sum, ‘ ut scilicet eius uxore abuterer. iuste autem puniri videtur qui alienam uxorem adulterio polluit quod etiam eius uxor ab aliis polluatur, * unde subdit ° scortum alterius sit uxor mea, ‘ ut scilicet aliis se venalem exhibeat: ex quo sequitur quod alii ea abutantur, * unde subdit ° et super illam incurventur alii, ‘ scilicet adulterium committendo. quare autem hoc peccatum vitaverit ostendit * subdens ° hoc enim nefas est, ‘ quia scilicet est contra statutum dei qui virum et mulierem in matrimonio coniunxit; ° et, ‘ si consideretur humana iustitia, est ° iniquitas maxima, ‘ quia scilicet quanto est maius bonum quod subripitur tanto est iniustitia maior: si quis enim furaretur bovem, maior esset iniquitas quam si furaretur ovem, unde et maiori poena punitur, * ut habetur exodi xxii 1; ‘ ille autem qui adulterium committit maximum quid ei subtrahit, scilicet uxorem quae est una caro cum ipso, et prolem certam et per consequens totam patrimonii successionem, quae propter adulterium quandoque ad extraneum pervenit, * unde subditur ° ignis est, ‘ scilicet adulterium, ° usque ad consumptionem devorans, ‘ quia scilicet defraudat hominem in toto patrimonio, * ut dictum est, ° et omnia eradicans germina, ‘ dum scilicet filiorum successionem facit incertam, * unde dicitur eccli. xxiii 32 ° mulier omnis relinquens virum suum peccabit, statuens hereditatem ex alieno matrimonio. ‘ sic ergo postquam expurgavit se de iniustitia quantum ad hoc quod aliis iniuriam non fecit nec in rebus subripiendis nec in persona coniuncta abutenda, excusat se consequenter quod iniustitiam non incurrit per iustitiae defectum, * unde subdit ° si contempsi iudicium subire cum servo meo et ancilla mea cum disceptarent adversum me, ‘ quasi dicat: si minoribus meis iustitiam reddere contempsi, haec et illa gravia mihi accidant. quare autem cum servis suis iudicium subire non contempserit, ostendit * subdens ° cum surrexerit ad iudicandum dominus deus, ‘ idest cum apparuerit iudicaturus ipse cuius iudicium modo despicitur, non haberem ad cuius auxilium vel consilium refugerem; nec etiam possem deo rationabiliter in iudicio respondere, * unde subdit ° et cum quaesierit, ‘ idest cum facta mea examinaverit, ° quid respondebo illi, ‘ idest quam rationem reddere potero quare cum servis meis iudicium subire noluerim? quasi dicat nullam. et hoc ostendit consequenter per hoc quod naturaliter est eadem condicio omnium hominum, * unde subdit ° numquid non in utero fecit me qui et illum operatus est? ‘ quasi dicat: eandem animam cum servis meis habeo a deo creatam; corpus etiam meum eadem divina virtute formatum est, * unde subdit ° et formavit me in vulva unus? ‘ scilicet deus qui et illum formavit, et ideo manifestum est quod cura est deo qualiter illum tractem. postquam igitur ostendit se non fuisse luxuriosum neque iniustum, consequenter ostendit se non fuisse immisericordem, quod quidem primo ostendit ex hoc quod beneficia miseris non subtraxit. solent autem quidam pauperi eleemosynam petenti statim a principio negare quod petitur, quod a se excludit * dicens ° si negavi pauperibus quod volebant; ‘ quidam vero non negant sed donum dare differunt, quod a se excludit * dicens ° et oculos viduae expectare feci; ‘ alii vero non negant nec dare differunt quae petuntur sed nihil ex proprio motu darent, sed hoc a se excludit ostendens quod nec modicis solus voluit uti quin aliis communicaret, * unde subdit ° si comedi buccellam meam solus et non comedit pupillus ex ea, ‘ et subintelligitur: haec vel illa gravia mihi accidant. est autem considerandum quod valde signanter loquitur: pauperes enim non solum petere sed etiam instare solent, unde beneficium misericordiae non subtrahitur eis nisi per omnimodam negationem; viduae autem petunt quidem sed instare verentur, et ideo nisi cito eis subveniatur, misericordiae beneficio privantur; pupilli autem nec petere audent, unde oportet quod etiam eis non petentibus misericordia impendatur. quare autem tam misericors fuerit ostendit ex duobus: primo quidem ex antiqua consuetudine quam a pueritia inchoavit, * unde subdit ° quia ab infantia mea crevit mecum miseratio: ‘ quanto enim magis crescebat in annis, tanto magis in misericordiae operibus exercebatur; secundo quia naturalem inclinationem habebat ad misericordiam, sicut diversi homines ad diversas virtutes quasdam naturales inclinationes habere solent, * unde subditur ° et de utero matris meae egressa est mecum, ‘ quia scilicet ex primis generantibus sic dispositus fui ut essem ad miserendum promptus. solet autem duplex esse misericordiae impedimentum. quorum primum est contemptus miseri quem non reputat miseratione dignum: consueverunt autem despici qui vilibus induuntur et honorari qui utuntur vestibus pretiosis, * unde dicitur eccli. xix 27 quod ° amictus corporis enuntiat de homine; ‘ sed hoc misericordiae impedimentum a se excludit * subdens ° si despexi praetereuntem, ‘ idest quemcumque extraneum per viam transeuntem, ° et pauperem, ‘ scilicet notum, eo quod esset ° absque operimento, ‘ subaudi: haec vel illa mihi accidant. nec solum non despexi vestimentis carentem sed etiam de vestimentis providi, * unde subdit ° si non benedixerunt mihi latera eius, ‘ quae scilicet discooperta operui et sic fuerunt occasio quod mihi benediceret; et rationem huius exponit * subdens ° et de velleribus ovium mearum calefactus est, ‘ scilicet per vestimenta sibi exhibita, et est subaudiendum idem quod supra. aliud autem impedimentum misericordiae est fiducia propriae potestatis, ex qua homini videtur quod impune possit alios gravare et maxime inferiores personas, et hoc a se excludit * dicens ° si levavi super pupillum manum meam, ‘ut scilicet eum opprimerem, ° etiam cum viderent me in porta, ‘ idest in loco iudicii, ° superiorem, ‘ idest magis potentem. iustum est autem ut homo membris privetur quibus ad iniustitiam utitur, et ideo subiungit amissionem quasi poenam non solum manus sed etiam brachii in quo radicatur manus, et humeri cui brachium colligatur, * unde subdit ° humerus meus a iunctura sua cadat et brachium meum cum suis ossibus conteratur, ‘ si scilicet manu mea sum abusus ad pauperum oppressionem. ostendit |250| autem consequenter quare licet esset superior super pupillos manum non levaret, quia scilicet etsi non dimitteret propter hominem dimitteret tamen propter deum cuius et iudicia timebat, * unde subdit ° semper enim quasi tumentes super me fluctus timui deum, ‘ et loquitur ad similitudinem in mari navigantium qui, intumescentibus fluctibus super altitudinem navis, timent ne ab eis submergantur: similiter timebat comminationes divinas quasi fluctus intumescentes; et etiam auctoritati divinae cedebat ex qua prohibetur pupillorum oppressio, unde subdit ° et pondus eius, ‘ idest auctoritatem dei protegentis pupillos, ° ferre non potui, ‘ quin scilicet ei me inclinarem. ° si putavi aurum robur meum. ‘ postquam iob excusavit se de iniustitia et de immisericordia, hic consequenter excusat se de inordinato affectu ad divitias, quod quidem contingit dupliciter: uno modo per hoc quod homo nimis de divitiis confidit, et hoc excludit * dicens ° si putavi aurum robur meum, ‘ ut in divitiis principaliter virtutem meam reputarem, ° et si obrizo, ‘ idest si auro purissimo, ° dixi: fiducia mea, ‘ scilicet tu es, * contra id quod apostolus dicit i ad tim. ult.: ° divitibus huius saeculi praecipe non sperare in incerto divitiarum; ‘ secundo deordinatur |275| hominis affectus circa divitias per hoc quod nimis de divitiis gaudet, et ideo quantum ad divitias iam habitas * subdit ° si laetatus sum, ‘ scilicet inordinate, ° super multis divitiis meis, ‘ quas sicut propria possederam; quantum autem ad acquisitionem divitiarum * dicit ° et quia plurima reperit manus mea: ‘ solent enim homines de his quae de novo acquirunt magis gaudere. deinde excusat se a peccato superstitionis, quod est contra deum; colebant autem antiquitus idolatrae stellas caeli et praecipue luminaria propter maximam eorum claritatem, et hoc a se excludit * dicens ° si vidi solem cum fulgeret et lunam incedentem clare, ‘ propter quae scilicet ab idolatris coluntur, ° et laetatum est in abscondito cor meum, ‘ quasi interiori cultu eis devotus existens; et quantum ad exteriorem cultum * subdit ° et osculatus sum manum meam ore meo, ‘ quasi in eorum reverentiam. et quare hoc vitaverit ostendit * subdens ° quae est iniquitas maxima: ‘ si enim iniquum est ut id quod est uni homini debitum alteri exhibeatur, maxime videtur esse iniquum ut cultus deo debitus exhibeatur creaturae; et quia impossibile est quod homo simul deo et creaturae exhibeat latriam, * ideo subdit ° et negatio contra deum altissimum: ‘ etsi enim quibusdam creaturis nomen dei per participationem |300| attribuatur soli tamen deo altissimo latriae cultus debetur, qui negatur altissimus si etiam aliis talis cultus exhibeatur. his igitur praemissis quae pertinent ad communem iustitiam, subiungit quaedam quae pertinent ad perfectionem virtutis, inter quae primo odium inimicorum excludit, quod maxime manifestatur quando aliquis gaudet, vel de totali ruina eius, et hoc excludit * dicens ° si gavisus sum ad ruinam eius qui me oderat, ‘ vel de aliquo malo ei superveniente, quod excludit * subdens ° et si exultavi quod invenisset eum malum, ‘ idest ex insperato ei supervenisset. et quare hoc vitaverit ostendit * subdens ° non enim dedi ad peccandum guttur meum ut expectarem maledicens animam eius: ‘ naturaliter enim homo desiderat ea de quibus gaudet et desiderium interius explicat verbis; consequens igitur est ut si aliquis de malis alicuius gaudeat, quod ea desideret et per consequens quod maledicendo ei malum imprecetur. deinde perfectionem suae virtutis ostendit quantum ad superabundantiam bonorum quae aliis exhibuit, et primo quidem quantum ad domesticos suos * dicit ° si non dixerunt viri tabernaculi mei: quis det de carnibus eius ut saturemur? ‘ cum enim aliquod animal et delectabile ad usum comestionis, desiderant |325| homines eius carnibus saturari: per hoc ergo dat intelligere quod eius conversatio tam fuit suis domesticis grata quod eius carnali praesentia cuperent saturari. quantum autem ad extraneos * subdit ° foris non mansit peregrinus, ‘ quin scilicet in domo mea reciperetur, ° ostium meum viatori patuit, ‘ ut scilicet ei non esset difficilis ingressus. ulterius procedit ad ostendendam suae virtutis perfectionem quantum ad exclusionem timoris indebiti. solent autem homines propter confusionis timorem interdum contra iustitiam suam culpam occultare, vel eam negando, quod a se excludit * dicens ° si abscondi quasi homo, ‘ idest sicut homines solent facere, ° peccatum meum, ‘ illud scilicet indebite negando; vel excusando, vel etiam astutiis aliquibus palliando, * unde subdit ° et celavi in sinu meo, ‘ idest per aliquam occultam simulationem, ° iniquitatem meam, ‘ cum scilicet eam confiteri tenerer. consequenter autem excludit a se inordinatum timorem corporalium periculorum, qui quidem maxime solet procedere ex multitudine contra hominem insurgente, * secundum illud eccli. xxvi 5 ° a tribus timuit cor meum: zelaturam civitatis et collectionem populi * etc., unde dicit ° si expavi ad multitudinem nimiam; ‘ additur autem ad hunc timorem si homo despiciatur a propinquis |350| a quibus iuvari debuerat, * unde subdit ° et despectio propinquorum terruit me. ‘ solent autem homines impavidi in contrarium incedere per praesumptionem, et quandoque quidem saltem verbis loquuntur contra fortiores, et hoc a se excludit * dicens ° et non magis tacui, ‘ quandoque autem ulterius procedunt ut praesumptuose multitudinem adversariorum invadant, sed hoc excludit dicens ° nec egressus sum ostium. ‘ et quia multa et magna de se dixerat, super his divinum testimonium invocat, * unde subdit ° quis mihi tribuat adiutorem, ‘ qui scilicet mecum interpellet ad deum? et ad quid adiuvari velit ostendit * subdens ° ut desiderium meum audiat omnipotens; ‘ et quod sit suum desiderium exponit * subdens ° et librum scribat, ‘ scilicet meae accusationis vel commendationis super praemissis, ° ipse qui iudicat, ‘ scilicet omnes actus humanos, scilicet interiores et exteriores. et si quidem per huius libri testimonium, idest per certam veritatis manifestationem, ego culpabilis appaream, volo portare poenam, * unde subdit ° in humero meo portem illum; ‘ si vero manifestata veritate commendabilis appaream, exinde praemii coronam accipiam, * unde subdit ° et circumdem illum quasi coronam mihi, ‘ per quod dat intelligere suum desiderium |375| esse ut qui iniuste condemnabatur ab amicis iusto dei iudicio reservetur. praedicto autem libro divini testimonii se non contradictorum promittit, * unde subdit ° per singulos gradus meos, ‘ idest processus operum meorum, ° pronuntiabo illum, ‘ idest confitebor veritatem divini testimonii; nec recusabo subire sententiam secundum testimonium divinum, * unde subdit ° et quasi principi offeram illum, ‘ scilicet gratanter ferens ut secundum divinum testimonium cum eo agatur. deinde excludit a se vitium superfluae cupiditatis etiam in rebus acquirendis ex propriis possessionibus, quod quidem dupliciter manifestatur: uno modo per hoc quod homo per nimium cultum superfluos fructus a suis possessionibus extrahere nititur, et ad hoc excludendum * metaphorice subdit ° si adversum me terra mea clamat, ‘ quasi non permiserim eam quiescere sed nimis eam coluerim, * unde subdit ° et cum ipsa sulci eius deflent, ‘ et loquitur per similitudinem hominis qui nimis angariaretur. alio modo manifestatur superflua cupiditas per hoc quod homo operariis denegat pretium laboris, * unde subdit ° si fructus eius comedi absque pecunia, ‘ scilicet soluta operariis, ° et animam agricolarum eius afflixi, ‘ scilicet vel nimis cogendo ad laborandum vel mercedem |400| subtrahendo. est autem debitum ut qui superflua et inconsueta cupit etiam debita et consueta perdat, * unde subdit ° pro frumento, ‘ quod scilicet seminatur ad victum hominum, ° oriatur mihi tribulus, ‘ qui scilicet non solum est inutilis sed pungitivus, ° et pro hordeo, ‘ quod scilicet seminatur in cibum iumentorum, ° spina, ‘ quae scilicet etiam iumenta pungendo laedit. quibus praemissis subditur epilogus * cum dicitur ° finita sunt verba iob, ‘ quia scilicet ad suae sententiae assertionem nihil post hoc proposuit.

cp32 ° Omiserunt autem tres viri isti ‘ etc.. finita disputatione iob et trium amicorum eius, subditur disputatio eliud contra iob, qui quidem acutioribus rationibus contra iob utitur quam priores et magis ad veritatem accedit, unde et iob ei non respondet, licet tamen in aliquo a veritate deviet et verba iob sinistre interpretetur, * ut infra patebit. ‘ praemittitur autem causa ex qua motus fuit ad loquendum, scilicet ex indignatione contra iob et contra amicos eius. praemittit ergo ante amicorum silentium * cum dicit ° omiserunt autem tres viri isti, ‘ scilicet de quibus supra habitum est, ° respondere iob, ‘ ubi notandum est quod eos viros non nominaret si non fuisset res gesta sed parabola conficta. causam autem silentii ostendit * subdens ° eo quod iustus sibi videretur: ‘ multa enim dixerat iob quae ad suae iustitiae ostensionem pertinebant, quibus praedicti tres viri contradicere non valebant. et ex utroque horum, scilicet ex silentio amicorum et ex hoc quod iob iustus sibi videbatur, commotus fuit eliud, qui astabat, ad iram, * et ideo subditur ° et iratus, ‘ scilicet in corde, ° indignatusque, ‘ ostendendo irae signa exterius, ° est eliud, ‘ in quo describitur ex nomine, ° filius barachiel, ‘ in quo describitur ex origine, ° buzithes, |25| ‘ in quo describitur ex patria, ° de cognatione ram, ‘ in quo describitur ex genere: quae tota descriptio ad hoc valet ut ostendatur ad rem gestam pertinere. causam autem irae explicat consequenter, et primo quidem contra iob * cum dicit ° iratus est adversus iob eo quod iustum se esse diceret coram deo, ‘ idest secundum divinum testimonium, quod maxime accipi potest ex eo quod dixerat * supra xxiii 10 ° ipse scit viam meam, ‘ et postea subdit ° vestigia eius secutus est pes meus. ‘ quantum autem ad amicos * subdit ° porro adversus tres amicos eius indignatus est eo quod non invenissent responsionem rationabilem, ‘ qua scilicet responderent verbis eius quibus se iustum asserebat, ° sed tantummodo condemnassent iob, ‘ dicentes scilicet eum esse iniquum. ostendit autem consequenter causam quare eliud prius in nullo responderat iob, * cum subdit ° igitur eliud expectavit iob loquentem, ‘ in nullo scilicet contradicens eius sermonibus, ° eo quod seniores essent qui loquebantur, ‘ eis scilicet deferens quasi sapientioribus, quod aetas senectutis requirebat. sed quia non videbatur ei quod alicui deberet reverentiam exhibere in praeiudicium veritatis, iratus contra tres seniores ipse iunior respondere incepit, * unde dicitur ° cum autem vidisset quod tres respondere non potuissent, |50| ‘ scilicet rationibus iob, ° iratus est vehementer, ‘ quasi aestimans quod per illorum ignaviam veritas deperiret; et ideo loco illorum voluit veritatem, ut credebat, defendere, * et hoc est quod subditur ° respondensque eliud, filius barachiel, buzithes, ‘ scilicet sermonibus et rationibus iob. in hac autem sua responsione primo excusat pristinum silentium, tum ex sua aetate, * unde sequitur ° dixit: iunior sum tempore, ‘ tum etiam ex illorum antiquitate, * unde subdit ° vos autem antiquiores; ‘ iuvenes autem debent reverentiam deferre senioribus, * unde sequitur ° idcirco demisso capite, ‘ scilicet in signum reverentiae et humilitatis, ° veritus sum indicare vobis meam sententiam, ‘ ne scilicet praesumptuosus viderer impediendo meis sermonibus sapientiorum verba. probabile autem videtur quod senes sapientius loquantur propter duo: primo quidem quia iuvenes ex fervore animi frequenter multa et inordinate proponunt, senes autem propter gravitatem aetatis maturius loquuntur, * unde subdit ° sperabam enim quod aetas prolixior loqueretur, ‘ scilicet gravius et efficacius; secundo vero quia senes per experientiam longi temporis multa cognoscere potuerunt et per consequens sapientius loqui, * unde sequitur ° et annorum multitudo, ‘ propter quam scilicet experimentum |75| accipi potest, ° doceret sapientiam, ‘ scilicet ex experimento acceptam. consequenter excusat se quare nunc loqui incipiat, quia scilicet expertus est quod aetas non est sufficiens sapientiae causa sed magis inspiratio divina, * unde subdit ° sed ut video, ‘ idest per effectum considero, ° spiritus, ‘ scilicet dei, ° est in hominibus, ‘ inquantum scilicet in eis operatur, * et hoc est quod subdit ° et inspiratio omnipotentis, ‘ qua scilicet hominibus inspirat spiritum sanctum qui est ° spiritus sapientiae et intellectus, dat intelligentiam, ‘ scilicet veritatis quae est sapientiae principium his quibus inspiratur. quod autem haec inspiratio sit sapientiae praecipua causa ostendit per hoc quod aetas non perfecte sapientiam causat, * unde subdit ° non sunt longaevi sapientes, ‘ quantum scilicet ad cognitionem divinae veritatis, ° nec senes intelligunt iudicium, ‘ quantum scilicet ad ordinationem humanorum actuum; et quia licet non esset senex confidebat tamen se inspiratum a deo, ideo loqui audebat, * unde subdit ° ideo dicam. ‘ in hac autem sua locutione primo inducit eos ad audiendum ex auctoritate dei cuius inspiratione loquebatur, * unde dicit ° audite me, ‘ ut scilicet eius sermonem non interrumperent. audientibus autem |100| promittit scientiae dogmata, * unde subdit ° et ostendam vobis etiam ego, ‘ scilicet quamvis sim iuvenis, ° scientiam meam, ‘ ex qua scilicet respondebo rationibus iob. iustum autem erat quod ipsi eum audirent quia etiam ipse eos audierat, * unde subdit ° expectavi enim, ‘ scilicet diu, ° sermones vestros, ‘ quos scilicet contra iob protulistis. et quia reputabat se posse discernere quid ab eis bene dictum esset et quid non bene, * subdit ° audivi prudentiam vestram, ‘ quasi dicat: audiendo diiudicavi quid in verbis vestris ad prudentiam pertineret. non autem parum sed diu expectaverat; terminum autem expectationis suae determinat ex duobus: primo quidem ex illorum voluntate, * unde subdit ° donec disceptaretis in sermonibus vestris, ‘ idest donec placuit vobis contra iob disceptare; secundo ex spe quam de eorum sapienti doctrina habebat, * unde subdit ° et donec putabam vos aliquid dicere expectabam. ‘ non est autem amplius audiendus de quo non speratur quod aliquid utile sit dicturus; videbat autem quod verba eorum quibus contra iob utebantur efficacia non erant, primo quidem quia eum rationibus convincere non poterant, * unde subdit ° sed ut video, non est qui possit arguere iob, ‘ scilicet eum convincendo rationibus; secundo quia non poterant eius rationibus obviare, |125| * unde subdit ° et respondere, ‘ scilicet sufficienter, ° ex vobis, ‘ idest ex vestro sensu - vel non est qui possit ° ex vobis, ‘ idest ex vestro numero -, ° sermonibus eius, ‘ quibus scilicet contra vos utitur. praecipuae autem eorum rationes contra iob fundabantur in hoc quod adversitates iob attribuebant divino iudicio quod errare non potest, quam quidem responsionem esse insufficientem consequenter ostendit * dicens ° ne forte dicatis: invenimus sapientiam, ‘ idest istud sufficit ad sapientem responsionem, ° deus proiecit eum, ‘ scilicet in adversitates, qui errare non potest, ° et non homo, ‘ qui potest decipi et decipere; ipse autem intendebat efficacius respondere, * unde subdit ° nihil locutus est mihi, ‘ ex quo scilicet vult ostendere quod non loquitur quasi provocatus, ° et ego non secundum sermones vestros respondebo illi, ‘ idest non sequar vias vestras in respondendo sed alias efficaciores ad respondendum vias inveniam. intendit autem se de futura responsione excusare non solum apud ipsos sed etiam apud alios, et ideo ad alios convertit sermonem suum * dicens ° extimuerunt, ‘ scilicet ulterius loqui ne manifestius convincerentur, ° nec responderunt ultra, ‘ scilicet rationibus iob. et ut ostendat hoc fuisse propter eorum ignaviam, non propter efficaciam rationum iob, * subdit ° abstuleruntque a se eloquium, ‘ scilicet negligenter tacendo: quando autem homo efficaci ratione convincitur, non ipse a se aufert eloquium sed potius ei ab alio aufertur. quia ergo illi defecerant dicit se velle eorum supplere defectum, * unde subdit ° quoniam igitur expectavi, ‘ scilicet diu ut eis deferrem, ° et non sunt locuti, ‘ scilicet respondentes sermonibus iob, ° respondebo et ego partem meam, ‘ quia scilicet defensio veritatis pertinet ad omnes et unusquisque debet ibi ponere quasi pro parte sua quod potest. non autem solum zelo veritatis defendendae sed etiam ex inani gloria movebatur, * unde subdit ° et ostendam scientiam meam: ‘ quaerit enim inanis gloriae cupidus ut si quid in se excellens est manifestet; et ideo consequenter ostendit maximam sibi facultatem adesse ad respondendum * cum subdit ° plenus sum enim sermonibus, ‘ quasi abundanter occurrit mihi quid respondeam; et quia facultas non sufficit ad agendum nisi homo ab aliquo incitetur, * ideo subdit ° et coartat me spiritus uteri mei: ‘ uterus est locus conceptionis, unde per uterum hic metaphorice significatur intellectus intelligibilia diversa concipiens; spiritus ergo uteri est voluntas impellens hominem ad manifestandum conceptiones cordis per sermonem. est autem homini molestum cum non implet quod desiderat, et ideo anxietatem quam patiebatur tacendo exponit per similitudinem * subdens ° en venter meus, ‘ idest mens mea, ° quasi mustum, ‘ scilicet quod fervet, ° absque spiraculo quod lagunculas novas dirumpit: ‘ nisi enim vapor musti ferventis ex parte aliqua evaporet, multiplicatur vapor interius quandoque usque ad vasis confractionem; ita etiam se musto propter iuventutem comparat, et ideo ex magno desiderio loquendi periculum sibi aestimat imminere nisi loquatur, * unde subdit ° loquar et respirabo paululum, ‘ quasi scilicet per verba evaporabo interiorem fervorem ut ab anxietate desiderii quiescam. quid autem loqui velit ostendit * subdens ° aperiam labia mea et respondebo, ‘ scilicet verbis iob. quem autem modum in respondendo observare debeat ostendit * subdens ° non accipiam personam viri: ‘ ille enim in respondendo personam hominis accipit qui veritatem relinquit ut homini deferat. quare autem hoc ipse facere nolit ostendit * subdens ° et deum homini non aequabo: ‘ talis enim sibi videbatur esse disputatio praesens ut, si homini deferret, excellentiae divinae reverentiam debitam non servaret. quod quidem quare facere timeat ostendit * subdens ° nescio enim quandiu subsistam, ‘ scilicet in hac mortali vita, ut possim mihi diuturna spatia temporis ad paenitendum repromittere, ° et si post modicum tollat me factor meus, ‘ scilicet per mortem assumat ad suum iudicium; ex quo patet quod eliud in hoc concordabat cum iob quod retributio peccatorum esset post mortem: alias enim frustra videretur timuisse deum offendere propter vicinitatem mortis.

cp33 ° Audi igitur, iob, eloquia mea ‘ etc.. dictum est supra quod eliud indignatus fuit contra iob et contra amicos eius; postquam locutus fuerat contra ignaviam amicorum iob, nunc contra ipsum iob incipit loqui, et ideo primo eum ad attentionem excitat * dicens ° audi igitur, iob, eloquia mea, ‘ quia scilicet ego iam respondere intendo; et ut significet singula verba se cum pondere dicturum, * subdit ° et omnes sermones meos ausculta, ‘ quasi nihil sit in vanum dicturus. et ne iob quaereret quare prius locutus non fuerit, * subdit ° ecce aperui os meum, ‘ quasi dicat: prius dum tacui os meum clauseram propter reverentiam seniorum, nunc quia ipsi deficiunt necessitas cogit me loqui, * unde subdit ° loquatur lingua mea in faucibus meis, ‘ quasi dicat: non sequar verba aliorum, sed proprios conceptus enuntiabo. et quia iob in praecedentibus contra amicos suos dixerat quod eum verbis affligebant et confundebant, ideo hoc a se excludit * subdens ° simplici corde meo sermones mei, ‘ scilicet sunt, quasi dicat: non loquor ad calumniandum vel ad ridendum sed simplici animo ad veritatem manifestandam. et quia tribus praedictis viris iob imposuerat quod essent ° fabricatores mendacii et cultores perversorum dogmatum, ‘ hoc a se excludit * dicens ° et sententiam labia mea puram loquentur, ‘ idest absque admixtione alicuius falsitatis vel erroris. unde autem fiduciam veritatis manifestandae acceperit, ostendit * subdens ° spiritus dei fecit me, ‘ et ideo non est mirum si suam facturam movet et perficit, * et hoc est quod subdit ° et spiraculum omnipotentis vivificavit me, ‘ scilicet ad opera vitae movit et perficit inter quae praecipuum est intelligentia veritatis. et ne videatur hoc induxisse quasi praeiudicium, afferre intendens iob ne contra divinitus loquentem responderet, * subdit ° si potes, responde mihi, ‘ quantum scilicet ad ea quae contra te dicam, ° et adversus faciem meam consiste, ‘ ut scilicet tu etiam contra me obicias si quid dixero quod tibi non placet. et ne iob dedignaretur cum eo disputare propter suam famosam sapientiam et illius iuventutem, ad hoc excludendum * subdit ° ecce et me sicut et te fecit deus, ‘ et ita ex parte factoris uterque nostrum eandem spem veritatis inquirendae potest habere; ex parte vero materiae utrique adiacet idem impedimentum, * unde subdit ° et de eodem luto ego quoque formatus sum, ‘ ex cuius scilicet grossitie lumen intelligentiae obtenebratur. videbat autem eliud sibi posse responderi hoc ad miraculum pertinere si iuveni tanta sapientia et facundia praeberetur ut contra sapientissimum senem sufficeret disputare, et ideo quasi innuens hoc miraculose se esse assecutum, * subdit ° verum tamen miraculum meum non te terreat, ‘ ut scilicet respondere non audeas miraculose scientiam adepto, ° et eloquentia mea non sit tibi gravis, ‘ ut scilicet ex ea obstupescas. his igitur praemissis quasi prooemialiter, subiungit ea in quibus iob reprehendere intendit, * unde subdit ° dixisti ergo in auribus meis, ‘ quasi dicat: excusare te non potes quin dixeris, ° et vocem verborum audivi, ‘ scilicet per sollicitudinem attentionis. primo autem in verbis iob notaverat quod se immunem esse dixerat a peccato, * unde dicit ° mundus sum ego, ‘ scilicet ab immunditiis carnis, ° et absque delicto, ‘ scilicet peccato omissionis, ° immaculatus, ‘ scilicet gravibus peccatis quae sunt contra deum, puta idolatria vel aliquid huiusmodi, ° et non est iniquitas in me, ‘ ut scilicet iniuste proximos laeserim. secundo notat in verbis eius quod deo iniquitatem iudicii imposuerit. iniquitas autem iudicii solet ex odio iudicantis procedere, et quantum ad hoc commemorat iob dixisse ° quia querelas in me reperit ideo arbitratus est me inimicum sibi. * supra quidem xiii 24 ‘ iob dixerat interrogative ° cur faciem tuam abscondis et arbitraris me inimicum tuum? * hoc autem quod dicitur ° querelas in me reperit ‘ non invenitur dixisse, unde haec est additio eliud prave interpretantis verba iob. iudicis enim odium iustum esse videtur si, certificatus de malitia alicuius, odio eum habeat ad puniendum; sed si ex levibus querelis iudex provocetur ad odium alicuius, erit odium iniustum; et taliter interpretabatur quod iob dixerat se a deo inimicum reputatum esse. secundo ad iniquitatem iudicis pertinere videtur si alicui facultatem iustae defensionis auferat, * et quantum ad hoc subdit ° posuit in nervo pedes meos, ‘ idest compedivit quasi impediendo me a meis operibus. tertio pertinet ad iniquitatem iudicii ut quaelibet levia ad condemnationem congreget alicuius, * et quantum ad hoc subdit ° custodivit omnes semitas meas, ‘ quasi in singulis operibus eum observans. haec autem iob non dixerat ad ostendendum iniquitatem divini iudicii, sed quasi figuraliter loquens * ut supra xvi expositum est, * unde et ibi praemittitur ° aenigmata percipite auribus vestris. ‘ et quia hoc secundum excludit primum, * subdit ° hoc est ergo in quo non es iustificatus, ‘ quasi dicat: non potes te iustum dicere, quia hoc ipsum ad iniustitiam tuam pertinet quod deo iniustitiam imponis. ° respondebo tibi quod maior sit deus homine. ‘ proposuerat supra eliud ea de quibus contra iob disputare intendebat. verum quia iob, antequam praemissa verba diceret, praemiserat * supra xiii 3 ° disputare cum deo cupio, ‘ videtur autem inconveniens cum qui anhelat ad disputandum cum superiori revocare ad hoc quod cum inferiori disputet, antequam super praemissis cum iob disputationem eliud incipiat, de hoc ipso eum redarguit quod cum deo disputare cupiebat. et primo quidem quia hoc ipsum magnae praesumptionis videtur quod aliquis maiorem se provocet ad disputandum; * unde dicit ° respondebo tibi, ‘ idest tuo desiderio quo disputare cum deo cupis, ° quod maior sit deus homine, ‘ unde praesumptuosum est quod homo cupiat disputare cum deo. et in hoc quidem iuste iob argueret si cum deo disputare voluisset ad contradicendum quasi de pari; iob autem cum deo disputare volebat quasi ad addiscendum sicut discipulus cum magistro, * unde supra xxiii 4 dixit ° os meum replebo increpationibus ut sciam verba quae mihi respondeat; ‘ quod tamen eliud interpretabatur quasi hoc iob contentiose contra deum dixerit, conquerendo quod ei non responderet, * unde subdit ° adversus eum contendis quod non ad omnia verba responderit tibi; ‘ quod quidem ex praedictis verbis iob colligere voluit, * et ex hoc quod etiam supra xix 7 dixerat ° ecce clamabo vim patiens et nemo exaudiet, vociferabor et non est qui iudicet; ‘ quae quidem verba et si qua similia superius dicta sunt, non per modum contentionis dicebantur, sed quia desiderabat rationes divinae sapientiae cognoscere. ad repellendum autem praedicta verba iob quae interpretabatur eliud ac si contentiose dicta, ostendit consequenter eliud non esse necessarium quod deus homini ad singula verba respondeat, sed unicuique sufficienter loquitur ad eius instructionem, * unde subdit ° semel loquitur deus, ‘ scilicet homini sufficienter ad eius instructionem; unde deinceps non oportet quod ad singulas hominis interrogationes respondeat, * unde subdit ° et secundo id ipsum non repetit, ‘ quia quod sufficienter factum est iterare superfluum esset; quomodo autem loquatur deus homini ostendit * subdens ° per somnium in visione nocturna. ‘ potest autem et alius esse sensus ut per hoc * quod dixit ° semel loquitur deus, ‘ scilicet homini, referatur ad mentis instructionem quae est per lumen rationis naturalis, * secundum illud psalmi ° multi dicunt: quis ostendit nobis bona? * et quasi respondens subdit ° signatum est super nos lumen vultus tui, domine, ‘ per quod scilicet discernere possumus bonum a malo; et quia naturalis ratio immobiliter in homine manet ut non sit necesse eam iterare, * ideo subdit ° et secundo id ipsum non repetit; ‘ et deinde ostendit alium modum quo deus homini loquitur per imaginariam visionem in apparitionibus somniorum, * unde subdit ° per somnium in visione nocturna: ‘ quod quidem potest referri ad propheticam revelationem, * secundum illud num. xii 6 ° si quis fuerit inter vos propheta domini, per somnium aut in visione loquar ad eum, ‘ vel potest referri etiam ad communia somnia quae credebat eliud divinitus procurari. modum autem et ordinem somniorum consequenter exponit, primo quidem tangens naturalem causam * cum dicit ° quando irruit sopor super homines, ‘ quod quidem fit immobilitatis exterioribus sensibus per vapores ascendentes ad principium sentiendi. secundo ponit dispositionem ex parte voluntatis humanae * cum subdit ° et dormiunt in lectulo, ‘ quia scilicet homines maxime ordinata et significativa somnia vident quando quiete dormiunt: unde infirmis propter inquietudinem apparent distorta somnia, * unde signanter dicitur dan. ii 28 ° somnium tuum et visiones capitis tui in cubili tuo huiuscemodi sunt: tu rex coepisti cogitare in stratu tuo ‘ etc.. tertio ponit operationem divinam circa dormientem, quae quidem attenditur primo quantum ad hoc quod, immobilitatis exterioribus sensibus per soporem et homine in lectulo quiescente, datur divinitus homini facultas quaedam percipiendi divinam instructionem eo quod eius anima circa exteriora non occupatur, * unde subdit ° tunc aperit aures virorum; ‘ et satis convenienter vim perceptivam divinae instructionis in somniis vocat aures, quia de huiusmodi instructione loquitur sicut de locutione quadam, eo quod non fit per inspectionem ipsarum rerum sed per signa quaedam sicut et locutio. data autem facultate audiendi consequens est ut doceat, * unde subdit ° et erudiens eos instruit disciplinam; ‘ et sumitur hic disciplina pro instructione eorum quae homini occurrunt agenda vel vitanda, non pro cognitione scientiarum speculativarum quae non consueverunt in somnio revelari, * unde subdit ° ut avertat hominem ab his quae fecit: ‘ frequenter enim homo in somniis corripitur de peccatis commissis; et quia principium peccatorum est superbia qua dei praecepta contemnuntur, * subdit ° et liberet eum de superbia. ‘ per hoc autem quod homo liberatur a culpa consequens est ut evadat poenam, quod quidem consequenter ostendit quantum ad duplicem poenam: primo quidem quantum ad spiritualem poenam animae, * unde subdit ° eruens animam eius de corruptione, ‘ quae scilicet est per deordinationem potentiarum animae; secundo vero quantum ad poenam corporalem, * unde subdit ° et vitam illius, ‘ scilicet corporalem, ° ut non transeat in gladium, ‘ puniendus scilicet pro suo peccato; vel potest utrumque referri ad mortem corporalem, quae quandoque accidit per interiorem corruptionem, sicut cum aliquis ex aegritudine moritur quam deus immittit pro peccato, quandoque vero accidit ex violentia gladii. deinde subiungit alium modum divinae locutionis, quod scilicet corrigit hominem per aegritudinem corporalem, in qua primo notat dolorem sensibilem, * unde dicit ° increpat quoque, ‘ scilicet hominem de peccatis praeteritis, ° per dolorem, ‘ scilicet corporalem ex aegritudine provenientem, * unde subdit ° in lectulo, * secundum illud psalmi ° super lectulum doloris eius. ‘ secundo tangit debilitatem infirmorum * cum dicit ° et omnia ossa eius marcescere facit, ‘ idest fortitudinem eius adnihilat quae in ossibus consistit. tertio ponit amissionem appetitus * cum subdit ° abominabilis ei fit in vita sua, ‘ idest dum adhuc vivit, scilicet propter infirmitatem, ° panis, ‘ qui scilicet est cibus communis, ° et animae illius cibus ante desiderabilis, ‘ quod refertur ad alios cibos qui diversimode a diversis desiderantur. quarto ponit maciem * cum subdit ° tabescet caro illius, ‘ idest deficiet, ° et ‘ sic per consequens ° ossa quae tecta fuerant, ‘ scilicet carne, ° nudabuntur, ‘ idest manifestabuntur sola cute contecta. quinto ponit mortis periculum et timorem, * unde subdit ° appropinquabit corruptioni anima eius, ‘ idest vita ipsius quae est per animam, * unde subdit ° et vita illius mortiferis, ‘ idest causis inducentibus mortem. notandum est autem quod haec proposuit ad respondendum conquestioni iob quod deus non ad singula ei respondeat; voluit enim per praedicta probare quod tripliciter ei deus sit locutus: primo quidem per naturalem rationem sicut ad omnes homines, secundo arguendo per somnia, * dixerat enim supra ° terrebis me per somnia et per visiones horrore concuties, ‘ tertio per infirmitatem, dixerat enim * supra xxx 16 ° nunc in memet ipso marcescit anima mea ‘ etc.. item considerandum est quod eliud, sicut et tres alii, credebat infirmitates pro peccato homini advenire, non tamen principaliter ad puniendum, sicut sonabant verba illorum trium, sed magis ad redarguendum. et quia iob non solum videbatur conquestus fuisse quod deus ei non loqueretur, sed etiam quod ipse accedere non posset ad colloquendum deo et ad ponendum iudicium suum coram ipso, * ut patet supra xxiii 3, ‘ ideo huic quaestioni satisfacit: quia etsi homini non pateat manifeste accessus ad deum, sunt tamen angeli medii inter deum et homines, qui iustitiam hominis deo proponunt non quasi eum instruentes sed sicut suis desideriis homines adiuvantes, et sic nihil deperit homini quod ipse per se ipsum usque ad solium dei non potest accedere ut ei iustitiam suae causae proponat. * unde ad hoc ostendendum subdit ° si fuerit pro eo, ‘ idest pro homine afflicto, ° angelus loquens, ‘ idest intercedens; et ne timeretur quod unus angelus non sufficeret ad interpellandum pro omnibus, * subdit ° unus de millibus, * secundum illud quod supra xxv 3 dictum est ° numquid est numerus militum eius? ut enuntiet hominis aequitatem, ‘ idest coram deo proponat si quid est ex parte hominis iustum; ° miserebitur, ‘ scilicet deus, ° eius, ‘ scilicet hominis afflicti, ° et dicet, ‘ idest angelo imperabit: ° libera eum, ‘ ut scilicet sicut ipse est allegator iustitiae hominis apud deum ita etiam ipse sit executor divinae misericordiae apud homines. et a quo liberandus sit * subdit ° ut non descendat in corruptionem, ‘ idest in mortem; et ut hanc liberationem deo esse gratam ostendat, * subdit ex persona dei dictum ° inveni in quo ei propitier, ‘ idest apparet in homine aliquid aequitatis ex quo ei misereri possum, quod quaerebam. et quia iob * supra vii 5, ‘ quasi reparari non posset, dixerat ° induta est caro mea putredine, ‘ ad hoc excludendum * subdit ° consumpta est caro eius a suppliciis, ‘ quasi dicat: hoc meae potestati non praeiudicat, * unde subdit ° revertatur ad dies adolescentiae suae, ‘ idest recuperet vigorem sicut in adolescentia. sic igitur positis dei verbis liberantis, eliud utens suis verbis describit modum liberationis humanae * dicens ° deprecabitur deum, ‘ quasi dicat: non sufficit quod angelus pro eo loquatur, sed ad hoc quod liberetur oportet quod ipse etiam pro se oret; vel aliter potest continuari: quia enim supra ostenderat quod homo non potest conqueri de hoc quod iudicium suum coram deo ponere non possit, quia angelus pro eo efficaciter proponit, nunc ostendit quod etiam ipse pro se proponere potest orando. ut ostendat hoc etiam esse efficax sicut et primum, * subdit ° et placabilis erit ei, ‘ scilicet deus homini, * secundum illud ioel. ii 13 ° benignus et misericors est et placabilis super malitiam. ‘ et ex hoc sequitur in homine fiducia cogitandi de deo cum quadam spirituali laetitia, * unde subdit ° et videbit, ‘ scilicet homo, ° faciem eius, ‘ idest considerabit bonitatem ipsius, in praesenti quidem vita imperfecte in futura autem perfecte, ° in iubilo, ‘ idest in quodam inexplicabili gaudio; ° et ‘ sic ° reddet, ‘ scilicet deus, ° homini iustitiam suam, ‘ idest remunerabit eum pro meritis, remoto impedimento peccati. sed hoc esse non potest nisi homo humiliter suum peccatum recognoscat et confiteatur, * unde subdit ° respiciet homines, ‘ quasi ultro se offerens ad confessionem peccati, unde subdit ° et dicet: peccavi. ‘ et ut non credatur hoc ex humilitate dicere, subdit ° et vere deliqui, ‘ quod inducit contra iob quia supra dixerat * xvii 2 ° non peccavi et in amaritudinibus moratur oculus meus. ‘ et in sua confessione non murmurabit de poenae gravitate, * unde subdit ° et ut eram dignus non recepi, ‘ quasi dicat: graviorem poenam merui, et hoc videtur dicere contra hoc quod iob * supra vi 2 ‘ dixerat ° utinam appenderentur peccata mea quibus iram merui ‘ etc.. et fructum humilitatis ostendit * subdens ° liberavit enim animam suam, ‘ scilicet confitendo peccatum, ° ne pergeret in interitum, ‘ idest in mortem, corporalem scilicet vel spiritualem, et ut ulterius bona consequeretur, * unde subdit ° sed vivens videret lucem, ‘ scilicet vel corporalem vel spiritualem sapientiae. et quia deus non statim hominem finaliter damnat sed multotiens monet, * ideo subdit ° ecce haec omnia, ‘ scilicet quae pertinent ad instructionem per somnia et increpationem per dolores et sanationem, ° operatur deus tribus vicibus, ‘ idest multotiens quandiu viderit expedire; sed utitur numero ternario ut congruat humanae consuetudini per quam solent homines ter moneri vel citari. et hoc facit non uni tantum sed omnibus indigentibus, * unde subdit ° per singulos, ‘ quos scilicet viderit instruendos et increpandos. et assignat utilitatem * subdens ° ut revocet animas eorum a corruptione, ‘ quod pertinet ad liberationem a malo, ° et illuminet in luce viventium, ‘ quod pertinet ad consecutionem bonorum: et potest utrumque exponi corporaliter vel spiritualiter. quod autem dicitur hic de ° tribus vicibus ‘ referendum est ad duos secundos modos locutionis: nam de primo dictum est quod ° secundo id ipsum non repetit; ‘ inducit autem hoc quasi ad ostendendum rationem quare aliquando peccatores sustinentur in prosperitate et non statim condemnantur. et quia videbatur ei quod efficaciter locutus esset, inducit iob ad tacite audiendum ea quae restant, * unde subdit ° attende, iob, ‘ scilicet corde, ° et audi me, ‘ scilicet auribus, ° et tace dum ego loquor, ‘ scilicet ne me impedias. et ne videatur ei auferre facultatem respondendi, * subdit ° si autem habes quid loquaris, responde mihi; ‘ et quasi desiderans eius responsionem * subdit ° loquere; ‘ et causam desiderii subdens dicit ° volo enim te apparere iustum, ‘ quod dicit ad ostendendum quod non intendebat eius confusionem. et quia non credebat eum esse iustum * subdit ° quod si non habes, ‘ quid scilicet pro tua iustitia dicas, ° audi me, tace, et docebo te sapientiam, ‘ quam scilicet ignoras.

cp34 ° Pronuntians quoque eliud haec locutus est. ‘ postquam eliud reprehenderat iob de hoc quod cum deo disputare cupiebat, accedit ad disputandum contra illa duo quae supra praemiserat, et primo disputat contra id quod, sicut sibi videbatur, iob dixerat divinum iudicium esse iniustum; et quia haec materia est valde difficilis et sublimis, non est contentus in hac disputatione ad solum iob verba dirigere, praecipue quia putabat in hac materia esse erroneum, sed invocat sapientes ad hanc rem diiudicandam. hominum autem quidam sapientiam per se ipsos considerant, * et quantum ad hoc dicit ° audite, sapientes, verba mea, ‘ quidam vero de his quae ad sapientiam pertinent instruuntur, * et quantum ad hoc subdit ° et eruditi, ‘ scilicet ab aliis, ° auscultate me. ‘ quare autem alios ad audientiam invitet ostendit * subdens ° auris enim verba probat, ‘ quasi dicat: ad hoc vos invito quod verba mea audientes ea diiudicetis; et inducit similitudinem * cum subdit ° et guttur escas gustu diiudicat, ‘ quasi dicat: sicut gustus habet iudicare de escis ita auditus de verbis. ad quid autem haec pertineant exponit * subdens ° iudicium eligamus nobis, ‘ quasi dicat: ex communi consensu iudicemus quid verius sit, * et hoc est quod subdit ° et inter nos videamus quid sit melius, ‘ utrum scilicet quod iob dixit aut illud quod ego sum contra eum dicturus. unde consequenter proponit verbum iob * subdens ° quia dixisti, iob: iustus sum; ‘ hoc idem dixerat supra * xxvii 6 ° iustificationem meam quam coepi tenere non deseram, ‘ et ulterius suam iustitiam manifestaverat quantum ad multa * supra xxxi. ‘ subdit autem ° et deus subvertit iudicium meum, ‘ et hoc idem accipit ex hoc quod iob * supra xxvii 2 ‘ dixerat ° vivit deus qui abstulit iudicium meum, ‘ et ad idem pertinere videtur quod * supra xix 6 ‘ dixerat ° deus non aequo iudicio afflixit me. ‘ quae quidem verba eliud in peius interpretatus est: iob enim suum iudicium ablatum esse dixerat quia poenas sibi irrogatas esse aestimabat non ex iudicio punientis culpam sed ex providentia probantis iustitiam, * unde supra xxiii 10 dixerat ° probabit me quasi aurum quod per ignem transit; ‘ non autem quicumque non utitur iudicio subvertit iudicium, sed solum ille qui iudicium profert iniustum: sic ergo interpretatus est quod iob dixerat ° deus abstulit iudicium, ‘ ac si dixisset: deus subvertit iudicium meum iniuste iudicando, * unde subdit ° in iudicando enim me est mendacium, ‘ idest falsitas iudicii; quod quidem iob numquam dixerat, sed eliud hanc esse eius intentionem in verbis praemissis credidit, ut diceret se esse iniuste punitum. ideo autem hanc opinionem eliud conceperat quia non videbat qualiter aliquis absque peccato posset affligi nisi iniuste; et quia iob sine peccato se esse dicebat, aestimabat quod iob sentiret se a deo percussum per violentiam contra iustitiam, * unde subdit ° et violenta est sagitta mea absque peccato, ‘ quasi dicat iob dixisse: cum sim absque peccato, sagitta qua deus me vulneravit, idest adversitas immissa, violenta fuit, non iusta; et videtur alludere verbis iob quibus supra dixerat ° sagittae domini in me sunt. ‘ postquam igitur hanc perversitatem eliud imposuerat ipsi iob, eum super hoc vituperare incipit * dicens ° quis est vir ut est iob? ‘ quasi: nullus, qui vir videatur, est ita perversus ut ipse; maxima enim perversitas videtur ut aliquis deum irrideat eius iudiciis detrahendo, * unde subdit ° qui bibit subsannationem, ‘ idest divinorum iudiciorum irrisionem et reprobationem, ° quasi aquam, ‘ quae scilicet et faciliter et cum refrigerio bibitur, ac si ei imponeret quod hoc quod in contumelias dei prorumperet, esset ei ad tribulationis refrigerium et absque obstaculo conscientiae contradicentis hoc ageret. solet autem hoc esse proprium in peccatis perseverare volentium ut divina contemnant iudicia, * unde subdit ° qui graditur, ‘ idest consentit, ° cum operantibus iniquitatem, ‘ qui scilicet iudicia divina despiciunt; homines autem contra pietatem divinae religionis agentes non solum despiciunt divina iudicia sed etiam ea negant vel asserunt iniusta, quorum participem iob esse credebat, * unde subdit ° et ambulat cum viris impiis, ‘ qui scilicet pietatem divinae religionis abiciunt. quare autem eum cum eis consentire dicat ostendit * subdens ° dixit enim: non placebit vir deo etiam si cucurrerit cum eo, ‘ idest etiam si eum secutus fuerit per viam iustitiae. hoc autem iob non dixerat, sed verbis eius eliud abutens hoc ei imponit; dixerat enim supra iob * xxiii 11 ° vestigia eius secutus est pes meus, * et postea supra xxx 21 dixerat ° mutatus es mihi in crudelem, et in duritia manus tuae adversaris mihi, ‘ ex quibus verbis credebat iob hoc sentire quod deo displiceret quamvis eum fuerit secutus, sed iob praedicta verba retulerat ad exteriorem persecutionem, non ad interiorem reprobationem. quia ergo eliud verbis iob abutens ei imponere nitebatur quod ipse non sentiebat nec in suis verbis intellexerat, manifestum est quod tota sequens disputatio contra iob non erat; quia tamen eliud aestimabat iob tantae perversitatis esse ut dei iudicium reputaret iniustum, dedignatur eum super hoc ad disputationem provocare sed alios sapientes advocat ad iudicandum, * unde subdit ° ideo viri cordati, ‘ idest intelligentes, ° audite me: ‘ sicut enim cor est principium vitae corporalis, ita intellectus est principium totius intellectualis vitae, unde et * supra xii 3 ‘ cor pro intellectu posuerat * dicens ° et mihi est cor sicut et vobis. ‘ in sua autem disputatione eliud primo proponit quod probare intendit, quod scilicet in divino iudicio iniustitia esse non possit: ipse enim est deus cui debetur pietatis cultus, et per suam omnipotentiam omnibus dominatur leges iustitiae statuens homini; et ideo contra divinitatem eius esset si impietati faveret, * et ideo dicit ° absit a deo impietas; ‘ esset etiam contra dominium omnipotentiae eius si ad iniustitiam declinaret, * unde subdit ° et ab omnipotente iniquitas, ‘ scilicet absit. remota autem divina iniustitia, ostendit modum divinae iustitiae * subdens ° opus enim hominis reddet ei, ‘ idest retribuet ei bonum vel malum pro eius operibus; et quia eorum qui bene operantur quidam aliis melius faciunt, et eorum qui male operantur quidam aliis magis peccant, * ideo subdit ° et iuxta vias singulorum restituet eis, ‘ scilicet melius meliori et peius peiori. quod autem in deo non sit iniustitia probat primo quidem ex hoc quod si ipse iniustus esset nusquam iustitia reperiretur, quia ad ipsum pertinet universale iudicium omnium, * unde subdit ° quem constituit alium super terram? ‘ quasi dicat: numquid credendum est quod aliquis sit constitutus a deo qui iuste iudicet omnem terram, si apud ipsum sit iniquitas? ideo autem dicit credendum non esse quod alius terram iudicet quia idem est factor mundi et gubernator; unde sicut nulli alii commisit quod faceret mundum, ita nullum alium praeposuit gubernationi mundi, * et hoc est quod subdit ° aut quem posuit super orbem quem fabricatus est, ‘ idest totius orbis gubernatorem? quasi dicat nullum, quia sicut ipse per se ipsum orbem fabricatus est, ita etiam per se ipsum orbem gubernat et iudicat; habet quidem gubernationis suae executores tamquam ministros, sed ipse est omnium ordinator: nullo autem modo possibile est quod universalis mundi gubernatio sit iniusta. secundo ostendit quod apud deum non sit violentia et iniquitas per experimentum: tanta est enim eius potentia qua res conservat in esse ut, si violentia uti vellet contra iustitiam, omnes homines subito posset extinguere, * unde subdit ° si direxerit, ‘ scilicet deus, ° ad eum, ‘ scilicet ad hominem conterendum, ° cor suum, ‘ idest voluntatem suam, ° spiritum suum, ‘ idest animam eius, ° et flatum, ‘ idest corporalem vitam ex anima subsecutam, ° ad se trahet, ‘ eum scilicet sua virtute a corpore separans, * secundum illud eccl. ult. ° et spiritus revertatur ad deum qui dedit illum. ‘ ablato autem spiritu divinitus homini dato, consequens est ut carnalis vita deficiat, * unde subdit ° deficiet omnis caro simul, ‘ idest species carnis cessabit, et ulterius in sua componentia resolvetur, * unde subdit ° et homo in cinerem revertetur, * secundum illud psalmi ° auferes spiritum eorum et deficient et in pulverem suum revertentur. ‘ pulverem autem in quem caro resolvitur cinerem nominat, vel quia apud antiquos corpora mortuorum igne combusta resolvebantur in cineres, vel quia ea in quae corpus mortuum resolvitur sunt quaedam reliquiae caloris naturalis qui in humano corpore vigebat. quia ergo tam facile est deo, si velit, in cinerem redigere totum genus humanum, ex ipsa hominum conservatione apparet quod ad eos violentia iniusta non utitur. quia ergo eliud putavit praedictas rationes esse sufficientes, ad earum considerationem iob invitat * cum subdit ° si ergo habes intellectum, ‘ ut scilicet vim mearum rationum percipere possis, ° audi quod dicitur, ‘ scilicet exterioribus auribus, ° et ‘ interiori attentione ° ausculta vocem eloquii mei, ‘ ut scilicet iustitiam divini iudicii recognoscas; ad quod etiam eum inducit ex proprio periculo vel utilitate * cum subdit ° numquid qui non amat iudicium sanari potest? ‘ quasi dicat: tu qui sanari indiges, quasi multis infirmitatibus oppressus, hoc consequi non potes nisi ames divinum iudicium. improbat autem consequenter eius sententiam, quam esse putabat de iniustitia divini iudicii, per multa evidentia indicia divinae iustitiae, * unde subdit ° et quomodo tu eum, ‘ scilicet deum, ° qui iustus est, ‘ ut scilicet per multa apparet, ° intantum condemnas, ‘ ut scilicet eum dicas iudicii subversorem? ad commendationem autem divinae iustitiae primo assumit quod potentum personas deus non accipit sed eos arguit et punit pro suis peccatis. inter potestates autem humanas praecellit regia dignitas, * et quantum ad hoc primo dicit ° qui, ‘ scilicet deus, ° dicit regi: apostata. ‘ idest non veretur regem arguere de apostasia propriae professionis qua profitetur se iustitiam servaturum; secundum autem locum tenent duces exercituum, * de quibus subdit ° qui vocat duces impios, ‘ quasi dicat: non timet eos de crudelitate arguere; tertio loco ponit rectores civitatum, * cum subdit ° qui non accipit personas principum, ‘ quin scilicet eos et arguat et iudicet pro peccatis; quarto autem loco tangit eos qui non habent legitimam sed usurpatam potestatem, scilicet tyrannos, * et quantum ad hoc subdit ° nec cognovit, ‘ idest approbavit, ° tyrannum, ‘ ei scilicet deferendo, ° cum disceptaret, ‘ scilicet tyrannus, ° contra pauperem, ‘ quasi dicat: non favet potentibus contra impotentes, quod ad eius iustitiam pertinet. et quare eis non deferat * subdit ° opus enim manuum eius sunt universi, ‘ scilicet tam magni quam parvi, et ideo parvos non despicit sed amat sicut sua opera, nec potentes timet cum sint suae potestati subiecti. * et ne crederet aliquis quod “ potentes deus solum argueret, non autem eos ulterius puniret, ‘ subditur de eorum duplici poena: primo quidem de morte ex improviso eis superveniente, * unde subditur ° subito morientur, * secundum illud is. xxx 13 ° subito dum non speratur veniet contritio eius; ‘ si enim consueto modo eis mors expectata superveniret, non imputaretur hoc divino iudicio sed inferioribus causis. secundo ponit poenam rebellionis subditorum, per quam potestatem amittunt, * unde subdit ° et in media nocte curvabuntur populi, ‘ idest populi regibus et |225| principibus subiecti subito incurvantur ex aliqua occulta machinatione ad hoc quod principes suos deserant, * unde subdit ° et pertransibunt, ‘ scilicet dominium commutantes, ° et auferent, ‘ idest deponent a dominio vel etiam occident, ° violentum, ‘ idest eum qui spreta iustitia violentiam subditis inferebat, ° absque manu, ‘ scilicet armatorum: cum enim aliquis princeps ab extraneis aufertur requiritur quod habeat manum armatam contra ipsum, sed quando subditi in quibus erat tota eius potentia subito eum deserunt, videtur auferri sine manu; quamvis et hoc possit referri ad poenam populorum, sed primum melius est quia nunc agitur de iustitia quam deus exercet in magnos, postea autem dicetur de iustitia quam exercet in populos. ut autem huiusmodi poenae ex divino iudicio provenire credantur, * subdit ° oculus enim eius, ‘ idest prospectus divinae providentiae, ° est super vias hominum, ‘ idest super opera eorum; et ut exprimat deum singulariter omnia particularia operum humanorum cognoscere, * subdit ° et omnes gressus eorum, ‘ idest omnes processus operationum humanarum, ° considerat, ‘ scilicet distincte, non solum in generali. * posset autem aliquis credere quod “ quia deus lux est, impii autem in tenebris sunt, quod occultentur |250| a deo, ‘ sed hoc excludit * subdens ° non sunt tenebrae, ‘ scilicet ignorantiae, ° et non est umbra mortis, ‘ idest obscuritas culpae ducens ad mortem, ° ut abscondantur ibi qui operantur iniquitatem, ‘ quasi scilicet sicut ipsi cognoscere deum nolunt ita deus eos non cognoscat; dicitur tamen eos ignorare reprobando. et quia dixerat principes pro suis peccatis subito mori et auferri, quod videtur esse irremediabilis poena, huius rationem ostendit consequenter ex hoc quod ex quo deus hominem iudicat pro suis peccatis finaliter condemnandum, non datur homini facultas ut ulterius quasi iudicio decertet cum deo: * et hoc est quod subdit ° neque enim ultra, ‘ scilicet postquam deus iudicat eum condemnandum, ° in hominis potestate est ut veniat ad deum in iudicium, ‘ quasi scilicet deus sit propter eum suum iudicium retractaturus; et hoc praecipue videbatur dicere contra iob qui postquam condemnatus erat ad poenam, * supra xxiii 3 dixerat ° veniam usque ad solium eius, ponam coram eo iudicium. conteret multos et innumerabiles ‘ etc.. duo sunt propter quae homines maxime solent a iustitia declinare, quorum primum est quia deferunt magnatibus, secundum est quia deferunt multitudini contra iustitiam; ostenderat autem supra perfectionem |275| divinae iustitiae ex hoc quod magnatibus non defert, unde nunc consequenter ad commendationem divinae iustitiae ostendit quod nec etiam multitudini peccantium defert, * unde dicit ° conteret multos, ‘ scilicet peccatores, eos occidendo vel aliter puniendo. et ne credatur usque ad aliquam certam quantitatem multitudinis procedere divinam iustitiam et non ultra, * subdit ° et innumerabiles, ‘ quasi dicat: certo numero comprehendi non possunt illi quos propter peccata dei iustitia conterit. sed ne ex hoc deperire credatur humani generis status, * subdit ° et stare faciet alios pro eis, ‘ quia scilicet quibusdam morientibus alii succedunt, et quibusdam a prosperitate decidentibus alii sublevantur, ut sic quodammodo uniformitas in genere humano appareat. solet autem contingere quod quando sunt multi puniendi, non possunt iudices singulorum causas diligenter perscrutari; sed ne hoc de deo credatur * subdit ° novit enim opera eorum, ‘ quid scilicet unusquisque mereatur; et ideo singulis secundum sua opera retribuit, * unde subdit ° idcirco inducet noctem, ‘ idest subitam et inopinatam adversitatem, ° et conterentur, ‘ scilicet ex improviso. quare autem in nocte opprimantur ostendit ex hoc quod, cum ipsi possent videre illud quod eis |300| expediebat, hoc contempserunt, et ideo iustum est ut non detur eis facultas praevidendi supervenientia mala ad cavendum: * et hoc est quod subdit ° quasi impios, ‘ idest pietatis notitiam respuentes, ° percussit eos, ‘ scilicet existentes ° in loco videntium, ‘ idest in statu in quo videre poterant, tum per naturalem rationem tum per sacram doctrinam, quid esset faciendum et quid esset vitandum; sed hoc ipsi respuerunt, * unde subdit ° qui quasi de industria recesserunt ab eo, ‘ scilicet deo, peccantes ex certa malitia. unde ponit consequenter in eis ignorantiam affectatam * cum subdit ° et omnes vias eius, ‘ idest mandata dei, ° intelligere noluerunt, ‘ et sic patet quod propter ignorantiam non excusantur sed magis damnabiles redduntur. effectum autem huiusmodi malitiae affectatae ostendit * subdens ° ut pervenire facerent ad eum clamorem egeni, ‘ quasi dicat: intantum ostendunt se viarum dei ignaros ut pauperes opprimerent quos deus exaudit; unde sicut non exhorrent pauperum oppressionem, ita non timent dei indignationem, * unde subdit ° et audiret vocem pauperum, ‘ quasi dicat: parvipendunt quod deus voluntatem suam adhibet ad pauperes exaudiendum. et quia multitudinis contritionem attribuerat divino iudicio, * posset autem aliquis credere “ hoc non |325| provenire ex divino iudicio quod aliqua multitudo conteritur et alia prosperatur, sed per alicuius potentis principis aut gubernationem aut impugnationem, ‘ ideo ad hoc excludendum * subdit ° ipso enim concedente pacem, quis est qui condemnet? ‘ quasi dicat: ideo dico quod ipse est qui ° conterit multos et innumerabiles, ‘ quia si ipse vellet eis pacem temporis et prosperitatis concedere, nullus posset multitudinem condemnare, et e contrario si ipse condemnare intendit, nullus est qui possit pacem praebere, * unde subdit ° ex quo abscondit faciem suam, ‘ subtrahendo scilicet suae consolationis praesentiam, ° quis est qui contempletur eum, ‘ idest qui possit in eo consolationem invenire quasi eius pulchritudinem videndo? est autem et alia poena multitudinis praeter contritionem, qua scilicet affligitur tyrannorum dominio, et quantum ad hanc poenam * subdit ° et super gentem et super omnes homines, ‘ quasi dicat: non solum in una gente iudicia sua exercet per contritionem vel tyrannorum oppressionem, sed etiam in omnes homines; et subdit de tyrannorum oppressione ° qui regnare facit hominem hypocritam propter peccata populi, ‘ qui scilicet ex eius regimine affligitur, in quo etiam videtur respondere quaestioni quam |350| iob proposuerat * supra xxi 7 ° quare impii vivunt, confortati sunt sublimatique divitiis? ‘ hoc enim esse asserit non propter eorum merita, sicut ibidem iob probaverat, sed propter aliorum demerita qui ex eorum prosperitate puniuntur. sic ergo ostenso quod in deo iniustitia esse non potest et quod eius iustitia maxime manifesta est ex iudiciis quae exercet in principes et multitudinem, dat iob locum respondendi, * unde subdit ° quia ergo ego locutus sum ad deum, ‘ idest ea quae ad dei honorem spectant, ° te quoque non prohibebo, ‘ dans scilicet tibi locum respondendi. et ad quid debeat sua responsio tendere ostendit * subdens ° si erravi, ‘ scilicet sicut aliis amicis tuis imposuisti, scilicet quod essent ° cultores perversorum dogmatum, tu doce me, ‘ scilicet veritatem ut possim ab errore liberari. potest autem aliquis in loquendo deficere non solum errando contra veritatem doctrinae, sed etiam in particulari iudicio deficiendo contra veritatem iustitiae, * unde subdit ° si iniquitatem locutus sum, ultra non addam, ‘ ostendens scilicet se correctioni paratum. et quia aestimabat quod iob contra eum graviter turbaretur, consequenter ostendit eius turbationem esse iniustam * subdens ° numquid a te deus expetit eam? ‘ quasi dicat: etiam dato quod sim iniquitatem locutus, |375| tu pro ea non teneris deo respondere, unde non debes graviter per hoc turbari, * unde subdit ° quia displicuit tibi? ‘ scilicet per inordinatam animi turbationem. ostendit autem secundo quod non debet inde graviter turbari quia ipsemet iob verba inceperat * dicens ° pereat dies ‘ etc., ex quibus tota disputatio habuit ortum, * unde subdit ° tu enim coepisti loqui, et non ego. ‘ tertio ostendit eum non debere graviter turbari quia ipse etiam habet facultatem dicendi quod sibi placuerit, * unde subdit ° quod si quid nosti melius, ‘ scilicet quam ego dixerim, ° loquere, ‘ scilicet ostendendo errorem vel iniquitatem meam. et ne videretur hoc dixisse quasi dubitans de sua iustitia et veritate suorum verborum, intendit asserere consequenter iob et in sapientia et in intellectu deficere: et propter hoc reputabat eum indignum sua disputatione, cuius una pars pertinet ad opponentem, in quo maxime requiritur acumen intellectus ad inveniendum rationabiles vias ad propositum ostendendum, * unde subdit ° viri intelligentes loquantur mihi, ‘ scilicet mihi obicientes; altera vero pars disputationis pertinet ad respondentem, in quo maxime requiritur sapientia ut bene iudicet de auditis, * unde subdit ° et vir sapiens audiat me, ‘ scilicet opponentem, paratus ad respondendum. horum autem |400| defectum in iob ex eius verbis collegerat, * unde subdit ° iob autem stulte, ‘ idest contra sapientiam, ° locutus est, ‘ quantum scilicet ad hoc quod reputabat eum aliquid dixisse contra rectitudinem divini iudicii, ° et verba illius non sonant disciplinam, ‘ quae scilicet pertinet ad ordinatam intelligentiam, et hoc videtur retulisse ad hoc quod iob se iustum asserebat. et quia iob istos defectus in se non recognoscebat, convertit eliud verba sua ad deum postulans ut probetur iob ad suos defectus recognoscendum, * unde subdit ° pater mi, ‘ idest o deus quem patrem reputo propter reverentiam quam ad te habeo, iustitiam tuam in omnibus defendens, ° probetur iob, ‘ idest ostendatur sibi per flagella suus defectus, ° usque ad finem, ‘ idest quousque se recognoscat iniustum; vel ° usque ad finem, ‘ idest usque ad mortem. et huius petitionis iustitiam ostendit * subdens ° ne desinas ab homine iniquitatis, ‘ quasi dicat: iniquitas sua hoc meretur ut flagella non cessent. et ad maiorem exaggerationem * subdit ° qui super peccata sua, ‘ scilicet praeterita pro quibus flagellatus est, ° addit blasphemiam, ‘ ut scilicet se iustum, deum vero asserat iniustum; pro quo exoptat ei primo quidem poenam in praesenti, * unde subdit ° inter nos interim constringatur, |425| ‘ scilicet adversitatibus; secundo autem innuit poenam futuram, * unde subdit ° et tunc, ‘ scilicet iam temporaliter afflictus, ° ad iudicium, ‘ scilicet futurae ultionis, ° provocet sermonibus suis deum, ‘ quibus scilicet contra eum blasphemat.

cp35 ° Igitur eliud haec rursum locutus est ‘ etc.. postquam eliud improbaverat verba iob quantum ad hoc quod, sicut ipse aestimabat, imposuerat iniquitatem divino iudicio, hic intendit improbare verba eius quantum ad hoc quod dixerat se esse iustum, * unde dicitur ° igitur eliud haec rursum locutus est. ‘ interrupto scilicet sermone, expectans si iob responderet, quo non respondente iterato sermonem assumpsit * dicens ° numquid aequa tibi videtur tua cogitatio ut diceres: iustior deo sum? ‘ hoc quidem numquam iob dixerat, nec eliud ei imponit quod haec verba protulisset sed quod verba quae protulit ex hac cogitatione provenirent, unde signanter fecit de cogitatione mentionem. ex quibus autem verbis hanc cogitationem eum habuisse eliud ostendit * subdens ° dixisti enim: non tibi placet quod bonum est - * alia littera ° quod rectum est -, vel quid tibi prodest si ego peccavero? ‘ haec duo verba in praemissis iob verbis numquam inveniuntur, sed primum horum, scilicet quod deo non placeat quod bonum est, videtur accipere ab eo quod iob * supra x 15 ‘ dixerat ° si impius fuero, vae mihi est. et si iustus, non levabo caput, ‘ quod iob dixerat ad significandum quod temporalibus poenis iusti pariter |25| et iniusti affliguntur, sed eliud hoc interpretabatur esse dictum quasi deo hominis iustitia non placeret. * hoc vero quod secundo proponit ° quid tibi prodest si ego peccavero? ‘ nusquam legitur iob dixisse, sed hoc accipere voluit ex hoc quod ibidem iob dixerat ° si peccavi et ad horam pepercisti mihi, cur ab iniquitate mea mundum me esse non pateris? ‘ quod iob dixerat ad ostendendum quod prosperitas temporalis non semper innocentiam comitatur, alioquin ipse prosperitatis tempore innocens fuerat, dimissis sibi peccatis, nec erat ratio quare post peccatorum remissionem iterato a deo peccatis mundaretur; sed eliud ad hanc sententiam haec verba retorsit quasi iob putaverit peccatum suum aut poenam peccati deum induxisse propter suam utilitatem. ex his autem duobus, scilicet quod deo non placeret quod bonum est, et quod ipse utile sibi reputaret peccatum, sequi videretur quod iob iustior deo esset, cum de se supra dixerit quod displicuerint ei mala et placuerint bona. concludit autem ex praemissis propter eorum absurditatem se compelli ad respondendum, * unde dicit ° itaque ego respondebo sermonibus tuis et amicis tuis tecum, ‘ qui scilicet te talia dicentem convincere non potuerunt. et incipit ab eo quod ultimo dictum |50| est, ostendens quod deus non potest iuvari nec laedi ex operibus nostris bonis vel malis, et hoc propter eius sublimitatem, quam primo proponit * dicens ° suspice, ‘ idest sursum inspice, ° caelum, ‘ quod scilicet est sedes dei, ° et intuere, ‘ scilicet visu, ° et contemplare, ‘ scilicet mente, ° aethera, ‘ idest totum superius corpus, ex cuius non solum altitudine sed etiam magnitudine, motu et ornatu conicere potes hoc, scilicet ° quod altior te sit, ‘ intantum scilicet quod opera tua ei nec proficere nec nocere possunt, * unde subdit ° si peccaveris, ‘ scilicet in te vel in deum, ° quid ei nocebis? ‘ quasi dicat: in nullo ex hoc detrimentum patietur. quantum autem ad peccata quae committuntur in proximum * subdit ° et si multiplicatae fuerint iniquitates tuae, ‘ quibus scilicet iniuste proximos laedis, ° quid facies contra eum? ‘ quasi dicat: in nullo ex hoc laedetur. quantum autem ad bona quae in proximum fiunt * subdit ° porro si iuste egeris, ‘ scilicet ius suum proximis reddens, ° quid donabis ei? ‘ quasi dicat: quid ipse ex hoc lucrabitur? quantum autem ad opera divini cultus * subdit ° aut quid de manu tua accipiet, ‘ scilicet in sacrificiis et oblationibus? quasi dicat nihil, * secundum illud psalmi ° non accipiam de domo tua vitulos. * et quia posset aliquis credere quod “ ad deum |75| non pertineret utrum homo ageret iuste vel iniuste, ‘ ad hoc excludendum * subdit ° homini qui similis tui est nocebit impietas tua, ‘ qui scilicet susceptivus est nocumenti, ° et filium hominis adiuvabit iustitia tua, ‘ qui scilicet auxilio iustitiae indiget; propter hoc ergo prohibetur a deo impietas et iustitia mandatur, quia deo est de hominibus cura qui per hoc vel iuvantur vel laeduntur. et ex hac fide contingit quod homines oppressi clamant ad deum contra oppressores, quorum quidam dolose opprimunt per calumniam, unde subdit quantum ad hos ° propter multitudinem calumniatorum clamabunt, ‘ scilicet ad deum illi qui ab his oppressi sunt; quidam vero opprimunt manifeste per violentiam, et quantum ad hos * subdit ° et eiulabunt propter vim brachii tyrannorum, ‘ idest plorabunt ad deum propter violentam potentiam tyrannorum; ex quo datur intelligi quod non solum deo non prodest quod aliquis peccat, sed ei displicet et punit, alioquin frustra clamarent oppressi. deinde convertit se ad improbandum aliud verbum * quod praemiserat ° non tibi placet quod rectum est, ‘ quod divinae sapientiae repugnaret, quae primo quidem apparet in rerum creatione, * unde dicit ° et non dixit, ‘ scilicet iob sentiens quod deo |100| bona non placerent: ° ubi est deus qui fecit me? ‘ non enim deus fecit res nisi propter bonum, * unde dicitur gen. i 25 ° vidit deus quod esset bonum ‘ etc., unde manifestum est quod deo placet bonum. secundo inducit beneficium humanae instructionis quo aliqui instruuntur ad bonum ex revelatione divina, * unde subdit ° qui dedit, ‘ scilicet per revelationem, ° carmina, ‘ idest humanae instructionis dogmata quae ab antiquis multotiens carminibus comprehendebantur, ° in nocte, ‘ idest ad litteram in somnio nocturno, vel in quiete contemplationis seu obscuritate visionis; non autem erudiret homines ad bonum familiariter nisi bonum ei placeret. tertio inducit infusionem naturalis luminis quo bonum a malo discernimus per rationem in qua excedimus bruta, * unde subdit ° qui docet nos super iumenta terrae, ‘ quae scilicet ratione carent; et quia antiqui avium garritus et motus observabant quasi divinitus instructarum ac si rationem haberent, ideo ad hoc excludendum * subdit ° super volucres caeli erudit nos, ‘ quae etiam rationem non habent. et quia odit malum et placet ei bonum, ideo oppressos clamantes audit, oppressores non audit, * unde subdit ° illi clamabunt, ‘ scilicet calumniatores et tyranni, quasi petentes a deo desideriorum suorum |125| impletionem, ° et non exaudiet, ‘ scilicet deus, et hoc ° propter superbiam malorum, ‘ scilicet hominum, * secundum illud psalmi ° respexit in orationem humilium. ‘ et ne aliquis crederet deum indifferenter omnes exaudire, * subdit ° neque enim frustra, ‘ idest sine ratione, ° exaudiet deus, ‘ quia scilicet iustissima ratione hos exaudit et non illos, * unde subdit ° et omnipotens singulorum causas intuebitur, ‘ ut scilicet dignos exaudiat, non indignos. maxime autem videtur quod deus singulorum causas non videat ex hoc quod quandoque impii prosperantur, sed ad hoc excludendum * subdit ° etiam cum dixeris, ‘ idest in corde tuo cogitaveris: ° non considerat, ‘ scilicet deus, facta hominum, ° iudicare coram illo, ‘ idest praepara te ut iudicium eius suscipias, ° et expecta eum, ‘ scilicet in futurum iudicantem etsi hic non puniat: tardat enim ut in futuro gravius damnet, * unde subdit ° nunc enim, ‘ idest in praesenti vita, ° non infert furorem suum, ‘ idest magnitudinem poenae, ° nec ulciscitur scelus valde, ‘ idest non punit in praesenti secundum quod exigit gravitas culpae, quia poenae praesentis vitae sunt ad correctionem et ideo illos quos correctione indignos iudicat futurae damnationi reservat: et haec est alia ratio quare impii in hoc mundo prosperantur, in quo concordat cum opinione iob. |150| sed quia eius verba prave intellexerat ideo ea reprehendit concludens ex dictis: ° ergo iob frustra, ‘ idest sine ratione, ° aperit os suum, ‘ quasi prolixitatem sermonis in ipso reprehendens, ° et absque scientia verba multiplicat, ‘ in quo arguit in ipso ignorantiam et loquacitatem inutilem.

cp36 ° Addens quoque eliud haec locutus est ‘ etc.. praemiserat eliud supra duo in verbis iob contra quae disputare intendebat, scilicet de hoc quod dicebat se esse iustum et quod deo imposuerat iniquitatem iudicii, prout eliud verba iob interpretatus fuerat, et contra haec duo eliud in superioribus iam disputaverat; nunc iterato per aliam viam contra eadem disputare intendit, * unde dicitur ° addens quoque eliud, ‘ scilicet subsequentes rationes ad praemissas, ° haec locutus est, ‘ scilicet quae sequuntur. inter quae primo eum ad attentionem excitat * dicens ° sustine me paululum, ‘ quia scilicet breviter sub una responsione contra duo praemissa disputare intendit, * unde subdit ° et indicabo tibi, ‘ scilicet veritatem rei de qua agitur; et ne videatur superfluus, quia scilicet iam supra ostendisse videbatur quod volebat, * subdit ° adhuc enim habeo quod pro deo loquar, ‘ quasi dicat: adhuc mihi aliae suppetunt rationes quibus aequitatem divini iudicii defendam. et quia contra utrumque praemissorum iterato intendit rationes inducere, * subdit ° repetam scientiam meam a principio, ‘ quasi dicat: contra totum id quod est a principio dictum iterato secundum meam sententiam rationes adducam: et quod huius rei sit debitor |25| * subdit ° et operatorem meum, ‘ idest deum qui me fecit, ° probabo iustum, ‘ excludens scilicet iniquitatem ab eius iudicio quam tu iob ei imponere videris ut te asseras iustum. et ne aliquis diceret quod ea quae dicturus erat non ex vera scientia sed ex falsa opinione procedebant, * subdit ° vere enim absque mendacio sermones mei, ‘ quasi dicat: non sum dicturus nisi vera quae rectae scientiae conveniunt, * unde subdit ° et perfecta scientia probabitur tibi, ‘ idest probationes sequentes tibi concludent ex his quae videntur pertinere ad perfectam scientiam. his igitur quasi prooemialiter praemissis, incipit disputare super praemissis verbis quae iob imponebat, et primo contra hoc quod iob dixerat se esse iustum, ad quod excludendum hoc modo procedit. iob prosperitatis tempore magnae potestatis erat; contingit autem quandoque quod aliqui potentes persequuntur vel propter invidiam vel propter timorem quo timent ne ab eis per potentiam opprimantur, quod quidem proprie est impotentum qui et potentibus invident et eorum oppressionibus timent; sed hoc de deo dici non potest qui est in potentia excellens, * unde subdit ° deus potentes non abicit cum ipse sit potens, ‘ ex quo datur intelligi quod deus nihil in homine odit in quo ei similatur, |50| quia cum deus sit ipsa essentia bonitatis, non potest esse quod aliquid similetur ei nisi in bono: ex quo patet quod deus non persequitur aliquos quia sunt potentes sed quia in eis quandoque invenitur iniquitas, et pro hac puniuntur a deo, * unde subdit ° sed non salvat impios, ‘ idest damnat eos; et causam damnationis ostendit * subdens ° et iudicium pauperibus tribuit, ‘ idest iudicium facit de potentibus iniquis pauperibus qui ab eis sunt oppressi. non autem propter potentiam desistit a subventione iustorum, * unde subdit ° non aufert a iusto, ‘ scilicet homine etiam potente, ° oculos suos, ‘ idest prospectum suae benignitatis et misericordiae, * secundum illud psalmi ° oculi domini super iustos. ‘ et quod a potentibus si sunt iusti non auferat suam misericordiam, manifestat per beneficia quae potentibus confert, primo quidem stabiliendo potestatem eorum, * unde subdit ° et reges in solio collocat in perpetuum, ‘ scilicet si fuerint iusti. secundo quia eos promovet in maius, * unde subdit ° et illi, ‘ scilicet in solio collocati, ° eriguntur, ‘ idest ad maiora exaltantur, dum scilicet deus eis et potentiam et divitias auget. tertio per hoc quod, etiam si puniti fuerint propter peccata, miseretur eorum si paenitere voluerint, * unde subdit ° et si fuerint, ‘ scilicet reges, |75| ° in catenis, ‘ idest in carcere positi, ° et vinciantur, ‘ idest ligentur, ° funibus paupertatis, ‘ idest si in carcere positi paupertatem patiantur, quae est quoddam vinculum quo homines ligantur ne opera sua possint implere et insuper multis miseriis astringuntur: et tamen eis sic in miseria constitutis primo quidem deus hoc beneficium confert quod eos recognoscere facit pristina peccata pro quibus puniti sunt, * unde subdit ° indicabit eis opera eorum, ‘ idest faciet ut cognoscant ea quae fecerunt esse iniusta, * unde subdit ° et scelera eorum, ‘ quasi dicat: faciet cognoscere quod opera quae fecerunt erant scelerata; et quantum ad quid peccaverint ostendit * subdens ° quia violenti fuerunt: ‘ hoc enim est peccatum proprium potentum ut subditis violentias inferant, utentes sua potentia quasi lege iustitiae. nec solum facit eos peccata sua praeterita cognoscere sed etiam ostendit eis quod pro suis peccatis puniuntur, * unde subdit ° revelabit quoque aurem eorum, ‘ idest faciet ut intelligant quod eis deus puniendo loquitur, quod scilicet propter sua peccata puniuntur, * unde subdit ° ut corripiat, ‘ quasi dicat: hoc faciet eos recognoscere quod deus eos punivit ad correptionem. et ulterius persuadebit eis quod paeniteant, * unde subdit ° et loquitur, ‘ scilicet interius vel per exteriorem admonitorem, ° ut revertantur |100| ab iniquitate, ‘ paenitendo scilicet a pristinis peccatis. et huius paenitentiae fructum ostendit subdens ° si audierint, ‘ scilicet corde proponentes, ° et observaverint, ‘ scilicet opere implentes, reducentur ad statum pristinum et ita ° complebunt dies suos in bono, ‘ scilicet virtutis vel prosperitatis terrenae, ° et annos suos in gloria, ‘ scilicet terrena; ° si autem non audierint, ‘ idest si non oboedierint interiori inspirationi ut paeniteant, ° transibunt per gladium, ‘ idest de carcere educentur ad occisionem gladii, ° et consumentur, ‘ idest destruentur, ° in stultitia, ‘ idest propter suam stultitiam. ubi considerandum est quod eliud in hoc videtur cum amicis iob convenire quod ponit adversitates praesentes esse poenas peccatorum et quod per paenitentiam aliquis redit ad pristinam prosperitatem: hoc autem etsi aliquando contingat, non tamen semper secundum opinionem iob. sed quia quandoque contingit quod aliqui adversitates patiuntur quorum peccata non apparent, ne per hoc praedicta eius sententia elidatur, interpretatur eos simulatores esse quantum ad hoc quod praetendunt iustitiam quam non habent, et callidos inquantum scilicet astutiis quibusdam utuntur ad hoc quod sub colore iustitiae iniustitiam faciant, et ex hoc ipso gravius peccant, * unde subdit ° simulatores |125| et callidi provocant iram dei, ‘ quia scilicet hoc deus magis detestatur; tales etiam non de facili paenitent etiam inter flagella quia se aestimant iustos sicut ab aliis laudantur, * unde subdit ° neque clamabunt, ‘ scilicet ad deum misericordiam petentes, ° cum vincti fuerint, ‘ scilicet catenis et funibus paupertatis: in quo dat intelligere quod aestimaverit iob simulatorem et callidum fuisse, et ideo inter poenas peccatum suum recognoscat. et quia tales non paenitent in poenis ideo ab adversitate non liberantur, * unde subdit ° morietur in tempestate anima eorum, ‘ quae scilicet usque ad mortem diversas angustias patietur, ° et vita eorum, ‘ scilicet deficiet, ° inter effeminatos, ‘ quibus scilicet non est virtus ut se de manu opprimentium liberent. recte autem simulatores effeminatis comparat quia ex parvitate animi contingit quod homines sint simulatores: est enim proprium magnanimi esse manifestum, * ut dicitur in iv ethicorum. ‘ et quia dixerat quod deus potentibus in tribulatione constitutis subvenit, ne videatur deum dicere acceptorem personarum ostendit quod idem etiam beneficium pauperibus confert, * unde subdit ° eripiet pauperem de angustia sua, ‘ scilicet eum ab adversitate liberando; et ordinem liberationis ostendit subdens ° et revelabit in tribulatione |150| aurem eius, ‘ idest faciet eum intelligere quod pro peccatis suis punitur et ad paenitentiam eum inducit, sicut et supra de potentibus dixit. ea autem quae supra communiter dixerat applicat ad personam iob; et primo quidem, quia dixerat quod deus in tribulatione salutem affert et pauperibus et potentibus, concludit quod etiam iob huiusmodi salutem sperare potest a deo * cum subdit ° igitur salvabit te de ore angusto latissime, ‘ idest de tribulatione quae est sicut quoddam foramen angustum per quod homo in quandam latitudinem diversarum miseriarum intrat: unum enim malum fit homini causa diversorum malorum, et huiusmodi malorum multiplicatio procedere potest usque ad infinitum ut numquam sit pervenire ad statum quietis, * et hoc est quod subdit ° et non habente fundamentum, ‘ scilicet in quo homo possit quiescere, ° subter se, ‘ idest cum descenderit in profundum malorum, quod praecipue pertinere videtur ad poenas quae sunt post mortem, quae in perpetuum durant sine quiete. non solum autem promittit ei liberationem a malis si peccatum recognoscere et paenitere voluerit, sed etiam abundantiam bonorum, * unde subdit ° requies autem mensae tuae erit plena pinguedine, ‘ quasi dicat: cum securitate et quiete comedere poteris |175| abundanter de bonis quae tibi divinitus restituentur. et quia ostenderat quod ° deus potentes non abicit ‘ sed iniquos, iob autem videbatur a deo abiectus per multiplices adversitates, * subdit ° causa tua quasi impii iudicata est, ‘ quasi dicat: non es punitus quia potens eras sed quasi impius; et contra hoc recompensationem sibi promittit si paenituerit, * cum subdit ° causam iudiciumque recipies, ‘ idest causa et iudicium restituetur tibi ut possis aliorum causas discutere et de eis iudicare. et quasi iam hoc factum esset monet eum qualiter in statu illo se debeat habere: contingit autem quandoque quod iudices a iustitia declinant propter iram, * et quantum ad hoc dicit ° non te ergo superet ira ut aliquem opprimas ‘ iniuste, quando scilicet causam iudiciumque recipies. quandoque vero iudices a iustitia declinant propter cupiditatem munerum, * et quantum ad hoc subdit ° nec multitudo donorum inclinet te, ‘ in illo scilicet statu futurae auctoritatis. contingit etiam quandoque quod aliquis ex sola superbia aliis iustitiam facere contemnat, * et quantum ad hoc subdit ° depone magnitudinem tuam, ‘ idest superbiam animi tui, ° absque tribulatione, ‘ idest antequam tibi tribulatio immittatur a deo ad tuam |200| humiliationem. quandoque vero contingit quod iudices a iustitia declinant deferentes aliquibus potentibus propter timorem, * et quantum ad hoc subdit ° et omnes robustos fortitudine, ‘ scilicet tua, deponas; vel quantumcumque robustos in sua fortitudine tu non dubites deponere per iustitiam. quandoque autem contingit quod aliqui iudices a iustitia deficiunt parcentes propter suam quietem, * unde subdit ° ne protrahas noctem, ‘ idest ne velis nimis dormire ut expeditioni iustitiae non intendas; vel ° ne protrahas noctem, ‘ idest non permittas diu latere iustitiam causae sed festina ut veritas manifestetur; et causam ostendit * subdens ° ut ascendant populi pro eis, ‘ scilicet robustis, quasi dicat: non ita protrahas iudicium quousque totus populus concitetur ex violentiis robustorum et pro eorum iniuriis ad te inquietandum accedant; vel aliter ° ne protrahas noctem ut ascendant populi pro eis, ‘ quasi dicat: ne differas iudicium contra robustos exercere, ne forte per suam potentiam inveniant multos fautores qui pro eorum defensione consurgant, et sic tuum iudicium impediatur. omnia autem ista ad hoc tendunt ut in statu futurae prosperitatis iniustitiam vitet, * unde subdit ° cave ne declines ad iniquitatem, ‘ scilicet per aliquem praedictorum modorum vel aliquos alios. posset autem |225| iob dicere hanc admonitionem esse superfluam quia ipse solebat iustitiam diligenter exequi, sicut dixerat * supra xxix 14, ‘ et ideo eliud subiungit ° hanc enim, ‘ scilicet iniquitatem, ° coepisti sequi post miseriam, ‘ scilicet in hoc quod te reputas deo iustiorem, et ideo cavendum est tibi ne ad iniustitiam declines si te contingat ad statum prosperitatis redire. ° ecce deus excelsus in fortitudine sua ‘ etc.. postquam eliud improbaverat verba iob quantum ad hoc quod se iustum dicebat, hic nititur improbare verba eius quantum ad hoc quod credebat eum locutum esse contra iustitiam divini iudicii. unde primo proponit sublimitatem divinae potestatis * cum dicit ° ecce deus excelsus in fortitudine sua, ‘ idest habet potestatem ceteris sublimiorem: non est autem rationi consonum ut maior potestas a minori de iniustitia condemnetur. secundo proponit eius auctoritatem * cum subdit ° et nullus ei similis in legislatoribus, ‘ quia scilicet ° legum conditores ‘ per eius sapientiam ° iusta decernunt, * ut dicitur prov. viii 15, ‘ unde nullius legibus potest ipse de iniustitia condemnari, quin potius sua sapientia est regula et mensura omnium legum. tertio proponit incomprehensibilitatem operum eius * cum subdit ° quis poterit scrutari vias eius, ‘ idest sufficienter invenire rationes |250| operum ipsius? et ex hoc quasi concludit quod non potest de iniustitia condemnari, * unde subdit ° aut quis audet ei dicere: operatus es iniquitatem? ‘ ad hoc enim quod aliquis de iniquitate condemnetur, requiritur quod sit subiectus superiori potestati et quod alienis legibus astringatur et quod eius opera cognoscantur, quae in deo locum non habent, ut dictum est. consequenter manifestare incipit quod vias dei, idest opera eius, homo scrutari non possit, * dicens ° memento quod ignores opus eius de quo cecinerunt viri, ‘ idest sapientes, quos viros nominat propter animi virtutem; * dicit autem ° cecinerunt, ‘ propter antiquam sapientum consuetudinem qui metrice divina et philosophica describebant. quantumcumque autem homines aliqui sint sapientes non possunt pertingere ad cognoscendam et enarrandam essentiam eius, sed tota hominis cognitio et sermo est de deo per opera eius, quae tamen neque iob neque aliquis alius homo perfecte cognoscere potest, * et ideo subdit ° omnes homines vident eum, ‘ scilicet per sua opera: nullus enim adeo in sapientia deficit quin aliqua divinorum operum percipiat. et rursus nullus est adeo sapiens cuius cognitio non multum vincatur ab excellentia claritatis divinae, * unde subdit ° unusquisque |275| intuetur procul, ‘ idest cognitio hominis longe distat a perfecta comprehensione divinae essentiae, tum quia non potest homo nisi per opera cognoscere quae in infinitum distant ab excellentia essentiae eius, tum quia etiam opera eius perfecte homo non cognoscit. et ex hoc concludit quod deus per suam excellentiam hominis cognitionem excedit, * unde subdit ° ecce deus magnus vincens scientiam nostram: ‘ quod enim a nobis perfecte deus cognosci non possit non contingit propter defectum ipsius, sicut contingit de motu et tempore, sed propter eius excellentiam. * posset autem aliquis dicere quod “ quamvis de deo non possimus cognoscere quid sit, possumus tamen cognoscere de deo an est, quod pertinet ad eius durationem; ‘ sed quod hoc etiam excedat hominis cognitionem ostendit * subdens ° numerus annorum eius inaestimabilis, ‘ quia videlicet aeternitas durationis ipsius humano intellectu comprehendi non potest. ostendit autem consequenter magnitudinem operum dei quae humanam rationem excedunt, enumerans diversas aeris transmutationes, qui quandoque per siccitatem disponitur, * et quantum ad hoc dicit ° qui aufert stillas pluviae, ‘ scilicet impediendo ne pluat; quandoque vero in aere abundant pluviae, |300| quarum magnitudinem describit * dicens ° et effundit imbres ad instar gurgitum, ‘ qui scilicet fluunt in terra. et huiusmodi abundantia pluviae admirabilis apparet si consideretur pluviarum origo, ut scilicet tanta aqua prorumpat de nubibus quae soliditatem non habent, * et quantum ad hoc subdit ° qui, ‘ scilicet gurgites, ° de nubibus fluunt, ‘ non tamen ita quod in actu tanta pluvia in nubibus existat sed quia ipsi vapores nubium successive in pluvias condensantur. est autem et aliud in pluviis mirabile quod longo spatio terrarum superfunduntur, * unde subdit ° quae praetexunt cuncta desuper, ‘ scilicet loca in regione in qua pluit ut nulla pars illius terrae remaneat non compluta. consequenter de ipsis nubibus loquitur * dicens ° si voluerit nubes extendere quasi tentorium suum, ‘ quia scilicet per nubes occultatur caelum quod est sedes dei sicut sedes alicuius hominis occultatur tentorio. de nubibus autem procedunt fulgura propter collisionem venti, * unde subdit ° et fulgurare lumine suo desuper; ‘ nubes autem quandoque contegunt caelum usque ad horizontem alicuius regionis infra quam extremitates maris claudi videntur: ° cardines quoque maris operiet, ‘ scilicet tentorio nubium. * dicit autem ° si voluerit ‘ ut ostendat divinam voluntatem principium esse naturalium operum; est autem proprium |325| voluntatis ut propter finem operetur, et ideo finem horum operum ostendit * subdens ° per haec iudicat populos, ‘ quantum scilicet ad eos qui per haec puniuntur, ° et dat escas multis mortalibus, ‘ quantum ad hoc scilicet quod pluviae sunt utiles ad terrae fecunditatem per quam hominibus cibaria nascuntur.

cp37 ° In manibus abscondit lucem ‘ etc.. prosecutus est eliud supra de mutatione aeris quae fit secundum siccitatem et pluviam, et secundum nubium superinductionem ex quibus deus lumine suo fulgurat; nunc autem de ipso lumine quod a nubibus quandoque occultatur et quandoque reseratur, et de tonitruo quod ex nubibus oritur, latius prosequitur, et incipit a lumine * dicens ° in manibus abscondit lucem, ‘ idest per opera virtutis suae facit ut quandoque lux solis et stellarum nubibus occultetur; sed quia haec occultatio non est perpetua sed ad tempus, * subdit ° et praecipit ei ut rursus adveniat, ‘ videlicet discedentibus nubibus; vel possunt haec verba referri ad obtenebrationem et illuminationem aeris per solis occasum et reditum. est autem considerandum quod sensibilia sunt quaedam intelligibilium signa, unde per effectus sensibiles in cognitionem intelligibilium devenimus; inter omnes autem sensibiles effectus spiritualior est lux, unde et efficacior est ad perducendum in intelligibilium cognitionem, inquantum scilicet visus, cuius cognitio per lucem perficitur, plurimum intellectualem cognitionem iuvat: quia igitur ista lux sensibilis ex potestate dei hominibus occultatur et communicatur, datur |25| per hoc intelligi quod apud ipsum sit quaedam excellentior lux, scilicet spiritualis, quam deus in praemium virtutis hominibus reservat, * unde subdit ° annuntiat de ea, ‘ scilicet luce per corporalem significata, ° amico suo, ‘ scilicet virtuoso, quem deus amat, ° quod possessio eius sit, ‘ idest quod illa lux spiritualis sit thesaurus quem deus amicis suis reservat in praemium, ° et ad eam possit ascendere, ‘ scilicet per opera virtutum ipsam promerendo et ad eam possidendam se praeparando; quamvis etiam hoc posset exponi de luce corporali: * posuerunt enim platonici quod “ animae hominum derivabantur ab animabus stellarum, unde quando animae humanae suam dignitatem servant secundum rationem vivendo, revertuntur ad claritatem stellarum unde defluxerunt; * unde in somnio scipionis legitur quod civitatum ° rectores et servatores hinc profecti, ‘ scilicet a caelo, ° huc revertuntur. ‘ in quo etiam dat intelligere quod non ponebat ultimam remunerationem virtutis in temporalibus bonis sed in bonis spiritualibus post hanc vitam. hoc autem est inter omnia maxime admirandum quod homo terrenus et corruptibilis ad spiritualium vel caelestium possessionem promoveatur, * et ideo subdit ° super hoc, ‘ scilicet quod homo possit ascendere ad lucem possidendam, ° expavit cor |50| meum, ‘ timore scilicet admirationis et stuporis, ° et motum est de loco suo, ‘ ut scilicet non solum desideret et concupiscat quae videntur ei connaturalia secundum sensibilem vitam sed etiam ad spiritualia et caelestia transferatur. post visum autem qui est cognoscitivus lucis corporalis, maxime deservit intellectui auditus inquantum est perceptivus vocum quibus intellectuales conceptiones exprimuntur; sicut autem per visionem lucis corporalis homo reducitur in cognitionem et expectationem cuiusdam altioris lucis, ita etiam per auditum corporalium sonorum divina virtute formatorum homo manuducitur ad audiendum spiritualem dei doctrinam, * unde subdit ° audiet, ‘ scilicet homo a deo, ° auditionem, ‘ scilicet spiritualis doctrinae, ° in terrore vocis eius, ‘ idest in signo tonitrui, quod est quasi quaedam terribilis vox dei. auditionem autem praedictam exponit * subdens ° et sonum de ore illius procedentem: ‘ sonus enim tonitrui corporalis est quasi manu eius, idest potestate, formatus, sed sonus ex ore eius procedens est doctrina sapientiae eius, * secundum illud eccli. xxiv 5 ° ego ex ore altissimi prodii. * et ne aliquis crederet “ deum non habere aliam superiorem lucem quam sit lux corporalis caeli, ‘ hoc |75| excludit subdens ° super omnes caelos ipse considerat, ‘ quasi dicat: eius visio non est infra caelum sed supra caelum; nihil autem videtur nisi in aliquo lumine, quia ° omne quod manifestatur lumen est, * ut dicitur eph. v 13, ‘ unde necesse est quod lux dei sit excellentior ista luce corporali quae primo invenitur in caelis, * unde subdit ° et lumen illius, ‘ scilicet intelligibile, est ° super terminos terrae, ‘ idest super omnem corpoream creaturam. et sicut lux corporea caeli est infra ipsum, ita etiam et sonus tonitrui corporalis est inferior ipso, * unde subdit ° post eum, ‘ idest sub ipso, ° rugiet sonitus, ‘ scilicet tonitrui corporalis. habet autem aliam vocem spiritualem, scilicet sapientiae doctrinam, quae est homini incomprehensibilis, * de qua subdit ° tonabit vocem magnitudinis suae, ‘ idest quae docet magnitudinem eius, et hanc vocem non omnes audiunt sicut tonitruum corporale; et illi qui aliqualiter audiunt eam comprehendere non possunt, * unde subdit ° et non investigabitur, ‘ scilicet perfecte, ° cum audita fuerit, ‘ idest percepta spiritualiter ab aliquo homine, ° vox eius, ‘ idest sapientiae doctrina. huiusmodi autem vox non solum ordinatur ad doctrinam hominum qui eam audiunt sed etiam ad perfectionem naturalium operum quae ex praecepto divinae sapientiae fiunt, * unde secundo repetit ° tonabit |100| deus in voce sua, ‘ idest in imperio sapientiae suae, ° mirabiliter, ‘ idest mirabiles effectus producendo, * et hoc est quod subdit ° qui facit magna, ‘ scilicet secundum eorum naturam, ° et inscrutabilia, ‘ scilicet rationi humanae. enumerationem incipiens * subdit ° qui praecipit nivi, ‘ scilicet voce sapientiae suae, ° ut descendat super terram, ‘ quia scilicet ex eius imperio nives generantur, et etiam pluviae et imbres, * unde subdit ° et pluviis hiemis, ‘ quae scilicet in hieme abundant, ° et imbribus fortitudinis suae, ‘ qui scilicet ex aliqua vehementiori causa generantur et cum impetu venti. et quia omnia quae in rebus inferioribus fiunt ad homines quodammodo ordinantur, * ideo subdit ° qui in manu omnium hominum signat ut noverint singuli opera sua; ‘ diversis enim hominum operibus diversae dispositiones aeris congruunt: aliud enim est opus noctis et aliud diei, rursumque aliud opus exercet homo tempore serenitatis et aliud tempore pluvioso; quod autem opus cuilibet tempori congruat discernit homo secundum rationem sibi divinitus datam, et hoc est signum quod deus posuit in manu, idest in operativa virtute, omnium hominum ut sciant congrue distribuere sua opera diversis temporibus. et ista providentia usque ad animalia bruta protenditur quae quodam naturali instinctu |125| diversis temporibus diversa operantur, * unde subdit ° ingredietur bestia latibulum suum, ‘ scilicet tempore pluvioso, ° et in antro suo morabitur, ‘ scilicet tempore congruo. deinde ostendit effectus diversorum ventorum; circa quod considerandum est quod meridionales venti pluvias et tempestates producunt, venti autem septentrionales causant frigus in aere; meridionales autem venti oriuntur nobis ex parte quae est versus polum antarcticum, qui occultatur a nobis utpote depressus sub nostro horizonte secundum quantitatem qua polus arcticus super horizontem elevatur, * et ideo dicit ° ab interioribus egredietur tempestas, ‘ quasi dicat: tempestas apud nos causatur per ventum procedentem a parte caeli quae semper deprimitur sub nostro horizonte, qui quidem ventus dicitur auster. et quantum ad aquilonem * subdit ° et ab arcturo frigus: ‘ arctos enim in graeco dicitur pars septentrionalis, unde arcturus vocatur constellatio ursae quae semper elevatur super horizontem, et ex illa parte procedit aquilo qui causat frigus propter remotionem solis ab illa plaga caeli. et ut hoc attribuatur divinae sapientiae, * subdit ° flante deo concrescit gelu, ‘ quasi dicat: ventus aquilo qui causat gelu oritur deo flante, idest ipsum flatum |150| causante; ° et rursum, ‘ scilicet deo flante, idest producente ventum australem, ° latissimae, ‘ idest abundantissimae, ° fluunt aquae, ‘ scilicet pluviarum quae causantur ex austro. et ut huiusmodi etiam effectus ad utilitatem hominum referri ostendat, * subdit ° frumentum desiderant nubes, ‘ quasi dicat: nubes ordinantur ad frumentum sicut ad quendam finem propter quem sunt utiles; quaelibet autem res desiderat suum finem, et pro tanto dicit quod nubes desiderant frumentum quia videlicet ex nubibus utilitas frumento provenit, vel ratione pluviae ex nube descendentis quae irrigando terram fecundat eam ad productionem frumenti, vel etiam quantum ad hoc quod utile est frumento quod aliquando nubibus obumbretur ne desiccetur continuis solis ardoribus. subiungit aliam utilitatem nubium * cum dicit ° et nubes spargunt lumen suum, ‘ quod potest referri vel ad lumen coruscationum, * secundum id quod supra in praecedenti capitulo praedixerat ° si voluerit extendere nubes et fulgurare lumine suo; ‘ vel magis potest referri ad lumen quod resplendet in aere ex radiis solis reverberatis ad nubes et quodammodo contemperatis per ipsas: unde claritas solis apparet in aere ante ortum solis et etiam post occasum |175| propter reverberationem radiorum solis ad nubes quae sunt in loco sublimiori, ad quas citius accedunt radii solares et tardius eas deserunt. posita autem utilitate nubium describit earum motum * dicens ° quae lustrant cuncta per circuitum: ‘ non enim nubes super unam tantum partem terrae resident ex qua vapores sunt elevati, sed ventorum impulsu ad diversas partes transferuntur; solent autem venti ut plurimum gyrum quendam facere sequentes motum solis, unde in mane flant venti orientales et postea meridionales et tandem versus vespere occidentales: unde et ex consequenti nubes circuitu quodam moventur. et ut ostendat hoc ex providentia divina procedere, * subdit ° quocumque eas voluntas gubernantis, ‘ scilicet dei, ° duxerit, ‘ quia scilicet non semper ad omnes partes terrae nubes perveniunt sed quandoque ad hanc quandoque ad illam secundum dei dispositionem. procedunt autem ex nubibus diversi effectus, puta pluviae, nives, grandines, tonitrua et similia; et sicut ex divina dispositione dependet ad quam partem terrae nubes perveniant, ita etiam ex ea dependet quis effectus ex nubibus consequatur, * unde subdit ° ad omne quod praeceperit illis super faciem orbis terrae, ‘ quasi dicat: |200| ex praecepto divino dependet quis effectus sequatur ex nubibus super terram. * et quia dixerat ° quocumque eas voluntas gubernantis duxerit, ‘ hoc exponit subdens ° sive in una tribu, ‘ quia scilicet contingit quandoque quod in uno territorio nubes apparent et in alio non apparent, * secundum illud amos iv 7 ° plui super unam civitatem et super alteram civitatem non plui; ‘ et hoc dupliciter contingit, quia quandoque nubes apparent in eadem regione ex qua vapores generantur, quod contingit quando ex impulsu venti ad loca remota vapores non transferuntur, * et quantum ad hoc dicit ° sive in terra sua, ‘ scilicet nubium unde sunt exortae; quandoque vero transferuntur ad aliam regionem, * et quantum ad hoc subdit ° sive in quocumque loco misericordiae suae eas iusserit inveniri: ‘ ex magna enim dei misericordia procedit quod nubes et pluvias alicui regioni provideat temporibus opportunis, et praecipue in terris calidis ubi sunt pluviae rariores. ° ausculta enim, iob ‘ etc.. postquam eliud multa mirabilia operum divinorum narraverat, hic invehitur contra iob qui deum de iniustitia arguere videbatur cum tamen eius opera comprehendere non posset, * et ideo dicit ° ausculta enim, iob, ‘ quae scilicet a me dicuntur de magnitudine divinorum operum, |225| ° sta, ‘ scilicet per mentis rectitudinem, ° et considera, ‘ scilicet per te ipsum, ° mirabilia dei, ‘ quae scilicet in eius operibus manifestantur. inter quae mirabilia a pluviis incipit, quas quidem sensibiliter homines percipiunt, sed tamen earum primam originem secundum quod a deo sunt institutae scientia comprehendere non potest, * unde subdit ° numquid scis quando praecepit deus pluviis, ‘ quae scilicet ex divina ordinatione super terram cadunt? et post earum casum aer, qui prius erat tenebrosus ex densitate nubium, eis rarescentibus redditur clarus, * unde subdit ° ut ostenderent, ‘ scilicet pluviae cadentes, ° lucem nubium eius? ‘ idest lucem solis per nubes rarefactas splendentem quae per nubes condensatas occultabatur. de quarum motu * subdit ° numquid nosti semitas nubium, ‘ quomodo scilicet et ex qua causa ad diversas partes propellantur flatu ventorum? nubium autem cognitio est principium cognoscendi omnes aeris permutationes, puta ventos, pluvias, nives, grandines, tonitrua et cetera huiusmodi, * et ideo subdit ° magnas et perfectas scientias? ‘ magnas quidem propter hoc quod huiusmodi impressiones in sublimiori corpore fiunt, perfectas autem quia nubium scientia comprehendit omnem notitiam praedictarum impressionum et effectuum qui ex eis consequuntur in his |250| inferioribus. et quia nubes a ventis impelluntur, consequenter de effectu venti subiungit * dicens ° nonne vestimenta tua calida sunt cum perflata fuerit terra austro? ‘ ventus enim auster quia procedit ex regionibus calidis aerem calefacit, ex cuius calore vestimenta hominis magis eum calefacere possunt; et signanter facit mentionem de effectu austri quia ipse quasi ab imo veniens vapores congregando condensat in nubes et eas movet, aquilo vero quasi ab alto veniens magis eas dispergit. et quia ad omnes huiusmodi effectus virtus caelestium corporum operatur, ideo ulterius procedit usque ad caelestia corpora, * unde subdit ° tu forsitan cum eo fabricatus es caelos? ‘ in quo metaphorice causalitatem dei super caelestia corpora exprimit; nam sicut artifex est causa fabricae ita deus est causa caelestium corporum, aliter tamen et aliter: nam artifex fabricam constituit ex materia praeiacente, caelestia autem corpora ex materia praecedenti fieri non potuerunt sed simul in eorum productione fuit materia cum forma producta. et ut distingueret superiores caelos a caelis qui dicuntur aerei, * subiungit ° qui solidissimi quasi aere fundati sunt; ‘ sciendum est autem quod apud nos quaedam corpora sunt quae cedunt tangenti et a transeuntibus dividi possunt, sicut aer et aqua et huiusmodi, quaedam vero non cedunt tangenti nec pertransiri possunt, sicut corpora lapidum et metallorum: et ideo ut ostendat superiores caelos non esse divisibiles aut pertransibiles ad modum aeris et aquae, comparat eos aeri praecipue inter cetera metalla quia eo ut plurimum homines ad talia opera utebantur. et ne forte praesumptuose iob diceret se dei opera perfecte cognoscere, * irrisorie subicit dicens ° ostende nobis quid dicamus illi, ‘ quasi dicat: si tu es ita sapiens quod omnia dei opera cognoscas et quod super his etiam possis disputare cum eo, doceas nos ut possimus ei respondere; et necessitatem ostendit * subdens ° nos quippe involvimur tenebris, ‘ quasi dicat: multum indigeremus quod praedicta nobis ostenderes quia nos ea penitus ignoramus. et quia ipse multa de effectibus divinis locutus fuerat, ne hoc ei ad praesumptionem imputaretur quasi ipse aestimaret se praedicta perfecte cognoscere, ad hoc excludendum * subdit ° quis narrabit ei quae loquor? ‘ quasi dicat: haec quae de effectibus eius locutus sum nullus sufficienter narrare potest prout convenit ei, secundum excellentiam scilicet suae virtutis. et si quis in tantam praesumptionem erigeretur ut sufficienter de deo loqui se aestimaret, ex hoc ipso sibi periculum immineret, * unde subdit ° etiam si locutus fuerit homo, ‘ scilicet quasi volens divinos effectus comprehendere, ° devorabitur, ‘ quasi absorptus a magnitudine materiae de qua loquitur, * secundum illud prov. xxv 27 ° qui perscrutator est maiestatis opprimetur a gloria. ‘ vel potest aliter intelligi ut sit sensus: non solum homo non potest convenienter enarrare divinos effectus sed ° etiam ‘ si ipse deus eos ° locutus fuerit, ‘ homini scilicet revelando, ° homo devorabitur, ‘ quasi tantam rem capere non valens, * unde dicitur iob xvi 12 ° multa habeo vobis dicere quae non potestis portare modo, * et deut. v 26 dicitur ° quid est omnis caro ut audiat vocem dei viventis? * sed ne aliquis crederet quod “ cognitio veritatis divinae in perpetuum esset homini subtrahenda, ‘ ad hoc excludendum * subdit ° at nunc, ‘ idest in praesenti tempore, ° non vident, ‘ scilicet homines, ° lucem, ‘ idest claritatem divinae cognitionis: amico tamen dei annuntiatur quod ° ad eam ‘ quandoque ° possit ascendere, ‘ ut supra dictum est; et ad hoc similitudinem inducit dicens ° subito aer cogetur in nubes, ‘ propter congregationem vaporum ab austro, et ex hoc redditur aer tenebrosus; sed huiusmodi tenebrae postmodum transeunt nubibus fugatis, * unde subdit ° et ventus transiens, ‘ scilicet aquilo, ° fugabit eas, ‘ quasi dicat: per hunc modum, licet nunc tenebris involvatur, tamen superveniente morte quae est quasi quidam transitus venti, praedictae tenebrae fugabuntur. contingit autem quandoque quod in aliquo loco tenebroso aliquid fulgidum invenitur, sicut pars septentrionalis tenebrosa dicitur propter elongationem eius a sole et tamen in septentrionalibus regionibus multum auri invenitur quod est inter cetera metalla fulgidius, et hoc ideo quia calore propter circumstans aeris frigus recurrente ad interiora viscera terrae efficacius ibi operatur ad auri generationem, * et hoc est quod subdit ° ab aquilone aurum veniet, ‘ quasi dicat: in regione aquilonari aurum magis abundat. et sicut in tenebris septentrionis invenitur fulgor auri, ita etiam inter tenebras ignorantiae huius vitae invenitur aliqua licet obscura refulgentia divinae cognitionis, * unde subdit ° et a deo formidolosa laudatio: ‘ si enim nihil divinae lucis in nobis fulgeret, nullatenus eum laudare possemus; rursus si fulgeret nobis divina veritas manifeste sicut in meridie, eum secure laudaremus, sed quia in nostra cum quadam obscuritate nobis aliquid de divina luce fulget, cum formidine ipsum laudamus, sicut cum formidine homo facit illud quod scit se perfecte facere non posse, * unde subdit ° digne eum invenire non possumus, ‘ ut scilicet per nostram inventionem perveniamus ad eum cognoscendum sicuti est; quod quidem ex eius excellentia contingit, * unde subdit ° magnus fortitudine, ‘ quia scilicet eius virtus in infinitum excedit omnes suos effectus, unde ex eis inveniri digne non potest. et ne credatur propter virtutis magnitudinem sola violentia uti in hominum gubernatione, * subdit ° et iudicio, ‘ scilicet magnus est, quia scilicet ° incomprehensibilia sunt iudicia eius; ‘ nec hoc est propter iustitiae defectum sed propter excellentem iustitiam, * unde subdit ° et iustitia, ‘ scilicet magnus est. et propter suam magnitudinem nec mente cogitare nec ore sufficienter de eo loqui possumus, * unde subdit ° et enarrari non potest, ‘ scilicet digne ab homine. et haec est causa quare est eius laudatio formidolosa, * unde subdit ° ideo timebunt eum viri, ‘ scilicet quantumcumque fortes, propter fortitudinis magnitudinem, ° et non audebunt contemplari, ‘ quasi praesumentes ad plenum cognoscere, ° omnes qui sibi videntur esse sapientes: ‘ et hoc signanter dicit quia sapientia hominis, quantacumque eis vel aliis videatur, divinae sapientiae comparata quasi nihil est. est autem considerandum ex praemissis eliud verbis quod partim cum iob conveniebat, partim cum amicis eius: in hoc enim conveniebat cum iob quod credebat remunerationem bonorum futuram post hanc vitam et punitionem malorum, cum amicis autem iob conveniebat in hoc quod credebat omnes adversitates praesentis vitae pro peccatis provenire, de quibus si quis paeniteat ad prosperitatem redibit. conveniebat etiam cum amicis iob quantum ad personam ipsius iob, quia putabat eum pro peccato punitum et quod iustitia quae in eo primitus videbatur fuerit simulata. verba etiam iob prave accipiebat sicut et alii. circa prosperitatem malorum in hoc mundo solus tangit hanc causam quod prosperantur pro peccatis aliorum; similiter etiam solus manifeste tangere videtur angelos esse medios inter deum et homines. iob autem verbis eius non respondet, primo quidem quia in principalibus dogmatibus cum eo concordabat, in quibus amici eius errabant, * quos supra xiii 4 vocaverat ° perversorum dogmatum cultores. ‘ quid autem de sua persona sentiret eliud, non tantum cura erat ei quod propter hoc cum eliud vellet contendere, praesertim quia puritatem conscientiae suae non aliter quam supra poterat probare, scilicet divino testimonio; secundo quia ex iuvenili quadam praesumptione, more contentiosorum, iob imponebat verba quae non dixerat vel quae aliter dixerat quam ipse acciperet: et ideo ut se a contentionibus separaret decrevit magis esse silendum et divino iudicio committendum.

cp38 ° Respondens autem dominus iob de turbine ‘ etc.. praemissa disputatione iob et amicorum eius de providentia divina, eliud sibi vices determinantis assumpserat, in quibusdam redarguens iob, in quibusdam autem amicos ipsius; sed quia humana sapientia non sufficit ad veritatem divinae providentiae comprehendendam, necessarium fuit ut praedicta disputatio divina auctoritate determinaretur; sed quia iob circa divinam providentiam recte sentiebat, in modo autem loquendi excesserat intantum quod in aliorum cordibus exinde scandalum proveniret dum putabant eum deo debitam reverentiam non exhibere, ideo dominus, tamquam quaestionis determinator, et amicos iob redarguit de hoc quod non recte sentiebant, et ipsum iob de inordinato modo loquendi, et eliud de inconvenienti determinatione; * unde dicitur ° respondens autem dominus iob, ‘ quia scilicet propter eum ista responsio fiebat quamvis non fuerit ipse immediate ante locutus. modum autem respondendi ostendit subdens ° de turbine, ‘ quod quidem potest et ad litteram intelligi ut dicatur formatam esse vocem dei miraculose in aere cum quadam aeris turbatione, sicut in monte sinai factum * legitur exodi xx 18, ‘ vel sicut ad christum vox facta est quando quidam dixerunt ° tonitruum factum esse, * ut legitur iob xii 29; ‘ vel potest intelligi ut sit metaphorice dictum, ut haec responsio domini sit inspiratio interior divinitus facta ipsi iob, et sic dicitur dominus ei ° de turbine ‘ respondisse tum propter turbationem quam adhuc patiebatur, tum etiam propter turbinis obscuritatem, “ quia scilicet divinam inspirationem in hac vita non possumus clare percipere sed cum quadam obumbratione sensibilium similitudinum, * ut dionysius dicit i cap. caelestis hierarchiae; ‘ et hoc etiam significavit dominus si de turbine corporali vocem suam sensibiliter fecit audiri. determinata autem disputatione quasi per sententiam iudicii, nihil ultra restat dicendum nisi determinationis sententia reprobetur, et ideo dominus primo improbavit determinationem disputationis quam eliud fecerat; improbat autem eam quia veras sententias quas proposuerat involverat multis falsis et frivolis verbis, * unde sequitur ° dixit: quis est iste involvens sententias sermonibus imperitis? ‘ sententias quidem eliud dixerat arguendo iob de hoc quod dixerat se velle disputare cum deo et de hoc quod intantum se iustum dixerat quod quasi videbatur iustitiae divini iudicii derogare, sed istas sententias involverat multis praesumptuosis et etiam falsis sermonibus, ut ex supra dictis patet, qui hic dicuntur sermones imperiti quia omnis inordinatio ex defectu rationis procedere videtur. sic igitur exclusa determinatione eliud dominus ipse incipit determinare disputationem, et primo excitat iob ad attendendum * cum dicit ° accinge sicut vir lumbos tuos, ‘ quod metaphorice dicitur: homines enim solent lumbos praecingere ad hoc quod sint prompti ad iter vel ad quamlibet actionem, unde volebat dominus eum esse promptum ad considerandum quae ei dicebantur, remotis quibuslibet impedimentis, unde signanter de praecinctione lumborum facit mentionem, quia per lumbos voluptas carnalis intelligitur quae praecipue impedit spiritualem auditum, * secundum illud is. xxviii 9 ° quem docebit scientiam, et quem intelligere faciet auditum? ablactatos a lacte, avulsos ab uberibus. ‘ primo autem incipit in sua determinatione iob arguere de hoc quod praesumptuose videbatur esse locutus dum deum ad disputandum provocaret; et quia * supra xiii 22 ‘ videtur deo dedisse duorum optionem * cum dixit ° voca me et respondebo tibi, aut certe loquar et tu responde mihi, ‘ quia iob iam satis locutus fuerat, dominus quasi alteram partem eligit * cum subdit ° interrogabo te et responde mihi, ‘ quae quidem interrogatio dei non est ut addiscat sed ut hominem de sua ignorantia convincat. interrogat autem ipsum de suis effectibus qui humanis sensibus praesto sunt, quos cum homo ignorare ostenditur multo magis convincitur sublimiorum scientiam non habere; inter alios autem sensibiles effectus incipit interrogare de principalibus partibus mundi, inter quas terra est nobis notior utpote propinquior, de qua interrogare incipiens * dicit ° ubi eras quando ponebam fundamenta terrae? ‘ recte fundamento terram comparat quia sicut fundamentum est infima aedificii pars, ita etiam terra est infimum corporum quod subiacet omnibus. et quia terra est praecipue materia humani corporis, materia autem tempore praecedit id quod ex ea fit, et multo magis ratio artificis qui materiam condidit, * ideo signanter dicit ° ubi eras quando ponebam fundamenta terrae? ‘ ac si dicat: cognoscere rationem fundationis terrae non potes, quia cum terra fundata est nondum eras in rerum natura. est autem considerandum quod quidam antiquorum situm terrae et aliorum elementorum non attribuerunt alicui rationi ordinanti sed necessitati materiae, secundum quod gravia levibus succident; ut autem haec opinio excludatur, dominus consequenter comparat fundationem terrae fundationi aedificii quae fit secundum aedificatoris rationes: et similiter fundatio terrae facta est secundum providentiam divinam quam humana intelligentia comprehendere non valet, et hoc significat * cum subdit ° indica mihi, si habes intelligentiam, ‘ quasi dicat: ideo horum rationem indicare non potes quia ad haec capienda intelligentia tua non sufficit. est autem considerandum quod artifex in aedificii fundatione quatuor disponit: primo quidem quantum debeat esse fundamentum, et similiter divina ratione dispositum est quod tanta debeat esse quantitas terrae, et non maior vel minor, * et quantum ad hoc subdit ° quis posuit mensuras eius, ‘ scilicet secundum omnes dimensiones; * et signanter dicit ° posuit: ‘ non enim species terrae ex necessitate talem quantitatem requirit, sed haec quantitas est terrae imposita ex sola ratione divina, quam homo cognoscere non potest, * et ideo subdit ° si nosti, ‘ quia scilicet hoc homo nec nosse nec indicare potest. secundo artifex per suam rationem disponit determinatum situm fundamenti, quem comprehendit per extensionem lineae mensuralis, * unde subdit ° vel quis tetendit super eam lineam, ‘ per quam scilicet significatur ratio divinae dispositionis designans determinatum situm terrae in partibus universi. tertio excogitata quantitate fundamenti et ubi collocandum sit, disponit artifex in quo possit fundamentum firmiter collocari, * et quantum ad hoc subdit ° super quo bases illius, ‘ scilicet terrae, ° fundatae sunt, ‘ quia fundata est super centrum mundi. quarto autem praedictis tribus excogitatis, artifex iam incipit iacere lapides in fundamentum, et primo lapidem angularem ad quem diversi parietes congregantur, * et quantum ad hoc subdit ° aut quis demisit, ‘ idest deorsum misit, ° lapidem angularem eius, ‘ per quem scilicet significatur ipsum centrum terrae cui diversae partes terrae connectuntur. solet autem homo fundamentum aedificii collocare propter necessitatem habitationis, sed ut ostendatur deus non ex indigentia fundamenta terrae iecisse, * subiungit ° cum me laudarent singula astra matutina, ‘ quasi dicat: quamvis adesset mihi habitatio caeli cuius astra me laudant, terram tamen fundavi, non ex indigentia famulantium qui eam inhabitarent sed ex sola voluntate. non autem hoc dicitur quasi caelum prius sit factum quam terra, * praesertim cum in genesi legitur ° in principio deum creasse caelum et terram, ‘ astra autem de quibus hic fit mentio leguntur facta fuisse quarta die, sed hoc dicitur ad ostendendum quod ordine naturae caelum et astra priora sunt terra sicut incorruptibile corruptibili et movens moto. * dicit autem ° astra matutina, ‘ idest de novo condita, sicut apud nos astra matutina dicuntur quae in principio diei solent apparere. quod autem dicuntur astra matutina deum laudare potest uno modo intelligi materialiter, inquantum scilicet propter sui claritatem et nobilitatem erant materia divinae laudis, etsi non hominibus qui adhuc non erant, saltem angelis qui iam erant; alio modo secundum illos qui dicunt corpora caelestia animata, astra in suae institutionis initio deum laudabant non laude vocali sed mentali; quod etiam potest referri ad angelos quorum ministerio caelestia corpora moventur, * ut quod subditur ° et iubilarent omnes filii dei ‘ referatur ad angelos supremae hierarchiae, quos dionysius dicit esse collocatos in vestibulis deitatis: et ideo signanter illis tamquam inferioribus laudem, istis autem tamquam superioribus attribuit iubilationem quae excellentiam quandam laudis importat. praemisso igitur de fundatione terrae subiungit consequenter de aquis quae immediate superponuntur terrae; videtur autem naturalis ordo elementorum requirere ut aqua ex omni parte circumdaret terram sicut aer ex omni parte circumdat terram et aquam, sed divina dispositione factum est ad generationem hominum, animalium et plantarum ut aliqua pars terrae discooperta remaneret ab aquis, deo sua virtute aquas maris sub certis limitibus retinente, * unde subdit ° quis conclusit ostiis mare, ‘ idest certis terminis? * fuerunt autem aliqui qui putaverunt “ per actionem solis aliquam partem terrae exsiccatam esse, ‘ sed dominus ostendit hoc a principio ita fuisse dispositum ut mare non undique terram operiret. describit autem productionem maris sub similitudine nativitatis rei viventis, scilicet pueri, quia aqua est maxime formabilis in res vivas, unde et omnium semina humida sunt; puer autem primo quidem de utero matris egreditur, * et hoc significat cum dicit ° quando erumpebat quasi de vulva procedens. ‘ utitur autem in productione maris verbo erumpendi, quia scilicet proprium est aquae quasi continue moveri; * dicitur autem ° quasi de vulva ‘ procedere non quod ortum habuerit ex alia materia corporali, sed quia ex occulto divinae providentiae procedebat quasi ex utero quodam. secundo autem puer natus induitur, * et quantum ad hoc subdit ° cum poneret nubem vestimentum eius: ‘ quia enim nubes ex vaporibus resolutis ex aqua generantur, consequens est ut in locis maritimis huiusmodi nubes magis multiplicentur. tertio autem puer natus quibusdam fasciis involvitur, * et quantum ad hoc subdit ° et caligine illud quasi pannis infantiae obvolverem; ‘ et possunt per caliginem designari vapores non elevati neque condensati in nubes sed super maris superficiem aerem obscurantes, et forte alludit ei * quod dicitur gen. i 2 ‘ quod ° tenebrae erant super faciem abyssi. ‘ his igitur positis quae pertinent ad novam maris productionem, explicat eius conclusionem ac si dicat: quando mare de novo factum est, tunc ° circumdedi illud terminis meis; ‘ et videtur tria ponere pertinentia ad conclusionem maris, quorum primum significatur * cum dicit ° terminis meis, ‘ idest a me positis, secundum significatur * cum dicit ° et posui vectem, ‘ tertium * cum dicit ° et ostia. ‘ haec autem tria pertinent ad imperium divinae virtutis, unde quasi exponens praedicta * subdit ° et dixi: hucusque venies, ‘ quod pertinet ad rationem terminorum, nam terminus est ultimum motus, ° et non procedes amplius, ‘ quod scilicet pertinet ad vectem quo processus alicuius impeditur, ° et hic confringes tumentes fluctus tuos, ‘ quod pertinet ad ostia quae ad hoc ponuntur quod aliquis non passim egrediatur aut ingrediatur sed secundum certam regulam: ita etiam mare non passim transgreditur litus sed secundum quandam mensuram fluctuum intumescentium. post terram autem et aquas ulterius procedit ad aerem qui secundum aspectum caelo continuatur; prima autem dispositio communis ad totum corpus quod superiacet aquae et terrae est variatio noctis et diei, quae fiunt secundum motum diurnum qui est primus motuum, * et ideo consequenter dicit ° numquid post ortum tuum praecepisti diluculo? ‘ quasi dicat: numquid ex praecepto tuo alternantur nox et dies super terram? diluculum enim est quoddam confinium diei et noctis. * et signanter dicit ° numquid post ortum tuum, * sicut et supra quando de terra loquebatur dixerat ° ubi eras? ‘ quia sicut terra est principaliter materiale principium hominis, ita etiam supremum caelum, quod suo motu variat diem et noctem, est principale principium humani corporis inter causas corporales. est autem considerandum quod claritas diluculi sive aurorae diversificatur secundum diversas partes elevationis signorum quae sol perambulat, quia quando est in signo velocis ascensionis, quo scilicet cito oritur, parum durat aurora, quando autem est sol in signo tardae ascensionis amplius durat; et est determinata mensura loci ex quo, sole ibi existente, incipit claritas diluculi apparere, * et hoc est quod subdit ° et ostendisti aurorae locum suum? ‘ quasi dicat: numquid tu dispensasti loca in caelo ex quibus aurora illucescat? quasi dicat non. et ex his omnibus datur intelligi quod tua ratio deficit a comprehensione divinorum operum, unde patet quod tu non es idoneus ad disputandum cum deo. ° numquid tenuisti concutiens ‘ etc.. postquam dominus connumeravit principales partes creaturae corporalis, scilicet terram, mare et caelum, hic incipit prosequi mirabilia divinorum operum quae in dispositione praedictarum trium partium mundi apparent. et incipit a terra in qua praecipue admirandum apparet quod accidit circa terraemotum, de quo metaphorice loquitur ad similitudinem hominis qui tenens corpus aliquod concutit ipsum, * unde dicit ° numquid tenuisti, ‘ idest virtute tua comprehendisti, ° concutiens extrema terrae? ‘ quod non est sic intelligendum quasi tota terra simul concutiatur in terraemotu, sed quia aliquae extremitates terrae concutiuntur. omnia vero quae accidunt in corporali creatura in utilitatem hominum redundant: terraemotus autem et alia huiusmodi terribilia utilia sunt ad hoc quod homines territi a peccatis desistant, * unde subdit ° et excussisti impios ex ea? ‘ et loquitur ad similitudinem hominis qui concutit vestimentum ut ex eo excutiat pulverem seu tineam: ita etiam deus videtur concutere terram ut excutiat peccatores ex ea, quandoque quidem per mortem, quandoque autem per emendationem vitae. solet autem in terraemotu contingere quod aliqua aperte recluduntur, sicut parietes vel aliquid huiusmodi, * et quantum ad hoc subdit ° restituetur ut lutum signaculum: ‘ lutum enim quando dividitur de facili ad eandem dispositionem reintegratur, ita etiam aliquod signaculum, puta in pariete vel in quocumque alio huiusmodi, quod videbatur immutatum per apertionem parietis, quandoque divina virtute restituitur in pristinum statum. contingit etiam quandoque quod turres et arbores et alia huiusmodi per terraemotum concutiuntur et non cadunt, * et quantum ad hoc subdit ° et stabit sicut vestimentum, ‘ quod scilicet si concutiatur pristinam integritatem non perdit. contingit autem quandoque e contrario quod homines vel absorpti terra vel etiam oppressi parietibus per terraemotum cadentibus moriuntur, * et quantum ad hoc subdit ° auferetur ab impiis lux sua, ‘ scilicet per mortem. contingit etiam quandoque quod munitiones et turres fortissimae per terraemotum deiciuntur, * et quantum ad hoc subdit ° et brachium excelsum confringetur, ‘ idest aliqua fortissima munitio vel aliquis potens amicus in quo homo confidit sicut in suo brachio. his igitur praemissis de terraemotu et de effectibus eius, procedit ad dispositionem medii elementi, scilicet maris, in quo videntur hominibus occulta et mirabilia, primo quidem ea quae sunt in profundo maris, puta piscium dispositiones in mari viventium, * et quantum ad hoc dicit ° numquid ingressus es profundum maris, ‘ ut scilicet cognosceres animalia quae in eo latent? aliud autem quod in mari videtur occultum et admirandum est dispositio terrae sub aquis maris existentis, * et quantum ad hoc subdit ° et in novissimis abyssi deambulasti, ‘ idest in infimis partibus eius? post dispositionem autem terrae et maris procedit ad dispositionem caeli sub quo etiam continetur aer, et in hoc latius immoratur propter multa mirabilia quae in eo apparent; et primo incipit a dispositione lucis et tenebrarum quae communiter respicit totum superius corpus. est autem considerandum quod corpora caelestia per suam lucem agunt in ista inferiora, eo quod lux est quasi qualitas activa caelestium corporum, sicut calor et frigus elementorum, et ideo effectus caelestium corporum in istis inferioribus coniungit cum consideratione lucis et tenebrarum. inter alios autem effectus caelestium corporum in istis inferioribus communior est generatio et corruptio, * et ab hoc incipit dicens ° numquid apertae sunt tibi portae mortis? ‘ mors enim est corruptio corporis viventis, et sic proprie ad hominem pertinet cui praesens sermo dirigitur; portae autem mortis sunt causae corruptionis quantum ad virtutes caelestium corporum, per quas primo proceditur ad talem effectum; est autem difficillimum cognoscere quis sit periodus vitae et permanentiae cuiuslibet rei, et ideo portae mortis nobis apertae non sunt quia non possumus in corporibus caelestibus cognoscere propriam causam corruptionis cuiusque rei. morti autem competit tenebra, tum quia per mortem homo privatur corporali visu cuius cognitio est per lumen, tum etiam quia homo post mortem in oblivionem quasi in tenebras quasdam vadit, * et ideo subdit ° et ostia tenebrosa vidisti? ‘ ut intelligatur idem appellare ostia tenebrosa propter proprietatem mortis, quod prius appellaverat portas mortis; * vel hoc quod dicit ° ostia tenebrosa ‘ potest referri ad alium effectum caelestium corporum qui est obtenebratio aeris, ut sic hoc quod dixit de portis mortis referatur ad sola viventia corpora, quod autem dixit de ostiis tenebrosis ad corpora perspicua. subdit autem de diversitate caloris et frigoris circa terram, * dicens ° numquid considerasti latitudinem terrae? ‘ ubi considerandum quod secundum astrologos longitudo terrae attenditur secundum progressum ab oriente in occidentem, latitudo autem eius attenditur a meridie in septentrionem, eo quod in qualibet re maior dimensio vocatur longitudo, minor autem dimensio vocatur latitudo; est autem experimento probatum quod dimensio terrae a nobis habitatae maior est ab oriente usque in occidentem quam a meridie usque in septentrionem, unde latitudo terrae accipitur secundum progressum a meridie usque in septentrionem, in quo quidem progressu diversitas caloris et frigoris est, quia quanto magis appropinquatur ad meridiem in nostro habitabili tanto locus calidior est propter solis propinquitatem: unde quod de latitudine terrae dicitur potest referri ad diversitatem locorum calidorum et frigidorum. his ergo praemissis quae pertinent ad effectum caelestis lucis in his inferioribus, facit mentionem de ipsa luce * cum subdit ° indica mihi, si nosti omnia, ‘ ut scilicet sis idoneus ad disputandum cum deo qui omnia novit, ° in qua via lux habitet; ‘ ubi considerandum est quod lux in luminaribus mundi invenitur, quae propter hoc luminaria dicuntur quia sunt luminis vasa; sed quia via ad motum refertur, quaestio de via in qua lux habitet refertur ad luminarium motum; excedit autem humanam cognitionem qualiter luminaria moveantur, quod ostenditur ex diversis opinionibus hominum circa motus eorum, dum quidam asserunt ea moveri per excentricos et epicyclos, quidam autem per motus diversarum sphaerarum. et sicut lux ex motu luminarium causatur prout in superiori hemisphaerio moventur, ita etiam tenebrae procedunt ex motu eorum prout moventur in hemisphaerio inferiori, quod etiam habet eandem difficultatem, * unde subdit ° et tenebrarum quis locus sit. ‘ non potest autem perfecte mensurari motus alicuius corporis nisi via per quam ambulat cognoscatur, “ quia magnitudo mensuratur motu et motus magnitudine, * ut dicit philosophus in iv physicorum, ‘ et ideo quia per certitudinem via motus luminarium cognosci non potest ab homine, consequens est quod nec mensura motuum eorum perfecte sciri possit, * unde subdit ° ut ducas unumquodque, ‘ scilicet lucem et tenebras, ° ad terminos suos, ‘ ostendendo scilicet rationem apparitionis et occultationis uniuscuiusque luminarium quantum ad principium et finem; et etiam quantum ad medium, * ad quod pertinet quod subdit ° et intelligas semitas domus eius, ‘ scilicet lucis: quando enim in meridie circa summum caeli movetur, tunc quasi perambulat semitas domus suae; termini autem eius sunt apud ortum et occasum. “ secundum autem motus caelestium corporum mensurantur durationes inferiorum corporum et tempora generationis et corruptionis, * ut dionysius dicit iv cap. de divinis nominibus, ‘ et ideo ignoratis illis causis consequens est ut hi effectus ignorentur, * et ideo subdit ° sciebas tunc quod nasciturus esses? ‘ quasi dicat: numquid praenoscere potuisti per considerationem motus caeli tempus tuae nativitatis? et tu quidem hoc non potuisti quia antequam nascereris non eras, sed nec alius homo hoc praenoscere potuit propter debilitatem cognitionis humanae: loquitur enim deus ad iob in persona omnium hominum. et sicut non potuisti praenoscere tempus nativitatis tuae ita non potes praenoscere terminum vitae tuae, * unde subdit ° et numerum dierum tuorum noveras? ‘ quasi dicat: cognoscere hoc non potes ex computatione caelestium motuum, quorum certam mensuram ignoras. his autem positis quae pertinent ad immutationem lucis et tenebrarum, procedit ad diversas immutationes aeris secundum quod aer variatur per tempestatem et serenitatem, et incipit a nive et grandine * dicens ° numquid ingressus es thesauros nivis, aut thesauros grandinis aspexisti? ‘ thesauros nivis et grandinis vocat vapores sursum elevatos ex quibus nives et grandines generantur; sed quia grandines grossioris substantiae sunt et in loco magis propinquo nobis generantur, frigore ad interiora nubis expulso a circumstante calore, ideo circa grandines facit mentionem de visu quia magis visui subici possunt, circa nives autem de ingressu quia magis propter eorum tenuitatem possunt penetrari. huiusmodi autem quandoque deus utitur ad hominum correctionem, * sicut supra xxxvi 31 habitum est ° per haec iudicat populos, * unde subdit ° quae praeparavi in tempus hostis, ‘ idest in tempus quo est ultio sumenda de hostibus; contra quos deus his utitur quasi bellicis armis, * unde subdit ° in diem pugnae, ‘ idest actualis conflictus, ° et belli, ‘ idest guerrae in qua fit praeparatio ad pugnam. finita autem tempestate nivis et grandinis, subsequitur serenitas in qua claritas et calor aeris praeparatur, * unde subdit ° per quam viam spargitur lux, ‘ quod pertinet ad claritatem, ° dividitur aestus super terram? ‘ quod pertinet ad calorem. ubi considerandum quod supra, ubi de luce loquebatur quantum ad ipsa luminaria in quibus habitat, fecit mentionem solum de via eius, quia scilicet lux per motum luminarium viam suam peragit sive sit tempestas sive serenitas, sed ad nos ex ea non pervenit claritas et calor nisi tempestate cessante; non autem sensibiliter diversificatur claritatis intentio in diversis terris cum aer fuerit serenus, sensibiliter autem diversificatur intentio caloris, et ideo lucem spargi dixit quasi indifferenter effusam, aestum autem dividi quasi pro diversitate locorum diversimode distributum. consequenter autem procedit ad effectus quosdam ventorum in aere, ex quibus dum pluvia impellitur causatur imber, * unde dicit ° quis dedit vehementissimo imbri cursum? ‘ est enim vehementia cursus imbris ex forti impulsu ventorum quos divina virtus producit. similiter autem dum ex ventis nubes impelluntur causatur sonus tonitrui, propter quod non auditur huiusmodi sonus in uno loco, sed quasi alicuius corporis transeuntis, * unde subdit ° et viam sonantis tonitrui? ‘ subdit autem rationem quare pluviae et nubes a ventis impellantur, * cum dicit ° ut plueret super terram absque homine in deserto, ‘ quod scilicet habitari non potest propter terrae ariditatem: vapores autem pluviosi elevantur maxime ex locis humidis, unde si nubes et pluviae non impellerentur a ventis sequeretur quod numquam in locis siccis plueret. contingit autem quandoque quod aliqua loca humana industria irrigantur, idest cessantibus pluviis, sed hoc ibi accidere non potest, * unde subdit ° ubi nullus mortalium commoratur, ‘ et sic illi terrae per humanam industriam provideri non potest. et propter hoc deus ordinavit ut ventis impellerentur nubes et pluviae ut etiam in locis desertis plueret, * unde subdit ° ut impleret, ‘ scilicet pluviis, ° inviam, ‘ idest terram per quam nec transire potest homo, ° et desolatam, ‘ idest destitutam humana procuratione; ° et ‘ sic sola procuratione divina ° producere herbas virentes, ‘ scilicet ad decorem terrae et ad pastum animalium silvestrium quae etiam divina providentia procurantur. consequenter autem facit mentionem de pluviis absque vento * cum dicit ° quis est pluviae pater? ‘ idest efficiens causa non ex necessitate sed ex ordine providentiae quae convenit patri: a deo enim movetur sol et alia caelestia corpora quae sunt proxima causa efficiens generationis pluviarum. ros autem ex eadem causa generatur ex qua et pluvia, nec differt nisi secundum multitudinem et paucitatem materiae, * unde subdit ° vel quis genuit stillas roris? ‘ signanter stillas nominat ad designandum parvitatem guttarum. est autem considerandum quod sicut pluviae congelatae sunt nives, ita ros congelatus est pruina, * unde subdit ° de cuius utero egressa est glacies? ‘ ubi notandum est quod glaciei causa est frigus quae est qualitas feminina, pluviarum autem et roris causa est calor resolvens et non permittens congelari vaporem: calor autem est qualitas masculina, et ideo signanter circa generationem pluviae et roris usus est nomine patris, circa generationem autem glaciei usus est nomine uteri qui pertinet ad matrem. ex frigore autem duplex glacies causatur: una quidem in aere, quod pertinet ad pruinam de caelo cadentem, * unde subdit ° et gelu de caelo quis genuit? ‘ quod adhuc attribuit patri quia non apparet tanta virtus frigoris in pruina sicut in ulteriori glacie; alia vero est glacies quae generatur in inferioribus aquis, in qua maior vis frigoris apparet, * unde subdit ° in similitudinem lapidis aquae durantur, ‘ scilicet per vehemens frigus in glaciem condensatae, et hoc quandoque intantum procedit quod in frigidissimis terris etiam maria congelantur, * et hoc est quod subditur ° et superficies abyssi constringitur, ‘ scilicet aqua quae est in eius superficie per frigus condensata: non autem frigus aeris irrumpere potest usque ad maris profundum. his ergo enarratis de variis mutationibus aeris, procedit ulterius ad immutabiles immutationes caelestium corporum, circa quae primo in stellis fixis consideratur immobilitas figurae, quia quaelibet earum conservat situm suum ita quod una alteri non appropinquat magis vel minus; et hoc praecipue apparet in stellis vicinis quae numquam coniunguntur, * unde subdit ° numquid coniungere valebis micantes stellas pliades? ‘ stellae pliades dicuntur quaedam stellae quae lucent in capite tauri, quarum sex apparent valde propinquae, septima autem obscurior. secundo consideratur in caelestibus corporibus uniformitas primi motus, quo revolvitur totum caelum et omnes stellae in eo semel in die et nocte super polos mundi; hic autem motus sensibilius percipitur ex stellis propinquis polo septentrionali, quae sunt nobis perpetuae apparentiae propter elevationem poli super nostrum horizontem, inter quas stellas maxime notatur constellatio arcturi, qui est ursa maior, cuius stellae manifeste apparent uniformiter moveri in gyro circa polum mundi, * et quantum ad hoc subdit ° aut gyrum arcturi poteris dissipare, ‘ ut scilicet non circueat polum? tertio admirabilis apparet in caelestibus corporibus motus planetarum, in quo cum sit omnino uniformis quaedam irregularitas ad sensum videtur, et hoc maxime deprehendi potest in stella veneris quae quandoque oritur ante solem et tunc vocatur lucifer, quandoque autem occidit post solem et tunc vocatur vesperus. manifestum est autem quod stellae quae semper sunt tardioris motus quam sol incipiunt primo apparere in mane ante ortum solis, eo quod sol suo proprio motu quo movetur ab occidente in orientem deserit eas, sicut patet in saturno, iove et marte; luna autem quae habet velociorem motum quam sol semper incipit apparere in sero quasi deserens solem et praecedens ipsum versus orientem; venus autem et mercurius quandoque incipiunt apparere de mane, quandoque autem de sero, sed de mercurio quia raro videtur et est parvae quantitatis non ita est manifestum; in venere autem omnibus apparet, unde manifestum est quod quandoque habet velociorem motum quam sol, quandoque tardiorem. ex quo manifeste apparet irregularitas in motu planetarum, * et ad hoc designandum subdit ° numquid produces luciferum, ‘ idest venerem mane apparentem, ° in tempore suo, ‘ idest in determinato tempore, quia haec diversitas semper certo contingit; ° et vesperum, ‘ idest eandem venerem sero apparentem, ° super filios terrae consurgere facis? ‘ et notandum est quod * per hoc quod dicit ° produces et consurgere facis ‘ designatur nova apparitio stellae. quarto autem admirabilis videtur in caelestibus corporibus ordo, situs et motus ipsorum, * unde dicit ° numquid nosti ordinem caeli, ‘ qui scilicet ab homine comprehendi non potest? quintum autem admirabile est dispositio inferiorum corporum secundum superiora, * et quantum ad hoc subdit ° et pones rationem eorum in terra, ‘ ut scilicet cognoscas effectus proprios singularum causarum caelestium? praedicti autem effectus divinae virtutis maximi quidem sunt, non tamen in eis apprehenditur a multitudine vulgi ita magnitudo virtutis divinae sicut in tonitruo et fulgure, et ideo istos effectus ultimo ponit; unde quantum ad tonitruum * dicit ° numquid elevabis in nebula vocem tuam? ‘ tonitruum enim generatur in nube, cuius sonitus videtur quasi vox dei. post tonitrua autem ut plurimum pluviae magnae subsequuntur propter condensationem nubium ex commotione ventorum ex quibus tonitruum causatur, * unde subdit ° et impetus aquarum operiet te? ‘ videtur enim multitudo pluviae quasi deum operire inquantum nobis occultatur caelum quod dicitur sedes dei. consequenter subiungit de fulgure * dicens ° numquid mittes fulgura, ‘ idest numquid per tuam virtutem erit motus eorum? ° et ibunt, ‘ quasi scilicet obediant tuo imperio? solent autem motus fulgurum repercuti ab uno loco in alium, et hoc designat * subdens ° et revertentia dicent tibi: adsumus, ‘ quasi in sua reversione parata esse ut iterum oboediant divino imperio, ut ad alium locum mittantur? haec autem omnia inducuntur ad ostendendum quod homo non potest attingere neque ad sapientiam neque ad virtutem divinam. ° quis posuit in visceribus hominis sapientiam? ‘ postquam dominus commemoravit mirabilia suorum effectuum quantum ad principales partes mundi, quae sunt terra, mare et caelum, et quantum ad dispositiones eorum, nunc accedit ad enarrandum mirabilia suorum operum specialiter quantum ad diversas proprietates animalium. inter quas praepollet cognitio, quae quidem perfectius in homine quam in ceteris animalibus invenitur, et ideo ab homine incipiens * dicit ° quis posuit in visceribus hominis sapientiam? ‘ per viscera hominis intelliguntur intimae vires animae ipsius, scilicet intellectus et ratio, quibus deus sapientiam indidit inquantum lumen rationis homini dedit: quaedam enim seminaria sapientiae et scientiae naturaliter indidit rationi ipsius in cognitione primorum principiorum. in aliis autem animalibus multa indicia apparent naturalis cuiusdam prudentiae, sed praecipue hoc manifestatur in gallo quasi in animali noto et domestico, * unde dicit ° aut quis dedit gallo intelligentiam? ‘ intelligentia hic sumitur pro naturali quadam aestimatione secundum quam ad modum intelligentis operatur, quia ipsa eius naturalis aestimatio ab intellectu divino ei datur. in hoc autem videtur gallus quandam intelligentiae similitudinem habere quod determinatis horis in cantum prorumpit ac si cognosceret proportiones caelestium motuum, * unde subdit ° quis enarravit, ‘ scilicet gallo, ° caelorum rationem, ‘ idest proportionem caelestium motuum ut possit ex hoc determinatas horas discernere ad cantandum? solent autem vigiles quodam cantu aut alicuius instrumenti sono propinquitatem diei declarare et certarum horarum noctis; non autem potest dici quod aliquis sonitus caeli determinatis temporibus audiatur et aliis temporibus sileat ut ex hoc gallus discernat ad cantandum, * unde subdit ° et concentum caeli quis dormire faciet? ‘ quasi dicat: concentus caeli non silet sicut vigilis dormientis ut ex eius auditu vel silentio possit gallus instrui ad cantandum. considerandum autem est hic quod ex motu caelorum pictagorici posuerunt sonitum harmonizatum provenire propter convenientissimam proportionem caelestium motuum, et quia ponebant corpora caelestia animata ideo talis consonantia sonorum possit concentus caeli vocari; * sed aristotiles probat in ii de caelo quod “ ex motu caelestium corporum nullus sonitus procedit, ‘ et ideo hic concentum accipere possumus metaphorice positum pro sola convenientia caelestium motuum qui numquam requiescunt. huiusmodi autem inspiratio sapientiae vel intelligentiae aut etiam concentus caeli ab initio fundationis terrae fuit, * unde subdit ° quando fundabatur pulvis in terra, ‘ quod refertur ad situm terrae quae in imo ponitur sicut in fundamento, ° et glebae compingebantur, ‘ quod refertur ad humorem continentem in unum partes terrae, ne scilicet terra propter sui siccitatem in pulverem resolvatur. deinde accedit ad aliam proprietatem animalium quae attenditur secundum acquisitionem nutrimenti, circa quam admirabile aliquid apparet in leaena: cum enim leo multo cibo indigeat, mirabile videtur quomodo in aliqua regione tantum potest de praeda animalium capere quod sibi sufficiat et filiis suis, * unde subdit ° numquid capies leaenae praedam? ‘ idest numquid tantam abundantiam praedae ei praeparabis ut habeat sufficienter sibi et filiis suis, * unde subdit ° et animam catulorum eius implebis? ‘ hoc autem non videtur multum difficile quando per diversa loca discurrunt sed quando in eodem loco manent, vel propter necessitatem nutritionis filiorum, * ad quod pertinet quod dicit ° quando cubant in antris, ‘ vel quia insidiantur aliis animalibus: ° et in specubus insidiantur, ‘ scilicet animalibus capiendis. apparet etiam aliquid mirabile in avibus circa corvum: dicitur enim quod corvus pullos ovis eductos non pascit donec suos esse deprehendens plumis nigrescere viderit, unde septem diebus eis cibos non ministrat sed a deo sustentantur per naturalem virtutem eis inditam, * unde subdit ° quis praeparat corvo escam suam quando pulli eius clamant ad deum, vagantes, ‘ idest huc et illuc prospicientes, ° eo quod non habeant cibos, ‘ quasi a parentibus derelicti? hoc autem non est intelligendum quasi pulli corvorum deum cognoscant, sed hoc dicitur quia quaelibet res naturalis suo desiderio, in hoc ipso quod aliquod bonum appetit, quasi intendit aliquid a deo acquirere qui est auctor bonorum.

cp39 ° Numquid nosti tempus partus ibicum? ‘ commemoraverat dominus in praecedentibus id quod pertinet ad vim cognoscitivam, loquens de sapientia hominis et intelligentia galli; commemoraverat etiam de praeda leonum et esca corvorum, quae pertinent ad vim nutritivam; nunc autem commemorat quaedam pertinentia ad vim generativam, et incipit agere de partu ibicum et cervarum in quibus aliquid occultum esse videtur. ibices enim sunt quaedam animalia parva corpore quae in locis petrosis habitant, in quibus et pariunt: unde ad huiusmodi loca non de facili patet hominibus accessus, * propter quod dicit ° numquid nosti tempus partus ibicum in petris? ‘ quasi dicat: hoc hominibus est ignotum propter asperitatem locorum in quibus pariunt. cervae autem, ut dicitur, eligunt loca occulta in quibus pariant, ubi lupi accedere non solent, et ideo ad ostendendum occultationem partus ipsarum * subdit ° vel parientes cervas observasti? ‘ quod dicitur ad divinae providentiae commendationem: mulieres enim cum pariunt indigent obstetricum obsequio, sed animalibus quorum partus homines latet deus sua providentia exhibet auxilium quod est eis necessarium ad pariendum, inquantum scilicet dat eis industriam naturalem ut cognoscant ea quae sunt in talibus cognoscenda, quorum primum est quod sciatur spatium temporis quo fetus in utero perficitur, * et quantum ad hoc dicit ° dinumerasti menses conceptus earum, ‘ ut scilicet eis indicares quando se deberent praeparare ad partum? * unde subdit ° et scisti tempus partus earum, ‘ ut scilicet eis indicares quando parere deberent? in his enim solent mulieres puerperae ab aliis instrui, sed animalia, quae etiam sunt longe a conversatione humana, per naturalem industriam eis divinitus inditam haec cognoscunt et determinato tempore se praeparant ad partum eo modo quo facilius possit partus emitti, * unde subdit ° incurvantur ad fetum, ‘ scilicet emittendum, ° et pariunt, ‘ scilicet per se ipsas instruente natura; et tamen partus non est eis delectabilis sed poenosus, * unde subdit ° et rugitus emittunt, ‘ scilicet propter dolorem quem pariendo patiuntur. et sicut matres naturali industria se praeparant ad partum, ita etiam et filii naturali industria divinitus indita sibi necessaria conquirunt, * unde subdit ° separantur filii earum, ‘ quod dicit ad differentiam fetus humani, nam puer mox natus non potest se movere ut discedat a matre, quod tamen in praedictis animalibus contingit: statim enim postquam nascuntur moventur, et primus eorum motus est ad escam quaerendam, * unde subdit ° et pergunt ad pastum. ‘ sed tamen in principio indigent pasci lacte matris, unde sic a matre separantur quod tamen ad eam redeunt, postmodum vero cum perfecti fuerint totaliter separantur a matribus, * unde et subdit ° egrediuntur et non revertuntur ad eas, ‘ quia scilicet ulterius ab eis lactari non indigent. his autem praemissis quae pertinent ad speciales quasdam animalium proprietates, pertinentibus scilicet ad cognitionem, escam et partum, commemorat ea quae pertinent ad totam conversationem vitae. circa quam primo mirabile apparet quod quaedam animalia dum sunt domestica sustentari non possunt absque hominis cura, inveniuntur tamen aliqua ad illud genus pertinentia quae sunt silvestria et absque hominum providentia gubernantur; et hoc maxime mirabile apparet in asino qui cum est domesticus totaliter videtur humanae servituti deputatus, a qua tamen servitute asini silvestres qui onagri dicuntur liberi esse apparent, * unde dicit ° quis dimisit onagrum, ‘ idest asinum silvestrem, ° liberum, ‘ scilicet ab hominum servitute? quod quidem dicitur secundum quod id quod consuetum est apprehenditur ab hominibus quasi naturale, unde quia consueti sunt homines non videre asinos nisi servituti subiectos, videtur eis quod sint naturaliter servi, et ideo si aliquando inveniantur liberi videtur eis quod sint a servitute dimissi; e contrario autem se habet, nam prius fuerunt huiusmodi animalia homini non subiecta per modum quo nunc sunt, postmodum autem humano artificio sunt domita et hominum servitiis deputata. signa autem servitutis asinorum sunt vincula quibus ligantur, sicut camus vel aliquid huiusmodi, * et quantum ad hoc subdit ° et vincula eius quis solvit? ‘ onagri enim huiusmodi vinculis carent. apparet etiam in asinis domesticis quod pereunt si remaneant absque habitaculis ab hominibus praeparatis, sed onagri habent sibi per divinam providentiam habitaculum praeparatum, * unde subdit ° cui dedi in solitudine, ‘ scilicet ad quam homo non accedit, ° domum, ‘ puta aliquod antrum vel cavernam quamcumque, ° et tabernacula eius, ‘ puta scilicet sub herbis aut arboribus, ° in terra salsuginis, ‘ idest in aliqua terra inhabitata propter siccitatem et solis exustionem, ex qua humor eius quasi in saporem salis convertitur. et quamvis huiusmodi habitatio videatur incultior et horridior propter solitudinem, tamen eam praefert quantumcumque nobili civitati, * unde subdit ° contemnit multitudinem civitatis, ‘ scilicet in comparatione ad habitationem deserti. et assignat duplicem rationem, quarum prima est quia ibi non exiguntur ab eo laboriosa opera, * unde subdit ° clamorem exactoris non audit, ‘ idest domini exigentis ab eo portationem onerum vel aliquid huiusmodi; alia ratio est quia ibi liberius evagatur ad pastum quaerendum, * unde subdit ° circumspicit montes pascuae suae, ‘ quia scilicet patet ei liber aditus ad diversa loca pro pascuis quaerendis, et ipsa etiam pascua pro suo libitu accipit, * unde subdit ° et virentia quaeque perquirit: ‘ asinis autem domesticis non dantur optima pascua sed interdum viliora, melioribus pascuis nobilioribus animalibus reservatis. sicut autem asinus servit homini ad onera deferenda, loco cuius in silvestribus invenitur onager, ita etiam servit homini inter domestica animalia bos ad arandum propter suam fortitudinem, cui comparat inter silvestria rinocerontem, idest unicornem, quod est animal quadrupes valde forte et ferum, habens unum cornu in media fronte; hoc autem animal propter sui feritatem non de facili potest domari sicut bos domatur, * unde subdit ° numquid volet rinoceros, ‘ idest unicornis, ° servire tibi, ‘ ut scilicet domesticatus sponte tibi oboediat? animalia autem domesticata cibum libenter ab hominibus |125| capiunt, ad quod excludendum * subdit ° aut morabitur ad praesepe tuum, ‘ ut scilicet paratus sit comedere quod a te ei offertur? boves autem domesticati ad hoc nutriuntur ut ministerio arationis applicentur, et ad hoc excludendum * subdit ° numquid alligabis loro tuo rinoceronta, ‘ idest unicornem, ° ad arandum, ‘ sicut scilicet aratur in bobus? utuntur etiam homines bobus ad aliud ministerium, ut scilicet trahentes quoddam rastrum terram aratam complanent glebam comminuendo, * unde subdit ° aut confringet glebas vallium, ‘ quae scilicet solent diligentius excoli propter maiorem fecunditatem, ° post te, ‘ idest postquam terram araveris? vel ° post te, ‘ idest ut te praecedente ille sequatur glebas confringens? dimittuntur etiam quaedam animalia fortia ad agrorum custodiam contra latrones vel animalia quae possent segetes devastare, sicut custodiuntur agri per aliquos canes feroces, sed hoc per unicornem fieri non potest quia non domesticatur, * unde subdit ° numquid fiduciam habebis in magna fortitudine eius et derelinques ei labores tuos, ‘ idest fructus agrorum ad custodiendum? sic ergo non potes hoc fortissimo animali uti nec sicut bove ad arandum nec sicut cane ad custodiendum. similiter etiam non potes eo uti sicut forti agricola ad fructus terrae procurandos, * unde subdit |150| ° numquid credes ei quod reddet sementem tibi et aream tuam congreget? ‘ sicut scilicet facit operarius qui semen a domino susceptum serit et multiplicatum reddit, segetes congregando in aream et post trituram in horreum domini reportando. his igitur positis in quibus quaedam animalia silvestria a domesticis diversificantur, subdit quasdam proprietates quorundam animalium in quibus videntur ab omnibus aliis animalibus quaedam proprietates diversae. et hoc praecipue apparet in strutione qui est avis quaedam appropinquans ad genus bestiarum, unde licet habeat pennas ad modum animalium alte volantium, non tamen per eas se potest in altum elevare, * unde dicit ° penna strutionis similis est pennis herodii, ‘ idest nobilissimi falconis qui girfalcus dicitur, ° et accipitris, ‘ qui est avis nota, et ambae sunt aves boni volatus. est autem et alia proprietas strutionis diversa ab aliis avibus, quod scilicet sua ova non fovet sed fodiens in arena ea dimittit et operit sabulo, * unde subdit ° quae derelinquit in terra ova sua. ‘ habet autem hanc naturalem industriam quod observat tempus calidum, scilicet quando incipiunt stellae apparere quae dicuntur virgiliae, scilicet in mense iulii, et tunc parit ova, et sic ex calore temporis et loci, quia scilicet non |175| moratur nisi in locis calidis, ova vivificantur et ex eis pulli nascuntur, * unde subdit ° tu forsitan in pulvere calefacies ea? ‘ quasi dicat non, sed hoc agitur providentia divina per quam etiam ova in pulvere conservantur illaesa. strutio enim est naturaliter animal obliviosum et nullam curam adhibet de conservatione ovorum, * unde subdit ° obliviscitur quod pes, ‘ scilicet hominis transeuntis per viam, ° conculcet ea, ‘ scilicet ova, ° aut bestia agri conterat, ‘ vel casu pertranseundo vel propter appetitum cibi. et sicut non habet curam de conservatione ovorum ita non habet curam de nutritione pullorum, * unde subdit ° duratur ad filios suos quasi non sint sui, ‘ quia scilicet nullam curam habet de nutritione eorum, et ita quantum in se est perdit fructum generationis, * unde subdit ° frustra laboravit, ‘ scilicet concipiendo et conceptum portando, ex quo filios non nutrit; contingit etiam quandoque quod etiam alia animalia fetus suos deserunt propter timorem, sed strutio hoc facit ° nullo timore cogente. ‘ facit autem hoc etsi non propter timorem tamen propter defectum naturalis industriae quam circa hoc alia animalia habent, * unde subdit ° privavit enim deus eam, ‘ scilicet feminam strutionis, ° sapientia, ‘ scilicet ad ordinate nutriendum et gubernandum fetum, ° nec dedit illi intelligentiam, ‘ per quam |200| scilicet sollicitudinem habeat de pullis suis: sapientiam autem et intelligentiam nominat industriam naturalem. et quia supra dixerat quod habet pennas similes pennis herodii et accipitris, consequenter ostendit ad quid ei huiusmodi pennae prosint * dicens ° cum tempus fuerit, ‘ idest cum aliqua necessitas velocitatis motus sibi immineat, ° in altum alas erigit, ‘ ita tamen quod per alas corpus eius sursum elevari non potest, sed per eas iuvatur ad velociter currendum, * unde subdit ° deridet equitem, ‘ quia scilicet velocius currit quam equus hominem deferens, ° et ascensorem eius, ‘ scilicet equi, quia scilicet velocius curreret quam homo si suis pedibus iret. sicut autem strutio habet quasdam proprietates a pluribus animalibus diversas quibus ab aliis deficit, ita etiam equus habet quasdam proprietates ad nobilitatem pertinentes quibus ab aliis animalibus differt. primo autem equi fortitudinem commemorat * cum dicit ° numquid praebebis equo fortitudinem, ‘ scilicet non solum corporis prout est potens ad onus ferendum, sed etiam animi prout audacter ad pericula vadit? aliam autem proprietatem eius commemorat, quod scilicet ex exteriori ornatu ad libidinem provocatur: dicitur enim de equis quod iubarum decore ad coitum agitantur et iubis tonsis eorum |225| libido extinguitur, ad quod significandum * subdit ° aut circumdabis collo eius hinnitum? ‘ solent enim equi hinnire propter libidinem, * secundum illud ier. v 8 ° equi amatores in feminas et emissarii facti sunt, unusquisque ad uxorem proximi sui hinniebat; ‘ ergo hinnitus collo equi a deo circumdatur quando iubae ei dantur a deo, ex quarum consideratione ad libidinem provocatur. est autem et alia equi proprietas quod vehementer salit contra morem multorum quadrupedum, * unde subdit ° numquid suscitabis eum, ‘ scilicet elevando in altum, ° quasi locustas, ‘ quae scilicet saliendo moventur? alia vero proprietas equi est audacia ipsius in bellis, quam diffusius describit quia est nobilis et admiranda, et primo manifestatur eius audacia quando adhuc odoratu bellum percipit a remotis, * unde sequitur ° gloria narium eius terror, ‘ idest bellum quod est aliis ad terrorem, naribus ab equo perceptum est equo ad gloriam, idest ad quandam animi magnitudinem; et huius signum statim in eo apparet, * de quo subditur ° terram ungula fodit, ‘ quasi praeparans se ad pugnandum. ex hoc autem quod bellum percipit interius gaudet, * unde subdit ° exultat, ‘ scilicet percepta opportunitate pugnandi, et hoc per effectum ostendit * cum subdit ° audacter in occursum |250| pergit armatis. ‘ nec in ipso proelio existens terrore deicitur, * unde subdit ° contemnit pavorem, ‘ et quod est amplius, etiam vulnerum dolore non repellitur, * unde subdit ° nec cedit gladio. ‘ solent autem plura animalium ex solo strepitu terreri, sed hoc equo non accidit, * unde subdit ° super ipsum sonabit pharetra, ‘ scilicet plena sagittis, dum concutitur ad motum militis equo insidentis; similiter etiam ex hasta et clipeo militis sonus aliquis procedit, * unde subdit ° vibrabit hasta, ‘ idest hasta dum vibratur sonum emittit; similiter clipeus dum movetur et ad arma colliditur sonum facit, * unde subdit ° et clipeus, ‘ scilicet sonat; sed tamen ad hunc sonitum equus non stupescit, * unde subdit ° fervens, ‘ scilicet interius per audaciam, ° et fremens, ‘ scilicet hinnitu, quem fremitum nominat, qui est proprie leonum, propter equi audaciam; et non solum voce interiorem fervorem animi monstrat sed etiam exteriori actu, * unde subdit ° sorbet terram, ‘ idest videtur eam sorbere pedibus fodiendo. et non solum non obstupescit sonitu pharetrae, hastae et clipei, sed nec etiam sono tubae qua utuntur in bellis, * unde subdit ° nec reputat tubae sonare clangorem, ‘ ut scilicet propter hoc obstupescat; quin immo gaudere dicitur ad sonum bucinae, * unde subdit ° ubi audierit bucinam dicit: vah. ‘ idest emittit |275| exultationis vocem, nam vah. est interiectio exultantis. et quia haec quae praedicta sunt pertinent ad equi audaciam, subiungit de perspicacitate ipsius * dicens ° procul odoratur bellum, ‘ idest cum adhuc hostes sunt procul, odoratu percipit bellum imminere et quasi videtur sentire belli praeparationem, dum scilicet duces suis exhortationibus animant milites, * et quantum ad hoc subdit ° exhortationem ducum, ‘ scilicet percipit, ° et ululatum, ‘ idest confusum clamorem et strepitum, ° exercitus, ‘ scilicet praeparantis se ad bellum. his autem praemissis de animalibus quae gradiuntur in terra, accedit ad animalia quae volant in aere, et primo commemorat naturalem industriam accipitris qui tempore mutationis pennarum expandit alas suas ad austrum, qui est ventus calidus, ut apertis poris veteres pennae decidant et novae renascantur, * unde dicit ° numquid per sapientiam tuam plumescit accipiter, ‘ scilicet quando pennae eius renovantur, ° expandens alas suas ad austrum, ‘ ut scilicet facilius pennas mutet? ultimo autem loquitur de aquila ° quae ceteris avibus altius volat, * unde dicit ° numquid ad praeceptum tuum elevabitur aquila, ‘ scilicet sicut ad meum? facit enim hoc aquila naturali instinctu: omnis autem naturalis cursus rerum |300| est quaedam motio creaturae ad praeceptum dei, * secundum illud psalmi ° ignis, grando, nix, glacies, spiritus procellarum, quae faciunt verbum eius. ‘ et sicut aquila habet motum in altum ita etiam et in altis conversatur, quod pertinet ad nobilitatem suae naturae, * et ideo dicit ° et in arduis ponet nidum suum, ‘ ut scilicet pulli eius statim nati consuescant in altis morari, * et ideo subdit ° in petris manet, ‘ quasi gaudens aeris puritate eo quod in locis petrosis non sit multa vaporum resolutio; ° et in praeruptis silicibus commoratur, ‘ ad quas scilicet noxiis bestiis non patet accessus, ° atque inaccessibilibus ‘ homini ° rupibus, ‘ per quod scilicet eius securitati providetur. habet autem aquila visum valde acutum ut possit ex longinquo videre necessarium cibum, * unde subdit ° inde, ‘ scilicet de locis altis, ° contemplatur escam, ‘ scilicet non solum propinquam sed etiam remotam, * unde subdit ° et oculi eius de longe prospiciunt. ‘ est autem et aquila potens in praeda sicut et leo inter quadrupedia, et ad hoc designandum * subdit ° pulli eius lambunt sanguinem, ‘ scilicet animalium viventium quae aquila ad nidum defert. pascitur autem aquila non solum animalibus vivis sicut falcones et accipitres, sed etiam cadaveribus animalium mortuorum, * unde subdit ° et ubicumque cadaver fuerit statim adest, ‘ per quod etiam |325| velocitatem volatus eius designat. haec autem omnia sunt inducta ad ostendendum magnitudinem divinae sapientiae et virtutis per quam tam mirabiles effectus producuntur: unde datur intelligi quod iob auditis tot mirabilibus divinorum effectuum stupens siluit; sed dominus eum excitat ad considerandum quod homo non est idoneus ad disputandum cum deo, * unde subditur ° adiecit dominus, ‘ scilicet super verba praemissa, ° et locutus est ad iob, ‘ eo scilicet tacente: ° numquid qui contendit cum deo, ‘ idest qui offert se disputaturum cum eo, ° tam facile conquiescit, ‘ scilicet quasi sit superatus sicut tu qui taces? ° utique qui arguit deum, ‘ quasi de eius iudiciis disputans, ° debet et respondere illi: ‘ iustum est enim ut qui alium ad disputandum provocat, etiam ipse paratus sit respondere. et ne videretur iob, licet convictus, in sua sententia obstinatus permanere, in verba humilitatis prorumpit, * unde sequitur ° respondens autem iob domino dixit: qui leviter locutus sum respondere quid possum? ‘ ubi considerandum est quod iob coram deo et sua conscientia loquens non de falsitate locutionis aut de superba intentione se accusat, quia ex puritate animi fuerat locutus, sed a levitate sermonis: quia scilicet etiam si non ex superbia animi |350| locutus fuerat, verba tamen eius arrogantiam sapere videbantur, unde amici eius occasionem scandali sumpserant; oportet autem vitare non solum mala sed etiam ea quae habent speciem mali, * secundum apostolum i ad thess. v 22 ° ab omni specie mala abstinete vos, * et ideo subdit ° manum meam ponam super os meum, ‘ ut scilicet ad similia verba de cetero non prorumpam; et de his quae dixi paeniteo, * unde subdit ° unum locutus sum quod utinam non dixissem, ‘ scilicet quod dixi me velle disputare cum deo, ° et alterum, ‘ scilicet quod meam iustitiam praetuli dum de divinis iudiciis ageretur. tertium autem quod ei eliud imposuerat, ut scilicet diceret iudicium dei esse iniustum, non recognoscit, quia hoc non pertineret ad levitatem locutionis sed ad blasphemiam. sic autem de leviter dictis paenitet quod emendationem proponit, * unde subdit ° quibus ultra non addam, ‘ ut scilicet alias verba levia proferam. est autem considerandum quod si praedicta locutio domini ad iob non fuit per exteriorem sonum prolata sed interius inspirata, iob tripliciter in hoc libro invenitur fuisse locutus: primo quidem quasi repraesentans affectum sensualitatis in prima conquestione * cum dixit ° pereat dies, ‘ secundo exprimens deliberationem rationis humanae dum contra |375| amicos disputaret, tertio secundum inspirationem divinam dum ex persona domini verba induxit; et quia humana ratio dirigi debet secundum inspirationem divinam, post verba domini, verba quae secundum rationem humanam dixerat reprehendit.

cp40 ° Respondens autem dominus iob de turbine ‘ etc.. in praecedentibus dominus per commemorationem mirabilium quae apparent in eius effectibus demonstravit suam sapientiam et virtutem, ut ex hoc manifestum sit quod nullus homo nec sapientia nec potestate potest cum deo contendere; nunc autem ulterius procedit ad arguendum iob de hoc quod suam iustitiam commemoraverat, quod aliquibus sonare videbatur in derogationem divini iudicii. praemittitur etiam modus divinae locutionis * cum dicitur ° respondens autem dominus iob de turbine dixit, ‘ et excitatio attentionis * cum subditur ° accinge sicut vir lumbos tuos, ‘ et petitio responsionis * cum subditur ° interrogabo te et indica mihi: ‘ quae quia supra exposita sunt, hic iterare non oportet expositionem eorum. est autem considerandum quod iob suam iustitiam commemorando non intendebat imponere iniquitatem divino iudicio, sicut tres amici eius et eliud perverse intelligebant, sed intendebat ostendere quod non erat punitus in ultionem peccatorum sicut ei imponebant, sed ad probationem * sicut supra xxiii 10 dixerat ° probabit me quasi aurum quod per ignem transit; ‘ verum tamen hoc ipsum reprehensibile |25| videbatur, quod sic suam iustitiam commendabat quod aliis videbatur hoc redundare in derogationem divinae iustitiae, * unde subdit ° numquid irritum facies iudicium meum? ‘ quasi dicat: numquid hoc tibi videtur ut commendando tuam iustitiam facias ab hominibus reputari irritum, idest falsum, esse meum iudicium? falsitas autem iudicii est condemnatio iudicantis qui iniquum iudicium profert vel ex ignorantia vel ex malitia, * unde subdit ° et condemnabis me ut iustificeris? ‘ quasi dicat: numquid intantum vis te ostendere iustum quod ego apud alios condemnabilis videar? est autem notandum quod si fuerint duo aequales, si oporteat alteri culpam imponi, non est reprehensibile si alter eorum a culpa imposita se expurget quamvis alter culpabilis in aliorum opinione remaneat, quia homo plus se quam alium naturaliter diligit; sed ubi est tanta distantia quanta est dei et hominis, potius homo debet pati culpam iniuste in se referri quam quod iniuste referatur in deum: et ideo dominus ad arguendum iob proponit excellentiam dei super homines, quae quidem excellentia ex eius effectibus manifestatur. sed quia nunc agitur de comparatione iustitiae quae proprie non attenditur respectu irrationabilium rerum, ideo ad ostendendum |50| divinam excellentiam accipit effectus quos deus operatur in rationabilibus creaturis, qui quidem effectus secundum duo considerari possunt: uno modo secundum virtutis suae operationem, * et quantum ad hoc dicit ° si habes brachium sicut deus: ‘ per brachium enim potentia divinae virtutis exprimitur, quo quidem brachio utitur et ad sustentationem bonorum, * secundum illud is. xl 11 ° in brachio suo congregabit agnos, ‘ et ad punitionem malorum, * secundum illud luc. i 51 ° fecit potentiam in brachio suo, dispersit superbos mente cordis sui. ‘ alio modo operatur deus in rationabilibus creaturis per suae sapientiae doctrinam, quam propter eius excellentiam tonitruum nominat, * et quantum ad hoc subdit ° et si voce simili tonas: ‘ hoc autem tonitruo utitur deus ad instructionem bonorum, * secundum illud supra xxvi 14 ° cum vix parvam stillam sermonum eius audierimus, quis poterit tonitruum magnitudinis eius intueri? ‘ et ad terribilem increpationem malorum, * secundum illud psalmi ° vox tonitrui tui in rota, * et postea sequitur ° commota est et contremuit terra. ‘ ex huiusmodi autem effectibus excellentiam divinam demonstrat quantum ad tria: primo quidem quantum ad decorem * cum dicit ° circumda tibi decorem, ‘ quasi dicat: si tam potens es in effectibus sicut deus, attribuas tibi eius decorem, * unde signanter dicit ° circumda tibi: ‘ deus enim non habet circumdatum decorem quasi superadditum eius essentiae sed ipsa essentia eius est decor, per quem intelligitur ipsa claritas sive veritas, et puritas sive simplicitas, et perfectio essentiae eius; sed homo non potest habere decorem nisi circumdatum, quasi participando ipsum a deo ut superadditum suae essentiae. secundo tangit divinam altitudinem * cum subdit ° et in sublime erigere: ‘ attenditur autem divina sublimitas non loco quia deus loco non comprehenditur, sed perfectione et virtute quia quicquid de eo dicitur convenit ei in summo; huiusmodi autem sublimitas deo essentialiter convenit, unde ad eam non erigitur sed in ea immobiliter manet; homo autem secundum suam naturam est infimae condicionis, unde ad illam sublimitatem divinam pervenire non posset nisi se supra se sublevando, * et ideo signanter dicit ° in sublime erigere. ‘ tertio tangit eius gloriam * cum subdit ° et esto gloriosus: ‘ gloria quidem importat notitiam de bonitate alicuius, * unde ambrosius dicit quod ° gloria est clara cum laude notitia; ‘ bonitas autem dei infinita est, cuius notitia perfecta non est nisi apud deum, et ideo gloria in solo deo est inquantum se ipsum cognoscit, ad quam gloriam homo pervenire non potest nisi participando cognitionem divinam, * secundum illud ier. ix 24 ° in hoc glorietur qui gloriatur, scire et nosse me, * et ideo signanter dicit ° esto gloriosus, ‘ quia homo essentialiter hanc gloriam non habet. his igitur positis quae pertinent ad excellentiam divinae potestatis et naturae, procedit ulterius ad commemorandum divinos effectus in rationabilibus creaturis et quantum ad bonos et quantum ad malos; sed sciendum est quod effectus quos deus operatur in sublimationem iustorum magis attribuuntur misericordiae, quos autem operatur in punitionem malorum proprie attribuuntur iustitiae: et ideo quia nunc agitur de iustitia, primo breviter tangit effectum divinae operationis quantum ad bonos * cum dicit ° et speciosis induere vestibus. ‘ omnes enim boni tam angeli quam homines speciosi sunt ex participatione divinae sapientiae et iustitiae, et sicut homo ornatur ex specioso vestimento, ita omnis decor sanctorum angelorum et hominum redundat in ornatum dei inquantum ex hoc dei bonitas commendatur, * per modum quo dicitur is. xlix 18 ° his omnibus velut ornamento vestieris. ‘ est autem considerandum quod hoc ad misericordiam dei pertinet quod sanctos suos faciat speciosos, sed quod eorum decore utatur ad suam gloriam ad iustitiam pertinet de qua nunc loquitur, et ideo non dicit speciosas fac vestes sed ° speciosis induere vestibus. ‘ deinde diffusius ostendit effectus divinae iustitiae quos exercet in malos, et primo hoc prosequitur quantum ad homines. sciendum est autem quod omnis malitia hominum a superbia initium habet, * secundum illud eccli. x 15 ° initium omnis peccati superbia; ‘ inter cuncta etiam vitia deus maxime superbiam detestatur, * unde dicitur iac. iv 6 quod ° deus superbis resistit, ‘ et hoc ideo quia superbi quasi deo rebellant dum ei humiliter subdi non volunt, et ex hoc in omnia peccata incidunt divinis praeceptis contemptis - unde et terreni principes maxime detestantur rebelles -, et ideo dominus specialiter commemorat effectum suae potentiae quem contra superbos exercet. est autem duplex genus superborum: quidam enim ex bonis quae habent se super alios efferunt, * sicut ille qui dicebat luc. xviii 11 ° non sum sicut ceteri hominum, ‘ et hi proprie superbi dicuntur, ut ipsum nomen sonat; est autem propria superborum poena discordia, quia dum quilibet alii superesse nititur et subici recusat, ad invicem concordare non possunt, * unde dicitur prov. xiii 10 ° inter superbos semper iurgia sunt, ‘ et ad hoc designandum * dicit ° disperge superbos in furore tuo, ‘ quasi dicat: exerce officium dei quod est dispergere superbos ut in unum convenire non possint; per furorem autem dei intelligitur gravis vindicta. aliud autem genus superborum est qui sibi arrogant id quod supra ipsos est, et hi proprie arrogantes dicuntur, * unde dicitur ier. xlviii 29 ° arrogantiam et altitudinem cordis illius ego scio, ait dominus, et quod non sit iuxta eam virtus eius; ‘ horum autem poena propria est deiectio: cum enim volunt se erigere supra posse, consequens est quod periculose corruant, * secundum illud psalmi ° deiecisti eos dum allevarentur, ‘ unde subdit ° et respiciens omnem arrogantem humilia, ‘ idest deicias ex prospectu tuae providentiae. communis autem utrorumque prima poena est confusio, quia cum non possint consequi altitudinem quam praetendebant, confunduntur apparente defectu eorum, * unde subdit ° respice cunctos superbos et confunde eos, * unde et supra xx 6 dictum est ° si ascenderit usque in caelum superbia eius, quasi sterquilinium in fine perdetur. ‘ secunda autem poena eorum est eorum destructio, quam designat subdens ° et contere impios in loco suo. ‘ superbos impios nominat quia, * sicut eccli. x 14 dicitur, ° initium superbiae hominis est apostatare a deo, ‘ quod repugnat divino cultui qui pertinet ad pietatem; conveniens autem poena est superborum quod conterantur: quod enim conteritur, quadam violentia fortioris corporis in minimas partes resolvitur; iustum est autem ut superbi qui se inordinate magnos existimant, fortiori virtute, scilicet divina, ad minimum deducantur. * signanter etiam addit ° in loco suo, ‘ ut ostendatur quod id in quo confidunt eos liberare non potest: unumquodque enim in suo loco conservatur, unde multitudo divitiarum vel status dignitatis, vel si quid aliud huiusmodi est in quo homo confidat, locus eius dici potest; quibus non obstantibus superbus a deo conteritur, ut quasi in loco suo contritus videatur. tertia poena est quod postquam sunt ad minimum redacti claritas famae eorum cessat: iustum est enim ut qui gloriae pompam quaerebant ab hominum memoriis deleantur, * secundum illud prov. ° nomen impiorum putrescet, ‘ unde sequitur ° abscondes eos in pulvere, ‘ idest facies eos obscuros propter statum vilitatis ad quem deducentur. * quod autem addit ° simul ‘ potest ad duo referri, videlicet ad hoc quod omnes superbi simul talem finem patiuntur, et ad hoc quod non successive superbi depereunt sed simul, idest subito, deiciuntur. quarta autem poena eorum est ut non solum ipsi ab aliis non cognoscantur sed etiam bona de quibus superbierunt agnoscere non sinantur, * unde subdit ° et facies eorum, ‘ per quas scilicet virtutes eorum cognoscitivae significantur eo quod visus hominis in facie ponitur, ° demerge in foveam, ‘ idest in profundum inferni; et loquitur de damnatione mortis secundae per similitudinem mortis primae, per quam homines in corporalem pulverem reducuntur in foveam demersi. haec autem dominus praemiserat quasi propria sua opera; eius autem proprium est ut non egeat alieno auxilio, quod homini convenire non potest sicut nec potest praedicta opera exercere, * unde subdit ° et ego confitebor quod salvare te possit dextera tua, ‘ quasi dicat: si praedicta opera facere potes quae sunt dei solius, potes tibi rationabiliter attribuere quod divino auxilio non egeas ad salutem; sed sicut illud non potes, ita nec hoc; unde non debes de tua iustitia gloriari. ° ecce vehemot quem feci tecum ‘ etc.. supra dominus narraverat effectus virtutis suae quos in malis hominibus operatur, nunc autem accedit ad describendum malitiam diaboli. manifestum est autem ex praemissis quod apud iob et amicos eius eadem erat opinio de daemonibus quam nunc ecclesia catholica tenet, ut scilicet ex angelica dignitate per peccatum corruerint, * unde supra iv 18 dictum est ° ecce qui serviunt ei non sunt stabiles. ‘ et sicut homo per peccatum decidit a dignitate rationis et contra rationem agens irrationabilibus comparatur, ita etiam diabolus per peccatum avertens se a supremis et intelligibilibus bonis, dum principatum super inferiora et terrena appetiit, animalibus brutis comparatur, in quorum effigie frequenter daemones apparent hominibus, deo id providente ut tales figuras corporum sinantur assumere per quas eorum condicio designetur. est autem considerandum quod sicut angeli in sua dignitate remanentes excellentiam quandam habent supra hominum dignitatem, unde et in fulgentiori quadam claritate apparent hominibus, ita etiam daemones excellentiam quandam et principatum in malitia supra homines habent, et ideo sub figura quorundam excellentium et quasi monstruosorum animalium describuntur. inter omnia autem animalia terrestria excellit elephas magnitudine et virtute, inter animalia vero aquatica excellit cetus: et ideo dominus describit diabolum sub figura elephantis et ceti, ut hoc nomen ° vehemot, ‘ quod significat animal, referatur ad elephantem qui inter cetera animalia terrestria, quae communius animalia dicuntur, quendam principatum tenet propter corporis magnitudinem; nomen autem ° leviathan, ‘ quod significat additamentum eorum, referatur ad cete grandia quae habent magnitudinis additamentum supra omne animalium genus. * posset autem forte alicui videri quod “ dominus ad litteram intenderet exprimere proprietates elephantis et ceti propter magnitudinem qua reliqua animalia superant; ‘ sed quod proprietates horum animalium in figuram alterius describantur manifestum est ex hoc quod, proprietatibus positis ad figuram pertinentibus, subditur veritas. nam praemissis proprietatibus vehemot, idest elephantis, quasi exponendo veritatem * subdit ° ipse est principium viarum dei; ‘ praemissis autem proprietatibus leviathan, idest ceti, * subdit ° ipse est rex super universos filios superbiae. ‘ et satis convenienter in descriptione diaboli terminatur disputatio iob, quae est de adversitate ipsius, quia etiam supra commemoratur satan fuisse principium adversitatis ipsius; et sic dum amici iob causam adversitatis eius ad ipsum iob referre nitenterentur putantes eum propter sua peccata fuisse punitum, dominus, postquam iob redarguerat de inordinata locutione, quasi finalem determinationem disputationi adhibens, agit de malitia satan quae fuit principium adversitatis iob et est principium damnationis humanae, * secundum illud sap. i ° invidia diaboli mors introivit in orbem terrarum. ‘ primo ergo incipiens describere satan sub figura vehemot, assignat convenientiam eius ad hominem * dicens ° ecce vehemot quem feci tecum. ‘ et si quidem hoc referatur ad tempus inchoationis utriusque quantum ad figuram, veritas apparet: nam sexto die simul cum homine terrena animalia sunt producta; si referatur ad diabolum, de quo figuraliter sive metaphorice haec dicuntur, non videtur simul diabolus factus cum homine: nam homo factus legitur die sexto, satan autem inter angelos factus creditur in principio quo creavit deus caelum et terram. sed si illa dierum enumeratio non designat temporis successionem sed diversa genera rerum productarum, secundum sententiam augustini, nulla repugnantia invenitur; si autem, secundum aliorum expositionem, angelorum creatio duratione praecessit hominis productionem, potest dupliciter hoc verbum intelligi: uno modo ut sit sensus ° quem feci tecum ‘ idest quem feci sicut et te, et hoc dicit ad excludendum errorem eorum qui considerantes malitiam diaboli aestimaverunt eum non esse dei boni creaturam; alio modo ut sit sensus ° quem feci tecum ‘ idest similitudinem tecum habentem quantum ad naturam intellectualem. et huius etiam similitudinis aliquod vestigium in elephante apparet: * dicit enim aristotiles in viii de animalibus quod ° maxime domesticabile silvestrium est elephas: ad multa enim eruditur et intelligit quoniam et adorare reges docentur, ‘ quod non dicitur quia habeat intellectum sed propter bonitatem naturalis aestimativae. descripta igitur convenientia vehemot cum homine, describit proprietates ipsius, et ut hoc primo ad figuram referamus, tria videtur circa vehemot describere: primo quidem cibum ipsius * cum dicit ° fenum quasi bos comedet: ‘ ad litteram enim non est animal comedens carnes sed herbas et alia huiusmodi ad modum bovis. et quia herbae nascuntur in terra, per hoc figuratur quod satan pascitur, idest delectatur, in terrenorum dominio, unde et iactanter de se * dicit luc. iv 6 ° mihi tradita sunt, ‘ scilicet regna orbis terrae, ° et cui voluero do illa. ‘ secundo describit coitum eius: in cibo enim et coitu praecipuae delectationes animalium consistunt. describit autem coitum elephantis primo quidem quantum ad principium libidinis ex qua animalia commoventur ad coitum, * cum dicit ° fortitudo eius in lumbis eius: ‘ nam ex lumbis sive ex renibus semen ad membra genitalia derivatur. secundo describit figuram coitus: nam, * sicut philosophus dicit in v animalium, ° patitur coitum femella elephantis considens, et masculus ascendit, ‘ et hoc significat subdens ° et virtus illius in umbilico ventris eius, ‘ qui scilicet umbilicum superponit in coitu dorso femellae; et oportet quod sit in umbilico magna virtus ne frangatur propter collisionem corporum tam magnorum. animalia autem in quibus talis figura coitus invenitur, dum coeunt caudam inter tibias posteriores stringunt, * unde subdit ° stringit caudam suam quasi cedrum, ‘ quod dicitur propter magnitudinem eius. tertio describit organa coitui deservientia * cum subdit ° nervi testiculorum eius perplexi sunt, ‘ idest revolutiones quasdam habent, * ut philosophus describit in iii animalium de testiculis omnium animalium gressibilium et generantium animal. ‘ haec autem ad diabolum litteraliter referri non possunt, quasi ipsi daemones ad modum animalium corporaliter coeant quasi ipso coitu delectati: etsi enim, * ut augustinus dicit in xv de civitate dei, ° quidam incubi saepe dicantur extitisse mulieribus improbi et earum appetiisse ac peregisse concubitum, ‘ non tamen hoc agunt quasi coitu delectati, sed delectantur ad hoc quod homines ad peccata talia inducunt ad quae maxime sunt proni; * unde augustinus dicit in ii de civitate dei ° quis non intelligat quantum moliantur maligni spiritus exemplo suo auctoritatem praebere sceleribus? ‘ et propter hoc, * ut ipse in eodem libro alibi dicit, ° huiusmodi spiritus luxuriae obscenitatibus delectantur, ‘ quae quidem eorum delectatio metaphorice in verbis praemissis exprimitur. et quia propter concupiscentiam carnis secundum hoc vitium maxime possunt homines superare, * ideo dicit ° fortitudo eius in lumbis eius, ‘ ut hoc referatur ad viros, ° et virtus illius in umbilico ventris eius, ‘ ut hoc referatur ad mulieres; ° stringit caudam suam quasi cedrum, ‘ quia quos in hoc peccatum deicit dulcedine voluptatis finaliter ligatos tenet, ° nervi testiculorum eius perplexi sunt, ‘ quia si aliquis in hoc vitium deiectus evadere nititur, diversis occasionibus iteratio irretitur. tertio describit motum elephantum, de quibus dicitur quod habent inflexibiles pedes, tibias et crura propter pondus corporis sustentandum, et ° habent ossa solida sine iuncturis; * et ad hoc designandum dicit ° ossa eius velut fistulae aeris, ‘ quia flecti non possunt sicut nec fistulae aeris, et hoc refertur ad exteriora organa motus quae sunt tibiae et crura; interiora autem organa motus sunt cartilagines quaedam et nervi, quae etiam in elephantibus non facile flectuntur, * et quantum ad hoc subdit ° cartilago ipsius quasi laminae ferreae, ‘ quae scilicet incurvari et extendi non possunt: et per hoc significatur obstinatio diaboli qui a proposito suae malitiae retrahi non potest, et crudelitas eius per quam ab exteriori hominum nocumento non cessat. haec autem quae figuraliter dicta sunt exponit dominus *subdens ° ipse, ‘ scilicet satan de quo praedicta metaphorice dicta sunt, ° est principium viarum dei, ‘ idest operum eius. et si quidem hoc referatur ad opera creationis, hoc ea ratione dicitur quia satan inter primas creaturas est conditus, vel etiam quia secundum quosdam fuit excellentior inter ceteras creaturas; sed convenientius proposito videtur ut per vias dei intelligamus opera providentiae eius. considerandum est autem quod deo unum solum opus est proprium suae bonitati conveniens, scilicet benefacere et miserere; quod autem puniat et adversitates inducat, hoc contingit propter malitiam creaturae rationalis, quae primo est in diabolo inventa |400| et per eius suggestionem est ad homines derivata, *et ideo signanter dicit quod ° ipse est principium viarum dei, ‘ idest quod deus diversis viis utatur, scilicet benefaciendo et puniendo. et ne credatur sic esse principium viarum dei quod per se ipsum sit potens ad nocendum, hoc excludit * subdens ° qui fecit eum, ‘ scilicet deus, ° applicabit gladium eius, ‘ idest noxiam operationem ipsius; voluntas autem nocendi est diabolo a se ipso, propter quod dicitur gladius eius, sed effectum nocendi non habet nisi ex voluntate vel permissione divina. *et quia dixerat quod ° fenum sicut bos comedit, ‘ ostendit unde fenum accipiat ad edendum, *unde subdit ° huic montes herbas ferunt, ‘ per quod intelligitur quod sublimes in hoc saeculo et superbi afferunt diabolo suae delectationis seu refectionis materiam. et quomodo hoc sit, ostendit *subdens ° omnes bestiae agri ludent ibi: ‘ sicut enim ad litteram in montibus silvestria animalia congregantur ad securitatem et otium, ita sub quadam sublimium virorum protectione homines bestialiter saevientes securi requiescunt, * quod significatur dan. iv 9 ubi dicitur quod ° subter arborem, ‘ per quam significatur regia dignitas, ° habitabant animalia et bestiae. ‘ deinde describit mansionem ipsius. ubi considerandum |425| est quod, * sicut aristoteles dicit in v animalium, ° elephantes in solitudinibus manent et maxime circa fluvios; ‘ et quia circa fluvios solent esse arundineta et salices et loca umbrosa, ideo ad designandam elephantis mansionem * dicit ° sub umbra dormit in secreto calami in locis humentibus. ‘ et quia hoc animal non qualemcumque umbram quaerit sed condensam, * subdit ° protegunt umbrae umbram eius, ‘ ut scilicet inferior umbra per superiorem umbram contra aestum defendatur; et causam facientem umbram designat * subdens ° circumdant eum salices torrentis, ‘ nam salices densiorem umbram faciunt et frigidiorem quam arundines. inhabitat autem ad litteram hoc animal umbrosa loca, quia est animal melancholicum et siccae complexionis et habitat in terris calidis, unde contra calorem et siccitatem aestus quaerit refrigerium humiditatis et umbrae. per quod designatur quod gladius diaboli non solum effectum habet in montibus, idest in superbis, qui ei et ipsi herbas ferunt et bestias agri ludentes sustinent, sed etiam in hominibus qui in otio quasi in umbra vivunt, quam sibi multiplici studio continuare procurant ut sic umbrae protegant umbras, et qui in deliciis quasi in locis humentibus nutriuntur. |450| propter eandem autem causam propter quam hoc animal humentia et umbrosa loca quaerit, etiam multum de aqua potat, * unde aristotiles dicit in vii de animalibus quod ° iam quidam elephas bibit aquae metretas macedonicas quatuordecim pro semel et iterum sero alias octo; ‘ et ideo ad describendum magnitudinem potus eius * subdit ° absorbebit fluvium et non mirabitur, ‘ quia scilicet consuevit multum bibere, et iterum postquam multum bibit expectat alium multum potum, * unde subdit ° habet fiduciam quod influat iordanis in os eius, ‘ qui scilicet est fluvius notus in terra illa ubi haec dicebantur. et haec quidem hyperbolice dicuntur secundum quod referuntur ad elephantem; secundum autem quod referuntur ad diabolum, in cuius figura haec dicuntur, significatur eius praesumptio qua se confidit de facili sibi incorporare per consensum omnes homines instabiles, etiam si habeant aliquam dei cognitionem; ad quod significandum inducitur specialiter de iordane, qui est fluvius in terra in qua vera dei cognitio habebatur: in his enim tribus generibus hominum maxime gladius diaboli habet effectum, scilicet in superbis, voluptuosis et instabilibus seu curis saeculi deditis, qui possunt per fluvium designari. |475| aliqui tamen sunt qui a diabolo non superantur sed potius contra ipsum victoriam obtinent, quod quidem principaliter competit christo, * de quo dicitur apoc. v 5 ° ecce vicit leo de tribu iuda; ‘ consequenter autem convenit aliis per gratiam christi, * secundum illud i ad cor. xv 57 ° deo autem gratias, qui dedit nobis victoriam per dominum nostrum iesum christum. ‘ et hanc quidem victoriam describit dominus sub similitudine venationis elephantis, * dicens ° in oculis eius quasi hamo capiet eum, ‘ scilicet venator, per quem christus et sui significantur. dicitur esse unus modus venationis elephantum quod ° fit fovea subterranea in via elephantis, in quam incidit ignoranter, ad quam veniens unus venator percutit et pungit ipsum; alter autem venatorum veniens percutit primum venatorem et amovet eum ne percutiat elephantem et dat ei comedere hordeum, quod cum ter vel quater fecerit diligit se liberantem et ei deinceps oboediens mansuescit, ‘ et sic capiuntur per cibum eis oblatum sicut pisces hamo. est autem et alius modus venationis elephantum, * ut aristotiles dicit in viii de animalibus, ubi dicit quod ° homines venatores domesticos elephantes equitant et persequuntur elephantes silvestres et pungunt eos cum quibusdam instrumentis; * et ad |500| hoc potest pertinere quod subditur ° et in sudibus perforabit nares eius, ‘ in quibus scilicet habent carnem magis sensibilem, et ideo magis ibi punguntur a venatoribus. per hoc autem mystice designatur quod christus diabolum superavit, ostendens ei naturam infirmam ut sic quasi hamo ab eo caperetur, et postmodum virtutem suam in eum exercuit, * secundum illud col. ii 15 ° expolians principatus et potestates, traduxit confidenter. an extrahere poteris leviathan hamo ‘ etc.. postquam dominus descripsit proprietates diaboli sub similitudine elephantis qui est maximum animalium terrestrium, describit ipsum sub similitudine leviathan, idest ceti, quod est maximum animalium marinorum et, * sicut plinius dicit, ° est magnitudinis quatuor iugerum; * et isidorus dicit quod ° habent corpora aequalia montibus, ‘ ad quod refertur nomen leviathan quod interpretatur additamentum eorum; * et ut isidorus dicit, “ hoc animal dicitur balena a balyn, quod est emittere, quia altius ceteris animalibus emittit aquas. ‘ et potest dici quod sicut diabolus comparatur elephanti, qui vivit in terris, propter effectus manifestos quos operatur in terrenis et corporalibus creaturis, ita comparatur ceto sive balenae in fluctibus maris degenti propter effectus |525| quos operatur in fluctuatione interiorum motuum. et quia superius victoriam hominis contra diabolum expresserat sub figura venationis elephantis, ne credatur quod homo sua virtute diabolum possit superare, hoc incipit excludere sub figura leviathan. de quo primo ostendit quod non potest superari per modum quo capiuntur pisces, * unde dicit ° an extrahere poteris, ‘ scilicet de aquis, ° leviathan hamo? ‘ quod quidem fieri non potest duplici ratione: primo quia tantae est magnitudinis quod nulla hominis virtute aut instrumento sursum elevari possit, * et ad hoc significandum dixit ° an extrahere poteris? ‘ secundo quia tantae est fortitudinis quod hamo retineri non possit, * et ad hoc significandum subdit ° et fune ligabis linguam eius? ‘ pisces enim qui capiuntur hamo per funem cui hamus appenditur retinentur. per quod significatur quod nullus homo potest diabolum neque a malitia sua extrahere neque etiam eum ligare ut in sua malitia non procedat. secundo ostendit quod non potest superari ab homine per modum quo quaedam animalia terrestria magna superantur: retinetur enim bubalus ab homine per annulum ferreum qui naribus eius imponitur, per quem homo ducit ipsum quo vult, et |550| ad hoc excludendum * subdit ° numquid pones circulum in naribus eius? ‘ subicit etiam homo sibi equum aut asinum vel camelum imponendo frenum vel camum in ore eius, et ad hoc excludendum * subdit ° aut armilla perforabis maxillas eius? ‘ praedictorum enim animalium quasi perforantur maxillae armilla, idest ferro, quod ponitur in ore ipsorum: sicut autem circulo naribus imposito ducitur bubalus, ita etiam freno vel camo maxillis equi imposito regitur gressus equi ut hominem convenienter ferat. per hoc ergo datur intelligi quod nullus potest diabolum ducere quo vult nec eum dirigere ut suae voluntati deserviat. tertio ostendit quod leviathan superari non potest per modum quo homo subicitur homini, quod quidem fit dupliciter: uno modo per simplex verbum, puta cum aliquis intantum alteri humiliatur quod eum rogat, * et hoc tangit cum dicit ° numquid multiplicabit ad te preces? ‘ vel etiam cum addit blanditiarum verba, et ad hoc pertinet quod subditur ° aut loquetur tibi mollia? ‘ idest blanda verba ad te placandum, * secundum illud prov. xv 1 ° responsio mollis frangit iram. ‘ alio modo accedente aliqua obligatione, quae fit vel per aliquod particulare pactum, * ad quod pertinet quod dicit ° numquid |575| feriet tecum pactum? ‘ vel per servitutem perpetuam, * ad quod pertinet quod dicit ° et accipies eum servum sempiternum? ‘ et ista quatuor quandoque per ordinem se habent: nam quandoque aliquis primo quidem propter timorem preces porrigit victori, secundo blanditur, tertio ad pactum suscipitur, quarto per pactum servituti perpetuo subiugatur. per quae omnia datur intelligi quod diabolus non timet hominem ut ei quasi superiori aut fortiori preces ex timore aut blanditias aut pactum aut servitutem exhibeat; et si huiusmodi simulet facit ad hominum deceptiones, ut potius eos sibi subiciat quam eis subiciatur. quarto ostendit quod non potest superari per modum quo aves ab homine superantur, circa quas considerandum est quod aves primo quidem aliqua deceptione capiuntur per retia vel viscum vel aliquid huiusmodi, et hoc excludens * subdit ° numquid illudes ei sicut avi, ‘ ut scilicet decipiendo ipsum in tuam redigas potestatem? secundo postquam iam captae fuerint ligantur ne avolare possint, et exhibentur pueris et ancillis ad ludum, * et hoc significatur cum subditur ° aut ligabis eum ancillis tuis? ‘ per quae datur intelligi quod homo non potest sua industria decipiendo diabolum superare, nec eum aliis despiciendum |600| exponere. sic igitur ostenso quod non potest subici per modum quo alia animalia subiciuntur, ostendit consequenter quod homo non potest uti eo, etiam si subiceretur, per modum quo utitur aliis animalibus magnis quando sunt in potestate hominis redacta. et primo hoc ostendit assumens modum quo homines utuntur animalibus terrestribus captis, puta cervis et apris et aliis huiusmodi, quorum carnes dividuntur dupliciter: uno modo gratis distribuendo amicis, et hoc excludit * subdens ° concident illum amici? ‘ ut hoc interrogative legatur; alio modo vendendo diversis, * et quantum ad hoc subdit ° divident illum negotiatores? ‘ quasi dicat non: tanta est enim huiusmodi animalis magnitudo quod si quandoque capiatur toti regioni sufficiat, unde nec particulariter dividitur inter amicos nec venditur in macello ad modum aliorum animalium. per quod designatur quod homo non potest auxilium daemonis vel alteri gratis communicare vel etiam vendere. secundo ostendit quod non potest homo uti leviathan ad modum quo utitur piscibus captis, quorum maioribus piscatores implent magnas sagenas, * et quantum ad hoc dicit ° numquid implebis sagenas pelle eius? * et forte signanter dicit ° pelle ‘ ad exprimendum |625| modum quo maximi ceti capiuntur, qui ° longissimis culmis quos habent quando dormiunt in rupibus pendunt ad saxa, * ut dicitur, ° et tunc piscator appropinquans quantum potest de pelle solvit a lardo iuxta caudam: ‘ est enim animal valde pingue, ita quod propter pinguedinem talem incisuram non sentit; et sic immissis funibus quos ligat ad saxa vel arbores, excitat cetum lapidibus fundae, qui volens recedere pellem dimittit. minoribus autem piscibus implent quaedam alia minora instrumenta, * et quantum ad hoc subdit ° et gurgustium piscium capite illius? ‘ dicitur enim gurgustium quoddam instrumentum de viminibus factum quod piscatores in gurgite ponunt ad capiendum pisces; est autem tanta magnitudo ceti quod nec totus nec etiam una pars eius, puta caput, potest in gurgustio quantumcumque magno contineri: dicitur enim habere tam magnum caput quod ab ipso quadraginta lagenae sagiminis effluant. et hoc ponitur ad figuraliter ostendendum quod diabolus virtute humana includi non potest, sicut quidam nigromantici se eum posse includere opinantur, sed hoc totum provenit ex eius astutia qua utitur ad homines decipiendos; et si quis recte consideret, omnia praemissa videntur pertinere ad praesumptionem nigromanticorum |650| confutandam, qui nituntur cum daemonibus pactum inire aut eos sibi subicere vel qualitercumque constringere. ostenso ergo quod homo non potest ullo modo sua virtute diabolum superare, quasi ex omnibus praemissis concludit * subdens ° pone manum tuam super eum, ‘ subaudi si potes, quasi dicat: nullo modo tua virtute potes manum tuam ponere super eum ut eum tibi subicias. sed quamvis non possit ab homine superari, superatur tamen virtute divina, * unde subdit ° memento belli, ‘ quo scilicet ego contra eum pugno, ° nec ultra addas loqui, ‘ scilicet contra me, dum scilicet vides eum mea virtute superari quem tua virtute superare non potes. et de superatione qua superatur a deo * subditur ° ecce spes eius frustrabitur eum, ‘ quod quidem si referatur ad cetum manifestum est: dum enim cetus persequitur pisces sperans eorum capturam, impingit ad aliquod litus unde propter parvitatem aquae se eruere non potest, frustratus spe sua quam habebat de piscium captura, et sic super aquam apparens praecipitatur in mortem, * et hoc est quod subditur ° et videntibus cunctis praecipitabitur, ‘ quia undique homines eum videntes concurrunt ad eum occidendum. per quod significatur quod spes diaboli quam habet de subversione |675| sanctorum frustrabitur, et ipse cum omnibus suis sequacibus, sanctis videntibus, in die iudicii praecipitabitur in infernum.

cp41 ° Non quasi crudelis suscitabo eum ‘ etc.. postquam dominus enumeraverat virtutem leviathan quantum ad hoc quod non potest superari ab homine sed solum a deo, nunc enarrat potestatem ipsius quantum ad hoc quod ipse potest contra alios agere. et quia ° non est potestas nisi a deo, * ut dicitur rom. xiii 1, ‘ posset aliquis ad crudelitatem deo ascribere quod tam noxiae creaturae tantam potentiam dedit, et ideo ad hoc excludendum * dicit ° non quasi crudelis suscitabo eum, ‘ idest altum esse permittam per potentiam sibi datam; et videtur hoc respondere ad id quod * supra iob xxx 21 dixerat ° mutatus es mihi in crudelem. ‘ quod autem hoc sibi ad crudelitatem ascribi non debeat ostendit triplici ratione: primo propter potestatem ipsius dei, * cum dicit ° quis enim resistere potest vultui meo, ‘ idest providentiae meae? quasi dicat: quantumcumque leviathan iste sit potens non potest providentiae meae resistere, ut potentia sua utatur nisi quantum mihi placuerit, et mea voluntas non ad perniciem sed ad salutem hominum tendit. secundo ostendit idem ex largitate bonitatis ipsius qua gratis omnibus bona sua distribuit, * unde subdit ° et quis ante dedit mihi ut reddam ei? ‘ quasi dicat nullus, ex quo patet |25| quod omnia quae feci diligo quibus bona mea gratis communico, unde non habeo contra ipsa quae feci crudelitatis animum; * et ad idem pertinet quod subdit ° omnia quae sub caelo sunt mea sunt, ‘ quia scilicet sunt a me creata, conservata et gubernata: nullus autem rebus suis adversatur. tertio ostendit se non esse crudelem permittendo satanam in sua potentia exaltari, per hoc quod in nullo ei defert: videtur enim ad crudelitatem quandam pertinere quod aliquis dum vult alicui tyranno favere patienter tolerat afflictiones multorum. duplici autem ratione homo alicui potenti favet: uno modo timens comminationes ipsius, sed hoc dominus a se excludit * dicens ° non parcam ei, ‘ idest in nullo ei deferam quin ei resistam secundum quod oportet, ° verbis potentibus, ‘ idest propter aliqua comminationis verba quae eius praeferant potestatem; alio modo favet aliquis alicui potenti quasi allectus ab eo blanditiis, et ad hoc excludendum * subdit ° et ad deprecandum compositis, ‘ quasi dicat: quamvis potenter vel deprecatorie loqueretur tamen in nullo ei defero, quia non est convenientia ° lucis ad tenebras, * ut dicitur ii cor. vi 14. ‘ his igitur praemissis ad removendum opinionem suae crudelitatis, accedit ad describendum virtutem |50| leviathan, et primo describit figuram eius a capite incipiens. * dicitur autem quod ° super oculos ceti sunt quaedam additamenta cornea in figura magnae falcis et sunt ducenta quinquaginta super unum oculum et totidem super alterum, et utitur eis cetus pro coopertorio oculi tempore magnae tempestatis, * et ad hoc exprimendum dicit ° quis revelabit faciem indumenti eius? ‘ idest quis homo potest accedere ita prope cetum ut a praedictis operculis possit faciem eius detegere? per quod datur intelligi quod astutias diaboli nullus homo sufficit aperire. * dicitur etiam quod ° in gutture habet quandam pellem in modum membranae, et haec multis meatibus perforata non sinit quicquam corpulentia magnum ingredi ventrem eius, ‘ quia scilicet per hoc impediretur eius digestio, scilicet si aliquod magnum animal integrum absorberet, * et ad hoc designandum subditur ° et in medium oris eius quis intrabit, ‘ ut scilicet perscrutetur strictos illos meatus quibus parvi pisces in eius ventrem descendunt? per quod designatur quod intentionem daemonis qua ad homines spiritualiter absorbendos movetur, nullus homo potest cognoscere. dicitur etiam de ceto quod habet aperturam ° oris dentatam valde magnis et longis dentibus, et praecipue duo dentes sunt aliis longiores ad |75| modum dentium elephantis vel apri, ‘ ergo ad designandum hoc duos dentes extremos maximos * dicit ° portas vultus eius quis aperiet? ‘ videntur enim illi duo dentes maximi quasi duae portae quibus os ceti aperiatur. per quod designatur quod nullus homo potest os diaboli aperire ad extrahendum de potestate eius peccatores, quos absorbet quasi duabus portis, scilicet violentia et astutia. quantum autem ad alios dentes ceti * subdit ° per gyrum dentium eius formido, ‘ quia scilicet in circuitu oris habet dentes tam magnos ut aspicientibus terrorem incutere possit. per quod significatur terror quem daemon hominibus incutit ut per hoc eos impellat ad peccandum; et potest dici quod dentes eius sunt ceteri daemones, vel etiam mali homines qui potentia sua alios terrendo ad malum inducunt. his igitur praemissis de dispositione capitis leviathan, procedit ad dispositionem corporis eius quod describit ad modum piscium habentium squamas, unde secundum magnitudinem sui corporis debet habere maximas squamas ad modum scutorum, * unde dicit ° corpus eius quasi scuta fusilia, ‘ quae quidem sunt continua, nam scuta lignea per colligationem adunantur; comparatur autem diabolus ad omnes malos sicut caput ad corpus, unde peccatores |100| qui alios in malitia defendunt sunt quasi scuta corporis diaboli. ostendit autem consequenter quod squamae eius non solum sunt magnae sed etiam compressae ad modum piscium multas squamas habentium, * et hoc est quod subdit ° compactum squamis sese prementibus, ‘ per quod designatur multitudo malorum. et perversa eorum concordia in malo ostenditur * consequenter cum subditur ° una uni coniungitur, ‘ quia scilicet sicut in corpore alicuius piscis non quaelibet squama coniungitur cuilibet sed una uni per ordinem, ita etiam in multitudine malorum non omnes omnibus socialiter concordant sed quidam quibusdam. quandiu autem piscis est vivus et fortis et squamae eius sunt in suo vigore, ita ad invicem et cuti corporis stricte adhaerent quod nec aer potest inter eas transire; quando vero piscis fuerit vel mortuus vel infirmus aut ex aliqua occasione eius squamae desiccantur, tunc paulatim praedicta coniunctio squamarum remittitur ita quod ipsae squamae incurvantur et potest etiam aliquid grossius inter eas transire: ad ostendendum ergo vigorem squamarum leviathan * subdit ° et nec spiraculum quidem incedit per eas, ‘ idest per intermedium squamarum; per quod designatur quod ad consensum malitiae non disiunguntur mali per |125| aliquam spiritualem persuasionem aut inspirationem internam. et ideo ad ostendendum obstinatum eorum consensum in malitia * subdit ° una alteri adhaerebit, ‘ per mutuum favorem et consensum, ° et tenentes se nequaquam separabuntur, ‘ propter obstinatum scilicet consensum eorum in malum, sicut nec squamae leviathan humana virtute possunt ab invicem disiungi. ° sternutatio eius splendor ignis. ‘ postquam descripsit dominus dispositionem leviathan, hic describit operationem fortitudinis eius, et sicut primo descripserat dispositionem capitis quam corporis, ita etiam et prius incipit enumerare operationes ad caput pertinentes. prima autem et principalior pars capitis est cerebrum, ex cuius commotione sternutatio animalis causatur, et ideo sternutationem leviathan describens * dicit ° sternutatio eius splendor ignis, ‘ quia scilicet ex sternutatione leviathan tanta fit aquarum commotio quod causatur quidam candor aquarum commotarum ad modum splendoris ignis; vel etiam potest referri ad hoc quod fortiter commoto capite vel oculis videtur nobis quod emicet quidam splendor ignis, unde cum multo maior sit commotio capitis leviathan ex eius sternutatione, multo magis talis splendor procedit. significatur autem per hoc |150| quod per commotionem capitis diaboli, idest per tentationes ipsius, emicat splendor ignis, scilicet irae aut concupiscentiae aut etiam inanis gloriae. inter alias autem partes capitis sunt praecipui oculi, * unde subdit ° et oculi eius ut palpebrae diluculi: ‘ oculus enim ratione suae levitatis lucidus est; habet autem cetus magnos oculos secundum magnitudinem capitis et totius corporis, et ideo in inspectione eorum apparet quaedam claritas diffusa sicut est claritas diluculi, per quam designatur temporalis prosperitas quam diabolus homini repromittit. tertio autem describit operationem sive effectum oris eius * cum dicit ° de ore eius lampades procedunt sicut taedae ignis accensae, ‘ ubi considerandum est quod taeda est quoddam lignum quod accensum suavem odorem emittit; dicitur autem de ceto quod ° quando multum esurit, vaporem odoriferum ad modum odoris ambrae ex ore suo emittit, in quo pisces delectati os eius ingrediuntur et sic ab ipso devorantur: ‘ vapores ergo emissi ab ore ceti lampades dicuntur propter magnitudinem caloris qui ex interioribus eius egreditur, taedae autem accensae comparantur propter redolentiam, ut dictum est; per hoc autem designatur quod diabolus ad concupiscentiam peccati homines incendit per ostentationem alicuius boni quasi per |175| redolentiam quandam. quarto ponitur operatio narium eius: hoc enim animal habet pulmonem et respirat sicut delphinus, * et ad hoc designandum subdit ° de naribus eius, ‘ quae scilicet sunt praecipua instrumenta respirandi, ° procedit, ‘ scilicet per respirationem, ° fumus, ‘ idest aer adustus ex multitudine caloris qui est necessarius huic animali ad tantam molem movendam; * et ideo signanter subdit ° sicut ollae succensae aquae ferventis: ‘ aer enim qui respirando emittitur in pulmone continebatur, in quo calefiebat per calorem cordis qui pulmoni coniungitur, sicut aqua in olla calescit et fervet per hoc quod ignis apponitur. et quia animal respirat non solum per nares sed etiam per os, ideo quinto subdit operationem oris * dicens ° halitus eius, ‘ idest exhalatio de ore procedens, ° prunas ardere facit, ‘ idest tam calidus et vehemens est quod sufficeret ad prunas accendendas: loquitur enim ad similitudinem eorum qui sufflando prunas accendunt, * unde subdit ° et flamma de ore eius egreditur, ‘ quia scilicet tam calidus et ignitus est vapor de ore eius egrediens quod merito potest flammae comparari. per haec autem omnia designatur quod diabolus sua occulta vel manifesta suggestione perversae cupiditatis ignem in homine accendit. |200| his igitur praemissis quae pertinent ad virtutem capitis leviathan, accedit ad narrandum ea quae pertinent ad virtutem aliorum membrorum ipsius. est autem considerandum quod, * sicut aristotiles dicit in ii animalium, ° nullus piscis habet collum ‘ nisi illi qui generant animalia, sicut delphini, et ex horum genere sunt etiam ceti; et ideo incipit describere fortitudinem colli eius * cum dicit ° in collo eius morabitur fortitudo, ‘ quae quidem necessaria est tanto animali ad pondus capitis eius portandum; et quia per collum caput coniungitur corpori, possunt per collum leviathan designari illi per quos diabolus in alios malitiam suam exercet, qui ut plurimum sunt potentes quos alii reverentur aut etiam timent. est autem manifestum quod hoc animal cum sit magni corporis multo indiget cibo, et ideo cum in aliqua parte maris fuerit cetus absorbet multitudinem piscium ibi existentium, ut quasi mare in conspectu eius remaneat piscibus vacuum, * et hoc est quod subdit ° et faciem eius praecedet egestas, ‘ quia scilicet attrahit ad se pisces, ut supra dictum est, et mare remanet a piscibus vacuum ante eum; per quod significatur quod egestas virtutum in hominibus causatur ante faciem diaboli, idest per suggestionem ipsius. consequenter ostendit fortitudinem eius |225| quantum ad alias partes corporis * cum dicit ° membra carnium eius cohaerentia sibi, ‘ scilicet propter earum spissitudinem, per quod designatur consensus membrorum diaboli in malum. his igitur praemissis de fortitudine leviathan ad agendum, consequenter agit de fortitudine eius ad resistendum. quamvis autem possit resistere virtuti humanae agenti, tamen virtuti actionis divinae usquequaque resistere non potest, et ideo primo ostendit quid deus contra ipsum agat * cum dicit ° mittet contra eum fulmina: ‘ manifestum est enim quod frequenter in mari fulmina cadunt quibus quandoque etiam naves periclitantur, unde etiam probabile est quod quandoque ceti fulmine feriantur, et hoc opus praecipue attribuitur deo propter magnitudinem et terrorem huius effectus, * unde supra xxxviii 35 * dominus dixit ° numquid mittes fulmina, et ibunt * etc.. subdit autem ° et ad locum alium non ferentur, ‘ quod potest ad duas intentiones referri: primo quidem ad designandum magnitudinem corporis eius: solet enim fulgur ad aliquem locum percutiens per quandam repercussionem ad alia loca reflecti propinqua tamen, sed corpus leviathan tam magnum est ut fulmen in ipsum percutiens extra corpus eius non reflectatur; alio modo potest referri |250| ad infallibilitatem divinae operationis: sicut ergo sagittarius sapiens directe sagittas emittit ita quod non percutit nisi ad signum, ita cum deus fulgura contra leviathan sive quamcumque aliam creaturam quasi sagittas quasdam emittere vult, non ad alium locum pergunt nisi quo ipse emittit, * secundum illud sap. v 22 ° ibunt directe emissiones fulgurum. ‘ per quod designantur divina flagella, quae deus immittit contra diabolum et membra eius ita quod contra alios non feruntur: nam si quandoque boni per temporales adversitates flagellantur a deo, hoc tamen cedit in glorificationem sanctorum et in maiorem damnationem diaboli et impiorum. secundo ostendit qualiter se habeat leviathan ad ea quae deus contra ipsum agit, * cum dicit ° cor eius indurabitur quasi lapis; ‘ durum autem significat potentiam naturalem ut scilicet aliquid non facile corrumpatur ab exteriori agente: per hoc ergo designatur virtus naturalis quae est in corde ceti ut non de facili corrumpatur ab exteriori actione inferente aliquod nocumentum. et ad istam duritiam designandam sufficiebat exemplum lapidis quantum ad leves percussiones, non autem quantum ad graves: lapis etsi non confringatur manu confringitur tamen malleo ferreo; et ideo ad designandam virtutem ceti |275| etiam contra gravia nocumenta * subdit ° et stringetur quasi malleatoris incus, ‘ quae scilicet ex percussione malleorum non confringitur sed magis solidari videtur: per hoc ergo significatur obstinatio diaboli et membrorum eius, quia nulla percussione divina a sua malitia emolliuntur. tertio ostenditur finalis effectus divinae percussionis: quantumcumque enim flagellis divinis resistere videatur oportet tamen quod finaliter ab eis superetur, * unde subdit ° cum sublatus fuerit, ‘ scilicet virtute divina de loco suo, ° timebunt angeli ‘ admirando divinam virtutem; in qua admiratione multi effectus divinae virtutis eis innotescunt, * et ideo subdit ° et territi purgabuntur: * ut enim dionysius dicit vi cap. de divinis nominibus, “ angeli purgari dicuntur non ab immunditia sed a nescientia. ‘ sed quia omnis creatura corporalis modicum aliquid est in comparatione sanctorum angelorum, non videtur principaliter hoc esse dictum ad significandum quod caelestes angeli multum admirentur de occisione alicuius corporalis ceti, nisi forte per angelos sanctos homines intelligamus; sed melius est ut principaliter referatur ad spiritualem leviathan, scilicet diabolum, qui sublatus fuit virtute divina quando de caelo cecidit per peccatum: et tunc angeli admirantes |300| divinam maiestatem sunt purgati per separationem ab eius societate. similiter etiam in die iudicii quando diabolus cum omnibus membris suis detrudetur in infernum, angeli et omnes sancti admirabuntur divinam potestatem et erunt de cetero purgati per totalem separationem a malis, et hoc significatur * apoc. xii 10, ‘ ubi postquam proiectus est diabolus auditur magna vox in caelo * dicens ° nunc facta est salus et virtus et regnum dei nostri. ‘ sic igitur ostenso qualiter se habeat ad impugnationem dei, ostendit qualiter se habeat ad impugnationem creaturae, et primo qualiter se habeat ad impugnationem hominis. impugnat autem homo et de propinquo et a remotis: de propinquo quidem munitus gladio et hasta ad percussionem, et thorace ad sui munitionem, * et quantum ad hoc dicit ° cum apprehenderit eum, ‘ scilicet leviathan, ° gladius, ‘ scilicet hominis, ° subsistere non poterit, ‘ scilicet gladius, quin frangatur propter duritiem corporis eius, ° neque hasta, ‘ scilicet subsistere poterit, ° neque thorax, ‘ quo scilicet munitur pectus, subsistere poterit contra leviathan. et huius rationem assignat * subdens ° reputabit enim ferrum quasi paleas, ‘ quia scilicet sicut homo non potest laedi a paleis et de facili eas frangit, ita leviathan non potest laedi a ferro gladii |325| vel hastae, sed de facili huiusmodi frangit; et similiter reputabit ° aes, ‘ scilicet thoracis, ° quasi lignum putridum, ‘ quod scilicet resistere non potest percussioni. per hoc autem significatur quod nulla virtus humana efficax est ad diabolum laedendum vel ad resistendum ei, sed omnis virtus humana pro nihilo a diabolo reputatur. impugnat etiam homo a remotis per sagittas et lapides fundae, sed nec ista contra cetum valent, * unde subdit ° non fugabit eum vir sagittarius, ‘ scilicet emissione sagittarum, quas non timet utpote ab eis laedi non valens. sicut autem sagittae de longinquo emissae laedunt interius vulnerando, ita lapides fundae laedunt exterius atterendo; sed cetus sicut non potest perforari sagittis, ita non potest conteri lapidibus in eum proiectis, * unde subdit ° in stipulam versi sunt ei lapides fundae, ‘ quia scilicet sicut stipula propter suam levitatem nullum conterere potest, ita nec cetus potest lapidibus fundae aliquod nocumentum pati. per hoc autem significatur quod sicut diabolus non potest laedi virtute humana quasi quadam percussione propinqua, ita etiam non potest laedi hominis astutia quasi quadam percussione a longinquo. sicut autem per lapides fundae aliquis atteritur a remotis, ita etiam per malleum aliquid |350| atteritur de propinquo, sed nec sic etiam cetus ab homine laedi potest, * unde subdit ° quasi stipulam aestimabit malleum, ‘ quod etiam referri potest ad eandem significationem cum praemissis, nisi quod mallei est gravior percussura quam lapidum fundae: unde potest significari quod quantumcumque intendatur hominis fortitudo et conatus, a diabolo contemnitur. solent autem homines aliquos superare non solum percutiendo sed etiam percussionem comminando, sed nec cetus nec diabolus aliquam hominis comminationem timet, * unde subditur ° et deridebit vibrantem hastam: ‘ vibratio enim hastae videtur esse quaedam comminatio percussurae. sicut autem homo quandoque alium superat comminando, ita etiam promissis alliciendo; maxime autem solent aliqua dona promissa allicere hominem propter pulchritudinem vel propter pretiositatem. nihil autem videtur esse pulchrius in corporalibus rebus quam radii solares, quorum pulchritudine leviathan vel corporaliter vel spiritualiter intellectus non allicitur, * et ad hoc significandum subditur ° sub ipso erunt radii solis, ‘ quia scilicet non appretiatur eos tamquam aliquid magnum; et per consequens datur intelligi quod nihil aliud praeclarum in rebus humanis appretiatur. |375| aurum autem reputatur valde pretiosum inter res quae in usum hominis veniunt, * et quantum ad hoc subdit ° et sternet sibi aurum quasi lutum, ‘ idest quasi vile aliquid ipsum contemnet. et sic patet quod ab homine allici non potest. sic ergo ostenso quod non potest superari ab homine, consequenter ostendit quod non potest superari neque a mari neque ab aliquo pisce maris, et hoc per fortes operationes quas in mari exercet. * dicit autem plinius quod ° quaedam beluae sunt in mari orientali tantae magnitudinis ut ab imo vertant maria ‘ et faciant tempestates in mari, quae quidem beluae ad naturam ceti pertinere videntur; * et ad hoc significandum subdit ° fervescere faciet quasi ollam profundum mare: ‘ sicut enim quando olla fervet aqua fervens in ea commovetur, ita ex violentia huius piscis fluctus maris commoventur; et incipit haec commotio a profundo et pervenit usque ad aquae superficiem, * unde subdit ° et ponet quasi cum unguenta bulliunt, ‘ quae scilicet faciunt maiorem spumam et commotionem in superficie quam simplex aqua in qua non tantum de aere continetur; per hoc autem significatur turbatio quam diabolus concitat in hoc mundo. et sicut facit magnum effectum quando movetur in fundo maris, ita etiam facit |400| magnum effectum quando movetur in superficie, et * ad hoc significandum subdit ° post eum lucebit semita: ‘ sicut enim quando navis movetur per mare, ad longum spatium vestigium navis transeuntis relinquitur propter commotionem et spumam generatam in aqua, ita etiam contingit ex motu istius piscis prae sua magnitudine; per hoc autem significatur quod effectus perturbationis quam diabolus in mundo concitat non statim aboletur sed quandoque diutius durat. ex hoc autem quod tam fortes operationes cetus in mari operatur, in nullo timet maris profunditatem, * unde subdit ° aestimabit abyssum, ‘ idest profundum maris, ° quasi senescentem, ‘ idest quasi finem habentem et quasi impotentem ad absorbendum ipsum: nam quod senescit, et debile est et fini propinquum; ex hoc autem significatur quod diabolus damnationem inferni non tantum aestimat ut propter eam desinat contra deum niti ac si eius damnatio esset terminanda. et sicut leviathan non potest superari ab homine nec a mari aut ab aliqua creatura maris, ita etiam non potest superari a quacumque alia creatura terrestri, * unde subdit ° non est potestas super terram quae ei comparetur: ‘ non enim est in terra aliquod animal tam magnum sicut cetus maris, * unde et plinius dicit quod “ in mari sunt |425| ° maiora animalia terrestribus, et causa evidens est humoris luxuria; ‘ per hoc autem significatur quod nulla virtus corporalis potest adaequari potestati daemonis quae est potestas spiritualis naturae. quia igitur multa praemiserat de proprietatibus leviathan in figura diaboli, consequenter praedictam metaphoram exponit. et sicut dictum est, omnes praedictae proprietates ad duo pertinere videntur, quorum unum est quod ipse ab alio laedi non potest, * et quantum ad hoc exponens subdit ° qui factus est ut nullum timeret, ‘ idest hoc habet diabolus ex condicione suae naturae in qua factus est a deo ut neque hominem timeat neque aliquam creaturam corporalem; aliud autem est quod leviathan habet facultatem ad magnas et fortes operationes exercendas, * et hoc exponens subdit ° omne sublime videt, ‘ idest intentio diaboli est ad quaecumque sublimia aggredienda. et quia haec videntur ad superbiam pertinere, ostendit consequenter quod diabolus non solum in se superbus est sed omnes in superbia excedit et est aliis superbiendi initium, * unde subdit ° ipse est rex super universos filios superbiae, ‘ idest super eos qui superbiae subiciuntur, qui omnes sequuntur eius ducatum. ubi considerandum est quod dominus operationem suam quam exercet in |450| malos circa superbos manifestare incepit et in superbis narrationem terminat, ut ostendat hoc praecipue iob fuisse timendum ne diabolus, qui eum expetierat ad tentandum, praecipue eum ad superbiam inducere conaretur ut sic transferretur in regnum ipsius, et ideo cavere debebat affectum et verba quae superbiam saperent.

cp42 ° Respondens autem iob domino dixit ‘ etc.. postquam dominus redarguit iob de incauta locutione quae superbiam sapere videbatur, quia scilicet se intantum iustum asserebat quod hoc quibusdam videbatur in derogationem cedere divini iudicii, iob humiliter se convictum reputans respondet: primo quidem confitendo divinam excellentiam quantum ad potentiam, * unde dicit ° respondens autem iob domino dixit: scio quia omnia potes, ‘ et etiam quantum ad scientiam, * unde subdit ° et nulla te latet cogitatio. ‘ per quorum primum confitebatur quod deus poterat adversitatem removere a diabolo inductam, quem dominus sub figura vehemot et leviathan descripserat; per secundum autem recognoscit se interius fuisse aliqua cogitatione superba pulsatum, quod deum non latuisse recognoscit, et ideo consequenter invehitur contra eos qui divinam providentiam negant * dicens ° quis est iste qui celat consilium absque scientia? ‘ idest quis est tam praesumptuosus et stultus qui dicit humanum consilium posse celari a deo absque hoc quod deus illud cognoscat? ex consideratione autem divinae excellentiae procedit ad considerationem propriae culpae * cum subdit ° ideo insipienter locutus sum, ‘ scilicet debitam reverentiam |25| non exhibens divinae excellentiae in meis verbis, ° et quae ultra modum excedunt scientiam meam, ‘ scilicet discutiendo divina iudicia. et quia ° insipienter locutus sum, ‘ de cetero loquar sapienter, * unde subdit ° audi et ego loquar, ‘ meam scilicet culpam confitendo; et quia ° locutus sum quae excedunt scientiam meam, ‘ de cetero de ea non audeo loqui sed solum de his te interrogare, * unde subdit ° interrogabo te, ‘ scilicet petendo, orando, pulsando, ° et responde mihi, ‘ scilicet interius instruendo. quare autem sic mutatus sit ostendit * subdens ° auditu auris audivi te, ‘ scilicet olim cum insipienter loquerer, ° nunc autem oculus meus videt te, ‘ idest plenius te cognosco quam prius, sicut id quod videtur oculis certius cognoscitur quam quod aure auditur: profecerat enim tum ex percussione tum ex revelatione divina. quanto autem aliquis magis dei iustitiam considerat tanto plenius culpam suam recognoscit, * unde subdit ° idcirco ipse me reprehendo, ‘ propriam scilicet culpam considerando. et quia non sufficit culpam confiteri nisi sequatur satisfactio, * ideo subdit ° et ago paenitentiam in favilla et cinere, ‘ in signum scilicet fragilitatis naturae corporeae: convenit enim humilis satisfactio ad expiandam superbiam cogitationis. |50| quia ergo superius dominus redarguerat eliud et etiam iob, nunc tertio redarguit amicos eius, inter quos praecipuus erat eliphaz - quod patet ex hoc quod primo loqui inceperat -, * unde dicitur ° postquam autem locutus est dominus verba haec ad iob, dixit ad eliphaz themanitem: iratus est furor meus in te et in duos amicos tuos, ‘ scilicet baldath et sophar. ubi considerandum est quod eliud ex imperitia peccaverat, iob autem ex levitate, et sic neuter eorum graviter peccaverat: unde nec dominus dicitur iratus fuisse contra eos, sed contra tres amicos iob graviter dicitur fuisse iratus quia graviter peccaverant perversa dogmata asserendo, ut supra habitum est, * unde subdit ° quoniam non locuti estis coram me rectum, ‘ idest fidelia dogmata, ° sicut servus meus iob, ‘ qui scilicet a veritate fidei non recessit. pro gravibus autem peccatis expiandis antiqui consueverunt sacrificia offerre, * unde subdit ° sumite igitur vobis septem tauros et septem arietes, ‘ quia scilicet ipsi erant duces populorum; septenarius autem est numerus universitatis, unde septenarius sacrificiorum competit ad gravium delictorum expiationem. sed quia infideles per fideles deo reconciliari debent, * subdit ° et ite ad servum meum iob, ‘ ut scilicet eo mediante mihi reconciliemini, ° et offerte pro vobis holocaustum, |75| ‘ ut scilicet vos satisfaciatis qui peccastis. sed vestra satisfactio indiget fidelis viri patrocinio, * unde subdit ° iob autem, servus meus, orabit pro vobis, ‘ qui scilicet dignus est exaudiri propter suam fidem, * unde subdit ° faciem eius, ‘ scilicet deprecantis, ° suscipiam, ‘ scilicet exaudiendo eius orationem, ° ut non imputetur vobis stultitia, ‘ scilicet infidelis dogmatis; * et hoc exponit subdens ° neque enim locuti estis coram me rectum sicut servus meus iob. ‘ accepta autem spe veniae, impleverunt quod eis fuerat mandatum, * unde sequitur ° abierunt ergo eliphaz themanites et baldath suites et sophar naamathites, et fecerunt sicut locutus fuerat dominus ad eos. ‘ et ita per oboedientiam et humilitatem suam digni facti sunt ut pro eis oratio iob exaudiretur, * unde sequitur ° et suscepit dominus faciem iob, ‘ rogantis scilicet pro amicis suis. nec solum humilitas amicorum efficaciam praestitit eius orationi sed etiam humilitas propria, * unde subditur ° dominus quoque conversus est, ‘ scilicet a furore in clementiam, ° ad paenitentiam iob, cum oraret pro amicis suis: ‘ dignum enim erat ut qui pro suo levi peccato humiliter paenitebat etiam aliis graviter peccantibus veniam impetraret. plus autem prodest unicuique sua paenitentia |100| quam aliis, unde si oratio et paenitentia iob meruit amotionem indignationis divinae ab amicis, multo decentius fuit ut etiam ipse ab adversitate liberaretur. et quamvis iob spem suam non referret ad prosperitatem temporalem recuperandam sed ad consequendam futuram felicitatem, dominus tamen ex abundanti etiam prosperitatem temporalem ei restituit, * secundum illud matth. vi 33 ° primum quaerite regnum dei et iustitiam eius, et haec omnia adicientur vobis. ‘ et hoc quidem tempori congruum erat propter statum veteris testamenti in quo temporalia bona promittebantur, ut sic per prosperitatem quam recuperaverat aliis daretur exemplum ut converterentur ad deum; erat etiam congruum personae ipsius iob, cuius apud aliquos opinio laesa erat propter multiplices adversitates quae supervenerant ei, et ideo ut ei famam restitueret, ad statum maioris prosperitatis eum reduxit, * unde sequitur ° et addidit quoque dominus omnia quaecumque fuerant iob duplicia. ‘ inter adversitates autem iob quasi praecipua erat quod fuerat ab amicis suis desertus, et ideo huius adversitatis primo remedium ponitur * cum dicitur ° venerunt autem ad eum omnes fratres sui et universae sorores suae et cuncti qui noverant eum prius, ‘ in quo designatur recordatio pristinae |125| amicitiae, ° et comederunt cum eo panes in domo eius, ‘ in quo designatur reditus ad antiquam familiaritatem, ° et moverunt super eum caput, ‘ scilicet compatiendo afflictioni ipsius. et quia non solum oportet afflictis compati sed etiam eorum afflictioni remedium praebere, primo quidem praebuerunt remedium eius interiori dolori per consolatoria verba, * unde subditur ° et consolati sunt eum super omni malo quod intulerat dominus super eum; ‘ secundo autem adhibuerunt subventionis remedium contra exteriorem inopiam, et quia amiserat et animalia in campis et supellectilia in subversione domus, ideo in utroque ei subveniunt, * sequitur enim ° et dederunt ei unusquisque ovem unam, ‘ quantum ad animalia, ° et inaurem auream unam, ‘ quantum ad supellectilia. haec autem modicum fuissent ad reparationem ipsius, sed dominus manum suam adhibuit ut ex his in maiora proficeret, * unde sequitur ° dominus autem benedixit novissimis iob, ‘ scilicet multiplicando ea, ° magis quam principio eius, ‘ idest quam primae eius prosperitati: est enim ° potens plus facere quam intelligimus aut petimus, * ut dicitur eph. iii 20. ‘ desideraverat autem iob * supra xxix 2 ‘ ut esset ° iuxta menses pristinos, ‘ sed dominus ei maiora restituit et in duplo, ut supra dictum est, * unde sequitur ° et |150| facta sunt ei quatuordecim millia ovium: ‘ supra enim dictum est quod ° fuit possessio eius septem millia ovium; et sex millia camelorum: ‘ nam primo habuerat ° tria millia camelorum, ‘ ut supra dictum est; fuerant etiam ei ° quingenta iuga boum, ‘ unde hic duplum ponitur * cum dicitur ° et mille iuga boum; ‘ supra etiam dictum est quod habuerat ° quingentas asinas, ‘ sed hic duplum ponitur cum sequitur ° et mille asinae. ‘ amiserat autem non solum possessiones sed etiam filios, qui ei restituuntur sed non in duplum, * sequitur enim ° et fuerunt ei septem filii et tres filiae, ‘ cuius ratio duplex esse potest: una pertinens ad futuram vitam, quia scilicet filii quos habuerat non totaliter ei perierant sed reservabantur in futura vita cum eo victuri; alia ratio potest esse quantum ad vitam praesentem, nam si duplicatis ceteris rebus etiam numerus filiorum esset duplicatus, non videretur fortuna domus augmentata fuisse, quia eandem quantitatem in bonis eius unusquisque filiorum habuisset quam prius; et ideo decentius fuit ut proles ei augeretur non numero sed magis in valore. quod occulte insinuatur in filiabus quae pulcherrimae fuisse leguntur, quarum pulchritudini etiam nomina conveniunt, * sequitur enim ° et vocavit nomen |175| unius diem, ‘ scilicet propter claritatem eius, ° et nomen secundae cassiam, ‘ quae est species aromatica, propter suavitatem ipsius, ° et nomen tertiae cornustibii: ‘ est autem stibium quo mulieres utuntur ad ornatum oculorum, * secundum illud iv reg. ix 30 ° depinxit oculos suos stibio et ornavit caput suum, ‘ quod quidem stibium in cornu a mulieribus conservatur ut habeant ipsum paratum cum opus fuerit, unde vocavit eam cornustibii ad designandam abundantem pulchritudinem oculorum; * unde et de pulchritudine earum subditur ° non sunt autem inventae mulieres speciosae sicut filiae iob in universa terra. ‘ per quod etiam datur intelligi quod filii eius erant in virtute praecellentes, * sequitur enim ° deditque eis pater suus hereditatem inter fratres earum, ‘ scilicet ad designandum convenientiam virtutis in utrisque. et quia iob etiam in proprio corpore fuerat flagellatus, additur ei ad prosperitatis augmentum longitudo dierum, * unde sequitur ° vixit autem iob post flagella haec centum quadraginta annis. ‘ et ut intelligatur toto hoc tempore in prosperitate vixisse, * subdit ° et vidit filios suos et filios filiorum suorum usque ad quartam generationem. ‘ et ista prosperitas datur intelligi durasse usque ad mortem, * unde sequitur ° et |200| mortuus est senex, ‘ quod pertinet ad diuturnitatem vitae, ° et plenus dierum, ‘ quod pertinet ad vitae prosperitatem, unde supra ad designandum suam adversitatem * dixit ° sic et ego habui menses vacuos; ‘ unde et per plenitudinem dierum designatur abundantia ipsius et quantum ad bona fortunae et quantum ad bona gratiae, quibus perductus est ad futuram gloriam quae durat per omnia saecula saeculorum. amen.

IN ISAIAM

---

068 CIS cp

lc1 ° Scribe visum, et explana eum super tabulas, ut

percurrat qui legerit eum: quia adhuc visus procul, et apparebit in finem. * habac. 2. ‘ ex verbis istis tria possunt accipi circa librum isaiae prophetae, quem prae manibus habemus; scilicet auctor, modus et materia. circa primum tria ponuntur: scilicet auctor, auctoris minister, et ministri officium, sive donum. auctor ostenditur in dicentis imperio: * unde praemittitur: ° respondit mihi dominus, et dixit: scribe visum etc.. ‘ auctor enim scripturae sacrae spiritus sanctus est. * infra 48: ° nunc misit me dominus etc., * 2 petri i 21: ° non enim voluntate humana ‘ etc.. spiritus enim ° loquitur mysteria, * sicut dicitur 1 cor. 14. ‘ minister ostenditur in scribentis actu: * dicit enim, ° scribe. ‘ fuit autem lingua prophetae organum spiritus sancti, * sicut in psal. 44. dicitur: ° lingua mea calamus scribae, velociter scribentis. * et 1 cor. 3: ° quid igitur est apollo? quid vero paulus? ministri ejus cui credidistis. ‘ officium vero ministri ostenditur in visionis privilegio: * dicit enim, ° visum. qui enim hodie dicitur propheta, olim vocabatur videns, * sicut 1 reg. 9 dicitur. et numer. 12: ° si | 25 | quis fuerit inter vos propheta domini, in visione apparebo ei, vel per somnium loquar ad illum. ‘ sic igitur patet auctor; sed modus ostenditur * in hoc quod sequitur, ° et explana: ‘ modus enim istius prophetiae planus est et apertus. * unde, ut dicitur in prologo ° non videtur vaticinari de futuris, sed magis de praeteritis historiam texere. ‘ et circa hoc tria ponuntur: visionis explanatio, explanationis ratio et utilitas consequens. primum ostenditur * in hoc quod dicit, ° explana eum. ‘ explanatur autem ab eo visus, sive visio, tribus modis. primo per similitudinis adaptationem; secundo per sententiae expressionem; tertio per verborum venustatem. et in his tribus iste propheta alios excellit prophetas. ponit enim pulchras et curiales similitudines, quae quidem sunt necessariae nobis, propter connaturalitatem sensus ad rationem: est enim naturale rationi nostrae accipere a sensibilibus: unde perspicacius capit ea quorum similia ad sensum videt. * unde dionysius in epistola ad titum secunda demonstrat hoc, scilicet quod necessariae sint sensibiles figurae in scripturis: ° quicumque plana cum audierint, in seipsis componunt figuram quamdam ad intellectum theologiae ipsos manuducentem. |50| * et osee 12: ° in manibus prophetarum assimilatus sum. ‘ excellit etiam in expressione sententiae, ° ut videatur non prophetiam, sed evangelium texere, * ut dicitur in prologo galeato. ‘ unde dictum est sibi, infra 40: ° exalta vocem tuam, noli timere, dic civitatibus iudae ‘ etc.. excellit etiam in verborum venustate sicut ° vir nobilis et urbanae eloquentiae, * ut dicitur in prologo et prov. 15: ° lingua sapientium ornat scientiam. ‘ sed huius explanationis tangitur consequenter ratio, * cum dicit, ° super tabulas. ‘ sunt enim tabulae legis, sunt tabulae lapidei cordis et sunt tabulae mollis et carnei cordis. * 2 cor. 3: ° epistola nostra vos estis... scripta non in tabulis lapideis, sed in tabulis cordis carnalibus. ‘ primae tabulae (scilicet) legis scriptae fuerunt digito dei, * sicut dicitur exo. 31. ‘ et ideo scriptura profunda et obscura, et plena multis mysteriis. unde oportuit superscribi illis tabulis digito hominis planam prophetiam, ad explanandum, * infra 8: ° sume tibi librum grandem, et scribe in eo stylo hominis. ‘ sed secundis tabulis, scilicet cordibus lapideis, superscribi oportuit plane ad confutandum. * matth. 15. ° bene prophetavit de vobis isaias dicens: populus hic labiis me honorat, cor autem eorum longe est a me. ‘ sed |75| tertiis tabulis, scilicet cordibus carnalibus, oportuit plane superscribi ad instruendum. * 2 esdrae 8: ° signate in libro legis dei distincte et aperte ad intelligendum. * et sequitur: ° et intellexerunt cum legeretur. ‘ utilitas autem explanationis ostenditur * in hoc quod sequitur, ° ut percurrat. ‘ percurrere enim est expedite in finem currendo devenire. est autem finis triplex; scilicet finis legis, finis praecepti et finis vitae. ° finis legis christus est ad justitiam omni credenti; * sicut dicitur ad rom. 10. ° finis praecepti caritas est: * 1 ad tim. i. ‘ finis vitae mors est, * matth. 21: ° qui perseveraverit usque in finem hic salvus erit. * dicit ergo: ° ut percurrat qui legerit; ‘ ac si dicat: ut qui legerit, sine impedimento dubitationis percurrat credendo in christum, credens amet, et in amore perseveret. materia tangitur * in hoc quod sequitur: ° quia adhuc visus procul. ‘ et est principaliter materia hujus libri apparitio filii dei: unde in ecclesia tempore adventus legitur. est autem triplex apparitio filii dei. prima qua apparuit in carne homo factus. * ad titum 3: ° apparuit benignitas et humanitas salvatoris nostri dei. ‘ secunda qua apparuit per fidem a mundo creditus. * ad titum 2: ° apparuit gratia | 100 | salvatoris nostri dei erudiens nos. ‘ tertia qua apparebit per speciem in glorificatione. * 1 joan. 3: ° scimus quoniam cum apparuerit, similes ei erimus. ‘ et istae apparitiones sunt materia istius libri. * unde in prologo dicitur, ° quod omnis cura ejus est de adventu christi, et vocatione gentium. ‘ sed certe iste qui postea sic visus est, adhuc suis temporibus procul erat. siquidem procul, quia excelsum in majestatis aequalitate. * job 36. ° unusquisque intuetur procul. ecce deus magnus vincens scientiam nostram. ‘ erat etiam procul, quia absconditus in praefinitione patris. * eph. 3: ° quae sit dispensatio sacramenti absconditi a saeculis in deo. ‘ erat etiam procul, quia dilatum in expectatione patrum. * hebr. 11. ° juxta fidem defuncti sunt omnes isti non acceptis repromissionibus, sed a longe eas aspicientes. ‘ sed certe modo quod erat longe, factum est prope, quia excelsum factum est infimum. ° verbum enim caro factum est: * joan. 1. ‘ quod erat absconditum, factum est publicum, quia ° unigenitus qui est in sinu patris, ipse enarravit: * (ibidem). ‘ quod erat dilatum, incepit esse jam a sanctis possessum in gloria. * matth. 25: ° venite benedicti patris mei, percipite regnum quod vobis | 125 | paratum est ab origine mundi. ‘ sic igitur poterat dicere: ° adhuc visus procul apparebit in finem. ‘ fuit enim prima apparitio in fine legis: quia ° ubi venit plenitudo temporis, misit deus filium suum natum ex muliere, factum sub lege: * ad galat. 4. ‘ secunda autem fuit in fine idolatriae. * infra 19: ° ecce dominus ascendet super nubem levem, et ingredietur aegyptum, et movebuntur simulacra aegypti a facie ejus. ‘ sed tertia erit in fine omnis miseriae, quam ° absterget deus ab oculis sanctorum, et non erit amplius neque luctus, neque labor, sed nec ullus dolor, quoniam priora transierunt: * apoc. 21. ‘ et haec sunt ultima * de quibus eccli. 48, dicitur de isaia: ° spiritu magno vidit ultima, et consolatus est lugentes sion usque in sempiternum: et ostendit futura et abscondita antequam evenirent.

lc2 ‘ Huic autem operi praemittit hieronymus prologum, in quo tria facit. primo ostendit modum dicendi; secundo modum prophetandi, * ibi, ° deinde etiam hoc adjiciendum; ‘ tertio modum tractandi, * ibi, ° prophetavit autem. ‘ modum dicendi ostendit circa ornatum prolocutionis ex duobus. primo ex ordine verborum; secundo ex elegantia verborum, * ibi, ° ac primum de isaia. ‘ circa primum tria facit. primo removet ordinem a quibusdam aestimatum, scilicet metricum; secundo demonstrat ordinem a propheta servatum, * ibi, ° sed quod in demosthene; ‘ tertio ostendit eumdem modum se esse in sua translatione imitatum, * ibi, ° nos quoque. versibus, ‘ idest brevibus clausulis, ° descriptos, ‘ idest distinctos, ° metro ligari. ‘ metrum graece, mensura dicitur: unde illud dicitur metrice describi ubi servatur certa mensura pedum, syllabarum, et temporum; a qua lege prophetae soluti sunt. ° et aliquid habere de psalmis, ‘ idest eis simile, ° vel operibus salomonis, ‘ quantum ad finem proverbiorum, et in canticis canticorum; in ° demosthene, ‘ graeco, ° tullio, ‘ latino oratoribus, ° qui prosa scripserunt per cola et comata. ‘ tres sunt distinctiones in |25| scripturis: coma, colus et periodus, ad similitudinem corporis humani, in quo sunt distinctiones quaedam in partibus unius membri; sicut sunt articuli, et distincta membra, sicut manus et pedes et iterum totum corpus. primae distinctioni respondet distinctio quae sit per comata, quia coma, idem est quod incisio vel divisio; secundae respondet illa quae est per cola, quia colon interpretatur membrum; sed toti respondet periodus: periodus enim dicitur circulatio a peri, quod est circum, et odos, quod est via. “ sola autem linea circuli completa est, * sicut probat philosophus. ‘ sumuntur autem istae distinctiones in scripturis tripliciter. primo, * secundum isidorum, “ in versibus, coma est quando post duos pedes sequitur una syllaba, quae est pars alterius pedis, quia tunc deciditur pes unus, * sicut ibi: ° gloria, laus, et honor. ‘ cola autem quando accipiuntur duo pedes sine syllaba sequente, ut ° carmina dulcia. ‘ sed periodus, quando tota sententia metrice tradita completur. secundo modo, “ in prosa, * secundum isidorum et tullium, “ coma est, quando imperfectae orationes pausatim proferuntur, * ut infra 1: ° vae genti peccatrici, populo gravi iniquitate, filiis sceleratis; ‘ et dicitur subdistinctio. cola, quando perfectae |50| orationes cum pausa proferuntur, quamvis perfecta non sit sententia, et dicitur distinctio, * ut illud eodem: ° dereliquerunt dominum, blasphemaverunt sanctum israel, alienati sunt retrorsum. ‘ periodus, quando ex pluribus orationibus constat perfecta sententia. tertio modo * sumitur coma a rabano “ pro capitulo uno, * super illud jer. 48: ° audivimus superbiam moab; * ubi dicit: ° in superiori (commate) provocavit ad poenitentiam; * idest in superiori capitulo. ‘ sed secundo modo accipitur hic. ° novam, ‘ a nobis primo editam de hebraeo in latinum, novo genere, servato modo qui apud hebraeos est, per cola et comata, qui in aliis translationibus non servabatur. ° ac primum de isaia. ‘ hic ostendit modum dicendi quantum ad elegantiam verborum; et circa hoc tria facit. primo ponit modum; secundo assignat rationem ex conditione dicentis, * ibi, ° quippe ut vir nobilis, ‘ tertio concludit excusationem defectus in sua translatione a tali modo, * ibi, ° unde accidit etc.. disertus, ‘ idest eruditus in eloquentia appareat, ° nobilis, ‘ genere, quia fuit avus maternus vel affinis manasse regi juda, * sicut dicitur in historia. ° unde accidit. ‘ quae pulchre dicuntur in una lingua, non sonant pulchre translata in aliam; et |75| ideo quanto ipse prae ceteris prophetis pulchriori eloquio usus est, tanto magis translatio a pulchritudine ipsius deficit. ° florem, ‘ idest dulcedinem et ornatum. ° deinde etiam hoc adjiciendum. ‘ hic ostendit modum prophetandi apertum et expressum: et circa hoc tria facit. primo ostendit modum prophetandi qui dictus est; secundo ex modo concludit rationem defectus in antiqua translatione septuaginta, * ibi, ° unde conjicio: ‘ tertio excludit contradictionem aemulorum, * ibi, ° nec ignoro etc.. non propheta, ‘ quasi veritatem sub aenigmate obscurans, ° mysteria; ‘ idest secreta, a ° mystim, ‘ quod est secretum, ut incarnationem: * infra 10: ° filius datus est nobis; ‘ passionem: * infra 53. ° tamquam ovis ad occisionem ducetur, et sicut agnus coram tondente se obmutescet: ‘ et multa alia. ° ad liquidum, ‘ expresse. ° putes, ‘ putare possis propter expressionem facti, non quantum ad modum qui magis exprimi potest de praeteritis quam de futuris: unde in hoc superat evangelista prophetam. ° conjicio, ‘ sub quadam conjecturatione existimo, ° ethnicis ‘ idest gentilibus, ab ° ethnon, ‘ quod est gens. ° margaritas, * matth. 7: ° inventa una pretiosa margarita. abscondita, ‘ occultata. unde tria facit. primo ponit |100| defectum; secundo rationem defectus, * ibi, ° ne sanctum; ‘ tertio probat per suam editionem, * ibi, ° quae cum hanc. abscondita, ‘ idest sacramenta. ° nec ignoro. ‘ hic refellit contradicentium falsum judicium, et circa hoc tria facit. primo ostendit per causam falsum esse eorum iudicium; secundo convincit eos per exemplum, * ibi, ° et nihilominus; ‘ tertio ostendit eis ordinem rectum, * ibi, ° legant. ‘ circa primum tria facit. primo ostendit causam falsi judicii ex parte intellectus, ignorantiam; secundo ex parte affectus, invidiam, * ibi, ° nos quoque; ‘ tertio concludit suam inter contradictiones constantiam, * ibi, ° sciens ergo quanti laboris. * psal. 17: ° tenebrosa aqua in nubibus aeris. * contra. supra dixit, ° ad liquidum, “ idest expresse, hunc dicere christi mysteria. ‘ respondeo. verum est quantum ad quaedam principaliora. ° morsibus, ‘ idest detractionibus. ° in flammam mitto manum, ‘ idest expono me periculo. et alludit proverbio vulgari, quod habet ortum ex hoc quod scaevola manum qua cillium interfecit, credens sillam interficere, misit in ignem, |125| * dicens: ° pereat manus quae hoc scelus operata est. ob studium, ‘ idest exercitium scientiae. ° prophetavit. ‘ hic ponit modum tractandi: et circa hoc tria facit. primo tangit tractatus ordinem, quantum ad tempus et materiam et modum simul; secundo tangit intentionem, * ibi, ° cum interdum; ‘ tertio ex intentione concludit orationis petitionem, * ibi, ° quem quanto.

068 CIS cp1

lc1 ° Visio isaiae filii amos. ‘ iste liber dividitur in duas partes, in prooemium et tractatum qui incipit, * ibi, ° audite caeli. ‘ prooemium inducitur quasi titulus, ad manifestationem sequentis operis. manifestatur autem ex quatuor. primo ex operis genere; secundo ex auctore, * ibi, ° isaiae; ‘ tertio ex materia, * ibi, ° quam vidit: ‘ quarto ex tempore, * ibi, ° in diebus. ‘ genus operis ostenditur in hoc quod dicit, ° visio; ‘ in quo differt a libris historialibus, quia prophetia est. * oseae 12: ° ego visiones multiplicavi. ‘ et sequitur: ° in manibus prophetarum assimilatus sum ‘ hic oportet tria videre. primo qualiter se habeat visio ad prophetiam; secundo de modis prophetalium visionum; tertio de differentia propheticae visionis ad alias visiones. circa primum sciendum est, quod prophetia potest habere duplicem interpretationem, secundum quod potest venire a phanos, quod est apparitio, vel a for faris. secundum primam derivationem dicitur propheta habens apparitionem de his quae procul sunt; et secundum hoc prophetia differt a visione in modo; quia apparitio dicit relationem visibilis ad videntem, |25| sed visio e contrario. iterum se habent ex additione: quia visio est de quibuscumque, sed prophetia de his quae procul sunt. dicuntur autem aliqua esse procul a cognitione nostra dupliciter: simpliciter, et secundum quid. simpliciter procul sunt futura contingentia ad utrumlibet, quorum non potest accipi determinata cognitio neque in se neque in suis causis; et de his prophetia proprie est. secundum quid procul sunt quorum cognitio diffugit cognoscentem, sicut quaedam praeterita et quaedam praesentia: et de his non est prophetia simpliciter, sed quo ad nescientes. sed secundum secundam derivationem dicitur propheta quasi procul fans. et sic prophetia addit supra visionem actum exterioris denuntiationis, et visio erit materialis respectu prophetiae. circa secundum sciendum est, quod modi prophetalium visionum distinguuntur secundum ea in quibus accipitur praescientia futuri contingentis. illud autem est aut species facta in sensu, et dicitur visio corporalis, quia sensus accipit species praesentibus corporibus quorum sunt: aut est species recepta in imaginatione, et dicitur visio spiritualis, quia primo manifestatur in ipsa actus et proprietas spiritualitatis, quae est cognoscere rem abstractam a materia; aut est species existens |50| tantum in intellectu, et dicitur visio intellectualis. et est sciendum, quod prophetia salvatur in istis tribus sicut totum potentiale in suis partibus, cujus natura est quod secundum perfectam suam virtutem est in uno, et in aliis quaedam participatio et quidam modus illius; sicut est in anima, quod ejus tota virtus salvatur perfecte in anima rationali; et sensibilis non habet perfectam animae virtutem, et adhuc minus anima vegetabilis. * propter quod dicit gregorius, quod “ plantae non vivunt per animam, sed per virorem. ‘ similiter etiam et corporalis visio et spiritualis vel imaginaria est aliquid prophetiae; sed non possunt dici verae prophetiae, nisi addatur visio intellectualis, in qua est completa ratio prophetiae. * dan. 10: ° intelligentia enim opus est in visione: * unde antecedit: ° intellexitque sermonem, ‘scilicet daniel. visio autem primo et proprie dicitur de visione corporali. et quia omnis nostra cognitio est a sensibus, inter quos visus potior est et subtilitate et universalitate, quia plures rerum differentias nobis ostendit; ideo transfertur nomen visionis ad alias interiores cognitiones. circa tertium sciendum, quod non quaelibet visio intellectualis est visio prophetalis: est enim quaedam visio ad quam sufficit lumen |75| naturale intellectus, sicut est contemplatio invisibilium per principia rationis: “ et in hac contemplatione * ponebant philosophi “ summam felicitatem hominis. ‘ est iterum quaedam contemplatio ad quam elevatur homo per lumen fidei sufficienter, sicut sanctorum in via. est etiam quaedam beatorum in patria ad quam elevatur intellectus per lumen gloriae, videns deum per essentiam, inquantum est objectum beatitudinis; et hoc plene et perfecte non est nisi in patria: sed quandoque ad ipsam raptim aliquis elevatur etiam existens in hac mortali vita, sicut fuit in raptu pauli. * 2 cor. 12: ° scio hominem in christo ante annos quatuordecim, sive in corpore etc., * ubi dicit glossa, quod “ vidit sicut illi qui sunt de tertia hierarchia. ‘ nulla autem istarum est visio prophetalis, quia ad ipsam nec lumen naturale neque lumen fidei sufficit; sed elevatur ad ipsam intellectus prophetae per lumen gratiae gratis datae, quod est donum prophetiae: nondum tamen attingit ad videndum deum prout est objectum beatitudinis, sed prout est ratio eorum quae pertinent ad dispositionem hominum in mundo. similiter non omnis visio corporalis, vel imaginaria dicitur prophetica, sed illa tantum quae fit |100| per speciem specialiter divina virtute ad hoc ordinatam, ut sit in signum alicujus futuri, sive videns sive alius intelligentiam accipiat. auctor tangitur * in hoc quod dicit, ° esaiae filii amos. ‘ et quamvis iste amos fuerit propheta, qui ponitur in titulo prophetiae, secundum regulam hebraeorum; non tamen est ille qui est de numero xii prophetarum; quia aliis litteris apud hebraeos uterque scribitur. materia tangitur * in hoc quod dicit, ° quam vidit super judam et jerusalem, ‘ quia de his quae pertinent ad judam et jerusalem, ut ly ° super ‘ accipiatur pro ° de * secundum translationem symmachi, ‘ vel ° pro, ‘ contra, * secundum septuaginta: ‘ ut juda sumatur pro terra duarum tribuum, et jerusalem pro metropoli illius regionis. vel juda pro sorte judae, et jerusalem pro sorte beniamin, quia in sorte illius erat quantum ad corpus civitatis, quod erat in declivi; quamvis quantum ad verticem montis, in quo erat turris david et templum, pertineret ad domum dei, * sicut potest ios. 15 haberi. ° in diebus. ‘ hic notificatur opus ex tempore; et ponuntur quatuor reges, quorum tempore isaias prophetiam hanc edidit: * unde quidam dividunt “ hunc librum secundum tempora regum sub quibus revelationem accepit. ‘ ut in prima parte ponantur ea |125| quae visa sunt tempore oziae; in secunda ea quae visa sunt tempore joathan, scilicet * in 6 cap.: ° in anno quo mortuus est; ‘ in tertia ea quae visa sunt tempore achaz * a 7 cap. usque ad finem 14 ubi dicitur: ° in anno quo mortuus est rex achaz; ‘ et inde usque ad finem ea quae visa sunt tempore ezechiae. sed quaeritur quare non facit mentionem de regibus israel, sicut osee in suo titulo facit mentionem de jeroboam filio joas, cum fuerint contemporanei. ad quod dicendum, quod iste prophetavit contra duas tribus principaliter; et ideo eorum reges tantum in titulo habet; sed ille contra utrosque. * item quaeritur quare “ non fit mentio de manasse rege juda: sub quo etiam propheta vixit, cum constet eum non amisisse spiritum prophetiae. ‘ ad quod dicendum, quod omnia quae in hoc libro scripta sunt, temporibus prophetarum vidit. sed non erat decens ut prophetia quae principaliter consolationis est, in comminatione terminaretur; aut quod tempore mali regis, qui iram dei provocabat, dei consolatio praedicaretur. * jer. 15: ° dabo eos in furorem universis regnis terrae.

lc2 ° Audite caeli et auribus percipe terra. ‘ hic incipit tractatus istius libri: unde accipietur divisio secundum exigentiam materiae. dictum est autem, quod principaliter intentio ejus est circa adventum christi, et gentium vocationem. constat autem quod ° universae viae domini misericordia et veritas; * ut dicitur in psalm. 24. ‘ unde christo nato dictum est a simeone, * luc. 2: ° ecce hic positus est in ruinam et in resurrectionem multorum in israel. ‘ et intrantibus gentibus * dictum est ab apostolo. rom. 11: ° caecitas ex parte contigit in israel, donec plenitudo gentium subintraret. ‘ dividitur ergo liber iste in duas partes. in prima ponitur comminatio divinae justitiae ad excidium peccatorum; in secunda consolatio divinae misericordiae ad resurrectionem justorum, * cap. 40, ibi, ° consolamini. ‘ prima in tres. cum enim principaliter super judam et jerusalem loquatur; in prima parte comminatur duabus tribubus peccantibus; in secunda aliis eas persequentibus. * 7 cap., ° et factum est. ‘ in tertia liberat ab hostibus imminentibus. * 32 cap. ° ecce in justitia. ‘ prima dividitur in duas. in prima exprobrat culpam, et comminatur |25| poenam corrigentem; in secunda comminatur poenam incorrigibiles condemnantem. * 6 cap.: ° in anno quo mortuus est rex ozias. ‘ prima dividitur in duas. in prima arguit de culpa ex parte aversionis, in secunda ex parte conversionis. * 2 cap., ibi, ° verbum quod vidit. ‘ prima in duas. in prima arguit in eis peccatum aversionis a cultu dei; in secunda a justitia proximi, * ibi, ° quomodo facta est ‘ prima in tres. in prima increpat culpam; in secunda pro culpa comminatur poenam, * ibi, ° terra vestra deserta. ‘ in tertia quaerit poenae medelam, * ibi, ° audite verbum domini. ‘ prima in tres. in prima quaerit judicii testem: in secunda arguit peccati deformitatem, * ibi, ° filios enutrivi; ‘ in tertia ostendit peccantium incorrigibilitatem, * ibi, ° super quo percutiam vos. ‘ requirit autem creaturam in testem in judicium peccati, quae etiam fuerat testis in obligationem praecepti. * deut. 32. ° audite caeli quae loquor ‘ fuerat enim creatura testis obligationis ad praeceptum. * deuteron. 32. ‘ nunc invocatur ut arbiter transgressionis. * psalm. 49: ° advocavit caelum desursum. ‘ sed quandoque vocabitur ut instrumentum divinae ultionis. * sapient. 16: ° creatura creatori |50| suo deserviens, excandescet in tormentum adversus injustos. * sed videtur inconveniens quod “ terra et caelum, quae sunt insensibiles creaturae, vocentur ad audiendum. ‘ sed dicendum, quod ad ea quae sunt rationalis naturae, vocatur insensibilis creatura ad ostendendam divinam potentiam. * job 38: ° conclusi eum terminis meis. * et rom. 4: ° vocat ea quae non sunt tamquam ea quae sunt. ‘ et per facti evidentiam. * 2 reg. 12: ° ego vero faciam verbum istud in conspectu omnis israel, et in conspectu solis. * et luc. 19. ° lapides clamabunt si hi tacuerint, dico vobis; ‘ ad exaggerandam malitiam. * jer. 2. ° obstupescite caeli super haec, et portae ejus desolamini vehementer. ‘ ad magnificandam laetitiam. * ps. 95. ° laetentur caeli, et exultet terra. ‘ ad stupendam tristitiam. * oseae, 4. ° propter hoc lugebit terra, et infirmabitur omnis qui habitat in ea. ‘ ac si diceret: peccatum vestrum est adeo patens quod ab irrationabilibus, si fieri posset, convinceretur; et similiter de aliis. vel est ibi metonimia, ut ponatur caelum pro angelis, et terra pro hominibus. ° caeli, |75| ‘ plurale pro singulari. vel quia ad litteram sunt plures caeli et unum centrum quod est terra. ° dominus locutus est. ‘ ipsum loquentem audiatis, quo loquente facta estis. * psal. 148: ° dixit, et facta sunt; mandavit, et creata sunt. audite caeli, ‘ quasi distantes; ° percipe terra, ‘ quasi propinqua. ° filios enutrivi. ‘ hic ostendit peccati deformitatem: et circa hoc tria facit. primo ostendit contemptum in affectu; secundo ignorantiam in intellectu, * ibi, ° cognovit bos; ‘ tertio aversionem in operis effectu, * ibi, ° vae genti peccatrici ‘ etc.. et servatur hic ordo, ut ex contemptu aggravetur ignorantia, ne ignorantia excuset contemptum. contemptum aggravat per beneficium impensum: unde circa primum duo facit. primo commemorat beneficium; secundo ingratitudinis vitium, * ibi ° ipsi autem. ‘ ponit autem triplex beneficium. primum est filialis adoptionis, * cum dicit, ° filios. * exod. 4. ° filius primogenitus meus israel. ‘ secundum solicitae educationis, * ibi, ° enutrivi. * sap. 16: ° angelorum esca nutrivisti populum tuum. ‘ tertium singularis exaltationis, * ibi, ° et exaltavi. * sap. 11: ° ostendens per sitim quae tunc fuit, quemadmodum tuos exaltares, et adversarios illorum |100| necares. ‘ primum quantum ad patrum assumptionem et exaltationem; secundum in filiorum liberatione; tertium in hostium subjugatione. ° spreverunt me. ‘ (hic ponit ingratitudinis vitium). * jer. 3: ° quomodo si contemnat mulier amatorem suum, sic contempsit me domus israel. ‘ ignorantiam autem aggravat per brutorum exemplum: unde circa hoc duo facit. primo inducit cognitionem brutorum; secundo ignorantiam peccatorum, * ibi, ° israel autem cognovit bos, ‘ quadam consuetudine beneficii. ° israel autem. ‘ arguit in eis duplicem ignorantiam; scilicet praecipientis, * cum dicit, ° non cognovit me, * contra id quod dixerat, ° possessorem suum; ‘ et contra rationem nominis; ° israel: ‘ videns deum, interpretatur. * joan. 16: ° non noverunt patrem, neque me. ‘ ignorantiam legis: ° non intellexit; ‘ contra id quod dixerat, ° praesepe, * et quod dixerat, ° populus, ‘ qui legislatoris praeceptis subjicitur. * oseae 8: ° scribam eis multiplices leges meas, quae velut alienae computatae sunt. ‘ effectum autem operis aggravat per confirmatum usum: unde primo ostendit confirmationem; secundo eorum aversionem, ° dereliquerunt. ‘ confirmationem ostendit |125| primo per peccati consuetudinem, quae inducit habitum: * unde dicit, ° genti peccatrici. ‘ sic enim est peccator ex habitu sicut cantor ex arte, vel officio, * infra 48: ° transgressorem ex ventre vocavi te. ‘ secundo per peccati promptitudinem, quae est quasi quaedam gravitas in peccante; * (unde dicit: ° populo gravi iniquitate). * gregorius: ° peccatum quod per poenitentiam non diluitur, mox suo pondere ad aliud trahit. * psal. 13: ° veloces pedes eorum ad effundendum sanguinem. ‘ tertio ex peccati successione: quia peccata patrum imitantes, quasi ex propagatione habent: * unde dicit, ° semini nequam, ‘ idest pessimorum, secundum aliam translationem. * ps. 105: ° peccavimus cum patribus nostris, injuste egimus, iniquitatem fecimus. ‘ quarto quantum ad peccatorum magnitudinem, * cum dicit, ° filiis sceleratis. * ezech. 22: ° viri detractores fuerunt in te, ad effundendum sanguinem,... scelus operati sunt in medio tui. * infra 57: ° numquid non vos filii scelesti, semen mendax? super quo addentes. ‘ hic ostendit peccati incorrigibilitatem, removens triplicem correctionis modum. primo illum qui est per divinum flagellum, * dicens, ° super quo, ‘ idest ad |150| quid, ° addentes, ‘ ut scilicet unde correptio inde addatis peccata? * jer. 2: ° frustra percussi filios vestros: disciplinam non receperunt. ‘ secundo illum qui est per proximi consilium vel auxilium, * cum dicit, ° omne caput languidum: ‘ quia nullus est idoneus ad succurrendum alteri propter propriam infirmitatem. et hoc ostendit quantum ad personam regis vel principis, * dicens: ° omne caput languidum. * 1 reg. 15. ° nonne cum parvulus esses in oculis tuis caput in tribubus israel factus es? ‘ quantum ad personam sacerdotis, ° omne cor moerens: ‘ cor enim primo recipit vitam ab anima et transfundit in corpus, quasi medium inter animam et corpus; ita sacerdos est medius inter deum et populum. * exod. 4; ° tu eris ei in his quae ad deum pertinent. ‘ quantum ad personam privati hominis, * cum dicit: ° a planta pedis, * infra 56: ° omnes in viam suam declinaverunt. ‘ et notandum, quod inidoneitas regis ostenditur in languore, quia subvenire poterat puniendo per potentiam. * eccli. 7; ° noli quaerere fieri judex, nisi virtute valeas irrumpere iniquitatem. ‘ sacerdotis ostenditur in moerore, per quem fit inidoneus ad sacrificia, quibus expiabat peccata. * lev. 10: ° quomodo |175| potui comedere eam, aut placere domino in caeremoniis mente lugubri? * psal. 99: ° introite in conspectu ejus in exultatione. ‘ sed privatus poterat corrigere per exemplum; et ideo ostenditur inidoneus per peccatum, quod designatur in privatione sanitatis: * psal. 13: ° omnes declinaverunt, simul inutiles facti sunt; ‘ scilicet ad corrigendum. tertio, * ibi, ° vulnus et livor, ‘ removet modum qui est per humanum studium, sicut quando aliquis disponitur ad gratiam, quae delet peccata, per bona opera. * unde dicit: ° vulnus, ‘ culpa patens, ° et livor, ‘ invidia latens, ° et plaga tumens, ‘ superbia inflans, ° non est circumligata, ‘ vinculo legis retrahentis. * jer. 2: ° a saeculo confregisti jugum meum, rupisti vincula mea, dixisti, non serviam, ‘ quantum ad primum: ° nec curata medicamine, ‘ caritate sanante, quantum ad secundum: * prov. 10: ° universa delicta operit caritas: neque fota oleo, ‘ humilitate leniente, (quantum ad tertium), * judith. 9: ° humilium et mansuetorum tibi semper placuit deprecatio. * eccl. 3: ° quanto major es, tanto magis humilia te in omnibus. * prov. 15: ° responsio mollis frangit iram. * jud. 9: ° numquid possum deserere pinguedinem meam, qua dii utuntur et homines? |200| terra vestra. ‘ hic comminatur poenam: et primo ponit punientis judicium; secundo consolationis qualecumque solatium, * ibi, ° nisi dominus. ‘ poenam ponit triplicem. primo quantum ad destructionem possessionum; * unde dicit, ° terra vestra deserta, ‘ quantum ad campestria, quae ita inculta erunt sicut desertum. * infra 7: ° vepres enim et spinae erunt in universa terra. civitates vestrae succensae, ‘ quantum ad urbana. * amos 2: ° mittam ignem in juda, et devorabit aedes jerusalem. * jer. 4: ° aspexi, et ecce carmelus desertus, et omnes urbes ejus destructae a facie domini, a facie furoris ejus. ‘ secunda poena est quantum ad destructionem terrae nascentium: * unde dicit: ° regionem devorant, ‘ quantum ad fructus. * deut. 28: ° devoret fructum jumentorum tuorum, ac fruges terrae tuae, donec intereas. desolabitur, ‘ quantum ad destructionem arborum et vinearum. * jer. 4: ° vae nobis, quoniam vastati sumus. ‘ tertio quantum ad captivitatem hominum: unde dicit: ° derelinquetur filia sion, ‘ idest jerusalem, vel templum, unde erat custodia totius provinciae, ut solitaria, ° et ut umbraculum in vinea, ‘ post vindemiam. * infra 5: ° vinea enim domini, domus israel est, et vir |225| juda germen delectabile ejus. sicut tugurium in cucumerario, ‘ post fructus ultimos collectos, per quos significat patres. * oseae 9: ° quasi prima poma ficulneae, in cacumine vidi patres eorum. sicut civitas quae vastatur, ‘ quia metropolis erat. * ezech. 33: ° vastata est civitas, ait ille qui venerat de jerusalem. * jer. 6: ° haec est civitas visitationis: omnis calumnia in medio ejus. nisi dominus exercituum. ‘ hic ponitur consolatio ex promissione liberandi seminis. reliquit autem dominus eis semen carnis congregatum. * infra 43: ° ab oriente adducam semen tuum, et ab occidente congregabo te. ‘ semen benedictionis promissum. * gal. 3: ° abrahae dictae sunt promissiones, et semini ejus. ‘ semen praedicationis diffusum. * infra 27: ° qui egredietur impetu a jacob, et florebit et germinabit israel: et implebunt faciem orbis semine. ‘ semen sanctorum novum. * infra 66: ° sicut caeli novi et terra nova, quae ego facio stare coram me, sic stabit semen vestrum et nomen vestrum, dicit dominus. filios enutrivi etc.. ‘ hic notantur tria: nutritionis beneficium, exaltationis privilegium, ingratitudinis contemptum. nutrivit quidem tempore legis, quando adhuc heres parvulus erat, * gal. 4, ‘ primo reficiens |250| promissis in patribus. * gal. 3: ° abrahae dictae sunt promissiones. ‘ secundo gubernans judiciis in legislatoribus * psalm. 147: ° non fecit taliter omni nationi, et judicia sua non manifestavit eis. ‘ tertio defendens auxiliis in judicibus et regibus, * judith 5: ° deus eorum defendit eos, et erimus in opprobrium universae terrae. ‘ quarto erudivit monitis in prophetis. * malach. 2: ° et testificatus est dominus inter te et uxorem pubertatis tuae. ‘ quinto correxit flagellis in hostibus, * 2 mach. 6: ° etenim non multo tempore sinere peccatoribus ex sententia agere, sed statim ultiones adhibere, magni beneficii est indicium. ‘ sed exaltavit tempore gratiae primo secundum carnis assumptionem. * hebr. 2: ° nusquam angelos apprehendit; sed semen abrahae apprehendit. ‘ secundo per personalem praedicationem. * matth. 10: ° non sum missus nisi ad oves quae perierunt domus israel. ‘ tertio per suam conversationem. * joan. 10: ° multa bona opera operatus sum in vobis: propter quod opus ‘ etc.; quarto per miraculorum operationem. * joan. 5, et luc. 7: ° quia propheta magnus surrexit in nobis, et quia deus visitavit plebem suam. ‘ quinto per discipulorum praedicationem. |275| * psalm. 44: ° pro patribus tuis nati sunt tibi filii: constitues eos principes super omnem terram. ‘ sed e contrario illi christi genus vituperant, * luc. 4: ° nonne hic est filius joseph? ‘ doctrinam improbant. * matth. 26 et luc. 23: ° a galilaea usque huc, hunc invenimus subvertentem gentem nostram. ‘ vitam blasphemant. * matth. 9: ° quare cum publicanis et peccatoribus manducat magister vester? ‘ miracula pervertunt. * matth. 12: ° in principe daemoniorum ejicit daemonia. ‘ discipulos occidunt. * matth. 10: ° ecce mitto vos sicut oves in medio luporum.

lc3 ° Audite verbum domini. ‘ hic ponitur medicina contra poenam; et primo convocat ad audiendum; secundo removet inutile remedium, * ibi, ° quo mihi? ‘ tertio adhibetur salubre consilium, * ibi, ° lavamini, mundi estote. ‘ convocat autem ad audiendum primo majores; * dicens: ° audite verbum domini, principes; ‘ secundo minores, * ibi, ° populus gomorrhae, * matth. 10: ° amen dico vobis ‘ etc.. sed quare invitat majores ad audiendum minores ad percipiendum? quia ea quae sunt a majoribus audita, facile percipiunt minores. item cum relinquat eis semen, quare comparat eos illis? et dicendum, quod quantum ad incorrigibiles comparat propter duo. propter peccati similitudinem: * infra 2: ° et pueris alienis adhaeserunt; ‘ et propter publicationem: * infra 3: ° peccatum suum quasi sodoma praedicaverunt, nec absconderunt. ‘ et cum fuerint quinque praecipue comparat istis, quia sunt praecipuae inter alias. et propter hoc etiam principes comparat sodomis, quia civitas illa metropolis erat, * sicut patet genes. 14. ‘ principum autem est audire a domino verbum suum et populo legem imponere; et ideo invitat illos ad audientiam verbi, et populum |25| ad perceptionem legis. ° quo mihi? ‘ hic ostendit inutilitatem remedii quod apponebant: et primo quantum ad sacrificiorum oblationes; secundo quantum ad festorum celebrationes, * ibi, ° neomeniam et sabbatum; ‘ tertio quantum ad divinas orationes, * ibi, ° et cum extenderitis manus. ‘ circa primum duo facit. primo reprobat oblationem de animatis; secundo de inanimatis, * ibi, ° incensum abominatio. ‘ in sacrificiis autem animalium erat aliquid quod totum cedebat in cultum dei; sicut holocaustum, quasi totum incensum, ab olon, quod est totum, et cauma, quod est incendium. * lev. 1; ‘ adeps qui totus adolebatur * levitic. 3, ‘ et sanguis qui totus effundebatur, * levitic. 17, ‘ quaedam autem erant quae partim cedebant in cultum dei, partim in usum ministri: sicut hostia pro peccato; nisi quando erat pro peccato sacerdotis vel multitudinis, * levitic. 4. ‘ quaedam autem erant de quibus cedebat aliquid in cultum dei, et aliquid in usum ministri, et aliquid cedebat ipsi offerenti, sicut in hostiis pacificis, quae pro gratiarum actione offerebantur, vel pro salute, * levitic. 4. ‘ et secundum haec tria dividitur in tres partes. primo reprobat sacrificia in tria distributa, scilicet pacifica. et primo ponit reprobationem, * dicens, ° quo mihi, ‘ idest ad quod mihi offertis, ° multitudinem |50| victimarum vestrarum, ‘ quasi non mearum? et dicuntur victimae, vel quia animal vinctum ad sacerdotem ducebatur, vel quia pro victoria habita vel habenda offerebatur. deinde reprobationis rationem ponit * dicens, ° plenus sum: ‘ vel propter fastidium, quia non bona: * genes. 4: ° ad cain autem et ad munera ejus non respexit: ‘ vel propter dominium: * psalm. 49: ° meae sunt omnes ferae sylvarum, jumenta in montibus et boves. ‘ secundo reprobat ea quae ex toto erant deo oblata. et primo ponit reprobationem illorum trium; et ponit tantum tria animalia, quia de his fiebant tantum sacrificia quae erant de armentis: fiebant etiam quaedam de avibus turturum et pullis columbae: sed hoc erat propter defectum paupertatis, * sicut patet levitic. 1 et 4 et pluribus aliis locis. ‘ et iterum non erat usus eorum universalis in omnibus, quia non offerebatur ex his hostia pacifica. deinde ponit reprobationis rationem, * ibi, ° cum veneritis, ‘ quasi dicat: plus offenditis me ambulantes in atriis meis polluentes ea, quam holocaustum placeat: unde non accepto hanc communionem. * psalm. 39: ° holocaustum et pro peccato non postulasti. * jerem. 7: ° non sum locutus cum patribus vestris, et non praecepi eis in die qua eduxi eos |75| de terra aegypti de verbo holocaustomatum et victimarum; sed hoc praecepi eis, audire vocem meam; et ero vobis deus, et vos mihi populus. ‘ tertio reprobat ea quae erant deo et sacerdoti debita, * dicens: ° ne offeratis ultra. * jerem. 11: ° numquid carnes sanctae auferent a te malitias tuas, in quibus gloriata es? * et mich. 6: ° quid dignum offeram domino?... numquid offeram ei holocautomata et vitulos anniculos? numquid placari potest in millibus arietum, aut in millibus hircorum pinguium? incensum. ‘ hic reprobat oblationes de rebus inanimatis, pro quibus omnibus ponit incensum, eo quod hoc erat inter alia dignius, sicut thymiama, * de quo exod. 30, ‘ et communius, quantum ad thus, quod ponebatur et adjungebatur cuilibet tali oblationi, et totum deo incendebatur. * infra 66: ° qui recordatur thuris, quasi qui benedicat idolo. * sed objicitur de hoc quod dicit glossa quod “ deus nunquam sacrificia eorum amavit, cum praeceperit ea ad hoc quod fierent. * genes. 8: ° odoratusque est dominus odorem suavitatis; * et ait ad eum: ° nequaquam ultra maledicam terrae propter hominem. ‘ et dicendum: quod in quolibet sacrificio est aliquid considerandum ex parte offerentis, et aliquid |100| ex parte rei oblatae. ex parte rei oblatae, sacrificia nostra placent deo per se, non autem antiquorum sacrificia; et hoc est quia placitum sive amatum dicitur per se quod in se ipso habet unde ametur, sicut bonum honestum; quod autem amatur tantum per relationem illius tantum ad alterum, non dicitur per se amatum, sicut dicitur secari vel uri amatum, secundum quod est ad finem sanitatis relatum. nostra autem sacrificia in seipsis continent gratiam sanctificationis, secundum quam sunt deo accepta; sed illa antiquorum sacramenta vel sacrificia erant tantum signa istorum; et ideo non erant per se amata. ex parte autem offerentis, et nostra et illorum possunt esse accepta ex devotione offerentis. potest ergo quadruplex tempus distingui. primum ante legem scriptam et idolatriam; et tunc placebant antiqua sacrificia facta a sanctis patribus et propter devotionem offerentis et propter significationem rei oblatae. secundum tempus est sub lege scripta; et tunc interveniente idolatria, additum fuit quiddam propter quod simpliciter displicebant, quia non erat dignum quod eodem placaretur deus et coleretur diabolus: et ex alia parte fuit addita una utilitas ex parte offerentis, ut esset remedium contra idolatriam populo ad hoc prono. unde etiam |125| de sacrificiis nihil praeceptum est ante fabricationem idoli. * et sic intelligitur auctoritas jeremiae inducta. ‘ tertium tempus fuit sub prophetis, in quo propter peccata populi jam non placebant ex parte offerentis, sed tantum inquantum erant signum. unde secundum hoc non placabant deum, sed magis offendebant. quartum tempus est sub gratia, quando jam usus eorum ex toto abolitus est, quia veniente veritate cessavit figura.

lc4 ° Neomeniam et sabbatum. ‘ hic removet solemnitatum celebrationes. et primo, quantum ad futurum, ponit prohibitionis propositum * dicens, ° neomeniam. * psal. 80: ° buccinate in neomenia tuba, in signum diei solemnitatis vestrae. sabbatum. * exod. 20: ° festivitates alias. * levit. 23: ° hae sunt feriae domini, quas vocabitis celeberrimas et sanctissimas. iniqui sunt coetus vestri. * infra 58: ° ecce in die jejunii vestri invenitur voluntas vestra, et omnes debitores vestros repetitis. ‘ secundo * ibi ° kalendas vestras ‘ quantum ad praesens ponit odium * dicens: ° kalendas, ‘ quod supra neomeniam. * unde in alio psalterio: ° canite in initio mensis tubam, * thren. 2: ° oblivioni tradidit dominus in sion festivitatem et sabbatum, et in opprobrium et in indignationem furoris sui regem et sacerdotem. ‘ tertio, quantum ad praeteritum, ponit taedium, * dicens: ° facta sunt mihi molesta: ‘ et ponit duo: gravitatem ponderis: ° facta sunt molesta, * psal. 37: ° sicut onus grave gravatae sunt super me: ‘ secundo laborem portantis: ° laboravi sustinens. * is. 43: ° praebuisti mihi laborem in iniquitatibus tuis. ‘ et loquitur more humano de deo: quia homini dicitur esse grave |25| laborare in eo quod non placet sibi. ° et cum extenderitis. ‘ reprobat orationes ipsorum: et primo ponit reprobationem; secundo reprobationis rationem, * ibi, ° manus enim vestrae. ‘ circa primum duo facit. primo reprobat quantum ad signum devotionis, * ibi, ° et cum extenderitis. * thren. 3. ° levemus corda nostra cum manibus ad caelum ad deum. * et infra 65: ° tota die expandi manus meas ad populum incredulum, qui graditur via non bona. ‘ secundo prolixitatem orationis, * (ibi: ° et cum multiplicaveritis), * prov. 28: ° qui declinat aurem suam ne audiat legem, oratio ejus erit execrabilis. manus enim vestrae sanguine plenae sunt, ‘ quem fudistis. * psalm. 13: ° veloces pedes eorum ad effundendum sanguinem. * prover. 1: ° prohibe pedem tuum a semitis eorum: pedes enim illorum ad malum currunt, et festinant ut effundant sanguinem. lavamini. ‘ hic ponit salubre consilium; et circa hoc tria facit. primo ponit efficax remedium; secundo remedii effectum, * ibi, ° venite; ‘ tertio poenam contra contemptum, * ibi, ° quod si nolueritis. ‘ remedium consistit in duobus: in fuga mali et sequela boni, * ibi, ° discite. ‘ malum fugatur dupliciter. per purgationem praeteriti; |50| * et quantum ad hoc dicit, ° lavamini, * jer. 4: ° lava a malitia cor tuum, jerusalem, ut salva fias. usquequo morabuntur in te cogitationes noxiae? ‘ secundo per cautelam futuri: et hoc fit tripliciter. ut corde mala non cogitet: ° mundi estote. * proverb. 22: ° qui diligit cordis munditiam, propter gratiam labiorum habebit amicum regem. ‘ ut cogitata opere non impleat. * micheae 2: ° vae qui cogitatis inutile, et operamini malum in cubilibus vestris: in luce matutina faciunt illud. auferte malum, ‘ scilicet opus. ut incepta non perficiat: ° quiescite agere perverse. * jerem. 2: ° prohibe pedem tuum a nuditate, et guttur tuum a siti. cursor levis explicans vias suas, * in eodem 2. ° discite bene facere. ‘ hic ponit remedium quantum ad sequelam boni: et primo ut addiscant; secundo ut opere impleant, * ibi, ° subvenite oppresso. ‘ operatur enim aliquis bonum in ordinando seipsum; * et quantum ad hoc dicit, ° discite bene facere. * jer. 6: ° erudire, jerusalem, ne forte recedat anima mea a te; ne forte ponam te terram desertam et inhabitabilem. ‘ in ordine ad proximum; * et hoc est quod dicit, ° quaerite judicium. * job 29: ° causam quam ego nesciebam, diligentissime investigabam. |75| * jerem. 6: ° state super vias, et videte et interrogate de semitis antiquis. subvenite oppresso. ‘ hic ponit impletionem operis in subveniendo miseris. miserum autem facit vel violentia: * et quantum ad hoc dicit, ° subvenite oppresso: * proverb. 24. ° erue eos qui ducuntur ad mortem, et qui trahuntur ad interitum liberare ne cesses: ‘ aut aetatis ignorantia: ° judicate pupillo: * eccli. 4: ° in judicando esto pupillis ut pater: ‘ aut sexus impotentia: ° defendite viduam. * job 29: ° auris audiens beatificabat me, et oculus videns testimonium reddebat mihi. et venite. ‘ hic promittit effectum: et circa hoc tria ponuntur. primo promittentis obligatio, * cum dicit, ° venite; ‘ ac si diceret: si facitis quae dico, et non sequatur quod promitto, obligo me ad hoc quod arguatis me. * hoc plangebat job 9: ° non est qui utrumque possit arguere et ponere manum suam in ambobus. ‘ secundo malorum cessatio: ° si fuerint peccata. ‘ et promittit specialiter mundationem a peccatis: quia cessante causa, cessat effectus, duo genera peccati tangit. quod est ex amore incendente, quod notatur in coccino propter intensum ruborem, contra quod ponit candorem nivis frigidae. * job 9: ° si lotus fuero quasi aquis nivis et fulserint velut mundissimae |100| manus meae etc.. ‘ et quod est peccatum ex timore mortificante, quod notatur in vermiculo, cujus color accedit ad albedinem: contra quod ponit lanam: * ezech. 27: ° in multitudine diversarum opum in lanis optimi coloris * (matth. 28): ° aspectus eius etc., * dan. 7: ° vestimentum ejus sicut nix candidum, et capilli ejus quasi lana alba. ‘ tertio ponitur bonorum restitutio: ° si volueritis, et audieritis, bona terrae. * psalm. 26: ° credo videre bona domini in terra viventium. comedetis. * infra 65: ° ecce servi mei comedent, et vos esurietis. quod si nolueritis. ‘ ponit poenam contra contemptum. et primo ponit contemptum, * dicens: ° quod si nolueritis, * zach. 8. ° cogitavi ut affligerem vos, cum ad iracundiam me provocarent patres vestri. ‘ secundo comminatur vindictae gladium; ° gladius devorabit vos. * ezech. 5: ° gladium evaginabo post eos, et complebo furorem meum; et quiescere faciam indignationem meam in eis. ‘ tertio ostendit esse immutabile judicium: ° quia os domini locutum est. * numer. 23: ° non est deus ut homo ut mentiatur, neque ut filius hominis ut mutetur.

lc5 ° Quomodo facta est meretrix. ‘ hic ostendit peccatum eorum secundum aversionem a justitia proximi: et circa hoc tria facit. primo describit culpam; secundo comminatur poenam, * ibi, ° propter hoc dicit dominus; ‘ tertio poenae sequelam, * ibi, ° et restituam. ‘ circa primum primo arguit peccatum plebis; secundo peccatum sacerdotis, * ibi, ° argentum; ‘ tertio peccatum principis, * ibi, ° principes tui. ‘ in plebe duo arguit, aggravans per comparationem ad priorem statum: scilicet venalitatem per comparationem ad priorem fidelitatem: * unde ° quomodo facta est meretrix? * jer. 2: ° sub omni ligno frondoso et in omni colle sublimi tu prosternebaris meretrix: ‘ et crudelitatem per comparationem ad justitiam et judicium, quod est justitiae executio. * psal. 93: ° quoadusque justitia convertatur in judicium. * unde dicit: ° nunc autem homicidae. * oseae 4: ° maledictum et mendacium et homicidium et furtum et adulterium inundaverunt, et sanguis sanguinem tetigit. ‘ peccatum sacerdotis in duobus arguit. in corruptione veritatis doctrinae: * unde dicit: ° argentum tuum, versum est in scoriam. * psal. 11: ° eloquia |25| domini eloquia casta, argentum igne examinatum, probatum terrae, purgatum septuplum. * jer. 5: ° prophetae prophetaverunt mendacium. ‘ secundo in remissione severitatis disciplinae, quae significatur in vino: hoc enim est vinum quod infudit samaritanus: * luc. 10. unde dicit: ° vinum tuum. * ezech. 13: ° vae qui consuunt. principes tui. ‘ hic arguit peccatum principum: et primo ostendit eos infideles in officii executione, quod ad suam utilitatem et non populi exequuntur. * amos 6: ° unguento optimo delibuti, bibentes in phialis vinum. * ezech. 34: ° vae pastoribus israel, qui pascunt semetipsos. nonne greges pascuntur a pastoribus? * et propter hoc dicit, ° infideles. ‘ secundo ostendit eos transgressores in malefactorum receptione: ° socii furum, ‘ eos defendendo et patrocinium praestando: * oseae 6: ° quasi fauces virorum latronum principes sacerdotum. * proverb. 1: ° fili, ne ambules cum eis. ‘ tertio ostendit eos corruptos in munerum receptione. * infra 5. ° vae qui justificatis impium pro muneribus, et justitiam justi aufertis ab eo. * unde dicit: ° diligunt munera, ‘ recepta, ° sequuntur promissa vel sperata. quarto, ostendit eos iniquos |50| in pauperum repulsione, dicens pupillo non judicant, * jer. 5: ° causam viduae non judicaverunt, causam pupilli non direxerunt. propter hoc haec dicit dominus. ‘ hic comminatur poenam: et primo praelatorum; secundo subditorum, * ibi, ° et convertam. ‘ circa primum ponit tria. primo punientis potestatem in auctoritate, * dicens, ° dominus. * malach. 1: ° si ego dominus, ubi est timor meus? dicit dominus. ‘ in ministrorum multitudine: ° exercituum. * job 25: ° numquid est numerus militum ejus? ‘ in fortitudine, ° fortis. * job 9: ° sapiens corde est, et fortis robore: quis resistit ei, et pacem habuit? ‘ secundo ponit punientis voluntatem. ° heu, ‘ scilicet eis, ° consolabor, ‘ quia consolatio erit punitio eorum. * infra 63: ° dies ultionis in corde meo, annus retributionis meae venit. ‘ tertio ponit poenae crudelitatem: * ibi ° et vindicabor de inimicis: ‘ quasi: sicut hostes puniam vos. * deut. 32: ° reddam ultionem hostibus meis, et his qui oderunt me retribuam. et convertam. ‘ hic comminatur poenam subditorum. et primo ponitur punientis praeparatio, * ibi, ° et convertam manum meam ad te ‘ puniendum, quam parcendo quasi plicatam tenueram. * job 19: ° manus domini tetigit me. |75| ‘ secundo poenae perfectio: ° excoquam, ‘ igne tribulationis, ° ad purum, ‘ quousque aliquid purgandum sit. * matth. 5: ° non exibis inde donec reddas novissimum quadrantem. ‘ tertio poenarum multitudo: ° auferam omne stagnum tuum: ‘ quia pro omni peccato, * infra 40: ° recepit de manu domini duplicia pro omnibus peccatis suis. et restituam. ‘ hic ponit poenae sequelam: et primo quantum ad correptos, renovationem; secundo quantum ad obstinatos, consumptionem, * ibi, ° et conteret. eodem enim igne * (ut dicit augustinus) ° aurum probatur, et palea fumat. ‘ circa primum tria facit. primo promittit renovationem quantum ad praelatorum emendationem; secundo quantum ad famae restitutionem, * ibi, ° post hoc vocaberis; ‘ tertio quantum ad justitiae observationem, * ibi, ° sion in judicio. * dicit ergo: ° restituam judices, ‘ quantum ad saeculares principes, quorum est judicare populum, ° et consiliarios tuos, ‘ idest sacerdotes, quorum est consilia dei ministrare populis: * malach. 2: ° labia sacerdotum custodiunt scientiam, et legem exquirunt ex ore ejus, quia angelus domini exercituum est: ut fuerunt prius, ‘ sicut moyses et josue qui deo placuerunt. * jerem. 3: ° dabo |100| vobis pastores juxta cor meum, qui pascent vos scientia et disciplina. et vocaberis, ‘ idest recuperabis famam, ut dicaris talis qualis ante fueras, ° civitas justi, ‘ idest in qua servatur justitia. * infra 62: ° non vocaberis ultra derelicta, nec vocaberis ultra desolata; sed vocaberis voluntas mea in ea. sion in judicio, ‘ per executionem justitiae, ° redimetur, ‘ a calumniantibus; ° et reducent eam in justitia; ‘ quia judicium est reducere ad aequalitatem, in qua consistit justitia. * psal. 71: ° judicare populum tuum in justitia, et pauperes tuos in judicio. * jerem. 23: ° regnabit rex... et faciet justitiam et judicium in terra. et conteret. ‘ hic ponitur obstinatorum destructio; et circa hoc tria facit. primo praedicit destructionem; secundo destructionis modum, * ibi, ° confundentur; ‘ tertio aufert evasionis spem, * ibi, ° et erit fortitudo tua. ‘ et quia poena ordinatur contra culpam, ideo circa primum tangit culpam dupliciter. ex parte conversionis, quantum ad scelus idolatriae: * unde dicit. ° scelestos; ‘ et quantum ad peccatum voluptatis et luxuriae: * unde dicit, ° peccatores: ‘ quia ad talia homines maxime proni sunt; contra quod ordinat poenam contritionis, in qua notatur poena |125| pro inflictione. * jerem. 17: ° duplici contritione contere eos; ‘ quasi pro duplici peccato. secundo ex parte aversionis, quia ° dereliquerunt dominum; ‘ contra quod ordinat poenam consumptionis, * dicens, ° consumentur; ‘ in quo designat poenam desertionis: quod enim consumitur, in nihilum vadit, et ° omnia in nihilum deciderent, nisi manus domini ea contineret; * ut dicit gregorius. jer. 17: ° domine, omnes qui te derelinquunt, confundantur; recedentes a te in terra scribentur: quoniam dereliquerunt venam aquarum viventium dominum. confundentur. ‘ hic ponit modum destructionis: et primo quantum ad confusionem peccati; secundo quantum ad subtractionem boni, * ibi, ° cum fueritis. ‘ circa primum contra idolatriam ordinat confusionem, * dicens: ° confundentur ab idolis, ‘ idest propter idola. * psalm. 96: ° confundantur omnes qui adorant sculptilia: ‘ contra voluptatem erubescentiam, * cum dicit: ° erubescetis super hortis ‘ id est voluptuosis locis, ° quos elegeratis, ‘ luxuriae vestrae. * rom. 6: ° quem fructum habuistis in illis in quibus nunc erubescitis? ‘ confusio enim magis respicit malum; sed erubescentia culpam. “ peccata enim carnalia * (ut |150| dicit gregorius) “ sunt minoris culpae et majoris infamiae. ‘ et ratio est, quia sunt secundum potentias ignobiliores, et maxime materiales: et tamen sunt innatae et connaturales et passibiles. ° cum fueritis. ‘ hic ponitur subtractio boni: et primo ejus quod pertinet ad protectionem et ornatum, quod significatur in ablatione foliorum; secundo ejus quod pertinet ad fructum, * ibi, ° velut hortus qui sine aqua sterilis. ‘ et contra dicitur de viro justo, * psalm. 1: ° erit tamquam lignum quod plantatum est secus decursus aquarum. et erit. ‘ hic aufert eis evasionis spem: et ponit tria. primo aufert ab eis propriae fortitudinis firmamentum: * unde dicit: ° erit fortitudo tua ut favilla stupae, ‘ quae cito consumitur. * eccl. 21: ° stupa collecta synagoga peccantium. ‘ secundo idolorum auxilium, * dicens: ° opus vestrum, ‘ scilicet idolorum, quod manus vestrae operatae sunt, ° quasi scintilla, ‘ quae nullius momenti est. * deuter. 32: ° ubi sunt dii eorum, in quibus habebant fiduciam? ‘ et tamen comburitur: * unde sequitur, ° et succendetur. * infra 50: ° ambulate in lumine ignis vestri. ‘ tertio hominum succursum: ° et non erit qui extinguat. * ezech. 20: ° non extinguetur flamma succensionis, et comburetur in ea omnis facies ab austro usque ad aquilonem; |175| et videbit omnis caro.

068 CIS cp2

lc1 ° Verbum quod. ‘ hic incipit increpare culpam eorum ex parte conversionis; et dividitur in partes tres. in prima arguit eos pro culpa quam committebant in cultura idolorum; in secunda pro illa quam committebant in oppressione hominum: * 3 cap., ° ecce enim; ‘ in tertia pro culpa quam committebant in abusu rerum: * cap. 5: ° cantabo dilecto meo. ‘ prima dividitur in duas. in titulum et tractatum. secunda * ibi, ° et erit. * et ponit hic ° verbum ‘ in principio capituli: quia specialiter de incarnato verbo prophetia est. * amos 3: ° non faciet dominus verbum, nisi revelaverit secretum suum ad servos suos prophetas. et erit. ‘ hic exequitur intentum. et dividitur in partes tres. in prima promittit salutis remedium, ne gravitate sequentis culpae in desperationem inducat; in secunda ostendit culpae reatum, * ibi, ° projecisti; ‘ in tertia comminatur poenae flagellum, * ibi, ° ne ergo dimittas. ‘ circa primum tria ponuntur. primo salutis praeparatio; secundo gentium conversio, * ibi, ° et fluent; ‘ tertio judaeorum in fine vocatio, * ibi, ° domus jacob. ‘ circa primum |25| tria ponuntur. primo salutis tempus: * unde dicit. ° et erit. “ et copulat ad praecedentem prophetiam, vel ad illud quod a domino audivit; * sicut dicit gregorius super principium ezechielis. ° in novissimis diebus; ‘ idest in tempore gratiae, quod dicitur novissimum, quia non succedet alia religionis observatio. * matth. ult.: ° ecce ego vobiscum sum usque ad consummationem saeculi. * genes. 49: ° congregamini filii israel, ut annuntiem vobis quae ventura sunt vobis in novissimis diebus. * sed videtur quod “ a principio humani generis debuerit ista salus praeparari quae est per incarnationem filii dei: quia quanto morbo per medicinam citius subvenitur, facilius curatur. ‘ ad quod dicendum, quod medicina debet offerri secundum conditionem morbi. et quia peccatum hominis fuit per superbiam, qua praecepta dei contempsit; oportuit quod ad salutis medicinam percipiendam praepararetur per humilitatem, ut cognosceret infirmitatem suarum virium: quia nec in lege naturali nec in lege scripta adjutus poterat sibi providere; et sic tanto humilius et ardentius medicinam quaereret, quanto in se auxilium sibi non inveniebat. |50| secundo salvantis virtus, * cum dicitur, ° mons domus domini, ‘ in quo domus domini est fundata. * ezech. 40: ° dimisit me super montem excelsum. ‘ tertio salvantis gradus: ° in vertice montium, ‘ idest majorum, ° et elevabitur super colles, ‘ idest minores principes. * infra 52: ° ecce intelliget servus meus, exaltabitur et elevabitur, et sublimis erit valde. et fluent ad eum. ‘ hic ponitur gentium conversio: et circa hoc tria ponit. primo ipsam conversionem; secundo declarat conversionis ordinem, * ibi, ° et ibunt populi; ‘ tertio promittit conversis pacem, * ibi, ° et judicabit gentes. ‘ dicit ergo quantum ad primum: ° et fluent, ‘ in quo notatur multitudo et festinantia, ° omnes gentes, ‘ idest de gentibus omnibus aliqui. * jerem. 31: ° adducam eos per torrentem aquarum in via recta, et non impingent in ea. ‘ ordo conversionis fuit quod per vocationem eorum qui ex judaeis, gentes conversae sunt. et ideo tria circa secundum ponit. primo vocantes, secundo vocationem, * ibi, ° venite, ‘ tertio ordinis rationem, * ibi, ° quia de sion. * dicit ergo: ° populi, ‘ idest qui ex judaeis, ° multi, ‘ non omnes; in quo notatur paucitas judaeorum conversorum respectu multitudinis gentium; ° ibunt, |75| ‘ passibus fidei credentes, ° et dicent. * 2 corinth. 4: ° et nos credimus, propter quod et loquimur. venite. ‘ hic ponitur vocatio. vocant autem ad tria. ad fidei eminentiam: * unde dicit: ° venite, ‘ per consensum, ° ascendamus ‘ per fidem ° in montem domini, ‘ idest in christum, ° et ad domum dei jacob, ‘ idest ecclesiam. * jerem. 31: ° surgite et ascendamus in sion ad dominum deum nostrum: quia haec dicit dominus: exultate in laetitia jacob, * hebr. 12: ° ascensus ad montem sion ‘ etc.. secundo ad doctrinam, * cum dicit: ° docebit nos vias suas, ‘ idest praecepta quibus ad ipsum itur. * cant. 8: ° ibi me docebis, et dabo tibi poculum ex vino condito, et mustum malorum granatorum meorum. ‘ tertio ad obedientiam. ° et ambulabimus, ‘ post eum, ° in semitis ejus consiliorum. * jerem. 6: ° interrogate de semitis antiquis quae sit via bona et ambulate in ea. quia de sion. ‘ hic ponit ordinis rationem, * dicens: ° quia de sion, ‘ non de monte sina, ° exibit lex, ‘ spiritualiter intellecta, ° et verbum domini, ‘ idest evangelium, ° de jerusalem ‘ propter contemplationem pacis: ° salus enim ex judaeis est. * joan. 4. et infra 27: ° qui egrediuntur impetu a jacob, florebit, et germinabit israel.

lc2 ° Et iudicabit. ‘ hic promittit conversis pacem; et circa hoc tria facit. primo ponit pacis effectivum; secundo pacis signum: ° et conflabunt gladios; ‘ tertio pacis fructum: ° non levabit gens. ‘ effectivum pacis est regis judicium; * et ideo primo dicit: ° judicabit gentes, ‘ dando eis jura, ° et arguet populos, ‘ corrigendo peccata. * infra 11: ° judicabit in justitia pauperes, et arguet in aequitate pro mansuetis terrae. ‘ signum pacis est quod instrumenta belli vertuntur in cultum agri: * unde dicit: ° et conflabunt gladios suos in vomeres. * psal. 45: ° arcum conteret, et confringet arma. ‘ fructus pacis est in amotione hostium: * unde dicit: ° non levabit gens contra gentem gladium. * infra 26: ° vetus error abiit, servabis pacem, pacem, quia in te speravimus. * sed contra, “ quia postea fuerunt multa bella. * glossa respondet, quia “ non fuerunt tam magna sicut ante. unde in tempore antichristi quamvis sit futura maxima sanctorum persecutio, tamen habebunt pacem magnam adinvicem, sicut fuit tempore diocletiani. ‘ vel melius dicendum, quod referatur ad pacem factam per christum, quae complebitur in futuro. |25| ° domus jacob. ‘ hic ponitur vocatio judaeorum post conversionem gentium factam: vel ex persona prophetae, vel ex persona gentilium, ut sint in cauda qui fuerunt in capite. * rom. 11: ° caecitas ex parte contigit donec plenitudo gentium subintraret, et sic omnis israel salvus fieret. ambulemus, ‘ simul et concorditer, ut sit unum ovile. * joan. 10: ° et fiet unum ovile et unus pastor. in lumine. * joan. 12: ° ambulate dum lucem habetis. projecisti enim. ‘ hic ostendit eorum reatum: et primo in generali; secundo in speciali, * ibi, ° et augures habuerunt. ‘ circa primum duo facit. primo ostendit eorum a deo elongationem, * cum dicit, ° projecisti enim: * et ut continuat glossa: ° merito vocandi sunt, quia projecisti. * jer. 22: ° quare abjecti sunt ipse et semen ejus, et projecti in terram quam ignoraverunt. ‘ secundo ponit elongationis rationem, ° quia ‘ scilicet ° repleti sunt, ‘ iniquitate, ° ut olim, ‘ in aegypto. * jerem. 23: ° adulteriis repleta est terra; ‘ non enim est causa elongationis a deo nisi peccatum. * unde infra 59: ° peccata vestra diviserunt inter vos et deum. et augures. ‘ hic ponit eorum culpam in speciali; et praecipue circa idolatriam, |50| quam arguit in eis tripliciter. primo quantum ad gentilem conversationem; secundo quantum ad idolatriae occasionem, * ibi, ° repleta est terra; ‘ tertio quantum ad cultus observationem, * ibi, ° et repleta est terra. ‘ gentilem conversationem reprehendit in eis in duobus. primo quantum ad divinos et augures, quos habebant: * unde dicit: ° augures, ‘ idest pronosticantes de futuris ex voce et garritu avium, ° habuerunt ut philisthiim, ‘ in quibus maxime haec superstitio vigebat, * contra id quod praecipitur deut. 18: ° cave ne imitari velis abominationes gentium illarum. * et infra statim: ° non inveniatur in te qui ariolos sciscitetur, et observet somnia atque auguria. * sed videtur quod “ augurium non sit peccatum. aves enim meliorem aestimationem habent quam pisces qui sunt magis aquosi; sed marinarii ex motu quorumdam piscium accipiunt conjecturas de tempestate futura: ergo etiam per aves potest aliquid pronosticari de futuris. ‘ et dicendum, quod deus praevidit unicuique rei ea quibus possit conservari in esse, secundum suae naturae capacitatem: et ideo homini dedit rationem per quam conferendo potest sibi adinvenire remedia contra nociva. et quia in brutis deficit ratio, |75| ordinavit ut quod ex ratione deficit, natura suppleret; et ideo talibus data sunt arma et operimenta naturaliter, quae homo per artem sibi acquirit. similiter etiam creata est eis quaedam vis naturalis aestimationis, impellens ea ad operandum opera suae speciei. “ unde potius aguntur quam agant, * ut dicit damascenus. ‘ et cum natura inferior reguletur per naturam superiorem et moveatur, relinquuntur in ipsis impressiones superiorum motuum fricantium hujusmodi motum per quem moventur ad providendum sibi in necessariis. et in talibus accipere conjecturam ab avibus, vel avium motibus, vel aliorum animalium, non est peccatum; sed tantum de his quae habent causam ex libero arbitrio, quod non operatur necessitate stellarum. secundo, quantum ad passiones innaturales, in quibus subjacebant: * unde dicit: ° pueris alienis, ‘ idest alienigenis, vel a deo alienis, ° adhaeserunt, ‘ per turpem abusum. * rom. 1: ° masculi in masculos turpitudinem operantes. * 2 machab. 4, dicitur de hoc vitio: ° erat autem hoc et incrementum quoddam, et profectus gentilis et alienigenae conversationis, propter impii et non sacerdotis jasonis nefarium et inauditum scelus. repleta est. ‘ hic ponit idolatriae occasionem, quae est avaritia vel similitudo. |100| * ephes. 5: ° aut avaritia... quae est idolorum servitus. ‘ primo ergo ostendit avaritiam eorum quantum ad multiplicationem rerum quae pertinent ad necessitatem victus, * cum dicit, ° repleta est terra: ‘ in quo notatur abundantia rerum; ° et non est finis: ‘ in quo notatur insatiabilitas avari, qui non implebitur pecunia. * eccli. 5: ° avarus non implebitur pecunia; et qui amat divitias, fructum non accipiet ex eis. * et oseae 2: ° dedi eis frumentum, vinum et oleum et argentum, et multiplicavi eos, et aurum; quae fecerunt baalim. ‘ secundo quantum ad res quae pertinent ad portantis usum, * cum dicit, ° repleta. * psalm. 19: ° hi in curribus, et hi in equis; nos autem etc.. et repleta est. ‘ hic arguit in eis idolatriae cultum; et aggravat hoc ex tribus. primo ex multitudine, * cum dicit, ° et repleta est. * oseae 7: ° multiplicavit ephraim altaria ad peccandum. * jer. 2: ° sub omni ligno frondoso et in omni colle sublimi tu prosternebaris meretrix. ‘ secundo ex idolorum vilitate: ° quia opus manuum suarum, ‘ et adhuc plus ° quod fecerunt digiti eorum. * psal. 113: ° simulacra gentium argentum et aurum, opera manuum hominum. ‘ tertio ex hominis dignitate: * et ideo |125| dicit: ° homo, ‘ qui ad imaginem dei factus est, ° inclinavit se, ‘ supponendo se idolis; ° vir, ‘ qui virtuosus videbatur quantum ad acquisita, ° humiliatus est. * psal. 48: ° homo cum in honore esset, non intellexit; comparatus est jumentis insipientibus, et similis factus est illis. * infra 44: ° curvatus est ante illud, et adorat, et dicit, libera me.

lc3 ° Ne ergo dimittas. ‘ hic comminatur eis poenam. et dividitur in duas partes. in prima ostendit eis imminere periculum; in secunda concludit evasionis remedium, * ibi, ° quiescite ergo. ‘ ostendit autem eis imminere periculum, removendo tria. primo praesumptionem de divina misericordia; secundo confidentiam de propria potentia, * ibi, ° oculi sublimes. ‘ tertio remedium quod relinquebatur in aliorum fiducia, * ibi, ° in die illa projiciet homo idola. ‘ et quia divina misericordia mensuram non habet, sed semper superexaltat judicium * iac. 2, ‘ ideo non removet eam praedicendo ut defecturam, sed imprecando ut justam. duo ergo facit. primo ponit imprecationem, * dicens: ° ex quo tam turpia mala faciunt, ergo ne dimittas eis: ‘ quasi dicat: justum esset ut in nullo eorum misereris. * jer. 5: ° numquid super his non iudicabo, dicit dominus, et super gentem hujuscemodi non ulciscetur anima mea? ‘ secundo ironice ponit consilium ad evasionem, * dicens, ° ingredere; ‘ quasi dicat: ex quo ipse non dimittit, restat ut abscondatis vos a facie ejus. ° ingredere in petram: * ad litteram, ‘ in fissuras petrarum ad ibi manendum: |25| ° abscondere fossa humo, ‘ idest in cavernis terrae, ° a facie timoris domini, ‘ idest a facie illorum per quos deus se probat timendum et glorificandum. * jer. 18: ° relinquite civitates. ‘ sed hoc non valebit eis: * unde in psalm. 138: ° quo ibo a spiritu tuo, et quo a facie tua fugiam? * bernardus exponit de christo. ° petra enim erat christus: * 1 ad corinth. 10. ‘ in ipso est intrandum per devotionis affectum. * dicit ergo: ° ego fidenter quod mihi deest usurpo de visceribus jesu christi. viscera enim misericordiae affluxerunt, nec desunt foramina per quae effluant: foderunt enim manus ejus, et pedes ejus perforaverunt. * cant. 2: ° surge, propera amica mea... et veni in foraminibus petrae. oculi sublimes. ‘ hic removet ab eis confidentiam de propria potentia: et circa hoc duo facit. primo excludit potentiam resistendi; secundo repellit cautelam latendi, * ibi, ° et introibunt. ‘ circa primum tria facit. primo ponit intentum; secundo explicat modum, * ibi, ° quia dies; ‘ tertio concludit propositum. ° et incurvabitur. ‘ ponit autem duo ad excludendam potentiam resistendi. primo ipsorum depressionem, tum quantum ad superbiam cordis, * cum dicit, ° oculi, |50| ‘ idest superbia, ° sublimis, ‘ idest hominis potentis, ° humiliati, ‘ idest humiliabuntur; praeteritum pro futuro propter certitudinem prophetiae * prov. 30: ° generatio cujus oculi excelsi sunt, et palpebrae in alta surrectae. * job 40: ° respice cunctos superbos, et confunde eos, et contere impios de loco suo. ‘ tum etiam quantum ad nobilitatem generis: * unde dicit, ° altitudo virorum, ‘ idest nobilitas generis. * amos 2: ° ego exterminavi amorrhaeum a facie eorum, cujus altitudo cedrorum altitudo ejus. ‘ secundo ponit punientis exaltationem, ° exaltabitur, ‘ idest altus apparebit in punitione qui infirmus videbatur in expectatione. * psal. 9: ° cognoscetur dominus judicia faciens. * infra 5: ° exaltabitur dominus exercituum in judicio. quia dies domini. ‘ hic ponitur modus expletionis praedictorum: et primo quantum ad depressionem hominum; secundo quantum ad subtractionem rerum, * ibi, ° et super omnes. ‘ dicit ergo primo: ideo erit hoc quod dictum est, ° quia dies domini, ‘ idest ultionis tempus: * infra 63: ° dies ultionis in corde meo, annus retributionis meae venit: exercituum; ‘ ut non dubitetur de victoria ejus, cui tanta subest obsequentium multitudo: veniet quasi grave pondus ad comprimendum, ° super omnem superbum |75| et excelsum; ‘ idest, super eum qui magis de magnis quae habet extollitur: ° et super omnem arrogantem, ‘ qui elevatur de eo quod non habet. * gregorius: ° arrogans est qui sibi tribuit quod non habet. * prov. 8: ° arrogantiam et superbiam, et viam pravam, et os bilingue detestor. et humiliabitur. * luc. 14: ° qui se exaltat humiliabitur. et super omnes cedros. ‘ hic ponit subtractionem rerum quae faciunt ad defensionem: et primo quantum ad ea quae pertinent ad praeparationem machinarum: vel propter altitudinem; * et sic dicit, ° super omnes cedros; ‘ vel fortitudinem; * et sic dicit, ° super omnem quercum. * zach. 11: ° aperi libane portas tuas, ut comedat ignis cedros tuas. * et infra: ° ululate quercus basan, quia succisus est saltus munitus. ‘ secundo quantum ad ea quae pertinent ad munitionem locorum: aut a natura: ° et super omnes montes excelsos, * ezech. 6: ° haec dicit dominus deus montibus et collibus, rupibus et vallibus: ‘ aut ab arte: ° et super omnem turrim excelsam. * soph. 1: ° dies tubae et clangoris super civitates munitas, et super angulos excelsos; et tribulabo homines. ‘ tertio quantum ad ea quae pertinent ad abundantiam |100| victualium; * et sic dicit: ° super omnes naves, ‘ in quibus deferuntur, ° tharsis, ‘ idest maris. * infra 23: ° ululate naves maris, quia vastata est domus unde venire consueverant. et super omne quod visu pulchrum est. ‘ hoc pertinet ad hostium implacationem, vel augumentationem pugnantium. * judith 10: ° quis contemnat populum hebraeorum, qui tam decoras habet mulieres? et incurvabitur. ‘ hic quasi concludit propositum; et est omnino idem quod prius dictum est, nisi quod additur de destructione idolorum, ut ostendatur ipse solus excelsus, * cum dicit, ° et idola. * ezech. 6: ° confringentur et cessabunt idola vestra, et conterentur delubra vestra. et introibunt in speluncas. ‘ hic ponit cautela latendi, et est idem quod prius; nisi quod hic praedicitur quasi futurum, quia etiam potentiam dejiciendam praedicendo et non imprecando exposuerat; * psalm. 62: ° introibunt in inferiora terrae, tradentur in manus gladii, partes vulpium erunt. in die illa. ‘ hic removet tertium, scilicet idolorum fiduciam. et primo removet auxilium, ° ut adoraret. * ezech. 8: ° et ingressus vidi; et ecce omnis similitudo reptilium, et animalium abominatio, et universa idola domus israel depicta. * infra 31: |125| ° in die illa abjiciet vir idola argenti sui, et idola quae fecerunt manus ejus in peccatum. ‘ secundo replicat latendi subsidium, * ibi, ° et ingredietur, * apocal. 6: ° omnis servus et liber absconderunt se in speluncis, et petris montium. quiescite ergo. ‘ hic ponit sanum consilium ad evadendum; ergo ex quo omnia ista non valebunt vobis, ° quiescite ab homine, ‘ idest cessate ab offensa ipsius, scilicet christi. ° cujus spiritus in naribus ejus, ‘ idest qui spirat naribus, et vivit sicut alii homines quantum ad humanitatem. ° quia excelsus reputatus est ipse, ‘ quantum ad divinitatem, a sanctis et ab angelis. * psalm. 112: ° excelsus super omnes gentes dominus, et super omnes caelos gloria ejus. ‘ vel aliter. loquitur de deo ad similitudinem hominis per figuram antropospatos. ° ab homine, ‘ idest deo, ° cujus spiritus in naribus: ‘ loquitur ad similitudinem irati, qui propter multiplicationem spirituum exufflat per nares: * unde dicit homerus, quod “ fortes austeram virtutem per singulas nares exufflabant. * psal. 17: ° ab inspiratione spiritus irae tuae. * infra 30: ° ardens furor ejus, et gravis ad portandum. * et iterum: ° spiritus velut torrens inundans usque ad medium colli, ad perdendas gentes |150| in nihilum: ‘ et hoc refertur ad primum, in quo removit praesumptionem de misericordia dei: ° quia excelsus ipse, ‘ discretive, quasi solus contra secundum.

068 CIS cp3

lc1 ° Ecce enim dominator. ‘ hic incipit secunda pars, in qua arguit peccatum eorum quantum ad oppressionem proximorum; et dividitur in partes duas. in prima ponitur opprimentium confutatio; in secunda oppressorum consolatio. * cap. 4: ° et apprehendent. ‘ et quia violentum dominium non solum est culpa hominis, sed etiam poena dei judicantis peccata populi, * sicut dicitur job 34: ° qui regnare facit hypocritam propter peccata populi: ‘ ideo prima pars dividitur in partes duas. in prima enim praedicitur secundum quod est poena a deo inflicta; in secunda arguitur secundum quod est culpa ab homine commissa, * ibi, ° populum meum. ‘ prima dividitur in duas. in prima comminatur regiminis subversionem; in secunda assignat dicti rationem, * ibi, ° ruit enim. ‘ prima in tres. in prima subtrahuntur ad regiminis officium idonei; in secunda praeficiuntur indigni, * ibi, ° et dabo pueros ‘ in tertia refutantur vocati, * ibi, ° apprehendet vir. ‘ prima in duas. in prima subtrahit idoneum ad regiminis officium; in secunda utilem ad regentis auxilium, * ibi, ° et consiliarium. |25| ‘ prima in tres, secundum tria quae requiruntur ad idoneitatem praelatorum. primo enim aufert idoneum quantum ad potestatem; in secunda quantum ad sagacitatem, * ibi, ° judicem; ‘ in tertia quantum ad auctoritatem, * ibi, ° senem. ‘ potestas ad regenda bella populi requiritur in duce vel rege, et ad compescendum insolertias: * eccl. 9: ° noli quaerere fieri judex, nisi virtute valeas irrumpere iniquitates: ‘ quae in tribus consistit, secundum quae dividitur prima pars in tres partes; scilicet in fortitudine corporis, quae consistit in tribus: scilicet complexionis vigore; * et quantum ad hoc dicit: ° ideo moneo ut quiescatis; enim, ‘ idest quia, ° ecce, ‘ in proximo est, ° auferet validum, ‘ idest bene valentem in complexionis sanitate. in membrorum robore; * et sic dicit, ° fortem, “ quia fortitudo consistit in ossibus et nervis, * ut dicit philosophus. ‘ iterum in cibi multitudine; * et sic dicit, ° omne robur panis ‘ in quo omnis cibus et potus significatur. * eccl. 29: ° initium vitae hominis aqua et panis et vestimentum. ‘ secundo consistit potestas dicta in constantia cordis; * et sic dicit, ° fortem, ‘ secundum quod venit a fortitudine quae est virtus animae. tertio consistit in exercitio bellicae artis, * et sic dicit, ° virum bellatorem. ‘ sapientia autem requiritur ad exercenda |50| judicia; propter quod petiit salomon sapientiam a deo. * 3 reg. 3: ° dabis servo tuo cor docile... ut possit discernere inter bonum et malum. ‘ et hoc habetur tripliciter. vel humana institutione; * et quantum ad hoc dicit, ° judicem, ‘ quasi juris peritum: vel divina inspiratione; * et quantum ad hoc dicit, ° prophetam: ‘ vel daemonis revelatione; * et quantum ad hoc dicit, ° ariolum, ‘ quia in aris daemonum divinabant, et aliquando vera dicebant. auctoritas necessaria est ad reverentiam; et haec consistit in tribus. in officii dignitate; * et quantum ad hoc dicit, ° principem etc.; et per hos omnes alios principes intelligit, * ut dicit glossa: ‘ in morum honestate; ° senem, ‘ moribus. in vultus maturitate; ° honorabilem vultu. ‘ utiles autem sunt aliqui principibus ad regimen populi, vel ad expediendum dubia negotia; * et quantum ad hoc dicit, ° consiliarium: ‘ vel ad facienda aedificia; ° sapientem de architectis, ‘ ab archos, quod est princeps, et ° techne, ‘ quod est ars, et praecipue mechanicarum. architector dicitur principalis artifex, qui praecipit artificibus inducere formam, et praeparare materiam, secundum considerationem finis cujus scientiam habet in usu vel ratione. “ sapientia |75| autem, * secundum philosophum, “ dicitur dupliciter; scilicet universalis et particularis. particularem definiens * dicit, quod “ est virtus per quam homo ponitur in ultimo cujuscumque artis, ut medicinae: et dicitur sapiens medicus qui est certissimus in his quae sunt medicinae; et similiter sapiens faber; et sic de aliis. ‘ et hoc modo sumitur hic. universalis sapientia est quae est ultimum in omnibus artibus et scientiis; et ista est per quam homo ponitur in cognitione nobilissimarum rerum, substantiarum scilicet separatarum, vel spiritualium. “ et haec, * secundum philosophum, “ est metaphysica, ‘ et secundum nos theologia. tertio aliquis necessarius est ad instruendum divina: * et quantum ad hoc dicit: ° et prudentem eloquii mystici, ‘ a ° mystim ‘ quod est secretum, idest divinorum verborum quae secreta sunt. et de omnibus his * habetur 4 reg. penult., quod ‘ translati sunt a nabuchodonosor in babyloniam. ° transtulit quoque joachim in babylonem, et matrem regis, et uxores regis, et eunuchos, et judices terrae duxit in captivitatem. et dabo pueros. ‘ hic ostenditur subversio regiminis quantum ad hoc quod praeficiuntur indigni. et dividitur in duas. in prima ponitur indignorum praelatio; in secunda consequens populi turbatio, * ibi, ° et |100| corruet populus, ‘ sunt autem indigni quantum ad defectum sapientiae et aetatis; * et sic dicit: ° dabo pueros: ‘ et quantum ad defectum virtutis; * et sic dicit: ° et effeminati, ‘ idest lascivi et imbecilles. * oseae 13: ° dabo tibi reges in furore meo. ‘ effectus autem regiminis in perturbatione populi tangitur triplex. primo universalis dissensio: * unde dicit: ° corruet populus, ‘ ab unitate pacis, per quam est populus, ° vir ad virum, ‘ idest contra. * prov. 11: ° ubi non est gubernator, corruet populus. * zach. 10: ° abducti sunt quasi grex: affligentur, quia non est eis pastor. ‘ secundo amicitiae dissolutio: ° unusquisque ad proximum suum, ‘ idest contra proximum suum. * jer. 10: ° omnis frater supplantans supplantabitur, et omnis amicus fraudulenter incedet. ‘ tertio ordinis confusio: ° tumultuabitur puer contra senem. * thren. 4: ° facies sacerdotum non erubuerunt, nec senum miserti sunt. apprehendet. ‘ hic ostendit subversionem regiminis quantum ad hoc quod invitati recusant (officium), quasi quoddam ruinosum. et dividitur in partes duas. in prima ponitur eligentium invitatio; in secunda electi recusatio, * ibi, ° et respondebit. |125| ‘ circa primum tria ponuntur: scilicet ipsa electio, electionis occasio, officii iniunctio. electio inordinata, quia ab uno tantum; * unde dicit: ‘ inde erit tumultus ° enim: ‘ idest quia non communiter eligent; sed ° apprehendet vir fratrem suum, ‘ conjunctum sanguine, ° domesticum patris sui, ‘ familiaritate acceptum, quamvis etiam vilem. * mich. 3: ° qui aedificat sion in sanguinibus, et jerusalem in iniquitate. ‘ et hoc est contra formam servatam * numer. 17, ‘ in electione principum facta praecepto domini, auctoritate praelati, et consensu multitudinis. sed occasio est vilis, quia propter divitias: * unde dicit: ° vestimentum tibi est: ‘ sperat enim temporalem subventionem; et hoc est contra formam traditam * exod. 18: ° provide de omni plebe viros potentes, et timentes deum, in quibus sit veritas, et qui oderint avaritiam; et constitue ex eis tribunos et centuriones etc. qui judicent populum omni tempore. ‘ sed injunctio periculosa: * unde dicit: ° princeps esto noster; ruina autem haec, ‘ idest periculum, ° sub manu tua, ‘ idest sub custodia tua et defensione tua. * 3 reg. 20: ° custodi virum istum, qui si lapsus fuerit, erit anima tua pro anima ejus. respondebit. ‘ hic ponitur recusatio electi: et primo ostenditur rationabilis |150| excusatio; secundo concluditur officii refutatio, * ibi, ° nolite. ‘ in excusatione praetendit tria; scilicet impotentiam ad repellendum nociva: ° non sum medicus, ‘ scilicet ut possim mederi miseriis vestris * jer. 8: ° numquid resina non est in galaad, aut medicus non est ibi? ‘ ad supplendum defectum: ° et in domo mea non est panis, ‘ quo suppleam defectum famis vestrae. * thren. 4: ° parvuli petierunt panem, et non erat qui frangeret eis. ‘ ad fovendum vel conservandum necessarium; ° neque vestimentum, ‘ quo conservatur calor. * prov. ult.: ° non timebit domui suae a frigoribus nivis. omnes enim domestici ejus vestiti duplicibus. nolite me constituere principem populi. ‘ hic concluditur officii refutatio ubi ponitur triplex ratio, scilicet impedimentum devotae contemplationis, * iud. 9: ° numquid possum deserere pinguedinem meam, qua dii utuntur et homines? ‘ dulcis affectionis: * infra: ° numquid possum deserere dulcedinem meam? ‘ spiritualis exultationis: ° numquid possum deserere vinum meum, quod laetificat deum et homines, et inter cetera ligna promoveri?

lc2 ° Ruit enim ierusalem. ‘ hic ponit causam dicti scilicet renuntiationis: et primo ponit causam proximam, scilicet poenam universalis ruinae: unde dicitur ex persona prophetae: ideo recusabit, ° enim, ‘ idest, quia, ° ruit jerusalem, ‘ idest ipsa civitas, ° et judas, ' idest ipsa provincia, ° concidit, ' per poenam a sua integritate. * infra 23: ° in captivitatem transduxerunt robustos ejus, suffoderunt domos ejus, posuerunt eam in ruinam. ' secundo ponit causam remotam, scilicet culpam. et dividitur in partes tres. in prima aggravat culpam: in secunda contra culpam ordinat poenam, * ibi, ° vae animae eorum, ' tertio ostendit punientis justitiam, * ibi, ° dicite justo. ' peccatum aggravat ex tribus. ex peccati specie, quia blasphemia in deum: * unde dicit: ' ideo concidit, ° quia lingua eorum contra dominum. * infra 57: ° super quem lusistis, super quem dilatastis os, et ejecistis linguam? ' secundo ex peccati novitate: * unde dicit: ° adinventiones eorum contra dominum. * oseae 7: ° nunc circumdederunt eos adinventiones suae, coram facie mea factae sunt. ' tertio ex peccati publicatione: * unde dicit: ° agnitio vultus eorum; ' et hoc quod peccatum suum a vultu agnitum |25| aliis fecerunt. ° respondebit eis, ' in poenam quantum ad gestus. et quantum ad peccati commendationem * dicit: ° et peccatum suum quasi sodoma praedicaverunt, ' idest laudaverunt. * jer. 2: ° frons meretricis facta est tibi et noluisti erubescere. * aliter exponitur in glossa: ° agnitio vultus eorum, ' idest cognitio suorum peccatorum, quam in intellectu habebunt, quia in vultu sunt sensus, ° respondebit eis, ' quaerentibus quare puniuntur. vel aliter. ° agnitio vultus eorum, ' idest remorsus conscientiae, ° respondebit eis, ' sicut poena. et mystice hoc refertur ad peccatum quo christum videntes cognoscere noluerunt, " de quo conscientia redarguet eos, * secundum quod dicit glo.. ' et quia justitia dei non sinit tam gravia mala inulta, ideo ° vae animae eorum, ' non solum corpori: ° quoniam reddita sunt eis mala, ' in dei praescientia: vel praeteritum ponitur pro futuro. et ne putetur poena omnes involvere, subjungitur dei justitia in discretione bonorum a malis: et circa hoc duo facit. primo ponit remunerationem bonorum, * dicens, ° dicite justo, ' cuicumque, ° quoniam bene ' erit ei, cum alii damnabuntur, ° quoniam fructum, ' idest mercedem ° adinventionum suarum comedet, ' quasi fructum capiens bonorum excogitatorum. sicut enim mali sunt soliciti ad inveniendum |50| modos quibus peccatur, ita et boni sunt soliciti ut adinveniant qualiter deo placere possint. * 1 cor. 7: ° qui sine uxore est, solicitus est quae domini sunt, quomodo placeat deo. * psal. 127: ° labores manuum tuarum quia manducabis, beatus es et bene tibi erit. ' secundo ponit punitionem malorum, * dicens, ° vae impio in malum, ' idest pro malo quod sibi imminet. ° retributio manuum suarum - * psal. 9: ° in operibus manuum suarum comprehensus est peccator. populum meum. ' hic arguitur oppressio populi, secundum quod est peccatum hominis opprimentis. et dividitur in partes duas. in prima ponitur oppressionis vitium; in secunda inducitur poenae judicium, * ibi, ° stat ad judicandum dominus. ' tripliciter autem quidam opprimebant populum. opprimebant enim primo principes per violentiam rapiendo: * et quantum ad hoc dicit: ° populum meum expoliaverunt, ' bonis suis. * ezech. 22: ° populum terrae calumniabantur calumnia, et rapiebant violenter; egenum et pauperem affligebant. ' secundo mulieres, protrahendo ad concupiscentiam, et etiam ad idolatriam, * sicut de salomone dicitur 3 reg. 11; et quantum ad hoc dicit: ° mulieres eorum dominatae sunt eis. * eccli. 9: ° ne des mulieri potestatem animae tuae, |75| ne ingrediatur in virtute tua. ' tertio prophetae decipiendo per astutiam adulationis; * et quantum ad hoc dicit, ° popule meus; ' quasi: per prophetas consueveram vobis loqui; sed quia illi mendaces sunt, per me vobis loquar, ne videatur non debere credi, quod propheta contra prophetam. ° decipiunt, ' promittendo securitatem. ° dissipant, ' praebendo occasionem culpae. * mich. 3: ° haec dicit dominus super prophetas, qui seducunt populum meum, qui mordent dentibus suis, et praedicant pacem. * jer. 14: ° prophetae dicunt eis: non videbitis gladium, et fames non erit in vobis; pacem veram dabit vobis in loco isto. stat ad judicandum. ' hic inducitur judicium ad puniendum oppressores: et dividitur in duas: in prima ponitur judicium contra oppressores principes; in secunda contra mulieres, * ibi, ° et dixit dominus. ' pseudoprophetae ad spoliandum populum decipiebant; et ideo habent idem judicium cum principibus. * ezech. 13: ° violabant me ad populum meum, propter pugillum hordei et fragmen panis. ' circa primum tria facit. primo inducitur judex: * unde dicit, ° stat ad judicandum. * mich. 4: ° judicabit populos multos. * dan. 7: ° judicium sedit, et libri aperti sunt. ' secundo |100| inducuntur rei: * unde dicit: ° dominus ad judicium veniet cum senibus, ' scilicet sacerdotibus, et principibus, regibus et ducibus. * ezech. 34: ° ego judicabo inter pecus et pecus, et inter arietem et hircum. ' tertio ponitur causa: et primo inducitur accusatio actoris, * cum dicit, ° vos depasti estis: * mich. 3: ° comederunt carnes populi mei: ' secundo ponitur increpatio judicis, * cum dicit: ° quare atteritis, ' affligendo, ° facies pauperum commolitis, ' fame attenuando? * amos 4: ° calumniam facitis egenis et confringetis pauperes. ' ipse enim idem deus erit actor et judex. fructus iusti quem reddit: suae operationis, * ioh. 10: ° eatis et fructum afferatis, et fructus vester maneat; ' suae praedicationis, * hebr. ult.: ° offeramus hostiam laudis semper deo, id est fructum labiorum confitentium nomini eius; ' suae confessionis. quem percipit: remissionis culpae, * is. 27: ° dimittetur iniquitas domui iacob, et iste omnis fructus ut auferatur peccatum eius; ' participationis gratiae, * gal. 5: ° fructus autem spiritus: caritas, gaudium ' etc.; |125| contemplationis sapientiae, * prov. 3: ° melior est acquisitio eius negotiatione auri et argenti, primi et purissimi fructus eius. ' quem quaerit: in fruitione dei, * cant. 2: ° fructus eius dulcis gutturi meo; ' in societate caelestis chori, * ez. 36: ° montes israel ramos vestros germinetis, et fructum vestrum afferatis populo meo israel; ' in perceptione divini doni, * cant. 4: ° emissiones tuae paradisus malorum punicorum cum pomorum fructibus.

lc3 ° Et dixit dominus pro eo. ' hic ponitur divinum judicium contra mulieres: et primo aperitur culpa; secundo praedicitur poena, * ibi, ° decalvabit. ' prima dividitur in duas. in prima arguit eas de superbia; in secunda de lascivia, * ibi, ° et nutibus. ' circa primum duo facit. in prima arguit superbiam in corde, * cum dicit: ° pro eo quod elevatae ' in superbiam. * psal. 130: ° domine, non est exaltatum cor meum. ' secundo arguit superbiae signum in corpore, ° ambulaverunt extento collo, ' quod signum superbiae est. * job 15: ° cucurrit adversus eum erecto collo; et pingui cervice armatus est. et nutibus. ' hic arguit lasciviam earum in quatuor, quibus homines ad concupiscentiam provocabant. primo in ipso visu: * unde dicit, ° et nutibus. * proverb. 6: ° non concupiscat pulchritudinem ejus cor tuum, ne capiaris nutibus ejus. ' secundo lusu: ° et plaudebant. * glossa, " ludendo. * eccli. 9: ° cum saltatrice ne assiduus sis... ne forte pereas in efficacia illius. ' tertio incessu, ° et ambulabant. * prov. 7: ° garrula, vaga, quietis impatiens, nec valens in domo consistere pedes |25| eius. ' quarto, lascivo ornatu, ° composito gradu. * glos. ° ornatae de rapina pauperum. * proverb. 7: ° ecce occurrit illi mulier ornatu meretricio praeparata ad capiendas animas. decalvabit. ' hic comminatur poenam: et primo quantum ad ablationem ornamentorum; secundo quantum ad solatium virorum, * ibi, ° pulcherrimi quoque viri. ' circa primum duo facit. primo aufert ab eis ornamenta quae sunt signa ineptae laetitiae et lasciviae; in secunda recompensat signa tristitiae et miseriae, * ibi, ° et erit pro suavi. ' circa primum duo facit. primo aufert ab eis ornatum naturalem capillorum; secundo artificialem, * ibi, ° in die illa. * dicit ergo primo, ° decalvabit, ' quantum ad capillos veros. * infra 15: ° in cunctis capitibus ejus erit calvitium. nudabit, ' quantum ad capillos adulteros, qui sunt sicut indumenta. * deut. 32: ° de captivitate nudati inimicorum capitis. in die illa. ' hic aufert ab eis ornamenta artificialia; et primo ea quae pertinent ad ornatum membrorum; secundo ea quae pertinent ad cultum ornamentorum, * ibi. ° et acus, et specula. ' circa primum duo facit. primo aufert ea quae pertinent ad ornatum partium; secundo ea quae pertinent ad ornatum totius, * ibi, |50| ° et mutatoria. ' circa primum duo facit, primo aufert quae pertinent ad corporis membra; secundo quae specialiter ad sensus organa, * ibi, ° et olfactoriola. ' circa primum duo facit. primo aufert ea quae pertinent ad membra inferioris partis corporis; secundo quae specialiter ad membra capitis, * ibi, ° et mitras. ' dicit ergo primo quantum ad pedes, ° ornamenta calceamentorum; ' quaecumque, et specialiter ° lunulas, ' quasdam picturas factas in calceamentis de corio deaurato. * cant. 7: ° quam pulchri sunt pedes tui in calceamentis, filia principis. ' secundo quantum ad collum, ° torques, ' quaedam ornamenta colli usque ad pectus pendentia in honorem victoriae data. * proverb. 1: ° ut addatur gratia capiti tuo, et torques collo tuo. ' tertio quantum ad pectus * dicit, ° monilia, ' quaelibet ornamenta, sed specialiter fibulae, quibus munitur pectus, ne vestes aperiantur. * cant. 7: ° junctura femorum tuorum sicut monilia quae fabricata sunt manu artificis. ' quarto quantum ad brachia * dicit, ° armillas, ' ornamenta brachiorum ab armo dicta. * exod. 35: ° viri cum mulieribus praebuerunt armillas. et mitras. ' hic ponit ornamenta capitis: et primo quantum ad verticem. |75| ° mitras, ' ornamenta capitis in modum coronae. * judith 10: ° imposuit mitram super caput suum, discriminato crine capitis sui. ' secundo quantum ad capillos * dicit: ° discriminalia, ' instrumenta quaedam de argento vel auro in modum acuti fusti facta, quibus mulieres dividunt capillos suos ante frontem, * sicut dictum est judith eodem: ° discriminavit crinem capitis sui. ' tertio quantum ad collum tangit duo. primo ° periscelides, ' a peri, quod est circum, et colon, quod est membrum, quasi ornatus circa membrum. * haymo dicit, quod " fit ex auro ad similitudinem armillarum, et ponitur circa collum. * glossa dicit, quod " super pedes similes armillis. * alii dicunt, quod " sunt quidam ornatus positi circa extremitates vestium sicut aurifrigia, vel pelles aliquae, vel aliquid hujusmodi. * et hoc potest stare cum utroque praedictorum; ' quia sic sunt et circa collum, et circa pedes. vestes enim habent talia et in caputiis et in fimbriis inferioribus, et sic ornant collum mediate. * numer. 31: ° ob hanc causam offerimus in donariis domini singulis quod in praeda auri potuimus invenire, periscelidas, et armillas, anulos. ' secundo ponit ornamenta colli immediata, * cum dicit, ° murenulas, ' scilicet quaedam catenae |100| virgulis aureis et argenteis vermiculatae in modum murenae, quae ponuntur circa collum. * cant. 1: ° murenulas aureas faciemus tibi, vermiculatas argento. ' et quia collum est medium inter caput et corpus, ornatus ejus in utrumque redundat; et ideo cum utroque ponitur. ° et olfactoriola. ' hic ponuntur ea quae pertinent ad organa sensus: et primo quantum ad olfactum. ° olfactoriola, ' quaedam pixides in quibus ponebant muscum et hujusmodi, vel etiam quaedam vasa, sicut poma de argento facta, perforata ad modum thuribuli, in quibus ponitur ignis et aliquid odoriferum. * cant. 1: ° curremus in odorem unguentorum tuorum. ' secundo quantum ad auditum, ° inaures, ' quidam circuli aurei vel argentei, qui ponuntur in auribus mulierum ad hoc perforatis. * oseae 2: ° ornabatur inaure sua et monili suo, et ibat, post amatores suos. ' tertio quantum ad tactum, qui maxime viget in digitis. ° anulos. * num. 31, auctoritate inducta superius: ° ob hanc causam offerimus anulos, ' etc.. quarto quantum ad visum, ° gemmas in fronte pendentes, ' quibus ornabantur mulieres aegyptiae. * exod. 25: ° accipietis lapides onychinos et gemmas ad ornandum ephot ac rationale. ' de gustu non facit mentionem, quia |125| instrumentum ejus interius est, et non ornatur. ° et mutatoria. ' hic ponit ornamenta pertinentia ad totum corpus; et primo ad induendum; * et sic dicit: ° mutatoria, ' idest diversa vestimentorum paria. * zach. 3: ° indui te mutatoriis; et dixit, ponite cidarim. ' secundo ad operiendum: * et sic dicit; ° pallia. * gen. 24: ° at illa tollens cito pallium, cooperuit se. ' tertio ad jacendum, * et sic dicit, ° linteamina; * joan. 20: ° venit petrus, et introivit in monumentum, et vidit linteamina posita. et acus. ' hic ponit ea quae pertinent ad cultum ornamentorum; et primo ad componendum. ° acus. * matth. 19: ° facilius est camelum intrare per foramen acus, quam divitem intrare in regnum dei. ' secundo ad discernendum, ° et specula, ' quibus mulieres discernunt utrum sint bene ornatae. * exod. 38: ° fecit et labrum aeneum cum basi sua de speculis mulierum, quae excubabant ante ostium tabernaculi et atrium. ' tertio ad ornamenta operiendum; et primo ad operiendum humerorum ornamenta, ° et sindones, ' subtilia velamina quibus operiuntur humeri, sicut fit in campania a mulieribus. * proverb. ultim.: ° sindonem fecit et vendidit, et cingulum tradidit chananaeo. ' secundo ad operiendum ornamenta capitis, ° vittas, ' idest |150| pepla. vel melius dicendum, quod dicuntur quaedam ligamenta, quibus mulieres ligant capillos suos, ad modum retis facta; * et sic accipitur exod. 28: ° ligabisque eam vitta hyacinthina, ' scilicet laminam de auro purissimo, ubi scriptum erat nomen sanctum domini. tertio ad operiendum ornamenta totius corporis dicit, ° theristra. * glossa: ° vestis muliebris tenuissima, et visu pervia, aestati idonea, et inde nominatur. ' theria enim aestas dicitur. et praecipue consueverunt hujusmodi portare mulieres super serica vestimenta. * gen. 38: ° depositis viduitatis vestibus, assumpsit theristrum. ' de pluribus horum * dicitur ezech. 16: ° vestivi te discoloribus, calceavi te hyacintho, et cinxi te bysso, et indui te subtilibus... et dedi armillas in manibus tuis, et torquem circa collum tuum, et dedi inaures super os tuum, et circulos in auribus tuis, et coronam decoris in capite tuo. et erit. ' hic sublatis ornamentis lasciviae, commutat in cultum miseriae. et primo quantum ad id quod est extra, * dicit: ° erit pro suavi odore: ' odor enim ab extra est. * joel 2: ° ascendet foetor ejus, et ascendet putredo, quia superbe egit. ' secundo quantum ad id quod est circa, * dicit, ° pro zona funiculus, * job 12: ° balteum |175| regum dissolvit, et praecingit fune renes eorum. ' tertio quantum ad id quod est supra, * dicit, ° pro crispanti crine. ' quarto quantum ad id quod est intra: ° pro fascia pectorali, * glossa: " qua castigantur ubera, idest comprimuntur, ne ex ' magnitudine sua turpitudinem ingerant. ° pulcherrimi quoque viri. ' hic aufert eis virorum solatium quantum ad quatuor. delectantur autem mulieres in virorum pulchritudine; * et quantum ad hoc dicit: ° pulcherrimi quoque viri gladio. * thren. 4: ° candidiores nazaraei ejus nive, nitidiores lacte, rubicundiores ebore antiquo, sapphyro pulchriores. ' secundo in fortitudine; * et quantum ad hoc dicit, ° et fortes. * infra 23: ° in captivitatem. ' tertio delectantur in dignitate; et * quantum ad hoc dicit: ° et moerebunt, ' interius, ° et lugebunt, ' exterius, ° portae ejus, ' idest judices sedentes in portis. * thren. 2: ° destructae sunt in terra portae ejus; et perdidit et contrivit vectes ejus, regem ejus. ' quarto delectantur in virorum jucunditate; * et quantum ad hoc dicit: ° et desolata in terra sedebit. * thren. 1: ° posuit me desolatam, tota die moerore confectam. * quaeritur primo circa hoc capitulum de hoc quod dicit, ° ariolum. * videtur enim secundum hoc quod |200| " inquirere futura ab ariolis sit licitum: auferre enim illicitum non est poena, sed magis beneficium. * praeterea idem videtur ex glossa, " quod aliquando vera dicunt; sed a quibuslibet est accipienda veritas: ergo et ab ipsis. praeterea cum daemones sint specula clarissima secundum intellectum, * ut dicit dionysius, videtur quod " in his quae pertinent ad cognitionem, ad minus non sit malum ab eis accipere; et ita divinationibus intendere erit licitum; et praecipue cum nulla cognitio sit malum, et divinatio dicat cognitionem. ' ad quod dicendum est, quod divinatio suo nomine dicit usurpationem actus divini, et hoc praecipue in cognitione futurorum quae naturaliter cognosci non possunt. sunt enim quaedam futura quae habent causas determinatas in natura, ex quibus necessario proveniunt, sicut eclypsis solis; et de his non est divinatio. quaedam etiam habent causas determinatas ex quibus proveniunt ut in pluribus, sicut siccitas in aestate sub cane: unde de his non est divinatio. tales enim sunt praenosticationes medicorum de sanitate vel morte, et nautarum de tempestate futura; nisi forte praenuntientur (quasi) immobili veritate futura, quia hoc solius dei est. sunt etiam quaedam futura quae non habent |225| causas determinatas in natura, et precipue quae fiunt ex libero arbitrio; et harum praecognitionem nullus habet nisi deus, cui omnia sunt praesentia, propter stabilitatem suae aeternitatis, vel aliquis accipiens a deo. et si quidem inspiratione divina talia praedicuntur, erit prophetia, et non divinatio: si autem per propriam adinventionem deceptorie propter lucrum aliquod, sicut faciunt vetulae, dicitur divinatio, et peccatum (est) tum propter mendacium, quia asserunt incerta pro veris, tum propter deceptionem, tum propter usurpationem deitatis. similiter dicitur divinatio si fiat consilio daemonum qualitercumque; qui quidem possunt aliqua futura praedicere, vel quorum ipsi sunt causa, vel quae ipsi sciunt per revelationem bonorum angelorum, vel quae ipsi sciunt naturali cognitione in his quae habent causas determinatas in natura; latentes nobis, et notas eis, tum propter perspicacitatem intelligentiae, tum propter experimentum longi temporis. " et tamen semper est peccatum inquirere ab eis, et apostasia a fide, * ut dicit augustinus. ' et hoc propter tres rationes: primo, quia quamvis vera dicant, tamen semper intentio eorum est ad fallendum; secundo, quia certitudinalem cognitionem habere non possunt, nisi de his quae |250| per revelationem sciunt; tertio quia non possumus simul esse participes donorum dei et diaboli. et haec inter omnes praecipua est. et quamvis simpliciter sit beneficium auferre talia; tamen poena est illis qui talia sequuntur, quia est contrarium voluntati eorum. * deinde quaeritur de ludis chorealibus, " utrum sine peccato exerceri possint, * propter illud quod dicit, ° et plaudebant: " arguit enim tamquam peccatum. ' ad quod quidem dicendum, quod ludus secundum se non est malus; aliter enim in ludis non esset virtus quae dicitur eutrapelia: sed secundum quod ordinatur diverso fine, et vestitur diversis circumstantiis, potest esse actus virtutis et vitii. quia enim impossibile est semper agere in vita activa et contemplativa; ideo oportet interdum gaudia curis interponere, ne animus nimia severitate frangatur, et ut postmodum homo promptius vacet ad virtutum opera. et si tali fine fiat de ludis cum aliis circumstantiis, erit actus virtutis, et poterit esse meritorius, si gratia informetur. istae autem circumstantiae videtur in ludo choreali observandae praecipue: ut non sit persona indecens, sicut clericus, vel religiosus: ut sit tempore laetitiae, ut liberationis gratia, vel in nuptiis, et hujusmodi: |275| ut fiat cum honestis personis, et cum honesto cantu; et quod gestus non sint nimis lascivi, et si qua hujusmodi sunt. si autem fiat ad provocandum lasciviam, et secundum alias circumstantias indebitas, constat quod actus vitiosus erit. * deinde quaeritur de ornatu mulierum, " utrum sit licitum mulieribus ornare se. * et videtur quod non, propter hoc quod hic dicitur, et 1 ad timoth. 2: ° non in tortis crinibus, aut auro et argento, aut margaritis, vel veste pretiosa; sed quod decet mulieres etc.. ' et dicendum, quod ornatus mensurandus est praecipue ad modum et mensuram personae et ad intentionem. si enim mulieres portent ornamenta decentia statum et dignitatem suam, ut moderate se habeant in factis suis secundum consuetudinem patriae: erit actus virtutis modestiae, quae ponit modum in incessu, habitu et omnibus motibus exterioribus: et poterit esse meritorius, si sit cum gratia. similiter si faciat ad hoc ut placeat decenter viro suo, quem habet, vel quem accipere debet, et ut ab aliis mulieribus retrahatur. si autem portent ornamenta pretiosiora quam deceat ipsas; erit arrogantia, vel etiam quid deformatum vitio luxuriae, si faciant ad provocandum ad concupiscentiam sui.

068 CIS cp4

lc1 ° Et apprehendent septem mulieres. ' postquam arguit calumniam opprimentium * in cap. 2 et 3, ' in hoc capitulo propheta ponit consolationem oppressorum; et dividitur in partes duas. in prima consolatur eos contra oppressionem mulierum; in secunda contra oppressionem tyrannorum, * ibi, ° in die illa. ' solent autem mulieres in tribus molestae esse viris; scilicet in contemptu virorum; * et quantum ad hoc dicit: ° et apprehendent septem mulieres: * quod ad litteram exponit glossa, " quia potuit esse quod post captivitatem interfectis viris multis, mulieres remanserunt plures, ita quod septem quaererent habere unum virum. * infra 13: ° pretiosior erit vir auro, et homo mundo obrizo. 'secundo consueverunt esse molestae in superfluo victu et vestitu; * et quantum ad hoc dicit: ° panem nostrum comedemus; ' quasi dicat: non oportebit quod det eis expensas. * proverb. ult.: ° facta est quasi navis institoris, de longe portans panem suum. quaesivit lanam et linum, et operata est consilio manuum suarum. 'tertio sunt molestae in superbiae fastu; * et quantum ad hoc dicit: ° tantummodo invocetur nomen tuum super nos, ' ut dicamur tuae uxores: ° aufer opprobrium, ' scilicet sterilitatis. |25| * deuteron. 7: ° non erit apud te sterilis utriusque sexus, tam in hominibus, quam in gregibus tuis. * sed ex hoc videtur quod " sit licitum habere plures uxores, quia deus nunquam consolatur per illicitum. praeterea. omne peccatum est innaturale; sed habere unum virum plures uxores est naturale, quia unus potest fecundare plures. ' ad quod dicendum, quod, * sicut dicit philosophus, " coniunctio maris et feminae in hominibus non est tantum propter generationem, sicut in brutis, sed etiam ad commodum vitae: unde et maris et feminae sunt diversae operationes, in quibus auxiliantur sibi invicem. ' secundum ergo quod aliquid diversimode ordinatur ad hos fines, secundum hoc diversimode dicitur naturale vel innaturale. id enim quod nullo modo potest stare cum fine dicto, est omnino innaturale, et nunquam potest esse bonum, sicut vitium sodomiticum: et sicut hoc, quod una mulier habeat plures viros, quia una non fecundatur a pluribus: et quantum ad vitam civilem, quia una non regitur a pluribus; sed e contrario. aliquid potest se habere ad dictum finem indifferenter quantum in se est; et hoc potest determinari diversis temporibus diversimode, secundum |50| diversos casus, per legislatorem; et erit jus tum positivum, sicut de gradibus consanguinitatis. aliquid autem est per quod aliquis potest consequi finem, tamen est impeditivum finis, ut in pluribus. et hoc quantum de se est est innaturale; sed potest esse licitum secundum dispensationem legislatoris attendentis speciales casus; et hujusmodi est quod unus habeat plures (uxores): potest enim unus plures regere secundum vitam civilem, et unus plures fecundare. sed tamen aliquod impedimentum praestat generationi, cum oporteat semen viri esse digestum; et hoc non potest fieri in frequenter coeuntibus: propter quod frequenter tales steriles sunt. et adhuc magis impedit communem vitam; quia perfecta amicitia, qualis est inter virum et mulierem uxorem, propter quam etiam homo patrem et matrem derelinquit * (genes. 2), ' non potest esse ad multas.

lc2 ° In die illa. ' hic promittit exaltationem contra tyrannorum oppressionem: et primo quantum ad prosperitatem in temporalibus; secundo quantum ad sanctitatem in spiritualibus, * ibi, ° et erit omnis; ' tertio quantum ad securitatem ab hostibus, * ibi, ° et creavit dominus. ' promittit autem prosperitatem in tribus. primo quantum ad honorem hominum, * cum dicit, ° in die illa, ' scilicet post reditum de captivitate, ° erit germen domini, ' idest filii juda, * de quibus infra 5: ° viri juda germen; in magnificentia, ' quantum ad magna quae facient, et praecipue tempore machabaeorum, ° et gloria, ' quantum ad honorem quem recipient. * 1 machabaeorum 15: ° vidit gloriam simonis, et claritatem in auro et argento, et apparatum copiosum, et obstupuit. ' secundo quantum ad abundantiam fructuum: ° et fructus terrae sublimis, ' idest terrae nascentia in abundantia. * amos ult.: ° comprehendet arator messorem, et calcator uvae mittentem semen, et stillabunt montes dulcedinem. * psal. 84: ° terra nostra dabit fructum suum. ' tertio quantum ad laetitiam |25| cordium, ° et exultatio his qui salvati fuerint, ' redeuntes de captivitate. * infra 51: ° gaudium et laetitia invenietur in ea, gratiarum actio, et vox laudis. et erit omnis. ' hic promittit sanctitatem in spiritualibus: et circa hoc tria facit. primo promittit sanctitatis divulgatum nomen quod magis alliciebat cupidos gloriae: * unde dicit, ° et erit, ' hoc quod sequitur, temporibus illis, ° omnis qui relictus fuerit in sion, ' in vita, ° et residuus, ' victorum voce ° sanctus vocabitur. * infra 61: ° vos sacerdotes domini vocabimini, ministri dei nostri, dicetur vobis. * infra 6: ° semen sanctorum erit id quod steterit in ea. ' secundo ponit sanctificatorum signum: ° omnis qui scriptus est in vita in jerusalem; ' idest, omnis cujus vitae et generationis processio a parentibus scripta est in annalibus, * secundum quod in esdrae 1 cap. 2, legitur ' de quibusdam qui usurpabant sibi officium sacerdotum, et non est numerata genealogia eorum. tertio sanctificationis modum: ° si abluerit dominus, ' idest, si tamen ante abluerit ° sordes, ' vitiorum, ° et sanguinem, ' prophetarum effusum, ° de medio ejus, ' non in angulo, in quo notatur publicitas peccati, ° spiritu judicii, ' quantum ad aequitatem poenae, ° et ardoris, ' idest |50| tribulationis quantum ad acerbitatem. ° spiritu, ' idest vento metaphorice, quo purgatur area. * jer. 4: ° ventus urens in viis quae sunt in deserto: viae filiae populi mei ad ventilandum, et ad purgandum, supple (non). et creavit dominus. ' hic ostendit securitatem ab hostibus, et servat metaphoram: quia enim tribulationem ardori comparaverat, securitatem comparat nubi et tabernaculo, quibus ab ardore defenditur. et dividitur in duas partes. primo promittit divinam protectionem sub similitudine nubis; in secunda sub similitudine tabernaculi, * ibi, ° et tabernaculum erit etc.. ' circa primum tria facit. primo ponit protectionis rationem, ° et creavit dominus. ' jam in sua praescientia vel propter certitudinem prophetiae, utitur praeterito pro futuro; * et dicit ° creavit, ' quia ex vilissimo statu eos in tantam gloriam promovit, sicut quod creatur ex nihilo fit: ° super omnem locum montis sion, ' idest jerusalem, quae subjacet arci sion, et templo, ° ubi invocatus est. ' ecce ratio protectionis: * jer. 14: ° tu autem in nobis es, domine, et nomen sanctum tuum invocatum est super nos. ' secundo ponitur ipsa protectio, ° nubem. ' et ponitur secundum comparationem ad beneficium exhibitum |75| in exitu filiorum israel de aegypto: * de quo dicitur exod. 13: ° nunquam defuit eis columna nubis per diem; nec columna ignis per noctem coram populo. ' et ideo ponit hic ° nubem per diem, ' quantum ad primum, ° et fumum, ' quantum ad secundum, propter duplex ignis beneficium; scilicet caloris contra frigus; * et quantum ad hoc dicit, ° fumum, ' in quo notatur flamma, quae est fumus accensus, vel quia est effectus caloris; et splendoris contra tenebras; * et quantum ad hoc dicit, ° et splendorem. * infra 10: ° et erit lumen israel in igne et sanctus ejus in flamma. ' tertio ponit protectionis magnitudinem, ° super omnem: ' quia protectio qua proteget vos deus, erit super omnem gloriam prius vobis praestitam quasi excedens eam. * aggaei 2: ° magna erit gloria domus istius novissimae plusquam primae. et tabernaculum. ' hic describit idem beneficium per metaphoram tabernaculi. unde ponit ea ad quae tabernaculum est utile: protegit enim contra solis aestum per umbram; * et quantum ad hoc dicit, ° in umbraculum diei ab aestu, ' idest in die; secundo protegit contra tempestatis impetum praebens securitatem; * et quantum ad hoc dicit, ° et in securitatem a turbine: ' turbo enim est ex colluctatione quadam |100| ventorum: tertio protegit contra pluviarum stillicidium per absconsionem; * et quantum ad hoc dicit, ° et in absconsionem a pluvia. ' et secundum haec tria designatur persecutio, secundum diversum sui gradum. * infra 32: ° erit vir sicut qui absconditur a vento, et celat se a tempestate. * glossae autem tangunt duplex mysterium. quidam exponunt " septem mulieres pro ecclesiis; et secundum hoc dividitur hoc capitulum in tres partes. primo ponitur desponsatio; secundo sponsi exaltatio, * ibi, ° in die illa; " tertio sponsae gubernatio, * ibi, ° et erit omnis. ' desponsatio autem est per fidem. * oseae 2: ° sponsabo te mihi in fide. ' unde tria ponit. primo fidei communicationem, ° apprehendent ' per fidem, ° septem mulieres, ' septem ecclesiae, * de quibus apoc. 1: ° joannes septem ecclesiis etc., ' in quo omnes ecclesiae secundum regulam ticonii quintam. ° virum unum, ' idest christum. * cant. ult.: ° apprehendam te, et ducam in domum matris meae, et in cubiculum genetricis meae. ' secundo propalationem spei, quae est de sacramento sumendo: ° panem nostrum comedemus, ' corpus christi nobis datum. * joan. 6: ° panis quem ego dabo, caro mea est pro mundi vita; ' et quae est de dono virtutis percipiendo: ° vestimentis nostris operiemur, | 125 | ' idest virtutibus. * ezech. 16: ° vestivi te discoloribus, et calceavi te hyacintho... et indui te subtilibus, et ornavi te ornamento. ' tertio desiderium sive petitionem caritatis, quae est de consecutione christiani nominis. ° invocetur tantummodo nomen, ' ut a christo dicamur christiani. * act. 4: ° non est nomen aliud sub caelo in quo oporteat nos salvos fieri. ' et de ablatione criminis: ° aufer opprobrium ' quod patimur a judaeis, qui dicunt nos sine lege. * josue 5: ° hodie abstuli opprobrium aegypti a vobis. ' panis dat culpae veniam. * matth. 6: ° panem nostrum supersubstantialem da nobis hodie, et dimitte nobis debita nostra. ' dat gratiae vitam. * joan. 6: ° panis quem ego dabo, caro mea est pro mundi vita. ' confirmat ad pugnam. * psal. 103: ° panis cor hominis confirmat. ' confortat ad viam. * 3 reg. 19: ° ambulavit in fortitudine cibi illius quadraginta diebus et quadraginta noctibus. ' facit praegustare ipsam gloriam. * sap. 16: ° paratum de caelo panem praestitisti illis sine labore, omne delectamentum in se habentem, et omnis saporis suavitatem. |150| * secundum alias glossas dividitur sic. " in prima notatur gratiae plenitudo; in secunda gloriae exaltatio; ° in die illa; " in tertia ponitur subditorum benigna gubernatio, ° et erit. ' circa primum tria facit. primo ponitur donorum abundantia, ° septem mulieres, ' idest septem dona spiritus sancti, quae dicuntur mulieres, quia per ea in deo aliquis generatur et nutritur. ° virum unum, ' christum singulariter, qui solus sine peccato. * joan. 1: ° vidimus eum quasi unigenitum, plenum gratiae et veritatis. ' secundo donorum sufficientia in perfecta fruitione: ° panem nostrum comedemus, ' scilicet patriae, quo fruitur perfecte spiritus sanctus, cujus sunt dona, sicut et filius. * joan. 4: ° meus cibus est ut faciam voluntatem ejus qui misit me. * in scripturae attestatione: ° et vestimentis nostris operiemur, ' idest sermone dei, quo dona ornantur quia eis (—). tertio donorum perfectio per christum quantum ad collationem salutis: ° nomen tuum, ' idest res tui nominis, salus, ° invocetur super nos, ' idest in illis qui nobis repleti sunt, ° quia de plenitudine ejus nos omnes accepimus gratiam pro gratia: * joan. 1. ' ante christum enim dona non perducebant ad regnum. |175| quantum ad amotionem erroris: ° aufer opprobrium nostrum, ' quod patimur a falsis virtutibus, quae nostrum nomen subripiunt. * rom. 13: ° nox praecessit, dies autem appropinquavit. abjiciamus ergo opera tenebrarum, et induamur arma lucis. * cant. 2: ° capite nobis vulpes parvulas quae demoliuntur vineas. ' vel opprobrium quod patimur in repulsione hominum, qui nos peccando repellunt. * sap. 1: ° spiritus sanctus disciplinae effugiet fictum, et subditur corripietur a superveniente iniquitate. in die illa. ‘ hic ponitur exaltatio: et primo quantum ad miraculorum operationem, ° in magnificentia. * exod. 15: ° magnificus in sanctitate, terribilis atque laudabilis, et faciens mirabilia. ‘ secundo quantum ad gloriosam resurrectionem, ° et gloria, * infra 52: ° consurge, consurge, induere fortitudine tua, sion. ‘ tertio quantum ad ascensionem: ° fructus terrae, ‘ idest filius virginis, ° sublimis. * infra 52: ° ecce servus meus intelliget, exaltabitur et elevabitur et sublimis erit valde; ‘ quantum ad totius mundi venerationem, * de quo phil. 2: ° ut in nomine jesu omne genu flectatur, caelestium, terrestrium et infernorum. exultatio, * infra |200| 9: ° laetabuntur coram te sicut qui laetantur in messe, sicut exultant victores capta praeda. et erit omnis. ‘ hic ponitur gubernatio: et primo quantum ad sanctificationem; secundo quantum ad sanctificationis ordinem, * ibi, ° si abluerit. ‘ tertio ponit sanctificatorum protectionem, ° et creavit. ‘ ad sanctitatem alicuius tria requiruntur. primo distinctio cum fide; * et quantum ad hoc dicit: ° qui relictus, ‘ a non credentibus abiectus, quasi distinctus, ° in sion, ‘ quae specula, quia fides videt per speculum et in aenigmate: * 1 cor. 13. et infra 10: ‘ in veritate reliquiae convertentur, reliquiae, inquam, jacob ad deum fortem. si fuerit populus tuus, israel quasi arena maris, reliquiae convertentur. secundo tranquillitas ad pacem: ° residuus, ‘ quasi residens, ° in jerusalem, ‘ quae visio pacis. * infra 52: ‘ jerusalem civitas sancta. tertio praedestinatio ad gloriam: ° omnis qui scriptus. * luc. 10: ° gaudete, quia nomina vestra scripta sunt in caelis. * apoc. 3: ° non delebo nomen ejus de libro vitae. si abluerit. ‘ hic ponitur ordo sanctificationis: et primo per baptismi ablutionem: ° sordes, ‘ vitiorum actualium, ° sanguinem, ‘ peccati originalis; vel ° sordes, ‘ venialium, ° sanguinem, ‘ mortalium. |225| * ezech. 16: ° lavi te aqua, et emundavi sanguinem tuum a te. ‘ per poenitentiae discretionem. ° spiritu judicii. * 1 cor. 11: ° si nosmetipsos judicaremus, non utique a domino judicaremur; ‘ per caritativam passionem. ° spiritu ardoris, ‘ idest caritatis suae, qua nulla major fuit. * joan. 15: ° majorem hac dilectionem nemo habet, ut animam suam ponat quis pro amicis suis. * matth. 26: ° hic est sanguis meus novi testamenti, qui pro multis effundetur in remissionem peccatorum. et creavit. ‘ hic ponitur protectio. et ponit universalitatem protectionis quantum ad protectos: unde, ° super omnem; ‘ diversitatem quantum ad protegentia, ° nubem; ‘ et auctoritatem quantum ad affligentia: unde, ° in diem. ‘ sed protectis sunt tria; scilicet eminentia contemplationis in corde, ° montem sion. * psal. 124: ° qui confidunt in domino, sicut mons sion; non commovebitur in aeternum qui habitat in jerusalem. ‘ laudes confessionis in ore, ° invocatus est. * rom. 10: ° omnis quicumque invocaverit nomen domini, salvus erit. ‘ honestas conversationis in opere, gloriam. * 2 ad corinth. 1: ° gloria nostra haec est testimonium conscientiae nostrae. ‘ proteget autem per quatuor. per spiritum obumbrantem, ° nubem. * luc. 1: ° virtus |250| altissimi obumbrabit tibi. ‘ per compunctionem humiliantem, ° fumum. * joel. 2: ° dabo prodigia in caelo et in terra, sanguinem et ignem et vaporem fumi. ‘ per veritatem illuminantem, ° splendorem. * luc. 2: ° lumen ad revelationem gentium, et gloriam plebis tuae, israel. ‘ per ecclesiam viventem, ° tabernaculum. * apoc. 21: ° ecce tabernaculum dei cum hominibus, et habitabit cum eis. ‘ adversantia sunt tria. prosperitas elevans, ° diem. ‘ adversitas constantiam frangens, ° nocte. * psal. 120: ° per diem sol non uret te, neque luna per noctem, ‘ persecutio affligens, ° aestu, ‘ per afflictionem. * apoc. 16: ° et quartus angelus effudit phialam suam in solem. * et sequitur: ° et datum est illi aestu affligere homines, et igni. turbine, ‘ per impetum. * infra 21: ° sicut turbines ab africo veniunt, de deserto venit de terra horribili. a pluvia, ‘ propter multitudinem. * matth. 7: ° descendit pluvia, venerunt flumina, et flaverunt venti, et irruerunt in domum illam; et cecidit.

068 CIS cp5

lc1 ° Cantabo dilecto. ‘ hic arguit tertio peccatum duarum tribuum, quod committebant in abusu rerum sub quadam metaphora; et dividitur in duas partes. in prima ponitur metaphora; in secunda exponitur: ° vinea enim. ‘ circa primum duo facit. primo ponit titulum, * dicens, ° cantabo, ‘ idest, alte et aperte pronuntiabo: * infra 40: ° exalta in fortitudine vocem tuam: dilecto meo, ‘ idest populo judaeorum, ° canticum patruelis mei, ‘ idest filii patrui, ° vineae suae, ‘ idest quod fecit de vinea sua. aliquando enim prophetae ex ipsis rebus gestis assumunt similitudines ad suas prophetias, * sicut patet jer. 32, de venditione agri. ° ecce hananael filius sellum patruelis tuus venit ad te dicens: eme tibi agrum meum qui est in anathoth, tibi enim competit etc.. ‘ ita potuit contingere etiam quod ad litteram aliquis patruelis suus composuerit simile carmen de vinea sua. vel aliter. ° cantabo canticum dilecto, ‘ scilicet deo, idest in persona ipsius ad vineam suam. vel aliter, ° dilecto, ‘ scilicet deo, ° canticum patruelis, ‘ idest de patruele meo, scilicet populo judaeorum, quia ex eisdem parentibus descendimus, ° vineae |25| suae, ‘ idest qui patruelis est vinea dilecti dei. vel mystice, ° patruelis, ‘ christi, qui ex eadem gente est mecum, ° vineae suae, ‘ idest qui conqueritur de vinea sua synagoga; quae sibi amaros fructus in passione attulit. et nota, quod canticum proprie exultationis est. unde hic improprie canticum dicitur canticum, cum sit moeroris. tale canticum cantavit david de morte saulis. * 2 reg. 1: ° inclyti tui, israel, super montes tuos interfecti sunt. quomodo ceciderunt fortes israel?... montes gelboe, nec ros nec pluvia veniat. * ezech. 32: ° cane carmen lugubre. ‘ secundo * ibi, ° vinea facta est, ‘ ponit ipsum canticum, quod continet metaphoram: in quo tria ponuntur. primo causae recitatio; secundo judicii interrogatio, ° nunc ergo habitatores; ‘ tertio sententiae prolatio, ° nunc ostendam. ‘ circa primum duo ponit. primo ex parte conquerentis diligentiam cultus; secundo ex parte vineae malitiam fructus, ° et expectavi ut faceret uvas. ‘ diligentia autem cultus ostenditur ex tribus. in loci praeparatione, in palmitum electione, et in sumptuosa aedificatione. praeparatio loci primo describitur tripliciter. primo quantum ad loci pinguedinem: * unde dicit: |50| ° vinea, * de qua ps. 79: ° vineam de aegypto transtulisti, ejecisti gentes, et plantasti eam: facta est dilecto meo, ‘ idest deo acquisitive, vel a deo, ° in cornu, ‘ idest in loco eminenti, in quo notatur montuositas terrae ad constitutionem bonae vineae, propter hoc quod respicitur a sole, ° filio olei, ‘ idest adeo pingui quod sufficeret ad multitudinem olei. proprietas enim hebraici sermonis est ut quilibet illius rei dicatur esse filius in quo abundat, * sicut dicitur 1 reg. 26: ° vivit dominus, quod filii mortis estis. ‘ et in hoc designatur bonitas terrae, quae fuit judaeis data; * de qua ezech. 20: ° levavi manum meam pro eis, ut educerem eos de terra aegypti in terram quam provideram eis fluentem lacte et melle, quae est egregia inter omnes terras. ‘ secundo ponitur praeparationis diligentia quantum ad loci munitionem: * unde dicit, ° sepivit eam. * oseae 2: ° sepiam viam tuam spinis: ‘ in quo significatur custodia angelorum, et bonorum virorum. tertio quantum ad purgationem: ° lapides elegit, ‘ idest diligenter collegit, ° ex ea. * psalm. 79: ° ejecisti gentes, et plantasti eam. ‘ quantum ad electionem palmitum * dicitur: ° et plantavit eam electam, ‘ idest ex electis palmitibus: * unde alia translatio habet, ° vinea soreth, ‘ quod est nobilissimum |75| genus vitis, in quo significatur bonitas patrum. * jer. 2: ° ego te plantavi vineam electam, omne semen verum. ‘ quantum ad sumptum aedificii, quod pertinet ad defensionem, * dicit: ° aedificavit in medio ejus turrim; ‘ in quo ostenditur regia dignitas. * ezech. 16: ° decora facta es vehementer nimis, et profecisti in regnum. * can. 4: ° turris david aedificata est cum propugnaculis. ‘ vel templum, secundum alios. usus turris ad conservationem fructus, et prospiciendum ad custodiam. quantum ad fructus collectionem * dicit: ° torcular. * proverb. 3: ° implebuntur horrea tua saturitate, et vino torcularia redundabunt; ‘ in quo notatur altare holocaustorum propter effusionem sanguinis. ° et expectavi ut faceret. ‘ hic ponitur malitia fructus: * unde dicit: ° et expectavi, ‘ secundum ordinem beneficiorum, ° ut faceret uvas, ‘ fructum bonorum operum, ° et fecit labruscas, ‘ idest uvas sylvestres, ab hoc dictae, quia in labris viarum nascuntur, scilicet sepibus: in quo amaritudo vitiorum notatur. * jer. 2: ° quomodo conversa es mihi in pravum vinea aliena? * mich. 7: ° qui optimus est in eis, quasi paliurus; et qui rectus, quasi spina de sepe. nunc ergo habitatores. ‘ hic ponitur |100| interrogatio judicii: et circa hoc duo facit. primo interpellat judices, * dicens: ° ergo quia feci quod debui, nunc, audita ratione mea, judicate inter me et vineam meam. * oseae 2: ° judicate matrem vestram, judicate: quoniam non ipsa uxor mea, et ego non vir ejus. ‘ simile judicium quaerebatur a david de se quasi de alio * 2 reg. 12, ‘ super peccato commisso ab eo, circa scilicet adulterium et homicidium uriae cethei. secundo quaerit judicium; et duo quaerit. primo utrum peccaverit ex negligentia; * unde dicit: ° quid ultra, ‘ supra dicta, ° facere debui? * michaeae 6: ° popule meus, quid feci tibi, aut quid molestus fui tibi? responde mihi. ‘ secundo utrum peccaverit in cultura vineae ex superflua cura: * unde dicit: ‘ aut forte videor fecisse ultra debitum quod ° expectavi, ‘ bene colendo, ut ° faceret uvas, et fecit labruscas? ‘ quasi dicat: in hoc videor potius superfluus quod vineae meae tantam culturam adhibui. * infra 26: ° domine, indulsisti genti, indulsisti genti. numquid glorificatus es? * et 48: ° transgressorem ex ventre vocavi te propter nomen meum. * jer. 11: ° ad vocem loquelae, grandis exarsit ignis in ea, et combusta sunt fructeta ejus. ‘ vinea |125| carnalis concupiscentiae, * deut. 32: ° de vinea sodomorum ‘ etc., vinum irae, * deut. 32: ° fel draconum venenum insanabile, ‘ luxuriae, * apoc. 18: ° de vino fornicationis eius ‘ etc., ineptae laetitiae, * 3 esdr. 3: ° omnem mentem vertit in securitatem; ‘ fidelis animae, * cant. 2: ° vinea nostra floruit, ‘ vinum paenitentiae, * luc. 10: ° infundens oleum et vinum, ‘ corporalis munditiae, * zach. 9: ° et vinum germinans virgines, ‘ spiritualis laetitiae, * ps.: ° vinum laetificat cor hominis; ‘ militantis ecclesiae, * cant. ult.: ° quae habet populos, ‘ vinum sacrae ablutionis, * num. 15: ° et vinum ad liba, ‘ fructuosae praedicationis, * ps.: ° a fructu frumenti, ‘ devotae confessionis, * cant. 7: ° guttur tuum; ‘ caelestis patriae, * 3 reg. 21 de naboth, ‘ vinum divinae fruitionis, * cant. 8: ° comedi favum cum melle, ‘ interioris repletionis, * esther 1: ° vinum quoque ut magnificentia regia, ‘ sanctorum congratulationis, * cant. ult.: ° dabo |150| tibi poculum ex vino condito. et nunc ostendam vobis. ‘ hic profertur sententia: et primo excitat attentionem vel audientiam, * dicens: ° nunc, ‘ ex quo non vultis sententiam proferre, ego ° ostendam vobis quid ego faciam vineae meae. * infra 48: ° praedixi tibi ex tunc, antequam venirent, indicavi tibi; ne forte diceres: idola mea fecerunt hoc, et sculptilia mea et conflatilia mandaverunt ista quae audisti. ‘ secundo profert justam sententiam, ut ingratis auferat beneficium exhibitum, * cum dicit, ° auferam sepem ejus. ‘ et primo aufert beneficium quod pertinet ad custodiam, quae est duplex. angelorum: * et quantum ad hoc dicit, ° auferam sepem ejus, ‘ idest auxilia angelorum, quibus contra hostes protegebatur, ° et erit in direptionem, ‘ gentibus. * eccl. 36: ° ubi non est sepes, diripietur possessio. ‘ est etiam custodia praelatorum; * et quantum ad hoc dicit, ° diruam maceriam ejus, ‘ idest praesidia regni, * de quibus supra 2: ° et incurvabitur omnis sublimitas hominum: et erit in conculcationem, ‘ idest vilis facta. * psal. 79: ° destruxisti maceriam ejus. ‘ secundo aufert beneficium, quod pertinet ad cultus diligentiam: * unde dicit: ° et ponam eam desertam; ‘ idest, relinquam |175| eam incultam sicut desertum. ° non putabitur, ‘ admonitione aut correptionis verbere, quando peccat, ° et non fodietur, ‘ ut auferantur ab eis occasiones mali, sicut malae herbae; ° et ascendent super eam vepres et spinae, ‘ idest majora et minora peccata: vel ° vepres ‘ peccatorum, ° spinae ‘ tribulationum. * infra 7: ° vepres enim et spinae erunt in universa terra. ‘ tertio aufert beneficium fertilitatis, contra quod ponit defectum pluviae: * unde dicit: ° et nubibus mandabo ne pluant: ‘ ad litteram, vel nubes praedicatores. * infra 60: ° qui sunt isti qui ut nubes volant, et quasi columbae ad fenestras suas? * jer. 3: ° quamobrem prohibitae sunt stillae pluviarum, et serotinus imber non fuit. vinea enim domini exercituum. ‘ hic exponit metaphoram: et primo quantum ad vineam; secundo quantum ad vineae causam, * ibi, ° expectavi ut faceret judicium. ‘ circa primum exponit vineam * dicens, ° vinea enim, ‘ primo, ° domus israel est; ‘ vel tota, vel quantum ad decem tribus, quae dictae sunt israel post separationem regni propter multitudinem. secundo quantum ad germen vel palmites, ° viri juda, ‘ idest duae tribus in quibus adhuc observabatur cultus dei. * oseae 4: ° si fornicaris israel, non derelinquas saltem juda. |200| ‘ vel quia ex ipsa principes. * 1 paral. 5: ° porro judas qui erat fortissimus inter fratres suos, de stirpe ejus principes germinati sunt. expectavi ut faceret judicium. ‘ hic exponit vineae causam, quae consistit in culpa, et poena quae consequitur culpam: unde dividitur in partes tres. in prima ponitur culpa in generali; in secunda culpa et poena simul in speciali, * ibi, ° vae qui conjungitis domum: ‘ in tertia, poena in generali, * ibi, ° in omnibus his. ‘ culpam in generali arguit quantum ad praelatos, quorum est facere judicium, * in hoc quod dicit: ° expectavi, ‘ secundum ordinem beneficiorum, ° ut faceret judicium, ‘ juste judicando; ° et ecce iniquitas, ‘ quasi inaequalitas judicii. * eccl. 3: ° vidi sub sole in loco judicii impietatem, et in loco judicii iniquitatem. ‘ secundo quantum ad subditos, quorum est tenere justitiam sibi praefixam a praelatis: ° et justitiam, ‘ quae est per comparationem ad praecepta legis; ° et ecce clamor, ‘ tumultus rixantium, vel conquestionis pauperum. * infra 22: ° quidnam tibi quoque est quia ascendisti et tu in tecta clamoris plena, urbs frequens, civitas exultans. vae qui conjungitis domum domui. ‘ hic ponit culpam eorum in abusu rerum in speciali, exequendo eam per partes. et dividitur |225| in duas partes. in prima arguit eos quantum ad ipsam culpam; in secunda quantum ad peccandi pertinaciam, * ibi, ° vae qui trahitis. ‘ circa primum duo facit. primo arguit eos quantum ad abusum possessionum, qui fit per avaritiam; in secunda quantum ad abusum ciborum, qui fit per gulam, * ibi, ° vae qui consurgitis. ‘ circa primum tria ponuntur. primo arguitur superflua possessionum multiplicatio: * unde dicit: ° vae qui conjungitis domum domui, et agrum agro copulatis, usque ad terminum loci; ‘ sicut usque ad viam publicam. * oseae 5: ° facti sunt principes juda quasi assumentes terminum super eos. * jerem. 22: ° vae qui aedificat domum suam in injustitia, et coenacula sua non in judicio. amicum suum opprimet frustra, et mercedem ejus non reddet ei. qui dicit: aedificabo mihi domum latam, et coenacula spatiosa. * mich. 2: ° et concupierunt agros, et violenter tulerunt, et domos rapuerunt, et calumniabantur virum et domum ejus, virum et hereditatem ejus. ‘ secundo ponitur judicis interpellatio, ° numquid habitabitis in medio terrae? ‘ quae lata est et spatiosa, et data multis in possessionem. |250| * gen. 1: ° crescite, et multiplicamini, et replete terram. ‘ tertio ponitur poenae comminatio: et circa hoc duo ponuntur. primo punientis auctoritas vel potestas: * unde dicit: ° in auribus meis sunt haec ‘ verba, ° domini exercituum, ‘ qui potest punire: quae dicam vobis, adhuc sunt sonantia ° in auribus meis, ‘ interioribus; in quo notatur verborum certitudo. * infra 50: ° mane erigit mihi aurem, et audiam quasi magistrum. dominus deus aperuit mihi aurem: ego autem non contradico. ‘ secundo ponitur poenae severitas, * ibi, ° nisi domus. ‘ et primo quantum ad solitudinem domorum dicit ° nisi domus fuerint desertae, ‘ quantum ad custodiam, ° et absque habitatore, ‘ quantum ad solitudinem domorum; quasi dicat: non quiescet ira mea. et est aposiopesis, quod est defectus orationis. et ponit ea in quibus consistunt divitiae domorum: scilicet in multitudine: * et quantum ad hoc dicit, ° multae: ‘ in pulchritudine: * et quantum ad hoc dicit, ° pulchrae: ‘ in magnitudine, ° grandes. * sophoniae 1: ° et erit fortitudo eorum in direptionem, et domus eorum in desertum. ‘ secundo quantum ad sterilitatem vinearum * dicit: ° decem jugera vinearum ‘ (juger habet in longitudine 120 pedes) ° facient lagunculam unam. ‘ alia littera habet. ° batum, |275| ‘ quod est ejusdem capacitatis in liquidis, sicut ephi in aridis. tertio quantum ad amissionem seminum: ° et triginta modii facient tres, ‘ quia minus colligetis quam seminastis. * aggaei 2: ° cum accederetis ad acervum modiorum viginti, et fierent decem. ‘ alii habent corum, vel ephi, quod est decima pars cori. * ezech. 45: ° ephi et batus erunt aequalia, et unius mensurae erunt, ut capiat decimam partem cori batus, et decimam partem cori ephi.

lc2 ° Vae qui consurgitis mane ad ebrietatem. ‘ hic arguit eorum culpam quantum ad abusum ciborum: et primo arguit culpam; secundo comminatur poenam, * ibi, ° propterea captivus. ‘ circa primum duo facit. primo arguit gulam quantum ad suas species, secundo quantum ad effectum, * ibi, ° et opus domini non respicitis. ‘ species autem gulae sunt quinque quae hoc versu continentur: praepropere, laute, nimis, ardenter, studiose. * dicit ergo primo: ° vae qui consurgitis mane, ‘ quantum ad praepropere. * eccle. 10: ° vae tibi, terra, cujus rex puer est, et cujus principes mane comedunt. * prov. 23: ° quando evigilabo; et rursus vina reperiam? ‘ quantum ad ardenter * dicit, ° sectandam. ‘ quantum ad nimis * dicit, ° usque ad vesperam. * proverb. 23: ° cui vae, cui patris vae, cui rixae, cui foveae, cui sine causa vulnera, cui suffossio oculorum? nonne his qui commorantur in vino, et student calicibus epotandis? ut vino aestuetis, ‘ luxuria, et ad omnia vitia. quantum ad studiose, * dicit, ° cithara et vinum, ‘ studiose quaesitum quia cum magno studio praeparant sibi delectationem in cibis. quantum ad laute |25| * dicit, ° in conviviis, ‘ in quibus fiunt magni apparatus et electa cibaria. * amos 6: ° qui comeditis agnum de grege, et vitulos de medio armenti; qui canitis ad vocem psalterii: sicut david putaverunt se habere vasa cantici, bibentes in phialis vinum, et optimo unguento delibuti. ‘ effectus autem est inconsideratio: * et quantum ad hoc dicit: ° et opus domini non respicitis, ‘ quod facere debetis; ° nec opera, ‘ quae ipse fecit. * proverb. 20: ° luxuriosa res vinum, et tumultuosa ebrietas. propterea captivus. ‘ hic ponit poenam respondentem; et primo quantum ad affectum voluntatis: * unde dicit, ° propterea, ‘ sicut scientia eorum est captiva per ebrietatem, ita ipse captivabitur. * oseae 4: ° conticuit populus meus, eo quod non habuerit scientiam. * sed videtur quod “ ignorantia non mereatur poenam, quia excusat culpam. ‘ et dicendum, quod ignorantia potest dicere tantum negationem scientiae; et sic nec poenam nec veniam meretur; sicut ignorantia geometriae in rusticis. potest etiam dicere privationem scientiae, ita quod relinquat debitam aptitudinem in subjecto; et sic constat quod nescire illa quae quis potest et tenetur scire, vitiosum est. secundo ponit poenam contra species gulae; |50| et sic ponit famem et sitim, quae respondent ei quod est praepropere quantum ad causam: quia fames causatur ex hoc quod aliquis tardat nimis sumere cibum; ac si diceret: vos nimis cito comedebatis; sed tantum tardabatis quod esurietis. iterum respondet illi speciei quae est ardenter quantum ad genus suum: est enim fames desiderium cibi: * unde dicit: ° et nobiles. ‘ et ponit sitim contra multitudinem vulgi, quae ad minus aqua sitim extinguere consuevit. contra nobiles autem, qui abundabant in cibariis, quandoque siti gravatis, ponit famem. * thren. 4: ° melius fuit occisis gladio quam interfectis fame. ‘ secundo contra aliam speciem quae est nimis, ponit insatiabilitatem captivantium, in captivatione, * unde dicit: ° propterea infernus dilatavit, ‘ idest mors vel diabolus, ° animam suam, ‘ quantum ad affectum, ° aperuit os, ‘ quantum ad effectum. et loquitur more humano, quia infernus non habet animam. * proverb. 27: ° infernus et perditio nunquam replentur. ‘ vel infernus dicitur nabuchodonosor. * habac. 2: ° dilatavit infernus animam suam, et ipse quasi mors, et non adimpletur. ‘ tertio quantum ad studiosam ciborum praeparationem, quae contingit ex quadam elatione, ponit poenam humiliationis, |75| * ibi, ° et descendent. ‘ et ostendit eos humiliandos quantum ad tria. primo quantum ad captivationem: * unde dicit: ° descendent, ‘ quasi humiliati, ° ad eum, ‘ scilicet infernum captivitatis, ° fortes ejus, ‘ quantum ad potentes, ° et sublimes ejus, ‘ quantum ad divites, et aliis bonis eminentes, de quibus superbiunt, ° gloriosique, ‘ quantum ad nobiles et famosos. * jerem. 39: ° et omnes nobiles juda occidit rex babylonis. oculos quoque sedeciae eruit, et vinxit eum in compedibus, ut duceretur in babylonem. * et infra eodem: ° et reliquias populi qui remanserunt in civitate, et profugas qui transfugerant ad eum, et superfluos vulgi qui remanserunt transtulit nabuzardan magister militum in babylonem. ‘ secundo quantum ad captivorum depressionem: ° et incurvabitur homo, ‘ in captivitate existens, quantum ad sublimes, ° et humiliabitur vir, ‘ quantum ad potentes, ° et oculi sublimium, ‘ quantum ad gloriosos. * deuter. 28: ° in gentibus quoque illis non quiesces; neque erit requies vestigio pedis tui. ‘ tertio quantum ad punientis dei exaltationem. ° et exaltabitur: ‘ altus apparebit qui prius despiciebatur in iusto judicio, ° et deus sanctus ‘ in se, ° sanctificabitur, ‘ idest sanctus apparebit. * supra 2, ° exaltabitur autem |100| solus dominus in die illa. ‘ quarto contra speciem quae est laute, ponit devorationem bonorum ab hostibus: ° et agni pascentur, ‘ idest comedentur ab hostibus vestris ° juxta ordinem suum, ‘ quia meliores prius quantum ad animalia: et quantum ad terrae nascentia, ° deserta, ‘ idest agros vestros a vobis desertos, ° in ubertatem, ‘ idest facti magis fertiles ° advenae. * deut. 28: ° adducet te dominus, et regem tuum quem constitues super te, in gentem quam ignoras tu et patres tui. * infra eodem: ° advena qui versatur tecum in terra, ascendet super te, eritque sublimior. ‘ mystice ° agni, ‘ idest sancti, ° pascentur ‘ doctrina dei patris reficientur juxta ordinem idest capacitatem suam; ° advenae, ‘ gentes; ° et deserta ‘ a judaeis, sacras scilicet scripturas, ° versa in ubertatem, ‘ spiritualis intelligentiae. ° vae qui trahitis. ‘ hic arguit peccandi pertinaciam: et primo arguit culpam secundo comminatur poenam, * ibi, ° propter hoc sicut. ‘ circa primum duo facit. primo arguit in generali; secundo explicat in speciali, ° qui dicitis. ‘ dicit ergo primo: ° vae qui trahitis, ‘ idest protrahitis iniquitatem ° in funiculis vanitatis, ‘ idest vanis occasionibus; |125| quibus ad peccata homo trahitur, dum per augumentum culpa protelatur. * proverb. 5: ° iniquitates suae capiunt impium, et funibus peccatorum suorum constringitur. ‘ et hoc dicitur quantum ad communia peccata; quantum autem ad gravia * subdit: ° et quasi vinculum plaustri peccatum, ‘ idest quo ligatur et trahitur plaustrum, quod majus est. et designat gravitatem peccati in plaustro. * infra 58: ° dissolve colligationes impietatis, solve fasciculos deprimentes. qui dicitis. ‘ hic ostendit istas vanitates in speciali, ex quibus peccatum trahebant super se; et hoc quantum ad tria. primo quantum ad contemptum judicis; secundo quantum ad excusationem peccati, * ibi, ° vae qui dicitis; ‘ tertio quantum ad praesumptionem peccandi, * ibi, ° vae qui sapientes. ‘ et hic est funiculus triplex, qui difficile rumpitur: * eccli. 4. ‘ contemnebant autem judicis comminationem propter duo; scilicet propter sententiae dilationem: * unde dicit: ° festinet, et cito veniet opus ‘ captivitatis, quod comminamini. * eccle. 8: ° etenim quia non profertur cito contra malos sententia, absque timore ullo filii hominum perpetrant mala. ‘ secundo propter judicis elongationem: * unde dicit, ° appropiet: ‘ quasi dicat: ipse |150| est in caelo, et non potest videre: sed fiat prope. * ezech. 9: ° dixerunt enim: reliquit dominus terram, et dominus non videt. ‘ nota * super illo verbo, ° et quasi vinculum plaustri peccatum, ‘ quod peccatum dicitur primo funiculus; et hoc quia trahit primo ad peccati exemplum. * prov. 7: ° statim eam sequitur, quasi bos ductus ad victimam, et ignorat quod ad vincula stultus trahatur. ‘ secundo ad peccandi usum. * jer. 2: ° onager assuetus in solitudine, in desiderio animae suae attraxit ventum amoris sui. ‘ tertio ad aeternae mortis interitum. * prover. 24: ° erue eos qui ducuntur ad mortem, et qui trahuntur ad interitum liberare ne cesses. ‘ secundo peccatum dicitur vanitas; et hoc quia deficit primo ab imitatione divinae veritatis. * sap. 13: ° vani sunt omnes homines in quibus non subest scientia dei. ‘ secundo a consecutione sperati finis. * eccle. 2: ° peccatori autem dedit afflictionem et curam superfluam; ut addat et congreget, et tradat ei qui placuit deo. sed et haec vanitas, et cassa solicitudo mentis. ‘ tertio a longa duratione temporis. * eccli. 17: ° non est immortalis filius hominis, et in vanitatem malitiae placuerunt. * sap. 5: ° transierunt omnia illa tamquam |175| umbra, et tamquam nuntius praecurrens. ‘ tertio peccatum dicitur vinculum: et hoc quia nectit primo intellectum ne videat. * sapient. 17: ° cum enim persuasum habent iniqui posse dominari nationi sanctae, vinculis tenebrarum et longae noctis compediti, inclusi sub tectis, perpetuae providentiae placuerunt. et dum putant se latere in obscuris peccatis, tenebroso oblivionis velamento dispersi sunt. ‘ secundo manum, ne bona faciat. tertio pedes, ne proficiant. de his duobus * matth. 22: ° ligatis pedibus ejus et manibus, mittite eum in tenebras exteriores. ‘ quarto peccatum dicitur plaustrum; et hoc quia opprimit primo servitutis onere. * jer. 16: ° et servietis ibi diis alienis die ac nocte, qui non dabunt vobis requiem. ‘ secundo cordis timore. * sap. 17: ° cum sit enim timida nequitia, data est in omnium condemnationem. ‘ tertio conscientiae inquietudine. * infra 57: ° impii autem cor quasi mare fervens, quod quiescere non potest.

lc3 ° Vae qui dicitis malum bonum. ‘ hic ponitur vanitas quantum ad excusationem peccati; et primo quantum ad effectum, ° malum bonum: * michaeae 7: ° malum manuum suarum dicunt bonum; ‘ secundo quantum ad intellectum, ° lucem tenebras, ‘ veritatem errorem: * joan. 3: ° dilexerunt homines magis tenebras quam lucem; ‘ tertio quantum ad affectum, ° amarum in dulce, ‘ vitam peccati dulcem aestimantes. * sap. 14: ° et non suffecerat errasse eos circa dei scientiam, sed in magno viventes inscientiae bello: tot et tam magna mala pacem appellant. vae qui sapientes estis. ‘ hic ponitur tertia vanitas quantum ad praesumptionem peccandi, quae est de tribus. primo de sapientia cordis, et in speculativis, ° qui sapientes: * prov. 3: ° ne sis sapiens apud temetipsum: ‘ et in practicis, ° prudentes. * rom. 12: ° nolite esse prudentes apud vosmetipsos. ‘ secundo quantum ad potentiam corporis ad peccandum: ° qui potentes estis ad bibendum: ‘ jactant se, quod possunt multum bibere, et inebriari, propter consuetudinem terrae in qua bibitur vinum mixtum. * infra 41: ° taceant ad me insulae, et gentes fortitudinem mutent. * prov. 2: ° laetantur cum male |25| fecerint, et exultant in rebus pessimis. ‘ tertio quantum ad auctoritatem, ° qui justificatis, ‘ idest dicitis vos tantae auctoritatis quod pro libito vestro potestis justificare impium, ut quod vobis placeat, legis habeat vigorem * infra 10: ° vae qui condunt leges iniquas, et scribentes injustitias scripserunt. * prov. 17: ° et qui justificat impium, et qui condemnat justum. * michaeae 3: ° et si quis non dederit in ore eorum quippiam, sanctificant super eum praelium. propter hoc sicut devorat. ‘ hic comminatur poenam. et primo ponit poenam consumptionis sub metaphora ignis. ° propter hoc ‘ quia iniquitatem trahitis ponentes vobis radicem in peccatis. sicut flamma ignis exurit stipulam quam attingit, ° et calor flammae exurit ‘ illam quam distat: persecutio enim captos occidit, et alios afflixit: * deut. 32: ° foris vastabit eos gladius, et intus pavor: sic radix eorum quasi favilla, ‘ quantum ad ea in quibus confidebant, vel patres, vel cognati, ° et germen eorum, ‘ filii, ° ut pulvis ascendet; ‘ in quo notatur fortitudo ex causis illis proveniens. * mal. ult.: ° et erunt omnes superbi et omnes facientes impietatem stipula, et inflammabit eos. ‘ secundo ponit poenae processum et ordinem; et primo ponit poenae causam et praecipue quantum ad primam |50| vanitatem, * unde dicit: ° abjecerunt enim legem, ‘ corde contemnentes, ° et eloquium sanctum israel blasphemaverunt, ‘ ore irridentes. * jer. 32: ° non obedierunt voci tuae, et in lege tua non ambulaverunt. ‘ secundo punientis iram; ° ideo iratus est: ‘ ad modum processus irae in hominibus loquitur. * psal. 105: ° iratus est dominus furore. ‘ tertio poenae inflictionem: ° et extendit manum suam, ‘ potentiae ad percutiendum, quam plicatam parcendo tenuerat. * soph. 2: ° et extendet manum suam super aquilonem, et perdet assur, et ponet speciosam in solitudinem. ‘ quarto, poenae effectum in internecione majorum: ° conturbati sunt montes, ‘ idest majores prae timore. * glossa dicit quod “ loquitur hyperbolice. * sed contra. “ ergo excessit veritatem propheta. ‘ et dicendum. quod in aliquibus scripturis sumitur (hyperbolice) pro excessu veritatis simpliciter, in sacra scriptura pro excessu veritatis secundum opinionem hominum; quasi dicat: conturbatio erit ultra quam credi possit. vel aliter, hyperbole est quidam tropus, et in tropicis locutionibus aliud dicitur, et aliud intelligitur. unde non est falsitas quantum ad sensum quem intendit facere, sicut etiam in metaphora; quasi dicat: ita magna erit conturbatio, |75| quod montes, si esset possibile, conturbabuntur. * psalm. 45: ° conturbati sunt montes etc.. ‘ et quantum ad vilitatem corporum, ° facta sunt morticina. * jer. 8: ° non colligentur neque sepelientur; in sterquilinium super faciem terrae erunt. * idem 16: ° mortibus aegrotationum morientur, et non plangentur, et non sepelientur; in sterquilinium super faciem terrae erunt.

lc4 ° In omnibus his non est aversus furor. ‘ hic ponit poenam communem, et ultimam, quantum ad captivitatem per romanos: et circa hoc tria ponuntur. primo exercitus praeparatio; secundo exercitus dispositio, * ibi, ° et ecce festinus; ‘ tertio poenae inflictio, * ibi, ° et tenebit praedam. ‘ circa primum tria ponuntur. primo congregantis indignatio, ° in omnibus his; ‘ quasi dicat: sicut vos peccatis peccata additis, ita ipse poenis poenas adjungit. * infra 9: ° vir fratri suo non parcet, et declinabit ad dexteram, et esuriet; et comedet ad sinistram, et non saturabitur. ‘ secundo vexilli erectio, ° et levabit signum, ‘ idest vexillum. * jer. 4: ° levate signum in sion, confortamini, et nolite stare: quia malum ego adduco ab aquilone, et contritionem magnam. ‘ tertio exercitus convocatio, ° et sibilabit, ‘ idest inspirabit. * infra 7. ° et erit in die illa sibilabit dominus muscae quae est in extremo fluminum aegypti, et api quae est in terra assur; et venient, et requiescent omnes in torrentibus vallium. ‘ et ad hoc quod magis terreat, ponit gentis extraneitatem et quantum ad cultum, in ° nationibus, ‘ ut sancta vestra non revereantur; et quantum ad linguam, ° procul, ‘ ne verbis |25| placentur; et quantum ad mores, ° de finibus terrae, ‘ ne ab eis foederentur. ° ecce festinus. ‘ hic ponitur exercitus dispositio: et primo ostendit eos expeditos ad veniendum; secundo armatos ad pugnandum, ° sagittae ejus; ‘ tertio crudeles ad puniendum, ° rugitus ejus. ‘ circa primum duo ponuntur. primo ipsorum velocitas: ° ecce, ‘ pro, certo, ° festinus. * thren. 4: ° velociores fuerunt persecutores nostri aquilis caeli. * habac. 1: ° equites namque ejus de longe venient: volabunt quasi aquila festinans ad comedendum. * jer. 4: ° ecce quasi nubes ascendet, et quasi tempestas currus ejus: velociores aquilis equi illius. ‘ secundo velocitatis causa secundum remotionem triplicis impedimenti: primum quod posset contingere ex naturae infirmitate; * contra quod dicit: ° et non est deficiens, ‘ quem oporteat remanere, ° neque laborans in eo, ‘ quem oporteat tarde venire. * infra 40: ‘ qui autem sperant in domino mutabunt fortitudinem; assument pennas sicut aquilae; current, et non laborabunt; ambulabunt, et non deficient. secundo contra illud quod posset esse ex voluntate. * dicit: ° non dormitabit, ‘ per pigritiam, ut scilicet pigre vadat, ° neque dormiet, ‘ ut non resipiscat. * prov. 19: ° pigredo immittit soporem, et anima dissoluta esuriet. |50| ‘ tertio removet impedimentum ex rerum necessitate: ° nec solvetur cingulum. ‘ et ponit ea quibus viatores solent impediri ab itinere: quasi: omnia plus solito durabunt. * deut. 29: ° adduxi vos quadraginta annis per desertum: non sunt attrita vestimenta vestra, neque calceamenta pedum vestrorum vetustate consumpta sunt. sagittae ejus acutae. ‘ hic ostendit eos armatos esse ad pugnandum: et primo quantum ad bonitatem armorum; et ponit ea quae in illis terris maxime sunt consueta. ° sagittae acutae, ‘ in quo notatur bonitas sagittarum; ° arcus extenti, ‘ in quo praeparatio armorum, ne in praeparando impediantur. * psal. 119: ° sagittae potentis acutae. ‘ secundo ponit vectigalia: ° ungulae equorum ejus ut silex, ‘ qui non frangitur de facili, ° et rotae ejus quasi impetus tempestatis, ‘ propter multitudinem et velocitatem magnum sonum facientes. * jer. 4: ° ecce quasi nubes ascendet, et quasi tempestas currus ejus. rugitus ejus. ‘ hic ostendit eos crudeles ad puniendum: et primo quantum ad animositatem, ° rugitus. * oseae 11: ° post dominum ambulabunt, quasi leo rugiet: quia ipse rugiet, et formidabunt filii maris. ‘ secundo quantum ad rapacitatem: ° rugiet ut catuli leonum. * ps. 103: ° catuli leonum rugientes ut rapiant. |75| ‘ tertio quantum ad crudelitatem, ° et frendet, ‘ quod est apri. * ps. 34: ° frenduerunt super me dentibus suis. * ps. 79: ° exterminavit eos aper de sylva, et singularis ferus depastus est eam. et tenebit. ‘ hic ponitur poenae inflictio, et demum punitorum desperatio, * ibi, ° aspiciemus. ‘ circa primum ponit tria. primo comminatur captionem, ° tenebit praedam; ‘ quasi dicat: sicut praedam capiet vos. * nahum 2: ° leo cepit sufficienter catulis suis, et necavit leaenis suis, et implevit praeda speluncas suas, et cubile suum rapina. ‘ secundo solicitam detentionem: ° et amplexabitur, ‘ ne exeatis per eorum incuriam; ° et non erit qui eruat, ‘ per eorum impotentiam. * threnorum 1: ° dedit me dominus in manu, de qua non potero surgere. ‘ tertio rigidam dominationem, ° et sonabit, ‘ comminationibus et terroribus. * jer. 6: ° ecce populus veniet de terra aquilonis, et gens magna consurget a finibus terrae; sagittam et scutum arripiet: crudelis est, et non miserebitur; vox ejus quasi mare sonabit. aspiciemus in terram. ‘ hic ponit eorum desperationem: et primo quantum ad auxilium de terra: ° aspiciemus in terram, ‘ undique, ° et ecce tenebrae, ‘ quia omnes eos persequebantur; secundo quantum |100| ad auxilium de caelo: ° et lux, ‘ divinae spei, ° obtenebrata est in caligine ejus. * jer. 4: ° aspexi terram, et ecce vacua erat et nihili; et caelos, et non erat lux in eis. ‘ et connumerat se propheta in eis per compassionem.

068 CIS cp6

lc1 ° In anno quo mortuus est rex. ‘ postquam arguit in duabus tribubus culpam, adjungens poenam corrigentem, hic comminatur poenam condemnantem finaliter, scilicet poenam obdurationis; et ideo ista poena praedicitur per modum sententiae, et cum solemnitate judicii. dividitur ergo hoc capitulum in tres partes. in prima describitur sententiae auctor, scilicet judex; in secunda sententiae denuntiator minister judicis, * ibi, ° et dixi: vae mihi; ‘ in tertia ponitur ipsa sententia, * ibi, ° audite audientes. ‘ circa primum duo ponuntur. primo visionis tempus; secundo ipsa visio, * ibi, ° vidi dominum sedentem. ‘ quantum ad primum * dicit: ° in anno quo mortuus est ozias, qui * 4 reg. 15, ‘ dicitur azarias, percussus lepra a domino propter hoc quod usurpare voluit sacerdotale officium, * ut dicitur 2 paralipomen. 26. ‘ sed postquam fuit percussus, filius ejus joathan gubernavit domum regis et regnum usque ad mortem ejus: nec tamen dicitur regnasse tunc, sed magis vices patris gessisse; sed tunc primo regnavit quando mortuus est pater ejus. unde ista visio ostensa est regnante joathan, et praecedentia regnante ozia. ° vidi dominum |25| sedentem. ‘ hic ponitur visio: et primo describit judicis solium; secundo assistentium ministerium, ibi ° seraphim. ‘ haec autem visio * dicitur a quibusdam “ fuisse imaginaria, * a quibusdam “ intellectualis. et assumitur ab ipso propheta figura ex consimili, * sicut dicit dionysius in epistola ad titum, “ quod prophetae his quae plane vident sine figuris, circumponuntur figurae ad manuductionem audientium, qui per figuras sensibiles faciliter accipere possunt. ‘ qualitercumque autem sit, oportet hic duo videre. primo imaginationem figurae, vel a propheta visa, vel ab ipso composita; et secundo ipsius figurae significationem: “ ad aliquid enim significandum spiritualiter, inducuntur sensibiles figurae spiritualium in sacra scriptura, * sicut dicit dionysius: ‘ et ille erit litteralis sensus; sicut etiam in locutionibus metaphoricis non illud quod significatur per verba, sed quod loquens per verba vult significare. circa primum ergo sciendum, quod templum aedificatum a salomone habuit in altitudine centum viginti cubitos, * sicut dicitur 2 paralip. 3, ‘ et erat distincta altitudo per tres domos; quarum suprema habebat sexaginta cubitos, et utraque inferiorum triginta. * et de istis dicitur 3 reg. 6: ° per cochleam ascendebant in medium coenaculum, |50| et a medio in tertium. ‘ vidit ergo solium domini in supremo coenaculo; * propter quod dicitur, ° excelsum, ‘ idest altum, sicut ° et elevatum, ‘ super omnia coenacula: et a claritate vultus ejus resplendebat medium coenaculum: * propter quod dicitur: ° domus plena majestate, ‘ idest gloria ejus; ° et ea quae sub ipso erant, ‘ idest ornamenta throni ejus, vel etiam splendor vestimentorum, sive subditorum agmina, ° implebant ‘ infimum coenaculum, in quod intrabant sacerdotes: * propter quod dicit, ° templum. * alii dicunt aliter, quod “ vidit solium altum in medio coenaculo, quod dicitur domus, quae plena erat mediis membris et brachiis domini; inferius quod dicitur templum, pedibus et tibiis; sed caput et collum prominebant in tertium tabulatum. * 3 regum ult.: ° vidi dominum super solium suum sedentem, et omnem exercitum caeli assistentem et a dextris et a sinistris. * proverb. 20: ° rex qui sedet in solio judicii, dissipat omne malum in circuitu suo. ‘ circa secundum sciendum est, quod * hujus visionis significatum tripliciter a diversis assignatur. quidam enim dicunt, “ per sessionem in solio significari oppressionem captivitatis futuram: per repletionem domus a majestate, significari quod hostes qui sub ipsius dispositione erant, |75| essent impleturi templum: * et hoc tangunt historiae. hieronymus autem aliter exponit, et melius, “ per sedem significari filii dei majestatem, * propter quod dicitur joan. 12: ° haec dixit isaias, quando vidit gloriam ejus, et locutus est de eo. ‘ per solium significari angelos, in quibus sedet deus. * ps. 79: ° qui sedes super cherubim. ‘ per domum, ecclesiam triumphantem, quae plena est gloria ejus. per templum, ecclesiam militantem, quae plena est miraculis, vel angelorum agminibus, quasi custodibus. * dionysius aliter exponit in 13 capite caelest. hierarch. et melius, ut videtur. “ per solium significatur eminentia divinae naturae, et dicitur ° excelsum, “ propter sui nobilitatem, ° elevatum, “ quasi supra alia levatum, inquantum omnia in infinitum excedit; in quo dicitur sedere propter immobilitatem. * unde dicit 9 capitulo de div. nomin. ° quidnam dicendum de divina statione praeter hoc quod manet in seipso immobili identitate singulariter fixus? ‘ et dicitur domus tota creatura, quae plena est majestate, inquantum impletur participatione bonitatis ipsius secundum suam capacitatem. et per templum videtur intelligere ipsas superiores creaturas, quae replentur his quae sub ipso sunt, inquantum bonitates receptae in ipsis, deficiunt a |100| bonitate dei, quae tamen videntur propinquare. * sed contra hoc objicitur. exod. 33: ° non enim videbit me homo: et vivet, ‘ idest in hac mortali carne vivens. * 1 joan. 4: ° deum nemo vidit unquam. “ ergo nec isaias. ‘ ad quod dicendum, quod nec interior nec exterior visus potest videre nisi moveatur a visibili; et secundum quod perfectius immutatur a visibili, melius videt. et tunc perfectissime videt quando recipit actionem visibilis secundum totam suam virtutem. et inde est quod idem videtur diversimode a diversis, et interius et exterius; a quibusdam melius, et a quibusdam pejus. hoc igitur visibile quod est deus, nihil perfecte comprehendit, nisi quod totum ipsum capit, et ideo ipse solum sic se videt. “ unde caeleste secretum * (dicit chrysostomus) “ a quibusdam videtur in essentia sua sine medio ad hoc, secundum perfectionem quam habent a susceptio divino lumine attingentibus, sicut a beatis in patria, et ab his qui elevantur per raptum ad illum modum visionis. ‘ ab his autem minus perfectum visum habentibus videtur secundum similitudines quasdam bonitatis ipsius, sive in rebus sensibilibus, sive in imaginibus, sive in speciebus intelligibilibus. et hujusmodi est visio qua viderunt prophetae |125| per lumen propheticae, et qua videmus per fidem, et qua videtur per lumen rationis, etiam a philosophis, qui cognoverunt etiam deum, * sicut dicitur roman. 1. sed tunc restat quaestio, “ utrum talem visionem immediate a deo perceperint prophetae, vel mediantibus angelis. et videtur quod immediate, ex ipso modo loquendi: * quia dicit, ° vidi dominum, “ et non, vidi angelum. item de moyse, * exod. 33: ° loquebatur dominus ad moysen facie ad faciem, sicut solet homo loqui ad amicum suum. “ item viderunt in speculo aeternitatis, ut communiter dicitur: ergo viderunt quidam deum. ‘ ad quod dicendum, secundum dionysium, 4 cap. de caelest. hierarch., “ quod nullus purus homo neque in patribus novi neque veteris testamenti accepit aliquam revelationem a deo nisi mediantibus angelis. * et hanc dicit “ esse legem inviolabilem, ut per prima media reducantur in divina; * et hoc probat “ per locum a majori, quia etiam moyses legem accepit mediantibus angelis, qui tamen excellentissime vidit; * quod probatur per id quod habetur gal. 3: ° quid igitur lex? propter transgressionem posita est, donec veniret semen cui promiserat deus, ordinata per angelos in manu mediatoris. |150| * act. 7: ° qui accepistis legem in dispositione angelorum, et non custodistis. ‘ ad primum ergo dicendum, quod haec ratio potest esse et ex parte finis visionis, et ex parte principii. ex parte finis, quia angelus revelans intendit ducere hominem in cognitionem dei, et non in cognitionem sui; et ideo format visionem de deo, ut ex his quae figuraliter videntur, aliquid de deo cognoscatur. ex parte autem principii, quia tota virtus angelici luminis ad manifestandum aliquid, est ex deo auctore, qui est fons luminis; sicut in demonstrativis tota virtus luminis vel manifestationis est ex primis principiis. * unde dicit gregorius in glossa super tertium capitulum exodi: ° angelus qui moysi apparuisse describitur, modo dominus, modo angelus nuntiatur. angelus, quia exterius loquendo servit; dominus, quia interius praesidens loquendi efficaciam tribuit. cum enim loquens ab interiori regitur, et per obsequium angelus, et per inspirationem dominus memoratur. ‘ ad secundum dicendum, quod hoc dicitur propter eminentissimum modum clarae visionis, quo moyses super alios prophetas vidit, * sicut dicitur num. 12. ‘ ad tertium dicendum, quod speculum aeternitatis non dicitur ipse deus, sed ipsae species quae sunt in anima |175| prophetae; et dicuntur speculum inquantum resultat in eis dispositio sapientiae aeternae. ° seraphim stabant. ‘ hic ponit ministrorum officium: et primo describit ministrorum ordinem; secundo eorum laudem. ° et clamabant: sanctus. ‘ circa primum ponit tria. primo ponit ministrorum gradum * dicens: ° seraphim stabant subter illud, ‘ scilicet templum, “ eo quod hic ordo inter omnes supremus est, * sicut dicit dionysius in glossa hic. ‘ item nota, quod seraphim scriptum per m, pluralis numeri est et masculini generis, et significat plures de ordine illo; scriptum vero per n pluralis numeri est et neutri generis et significat totum agmen illius ordinis; sed seraphin, singularis numeri est et masculini generis, et significat unum tantum de ordine illo. * infra 62: ° super muros tuos, jerusalem, constitui custodes: tota die et nocte perpetuo non tacebunt. * et dicit, ° stabant, ‘ erecti per contemplationem quasi assistentes. secundo ponit ministrorum ornatum in senario numero alarum. ° sex alae. ‘ tertio alarum usum: ° duabus velabant faciem ejus. * in hebraeo est ambigue dictum; ‘ et potest exponi quod velabant faciem dei; * et sic accipit hieronymus: ‘ vel quod velarent faciem suam; * et sic accipit dionysius, secundum quem “ est sensus |200| quod caput erat velatum et pedes et medium corpus. ° duabus volabant, ‘ scilicet mediis. * ezech. 1: ° unumquodque duabus aliis velabat corpus suum. * et infra eodem: ° et audiebam sonum alarum, quasi sonum aquarum multarum. * hujus visionis significatum tripliciter accipitur. hebraeus dicit, quod “ per duodecim alas intelliguntur duodecim reges qui praefuerunt populo ab ozia, sub quo visio incepta est, et deinceps; quorum quatuor tantum justi fuerunt, scilicet ozias, joathan, ezechias et josias: et ideo quatuor alis volabant. alii autem verecundabantur ante conspectum dei, et ideo velabant faciem: quorum quatuor libere regnum possederunt, scilicet achaz, manasses, amon et joathan, qui a populo reges constituti sunt; et hi significantur per alas quae erant in capite. alii vero quatuor regnum sub servitute aliorum possederunt. unde et ab aliis, et non a populo reges constituti sunt, sicut joachim a pharaone, jechonias et sedecias et godolias: * de quo jerem. 41, dicitur, quod ° ismael et decem viri qui erant cum eo interfecerunt godoliam, quem praefecerat rex babylonis terrae. ‘ praedicti enim tres ultimi constituti sunt a nabuchodonosor rege babylonis. * hieronymus dicit, quod “ dicuntur alati, vel quia superius |225| commorantur, vel propter velocitatem ministerii: et intelligit per duodecim alas ministerium perfectionis, qui commendatur in duodenario, sicut duodecim gemmae in diademate sacerdotis, et sic de aliis. ° et duabus volant, ‘ etc.. quia ea quae fuerunt ante mundum vel post mundum, nobis celant, et ostendunt quae fiunt sex aetatibus mundi: vel quia praeterita et futura nobis ignota sunt, sed praesentia scimus; ut sic hoc referatur ad actum ministerii; * et quod dixit, ° stabant, ‘ ad hoc quod deo assistunt. * dionysius aliter exponit, 13 cap. caelest. hierarch. et 4 cap. eccl.; et dicit, quod “ dicuntur alati, quia ad similitudinem volantis, altam contemplationem et liberam habent. ‘ describitur autem triplex binarius alarum; quia seraphim vident ea quae ad ipsos pertinent, qui sunt de prima hierarchia, et quae ad alias duas eminentius quam illi; ita quod per unam alam intelligatur capacitas naturae, et per aliam lumen participatum a deo, quia his duobus elevantur. ea autem quae ad hierarchias pertinent, sunt a deo sicut a principio, et in deum ordinantur sicut ad finem; et utroque modo non possunt perfecte intelligi ab angelis; quod significat velatio. et sunt etiam in ipsis quasi media inter principium et finem; et sic habent perfectam |250| cognitionem de ipsis et liberam, et ideo duabus mediis volabant, ° et clamabant. ‘ hic ponit eorum laudem: et circa hoc tria facit. primo ponit laudandi modum quantum ad devotionem, quia ° clamabant ‘ ex magnitudine affectionis; quantum ad concordiam, quia uterque: et quantum ad ordinem, quia ° ad alterum. “ unus enim accipit ab alio, * ut vult dionysius. job 38: ° ubi eras cum me laudarent simul astra matutina et jubilarent omnes filii dei? ‘ secundo ponit laudis canticum, * ibi, ° sanctus, sanctus, sanctus. ‘ et tria laudant. personarum trinitatem: ° sanctus, sanctus, sanctus. ‘ unitatis majestatem: ° dominus deus exercituum: ‘ qui omnibus praeest. * apoc. 4: ° sanctus, sanctus, sanctus, dominus deus omnipotens, qui est, et qui erat, et qui venturus est. ‘ provisionis liberalitatem: ° plena est omnis terra gloria ejus: ‘ quia usque ad ultimas creaturas, quae per terram intelliguntur, et extendit diffusionem suae bonitatis. * jerem. 23: ° numquid non caelum et terram ego implebo, ait dominus. * et hoc secundum dionysium, 7 cap. caelest. hierarch. hieronymus: ° plena est omnis terra, per notitiam fidei. * eccli. 42: ° gloria domini plenum est opus ejus. nonne dominus fecit sanctos enarrare omnia mirabilia sua, quae confirmavit |275| dominus omnipotens stabilis in gloria sua? ‘ tertio * ibi, ° et commota, ‘ ponit laudis effectum, scilicet punitionem peccantium. * infra 65: ° ecce servi mei comedent, et vos esurietis; ecce servi mei bibent, et vos sitietis; ecce servi mei laudabunt prae exultatione cordis, et vos clamabitis prae dolore cordis, et prae contritione spiritus ululabitis. ‘ et significatur templum diruendum. ° commota sunt superliminaria cardinum. * amos 9: ° percute cardinem, et commoveantur superliminaria. ‘ et comburendum. ° et domus repleta est fumo ‘ combustionis a romanis post agnitam fidem christi. vel per ° fumum ‘ infidelitates judaeorum; per commotionem cardinum, amotionem legalium, vel caeremoniarum, quae erant quasi umbrae claudentes aditum veritatis. ° et dixi. ‘ hic ponitur sententiae denuntiator: et primo ostenditur ejus humilitas; secundo ejus puritas, ° et volavit; ‘ tertio auctoritas, ° et audivi. ‘ humilitas in confessione peccati. confitetur autem triplex peccatum. primum in locutione omissionis, ° vae quia tacui, ‘ non arguendo oziam regem; et sic deplangit culpam; ° tacui ‘ a laude dei, et sic deplangit damnum. |300| * infra 56: ° speculatores ejus caeci omnes, nescierunt universi, canes muti non valentes latrare, videntes vana, dormientes et amantes somnia. * eccli. 15: ° non est speciosa laus in ore peccatoris. ‘ commissionis: ° quia vir pollutus labiis. * eccli. 23: ° indisciplinatae loquelae ne assuescat os tuum, est enim in illa verbum peccati: ‘ secundo malorum conversationis: ° et in medio populi. * 1 corinth. 15: ° corrumpunt enim bonos mores colloquia prava. ‘ tertio peccatum praesumptionis: ° et regem dominum exercituum; ‘ quasi dicat: qui impurus est non potest intrare templum ejus, quanto magis nec ipsum videre, * judicum 13: ° morte moriemur, quia vidimus dominum. ‘ et hoc fuit reverentiae. sed jacob dixit, * genes. 32: ° vidi dominum facie ad faciem, et salva facta est anima mea. ‘ et hoc est confidentiae. * hieronymus: ° felix conscientia quae tantum in locutione peccavit, non suo vitio, sed populi polluta labia habentis. et volavit ad me. ‘ hic ostenditur puritas ex peccatorum purgatione: et circa hoc tria ponuntur. purgationis minister: ° volavit ad me; ‘ purgationis instrumentum: ° et in manu ejus calculus de |325| altari ‘ holocaustorum. altare interius erat de terra, * sicut dicitur exod. 20: ° altare de terra facietis mihi. ‘ circumquaque autem erat de lapidibus, ubi congregabantur ignes sacrificii; et de his accepit ° forcipe, ‘ instrumento habente duo brachia, per quod potest significari virtus receptiva; et per altare ipsa divina lux vel bonitas; et per calculum, donum receptum ad officium purgationis. vel per ignem tribulatio; per seraphim christus: per forcipem duo testamenta; per calculum caritas, quae in manu, idest operatione, ipsius est. tertio purgandi modus: ° et tetigit os meum, et dixit; ‘ sicut in sacramentis est actio et verborum forma; ° ecce tetigit, ‘ exprimit actum, ° et auferetur iniquitas, ‘ in homines, ° peccatum, ‘ in deum. et non dicit, auferam, quia solius dei est peccatum dimittere. * infra 43: ° ego sum, ego sum ipse qui deleo iniquitates tuas propter me, et peccatorum tuorum non recordabor. * de omnibus his daniel 9: ° ecce vir gabriel quem videbam in visione a principio cito volans tetigit me in tempore sacrificii vespertini, et docuit me, et locutus est mihi. * sed contra hoc objicitur quod dionysius dicit, quod “ illi de superioribus ordinibus non mittuntur in ministerium; sed constat seraphim supremos esse: |350| ergo non videtur verum quod veniant ad purgationem prophetae. ‘ ad quod dicendum, quod * gregorius istam quaestionem tangit in quadam homilia de centum ovibus, et dimittit sub dubio. dionysius autem expresse vult quod “ tantum inferiores mittantur ad nos: et hoc dicit esse per ordinem divinae legis ut inferiora reducantur per media. quod autem hic dicitur, dupliciter solvit. uno modo quod iste angelus purgans dicatur seraphim aequivoce non ab ordine, sed ab actu quem tunc exercuit, quia igne purgavit, et seraphin dicitur incendium. alio modo solvit quod dicatur proprie ille qui est de ordine illo; et dicitur purgare, non quia ipse immediate purgat, sed quia ejus auctoritate, vel percepta ab ipso illuminatione, inferior angelus purgavit. et ponit exemplum. sicut dicitur episcopus absolvere quando alius auctoritate ipsius absolvit. et ideo propter reverentiam, angelus inferior, qui visionem formavit, reducit in deum primo, et in seraphim secundo; ac si diceret: ego purgo te per lumen receptum a deo, mediante seraphim. lxx habent, ° carbunculos, “ propter similitudinem ignis. habet enim colorem flammantem.

lc2 ° Et audivi vocem. ‘ hic ostenditur ministri auctoritas ex iniunctione officii: et circa hoc tria facit. primo quaeritur mittendi consensus; * unde dicit, ° quem mittam? ‘ in quo notatur auctoritas ex parte mittentis. * rom. 10: ° quomodo vero praedicabunt nisi mittantur? et quis ibit? ‘ missi voluntas, ° nobis ‘ acquisitive, ut non quaerat vanum honorem, et non quaerat lucrum. * e converso phil. 2: ° omnes enim quae sua sunt quaerunt, non quae jesu christi. mittam, ‘ in quo notatur unitas essentiae: ° nobis, ‘ in quo pluralitas personarum. secundo ponitur oblatum obsequium: ° et dixi: ecce ego: mitte me. * infra 50: ° ego autem non contradico, retrorsum non abii. ‘ sed videtur quod hoc fuerit praesumptionis, quia moyses recusavit. * exod. 3: ° quis ego sum ut vadam ad pharaonem, et educam filios israel ex aegypto? ‘ jeremias etiam recusavit; * jerem. 1: ° et dixi: a, a, a, domine deus, ecce nescio loqui, quia puer ego sum. ‘ et dicendum quod, * sicut dicit gregorius in pastorali (et ponitur in principio jeremiae in glossa): ° utrumque fuit ex radice caritatis. ille enim propter dilectionem dei noluit perdere solatium contemplationis: |25| iste propter dilectionem proximi voluit mitti ut prodesset; et tamen nec ille jussus pertinaciter recusavit, nec iste prius quam purgatus aut requisitus esset, se obtulit. ‘ tertio injungitur officium: quantum ad duplicatum actum praedicit discurrere: ° et dixit, vade. * matth. 10: ° ecce ego mitto vos sicut oves in medio luporum: et dices populo huic. * jer. 15: ° si separaveris pretiosum a vili, quasi os meum eris. audite audientes. ‘ hic ponitur sententia; et primo ponitur sententia obdurationis. non obdurat autem immittendo malitiam, sed non impartiendo gratiam; et hoc quia non se volunt ad gratiam convertere. secundo quaeritur sententiae duratio, * ibi, ° et dixi. ‘ circa primum tria facit. primo ponitur sententiae pronuntiatio a domino, quantum ad duos sensus disciplinales, scilicet auditum, qui deservit disciplinae: * unde dicit ° audite, ‘ auribus exterioribus, ° audientes, ‘ christum, vel alium praedicantem, ° et nolite intelligere; ‘ quasi: quia non vultis, non intelligitis. permissivum est. et quantum ad visum, qui servit inventioni: ° et videte visionem, ‘ christum corporaliter, vel magnalia dei; ° et nolite cognoscere. ‘ permissivum est, et non imperativum. |50| * infra 42: ° quis caecus nisi servus meus? ‘ secundo ponitur sententiae acceptatio et (est verbum) prophetae: * unde dicit: ‘ o domine, ex quo plenitudo gentium intratura est, percute caecitate israel: * rom. 11, ° excaeca cor, ‘ interius, ° et aures aggrava, ‘ ne percipiant, ° et oculos ejus claude, ‘ ne cognoscant. * joan. 9: ° in judicium ego in hunc mundum veni, ut qui non vident, videant, et qui vident, caeci fiant. ‘ vel est verbum domini, et est sensus: ° excaeca, ‘ idest excaecatum praedica. tertio excaecationis ratio: ° ne forte, ‘ propter bona, ° et convertantur, et sanem eos, ‘ cum sanitate sint indigni. * ezech. 18: ° si autem impius egerit poenitentiam ab omnibus peccatis suis quae operatus est, et custodierit universa praecepta mea, et fecerit judicium et justitiam; vita vivet, et non morietur; omnium iniquitatum ejus non recordabor. * infra 30: ° si revertamini, et quiescatis, salvi eritis. et dixi, usquequo. ‘ hic ponitur sententiae duratio: et primo ponitur prophetae quaestio, ° usquequo ‘ excaecabuntur? * dan. 8: ° usquequo visio conculcabitur? ‘ secundo domini responsio, ° et dixit. ‘ et ponitur duplex terminus. primus quantum ad poenam malorum; secundus quantum ad sanctitatem bonorum; |75| * ibi, ° semen sanctum, ‘ ac si dicat: ° quousque ‘ qui in sordibus est sordescat? * apocalyp. ult.: ° qui nocet noceat adhuc, et qui in sordibus est, sordescat adhuc. ‘ poenam autem tangit triplicem. primo quantum ad captivationem, quae designatur in desolatione civitatum: ° donec desolentur civitates. * jer. 12: ° dederunt portionem meam desiderabilem in desertum solitudinis. * thren. 1: ° posuit me desolatam, tota die moerore confectam. ‘ quantum ad culturam agrorum: ° terra relinquetur deserta. * supra 1: ° terra vestra deserta, civitates vestrae, succensae igni. ‘ quantum ad exilium hominum: ° et longe faciet dominus homines. * jerem. 22: ° et mittam te, et matrem tuam quae genuit te, in terram alienam, in qua nati non estis, ibique moriemini. * ezech. 20: ° et eligam de vobis transgressores et impios, et de terra incolatus eorum educam eos. ‘ secundo quantum ad captivitatis longitudinem: ° et multiplicabitur, ‘ gens illa, ° in medio terrae, ‘ in qua captiva tenebitur: tamdiu durabit captivitas. * jerem. 29: ° haec dicit dominus exercituum deus israel omni transmigrationi quam transtulit de jerusalem in babylonem: aedificate domos, et habitate in eis. * et infra: |100| ° et multiplicamini, ibi, et nolite esse pauci numero, et quaerite pacem civitatis ad quam transmigrare vos feci. ‘ tertio quantum ad iteratam persecutionem: et primo ponit paucitatem: ° et adhuc in ea decimatio; ‘ idest, vix decima pars relinquetur a tito in judaea terra, vel in toto orbe, propter judaeos interfectos. * deut. 28: ° et remanebitis pauci numero, qui prius eratis sicut astra caeli prae multitudine. ‘ secundo iteratam destructionem: ° et convertetur, ‘ iterum super vos captivatio, sub adriano imperatore. * supra 5: ° in omnibus his non est aversus furor ejus; sed adhuc manus ejus extenta. ‘ tertio eorum vilitatem et despectionem vel dispersionem: ° erit in ostensione, ‘ derisionis, ° sicut terebinthus; ‘ quaedam arbor, quae in damasci partibus magna est, in graecia parva, ° et sicut quercus, quae expandit ramos suos: ‘ in quo eorum dispersio significatur. * eccli. 24: ° ego quasi terebinthus extendi ramos meos. semen sanctum. ‘ hic ponit terminum quantum ad sanctitatem bonorum: * unde dicit: ° semen sanctum, ‘ idest virorum perfectorum, qui divinae obediunt visioni, et aliorum sanctorum de judaeis, ° quod steterit, ‘ non cadens per infidelitatem. * infra ult. ° quia sicut caeli novi, et terra nova, quae |125| ego facio stare coram me, dicit dominus, sic stabit semen vestrum, et nomen vestrum. ‘ alii exponunt in bonum. ° multiplicabitur, ‘ post reditum de captivitate, ° in medio terrae, ‘ suae; ° et adhuc in ea decimatio, ‘ quae relinquetur ad cultum dei post multorum necem; ° et convertetur ‘ ad deum, et ° erit in ostensione, ‘ gloriae.

068 CIS cp7

lc1 ° Et factum est in diebus achaz, filii ioatham. ‘ hic ponitur comminatio contra hostes duarum tribuum; et dividitur in duas. in prima ponitur comminatio contra persecutores populi; in secunda contra contemptores prophetarum, vaticinium, * cap. 28: ° vae coronae superbiae. ‘ prima in duas. in prima comminatur hostium dejectionem; in secunda ponit gratiarum exultationem, * cap. 25: ° domine deus meus es tu. ‘ prima in duas. in prima singulorum in speciali; in secunda omnium in generali, * 24 cap.: ° ecce dominus dissipabit. ‘ prima in tres: in prima contra hostes corporaliter persequentes; in secunda contra hostes potestatem praebentes, * cap. 17: ° onus damasci: ‘ in tertia contra hostes in rebus calumniantes, * cap. 21: ° onus deserti maris. ‘ prima in duas: in prima contra persecutores ejusdem gentis; in secunda contra alienigenas, * cap. 10: ° vae qui condunt leges iniquas. ‘ prima in duas. in prima comminatur ipsi frustrationem, per liberationem duarum tribuum; in secunda ipsorum destructionem, * cap. 8: ° et dixit dominus ad me. ‘ prima pars, quae continetur in hoc capitulo, dividitur in tres. in prima describitur imminens periculum; in secunda promittitur |25| liberationis beneficium, ° et dixit dominus ad isaiam; ‘ in tertia confertur liberationis signum, * ibi, ° et adjecit. ‘ ad evidentiam autem primae partis sciendum est, quod achaz fuit impius et idolatra, * sicut legitur 4 regum 16, et 2 paralip. 27. ‘ et ideo dominus tradidit eum in manu regis syriae et samariae, qui primo venerunt contra eum, et obsidentes jerusalem, tandem devincentes ipsum, magnam partem exercitus sui ceperunt et principem exercitus ejus. iterum ex illa victoria confisi, venerunt ut omnino privarent eum regno, et substituerent alium loco ejus; et in hoc secundo adventu consolatur eum isaias. tria ergo ponuntur in prima parte. primo describitur hostium congregatio: * unde dicit: ° et factum est in diebus achaz. ‘ reducit autem genealogiam usque ad oziam, quia forte in percussione oziae qua percussus est lepra a domino, * 2 paral. 26, ‘ qui tamen justus fuerat, acceperunt audaciam invadendi, quasi contemnentes divinum auxilium. ° ascendit. ‘ hoc dicitur propter situm terrae, quia judaea in montanis est. ° phacee, ‘ qui interfecit phacejam regem israel, cujus princeps militiae erat, et regnavit pro eo: ° et non potuerunt, ‘ in prima vice, quamvis regem |50| in campo devincerent. vel loquitur per anticipationem, quantum ad secundam ascensionem. secundo ponit denuntiationem: ° et nuntiaverunt, ‘ sui exploratores, ° domui david, ‘ idest domui regiae, ° dicentes: requievit syria super ephraim, ‘ idest rex syriae cum rege decem tribuum, quae ephraim dicuntur, propter primum regem, qui de ephraim fuerat: * 3 reg. 13. ‘ vel propter dignitatem sunt amicitia juncti qui tamen fuerunt prius inimici, * sicut legitur 3 reg. ult. et penult.: et dicit, ° syria super ephraim ‘ ut notetur principalitas in regno syriae, quia fortius erat. tertio ponitur denuntiationis effectus, perturbatio scilicet regis et suorum. ° et commotum est cor populi eius vel cor ejus, ‘ scilicet regis. * eccl. 22: ° sic et cor trepidum in cogitatione fatui. * prov. 21: ° et pavor operantibus iniquitatem. * matth. 2: ° audiens autem herodes rex turbatus est, et omnis jerosolyma cum illo. et dixit dominus ad isaiam. ‘ hic promittitur liberatio: et primo ponitur promissionis modus; secundo ipsa promissio, ° et dices ad eum. ‘ modus autem ponitur primo quantum ad personam nuntiantem: ° dixit dominus ad isaiam, ‘ interius inspirando, vel loquens per subjectam creaturam: ° egredere in occursum achaz, ‘ qui forte propter timorem hostium |75| iverat ut praepararet se ad resistendum. secundo quantum ad testem: ° et qui derelictus est jasub, ‘ tibi; alio fratre, scilicet rapsace, ex matre nobiliore nato, fugiente ad regem assyriorum, quia non bene receptus fuit ab achaz; * de quo infra 36. deut. 19: ° in ore duorum aut trium stabit omne verbum. ‘ tertio quantum ad locum, ° ad extremum. ‘ ad cujus evidentiam sciendum est, quod quia jerusalem in montanis est, non abundat aquis fluentibus, et ideo habebant aquas collectas in piscinis vel ex pluviis, vel ex longinquis fontibus per aquaeductus. erant autem tres piscinae in jerusalem. una quae erat ad usum sacerdotum et sacrificiorum, quae dicitur probatica piscina, * de qua joan. 5: ‘ secunda erat inferius in civitate, quae munda servabatur ad communem usum civitatis. tertia erat extra civitatem, quae habebat aquam immundam, in qua fullones lavabant lanam, et erat ad hujusmodi usus; et ab illa piscina dicitur totus ° fullonis ager. ‘ et sic patet quod dicitur in littera. ° et dices ad eum. ‘ hic ponit promissionem: et primo ponit confortationem; secundo confortationis rationem, ° a duabus caudis; ‘ tertio incredulorum condemnationem, * ibi, ° si non credideritis. ‘ confortat autem prohibens timoris |100| signum: ° vide ut sileas; ‘ idest, cave ne timorem cordis exterius prodas. * infra 30: ° in silentio, et in spe erit fortitudo vestra. * eodem 32: ° et erit opus justitiae, pax et cultus justitiae, silentium et securitas usque in sempiternum. ‘ et etiam ostendit timoris transitum: ° noli timere, ‘ mala futura, ° et cor tuum ne formidet, ‘ propter memoriam malorum quae passus es. * infra 43: ° noli timere, quoniam ego tecum sum; ab oriente educam semen tuum, et ab occidente congregabo te. a duabus caudis. ‘ hic ponit confortationis rationem: et primo ostendit proponentium vanitatem, qui magna proponunt, qui tamen nihil vel parum possunt subsistere. ° duabus caudis, ‘ quia in eis finitum est regnum. rasin enim interfectus est a teglathphalasar, * 4 regum 16, ‘ et sui in captivitatem ducti; sed phacee subjugatus fuit, et postea interfectus ab hoste, qui postmodum captus est a rege salmanasar, et decem tribus captivatae: * 4 regum 17. ° fumigantium: ‘ tunc enim sunt vicini extinctioni. ° et suscitemus eum, ‘ quasi somno quiescentem, ° et avellamus, ‘ trahamus in potestatem nostram. ° filium tabeel: ‘ ad litteram quemdam hominem, vel idolum dei nostri. tabeel, bonus deus. secundo quantum ad propositi frustrationem: ° haec dicit dominus, ‘ qui |125| omnia potest: ° non erit istud, ‘ quia non perducetur ad effectum, ° et non stabit, quia non diu durabunt ‘ in tali proposito, majoribus malis in eos irruentibus. * infra 8: ° inite consilium, et dissipabitur; loquimini verbum, et non fiet: quia nobiscum deus. ‘ tertio quantum ad hostium destructionem: et primo quantum ad assyrios: ° sed caput syriae; ‘ quasi dicat: sed interim, et antequam destruantur, ° caput syriae damascus, ‘ quasi: erunt damasceni et rex eorum contenti suis finibus. ° et adhuc sexaginta et quinque anni, ‘ quia captivabuntur. isti anni non debent computari a tempore hujus prophetiae, sed a tempore quo ozias percussus est lepra, quia tunc assumpserunt audaciam, vigesimo sexto anno regni ejus. et ex tunc joathan filius ejus regnavit, vivente patre, 27 annis, et postea 16, et postea achaz 16, et postea ezechias, cujus sexto anno captus est populus: * 4 reg. 18. ‘ et hi omnes collecti, sunt 65 anni. ° et caput ephraim, ‘ ut supra. ° si non credideritis. ‘ hic ponit incredulorum condemnationem. ° si non credideritis, ‘ scilicet promissis domini, etiam vos ° non permanebitis in terra vestra, ‘ sed captivabimini. * habac. 2: ° ecce qui incredulus est, non erit recta anima ejus in semetipso. |150| * et dicit hoc, quia 4 reg.: 16 ‘ achaz non credens prophetiae, invocavit auxilium regis assyriorum teglathphalasar, ut adjuvaret eum: qui ad petitionem ejus venit, et destruxit damascum et regem interfecit; et cum dedisset sibi munera, tamen nihil sibi profuit, * sicut dicitur 2 paral. 28.

lc2 ° Et adiecit loqui ad achaz. ‘ hic ponitur liberationis signum: et primo datur optio ad signum eligendum; secundo confertur signum ad credendum: ° propter hoc dabit. ‘ circa primum tria ponuntur. primo optio eligendi signum conceditur: ° et dixit dominus ad achaz. ‘ quia prophetas contemnebat, ipse per se dixit. quia videtur durum quod tam potentes reges ita cito destruantur, ° pete tibi signum, ‘ ut credas, ° a domino deo tuo. ‘ ex hoc videtur quod sit sermo prophetae; et dicendum, quod mos est hebraici sermonis, ut utatur nominibus pro pronominibus. unde, ° a domino deo tuo, ‘ idest a me. vel est verbum domini per inspirationem, et prophetae per denuntiationem. * infra 8: ° numquid non propheta a deo suo. in profundum inferni, ‘ ut aperiatur terra, et infernus pateat, sicut in subversionem dathan et abiron: * num. 16. ‘ vel per infernum inferiora elementa, sicut moyses de terra locustas et cyniphes * exod. 9: ° sive in excelsum supra, ‘ sicut josue in statione solis: * 10: ° judaei enim signa quaerunt: * 1 cor. 1. ‘ secundo oblati refutatio: ° et dixit, non petam: ‘ vel quia in idolis confidebat, vel in rege assyriorum, vel invidens dei |25| gloriae, vel quia timebat offendere deum in angustia positus. * infra 26: ° domine in angustia requisierunt te. * unde dicit, ° non tentabo: ‘ innixus ei quod dicitur * deut. 6: ° non tentabis dominum deum tuum. ‘ sed male intellexit, quia licebat ei auctoritate domini petere signum, sicut gedeon in vellere; * jud. 6. ‘ tertio ponitur refutantis increpatio: ° et dixit, ‘ scilicet isaias: ergo ex quo tam rebelles estis, ° audite ergo domus david, ‘ propter consensum in malitia, regis, vel quia david promissus christus datur signum * psal. 131: ° de fructu ventris tui ponam super sedem. numquid parum vobis est, ‘ ad merendam divinam iram, ° esse molestos hominibus, ‘ quos spoliatis; vel prophetis, quibus non creditis; ° quia molesti estis, ‘ per rebellionem, ° deo meo, ‘ non vestro, cui non obedistis? * jer. 23: ° ut quid vobis onus? projiciam quippe vos, dicit dominus. propter hoc. ‘ hic datur signum ad credendum: et primo confertur signum liberationis; secundo comminatur incredulis poenam destructionis, ° adducet dominus. ‘ hoc autem signum est de christi incarnatione. * sed contra hoc objiciunt judaei multipliciter. “ primo, quia dominus dabat signum illius liberationis, ad quam nihil consonat christi incarnatio. ‘ ad quod dicendum, quod incarnatio christi significat |50| ipsam quia si per locum a majori: quia si deus dabit filium suum ad salutem totius mundi, multo magis potest salvare vos ab istis hostibus. * rom. 8: ° qui proprio filio suo non pepercit, sed pro nobis omnibus tradidit illum. ‘ vel quasi causa motiva: hoc enim quasi movit dominum, quod multa bona illi populo, quamvis injusto, concedantur, quia de illo provideret filium suum incarnandum. * item objiciunt, quia “ signum sequens datur ad praesentes; sed incarnatio non fuit facta temporibus illorum; et sic videtur quod hoc nullum sit signum. ‘ ad quod dicendum, quod incarnatio, quamvis non fuerit facta praesentibus illis hominibus, fuit tamen manente domo david: * unde dicit: ° audite domus david; ‘ non autem, audi achaz. * item objiciunt, quia “ signum debet praecedere signatum; sed incarnatio fuit diu post liberationem illam; ergo non fuit signum ejus. ‘ ad quod dicendum, quod signum quandoque sequitur signatum, * sicut deut. 18: ° hoc habebis signum: quod in nomine domini propheta ille praedixerit, et non evenerit; hoc dominus non est locutus. ‘ quandoque est simul. * 2 reg. 5: ° cum audieris sonitum gradientis in cacumine pirorum, tunc inibis praelium. ‘ quandoque |75| praecedit, * sicut jud. 7, ‘ de gedeone, ubi datum est signum quod vincere debebat in his qui aquam manibus lambuerant. et oportet de necessitate quod hoc signum sequatur, etiam secundum quod ipsi exponunt. si enim praecedit, tunc puer parum fuit natus ante mortem phacee, qui regnavit 20 annis, cujus 17 anno regnavit achaz, qui regnavit 16 annis: ergo achaz regnavit 13 annis post mortem ejus. et osee regnavit 12 anno achaz, cujus nono anno samaria capta est, qui fuit 6 annus post mortem achaz: ergo in captivitate samariae ad minus habebat puer 19 annos: ergo falsum est quod infra dicitur, quod puer nesciebat vocare patrem et matrem. * item objiciunt, quod “ in hebraeo non est ° virgo, “ sed ° alma, “ quae apud eos significat juvenculam nubilem, * sicut habetur gen. 24, de rebecca, “ ubi nos habemus, ° puella decora nimis, “ et ipsi habent, ° alma. “ et si etiam habeatur ° bethula, “ quod apud eos significat virginem, non oportet quod manens virgo conciperet, quia poterat esse quod quae tunc erat virgo, postea ex semine viri corrupta concepisset. ‘ ad quod dicendum, quod nullum signum esset, si juvencula conciperet, et etiam virgo corrupta. dominus autem aliquod magnum voluit significare, |100| cum dixit; ° in profundum inferni, sive in excelsum supra. ‘ ideo autem apud nos ponitur magis alma quam juvencula, quia alma significat virginem, secundum nominis originem, et adhuc plus, custoditam, de qua non possit esse mali suspicio. sed bethula significat secundum usum loquendi posteriorem. * exponunt autem iudaei dupliciter. quidam “ de ezechia, * quidam “ de filio isaiae, quem fingunt esse manuel vocatum. * sed quod primum non possit stare, sic ostenditur, quia ‘ ezechias erat 25 annorum, quando coepit regnare, * 2 reg. 18, ‘ et achaz regnavit 16 annis, * 4, reg. 16; ‘ ergo ezechias erat 10 annorum, quando pater suus incepit regnare; et sic non promittitur hic nasciturus. praeterea. quomodo nescisset vocare patrem et matrem, cum sexto anno regni ejus capta fuerit samaria? * item quod secundum non possit stare, ostenditur, quia ‘ hoc nullum signum fuisset. et praeterea filius isaiae non fuit dominus judaeae, cum tamen dicatur * infra 8, ‘ terra judaea esse emmanuel possessive. et ideo oportet quod intelligatur de filio dei. secundum hoc ergo tria facit. primo promittit signum: ° propter hoc, ‘ quia vos non vultis petere, ° ipse dabit signum vobis, ‘ vestrae liberationis. hoc |125| etiam signum datum est pastoribus * luc. 2: ° et hoc vobis signum. invenietis infantem pannis involutum, ‘ etc.. secundo ponitur ipsum signum, ° ecce virgo: ‘ et primo ponitur miraculosa conceptio: ° ecce virgo, ‘ manens virgo, ° concipiet ‘ in partu ° pariet filium. ‘ secundo mirabilis generati vocatio: et primo quantum ad divinitatem: ° vocabit, ‘ scilicet virgo, vel vocabis tu, juda, in periculis, ° nomen ejus emmanuel, ‘ quod est interpretatum nobiscum deus. * matth. 1: ° vocabis nomen ejus emmanuel. ‘ et hoc totum nullum simile habet in aliis, quia novum est. * jer. 31: ° creavit dominus novum super terram: mulier circumdabit virum; ‘ idest perfectum hominem in ipsa conceptione, “ quamvis non secundum quantitatem perfectam, * sicut dicit augustinus super illud joan. 2: ° quadraginta et sex annis aedificatum est ‘ etc.. et ideo est super hominem, quia nihil novum sub sole, * eccle. 1. ‘ unde concordantia alia non potest haberi de ipsa prophetia nisi ipsa historia. * luc. 1: ° ecce concipies, et paries filium: ‘ significatum * ezech. 44: ° porta haec clausa erit, et non aperietur; et vir non transibit per eam, quoniam dominus deus israel ingressus est per eam. ‘ secundo quantum ad |150| humanitatem: ° butyrum et mel comedet: ‘ ad litteram, cibos viriles, quia ab infantia ad modum aliorum se habuit. * sap. 7: ° et ego natus accepi communem aerem, et in similiter factam decidi terram, et primam vocem similem omnibus emisi plorans. ‘ vel “ a parte ad totum, * secundum regulam quartam tyconii. ‘ per hos enim omnes humanos cibos intelligit. ° ut sciat. ‘ ut consecutivum est, quia talibus vescens adhuc puer ° sciat reprobare malum, ‘ sine experimento, ° et eligere bonum, ‘ sine consilio, perfectam habens omnium scientiam. hoc promiserat diabolus, sed non solvit, * gen. 3: ‘ sed deus gratis dedit. * sap. 7: ° ipse enim mihi dedit horum quae sunt scientiam veram, ut sciam dispositionem orbis terrarum, et virtutem elementorum. ‘ vel ° ut ‘ est causale: ° ut sciat, ‘ idest ut ostendat se scire, quia per cibos perductus est ad perfectam aetatis quantitatem, in qua ostendit se scire, * augustinus: “ per butyrum humanitatem, quod de terrae nutrimento venit; per mel divinitatem, quod de rore caeli colligitur. * (super illud cant. 4: ° mel et lac). “ habuit tamen naturam sine corruptione, sicut butyrum sine caseo; et portavit consolationem sine judicio, quasi mel sine aculeo. * bernardus: ° elegit |175| puer noster noviter concipi, quia naturam nostrae carnis accepit sine corruptione. ‘ similiter apis mel nobis attulit, non miscens aculeum. ° non enim venit ut judicet mundum, sed ut salvetur mundus per ipsum: * joan. 3. ‘ et sic est etiam causale. et hoc est signum de deorsum ex parte virginis parientis, et desursum ex parte dei nascentis. * ps. 84: ° dominus dabit benignitatem, et terra nostra dabit fructum suum. ‘ tertio ponitur signi adaptatio: ° quia antequam sciat, ‘ idest antequam nascendo scientiam creatam assumat. ° terra, ‘ samariae et syriae: * 4 reg. 16 et 17: ° adducet dominus. ‘ hic ponit comminationem contra non credentes signum: et primo ostendit poenae gravitatem; secundo poenae ordinem, ° et erit in die illa; ‘ in tertia poenae effectum, ° et erit in die illa, nutriet homo. ‘ ostendit autem gravitatem ex praecipientis auctoritate: ° adducet dominus, ‘ qui potens est. * exod. 15: ° dominus omnipotens nomen ejus. ‘ ex poenae universalitate: ° super te, ‘ per teglathphalasar, ° et super populum tuum, et super domum patris tui, ‘ quantum ad posteros tuos, per filios tyrannos; ex praecedentium comparatione. ° dies, ‘ tam mali; et dicuntur mali propter culpam. |200| * matth. 6: ° sufficit diei malitia sua. * eph. 5: ° redimentes tempus, quoniam dies mali sunt. ‘ propter poenam: ° qui non venerunt a diebus separationis: * 3 reg. 12: ° exequentis potestatem: cum rege assyriorum, nabuchodonosor, quia regnum chaldaeorum et assyriorum sub ipso unum fuit, et a principio unum fuerat. assyrii enim de chaldaeis egressi sunt: * gen. 10. jer. 25: ° nabuchodonosor servum meum. et erit. ‘ hic ponit poenae modum et ordinem: et ponit tria. primo hostium convocationem. ° sibilabit, ‘ idest inspirabit, ° muscae, ‘ idest regi aegypti, qui occidit josiam: * 4 reg. 23: ‘ et comparatur muscae propter immunditiam idolorum, et luxuriae, quae viget in aegypto; ° in extremo fluminum, ‘ quia etiam de ultimis partibus aegypti venerunt, ° et api, ‘ scilicet chaldaeis et assyriis, quia ab anteriori habebant mel defensionis, et a posteriori aculeum persecutionis. * supra 5: ° sibilabit ad eum de finibus terrae. ‘ secundo hostium multitudinem: ° et venient, et requiescent omnes in torrentibus vallium: ‘ quia in vallibus consueverunt currere aquae, propter commodum aquarum, ° in cavernis, ‘ propter munitionem, ° in frutectis, ‘ propter ligna, ° in universis foraminibus, ‘ propter loca domorum. * infra |225| 8: ° et erit extensio alarum ejus implens latitudinem terrae tuae. ‘ tertio captivationem: ° in die illa radet dominus in novacula, ‘ idest per regem, ° in his, ‘ idest per hos, scilicet assyrios. ° novacula acuta, * de qua ezech. 5: ° sume tibi gladium acutum radentem pilos, et assumens eum educes per caput tuum. caput ‘ regem, ° pedes ‘ artifices, ° barbam ‘ milites qui sunt ad ornatum regis: * 4 reg. ult. supra 3. ° omnem virum bellatorem, judicem et prophetam. ‘ vel loquitur contra aegyptios, qui erant adjutores. ° in his, ‘ idest aegyptiis, ° conducta. * ezech. 29: ° et diripiet spolia ejus, et erit merces exercitui ejus, et operi pro quo servivit adversus eam. et erit in die illa, nutriet. ‘ hic ponit poenae effectum, vel signum destructionis. primo in animalium paucitate: ° duas oves vaccam, ‘ quae erit propter pauca animalia. * supra 5: ° et deserta in ubertatem versa advenae comedent. ‘ secundo ex victualium parcitate: ° butyrum et mel, ‘ propter inopiam panis. * thren. 4: ° qui vescebantur voluptuose, interierunt in viis. ‘ tertio ex paucitate hominum. primo in vilitate possessionum: ° in quo fuerint mille vites. * jer. 32: ° eme agrum argento, et adhibe testes, cum urbs data sit in manus chaldaeorum. |250| * prov. 24: ° per agrum hominis pigri transivi et per vineam viri stulti; et ecce totum repleverant urticae, operuerant superficiem ejus spinae. ‘ in multitudine latronum: ° cum sagittis et arcu, ‘ scilicet cum fugietis, ingredientur. * infra 24: ° formido, et fovea, et laqueus super te, et super habitatores terrae. ‘ quarto in pavore hostium, quia colent montes, et dimittent plana: ° et omnes montes. * jer. 49: ° et omnes civitates ejus erunt in solitudines. * et infra 49: ° et apprehendere niteris altitudinem collis. ‘ notandum * super illo verbo, ° vocabitur nomen ejus emmanuel, ‘ idest nobiscum deus, quod christus est nobiscum multipliciter. primo tamquam frater, per naturae consortium. * cant. 8: ° quis mihi det te fratrem meum sugentem ubera matris meae, ut inveniam te foris, et deosculer te? ‘ secundo tamquam sponsus, per amoris vinculum. * joan. 14: ° si quis diligit me, sermonem meum servabit. ‘ tertio tamquam pastor, per internae consolationis solatium. * apoc. 3: ° ecce ego sto ad ostium et pulso. si quis audierit vocem meam, et aperuerit januam, intrabo ad illum, et coenabo cum illo. ‘ quarto tamquam salvator, per defensionis auxilium. * jer. 30: ° tu |275| ergo ne timeas, serve meus jacob, ait dominus, neque paveas israel, quia ecce ego salvabo te de terra longinqua. ‘ quinto tamquam ductor, per operis exemplum. * exod. 32: ° dominus solus dux ejus fuit. ‘ notandum * super illo verbo, ° ecce virgo, * quod dicitur, ° ecce ‘ propter eminentiam singularem: primo quia supra mulieres propter virginitatem: * unde dicit, ° ecce virgo. ‘ secundo supra virgines propter fecunditatem: * unde dicit, ° concipiet. ‘ tertio supra angelos omnes propter fructus dignitatem: * unde dicit: ° pariet filium. * hebr. 2: ° nunquam angelos apprehendit, sed semen abrahae apprehendit.

068 CIS cp8

lc1 ° Et dixit dominus ad me: sume tibi librum. ‘ hic praedicit destructionem decem tribuum, inquantum pertinet ad eorum poenam, quae facta est per assyrios. primo teglathphalasar, regnante phacee, captivante duas tribus et dimidiam, quae erat trans jordanem, et plurimos de tribu zabulon et nephtali: * 4 reg. 15: ‘ et postmodum salmanasar in captivitatem reducente residuas: * 4 reg. 18. ‘ hujus autem tribulationis etiam duae tribus fuerunt participes, quia a teglathphalasar afflicti sunt, * ut dicitur 2 paral. 28, ‘ et a senacherib, * sicut dicitur infra 36. ‘ non tamen omnino subjugatae. et dividitur in partes duas. in prima praedicit tribulationem; in secunda modum ipsius et ordinem, * cap. 9: ° primo tempore alleviata est. ‘ hoc autem capitulum dividitur in partes tres. in prima comminatur decem tribubus assyriorum destructionem; in secunda praedicit in hoc duarum tribuum afflictionem, * ibi, ° et ibit per judam inundans; ‘ in tertia confortat eos per futuram liberationem, * ibi, ° congregamini. ‘ circa primum duo facit. in prima ponitur destructionis signum; in secunda describitur ipsum factum, * ibi |25| ° et adiecit dominus. ‘ circa primum duo ponit. primo ponit paenae praefigurationem; in secunda, signi expressionem, * ibi, ° quia antequam sciat. ‘ hoc autem signum, judaei ad litteram exponunt de filio isaiae, per cujus nomen dominus significare volebat decem tribuum destructionem. et secundum hoc, signum tripliciter confirmat. primo scripto: secundo, testimonio, * ibi, ° et adhibui; ‘ tertio, ipso facto, * ibi, ° et accessi. ‘ circa primum tria ponit: scilicet in quo scribendum, ° librum grandem. ‘ ad litteram enim, grandem, ad significandum magnitudinem tribulationis * jer. 36: ° tolle volumen libri, et scribes in eo omnia quae locutus sum tibi adversus israel et judam. ‘ secundo quo scribendum, ° stilo hominis, ‘ idest plane, ut intelligi possit, et ut scriptum maneat. * habac. 2: ° scribe visum, et explana eum super tabulas, ut percurrat qui legerit eum. ‘ tertio quid scribendum, nomen scilicet vastaturi, significans futuram destructionem in brevi. ° detrahe spolia, praedare ‘ hoc est depraedare. haec verba possunt esse domini ad prophetam; et sic sumuntur materialiter: vel ad hostes; et sic significative. * infra 10: ° et contra populum furoris |50| mei mandabo illi ut auferat spolia, et dividat praedam. et adhibui mihi. ‘ hic confirmatur signum testimonio. ° testes fideles. * deut. 19: ° in ore duorum vel trium stet omne verbum. et accessi ad prophetissam. ‘ hic confirmatur facto: quia aliquando prophetae pronuntiabant futurum aliquid etiam ipso facto, * sicut infra 20: ° vade, et solve saccum de lumbis tuis, et calceamenta tua tolle de pedibus tuis; et fecit sic, vadens nudus, et discalceatus. ‘ unde intelligitur ad litteram quod accessit ad uxorem suam. unde duo ponuntur: primo pueri generatio, ° et accessi; ‘ secundo generati vocatio, ° voca nomen accelera, ‘ quasi festina ad faciendum, ° detrahe spolia, ‘ ut supra. vel * secundum aliam litteram, hieronymi: ° accelera, spolia detrahe. ‘ et hoc melius est, quia secundum hoc, non est plus in nomine quam fuerit in scripto. * contra hoc quidam multipliciter objiciunt quod non possit ad litteram intelligi. “ primo, quia cum pauca sint quae scribi praecipiuntur, non oportebat esse librum grandem. secundo, quia non est probabile quod propheta honestus homo testes adduxerit quando accessit ad uxorem suam. tertio quia urias fecit altare idolorum ad similitudinem altaris damasci in templo domini; unde non fuit fidelis |75| testis. quarto, quia zacharias non erat tunc vivus, quia zacharias filius jojadae fuerat longe ante interfectus a joas rege juda: * 2 paralip. 24. “ alius dicitur zacharias qui fuit unus de duodecim prophetis, et fuit longe post, in reditu populi de captivitate, * sicut patet zach. 1 et per totum: “ ergo non potuit eum adhibere in testem. * et praeterea remanet similis objectio sicut primo, quia “ iste puer fuit ante mortem phacee: ergo, * ut supra probatum est, “ habebat in captione samariae ad minus 19 annos: ergo falsum est quod dicitur: ° antequam sciat vocare patrem etc., * et ideo volunt quod “ intelligatur tantum de christo, sicut et primum signum; ut per librum grandem significetur sacra scriptura, * de qua habetur baruch 4: ° hic est liber mandatorum dei, et lex quae est in aeternum. “ per stilum hominis, modus prophetiae, ut non omnibus usquequaque pateat, sed tantum rationabilibus, qui ex figuris possunt significata concipere. * oseae 12: ° ego visionem multiplicavi et in manibus prophetarum assimilatus sum. velociter: “ nomen christi, idest circumlocutio nominis, quod est jesus salvator, per hoc quod detraxit spolia, idest peccatores, a potestate diaboli, et praedatus est infernum: |100| * de quo infra 53: ° ideo dispertiam ei plurimos, et fortium dividet spolia. “ per ° uriam, “ qui interpretatur lux domini, significatur lex, * prov. 6: ° quia mandatum lucerna est, et lex lux. “ per ° zachariam, “ qui interpretatur memoria domini, ° filium barachiae, “ qui interpretatur benedictio domini, significatur prophetia: quia prophetae per benedictionem divini muneris, cognitionem divinam acceperunt. et hi, scilicet lex et prophetae, sunt testes incarnationis christi. * luc. ult.: ° necesse est impleri omnia quae scripta sunt in lege moysi et prophetis et psalmis de me. “ prophetissa autem, beata virgo est, quae prophetavit dicens: ° magnificat anima mea dominum: * luc. 1: “ ad quam accessit per propheticam intelligentiam, et per fidem. vel prophetissa dicitur spiritus sanctus, qui est principium omnis prophetiae. * 2 pet. 1: ° non enim voluntate humana allata est aliquando prophetia; sed spiritu sancto inspirati loquuntur sancti dei homines. “ apud hebraeos enim est feminini generis, scilicet rua secundum hoc ° concepit, “ idest concipere fecit. quod enim ° in ea natum est, de spiritu sancto est: * matth. 1: ° voca nomen ejus, “ o isaia, idest praenuntia nomen ejus, * sicut supra. * haec autem expositio |125| non est tantae auctoritatis, sicut superior, quae fuit supra 7, de alio signo, quia magis extorta est, et ex scripturis non habet auctoritatem, sicut illa matth. 1. unde quidam dicunt “ non esse inconveniens, si hoc intelligatur ad litteram; ita tamen quod puer iste sit figura christi: * sicut etiam supra dictum est in quadam glossa, 7 cap. super illud: ° ecce virgo. ‘ unde secundum hoc potest responderi ad objectiones prius factas. et dicendum ad primum, quod liber fuit grandis, non ad necessitatem scripturae, sed ad significandam magnitudinem tribulationis. ad secundum dicendum, quod potest intelligi, quod testes fuerunt adhibiti ad scripturam, sicut fit in privilegiis, et non ad accessum ad uxorem. et etiam si ad hoc fuissent adducti, non esset magis contra honestatem, ut videtur, quam factum de fornicatione. * oseae 1, quod tamen ad litteram plures exponunt. ‘ ad tertium dicendum, quod dicitur fidelis propter auctoritatem sacerdotii et non propter bonitatem vitae; vel quia fide dignus habebatur a rege. ad quartum dicendum, quod iste zacharias neuter illorum fuit. consuetum enim erat apud hebraeos, sicut etiam modo apud multos, quod pueris imponantur nomina de cognatione illa: * sicut |150| dicitur luc. 1 de joanne: ° quia nemo est in cognatione tua qui vocetur hoc nomine. ‘ et sic iste potuit esse de progenie illius, qui prius interfectus fuerat: vel etiam consuetudo est apud hebraeos, * ut dicit hieronymus, quod “ frequenter utantur propriis pro communibus; sicut bosra, quae est civitas munita, utuntur frequenter pro qualibet civitate munita. ‘ et sic, quia ille zacharias fuit fidelis propheta, et in magna fama populi, vocatur iste, qui forte similiter erat fide dignus populo loci illius. ad quintum dicendum, quod non est similis objectio: quia quod supra dictum est, oportet intelligi de destructione solum, * propter hoc quod dixit (cap. 7). ° derelinquitur. ‘ sed hoc potest intelligi de persecutione facta per teglathphalasar, qui destruxit damascum, * 4 reg. 16, ‘ et spoliavit regnum samariae, * 4 reg. 15. unde signanter dicit: ° auferetur fortitudo damasci, et spolia samariae. ‘ et hoc fuit satis de propinquo. notandum * super illo verbo, ° librum grandem, ‘ quod sacra pagina dicitur liber primo grandis quantum ad grande contentum. * prov. 8: ° audite me, quoniam de rebus magnis locutura sum, et aperientur labia mea, ut recta praedicent. ‘ secundo signatur quantum ad visum. * infra 29: ° et erit |175| vobis visio omnium, sicut verba libro signati. ‘ tertio involutus propter multiplicem sensum. * ezech. 2: ° et vidi, et ecce manus missa ad me, in qua erat involutus liber. ‘ quarto amarus propter laboris studium. * apocalyp. 10: ° et accepi librum de manu angeli, et devoravi eum, et erat in ore meo tamquam mel dulce, et cum devorassem eum, amaricatus est venter meus. * proverb. 8: ° qui mane vigilaverit ad me, inveniet me. ‘ quinto dulcis quantum ad effectum. * ezech. 3: ° comede volumen istud: et comedi illud, et factum est in ore meo quasi mel dulce. ‘ sexto volans quantum ad intellectum. * zach. 5: ° vidi, et ecce volumen volans. * job 39: ° numquid ad praeceptum tuum elevabitur aquila, et in arduis ponet nidum suum? ‘ septimo vivificans quantum ad fructum. * eccli. 24: ° haec omnia liber vitae, et testamentum altissimi, et agnitio veritatis. * proverb. 8: ° qui me invenerit, inveniet vitam.

lc2 ° Quia antequam sciat puer. ‘ hic ponitur signi expositio, et secundum litteralem expositionem jam patet; secundum aliam: ° antequam sciat, ‘ scientia creata, ° patrem, ‘ putativum joseph, vel deum, ° fortitudo damasci, et spolia samariae. ‘ secundum hoc etiam potest referri ad captivitatem samariae, ° et adjecit. ‘ hic describitur ipsum destructionis factum: et circa hoc tria facit. primo ponit puniendorum culpam; secundo punientium potentiam, ° ecce adducet dominus. ‘ tertio ponit ipsam poenam, ° et ascendet. * dicit ergo primo, ° et adjecit. ‘ post signum datum, ° aquas siloe. ‘ siloe est quidam fons qui nascitur ad pedes montis sion, cujus aquae per horas ebulliunt, et plane vadunt: unde significant reges juda, qui quandoque boni et potentes, quandoque mali et imbecilles fuerunt, et tamen legitime et quiete regnaverunt comparatione regum israel, qui omnes cogebant populum ad idola. * sed videtur quod hoc non sit eis imputandum pro culpa, quia “ hoc domini voluntate factum est, * sicut dicitur 3 regum 12: ° a me factum est verbum hoc. ‘ et dicendum, quod dominus juste voluit quod |25| reges juda paterentur hoc damnum, propter culpam salomonis, * de quo 3 regum 11. ‘ sed illi male et propter superbiam cordis hoc fecerunt, quia nolebant dare consueta tributa, * sicut legitur 3 regum 12. ‘ vel aliter, ° abjecit populus iste, ‘ idest contempserunt, et persecuti sunt sequentes malitiam duorum regum. et haec videtur esse intentio, per id quod sequitur, ° et assumpsit magis rasin, etc.: propter hoc. ‘ hic describitur hostium potentia. et primo ponitur metaphora quantum ad quatuor: scilicet quantum ad divinum auxilium, ° ecce dominus adducet; ‘ quantum ad impetum, ° aquas fluminis; ‘ quantum ad robur, ° fortes; ‘ quantum ad numerum, ° et multas, * infra 17: ° sonabunt populi, etc.. regem assyriorum, et omnem gloriam ejus, ‘ idest exercitum ejus. * jerem. 6: ° ecce populus veniet de terra aquilonis, et gens magna consurget. * glossa dicit, quod “ intelligit de senacherib. * sed contra: “ quia ipse non vastavit samariam, sed salmanasar, * sicut dicitur 4 regum 18. ad hoc dicunt quidam, quod “ idem dicitur salmanasar et senacherib. * sed hoc patet esse falsum per id quod dicitur tob. 1, quod ‘ mortuo salmanasar, regnavit filius ejus pro eo. et |50| ideo dicendum, quod regnante salmanasar jam sene, filius ejus erat in exercitu et forte praeerat exercitui; et ideo idem exercitus est utriusque. unde loquitur de tota illa vastatione quae facta est per illos reges assyriorum, quasi de uno persecutore, propter unitatem regni, ° et ascendet. ‘ hic ponit ipsam poenam, et servat metaphoram, quia aquae abundantes altiores sunt. * unde dicit: ° ascendet super omnes rivos, ‘ idest principes, ° et super ripas, ‘ terras. * ezech. 38: ° ascendet indignatio mea in furore meo, et in zelo meo. et ibit per judam. ‘ hic ponit tribulationem redundantem in duas tribus. et primo ponit tribulationis redundantiam: ° et ibit, ‘ scilicet aquarum impetus, ° per judam, ‘ idest per terram judaeae, ° inundans: ‘ servat metaphoram: quando enim abundant aquae, emittunt undas extra alveum suum in agros vicinos. * et dicit, ° ibit, ‘ quia non habebunt perfectum dominum, * infra 28: ° sicut impetus aquarum, etc., * jer. 47: ° ecce aquae descendent ab aquilone, et erunt quasi torrens inundans, et operient terram et plenitudinem ejus, urbem, et habitatores ejus. ‘ secundo persecutionis abundantiam: ° et transiens usque. ‘ loquitur metaphorice, quasi diceret: in |75| tanta abundantia redundabit quod si aliquis vellet aquas transire, venirent sibi usque ad collum, et fere submergeretur in eis; in quo significatur quod fuerunt prope captivitatem, * sicut ostenditur infra 36 ezech. penultimo: ° et ecce aquae redundantes a latere dextro. intumuerunt aquae ‘ etc.. tertio exercitus copiam: ° et erit extensio alarum ejus, ‘ idest principum ejus, ° implens, ‘ prae multitudine, ° latitudinem terrae tuae, ‘ idest judaeae, ° o emmanuel, ‘ christe qui de ea nasci venisti. misit enim principes suos senacherib ad capiendam jerusalem; * infra 36. de his alis ezech. 17: ° aquila grandis magnarum alarum, longo membrorum ductu, plena plumis et varietate, venit ad libanum, et tulit medullam cedri, et summitatem frondium ejus; et transportavit eam in terram chanaan, in urbe negotiatorum posuit illam.

lc3 ° Congregamini populi. ‘ quia dixerat, quod persecutio assyriorum aliquo modo redundaret in duas tribus: hic confortat eos, quia illa persecutione non sint finaliter captivandi, non etiam a decem tribubus et syris subjugandi. et dividitur in partes duas. in prima ponit divinam confortationem; in secunda removet divinorum communicationem, ° et cum dixerint ad vos. circa primum duo ponit. primo hostis irrisionem; secundo populi instructionem, haec enim ait dominus. ‘ circa primum duo facit. primo ponitur irrisio vel insultatio; secundo irrisionis ratio, ° quia nobiscum deus. ‘ irridet autem pugnantium exercitum, sapientum consilium, et dominorum praeceptum. his enim tribus bella pugnantur. exercitus autem tribus invalescit: scilicet multitudine; * et quantum ad hoc dicit: ° o populi ‘ syriae et samariae ° congregamini, ‘ ut sitis multi, et ° vincemini, ‘ deo contra vos pugnante per quoscumque suos ministros. et non solum vos, sed ° audite ‘ hoc idem ° universae terrae. ‘ et est sarcasmos, quaedam species tropi, quae dicitur esse quaedam plena odio atque hostilis irrisio. * joel. 3: ° erumpite et venite omnes gentes de circuitu, et congregamini: |25| ibi occumbere faciet dominus robustos tuos. ‘ secundo invalescit pugnantium fortitudine corporis et animi: * et quantum ad hoc dicit, ° confortamini. * joel. 3: ° infirmus dicat, quia fortis ego sum. ‘ tertio invalescit armorum munitione. ° accingite vos; ‘ quod pertinet proprie ad gladios, sed inde transumitur ad omnia arma. * 1 mach. 3: ° accingimini, et estote filii potentes, et estote parati mane ut pugnetis adversus nationes has, quae convenerunt disperdere nos et sancta nostra. ‘ quantum ad consilium: ° inite consilium et dissipabitur. * job 5: ° qui comprehendit sapientes in astutia eorum, et consilia pravorum dissipat. * proverb. 21: ° non est sapientia, et non est prudentia, non est consilium contra dominum. ‘ quantum ad praeceptum dominorum de his quae post consilium eliguntur: ° loquimini verbum, et non fiet. * supra 7: ° ponamus regem in medio ejus. “ reges enim quae eligebant annuntiabant plebi, * ut dicit hieronymus. ‘ rationem ponit, interpretando nomen emmanuel, ° quia nobiscum deus. * rom. 8: ° si deus pro nobis, quis contra nos? * jer. 15: ° et bellabunt adversum te, et non praevalebunt: quia ego tecum sum, ut salvem te, et eruam te: dicit dominus. haec enim ait. ‘ hic ponitur populi instructio: |50| et primo docet quid non timendum, secundo quid timendum, ° dominum exercituum. ‘ prima dividitur in duas partes: scilicet in doctrinae probationem, et in ipsius traditionem, * ibi, ° non dicatis. ‘ probat autem non esse timendos hostes, dupliciter. primo per domini praeceptum: * unde dicit, ° ita vincemini, o hostes, enim, ‘ idest quia, ° haec, ‘ quae dicta sunt, ° ait dominus ad me; ‘ et ideo ne timeatis. * num. 23: ° non est deus quasi homo ut mentiatur, neque ut filius hominis ut mutetur. ‘ secundo suo exemplo: ° ait: ‘ dico ° ad me, ‘ dicens ad vos quae sequentur ad erudiendum vos, ° sicut erudivit me, ‘ idest ne imitarer eos in malitia sua; et hoc ° in manu forti, ‘ idest in tribulatione. vel non solum docens quid faciendum, sed etiam dans gratiam virtutis ad complendum. * thren. 1: ° de excelso misit ignem in ossibus meis, et erudivit me. ne dicatis. ‘ hic ponitur ipsa doctrina. et primo prohibet timoris verbum: ° non dicatis, conjuratio, ‘ duarum gentium, quasi, nobis timenda est: ° omnia enim quae loquitur populus conjuratio est, ‘ contra me. unde si me sociant vobis in conjuratione, sentient me vobis socium in defensione. * exod. 16: ° non contra nos est murmur vestrum, sed contra |75| deum. * infra 50: ° stemus simul. ‘ quis est adversarius meus? accedat ad me. secundo prohibet passionis motum: ° et timorem ejus ne timueritis. ‘ timor et pavor differunt secundum magis et minus: timor enim facit motum cordis secundum systolem, sed pavor quasi immobilitat cor. * psalm. 26: ° si consistant adversum me castra. dominum exercituum. ‘ hic instruit eos quomodo timendus sit: et primo ponit legem; secundo legis absconsionem, ° signa legem. ‘ circa primum tria facit. primo ponit legis praeceptum; secundo obedientium fructum, ° et erit vobis; ‘ tertio poenam rebellium, ° in lapidem autem. ‘ praeceptum autem est ut deus honoretur: ° sanctificate dominum exercituum, ‘ in vobis ipsis, et in sanctitate serviatis ei: ° ipse pavor vester, ‘ inquantum dominus. * ps. 111: ° beatus vir qui timet dominum: ipse terror, ‘ inquantum ultor. * matth. 10: ° nolite timere eos qui occidunt corpus, animam autem non possunt occidere; sed potius timete eum qui potest animam et corpus perdere in gehennam. ‘ hoc exponit petrus de christo * (1 pet. 3): ° timorem autem eorum ne timueritis et non conturbemini. |100| ‘ et videtur intentio prophetae propter ea quae sequuntur. nota * super illo verbo, ° sicut in manu forti erudivit ‘ quod est manus divina triplex. primo est manus divinae potentiae; et haec est triplex. primo creantis. * job 10: ° manus tuae fecerunt me et plasmaverunt me: ‘ secundo continentis: * psal. 94: ° in manu tua, domine, omnes fines terrae; tertio protegentis: * is. 49: ° in umbra manus suae protexit me. ‘ secunda est manus justitiae; et ista est triplex. prima tangentis ad probandum. * job 19: ° manus domini tetigit me: ‘ secunda flagellantis, ad purgandum. * 2 mach. 6: ° nam et si in praesenti tempore a suppliciis hominum eripiar; sed manus omnipotentis neque vivus, neque defunctus effugiam: ‘ tertia opprimentis ad condemnandum. * hebr. 10: ° horrendum est incidere in manus dei viventis. ‘ tertia manus est manus misericordiae: et ista est triplex. prima sanantis. * job 5: ° ipse vulnerat, et medetur: percutit, et manus ejus sanabunt; ‘ secunda pascentis: * psal. 94: ° populus pascuae ejus et oves manus ejus; ‘ tertia coronantis. * sap. 5: ° accipient regnum decoris et diadema speciei de manu domini. |125| et erit vobis. ‘ hic ponit obedientium fructum. ° in sanctificationem: ‘ sanctos faciet vos. * lev. 22: ° ego dominus, qui sanctifico vos. in lapidem. ‘ ponit rebellium impedientium poenam, sub metaphora viatorum: et primo ponit poenae occasionem; secundo poenae perceptionem, ° et offendent. ‘ occasionem autem ponit primo quantum ad populum; secundo quantum ad principes, ° in laqueum. ‘ primum ostendit sub metaphora lapidis existentis in via, qui dupliciter impedit viatorem: scilicet per pedis laesionem, et per casus occasionem: et similiter christus fuit incredulis ex judaeis occasio laesionis et casus, non ex culpa sua, sed illorum. * dicit ergo: ° erit duabus domibus israel, ‘ idest infidelibus de decem et duabus tribubus; vel scribis et pharisaeis, ° in lapidem offensionis, ‘ quantum ad laesuram. * roman. 9: ° offenderunt enim in lapidem offensionis. et in petram scandali, ‘ in qua pes impingit ad casum. scandalon graece, latine pedis impactio * 1 cor. 1: ° nos autem praedicamus christum crucifixum, judaeis quidem scandalum, gentibus autem stultitiam. ‘ et quia principes magis christo restiterunt, ideo quantum |150| ad eos aggravat. ° et erit habitantibus jerusalem, ‘ quae erat urbs principum, ° in laqueum, ‘ sicut animalia capiuntur laqueo; et hoc est gravius quam offensio. * infra 24: ° qui se explicuerit de fovea, incidet in laqueum. et in ruinam, ‘ quod est magis quam casus simplex. * luc. 2: ° ecce hic positus est in ruinam. ‘ et quia occasiones quandoque aliquis devitat, et non incurrit; ideo hoc removet, et ostendit poenae perceptionem, * et dicit, ° et offendent, ‘ contra id quod dixit, ° offensionis, ‘ per infidelitatem; contra scandalum ° cadent, ‘ a dignitate regni. * matth. 8: ° filii autem regni ejicientur in tenebras exteriores. conterentur, ‘ quantum ad ruinam poenae, famis et gladii. * matth. 21: ° qui ceciderit super lapidem istum, confringetur. super quem vero ceciderit, conteret eum. ‘ quantum ad laqueum * dicit, ° irretientur, ‘ funibus peccatorum, et perplexitatum, quae quia non rumpentur, ° capientur, ‘ a romanis. * prov. 5: ° funibus peccatorum suorum constringitur. liga testimonium. ‘ hic ponit legis clausionem, et primo ponitur legis absconsio. * ibi ° liga testimonium, ‘ idest involve prophetiam de christo obscuritate, ne videant judaei, quia indigni sunt. ° signa legem. ‘ signa duo significat. quandoque |175| claudere sub sigillo; * et sic dicit: ° signa legem, ‘ veterem sub figuris, ° in discipulis meis, ‘ idest quousque discipuli mei aperiant praedicando per mundum. * dan. 12: ° claude sermones, et signa librum usque ad tempus statutum. ‘ vel ° in discipulis meis, ‘ absconde. quandoque significat expressionem figurae. * psalm. 4: ° signatum est super nos lumen vultus tui, domine. ‘ et sic ° signa ‘ in anima ° discipulis meis. ‘ secundo absconditi expectationem, ° expectabo. * michaeae 7: ° ego autem ad dominum aspiciam: expectabo deum salvatorem meum. ‘ tertio expectati praesentationem, ° ecce ego, ‘ christus scilicet, ° et pueri mei, ‘ apostoli, ° quos dedit mihi dominus: * joan. 17: ° tui erant, et mihi eos dedisti; in signum, ‘ idest ut faciant signa, ° et in portentum, ‘ mirum quod sua magnitudine portendit; et hoc fiet ° a domino qui habitat, ‘ per cultum, vel per fidem, ° sion, ‘ ecclesia, * zach. 3: ° audi, jesu sacerdos magne, tu et amici tui, qui habitant coram te, quia viri portendentes sunt. * quidam exponunt hoc de isaia. ° et pueri, ‘ prophetae, secundum hoc. * infra 20: ° sicut ambulavit servus meus isaias nudus et discalceatus, trium annorum signum et portentum erit super aegyptum et super aethiopiam. * quidam “ de filiis |200| isaiae, ‘ et hoc falsum.

lc4 ° Et cum dixerint ad vos. ‘ hic removet divinorum communicationem: et circa hoc tria facit. primo ponitur hostium communicatio: ° et cum dixerint, ‘ hostes vestri: ° quaerite a pythonibus, ‘ qui vobis praedicunt mala, et nobis bona. python hebraice os abyssi. * et dicit hieronymus, quod “ dicuntur ab apolline pythio, quia hoc genus artis magicae invenit, per quod videntur mortui suscitari, et de futuris aliqua praedicere: * sicut legitur 1 reg. 28. rabanus dicit, quod “ est nomen maligni spiritus. * item hieronymus dicit, quod “ dicitur python qui habet diabolum in ventre. ° et a divinis, ‘ quia sibi actum dei vindicant in praedictione futurorum, et praecipue quantum ad cultum falsorum deorum. ° qui strident, ‘ quasi insani. * 3 reg. 18: ° clamabant voce magna, et incidebant se juxta ritum suum cultris et lanceolis, donec perfunderentur sanguine. * deut. 18: ° ne sit maleficus, neque incantator, neque pythones consulat, neque divinos, et quaerat a mortuis veritatem. omnia enim haec abominatur dominus. ‘ secundo docetur responsio. ° numquid non populus ‘ erat fidelis ° a deo suo, ‘ vero; ° pro | 25 | vivis ac mortuis, ‘ idest pro salute vivorum ac mortuorum, * iv reg. 1: ° numquid non erat. ‘ vel ° vivis et mortuis, ‘ idest loco deorum vestrorum, qui sunt simulatus hominum mortuorum et vivorum. vel quaerimus visionem pro vivis mortuis, sicut vos, scilicet a diis vestris, qui sunt similes mortuis. ° ad legem magis, ‘ quae prohibet talia, vel quae docet quidem expectandum ° testimonium, ‘ scripturae. tertio ponit inobedientium comminationem: ° quod si non dixerint. ‘ et facit tria. primo comminatur poenam; secundo in poena impatientiam; ° et cum esurierit; ‘ tertio desperationis tristitiam, ° et suspiciet. * dicit ergo primo: ° quod si non dixerint juxta hoc verbum, ‘ respondentes scilicet, vel faciemus quod ° non erit eis matutina lux, ‘ idest christus tenebras pellens. * joan. 1: ° erat lux vera, quae illuminat omnem hominem venientem in hunc mundum. et pertransibit per eam, ‘ congregationem, ad alios, non manens in eis: * infra 58: ‘ ecce adsum: quia misericors sum dominus deus tuus: ° et corruet ‘ in damnationem, ° et ‘ verbum dei ° esuriet, * amos 8: ° ecce ego mittam famem in terram, non famem panis, neque sitim aquae; sed audiendi verbum dei. ‘ vel lux consolationis: ° et corruet, ‘ in damnationem: |50| * supra 3: ° ruit jerusalem, et juda concidit: et esuriet, ‘ pane; ° et cum esurierit. ‘ hic comminatur in poena impatientiam quantum ad iram cordis ° irascetur. * psalm. 58: ° si non fuerint saturati, murmurabunt. ‘ quantum ad blasphemiam oris, ° et maledicet. * apoc. 16: ° et blasphemaverunt deum caeli prae doloribus et vulneribus; et non egerunt poenitentiam ex operibus suis. et suspiciet sursum. ‘ hic ponit desperationis tristitiam: et primo expectationem auxilii: ° suspiciet sursum, ‘ de caelo quaerens auxilium, ° et ad terram intuebitur, ‘ ad auxilium de terra. * supra 5: ° aspiciet in terra, et ecce tenebrae tribulationis. ‘ secundo imminentiam periculi: ° et ecce tribulatio, ‘ praevisa, ° et tenebrae, ‘ quantum ad consilium resistenti; ° dissolutio, ‘ contra confortationem; ° et angustia, ‘ quantum ad perplexitatem; ° et caligo persequens, ‘ quantum ad persecutionem. * apoc. 16: ° factum est regnum ejus. ‘ tertio liberationis impossibilitatem ad similitudinem avis captae. ° et non poterit avolare de angustia sua. ‘ e contrario est de justis. * psalm. 123: ° laqueus contritus est, et nos liberati sumus.

068 CIS cp9

lc1 ° Primo tempore alleviata est terra. ‘ hic ponit destructionis modum et ordinem: et primo secundum diversitatem punitorum; secundo secundum diversitatem poenarum; * ibi, ° verbum misit. ‘ prima in tres, secundum tres persecutiones factas ab assyriis in terram promissionis. primo enim teglathphalasar, regnante phacee in samaria, captivavit duas tribus et dimidiam quae erant ultra jordanem, respectu jerusalem, et de tribu zabulon et nephtali, quae erant citra jordanem, tantum quod posset aequiparari dimidiae tribui. * et quantum ad hoc dicit: ° primo tempore, ‘ idest tempore primae captivitatis, ° terra zabulon, et terra nepthali alleviata, ‘ idest minorata habitatoribus suis; quod forte remanentibus non fuit multum grave, quia remanserunt eis plures possessiones. * et de hoc dicitur 4 reg. 15. ‘ secundo venit salmanasar nono anno oseae, et captivavit residuos ex decem tribubus, qui erant citra jordanem respectu judaeae; * et quantum ad hoc dicit: ° novissimo, ‘ idest in ultima captivitate generali decem tribuum, ° via maris, ‘ idest regio per quam itur ad mare genesareth, ° galilaeae, ‘ idest, quae est in galilaea, ° gentium, ‘ quae est trans jordanem, respectu |25| assyriorum, quamvis citra respectu judaeae, ° aggravata, ‘ idest gravi pondere tribulationis pressa. est autem duplex galilaea. una in tribu zabulon, alia in tribu nephtali, vicina tyriis; et dicitur gentium ista, vel propter multas gentes quae habitabant ibi, vel propter dominium, quia dederat eam salomon regi tyri; * 4 reg. 17. ‘ tertio venit senacherib, et civitates juda cepit, et jerusalem obsedit, * sicut dicitur 4 regum 18. ‘ et de ista tertia persecutione loquitur hic propheta * dicens, ° populus; ‘ et promittit judaeis salutem. unde duo facit. primo promittit salutis gratiam; secundo assignat causam, ° zelus domini exercituum. ‘ circa primum tria facit. primo promittit salutem; secundo prosequitur salvationis ordinem, * ibi, ° multiplicasti; ‘ tertio describit ipsum salvatorem, * ibi, ° parvulus. ‘ promittit autem eis salutem contra duo; contra perplexitatem: * et quantum ad hoc dicit: ° populus, ‘ judaeae, ° qui ambulabat, ‘ idest procedebat in negotiis suis, ° in tenebris, ‘ dubietatis, ° vidit lucem magnam, ‘ diem consolationis: contra poenae gravitatem: ° habitantibus in regione umbrae mortis, ‘ idest judaeae, quae propter gravem persecutionem erat similitudo mortis, ° lux orta est eis, ‘ divinae consolationis. * infra 60: ° surge, illuminare, jerusalem, |50| quia venit lumen tuum, et gloria domini super te orta est. multiplicasti gentem, ‘ hic ponit salvationis processum et ordinem quantum ad quatuor. primo quantum ad hostium frustrationem, * et quantum ad hoc dicit, ° multiplicasti gentem, ‘ in exercitu senacherib, ° et non magnificasti ‘ eis ° laetitiam, ut implerent quod proposuerant. * job 5: ° consilia pravorum dissipat ‘ secundo hostium spoliationem: quod fuit quando illis interfectis ab angelo, * sicut dicitur infra 36, ‘ populus egressus est ad colligenda eorum spolia: unde comparatur messoribus et victoribus. ° laetabuntur. * infra 35: ° gaudium et laetitiam obtinebunt, et fugiet ab eis dolor et gemitus. ‘ tertio servitutis liberationem. tyranni enim onerant praeceptis; * et quantum ad hoc dicit, ° jugum enim oneris ejus, ‘ senacherib quod deposuit: affligunt poenis: * et quantum ad hoc dicit, ° et virgam humeri ejus, ‘ idest qua humeros verberabant: spoliant rebus; * et ideo dicit, ° sceptrum exactoris ejus. * infr. 14: ° quomodo cessavit exactor, quievit tributum? ‘ ita fiet; ° sicut in die madian, ‘ idest sicut gedeon madianitas dejecit: * jud. 7. ‘ quarto quantum ad hostium punitionem. et haec evenient, ° quia omnis violenta praedatio; ‘ idest, violenti praedatores, quantum ad nocumentum quod |75| inferebant in rebus, ° et vestimentum mixtum sanguine, ‘ eorum quos occidebant, quantum ad nocumentum inflictum in personis, ° erit in combustione: ‘ ad litteram enim combusti fuerunt. * infra 10: ° et subtus gloriam ejus ardebit succensa quasi combustio ignis. parvulus enim natus est nobis. ‘ hic describit salvatorem: et primo quantum ad receptionem; secundo quantum ad nominationem, * ibi, ° et vocabitur; ‘ tertio quantum ad potestatem, * ibi, ° multiplicabitur ejus imperium. ‘ recepimus autem in natura nostra, in nativitate: ° parvulus natus est nobis. * lucae 2: ° evangelizo vobis gaudium magnum, quod erit omni populo, quia natus est vobis hodie salvator, qui est christus dominus, in civitate david. ‘ recipimus in notitiam nostram, in patris attestatione. * matth. 17: ° hic est filius meus dilectus, in quo mihi bene complacui; ipsum audite. * bernardus: ° puer leviter placari potest, facile condonat: pauperes sumus, et parum dare possumus; tamen pro illo parvulo possumus reconciliari erga christum parvulum, si volumus. et filius datus est. ‘ recipimus etiam eum in divina reverentia per passionem. ° ut in nomine jesu omne genu flectatur, caelestium, |100| terrestrium et infernorum: * phil. 2. ° et factus est principatus, ‘ idest crux, per quam in principatum exaltatus est. * joan. 19: ° et bajulans sibi crucem, exivit in eum qui dicitur calvariae locus. * et vocabitur. ‘ hic ponit ejus nominationem: et primo nomen exprimens sapientiam divinam. ° admirabilis. * ps. 138: ° mirabilis facta est scientia tua ex me. ‘ unde omnia opera ejus mirabilia fuerunt, et praecipue in unione naturarum in una persona. quantum ad humanam, ° consiliarius, ‘ consilia praeceptis superaddens. * eccl. 6: ° consiliarius tibi sit unus de mille. ‘ exprimens potentiam divinam, ° deus. * infra 45: ° vere tu es deus absconditus. ‘ humanam, ° fortis, ‘ in virtute. * job 9: ° sapiens corde est, et fortis robore. ‘ tertio nomen exprimens bonitatis affluentiam quantum ad divinam. ° pater futuri saeculi, ‘ idest generans filios in gloriam. * heb. 2: ° decebat enim eum propter quem omnia, et per quem omnia, qui multos filios in gloriam adduxerat, auctorem salutis eorum per passionem consummari. * infra 22: ° et erit quasi pater habitantibus jerusalem. ‘ quantum ad humanam, ° princeps pacis, ‘ inquantum est mediator. ° ipse enim pax nostra, qui fecit utraque unum: |125| * eph. 2. gen. 23: ° princeps dei es apud nos ‘ etc.. ° multiplicabitur. ‘ hic describit ejus potestatem: et primo quantum ad regni magnitudinem; secundo quantum ad regni nobilitatem, ° super solium, ‘ tertio quantum ad aeternitatem, ° amodo, et usque. ‘ circa primum duo ponit. primo regni magnitudinem, ° multiplicabitur ejus imperium. * dan. 7: ° et omnes reges servient et obedient ei. ‘ quantum ad pacis quietem, ° et pacis non erit finis. * infra 26: ° servabis pacem quia in te speravimus. super solium david. ‘ hic describit regni nobilitatem. ° super solium david, ‘ idest super ecclesiam, quae significatur in regno david. * luc. 2. ° dabit ei dominus deus sedem david patris ejus. ‘ quantum ad effectum regni, ° ut confirmet, ‘ ad resistendum, ° et corroboret, ‘ etiam ad impugnandum, ° in judicio, ‘ idest per judicium. * jer. 23: ° regnabit rex, et faciet judicium et justitiam in terra. ‘ quantum ad aeternitatem, ° amodo, ‘ idest a tempore incarnationis, ° et usque in sempiternum. * dan. 7: ° potestas ejus, potestas aeterna, quae non auferetur; et regnum ejus, quod non corrumpetur. ‘ ultimo ponit motivum ad dandum: ° zelus, ‘ idest amor dei patris. * joan. 3: |150| ° sic deus dilexit mundum ut filium suum unigenitum daret. * judaei exponunt hoc de ezechia. ‘ sed patet quod regnum ejus non fuit corroboratum in aeternum, nec nomina conveniunt sibi, quae significant divinam eminentiam. propter quod septuaginta subticuerunt, et posuerunt loco illorum, ° magni consilii angelus. ‘ notandum * super illo verbo, ° parvulus natus est, ‘ quod christus dicitur parvulus primo in nativitate propter aetatem. * matth. 2: ° intrantes domum invenerunt puerum cum maria matre ejus. ‘ secundo possessione, propter paupertatem. * 2 cor. 8: ° scitis gratiam domini nostri jesu christi, quoniam propter vos egenus factus est, cum esset dives. ‘ tertio corde, propter humilitatem. * matth. 11: ° discite a me, quia mitis sum, et humilis corde. ‘ quarto morte, propter mortis vilitatem. * sap. 2: ° morte turpissima condemnemus eum. ‘ notandum * super illo verbo, ° datus est nobis, ‘ quod christus datus est nobis primo in fratrem. * cant. 8: ° quis mihi det te fratrem meum sugentem ubera matris meae? ‘ secundo in doctorem. * joel. 2: ° filii sion, exultate, et laetamini in domino deo vestro, quia dedit vobis doctorem justitiae. ‘ tertio in speculatorem. * ezech. 33: ° fili |175| hominis, speculatorem dedi te domui israel. ‘ quarto in propugnatorem. * is. 19: ° mittet eis salvatorem et propugnatorem qui liberet eos. ‘ quinto in pastorem * ezech. 34: ° et suscitabo super eas pastorem unum, qui pascet eas. ‘ sexto in exemplum operationis. * joan. 13: ° exemplum enim dedi vobis, ut quemadmodum ego feci, ita et vos faciatis. ‘ septimo in cibum peregrinationis. * joan. 6: ° panis quem ego dabo, caro mea est pro mundi vita. ‘ octavo in pretium redemptionis. * matth. 20: ° filius hominis non venit ministrari, sed ministrare, et dare animam suam redemptionem pro multis. ‘ nono in praemium remunerationis. * apoc. 2: ° vincenti dabo edere manna absconditum. ‘ item notandum * super illo verbo, ° super humerum ejus, ‘ quod deus posuit super humerum christi primo peccata, sicut supra satisfactorem. * is. 53: ° deus posuit super eum iniquitatem omnium nostrum. ‘ secundo clavem, sicut supra sacerdotem. * is. 22: ° et dabo clavem domus david super humerum ejus, et aperiet, et non erit qui claudat. ‘ tertio principatum, sicut supra dominatorem. * is. 9: ° factus est principatus super humerum ejus. ‘ quarto gloriam, sicut supra triumphatorem. * is. 22: ‘ et suspendam super eum omnem gloriam domus |200| patris ejus.

lc2 ° Verbum misit dominus in iacob. ‘ hic exequitur ordinem punitionis, secundum diversitatem poenarum: et primo commemorat culpam; secundo exequitur poenam, ° et elevabit. ‘ arguit autem in eis culpam dupliciter. primo quantum ad transgressionem divini praecepti: * unde dicit: ° verbum misit dominus in jacob, ‘ idest in juda, vel in toto populo, ut de juda constituerentur duces. * gen. penult.: ° non auferetur sceptrum de juda, et dux de femore ejus. * iud. 9, 1 reg. 15. ° et cecidit in israel, ‘ idest frustratum est in israel, idest in decem tribubus, qui dimiserunt domum david: * 3 reg. 12: ‘ vel verbum legis universaliter. * oseae 4: ° si fornicaris tu, israel, non delinquat saltem juda. ‘ secundo quantum ad executionem facti, inquantum dicebant se bene fecisse caecati superbia: quia tumor mentis obstaculum est veritatis: * et ideo dicit: ° et omnis populus ephraim; ‘ idest decem tribuum, ° et habitantes samariam, ‘ quantum ad principes populi: ° sciet, ‘ idest recognoscet se, et culpam suam in poena; quia oculos quos culpa claudit, poena aperit. ° dicentes in superbia et magnitudine cordis, ‘ inquantum in corde |25| suo super alios se aestimabant: ° et magnitudine, ‘ quantum ad praesumptionem magnorum quae proponebant. ° lateres, ‘ idest reges de juda qui erant firmi, ° ceciderunt, ‘ a nobis; ° sed quadris lapidibus, ‘ idest fortibus regibus ex nobis ° aedificabimus ‘ regnum nostrum. ° succiderunt, ‘ scilicet hostes, ut syri, ° sycomoros, ‘ idest reges judae infructuosos: ° cedros, ‘ idest sublimes ex nobis ° immutabimus, ‘ idest ponemus loco illorum. * supra 7: ‘ ponamus regem in medio ejus filium tabeel. de superbia eorum * infra 28: ° vae coronae superbiae ebriis ephraim. et elevabit. ‘ hic exequitur diversitatem poenarum quantum ad tria in quibus confidebant. primo comminatur contra foederationem vicinorum; secundo contra utilitatem personarum quas se aestimabant habere, * ibi, ° et disperdet dominus; ‘ tertio contra multitudinem populorum, ° succensa est. ‘ circa primum duo facit. primo ponitur punitio; secundo ulterioris poenae praeparatio, ° in omnibus. ‘ comminatur autem duo. primo futuram destructionem. ° et elevabit dominus hostes rasin, ‘ idest assyrios, ° in tumultum, ‘ belli, * de quo 4 reg. 16. ‘ secundo persecutionis impugnationem: et adducet |50| dominus ° syriam ab oriente, ‘ secundum situm terrae, qui erant amici, ° et philistiim ab occidente, ‘ qui judam impugnabant; ° et devorabunt israel, ‘ destruent, ° toto ore, ‘ idest toto affectu. * habac. 3: ° exaltatio eorum sicut ejus qui devorat pauperem in absconditо. in omnibus his non est aversus furor ejus. ‘ hic ponitur poenae praeparatio; et secundo assignatur ratio, ° et populus. ‘ praeparatio autem ponitur in voluntate: ° non est aversus furor. * 4 reg. 23. ° verumtamen non est aversus dominus ab ira furoris sui magni, quo iratus est furor ejus contra judam. ‘ et quantum ad potestatem, ° manus ejus. ‘ loquitur more humano. * supra 1: ° et convertam manum meam ad te, et excoquam ad purum scoriam tuam. ‘ ratio addendi poenam poenae est incorrigibilitas populi; * et hoc est quod dicit: ° et populus non est etc., * jerem. 2: ° frustra percussi filios vestros: disciplinam non receperunt. disperdet dominus. ‘ hic comminatur contra confidentiam de utilitate personarum: et primo ponitur punitio; secundo ulterioris poenae praeparatio, ° in omnibus his. ‘ personae autem utiles videbantur, |75| vel ad defensionem; et contra hos primo: vel ad divinae misericordiae provocationem; et contra hos, * ibi, ° propter hoc super. ‘ circa primum tria facit. primo ponitur dignitas et culpa, sub metaphora: ° incurvantem, ‘ quantum ad principem, contra rectitudinem iustitiae; ° depravantem ‘ vel ° refrenantem, ‘ scilicet prophetam, * ez. 13: ° et violabant me ad populum meum. ‘ secundo exponit metaphoram. ° longaevus, ‘ docens mendacium. * ezech. 22: ° prophetae autem ejus liniebant eos absque temperamento, videntes vana et divinantes eis mendacia. ‘ tertio ponit poenam: ° et erunt seducentes, qui beatificant; ‘ et seducti, ° et qui beatificantur, * supra 3: ° popule meus: qui beatum te dicunt, ipsi te decipiunt. * oseae 4: ° corrues hodie, et corruet etiam propheta tecum. propter hoc. ‘ hic contra personas utiles ad misericordiam provocandam, vel propter carnis integritatem, ° adolescentulis, ‘ scilicet virginibus, vel propter aetatem, ° et pupillorum, ‘ vel propter infirmitatem, ° viduarum. ‘ et primo ponitur punitio, ° non miserebitur; ‘ secundo ponitur ratio quantum ad simulationem in opere. ° hypocrita, |100| ‘ quantum ad malitiam in corde, ° et nequam, ‘ quantum ad falsitatem in ore, ° et universum os. * job 8: ° spes hypocritae peribit. in omnibus, * ut supra exponitur. ° succensa. ‘ hic comminatur contra confidentiam de multitudine populi seditionem, deinde poenae ulterioris praeparationem, ° in omnibus. ‘ circa primum duo facit. primo ponitur metaphora ignis; secundo famis, ° et declinabit ad dexteram. ‘ circa primum duo facit. primo ponit metaphoram; secundo expositionem, ° in ira domini. ‘ comminatur autem poenam seditionis sub metaphora combustionis. unde primo ponit causam combustionis efficientem, ° succensa est; ‘ ac si dicat: impietas vestra est sicut ignis accensus ad comburendum vos. * infra 50: ° ecce omnes vos accendentes ignem, accincti flammis ambulate in lumine ignis vestri. ‘ secundo materialem, ° vepres, ‘ idest populum vitiosum, * supra 5: ° ascendent vepres et spinae super eam. ‘ secundo ipsam combustionem: ° succendetur in densitate saltus, ‘ idest in sylva, in qua sunt multae arbores; et significatur multitudo populi: et effectus, ° convolvetur |125| superbia, ‘ idest altitudine fumi: fumus enim ascendens ex igne, involvit cacumina arborum; et tribulatio seditionis obtenebrat visum hominum. * joelis 1: ° ignis comedit speciosa deserti, et flamma succendit omnia ligna regionis. in ira, ‘ quae est quasi ignis. * nahum. 1: ° indignatio ejus effusa est ut ignis ‘ (materialis). ° et erit populus, * infra 50: ° ambulate in lumine ignis vestri. vir fratri suo. ‘ hoc exponitur quantum ad ipsam combustionem. ° et declinabit ad dexteram. ‘ hic comminatur eamdem poenam sub metaphora famis. et primo ponit metaphoram, ° declinabit, ‘ quasi facta videantur, ° ad dexteram, ‘ per quam: amici; ° esuriet, ‘ adhuc malum facere. ° ad sinistram, ‘ inimicos. ° carnem brachii, ‘ consanguineos. secundo exponit quantum ad consanguineos. ° manasses ephraim et ephraim manassen, ‘ qui ambo fuerunt filii joseph. tertio quantum ad hostes: ° simul ipsi contra judam. * jerem. 9: ° omnis frater supplantans supplantabit, et omnis amicus fraudulenter incedet. * supra 3: ° et irruet populus vir ad virum, unusquisque ad proximum suum. in omnibus non est aversus furor meus; sed manus etc.. * expone omnia ut supra.

068 CIS cp10

lc ° Vae qui condunt leges. ‘ hic incipit comminari contra hostes corporaliter persequentes alienigenas: et primo contra vastantes; secundo contra vastitati congaudentes. * in fine 14 cap. ° in anno quo mortuus est rex achaz, ‘ prima in duas. in prima contra assyrios captivantes decem tribus, et affligentes duas; in secunda contra babylonios captivantes duas. * cap. 13: ° onus babylonis. ‘ prima in tres. in prima comminatur hostium destructionem; in secunda promittit populi reintegrationem, * cap. 11 ° (et egredietur; ‘ in tertia ponit gratiarum actionem, * cap. 12): ° confitebor. ‘ hoc autem capitulum dividitur in duas partes. in prima comminatur contra principes duarum tribuum, qui in assyriorum auxilio confidebant, scilicet achaz, sub quo haec visio scripta est, * ut legitur 4 regum 16; ‘ in secunda contra ipsos assyrios, ° vae assur. ‘ tamen aliqui incipiunt * ibi 10 caput; ‘ et tunc esset facilior, quia sic haec pars esset incondivisa praecedenti. prima dividitur in duas. in prima ponitur comminatio; in secunda ostenditur ulterioris poenae praeparatio, ° super omnibus. |25| ‘ prima in duas. in prima arguit culpam; in secunda comminatur poenam, ° quid facietis? ‘ culpam principum arguit quantum ad duo; quantum ad perversam legislationem, ° vae qui condunt leges iniquas, ‘ secundum quod lex firmatur principis edicto; ° et scribentes, ‘ secundum quod confirmatur scripto. * rom. 10: ° ignorantes enim dei justitiam, et suam quaerentes statuere, justitiae dei non sunt subjecti. * matth. 15: ° quare transgreditur ‘ etc.. secundo quantum ad intentionem opprimendi impotentes, vel propter paupertatem: ° pauperes; ‘ vel propter ignobilitatem: ° humilium, * (amos 2): ° conterent sicut pulverem, ‘ etc.; (vel) propter sexus infirmitatem: ° viduae; ‘ vel propter aetatem: ° pupillos, * supra 1: ° pupillo non iudicant etc.. quid facietis? ‘ hic comminatur poenam. et primo aufert evasionis remedium; et hoc triplex: confidentiae secundum propriam potentiam: ° quid facietis in die? ‘ quantum ad praemunitionem hostium, vel quantum ad praedictionem prophetarum. * oseae 9: ° quid facietis in die solemni, in die festivitatis domini? * nahum 1: ° ante faciem indignationis ejus quis stabit? ‘ secundo quantum ad potentum amicitiam: ° ad cujus confugietis auxilium? * job |50| 6: ° ecce non est auxilium mihi in me necessarii quoque mei recesserunt a me. ‘ tertio quantum ad divitiarum gloriam: ° et ubi derelinquetis gloriam vestram? ‘ quasi dicat: quae vobis non proderit. * sapien. 5: ° quid nobis profuit superbia, aut quid divitiarum jactantia contulit nobis? ‘ secundo exprimit poenae modum: et primo captivitatis: ° ne incurvemini. * supra 2: ° et incurvabitur sublimitas hominum, et humiliabitur altitudo virorum. ‘ secundo interfectionis: ° et cum interfectis cadatis * ezech. 32: ° omnes hi interfecti ruentes gladio. super omnibus his. ‘ hic ponitur ulterioris poenae praeparatio. ut supra exponatur. ° vae assur. ‘ in parte ista comminatur contra ipsos assyrios. et dividitur in duas partes. in prima ponitur hostium opprimentium comminatio; in secunda populi oppressi confortatio, ° propter hoc dicit. ‘ prima in tres. in prima arguit culpam; in secunda comminatur poenam, ° propter hoc immittet; ‘ in tertia ostendit poenae effectum, ° et erit. ‘ culpa autem consistit in transgressione praecepti, vel abusu auctoritatis: unde dividitur prima pars in tres. in prima ponitur auctoritatis commissio; in secunda auctoritatis abusio, |75| ° ipse autem non sic, ‘ in tertia abutentis elatio. ° et erit cum impleverit. ‘ circa primum tria facit. primo committitur flagellandi officium; secundo designat flagellis dignum, ° ad gentem fallacem, ‘ tertio imponit flagellis modum, ° ut auferat spolia. ‘ circa primum tria designat. flagellantem: ° vae, ‘ tibi imminet, ° assur, ‘ qui es ° virga furoris mei: ‘ flagellandi potestatem, ° baculus, ‘ per quem ego flagello, ° in manu eorum, ‘ idest in potestate, idest in executione: et flagellationem: ° indignatio mea, ‘ complebitur per eos. * infra 14: ° contrivit dominus baculum impiorum; virgam dominantium. ad gentem fallacem. ‘ hic describit flagellis dignum, et quantum ad culpam: ° gentem fallacem, ‘ quia non servat promissum: * exod. 19: ° cuncta quae locutus est dominus faciemus: ‘ et quantum ad sententiam, ° populum furoris, ‘ idest quem jam adiudicavi puniendum, ° mittam, ‘ inspirabo vos esse puniendos. * 4 reg. 18: ° dominus dixit mihi: ascende ad terram hanc, et demolire eam. ad, ‘ idest contra, ° ut auferat. ‘ hic imponit flagellis modum quantum ad detractionem rerum. ° auferat spolia, ‘ ad detentionem; ° diripiat, |100| ‘ quantum ad hominum oppressionem; ° ponat quasi lutum, ‘ prae vilitate. * ps. 17: ° ut lutum platearum delebo eos. ipse autem. ‘ hic ponitur abusio potestatis concessae, inquantum excessit fines mandati; et primo ponitur ejus propositum; secundo ponitur propositi motivum, ° dicet enim: ‘ circa primum duo facit. primo dimittit praefixam mensuram et quantum ad rationis judicium, ° non sic arbitrabitur, ‘ et quantum ad cordis propositum, ° non ita aestimabit, ‘ hoc est taxabit poenam. secundo adauget poenam et quantum ad modum, ° ad conterendum, ‘ hoc est: omnia disperdendum; et quantum ad numerum, ° gentium ‘ immo plurium, non solum ad illos ad quos mittebatur. * habac. 2: ° cogitasti confusionem domui tuae, concidisti populos multos, et peccavit anima tua. dicet enim. ‘ hic ponitur motivum: et primo assumit; secundo concludit, ° sic faciam jerusalem, et simulacris. ‘ circa primum primo assumit servitutem regum: ° numquid non reges simul et principes mei? * habac. 1: ° ipse de regibus triumphat, et tyranni ridiculi ejus erunt. ‘ secundo |125| subjugationem civitatum: ° numquid non ut charcamis? * infra 37: ° vere enim, domine, desertas fecerunt reges assyriorum terras et regiones earum. ‘ tertio destructionem deorum: ° quomodo invenit manus mea regna idoli. ‘ admirative; quasi dicat: quomodo fuit hoc quod dii illi non restiterunt mihi. * 4 reg. 18: ° quinam illi sunt in universis diis terrarum, qui eruerunt regionem suam de manu mea, ut possit deus eruere jerusalem de manu mea? sic faciam jerusalem, et simulacris eius. ‘ hic concludit primo a gentibus ad totum populum israel: ° sic et simulacra. ‘ secundo ex decem tribubus ad duas; ° numquid non sicut. ‘ de samaria verum dixit, quia colebant idola: sed de jerusalem abstulerat ezechias: * 4 reg. 18. ‘ et forte aliqua remanserunt occulte, quae invenit in parte civitatis, quam tradidit ei sobna scriba. vel vocat simulacra arcam, et alia quae erant in ornatum templi, * ez. 25: ° ecce sicut omnes gentes, etc.. et erit cum impleverit. ‘ hic arguit eius superbiam, et primo ponitur superba gloriatio; secundo gloriandi occasio, ° dixit enim: ‘ tertio gloriantis |150| increpatio, ° numquid gloriabitur. * dicit ergo: ° et erit cum impleverit dominus cuncta opera sua, ‘ poenas scilicet, quibus vult corrigere, ° magnifici cordis, ‘ quantum ad praesumptionem de faciendis. ° et super gloriam, ‘ quantum ad elationem de factis. * supra 2: ° oculi sublimes hominis humiliati sunt. dixit enim: ‘ hic ponit gloriae occasionem ex magnis quae fecerat: et primo quantum ad facientis conditionem; secundo quantum ad facti magnitudinem, ° et abstuli; ‘ tertio quantum ad faciendi facilitatem, ° et invenit. ‘ et dicit facientis conditionem quantum ad potentiam bellorum, ° in fortitudine, ‘ quantum ad sapientiam consiliorum, ° et in sapientia. * deut. 32: ° sed propter iram inimicorum distuli, ne forte superbirent hostes eorum, et dicerent: manus nostra excelsa. ‘ facti autem magnitudo pensatur ex tribus. ex multitudine regnorum: * unde dicit, ° abstuli terminos. ‘ loquitur ad similitudinem ejus qui acquirit multos agros, qui aufert terminos quibus diversorum possessiones dividebantur. quantum ad spoliationem principum, ° et principes; ‘ quantum ad subjugationem regum. ° et detraxi quasi potentes in sublime, |175| ‘ scilicet in solio regni, * dan. 5: ° quos volebat exaltabat, et quos volebat humiliabat. ‘ facilitas autem faciendi determinatur quantum ad tria. quantum ad plenariam subjectionem: ° et invenit, quasi nidum manus, ‘ qui est in potestate invenientis. * infra 16: ° et erit sicut avis fugiens, et pulli de nido avolantes. ‘ quantum ad facilem destructionem, ° et sicut colliguntur ‘ ita de facili, * habac. 2: ° et congregabit ad se omnes gentes, et coacervabit ad se omnes populos. ‘ quantum ad sublatam omnem contradictionem: ° et non fuit qui moveret pennam, ‘ idest manum: penna avis se defendit, ° et aperiret os, ‘ ad contradicendum, ° et ganniret: ‘ quod est vulpium vel avium ad plangendum. * ezech. 24: ° fili hominis, ecce ego tollo a te desiderabile oculorum tuorum in plaga; et non planges, neque plorabis, neque fluent lacrymae tuae. numquid gloriabitur. ‘ hic ponitur gloriantis increpatio; quia etiam est sicut instrumentum, quod non potest operari, nisi motu artificis. ° securis, ‘ ad mactandum malos. ° exaltabitur serra, ‘ ad discernendum bonos a malis. ° virga, ‘ ad corrigendum. ° baculus, ‘ ad sustentandum correctos. * job 15: ° quid tumet contra deum spiritus |200| tuus, ut proferas de ore tuo hujuscemodi sermones? propter hoc immittet. ‘ hic comminatur poenam: et circa hoc tria facit. primo comminatur poenae judicium; secundo determinat poenae modum, ° et subtus gloriam; ‘ tertio poenae effectum, ° et erit terrore. ‘ in pinguibus, potentibus et divitibus. * infra 25: ° et faciet dominus exercituum omnibus populis in monte hoc convivium pinguium. et subtus. ‘ hic determinatur poenae modus, qui fuit per combustionem; et ponuntur tria. primo poenae species, ° gloriam ejus, ‘ idest multitudo exercitus, * prov. 9; ° subtus, ‘ idest sub vestibus, quia vestimentis illaesis corpora cremata sunt. * supra 1: ° et erit fortitudo tua ut favilla stupae, et opus vestrum quasi scintilla. ‘ secundo poenam inferens, ° sanctus israel, ‘ deus, vel angelus michael, cui commissus fuit ille populus. * dan. 10: ° et ecce michael unus ex principibus primis venit in adjutorium meum. in ignem, ‘ quia per ignem puniet eos. * soph. 1: ° in igne zeli ejus devorabitur omnis terra, quia consummationem cum festinatione faciet cunctis habitantibus terram. ‘ tertio poenam patiens; et quantum ad minores, ° spina et vepres, ‘ quae non multum crescunt; ° et gloria saltus ejus libani, ‘ quantum ad magnos, quos propter dignitatem comparat altis arboribus: |225| ° libani, ‘ quia et in anima et in corpore mortui sunt. * supra 9: ° succensa est quasi ignis impietas, veprem et spinam vorabit; et succendetur in densitate saltus, et convolvetur superbia fumi. et erit terrore. ‘ hic ponitur poenae effectus. et primo in hostibus quantum ad fugam, ° et erit terrore profugus; ‘ quantum ad paucitatem, ° et reliquiae ligni, ‘ quia ad litteram senacherib cum paucis fugit, scilicet cum decem, * deut. 28: ° remanebitis ‘ etc.; secundo effectum in populo. ° et erit, ‘ quantum ad tria in quibus offendebant: scilicet in confidentia gentium. ° super eo qui percutiet eos, ‘ quia illi a quibus auxilium petebant, quandoque etiam affligebant eos. ° qui fugerint, ‘ vel ad ezechiam, vel ad alias gentes. * ezech. 29: ° innitentibus eis. ‘ secundo quantum ad cultum idolorum, et quantum ad modum, quia ° in veritate reliquiae; * contra id quod dicitur 3 reg. 18: ° usquequo claudicatis in duas partes? si dominus est deus, sequimini eum; si autem baal, sequimini illum. ‘ et quantum ad conversos, ° reliquiae jacob, ‘ qui relinquuntur ab assyriis * (ier. 31): ° salva domine populum tuum (reliquias israel). ‘ et confirmat promissionem: ° si enim fuerit. * gen. 22: ° multiplicabo semen tuum |250| sicut stellas caeli, et velut arenam quae est in littore maris. ‘ tertio quantum ad justitiam operum. et primo ponit promissionem: ° consummatio abbreviata, ‘ idest destructio in brevi facta in exercitu senacherib, ° inundabit justitiam, ‘ idest faciet inundare justitiam in populo. * infra 26: ° misereamur impio, et non discet justitiam. in terra sanctorum iniqua gessit. ‘ secundo ponit confirmationem: ° consummationem enim. * nahum 1: ° in diluvio praetereunte consummationem faciet loci ejus. in medio terrae, ‘ idest in jerusalem, quae est in meditullio terrae. * ezech. 5: ° ista est jerusalem; in medio gentium posui eam, et in circuitu ejus terras. * apostolus ad rom. 9, ‘ exponit de reliquiis salvandorum. et verbum abbreviatum, secundum septuaginta, est verbum evangelii. * matth. 22: ° in his duobus mandatis universa lex pendet et prophetae. ‘ vel verbum incarnatum: ° propter hoc haec dicit dominus. ‘ hic ponitur populi confortatio: et circa hoc duo facit. primo ponit confortationem, ° noli timere. * infra 41: ° noli timere, vermis jacob, qui mortui estis ex israel. ‘ secundo exponit evasionem: et primo, in generali; secundo in speciali, ° veniet in ajath. ‘ circa primum tria facit. primo ponitur afflictio. ° in |275| virga, ‘ idest in afflictione obsessionis et depraedationis, ° et baculum, ‘ confringentem, ° in via aegypti: ‘ quia audiens quod rex ethiopiae esset egressus de terra sua * (ut legitur 4 reg. 19), ‘ dimisit terram, et in reditu destruxit civitates quas invenit veniens per aegypti viam. * jer. 48: ° quomodo confracta est virga fortis, baculus gloriosus? ‘ secundo affligentium destructio: ° adhuc enim paululum, ‘ circa quod primo notatur acceleratio: ° adhuc paululum ‘ (respectu) aeternitatis vel respectu illius temporis in quo affligent. * ez. 7: ° de propinquo effundam; ‘ secundo poenae magnitudo: ° consummabitur indignatio, ‘ quo ad culpam; ° furor, ‘ quo ad vindictam, tertio quo ad puniendi facilitatem, ° meus, * judicum 7, ° et super mare, ‘ rubrum: * exod. 14. ° et levabit eam, ‘ contra te, primo ° in via aegypti: ‘ quia in aegyptiis confidebas. tertio ponitur consequens liberatio: et primo liberatio: ° auferetur onus. * jer. 30: ° in die illa conteram jugum ejus de collo tuo, et vincula ejus disrumpam. ‘ secundo liberationis ratio, ° a facie olei, ‘ divinae misericordiae. * supra 1: ° vulnus et livor et plaga tumens non est circumligata, neque curata medicamine, neque fota oleo. |300| veniet in ajath ‘ hic describitur in speciali: et primo ponitur oppressio, numerans civitates per quas transivit veniens de aegypto in jerusalem. veniet de aegypto, ° in ajath, transibit ‘ cursim ° in magron apud machmas, ‘ civitatem quandam, ° commendabit vasa sua, ‘ dimittet partem supellectilis suae, ut expeditus veniat. ° transierunt cursim, ‘ non impediti propter resistentiam illarum civitatum. ° gabaa sedes nostra. ‘ vox exercitus, qui ibi quievit. ° obstupuit rama, ‘ idest timuit, quia vicinus erat, ° gabaa saulis, ‘ civitas regalis tempore saulis. ° hinni, ‘ more equorum. ° attende laisa, ‘ quomodo possis fugere, et similiter tu, ° paupercula anatoth, ‘ quia parva villa erat. ° medemena migravit; ‘ fugit, et similiter ° habitatores gabim. ‘ vox senacherib ad exercitum: ° confortamini. adhuc dies est, ut in nobe stetur: ‘ villa prope jerusalem, quasi dicat: adhuc est tantum de die quod possumus illic figere tentoria; quia divinatum erat ei quod si illa die illuc applicaret, quod vinceretur. vel, ° o habitatores gabin confortamini, ‘ quia hostes prope sunt. ° agitabit, ‘ ad modum comminantis. * infra 37: ° ad sanctum israel. in manu servorum tuorum exprobrasti domino. ‘ secundo hostium destructio, ° ecce dominator. ‘ et primo facilitas ex parte punientis, |325| ° confringet: ‘ ad similitudinem facti gedeon, * judicum 7. ‘ secundo universalitas ex parte punitorum: ° excelsi, ‘ quantum ad fortes corpore; ° sublimes, ‘ quantum ad principes; ° condensa saltus, ‘ ad multitudinem populi, idest frutices, quae faciunt sylvam spissam, ° et libanus, ‘ ipse senacherib, qui interfectus fuit a filiis suis: * infra 27. mystice glossa: ° confringet lagunculam, in passione christi. ‘ nota * super illo verbo, ° et erit lumen israel in ignem, ‘ quod deus noster dicitur ignis: primo, quia subtilis; et quantum ad hoc dicitur subtilis quantum ad substantiam, quia dicitur spiritus. * joan. 4: ° spiritus est deus. ‘ secundo quantum ad scientiam, quia penetrabilis. * heb. 4: ° vivus est sermo dei et efficax, et penetrabilior omni gladio ancipiti. ‘ tertio quantum ad apparentiam, quia invisibilis. * job 28: ° unde ergo sapientia? * et infra eodem: ° abscondita est ab oculis omnium viventium. ‘ vel * job 36: ° omnes homines. ‘ secundo quia lucidus. quod autem sit lucidus, patet primo quia manifestat, quantum ad intellectum. * ps. 35: ° in lumine tuo videbimus lumen. ‘ secundo, quia delectat quantum ad affectum, |350| * tob. 5: ° quale gaudium est mihi, qui in tenebris sedeo, et lumen caeli non video? ‘ tertio, quia dirigit quantum ad actum. * infra 60: ° ambulabunt gentes in lumine tuo, et reges in splendore ortus tui. ‘ tertio, quia calidus; et hoc primo quia vivificat. * job 39: ° tu forsitan in pulvere calefacies ea? * thren. 1: ° de excelsis misit ignem in ossibus meis, et erudivit me. ‘ secundo quia purgat. * eccl. 38: ° vapor ignis urit carnes ejus, et in calore fornacis concertatur. ‘ tertio quia devastat. * deuter. 32: ° ignis succensus est in furore meo, et ardebit usque ad inferni novissima. ‘ quarto quia levis; et hoc primo propter motum, quia ° universa propter semetipsum operatus est dominus: * prov. 16: ‘ secundo propter situm, quia ° in altis habitat: * ps. 112; ‘ tertio propter incommixtionis modum. * sapient. 7: ° attingit autem ubique propter munditiam suam: vapor est enim virtutis dei.

068 CIS cp11

lc ° Et egredietur virga de radice. ‘ posita destructione adversarii, promittitur reintegratio populi, qui erat divisus in duas et decem tribus. et dividitur in partes duas. in prima describitur restaurator; in secunda promittitur restauratio, ° et erit in die illa. * hoc autem capitulum tripliciter exponitur. hieronymus enim et omnes sancti nostri exponunt de “ restauratione facta per christum, et de christo, ut sit figurative dictum. * quidam magistri exponunt “ de ezechia vel josia, similiter figurate accipientes litteram. judaei de suo messia, quem expectant, volentes cuncta ad litteram intelligere. * sed haec ultima stulta est et fabulosa: secunda extorta; sed prima simpliciter vera. ‘ et ideo illam prosequentes, alias tangemus ex latere. dividitur ergo prima pars in tres. in prima describitur restaurator christus, quantum ad nativitatem; in secunda quantum ad sanctitatem, ° et requiescet; ‘ in tertia quantum ad dignitatem, ° in die illa radix. ‘ circa primum duo tangit; processum matris ex regali serie vel progenie: ° egredietur virga, ‘ virga cui nullus fructex adhaesit, ° de radice jesse: ‘ ad litteram, de progenie |25| jesse, qui fuit pater david. * num. 24: ° orietur stella ex jacob, et consurget virga de israel. ‘ quantum ad processum filii ex matre virgine, ° et flos, ‘ christus. * can. 2: ° ego flos campi, et lilium convallium. ascendet, ‘ quia qui de caelo venit, ° super omnes est. * joan. 3. unde infra 19: ° ecce dominus ascendet super nubem levem, et ingredietur aegyptum, et movebuntur simulacra aegypti. de radice jesse. * jerem. 23: ° suscitabo david germen justum, et regnabit rex, et sapiens erit, et faciet judicium et justitiam in terra. ‘ cum deberet dicere, de virga, * dicit, ° de radice, * ad excludendum duas haereses. una quarum dixit quod “ christus non habuit veram carnem; * alia dixit, quod “ christus habuit veram carnem, sed illa non fuit propagata ab adam et a parentibus et aliis, sed in beata virgine a deo creata; aut quod venit a primis parentibus distincta, sicut lux quaedam, nunquam infecta contagione peccati originalis. ‘ quod totum excluditur in hoc quod ex parentibus virginis ascendere dicitur, sicut flos ex radice. * judaei dicunt, quod “ flos et virga refertur ad christum; et dicitur virga propter potestatem et flagellationem malorum, et flos propter honestatem et consolationem bonorum. * hieronymus |50| dicit, quod de hoc loco sumitur quod dicitur matth. 2: ° nazaraeus vocabitur, “ idest floridus. * similiter exponunt, qui exponunt de josia et ezechia. et dicunt, quod “ dicuntur descendere ex jesse et non ex proximis parentibus, quia david facta est promissio de confirmatione regni in filiis. ‘ notandum * super illo verbo, ° egredietur virga, ‘ quod beata virgo dicitur virga primo consolans in tribulationibus. * exod. 14: ° tu autem eleva virgam tuam, et extende manum tuam super mare, et divide illud, ut gradiantur filii israel in medio mari per siccum. ‘ secundo fructificans. * numer. 17: ° invenit moyses virgam aaron in domo levi germinasse, et turgentibus gemmis eruperant flores. ‘ tertio satians. * num. 20: ° cumque levasset moyses virgam percutiens bis silicem, egressae sunt aquae largissimae, ita ut biberet populus et jumenta. ‘ quarto flagellans. * num. 24: ° orietur stella ex jacob, et consurget virga de israel, et percutiet duces moab. ‘ quinto vigilans. * jerem. 1: ° virgam vigilantem ego video. ‘ nota * super illo verbo, ° et flos de radice, ‘ quod christus dicitur flos primo propter mariae puritatem. * cant. 1: ° ecce tu pulchra es, amica mea. |75| * ibidem: ° ecce tu pulcher es, dilecte mi. * et infra can. 2: ° ego flos campi, et lilium convallium. ‘ secundo propter laesionis a vento facilitatem. * job 15: ° laedetur quasi vinea in primo flore. ‘ tertio propter odoris suavitatem. * eccl. 39: ° florete flores ‘ etc.; quarto propter decoris pulchritudinem. * eccl. 50: ° quasi arcus refulgens inter nebulas gloriae, et quasi flos rosarum in diebus vernis. ‘ quinto propter fructus certitudinem. * eccl. 24: ° ego quasi vitis fructificavi suavitatem odoris, et flores mei fructus honoris et honestatis. et requiescet. ‘ hic describit ipsum quantum ad sanctitatem, quantum ad tria. primo quantum ad habitus necessitatis; secundo quantum ad rectitudinem operis, ° non secundum visionem, ‘ tertio quantum ad effectum rectitudinis, ° habitabit lupus. ‘ ostenditur autem perfectio ipsius quantum ad habitus gratuitos in tribus. primo quantum ad quietem, ° requiescet, ‘ quia non fuit gratia in ipso augmentata. * jer. 31: ° mulier circumdabit virum: ‘ nec interrupta per culpam. * 1 petr. 2: ° qui peccatum non fecit, nec inventus est dolus in ore ejus: ‘ nec perturbata per pugnam carnis, |100| quia sine originali. * job 3: ° expectet lucem, et non videat; nec ortum surgentis aurorae. * joan. 1: ° super quem videritis spiritum descendentem et manentem super eum, hic est qui baptizat. ‘ quantum ad multitudinem in universitate donorum, ° spiritus sapientiae. ‘ quamvis enim omnia dona gratiae gratum facientis simul infundantur, non tamen aliquis alius habuit perfectum usum omnium: propter quod de omnibus modo * dicitur (eccl. 44): ° non est inventus similis illi. ‘ nec circa omnes gratias gratis datas. * 1 corinth. 12: ° alii quidem per spiritum datur sermo sapientiae; alii autem sermo scientiae, secundum eumdem spiritum; alii fides in eodem spiritu ‘ etc.. sed christus omnia perfecte habuit: ° non enim ad mensuram dat deus spiritum. * joan. 3. ‘ quantum ad plenitudinem, quia perfectus fuit in omni gratia; * quod notatur in hoc quod dicit, ° implevit. * joan. 1: ° vidimus eum plenum gratia. * de omnibus his col. 2: ° in ipso habitat plenitudo divinitatis corporaliter. ‘ ad evidentiam eorum quae hic dicuntur oportet videre quinque circa haec dona. primo qualiter differant a virtutibus, beatitudinibus et fructibus; secundo de numero ipsorum; tertio de ordine ipsorum; |125| quarto qualiter sint in christo; quinto quomodo attribuuntur spiritui sancto. circa primum sciendum est, quod, * sicut dicit gregorius, ‘ dona dantur in adjutorium virtutum, quibus perficiuntur potentiae animae ad actus proportionatos, secundum modum humanarum; sicut fides, quae facit videre in speculo et aenigmate. est autem duplex imperfectio virtutis. una per accidens, quae est ex indispositione habentis, ex qua indispositione manet in subjecto: et iste defectus tollitur per augmentum virtutis. alius defectus est per se ex parte ipsius habitus; sicut fides secundum dispositionem est continue imperfecta, quia aenigmatica. et iste defectus tollitur per altiorem habitum, qui vocatur donum, quia quasi excedit modum humanae operationis, a deo datum; sicut donum intellectus, quod facit aliquo modo limpide et clare intueri quae sunt fidei. “ operatio autem procedens a virtute perfecta dono dicitur beatitudo; quae nihil aliud est quam operatio secundum virtutem perfectam, * ut dicit philosophus; sicut dicitur matth. 5: ° beati mundo corde, quoniam ipsi deum videbunt. “ talem autem operationem necessario sequitur delectatio, quia delectatio est operatio proprii habitus non impedita, * ut dicit philosophus: “ et secundum |150| hoc dicitur fructus. * unde dicit ambrosius super illud gal. 5: ° fructus autem “ etc. quod dicuntur fructus, inquantum mentes sincera dilectione reficiunt. ‘ circa secundum sciendum, quod numerus horum potest accipi tripliciter: quia dona perficiunt aut per recessum a malo, et sic timor; aut per accessum ad bonum, et sic vel secundum vitam contemplativam, vel secundum activam. si secundum contemplativam; aut secundum contemplationem finis, et sic est sapientia, quae est de causis altissimis; aut de his quae sunt ad finem, et sic est intellectus; sicut de substantiis creatis spiritualibus, et de his quae ad eas pertinent. si secundum activam; aut quantum ad ea ad quae tenentur omnes; et sic exequens est pietas, quae est benevolentia in eos qui fide vel imagine dei sunt iuncti; (et) dirigens scientia: aut de his ad quae non tenentur omnes; et exequens est fortitudo, ut exponat se difficilibus; (et) dirigens consilium. ex hoc jam patet responsio ad tertium: quia ordinantur primo secundum quod perfectiones sunt: et hic ordo consideratur, secundum exitum donorum a dante, et non secundum quod recipiuntur. iterum patet, quod sapientia dirigit intellectum, quia sapientis |175| est ordinare; et per prima aliquis regulatur in secundis, sicut metaphysica alias scientias, consilium fortitudinem, scientia pietatem, timor omnia, quia idem dirigit in accessum ad bonum et in recessu a malo. circa quartum sciendum, quod christus habuit ista dona secundum excellentissimos usus ipsorum, secundum quos habentur in patria. non enim habuit timorem servilem ut timeret poenam, vel filialem ut timeret peccare; sed castum timorem qui est reverentiae. * heb. 5: ° exauditus est pro sua reverentia. ‘ et similiter patet de aliis. dicitur autem specialiter, quod replevit eum spiritu timoris, ne ex magnitudine donorum superbus credatur, sicut primus angelus, * de quo dicitur ezech. 28: ° in multitudine sapientiae tuae (vel negotiationis tuae) repleta sunt interiora tua iniquitate. ‘ vel quia per humilitatem salvare venerat. vel quia in hoc se imitari voluit. * matth. 11: ° discite a me, quia mitis sum et humilis corde. ‘ circa quintum sciendum est, quod si considerentur ista dona secundum proprias rationes, sicut scientia, inquantum est scientia; tunc quaedam appropriantur filio quae pertinent ad perfectionem intellectus; quaedam spiritui sancto quae pertinent ad perfectionem affectus; quamvis omnia communiter |200| sint dona totius trinitatis. si autem considerentur inquantum habent rationem doni, sic omnia attribuuntur spiritui sancto, qui est primum donum, in quo omnia dona donantur. similiter etiam si considerentur quantum ad principium motionis talium donorum, qui est amor ° bonitas enim dei * (ut dicit dionysius) ° est diffusiva omnium quae recipiuntur in creaturis a deo, quae appropriatur spiritui sancto. * alii autem referunt hoc ad sanctitatem josiae et ezechiae, judaei ‘ ad antichristum. ° non secundum visionem. ‘ hic ostendit sanctitatem ejus quantum ad rectitudinem operis; et praecipue in judicando, quia hoc est opus regis. unde tria ostendit. primo solertiam in discernendo; secundo justitiam in exequendo, ° sed judicabit; ‘ tertio constantiam in perseverando, ° et erit justitia. * dicit ergo quantum ad primum: ° non secundum visionem oculorum, ‘ exteriorum, ° neque secundum auditum aurium, ‘ exteriorum, * sicut matth. 22, ‘ dicentibus: ° magister, scimus quia verax es. * joan. 2: ° opus ei non erat ut quis ei testimonium redderet de homine: ipse enim sciebat quid erat in homine. ‘ et hoc non potest exponi de homine |225| puro, * sicut dicitur 1 reg. 16: ° homo videt quae foris parent, deus autem intuetur cor. ‘ et ideo dixerunt discrete, * joan. 16: ° nunc scimus quia scis omnia. * alii tamen extorte exponunt de illis regibus: ‘ quia non secundum adulationes ea quae primo aspectu videntur judicabunt, sed diligenter veritatem causae inquirent. ° sed judicabit. ‘ hic ostenditur justitia in exequendo. et primo quantum ad bonos, jus suum distribuendo, ° judicabit, ‘ in die judicii, et etiam nunc. * joan. 5: ° pater omne judicium dedit filio. pauperes, * de quibus matth. 5: ° beati pauperes spiritu, quoniam ipsorum est regnum caelorum. ‘ secundo quantum ad malos: et primo quantum ad membra: ° percutiet terram, ‘ idest terrenos, ° virga oris sui: ite maledicti, * matth. 25 ° vae vobis scribae etc., * matth. 23, ‘ quantum ad caput: ° spiritu labiorum, ‘ idest indignatione sua verbis expressa, ° impium, ‘ antichristum. * 2 thess. 2: ° revelatus fuerit homo peccati, filius perditionis; qui adversatur et extollitur supra omne quod dicitur deus, aut quod colitur. ‘ vel diabolum. * joan. 12: ° nunc judicium est mundi, nunc princeps mundi hujus ejicietur foras. ‘ et totum |250| hoc potest ad litteram exponi de illis regibus qui justi fuerunt, et suis praeceptis impios occiderunt. ° et erit. ‘ hic ponitur constantia in perseverando. ° et erit justitia, ‘ quam observabit in judiciis, ° cingulum lumborum ejus, ‘ idest ensis, quo pugnabit; ° et fides ‘ confidentia de deo qua praevalebit; et hoc ad christum, et ad illos reges. vel ° cingulum lumborum ‘ quod fortiter homini adhaeret, et totum hominem undique cingit: vel ° justitia ‘ in aequitate facti, fidelitas in modo faciendi. * eph. ult.: ° estote succincti lumbos vestros: ‘ vel ° justitia, ‘ justi; ° fides, ‘ fideles; et sic tantum ad christum, * jerem. 13: ° sicut adhaeret lumbare ad lumbos viri, sic agglutinavi mihi omnem domum israel. * ex hoc arguit hieronymus contra hebraeos quod “ non possunt omnia intelligi sicut sonant verba. ° habitabit lupus. ‘ hic ponitur effectus rectitudinis, quae est in multitudine pacis: quam ostendit quantum ad duo. primo quantum ad magnorum mansuetudinem; secundo quantum ad parvorum securitatem, ° et delectabitur. ‘ mansuetudo ostenditur quantum ad tria. quantum ad habitationem: ° lupus, ‘ rapax, |275| ° cum agno, ‘ innocente, et e converso, quia sequetur innocentiam ejus: ° pardus, ‘ astutus, ° cum haedo, ‘ simplice: ° vitulus, ‘ genus animalis fortis, ° et leo, ‘ genus animalis fortis et ferocis: ° ovis, ‘ genus animalis debilis, ° omnes simul ‘ in unitate erunt: ° ubi non est masculus et femina, gentilis et judaeus, circumcisio et praeputium, barbarus et scytha, servus et liber; sed omnia et in omnibus christus. * col. 3. ‘ quod significatum est in arca noe, ubi fuerunt omnia animalia utriusque generis: * gen. 7. ‘ secundo quantum ad gubernationem: ° puer parvulus, ‘ petrus piscator. * supra 8: ° ecce ego et pueri mei in cubili. * 1 corinth. 1: ° stulta mundi elegit deus, ut confundat sapientes et contemptibilia ut confundat fortia. minabit, ‘ idest ducet ad regnum, sicut dux. tertio quantum ad comestionem dupliciter; quantum ad cibi conformitatem, ° vitulus, ‘ qui comedit herbas, animal mundum, ° ursus, ‘ qui lacerat carnes, nec est mundum animal, ° simul pascentur, ‘ eodem cibo verbi dei. ° catuli, ‘ idest familiae eorum, ° simul, ‘ idest conformiter, ° requiescent, ‘ ad comedendum vel cibum sacramentorum. * 1 cor. 10: ° eamdem escam spiritualem manducaverunt. ‘ secundo quantum ad cibi humilitatem, ° leo, ‘ rex, |300| ° quasi bos, ‘ rusticus, ° paleas, ‘ rudem doctrinam, vel ad litteram, abstinentiae cibos. * job 39: ° numquid volet rhinoceros servire tibi, aut morabitur ad praesepe tuum? ‘ sed expressius videtur hoc servari in religione; ubi homines diversae aetatis et conditionis unanimiter idest conformiter vivunt. * ps. 67: ° qui habitare facit unanimes in domo. ‘ alii volunt quod fuit completum tempore illorum regum, quando majores in pace vivebant cum minoribus. judaei dicunt omnia haec ad litteram futura temporibus antichristi. ° et delectabitur. ‘ hic ostendit parvorum securitatem; et ponit tria: eorum confidentiam, cum contra horrorem ponit laetitiam: ° super foramina aspidis, ‘ idest super tribulationes quas diabolus vel tyrannus immittet, et statim quod lacte doctrinae fidei nutriri coeperit. * rom. 5: ° non solum autem, sed et gloriamur in tribulationibus, scientes quia tribulatio patientiam operatur. ‘ vel in convertendis malis. * apocal. ult.: ° qui audit dicat, veni. ‘ contra fugam, quae est indicativa timoris, ponit invadendi audaciam; ° qui ablactatus fuerit, ‘ jam solido utens cibo, faciet plus, ° quod mittet manum suam in caverna reguli, ‘ idest diaboli, qui, ° est rex super universos filios superbiae: |325| * job 41. ‘ quia se confidenter persecutionibus tyrannorum exponet, sicut multi martyres fecerunt. * job 39: ° exultat, audacter in occursum pergit armatis. ‘ vel refertur ad praedicatores, qui mittunt manum praedicationis ad conversionem peccatorum. vel ° ab uberibus ‘ novitatis et voluptatis, quia novitii de hoc gaudent. secundo ponit nocendi impotentiam. ° non nocebunt; monte sancto, ‘ idest ecclesia, nisi volentibus. * luc. 10: ° ecce dedi vobis potestatem super omnia daemonia. * marc. ult.: ° signa autem eos qui crediderint haec sequentur. linguis loquentur novis, serpentes tollent. ‘ tertio ponit utriusque causam: ° quia repleta est terra scientia domini. * ps. 18: ° in omnem terram exivit sonus eorum. * eccli. 24: ° ego sapientia effudi flumina. * judaei exponunt hoc totum factum ad litteram. alii dicunt per hoc significari quod “ temporibus illorum regum committebant se quilibet parvuli audacter illis qui prius fuerant praedatores et (crudeles). ° in die illa, ‘ hic ponit dignationem. ° in signum, ‘ crucis, quod assumentes salvantur. * joan. 12: ° ego si exaltatus fuero a terra, omnia traham ad me ipsum. * infra 49: ° ecce ego levabo ad gentes manum meam, et exaltabo ad populos signum meum. |350| ipsum gentes deprecabuntur. * ps. 71: ° adorabunt eum omnes reges, omnes gentes servient ei. erit sepulcrum ejus gloriosum: ‘ venerabitur ab omnibus. unde designatum est per sepulcrum quod fecit in modin in monumentum sempiternum, ut aspiciatur ab omnibus transeuntibus: * 1 machab. 13. alii exponunt hoc “ de josia, quia fuit sepultus in sepulcris regum, ° et erit in die illa. ‘ in parte ista promittit populi restaurationem quantum ad tria. primo quantum ad ipsorum liberationem; secundo quantum ad liberatorum conditionem, * ibi, ° et auferetur, ‘ tertio quantum ad liberationis praeparationem, * ibi, ° et desolabit. ‘ circa primum duo facit. primo promittit liberationem; secundo describit liberationis modum, ° et levabit dominus. * quidam exponunt hoc “ de liberatione a captivitate babylonis, quando possedit eos, eripiens a servitute babylonis, et dicitur secunda respectu primae liberationis, qua eduxit eos de servitute aegypti. ‘ nabuchodonosor enim eos vastante, diversae gentes eos in captivos et in servos duxerant, et multis interfectis, residui congregati sunt ex praecepto regis tyri, * sicut legitur esdrae |375| 1. ‘ sed melius exponitur de liberatione facta per christum: sic enim consonat praecedentibus. ° in die illa, ‘ scilicet cum steterit in signum populorum, ° adjiciet secundo, ‘ per apostolos, quia primo per se praedicavit. ° residuum, ‘ quia ° reliquiae salvae fient: ‘ in quo notatur sanctitas judaeorum conversorum, et multitudinis gentium. * de quo michaeae ult.: ° factus sum sicut qui colligit in autumno racemos vindemiae. phetros ‘ regio est, nomen habens ab uno filiorum abraham: ° elan, ‘ civitas persidis: ° emath, ‘ antiochia: ° sennaar ‘ locus in chaldaea: * jer. 30. ‘ vel ° secundo, ‘ in secundo adventu, quando per eliae praedicationem convertentur corda filiorum ad patres: * malach. ult.. rom. 11: ° ex parte contingit in israel etc.. et levabit. ‘ hic ponit liberationis modum quantum ad primam expositionem. ° levabit signum, ‘ idest edictum regis tyri. ° profugos israel, ‘ qui ad litteras ezechiae venerunt in jerusalem, et conjunxerunt se duabus tribubus, et cum illis fuerunt captivati, et cum eis liberati. vel signum crucis, quantum ad secundam expositionem, ° et congregabit profugos. * act. 13: ° vobis oportebat primum praedicari verbum dei; sed quia repellitis illud... ecce convertimur ad gentes. ‘ vel ° signum, ‘ alicujus miraculi, per |400| quod convertentur ad praedicationem eliae. * infra 49: ° ecce levabo ad gentes manum meam, et exaltabo ad populos signum meum. et auferetur. ‘ hic ostenditur liberatorum conditio. et primo quantum ad concordiam, contra odium quod erat inter ephraim et judam. ° et auferetur zelus, ‘ idest odium. hoc completum fuit in reditu de captivitate, secundum primam expositionem. vel quantum ad unitatem fidei, secundum secundam. vel complebitur in futuro, quantum ad tertiam. * de ista concordia, jer. 3: ° ibit domus juda ad domum israel, et venient simul de terra aquilonis, ad terram quam dedi patribus vestris. ‘ secundo quantum ad potentiam in subjugatione hostium, vel quae fuit ad litteram temporibus machabaeorum quantum ad primam; vel per praedicationem apostolorum quantum ad secundam; vel quantum ad prosperitatem, quam etiam in futuro dominus ei dabit. ° volabunt, ‘ quasi velociter impingent, ° in humero philisthiim, ‘ flagellandos, ° per mare, ‘ quia sunt circa mare, et hoc quantum ad primam et tertiam. ° simul, ‘ cum eis jam victis, ° praedabuntur filios orientis, ‘ assyrios. hoc non legitur factum tempore machabaeorum. vel ° praedabuntur per mare, |425| ‘ quia philistaei abundant navibus. ° idumaea et moab, ‘ qui primo hostes, ° praeceptum manus eorum, ‘ implebunt, non expectabunt alium facientem secundum mandatum: in quo notatur magna exaltatio. ° et filii amon: ‘ hi omnes fuerunt magni adversantes. * infra 49: ° venient ‘ etc.. vel

° volabunt, ' prae desiderio praedicandi, ° per mare: ' quia apostoli navigio per mare ad multas gentes pervenerunt. vel per has gentes, quas nominat, omnes intelligit. * infra 60: ° qui sunt isti qui ut nubes volant? praeceptum manus ' quia docebant verbo et exemplo. ° et desolabit. ' hic ponitur liberationis praeparatio: et circa hoc duo ponuntur. primo praeparatio; secundo utilitatis consecutio, ° et erit via. ' promittitur autem praeparatio, secundum similitudinem ad duplex beneficium quod exhibitum fuit patribus venientibus de aegypto. primo in divisione maris, * de quo legitur exod. 14: et quantum ad hoc dicit, ° linguam maris; ' et dicitur lingua maris, quia, * sicut dicit magister in historiis, " in egressu filiorum israel de aegypto non fuit divisum mare ex uno litore, sed quasi quaedam lingua, quae circumdabat |450| montem quemdam. ° lingua maris, ' idest medium maris, more hebraici sermonis, qui omne quod est in medio linguam vocat, propter hoc quod lingua est in medio oris. quod quidem ad litteram nunquam fuit factum; sed significatur amotio omnis impedimenti detinentis, quantum ad primam expositionem. vel lingua maris dicitur aegyptus, cujus litus lingit mare. sed quantum ad secundam, ° linguam maris aegypti desolabit, ' idest linguam qua idola laudabant. secundum beneficium fuit in divisione jordanis, * de quo legitur josue 3: et quantum ad hoc dicit: ° levabit manum suam, ' hoc est potentiam suam, ° super flumen. ' quantum ad primam expositionem, et est metaphorica locutio, ut per divisionem maris et fluminis, intelligatur omnis impedimenti amotio. quantum ad secundam, significatur ad litteram ° flumen, ' ipse nilus, qui ab alexandro divisus est in septem rivos, qui praeparatio romanis est, et adeo praedilatati, aut, aqua per rivos et meatus transeunte, transvadari a calceatis posset apostolis, * de quibus ephes. ult.: ° calceati pedes in praeparationem evangelii pacis. ' vel per flumen significatur regnum aegypti, quod divisum est a romanis in plures senatus. ° in fortitudine spiritus sui, ' exercitus alexandri, |475| vel romanorum: vel ° spiritus, ' idest venti, * ad similitudinem ejus quod dicitur exod. 14: ° flante vento vehementi et urenti tota nocte. et erit via. ' hic ponitur utilitas: * et jam patet per ea quae dicta sunt. ° sicut fuit. * eccl. 36: ° innova signa et immuta mirabilia; glorifica manum et brachium dextrum, excita furorem et effunde iram.

068 CIS cp12

lc ° Confitebor ' hic ponitur gratiarum actio pro suscepto beneficio. quod quidem jam spiritu prophetali propheta videbat, et populo promittebat. unde tria facit. primo decantat canticum; secundo promittit populo beneficium, ° haurietis, ' tertio praedicit decantaturum populum, ° et dicetis. ' tribus autem malis premebantur tunc: scilicet pro praeteritis culpis, divino furore; pro futuris poenis, hostium timore; pro praesentibus malis, cordis dolore. contra primum commemorat dei misericordiam; * et ideo dicit: ° confitebor tibi, ' ego, ° domine, ' ex nunc idest laudabo, quia populi nondum videntis beneficium de quo gratias agant, de hoc quod sequitur, ° quoniam, ' primo juste, ° iratus es mihi, ' pro peccatis meis, ° et conversus est furor tuus, ' in misericordiam, ° et consolatus es me, ' quantum ad misericordiae effectum (praeteritum pro futuro): et hoc in reditu populi de babylone, et maxime de consolatione facta per christum. * zach. 8: ° sicut cogitavi ut affligerem vos cum ad iracundiam provocassent patres vestri me, dicit dominus. ' contra secundum confitetur deo fiduciam: ° ecce deus salvator meus, ' liberans populum de servitute babylonis, vel |25| verius, qui salvum facit populum suum. * matth. 1: ° ipse enim salvum faciet populum suum a peccatis eorum. * jerem. 30: ° ne timeas, serve meus jacob, ait dominus, neque paveas, israel, quia ecce ego salvabo te de terra longinqua. ' contra tertium, divinae fortitudinis potentiam: ° fortitudo mea, ' per quam subsisto, ° et laus mea, ' quam laudo relictis idolis. * psal. 17: ° diligam te, domine, fortitudo mea. haurietis. ' hic promittit beneficium. ° aquas, ' consolationis, refrigerantes contra aestum tribulationis. ° et dicetis. ' hic praedicit etiam populum decantaturum, post receptum beneficium: et continet mutuam exhortationem populi ad divinam laudem. ponitur autem exhortatio ad tria. ad laudis divinae confessionem, ad gratiarum actionem: ° cantate domino; ' ad communem exultationem: ° exulta. ' circa primum ponuntur quattuor. aut enim confitemur per fidem: ° confitemini domino. * roman. 10: ° corde creditur ad justitiam, ore autem confessio fit ad salutem. ' aut invocamus per orationem, ° invocate. * infra 55: ° quaerite dominum dum inveniri potest invocate eum dum prope est. ' aut annuntiatur per praedicationem: ° notas facite adinventiones ejus, ' quia |50| multa adinvenit ad salvandum. * jer. 31: ° audite verbum domini, gentes, et annuntiate in insulis quae procul sunt. ' aut memoratur per jugem meditationem, ° mementote. * psal. 104: ° mementote mirabilium ejus. cantate. ' hic exhortatur ad gratiarum actionem. et primo ut gratias agant deo. ° cantate domino, quoniam magnifice fecit, ' nos liberando. * psalm. 97: ° cantate ei canticum novum, quia mirabilia fecit. ' secundo ut annuntietur mundo, ° annuntiate. * tob. 12: ° benedicite deum caeli, et coram omnibus viventibus confitemini ei. exulta. ' hic ponitur exhortatio ad exultationem: et primo ut sit gaudium in corde, ° exulta; ' secundo ut sit jubilus in ore, ° lauda; ' tertio ponitur utriusque ratio, ° quia magnus. * infra 35: ° exultabit laetabunda et laudans. ' notandum * super illo verbo, ° haurietis aquas, ' quod est aqua primo doctrinae. * infra 55: ° omnes sitientes venite ad aquas. ' secundo gratiae. * joan. 7: ° qui in me credit, flumina de ventre ejus fluent aquae vivae. ' tertio baptismalis munditiae. * joan. 3: ° nisi quis renatus fuerit ex aqua et spiritu sancto, non potest intrare in regnum dei. ' item nota, quod haurietur aqua de fonte, |75| primo divinae sapientiae. * eccl. 1: ° fons sapientiae verbum dei in excelsis. ' secundo aeternae vitae. * jer. 2: ° me dereliquerunt fontem aquae vivae. ' tertio christi corpore. * zach. 13: ° in die illa erit fons patens domui david. ' nota * super illo verbo, ° adinventiones ejus, ' quod christus adinvenit primo breve salutis verbum. * baruch 3: ° hic adinvenit omnem viam disciplinae, et tradidit illam jacob puero suo, et israel dilecto suo. ' secundo novum salvandi modum. * job 33: ° inveni in quo ei propitier. ' tertio salvandum populum. * luc. 15: ° congratulamini mihi, quia inveni drachmam quam perdideram. ' nota * super illo verbo, ° in medio tui sanctus israel, ' quod christus est in medio, primo quasi lux ad illuminandum. * eccl. 50: ° quasi stella matutina in medio nebulae. ' secundo quasi mediator ad reconciliandum. * luc. ult.: ° stetit jesus in medio discipulorum, et ait illis, pax vobis. ' tertio quasi minister ad distribuendum. * luc. 22: ° ego autem in medio vestrum sum sicut qui ministrat.

068 CIS cp13

lc ° Onus babylonis. ' hic comminatur contra babylonios, qui duas tribus captivaverant. et dividitur in partes duas. in prima comminatur hostium destructionem; in secunda promittit ex hoc judaeorum consolationem, * cap. 14: ° prope est. ' prima dividitur in duas. primo ponitur comminationis titulus, et increpatio, ° onus, ' idest miseria opprimens. * jer. 23: ° si interrogaverit populus iste, vel propheta, aut sacerdos: quod est onus domini? ' secundo ponitur ipsa comminatio, ° super montem. ' et dividitur in partes tres. in prima ponit vastantis exercitus convocationem, scilicet medorum et persarum sub cyro et dario, qui ceperunt babylonem, * sicut legitur dan. 5. ' in secunda ostendit poenae afflictionem, ° ululate; ' in tertia subsequentem ejus desolationem, ° et erit. ' circa primum tria ponit. primo convocat exercitum; secundo describit vocatorum adventum, * ibi, ° vox multitudinis; ' tertio indicitur venientibus praeceptum, ° dominus exercituum. ' circa primum duo facit. primo ponit convocationem, et convocat ad aggrediendum et obsidendum: ° levate |25| signum, ' idest vexillum, ° super montem ' babylonis ° caliginosum, ' propter fumum incendii, quando combusta fuit. ° vel super montem, ' civitati adjacentem, ° caliginosum, ' propter altitudinem nubibus opertum, vel caligare facientem visum. ad exclamandum, ° exaltate vocem, ' ut hostes conveniant. ad congrediendum, ° levate manum. ' ad pugnandum, et ad capiendum, ° et ingrediantur. * jer. 51: ° levate signum super muros babylonis. ' secundo ponit vocatorum conditionem quantum ad idoneitatem propter officii injunctionem, ° sanctificatis meis; ' quasi: quos ad hoc officium peragendum sanctificavi; et quantum ad potestatem ° fortes ' et quantum ad jucunditatem ° exultantes. * soph. 1: ° sanctificavit dominus vocatos suos. vox multitudinis. ' hic describit vocatorum adventum: et primo quantum ad minores. ° vox multitudinis; ' secundo quantum ad majores, ° vox sonitus regum. * jer. 50: ° vox eorum quasi mare sonabit. * infra 17: ° tumultus turbarum veniet. dominus exercituum. ' hic indicit praeceptum: et primo ponit divinum praeceptum, ° dominus praecepit; ' secundo divinum auxilium ad complendum, ° a summitate caeli, ' quasi ad adjuvandum. ° et vasa, ' quaelibet arma. ° ululate, |50| ' hic describit poenae afflictionem: et circa hoc tria ponit. primo puniendorum timorem; secundo afflictionem, ° ecce dies. ' tertio punientium ferocitatem, ° ecce ego suscitabo. ' timor autem exprimitur primo quantum ad gemitum oris, ° ululate. * ezech. 30: ° ululate, vae, vae diei: quia juxta est dies, et appropinquabit dies domini, dies nubis. tempus gemituum erit. ' secundo quantum ad remissionem operis: ° propter hoc omnes, * jer. 50: ° audivit famam ejus rex babylonis, et dissolutae sunt manus ejus. ' tertio quantum ad turbationem cordis; quod turbatur tripliciter. secundum interiorem statum: vel quantum ad jucunditatem, ° tabescet; ' vel quantum ad magnanimitatem: ° et conteretur; ' quasi in parva divisum; vel quantum ad securitatem per timoris angustias, ° torsiones. * psal. 47: ° ibi dolores ut parturientis. ' secundo turbatur quantum ad auxilii defectum, ° stupebit ad proximum suum; ' quasi prae stupore non poterunt auxilium ferre. quantum ad exterius signum, ° facies combustae, ' propter pallorem timoris; vel ad litteram, quia tali morte sunt interfecti. * thren. 4: ° denigrata est super carbones facies eorum, |75| * nah. 2 ° facies (omnium) etc.. ecce dies. ' hic describit poenam afflictorum; et circa hoc tria ponit. primo poenae magnitudinem, ° indignationis, ' quantum ad misericordiae subtractionem; ° irae, ' quantum ad poenae delectationem * philosophus: ° irati contristantur, punientes vero gaudent: furoris, ' quantum ad impetuosam ultionem, quia " furor est ira accensa, * ut dicit gregorius infra 30: ° ardens furor ejus, et gravis ad portandum. ' exprimitur etiam in consolationis subtractione: ° quoniam stellae; ' vel ad litteram, quantum ad eorum reputationem; quia afflictis omnia videntur tenebrosa. vel ° stellae ' principes, ° sol in ortu suo, ' rex, ° luna ' regina. * apoc. 6: ° sol factus est quasi saccus cilicinus. ' secundo ponit aequitatem, ordinans poenam contra culpam quam committebant in seipsis. ° visitabo, ' vindicabo, ° super orbis mala, ' idest babylonem: quia erat in ea monarchia. vel propter multitudinem undique concurrentium. et quantum ad culpam quam committebant in subditis, per malorum oppressionem. ° et contra impios. ' vel pactorum irritationem, ° infidelium. ' per meliorum molestationem, ° arrogantiam, ' qua praesumebant |100| omnes subjugare, * supra 2: ° dies domini super omnem ' etc.. tertio ponit punitionis moderationem; et ponit quatuor. primo defendentium paucitatem, ° pretiosior, ' idest rarior. * 1 reg. 3: ° sermo dei erat pretiosus: et vir, ' qui possit defendere per potentiam, ° et homo, ' qui possit defendere per consilium, ° obrizo, ' idest auro rubro, quod optimum est. * supra 10: ° reliquiae saltus ligni ejus prae paucitate numerabuntur. ' secundo elementorum commotionem, ° super hoc: ' quantum ad litteram, potuit esse tempestas in aere, et terraemotus in terra. vel est hyperbole, prae magnitudine malorum. * jer. 4: ° aspexi terram, et ecce vacua erat et nihili; et caelos, et non erat lux in eis. ' tertio quantum ad fugientium dispersionem, tam civium et bellatorum, quam etiam captivorum, ° damula, ' velox animal. * proverb. 6: ° eruere quasi damula de manu, * ez. 34: ° super omnem faciem terrae ' etc.. quarto quantum ad remanentium oppressionem, quae fuit in tribus. in nece hominum: ° omnis qui inventus fuerit, ' quantum ad cives, ° supervenient, ' quantum ad extraneos, ° infantes ' quantum ad pueros. * jerem. 51: ° collidam in te senem et puerum. ' secundo fuit in rerum direptione, ° diripientur. * thren. ult.: |125| ° hereditas nostra versa est ad alienos, domus nostrae ad extraneos, ' tertio quantum ad violationem mulierum. ° uxores eorum. * thren. ult.: ° mulieres eorum in sion humiliaverunt. ecce ego. ' hic describit hostium ferocitatem, quae non placatur muneribus. ° qui argentum, ' nec flectitur misericordia ° sed sagittis parvulos, ' nec impotentibus viribus, ° et lactentibus; ' nec filiis parvulis, ° et super filios. * jer. 51: ° ecce ego adducam super eam et dissolvetur. et erit babylon. ' hic describit subsequentem desolationem. et primo civitatis destructionem, ° versa, ' idest subversa, sicut sodoma, * de qua apoc. 18: ° vae, vae, civitas illa babylon, civitas illa fortis, quoniam una hora venit judicium tuum. ' secundo quantum ad ejus perpetuam solitudinem, ° non habitabitur. * jer. 51: ° non habitabit qui tendet arcum suum, et non ascendet loricatus. ' tertio quantum ad solitudinis horrorem, qui ostenditur ex fuga pastorum, ° nec ponet ibi tentoria, ' qui certas mansiones non habet, sed per desertum vagatur. ° nec pastores ' ovium, quantum ad habitationem bestiarum et mortuorum; ° sed requiescent ibi bestiae, ' solitudinem amantes. ° draconibus, ' qui secundum quosdam |150| sunt serpentes alati magni; secundum alios sunt pisces magni, habentes humidas squamas: secundum alios, serpentes cubitales, comedentes alios serpentes, et ex hoc flatu oris inficientes. ° struthiones, ' animalia quae habent pennas, sed non volant, immo pedibus gradiuntur. * job 39: ° penna struthionis similis est pennis herodii. pilosi, ' idest animalia pilosa, ut vulpes, lupi et hujusmodi: vel homines sylvestres, pilosi et hispidi, qui a quibusdam dicuntur non veri homines, sed figuram hominis habere, vel daemonis in tali figura assumentis corpora. domos desertas tales frequentantes sunt, qui et ambulant per noctem, et inquietant homines diversis modis. ° ululae, ' aves quantitatis corvinae, maculis conspersae, ex hoc dictae quod vocem habeant ad modum ululantium luporum. ° syrenae, ' secundum quosdam serpentes cristati et alati; vel pisces marini ad similitudinem mulierum; vel aves dulciter cantantes, ° in delubris voluptatis, ' idest locis in quibus luxuriabantur. * infra 34: ° et erit cubile draconum, et pascua struthionum, et occurrent daemonia, onocentaurus, et pilosus. ' nota * super illo verbo, ° super montem caliginosum, ' quod est multiplex caligo. prima ignorantiae. * thren. 2: ° quomodo obtexit caligine in furore |175| suo dominus filiam sion. ' secunda culpae. * psal. 17: ° caligo sub pedibus ejus. ' tertia praesentis poenae. * thren. 4: ° quomodo obscuratum est aurum, immutatus est color optimus. ' quarta futurae miseriae. * matth. 22: ° ligatis manibus et pedibus mittite eum in tenebras exteriores. * et luc. 16: ° inter nos et vos chaos magnum firmatum est, ut hi qui volunt hinc transire ad vos, non possint.

068 CIS cp14

lc ° Prope est ut veniat. ' in parte ista promittit judaeis liberationem per babylonis destructionem, quam supra comminatus est: et dividitur in partes tres. in prima promittit liberationem; in secunda praedicit liberatorum contra oppressorem insultationem, ° et erit in die, ' in tertia ponit insultationis confirmationem, ° non vocabitur. ' circa primum tria ponit. temporis brevitatem. ° prope est ‘ dies domini, cui omnia sunt praesentia, vel post nostram captivationem, ° dies ejus, ‘ captivationis. * deuter. 32: ° juxta est dies perditionis, et adesse festinant tempora. ‘ secundo ponit liberationis modum et ordinem: et primo quantum ad relevationem miseriae, ° miserebitur: * michaeae 7: ° revertetur et miserebitur nostri: ‘ quantum ad recuperationem divinae gratiae, ° et eliget, ‘ aliquos scilicet * deut. 7: ° te elegit dominus: ‘ quantum ad restitutionem patriae, ° et requiescere. * ezech. 34: ° inducam eos in terram suam, et pascam eos in montibus israel. ‘ tertio describit liberatorum dignitatem, quantum ad extraneorum adhaesionem, ° adjungetur. * iac. 4: ° appropinquate deo, et ipse appropinquabit vobis. ‘ quantum ad honorificam |25| retentionem, ° tenebunt eos, ‘ scilicet judaeos, ° populi, ‘ apud quos erant captivi, quasi portandos in ulnis, * infra 49: ° et afferent filios tuos in ulnis, et filias tuas super humeros portabunt. ‘ vel aliter: quantum ad eorum qui adhaeserunt deductionem, ° populi, ‘ scilicet judaei, ° tenebunt, ‘ idest retinebunt, ° eos, ‘ secum ducendos, qui sibi adhaeserunt. quantum ad hostium subjectionem vel eorum qui adhaeserunt: ° et possidebit eos, ‘ versa vice. * joel 3: ° convertam retributionem vestram. et erit. ‘ hic ponitur insultatio populi liberati contra captivantem jam destructum. et primo ponitur titulus sive inscriptio continens tria. tempus, ° cum requiem dederit a laboribus, ‘ quo laborasti bellando, ° concussione, ‘ captivitatis, qua tenebantur carcere, ° servitute, ‘ qua oppressa es in terra captivitatis, ° sumes parabolam, ‘ idest sermonem similitudinarium, qui aliud dicit, et aliud significat: per ea enim quae dicuntur significatur conditio nabuchodonosor quantum ad potentiam, culpam et poenam, propter quae potuerunt haec contingere, etsi non contigerunt: ° circa regem babylonis. * michaeae 2: ° in die illa sumetur super vos parabola, et cantabitur canticum cum suavitate. * habacuc 2: ° numquid |50| non omnes isti super eum parabolam sument? ‘ secundo ponitur ipsa insultatio, ° quomodo, ‘ et primo vivorum; secundo mortuorum, ° infernus. ‘ insultatio vivorum tria continet. ejus destructionem cum culpa, quam commisit in exactione tributorum. ° quomodo cessavit, ‘ in punitione hominum per poenas: ° contrivit, ‘ quasi solutio praemissae quaestionis; in impugnatione regnorum, ° subjicientem. * jer. 50: ° quomodo confractus est et contritus malleus universae terrae? ‘ secundo continet subsecutam pacem, ° conquievit, ‘ ab illo tumultu; ° siluit, ‘ a fletu; ° gavisa est, ‘ in tui destructione, ° et exultavit, ‘ in sua liberatione. * psalm. 57: ° laetabitur justus cum viderit vindictam. ‘ tertio continet principum alacritatem: ° abietes quoque, ‘ per quas significantur sublimes in dignitate. * simile habetur ezech. 31: ° cedri non fuerunt altiores illo in paradiso dei. dormisti, ‘ somno mortis, ° succidat nos, ‘ idest occidat. ° infernus. ‘ hic ponitur insultatio mortuorum contra nabuchodonosor. et primo principum et potentum; secundo aliorum, ° qui te viderint. ‘ circa primum duo facit. primo ponit infernalium occursum, |75| quantum ad ministros poenarum, sive officiales: ° infernus, ‘ idest diabolus, qui praepositus est inferis, ° subtus, ‘ quia infernus deorsum est, ° conturbatus est, ‘ idest in tumultum versus; quasi hoc potuit fieri, * infra 30: ° sperastis in calumnia in tumultu, et innixi estis super eo. ‘ item quantum ad alios potentes decurrentes, ° suscitabit tibi gigantes, ‘ quasi secum tibi assurgere. ° gigantes, ‘ quantum ad fortes corpore. * infra 26: ° morientes non vivant, et gigantes non resurgant. omnes principes terrae, ‘ quantum ad reges, quorum est sedere in soliis; ° principes nationum, ‘ quantum ad alios potentes, ° surrexerunt. universi, ‘ scilicet infernales gigantes, ° respondebunt, ‘ quasi convenisses eos, vel quasi flenti. secundo ponit eorum improperium: et improperant tria; scilicet poenam quam invenit. et quantum ad mortem, ° vulneratus es, ‘ morte, vi divinae potentiae. * psal. 88: ° tu humiliasti sicut vulneratum superbum. ‘ tum quantum ad mortui humiliationem; et in anima, ° detracta est; ‘ et in corpore, ° concidit cadaver, ‘ mortis. tum etiam quantum ad mortui afflictionem in inferno, ° subter te sternetur. ‘ in quibus omnes poenae inferni, * judith ult. ° dabit ignem et vermes et carnes eorum ut urantur, et sentiant usque in sempiternum. ‘ secundo |100| improperant gloriam quam amisit. tum, quantum ad dignitatem regni, ° lucifer, ‘ pulcher inter omnes alios reges, ° mane, ‘ ante omnes alios monarchus; et quantum ad potentiam belli, ° corruisti in terram. * dan. 2: ° tu es caput aureum, o rex; et post te surget aliud regnum minus te. ‘ tertio improperat superbiam cordis quam habuit, quantum ad tria: quantum ad superbam cogitationem; secundo quantum ad perversam intentionem, ° ero similis; ‘ tertio quantum ad propositi frustrationem, ° verumtamen. ‘ cogitatio autem erat superba, quia cogitabat usurpare quae dei sunt, * secundum errorem gentilium, qui credebant “ homines in deos mutari, et ex principibus fieri stellas, * sicut dicitur 2 mach. 11: ° patre nostro inter deos translato. ‘ cogitabat etiam usurpare divinum locum: ° conscendam in caelum, super astra caeli: ‘ quasi: sicut sum super alios principes in terra, ita ero super alias stellas in caelo. et divinum cultum. ° sedebo, ‘ sicut recipiens sacrificia, ° in monte testamenti, ‘ idest in templo dei, quod erat in monte sion, in quo erat testamentum legis, ° in lateribus aquilonis, ‘ idest in jerusalem, quae erat ad aquilonarem partem montis. et divinum actum. |125| ° super altitudinem nubium; ‘ quasi dicat: ut tonem et fulminem. vel per nubes prophetas; per caelum regnum judaeorum; per astra judaei fulgentes dei cognitione. ° similis. ‘ ecce perversa intentio. * ezech. 28: ° numquid dicens loqueris, deus ego sum? verumtamen. ‘ ecce frustratio intentionis. ° in profundum laci, ‘ idest in durissimis poenis. * job 21: ° ducunt in bonis dies suos, et in puncto ad inferna descendunt. qui te viderint. ‘ hic ponitur insultatio aliarum communium personarum. et primo describit eorum occursum. omnes alii ° qui te viderint, ‘ in poenis, ° ad te inclinabuntur; ‘ quasi dicat: tantum eris infra alios quod oportebit eos inclinari, ad hoc quod te videant. * sap. 6: ° potentes potenter tormenta patientur. ‘ secundo ponit eorum improperium. et tria improperant. primo culpam quam commisit: ° conturbavit, ‘ in bellis, ° concussit, ‘ mutando dominia: ° posuit orbem desertum, ‘ exulando homines: ° urbes, ‘ subvertendo civitates: ° vinctis non aperuit, ‘ ut possent lumen videre. * ezech. 32: ° dederunt terrorem in terra viventium. ‘ secundo improperant sepulturam qua corruit, quia extumulatus a filio suo, qui discerpsit cadaver in ducentas partes, et alligavit totidem avibus de diversis terris congregatis, ne posset resurgere. ° pollutus, |150| ‘ sanguine eorum quos occidisti. * jer. 22: ° sepultura asini sepelietur. ‘ tertio improperant damnum quod regno suo intulit. ° perdidisti, ‘ quia chaldaei plus tenuissent regnum, nisi fuissent peccata nabuchodonosor: punitur enim populus pro culpa principis, * sicut patet proverb. ult.. ‘ cujus ratio est, quia populus solet imitari culpam regis. * proverb. 29: ° princeps qui libenter audit verba mendacii, omnes ministros habet impios. ‘ totum istud mystice exponitur de diabolo. ° concutit regna, “ quasi minister poenae, et incentor culpae, cujus potentia per christum diminuta est, et in die judicii ex toto in inferno detrahetur, qui voluit in caelum conscendere, et ad aequalitatem majestatis divinae venire, * secundum quod exponitur in glossa. ‘ nota * super illo verbo, ° super astra dei, ‘ quod sancti comparantur stellis primo propter numerum. * ps. 146: ° qui numerat multitudinem stellarum. * dan. 7: ° millia millium ministrabant ei, et decies millies centena millia assistebant ei. ‘ secundo propter situm. * eccl. 43: ° species caeli gloria stellarum. * phil. 3: ° nostra autem conversatio in caelis est. ‘ tertio propter gradum. * 1 cor. 15: ° stella a stella differt in claritate. ‘ quarto propter splendoris rutilum. * dan. 12: ° et qui ad justitiam erudiunt plurimos, | 175 | quasi stellae in perpetuas aeternitates. ‘ quinto propter ordinatum motum. * judicum 5: ° stellae manentes in ordine et cursu suo, adversus sisaram pugnaverunt. * 1 cor. 14: ° omnia honeste et secundum ordinem fiant in vobis. ‘ sexto propter visum. * eccl. 50: ° quasi stella matutina in medio nebulae. * 1 joan. 3: ° nondum apparuit quid erimus. ‘ septimo propter figurae circulum. * apoc. 12: ° mulier apparuit in caelo... et in capite ejus corona stellarum duodecim: ‘ in quo significatur perfectio gloriae. ° non vocabitur. ‘ hic confirmat insultationem: et primo per prophetae vaticinium; secundo per divinum propositum, ° et consurgam; ‘ tertio per divini propositi firmamentum, ° dominus exercituum. ‘ circa primum comminatur tria. et primo regni amissionem: ° semen pessimorum, ‘ idest filii nabuchodonosor et filiorum suorum, ° non vocabitur in aeternum, ‘ idest non supererit nomen ejus in honore regni. secundo filiorum occisionem a medis et persis: ° praeparate in iniquitate; ‘ idest pro iniquitate. tertio impossibilem recuperationem, ° non consurgent. faciem orbis, ‘ idest babylonis, quae supra dicta est orbis. * exod. |200| 20: ° ego sum deus zelotes, visitans peccata patrum in filios. * sap. 4: ° ex iniquis nascetur iniquitas. et consurgam. ‘ hic ponitur divinum propositum ad complendum. et primo ad destruendam babylonem quantum ad destructionem hominum, ° super eos, ‘ scilicet filios nabuchodonosor. ° nomen babylonis, ‘ idest famam potentiae suae, ° reliquias ‘ filios, ° et progeniem, ‘ nepotes et deinceps. * job 18: ° non erit semen ejus, neque progenies in populo suo. ‘ quantum ad bestiarum habitationem: ° ponam eam, * infra 34: ° ibi habuit foveam ericius, et enutrivit catulos, et circumfodit, et fodit in umbra ejus. ‘ quantum ad destructionem murorum, ° scopabo, ‘ ut nihil remaneat nisi pavimentum, sicut in domo quando purgatur scopa. secundo ponit propositum de destructione assyriorum, ut sit in exemplum. et primo ponitur juramentum. ° juravit, ‘ idest immobiliter statuit, ° si non ut putavi, ‘ idest statui. * psal. 109: ° juravit dominus, et non poenitebit. ‘ secundo destructionis locum, ° in terra mea: ‘ quia juxta jerusalem destructus est exercitus senacherib. * infra 25: ° faciet dominus in monte hoc convivium pinguium. ‘ tertio describit poenae fructum, ° auferetur. * supra 9: ° jugum enim |225| oneris ejus, et virgam humeri ejus et sceptrum exactoris ejus superasti. ‘ tertio ponit propositum de destructione omnium popularium: ° hoc consilium quod cogitavi super omnem terram, ‘ destruendam, quantum ad deliberationem. ° manus ejus, ‘ idest potentia, quantum ad executionem. * jer. 25: ° sume calicem vini furoris hujus de manu mea. ‘ vel ° omnem terram, ‘ protegendam ab assyriis. ° et haec manus extenta, ‘ quae destructa est. et sic erit fructus poenae in omnibus gentibus. ° dominus exercituum. ‘ hic ostendit divini propositi stabilimentum. et quantum ad decretum sapientiae, ° decrevit; ‘ et quantum ad expletionem potentiae: ° et manus ejus, * job 23: ° ipse solus est, et nemo potest avertere cogitationem ejus; et anima ejus quodcumque voluerit hoc fecit. in anno. ‘ hic comminatur contra hostes de afflictione judaeorum gaudentes: et primo contra philistaeos, qui gaudebant de minoratione eorum per mortem ezechiae: secundo contra moabitas, qui gaudebant de eorum destructione per assyrios vel chaldaeos. * cap. 15: ° onus moab ‘ prima in duas. in prima ponitur tempus comminationis: ° in anno, ‘ cujus tempore philistaei occupaverant quosdam timentes de regno judaeorum, |250| * ut dicitur 2 paral. 28: ‘ et tamen achaz eis resistebat; et ideo in morte ejus laetabantur quasi licentius judaeos infestaturi. secundo ponitur comminatio, ° ne laeteris. ‘ et primo comminatur afflictionem quam passi sunt ab ezechia, secundo destructionem quam passi sunt sub assyriis, ° ulula. ‘ circa primum tria facit. primo enim excludit stultum gaudium: ° ne laeteris, ‘ de hoc scilicet quoniam ° virga, ‘ idest potestas, ° percussoris tui, ‘ idest achaz, ° comminuta est, ‘ per mortem. * eccle. 2: ° risum reputavi errorem. ‘ secundo comminatur poenae augmentum: ° de radice enim, ‘ quasi dicat; sicut regulus, qui et basiliscus, plus nocet quam alius coluber, qui etiam visu et flatu interficit non solum animalia, sed etiam aves volantes, ita ezechias filius achaz plus ceteris vos affliget. * 3 reg. 12: ° pater meus imposuit vobis onus grave; ego superaddam. ‘ tertio praedicit poenae effectum, ° et in cunctis, ‘ quantum ad terrae ubertatem. ° et pascentur primogeniti, ‘ idest judaei, * de quibus exo. 4: ° primogenitus meus israel. ‘ et quantum ad pacis securitatem, ° fiducialiter. * infra 32: ° sedebit populus meus in pulchritudine pacis, in tabernaculis fiduciae. ‘ et effectum |275| in philisthaeis per contrarium, scilicet famis, contra primum: ° interire radicem, ‘ idest eos etiam qui aliis nutrimenta ministrare debebant. et occisionis, contra secundum: ° et reliquias, ‘ ab ezechia, ° interficiam, ‘ per assyrios et chaldaeos. * infra 65: ° servi mei comedent, et vos esurietis; servi mei bibent, et vos sitietis. ulula. ‘ hic comminatur destructionem per assyrios: et primo comminatur eorum destructionem; secundo judaeorum liberationem, ° et quid respondebitur? ‘ circa primum tria ponit. primo comminatur naturalem destructionem. ° porta, ‘ idest judices sedentes in portis. * jer. 3: ° vox in viis audita est, ploratus et ululatus filiorum israel. ‘ et hostium multitudinem. ° fumus, ‘ excitatus ex multitudine exercitus propter pulverem ° ab aquilone, ‘ propter situm assyriorum ad philistaeos. * jer. 1: ° ab aquilone pandetur malum super omnes habitatores terrae. ‘ tertio evasionis impossibilitatem, ° et non erit, * thren. 2: ° non fuit in die furoris. et quid respondebitur. ‘ hic promittit liberationem. et primo ponit interrogationem: ° nuntiis, ‘ angelis praepositis diversis provinciis, vel de eorum statu solicite inquirentibus; |300| vel nuntiis missis ad consulendum isaiam, * sicut legitur de jeremia 27. ‘ secundo ponitur responsio: ° quia dominus fundavit; ‘ idest, sua protectione firmavit, * infra 54: ° ecce sternam.

068 CIS cp15

lc ° Onus moab. ‘ in parte ista comminatur contra moabitas, qui descenderunt a moab primogenito loth, * gen. 19, ‘ propter hoc quod gavisi sunt de destructione filiorum israel ab assyriis et chaldaeis, a quibus tamen ipsi sunt destructi, quamvis post. et dividitur in partes duas. in prima comminatur destructionem; in secunda destructionis conditionem, ° emitte, * cap. 16. ‘ prima in duas. in prima comminatur destructionem per assyrios; in secunda per babylonios, ° ad torrentem. ‘ prima in tres. in prima designat ex dolore poenae magnitudinem; in secunda poenae modum et ordinem, ° vectes; ‘ in tertia magnitudinis rationem, ° secundum magnitudinem. ‘ magnitudinem autem doloris ostendit quantum ad tria: scilicet per stuporis silentium; per doloris fletum, ° ascendit; ‘ per compassionem hostium, ° cor meum. ‘ stupor autem contingit ex privatione eorum in quibus aliquis confidit. confidebant autem in regia civitate a qua sperabant auxilium, et in munitionibus: * et ideo dicit: ° onus moab; ‘ idest, haec est visio de onere moab, idest provincia moabitarum. ° conticuit, ‘ prae stupore, ° quia ar, ‘ civitas regia, |25| ° vastata est nocte. ‘ ad litteram, propter gravem tribulationem. ° et quia nocte vastatus est murus ‘ munitionum, ° moab conticuit, * abd. 5: ° si fures intrasset. ascendit. ‘ hic ostendit magnitudinem poenae ex magnitudine fletus: et tria ponit. primo praedicit fletum: et quantum ad flentes, ° domus, ‘ scilicet regia, ° et dibon, ‘ nobilis quaedam civitas. et quantum ad locum: ° ascendit in planctum, ‘ idest ad flendum, ° ad excelsa ‘ in quibus idolis immolabant, ut plangendo auxilium quaererent. et quantum ad materiam: ° moab, ‘ tota provincia, ° ululabit super nabo et super medaba, ‘ quaedam civitates quae destructae fuerant. * ioel 2: ° (ululate in monte sancto meo). ‘ secundo describit plangendi modum, secundum morem antiquorum, qui nutrientes tempore laetitiae barbam et comam, tempore tristitiae deponebant, * sicut habetur job 1: ° tonso capite corruit in terram. in cunctis capitibus. * supra 3: ° et erit pro crispanti crine calvitium. ‘tertio excludit fletus terminum. et quantum ad diversitatem locorum: quia ° omnis, ‘ idest omnibus modis, ° ululatus, ‘ erit, ° super tecta ejus, ‘ quae plana habebant ad sedendum, ° et in plateis ejus descendet in fletu, ‘ab excelsis in quae flens ascenderat; ut in montibus et vallibus |50| fletus sit. ° esebon clamavit, ‘ flens, ° et eleale, ‘ quae sunt civitates, quinimo terrae regni moab. ° vox eorum audita est usque jasa, ‘quae est alia civitas ejus. et quantum ad diversitatem flentium: ° super hoc, ‘malum, ° expediti, ‘scilicet ad pugnandum; non tantum senes, et etiam simul cum aliis, sed etiam ° sibi, ‘quando stat solitarius, ° anima, ‘ quia planctus procedit ex intimis cordis. * jer. 48: ° super omne tectum moab et in plateis ejus omnis planctus. ‘ nota * super illo verbo, ° nocte vastatus est murus, ‘ quod nox habet obscuritatem: et primo originalis maculae. * job 3: ° pereat dies in qua natus sum, et nox in qua dictum est, conceptus est homo. ‘secundo actualis culpae. * 1 thess. 5: ° qui dormiunt, nocte dormiunt. ‘ tertio infidelis ignorantiae. * rom. 13: ° nox praecessit, dies autem appropinquavit. ‘ secundo nox habet horrorem. primo opprimentis desperationis. * job 27: ° nocte opprimet eum tempestas. ‘ secundo praesentis afflictionis. * prov. ult.: ° non extinguetur in nocte lucerna ejus. ‘tertio aeternae damnationis. * sap. 17: ° vinculis tenebrarum, et longae noctis compediti, perpetuae providentiae placuerunt. ‘tertio nox habet quietem |75| contemplationis; in qua primo est ferventis amoris desiderium: * infra 26: ° anima mea desideravit te in nocte: ‘ secundo debitae confessionis sacrificium. * ps. 118: ° media nocte surgebam ad confitendum tibi; ‘ tertio divinae consolationis silentium: * sap. 18: ° cum enim quietum silentium contineret omnia, et nox in suo cursu medium iter haberet; omnipotens sermo tuus, domine, exiliens de caelo, a regalibus sedibus venit. cor meum. ‘ hic ostendit magnitudinem poenae ex compassione hostium, quia ipse propheta condolebat ° ad moab, ‘ idest pro afflictione moab. * jer. 48: ° super te evigilabo. vectes. ‘hic describit poenae modum et ordinem; et ponit tria. primo terrae vastationem, ° vectes, ‘ idest fortitudo vel termini, ° ejus, ‘ moab deserti sunt, ° usque ad segor, ‘ una de quinque urbibus destructis: * gen. 19, ‘ quae erat in terris moab. ° vitulam, ‘ propter luxuriam, ° conternantem, ‘ idest trium annorum, quando sunt animalia in suo robore et fortitudine. vel ° conternantem, ‘ quia tertia concussione terraemotus corruit, recedente loth. * jer. 46: ° vitula elegans atque famosa aegyptus. ‘ secundo hominum captivitatem: ° per ascensum enim luith, ‘ quidam clivus, vel quidam vicus, unde ducebantur captivi, ° ascendet, ‘ moab captivus |100| ductus. ° et in via oronaim, ‘ cujusdam civitatis de moab, per quam transibant, ° levabunt clamorem contritionis. * nahum 2: ° miles captivus ductus est. ‘ tertio agrorum sterilitatem, ° aquae enim; ‘ idest, terra moab ita erit sterilis sicut locus juxta oppidum ° nemrim, ‘ quod est juxta mare, propter aquas salsas et amaras. non quidem propter aquas, sed dei judicio, ° herba, ‘ jam nata, ° aruit; germen, ‘ quantum ad ea quae erant in pullulatione; ° viror, ‘ arborum jam natarum. * ps. 106: ° posuit flumina in desertum. secundum magnitudinem. ‘ hic ponitur ratio magnitudinis poenae. ° operis ‘ peccati; ° visitatio, ‘ ultio. * deut. 25: ° pro mensura peccati erit et plagarum modus. ad torrentem. ‘ hic comminatur destructionem per babylonios; in qua quidam fuerunt captivati. et quantum ad hoc dicit: chaldaei ° ducent eos ad torrentem, ‘ euphratem, juxta babyloniam, ° salicum, ‘ qui juxta fluvium crescunt. * ps. 136: ° super flumina babylonis illic sedimus, et flevimus. ‘ quidam fuerunt interfecti; * et quantum ad hoc dicit: ° quoniam circuit clamor, ‘ flentium, vel pugnantium chaldaeorum: ° quia aquae dibon, ‘ nomen civitatis; in quibus propter amoenitatem locorum suas luxurias exercebant. * 4 reg. |125| 3: ° incurrerunt moabitae aquas dibon. ‘ quidam residui fuerunt diversis persecutionibus afflicti: ° ponam dibon, ‘ ad quam judaei confugerant, haec ° additamenta, ‘ poenarum, ° his qui fugerint de moab, ‘ ab assyriis, ° et reliquiis terrae, ‘ quos dimiserunt assyrii. ° leonem: ‘ ad litteram, bestias eos interficientes; vel hostem saevientem, scilicet chaldaeum. * supra 9: ° in omnibus his non est aversus furor meus.

068 CIS cp16

lc ° Emitte agnum. ‘ hic describit poenae conditionem; et ponit duas conditiones. primo aequitatem ex parte judicantis: secundo deceptionem ex parte patientis, ° et erit cum apparuerit. ‘ aequitas autem poenae disponitur ex culpa praecedente; et ideo ordinat culpam. ponit autem duplicem culpam. primo contra contemptum promissi beneficii; secundo contra contemptum salubris dati consilii, ° ini consilium. ‘circa primum duo facit. in prima promittit beneficium christi nascituri de eorum gente, ut ex hoc aliquam consolationem accipiant. ruth enim moabites nupsit booz, ex quo concepit obed patrem jesse patris david, de quo natus est christus; * ut dicitur ruth ultim.. et ideo dicit, ° o domine, ‘ pater, ° agnum, ‘ christum: * joan. 1: ° de petra deserti, ‘ de ruth gentili, cujus populus lapideus est, deos lapideos adorans: et ob hoc a deo desertus. ° ad montem, ‘ jerusalem, in quo occisus est et surrexit, vel ecclesiam. ° dominatorem. * apoc. 5: ° sedenti super thronum. ‘ secundo ponit poenam contemnentium: ° erit sicut avis fugiens, ‘ unde fugerant, vel captivi ducebantur. * supra 10: ° invenit quasi nidum manus |25| mea fortitudinem populorum. ‘ alii hic volunt, licet extorte, ad litteram exponere de tributo agnorum, quod rex moab subtraxerat a rege israel; * sicut dicitur 4 reg. 3, quod ‘ per prophetam praedicitur restituendum regi jerusalem. ° dominatorem, ‘ in signum dominii, ° de petra deserti, ‘ locus in quo nutriebantur oves. ° ini consilium. ‘ hic ordinat poenam contra contemptum dati consilii. et dividitur in tres. in prima ponit consilium; in secunda consilii contemptum, ° audivimus, ‘ in tertia poenam contemnentium, ° idcirco. ‘ circa primum tria ponit. primo hortatur ad deliberationem, ° ini consilium ‘ quasi: delibera qualiter salvari possis. consilium est ipsa quaestio quae vertitur inter consiliantes: concilium congregatio consiliatorum. ° coge, ‘ quasi strictum consilium habens. * prov. 11: ° salus ubi multa consilia. * eccl. 32: ° omnia fac cum consilio, et post factum non poenitebis. ‘ secundo ponit consilii tenorem: ° pone quasi noctem: ‘ in quo hortatur ad duo. ad receptationem judaeorum fugientium, ut locum absconsionis praeparet. ° pone quasi noctem, ‘ idest praepara te ad occultandos eos ita in die ac si in nocte; vel ° in meridie, ‘ aperta persecutione, ut fugientes |50| celet. ° absconde, ‘ ut abscondens non reveles ° vagos. ‘ hortatur etiam ut receptos amicabiliter sustentet, ° habitabunt. * infra 32: ° et erit vir. ‘ tertio assignat rationem, ° finitus. ‘ et primo quantum ad hostium destructionem, ne eorum timorem dimittant: ° finitus est pulvis, ‘ multitudo exercitus senacherib, ° consummatus est, ‘ idest occisus a filiis, ° miser, ‘ senacherib: * infra 37: ° defecit, quantum ad potentiam. ‘ secundo quantum ad judaeorum restaurationem, ut libentius faciant: quantum ad regni praeparationem, ° praeparabitur, in misericordia ‘ dei, vel regis misericordis: ° solium, ‘ regum juda; quantum ad regis potestatem: ° sedebit, ‘ quasi quiete regnabit, quantum ad judicii aequitatem: ° in veritate judicans, ‘ quantum ad sententiae prolationem: ° quaerens, ‘ quantum ad causarum discussionem: ° reddens, ‘ quantum ad sententiae executionem. et hoc potest exponi de ezechia, vel de christo. * supra 9: ° super solium david et super regnum ejus sedebit. ‘ nota * super illo verbo, ° emitte agnum, ‘ quod christus dicitur agnus primo propter vitae puritatem. * exod. 12: ° erit agnus sine macula, agnus, anniculus. ‘ secundo propter mortis mansuetudinem. * infra 53: ° quasi agnus coram tondente se |75| non aperuit os suum. ‘ tertio propter peccati expiationem. * joan. 1: ° ecce agnus dei, ecce qui tollit peccata mundi. ‘ nota * super illo verbo, ° de petra deserti, ‘ quod beata virgo dicitur petra primo propter gratiae firmitatem, * eccl. 26: ° fundamenta aeterna. ‘ secundo propter continentiae frigiditatem. * infra 32: ° sicut umbra petrae prominentis in terra deserta. ‘ tertio propter fructus ubertatem. * job 29: ° petra fundebat rivos olei. ‘ et nota, quod ista petra fuit singularis deserti: quia praecipua quantum ad primum. * can. 4: ° tota pulchra es, amica mea. ‘ secundo, quia prima quantum ad secundum. * can. 1: ° curremus in odorem unguentorum tuorum. ‘ virgo quantum ad tertium. * supra 7: ° ecce virgo concipiet et pariet filium. ‘ nota * super illo verbo, ° emitte, ‘ scilicet tu pater filium, quod pater misit filium primo sicut sol radium. * eccl. 43: ° tripliciter sol exurens montes. ‘ secundo sicut fons fluvium. * eccl. 24: ° ego quasi fluvius dorix. ‘ tertio sicut pater filium. * joan. 3: ° sic deus dilexit mundum ut unigenitum daret. audivimus. ‘ hic ponit contemptum |100| consilii ex superbia procedentem: unde describit eorum superbiam quantum ad tria. quantum ad divulgationem, ° audivimus, ‘ quasi publicum; quantum ad quantitatem, ° superbus est valde; ‘ quantum ad hoc quod excedit ejus dignitatem, ° superbia ejus, ‘ qua de bonis habitis se extollit, ° arrogantia, ‘ qua non habita praetendit; ° indignatio, ‘ qua vindictas praesumptuose proponit, ° plusquam etc.. idcirco. ‘ hic ponit poenam contemnentium. et primo puniendorum fletum, ° moab ad moab, ‘ idest ad invicem; * de quo supra 15, satis dicitur. ° secundo ‘ describit poenae modum: ° his qui laetantur, ‘ et ponuntur tria. primo indicitur poenae denuntiatio prophetis vel nuntiis: ° qui laetantur, ‘ gloriantur, et confidunt de munitionibus ex muris latericiis: * ezech. 33: ° si speculator viderit ‘ etc.. secundo ponitur poenae descriptio quantum ad destructionem terrarum. ° esebon, ‘ civitas, in cujus terris abundabat triticum. ° sabama, ‘ civitas vicina, in qua abundabat vinum. quantum ad hostium fortitudinem, ° domini gentium, ‘ idest assyrii, vel chaldaei, multis gentibus dominantes, ° flagella, ‘ idest palmites qui sunt in summitate vitis, per quos metaphorice |125| significantur principes et sublimes. ° usque ad jazer, ‘ destruendo, quae est in ultimis finibus. quantum ad afflictionem hominum, errorem gentium, ° erraverunt. * ps. 106: ° erraverunt in solitudine, in inaquoso. ‘ vilitatem remanentium, ° propagines, ‘ quae remanent in vinea excisis flagellis, sine fructu et decore. * dan. 4: ° germen radicum ejus, in terra sinite. ‘ elongationem captivorum: ° transierunt mare, ‘ moabiticum, ducti captivi in babylonem. vel ° mare, ‘ idest euphratem, secundum consuetudinem hebraeorum. * joel. 3: ° venundabunt eos sabaeis genti longinquae. ‘ vel exponitur de assyriis mare transeuntibus, et venientibus ad destruendum. tertio ponitur prophetae compassio; et primo ponitur compassio ° super hoc, ‘ scilicet malum moab, ° plorabo in fletu jazer, ‘ idest deflens illa civitatem moab. et similiter etiam ° vineam sabama, et eleale. ‘ secundo ponitur compassionis ratio quantum ad hostium impetum, ° calcantium, ‘ idest assyriorum devastantium, et quantum ad sublatum ab eis gaudium, quod habebant de abundantia frumenti, ° de carmelo, ‘ idest de fertilitate: carmelus enim non est in moab; sed utuntur judaei nominibus propriis pro appellativis. et gaudium quod habebant in abundantia vini, ° in vineis |150| * jer. 48. ‘ tertio infertur quasi ex ratione conclusio: ° super hoc, ‘ infortunio, ° venter, ‘ idest sensus, ° meus quasi cithara, ‘ faciens sonum ad planctum. vel quia cithara auget gaudium laetis, et tristitiam tristibus. vel propter concordiam virtutum prophetae. ° et erit. ‘ hic ostendit frustrationem eorum, et de idolis, quibus sacrificabant in excelsis, et quibus sacrificabant in templis, quando erant in timoribus. * deut. 32: ° ubi sunt dii eorum in quibus habebant fiduciam? hoc verbum. ‘ hic est epilogus. ° ex tunc, ‘ a morte regis achaz. ° et nunc. ‘ hic ostendit brevitatem temporis. ° in tribus annis, ‘ qui erunt usque ad destructionem vestram, et a morte achaz: suo tempore fuit visio hujus secundi verbi: vel in quibus durabit vestra persecutio vel impugnatio. ° anni mercenarii: ‘ quia post hos dominus reddet vobis mercedem pro peccatis vestris. vel qui videntur magni, mercenarii sunt, et domino parvi. * job 7: ° militia est vita hominis super terram; et quasi mercenarii dies ejus.

068 CIS cp17

lc ° Onus damasci. ‘ hic incipit comminari contra illos qui praeparabant populo dei occasionem peccandi, dum per confidentiam auxilii ipsorum de deo confidere non curabant. et dividitur in duas. in prima contra syros, qui populo decem tribuum auxilium conferebant; in secunda contra aegyptios, qui duabus tribubus. * cap. 18: ° vae terrae. ‘ prima in tres. in prima comminatur destructionem syrorum auxilium promittentium; in secunda decem tribuum in praemisso auxilio confidentium, ° et erit in die illa, ‘ in tertia assyriorum utrosque destruentium, ° vae multitudini. ‘ circa primum duo. primo comminatur destructionem; in secunda describit destructionis effectum, ° et cessabit. ‘ destructionem autem comminatur primo quantum ad regiam civitatem: ° desinet esse civitas, ‘ per depopulationem hominum; ° erit sicut, ‘ per destructionem murorum. * mich. 3: ° sion erit quasi ager. ‘ secundo quantum ad adjacentem regionem, ° aroer, ‘ idest illius regionis syriae, in qua multae civitates sunt, vel ° aroer, ‘ myrica; quasi: sicut loca in quibus abundant |25| myricae sterilia sunt, et derelicta in pastum gregum; ita civitates syriae. ° non erit qui exterreat: ‘ quia propter solitudinem etiam latrones non erunt ibi: vel quia non erunt ad alium fructum utiles; sicut exterrentur greges a vineis et locis cultis. * infra 34: ° orientur in domibus eorum urticae. et cessabit. ‘ hic ponitur effectus destructionis: et primo in decem tribubus ° ab ephraim; ‘ secundo quantum ad regiam civitatem, ° et regnum a damasco, ‘ cessabit, et non erit ulterius caput regni; tertio quantum ad totam regionem, ° et reliquiae syriae, ‘ ironice; idest, erunt ignominiosi sicut filii israel. * infra 31: ° dominus inclinabit manum suam, et corruet auxiliator. et erit in die illa. ‘ hic comminatur destructionem decem tribuum, in eorum auxilio confidentium: et primo quantum ad oppressionem hominum; secundo quantum ad desolationem civitatum, ° in die illa civitates, ‘ tertio quantum ad sterilitatem agrorum, ° propterea plantabis. ‘ circa primum duo facit. primo comminatur poenam; secundo ostendit poenae fructum, ° in die illa inclinabitur. ‘ comminatur |50| autem poenam in hominibus primo contra elationis gloriam, ° attenuabitur, ‘ idest ad modicum, et quasi ad nihilum redigetur, ° gloria, ‘ destructis his in quibus gloriabantur. secundo contra divitiarum opulentiam, ° et pinguedo, ‘ idest divitiae quibus carnem deliciose nutriebant. * supra 10: ° mittet dominator dominus. ‘ tertio contra populi abundantiam comminatur hominum paucitatem, quam describit sub triplici metaphora, secundum quod in tribus in abundantia jacob benedictio fuit. * gen. 27: ° abundantiam frumenti, vini et olei. ‘ quantum ad primum ponit paucitatem spicarum post messionem, quae vel congregantur ab ipso messore, et sic, ° et erit, ‘ paucitas reliquiarum decem tribuum, sicut quando aliquis est ° congregans in messe quod restiterit ‘ prima messione, ° et brachium ejus, ‘ de congregatis, ° spicas leget, ‘ idest colliget. et iste congregans fuit ezechias, qui convocavit reliquias decem tribuum, * sicut legitur 2 paral. 30, ‘ vel etiam quae congregantur ab aliquo paupere, * sicut dixit ruth 2: ° vadam in agrum colligere spicas. * et quantum ad hoc dicit: ° sicut quaerens spicas in valle raphaim, ‘ quaedam vallis fertilissima. contra abundantiam vini ponit paucitatem uvarum post vindemiationem. ° et relinquetur, |75| * michaeae 7: ° vae mihi, quia factus sum sicut qui colligit in autumno racemos vindemiae. ‘ contra abundantiam olei ponit paucitatem olivarum post excussionem: ° oleae. ‘ ut dicit papias, “ est fructus olivarum; * sed hic, secundum expositionem glossae, videtur “ poni pro ipsa arbore in cuius cacumine remanent aliqui pauci fructus ad quos colligans non potuit attingere, de ista paucitate, * deut. 28: ° remanebitis pauci numero. ‘ nota * super illo verbo, ° et pinguedo carnis ‘ quod divitiae dicuntur pinguedo: primo propter sterilitatem. * matth. 13: ° fallacia divitiarum. ‘ secundo propter ventositatem. * 1 tim. ult.: ° divitibus hujus saeculi praecipe non sublime sapere, nec sperare in incerto divitiarum. ‘ tertio propter inutilitatem. * ez. 16: ° haec fuit iniquitas sodomiae etc., * eccl. 5: ° divitiae conservatae in malum domini sui. in die illa. ‘ hic ponit poenae fructum. ° inclinabitur, ‘ exhibendo debitum servitutis cultum, ° homo, ‘ de decem tribubus quicumque fuerit ad ezechiam. ° respicient, ‘ expectando |100| aliquod auxilium: ° delubra, ‘ templa in quibus erant fontes, quasi ad abluendum * infra 31: ° in die illa percutiam. in die illa. ‘ hic comminatur desolationes civitatum. et primo comminatur ipsam desolationem, ° sicut aratra. * tangitur hic quod habetur ios. 6 et 7, quod ‘ ad adventum filiorum israel, amorrhaei fugerunt, relinquentes omnia in agris. * supra 1: ° terra vestra deserta, civitates vestrae succensae igni. ‘ secundo ponit desolationis rationem. ° et eris deserta, * deuter. 32: ° deum qui te genuit dereliquisti, et oblitus es domini creatoris tui. propterea plantabis. ‘ hic comminatur sterilitatem fructuum: et circa hoc tria facit. primo ostendit cultus inutilem laborem, quantum ad vineas: ° plantationem infidelem, ‘ quia non reddet fructum secundum laborem: vel ° fidelem ‘ ironice; quasi dicat: aut propter mala quae fecisti erit plantatio tua fidelis? quantum ad agros. ° germen alienum, ‘ quod alii colligent. * supra 5: ° decem jugera vinearum facient lagunculam unam. ‘ secundo quantum ad fructus perditionem: ° in die plantationis tuae, ‘ idest quando de plantatione fructum sumere |125| debebas; et hoc quantum ad vineas; quantum ad agros, ° mane semen tuum florebit; ‘ idest primo pulchrum erit, ut magis doleas; vel quia ante tempus florebit, et inutile erit. * proverb. 20: ° hereditas ad quam festinatur in principio, in novissimo benedictione carebit. ablata est, ‘ ab hostibus, ° in die hereditatis, ‘ quando in horreo debuit recondi, quasi fructus hereditatis. * jer. 12: ° seminaverunt triticum, et messuerunt spinas. ‘ tertio comminatur pro amissione dolorem, ° dolebit, ‘ qui seminavit; vel dolebis tu. ° vae multitudini. ‘ hic comminatur assyriorum exercitui destructionem: et circa hoc tria ponit. et primo describit exercitus multitudinem quantum ad strepitum incedentium, ° vae multitudini populorum, ‘ venientium cum senacherib; quantum ad tumultum colloquentium, ° tumultus, ‘ qui est locutio confusa praecipue multorum; quantum ad clamorem pugnantium, ° sonabunt populi, ‘ in pugna. * supra 8: ° ecce adducet dominus super eos aquas fluminis fortes et multas. * jerem. 6: ° vox ejus quasi mare sonabit. * apoc. 17: ° aquae multae, populi multi. ‘ secundo comminatur destructionem: circa quam primo ponitur ipsa destructio, ° et increpabit, ‘ occidendo exercitum per angelum, ° et fugiet procul, ‘ in terram suam |150| cum paucis: * ut supra 10, habetur, psalm. 9: ° increpasti gentes; ‘ secundo ponitur similitudo respondens conditioni, quia superbus erat, ° rapietur sicut pulvis. * psal. 1: ° tamquam pulvis quae projicitur a facie venti; ‘ et respondens tempori, ° sicut turbo, ‘ quia de nocte fuit percussus exercitus ejus, quem vocat tempestatem, cujus praeambulum in pulvere est turbo ex ventis, qui sunt causa pluviae. * 4 reg. 19: ° in nocte illa venit angelus, et percussit exercitum. ‘ tertio ponitur destructionis consummatio: ° et non subsistet, ‘ quia ipsemet interfectus fuit. * ezech. 29: ° nihil factus es. ‘ quarto ponitur destructionis ratio. ° haec est pars eorum qui vastaverunt nos, ‘ possessiones, ° et diripientium, ‘ res mobiles. * psal. 10: ° ignis, sulphur, et spiritus procellarum pars calicis eorum. ‘ nota * super illo verbo, ° et oculi ejus ad sanctum israel, ‘ quod oculi debent inclinari ad deum primo per fidei adhaesionem. * infra 30: ° oculi tui videbunt praeceptorem tuum. ‘ secundo propter spei expectationem. * psalm. 144: ° oculi omnium in te sperant domine. ‘ tertio propter amoris contemplationem. * job 39: ° inde contemplabitur escam, et de longe oculi ejus respiciunt. ‘ quarto propter |175| gloriae fruitionem. * matth. 13: ° beati oculi. ‘ nota * super illo verbo, ° plantatio infidelis, ‘ quod est primo avari. * eccl. 5: ° qui amat divitias, fructum non capiet ex eis. ‘ secundo luxuriosi. * rom. 6: ° quem fructum habuistis tunc in quibus nunc erubescitis? ‘ tertio superbi. * sap. 5: ° quid nobis profuit superbia nostra?

068 CIS cp18

lc ° Vae terrae cymbalo. ‘ hic comminatur contra aegyptios: et primo comminatur eorum poenam per comparationem ad poenae meritum; in secunda exequitur poenae modum; * cap. 19: ° onus aegypti; ‘ in tertia designat poenae tempus, * cap. 20: ° in anno. ‘ circa primum tria ponit. primo designat culpam, quae est meritum poenae; in secunda comminatur poenam: ° omnes habitatores; ‘ tertio ostendit poenae fructum, ° in tempore illo. ‘ circa primum duo facit. primo describit situm terrae, in quo superbe confidebant, * dicens: ° vae, ‘ scilicet imminet, ° terrae, ‘ aegypto, ° cymbalo alarum; ‘ propter sonitum nili, cujus velocitas comparatur motui alarum propter velocitatem, vel propter multitudinem populorum, vel propter protectionis auxilium, quod populo duarum tribuum insonabant; ° quae est trans flumen aethiopiae, ‘ idest ultra nilum, qui venit de aethiopia. * ezech. 29: ° ecce ego ad te, pharao rex aegypti, draco magne, qui cubas in medio fluminum tuorum. * hoc tamen judaei exponunt “ de gog, qui habitant ultra aethiopiam, * contra quos testatur propheta ezechiel 38. ‘ secundo describit |25| auxilium quod duabus tribubus promittebant. et primo describit nuntiandi modum, * dicens, ° qui, ‘ scilicet populus aegyptius, ° mittet legatos, ‘ idest nuntios, duabus tribubus, ° in mari, ‘ idest per mare, ° et super aquas, ‘ fluminis, vel maris, ° in vasis papyri, ‘ genus junci, de quo fiebant capsellae ad portandas litteras, vel “ arundines tam magnae quod de eis fiebant naves, * ut legitur in historia alexandri: ‘ a ° pyr, ‘ quod est ignis. secundo ponit legationis praeceptum, in quo determinat duo. primo nuntiandi modum, * dicens hoc: ° o angeli, ‘ idest o nuntii mei, ° ite veloces, ‘ idest velociter. secundo motivum, ° ad gentem ‘ scilicet duarum tribuum, quam ostendit miserabilem ex quatuor. primo ex afflictionis magnitudine, ° convulsam, ‘ a propria firmitate per subjugationem, ° et dilaceratam, ‘ per poenarum afflictionem. secundo ex pristina dignitate, ° terribilem, ‘ quondam, ° post quem non est alius, ‘ potentiae comparandus; nunc autem ° expectantem, ‘ alienum auxilium, ° conculcatam, ‘ quasi in vilitate redactam. tertio ex hostium potestate vel iniquitate: ° cujus diripuerunt ‘ injuste ° flumina, ‘ reges assyriorum. quarto ex loci sanctitate, ° ad montem. ‘ sunt autem puniti, quia eos a cultu dei retrahebant. * ezech. |50| 29: ° non erunt ultra domui israel. omnes habitatores orbis. ‘ hic comminatur poenam: et circa hoc duo facit. primo ponit poenae evidentiam. ° videbitis ‘ idest notum erit vobis, ° signum, ‘ vexillum nabuchodonosor. * jerem. 46: ° audierunt gentes ignominiam tuam, et ululatus tuus replevit terram. ‘ vel hostium copiam, ° videbitis, ‘ existentes in exercitu ejus. * ezech. 30. ° fortissimi gentium adducentur. ‘ secundo aufert defensionis divinae confidentiam: ° quia haec dicit dominus. ‘ et primo quia subtrahet eis auxilium suae defensionis: ° quiescam, ‘ quasi nihil vos adiuvans: ° considerabo, ‘ videbo quid vos possitis facere. * deuteron. 32: ° considerabo novissima eorum. ‘ secundo quia hostibus praebebit auxilium impugnationis, quantum ad consilium in dubiis: ° sicut meridiana lux, ‘ ita evidenter ostenditur eis quid sit eis agendum. quantum ad relevamentum in laboribus, ° sicut nubes. * psal. 88: ° exaltasti dexteram deprimentium. ‘ tertio * ibi, ° ante messem, ‘ describit poenae metaphoram, scilicet per destructionem fructus in agro: et ponit tria. primo quantum ad fructus perditionem, qui perditur in flore, |75| quando nimis cito incipit florere: ° ante messem enim totus. ‘ similiter aegyptus antequam potentiam haberet, florem suae gloriae ostentabat; * de qua infra 40: ° omnis gloria ejus quasi flos agri. ‘ perditur etiam in germine, quando nondum maturus est humor de quo fieri debet fructus. ° et immatura. ‘ similiter aegyptus ultra potentiam quam habebat praesumebat. perditur etiam in fructu, quando rami in quibus sunt fructus absciduntur. ° praecidentur, ‘ ante fructus maturationem. * job 15: ° laedetur quasi vinea in primo flore. * proverb. 13: ° substantia festinata minuetur, * eodem 20 ° hereditas ad quam festinat. ‘ secundo ponit fructus remanentium ablationem: ° quae derelicta fuerint ‘ perfecta ab aegyptiis, ab assyriis ° abscindentur ‘ a propria firmitate, et ° excutientur ‘ de loco suo per chaldaeos. * infra 24: ° quomodo si paucae oleae (vel olivae), quae remanserunt, excutiantur ex olea. ‘ tertio ponit ipsius agri desertionem. ° et relinquetur sicut ager incultus: ‘ in quo significatur caedes hominum, postquam multae bestiae fuerunt in terra aegypti. * ezech. 39: ° haec dicit dominus deus: dic omni volucri. in tempore illo. ‘ hic ponitur poenae fructus. scilicet, quod populus duarum tribuum confidentes |100| de deo, et ipsius auxilium invocabunt cum munerum oblatione. * supra 10: ° in die illa non adjiciet residuum israel, et hi qui fugerint de domo jacob, inniti super eo qui percutit eos; sed innitetur super dominum sanctum israel. ‘ nota * super illo verbo, ° immatura perfectio germinavit, ‘ quod est perfectio multiplex. prima naturae. * gen. 2: ° igitur perfecti sunt caeli. ‘ secunda scientiae. * job 22: ° numquid deo comparari potest homo, etiam cum perfectae fuerit scientiae? ‘ tertia gratiae. * 1 joan. 4: ° perfecta caritas foras mittit timorem. ‘ quarta gloriae. * 1 cor. 3: ° cum venerit quod perfectum est, evacuabitur quod ex parte est. ‘ nota * super illo verbo, ° germen ejus, ‘ quod est germen primo pravae praelationis. * eccle. 10: ° vae tibi terra cujus rex est puer, et principes mane comedunt. ‘ secundo doctrinae erroris. * judae: ° hi autem qui ignorant, blasphemant; ‘ tertio praesumptuosae opinionis. * rom. 12: ° unicuique sicut deus. ‘ quarto praesentis consolationis. * luc. 16: ° recordare quia recepisti bona in vita tua. ‘ nota * super illo verbo, ° deferetur munus, ‘ quod |125| est munus multiplex. primo ferventis dilectionis. * proverb. 21: ° munus absconditum. ‘ secundo devotae orationis. * psalm. 140: ° ascendat oratio mea sicut incensum in conspectu tuo. ‘ tertio perfectae operationis. * mal. 1: ° munus non suscipiam de manu vestra. ‘ quarto debitae oblationis. * ps. 75: ° vovete, et reddite domino deo vestro omnes qui in circuitu ejus offertis munera.

068 CIS cp19

lc ° Onus aegypti. ‘ in parte ista comminatur destructionem aegyptiorum, prosequens modum et ordinem; et dividitur in partes tres: et primo describitur poenae praeparatio; in secunda, ipsa destructio, ° et tradam aegyptum; ‘ in tertia, utilitatis consecutio, * ibi, ° in die illa erunt quinque civitates. ‘ praeparatio autem poenae describitur quantum ad quatuor. primo quantum ad dispositionem hostium, ° ascendet, ‘ inspirando, ° super nubem, ‘ ex qua tempestas, ° levem, ‘ propter agilitatem et promptitudinem: * ps. 96: ° nubes et caligo in circuitu ejus. ‘ secundo quantum ad stuporem gubernantium deorum. ° et movebuntur: ‘ quia confracti sunt ab assyriis: vel quia dare responsum non potuerunt: vel quia nec eodem die apparuerunt homini. * ez. 6: ° confringentur etc.. cor aegypti, ‘ idest rex et principes, ex quibus totus vigor aegypti. * supra 1: ° omne caput languidum, et omne cor moerens. ‘ tertio quantum ad dissensionem resistentium: quantum ad exteriorem contrectationem, ° et concurrere; ‘ quantum ad extraneos, ° aegyptios; ‘ quantum ad consanguineos, ° pugnabit vir; ‘ quantum ad notos et amicos, ° et |25| vir contra amicum suum; ‘ quantum ad diversos populos, ° civitas. ‘ ponit voluntatum diversitatem: ° dirumpetur, ‘ idest dividetur, ° spiritus, ‘ idest voluntas ° in visceribus ejus, ‘ idest incolis terrae. * matth. 12: ° omne regnum in seipsum divisum desolabitur. ‘ quarto quantum ad errorem consiliantium hominum, ° et consilium. * job 5: ° apprehendit sapientes in astutia eorum, et consilium pravorum dissipat, ‘ et daemonum. ° et interrogabunt, ‘ frustra. * supra 8: ° et cum dixerint ad vos: quaerite a pythonibus, et a divinis, qui strident in incantationibus suis ‘ etc.. nota * super illo verbo, ° super nubem, ‘ quod est multiplex nubes. prima assumptae carnis. * job 38: ° ubi eras cum ponerem nubem vestimentum ejus, et caligine illud quasi pannis infantiae obvolverem? ‘ secunda est virginalis ventris. * 3 reg. 18: ° ecce nubecula parva ascendebat de mari. ‘ tertia est devotae mentis. * ps. 67: ° magnificentia ejus et virtus ejus in nubibus. ‘ quarta judiciariae sedis. * ps. 96 ° nubes et caligo in circuitu ejus, justitia et judicium praeparatio sedis ejus. ‘ item nota, quod de prima nube procedit pluvia sacramentalis vel sanctificationis. * joan. 19: |50| ° de latere (domini) continuo exivit sanguis et aqua. ‘ de secunda procedit cibus consolationis. * sap. 19: ° nubes castra obumbrabat, et ex aqua quae ante erat, terra apparuit arida. * et infra: ° videntes tua mirabilia, et monstra: tamquam enim equi depaverunt escam. * supra 18: ° sicut nubes roris. ‘ de tertia procedit coruscatio praedicationis. * job 37: ° frumentum desiderant nubes, nubes spargunt lumen suum. ‘ de quarta procedit tempestas damnationis. * (ier. 4): ° ecce quasi nubes, * ps. 67: ° virtus ejus in nubibus. ‘ item nota * super illo verbo, ° nubem levem, ‘ quod prima dicitur levis propter eminentiae dignitatem. * daniel. 7: ° ecce in nubibus similis filio hominis veniebat. ‘ secunda dicitur levis propter virginitatis puritatem * apocal. 14: ° et ecce nubem candidam, et super nubem sedentem similem filio hominis. ‘ tertia dicitur levis propter obedientiae velocitatem. * infra 60: ° qui sunt isti qui ut nubes volant? ‘ quarta dicitur levis propter executionis facilitatem. * eccli. 43: ° in magnitudine sua posuit nubes, et confracti sunt lapides grandinis. et tradam aegyptum. ‘ hic prosequitur ipsam destructionem: et |75| primo quantum ad populi servitutem; secundo quantum ad terrae desolationem, ° et arescet, ‘ tertio quantum ad sapientum stuporem, ° stulti principes. dominorum: ‘ assyriorum, chaldaeorum, romanorum. * deut. 28: ° servies inimico tuo. ‘ destructionem autem terrae designat per siccitatem aquarum, in quibus aegyptus ornata et dives est: vel quia ira dei praevenit ut aquae siccarentur, et animalia morerentur: vel loquitur hyperbolice, quasi dicat: tanta erit tribulatio quod videbitur etiam aquas siccare. ponit ergo tria. primo siccitatis modum, ° arescet, ‘ idest minuetur, ° fluvius, ‘ nilus, ° flumina ‘ alia. * ezechiel. 30: ° faciam alveos fluminum aridos. ‘ secundo ponit siccitatis signum, ° calamus et juncus, ‘ quae nutriuntur in aquis. * infra 35: ° orietur viror calami et junci. ‘ tertio ponit siccitatis damnum, ° nudabitur, ‘ primo agriculturae, ° a fonte, ‘ idest a principio: vel hoc ad finem. * psalm. 106: ° posuit flumina in desertum, et exitum aquarum in sitim. ‘ secundo piscatorum, ° moerebunt piscatores. * ezech. 29: ° projiciam te in desertum, et omnes pisces fluminis tui. ‘ tertio diversorum artificum, ° confundentur qui operantur |100| linum, ‘ quod nascitur in locis humidis. ° flaccentia, ‘ idest arentia: ° lacunas, ‘ vivaria. ° stulti principes. ‘ hic ponit hominum stuporem: et primo quantum ad errorem in consiliis; secundo quantum ad timorem in bellis, * ibi, ° in die illa. ‘ circa primum tria. primo irridet sapientum stultitiam quantum ad deliberationem: ° stulti principes, ‘ idest philosophi, ° thaneos, ‘ ubi vigebat studium: * jerem. 51: ° stultus factus est omnis homo: ‘ quantum ad consilii promulgationem: ° sapientes, ‘ quantum ad sui commendationem, ° quomodo dicetis pharaoni? ‘ idest, quomodo poteritis dicere, quantum putabit vos male consuluisse, hoc quod unusquisque vestrum solebat dicere ad sui commendationem, ut ejus consilio credatur, ° filius sapientium; ‘ quasi dicat, hereditate sapientiam possideo; vel discipulus ° regum, ‘ qui antiquitus philosophi erant. * job 15: ° et senes et antiqui sunt in nobis, multo vetustiores quam patres tui. ‘ secundo irridet regis confidentiam. ° ubi nunc. ‘et primo quaestionem: * infra 47: ° stent et salvent te; ‘ secundo responsionem, ° stulti emarcuerunt, ‘ idest defecerunt, * ut supra; ‘ tertio irridet populi decepti ignaviam, ° deceperunt. ‘hic tria facit. primo ponit sapientum deceptionem, ° deceperunt angulum, ‘ idest regnum, in quo multi conjunguntur sicut parietes in angulo. * infra 47: ° sapientia tua et scientia tua decepit te. ‘secundo dei permissionem, ° dominus miscuit: ‘saepe dicitur metaphorice. ° spiritum vertiginis, ‘ idest erroris, ad modum ejus qui patitur vertiginem. * 3 reg. ult.: ° dedit dominus spiritum mendacii in ore omnium prophetarum tuorum. ‘tertio ipsius populi errorem, ° et errare. caput, ‘ videlicet neque quo ad principium; ° caudam, ‘ neque quo ad finem; ° incurvantem, ‘ quo ad senem; ° refrenantem, ‘quo ad juvenem, qui refrenatione indiget, vel lascivientem. * 2 tim. 3: ° mali autem homines et seductores proficient in pejus. in illa die. ‘ hic comminatur timorem robustorum. et primo ponit timorem, ° quasi mulieres, ‘ infirmi et imbecilles. * jer. 51: ° devoratum est robur eorum, et facti sunt quasi mulieres. ‘secundo rationem, ° erit terra juda, ‘ scilicet memoria malorum quae fecerunt eis avertentes eos a cultu dei pro quo scient iram dei se incurrisse. * 1 mach. 6: ° nunc reminiscor malorum quae feci in jerusalem. in die illa. ‘hic ponitur consecutio, vel consolatio, scilicet eorum conversio. et primo conversionis signum triplex: quorum primum est juramentum, ° jurantes. * infra 65: ° qui iurat etc. jurabit in deo amen: quia oblivioni traditae sunt angustiae priores. civitas solis, ‘ heliopolis. ° linguam chananaeam, ‘ quae confinis est linguae judaeorum, ut in lingua etiam conveniant cum populo dei. in his enim translati sunt a nabuchodonosor quidam syri, qui linguam propriam tenuerunt. secundum signum est sacrum aedificium, ° altare domini et titulus: ‘ quia multos deos colebant, * sicut dicitur act. 17. “ hoc * (dicunt quidam) “ impletum tempore machabaeorum, quando multis judaeis fugientibus in aegyptum, onias volens implere hanc prophetiam, contra praeceptum legis aedificavit altare, * quod est contra illud exod. 20: ° non aedificabis mihi altare etc.: * de quo arguitur dan. 11: ° filii quoque praevaricatorum populi tui extollentur ut impleant visionem, et corruent. ‘ unde patet quod non est iste intellectus, sed de altari aedificando ad cultum christianum. tertium signum est quia invocant dei auxilium, ° clamabunt; salvatorem ‘ jesum. * psalm. 90: ° clamavit ad me. ‘ secundo ponit conversionis modum: et primo quantum ad fidei susceptionem, ° et cognoscetur: * jer. 31: ° omnes cognoscent me a minimo usque ad maximum, ait dominus; ‘ secundo quantum ad sacrificiorum et votorum oblationem, ° et colent: * malach. 1: ° in omni loco offertur nomini meo oblatio munda; ‘ tertio quantum ad peccatorum remissionem: ° et percutiet, ‘ primo per multas poenas; ° et sanabit, ‘ a peccato. * job 5: ° ipse vulnerat et medetur, percutit et manus ejus sanabunt. ‘tertio ponit conversionis triplicem effectum: scilicet pacem: ° in die illa erit via, ‘ quod ante non poterat esse propter diversa regna, quae nato domino juncta sunt sub romanis. ° servient, ‘ in mercimoniis sibi invicem; vel quia milites syri erant in legionibus romanorum ad custodiam aegypti. * supra 2: ° non levabit gens contra gentem gladium. ‘ secundo promittit secundum effectum, fidei veritatem: ° in die illa tertius; ‘simul, et aequaliter romanis serviens, et in unitate fidei. * joan. 10: ° fiet unum ovile et unus pastor. * rom. 10: ° non est distinctio judaei et graeci. ‘ tertio ponit tertium effectum, scilicet benedictionem divinam; ° erit, ‘ scilicet israel, ° benedictio, ‘ quia per apostolos totus mundus benedictionem dei percepit. ° hereditas, ‘ quia ibi natus, et mysteria salutis nostrae explevit. * psal. 113: ° benedixit domui israel.

068 CIS cp20

lc ° In anno quo. ‘ hic ponitur destructionis tempus; et dividitur in partes tres: et primo ponitur designans quoddam, scilicet propheticum factum; secundo facti significatum, ° et dixit; ‘ tertio ostendit significati effectum. ° et timebunt. ‘circa primum tria. primo ponitur prophetiae tempus, ° in anno. azotum, ‘ civitas palaestinorum. * amos 1: ° ubi et gaza, geth, accaron, ascalon, azotus. sargon, ‘ qui et senacherib, * secundum jeronymum, ‘ quia sex nomina habuit, quae sunt sargon, senach, phua, salmanasar, teglathphalasar, asarad. ° in manu, ‘ idest in opere verbis concordante. * oseae 12: ° in manibus prophetarum assimilatus sum. ‘ secundo ponit divinum praeceptum, ° vade, et solve. * ezech. 24: ° erit ezechiel in portentum. ‘ tertio praecepti complementum. ° et fecit sic, * infra 50: ° ego autem etc.. et dixit dominus. ‘ hic ponitur significatum praedicti facti. et primo quantum ad tempus quo duravit persecutio, ° trium annorum, ‘ per tres dies quibus nudus ivit, significatum * ezech. 4: ° diem pro anno dedi tibi. ‘ secundo quantum ad destructionis auctorem, ° sic minabitur rex. * ezech. 30: ° in die illa egredientur nuntii a facie mea in trieribus ad conterendam aethiopiae confidentiam. ‘ tertio quantum ad destructionis conditionem, in universalitatem, ° juvenem et senem; ‘ in vilitatem, ° nudam; ‘ scilicet captivitatem. * jer. 46: ° sanitas non est tibi. et timebunt. ‘ hic ponit effectum in judaeis: primo timorem, ° et timebunt; ‘ secundo confusionem, ° et confundentur; ‘ tertio utriusque expressionem, ° et dicet habitator insulae, ‘ idest jerusalem, quae persecutionis fluctibus incessanter tundebatur, sicut insula fluctibus maris; ° haeccine, ‘ in quo confusio, ° et quomodo, ‘ in quo timor. * infra 30: ° erit vobis fortitudo pharaonis in confusionem.

068 CIS cp21

lc ° Onus deserti maris. ‘ hic comminatur contra hostes, qui gravabant eos per rerum subtractionem, qui tamen erant eis aliquo foedere juncti: et dividitur in tres partes. primo contra illos qui erant eis juncti amicitiae foedere; in secunda contra illos qui erant juncti praelationis jure: * cap. 22, ° onus vallis; ‘ in tertia contra illos qui erant eis juncti negotiationis societate: * 23 cap., ° onus tyri. ‘ prima in duas. in prima contra amicos extraneos, scilicet babylonios, qui erant amici, et rebus tandem spoliaverunt, * sicut patet infra 39. ‘ in secunda contra amicos cognatos, ° onus duma. ‘circa primum duo facit. primo ponitur titulus, ° onus maris, ‘ idest babylonis, propter sonitum multitudinis populorum * ut supra 17; ° deserti, ‘ quia in solitudine redigetur. * jer. 51: ° desertum faciet dominus mare ejus, ‘ immittit contra eos comminationem ut modum addat. secundo ponitur ipsa prophetia: et primo ponitur visio comminationis; secundo modus accipiendae visionis, ° haec enim dixit. ‘circa primum quatuor designat. primo tribulationis gravitatem, ponens similitudinem. ° sicut turbines, ‘ vox babylonis, ° ab africo de deserto, ‘ quod erat ad meridiem, ita ° venit, ‘ contra me vastitas, ° de terra, ‘scilicet perside, ° horribili mihi. * nahum 1: ° dominus in tempestate et turbine viae ejus. visio dura: ‘ in persona babylonis. * joan. 6: ° durus est hic sermo. ‘ secundo designat vastatorem. et primo quantum ad ducis conditionem in infidelitate. cyrus, ° qui incredulus, ‘ idest infidelis domino suo balthassar, rebellans, et babylonem obsidens, confidens de ipsius effeminatione, ° infideliter agit, ‘ idest aget, videns non posse civitatem capi vi, fraude pacem faciens, et jurans omagium regi babylonis; a quo invitatus ad convivium * (de quo daniel. 5), ‘ interfecit eum, et cepit civitatem in ducentis militibus per foramen muri, unde fluvius intrabat, aqua ipsius in multas partes divisa. in crudelitate, ° qui depopulator. ‘ unde in poenam crudelitatis suffocatus est in sanguine, et dictum est sibi: ° sanguinem sitisti, sanguinem bibe. * habac. 2: ° ecce qui incredulus est, non erit recta anima ejus in semetipso. ‘ secundo quantum ad exitus regionem: ° ascende aelam, ‘ civitas persidis, et provincia, ° medaba ‘ civitas in media, ° obside, ‘ babylonem: vox domini. * jer. 51: ° ascendite contra eam omnes gentes. ‘ tertio hostis potestatem. ° omnem gemitum ejus, ‘ idest babylonis, ut nec etiam plangere audeat. * supra 10: ° non fuit qui moveret pennam, et aperiret os, et ganniret. ‘ vel quia suos gemere faciat. tertio designat ipsius prophetae compassionem, quam designat quantum ad corpus, ad quod redundant affectiones mentis: et hoc quantum ad doloris sensum: ° propterea repleti sunt lumbi mei dolore, ‘ idest, ita doleo sicut qui patitur dolorem in renibus. * psal. 47: ° ibi dolores ut parturientis. ‘ et quantum ad casum, ° corrui; ‘ et quantum ad turbatum vultum, ° turbatus. * psalm. 76: ° turbatus sum, et non sum locutus. * psal. 54: ° turbatus sum in exercitatione mea. ‘ secundo quantum ad affectum, ° emarcuit cor meum, ‘ idest affectus tristitia. * jerem. 4: ° ventrem meum doleo. ‘ tertio quantum ad intellectum stupentem, ° tenebrae, ‘ idest turbationes praevisae, ac si essem in tenebris. * jerem. 50: ° omnis qui transibit per babylonem stupebit, et sibilabit super universis plagis ejus. babylon dilecta, ‘ tunc temporis, quamvis postea inimica, ° in miraculum, ‘ idest in admirationem. * apocaly. 17: ° admiratus sum cum vidissem illam admiratione magna. ‘ quarto designat destructionis modum et conditionem, dicens: o babylon, ° pone mensam, ‘ invitando cyrum et darium ad convivium, ° contemplare, ‘ idest vide, ° in specula, ‘ idest in scriptura manus scribentis: ° mane, ‘ clara luce domini; scilicet o cyre, o dari, ° principes comedentes et bibentes, ‘ cum eo, ° surgite, ‘ confortati visione, ° arripite clypeum; ‘ et interficite eum. * jerem. 46: ° praeparate scutum et clypeum. ‘ vel aliter, verba domini. o propheta, ° pone mensam, ‘ idest ponendam praedica, ° in specula, ‘ idest in spiritu prophetiae etc. * ut supra. ‘ vel verba cyri: ° pone mensam, ‘ vos: persae accurrite, date equis annonam, ut sitis parati; tu speculator, ° contemplare, ‘ quid fiat in tractatu: vos, ° principes, ‘ mei, ° comedentes. ‘ et hoc stat etiam si non sustineatur quod “ cyrus et darius fuerint in convivio, * ut quidam dicunt, “ sustinentes festum fieri in civitate, et deliciis vacare. ‘ vel propter festum discumbebant; vel propter treugas; vel propter victoriam semel habitam; vel propter adjutorium quod receperat de nocte aggressi sunt civitatem. nota * super illo verbo, ° contemplare in specula, ‘ quod debet homo in specula mentis contemplari primo peccata quae commisit, ut doleat. * jer. 31: ° statue tibi speculam, pone tibi amaritudines, dirige cor tuum in viam rectam. ‘ secundo supplicia quae meruit, ut timeat. * michaeae 7: ° dies speculationis, visitatio tua venit. ‘ tertio beneficia quae deus contulit, ut gratias agat. * infra 52: ° vox speculatorum tuorum; levaverunt vocem, simul laudabunt; quia oculo ad oculum videbunt, cum converterit dominus sion. ‘ quarto mandata quae praecepit, ut impleat. * oseae 9: ° speculator ephraim. ‘ quinto praemia quae promisit ut comprehendat. * 2 pet. 1: ° speculatores facti illius magnitudinis. accipiens enim a deo patre gloriam et honorem. haec enim dixit. ‘ hic ponit modum acceptionis hujus visionis: et circa hoc quatuor facit. primo ponitur divina iussio, ° pone speculatorem, ‘ teipsum, vel discipulum tuum, * quem hebraei, “ habacuc dicunt fuisse. ° viderit ‘ spiritu prophetali, vel corporaliter. * ezech. 3: ° fili hominis, speculatorem posui te domui israel. ‘ secundo ponitur visio: et primo ponit rem visam: ° et vidit currum duorum equitum: ‘ qui a duobus equis consuevit trahi, exercitum duorum regnorum significantem: ° ascensorem, ‘ scilicet curruum, ° asini, ‘ regni persarum, quod primum ignobile, ° cameli, ‘ medorum; quod semper altum; quasi haec duo animalia, loco duorum equorum, currui adjungentem. secundo videntis diligentiam, ° et contemplatus est. * ezech. 40: ° pone cor tuum in omnibus quae ego ostendo tibi. ‘ tertio ponitur denuntiatio, ° et clamavit leo, ‘ secundum virtutem animi, qui prius speculator per eminentiam contemplationis. et primo denuntiat suam diligentiam, ° super speculam domini. * habacuc 2: ° super custodiam meam stabo. ‘ secundo denuntiat rem visam, ° ecce venit, * ut supra 3 ‘ tertio babylonis poenam. ° cecidit. * jerem. 50: ° capta es et nesciebas. ‘ quarto ponitur prophetae ad populum denuntiatio: ° tritura mea, ‘ verba prophetae, vel christi, quia jerusalem triturata multis tribulationibus, ° filia areae, ‘ idest templum quod situm est in area ornam, * 2 regum ultimo, ier. 42: ° omne verbum quodcumque etc.. onus duma. ‘ hic comminatur contra amicos et cognatos. et primo contra idumaeos, qui de progenie esau fratris jacob, * genes. 25, ‘ qui quandoque amici, * sicut 4 reg. 3, ezech. 35: ° audivi universa opprobria quae locutus es de montibus israel. ‘secundo contra arabes; qui de genere ismaelis, qui fuit filius abraham, * genes. 16, ibi, ° onus in arabia. ‘ circa primum duo facit. primo ponitur inscriptio, ° onus duma, ‘ idest idumaeae; secundo comminatio; circa quam tria. primo ponitur eorum oratio: et sunt verba dei haec idumaeis: ° ex seir clamat ad me. ‘ liberatis judaeis, post septuaginta annos captivitatis ° custos, ‘ qui custodis populum israel, quasi eis dormientibus, ° quid de nocte? ‘ idest, quare nos non liberas de nocte captivitatis, sicut et eos? et ostendunt magnum desiderium liberationis, et in intentione verborum et decantatione. * psal. 120: ° ecce non dormitabit neque dormiet qui custodit israel. ‘ secundo ponitur petitionis refutatio. ° et dixit custos, ‘ scilicet deus: ° venit mane, ‘ liberationis tempus judaeis, ° et nox ‘ captivitatis adhuc idumaeis manet. * sapient. 17: ° solis autem illis superposita erat gravis nox. ‘ tertio adhibet remedium: ° si quaeritis, ‘ me, ° quaerite, ‘ toto corde relinquendo idola. vel sicut in tribulatione, et in prosperitate. * infra 55: ° quaerite dominum dum inveniri potest. * joel. 2: ° convertimini ad me in toto corde vestro. ‘ nota * supra illo verbo, ° custos qui ‘ quod homo debet se custodire per diem prosperitatis a divitiis. primo ne eas eligat, considerando earum vilitatem. * philip. 3: ° quae mihi fuerunt lucra, haec arbitratus sum detrimenta. ‘ secundo ne in eis confidat, considerando earum vanitatem. * eccle. 2: ° vidi in omnibus vanitatem. ‘ tertio ne de eis superbiat, considerando earum imminentem adversitatem. * eccli. 11: ° in die bonorum ne immemor sis malorum. ‘ item debet se custodire in nocte adversitatis. primo considerando percutientis affectum. * proverb. 3: ° disciplinam, fili mi, ne abjicias; ne deficias, cum ab eo corriperis. ‘ secundo considerando percussi christi exemplum. * hebr. 12: ° recogitate eum qui talem sustinuit a peccatoribus adversum semetipsum contradictionem. ‘ tertio considerando percussionis fructum. * 2 corinth. 4: ° id enim quod in praesenti est momentaneum et leve tribulationis nostrae, supra modum in sublimitate aeternum gloriae pondus operatur in nobis. onus in arabia. ‘ hic contra arabes. et primo innuit destructionis causam: quia filiis israel fugientibus, panem porrigentes, aquam subtrahebant. unde ponit judaeorum fugam. o vos, judaei, ° in saltu, ‘ arabiae, ° dodanim, ‘ nomen loci. * psalm. 106: ° erraverunt in solitudine in inaquoso, viam civitatis ‘ etc.. hortatur ad misericordiam, ° occurrentes, ‘ vos arabes. ° terram austri, ‘ idest meridie. * infra 58: ° frange esurienti panem tuum. ‘ et ponit misericordiae causam, ° a facie enim, ‘ut moveantur ad misericordiam. * jer. 4: ° a voce equitis et mittentis sagittam fugit omnis civitas. ‘ secundo, quia hoc facere noluerunt, comminatur poenam, ° quoniam haec dicit dominus. ‘ et primo per assyrios a quibus praelatio vastationis judaeorum, et ipsa vastitas, ° quasi in anno mercenarii, ‘ qui sibi videtur brevis, spe mercedis. secundo per chaldaeos: ° reliquiae, ‘ ab assyriis derelictae, ° imminuentur, ‘ a chaldaeis, ° cedar, ‘ filii ismaelis. ° sagittariorum, ‘ sequentes artem patris sui. * gen. 21, dicitur ‘ de ismaele, quod factus est vir sagittarius.

068 CIS cp22

lc ° Onus vallis. ‘ hic comminatur contra illos qui populo dei jungebantur praelationis jure, et ipsum tamen rebus spoliabant: et primo quantum ad illos ad quos pertinebat praelatio in temporalibus; secundo contra illos ad quos pertinebat in spiritualibus: ° haec dicit dominus. ‘ praelatio autem in temporalibus pertinebat ad reges: et ideo comminatur in prima parte contra jerusalem, quae erat sedes regni: et circa hoc duo facit. primo ponitur inscriptio, ° vallis, ‘ idest jerusalem, non propter situm loci, cum sit in monte; sed propter vilitatem, quia ad ipsam sicut ad vallem confluebant sordes undique, dum vicinarum gentium actum sequeretur. * ezech. 5: ° haec est jerusalem; in medio gentium posui eam. ‘ vel dicitur vallis propter infimam partem civitatis, quae a sobna tradita fuit senacherib. ° visionis, ‘ propter sanctitatem templi: nam in ipso visiones prophetis fiebant a domino; vel propter eminentiam loci, quia a remotis videri poterat; vel propter nomen quod loco illi imposuit abraham, * sicut dicitur gen. 22: ° appellavitque nomen loci illius, in monte dominus videbit. ‘ secundo ponitur ipsa comminatio; et circa hoc tria facit. primo arguit culpam; secundo comminatur poenam: ° interfectique |25| tui, ‘ tertio ostendit in ipsa poena, obstinationis pertinaciam, ° et congregastis. ‘ circa primum duo facit. primo arguit peccatum duplex. idolatriae; ° quidnam tibi, ascendisti in tecta, ‘ ad sacrificandum idolis, ° et tu, ‘ quae speciali actu sancti privilegii gaudebas? * oseae 4: ° si fornicaris, israel, non delinquat saltem juda. ‘ et peccatum rixae, ° clamoris plena. * supra 5: ° expectavi ut faceret uvas, et fecit labruscas. ‘ secundo ad aggravandum peccatum ponitur dei beneficium duplex: scilicet multitudinis hominum, ° urbs frequens: * thren. 1: ° quomodo sedet sola civitas plena populo? ‘ et plenitudinis gaudiorum, ° civitas exultans, ‘ quondam tempore salomonis prae nimia prosperitate. * psalm. 47: ° fundatur exultatione universae. interfecti. ‘ hic ponit poenam: et primo comminatur hominum destructionem quantum ad obsessos qui mortui sunt fame: ° non interfecti gladio, ‘ sed fame et siti. * thren. 4: ° melius fuit interfectis gladio quam fame. ‘ quantum ad fugitivos principes, scilicet qui comprehensi sunt et ° ligati, * sicut legitur jer. ult.: ° cuncti principes. * thren. 1: ° facti sunt principes velut arietes non invenientes pascua. |50| ‘ quantum ad comprehensos in civitate, qui similiter captivati sunt: ° omnes qui inventi sunt, procul, ‘ in longinquam terram, in captivitatem ducti. * deut. 28: ° deducet dominus in gentem longinquam. ‘ secundo ponit prophetae inconsolabilem compassionem: ° recedite, ‘ vos prophetae consolantes, ° nolite incumbere, ‘ more consolantium. * jer. 9: ° quis dabit capiti meo aquam, et oculis meis fontem lacrymarum, ut possim flere interfectos populi mei? ‘ tertio ponit poenae modum et ordinem: ° dies interfectionis, ‘ et circa hoc tria ponit. primo dei indignationem, ° dies interfectionis, ‘ imminet. ° scrutans, ‘ faciens scrutari ab hostibus, ° magnificus, ‘ faciens hostes magnificos: in montibus enim et muris confidebant. * soph. 1: ° in tempore illo scrutabitur jerusalem in lucernis, et visitabo super viros defixos in faecibus suis. ‘ secundo ponit hostium superationem, ° et aelam, ‘ civitas persidis, ex qua venerunt pugnatores cum nabuchodonosor, qui monarchiam orientis tenebat. ° clypeus, ‘ portatus contra jerusalem, ° nudavit parietem, ‘ ad quam suspensus erat ad ornatum domus. * jer. 46: ° praeparate scutum et clypeum. ‘ vel aliter. ° clypeus, ‘ potentia chaldaei, ° nudavit parietem |75| ‘ templi auro quo vestiebatur. tertio ponit damni illationem quantum ad quatuor. primo quantum ad possessionum vastationem. ° erunt electae; quadrigarum. ‘ babylonis, * jer. 49: ° quid gloriaris in vallibus? defluxit vallis tua, filia delicata. ‘ secundo quantum ad civitatum captionem, ° equites in porta, ‘ ne quis effugiat. * jer. 39: ° ingressi sunt omnes principes babylonis, et sederunt in porta media. ‘ tertio quantum ad sanctorum profanationem: ° et revelabitur, ‘ nudabitur, ° operimentum, ‘ idest sancta prius operta, quae nulli nisi sacerdoti licebat videre. * thren. 1: ° viderunt gentes ignominiam tuam. ‘ quarto quantum ad armamentarii destructionem, ° videbis armamentarium, ‘ idest domus saltus, in quo arma recondebantur, eversum; de cujus aedificio * 3 regum 7. ° civitatis david, ‘ fortissimae; vel ipsa jerusalem cum forti muro in pluribus locis. * cant. 4: ° turris david aedificata est cum propugnaculis. et congregastis aquas. ‘ hic ponit obstinationis pertinaciam: et primo arguit obstinationis culpam; secundo proponit contra eos divinam sententiam, ° et revelata est. ‘ arguitur autem eorum pertinacia quantum ad duo. primo quantum ad divinum auxilium quod non invocabant, |100| de suis viribus et ingeniis confidentes: ° congregastis; ‘ in unum locum intra civitatem per occultos meatus, ° aquas piscinae inferioris, ‘ quae habebat aquas de terra fluentes, quae tamen ab hostibus prohiberi poterant. ° numerastis, ‘ ut numero et mensura dispensaretur aqua; ° destruxistis domos, ‘ quae erant juxta murum, ut non impedirent defensores; ° lacum, ‘ piscinae inferioris, ° fecistis, ‘ fluere, ° inter duos muros, ‘ quibus cingebatur civitas, et ° aquam ‘ scilicet restaurastis, ° eum, ‘ scilicet deum, ° eam, ‘ aquam. * ps. 13: ° deum non invocaverunt. ‘ secundo quantum ad divinum consilium, quod contemnebant, ° et vocabit. ‘ et circa hoc tria ponit. primo ipsum consilium: ° ad fletum ‘ oculorum, ° ad planctum, ‘ manuum, ° ad calvitium, ‘ secundum morem antiquum, qui in tristitia opera haec faciebant. * joel. 2: ° convertimini ad me in toto corde vestro, in jejunio, fletu, et planctu. ‘ secundo ponit consilii contemptum, ° et ecce gaudium, * supra 6: ° cythara et lyra in conviviis vestris. ‘ tertio contemnendi animum, comedamus. * 1 corinth. 15. sapien. 2: ° umbrae enim transitus est tempus nostrum. et revelata. ‘ hic ponitur sententia; et possunt legi ex persona domini; haec blasphemia vestra ° revelata, ‘ idest ego audivi. ° si dimittetur: ‘ quasi dicat, non |125| credatis * supra 2: ° ne ergo dimittas. ‘ vel ex persona prophetae: haec vox domini ° est revelata. ‘ et haec omnia quae dicta sunt pertinent ad captivitatem per nabuchodonosor imperantem facta. ° haec dicit dominus. ‘ hic ponitur comminatio contra illos ad quos pertinebat praelatio in spiritualibus: et primo contra sacerdotem qui tunc erat; secundo contra totum sacerdotalem ordinem, ° in die illa dicit dominus. ‘ circa primum duo facit. primo praedicit illius depositionem, qui civitatem terrore concussus tradidit senacherib, idest inferiorem partem; secundo alterius substitutionem, ° et erit in die illa. ‘ circa primum tria facit. primo describit personam ex officio, ° qui habitat in tabernaculo. ‘ sacerdotis erat excubare in tabernaculo, * ut habetur num. 1. ° praepositum, ‘ summum super decem. secundo arguit culpam triplicem: indignae habitationis: ° quid tu hic ‘ facis in domo mea, indignus tali habitatione? * jerem. 11: ° quid est quod dilectus meus in domo mea fecit scelera multa? ‘ de se superbae praesumptionis: ° aut quasi quis hic? ‘ aestimas te ac si esses alicujus valoris, cum nihil sis? * zach. 11: ° o pastor, et idolum. ‘ curiosi sepulcri aedificationis: |150| ° excidisti, ‘ hic in jerusalem juxta templum, ° memoriale, ‘ idest epitaphium, ° in excelso, ‘ idest in supremo situ sepulcri; vel ad litteram, in alto sepulcrum suum collocaverat ad memoriam suam, * sicut habetur 1 mach. 13. ‘ tertio comminatur poenam: ° ecce dominus, ‘ triplicem: primo captivationis, ° sicut asportatur, ‘ ligatus, et sine labore, ° gallinaceus, ‘ qui pullos ad modum gallinae nutrit, castratus existens, qui capones dicuntur; ° et quasi amictum, ‘ leviter super humerum levatus. * jerem. 20: ° tu phassur, et omnes habitatores domus tuae, ibitis in captivitatem et in babylonem venies, et ibi morieris, ibique sepelieris tu et omnes amici tui. ‘ secundo confusionis: ° coronans, ‘ idest, loco coronae qua utebaris cultu pontificali, habebis tribulationem, ° quasi pilam, ‘ quae non invenit altam stationem. ° currus gloriae tuae, ‘ qua ferebaris gloriosus, in confusionem tuam versus. ° et ignominia domus domini; ‘ idest, gloriam quam habuisti in domo domini, vertetur tibi in ignominiam. * oseae 4: ° gloriam eorum in ignominiam commutabo. ‘ tertio poenam depositionis, ° et expellam. * 3 regum 2: ° ejecit ergo salomon abiathar, ut non esset sacerdos domini. et erit. ‘ hic ponit |175| alterius substitutionem; et circa hoc tria ponit. electionem, ° invocabo, ‘ unum de vigintiquatuor, * ut legitur 1 par. 25, 1 reg. 2: ° suscitabo mihi sacerdotem fidelem, qui juxta cor meum sit. ‘ secundo ipsius consecrationem, ° et induam eum; ‘ quia cum vestibus pontificalibus consecrabatur, * sicut patet levit. 18 de vestibus istis, et exod. 28: ‘ tertio confert jurisdictionem. ° et potestatem. ‘ et primo quantum ad potestatem quam habebat in populo, ponens potestatem, ° et potestatem, ‘ scilicet ° dabo. * psalm. 108: ° fiant dies ejus pauci, et episcopatum ejus accipiat alter. et erit quasi pater. * jerem. 3: ° dabo vobis pastores juxta cor meum, et pascent vos scientia et doctrina. ‘ secundo quantum ad potestatem quam habebat ad templum: ° et clavem, ‘ quae aurea erat, ° domus david, ‘ idest templi, ad quod aedificandum david impensas praeparavit, * sicut patet 1 paralip. in fine, ° super humerum, ‘ idest suam gubernationem; vel quia ea utebatur quasi quodam ornamento. ° aperiet, ‘ quia sibi licitum erat intrare semel per annum in sancta sanctorum, * ut dicitur heb. 9. ‘ tertio quantum ad potestatem quam habebat supra totum ordinem ministrantium: ° et figam illum paxillum, ‘ diminutivum de palo: sicut enim super palum aliquem |200| suspenduntur diversa vasa; ita ad curam ipsius pertinebant diversa officia, quae habent usum diversorum vasorum in ministeriis domus domini: ° in loco fidelium, ‘ scilicet templo. * de hac potestate dicitur numer. 3 et 4. ° in die illa. ‘ hic contra sacerdotium totum, quod destructum est tempore sedeciae captivante nabuchodonosor. quae enim dicta sunt de sobna pertinent ad tempus senacherib. et vocatur hic paxillus ipsum sacerdotium, quod cessavit tempore captivitatis. * oseae 3: ° dies multos sedebunt filii israel sine rege et sine principe, et sine sacrificio et sine altari et sine ephod, et sine therapim. ‘ nota * super illo verbo, ° qui habitat in tabernaculo, ‘ quod est multiplex tabernaculum. primum carnalis concupiscentiae, quod est porcorum. * heb. ult.: ° habemus altare de quo edere non habent qui tabernaculo deserviunt. ‘ secundum est temporalis et naturalis vitae, quod est hominum. * 2 pet. 1: ° certus sum enim quod velox est depositio tabernaculi mei. ‘ tertium est militantis ecclesiae, quod est pugnantium. * supra 4: ° tabernaculum erit in umbraculum diei ab aestu. ‘ quartum est contemplativae sapientiae, quod est |225| quiescentium. * ps. 131: ° introibimus in tabernaculum ejus. ‘ quintum est visionis aeternae, vel caelestis patriae: quod est omnium beatorum. * infra 33: ° oculi tui videbunt jerusalem civitatem opulentam, tabernaculum quod nunquam transferri poterit.

068 CIS cp23

lc ° Onus tyri. ‘ in parte ista comminatur contra tyros, qui, populo dei jungebantur mercationum societate: et dividitur in duas. primo comminatur destructionem quae facta est a nabuchodonosor; in secunda promittit liberationem, ° et erit post septuaginta. ‘ circa primum tria ponit. primo compatientium tristitiam; secundo timentium fugam, ° transite; ‘ tertio destructionis poenam, ° dominus mandavit. ‘ circa primum tria ponit. primo dolorem mercatorum, ponens eorum planctum, ° ululate naves, ‘ scilicet chartaginenses. * apoc. 17: ° mercatores terrae, de virtute divitiarum ejus divites facti sunt. ‘ et planctus motivum, ° vastata est domus; ‘ idest tyrus, ° venire: ‘ negotiatio. et etiam cognoscendi modum, ° de terra cethim, ‘ idest graecia. * 1 mach. 1: ° egressus de terra cethim darium. ‘ secundo ponit stuporem, ° tacete, ‘ adjungens tria in quibus gloriabantur: scilicet in munitione loci, ° qui habitatis. ‘ in multitudine mercimonii, ° negotiatio, ‘ idest in qua negotiantur. ° repleverunt, ‘ divitiis in abundantia frumenti. ° semen nili fluminis, ‘ est ° messis, et fruges ejus, ‘ scilicet tyri, quia de aegypto veniebat eis multum de tritico. |25| ° et ideo facta est, * ezech. 27: ° dices tyro. ‘ tertio ponit confusionem vicinorum: et primo sidoniorum, quorum colonia tyrus erat: ° mare, ‘ idest marini negotiatores, ° ait: o sidon erubesce, ‘ quia non defendisti tyrum: ° quia fortitudo mea, ‘ idest tyrus, est ° dicens: non parturivi, ‘ ad defensionem tyri. vel aliter. ° sidon ait: o mare, fortitudo maris, ‘ idest terrae, ° erubesce; ‘ idest, non valuit mihi parturivisse, quia capta sum. vel aliter. ° mare, ‘ idest ° fortitudo maris, ‘ idest negotiatores qui fortes sunt in mari, ° ait: erubesce sidon, dicens, non parturivi, ‘ ad defensionem tyri. vel aliter. ° sidon, ait: o mare, fortitudo maris, ‘ idest tyre, ° erubesce, ‘ tu tyre, ° dicens ‘ quae sequuntur. vel ° sidon dicens: ‘ cum vos ex me geniti sitis, o tyrii ita capti estis ac si non parturiissem, * infra 29: ° ego ‘ etc.. secundo aegyptiorum: ° cum auditum, * 1 regum 3: ° ecce ego faciam verbum in israel, quod quicumque audierit, tinnient aures ejus. transite. ‘ hic praedicit fugam timentium, quantum ad illos qui nabuchodonosor impugnante civitatem, fugerunt in aegyptum cum navibus: et primo hortatur ad fugam; secundo ad fugae constantiam vel festinantiam, |50| ° transi terram. ‘ circa primum tria (ponit). primo timentium fugam: ° transite, ‘ vos fugientes, ° ululate, ‘ remanentes. * supra 16: ° derelictae sunt propagines ejus, transierunt mare. ‘ secundo remanentium ignominiam, ° numquid. ‘ et circa hoc duo facit. primo praedicit ignominiam, commemorans primo pristinam gloriam. ° numquid non haec vestra, ‘ scilicet civitas? ° ducent, ‘ quantum ad captivatos. * baruch 4: ° delicati mei ambulabunt vias asperas. ‘ tertio admirationem, ponens primo admirantis quaestionem, ° quis cogitavit coronatam? ‘ quasi reginam aliarum civitatum. ° principes, ‘ prae nimiis deliciis. * ezech. 26: ° quomodo periisti quae habitas in mari, urbs inclyta, quae fuisti fortis in mari, cum habitatoribus tuis? * et subjungit responsionem: ° dominus exercituum, * job 40: ° disperge superbos in furore tuo, et respiciens omnem arrogantem humilia. transi terram. ‘ hic hortatur ad velociter fugiendum: et primo ponit exhortationem, ° transi quasi flumen, ‘ quod cito navigio transitur. * jerem. 46: ° vasa transmigrationis fac tibi, habitatrix filia aegypti. ‘ secundo assignat rationem ex parte ipsorum. ° non est cingulum ultra tibi, ‘ idest fortitudo, * abd. 2: ° ecce. ‘ aliter ex | 75 | parte dei: ° manum suam, * supra 11: ° desolabit dominus linguam maris aegypti dominus mandavit. ‘ hic comminatur destructionem: et primo persecutionis flagellum; secundo praedicit compassionis planctum, ° ululate; ‘ tertio determinat destructionis tempus, ° et erit, in die illa. ‘ circa primum tria facit. primo denuntiat divinam indignationem, ponens praeceptum; ° mandavit, ‘ nabuchodonosor, ° chanaan, ‘ in qua est tyrus. * 4 reg. 18: ° dominus dixit mihi: ascende ad terram hanc, et demolire eam. ‘ et finem intentum: ° et dixit: non adjicies ultra; calumniam sustinens, ‘ accusata de superbia. * jer. 9: ° non glorietur sapiens in sapientia sua, neque dives in divitiis suis. ‘ excludit etiam remedium: ° in cethim, * deut. 28: ° in gentibus quoque illis non quiesces, neque erit requies vestigio pedis tui. ‘ secundo ponit hostium fortitudinem: ° ecce terra chaldaeorum non fuit, ‘ ante eos. ° assur, ‘ vel nabuchodonosor, * dan. 4: ° nonne haec est babylon quam aedificavi? ‘ tertio ponit destructionem quantum ad captivationem hominum; ° transduxerunt, * supra 5: |100| ° descendent fortes ejus. ‘ quantum ad destructionem domorum, ° suffoderunt, ‘ domos. * supra 17: ° erit sicut acervus. ululate. ‘ hic ponit planctum * ez. 27. ° et erit. ‘ hic determinat tempus. ° regis unius, ‘ qui raro etiam tantum vivit. * infra 49: ° dereliquit me dominus. post septuaginta autem. ‘ hic promittit liberationem: et primo ponit liberatorum cantum, ponens canendi tempus: ° post septuaginta quasi canticum meretricis, ‘ quae abjecta a viro, per cantilenas in quibus commemorat pristinam dignitatem, se jactitat, et cor movet aliorum ad misericordiam. ponit etiam canticum quantum ad instrumentum, ° sume cytharam; ‘ quantum ad locum ° circui; ‘ quantum ad modum, ° bene cane; ‘ quantum ad numerum, ° frequenta. ‘ ponit etiam fructum ° ut memoria. * jer. 3: ° vulgo dicitur: si dimiserit vir uxorem suam, et recedens ab eo, duxerit virum alterum; numquid revertetur ad eam ultra. ‘ secundo promittit liberantis beneficium: ° et erit post septuaginta; fornicabitur, ‘ negotiabitur. * jer. 30: ° glorificaberis. * contra. ezech. 27: ° ad nihilum deducta |125| es, et non eris in perpetuum. * glossa ibi: ° idest in memoria, quae est vita unius hominis, quod est per septuaginta annos. * psal. 89: ° dies annorum in ipsis septuaginta. ‘ tertio ponit liberationis fructum, ° et erunt. * infra 60: ° aurum pro aere afferam, et pro ferro afferam argentum. ‘ nota * super illo verbo, ° sume cytharam, ‘ quod per cytharam significatur recta vita. primo quantum ad carnis mortificationem, propter chordarum materiam. * psalm. 70: ° psallam tibi in cythara, sanctus israel. ‘ secundo quantum ad virtutum connexionem, propter cantus concordantiam. * supra 16: ° venter meus ad moab quasi cythara sonabit. ‘ tertio quantum ad dulcedinem boni operis, propter audientis laetitiam. * job 21: ° tenent tympanum et cytharam, et gaudebunt ad sonitum organi. ‘ item nota * super illo verbo, ° circui civitatem, ‘ quod debet homo circuire civitatem: primo propriae conscientiae, recogitando peccata. * eccl. 12: ° circuibunt in plateis plangentes, antequam rumpatur funiculus argenteus. ‘ secundo militantis ecclesiae, imitando justorum exempla * psalm. 47: ° circumdate sion, et complectimini eam. ‘ tertio |150| caelestis patriae, cogitando sanctorum praemia. * cant. 3: ° surgam, et circuibo civitatem. ‘ item nota * super illo verbo, ° bene cane, ‘ quod debet homo bene canere: primo hilariter. * psal. 146: ° deo nostra jucunda sit laudatio. ‘ secundo attente. * 1 corinth. 14: ° psallam spiritu, psallam et mente. ‘ tertio devote. * 2 paral. 29: ° obtulit populus hostias et laudes mente devota. ‘ item nota * super illo verbo, ° frequenta canticum, ‘ quod debet frequentari primo propter ipsius magnitudinem. * eccl. 43: ° glorificantes dominum quantumcumque potueritis, supervalebit adhuc, et admirabilis magnificentia ejus. ‘ secundo propter bonorum interiorum multitudinem. * psalm. 97: ° cantate, exultate et psallite. ‘ tertio propter peccatorum abundantiam. * psalm. 118: ° septies in die laudem dixi tibi.... domine deus ne perdas me.

068 CIS cp24

lc ° Ecce dominus. ‘ in parte ista comminatur destructionem totius terrae, vel quae facta est in singulis regnis et diversis partibus, vel quae futura est in die judicii, * secundum quod supra 14, dictum est: ° hoc est consilium quod cogitavi, * quamvis quidam hic exponant “ de terra judeorum, vel de terra babylonis, vel de terra idumaeorum. ‘ dividitur autem in duas. primo comminatur contra terrae habitatores; in secunda contra populorum gubernatores, ° et erit in die. ‘ circa primum tria ponit. primo destructionem hominum; secundo subtractionem gaudiorum, * ibi, ° luxit vindemia, ‘ tertio multitudinem periculorum, ° praevaricantes. ‘ circa primum tria. primo comminatur destructionem: ° nudabit, ‘ evacuando habitatoribus; ° dissipabit, ‘ privando cultoribus; ° affliget, ‘ diversis poenis, ° faciem, ‘ idest habitantes in superficie; ° disperget, ‘ in diversa dividendo per captivitatem. * joel. 1: ° nudans spoliavi te. ‘ secundo destructionis universalitatem quantum ad punitos, adaequans differentes dignitate: ° sicut populus; ‘ conditione, ° sicut servus; ‘ rerum possessione, |25| ° sicut emens. * job 3: ° parvus et magnus ibi sunt, et servus liber a domino suo. ‘ quantum ad diversitatem poenarum, ° dissipatione, ‘ ponens rerum amissionem; quantum ad immobilia, ° dissipabitur; ‘ quantum ad mobilia, ° praedabitur. * jerem. 12: ° desolatione desolata est omnis terra. ‘ quantum ad potentiae deiectionem, ° luxit et defluxit, ‘ praeteritum pro futuro, idest defluet lugens pro infirmitate; et hoc est, ° infirmata est; ‘ ut hoc dictum sit quantum ad populares. sed quantum ad potentes, ° defluxit orbis, ‘ idest rectores orbis. * supra 13: ° visitabo super orbis mala. ‘ ponit etiam hominum interfectionem, ° et terra, * psal. 105: ° interfecta est terra. ‘ tertio ostendit poenae aequitatem, quia transgressi sunt; et hoc per comparationem ad culpam: unde duo facit. primo ponit culpam: ° leges, ‘ scriptas vel naturales, ° jus, ‘ consuetudinis, ° foedus, ‘ amicitiae, ° sempiternum, ‘ quia ex similitudine speciei causatum. * oseae 8: ° transgressi sunt foedus meum, et legem meam praevaricati sunt. * soph. 3: ° polluerunt sanctuarium meum, injuste egerunt contra legem. ‘ secundo comminatur poenam propter hoc quadruplicem. primo divinae maledictionis, ° maledictio. * jerem. 23: ° a facie maledictionis |50| luxit terra. ‘ secundo divinae desertionis, ° peccabunt; ‘ quasi domino eos derelinquente. * rom. 1: ° propterea tradidit eos deus in passiones ignominiae. * apoc. ult.: ° qui in sordibus est, sordescat adhuc. ‘ tertio infatuationis, ° ideoque insanient. * ps. 77: ° conversi sunt in vanitates. ‘ quarto diminutionis, ° et derelinquentur. * deut. 28: ° remanebitis pauci numero. luxit vindemia, ‘ hic comminatur subtractionem gaudiorum quantum ad malos; et secundo (ponit) gaudia bonorum, ° quomodo si paucae. ‘ circa primum tria. primo ponit cessationem laetitiae quae ex tribus erat: vel in fertilitate rerum, ° luxit vindemia, ‘ deficiens, idest causa luctus fuit: * supra 16: ° in vineis non exultabit, neque jubilabit; ‘ vel in exercitio ludorum, ° cessabit gaudium: * apoc. 14: ° vox cytharaedorum cytharizantium in cytharis suis: ‘ vel in deliciis conviviorum: ° cum cantico non, * supra 5: ° cythara et lyra in conviviis vestris. ‘ secundo ponit recompensationem tristitiae: ° amara, ‘ quia in conviviis tristitiam habebunt, contra delicias conviviorum. * amos 8: ° convertam festivitates vestras in luctum. attrita, ‘ contra vanitatem ludorum. * ps. 38: ° universa vanitas. * eccl. 1: ° vanitas |75| vanitatum, et omnia vanitas. civitas, ‘ babylonis, quaelibet anima. ° clamor, ‘ conquerentium de defectu vini, contra fertilitatem. * amos 5: ° in omnibus vineis erit planctus. ‘ tertio concludit commutationem, ° deserta, ‘ commutatur in tristitiam. * luc. 6: ° vae vobis qui ridetis, quia flebitis. * ps. 14: ° risus dolore miscebitur. quomodo. ‘ hic ponit gaudia bonorum. et primo praedicit laudem futurorum, quorum praedicit salutem: ° quomodo si paucae: ‘ pauci salvabuntur respectu aliorum. * supra 17: ° relinquetur in ea sicut excussio oleae, duarum aut trium olivarum. ‘ et ponit ipsorum laudem, ° hi levabunt, hinnient, ‘ sicut equi ad significandam magnam laetitiam. * infra 52: ° vox speculatorum tuorum: levaverunt vocem, simul laudabunt. ‘ secundo inducit laudem praesentibus, ° propter hoc. ‘ et primo ponit praeceptum, ° in doctrinis, ‘ idest docendo alios. * alia translatio, ° laudationibus. * eccl. 43: ° glorificantes deum quantumcumque poteritis. ‘ secundo designat praecepti explementum, ° a finibus terrae. justi, ‘ idest christi. * infra 62: ° ecce dominus auditum faciet in extremis terrae. ‘ tertio implentium praemium, ° et dixi; secretum, ‘ de praemiis eorum. * 1 cor. 2: ° oculus |100| non vidit, nec auris audivit, nec in cor hominis ascendit, quae praeparavit deus diligentibus se. mihi, ‘ soli. ° vae mihi, ‘ quia non possum aliis enarrare. * 2 cor. 12: ° audivi arcana verba, quae non licet homini loqui. ‘ de poenis damnatorum. ° vae mihi, ‘ quantas poenas video. et sic tenet se cum parte sequenti. ° praevaricantes. ‘ hic comminatur multitudinem periculorum; et circa hoc duo facit. primo arguit diversitatem peccatorum. ° praevaricantes, ‘ omittendo, ° transgressi, ‘ committendo. * ps. 118: ° praevaricantes reputavi omnes peccatores terrae. ‘ secundo comminatur multitudinem periculorum. et primo ponit hanc multitudinem, ° formido. ‘ loquitur ad similitudinem eius qui prae timore insequentes fugit. * supra 8: ° cadent et irretientur, * ier.: ° vae terrenis. ‘ secundo evadendi impossibilitatem ° et erit qui fugerit: ‘ quasi dicat: decidet in scyllam, cupiens vitare charibdim. * joel 1: ° residuum erucae comedit bruchus. ‘ et assignat causam, quia et de caelo et de terra veniet eis tribulatio. et hoc est ° cataractae, ‘ idest occulti meatus per quos aqua transit. * genes. 7: ° cataractae caeli apertae sunt. ‘ tertio reparationis impossibilitatem |125| sub triplici similitudine; scilicet rei divisae, quae non integratur, ° confractione, ‘ quantum ad partes magnas, ° contritione, ‘ quantum ad parvas. * amos 9: ° ecce oculi domini. ‘ et per similitudinem rei commotae, et quae non stabilitur: ° commovebitur, ‘ de loco ad locum, ° agitabitur, ‘ quasi tremens in proprio loco, ° sicut ebrius. * supra 19: ° errare fecerunt; ‘ et per similitudinem tentorii viatoris, quod in eodem loco non firmiter figitur, ° et quasi tabernaculum. * infra 38: ° generatio mea ablata est, et convoluta est a me quasi tabernacula pastorum. ‘ et assignat causam: ° et gravabit, ‘ quasi pondus grave, ut non resurgat, * eccli. 22: ° super plumbum etc., * zach. 5: ° iniquitas sedet super talentum etc.. * psalm. 37: ° iniquitates meae sicut onus grave gravatae sunt super me. et erit. ‘ hic contra populorum gubernatores: et circa hoc tria ponit. primo ponit eorum poenam, ° in die illa, ‘ judicii, ° militiam, ‘ daemones, ° et super ‘ eosdem ° reges. * joan. 12: ° nunc princeps hujus mundi ejicietur foras. ‘ vel etiam malos reges. ° et congregabuntur, ‘ simul in infernum. * matth. 25: ° qui paratus est diabolo et angelis suis. fascis. * matth. 13: ° alligate ea fasciculos |150| ad comburendum; ‘ ut sint similes in poena qui fuerunt similes in culpa. * apoc. 19: ° vidi bestiam ‘ etc.. vel ° in die illa, ‘ scilicet destructionis singulorum regnorum, ° militiam, ‘ idola scilicet solis et lunae, et aliarum stellarum. * 4 reg. 21: ° adoravit omnem militiam caeli. et congregabuntur, ‘ per destructionem. * infra 34: ° tabescet omnis. ‘ secundo determinat poenae mensuram quantum ad tempus: ° et post multos dies visitabuntur, ‘ quia post quantumlibet tempus tormentis punientur in aeternum. * matth. 25: ° ite maledicti in ignem aeternum. ‘ vel in die judicii; ut statim ad infernum peracto judicio redeant. * vel, secundum aliam expositionem, ° consolabuntur, ‘ quia post tempestatem, omnibus aliquam tranquillitatem facit. * tob. 3. ‘ tertio punientis gloriam: et primo judicis: ° et erubescet, ‘ idest, splendor ejus nihil reputabitur comparatione splendoris corporis christi. * joel. 2: ° sol convertetur in tenebras, et luna in sanguinem, antequam veniat dies domini magnus et terribilis. ‘ vel cultores solis et lunae. secundo assessorum, ° cum regnaverit... senum: * supra 3: ° dominus ad judicandum veniet cum senatoribus terrae. ‘ nota * super illo verbo, ° amara potio, ‘ quod potio |175| peccati est amara primo propter conscientiae remorsum. * proverb. 5: ° novissima illius amara sunt. ‘ secundo propter mortis metum. * eccl. 41: ° o mors, quam amara est memoria tua. ‘ tertio propter divinae dulcedinis defectum. * jer. 2: ° scito, et vide, quia malum et amarum est reliquisse te dominum deum tuum. ‘ quarto propter poenitentiae planctum. * infra 38: ° recogitabo tibi in amaritudine animae meae. ‘ item nota * super illo verbo, ° secretum, ‘ quod dei magnalia sunt secreta primo propter eorum magnitudinem. * matth. 19: ° non omnes capiunt verbum hoc. * joan. 3: ° si terrena dixi vobis, et non creditis: quomodo si dixero vobis caelestia, credetis? ‘ secundo propter eorum dignitatem. * matth. 13: ° vobis datum est nosse mysterium regni dei; ‘ tertio propter aliorum idoneitatem. * matth. 7: ° nolite sanctum dare canibus. ‘ item nota * super illo verbo, ° et erit in die illa, visitabit, ‘ quod est visitatio domini multiplex. prima condemnationis. * jerem. 8: ° in tempore visitationis; ‘ secunda correptionis. * ps. 88: ° visitabo in virga iniquitates eorum. ‘ tertia consolationis. * luc. 1: ° visitavit nos oriens ex alto.

068 CIS cp25

lc ° Domine deus. ‘ hic ponitur gratiarum actio: et primo de populi exaltatione; secundo de ipsius justificatione: * cap. 26: ° in die illa, ‘ tertio de paterna correptione: * cap. 27: ° in die illa. ‘ prima in duas. in prima ponitur gratiarum actio: ° exaltabo te, ‘ in aliis alte te praedicando, ° confitebor, ‘ in me ipso gratias agendo. * psalm. 9: ° confitebor tibi. domine, in toto corde meo. ‘ secundo ponitur materia gratiarum actionis, ° quoniam fecisti. ‘ et primo in generali quantum ad magnitudinem factorum. ° mirabilia. * job 9: ° qui facit magna ‘ etc.. quantum ad impletionem promissorum, ° fideles. * eccl. 36: ° da mercedem, domine, sustinentibus te, ut prophetae tui fideles inveniantur. amen, ‘ id est vere. secundo in speciali, ° quia posuisti, ‘ et primo opera quae pertinent ad depressionem malorum; secundo quae pertinent ad exaltationem bonorum, ° et faciet dominus. ‘ circa primum tria. primo comminatur poenae flagellum; secundo poenae fructum: ° super hoc, ‘ tertio punitionis modum, ° sicut. |25| * dicit ergo primo, ° civitatem. ‘ jerusalem; ° alienorum, ‘ a deo, scilicet judaeorum; ° in sempiternum non aedificetur: ‘ quia nec in eodem postea, * supra 17: ° ecce damascus desinat civitas esse. * mich. 3: ° sion quasi ager, * ez. 27: ° ad nihilum deducta es. ‘ vel de babylone, sive de qualibet alia civitate gentilium eis adversantium. ° super hoc. ‘ hic ponit fructum in subjectione hominum ad deum. et primo ponit duo signa subjectionis. laudem, ° laudabit fortis, ‘ quantumcumque tibi subjectus; vel populus gentilis fortis in passionibus. timorem. ° timebit te, ‘ quaecumque civitas. * infra 60: ° fortitudo gentium venerit tibi. ‘ secundo assignat rationem, quam primo ponit ° quia factus es; pauperi, ‘ qui parum habet, etsi sufficiens sibi, ° egeno, ‘ qui eget. * psal. 93: ° factus est mihi dominus in refugium, et deus meus in adjutorium spei meae. ‘ secundo ponit similitudinem, ° spes, ‘ defensionis, ° a turbine, ‘ propter violentiam persequentis, ° umbraculum, ‘ consolationis, ° ab aestu, ‘ propter afflictionem persecutionis. * infra 32: ° erit vir sicut. ‘ tertio ponit expositionem. ° spiritus, ‘ idest indignatio et superbia. * supra 21: ° sicut |50| turbines ab africo veniunt, de deserto venit, de terra horribili. sicut aestus. ‘ hic ponit punitionis modum quantum ad afflictionem, ° sicut aestus in siti, ‘ affligit. ° tumultum, ‘ superbum clamorem, quantum ad sterilitatem. ° et quasi calore sub nube, ‘ adunata ex vento australi, quae etiam quandoque propter nimium calorem, fructus vitis destruuntur. * jac. 1: ° exortus est sol cum ardore, et arefecit fenum, et flos ejus decidit. et faciet dominus. ‘ hic ponit ea quae pertinent ad exaltationem bonorum: et hoc tripliciter. primo quantum ad abundantiam honoris, quam describit sub metaphora. ° convivii, ‘ quod paratur de animalibus pinguibus, et vino depurato, ° in monte hoc, ‘ quia ibi christus passus est, unde nobis omnia bona provenerunt; vel quia ibi judicabit, * ut dicitur matth. 22: ° ecce prandium meum paravi, tauri mei et altilia sunt occisa. ‘ secundo quantum ad subtractionem malorum, ° et praecipitabit, ‘ quantum ad mortis poenam, quam nominat vinculum inquantum ad ipsam ex peccato obligamur, et (telam) inquantum iusta dei sententia ordinata est. * 1 corinth. 15: ° absorpta est mors in victoria. * oseae 13: ° ero mors tua, o mors; morsus tuus, o inferne. ‘ doloris tristitiam, ° et |75| auferet. * apocal. 21: ° absterget deus omnem lacrymam ab oculis sanctorum. ‘ confusionis ignominiam: ° et opprobrium. * supra 4: ° aufer etc.. * quidam referunt hoc “ ad judicium praestitum in morte holofernis, qui contra omnes gentes veniebat; et similiter de convivio. ‘ et ponit gratiarum actionem. ° et dicent, sustinuimus, ‘ patienter expectando. * eccl. 2: ° metuentes dominum sustinete misericordiam ejus. ‘ et ponit rationem, ° quia requiescet, ‘ cum quo nihil malum potest esse. * psal. 131: ° haec requies mea in saeculum saeculi. ‘ tertio quantum ad hostium oppressionem, scilicet moabitarum, qui propter somnum maxime eis infesti erant. et primo ponit eorum afflictionem, ° triturabitur. * amos 1: ° trituraverunt in plaustris ferreis galaad. ‘ secundo plenariam subjectionem. ° extendet manus, ‘ quasi prostratus, et petens misericordiam vel auxilium. * infra 49: ° veniet; ‘ et munitionum destructionem, ° et munimenta, * de quibus habetur supra 16. ‘ nota * super illo verbo, ° confitebor nomini, ‘ quod est multiplex confessio. prima humilitatis. * jac. ult.: ° confitemini alterutrum peccata vestra. ‘ secunda veritatis. * rom. 10: ° corde creditur ad justitiam: |100| ore autem confessio fit ad salutem. ‘ tertia laudis. * psalm. 32: ° confitemini domino in cithara. ‘ quarta gratiarum actionis. * supra 12: ° confitebor tibi domine, quoniam iratus es mihi: conversus est furor tuus, et consolatus es me. ‘ item nota * super illo verbo, ° amen, ‘ quod ° amen ‘ est hebraeum: et quandoque est verbum, idest fiat. * deut. 27: ° et dicet omnis populus, amen. ‘ quandoque adverbium, idest vere. * joan. 6: ° amen amen dico vobis. ‘ quandoque nomen, idest veritas. * apoc. 3: ° haec dicit amen. ‘ quandoque est graecum, sine defectu, ab a, quod est sine, et mene, quod est defectus. * rom. 9: ° qui est deus benedictus in saecula, amen. ‘ nota * super illo verbo, ° convivium pinguium, ‘ quod est triplex convivium. primum familiare militantis ecclesiae: in quo proponit tria. primo amaritudinem passionis. * exod. 12: ° comedetis illud cum lactucis agrestibus. * 1 cor. 11: ° quotiescumque manducabitis panem hunc, et calicem bibetis, mortem domini annuntiabitis donec veniat. ‘ secundo dulcedinem dilectionis. * sap. 16: ° panem de caelo praestitisti eis sine labore, omne delectamentum in se habentem, et omnis saporis |125| suavitatem. ‘ tertio pinguedinem, quantum ad effectum. * psalm. 22: ° impinguasti in oleo caput meum. ‘ secundum est convivium privatum animae: in quo proponit tria. primo vinum amoris. * can. 1: ° meliora sunt ubera tua vino. ‘ secundo mel contemplationis. * psal. 118: ° quam dulcia faucibus meis eloquia tua. super mel ori meo. ‘ tertio lac depurationis (et hoc) ad crescendum in perfectum. * 1 pet. 2: ° rationabiles sine dolo, lac concupiscite. ‘ tertium est convivium solemne caelestis curiae; in quo proponit tria. primo vinum ad ebrietatem. * can. 5: ° comedite amici, et bibite et inebriamini; ‘ secundo mel ad satietatem. * psal. 16: ° satiabor cum apparuerit gloria tua. ‘ tertio lac ad perfectionem corporis et animae. * cant. 5: ° oculi tui sicut columbae.

068 CIS cp26

lc ° In die illa. ‘ in parte ista gratias agit de populi justificatione; et dividitur in duas. in prima praedicit justorum statum; in secunda ostendit justitiae fructum, ° vetus error. ‘ circa primum duo. primo enim praedicit justorum fiduciam, ° in die illa, ‘ post reditum de captivitate, et afflictionem moabitarum a machabaeis; vel post christi adventum. ° o sion, salvator, ‘ christus, vel judas machabaeus, ° urbs fortitudinis ‘ machabaea protectione; ° ponetur murus et antemurale, ‘ ipsi tantum, ad litteram, tempore machabaeorum, vel ° murus ‘ christus, ° antemurale, ‘ prophetae. vel aliter ° sion ‘ est urbs, ° salvator ‘ deus, vel christus, vel judas machabaeus. ° murus, ‘ idest defendens sicut murus. * proverb. 18: ° turris fortissima nomen domini. * zach. 2: ° ero eis, ait dominus, murus ignis in circuitu. ‘ secundo dominus praedicat eorum justitiam, dicens ad angelos, ° aperite portas, ‘ caeli vel virtutis, clausas peccatis: vel, ad litteram, non oportet vos claudere portas propter infideles, quia omnes erunt justi. * psal. 117: ° haec porta domini; justi intrabunt in eam: vetus error. ‘ hic ponit justitiae |25| fructum, scilicet pacem; de qua primo ponitur populi petitio, quae tria continet. proponitur enim idoneitas petentium, ° vetus error, ‘ scilicet idolatriae: * 2 cor. 5: ° vetera transierunt. ‘ postulatur pacis beneficium, ° servabis pacem, ‘ corporis et animae. * infra 32: ° sedebit populus meus in pulchritudine pacis. ‘ allegatur pacis meritum: ° quia in te speravimus. * eccli. 2: ° quis speravit in domino, et confusus est? ‘ secundo ponitur prophetae responsio, qui est mediator inter populum et deum, ° sperastis. ‘ et dividitur in tres. in prima ponitur pacis promissio; in secunda pacis impetratio ° semita justi recta est; ‘ in tertia impetratae pacis denuntiatio, ° justitiam. ‘ circa primum tria. primo concedit meritum: ° sperastis in domino in saeculis, ‘ idest semper. * psal. 27: ° in ipso speravit cor meum, et adjutus sum. ‘ secundo adhibet consilium, ° in domino deo, ‘ supple, sperate. * matth. 10: ° qui perseveraverit usque in finem, hic salvus erit. ‘ tertio promittit pacis beneficium, pro destructione hostium: ° quia incurvabit habitantes. * judaei referunt ad romanos. ‘ potest autem referri ad quoslibet ipsorum hostium. vel mystice ad ipsos judaeos. * supra 25: ° munimenta sublimium murorum tuorum corruent. |50| ‘ et adjungit destruentium conditionem: ° conculcabit eam pes pauperis. ‘ judaei, qui parum habet; ° egenorum, ‘ qui eget plura habere. vel si mystice, ponit meritum destructionis judaeorum propter pauperem christum, * de quo in psal. 69: ° ego autem egenus sum et pauper. * et alibi 68: ° ego sum pauper et dolens. egenorum, ‘ discipulorum, ° semita justi. ‘ hic ponitur quasi disceptatio prophetae cum domino, ad impetrandam petitionem populi: et primo inducit ad puniendum hostes per argumenta: secundo per experimenta, ° indulsisti. ‘ circa primum duo facit. primo inducit ut puniat; secundo ut in poena detineat, ° morientes. ‘ circa primum tria facit. primo inducit ad justitiam; secundo excludit misericordiam, ° misereamur, ‘ tertio determinat poenam, ° et non videbit. ‘ provocat autem ad justitiam, tria proponens. primo justitiae rectitudinem, ° semita justi, ‘ idest justitiae. * sap. 10: ° justum deduxit dominus per vias rectas. ‘ secundo afflictorum expectationem, proponens tria: ipsam expectationem, ° in semita, ‘ idest per poenam ° judiciorum tuorum, ‘ quibus nos vindicas et liberas. * psal. 118: ° in aeternum non obliviscar justificationes tuas, quia |75| in ipsis vivificasti me. ‘ expectantium desiderium, ° nomen tuum. * jer. 23: ° hoc est nomen quod vocabunt eum, dominus justus noster. ‘ desiderii assiduitatem: ° quia die et nocte, ‘ idest omni tempore, vel in prosperis et adversis, ° anima mea. * cant. 3: ° in lectulo meo quaesivi quem diligit anima mea. * psal. 62: ° deus deus meus, ad te de luce vigilo. ‘ tertio proponit justitiae utilitatem, ° cum feceris judicia. * psal. 9: ° cognoscetur dominus judicia faciens. misereamur. ‘ hic excludit misericordiam; et circa hoc duo facit. primo dominus interrogative proponit misericordiam, ° misereamur. * psalm. 32: ° misericordia domini plena est terra. ‘ secundo propheta excludit ipsam, propter ejus inutilitatem, ° et non discet. * eccle. 8: ° quia non profert dominus cito sententiam, filii hominum perpetrant mala. * eccli. 30: ° equus indomitus evadet durus, et filius remissus evadet praeceps. ‘ et propter peccati gravitatem, propter sacri loci profanationem, ° in terra sanctorum. * psalm. 78: ° deus, venerunt gentes in hereditatem tuam, polluerunt templum sanctum tuum. * jerem. 11: ° quid est quod dilectus meus in domo mea fecit scelera multa? et non videbit. ‘ hic ponitur disceptatio |100| de poena determinando: et primo dominus interrogat, ° et non videbit; ‘ quasi: numquid debeo hanc poenam sibi dare quod non videat? vel remissive, et sufficit hoc ad poenam. secundo propheta respondet: ° domine exaltetur. ‘ tertio dominus poenam determinat spiritualem: ° videant et confundantur: * apocal. 1: ° videbit eum omnis oculus, ‘ in gloria humanitatis, non divinitatis: et corporalem. * apocal. 19: ° missi sunt in stagnum ignis. ‘ quarto propheta congaudens consentit, proponens duo bona consequentia ex dicta poena: pacem populi. ergo, ° domine, ‘ hoc facto, ° dabis pacem; ‘ et hoc de te ° speramus; omnia enim. * phil. 2: ° deus est qui operatur in nobis velle et perficere: operatus es, ‘ opera, idest poenas, quibus sufficienter nos purgasti. * infra 40: ° suscepit de manu domini duplicia. ‘ secundo laudem dei: ° domine deus possederunt; ‘ et ideo laudi tuae vacare non potuimus. ° tantum in te, ‘ non habentes alium deum cui soli vacemus. * thren. ult.: ° servi dominati sunt nostri. ‘ nota * super illo verbo, ° urbs fortitudinis, ‘ quod christus est urbs fortitudinis nostrae, quia nos confirmat primo in fide. * 1 cor. 3: ° fundamentum aliud nemo potest ponere praeter id quod positum |125| est, quod est christus jesus. ‘ secundo in spe. * heb. 6: ° fortissimum solatium habeamus qui confugimus ad tenendam propositam spem. ‘ tertio in caritate. * eph. 3: ° in caritate radicati et fundati. * luc. 12: ° ignem veni mittere in terram; ‘ quarto in opere. * phil. 2: ° deus qui operatur nobis velle et perficere pro bona voluntate. ‘ quinto in tentatione. * 1 cor. 10: ° fidelis deus, qui non permittet vos tentari supra id quod potestis. ‘ sexto in accusatione. * 1 joan. 2: ° advocatum habemus ad deum jesum christum. ‘ septimo in remuneratione. * apocal. 3: ° faciam illum columnam in templo dei mei. ‘ item nota * super illo verbo, ° aperite, ‘ quod aperire debemus portas per meditationem primo infernalis miseriae, * infra 38: ° vadam ad portas inferi. ‘ secundo justae vitae. * prov. ult.: ° laudent in portis opera ejus. ‘ tertio caelestis gloriae. * psalm. 147: ° confortavit seras portarum tuarum. ‘ item nota * super illo verbo ° pacem, ‘ quod tria sunt quae faciunt pacem in praesenti. primo contemptus temporalis opulentiae. * infra 57: ° impii autem quasi mare fervens, quod quiescere non |150| potest. ‘ secundo subjugatio carnalis concupiscentiae. * eccl. 44: ° pacificantes in domibus suis. ‘ tertio contemplatio divinae sapientiae. * psalm. 75: ° in pace factus est locus ejus, et habitatio ejus in sion. ‘ item nota * super illo verbo, ° semita justi, ‘ quod est via justitiae recta primo propter itineris brevitatem. * sap. 5: ° ambulavimus vias difficiles. ‘ secundo propter situs aequalitatem: cujus medium non discrepat, * joan. 13: ° sciens quia ad deum vadit. ‘ tertio propter pulchritudinem. * jer. 31: ° benedicat tibi dominus, pulchritudo justitiae, mons sanctus. ‘ nota * super illo verbo, ° pacem, ‘ quod tria sunt quae faciunt pacem in futuro. primo bonorum ubertas. * psal. 147: ° posuit fines tuos pacem. ‘ secundo malorum securitas. * infra 32: ° sedebit populus meus in tabernaculis fiduciae. ‘ tertio immobilitas. * psal. 4: ° in pace in idipsum dormiam et requiescam. morientes. ‘ hic petit ne punitos ulterius a poena liberet. et primo ponit petitionem: ° morientes ‘ peccatores ° non vivant, ‘ vita gloriae nisi poeniteant. ° gigantes, ‘ de sua potentia gloriantes, |175| ° non resurgant, ‘ ad gloriam. * psal. 1: ° non resurgent impii, * eccli. 16: ° non exoraverunt pro peccatis suis antiqui gigantes. ‘ vel petit ut hostes eorum deiecti, ulterius non resurgant ad potentiam. secundo ponit exauditionem: ° propterea. * psal. 9: ° periit memoria eorum cum sonitu. * jerem. 8: ° in tempore visitationis suae corruent. indulsisti. ‘ hic inducit deum ad iustitiae opus per experimentum. et primo per experimentum in gentibus, secundo in iudaeis: ° sicut quae concepit. ‘ circa primum duo facit. primo probat per experimentum inutilitatem misericordiae: tum quantum ad remissionem poenarum, ° indulsisti; ‘ tum quantum ad multiplicationem bonorum, ° elongasti. * jer. 5: ° magnificati sunt et ditati, et incrassati sunt et impinguati, et praeterierunt sermones meos pessime. * prov. 1: ° prosperitas stultorum. ‘ secundo utilitatem vindicantis justitiae, ° domine in angustia. * oseae 6: ° in tribulatione sua mane consurgent ad me. * jer. 2: ° in tempore afflictionis. sicut quae concepit. ‘ hic probat idem per experimentum in judaeis. et primo ponit tribulationis flagellum, ° sicut quae concepit. * joan. 16: ° mulier cum parit, tristitiam habet. |200| * psal. 47: ° ibi dolores ut parturientis. ‘ secundo emendationis fructum, ° a facie tua. * hebr. 12: ° omnis quidem disciplina, in praesenti quidem videtur non esse gaudii, sed moeroris; postea autem fructum pacatissimum exercitatis per eam reddit justitiae. justitiam non fecimus. ‘ hic denuntiat impetratam pacem: et circa hoc tria facit. primo ostenditur ratio dilationis, ° justitiam non fecimus, ‘ ut alludat ei * quod dicitur deut. 28: ° dabit dominus inimicos tuos qui consurgunt adversus te, corruentes in conspectu tuo. ‘ secundo ponitur promissio restitutionis populi per resurrectionem, sive corporalem in die novissimo, sive a miseria captivitatis. unde promittitur resurrectio. ° vivent mortui: ‘ vox prophetae ad dominum; * ezech. 37; ‘ indicitur resurgentibus gratiarum actio: ° expergiscimini, * dan. 12: ° multi ex his qui dormiunt in pulvere terrae, evigilabunt. ‘ et assignatur resurrectionis causa, vel ratio: ° quia ros, ‘ scilicet divina benignitas, * os. 6: ° et veniet etc.. ‘ tertio ostenditur hostium destructio: (et circa hoc tria ponit. primo ipsam destructionem): ° terra gigantium, ‘ idest superborum et potentium. * supra 17: ° erit quasi acervus lapidum in ruina. ‘ secundo |225| populi dei immunitatem, ° vade populus meus. cubicula, ‘ sepulcra; vel ad litteram, munitionem in quibus interdum se caute custodiunt. * infra 54: ° in momento indignationis abscondi faciem meam parumper a te; et misericordia sempiterna misertus sum tui. * apocal. 7: ° dictum est illis, ut quiescerent adhuc modicum, donec compleretur numerus fratrum suorum. ‘ tertio ponit destructionis ordinem, quia per judicium: unde ponit judicis adventum, ° ecce enim dominus. * michaeae 1: ° ecce dominus egredietur, ‘ et manifestationem criminum: ° et revelabit, * job 16: ° terra ne operias sanguinem meum, neque inveniat in te locum latendi clamor meus.

068 CIS cp27

lc ° In die illa. ‘ in parte ista commemorat divinam et paternam correctionem: et primo flagellis alienis; secundo flagellis propriis, ° in die illa; * unde dicitur sapien. 11: ° hos quidem tamquam pater monens probasti. ‘ circa primum ponit flagellum babylonis. ° gladio, ‘ scilicet vindicta, ° leviathan, ‘ scilicet nabuchodonosor, propter additionem regnorum quae sibi subjugaverat, ° serpentem, ‘ propter virulentam tyrannidem, ° vectem, ‘ propter populorum correctionem a deo. * supra 10: ° vae assur, virga furoris mei; tortuosum, ‘ propter infidelitatem, * iob 40: ° ecce absorbebit flumen et non mirabitur; cetum, * ez. 28: ° sedi in corde maris. in die illa. ‘ hic ponitur correctio per propria flagella. unde primo prosequitur castigationem; secundo consolationem, ° et erit in die. ‘ circa primum duo facit. primo praedicitur castigatio; secundo modus inquiritur, ° indignatio. ‘ circa primum tria. primo praedicit doloris canticum, ° vinea, ‘ quondam in prophetis et patriarchis, vini ° meri. * supra 5: ° vinea domini sabaoth, domus israel est. ‘ secundo |25| ponit punientis propositum: ° ego dominus, qui servo, * infra 51: ° bibisti de manu domini calicem irae ejus. ‘ tertio ponit beneficium, cui ingrati fuerunt: ° ne forte visitetur. * sapien. 16: ° sermo tuus, domine, qui sanat omnia. indignatio. ‘ hic inquiritur punitionis modus: et primo ponitur judicis deliberatio; secundo deliberati executio, ° civitas. ‘ circa primum tria. primo proponit severum judicium, proponens saevientis iram, ° indignatio non est mihi; ‘ quasi dicat: immo juste indignor, quia beneficiis ingrati sunt. * infra 51: ° pleni indignatione domini. ‘ et ex ira determinat austeram poenam: ° quis dabit mihi spinam et veprem? ‘ quantum ad praecedentes angustias communiter in ipsis ad invicem exortas. * supra 5: ° ascendent super eam vepres et spinae. in praelio, ‘ quantum ad impugnationem hostium. * jerem. 21: ° ego debellabo; succendam, ‘ quantum ad destructionem domorum et civitatum. * jerem. 51: ° egredimini ‘ etc.. secundo ponit sententiae temperamentum: ° an potius tenebo? ‘ quasi dicat: retinebo iram meam per oppositum. * jerem. 30: ° non avertet dominus. ‘ et ponit temperamenti fructum quantum ad bonos, |50| quem quilibet faciet in comparatione ad deum, ° faciet pacem; ‘ quasi dicat: pacificabit me bonis operibus. * infra 32: ° erit opus justitiae pax. ‘ in comparatione ad seipsum, ° florebit, ‘ fide, vel bono proposito: ° germinabit, ‘ operis consummatione. * infra 35: ° florebit jerusalem quasi lilium. ‘ et in comparatione ad proximum, ° implebunt faciem; qui egredientur, ‘ scilicet apostoli. * supra 2: ° de sion exibit lex, et verbum domini de jerusalem. * psalm. 18: ° in omnem terram exivit sonus eorum. ‘ ponit etiam poenae supplementum quantum ad ingratos. ° numquid juxta? ‘ in quo improperat temperatae poenae beneficium. * psal. 102: ° non secundum peccata nostra facies nobis. in mensura ‘in quo comminatur adaequatum judicium, ° cum abjecta, ‘ a cultu dei per infidelitatem non credentes christo. * deut. 25: ° secundum mensuram peccati erit et plagarum modus. meditatus: ‘ in quo ostendit sententiae firmamentum. ° duro, ‘ quia non placabitur. * supra 2: ° quiescite ergo ab homine, cujus spiritus in naribus ejus est. ‘ tertio explicat motivum ad temperandum ne tunc omnino destrueret, quia scilicet ex illa gente christus et apostoli descendere adhuc debebant, per quorum praedicationem, idolorum cultus |75| derelinquendus erat. * et hoc est quod dicit, ° cum posuerit. * supra 17: ° inclinabitur homo ad factorem suum; et oculi ejus ad sanctum israel respicient. civitas. ‘ (hic ponitur deliberati executio, et circa hoc tria facit. primo ponit poenam destructionis: ° civitas), scilicet jerusalem. * thren. 1: ° quomodo sedet sola civitas plena populo? ‘ quantum ad hostium potestatem, ° ibi pascetur, ‘ quasi sine timore requiescet, ° vitulus, ‘ hostium exercitus: ° summitates, ‘ metaphorice, idest spicas, per quas significantur principes. * supra 13: ° requiescent ibi bestiae. ‘ vel ad litteram, ut sit desolationis signum. * 1 mach. 4: ° viderunt pastophoria dirupta. ‘ et hominum destructionem, ° in siccitate: ‘ metaphora est, idest sicut spicae teruntur in siccitate aestatis. ° mulieres docentes, ‘ a quibus maxime in peccata populus praecipitabatur. * supra 3: ° populum meum exactores sui despoliaverunt. ‘ vel quia ipsae mulieres docebant eos, sicut debora * judic. 4. ‘ et holda * 4 reg. 22. ‘ secundo ponit poenae aequitatem per comparationem ad culpam: ° non est enim populus. * supra 5: ° propterea captivus ductus est populus meus, quia non habuit scientiam. ‘ tertio destructionis magnitudinem. et quantum ad universalitatem locorum, ° et erit in |100| die, ‘ idest ab uno capite usque ad aliud. * supra 1: ° a planta pedis usque ad verticem non est in eo sanitas. ‘ et quantum ad paucitatem hominum remanentium, ° et vos congregabimini. * deut. 28: ° remanebitis pauci numero. et erit. ‘ hic ponit consolationem per reductionem ad ipsam. ° tuba, ‘ praeceptum regis. * supra 11: ° levabit signum in nationibus, et congregabit profugos israel. ‘ nota * super illo verbo, ° visitabit dominus in gladio, ‘ quod vindicta dei dicitur gladius primo durus propter poenae acerbitatem. secundo magnus propter punitorum universalitatem. * apoc. 6: ° datus est illi gladius magnus. ‘ tertio fortis propter punientis potestatem. * job 19: ° fugite a facie gladii. ‘ quarto acutus propter ipsius penetrabilitatem, quia usque ad animam. * hebr. 4: ° vivus est sermo dei, et efficax, et penetrabilior omni gladio ancipiti. ‘ quinto lucens propter evidentem aequitatem. * nahum 3: ° peribis gladio; devorabit te ut bruchus. * item super illo verbo, ° leviathan, ‘ nota, quod diabolus dicitur leviathan, quia addit primo humanae nequitiae. * psalm. 68: ° appone iniquitatem super iniquitatem. ‘ secundo propriae potentiae. |125| * matth. 4: ° haec omnia tibi dabo, si cadens adoraveris me. ‘ tertio divinae justitiae. * genes. 4: ° major est iniquitas mea quam veniam merear. ‘ quarto divinae misericordiae. * gen. 34: ° tristem blanditiis. ‘ item nota * super illo verbo, ° serpentem, ‘ quod diabolus dicitur serpens primo propter renovationis ingenium: * 2 corinth. 11. ° ipse satan transfigurat se in angelum lucis. ‘ secundo propter incedendi modum. * job 1: ° circuivi terram, et perambulavi eam. ‘ tertio propter venenosum morsum. * prov. 23: ° in novissimo mordebit eum coluber. ‘ quarto propter involutionis modum. * job 40: ° stringit caudam suam quasi cedrum.

068 CIS cp28

lc ° Vae coronae. ‘ in parte ista comminatur contra illos qui contemnebant prophetarum vaticinia; et primo contra contemnentes in praesenti; secundo contra futuros temporibus ieremiae: * 30 cap. ° vae filii desertores. ‘ prima in duas. in prima contra illos de decem tribubus; in secunda contra illos de duabus, ° verum hi quoque. ‘ circa primum tria facit. primo arguit culpam superbiae. ° vae coronae, ‘ quia de multitudine superbiebant, quae est corona vel gloria regis, * prov. 14 ° in multitudine populi dignitas regis. ‘ secundo culpam gulae: ° ebriis ephraim, * nahum ° gloria inebriasti me. flori decidenti... qui erant, ‘ temporibus david et salomonis, venientes de aestu figebant in (valle) gethsemani tentoria idolatriae; ° errantes a vino, ‘ scilicet idolatria. * ezech. 7: ° floruit virga, germinavit amygdalus. ‘ secundo comminatur poenam, ° ecce validus, ‘ et circa hoc duo facit. primo ponit hostium fortitudinem, ° ecce validus, ‘ quantum ad fortitudinem hostium, quos immittet; ° sicut impetus, ‘ quantum ad multitudinem. * supra 17: ° sonabunt populi sicut sonitus aquarum. ‘ secundo ponit |25| poenae afflictionem, scilicet dejectionem superbiae, ° pedibus conculcabitur; * hab. 3: ° in fremitu conculcabis; ‘ et exinanitionem gloriae, ° et erit flos quasi temporaneum, ‘ idest tempestivus vel primitivus fructus. * supra 18: ° ante messem enim totus effloruit. * nahum 3: ° omnes munitiones tuae sicut ficus cum grossis suis. ‘ tertio ponit justorum gloriam, scilicet illorum de duabus tribubus, ° in die illa, ‘ scilicet temporibus ezechiae, destructis decem tribubus: quantum ad tria; quantum ad populi laetitiam, ° corona, ‘ quae ex auro vel argento, * contra hoc quod dicit, ° coronae superbiae. sertum, ‘ de floribus, * contra hoc quod dixit, ° flori decidenti: * infra 61: ° et darem eis coronam pro cinere. ‘ quantum ad regis justitiam, ° et erit, ‘ ipse dominus, ° spiritus: * jerem. 23: ° regnabit rex, et sapiens erit, et faciet judicium et justitiam in terra. ‘ quantum ad militum potentiam, ° et fortitudo, ‘ quia dominus pro eis pugnabit. * supra 25: ° quia factus est fortitudo mea. verum hi. ‘ hic comminatur contra illos de duabus tribubus: et primo contra principes: secundo contra civitatem vel contra populum. * cap. 29: ° vae ariel. ‘ prima in duas. primo ponit comminationem; secundo consolationem, |50| ° auribus percipite. ‘ circa primum duo. primo arguit peccatum, et comminatur simul interitum: secundo excludit remedium: ° propter hoc audite. ‘ circa primum duo. primo arguit in eis defectum scientiae; secundo contemptum doctrinae, ° quia manda. ‘ circa primum duo. primo arguit culpam, ponens primo errorem omnium communiter, ° verum hi quoque fornicando, * oseae 4: ° vinum et ebrietas apostatare faciunt a deo. ‘ secundo doctorum, ° sacerdos; nescierunt, ‘ quantum ad ignorantiam credendorum, ° erraverunt ‘ quantum ad ignorantiam agendorum, ° videntem, ‘ idest deum qui omnia videt. unde est expositio * ezech. 22: ° sacerdotes contempserunt legem meam, et polluerunt sanctuaria mea. ‘ tertio ponit ignorantiae modum: ° omnes enim mensae, ‘ quia in templis idolis se ingurgitabant usque ad vomitum, quasi omnino idolis dediti: ° sordiumque, ‘ scilicet omnium vitiorum turpium. * prov. 26: ° sicut canis qui revertitur ad vomitum, et sus lota in volutabro luti. ‘ secundo comminatur poenam excaecationis: ° quem docebit? ‘ unde primo ponitur quaestio, ° quem docebit? ‘ quasi dicat, ex quo vos scientiam repulistis? ° auditum, ‘ scilicet quod audivi |75| a domino. secundo ponitur responsio, ° ablactatos ‘ idest humiles et parvulos simplices. * matth. 11: ° abscondisti haec et revelasti ea parvulis. ‘ vel quoscumque bonos separatos a lacte concupiscentiae. nota * super illo verbo, ° ebriis, ‘ quod mali inebriantur vino, primo materialis liquoris. * eph. 5: ° nolite inebriari vino, in quo est luxuria. ‘ secundo carnalis delectationis. * prov. 7: ° venite, inebriemur; ‘ tertio spiritualis erroris. * supra 19: ° et errare fecerunt aegyptum in omni opere suo sicut errat ebrius et vomens. ‘ quarto divinae punitionis. * thren. 3: ° inebriavit me absynthio. ‘ item inebriantur sancti primo lacrymis compunctionis. * supra 16: ° inebriabo te lacryma mea. ‘ secundo calice passionis. * ps. 22: ° calix tuus inebrians quam praeclarus est. ‘ tertio incentivo amoris. * cant. 4: ° comedite amici, et inebriamini. ‘ quarto torrente felicis delectationis. * psal. 35: ° inebriabuntur ab ubertate domus tuae. ‘ item nota * super illo verbo, ° coronae superbiae, ‘ quod coronantur mali et boni. mali coronantur primo corona vanae laetitiae. * sap. 2: ° coronemus nos rosis. ‘ secundo rerum opulentiae. * supra |100| 23: ° quis cogitavit hoc super tyrum quondam coronatam? ‘ tertio mundanae potentiae. * job 19: ° spoliavit me gloria mea, et abstulit coronam de capite meo. ‘ quarto superstitiosae observantiae. * 2 mach. 6: ° cum liberi sacra celebrarentur, cogebantur hedera coronati libero circuire. ‘ item coronantur sancti primo corona nuptiali. * infra 61: ° quasi sponsum coronavit me corona. ‘ secundo triumphali. * 2 timoth. 2: ° non coronabitur nisi qui legitime certaverit. ‘ tertio regali. * infra 62: ° eris corona gloriae in manu dei tui. * psalm. 20: ° posuisti, domine, in capite ejus coronam de lapide pretioso. ‘ quarto sacerdotali. * eccl. 45: ° corona aurea super caput ejus, expressa signo sanctitatis. ‘ item nota * super illo verbo, ° ablactatos lacte, ‘ quod est quoddam lac quod debet deseri; et istud multiplex. primo carnalis concupiscentiae. * supra 11: ° qui ablactatus fuerit; ‘ secundo imperfectae justitiae. * gen. 21: ° crevit puer, et ablactatus est. ‘ tertio rudis doctrinae. * 1 cor. 3: ° tamquam parvulis in christo lac potum dedi vobis. ‘ et est lac quod debet amplecti, primo purae conscientiae. * thren. 4: ° candidiores nive, nitidiores lacte, |125| ‘ propter nitorem. secundo sanae doctrinae propter dulcorem. * can. 4: ° mel et lac sub lingua ejus. ‘ tertio aeternae gloriae propter facilem absorptionem. * levit. 20: ° possidete terram fluentem lac et mel. quia manda. ‘ hic ponit contemptum doctrinae: et primo per blasphemiam, qua prophetas deridebant, dicentes, ° manda, ‘ quia his verbis comminando utebantur. * supra 13: ° mandabo militiae caeli, * ier. 13: ° mandabo nubibus. expecta. ‘ hic promittendo. * habacuc 2: ° si moram fecerit, expecta eum, quia veniens veniet. ‘ et addit poenam, ° in loquela; ‘ idest, ita carebitis intellectu prophetarum ac si aliquis loqueretur vobis motu labii tantum, et lingua extranea. vel statim inferet vobis plagas. * et de ista locutione, sap. 2: ° contumelia et tormento interrogemus illum. ‘ secundo quantum ad obedientiam, ° cui dixit: ‘ unde primo ponit praeceptum, ° haec requies. * matth. 25: ° quod uni ex minimis meis fecistis, mihi fecistis. ‘ secundo contemptum, ° et noluerunt. * ezech. 3: ° domus autem israel noluit audire te, quia nolunt audire me. ‘ tertio comminatur interitum. ° et erit eis; ‘ idest, pro verbis suis hanc poenam patientur. * matth. 12: ° ex verbis tuis. |150| ut vadant, ‘ in interitum. ° propter hoc. ‘ hic excludit remedium: et primo ponit duo remedia: secundo excludit ab eis utrumque. ° et ponam. ‘ circa primum ponit duo remedia. unum in quo confidebant, scilicet pactum cum idolis: unde ponit pactum, ° percussimus foedus cum morte, ‘ idest cum diabolo. * job 40: ° numquid feriet tecum pactum, et accipies eum servum sempiternum? ‘ et pacti fructum: ° flagellum inundans, ‘ idest persecutio: ° mendacium, ‘ idest idolum, quod vos prophetae dicitis mendacium. * psalm. 72: ° in labore hominum non sunt, et cum hominibus non flagellabuntur. ‘ secundum est remedium quod deus sanctis parat, scilicet christum, ° ecce ego. * psalm. 117: ° lapidem quem reprobaverunt aedificantes. qui crediderit non festinet, ‘ sed expectet * habac. 2: ° si moram fecerit, expecta eum. ‘ et hoc contra malorum blasphemiam. ° et ponam. ‘ hic excludit utrumque dictorum remediorum: et primo primum; secundo secundum, ° coangustatum. ‘ circa primum tria. primo ponit exclusionis justum judicium, ° ponam, * sap. 11: ° omnia in numero et pondere fecisti. ‘ secundo excludit pactum, ° et subvertet grando, ‘ tribulationis. et ponit quatuor |175| contra omnia quae supra dixerat. * job 8: ° spes hypocritae peribit. ‘ tertio exclusionis fructum, ° et tantummodo. * supra 26: ° domine, in angustia requisierunt te. coangustatum. ‘ hic excludit secundum remedium: et primo ponit in eis impedimentum quare non valeat eis. ° coangustatum: ‘ loquitur secundum similitudinem adulterae, quae non potest eodem lecto habere virum et adulterum; ita nec ipse idolis cultum et divinum auxilium, * 1 cor. 10: ° non potestis mensae domini participes esse, et mensae daemoniorum. ‘ secundo ponit liberantis adventum, ° sicut in monte divisionum. ‘ tangit historiam quae habetur * 2 reg. 5. ° sicut in valle. * ios. 10. ‘ tertio excludit misericordiae auxilium. ° ut faciat opus suum, ‘ idest ut misereatur nobis? sicut tunc interrogative. et respondit, ° alienum. * psalm. 144: ° miserationes ejus super omnia opera ejus. et nunc nolite. ‘ hic concludit sanum et salubre consilium: et primo prohibet illusionem, ° nolite illudere. vincula, ‘ captivitatis, * prov. 3: ° illusores ipsi deludentur: ‘ et assignat rationem. ° consummationem enim, * supra 10. ° auribus percipite. |200| ‘ hic ponit consolationem. et primo excitat attentionem, ° audite. * deuter. 32: ° audite caeli quae loquor. ‘ secundo ponit consolationem sub similitudine agricultoris: ° numquid tota die, ‘ per quam ostendit tria: scilicet punientis dei intentionem, quia ut fructificemus, sicut arator, ° ut serat. gith, ‘ genus leguminis simile cymino. secundo judicii discretionem: quia alio modo punit hos et illos, sicut rusticus alio modo excutit triticum et cyminum, * et hoc ibi: ° et erudiet. panis, ‘ idest frumentum. tertio poenarum cessationem quantum ad hos qui corriguntur. ° verumtamen, * 1 cor. 9: ° debet qui arat in spe. ‘ tertio ponit expositionem: ° et hoc a domino. * ps. 138. ° mirabilia opera tua.

068 CIS cp29

lc ° Vae ariel. ‘ in parte ista ponit comminationem contra populum, sive contra civitatem; et dividitur in partes duas. in prima comminatur poenam temporalis destructionis; in secunda poenam spiritualis excaecationis, ° obstupescite. ‘ circa primum duo. in prima comminatur destructionem; in secunda ponit qualemcumque consolationem, ° et erit sicut somnium. ‘ prima in duas. in prima destructionem jerusalem per babylonios. in secunda per romanos, ° et circumdabo. ‘ circa primum tria. primo commemorat pristinam dignitatem. ° ariel, ‘ idest leo dei, quia dei virtute temporibus david et salomonis nullum timebat, sicut nec leo. * proverb. 30: ° leo fortissimus bestiarum, ad nullius pavebit occursum. ‘ vel propter altare holocaustorum, quod ibi erat, quod consumebat animalia sicut leo. * et sic ut sumitur ezech. 43: ‘ vel forte propter figuram, quia erat sita in modum leonis. ° expugnavit. * 1 reg. 17: ° nam leonem et ursum expugnavi. ‘ secundo ponit destructionem, ponens tria: festorum |25| cessationem, ° additus, ‘ quasi dicat, multis annis. ° evolutae, ‘ idest perierunt. * oseae 3: ° sedebunt dies multos absque sacrificio et ephod. ‘ obsidionem, ° et circumvallabo, ‘ scilicet chaldaeis. * ezech. 4: ° erit in obsidionem; ‘ et innuit expugnationem ex tristitia, ° et erit tristis. * thren. 1: ° multi gemitus ‘ etc.. tertio ponit reparationem factam sub jesu sacerdote magno et aliis, * de quo habetur in esdra per totum. ° et erit mihi; ‘ quasi dicat: umbram tantum pristinae dignitatis retinens. * sed contra. aggaei 2: ° magna est gloria domus istius novissimae, plusquam primae. ‘ et dicendum, quod hoc dicitur propter hoc quod fuit visitata ab ipso filio dei et corporaliter. ° et circumdabo. ‘ hic comminatur destructionem per romanos; et circa hoc quatuor ponit: primo obsidionem, ° et circumdabo quasi sphaeram, ‘ idest in circuitu. * luc. 19: ° circumdabunt te inimici tui vallo. * habac. 1: ° super omnem munitionem ridebit, et comportabit aggerem. ‘ secundo obsessorum humiliationem, ° humiliaberis; ‘ et humiliationis signum: ° de terra loqueris, ‘ idest, ita ac si sub terra esses, etiam audieris humiliter, verba ferens pythonis, qui silenter incantabant. * soph. |50| 3: ° auferam de medio tui maliloquos superbiae tuae. ‘ vel humiliationis meritum, arguens in eis peccatum avaritiae, ° de terra loqueris; ‘ et idolatriae, ° et erit quasi pythonis. ‘ tertio ponit hostium multitudinem, ° et erit sicut pulvis: * joel. 1: ° gens ascendit: ‘ vel hostium destructionem, * sicut supra 17: ° rapietur sicut pulvis montium a facie venti. ‘ quarto ponit ipsam destructionem, ° eritque repente: ‘ metaphorice, propter hostium ferocitatem. * jerem. 4: ° quasi nubes ascendet, et quasi tempestas: currus ejus velociores aquilis. et erit sicut somnium. ' hic adhibet quamdam consolationem ex hostium poena, quia sicut res vana, in nihilum ibunt non reportantes aliquod commodum ex destructione judaeae, sicut nec esuriens vel sitiens ex cibo vel potu somniato. * eccl. 34: ° vana spes et mendacium insensato viro, et somnia extollunt imprudentes. * zach. 12: ° ponam jerusalem lapidem oneris cunctis populis. ' nota * super illo verbo, ° et erit sicut somnium, ' quod aliquid dicitur somnium primo propter vanitatem. * eccli. 34: ° visio somniorum secundum hoc; ' secundo propter brevitatem. * job 20: ° velut somnium advolans non invenietur. ' tertio propter |75| cognitionis obscuritatem. * job 33: ° per somnium in visione nocturna. ' quarto propter animae perversitatem. * infra 56: ° dormientes et amantes somnia. obstupescite, ' hic comminatur poenam excaecationis: et primo praedicit excaecationem judaeorum; secundo conversionem gentium, ° nonne adhuc. ' circa primum duo. primo ponit excaecationem; secundo ipsius rationem assignat, ° et dixit dominus. ' circa primum tria. primo praedicit excaecationem, ponens ea quae perturbant judicium rationis, ° obstupescite, ' ex consideratione malorum culpae vel poenae. * jerem. 2: ° obstupescite caeli super hoc, et portae caeli desolamini vehementer. et admiramini, ' ex consideratione magnorum. * psal. 138: ° mirabilia opera tua. fluctuate, ' ex incertitudine eligendorum. * jac. 1: ° qui enim haesitat, similis est vento; vacillate, ' ex inconstantia propositorum. * job 4: ° vacillantes confirmaverunt manus tuae. inebriamini, ' ex anxietate dolorum. * habac. 2: ° bibe tu quoque, et consopire; circumdabit te calix dexterae domini. ' secundo ponit |100| excaecationis modum, ° quoniam miscuit; ' idest, sicut vinum mixtum propinavit, ° oculos vestros, ' scilicet prophetas. * supra 19: ° dominus miscuit in medio spiritum vertiginis. ' tertio ponit excaecationis effectum, quia librum sacrae scripturae et visiones omnium prophetarum non intelligent. ° et erit vobis. * apoc. 5: ° vidi in dextera sedentis librum. et dixit dominus. ' hic ponit causam excaecationis, scilicet peccatum ipsorum: et primo in affectu; secundo in intellectu, ° vae qui profundi. ' circa primum duo ponit. primo culpam divini contemptus, ° cor autem ejus, ' quia palliant verbis, ° labiis, ' humanis observantiis. ° et timuerunt. * jer. 12: ° prope es tu ori eorum, et longe a renibus eorum. * matth. 15: ° irritum fecistis mandatum dei propter traditiones vestras. ' secundo poenam, ° ideo ecce ego, grandi, ' secundum eorum reputationem, vel quondam. * abdias: ° perdam sapientiam sapientium, et prudentiam prudentium reprobabo: * 1 cor. 1. ° vae qui profundi. ' hic ponit peccatum ex parte intellectus, quia non credebant dei providentiam, quod sciret ea quae circa nos aguntur: et circa hoc duo facit. primo ponitur erroris excogitatio. |125| dicebant autem deum latere, propter cordis profunditatem, ubi sua prava consilia pertractabant: * unde dicit: ° qui profundi, * jerem. 17: ° profundum est cor hominis et inscrutabile; quis cognoscet illud? ' et propter obscuritatem locorum in quibus prava opera exercebant: * unde dicit: ° quorum sunt, * joan. 3: ° omnis qui male agit, odit lucem. * eccl. 16: ° non dicas, a deo abscondar. ' secundo ponitur justa increpatio, ° perversa est. non fecisti, ' quia deus cognoscit inquantum est causa rei. * infra 45: ° vae qui contradicit factori suo. * infra 64: ° et nunc, domine, pater noster es tu, nos vero lutum; et fictor noster, et opera manuum tuarum omnes nos. nonne. ' hic praedicit gentium conversionem: et circa hoc tria facit. primo praedicit conversionem ad gratiam. ° libanus, ' gentes, quia mons erat in terra gentium, ° in carmel ' in gratiam, quam judaei per circumcisionem habebant, quia interpretatur scientia circumcisionis. ° in saltum, ' idest in sterilitatem, in qua prius erant gentes. * infra 32: habetur idem. ' ad sacram scientiam, ° surdi, ' scilicet gentiles, qui prius non audierant verba legis. * matth. 2: ° caeci vident. | 150 | * joan. 9: ° in judicium veni in hunc mundum, ut qui non vident videant, et qui vident caeci fiant. ' ad spiritualem laetitiam, ° et addent. * psal. 9: ° laetabor et exultabo in te, psallam nomini tuo, altissime. ' secundo assignat conversionis occasionem, vel rationem, ex casu diaboli: ° quoniam defecit qui praevalebat, ' per potentiam, ° illusor, ' deceptor per astutiam. * supra 16: ° consummatus est miser, ' ex caecitate judaici populi: quia caecitas ex parte contingit in israel: * rom. 11. ° succisi sunt qui vigilabant: ' studiositas ad malum. * prov. 4: ° non enim dormiunt, nisi male fecerint. qui peccare, ' pravis exemplis et doctrinis. ° arguentem, ' quantum ad disciplinae contemptum. * amos 5: ° odio habuerunt corripientem in porta. declinaverunt, ' quantum ad peccati vanitatem, quia frustra est quod non consequitur finem. * sap. 5: ° quid nobis profuit superbia, aut divitiarum jactantia quid contulit nobis? ' tertio ponit judaeorum reversionem in fine mundi, ° propter hoc haec dicit; qui redemit, * gen. 11. ° non modo, ' idest in hoc tempore, ° confundetur, ' bona confusione. * eccl. 4: ° est confusio adducens gloriam; filios ' apostolos, ° mussitatores, ' idest |175| qui primo murmurabant. * supra 27: ° qui egredientur impetu a jacob, et florebit et germinabit israel. ' vel potest aliter exponi de prosperitate, quae eis promittitur destructo senacherib vel nabuchodonosor. ° carmel in saltum; ' idest, tanta erit fertilitas terrae promissionis, quod fertilitas carmeli reputabitur sterilitas in comparatione ejus. ° illusor, ' senacherib vel nabuchodonosor. ° filios suos, ' tres pueros in camino ignis: vel quia pueri ipsorum facient laudem nominis mei, quod ipsi in juventute sua non fecerint.

068 CIS cp30

lc ° Vae filii. ' in parte ista comminatur propheta contra illos qui contempserunt prophetiam jeremiae, euntes in aegyptum, contra ejus consilium, * sicut habetur jerem. 43. ' et dividitur in duas. in prima comminatur contra judaeos tantum; in secunda contra judaeos et aegyptios simul, de quibus confidebant: * 31 cap.: ° vae qui descendunt. ' vel, * secundum glossam, " in prima parte prohibet descensum, in secunda comminatur poenam contra descendentes. ' prima in duas. in prima ponit comminationem; in secunda consolationem, ° propterea expectat. ' prima in duas. in prima arguit descensum; secundo divini praecepti contemptum, ° ideo clamavi. ' circa primum tria arguit in eis. primo itineris dispositionem, ponens propositum, ° ut faceretis consilium... telam, ' pravam machinationem; et consequentem effectum, ° ut adderetis: * 2 paralip. 28: ° quare vultis addere peccata super peccata? ' secundo ponit consilii executionem quantum ad viae incessum, ° qui ambulatis; ' qui deformatur per contemptum divini consilii, ° os meum, ' prophetam. * jerem. 15: ° si separaveris pretiosum a |25| vili, quasi os meum eris: ' quia quae dixit facere noluistis. et per fiduciam humani auxilii, ° habentes fiduciam. * jerem. 17: ° maledictus homo qui confidit in homine, et ponit carnem brachium suum. ' et ponit effectum: ° et erit vobis, * oseae 4: ° gloriam eorum in ignominiam commutabo. ' unde quantum ad viae terminum, ° ierant enim in taphnis, ' quae est tantum in alia parte aegypti, quasi timentes in primis terminis remanere. * jerem. 2. ° quid tibi vis in via aegypti, ut bibas aquam turbidam? ' et ostendit spei defectum: ° omnes confusi sunt. * psalm. 145: ° nolite confidere in principibus. ' tertio describit rerum asportationem, ° onus jumentorum, ' comminans primo destructionem aegypti: ° onus ' filiorum juda. ° jumentorum, ' propter stoliditatem; vel quia sicut jumenta res suas deferebant. ° austri, ' quia ad austrum fugerunt, vel quia in australi parte erat eorum habitatio. ° in terra tribulationis, ' in aegypto, quae hebraice dicitur mesraim, quod interpretatur tribulatio, vel angustia. * jerem. 42: ° gladius quem vos formidatis. ' secundo ponit asportantium conditionem: ° leaena, ' propter ferocitatem, ° leo, ' propter |50| audaciae praesumptionem, ° vipera, ' propter crudelitatem, ° regulus volans, ' non quod habeat pennas, sed quia insilit in faciem hominis, propter velocitatem ad male faciendum. * soph. 3: ° principes ejus quasi leones. ' tertio rerum asportationem, ° portantes. ' quarto laboris frustrationem, ° ad populum, * psalm. 59: ° vana salus hominis. ideo clamavi. ' hic arguit in eis dei contemptum: et primo ostendit quomodo contempserint divinum praeceptum; in secunda quomodo contempserint salubre consilium, ° quia haec dicit, ' circa primum tria ponit, primo dei praeceptum; secundo populi contemptum, ° populus enim, ' tertio comminatur contemnentibus mortem, vel mortis interitum, ° propterea haec dicit. ' circa primum tria ponit. primo praeceptum: ° ideo, ' quia scilicet inutile est, ° quiesce, ' in terra tua. * jer. 14: ° haec dicit dominus populo huic, qui dilexit movere pedem suum, et non quievit et domino non placuit. ' secundo ponit praecepti confirmamentum. ° nunc ergo, ' tu isaias, ° ingressus, ' in propheticam visionem, vel tu jeremias, ° ingressus, ' in aegyptum cum |75| populo, * sicut legitur jer. 43. ' tertio assignat confirmationis fructum, ° et erit in die illa. * exod. 17: ° scribe hoc ob monumentum. populus. ' hic ponit populi contemptum: et primo secundum quod contemnebant deum. ° ad iracundiam, ' quantum ad peccatum transgressionis. * ezech. 2: ° noli esse exasperans sicut domus israel exasperatrix est. mendaces, ' quantum ad peccatum locutionis, quia promiserunt jeremiae obedientiam, quam servare noluerunt, * ut habetur jer. 42. psal. 17: ° filii alieni mentiti sunt mihi. nolentes, ' quantum ad peccatum omissionis. * prover.: 28: ° qui obturat aurem suam ne audiat legem, oratio ejus erit execrabilis. ' secundo ponit contemptum prophetarum, ° qui dicunt videntibus ' secundum quod interdicebant eis proprium officium. * amos 7: ° qui vides, gradere, fuge. ' inquantum inducebant eos ad mendacium, loquimini. * 3 reg. ult.: ° ecce sermones prophetarum omnes bona regi annuntiant. declinate, ' inquantum prohibebant divinae cognitionis verbum. * job 21: ° qui dixerunt deo: scientiam viarum tuarum nolumus: propterea haec dicit. ' hic comminatur eis interitum (repentinum) resumens culpam, ut justior appareat poena: ° pro |100| eo quod. ' poenam autem adjungit, * ibi, ° propterea erit vobis; ' significans poenam subitaneam per similitudinem ruinae, quae diu latet in pariete, qui tandem subito cadit, ° quoniam subito: * 1 thess. 5: ° cum enim dixerint, pax et securitas; tunc superveniet eis repentinus interitus. ' et ostendit etiam poenam validam, ° et comminuetur, ' sub similitudine confractionis lagenae, cujus nulla testa remanet integra ad aliquid valens, scilicet ad ignem portandum, et ad aquam hauriendam. * supra 24: ° confractione confringetur terra. ' nota * super illo verbo, ° quiesce, ' quod quiescere debet homo primo a peccati actu. * supra 1: ° quiescite agere perverse, discite bene facere. ' secundo a vagandi cursu. * jerem. 14: ° haec dices populo huic, qui dilexit movere pedes suos, et non quievit. ' tertio ab immoderato appetitu. * infra 57: ° cor impii quasi mare fervens, quod quiescere non potest. ' quarto a praesumptuoso intellectu. * eccli. 18: ° cum consummaverit homo tunc incipiet. quia haec dicit dominus. ' hic arguit in eis divini consilii contemptum: et circa hoc tria ponit. primo consilium, ° si revertamini. * infra 45: ° convertimini ad me, et salvi eritis. ' secundo |125| contemptum: ° et dixistis. ideo fugietis: ' hoc est verbum domini. * deut. 2: ° per unam viam gradiemur. et super veloces ascendemus: ' vox populi rebellis. ° ideo velociores: ' vox domini. * thren. 4: ° velociores fuerunt persecutores nostri aquilis caeli. ' tertio comminatur interitum, ° mille, ' aegyptii, ° unus ' chaldaeus. ° fugietis ' omnes vos judaei, ° quinque, ' chaldaeorum. * deut. 32: ° quomodo persequebatur unus mille, et duo fugarent decem millia? quasi malus, ' in signum evitandi naufragii. * supra 6: ° erit in ostensionem sicut terebinthus et sicut quercus quae expandit ramos suos. propterea expectat. ' hic ponit consolationem: et circa hoc duo facit. primo ponit miserendi propositum; secundo exequitur misericordiae beneficium, ° populus enim. ' circa primum tria (ponit). primo miserendi propositum in deo, ° propterea expectat, ' non ex toto destruens vos. * oseae 3: ° dies multos expectabis me: ' secundo ingratorum judicium: ° et ideo exaltabitur; ' idest, altus in justitia apparebit, puniens vos ingratos suis beneficiis. * supra 5: ° exaltabitur dominus exercituum in judicio. ' tertio bonorum praemium, ° beati omnes. * luc. 12: ° vos similes hominibus expectantibus |150| dominum suum. populus enim. ' hic exequitur misericordiae beneficium: et primo in eorum exaltatione; secundo in hostium oppressione, ° ecce nomen. ' circa primum duo (ponit). primo sublationem malorum contra exilii captivitatem. ° populus enim, ' tempore zorobabel: vel potius mystice totum. * ps. 124: ° non commovebitur in aeternum qui habitat in jerusalem. ' contra tristitiae anxietatem: ° plorans, ' ante, ° nequaquam plorabis, ' semper, sed quando liberaberis. * supra 25: ° auferet lacrymam ab omni facie. ' contra dei indignationem ° miserans. * ps. 90: ° invocabit me, et ego exaudiam eum. ' contra paupertatem: ° et tibi dabit dominus. ' et est sensus: modico victu erunt contenti. * eccli. 29: ° vitae initium hominis panis et aqua. ' vel quia in reditu de babylone penuriam passi sunt. * mystice secundum glossam. ' secundo ponit collationem bonorum: unde, ° faciet. ' et primo spiritualium, quantum ad electam doctrinam, describens doctorem: ° avolare, ' recedere, ° doctorem, ' esdram, cujus doctrina adhuc utuntur, vel christum, ° post tergum, ' sicut fugiens quando ab insequente revocatur. * joel 2: ° dedit vobis dominus doctorem justitiae. ' et |175| ponit doctrinam, ° haec via, * num. 21: ° via regia gradiemur. ' et etiam quantum ad debitam dei culturam, ° et contaminabis, ' id est in usus communes rediges. * 4 reg. 23: ° contaminavit excelsa et demolitus est ea. vestimentum, ' omnem ornatum idoli. secundo quantum ad temporalia bona: * unde dicit, ° egredere, ' scilicet a spiritualibus ad temporalia, (o isaia vel ieremia). et primo promittit terrae fertilitatem promittens causam, ° dabitur pluvia: * joel 2: ° descendere faciet ad vos imbrem: ' et effectum, quantum ad cibos hominum. ° et panis frugum. * gen. 49: ° aser panis pinguis. * ps. 147: ° adipe frumenti satiat te. ' quantum ad pascua armentorum, ° pascetur agnus, ' quantum ad oves: ° tauri, ' quantum ad boves; et in utrisque notat fecunditatem, ponens filios. ° et pulli asinorum, ' quantum ad annonam iumentorum; ° migma, ' hordeum cum palea purgatum, quod prius commixtum comedebant. secundo promittit aquarum ubertatem, ° et erunt. * judaei dicunt haec ad litteram complenda " in fine mundi, ° multorum, " romanorum, * secundum eos; quod est fabulosum. ' vel potest esse metaphorica locutio: ut per aquam significetur consolatio, quam post reditum de captivitate et |200| babylonis destructionem habuerunt. vel mystice de doctrina christi. * infra 41: ° aperiam in supremis collibus flumina, et in medio camporum fontes. ' tertio caeli claritatem, ° et erit lux solis sicut lux septem, ' idest tantum in uno quantum modo in septem, quasi septempliciter: vel sicut fuit in primo septenario dierum. * haec judaei fabulose ad litteram dicunt " tempore aureae jerusalem. ' sed melius est quod ad futuram sanctorum gloriam referatur, post mundi innovationem. vel metaphorice et hyperbolice ad statum populi referatur. * ps. 146: ° qui sanat contritos corde, et alligat contritiones eorum. ' nota * super illo verbo, ° et panes frugum, ' quod verbum dei est panis primo arctus propter observandi difficultatem. * matth. 7: ° arcta est via quae ducit ad vitam. ' secundo uberrimus propter fructus utilitatem. * infra 55: ° quomodo descendit imber de caelo et inebriat terram et germinat et illic ultra non revertitur sic erit verbum quod egredietur de ore meo. ' tertio pinguis propter delectationis suavitatem. * gen. 49: ° aser panis pinguis. ecce nomen domini. ' hic consolatur eos ex hostium punitione: et circa hoc tria ponit. |225| primo judicis punientis adventum; secundo poenae modum, ° et auditam faciet; ‘ tertio punitionis locum, ° praeparata est. ‘ circa primum tria ponit. primo adventum: ° venit, ‘ ad universale judicium, ° de longinquo, ‘ longe ante a prophetis annuntiatum. vel: ° venit ‘ ad destructionem, sennacherib; ° de longinquo, ‘ de alto potentiae suae. vel ad destruendos babylonios, per medos a longe venientes. * jer. 5: ° ecce ego adducam super vos gentem de longinquo. nomen domini, ‘ filius quantum ad primam expositionem; vel quia redundans est in gloriam ipsius, quantum ad secundam et tertiam. secundo ostendit venientis zelum, ponens iram in corde, per antropospatos, ° ardens furor. ‘ furor est ira accensa. incenditur autem vel quantum ad vehementiam desiderii vindictae; * et quantum ad hoc dicit, ° ardens: ‘ vel quantum ad quantitatem poenae; * et quantum ad hoc dicit, ° gravis. * infra 65: ° isti fumus erant in furore meo, ignis ardens tota die. ‘ ponit etiam iram in ore: ° labia ejus repleta sunt indignatione; ‘ improperans peccata; ° devorans, ‘ comminando tormenta. * supra 11: ° spiritu labiorum suorum interficiet |250| impium. ‘ ponit etiam iram in opere: ° spiritus ejus, ‘ idest indignatio, ° usque ad medium colli, ‘ idest usque ad extinctionem adducet. * supra 8: ° ibit per judam inundans furor. ‘ tertio ponit indignationis effectum in malis: destructionem gentium. ° ad perdendas gentes. * ps. 72: ° domine, in civitate tua imaginem ipsorum ad nihilum rediges. ‘ et cessationem tyrannorum, ° et frenum erroris. * job 30: ° pharetram suam etc.. ‘ ponit etiam effectum in bonis in laude oris, ° canticum erit solemnitatis: ‘ quia in tribus solemnitatibus ibant in jerusalem cum laetitia. * levit. 23: infra 33: ° civitatem solemnitatis nostrae oculi tui videbunt. ‘ et in jucunditate cordis, ° in laetitia cordis. * infra 51: ° gaudium et laetitia etc.. * judith ult.: ° erat autem populus domini jucundus. et auditam. ‘ hic describit poenae modum: et circa hoc tria facit. primo describit poenae modum quantum ad punientis actum. ° vocis suae, ‘ per quam apparebit gloriosus, ° et terrorem brachii, ‘ per similitudinem irati, qui his modis comminatur. * job 40: ° si habes brachium sicut deus. ‘ et quantum ad instrumentum, ° et flamma ignis: ‘ quia, ad litteram, assyrii combusti fuerunt. |275| et forte tempestas aliqua fuit. vel significantur diversae poenae in die judicii. * eccli. 30: ° (ignis, grando, etc.). * ps. 148: ° ignis, grando, nix, glacies, spiritus procellarum. ‘ secundo ponit poenae inflictionem, ostendens ejus horrorem, ° a voce enim: ‘ et poenae durationem, ° et erit transitus fundatus, ‘ idest firmatus. tertio sanctorum exultationem, ° in citharis; in bellis praecipuis, ‘ quae sola divina virtute geruntur. * ps. 57: ° laetabitur justus cum viderit vindictam. praeparata est. ‘ hic describit poenae locum: et primo ipsius dispositionem. ° thophet, ‘ vallis filii ennom, gehenna, quia conservabatur ibi ignis ad sacrificia in lapidibus de tophis. eadem est vallis gethsemani, in qua destructus est exercitus senacherib. vel significatur per ipsam infernus. * unde judaei conjiciunt “ ibi esse infernum, quia ex duabus palmis quae ibi sunt, semper emittitur fumus. ° ab heri, ‘ idest ab initio; vel a secundo die * secundum judaeos, ‘ quae habuit tantum heri: unde nudius tertius. de hac valle habetur * jer. 7 et 19: ° a rege, ‘ deo. * supra 5: ° dilatavit infernus animam suam. ‘ secundo poenarum diversitatem, ° nutrimenta eius. ligna ‘ impii, vel illi de exercitu senacherib. ° flatus, ‘ idest |300| voluntate, metaphorice. * ps. 10: ° ignis, sulphur, spiritus procellarum etc.. ‘ nota * super illo verbo, ° ecce nomen domini, ‘ quod filius dei est nomen patris: primo quo manifestatur. * joan. 17: ° manifestavi nomen tuum hominibus. ‘ secundo quo honoratur. * matth. 6: ° pater, sanctificetur nomen tuum. ‘ tertio quo invocatur. * joan. 16: ° quodcumque petieritis patrem in nomine meo, dabit vobis. * item super illo verbo, ° venit de longinquo, ‘ quod venit de longinquo primo propter diuturnam expectationem. * hebr. 11: ° juxta fidem defuncti sunt omnes isti, non receptis repromissionibus, sed a longe eas aspicientes. ‘ secundo propter meritorum nostrorum imperfectionem. * ephes. 2: ° veniens evangelizavit vobis pacem qui longe fuistis. ‘ tertio propter temporis dilationem. * num. 24: ° videbo eum, sed non modo; intuebor illum, sed non prope. ‘ quarto propter majestatis altitudinem. * ps. 18: ° a summo caelo egressio ejus, et occursus ejus usque ad summum ejus. * item super illo verbo, ° lingua ejus quasi ignis, ‘ quod caritas dicitur ignis primo quia illuminat. * eccl. 2: ° qui timetis deum diligite eum, et illuminabuntur corda vestra. ‘ secundo quia exaestuat. |325| * cant. 2: ° fulcite me floribus, stipate me malis, quia amore langueo. ‘ tertio, quia ad se omnia convertit. * rom. 8: ° scimus quoniam diligentibus deum omnia cooperantur in bonum. ‘ quarto quia expeditum facit. * joan. 14: ° si quis diligit me, sermonem meum servabit. ‘ quinto quia sursum trahit. * cant. 3: ° in lectulo meo quaesivi quem diligit anima mea; quaesivi illum, et non inveni. ‘ nota * super illo: ° praeparata est ‘ quod infernus est latus primo propter retinendi aviditatem, * supra 5: ° dilatavit infernus animam suam; ‘ secundo propter damnatorum multitudinem, * matth. 7: ° arta est via quae ducit ad vitam; ‘ tertio propter poenarum diversitatem, * ps. (148) ° ignis, grando, nix, glacies, etc., * vel (ps. 10): ° ignis, sulphur et spiritus ‘ etc.; quarto propter poenae aeternitatem, * matth. 25: ° ite maledicti in ignem aeternum.

068 CIS cp31

lc ° Vae qui descendunt. ‘ in parte ista comminatur utrisque simul, scilicet aegyptiis et judaeis: et circa hoc duo facit. primo ponit comminationem; secundo consolationem, * ibi, ° quia haec dicit dominus. ‘ circa primum duo. ponit primo culpam ex confidentia humani auxilii, ° in equis sperantes: * psalm. 32: ° fallax equus ad salutem; in abundantia virtutis suae non salvabitur: ‘ et ex contemptu divini auxilii, ° et non sunt confisi. * contra in psal. 19: ° hi in curribus et hi in equis, nos autem in nomine dei nostri speravimus. ‘ secundo comminatur poenam, ° ipse autem: ‘ et primo contra contemptum divini auxilii ponit dei sapientiam, et sententiae firmitatem, ° et verba non abstulit: ‘ idest, non irrita fecit quae per prophetas comminatus est. * num. 23: ° non est deus ut homo ut mentiatur, nec ut filius hominis ut mutetur. ‘ et subjungit poenam: ° et consurget. ‘ (secundo) contra fiduciam humani auxilii ponit eorum debilitatem, ° aegyptus homo. * ezech. 28: ° cum sis homo, et non deus. ‘ et subjungit poenam, ° et corruet auxilium. * job 4: ° qui habitant domos |25| luteas, qui terrenum habent fundamentum. quia haec dicit dominus. ‘ hic ponit consolationem, promittens per deum liberationem ab hostibus, a quibus per aegyptios liberari non potuerunt. et circa hoc tria facit. primo ponit judaeorum defensionem sub similitudine leonis defendentis, * dicens: ° vos et aegyptii peribitis, ‘ in quibus confidebatis me contempto: ° quia haec dicit dominus, ‘ qui solus salvat. ° ut praelietur, ‘ tamquam defensor contra illos qui impediebant aedificationem templi post reditum de captivitate. vel contra assyrios * oseae 13: ° ego ero eis quasi leaena, sicut pardus in via assyriorum. ‘ et sub similitudine avis protegentis, ° sicut aves: * matth. 23: ° sicut gallina congregat pullos suos sub alis, et noluisti, * deut. 32: ° sicut aquila provocans ad volandum pullos suos, et super eos volitans. ‘ secundo ponit hostium destructionem, promittens consilium ad hoc merendum, ° convertimini ad me, * prov. 18: ° impius cum in profundum venerit peccatorum, contemnit. * rom. 6: ° sicut exhibuistis membra vestra servire iniquitati ad iniquitatem, ita nunc exhibete servire munditiae in |50| sanctificationem. ‘ et ponit complementum, ° in die illa. * supra 2: ° in die illa projiciet homo idola sua. ‘ et ponit fructum, scilicet ipsam destructionem quantum ad occisorum necem, ° in gladio. * deuter. 32: ° gladius meus devorabit carnes. ‘ et quantum ad residuorum deletionem in fuga, timore et servitute, quia ° vectigales, ‘ postmodum babyloniis. tertio ponit utriusque confirmationem: ° dixit dominus cujus ignis, ‘ comburens assyrios. * supra 10: ° erit lumen israel in igne, et sanctus ejus in flamma. ‘ vel ignis in altari thymiamatis. ° caminus, ‘ in altari holocaustorum. * lev. 6: ° ignis in altari meo semper ardebit. ‘ vel ignis caritatis in ecclesia militante imperfecte, sed caminus in ecclesia triumphante perfecte. nota, quod caritas dicitur ignis. * require in praecedenti collatione ante principium capituli.

068 CIS cp32

lc ° Ecce in iustitia. ‘ haec est tertia pars comminationis, in qua prosequitur liberationem ab hostibus, qui tunc eis imminebant. et primo praedicit eam per modum prophetiae; in secunda narrat per modum historiae, * 36 cap.: ° et factum est. ‘ prima in duas. in prima praedicit judaeorum prosperitatem; in secunda hostium destructionem. * 33 cap.: ° vae qui praedaris. ‘ circa primum duo. primo praedicit liberatorum statum, quantum ad regis aequitatem, ° regnabit rex, ‘ scilicet ezechias. * jer. 23: ° regnabit rex et sapiens erit, ‘ quantum ad populi prosperitatem. ° (et principes); ‘ quantum ad consolationem in tribulatione, ° et erit vir. * supra 4: ° erit tabernaculum in umbraculum diei ab aestu. ‘ quantum ad emendationem in spiritualibus, ° non caligabunt, ‘ ut prius, propter peccata regis et populi, ° videntium, ‘ scilicet prophetarum; sed apertas a domino visiones accipient; ° aures, ‘ scilicet subditorum, ° auscultabunt, ‘ implentes praecepta domini per prophetas, ° cor stultorum ‘ qui prius idolis errabant, ° balborum, ‘ prophetarum, qui prius obscure et aenigmatice loquebantur. * sapient. 10: ° sapientia |25| aperuit os mutorum, et linguas infantium facit disertas. ‘ et etiam quantum ad consecutam libertatem, scilicet a tyrannis: ° non vocabitur qui insipiens, ‘ scilicet senacherib, cui prius tributa solvebant, * sicut patet 4 reg. 18. ezech. 24: ° eruam eos de manu regis assyriorum. ‘ secundo exequitur liberationis modum, ° stultus enim: ‘ et primo prosequitur afflictionem; secundo liberationem, ° donec effundatur. ‘ circa primum duo facit. primo describit hostem persequentem; secundo persecutionem, ° mulieres. ‘ circa primum tria. primo ipsius regis nequitiam, quantum ad blasphemiam oris, ° stultus, ‘ scilicet senacherib, ° fatua ‘ verba blasphemiae: * infra 37. prov. 15: ° os fatuorum ebullit stultitiam. ‘ quantum ad duplicitatem cordis: ° cor ejus faciet, ‘ promittens populo bonam terram, ° ad dominum fraudulenter, ‘ dicens se illius praecepto venisse: * infra 36. prov. 12: ° cogitationes justorum consilia. ‘ quantum ad crudelitatem operis, ° vacuam, ‘ spoliando eos rebus quibus debebant nutriri, * contra illud prov. 25: ° si esurierit inimicus tuus ciba illum. ‘ secundo principum ejus malitiam, ° fraudulenti, ‘ scilicet senacherib, ° vasa, ‘ idest nuntii et principes ejus. * prov. 29: ° princeps qui libenter audit verba mendacii, |50| omnes ministros habet impios. ‘ et malitiae executionem: ° ipse enim cogitationes, ‘ scilicet rapsaces, * de quo infra 36, ° concinnabit, ‘ idest componet. cinnus: genus potionis ex diversis speciebus compositae: ° pauper ‘ judaeus. * psalm. 49: ° os tuum abundavit malitia, et lingua tua concinnabat dolos. ‘ tertio regnantis ezechiae prudentiam. ° princeps, ‘ quia praecepit quod non illi aliquis responderet. * supra 1: ° restituam principes tuos ut fuerunt prius. mulieres. ‘ hic describit persecutionem inflictam quantum ad tria. primo quantum ad fructuum amissionem, excitans attentionem, ° mulieres, ‘ quae facile potestis plorare, ° opulentae, ‘ quae plorandi materiam habetis ex bonorum perditione. vel ° mulieres, ‘ idest vos judaei imbecilles. * psalm. 48: ° qui confidunt in virtute sua, et in multitudine divitiarum suarum gloriantur. ‘ et ponit temporis determinationem, ° post dies, ‘ aliquot, et unum. ° annum, * psalm. 21: ° quoniam tribulatio proxima est, et non est qui adjuvet. ‘ et ponit fructuum amissionem: ° consummata, ‘ destructa, ° collectio, ‘ frugum, ° non veniet, ‘ in domos vestras ab agris. * jer. 48: ° ablata est laetitia vindemiae. ‘ secundo quantum ad camporum vastationem, indicens planctum, ° obstupescite. * baruch 4: ° exui me |75| stola pacis. * supra 22: ° et vocavit dominus in die illa ad fletum. ‘ et praedicit damnum, ° super humum. * supra 5: ° ascendent super eam vepres et spinae. ‘ tertio quantum ad desolationem civitatum et domorum, ponens ipsam desolationem: ° quanto magis, ‘ scilicet flendum est, ° civitatis exultantis, ‘ scilicet jerusalem, cujus inferior pars fuit reddita assyriis. * supra 22: ° urbs frequens civitas exultans. ‘ et desolationis magnitudinem quantum ad domos, quia redactae in perpetuas tenebras, sicut accidit in aedificiis ruinosis. ° et tenebrae. * job 12: ° palpabunt in tenebris, et non in luce. ‘ et quantum ad agros, ° gaudium onagrorum, ‘ qui morantur in magnis solitudinibus. * jer. 2: ° onager assuetus in solitudine. donec effundatur. ‘ hic prosequitur liberationem: et primo ponit judaeorum consolationem; secundo hostium destructionem, ° grando autem, ‘ tertio prophetae congratulationem, ° beati qui seminant. ‘ circa primum tria (ponit). primo divinam consolationem: haec dico, contingent vastante terram senacherib: ° donec spiritus, ‘ divina consolatio. * ezech. 37: ° scietis quia ego dominus, quia intromittam in vos spiritum et vivetis. ‘ secundo consolationis modum et ordinem, quantum |100| ad terrae fertilitatem, ° et erit desertum; ‘ idest, terra vestra prius deserta, erit ita fertilis sicut carmelus cujus fertilitas reputabitur sterilitas comparatione terrae vestrae. * supra 29, ‘ idem habetur. quantum ad justitiae observationem, ° et habitabit. * supra 1: ° sion in judicio. ‘ et quantum ad pacis tranquillitatem, ° et erit opus, ‘ idest effectus, ° silentium, ‘ quia sine tumultu contentionum et bellorum. * supra 26: ° domine, dabis pacem nobis. ‘ tertio ponit divinae consolationis jucundam fruitionem, ° et sedebit. * prov. 1: ° qui autem me audierit, absque terrore requiescet, et abundantia perfruetur. grando, ‘ scilicet tribulationis, ° in descensione saltus; ‘ idest, descendent a domino super hostes vestros. ° civitas, ‘ ninive. * supra 26: ° civitatem sublimem humiliabis. beati qui seminant. ‘ hic ostenditur prophetae congratulatio. ° super aquas, ‘ idest super loca fertilia ex abundantia aquarum. ° pedem bovis et asini, ‘ non simul, quia hoc prohibitum est. * deut. 22: ° non arabis in bove et asino. * psalm. 127: ° labores manuum tuarum quia manducabis, beatus es, et bene tibi erit. ‘ nota * super illo verbo, ° erit opus justitiae pax, ‘ quod pax sanctorum in patria erit pulchra, primo |125| quia non erit falsa. * sap. 15. ‘ secundo quia non interrupta. * supra 9: ° et pacis non erit finis. ‘ tertio quia plena. * psalm. 147: ° posuit fines tuos pacem. ‘ item nota quod pacem futuram faciunt appetibilem tria. primo firmitas divinae potentiae. * psal. 124: ° qui confidunt in domino, sicut mons sion, non commovebitur in aeternum qui habitat in jerusalem. ‘ secundo puritas propriae conscientiae. * prov. 3: ° ambulabis fiducialiter in via tua, et pes tuus non impinget. ‘ tertio remotio hostilis nequitiae. * joan. 16: ° confidite, ego vici mundum. ‘ item nota * super illo verbo, ° beati qui seminant super aquas, ‘ quod doctrina domini est aqua, primo quia abundat. * eccl. 24: ° ego sapientia effudi flumina. ‘ secundo quia refrigerat. * prov. 25: ° aqua frigida animae sitienti. ‘ tertio quia fecundat. * infra 55: ° quomodo descendit imber de caelo et illuc ultra non revertitur, sed inebriat terram, et germinare eam facit; sic erit verbum quod egredietur de ore meo. ‘ quarto, quia velociter portat. * joan. 4: ° fiet in eo fons aquae salientis in vitam aeternam. ‘ quinto, quia singulis se conformat. * prov. 5: ° in plateis aquas tuas divide.

068 CIS cp33

lc ° Vae qui praedaris. ‘ in parte ista incipit praedicere hostium destructionem: et primo destructionem; secundo destructionis effectum, * 35 cap.: ° laetabitur. ‘ prima in duas. in prima praedicit destructionem hostium principalium, scilicet assyriorum; in secunda aliorum eis auxiliantium, * 34 cap.: ° accedite.

‘ circa primum duo. primo praedicit destructionem assyriorum; in secunda ingratorum judaeorum: ° laxati sunt. ‘ circa primum duo. primo praedicit assyriorum destructionem; secundo invitat omnes ad tanti facti considerationem, ° audite. ‘ circa primum duo facit. primo praedicit poenam quam a deo percepit; secundo quam aliis ipse intulit, ° ecce videntes. ‘ circa primum tria facit. primo comminatur assyriis destructionem, ponens quaestionem, ° nonne, ‘ et responsionem, ° cum consummaveris fatigatus; ‘ quasi dicat, taedio affectus de multis victoriis. * matth. 7: ° in qua mensura mensi fueritis, remetietur vobis. * apoc. 13: ° qui in gladio occiderit. ‘ secundo in persona populi petit a deo comminationis confirmationem, |25| ° domine, miserere. * eccli. 36: ° glorifica manum, et extende brachium. * psal. 59: ° da nobis, domine, auxilium de tribulatione. ‘ tertio ponit petitionis impletionem: primo ponens destructionem assyriorum quantum ad exercitus dispersionem: ° a voce angeli, ‘ multos interficientis, ° populi, ‘ assyrii, qui residui fuerunt. * supra 31: ° et pavebunt principes ejus fugientes. ‘ quantum ad spoliorum direptionem, ° et congregabuntur, ‘ a judaeis, ° vestra, ‘ o assyrii. * supra 10: ° laetabuntur coram te sicut qui laetantur capta praeda. ‘ secundo destructionis fructum, scilicet dei gloriam, ° magnificatus. * psal. 56: ° magnificata est usque ad nubes veritas tua, ‘ et hominum gratiam in rectitudine actus, ° implevit, ‘ scilicet dominus, ° judicio, ‘ quae executio justitiae. ° fides, ‘ quae est fundamentum justitiae. * supra 1: ° sion in judicio, * oseae 2: ° sponsabo te mihi in justitia et fide. ‘ quantum ad perfectionem intellectus: ° divitiae salutis, sapientia, ‘ in divinis, ° scientia, ‘ in humanis. * prover. 3: ° pretiosior est sapientia. ‘ quantum ad ordinationem affectus, ° timor, * eccli. 1. ° timor domini delet peccatum. ‘ nota * super illo verbo, ° divitiae salutis, ‘ quod nos |50| habemus divitias primo in deo. * col. 2: ° in ipso sunt omnes thesauri sapientiae et scientiae dei absconditi. ‘ secundo in seipso, * proverb. 3: ° pretiosior est sapientia. ‘ tertio in sanctorum collegio. * supra 13: ° pretiosior erit vir auro. ecce videntes clamabunt. ‘ hic ponit poenam quam aliis intulit: et primo describit poenam ab ipso inflictam quantum ad perturbationem hominum: ° videntes, ‘ exercitus magnitudinem, ° foris ‘ qui habitant in suburbanis, ° angeli pacis, ‘ legati ezechiae ad rapsacen. * infra 36. jer. 8: ° ecce vox clamoris filiae populi mei de terra longinqua. ‘ quantum ad solitudinem viarum, ° dissipatae. * thren. 1: ° viae sion lugent, eo quod non est qui veniat ad solemnitatem. ‘ quantum ad infrictionem pactorum, ° irritum factum est pactum, ‘ scilicet quo senacherib ezechiam assecuraverat. et ideo ° projecit, ‘ quasi contemnens eorum amicitiam, ° non reputavit, ‘ prae superbia cordis sui. * job 39: ° absorbet terram, nec reputat tubae sonare clangorem. ‘ quantum ad destructionem regionum, ° luxit, et elanguit. ‘ et ponit praecipue fertiles regiones. * supra 24 idem. ‘ secundo ponit divinam resistentiam conatibus ejus, |75| ° nunc consurgam: ‘ et circa hoc tria ponit. ex parte dei resistentis propositum: ° nunc, ‘ scilicet post tanta mala quae fecit, ° consurgam, ‘ contra ipsum. * psal. 11: ° propter miseriam inopum et gemitum pauperum nunc exurgam, dicit dominus. ‘ secundo ponit frustratum assyriorum consilium, ° concipietis, ‘ idest cogitabitis alios ardere: ° parietis stipulam, ‘ idest, hoc sequetur quod vos comburemini: ° spiritus vester, ‘ idest indignatio, ° vorabit, ‘ scilicet carnem sub corio. * psal. 7: ° lacum aperuit et effodit eum, et incidit in foveam quam fecit. ‘ tertio ponit resistentiae, sive poenae modum: ° et erunt populi; cinis: ‘ quia, ad litteram, corpora eorum sunt in cineres redacta: ° spinae, ‘ idest assyrii, quia alios lacerabant. * malach. ult. ° calcabitis impios, cum fuerit cinis sub planta pedum eorum. audite. ‘ hic invitat ad tanti facti considerationem: et primo ad considerandum liberantis divinae potentiae magnitudinem; secundo ad considerandum liberatorum idoneitatem, qui scilicet sint idonei ut taliter a domino liberentur, * ibi ° quis ex vobis; ‘ tertio ad considerandum liberatae civitatis dignitatem: ° respice sion. ‘ circa primum duo. primo invitat ad considerationem suae potentiae, ° audite. * infra |100| 49: ° audite insulae, et attendite populi de longe. ‘ secundo ostendit potentiae signum, ° contriti sunt peccatores, ‘ assyrii scilicet. * supra 29: ° conteram eos etc.. quis poterit. ‘ hic invitat ad considerandum idoneitatem ejus qui habitat cum deo, ut ab ipso semper protegatur illaesus: et primo inquirit idoneum; secundo excludit indignum, ° ubi est litteratus. ‘ circa primum tria facit. primo ponit quaestionem, ° cum igne devorante? ‘ deo scilicet, ut ab ipso non devoretur, sicut assyrii. * deut. 4: ° deus tuus ignis consumens est. ‘ secundo ostendit idoneitatem, removens tria ad quae judaei proni erant: scilicet avaritiam quantum ad injuste ablata, ° ex calumnia, ‘ et quantum ad illiberaliter accepta, ° et excutit. ‘ secundo quantum ad crudelitatem in homicidiis: ° qui obturat; ‘ tertio quantum ad luxuriam: ° et claudit oculos. iste in excelsis, ‘ scilicet cum deo, * ps. 14: ° quis habitabit in tabernaculo etc.. tertio ostendit hujus habitationis ‘ utilitatem quantum ad quatuor. et primo quantum ad altitudinem securam, quod tamen est contra consuetudinem altitudinis, ° munimenta, * job 39: ° in petris manet. ‘ secundo |125| quantum ad satietatem plenam, ° panis. * gen. 49: ° aser panis pinguis. ‘ tertio quantum ad dei visionem, ° regem, ‘ idest deum. * cant. 3: ° egredimini filiae sion, et videte regem. ‘ quarto quantum ad affectionem sanctam, scilicet contemptum terrenorum: ° oculi ejus; de longe, ‘ quasi longe sub se, indignationem scilicet. et quantum ad divinam subjectionem: ° cor tuum; timorem, ‘ filialem. * eccli. 1: ° timor domini delectabit cor. ‘ et possunt haec exponi quantum ad eos qui habitant cum deo in praesenti ecclesia, vel etiam in triumphante. vel aliter: ° terram, ‘ scilicet viventium. * psalm. 26: ° credo videre bona domini in terra viventium. de longe, ‘ quasi longe supra dignitatem naturae, vel idoneitatem multorum, nunc in spe, in futuro in re; et sic se tenet cum tertia. nota * super illo verbo, ° spiritus vester ut ignis, ‘ quod deus dicitur ignis: primo purgans. * matth. 3: ° baptizabit vos spiritu sancto et igne. ‘ secundo inflammans. * luc. 12: ° ignem veni mittere in terram. ‘ tertio condemnans. * deut. 32: ° ignis succensus est in furore meo, et ardebit usque ad inferni novissima. * item super illo verbo, ° iste in excelsis habitabit, |150| ‘ nota quod sancti habitant cum deo, primo per puritatem actionis. * psalm. 100: ° oculi mei ad fideles terrae, ut sedeant mecum. ‘ secundo per inhaesionem amoris. * joan. 14: ° si quis diligit me, sermonem meum servabit. ‘ tertio per eminentiam contemplationis. * philip. 3: ° nostra conversatio in caelis est. ‘ quarto per gloriam fruitionis. * psalm. 83: ° beati qui habitant in domo tua, domine. ubi est litteratus? ‘ hic excludit indignum quantum ad illos qui praecipue digni videbantur. et primo eminentes in sapientia: ° ubi est litteratus, ‘ eruditus in philosophia; ° legis verba, ‘ eruditus in divina, ° doctor, ‘ instruens alios in erudimentis utriusque, * 1 cor. 1: ° ubi sapiens, ubi scriba, ubi doctus? ‘ secundo eminentes in eloquentia, sed non sapientia, ° populum alti sermonis. * jerem. 5: ° ecce ego adducam super vos gentem cujus ignorabis linguam. respice. ‘ hic inducit ad considerandum liberatae civitatis dignitatem: et primo quantum ad copiam bonorum, ponens quatuor quae sunt in caelesti vel militanti ecclesia: scilicet cordium laetitiam, ° civitatem solemnitatis. * supra 30: ° sicut vox sanctificatae solemnitatis, |175| et laetitia cordis. ‘ rerum opulentiam, ° oculi tui videbunt. * supra 32: ° sedebit populus meus in pulchritudine pacis, in tabernaculis fiduciae, in requie opulenta. ‘ immobilitatis gratiam, ° tabernaculum; clavi: ‘ loquitur secundum similitudinem tabernaculi quod affigitur clavis et funibus, qui solvuntur quando transferri debet. * dan. 7: ° potestas ejus potestas aeterna, quae non auferetur; ‘ et hujus assignat rationem, quia ° solummodo dominus ‘ qui valet transferre, et alii non poterunt. * psalm. 47: ° magnus dominus, et laudabilis nimis. ‘ aquarum abundantiam, ° locus fluviorum, ‘ idest divinarum monitionum; ° rivi, ‘ diversi modi participationum. * psal. 45: ° fluminis impetus laetificat civitatem dei. * hoc tamen judaei totum fabulose referunt “ ad auream jerusalem. ‘ secundo quantum ad immunitatem malorum, ° non transibit. ‘ praeteritum pro futuro. ° remigium, ‘ quorumlibet hostium, qui quandoque consueverant per mare terram promissionis infestare. ° trieris, ‘ navis habens tres ordines remorum. et assignat causam: ° dominus enim judex, ‘ judicans ab adversariis. * zach. 9: ° ecce rex tuus venit tibi mansuetus. laxati. |200| ‘ hic praedicit ingratorum judaeorum destructionem primo a romanis factam: et ponit tria. primo impotentiam ad resistendum: ° laxati, ‘ idest praeparati, ° funiculi, ‘ ut te contra romanos defendas. loquitur secundum similitudinem navis quae paratur ad eundum. ° malus, ‘ arbor navis, scilicet templum, in quo pretiosa vasa et vela fuisse noscitur. * thren. 1: ° dedit me dominus in manu, de qua non potero fugere. ‘ secundo direptionem spoliorum ab hostibus, ° tunc dividentur, ‘ a romanis. ° claudi; ‘ quasi dicat: nullus erit sic impotens inter eos quin praedam vestram diripiat. * joel. 3: ° infirmus dicat, quia ego fortis sum. ‘ tertio remissionem peccatorum hostibus, ° populus, ‘ scilicet romanus, justificatus comparatione malitiae judaeorum. * ezech. 16: ° justificastis. ‘ vel loquitur contra idumaeos, qui non poterunt praevalere contra judaeos, sed magis ab ipsis spoliabuntur tempore machabaeorum; et populo judaeorum remittetur iniquitas. * infra 40: ° completa est malitia ejus.

068 CIS cp34

lc ° Accedite gentes ‘ etc.. in parte ista comminatur his qui fuerunt assyriis coadjutores: et primo communiter omnibus; secundo specialiter idumaeis, * ibi, ° ecce super idumaeam ‘ etc.. circa primum duo. primo excitat attentionem, (ponens) attentionis ordinem, ut accedentes appropinquent, propinqui audiant, et audientes attendant. * infra 49: ° audite insulae ‘ etc.. et ponit convocatorum universalitatem: ° audiat terra. et orbis, ‘ quantum ad mediocres: continens pro contento; ° plenitudo, ‘ quantum ad majores; ° germen, ‘ quantum ad minores: omnibus se paratum ad annuntiandum, non quod omnes possint audire ostendit. * psal. 23: ° domini est terra ‘ etc.. secundo ponit comminationem: ° quia indignatio. ‘ quantum ad tria. primo quantum ad destructionem populorum, ponens iudicis, scilicet dei, indignationem: ° indignatio domini etc., * supra 14: ° haec est manus eius etc., * supra 30: ° ad perdendas gentes ‘ etc.. hominum necem, ° interfecit ‘ per auctoritatem, ° dedit, ‘ quasi aliis ad interficiendum, sicut executoribus. * zach. 11: ° ego tradam homines, unumquemque ‘ etc.; et cadaverum abjectionem, ° interfecti |25| projicientur, sine sepultura, * joel. 2: ° ascendet foetor ejus ‘ etc.. secundo quantum ad tyrannorum cessationem: ° tabescent montes, ‘ tyranni, ° a sanguine, ‘ idest propter culpam effusi sanguinis. * infra 64: ° a facie tua montes ‘ etc.. tertio quantum ad destructionem idolorum: et circa hoc tria. et primo ostendit cessaturum idolorum auxilium in bellis: ° tabescet. caelorum, ‘ scilicet aereorum, idest daemones; vel, ad litteram, “ spiritus qui praesidebant sideribus * secundum opinionem gentilium. supra 19: ° movebuntur simulacra ‘ etc.; et in consiliis inquantum scilicet divinabant in astris, ° et complicabuntur ‘ etc.. idest: sicut in libro plicato non potest aliquid legi, ita nec in caelo poterunt mala eis futura praevidere. * apoc. 6: ° caelum recessit ‘ etc.. secundo ostendit cessaturum idolatriae cultum, ° et omnis militia ‘ etc., vel facilitatem impletionis praedictorum. * apoc. eodem: ° stellae caeli ceciderunt ‘ etc.. tertio ostendit utriusque effectivum: ° quoniam gladius, ‘ idest ultio, ° inebriatus in caelo, ‘ idest abundanter in daemonibus ultionem exercui, qui idolis praesidebant. * deut. 32: ° inebriabo sagittas etc.. ecce super idumaeam. ‘ hic comminatur |50| specialiter idumaeis, qui cum hostibus contra jerusalem venerunt, * sicut dicitur in abdia, ° quando capiebant alieni exercitum ‘ etc., et circa hoc tria facit. primo comminatur hominum interfectionem; secundo terrae destructionem, ° et convertentur, ‘ tertio ponit utriusque confirmationem, * ibi, ° respicite diligenter ‘ etc.. circa primum tria. primo describit poenae aequitatem, ° ecce super idumaeam, ‘ ad opprimendam. ° interfectionis meae, ‘ dignum a me interfici. * jer. 49: ° perditionem esau ‘ etc.. secundo describit interfectionem quantum ad mediocres, ponens interfectorum diversitatem, ° gladius enim etc., agnorum ‘ etc., per quae omnia intelliguntur diversi gradus interfectorum. * ezech. 21: ° hic est gladius occisionis ‘ etc.; et necis magnitudinem, ° victima, ‘ idest quasi sicut in convivio magni regis, multa animalia interficiuntur. * ezech. 39: ° ego immolo vobis victimam ‘ etc.; et quantum ad majores, ponens eorum occisionem: ° et descendent, ‘ in mortem, ° unicornes: ‘ animal in quantitate catti, atrocissimum, habens cornu unum: unde significat potentes et monarchas. * supra 5: ° descendent |75| fortes ejus ‘ etc.; et occisionis magnitudinem, ° inebriabitur etc.. * psalm. 105: ° interfecta est terra in sanguinibus ‘ etc.. tertio ponit poenae rationem: ° quia dies judicii sion, ‘ ut scilicet vindicetur sion de idumaeis. * infra 63: ° dies ultionis in corde etc.; * tamen secundum glossam, ° sion, “ idest contra sion. * unde omnia sequentia exponit “ de destructione jerusalem facta per romanos. ° et convertentur. ‘ hic ponit comminationem quantum ad terrae destructionem: et circa hoc tria facit. primo praedicit destructionem; secundo terrae destructae solitudinem, ° et desolabitur ‘ etc., tertio solitudinis horrorem, ° et erit cubile ‘ etc.. circa primum duo ponit. primo destructionem, ° convertentur; ‘ idest, ita tota terra comburetur ab hostibus, ac si aquae essent pix et terra sulphur. * psalm. 10: ° ignis, sulphur et spiritus ‘ etc.. secundo ponit destructionis durationem, ° non extinguetur; ‘ idest, effectus illius incendii manebit semper. ° fumus, ‘ signum et memoria praecedentis incendii. * apoc. 19: ° fumus ejus ascendet ‘ etc.; et hoc intelligendum est manente causa comminationis, |100| scilicet peccato: sic enim conditionaliter exponendae sunt omnes hujusmodi prophetiae secundum quod ipsemet dominus exponit se. * jer. 18: ° repente loquar etc.. et desolabitur. ‘ hic ponit solitudinem: et primo praedicit ipsam solitudinem quantum ad habitatores. ° desolabitur. * thren. 1: ° posuit me desolatam ‘ etc., quantum ad viatores, ° non erit transiens. * jerem. 49: ° non manebit ibi vir ‘ etc., quantum ad bestiarum liberam habitationem: ° et possidebunt, ‘ quasi sine timore, ° onocrotalus, ‘ idem quod pellicanus; ° ibis, ‘ avis serpentibus inimica. est ibex ibicis quadrupes: ibis ibidis avis. et invidus ibis. * psalm. 103: ° herodii domus ‘ etc.. secundo ponit solitudinis aequitatem: et primo aequitatis judicium, ° et extendetur; mensura, ‘ poenae contra mensuram culpae. ° perpendiculum, ‘ regula caementarii. * supra 27: ° in mensura contra mensuram ‘ etc.. secundo ponit judicii modum, ° nobiles ejus, ‘ in quibus gloriabantur. * soph. 3: ° auferam de medio tui etc.. orientur in domibus, ‘ quas nimis curiosas aedificabant. ° et paliurus, |125| ‘ quaedam herba multarum spinarum, quae palliis adhaeret, lata habens folia. * oseae 9: ° desiderabile argenti ‘ etc., ut sic ° quantum glorificavit se etc.. * apocal. 18: ° et erit cubile. ‘ hic ostendit horrorem solitudinis ex monstris quae ibi habitabant, ° daemonia, ‘ daemonum monstra, quae in desertis plurimum apparent: ° onocentaurus, ‘ quod est medius asinus, et medius bos, vel illusio est daemonis potius quam naturale animal. ° pilosus, ‘ simia, vel homo sylvestris, vel daemon incubus: ° lamia, ‘ habens cetera membra feminea, pedes equinos: ° alter ad alterum ‘ clamavit. * supra 13: ° requiescent ibi bestiae etc.. requirite. ‘ hic confirmat omnia quae dicta sunt ex auctoritate divinae inspirationis. ° requirite, ‘ vos qui futuri estis, ° in libro domini, ‘ idest in hoc libro, quem ego a domino didici, ° unum ex eis non defuit; ‘ idest omnia monstra quae dixi erunt ibi, ° alter alterum, ‘idest mas feminam. ° ea, ‘scilicet monstra, marem et feminam. ° sortem, ‘distribuens singulis loca apta ad manendum. * luc. 21: ° caelum et terra transibunt, ‘vel si exponatur |150| de judaea, intelliguntur per haec diversa monstra, diversi gentilium errores, qui ibi coloni a romanis positi sunt. (collatio in cap. 34). accedit homo ad deum: per susceptionem gratiae, * rom. 5: ° accessum habemus per ipsum ‘etc.. per contemplationem divinae sapientiae, * ps.: ° accedite ad eum ‘etc.. per ministerium oboedientiae, * ez. 40: ° filii sadoc qui accedunt, ‘etc.. per expectationem firmae fiduciae, * eccli. 7: ° quasi qui arat et seminat ‘etc.. per spiritum concordiae, * eph. 2: ° habetis accessum in uno spiritu etc..

068 CIS cp35

lc ° Laetabitur deserta ‘etc.. in parte ista ponit effectum prosperitatis consequentis in judaeis ex destructione hostium: et dividitur in duas. in prima ponitur promissio consolans; in secunda exhortatio confortans, ° confortate manus ‘etc.. circa primum tria. primo ponit hominum jucunditatem, quam comparat prato florenti, quod etiam ridens dicitur, quod quidem habet pulchritudinem in flore: * unde dicit: ° deserta, ‘idest terra judaeorum quae prius, vastantibus assyriis, erat hujusmodi, metonimice, idest ipsi homines, ° quasi lilium, ‘quod est pulcherrimus flos, et diu durat. * eccl. 39: ° florete flores ‘etc.; habet etiam pulchritudinem in germine: * unde dicit, ° germinans etc., * prov. 11: ° justi quasi virens ‘etc.: sicut enim germen ex flore, ita exterior jucunditas ex cordis laetitia. secundo promittit terrae fertilitatem: ° gloria libani ‘etc., idest fertilitas diversarum rerum, quae est gloria horum locorum, erit in terra promissionis. * oseae ult.: ° erit quasi oliva ‘etc.. tertio utriusque propinquitatem, ° ipsimet, ‘idest non differetur ad tempora filiorum. * supra 33: ° regem in decore suo |25| etc.. confortate. ‘hic ponitur exhortatio confortans: et circa hoc tria. et primo ponitur officii ad exhortandum injunctio: ° confortate manus, ‘in quo debilitas ad operandum: ° genua trementia, ‘in quo debilitas ad sustinendum. * hebr. 12: ° remissas manus ‘etc.. secundo ponitur ipsa confortatio: ° dicite pusillanimes etc.. * luc. 12: ° nolite timere, pusillus ‘etc.. tertio assignatur confortationis ratio: et primo quantum ad remotionem malorum, liberando ab hostibus, ° ecce deus vester; * deut. 32: ° sanguinem servorum ‘etc., et sanando a languoribus, ° tunc aperientur. ‘et sunt metaphoricae locutiones, si referantur ad tempus post destructionem assyriorum, ut intelligantur spirituales defectus, * ut supra. ‘vel ad litteram, si referantur ad christi adventum in carnem, * sicut dicitur matth. 11: ° caeci vident, ‘etc.. secundo quantum ad collationem bonorum quatuor. primo quantum ad abundantiam aquarum, ° quia scissae sunt ‘(metaphorice) aquae pro consolationibus. vel quia multum pluet, ut sit magna fertilitas. * psal. 106: ° posuit desertum in stagna ‘etc.. secundo pulchritudinem camporum, ° in cubilibus, ‘idest terra, quae prius erat deserta, ut haec animalia |50| inhabitarent, erit culta. ° viror calami et iunci, ‘quae in locis virentibus orientur. * job 40: ° sub umbra dormit ‘etc.. tertio quantum ad restaurationem viarum, ponens viae sanctitatem: ° et erit ibi, ‘in terra juda, ° semita, ‘ducens ad templum. ° pollutus, ‘gentilis, sicut ante. vel mystice de ecclesia militante vel triumphante. * apoc. 21: ° non ingredietur in eam ‘etc.; ponit etiam rectitudinem, ° et haec erit; stulti, ‘idest quantumcumque simplices, non errent, propter multitudinem transeuntium. * jerem. 31: ° adducam eos per torrentes ‘etc.; ponit etiam viae securitatem, ° non erit ibi etc.. * supra 11: ° non nocebunt et non occident ‘etc.; et ponit viarum frequentationem, ° et redempti, ‘etc., a praecedentibus periculis. * baruch 4: ° ecce veniunt filii tui ‘etc.. quarto promittit eis laetitiam cordium, ° laetitia sempiterna. * supra 25: ° auferet lacrymam ‘etc.; ostenditur etiam condicio laetitiae sanctorum in patria, quia ° sempiterna, ‘quia plena, ° obtinebunt, ‘quia pura, ° fugiet dolor, * apocal. 21: ° absterget deus omnem lacrymam ‘etc.. sancti comparantur liliis: propter stipitis |75| altitudinem, ex quo constantia in adversis. * can. 2: ° sicut lilium inter spinas ‘etc.; propter odoris suavitatem, ex quo bona fama. * eccl. 39: ° florete flores quasi lilium ‘etc.; propter humoris virorem, ex quo virtus mentis. * eccl. 50: ° quasi lilia in transitu aquae. ‘propter connexionem, ex quo sanctorum caritas. * can. 7: ° venter tuus quasi ‘etc.. haec lilia christus: vestit quantum ad virtutum dona. * matth. 6: ° considerate lilia agri ‘etc.; colligit ad aeterna praemia. * can. 6: ° dilectus meus descendit in hortum ‘etc.; in eis requiescit per complacentiam. * cant. 2: ° dilectus meus mihi ‘etc.; et ideo ipse lilium. * cant. 2: ° ego flos campi etc..

068 CIS cp36

lc ° Et factum est in anno ‘etc.. hic narrat per modum historiae destructionem assyriorum: et primo ponit historiae gesta; secundo quaedam ex historia occasionata: * cap. 38: ° in diebus illis ‘etc.. prima dividitur in duas. primo ponitur culpa quam in judaeos commisit; secundo poena quam a deo sustinuit, * ibi, ° egressus autem ‘etc.. offendit autem eos tripliciter. primo bellis; secundo nuntiis, ° et misit rex ‘etc., tertio epistolis, * ibi 37: ° et audivit de therancha etc.. super omnes etc.. * habac. 1: ° super omnem munitionem etc.. et misit. ‘hic ostendit qualiter offendit judaeos comminando per nuntios: et primo ponitur nuntiorum congregatio, secundo ipsorum collocutio, ° et dixit ad eos etc., ‘tertio eorum ab invicem discessio: ° et ingressus est ‘etc.. circa primum duo. primo describitur nuntius assyriorum, ° rapsacem, “quem * dicunt quidam “fuisse filium isaiae, alii samaritanum. ° in aquae ductu: * de hoc supra 7. ‘secundo describuntur nuntii judaeorum, ° et egressus eliacim ‘qui successit sobnae, qui tradidit inferiorem partem civitatis assyriis; * ut supra 22. ° sobna, ‘non ille de |25| quo supra; ° a commentariis, ‘cancellarius regis, qui gesta in scriptum redigebat, ad memorandum regi. unde commentor a comminiscor. ° et dixit ad eos: ‘hic ponitur nuntiorum collocutio: et circa hoc duo. primo prolocutio rapsacis ad nuntios: secundo ad alios, * ibi, ° et stetit rapsaces, ‘etc.. circa primum tria. primo ponitur ipsius rapsacis allocutio, in qua intendit astruere ezechiae infirmitatem ad resistendum, excludendo defensionem aegyptiorum. ° ecce confidis, arundineum, ‘irrisorie, quia in aegypto multae arundines, verum dicit, quod aegyptii tales erant. * ezech. 29: ° fuisti baculus arundineus ‘etc., sed falsum quod ezechias in eis confiderat, excludendo etiam auxilium divinum: ° quod si responderis. cui abstulit. ‘quod fecit pro religione, pervertit in sacrilegium. * deuter. 12: ° cave ne offeras ‘etc.; excludendo etiam robur proprium, ° et nunc trade te; ‘quasi: nec equos habes, nec equites, ut uni principi exercitus resistere possis. * supra 33: ° projecit civitates ‘etc.. astruit etiam senacherib potestatem ad impugnandum, ex praecepto divino: ° quia si confidis ‘etc.. * supra 10: ° contra populum furoris mei etc.. secundo ponitur aliorum responsio, et dixit eliacim. in aure populi, ‘ne perturbetur, |50| scientes quod dicitur. * prov. 11: ° benedictione justorum ‘etc.. tertio ponitur responsionis irrisio: ° et dixit ad eos. urinam pedum, ‘quae fluit ad pedes. * thren. 4: ° qui nutriebantur etc.. et stetit rapsaces ‘etc.. hic ponitur allocutio ipsius ad populum. et primo ponitur stultum ipsius verbum, in quo terret minis, ° non poterit eruere vos etc.. * judith 5: ° quis est iste qui filios israel ‘etc.; allicit promissis. ° haec dicit rex. benedictionem, ‘idest pactum, quod vertetur in vestram benedictionem. vel benedicite me sicut dominum vestrum. ° veniam, ‘de aegypto, ° ad terram, ‘scilicet medorum. * gen. 27: ° det tibi deus de rore caeli ‘etc.; provocat etiam exemplis: ° ne conturbet vos etc.. * dan. 11: ° elevabitur et magnificabitur ‘etc.. secundo ponit discretivi populi silentium. ° et siluerunt. * prov. 11: ° qui decipit amicum suum etc., * prov. 26: ° ne respondeas stulto etc.; praeceperat, ‘ne verba blasphemiae multiplicaret, aut populum deciperet. ° et ingressus ‘etc.. hic ponitur discessio nuntiorum ab invicem: et primo reditus judaeorum ad ezechiam; secundo reditus rapsacis ad senacherib, * ibi ° reversus est autem ‘etc.. circa primum duo. primo ponitur reditus nuntiorum |75| et blasphemiae renuntiatio; secundo ponitur ezechiae oratio, ° et factum est cum audisset etc., scissis vestibus, ‘pro audita blasphemia; quod erat mos judaeorum, * ut patet matth. 26.

068 CIS cp37

lc ° Et factum est cum audisset ‘etc.. in parte ista ostendit quomodo ezechias contra blasphemias humilitate et orationibus pugnavit: et circa hoc tria facit. primo recitat quomodo adiit orationis locum, assumens humilitatis habitum, ° obvolutus est etc.. * jonae 3: ° surrexit de solio suo ‘etc.. secundo non praesumens per se orationem deo effundere, petit orationis suffragium per nuntios a propheta; ubi recitat nuntiorum missionem, ° et misit eliacim etc.. * supra 8: ° numquid non populus a deo suo ‘etc.. exponunt nuntii tribulationem. et debet sic legi: ° et venerunt etc., et dixerunt ad eum: dies tribulationis, ‘quam patimur in exterioribus persecutionibus, ° angustiae, ‘quantum ad cordis dolores, ° correctionis, ‘divinae, ° blasphemiae, ‘hostium. ° venerunt filii, ‘idest conceptiones consiliorum, ° pariendi, ‘explendi. vel, ita dolemus sicut parturientes. * sophoniae 1: ° dies irae dies ista ‘etc.; porrigunt petitionem, ut sic ordinetur: ° leva ergo orationem etc., si quomodo etc.. * jer. 42: ° ora pro nobis ad dominum deum ‘etc.. tertio ponit prophetae responsum: ° et dixit ad eos: ‘in quo excludit |25| regis timorem: ° ne timeas. * jer. 1: ° ne timeas a facie ‘etc., et praedicit regis senacherib mortem, ° ecce ego etc.. * apoc. 13: ° qui in gladio occiderit, in gladio etc.. reversus est ‘etc.. hic ponit reditum rapsacis ad senacherib. et planum est. ° et audivit de terancha. ‘hic recitat quomodo offendit eos comminando per epistolas; et circa hoc tria facit. primo ponit superbam illius comminationem, ° et audivit de terancha, ‘qui egressus in auxilium aegyptiorum, quod cum audisset, occurrit ei obviam, dimittens judaeam; et antequam recederet, scripsit verba haec. postmodum vadens, et obsidens pelusium in aegypto, veniente rege aethiopiae, noluit cum eo pugnare, dicens eum esse sacerdotem plutonis, derisorie propter nigredinem: vel quia mures cordas arcuum corrodentes exercitum ejus inermem dimiserunt. * supra 10: ° quomodo invenit manus ‘etc.. secundo ponit ezechiae orationem, praemittens receptionem epistolae: in qua oratione confitetur dei potentiam, per subjectionem angelorum: ° domine deus exercituum. * job 25: ° numquid est numerus ‘etc., per cultum judaeorum; ° deus israel, |50| qui sedes super cherubim: ‘quia propitiatorium, quod erat quasi sedes dei, et etiam dabat responsa, erat super alas cherubim. * ps. 79: ° qui sedes super cherubim etc.. “sed cum tabernaculum sit dispositum secundum exemplar caelestis ecclesiae, * ut sumitur exod. 25; videtur quod male dicatur “sedere super cherubim, sed magis super thronos. ‘et ad hoc dicendum, quod sedet super cherubim idest trans, quia super seraphim, qui sunt ultra eos. * vel secundum gregorium et dionysium, “nihil possidetur ibi singulariter; sed quod est inferiorum, attribuitur etiam superioribus eminenter. unde proprietatem thronorum etiam eminentius habent cherubim. ‘vel dicendum, quod sedet super thronos, sicut super sedem judicii; super cherubim, sicut supra cathedram magistri: quia interpretantur fusio scientiae. et ideo congrue inde dicebantur dare responsa. etiam ostendit dei potentiam per dispositionem regnorum: ° tu es deus solus etc., * dan. 5: ° donec cognosceret quod potestatem habet ‘etc.; probat etiam per productionem creaturarum, ° tu fecisti etc.. * ps. 145: ° qui fecit caelum ‘etc.; accusat etiam senacherib |75| blasphemiam, ° inclina domine etc.; * judith 6: ° domine deus caeli ‘etc., probans cum hoc blasphemiae stultitiam: ° vere enim domine etc., * ps. 113: ° simulacra gentium ‘etc.. petit etiam tertio in hac oratione salutis misericordiam, ° et nunc domine etc.. * judith 9: ° omnes gentes cognoscant ‘etc.. tertio propheta promittit orationis exauditionem per nuntios: ° et misit isaias ‘etc., et circa hoc duo facit. primo promittit hostium destructionem; secundo civitatis liberationem, ° propterea haec dicit ‘etc.. circa primum tria. primo comminatur ei destructionis interitum; secundo ponit signum, ° tibi autem hoc erit ‘etc., tertio ostendit destructionis fructum, ° et emittet id quod salvatum ‘etc.. circa primum duo. primo comminatur poenam confusionis contra contemptum judaeorum, ° despexit, ‘etc., quando tibi noluit respondere; ° movebit, ‘in futuro, quando aliis occisis, cum paucis fugies. * supra 33: ° qui spernis alias etc., * job 22: ° videbunt justi |100| ‘etc.. secundo comminatur poenam destructionis contra culpam quam in deum commiserat: et circa hoc tria facit. primo proponit culpam; secundo assumit divinam potentiam, ° numquid non audisti ‘etc., tertio concludit poenam: ° ponam ergo ‘etc.. circa primum arguit ipsum de duobus peccatis. primo de blasphemia: ° cui exprobrasti? ‘verba ezechiae ad senacherib; quasi: non mihi, sed deo. * infra 57: ° super quem lusistis, ‘etc., secundo arguit ipsum de superbia, quam conceperat ex magnitudine rerum factarum. ° et dixisti. in multitudine, ‘quasi mea, et non dei virtute. ° juga libani, ‘summitates montium, idest potentum. * deut. 32: ° manus nostra excelsa, ‘etc.; ex magnitudine propositorum: ° et succidam excelsa, ‘potentes in judaeis, ° altitudinem, ‘domum domini; ° saltum, ‘populum. * zachar. 11: ° aperi libane portas ‘etc.; ex multitudine pugnatorum, ° ego fodi; ‘quasi: tantum habeo exercitum quod non sufficit mihi aqua quam invenio, nisi puteos fodiam. vel metaphorice: consolationes omnium gentium ego siccavi. * joel. 2: ° quasi hortus voluptatis etc.. |125| numquid non audistis ‘etc.. hic assumit divinam potentiam, loquens in persona ipsius dei. et primo quantum ad aeternam praeordinationem: ° quae olim, ‘ab aeterno, ° fecerim, ‘proposuerim facere et de exaltatione et de destructione, ° illud, ‘malum poenae, quod per ipsum infertur praevidi et praeordinavi, * eccli. 23: ° domino deo nostro antequam ‘etc.. secundo quantum ad aeterni propositi temporalem executionem, ° et nunc adduxi. collium, ‘principum, ° compugnantium, ‘ad invicem. ° breviata, ‘idest retracta, ° manu ‘mea ab auxilio eorum; vel diminuta manu ipsorum a sui auxilio. * ps. 128: ° fiant sicut fenum tectorum ‘etc.. tertio quantum ad omnium factorum cognitionem, ° habitationem, ‘idest sedem regni. ° introitum, ‘in terram judaeorum. * job 34: ° oculi ejus super vias etc.. ponam ergo. ‘hic concludit poenam. ° circulum ‘sicut bubalo, ° frenum ‘sicut equo, idest potentia divinitatis meae refrenando. * job 30: ° pharetram suam aperuit etc.. tibi autem. ‘hic ponit signum. venerat |150| autem exercitus assyriorum imminente messe. unde fructus non potuerunt tunc recolligere, et fuerunt in terra usque post tempus seminationis: unde nec seminare potuerunt. sic ergo eis dicitur, quod illa anni parte residua, eunte senacherib in aegyptum, comedant: comedant ° quae sponte nascuntur, ‘scilicet ex granis conculcatis ungulis equorum et quadrigis. vel quaecumque repereris, * ut 4 reg. 20, ‘in horreis prius ad obsidionem congregata. vel ° quae severas, * secundum septuaginta, ‘idest quae remanserunt conculcata in agris. ° et in secundo anno, ‘adhuc existente eo in aegypto, quia per annum stetit, quia nihil recolliges, cum nihil seminaveris, ° pomis vescere, ‘vel quae sponte nascuntur, * ut in libr. 4 reg. 20. ‘et in illo secundo anno destruetur assyrius; et sic in tertio anno habebis liberam potestatem seminandi et congregandi. vel, * secundum andream, “hoc est consilium: ° et hoc erit signum: “refertur ad praecedentia. ° et emittet. ‘hic ponit destructionis fructum: primo ponens similitudinem arboris, quae multos fructus affert, si in terra profundat radices. * jer. 17: ° erit quasi lignum ‘ etc.; secundo ponit |175| expositionem: ° quia de jerusalem. * infra 46: ° dabo in sion ‘ etc.; tertio assignat rationem: ° zelus enim etc., * supra 9 idem. ° propterea haec dicit. ‘ hic promittit liberationem. ° non intrabit ‘ sicut proposuit. * supra 8: ° inite consilium, ‘ etc., et assignat rationem: ° et protegam. propter me. * infra 48: ° propter me faciam etc., et propter david. * psal. 131: ° propter david servum tuum etc.. egressus est autem etc.. ‘ hic ponit poenam quam a deo sustinuit. et primo quantum ad exercitus occisionem, ° et percussit. * supra 33: ° a voce angeli ‘ etc.; secundo quantum ad residuorum perturbationem et fugam, ° et surrexerunt. * supra 17: ° ecce turbatio ‘ etc.; tertio quantum ad ipsius occisionem: ° et factum est cum adoraret.... adramelech, et sarasar, ‘ primogeniti, invidentes fratri minori, quem substituere volebant, ex alia matre natum. et sic ° justus de angustia ‘ etc.. (collationes cap. 37). levatur oratio: per eminentiam contemplationis, * ps.: ° levavi oculos meos ‘ etc.; |200| per fervorem affectionis, * thren. 3: ° levemus corda nostra ‘ etc. per lacrimas compunctionis, * ps.: ° levabo per singulas noctes, * ioel. 1: ° levate fletum ‘ etc.; per studium bonae operationis, * ps.: ° elevatio manuum mearum ‘ etc.. frenum: humanae discretionis, * iac. 3: ° si quis in verbo non offendit ‘ etc.; divinae gubernationis, * infra 48: ° infrenabo te laude mea ‘ etc.; diabolicae deceptionis, * supra 30: ° frenum erroris ‘ etc.; temporalis afflictionis, * iob 30: ° pharetram suam ‘ etc.; aeternae damnationis, * ps.: ° in freno et camo maxillas ‘ etc..

068 CIS cp38

lc ° In diebus illis ‘ etc.. in parte ista ponit quaedam ex praedicta historia occasionata: scilicet infirmitatem ezechiae, quam incurrit propter ingratitudinem, quia post tantam victoriam canticum gratiarum actionis non composuit, sicut moris erat. et dividitur in duas. in prima ponit ipsius aegritudinem et sanationem, in secunda ponit amicorum congratulationem, * 39 cap.: ° in tempore illo, ‘ etc.. circa primum tria: primo ponit aegritudinem; secundo liberationem, ° et convertit ezechias ‘ etc., tertio liberationis ordinem, ° et jussit isaias ‘ etc.. circa primum duo. primo ponit morbum, ° aegrotavit etc.. * eccl. 31: ° infirmitas gravis ‘ etc.; secundo ponit mortis nuntium, ° et introivit. dispone, ‘ ordinando quis tibi succedere debeat, * eccl. 33. ° in die consummationis etc.. * sed contra hoc objicitur, quia “ postmodum vixit, et non mortuus est: ergo huic prophetiae, ° morieris “ etc., subfuit falsum, nec fuit immobili veritate annuntians rerum eventus. ‘ ad quod dicendum, quod cum omnium quae fiunt in toto cursu temporis, rationes ab aeterno in deo fuerint, quaedam fuerunt inditae rebus quae explicantur per opus naturae et voluntatis; quasdam |25| apud se tantum retinuit, ut eas quando vellet, in actum educeret. videntes igitur prophetae in speculo aeternitatis, vident de utrisque quantum eis deus vult revelare. fuerant igitur isaiae revelatae illae rationes quae rebus inditae erant, quae (per) causas inferiores fiunt, scilicet naturales et meritorias, secundum quas infirmitas regis ad mortem ordinata erat. unde quantum ad sensum quem in verbis propheta habuit, verum dixit: quia secundum causas inferiores ita erat. similiter etiam quantum ad alium sensum, quem spiritus sanctus intellexit, verum dixit: quia mortuus fuit illi ingratitudini, dum postmodum deo debitas gratias egit; sicut et ninive subversa est quantum ad statum iniquitatis, * ut dicit augustinus. ° et convertit. ‘ hic ponit liberationem: et circa hoc tria: primo ponitur ezechiae oratio; secundo salutis promissio, ° et factum est verbum ‘ etc., tertio gratiarum actio, ° scriptura ezechiae ‘ etc.. circa primum tria ponit. primo orationis praeparationem, ° ad parietem, ‘ templi, vel domus suae, ut devotius et secretius oraret. * ps. 85: ° in die tribulationis meae ‘ etc.. secundo ponit ipsam |50| orationem, ° et oravit. memento, ‘ ut pro bonis quae feci vitam mihi concedas. dicitur enim deus oblitus, quando non retribuit. ° in veritate, ‘ cultus tui, ° corde perfecto, ‘ quantum ad amorem. * sed contra. prov. 20: ° quis potest dicere ‘ etc., et dicendum, quod non dixit se habere cor perfectum simpliciter, sed quoad hoc quod post idola non claudicabat, * ut dicitur 3 reg. 18. eccl. 11. ° in die malorum ‘ etc.. tertio ponit orantis compunctionem. ° et flevit etc.. * matth. 5: ° beati qui lugent etc., * judith 9: ° humilium et mansuetorum etc.. est verbum ‘ etc.. hic ponitur salutis promissio: et primo ponit orationis exauditionem, ° factum est, ‘ priusquam exiret mediam partem atrii. * 4 reg. 20: ° audivi orationem etc.. * supra 30. ° ad vocem clamoris ‘ etc.. secundo ponit promissionem: ° ecce ego adjiciam. * ps. 60: ° dies super dies regis ‘ etc.. tertio ponit confirmationem per signum. ° hoc autem erit etc., in sole, ‘ idest per motum solis, ° decem lineis, ‘ quibus secundum motum umbrae computabantur 10 horae. ° et reversus, ‘ si subito, “ sic dies ille artificialis habuit 22 horas, fere |75| duplicatus * secundum glossam. ‘ si autem successive, sic venerat per 10 et rediit per 10 et iterum per 10 venit; “ et sic dies ille habuit 32 horas, fere triplicatus, * secundum dionysium. ‘ hoc autem factum est, vel omnibus aliis caelestibus corporibus redeuntibus: vel sole breviorem viam aut velociorem motum habente, ut ad situm suum simul cum aliis perveniret. * eccl. 48: ° in diebus eius retro ‘ etc.. et hoc signum competit signato, unde * job 11: ° cum te consumptum etc.. scriptura ezechiae etc.. ‘ hic ponitur gratiarum actio pro salute promissa: et primo ponit titulum, ° scriptura, ‘ scilicet haec est; secundo ponit canticum, ° ego dixi: ‘ in quo tria facit. primo plangit periculum quod evasit; secundo commemorat beneficium quod percepit, ° domine si sic ‘ etc., tertio petit complementum quod deus promisit, ° domine, salvum ‘ etc.. plangit autem tria. primo mortis horrorem. ° in dimidio, ‘ idest in juventute mea, ° ad portas inferi, ‘ idest limbum, vel mortem, vel sepulcrum * eccl. ult.: ° vita mea appropinquans ‘ etc.. secundo plangit bonorum amissionem, quantum ad dei visionem: ° quaesivi, ‘ a domino, quod suppleret, |100| ° residuum, ‘ mihi ablatum; vel inquisivi apud me quantum restaret mihi de vita. ° dixi, ‘ apud me: ° non videbo, ‘ per speciem modo, adhuc ° in terra viventium, ‘ in caelesti beatitudine. * ps. 26: ° credo videre ‘ etc.; vel ° non videbo, ‘ ulterius videndo templum et cultum ejus, ° in terra viventium, ‘ scilicet judaeorum. * matth. 22: ° non est deus mortuorum ‘ etc.. etiam quantum ad hominum societatem, ° non aspiciam hominem, ‘ in hac vita viventem. * jerem. 49: ° non habitabit ibi vir ‘ etc.; ° vel hominem ‘ christum nobis promissum. etiam quantum ad filiorum posteritatem, ° generatio, ‘ scilicet filiorum, quia nondum filios habebat, ° convoluta, ‘ plicata, ne ad posteros extendatur. * supra 24: ° auferetur quasi tabernaculum ‘ etc.. etiam quantum ad vitae brevitatem: ° praecisa est velut a texente, ‘ dum adhuc, texit, tela imperfecta, ° ordirer ‘ in juventute. * job 7: ° dies mei velocius ‘ etc.. tertio plangit cordis anxietatem: et primo quantum ad mortis continuam expectationem. ° de mane, ‘ scilicet dicebam, ° usque ad vesperam finies me, ‘ morte. et tunc non moriens, ° sperabam, ‘ iterum ° usque mane: ‘ ut simul cum morte dolor aegritudinis finiretur. ° nihilominus |125| quasi leo sic contrivit, ‘ languor vel ipse deus per dolorem aegritudinis. * job 7: ° si dormiero ‘ etc.. secundo quantum ad spei dilationem; ubi ponit tria sperantis: compunctionem: ° sicut pullus hirundinis, ‘ expectat matrem, quia non videt. ° ut columba, ‘ cum gemitu scilicet, * nahum 2: ° gementes ut columbae ‘ etc.. ponit etiam spei dilationem, ° attenuati, ‘ quasi fatigati, ° suspicientes, ‘ per spem. * proverbiorum 13: ° spes quae differtur etc., * psalm. 120: ° levavi oculos meos ‘ etc.. ponit etiam quamdam cum deo disceptationem: ° domine, vim patior; ‘ quasi: violentia fit mihi, ultra merita affligor. ° responde, ‘ idest fideiubeas, pro me. ° quid dicam? ‘ quasi in se reversus: quid possem contra deum proponere? ° aut quid respondebit? ‘ quando debet ad interrogatoria respondere, ° cum ipse fecerit, ‘ me, vel poenam meam, * job 9: ° si voluerit contendere cum eo etc., * infra 45: ° numquid contradicit factori ‘ etc.. tertio quantum ad praeteritorum recordationem, ° recogitabo annos, ‘ in quibus bona passus sum, vel etiam in quibus tibi peccavi. * job 7: ° loquar in tribulatione spiritus etc.. |150| domine, si sic. ‘ hic commemorat beneficium quod suscepit. et primo correctionem: ° si sic vivitur; ‘ idest, si tam misera est vita hominum, vel si per tribulationes acquiritur vita. * prover. 6: ° via vitae increpatio disciplinae. ‘ et ponit: ° ecce in pace, ‘ quasi populo (pacem) habente ab assyriis, ° amaritudo, ‘ mihi imminet. * proverb. 14: ° risus dolori ‘ etc.. secundo commemorat liberationem a poena: ° tu autem eruisti animam, ‘ vitam, et a culpa, ° projecisti post tergum ‘ tuum, vel, meum, quasi obliviscens, ° omnia peccata mea. * sapient. 11: ° misereris omnium, domine ‘ etc.. tertio assignat liberationis rationem: et primo quantum ad mortis inutilitatem: ° quia non infernus, ‘ idest damnati, vel sepulti, ° mors, ‘ diabolus, vel mortui, ° veritatem, ‘ promissionum, vel filium. * psalm. 6: ° non est in morte ‘ etc.; secundo quantum ad vivorum laudem, ° vivens vivens, ‘ ad majorem affirmationem, vel propter duplicem vitam. * psalm. 113: ° nos qui vivimus ‘ etc.. tertio quantum ad divinae laudis propagationem, ° pater filiis etc., * psal. 77: ° mandavit patribus nostris nota facere etc.. domine, salvum. ‘ hic petit expleri promissum. ° salvum |175| me fac, ‘ ab assyriis, et a languore. * psalm. 33: ° benedicam dominum in omni tempore etc.. et jussit ‘ etc.. hic ponit sanationis ordinem: et hoc transpositum est, et debet esse ante signi dationem, * ut patet ex 4 reg. 20. ‘ sed quia non intendit historiam, sed prophetiam, quae ad prophetiam pertinent primo posuit: et primo ponit curationis modum. ° cataplasmarent, ‘ emplastrum apponerent, ° vulnus ‘ a deo inflictum, vel ulcus ex humorum corruptione, caro aperta. * dicunt enim, quod “ laborabat morbo regio, qui dicitur lupus, cui nocent ficus et omnia dulcia, ut curatio tota divinae potentiae attribueretur. * alii dicunt, quod “ erat apostema, quod est ex humoribus intus collectis nondum carne scissa; ad cujus maturationem ficus prosunt, ut ostenderetur non esse spernendam medicinam. * eccl. 38: ° faciet pigmenta suavitatis ‘ etc.. secundo ezechias petit signum. ° et dixit ezechias: quod erit signum etc., * i cor. 1: ° judaei signa quaerunt ‘ etc.. (collationes cap. 38). in morte confidam domus conscientiae: si pura a peccati contagione, * supra 50: ° angustus est mihi locus etc., * ez. 8: |200| ° ut recedam a sanctuario; ‘ si firma in bono opere, * matt. 7: ° descendit pluvia ‘ etc.; si ampla dilectione, * infra 49: ° angustus est mihi etc., * 54: ° dilata locum. ‘ oculi excelsi: per cordis elationem, * ps.: ° domine non est exaltatum, ‘ attenuantur a deo per depressionem, * supra 2: ° oculi sublimis ‘ etc.; per inquisitionis curiositatem, * iob 15: ° quasi magna cogitans ‘ etc., attenuantur per luminis oppressionem, * prov. 25: ° qui scrutator est maiestatis ‘ etc. per contemplationem, * infra 40: ° leva in excelsum ‘ etc., attenuantur propter cognitionis parvitatem, * iob 36: ° omnes homines vident etc..

068 CIS cp39

lc ° In tempore illo ‘ etc.. hic ponit amicorum congratulationem, ostensam in missione nuntiorum et munerum: et circa hoc tria facit. primo ponit nuntiorum missionem: ° rex babylonis ‘ qui tunc suberat assyriis. ° libros, ‘ epistolas. ° audierat, ‘ sed maxime propter signum quod in solis reversione viderant. * ps. 71: ° vivet, et dabitur ei ‘ etc.. secundo ponit ipsius ezechiae elationem inde conceptam, ponens elationis laetitiam, ° laetatus; * contra hoc quod job 31: ° si laetatus sum ‘ etc., et elationis in opere manifestationem, in ostentatione divitiarum suarum: ° et ostendit cellam aromatum, ‘ quae dicuntur species odoriferae. vel locum ubi sepeliebantur reges, vel inferiorem partem domus saltus, quae erat ex alabastro, ubi optime hujusmodi conservantur. ° apothecas, ‘ cellaria: ° verbum, ‘ res digna verbo, ° in omni potestate sua, ‘ quantum ad ea quae erant in templo, quod quidem erat in potestate regis usurpata. * eccl. 11: ° non omnem hominem inducas ‘ etc.. tertio ponit elationis reprehensionem, ° introivit: ‘ et primo ponit culpae inquisitionem et manifestationem, ° non fuit res etc.. * prov. 20: ° sicut aqua profunda |25| ‘ etc.; secundo comminatur poenam, ° et dixit isaias. ‘ quantum ad amissionem rerum: ° omnia quae in domo etc.. * jer. 27: ° haec dicit dominus ad vasa: ‘ et quantum ad filiorum servitutem, ° et de filiis; ‘ quod dicunt impletum in daniele et sociis eius, non quia corpore, sed mente et officio tales fuerunt. * deut. 28: ° filii tui et filiae tuae ‘ etc.. tertio ponit poenae acceptationem: ° et dixit ezechias. bonum, ‘ iustum, ° pax, ‘ ab assyriis, ° veritas, ‘ religionis, * supra 26: ° domine, dabis pacem etc..

068 CIS cp40

lc ° Consolamini, consolamini ‘ etc.. haec est secunda pars principalis istius libri, in qua principaliter consolationem populi intendit per multa beneficia repromissa. dividitur autem in duas partes. in prima inducit eos ad promissorum expectationem; in secunda exequitur divinorum beneficiorum promissionem, * infra 45: ° haec dicit dominus christo meo ‘ etc.. prima dividitur in tres: in prima confortat eos per promittentis potestatem; in secunda per ipsius dilectionem, * 41: ° taceant ad me ‘ etc., in tertia per idolorum quae resistere credi possent, debilitatem, * 44 cap.: ° et nunc audi jacob ‘ etc.. circa primum tria facit. primo inducit ad consolationem; secundo promittit consolatorem, ° vox clamantis ‘ etc., in tertia ostendit dei consolantis potestatem, ° quis mensus est pugillo ‘ etc.. circa primum tria. primo inducit populum in consolationem: ° consolamini, ‘ in spiritualibus, ° consolamini, ‘ in bonis temporalibus concessis. * eccli. 48: ° consolatus est etc., * zach. 1: ° respondit dominus angelo ‘ etc.. secundo indicit prophetis et sacerdotibus consolationis annuntiationem: ° loquimini |25| ad cor, ‘ scilicet consolando; ° advocate, ‘ a tristitia, ab idolatria. * oseae 2: ° ducam eam in solitudinem. ‘ tertio assignat rationem quantum ad culpae dimissionem, ° quoniam completa est etc., * supra 27: ° et hic omnis fructus ‘ etc.; quantum ad poenarum finitionem, ° suscepit ‘ etc., loquitur secundum tempus post captivitatem. * jerem. 17: ° duplici contritione etc., * sed contra. nahum 1: ° non consurget duplex tribulatio. ‘ et dicendum, quod duplicia dicuntur quantum ad poenam corporis et animae, sicut et culpa in utroque est. ° vox clamantis ‘ etc.. hic promittit consolatorem: et circa hoc tria facit. primo praemittit praeparationem; secundo ostendit prophetiae firmitatem, ° vox dicentis ‘ etc., tertio praenuntiat consolatorem venientem, ° super montem ‘ etc.. circa primum tria. primo indicit praeparationem: ° vox clamantis in deserto, ‘ scilicet joannis baptistae: haec erit, ° parate, ‘ per conversionem a malis, ° in solitudine, ‘ vitiorum. * amos 4: ° praeparare in occursum dei tui ‘ etc.. secundo praedicit expletionem, ° omnis vallis, ‘ sequens metaphoram |50| viae malae: si est montuosa, facit laborem: * unde dicit, ° vallis exaltabitur, ‘ ut adaequetur montibus, et totum fiat planum: si est distorta facit errorem; * et quantum ad hoc dicit, ° erunt prava: ‘ etc.; si est lapidosa, facit pedum dolorem; * et quantum ad hoc: ° aspera in vias, ‘ per quod significatur quod pusillanimitas vertetur in securitatem, superbia in humilitatem, nequitia in rectitudinem, et crudelitas in mansuetudinem. * jerem. 31: ° dirige cor tuum in viam etc.. ‘ tertio ostendit praeparationis utilitatem, ° et revelabitur gloria, ‘ idest filius. * jerem. 33: ° curabo eos etc.; videbit; ‘ idest, omnibus visibilem se praebebit. vel loquitur de die judicii. * apocal. 1: ° videbit eum omnis oculus, et qui eum ‘ etc.. quidam sic exponunt. ° vox, ‘ dei, ° clamantis, ‘ haec est, ° parate in deserto, ‘ idest in terra juda olim deserta, ° viam domini, ‘ scilicet ad eundum ad templum, vel in deserto quod est inter babylonem et iudam. ° omnis vallis. ‘ per haec ostenduntur omnia impedimenta removeri, ut libere populus revertatur. ° gloria, ‘ in destructione chaldaeorum, per quam gloriosus apparebit. ° vox dicentis. ‘ in parte ista ostendit |75| prophetiae firmitatem, per comparationem ad hominum fragilitatem: unde dominus primo indicit clamorem, qui significat expressam et planam annuntiationem. ° clama. * infra 58: ° clama, ne cesses ‘ etc.; secundo indicit clamandam humanam fragilitatem, interrogante propheta: ° et dixi, quid clamabo? ‘ timens ne contra populum suum aliquid clamare praecipiatur; * ut supra 6, ‘ et domino respondente, ° omnis caro etc.. * jacobi 1: ° exortus est enim sol ‘ etc.; tertio ostendit divini verbi firmitatem, ° vere fenum etc., * luc. 21: ° caelum et terra etc.. super montem excelsum ‘ etc.. hic praedicit consolatorem venientem; et circa hoc tria facit. primo dominus indicit prophetae annuntiationem; in secunda determinat adventus promissionem, ° ecce deus, ‘ in tertia ostendit venientis condicionem: ° ecce dominus. ‘ circa primum determinat, quis, cui, et qualiter annuntiet. quis, quia qui habet officium, ° qui evangelizas. * rom. 10: ° quomodo praedicabunt, nisi ‘ etc.. modum designat per tria. per loci altitudinem, ut bona nuntians de longe audiatur, ° super montem, ‘ etc., mystice christum, vel |100| caelestem conversationem et contemplationem. * supra 2: ° venite, ascendamus etc., * infra 42: ° de vertice montium ‘ etc., per vocis clamorem, ° exalta in fortitudine, ‘ ut multi audiant, plane et constanter praedicando. * infra 58: ° clama, ne cesses ‘ etc.; per cordis securitatem, ° exalta, noli etc.. * jer. 1: ° ne timeas a facie ‘ etc.. cui sit annuntiandum determinat quantum ad tria: quantum ad regni provinciam, ° dic civitatibus; ‘ etc., quantum ad provinciae metropolim, ° qui evangelizas jerusalem; ‘ quantum ad civitatis rectores, ° sion, ‘ ubi templum et domus regia. * infra 41: ° primus ad sion dicet etc.. * act. 13: ° vobis oportebat etc.. ecce. ‘ hic ponit adventus dei promissionem, ° ecce, ‘ in promptu, ° deus vester, ‘ veniet. * supra 35: ° deus ipse veniet etc.. ecce dominus. ‘ hic ostendit venientis conditionem: et primo ostendit quod veniet fortis ad liberandum, ° in fortitudine. brachium, ‘ fortitudo in die judicii. vel in primo christi adventu in potestate miraculorum, vel in destructione babylonis. * job 40: |125| ° si habes brachium sicut deus. ‘ etc.; secundo quod veniet justus ad remunerandum, ° ecce merces. opus coram illo, ‘ quia in facilitate voluntatis. * sap. 5: ° justi autem in perpetuum ‘ etc.; tertio ostendit quod veniet pius ad consolandum, ° sicut pastor. ‘ ad pascendum esurientes, ° gregem suum pascet. * ezech. 34: ° in pascuis uberrimis etc., * jerem. 3: ° dabo vobis pastores ‘ etc.; ad congregandum dissentientes, ° in brachio etc., * joan. 10: ° alias oves habeo ‘ etc.; ad portandum deficientes, ° in sinu suo etc., * luc. 15: ° cum invenerit eam, etc.. quis mensus est ‘ etc.. hic ostendit divinam potestatem: et primo astruit eam contra idolatrarum errores, qui divinae potentiae derogabant, creaturam creatori aequando. * rom. 1: ° servierunt creaturae ‘ etc.; secundo contra desperationem judaeorum, qui divinae potentiae derogabant diffidendo, ° levate in excelsum ‘ etc.. circa primum duo: primo ostendit dei potestatem; secundo excludit errorem, ° cui ergo similem ‘ etc.. circa primum tria. primo ostendit divinam potentiam, simul et sapientiam in commensuratione facili, et |150| creatione omnium rerum: fecit enim omnia in numero, quantum ad multitudinem principiorum; in mensura, quantum ad determinationem sub proprio esse, in pondere, quantum ad inclinationem ad finem. * sapien. 11: ° pugillo, ‘ idest faciliter, sicut quae pugillo, mensurantur qui est manus clausa; ° palmo, ‘ idest faciliter, qui est manus extensa: ° appendit super nihil, * job 26: ‘ quia nullo exteriori fulcitur: alias esset quies terrae violenta. ° super aquas, * in ps. 28, ‘ quantum ad situm, quia aquis circumdatur. * psalm. 103: ° super stabilitatem suam, ‘ quantum ad propriam causam quietis, quae est natura propria: ° tribus digitis, ‘ faciliter: vel tribus proprietatibus, gravitate, siccitate et immobilitate, ° libravit, ‘ libratos fecit proprio pondere. secundo ostendit sufficientiam potentiae, quia non indiget adjuvante: ° quis adjuvit; * contra philosophos ponentes, “ mediantibus primis causatis, ultima creata esse: ‘ sapientiae, quia non indiget consilio: ° aut quis, ‘ ut sibi daret consilium; ° cum quo, ‘ ut ab ipso peteret; ° instruxit eum; ‘ formam operis; ° semitam justitiae; ‘ naturalis, quam omnibus rebus praefixit, ut nulla res suae naturae metas |175| excederet; ° scientiam, ‘ de cognitione rerum creatarum et universalium et particularium, contra philosophos; ° viam prudentiae, ‘ quantum ad mundi gubernationem. * job 26: ° cujus adjutor es, numquid ‘ etc.. tertio ostendit ipsius excellentiam: quia excedit omnem gentium multitudinem: ° ecce gentes. quasi stilla, ‘ parva gutta, ° situlae, ‘ cadens de situla, quae est vas aquaticum sitientibus aptum, quae pro nihilo reputatur, ° momentum ‘ quod inter brachia staterae est, quod de facili in utrumque inclinatur. * job 26: ° cum vix parvam stillam ‘ etc.; ostendit etiam quod excedit omnem condignum honorem, et praecipue quantum ad oblationem. ° et libanus, ‘ idest ligna libani, quibus abundat, quia nemorosus, ° et animalia, ‘ quibus abundat, quia pascuosus. * mich. 6: ° quid dignum offeram domino etc.; ‘ ostendit etiam quod excedit omnem creaturae perfectionem: et naturalem, quia esse ipsarum respectu dei est non esse: * dicit enim dionysius in lib. de divinis nominibus, cap. 12, quod ° quantum participantia excedunt non participantia, et quantum participationes participantia, tantum qui est principium participationum, excedit |200| et participationes et participantia. omnes gentes quasi non sint ‘ etc.; et quantum ad perfectiones superadditas, quae quodammodo sunt implentes, ° et quasi nihilum etc., * jerem. 4: ° aspexi terram etc.. cui ergo ‘ etc.. hic excludit errorem: et primo irridet errorem quantum ad operantis intentionem, quia volebant deum facere. ° ergo ‘ ex quo tam potens est: ° cui similem? * loquitur secundum errorem illorum qui ipsas similitudines deos putabant. ° aut quam imaginem? * quantum ad illos qui putabant “ ea quorum sunt similitudines, ut solem vel lunam, etc., * exod. 15: ° quis similis tui in fortibus ‘ etc.; et quantum ad stultam operationem, quia in vili materia nobilissimam formam inducere volebant: ° numquid sculptile etc., * sapien. 14: ° incommunicabile nomen ‘ etc.. secundo convincit errantem: et primo ex lege naturali dictante: ° numquid non scietis, ‘ naturali ratione, idola non esse deos? et lege scripta prohibente: ° numquid non annuntiatum, * roman. 10: ° numquid non audierunt ‘ etc.. convincit etiam ex creaturarum |225| consideratione; terrestrium, quantum ad creationem: ° numquid non intellexistis fundamenta terrae, ‘ ab ipso esse fundata? idest illud terrae quod est juxta centrum. * proverb. 8: ° quando appendebat fundamenta ‘ etc.; et quantum ad creatorem, ° qui sedet super gyrum, ‘ quia sphaerica, sicut gubernans, ° et habitatores quasi locustae, ‘ respectu magnitudinis terrae, vel ipsius dei. ex creatione etiam creaturarum caelestium: ° qui extendit, ‘ quantum ad caeli magnitudinem, ° velut nihilum, ‘ quantum ad substantiae subtilitatem; ° quasi tabernaculum, ‘ sibi: ut in quo primo virtus ejus relucet inter corporalia, quantum ad virtutem. vel quasi in habitationem angelorum et sanctorum, quantum ad dignitatem. vel etiam totius creaturae inferioris, quantum ad ipsarum claritatem. * jerem. 10: ° praeparat orbem in sapientia ‘ etc.. convincit tertio eos quantum ad magnorum subjugationem, ponens illorum destructionem qui sunt magni. vel secundum scientiam, ° qui dat secretorum, ‘ scilicet philosophos. vel secundum potentiam, ° judices, ‘ idest principes. * ps. 63: ° defecerunt scrutantes ‘ etc.; et ostendit destructionis facilitatem per similitudinem herbae, vel arboris, quae non habet radices firmas in terra. |250| ° et quidem neque etc., * job 13: ° contra folium quod vento rapitur ‘ etc.. tertio ponit conclusionem, ° et cui assimilastis etc., * psalm. 88: ° quis in nubibus aequabitur etc.. levate ‘ etc.. hic astruit idem contra desperantes: et primo astruit divinam majestatem ex rerum creatione: ° quis creavit haec, ‘ scilicet caelestia. * ps. 32: ° ipse dixit, et facta sunt ‘ etc.; ex scientiae perfectione: ° qui educit, ‘ ad implendam suam voluntatem, ° in numero, ‘ determinato in sua scientia, ° militiam eorum, ‘ scilicet caelorum, stellas vel angelos, ° ex nomine, ‘ unicuique propriam naturam, unde nominari possit determinans. * psalm. 146: ° qui numerat multitudinem ‘ etc.; ex dominii plenitudine: ° prae multitudine fortitudinis, ‘ ad impugnandum, ° roboris, ‘ ad resistendum, ° virtutis, ‘ ad operandum: ° fuit, ‘ ab ejus dominio. * job 25: ° numquid est numerus ‘ etc.. secundo excludit errorem. et primo ponit errorem: ° quare dicis. absconditа; ‘ non videt quae mala patior, alias defenderet me. ° judicium, ‘ idest potestas judicandi, quam olim habuit. * eccl. 16: ° ne dicas, a deo abscondar etc., * ez. 9 ° dixerunt dereliquit ‘ etc.. |275| secundo ponit erroris reprobationem: et primo probationis confirmationem ex lege: ° numquid nescis, ‘ lege naturali, ° aut non audisti, ‘ lege scripta, haec quae sequuntur? secundo ponit reprobationem, primo ostendens dei magnitudinem ex his quae in se habet, scilicet dominii aeternitatem, ° deus sempiternus etc., * exod. 15: ° dominus regnavit in aeternum ‘ etc.; potentiam indeficientem, ° non deficiet, ‘ ut omnia non possit, ° neque laborabit ‘ ut difficulter possit, * daniel. 7: ° potestas ejus ‘ etc.; scientiae incomprehensibilitatem, ° neque est investigatio. * roman. 11: ° quam incomprehensibilia sunt ‘ etc.. secundo per magna quae in aliis facit: et primo in his quos confortat, pristinam debilitatem, ° qui dat lasso, ‘ quantum ad illum qui prius fortis fuerat et defecit; ° et his qui non sunt, ‘ quantum ad eos qui non fuerunt fortes, * supra 25: ° factus fortitudo pauperi etc., * roman. 4: ° vocat ea quae non sunt, * 1 cor. 1: ° quae infirma sunt elegit. ‘ secundo ostendit fortitudinis magnitudinem per comparationem ad fortitudinem naturalem, quam ostendit prius deficientem: ° deficient pueri, ‘ qui sunt |300| in statu proficiendi, ° juvenes ‘ qui videntur robusti. * 1 reg. 2: ° non in fortitudine sua ‘ etc.. secundo roboris a deo dati magnitudinem: ° qui autem sperant mutabunt fortitudinem, ‘ scilicet naturalem in divinam, ut non fatigentur ascensu, ° assument pennas, * prov. 23: ° facient sibi pennas ‘ etc., nec etiam veloci cursu: ° current, ‘ nec etiam continuo incessu, ° ambulabunt etc., * supra 5: ° non est deficiens neque laborans ‘ etc.. (collationes cap. 40). adiuvatur spiritus domini (non in creatione sed in iustificatione, * augustinus: ° qui creavit te sine te ‘ etc.): per praedicationem, * i cor. 3: ° dei adiutores ‘ etc., per praeparationem, * iac. 4: ° appropinquate domino ‘ etc., per cooperationem, * hebr. 12: ° contemplantes, ne quis desit ‘ etc.. sancti comparantur aquilis: propter volatus altitudinem, * iob 39: ° numquid ad praeceptum tuum ‘ etc., in quo eminentia contemplationis, * supra 33: ° regem in decore suo ‘ etc.; propter odoris subtilitatem, * luc. 16: ° ubicumque fuerit corpus ‘ etc., in quo fervor dilectionis, * cant. 1: |325| ° trahe me post te ‘ etc.; propter loci sublimitatem, * prov. 30: ° tria sunt mihi ‘ etc., in quo studium caelestis conversationis, * phil. 3: ° nostra conversatio ‘ etc.; propter motus velocitatem, * thren. 4: ° velociores fuerunt ‘ etc., in quo promptitudo bonae operationis, * prov. 22: ° vidisti hominem ‘ etc.; propter renovationem, * ps.: ° renovabitur ut aquilae ‘ etc., in quo studium emendationis et profectus, * ii cor. 4: ° licet is qui foris ‘ etc.; propter membrorum pulcritudinem, * ez. 17: ° aquila grandis ‘ etc., in quo decor virtutum, * cant. 4: ° tota pulcra es ‘ etc.; propter filiorum sollicitudinem, * deut. 32: ° sicut aquila provocans ‘ etc., in quo sollicitudo sanctorum, * ii cor. 11: ° quis infirmatur etc..

068 CIS cp41

lc ° Taceant ad me ‘ etc.. hic incipit eos confortare ad firmam expectationem ex dei promittentis dilectione. et dividitur in tres. in prima ostendit divinam dilectionem ex beneficiis quae patribus exhibuit; in secunda ex filio quem eis promisit, * 42 cap.: ° ecce servus meus ‘ etc. in tertia per consolationes quas inter diversas angustias praedicit, * 43 capit.: ° et nunc haec dicit dominus ‘ etc.. intendit autem per beneficia prius praestita, confortationem judaeorum et idolorum confutationem, quae talia suis cultoribus non exhibuerunt; et ideo dividitur prima pars in duas. in prima disceptat contra idolorum cultores; in secunda contra ipsa idola, * ibi, ° prope facite ‘ etc.; primum in duo: primo enim per beneficia judaeis praestita convincit adversarios; secundo per eadem confortat judaeos, ° et tu israel serve meus ‘ etc.. circa primum tria. primo convocat gentes ad judicium, prosequens judicii ordinem, ut tacentes audiant, et sic respondeant. ° mutent fortitudinem, ‘ idest confortent se quasi renovati in fortitudine ad disceptandum mecum. * mich. 6: ° audiant montes judicium ‘ etc.. secundo narrat exhibitum |25| beneficium, ° quis vocavit, ‘ ubi narrat multitudinem beneficiorum quantum ad divinam electionem, ° ab oriente, ‘ scilicet chaldaea, ° justum, ‘ abraham. * genes. 12, job 23: ° vestigia ejus secutus est etc., * jer. 13: ° sicut adhaeret lumbare etc., * os. 9: ° quasi prima poma ficulneae ‘ etc.; quantum ad concessam potestatem, ° dabit in conspectu, ‘ scilicet quando liberavit lot, pugnans contra quatuor reges: * gen. 14. ps. 1: ° non sic impii, non sic ‘ etc.; quantum ad exequendi facilitatem, ° transibit in pace, ‘ idest sine labore; ° semita ‘ etc., sicut qui leviter incedit, quasi vestigium viae non derelinquit: vel quia in pedibus labor: signum viae non derelictus est. * supra 40: ° current, et non laborabunt ‘ etc.; quaerit auctorem: ° quis haec operatus, ‘ et quis, ° vocans, ‘ aeterna praescientia, * infra 49: ° dominus ab utero ‘ etc.; et ponit responsionem. ° ego dominus etc., * apocal. 1: ° ego sum alpha ‘ etc.. aliter ad litteram exponitur de cyro, mystice de christo. tertio ponit quasi gentilium responsum, in quo per idola se defendere credebant. et primo tangit eorum ad allegata vel mirabilia visa stuporem, ° viderunt |50| insulae etc., * psalm. 76: ° viderunt te aquae, deus etc., accesserunt, ‘ ad resistendum. secundo ponit mutuam confortationem, ° unusquisque etc., * job 40: ° una uni adhaerebit ‘ etc.. tertio ponit idolorum fabricationem: ° confortabit percutiens, ‘ ferrum malleo, ° cudebat, ‘ formabat figuram idoli; ° dicens ‘ de glutino: ° bonum est, ‘ ad consolidandum idolum: * sap. 13: ° in pariete ponens illum etc.. et tu israel ‘ etc.. in parte ista confortat judaeos ex eisdem beneficiis: et primo ponitur praeteriti beneficii repetitio in electione patrum jacob et abraham, quibus ab aliis universaliter distincti sunt: ° jacob quem etc., * psal. 104: ° semen abraham servi etc., * rom. 11: ° secundum electionem autem etc.. ‘ secundo ponitur futurorum promissio: et primo quantum ad immunitatem malorum, excludens timorem: tum propter dei praesentiam, ° ne timeas quia etc., * jerem. 1: ° ne timeas a facie ‘ etc., tum propter patrum justitiam, ° suscepit te, ‘ quasi semen repromissum, ° justi mei, ‘ abraham. vel ° suscepit, ‘ ad defendendum, ° justi, ‘ cyri. * ps. 90: ° in manibus portabunt ‘ etc.; ponens |75| etiam hostium amotionem quantum ad eorum confusionem, ° ecce confundentur. * jer. 17: ° confundantur qui me persequuntur ‘ etc., quantum ad destructionem, ° erunt quasi non sint. * supra 30: ° ad perdendas gentes in nihilum ‘ etc., et reparationis impossibilitatem, ° quaeres eos etc., * psalm. 36: ° vidi impium super ‘ etc.; ostendens etiam destructionis rationem, ° quia ego dominus etc., * ps. 143: ° emitte manum tuam etc.. secundo quantum ad abundantiam bonorum: et primo contra servitutem, ponens ipsum servitutis jugum: ° noli timere vermis; ‘ quasi qui vilis haberis et calcaris sicut vermis, et pro mortuo computaris. * psalm. 21: ° ego sum vermis ‘ etc.; ponens etiam divinum auxilium. * infra 41: ° ego auxiliatus ‘ etc.; ponens etiam exaltationis beneficium, quantum ad hostium subjugationem, ° ego posui te etc., * supra 25: ° et triturabitur moab ‘ etc., quod forte tempore machabaeorum. et quantum ad eorum exultationem, ° et tu exultabis etc., * cant. 1: ° laetabimur et exultabimus ‘ etc.. secundo contra paupertatem, ponens primo paupertatis incommodum, ° egeni et |100| pauperes etc., * supra 5: ° nobiles eius interierunt ‘ etc.; secundo divinum propositum: ° ego dominus etc., * ps.: ° invocabit me et ego ‘ etc.; tertio ponit beneficium quantum ad abundantiam aquarum in locis montuosis: ° aperiam in supremis etc., * supra 30: ° erunt super montem ‘ etc., et in locis desertis, ° ponam desertum ‘ idest terram vestram primus desertam. * psalm. 106: ° posuit desertum in stagna ‘ etc., et quantum ad pulcritudinem arborum, ° dabo in solitudine ‘ etc., * ez. 30: ° multiplicata sunt arbusta ‘ etc.; quarto ponit beneficii fructum, ° ut videant etc., * eccli. 36: ° cognoscant quoniam non est deus etc.. prope facite ‘ etc.. hic ponit disputationem contra ipsa idola: et primo ponit disputationem; secundo sententiae determinationem, ° et vidi et non erat ‘ etc.. circa primum duo. primo disputat contra idola rationibus universalibus; secundo per rationem a quodam particulari facto sumptam, ° suscitavi ‘ etc.. circa primum tria. primo convocat ad judicium, ° prope, ‘ idest appropinquate ad me, ut simul judicemur: vos idola, vel idolatrae, ° afferte, ‘ idest allegate, ° si quid habetis, ‘ ut probetis vos deos, ° si habes quid loquaris etc., * psal. 81: ° deus stetit in synagoga ‘ etc.. secundo proponit argumentum duplex. |125| unum sumptum ex divina scientia, quae plene omnia novit, praeterita et futura, quam idola non habent: ° priora quae fuerunt etc.. * eccl. 23: ° domino deo antequam crearentur ‘ etc.; aliud est sumptum ex divina potentia, quae potest punire et bene facere: ° bene quoque etc., * baruch ult.: ° neque si quid mali patiuntur ‘ etc.. tertio concludit eorum defectum quantum ad causam materialem, ° ecce vos, ‘ idola, ° ex nihilo, ‘ ex materia creata; quantum ad formalem, ° opus, ‘ idest artificialis forma, quae figurat in vobis divinitatem, quae non est; et quantum ad efficientem, ° abominatio, ‘ idest abominabilis, vel vos, artifices, ° opus vestrum, ‘ scilicet idola, ° qui elegit, ‘ cultores. * 1 cor. 8: ° scimus quia idolum etc., * jer. 10: ° confusus omnis artifex etc.. suscitavi. ‘ hic sumit quoddam speciale factum ad arguendum contra idola, et primo praedicit quoddam futurum: ° ab aquilone, ‘ chaldaeum; ° ab oriente, ‘ persam, qui subjugaverunt sibi diversas terras et principes. ° plastes, ‘ figulus, ° plasma, ‘ factura. mystice: per eum qui ab aquilone, gentilem, per eum qui ab oriente, christum. * ps. 17: ° ut lutum platearum ‘ etc.. secundo |150| ex hoc sub quaestione proponit argumentum, quod qui hoc potest praedicere, est juste dicendus deus; et qui non, non. ° quis annuntiavit? * infra 48: ° congregamini et audite ‘ etc.. tertio excludit ab idolis divinitatis indicium: ° non est annuntians, ‘ aliquis ex vobis diis, ° neque, ‘ aliquis cultorum, ° audiens etc., * ps. 113: ° oculos habent, et non videbunt ‘ etc.. quarto ostendit in vero deo divinitatis signum. ° primus, ‘ idest singularis deus noster. ° ecce adsum, ‘ in auxilium, ° evangelistas, ‘ annuntiantes futura. * daniel 2: ° vere deus vester deus ‘ etc.; vel ° primus, ‘ propheta domini, ex persona dei, vel ° primus: ‘ primogenitus dei filius. * eph. 4: ° et dedit quosdam quidem etc.. et vidi. ‘ hic ex supra posita disputatione concludit sententiae determinationem: et per se patet. * ier. 10 et 11: ° vana sunt et opus risu dignum ‘ etc.. (collationes cap. 41). christus transivit in pace carnis ad spiritum quam habuit, * iob 5: ° scies quod pacem habeat ‘ etc., hominis ad proximum quam docuit, * infra 52: ° quam pulcri super montes ‘ etc., mundi ad deum quam fecit, * eph. 2: ° fecit |175| pacem ‘ etc.. movet ad praedicandum instinctus fidei, * ps.: ° credidi propter etc., * ii cor. 4 apoc. ult., ‘ stimulus zeli, * ier. 20: ° et factum in corde meo ‘ etc., magnitudo praemii, * matth. 5: ° qui fecerit et docuerit ‘ etc.. suscepit nos christus quasi victor captivum ad liberandum, * gen. ult.: ° ad praedam fili etc., * ps.: ° educ de custodia ‘ quasi medicus infirmum ad sanandum, * ps.: ° qui propitiatur omnibus ‘ etc., quasi advocatus reum ad excusandum, * i ioh. 1: ° advocatum habemus ‘ etc., quasi fortis debilem ad defendendum, * infra 63: ° ego qui loquor iustitiam etc., * exod.: ° dominus pugnabit ‘ etc., quasi sponsus sponsam ad congaudendum, * osee 2: ° sponsabo te mihi ‘ etc.. aqua effusae lacrimae, * ier. 9: ° quis dabit capiti meo ‘ etc., baptismalis munditiae, * ioh. 3: ° nisi quis renatus ‘ etc., |200| spiritualis gratiae, * ioh. 7: ° qui in me credit flumina ‘ etc., divinae sapientiae, * eccli. 24: ° ego sapientia effudi ‘ etc., internae laetitiae, * prov. 5: ° bibe aquam ‘ etc..

068 CIS cp42

lc ° Ecce servus meus ‘ etc.. hic ostendit divinam dilectionem ex filio quem promisit. * joan. 3: ° sic deus dilexit mundum ‘ etc.. et primo ex tanto beneficio ostendit dei dilectionem; secundo judaeorum perversitatem, ° haec verba feci eis. ‘ etc.. circa primum tria. primo praedicit filii dei adventum; secundo malorum casum, ° dominus sicut fortis ‘ etc.. tertio resurrectionem bonorum, ° et educam caecos etc., * luc. 2: ° ecce hic positus est ‘ etc.. circa primum tria. primo describit mittendi conditionem; secundo praedicit missionem, ° haec dicit dominus ‘ etc., tertio invitat ad gratiarum actionem, ° cantate domino ‘ etc.. circa primum tria. primo ostendit gratiae plenitudinem quantum ad gratiam unionis, ° suscipiam eum. servus, ‘ secundum humanam naturam. * luc. 1: ° suscepit israel ‘ etc.; quantum ad gratiam capitis, ° electus, ‘ ut sit caput ecclesiae. ° ex millibus: * cant. 5. ps. 64: ° beatus quem elegisti et assumpsisti etc., complacuit. * matth. 3: | 25 | ° hic est filius meus ‘ etc.; quantum ad gratiam habitualem, quae fuit in ipso singularis, ° dedi spiritum meum. * supra 11: ° requiescet super eum spiritus domini. ‘ etc.. secundo ostendit judicii aequitatem, quantum ad tria: scilicet judicandi auctoritatem, ° judicium gentibus etc., * ps. 71: ° deus, judicium tuum etc., * joan. 5: ° omne judicium dedit ‘ etc., cui adjungit mansuetudinem, ° non clamabit. * eccl. 9: ° verba sapientis audiuntur ‘ etc.; ostendit secundo judicis aequalitatem: ° neque accipiet personam. * act. 10: ° non est personarum acceptor deus. ‘ cui adjungit pietatem in subveniendo: ° nec audietur foris, ‘ judaeam, ° vox ‘ praedicationis ejus, ut prius subveniret illis ad quos missus erat. ° non sum missus etc.. * matth. 15, ps. 94: ° hodie si vocem ejus ‘ etc., et in dissimulando, ° calamum, ‘ scilicet regnum judaeorum, ° linum, ‘ sacerdotium. * ezech. 34: ° quod confractum fuerat ‘ etc.; ostendit etiam tertio judicii veritatem, ° in veritate etc., * ps. 95: ° judicabit orbem terrae ‘ etc., cui adjungit jucunditatem: ° non erit tristis, ‘ in corde; ° turbulentus, ‘ in facie: semper hilaris jucundusque fuit, aequalitatem mentis |50| servans, etsi quantum ad partem sensibilem fuerit propassio tristitiae, non quidem necessitatis, sed voluntatis. * unde matth. 26: ° tristis anima mea etc., * eccl. 30: ° jucunditas cordis ‘ etc.. tertio ostendit dominii potestatem: ° donec ponat ‘ judicium ultimum, vel praeceptum suum, praedicantibus apostolis; ° legem, ‘ evangelium. * genes. 49: ° ipse erit expectatio etc., * infra 60: ° me enim insulae expectant ‘ etc.. alii exponunt hoc de dario rege persarum, qui mansuetus, justus et quietus fuit, quem dominus elegit ad liberandum judaeos. ° haec dicit dominus deus ‘ etc.. hic praedicit missionem: et primo ostendit mittentis potestatem quantum ad creationem caelestium, ° creans caelos; ‘ quantum ad dispositionem terrestrium, ° firmans terram; ‘ quantum ad animationem viventium, ° dans flatum, ‘ naturalis vitae, ° spiritum, ‘ gratuite. * zach. 12: ° dominus extendens caelum ‘ etc.. secundo praedicit missionem, ponens missi exaltationem: ° ego dominus vocavi te, ‘ filium meum ab aeterno, praedestinando ad unitatem divinae personae, ° in justitia, ‘ idest ut justus sim, implens promissa. * rom. |75| 1: ° qui praedestinatus est etc.. apprehendi manum, ‘ quantum ad operationem: * joan. 14: ° pater in me manens etc., et servavi, ‘ ne morte detinereris. * ps. 15: ° non dabis sanctum tuum etc., * infra 49: ° vocavi eum et adduxi ‘ etc.; ponit etiam officii iniunctionem: ° dedi te in foedus, ‘ quasi mediatorem. * gen. 9: ° arcum meum ponam etc.. in lucem etc., ‘ quasi illuminatorem. * supra 9: ° habitantibus in regione etc., * joan. 1: ° erat lux vera ‘ etc.; ostendit etiam officii utilitatem contra infidelitatem, ° ut aperires etc., * joan. 9: ° in judicium veni ‘ etc., contra peccati servitutem. ° ut educeres etc., * zach. 9: ° tu autem in sanguine testamenti ‘ etc.. tertio ex missione concludit divinae majestatis singularitatem, quantum ad potentiam, ° ego dominus etc., * ps. 67: ° iter facite illi etc., * exod. 6: ° nomen meum adonai etc., gloriam, ‘ qua dominus dicor. * luc. 2: ° gloria in excelsis ‘ etc., et quantum ad scientiam, ° quae prima fuerunt etc., * infra 49: ° dixi tibi ex tunc ‘ etc.. hoc etiam referunt ad |100| darium. ° cantate domino ‘ etc.. hic invitat ad gratiarum actionem: et primo indicit laudem et praecipue agrestibus, vel propter distantiam habitationis: ° ab extremis, * supra 24: ° a finibus terrae laudes ‘ etc., vel propter inclusionem maris, ° qui descenditis; ‘ scilicet nautae, ° plenitudo ejus, ‘ scilicet maris, idest omne illud quo impletur laudet deum. * ps. 106: ° qui descendunt in mare ‘ etc., vel propter conversationem in desertis. ° levet, ‘ vocem suam in laudem dei, ° desertum, ‘ idest habitatores ejus, maxime quantum ad ismaelitas, ° in domibus, ‘ more aliarum nationum, qui prius erant vagi per desertum. ° cedar, ‘ filius ismaelis. * supra 35: ° laetabitur deserta ‘ etc.; vel propter habitationem in montanis: ° laudate habitatores petrae, ‘ illius civitatis in palaestina, quae in petris posita est. vel cujuslibet montis. * infra 55: ° montes et colles cantabunt ‘ etc., et invitat hos de quibus minus videtur quod ad laudandum deum conversantur. secundo praedicit divinae laudis divulgationem: ° ponent domino gloriam, ‘ in aliis, non solum in seipsis. * infra ult.: ° mittam ex eis qui salvati ‘ etc.. mystice |125| totum hoc de conversione gentium ad fidem. ° dominus sicut fortis. ‘ hic praedicit per christi adventum futurum casum: et circa hoc quatuor ponit. primo potentiam: ° dominus sicut fortis, ‘ ad impugnandum judaeos per romanos. * exod. 15: ° dominus quasi vir pugnator etc., zelum, ‘ ultionis. * prover. 6: ° zelus et furor viri ‘ etc.. secundo ponit iram, ° vociferabitur, ‘ per tribulationes quas eis immittet; * contra id quo supra dictum est. ° non clamabit, ‘ primo enim ostendit mansuetudinem veniens. sed contemnentibus indignationem ostendit. * job 37: ° tonabit in voce sua ‘ etc.. tertio ponit justitiam: quia justum est ut cum diu expectaverit impoenitentes, omnes simul absorbeat: ° tacui, semper etc., * job 3: ° nonne dissimulavi etc., patiens fui. * supra 30: ° propterea expectat dominus etc., sicut pariens, ‘ proferam dissimulatum dolorem, sicut mulier conceptum infantem. vel quia sicut parturiens dolebo de tam gravi poena. quarto ponit poenam quantum ad homines: ° desertos faciam montes, ‘ majores; ° colles, ‘ mediocres; ° germen, ‘ populares. * ezech. 35: ° montem seir desertum ‘ etc., et quantum ad subtractionem omnis doctrinae vel |150| consolationis, ° ponam flumina etc., * psalm. 106: ° posuit flumina in desertum ‘ etc.. potest etiam hoc referri ad destructionem hostium judaeorum per darium. ° et educam. ‘ hic ponit (resurrectionem) bonorum quantum ad tria. primo quantum ad reparationem actus: ° educam caecos, ‘ scilicet gentiles, ° in viam, ‘ christum, vel legis praeceptum: vel etiam judaeos, secundum aliam expositionem. * prov. 4: ° ducam te per semitas ‘ etc.; secundo quantum ad illuminationem intellectus: ° ponam tenebras etc., * luc. 1: ° illuminare his qui in tenebris ‘ etc.; tertio quantum ad directionem affectus. ° prava, ‘ scilicet corda, * supra 40: ° erunt prava in directa etc.. haec verba feci eis ‘ etc.. hic ostendit judaeorum perversitatem: et primo ostendit eos ingratos ad beneficia; secundo duros ad praecepta, ° surdi audite, ‘ tertio obstinatos inter flagella, ° quis est in vobis ‘ etc.. circa primum duo. primo ostendit ingratitudinem, ° haec verba, ‘ scilicet praedicta beneficia. ° conversi sunt retrorsum, | 175 | ‘ a me, * jer. 5: ° tu dereliquisti me ‘ etc.. secundo imprecatur eis confusionem, ° confundantur etc., * psal. 118: ° confundantur omnes etc.. surdi audite. ‘ hic ostendit eos duros vel inoboedientes ad praecepta. et primo ostendit eorum duritiam, vocans eos surdos, et caecos unite. ° (excaecavit enim eos malitia eorum: * sap. 2), ‘ quamvis habeant oculos, et aures corporis, quod probat quia videntes custodiunt et habentes aures cordis apertas oboediunt. ° venundatus, ‘ in servum peccati, pro delectatione temporalis boni, * 3 reg. 21: ° venundatus es ut faceres etc.. qui apertas etc., * ier. 5: ° audi popule stulte etc., * supra 6: ° excaeca cor populi huius ‘ etc.. secundo ostendit durorum stultitiam, per hoc quod in praeceptis, eorum utilitatem dominus intendebat. unde ponit domini intentionem: ° et dominus voluit eum, ‘ populum; et ipse populus ° magnificaret legem ‘ dei, in corde suo custodiendo ipsam; et ut dominus ° extolleret, ‘ id est exaltaret, populum. * 1 thess. 4: ° haec est, voluntas dei ‘ etc.; et ostendit etiam |200| eorum contradictionem, quia in seipsis peccabant: ° ipse autem direptus, ‘ a daemonibus per diversa peccata, et ideo ° vastatus, ‘ ab hostibus * supra 18: ° a populo divulso ‘ etc.; aliis etiam occasionem peccandi praestabant, ° laqueus, ‘ idest occasio ad peccandum, ° juvenum, ‘ insipientum. * oseae 5: ° laqueus facti estis ‘ etc., et quia peccata occultabant, ° in domibus carcerum, ‘ idest in secreto cordis. ° in corde et corde ‘ etc.. tertio ponit poenam: ° facti sunt in rapinam etc.. nec est qui eruat, ‘ bellorum potentia, ° nec est qui dicat, ‘ orationis instantia. * eccli. ult.: ° circumdederunt me undique ‘ etc.; vel ibi incipit poena, ° in domibus carcerum, ‘ ut exponatur ad litteram. ° quis est in vobis. ‘ hic ostendit eos incorrigibiles per flagella, quia etiam causam flagellorum non recognoscunt: et circa hoc tria facit. primo inquirit recte sentientem, innuens paucitatem. ° futura, ‘ quae praenuntio de vestris suppliciis. * oseae ult.: ° quis sapiens ‘ etc.. secundo determinat veritatem quantum ad poenae auctorem: ° quis dedit etc., * 1 regum 2: ° dominus mortificat |225| ‘ etc.; quantum ad culpam: ° ipse est cui etc., * baruch 4. ° justitias ipsius nescierunt ‘ etc.; et quantum ad poenam, ° et effudit etc., * ps. 68: ° effunde super eos iram tuam ‘ etc., effusio abundantiam significat. tertio excludit veritatis cognitionem: ° et combussit eum, ‘ scilicet materiali igne per hostium vastationem; ° non cognovit, ‘ se a deo pro peccatis suis punitum. * psalm. 81: ° nescierunt neque intellexerunt ‘ etc.. (collationes cap. 42). clamor devotae orationis, * hebr. 5: ° cum clamore valido ‘ etc., attentae praedicationis, * ioh. 7: ultimo festivitatis ‘ etc., rixae et contentionis, * supra 5: ° expectavit ut faceret ‘ etc.. datur christus in foedus conservandae salutis, * gen. 9: ° arcum meum ‘ etc., explendae promissionis, * ii cor. 1: ° quotquot promissiones ‘ etc., divinae dilectionis * ioh. 3: ° sic deus dilexit ‘ etc., cessaturae legis, * ps.: ° holocausta pro peccato ‘ etc..

068 CIS cp43

lc ° Et nunc haec dicit dominus ‘ etc.. hic ostendit eis divinam dilectionem per remedia quae eis inter angustias concessit. et dividitur in partes tres. in prima promittit futura remedia, ad ostendendam dilectionem; in secunda commemorat praeterita beneficia, ad confirmandam promissionem; ° haec dicit dominus: qui dedit ‘ etc., in tertia excludit merita, ad tollendam praesumptionem, ° non me invocasti ‘ etc.. circa primum tria facit. primo ostendit ad eos divinae dilectionis privilegium; secundo ex promissis remediis excludit divinae potestatis consortium, ° omnes gentes congregatae sunt ‘ etc., in tertia ponit dilectionis signum, ° haec dicit dominus redemptor ‘ etc., circa primum promittit eis tria remedia. primo in poenis sustentationem, excludens timorem ex divina praesentia: ° creans te, ‘ quantum ad substantiae principia: * deut. 32: ° ipse est pater tuus etc., formans, ‘ quantum ad formam quam dedit. * gen. 1:

° formavit dominus etc., redimens ' a malis. * oseae 13: ° de manu mortis etc., et vocavi, ' ad gratiam. * oseae 1: ° vocabo |25| non plebem meam ' etc.; ponit promissionem: ° cum transieris per aquas, ' aegyptios, ° flumina ' chaldaei; ° igne, ' graeci; ° flamma ' romani. non enim ex toto sunt consumpti. * ps. 65: ° transivimus per ignem ' etc.; et assignat hujus rationem: ° quia ego dominus etc., * supra 12: ° nam et ipse deus salvator ' etc.. secundo promittit poenarum commutationem ut scilicet alios loco ipsius puniat. et ponit commutationem. ° dedi propitiationem, ' idest ut propitier tibi, quasi poenis eorum qui te ad peccandum sui auxilii spe provocabant. ° saba, ' civitas aethiopiae. * prov. 11: ° justus de angustia ' etc.; et assignat rationem, scilicet ipsam dei dilectionem: ° ex quo honorabilis, ' idest feci et reputavi te honorabilem. ° pro te, ' pro liberatione tua. * jer. 31: ° si filius honorabilis mihi ' etc.. tertio promittit eis a tribulationibus omnimodam liberationem: et circa hoc tria. primo promittit liberationis beneficium, ° noli timere ab oriente: ' quia undique dispersi erant. * supra 11: ° congregabit profugos etc., * ier. 31: ° ecce ego adducam eos ' etc.. secundo ponit liberationis meritum: ° et omnem qui invocat ' adducam, |50| ° in gloriam meam, ' ut glorificet me, et in ipso gloriosus appaream. * joel 2: ° omnis quicumque invocaverit ' etc.. tertio promulgat liberationis praeceptum. ° educ, ' o cyre, ° foras, ' extra terram captivitatis, ° populum, ' scilicet judaeorum. * jer. 5: ° audi popule stulte etc.. omnes gentes. ' hic excludit divinitatis consortium. et primo ostendit aliorum deorum falsitatem per modum judicii, ponens gentium ad idola consensum: ° congregatae sunt, ' in unum errorem. * ps. 13: ° omnes declinaverunt ' etc., petens divinitatis signum. ° quis ex vobis; ' idest, quis deorum vestrorum? vel loquitur ad idola, et petit testimonium. ° dent testes, et justificentur: ' id est juste dicantur dii; et testes ° audiant, ' ab eis futura, ° et dicant, ' pro vobis testimonium. * supra 41: ° non est annuntians neque praedicens ' etc.. secundo ostendit suae divinitatis veritatem: et primo quantum ad scientiam; secundo quantum ad potentiam, ° vos testes ' etc.. circa primum duo. primo dat testimonium: assignans homines in testimonium: ° vere vos testes etc.; servus, ' populus jacob, vel christus. * act. 1: ° eritis mihi testes |75| ' etc.; ponens cognoscendi modum, ° ut sciatis, ' quantum ad ea quae per naturales rationes de deo sciri possunt, ° et credatis, ' quantum ad ea quae supra rationem sunt et sic, ° intelligatis: ' quia ° nisi credideritis, non intelligetis, * sup. 8, ' secundum aliam litteram. ponens etiam testium dictum, quod ipse sit solus deus: ° quia ego ' solus, ° sum, ' deus. ° formator, vel (formatus), ' scilicet idolum, * deut. 32: ° videte quod ego sim solus ' etc., et quod sit solus dominus, ° ego sum, ' singulariter, ° ego sum, ' excellenter, etc., * act. 4: ° salus non est in aliquo alio ' etc.. secundo dat divinitatis signum. ° ego annuntiavi etc., non fuit, ' a quo scire possetis. * ps. 80: ° israel, si me audieris etc.. vos testes ' etc.. hic ostendit veritatem divinitatis quantum ad potentiam: et primo dat testimonium, ° vos testes etc., * joan. 8: ° ego principium ' etc.. secundo dat potentiae signum in puniendo: ° et non est qui de manu, * ut deut. 32, iob 10; ' et in operando ° operabor etc., * supra 14: ° dominus exercituum decrevit etc.; haec dicit |100| dominus ' etc.. hic ponit dilectionis signum: quia pro eis babylonios in navibus gloriantes, propter multitudinem aquarum, destruxit. ° emisi, ' scilicet iram, * ier. 51: ° cogitavit dominus et fecit etc.. haec dicit dominus qui dedit ' etc.. hic commemorat praeterita beneficia, ad confirmandam spem de futuris. et circa hoc duo facit. primo commemorat praeterita beneficia quando egressi sunt de aegypto, in eorum gubernatione. ° in mari, ' rubro, * exod. 14: ° in aquis torrentibus, in arnon, * numer. 21: ' in jordane, * josue 3. ' et quantum ad hostium destructionem, ° qui eduxit quadrigam, ' currus pharaonis etc., * exod. 15: ° electi principes ejus etc.; quasi linum, ' in momento succisum. secundo promittit futura multo majora: et circa hoc tria facit. primo ostendit futurorum beneficiorum magnitudinem ex priorum comparatione: ° ne memineris; ' quasi: non sunt digna ut in memoria habeantur comparatione futurorum * phil. 3: ° ea quidem quae retro sunt obliviscens ' etc., ex eorum novitate: ° ecce facio nova, ' inaudita. * apoc. 21: ° ecce nova facio omnia. ' et ex eorum |125| determinatione: ° ponam in deserto, ' idest in terra judaeorum, quae prius deserta, ° viam, ' euntium ad festivitates: ° flumina, ' consolationis. * psalm. 106: ° posuit desertum in stagna ' etc.. et si exponantur haec ad litteram de liberatione de captivitate babilonis, dicuntur majora quam liberatio de aegypto; non propter majora miracula; sed quia reges de quorum potestate liberavit, potentiores pharaone fuerunt; vel quia de loco magis distanti venerunt. si autem referantur ad liberationem factam per christum, constat quod nihil ita admirabile praecesserat in saeculis praeteritis. secundo ostendit beneficiorum utilitatem in gentibus: ° et glorificabit bestia agri, ' idest gentilis bestialiter vivens conversi ad christum, vel videntes quomodo judaeos libero. * psal. 148: ° bestiae et universa pecora ' etc.; et in judaeis, ° ut darem potum, ' doctrinae et consolationis, * deut. 7: ° te elegit dominus ' etc.. tertio assignat rationem, ° populum istum mihi, ' in laudem meam. * proverb. 16: ° universa propter seipsum etc.. non me invocasti. ' hic excludit merita judaeorum ad consequenda tanta |150| beneficia: et circa hoc tria. primo excludit meritum; secundo dat responsioni locum, ° reduc me ' etc., tertio removet quemdam respondendi modum, ° pater tuus ' etc.. circa primum tria. primo excludit meritum, ° non me invocasti, ' et haec omnia dicuntur quia non toto corde haec deo offerebant, sed partim deo, partim idolis; vel quia deo nihil conferebant; vel quia spe temporalis retributionis faciebant, vel quia post adventum christi accepta non fuerunt. * malach. 3: ° quis est in vobis qui claudat ostia etc., * psal. 49: ° numquid manducabo ' etc.. secundo ostendit ipsorum reatum, ° verumtamen servire; ' quasi: servilem me ostendistis, dum me offendentes non puniebam. * supra 1: ° facta sunt mihi molesta ' etc.; loquitur more humano. tertio ostendit datum gratis beneficium, ° ego sum etc., * psalm. 24: ° propter nomen tuum propitiaberis etc., * ez. 36: ° non propter vos ego faciam etc.. reduc me ' etc.. hic dat responsioni locum. ° reduc; ' quasi: recogita quae tibi fecerim; ° narra si quid habes, ' ad te excusandum, vel me accusandum, ° ut justificeris, ' idest ut iudiceris justus. |175| * iob 33: ° si habes quid loquaris etc.. pater tuus. ' hic removet quamdam viam respondendi. possent enim allegare patrum innocentiam; * sed contra haec dicit. ° pater, adam, * gen. 3, ' abraham petens signum de promissione dei, quasi dubitans, * genes. 15: ° interpretes, ' moyses et aaron ad aquas contradictionis, * num. 21: ° contaminavi, ' idest contaminari permisi, ° ad internecionem: ' quia omnes in deserto mortui sunt, excepto caleb et josue. * psal. 105: ° peccavimus cum patribus nostris ' etc.. (collationes cap. 43). dominus liberat sanctos ab igne: carnalis temptationis, * iob 31: ° ignis est usque ad consumptionem ' etc., temporalis tribulationis, * ps.: ° igne me examinasti, ' aeternae damnationis, * matth. 25: ° ite maledicti, ' divinae indignationis, * deut. 32: ° ignis succensus est ' etc.. in quo uruntur: lascivientes, * 1 cor. 7: ° melius est nubere ' etc., impatientes, * supra 13: ° facies combustae ' etc., impaenitentes, * ps.: ° flamma combussit peccatores, ' superbientes, * ibid.: ° montium fundamenta ' etc., liberat etiam ab aquis: | 200 | voluptatis, * prov. 9: ° aquae furtivae ' etc., in quibus suffocantur per luxuriam; cupiditatis, * exod. 15: ° submersi sunt quasi plumbum ' etc., in quibus per avaritiam; adversitatis, * ps.: ° intraverunt aquae usque ad animam ' etc., in quibus per impatientiam; mundanae potestatis, * apoc. 17: ° aquae super quas sedet ' etc., in quibus per superbiam. reduc deum in memoria quantum ad: mirabilia quae fecit ad venerandum, * ps.: ° mementote mirabilium eius ' etc., beneficia quae dedit ad regratiandum, * eccli. ult.: ° memoratus sum misericordiae ' etc., tormenta quae sustinuit ad compatiendum, * thren. 3: ° recordare paupertatis ' etc., praecepta quae dedit ad observandum, * ps.: ° ut memores sint etc..

068 CIS cp44

lc ° Et nunc audi iacob ' etc.. hic tertio confortat eos ex idolorum vilitate, ne forte crederent per ea posse divinas promissiones impediri. et dividitur in duo. in prima excludit timorem; in secunda ostendit idolorum vilitatem, * ibi, ° haec dicit dominus rex ' etc.. circa primum tria. primo excitat attentionem: ° audi jacob quem elegi, ' reprobato esau. * mal. 1: ° jacob dilexi ' etc.. secundo excludit timorem: ° haec dicit dominus etc., formans te. * infra 49: ° haec dicit dominus, formans me etc., rectissime, ' quod sonat hoc nomen israel, quantum ad veram significationem; sed quasi per etimologiam dicitur vir videns deum. ° is ' vir, ° rac ' videns, ° hel ' deum. tertio ponit promissionem, * ibi ° effundam enim ' etc.. et primo promittit divinum beneficium quantum ad temporalia: ° effundam aquas, ' idest consolationes. * ezech. 36: ° effundam super vos aquam ' etc.; quantum ad spiritualia, ° effundam spiritum etc., benedictionem, ' quantum ad donorum multiplicationem. * joel. 2: ° effundam de spiritu meo ' etc.. secundo ponit beneficii fructum quantum ad bona temporalia, |25| ° et germinabunt, ' scilicet multiplicabuntur ex abundantia prosperitatis, sicut arbor ad multitudinem aquae. * supra 35: ° germinans germinabit etc., * ps. 1: ° erit tamquam lignum ' etc.. ponit etiam effectum donorum spiritualium. ° iste dicet, ' quia quilibet se deo subjectum confitebitur: ° scribet, ' cantica, ° domino, ' idest ad honorem domini. vel ° domini scilicet, ego sum ' portans scripturam, quod pertineat ad cultum dei. ° assimilabitur, ' alienigena in colendo deum; vel erit strenuus sicut jacob. * jer. 3: ° patrem vocabis etc.. haec dicit dominus ' etc.. hic ostendit idolorum vilitatem: et circa hoc tria facit. primo ostendit idolorum defectum; secundo ex hoc revocat eos ad suum cultum, ° memento horum ' etc.; tertio promittit colentibus se liberationis beneficium, ° haec dicit dominus redemptor ' etc.. circa primum duo. primo arguit contra idola ex divina operatione; secundo ex idolorum formatione, * ibi, ° quis formavit ' etc.. circa primum duo. primo proponit suae divinitatis singularitatem, ° ego primus etc., * apoc. 1: ° ego sum alpha ' etc.. secundo adhibet probationem, ° quis |50| similis ' etc.. et circa hoc tria facit. primo proponit divinum actum in annuntiando futura, et ordinem praeteritorum: ° vocet, ' praedestinando etc.. * eccl. 23: ° domino deo antequam crearentur ' etc.. secundo assignat suae divinitatis signum testibus confirmatum, ° nolite timere; ' quasi: ne solicitemini pro me, quasi deficiam in probatione meae divinitatis, * infra 48: ° audita feci tibi nova ' etc.. tertio concludit idolorum defectum, ° numquid est ' etc., et primo proponit quaestionem, ° absque me, * deuter. 32: ° videte quod ego sum solus ' etc.; secundo ostendit testium inidoneitatem: ° plastae idoli, ' idest factores eorum, ° nihil sunt, ' nullius potentiae * supra 40: ° omnes gentes quasi non sint ' etc., vel quia intentionem suam non consequuntur, volentes suis manibus deum fingere; sicut etiam ° idolum nihil est. * 1 cor. 8, iob 18: ° habitent in tabernaculo etc., amantissima, ' idola, quae sunt vel magis veneranda, vel ex pretiosiori materia. tertio ostendit testimonii falsitatem: ° ipsi testes, qui non vident, ' scilicet idolorum, dicentes ea esse deos. * prov. 19: ° testis falsus etc.. quis formavit ' etc.. hic ostendit quod non sunt dii ex eorum formatione: et circa hoc duo |75| facit. primo proponit formationem ad excludendam divinitatem; secundo formationis modum ad ostendendum vilitatem, ° faber ferrarius ' etc.. circa primum duo. primo proponit formationem, intendens hanc rationem. quod factum est ab homine, non est deus, etc.. ° quis? ' quasi dicat, nullus; ° ad nihil, ' aliud, ° utile. * baruch ult.: ° ipsi qui ea faciunt ' etc.. secundo praedicit operantium confusionem: ° ecce omnes participes ' idolorum cultus, cum venient ad judicium, ° stabunt, ' quasi judicandi. ° ex hominibus, ' idest de numero hominum. * psal. 96: ° confundantur omnes qui adorant etc.. faber ferrarius ' etc.. hic ostendit eorum vilitatem, ut non solum non sint dii, sed quaedam vilia: et primo proponit modum quantum ad idola quae fiebant de metallis, ° in brachio fortitudinis, ' idest fortes ictus percutiens. ° esuriet et deficiet; ' quasi diceret: deus quem facit non potest sibi succurrere, qui tamen factori suo maxime tenetur. * supra 41: ° confortavit faber ' etc.. secundo quantum ad ea quae fiebant de lignis. ° artifex lignarius. ' et primo ostendit idoli vilitatem, ponens causam efficientem cum instrumentis suis: |100| ° normam, ' regulam ad rectificanda ligna, ° runcina, ' instrumentum recurvum ex latere ad cavandum ligna ° in angularibus, ' idest in figura quadrangula: vel est instrumentum ad hujusmodi figuras faciendas: ° circino, ' idest torno. quantum ad causam formalem, ° et fecit imaginem ' etc.; quantum ad materialem, ° succidit cedros ' etc., qua etiam ad viles usus utitur. * jerem. 10: ° lignum de saltu praecidit ' etc.. secundo ostendit artificis caecitatem, ° nescierunt. pars ejus, ' ligni de quo factum est idolum, iam ° est cinis, ' quia combustum. ° forte ' forsitan ° in dextera mea, ' idest in operatione. * sap. 13: ° non erubescit loqui etc.. memento horum ' etc.. hic revocat eos ad suum cultum: et primo assignat rationem, proponens servitutis debitum: ° memento horum, ' idest recogita vilitatem idolorum, ° servus etc., * jer. 51: ° non sicut haec, pars jacob ' etc.; et quantum ad praestitum beneficium, vel promissum: ° delevi, vel (delebo), ut nubem, ' idest facile. * sap. 2: ° transiet vita nostra ' etc.. secundo ponit revocationem, |125| ° revertere etc., * jer. 3: ° revertere ad me ' etc.. tertio pro reversione invitat totam creaturam ad gratiarum actionem: ° jubilate extrema etc., * psal. 68: ° laudent illum caeli et terra, mare etc.. haec dicit dominus. ' hic revertentibus ad se, promittit liberationis beneficium: et circa hoc duo facit. primo ostendit liberantis potestatem per beneficia quae eis contulit: ° redemptor, ' a malis, ° et formator, ' in bonis. * infra 49: ° haec dicit dominus formans me ' etc.; quantum ad creaturas, quas fecit, ° ego sum dominus etc., * jerem. 10: ° facit terram in fortitudine ' etc.; quantum ad sapientes, quos infatuavit; quorum quidam profitebantur se scire divina, ° irrita faciens. * jer. 50: ° gladius ad divinos ' etc., quidam de rebus mundanis, ° convertens sapientes etc., * 1 cor. 1: ° nonne stultam fecit deus ' etc.; etiam quantum ad promissorum impletionem. ° suscitans, ' implens: ° servi, ' prophetae vel moysi vel christi. * eccli. 36: ° suscita praedicatores ' etc.. secundo promittit liberationem, primo quantum ad urbium reaedificationem: ° qui dico jerusalem, etc., * psal. 68: | 150 | ° aedificabuntur civitates ' etc.; secundo quantum ad hostium destructionem: ° qui dico profundo, ' idest mari, scilicet babyloni. * unde supra 21: ° onus deserti maris. * supra 19: ° arescet aqua de mari ' etc.. tertio quantum ad liberantis exaltationem: ° qui dico cyro: pastor, ' pascens oves meas. * ezech. 34: ° et pascet eas et erit eis ' etc.; quarto quantum ad templi reintegrationem: ° qui dico jerusalem etc., fundaberis: ' quia ejus tempore sola fundamenta jacta sunt. * ier. 30: ° aedificabitur iterum jerusalem ' etc.. (collationes cap. 44). datur spiritus: incipientibus in principium vivificationis, * ez. 37: ° ingressus est in ea ' etc., in lavacrum renovationis, * tit. 3: ° per lavacrum renovationis ' etc., in privilegium adoptionis, * rom. 8: ° accepistis spiritum ' etc., proficientibus ad instruendum intellectum, * ioh. 14: ° paraclitus spiritus sanctus ' etc., ad reficiendum affectum, * eccli. 24: ° spiritus meus super mel ' etc., ad adiuvandum actum, |175| * rom. 8: ° spiritus adiuvat infirmitatem ' etc., perfectis quasi beneficium libertatis, * ii cor. 3: ° ubi spiritus domini ' etc., quasi vinculum unitatis, * eph. 4: ° solliciti servare ' etc., quasi pignus haereditatis, * eph. 1: ° signati estis ‘ etc.. sancti sunt: electi per praedestinationem, * eph. 1: ° elegit nos ‘ etc., formati per gratiae infusionem, * gen. 1: ° formavit dominus ‘ etc., recti per dilectionem, * cant. 1: ° recti diligunt ‘ etc., servi per debitum operationis, * luc. 16: ° servi inutiles etc..

068 CIS cp45

lc ° Haec dicit dominus christo meo ‘ etc.. postquam confortavit eos ad firmam expectationem divinorum promissorum, in parte ista incipit prosequi divinas promissiones, ad eorum consolationem: et dividitur in duas. in prima promittit liberationem a malis; in secunda promittit salvationem in bonis. * 56 cap.: ° haec dicit dominus: custodite iudicium ‘ etc.. prima in duas. in prima promittit eis liberationis beneficium; in secunda excludit omne liberationis impedimentum, * cap. 50: ° haec dicit dominus: quis est hic libellus ‘ etc.. prima dividitur in tres. in prima praesignat eis liberatorem; in secunda praedicit captivantium et detinentium destructionem, * cap. 46, ° confractus est bel ‘ etc.; in tertia promittit judaeorum liberationem, * cap. 48: ° audite hoc domus ‘ etc.. prima in duas. in prima praenuntiat liberatorem; in secunda ostendit consequentem utilitatem, ° haec dicit dominus sanctus israel ‘ etc.. prima in tres. in prima praedicit liberatoris potestatem; in secunda describit ipsius nativitatem, ° rorate caeli ‘ etc.; in tertia refellit incredulorum contradictionem, * ibi, ° vae qui contradicit ‘ etc.. circa primum duo. primo ponit potentiae fastigium ad quod exaltatus |25| fuit, contra tria quae solent evadere manus regis: vel propter multitudinem; * et quantum ad hoc dicit, ° christo, ‘ idest regi, non propter unctionem, sed propter regiam dignitatem: quia apud eos reges inungebantur. ° apprehendi dexteram, ‘ quasi auxiliator operum ipsius, ° gentes, ‘ diversas etc., * deuter. 28: ° dabit dominus inimicos ‘ etc.. vel propter fortitudinem; * et quantum ad hoc dicit: ° ego ante te ibo, ‘ parans victoriae tuae locum, immittendo terrorem tuum in adversariis: ° gloriosos, ‘ potentes supra alios, sicut babylonios: ° portas aereas, ‘ potentissimas civitates. * psal. 106: ° qui contrivit portas aereas ‘ etc.. vel propter absconsionem; * et quantum ad hoc dicit: ° et dabo tibi thesauros, ‘ diversorum regum, quorum civitates cepit. * job 12: ° revelat profunda de tenebris ‘ etc.. secundo ponit huius beneficii fructum: et primo in ipso: secundo in aliis, ° ut sciant hi qui ab ortu ‘ etc.. circa primum duo. primo ponit potestatis fructum a deo requisitum in cyro, scilicet suae cognitionis: ° ut scias quia ego etc., * rom. 4: ° qui vocat ea quae non sunt ‘ etc.; et populi liberationis, ° propter servum meum ‘ etc., ut scilicet liberes eum de captivitate, * esther 3: |50| ° quis novit an idcirco ad regnum ‘ etc.. secundo ostendit istud beneficium ex parte ipsius cyri, ex parte esse frustratum: ° et vocavi, ‘ praedicendo nomen tuum: ° assimilavi, ‘ in hoc aliis sanctis meis, quorum nomina prius a domino praedicta sunt: ° non cognovisti me, ‘ esse tantum deum verum, permanens in idolatria. ° accinxi, ‘ fortitudine etc., * prov. 1: ° vocavi et renuistis etc.. ut sciant. ‘ hic ostendit fructum in aliis: et primo ostendit quod in aliis quaerit suae cognitionis fructum. ° qui ab ortu, ‘ idest habitantes per totum mundum. quod completum fuit in hoc quod cyrus epistolis suis laudem dei scripsit ubique; vel quia omnes deum collaudaverunt videntes judaeorum liberationem. * psal. 82: ° sciant quoniam nomen tibi ‘ etc.. secundo proponit suae divinitatis argumentum, quo cognosci potest in hoc quod potest affligere et liberare, ° ego dominus etc.. lucem, ‘ diem vel consolationem: ° malum, ‘ poenae. * amos 3: ° si est malum in civitate etc., * eccli. 42: ° omnia fecit deus duplicia, etc.. rorate. ‘ hic describit nativitatem cyri sub metaphora fructus arboris, ad cujus |75| generationem requiritur humor terrae et pluvia et ros de caelo; ita in nativitate cyri concurrit divina misericordia, intendens populum suum per eum liberare; et inferior natura, quae significatur. unde tria facit. describit ortum, ° rorate: ‘ nativitatis fructum, ° et justitia oriatur: ‘ et primum nativitatis principium, ° ego dominus etc.. pluant justum, ‘ neutraliter vel masculine: vel per caelum et nubes, prophetae et alii justi qui ipsum praenuntiando, et lacrymis a deo poscendo, quodam modo ipsum pluerunt. * psal. 71: ° descendet sicut pluvia etc.. vae qui contradicit. ‘ hic excludit infidelium contradictionem: et primo sub metaphora artificis lutum fingentis: quia sicut lutum non contradicit figulo, ita nec judaei deberent deo contradicere, non credentes aliquem posse consurgere qui babylonios superaret. ° de samiis, ‘ vasis fictilibus, quia hujusmodi ars in samos civitate inventa est, ° absque manibus, ‘ quasi absque recta operatione manus, vel sicut lagenae manus habent. * supra 29: ° quasi si lutum contra figulum etc., * rom. 9: ° numquid dicet figmentum ‘ etc.. secundo sub metaphora patris generantis, ° vae qui dicit, ‘ quasi: ego sum pater procreans cyrum, et sicut mater concipiens ipsum in proposito; et ideo non debetis |100| in hoc mihi contradicere, sicut nec matri generanti. * infra 66: ° numquid ego qui alios parere ‘ etc.; vel loquitur contra illos divinos * qui ex ortu cyri multa pronuntiabant “ mala futura, dicentes melius esset si non nasceretur. ‘ vel contra illos de judaeis * qui dicebant: “ ad quid generamus filios, ut in captivitatem nascantur? ° haec dicit dominus ‘ etc.. hic ponit liberatoris utilitatem: et primo quantum ad liberationem judaeorum; secundo quantum ad conversionem gentium, ° quia haec dicit dominus ‘ etc.. circa primum tria. primo ostendit suam ad praedicendum futura auctoritatem: ° eius, ‘ scilicet cyri, ° plastes, ‘ factor, ° super filios, ‘ judaeos, liberandos, vel alios quoscumque volo nascituros, et non idola. * supra 8: ° numquid non populus etc.; * sed glossa legit ironice. ‘ secundo praedicit liberationem, ostendens suam potestatem, qui promittit, ° ego feci. militiae eorum, ‘ scilicet caelorum, ° mandavi, ‘ praefigendo cuilibet suum officium et naturam. * supra 40: ° qui educit in numero militiam eorum ‘ etc.; et exequentis directionem: ° ego suscitavi, ‘ ad dignitatem, |125| ° eum, ‘ cyrum, (praeteritum pro futuro) ° ad justitiam, ‘ faciendam de chaldaeis. * proverb. 3: ° in omnibus viis tuis cogita ‘ etc.; et promittit liberationem: ° ipse, ‘ scilicet cyrus, ° aedificabit, ‘ promittens, et dans expensas ad aedificium. * infra 52: ° gratis venumdati estis etc.. * tertio ibi ° haec dicit dominus ‘ etc., promittit liberatorum exaltationem quantum ad tria. primo quantum ad alienorum adhaesionem, ponens adhaesionem: ° labor aegypti, ‘ divitiae ipsorum, et ipsi quantum ad multos qui eos secuti fuerunt, * zach. 8: ° apprehendent decem homines ‘ etc., vel loquitur de his qui christo adhaeserunt, ° labor, ‘ in idolis cessabit. ° negotiatio, ‘ terrena. et adhaerentium subjectionem: ° post te ambulabunt, ‘ tibi subjecti, ° vincti manicis, ‘ idest vinculis manuum, quasi ita humiliati coram te sicut hi qui taliter ligati sunt, vel vinculis praeceptorum christi. ° infra 40: * venient curvi ad te ‘ etc.; et ponens etiam veritatis confessionem, ° tantum in te, ‘ scilicet haec dicentes. ° absconditus, ‘ non visibilis sicut dii nostri; ° salvator, ‘ non imbecillis. * psalm. 17: ° posuit tenebras latibulum suum ‘ etc.. secundo ostendit |150| eorum exaltationem quantum ad hostium confusionem, ° confusi sunt etc., * michaeae ultim.: ° videbunt gentes ‘ etc.. tertio quantum ad judaeorum perpetuam salutem: ° israel salvatus usque in saeculum. ‘ nisi peccaverit, vel de spirituali israel. * soph. 3: ° rex israel dominus etc.; quia haec dicit dominus. ‘ hic ponit aliam utilitatem quantum ad conversionem gentium: et circa hoc tria facit. primo inducit quinque rationes inducentes ad conversionem; quarum prima sumitur ex rerum creatione, ° ipse deus formans etc., * psalm. 145: ° qui fecit caelum et terram ‘ etc.; secunda ex hominum dilectione, quia dedit eis terram in habitaculum ° non in vanum etc., * (psalm. 113): ° caelum caeli domino ‘ etc.; tertia ex veritatis praedicatae manifestatione, ° non in abscondito, ‘ quasi ea quae naturalis ratio dictat facienda; vel de praedicatione fidei christianae. * joan. 18: ° ego palam locutus ‘ etc.; quarta ex praeceptorum utilitate, ° non dixi semini etc., * psalm. 18: ° in custodiendis illis ‘ etc.; quinta ex praeceptorum aequitate, ° ego dominus etc., * infra 63: |175| ° ego qui loquor justitiam ‘ etc.. secundo * ibi ° congregamini, ‘ injungit judaeis gentium vocationem, commemorans eorum salutem: ° congregamini, ‘ quasi ad audiendum praeceptum meum, ° qui salvati, ‘ liberati ex captivitate gentium. * infra ult.: ° mittam ex eis qui salvati ‘ etc.; ponens etiam vocandi necessitatem, errorem, scilicet gentium, ° nescierunt qui levant, * baruch ultim.: ° videbitis in babylonia deos ‘ etc.; injungens suae laudis annuntiationem, ° annuntiate; ‘ in quo injungit officium, ° consiliamini, ‘ qualiter debeatis alios convertere. * psalm. 95: ° annuntiate inter gentes etc., quis auditum, ‘ in quo docet eos suae divinitatis argumentum, ad alios convertendum, scilicet ex praecognitione futurorum: et ponit rationem, et conclusionem * ibi ° numquid non, ‘ ergo etc., * eccl. 42: ° annuntians quae praeterierunt ‘ etc.. tertio invitat gentes ad conversionem: et primo ponitur invitatio, ° convertimini etc., * zach. 1: ° convertimini ad me ‘ etc.. secundo praedicit conversionem eorum, ponens signum adorationis, ° in memetipso: ‘ quia non habeo majorem per |200| quem juram. * hebr. 6; ° non revertetur, ‘ sine effectu. * infra 55: ° sic erit verbum etc.. curvabitur, ‘ a christianis, qui est modus adorandi redemptorem, * secundum damascenum, phil. 2: ° in nomine jesu ‘ etc.; ponens etiam signum jurationis, ° et jurabit: ‘ quia unusquisque jurat in deo suo. * psalm. 62: ° laudabuntur omnes qui jurant ‘ etc.; ponens etiam signum verae confessionis: ° ergo in domino, ‘ idest in persona domini, ° meae, ‘ scilicet dei: * apoc. 1: ° ipsi gloria et imperium, ‘ vel ° meae, ‘ scilicet ecclesiae, ° justitiae, ‘ legis judaeorum figurae. tertio praedicit incredulorum confusionem: ° ad eum venient, ‘ quasi judicandi, qui non venient quasi credentes, in die iudicii. quarto credentium salutem: ° in domino justificabitur omne semen, ‘ non solum secundum carnem, sed secundum fidem. * ps. 108: ° qui insurgunt in me confundantur ‘ etc.. mystice, ° rorate, ‘ de christi nativitate. in quo tria; nativitatis principium, nascentis ortum, et nativitatis fructum. principium triplex. primum caelum rorans, quasi principium effectivum, scilicet operatio trium personarum, propter quod pluraliter |225| ° caeli. ‘ pater filium mittendo. * gal. 4: ° quando venit plenitudo ‘ etc., filius carnem assumendo. * phil. 2: ° humiliavit semetipsum ‘ etc., spiritus sanctus conceptionem faciendo. * matth. 1: ° quod enim in ea natum est ‘ etc.. secundum principium est nubes pluens, quod est principium praeparativum; in quo accipitur annuntiantis angeli officium. * job 37: ° nubes spargunt etc., * luc. 1 ‘ prophetarum vaticinium. * ps. 17: ° tenebrosa aqua etc., * rom. 1: ° ante promiserat per prophetas ‘ etc., justorum desiderium. * psalm. 103: ° ponis nubem ascensum, * malach. 3: ° statim veniet ‘ etc.. tertium principium est terra germinans, quod est susceptivum, scilicet beata virgo; * de quo in psal. 84: ° terra nostra dabit ‘ etc.; cujus ° aperiatur ‘ affectus ad inveniendum gratiae privilegium. * luc. 1: ° ne timeas maria etc., * prov. ult.: ° multae filiae congregaverunt ‘ etc., intellectus, ad credendum angeli verbum. * luc. 1: ° beata quae credidisti |250| ‘ etc., uterus, ad concipiendum dei filium. ° ecce concipies in utero etc., * luc. 1: ‘ sed ortus comparatur rori, pluviae, et germini. quia christus est ros ad refrigerandum. * supra 18: ° sicut nubes roris ‘ etc., pluvia ad fecundandum. * psalm. 71: ° descendet sicut pluvia etc., * infra 55: ° quomodo imber et nix ‘ etc., germen ad fructificandum. * jer. 23: ° suscitabo david ‘ etc.. fructus est justitia, quae cum illo oritur triplex: quam opere implevit: * matth. 3: ° sic decet nos ‘ etc., quam sermone docuit: * infra 63: ° ego qui loquor ‘ etc., quam in munere dedit. * 1 cor. 1: ° factus est nobis sapientia et sanctificatio et justitia etc..

068 CIS cp46

lc ° Confractus est bel ‘ etc.. hic praedicit destructionem hostium eos captivantium, scilicet babyloniorum, quantum ad duo in quibus gloriabantur. primo quantum ad idolorum destructionem; secundo quantum ad regni cessationem, * infra 47: ° descende, sede in pulvere. ‘ prima in duas. in prima praedicit idolorum babylonis destructionem quantum ad confractionem statuarum ° confractus est. * ezech. 6: ° demoliar aras vestras, ‘ et quantum ad asportationem metallorum: quia persae frusta auri et argenti secum detulerunt. ponens ex parte asportantium, lassitudinis incommodum, ° bestiis et jumentis, ‘ scilicet equis et camelis, in quibus metalla gravia deferebant. * ier. 10: ° portata tollentur, ‘ vel cultoribus vestris, qui sunt bestiae, imagines bestiarum adorantes. * jer. 16: ° servietis ibi diis alienis ‘ etc.; ponens subventionis defectum ex parte idolorum, ° contabuerunt, ‘ idest defecerunt, scilicet idola. ° portantem, ‘ scilicet bestiam, vel colentem hominem se. * sap. 14: ° quod factum est cum illo ‘ etc.; ponens etiam captivitatis opprobrium, ° nomina eorum, ‘ scilicet idolorum, |25| metaphorice, idest numen eorum; vel gentilium, quia idola sicut animam suam amabant. * oseae 10: ° siquidem et ipse in assur ‘ etc.. secundo revocat judaeos ad suam venerationem, relictis idolis, ° audite me: ‘ et primo revocat eos ad suum cultum; secundo revertentibus promittit liberationis beneficium, ° annuntians ab exordio ‘ etc.. circa primum tria. primo ostendit eis suam dilectionem ex affectuosa supportatione. ° a meo utero; ‘ idest, ita supportavi vos in mea misericordia affectuose, in deserto, et in aliis locis in quibus contra me peccastis, sicut mater filium. * prov. 31: ° quid dilecte mi etc., * job 38: ° de cujus utero etc., * hebr. 1: ° portans omnia verbo ‘ etc.; ex supportationis continuitate, ° usque ad senectam, ‘ vestram, idest usque in finem mundi. * psal. 70: ° usque ad senectam et senium ‘ etc.; ex supportationis ratione, ° ego feci ‘ etc., dignum est ut qui fecit conservet. * deut. 32: ° expandit alas suas ‘ etc.. secundo ostendit idolorum vilitatem, ostendens operantium idola fatuitatem; et quantum ad intentionem, quia volunt aliquid aequale deo facere, ° cui assimilastis, |50| * supra 40: idem; ‘ et quantum ad operationem, quia conducebant artifices ad faciendum deum ex auro; quod sicut avari in sacculis reposuerant, ° qui confertis etc., * jerem. 10: ° opus manus artificis ‘ etc.; ostendens etiam operum, scilicet idolorum ipsorum, imbecillitatem, quia per se nec moveri nec stare possunt: ° portant illum etc.. * baruch ult.: ° videbitis in babylonia deos ‘ etc.; ostendens etiam eorum inutilitatem: ° sed et cum clamaverint etc., * sapien. 13: ° pro vita quidem mortuum deprecatur ‘ etc.. tertio concludit revocationem: ° mementote istud ‘ praedictum de dilectione mea et vilitate idolorum, ° prioris saeculi, ‘ in quo multa vobis beneficia contuli. * psalm. 76: ° cogitavi dies antiquos etc.. annuntians ab exordio ‘ etc.. hic promittit conversis ad ipsum liberationem a captivitate. et circa hoc duo facit. primo promittit liberationem, ponens praenuntiandi potestatem, ° annuntians novissimum, ‘ quodcumque futurum in novissimis temporibus. * eccl. 42: ° annuntians quae praeterierunt ‘ etc.; ponit etiam praenuntiationis firmitatem, * dicens, |75| ° stabit, ‘ implebitur, ° voluntas, ‘ beneplaciti. * eccl. 21: ° consilium ejus sicut fons vitae etc., * psal. 113: ° omnia quaecumque voluit ‘ etc.; et ponit liberationis ordinem. ° vocans ab oriente, avem, ‘ cyrum, propter velocitatem victoriae, vel christum. * supra 41: ° quis suscitavit ab oriente ‘ etc.. secundo * ibi, ° audite me, ‘ promittit liberationis propinquitatem, ponens primo eorum indignitatem, ne suis meritis ascribant: ° duri corde, ‘ ad bene operandum, ° longe, ‘ per multitudinem peccatorum. * eccl. 3: ° cor durum male ‘ etc.; secundo praedicit propinquitatem: ° prope feci, ‘ faciam (praeteritum pro futuro) ° justitiam, ‘ de babyloniis pro vobis per cyrum, vel justitiam christi. * infra 56: ° juxta est salus mea ‘ etc.; tertio ponit loci determinationem: ° dabo in sion etc., gloriam, ‘ beneficia, unde gloriosus apparebo: vel christum, qui est gloria patris. * aggaei 2: ° magna erit gloria hujus domus ‘ etc.. (collationes cap. 46.) peccatum fatigat: propter sollicitudinem in excogitando, * prov. 4: ° non |100| enim dormiunt ‘ etc., propter laborem in exequendo, * sap. 5: ° lassati sumus in via ‘ etc., propter confusionem in recogitando, * rom. 5: ° quem ergo fructum ‘ etc., propter frustrationem in expectando, * prov. 11: ° expectatio iustorum ‘ etc.. redite ad cor: quasi ad iudicii solium, ut te discutias, * ps.: ° meditatus sum nocte ‘ etc., quasi ad vitae principium, ut custodias, * prov. 4: ° omni custodia ‘ etc., quasi ad divinae locutionis auditorium, ut diligenter attendas, * os. 2: ° ducam eam in solitudinem ‘ etc., quasi ad divinorum eloquiorum thesaurum, * ps.: ° in corde meo abscondi ‘ etc., quasi ad divinae pacis et refectionis cenaculum, * ps.: ° loquetur pacem in plebem etc..

068 CIS cp47

lc ° Descende sede ‘ etc.. hic praedicit regni babylonis deiectionem: et circa hoc tria facit. primo comminatur dejectionis poenam; secundo ostendit culpam, ° iratus sum ‘ etc.; tertio aufert evasionis fiduciam, ° sta cum incantatoribus ‘ etc.. circa primum tria. primo praedicit eorum dejectionem quantum ad gloriam, quam amiserunt: ° descende, ‘ de altitudine tuae potentiae, ° sede, ‘ sicut vilis et abjecta, ° virgo, ‘ quia non ante vastata; vel propter teneritudinem deliciarum. ° solium, ‘ dignitas regia, mollis etc., sicut reginae solent esse. * esther ult.: ° prae teneritudine corpus suum ‘ etc., quasi: non eris ulterius regina. * luc. 1: ° deposuit potentes ‘ etc., * supra 23: ° dominus cogitavit ut detraheret ‘ etc.. secundo quantum ad ignominiam, quam incurrit: ° tolle molam, ‘ quod erat opus ancillarum, quasi: ancilla eris, vel significat coitum, sicut * iud. 16 de samson: ° denuda turpitudinem, ‘ idest membra turpia, vel ad libidinem hostium, vel transiens pedibus tuis flumina. * oseae 4: ° gloriam eorum in ignominiam ‘ etc.; et ostendit hujus ignominiae auctorem, ° ultionem capiam, ‘ quamvis |25| sis potens. ° redemptor, ‘ vox populi de ejus servitute liberati. * supra 35: ° dominus ultionem adducet ‘ etc.. tertio quantum ad confusionis verecundiam, ° sede, ‘ sicut ille qui erubescit non audet loqui, nec coram hominibus apparere. * 1 reg. 2: ° impii in tenebris conticescent etc.. iratus sum ‘ etc.. hic ponit eorum culpam, quae est causa talis poenae: et ponit tres culpas. primo dominii crudelitatem circa judaeos, ponens concessam potestatem: ° iratus sum, ‘ propter peccata eorum, valens eos punire: ° contaminavi, ‘ a te contaminari permisi, ° hereditatem, ‘ populum israel. * supra 19: ° hereditas mea israel. * jerem. 12: ° reliqui domum meam ‘ etc.; et ponit potestatis abusionem: ° non posuisti etc.. super senem, ‘ qui etiam hostibus miserendus. * thren. 4: ° facies senum ‘ etc.. secundo cordis elationes: ° et dixisti, ‘ ponens superbam cogitationem: ° in sempiternum, * apoc. 18: ° in corde suo dicit: sedeo regina ‘ etc.; ponens etiam superborum fatuitatem, quia non recogitabant futura: ° non posuisti haec, ‘ quae tibi supervenient. * eccl. 11: ° in die bonorum etc., * 7: ° in omnibus operibus tuis |50| ‘ etc.; et ponit spei frustrationem. ° et nunc audi. vidua, ‘ per privationem regis; ° sterilitatem, ‘ id est amissionem populi, qui in me natus est ° subito, ‘ ex insperato. * supra 30: ° subito dum non speratur etc., * oseae 9: ° da eis domine ‘ etc.. tertio maleficiorum multitudinem, ° universa. ‘ et ponit tria. primo maleficia quibus intendit, ° maleficiorum: ‘ quia hujusmodi artes ibi abundabant. * deut. 18: ° non sit in te qui divinos consulat ‘ etc.. secundo errorem quem ex his incurrit, scilicet poenae immunitatem ab his qui negabant divinam providentiam, ° et fiduciam, ‘ ut secure peccares. ° non est, ‘ deus, qui ° videat me, ‘ peccantem ut puniat. * job 24: ° oculus adulteri ‘ etc.; et potentiae aeternitatem a divinis, qui hoc promittebant. ° sapientia tua, ‘ quantum ad eos qui de divinis se intromittebant; ° scientia tua, ‘ quantum ad illos qui de humanis. * jerem. 10: ° stultus factus est omnis homo ‘ etc.. tertio ponit poenam quam ex hoc promeruit: ° veniet super te cuius ortum: ‘ loquitur more astrologorum, |75| qui docent considerare ortus regnorum secundum ortus planetarum. * 1 thessal. 5: ° cum enim dixerint, pax et securitas etc.. sta cum incantatoribus ‘ etc.. hic excludit evasionis fiduciam; et circa hoc duo. primo excludit spem de sapientibus, excludens eorum auxilium, quantum ad maleficos: ° sta cum incantatoribus, ab adolescentia, ‘ a quo condita fuit, artibus magicis plena fuit. * supra 8: ° cum dixerunt ad vos: quaerite ‘ etc.. et quantum ad astrologos, ° stent, ‘ contra hostes, si possint: his enim artibus etiam abundabat. * jerem. 10: ° a signis caeli nolite ‘ etc.; et comminatur etiam sapientibus incendium: ° ecce facti sunt, illos ‘ sapientes vobiscum. ° non sunt prunae, quibus calefiant; ‘ sed quibus tota civitas comburatur; vel quia tempore frigoris combusta fuit civitas, ut simul frigore et igne punirentur. vel ° non sunt ‘ in te ° prunae ‘ divinae sapientiae. * eccli. 21: ° stupa collecta ‘ etc.. secundo excludit spem de negotiatoribus, ° negotiatores, ‘ quibus etiam abundabat; vel magi, qui sibi mendacia pro veritate vendebant. * supra 13: ° unusquisque ad populum suum etc..

068 CIS cp48

lc ° Audite hoc domus iacob ‘ etc.. hic promittit populi liberationem. et dividitur in duas. in prima promittit liberationem; in secunda exequitur liberationis ordinem, * infra 49: ° audite insulae ‘ etc.. prima in duas. in prima excitat attentionem, commemorans tria in quibus gloriabantur; scilicet dignitatem generis, quia ex sanctis patribus: ° de aquis, ‘ idest semine. * contra quod matth. 3: ° ne velitis dicere ‘ etc.; privilegium divinae cognitionis: ° qui juratis, ‘ invocantes nomen ejus, ° recordamini, ‘ quantum ad cognitionem ipsius, ° in veritate, ‘ cordis, ° neque in justitia, ‘ operis. * supra 29: ° populus hic labiis me ‘ etc.; cultum sacrae religionis: ° de civitate, ‘ scilicet jerusalem, in qua cultus sacrificiorum, ° vocati, ‘ ierosolymitae, * 2 machab. 5: ° non propter locum gentem ‘ etc.. secundo promittit liberationem: ° priora ex tunc, ‘ et circa hoc tria facit. primo ostendit dei promittentis maiestatem; secundo ciri exequentis prosperitatem: ° congregamini omnes vos ‘ etc.; tertio promittit liberationem: ° accedite ad me ‘ etc.. circa primum |25| duo. primo ostendit dei maiestatem ex praenuntiatione futurorum; secundo ex creatione rerum: ° audi me iacob ‘ etc.. circa primum tria. primo assignat praenuntiationis quorumdam futurorum rationem, ponens ipsam praenuntiationem: ° priora, ‘ quae scilicet jam praeterierunt, ° ex tunc, ‘ quando adhuc erant futura, ° repente, ‘ quantum ad alios quibus non sunt praenuntiata. * eccli. 42: ° annuntians quae praeterierunt ‘ etc.; ponens etiam hujus rationem quae sumitur ex eorum conditione: quam primo ponit, ° scivi enim, ‘ ab aeterno. ° durus ‘ ad resipiscendum a malis; ° cervix, ‘ idest cervicositas proprii sensus; ° nervus ferreus, ‘ qui non potest flecti, ° frons tua, ‘ propter inverecundiam. * act. 5: ° dura cervice etc., * deuter. 31: ° ego scio contentionem etc., * jerem. 3: ° frons meretricis ‘ etc.; et deinde ex hoc elicit rationem, ° praedixi etc., ‘ quasi: quia pronus eras ad idolatriam, ° praedixi tibi, ‘ ne beneficia mea idolis ascriberes. * oseae 2: ° vadam post amatores ‘ etc.; ponens etiam praenuntiatorum manifestationem, ° quae audisti, ‘ a me praedicta |50| tibi, ° vide, ‘ impleta. * psalm. 47: ° sicut audivimus sic vidimus ‘ etc.. secundo assignat rationem absconsionis quorumdam futurorum, ponens primo ipsam absconsionem. * sicut dictum est, ‘ quaedam futura tibi praedixi; sed quaedam futura ° conservata sunt, ‘ in mea praescientia, ° quae nescis, ‘ quia non tibi revelavi. ° nunc, ‘ idest in tempore, ° creata sunt, ‘ idest in effectu producta, ° et non ex tunc, ‘ quando praescivi ea; ° et ante diem, ‘ impletionis ipsorum, ° et non audisti, ‘ nec a me, nec ab idolis. * 4 reg. 4: ° dominus celavit a me ‘ etc.. assignat etiam hujus rationem, ° ne forte; ‘ quasi: ideo non revelavi ut sentires defectum tuum, et deorum tuorum, in hoc quod de futuris non potes praescire, nisi quae tibi revelo. ° cognovi, ‘ propria industria, ° neque audisti, ‘ ab idolis, ° aperta ‘ a me. * psal. 63: ° accedet homo ad cor altum ‘ etc.. ponit etiam eorum conditionem, ex qua dicta ratio elicitur, ° scio enim. ex ventre, ‘ idest a tempore quando portabam te per desertum sicut in ventre. * exod. 32: ° cerno quod populus iste etc., * supra 24: ° praevaricatione transgressorum ‘ etc.. tertio excludit quamdam objectionem, ° propter nomen meum. ‘ posset enim aliquis |75| quaerere: ex quo tam duri sunt, quare ergo eis bona promittis, et fecisti? et hujus objectionis primo ponit responsionem, commemorans tria beneficia eis exhibita: ° propter nomen, ‘ non propter meritum tuum, ° longe faciam, ‘ vel ° feci, ‘ liberando a poenis. * ezech. 36: ° non propter vos faciam etc., et laude, ‘ idest obligavi te ad caeremonias et laudes meas, ne sacrificia idolis offerens interires. * psalm. 31: ° in camo et freno etc.. ego excoxi, ‘ volens purgare per tribulationes, ° sed non quasi argentum, ‘ quod purgatur. tu autem non correptus es. * jerem. 6: ° frustra conflavit etc.. elegi, ‘ purgans scilicet te per paupertatem, puniens te spoliatione rerum. * gregorius: ° quos infirmitas morum vulnerat, medicina paupertatis sanat. ‘ et hoc paterne corrigendo. secundo ponit responsionis expositionem: ° propter me ut non blasphemer, ‘ quasi impotens salvare populum quem mihi elegi; ° et gloriam, ‘ ut scilicet idola me fortiora judicentur. * supra 42: ° gloriam meam etc.. audi me. ‘ hic ostendit divinam majestatem ex creatione |100| rerum. ° vocabo, ‘ imponens unicuique proprium opus: ° stabunt, ‘ parati ad obediendum. * supra 40: ° quis appendit tribus digitis etc.. congregamini ‘ etc.. hic praedicit ipsius ciri prosperitatem; et primo ostendit hujus facti aliis absconsionem, ° quis de eis? ‘ scilicet idolis; quasi: nullus. * supra 41: ° quis annuntiavit ab exordio ‘ etc.. secundo ipse praedicit ipsius prosperitatem: ° dominus dilexit eum, ‘ scilicet cyrum, promovens ipsum in regnum, ° in babylone, ‘ capiens ipsam, ° brachium, ‘ idest per virtutem suam interficiens eos. * 1 reg. 27: ° et quidem faciens ‘ etc.. tertio assignat prosperitatis rationem ex divino auxilio: ° ego ego etc.; directa, ‘ non simpliciter, sed ad hoc quod babylonem destrueret; alias non posset exponi de cyro, sed tantum de christo, * ut dicit hieronymus, ‘ quia ille idolatra fuit. * psalm. 106: ° deduxit eos in viam etc.. accedite ad me ‘ etc.. hic promittit liberationem: et circa hoc tria facit. primo excitat attentionem, ponens divinam auctoritatem: ° in abscondito, ‘ sed cunctus populus videbat voces: * exod. 20. ° a principio, ‘ legis datae. ° ex tempore, ‘ praeterito, ° antequam fierent, ‘ quae |125| praedico, ° ibi eram, ‘ praesens illis futuris, per idem nunc aeternitatis manens in tota successione temporis. vel in persona filii, ° ibi eram, ‘ scilicet in patre secundum divinitatem, * prov. 8: ° quando appendebat fundamenta ‘ etc.; ponens prophetae veritatem; qui a deo missus, ° et nunc me. ‘ isaiam, vel ° me ‘ christum hominem factum, ° deus, ‘ pater, unde tres personae designantur. * infra 61: ° spiritus domini super me ‘ etc.. secundo, * ibi, ° haec dicit dominus, ‘ ponit captivitatis rationem, ostendens ex parte dei paratum auxilium. ° docens, ‘ contra ignorantiam, ° et gubernans in via, ‘ operum, contra infirmitatem operandi. * psal. 31: ° intellectum dabo tibi, et instruam ‘ etc.; ostendens etiam ex culpa judaeorum damnum. ° utinam attendisses, ‘ servans ea, ° sicut flumen ‘ abundans, ° sicut gurgites. * idem, psal. 80: ° si populus meus audisset ‘ etc.. tertio * ibi, ° egredimini, ‘ praedicit liberationem: et circa hoc tria facit. primo indicit eis a captivitate exitum, ita certus de liberatione ac si esset praesens. ° egredimini etc., * apoc. 18: ° exite de illa ‘ etc.; et indicit quod annuntient dei beneficium. ° annuntiate etc., |150| * jer. 50: ° vox fugientium, et eorum qui evaserunt ‘ etc.. secundo designat liberatis consolationis praestitum beneficium, ° non sitierunt: ‘ idest, ita in omnibus dominus eis providebit sicut quando egressi sunt de aegypto. * psal. 77: ° percussit petram, et fluxerunt etc., * num. 21. ‘ tertio aufert impiis pacis solatium, ° non est pax, * infra 57, 4 reg. 9: ° quid tibi et paci ‘ etc.. (collationes cap. 48) paupertas confert: peccatorum recognitionem: ° si fuerint vincti ‘ etc., virtutum conservationem, * eccli. 10: ° pauper gloriatur ‘ etc., cordis quietem, * tob. 5: ° sufficiebat nobis ‘ etc., desiderii impletionem, * ps.: ° desiderium pauperum ‘ etc., divinae dulcedinis participationem, * ps.: ° parasti in dulcedine ‘ etc., exaltationem, * 1 reg. 2: ° suscitans de pulvere ‘ etc., caelestem haereditatem, * matth. 5: ° beati pauperes ‘ etc.. verba dei utilia: ad intellectus illustrationem, * prov. 6: ° mandatum lucerna ‘ etc., |175| ad affectus delectationem, * ps.: ° quam dulcia faucibus ‘ etc., ad amoris accensionem, * ier. 20: ° factum est in corde etc., * ps.: ° eloquium domini, ‘ ad operis rectitudinem, * ps.: ° dirige me in veritate ‘ etc., ad gloriae adeptionem, * prov. 3: ° custodi legem, ‘ ad aliorum instructionem, * 2 tim. 3: ° omnis doctrina divinitus etc..

068 CIS cp49

lc ° Audite insulae ‘ etc.. in parte ista exequitur magis in speciali liberationis ordinem: et circa hoc duo facit. primo populus confitetur accepta beneficia; secundo accipit promissionem de futuris, * ibi, ° ego dixi: in vacuum ‘ etc.. circa primum quatuor beneficia confitentur. primo privilegium divinae electionis; et continuatur cur indixerat supra propheta populo, ut annuntiaret. unde statim subjungitur vox populi annuntiantis, * et dicentis, ° audite. ab utero, ‘ eligens me in ipsis patribus. * ps. 21: ° de ventre matris meae deus ‘ etc.. secundo efficaciam orationis: ° et posuit os, ‘ orationem, ° quasi gladium, ‘ penetrantem usque ad aures dei et viscera misericordiae ipsius, * eph. ult.: ° gladium spiritus ‘ etc.. tertio auxilium divinae protectionis: ° in umbra, ‘ idest sub protectione potentiae suae, ° sicut sagittam electam, ‘ sagittarius abscondit ad conservandum. * psal. 16: ° sub umbra alarum tuarum etc., * psal. 26: ° abscondit me in tabernaculo suo ‘ etc.. quarto gloriam divinae virtutis: ° et dixit mihi: in te gloriabor; ‘ per magnalia in te ostensa gloriosus apparebo. |25| * supra 43: ° omnem qui invocat nomen meum ‘ etc.. secundum alios haec est vox cyri, cujus nomen praenuntiatum ab isaia * supra 45: ‘ antequam nasceretur, cujus verba comminatoria quasi gladius erant, et protectus est ne avus suus eum interficeret, et servatus quasi electa sagitta ad tempus statutum; cui annuntiatum est, populum israel dei servum esse. aliter exponitur de christo; cujus nomen ab angelo praenuntiatum; verbum praedicationis, gladius penetrans corda; protectus pro infirmitate carnis a potentia divinitatis, et electus inter omnes ad salutem generis humani implendam. et dicitur israel, quia ex populo israel secundum carnem natus est. ° ego dixi: ‘ hic dominus promittit futura beneficia: et primo promittit prophetae isaiae exaltationem; secundo populo liberationem, ° haec dicit dominus redemptor ‘ etc.. circa primum duo. primo ponitur prophetae allegatio proponentis laborem suum in praedicando, quamvis ex culpa audientium non sit fructus secutus: * et concludit: ° ergo judicium meum, ‘ pro me, ° cum domino, ‘ coram ipso, ° et opus meum, ‘ quasi gratum ipsi. * jer. 6: ° frustra conflavit conflator ‘ etc.. secundo ponit dei responsionem: ° et |50| nunc haec dicit dominus: ‘ et primo significatur allegationis acceptatio, ° ut reducam, ‘ quasi dicat: ad hoc me ex ventre matris eligens, ut revocem populum suum ad ipsum. ° et ‘ tamen ° israel non ‘ usquequaque ° congregabitur, ‘ ad ipsum per meam praedicationem. ° et ‘ tamen ° glorificatus sum etc., * habac. 3: ° deus dominus fortitudo mea ‘ etc.. secundo ponitur ipsa responsio, ° et dixit: parum est, ‘ quasi dicat: intantum ministerium tuum honorificabo ut non solum in judaeis, sed in omnibus gentibus per te salus mea annuntietur. * roman. 3: ° an judaeorum deus tantum? ‘ etc..

hoc etiam plane de christo exponitur, qui sua praedicatione et mortis consumptione parvum fructum in judaeis fecit, sed gentes illuminavit et salvavit. similiter etiam de cyro, licet magis extorte, qui per beneficia secundum intentionem domini populum ad dei cultum revocavit et tamen non profecit, cui a deo datum est dominium super multas gentes. ° haec dicit dominus redemptor ‘ etc.. hic promittit liberationem: et circa hoc duo facit. primo promittit liberationem: secundo excludit eorum dubitationem, ° et dixit sion ‘ etc.. circa primum tria. |75| primo liberationem praecedentia, scilicet judaeorum veneratio, quae fuit causa liberationis; commemorans pristinam despectionem: ° contemptibilem, ‘ propter populi imbecillitatem, ° abominandam, ‘ propter cultus singularitatem, ° servum, ‘ propter subjectionem diversis gentibus * supra 18: ° ad gentem divulsam ‘ etc.; et ponit ipsam venerationem: ° reges videbunt ‘ magnalia mea quae pro te ostendam, ° et adorabunt, ‘ sicut, ad litteram, nabuchodonosor * dan. 2 ‘ et cyrus, et alii principes ejus honoraverunt esdram. aliud praeambulum est regis liberantis exaltatio, scilicet cyri: ° in tempore placito, ‘ et non determinat exaltationis tempus: ° placito, ‘ quando placuerit mihi salvare populum meum, ° exaudivi, ‘ exaltans te in regnum, secundum desiderium tuum, et exaltationis fructum: ° et servavi etc., in foedus ‘ implendum ° populi ‘ mei. ° revelamini, ‘ idest illuminamini. vel de christo, qui fuit in passione contemptus, et quasi servus judicatus. * infra 53: ° vidimus eum despectum ‘ etc., sed postmodum a regibus ad litteram adoratus. * psalm. 71: ° adorabunt eum omnes reges etc., in tempore placito, ‘ scilicet tempore |100| gratiae. * 2 corinth. 6: ° ecce nunc tempus ‘ etc.. secundo ponit liberationem consequentia, promittens liberatis bonorum copiam: ° super vias pascentur; ‘ idest, ita abundanter consolationibus perfruentur sicut oves pascuis, quando etiam in via praeter solitum invenirentur. * ezech. 34: ° requiescent in herbis ‘ etc., quantum ad malorum carentiam, et defectus, ° non esuriet ‘ etc., et nocumenti illati, ° aestus, ‘ tribulationis; ° et sol, ‘ tyrannus faciens ipsam. * psalm. 120: ° per diem sol non uret ‘ etc.; et assignat utriusque causam. ° quia miserator etc., aquarum, ‘ consolationum. * psalm. 22: ° dominus regit me. ‘ tertio promittit ipsam liberationem, ponens viarum praeparationem: ° et ponam omnes montes; ‘ idest, principes auxiliabuntur vobis ad revertendum. * supra 40: ° omnis vallis implebitur, ‘ etc.; ponens etiam captivorum reversionem: ° ecce isti de longe, ‘ ab oriente, ° mari, ‘ occidente. * jer. 31: ° adducam eos ab aquilone ‘ etc.; ponit etiam gratiarum actionem: ° laudate caeli etc., * psalm. 68: ° laudent illum caeli etc.. et dixit sion |125| ‘ etc.. hic excludit eorum dubitationem: et primo illam quae oriebatur ex divina indignatione; secundo illam quae ex eorum dejectione, ° et dices in corde ‘ etc.; tertio illam quae ex hostium potestate, * ibi, ° numquid tolletur ‘ etc.. circa primum duo. primo ponit dubitationem, ° dereliquit, ‘ sine auxilio; et ideo non possum sperare liberationem. * baruch 4: ° derelicta sum ‘ etc.; secundo excludit eam per similitudinem matris: ° numquid potest etc., * ier. 31: ° si filius honorabilis ‘ etc.; tertio adhibet promissionem de civitatis restauratione: et primo quantum ad reaedificationem murorum, ponens divinum propositum, ° ecce in manibus; ‘ quasi: ita teneo te in memoria sicut qui scribit, aut facit aliquod signum in manu sua, ut sit memor alicujus rei. ° muri tui; ‘ quasi, jam video reaedificationem murorum tuorum. * iob 37: ° in manibus abscondit etc., * psalm. 89: ° mille anni ante oculos ‘ etc.; et expletionis modum: ° venerunt structores, ‘ idest reaedificatores, scilicet zorobabel, et jesus, et alii, jam in oculis meis, ° dissipantes, ‘ chaldaei. * zach. 4: ° manus zorobabel ‘ etc.. secundo quantum ad habitationem |150| virorum: et circa hoc tria facit. primo civium adunationem: ° leva in circuitu etc., * baruch 4: ° circumspice, jerusalem ‘ etc.. secundo civitatis rehabitationem, ostendens quod habitabitur. ° vivo ego, ‘ modus juramenti, ° velut ornamento, ‘ sicut sponsa vestibus, sic urbs ornatur civibus. * infra 61: ° induit me vestimento salutis ‘ etc.; ostendens quod habitatoribus implebitur: ° quia deserta, ‘ quantum ad habitatores, ° solitudines, ‘ quantum ad cultores; ° ruinae, ‘ quantum ad muros destructos. * zach. 2: ° absque muro habitabitur ‘ etc.; ostendit etiam quod hostibus vacuabitur: ° et longe ‘ etc.. tertio praedicit habitatorum multitudinem: ° adhuc dicent filii sterilitatis, ‘ idest qui nati sunt quando te sterilem credebas, vacuata habitatoribus. * infra 54: ° dilata locum tentorii etc.. et dices in corde ‘ etc.. hic excludit secundam dubitationem: et primo ponit admirationem, ° et dices, ‘ prae admiratione: ° sterilis, ‘ quia non erant in me viri, qui filios generarent; ° destituta, ‘ divino auxilio. * infra 66: ° quis audivit unquam tale ‘ etc.. secundo excludit dubitationem, ponens modum multitudinis habitatorum: ° haec dicit dominus: ‘ quantum ad quatuor. primo quantum ad |175| divinam inspirationem: ° ecce levabo manum, ‘ quasi innuens, * supra 11: ° levabit signum in nationibus ‘ etc.. secundo quantum ad honorificam reductionem: ° et afferent in ulnis, ‘ in quo significatur auxilium quod a gentibus habuerunt. ° reges nutritii, ‘ providentes tibi in necessariis. * baruch 5: ° adducet dominus illos ad te ‘ etc.. tertio quantum ad liberatorum exaltationem: ° vultu in terra, ‘ hoc praecipue tempore machabaeorum, * infra 40: ° venient ad te curvi ‘ etc.. quarto assignat huius rationem: ° et scies quia ego etc., * psal. 70: ° in te domine speravi, non confundar etc.. numquid tolletur. ‘ hic excludit tertiam dubitationem: et primo ponit ipsam, ° a forti, ‘ nabuchodonosor; * matth. 12: ° aut quomodo potest quis intrare ‘ etc.. secundo excludit eam: ° quia haec dicit, ‘ primo ponens liberationis beneficium, ° captivitas, ‘ scilicet judaeorum. * job 29: ° conterebam molas iniqui ‘ etc.; secundo liberationis modum, ponens hostium destructionem. ° eos vero, ‘ scilicet chaldaeos, ° judicaverunt, ‘ injuste. * soph. 3: ° ego interficiam ‘ etc.; et ponit poenae determinationem, ° et cibabo: ‘ vel propter dissensionem, * sicut supra 9: ° unusquisque carnem |200| brachii ‘ etc., vel propter mortuorum multitudinem, dum os unius cadebat super sanguinem alterius, ° ac si vellet bibere: vel propter famem. ‘ tertio ponit liberationis fructum: ° et sciet omnis caro etc., * supra 40: ° videbit omnis caro etc..

068 CIS cp50

lc ° Haec dicit dominus: quis est hic ‘ etc.. hic incipit removere impedimenta liberationis: et primo removet impedimenta; secundo apponit remedia, * cap. 53: ° quis credidit auditui ‘ etc.. circa primum removet tria impedimenta. primo defectum divinorum beneficiorum; secundo abjectionem personarum, * cap. 51: ° audite me qui sequimini ‘ etc.; tertio inopiam rerum, * cap. 52: ° consurge, consurge ‘ etc.. circa primum tria. primo excludit impedimentum; secundo ponit seipsum in exemplum: ° dominus dedit mihi ‘ etc.; tertio concludit salubre consilium, ° quis ex vobis timens ‘ etc.. circa primum duo. primo excludit defectum divinorum beneficiorum ex parte divinae voluntatis, secundo ex parte divinae potestatis: ° numquid abbreviata ‘ etc.. circa primum tria. primo excludit divinae voluntatis defectum, quasi non vellet ex seipso deus benefacere: excludens duplicem modum alienationis; scilicet modum alienandi uxorem, qui erat per libellum repudii, * sicut dicitur deut. 24: ‘ quod quidem eis permissum est ad duritiam cordis ipsorum, * matth. 19: ° quis est hic etc.. * sed contra. jer. 3: ° pro eo quod moechata esset |25| ‘ etc.. et dicendum, quod dominus, quantum est in se non repudiavit eos; sed ipsi per peccata sua deum dimiserunt. excludit etiam modum alienandi possessionem: ° aut quis est creditor ‘ etc., quasi: vos qui estis mea hereditas. * supra 19: ‘ ei vendiderim, non habens aliud quid solvam, unde patet quod ex quo non alienavi vos a meo dominio, quod paratus sum benefacere quantum ex me est. secundo ostendit humanae voluntatis peccatum: ° ecce enim in iniquitatibus, * rom. 7: ° ego enim homo carnalis sum, venumdatus sub peccato. ‘ tertio ponit argumentum: ° quia veni, ‘ per inspirationem; ° vocavi, ‘ per prophetas. * prov. 1: ° vocavi, et renuistis. numquid abbreviata? ‘ hic excludit defectum ex parte divinae potestatis, excludens primo potestatis defectum, ° abbreviata, ‘ ut itam longinquos non subjicere mihi possim: ° parvula, ‘ contra potestates. * infra 59: ° ecce non est abbreviata manus domini. ‘ secundo ponit divinae potentiae signum, ° ecce. ‘ primo in aquis: ° in increpatione, ‘ idest jussione, ° faciam, ‘ si volo, sicut feci in exitu israel de aegypto: * exod. 14, ° ponam flumina, ‘ sicut arnon, * numer. 21, ‘ et jordanem, |50| * josue 4: ° computrescent, * sicut exod. 7, ‘ quando aquae versae sunt in sanguinem. * psalm. 105: ° increpuit mare rubrum et exsiccatum est. ‘ secundo ostendit signa potentiae suae in caelis: ° induam caelos, ‘ aereos, ° tenebris; ‘ sicut in aegypto, * exod. 10. psal. 146: ° qui operit caelum nubibus. dominus dedit. ‘ hic ponit seipsum in exemplum: et primo quantum ad beneficii percepti gratiam; tum quantum ad eloquentiam: ° linguam eruditam, sustentare, ‘ confortationibus: * job 4: ° vacillantes confirmaverunt; ‘ tum etiam quantum ad sapientiam, ° erigit, ‘ ad attendendum, ° mane, ‘ a principio praedicationis meae, vel a principio aetatis. vel quia tunc solitus erat orare. * psal. 62: ° in matutinis meditabor in te. aperuit, ‘ ad intelligendum. * psal. 84: ° audiam quid loquatur in me dominus deus. * matth. 23: ° magister vester unus est, christus. ‘ secundo ponit seipsum in exemplum quantum ad obedientiam, ponens perfectam obedientiam: ° ego autem non contradico, ‘ sed recipio, et accepto ipsius inspirationem, ° retrorsum non abii, ‘ a bono proposito. * supra 45: ° vae qui contradicit factori suo. ‘ ponit |75| etiam obediendi constantiam, quia obedientiam pro nullo periculo dimisit: ° corpus meum dedi; ‘ idest, exposui me ut talia paterer. vel forte ad litteram haec passus est. sed in christo plene impletum, * matth. 26 et 27. jer. 12: ° dedi dilectam animam meam in manus inimicorum. ‘ tertio ponit seipsum in exemplum quantum ad fiduciam quam in deo habebat, primo ponens paratam defensionem: ° dominus deus auxiliator, * jer. 20: ° dominus mecum est tamquam bellator fortis. ‘ secundo fiduciae securitatem: ° et posuit, ‘ ut timore vel rubore non moverer. * ezech. 3: ° ut adamantem et silicem dedi te. ‘ tertio assignat securitatis rationem ex potestate adjuvantis: ° juxta est qui justificat, ‘ scilicet deus. ° quis contradicet? ‘ verbis. ° stemus simul. * job 17: ° pone me, domine, juxta te, et cujusvis manus pugnet contra me. adversarius, ‘ factis. ° condemnet, ‘ falsis judiciis. * rom. 8: ° deus qui justificat, quis est qui condemnet? ‘ iterum ex infirmitate impugnantis: ° ecce omnes quasi vestimentum, ‘ vetustate, in quo naturalis defectus; ° tinea, ‘ in quo violentus. * job 13: ° qui quasi putredo consumendus sum, et quasi vestimentum quod comeditur a tinea. ‘ ac si |100| diceret: ex omnibus his sicut ego post accepta beneficia deo obedio, et in ipso confido, ita et vos. ° quis ex vobis? ‘ hic concludit ex exemplo suo salubre consilium: et primo ponit consilium; secundo ponit consilii contemptum, ° ecce omnes vos. ‘ consilium autem dat ut in deo confidant: unde tria facit. primo requirit confidentium idoneitatem, quae est ex timore et obedientia, ° servi, ‘ isaiae, vel cujuscumque alterius. * psalm. 24: ° quis est homo qui timet dominum? ‘ secundo ostendit confidentiae necessitatem: ° qui ambulavit in tenebris, ‘ erroris, vel adversitatis. * joan. 11: ° qui ambulat in nocte, offendit. ‘ tertio ponit ipsum consilium: ° speret in nomine, * supra 10: ° residuum israel etc.. ecce omnes. ‘ hic ponit consilii contemptum, ponens tria. primo culpam: ° accendentes, ‘ peccatis vestris, ° ignem, ‘ vobis merentes, ° accincti, ‘ quasi ligati in peccatis vestris: vel expediti ad peccatum. * supra 1: ° erit fortitudo vestra ut favilla stupae. ‘ secundo ponit poenam, ° ambulate, ‘ quasi dicat, recipite poenam. * ps. 9: ° in laboribus manuum suarum comprehensus est peccator. ‘ tertio ponit punientis potentiam, ° de manu, ‘ scilicet potentiae dei. ° dormietis, ‘ somno |125| mortis. nota * super illo verbo, ° in iniquitatibus venditi estis, ‘ quod homo pro peccato vendit multa. primo animi virtutem. * thren. 1: ° dederunt pretiosa quaeque pro vili. ‘ secundo caelestem hereditatem. * 3 reg. 21: ° propitius sit mihi dominus, ne vendam hereditatem patrum meorum. ‘ tertio animae libertatem. * eccl. 10: ° nihil est iniquius quam amare pecuniam. ‘ quarto divini amoris honorem. * oseae 3: ° diligit dominus. * item super illo verbo, ° ego autem non contradico, ‘ nota quod deo contradicunt primo infideles divinae veritati. * eccl. 4: ° ne contradicas verbo veritatis. ‘ secundo impatientes divinae correptioni. * job 9: ° quis contradicit ei ‘ (etc.); tertio impoenitentes divinae bonitati. * supra 41: ° et erunt quasi non sint: ‘ quarto inoboedientes divinae auctoritati, * oseae 4: ° populus tuus. ‘ item * super illo verbo, ° in doloribus dormietis, ‘ quod peccatores dolent in morte. primo propter corporalium amissionem. * job 27: ° dives cum dormierit, nihil secum afferet. ‘ secundo propter conscientiae contradictionem. * sap. 5: ° poenitentiam agentes, et prae angustia spiritus gementes. |150| ‘ tertio propter futurae gloriae desperationem. * thren. ult.: ° cecidit corona capitis nostri. vae nobis, quia peccavimus. ‘ quarto propter poenae timorem. * psal. 47: ° ibi dolores ut parturientis etc..

068 CIS cp51

lc ° Audite me qui sequimini. ‘ hic excludit secundum impedimentum liberationis quod posset credi ex ipsa oppressione et humiliatione judaeorum. et dividitur in tres. in prima excluditur impedimentum dejectionis ex eorum paucitate; in secunda ex opprimentium potestate, ° audite me; ‘ in tertia ex poenarum gravitate, ° ego sum. ‘ circa primum tria. primo excitat attentionem, ponens eorum idoneitatem: ° qui sequimini, ‘ bonis operibus, ° et quaeritis, ‘ recta intentione. * psalm. 33: ° divites eguerunt et esurierunt; inquirentes autem dominum non minuentur omni bono. ‘ secundo excludit paucitatis timorem. tertio ponit promissionis firmitatem, ° levate in caelum. ‘ circa secundum tria. primo ponit exemplum: ° attendite ad petram, ‘ scilicet abraham, propter ejus senectutem, ° excisi, ‘ quasi violenter, non secundum cursum naturae; ° cavernam, ‘ scilicet saram, cui ° desierant ‘ fieri muliebria. * gen. 18, rom. 4: ° non consideravit corpus suum, cum esset iam emortuum. ‘ in quo ostenditur quod deus potens est fecundare. ° quia unum vocavi. * gen. 12. | 25 | ez. 33: ° unus erat ‘ etc.. et concludit divinae consolationis beneficium, ° consolabitur, ‘ quantum ad reaedificationem civitatum, ° omnes ruinas. * ezech. 14: ° consolamini super malo quod induxi in jerusalem in omnibus. ‘ quantum ad culturam agrorum, ° et ponet desertum, ‘ idest terram vestram, quae prius erat deserta. * ier. 31: ° erit anima eorum; ‘ et quantum ad laetitiam hominum, ° gaudium. * supra 30: ° canticum erit vobis. ‘ tertio (ponit) executionis modum. ° attendite ad me. ‘ et primo ponit divinam intentionem, ° lex, ‘ praeceptum cyri de liberatione populi, ° judicium, ‘ ex justitia domini promulgatum, ° in lucem, ‘ consolationem. * supra 9: ° habitantibus in regione umbrae mortis lux orta est eis. ‘ secundo ponit judicii propinquitatem: ° prope est justus, ‘ scilicet cyrus, vel christus. ° egressus, ‘ jam in praescientia mea. * supra 46: ° prope feci justitiam. ‘ tertio ponit judicii utilitatem: ° brachia, ‘ potentes, ° mea, ‘ virtute, cyrus et darius. ° insulae, ‘ diversae gentes in me sperabunt, videntes populi liberationem. * supra 42: ° ponet in terra judicium. levate in caelum. ‘ hic ostendit divinae promissionis firmitatem per comparationem ad creaturarum mutationem. |50| unde primo ponit creaturae mutabilitatem, ° liquescent, ‘ quantum ad figuram, et quantum ad substantiam. * 1 cor. 7. ‘ et similiter dicendum de aliis. * psal. 101: ° initio tu, domine, terram fundasti, et opera manuum tuarum sunt caeli. ‘ secundo divinae promissionis firmitatem: ° salus, ‘ quam promitto, vel quia hoc ex me numquam deerit, quin sim paratus salvare, et justitiam facere. * luc. 21: ° caelum et terra transibunt, verba autem mea non transient. audite me. ' hic excludit impedimentum quod timeri poterat ex oppressione, quantum pertinet ad potestatem opprimentium: et circa hoc duo facit. primo ponitur domini confortatio; secundo prophetae disceptatio, ° consurge. ' circa primum quatuor. primo excitat attentionem: ° qui scitis justum, ' idest justitiam, quam in judiciis meis vobis revelavi. * psal. 147: ° non fecit taliter omni nationi, et judicia sua non manifestavit eis. in corde, ' in cognitione. * prov. 4: ° ne recedant ab oculis tuis, custodi ea in medio cordis tui. ' secundo excludit timorem: ° nolite timere; hominum, ' qui vos contemptui habent, de sua potentia gloriantes. * prov. 21: ° ego sum |75| vermis, et non homo; opprobrium hominum, et abjectio plebis. ' tertio ostendit eorum fragilitatem: ° sicut enim vestimentum, * job 13: ° qui quasi vestimentum quod comeditur a tinea. ' quarto divini auxilii firmitatem: ° salus autem, * supra 45: ° israel salvabitur in domino. ' nota * super illo verbo, ° ponet desertum ejus quasi delicias, ' quod sancti habent duplices delicias. primas gloriae, quae consistunt primo in plena dei visione. * job 22: ° tunc super omnipotentem deliciis afflues. ' secundo in perfecta dilectione. tertio in copiosa refectione. quarto in eminenti auctoritate. secundas gratiae, quae consistunt primo in perceptione divini luminis. * psal. 138: ° nox illuminatio mea in deliciis meis. ' secundo in proposito vel solicitudine boni operis. * eccl. 5: ° non recordabor dierum. ' tertio in ornatu virtutum. * cant. 7: ° quam pulchra es, et quam decora in deliciis. ' quarto in quiete cordis. * infra 58: ° vocaberis sabbatum delicatum. consurge. ' hic proponitur prophetae ad deum disceptatio, quasi: non contenderim quod hostes populi aliter quam divina fortitudine confundantur vel consumantur. unde primo ponitur prophetae petitio; secundo domini |100| responsio, ° ego ego. ' circa primum duo. primo ponit suam petitionem, in qua invocat divinae potentiae brachium: ° et brachium domini, ' idest virtus dei, ° consurge, ' quasi a somno. * psal. 43: ° exurge, quare obdormis, domine; induere, ' sicut miles arma bellica, ad hostes nostros impugnandum. * psal. 92: ° induit dominus fortitudinem, et praecinxit se virtute. * job 40: ° si habes brachium sicut deus. ' allegat etiam divinae fortitudinis signum in occisione pharaonis: ° numquid non tu percussisti superbum, draconem, ' pharaonem, de quo * ez.: 29 ° draco magne ' etc.; et in divisione maris: ° numquid etc., * iob 26: ° in fortitudine eius ' etc.. secundo annuntiat populo suae petitionis exauditionem; ° nunc, ' sicut fuit in exitu de aegypto, ° qui redempti, ' de captivitate babylonis: * bar. 4: ° quia reducit eos dominus etc.. ego ego. ' hic ponitur domini responsio ad populum colloquentis: et primo promittit consolationem, ° consolabor. * 2 cor. 1: ° benedictus deus, et pater domini nostri * et infra ° et deus totius consolationis, qui consolatur nos in omni tribulatione nostra. |125| ' secundo excludit hostium timorem, ponens eorum fragilitatem. ° quis es tu? quasi fenum. * supra 40: ° omnis caro fenum, et omnis gloria ejus quasi flos agri. ' et dei protegentis potestatem: ° et oblitus, * deut. 32: ° deum qui te genuit dereliquisti, et oblitus es domini creatoris tui? ' et hostis insultationem, ° ubi est; tribulantis, ' nabuchodonosor vel senacherib. * job 20: ° si ascenderit in caelum superbia tua, * (abd.) ° inde detraham te. ' tertio ostendit consolationis ordinem: ° cito veniet, ' scilicet cyrus, ° ad aperiendum, ' carcerem captivis, ° non interficiet ' vos, sicut alii reges chaldaeorum, ° nec deficiet, ' vobis, ° panis, ' sustentationis ipsius. * supra 33: ° panis ei datus est. * supra 42: ° dedi te in foedus populi mei. ego autem. ' hic excludit impedimentum quod posset putari ex eorum dejectione quantum pertinet ad poenarum magnitudinem: et primo ponit dei confortantis potestatem: ° ego sum qui conturbavi mare, ' contra peccatores diversas tribulationes immittens. * psal. 10: ° sciant quoniam justus dominus, et justitias dilexit. ' secundo prophetae concessam auctoritatem: ° posui verba, ' o isaias. ° caelos, ' idest plantandos praedicas majores de populo, |150| ° terram, ' minores; vel ° plantes, ' tuis doctrinis. tertio promittit a poenis liberationem, ° elevare: ' et circa hoc duo facit. primo ostendit praeteritam afflictionem; secundo promittit liberationem. (idcirco) circa primum tria. primo ostendit poenae cumulum: ° usque ad fundum, ' quasi ad ultimum poenarum perpessa: ° soporis, ' idest mortis. * psal. 74: ° calix in manu domini vini meri plenus mixto. ' secundo excludit omne humanum remedium: scilicet defensionis: ° non est qui sustentet; ' liberationis, ° non est qui apprehendat; ' compassionis, ° duo: ' in rebus ° vastitas, ' cujus effectus est fames; in personis ° contritio, ' cujus ultimum est gladius occidens. * jer. 15: ° qui ad gladium, ad gladium. ' et consolationis, ° quis consolabitur? * thren. 1: ° non est qui consoletur eum ex omnibus caris ejus. * eccl. 4: ° vidi calumnias ' etc.. tertio ostendit hujus rationem: ° filii tui projecti, ' a terra sua, in captivitatem; ° viarum, ' quiescentes in via, quando ducebantur in captivitate: ° sicut orix, ' orix oricis animal immundum, mus aquaticus, vel animal multum dormiens, scilicet lira, vel quaedam avis quae in africa; vel orix origis, animal mundum simile capreo, * de |175| quo deut. 14. secundum septuaginta: ° beta, ' quae est quaedam herba cito solis ardore deficiens, vel genus olerum vilissimum. * nah. 3: ° parvuli eius allisi etc.. idcirco. ' hic promittit liberationem: et circa hoc duo facit. primo eorum liberationem, ° ebriamini, et non a vino, ' sed amaritudine poenarum. * thren. 3: ° replevit me amaritudinibus, inebriavit me absynthio. qui pugnavit, ' in exitu de aegypto, * exod. 14: ° dominus enim pugnabit pro vobis. ' secundo hostium punitionem, ° et ponam illum. dixerunt animae tuae, incurvare, ' sub potestate nostra, adeo te viliter tractantes, sicut lutum quod conculcatur. * psalm. 93: ° populum tuum, domine, humiliaverunt, et hereditatem tuam vexaverunt. * ier. 49: ° ecce quibus non erat iudicium etc..

068 CIS cp52

lc ° Consurge, consurge. ' hic excludit tertium impedimentum liberationis, quod poterat dubitari, ex inopia rerum, promittens eis gratuitam liberationem. et dividitur in duas partes: primo enim praedicit liberationem judaeorum a babyloniis; secundo liberationem gentium a peccatis, ° ecce intelliget. ' circa primum duo. primo praedicit liberationem; secundo liberationis ordinem, ° parabit dominus: ' circa primum tria. primo promittit liberationem gratuitam; secundo assignat liberationis causam, ° quia haec dicit dominus deus; ' tertio indicit liberatis laetitiam, ° quam pulchri. ' promittitur autem eis liberatio tribus modis. primo ab oppressione hostium quantum ad bona quae recuperaverunt. ° consurge, ' a debilitate, qua hostibus resistere non poteras; * et ideo dicit: ° induere fortitudine, ' sicut armis militaribus, ° sion, ' in qua erat arx ad defensionem civitatis. ° consurge, ' a miseria quam incurristi, spoliantibus hostibus; * et ideo dicit: ° induere vestimentis gloriae tuae. ' gloria civitatis est frequentia civium, pulchritudo viarum, opulentia rerum. * baruch 5: ° exue te, jerusalem, stola luctus et vexationis tuae, et indue te decorem |25| et honorem ejus quae a deo est tibi, in sempiternam gloriam. ' et quantum ad hostes quos evaserunt: ° quia non adjiciet ut pertranseat, ' quasi vastans vel dominans, ° incircumcisus, ' quantum ad hostes gentiles; ° immundus, ' quantum ad proditores ex eodem populo * supra 35: ° via sancta vocabitur etc.. * apoc. 21: ° non intrabit in eam aliquid coinquinatum. ' secundo promittit liberationem a vilitate inhabitantium, quia derelicti sunt de pauperibus terrae, * sicut dicitur 4 reg. ult., et jer. ult. ° excutere de pulvere, ' vilitatis, ° consurge, ' resistens adversariis tuis, et tunc deinde ° sede, ' quieta. * 1 reg. 2: ° suscitans de pulvere egenum. ' tertio promittit liberationem a detentione captivorum, praedicens liberationis beneficium. ° solve vincula, ' idest exi de captivitate. * levit. 26: ° confregi catenas tuas. ' et ostendit liberationis modum: ° quia haec dicit dominus, gratis venumdati estis: ' quasi dicat: nulla beneficia vobis praestiterant qui vos captivaverunt. ° redimemini, ' a captivitate babylonis per cyrum. * supra 45: ° captivitatem meam dimittet etc., * psal. 43: ° vendidisti populum tuum sine pretio. quia haec dicit. ' hic assignat liberationis duas causas: scilicet calumniam |50| populi, et blasphemiam dei. et primo allegat calumniam: ° in aegyptum... in principio, ' in patribus: * gen. 46 et 47: ° ut colonus, ' et ita aliquod jus habebant opprimendi eos ex beneficiis impensis. ° et assur, ' sub quibus etiam chaldaei includuntur, ° absque ulla causa, ' nulla beneficia eis praestans. si ergo liberationem abegit, ° quid mihi est? ' idest, quid impedit quod modo non liberem jerusalem? secundo sententiam pronuntiat: ° quia ablatus est, ' de terra sua. ° dominatores, ' qui sibi dominium usurpaverunt, scilicet chaldaei. et quoniam ° jugiter, blasphematur, ' quasi non possim populum meum liberare. * ezech. 36: ° sanctificabo nomen meum magnum, quod pollutum est inter gentes. propter hoc in die illa, ' liberationis, ° qui loquebar, ' promittens, ° adsum, ' ad explendum. * baruch 3: ° post haec in terris visus est, et cum hominibus conversatus est. * heb. 1: ° multifarie multisque modis olim deus loquens patribus in prophetis, novissime diebus istis locutus est nobis in filio: ' si exponatur mystice de adventu christi. ° quam pulchri. ' hic indicit liberatis laetitiam: et primo describit laetitiam, quantum ad receptionem nuntiorum, qui venientes de chaldaea eam nuntiaverunt. ° pulchri, |75| ' quia pulchrum et delectabile erat populo talia annuntiantes audire, ° super montem, ' ut multi audiant, ° praedicantis, ' publice, ° pacem, ' a cyro restitutam, ° bonum, ' subsidii promissi, ° salutem, ' a captivitate. ° regnabit, ' quasi ultra tantum deus in te regnabit, quia ipsum coles in templo reparato. * nah. 2: ° ecce super montes ' etc.. secundo describit laetitiam quantum ad inspectionem speculatorum, qui inde redeuntes videbant, ponens exultationis vocem, ° vox, ' laetitiae resonabit. * act. 4: ° unanimiter elevaverunt vocem ad deum. ' et laetitiae rationem: ° quia oculo, ' quasi, oculis suis videbunt captivos venientes. * supra 33: ° oculi tui videbunt, jerusalem. ' tertio quantum ad perventionem captivorum, ° gaudete. * supra 35. ° laetabitur deserta, et exultabit solitudo. ' nota * super illo verbo, ° induere vestimentis, ' quod sancti habent vestimenta virtutum de quibus gloriantur: et ista primo sunt ad protegendum. * infra 61: ° induit me dominus vestimentis salutis, et indumento justitiae circumdedit me. ' secundo ad calefaciendum. * prov. ultim.: ° non timebit domui suae a frigoribus nivis: omnes enim domestici ejus vestiti duplicibus. ' tertio ad ornandum. |100| * apoc. 3: ° vestimentis albis. ' haec vestimenta primo debent esse candida in honestate operis. * eccle. 9: ° omni tempore vestimenta tua sint candida. ' secundo munda in rectitudine intentionis. * supra 9: ° vestimentum mixtum sanguine erit in combustione; ' tertio odorifera per famae divulgationem. * cant. 4: ° odor vestimentorum tuorum sicut odor thuris. * item super illo verbo, ° solve vincula, ' nota quod sunt vincula a quibus solvit deus, primo mundanae solicitudinis. * job 39: ° quis dimisit onagrum liberum, et vincula ejus quis solvit? ' secundo carnalis amoris. * eccle. 7: ° inveni amariorem morte mulierem, ' tertio perversae actionis. * psalm. 106. ° eduxit eos de tenebris et umbra mortis, et vincula eorum disrupit. ' quarto pravae consuetudinis. * supra 5: ° vae qui trahitis iniquitatem ad iniquitatem, et quasi vinculum plaustri peccatum. ' item sunt vincula a quibus deus non solvit: primo caritatis. * oseae 11: ° in funiculis caritatis traxi eos. ' secundo divinae legis. * jerem. 2: ° a saeculo confregisti jugum. ' tertio divinae instructionis. * eccli. 6: ° subjice humerum |125| tuum, et porta illam, et ne accidieris vinculis ejus. parabit dominus. ' hic exequitur liberationis ordinem: et primo ponit manifestum dei auxilium. ° brachium, ' scilicet virtutem suam, quam omnes in hoc facto advertere potuerunt. * psalm. 97: ° viderunt omnes fines terrae salutare dei nostri. ' secundo indicit captivis egressum, ° recedite, ' scilicet de babylonia, ° pollutum, ' nolite inter eos pollutos conversari. * apoc. 18: ° exite de illa populus meus. ' tertio docet egrediendi modum, quantum ad puritatem, ° mundamini, ' sacerdotes; quantum ad securitatem, ° (non) in tumultu exibitis, ' scilicet belli, sicut de aegypto; * ps. 104: ° eduxit populum suum; ' quantum ad ductorem, ° praecedit, ' quasi dux, ° et congregabit, ' quasi pastor. * ezech. 36: ° tollam quippe vos de gentibus, et congregabo vos de universis terris, et reducam vos in terram vestram. ecce intelliget. ' hic praedicit liberationem gentium a servitute peccati, per filium dei factam: et primo describit liberatorem quantum ad gratiae eminentiam: ° intelliget, ' quantum ad sapientiae plenitudinem; ° servus, ' secundum naturam assumptam, christus. * philip. 2: ° formam servi accipiens. * prov. 14: ° acceptus est |150| etc., * et 1: ° intelligens gubernacula etc.. exaltabitur, ' quantum ad virtutum operationem. * psalm. 20: ° exaltare, domine, in virtute tua. elevabitur, ' quantum ad ascensionem. * psal. 8: ° quoniam elevata est magnificentia tua super caelos. * ephes. 4: ° qui descendit, ipse est et qui ascendit. et sublimis, ' sedens ad dexteram patris. * supra 4: ° erit germen domini in magnificentia et gloria, et fructus terrae sublimis. ' et quantum ad passionis ignominiam: ° sicut ' enim ° obstupuerunt, ' exemplis, miraculis et doctrinis: * matth. 12: ° stupebant omnes turbae super doctrina ejus, et miraculis quae faciebat. inglorius, ' in passione, ° et forma, ' species sive decor. * psalm. 21: ° ego sum vermis, et non homo; opprobrium hominum, et abjectio plebis. ' secundo praedicit liberationem, quantum ad peccatorum remissionem, ° iste asperget, ' aspersione sanguinis, * 1 petri 1 ' et aqua baptismi. * hebr. 10: ° aspersi corda, ' etc.; quantum ad ipsius venerationem, ° super ipsum, ' tacentes, ad auscultandum, non praesumentes ad secreta ipsius tractandum. * job 29: ° principes cessabant loqui. ' et quantum ad veritatis cognitionem: ° quia quibus, ' scilicet gentibus, |175| ° non erat, ' per prophetas, ° videbunt, ' corde, ° audierunt ' ipsum personaliter praedicantem. * infra 65. ° ecce ego ad gentes quae nesciebant me et quae non invocabant nomen meum.

068 CIS cp53

lc ° Quis credidit? ' hic incipit ponere remedia, contra dicta impedimenta: et primo contra peccatum promittit christi passionem; secundo contra depressionem promittit exaltationem, * cap. 54: ° lauda sterilis; ' tertio contra paupertatem promittit gratuitam rerum fruitionem, * (cap. 55), ° omnes sitientes. ' circa primum duo. primo ostendit altitudinem mysterii, quia nec auditui facile creditur. ° auditui, ' de his quae de christo a te audivimus. * (abd.): ° auditum audivimus, etc., * habacuc 3: ° domine, audivi auditionem tuam, et timui. ' nec facile videtur, ° et brachium, ' id est filius dei, dei virtus. * job 40: ° si habes brachium sicut deus. ' secundo prosequitur ordinem facti: et primo proponens similitudinem, quantum ad ipsius exaltationem: ° et ascendet, ' ex ventre matris nascendo, ex morte resurgendo, de mundo in caelum ascendendo, et in fidem gentium, ° sicut virgultum, ' quod in altum crescit, et in latum multiplicatur. * supra 11: ° egredietur virga de radice jesse, et flos de radice ejus ascendet. ' et quantum ad ipsius humanitatem: ° et sicut radix de terra sitienti, ' idest de terra sine humore, quae prae siccitate indecora |25| videtur; sic etiam ipse ortus est de matre absque virili humore. * apoc. ult.: ° ego sum radix david. ' secundo ponit similitudinis expositionem, ° non est. ' et primo quantum ad humiliationem; secundo quantum ad exaltationem, ° de angustia. ' circa primum duo. primo describit christi humilitatem; secundo humiliati mansuetudinem, ° oblatus est. ' circa primum tria. primo describit humilitatis officium; secundo humiliati contemptum, ° et quasi absconditus; ‘ tertio humiliationis fructum, ° ipse autem vulneratus. ‘ circa primum duo. primo ostenditur ejus humilitas quantum ad absconsionem majestatis: ° non est ei species, ‘ quantum ad affluentiam interiorum bonorum, ° neque decor, ‘ quantum ad affluentiam exteriorum: species enim proprie respicit pulchritudinem quantum ad commensurationem membrorum; sed decor quantum ad convenientiam coloris, et aliorum circumadjacentium. habebat siquidem speciem, quia ° speciosus forma prae filiis hominum, * (psalm. 44); ‘ sed latebat propter infirmitatem assumptam. habebat decorem, quia ° fortitudo et decor indumentum ejus, * prov. ult.; ‘ sed latebat propter paupertatem |50| servatam. * unde cant. 2: ° sonet vox tua in auribus meis. ‘ et ideo nos qui tunc increduli, et postea conversi, in quorum persona loquitur, ° vidimus eum, ‘ corporaliter, ° et non erat aspectus, ‘ magnificus, secundum quod dicitur, quod species priami digna est imperio. secundo ostenditur ejus humilitas quantum ad ostensionem infirmitatis: ° et desideravimus eum, ‘ cum desiderio expectantes quasi magnum redemptorem. * aggaei 2: ° ecce veniet desideratus cunctis gentibus. ‘ et in dignitate, contra quod ° vidimus eum despectum, ‘ inglorium, ° novissimum virorum, ‘ propter turpissimum genus mortis. * sap. 2: ° morte turpissima condemnemus eum. * prov. 30: ° stultissimus sum virorum. ‘ magnum etiam in prosperitate; contra quod invenimus eum ° virum dolorum, ‘ quasi miserum, doloribus plenum. * thren. 1: ° o vos omnes qui transitis per viam, attendite, et videte si est dolor sicut dolor meus. ‘ magnum etiam in potestate; contra quod invenimus eum ° scientem infirmitatem, ‘ per experimentum. * 2 cor. ult.: ° nam si crucifixus est ex infirmitate, sed vivit virtute dei. et quasi absconditus. ‘ hic ostendit humiliati contemptum: et primo quantum |75| ad majestatem absconsam in subtractione honoris, ° quasi absconditus, ‘ latens majestas sub infirmitate carnis. ° unde nec reputavimus ‘ debitum honorem non impendendo. * supra 45: ° vere tu es deus absconditus. ‘ secundo quantum ad infirmitatem ostensam, ponens infirmitatis signum: ° vere, ‘ sicut verus homo, ° languores, ‘ infirmitates, sicut famem, sitim, ° tulit, ‘ sustinuit, ° dolores, ‘ sensibiles in passione, et tristitiam, ° vel languores, ‘ peccata, abstulit a nobis, vel loco nostri, poenas sustinuit. * 1 petr. 2: ° peccata nostra pertulit super lignum. ‘ ponens etiam contemptum: ° et nos reputavimus quasi leprosum, ‘ immundum et peccatorem, et ideo ° percussum a deo, ‘ pro peccatis suis quantum ad poenas, ° et humiliatum, ‘ quantum ad ignominias. * job 22: ° propter malitiam tuam plurimam, et infinitas iniquitates tuas. * et 39: ° abominantur ‘ etc.. nota * super illo verbo. ° et brachium domini cui revelatum est? ‘ quod christus est brachium primo ad flagellandum daemones. * psal. 88: ° in brachio virtutis tuae dispersisti inimicos tuos. ‘ secundo ad supportandum debiles. * supra 40: ° in brachio suo levabit agnos. ‘ tertio ad defendendum fideles. * sap. 5: ° dextera sua reget eos. * item super illo, ° virgultum, ‘ quod christus |100| est virga primo ad percutiendum. * num. 24: ° orietur stella ex jacob, et consurget virga de israel; ‘ secundo ad sustentandum. * psalm. 22: ° virga tua et baculus tuus, ipsa me consolata sunt. ‘ tertio ad dirigendum. * psal. 44: ° virga directionis tuae. * item super illo ° radix de terra, ‘ quod christus est radix primo propter absconsionem. * eccli. 1: ° radix sapientiae cui revelata est? ‘ secundo propter nutrimenti ministrationem. * jerem. 17: ° erit tamquam lignum quod ad humorem mittit radices. ‘ tertio propter totius arboris sustentationem. * rom. 11: ° non tu radicem portas. ipse autem vulneratus. ‘ hic ponit humiliationis sive passionis fructum: et primo assignat rationem moventem: ° ipse autem, ‘ non sicut putavimus, sed ° vulneratus ‘ spinis, clavis, lancea, ° propter iniquitates nostras, ‘ tollendas. ° attritus, ‘ flagellis et alapis. vel ° vulneratus, * quantum ad id quod dicit ° percussum; attritus, * quantum ad id quod dicit ° humiliatum. * thren. 4: ° spiritus oris nostri christus dominus. ‘ secundo ostendit utilitatem consequentem in reconciliatione pacis, ° disciplina pacis; ‘ idest, ipse pro nobis disciplinam correptionis |125| sustinuit: per quam pacem habemus accessum ad deum. * rom. 5: ° si enim cum inimici essemus, reconciliati sumus deo per mortem filii ejus, ‘ et in restitutione perditae sanitatis, ° livore, ‘ quem ex virgis habuit. * 1 petr. 2: ° cujus livore sanati estis. * psalm. 102: ° qui propitiatur omnibus iniquitatibus tuis, qui sanat omnes infirmitates tuas. ‘ tertio ostendit necessitatem imminentem ex parte nostra, quia omnes infirmi: unde omnes medico indigent, et nullus alius sufficiens remedium praebere poterat. * rom. 3: ° non enim est distinctio iudaei et graeci: omnes enim peccaverunt, et egent paenitentia. omnes nos quasi oves, * 1 petri 2: ° eratis aliquando sicut oves non habentes pastorem. oblatus est. ‘ hic ostendit patientis mansuetudinem; et primo proponit ipsam mansuetudinem, et primo quantum ad voluntariam sui oblationem: ° oblatus est, ‘ deo patri pro nobis hostia, * psal. 53: ° voluntarie sacrificabo tibi. ‘ secundo quantum ad patientem passionem: ° et non aperuit os suum, ‘ quasi contradicens et contendens: etiam coram herode nihil respondit, * luc. 23. thren. 4: ° ex ore altissimi ‘ etc.. |150| secundo ponit similitudinem: ° sicut ovis ad occisionem, ‘ quia sine resistentia occisus, ° et quasi agnus, ‘ sine contradictione injuriam passus. * jerem. 11: ° ego quasi agnus qui portatur ad victimam. ‘ nota * super illo verbo, ° novissimum, ‘ quod christus fuit novissimus, primo propter doloris acerbitatem. * thren. 1: ° o vos omnes qui transitis per viam, attendite, et videte si est dolor sicut dolor meus. ‘ secundo propter mortis turpitudinem. * sapien. 2: ° morte turpissima condemnemus eum. ‘ tertio propter impositi criminis magnitudinem. * proverb. 30: ° stultissimus sum virorum, et sapientia hominum non est mecum. ‘ item * super illo ° virum dolorum, ‘ quod christus fuit plenus doloribus primo propter morbi necessitatem. * supra 1: ° a planta pedis usque ad verticem non est in eo sanitas. ‘ secundo propter gratiarum effusionem. * joan. 1: ° de plenitudine ejus omnes accepimus gratiam; ‘ tertio propter nostram obligationem. * 2 corinth. 5: ° in hoc christus mortuus est, etc.. de angustia. ‘ posita humilitate passionis, hic incipit ponere exaltationis gloriam, quae est passionis praemium, * sicut dicitur phil. 2: ° propter quod deus exaltavit illum. |175| ‘ et primo quantum ad evasionem periculorum; secundo quantum ad ultionem hostium, ° et dabit impios; ‘ tertio quantum ad justificationem hominum, ° si posuerit, ‘ quarto quantum ad victoriam rebellium, ° ideo dispertiam. ‘ circa primum duo. primo ponit praemium: ° de angustia, ‘ passionis, ° de judicio, ‘ injusto, quo ab aliis judicatus est, ° sublatus est, ‘ in resurrectione. * proverb. 11: ° justus de angustia liberatus est. ‘ secundo ponit meritum, ponens patientis dignitatem, ut ex conditione personae meritum passionis pensetur: ° generationem, ‘ aeternam qua de patre sine matre, vel temporalem qua de matre sine patre, ° quis? ‘ quasi nullus naturali ratione, etsi aliqualiter inspiratione divina. * eccl. 43: ° quis vidit eum et enarrabit? ‘ ponens etiam illatam passionem: ° quia abscisus est, ‘ per mortem a judaeis, ° de terra viventium, ‘ de hac vita. * jerem. 12: ° venite, mittamus lignum in pane ejus, et eradamus eum de terra viventium. ‘ ponens etiam ex parte dei patris passionis acceptationem: ° propter scelus percussi, ‘ percuti permisi. * 1 petri 3: ° christus semel pro peccatis nostris, etc.. et dabit impios. ‘ hic ponit secundum, scilicet vindictam persequentium: et primo ponit praemium: |200| ° et dabit impios. ‘ judaeos in manus romanorum, ° pro sepultura, ‘ quia ipsum in sepulcro custodiri fecerunt. * prov. 21: ° pro iusto dabitur, ‘ etc.. secundo ponit meritum quantum ad vitae innocentiam: ° eo quod iniquitatem non fecit, ‘ quantum ad peccatum operis, ° in ore, ‘ quantum ad peccatum oris. * 1 pet. 2: ° qui peccatum non fecit, nec inventus est dolus in ore ejus. ‘ et quantum ad mortis obedientiam: ° et dominus, ‘ pater ° voluit. ‘ et ipse obediens fuit patri usque ad mortem. * phil. 2: ° factus obediens usque ad mortem. * 1 cor. 1: ° quod infirmum est dei, fortius est hominibus. si posuerit. ‘ hic ponit tertium, scilicet quod per ipsum completa est hominum justificatio: et primo ponit praemium contra mortis dolorem, ° si posuerit, ‘ propria voluntate: * joan. 10: ° ego pono animam meam: videbit semen longaevum: ‘ usque ad finem mundi filios sibi regenerari ex virtute mortis ejus. * joan. 12: ° nisi granum frumenti cadens in terra mortuum fuerit, ipsum solum manet; si autem mortuum fuerit, multum fructum affert. et voluntas dirigetur, ‘ implebitur, ° in manu, ‘ in opere ejus. * 1 thessal. 4: ° haec est voluntas dei, sanctificatio vestra. ‘ et contra doctrinae laborem: |225| ° pro eo quod laboravit, ‘ praedicando et discurrendo, ° videbit, ‘ gentes ad se conversas, ° et saturabitur, ‘ quasi habens quod intendit. * joan. 4: ° cibum habeo manducare quem vos nescitis. ‘ secundo ponit meritum quantum ad exercitium praedicationis, ° in scientia, ‘ idest doctrina. * roman. 5: ° justificati gratis ex fide. * joan. 6: ° domine, ad quem ibimus? verba vitae aeternae habes. ‘ et quantum ad tormentum mortis, ° iniquitates, ‘ idest poenas pro iniquitatibus. * supra 46: ° ego feci, ego feram. ideo dispertiam. ‘ hic ponit quartum, scilicet victoriam de hostibus: et primo ponit hostium subjectionem: ° ideo dispertiam, ‘ quasi partem suam ei dabo, ° plurimos, ‘ qui credent in ipsum, ° et spolia fortium, ‘ idest captivatos a daemonibus, ° dividet, ‘ discipulis suis, diversos diversis gentibus praeponens. * oseae 13: ° ipse diripiet thesaurum omnis vasis desiderabilis. * ps. 67: ° rex virtutum, dilecti dilecti, et speciei domus dividere spolia. ‘ secundo ponit subjectionis rationem quantum ad mortem: ° pro eo quod tradidit: ‘ et quantum ad genus mortis, ° et cum sceleratis. * luc. 23: ° et crucifixi sunt cum eo duo nequam. * psalm. 87: ° aestimatus sum cum |250| descendentibus in lacum. ‘ tertio subjectorum salvationem. non enim quasi tyrannus sibi subdidit ad vexandum, sed ad salvandum. ° et ipse peccatum multorum, ‘ efficienter, quamvis omnium sufficienter, ° tulit, ‘ abstulit, ° et pro transgressoribus oravit. * luc. 23: ° pater, ignosce illis, quia nesciunt quid faciunt.

068 CIS cp54

lc ° Lauda sterilis. ‘ hic contra rerum dejectionem promittit exaltationis remedium: et primo promittit multitudinem contra paucitatem; secundo honoris restitutionem contra confusionem, ° noli timere; ‘ tertio prosperitatem contra pristinam adversitatem, ° paupercula. ‘ circa primum tria. primo praedicit filiorum multitudinem, indicens gratiarum actionis laudem: ° o sterilis, ‘ jerusalem, ° quae non paris, ‘ quia derelicta, deserta, ° lauda, ‘ deum, pro concessis beneficiis. laudantium jucunditatem: ° decanta laudem: ‘ est enim canticum, mentis exultatio in vocem prorupta; et jucunditatis magnitudinem: ° hinni, ‘ in modum equi prae magnitudine vocem ad exprimendum formare non potens. * jer. 31: ° exulta in laetitia, jacob. * ps. 146: ° deo nostro sit jucunda decoraque laudatio. ‘ et promittens filiorum multitudinem, ° quoniam multi; ‘ quasi, magis multiplicabuntur filii tui, quamvis sis deserta, quam illarum civitatum quae viros habent ad generandum. * 1 reg. 2: ° donec sterilis peperit plurimos, et quae multos habebat filios infirmata est. ‘ secundo exhortatur ad loci ampliationem |25| sub metaphora tentorii: ° dilata locum, ‘ quantum ad solum quo extenditur; ° pelles, ‘ quibus tegitur; ° funiculos, ‘ quibus paxilli ligantur; ° clavos, ‘ quibus tabulae conjunguntur, vel ipsos paxillos. et haec leguntur fuisse in tabernaculo foederis: * exod. 26, et 36. ‘ hac pro multitudine hominum oportet majorem habitationem quaerere, quam sit terra promissionis. * supra 49: ° adhuc dicunt filii sterilitatis, ‘ etc.. tertio praedicit exhortationis impletionem: ° ad dexteram enim, ‘ quasi, undique te dilatabis: quod impletum fuit tempore machabaeorum, quando appositae fuerunt quaedam civitates de regione samariae et de aliis regno judaeorum. * gen. 24: ° possideat semen tuum portas inimicorum tuorum. noli timere. ‘ hic promittit pristini honoris restitutionem, contra confusionem quam prius sustinuerant. secundo promissionis firmitatem: ° sicut in diebus noe. ‘ circa primum duo facit. primo promittit pristinae confusionis oblivionem: ° non confunderis, ‘ interius, ° non erubesces, ‘ exterius. ° pudebit, ‘ ex consideratione tuae turpitudinis; ° oblivisceris, ‘ prae abundantia gloriae; ° adolescentiae ‘ quando peccasti in deserto, ° viduitatis, ‘ quando fuisti a deo separata in captivitate babylonis. * supra 45: ° non |50| confundemini, neque erubescetis. * sopho. 3: ° in die illa non confunderis super cunctis adinventionibus tuis. ‘ secundo promittit pristini honoris restitutionem: et primo ponit restitutionem quantum ad dominium, ° quia dominabitur; * supra 26: ° domine possederunt nos; ‘ et quantum ad conjugium, ° mulierem derelictam. * jerem. 3: ° si dimiserit vir uxorem suam, et recedens ab eo duxerit virum alterum; numquid revertetur ad eum ultra? ‘ secundo promittit honoris ampliationem quantum ad honorum multitudinem: ° dixit dominus, in modico, ‘ pauca passa es respectu eorum quae tibi miserando tribuam. * 2 corinth. 4: ° id enim quod in praesenti est, momentaneum est. ‘ et quantum ad durationem, ° in momento; ‘ quasi dicat: brevi tempore iram meam sensisti respectu ejus in quo tui miserebor. * supra 26: ° abscondere modicum. ‘ haec autem omnia quae dicta sunt, mystice exponuntur de vocatione gentium: “ quia gentilitas prius sterilis, postmodum multos filios congregavit, * secundum glossam. ° sicut in diebus. ‘ hic ostendit promissionis firmitatem. et primo ex prioris promissionis similitudine: ° iuravi, ‘ firmiter statui, si tamen in praeceptis meis permanseris. * gen. 9: |75| ° statuam pactum meum vobiscum, et cum semine vestro post vos. * eccli. 44: ° testamenta saeculi. ‘ secundo ex creaturarum stabilium operatione: ° montes enim, ‘ quasi dicat: facilius est montes et colles immutari, quam verba mea cassari. vel per montes et colles, mundi potentes. * ps. 45: ° non timebimus dum turbabitur terra. ‘ nota * super illo verbo, ° lauda sterilis, ‘ quod est sterilitas primo perversae actionis. * job 15: ° congregatio hypocritae sterilis. ‘ secundo sacrae contemplationis. * genes. 29: ‘ rachel erat sterilis. tertio temporalis tribulationis. * supra 49: ° adhuc dicent in auribus tuis filii sterilitatis. ‘ item nota * super illo ° dilata tentorium, ‘ quod dilatandum est cor primo propter hospitis magnitudinem. * jerem. 23: ° numquid non caelum et terram ego impleo, dicit dominus. ‘ secundo propter munerum multitudinem. * infra 60: ° videbis, et afflues, et dilatabitur cor tuum. ‘ tertio propter viae expletionem. * psalm. 118: ° viam mandatorum tuorum cucurri. ‘ item * super illo ° in miserationibus magnis, ‘ quod misericordiae futurae magnae sunt, primo quia intrinsecae. * rom. 8: ° existimo quod non sunt condignae passiones hujus temporis ad |100| futuram gloriam quae revelabitur in nobis. ‘ secundo quia aeternae. * 2 cor. 4: ° quae enim videntur, temporalia sunt; quae autem non videntur, aeterna. ‘ tertio quia perfectae. * luc. 1: ° ecce enim ex hoc beatam me dicent omnes generationes. ‘ quarto quia in plures extensae. * luc. 14: ° homo quidam fecit caenam magnam, et vocavit multos. ‘ quinto quia integrae. * apoc. 21: ° absterget deus omnem lacrymam ab oculis sanctorum. paupercula. ‘ hic promittit prosperitatem contra adversitatem: et primo commemorat adversitatem pristinam: ° paupercula, ‘ jerusalem spoliata bonis, ° tempestate, ‘ adversitate. * supra 18: ° ad gentem convulsam et dilaceratam mittam te. ‘ secundo promittit prosperitatem futuram, et quantum ad affluentiam bonorum, proponens metaphoram: ° ecce ego sternam, ‘ quasi in pavimento, ° per lapides, ‘ pretiosos, significans homines virtutibus eminentes, ° per ordinem, ‘ unumquemque in ordine suo: * tob. 13: ° portae ierusalem; ‘ et explanans ipsam quantum ad scientiae divinae doctrinam, ° universos, * jer. 31. ° dabo legem meam in visceribus |125| eorum, et in corde eorum scribam eam. ‘ quantum ad pacis abundantiam, ° multitudinem. * psalm. 118: ° pax multa diligentibus legem tuam. ‘ et quantum ad operum justitiam, ° et in justitia. * supra 1: ° sion in judicio redimetur; et reducent eam in justitiam. ‘ secundo quantum ad carentiam malorum, promittens primo periculorum evasionem, ° recede, ‘ idest recedes, quia calumniam non patieris. * ps. 71. ° humiliabit calumniatores. ‘ secundo extraneorum adhaesionem. ° ecce accola, ‘ quia multi adhaeserunt de gentibus exeuntibus de captivitate. * infra 56: ° non dicat filius advenae, qui adhaeret domino, dicens: separatione dividet me dominus a populo suo. ‘ tertio promittens hostium destructionem, ° ecce ego. ‘ et primo ostendit promittentis potestatem, proponens similitudinem, ° fabrum, ‘ persecutorem qui sufflat ° in igne ‘ tribulationis ° vasa ‘ contrarios secundum voluntatem suam: * job 41: ° halitus ejus prunas; ‘ et exponens ipsam, ° ego creavi. * 1 reg. 2: ° dominus mortificat et vivificat. ‘ secundo ponit promissionem, ° omne vas, ‘ idest omne fictum dissipabit, quantum ad impugnantes factis, ° et omnem linguam, ‘ quantum ad impugnantes verbis. * supra 41: ° et erunt quasi non sint.

068 CIS cp55

lc ° Haec est hereditas. ‘ hic adhibet tertium remedium, promittens rerum abundantiam contra pristinam penuriam. et dividitur in duas partes: in prima ponit promissionem; in secunda ostendit promissionis firmitatem, ‘ et quomodo descendit. ‘ circa primum tria facit. primo ostendit eorum quibus promittitur, conditionem: ° haec est hereditas; ‘ idest, haec quae sequuntur, debentur servis domini, qui ei filii sunt, quasi hereditario jure, ° et justitia, ‘ quasi justa merces. * ps. 15: ° hereditas mea. ‘ secundo proponit promissionem, promittens futuram copiam in necessariis: ° omnes sitientes, ‘ idest vos ex judaeis, qui prius prae inopia sitientes eratis, ° emite, ‘ sine pretio, ° comedite, ‘ panem, et alia necessaria. * joan. 7: ° si quis sitit, veniat ad me, et bibat... et de ventre ejus fluent aquae vivae. ‘ et in deliciis: ° venite, emite, ‘ quasi, ac si emeretis accipite, vel ° absque argento, ‘ idest minus quam justo pretio, * can. 5: ° bibi vinum meum cum lacte meo. ‘ et commemorans pristinam inopiam. ° quare appenditis? ‘ quasi dicat: quare hactenus argentum dabatis, et panem inde emere non poteratis? |25| * aggaei 1: ° seminastis multum, et intulistis parum. ‘ haec autem mystice exponuntur de aqua divinae sapientiae, “ quae gratis sitientibus datur, * secundum glossam. ‘ tertio indicit praeparationem ad consequendum dictum promissionem: ° audite audientes: ‘ et primo excitat attentionem: secundo ponit exhortationem, ° quaerite dominum. ‘ excitat autem attentionem triplici promissione. primo promittens attendentibus bonorum copiosam fruitionem: ° comedite, ‘ idest reficiam vos diversis bonis, si me audiatis, ° in crassitudine, ‘ quantum ad copiam. * supra 1: ° si volueritis et audieritis me, bona terrae comedetis. * ier. 31: animam sacerdotum. ‘ secundo promittens mortis evasionem, ° inclinate. * psal. 118: ° vivet anima mea, * iterum ps. 118: ° in aeternum non obliviscar justificationes tuas, quia in ipsis vivificasti me. ‘ tertio promittens potestatem. et primo ponit similitudinem: ° et feriam: ‘ id est sicut david veras promissiones feci, ut in sempiternum semen suum permaneret: sic et vobiscum faciam. secundo explicat ipsam, ostendens quid david fecerit: ° ecce testem, * psalm. 17: ° populus quem non cognovi, servivit mihi; in auditu auris obedivit |50| mihi. ‘ et quid eis facturus sit, ° ecce gentes vocabis, ‘ ad praeceptum tuum implendum, non tuis viribus, ° sed propter dominum. * supra 49: ° adorabunt propter dominum deum tuum qui elegit te. quaerite dominum. ‘ hic indicit eis praeparationem ad consequendam dictam promissionem: et primo dat quaerendi divinum consilium: ° quaerite dominum dum inveniri potest, ‘ antequam adversitas vel mors veniat. * ps. 104: ° quaerite dominum, etc., * prov. 1: ° mane consurgent, ‘ etc.. secundo docet quaerendi modum: ° derelinquat impius, ‘ peccans in deum, ° iniquus, ‘ peccans in proximum. * supra 1: ° auferte malum cogitationum vestrarum ab oculis meis. ‘ tertio ponit reversionis fructum, scilicet misericordiam: ° et revertatur, quoniam multus, ‘ idest multiplicis misericordiae, ° ad ignoscendum. * joel. 2: ° convertimini ad dominum deum vestrum. ‘ quarto excludit misericordiae impedimentum: ° non enim cogitationes, ‘ quasi: vos impii, ego pius; vos ultionem cogitatis, ego misericordiam. * ezech. 18: ° numquid viae meae non sunt aequae, domus israel, et non magis viae vestrae |75| pravae sunt? et quomodo. ‘ hic ostendit promissionis firmitatem: et primo ostendit divini verbi efficaciam, ° ad me vacuum, ‘ idest sine fructu. * sap. 1: sermo obscurus, oseae 6: ° veniet quasi imber temporaneus et serotinus. ‘ secundo ponit continentiam quantum ad laetam remissionem de babylone, ° quia in laetitia. * ps. 104: ° eduxit populum suum in exultatione, et electos suos in laetitia. ‘ quantum ad aliorum congratulationem, ° montes et colles, ‘ potentes et populares, laudantes in vobis dominum. vel est hyperbole. ° terra vestra, ‘ vestrae reversioni congratulans. quantum ad bonorum multiplicatam restitutionem: ° pro saliuncula, ‘ idest, priora pauca erant respectu futurorum. * aggaei 2: ° erit gloria domus hujus novissimae, plus quam primae. * supra 41: ° dabo in solitudine. ‘ saliunca, a saliendo dicta, quae cardus leporinus dicitur. tertio ponit consequentem dei gloriam, ° et erit dominus nominatus, ‘ undique et semper gloriosus pro liberatione vestra, ° in signum aeternum, ‘ ad quem confugient sicut ad signum salutis. * supra 49: ° ecce ego levabo ad gentes signum meum. |100| ‘ nota * super illo verbo, ° omnes sitientes venite ad aquas, ‘ quod divina doctrina primo dicitur aqua; et hoc primo quia infirmos sanat. * eccl. 15: ° aqua sapientiae salutaris potavit eum. ‘ secundo quia inquinatos mundificat. * ezech. 36: ° effundam super vos aquam mundam, et mundabimini ab omnibus inquinamentis vestris. ‘ tertio quia sitientes satiat. * joan. 4: ° si quis biberit ex aqua quam ego dabo ei, non sitiet in aeternum. ‘ secundo dicitur vinum; et hoc quia primo pungit arguendo. * supra 1: ° vinum tuum mixtum est aqua. ‘ secundo quia incendit exhortando. * psal. 104: ° eloquium domini inflammavit eum. ‘ tertio quia inebriat consolando. * infra ult.: ° inebriamini ab uberibus consolationis vestrae. ‘ tertio dicitur lac; et hoc primo propter pulchritudinem. * gen. 49: ° nephtalim cervus emissus dans eloquia pulchritudinis. ‘ secundo propter dulcedinem. * can. 2: ° sonet vox tua in auribus meis: vox enim tua dulcis. ‘ tertio propter sumendi facilitatem. * 1 petri 2: ° quasi modo geniti infantes lac concupiscite.

068 CIS cp56

lc ° Haec dicit dominus. ‘ hic postquam promiserat liberationem a malis, incipit promittere salutem in collatione bonorum. et dividitur in partes tres. in prima ponitur salutis praeparatio; in secunda salutis promissio, * cap. 60: ° surge illuminare; ‘ in tertia salutis collatae multa discretio, * cap. 63: ° quis est iste. ‘ prima in duas. in prima ponitur praeparatio ex parte salutem suscipientis; in secunda ex parte ipsius salvantis, * c. 59: ° ecce non est abbreviata. ‘ prima in duas. in prima dat praeparationis salubre consilium; in secunda excludit inane remedium, * (c. 58): ° clama, ne cesses. ‘ prima in duas. in prima ponit consilii recipientium diversitatem, quantum ad constitutionem praemiorum; in secunda quantum ad evasionem periculorum, * cap. 57: ° justus perit. ‘ prima in tres. in prima ponit consilium; in secunda in recipientibus consilii fructum, ° beatus vir qui facit; ‘ in tertia in contemnentibus salutis defectum, ° omnes bestiae. ‘ circa primum duo. primo consulit debitam praeparationem: ° custodite judicium, ‘ vos praelati, quorum est judicare; |25| ° facite justitiam, ‘ vos subditi, idest omnem virtutem, secundum quod ad alterum conformatur praeceptis legis. * michaeae 6: ° indicabo tibi, o homo, quid sit bonum. ‘ secundo promittit salutis propinquitatem: ° quia juxta, ‘ idest prope, ° salus mea, ‘ quia a me salvabimini post captivitatem, ° et justitia mea, ‘ quantum ad hostes, de quibus vos vindicabo. * supra 46: ° prope feci justitiam meam. beatus vir. ‘ hic ponit fructum consilii in his qui suscipiunt: et primo ponit utilitatem, ponens impletionis fructum: ° beatus vir qui facit, ‘ opere explens, ° apprehendet, ‘ strenue aggrediens. * psalm. 111: ° beatus vir qui timet dominum; ‘ et implendi modum, quantum ad caeremonialia, ° custodiens sabbatum: ‘ sabbati namque observatio erat moralis quantum ad hoc quod quies in deo ponetur, et quod aliquando divinis rebus vacetur ab aliis abstinendo; sed caeremonialis quantum ad temporis determinationem. fuit autem determinatus eis dies septimus, propter opus creationis, quo adhuc nullum dignius praecesserat. nobis dies primus, sive octavus, propter mysterium resurrectionis, quo natura condita in melius reparatur. * exod. 20: ° memento |50| ut diem sabbati sanctifices. * ier. 17: ° custodite animas vestras. ‘ et quantum ad moralia, ° custodiens manus. * ps. 25: ° lavabo inter innocentes manus meas. ‘ secundo ponit utilitatis universalitatem, ° et non dicat: ‘ et primo excludit quorumdam, qui videbantur indigni, desperationem, vel propter defectum generis, quia non erant de genere israel. ° qui adhaeret, ‘ servans praecepta ejus. ° separatione, ‘ non faciens me participem salutis eis promissae. * roman. 10: ° non enim est distinctio judaei et graeci: nam idem dominus omnium. ‘ vel propter defectum generativae virtutis: ° et non dicat eunuchus: lignum aridum, ‘ impotens ad generandum, sicut lignum aridum ad germinandum. * prov. 11: ° justi quasi virens folium. ‘ secundo ponit promissionem: ° quia haec dicit dominus. ‘ et primo ipsis specialiter quantum ad eunuchos: ° custodierint, ‘ quantum ad cultum religionis, ° elegerint, ‘ quantum ad obedientiam legis, ° tenuerint, ‘ quantum ad observantiam promissionis abstinendi a malis: ° in muris, ‘ idest habitationem in muros civitatis meae, ° nomen melius, ‘ quod servi mei et sancti vocabuntur, ° et filiis, ‘ idest quasi multos filios generassent. |75| * sap. 3: ° spado qui non operatus est. ‘ et quantum ad extraneos: ° et filiis, ‘ idest dabo privilegia in quibus judaei gloriantur, ° ut colant, ‘ quantum ad specialem cultum, ° et diligant, ‘ quasi filii, ° ut sint in servos, ‘ et glorientur in ipsius dominio. * supra 19: colent dominum. ‘ et haec quidem fuerunt impleta in reversione populi de captivitate; sed plenius in conversione gentium ad fidem christi, * sicut exponit glossa. ‘ secundo quantum ad omnes generaliter: ° omnem custodientem. ‘ et circa hoc duo facit. primo ponit promissionem, qua promittit sacri loci restitutionem, ° in montem sanctum. * scilicet sicut supra 1: ° venite, ascendamus ad montem domini. ‘ et quantum ad sacrificiorum acceptationem, ° holocausta. * malach. 3: ° placebit deo sacrificium judae et jerusalem. ‘ secundo ponit expletionis ordinem: et primo quantum ad templi venerationem: ° quia domus mea. * 2 mach. 3: ° templum per universum, * joan. 2 et matth. 21: ° domus mea domus orationis vocabitur. ‘ secundo quantum ad populi congregationem: ° ait dominus, ‘ ad eum; ° israel congregat, ‘ gentes ei adhaerentes. * psal. 146: ° aedificans jerusalem dominus |100| dispersiones israelis congregabit. ‘ nota * super illo verbo, ° et dabo nomen melius, ‘ quod sancti habent nomen primo ex praedestinatione. * supra 49: ° dominus ab utero vocavit me; ‘ secundo ex divina adeptione. * 1 joan. 3: ° videte qualem dilectionem vel caritatem dedit nobis deus pater, ut filii dei nominemur et simus. ‘ tertio ex gratiae infusione. * apoc. 2: ° nomen habes et tenes nomen meum. ‘ quarto ex mentis renovatione. * eodem: apoc. 2: ° dabo calculum. ‘ item nota, quod nomen dei est diligendum, primo quia magnum ad timendum. * malach. 1: ° magnum est nomen meum in gentibus, dicit dominus. ‘ secundo quia sanctum ad venerandum. * lucae 1: ° fecit mihi magna qui potens est, et sanctum nomen ejus. ‘ tertio quia dulce ad meditandum. * supra 26: ° nomen tuum et memoriale tuum in desiderio animae. ‘ quarto quia copiosum ad miserendum. * cant. 1: ° oleum effusum nomen tuum. ‘ quinto quia efficax ad impetrandum. * joan. 15: ° quodcumque petieritis patrem in nomine meo, det vobis. ‘ sexto quia virtuosum ad salvandum. * act. 4: ° non est aliud nomen sub |125| caelo, in quo oporteat nos salvos fieri. ‘ septimo quia occultum ad sciendum. * prov. 30: ° quod nomen ejus. omnes bestiae agri. ‘ hic comminatur contemnentibus salutis defectum: et primo designat occisionis poenam: ° omnes bestiae ad devorandum, ‘ eorum cadavera; * ez. 39: ° dic omni volucri universis. ‘ secundo ponit culpam: et primo praelatorum quantum ad defectum in regimine et praevisione periculorum. ° speculatores: ‘ positi sunt enim praelati ad cavendum populo a periculis, sicut speculator ab hostibus: ° nescierunt, ‘ pericula praevidere. * matth. 15: ° sinite illos: caeci sunt duces caecorum. ‘ in correptione vitiorum, ° universi canes. latrare, ‘ contra vitia. * psal. 37: ° ego autem tamquam surdus non audiebam, et sicut mutus non aperiens os suum. ‘ in admonitione agendorum, ° videntes vana, ‘ promittentes eis prospera, cum imminerent adversa; et ita in peccatis nutrientes. * ezech. 22: ° prophetae ejus liniebant eos. ‘ in spoliatione rerum, ° et canes impudentissimi; ‘ quasi, sine aliquo pudoris freno subditos bonis suis spoliantes et nunquam satiantur. * psalm. 58: ° famem patientur ut canes. ‘ et quantum ad defectum in |150| scientiae perfectione: ° ipsi pastores; intelligentiam, ‘ legis et prophetarum. * proverb. 1: ° intelligens gubernacula possidebit. * psal. 81: ° nescierunt neque intellexerunt; in tenebris ambulant. ‘ secundo culpam subditorum, vel communiter omnium: et primo quantum ad propriam voluntatem, quod pertinet ad superbiam: ° omnes in viam suam, * jerem. 16: ° unusquisque ambulat. ‘ secundo quantum ad eorum cupiditatem, quod pertinet ad avaritiam: ° unusquisque, * jer. 6: ° a minimo usque ad majorem omnes avaritiae student. ‘ tertio quantum ad voluptatem, quod pertinet ad carnis concupiscentiam: ° venite. et erit; ‘ idest, si ° hodie ‘ laetamur in talibus, ° cras multo amplius. * supra 22: ° et ecce gaudium et laetitia, occidere vitulos et jugulare arietes, comedere carnes et bibere vinum.

068 CIS cp57

lc ° Iustus perit. ‘ hic ostendit diversitatem obedientium divinis consiliis ab illis qui non obediunt, quantum ad evasionem periculorum: et primo assignat diversitatem; secundo ponit utriusque partis confirmationem, ° qui autem habet fiduciam. ‘ circa primum duo. primo promittit justis a periculis quietem; secundo aufert impiis evasionis spem, ° vos autem accedite. ‘ circa primum duo facit. primo ponit justorum tribulationem, quia sine aliqua reputatione occiduntur: ° colliguntur, ‘ a praesenti vita, et a terra sua captivi, ac si non essent justi, ° a facie malitiae, ‘ idest a praesentia malorum. * habac. 1: ° quare respicitis contemptores, ‘ vel ° a facie malitiae, ‘ idest ne in malitiam mutarentur. * sapient. 4: ° raptus est, ne malitia mutaret cor ejus. ‘ secundo promittit eis quietem: ° veniet pax in cubili; ‘ idest, in domo sua securus erit, vel in quiete cordis sui. * job 5: ° scies quoniam pacem habeat habitaculum tuum. vos autem accedite. ‘ hic aufert injustis evasionis spem: et primo arguit ipsorum culpam; secundo aufert evasionis |25| fiduciam, ° ego autem annuntiabo. ‘ circa primum duo. primo arguit peccati perversitatem; secundo in peccato obstinationem, ° in multitudine. ‘ circa primum duo. primo arguit in eis blasphemiam, ponens peccati consuetudinem, inquantum in hoc patres suos imitantur, ° filii auguratricis, ‘ quae contra meum praeceptum auguriis intendebat, ° adulterae, ‘ inquantum me derelicto idolis adhaerebat, * oseae 2: ° judicate matrem vestram, judicate. ‘ ponens etiam peccati speciem: ° super quem lusistis? ‘ quasi dicat, super deum, blasphemantes ipsum. * supra 37: ° cui exprobrasti. ‘ secundo arguit in eis idolatriam: et primo ponit consuetudinem: ° numquid non, * supra 1: ° vae genti peccatrici, populo nequam, filiis sceleratis. ‘ secundo ponit peccati speciem, ° qui consolamini. ‘ aggravat autem in eis peccatum idolatriae ex tribus. primo ex locorum diversitate; secundo ex divini foederis violatione, ° quia juxta me; ‘ tertio ex peccandi aviditate, ° dilexisti stratum. ‘ diversitas autem locorum in quibus sacrificabant ostenditur tripliciter. primo quantum ad loca amoena; secundo quantum ad loca sublimia, ° super montem; ‘ tertio quantum ad loca familiaria, ° et post ostium. ‘ circa primum quatuor. primo describit locorum amoenitatem, vel ex umbris arborum, ° quia consolamini: * jer. 2: ° sub omni ligno frondoso tu prosternebaris meretrix: ‘ vel ex ubertate aquarum: ° immolantes parvulos, ‘ idest filios tuos. * ezech. 16: ° tulisti filios tuos et filias tuas quas generasti mihi, et immolasti eis ad devorandum, * ps. 105: ° effuderunt sanguinem. ‘ secundo peccati dilectionem: ° in partibus torrentis pars, ‘ quasi: hoc sortem tuam reputasti. * sap. 2: ° ubique relinquamus signa laetitiae nostrae: quoniam haec est pars nostra. ‘ tertio sacrificii oblationem: ° et ipsis effudisti libamen, ‘ quantum ad humida; ° sacrificium, ‘ quantum ad sicca. * supra 1: ° confundimini ab idolis vestris. ‘ quarto justam dei indignationem: ° numquid, * jerem. 5: ° numquid non super his visitabo? dicit dominus. super montem. ‘ hic ponit loca sublimia, in quibus immolabant. ° cubile: ‘ loquitur ad similitudinem meretricis, quae se amatoribus prostituit. * 4 reg. 17: ° fecerunt sibi statuas. et post ostium. ‘ hic designat loca familiaria, quia juxta introitum domorum idola ponebant, ut in magna memoria haberent. * ezech. 8: ° adduxit me in visione. quia juxta me. ‘ hic aggravat peccatum ex divini foederis violatione, quo deo quasi sponsa conjuncta erat; et loquitur sub similitudine adulterae, quae ampliat lectum, ut juxta virum, adulterum suscipiat, et cum eo facit pactum de contrahendo, dimisso viro; in quo significatur quod in templo idola coluit. * ezech. 16: ° facta es quasi mulier adultera, quae super virum suum inducit alienos. dilexisti. ‘ hic aggravat peccatum ex peccandi solicitudine: et primo quantum ad pronitatem peccandi, ° manu aperta, ‘ idest sine aliquo impedimento. * jer. 3: ° frons meretricis facta est ei, noluit erubescere. * ez. 16: ° nec sic es satiata. ‘ secundo quantum ad studium placendi, quia ornabat se: ° et ornasti te, ‘ idest thymiama meum proponens in eorum cultum. * prov. 7: ° aspersisti cubile tuum thymiama. ‘ tertio quantum ad sollicitudinem invitandi: ° misisti legatos, ‘ quia etiam a longinquis terris diversa idola congregabat; et sic ° usque ad inferos, ‘ idest usque ad profundum peccatorum. * ezech. 23: ° insanivit super eos. in multitudine. ‘ hic ostendit in peccatis obstinationem. primo, quia non revocabantur peccati labore, ° in multitudine, ‘ idest in multiplici cultu idolorum. * sap. 5: ° lassati sumus in via iniquitatis et perditionis. ‘ secundo quia non revocabantur temporali prosperitate. ° vitam manus, ‘ idest, ad manum habebas unde posses vivere; et ideo ° non rogasti me, ‘ sed ° solicita, ‘ pro divitiis tuis, idola ° timuisti, ‘ mei oblita. * job 21: ° ducunt in bonis dies suos, et in puncto ad inferna descendunt. ‘ tertio quia non es revocata divina expectatione: ° et mei non es. tacens, ‘ dissimulans, expectans te ad misericordiam. * sap. 11: ° dissimulans peccata propter poenitentiam. * supra 42: ° tacui, semper silui. ego autem annuntiabo justitiam tuam, ‘ quam facis, vel quam suscipere debes: ° opera, ‘ idola. ° congregati, ‘ ex diversis gentibus. * deut. 32: ° surgent, et opitulentur vobis, et in necessitate vos protegant. qui autem. ‘ hic confirmat diversitatem: et primo quantum ad justos; secundo quantum ad injustos: ° impii autem. ‘ evasionem autem bonorum a periculis confirmat ex tribus. primo ex divina mansuetudine, promittens evasionem quantum ad patriae restitutionem. qui confidunt in idolis, opera eorum non proderunt eis. ° qui autem terram ‘ promissionis. * ps. 36: ° mansueti autem hereditabunt terram. ‘ et quantum ad viae expeditionem: ° et dicam, ‘ scilicet principibus medorum: ° viam facite, ‘ liberando, ° praebete iter, ‘ dando licentiam repatriandi, ° declinate, ‘ ut nos non impediatis, ° auferte, ‘ ut nec alii. * jerem. 50: ° tollite de via lapides, * ps. 21: ° tu autem in sancto habitas laus israel. ‘ et quantum ad divinam pietatem: ° et cum contrito. * psalm. 50: ° cor contritum et humiliatum deus non despiciet. ‘ secundo assignat rationem, ex culpae purgatione promittens remissionem: ° non enim in sempiternum, * psalm. 102: ° non in perpetuum irascetur, neque in aeternum comminabitur. ‘ et subjungit rationem, ponens expletam in puniendo justitiam, ° propter iniquitatem. abscondi, ‘ ut non adjuvarem. ° abiit vagus, ‘ quasi ovis sine pastore. * job 22: ° propter peccata tua plurima, et infinitas iniquitates tuas. ‘ promittens in salvando misericordiam: ° vias ejus vidi, ‘ oculo misericordiae, ° ipsi, ‘ quantum ad principes, ° lugentibus, ‘ quantum ad populum; vel ° ipsi, ‘ quantum ad judaeos, aut quantum ad advenas adjunctos; vel quantum ad terram et habitatores. * psalm. 102: ° qui propitiatur omnibus iniquitatibus tuis, qui sanat omnes infirmitates tuas. ‘ tertio confirmat ex prophetarum praenuntiatione: ° creavi, ‘ quasi ex nihilo eos restituens, ° labiorum, ‘ prophetarum qui haec praedixerunt, ° qui longe, ‘ in captivitate dispersi sunt. * ephe. 2: ° et veniens evangelizavit pacem his qui prope, et his qui longe. impii autem. ‘ hic confirmat quod dixerat de malis per quamdam similitudinem: et primo ponit ipsam. ° fervens, ‘ idest semper fluctuans, ° redundant, ‘ ad littus ubi lutum faciunt, et conculcantur. * iob 41: ° fervescere faciet. ‘ et concludit propositum: ° non est pax, ‘ ut scilicet salventur. * supra 48 idem. ‘ nota * super illo verbo, ° justus perit, et non est qui recogitet, ‘ quod in passione christi homo debet recogitare primo dilectionem, ad reamandum. * can. 8: ° pone me ut signaculum super cor tuum. ‘ secundo amaritudinem, ad compatiendum. * thren. 3: ° recordare paupertatis et transgressionis meae, et absynthii et fellis. ‘ tertio fortitudinem, ad fortiter patiendum. * heb. 12: ° recogitate eum qui talem pro vobis sustinuit a peccatoribus adversus semetipsum contradictionem ut non fatigemini animis vestris deficientes. ‘ quarto utilitatem, ad gratias agendum. * can. 7: ° ascendam in palmam, et accipiam fructus ejus.

068 CIS cp58

lc ° Clama, ne cesses. ‘ hic excludit inutile remedium, quo se praeparare ad salutem volebant: et primo indicit denuntiationis officium, ponens denuntiandi modum, ut alte, sine timore deprimente: ° clama. * supra 40: ° exalta in fortitudine tua vocem, qui evangelizas sion. ‘ ut continue, ° ne cesses. * infra 62: ° super muros tuos, jerusalem, constitui custodes; tota die et nocte non tacebunt. ‘ ut clare et aperte, ° quasi tuba. * oseae 8: ° in gutture tuo sit tuba. ‘ et denuntiationis verbum, ° annuntia scelera, ‘ quantum ad majora; ° peccata, ‘ quantum ad communia. * supra 16: ° his qui laetantur super muros cocti lateris, loquimini plagas suas. ‘ secundo propheta excludit in persona domini inutile remedium: ° me etenim. ‘ et circa hoc duo facit. primo excludit remedium in quo confidebant; secundo hortatur ad ea in quibus deficiebant, ° nonne hoc est. ‘ circa primum duo. primo ostendit confidentiae eorum praesumptionem quantum ad tria in quibus confidebant: scilicet in sacrae scientiae inquisitione: ° me etenim quaerunt, ‘ in scripturis, ° vias, ‘ praecepta et voluntates meas, ° quasi gens, ‘ idest ac si essent parati ad faciendum. * ez. 33: ° dicunt unus ad alterum. ‘ iterum in oratione: ° rogant me judicia, ‘ idest ut judicem pro eis contra adversarios, ° appropinquare, ‘ ore. * supra 29: ° appropinquat populus iste ore suo. ‘ iterum confidebant in jejuniorum observatione: ° quare jejunavimus, et non aspexisti, ‘ quasi gratum; ° humiliavimus, ‘ quantum ad circumstantia jejunium, in exteriori humiliatione, ° nescisti, ‘ scientia approbationis, * malach. 3: ° vanus est qui servit deo: et quod emolumentum, quia servavimus praecepta ejus? ‘ secundo ostendit bonorum dictorum reprobationem: et primo reprobationis causam, quae est culpa voluptatis: ° ecce in die; voluntas ‘ in his quae carni placent. * eccl. 18: ° post concupiscentias tuas non eas. ‘ item culpa crudelitatis: ° et omnes debitores, ‘ ad litteram, ut diu possent insistere causis agendis, vel ad ejus consecutivum. * iac. 4: ° litigatis et belligeratis. ‘ item culpa vanitatis: ° nolite jejunare ut audiatur, ‘ propter laudem hominum. * matth. 6: ° tu autem cum oraveris, intra in cubiculum tuum, et clauso ostio ora patrem tuum. ‘ vel ° ut audiatur; ‘ idest si vultis quod oratio vestra a deo exaudiatur. * ps. 101: ° domine, exaudi orationem meam, et clamor meus ad te perveniat. ‘ secundo ostendit bonorum insufficientiam: ° numquid tale, ‘ quia deus non eligit per se poenam vestram, neque ad afflictionem carnis: * quod tangit in hoc quod dicit: ° per diem, ‘ totam, ° affligere. ‘ neque quantum ad abjectionem exterioris humilitatis; * quod tangit in hoc quod dicit, ° quasi circulum; ‘ scilicet, caput ad pedes inclinare, vel circumducere sicut monachi faciunt, non inquantum ordinatur ad virtutem mentis. * matth. 6: ° cum jejunatis nolite fieri sicut hypocritae tristes. * joel. 2: ° scindite corda vestra, et non vestimenta vestra. nonne hoc est. ‘ hic adhibet utile consilium: et primo quantum ad studium pietatis in proximum; secundo quantum ad cultum religionis in deum, ° si averteris. ‘ circa primum duo facit. primo ponit pietatis consilium, ut cedant calumniae: ° colligationes, ‘ falsas causas, quibus astute pauperes obligabant sicut usurarii, ° fasciculos, ‘ idem, ° deprimentes, ‘ quantum ad poenas ad quas obligabant. ° qui confracti, ‘ longa servitute, ° onus, ‘ servitutis. * matth. 23: ° alligant onera gravia et importabilia; digito autem suo nolunt ea movere. ‘ et ut intendant misericordiae, exhortans ad misericordiam quantum ad famelicos, ° frange; ‘ idest si modicum habeas; quantum ad vagos, ° et egenos; ‘ quantum ad nudos, ° cum videris, * iob 31: ° si negavi quod volebant. ‘ et ponit exhortationis causam, ° et carnem, ‘ quia scilicet est ejusdem speciei tecum. * job 5: ° visitans speciem tuam. ‘ secundo ostendit consilii fructum, ° et erumpet. ‘ et primo quantum ad efficaciam meritorum. tum quantum ad opera virtutum: ° quasi mane lumen tuum; ‘ scilicet, merita tua clare patebunt in praemiis, quae modo a domino non aspecta conquereris. ° colliget, ‘ de captivitate, vel in misericordiae protectione. * psal. 36: ° educet quasi lumen justitiam tuam. ‘ tum quantum ad suffragia orationis, ° tunc invocabis. * supra 30: ° ad vocem clamoris tui statim ut audierit, respondebit tibi. ‘ secundo quantum ad consecutionem bonorum: et primo resumit meritum: ° si abstuleris catenam, ‘ qua pauperes opprimis, ° digitum extendere, ‘ detrahendo et comminando: ° cum effuderis, ‘ per compassionem, ° repleveris, ‘ per necessariorum subventionem. secundo promittit praemium: ° orietur. ‘ et primo quantum ad bonorum multiplicationem, ponens liberationem a malis: ° orietur in tenebris, ‘ adversitas in lucem prosperitatis, ignorantia in lucem scientiae, vel peccatum in lucem scientiae mutabuntur, quantum ad spiritualia. ° et requiem, ‘ quantum ad mala temporalia, * 2 cor. 4: ° deus qui dixit de tenebris. ‘ multiplicationem bonorum interiorum spiritualium: ° implebit splendoribus, ‘ scilicet virtutibus vel consolationibus, ° et ossa tua, ‘ quantum ad corporalia. * eccli. 30: splendidum cor et bonum; ‘ et bonorum exteriorum: ° et eris quasi hortus, ‘ propter prosperitatem, vel omnium bonorum indeficientiam. * num. 24: ° quam pulchra tabernacula tua, jacob. ‘ secundo quantum ad patriae reaedificationem: ° et aedificabuntur, ‘ post reditum de captivitate, ° saeculorum, ‘ civitates, scilicet desertae in pristinis saeculis, ° suscitabis, ‘ superaedificando antiquis fundamentis. * supra 44: ° qui dico jerusalem, habitaberis; et civitatibus juda, aedificabimini. ‘ tertio quantum ad famae restitutionem: ° et vocaberis aedificator sepium, ‘ idest impedimentorum peccati, ° iniquitatum, vel in quietem, ‘ scilicet ° semitas, ‘ peccati, in quietem convertens. * oseae 2: ° sepiam vias tuas spinis. si averteris. ‘ hic ponit consilium, quantum ad cultum religionis in observatione sabbati: et primo ponit consilium, ° pedem, ‘ ne opera prohibita facias. ° vocaberis sabbatum, ‘ idest celebrans hujusmodi sabbatum, quantum ad exercitium bonorum operum. * exod. 20: ° memento ut diem sabbati sanctifices. ‘ alia littera: ° vocaveris; ‘ et est sensus idem. secundo ponit fructum: ° tunc delectaberis, ‘ quantum ad bona spiritualia; ° sustollam, ‘ reducendo in terram tuam, quae montuosa est; ° cibabo, ‘ quantum ad fruitionem bonorum terrae. * job 22: ° tunc super omnipotentem deliciis afflues. ‘ nota * super illo verbo, ° quasi tuba exalta, ‘ quod praedicatio est tuba, primo quia excitat ad vitae statum. * 1 corinth. 15: ° canet enim tuba, et mortui resurgent incorrupti. ‘ secundo quia hortatur ad bellum. * 1 corinth. 14: ° si incertam vocem det tuba, quis parabit se ad bellum? ‘ tertio quia nuntiat viri incessum. * supra 27: ° clangetur in tubis. ‘ quarto quia vocat ad consilium. * oseae 8: ° in gutture tuo sit tuba. ‘ quinto quia invitat ad festum. * psal. 80: ° buccinate in neomenia tuba. ‘ item nota * super illo, ° si abstuleris de medio tui catenam, ‘ quod est catena. primo pietatis. * eph. ult.: ° pro quo legatione fungor in catena ista. ‘ secundo iniquitatis. * sap. 17: ° una enim tenebrarum catena omnes erant colligati. ‘ tertio paupertatis. * job 36: ° si fuerint vincti; ‘ quarto servitutis. * jer. 28: ° catenas ligneas; ‘ quinto carceris. * eccl. 4: ° de carcere catenisque interdum quis egrediatur ad regnum.

068 CIS cp59

lc ° Ecce non est abbreviata. ‘ hic ponit praeparationem ad salutem percipiendam ex parte ipsius salvantis: et primo ponit salutis necessitatem; secundo praeparationem, ° et vidit dominus. ‘ circa primum duo. primo in persona domini necessitatem salutis ostendit, miseriam populi ostendens; in secunda respondet populus miseriam suam recognoscens, ° propter hoc elongatum. ‘ circa primum duo facit. primo ostendit miseriae causam; secundo ipsam miseriam, ° vastitas et contritio. ‘ circa primum duo. primo excludit causam falsam, vel ex defectu virtutis dei, vel ex defectu cognitionis ipsius, quia praeceps non audiret: ° neque aggravata, * supra 50: ° numquid abbreviata. ‘ secundo astruit causam veram, scilicet ipsorum culpam. primo tangens ipsam in generali: ° sed iniquitates, ‘ quantum ad majora, ° diviserunt, ‘ quasi murus, vel nubes sint posita, ° peccata, ‘ quantum ad communia. * deut. 32: ° ait: abscondam faciem meam ab eis. ‘ secundo prosequitur in speciali: ° manus enim vestrae: ‘ et tangit specialiter peccata in proximum: peccata enim in deum tetigerat * supra 57, ‘ et peccata in seipsum * supra 56. ‘ tangit autem primo injustitiam per quam alios opprimebant, quantum ad operationem: ° manus vestrae sanguine: ‘ innocentum, quos occidistis, ° digiti, ‘ quantum ad minores injustitias, vel quantum ad diligentiam operationis. * supra 1: ° manus enim vestrae sanguine plenae sunt. ‘ quantum ad locutionem: ° labia vestra locuta... iniquitatem, ‘ ut addatur iniustitiae deformitas supra deformitatem mendacii, * job 6: ° non invenietis in lingua mea iniquitatem. ‘ et quantum ad justitiae omissionem: ° non est qui judicet, ‘ quantum ad praelatos, quorum est judicare. * jer. 5: ° quaerite in plateis ejus an invenietis virum facientem judicium. ‘ secundo tangit astutiam per quam decipiebant: et primo tangit ipsam, inquantum per astutiam intendebant sui promotionem: ° sed confidunt in nihili, ‘ in vanis consiliis, vel in idolis, ° et loquuntur, ‘ vanitatem cordis verbis exprimentes. * amos 6: ° qui laetamini in nihili. ‘ et inquantum per ipsam intendebant aliorum oppressionem: ° conceperunt laborem; ‘ idest, ita laborare excogitaverunt vias nocendi; vel aliis laborem inducendum; ° pepererunt, ‘ in expletione operis. * psal. 7: ° concepit dolorem, et peperit iniquitatem. ‘ secundo adaptat quamdam metaphoram: et primo ponit ipsam quantum ad ipsam astutiam. et quantum ad aliorum depressionem: ° ova aspidum, ‘ idest consilia venenosa ° ruperunt, ‘ in publico, opera scilicet perducentes. * deut. 32: ° fel draconum vinum eorum, et venenum aspidum insanabile. ‘ et quantum ad suam promotionem, ° et telas, ‘ idest cogitationes inutiles ad sui promotionem. * oseae 8: ° quoniam in aranearum tela erit vitulus samariae. ‘ ponit iterum metaphoram quantum ad effectum astutiae, quantum ad primum: ° qui comederit, ‘ consentiens factis, ° de ovis, ‘ consiliis, ° confotum, ‘ diu praeparatum solicite, ° in regulum, ‘ quasi a longinquis etiam interficiet quodammodo volantem. * supra 14: ° de radice colubri; ‘ et quantum ad secundum, ° telae eorum; ‘ idest, sicut telae aranearum non valent ad vestimentum, ita eorum consilia ad nihil valent eis, nisi promoveantur. * supra 19: ° confundantur qui operantur linum, plectentes, et texentes qui operantur subtilia. ‘ secundo exponit; et primo quantum ad eorum operationem: ° opera eorum inutilia, ‘ quantum ad unam partem, ° opus iniquitatis, ‘ quantum ad aliam. * supra 57: ° opera eorum non proderunt eis. ‘ secundo quantum ad cogitationes: ° pedes eorum, ‘ idest affectiones quantum ad unam partem. * prover. 1: ° pedes eorum ad malum currunt: cogitationes, ‘ quantum ad aliam. * michaeae 2: ° vae qui cogitatis inutile. vastitas. ‘ hic ostendit eis eorum miseriam: et primo ponit miseriae magnitudinem: ° vastitas, ‘ quantum ad damnum rerum, ° et contritio, ‘ quantum ad damnum personarum, ° in viis eorum; ‘ idest pro viis malis suis ab hostibus imminet eis. secundo miseriae aequitatem, ut scilicet talia patiantur qualia aliis faciunt: ° viam pacis, ‘ qua alios in pace ponerent: ° non est judicium: ‘ rectum, et ideo ° semitae eorum, ‘ idest ea quae cogitaverunt, ° incurvatae, ‘ idest curvae eis factae sunt, quia quod aliis praeparabant, ipsi patientur. ° omnis qui calcat, ‘ prosequendo, ° ignorat, ‘ scientia experimenti. * psal. 13: ° contritio et infelicitas in viis eorum. propter hoc elongatum est. ‘ hic populus confitetur: et primo confitetur miseriam quantum ad hostium opprimentium injustitiam: ° elongatum est judicium, ‘ quia deus non judicat nos de nostris adversariis: * contrarium supra 46: ° prope feci justitiam meam. ‘ quantum ad tribulationum angustiam, sub metaphora tenebrarum ponens ipsam tribulationis obscuritatem, ° expectavimus lucem, ‘ divinam consolationem, ° tenebrae, ‘ tribulationis. * supra 5: ° aspiciemus in terram; ‘ et consiliorum difficultatem, ° palpavimus, ‘ quasi nescientes quid facere. * supra 42: ° quis caecus nisi servus meus? ‘ et periculorum laesionem: ° impegimus meridie, ‘ in his in quibus erat clara via ad evadendum, ° in caliginosis, ‘ idest in dubiis. * job 5: ° per diem incurrent tenebras. ‘ confitentur etiam miseriam quantum ad cordis tristitiam: ° rugiemus quasi ursi, ‘ propter crudelitatem, ° quasi columbae, ‘ propter lasciviam. * nahum 2: ° gementes ut columbae. ‘ et quantum ad salutis absentiam: ° expectavimus judicium, ‘ pro nobis. ier. 8: ° expectabimus pacem. ‘ secundo confitetur culpam: et primo culpae manifestationem quantum ad deum: ° multiplicatae... coram te: ‘ in evidentia tua. * heb. 4: ° omnia nuda et aperta sunt oculis ejus. ‘ et quantum ad ipsum populum: ° et peccata nostra responderunt ‘ in poenis, ° nobiscum ‘ quia non satisfecimus, nec correximus. * supra 3: ° agnitio vultus eorum. ‘ secundo peccatorem diversitatem contra deum: ° peccare, ‘ opere, ° mentiri, ‘ locutione, ° aversi, ‘ omissione. et contra proximum locutione: ° ut loqueremur calumniam, ‘ contra proximum. et contra legem. ° transgressionem. * matth. 15: ° de corde exeunt cogitationes malae. ‘ et quantum ad operationem, ° conversum judicium, ‘ dei ad salvandum nos. ° in platea, ‘ in publico injustitias faciebant. ° qui recessit: ‘ non enim solum faciebant mala, sed nolentes facere depraedabantur. * os. 4: ° non est misericordia, * sap. 2: ° circumveniamus justum, quoniam contrarius est operibus nostris. et vidit dominus. ‘ hic ponit salutis praeparationem ex parte salvantis: et primo ponit praeparationis divinae modum, loquens de deo secundum humanum modum, ponens ipsius compassionem: ° et vidit dominus, ‘ oculo misericordiae, ° judicium, ‘ alicujus salvantis. ° vir, ‘ salvans judaeos, ° aporiatus, ‘ contristatus vel angustiatus. * ez. 22: ° et quaesivi de his virum. ‘ ponens etiam armorum assumptionem: ° et salvabit sibi brachium, ‘ idest virtus, ut nihil contra patiatur, vel populum ad cultum suum: ° justitia confirmabit, ‘ ut ultionem constanter exequatur. ° indutus est justitia: ‘ sicut enim miles confirmatur armis, ita opus suum confirmatur justitia, et proposito salvandi. * ps. 97: ° salvavit sibi brachium. * sap. 5: ° induet pro thorace justitiam. ‘ ponens etiam vindictae executionem: ° insulis, ‘ diversis gentibus, ° vicem, ‘ pro malis quae judaeis fecerunt. * dan. 6: ° timeant et paveant omnes deum danielis. ‘ secundo ponit salvationis vel ultionis ministrum. ° cum venerit quasi fluvius, ‘ propter magnitudinem virtutis et fortitudinis; vel christus minister. * psalm. 45: ° fluminis impetus laetificat civitatem dei. ‘ tertio firmitatis pactum: ° hoc foedus meum, spiritus ‘ prophetiae. ° seminis tui, ‘ quantum ad alios prophetas et apostolos in quibus ejus spiritus, quasi hereditas per successionem seminis vadens. * joel. 2: ° effundam de spiritu meo super omnem carnem, et prophetabunt filii vestri et filiae vestrae. ‘ nota * super illo verbo, ° iniquitates vestrae diviserunt inter vos et deum, ‘ quod peccatum dividit primo a proximo per dissensionem. * luc. 11: ° omne regnum in seipsum divisum desolabitur. ‘ secundo a seipso per contrariam affectionem. * oseae 10: ° divisum est cor eorum, nunc interibunt. ‘ tertio a deo per aversionem. * jerem. 2: ° me dereliquerunt fontem aquae vivae, et foderunt sibi cisternas dissipatas. ‘ quarto a regno per exheredationem, * luc. 12: ° dividet eum, ‘ etc.; quinto a sanctorum collegio per dissimilitudinem. * supra 56: ° separatione dividet me dominus a populo suo. ‘ item nota * super illo ° semitae eorum incurvatae, ‘ quod est curvitas primo culpae. * supra 51: ° incurvare, ut transeamus. ‘ secundo miseriae. * ps. 37: ° miser factus sum ego, et incurvatus sum. ‘ tertio tristitiae. * baruch 2: ° anima quae tristis est super magnitudine mali, et incedit curva. ‘ quarto fraudulentiae. * eccli. 12: ° si humiliatus vadat curvus, adjice animum tuum, et custodi te ab illo. ‘ quinto justitiae. * job 9: ° deus cuius irae nemo resistere potest, sub quo curvantur qui portant orbem. ‘ item nota * super illo ° quasi fluvius violentus, ‘ quod christus est fluvius violentus primo propter aquarum multitudinem. * psalm. 64: ° flumen dei repletum est aquis. ‘ secundo propter amoris fervorem. * daniel. 7: ° fluvius igneus rapidusque egrediebatur a facie ejus. ‘ tertio propter cursus velocitatem: * psalm. 45: ° fluminis impetus laetificat civitatem dei. ‘ quarto propter originis altitudinem. * apoc. 22: ° ostendit mihi fluvium altum, etc..

068 CIS cp60

lc ° Surge illuminare. ‘ hic incipit ponere salutis promissionem: et primo quantum ad prosperitatem; secundo quantum ad jucunditatem, * cap. 61: ° spiritus domini; ‘ tertio quantum ad gloriae honorem, * cap. 62: ° propter sion. ‘ circa primum duo. primo ponit consolationem in generali sub metaphora luminis, ponens ipsius luminis ortum: ° surge, ‘ de pristina miseria, ° illuminare, ‘ lumine consolationis ejus resplende. ° gloria domini, ‘ beneficia in quibus gloriosus apparet. * baruch 4: ° ambula per viam ad splendorem ejus contra lumen ejus. ‘ vel ° jerusalem, ‘ ecclesia; ° lumen, ‘ dei filius. ponens discretionis in percipiendo lumine judicium: ° quia ecce tenebrae, ‘ tribulationis ° populos, ‘ babylonis, et alios hostes; ° super te autem orietur, ‘ quasi sol illuminans te. * sap. 17: ° solis illis superposita erat gravis nox, et imago tenebrarum. ‘ vel ° tenebrae, ‘ infidelitatis et peccatorum, ° populos, ‘ infideles. ° orietur, ‘ quasi sol justitiae: vel ad litteram, ° ejus gloria, ‘ miracula ejus. ponit etiam luminis effectum: ° et ambulabunt gentes, ‘ ad cognitionem et devotionem dei, videntes beneficia tibi a deo data, ° in splendore ortus tui, ‘ quasi oriens, rutilans sicut stella. * 2 mach. 3: ° cum sancta civitas. ‘ vel ° in lumine, ‘ in fide christi. * apoc. 21: ° ambulabunt gentes. ‘ secundo exequitur consolationem per partes: et primo promittit multiplicem prosperitatem; secundo justitiae observationem, ° et ponam. ‘ circa primum duo. primo ponit prosperitatis statum; secundo restitutionis modum, quo scilicet in prosperitate restaurabunt, ° qui sunt isti. ‘ circa primum tria. primo promittit prosperitatem quantum ad congregationem filiorum, qui primo in diversas partes per captivitatem dispersi erant. ° leva in circuitu... de latere, ‘ de regionibus propinquis lateribus. * baruch 5: ° surge jerusalem, et sta in excelso, et circumspice ad orientem, et vide collectos filios tuos ab oriente sole usque ad occidentem. ‘ vel referendum est ad congregationem diversarum gentium sub unitate ecclesiae. ° filii, ‘ in fide fortiores, ° filiae, ‘ debiliores, ° de latere, ‘ christi in cruce aperto, unde sacramenta salutis emanaverunt. vel ° lac sugent, ‘ rudioris doctrinae. secundo quantum ad servitium populorum: ° tunc videbis... quando conversa, ‘ serviens tibi in mercimoniis, ° multitudo maris, ‘ scilicet negotiatores maris, ° fortitudo, ‘ reges et principes, tibi pacem ministrantes, et munera. vel de conversione gentium ad ecclesiam. * job 22: ° tunc super omnipotentem deliciis afflues. ‘ tertio quantum ad copiam divitiarum: et primo quantum ad mercimonia ponens jumenta: ° inundatio, ‘ idest abundantia ad similitudinem aquae, ° camelorum, ‘ quibus mercimonia ferebantur; in quibus mystice divites ad fidem conversi, qui portant onus divitiarum et gibbum peccati: * supra 30: ° portantes super humeros; dromedarii, ‘ animal camelo minus, sed velocius; in quo gentes ad fidem velociter conversae: ° madian et epha, ‘ regiones ultra mare talibus abundantes. ponit etiam pretiosa mercimonia: ° omnes de saba, ‘ civitas in extremis aethiopiae. quod etiam impletum est tempore christi: * matth. 2. psal. 71: ° reges tharsis et insulae munera offerent. ‘ secundo quantum ad munda animalia, secundum quod cedebant in usum ciborum: ° omne pecus cedar, ‘ filius ismaelis, unde terra nomen habet, pecoribus abundans, ° nabajot, ‘ alius filius, ° ministrabunt, ‘ cedentes in usum tuum, venditi populo qui est in te. et secundum quod cedebant in usum sacrificiorum: ° offerentur super placabili, ‘ idest in quo ego placer. per ° altare ‘ significatur fides; per ° arietes ‘ duces gregis, apostoli et ecclesiarum praelati; per ° pecus ‘ simplices. * aggaei 2: ° implebo domum istam. ‘ nota * super illo verbo, ° illuminare jerusalem, ‘ quod ecclesia illuminatur lumine, primo sacrae doctrinae. * proverb. 6: ° mandatum lucerna est, et lex lux. ‘ secundo spiritualis intelligentiae. * 2 cor. 4: ° deus qui dixit lumen in tenebris splendere, ‘ tertio gratiae. * 1 joan. 1: ° si autem in luce ambulamus sicut et ipse est in luce, societatem habemus ad invicem. ‘ quarto gloriae. * psal. 35: ° in lumine tuo videbimus lumen. ‘ quinto laetitiae. * tobiae 5: ° quale gaudium est mihi qui in tenebris sedeo, et lumen caeli non video? ‘ sexto divinae substantiae. * 1 tim. ult.: ° qui solus habet immortalitatem, et lucem habitat inaccessibilem. qui sunt isti. ‘ hic ostendit modum veniendi in dictam prosperitatem: et primo quantum ad civitatis restaurationem; secundo quantum ad populorum extraneorum subjectionem, ° et venient ad te; ‘ tertio quantum ad divitiarum multiplicationem: ° pro aere afferam aurum. ‘ circa primum duo. primo (ponit) restaurationem civitatis quantum ad adunationem habitatorum, ponens veniendi modum sub admiratione. ° ut nubes, ‘ quia velociter sine impedimento, ° et quasi columbae ad fenestras, ‘ idest ad foramina sua, propter idem. vel referendum est ad gentes quae ad fidem velociter conversae sunt. * psalm. 54: ° quis dabit pennas sicut columbae, et volabo, ut requiescam. ‘ ponens etiam ad veniendum auxilium, quod a gentibus habuerunt: ° me etenim insulae, ‘ gentes diversae juxta mare, et etiam remotae, ° expectabunt, ‘ quasi subditae meae voluntatis arbitrio, ° a principio, ‘ loci in quo captivi detinentur: quia forte aliqui per mare redierunt, vel dominus sic eos reducere poterat. vel mystice ° insulae, ‘ diversae gentes, ° naves, ‘ ecclesiae, ° in principio, ‘ fidei. * supra 42: ° legem eius insulae. ‘ ponens etiam venientium thesaurum, quem secum detulerunt, ° argentum. nomini, ‘ idest ad gloriam et servitium nominis. * psalm. 104: ° eduxit eos cum argento et auro. ‘ mystice ° argentum, ‘ eloquentia, ° aurum, ‘ sapientia conversorum ad fidem. secundo ponit restaurationem civitatis quantum ad aedificationem murorum, ° et aedificabunt: ‘ et primo quantum ad aedificia civitatis; secundo quantum ad aedificia templi, ° gloria libani. ‘ circa primum duo. primo ponit civitatis reaedificationem: ° et aedificabunt, ‘ praebendo auxilium, ° reges, ‘ cyrus et darius, praebendo impensas, et licentiam aedificandi. mystice gentiles ecclesias dei aedificant et reges ecclesiae serviunt. * supra 49: ° reges videbunt. ‘ et adjungit rationem ex divina miseratione: ° in indignatione percussi, ‘ captivavi, ° misertus, ‘ liberando. mystice ° percussi ‘ per excaecationem judaeorum, vel tribulationibus; ° misertus, ‘ per conversionem gentium, vel in pace ecclesias restitutas. * supra 54: ° in momento indignationis abscondi parumper faciem meam. ‘ secundo ostendit civitatis reaedificatae securitatem, ° et aperientur, ‘ cessante timore hostium, et propter necessitatem venientium ad adorandum in jerusalem; et hoc est ° ut afferatur. ‘ mystice ° portae, ‘ ministri qui alios in fidem et ecclesiam introducunt, parati in prosperis et adversis ad recipiendum conversos ad fidem. * apoc. 21: ° portae ejus non claudentur. ‘ et assignat rationem. ° gens enim. ‘ hoc non videtur impletum ad litteram, nisi intelligatur, illos judaeos fuisse qui ejus dominium recognoscebant, et propterea a populo dei venerabantur; sed mystice sensus patet. * ier. 27: ° gens et regnum. gloria libani. ‘ hic ponit reaedificationem aedificiorum templi: ° gloria libani, ‘ quae est ° abies, locum, ‘ scilicet templum, ° pedum, ‘ in quo adoror, sicut reges ad pedes. * ez. 43: ° locus solii mei. ‘ mystice per ° locum ‘ ecclesia, per diversas arbores diversi fideles conversorum ad fidem. ° et venient. ‘ hic ostendit modum consequendi dictam prosperitatem quantum ad subjectionem populorum: et primo ponit ipsam subjectionem, ° et venient ad te: ‘ quod impletum est temporibus machabaeorum, qui multos de vicinis hostibus subjugaverant. mystice filii tyrannorum quondam ecclesiam persequentium, ecclesiae famulantur. * psalm. 109: ° donec ponam inimicos tuos scabellum pedum tuorum. * supra 1: ° post hoc vocaberis. ‘ secundo ponit subjectionis rationem: ° pro eo quod fuisti, ‘ justum est ut post angustias consoleris, ° in superbiam, ‘ altitudinem, ° saeculorum, ‘ per multa saecula: quod etiam mystice ecclesiae convenit. * tob. 3: ° post tempestatem tranquillum facit. ‘ tertio ponit subjectionis utilitatem: ° et suges; ‘ idest, pinguedo terrae ad te in mercimoniis deferetur, et oblationibus, ° mamilla, ‘ defensione, in auxilio, ° regum, ‘ tyri. * dan. 4. ‘ per ° lac ‘ mystice simplicium doctrina, per reges apostoli. * supra 49: ° erunt reges nutritii tui. pro aere. ‘ hic ponit modum restaurationis quantum ad restaurationem divitiarum: quia multo majora a regibus templo offerentur, quam per nabuchodonosor ablata sint. mystice, qui prius erant viles, in ecclesia efficiuntur pretiosi. * supra 55: ° pro saliunca orietur. et ponam. ‘ hic promittit justitiae observationem: et primo in praelatis; secundo in subditis, ° et complebuntur. ‘ circa primum duo. primo consolatur eos ex praelatorum rectitudine, tangens justitiam praelatorum, ° visitationem, ‘ visitatores et correptores. mystice de christo et apostolis. * jer. 3: ° dabo tibi pastores. ‘ ponens etiam justitiae effectum quantum ad absentiam malitiae: ° non audietur iniquitas, ‘ quia per aliquod tempus leges optime observabantur: * 2 mach. 3: ‘ vel ° iniquitas, ‘ idolatria. mystice ad statum futurae beatitudinis. * psalm. 102: ° quantum distat ortus ab occidente, longe fecit a nobis iniquitates nostras. ‘ et quantum ad absentiam miseriae ° vastitas, ‘ quantum ad res; ° contritio, ‘quantum ad homines ab hostibus sic collisos; ° portas, ‘ in quibus |200| populus conveniebat ad judicia. hoc etiam mystice ad statum futurae beatitudinis, quando licet sol multo clarior sit quam modo et luna: tamen non sanctis, quia eorum splendore non egent. * apoc. 21: ° tunc non egent splendore solis. ‘ponit etiam gubernantis aeternitatem: ° non occidet sol, ‘ qui est deus. * psalm. 101: ° tu autem idem ipse es, et anni tui non deficient. et complebuntur. ‘hoc quantum ad statum subditorum: et primo ponit tristitiae cessationem: ° et complebuntur luctus, ‘ captivitas. mystice in futura beatitudine. * apoc. 21: ° absterget deus omnem lacrymam ab oculis sanctorum. * supra 25: ° aufert lacrimam. ‘ secundo ponit justitiae observationem: ° populus autem; ‘ ad glorificandum me. * supra 43: ° omnem qui invocat nomen meum. in perpetuum, ‘ quamdiu in justitia permanent. sed mystice planum est de sanctis beatis. tertio seminis multiplicationem: ° minimus, ‘ idest, ex uno tot per successionem nascentur, sicut ex abraham una gens. mystice unus de ecclesia ° in gentem, ‘ praeficietur in praelatum. * ps.: ° judicabunt sancti in nationibus. in tempore ejus, |225| ‘ idest christi, vel praefinito tempore. ° subito, ‘quasi non praevisum, istud totum quod dictum est. nota * super illo verbo, ° qui sunt isti qui ut nubes et quasi columbae, ‘ quod apostoli dicuntur nubes primo propter terrae fertilitatem, scilicet ex pluvia. * job 37: ° frumentum desiderant nubes. ‘ secundo propter luminis diffusionem. * eodem: ° nubes spargunt lumen suum; ‘ tertio propter motus velocitatem, * eodem: ° quae lustrant cuncta per circuitum. ‘ quarto propter divinae voluntatis impletionem. * eodem: ° quocumque voluntas gubernantis duxerit. ‘ item dicuntur ° columbae ‘ primo propter cordis compunctionem. * nahum 2: ° gementes ut columbae. ‘ secundo propter vitae simplicitatem. * matth. 10: ° estote prudentes sicut serpentes, et simplices sicut columbae. ‘ tertio propter contemplationis altitudinem, vel velocitatem. * psal. 54: ° quis dedit mihi pennas sicut columbae et volabo, et requiescam; ‘ quarto propter conscientiae puritatem. * cant. 5: ° oculi tui sicut columbae. * cant. 4: ° oculi tui columbarum.

068 CIS cp61

lc * Spiritus domini super. ‘ hic promittit populo jucunditatem. et dividitur in duas partes. in prima gaudium promittit; in secunda populus promissionem suscipit, et gratias agit, * ibi, ° gaudens gaudebo in domino. ‘ circa primum duo. primo officium ad annuntiandum gaudium accipit; secundo gaudii rationem seu materiam praedicit: ° et vocabuntur. ‘ circa primum duo. primo tangitur prophetiae donum: ° spiritus domini super me, ‘ isaiam, ° unxerit, ‘ replens munere prophetiae. * 2 petri 1: ° non enim voluntate humana allata est aliquando prophetia, sed spiritu sancto inspirati loquuntur sancti dei homines. ‘vel de christo, * de quo supra 11: ° requiescet super eum spiritus domini. * et in psalm. 44: ° unxit te deus, deus tuus oleo exultationis prae consortibus tuis. * luc. 4: ° haec scriptura hodie. ‘ secundo tangitur prophetae vel christi actus, qui est duplex: bonis praedicere praemia, ° ad annuntiandum: * jacobi 1: ° in mansuetudine suscipite insitum verbum, quod potest salvare animas vestras: ‘et miseris conferre remedia. quantum ad illos qui sunt pusillanimitate dejecti: ° ut mederer, |25| ‘consolando, vel peccata remittendo, si de christo. * psalm. 146: ° qui sanat contritos corde, et alligat contritiones eorum. ‘ et quantum ad illos qui erant captivitate detenti, quibus annuntiat liberationis beneficium: ° et praedicarem captivis, ‘ ad litteram; vel sub diabolo, et propriis erroribus. * supra 49: ° ut diceres his qui vincti sunt, exite. ‘ et liberationis tempus: ° et praedicarem annum placabilem, ‘ quantum ad liberationem judaeorum, ° ultionis, ‘ quantum ad chaldaeos. vel tempus gratiae, in quo de diabolo ultionem accepit ejus potestatem reprimens. * joan. 12: ° nunc judicium est mundi, nunc princeps mundi hujus ejicietur foras. * ps. 64: ° benedices coronae, ‘ et * ps. 101: ° quoniam venit tempus. ‘ et quantum ad eos qui sunt tristitia absorpti, quibus annuntiat gaudium: ° ut consolarer omnes, ‘ generaliter, ° ut ponerem, ‘ specialiter. * eccl. 48: ° spiritu magno vidit ultima. ‘ et gaudii signum, dum signa tristitiae vertuntur in signa laetitiae, et hoc est, ° et darem eis. * supra 28: ° in die illa erit dominus corona gloriae. et vocabuntur. ‘ hic praedicit gaudii materiam: et primo quantum ad aedificiorum reparationem ponens reaedificantium conditionem: ° vocabuntur in |50| ea, scilicet ‘ jerusalem, praecepto et permissione cyri, ° fortes justitiae, ‘ ad faciendum justitiam constantes, non commoti comminationibus adversariorum; vel apostoli. * eccli. 39: ° quasi rosa plantata. ‘ et aedificiorum reparationem ° et aedificabunt, ‘ praedicti viri, vel apostoli. * supra 58: ° et aedificabuntur in te deserta saeculorum. ‘ secundo quantum ad possessionum conservationem. ° et stabunt alieni. ‘ hoc ad litteram potuit impleri, ut aliqui advenae in his vilibus servitiis occuparentur, sicut de gabaonitis: * os. 9: ° vivant et in usus. ‘vel mystice gentiles praedicatores postea simplices ecclesiae et custodiunt et excolunt ipsam ecclesiam meritis et doctrinis. nota * super illo verbo, ° unxerit me, ‘ quod christum ungit deus pater primo oleo sacerdotalis dignitatis, quasi sacerdotem ad sacrificia offerendum. * eccl. 45: ° unxit eum oleo sancto. ‘ secundo regalis potestatis, quasi regem ad gubernandum. * 2 reg. 12: ° ego te unxi regem et principem populi mei. ‘ tertio immensae fortitudinis, quasi pugilem ad pugnandum. * 2 reg. 1: ° quomodo abjectus est clypeus fortium, clypeus saul et jonathae, quasi non sit unctus oleo? ‘ quarto eminentis jucunditatis, quasi liberalem ad miserendum. |75| * psal. 111: ° jucundus homo qui miseretur et commodat. * psal. 44: ° unxit te deus, deus tuus oleo laetitiae prae consortibus tuis. ‘ item christum ungit servus devotus primo lacrymis compunctionis. * matth. 6: ° unge caput tuum, et faciem tuam lava. ‘ secundo unguento devotionis. * lucae 7: ° haec autem unguento unxit pedes meos. ‘ tertio oleo purae intentionis. * eccl. 9: ° omni tempore sint vestimenta tua candida, et oleum de capite tuo non deficiat. ‘ quarto oleo laudis et gratiarum actionis. * gen. 28: ° surgens jacob mane sumpsit lapidem et erexit in titulum, fundensque oleum desuper etc.. vos autem sacerdotes. ‘ hic praedicit materiam gaudii quantum ad hominum gloriam: et circa hoc tria facit. primo ostendit gloriae perfectionem, quia gloriosi in spiritualibus, ° sacerdotes, ‘ quasi vitam sanctam sacerdotio dignam ducentes. * sicut 2 reg. 8: ° de filiis david, * sap. 5: ° quomodo computati sunt inter filios dei, et inter sanctos sors illorum est. ‘ gloriosi, etiam in temporalibus: ° fortitudinem, ‘ idest reficiemini, sustentabimini fortitudine persarum et medorum. ° superbietis, ‘ exaltabimini. * supra 60: ° quando conversa fuerit ad te multitudo maris, fortitudo gentium |100| venerit tibi. ‘ mystice apostoli sacerdotes, quasi gentium magistri, et fortitudine martyrum delectati. et assignat perfectionis rationem: ° pro confusione: ‘ quasi: ex defectu spiritualium et temporalium, confusionem habuistis. ° laudabunt, ‘ vicini videntes, ° partem, ‘ recompensationem duplicium bonorum a deo eis factam. * zachariae 9: ° hodie quoque annuntians, duplicia reddam tibi. ‘ mystice ecclesia praemia in bonis animae et corporis recipit pro duplici confusione de gentium et judaeorum infidelitate. secundo tangit gloriae durationem. ° laetitia sempiterna. ‘ verum est quamdiu in justitia permanserint, * sicut exponitur jerem. 18. supra 35: ° laetitia sempiterna super capita eorum, gaudium et laetitiam obtinebunt. ‘ et assignat rationem: ° quia ego dominus. ‘ et est sensus: per hoc quod dominus diligit justitiam, dabit vobis ut sitis justi, ut sic placeat sibi; et faciet vobiscum pactum sempiternae laetitiae. ° odio: * eccl. 34: ° qui offert sacrificium ex substantia pauperis, quasi qui victimat filium suum in conspectu patris sui. foedus perpetuum. * jer. 31: ° et feriam domui israel et domui juda foedus novum. ‘ tertio gloriae divulgationem, ° et scietur; ‘ quod est referendum vel ad judaeos qui fuerunt famosi de cultu religionis, |125| vel ad semen spirituale apostolorum. * eccli. 44: ° usque in aeternum. gaudens gaudebo. ‘ hic populus promissionem suscipit, et gratias agit. et circa hoc duo facit. primo exprimit in persona populi, vel ecclesiae, cordis gaudium, ° gaudens. * habac. 3: ° ego autem in domino gaudebo, et exultabo in deo jesu meo. ‘ secundo confitetur divinum beneficium: et primo sub similitudine vestimentorum, inquantum divina beneficia protegunt a miseriis: ° quia induit me vestimentis salutis, * supra 52: ° induere vestimentis jucunditatis tuae. ‘ secundo sub similitudine ornamentorum, inquantum ornant: ° quasi sponsum, ‘ mystice quantum ad perfectos in ecclesia vicem christi agentes, ° sponsam, ‘ quantum ad imperfectos. * bar. 5: ° circumdabo te diploide. ‘ tertio sub similitudine germinum, quantum ad fructum: ° sicut enim terra. * supra 35: ° germinans germinabit.

068 CIS cp62

lc ° Propter syon. ‘ hic promittit populo gloriae honorem: et primo ponitur prophetae petitio; secundo domini promissio: ° juravit dominus. ‘ circa primum duo. primo ipse petit; secundo alios ad petendum inducit, ° qui reminiscimini. ‘ circa primum duo. primo ipse petit ad hoc salvatoris ortum. ° propter sion, ‘ scilicet utilitatem, vel amorem, ° non tacebo, ‘ a precibus apud deum: ° salvator, ‘ cyrus: ° ut splendor, ‘ in gloria regni. mystice ° non tacebo, ‘ a praedicatione christi propter contradictionem; ° sion, ‘ regis; ° jerusalem, ‘ sacerdotum; ° salvator, ‘ christus. * dan. 10 ° facies eius ut species. ‘ secundo ostendit adventus fructum. primo quantum ad civitatis gloriam, promittens ipsam gloriam in tribus. in dignitate regis: ° et videbunt, ‘ admirantes et venerantes, ° justum, ‘ christum vel cyrum. * ps. 97: ° viderunt omnes termini terrae salutare dei nostri. ‘ in novitate nominis, ° et vocabitur, ‘ more antiquorum, qui ex novis eventibus nova nomina imponebant. et hoc nomen postea exprimet. mystice ecclesia, quae prius synagoga. * apoc. 2: ° dabo illi calculum. ‘ in munimine divinae protectionis: ° eris corona gloriae: |25| ‘ quia gloriabitur in te deus tuus, sicut rex in corona regni ° in manu, ‘ idest in protectione sua. * sap. 5: ° accipiens regnum speciei. ‘ mystice ecclesia quasi corona dei filius, a patre coronatur. et excludit ignominiam, in quo etiam nomen novum exprimit, ° non vocaberis. * ez. 36: ° pro eo quod dicunt de vobis, ‘ etc.. secundo quantum ad habitantium laetitiam: et quantum ad pueros, ° habitabit juvenis; ‘ et quantum ad viros perfectos, ° et habitabunt; ‘ et quantum ad conjugatos, ° et gaudebit. * ier. 33: ° adhuc audietur in loco, ‘ etc.. mystice ° juvenis cum virgine, ‘ caste, sicut maria cum joseph; ° sponsus, ‘ christus, ° sponsam, ‘ ecclesiam. tertio quantum ad aedificiorum diligentem custodiam, quae exprimitur * 2 esdrae 4: ° una manu aedificabant, et alia pugnabant. super muros non tacebo: ‘ loquitur secundum similitudinem vigilum qui custodiunt civitatem: vel per metaphoram designat diligentiam principum, qui populum gubernaverunt, vel praedicatores in ecclesia. * apoc. 4: ° requiem non habebant clamantia: sanctus, sanctus. qui reminiscimini. ‘ hic alios ad similem petitionem inducit. ° ne taceatis, ‘ ab oratione ° ei, ‘ deo * 1 thess. 5: |50| ° semper gaudete, sine intermissione orate. juravit. ‘ hic dominus promittit implere petitionem: et primo quantum ad hostium propulsionem, ° si dedero: ‘ supple, non credatis mihi. * prov. 28: ° qui operatur terram, ‘ et non comedit fructum ex ea. secundo quantum ad captivorum liberationem. quantum ad praeparationem viae, ° transite, ‘ vos nuntii cyri et darii; ° lapides, ‘ impedimenta. * jerem. 50: ° tollite de via lapides. ‘ vel vos custodes murorum, praedicatores. quantum ad concessionem laetitiae, ° elevate signum, ‘ edictum cyri ut omnes redirent, vel ° signum ‘ crucis. * supra 11: ° levabit signum in nationibus. ‘ et quantum ad retributionem justitiae: ° dicite filiae, ‘ plebi judaeorum, ° salvator, ‘ deus vel cyrus, ° merces, ‘ ut vobis bona, et hostibus mala reddantur. mystice de adventu christi ad judicium. * supra 40 idem. ‘ tertio, * ibi, ° et vocabunt, ‘ ponit liberatorum honorem, qui in magna fama sanctitatis habebantur, propter beneficia eis praestita. * supra 1: ° post hoc vocaberis. ‘ mystice de ecclesia et populo christiano. nota * super illo verbo, ° propter sion non tacebo, |75| ‘ quod sancti non tacent primo propter accensum desiderium. * jer. 20: ° et factum est in corde meo verbum domini, quasi ignis aestuans. ‘ secundo propter evidens verum. * act. 4: ° non enim possumus quae vidimus; ‘ tertio propter injunctum officium. * 1 cor. 9: ° necessitas mihi incumbit: vae enim mihi est, si non evangelizavero. ‘ quarto propter expectatum praemium. * gal. ult.: ° bonum enim facientes non deficiamus: tempore enim suo metemus non deficientes. ‘ item * super illo verbo, ° donec egrediatur ut splendor, ‘ quod christus splendet primo patris imagine. * heb. 1: ° cum sit splendor gloriae, et figura substantiae ejus. ‘ secundo sanctorum lumine. * psalm. 109: ° in splendoribus sanctorum ante luciferum genui te. ‘ tertio gloriae plenitudine. * matth. 17: ° resplenduit facies ejus sicut sol. ‘ quarto doctrinae rectitudine. * supra 60: ° ambulabunt gentes in lumine tuo, et reges in splendore ortus tui.

068 CIS cp63

lc ° Quis est iste. ‘ hic incipit tangere discretionem malorum a bonis in consecutione promissae salutis. et dividitur in partes tres. in prima introducit judicem, quasi ad discernendum; in secunda proponit iudici petitionem, * ibi, ° miserationum; ‘ in tertia judex pronuntiat sententialiter discretionem, * 65 cap.: ° quaesierunt me. ‘ circa primum duo. in prima movetur quaestio de persona judicis; in secunda de qualitate habitus, ° quare ergo rubrum? ‘ circa primum duo. primo ponit quaestionem; secundo responsionem, ° ego qui loquor. ‘ sciendum autem, quod omnes sancti communiter haec exponunt de christo. et quaestio ista est angelorum, “ qui quidem ad plenum mysteria incarnationis christi non intelligebant; et ideo quasi ignorantes quaesierunt, * secundum quod dicit hieronymus. cui contrarium videtur dicere augustinus super genes., ubi dicit, quod “ angeli a principio creationis suae cognoverunt omnia quae ipse erat facturus, sive rerum rationes seminales rebus indiderit, sive apud se tantum retinuerit ut fierent, quamvis rebus inessent ut fieri possent. ‘ et |25| sic videtur quod hujusmodi mysteria cognoverint. * ad quod solvit glossa eph. 3, super illud: ° mihi autem omnium sanctorum, etc.. * et dicit, quod “ majores cognoverunt; sed minores, quorum est vox ista, ignoraverunt. * dionysius tamen aliter videtur dicere, 7 cap. caelest. hier.; vult enim quod “ haec quaestio sit supremorum angelorum, qui a deo immediate illuminationes recipiunt. ‘ unde eis immediate respondetur a deo: ° ego qui loquor; ‘ quamvis ipsi propter reverentiam christi, a se invicem quaererent, sicut discipuli expectantes magistri responsionem. quamvis autem supremi angeli sciverint hujusmodi mysteria quantum ad substantiam facti, tamen quantum ad particulares circumstantias non perfecte sciebant. unde etiam minus videntur a superiori intellectu perfecto, scilicet divino, quam angelico, unde super hoc magis illuminari quaerebant, ut perfectius intelligerent. mirantur autem tria. primo victoriosum adventum: ° qui venit, ‘ in caelum, ° de edom, ‘ mundo, interpretatur enim sanguineus, vel terrenus; ° de bosra, ‘ inferno, prius munito custodia daemonum. ° bosra ‘ quandoque est nomen proprium cujusdam civitatis in terra moab, quandoque nomen appellativum, et est idem quod terra vel urbs munita. unde frequenter ponitur | 50 | pro terra idumaea munita montibus; hic autem pro jerusalem, vel inferno. ° vestibus, ‘ idest membris corporeis, ° tinctis, ‘ sanguine passionis. * supra 34: ° ecce super idumaeam descendet, et super populum interfectionis meae, ad judicium. ‘secundo mirantur in ipso decorum aspectum: ° iste formosus, ‘ a forma calidum et sic est aliquis formosus qui propter calorem excitatur; vel a forma; et sic dicitur formosus, propter figuram, idest debitam commensurationem membrorum, ° in stola, ‘ habitu humanitatis. * 1 pet. 1: ° in quem desiderant angeli prospicere. ‘ tertio cunctantur virtuosum incessum, ° gradiens, ‘ in caelum, non auxilio angelico, sed sua virtute; quod hactenus inauditum. * heb. 1: ° portans omnia verbo virtutis suae. ego. ‘ hic ponit responsionem, et ostendit se judicem: ° qui loquor justitiam, ‘ idest qui habeo auctoritatem judicium gentibus proferendi: * supra 42; ‘ doctorem, * supra 45: ° ego dominus loquens justitiam: ‘ et salvatorem: ° et propugnator, ‘ contra daemones, ° ad salvandum, ‘ genus humanum. * exod. 15: ° fortitudo mea et laus mea dominus, et factus est mihi in salutem. * eodem: ° dominus quasi vir pugnator, omnipotens |75| nomen ejus. ‘ nota * super illo verbo, ° iste formosus, ‘ quod christus est formosus, primo quia rutilans splendore divinitatis. * heb. 1: ° cum sit splendor gloriae et figura substantiae ejus. ‘ secundo quia figuratus conformitate unionis. * psal. 44: ° speciosus forma prae filiis hominum. ‘ tertio quia distinctus diverso colore virtutis. * cantic. 5: ° dilectus meus candidus et rubicundus; ‘ quarto quia vestitus honestate conversationis. * job 40: ° esto gloriosus, et speciosis induere vestibus. quare ergo rubrum? ‘ hic ponit secundam quaestionem de habitu: et primo ponit quaestionem, ° quare ergo? ‘ ac si diceret: hujusmodi sanguinis insignia non justi, sed iniqui deferre consueverunt; non salvatores, sed potius occisores. ° quasi calcantium: ‘ est enim vinum rubrum in partibus illis, quod tingit in modum sanguinis. * zach. 3: ° indutus erat. ‘ secundo ponit responsionem, ° torcular: ‘ et primo assignat ruboris rationem; secundo prosequitur totum rei ordinem, ° dies ultionis. ‘ circa primum tria. primo narrat singularem victoriam: ° torcular, ‘ scilicet crucem in qua pondere |100| passionis pressus, hostes, ° calcavi solus, ‘ patiens, et vincens; ° et de gentibus non est vir mecum, ‘ in auxilium, quia eo relicto omnes fugerunt. * et dicit signanter, ° vir, ‘ propter beatam virginem, in qua fides nunquam defecit. * can. 1: ° botrus cypri dilectus meus mihi in vineis engaddi. * thren. 1: ° torcular calcavit. ‘ secundo tangit hostium vindictam: ° calcavi eos, ‘ daemones, vel judaeos, ° furor, ‘ ira accensa. * ps. 90: ° super aspidem et basiliscum ambulabis, et conculcabis leonem et draconem. ‘ tertio quasi concludit ruboris causam: ° et aspersus est sanguis, ‘ meus, quia de corpore meo exiens, ° eorum, ‘ quia eorum potestati concessus ad effundendum. loquitur secundum similitudinem victoris, cujus vestes caede inquinantur. * supra 9: ° vestimentum mixtum sanguine. inquinavi, ‘ eorum reputatione. ° dies ultionis. ‘ hic prosequitur totum rei ordinem: et primo ponit temporis congruitatem: ° ultionis, ‘ quantum ad daemones ° retributionis, ‘ quantum ad justos, quorum merces usque tunc dilata erat. * supra 34: ° dies ultionis domino. ‘ secundo proponit salutis necessitatem: ° circumspexi, et non erat auxiliator, ‘ humano generi qui posset ipsum salvare, * supra 59: ° vidit quia non est |125| vir; ‘ vel ° non erat auxiliator, ‘ mihi in cruce. * job 19: ° fratres mei elongaverunt a me, et noti mei recesserunt a me. * ps. 141: ° considerabam ad dexteram, et videbam, et non erat qui cognosceret me. * eccli. 51: ° circumdederunt me undique. ‘ tertio salutis impletionem: ° et salvavit, ‘ idest salutem resurrectionis fecit mihi, vel salutem humani generis, ° brachium, ‘ virtus. * ps. 97: ° salvavit sibi dextera ejus, et brachium sanctum ejus. ‘ quarto vindictae expositionem: ° et conculcavi populos, ‘ judaeos per romanos, ° inebriavi, ‘ replevi afflictione, ° eorum, ‘ judaeorum, et daemonum. * supra 23: ° dominus exercituum tetigit hoc. ‘ posset autem exponi totum ad litteram, ut induceretur dominus metaphorice, quasi veniens ad delendos diversos populos hostes judaeorum, et praecipue idumaeos, secundum modum metaphoricum qui habitus est. * supra 59: ° indutus est justitia ut lorica. miserationum domini. ‘ hic propheta judici qui justitiam locuturus et impleturus venit, petitionem porrigit: et primo inclinat ipsum ad pietatem, (secundo) porrigit petitionem, * 64 cap.: ° utinam dirumperes. ‘ prima in duas. in prima inclinat ad pietatem commemorans |150| pristina beneficia quae defecerunt; in secunda, pericula quae incurrerunt, ° quare errare. ‘ circa primum duo. primo proponit intentum, ° quae reddidit, ‘ pro nostris meritis, tam in bonis, quam in malis poenae, ° bonorum, ‘ quae gratis dedit. * eccli. 51: ° memoratus sum misericordiae tuae, domine. ‘ secundo prosequitur propositum: et primo commemorat beneficia, quantum ad evasionem periculorum, commemorans singularem electionem: ° et dixit, ‘ scilicet deus: ° verumtamen, ‘ quamvis ipsi contra me essent, ° non negantes, ‘ scilicet abraham. vel ° non negantes, ‘ quia saltem fidem meam tenent. * exod. 15: ° fortitudo mea et laus mea dominus. ‘ et quantum ad diligentem protectionem, ° in omni tribulatione. ‘ et ipse ° est tribulatus, ‘ per compassionem: vel ° non est, ‘ statim, sed distulit etiam nunc, ut quasi corrigerentur: ° et angelum faciei, ‘ idest faciem meam videns, ° salvavit, ‘ quasi dux eorum per desertum. * exod. 32: ° duc populum istum, * ps. 90: ° angelis suis mandavit de te ut custodiant te in omnibus viis tuis. ‘ et quantum ad paternam dilectionem: ° in dilectione redemit, ‘ ab aegypto; ° portavit, ‘ in deserto; ° levavit, ‘ idest extulit, super alios in terra promissionis. |175| * os. 11: ° puer israel. ‘ secundo tangit beneficia quantum ad remissionem culparum: et primo ponit culpam: ° ipsi autem afflixerunt spiritum ejus, ‘ scilicet dei, vel ° sancti, ‘ moysi, per diversa jurgia. * ps. 105: ° et vexatus est moyses propter eos, quia exacerbaverunt spiritum ejus. ‘ secundo ponit poenam: ° et conversus est, ‘ scilicet deus. * thren. 2: ° factus est dominus velut inimicus. * iob 30: ° mutatus est mihi in crudelem. ‘ tertio ponit indulgentiam. ° et recordatus, ‘ tandem ° moysi, ‘ qui pro eis oravit. * exod. 32: ° aut dimitte eis, aut dele me de libro in quo me scripsisti. * ps. 104: ° memor fuit in saeculum testamenti ejus, verbi quod mandavit in mille generationes. ‘ nota * super illo verbo, ° torcular calcavi, ‘ quod de torculari crucis fluxit primo sanguis ad redimendum. * 1 pet. 1: ° non corruptibilibus auro vel argento redempti estis de vana vestra conversatione, sed pretioso sanguine jesu christi. ‘ secundo aqua ad emundandum. * ps. 77: ° eduxit aquam de petra. * ezech. 36: ° effundam super vos aquam mundam. ‘ tertio oleum ad sanandum. * job 29: ° petra fundebat mihi rivos olei. ‘ quarto mel ad consolidandum. * deut. 32: ° ut sugeret mel de petra. ‘ quinto vinum ad confortandum. | 200 | * prov. 3: ° vino torcularia redundabunt. ubi est qui eduxit? ‘ hic plangit eadem beneficia eis subtracta: et primo plangit beneficiorum defectum: ° ubi est qui eduxit? ‘ moyses, vel deus, ° cum pastoribus, ‘ maria et aaron. * sap. 10: ° deduxit eos in manibus. ubi est. spiritum sancti sui? ‘ moysi; * quod legitur num. 11: ° ad dexteram, ‘ prospere. ° qui scidit, ‘ ubi est spiritus? * ps. 135: ° qui divisit mare rubrum in divisiones. ‘ et ubi est ° qui eduxit, quasi equum ‘ scilicet sine impedimento; ° descendens, ‘ inoffenso curru, ° eius, ‘ populi. * sapien. 19: ° et in mari rubro via sine impedimento. * prov. 3: ° ambulabunt fiducialiter, * jud. 6: ° ubi sunt mirabilia eius. ‘ secundo inclinat judicis affectum: et primo petit audientiam: ° attende de caelo. * 3 reg. 8: ° tu exaudies de caelo. ‘ secundo provocat ad misericordiam. ° ubi est zelus? ‘ quo dilexisti nos. * ps. 88: ° ubi sunt misericordiae tuae antiquae, domine? * iob 12: ° si continuerit aquas. ‘ tertio proponit miserendi causam: ° tu enim pater noster, abraham nescivit nos, ‘ adhuc vivus, quia nec nos tunc eramus. vel etiam modo, nolens orare pro nobis, quia non invocamus ipsum. * vel, secundum |225| augustinum, quia “ mortui, etiam sancti, nesciunt quid agatur erga vivos. ‘ sed hoc intelligendum est quantum ad virtutem cognitionis humanae, non quantum ad irradiationem divini luminis. * deut. 32: ° ipse enim est pater tuus, qui possedit te, fecit te et creavit te. quare errare? ‘ hic proponit mala quae incurrerunt. et primo quantum ad mala culpae. ° errare de viis, ‘ mandatis, ° fecisti, ‘ permittendo, non immittens gratiam, et non corrigens, ° indurasti, ‘ permisisti. * rom. 9: ° cujus vult miseretur, et quem vult indurat. ‘ secundo proponit mala poenae: et primo petit misericordiam: ° convertere, ‘ de ira ad misericordiam, ° propter servos, ‘ patres nostros. * ps. 89: ° convertere, domine, usquequo, et deprecabilis esto super servos tuos. * thren. ult. ° converte nos, domine et convertemur; innova dies nostros sicut a principio. ‘ secundo proponit miseriam quantum ad servitutem: ° quasi nihilum, ‘ idest sine resistentia. * supra 26: ° domine deus noster, possederunt nos domini absque te. ‘ quantum ad sanctorum profanationem. ° et hostes nostri; * 1 mach. 2: ° sancta in manu; ‘ quantum ad honoris pristini amissionem, ° facti sumus, ‘ sine rege sine templo, |250| ° in principio, ‘ in aegypto, vel etiam ante vocationem abrahae. * jer. 14: ° tu autem in nobis es domine, et nomen sanctum tuum invocatum est super nos: ne derelinquas nos, domine.

068 CIS cp64

lc ° Utinam dirumperes. ‘ hic porrigit petitionem et primo petit judicis praesentiam; secundo petit misericordiam, ° ecce tu iratus. ‘ circa primum duo. primo ponit petitionem; secundo petitionis impletionem, ° descendisti. ‘ circa primum duo. primo petit judicis adventum, ° dirumperes: ‘ figurative loquitur, quasi super caelos habitanti; vel exinanires temetipsum, despiciens majestatem, et carnem assumeres. * ps. 143: ° inclina caelos tuos, et descende. ‘ secundo ponit adventus effectum in creaturis insensibilibus, scilicet in montibus: ° a facie tua montes: ‘ quasi dicat, non sustinentes praesentiam tuam, si tibi placeret. vel ° montes, ‘ potentes, et superbi. * supra 34: ° tabescent montes. ‘ in aquis, ° aquae arderent, ‘ quia totus igneus es, si velles. * sapien. 16: ° quodam tempore aqua super virtutem ignis exardebat. ‘ vel per aquas, populi. * apoc. 17. ° aquae multae, populi multi. ‘ secundo effectum in hominibus: et primo in gentibus, ° a facie tua. * ps. 64: ° turbabuntur gentes. ‘ ad litteram, commovebuntur. vel referendum ad conversionem gentium post christi adventum. |25| secundo in judaeis: ° cum feceris; non sustinebimus, ‘ idest nos, qui consueti sumus, videre, et audire prae stupore; sicut territi fuerunt, * exod. 20. unde hebr. 12: ° excusaverunt se, ‘ etc.. vel ° non sustinebimus, ‘ adventum, credentes etiam visis miraculis. ° descendisti. ‘ hic ponit petitionis impletionem: et primo quantum ad adventum, ° descendisti, ‘ ad judicandum nos: praeteritum pro futuro. vel in uterum virginis. vel melius, secundum litteralem sensum, ponit effectus probationem; quasi dicat: si modo descenderes, haec contingerent quae etiam contigerunt quando descendisti ut liberares populum tuum de aegypto. * exod. 4. ps. 17: ° inclinavit caelos, et descendit, et caligo sub pedibus ejus. ‘ secundo quantum ad effectum. primo in miraculis: ° a facie tua montes, ‘ scopuli arnon, * num. 21. (ps. 113) ° montes exultaverunt. ‘ mystice judaei, vel daemones. secundo in beneficiis. et primo ponit beneficiorum magnitudinem: ° a saeculo non audierunt: ‘ quia nunquam similia visa vel audita, qualia deus judaeis fecit: et sanctis in gloria faciet. * 1 corinth. 2: ° oculus non vidit nec auris audivit, et in cor hominis non ascendit, quae praeparavit |50| deus diligentibus se. ‘ secundo quantum ad benefaciendi promptitudinem: ° occurristi laetanti, ‘ in auxilium, dum adhuc erat in petendo, vel veniendo ad te: ° laetanti, ‘ in te. * sap. 6: ° dignos se ipsis quaerit sapientia. ‘ mystice simeoni. * luc. 2: ° ecce tu iratus. ‘ hic ponit misericordiam: et primo ostendit petendi necessitatem; secundo porrigit petitionem, ° et nunc, domine. ‘ circa primum duo. primo ostendit necessitatem ex eminentia mali quantum ad culpam; tum ex malorum perpetratione: ° ecce tu iratus, et peccavimus: ‘ praeposterus ordo: ideo iratus, quia peccavimus: et tamen ° salvabimur, ‘ tua misericordia. * supra 59: ° scelera nostra. ‘ et quantum ad bonorum imperfectionem, ° et facti sumus. universae justitiae: ‘ quia aliis peccatis involuti. * job 9: ° si lotus fuero quasi aquis nivis. ‘ et quantum ad poenam, ° et cecidimus, ‘ interfecti: vel a statu dignitatis. ° abstulerunt, ‘ a terra nostra. * job 13: ° contra folium quod vento rapitur, ostendis potentiam tuam. ‘ secundo ostendit necessitatem quantum ad defectum auxilii: et primo humani: ° non est qui invocet, et teneat te, ‘ precibus. * cantic. 3: ° teneo |75| eum, nec dimittam. ‘ secundo divini: ° abscondisti faciem tuam, ‘ misericordiae tuae, ° in manu, ‘ idest in opere; * juxta illud: ° mors et vita in manu, * proverb. 18. deuteron. 32: ° abscondam faciem meam ab eis. et nunc, domine. ‘ hic ponit misericordiam: et circa hoc duo facit. primo petit misericordiam, assignans rationem: ° pater noster es tu. * jerem. 18: ° sicut lutum in manu figuli, sic nos in manu dei. * job 10: ° memento, quaeso, quod sicut lutum feceris me. ‘ et porrigit petitionem: ° ne irascaris satis, ‘ idest nimis, vel secundum quod merita nostra exigunt. * ps. 78: ° ne memineris iniquitatum nostrarum antiquarum; cito anticipent nos misericordiae tuae. ‘ secundo proponit miseriam: ° ecce, ‘ domine, ° omnes nos; ‘ sumus, ° sancti, ‘ idest sanctuarii templi, scilicet jerusalem. * thren. 1: ° manum suam misit hostis ad omnia desiderabilia. ‘ et miratur patientiam: ° numquid super?, * habac. 1: ° quare respicis super iniquitates nostras? ‘ nota * super illo verbo, ° quae praeparasti diligentibus te; ‘ quia deus praeparat sanctis primo locum aeternae quietis. * joan. 14: ° si quominus dixissem vobis, quia vado parare vobis locum. ‘ secundo regnum | 100 | aeternae dignitatis. * matth. 25: ° venite benedicti patris mei, percipite regnum quod vobis paratum est ab origine mundi. ‘ tertio mensam divinae refectionis. * psal. 22: ° parasti in conspectu meo mensam. ‘ quarto lucernam aeterni luminis. * ps. 131: ° paravi lucernam christo meo. ‘ item nota * super illo ° quasi pannus menstruatae universae justitiae, ‘ quod opus justitiae immundatur inquinamento, primo mortalis maculae. * eccli. 47: ° dedisti maculam in gloria tua. ‘ secundo commissae negligentiae. * jerem. 48: ° maledictus homo qui facit opus domini negligenter. ‘ tertio intentionis perversae. * matth. 6: ° si oculus tuus; ‘ quarto insurgentis superbiae. * supra 57: ° omnes eos auferet ventus.

068 CIS cp65

lc ° Quaesierunt. ‘ hic judex, scilicet deus, dat sententiam de discretione malorum a bonis, in perceptione salutis promissae. et dividitur in partes duas. in prima pronuntiat sententiam discretionis; in secunda determinat modum executionis, * cap. 66: ° haec dicit dominus. ‘ circa primum duo. primo promittit responsionem, ostendens respondendi opportunitatem, ° quaesierunt; ‘ quasi dicat: hactenus vos judaei non quaerebatis a me, sed ab idolis. ex quo quaeritis, respondebo. mystice de conversione gentium. * rom. 10: ° inventus sum a non quaerentibus. ‘ et ponit promissionem: ° dixi: ecce ego ad gentem: ‘ respondebo scilicet judaeis, vel ° ad gentes ‘ conversas convertar. * cant. 6: ° ego dilecto meo, et dilectus meus mihi. ‘ secundo sententiat discretionem, ° expandi manus: ‘ et primo sententiat discretionem malorum a bonis, propter peccata transgressionis; secundo propter peccata omissionis, ° et qui dereliquistis. ‘ prima in duas. in prima comminatur malis supplicia; in secunda promittit bonis praemia, ° haec dicit dominus. ‘ circa primum duo. primo arguit transgressionis culpam; secundo comminatur | 25 | poenam: ° isti fumus erunt. ‘ culpam ipsorum arguit ex tribus. primo ex beneficiorum ingratitudine: ° expandi, ‘ dando multa beneficia, ° tota die, ‘ toto tempore ex quo eos mihi assumpsi. mystice in cruce. * jerem. 16: ° unusquisque ambulat. ‘ secundo ex peccandi continuitate: ° populus ante faciem, ‘ quia ° omnia nuda et aperta sunt oculis ejus. * hebr. 4. ‘ vel quia in templo idolum ponebant. * deuter. 32: ° ipsi me provocaverunt in eo qui non est deus. ‘ tertio ex peccatorum diversitate vel gravitate, quantum ad quatuor. primo quantum ad cultum idolorum: ° qui immolant, ‘ idolis, ° in hortis, ‘ quia in locis voluptuosis idola colebant, ° super lateres, ‘ super altaria ex lateribus constructa, ut ignem sacrificii sustinere possent. * supra 1: ° confundentur ab idolis suis. ‘ secundo quantum ad studium divinationum: ° qui habitant in sepulcris; ‘ ut habeant responsiones a mortuis, ° et delubris, ‘ templis idolorum a diluendo dictis, quia ibi putabant omnia ablui. vel propter fontes qui ibi erant ad abluendas hostias. et sacerdotes ° dormiunt, ‘ super pelles hostiarum ad divinandum. * ezech. 6: ° conterentur delubra vestra. ‘ tertio quantum ad immunditiam ciborum: ° qui comedunt; et jus profanum, ‘ porcinum. * infra ult.: ° qui |50| comedebant carnem suillam, et abominationem et murem simul consumentur. ‘ quarto quantum ad contemptum justorum, ° qui dicunt, ‘ scilicet non adorantibus idola; * sap. 2: ° gravis est nobis; ‘ vel ° qui dicunt, ‘ deo, * job 21: ° qui dicunt deo: recede a nobis, scientiam viarum tuarum nolumus. isti fumus erunt. ‘ hic comminatur poenam: et primo poenae diuturnitatem, ° fumus; ‘ idest, sicut fumus igne consumitur, et incendentur ira mea. * deut. 32: ° ignis succensus est in furore meo, et ardebit usque ad inferni novissima. ‘ secundo punitionis certitudinem: ° ecce scriptum est: ‘ quia firmiter in memoria peccatum, et in praefinitione poena. ° non tacebo, ‘ dissimulans. * jerem. 17: ° peccatum judae scriptum est, * supra 42: ° tacui, semper silui. ‘ tertio poenarum multitudinem, quia pro omnibus peccatis patrum: ° sed reddam. * exod. 20: ° ego sum deus zelotes, visitans peccata patrum in filios. exprobraverunt, ‘ adorando idola in excelsis; et pro peccatis etiam juventutis ipsorum, ° et remetiar, ‘ quasi commensurabo poenam culpae. * supra 40: ° recepit de manu domini duplicia. haec dicit dominus. ‘ hic promittit bonis praemia: |75| et primo quantum ad conservationem a malis: ° granum, ‘ uvae, ° benedictio, ‘ idest placet deo ut pro benedictione reservetur, ° propter servos, ‘ patres nostros, ° totum, ‘ genus judaeorum. * supra 17: ° erit sicut congregans. ‘ secundo quantum ad promotionem in bonis: et primo quantum ad seminis multiplicationem: ° et adducam de jacob. * supra 1: ° nisi dominus exercituum reliquisset nobis semen, quasi sodoma fuissemus. ‘ secundo quantum ad hereditatis paternae restitutionem, ° et hereditabunt. * ezech. 36: ° hereditate possidebunt te, et eris hereditas eorum. ‘ tertio quantum ad pascuorum ubertatem: ° et erunt campestria et vallis achor, ‘ ab illo denominata, qui ibi lapidatus, * josue 7. oseae 2: ° dabo eis vallem achor ad aperiendam spem. et vos qui dereliquistis. ‘ hic discernit malos a consolatione bonorum, propter peccata omissionis: et primo comminatur malis supplicia; secundo bonis praemia, ° quia oblivioni. ‘ circa primum duo. primo comminatur eis quia deum dereliquerunt, ponens culpam: ° et vos, ‘ judaei, ° fortunae, ‘ deo aegyptiorum, ° mensam: ‘ tangit ritum quo colebatur, quia in fine anni parabatur sibi mensa, omnibus cibis referta. |100| * deut. 32: ° dereliquerunt deum factorem suum, et recesserunt a deo salutari suo. ‘ ponens etiam poenam, ° numerabo; ‘ quasi dicat: ut nullus remaneat quin opprimatur. * jer. 44: ° cadent in gladio et fame. ‘ secundo quia revocanti non obedierunt, ponens culpam: ° pro eo quod vocavi. * proverbior. 1: ° vocavi, et renuistis, ‘ et comminatur discretionis poenam primo in satietate corporis: ° propter hoc haec dicit dominus, * psal. 33: ° divites eguerunt et esurierunt, inquirentes autem dominum non minuentur omni bono. ‘ secundo in laetitia cordis: ° ecce servi mei laetabuntur. * sap. 5: ° paenitentiam agentes. ‘ tertio in diversitate nominis. et primo ponit quale futurum sit nomen impiorum: ° et dimittetis in juramentum, ‘ ut confirment dicta sua sic: si non est ita, ita accidat mihi sicut illis. * jer. 44: ° in gladio et fame morientur; et erunt in jusjurando, et in miraculum, et in maledictionem, et in opprobrium. ‘ et deinde ponit quale sit futurum nomen bonorum: ° et servos in quo ‘ scilicet nomine, jesus est nomen, ° amen, ‘ fideliter. * supra 62: ° vocabitur tibi nomen novum, quod os domini |125| nominavit. quia oblivioni. ‘ hic promittit visa praemia. et primo in generali quantum ad amotionem malorum, ° quia oblivioni, ‘ non defectu cognitionis, sed successione bonorum. * supra 54: ° confusionis adolescentiae tuae oblivisceris. ‘ et quantum ad restaurationem bonorum: ° ecce enim ego creo caelos novos, ‘ nova de caelo auxilia, ° terram novam, ‘ nova de terra beneficia. vel ad diem judicii, quando mundus ad gloriam sanctorum innovabitur. * apocal. 21: ° prima abierunt. ‘ secundo in speciali: ° quia ecce ego creo jerusalem. ‘ et primo quantum ad cordium jucunditatem, ° jerusalem, ‘ terrestrem; sed magis caelestem ° exultationem, ‘ emphatice, ut tota gaudio sit absorpta. * supra 35: ° gaudium et laetitiam obtinebunt, et fugiet ab eis dolor et gemitus. ‘ secundo quantum ad vitae diuturnitatem: ° non erit amplius qui non impleat: ‘ ante tempus moriens, sed ° puer morietur centum annorum, ‘ idest quando pervenerit ad talem aetatem, ° et, ‘ si sit, ° peccator, ‘ quamvis tantum vixerit, maledictioni subjacebit. * gen. 25: ° mortuus est abraham in senectute bona. ‘ mystice, in caelesti jerusalem omnes dies suos implebunt, quia nullus morietur. ° puer centum annorum, ‘ idest qui |150| usque ad aetatem senectutis pueriliter vixit, ° morietur, ‘ morte aeterna. * sap. 4: ° senectus enim venerabilis est, non diuturna, neque numero annorum computata. ‘ tertio quantum ad bonorum prosperitatem, tum quantum ad securitatem possessionum, ° et aedificabunt. * ps. ° et aedificaverunt domos; * amos ult.: ° plantabunt vineas. ‘ et assignat rationem: ° secundum enim dies, ‘ idest, quia diu vivent sicut diu durat lignum arboris. ° inveterabunt; ‘ idest, usque ad vetustatem in usum eorum remanebunt. * psal. 1: ° erit tamquam lignum quod plantatum est secus decursus aquarum. * supra 49: ° in vacuum laboraverunt. ‘ tum quantum ad pacem filiorum: ° neque generabunt in conturbatione, ‘ quasi generantes filios in servitutem hostium. * eccli. 44: ° cum semine ipsorum perseverant bona. ‘ quarto quantum ad precum exauditionem: ° eritque antequam clament, ‘ ore. * supra 30: ° ad vocem clamoris tui statim ut audierit, respondebit tibi. ‘ quinto quantum ad pacis tranquillitatem, ° lupus et agnus: ‘ quia qui prius tyranni et malefactores, pacifice cum aliis morabuntur, * supra 11 idem.

068 CIS cp66

lc ° Haec dicit dominus. ‘ hic determinat modum executionis dictae sententiae: et primo specialiter quantum ad judaeos; secundo universaliter quantum ad omnes, ° ego autem opera eorum et cogitationes. ‘ prima dividitur in duas. in prima excludit falsam confidentiam; secundo proponit, et determinat datam sententiam, quantum ad modum executionis, ° audite verbum domini. ‘ circa primum duo. primo excludit falsam fiduciam a templi sanctitate, ostendens templum non esse dei locum: tum ex dei magnitudine qui omnia implet, cuius ° caelum sedes ‘ dicitur, quia multum participat de bonitatibus ipsius, sicut sedes magnam partem sedentis habet; ° terra scabellum, ‘ quia terra minimum participat de bonitatibus ipsius, sicut extrema pars ad scabellum pervenit; vel per caelum sanctos, per terram terrenos. * 3 reg. 8: ° si caelum et caeli caelorum non te capiunt. * jerem. 23: ° caelum et terram ego impleo. * act. 17: ° non in manufactis templi. ‘ tum ex quiete, quia in loco quiescit unumquodque cujus est locus; deus autem non quiescit in aliquo, sed omnia in ipso sicut ab ipso | 25 | facta. ° et quis est locus? * supra 40: ° levate in excelsis. ‘ et dat utile remedium ° ad quem autem; pauperculum ‘ idest humilem qui se parvum reputat quantum ad praesentia, ° contritum, ‘ de peccatis praeteritis, ° trementem, ‘ quantum ad propositum de futuris faciendis. * eccli. 15: ° oculi ejus ad timentes eum. ‘ secundo excludit confidentiam quam conceperant ex ritu sacrificiorum: et primo ponit ipsorum reprobationem: ° qui immolat bovem; ‘ ac si diceret: ita sunt abominabilia ipsorum sacrificia, ac si aliquid contra legem facerent; quia eadem idolis offerebant. ° qui benedicat, ‘ laudat et veneratur. * supra 1: ° ne offeratis ultra sacrificium. ‘ secundo ostendit reprobationis rationem, primo ponens culpam: ° haec omnia elegerunt, ‘ scilicet sacrificia, ambulantes, ° in viis suis, ‘ malis. * prov. 2: ° laetantur cum male fecerint, et exultant in rebus pessimis. ‘ secundo comminatur poenam, ° unde et ego, * prov. 3: ° illusores ipse deludet. * job 3: ° timor quem timebam evenit mihi, et quod verebar accidit. ‘ tertio arguit peccantium duritiam. ° quia vocavi. * prov. 1: ° vocavi et renuistis. audite verbum domini. ‘ hic exequitur modum executionis dictae sententiae: |50| et primo quantum ad praemia bonorum; secundo quantum ad supplicia malorum, ° et cognoscetur. ‘ prima in duas. primo excitat attentionem: ° qui tremitis, ‘ ex reverentia verborum ipsius. * eccli. 2: ° qui timetis dominum credite illi. ‘ secundo prosequitur promissionem: et primo quantum ad vindictam de irrisoribus, ponens eorum irrisionem: ° dixerunt fratres vestri. glorificetur, ‘ quasi dicat: appareat gloria domini quam expectatis, quasi dicat: nunquam apparebit. * supra 5: ° festinus velociter veniet, non est deficiens neque laborans in eo. ‘ et praedicens eorum confusionem: ° ipsi autem confundentur, ‘ hoc modo. ° vox populi, ‘ timentis, ° vox domini, ‘ quantum ad hostium tumultus. * soph. 1: ° vox diei domini amara. ‘ secundo exequitur promissionem quantum ad bonorum abundantiam: et primo quantum ad populi readunationem, ponens promissionem, ° antequam parturiret; ‘ idest, subito, et simul filii jerusalem congregabuntur ad ipsam, sicut si mulier subito filium pareret, non praecedente partu. * supra 37: ° venerunt filii usque ad partum. ‘ mystice exponitur de partu b. virginis, et de partu ecclesiae in conversione fidelium, et de parturitione aeternae |75| generationis. et inducit admirativam quaestionem: ° quis audivit unquam talia? * supra 49: ° quis genuit mihi? ‘ et ponit responsionem ex persona domini: ° numquid ego non pariam? ‘ congregans judaeos, vel fideles convertens, vel filium ab aeterno. * simile psalm. 93: ° qui plantavit aurem, non audiet; aut qui finxit oculum, non considerat? ‘ et haec argumenta tenent, si illud quod est perfectionis in creaturis, attribuatur, remoto omni eo quod imperfectionis est. secundo promittit congregatis immensam consolationem. et primo invitat alios ad congratulationem: ° laetamini cum jerusalem, in ea, ‘ sicut in objecto gaudii, ponens conditionem congratulantium quantum ad affectum, ° qui diligitis. * cant. 5: ° comedite amici, et bibite, et inebriamini carissimi. ‘ quantum ad affectus signum, ° qui lugetis. * matth. 5: ° beati qui lugent, quoniam ipsi consolabuntur. ‘ et congratulationis fructum quantum ad participationes laetitiae, vel pacis, ° ut sugatis, * can. 1: ° meliora sunt ubera tua vino. ‘ quantum ad participationem gloriae, ° ut mulgeatis, ‘ quasi mulgentes lac. * job 22: ° tunc super omnipotentem deliciis afflues. ‘ secundo promittit copiosam |100| collationem pacis: ° quia haec dicit dominus: declinabo. ‘ ut vocetur redundantia sicut fluvius descendens cum magno impetu venit, nec redundat. et gloriae, ° et quasi torrentem. * supra 48: ° facta fuisset sicut fluvius. ‘ tertio promittit consolationis plenam perceptionem. primo quantum ad gentium administrationem: ° quam sugetis, in gloriam gentium, ‘ quia ipsi reges gentium consolabuntur, et sustentabunt vos. * unde sequitur, ° ad ubera. ‘ mystice loquitur de apostolis, qui in gloriam gentium velociter conversarum delectati sunt et eas quasi ad ubera blandis admonitionibus portaverunt. * supra 60: ° suges lac. ‘ secundo quantum ad divinam protectionem: ° quomodo si cui mater. * heb. 12: ° obliti estis consolationis. ‘ tertio quantum ad bonorum fruitionem, ° videbitis, ‘ bona a deo vobis data, ° ossa, ‘ vos qui in adversitate sicut ossa arida eratis. * ezech. 37: ° ossa arida audite verbum domini. ‘ vel videbitis divinam essentiam. * eccl. 11: ° dulce lumen, et delectabile oculis videre solem. ossa, ‘ in resurrectionem. ° et cognoscetur. ‘ hic promittit malis supplicia: et primo comminatur poenam, ponens judicis indignationem, |125| ° manus, ‘ affligens impios in ° servis. ‘ vel ° manus, ‘ consolationis, in ° servis, ‘ per effectum. * supra 27: ° indignatio non est mihi. ‘ ponit etiam poenae magnitudinem: ° quia ecce dominus in igne, ‘ quo civitas comburenda erat, vel quo mundus purgandus. ° quadrigae, ‘ exercitus chaldaeorum, in quo quasi venit deus; vel angeli qui cum ipso ad judicium venient. * psal. 96: ° ignis ante ipsum praecedet, * amos 9: ° gladio dei peribunt. ‘ ponit etiam punitorum multitudinem, ° multiplicabuntur. * supra 34: ° victima enim domini in bosra, et interfectio magna in terra edom. ‘ secundo improperat culpam, ° qui sanctificabantur ‘ putantes se mundare ab immunditiis aquis, vel etiam sacrificiis idolorum, ° in hortis, ‘ in quibus idola colebant, vel voluptati se exercebant, ° post unam, ‘ cum mulieribus more pecudum coeuntes. vel ° post januam, ‘ ad litteram, ° murem, ‘ glirem, contra legem, * levit. 11: supra 65: ° comedunt carnem suillam, et jus profanum. ego autem. ‘ hic prosequitur modum discretionis quantum ad omnes communiter: et primo indicit universale judicium, ° opera et cogitationes, ‘ quasi pro utrisque judicans, ° venio, ‘ in die judicii. vel diversa regna hostium vestrorum, et in vobis malos destruens. |150| ° venient, ‘ in jerusalem post vestrum reditum, vel ad judicium, vel ad fidem. * joel. 3: ° ecce ego suscitabo eos de loco in quo vendidistis eos. ‘ secundo ponit citationem: ° et ponam in eis, ‘ idest judaeis qui erunt cum zorobabel et aliis ducibus, ° signum, ‘ edictum cyri, ° ad gentes, ‘ ad quas dispersi erant judaei, ° lydiam, tenentes sagittam, ‘ quia sunt boni sagittarii: ° gloriam meam, ‘ quae apparebit in vestra liberatione. * supra 11: ° levabit signum in nationibus. ‘ vel ° signum ‘ crucis ponit in apostolis, ut omnes ad deum convertant, quasi ad judicium praeparantes. tertio ponit judicandorum praeparationem: et primo quantum ad bonos; secundo quantum ad malos: ° et egredientur, et videbunt. ‘ prima in duas. primo quantum ad judaeos ponens honorificam reversionem: ° adducent in equis, ‘ per quae significantur subsidia, quae a gentibus reverentes habuerunt. * baruch 5: ° adducet hos dominus ad te. ‘ vel “ significantur diversae conditiones eorum qui convertuntur ad fidem, * sicut exponit glossa. ‘ secundo reversionis exaltationem primo quantum ad dignitatem, ° et assumam; ‘ quod ad litteram impletum est in judaeis, et etiam in apostolis. * supra 61: ° vos sacerdotes domini vocabimini, ministri dei nostri, dicetur |175| vobis. ‘ secundo quantum ad seminis conservationem: ° quia sicut caeli novi, * ut supra 65; ° sic stabit, ‘ in perpetuum. * jer. 31: ° si defecerint leges istae coram me, dicit dominus, tunc et semen israel deficiet. ‘ vel sancti stabunt in aeternum innovati sicut caelum et terra. tertio quantum ad gloriae durationem, ° et erit mensis; ‘ quasi, mensis mensi, et festum festo in vestra prosperitate succedet. * supra 29: ° additus est annus ad annum, et solemnitates evolutae sunt. ‘ mystice ecclesia post finem, quies spiritualis post carnalem. secundo quantum ad gentiles, ° et veniet omnis, ‘ quia de diversis nationibus veniebant jerusalem ad dominum adorandum. * ps. 85: ° omnes gentes venient et adorabunt coram te, domine. ‘ vel in die judicii: ° et egredientur. ‘ hic ponit secundum judicium quantum ad malos: et primo poenae emanationem: ° et egredientur, ‘ venientes jerusalem, ° et videbunt, ‘ in monumentis antiquis, et in campis ossa mortuorum patrum. * supra 34: ° interfecti eorum projicientur, et de cadaveribus eorum ascendet foetor. ‘ vel sancti videbunt damnatos in damnationem cadentes. secundo ponit poenae |200| durationem: ° vermis eorum, ‘ conscientiae, qua etiam mortui torquebuntur, ° et ignis, ‘ inferni. * judith 16: ° dabit ignes, et vermes in carnes eorum. ‘ tertio de poenis delectationem, quantum ad videntes: ° et erunt usque ad satietatem omni carni, ‘ idest sanctis. * ps.

57: ° laetabitur justus cum viderit vindictam. ‘ab istis poenis nos liberet, qui incipere, et consummare dedit. * et sic terminatur sententia et expositio ad litteram super isaiam secundum fratrem thomam de aquino quam transtulit ad litteram legibilem cum complemento auctoritatum frater iacobinus astensis de provincia lombardiae tunc temporis studens in studio generali neapolitano. ordinavit etiam collationes certis locis super quaslibet lectiones, et hoc fecit ad utilitatem fratrum ordinis nostri et ut de dictis scriptis copia haberetur. ‘laus ergo sit ei qui incipere dedit et consummare fecit. amen.

IN HIEREMIAM

---

069 CPH cp

lc1 ° Hic est fratrum amator, et populi israel; hic est qui multum orat pro populo et universa sancta civitate, jeremias propheta dei. * 2 mach. ult.. ‘ verba ista sunt oniae summi sacerdotis ad judam machabaeum, in visione jeremiam commendantis. ex quibus quatuor possunt accipi circa praesens opus quod prae manibus habetur; scilicet auctor, materia, modus, et utilitas. circa auctorem tria designat praesens auctoritas; scilicet officium, affectum et actum. in officio ostenditur prophetalis dignitas: unde dicit: ° jeremias propheta domini. ‘ in affectu fraterna caritas: unde dicit: ° hic est fratrum amator. ‘in actu compassionis pietas: unde dicit: ° hic est qui multum orat pro populo, et universa sancta civitate. * dicitur autem ° propheta dei ‘ad differentiam aliorum qui non sunt prophetae dei. sunt enim quidam prophetae caeli, quidam prophetae diaboli, quidam prophetae dei. prophetae caeli sunt qui ex figuris caeli in motibus siderum futura conjicere student; * et de istis dicitur isa. 47: ° stent, et salvent te augures caeli, qui contemplabantur sidera, et supputabant menses, ut ex eis annuntiarent ventura tibi. ‘et ad hunc modum prophetiae reducitur omnis divinatio, quae |25| fit per aliquas causas vel signa in rebus naturalibus inventa. prophetae diaboli sunt qui ex revelatione daemonum aliqua futura cognoscunt, “ quae quidem, * ut dicit augustinus, “ ipsi daemones cognoscunt experientia longi temporis, vel perspicacitate naturae, vel revelatione supernorum spirituum. * et de istis dicitur infra 2: ° prophetae prophetaverunt in baal, et idola secuti sunt. “ prophetae autem dei sunt qui mediantibus angelis, * ut dicit dionysius, “ de futuris a deo illuminationem accipiunt. * unde cassiodorus dicit, quod ° prophetia est divina inspiratio rerum eventus immobili veritate denuntians. * et ideo dicitur luc. 1: ° tu puer propheta altissimi vocaberis, ‘ etc.. prima prophetia contemnenda est, quia vana: non enim habet immobilem veritatem. effectus enim recipiunt contingentiam a causis proximis, non necessitatem a causis primis. * et ideo dicitur infra 10: ° a signis caeli nolite metuere. ‘secunda est fugienda omnino, quia deceptoria et perniciosa. * zach. 13: ° pseudoprophetas, et spiritum immundum auferam de terra. ‘ tertia est sequenda et tenenda, quia illuminativa. * 2 petr. 1: ° habemus firmiorem propheticum sermonem, cui bene facitis attendentes, quasi lucernae lucenti in caliginoso |50| loco. ‘ dicuntur autem isti sancti prophetae, prophetae dei propter tria. primo quia a deo inspirati. * joel. 2: ° effundam de spiritu meo super omnem carnem, et prophetabunt filii vestri, et filiae vestrae. ‘ e contrario de falsis prophetis, qui per spiritum suum loquuntur, * dicitur ezech. 13: ° vae prophetis insipientibus qui sequuntur spiritum suum, et nihil vident. ‘ secundo quia a deo missi. * matth. 23: ° ecce ego mitto ad vos prophetas, et sapientes, et scribas. * isa. 29: ° et nunc misit me dominus, et spiritus ejus. ‘ e contrario de falsis prophetis * infra 23: ° non mittebam eos, et ipsi currebant; non loquebar ad eos, et ipsi prophetabant. ‘ tertio quia deum testificati * (act. 10): ° huic omnes prophetae testimonium perhibent, * etc.. isa. 44: ° vos estis testes mei. ‘ affectus autem ostenditur fervens fraterna caritate: unde dicit: ° hic est fratrum amator. ‘ affectus autem prophetarum tripliciter variatur. quidam enim sunt amatores lucri. * isa. 56: ° dormientes, et amantes somnia: et canes impudentissimi nescierunt saturitatem, ‘ etc.. quidam amatores favoris humani, * de quibus matth. 23: ° amant primos recubitus in caenis. ‘ sed tertii sunt amatores populi, implentes * illud apostoli ad |75| heb. ult.: ° caritas fraternitatis maneat in vobis, et hospitalitatem nolite oblivisci. ‘ primi spoliabant divitiis. * michaeae 3: ° haec dicit dominus super prophetas qui seducunt populum meum, qui mordent dentibus, et praedicant pacem. * ezech. 13: ° violabant me ad populum meum propter pugillum hordei et fragmen panis, ut interficerent animas quae non moriuntur, et vivificarent animas quae non vivunt, mentientes populo meo credenti mendaciis. ‘ secundi decipiebant blanditiis. * ezech. 22: ° prophetae ejus liniebant eos absque temperamento, videntes vana et divinantes eis mendacium. ‘ sed tertii instruebant veris doctrinis. * infra 3: ° dabo vobis pastores juxta cor meum, et pascent vos scientia et doctrina. ‘ in actu autem ipsius, ostenditur pia compassio ejus ad populum suum, * ibi, ° hic est qui multum orat. ‘ est oratio ejus multa, sive magna tripliciter. primo altitudine contemplationis. * infra 18: ° recordare quod steterim in conspectu tuo, ut loquerer pro eis bonum, et averterem indignationem tuam ab eis. ‘ in conspectu ejus astare est per contemplationem praesto esse. secundo fuit magna ex magnitudine compassionis. * thren. 2: ° conturbata |100| sunt viscera mea, effusum est in terra jecur meum. ‘ tertio fuit magna assiduitate temporis, quia ante captionem, et post. * unde jacobi ult.: ° multum valet deprecatio justi assidua. ‘et haec tria, scilicet prophetalis dignitas, fraternalis caritas, et compassionis pietas, necessaria sunt prophetae. cum ergo propheta constituatur quasi medius inter deum et populum, * sicut dicitur deut. 5: ° ego sequester et medius fui inter deum et vos: ‘ oportet quod per donum prophetiae conjungatur deo, * sicut dicitur sapien. 7: ° per nationes in animas sanctas se transfert; ‘ et per caritatis vinculum jungatur populo. * ephes. 4: ° soliciti servare unitatem spiritus in vinculo pacis. ‘ et sic orando causam populi referant ad deum, et praedicando causam dei ad populum. ex his autem tribus statim apparent alia tria. ex officio enim patet modus: procedit enim per similitudines et figuras, qui proprius modus prophetarum est. * num. 12: ° si quis fuerit inter vos propheta domini, in visione apparebo ei, et per somnium loquar ad illum. ‘ ex affectu patet utilitas: * sicut enim dicitur eccli. 6: ° amicus fidelis medicamentum vitae et immortalitatis. ‘ est enim finis bene vivere, et ad immortalitatis gloriam pervenire. sed |125| materia apparet ex actu: est enim materia secundum sensum historicum captivitas populi, quae compassionis orationem excitabat. * unde dicitur baruch 3: ° anima in angustiis et spiritus anxius clamant ad te. ‘hic autem libro jeremiae, qui librum de hebraeo in latinum transtulit, praemittit prooemium in quo more theorico tria facit. primo reddit attentos; secundo dociles facit, * ibi, ° hic vaticinari exorsus est puer; ‘ tertio benevolos, * ibi, ° quod nos mensurae metri versibusque reddidimus. ‘ reddit autem attentos dupliciter. primo ex scripturae profunditate; secundo ex scribentis auctoritate, * ibi, ° sacerdos ex sacerdotibus. ‘ circa primum duo facit. primo commendat profunditatem mysterii, in quo aequat ipsum aliis prophetis, * ibi, ° sed sensibus par. ‘ et causam ostendit, unitatem spiritus inspirantis, * ibi, ° quippe qui eodem spiritu prophetaverit. * 1 corinth. 14: ° spiritus est qui loquitur mysteria. * job 32: ° inspiratio omnipotentis dat intelligentiam. ‘ secundo excusat rusticitatem eloquii, * ibi, ° porro simplicitas eloquii, de loco ei in quo natus est, accidit. * et ideo ipse dicit infra 1: ° nescio loqui, quia puer ego sum. ‘ auctoritatem autem scribentis ostendit ex tribus. primo ex genere simul |150| et dignitate, * ibi, ° sacerdos ex sacerdotibus: ‘ unde suum erat docere legem. * malach. 2: ° labia sacerdotis custodiunt scientiam, et legem requirunt ex ore ejus. ‘ secundo ex privilegiata sanctitate: ° et in matris utero sanctificatus. * unde dicitur cap. 1: ° antequam exires de vulva, sanctificavi te. ‘ tertio ex carnis integritate, ° virginitate, * quae probatur ex hoc quod dicitur infra 16: ° non accipies uxorem in loco isto, et non erunt tibi filii. hic vaticinari exorsus est puer. ‘ hic reddit dociles, determinans tempus: ° captivitatem urbis non solum spiritu, ‘ futuram, ° sed et oculis carnis intuitus est, ‘ praesentem: et determinans materiam, quia scilicet non decem tribubus, sed tantum duabus prophetavit. ° jam decem tribus israel, assyrii in medos transtulerant. * 4 enim reg. 17, patet, quod ‘ decem tribus captivatae sunt a rege assyriorum tempore achaz regis juda. ° coloniae, ‘ idest alienigenae ad incolendam terram adducti. ° planxit, * in threnis. ° quod nos mensurae metri, versibusque reddidimus. ‘ hic reddit benevolos ex persona sua, tribus locis. primo de bonis a se factis sine arrogantia, dicens: ° quod nos mensurae, ‘ singulis scilicet versibus litteras ordinatim praescribentes, quantum ad threnos; per ordinem, quantum |175| ad ipsum librum jeremiae. secundo crimen illatum diluit, excusans se de baruch, quam praetermisit. ° librum autem baruch notarii ejus, qui apud hebraeos nec legitur nec habetur, praetermisimus. ‘ tertio ostendit quae sibi difficultates instent ex contradictione aemulorum: unde primo ponit eorum invidiam, ° pro his omnibus: ‘ secundo ponit assumpti laboris causam, ° et haec patior, quia vos cogitis. ceterum; ‘ quasi dicat: nisi essent preces vestrae, poteram eorum rabiem nihil transferendo evadere.

069 CPH cp1

lc1 ‘ Iste liber more aliorum prophetarum in duas partes dividitur: scilicet in titulum, et tractatum, qui incipit * ibi, ° et factum est verbum domini ad me, dicens. ‘ in titulo duo facit. primo describit auctorem; secundo prophetiae tempus, * ibi, ° quod factum est. ‘ describitur autem auctor tripliciter. primo ex nomine, ° verba jeremiae: ‘ supple, haec sunt. et interpretatur excelsus domino, quod competit eminentiae contemplationis. secundo ex genere prophetali, ° filii helciae: * secundum regulam enim hieronymi “ ubicumque prophetae pater in titulo ponitur, ipse etiam propheta fuit. ‘ et sacerdotali, ° de sacerdotibus, ‘ quorum erat scire legem. * haggaei 2: ° interroga sacerdotem legem. ‘tertio describitur ex habitatione propria: ° qui fuerunt in anatoth. ‘ acceperunt enim levitae in singulis tribubus aliquas villas in quibus morarentur, * sicut dicitur num. 35: de istis verbis dicitur isa. 59: ° verba mea non deficient. ‘ sciendum est autem quod quidam prophetae intitulantur ab actu interiori: * unde dicitur: ° visio isaiae (vel) visio abdiae: ‘quidam ab actu exteriori, et isti intitulantur per verbum: sicut hic: quidam a materia comminationis, et sic intitulantur per onus, sicut |25| habacuc et nahum.

lc2 ‘ Hic describit prophetiae tempus, quia sub tribus regibus prophetavit, * de quibus habetur 4 reg. 20, ‘ et deinceps. sed cum supra dixerit, ° verba, ‘ quare hic singulariter dicit, ° verbum? ‘ ad quod dicendum, quod verba prophetalia sunt quidem multa in se, sed sunt unum in sua origine, quia a verbo increato originantur. sed cum illud verbum sit aeternum, * ut dicitur joan. 1, ‘ quomodo dicitur factum? et dicendum, quod non dicitur factum simpliciter, sed ad aliquem; non quidem mutatione facta in verbo, sed in eo cui per verbum fit revelatio: secundum quem modum dicitur deus factus refugium nostrum. item quaeritur, quare non fit mentio de aliis duobus regibus, scilicet joathan filio josiae, et de joachim filio joakim, qui et alio nomine jechonias dictus est. et dicendum, quod uterque istorum regnavit tantum tribus mensibus, * ut dicitur 4 reg. 24. ‘ et quia sacra scriptura non curat minutias, computantur cum temporibus aliorum regum. ° mense quinto, ‘ quo fuit destructus, licet mense |25| quarto capta, * ut dicitur infra 39.

lc3 ‘ Hic incipit tractatus ipsius libri et primo injungitur jeremiae prophetandi officium; secundo ponitur prophetae jam constituti vaticinium, * ibi, ° et factum est, * cap. 2. ‘ prima in duas. in prima injungit officium; in secunda ostendit executionis modum, * ibi. ° tu ergo accinge. ‘ prima in duas. in prima constituitur in prophetali officio; in secunda designatur sibi prophetiae suae materia, * ibi, ° et factum est verbum domini ad me. ‘ prima in duas. in prima narratur prophetae praeparatio; in secunda doni prophetalis collatio, * ibi, ° et misit dominus manum suam. ‘ prima in tres. in prima ponitur praeparatio ex parte domini; in secunda ponitur contradictio prophetae, * ibi, ° et dixi, a, a, a; ‘ in tertia contradictionis repulsio, * ibi, ° et dixit dominus. ‘ circa primum tria. primo ponitur prophetae praeparatio: ° factum est verbum, ‘ vel exterius per subjectam creaturam, vel interius per inspirationem. * psal. 84: ° audiam quid loquatur in me dominus deus. te formarem: ‘ in ipsa enim natura formante deus operatur formam, scilicet sicut causa prima in secunda. * job 10: ° pelle et carnibus vestisti me. novi, ‘ notitia approbationis. * isa. 49: ° dominus ab utero vocavit me, |25| de ventre matris meae recordatus est nominis mei. ‘ secundo ponitur privilegiata sanctificatio, ° et antequam. * eccl. 49: ° male tractaverunt illum qui a ventre matris consecratus est propheta, ‘ etc.. tertio ponitur officii praeordinatio. ° et prophetam dedi, ‘ scilicet in mea ordinatione. * isa. 44: ° dedi te in lucem gentium, ut sis salus mea usque ad extremum terrae. ‘ circa sanctificationem in utero quatuor videamus. primo tempus. * et videtur quod “ ante infusionem animae possit esse hujusmodi sanctificatio, * per illud quod dicit glossa ambrosii luc. 1: ° nondum inerat spiritus vitae, et jam inerat spiritus gratiae. * praeterea hic dicitur: ° priusquam te formarem in utero novi: ‘ et intelligitur de spirituali notitia, quae est approbationis: ergo ante formationem gratiam habuit. * e contra videtur, quod “ non, antequam ex utero nascatur, * quia dicit augustinus: ° non potest renasci nisi jam natus: ‘ nullus autem habet gratiam nisi renatus, quia per gratiam fit quis filius dei: ergo nec gratiam sanctificationis. ad hoc dicendum, quod sanctificatio de qua loquimur, fit per gratiam, cujus subjectum est anima; et ideo ante infusionem animae non potest esse; sed post infusionem, ante nativitatem ex utero, |50| fit ex speciali privilegio. ad primum dicendum, quod spiritus vitae dicitur ibi aer exterius, libere respiratus. vel dicitur inesse spiritus vitae, si de anima accipiatur, quando innotescit. ad aliud dicendum, quod intelligitur de notitia approbationis, quae est secundum praedestinationem ad gratiam, et non dicitur secundum praesentem justitiam. ad aliud dicendum, quod nullus potest renasci lege communi, regeneratione quae est per sacramenta, antequam sit natus, quia nondum subjacere potest operationibus ministrorum ecclesiae, per quos hujusmodi gratia dispensatur. sed deus potentiam suam non alligavit sacramentis; et ideo ipse potest speciali privilegio aliquem in utero sanctificare. secundo quaeritur, quibus conveniat sanctificatio ista. * et videtur quod “ christo, * de quo dicitur in glossa, quod “ antequam de vulva exiret, sanctificatus est in utero. * sed contra. “ sanctificari est de non sancto fieri sanctum: sed ipse nunquam fuit non sanctus: ergo * etc.. item videtur quod “ conveniat rebus inanimatis, * per id quod dicitur in psal. 45: ° sanctificavit tabernaculum suum altissimus. * in contrarium est quod “ hujusmodi non sunt susceptiva gratiae. ‘ et dicendum ad primum, quod non sanctum |75| dicitur dupliciter. vel privative, et tunc requiritur existentia subjecti; et sic christo non convenit: aut negative; et sic convenit christo de non sancto fieri sanctum, quia antequam esset homo, non erat sanctus sanctitate creata. ad aliud dicendum, quod sanctum dicitur uno modo cultui divino dicatum; et sic res animatae et inanimatae sanctificari possunt: aliquando autem sanctum dicitur firmum, vel mundum vel a peccato, vel a carnali actu; et talis sanctificatio est per gratiam, et tantum in hominibus possibilis. cum autem omnis sanctificatio ordinetur ad illam sanctissimam filii dei conceptionem, convenienter mater, in cujus utero celebrata est illa conceptio, sanctificata fuit, et joannes baptista, qui adhuc clausus utero, clausum in utero ostendit, et jeremias, qui inter alios expressus modum illius sanctissimae conceptionis disseruit. * infra 21: ° creavit dominus novum super terram: femina circumdabit virum. ' quaeritur tertio de effectu sanctificationis. et sciendum est, quod sanctificatio ordinatur contra immunditiam peccati originalis, in quo est considerare reatum carentiae divinae visionis ex carentia debitae justitiae; et hunc totaliter amovit, quantum pertinet ad impedimentum personae, licet nondum |100| esset solutum pretium quo amoveretur impedimentum naturae. est etiam considerare fomitem, qui est pronitas ad omne malum; et hic quidem manet, sicut habitus impeditus non inclinans ad id ad quod est: sed in aliis inclinabat ad veniale, quamvis non ad mortale; in beata autem virgine ad neutrum horum. quarto quaeritur de comparatione gratiae sanctificationis ad gratiam sacramentalem. et dicendum, quod simpliciter praevalet gratia sanctificationis, quia post gratiam sacramentalem manet inclinatio ad peccatum mortale. sed secundum quid praevalet gratia sacramentalis, scilicet quo ad impressionem characteris et hujusmodi. ° et dixi. ' hic ponitur prophetae contradictio: et primo ponit suum ° stuporem, a, ' propter defectum ° vitae, a, ' propter defectum ° scientiae, a, ' propter defectum eloquentiae. * ezech. 4: ° et dixi, a, a, a. ' secundo ponit stuporis rationem: et allegat defectum eloquentiae: ° ecce nescio loqui. * exodi 4: ° non sum eloquens ab heri et nudius tertius. ' et aetatem pueritiae: ° quia puer ego sum, ' unde non convenit aetas mea praedicationis officio. * job 32: ° sperabam, quod aetas prolixior loqueretur, et annorum multitudo doceret sapientiam. * eccl. 32: ° loquere major natu, |125| docet enim te. ' quare autem hic recusavit officium praedicationis, ad quod isaias se obtulit, * isa. 6: ostendit gregorius in glossa illa: ° officium (inquit) praedicationis alii laudabiliter appetunt, ad quod alii laudabiliter coguntur, ' etc.. ° quia hic ex amore quo ferebatur in deum, damna contemplationis timebat, et ille per dilectionem proximi, salutem proximorum cupiebat. nec tamen ille ante purgationem se obtulit, nec iste pertinaciter recusavit. et dixit dominus. ' repellit hanc contradictionem. et quia ille allegabat pueritiam, promittit tria contra tres defectus puerorum. pueri enim sunt inconstantes; et contra hoc promittit constantiam: ° noli dicere, ' te excusando, ° ad omnia, ' exequendum. * infra 10: ° non est hominis via ejus, nec viri est ut ambulet, et dirigat gressus suos. * pr. 3: ° in omnibus viis tuis cogita illum, et ipse diriget gressus tuos. ' item promittit eloquentiam contra hoc quod pueri sunt elingues, ° et universa. * sap. 10: ° sapientia aperuit os mutorum, et linguas infantium fecit disertas. ' promittit audaciam contra timiditatem puerorum: ° ne timeas quia tecum sum, ut eruam te, ' non quod angustiis careas, sed quod omnia patienter feras. * psal. 12: ° non timebo mala, quoniam tu mecum es. et |150| misit dominus. ' hic offert prophetiae donum per modum sacramenti. unde primo ponitur actio: ° misit dominus, ' imaginaria visione, ut humana membra videns puer non expavesceret: per quam signatur liberalitas divinae bonitatis. * psalm. 103: ° aperiente te manum tuam, omnia implebuntur bonitate. ' non autem purgatur ante ignito calculo, ut isaias: quia propter pueritiam et sanctificationis gratiam peccata nulla habebat. secundo ponuntur verba: ° et dixit ad me: ' quae tria continent. primo exprimit donum, ° ecce dedi. * psalm. 67: ° dominus dabit verbum evangelizantibus, virtute multa. ' secundo ostendit gradum. ° ecce constitui te super gentes, ' diversas, quibus praedicavit, quasi mediator inter ipsas et deum. * exod. 7: ° ecce constitui te deum pharaonis. * psalm. 17: ° constitues me in caput gentium. ' tertio exponit officium: ° ut evellas, ' mala quantum ad radicem, ° destruas, ' quantum ad malae ordinationis machinationem, ° disperdas, ' malorum adunationem, ° dissipes, ' mali defensionem, ° aedifices ' bona quantum ad ordinem, ° plantes, ' quantum ad radicem. non enim indigent exteriori munimine quasi sepe. * eccl. 49: ° consecratus est propheta, evertere, eruere et perdere, et iterum aedificare et renovare.

lc4 ' Hic determinat materiam ad quam specialiter prophetandam constituitur: scilicet destructionem jerusalem, et captivitatem populi. et primo ostendit prophetiae certitudinem; secundo ostendit ipsam captivitatem * ibi (cap. 32), ° et factum est. ' circa primum tria. primo ponitur prophetae excitatio ad videndum. ° quid tu vides? ' quasi dicat: ex quo propheta es, tuum est videre. * 1 reg. 9: ° qui nunc dicitur propheta, olim dicebatur videns. ' secundo ponitur visio: ° et dixi, virgam, ' quasi virgam in manu domini paratam ad percutiendum, ° video, ' imaginaria visione. * thren. 1: ° vigilavit jugum iniquitatum mearum; in manu ejus convolutae sunt, et impositae collo meo. ' quidam intelligunt virgam vigilantem, virgam latronum ad attrahenda spolia de domibus per fenestras, dum ipsi vigilant aliis dormientibus; sed primum melius. tertio ponitur expositio: ° et dixit, bene; ' quasi dicat: congruunt veritati. ° vigilabo, ' solicitus ero. * isa. 55: ° verbum quod egredietur de ore meo.

lc5 ' Hic ponit ipsam destructionem civitatis: et primo ponitur excitatio ad videndum: ° quid tu vides? * ut supra. ' secundo visio: ° et dixi: ollam succensam, ' quod signat combustionem civitatis, ° et faciem, ' fundum, ° aquilonis, ' unde ignis accendebatur. * ezech. 24: ° pone ollam super prunas vacuam, ut incalescat, et liquefiat aes ejus, et confletur in medio ejus inquinamentum ejus, et consumatur rubigo ejus. ' tertio ponitur expositio: ° et dixit dominus, ' et primo exponitur in generali: ° ab aquilone, ' idest a rege babylonis, qui ad aquilonem erat respectu terrae sanctae, ° habitatores terrae, ' jerusalem, vel aliarum adjacentium, quae per ipsum vastatae sunt. * infra 10: ° ecce veniet commotio magna de terra aquilonis, ut ponat civitates juda solitudines et habitacula draconum. ' secundo prosequitur totum rei ordinem. et primo ponitur exercitus convocatio: ° quia ecce ego convocabo, ' inspirando, ° regnorum, ' subjectorum nabuchodonosor. * isaiae 5: ° levabit signum in nationibus procul. ' secundo ponitur civitatis obsidio: ° et veniet... solium, ' tentorium, ° in introitu portarum, ' quasi usque ad muros obsidebunt. * isa. 22: ° equites ponent sedes suas in porta, et revelabitur |25| operimentum judae. ' vel ponit ipsam captivitatem urbis: * et tangitur id quod habetur infra 39: ° ingressi sunt omnes principes regis babylonis, et sederunt in porta media. ' tertio ponitur habitantium punitio: ° et loquar judicio, ' non verbis, sed poenis. * ezech. 16: ° judicabunt te judiciis adulterarum, et effundentium sanguinem. tu ergo accinge. ' hic docet exercendi modum: et primo ut prompte exequatur: ° accinge lumbos tuos, ' quasi qui parat se ad velociter eundum. * job 40: ° accinge sicut vir lumbos tuos. ' secundo quod secure: et circa hoc primo excludit timorem. ° ne formides. * ezech. 3: ° ne timeas eos, neque metuas a facie eorum, quia domus exasperans est. * isaiae 51: ° quis tu ut timeas ab homine mortali, et a filio hominis, qui quasi foenum ita arescet, et oblitus es domini factoris tui, qui tetendit caelos, et fundavit terram; et formidasti tota die a facie furoris ejus qui te tribulabat, et paraverat ad perdendum? ubi est nunc furor tribulantis? ' secundo promittit fortitudinem ad resistendum: ° ego quippe dedi te hodie in civitatem, ' ad alios sustentandum, ° in columnam. * isa. 50: ° dominus dedit mihi linguam eruditam, ut sciam sustentare eum qui lapsus est, verbo, et ut in |50| se non deficiat. et in murum aereum. * ezech. 3: ° ut adamantem et ut silicem dedi faciem tuam. ' tertio promittit hostium frustrationem: ° et bellabunt, et non praevalebunt, ' non poterunt te a veritate avertere. * infra 15: ° dabo te populo huic in murum aereum fortem; et bellabunt adversum te, et non praevalebunt, quia ego tecum sum, ut salvem te et eruam te: dicit dominus. ' circa praedicta sciendum primo, quod alicujus deus potest habere notitiam approbationis, ut dictum est. praevisionis. * eccl. 23: ° domino deo antequam crearentur, omnia sunt agnita; sic et post perfectum respicit omnia. ' praedestinationis. * 2 tim. 2: ° novit dominus qui sunt ejus. ' gratiae infusionis. * joan. 10: ° cognosco oves meas et cognoscunt me meae. ' specialis familiaritatis. * exod. 33: ° et teipsum novi ex nomine. ' glorificationis. * eccl. 44: ° cognovit illum in benedictionibus suis, et dedit illi hereditatem. ' item notandum, quod aliquos tangit dominus corripiendo. * job 19: ° miseremini mei, miseremini mei saltem vos amici mei, quia manus domini tetigit me. ' a peccatis mundando. * matth. 8: ° et jesus tetigit eum, dicens: volo mundare. ' gratiam infundendo. * cant. 5: ° dilectus meus misit |75| manum suam per foramen, et venter meus intremuit ad tactum ejus. ' in gratia confortando. * dan. 10: ° et ecce manus tetigit me, et erexit me super genua mea, et super articulos manuum mearum. ' fervorem excitando. * psal. 143: ° tange montes, et fumigabunt. ' item notandum, quod anima peccatrix dicitur olla propter concupiscentiae fervorem. * job 41: ° fervescere faciet quasi ollam profundum maris, et ponet quasi cum unguenta bulliunt. ' propter operis carnalitatem. * mich. 3: ° ossa eorum confregerunt, et conciderunt sicut in lebete, et quasi carnem in medio ollae. ' propter maculae nigredinem. * nahum 2: ° facies omnium sicut nigredo ollae. ' item notandum, quod praedicta olla succenditur igne inordinati amoris. * psal. 79: ° incensa igne, et suffossa ab increpatione vultus tui peribunt. irae, et contentionis. * isa. 50: ° ecce omnes vos accendentes ignem accincti flammis. ' aeternae damnationis. * deuter. 32: ° ignis succensus est in furore meo, et ardebit usque ad inferni novissima. ' item notandum, quod diabolus dicitur aquilo propter tentationis impetum. * eccl. 43: ° vox tonitrui ejus verberavit terram, tempestas aquilonis, et congregatio |100| spiritus. ' quia impedit boni operis fructum. * cant. 4: ° surge aquilo, et veni auster, perfla hortum meum, et fluent aromata illius. ' quia siccat lacrymarum fluvium. * prover. 25: ° ventus aquilo dissipat pluvias, et facies tristis linguam detrahentem. ' item notandum, quod munitur ecclesia, vel anima, divino auxilio. * zach. 2: ° ego ero eis ignis in circuitu, et in gloria ero in medio ejus. ' angelorum praesidio. * isa. 33: ° munimenta saxorum sublimitas ejus. ' sanctorum patrum exemplo. * cant. 4: ° turris david collum tuum, quae aedificata est cum propugnaculis. ' fratrum subsidio. * prov. 18: ° frater qui adjuvatur a fratre quasi civitas firma. ' sacramentorum remedio. * cant. 8: ° ego murus, et ubera mea sicut turris, ex quo facta sum coram eo quasi pacem reperiens.

069 CPH cp2

lc1 ' Hic incipit vaticinium ipsius jeremiae jam in prophetali officio constituti; et dividitur in partes tres. in prima praedicit captivitatem futuram; in secunda plangit jam factam, * in threnis; ' in tertia inducit jam captivatos ad poenam * in libro baruch. ' prima in duas. in prima praedicit captivitatem per modum prophetiae; in secunda narrat eam per modum historiae, * in cap. 53: ° filius viginti et unius anni. ' prima in duas. in prima prophetat ad populum judaeorum; in secunda ad diversos populos gentium, quia illis etiam propheta constitutus est, ut patet ex praecedenti parte; * et hoc cap. 46, ° quod factum est verbum domini ad jeremiam prophetam contra gentes. ' prima in duas. in prima ponitur prophetia ad populum captivandum ante captivitatem; in secunda ad reliquias captivitatis post captivitatem, * cap. 39: ° anno nono sedeciae regis juda. ' prima in duas. in prima ponitur jeremiae praedicatio; in secunda audientium contradictio, * cap. 34: ° verbum quod factum est ad jeremiam a domino. ' prima in duas. primo ponit comminationem; secundo consolationem, * cap. 30: ° hoc verbum, quod factum est ad jeremiam a domino, dicens ' etc.. prima in duas. in prima ponit veram comminationem; |25| secundo excludit falsam consolationem, * in c. 27. ° in principio regni joakim filii josiae regis juda. ' prima in duas. in prima ponitur comminatio ad populum universaliter; in secunda ad majores specialiter, * 20 cap.: ° et audivit phassur filius emmer sacerdos, qui constitutus erat princeps in domo domini, jeremiam prophetantem sermones istos. ' prima in duas. in prima ponit comminationem; in secunda propheta quasi compatiens interponit suam orationem, * cap. 14: ° quod factum est verbum domini ad jeremiam de sermonibus siccitatis. ' prima in duas. in prima per judicium convincit culpam; in secunda revocat ad poenitentiam, * cap. 3: ° vulgo dicitur ' etc.. prima in duas. in prima assignat tantae dignationis rationem, eo scilicet quod non statim post culpam vindictam inferat, sed judicio contendat, ut revocet; in secunda prosequitur judicii ordinem, * ibi, ° audite verbum domini, domus jacob. ' circa primum duo. primo sumit rationem ex dei pietate: ° clama, ' aperte pronuntia, ° jerusalem, ' habitatorem ipsius. et ponit tria quae movent ad pietatem. primum est puritas aetatis, ° adolescentiam tuam, ' in qua sponsae vehementius amantur, ° quando secuta es ' quando egrediebantur de aegypto. * oseae 2: ° et canet ibi |50| juxta dies juventutis suae, et juxta dies ascensionis suae de terra aegypti. ' secundum est memoriam pristini amoris, ° et charitatis, ' qua scilicet desponsavi te mihi in legislatione. * infra 31: ° in caritate perpetua dilexi te, ideo attraxi te miserans. ' tertium est obedientia operis: ° quando secuta es me in deserto, in terra quae non seminatur; ' quae seri non potest. unde nec difficultate itineris retrahebaris, quamvis quidam murmurantes dixerint, * numer. 20: ° adduxisti nos in locum istum pessimum, qui seri non potest, ' etc.. secundo sumit rationem ex populi dignitate: unde primo ponit dignitatem populi, ° sanctus, ' quasi dicatus ad cultum domini, et domino consecratus. ° primitiae, ' quia te elegit dominus de cunctis populis, quasi primitias de frugibus. * deuter. 7 et 32: ° pars autem domini populus ejus, jacob funiculus hereditatis ejus. * oseae 9: ° quasi prima poma ficulneae in cacumine ejus, vidi patres eorum. ' secundo excludit comminationem hostis: ° omnes qui devorant eum: ' secundum legem quae habetur * levit. 7, ' quod primitias solis sacerdotibus comedere licebat. * ps. 13: ° qui devorant plebem meam sicut escam panis.

lc2 ' Hic prosequitur judicii ordinem: et primo ponit accusationem; secundo repellit excusationem, * ibi, ° ego te plantavi vineam electam omne semen verum. ' prima in tres. primo exaggerat culpas eorum ex beneficiorum ingratitudine; secundo ex facti enormitate, * ibi, ° propterea adhuc judicio contendam vobiscum; ' tertio ex mentis obstinatione, * ibi, ° numquid servus est israel, aut vernaculus? ' circa primum tria. primo purgat se a culpa, ne in ipso videatur ingratitudinis causa: ° quid invenerunt patres vestri in me? ' mali scilicet, quia nihil. ° elongaverunt, ' longo tempore recesserunt, ° vanitatem, ' idola, quae non prosunt cultoribus. * mich. 6: ° popule meus quid feci tibi, aut quid molestus fui tibi? responde mihi. ' secundo ponit beneficiorum abundantiam, praecipue tangens eductionem de aegypto. et tangit hoc beneficium tripliciter. quantum ad locum unde eduxit: ° et non dixerunt, ubi est dominus? ' quaerentes me toto desiderio. ° ascendere, ' propter situm terrae. * infra 26: ° eduxi eos de terra aegypti. ' quantum ad viam per quam duxit: ° qui transduxit per desertum... imaginem mortis, ' quia ipso aspectu mortem comminabatur. * deut. 8: ° ductor tuus fuit in solitudine. |25| ' et quantum ad terram in quam induxit: ° et induxi vos in terram carmeli, ' propter similitudinem fertilitatis, non quod mons iste sit in terra promissionis. * num. 14: ° terra quam circuivimus valde bona est. ‘ tertio ponit ingratitudinis culpam; et primo quo ad omnes communiter: ° et ingressi contaminastis, ‘ idolis, * psalm. 105: ° infecta est terra in sanguinibus, et contaminata est in operibus eorum. ‘ secundo quo ad praelatos specialiter. ° sacerdotes, ‘ quorum est ducere in deum; ° tenentes legem, ‘ doctores; ° pastores, ‘ principes, quorum est ab idolatria revocare. * isa. 56: ° ipsi pastores ignoraverunt intelligentiam.

lc3 ‘ Hic exaggerat culpam eorum ex facti enormitate: et primo proponit quod intendit, scilicet judicium: ° adhuc contendam, ‘ super enormitate, sicut pro ingratitudine, ° cum filiis, ‘ qui malitiam patrum imitantur. * mich. 6: ° judicium domini cum populo suo, et cum israel dijudicabitur. ‘ secundo exequitur propositum, ostendens in judicio peccati enormitatem: et primo ex comparatione cultorum: ° transite, ‘ per considerationem, ° cethim, ‘ occidentales ultra cyprum, vel civitas nominis cedar, ubi habitant ismaelitae. ° si mutavit gens; ‘ quasi dicat, non mutavit. unde constat quod comparatione aliorum damnati sunt. * ezech. 5: ° contempsit judicia mea, ut plus esset impia quam gentes, et praecepta mea ultra quam terrae quae in circuitu ejus sunt. ‘ secundo ex comparatione deorum prorumpens in stuporem, ° obstupescite; ‘ quasi dicat: si esset possibile, caeli obstupescerent: vel angeli, qui in caelis sunt, sicut civitas regis sui. ° portate ejus, ‘ principaliores in angelis, qui sunt quasi principes et judices aliorum. * simile isa. 1: ° audite, caeli, et auribus percipe terra quoniam dominus locutus est. ‘ secundo subjungit stuporis rationem. ° duo enim, ‘ contra duas partes praecepti. * exod. 20: |25| ° ego sum dominus deus tuus, qui eduxi te de terra aegypti. non habebis deos alienos coram me, ‘ etc.. et iterum: ° non facietis deos argenteos, nec deos aureos facietis vobis. fontem aquae, ‘ qui veram consolationem eis dare possum. * psal. 35: ° apud te est fons vitae. cisternas, ‘ idola, quae salvare non possunt, ° foderunt, ‘ quia ipsi ea fecerunt. * psal. 113: ° simulacra gentium, argentum et aurum opera manuum hominum.

lc4 ‘ Hic exaggerat culpam ex mentis obstinatione: et primo quia peccatum non recognoscebant; secundo quia multiplicabant, * ibi, ° a saeculo confregisti jugum meum. ‘ circa primum tria. primo sumit ex poenis culpae argumentum, excludens servilem conditionem, ne propter hoc videatur juste in servitutem adducta. ° vernaculus, ‘ qui nascitur in domo domini: quasi dicat, non. * joan. 8: ° semen abrahae sumus, et nemini servivimus unquam. ‘ proponens poenarum diversitatem quantum ad hominum captivitatem: ° quare ergo factus est in praedam? leones, ‘ principes chaldaeorum, ° vocem, ‘ praecepta vel bella. quantum ad regionis vastationem, ° posuerunt. * isa. 1: ° terra vestra deserta, civitates vestrae destructae sunt. ‘ quantum ad mulierum violationem: ° filii quoque, ‘ civitates aegypti, ° usque ad verticem, ‘ contra naturam abutentes, nulli parcentes membro. vel spiritualiter per idolatriam usque ad firmos contaminantes. * thren. ult.: ° mulieres in sion humiliaverunt, et virgines in civitatibus juda. ‘ et concludens veram rationem: ° non istud factum est tibi, quia dereliquisti dominum deum tuum? ducebat, ‘ prospere. non enim te dereliquit, sed tu ipsum. * dan. 9: ° quia recessimus a te, et non |25| audivimus vocem domini dei nostri, ut ambularemus in lege ejus quam posuit nobis per servos suos prophetas... stillavit super nos maledictio. ‘ secundo ponitur inutile remedium, quod contra hujusmodi poenas adhibebant. ex quo patet quod peccatum non recognoscebant sperantes in auxilio gentium: unde ponit auxilii inquisitionem, ° et nunc quid tibi vis? ‘ quasi dicat: non sic deberes poenas vitare, sed deum placando, ° in via aegypti, ‘ mittens pro auxilio, ° aquam, ‘ nili, ° fluminis, ‘ euphratis, qui est assyriorum. * isa. 30: ° qui ambulatis ut descendatis in aegyptum, et os meum non interrogastis. ‘ contra praedictae culpae recognitionem, ° arguet, ‘ malitia, quando pro ea poenas sustinebis. * isa. 3: ° agnitio vultus eorum respondebit eis, et peccatum suum quasi sodoma praedicaverunt. ‘ tertio adhibet utile consilium, ut peccatum recognoscant: ° scito malum, ‘ inhonestum, amarum, poenosum. * sophon. 1: ° vox diei domini amari, tribulabitur ibi fortis.

lc5 ‘ Hic ostendit, quod peccatum obstinata mente multiplicabant: et primo quantum ad diuturnitatem temporis. ° a saeculo; ‘ quasi dicat, a principio legis datae. * isa. 48: ° transgressorem ex utero vocavi te. * job 21: ° quid est opus ut serviamus ei, et quid nobis proderit, si oraverimus illum? ‘ secundo quantum ad multitudinem operis, ° in omni colle: ‘ in locis altis et amoenis, idolis immolabant. * isa. 65: ° sacrificaverunt super montes, et super colles exprobraverunt mihi. ‘ amoena enim et excelsa semper idolis dedicantur.

lc6 ‘ Hic tollit excusationem: et primo quam possent habere, proponendo cultoris negligentiam: contra quod, ° ego te plantavi electam ‘ ex electis patribus. * isa. 5: ° vinea facta est dilecto meo in cornu filio olei ‘ etc.. secundo quam possent habere negando culpam, * ibi, ° si laveris. ‘ et primo convincit eos de culpa in deum; secundo de culpa in proximum, * ibi, ° quid niteris bonam ostendere viam tuam? ‘ circa primum duo. primo convincit de culpa, ostendens negandi impossibilitatem. ° nitro, ‘ quod calore solis condensatum, sicut sal, sordes lavat: ° berith, ‘ quaedam herba ad lavandum sordes: et est modus loquendi: quasi dicat: tota aqua fluminis non faceret te mundam; idest nulla est tibi excusatio vel purgatio. * prov. 30: ° generatio, quae sibi munda videtur, et tamen non est lota a sordibus suis. quomodo dicis: non sum polluta? * prov. 20: ° quis potest dicere: mundum est cor meum, purus sum a peccato? ‘ et ponit culpae purgationem, proponens duas circumstantias. primo locum: ° vide vias, ‘ opera, ° in convalle, ‘ filiorum ennon, ubi idola colebant. “ hic locus siloe fontibus irrigatur, et ibi erat delubrum baal, * secundum glossam. infra 31: ° dirige cor |25| tuum in viam rectam in qua ambulasti. ‘ et proponit peccati modum quantum ad peccandi solicitudinem. ° cursor levis, ‘ quasi expeditus ad peccandum. * prover. 1: ° pedes eorum ad malum currunt, et festinant ut effundant sanguinem. ‘ quantum ad concupiscentiae fervorem: ° onager in desiderio, ‘ scilicet coitus, ° attraxit ventum, ‘ quo percipit odorem feminae suae, ° amoris ‘ rei amatae. * infra 14: ° onagri steterunt in rupibus, traxerunt ventum quasi dracones. ‘ quantum ad fortem adhaesionem, ° nullus avertet, ‘ amovendo. et quantum ad peccandi promptitudinem, ° omnes qui quaerunt eam: ‘ quasi de meretrice loquitur, quae etiam tempore menstruorum amasiis se exhibet. * ezech. 16: ° divisisti pedes tuos omni transeunti, et multiplicasti omnes fornicationes tuas. ‘ secundo convincit eos de mentis duritia: et primo quia non revocantur monitis; secundo quia non corriguntur flagellis, * ibi, ° quid vultis mecum judicio contendere? ‘ tertio quia non flectuntur beneficiis, * ibi, ° videte verbum domini. ‘ circa primum tria. primo ponit admonitionem, ° prohibe: ‘ quasi dicat: cessa a peccatis, pro quibus nudis pedibus et sitiens duceris in captivitatem, * sicut isa. 20: ° sicut ambulavit servus meus isaias nudus et discalceatus, sic |50| minabitur rex assyriorum captivitatem aegypti, et transmigrationem aethiopiae juvenum et senum, nudam et discalceatam discoopertis natibus, ad ignominiam aegypti. ‘ secundo ostendit populi rebellionem: ° et dixisti: desperavi, nequaquam faciam. alienos, ‘ idola. * infra 18: ° dixerunt: desperavimus, post cogitationes nostras ibimus, et unusquisque pravitatem cordis sui mali faciemus. ‘ tertio comminatur confusionem: et primo ponit confusionis similitudinem: ° quomodo confunditur fur quando deprehenditur; sic confusi sunt, ‘ deprehensi in poenis; ° ligno, ‘ idolo ligneo, ° pater, ‘ deus. * psalm. 96: ° confundantur omnes qui adorant sculptilia, et qui gloriantur in simulacris suis. * isa. 1: ° confundentur ab idolis suis. ‘ secundo exponit confusionis ordinem, primo ponens divini auxilii destitutionem, ° verterunt, ‘ quasi inobedientes. * zachar. 7: ° averterunt scapulam recedentes, et aures suas aggravaverunt, ne audirent legem. in tempore afflictionis. * oseae 6: ° in tribulatione sua mane consurgent ad me. venite, et revertamur ad dominum ‘ etc.. secundo ponit idolorum inutilitatem. ° ubi sunt dii? * deut. 32: ° ubi sunt dii eorum, in quibus habent fiduciam? ‘ tertio idolorum multitudinem: ° secundum numerum |75| quippe civitatum tuarum erant dii tui juda. * isa. 2: ° repleta est terra ejus equis, et innumerabiles quadrigae ejus.

lc7 ‘ Hic ostendit duritiam, quia non corriguntur flagellis. et primo miratur excusationem: ° quid vultis mecum judicio contendere? * job 9: ° si voluerit contendere cum eo, non poterit ei respondere unum pro mille. ‘ secundo ostendit eorum incorrigibilitatem quantum ad flagella minorum: ° frustra percussi filios vestros; ‘ et majorum: ° devoravit gladius vester, ‘ ab hostibus, vestris meritis, in occisionem missus, ° prophetas vestros, ‘ falsos, scilicet baal, et ariolos: et quantum ad omnes communiter: ° quasi leo vastator, ‘ sic vastat; vel ° quasi leo vastator, ‘ sic vastatur: contra leonem enim omnes insurgunt; sic et contra lupum. * infra 6: ° frustra conflavit conflator, malitiae enim eorum non sunt consumptae. argentum reprobum vocate eos, quia dominus projecit illos.

lc8 ‘ Hic ostendit duritiam, quia non flectuntur beneficiis. et primo proponit beneficia quae pertinent ad vitae usum, ° videte, ‘ intelligite. ° numquid solitudo factus sum israel? ‘ quinimmo sum vobis pro civitate, et terra uberrima: quia vos defendo, et fructus terrae tribuo. * oseae 6: ° veniet nobis quasi imber temporaneus, et serotinus terrae. ‘ secundo ea quae pertinent ad ornatum: ° numquid obliviscetur virgo ornamenti sui? * isa. 6: ° indumento justitiae circumdedit me.

lc9 ‘ Hic convincit eos de culpa in proximum: et primo probat culpam; secundo comminatur confusionis poenam, * ibi, ° et ab aegypto confunderis. ‘ circa primum tria. primo ponit proximorum occisionem, admirans excusationem: ° ad quaerendam dilectionem; ‘ quasi per haec me possis placare. ponens occisionem spiritualem: ° quae insuper docuisti, ‘ malis exemplis. * infra 13: ° tu docuisti eos adversum te, et erudisti in caput tuum. ‘ et pones occisionem corporalem, ° in alis, ‘ idest in avibus: loquitur ad similitudinem avis rapacis. ° pauperum, ‘ quos idolis immolasti. * zach. 5: ° vidi, et ecce duae mulieres egredientes, et spiritus in alis earum, et habebant alas quasi alas milvi. ‘ secundo culpae manifestationem: ° non in fossis inveni eos, ‘ quasi occulte a latronibus occisos: ° in omnibus, ‘ scilicet collibus, et locis amoenis. * isai. 59: ° corruit in platea veritas, et aequitas non potuit ingredi. et facta est veritas in oblivione, et qui recessit a malo, praedae patuit. ‘ et miratur excusationem. ° et dixisti. * job 11: ° dixisti: purus est sermo meus, et mundus sum in conspectu tuo. ‘ tertio ostendit culpae iterationem, praemittens excusationis admirationem, ° ecce ego. quam vilis facta |25| es nimis, iterans vias tuas. ‘ peccata. * thren. 1: ° vide, domine, et considera, quoniam facta sum vilis.

lc10 ‘ Hic comminatur eis confusionis poenam: ° et ab aegypto confunderis, ‘ de cujus auxilio speras, ° ab assur, ‘ quorum auxilium contra decem tribus et assyrios quaesisti, * 4 reg. 16. ° manus tuae erunt super caput tuum, ‘ in signum doloris. * isa. 30: ° erit vobis fortitudo pharaonis in confusionem, et fiducia umbrae aegypti in ignominiam. ‘ notandum, quod peccatum dicitur vanitas, quia phantasticum in eligendo. * ps. 39: ° beatus vir cujus est nomen domini spes ejus, et non respexit in vanitates, et insanias falsas. ‘ quia transitorium in permanendo. * psalm. 77: ° defecerunt in vanitate dies eorum, et anni eorum cum festinatione. ‘ quia fallax in expectando. * eccli. 34: ° vana spes et mendacium viro insensato, et somnia extollunt imprudentes. ‘ quia infructuosum in consequendo. * isa. 49: ° in vacuum laboravi, sine causa et vane fortitudinem meam consumpsi. ‘ item notandum, quod est fons aquae sacramentalis munditiae. * ezech. 47: ° postquam venerint illuc aquae istae, sanabuntur et vivent omnia ad quae venerit torrens. ‘ aquae reficientis doctrinae. * isa. 55: ° omnes sitientes venite ad |25| aquas; et qui non habetis argentum properate, emite et comedite. ‘ aquae refrigerantis gratiae * joan. 4: ° fiet in eo fons aquae salientis in vitam aeternam. ‘ aquae nitentis gloriae. * apoc. ult. ° ostendit mihi fluvium aquae vivae splendidum tamquam crystallum, procedentem de sede dei et agni.

069 CPH cp3

lc1 ‘ Hic revocat eos ad poenitentiam; et primo ponit revocationem; secundo revocatorum obstinationem, * cap. 8: ° et dices ad eos ‘ etc.. prima in duas. in prima ponit revocationis monita; in secunda revocationis argumenta, * cap. 4: ° si reverteris israel, ait dominus, ad me convertere. ‘ prima in duas. in prima revocat populum; in secunda ponit responsionis fructum, * ibi, ° sed quomodo si contemnat mulier amatorem suum. ‘ prima in duas. in prima revocat a culpa; in secunda a poena, * ibi, ° vade, et clama sermones istos contra aquilonem. ‘ prima in duas. in prima revocat monitis; in secunda exemplis, * ibi, ° et dixit dominus ad me in diebus josiae regis. ‘ circa primum duo facit. primo revocat eos ex dei clementia, ad quam probandum proponit vulgare proverbium: ° si dimiserit vir uxorem suam; ‘ quod ortum habet * deuter. 23: ° si dimiserit vir uxorem. ‘ et loquitur secundum permissionem factam de libello repudii, propter duritiam cordis ipsorum, * matth. 19, ‘ et interdicebatur reditus, vel ut non proni essent ad dimittendum, vel ne dolo postmodum recipiente, interficerent. et ex hoc proverbio sumit divinae clementiae argumentum: ° tu autem fornicata es cum amatoribus, ‘ idolis. * isa. 55: | 25 | ° revertatur ad dominum, et miserebitur ejus; et ad deum nostrum, quoniam multus est ad ignoscendum. ‘ secundo revocat eos ex eorum culpa, primo proponens culpam, determinans locum: ° leva oculos in directum, ‘ recta consideratione, vel undique, ° ubi non, ‘ quasi ubique, ° prostrata, ‘ sicut meretrix, idolatriae. * ezech. 16: ° fecisti prostibulum in cunctis plateis. ‘ et peccandi desiderium: ° in viis sedebas, ‘ sicut meretrix expectans amasios, et ° latro, ‘ expectans quos spoliet. * proverb. 7: ° et ecce occurrit mulier cum ornatu meretricio praeparata ad decipiendas animas. * oseae 6: ° galaad civitas operantium idolum, supplantata sanguine, et quasi fauces virorum latronum. ‘ et determinans peccati effectum: ° et polluisti terram. * supra 2: ° contaminastis terram meam, et hereditatem meam posuistis in abominationem. ‘ et deinde pro culpa ponit poenam: ° quamobrem prohibitae sunt stillae pluviarum, ‘ quarum virtute generatur pluvia vel imber * isa. 5: ° mandabo nubibus ne pluant super vineam meam imbrem. ‘ et ostendit peccantium inverecundiam, ° fons. * infra 6: ° quinimmo confusione non estis confusi. ‘ secundo comminatur poenitentiam: et primo hortatur ad recognoscendum beneficia, ° ergo, ‘ quasi dicat: | 50 | sufficit praeteritum tempus etc.. ° pater ‘ per creationem, ° dux virginitatis meae tu es; ‘ quasi dicat: quando ducebas me per desertum; tamen virgo eram. * prov. 2: ° reliquit ducem pubertatis suae. * isa. 63: ° spiritus domini ductor ejus fuit. ‘ secundo hortatur ut petant misericordiam, et dicant haec: ° numquid irasceris in perpetuum, aut perseverabis in finem? * ps. 84: ° numquid in perpetuum irasceris nobis, aut extendes iram tuam a generatione in generationem?

lc2 ‘ Hic ostendit eorum contemptum quantum ad peccatum oris: ° ecce locuta es; ‘ quod exponitur pro verbis superbiae etc.: quantum ad peccatum operis, ° et fecisti; ‘ cui respondet * illud, ° implesti mala: ‘ quantum ad peccatum cordis, ° et potuisti, ‘ cui * illud, ° et ostendisti; ‘ quasi potentiam tuam in peccato jactasti. verum hoc non est * in hebraeo, ° et pro verbis * etc. nec in libris antiquis; sed videtur expositio hieronymi. job 24: ° dedit ei deus locum poenitentiae, et ille abutitur eo in superbiam. * isa. 5: ° vae

qui potentes estis ad bibendum vinum, et viri fortes ad miscendam ebrietatem.
lc3 ‘ Hic revocat eos exemplo decem tribuum: et circa hoc tria facit. primo ponit exemplum ad culpam idolatriae, ° abiit sibimet, ‘ sequens motus suos, non praecepta mea; et inobedientiae, ° et dixi. * 4 reg. 17: ° fecerunt sibi statuas et lucos in omni colle sublimi et subter omne lignum nemorosum: et adolebant ibi incensum super aras in morem gentium. ‘ et quantum ad poenam, quae eis innotuit: ° et vidit praevaricatrix soror, ‘ quia ex eisdem patribus ortae. ° dedissem ei libellum: ‘ servat similitudinem meretricis, in qua foeditas invenitur. * sed contra. isa. 50: ° quis est hic libellus repudii? ‘ et dicendum, quod deus non dimittit aliquem, quantum ad se pertinet; sed homo peccans ipsum dimittit: unde ibidem: ° in iniquitatibus vestris venditi estis, et in sceleribus vestris dimisi matrem vestram. ‘ secundo ponit contemptum: ° et non timuit praevaricatrix juda soror ejus. cum lapide, ‘ idest idolo lapideo. * 4 reg. 17: ° sed nec ipse judas custodivit mandata domini dei sui; verumtamen erravit, et ambulavit in erroribus israel quos operatus fuerat. ‘ tertio aggravat reatum: ° et dixit |25| dominus ad me: justificavit, ‘ comparative, quia decem tribus poenam aliarum non viderant, nec corrigebantur. * ezech. 16: ° justificasti sorores tuas in omnibus abominationibus tuis quas operata es.
lc4 ‘ Hic revocat eos a poena captivitatis: et primo revocat; secundo ostendit revocationis causam, * ibi, ° ego autem dixi. ‘ circa primum duo. primo ponit revocationem; secundo revocatorum responsionem, * ibi, ° et assumam vos, unum de civitate, et duos de cognatione, et introducam vos in sion. ‘ circa primum duo. primo revocat illos de decem tribubus, vocans ad revertendum, ° contra aquilonem, ‘ ubi captivi tenentur in terra assyriorum. * psal. 102: ° non in perpetuum irascetur, neque in aeternum comminabitur. ‘ et ad peccata recognoscendum, ° verumtamen scito. dispersisti vias tuas alienis, ‘ quasi multis idolis. * supra 2: ° vide vias tuas in convalle, scito quid feceris. ‘ secundo illos de duabus tribubus ° convertimini, ‘ poenitendo, ° revertentes, ‘ ad me. vel ° revertentes, ‘ a captivitate. * oseae 2: ° et erit in die illa, dicit dominus, vocabit me vir meus, et non vocabit ultra baalim.
lc5 ‘ Hic ponit revocatorum responsionem: et primo duarum tribuum, promittens eis restitutionem patriae: ° unum de civitate, ‘ quia dispersi erant, vel quia non omnes reversi. * ezech. 36: ° tollam quippe vos de gentibus, et congregabo vos de universis terris, et adducam vos in terram vestram. ‘ et reintegrationem justitiae in emendatione praelatorum: ° et dabo vobis pastores juxta cor meum, et pascent vos scientia, ‘ quantum ad fidem, ° doctrina, ‘ quantum ad mores. * isa. 1: ° restituam judices tuos ut fuerunt prius, et consiliarios tuos sicut antiquitus. ‘ tertio quantum ad augmentationem gloriae, quam signat ex praeteritorum oblivione: ° cumque multiplicati fueritis... non dicent ultra: arca testamenti domini: ‘ quasi pro nihilo computabunt illud in quo modo gloriamini: quia arca absconsa fuit nec inventa; * sicut dicitur 2 mach. 1. ‘ ex futurorum promissione: ° in tempore illo vocabunt jerusalem, ‘ totam, quod completum fuit in fama sanctitatis in qua habebatur, * sicut dicitur 1 mach. 3. ezech. 43: ° locus solii mei, et locus vestigiorum pedum meorum, ubi habito in medio filiorum israel in aeternum. ‘ et quantum ad cultus ampliationem: ° et |25| congregabuntur omnes gentes, ‘ ex omnibus aliqui: undique enim veniebant orare in jerusalem. vel intelligitur de conversione gentium ad fidem christi. * ps. 85: ° omnes gentes quascumque fecisti, venient, et adorabunt coram te domine. ‘ secundo ponit conversionem decem tribuum: ° in diebus illis ibit domus juda ad domum israel: ‘ quia et ex illis qui redierunt, duabus tribubus adjuncti sunt. quod notatur in hoc quod dicit: ° venient simul. * infra 50: ° in diebus illis, et in tempore illo, ait dominus, venient filii israel, ipsi, et filii juda simul, ambulantes et flentes properabunt, et dominum deum suum quaerent. ‘ quidam tamen exponunt totum hoc de ultimis temporibus.
lc6 ‘ Hic assignat causam revocationis: et primo ponit quaestionem, ° quomodo? ‘ idest, quid potest movere quod tot bona tibi conferam, cum in tot peccatis sis? ° in filiis, ‘ idest in multitudine filiorum, ° exercituum gentium, ‘ idest ubi ab antiquo exercitus congregabantur, sicut usque hodie, propter ejus delicias. * psal. 105: ° pro nihilo habuerunt terram desiderabilem. * item psalm. 15: ° funes ceciderunt mihi in praeclaris; etenim hereditas mea praeclara est mihi. ‘ secundo ponit responsionem, ° et dixi; ‘ idest, praevidens bona quae facies, haec tibi promitto. * psalm. 88: ° ipse invocabit me: pater meus es tu, deus meus et susceptor salutis meae.
lc7 ‘ Hic ponit reversionis fructus: et primo dicit necessitatem revocandi quantum ad ipsorum culpam, ° amatorem, ‘ non virum. * oseae 3: ° vade, et dilige mulierem dilectam ab amico, et adulteram. ‘ quantum ad poenam, ° vox in viis. * infra 31: ° vox in excelso audita est, lamentationis, luctus, et fletus, rachel plorantis filios suos. ‘ secundo ponit conversionis utilitatem: ° convertimini, * ut supra, ° aversiones, ‘ quibus a deo aversi estis. * ps. 102: ° qui sanat omnes contritiones tuas. * isa. 45: ° convertimini ad me, et salvi eritis. ‘ tertio ponit eorum reversionem: et primo profitetur obedientiam: ° ecce venimus, ‘ sicut tu praecepisti. * oseae 6: ° venite, revertamur ad dominum, quia ipse cepit, et sanabit nos; percutiet, et curabit nos. ‘ secundo confitentur dei magnificentiam, confitentes ipsius divinitatem: ° tu enim es. * exod. 15: ° iste deus meus, et glorificabo eum. ‘ idolorum falsitatem: ° vere mendaces: ‘ quia non conferebant idola quae ibi colebamus, auxilium quod sperabamus, nec habebant divinitatem quam praetendebant. * isa. 28: ° posuimus mendacium spem nostram, et mendacio protecti sumus. ‘ et divini cultus utilitatem: ° vere in domino deo nostro |25| salus israel. * ps. 61: ° in deo salutare meum, deus auxilii mei, et spes mea in deo est. ‘ tertio confitentur culpam et poenam ipsorum et patrum: ° confusio comedit laborem patrum nostrorum ab adolescentia nostra. * infra 17: ° domine, omnes qui te derelinquunt, confundentur; recedentes a te in terra scribentur: quoniam dereliquerunt fontem aquarum viventium, dominum. ‘ nota, quod deus dicitur pater creatione. * matth. 11: ° confiteor tibi pater, domine caeli et terrae. ‘ adoptione. * rom. 8: ° accepistis spiritum adoptionis filiorum dei, in quo clamamus, abba pater. ‘ instructione. * isa. 38: ° pater filiis notam faciet veritatem tuam. ‘ correctione. * proverb. 3: ° quem enim diligit dominus corripit, et quasi pater in filio complacet sibi. ‘ nota, quod hereditas patriae caelestis est praeclara splendore divinae visionis. * sap. 6: ° clara est et quae nunquam marcescit sapientia, et facile videtur ab his qui diligunt eam. ‘ dulcedine divini amoris. * psal. 22: ° calix meus inebrians quam praeclarus est. ‘ familiaritate divinae allocutionis. * sapient. 8: ° praeclaritas in communicatione sermonum ipsius. ‘ magnificentia operationis. * eccl. 43: ° illic praeclara opera et |50| mirabilia. ‘ magnitudine exultationis. * zach. 8: ° erit domus juda et domus israel, benedictio. ‘ solatio societatis. * ezech. 31: ° omnia ligna voluptatis quae erant in paradiso dei, ‘ etc..

069 CPH cp4

lc1 ‘ Hic ponit argumenta reversionis: et primo sumpta ex beneficiis quae promittuntur revertentibus, secundo ex poenis quas comminatur contemnentibus; * ibi, ° haec enim dicit dominus, ‘ etc.. circa primum duo. primo docet revertendi modum: ° si reverteris, ‘ ab idolis, ° ad me convertere. ‘ vel si reverteris a captivitate, convertere poenitendo. * isa. 21: ° si quaeritis, quaerite, convertimini, et venite. ‘ secundo ostendit conversionis fructum triplicem. primo securitatis: ° si abstuleris offendicula, ‘ idest idola, in quibus et tu procedens offendis, et me ad iram provocas, ° non commoveberis, ‘ idest a patria. * psalm. 124: ° qui confidunt in domino sicut mons sion, non commovebitur in aeternum qui habitat in jerusalem. ‘ secundo fructum sanctitatis in ipsis: ° juravit vivit dominus, ‘ per deum scilicet vivum, et non per idola mortua; ° in veritate, ‘ ex parte jurantis, ut vere, et non simulate, vel ad deceptionem jurent; ° in judicio, ‘ quantum ad causam pro qua juratur, ut non temere, sed praecedente debita discussione juretur; ° in justitia, ‘ quantum ad rem de qua juratur, ut sit justa et licita. * isa. 65: ° qui jurat in terra, jurabit |25| in deo, amen ‘ tertio ampliationem religionis in gentibus: ° et benedicent gentes, ‘ dominum, videntes beneficia ipsius in te. * psal. 65: ° benedicite gentes deum nostrum.
lc2 ‘ Hic sumit argumentum reversionis a poenis: et primo comminatur poenas, si reverti noluerit; secundo excludit falsa remedia, * cap. 5: ° circuite vias jerusalem. ‘ circa primum duo. primo docet reversionis modum, quantum ad boni operis fructum: ° novale, ‘ terra de novo culta, ° novate, ‘ idest, auferte spinas vitiorum, ut munda semina suscipiant arva munda. * matth. 13: ° alius cecidit super spinas, et simul exortae spinae suffocaverunt illud. ‘ et quantum ad divinae religionis cultum, ° circumcidimini, ‘ ut scilicet de corde vestro ritum gentilium amoveatis. * deut. 10: ° circumcidite praeputium cordis vestri. ‘ secundo ostendit imminere periculum: et primo in generali: ° ne forte egrediatur ut ignis indignatio mea. * isa. 1: ° succendetur utrumque simul, et non erit qui extinguat. ‘ secundo in speciali: ° annuntiate in juda et in jerusalem. ‘ et circa hoc tria facit. primo praedicit hostium adventum; secundo obsidionis incommodum, * ibi, ° vox annuntiantis; ‘ tertio destructionis damnum, * ibi, ° ventrem meum doleo. ‘ circa primum duo. primo describit praeparationem civium; secundo adventum hostium, * ibi, ° ascendit leo de cubili suo. ‘ circa primum tria. primo ponitur annuntiandi |25| praeparationem jussio: ° annuntiate: ‘ ponens locum, ° in juda, ‘ idest in tribu illa, ° jerusalem, ‘ quae est regni metropolis: modum, aperte, ° canite tuba, ‘ ut omnes audiant: et constanter, ° fortiter. * isa. 58: ° clama, ne cesses: exalta in fortitudine vocem tuam. ‘ secundo inducitur praeparatio, ° congregamini. * infra 6: ° confortamini filii beniamin in medio jerusalem, et in thecua clangite buccina. ‘ tertio assignatur ratio: ° quia malum ego adduco ab aquilone. * supra 1: ° ab aquilone pandetur omne malum.
lc3 ‘ Hic ponit adventum hostium: et primo quantum ad exitum de terra sua; secundo quantum ad viae progressum, * ibi, ° in tempore illo; ‘ tertio quantum ad viae terminum, * ibi, ° ecce quasi nubes ascendet. ‘ circa primum duo. primo describit hostium venientium conditionem quantum ad fortitudinem: ° leo, ‘ scilicet nabuchodonosor, ° de cubili, ‘ de babylone. * prov. 30: ° leo fortissimus bestiarum, ad nullius pavebit occursum. * infra 50: ° ecce quasi leo ascendet de superbia jordanis ad pulchritudinem robustam. ‘ quantum ad crudelitatem, ° praedo gentium. * nahum 2: ° leo sufficienter capit catulis suis, et necavit leaenis suis. ‘ quantum ad intentionem: ° ut ponat terram tuam in solitudinem. * isa. 10: ° ad conterendum erit cor ejus, et ad internecionem gentium non paucarum. ‘ et quantum ad intentionis executionem, ° civitates tuae. * isa. 1: ° terra vestra deserta, civitates vestrae destructae sunt. ‘ secundo ponit judaeorum stuporem et primo communiter omnium: ° super hoc accingite vos ciliciis. * infra 6: ° accingere cilicio, et conspergere cinere. ‘ secundo specialiter principum. ° et erit in die illa, dicit dominus, peribit cor regis, et cor principum, |25| ‘ ut scilicet non possint conveniens consilium resistendi invenire. * isa. 19: ° cor aegypti tabescet in medio ejus. ‘ tertio specialiter stuporem suum: ° et dixi, heu. dicens, pax erit vobis. * supra 3: ° in tempore illo vocabunt jerusalem solium domini, et congregabuntur ad eam omnes gentes in nomine domini jerusalem. ‘ non attendens hoc proximum tempus dici, illud in longe post futurum. * infra 8: ° expectavimus pacem, et non erat bonum; tempus medelae, et ecce formido.
lc4 ‘ Hic describit adventum quantum ad viae progressum: ° dicetur, ‘ adventus, ° ventus urens, ‘ scilicet exercitus chaldaeorum qui totam terram comburet, jam est ° in viis quae sunt in deserto, ‘ quod est inter chaldaeam et judaeam; quasi dicat: jam exercitus ad locum illum pervenit, ° non ad ventilandum, ‘ ut scilicet quidam captiventur, sicut quando purgatur granum et palea; sed omnes captivabimini. ° spiritus plenus, ‘ idest indignatio perfecta super vos, ° ex his, ‘ scilicet hostibus, ° mihi, ‘ idest ad honorem meum. * isa. 30: ° spiritus ejus velut torrens inundans usque ad medium colli, ad perdendas gentes in nihilum, ‘ etc.. et comminatur per eos executurum se judicium: ° et nunc ego, ‘ quasi non possum me plus tenere: ° sed loquar judicia mea cum eis. ‘ vel ° nunc ego, ‘ consolatoria loquar. * supra 1: ° loquar judicia mea cum eis super omnem malitiam eorum qui dereliquerunt me ‘ etc..
lc5 ‘ Hic describit adventum quantum ad viae terminum: et circa hoc tria facit. primo describit conditionem hostium quantum ad multitudinem: ° quasi nubes, ‘ quae totam terram operit, ° ascendet, ‘ propter situm terrae. quantum ad impetuositatem, ° et quasi tempestas, ‘ cum magno tumultu. * isa. 5: ° rotae ejus quasi impetus tempestatis. ‘ et quantum ad velocitatem, ° velociores aquilis equi ejus. ‘ secundo ponit adventus effectum, ° vae nobis, ‘ ex persona populi. * isa. 1: ° sicut civitas quae vastatur. ‘ tertio concludit poenitentiae consilium, ° lava a malitia. * isai. 1: ° lavamini, mundi estote, auferte malum cogitationum vestrarum ab oculis meis.
lc6 ‘ Hic praedicit obsidionem: et primo obsidionis nuntium. ° a dan, ‘ cujus terra primo occurrebat chaldaeis venientibus jerusalem, ° de monte ephraim, ‘ quem postmodum inveniebant, ° idolum, ‘ idest hostes, quos pro idolatria patiebantur: in quo designatur ordo nuntiorum sibi succedentium. et determinat quid nuntiatum est, ° concitate gentes, ‘ scilicet cives in medio jerusalem, praeparantes vos ad resistendum; vel gentes in circuitu, ut ex vestris poenis territi corrigantur, ° ecce auditum, ‘ frequenter per multos nuntios, et primum per prophetas, ° custodes, ‘ scilicet hostes ad obsidendum, ° vocem, ‘ ululatus exercitus. * supra 2: ° super eum rugierunt leones, dederunt vocem suam. ‘ secundo determinat obsidendi modum, ° quasi custodes, ‘ sine aliqua resistentia undique obsidentes. * luc. 19: ° circumdabunt te inimici tui vallo, circumdabunt te, et coangustabunt te undique. ‘ tertio ponit obsidionis meritum: ° viae tuae, ‘ idest actiones, ° os, ‘ usque ad interiora ossa pervenit, * job 22: ° propter malitiam tuam plurimam, et infinitas iniquitates tuas ‘ etc..
lc7 ‘ Hic praedicit terrae destructionem: et primo praedicit ipsam destructionem; secundo destructionis effectum, * ibi, ° aspexi terram, et ecce vacua erat et nihil. ‘ circa primum tria. primo propheta ostendit suam compassionem: ° ventrem meum doleo, ‘ quantum ad afflictionem affectus, ° sensus cordis, ‘ quantum ad perturbationem intellectus. ° non tacebo, ‘ etiam exterius plorans. * thren. 2: ° defecerunt prae lacrymis oculi mei, conturbata sunt viscera mea. ‘ secundo prosequitur destructionis ordinem, ponens praelii congressionem: ° quoniam vocem buccinae audivit anima mea, * sophon. 1: ° dies tubae et clangoris. ‘ regionis vastationem: ° contritio super contritionem: ‘ quia vastatio super obsidionem, vel vastatio una super aliam. * job 16: ° concidit me vulnere super vulnus, irruit in me quasi gigas. ‘ ipsius urbis destructionem quantum ad domos: ° repente vastata sunt tabernacula, ‘ per quae significantur domus, ° pelles ‘ quibus tentoria cooperiebantur. * infra 10: ° tabernaculum meum vastatum est, omnes funiculi mei dirupti sunt. ‘ et quantum ad civium fugam: ° usquequo videbo fugientem? ‘ chaldaeorum exercitum. * thren. 1: ° abierunt absque fortitudine, ante faciem subsequentis. |25| ‘ tertio assignat vastationis rationem, scilicet privationem debitae scientiae: ° quia

stultus, ‘ quantum ad cognitionem divinorum, ° insipientes, ‘ quantum ad experientiam dulcedinis ipsorum; ° vecordes, ‘ quia sine corde quantum ad electionem agibilium. * isa. 5: ° propterea captivus ductus est populus meus, quia non habuit scientiam. ‘ et quantum ad sagacitatem fraudulentiae, ° sapientes sunt, * contra quod rom. 16: ° volo vos sapientes in bono, et simplices in malo.

lc8 ‘ Hic ostendit effectum destructionis: et primo in regione; secundo in gente, * ibi, ° a voce equitis ‘ etc.. circa primum duo. primo praedicit futuram desolationem communiter quantum ad campestria: ° vacua, ‘ habitatore, ° nihil, ‘ privata fructibus, et aedificiis, ° non erat lux, ‘ ut videbatur afflictis quibus omnia videntur tenebrosa. * isa. 26: ° et terra relinquetur deserta, et longe faciet dominus homines. ‘ et quantum ad montuosa: ° vidi montes, et ecce movebantur, ‘ hyperbolice, quod si possibile foret, etiam montes in tanta tribulatione commoverentur. vel per montes, habitantes in montibus. * psal. 45: ° conturbati sunt montes in fortitudine ejus. ‘ et quantum ad animata: ° intuitus sum, et non erat homo: et omne volatile caeli recessit, ‘ quod scilicet cum habitatore recedit. * isa. 50: ° veni, et non erat vir; vocavi, et non erat qui audiret. ‘ et specialiter quantum ad fertiles regiones, quae minus vacuari debebant. ° aspexi, et ecce carmelus desertus. * isa. 1: ° terra vestra deserta, civitates vestrae destructae sunt. ‘ secundo confirmat per domini sententiam: et primo ponit misericordiae admixtionem: ° haec dicit dominus.... consummationem non faciam, ‘ ut |25| scilicet omnes moriantur, sicut dixerat de decem tribubus. * isa. 9: ° consummationem et abbreviationem dominus deus exercituum faciet in medio omnis terrae. ‘ secundo ponit sententiae dominationem: ° lugebit; terra: ‘ quasi dicat: sterilis erit, sicut florens dicitur ridere; vel quasi compassione, hyperbolice. * isa. 24: ° luxit, et defluxit terra, et infirmata est: defluxit orbis, et infirmata est altitudo populi terrae. ‘ tertio divinae sententiae firmitatem, ° cogitavi. * isa. 14: ° hoc consilium quod cogitavi super omnem terram, et haec manus extenta super universas gentes. dominus exercituum decrevit; et quis poterit infirmare?

lc9 ‘ Hic ostendit effectum destructionis in plebe judaeorum: et primo ponit timorem, qui significatur ex desertione urbium: ° equitis, ‘ scilicet chaldaei. * isa. 21: ° a facie gladiorum fugerunt, a facie gladii imminentis, a facie arcus extenti, a facie gravis praelii. ‘ et quantum ad inhabitationem montium: ° ingressi sunt ardua. * infra 48: ° relinquite civitates et habitate in petra, habitatores moab, et estote quasi columba nidificans in summo ore foraminis. ‘ secundo ponit spei frustrationem ab idolis: ° tu autem vastata quid facies? cum vestieris. ‘ ad similitudinem meretricis quae parat se ut placeat amatoribus, ita ornabant aras idolorum ut eis placerent ° stibio, ‘ idest unguento crocei coloris, quo mulieres supercilia tingunt, * sicut dicitur 4 reg. 9, quia: ° jezabel depinxit oculos suos stibio, et ornavit caput suum ‘ etc.. * prov. 7: ° occurrit illi mulier in ornatu meretricio ‘ etc.. et ab amicis, praecipue aegyptiis, in quibus confidebant. ° contempserunt. * thren. 1: ° omnes amici ejus spreverunt eam. ‘ tertio ponit dolorem sicut in partu, ° vocem puerperae, ‘ quae primo filium parit, et gravius dolet. et sicut in morte filii, ° inter morientes. * psal. 47: ° ibi dolores |25| ut parturientis, ‘ etc.. notandum, quod multiplex est circumcisio: scilicet mentis a pravis cogitationibus. * lev. 26: ° donec erubescat incircumcisa mens eorum. ‘ cordis a pravis affectionibus. * roman. 2: ° circumcisio cordis in spiritu non littera. ‘ oris a pravis locutionibus. * exod. 6: ° incircumcisus labiis ego sum. ‘ auris a detractionibus et pravis verbis. * infra 6: ° incircumcisae aures eorum, et audire non possunt. ‘ carnis, significans circumcisionem a carnalibus concupiscentiis. * genes. 17: ° circumcidetis carnem praeputii vestri, ut sit in signum foederis inter me et vos. ‘ item notandum, quod lavatur cor aqua baptismatis * ezech. 16: ° lavi te aqua, et emundavi sanguinem tuum ex te. ‘ lacrymis compunctionis. * ps. 6: ° lavabo per singulas noctes lectum meum, lacrymis meis stratum meum rigabo. ‘ vino divini amoris. * gen. 49: ° lavabit in vino stolam suam, et in sanguine uvae pallium suum. ‘ lacte divini sermonis. * cant. 5: oculi ejus sicut columbae super rivulos aquarum, quae lacte sunt lotae. ‘ ardore correctionis. * isai. 4: ° si abluerit dominus sordem filiarum sion, et sanguinem jerusalem laverit de medio ejus in spiritu judicii, |50| et in spiritu ardoris. ‘ sanguine dominicae passionis. * apoc. 7: ° laverunt stolas suas, et candidas eas fecerunt in sanguine agni.

069 CPH cp5

lc1 ‘ Hic excludit remedia in quibus confidere poterant: et primo hominum sanctitatem; secundo regiae urbis fortitudinem, * cap. 6: ° confortamini; ‘ tertio divini cultus religionem, * cap. 7: ° verbum quod factum est ad jeremiam a domino, dicens ‘ etc.. circa primum duo. primo ostendit eorum malitiam in generali; secundo prosequitur vitia in speciali, * ibi, ° super quo tibi propitius esse potero? ‘ circa primum duo. primo ostendit culpam; secundo comminatur poenam, * ibi, ° idcirco percussit eos leo de sylva. ‘ circa primum duo. primo ostendit malitiam praelatorum: secundo subditorum, * ibi, ° ego autem dixi ‘ etc.. circa primum duo. primo proponit dominus universalem populi malitiam quantum ad pravitatem actionis: ° virum, ‘ etiam unum, ° facientem judicium, ‘ idest juste se habentem ad proximum suum, secundum regulam justi judicii, ° quaerentem fidem, ‘ idest fideliter agere; ° et propitius ero ei, ‘ non tantum propter decem, sicut dixit abraham de sodomitis, * gen. 18. sed poterat dici: ° non est qui faciat bonum, non est usque ad unum: * psal. 13: ‘ et quantum ad perversitatem actionis in his, si qua bona exterius videbantur: ° quod si etiam, vivit dominus, dixerint; et hoc falso jurabunt: |25| ‘ quia in corde dominum non venerabantur, sicut ore ostendebant; vel quia ad litteram perjurabant. * supra 4: ° jurabis, vivit dominus, in veritate, et in judicio, et in justitia. * isa. 29: ° populus hic labiis me honorat, cor autem eorum longe est a me. ‘ secundo propheta confirmat domini sententiam: et primo ponit sententiae veritatem: ° domine, oculi mei respiciunt fidem, ‘ idest quod rectum est; quasi dicat: recte judicasti. * prov. 16: ° omnes viae hominum patent oculis ejus, spirituum ponderator est dominus. * hab. 1: ° mundi sunt oculi tui ne videas malum, et respicere ad iniquitatem non poteris. ‘ secundo adjungit populi incorrigibilitatem, quia nec emendatur percussione: ° percussisti, ‘ levibus flagellis, ° non doluerunt, ‘ de peccatis suis: ° attrivisti, ‘ morte et captivitate. * supra 2: ‘ frustra percussi filios vestros; disciplinam non receperunt. * aggaei 2: ° percussi vos vento urente, et aerugine et grandine omnia opera manuum vestrarum: et non fuit in vobis qui reverteretur ad me: dicit dominus. ‘ nec confusione: ° induraverunt; ‘ quasi dicat: non immutantur verecundia. * ezech. 3: ° omnis quippe domus israel attrita fronte est, et duro corde.

lc2 ‘ Hic ostendit malitiam praelatorum contra aestimationem prophetae: et primo proponit populi ignorantiam, quasi in excusationem ipsorum: ° forsitan pauperes sunt, ‘ illi quos malos in plateis reperi, ° ignorantes viam, ‘ per quam incedant ° judicium, ‘ quod timeant. * 1 cor. 8: ° non in omnibus est scientia. ‘ secundo proponit praelatorum scientiam, quae auferebat opinionem culpae: ° ibo ergo ad optimates, et loquar eis: ipsi enim cognoverunt viam, ‘ per quam incedant, ° judicium, ‘ quo inter alios etiam judicent. * sap. 6: ° ad vos, reges sunt hi sermones, ut discatis sapientiam, ne excidatis. ‘ tertio proponit culpam: ° et ecce magis ‘ quam populus, quia audacius, minus timentes, ° simul cum populo. * psal. 2: ° astiterunt reges terrae et principes convenerunt in unum adversus dominum. jugum legis, ‘ vincula praeceptorum. * psal. 2: ° dirumpamus vincula eorum, et projiciamus a nobis jugum ipsorum.

lc3 ‘ Hic comminatur poenam: et primo determinat poenam, quantum ad interfectionem virorum, ° leo de sylva, ‘ quasi ferox, nabuchodonosor propter ferocitatem; in quo regnum chaldaeorum. quantum ad vastationem regionum, ° lupus ad vesperam, ‘ idest propter velocitatem: sunt enim hora vespertina lupi velociores vacuati cibo, et aspirant ad praedam nocturnam. vel in lupo regnum persarum. quantum ad obsidionem urbis, ° pardus vigilans, ‘ idest nabuchodonosor propter fraudulentiam, vel regnum graecorum propter varietatem regnorum, quae sibi subjecerat. de regno autem romanorum tacet: quia adhuc in longum imminebat, vel etiam ipsum significat per hoc quod dicit: ° omnis qui egressus, ‘ idest evaserit manus praecedentium, ° capietur. * thren. 3: ° ursus insidians factus est mihi leo in abscondito. * habac. 1: ° leviores sunt pardis equi eorum, et velociores lupis vespertinis. ‘ secundo resumit causam, ° multiplicatae sunt, ‘ quantum ad numerum, ° confortatae ‘ quantum ad usum, ° aversiones, ‘ a deo. * isa. 59: ° multiplicatae sunt iniquitates nostrae coram te, et peccata nostra responderunt nobis.

lc4 ‘ Hic prosequitur peccata eorum in speciali: et primo peccata subditorum; secundo peccata praelatorum, * ibi, ° quia inventi sunt in populo meo impii insidiantes. ‘ circa primum duo. primo ostendit populi culpam; secundo peccantium stultitiam, * ibi, ° annuntiate. ‘ circa primum tria. primo arguit in populo culpam idolatriae: ° super quo propitius tibi esse potero? ‘ idest, quam rationabilem causam potero invenire vobis parcendi? ° jurant, ‘ eis divinam reverentiam impendentes. * deut. 32: ° ipsi provocaverunt me in eo qui non erat deus; et irritaverunt in vanitatibus suis; et ego provocabo eos in eo qui non est populus. ‘ secundo arguit culpam luxuriae, ponens peccati perpetrationem, sive peccandi occasionem: ° saturavi, ‘ affluentiam temporalium bonorum conferens. * unde glossa: ° sine cerere et baccho friget venus: amici enim sunt venter et genitalia. moechati, ‘ adulterati, ° in domo meretricis; ‘ ex ipso loco turpitudo peccati augetur * ezech. 16: ° haec fuit iniquitas sodomae sororis tuae, superbia et saturitas panis, et abundantia, et otium ipsius et filiarum ejus; et manum egeno et pauperi non porrigebant; et elevatae sunt, et fecerunt abominationes coram me: |25| et abstuli eas sicut vidisti. ‘ ponens etiam concupiscentiae fervorem: ° equi amatores, ‘ quando scilicet sunt in tempore luxuriae suae, ° emissarii, ‘ quia ad hoc opus jumenta specialiter emittuntur. ° hinniebat, ‘ quasi libidine insaniens. * psal. 31: ° nolite fieri sicut equus et mulus, in quibus non est intellectus. ‘ ponens etiam poenae recompensationem, ubi comminatur vindictam: ° numquid super his non visitabo? ‘ corrigens peccata eorum poenis. ° anima, ‘ affectus. * soph. 1: ° visitabo super viros defixos in faecibus suis. ‘ et determinat poenam quantum ad destructionem murorum, ° ascendite, ‘ o chaldaei: et quantum ad destructionem hominum, ° auferte propagines, ‘ idest filios qui ex his propagantur, sicut ex propagine vites. * deut. 28: ° destruentur muri tui firmi atque sublimes, in quibus habebas fiduciam, in omni terra tua. ‘ et resumit poenae causam: ° quia non sunt domini, ‘ abalienati ab ipso per peccatum. * isa. 24: ° praevaricantes praevaricati sunt, et praevaricatione transgressorum praevaricati sunt. ‘ tertio arguit in eis peccatum blasphemiae: et primo ponit culpam quantum ad blasphemiam in deum: ° negaverunt dominum, ‘ negantes providentiam ipsius super res inferiores. ° non est ipse, ‘ cujus nutu omnia fiunt |50| ° neque veniet, ‘ quamvis contra ipsum peccaverimus. * thren. 3: ° quis est iste qui dixit ut fieret, domino non jubente? * et ezech. 9: ° dixerunt: dereliquit dominus terram et dominus non videt. ‘ et quantum ad blasphemiam in prophetas, ° in ventum, ‘ idest in vanum. ° responsum, ‘ divinum. * job 6: ° ad increpandum tantum eloquia concinnatis, et in ventum verba profertis. ‘ secundo comminatur poenam: et primo ponit poenam contra blasphemiam in prophetas: ° haec ergo, ‘ quae sequuntur. ° in ignem, ‘ idest dabo verbis tuis efficaciam, ut ipsa verba tua quasi ignes comburant. * infra 23: ° numquid non verba mea sunt quasi ignis ardens? dicit dominus. ‘ et contra blasphemiam in deum, determinans hostium conditionem, quia potentes: ° ecce ego de longinquo, ‘ scilicet chaldaea, ° robustam ‘ viribus, ° antiquam, ‘ quia ipsis praefuit nembrot, gigas: unde exercitata ab antiquo in armis. item ostendit gentem inexorabilem: ° gentem cujus ignorabis linguam. ‘ item armis munitam, ° pharetra, ‘ quia prompte inde sagittas emittunt; ° aperta ibi apparent sanguinolentae, sicut cadavera in sepulcris. * infra 50: ° ecce populus veniet ab aquilone, et gens magna, et reges multi consurgent a finibus terrae, ‘ etc.. et ponit poenae inflictionem: ° et |75| comedet. * deut. 28: ° adducet super te dominus gentem de longinquo, et de extremis terrae finibus in similitudinem aquilae volantis in impetu, cujus linguam intelligere non possis. ‘ tamen cum misericordiae admixtione: ° verumtamen in diebus illis, ait dominus, non faciam vos in consummationem. * supra 4: ° consummationem autem non faciam. ‘ secundo resumit poenae causam: ° quod si dixeritis. * infra 16: ° ejiciam vos de terra hac in terram quam ignoratis vos et patres vestri.

lc5 ‘ Hic ostendit populi peccantis stultitiam: et primo proponit ipsam: ° audi popule stulte, qui non habes cor, qui habentes oculos, ‘ exteriores, ° non videtis, ‘ corde. * isaiae 6: ° excaeca cor populi hujus. ‘ secundo probat: et primo ex comparatione insensibilium creaturarum, proponens earum obedientiam, ° me ergo non timebitis? arenam, ‘ littus, ° commovebuntur: ‘ fluctus scilicet; idest, quamvis commoveantur. * job 38: ° circumdedi illud terminis meis. ‘ et populi inobedientiam. ° populo autem huic factum est cor incredulum. * ezech. 2: ° noli esse exasperans sicut domus exasperatrix est. ‘ secundo probat ingratitudinem beneficiorum, ponens ingratitudinem, ° recesserunt. temporaneam, ‘ in principio post seminationem, ° serotinam, ‘ tempore maturationis fructuum, ° dominum; ‘ scilicet ° custodientem. ‘ et beneficiorum cessationem, ° iniquitates vestrae. * isa. 59: ° peccata vestra diviserunt inter vos et deum vestrum.

lc6 ‘ Hic prosequitur culpam praelatorum, quae est frequenter causa culpae subditorum; et ideo dicit: ° quia inventi sunt in populo meo impii insidiantes. ‘ et circa hoc duo facit. primo arguit ipsorum culpam quantum ad violationem justitiae; secundo quantum ad perversitatem doctrinae, * ibi, ° stupor et mirabilia facta sunt in terra. ‘ circa primum duo. primo ostendit eorum injustitiam quantum ad injustam et fraudulentam oppressionem pauperum, ponens dolum, ° insidiantes. * psal. 10: ° insidiatur ut rapiat pauperem. plenae dolo, ‘ divitiis quas dolo conquisierunt. et doli effectum in multiplicatione divitiarum: ° ideo magnificati, ‘ in honoribus, ditati, in divitiis. * infra 17: ° perdix fovit quae non peperit, fecit divitias, sed non in judicio. ‘ et in multiplicatione peccatorum, ° et praeterierunt. * deut. 32: ° incrassatus est dilectus et recalcitravit, incrassatus, impinguatus, dilatatus. ‘ secundo ostendit eorum injustitiam quantum ad justi judicii omissionem, ° causam viduae. * isa. 1: ° pupillo non judicant, et causa viduae non ingreditur ad eos.

lc7 ‘ Hic comminatur poenam. * deut. 32: ° reddam ultionem hostibus meis, et his qui oderunt me retribuam.

lc8 ‘ Hic arguit perversitatem doctrinae: et primo ponit admirabilem culpam: ° stupor, ‘ idest stupenda res, ° prophetae prophetabant mendacium, ‘ quorum erat veritatem docere. * ezech. 22: ° prophetae ejus liniebant eos absque temperamento videntes vana, et divinantes eis mendacium. applaudebant, ‘ consentientes mendaciis, quorum erat prophetas corrigere. * infra 29: ° dedit te dominus sacerdotem pro jojada sacerdote, ut sis dux in domo domini super omnem virum arreptitium et prophetantem ut mittas eum in nervum et carcerem. et nunc quare non increpasti jeremiam anathothitem qui prophetat vobis? et populus meus. * eccli. 10: ° qualis rector civitatis, tales et inhabitantes in ea. ‘ secundo innuit admirabilem poenam: ° quid igitur fiet in novissimo ejus? ‘ scilicet captivitatis, vel mortis. * isa. 27: ° in mensura contra mensuram cum abjecta fuerit, judicabit eam ‘ etc.. notandum, quod est multiplex paupertas; scilicet terrenae possessionis. * jacobi 2: ° nonne deus elegit pauperes in hoc mundo, divites in fide, et heredes regni quod repromisit deus diligentibus se? ‘ humilitatis. * matth. 5: ° beati pauperes spiritu, quoniam ipsorum est regnum caelorum. |25| ‘ afflictionis. * psal. 68: ° ego sum pauper et dolens: salus tua, domine, suscepit me. ‘ cognitionis. * apoc. 3: ‘ nescis quia tu es pauper. imperfectionis. * thren. 3: ° ego vir videns paupertatem meam in virga indignationis ejus. ‘ item notandum, quod multiplex est visitatio; scilicet consolationis. * lucae 1: ° visitavit nos oriens ex alto. ‘ correptionis. * psal. 88: ° visitabo in virga iniquitates eorum. ‘ damnationis. * infra 8: ° in tempore visitationis suae corruent, dicit dominus congregans congregabo eos, ait dominus. ‘ item notandum, quod verbum dei dicitur ignis, quia illuminat. * psal. 118: ° lucerna pedibus meis verbum tuum. ‘ quia inflammat. * psal. 104: ° eloquium domini inflammavit eum. ‘ quia infirma penetrat. * infra 20: ° et factus est sermo domini in corde meo quasi ignis aestuans, claususque in ossibus meis. * hebr. 4: ° vivus est sermo dei, et efficax, et penetrabilior omni gladio ancipiti, et pertingens usque ad divisionem animae ac spiritus, compagum quoque ac medullarum, et discretor cogitationum et intentionum cordis. ‘ quia liquefacit. * psal. 147: ° emittet verbum suum, et liquefaciet ea; flabit spiritus ejus, et fluent aquae. ‘ quia consumit inobedientes. |50| * isa. 30: ° labia ejus repleta sunt indignatione, et lingua ejus quasi ignis devorans. * joan. 15: ° si non venissem, et locutus non fuissem eis, peccatum non haberent. nunc autem excusationem non habent de peccato suo.

069 CPH cp6

lc1 ‘ Hic excludit secundum remedium in quo confidere poterant, scilicet in fortitudine urbis regiae, cujus destructionem prophetat in hoc capite: et circa hoc facit duo. primo ponitur civium praeparatio, scilicet ad resistendum, ° confortamini, ‘ ut designet quomodo se invicem, advenientibus hostibus, exhortabuntur. vel irrisorie dicit. ° fili beniamin, ‘ quia jerusalem in sorte illius tribus erat quantum ad superiorem partem; sed quantum ad inferiorem, in tribu juda. * josue 15: ° ascenditque per convallem filii ennon ex latere jebusaei ad meridiem: haec est jerusalem. et in thecua clangite buccina, et super bethatarem, ‘ loca munita prope jerusalem. * supra 4: ° levate signum in sion. ‘ secundo ponit ipsius civitatis destructionem, * ibi, ° speciosae et delicatae assimilavi filiam sion. ‘ et primo ponitur conditio hostium vastantium, sub quibusdam metaphoris; secundo describuntur aperte et expresse, * ibi, ° haec dicit dominus. ‘ circa primum duo. primo describit urbis obsidionem; secundo congressionem, * ibi, ° sanctificate super eam bellum. ‘ circa primum tria. primo describitur civitatis pulchritudo: ° speciosae. ‘ quantum ad decora aedificia et multitudinem habitantium, |25| ° delicatae, ‘ quantum ad fertilitatem terrae. * ezech. 16: ° similam et mel et oleum comedisti, et decora facta es vehementer nimis. ‘ secundo describitur obsidio: ° ad eam venient pastores, ‘ metaphorice, principes chaldaeorum quasi ubertate pascuorum illecti. * infra 12: ° pastores multi demoliti sunt vineam meam, conculcaverunt partem meam. fixerunt, ‘ ad obsidionem urbis. tertio describitur exercitus debita ordinatio ° pascet, ‘ idest gubernabit, ° sub manu, ‘ potestate: diversis enim turmis, diversi principes erant.

lc2 ‘ Hic ponitur congressio ad capiendam urbem: et circa hoc tria ponit. primo congrediendi praeceptum, ° sanctificate, ‘ idest formate; vel sanctum ostendite et justum, quasi dei voluntate assumptum. et est vox principum ad milites. * michaeae 3: ° si quis non dederit in ore quippiam, sanctificant super eum praelium. ‘ secundo ponitur congredientium desiderium, quod ostenditur in tribus. in mutua exhortatione. ° surgite, ‘ vox militum adinvicem, ° ascendamus, ‘ ad impugnandum, quamvis in monte sitam: et quia non retrahuntur temporis importunitate neque calore diei, ° in meridie, ‘ neque horrore noctis, ° in nocte: ‘ et quia conqueruntur de temporis brevitate: ° vae nobis quia declinavit dies, ‘ in qua erat tempus aptum ad bellandum. ° longiores: ‘ quanto enim sol magis appropinquat ad zenith capitis, tanto fit longior umbra in parte opposita. * isa. 10: ° confortamini, adhuc dies est, ut in nobe stetur. * sed secundum glossam, ° vae nobis, * dicitur “ ex persona populi timentis noctis insidias, quia etiam in meridie resistere vix valebat. ‘ tertio ostendit aggrediendi modum: ° quia haec dicit dominus; ‘ quasi, secure possumus pugnare, quia domini praeceptum est: ° caedite lignum, ‘ ad faciendas |25| machinas, ° fundite aggerem, ‘ quem fecerant ad defensionem murorum suorum, destruentes ipsum: vel ° fundite, ‘ erigentes terram in acervum ad ponendas munitiones contra civitatem. * habac. 1: ° ipse super omnem munitionem ridebit, et comportabit aggerem, et capiet eam.

lc3 ‘ Hic ponit obsidionis causam ex culpa: et circa hoc tria. primo ponit malitiae universalitatem: ° haec est civitas visitationis, ‘ quasi correctione digna, ° omnis calumnia, ‘ omnis calumniandi modus. * psal. 54: ° non defecit de plateis ejus usura et dolus. ‘ secundo cordis obdurationem: ° sicut frigidam facit cisterna aquam suam, ‘ et ita conservat quasi illaesam a calore. * supra 2: ° foderunt sibi cisternas dissipatas, quae continere non valent aquas. ‘ tertio peccati continuitatem. ° iniquitas. * isa. 59: ° vastitas et contritio in viis eorum: viam pacis nescierunt ‘ etc.. ° infirmitas, ‘ quasi poena respondens praedictis duabus culpis.

lc4 ‘ Hic ostendit destructionem: et circa hoc tria. primo ponit consilium ad evitandam destructionem; secundo ponit consilii contemptum, * ibi, ° cui loquar et quem contestabor ut audiat; ‘ tertio comminatur destructionis judicium, * ibi, ° idcirco furore domini plenus sum. ‘ circa primum duo. primo ponit consilium. ° erudire, ‘ scilicet flagellis praecedentibus castigata. * isa. 28: ° sola vexatio intellectum dabit auditui. ‘ secundo ponit imminens periculum in amissione divini amoris, ° ne forte. * ezech. 16: ° auferetur zelus meus in vastatione regionis. * psalm. 106: ° posuit flumina in desertum, et exitus aquarum in siti. ‘ et in captivitate gentis: ° haec dicit dominus exercituum: usque ad racemum colligetur, ‘ inclusive, quia nec racemus relinquetur. metaphorice per vineam judaeos: * isa. 5: ° vinea domini sabaoth, domus israel est: ‘ per racemos homines: per vindemiam captivitatem significans. o chaldaee, ° converte, ‘ servat metaphoram, ° quasi vindemiator, ‘ qui collectos racemos in vase, quod cartallum dicitur, ponit, ut ad torcular portet. ita judaeos in carcere concludas, et in babylonem ducas. * abdias: ° si vindemiatores introissent ad te, numquid saltem racemum reliquissent |25| tibi? ‘ vel ° usque ad racemum, ‘ exclusive, quia reliquias populi, scilicet rusticos et viles, ibi dimittent. ° converte; ‘ et significat reversionem ipsorum ad terram suam, quae ostenditur juxta hoc per cartalli signum.

lc5 ‘ Hic ostendit consilii dati contemptum: et primo propheta quaerit idoneum consilii auditorem: ° cui loquar, ‘ fructuosa verba domini, ° contestabor, ‘ adjurabo? in quo significat raritatem. * isa. 28: ° quem docebit scientiam, et quem intelligere faciet auditum? ‘ secundo ostendit idoneitatem, quia audire noluerunt: ° ecce incircumcisae, ‘ quasi gentilibus fabulis plenae. * act. 7: ° dura cervice, et incircumcisis cordibus et auribus. ‘ et quia etiam audita contemnunt: ° ecce verbum domini factum est eis in opprobrium. * infra 20: ° et factus est mihi sermo domini in opprobrium et in derisum tota die.

lc6 ‘ Hic comminatur eis destructionis flagellum: et primo ostendit illis justitiae zelum: ° furore domini plenus sum, ‘ igne scilicet zeli pro domini justitia. * num. 25: ° zelo meo commotus est contra eos, ut non ipse delerem filios israel in zelo meo. ‘ secundo dat hostibus destructionis praeceptum: ° effunde, ‘ o chaldaee, ° iram, ‘ scilicet tuam abundanter, ° foris, ‘ in plateis et agris. * eccli. 36: ° excita furorem, et effunde iram. parvulum, ‘ nulli pareatur aetati. tertio ponit praecepti complementum, et quantum ad personas, et quantum ad possessiones: ° vir enim cum muliere, ‘ uxore. * thren. ult.: ° hereditas nostra versa est ad alienos, domus nostrae ad extraneos.

lc7 ‘ Hic ponit causam destructionis: primo avaritiam; secundo inobedientiam, * ibi, ° haec dicit dominus: state super vias, et videte; ‘ tertio sacrorum abusum, * ibi, ° ut quid mihi thus de saba affertis? ‘ circa primum tria. primo ponit culpam, ponens avaritiae studium in desiderando: ° omnes avaritiae student. * isa. 56: ° omnes in viam suam declinaverunt, unusquisque ad avaritiam suam a summo usque ad novissimum. ‘ dolum in consequendo: ° et a propheta usque ad sacerdotem, cuncti faciunt dolum. * ps. 37: ° dolos tota die meditabantur. ‘ et dolositatis modum, quia adulando, ° et curabant, ‘ scilicet verbis excusando culpas, et excludendo poenas. * ezech. 13: ° prophetae israel qui prophetant ad jerusalem, et vident ei visionem pacis: et non est pax, ait dominus deus. ‘ secundo ponit inverecundiam etiam inter poenas: ° confusi non sunt, ‘ poenis, ° confusione, ‘ salubri, quae poenitentiam provocet. * eccli. 4: ° est confusio adducens peccatum, et est confusio adducens gloriam et gratiam. ‘ tertio comminatur poenam: ° quamobrem cadent, ‘ ipsi prophetae, ° inter ruentes, ‘ plebeos, ° corruent, ‘ morte, vel captivitate, ipsis sociati in poenis a quibus non sunt divisi in culpis.

lc8 ‘ Hic ponitur ipsorum inobedientia: et primo ponit culpam, scilicet inobedientiam praecepti de imitatione sanctorum, ponens praeceptum: ° state super vias, ‘ considerate diversas operationes bonorum et malorum, ut utrorumque progressum et exitum videatis. ° antiquis, ‘ quae sanctorum vestigiis sunt tritae. * thren. 3: ° scrutemur vias nostras, et quaeramus, et revertamur ad dominum. ‘ vel ° super vias, ‘ prophetas. praecepti fructum: ° et invenietis refrigerium. * ps. 65: ° transivimus per ignem et aquam, et induxisti nos in refrigerium. * matth. 11: ° discite a me, quia mitis sum et humilis corde, et invenietis requiem animabus vestris. ‘ et praecepti contemptum; ° et dixerunt. non audiemus. ‘ et etiam quantum ad inobedientiam praecepti de obedientia praelatorum: ° et constitui speculatores, ‘ prophetas et principes, ° vocem tubae, ‘ praedicationem ipsorum. * ezech. 3: ° fili hominis, speculatorem dedi te domui israel, et audies de ore meo verbum, et annuntiabis eis ex me. ‘ secundo comminatur poenam, primo excitans audientiam: ° ideo audite gentes, et cognoscite congregatio, ‘ omnium nationum. * isa. 1: ° audite caeli, et auribus percipe terra. ‘ secundo comminatur |25| poenam: ° ecce ego. * isa. 3: ° fructum adinventionum suarum comedet.

lc9 ‘ Hic ponit sacrorum abusum, inquantum peccatis polluti, deo sacrificia offerre praesumebant, quae propter hoc accepta non erant: et circa hoc duo. primo ex hoc quod non sunt accepta, designat ipsorum culpam. et quantum ad ea quae offerebantur in altare thymiamatis: ° ut quid mihi thus de saba: ‘ regio ubi nascitur thus, ° calamum, ‘ cinnamomum, quod ponebatur in thymiamate, cujus compositio habetur * exod. 34: ° longinqua, ‘ scilicet india. * isa. 66: ° qui recordatur thuris, quasi qui benedicat idolo. ‘ et quantum ad altare holocaustorum, ° holocaustomata. * isa. 1: ° holocausta arietum et adipem pinguium et sanguinem vitulorum et agnorum et hircorum nolui. ‘ secundo ponit poenam. ° propterea haec dicit dominus * isa. 3: ° corruet populus vir ad virum, et unusquisque ad proximum suum.

lc10 ‘ Hic describit aperte hostes venientes: et primo describit hostium conditionem; secundo populi incorrigibilitatem, * ibi, ° probatorem dedi te in populo meo robustum. ‘ circa primum tria. primo describit hostes gentem fortem multitudine: ° gens magna, ‘ et armis, ° sagittam, ‘ crudelem, ° crudelis est quasi mare, ‘ ut et voce terreat et intentione: ° et super equos ascendent praeparati quasi vir ‘ ad praelium. * infra 50: ° ecce populus veniet ab aquilone, gens magna, et reges multi consurgent a finibus terrae. arcum et scutum apprehendent: crudeles sunt, et immisericordes. ‘ secundo ponit ex fama, judaeorum timorem: ° audivimus famam ejus, dissolutae sunt manus nostrae: ‘ prae timore nihil facere possumus. * ps. 47: ° ibi dolores ut parturientis. ‘ et timoris effectum: ° nolite exire. * deut. 32: ° foris vastabit eos gladius, et intus pavor. ‘ tertio hortatur ad poenitentiae dolorem: ° filia populi mei, accingere cilicio. * supra 4: ° super hoc accingite vos ciliciis, et ululate: quia non est aversa ira furoris domini a vobis.

lc11 ‘ Hic ostendit populi incorrigibilitatem: et primo inducit prophetae testimonium, ° probatorem, ‘ ut quasi experimento discas eorum duritiam, dum eos flectere ad bonum non vales. * proverb. 27: ° diligenter agnosce vultum pecoris tui, tuosque greges considera. ‘ secundo ponit universale peccatum: ° omnes isti principes declinantes. aes et ferrum; ‘ quasi dicat: non solum sunt immundi, sed tecti sunt immunditia, sicut ferrum, et aes est immunditia argenti. vel ferrum propter duritiam, aes propter impatientiam, quia tremulum est. * job 40: ° ossa ejus velut fistulae aeris * etc.. ps. 13: ° corrupti sunt, et abominabiles facti sunt in studiis suis. ‘ tertio ponit incorrigibilitatis exemplum: ° defecit sufflatorium: ‘ argentum enim admixtum plumbo in fornace ponitur, et sufflante argentario faeces consumuntur et argentum melioratur, sed plumbum minuitur. isti autem positi in fornace tribulationis, consumpti malis quasi plumbo, non sunt correcti. ° frustra, ‘ verbum dei, ° conflavit conflator, ‘ deus, vel praedicator. * eccli. 2: ° in igne probatur aurum et argentum, homines vero receptibiles in camino humiliationis. ‘ quarto concludit reprobationis argumentum: ° argentum reprobum. |25| * thren. ult.: ° sed projiciens repulisti nos, iratus es contra nos vehementer. ‘ notandum, quod peccatum dicitur frigus, quia extinguit calorem dilectionis. * matth. 24: ° quoniam abundavit iniquitas, refrigescet caritas multorum. ‘ quia congelat humorem devotionis. * eccli. 43: ° frigidus ventus aquilo flavit et gelavit chrystallus ab aqua. ‘ quia retardat motum bonae operationis. * prov. 20: ° propter frigus piger arare noluit, mendicabit ergo aestate, et non dabitur illi. ‘ item nota, quod quaedam sunt viae praeceptorum. * psal. 118: ° viam mandatorum tuorum cucurri, cum dilatasti cor meum. ‘ actionum. * thren. 3: ° scrutemur vias nostras, et quaeramus, et revertamur ad dominum. ‘ virtutum. * prover. 4: ° viam sapientiae monstrabo tibi et ducam te per semitas aequitatis. ‘ doctorum. * ibid. 3: ° viae ejus viae pulchrae, et omnes semitae ejus pacificae. ‘ ipse christus, * joan. 14: ° ego sum via, veritas, et vita.

069 CPH cp7

lc1 ‘ Hic excludit tertium remedium in quo poterant confidere, scilicet de cultu divinae religionis; et primo quantum ad templi sanctitatem; secundo quantum ad orationis devotionem, * ibi, ° tu ergo noli orare pro populo hoc; ‘ tertio quantum ad sacrificiorum oblationem, * ibi, ° haec dicit dominus exercituum deus israel. ‘ circa primum duo. primo ponit quasi salubre consilium, ostendens veram fiduciam: ° sta in porta, ‘ ut saltem religione loci cogantur audire: quasi dicat: alias audire contemnunt: ° bonas facite vias, ‘ actiones, ° studia, ‘ cogitationes, quibus deliberatis de agendis. * isa. 40: ° dirigite viam, rectas facite in solitudine semitas dei nostri. ‘ et primo ponit fructum: ° et inhabitabo. * apoc. 21: ° ecce tabernaculum dei cum hominibus, et habitabit cum eis. ‘ et excludit spem vanam: ° nolite confidere in verbis mendacii, ‘ inquantum scilicet dicebant se propter sanctitatem templi omnes poenas posse vitare sine emendatione vitae. ° templum domini, ‘ sanctum, ° templum domini, ‘ pretiosum, ° templum domini, ‘ a cunctis veneratum. * 2 machab. 5: ° non propter locum gentem, sed propter gentem locum deus elegit. ‘ secundo exponit ipsum: et primo quantum ad primam partem, |25| ostendens quid sit bonas vias facere, resumens consilium, eos ordinando et ad seipsos in actione: ° quoniam si benedixeritis ‘ quasi in mente determinaveritis, vel direxeritis: et in cogitatione, ° studia vestra: ‘ et ad proximum, quantum ad operationem boni, ° si feceritis: ‘ et in comparatione ad deum, ° et post deos alienos non ambulaveritis: ‘ resumit consilii fructum: ° habitabo vobiscum, ‘ si volueritis, et audieritis * etc.. psal. 14: ° domine, quis habitabit in tabernaculo tuo, aut quis requiescet in monte sancto tuo? qui ingreditur sine macula, et operatur justitiam ‘ etc.. secundo exponit quantum ad secundam partem: et primo ostendit falsam fiduciam, ponens defectum ex parte culpae: ° ecce vos confiditis vobis in sermonibus mendacii, ‘ dum dicitis vos posse haec quae sequuntur impune committere: ° furari, ‘ contra rem proximi, ° occidere, ‘ contra personam, ° adulterari, ‘ contra id quod est quasi res, et quasi persona, ° jurare. ‘ hic ponit peccata contra deum. * isa. 28: ° posuimus mendacium spem nostram, et mendacio protecti sumus. ‘ et ponit apparentiam ex parte insufficientis emendae: ° et venistis, et stetistis coram me in domo hac, ‘ quasi per ingressum templi tantum, satisfacere credentes, decepti fortassis per orationem |50| salomonis * quae habetur 2 paralipom. 6, et 3 reg. 8. ‘ et ipse intelligit cum perfecta morum emendatione, domum domini ingrediendam. ° eo quod fecimus omnes abominationes istas, ‘ idest ab eo. secundo excludit eam, primo argumento ostendens emendam insufficientem pro culpis: ° numquid ergo spelunca latronum facta est domus ista? ‘ quasi dicat: si non purgati domum meam intratis, speluncam latronum eam facitis. * matth. 21: ° domus mea domus orationis vocabitur: vos autem fecistis illam speluncam latronum. ‘ et ostendit culpam patentem: ° ego ego, ‘ singulariter, ° sum, ‘ ubique omnia videns, ° vidi, ‘ peccata vestra. * prov. 16: ° omnes viae hominum patent oculis ejus, spirituum ponderator est dominus. ‘ secundo excludit exemplo: et primo ponit exemplum de silo, ubi prius tabernaculum positum fuit: ° ite ad locum meum in silo. * psalm. 77: ° et repulit tabernaculum silo, tabernaculum suum, ubi habitavit in hominibus. ‘ secundo adaptat ad propositum, assumens similem culpam: ° et quia fecistis omnia opera haec, dicit dominus, et locutus sum ad vos mane consurgens, ‘ ad modum hominis soliciti, qui summo mane surgit ad explenda opera sua; vel quia tempus illud congruum est ad contemplandum, |75| et suscipiendum verba sapientiae, pro corpore jam quietato. ° vocavi. * proverb. 1: ° quia vocavi, et renuistis, invocavi, et non fuit qui aspiceret ‘ etc.. et concludit similem poenam, quantum ad destructionem loci: ° faciam domui huic. * infra 26: ° dabo domum istam sicut silo, et urbem hanc dabo in maledictionem cunctis gentibus terrae. ‘ et quantum ad captivationem populi, ° projiciam vos. * infra 23: ° vos dispersistis gregem meum, et ejecistis eos, et non visitasti eos.

lc2 ‘ Hic excludit remedium orationis: et primo profertur sententia: ° nec assumas, ‘ etiam ab eis rogatus, ° et non obsistas, ‘ quia oratio sanctorum quodammodo detinet, et excludit dei sententiam. * sapient. 18: ° properans homo sine querela deprecari pro populis, proferens servitutis suae scutum, orationem, et per incensum deprecationem allegans resistit irae, et finem imposuit necessitati, ostendens quoniam tuus est famulus: * isa. 64: ° non est qui invocet nomen tuum, qui consurgat, et teneat te. * sed contra. job 9: ° deus cujus irae resistere nemo potest. ‘ respondetur, quod verum est virtutis robore; sed oratione, et humilitate. ° quia non exaudiam, ‘ more curialis domini, qui non vult faciem servi rogantis confundere. * 4 reg. 14: ° lugere te simula, et induere veste lugubri, et ne ungaris oleo ‘ etc.. secundo ponit causam ex culpa, primo proponens culpam, ostendens eam patentem, quia publice factam ° nonne vides? * ezech. 16: ° fili hominis, notas fac jerusalem abominationes suas: ‘ et communem quantum ad omnem sexum, et aetatem: ° filii colligunt ligna, et patres |25| succendunt ignem, et mulieres conspergunt adipem, ut faciant placentas reginae caeli, ‘ idest lunae; vel militiae, et omnibus astris. * infra 44: ° quod si nos sacrificamus reginae caeli, et libamus ei libamina: numquid sine viris nostris fecimus ei placentas ad colendum eam? ‘ secundo ostendit peccantium stultitiam, quia non deum, sed seipsos offenderunt: ° numquid me ad iracundiam provocant? * job 35: ° si peccaveris, quid nocebis ei? * psal. 7: ° convertetur dolor ejus in caput ejus, et in verticem ipsius iniquitas ejus descendet. ‘ tertio comminatur poenam: ° ideo haec dicit dominus. * supra 4: ° ne forte egrediatur ut ignis indignatio mea, et succendatur, et non sit qui extinguat, propter malitiam cogitationum vestrarum.

lc3 ‘ Hic excludit sacrificiorum fiduciam: et primo excludit sacrificiorum curam, ponens sententiam: ° holocaustomata vestra addite victimis vestris; ‘ quasi dicat: sicut victimarum major pars cedit in usus vestros, ita holocausta vobis ex toto comedite, quia carnium consumptione non delector. * psalm. 49: ° numquid manducabo carnes taurorum, aut sanguinem hircorum potabo? ‘ et ponit causam: ° quia non sum locutus. ‘ non enim dominus hoc propter se volebat; sed ut per hoc ab idolatria revocaret. unde ante adorationem vituli, * de quo exod. 33, ‘ nulla praecepta de sacrificiis data sunt. * psalm. 39: ° sacrificium et oblationem noluisti; aures autem perfecisti mihi. holocaustum et pro peccato non postulasti. tunc dixi: ecce venio. ‘ secundo arguit moralium inobedientiam; et primo ostendit culpam; secundo, comminatur poenam, * ibi, ° tonde capillum tuum. ‘ circa primum duo. primo probat inobedientiam quasi per inductionem, ostendens eos inobedientes legi, ponendo legis praecepta: ° sed hoc verbum praecepi, ‘ a principio, quasi principaliter intentum. ° audite vocem meam, ‘ de praeceptis moralibus. * ezech. 36: ° eritis mihi in populum, et ego ero vobis in deum. ‘ et praecepti |25| contemptum: ° et non audierunt... factique sunt retrorsum, ‘ semper peccata postea addentes. * isa. 56: ° omnes in viam suam declinaverunt, unusquisque ad avaritiam suam, a summo usque ad novissimum. ‘ ostendit etiam eos inobedientes praecedentibus prophetis: ° et misi ad vos omnes servos prophetas. * 4 reg. 17: ° testificatus est dominus in israel, et in juda per manum omnium prophetarum, et videntium, dicens: revertimini a viis vestris pessimis, et custodite praecepta mea et caeremonias, juxta omnem legem quam praecepi patribus vestris, et sicut misi ad vos in manu servorum meorum prophetarum. qui non audierunt, sed induraverunt cervicem suam, juxta cervicem patrum suorum, qui noluerunt obedire domino deo suo. ‘ praedicit etiam, eos non obedituros sibi. ° et loqueris... et non audient. * ezech. 3: ° domus israel nolunt audire te, quia nolunt audire me: omnis quippe domus israel attrita fronte est, et duro corde. * isa. 65: ° vocavi, et non respondistis; locutus sum, et non audistis, et faciebatis malum in oculis meis, et quae nolui, elegistis. ‘ secundo infert conclusionem et dices ad eos. * supra 2: ° frustra percussi filios vestros; disciplinam non receperunt |50| fides, ‘ domini. * roman. 10: ° corde creditur ad justitiam, ore autem confessio fit ad salutem. ‘ vel fidelitas ad proximum. * prov. 20: ° virum fidelem quis inveniet?

lc4 ‘ Hic comminatur eis poenam: et primo praesignat eam facto: ° tonde capillum. * simile ezech. 5: ° tertiam partem pilorum igni combures in medio civitatis, juxta completionem dierum obsidionis; et assumes tertiam partem, et concides gladio in circuitu ejus: tertiam vero aliam disperges in ventum. generationem furoris. * isa. 10: ° ad gentem fallacem mittam eum, et contra populum furoris mei mandabo illi. ‘ secundo determinat verba: et primo resumit idolatriae culpam, aggravans eam ex loco sacro: quia fecerunt ° offendicula, ‘ idola, ° in domo, ‘ scilicet in templo, et loco publico et aperto, ° et aedificaverunt quae non praecepi, ‘ quasi dicat: non tam gravia praecepi eis. unde patet quod etiam a me recesserunt. * psal. 105: ° immolaverunt filios suos, et filias suas daemoniis, carnes filiorum suorum, et filiarum suarum, quas sacrificaverunt sculptilibus chanaan. ‘ secundo comminatur poenam: et primo quantum ad interfectionem virorum; secundo quantum ad effusionem cadaverum, * ibi (cap. 18): ° in tempore illo, ait dominus, ejicient ossa regis juda. ‘ tertio quo ad ejectionem remanentium, * ibi, ° et eligent magis mortem quam vitam. ‘ circa primum tria. primo ostendit |25| interfectionis locum: ° ideo ecce dies venient, ‘ ut ubi peccaverunt, ibi puniantur. * infra 19: ° ecce dies venient, dicit dominus, et non vocabitur amplius locus iste tophet, et vallis filii ennon, sed vallis occisionis. ‘ secundo excludit sepulturae officium: ° et erit morticinum populi hujus in cibos volucribus caeli. ‘ sepelientur tamen aliqui vel a reliquiis, vel ab hostibus non valentibus sustinere foetorem. * psalm. 78: ° posuerunt mortalia servorum tuorum escas volatilibus caeli, carnes sanctorum tuorum bestiis terrae. ‘ tertio excludit universale gaudium: ° et requiescere faciam. * thren. ult.: ° defecit gaudium cordis nostri, versus est in luctum chorus noster: ‘ quae omnia attestantur magnitudinem occisionis. nota, quod deus habitat nobiscum per fidei constantiam. * ephes. 3: ° habitare christum per fidem in cordibus vestris ‘ etc.. per fraternae dilectionis concordiam. * matth. 18: ° ubi fuerint duo, vel tres congregati in nomine meo, ibi sum in medio eorum. ‘ per praeceptorum obedientiam. * joan. 14: ° si quis diligit me sermonem meum servabit, et pater meus diliget eum, et ad eum veniemus, et mansionem apud eum faciemus. ‘ per devotae contemplationis eminentiam. |50| * apoc. 3: ° ego sto ad ostium, et pulso: si quis audierit vocem meam, et aperuerit mihi, intrabo ad eum, et coenabo cum illo, et ipse mecum. ‘ item nota, quod quoddam est templum historicum. * psalm. 137: ° adorabo ad templum sanctum tuum, et confitebor nomini tuo. ‘ allegoricum, ipsa ecclesia. * 1 cor. 3: ° templum dei sanctum est, quod estis vos. ‘ typicum, ipse justus. * 1 cor. 6: ° nescitis quoniam membra vestra templum sunt spiritus sancti? ‘ anagogicum, ipse deus. * apoc. 21: ° dominus deus omnipotens templum illius est, et agnus. ‘ item nota, quod vocem domini debemus audire, illum diligendo caritatis amore, quia bonum nostrum. * deut. 6: ° diliges dominum deum tuum ex toto corde tuo, et ex tota anima tua, et ex tota fortitudine tua. ‘ ei serviendo cultus religione, quia dominus. * deut. 10: ° dominum deum tuum adorabis, et illi soli servies. * psalm. 2: ° servite domino in timore. ‘ post eum eundo praecepti observatione, quia pater. * supra 3: ° patrem vocabis me, et post me ingredi non cessabis. ‘ illum quaerendo recta intentione, quia finis. * soph. 2: ° quaerite dominum omnes mansueti terrae, quia judicium ejus estis operati. ‘ eum adorando |75| debito honore, quia factor noster est, et deus. * matth. 4: ° dominum deum tuum adorabis.

069 CPH cp8

lc1 ‘ Hic comminatur cadaverum effossionem: et primo ponit ipsam effossionem: ° dicent ossa, ‘ credentes aurum, vel aliquid talium invenire. * isa. 14: ° tu autem projectus es de sepulcro tuo, quasi stirps inutilis, pollutus, et obvolutus cum his qui interfecti sunt gladio, et descenderunt ad fundamenta laci, quasi cadaver putridum. ‘ secundo effossorum dispersionem: ° et expandent ea. * 4 reg. 17: ° adoraverunt universam militiam caeli. * sap. 11: ° per quae peccat quis, per haec et torquetur. ‘ tertio eorum vilitatem. ° non colligentur. * isa. 5: ° facta sunt morticina eorum quasi stercus in medio platearum.

lc2 ‘ Hic ostendit oppressionem remanentium significata ex ipsa mortis electione; quae quidem in se non est eligibilis, sed inquantum malorum terminus est. * apoc. 9: ° in diebus illis quaerent homines mortem, et non invenient eam; et desiderabunt mori, et fugiet mors ab eis.

lc3 ‘ Hic ostendit eorum obstinationem, et duritiam in peccato: unde dividitur contra totum praecedens: et primo ostendit obstinationem in peccatis quae committuntur in deum, vel in seipsum, et in proximum. deinde de illis quae committuntur directe in proximum, * cap. 9: ° quis dabit capiti meo aquam, et oculis meis fontem lacrymarum? ‘ circa primum duo. primo arguit duritiam; secundo comminatur poenam, * ibi, ° congregans congregabo eos. ‘ circa primum quatuor. primo ostendit eorum duritiam quantum ad idolatriam; secundo quantum ad superbiam, * ibi, ° quomodo dicitis: sapientes nos sumus, et lex domini nobiscum est? ‘ tertio quantum ad avaritiam, * ibi, ° propterea dabo mulieres eorum exteris; ‘ quarto quantum ad inverecundiam, * ibi, ° confusi sunt, quia abominationem fecerunt ‘ etc.. circa primum ostendit eorum duritiam admirabilem ex tribus. primo ex communi consuetudine, proponens consuetudinem: ° numquid qui cadit non resurget? ‘ spiritualiter, vel etiam corporaliter, quantum ad conversionem peccati, ° qui aversus est, ‘ quantum ad aversionem: quasi dicat: haec est consuetudo. * psalm. 40: ° numquid qui dormit non adjiciet ut resurgat? * amos 5: |25| ° virgo israel projecta est in terram suam, non est qui suscitet eam. ‘ et concludit admirationem: ° quare ergo aversus est populus iste in jerusalem, ‘ quantum ad peccatum, ° aversione contentiosa? ‘ quasi contendentes contra dominum, vel contemnentes ipsum. * deuter. 31: ° ego scio contentionem tuam, et cervicem tuam durissimam. apprehenderunt, ‘ quantum ad conversionem ° mendacium ‘ dolum. * isa. 28: ° posuimus mendacium spem nostram, et mendacio protecti sumus. ‘ secundo peccatorum universalitatem, ostendens universalem negligentiam quantum ad bona agenda: ° attendi, et auscultavi, nemo quod bonum est loquitur, ‘ et multo minus agit. * ps. 13: ° non est qui faciat bonum, non est usque ad unum. ‘ et universalem impoenitentiam de malis commissis: ° nullus est qui agat poenitentiam. * rom. 2: ° tu autem secundum duritiam tuam, et impoenitens cor, thesaurizas tibi iram in die irae. ‘ et irrefrenatam concupiscentiam: ° omnes conversi sunt. * eccl. 30: ° equus indomitus evadet durus, et filius remissus evadet praeceps. * job 15: ° cucurrit adversus deum recto collo, et pingui cervice armatus est. * et 40: ° absorbit fluvium, et non mirabitur, et habet fiduciam quod influat jordanis in os ejus. |50| ‘ tertio ex irrationabilium comparatione, ponens eorum cognitionem: ° milvus in caelo, ‘ idest in aere, ° cognovit tempus, ‘ aptum operibus suis, ° adventus, ‘ quia transeunt in hyeme ad loca calida et redeunt in vere, et hoc instinctu naturalis aestimationis. * job 12: ° interroga jumenta, et docebunt te; et volatilia caeli, et indicabunt tibi. ‘ et ponit populi ignorantiam: ° populus autem meus non cognovit judicium, ‘ sibi superventurae propitiationis. * isa. 1: ° israel autem me non cognovit.

lc4 ‘ Hic ostendit eorum superbiam ex jactantia sapientiae: et circa hoc tria. primo ponit jactantiam: ° sapientes nos sumus. * isa. 5: ° vae qui sapientes estis in oculis vestris, et coram vobismetipsis prudentes. ‘ secundo ostendit injustitiam: ° vere mendacium, ‘ vel mala scripturas exponendo, vel iniquas leges condendo. * isa. 10: ° vae qui condunt leges iniquas, et scribentes: injustitiam scripserunt, ut opprimerent in judicio pauperes, et vim facerent causae humilium populi mei. ‘ tertio ponit poenam: ° confusi sunt, ‘ praeteritum pro futuro. * job 12: ° adducit consiliarios in stultum finem, et judices in stuporem. ‘ et resumit causam: ° verbum domini projecerunt. * eccl. 1: ° fons sapientiae verbum dei in excelsis. * isa. 5: ° propterea captivus ductus est populus meus, quia non habuit scientiam. * oseae 4: ° quia tu scientiam repulisti, ego te repellam ne sacerdotio fungaris mihi.

lc5 ‘ Hic ostendit avaritiam: et primo ponit poenam,

° haeredibus, ‘ idest qui fortiter, et secure quasi haereditatem propriam tenent. * deut. 28: ° uxorem accipies, et alius dormiet cum ea. ‘ secundo ponit culpam: et primo avaritiae desiderium: ° quia a minimo usque ad maximum omnes avaritiam sequuntur, ‘ quasi finem. * isa. 1: ° omne caput languidum, et omne cor maerens; a planta pedis usque ad verticem non est in eo sanitas. ‘ secundo ponit dolum in consequendo, ° a propheta. ‘ tertio doli modum, ° et sanabant. * ezech. 13: ° vivificabant animas eorum, et violabant me ad populum propter pugillum hordei, et fragmen panis, ut interficerent animas quae non moriuntur, et vivificarent animas quae non vivunt, mentientes populo meo credenti mendacis.

lc6 ‘ Hic ostendit inverecundiam: et primo verecundiae causam, ° confusi sunt; ‘ quasi dicat: poenas patiuntur, quibus confundi deberent. * eccl. 4: ° et confusio adducens peccatum. ‘ secundo ostendit inverecundiam: ° quinimmo confusione non sunt confusi. * supra 3: ° frons mulieris meretricis facta est tibi, noluisti erubescere. ‘ tertio poenam; ° idcirco cadent inter corruentes, * ut supra 6 thr. 1: ° cum caderet populus ejus in manu hostili, et non esset auxiliator.

lc7 ‘ Hic ponit poenam supra poenam praedictam simul: et primo ponit domini sententiam quantum ad hominum afflictionem, ° congregabo ‘ in jerusalem, obsidendo. * infra 12: ° congrega eos quasi gregem ad victimam, et sanctifica eos in die occisionis. ‘ et quantum ad fructuum direptionem. ° non est uva, ‘ vobis, sed hostibus, qui vestra, vobis videntibus, comedunt. ° praetergressa, ‘ ab eis in manus hostium. * habac. 3: ° ficus enim non florebit, et non erit germen in vineis. ‘ secundo populi miseriam: ° quare sedemus? ‘ vel ponit eorum praeparationem, ponens mutuam exhortationem: ° quare sedemus? ‘ in locis urbium quasi quieti. ° sileamus, ‘ quasi stupentes, vel a tumultu belli. * supra 4: ° congregamini, et ingrediamur. ‘ et exhortantium rationem, dum praevident poenam: ° quia dominus deus noster silere nos fecit, ‘ stupore. * thren. 3: ° replevit me amaritudine, inebriavit me absinthio. ‘ et confitentur culpam, ° peccavimus. * psal. 105: ° peccavimus cum patribus nostris: injuste egimus, iniquitatem fecimus. ‘ et recognoscunt expectationis stultitiam: ° et expectavimus, ‘ secundum dicta pseudoprophetarum, ° bonum, ‘ meritum pacis. * prov. 10: ° expectatio justorum laetitia, |25| spes autem impiorum peribit. ‘ ponit etiam hostium persecutionem, et famam, ° a dan. * supra 4: ° vox annuntiantis. ‘ ponit etiam effectum famae: ° a voce hinnituum pugnatorum ejus commota est omnis terra, ‘ hyperbolice, vel methonimice. * psal. 17: ° commota est, et contremuit terra. ‘ et etiam inflictam per eos poenam: ° et venerunt, et devoraverunt terram, et plenitudinem ejus, ‘ scilicet fructus. * ps. 78: ° comederunt jacob; et locum ejus desolaverunt. ‘ et excludit medicinam: ° quia ecce ego mittam vobis serpentes, ‘ chaldaeos, ° quibus non est incantatio, ‘ quia nullo modo placari poterunt. * psalm. 57: ° furor illis secundum similitudinem serpentis, sicut aspidis surdae, et obturantis aures suas. * apoc. 9: ° cruciatus eorum ut cruciatus scorpii, cum percutit hominem. ‘ tertio ponit compatientis misericordiam, et primo super populi afflictionem ponens compassionem, ° dolor, ‘ ex persona domini; et est antropospatos: vel ex persona prophetae. * thren. 1: ° o vos omnes qui transitis per viam, attendite, et videte si est dolor similis sicut dolor meus. ‘ et populi afflictionem: ° ecce vox, ‘ hostium ° de terra longinqua; ‘ vel populi contra eosdem hostes; vel de terra captivitatis. * supra 4: ° vocem quasi parturientis |50| audivi. ‘ et afflictionis rationem: ° numquid dominus non est in sion? ‘ immo ipse posset dare et consilia et auxilia et responsa: unde nullam causam habetis alios deos quaerendi. * 4 reg. 1: ° numquid non est deus in israel, ut eatis ad consulendum beelzebub deum accaron? ‘ secundo compassionem super diuturnitatem, ponens afflictionis diuturnitatem: ° transiit messis, finita est aestas, et salvati non sumus, ‘ a famis periculo, quia fructum non recollegimus: ex persona populi. * sic 4 reg. 6: ° unde salvare te possum? ‘ tertio compassionem: ° super contritione; ‘ ex persona domini, * ut supra. isa. 63: ° factus est eis salvator in omni tribulatione eorum. ‘ vel ex persona prophetae. * thren. 2: ° conturbata sunt viscera mea. ‘ quarto assignat diuturnitatis rationem, quia scilicet a peccato curari noluerunt: ° numquid resina, ‘ per quam medicina poenitentiae contra culpam, vel divinae sapientiae, ° medicus, ‘ propheta, vel sacerdos, ° non est in galaad? ‘ ubi vigebat medicinae studium. * infra 4: ° ascende in galaad, et tolle resinam, virgo filia aegypti. quare igitur non est obducta, ‘ curata, ° cicatrix, ‘ peccati? * isa. 1: ° vulnus, et livor, et plaga tumens non est circumligata, nec curata medicamine, neque fota oleo. |75| ‘ nota, quod multiplex est silentium: scilicet stuporis. * amos 8: ° in omni loco projicietur silentium. ‘ securitatis. * isa. 32: ° eritque opus justitiae pax, et cultus justitiae silentium, et securitas usque in sempiternum. ‘ longanimitatis. * thren. 3: ° bonum est praestolari cum silentio salutare domini. ‘ et quietis cordis. * eccl. 12: ° verba sapientum sicut stimuli, et quasi clavi in altum defixi. ‘ item nota, quod fugienda est societas malorum, quia alliciunt verbis. * 1 cor. 15: ° corrumpunt bonos mores colloquia mala. ‘ trahunt exemplis. * ps. 17: ° cum viro innocente innocens eris, et cum perverso perverteris. ‘ afficiunt quantum ad famam. * eccl. 13: ° qui tangit picem inquinabitur ab eo. ‘ involvunt quantum ad poenam. * num. 16: ° recedite a tabernaculis impiorum, et nolite tangere quae ad eos pertinent, ne involvamini in peccatis eorum.

069 CPH cp9

lc1 ‘ Hic ostendit obstinationem ipsorum in peccatis quae sunt directe in proximum: et primo ponitur ipsius compassio quantum ad poenam: ° quis dabit? ‘ quasi dicat: tristitiae et compassioni non sufficit humor, qui est materia lacrymarum, ° aquam, ‘ quantum ad abundantiam, ° fontem, ‘ quantum ad indeficientiam. * thren. 3: ° divisiones aquarum deduxit oculus meus in contritione filiae populi mei. ‘ et quantum ad culpam: ° quis dabit me in solitudine? ‘ quasi dicat: mallem in solitudine habitare, quam peccata ipsorum videre, ° diversorum viatorum ‘ idest in qua, quamvis nullus habitet, diversi tamen transeunt. vel in solitudine de diversis viatoribus, per quam scilicet vel nullus, vel rarus transit. * infra 12: ° reliqui domum meam, dimisi hereditatem meam. ‘ secundo describitur populi conditio: ° quia omnes adulteri sunt: ‘ et primo quantum ad culpam: secundo quantum ad poenam, * ibi, ° propterea haec dicit dominus exercituum. ‘ circa primum duo. primo ponit peccatum quod est ex violatione alieni thori. ° adulteri sunt. * supra 5. ° unusquisque ad uxorem proximi sui hinniebat. ‘ ex transgressione pacti humani vel divini: ° coetus praevaricatorum; ‘ quasi dicat: ad hoc conjuraverunt. * isa. 24: |25| ° praevaricantes praevaricati sunt, et praevaricatione transgressorum praevaricati sunt. ‘ ex locutione mendacii: ° extenderunt linguam suam quasi arcum ‘ ex quo sagitta dolosi verbi. * oseae 7: ° reversi sunt ut essent absque jugo, facti sunt quasi arcus dolosus, ‘ secundo exaggerat ipsum: et primo ex augmento culparum: ° confortati sunt in terra, ‘ idest in terrenis peccatis: vel in terrenis bonis privati caelestibus. * psalm. 72: ° zelavi super iniquos pacem peccatorum videns. de malo ad malum egressi sunt, ‘ peccatum peccato addentes. * oseae 4: ° maledictum et mendacium, homicidium et furtum et adulterium inundaverunt, et sanguis sanguinem tetigit. ‘ secundo ex conditione peccantium, quia etiam inter conjunctos, ad quos magis tenentur opera caritatis extendere. et primo consulit cautelam: ° unusquisque se a proximo suo custodiat, ‘ qui conjungitur aliqua civili vel spirituali communicatione, ° fratre, ‘ qui conjungitur naturali foedere. * michaeae 7: ° nolite credere amico, nolite confidere in duce. ‘ de secundo assignat causam ex parte fraudulentiae: et primo ponit fraudis peccatum: ° quia omnis frater supplantans, ‘ alienam rem injuste surripiens. * gen. 27: ° supplantavit me en altera vice, primogenita mea antea tulit |50| et nunc secundo surripuit benedictionem meam. ‘ in modo faciendi, quia ° omnis amicus fraudulenter incedet. * isa. 32: ° fraudulenti vasa pessima sunt. ‘ et in verbo, ° et vir fratrem suum deridebit. * job 12: ° qui deridetur ab amico suo sicut ego, invocabit deum, et exaudiet eum. ‘ futurum tempus indicat perseverantiam. secundo assignat rationem, quia assueti ad mendacia, ° docuerunt, ‘ per consuetudinem, et studiosi ad mala opera, ° laboraverunt. * prov. 4: ° non enim dormiunt nisi male fecerint, et non capitur somnus ab eis nisi supplantaverint. * sap. 5: ° lassati sumus in via iniquitatis et perditionis, et ambulavimus vias difficiles, viam autem domini ignoravimus. ‘ tertio inducit conclusionem: ° habitatio tua, ‘ o jeremia, vel o jerusalem, ° in medio doli, ‘ idest dolosi populi. * ezech. 2: ° increduli et subversores sunt tecum, et cum scorpionibus habitas.

lc2 ‘ Hic ponitur conditio populi miseranda quantum ad poenam: et primo ponit sententiam; secundo determinat poenam, * ibi, ° super montes assumam fletum. ‘ circa primum duo. primo ponit sententiam, ° conflabo, ‘ sicut aurum in igne, ut vel sic saltem mundentur. * eccli. 27: ° vasa figuli probat fornax, et homines justos tentatio tribulationis. ‘ secundo ostendit sententiae justitiam: primo excludens misericordiae viam: ° quid enim aliud faciam a facie filiae populi mei? ‘ quasi dicat: non restat aliud nisi ut puniam, omnibus aliis viis expertis. * isa. 5: ° quid est quod ultra debui facere vineae meae, et non feci ei? ‘ secundo proponit culpam, ° sagitta, ‘ quae a longe percutit, et usque ad intima penetrat. * prov. 26: ° verba susurronis quasi simplicia, et ipsa perveniunt ad intima cordis. * et 25: ° jaculum et gladius et sagitta acuta homo qui loquitur contra proximum suum falsum testimonium. * psalm. 63: ° sagittae parvulorum factae sunt plagae eorum, et infirmatae sunt contra eos linguae eorum. * psalm. 27: ° qui loquuntur pacem cum proximo suo, mala autem in cordibus eorum. ‘ tertio concludit poenam: ° numquid super his non visitabo? * ut supra 5.

lc3 ‘ Hic determinat poenam in speciali: et primo determinat poenam; secundo excludit falsam evadendi fiduciam, * ibi, ° haec dicit dominus: non glorietur sapiens in sapientia sua. ‘ circa primum tria. primo ponit vastationem terrarum. secundo afflictionem hominum, * ibi, ° idcirco haec dicit dominus ‘ etc.. tertio abjectionem cadaverum, * ibi, ° loquere: haec dicit dominus, ‘ etc.. circa primum duo. primo determinat destructionem terrae quantum ad possessiones, designans combustionem. ° quoniam incensa sunt. * joel. 1: ° ad te domine clamabo, quia ignis comedit speciosa deserti, et flamma succendit omnia ligna regionis. eo quod non sit vir pertransiens. * supra 4: ° intuitus sum, et ecce non erat homo, et omne volatile caeli recessit. ‘ et ° non audierunt vocem possidentis, ‘ quia jam non ibat illuc. et quantum ad civitates: ° et dabo jerusalem in acervos arenae. * isa. 17: ° ecce damascus desinet esse civitas, et erit sicut acervus lapidum in ruina. ‘ secundo assignat rationem. et primo ponitur quaestio: ° quis est vir qui intelligat, ‘ per se, ° ad quem verbum oris domini fiat? ‘ ut per revelationem cognoscat. * isa. 42: ° quis est in vobis qui audiat hoc, attendat, et auscultet futura? |25| ‘ secundo ponitur responsio: ° et dixit dominus, ‘ quantum ad adversionem, ° quia dereliquerunt, ‘ quasi non assidui ad meditandum, ° non audierunt, ‘ quasi prompti ad obediendum, ° non ambulaverunt, ‘ quasi efficaces ad implendum. * 1 mach. 1: ° multi de populo israel definierunt apud se ut non manducarent immunda, et elegerunt magis mori quam cibis coinquinari immundis, et noluerunt infringere legem dei sanctam; et trucidati sunt. ‘ et quantum ad conversionem, ° noluerunt; ‘ idest secuti sunt prava desideria sua, ° baalim, ‘ pluralis numeri, et masculini generis. * eccli. 18: ° post concupiscentias tuas non eas, et a voluntate tua avertere.

lc4 ‘ Hic comminatur poenam quantum ad ipsos homines: et primo determinat poenam quantum ad afflictionem: ° cibabo absinthio, ‘ angustiis quas a chaldaeis perpessi sunt, ° potum, ‘ quia auxilium aegyptiorum vertetur eis in amaritudinem, quo tribulationes se evadere credebant, sicut potu cibus facile traducitur. * thren. 3: ° replevit me amaritudine, inebriavit me absinthio. ‘ et quantum ad captivitatem, ° dispergam; ‘ et quantum ad occisionem, ° et mittam, ‘ prius. * ezech. 5: ° tertiam partem disperges in ventum, et gladium nudabis post eos. ‘ secundo invitat ad planctus tristitiam: ° haec dicit dominus: ‘ et primo invitat lamentatrices secundum consuetudinem judaeorum, ut ad fletum provocent: ° vocate lamentatrices; ‘ qui mos tangitur * infra 22: ° non concrepabunt ei: vae domine, et vae inclyte. * luc. 23: ° filiae jerusalem nolite flere super me, sed super vos ipsas flete, et super filios vestros. ‘ secundo ponit praeceptum flendi, primo ad populum indicens praesentem luctum: ° deducant oculi nostri lacrymas. * thren. 2: ° deduc quasi torrentem lacrymas per diem et noctem, et non des requiem tibi, neque taceat pupilla oculi tui. ‘ et praedicens futurum, quod est quasi materia praesentis: |25| ° quia vox audita est, ‘ spiritu prophetiae; vel ponit praeteritum pro futuro. * infra 31: ° vox in excelso audita est. ‘ et assignat causam, ° quomodo (vox plangentium in sion) vastati, ‘ quantum ad vastationem regionis, ° confusi ‘ quantum ad servitutem? ° dereliquimus, ‘ quantum ad captivitatem. * supra 4: ° vae nobis, quoniam vastati sumus. ‘ secundo ad ipsas lamentatrices indicens luctum: ° audite ergo mulieres verbum domini. * isa. 32: ° mulieres opulentae surgite, et audite vocem meam, ‘ etc.. et determinans causam: ° quia ascendit mors, ‘ idest chaldaeus mortem inferens, in quo designatur velocitas ipsorum et fortitudo, qui non contenti intrare per ostia, per tecta, et fenestras conscendebant. * joel. 2: ° domos conscendent, per fenestras intrabunt quasi fur.

lc5 ‘ Hic ponit poenam quantum ad ipsa cadavera quae remanserunt inhumata, ° quasi fenum, ‘ quod a metente quasi vile quiddam negligitur. * isa. 5: ° facta sunt morticina eorum quasi stercus in medio platearum.

lc6 ‘ Hic excludit evasionis falsam fiduciam: ° non glorietur; ‘ quasi per hoc credens se liberari, ° in sapientia, ‘ quae praecipua est inter humana bona animae, ° fortitudine, ‘ praecipua inter humana bona corporis, ° divitiis, ‘ quae praecipua sunt in bonis exterioribus. * 1 reg. 2: ° nolite multiplicare loqui sublimia, gloriantes. ‘ et ostendit veram fiduciam: ° sed in hoc glorietur qui gloriatur, scire, ‘ per cognitionem in intellectu, ° et nosse, ‘ per experientiam dulcedinis in affectu. * psal. 61: ° in deo salutare meum, gloria mea, et spes mea in deo est * 2 cor. 10: ° qui gloriatur, in domino glorietur. ‘ et assignat causam: ° quia ego sum dominus qui facio misericordiam, ‘ ut vos liberem, ° judicium, ‘ ut hostes opprimam, ° justitiam, ‘ ut sit aequalitas, ° placent, ‘ in vobis. * mich. 6: ° indicabo tibi, o homo, quid sit bonum, et quid dominus requirat a te. utique facere judicium, et diligere misericordiam, et solicitum ambulare cum deo tuo. ‘ secundo excludit fiduciam legalium caeremoniarum, et circumcisionis specialiter, quae praecipua est, quae etiam ex patribus est: quia est imperfecta, ex carne tantum, et non in corde. unde simul cum incircumcisis puniuntur. ° ecce dies veniunt. * act. 7: ° dura |25| cervice, et incircumcisis auribus et cordibus, vos semper spiritui sancto restitistis. ‘ nota, quod homo non debet gloriari in sapientia, quia transitoria. * isa. 29: ° peribit sapientia a sapientibus ejus, et intellectus prudentium ejus abscondetur. ‘ quia imperfecta. * eccl. 8: ° intellexi, quod omnium operum dei nullam possit homo invenire rationem eorum quae fiunt sub sole. ‘ quia nociva. * 1 cor. 8: ° scientia inflat, caritas vero aedificat. ‘ quia laboriosa. * eccl. 1: ° in multa sapientia multa indignatio; et qui addit scientiam, addit et laborem. ‘ item non debet gloriari in fortitudine, quia fragilis. * job 6: ° nec fortitudo lapidum, fortitudo mea, nec caro mea aenea est. ‘ quia frequenter inutilis. * eccl. 9: ° vidi sub sole, nec velocium esse cursum, nec fortium bellum, nec sapientium panem, nec doctorum divitias, nec artificum gratiam; secundum tempus, casumque in omnibus. ‘ quia non domino acceptabilis. * psalm. 146: ° non in fortitudine equi voluntatem habebit, neque in tibiis viri beneplacitum erit ei. ‘ quia peccati occasio. * sap. 2: ° sit autem fortitudo nostra lex justitiae: quod enim infirmum est, inutile invenitur. ‘ item non debet gloriari in divitiis, quia transitoriae. |50| * jac. 5: ° divitiae vestrae putrefactae sunt, et vestimenta vestra a tineis comesta sunt. ‘ quia insufficientes. * prov. 17: ° quid prodest stulto habere divitias, cum sapientiam emere non possit? ‘ quia verbum dei impedientes. * matth. 13: ° fallacia divitiarum suffocat verbum, et sine fructu efficitur. ‘ quia nocivae. * eccl. 5: ° divitiae congregatae in malum domini sui.

069 CPH cp10

lc1 ‘ Hic ostendit populi dignitatem, ut ex hoc appareat eorum culpa gravior, et poena justior. et dividitur in tres partes. in prima ostendit eorum dignitatem ex divina majestate; in secunda ex divino foedere, * cap. 11: ° verbum quod factum est a domino ad jeremiam; ‘ in tertia ex dimissa adhaesione, vel protectione, * cap. 13: ° haec dicit dominus ad me. ‘ circa primum duo. in primo ostendit dignitatem eorum in comparatione ad alios populos, ex hoc ipso quod verbum domini colebant; in secunda comminatur poenam, quia cultum dei repulerunt per idolatriam, * ibi, ° congrega de terra confusionem tuam. ‘ circa primum duo. primo ostendit differentiam deorum; secundo ex hoc concludit destructionem cultorum, * ibi, ° stultus factus est omnis homo. ‘ circa primum tria. primo discernit deum verum a falsis diis, quantum ad dominii majestatem: secundo quantum ad durationis aeternitatem, * ibi, ° doctrina vanitatis eorum; ‘ tertio quantum ad divinitatis veritatem, * ibi, ° sic ergo dicetis eis. ‘ circa primum duo. primo ostendit idolorum vanitatem, et infirmitatem, secundo divinam majestatem, * ibi, ° non est similis tui, domine. ‘ circa primum duo. primo proponit praeceptum, ut non flectantur ad |25| idolatriam, neque gentium imitatione, ° juxta vias; ‘ neque caelestium magnitudine, ° a signis caeli nolite metuere, ‘ ita scilicet quod in eis divinitatem credatis; vel quod necessitatem habeant super ea quae dependent ex libero arbitrio. * deut. 4: ° ne forte elevatis oculis ad caelum, videas solem et lunam et omnia astra caeli, et errore deceptus adores ea, et colas quae creavit dominus deus ut ministerium cunctis gentibus quae sub caelo sunt. ‘ secundo probat propositum, ponens idolorum vanitatem: ° leges populorum, ‘ quibus ad idolatriam se obligant, ° vanae, ‘ quia inutiles, et sine veritate divinae scientiae. * sap. 13: ° vani sunt omnes homines in quibus non subest scientia dei. ‘ et hanc vanitatem probat ex substantiae vilitate quantum ad materiam, ° quia lignum. * isa. 44: ° succidit cedros, tulit ilicem, et quercum, quae steterat inter ligna saltus. ‘ quantum ad causam efficientem principalem. ° opus manus; ‘ et instrumentalem, ° in ascia. * sap. 13: ° infelices sunt, et inter mortuos spes illorum est qui appellaverunt deos opera manuum hominum, ‘ etc.. * isa. 44: ° fecit illud in angularibus, et in circino tornavit illud, et fecit imaginem viri quasi speciosum hominem habitantem in domo. ‘ quantum ad formam |50| decoris. ° argento. * baruch ult.: ° ligna eorum polita a fabro, ipsa etiam inaurata, et inargentata, falsa sunt, et non possunt loqui. ‘ et compositionis, ° clavis, et malleis. * isa. 41: ° confortavit faber aerarius percutiens malleo, eum qui cudebat tunc temporis, dicens: glutino bonum est: et confortavit eum clavis, ut non moveretur. ‘ probat etiam ex operis infirmitate, quia non habent operationem sensitivam, neque intellectivam: ° in similitudinem palmae ‘ quae non intelligit, quamvis decora sit, ° et non loquentur, ‘ quantum ad actum rationis, ° portata, ‘ scilicet ab aliis, ° quia incedere non valent, ‘ quantum ad operationem sensitivae animae. * ps. 113: ° os habent, et non loquentur; oculos habent, et non videbunt; aures habent, et non audient; nares habent, et non odorabunt; manus habent, et non palpabunt; pedes habent, et non ambulabunt; non clamabunt in gutture suo. ‘ tertio concludit intentum: ° nolite ergo timere: ‘ quaedam enim colebantur, ut bene facerent; quaedam, ne male. * isa. 41: ° bene quoque, aut male si potestis facite, et loquemur, et videamus simul.

lc2 ‘ Hic ostendit divinae dominationis majestatem: et primo ostendit singularem potentiam: ° magnus, ‘ in seipso, ° et magnum nomen, ‘ in hominum opinione. et ex hoc concludit timorem: ° quis non timebit? * supra 5: ° me ergo non timebitis, ait dominus, et a facie mea non dolebitis? ‘ secundo ostendit suam singularem scientiam: et primo excludens sapientiae aequalitatem: ° tuum est enim decus. * apoc. 7: ° benedictio et claritas et sapientia et gratiarum actio, honor et virtus et fortitudo deo nostro in saecula saeculorum. amen. ‘ secundo ostendens eorum fatuitatem in comparatione ad divinam sapientiam; ° et in universis regnis eorum nullus est similis tui. pariter insipientes, ‘ in divinis, ° fatui, ‘ in humanis. * 1 ad cor. 3: ° sapientia hujus mundi stultitia est apud deum.

lc3 ‘ Hic ostendit differentiam quantum ad aeternitatem: et primo ostendit idolorum inceptionem quantum ad eorum substantiam, quae de ligno facta sunt: ° doctrina vanitatis eorum, ‘ sapientum in gentibus, ° lignum, ‘ idest idolum de ligno factum. ab hoc enim sapientia vana ipsorum cernitur. et quantum ad argentea, ° argentum; ‘ et quantum ad aurea, ° aurum de ophir, opus, ‘ scilicet haec sunt, ° artificis, ‘ et opus ° manus; ‘ quasi etiam vile opus. * ps. 113: ° simulacra gentium, argentum et aurum, opera manuum hominum. ‘ et quantum ad eorum ornamenta, ° hyacinthus: ‘ constat enim, illud quod factum est, incepisse. * baruch ult. ° opertis autem illis veste purpurea, extergunt faciem ipsorum propter pulverem domus, qui est plurimus inter eos. ‘ secundo proponit dei aeternitatem, adjungens veritatem, et majestatem: quia ° deus verus et sempiternus. * isa. 40: ° deus sempiternus, dominus qui creavit terminos terrae, non deficiet. ‘ et ex his concludit timorem: ° ab indignatione ejus commovebitur terra; ‘ quasi dicat: etiam insensibilia ipsius iram sentiunt: ° non sustinebunt ‘ prae timoris magnitudine. * ps. 17: ° commota est, et contremuit terra, fundamenta |25| montium conturbata sunt.

lc4 ‘ Hic ostendit differentiam quantum ad divinitatis veritatem: quam primo excludit ab idolis, ostendens in eis non esse divinam operationem: ° sic ergo dicetis eis, ‘ cultoribus idolorum. unde in hebraeo, chaldaeo sermone scriptum est: ° pereant, ‘ idest cultus eorum cesset * ps. 18: ° caeli enarrant gloriam dei, et opera manuum ejus annuntiat firmamentum. ‘ secundo ostendit in deo esse divinam operationem: et primo quantum ad creationem essentialium partium mundi: ° qui facit terram, ‘ quantum ad infima, ° praeparat orbem, ‘ quantum ad summa. * prov. 3: ° dominus sapientia fundavit terram, stabilivit caelos prudentia. * ps. 103: ° extendens caelum sicut pellem, qui tegis aquis superiora ejus. ‘ secundo quantum ad passiones aeris, ut non solum priora a primis esse credantur, * sicut quidam philosophi dicunt; ‘ sed etiam omnium auctor, quasi operans in omnibus. et primo quantum ad ea quae fiunt ex materia humida, sicut nubes, et pluviae: ° ad vocem, ‘ ad praeceptum, ° ab extremitatibus, ‘ propter abundantiam aquarum in circuitu terrae. secundo quantum ad ea quae fiunt ex materia humida et sicca, ° fulgura: ‘ immutat ordinem, quia post fulgura frequenter sequitur |25| pluvia. tertio quantum ad ea quae fiunt ex sicca materia: ° et educit de thesauris, ‘ de occultis causis, et locus in quibus generantur. * psal. 134: ° educens nubes ab extremis terrae, fulgura in pluviam fecit.

lc5 ‘ Hic concludit destructionem cultorum: et primo ponit idolatrarum ignominiam quantum ad stultitiam: ° stultus factus est, ‘ apparuit, ° a scientia sua, ‘ qua idolum finxit. * 1 cor. 1: ° stultam fecit deus sapientiam hujus mundi. ‘ et quantum ad confusionis poenam, ° confusus est. * ps. 96: ° confundantur omnes qui adorant sculptilia, et qui gloriantur in simulacris suis. ‘ et assignat causam ex idolorum falsitate: ° quoniam falsum est, ‘ vanitate, ° vana, ‘ et finitione. ° in tempore visitationis suae peribunt. * sap. 14: ° quod factum est, cum illo qui fecit, tormenta patietur. ‘ secundo excludit judaeorum gloriam: ° non est his similis pars jacob. * psalm. 15: ° dominus pars hereditatis meae, et calicis mei, tu es qui restitues hereditatem meam mihi: ‘ quia felicitas cujuslibet est sua pars. * thren. 3: ° pars mea dominus, dixit anima mea, propterea expectabo eum. virga hereditatis, ‘ quasi sceptrum ipsius, quia hereditarium regnum ipsius est. vel ° virga, ‘ quasi sors. * deut. 32: ° pars autem domini populus ejus, jacob funiculus hereditatis ejus.

lc6 ‘ Hic comminatur eis poenam, quia hanc dignitatem non servaverunt: et primo comminatur poenam; secundo propheta petit misericordiam * ibi, ° scio, domine, quia non est hominis via ejus. ‘ circa primum tria. primo comminatur poenam; secundo, poenae causam, * ibi, ° quia stulte egerunt pastores; ‘ tertio, poenae ordinem, * ibi, ° vox auditionis ecce venit. ‘ circa primum duo. primo dominus praesignat poenam obsidionis: ° congrega, ‘ in urbe, ° de terra, ‘ de agris, ° confusionem, ‘ idest fructus tuos, qui sunt confusione digni. * supra 8: ° congregans congregabo eos, ait dominus. ‘ et poenam captivitatis: ° quia haec dicit dominus: ecce ego longe projiciam habitatores terrae in hac vice, ‘ quasi dicat: ulterius non parcam: ° ita ut non inveniantur, ‘ in urbe: vel quia major pars mortua est. * thren. ult.: ° projiciens repulisti nos. ‘ secundo populus ex hoc territus plangit futuram poenam: et primo in generali, plangens poenam, ° vae mihi. * infra 30: ° insanabilis fractura tua, ‘ quia pro peccatis. et promittit patientiam: ° ego autem dixi: plane haec infirmitas mea est, ‘ quasi pro peccatis mihi debita, ° et portabo illam, ‘ patienter. * mich. 7: ° iram domini portabo, quoniam peccavi ei. |25| ‘ secundo in speciali quantum ad destructionem domorum: ° tabernaculum, ‘ quia domus ita facile sicut tentoria destructa sunt, ° funiculi, ‘ quibus tentoria extenduntur. * supra 4: ° repente vastata sunt tabernacula mea subito pelles meae. ‘ et quantum ad afflictionem habitatorum, ° filii mei, * baruch. 5: ° exierunt abs te pedibus ducti ab inimicis. non est qui extendat, ‘ quasi qui reaedificet.

lc7 ‘ Hic assignat communem poenam per ordinem, quia peccata praelatorum sunt causa caecitatis ipsorum. * sap. 2: ° excaecavit eos malitia eorum. ‘ et haec causa destructionis populi. * matth. 15: ° si caecus caeco ducatum praestet, ambo in foveam cadunt. * ezech. 34: ° dispersae sunt oves meae, eo quod non esset pastor et factae sunt in devorationem omnium bestiarum agri, et dispersae sunt.

lc8 ‘ Hic determinat ordinem poenae, praesignans hostem ab aquilone venientem. * supra 1: ° ab aquilone pandetur omne malum super omnes cognationes terrae.

lc9 ‘ Hic petit misericordiam: et primo ostendit petendi necessitatem: ° non est hominis via, ‘ quantum ad electionem, ° ut ambulet, ‘ quantum ad executionem, ° dirigat, ‘ quantum ad ordinationem in finem; et ita nec in potestate nostra resistere, nec chaldaei impugnare; sed totum dependet ex tua dispositione. * psal. 36: ° a domino gressus hominis dirigentur, et viam ejus volet. * prov. 16: ° cor hominis disponit viam suam; sed domini est dirigere gressus ejus. ‘ secundo ponit petitionem qua petit populus misericordiam: ° corripe me in judicio, ‘ consuetae misericordiae, non condemnationis, * de quo in psalm. 142: ° non intres in judicium cum servo tuo domine, quia non justificabitur in conspectu tuo omnis vivens: et non in furore, ‘ secundum debitae vindictae mensuram, ° ne forte ad nihilum redigas me: ‘ justum enim esset ut peccans in deum ab ipso relinqueretur, et sic in nihilum tenderet. et sic non facit contra praeceptum domini * supra 14: ° tu ergo noli orare pro populo isto ‘ quia non petit ut non puniantur, sed ne omnino deleantur. * psalm. 37: ° domine ne in furore tuo arguas me, neque in ira tua corripias me. ‘ et petit hostibus iram. ° effunde indignationem: ‘ et assignat |25| causam, ° quia comederunt. * psalm. 78: ° effunde iram tuam in gentes quae te non noverunt, et in regna quae nomen tuum non invocaverunt: quia comederunt jacob, et locum ejus desolaverunt. ‘ nota, quod stultus est homo a scientia dei: propter cordis elationem. * rom. 1: ° dicentes se esse sapientes stulti facti sunt. ‘ propter inquirendi curiositatem. * act. 26: ° multae litterae ad insaniam te deduxerunt. ‘ propter scientiae incertitudinem. * isa. 47: ° haec scientia tua, et sapientia tua decepit te. ‘ propter operis perversitatem. * sap. 2: ° excaecavit enim eos malitia eorum. ‘ item nota, quod debet portari divina percussio patienter: propter affectum percutientis. * prov. 1: ° disciplinam domini, fili mi, ne abjicias, nec deficias, cum ab eo corriperis. ‘ propter conscientiam criminis. * mich. 7: ° iram domini portabo, quoniam peccavi ei. ‘ propter expectationem muneris. * jac. 5: ° beatus vir qui suffert tentationem, quoniam cum probatus fuerit, accipiet coronam vitae, quam repromisit deus diligentibus se. ‘ propter inutilitatem murmuris. * thren. 3: ° quid murmuravit homo vivens, vir pro peccatis suis?

069 CPH cp11

lc1 ‘ Hic ostendit populi dignitatem ex hoc quod cum deo pacto inito foederati erant: et primo ponit pactum, et transgredientibus comminatur poenam; secundo disputat de punientis justitia, * cap. 12: ° justus quidem tu es, domine. ‘ circa primum duo. primo proponit confoederationem; secundo foederis transgressionem, * ibi, ° quia contestans contestatus sum. ‘ circa primum duo. primo inducitur propheta ad annuntiandum, ° audite ‘ tu, et qui tecum sunt: boni sunt, et ita quasi privilegiati. ° et dices ad eos. * de hoc pacto ezech. 16: ° operui ignominiam tuam, et juravi tibi, et ingressus sum pactum tecum, ait dominus deus, et facta es mihi. ‘ secundo inducitur populus ad observandum: et primo proponit rationes duas, quarum primam sumit a poena transgredientium, ° maledictus vir. * deut. 27: ° maledictus vir qui non permanserit in sermonibus legis hujus, nec eos opere perfecerit. ‘ et assignat justitiam: ° in die qua eduxi eos de terra aegypti; ‘ quasi dicat: justum est puniri illos qui post tot beneficia ingrati sunt: ° fornace, ‘ propter afflictionem, ° ferrea, ‘ propter duram dominationem. * deut. 4: ° vos autem tulit dominus, et eduxit de fornace ferrea aegypti, ut |25| haberet populum hereditarium, sicut est in praesenti die. ‘ et ponit pacti formam: ° dicens, ‘ in quo aliquid petit, scilicet obedientiam: ° audite, ‘ et aliquid promittit, scilicet divinae familiaritatis gloriam: ° et eritis mihi in populum, et ego ero vobis in deum. * supra 7: ° hoc verbum praecepi eis dicens: audite vocem meam, et ero vobis deus, et vos eritis mihi populus ‘ etc.. secundam rationem sumit ex praemio observantium: ° ut suscitem, ‘ quia jam quasi periit captivitate imminente, ° lacte, ‘ propter abundantiam animalium, ° melle, ‘ propter abundantiam terrae nascentium. vel hyperbolice in his duobus abundantia omnium bonorum designatur. * deut. 6: ° multipliceris amplius, sicut pollicitus est dominus deus patrum tuorum tibi terram lacte, et melle manantem. ‘ secundo ponitur prophetae assensio: ° respondi, amen; ‘ idest, vere fecisti quod promisisti; vel fiat hoc quod promittis. * deut. 27: ° et dicet omnis populus, amen. ‘ tertio inducitur conclusio, ut scilicet observent: ° et dixit dominus. * isa. 40: ° exalta in fortitudine vocem tuam.

lc2 ‘ Hic ostendit quomodo pactum transgressi sunt: et primo peccando in deum; secundo peccando in prophetam, * ibi, ° tu autem, domine, demonstrasti mihi, et cognovi. ‘ circa primum duo. primo proponit culpam; secundo comminatur poenam, * ibi,

° quamobrem haec dicit dominus. ‘ circa primum tria. primo ostenditur diligens admonitio, tum ex juratione, ° contestans, ‘quasi adjurans; tum ex temporis continuitate, ° in die qua eduxi, ‘tum ex temporis opportunitate, ° mane consurgens, ‘ quando homo magis paratus est ad intelligendum. * supra 7: ° et locutus sum ad vos mane consurgens, et loquens. ‘ secundo ponitur inobedientis populi transgressio: ° et non audierunt. * isa. 56: ° omnes in viam suam declinaverunt, unusquisque ad avaritiam suam, a summo usque ad novissimum. ‘ tertio ponitur culpae aggravatio ex obstinatione: ° et induxi super eos: ‘ quia nec per poenas, nec per beneficia, quae in pacto legis continebantur eis indicto correcti sunt. * prov. 1: ° quia vocavi, et renuistis; extendi manum meam, et non fuit qui aspiceret; despexistis omne consilium meum, et increpationes meas neglexistis: ego quoque in interitu vestro ridebo et subsannabo, cum vobis |25| id quod timebatis advenerit. ‘ ex conjuratione: ° inventa est conjuratio; ‘quasi dicat: omnes communiter peccant, ac si ad hoc conjurassent: est enim conjuratio, consensus juramento firmatus ad aliquid faciendum. * isa. 8: ° omnia quae loquitur populus iste conjuratio est. ‘ et ex consuetudine, ° reversi sunt. * oseae 7: ° reversi sunt ut essent absque jugo, facti sunt quasi arcus dolosus. ‘quarto inducitur conclusio: ° irritum fecerunt. * oseae 6: ° ipsi autem sicut adam transgressi sunt pactum, ipsi praevaricati sunt in me. * prov. 2: ° reliquit ducem pubertatis suae, et pacti dei sui oblita est.

lc3 ‘ Hic contra incorrigibilem culpam comminatur inevasibilem poenam: et primo ponitur poena, ° ecce ego. * isa. 24: ° qui explicuerit se de fovea, tenebitur laqueo. ‘ secundo excludit evasionis remedia: et primo quod non juvabuntur orationibus propriis fusis ad deum: ° clamabunt ad me, et non exaudiam eos. * proverb. 1: ° invocabunt me, et non exaudiam. ‘ et fusis ad idola: ° et ibunt civitates juda. * isa. 45: ° nescierunt qui levant signum sculpturae suae, et rogant dominum non salvantem. ‘ et adjungit idolorum multitudinem: ° secundum numerum enim civitatum tuarum erant dii tui, juda. * ezech. 16: ° fecisti prostibulum in cunctis plateis, ad omnem caput viae aedificasti signum prostitutionis tuae. * supra 2 idem. ‘ neque etiam orationibus alienis: ° tu ergo noli orare pro populo hoc, et ne assumas pro eis laudem, ‘ ut me quasi misericordem laudans, ad misericordiam provoces. * 1 reg. 16: ° usquequo tu luges saul, cum ego projecerim eum, ne regnet super israel? * supra 7 idem. ‘secundo quod non juvabuntur sacrificiorum oblationibus, assignans reprobationis rationem: ° quid est quod dilectus? ‘scilicet populus juda, ° in domo, ‘ in templo colens ibi |25| idola. * ezech. 8: ° fili hominis, putas ne vides tu quod isti faciunt, abominationes magnas, quas domus israel facit hic, ut procul recedant a sanctuario meo? ‘ et ponit sacrificiorum reprobationem: ° numquid carnes? ‘ scilicet animalium immolatorum. * heb. 10: ° impossibile est sanguine hircorum et taurorum auferri peccata. ‘ tertio ostendit quod non juvabuntur propriis viribus: et circa hoc duo. primo commemorat pristinam gloriam: ° olivam uberem, ‘ quantum ad abundantiam ramorum, in quo signatur multitudo populi, ° pulchram, ‘ quantum ad virorem coloris, in quo prosperitas florens, et virtus animi virens, ° fructiferam, ‘ quantum ad copiam fructuum, in quo abundantia bonorum operum, et magnorum, ° speciosa, ‘ quantum ad compositionem partium, in quo designatur ordinatio debita populi. ° vocavit, ‘ ut talis fama undique de te exiret. * oseae 14: ° erit quasi oliva gloria ejus, et odor ejus ut libani. ‘ secundo praedicit futuram poenam, primo proponens ipsam poenam: ° ad vocem loquelae, ‘ idest ad imperium nabuchodonosor, vinea, idest domus israel, ° exarsit in ea ignis, ‘ ad litteram, ° fructeta, ‘ scilicet homines, et ea quae ad eos pertinebant. vel ° loquelae grandis, ‘ quia ex tali vocatione grandia de te sensisti, |50| et ideo poenam meruisti. * is. 27: ° in praelio gradiar super eam, succendam eam pariter. ‘ secundo punientis potentiam, ° dominus exercituum. * 1 reg. 2: ° dominus mortificat et vivificat, deducit ad inferos et reducit, ‘ etc.. tertio ponit causam, ° pro malis. * deut. 32: ° ipsi me provocaverunt in eo qui non erat deus, et irritaverunt in vanitatibus suis; et ego provocabo eos in eo qui non est populus, et in gente stulta irritabo illos.

lc4 ‘ Hic ostendit quomodo transgressi sunt peccando in ipsum prophetam: et hoc quidem quod dicitur, ad litteram convenit jeremiae, qui in odium populi venit, propter mala quae praedicebat; “ sed persecutio jeremiae figurabat passionem christi, * sicut dicit illa glossa. ‘ videtur autem hoc superiori sententiae contraire, in qua quae dicta sunt, personae christi aptavimus non jeremiae, etc.. sed omnes prophetae in typum salvatoris pleraque gesserunt, et quod in praesenti in jeremia completum est, hoc in futurum de domino prophetavit. circa hoc ergo tria. primo enim propheta proponit culpam adversariorum: et primo communis culpae revelationem: ° demonstrasti, ‘ interiori revelatione, ° ostendisti, ‘ exterioribus signis, ° studia, ‘ machinationes eorum contra me. * isa. 8: ° in forti manu sua erudivit me, ne irem in via populi hujus ‘ etc.. et proponit revelationis necessitatem, quia per se cogitationem scire non poterat, nec suspicari propter suam innocentiam, quae talia non merebatur. ° et ego quasi agnus, et non cognovi. ‘ christus etiam secundum hominem in via cognitionem illam accepit a deo, qua omnia scivit per gratiam unionis, sicut alii accipiunt ea quae sciunt per gratiam revelationis. |25| * isa. 53: ° quasi agnus coram tondente se obmutescet, et non aperiet os suum. * 1 cor. 2: ° quis enim scit hominum quae sunt hominis, nisi spiritus hominis qui est in ipso? * ps. 93: ° dominus scit cogitationes hominum, quoniam vanae sunt. mittamus lignum, ‘ idest taxum, ut sic venenatus moriatur, ° eradamus, ‘ ita quod nulla memoria ipsius remaneat, sicut in tabula rasa praecedentis scripturae. mystice ° mittamus lignum, ‘ idest corpus christi in lignum crucis: vel ° lignum in panem, ‘ idest per lignum crucis scandalum doctrinae ejus suscitemus, quae panis est. * isa. 53: ° quia abscissus est de terra. ‘ secundo propheta petit vindictam, allegans auctoritatem et potentiam per quam potest: ° tu autem, domine sabaoth, ‘ idest exercituum: justitiam per quam vult, ° qui judicas juste, ‘ scientiam per quam scit, ° et probas renes, ‘ idest affectiones, ° corda, ‘ idest cogitationes, ° videam ultionem tuam ex eis, ‘ ex persona christi, qui scilicet obstinati sunt: pro aliis enim orat. * luc. 23: ° pater, ignosce illis, quia nesciunt quid faciunt. * thren. 3: ° vidisti, domine, iniquitatem illorum adversum me, judica judicium meum. ‘ et assignat causam: ° tibi enim revelavi, ‘ non quasi nescienti, sed totam causam meam in te ponens. |50| * ps. 54: ° jacta cogitatum tuum in domino; et ipse te enutriet. ‘ tertio dominus comminatur poenam: et primo resumit malitiam: ° propterea haec dicit dominus ad viros anathoth, qui quaerunt animam tuam, ‘ ad interficiendum. * ps. 37: ° vim faciebant qui quaerebant animam meam. ‘ et addit causam hujus malitiae: ° et dicunt: non prophetabis; ‘ quasi, sic solum mortem evadere poteris, si prophetare cesses. * isa. 30: ° qui dicunt videntibus, nolite videre. ‘ secundo comminatur poenam, primo praedicens visitationem: ° propterea haec dicit dominus. * ps. 88: ° visitabo in virga iniquitates eorum, et in verberibus peccata eorum. ‘ secundo poenae determinationem: ° juvenes eorum. * infra 15: ° qui ad gladium, ad gladium, qui ad famem, ad famem, ‘ etc.. tertio punientis potestatem: ° inducam enim malum, ‘ ego scilicet qui possum. * infra 17: ° indue super eos diem afflictionis, et duplici contritione contere eos. ‘ mystice per viros anathoth, qui interpretatur obedientia, significantur viri jerusalem, qui quondam domino obedientes, christum postea persecuti sunt. nota, quod sanctus dicitur oliva propter pinguedinem, in quo devotio. * rom. 11: ° socius radicis, |75| et pinguedinis olivae factus es. ‘ propter olei nitorem, in quo contemplatio. * zach. 4: ° isti sunt duo filii olei, qui assistunt dominatori universae terrae. * 3 reg. 6: ° fecit in oraculo duos cherubim de lignis olivarum, decem cubitorem altitudinis. ‘ propter foliorum virorem, in quo virtus mentis. * gen. 8: ° reversa est columba ad vesperam, portans ramum olivae virentibus foliis in ore suo. ‘ propter fertilitatem, in quo abundantia bonorum operum. * ps. 51: ° ego autem sicut oliva fructifera in domo dei, speravi in misericordia dei in aeternum, et in saeculum saeculi. ‘ propter pulchritudinem, in quo sanctorum gloria. * eccli. 24: ° quasi oliva speciosa in campis, et quasi platanus exaltata sum juxta aquas. * oseae 14: ° erit quasi oliva gloria ejus, et odor ejus ut libani.

069 CPH cp12

lc1 ‘ Hic propheta disputat de punientis justitia: et primo ponitur prophetae disputatio; secundo domini responsio, * ibi, ° reliqui domum meam. ‘circa primum tria. primo captat benevolentiam ex persona judicis: ° justus quidem tu es, domine. * ps. 118: ° justus es, domine, et rectum judicium tuum. ‘ et ex honestate causae: ° verumtamen juxta loquar ad te. * job 13: ° ad omnipotentem loquar, et disputare cum deo cupio. ‘ et sic uterque eorum tenet locum opponentis. * sed habacuc tenet locum respondentis, cap. 2: ° super custodiam meam stabo, et figam gradum super munitionem. ‘ secundo proponit causam quantum ad adversarios, proponens eorum prosperitatem quantum ad temporalium abundantiam: ° quare prosperatur via, ‘ processus, ° impiorum, ‘ per infidelitatem, ° qui praevaricantur, ‘ contra legem agendo, ° et inique agunt, ‘ contra proximum? * job 12: ° abundant tabernacula praedonum, et audacter provocant deum, cum ipse dederit omnia in manus eorum. * ps. 72: ° zelavi super iniquos, pacem peccatorum videns. ‘ et quantum ad prosperitatis augmentum, ° plantasti, ‘ in bonis temporalibus: et per similitudinem arboris, ° et radicem |25| miserunt, ‘ confirmatis prosperitatibus, ° proficiunt, ‘ sicut arbor crescit, per augmentum prosperitatis, ° et faciunt fructum, ‘ implentes opere quod mente disponunt. * job 21: ° quare impii vivunt, sublimati sunt, confortatique divitiis? ‘ et proponit eorum iniquitatem; ° prope es tu ori eorum, et longe a renibus, ‘ affectibus, quae duo simul videntur adversari divinae justitiae. * isa. 29: ° populus hic labiis me honorat, cor autem eorum longe est a me. ‘ in quo datur intelligi, quod imperfectis bonis, imperfectam retributionem recipiunt. ex parte autem sua dat intelligere justitiam: ° et tu, domine, nosti, ‘ ab aeterno, ° vidisti, ‘ quomodo recte ambulo coram te: etsi enim haec loquar, non tamen in his scandalum patior. * supra 1: ° priusquam te formarem in utero, novi te. ‘ et dat intelligere correctionem, ° probasti: ‘ a poenis probatus, inventus sum tecum ambulans. * ps. 16: ° probasti cor meum, et visitasti nocte, igne me examinasti, et non est inventa in me iniquitas. ‘ tertio ostendit poenam per modum imprecationis: et primo imprecatur poenae inflictionem: ° congrega eos; ‘ quasi dicat: quia justus es, non potest esse quod impios non punias. ideo ita eos in prosperitatibus exaltas, sicut qui impinguat gregem ad occisionem. ergo ex quo |50| impinguati sunt, et injusti sunt, ° congrega eos: ‘ in quo significatur quod paschali tempore, quando ad festum convenerant in urbe, obsessi sunt. ° sanctifica eos: ‘ loquitur per similitudinem animalium, quae occidebantur ad immolandum. * isa. 34: ° victima domini in bosra, et interfectio magna in terra edon. ‘ et excludit poenae dilationem, quia tempus est ut puniantur in propriis personis, non in possessionibus, neque in terrae nascentibus: ° usquequo lugebit terra? * ps. 106: ° posui flumina in desertum, et exitus aquarum in sitim; terram fructiferam in salsuginem a malitia inhabitantium in ea. ‘ in animalibus: ° consumptum est animal. * ezech. 9: ° dixerunt: dereliquit dominus terram, et dominus non videt. ‘ secundo quasi exauditus, contra puniendos ponit insultationem: et primo ex parte hostium quantum ad potentiam: ° si cum peditibus currens laborasti, quomodo contendere poteris cum equis? ‘ quasi dicat: si vicinae gentes quae pedites pugnant, tibi multum laborem fecerunt, quomodo poteris resistere chaldaeis, et aegyptiis, qui equis potentes sunt? * job 6: ° qui timent pruinam, irruet super eos nix. ‘ et quantum ad captivitatis terram: ° cum autem in terra pacis secura fueris; ‘ idest, etsi etiam |75| in terra tua semper pacem habuisses, ° quid facies, ‘ quando eris trans jordanem, cujus gurgites sunt tumentes, quia scilicet superbi sunt? * eccli. 10: ° qui gloriatur in substantia, paupertatem vereatur. ‘ secundo quantum ad sanguine junctos, commemorans pristinam injuriam: ° nam et fratres, ‘ scilicet idumaei, ° et domus, ‘ scilicet moabitae et ammonitae. * cant. 1: ° filii matris meae pugnaverunt contra me. ‘ et indicit cautelam: ° ne credas eis, cum locuti fuerint tibi bona, ‘ quasi volentes tibi foederari ad resistendum chaldaeis. * infra 27: ° fac tibi vincula et catenas, et pones eas in collo tuo, et mittes eas ad regem edon, et ad regem moab * etc.. supra 9: ° unusquisque a proximo suo se custodiat, et in omni fratre suo non habeat fiduciam: quia omnis frater supplantans supplantabit, et omnis amicus fraudulenter incedet, et vir fratrem suum deridebit, et veritatem non loquetur.

lc2 ‘ Hic ponitur domini responsio: et primo ponit poenae comminationem; secundo poenae consolationem, * ibi. ° haec dicit dominus ‘ etc.. circa primum duo. primo comminatur poenam quantum ad divini auxilii destitutionem: ° reliqui domum, ‘ scilicet templum, ut non defendam, ° hereditatem, ‘ populum israel. * isa. 19: ° hereditas autem mea israel. * supra 9: ° derelinquam populum meum, et recedam ab eis, quia omnes adulteri sunt, coetus praevaricatorum, ‘ etc.. et quantum ad hostium oppressionem, ° dedi dilectam, ‘ idest judaeos, quos quasi animam meam diligebam. secundo ponit culpam, primo significans culpae magnitudinem: ° facta est mihi hereditas, ‘ scilicet populus, ° quasi leo, ‘ ferox ad impugnandam me. ° dedit vocem, ‘ blasphemiae. * psalm. 9: ° insidiatur in abscondito quasi leo in spelunca sua. ‘ secundo miratur animi instabilitatem: ° numquid avis discolor hereditas mea mihi? ‘ quasi dicat, quandoque mihi, quandoque idolis adhaerens, ° tincta, ‘ sordibus peccatorum, ° per totum, ‘ quia omnes mali sunt. * 3 reg. 18: ° usquequo claudicatis in duas partes? si dominus ipse est deus, sequimini eum; si autem baal, sequimini illum. ‘ vel potest esse sensus. |25| numquid eam ita caram teneo sicut hujusmodi aves pulchras, ut tandem non abjiciam? ut discoloritas ad decorem referatur. * ezech. 16: ° vestivi te discoloribus, et calceavi te hyacintho. ‘ vel hoc quod dicit, ° reliqui domum, ‘ etc. possunt esse verba prophetae, qui ut annuntiaret verbum dei, mortis periculo se exposuit, et domum, et patriam reliquit, et a compatriotibus suis quasi leonibus, et variis dolositate, et plenis malitia, insidias perpessus fuit. mystice sunt verba christi, qui domum, et patriam relinquere dicitur in mundum veniens, quia ad modum relinquentis se habuit, quando in infirmitate abscondit majestatem. ° hereditatem, ‘ caelestem patriam. prosperantur impii propter hereditatis amissionem. * genes. 25: ° dedit abraham isaac filio suo cuncta quae possederat, filiis autem concubinarum largitus est munera. ‘ propter imperfectam remunerationem. * matth. 6: ° amen dico vobis, receperunt mercedem suam. ‘ quia non sunt digni divina correctione. * ezech. 16: ° requiescet indignatio mea in te, et auferetur zelus meus a te. * oseae 4: ° non visitabo super filias vestras cum fuerint fornicatae, et super sponsas vestras cum adulteraverint. * hebr. 12: ° si extra |50| disciplinam estis, cujus participes facti sunt omnes; ergo adulteri, et non filii estis. ‘ propter morbi desperationem. * thren. 2: ° magna est velut mare contritio tua. quis medebitur tibi? * infra 30: ° insanabilis fractura tua, pessima plaga tua. ‘ propter eorum dejectionem. * psal. 72: ° verumtamen propter dolos posuisti eis; dejecisti eos dum allevarentur. * rom. 1: ° propter quod tradidit eos deus in reprobum sensum, ut faciant ea quae non conveniunt, ‘etc..

lc3 ‘ Hic comminatur poenam in speciali: et primo poenam captivitatis; secundo poenam sterilitatis terrae, * ibi, ° seminaverunt triticum, et spinas messuerunt. ‘circa primum tria. primo determinat poenam, designans occisionis magnitudinem, ° ad devorandum, ‘ cadaverum multitudinem. * ezech. 39: ° haec dicit dominus deus: dic omni volucri, et universis avibus, cunctisque bestiis agri: convenite, et properate, concurrite undique ad victimam meam, quam ego immolo vobis, victimam grandem super montes israel, ut comedatis carnes, et bibatis sanguinem. carnes fortium comedetis, et sanguinem principum terrae bibetis, ‘ etc.. hostium afflictionem quantum ad interfectos, ° pastores multi, ‘ idest principes chaldaeorum. * supra 6: ° ad eam venient pastores, et greges eorum. vineam, ‘domum israel. * isa. 5: ° vinea enim domini, domus israel est. ‘vel ° pastores, ‘ principes populi, ° demoliti sunt, ‘per occisionem. et quantum ad oppressos servitute, et captivitate, ° conculcaverunt. * isa. 5: ° auferam sepem ejus, et erit in direptionem. ‘ et terrae desolationem: ° dederunt portionem... luxitque super me, ‘ quamvis tarde. * oseae 2: ° et dicet: vadam, |25| et revertar ad virum meum priorem, quia bene mihi erat tunc magis quam nunc. ‘secundo ponit poenae causam: ° desolatione desolata est omnis terra, quia nullus est qui recogitet, ‘ dei mandata, et beneficia. * isa. 5: ° propter hoc captivus ductus est populus meus, quia non habuit scientiam. ‘ tertio ponit poenae mensuram, primo ostendens multitudinem hostium: ° super omnes vias; ‘quasi dicat, omnes vias implent, ° deserti, ‘quod est inter jerusalem et babyloniam. * supra 4: ° ventus urens in viis quae sunt in deserto viae filiae populi mei, non ad ventilandum, et ad purgandum ‘ etc.. secundo multitudinem interfectorum, ° quia gladius ‘vel pestilentiae, vel etiam chaldaeorum. * deuteron. 32: ° gladius meus devorabit carnes. ‘tertio consolationis defectum: ° non est pax; ‘quasi dicat nullus immunis erit. * isa. 57: ° non est pax impiis dicit dominus deus.

lc4 ‘Hic comminatur poenam sterilitatis: et primo seminis frustrationem, ° seminaverunt; ‘quasi dicat, semina corrumpentur. * matth. 13: ° nonne bonum semen seminasti in agro tuo? unde ergo habet zizania? * isa. 5: ° expectavi ut faceret uvas, et fecit labruscas. ‘secundo hereditatis amissionem: ° hereditatem acceperunt, et non proderit, ‘ quia ab hostibus surripietur. * thren. ult.: ° hereditas nostra versa est ad alienos. ‘ tertio concludit confusionem, ° confundemini, ‘scilicet propter defectum fructuum. * isa. 24: ° luxit vindemia, infirmata est vitis; ingemuerunt omnes qui laetabantur corde.

lc5 ‘ Hic ponit consolationem ex hostium poena: et circa hoc tria. primo ponit eorum transmigrationem: ° qui tangunt hereditatem, ‘ laedendo eam. * zach. 2: ° qui tangit vos, quasi qui tangit pupillam oculi mei. * supra 1: ° ecce constitui te hodie super gentes, et super regna, ut evellas, et destruas, et disperdas, et dissipes, et aedifices, et plantes ‘ etc.. secundo eorum eductionem: ° et cum evulsero, tollam vos de gentibus, * ezech. 36. ‘ tertio ponit eorum instructionem ex promissione bonorum, si bene fecerint: ° et erit, si eruditi didicerint vias populi mei... aedificabuntur; ‘ quasi dicat: computabuntur inter populum meum: quod pertinet ad conversionem. et comminationem poenarum: ° quod si non audierint, evellam gentem illam evulsione, et perditione, ‘ perpetua. * isa. 1: ° si volueritis et audieritis me, bona terrae comedetis. ‘ nota, quod praelati destruunt populum propter operis perversitatem. * supra 10: ° quia stulte egerunt pastores, et dominum non quaesierunt, propterea non intellexerunt, et omnis grex eorum dispersus est. ‘propter doctrinae falsitatem. * infra 50: ° grex perditus factus est populus meus, pastores eorum seduxerunt eos, feceruntque vagari |25| in montibus ‘ etc.. propter timoris pusillanimitatem. * zach. 11: ° o pastor, et idolum derelinquens gregem: gladius super brachium ejus, et super oculum dexterum ejus. ‘ propter dominii austeritatem. * ezech. 34: ° cum austeritate imperabatis, et cum potentia, et dispersae sunt oves meae ‘etc.. propter curae remissionem. * zach. 11: ° suscitabo pastorem in terra qui derelictum non visitabit, dispersum non quaeret, et contritum non sanabit, id quod stat non enutriet, et carnes pinguium comedet, et ungulas eorum dissolvet.

069 CPH cp13

lc1 ‘ Hic ostendit populi dignitatem ex divina adhaesione. et dividitur in duas partes. in prima ponit similitudinem; in secunda similitudinis adaptationem, * ibi, ° et factum est verbum domini ad me. ‘circa primum tria. primo significatur populi assumptio ad divinam familiaritatem, ubi ponitur domini jussio: ° vade, ‘ ad litteram ad locum ubi talia venduntur: quia ipse deus prior ad populum venit. * 1 joan. 4: ° non quasi nos dilexerimus deum; sed quoniam ipse prior dilexit nos. posside, ‘ a me, scilicet ut proprio jure possideas sicut dominus hereditatem. * isa. 19: ° hereditas autem mea israel. tibi, ‘ in usum tuum, sicut populus in gloriam dei. * isa. 43: ° populum istum formavi mihi, laudem meam narrabit. lumbare, ‘ quod lumbis adhaeret, in quibus concupiscentia amoris: sic est populus in amorem divinum assumptus. * oseae 11: ° in funiculis adam traham eos, in vinculis caritatis. lineum, ‘ quod rude de terra tollitur, sed cultu humano decoratur: sic ille populus cultu divino. * ezech. 16: ° transiens autem per te, vidi te conculcari in sanguine tuo ‘ etc.. ° et in aquam non inferes illud. * job 38: ° accinge sicut vir lumbos tuos: interrogabo te, responde |25| mihi. ubi eras quando ponebam fundamenta terrae? ‘etc.. et quia per facta prophetarum, et non solum per verba divina mystice exprimuntur: unde dicitur * oseae 12: ° in manibus prophetarum assimilatus sum: ‘ ponitur etiam praecepti impletio, ° possedi; ‘ in quo notatur prophetae obedientia. * gen. 6: ° noe vir justus atque perfectus fuit in generationibus suis, cum deo ambulavit, ‘etc.. secundo significatur populi repulsio: ° et factus est sermo domini ad me secundo dicens. tolle, ‘a te; sic abjiciam populum a me: ° vade ad euphratem, ‘ per quem significatur potentia assyriorum et chaldaeorum, per quos captivatus est populus. * isa. 8: ° adducet super eos dominus aquas fluminis fortes et multas, regem assyriorum, et omnem gloriam ejus. et ascendet super omnes rivos ejus, et fluet super universas ripas ejus, et ibit per judam inundans, et transiens usque ad collum veniet. absconde: ‘sic populus, quasi aquis absconsus, absorbebitur: * infra 51: ° absorbuit me, quasi draco replevit ventrem suum teneritudine mea, et ejecit me, in foramine, ‘ne cum aqua defluat; in quo significatur quod de populo reliquiae futurae essent, et non totus periret. * supra 4: ° consummationem autem |50| non faciam. ‘tertio significatur populi reductio: ubi primo significatur ipsa reductio: ° et factum est post dies plurimos, ‘ad significandum quod multis annis in captivitate erunt. * infra 29: ° cum coeperint impleri in babylone septuaginta anni, visitabo vos, et suscitabo super vos verbum meum bonum, ut reducam vos ad locum istum. tolle inde: ‘sic ego reducam populum. * ezech. 36: ° tollam quippe vos de gentibus, et congregabo vos de universis terris, et adducam vos in terram vestram. ‘ secundo significatur populi dispositio: ° et ecce computruerat: ‘sic populi potentia, et pulchritudo consumpta erat. * ezech. 15: ° numquid utile erit ad opus? etiam cum esset integrum non erat aptum ad opus, quanto magis cum illud ignis devoraverit, et combusserit, nihil ex eo fiet operis?

lc2 ‘ Hic ponitur similitudinis adaptatio: et circa hoc duo facit. primo adaptat similitudinem quantum ad poenam: ° sic putrescere faciam, ‘ ut omnis vigor, et decor pertranseat. * joel. 1: ° computrescent jumenta in stercore suo. ‘et quantum ad poenae causam, scilicet inobedientiam, ° populum justum. * exod. 33: ° dixit dominus ad moysen: loquere filiis israel. populus durae cervicis es ‘etc.. ° et erunt sicut lumbare. * isa. 30: ° comminuetur sicut conteritur lagena figuli contritione pervalida. ‘ et quantum ad divinae familiaritatis gratiam: ° sicut enim adhaeret lumbare ad lumbos viri, sic agglutinavi mihi omnem domum israel. * deuter. 30: ° en domini dei tui caelum est, et caelum caeli, terra, et omnia quae in ea sunt, tamen patribus tuis conglutinatus est dominus, et amavit eos, elegitque semen eorum post eos; idest vos de cunctis gentibus, sicut hodie comprobatur. ‘ secundo prosequitur specialiter poenae ordinem: ° dices ergo: ‘ et circa hoc duo. primo ostendit imminens periculum, ponens exemplum: ° omnis laguncula, ‘ idest quilibet de populo, ° implebitur vino, ‘ tribulationis. * isa. 41: ° triturabis montes, et comminues, |25| et quasi pulverem tolles. ‘ exempli contemptum, ° et dicent. * job 12: ° quis enim haec quae nostis ignorat? ‘et ipsius expositionem: ° et dices ad eos: ‘ quantum ad cordis caecitatem, ° ebrietate ‘ut quid agant ignorent. * isa. 29: ° fluctuamini, et vacillate, inebriamini, et non a vino, ‘ etc.. et quantum ad captivitatem, ° et dispergam, ‘ ne se mutuo consolentur. * oseae 13: ° consolatio abscondita est ab oculis meis, quia ipse inter fratres dividet. ‘ quantum ad sententiae severitatem: ° non parcam et non concedam, ‘ quasi ad movendum eos, quia obstinati vel convincendum, quia aperte mali. * prov. 6: ° zelus, et furor viri non parcet in die vindictae, nec acquiescet cujusquam precibus, nec suscipiet pro redemptione dona plurima. ‘ secundo dat eis utile consilium ad evadendum, ut scilicet humilientur, ° audite; ‘ et primo ad totam plebem proponens consilium contra superbiae vitium: ° nolite elevari, ‘ per superbiam. ° locutus est, ‘ hoc consilium, vel poenas quas praedixi. * psal. 74: ° nolite extollere in altum cornu vestrum, nolite loqui adversus deum iniquitatem: ‘ et contra dei praeceptum: quae sunt initia omnis peccati: ° date domino deo vestro gloriam. * deuteronom. 32: ° date magnificentiam deo nostro: dei perfecta |50| sunt opera et omnes viae ejus judicia. ‘ resumens imminens periculum caecitatis cordis, ° antequam contenebrescat, ‘ idest, antequam superveniant vobis tribulationes, in quibus nesciatis quid facere. * joan. 12: ° ambulate dum lucem habetis, ut non tenebrae vos comprehendant. ‘ captivitatis: ° antequam offendant, ‘ ducti in captivitatem, ° ad montes caliginosos, ‘ scilicet babyloniae propter altitudinem, vel ex defectu visus, vel ex multitudine vaporum. * isa. 13: ° super montem caliginosum levate signum, exaltate vocem ‘ etc.. et sententiae severitatis: ° expectabitis lucem, ‘ idest divinam consolationem, et non habebitis. * supra 8: ° expectavimus pacem, et non erat bonum; tempus medelae, et ecce formido. ‘ et designans poenam contra consilii contemptum, ponens prophetae compassionem: ° quia si non audieritis, in abscondito plorabit anima vestra; ‘ quasi, ne offendantur victores. * isa. 22: ° recedite a me, amare flebo. nolite incumbere ut consolemini me super vastitate filiae populi mei. * ezech. 24: ° non plangetis neque flebitis; sed tabescetis in iniquitatibus vestris. ‘ et compassionis rationem: ° plorans plorabit, et deducet oculus meus lacrymas, quia captus est grex domini. * infra 50: ° grex perditus factus est |75| populus meus, pastores eorum seduxerunt eos, feceruntque vagari in montibus. ‘ secundo dat idem consilium ad regem, invitans ad humilitatem, ° hic regi, ‘ scilicet jeconiae, ° et dominatrici, ‘ scilicet matri ejus, quia cum matre se tradidit nabuchodonosor. * 4 reg. penul.: ° sedete in terra, ‘ in signum humilitatis. * isa. 47: ° descende, sede in pulvere virgo filia babylon, sede in terra. ‘ et assignat rationem ex regni amissione: ° quoniam de capite descendit corona. * thren. ult.: ° cecidit corona capitis nostri. ‘ ex urbium obsidione: ° civitates austri, ‘ quia sors judae ad austrum erat. * josue 15: ° qui aperiat, ‘ obsidionem solvens, scilicet aegyptius. et ex populi captivitate, ° translata est. * thren. 1: ° migravit judas propter afflictionem, et multitudinem servitutis, habitavit inter gentes, nec invenit requiem. ‘ tertio ponit idem consilium ad regiam civitatem: et primo inducit ad humilitatem; secundo miratur obstinationem, * ibi, ° vae tibi jerusalem. ‘ inducit autem ad humilitatem ex quatuor. primo ex hostium potestate, proponens hostium potentiam, ° levate, ‘ per considerationem, ° qui venitis ab aquilone, ‘ contra fortes. * supra 6: ° ecce populus venit de terra aquilonis, gens magna consurget a finibus terrae. ‘ et excludens subditorum fiduciam: ° ubi est grex? |100| ‘ quasi multitudo populi quae tibi erat subjecta; quasi dicat: civitas regalis et sacerdotalis non poterit tibi prodesse. * ezech. 34: ° ecce ego ipse super pastores. requiram gregem meum de manu eorum, et cessare faciam eos, ut ultra non pascant gregem meum, nec pascant amplius pastores semetipsos; et liberabo gregem meum de ore eorum, et non erit ultra ejs in escam. ‘ et assignans causam quare in manus hostium tradatur, tollens excusationem, ° quid dices? ‘ ad excusationem tui. * job 9: ° si voluerit contendere cum eo, non poterit respondere ei. ‘ et assignans rationem, ° tu enim docuisti, ‘ dum eos in auxilium tuum vocans, conditiones tuas eos scire fecisti. * supra 2: ° insuper malitias tuas docuisti vias tuas. ‘ vel tangit ostensionem thesauri ab ezechia factam nuntiis regis babylonis. * isa. 39. ‘ secundo ex dolorum afflictione, comminans dolorem: ° numquid non dolores apprehendent te? * supra 4: ° vocem quasi parturientis audivi, angustias ut puerperae. ‘ et assignans rationem ex peccatorum multitudine: ° quia si dixeris in corde tuo: quare venerunt mihi haec? ‘ in poenam. ° verecundiora, ‘ turpissima peccata, ° plantae ‘ affectiones. * job 22: ° propter malitiam tuam plurimam, et infinitas iniquitates tuas. ‘ vel tangit |125| hic quod ducti sunt in captivitatem pedites, et etiam in transitu fluviorum oportebat eos membra turpia denudare, et nudi pedes; et ideo plantae eorum polluebantur luto et pulvere. * isa. 47: ° denuda turpitudinem tuam, discooperi humerum, revela crura, transi flumina, revelabitur ignominia tua, et videbitur opprobrium tuum. ‘ et ex peccantium obstinatione: ° si immutare; ‘ quasi dicat, difficiliter potestis converti, ° aethiops, ‘ propter naturalem infectionem peccati, ° pardus, ‘ propter dolositatem, vel diversitatem peccatorum, ° cum didiceritis, ‘ propter consuetudinem. * prov. 22: ° proverbium est: adolescens juxta viam suam, et cum senuerit non recedat ab ea. ‘ tertio inducit ad humilitatem ex futura captivatione, comminans captivitatis dispersionem: ° et disseminabo. * psal. 82: ° deus meus, pone illos ut rotam, et sicut stipulam ante faciem venti. * et psal. 58: ° disperge illos in virtute tua. ‘ et assignat rationem: ° haec sors tua, ‘ tibi pro peccatis tuis debita, ° in mendacio. * isa. 27: ° in mensura contra mensuram, cum abjecta fuerit judicabit eam; ‘ etc.. quarto ex peccatorum revelatione. et primo ponit comminationem: ° et ego nudavi, ‘ turpitudinem peccatorum tuorum, ° contra faciem, ‘ ut temetipsam recognosceres. |150| ° et apparuit, ‘ etiam aliis. * ezech. 16: ° nudabo ignominiam tuam coram eis, et videbunt omnes turpitudinem tuam. ‘ et assignat rationem: ° super colles in agro vidi abominationes tuas; ‘ quasi dicat: quia publice peccasti, publice punieris. * supra 2: ° in omni colle sublimi, et sub omni ligno frondoso tu prosternebaris meretrix. ‘ ultimo admiratur obstinationem: ° vae tibi. usquequo post me, ‘ venis vel post me ambulare te jactas? * psal. 4: ° filii hominum usquequo gravi corde, ut quid diligitis vanitatem, et quaeritis mendacium? ‘ nota, quod vinum mystice aliud est bonum, aliud malum. est enim bonum vinum sapientiae contemplationis. * prov. 9: ° bibite vinum quod miscui vobis. ‘ divini amoris. * cant. 8: ° dabo tibi poculum ex vino condito et mustum malorum granatorum meorum. ‘ compunctionis * psal. 59: ° potasti nos vino compunctionis. ‘ est autem vinum malum fraudulentae deceptionis. * deut. 32: ° fel draconum vinum eorum, venenum aspidum insanabile. ‘ carnalis delectationis. * apoc. 18: ° de vino irae fornicationis ejus biberunt omnes gentes, et reges terrae cum illa fornicati sunt. ‘ divinae indignationis. * apoc. 14: ° si quis adoraverit bestiam, et imaginem ejus, |175| et acceperit characterem in fronte sua, aut in manu sua;

hic bibet de vino irae dei, quod mixtum est mero in calice irae ipsius. ‘ item notandum, quod spiritus sanctus dicitur auster propter calorem. * job 37: ° nonne vestimenta tua calida sunt, cum perflata fuerit terra austro? ‘ propter splendorem. * habac. 3: ° deus ab austro veniet, et sanctus de monte pharam. operuit caelos gloria ejus. ‘ propter volatus elevationem. * job 39: ° numquid per sapientiam tuam plumescit accipiter, expandens alas suas ad austrum? ‘ propter pluviarum multiplicationem. * psal. 125: ° converte domine, captivitatem nostram, sicut torrens in austro. ‘ propter arborum fructificationem. * cant. 4: ° veni auster, perfla in hortum meum, et fluent aromata illius.

069 CPH cp14

lc1 ‘ Hic incipit propheta interponere orationem suam pro eis ad deum, ut in aliquo misericordiam consequantur, saltem post aliqua flagella. et dividitur in duas partes. in prima ponitur quaedam disceptatio prophetae cum domino, ad impetrandum, postmodum in secunda ponitur finalis determinatio, * cap. 15: ° et dixit dominus ad me, ‘ etc.. circa primum duo. in prima ponitur populi afflictio, quae est orationis occasio, in secunda ponitur prophetae cum deo disceptatio, * ibi, ° si iniquitates nostrae. ‘ circa primum duo. primo ponit prophetiae titulum, hoc est ° verbum, ‘ interioris revelationis, ° quod factum est de sermonibus, ‘ exterius annuntiandis, ° siccitatis, ‘ quae imminente captivitate eis supervenit. vel ° de sermonibus siccitatis, ‘ idest de siccitate sermonibus digna. secundo prosequitur siccitatis incommodum: et primo quantum ad afflictionem hominum, quantum ad potus penuriam, ponens tristitiam: ° luxit judaea, ‘ afflicta siti. * isa. 24: ° luxit vindemia, et infirmata est vitis, et ingemuerunt omnes qui laetabantur corde. portae, ‘ judices qui in portis sedebant, ° corruerunt, ‘ a pristina laetitia, ° obscuratae sunt, ‘ idest involutae tenebris tribulationis. * thren. 2: ° defixae sunt in |25| terra portae ejus, perdidit, et contrivit vectes ejus. ‘ vel quia prae nimia siccitate muri dissolvebantur, et ita cadentibus portis, propter aquae defectum reparari non poterant. ° clamor, ‘ conquestionis et planctus. * isa. 24: ° clamor erit super vino in plateis, deserta est omnis laetitia, translatum est gaudium terrae. ‘ et assignat tristitiae causam: ° majores miserunt minores suos ad aquam. * isa. 41: ° egeni et pauperes quaerunt aquas, et non sunt, lingua eorum siti aruit. ‘ et quantum ad sterilitatem terrae, plagam in possessionibus: ° confusi sunt, et afflicti, et operuerunt capita sua, ‘ in signum confusionis. * supra 12: ° confundemini a fructibus vestris propter iram furoris domini. ‘ et in cultoribus: ° quia non venit. * joel. 1: ° confusi sunt agricolae, ululaverunt vinitores super frumento et hordeo, quia periit messis agri, vinea confusa est, et ficus elanguit. ‘ secundo ponit afflictionem sylvestrium animalium, quantum ad cervos: ° nam et cerva in agro peperit, et reliquit; ‘ quae multum circa custodiam filiorum solicitatur. * job 39: ° numquid nosti tempus partus ibicum in petris, vel parturientes cervas observasti? ‘ et quantum ad onagros. ° et onagri, ‘ qui tamen diu sitim sustinent: * psalm. 103: ° expectabunt |50| onagri in siti sua: in rupibus, ‘ in quibus magis stat ventus, ° traxerunt, ‘ in sitis refrigerium, ° quasi dracones, ‘ qui propter sitim ventum trahunt. * supra 2: ° onager assuetus in solitudine, in desiderio animae suae attraxit ventum amoris sui.

lc2 ‘ Hic incipit orare ad deum pro populo: et primo inducit argumentum misericordiae ex divina conditione; secundo ex prophetarum praenuntiatione, * ibi: ° et dixi a, a, a; ‘ tertio, ex pristina populi dilectione, * ibi, ° numquid projiciens abjecisti judam? ‘ circa primum duo. primo ponit prophetae orationem, in qua proponit tria, misericordiam confitens: ° si iniquitates nostrae responderint, ‘ in poenam. * isa. 59: ° multiplicatae sunt iniquitates nostrae coram te, et peccata nostra responderunt nobis * etc.. ps. 45: ° adjutor in tribulationibus quae invenerunt nos nimis. ‘ deinde proponit constantiam: ° quare quasi colonus futurus es in terra? ‘ ac si dicat: indignum constantiae tuae est ut vineam tuam relinquas, quasi colonus alienum agrum, ° quasi viator, ‘ domum tuam, quasi viator nocturnum hospitium. ° quare futurus es quasi vir vagus? ‘ hereditatem tuam, quasi homo vagus, et indeterminatae mansionis, proprium habitaculum. * supra 12: ° reliqui domum meam dimisi hereditatem meam. ‘ proponit etiam potentiam: ° et fortis qui non potest salvare; ‘ quasi dicat: indecens est potentiae tuae ut non salves quos semel in protectionem suscepisti. * num. 14: ° dicent aegyptii: |25| non poterat introducere populum in terram pro qua juraverat: ‘ idcirco occidit eos in solitudine. et proponit ei debitam esse illorum curam: ° tu autem in nobis, ‘ quasi in hereditate, ° et nomen tuum, ‘ sicut sub nomine regis, subditi defenduntur. * 2 corinth. 6: ° inhabitabo in illis, et inambulabo inter eos, et ero illorum deus, et ipsi erunt mihi populus. ‘ et concludit: ° ne derelinquas nos, ‘ ne tua constantia et potentia blasphemetur. * psalm. 26: ° ne derelinquas me, domine, neque despicias me, deus salutaris meus. ‘ secundo ponitur domini responsio: ° haec dicit dominus. ‘ et primo proponit culpam: ° qui dilexit movere pedes, ‘ affectus, propter inconstantiam in bono, et de malo in malum. * prov. 7: ° mulier vaga, quietis impatiens, nec valens in domo consistere pedibus suis. ‘ vel mittens in aegyptum pro auxilio. * isa. 30: ° aegyptus frustra et vane auxiliabitur. ideo clamavi super hoc: superbia tantum est; quiesce. ‘ secundo comminatur poenam: ° tunc recordabitur, ‘ poenam inferens. * psal. 88: ° visitabo in virga iniquitates eorum, et in verberibus peccata eorum. ‘ tertio excludit remedia: et primo orationum. ° et dixit dominus: noli orare pro populo isto in bonum. * supra 7: ° tu |50| ergo noli orare pro populo hoc, nec assumas pro eis laudem et orationem, et non obsistas mihi: quia non exaudiam te. ‘ secundo jejunii, ° cum jejunaverint. * isa. 58: ° quare jejunavimus, et non aspexisti; humiliavimus animas nostras, et nescisti? ‘ tertio sacrificii. ° si obtulerint, * malach. 1: ° non est mihi voluntas in vobis, dicit dominus exercituum, et munus non suscipiam de manu vestra.

lc3 ‘ Hic sumit argumentum a prophetarum praenuntiatione: et primo ponitur prophetae allegatio, ° a, a, a, ‘ pro triplici poena, quam immediate tetigerat. prophetae, falsi, ° pacem veram, ‘ diuturnam, et non simulatam ab hostibus. * supra 4: ° ergo ne decepisti populum istum, et jerusalem dicens: pax erit vobis? et ecce pervenit gladius usque ad animam. ‘ secundo ponitur domini responsio: ° et dixit dominus. ‘ et primo ostendit prophetarum falsitatem quantum ad actionem quam assumunt: ° non misi, ‘ ad exequendum, ° non praecepi, ‘ injungendo officium, ° neque locutus sum, ‘ inspirando prophetiae donum. * infra 23: ° non mittebam prophetas, et ipsi currebant; non loquebar ad eos, et ipsi prophetabant. ‘ et quantum ad pacem quam praedicabant: ° visionem mendacem, seductionem cordis, ‘ idest verba excogitata ad seducendum. * ezech. 13: ° vident vana, et divinant mendacium, dicentes, ait dominus, cum dominus non miserit eos. ‘ secundo comminatur poenam tam prophetis praedicantibus, quam populo credenti: ° ideo haec dicit dominus. * isa. 9: ° erunt qui beatificant populum istum seducentes, et qui beatificantur praecipitati. ‘ tertio annuntiatur populo prophetae compassio: |25| ° et dices ad eos: deducant oculi mei (vel vestri) lacrymam. ‘ et sic indicitur planctus poenitentiae. * thren. 2: ° deduc quasi torrentem lacrymas. ‘ cujus ratio assignatur: ° quoniam contritione, ‘ propter multitudinem occisorum, ° pessima ‘ propter incorrigibilitatem, ° vehementer, ‘ propter continuitatem. * isa. 30: ° comminuam eos sicut conteritur lagena figuli, contritione pervalida. ‘ et assignat contritionis modum, quantum ad poenam occisionis: ° si egressus, ‘ foris, ° et si introiero, ‘ per considerationem. * thren. 1: ° foris interficiet eos gladius, et intus pavor, juvenem simul, et virginem, lactentem cum homine sene. ‘ quantum ad captivitatem, ° propheta quoque. * supra 9: ° disperdam eos in gentibus, quas non noverunt ipsi, et patres eorum.

lc4 ‘ Hic sumit argumentum ex pristina populi dilectione: et circa hoc tria. primo miratur dilecti populi repulsionem, admirans odium: ° numquid projiciens abjecisti judam? ‘ quasi dicat, mirum videtur. * thren. ult.: ° sed projiciens repulisti nos, iratus es contra nos vehementer. ut nulla sit sanitas. * isa. 14: ° plaga insanabili subjicientem in furore gentes. ‘ secundo ponit recognitionem poenae, ° expectavimus. * supra 8: ° expectavimus pacem, et non erat bonum; tempus medelae, et ecce formido. ‘ et culpae, ° cognovimus. * psalm. 50: ° iniquitatem meam ego cognosco, et peccatum meum contra me est semper. ‘ tertio ponitur petitio: ° ne nos des. * psal. 43: ° posuisti nos opprobrium vicinis nostris, subsannationem et derisum his qui in circuitu nostro sunt. ‘ quarto petitionis ratio ex templi sanctitate. ° solii gloriae, ‘ scilicet propitiatorii, et arcae, in quibus gloriosum te miraculis, et revelationibus ostendisti. * infra 17: ° solium gloriae altitudinis a principio, locus sanctificationis nostrae, expectatio israel. ‘ et idolorum debilitate: ° numquid sunt in sculptilibus gentium qui pluant; aut caeli possunt dare imbres, ‘ per se quasi causae primariae? * job 3: ° quis est |25| pluviae pater, aut quis genuit stillas roris? ‘ ex dei potestate: ° nonne tu es dominus deus noster? fecisti haec, ‘ pluvias, et omnia hujusmodi. * supra 10: ° ad vocem suam dat multitudinem aquarum in caelo, et elevat nebulas ab extremitatibus terrae. ‘ notandum, quod quaedam est pax falsa. * sapien. 14: ° in magno viventes inscientiae bello, tot et tam magna mala pacem appellant. ‘ quaedam fraudulenta. * psal. 27: ° qui loquuntur pacem cum proximo, mala autem in cordibus eorum. ‘ quaedam transitoria. * 1 thess. ult.: ° cum enim dixerint, pax et securitas, tunc repentinus eis superveniet interitus. ‘ item notandum, quod mystice triplex est solium. quoddam est solium gloriae; et hoc quadrupliciter, scilicet naturae sublimitate. * isa. 6: ° vide dominum sedentem super solium excelsum et elevatum, et plena erat omnis terra majestate ejus. ‘ pacis tranquillitate. * supra 3: ° vocabunt jerusalem solium domini, et congregabuntur ad eam omnes gentes in nomine domini in jerusalem ‘ etc.. scientiae profunditate. * ezech. 10: ° et vidi, et ecce in firmamento quod erat super caput cherubin quasi lapis zaphirus, et quasi species similitudinis solii |50| apparuit super eum. ‘ durationis aeternitate. * thren. ult.: ° tu autem, domine, in aeternum permanebis, solium tuum in generationem et generationem. ‘ aliud est solium clementiae, praeparantis ad dei obedientiam. * isa. 22: ° figam illum paxillum in loco fideli, et erit in solium gloriae domui patris sui; et suspendam super eum omnem gloriam patris sui. ‘ ad justitiae sententiam. * prov. 16: ° justitia firmatur solium regis. ‘ ad proximorum misericordiam. * isa. 16: ° et praeparabitur in misericordia solium, et sedebit super eum in veritate in tabernaculo david. ‘ ad humilitatis gratiam. * ezech. 43: ° locus solii mei, et locus vestigiorum meorum, ubi habito in medio filiorum israel in aeternum. ‘ quoddam vero est solium justitiae praeparantis ad disceptandum. * job 13: ° quis mihi tribuat ut cognoscam, et inveniam illum, et veniam usque ad solium ejus? ‘ ad malum corrigendum. * prov. 20: ° rex, qui sedet in solio judicii, dissipat omne malum intuitu suo. ‘ ad incorrigibiles condemnandum. * 3 reg. ult.: ° vidi dominum sedentem super solium suum, et omnem exercitum caeli assistentem ei a dextris et a sinistris. ‘ ad bonos defendendum. * isa. 9: ° super solium david, et super |75| regnum ejus sedebit, ut confirmet illud, et corroboret in judicio, et justitia, amodo et usque in sempiternum.

069 CPH cp15

lc1 ‘ Hic ponitur finalis et sententialis repulsio orationis prophetae pro populo: et primo ponitur orationis repulsio; secundo ostenditur populi obstinatio, quae, est causa hujus, * cap. 17: ° peccatum juda scriptum est stylo ferreo in ungue adamantino. ‘ circa primum duo. primo interdicit prophetae ne pro populo oret; secundo praecipit ut eorum, quasi excommunicatorum, consortium vitet, * cap. 16: ° et factum est verbum. domini ad me dicens. ‘ circa primum duo. primo ponitur repulsio orationis prophetae pro populo orantis; secundo quasi desperans de salute populi, pro seipso orationem fundit, * ibi, ° vae mihi, mater mea. ‘ circa primum duo. primo repellitur oratio; secundo ponitur repulsionis ratio: ° quis enim miserebitur tui, jerusalem? ‘ circa primum duo. primo ponitur repulsio orationis: ° si steterint moyses et samuel, ‘ qui efficaces fuerunt in orando, eo quod de populo soliciti et pro inimicis exoraverunt. * de moyse habetur exod. 22: de samuele 1 reg. 12. ° anima, ‘ affectus; ac si dicat: non est ex defectu orantis quod oratio non exauditur, sed ex defectu populi pro quo oratur. * ezech. 14: ° et si fuerint tres viri isti in medio ejus, noe, daniel |25| et job, ipsi in justitia sua liberabunt animas suas. * et infra (ibidem): ° et si fuerint tres viri in medio ejus, non liberabunt filios, neque filias; sed ipsi soli liberabuntur. ‘ secundo repulsio gentis, pro qua orabatur, et primo quantum ad terminum a quo: ° ejice, ‘ ostende ejectos esse, ° a facie, ‘ ut me non videant, et mea praesentia non defendantur. * genes. 4: ° ecce ejicis me hodie a facie terrae, et a facie tua abscondar, ‘ etc.. secundo quantum ad terminum ad quem, ponens quadruplex periculum: ° quod si dixerint ad te, quo egrediemur? dices ad eos.... qui ad mortem, ad mortem, ‘ pestilentiae; quasi dicat: diversi his diversis poenis subjacebunt. * ezech. 5: ° tertia pars tui peste morietur, et fame consumetur in medio tui; et tertia pars tui in gladio cadet in circuitu tuo; tertiam vero partem tui in omnem ventum dispergam, et gladium evaginabo post eos. ‘ et excludit consolationis remedium, sepulturae contra mortuos: ° et visitabo quatuor species, ‘ dictas, scilicet mortem, gladium, famem et captivitatem. et superaddam canes. * supra 7: ° erit morticinum populi hujus in cibum volucribus caeli, et bestiis terrae; et non erit qui abigat. ‘ et misericordiae quantum ad |50| captivos: ° et dabo eos in fervorem, ‘ idest in fervens odium, ° propter manassem, ‘ qui multa mala fecit, * 4 regum 21. unde eodem 23: ° verumtamen non est aversus dominus ab ira furoris sui magni, quo iratus est furor ejus contra judam, propter irritationes quibus provocaverat eum manasses. ‘ punitur autem populus pro peccatis regis, tum quia malus pro peccatis populi regnare permittitur. * job 34: ° qui regnare facit hominum hypocritam propter peccata populi: ‘ tum quia populus sequitur peccata regis. * eccl. 10: ° qualis rector civitatis, tales et inhabitantes in ea. * proverb. 29: ° princeps qui libenter audit verba mendacii, omnes ministros suos habet impios.

lc2 ‘ Hic assignatur repulsionis ratio: et primo ponitur quaestio admirationis; et excluditur primo misericordia judicis: ° quis miserebitur? ‘ secundo satisfactio alicujus compatientis: ° aut quis contristabitur? ‘ tertio oratio mediatoris alicujus: ° aut quis ibit ad rogandum? ‘ ex quo deus repulit, et in tot peccatis es. * oseae 1: ° voca nomen ejus absque misericordia: quia non addam ultra misereri domui israel; sed oblivione obliviscar eorum. ‘ secundo assignat rationem repulsionis: et primo ex ingratitudine, ponens culpam: ° tu dereliquisti. * isa. 1: ° dereliquerunt dominum, blasphemaverunt sanctum israel, abalienati sunt retrorsum. ‘ et poenam: ° et extendam manum meam super te. * isa. 9: ° in omnibus his non est aversus furor ejus; sed adhuc manus ejus extenta. ‘ secundo ex obstinatione: et primo quia non flectuntur precibus, ponens culpam, ° laboravi rogans; ‘ quasi dicat: toties rogavi ut converteremini; quasi dicat. laborassem, si possibile fuisset. * isa. 43: ° servire me fecisti in peccatis tuis, praebuisti mihi laborem in iniquitatibus tuis. ‘ et poenam: ° et disperdam eos ventilabro, ‘ exercitu chaldaeorum, quasi paleas de area, ° in portis terrae, ‘ idest usque |25| ad extrema terrae: porta enim est extrema pars domus, vel civitatis.

* luc. 3: ° cujus ventilabrum in manu ejus, et purgabit aream suam, et congregabit triticum in horreum suum, paleas autem comburet igni inextinguibili. ‘ secundo quia non corriguntur flagellis: et primo ponit duritiam, ponens flagella in generali: ° interfeci et perdidi, ‘ captivando. * supra 2: ° frustra percussi filios vestros; disciplinam non receperunt. ‘ et in speciali quantum ad mulieres, quae sunt magis miserabiles et flebiles in amissione virorum: ° multiplicatae sunt mihi viduae ejus super arenam, ‘ hyperbolice: quasi dicat, innumerabiles. * isa. 9: ° pupillorum ejus, et viduarum non miserebitur. ‘ et in amissione filii unigeniti: ° et induxi vastatorem, ‘ interfectorem filii, ° meridie, ‘ in quo potentia hostium, qui non ex insidiis, sed aperte pugnant, ° repente, ‘ in quo impotentia ad resistendum, quia non praecaverunt. * isa. 30: ° subito dum non speratur, veniet contritio ejus, ‘ etc.. et etiam quantum ad mortem plurium filiorum simul, ponens mortem prolis, ° infirmata ‘ filiis orbata, qui fortitudo sunt matris. * 1 reg. 2: ° donec sterilis peperit plurimos, et quae multos habebat filios, infirmata est. ‘ et tristitiam matris: ° defecit |50| anima, ‘ propter mentis stuporem. ° occidit ei sol, ‘ laetitiae, propter tristitiae dolorem, quae obscurum facit cor, ° confusa, ‘ intus, ° erubuit, ‘ extra, deficiente hoc in quo gloriabatur. * amos 8: ° occidet sol meridie, et tenebrescere faciam terram in die luminis. ‘ secundo comminatur poenam, ° et residuo, ‘ scilicet a praedictis flagellis. * deut. 28: ° tradet te dominus corruentem ante hostes tuos, et per unam viam egredieris contra eos, et per septem fugiet, et dispergeris per omnia regna terrae.

lc3 ‘ Hic propheta quasi desperans de populo, orat pro seipso. et primo ponitur ipsius conquestio, proponens adversariorum discordiam; ° vae mihi; ‘ idest, imminet ex hoc quod natus sum. ° rixae, ‘ idest propter quem rixa sit, eo quod vitia, et mala praenuntio, ° discordiae, ‘ aliis me impugnantibus, et aliis defendentibus. hoc etiam in christo completum est. * job 10: ° quare de vulva eduxisti me, qui utinam consumptus essem, ne oculus me videret? ‘ excludit discordiae causam, quae maxime solet ex contractibus oriri. ° non foeneravi. omnes maledicunt. * ps. 108: ° maledicent illi, et tu benedices. qui insurgunt in me confundantur, servus autem tuus laetabitur. ‘ secundo ponitur domini consolatio: ° dicit dominus. ‘ et primo quantum ad salutem propriam in promotione sui, et suorum in bonis: ° si non reliquiae, ‘ idest qui adhaerent tibi (non enim habuit filios * ut infra 16), ° in bonum, ‘ erunt. aposiopesis, supplendum, non mihi credatur. et quantum ad liberationem a malis: ° si non occurri, ‘ paratus ad auxilium. * 2 cor. 1: ° benedictus deus, et pater domini nostri jesu christi, pater misericordiarum et deus totius consolationis, qui consolatur nos in omni tribulatione |25| nostra. ‘ secundo quantum ad adversariorum afflictionem, comminans hostem implacabilem. et primo excludit hostium concordiam, quia cum propheta concordare voluerunt: ° numquid ‘ judaeorum populus, qui est ° ferrum, ‘ propter duritiam, ° et aes, ‘ propter impatientiam, ° foederabitur ferro ab aquilone, ‘ idest a chaldaeis? quasi dicat, non. * supra 6: ° aes, et ferrum universi corrupti sunt. defecit sufflatorium in igne, consumptum est plumbum. ‘ vel tu ferrum, dura praedicans illis, qui sunt ferrum et aes, foederari non potes. * joan. 15: ° nolite mirari si odit vos mundus: scitote quoniam me priorem vobis odio habuit. ‘ secundo excludit confoederationis fiduciam, tum ex muneribus: ° divitias tuas, et thesauros tuos in direptionem dabo gratis; ‘ quasi dicat, nihil tibi proderunt, ° in omnibus, ‘ idest pro omnibus. * nahum 2: ° diripite argentum, diripite aurum, et non est finis divitiarum ex omnibus vasis desiderabilibus. ‘ tum etiam ex precibus: ° et adducam, ‘ quasi dicat: non poteritis eos rogare, quia non intelligent. * isa. 6: ° levabit signum in nationibus procul, et sibilabit ad eum de finibus terrae. ‘ tertio assignat causam: ° quia ignis succensus est. * deuter. 32: ° ignis succensus est in furore meo, et ardebit usque |50| ad inferni novissima, devorabitque terram cum germine suo, et montium fundamenta comburet.

lc4 ‘ Hic ponitur prophetae petitio: et primo ponitur ipsius oratio; secundo domini responsio, * ibi, ° propter hoc, haec dicit dominus. ‘ circa primum tria. primo ponit divinae consolationis solatium, proponens divinam cognitionem, ° tu scis, ‘ quid patior, et quid feci. ° recordare, ‘ per effectum misericordiae. * thren. 3: ° recordare paupertatis et transgressionis meae, absinthii et fellis. ‘ petit consolationem, ° et visita me, ‘ consolando. * job 10: ° visitatio tua custodivit spiritum meum. ‘ et excludit dilationem: ° noli in potentia. * eccl. 5: ° altissimus enim est patiens redditor. ‘ secundo allegat meritum, proponens opprobrium quod pro deo sustinuit patienter, ponens illatam injuriam; ° scito, ‘ effectu te scire ostende, ° propter te, ‘ dum mandatis tuis obediens, dura populo nuntiabam. * ps. 68: ° quoniam propter te sustinui opprobrium, operuit confusio faciem meam. ‘ et spiritualem patientis laetitiam: ° inventi sunt, ‘ quasi opere expleti, ° et comedi, ‘ delectatus in eis. * ps. 118: ° quam dulcia faucibus meis eloquia tua. super mel ori meo. ‘ ponens etiam causam: ° quoniam invocatum est nomen tuum super me, ‘ dum scilicet dicor propheta domini. * supra 14: ° nomen tuum invocatum |25| est super nos. ‘ proponit etiam consortium quod vitavit prudenter, ponens solitudinem: ° non sedi in concilio ludentium, ‘ multo minus iniquorum, ne gravitatem, cordis deponerem, et ut mandatis tuis vacarem. * tob. 3: ° numquam cum ludentibus miscui me neque cum his qui in levitate ambulant participem me praebui. ‘ ponens interiorem exaltationem: ° et gloriatus sum a facie manus tuae, ‘ corrigentis. * 2 cor. 12: ° libenter gloriabor in infirmitatibus meis. ‘ vel ° manus ‘ consolantis spiritualibus donis. ponens etiam solitudinis rationem: ° solus sedebam, quoniam comminatione replesti me, ‘ quasi dicat: tot amaritudinibus opprimebar quod non vacabat mihi ludere. * thren. 3: ° replevit me amaritudine. ‘ tertio miratur inflicti doloris aculeum, ponens dolorem: ° quare factus est dolor meus perpetuus? ‘ quasi dicat: unde est quod post tantas preces, post tot merita tribulatio non recedit? * infra 30: ° insanabilis fractura tua, pessima plaga tua. ‘ secundum judaeos, loquitur in persona jerusalem. et adjungit consolationem: ° facta est mihi quasi mendacium aquarum infidelium; ‘ quasi dicat: in hoc tamen consolabor, quod cito transiturae sunt hujusmodi angustiae, sicut aquae infideles quae ex pluviis congregantur. * psal. 68: ° intraverunt aquae usque ad |50| animam meam. ‘ vel hoc dicit propter dolum adversariorum.

lc5 ‘ Hic ponitur domini exaudientis responsio. et primo promittit promotionem in beatis, quantum ad vitae rectitudinem: ° si converteris, ‘ alios ad me a peccatis, ° convertam te, ‘ ab angustiis, ° stabis, ‘ per vitae rectitudinem, vel contemplationis eminentiam. * 3 reg. 17: ° vivit dominus in cujus conspectu sto. * jac. ult.: ° qui converti fecerit peccatorem ab errore viae suae, liberabit animam ejus a morte, et operiet multitudinem peccatorum. ‘ et quantum ad praedicationis auctoritatem: ° et si separaveris pretiosum a vili, ‘ distinguendo scilicet opera mala a bonis, ° os meum, ‘ quia per te loquar. * matth. 10: ° non enim vos estis qui loquimini, sed spiritus patris vestri qui loquitur in nobis. ‘ secundo quantum ad liberationem a malis: et primo a malis culpae: ° convertentur ipsi ad te; ‘ quasi dicat: ipsi imitabuntur te, et non tu eos. * 1 cor. 4: ° rogo vos, imitatores mei estote, sicut et ego christi. ‘ secundo a malis poenae: et primo promittit fortitudinem: ° et dabo te populo huic in murum aereum fortem. * supra 1: ° dedi te in civitatem munitam, et in columnam ferream, et in murum aeneum super omnem terram, regibus juda, et principibus ejus, et sacerdotibus, et populo |25| terrae; et bellabunt adversum te, et non praevalebunt: quia ego tecum sum, ait dominus, ut liberem te. ‘ secundo promittit defensionem, ° et bellabunt. * psal. 22: ° nam si ambulavero in medio umbrae mortis, non timebo mala, quoniam tu mecum es. ‘ tertio promittit liberationem, ° et liberabo. * isa. 43: ° noli timere, quia redemi te, et vocavi te nomine tuo. ‘ notandum, quod sancti gloriantur in bono virtutis. in tribulationum passione. * rom. 5: ° non solum autem, sed et gloriamur in tribulationibus. ‘ in proximorum conversatione. * 2 corinth. 7: ° multa mihi fiducia est apud vos, multa gloriatio pro vobis. ‘ in conscientiae puritate. * 2 cor. 1: ° gloria nostra haec est, testimonium conscientiae nostrae. ‘ item gloriantur sancti in deo, in divina dilectione ostensa per passionem. * galat. ult.: ° mihi absit gloriari nisi in cruce domini nostri jesu christi. ‘ in divina cognitione. * supra 9: ° in hoc glorietur, qui gloriatur, scire, et nosse me. ‘ in divina imitatione. * eccli. 23: ° magna gloria est sequi dominum; longitudo enim dierum assumetur ab eo.

069 CPH cp16

lc1 ‘ Hic interdicit dominus prophetae, damnati populi consortium: et primo ponit sententiam; secundo assignat causam, * ibi, ° et cum annuntiaveritis ‘ etc.. circa primum duo. primo interdicit sibi consortium matrimonialis conjugii, ponens jussionem: ° non accipies uxorem. * 1 cor. 7: ° solutus est ab uxore? noli quaerere uxorem. ‘ et assignans rationem ex universitate punitorum, quia nulli aetati, nulli parcetur sexui: ° quia haec dicit dominus super filios et filias. * infra 51: ° collidam in te virum, et mulierem, et collidam in te senem, et puerum, et collidam in te juvenem, et virginem. ‘ ex diversitate poenarum, comminans mortem ex causa interiori, ° mortibus aegrotationum, ‘ pestilentia scilicet, et diuturnis languoribus. et adjungit congruam sepulturam: ° non plangentur. * 1 cor. 11: ° ideo inter vos multi infirmi et imbecilles, et dormiunt multi. * infra 25: ° non plangentur, et non colligentur, neque sepelientur; in sterquilinium super faciem terrae jacebunt. ‘ ex causa exteriori: ° et gladio, ‘ ex insultu hostium, ° fame, ‘ ex defectu necessariorum. et adjungit congruam sepulturam: ° et erit cadaver eorum in escam volatilibus caeli. * supra 14: ° erunt projecti |25| in viis prae fame, et gladio, et non erit qui sepeliat eos, ipsi, et uxores eorum, filii, et filiae eorum. ‘ secundo interdicit consortium socialis convivii: ° haec enim dicit dominus. ‘ et primo interdicit convivium tristitiae, quod in consolationem pro mortuis fieri solet: ubi ponitur prohibitio, ° ne ingrediaris, ‘ neque plangens, neque sicut consolans. secundo assignatur ratio ex ablatione pacis: ° quia abstuli pacem meam, ‘ quam scilicet ad eos habebam, indignatus eis: vel quam, me auctore, ad invicem, et ad alios habebant. * isa. 57: ° non est pax impiis, dicit dominus. ‘ ex comminatione mortis, ° morientur. * job 3: ° parvus et magnus ibi sunt: et servus liber a domino suo. ‘ ex cessatione officiosi funeris, quia carebunt obsequio sepulturae, ° non sepelientur. * supra 8: ° non colligentur, et non sepelientur; in sterquilinium super faciem terrae erunt. ‘ planctum etiam familiae: ° neque plangentur neque se incident, ‘ vulnerantes, quod judaeis prohibitum est. * deuter. 14: ° non vos incidetis, nec facietis calvitium super mortuo. ‘ sed job tonso capite cadens in terram * etc.. (job 1) ‘ non peccavit, quia gentilis erat. carebunt etiam convivio parentelae, quod a consanguineis lugentibus fieri solet: ° et non frangent. |50| * prov. ult.: ° date siceram moerentibus, et vinum his qui amaro sunt animo. bibant, et obliviscantur egestatis suae, et doloris sui non recordentur amplius. ‘ secundo interdicit convivium laetitiae. et primo ponitur prohibitio: ° et domum convivii non ingrediaris, ‘ neque propter societatem, neque propter comestionem. * 1 cor. 5: ° si is qui frater nominatur inter vos, est fornicator, avarus, aut idolis serviens, aut maledicus, aut rapax; cum hujusmodi nec cibum sumere. ‘ secundo ponitur ratio: ° quia haec dicit dominus. * thren. ult.: ° defecit gaudium cordis nostri, versus est in luctum chorus noster. * infra 25, idem.

lc2 ‘ Hic assignatur causa praedictae poenae: et primo ponitur quaestio: ° quare locutus est dominus super nos omne malum grande istud? * prover. 30: ° talis est via mulieris adulterae, quae comedit, et tergens os suum dicit: non sum operata malum. ‘ secundo ponitur domini responsio: ° dices ad eos. ‘ et primo ponit culpam in transgressione patrum: ° quia dereliquerunt. * supra 2: ° me dereliquerunt fontem, aquae vivae, et foderunt sibi cisternas dissipatas, quae continere non valent aquas. ‘ in imitatione filiorum, ne possent se excusare * per id quod dicitur ezech. 18: ° patres comederunt uvam acerbam, et dentes filiorum obstupuerunt. sed et vos pejus operati estis. * matth. 23: ° implete mensuram patrum vestrorum. ‘ secundo comminatur poenam: et primo ponit poenae comminationem quantum ad captivitatem: ° et ejiciam vos; ‘ et quantum ad servitutem: ° et servietis diis, ‘ serviendo eorum cultoribus. * thren. 1: ° migravit judas propter afflictionem, et multitudinem servitutis: habitavit inter gentes, nec invenit requiem. * deut. 28: ° in gentibus quoque illis non quiesces, neque erit requies vestigio pedis tui. ‘ secundo promittit consolationem, ponens juramentum quasi signum: |25| ° propterea ecce dies; ‘ quasi dicat: hoc majus beneficium reputabitis, quam quod liberati estis de aegypto; et illius quasi obliti, hoc semper in memoriam habebitis. * isa. 43: ° ne memineritis priorum, et antiqua ne intueamini. * infra 23, idem. ‘ et explicans beneficium, ° et reducam. * ezech. 36: ° tollam quippe vos de gentibus, et congregabo vos de universis terris; et reducam vos in terram vestram. ‘ tertio ponit captivitatis conditionem, ° ecce ego: ‘ et primo describit captivitatem babyloniorum, ° piscatores, ‘ scilicet chaldaeos, qui quasi in mari prosperitatis, et voluptatis viventes, eos ceperunt. * habac. 1: ° facies homines quasi pisces maris, et quasi reptilia non habentia ducem. ‘ et romanorum: ° et post haec mittam venatores, ‘ scilicet romanos, qui eos quasi bestias pro crudelitate homicidii venati sunt. * thren. 3: ° venatione ceperunt me quasi avem inimici mei gratis. ‘ secundo assignat captivitatis rationem, ponens cognitionem culpae: ° quia oculi mei super omnes vias eorum. * prov. 16: ° omnes viae hominum patent oculis ejus, spirituum ponderator est dominus. ‘ et comminationem poenae. ° et reddam primum, ‘ idest ante dictam consolationem, ° duplices, ‘ scilicet quantum ad cultum idolorum; propter quod sequitur: |50| ° quia contaminaverunt: ‘ et quantum ad perversitatem morum, ° et abominationibus suis impleverunt hereditatem meam. * psal. 105: ° infecta est terra in sanguinibus, et contaminata est in operibus eorum. ‘ tertio ponit captivitatis utilitatem, scilicet conversionem gentium; vel eorum qui cum judaeis sub zorobabel in jerusalem reversi sunt; vel eorum qui ad fidem christi sunt conversi: quia ° caecitas ex parte contingit in israel, donec plenitudo gentium intraret, et sic omnis israel salvus fieret: * rom. 11. ‘ circa quod tria facit. primo ponitur prophetae exultatio, designata in confessione divinae laudis: ° domine fortitudo mea, ‘ ad alios debellandum, ° robur, ‘ ad perseverandum, ° refugium, ‘ si deficiam. * psal. 17: ° diligam te, domine fortitudo mea, dominus firmamentum meum, et refugium meum. ‘ secundo ponitur gentium conversio. ° ad te gentes venient. * isa. 42: ° cantate domino canticum novum, laus ejus ab extremis terrae. ‘ peccati confusio: ° vere mendacium, ‘ scilicet idolum, quod divinitatem, et auxilium mentitur. * supra 3: ° vere mendaces erant colles, et multitudo montium. ‘ et pristini erroris confutatio: ° numquid faciet sibi homo deos? et ipsi non sunt dii, ‘ scilicet homines facientes. * sapien. |75| 15: ° quomodo enim sibi similem homo poterit deum fingere? ‘ tertio assignat conversionis bonum: ° idcirco, ‘ idest ut gentes convertantur, ° eis, ‘ judaeis, ° per vicem hanc; ‘ quasi dicat, ulterius non parcam, ° manum, ‘ correctionis. ° vel ° eis, ‘ gentibus, ° manum, ‘ christum. * psalm. 9: ° cognoscetur dominus judicia faciens, in operibus manuum suarum comprehensus est peccator. * item psal. 143: ° emitte manum tuam de alto, eripe me, et libera me de aquis multis, de manu filiorum alienorum. ‘ notandum, quod quaedam est manus divinae dispositionis. * sap. 7: ° in manu ejus et nos, et sermones nostri, et omnis sapientia, et operum scientiae disciplina. ‘ divinae liberalitatis. * psal. 103: ° aperiente te manum tuam, omnia implebuntur bonitate. ‘ divinae protectionis. * isa. 49: ° sub tegumento manus suae protexit me. ‘ divinae correctionis. * psal. 38: ° a fortitudine manus tuae ego defeci in increpationibus. ‘ divinae liberationis. * job 5: ° percutit, et manus ejus sanabunt. ‘ divinae operationis. * eccli. 36: ° glorifica manum, et brachium dexterum. ‘ et divinae condemnationis. * ad hebr. 10: ° horrendum est incidere in manus dei viventis.

069 CPH cp17

lc1 ‘ Hic ostenditur explicite populi obstinatio, quae est reprobationis causa: unde primo ostendit eorum obstinatam malitiam; secundo consummatam poenam, * 19 cap.: ° haec dicit dominus ‘ etc.. in prima duo. in prima ponuntur obstinationis causae; secundo probatur ipsa obstinatio per experimentum, * 18 cap.: ° verbum quod factum est ad jeremiam a domino. ‘ prima in duas. in prima ponit causas obstinationis, in secunda revocat eos ad cultum pristinae religionis, * ibi, ° haec dicit dominus ‘ etc.. circa primum duo. primo tangit unam causam, scilicet affectum iniquitatis, ponens culpam, in qua ponit exemplum: ° peccatum juda, ‘ duarum tribuum, ° scriptum est, ‘ idest affectui eorum ita profunditus impressum, praecipue idolatriae, sicut scriptura, quae fit ferreo stylo, ° in ungue, ‘ idest in adamante, qui est lapis politus ad modum unguis. * zach. 7. ° cor suum posuerunt ut adamantem, ut non audirent legem, et verba quae misit dominus exercituum in spiritu suo sancto per manum prophetarum priorum. ‘ vel ° peccatum, ‘ idest sententia pro peccato. et exponit peccati affectum: ° exaratum, ‘ idest profundatum, ° super latitudinem, ‘ idest super cor dilatatum in affectione peccati: unde cor sic dilatatum est loco adamantis, et cornua ° ararum, ‘ idest idolorum, sunt loco styli ferrei. praeceperat enim deus ut ex altari procederent quatuor cornua, in quibus penderet craticula, * exod. 27: ° et simile fecerant in aris idolorum. * oseae 8: ° multiplicavit sibi ephraim altaria ad peccandum, factae sunt ei arae in delictum. ‘ ponit etiam affectus signum in successione prolis: ° cum recordati fuerint filii eorum, ‘ in affectu retinentes, in diversitate loci, ° ararum, ‘ quae in civitatibus construebantur. * supra 2: ° sub omni ligno frondoso tu prosternebaris meretrix. ‘ et adjungens poenam, scilicet bonorum direptionem quae pertinent ad necessitatem vitae, ° fortitudinem, ‘ idest bona, in quibus putabas te fortem esse, sicut arena, castra. * supra 15: ° divitias tuas, et thesauros in direptionem dabo gratis in omnibus peccatis tuis, et in omnibus terminis tuis. ‘ idest, cum malitia tua ita consummata fuerit ut filii patres imitentur, in omnibus locis idola colentes, tunc ° fortitudinem tuam, et omnes thesauros tuos in direptionem dabo. ‘ et bonorum quae pertinent ad cultum idolatriae, ° excelsa tua, ‘ in quibus idola colebant. * ezech. 6: ° ecce ego inducam super vos gladium, et disperdam excelsa vestra, et demoliar aras vestras, et confringentur simulacra vestra, et dejiciam interfectos vestros ante idola vestra. ‘ comminatur etiam captivitatem: ° relinqueris, ‘ o jerusalem, ° ab hereditate, ‘ a populo tibi subjecto. vel, o gens, a terra, dum in captivitatem ibis. * thren. 1: ° quomodo sedet sola civitas plena populo, facta est quasi vidua domina gentium, princeps provinciarum facta est sub tributo? ‘ comminatur et servitutem: ° et servire faciam te inimicis tuis. * deut. 28: ° servies inimico tuo quem immittet tibi dominus, in fame, et siti, et nuditate, et omni penuria; et ponet jugum ferreum super cervicem tuam, donec te conterat. ‘ et tangens proximam poenae causam, scilicet divinam iram, quae est voluntas puniendi: ° quoniam ignem succendisti. * deut. 32: ° ignis succensus est in furore meo, et ardebit usque ad inferni novissima. ‘ secundo tangit aliam causam, scilicet fiduciam impunitatis: ° maledictus homo qui confidit in homine. ‘ promittebant autem sibi impunitatem ex tribus. primo ex potentia amicorum, scilicet aegyptiorum: et hanc primo tollit. secundo ex multitudine divitiarum, et hanc, * ibi, ° perdix fovit quae non peperit. ‘ tertio ex incredulitate divinarum comminationum; et hanc * ibi, ° ecce ipsi dicunt ad me; ubi est verbum domini? ‘ circa primum duo. primo ponit discretionem eorum qui confidunt in domino et in hominibus; secundo inducit discretionis auctorem * ibi, ° pravum est cor hominis. ‘ circa primum duo. primo ponitur maledictio eorum qui confidunt in auxilio humano, ubi ponit maledictionem: ° maledictus, ‘ quasi malo addictus. ° et ponit carnem brachium, ‘ idest fortitudinem; in quo ponitur spei irrationabilitas, quia per carnem signatur humana fragilitas. ° et a domino recedit; ‘ in quo ostenditur ratio maledictionis: licet enim confidere in homine sub deo, non tamen ut relinquatur deus. et hoc dicitur propter judaeos, qui, deo contempto, in aegyptiis spem ponebant. * isa. 31: ° vae qui descendunt in aegyptum ad auxilium, in equis sperantes, et habentes fiduciam super quadrigis, quia multae sunt, et super equitibus, quia praevalidi sunt; et non sunt confisi super sanctum israel, et dominum non requisierunt. * psalm. 145: ° nolite confidere in principibus, in filiis hominum, in quibus non est salus. ‘ et ponit maledictionis similitudinem: ° erit enim quasi myricae, ‘ quae viles habentur. * simmachus: ° quasi lignum infructuosum in solitudine. non videbit: ‘ quia ante liberationem de captivitate, fere omnes mortui sunt. ° sed habitabit; ‘ in quo ostenditur horror loci captivitatis, non quod in se malus esset, sed eis qui in servitute opprimebantur, ° in siccitate, in deserto, ‘ quod non colitur, sed est sicci aeris, qui facit arbores infructuosas, ° salsuginis, ‘ quantum ad siccitatem terrae, ex adustione humoris a sole. * ps. 106: ° posuit flumina in desertum, et exitus aquarum in sitim. ‘ secundo ponitur benedictio eorum qui confidunt in divino auxilio. et primo ponit benedictionem: ° benedictus vir qui confidit in domino, et erit dominus fiducia ejus, ‘ ut scilicet in quocumque confidit, confidendi ratio sit deus. * ps. 2: ° cum exarserit in brevi ira ejus, beati omnes qui confidunt in eo. * isa. 30: ° beati omnes qui expectant eum. ‘ secundo ponit similitudinem sumptam ex arbore, primo quantum ad radicum firmitatem: ° et erit quasi lignum, ‘ in quo figuratur firmitas divinae protectionis. * ps. 1: ° et erit tamquam lignum quod plantatum est secus decursus aquarum, quod fructum suum dabit in tempore suo. ‘ secundo quantum ad foliorum viriditatem: ° et erit folium; ‘ in quo significabitur prosperitas temporalis, et viror spiritualis. * proverb. 11: ° justi quasi virens folium germinabunt. ‘ tertio quantum ad fructuum ubertatem; in quo significatur copia bonorum operum: ° nec aliquando desinet facere fructum. * apocal. 21: ° per menses singulos reddens fructum suum. ‘ et quia judaei possent dicere, non posse fieri discretionem praemiorum pro diversitate cogitationum; ideo consequenter inducit hujus discretionis auctorem. et primo ponit quaestionem, ° pravum est, ‘ idest multis malitiis involutum. * proverb. 20: ° sicut aqua profunda, sic consilium in corde viri, sed homo sapiens exhauriet illud. ‘ secundo ponit responsionem: et ponit duo quae sufficientem faciunt discretionem judicii: scilicet scientiam: ° ego dominus scrutans corda; ‘ quantum ad cogitationes, ° renes, ‘ quantum ad affectiones. * rom. 8: ° qui scrutatur corda scit quid desideret spiritus, quia secundum deum postulat pro sanctis. ‘ et justitiam: ° qui do unicuique iuxta viam suam, ‘ quantum ad cordis dispositionem, ° fructum, ‘ quantum ad opus exterius. * isa. 3: ° dicite justo, quoniam bene, quoniam fructum adinventionum suarum comedet.

lc2 ‘ Hic tangit secundum, unde scilicet spes impunitatis proveniebat, scilicet divitiarum abundantiam: et primo tangit fiduciam malorum, quae est in divitiis, sub similitudine perdicis, quae ova aliena furatur, et super ea incubat, et tandem a pullis deseritur, tangens, injustam congregationem, ° perdix fovit, ‘ et exponit: ° fecit divitias, et non in judicio. * habac. 2: ° vae ei qui multiplicat non sua. usquequo et aggravat contra se densum luctum. ‘ et ipsarum amissionem: ° in dimidio dierum suorum derelinquet eas: ‘ quia in juventute morietur: vel quia adhuc ipso vivente eas amittet, diripientibus chaldaeis. ° in novissimo, ‘ idest in divino judicio, vel in morte, quando invenientur ei divitiae nihil profuisse, ° erit insipiens, ‘ idest apparebit. * ps. 48: ° et relinquet alienis divitias suas, et sepulcra eorum domus illorum in aeternum. * job 12: ° ipse novit decipientem, et cum qui decipitur. ‘ secundo ponit spem justorum, quae est in cultu divino: ° solium gloriae, ‘ idest expectatio et fiducia populi israel est templum, et arca, et propitiatorium, in quibus intelligitur cultus divinus; quod dicitur ° solium gloriae altitudinis: ‘ ibi enim gloria domini in revelationibus apparebat a principio legis datae, ° locus sanctificationis, ‘ idest in quo sanctificamur, vel quem sanctificasti coram nobis, et pro nobis. * supra 14: ° solii gloriae recordare, ne irritum facias foedus tuum nobiscum. ‘ et adjungit poenam discedentium ab hac fiducia, ponens poenam: ° domine, omnes qui te derelinquunt, confundentur, recedentes a te, in terra, ‘ captivitatis, ° scribentur, ‘ quasi cives perpetuo ibi manentes; vel cum illis qui terrena sapiunt, vel in terrenam corruptionem descenderunt: de quibus * psalm. 48: ° vocaverunt nomina sua in terris suis. ‘ et assignat causam: ° quia dereliquerunt fontem aquae vivae. * supra 2: ° me dereliquerunt. ‘ tertio porrigit petitionem suam ad eum qui est sua expectatio: ° sana me, ‘ a languoribus peccati, et angustiae quibus involvor, ° salvum me fac, ‘ conservando in bonis, ° laus mea, ‘ quem laudo, vel in quo laudor. * ps. 40: ° ego dixi: domine, miserere mei, sana animam meam, quia peccavi tibi.

lc3 ‘ Hoc est tertium, unde eis fiducia impunitatis proveniebat, quia divinis comminationibus non credebant: et circa hoc tria. primo ponitur incredulorum insultatio: ° ubi est verbum? ‘ quasi dicat, non venient. * isa. 5: ° qui dicitis: festinet, cito veniat opus ejus, ut videamus, et appropriet, et veniat consilium sancti israel, et sciemus illud. * amos 5: ° vae desiderantibus diem domini. ad quid enim vobis? ‘ secundo ponitur prophetae excusatio quantum ad constantiam mentis: ° et ego non sum turbatus, ‘ propter eorum contradictionem, ° sequens, ‘ implens quod mihi praecepisti, ° diem, ‘ praesentem vitam, quia etiam paratus mori; vel prosperitatem et gloriam praesentem. * 2 corinth. 4: ° mihi autem pro minimo est ut a vobis judicer, vel ab humano die. ‘ et quantum ad veritatem praedicationis: ° tu scis... rectum in conspectu tuo fuit, ‘ quamvis non eorum. * job 16: ° in caelo est testis meus. ‘ tertio ponitur ipsius petitio: et primo petit salutem: ° non sis tu mihi, ‘ quasi dicat: solum indignationem tuam timeo. * job 9: ° aufert a me virgam suam, et pavor ejus non me terreat. * matth. 10: ° nolite timere eos qui occidunt corpus, animam autem non possunt occidere, sed potius timete eum qui potest animam et corpus perdere in gehennam. ‘ secundo petit incredulis afflictionem in corde ex confusione, de culpa, confundantur. * psalm. 39: ° confundantur et revereantur, qui quaerunt animam meam ut auferant eam. ‘ et timorem poenae, ° pavent, * proverb. 10: ° pavor his qui operantur malum. * sapient. 17: ° cum enim sit timida nequitia, data est in omnium condemnationem. ‘ et in corpore: ° induc super eos diem afflictionis, ‘ in vita, ° contere, ‘ per mortem, ° duplici, ‘ gladio et fame, vel anima et corpore.

lc4 ‘ Hic revocat eos ad cultum pristinae religionis quantum ad mandatum de observatione sabbati, quod levissimum est, ut magis eorum obstinatio ostendatur: et circa hoc duo facit. primo determinat praedicationis locum, ° in porta, ‘ ut quasi inviti cogantur audire. * 2 timoth. ult.: ° insta opportune, importune, argue, obsecra, increpa. filiorum, ‘ ipsi enim sunt populus meus; sed filii populorum sunt. ° per quam ingrediuntur: ‘ ipsa enim specialis porta erat juxta domum regiam, per quam reges urbem ingrediebantur. * supra 7: ° sta in porta domus domini, et praedica ibi verbum istud ‘ etc.. secundo proponit praedicationis verbum: ° et dices ad eos: ‘ et circa hoc tria facit. primo ponit praeceptum, petens auditum, ° audite. * psalm. 2: ° et nunc reges intelligite, erudimini qui judicatis terram. ‘ promulgans praeceptum: ° haec dicit dominus: custodite, ‘ a peccato, ° portare, ‘ extra civitatem, ° pondera, ‘ mercium, ° et opus, ‘ servile, pertinens vel ad servitutem culpae, vel ad servitutem poenae: quia etiam ab illis, quae peccata non erant, tenebantur abstinere; a quibus omnibus nos non tenemur abstinere, sed secundum praeceptum ecclesiae ordinantis de hoc. ° sanctificate, ‘ ut bonis operibus vacetis. * exod. 20: ° memento ut diem sabbati sanctifices. * nehemiae ult.: ° vidi in juda calcantes in sabbato, portantes acervos, et onerantes super asinos vinum et uvas et ficus et omne onus, et inferentes in jerusalem die sabbati. et contestatus sum ‘ etc.. et ponit praecepti contemptum: ° et non audierunt. * supra 7: ° non audierunt, nec inclinaverunt aurem suam, sed abierunt in voluptatibus, et pravitate cordis sui mali, ‘ etc.. secundo promittit obedientibus praemium: ° et erit, si audieritis: ‘ quantum ad tria; in quibus civitas gloriosa erat: scilicet in dignitate regni; et quantum ad hoc, ° ingredientur. * isa. 1: ° restituam judices tuos ut fuerunt prius, et consiliarios tuos sicut antiquitus. ‘ in multitudine populi; et quantum ad hoc, ° et habitabitur: * isa. 62: ° non vocaberis ultra derelicta, et terra tua non vocabitur amplius desolata. ‘ et quantum ad religionem templi: ° et venient de civitatibus juda, de circuitu jerusalem, et de terra beniamin, et de campestribus, et de montuosis, et ab austro, ‘ etiam ab aegypto. * isa. 60: ° offerentur super placabili altari meo, et domum majestatis meae glorificabo. ‘ tertio comminatur contemnentibus incendium: ° si autem non audieritis... succendam ignem in portis, ‘ quia portas intrantes chaldaei ignem miserunt in civitatem. * isa. 1: ° succendetur utrumque simul, et non erit qui extinguat. ‘ nota, quod sancti fructificant per sapientiae contemplationem. * eccl. 6: ° quasi is qui arat, et qui seminat, accede ad eam, et sustine bonos fructus illius. ‘ per caritatis fervorem. * cant. 5: ° veniat dilectus meus in hortum suum, ut comedat fructum pomorum suorum. ‘ per laudis confessionem. * heb. 13: ° per ipsum offeramus hostiam laudis semper deo, idest fructum labiorum confitentium nomini ejus. ‘ per meritoriam operationem. * psal. 84: ° etenim dominus dabit benignitatem, et terra nostra dabit fructum suum. ‘ per proximorum conversionem. * joan. 15: ° ut eatis, et fructum afferatis, et fructus vester maneat. ‘ item notandum, quod sequitur aliquis christum per carnis integritatem. * apoc. 14: ° virgines enim sunt, et sequuntur agnum quocumque ierit. ‘ per cordis intentionem. * philip. 3: ° sequor si quo modo comprehendam. ‘ per tribulationis passionem. * 1 petr. 2: ° christus passus est pro nobis vobis relinquens exemplum, ut sequamini vestigia ejus. ‘ per mandatorum observationem * job 23: ° vestigia ejus secutus est pes meus, viam ejus custodivi et non declinavi ex ea. ‘ per gloriae receptionem. * eccli. 25: ° magna gloria est sequi dominum; longitudo enim dierum assumetur ab eo.

069 CPH cp18

lc1 ‘ Hic ostendit obstinationem ipsius populi quasi per experimentum: et primo quia contemnunt praedicationem; secundo quia persequuntur praedicatorem, * ibi, ° et dixerunt: venite, et cogitemus contra jeremiam cogitationes. ‘ circa primum duo. primo ponitur praedicatio revocans eos ad poenitentiam; secundo ponitur contemnentium desperatio, * ibi, ° qui dixerunt: desperavimus: post cogitationes enim nostras ibimus. ‘ circa primum duo. primo designat dominus prophetae revelationis locum: ° in domum figuli, ‘ ut ex ipsius operis similitudine prophetia sumeretur: in quo significatur quod descendenti in considerationem suae infirmitatis, verba domini revelantur. * prov. 3: ° cum simplicibus sermocinatio ejus. descendi, ‘ accessi in inferiorem partem civitatis, ubi hujusmodi artifices morabantur. secundo ponitur revelatum verbum. et primo ponit similitudinem; secundo ex similitudine sumit rationem, * ibi, ° repente loquar adversus gentem. ‘ circa primum duo. primo ponitur factum figuli, unde similitudo sumitur, ponens vasis destructionem: ° et ecce ipse faciebat opus super rotam, * eccl. 58: ° figulus sedens ad opus suum, et convertens pedibus suis rotam, qui in solicitudine |25| positus est semper propter opus suum, et innumera est omnis operatio ejus. ‘ et destructi vasis restaurationem: ° conversusque fecit illud vas alterum. * sapien. 15: ° figulus mollem terram premens, laboriose fingit ad usus nostros unumquodque vas, et de eodem luto fingit quae munda sunt in usum vasa, et similiter quae his sunt contraria. ‘ secundo ponit similitudinis adaptationem: ° et factum est verbum domini ad me. ‘ et primo ponitur quaestio: ° numquid sicut figulus iste non potero vobis facere, domos israel? * isa. 64: ° et nunc domine, pater noster est tu, nos vero lutum; et fictor noster tu, et opera manum tuarum omnes nos. ‘ secundo responsio: ° ecce sicut lutum: * sapien. 7: ° in manu ipsius et nos, et sermones nostri, et omnis sapientia, et operum scientiae disciplina.

lc2 ‘ Hic sumit rationem ex praedicta similitudine. * sed objicitur contra id quod dicitur hic, illud quod habetur num. 23: ° non est deus ut homo ut mentiatur, neque ut filius hominis ut mutetur. “ sed hoc non potest esse sine mendacio, quod aliquis dicat futurum quod non eveniat, neque sine mutatione, si poenitentiam agat. ergo etc.. ‘ ad quod dicendum quod “ est duplex prophetia * secundum hieronymum in glossa super matth. cap. 1, “ scilicet praedestinationis in his quae non dependent ex libero arbitrio, sed tantum ex dei dispositione, quae immutabilis est; et ideo hanc necesse est omnibus modis evenire. alia est praescientiae de his etiam quae libero arbitrio non subjacent, sed procedunt a deo secundum quod deus praescit finaliter eventum uniuscujusque rei. et sic etiam sententia divina non mutatur, facta mutatione in homine, sed non in deo. ‘ et ideo poenitentia accipitur non secundum mutationem divinae dispositionis, sed divinae sententiae prolatae secundum causas inferiores. et ideo dicit, ° repente, et subito, ‘ loquens de deo ad similitudinem hominis: dicitur enim aliquis repente loqui, quando |25| sine praemeditatione loquitur. hoc autem convenit quando tantum ad praesens, omissa futuri consideratione, respicit. circa hoc ergo duo facit. primo ponit divinae sententiae revocabilitatem in malis, ponens sententiae pronuntiationem, ° ut eradicem, ‘ auferendo omnem firmitatem. * supra 1: ° constitui te hodie super gentes, et super regna, ut evellas, et destruas, et disperdas, et dissipes, et aedifices, et plantes. ‘ et sententiae revocationem: ° si poenitentiam egerit gens illa a malo suo... agam et ego poenitentiam. * oseae 11: ° conversum est in me cor meum, pariter conturbata est paenitudo mea. ‘ et in bonis, ponens sententiae promulgationem, ° et subito. * job 22: ° si reversus fueris ad omnipotentem, aedificaberis, et longe facies iniquitatem a tabernaculo tuo. ‘ et revocationem, si fecerit malum. * ezech. 18: ° si averterit se justus a justitia sua, et fecerit iniquitatem juxta omnes abominationes quas operari solet impius numquid vivet? omnes justitiae ejus quas fecerat, non recordabuntur: in praevaricatione qua praevaricatus est, et in peccato suo quod peccavit, in ipsis morietur. ‘ secundo inducit cognitionem: et primo proponit excogitatam |50| poenam: ° nunc ergo dic viro juda.... haec dicit dominus, ecce ego fingo, ‘ sicut figulus, ° malum, ‘ poenae. * isa. 45: ° ego dominus faciens pacem, et creans malum. ‘ secundo concludit poenitentiam: ° revertatur unusquisque a via sua mala, et vias, ‘ opera, ° studia, ‘ cogitationes, ° dirigite, ‘ recta facite. * ezech. 33: ° convertimini a viis vestris pessimis.

lc3 ‘ Hic ponitur contemnentium desperatio: et primo ponitur desperatio, ° desperavimus. * supra 2: ° dixisti: desperavi, nequaquam faciam: adamavi quippe alienos, et post eos ambulabo. ‘ secundo ponitur desperantium condemnatio: ° ideo haec dicit dominus. ‘ et primo arguit in eis horribilem culpam in comparatione gentium: ° interroga gentes. * supra 2: ° transite ad insulas cethim, et videte, et in cedar mittite, et considerate vehementer, et videte si factum est hujusmodi, si mutuavit gens deos suos. et certe ipsi non sunt dii. * ezech. 5: ° contempsit judicia mea, ut plus esset impia quam gentes, et praecepta mea ultra quam terrae quae in circuitu ejus sunt. ‘ ex similitudine insensibilium, quae ordinem sibi a deo praefixum tenent: ° numquid deficiet de petra agri nix libani? ‘ et notandum quod libanus est mons magnus, et habet in summitate magnam latitudinem, in qua sunt agri, et speluncae petrarum, in quas, quia radius solis non pervenit, conservantur nives perpetuo. ° aut evelli possunt aquae erumpentes, ‘ ut non fluant de libano, et aliis altis montibus? quasi dicat, non. * eccl. 3: ° didici quod omnia opera quae fecit deus perseverent in perpetuum. non possumus |25| eis quidquam addere, nec auferre, quae fecit dominus ut timeatur. ‘ ex conditione operum, quia inutilia: ° frustra libantes, ‘ scilicet idolis. * rom. 6: ° quem ergo fructum habuistis tunc in illis in quibus nunc erubescitis? ‘ quia nociva, ° et impingentes, ‘ idest offendentes. * isa. 59: ° impegimus in meridie quasi in tenebris, in caliginosis quasi mortui. ‘ quia turpia, ° in semitis saeculi, ‘ scilicet idolatriae, post quas saeculum totum vadit. * job 22: ° numquid semitam saeculorum custodire cupis, quam calcaverunt viri iniqui, qui sublati sunt ante tempus suum, et fluvius subvertit fundamentum eorum qui dicebant deo: recede a nobis, et scientiam viarum tuarum nolumus. ‘ et difficilia: ° ut ambularent per eas in itinere non trito, ‘ a sanctis patribus. vel quia vana peccata excogitabant. * sap. 5: ° ambulavimus vias difficiles, viam autem domini ignoravimus. * numer. 20: ° via trita gradiemur. ‘ secundo comminatur stupendam poenam. primo quantum ad terrae desolationem: ° ut fieret terra eorum in desolationem. ‘ ut consecutive. * thren. 1: ° o vos omnes qui transitis per viam attendite, et videte, si est dolor sicut dolor meus. ‘ secundo quantum ad gentis destructionem: ° sicut ventus, ‘ qui omnes |50| fruges desiccat, ° inimico, ‘ babylonico. * supra 4: ° ventus urens in viis quae sunt in deserto viae filiae populi mei, non ad ventilandum, et ad purgandum. ‘ tertio divini auxilii cessionem. ° dorsum, ‘ ad modum hominis irati. * deut. 32: ° abscondam faciem meam ab eis, et considerabo novissima eo. * ps. 73: ° ut quid, domine, repulisti in finem, iratus est furor tuus super oves pascuae tuae?

lc4 ‘ Hic ostenditur eorum obstinatio ex eo quod persequebantur praedicatores eorum in figuram persecutionis christi: et primo ponitur adversariorum persecutio, ponens persequendi consilium, ° venite. * sapient. 2: ° dixerunt impii cogitantes apud se non recte. * et infra (ibidem): ° circumveniamus justum, quoniam inutilis est nobis, et contrarius est operibus nostris ‘ etc.. persecutionis argumentum: ° non enim peribit lex, ‘ legis dispositio, ° sermo, ‘ divinae revelationis; quasi, falso hoc futurum praedixit. * e contra ezech. 7: ° peribit lex a sacerdote, et consilium a senioribus. ‘ et persequendi modum, ° lingua, ‘ detrahendo, et accusando. ° non attendamus, ‘ quasi timentes comminationes ipsius. * psalm. 63: ° exacuerunt ut gladium linguas suas, firmaverunt sibi sermonem nequam. * eccl. 28: ° flagelli plaga livorem facit, plaga autem linguae comminuet ossa. ‘ secundo ponitur prophetae oratio: et primo petit audientiam: ° attende, domine, ad me, ‘ idest ad mea merita. * thren. 3: ° audisti opprobrium eorum, domine, omnes cogitationes eorum adversum me. ‘ secundo proponit ingratitudinis culpam, ponens ingratitudinem: ° numquid redditur pro bono malum? ‘ quasi |25| dicat: non est consuetum, non est justum. ° foveam, ‘ deceptionem, ut tollerent vitam meam. * psalm. 108: ° posuerunt adversum me mala pro bonis, et odium pro dilectione mea. ‘ et ingratitudinis probationem, ° recordare. * 2 mach. ult.: ° hic est fratrum amator, et populi israel; hic est qui multum orat pro populo, et universa sancta civitate, jeremias propheta dei. ‘ tertio imprecatur poenam: et primo poenae inflictionem quantum ad pueros: ° propterea da filios. * supra 15: ° qui ad gladium, ad gladium; et qui ad famem, ad famem: et qui ad captivitatem, ad captivitatem. ‘ quantum ad matrimonio utentes: ° fiant uxores eorum absque liberis. * osea 9: ° da eis vulvam sine liberis, et ubera arentia. ‘ et quantum ad viros bellicosos: ° juvenes eorum confodiantur gladio in praelio, audiatur clamor, ‘ planctus. * isa. 15: ° clamorem contritionis levabunt. ‘ secundo poenae occultationem, ut praecavere non possint: ° adduces latronem, ‘ nabuchodonosor, qui subito super eos veniat. * abdias: ° si fures intrassent ad te, si latrones per noctem, quomodo conticuisses? ‘ et assignat rationem: ° quia foderunt foveam; ‘ quasi dicat: justum est ut decipiantur qui me decipere voluerunt. * psalm. 56: ° laqueum paraverunt pedibus |50| meis, et incurvaverunt animam meam. ‘ et inducit probationem: ° tu autem, domine, scis. * thr. 3: ° vidisti, domine, iniquitatem illorum adversum me, judica judicium meum. ‘ secundo excludit sententiae revocationem, excludens misericordiam: ° ne propitieris, ‘ mundando a culpa, ° non deleatur, ‘ liberando a poena. * psalm. 108. ° in memoriam redeat iniquitas patrum ejus in conspectu domini, et peccatum matris ejus non deleatur. ‘ et imprecatur poenam: ° fiant corruentes... abutere eis, ‘ idest in malum utere, vel contra consuetudinem clementiae tuae. * isa. 3: ° ruit jerusalem, et judas concidit: quia lingua eorum, et adinventiones eorum contra dominum, ut provocarent oculos majestatis ejus. ‘ notandum, quod est quidam sibilus bonus divinae inspirationis. * zach. 10: ° sibilabo eis, et congregabo illos quia redemi eos. ‘ humilis confirmationis. * 3 reg. 19: ° post ignem sibilus aurae tenuis. ‘ compassionis. * infra 49: ° omnis qui transibit per eam stupebit, et sibilabit super omnes plagas ejus. ‘ item est sibilus malus iniquae persuasionis. * sapient. 17: ° serpentium sibilatione commoti, tremebundi peribant. ‘ insultationis. * thren. 2: ° omnes transeuntes per viam |75| sibilaverunt, et moverunt capita sua super filiam jerusalem: haeccine est urbs, dicentes, perfecti decoris, gaudium universae terrae? ‘ et stuporis. * infra 25: ° ponam eos in stuporem, et sibilum in solitudines sempiternas. ‘ item super illud verbum, ° ut loquerer pro eis bonum, ‘ nota, quod christus loquitur pro nobis bonum ad impetrandum veniam. * luc. 23: ° pater, ignosce illis, quia nesciunt quid faciunt. ‘ ad excusandam culpam. * 1 joan. 2: ° advocatum habemus apud patrem jesum christum justum; et ipse est propitiatio pro peccatis nostris. * ad heb. 12: ° accessistis ad testamenti novi mediatorem jesum, et sanguinis aspersionem melius loquentem quam abel. ‘ ad impetrandam gloriam. * joan. 17: ° volo ut ubi ego sum et illi sint mecum, ut videant claritatem meam, quam dedisti mihi.

069 CPH cp19

lc1 ‘ Hic comminatur consummatam poenam: et primo designat praedicationis locum: ° ad vallem filiorum annon, quae est juxta introitum portae fictilis, ‘ ubi figuli habitabant; ° et praedicabis ibi verba quae ego loquor ad te. * ezech. 3: ° audies de ore meo verbum, et annuntiabis eis ex me. ‘ secundo ponit praedicationis verbum: et primo in loco a deo praefinito; secundo in templo, * ibi, ° venit autem jeremias de tophet. ‘ circa primum duo. primo praedicit eam verbo; secundo praesignat eam facto * ibi, ° et conteres lagunculam. ‘ circa primum primo comminatur poenam in generali, petens audientiam: ° dices, audite. * ps. 2: ° et nunc reges intelligite, erudimini qui judicatis terram. ‘ praedicens poenam: ° haec dicit dominus... tinnient, ‘ quasi ex commotione cordis prae stupore, sicut ex commotione magni soni. * 1 reg. 3: ° ecce ego faciam verbum in israel, quod quicumque audierit, tinnient ambae aures ejus. * 4 reg. 21: ° ecce ego inducam mala super jerusalem, et judam, ut quicumque audierit, tinniant ambae aures ejus. ‘ et assignans causam, culpam populi: ° eo quod dereliquerunt me. * isa. 1: ° dereliquerunt dominum, blasphemaverunt sanctum israel, abalienati sunt |25| retrorsum. ‘ et culpam regis quantum ad simplex homicidium: ° et reges juda. * 4 reg. 21: ° sanguinem innoxium fudit manasses multum nimis, donec impleretur jerusalem usque ad os. ‘ et quantum ad homicidium junctum sacrilegio. ° et aedificaverunt excelsa baalim. * ps. 105: ° effuderunt sanguinem innocentem, sanguinem filiorum suorum, et filiarum suarum, quas sacrificaverunt sculptilibus chanaam. ‘ secundo ponit poenam in speciali: et primo quantum ad mala, quae passi sunt in urbis captione, ponens interfectionem hominum: ° propterea ecce dies venient; ‘ ubi designat occisorum multitudinem, ° et non vocabitur amplius locus iste tophet. * supra 7 idem. ‘ consilii dissipationem: ° et dissipabo consilium juda, ‘ quod debellare nabuchodonosor cogitaverat, ° in loco isto, ‘ quia ibi occisi sunt: * job 5: ° apprehendit sapientes in astutia sua, et consilium pravorum dissipat. ‘ et occisionis speciem: ° et subvertam eos gladio. * ezech. 21: ° hic est gladius occisionis magnae, qui obstupescere eos fecit, et corde tabescere, et multiplicat ruinas. ‘ et ponens abjectionem cadaverum: ° et dabo cadavera eorum escam volatilibus caeli. * ps. 78: ° posuerunt mortalia servorum tuorum escas volatilibus caeli, carnes sanctorum |50| tuorum bestiis terrae. ‘ et ponens destructionem urbium: ° et ponam civitatem hanc in stuporem. * supra 18, idem. ‘ secundo poenam quam passi sunt in obsidione: ° et cibabo eos carnibus filiorum suorum. * deute. 28: ° comedes fructum uteri tui, et carnes filiorum tuorum, et filiarum tuarum, quas dederit tibi dominus deus tuus, in angustia, et vastitate, qua opprimet te hostis tuus. * thren. 4: ° manus mulierum misericordium coxerunt filios suos, facti sunt cibus earum in contritione filiae populi mei.

lc2 ‘ Hic designat praedictam poenam facto: et primo ponit factum: ° conteres lagunculam. * isa. 10: ° ecce dominator dominus exercituum confringet lagunculam in terrore, et excelsi statura succidentur, et sublimes humiliabuntur. ‘ secundo facti significatum: ° et dices ad eos. ‘ primo quantum ad populi occisionem: ° sic conteram. * isa. 30: ° comminuetur sicut conteritur lagena figuli, contritione pervalida. ‘ secundo quantum ad sepulturae locum: ° et in tophet sepelientur, ‘ propter occisorum multitudinem. * supra 7, idem. ‘ tertio quantum ad urbis destructionem, ° sic faciam, ‘ sicut tophet, immundam, et sine domibus. ° in quarum domatibus, ‘ idest in summitatibus domorum, quae planae erant, et in eis idola colebant. * isa. 22: ° ascendisti et tu omnis in tecta clamoris plena, urbs frequens, civitas exultans.

lc3 ‘ Postquam dixerat praedicta in valle tophet ad populum, revertitur ad templum, ut annuntiaret ea populo qui ipsum sequi noluit. et planum est. * act. 7: ° dura cervice, et incircumcisis cordibus, et auribus, vos semper spiritui sancto restitistis; sicut et patres vestris, ita et vos.

069 CPH cp20

lc1 ‘ Finita comminatione contra populum, incipit comminatio contra principes. et primo ponitur comminatio prophetae contra principes; secundo conspiratio principum contra prophetam, * infra 26 cap.: ° in principio regni joakim filii josiae regis juda. ‘ circa primum duo. primo comminatur contra principes judaici populi; secundo contra illos, et alios, * infra 25 cap.: ° verbum quod factum est ad jeremiam a domino. ‘ prima in duas. in prima comminatur contra principes in summo dignitatis gradu constitutos; in secunda contra omnes comminatur, * infra 23 cap.: ° vae pastoribus qui dispergunt, et dilacerant gregem. ‘ circa primum duo. primo comminatur contra summum in dignitate spirituali, scilicet contra summum sacerdotem; secundo contra summum in dignitate temporali, scilicet contra regem, * infra 21 cap.: ° verbum quod factum est ad jeremiam a domino. ‘ circa primum duo. primo ponitur comminatio contra summum sacerdotem; secundo propter pericula quae ex hoc prophetae imminebant, ponitur ipsius conquestio, * ibi, ° seduxisti me, domine. ‘ circa primum duo. primo ponitur comminationis occasio ex prophetae persecutione: ubi ponitur |25| persecutionis ratio: ° prophetantem sermones istos, ‘ contra civitatem: hoc enim erat officium summi sacerdotis, ut scilicet falso prophetantes corriperet. * infra 29: ° dedit te dominus sacerdotem pro jojade sacerdote, ut sis dux in domo domini super omnem virum arreptitium, et prophetantem, ut mittas eum in nervum, et in carcerem, ‘ etc.. prophetae persecutio: ° et percussit... et misit eum in nervum, ‘ in carcerem, genus tormenti ad detinendum captivos, ° beniamin, ‘ quae ducebat in tribum beniamin; erat enim civitas sita in confinio duarum tribuum. ° superiori, ‘ quia forte plures erant portae ducentes in terram illam, ° in domo domini: ‘ unde in illa porta exercebatur judicium de prophetis, et de ministris templi, et ibi claudebantur in carcere. * thren. 3: ° circumaedificavit adversum me ut non egrediar, aggravavit compedem meum. ‘ et prophetae liberatio: ° cumque illuxisset in crastinum, eduxit phassur jeremiam de nervo. * act. 4: ° factum est autem in crastinum, ut congregarentur principes eorum, et seniores, et scribae in jerusalem. * psalm. 67: ° qui educit vinctos in fortitudine. ‘ secundo ponitur comminatio: et primo ponitur poenae designatio ex immutatione nominis: ° et dixit ad eum: ‘ loquitur |50| ad modum hominis timidi, qui undique circumspicit. * prov. 10: ° pavor his qui operantur malum. ‘ secundo ponitur poenae comminatio: ° quia haec dicit dominus: ‘ et primo quantum ad ipsius amicos: ° te, et omnes amicos. * ps. 77: ° sacerdotes eorum in gladio ceciderunt. ‘ secundo quantum ad subditos, ponens captivitatem hominum: ° et omnem judam. * thren. 1: ° migravit judas propter afflictionem, et multitudinem servitutis; habitavit inter gentes, nec invenit requiem. ‘ et direptionem bonorum: ° et dabo universam substantiam civitatis hujus. * isa. 39: ° auferentur omnia quae in domo tua sunt, et quae thesaurizaverunt patres tui usque ad diem hanc, in babylonem. non relinquetur quicquam, dicit dominus. ‘ tertio quantum ad ipsius domesticos: ° tu autem phassur, et omnes habitatores domus tuae, ibitis in captivitatem... et omnes amici tui quibus prophetasti mendacium; ‘ promittens prospera. * isa. 22: ° quasi pilam mittet te dominus in terram latam et spatiosam. ibi morieris, * etc.. amos 7: ° filii tui, et filiae tuae in gladio cadent, et humus tua funiculo metietur; et tu in terra polluta morieris, et israel captivus migrabit de terra sua.

lc2 ‘ Hic ponitur prophetae conquestio: et primo plangit injunctum officium, secundo nativitatis ortum. circa primum duo. primo plangit injunctum officium propter consecutam irrisionem; secundo propter persecutionem, * ibi, ° audivi enim contumelias multorum. ‘ circa primum tria. primo quasi conquerendo notificat injunctionis modum, ° seduxisti; ‘ idest occasionem deceptionis ex verbis tuis accepi: credebam enim me prophetaturum contra gentes, et non contra judaeos a quibus persecutionem patior. non autem vult imponere crimen deceptionis in deum, quia blasphemaret. ° invaluisti, ‘ imponens officium mihi renitenti, * ut supra 1. ‘ et hoc praecipue quia fructum praedicationis suae non vidit. * isa. 49: ° in vacuum laboravi, sine causa et vane fortitudinem meam consumpsi. ‘ secundo proponit praedicationis eventum, ponens irrisionem: ° factus sum in derisum... omnes subsannant ‘ rugatione nasi, irrisionem propalantes. * thren. 3: ° factus sum in derisum omni populo meo, canticum eorum tota die. ‘ et assignat rationem, ponens praedicationis verbum, quo arguebat aperte culpas, et comminabatur poenas: ° quia jam olim loquor vociferans iniquitatem, et vastitatem, ‘ quae tamen nondum venit. |25| * isa. 16: ° his qui laetantur super murum cocti lateris, loquimini plagas suas. ‘ et consequens opprobrium: ° et factus est mihi sermo domini in opprobrium, ‘ idest opprobrii causa. * act. 26: ° festus paulo dixit: multae litterae ad insaniam te deduxerunt. ‘ tertio resignat injunctum officium ° et dixi. ‘ et primo abjicit officium, ° non recordabor, ‘ idest, non cogitabo ulterius loqui ad populum. nolebat enim margaritas ante porcos spargere. * matth. 7: ° nolite sanctum dare canibus. ‘ secundo officium abjectum resumit: ° et factus est quasi ignis; ‘ quanto enim magis quis exterius a verbis abstinet, magis intus fervorem amoris sentit. * ps. 38: ° concaluit cor meum intra me, et in meditatione mea exardescet ignis. in ossibus, ‘ in intimis mentis, ° defeci, ‘ a proposito, ° ferre non sustinens, ‘ interius incendium, ° audivi enim contumelias multorum. ‘ hic conqueritur de officio assumpto, ex eo quod persecutiones sustinebat. et primo ponitur adversariorum persecutio: et primo ponit persequentium multitudinem, ° multorum, ‘ quibus resisti non potest. ° persequimini; ‘ in quo notatur ipsorum conjuratio. ponit etiam familiaritatem: ° ab omnibus viris qui erant pacifici mei; ‘ in quo notatur imminens periculum * abdias: ° omnes viri foederis tui illuserunt |50| tibi, invaluerunt contra te viri pacis tuae. ‘ secundo ponitur prophetae confortatio, ponens divinum auxilium: ° dominus autem mecum, ‘ ad defendendum. * isa. 50: ° dominus deus auxiliator meus, et ideo non sum confusus. ‘ et ipsius officium: ° et idcirco cadent, ‘ quia persequuntur. * isa. 40: ° deficient pueri, et laborabunt, et juvenes infirmitate cadent. confundentur, ‘ quia opprobria dixerunt, ° quia non intellexerunt, ‘ idest intelligere noluerunt, ° opprobrium, ‘ aeternae damnationis, vel futurae captivitatis. * psal. 39: ° confundantur, et revereantur qui quaerunt animam meam ut auferant eam. ‘ tertio ponitur petitio: ubi captat benevolentiam, commendans justitiam, ° probator, ‘ idest approbator vel inquisitor et discussor: scientiam, ° qui videt renes, ‘ quantum ad affectiones, ° et corda, ‘ quantum ad cogitationes. * supra 17: ° ego dominus scrutans cor, et probans renes, qui do unicuique juxta viam suam, ‘ etc.. petit vindictam: ° videam, quaeso, ultionem meam ex eis: ‘ assignat causam: ° tibi enim revelavi, ‘ non hoc ignoranti, sed totam causam meam in te ponens. * supra 11: ° tibi enim revelavi causam meam. ‘ quarto ponitur gratiarum actio, ° cantate domino. * psal. 71: ° quia liberavit pauperem a potente, pauperem cui |75| non erat adjutor.

lc3 ‘ Hic plangit nativitatis suae ortum. * sed objicitur contra hoc quod hic dicitur. “ sanctorum enim est gloriari in tribulationibus, * ut dicitur ad rom. 5, “ ergo videtur quod jeremias non debuerit pro tribulationibus in maledictionem prorumpere. praeterea dies creatura dei est; maledicere autem creaturae dei, est peccatum: ergo etc.. praeterea dies transitorium quid est, et huic poenam maledictionis aptare stultum est: ergo etc.. praeterea nullus debet innocenti maledicere; sed ille homo in hoc quod jeremiam non interfecit, innocens fuit: ergo peccavit ipsi maledicendo. ‘ ad primum dicendum, quod “ tribulationes in se consideratae malae sunt inquantum contrariantur naturae bonae, * ut dicit augustinus; ‘ et sic eas abhorrere naturali odio, peccatum non est. si tamen propter eas ratio a sua rectitudine deduceretur, hoc esset peccatum. consideratae autem secundum quod promovent in bonum, sic sancti in ipsis gloriantur, sicut infirmus in sectione per quam sanatur. ad secundum dicendum, et ad tertium, quod diei in sua natura consideratae non maledicit, quia hoc esset stultum et peccatum, sed inquantum mala est, prout scilicet aliquid mali in ipsa accidit; sicut |25| e contra dies festus agitur propter aliquod bonum quod die illo accidit: et hoc significat, illa maledictio, * gregorius tamen respiciens ad naturam ipsius diei dicit, quod “ ad litteram non potest intelligi. ‘ et similiter dicendum ad ultimum, quod non maledicit illis hominibus nisi inquantum relationem habent ad suum actum. unde per hoc dat intelligere horrorem suum, hyperbolice loquens, et taedium vitae suae propter angustias quas patiebatur. circa hoc ergo duo facit. primo ponit maledictionem contra nativitatis tempus: ° maledicta dies. * job 3: ° pereat dies in qua dictum est: conceptus est homo. ‘ contra nativitatis nuntium: ° maledictus vir qui annuntiavit patri meo, dicens: natus est tibi puer masculus et quasi gaudio laetificavit eum. * gen. 21: ° gaudium fecit mihi dominus, et quicumque audierit, corridebit mihi. ‘ et explicat maledictionis modum: ° sit homo ille ut sunt civitates quas subvertit dominus. * isa. 25: ° posuisti civitatem in tumultum, urbem fortem in ruinam. ‘ et contra vitae ministrum, qui scilicet vitam conservavit: ° audiat clamorem, ‘ scilicet mortis ° ut fieret mihi mater mea sepulcrum, ‘ quasi non computatus esset inter homines, ° conceptus aeternus, ‘ qui scilicet numquam ad debitum partum pervenisset. |50| * job 3: ° quare non in vulva mortuus sum, egressus ex utero non statim perii. ‘ secundo ponitur maledictionis ratio: ° quare de vulva egressus sum? * supra 15: ° vae mihi, mater mea, quare genuisti me virum rixae, virum discordiae, in universa terra? * 1 mach. 2: ° vae mihi, ut quid natus sum videre contritionem populi mei, et contritionem civitatis sanctae, et sedere illic cum datur in manibus inimicorum? ‘ nota super illo verbo, ° seduxisti me, domine, et seductus sum; fortior me fuisti, et invaluisti, ‘ quia dominus seducit trahendo persuasionibus. * 2 cor. ult.: ° cum essem astutus, dolo vos cepi. ‘ alliciendo consolationibus. * apocal. 10: ° cum devorassem eam, amaricatus est venter meus. ‘ confortando promissionibus. * supra 4: ° ergo ne decepisti populum istum, et jerusalem, dicens: pax erit vobis? et ecce pervenit gladius usque ad animam. ‘ invalescit autem dominus corrigendo. * isa. 8: ° in forti manu sua erudivit me, ne irem in via populi hujus. ‘ a noxiis retrahendo. * oseae 2: ° sepiam viam tuam spinis, et sepiam eam maceria. ‘ amore alligando. * oseae 11: ° in funiculis adam traham eos, in vinculis caritatis.

069 CPH cp21

lc1 ‘ Hic ponitur comminatio contra reges, qui obtinent summum gradum in potestate saeculari: et primo secundum quod reges puniuntur per poenam populi; secundo secundum quod puniuntur in propria persona, * 22 cap.: ° haec dicit dominus ‘ etc.. circa primum duo. primo ponitur regis interrogatio vel petitio: ° interroga; ‘ quasi dicat, quaere divinum responsum, ° et ora pro nobis. ‘ hic phassur non est idem qui supra, qui ex alio patre natus. * isa. 37: ° dies tribulationis et correctionis, et blasphemiae dies haec: quia venerunt filii usque ad partum, et virtus non est pariendi. * et infra (ibid.): ° leva ergo orationem pro reliquiis quae repertae sunt. ‘ secundo ponitur prophetae responsio: ° et dixit jeremias. ‘ et primo comminatur poenam quantum ad tempus ante civitatis captionem, contra tria in quibus confidebant: scilicet in armorum munitione: ° ecce convertam; ‘ quasi dicat: arma quae contra hostes assumpsistis, in vosipsos convertentur, quia contra vos invicem pugnabitis. * psalm. 7: ° convertetur dolor ejus in caput ejus, et in verticem ipsius iniquitas ejus descendet. ‘ vel ° convertentur, ‘ quasi sine fructu. confidebant etiam in murorum fortitudine; contra quod dicit: ° et chaldaeos, |25| qui obsident in circuitu murorum; ‘ quasi dicat, non impedientibus muris. * thren. 4: ° non crediderunt reges terrae, et universi habitatores orbis, quoniam ingrederetur hostis, et inimicus per portas jerusalem. ‘ confidebant etiam in divina protectione; contra quod dicit: ° et debellabo ego vos in manu extenta, ‘ idest potentia mea ad vindictam parata, ° forti, ‘ cui resisti non potest, ° furore, ‘ quantum ad pessimos, ° indignatione, ‘ quantum ad minus peccantes, ° in ira grandi, ‘ contra mediocres.

lc2 ‘ Hic tangit modum impugnationis. * ezech. 20: ° in manu valida, et in brachio extento, et in furore effuso regnabo super vos, et adducam vos in desertum populorum, et judicabor vobiscum ibi, facie ad faciem. ‘ et quantum ad tempus post urbis captionem: ° et post hoc, ‘ comminans poenam, ° dabo sedeciam. * thren. 1: ° dedit me dominus in manu de qua non potero fugere. ‘ et excludit misericordiam: ° et non flectetur, ‘ precibus, vel muneribus, ° neque parcet, ‘ propter pristinam amicitiam, ° neque miserebitur, ‘ ex compassione miseriae. * proverb. 6: ° zelus et furor viri non parcet in die vindictae, nec acquiescet cujusque precibus, nec suscipiet pro redemptione dona plurima. ‘ et hoc quia pactum non servavit. * ezech. 17: ° qui dissolvit pactum, numquid effugiet? ‘ secundo proponit eis salutis viam quantum ad populum: ° et ad populum hunc dices. ‘ et primo dat eis eligendi libertatem: ° ecce ego do coram vobis viam vitae, et viam mortis. * eccl. 15: ° ante hominem vita et mors, bonum et malum: quod placuerit ei, dabitur illi. ‘ ponit disjunctionem: ° qui habitaverit in urbe hac morietur... qui autem egressus fuerit... vivet. * isa. 51: ° egredimini |25| de medio ejus, populus meus, ut salvet unusquisque animam suam ab ira furoris domini. ‘ et assignat rationem: ° posui enim faciem meam super civitatem hanc. * supra 1: ° ollam succensam ego video. ‘ et ad regem: ° et domui regis juda, ‘ scilicet dices, ponens consilium: ° judicate mane. * psal. 81: ° eripite pauperem, et egenum de manu peccatoris liberate. ‘ et ponit imminens periculum: ° ne forte egrediatur ut ignis indignatio mea. * deut. 32: ° ignis succensus est in furore meo, et ardebit usque ad inferni novissima. ‘ tertio excludit falsam fiduciam, ponens confidentiae causam: ° ecce ego ad te, ‘ idest arcem jerusalem, ° habitatricem vallis solidae, atque campestris: ‘ erat enim jerusalem in latere montis versus vallem arnon: ergo pars erat in valle. vel dicitur despective, * sicut isa. 22: ° onus vallis visionis ‘ etc.. et etiam ex monte habebat soliditatem, fortitudinem et firmitatem; et ex fructiferis vallibus habebat fertilitatem. et superbam audaciam: ° qui dicitis; quis percutiet nos? * abdias 2: ° qui dicis in corde tuo: quis detrahet me in terram? ‘ et comminatur poenam: ° et visitabo, et succendam ignem in saltu, ‘ infructuosum populum, * joelis 1: ° ignis comedit speciosa deserti, et flamma succendit |50| omnia ligna regionis.

069 CPH cp22

lc1 ‘ Hic ponitur comminatio contra reges secundum quod in persona propria puniuntur: et circa hoc tria facit. primo enim ponitur annuntiandi praeceptum, et designat praedicationis locum, ° descende: ‘ quia templum ubi propheta stabat ad orandum, in eminentiori situm erat. * act. 10: ° descende, et vade cum eis nihil dubitans, quia ego misi illos. ‘ secundo dat salutis consilium, petens auditum, ° audite. * psal. 2: ° et nunc reges intelligite, erudimini qui judicatis terram. ‘ proponens consilium ut faciat bonum, servans justitiam: ° haec dicit dominus; facite judicium, ‘ executionem justitiae: quod proprie regis, et judicis est. * sap. 1: ° diligite justitiam qui judicatis terram. ‘ et impediendo calumniam: ° et liberate vi oppressum. * psal. 81: ° eripite pauperem, et egenum de manu peccatoris liberate. ‘ et ut vitet malum quantum ad injustam ablationem rerum: ° et advenam, et pupillum, et viduam nolite contristare. * exod. 22: ° advenam non contristabis; neque affliges eum. ‘ et quantum ad occisionem innocentium: ° et sanguinem innocentem ne effundatis. * exod. 23: ° insontem et justum non occides, quia adversor impium. ‘ et ponit consilii fructum, proponens |25| praemium servantibus: ° si enim facientes feceritis verbum istud, ingredientur per portas domus hujus reges de genere david. * supra 17, idem. ‘ et poenam contemnentibus: ° quod si non audieritis verba haec, in memetipso juravi, ‘ quia majorem non habeo. * hebr. 6: ° abrahae namque promittens deus, quoniam neminem habuit per quem juraret majorem, juravit per semetipsum. in solitudinem. * isa. 1: ° desolabitur sicut in vastitate hostili. domus, ‘ regia, vel templum. tertio praedicit imminens periculum: et primo in regiam urbem, tangens gloriam: ° quia haec dicit dominus super domum, ‘ scilicet jerusalem: ° tu mihi caput; ‘ idest, tu fuisti mihi caput in toto regno, sicut galaad caput in planitie quae est in summitate libani, ubi laban invenit jacob, * gen. 31. psal. 86: ° diligit dominus portas sion super omnia tabernacula jacob. ‘ praedicit futuram poenam, ponens poenae inflictionem quantum ad desolationem urbium: ° si non posuero, ‘ quasi dicat, non credatur mihi, ° urbes, ‘ tibi subditas. * joel. 2: ° quasi hortus voluptatis terra coram eo, et post eum solitudo deserti. ‘ et quantum ad occisionem hominum, ponens interficientem: ° et sanctificabo; ‘ quasi dicat: ad meum praeceptum implendum deputabo. |50| * simile isa. 13: ° ego mandavi sanctificatis meis, et vocabo fortes meos in ira mea, ‘ etc.. et interfectionem: ° et succident cedros, ‘ idest majores de populo, ut servetur metaphora. * zach. 11: ° aperi libane portas, et comedet ignis cedros tuas; ulula abies, quia cecidit cedrus, quoniam magnifici vastati sunt. ‘ ponens etiam poenae inflictae stuporem: ° et pertransibunt gentes: ‘ ubi ponit interrogationem stupentium: ° quare fecit dominus sic civitati huic? ‘ et responsionem audientium: et respondebunt. * deut. 29: ° et dicent omnes gentes: quare sic fecit dominus terrae huic? quae est ira furoris ejus immensa? et respondebunt: quia dereliquerunt pactum domini quod pepigit cum patribus eorum, ‘ etc.. secundo ponitur comminatio contra regiam stirpem: et primo contra joakim filium josiae, * ibi, ° quia haec dicit dominus, ‘ secundo contra joatham filium josiae, * ibi, ° vae qui aedificat domum suam in injustitia; ‘ tertio contra jeconiam filium joakim, * ibi, ° vivo ego, dicit dominus. * et de his habetur 4 reg. 24. ‘ circa primum duo. primo ponitur comminatio; ubi interdicit luctum pro josia occiso: ° nolite flere mortuum, ‘ scilicet josiam. * eccl. 22: ° modicum plora super mortuum, quoniam requievit. |75| ‘ et indicit planctum pro joatham a pharaone captivato; ° plangite eum. * job 20: ° oculus qui eum viderat non videbit, neque ultra intuebitur eum locus suus. ‘ fletus autem dicitur cum emissione lacrymarum; luctus addit quamdam solemnitatem; sed planctus adhuc addit conquestionem per verba. secundo ponitur comminationis confirmatio per sententiam divinam: ° quia haec dicit dominus ad sellum, ‘ joakim, quia omnes filii josiae dicti sunt sellum, idest consummatio, eo quod in ipsis regnum finitum sit. * isa. 22: ° quasi pilam mittet te dominus in terram latam, et spatiosam. ‘ et secundum hoc tota prophetia istius capituli facta est temporibus joakim; et dicit captivitatem joatham quasi praeteritam, et praedicit aliorum captivitatem quasi futuram. * sed hieronymus vult quod “ istud quod dictum est, exponatur de sedecia, et quod hucusque prophetia facta sit temporibus sedeciae * a principio 2 capitis, “ et deinceps super joakim.

lc2 ‘ Hic ponitur comminatio contra joakim. et primo arguit culpam injustae aedificationis, ponens injustum aedificium: ° vae ‘ ei ° qui aedificat, ‘ scilicet joakim filio josiae, ° coenacula, ‘ cameras, et proprie illas ad quas ascenditur scalis vel gradibus, a coenando dictas. * eccli. 21: ° qui aedificat domum suam impensis alienis, quasi qui colligit lapides suos in hyeme. amicum suum opprimet frustra, ‘ petens scilicet auxilium ad aedificandum. * levitic. 19: ° non remaneat merces mercenarii tui apud te usque mane. ‘ ponens etiam aedificii ornatum: ° qui dicit: aedificabo mihi domum latam... laquearia, ‘ quae cameris elevatis in solarium observatione succedunt, ° synopide, ‘ colore rubeo dicto a synope civitate persarum. secundo excludit falsam fiduciam, qua promittebat sibi prosperitatem, quam pater suus josias habuerat ponens stultam comparationem: ° numquid regnabis, quoniam confers te cedro? ‘ patri tuo. * psal. 36: ° vidi impium superexaltatum et elevatum sicut cedros libani. ‘ et ostendit eorum discretionem, proponens patris justitiam: ° pater tuus comedit; ‘ et tamen propter abundantiam non deseruit justitiam; et ideo prospere sibi successit. * job 19: ° cumque sederem |25| quasi rex, circumstante; eram tamen maerentium consolator. ‘ et proponens filii injustitiam: ° tu vero oculi, ‘ quantum ad cognitionem, ° et cor, ‘ quantum ad affectionem cordis, ° ad avaritiam, ‘ quantum ad injustam rerum ablationem, ° calumniam, ‘ falsam criminis impositionem, ut tali occasione opprimeret, ° ad cursum mali, ‘ quasi dicat. quod corde conceperas, opere explebas. * genes. 6: ° cuncta cogitatio humani cordis intenta est ad malum omni tempore. ‘ tertio comminatur poenam ° propter hoc dicit dominus. ‘ et primo quantum ad ipsum regem, privatione planctus: ° non plangent, ‘ consanguinei, ° non concrepabunt, ‘ simul concordantes subditi. * supra 16: ° non plangentur, et non sepelientur: in sterquilinium super faciem terrae erunt. ‘ et privatione sepulturae: ° sepultura asini sepeliuntur: ‘ quia projectus bestiis devorandus. * isa. 14: ° omnes reges gentium, universi dormierunt in gloria, vir in domo sua; tu autem projectus es de sepulcro tuo, quasi stirps inutilis, pollutus, et obvolutus cum his qui interfecti sunt gladio, et descenderunt ad fundamenta laci. ‘ de illo autem joakim diversa in diversis inveniuntur * 4 enim reg. 24, dicitur, quod ° immisit dominus latrunculos vicinarum gentium contra ipsum, |50| qui interfecerunt ipsum; et dormivit cum patribus suis. * 2 vero paral. 36, dicitur, quod ‘ ascendit contra eum rex babyloniae, et duxit eum in babyloniam quasi captivum. * josephus autem dicit, quod “ cum ingressus esset civitatem nabuchodonosor, vel nabuzardam, fregit pactum, et interfecit multos juvenes, cum quibus et joakim. ‘ hic autem dicitur, quod fuit insepultus. et ideo ad concordiam omnium horum sciendum est, quod iste joakim substitutus fuit a pharaone joatham fratri suo, et regnavit post cum rege aegypti. tandem viii anno regni ejus, venit nabuchodonosor contra eum, et tradidit se sibi. et factus est ei tributarius duobus annis. in decimo autem anno rebellavit. unde nabuchodonosor venit contra eum, et captivum ducebat in babyloniam: cui in via confoederatus est, et reversus est in jerusalem. sed nabuzardam, congregatis latrunculis vicinarum gentium, intravit jerusalem, et frangens pactum, interfecit eum: quo sepulto in sepulcris regiis a populo terrae, nabuzardam indignatus fecit eum effodi, et projici bestiis devorandum. secundo contra principes ipsius ponens eorum contritionem: ° ascende libanum, ‘ montem templi, ° in basan, ‘ quae subjacet monti jerusalem. * isa. 40: |75| ° super montem excelsum ascende tu qui evangelizas sion. amatores, ‘ principes et defensores. ponens etiam hujus rationem ex inobedientia: ° locutus sum ad te in abundantia tua, ‘ idest quando bonis a me traditis abundabas. * supra 6: ° audite vocem tubae. et dixerunt, non audiemus. ‘ et ex antiqua consuetudine: ° haec est via, ‘ scilicet inobedientia, ° ab adolescentia, ‘ scilicet a tempore quo egressa est de aegypto. * isa. 48: ° transgressorem ex ventre vocavi te. * supra 2: ° a saeculo confregisti jugum meum, rupisti vincula mea, et dixisti: non serviam. ‘ et ponit contritionis modum et ordinem: ° omnes pastores tuos, ‘ idest principes, ° pascet ventus, ‘ dispersionis in captivitatem, ° amatores, ‘ aegyptii. * oseae 12: ° ephraim pascit ventum, et sequitur aestum. ‘ tertio comminatur contra ipsam civitatem regalem, confusionem: ° et tunc confunderis... quae sedes in libano, ‘ in quo designatur superbia. * roman. 6: ° quem ergo fructum habuistis tunc in illis in quibus nunc erubescitis? ‘ et dolorem. ° quomodo congemuisti cum venissent tibi dolores, quasi dolores parturientis? ‘ praeteritum pro futuro. * psal. 47: ° ibi dolores ut parturientis.

lc3 ‘ Hic ponitur comminatio contra jechoniam: et primo comminatur captivitatem: secundo sterilitatem, * ibi, ° terra, terra, terra. ‘ circa primum duo. primo ponitur captivitatis comminatio quia comminatur dignitatis amissionem, et divini auxili destitutionem: ° si fuerit jechonias filius joakim regis juda annulus in manu: ‘ quantumcumque in loco murato ut, quamvis rex populi mei; ° evellam, ‘ privando ipsum dignitate sua, et auxilio meo. * apocalyp. 2: ° amovebo candelabrum tuum de loco suo, nisi poenitentiam egeris. ‘ comminatur etiam hostium servitutem: ° et dabo te. * thren. 1: ° dedit me dominus in manu de qua non potero effugere. ‘ comminatur etiam captivitatem: ° et mittam. * baruch 3: ° quid est, israel, quod in terra inimicorum es? inveterasti in terra aliena. ‘ secundo ponitur comminationis admiratio: ° numquid vas fictile, atque contritum vir iste jechonias? ‘ quasi, nullam soliditatem virtutis, vel potentiae habens, ° voluptate, ‘ quia dominus in ipso non delectatur. * eccli. 21: ° cor fatui quasi vas confractum et omnem sapientiam non tenebit.

lc4 ‘ Hic comminatur sterilitatem, quae nec tenebit fructum praesentis prosperitatis: ° terra, terra, terra, ‘ quasi dicat: ex quo homines non audiunt, saltem insensibilia obediant. vel est methonimia, continens pro contento. et dicit ad majorem expressionem; vel propter tres partes terrae. * deut. 32: ° audiat terra verba oris mei. scribe, ‘ quasi sententiam, quae scripto traditur, ut in memoria conservetur. * supra 17: ° peccatum juda scriptum est stylo ferreo in ungue adamantino. sterilem, ‘ quia mente non concipiet ea quae sibi forent utilia. ° non prosperabitur, ‘ in operibus suis. erit etiam sterilis, quantum ad fructum successionis in dignitate regali. ° nec enim erit vir, ‘ qui sit purus homo: christus enim de semine ejus fuit; sed fuit deus et homo, * matth. 1. ‘ nec illo regnandi modo rex fuit, sed regnat aeternaliter ad dexteram dei patris. ° potestatem habeat, ‘ quasi regiam. quia zorobabel nepos ejus, rex populi non fuit. * infra 36: ° non erit ex eo qui sedeat super solium david ‘ etc.. nota * super illud, ° nolite flere super mortuum, ‘ quod non multum plorandum est super mortuum propter planctus inutilitatem. * eccli. 38: ° ne dederis in tristitia cor tuum, sed repelle eam a te. |25| ‘ propter mortis communitatem. * 2 reg. 14: ° omnes morimur, et quasi aquae dilabimur in terram, quae non revertuntur. ‘ propter culpae immunitatem. * sapien. 4: ° raptus est ne malitia mutaret intellectum illius, aut ne fictio deciperet animam illius. ‘ propter laboris quietem. * apocalyp. 14: ° amodo jam dicit spiritus ut requiescant a laboribus suis. ‘ propter gloriae consecutionem. * 2 corinth. 5: ° scimus enim, quod si terrestris domus nostra hujus habitationis dissolvatur, quod aedificationem ex deo habemus, domum non manu factam, sed aeternam in caelis. * item super illud, ° omnes pastores tuos pascet ventus, ‘ nota, quod pastores ecclesiae quandoque pascit ventus elationis. * isa. 57: ° omnes eos auferet ventus, tollet aura. ‘ ventus nimiae expectationis. * eccli. 34: ° quasi qui apprehendit umbram, et persequitur ventum, sic et qui attendit ad visa mendacia. ‘ ventus captivitatis. * ezech. 5: ° tertiam partem disperges in ventum, et gladium nudabis post eos. ‘ et futurae damnationis. * supra 18: ° sicut ventus urens dispergam eos coram inimico; dorsum et non faciem ostendam eis in die perditionis eorum.

069 CPH cp23

lc1 ‘ Hic ponitur comminatio contra omnes principes in generali: et primo ponitur comminatio contra malos principes; secundo ponitur discretio bonorum a malis, * ibi, ° ostendit mihi dominus, * cap. 24: ‘ prima dividitur in duas. primo ponitur comminatio contra praeminentes in populo ex auctoritate regiminis, scilicet praelatos; secundo contra praeeminentes in populo ex privilegio divinae revelationis, scilicet prophetas, * ibi. ° ad prophetas: contritum est cor meum in medio mei: ‘ circa primum duo. primo arguit culpam; secundo comminatur poenam, * ibi, ° ecce ego visitabo. ‘ circa primum duo. primo ponitur populi dispersio: ° dispergunt, ‘ expellendo de terra sua, ° dilacerant, ‘ occidendo, vel spoliando; vel propter tyrannidem quam in eos exercebant; vel quia fuerunt occasio ut populus haec ab hostibus pateretur, dum in peccatis viventes, populum a peccatis non retrahebant. * infra 50: ° grex perditus factus est populus meus, pastores eorum seduxerunt eos, feceruntque vagari in montibus. ‘ secundo ponitur pastorum increpatio. ° ideo haec dicit dominus: ejecistis, ‘ occasionaliter, vel propter tyrannidem. * ezech. 34: ° cornibus vestris ventilabatis omnia infirma pecora: |25| donec dispergerentur foras.

lc2 ‘ Hic comminatur poenam: et primo ponitur contra pastores comminatio. ° visitabo. * supra 21: ° visitabo super vos juxta fructum studiorum vestrorum. ‘ secundo ponitur consolatio dispersi gregis, ° ego congregabo: ‘ ubi primo ponit congregationem. * ezech. 34: ° educam eas de populis, et congregabo eas de terris, ‘ etc.. ° et status prosperitatem, et crescent. * genes. 1: ° crescite, et multiplicamini, et replete terram. ‘ secundo promittit eis praelatorum emendationem: et primo promittit eis solicitos principes, ponens pastorum solicitudinem: ° et suscitabo, ‘ quando jam in nihilum decideritis, ° pastores. ‘ esdram, et alios secundum quosdam. sed melius apostolos. * supra 3: ° dabo vobis pastores juxta cor meum, et pascent vos scientia et doctrina. ‘ et solicitudinis utilitatem, scilicet securitatem: ° non formidabunt, ‘ quantum ad signa timoris exterius, ° et non pavebunt, ‘ interius, ° et nullus quaeretur ex numero, ‘ quasi dicat: nullus de numero ecclesiae timebit, vel deficiet ex negligentia apostolorum. vel refertur ad numerum praedestinatorum. * joan. 17: ° nemo ex eis periit nisi filius perditionis. ‘ ista tamen securitas non perficitur in vita ista, sed perficietur quando ° perfecta |25| caritas foras mittet timorem: * 1 joan. 4, ‘ consummabitur autem in futuro. secundo promittit eis optimum regem, ostendens temporis congruitatem: ° ecce, ‘ propter certitudinem, ° dies, ‘ gratiae. * 2 corinth. 6: ° ecce nunc tempus acceptabile, ecce nunc dies salutis. ‘ venientis regis conditionem quantum ad nobilitatem generis: ° et suscitabo david germen justum. * infra 33: ° germinare faciam david germen justitiae, et faciet judicium, et justitiam in terra. ‘ quantum ad auctoritatem dignitatis: ° et regnabit rex, ‘ non solum super judaeos, sed etiam super omnes reges. * luc. 1: ° et regnabit in domo jacob in aeternum. * dan. 7: ° cujus regnum, regnum sempiternum est, et omnes reges servient ei, et obedient. ‘ quantum ad sapientiam cordis: ° et sapiens erit, ‘ immo ipsa sapientia. * corinth. 1: ° christum dei virtutem, et dei sapientiam. ‘ et quantum ad executionem juris: ° et faciet judicium, ‘ in primo adventu contra diabolum, qui dicebatur princeps mundi: * joan. 12: ° nunc judicium est mundi, nunc princeps mundi hujus ejicietur foras, ‘ scilicet in tenebras exteriores; in secundo vero contra omnes, puniendo per generalem sententiam. * joan. 5: ° pater non judicat quemquam, sed omne |50| judicium dedit filio. et justitiam, ‘ quam docuit servandam. * matth. 5: ° nisi abundaverit justitia vestra plusquam scribarum et pharisaeorum, non intrabitis in regnum caelorum. ‘ et ad implendum auxilium gratiae: unde ponit adventus utilitatem, quantum ad salutem a poenalitate: ° in diebus illis salvabitur: ‘ in primo adventu particulariter; in secundo adventu universaliter, quando omnis israel salvus fiet: * rom. 11. isa. 10: ° si fuerit numerus filiorum israel quasi arena maris, reliquiae convertentur ex eo. ‘ et quantum ad securitatem: ° et israel habitabit confidenter. ‘ et hoc exponendum est ut supra. * isa. 32 ° sedebit populus meus in pulchritudine pacis, in tabernaculis justitiae, et in requie opulenta. juda ‘ dicit, quantum ad duas tribus; ° israel, ‘ quantum ad decem, ad significandum quod in fide christi concordes erunt. * oseae 1: ° et ponent sibimet caput unum, ‘ etc..

lc3 ‘ Hic ostendit beneficii magnitudinem ex hoc quod ob hoc beneficium oblivioni tradetur pristinum beneficium: et potest referri ad liberationem factam per cyrum; vel melius ad liberationem factam per christum. * isa. 43: ° ne memineritis priorum, et antiqua ne intueamini.

lc4 ‘ Hic ponitur comminatio contra prophetas, sicut titulus ipse declarat: et primo ponitur comminatio contra prophetas; secundo contra prophetarum visiones, * ibi, ° si igitur interrogaverit te populus iste ' etc.. circa primum duo. primo ponit prophetarum deceptionem; secundo ponit deceptionum diversitatem, * ibi, ° haec dicit dominus ' etc.. circa primum duo. primo ponit effectum deceptionis in populo; secundo ponit decipientium prophetarum peccatum, * ibi, ° propheta namque, et sacerdos polluti sunt. ' circa primum duo. primo ponitur prophetae compassio super futura contritione, quam designat per contritionem cordis: ° contritum est cor meum; ' per tremorem corporis: ° contremuerunt omnia ossa mea; ' sicut solet turbatis accidere; per impedimentum cognitionis: ° factum sum quasi vir ebrius ' qui non habet usum rationis: et hoc ex magnitudine stuporis, ° madidus a vino, ' qui habet quidem rationis usum, sed impeditum propter multam potationem, ° a facie domini, ' a praesentia revelationis ipsius, qui mihi se iratum contra judaeos dicit, ° verborum sanctorum ejus, ' quibus mihi culpam ipsorum notificavit, et poenam praedixit. * psalm. 21: ° dispersa sunt omnia ossa mea, factum est cor |25| meum tamquam cera liquescens in medio ventris mei. * isa. 29: ° obstupescite et admiramini, fluctuate, et vacillate, inebriamini, et non a vino, movemini, et non in ebrietate ' etc.. secundo ponitur populi dissipatio: et primo quantum ad culpae magnitudinem: ° quia adulteriis, ' idolatria scilicet, et aliis peccatis, ° repleta est terra, ' judaeorum. * isa. 2: ° repleta est terra ejus idolis ' etc.. secundo quantum ad poenae inflictionem: quia ° a facie maledictionis, ' scilicet divinae, ° luxit, ' sterilis facta. * isa. 24: ° luxit, et defluxit terra, et infirmata est ' etc.. tertio inquantum ad obstinationem: ° factus est cursus eorum malus, ' quia ad malum parati sunt pro peccatis. * proverb. 1: ° pedes eorum ad malum currunt. dissimilis, ' fortitudini sanctorum patrum, qui in servitio dei seipsos exercebant. * prov. 15: ° cor stultorum dissimile erit.

lc5 ' Hic ponitur malitia prophetarum quasi causa malitia populi: et primo in generali ponens culpam: ° polluti sunt, ' diversis criminibus, ° in domo mea, ' scilicet templo, vel populo. * supra 11: ° quid est quod dilectus meus in domo mea fecit scelera multa? ' et subjungens poenam: ° idcirco via eorum erit quasi lubricum; ' idest, corruent in peccatis suis sicut in tali via. * psalm. 34: ° fient viae illorum sicut tenebra et lubricum. ' et exponens ipsam: ° quia afferam mala, ' poenae. * supra 11: ° inducam super viros anathoth annum visitationis eorum. ' secundo in speciali: et primo ponit culpam quantum ad prophetas decem tribuum: ° et in prophetis samariae vidi fatuitatem, ' quia in excelsis idola colebant, sicut illi quos occidit elias, * 3 reg. 18. isa. 9: ° propheta docens mendacium, ipse est cauda. ' et prophetarum duarum tribuum: ° et in prophetis jerusalem vidi similitudinem: ' quia indirecte populum ad idolatriam provocabant, cum mendaciter prospera idolatris promittebant. * ezech. 13: ° violabant me ad populum meum propter pugillum hordei, et fragmen panis, ut interficerent animas quae non moriuntur, et vivificarent animas quae non vivunt. ' secundo ponit iram |25| divinam: ° facti sunt mihi omnes ut sodoma, ' scilicet prophetae: in tanta abominatione eos habeo ° et habitatores ejus, ' scilicet jerusalem. * isa. 1: ° audite verbum domini principes sodomorum, percipite auribus legem dei vestri populus gomorrhae. ' tertio comminatur poenam: ° propterea haec dicit dominus: ecce ego cibabo eos absinthio. * supra 9: ° ecce ego cibabo populum istum absinthio et potum dabo eis aquam fellis. ' et assignat causam quare specialiter prophetis comminatur: ° a prophetis enim jerusalem egressa est pollutio super omnem terram. * dan. 13: ° egressa est iniquitas de babylone a senioribus judicibus, qui videbantur regere populum.

lc6 ' Hic ponit diversos modos deceptionis: et primo exponit ipsos; secundo summatim eos colligit, * ibi, ° propterea ecce ego ad prophetas. ' circa primum duo. primo ponit modum decipiendi per verba ficta, quando scilicet nihil videbant, sed fingebant se visionem a domino accepisse; secundo ponit modum decipiendi per somnia vana, dum somniis phantasticis quasi divinis revelationibus adhaerebant, * ibi, ° putas ne deus e vicino ego sum? ' circa primum tria. primo ponitur prohibitio ad populum, ne tales pseudoprophetas audiant, eis obediendo et credendo: ° nolite audire. * deuter. 13: ° si surrexerit in medio tui propheta, aut qui somnium vidisse se dicat, et praedixerit signum atque portentum, et evenerit quod locutus est, et dixerit tibi: eamus, et sequamur deos alienos quos ignoras, et serviamus eis; non audies verba prophetae illius, aut somniatoris ' etc.. secundo inducitur pro causa prophetarum deceptio quantum ad praesumptam auctoritatem, qui se nuntios dei mentiebantur: ° visionem cordis sui loquuntur. * ezech. 13: ° vae prophetis insipientibus, qui sequuntur spiritum suum, et nihil vident ' etc.. quantum ad falsam promissionem: ° dicunt his qui |25| blasphemant. * supra 6: ° curabant contritionem filiae populi mei, cum ignominia dicentes: pax, pax, et non erat pax. ' et quantum ad erroneam probationem: ° quis enim affuit? ' quia enim * isa. 40, dicitur: ° quis consiliarius ejus fuit? ' volebant debilitare comminationes prophetarum, ne eis crederetur, quasi divina consilia ignorantibus: perverse intelligentes, quia per verbum illud non excluditur cognitio divini consilii per revelationem, sed per humani ingenii comprehensionem, ° et vidit, ' quasi praesens, ° consideravi, ' quasi absens. * matth. 22: ° erratis nescientes scripturas. ' secundo ostendit eorum falsitatem: et primo quantum ad falsam promissionem, ponens poenam: ° ecce turbo, ' dispergens captivatos ° tempestas ' gravis afflictionis, ° super caput impiorum, ' quibus pacem promittebant: unde constat eos non esse bonos prophetas. * deuter. 18: ° quod in nomine domini propheta ille praedixerit, et non evenerit, hoc dominus non est locutus. * psal. 96: ° ignis ante ipsum praecedet et inflammabit in circuitu inimicos ejus. ' et excludit misericordiam: ° non revertentur. * isa. 55: ° sic erit verbum quod egredietur de ore meo: non revertetur ad me vacuum, sed faciet quaecumque volui, et prosperabitur in his ad quae misi |50| illud. ' et inducit poenae effectum: ° in novissimis, ' quando poenas sustinueritis, ° intelligetis ' per experimentum. * psalm. 9: ° cognoscetur dominus judicia faciens. ' secundo quantum ad praesumptam auctoritatem: ° non mittebam. * supra 14: ° non misi eos, et non praecepi eis, neque locutus sum ad eos. ' tertio quantum ad falsam probationem: ° si stetissent in consilio meo, ' sicut veri prophetae, avertissem, populum, vel ipsos prophetas. * supra 15: ° si converteris, convertam te.

lc7 ' Hic ponit alium modum deceptionis per somnia: et circa hoc tria. primo inducit probans divinum testimonium, ostendens testem idoneum, quia habet scientiam remotorum: ° e vicino, ' ut tantum quae in caelis sunt cognoscam, ubi sedes mea dicitur; vel etiam bona, et non mala quae a me longinqua sunt. * sap. 8: ° attingit a fine usque ad finem fortiter, et disponit omnia suaviter. ' et quia habet scientiam occultorum: ° et si occultabitur vir in absconditis, ' cogitationum vel locorum. * eccl. 16: ° non dicas: a deo abscondar, et ex summo quis mei memorabitur? ' et probat utrumque: ° numquid non caelum et terram, ' et ita non est a mea cognitione remotum, ° impleo? ' quasi interius penetrans; et ita non est mihi occultum. * isa. ult.: ° caelum mihi sedes est, terra autem scabellum pedum meorum. audivi. * eccl. 34: ° vana spes et mendacium viro insensato, et somnia extollunt imprudentes. ' secundo increpat deceptionis vitium quantum ad culpae continuitatem: ° usquequo istud? * psal. 4: ° filii hominum usquequo gravi corde, ut quid diligitis vanitatem, et quaeritis mendacium? ' et quantum ad intentionem operis vel operantis: ° qui volunt facere ut obliviscatur populus |25| meus nominis mei. * ezech. 23: ° violabant me ad populum meum propter pugillum hordei, et fragmen panis, ut interficerent animas quae non moriuntur, et vivificarent animas quae non vivunt, mentientes populo meo, ' etc.. tertio inducit verae doctrinae praecepta: ° propheta qui habet somnium narret; ' quasi dicat, quicumque gradus prophetalis visionis. * rom. 12: ° unicuique sicut deus divisit mensuram fidei. ' et ponit rationem: ° quid paleis ad triticum? ' quasi dicat: verba mea sunt triticum ad reficiendum. * supra 14: ° inventi sunt sermones tui, et comedi eos; et factum est mihi verbum tuum in gaudium et laetitiam cordis mei. * psal. 118: ° quam dulcia faucibus meis eloquia tua, super mel ori meo. ' et ° ignis, ' ad accendendum. * psal. 118: ° ignitum eloquium tuum vehementer. * et iterum 104: ° eloquium domini inflammavit eum. malleus, ' ad emolliendum dura corda. * oseae 6: ° propter hoc dolavi in prophetis, et occidi eos in verbis oris mei. ' et ideo non sunt miscenda spinis. * 2 cor. 6: ° quae societas luci ad tenebras; aut quae conventio christi ad belial.

lc8 ' Hic recolligit tres modos deceptionis. et primus est ex scripturae depravatione: ° qui furantur verba mea, ' quasi ad alium sensum quam prophetae veri voluerint. * joan. 10: ° qui non intrat per ostium in ovile ovium, ille fur est et latro. ' secundus est ex verborum fictione: ° ad prophetas, ' idest contra eos, ° qui assumunt linguas suas, ' fingentes verba. * supra 9: ° docuerunt linguas suas loqui mendacium, ut inique agerent laboraverunt. ' tertius est ex somniorum adhaesione: ° ecce ego ad prophetas somniantes mendacium... in miraculis, ' ampullosis verbis. * isa. 56: ° videntes vana, dormientes, et amantes somnia.

lc9 ' Hic comminatur contra prophetarum irrisiones; sicut enim isaiae temporibus irridebant: ° manda, remanda, expecta, reexpecta, * etc.. isa. 28, ' ita modo verbum quod isaias adinvenerat quasi ad designandum poenae gravitatem, scilicet onus domini, irridebant. unde circa hoc tria facit. primo increpat irridentem populum, comminans poenam quantum ad interrogantes: ° si interrogaverit, ' irrisorie, ° dices ad eos: vos estis onus, ' ut per quae quis peccat per haec et torqueatur. * sapient. 11. isa. 1: ° facta sunt mihi molesta, laboravi sustinens, ' etc.. et quantum ad colloquentes: ° et propheta. * ps. 88: ° visitabo in virga iniquitates illorum, et in verberibus peccata eorum. ' secundo prohibet irrisiones verborum: et primo ponitur praeceptum, in quo ostenditur modus loquendi: ° haec dicetis. ' et prohibetur irrisio: ° quia onus domini... onus erit, ' idest pro verbis suis gravi poenae obligatur. * matth. 12: ° ex verbis tuis justificaberis, et ex verbis tuis condemnaberis. ' et assignatur irrisionis ratio, ° et pervertistis; ' quasi dicat: ideo prohibeo, quia in derisum pervertistis. et concludit. ° haec dices. * ezech. 33: ° audiunt sermones tuos, |25| et non faciunt eos, quia in canticum oris sui vertunt illos. ' tertio comminatur poenam: et primo poenam captivitatis: ° ecce ego tollam vos: ' loquitur ad similitudinem ejus qui grave pondus in altum tollit, ut fortius cadere faciat. * apocal. 18: ° sustulit unus angelus fortis lapidem quasi molarem magnum, et misit in mare dicens: hoc impetu mittetur babylon civitas illa magna, et ultra non invenietur. ' secundo poenam confusionis: ° et dabo vos in opprobrium: ' et potest referri ad poenam succensionis; vel ad ignominiam qua in captivitate delati sunt. et ignominia dicitur peccatum, vel opprobrium non dignum nominari. * supra 20: ° confundentur vehementer, quia non intellexerunt opprobrium sempiternum, quod numquam delebitur. ' nota * super illud, ° ecce dies veniunt ' etc., quod tempus gratiae dicitur dies propter luminis apparitionem. * rom. 13: ° nox praecessit, dies autem appropinquavit: abjiciamus ergo opera tenebrarum, et induamur arma lucis. ' propter solis calorem. * 2 reg. 11: ° cras erit vobis salus. ' propter itineris securitatem. * joan. 11: ° si quis ambulaverit in die, non offendit, quia lucem hujus mundi videt; si autem ambulaverit in nocte, |50| offendit, quia lux non est in eo. ' propter vigilantiam et sobrietatem. * 1 thess. 5: ° qui enim dormiunt, nocte dormiunt, et qui ebrii sunt, nocte ebrii sunt.

069 CPH cp24

lc ' Hic ponitur distinctio malorum principum a bonis, sub quadam similitudine: et primo ponitur similitudinis ostensio, ponens visionem, ° ostendit, ' imaginaria visione, vel argumentali, ut de ficubus quae ante templum vendebantur, prophetia sumeretur. simile * supra 18, ' de argumento figuli. * num. 12: ° si quis fuerit inter vos propheta, in visione apparebo ei, vel per somnium loquar ad illum. postquam transtulit nabuchodonosor... inclusorem, ' argentarium, qui lapides argento, vel auro includit. et hoc habetur secundum historiam * 4 reg. 23, isa. 3: ° ecce dominator dominus exercituum auferet a jerusalem, et ab juda validum et fortem, omne robur panis, et omne robur aquae, ' etc.. et visorum distinctionem, ponens bonas ficus: ° et unus calathus ficus bonas habebat nimis, ' per quas boni significantur * oseae 9: ° quasi prima poma ficulneae in cacumine ejus vidi patres eorum. * michaeae 7: ° ficus praecoquas desideravit anima mea. ' et ponens malas: ° et calathus unus ficus habebat malas nimis: ' per quas significantur mali e populo. * supra 2: ° quomodo conversa es mihi in pravum vinea aliena? ' secundo ponitur visionis expositio; ubi ponitur domini interrogatio, |25| quae est excitatio ad videndum: ° et dixit dominus ad me. * supra 1, idem. ' et propheta responsio: ° et dixi, ficus. ' sic * gen. 41, ' de spicis et vaccis in somnio pharaonis. tertio ponitur visionis expositio: ° et factum est verbum domini ad me. ' et primo quantum ad bonos, adaptans similitudinem in promissione prosperitatis in generali: ° sicut ficus hae bonae, sic cognoscam transmigrationem juda, ' notitia approbationis. * 1 tim. 2: ° novit dominus qui sunt ejus. ' et prosequitur in speciali quantum ad bona corporis, ut reducat ad locum proprium: ° et ponam oculos. * ezech. 36: ° tollam quippe vos de gentibus, et congregabo vos de universis terris, et reducam vos in terram vestram. ' et ut restituat in prosperitatis statum: ° et reducam, et aedificabo, ' in altum elevans, sicut fit in aedificio, ° et non destruam, ' ubi peccaverint; * sicut infra 42: ° aedificabo vos, et non destruam, plantabo, et non evellam. ' et plantabo, in bonis confirmando. * infra 31: ° vigilabo super vos, ut aedificem, et plantem, ait dominus. ' et quantum ad bona animae, promittens dei cognitionem: ° et dabo eis cor ut sciant me. * ezech. 36: ° dabo vobis cor novum, et spiritum novum ponam in medio vestri. ' et obedientiae subjectionem: |50| ° et erunt mihi in populum. * apoc. 21: ° ipsi populus ejus erunt, et ipse deus cum eis erit eorum deus. ' secundo quantum ad ficus malas: ° et sicut ficus pessimae. ' et primo comminatur eis afflictionem in terra sua: ° sic dabo sedeciam. * supra 15: ° dabo eos in fervorem universis regnis terrae, propter manassem filium ezechiae regis juda, super omnibus quae fecit in jerusalem. ' secundo confusionem in terra captivitatis: ° in opprobrium, ' quantum ad peccatum culpae, ° in parabolam, ' in similitudinariam locutionem, vestra poena in exemplum recitabitur, ° in proverbium, ' quia ex his quae vobis acciderint sumetur proverbium ad instructionem aliorum, ° in maledictionem, ' quantum ad imprecationem poenae poenitentialiter. vel quia dicet quilibet alteri maledicens. sic faciat tibi deus, sicut fecit illis. * ps. 78: ° facti sumus opprobrium vicinis nostris, subsannatio, et illusio his qui in circuitu nostro sunt. ' tertio poenam occisionis: ° et mittam in eis gladium. * supra 15: ° qui ad mortem, ad mortem; et qui ad gladium, ad gladium; et qui ad famem, ad famem ' etc..

069 CPH cp25

lc1 ' Hic ponitur comminatio universalis contra omnium gentium principes: et dividitur in duas partes. in prima ponitur comminatio; in secunda comminationis revelatio, * ibi, ° quia sic dicit dominus, ' etc.. circa primum duo. primo ponit prophetiae titulum: ° verbum quod factum est ad jeremiam, ' ex quo colligitur, quod prophetia praecedentem visionem tempore praecedit. secundo ponitur comminationis prophetia, * ibi, ° a tertio decimo anno josiae. ' et primo assignat comminationis causam; secundo comminatur poenam, * ibi, ° propterea haec dicit dominus exercituum. ‘ causam autem assignat ex inobedientia, propter quam ipsi aliis gentibus in poena connumerati sunt: quam aggravat ex tribus. primo ex parte ipsius prophetae praedicantis, quia in praedicatione continuus: ° a tertio decimo anno josiae, ‘ a quo usque ad finem vitae, et regni sui, cum regnaverit 31 annis sunt 18 anni, quibus additis quatuor anni joakim, et tribus mensibus quibus regnavit joathan, invenitur annus praedicationis jeremiae quo haec gesta sunt, 23. ° de nocte consurgens, ‘ ad modum ejus qui solicitus est ad explendum quodlibet opus. * prover. 6: ° discurre, festina, suscita amicum tuum, ‘ etc.. secundo |25| ex parte ipsius mittentis, qui ex multitudine nuntiorum invenitur solicitus: ° et misit dominus * supra 7: ° misi ad vos omnes servos meos prophetas per diem, consurgens diluculo, et mittens: et non audierunt me; ‘ etc.. ad designandam autem divinam solicitudinem, nominat diluculum, nominat et noctem, quia deus luxit in tenebris. hae sunt illae tenebrae, * de quibus joan. 3, dicitur quod ‘ nicodemus venit ad jesum nocte; etc.. ex parte admonitionis, quae honesta est in se, utilis quantum ad promissam veniam. unde primo inducit poenam de malis praeteritis, ponens praeceptum: ° revertimini unusquisque a via sua mala. * isa. 55: ° derelinquat impius viam suam, et vir iniquus cogitationes suas, et revertatur ad dominum, et miserebitur eis, et ad deum nostrum; quoniam multus est ad ignoscendum. ‘ et promissum: ° et habitabitis in terra. * isa. 1: ° si volueritis, et audieritis me, bona terrae comedetis. ‘ secundo indicit cautelam pro malis futuris, ponens praeceptum: ° nolite ire post deos alienos, ‘ quantum ad idolatriam, ° neque me ad iracundiam provocetis, ‘ quantum ad peccata moris. * exod. 20: ° non habebis deos alienos coram me ‘ etc.. et praecepti contemptum: ° et non | 50 | audistis. * deut. 32: ° ipsi me provocaverunt in eo qui non erat deus, et irritaverunt in vanitatibus suis.

lc2 ‘ Hic comminatur poenam: et primo quam babyloni inflixerunt, describens hostem: ° ecce ego mittam, et assumam... servum, ‘ inquantum ministerium divinae voluntatis exercebat. * supra 6: ° ecce populos venit de terra aquilonis, gens magna consurgit a finibus terrae. ‘ et describens poenam imminentem quantum ad interfectionem hominum: ° et interficiam eos, et ponam eos in stuporem, et in sibilum, et in solitudines sempiternas. ‘ et quod nunquam reparentur, sed quasi ad similitudinem sempiternarum solitudinum redigantur. * supra 19: ° ponam urbem hanc in stuporem, et in sibilum. omnis qui praeterierit per eam obstupescet, et sibilabit super universa plaga ejus. ‘ et quantum ad cessationem humanorum officiorum in gaudiis, ° perdamque, ‘ et in vitae commodis, ° vocem molae, * supra 16: ° auferam de loco isto in oculis vestris, et in diebus vestris, vocem gaudii, et vocem laetitiae, vocem sponsi, et vocem sponsae. ‘ et describens etiam poenam duriorem: ° et servient septuaginta annis: ‘ tantum enim regnum chaldaeorum duravit. * isa. 57: ° non in perpetuum irascar, quia spiritus a facie mea egredietur, ‘ etc.. secundo ponit poenam quam chaldaei sustinuerunt: ° cumque |25| impleti fuerint septuaginta anni. ‘ et primo ponit comminationem, ° visitabo. * apoc. 13: ° qui in captivitatem duxerit, in captivitatem ibit, et qui gladio occiderit, oportet eum gladio occidi. ‘ secundo comminationis certitudinem: ° et adducam omnia quae locutus sum contra eam. * isa. 13, 21, 46 et 47: ° prophetavit jeremias: * infra 50 et 51: ° quia servierunt; ‘ tamen ipsi in superbiam abusi sunt dei beneficio. tertio ostendit poenae aequitatem: ° et reddam eis. * psalm. 27: ° secundum opera manuum eorum tribue illis, redde retributionem eorum ipsis, quoniam non intellexerunt opera domini; et in opera manuum eorum destrues illos, et non aedificabis eos.

lc3 ‘ Hic ponitur praedictae comminationis revelatio sub imaginaria visione: et primo ponit visionem; secundo exponit, * ibi, ° et tu prophetabis ad eos omnia verba haec. ‘ circa primum duo. primo mittit eum ad propinandum; secundo invitantur illi quibus propinabatur ad bibendum, * ibi, ° et dices ad eos. ‘ circa primum duo. primo dominus porrigit poculum secundum quod sibi videbatur visione imaginaria: ° sume calicem vini. ‘ videbatur sibi quod dominus extensa manu calicem sibi porrigeret. per vinum signatur divina indignatio per calicem potestas tyrannorum, per quos haec indignatio in gentes diffundenda erat. ° propinabis, ‘ non quasi poenam infligens, sed quasi denuntians. * psal. 74: ° calix in manu domini vini meri plenus mixto. * infra 51: ° calix aureus babylon in manu domini, inebrians omnem terram; de vino ejus biberunt gentes, et ideo commotae sunt. ‘ secundo ponit potationis effectum: ° et bibent, ‘ sustinendo afflictionem, ° turbabuntur, ‘ interius timore, et dolore, ° insanient, ‘ exterius, adinvicem pugnando more ebrii. * isa. 24: ° amara erit potio bibentibus illam. ‘ tertio propheta exequitur injunctum officium, ° et accepi. ‘ et primo propinat judaeis, ° jerusalem. | 25 | * ezech. 9: ° a sanctuario meo incipite. * 1 petr. 4: ° tempus est ut judicium incipiat a domo dei. ‘ secundo amicis adventitiis, incipiens ab aegyptiis, de quibus confidebant: ° pharaoni... ausitidis, ‘ quae alio nomine dicitur terra hus, in confinio idumaeae et arabiae: ° et reliquiis, ‘ hoc dicit pro geth, quae est quinta civitas philisthinorum: ° et omnibus regnis. * isa. 14: ° hoc est consilium quod cogitavi super omnem terram, et haec est manus extenta super universas gentes. ‘ tertio ipsis babylonis: ° et rex sesach, ‘ idest babyloniae, quae hebraice dicitur babel. unde ad occultandum nomen, transposuit vocales, et immutavit consonantes in eis conjunctas, secundum consuetudinem haebraeorum, qui docent pueros primam litteram cum ultima retrogradiendo dicere, et secundam cum penultima, et sic deinceps. unde pro duplici beth, quae est secunda littera apud hebraeos posuit sin, bis, quae est penultima: et pro lamed, posuit caph, quae ei, secundum primam computationem, conjungitur. * 1 corinth. 15: ° novissime inimica destruetur mors.

lc4 ‘ Hic invitatur ad bibendum: et circa hoc tria. primo ponitur invitatio: ° bibite: ‘ sustinendo poenas, ° inebriamini, ‘ prae abundantia, quasi amittentes rationis usum, ut nesciatis quid faciatis, ° vomite, ‘ divitias amittite, ° cadite, ‘ in mortem et captivitatem. et loquitur ad similitudinem ebrii. * job 20: ° divitias quas devoravit evomet, et de ventre illius extrahet eas deus: * isai. 29: ° obstupescite et admiramini, fluctuate et vacillate; inebriamini, et non a vino, movemini, et non ab ebrietate, ‘ etc.. secundo ponitur coactio: ° cumque noluerint... bibentes bibetis, ‘ idest velitis, nolitis. * apoc. 14: ° si quis adoraverit bestiam, et imaginem ejus, et acceperit characterem in fronte sua, aut in manu sua; hic bibet de vino irae dei, quod mixtum est mero in calice irae ipsius. ‘ tertio assignatur coactionis ratio, primo ex exemplo: ° quia ecce in civitate, ‘ scilicet jerusalem. * 1 petr. 4: ° si autem primum a nobis, quis finis eorum qui non credunt dei evangelio? * infra 49: ° ecce quibus non erat judicium, ut biberent calicem, bibentes bibent; et tu quasi innocens relinqueris? non eris innocens, sed bibens bibes. ‘ secundo ex domini edicto. ° gladium, ‘ qui est idem quod potio. * ezech. 21: ° ejiciam |25| gladium meum de vagina sua, et occidam in te justum et impium.

lc5 ‘ Hic ponitur expositio visionis: et primo contra gentes, secundo contra gentium principes, * ibi, ° ululate pastores. ‘ circa primum duo. primo ponit comminationem, ponens divinam indignationem: ° dominus de excelso, ‘ idest de altitudine sui judicii, ° rugiet, ‘ terribiliter quasi leo iratus. * amos 3: ° leo rugiet: quis non timebit? ‘ poenae universalitatem: ° super decorem, ‘ idest templum; quasi dicat: incipiet a templo, et procedet ira ipsius in omnem terram. ° celeuma quasi calcantium: ‘ cantus vindemiatorum, per quem signatur gaudium victorum in depopulatione terrarum; qui significantur per calcatores, quia effundunt sanguinem humanum, sicut illi sanguinem uvae. * unde isa. 63: ° torcular calcavi solus, et de gentibus non est vir mecum. calcavi eos in furore meo, et conculcavi eos in ira mea: et aspersus est sanguis eorum super vestimenta mea, et omnia indumenta mea inquinavi. * infra 48: ° nequaquam calcator uvae solitum celeuma cantabit. ‘ et ponit poenae aequitatem, ponens judicium: ° judicium domini cum gentibus. * mich. 6: ° judicium domini cum populo suo, et cum israel dijudicabitur. ‘ et judicii modum: ° impios tradidi. * isa. 1: ° quia si me |25| ad iracundiam provocaveritis, gladius devorabit vos, quia os domini locutum est. ‘ secundo ponit poenae processum, et ordinem: ° haec dicit dominus. ‘ et primo ponit poenae processum: ° ecce egredietur; ‘ quia una gens aliam impugnabit, et ipsa ab alia impugnabitur, et sic deinceps; ° a summitatibus, ‘ a maxime potentibus, sicut chaldaeis, graecis * etc.. eccli. 10: ° regnum a gente in gentem transfertur propter injustitias et injurias, et contumelias, ac diversos dolos. * infra 30: ° ecce turbo domini furor egrediens, procella ruens in capite impiorum conquiescet. ‘ secundo ponit tribulationis effectum, quia privabuntur vita: ° et erunt interfecti domini, ‘ idest a domino. * supra 12: ° gladius domini devorabit ab extremo terrae usque ad extremum ejus. ‘ et carebunt sepultura: ° non plangentur, neque colligentur, neque sepelientur. * supra 16, idem.

lc6 ‘ Hic comminatur contra principes gentium; et primo quantum ad personas, praesignans poenam, ° ululate, ‘ quasi non valentes dolorem verbis exprimere, sed elevatione vocis. * isa. 34: ° gladius domini repletus est sanguine, incrassatus est adipe de sanguine agnorum et hircorum, et de sanguine medullatorum arietum, ‘ etc.. ° optimates, ‘ qui sunt divites et principes in populo. et excludit salutis viam: ° et peribit fuga. * thren. 1: ° abjerunt absque fortitudine ante faciem subsequentis. ‘ secundo quantum ad subjectas terras, ° vox clamoris. ‘ et primo ponit per similitudinem devastationem urbium: ° quia vastavit dominus pascua eorum, ‘ idest civitates et villas, servans metaphoram gregis, ° conticuerunt; ‘ quasi dicat: in nihilum redacti sunt, ut de eis sermo non fiat, ° arva pacis, ‘ quae tempore pacis praeclara erant. * joel 1: ° ignis comedit speciosa deserti, et flamma succendit omnia ligna regionis. ‘ et quantum ad destructionem templi: ° dereliquit umbraculum, ‘ templum scilicet deus, ° quasi leo, ‘ quo custodiente nullus audebat accedere. * supra 12: ° reliqui domum meam. ‘ secundo ponit expositionem: ° quia facta est terra eorum in desolationem a facie irae |25| columbae, ‘ scilicet dei, qui sine commotione punit. vel jerusalem, quae pro amissione dei irascitur. vel nabuchodonosor, propter superbiae stultitiam. * oseae 7: ° ephraim quasi columba seducta non habens cor. ‘ vel quia habebat columbam in arvis. vel quia sicut mansuetus praeceptum domini executus est. vel per antiphrasim, quia crudelis erat.

069 CPH cp26

lc1 ‘ Hic ponitur conspiratio principum contra prophetam. et dividitur in tria. primo ponit titulum; secundo prophetiam, * ibi, ° haec dicit dominus; ‘ tertio epilogat, * ibi (cap. 27): ° in principio regni joachim. ‘ titulus per se patet.

lc2 ‘ Hic ponitur prophetia: et dividitur in tres partes. in prima ponitur persecutionis occasio; in secunda ponitur persecutio, * ibi, ° et audierunt sacerdotes ‘ etc.; in tertia ponitur liberatio, * ibi, ° et audierunt principes ‘ etc.. occasio autem fuit ex praedicatione: unde primo designat praedicationis locum: ° sta in atrio. * supra 7: ° sta in porta domus domini, et praedica ibi universos sermones. ‘ secundo quantum ad emendationis fructum: ° noli subtrahere verbum; ‘ quantum ad emendationem culpae, ° et convertatur; ‘ et quantum ad remissionem poenae. ° et poeniteat. * supra 18: ° si poenitentiam egerit gens illa a malo suo propter quod locutus sum adversus eam, agam et ego poenitentiam super mala quod cogitavi ut facerem ei. ‘ tertio ponit praedicationis verbum, ° et dices. * supra 7: ° faciam domui huic in qua invocatum est nomen meum, et in qua vos habetis fiduciam, et loco quem dedi vobis, et patribus vestris, sicut feci silo: et projiciam vos a facie mea, sicut projeci omnes fratres vestros, universum semen ephraim.

lc3 ‘ Hic ponitur persecutio: et circa hoc quatuor ponit. primo praedicationis auditum. ° et audierunt. * ezech. 33: ° audiunt sermones tuos, et non faciunt eos, quia in canticum oris sui vertunt illos. ‘ secundo iniquum consilium: ° cumque complesset jeremias... apprehenderunt eum sacerdotes. * sap. 2: ° morte turpissima condemnemus eum. * amos 5: ° odio habuerunt corripientem in porta, et loquentem perfecte, abominati sunt. ‘ tertio suae nequitiae argumentum: ° quia prophetavit; ‘ quasi dicat: videtur falsum dicere, cum dominus locum istum elegerit. * 3 reg. ult.: ° ego odi eum, quia non prophetat mihi bonum, sed malum. ‘ quarto populi concursum: ° et congregatus est omnis populus. * eccli. 10: ° qualis rector est civitatis, tales et inhabitantes in ea. * ibidem 7: ° non te immittas in populum, neque alliges duplicia peccata.

lc4 ‘ Hic ponitur liberatio: et circa hoc duo primo ponitur principum judicium pro liberatione jeremiae; secundo popularis furoris sedatio per verba seniorum, * ibi, ° surrexerunt ergo viri de senioribus terrae. ‘ circa primum tria. primo ponit principum provisionem; ° et ascenderunt in domum domini; ‘ seditionem comprimere, ° novae, ‘ quia de novo facta erat ad tenendum judicia sacerdotum, et eorum quae ad cultum religionis pertinebant. * deut. 16: ° judices et magistros constitues in omnibus portis tuis, quas dominus deus tuus dederit tibi per singulas tribus tuas, ut judicent populum justo judicio, nec in alteram partem declinant ‘ etc.. secundo ponit partium disceptationem quantum ad accusationem; ° et locuti sunt sacerdotes. ‘ et nituntur imponere quasi crimen blasphemiae ut occidatur. * similiter act. 6: ° homo iste non cessat loqui verba adversus locum sanctum et legem. ‘ et quantum ad defensionem; ° et ait jeremias. ‘ respondet autem prudenter, quia excusat culpam; ° dominus misit me; ‘ unde non sum culpandus de his quae dixi. * eccl. 4: ° ne reverearis proximum tuum in casu suo, nec retineas verbum in tempore salutis. * isa. 48: ° et nunc misit me dominus, et |25| spiritus ejus. ‘ et mitigat iram, ostendens remedium; ° nunc ergo bonas facite vias vestras. * supra 18: ° revertatur unusquisque a via sua mala, et dirigite vias vestras, et studia vestra. ‘ respondet humiliter, quia confitetur potentiam: ° ego autem ecce in manibus vestri sum. * prov. 15: ° responsio mollis frangit iram, sermo durus suscitat furorem. ‘ respondet etiam constanter, quia prohibet injuriam: ° verumtamen scitote. * gen. 4: ° vox sanguinis fratris tui clamat ad me de terra. ‘ et quia confirmat sententiam: ° in veritate enim misit me dominus. * act. 4: ° si justum est in conspectu dei vos potius audire quam deum, judicate. ‘ tertio ponitur sententiae promulgatio, ° et dixerunt. ‘ et primo sententia promulgatur per principes; ° non est huic viro judicium mortis. * luc. 23: ° ecce nihil dignum morte actum est ei. ‘ secundo sententia confirmatur per seniores, quorum est antiqua facta scire. * job 12: ° in antiquis est sapientia, et in multo tempore prudentia.

lc5 ‘ Hic ponitur repressio furoris populi contra jeremiam, per verba seniorum. et primo proponunt exemplum justi ad imitandum circa factum michaeae, ponentes ipsius praedicationem; ° michaeas; ‘ unus de duodecim prophetis minoribus, ° de morasthi, ‘ ad differentiam michaeae filii yela, * de quo 3 reg. ult.: ° sion * michaeae 3: ° audite principes jacob, et duces domus israel. * supra 9: ° et dabo jerusalem in acervos arenae, et cubilia draconum, et civitates juda dabo in desolationem, eo quod non sit habitator. ‘ et populi conversionem: ° numquid morte condemnavit eum? ‘ quasi dicat, non * supra 6: ° interrogate de semitis antiquis quae sit via bona, et ambulate in ea; et invenietis refrigerium animabus vestris. ‘ et inducunt conclusionem: ° itaque non faciamus. * psal.

7: ° convertetur dolor ejus in caput ejus, et in verticem ipsius iniquitas ejus descendet. ‘secundo proponunt exemplum injustitiae ad cavendum, ne malis mala adjungant; ° fuit quoque vir prophetans. ‘et primo ponitur ipsius praedicatio; ° et prophetavit. * 1 cor. 14: ° non enim est deus dissensionis, sed pacis. ‘et ideo omnes idem dicebant. secundo ponitur persecutio, et fuga; ° et audivit... fugitque. |25| * matth. 10: ° si persecuti vos fuerint in una civitate, fugite in aliam. ‘ tertio ipsius interfectio; ° et misit rex; ‘ quia aegyptiis foederatus erat. ideo autem iste occisus est, et jeremias liberatus, quia deus aliquos permittit occidi de sanctis ad condemnationem malorum, et exemplum patientiae bonorum, * jacobi ult.: ° exemplum accipite fratres exitus mali, et longanimitatis, et laboris, et patientiae, prophetas qui locuti sunt in nomine domini. ‘ similiter * act. 12, ‘ jacobus occiditur, petrus liberatur. tertio ponitur sententiae executio de liberatione jeremiae: ° igitur manus ahicam filii saphan fuit cum jeremia. ‘et planum est.

069 CPH cp27

lc1 ‘Hic praemisso claro titulo, excludit falsas consolationes prophetarum: et primo in generali; secundo descendendo ad quosdam speciales prophetas, * cap. 28: ° et factum est in anno illo. ‘circa primum duo. primo excludit consolationes prophetarum gentilium; secundo prophetarum judaeorum, * ibi, ° et ad sedeciam regem juda locutus sum. ‘circa primum duo. primo praesignat prophetiam facto: ° fac tibi vincula, ‘ in signum servitutis gentium, ° in manu nuntiorum, ‘ qui missi fuerant ad confoederandum se regi jerusalem, vel ad resistendum nabuchodonosor. * oseae 12: ° ego visiones multiplicavi, et in manibus prophetarum assimilatus sum. * ezech. 3: ° et tu fili hominis, ecce data sunt super te vincula, et ligabunt te in eis, et non egredieris de medio eorum ‘ etc.. secundo exprimit eam verbo, ° et praecipies. ‘inducit autem eos ad subdendum se regi babylonis, contra consilium prophetarum tripliciter. primo ex nabuchodonosor potentia, quam ostendit duobus modis. primo ex divina concessione, ponens rerum creationem: ° ego feci terram, ‘ quantum ad opus creationis et dispositionis, ° homines, ‘quantum ad opus ornatus, ° brachio, ‘quod dicit applicationem |25| potentiae ad opus. * isa. 42: ° firmans terram, et quae germinant ex ea. ‘ et concludens concedendi auctoritatem: ° et dedi eam ei, ‘homini, vel cuicumque. * daniel. 4: ° dominatur excelsus in regno hominum, et cuicumque voluerit dat illud. ‘ et ostendens concessionem factam a deo nabuchodonosor, quantum ad homines: ° et nunc itaque ego dedi omnes terras istas in manu nabuchodonosor. * dan. 5: ° deus altissimus regum, magnam gloriam, et honorem dedit nabuchodonosor patri tuo. et propter magnificentiam quam dederat ei, universi populi, tribus, et linguae tremebant, et metuebant eum ‘ etc.. et quantum ad bestias: ° insuper et bestias, ‘ et est locutio hyperbolica. vel per bestias significantur feroces homines, qui sub eo fuerunt. vel quia subjectis hominibus, etiam bestiae eis subjectae illi subduntur. * unde dan. 4: ‘ bestiae requiescebant sub umbra arboris, per quam significabatur nabuchodonosor. alio modo ostendit potentiam ejus ex gentium subjectione, ° et servient. * eccl. 3: ° omnia tempus habent. ‘ tertio inducit eos ex rebellium poena, ponens poenam rebellium: ° gens autem, et regnum. * et ideo rom. 13: ° necessitate subditi estote, non solum propter iram, sed etiam propter conscientiam. ‘ et excludit |50| consilium prophetarum: ° vos ergo nolite audire prophetas, ‘ quos dicunt gentiles per fulgorem intelligentiae agentis in animas ipsorum, etiam futura posse praescire, ° divinos, ‘ qui in templis idolorum, ° somniatores ‘ qui ex somniis, ° augures, ‘ qui ex garritu avium, ° maleficos, ‘ qui ex conjuratione daemonum futura praedicunt. * supra 23: ° nolite audire verba prophetarum qui prophetant vobis, et decipiunt vos. visionem cordis sui loquuntur, non de ore domini ‘ etc.. et assignat pro causa, prophetarum mendacium: ° quia mendacium prophetant, ‘ et imminens periculum, ° ut longe faciant, ‘ et est ° ut ‘ consecutivum. * 3 reg. ult.: ° ero spiritus mendax in ore omnium prophetarum. ‘ tertio inducit eos ex obedientium gratia, quam a domino consequentur: ° porro gens. * infra 40: ° nolite timere servire chaldaeis: habitate in terra, et servite regi babylonis, et bene erit vobis.

lc2 ‘ Quia illi nuntii possent dicere, quare talia suae genti intentae ad rebellionem non dixit; hic respondet se eis eadem dixisse. et primo ponitur admonitio ipsius ad regem; secundo ad sacerdotes, et ad plebem, * ibi, ° et ad sacerdotes, et ad populum istum locutus sum. ‘ circa primum duo. primo ponit bonum consilium, ponens ipsum: ° subjicite colla. * 1 pet. 2: ° servi subditi estote in omni timore dominis, non tantum bonis et modestis, sed etiam discolis. ‘ et proponens imminens periculum: ° quare moriemini? * supra 21: ° qui habitaverit in urbe hac, morietur gladio, et fame, et peste; qui autem egressus fuerit, et transfugerit ad chaldaeos, qui obsident vos, vivet, et erit ei anima sua quasi spolium. ‘ secundo excludit falsum consilium prophetarum: ° nolite audire, ‘ tribus de causis. primo propter fallacem promissionem, ° quia mendacium. * ezech. 22: ° prophetae ejus liniebant eos absque temperamento, videntes vana, et divinantes eis mendacium; dicentes: haec dicit dominus, cum dominus non sit locutus. ‘ secundo propter praesumptam auctoritatem: ° quoniam non misi. * supra 23: ° non mittebam eos, et ipsi currebant; non loquebar |25| ad eos, et ipsi prophetabant. ‘ tertio propter poenam imminentem: ° ut ejiciant vos, ‘ occasionaliter. * oseae 4: ° corrues tu hodie et corruet etiam propheta tecum.

lc3 ‘ Hic ponitur admonitio ad sacerdotes, et ad plebem: et primo excludit falsum consilium: ° nolite audire... ecce vasa, ‘ quae asportata fuerunt in babylonem cum jechonia: * 4 reg. 24. ‘ et assignat causam: proponens prophetarum mendacium: ° mendacium enim prophetant vobis: ‘ servitutis fructum, ° ut vivatis: ‘ rebellionis periculum: ° quare datur haec civitas in solitudinem? * supra 21: ° qui egressus fuerit, et transfugerit ad chaldaeos, qui obsident vos, vivet ‘ etc.. secundo petit veritatis indicium: ° et si prophetae sunt; ‘ quasi dicat: faciant quod minus est, scilicet quae remanserunt non absportari, occurrendo deo orationibus, ut credatur eis quod majus est, scilicet asportata reportari. * ezech. 13: ° non ascendistis ex adverso, neque opposuistis murum pro domo israel, ut staretis in praelio in die domini. ‘ tertio proponit manifestum falsitatis argumentum per locum a majori, quia quod magis videtur non fiet, ut scilicet relicta vasa remaneant; nec ergo quod minus, ut scilicet asportata referantur. ° quia haec dicit dominus ad columnas, ‘ duas quae fecit salomon in porticu, ° et ad bases, ‘ earum, ° et ad mare, ‘ vas in quo servabatur aqua ad ablutionem sacerdotum, quod erat |25| positum supra duodecim bases; de quibus omnibus habetur * 3 reg. 7. ‘ et resumit: ° quia haec dicit dominus, ‘ propter vasa templi, quia non moverat nisi vasa quae erant in porticu. * 1 mach. 2: ° vasa gloriae ejus captiva adducta sunt. ‘ et promittit in longum tempus futurum, eorum reportationem: ° et afferri faciam ea, ‘ temporibus cyri. * 1 esdr. 5. ‘ cyrus rex protulit vasa sacra domini, quae transtulit nabuchodonosor de jerusalem, et consecravit ea idolo suo. et proferens ea cyrus rex persarum tradidit mithridato, qui erat super thesauros ipsius, per hunc autem tradita sunt salmanasar praesidi judaeae.

069 CPH cp28

lc1 ‘ Hic descendit specialiter ad quosdam falsos prophetas: et primo ad quemdam qui praedicebat relictis in jerusalem; secundo ad quosdam qui prophetabant captivis in babylonia, * cap. 29: ° et haec sunt verba libri quem misit jeremias propheta. ‘ circa primum duo. primo ponitur falsa consolatio falsi prophetae; secundo falsitatis improbatio per jeremiam, * ibi, ° et factum est verbum domini ad jeremiam. ‘ circa primum duo. primo ponitur falsa consolatio, quam falsus propheta fecit verbo; secundo quam fecit facto, * ibi, ° et tulit hananias propheta catenam de collo jeremiae. ‘ circa primum duo. primo ponitur falsa consolatio; secundo jeremiae responsio, * ibi, ° et dixit jeremias ‘ etc.. circa primum duo. primo ponit falsae prophetiae titulum, in quo designatur tempus: ° in anno quarto, ‘ propheta, ° hananias propheta, ‘ opinione, locus, ° in domo domini. * supra 23: ° in domo mea inveni malum eorum, ait dominus. ‘ secundo ponit falsum consolationis verbum: ° haec dicit dominus: ‘ et primo promittit libertatem, ° contrivi, ‘ destruxi: propter certitudinem dicitur in praeterito: ° imperium, ‘ quod conterendum quidem erat, sed non tunc. * isa. 10: ° computrescet jugum a facie olei. |25| ‘ secundo praedicit impletionis propinquitatem: ° adhuc duo anni dierum, ‘ ne credantur anni annorum, * sicut illud ezech. 4: ° diem pro anno, diem, inquam, pro anno dedi tibi. ‘ et primo quantum ad reportationem vasorum: ° et ego referri faciam ad locum istum omnia vasa domini, ‘ de quorum captione * thren. 1: ° manum suam misit hostis ad omnia desiderabilia ejus ‘ etc.. secundo quantum ad liberationem principum suorum, ° et jechoniam, ‘ contra id quod supra capite praecedenti dictum est. * supra 22: ° terra, terra, terra, audi sermonem domini.

lc2 ‘ Hic ponitur jeremiae responsio, et primo demonstrat suum affectum, optans impleri quod ipse dicebat, ° amen, ‘ idest fiat. * michaeae 2: ° utinam non essem vir habens spiritum, et mendacium potius loquerer. ‘ nec obstat quod sciebat dominum contrarium velle, quia haec optatio sub conditione intelligenda est, scilicet si deus vellet, et quia in hoc suam voluntatem divinae conformat quod vult quod deus esse vult. secundo ne videatur falsitati consentire, proponit veritatis signum: ° verumtamen audi. ‘ et sumitur hoc signum * deut. 18: ° quod in nomine domini propheta ille praedixerit, et non evenerit, hoc dominus non est locutus. ‘ sed ipse videtur a contrario sensu arguere: * et videtur quod “ non valeat, quia est destructio antecedentis: et propterea contrarium habetur * deut. 13: ° si surrexerit in medio tui prophetes, aut qui somnium vidisse se dicat, et praedixerit signum atque portentum, et evenerit quod locutus est, dixerit tibi: eamus, et sequamur deos alienos quos ignoras, et serviamus eis: non audies verba prophetae illius, aut somniatoris ‘ etc.. et dicendum, quod argumentum efficax est ad ostendendum ejus falsitatem; et hoc ipse intendit.

lc3 ‘ Hic confirmat prophetiam suam facto: et circa hoc tria. primo ponit facti similitudinem; ° tulit et fregit, ‘ in signum fractionis imperii babyloniae; secundo exponit similitudinem: ° et ait hananias. ‘ hoc longe post futurum erat. * infra 30: ° conteram jugum illius de collo tuo, et vincula ejus disrumpam. ‘ tertio designatur jeremiae humilitas, quia patienter, et libenter sustinuit et abiit. * psalm. 37: ° factus sum sicut homo non audiens, et non habens in ore suo redargutiones.

lc4 ‘ Hic ponitur falsitatis improbatio: et primo excludit falsam consolationem, facti similitudine, ° contrivisti, ‘ tu hananias; et tu jeremias, ° facies, ‘ in signum augmentationis poenae. * job 6: ° qui timent pruinam, irruet super eos nix. ‘ et similitudinis expositionem: ° quia haec dicit dominus; ‘ ac si diceret: jugum servitutis durius erit quam praesignificatum sit. * eccl. 28: ° jugum illius jugum ferreum est, et vinculum illius vinculum aereum est. ‘ secundo ponitur comminatio contra ipsum prophetantem: et primo ponitur culpae repressio: ° et dixit jeremias... non te misit. * isa. 24: ° posuimus mendacium spem nostram, et mendacio protecti sumus. ‘ secundo ponitur poenae comminatio: ° idcirco emittam te; ‘ idest, tollam per mortem * psalm. 18: ° non sic impii, non sic, sed tamquam pulvis quem projicit ventus a facie terrae. ‘ tertio ponitur prophetiae impletio: ° et mortuus est mense septimo: ‘ unde non supervixit nisi duobus mensibus. * 1 thess. 5: ° cum dixerint, pax, et securitas; tunc repentinus eis superveniet interitus, sicut dolor in utero habentis, et non effugient.

069 CPH cp29

lc1 ‘ Hic excludit falsas consolationes prophetarum, qui consolabantur captivos in babylonia: et primo excludit falsas consolationes; secundo invehit contra ipsos falsos consolatores, * ibi, ° haec dicit dominus ‘ etc.. circa primum duo. primo ponit prophetiae titulum, in quo tria assignat: scilicet prophetandi modum, quia per modum epistolae; ° verba libri, ‘ idest epistolae * isa. 30: ° ingressus scribe ei super buxum, et in libro diligenter extra illud. et erit in die novissimo in testimonium usque in aeternum. ‘ prophetiae tempus, ° postquam egressus: * 4 reg. 24. isa. 3: ° ecce dominator dominus exercitum auferet ab jerusalem et a juda validum et fortem, omne robur panis, et omne robur aquae; et fortem et virum bellatorem, judicem et prophetam, ‘ etc.. et prophetiae nuntium: ° in manu elasa filii saphan, et gamaria filii helciae, quos misit, ‘ ut pacem cum chaldaeis faceret, territus ad mortem falsi consolatoris hananiae, et comminationis jeremiae. * prov. 19: ° pestilente flagellato, stultus sapientior erit. ‘ secundo ponit prophetiae verbum: ° haec dicit dominus: ‘ et circa hoc duo. primo dat eis consilium bonum, et salubre, ut intendant his quae pertinent ad usum necessitatis: ° aedificate domos, ‘ quod facere |25| negligebant, credentes cito redire, secundum promissa falsorum prophetarum. * psalm. 106: ° seminaverunt agros, et plantaverunt vineas, et fecerunt fructum nativitatis. ‘ item ut intendant his quae pertinent ad successionem prolis: ° accipite uxores. * gen. 1: ° crescite, et multiplicamini, et replete terram. ‘ et ut intendant his quae pertinent ad tranquillitatem pacis: ° et quaerite pacem. * baruch 1: ° orate pro vita nabuchodonosor regis babylonis, et pro vita balthassar filii ejus etc.. * 1 tim. 2: ° obsecro primum omnium fieri obsecrationes, postulationes, gratiarum actiones pro omnibus hominibus, pro regibus, et omnibus qui in sublimitate constituti sunt, ut quietam, et tranquillam vitam agamus in omni pietate, et castitate, ‘ etc.. secundo excludit consilium falsum, et inutile: ° haec enim dicit dominus: ‘ et primo excludit vanam fiduciam quam ex prophetarum promissione conceperant; secundo excludit stultam poenitentiam, * ibi, ° quia haec dicit dominus ‘ etc.. circa primum tria. primo excludit falsorum prophetarum dictum, qui in brevi liberationem promittebant: ° non vos seducant prophetae, ‘ qui ex nomine domini vobis loquuntur, ° et divini, ‘ qui daemonum responsa aptant. * ezech. 12: ° vae |50| prophetis insipientibus qui sequuntur spiritum suum, et nihil vident. ‘ secundo dicit liberationis tempus quantum ad consolationem: ° quia haec dicit dominus, visitabo, ‘ consolans vos, et hostes affligens. * supra 25: ° cum impleti fuerint septuaginta anni, visitabo super regem babylonis, et super gentem illam, dicit dominus, iniquitatem eorum, ‘ etc.. et quantum ad patriae restitutionem, ° et suscitabo, ‘ implebo. * eccl. 36: ° suscita praedicationes, quas locuti sunt in nomine tuo prophetae priores. ‘ tertio ponit liberationis modum, primo promittens pristinae prosperitatis statum quantum ad tranquillitatem pacis: ego enim scio; quasi non alius. * 1 cor. 2: ° quae sunt dei nemo scit nisi spiritus dei. * isa. 64: ° oculus non vidit absque te quae praeparasti expectantibus te. cogitationes pacis, ‘ quam vobis praeparo, ° finem, ‘ captivitatis, ° patientiam, ‘ laborum, ut facilius toleretis. * psalm. 27: ° loquuntur pacem cum proximo suo, mala autem in cordibus eorum. ‘ et quantum ad exauditionem orationis: ° invocabitis, ‘ ore, ° et ibitis, ‘ mente, ° adorabitis, ‘ corpore. vel ° ibitis, ‘ ad templum. * isa. 30: ° ad vocem clamoris tui statim ut audierit, respondebit tibi. * alia littera habet: ° invocabitis me, et vivetis; et orabitis me, et ego exaudiam |75| vos. ‘ et planus est sensus. et quantum ad auxilium divinae protectionis, ° quaeretis, ‘ desiderio et precibus, ° et invenietis, ‘ paratum ad auxilium; quasi dicat, meipsum offeram. * joan. 14: ° qui diligit me, diligetur a patre meo, et ego diligam eum, et manifestabo ei meipsum. * isa. 53: ° quaerite dominum dum inveniri potest, invocate eum dum prope est. ‘ secundo promittit proprium nativitatis locum, ° et reducam. * ezech. 36: ° tollam quippe vos de gentibus et congregabo vos de universis terris, et adducam vos in terram vestram. quia dixistis: ‘ quasi dicat: non fuit necessarium vobis scribere, quia in falsis prophetis confiditis.

lc2 ‘ Hic excludit falsam poenitentiam: possent enim propter longam captivitatem poenitere de hoc quod se tradiderant, videntes alios adhuc in jerusalem remansisse; et ideo contra remanentes comminatur gravem poenam mortis. ° ecce mittam. * supra 21: ° qui habitaverit in urbe hac, morietur gladio et fame et peste; qui autem egressus fuerit, et transfugerit ad chaldaeos qui obsident vos, vivet ‘ etc.. et afflictionis, ° et ponam; ‘ idest non invenient gratiam in me, neque in illis a quibus captivi tenentur, sicut neque ficus malae placent colligentibus. * supra 24: ° sicut ficus pessimae quae comedi non possunt, eo quod sint malae, haec dicit dominus; sic dabo sedeciam regem judae, et principes ejus, et reliquos de jerusalem qui remanserunt in urbe hac et qui habitant in terra aegypti ‘ etc.. et assignat causam: ° eo quod non audierint, ‘ scilicet ut se traderent nabuchodonosor, et a peccatis cessarent. * supra 11: ° mane consurgens contestatus sum, et dixi: audite vocem meam. et non audierunt, nec inclinaverunt aurem suam; sed abierunt unusquisque in pravitate cordis sui mali ‘ etc.. secundo inducit intentam conclusionem: ° vos ergo audite verbum |25| domini, ‘ ne scilicet poenam patiamini, quia mihi in hoc obedistis. * prov. 4: ° audite filii disciplinam patris.

lc3 ‘ Hic invehitur contra ipsos falsos prophetas: et primo contra quosdam assertores falsitatis; secundo contra quemdam impugnatorem veritatis, * ibi, ° et ad semeiam ‘ etc.. circa primum tria. primo comminatur poenam; secundo arguit culpam, * ibi, ° pro eo quod fecerint stultitiam in israel; ‘ tertio arguit judicii justitiam, * ibi, ° ego sum judex et testis. ‘ circa primum tria. primo ponitur ipsorum depressio in culpa, ° tradam eos, ‘ ut scilicet occasionem puniendi habeat quos primo in potestate habebat. * thren. 1: ° dedit me dominus in manu de qua non potero effugere. ‘ secundo ponitur poenae inflictio, ° et percutiet. * infra 30: ° insanabilis fractura, pessima plaga tua. ‘ tertio ponitur consequens maledictio: ° et assumetur ex eis. * dicunt autem hebraei, “ hos esse duos senes * de quibus habetur dan. 13. “ unde ex hoc loco volunt ostendere illud fabulosum esse. ibi enim dicuntur a populo occisi, hic autem a nabuchodonosor. et praeterea ibi dicuntur lapidati, hic igne occisi. ‘ et dicendum ad primum, quod utrumque potest esse verum: quia nabuchodonosor occidit auctoritate, a daniele convictos, et populus executione sententiae. ad secundum dicendum, quod quaelibet |25| poena dicitur ignis propter afflictionem, et hoc praecipue propter similitudinem culpae adulterii. * oseae 7: ° omnes adulterantes quasi clibanus succensus a coquente. * job 31: ° ignis est usque ad perditionem devorans, et omnia eradicans genimina.

lc4 ‘ Hic ponit culpam: et primo adulterium: ° stultitiam, ‘ idest rem stultam, ° et moechati sunt. * daniel. 13: ° sic faciebatis filiabus israel, et illae timentes loquebantur vobis. * supra 5: ° unusquisque ad uxorem proximi sui hinniebat. ‘ secundo mendacium: ° et locuti sunt verbum in nomine meo mendaciter: ‘ dicebant enim proximam esse liberationem, et christum de eis esse nasciturum, ut sic mulieres in adulterium deciperent. * supra 23: ° non loquebar ad eos, et ipsi prophetabant.

lc5 ‘ Hic ponit judicii justitiam, ° judex, ‘ ad infligendam poenam, ° testis, ‘ ad convincendam culpam: quia divino nutu, et miraculose deprehensi sunt. * daniel. 13: ° suscitavit dominus spiritum pueri junioris, cui nomen daniel ‘ etc..

lc6 ‘ Hic invehitur contra impugnatorem veritatis, quia cum esset pseudopropheta, et populi vicinam liberationem promitteret, iratus contra jeremiam propter epistolam quam in babylonem misit, scripsit in jerusalem litteras ad principem sacerdotum contra jeremiam. et circa hoc duo. primo ponitur veritatis impugnatio; secundo ponitur contra ipsum comminatio, * ibi, ° et factum est verbum domini ad jeremiam. ‘ circa primum duo. primo ponit tenorem epistolae: ° pro eo quod misisti. ‘ est defectuosa locutio; quasi, patieris, quod postmodum quibusdam interpositis dicet. in qua epistola tria facit. primo commemorat praedecessoris exemplum: ° dominus dedit te pro jojade, ‘ qui interfecit falsos sacerdotes ut tu similiter facias de jeremia falso propheta. * 4 reg. 11. ‘ secundo commemorat officium: ° ut sis dux in domo domini super omnem virum arreptitium, ‘ qui a spiritu immundo arreptus prophetae actum usurpat. pertinebat enim ad sacerdotis officium discernere inter spiritus. * 1 joan. 4: ° nolite omni spiritui credere, sed probate spiritus si ex deo sint: quoniam multi pseudoprophetae exierunt in mundum ‘ etc.. quaedam etiam accusat, scilicet epistolam jeremiae: ° quia super hoc misit in babylonem: |25| ‘ quia non est contentus nobis mala praedicere. * amos 5: ° odio habuerunt corripientem in porta, et loquentem perfecte abominati sunt. * 3 reg. ult.: ° ego odi eum, quia non prophetat mihi bonum, sed malum, michaeas filius jemla. ‘ secundo ostendit quomodo pervenit ad notitiam prophetae. ° legit ergo sophonias sacerdos librum istum in auribus jeremiae prophetae: ‘ ut improperaret sibi. * supra 20: ° factus est mihi sermo domini in opprobrium, et in derisum tota die.

lc7 ‘ Hic ponitur contra ipsum comminatio. et primo arguit culpam: ° pro eo quod prophetavit. * isa. 28: ° posuimus mendacium spem nostram, et mendacio protecti sumus. ‘ et dirigitur sermo ad captivos per quamdam aliam epistolam. secundo comminatur poenam: ° idcirco haec dicit dominus. ‘ et primo quantum ad filios: ° non erit ei vir; ‘ quasi dicat: non relinquet in populo superstitem. * exod. 20: ° ego sum dominus deus tuus, fortis, zelotes, visitans iniquitatem patrum in filios, in tertiam et quartam generationem eorum qui oderunt me. ‘ secundo quantum ad ipsum: ° et non videbit bonum quod ego faciam populo meo. * supra 17: ° erit enim quasi myricae in deserto, et non videbit cum venerit bonum. ‘ tertio resumit causam: ° quia praevaricationem locutus est adversus dominum ‘ quia verbis suis praevaricatus est contra dominum loquens, promittens prospera, domino praedicente adversa. * job 39: ° numquid qui contendit cum deo, tam facile conquiescit?

069 CPH cp30

lc1 ‘ Post comminationem hic incipit consolationem ponere: et primo ponit consolationem ad omnes communiter; secundo specialiter ad civitatem regiam, scilicet jerusalem, * cap. 33: ° et factus est verbum domini ad jeremiam secundo. ‘ prima in duas. primo consolatur eos verbo; secundo designat consolationem facto, * cap. 32: ° verbum quod factum est ad jeremiam a domino. ‘ prima in duas. in prima consolatur eos ex evasione adversitatis; in secunda ex promissione prosperitatis * (cap. 31): ° in tempore illo dicit dominus. ‘ prima in duas. in prima promittit liberationem in generali: in secunda prosequitur promissionem in speciali, * ibi, ° et haec verba quae locutus est dominus. ‘ circa primum duo facit. primo dominus ponit ad prophetam prophetiae conservandae praeceptum: ° scribe tibi omnia, ‘ quae praedicta sunt, et quae sequentur, quorum revelationem jam intus susceperat, ut diu conservarentur; in quo significat non cito implenda. * isa. 8: ° sume tibi librum grandem, et scribe in eo stylo hominis: velociter spolia detrahe, cito praedare. * habac. 2: ° scribe visum, et explana eum super tabulas, ut percurrat qui legerit eum. ‘ secundo promittit liberationis |25| beneficium: ° ecce enim convertam, ‘ idest revocabo de terra captivitatis, quantum ad terminum a quo, ° conversionem, ‘ quia non omnes, sed tantum illos qui tali conversione erunt digni, ° israel, ‘ decem tribus, quantum ad illos qui ad ezechiam regem in jerusalem venerunt. * 2 paral. 30: ° nam cum eis captivati sunt, et eis redeuntibus redierunt. ‘ vel referendum est ad conversionem factam ad fidem christi, ° et convertam, ‘ quantum ad terminum ad quem. * psal. 125: ° in convertendo dominus captivitatem sion, facti sumus sicut consolati.

lc2 ‘ Hic prosequitur liberationis partes: et primo promittit eis liberationem ab hostium servitute: secundo a multiplici destructione quam sustinuerunt, * ibi, ° quia haec dicit dominus. ‘ circa primum duo. primo proponit oppressionem pristinam, quam designat proponens hostium timorem: ° vocem terroris audivimus, ‘ ante a prophetis praenuntiatam: ° formido et non est pax, ‘ aliquo auxilium ferente. * job 15: ° sonitus terroris semper in auribus illius: et cum pax sit, ille semper insidias suspicatur. ‘ timoris expressionem ex gestu corporis: quia ad similitudinem parturientium manus ad lumbos convertebant prae stupore: ° interrogate. * psal. 47: ° ibi dolores ut parturientis. ‘ et ex immutatione ruboris: ° et conversae sunt in auruginem, ‘ quae est color niger permixtus rubedini, contingens iratis. et ex vento urente. * isa. 12: ° facies combustae vultus eorum. * joel. 2: ° omnes vultus redigentur in ollam. ‘ proponit etiam timoris, et anxietatis magnitudinem: ° vae quia magna, ‘ magnitudine tribulationis, ° dies, ‘ captionis jerusalem. * soph. 1: ° vox diei domini amara; tribulabitur ibi fortis. dies irae dies illa, dies tribulationis et angustiae; dies |25| calamitatis, et miseriae: dies tenebrarum, et caliginis, dies nebulae et turbinis; dies tubae, et clangoris, ‘ etc.. secundo promittit salutem futuram: et primo promittit liberationem: ° et ex ipso salvabitur, ‘ scilicet tempore, quamvis malo. * oseae 1: ° salvabo eos in domino deo suo. ‘ secundo salutis modum et ordinem, promittens liberationem a servitute excludens hostium imperium, ° et erit in die illa... conteram jugum, ‘ ipsum nabuchodonosor. ° et non dominabitur, ‘ quod impletum est temporum simonis. * 1 mach. in fine. ‘ vel referendum ad liberationem factam per christum de potestate daemonum. * isa. 9: ° jugum enim oneris ejus, et virgam humeri ejus, et sceptrum exactoris ejus superasti. ‘ et promittens optatum imperium: ° sed servient, ‘ idest alicui qui erit vobis sicut david, sicut simoni et jonathae. vel zorobabel, qui fuit de stirpe david. vel christo. david autem imperium erat eis maxime desideratum propter prosperitatem, et pacem quam tempore ipsius habuerunt, et quia non oppresserat eos servitute, sicut salomon. * ezech. 37: ° david servus meus princeps eorum in perpetuum. ‘ providet etiam liberationem a captivitate, excludens timorem: ° tu ergo ne timeas. * isa. 43: ° noli timere, quia ego tecum sum. |50| ab oriente adducam semen tuum, et ab occidente congregabo te. ‘ et ponens liberationem quantum ad terminum a quo: ° quia ecce ego salvabo te de terra longinqua. * zachar. 8: ° ecce ego salvabo populum meum de terra orientis, et de terra occasus solis, et adducam eos: et habitabunt in medio jerusalem, et erunt mihi in populum, et ego ero eis in deum, in veritate et in justitia. ‘ et quantum ad terminum ad quem: ° et revertetur et quiescet, ‘ quantum ad pacis tranquillitatem, ° et in cunctis, ‘ quantum ad rerum ubertatem. * isa. 32: ° sedebit populus meus in multitudine pacis, et in tabernaculis fiduciae, et in requie opulenta. ‘ tertio ostendit salutis auctorem: et primo ponit salvatoris praesentiam: ° quoniam tecum ego sum. * supra 20: ° dominus mecum est tamquam bellator fortis: idcirco qui persequuntur me cadent, et infirmi erunt, et confundentur vehementer, quia non intellexerunt opprobrium sempiternum, quod nunquam delebitur. ‘ secundo in hostes vindictam: ° faciam enim consummationem: ‘ ad finem consumptionis perducet eos. * isa. 10: ° consummationem et abbreviationem dominus deus exercituum faciet in medio omnis terrae. ‘ tertio ad vos conservationis misericordiam: |75| ° te autem non faciam in consummationem, ‘ ut scilicet non sint tuae reliquiae. * supra 5: ° verumtamen in diebus illis, ait dominus, non faciam vos in consummationem. ‘ quarto infert moderatam poenam ad castigandum: ° castigabo te in judicio. * supra 10: ° corripe me, domine, verumtamen in judicio, et non in furore tuo, ne forte ad nihilum redigas me, in judicio, aequitatis.

lc3 ‘ Hic promittit liberationem a destructione, et afflictione magna quam sustinuerant: et circa hoc duo. primo proponit praecedentem destructionem, ostendens ipsius magnitudinem, quia quasi haec erit castigationis quantitas ut in virtute humana reparari non possit: ° fractura, ‘ quae dicit interruptionem continuitatis, et significat destructionem hominum, vel civitatum, ° insanabilis, ‘ quantum in se est, licet deus salvare possit, propter magnitudinem ° pessima, ‘ propter profunditatem. * thren. 2: ° magna est velut mare contritio tua: quis medebitur tui? ‘ excludens etiam humani auxilii subventionem, sive per judicium justitiae judicantis de injuria illata: ° non est qui judicet, ‘ contra hostes, ° ad illigandum, ‘ sicut qui curant plagas ligant emplastra super ipsas. * isa. 59: ° vidit dominus, et malum apparuit in oculis ejus, quia non est judicium. ‘ sive secundum affectum amicitiae subvenientis: ° utilitas non est tibi, ‘ ab amicis scilicet, quia vere medicum offendisti. * thren. 1: ° omnes amici ejus spreverunt eam, et facti sunt ei inimici. ‘ ostendens etiam poenae aequitatem, assignans poenae causam: ° plaga enim inimici, ‘ qui percutit ad mortem, quia est insanabilis, ° crudeli, |25| ‘ quia profunda. ° propter multitudinem: ‘ unde oportuit esse magnam plagam, quae omnia apostemata comprehenderet: ° dura, ‘ quantum ad obstinationem; et ideo oportuit eam esse vehementem: et profundam quae usque ad intima penetraret. * thren. 2: ° factus est dominus velut inimicus, praecipitavit israel, praecipitavit omnia moenia ejus, dissipavit munitiones ejus, et replevit in filia juda humiliatum et humiliatam. ‘ et excludit murmurantium querelam: ° quid clamas? ‘ murmurando. non possunt sanari nisi pulvere mordacissimo, quo putridas carnes et insanabiles amputarem. * thren. 3: ° quid murmuravit homo vivens, vir pro peccatis suis? ‘ secundo promittit liberationem: et primo promittit subventionis beneficium quantum ad vindictae judicium, contra injuriam illatam in personis, quia non est alius qui liberet, ° qui comedunt, ‘ occidendo, ° hostes, ‘ captivantes te. * supra 2: ° omnes qui devorant eum derelinquunt, mala venient super eos, dicit dominus. ‘ et contra injuriam illatam in rebus: ° et qui te vastant, ‘ quantum ad bona immobilia ° praedatores, ‘ quantum ad mobilia. * isa. 33: ° vae qui praedaris, nonne et ipse praedaberis? ‘ et quantum ad curatoris amicabilem affectum, ponens curationem, |50| ° obducam: ‘ idest, ita perfecte curabo quod nec vestigium appareat praecedentis plagae. * psal. 146: ° qui sanat contritos corde, et alligat contritione, eorum. ‘ haec sub zorobabel quando assyrios, idest ninivem, vastaverunt babylonii et chaldaei, et ipsos medi et persae. et tunc obducta est cicatrix, etc.. et assignat rationem: ° quia ejectam vocaverunt te, ‘ scilicet hostes. * proverb. 24: ° cum ceciderit inimicus tuus ne gaudeas, et in ruina ejus ne exultet cor tuum; ne forte videat dominus, et displiceat ei, et auferat ab eo iram suam. ‘ insultatio enim hostium est causa divinae miserationis. secundo ostendit subveniendi modum: ° haec dicit dominus: ‘ et primo quantum ad modum auxiliandi: ° ecce ego convertam; ‘ secundo quantum ad modum vindicandi: ° ecce turbo domini furor egrediens. ‘ circa primum primo promittit restaurationem aedificiorum omnium generaliter: convertam, idest restituam ad statum pristinum, ° tabernaculorum, ‘ domorum. * isa. 61: ° aedificabunt deserta populorum, et ruinas antiquas erigent, et instaurabunt civitates desertas, et dissipatas in generationem et generationem. ‘ et quantum ad principalia specialiter: ° et aedificabitur civitas, ‘ idest jerusalem. * isa. 44: ° qui dico jerusalem, habitaberis; |75| et civitatibus juda, aedificabimini; et deserta ejus suscitabo. ‘ secundo promittit prosperitatem hominum quantum ad cordis jucunditatem: ° et egredietur de eis laus. * isa. 51: ° gaudium, et laetitia invenietur in ea, et gratiarum actio, et vox laudis. ‘ quantum ad populi multitudinem: ° multiplicabo eos et non minuentur, ‘ quantum in me est, et nisi ex culpa eorum proveniat. * psalm. 138: ° dinumerabo eos, et super arenam multiplicabuntur. ‘ vel intelligendum de his qui ad christum convertuntur. et quantum ad hominis exaltationem: ° et glorificabo, ‘ vel corporaliter, vel spiritualiter quantum ad virtutis sanctitatem, ° et erunt filii ejus sicut a principio, ‘ idest similes sanctis patribus, ° coram me, ‘ per vitae munditiam. ° et visitabo, ‘ quia defendam eos, et vindicabo. * job 29: ° quis mihi tribuat ut sim juxta menses pristinos, secundum dies quibus deus custodiebat me? ‘ tertio quantum ad rectorum bonitatem, ponens primo ipsorum propinquitatem quia ex eodem genere: ° et erit dux ex eo. ‘ hoc refertur ad zorobabel, vel ad christum. * oseae 2: ° dabo eis vinitores ejus ex eodem loco. ‘ secundo eorum sanctitatem, ° et applicabo eum, ‘ et accedet, per justitiam, ° quis enim iste est qui applicet cor suum? ‘ in quo ostenditur auctor applicandi, | 100 | quia nullus applicatur nisi a deo tractus. * joan. 6: ° nemo potest venire ad me, nisi pater, qui misit me, traxerit eum. ‘ tertio tangit justitiae utilitatem: ° et eritis mihi in populum. * eccli. 10: ° qualis est rector civitatis, tales et inhabitantes in ea.

lc4 ‘ Hic ponit modum vindictae: et primo comminatur poenam, ° ecce turbo, ‘ ut dispergat, sicut commotio aeris pulverem, per captivitatem, ° procella, ‘ ut absorbeat per mortem, sicut fluctus maris, ° impiorum, ‘ qui affligerunt judaeos, et qui de malis non sunt emendati, ° conquiescet, ‘ quasi poena permanens. * isa. 30: ° erit transitus virgae fundatus quam requiescere faciet dominus super eum. ‘ secundo excludit misericordiam: ° non avertet iram. * isa. 3: ° in omnibus his non est aversus furor domini; sed adhuc manus ejus extenta. ‘ tertio promittit scientia horum: ° in novissimis intelligetis ea, ‘ quando scilicet omnia ista contigerint. * psalm. 9: ° cognoscetur dominus judicia faciens in operibus manuum suarum comprehensus est peccator.

069 CPH cp31

lc1 ‘ Hic consolatur eos ex promissione prosperitatis: et circa hoc duo facit. primo promittit prosperitatem gentis; secundo ampliationem civitatis, * ibi, ° ecce dies veniunt ‘ etc.. prima in tres. in prima consolatur decem tribus; in secunda duas, * ibi, ° haec dicit dominus, ‘ etc., in tertia utrasque, * ibi, ° ecce dies venient, ‘ etc.. prima in duas. in prima ponitur destructi populi restauratio; in secunda restaurationis ordo, * ibi, ° quia haec dicit dominus: exultate in laetitia jacob. ‘ circa primum tria. primo promittit eis restaurationem ad religionis cultum: ° in tempore illo, ‘ vel post reditum de babylone, ° universis, ‘ quantum ad illos de decem tribubus, qui duabus adhaeserunt; vel quantum ad omnes, quia omnis israel salvus fiet, postquam plenitudo gentium introjerit: * ad rom. 11. apoc. 20: ° ipsi populus ejus erunt, et ipse deus cum eis erit eorum deus. ‘ secundo promittit restaurationem ad nativitatis locum, promittens revocationis beneficium: ° populus qui remanserat a gladio, ‘ babylonis, ° in deserto, ‘ in terra captivitatis, in qua a deo deserti videbuntur, per quam purgati ad terram suam redierunt, sicut per desertum ad terram promissionis quondam, ° invenit gratiam, ‘ idest |25| hanc misericordiam apud deum, quod ° vadet ad requiem, ‘ idest ad terram suam, in qua pacifice requiescet: quod potest mystice exponi quantum ad pacem quam tempore simonis machabaei habuerunt: * 1 mach. 14. isa. 13: ° sedebit populus meus in pulchritudine pacis, et in tabernaculis fiduciae, et in requie opulenta. ‘ determinans revocationis tempus: ° longe, ‘ antequam futurum fit, ° apparuit, ‘ revelans futuram liberationem. * supra 28: ° confringam jugum nabuchodonosor regis babylonis post duos annos dierum de collo omnium gentium. * habac. 2: ‘ adhuc visus procul, et apparebit in finem, et non mentietur. et ostendens revocantis affectum: ° in caritate perpetua dilexi te, ‘ quasi dicat: non ad tempus, sed in perpetuum tibi bona largitus est, ° attraxit, ‘ ad locum tuum, ° miserans, ‘ misericordiam exterius beneficio complens. * oseae 11: ° in funiculis adam traham eos, in vinculis caritatis. * supra 2: ° recordatus sum tui, miserans adolescentiam tuam, et caritatem desponsationis tuae. ‘ tertio promittit revocationem ad prosperitatis statum: et primo promittit prosperitatem quantum ad reparationem gentis: ° rursumque aedificabo, ‘ secundum metaphoram qua dicitur domus israel. * supra 24: ° aedificabo eos, et | 50 | non destruam; plantabo eos, et non evellam. ‘ quantum ad jucunditatem cordis: ° virgo israel, ornaberis tympanis tuis, ‘ idest ornata incedes ludens ad tactum tympani. * isa. 30: ° laetitia cordis, sicut qui pergit cum tibia, ut intret in montem domini ad fortem israel. ‘ et quantum ad tranquillitatem pacis: ° adhuc plantabis vineas in montibus samariae, ‘ propter tres civitates quae additae sunt judaeis: * 1 mach. 10: ° plantabunt donec tempus veniat; ‘ quasi dicat: propter timorem hostium non praeoccupabunt tempus vindemiae. * isa. 65: ° plantabunt vineas, et comedent fructus earum. ‘ secundo assignat prosperitatis rationem: ° quia erit dies; ‘ in quo significatur reversio ad cultum dei, ad quem mutuo se exhortantur. ° in sion, ‘ et non in bethel ad vitulos jeroboam: * 3 reg. 12. et isa. 2: ° venite, ascendamus ad montem domini, et ad domum dei jacob; et docebit nos vias, et ambulabimus in semitis ejus.

lc2 ‘ Hic prosequitur operationis ordinem: et circa hoc duo. primo inducit eos ad exultationem: ° exultate in laetitia. * psal. 80: ° exultate deo adjutori nostro, jubilate deo jacob. ‘ ad quam exultationem exprimendam indicit hostium insultationem: ° et hinnite, ‘ insultantes, ° contra caput gentium, ‘ idest regem babyloniae, vel assyriorum, qui captivavit vos. * habac. 2. ° numquid non repente consurgent qui mordeant te, et suscitabuntur lacerantes te, et eris in rapinam eis? ‘ et etiam divinam laudem, ° personate, ‘ in psalteriis, et hujusmodi. secundo ponit liberationis ordinem: ° ecce ego adducam eos, ‘ describens reversionis terminum a quo, ° de terra aquilonis, ‘ et revertentium caetum, ° inter quos; ‘ quasi dicat: nullus vel aliqua corporis infirmitate a reditu impedietur; hoc quia securi venient. * isa. 35: ° erit saliens sicut cervus claudus. ‘ et etiam reversionis modum, ° in fletu: ‘ quidam propter laetitiam reversionis, et quidam videntes terrae vastitatem. * 1 esdr. 3: ° nec poterat quisque cognoscere vocem clamoris laetantium, et vocem fletus populi. et in misericordia reducam eos, ‘ a rubore mentis. * isa. 54: ° in miserationibus magnis congregabo te. per torrentes aquarum, ‘ per quas navigantes |25| faciliter vadunt, et juxta eos sunt viae bonae; in quo excluditur labor itineris, et taedium. * prov. 3: ° ambulabis fiducialiter in via tua, et pes tuus non impinget. ‘ tertio assignat rationem ex paterno affectu, quo ad eos movetur: ° quia factus sum pater: ‘ unde sicut pater non possum dimittere quin eorum miserear. inter omnes enim populos primogenitus israel. * exod. 4: ‘ filiis autem joseph data sunt primogenita, * sicut dicitur 1 paral. 5, ‘ in quo ephraim manassi praelatus est: * gen. 48: ‘ unde relinquitur ephraim primogenitum esse.

lc3 ‘ Hic ponitur divulgatio liberationis. et primo excitat gentes ad attentionem. ° audite, ‘ ut omnes in ipso confidant qui taliter liberare potest. * isa. 49: ° audite insulae, et attendite populi de longe. ‘ secundo praenuntiat populi liberationem, non impediente divina indignatione, quia ° qui dispergit israel congregabit eum. * isa. 40: ° sicut pastor gregem suum pascet in brachio suo congregabit agnos, et in sinu suo levabit, fetas ipse portabit. ‘ nec impediente detinentium potestate: ° redemit, ‘ quondam ab aegyptiis, et ° de manu potentioris, ‘ scilicet chaldaei. * psal. 71: ° liberavit pauperem a potente, et pauperem cui non erat adjutor. ‘ tertio promittit liberatis prosperitatem: et primo quantum ad omnes promittit religionis debitam observantiam: ° in monte sion, ‘ non in bethel ad vitulos. * isa. 51: ° qui redempti sunt a domino revertentur, et venient in sion laudantes, et laetitia sempiterna super capita eorum. ‘ et temporalium bonorum affluentiam, ponens bonorum fertilitatem quantum ad terrae nascentia quae in cibum nostrum producuntur, et condiuntur, quantum ad animalia. ° et confluent, et laudabunt, ‘ deum, ° super frumento et vino. * genes. 27: ° frumento, |25| vino, et oleo stabilivi eum. ‘ et possidentium satietatem: ° eritque anima eorum quasi hortus irriguus, ‘ qui pluviam non expectat. hoc potest intelligi de bonis spiritualibus collatis per christum; quod nunc ex parte, in futuro ex toto complebitur. * apoc. 7: ° non esurient, neque sitient amplius, neque cadet super illos sol, neque ullus aestus. ‘ et cordis laetitiam, quantum ad signa laetitiae: ° laetabitur virgo. * supra 30: ° egredietur de eis laus, voxque ludentium, et multiplicabo eos ‘ etc.. et quantum ad cessationem tristitiae: ° convertam luctum eorum in gaudium. * tob. 3: ° post tempestatem tranquillum facis, et post lacrymationem et fletum, exultationem infundis. ‘ secundo specialiter quantum ad sacerdotes: ° inebriabo, ‘ idest abundanter satiabo, ° pinguedine, ‘ abundantia oblationum et sacrificiorum, ° et populus adimplebitur, ‘ ut deo offerre possit. hoc autem spiritualiter intelligitur de pinguedine devotionis. * psal. 62: ° sicut adipe et pinguedine repleatur anima mea, et labiis exultationis laudabit os meum.

lc4 ‘ Hic ponitur gentium consolatio. et primo inducit matris fletum: ° rachel, ‘ quae fuit mater joseph, ° plorantis, ‘ destructionem filiorum suorum. figurative loquitur, secundum quod dicitur hyperbolice, in parentes mortuos tristitiam redundare de filiorum adversitate. vel quia in romana captivitate juxta sepulcrum rachelis judaei captivi ducti sunt, et venditi. vel quia figurative dicitur plorare pueros juxta se occisos, cum ipsa juxta bethleem sepulta sit, * sicut habetur gen. 35, ° lamentationis, ‘ quae fit verbis dolorem exprimentibus, ° fletus, ‘ quantum ad emissionem lacrymarum, ° luctus, ‘ quantum ad quamdam observantiam in expressione doloris, sicut fit in mutatione vestium, et hujusmodi. * supra 3: ° vox in viis audita est, ploratus, et ululatus filiorum israel: quoniam iniquam fecerunt viam suam, obliti sunt domini dei sui. ‘ excludit consolationis remedium: ° et nolentis consolari super eis, quia non sunt, ‘ reversi cum aliis, quia ad nihilum redacti sunt. * oseae 13: ° consolatio abscondita est ab oculis meis, quia ipse inter fratres dividet. ‘ secundo impendit consolationis remedium: ° haec dicit dominus: quiescat vox, ‘ quantum ad lamentationem, ° oculi, ‘ quantum ad fletum. |25| * apoc. 21: ° absterget deus omnem lacrymam ab oculis sanctorum: et mors ultra non erit, neque luctus, neque clamor, neque dolor erit ultra: quia prima abierunt. ‘ tertio promittit liberationis beneficium: et primo quantum ad terminum a quo, quia ° merces, ‘ in quo ostenditur per meritum sanctorum patrum eos liberatos. ° inimici, ‘ chaldaei. * isa. 40: ° ecce merces ejus cum eo, et opus illius coram illo. ‘ secundo quantum ad terminum ad quem: ° et est spes novissimis ‘ ad significandum quod in novissimis temporibus revertentur ad veram fidem, et forte etiam ad terram suam mortuo antichristo. * proverb. 10: ° expectatio justorum laetitia, spes autem impiorum peribit.

lc5 ‘ Hic ponitur poenitentium susceptio, cui praemittitur confessionis cognitio, ° audiens audiri, ‘ idest misericorditer exaudivi. * exod. 3: ° videns vidi afflictionem populi mei qui est in aegypto, et clamorem ejus audivi. ‘ et subditur confessio: ° castigasti me, domine, et eruditus sum quasi juvenculus, ‘ qui difficile corripitur, et multis verberibus. * isa. 28: ° sola vexatio intellectum dabit auditui. ‘ secundo ponitur petitio: ° converte me, et convertar. * thren. ult.: ° converte nos, domine, ad te, et convertemur: innova dies nostros sicut a principio. ‘ tertio assignatur petitionis ratio ex poenitentia quam inchoavit. unde primo ponit poenam: ° postquam enim convertisti, ‘ infundendo gratiam, ° postquam ostendisti, ‘ flagellis peccata, ° percussi femur meum, ‘ interiorem dolorem exteriori percussione designans, ad modum hominis dolentis. vel ° percussi femur, ‘ voluptates carnales reprimendo. * job ult.: ° auditu auris audivi te, nunc autem oculus meus videt te. ‘ secundo poenitentiam, quia ex poena quam sustinuit peccatum recognoscens, confusionem passus est, quae signum poenitentiae fuit: ° confusus sum, ‘ interius, ° erubui, ‘ exterius, ° quoniam sustinui opprobrium, ‘ idest poenam, et confusionem pro peccatis |25| ° adolescentiae meae. ‘ et nominat adolescentiam, tempus ante conversionem; quasi dicat, quod ex ignorantia peccavit. * job 13: ° scribis contra me amaritudinem, et consumere me vis peccatis adolescentiae meae.

lc6 ‘ Hic suscipit poenitentem. et primo ponitur divina miseratio; secundo poenitentis instructio, * ibi, ° statue tibi speculam; ‘ tertio ipsius revocatio, ibi, ° revertere virgo israel. ‘ circa primum duo. primo ponit misericordiae rationem ex parte populi: ° si filius honorabilis mihi ephraim; ‘ quasi dicat: numquid non filius honorabilis? propter jus primogeniturae: ° si puer delicatus, ‘ propter teneritudinem aetatis, quia joseph quasi minimus filiorum jacob, et ephraim minor filiorum joseph. et haec duo provocant patres magis ad miserandum. * oseae 11: ° puer israel, et dilexi eum, et ex aegypto vocavi filium meum. ‘ ponit etiam rationem ex parte dei: ° quia ex quo locutus sum; ‘ quasi dicat: non decet ut verba dei irritentur: ° recordabor, ‘ verborum. * num. 23: ° dixit, et non faciet, locutusque est, et non implebit? ‘ secundo ostendit miserationem: ° idcirco conturbata sunt viscera mea, ‘ antropospatos, in quo interior compassio, ° miserans, ‘ in quo exterior subventio. * oseae 11: ° conversum est in me cor meum, pariter conturbata est poenitudo mea.

lc7 ‘ Hic ponitur poenitentis instructio: ° statue tibi speculam, ‘ ut consideres prospera quae nuntiatur vel viam per quam redeas, ° amaritudines, ‘ sollicitudinem de reditu. ° dirige, ‘ considera viam per quam venisti ut per eam redeas: vel melius ° speculum ‘ contemplationis. ° amaritudines, ‘ pro peccatis praeteritis. ° in viam rectam, ‘ idest in viam justitiae, per quam patres tui ambulaverunt. * apoc. 2: ° memor esto unde excideris, et age poenitentiam, et prima opera fac.

lc8 ‘ Hic ponitur revocatio ipsorum in terram suam: et primo ponitur revocatio: ° revertere... usquequo deliciis dissolveris filia vaga? ‘ hoc dicitur quantum ad illos qui absorpti deliciis chaldaeorum, in terram promissionis reverti nolebant, qui recte propter mollitiem mulieres vocantur. * supra 3: ° tu autem fornicata es cum amatoribus multis; tamen revertere ad me, dicit dominus, et ego suscipiam te. ‘ secundo ponitur revocationis ratio ex christi incarnatione, quae omnes inducere debet ut a deliciis recedant: ° quia creavit dominus novum super terram; ‘ quia sola divina virtute agente, conceptio illa facta est. ° femina, ‘ propter fragilis sexus conditionem, ° circumdabit, ‘ in utero suo, ° virum, ‘ christum ab initio conceptionis suae perfectum in scientia et gratiam. unde ad terram in qua novum hoc evenire debet, debetis properare, * ephes. 4: ° induite novum hominem qui secundum deum creatus est, in justitia et sanctitate veritatis. * zach. 6: ° ecce vir, oriens nomen ejus: et subter eum orietur; et aedificabit templum domino.

lc9 ‘ Hic ponitur consolatio specialiter ad duas tribus: et primo ponitur laeta annuntiatio, quia annuntiat religionis sanctitatem: ° adhuc dicent, ‘ dominum, et templum ipsius laudantes, non idola: ° pulchritudo justitiae, mons sanctus, ‘ idest mons sion: ex eo enim doctrina legis, et judicium in totum regnum diffundebatur, propter sacerdotes, et reges, qui ibi morabantur. * psalm. 144: ° magnus dominus, et laudabilis nimis, et magnitudinis ejus non est finis. ‘ vel ° mons, ‘ idest christus. * dan. 2: ° lapis excisus de monte. ‘ promittit etiam pacis securitatem, ° et habitabunt. * isa. 62: ° non vocaberis ultra derelicta, et terra tua non vocabitur amplius desolata; sed vocaberis voluntas mea in ea, et terra tua inhabitabitur. ‘ promittit etiam bonorum ubertatem: ° quia inebriavi, ‘ abunde replevi, ° animam lassam, ‘ pristinis tribulationibus. * psal. 106: ° quia satiavit animam inanem, et animam esurientem satiavit bonis. ‘ secundo ponitur annuntiantis exultatio: ° ideo quasi de somno suscitatus sum, ‘ divina scilicet revelatione, ° dulcis, ‘ propter visam prosperitatem. possunt etiam esse verba populi, et somnus significat praecedentem miseriam, ° dulcis, ‘ inquantum misericordiam consequitur. |25| * psalm. 3: ° ego dormivi, et soporatus, sum, et exsurrexi, quia dominus suscepit me. * eccl. 5: ° dulcis est somnus operanti, sive parum, sive multum comedat.

lc10 ‘ Hic consolatur communiter utrosque. et primo ponitur promissio; secundo promissionis confirmatio, ibi, ° haec dicit dominus ‘ etc.. circa primum duo. primo promittit bona temporalia, quantum ad hominum: et jumentorum multiplicationem, ° seminabo, ‘ quasi seminando multiplicabo. * zach. 2: ° absque muro habitabitur jerusalem prae multitudine hominum, et jumentorum in medio ejus. ‘ quantum ad destructorum reparationem: ° sic vigilavi, ‘ diligenter explevi quae comminatus fueram, ° ut evellerem, ‘ tollendo omne praesidium, in quo sicut in radice firmabantur, ° demolirer, ‘ idest destruerem, quantum ad occisionem hominum, et desolationem civitatum, dissiparem, sepem auxilii humani et angelici, auferendo, ° disperderem, captivitatem in diversa loca, affligerem, ‘ gravi onere servitutis captivatos. * zach. 8: ° sicut cogitavi ut affligerem vos cum ad iracundiam provocassent patres vestri me, dicit dominus, et non sum misertus; sic conversus cogitavi in diebus istis ut benefaciam domui juda, et jerusalem. ‘ et quantum ad poenae immunitatem pro peccatis patrum: ° in diebus illis. * ezech. 18: ° quid est quod inter vos parabolam vertitis in proverbium istud in terra israel dicentes: |25| patres comederunt uvam acerbam, et dentes filiorum obstupuerunt? ‘ secundo promittit bona spiritualia: ° ecce dies venient: ‘ et primo promittit foederis innovationem: ° dies, ‘ scilicet gratiae, ° foedus novum, ‘ novum testamentum, hoc est evangelium. ° dominatus, ‘ crudeliter, et potestative ulciscendo. * isa. 55: ° feriam vobiscum pactum sempiternum, misericordias david fideles. ‘ secundo ponit pacti tenorem: ° sed hoc erit pactum... dabo legem meam, ‘ evangelium, ° in visceribus, ‘ non in tabulis lapideis. * oseae 2: ° ducam eam in solitudinem, et loquar ad cor ejus. ‘ tertio ponit pacti utilitatem primo quantum ad obedientiam: ° et ero eis in deum. * ezech. 36, idem. ‘ secundo quantum ad sapientiam: ° et non docebit ultra vir proximum suum; ‘ in quo excludit docendi necessitatem. et hoc quidem impletur in praesenti tempore, quantum ad hoc quod non per prophetiae rationes, et humanas inventiones in divinam veritatem venimus, neque etiam per judaicas traditiones, sed in futuro ex toto complebitur. * matth. 23: ° nolite vocari rabbi: unus est enim magister vester. ‘ et assignat rationem: ° omnes enim cognoscent me. * isa. 54: ° ponam omnes filios tuos doctos a domino, et multitudinem pacis filiis tuis. * joan. 15: |50| ° omnia quaecumque audivi a patre meo, nota feci vobis. ‘ tertio quantum ad peccatorum munditiam: ° quia propitiabor iniquitati eorum. * psalm. 102: ° qui propitiatur omnibus iniquitatibus tuis, qui sanat omnes infirmitates tuas.

lc11 ‘ Hic ponitur promissionis confirmatio: et primo confirmat ex creaturarum immutabilitate, proponens promittentis potestatem: ° qui dat solem in lumine diei. * psal. 135: ° qui fecit luminaria magna, solem in potestatem diei, lunam et stellas in potestatem noctis. ‘ quasi dicat: qui haec fecit immobilia, etiam promissionem suam firmare potest. et comparationem: ° si defecerint leges istae, ‘ quasi dicat: sicut non deficient usque ad finem mundi, ita nec semen israel quantum ad illos qui salvantur. * isa. ult.: ° sicut caeli novi, et terra nova, quae ego facio stare coram me, dicit dominus deus, sic stabit semen vestrum, et nomen vestrum. ‘ secundo ex creaturarum immensitate: ° haec dicit dominus. ‘ et primo proponit mensurandi impossibilitatem: ° si mensurari poterunt caeli sursum, ‘ humano ingenio. * isa. 40: ° quis mensus est pugillo aquas, et caelos palmo ponderavit? ‘ secundo proponit promissionem. ° et ego abjiciam; ‘ quasi dicat: sicut illud est impossibile, ita et istud: ° universum semen, ‘ quia aliquos ex eis abjecit. * thren. 3: ° non enim humiliavit ex corde, suo, et abjecit filios hominum.

lc12 ‘ Hic promittitur urbis reparatio: et primo promittitur reaedificatio: ° et aedificabitur. * isa. 44: ° qui dico: jerusalem, habitaberis; et civitatibus juda, aedificabimini; et deserta ejus suscitabo. ‘ secundo ponitur ampliatio: ° a turre hanameel; * quam quidam dicebant esse in anathoth, quod hieronymus in glossa excludit: ° usque ad portam anguli, ‘ ubi duo muri conjungebantur, ° ultra normam, ‘ pristinam, ° super collem gareb, ‘ qui interpretatur scabies, ubi forte leprosi extra urbem morabantur, ° goatha, ‘ qui interpretatur gens peccatrix, ubi morabantur illi qui pro aliquo peccato immundi erant, ° vallem cadaverum, ‘ ubi erant populi sepulcra, ° cineris, ‘ ubi projiciebantur cineres mundi, sicut de sacrificiis; vel immundi, sicut de domibus leprosorum, et hujusmodi, ° mortis, ‘ ubi malefactores occidebantur, ° usque ad angulum portae equorum orientalis: ‘ non enim undique poterant equi ascendere propter montis asperitatem. * isa. 54: ° dilata locum tentorii tui, et pelles tabernaculorum tuorum extende. ‘ tertio ponitur duratio: ° sanctum domini non evelletur, ‘ idest sanctuarium, scilicet templum, vel tota civitas, quae domino sanctificata erat. * supra 3: ° vocabunt jerusalem, solium domini et congregabuntur |25| ad eam omnes gentes in nomine domini in jerusalem. * isa. 33: ° tabernaculum quod nequaquam transferri poterit, nec auferentur clavi ejus in sempiternum, et omnes funiculi ejus non rumpentur. * judaei exponunt “ hoc de aurea jerusalem, * quod hieronymus improbat in glossa, et exponit “ de ecclesia quae in se et perfectos et imperfectos et peccatores colligit, qui significantur per loca immunda extra civitatem. ‘ potest etiam aliter dici, id impletum fuisse sub esdra: * unde habetur nehemiae 3: ° quia inceperunt aedificare hanameel, ‘ et ad litteram, forte aliquod spatium civitati addiderunt. quod dicitur in perpetuum manere, intelligitur, si non peccaverint. * supra cap. 18: ° si fecerit malum in oculis meis ut non audiat vocem meam, poenitentiam agam super bono quod locutus sum ut facerem ei.

069 CPH cp32

lc1 ‘ Hic consolatur eos facto. et primo designat prophetiae tempus ex regis tempore: ° in anno decimo sedeciae regis juda: ipse est annus octavus decimus nabuchodonosor, ‘ ut colligitur ex his quae dicta sunt * supra cap. 25: ° quia quartus annus joakim erat primus nabuchodonosor. ‘ ex urbis obsidione: ° tunc exercitus regis babylonis obsidebat jerusalem. * isa. 29: ° circumdabo quasi sphaeram in circuitu tuo, et jaciam contra te aggerem, et munimenta ponam in obsidione tuam. ‘ et prophetae carcerem, ponens carceris miseriam: ° et jeremias propheta erat clausus in atrio carceris. * thren. 3: ° circumaedificavit adversum me ut non egrediar, aggravavit compedem meum. ‘ et assignat causam: ° quare vaticinaris? ‘ quia praedicabat urbis captionem: ° ecce ego dabo civitatem istam in manus regis babylonis. ‘ regis captivitatem: ° et sedecias rex juda non effugiet de manu chaldaeorum. ‘ et bellorum adversitatem. ° si autem dimicaveritis... nihil prosperum habebitis. * supra 21: ° debellabo ego vos in manu extenta, et in brachio forti, et in furore, et in indignatione, et in ira grandi, et percutiam habitatores civitatis hujus. ‘ unde hoc capitulum, secundum historiam, est illi continuandum. |25| secundo ponitur propheticum factum. ° et dixit jeremias: ‘ et primo ponitur emptio; secundo facti expositio, * ibi, ° et dedi librum possessionis baruch; ‘ tertio expositionis confirmatio, * ibi, ° et oravi ad dominum. ‘ circa primum tria. primo ponitur venditoris invitatio ad emendum, ponens revelatum sibi invitationis verbum: ° ecce hanameel veniet ad te... tibi enim competit. ‘ ne tribus commiscerentur, praeceperat dominus ut possessiones venderentur illis qui essent de eadem cognatione, * num. 11, ‘ quod praecipue in possessionibus levitarum observabatur. ponit etiam invitantis adventum: ° et venit ad me hanameel filius patrui mei, secundum verbum domini, ‘ quod non potest incassum ire. * num. 23: ° dixit, et non faciet; locutus est, et non implebit? ‘ secundo ponitur emptio, ° intellexi, ‘ prophetali spiritu; alias stultum videbatur tali tempore agrum emere: in quo etiam notatur prophetae obedientia. * supra 17: ° ego non sum turbatus te pastorem sequens, et diem hominis non desideravi, tu scis. ‘ et ponitur pretii solutio: ° et appendi, ‘ in statera ponderis, ° septem stateres, ‘ idest siclos, quorum quilibet habet viginti obolos, * ezech. 45: ° argenteos, ‘ idem quod stateres. tertio ponitur emptionis confirmatio: |50| ° scripsi in libro, et signavi, ‘ sigillis venditoris, et testium, ° stipulationes, ‘ quando uno interrogante, et alio respondente, roboratur contractus, ° rata, ‘ idest ratificatio venditionis. * isa. 8: ° adhibui mihi testes fideles ‘ etc..

lc2 ‘ Hic ponitur emptionis expositio. et primo tradit librum ° in oculis omnium judaeorum qui sedebant in atrio carceris, ‘ qui venerant ad consolandum et consultandum, quia res ad omnes pertinebat. * ezech. 12: ° egredieris vespere coram eis sicut egreditur migrans. ‘ secundo indicitur diligens custodia: ° et praecepi baruch coram eis dicens: haec dicit dominus exercituum deus israel: sume libros istos, librum emptionis hunc signatum, et librum hunc qui apertus est, ‘ idest non sigillatus, ut quando mitterent, inspici posset. * oseae 12: ° in manibus prophetarum assimilatus sum. ‘ tertio assignantur in custodiam: ° et pones illos in vase fictili. haec dicit dominus. ‘ hoc est quod jeremias supra dixit se intellexisse verbum dei. * zach. 8: ° vinea dabit fructum suum, et terra dabit germen suum, et caelum dabit rorem suum, ‘ etc..

lc3 ‘ Hic ponitur expositionis confirmatio: quia enim verbis prophetae non credebant, impetrat divinam super hoc revelationem, ut dubitationi eorum satisfaciat: unde primo ponitur prophetae oratio; secundo domini responsio, * ibi, ° et factum est verbum domini ad jeremiam. ‘ circa primum tria. primo commendat divinam justitiam; secundo proponit juste inflictam poenam; * ibi, ° qui posuisti signa; ‘ tertio miratur praecepti praeteriti causam, * ibi, ° et tu dicis mihi, domine deus. ‘ justitia autem si adsit, facit hominem velle justa: unde ad executionem ipsius duo alia requiruntur, videlicet scire, et posse: unde ad perfectam executionem justitiae ostendit perfectionem scientiae, et potentiae. et primo potentiae, ponens rerum creationem: ° ecce tu fecisti. * supra 27: ° ego feci terram, et homines, et jumenta quae sunt super faciem terrae in fortitudine mea magna, et in brachio meo extento; et dedi eam ei qui placuit in oculis meis. ‘ et commendat potentiae perfectionem: ° non erit tibi difficile omne verbum, ‘ ex quo tam magna fecisti. * luc. 1: ° non erit impossibile apud deum omne verbum. ‘ et subjungit justitiae executionem mixtam cum misericordia: ° qui facit misericordiam, |25| ‘ reddens bonis praemia, ° in millibus, ‘ idest usque in mille generationes, ° in sinu filiorum, ‘ saltem in unam generationem, ut misericordia poenae praeemineat. * exod. 20: ° ego sum dominus deus tuus, fortis, zelotes, visitans iniquitatem patrum in filios in tertiam et quartam generationem eorum qui oderunt me. ‘ et prorumpit in potentiae condemnationem, ex quo potentia in misericordiae justitiam vertitur: ° fortissime, ‘ inquantum omnia sustentat. * hebr. 1: ° portans omnia verbo virtutis suae. * job 9: ° si fortitudo quaeritur, robustissimus est. magne, ‘ inquantum virtutem ejus multitudo creaturarum non exhaurit, quin infinita adhuc producere possit, ° potens, ‘ ad omnia faciendum. * sapient. 12: ° subest enim tibi cum volueris, posse. dominus exercituum, ‘ quantum ad gubernationem, et praecipue rationalium, caelestium, terrestrium et infernorum. * job 25: ° numquid est numerus militum ejus? ‘ secundo ostendit perfectionem scientiae, primo communicans scientiae perfectionem: ° magnus consilio, ‘ idest perfectus in sapientiae dispositione, ° et incomprehensibilis cogitatu, ‘ humano. * job 36. ° ecce deus magnus vincens scientiam nostram. * rom. 11: ° o altitudo divitiarum sapientiae et scientiae dei. quam incomprehensibilia |50| sunt judicia ejus, et investigabiles viae ejus. ‘ secundo ponit justitiae executionem: ° cujus oculi aperti sunt super omnes vias filiorum adam. * job 34: ° oculi ejus super vias hominum, et omnes gressus eorum considerat.

lc4 ‘ Hic ponit poenam judaeis inflictam ex divina justitia: quae ut ostendatur justa, tria facit. primo ponit beneficiorum exhibitionem in liberatione miraculosa: ° usque ad diem hanc, ‘ tua signa complentur. vel tua fortitudo in salutem israel, et aliorum apparet. * ps. 77: ° fecit mirabilia in terra aegypti, in campo thaneos. ‘ et in habitatione opulenta: ° et dedisti eis terram hanc. * lev. 20: ° possidete terram eorum quam dabo vobis in hereditatem, terram fluentem lacte et melle. ‘ secundo ponit ingratitudinem: ° et ingressi sunt. * deut. 32: ° incrassatus est dilectus, et recalcitravit: incrassatus, impinguatus, dilatatus, dereliquit deum factorem suum, et recessit a deo salutari suo. * isa. 1: ° filios enutrivi, et exaltavi; ipsi autem spreverunt me. ‘ tertio poenae inflictionem: ° et evenerunt. * habac. 1: ° ipse super omnem munitionem ridebit, et comportabit aggerem, et capiet eam.

lc5 ‘ Hic miratur divinam jussionem: ° et tu dicis mihi.... eme agrum? ‘ quod mirum est, cum non sit nunc tempus emendi. * ezech. 7: ° qui emit non laetetur, et qui vendit non lugeat: quia ira super omnem populum ejus.

lc6 ‘ Hic ponitur domini responsio. et primo proponit potentiam suam: ° numquid mihi difficile erit omne verbum? * gen. 18: ° quare risit sara uxor tua dicens: numquid vero paritura sum anus? num deo quicquam est difficile? ‘ secundo ostendit ex tali potentia juste inflictam poenam, praedicens poenam: ° propterea haec dicit dominus. * supra 19: ° erunt domus jerusalem, et domus regum juda sicut locus tophet, immundae. ‘ et subjungit culpam, ostendens culpae continuitatem: ° erant enim facientes malum in oculis meis ab adolescentia sua, ‘ quando exierunt de aegypto. * supra 3: ° peccavimus nos, et patres nostri ab adolescentia nostra usque ad diem hanc. ‘ ostendens etiam culpae universalitatem: ° quia in furore, et in indignatione mea facta est mihi civitas haec a die qua aedificaverunt eam. * 1 paral. 11: ° propter malitiam. * isa. 3: ° a planta pedis usque ad verticem non est in eo sanitas. * supra 21. ° posui faciem meam super civitatem hanc in malum, et non in bonum, ait dominus. ‘ ostendens etiam culpae gravitatem quantum ad divinum contemptum, ° et verterunt ad me terga, ‘ per inobedientiam, ad modum contemnentium. * zach. 7: ° verterunt |25| ad me scapulas recedentes, et aures suas aggravaverunt, ne audirent. ‘ quantum ad sacrilegium in pollutione templi: ° et posuerunt idola. * supra 11: ° quid est quod dilectus meus in domo mea fecit scelera multa? ‘ et quantum ad sacrilegium junctum homicidio: ° et aedificaverunt excelsa. * psal. 105: ° immolaverunt filios suos, et filias suas daemoniis. ‘ tertio promittit misericordiam. et primo tangit desperationem: ° et nunc propter ista, haec dicit dominus: ‘ quia quantum ad omnia potens sum: sicut potenter punivi, ita potenter liberabo. ° dicitis, ‘ desperando, ° quod tradatur, * supra 15: ° qui ad gladium, ad gladium; et qui ad famem, ad famem; et qui ad captivitatem, ad captivitatem. ‘ secundo ponit promissionem: ° ecce ego vos: ‘ et primo promittit revocationem. ° congregabo: * ezech. 36: ° tollam quippe vos de gentibus, et congregabo vos de universis terris, et adducam vos in terram vestram. ‘ et promittit revocatis securitatem: ° et habitare eos faciam confidenter. * supra 23: ° in diebus illis salvabitur juda, et israel habitabit confidenter. ‘ secundo promittit reversis prosperitatem: et primo quantum ad bona spiritualia; secundo quantum ad temporalia, * ibi, ° et plantabo eos in terra ista. |50| ‘ circa primum tria. primo promittit sanctitatem, scilicet obedientiam ad deum: ° et erunt mihi in populum. * apoc. 21: ° ipsi populus ejus erunt, et ipse deus cum eis erit eorum deus. ‘ et concordiam ad proximum: ° et dabo eis cor unum. * act. 4: ° multitudinis credentium erat cor unum et anima una. ‘ secundo sanctitatis firmitatem: ° et feriam eis pactum sempiternum, et non desinam eis benefacere, ‘ quantum ad fructum sanctitatis quem tetigerat, ° timorem ‘ quantum ad sanctitatis donum. * isa. 55: ° feriam vobiscum pactum sempiternum, misericordias david fideles. ‘ tertio sanctitatis acceptationem: ° et laetabor, ‘ idest acceptabo bona eorum * psal. 103: ° laetabitur dominus in operibus suis.

lc7 ‘ Hic promittit bona temporalia: et primo firmam patriae habitationem: ° et plantabo, ‘ ut non facile evellantur, ° in veritate, ‘ sine simulatione, ° corde, ‘ quantum ad cognitionem, ° anima, ‘ quantum ad voluntatem. * supra 24: ° aedificabo eos, et non destruam; plantabo eos, et non evellam. ‘ et confirmat per similitudinem: ° quia haec dicit dominus: sicut adduxi super populum istum omne malum hoc grande, sic adducam super eos omne bonum. * baruch. 4: ° qui adduxit super vos mala, ipse vos eripiet de manibus inimicorum vestrorum. ‘ secundo promittit liberam rerum possessionem ponens possessionis plenitudinem: ° et possidebuntur agri. * isa. 34: ° usque in aeternum possidebunt eam: in generatione et generationem habitabunt in ea. ‘ secundo contractuum libertatem: ° agri ementur pecunia. * psal. 125: ° in convertendo dominus captivitatem sion, facti sumus sicut consolati.

069 CPH cp33

lc1 ‘ Hic ponitur consolatio specialiter ad duas tribus, et praecipue quantum ad jerusalem, ubi erat sedes regni, et sacerdotii: et circa hoc duo. primo ponit prophetiae titulum, in quo ponit prophetae carcerem: ° cum adhuc clausus esset in atrio carceris, ‘ a sedecia. secundo respectu praecedentis visionis secundo factae, promittentis auctoritatem: ° haec dicit dominus, facturus, ‘ sicut artifex praeparando materiam, ° formaturus, ‘ ducendo ad complementum formae, ° paraturus, ‘ ordinando ad finem: ° dominus nomen ejus: ‘ quia ipse singulariter dominus omnium est. * psal. 82: ° quoniam nomen tibi dominus tu solus altissimus super omnem terram. ‘ promissionis firmitatem, et magnitudinem: ° clama ad me, ‘ pro populo orans, ° et exaudiam te, ‘ non ut mala non inferam; sed ut post mala illata liberem. et sic non est contrarium ei quod * supra 7, dictum est: ° tu ergo noli orare pro populo hoc, et non assumas pro eis laudem, et orationem, et non obsistas mihi, quia non exaudiam te. quia nescit, ‘ idest non posset humana conjecturatione suspicari. * isa. 48: ° audita tibi feci nova ex tunc, et conservata sunt quae nescis. ‘ secundo ponit prophetiae verbum: et |25| primo ponitur promissio quo ad populum; secundo quo ad regnum, et sacerdotium, * ibi, ° ecce dies veniunt. ‘ circa primum tria. primo promittit inflictae plagae curationem; secundo cordis jucunditatem, * ibi, ° haec dicit dominus: adhuc audietur in loco isto; ‘ tertio pacis tranquillitatem, * ibi, ° haec dicit dominus exercituum, ‘ etc.. circa primum tria. primo tangit vulnus inflictum: ° quia haec dicit dominus, ‘ ad destructionem aedificiorum, ° ad domos. * thren. 2: ° praecipitavit dominus, nec pepercit, omnia speciosa jacob, destruxit in furore suo munitiones virginis juda, et dejecit in terram. ‘ et quantum ad occisionem hominum: ° et ad gladium venientium, ‘ in auxilium in jerusalem, vel de gentilibus, vel de regno duarum tribuum, ° et impleant, ‘ occasionaliter, quia ex eis fiduciam assumentes, restiterunt hostibus, et interfecti sunt, ° abscondens faciem, ‘ idest subtrahens protectionem. * ezech. 39: ° scient gentes quoniam in iniquitatibus suis capta sit domus israel, et quod dereliquerit me, et quod absconderim faciem meam ab eis. ‘ secundo promittit curationis beneficium in generali: ° ecce ego obducam eis cicatricem. * supra 30: ° obducam cicatricem tibi; et a vulneribus tuis sanabo te. ‘ et in speciali quantum ad orationis |50| exauditionem: ° et revelabo, ‘ implendo intentum, ° deprecationem, ‘ quia a me pacem adinvicem, et veritatem religionis petiverunt. * isa. 39: ° fiat tantum pax et veritas in diebus meis. ‘ quantum ad patriae restitutionem, ° et convertam. * supra 30: ° convertam conversionem tabernaculorum jacob, et tectis ejus miserebor. ‘ quantum ad peccati remissionem, secundum purgationem a culpa, ° et emundabor. * ezech. 36: ° mundabimini ab omnibus inquinamentis vestris, et ab universis idolis vestris mundabo vos. ‘ et secundum absolutionem a poena: ° et propitius ero cunctis iniquitatibus eorum. * psal. 102: ° qui propitiatur omnibus iniquitatibus tuis, qui sanat omnes infirmitates tuas. ‘ tertio ponit liberationis fructum quantum ad divinam gloriam: ° et erit mihi in nomen. * supra 32: ‘ laetabor super eis, cum bene eis fecero. * isa. 43: ° populum istum formavi mihi, laudem meam narrabit. ‘ quantum ad amicorum laetitiam: ° et in exultationem cunctis gentibus terrae. * psalm. 47: ° fundatur exultatione universae terrae, mons sion, latera aquilonis, civitas regis magni. ‘ quantum ad invidorum angustiam, ° et pavebunt, * isa. 26: ° videant et confundantur zelantes populi, et ignis hostes tuos devoret.

lc2 ‘ Hic promittit ejus jucunditatem: et primo temporalem, ° vox gaudii. * supra 25: ° perdam ex eis vocem gaudii et vocem laetitiae, vocem sponsi et vocem sponsae, vocem molae, et lumen lucernae. ‘ secundo spiritualem expressam divinis laudibus: ° vox dicentium: confitemini domino. * isa. 51: ° gaudium, et laetitia invenietur in ea, gratiarum actio, et vox laudis. * tob. 13: ° per omnes vicos ejus, alleluja cantabitur. ‘ et in oblationibus; ° et portantium vota in domum domini, * isa. 19: ° colent eum in hostiis, et in muneribus, et vota vovebunt domino, et solvent. ‘ tertio assignat rationem: ° reducam enim conversionem terrae. * thr. ult.: ° innova dies nostros sicut a principio.

lc3 ‘ Hic promittit eis pacis tranquillitatem, quam significat per securam patriae habitationem: ° transibunt greges ad manum numerantis; ‘ quasi dicat: tantam securitatem potientur quod oves suas libere numerare poterunt. * ezech. 34: ° in pascuis uberrimus pascam eos, et in montibus excelsis israel erunt pascua earum.

lc4 ‘ Hic ponitur consolatio quantum ad regnum, et sacerdotium: et primo promittitur utriusque restitutio; secundo ponitur promissionis confirmatio, * ibi, ° et factum est verbum domini ad jeremiam. ‘ circa primum duo. primo promittit restaurationem regni; secundo sacerdotii, * ibi, ° et de sacerdotibus, et de levitis non interibit vir. ‘ circa primum tria. primo designat temporis congruitatem: ° ecce dies veniunt, ‘ scilicet gratiae, ° et suscitabo, ‘ implebo, ° verbum bonum, ‘ quod promisi de regni restauratione. * oseae 1: ° et congregabuntur filii juda, et filii israel pariter, et ponent sibimet caput unum, et ascendet de terra. ‘ quod impletum est in christo. secundo regni conditionem quantum ad regiminis nobilitatem: ° in diebus illis germinare faciam david germen justitiae, ‘ christum, qui est ipsa justitia. * isa. 11: ° egredietur virga de radice jesse, et flos de radice ejus ascendet. et faciet judicium: ‘ in primo adventu pro mundo, in secundo de mundo, ° justitiam, ‘ docens verbo, implens in se facto, et in aliis gratiae dono. * psalm. 118: ° feci judicium, et justitiam. ‘ et quantum ad regiminis utilitatem in populi salutem: ° in diebus illis salvabitur juda, ‘ quantum ad eos qui crediderunt in primo, et |25| credent in secundo adventu. * oseae 1: ° salvabo eos in domino deo suo. ‘ in pacis securitate: ° et israel habitabit confidenter. * isa. 32: ° sedebit populus meus in pulchritudine pacis, in tabernaculis fiduciae et in requie opulenta. ‘ et in verae fidei confessione: ° et hoc est nomen... dominus justus noster. * psalm. 118: ° justus es, domine, et rectum judicium tuum. ‘ tertio ponit regni durationem: ° quia haec dicit dominus, non interibit de david vir, ‘ christus et regnum ipsius. * dan. 7: ° potestas ejus potestas aeterna, quae non auferetur, et regnum ejus quod non corrumpetur.

lc5 ‘ Hic ponit restaurationem sacerdotii. et sicut regnum restauratur in ipso christo, et in membris ejus, ita et sacerdotium. ipse enim sicut rex, ita et sacerdos est. * psal. 109: ° tu es sacerdos in aeternum secundum ordinem melchisedech. ‘ et membra sua reges et sacerdotes fecit. * apoc. 5: ° fecisti nos deo nostro regnum et sacerdotes. * eph. 5: ° seipsum obtulit hostiam deo in odorem suavitatis. ‘ et membra ipsius, spirituales hostias deo offerre facit. * ezech. 44: ° sacerdotes et levitae filii sadoch, qui custodierunt caeremonias sanctuarii mei, cum errarent filii israel a me: ipsi accedent ad me, ut ministrant mihi, et stabunt in conspectu meo, ut offerant mihi adipem et sanguinem: ait dominus deus.

lc6 ‘ Hic ponitur promissionis confirmatio: et primo ex creaturarum duratione: ° si irritum potest fieri pactum meum cum die, ‘ quasi dicat: non potest esse irritum usque ad finem mundi. * psalm. 88: ° ponam in saeculum saeculi semen ejus, et thronum ejus sicut dies caeli. ‘ secundo earum multitudinem: ° sicut enumerari non possunt stellae caeli, ‘ nisi a solo deo, ita et numerus electorum soli deo est cognitus. * gen. 22: ° multiplicabo semen tuum sicut stellas caeli, et velut arenam quae est in littore maris.

lc7 ‘ Hic repellit hostium irrisionem. et primo ponitur insultatio: ° duae cognationes, ‘ scilicet regalis, et sacerdotalis, vel decem et duarum tribuum. * psalm. 70: ° qui custodiebant animam meam, consilium fecerunt in unum dicentes: deus dereliquit eum, persequimini, et comprehendite eum, quia non est qui eripiat. ‘ secundo ponitur improbatio: ° haec dicit dominus. * rom. 11: ° numquid repulit deus populum suum? absit, ‘ etc..

069 CPH cp34

lc1 ‘ Quia judaei adeo obstinati erant quod nec terrebantur tristibus, nec flectebantur laetis, decenter ejus comminationem et consolationem, et tertio contradictionem audientium ostendit: et primo in transgressione sententiae; secundo in destructione scripturae, * cap. 36: ° et factum est in anno quarto joakim filii josiae regis juda; ‘ tertio in persecutione prophetae, * cap. 37: ° et regnavit rex sedecias filius josiae pro jechonia filio joakim. ‘ circa primum duo. primo convincuntur de transgressione, facto; secundo, exemplo, * 35 cap.: ° verbum quod factum est ad jeremiam a domino. ‘ ostendit autem eos transgressores ex hoc quod etiam pactum quod ipsi cum deo fecerant de liberatione servorum secundum legem, non servaverunt. dividitur autem in partes duas. primo ponitur quoddam alleviamentum malorum post foederis pactionem secundo ponitur comminatio post pacti initi transgressionem, * ibi, ° verbum quod factum est ad jeremiam a domino. ‘ circa primum duo. primo ponit prophetiae titulum, in quo describit tempus: ° quando nabuchodonosor. * supra 1: ° ecce ego congregabo omnes cognitiones regnorum aquilonis, ait dominus; et venient et ponent unusquisque solium suum in introitu portarum |25| jerusalem, ‘ etc.. secundo ponit prophetale verbum: ° haec dicit dominus: ‘ et facit tria. primo ponit comminationem pro culpis praeteritis quantum ad destructionem civitatis; ° ecce ego tradam civitatem hanc in manus regis babylonis, et succendet eam igni. * psalm. 73: ° incenderunt igni sanctuarium tuum, in terra polluerunt tabernaculum nominis tui. ‘ et quantum ad captivitatem regis: ° et tu non effugies, * thren. 2: ° non fuit in diebus furoris domini qui effugeret, et relinqueretur. ‘ secundo ponit pro pacto inito remunerationem: ° attamen audi... non morieris. ‘ hoc quidem non fuit impletum, quia in pacto non mansit, fuitque confusione mortuus quoniam medicinam laxativam in convivio acceperat. * habac. 2: ° vae qui potum dat amico suo, miscens fel suum, et inebrians ut aspiciat nuditatem ejus. ‘ et tamen quantum ad hoc potest dici impletum quod non fuit hostili gladio interfectus. * supra 22: ° non plangent eum, vae, frater, et vae, soror. non concrepabunt ei, vae, domine, et vae, inclyte. ‘ tertio tangit imminentem tribulationem, ut promissio sit acceptior: ° quia verbum hoc ego locutus sum. * habac. 1: ° ipse super omnem munitionem ridebit, et comportabit aggerem, et capiet eam.

lc2 ‘ Hic ponitur comminatio post pacti transgressionem: et primo ponitur pacti transgressio; secundo contra transgredientes comminatio * ibi, ° et factum est verbum ad jeremiam a domino. ‘ circa primum tria. primo ponitur pactio: ° postquam percussit rex sedecias foedus, ‘ et etiam postquam fregit, ° ut dimitteret unusquisque, ‘ secundum legem. * exod. 21: ° si emeris servum hebraeum, sex annis serviet tibi; in septimo egredietur liber gratis. * et levit. 25, ‘ prohibetur quod retineant de fratribus suis ut servos, neque opprimant per potentiam in servitute famulorum; sed quasi mercenarii, et coloni sint. secundo ponitur pacti ad tempus observatio: ° audierunt igitur, et dimiserunt. * psal. 105: ° cito fecerunt, obliti sunt operum ejus, et non sustinuerunt consilium ejus. ‘ tertio ponitur pacti transgressio: ° et conversi sunt deinceps. * oseae 7: ° reversi sunt ut essent absque jugo, facti sunt quasi arcus dolosus.

lc3 ‘ Hic comminatur contra transgredientes. et primo ponit culpam patrum, ponens pactionem: ° ego percussi foedus. * supra 31: ° non secundum pactum quod pepigi cum patribus vestris in die qua apprehendi manum eorum ut educerem eos de terra aegypti, pactum quod irritum fecerunt ‘ etc.. et transgressionem: ° et non audierunt. * supra 11: ° non audierunt, nec inclinaverunt aurem suam, sed abierunt in pravitate cordis sui mali. ‘ et culpam filiorum, ponens pactionem: ° et conversi, ‘ a transgressione patrum, ° in domo, ‘ in templo. * isa. 64: ° domus sanctificationis nostrae, et gloriae nostrae, ubi laudaverunt te patres nostri, ‘ etc.. ° et transgressi estis, et commaculastis nomen meum, ‘ transgrediendo. * exod. 20: ° ne assumas nomen dei tui in vanum. * ezech. 36: ° non propter vos ego faciam, domus israel, sed propter nomen sanctum meum, quod polluistis, in gentibus ad quas intrastis. ‘ secundo comminatur poenam: ° propterea haec dicit dominus: ‘ et circa hoc duo. primo ponit comminationem communiter quantum ad omnes, praedicens occisionem: ° ecce ego praedico libertatem, ‘ ut libere occidamini. * supra 15: ° qui ad gladium, ad gladium; qui ad |25| famem, ad famem; et qui ad captivitatem, ad captivitatem. ‘ et reliquiarum servitutem: ° et dabo viros... vitulum; ‘ idest, quod pactum per divisionem vituli firmaverunt sacrificando deo. unde inolevit iste usus loquendi: percutere, vel ferire foedus. * thren. 1: ° dedit me dominus in manu de qua non potero effugere. ‘ praedicit etiam devorationem cadaverum: ° et erit morticinum eorum in escam volatilibus caeli. * ps. 73: ° posuerunt morticina servorum tuorum escas volatilibus caeli, carnes sanctorum tuorum bestiis terrae. ‘ et quantum ad principes specialiter: ° et sedeciam regem juda, et principes ejus. * deut. 28: ° ducet te dominus, et regem tuum quem constitues super te, in gentem quam ignoras tu, et patres tui. qui recesserunt a vobis, ‘ aut alieni habebantur. * infra 37: ‘ secundo ponit expletionis ordinem: ° ecce ego praecipio. * supra 12: ° dederunt portionem meam desiderabilem in desertum solitudinis, posuerunt eam in dissipationem, luxitque super me.

069 CPH cp35

lc1 ‘ Hic convincit eos de transgressione, exemplo quorumdam obedientium. et primo ponitur obedientiae experimentum; secundo ponitur inobedientium condemnatio, * ibi, ° et factum est verbum domini ad jeremiam. ' circa primum tria. primo ponitur experiendi jussio a domino ad prophetam: ° vade ad domum rechabitarum, ' qui dediti erant studio scripturae, et ideo a vino abstinebant, * de quibus 1 paral. 2: ° cognationes scribarum habitantium in jabes, canentes atque resonantes, et in tabernaculis commorantes. hi sunt cinaei qui venerunt de calore patris domus rechab. exedram, ' quasi cameram extra principalem aedem. ° dabis, ' probans eorum obedientiam. * supra 6: ° probatorem dedi te in populo meo robustum, et scies, et probabis vias eorum. et assumpsi... et introduxi eos in domum domini ad gazophylacium, ' in quo divitiae templi conservabantur. ° gaza, ' divitiae, ° phylaxa, ' conservatio in graeco dicitur. ° maasiae, ' qui tempore david hoc ministerium acceperat: * 1 paralip. 24: ° vestibuli, ' atrii. quia enim domus ante cameram principum, ubi vestes custodiuntur, vestibulum dicitur, inolevit usus ut omne atrium, vestibulum dicatur. ° calices, ' ad aquam. ° bibite |25| vinum, ' ut experimentum sumat mysteriorum. * proverb. 9: ° comedite panem meum, et bibite vinum quod miscui vobis. ' tertio ponitur obedientiae protestatio, ° qui responderunt. ' et primo inducitur paterna jussio de non bibendo vino, ° non bibetis. * eccl. 2: ° cogitavi a vino abstrahere carnem meam, ut animum meum transferrem ad sapientiam. ' et de paupertate, ne solicitudine temporalium, sapientiae studium intermitterent. ° et domum non aedificabitis. * 2 corinth. 6: ° tamquam nihil habentes et omnia possidentes. ' secundo ponitur adimpletio: ° obedivimus ergo. * prov. 3: ° fili mi ne obliviscaris legis meae, et praecepta mea cor tuum custodiat. in tabernaculis. * sapient. 11: ° in locis desertis fecerunt casas. ' tertio excusatur necessaria transgressio: ° cum autem ascendisset nabuchodonosor ' etc..

lc2 ' Hic ponitur inobedientium condemnatio. et primo comparantur diversa merita; ubi ponitur inobedientiae admiratio: ° numquid non recipietis disciplinam? ' etiam flagellis, et exemplis. * supra 2: ° frustra percussi filios vestros; disciplinam non susceperunt. ' ponitur etiam admirationis ratio, ° praevaluerunt; ' quasi dicat: majorem efficaciam habuerunt sermones patris carnalis quam patris spiritualis. * hebr. 12: ° patres quidem carnis nostrae eruditores habuimus, et reverebamur eos; num multo magis obtemperabimus patri spirituum, et vivemus? ' et comparationis probatio: quia illis obedientibus hi non obedierunt: ° ego autem locutus sum ad vos. * supra 7: ° locutus sum ad vos mane consurgens et loquens, et non audistis; vocavi vos, et non respondistis mihi. ' secundo promittuntur diversa praemia. et primo promittit inobedientibus poenam: ° idcirco haec dicit dominus. * proverb. 1: ° quia vocavi et renuistis; extendi manum meam, et non fuit qui aspiceret; despexistis omne consilium meum, et increpationes meas neglexistis; ego quoque in interitu vestro ridebo, et subsannabo, cum vobis id quod timebatis advenerit ' etc.. secundo obedientibus |25| misericordiam: ° domui autem rechabitarum dixit jeremias. * 1 reg. 15: ° melior est obedientia quam victimae, et auscultare quam offerre adipem arietum.

069 CPH cp36

lc1 ' Hic primo ponitur scripturae descriptio; secundo scripturae destructio, * ibi, ° rex autem sedebat in domo hyemali; ' tertio restauratio, * ibi, ° et factum est verbum domini ad jeremiam. ' circa primum tria. primo ponit scribendi praeceptum: ° tolle volumen. * habac. 2: ° scribe visum, et explana eum super tabulas, ut percurrat qui legerit eum. ' secundo ponit scripturae fructum: ° si forte audiente domo juda. * ezech. 33: ° si impius egerit poenitentiam ab omnibus peccatis suis quae operatus est, et custodierit omnia praecepta mea, et fecerit judicium et justitiam; vita vivet et non morietur. ' tertio scripturae ministrum: ° vocavit ergo jeremias baruch. * apoc. 1: ° quod vides scribe in libro, et mitte septem ecclesiis quae sunt in asia.

lc2 ' Hic primo ponitur denuntiatio ad plebem; secundo ad principes, * ibi, ° cumque audisset michaeas; ' tertio ad regem, * ibi, ° igitur cum audissent omnia verba. ' circa primum primo ponitur denuntiandi praeceptum: ° ego clausus sum. * 2 tim. 2: ° labora sicut bonus miles christi jesu. * phil. 1: ° ut plures e fratribus in domino, confidentes in vinculis meis, abundantius auderent sine timore verbum dei loqui. ' secundo ponitur denuntiandi modus quantum ad locum, ° in domo domini, ' qui est locus devotionis. * isa. 56: ° domus mea domus orationis vacabitur cunctis populis, ait dominus deus. ' quantum ad tempus, ° in die jejunii, ' quod est tempus contritionis. * isa. 58: ° nonne hoc est magis jejunium quod elegi? dissolve colligationes impietatis, solve fasciculos deprimentes. dimitte eos qui confracti sunt, liberos, et omne onus disrumpe. frange esurienti panem tuum et egenos, vagosque induc in domum tuam. cum videris nudum, operi eum, et carnem tuam ne despexeris. ' quantum ad audientes, ° audiente populo. ' quantum ad advenas: ° insuper et audiente universo juda, qui veniunt de civitatibus suis. ' tertio ponit denuntiationis fructum, ponens utilitatem: |25| ° si forte cadat oratio eorum in conspectu domini, ' idest acceptetur. et consequentem sanctitatem: ° et revertatur unusquisque a via sua pessima, quoniam magnus furor, et indignatio est. * 4 reg. 2: ° magna ira domini succensa est contra nos, quia non audierunt patres nostri verba libri hujus, ut facerent omne quod scriptum est nobis. ' quarto ponitur praecepti complementum quantum ad actum: ° et fecit baruch. * hebr. ult.: ° obedite praepositis vestris, et subjacete eis. ' quantum ad tempus. ° factum est autem in anno quinto joakim. * joel 2: ° sanctificate ecclesiam, coadunate senes, congregate parvulos et sugentes ubera. ' quantum ad locum: ° legitque baruch... in introitu portae novae, ' quam fecerat joas. * 2 paral. 27: ° in vestibulo superiori, ' idest in superiori parte atrii, in quo sacerdotes immolabant. * 2 esdrae 9: ° legerunt in volumine domini dei sui quater in die, et quater in nocte.

lc3 ' Hic ponitur denuntiatio ad principes: et primo ponitur de scriptura prophetiae, facta significatio ad principes: ° et nuntiavit eis michaeas. * apoc. ult.: ° qui audit dicat: veni. ' secundo scripturae petitio: ° miserunt itaque omnes principes ad baruch... dicentes volumen ex quo legisti populo sume in manu tua: ' mystice, in operatione. * eccle. 9: ° quodcumque potest facere manus tua, instanter operare: quia nec opus, nec ratio, nec sapientia, nec scientia erunt apud inferos, quo tu properas. ' apportatio, ° tulit ergo. ' tertio ponitur scripturae recitatio: ° et dixerunt ad eum: sede, et lege haec in auribus nostris. * act. 20: ° non enim subterfugi quominus annuntiarem omne consilium dei vobis. ' et lectionis effectus: ° igitur cum audissent omnia verba, obstupuerunt. * supra 23: ° numquid non verba mea sunt quasi ignis ardens, dicit dominus, et quasi malleus conterens petras?

lc4 ' Hic ponitur denuntiatio ad regem et primo ponitur denuntiationis praeparatio: exponunt enim denuntiandi propositum: ° nuntiare debemus: ' quia ipse potest peccata populi corrigere. * proverb. 20: ° rex qui sedet in solio judicii, dissipat omne malum intuitu suo. ' perscrutantur editionis modum: unde primo ponitur quaestio: ° et interrogaverunt eum, dicentes: indica nobis quomodo scripsisti omnes sermones istos ex ore ejus; ' ut ex modo scirent, utrum divino spiritu edita scriptura esset. * 1 joan. 4: ° nolite omni spiritui credere, sed probate spiritus an ex deo sint: quoniam multi pseudoprophetae exierunt in mundum. ' et ponitur responsio: ° dixit autem baruch: ex ore suo loquebatur quasi legens, ' sine impedimento et praemeditatione. * matth. 10: ° nolite cogitare quomodo, aut quid loquamini, dabitur enim vobis in illa hora quid loquamini: non enim vos estis qui loquimini, sed spiritus patris vestri qui loquitur in vobis. * supra 1: ° ecce dedi verba mea in ore tuo, ' etc.. et datum absconsionis consilium, ° abscondere, ' timentes de pertinacia et crudelitate regis. * 3 reg. 18: ° numquid non indicatum est tibi domino meo quid fecerim, |25| cum interficeret jezabel prophetas domini, quod absconderim de prophetis domini centum viros, quinquagenos, et quinquagenos in speluncis, et paverim eos pane et aqua? et nunc tu dicis: vade et dic domino tuo: adest elias, ut interficiat me? ' secundo ponitur denuntiatio: ° et ingressi sunt. * sapient. 6: ° ad vos ergo, o reges, sunt hi sermones mei, ut discatis sapientiam, ne excidatis. ' tertio ponitur scripturae recitatio: ° misitque rex judi; * job 29: ° cumque sederem quasi rex circumstante exercitu, eram tamen maerentium consolator.

lc5 ' Hic ponitur scripturae destructio: et circa hoc duo. primo ponitur scripturae destructio; secundo scribentium persecutio, * ibi, ° et praecepit rex jeremiel. ' circa primum tria. primo ponitur dispositio ad destructionem: ° posita erat arula coram eo plena prunis in domo hyemali: ' habebat enim propter delicias domos speciales ad hyemem et aestatem. * amos 3: ° percutiam domum hyemalem cum domo aestiva, et peribunt domus eburneae, et dissipabuntur aedes multae. ' secundo ponitur destructio: ° cumque legisset judi tres pagellas, ' parvas paginas, ° scalpello, ' cultello, quo parabat pennam. * isa. 30: ° auferte a me viam, declinate a me semitam, cesset a facie vestra sanctus israel. ' et sic fecerunt quod facere non debuerunt, omiserunt etiam quod facere debuerunt. ° et non timuerunt, ' exemplo josiae. * 4 reg. 32: ° cum audisset rex verba libri legis, scidit vestimenta sua, ' etc.. tertio ponitur principum contradictio: ° verumtamen elnathan, et dalajas, et gamarias contradixerunt regi. * simile 2 reg. ult.: ° obtinuit sermo regis verba joab, et principum ejus, ' etc..

lc6 ' Hic ponitur scribentium persecutio: et primo ponitur iniquum praeceptum, ° ut comprehenderent; ' secundo ponitur divinum auxilium: ° abscondit autem eos dominus; ' et fecit quod inveniri non possent. * psalm. 33: ° custodit dominus omnia ossa eorum, unum ex his non conteretur.

lc7 ' Hic ponitur scripturae restauratio: et primo ponitur restaurandi praeceptum, ° rursum tolle. * supra 1: ° pugnabunt adversum te, et non praevalebunt, quia ego tecum sum, ait dominus, ut liberem te. ' secundo destruenti comminatur interitum, * ibi, ° et ad joakim regem juda dices. ' unde arguit culpam: ° tu combussisti. * prov. 29: ° viro qui corripientem dura cervice contemnit, repentinus ei superveniet interitus, et eum sanitas non sequetur. ' et comminatur poenam: ° propterea haec dicit dominus: ' regalis successionis terminationem: ° non erit ex eo qui sedeat super solium david. * supra 22: ° non erit de semine ejus vir qui sedeat super solium david, et potestatem habeat ultra in juda. ' cadaveris abjectionem: ° cadaver ejus projicietur, ' sepultura asini. * isa. 14: ° tu autem projectus es de sepulcro tuo quasi stirps inutilis, pollutus et obvolutus, cum his qui interfecti sunt gladio, et descenderunt usque ad fundamenta laci. ' subditorum destructionem quantum ad domesticos: ° visitabo contra eum et contra semen ejus. * psalm. 88: ° visitabo in virga iniquitates eorum, et in verberibus peccata eorum. ' et quantum ad alios: ° et adducam super |25| eos, et super habitatores jerusalem, et super viros juda omne malum. * isa. 43: ° ego dominus, et non est alter, formans lucem et creans tenebras, faciens pacem et creans malum. ego dominus faciens omnia haec. ' tertio ponit praecepti complementum: ° jeremias autem tulit volumen aliud. * sap. 7: ° sapientia autem vincit malitiam.

069 CPH cp37

lc1 ' Hic ostenditur contradictio ex prophetae persecutione: et primo ponitur persecutio ipsius propter falsam suspicionem; secundo propter veram praedicationem, * cap. 38: ° audivit autem saphatias filius mahan. ' circa primum tria. primo ponit suspicionis occasionem; secundo ponit suspicionem, * ibi, ° cumque pervenisset ad portam beniamin; ' tertio persecutionem, * ibi, ° et apprehendit jeremiam prophetam. ' circa primum duo. primo ponitur occasio sumpta ex prophetae verbo; secundo occasio sumpta ex ipsius facto, * ibi: ° cumque pervenisset ' etc.. circa primum duo. primo ponitur consultatio; secundo ponitur prophetae displicens illis responsio, * ibi, ° et factum est verbum domini ad jeremiam. ' circa primum tria. primo describit consultantium conditionem: ° quem constituit regem nabuchodonosor: * 1 reg. 24. ° et non obedivit, ' ut tributum regi babylonis solveret, et a peccatis cessaret. * matth. 22: ° reddite quae sunt caesaris caesari, et quae sunt dei, deo. servi, ' familiares, ° populus. * eccli. 10: ° secundum judicem populi, sic et ministri ejus, et qualis rector est civitatis, tales et inhabitantes in ea. ' secundo ponitur consultatio: ° et misit rex... dicens: ora pro nobis, |25| ' ut indicet nobis quid agere debeamus ut ab hostibus liberemur. * isa. 37: ° leva ergo orationem pro reliquiis quae repertae sunt. ' tertio ponitur consultantis ratio: fiduciam enim sumpserant ex prophetae libertate, quem nondum afflixerant: ° jeremias autem ambulabat in medio populi: ' et ex obsidionis solutione: ° igitur exercitus pharaonis egressus est de aegypto: ' exiverat enim rex aegypti ut liberaret judaeos. quo devicto tamen exercitus rediit. * isa. 36: ° ecce confidis super baculum arundineum confractum istum: super aegyptum, ' etc..

lc2 ' Hic ponitur prophetae responsio. et primo excludit aegyptiorum auxilium: ° ecce exercitus pharaonis. * isa. 30: ° aegyptus frustra et vane auxiliabitur. ' secundo praedicit chaldaeorum reditum: ° et redient chaldaei. nolite decipere, ' falsa spe. * thren. 1: ° vocavi amicos meos, et ipsi deceperunt me. ' tertio excludit impedimentum: ° sed si percusseritis. * deut. 32: ° quomodo persequebatur unus mille, et duo fugabant decem millia? nonne ideo quia dominus deus tuus vendidit eos et dominus conclusit illos?

lc3 ' Hic ponit occasionem sumptam ex facto: ° et divideret ibi possessionem, ' quam emerat: idest distingueret ab aliis agris: vel distribueret aliis, ut ipse sine solicitudine remaneret. * 2 corinth. 6: ° tamquam nihil habentes, et omnia possidentes.

lc4 ' Hic ponitur falsa suspicio. * psalm. 26: ° insurrexerunt in me testes iniqui, et mentita est iniquitas sibi.

lc5 ' Hic ponitur persecutio in tribus. in captione. * thren. 3: ° venatione ceperunt. ' in flagellatione, ° caesum. * simile act. 8: hebr. 11: ° ludibria, et verbera experti. ' et in carceratione: ° itaque ingressus est jeremias in domum laci. * psal. 87: ° aestimatus sum cum descendentibus in lacum. ergastulum, ' et est proprie carcer in quo damnatur quis ad aliquod opus. secundo ponitur liberatio, ° mittens; ' et circa hoc tria. primo ponitur liberationis occasio, ponens regis interrogationem: ° putasne est sermo a domino? ' scilicet praenuntians futura, tibi revelatus. * isa. 8: ° numquid non populus a deo suo requirit visionem pro vivis ac mortuis? ' et ponit responsionem: ° et dixit jeremias. * 3 reg. 14: ° ego autem missus sum ad te durus nuntius. ' secundo ponitur liberationis petitio: ° et dixit jeremias ad regem: ' ubi monstrat injustam poenam; ° quid peccavi? * job 6: ° non invenietis in lingua mea iniquitatem, nec in faucibus meis stultitia personabit. ' excusat impositam culpam: ° ubi sunt prophetae vestri? ' quasi dicat: patet eorum falsitas, et mea veritas. jam enim exercitus chaldaeorum reversus erat, quem illi reversurum negaverant. * supra 28: ° propheta, qui |25| vaticinatus est pacem, cum venerit verbum ejus, tunc scietur propheta quem misit dominus in veritate. ' et petit misericordiam: ° nunc ergo audi, obsecro. * proverb. 15: ° responsio mollis frangit iram, sermo durus suscitat furorem. * eccli. 6: ° verbum dulce multiplicat amicos, et mitigat inimicos; et lingua eucharis in bono homine abundabit. ' tertio ponitur petitionis impetratio: ° praecepit ergo rex sedecias ut traderetur jeremias in vestibulo carceris, et daretur ei torta panis quotidie, excepto pulmento, ' quod addi noluit, ° vestibulo, ' idest atrio.

069 CPH cp38

lc1 ' In parte ista ostenditur persecutio prophetae propter veram praedicationem: et dividitur in tres partes. primo ponit praedicationem, ° loquebatur: ' quamvis enim esset in carcere, multi tamen veniebant ad eum; in quo comminatur remanentibus mortem: ° quicumque manserit in civitate hac, morietur. ' et promittebat fugientibus salutem: ° qui autem profugerit... vivet. ' urbis captionem: ° tradendo tradetur. ' et haec tria posuit * supra 21: ' unde videtur continuari, secundum historiae ordinem, ad illud. secundo ponit persecutionem: ubi ponit principium impiam petitionem: petunt enim mortem: ° et dixerunt principes. * sap. 2: ° circumveniamus justum quoniam contrarius est operibus nostris. ' accusant praedicationem: ° de industria enim dissolvit manus virorum: ' quod est contra officium prophetale. * isa. 35: ° confortate manus dissolutas, et debilia genua roborate. ' et pervertunt intentionem: ° siquidem homo iste non quaerit pacem. * gal. 4: ° ergo inimicus factus sum, verum dicens vobis? ' nolebat autem jeremias auferre cor resistendi; sed propter bonum, et salutem populi, ex jussu domini, illa dicebat. ponit etiam stultam regis exauditionem: ° et dixit rex sedecias. ' unde non excusatur, quamvis minus peccaverit. * joan. 19: ° propterea qui tradidit me tibi, majus peccatum habet. ' ponit etiam solicitam executionem: ° tulerunt ergo jeremiam, et projecerunt eum in lacum, ' cisternam sine aqua. * psalm. 87: ° posuerunt me in lacu inferiori, in tenebrosis, et in umbra mortis. ' et designat prophetae intromissionem: ° descendit itaque jeremias in coenum. * psalm. 68: ° infixus sum in limo profundi, et non est substantia. ' tertio ponitur liberatio. hic duo ponit. primo quod liberatur a carcere; secundo quod liberatur a mortis timore, * ibi, ° et misit rex sedecias, et tulit ad se jeremiam. ' circa primum quatuor. primo describit petentem, ° abdemelech, ' idest servus regis significans; quod dicit propter humilitatem. * rom. 1: ° paulus servus christi jesu, ' etc.. ° aethiops, ' propter carnis mortificationem. * psalm. 67: ° aethiopia praeveniet manus ejus deo. * cant. 1: ° nigra sum, sed formosa. vir, ' propter animi virtutem, ° eunuchus, ' propter castitatem. * matth. 19: ° sunt eunuchi qui seipsos castraverunt propter regnum caelorum. qui erat in domo regis, * philip. 3: ° nostra conversatio in caelis est. * sap. 3: ° spado qui non est operatus per manus suas iniquitatem, nec cogitavit adversus deum nequissima: dabitur enim illi fidei donum electum, et sors in templo dei acceptissima. ' secundo ponit petitionem, designans petitionis locum: ° porro rex sedebat in porta beniamin, ' quae scilicet ducebat in tribum beniamin. et ponit petitionem, ° et egressus est abdemelech de domo regis, et locutus est ad regem... non sunt enim panes ultra in civitate; ' quasi dicat: ex quo inclusus est, panis defecit. vel non erat necessarium includi, cum omnes obsessi, et in penuria simus. * sap. 11: ° per quae quis peccat, per haec et torquetur. ' tertio ponitur impetratio: ° praecepit itaque rex. ' quarto ponitur executio: ° assumptis ergo abdemelech secum viris ingressus est domum regis... et tulit inde veteres pannos, et antiqua quae computruerant, ' propter tribulationes quas sustinuerunt. * heb. ult.: ° mementote praepositorum qui vobis locuti sunt verbum dei, quorum intuentes exitum conversationis, imitamini fidem. ' vel quia, ad litteram, molliores sunt. ° per funiculos, ' praeceptorum dei. * eccl. 4: ° funiculus triplex difficile rumpitur. in vestibulo carceris, ' idest in atrio. dicitur enim vestibulum, domus ante cameram regis, ubi custodiuntur vestes: unde omne atrium, vestibulum dicitur.

lc2 ' Hic liberatur a timore mortis, concessa sibi securitate a rege. et primo ponitur securitatis pactio; secundo pacti observatio, * ibi, ° mansit vero jeremias in vestibulo carceris. ' circa primum duo. primo ponitur mutua petitio. petit enim rex divinum responsum, vel consilium, ° interrogo. * 3 reg. ult.: ° iterum atque iterum te adjuro ut non loquaris mihi nisi quod verum est in nomine domini. ' et propheta petit securitatis promissum: ° dixit autem jeremiam ad sedeciam. * luc. 22: ° si vobis dixero, non credetis mihi ' etc.. potest enim legi interrogative vel remissive. secundo ponitur mutua solutio. primo enim rex dat securitatis promissum: ° juravit ergo rex sedecias... si occidero, ' male mihi accidat. * isa. 42: ° ego dominus vocavi te in justitia, et apprehendi manum tuam et servavi te. ' secundo propheta dat salutis consilium. et circa hoc quatuor facit. primo ponitur salubris prophetae exhortatio: ° et dixit jeremias. ' et datur regi optio eligendi bonum vel malum. * eccl. 15: ° ante hominem vita et mors, bonum et malum, et quod placuerit ei, dabitur illi. ' secundo ponitur regis excusatio: ° et dixit rex... solicitus sum propter judaeos, ' quorum bona destruxerat propter hoc quod ad chaldaeos confugerant. * supra 9: ° unusquisque a proximo suo se custodiat, et in omni fratre suo non habeat fiduciam: quoniam omnis frater supplantans supplantabit, et omnis amicus fraudulenter incedet. ' tertio ponitur responsionis exclusio: ° respondit jeremias: ' in qua excludit timorem, si consilium audiat: ° non te tradent. * isa. 1: ° si volueritis et audieritis me, bona terrae comedetis. ' ponit comminationem, si audire contemnat: ° quod si nolueris. ' comminatur autem mulierum insultationem: ° ecce omnes mulieres dicent. ' insultando autem improperant stultum amicorum consilium: ° seduxerunt, ' quantum in se fuit, ° et praevaluerunt, ' quia eis credidisti, ° pacifici tui, ' qui pacem tibi promittebant. * isa. 3: ° popule meus, qui beatum te dicunt, ipsi te decipiunt, et viam gressuum tuorum dissipant. ' consequens damnum: ° demerserunt te in coeno, ' peccati, ° in lubrico, ' poenae. * psalm. 34: ° fiant viae illorum tenebrae et lubricum. ' et eorum recessum: ° et recesserunt a te. * eccli. 6: ° est amicus secundum tempus suum, et non permanebit in die tribulationis. ' comminatur etiam captionem familiae: ° et omnes uxores. * isa. 39: ° de filiis tuis qui exibunt de te quos genueris, tollent, et erunt eunuchi in palatio regis babylonis. ' et personae propriae: ° et tu non effugies. * thren. 2: ° non fuit in die furoris domini, qui effugeret et relinqueretur. ' comminatur etiam urbis captionem: ° et civitatem hanc comburet igni. * amos 1: ° succendam ignem in muro rabaa, et devorabit aedes ejus. ' quarto petitur a rege consilii dati occultatio: ° dixit ergo sedecias ad jeremiam. ' et circa hoc tria facit. primo petit occultari consilium, ° nullus sciat. * tob. 12: ° sacramentum regis abscondere bonum est; opera autem dei revelare et confiteri honorificum est. ' secundo docet celandi modum: ° si autem audierint principes, ' ut veritatem taceat, et falsum non dicat. * prov. 10: ° qui moderatur labia sua prudentissimus est. ' tertio ponitur petitionis complementum: ° venerunt ergo omnes principes ad jeremiam. * prov. 11: ° qui ambulat fraudulenter, revelat arcana; qui autem amicus est, caelat amici commissum.

lc3 ' Hic ponitur petitionis observatio, ° in vestibulo ' non missus in lacum, secundum petitionem suam.

069 CPH cp39

lc1 ' Hic ponitur instructio reliquiarum populi, post ipsius populi captivitatem. et dividitur in tres partes. in prima ponitur captivatio; in secunda reliquiarum conservatio, * cap. 40: ° sermo qui factus est ad jeremiam a domino; ' tertio reliquiarum instructio, * cap. 42: ° et accesserunt omnes principes bellatorum. ' circa primum duo. primo ponitur populi captivatio; secundo quorumdam liberatio, * ibi, ° et de plebe pauperum qui nihil penitus habebant. ' circa primum tria. primo ponit obsidionem, ° et obsidebant. * isa. 29: ° circumdabo quasi sphaeram in circuitu tuo, et jaciam contra te aggerem, et munimenta ponam in obsidionem tuam. ' secundo ponit captionem urbis: ° undecimo anno, mense quarto, ' scilicet julio. tamen combusta est mense quinto, septima die mensis: * sicut habetur 2 reg. ult.: ° quinta mensis. * contra 2 reg. ult.: dicitur, quod ' nona mensis. et potuit esse quod quinta die coeperunt homines fugere prae fame; et nona, civitas aperta est, custodibus ablatis. et quia primo ceperunt antemurale; et tunc habebant urbem quasi captam; et postea ceperunt urbem: unde sequitur: ° sederunt in porta media, ' idest in medio duorum murorum; vel quae erat inter duas portas ex eadem parte civitatis. * supra 1: ° ponet unusquisque solium suum in introitu portarum jerusalem, et super muros ejus in circuitu, et super universas urbes juda. ' ponit etiam captionem regis designans fugam: ° cumque vidisset eos sedecias rex juda, et omnes viri bellatores, fugerunt, et egressi sunt nocte de civitate per viam horti regis, et per portam quae erat inter duos muros, ' qui conjungebantur muro civitatis juxta domum regis, et cingebant hortum regium, inter quos erat et via, et porta secundum aequidistantiam ab utroque. * thren. 1: ° facti sunt principes ejus velut arietes non invenientes pascua, abierunt absque fortitudine ante faciem subsequentis. ' et subjungit captionem: ° persecutus est autem eos exercitus chaldaeorum. * thren. 4: ° velociores fuerunt persecutores nostri aquilis caeli. ' tertio ponit captorum condemnationem: et primo regis, et principum, in occisionem, ° et captum, ' regem, ° adduxerunt ad nabuchodonosor, ' scilicet in sententiae pronuntiationem: ° et locutus est ad eum judicia. * ezech. 10: ° judicabo te judiciis adulterarum, et effundentium sanguinem. ' et executionem sententiae principum, ° et occidit. * sap. 6: ° potentes potenter tormenta patientur. ' et oculorum caecitatem: ° oculos quoque sedeciae eruit... ut duceretur in babylonem. * 4 reg. 25, ' idem. secundo condemnationem urbis in destructionem: ° domum quoque regis, et domum vulgi succenderunt chaldaei igni. * thren. 2: ° praecipitavit omnia moenia ejus dissipavit munitiones ejus. ' tertio condemnationem plebis in transmigrationem: ° et reliquias populi transtulit nabuzardan magister militum in babylonem. * baruch. 4: ° delicati mei ambulaverunt vias asperas: ducti sunt enim ut grex directus ab inimicis.

lc2 ' Hic ponit quorumdam liberationem. primo ° pauperum qui nihil penitus habebant..., et dedit eis vineas, et cisternas, ' quia terra penuriam in aquis patitur. * supra 5: ° verumtamen in diebus illis, ait dominus, non faciam vos in consummationem. ' secundo liberationem justorum. primo prophetae, ponens jussionem: ° praeceperat, ' et executionem: ° misit ergo in domum, ' suam. * proverb. 11: ° justus de angustia liberatus est et tradetur impius pro eo. * ibid. 10: ° quod timet impius, veniet super eum, desiderium suum justis dabitur. * et cap. 16: ° cum placuerint domino viae hominis, etiam inimicos ejus convertet ad pacem. ' secundo liberationem eunuchi: ° ad jeremiam autem factus fuerat sermo domini. ' et primo promittit liberationem ab hostium dominio: ° et non traderis. * sap. 10: ° custodivit illum ab inimicis, et a seductoribus tutavit illum. ' secundo ab occisionis gladio: ° et gladio non cades. * psal. 90: ° cadent a latere tuo mille, et decem millia a dextris tuis, ad te autem non appropinquabit. * supra 17: ° benedictus vir qui confidit in domino, et erit dominus fiducia ejus. * eccl. 2: ° crede deo, et recuperabit te, et dirige viam tuam, et spera in illum.

069 CPH cp40

lc1 ' Posita destructione urbis, et populi captivitate, ponit reliquiarum salutem. et primo ponitur populi congregatio; secundo congregati populi disturbatio, * cap. 41: ° et factum est in mense septimo. ' circa primum duo. primo ponitur congregatio; secundo quarumdam insidiarum revelatio, quae pacem populi perturbabant, * ibi, ° johanan autem filius caree. ' circa primum tria. primo ponitur congregatio populi quantum ad prophetam; secundo quantum ad principes, * ibi, ° cumque audissent omnes principes exercitus... venerunt ad godoliam; ' tertio quantum ad plebem, * ibi, ° sed et omnes judaei. ' circa primum quatuor. primo ponitur liberationis praenuntiatio. ° sermo qui factus est ad jeremiam. ' cum nullus sermo sequatur, intelligitur hoc primum sermone revelatum quod postea opere narratur expletum. * psalm. 68: ° exaudivit pauperes, et vinctos suos non despexit. ' secundo ponitur prophetae liberatio: ° tollens ergo princeps militiae jeremiam. ' et assignat rationem, veritatem scilicet prophetae: ° dominus deus tuus locutus est, ' per te. * amos 3: ° non est malum in civitate quod dominus non fecerit. ' et ponit liberationem: ° nunc ergo ecce solvi te hodie de catenis. * psalm. 106: ° eduxit eos de tenebris, et umbra mortis, et vincula eorum disrupit. ' tertio datur ei optio, utrum vadat in babylonem, vel cum godolia remaneat, vel quocumque placeat, pergat: ° si placet. * genes. 13: ° ecce terra in conspectu tuo * etc.. proverb. 4: ° ducam te per semitas aequitatis, quas cum ingressus fueris, non arctabuntur gressus tui, et currens non habebis offendiculum. ' et ponitur provisio sibi facta: ° dedit quoque ei magister militiae cibaria. * jud. 14: ° de comedente exivit cibus, et de forti egressa est dulcedo. ' quarto ponitur prophetae electio: ° venit autem jeremias ad godoliam. ' ideo non in chaldaeam ivit, quia illi habebant ad consolationem danielem et ezechielem. * isa. 6: ° ad annuntiandum mansuetis misit me, ut mederer contritis corde, et praedicarem captivis indulgentiam, et clausis apertionem; ut praedicarem annum placabilem domino, et diem ultionis deo nostro; ut consolarer omnes lugentes, et ponerem consolationem lugentibus sion.

lc2 ' Hic ponitur congregatio principum: et primo ponitur eorum congregatio: ° cumque audissent omnes principes exercitus... venerunt ad godoliam. * eccl. 10: ° rex insipiens perdet populum suum, et civitates inhabitabuntur per sensum prudentium. ' secundo ponitur congregatorum assecuratio: ° et juravit eis godolias... nolite timere. * 2 petri 2: ° servi subditi estote in omni timore dominis, non tantum bonis et modestis, sed etiam discolis. ' tertio ostendit securitatis modum, ° ecce ego; ' quasi dicat: ego sustinebo totum onus, ut vos in pace sitis. * 1 cor. 4: ° nos stulti propter christum, vos autem prudentes in christo. * isa. 53: ° vere languores nostros ipse tulit, et dolores nostros ipse portavit. * joan. 10: ° bonus pastor animam suam ponit pro ovibus suis. sed et omnes judaei qui erant in moab ' etc.. hic ponitur congregatio plebis. * ps. 146, ° dispersiones israelis congregavit.

lc3 ' Hic ponitur insidiarum machinatio: et primo facta a principibus communiter: ° scito quod baalis, ' qui adhuc chaldaeis resistebat. ° et non credidit, ' credens dolosis verbis ismahelis. * prov. 14: ° innocens credit omni verbo, astutus considerat gressus suos. ' secundo facta a quodam specialiter, ° johanan. ' et primo excogitatio: ° ibo. * prov. 11: ° in bonis justorum exaltabitur civitas, et in perditione impiorum erit laudatio. ' secundo ponitur repulsio: ° et ait godolias. * supra 11: ° et non cognovi quia cogitaverunt super me consilia, dicentes: mittamus lignum in panem ejus, et eradamus eum de terra viventium.

069 CPH cp41

lc1 ' Hic ponitur congregati populi disturbatio per nequitiam ismahelis: et primo ponitur quorumdam fraudulenta occisio; secundo cadaverum intumulatio, * ibi, ° lacus autem in quem projecerat ismahel omnia cadavera virorum... ipse est quem fecit rex asa; ' tertio aliorum violenta captivatio, * ibi, ° et captivos duxit. ' circa primum duo. primo ponitur occisio ducis et familiarium; secundo occisio quorumdam peregrinorum, * ibi, ° secundo autem die ' etc.. circa primum tria. primo ponit simulatae pacis dolum: ° de semine regali, ' propter quod invidia movebatur adversus eum quem videbat judaeis praepositum, se a regno excluso. * eccli. 6: ° est amicus socius mensae, et non permanebit in die necessitatis. ' secundo ponit patratum ducis homicidium: ° surrexerunt, ' de mensa, ° decem viri, et percusserunt, ' aliis nihil tale suspicantibus. * 2 reg. 3: ° nequaquam ut mori solent ignavi mortuus es abner. ' tertio ponit occisionem familiarium: ° omnes quoque judaeos qui e-

rant cum godolia... percussit. * eccli. 10: ° ab una scintilla augetur ignis, et ab uno doloso augetur sanguis.
lc2 ‘ Hic ponit occisionem peregrinorum: et primo describit eorum conditionem quantum ad luctum, ° rasi barba, * thren. 1: ° sacerdotes ejus gementes. * baruch 4: ° adduxit mihi deus luctum magnum, ‘ etc.. et quantum ad votum: ° munera, ‘ habebant, ° thus, ‘ quod in omni oblatione offerebatur. * levit. 2: ° in domo domini, ‘ idest in loco templi. * isa. 19: ° colent eum in hostiis, et muneribus, et vota vovebunt domino, et solvent. ‘ secundo ponit occisionem, praemittens dolum in tristitiae simulatione: ° egressus et plorans, * eccli. 12: ° et si humiliatus vadat curvus, abjice animum tuum, et custodi te ab illo. ‘ et in fraudulento consilio: ° cum autem occurrisset. * prover. 26: ° lingua fallax non amat veritatem, et os lubricum operatur ruinas. ‘ et subjungit homicidium: ° qui cum venissent ad medium civitatis, interfecit eos ismahel. * thren. 3: ° lapsa est in lacum vita mea, posuerunt lapidem super me. * oseae 4: ° sanguis sanguinem tetigit. ‘ tertio ponit quorumdam liberationem, propter promissionem divitiarum quas se habere dicebant: ° decem autem viri, * prov. 13: ° redemptio animae viri divitiae multae: qui autem pauper est, increpationem non |25| sustinet.
lc3 ‘ Hic ponit cadaverum intumulationem, ° asa rex. * 3 reg. 16: ‘ dicitur, quod asa fecit construi gabaa beniamin in masphat, de his quae praeparaverat baasa ad aedificandum contra ipsum rama: et forte fecit in munitionem loci cisternam aliquam. * psal. 87: ° aestimatus sum cum descendentibus in lacum, factus sum sine adiutorio inter mortuos liber.
lc4 ‘ Hic ponit captivationem. et primo ponitur remanentium captivatio, ° reliquias, ‘ quia quosdam interfecerat qui erant de godoliae familia. * isa. 5: ° dilatavit infernus animam suam, et aperuit os suum absque ullo termino. ‘ secundo ponitur liberatio, praemittens liberantium praeparationem, ° audivit, * prov. 24: ° erue eos qui ducuntur ad mortem, et qui traduntur ad interitum liberare ne cesses. ‘ et subjungit captivorum liberationem: ° cumque vidisset omnis populus qui erat cum ismahel, johanan... laetati sunt. * proverb. 11: ° in bonis justorum exaltabitur civitas, et in perditione impiorum erit laudatio. ‘ et subdit captivantis evasionem: ° ismahel autem fugit cum octo, ‘ duobus interfectis. * isa. 33: ° vae qui praedaris, nonne et ipse praedaberis? ‘ tertio ponit eorum timorem: et circa hoc duo. primo ponit timoris signum, scilicet propositum fugiendi: ° tulit ergo johanan. * prov. 28: ° fugit impius, nemine persequente. ‘ secundo ponit timoris incitativum: ° timebant enim eos. * sap. 17: ° semper enim praesumit saeva, perturbata conscientia. * job 15: ° cum pax sit, ille semper insidias suspicatur.

069 CPH cp42

lc1 ‘ Hic incipit populi congregati instructio. et dividitur in partes duas. primo ponitur populi instructio generalis; secundo specialis * baruch, cap. 45: ° verbum quod locutus est jeremias ad baruch. ‘ circa primum duo. primo ponitur prophetae instructio; secundo populi contradictio, * ibi (cap. 43): ° factum est autem, cum complesset jeremias loquens ad populum. ‘ circa primum duo. primo ponitur instructionis petitio; secundo ponitur instructio, * ibi, ° cum autem completi essent decem dies. ‘ circa primum duo. primo petunt orationis suffragia: ubi ponitur petitio: ° cadat oratio nostra in conspectu tuo; ‘ quasi dicat: locum habeat apud te. * eccli. 35: ° oratio humiliantis se nubes penetrabit, et donec propinquet non consolabitur, et non discedet donec altissimus aspiciat. ‘ in quo captant benevolentiam. ° et ora pro nobis; ‘ ubi petunt beneficium. * isa. 37: ° leva ergo orationem pro reliquiis quae repertae sunt. qui derelicti sumus pauci: ‘ in quo flectunt ad misericordiam. * deuter. 28: ° remanebitis pauci numero, qui prius eratis sicut astra caeli prae multitudine, et annuntiet: ‘ in quo expetitur orationis fructus. ° dominus. * isa. 8: ° numquid non populus a deo suo requiret visionem |25| pro vivis, ac mortuis? viam, ‘ quia non in aegyptum ire decreverant. * supra 10: ° non est hominis via ejus, nec viri est ut ambulat, et dirigat gressus suos. * 2 paral. 20: ° cum ignoremus quid agere debeamus, hoc solum habemus residui ut oculos nostros dirigamus ad te. ‘ ponitur etiam prophetae promissio, * ibi, ° dicit. ‘ promittit autem orationes, ° ecce ego. * 1 reg. 12: ° absit a me peccatum hoc in domino, ut cessem orare pro vobis. ‘ et denuntiationem: ° omne verbum quodcumque responderit mihi, indicabo vobis. * act. 20: ° non enim subterfugi quominus annuntiarem omne consilium dei vobis. ‘ secundo promittunt obedientiam, quam tamen servaturi non erant: ° et illi dixerunt. * simile exod. 19: ° cuncta quae locutus est nobis dominus, faciemus.
lc2 ‘ Hic ponitur instructio: et circa hoc tria. primo inducit revelantis auctoritatem: ° haec dicit dominus, ‘ quasi mediator inter vos, et deum, deferens orationes vestras ad deum et responsum ipsius ad vos. * deut. 5: ° ego sequester, et medius fui inter deum et vos in tempore illo, ut annuntiarem vobis verba ejus. ‘ secundo hortatur ad quietem dupliciter. excludendo mala divinae punitionis, ponens promissum: ° aedificabo, ‘ bona conferendo, ° plantabo, ‘ confirmando. et excludens impedimentum: ° jam enim placatus sum. * exod. 32: ° et placatus est dominus ne faceret malum adversus populum suum. * psal. 102: ° non in perpetuum irascetur, neque in aeternum comminabitur. ‘ et excludit timorem hostilis persecutionis faciens securitatem: ° nolite timere. * isa. 51: ° quis tu ut timeas ab homine mortali, et a filio hominis, qui quasi fenum ita arescet? ‘ et promittit auxilii opem: ° quia vobiscum sum. * supra 20: ° dominus mecum est tamquam bellator fortis. idcirco qui persequuntur me cadent, et infirmi erunt, et confundentur vehementer: quia non intellexerunt opprobrium sempiternum, quod numquam delebitur. * isa. 50: ° dominus deus auxiliator |25| meus, et ideo non sum confusus.

IN THRENOS HIEREMIAE

---

070 CTH cp

lc ° Ecce manus missa est ad me, in qua erat liber involutus. et expandit illum coram me; qui erat scriptus intus et foris: et scriptae erant in eo lamentationes et carmen, et vae. * ezech. 2. ‘ ex verbis istis quatuor possunt accipi circa praesens opus lamentationum jeremiae, scilicet auctor, modus, utilitas et materia. in auctore designatur benignitas: * unde dicit: ° ecce manus missa est. ‘ haec manus sapientia dei est, qua omnia facta sunt, * sicut dicitur in psal. 103: ° omnia in sapientia fecisti. ‘ ipsa est quae intellectum aperit ad videndum. * ezech. 40: ° facta est super me manus domini, et adduxit me illuc in visionibus dei. ‘ ipsa est quae linguam expedit ad loquendum. * jerem. 1: ° misit manum suam, et tetigit os meum, et dixit dominus ad me: ecce dedi verba mea in ore tuo. ‘ ipsa est quae manum dirigit ad scribendum. * dan. 5: ° apparuerunt digiti quasi hominis scribentis: ‘ qui sunt prophetae, et alii doctores in quibus sapientiae dona dividimus, ut totum quod homo tradendo divinam sapientiam, exterius agit ministerio, ipsa interius perficiat auctoritate. * isa. 26: ° omnia opera nostra operatus est in nobis. * 2 corinth. 3: ° non quod sufficientes |25| simus cogitare aliquid ex nobis, tamquam ex nobis, sed sufficientia nostra ex deo est. ‘ haec quidem sapientia tam alta est, ut dum nos in infimo sumus, nihil ab ipsa possemus accipere, nisi nobis mitteretur. et ideo benignitas auctoris designatur in missione manus. * rom. 11: ° o altitudo divitiarum sapientiae, et scientiae dei. ‘ mittitur quasi nobis proposita tripliciter. in rerum creatione, ex quibus perpenditur. * rom. 1: ° invisibilia dei per ea quae facta sunt, intellecta conspiciuntur. * sap. 13: ° a magnitudine speciei, et creaturae, poterit horum creator videri. ‘ mittitur etiam interna inspiratione. * sap. 7: ° per nationes in animas sanctas se transfert, amicos dei, et prophetas ipsa constituit. ‘ missa est eminentissime in incarnatione quando coram oculis corporalibus, invisibilis sapientia apparuit. * sap. 9: ° mitte illam de caelis sanctis tuis, et a sede magnitudinis tuae, ut mecum sit, et mecum laboret, ut sciam quid acceptum sit coram te omni tempore. ‘ in modo ostenditur difficultas; * unde sequitur: ° in qua erat liber involutus. ‘ est idem iste liber involutus ornatu verborum: unde et metrice descriptus, et rethoricis est ornamentis coloratus. * prover. 15: ° lingua sapientum ornat |50| scientiam. ‘ est etiam involutus profunditate mysteriorum. * 1 corinth. 13: ° spiritus enim loquitur mysteria. ‘ et apostolis dicitur in persona omnium qui sacras scripturas ediderunt: ° vobis datum est nosse mysterium regni dei. * matth. 13. ‘ est etiam involutus varietate similitudinum, sicut et ceteri prophetarum libri. * proverb. 1: ° animadvertet parabolam et interpretationem, verba sapientum, et aenigmata eorum. * oseae 12: ° ego visiones multiplicavi, et in manibus prophetarum assimilatus sum. ‘ et hoc signatum est per tria involumenta quibus vasa sanctuarii involvebantur, * num. 4. ‘ per velum enim quod diversis coloribus, et pulchra varietate erat distinctum, * ut dicitur exod. 26, ‘ significatur diversitas similitudinum. per pelles, et pallium hyacinthini coloris, significantur caelestia mysteria, quibus quasi impraegnatus est liber iste. per pallium purpureum significatur ornatus verborum. haec enim involutio spiritus sancti explicatur a sacris expositoribus: “ quia sacrae scripturae eodem spiritu sunt expositae quo sunt editae, * sicut dicit augustinus. et ideo sequitur: ° expandit illum coram me. ‘ deus enim aperit scripturarum verba: * unde dicitur luc. ult.: ° aperuit illis sensum ut intelligerent scripturas. |75| ‘ revelat occulta mysteria. * dan. 2: ° vere deus noster deus deorum, et dominus regum, revelans mysteria. ‘ explicat similitudinem. * ps. 17: ° prae fulgore in conspectu ejus nubes transierunt. ‘ in multiplicitate etiam ostenditur utilitas; * unde sequitur: ° qui erat scriptus intus et foris, ‘ utrobique enim sapientiam scriptam continet: scilicet in cortice litteralis sensus, et in abditis sententialis intelligentiae, ut sit verum quod dicitur * joan. 10: ° ingredietur et egredietur et pascua inveniet. ‘ in materia ostenditur diversitas: * unde sequitur: ° et erant scriptae in eo lamentationes, et carmen et vae. ‘ deplorat josiae necem; et quantum ad hoc continet ° lamentationes. * 2 paral. 35: ° universus juda et jerusalem luxerunt eum, jeremias maxime, cujus omnes cantores, et cantatrices usque in praesentem diem lamentationes super josiam replicant. ‘ deplorat populi conculcationem; et quantum ad hoc continet ° carmen. * ezech. 32: ° fili hominis cane carmen lugubre super multitudine. ‘ deplorat etiam jerusalem et totius civitatis vastationem; et quantum ad hoc continet ° vae. * jer. 4: ° vae nobis, quia vastati sumus. ‘ vel possunt haec tria ad triplicem sensum referri, quo liber iste * in glossis ‘ exponitur: ut ° vae ‘ referatur |100| ad sensum typicum, tropologicum vel moralem, quo deplorat peccati servitutem. * infra ult.: ° cecidit corona capitis nostri: vae nobis, quia peccavimus. carmen ‘ refertur ad sensum mysticum, quo deplorat ecclesiae viduitatem. * psal. 39: ° immisit in os meum canticum novum, carmen deo nostro. lamentationes, ‘ quantum ad sensum historicum, quo deplorat judaeorum captivitatem. * jerem. 9: ° vox lamentationis audita est de sion: quomodo vastati sumus, et confusi vehementer? ‘ et ab hoc liber iste denominatur, unde alio nomine dicitur ° threni, ‘ quod in graeco sonat lamentationem: quamvis a quibusdam dicuntur ° treni, ‘ quasi ° terni, ‘ quia quasi ternis versibus sub una littera procedit in principio libri: unde tribus ordinibus litterarum variatur. primo sub una littera tres clausulas * usque ad tertium capitulum, ‘ ubi tribus clausulis singulis eamdem litteram praeponit. * in quarto capitulo ‘ duas clausulas sub eadem littera concludit. notandum, quod * in hebraeo ‘ in singulis litteris per ordinem incipiunt distinctiones singulae, sicut vocantur, sicut apud nos * in illo hymno: ° a solis ortus cardine. ‘ et secundum hujuscemodi interpretationem litterarum, singulae litterae consonant |125| sententiae clausularum, quibus praeponuntur.

070 CTH cp1

lc ‘ Huic autem operi praemittitur prooemium, in quo describitur tempus: ° postquam in captivitatem. ‘ auctor. ° sedit jeremias, ‘ more plangentis, quasi in terra. * isa. 47: ° descende, sede in pulvere, virgo filia babylon. ‘ materia: ° planxit lamentatione. * jerem. 9: ° super montes assumam fletum ac lamentum, et super speciosa deserti planctum: quoniam incensa sunt, eo quod non sit vir pertransiens. ‘ auctoris affectus: ° amaro animo. * infra 5: ° replevit me amaritudinibus, et inebriavit me absynthio.
lc1 ‘ Dividitur iste liber in partes duas. in prima propheta deplorat populi miseriam; in secunda, oratione convertit se ad divinam misericordiam, * cap. 5: ° recordare, domine, quid acciderit nobis. ‘ prima dividitur in tres. in prima plangit miseriam servitutis; in secunda miseriam destructionis, * 2 cap.: ° quomodo obtexit caligine in furore suo dominus filiam sion; ‘ in tertia miseriam obsidionis, * 4 cap.: ° quomodo obscuratum est aurum? ‘ prima in duas. in prima deplorat propheta gentis suae dejectionem; in secunda inducit plebis, vel civitatis, conquestionem, * ibi, ° o vos omnes qui transitis. ‘ prima in duas. in prima plangit servitutem; in secunda prosequitur per partes, servitutis magnitudinem, * ibi, ° migravit judas, ‘ etc.. circa primum duo facit. primo ostendit populi servitutem, seu abjectionem quantum ad amissionem gloriae; secundo quantum ad violationem amicitiae, * ibi, ° plorans ploravit ‘ etc.. ostendit autem gloriam suam ex tribus. primo quia populosa civibus: ° quomodo sedet, ‘ vilis et dejecta, ° sola, ‘ desolata habitatoribus. * baruch 4: ° ego autem derelicta sum sola, exui me stola pacis. plena, ‘ quondam. * 3 reg. 4: ° juda et israel innumerabiles. * isa. 22: ° urbs frequens, civitas |25| exultans. ‘ secundo quia honorata principibus: erat enim civitas regalis et sacerdotalis: ° facta est quasi vidua, ‘ regibus, vel sacerdotibus. * isa. 47: ° venient tibi duo haec simul in una die: sterilitas, et viduitas. domina gentium, ‘ quondam ei subditarum. * ezech. 5: ° ista est jerusalem in medio gentium posita. ‘ tertio ditata tributis: ° princeps provinciarum, ‘ quas tributarias fecerat. * 2 reg. 8: ° factus est moab, et siria, david serviens sub tributo. ‘ vel in quas salomon regnum suum diviserat, singulis singulos praepositos praeponens. * 3 reg. 4: ° facta est sub tributo, ‘ chaldaeorum. * proverb. 12: ° manus fortium dominabitur, quae autem remissa est, tributis serviet. ‘ huic autem versui praeponitur littera ° aleph, ‘ quae interpretatur doctrina, ad ostendendum quod quia populus caruit doctrina dei in observatione, quam tenebat in cognitione, ideo captivatus est. * isa. 5: ° propterea captivus ductus est populus meus, quia non habuit scientiam. ‘ sciendum est etiam, quod cum plerumque utatur coloribus, et locis rethoricis in hac lamentatione, est quartus locus conquestionis. allegorice ° civitas, ‘ praesens ecclesia, ° plena, populo, |50| ‘ ex diversis gentibus congregata, ° domina gentium, ‘ fidei obedientium, ° princeps provinciarum, ‘ diversarum ecclesiarum, quibus vivendi viam decernit, ° facta est sola, ‘ destituta angelorum custodia, vel auxilio, ° vidua, ‘ subtracta sponsi praesentia, ° tributaria, ‘ tyrannis exposita. moraliter ° civitas, ‘ anima, ° plena populo, ‘ bonarum affectionum, ° domina gentium, ‘ vitiorum, ° princeps provinciarum, ‘ sensuum, ° desolata, ‘ bonorum suffragiis, ° vidua, ‘ sponsi amplexibus, ° sub tributo, ‘ vitiorum.
lc2 ‘ Hic plangit violationem amicitiae: et primo ostendit amicorum necessitatem: ° plorans, ‘ quasi continue diversis adversitatibus pressa jerusalem,

° in nocte, ‘ privatim, propter timorem hostium, vel in adversitate, ° in maxillis, ‘ quia non erat qui abstergeret. * ps. 6: ° lavabo per singulas noctes lectum meum. ‘ secundo auxilii subtractionem: ° non est qui consoletur eam, ‘ auxilium contra hostes praebens, ° ex omnibus caris, ‘ aegyptiis, et aliis eis foederatis. * eccl. 4: ° vidi calumnias quae sub sole geruntur, et lacrymas innocentum, et consolatorem neminem. ‘ tertio affectus immutationem: ° omnes amici. * job 19: ° fratres meos longe fecit a me, et noti mei quasi alieni recesserunt a me. ‘ huic praeponitur littera ° beth, ‘ quae interpretatur domus, quia domus jacob est plorans. tertius decimus conquestionis locus. allegorice. ecclesia plorat adversitates, ° in maxillis, ‘ praelatis, ° ex omnibus caris, ‘ angelis sanctis, ° spreverunt, ‘ conformantes se divinae justitiae. moraliter anima plorat, ° in nocte, ‘ peccata, ° in maxillis, ‘ conscientia, in qua loquitur hominis operatio: ° ex omnibus caris, ‘ privatis affectionibus, ° spreverunt, ‘ affectus pravae delectationis.

lc3 ‘ Hic prosequitur miseriam servitutis per partes, ut ostendat ipsius magnitudinem. et dividitur in duas partes. in prima plangit ipsam quantum ad hominum oppressionem; secundo quantum ad bonorum direptionem, * ibi, ° manum suam misit hostis ad omnia desiderabilia ejus. ‘ prima in duas. in prima plangit oppressionis miseriam; in secunda ostendit miseriae rationem, * ibi, ° peccatum peccavit jerusalem. ‘ circa primum duo facit. primo plangit eorum miseriam quantum ad praesentia quae sustinebant; secundo quantum ad praeterita quae recogitabant, * ibi, ° et recordata est jerusalem dierum afflictionis suae. ‘ circa primum tria ponit. primo miseriam servitutis quantum ad fugientes; secundo quantum ad remanentes, * ibi, ° viae sion lugent ‘ etc.; tertio quantum ad captivos, * ibi, ° facti sunt hostes ejus in capite. ‘ circa primum tria ponit: primo fugam: ° migravit, ‘ fugiens a terra sua ad terras vicinas, ° propter afflictionem, ‘ in personis, ° et multitudinem servitutis, ‘ in tributis, quam in terra sua a chaldaeis patiebantur. * isa. 16: ° habitabunt apud te profugi mei. moab esto latibulum eorum. * ibid. 21: ° qui habitatis terram austri, cum panibus occurrite fugienti: a facie enim gladiorum fugerunt, a facie |25| gladii imminentis. ‘ secundo plangit fugientium imminentem angustiam: ° habitavit inter gentes, ‘ moabitas et ismahelitas, ° nec invenit requiem, ‘ quia ibi quoque angustiam passa est ab illis. * deut. 28: ° in gentibus quoque illis non quiesces: neque erit requies vestigia pedis tui. ‘ tertio praedicit angustias, superveniente hostium potentia: ° omnes persecutores, ‘ chaldaei, ° apprehenderunt eam inter angustias, ‘ quas ab illis ad quos fugerant patiebantur, sicut in aegypto. * jerem. 42: ° gladius, quem vos formidatis, apprehendet vos in terra aegypti, et fames pro qua estis soliciti, adhaerebit vobis. * ezech. 6: ° qui quaerunt eam non deficient, in menstruis ejus quaerent eam. ‘ huic versui praeponitur littera ghimel, quod interpretatur plenitudo: quia ex multitudine peccatorum passi sunt plenitudinem miseriae. * matth. 23: ° et vos implete mensuram patrum vestrorum. * luc. 6: ° in qua mensura mensi fueritis, remetietur vobis. ‘ decimus conquestionis locus. allegorice ° judas, ‘ ecclesia, quae christo conjungitur, ° migravit, ‘ de hostibus in hostes, apud quos requiem petit, ° et non invenit, ‘ sed ab omnibus ad libitum opprimitur. moraliter ° judas, ‘ anima quae deum confiteri |50| debet, ° migravit, ‘ ad vitia, ° inter gentes, ‘ vitia, vel daemones, ° requiem, ‘ illudentibus vitiis, vel daemonibus, ° persecutores, ‘ daemones, ° apprehenderunt, ‘ in morte.

lc4 ‘ Hic plangit miseriam remanentium, primo quantum ad peregrinos quibus frequentabatur. ° viae sion lugent, ‘ luctum excitant, ° ad solemnitatem, ‘ triplicem, pascha, pentecosten, scenopegia. * isa. 33: ° dissipatae sunt viae, cessavit transiens per semitam, irritum factum est pactum. ‘ secundo quantum ad personas quibus civitas ornabatur, scilicet principibus: ° omnes portae ejus destructae, ‘ quia judicia in portis fiebant. * isa. 3: ° maerebunt atque lugebunt portae ejus, et desolata in terra sedebit. ‘ sacerdotibus: ° sacerdotes ejus gementes. * joel 2: ° inter vestibulum et altare plorabunt sacerdotes. ‘ virginibus: ° virgines ejus squalidae, ‘ et deturpatae. * job 30: ° squallentes calamitate et miseria, et manducabant herbas arborum. * mach. 1: ° et ingemuerunt principes. ‘ tertio quantum ad populum, quo replebatur: ° et ipsa, ‘ plebs, vel civitas, ° oppressa amaritudine. * ruth 1: ° valde amaritudine me replevit omnipotens. ‘ huic praeponitur littera daleth, idest tribulatum, quia plangit destructionem templi, habentis tabulata cedrina et deaurata, * ut dicitur 3 regum 6. ‘ octavus locus conquestionis. allegorice ° viae, ‘ ducentes ad caelum, ° sion, ‘ prophetae |25| et praedicatores, ° ad solemnitatem, ‘ caelestis patriae; ° portae, ‘ praelati ecclesiae, introducentes, ° sacerdotes, ‘ qui sacra ministrant, ° virgines, ‘ quae in ecclesia primum gradum obtinent: isti omnes pro peccatis concutiuntur, quibus concussis, et ipsa plebs subdita, amaritudine repletur. * unde exod. 32: ° moyses tabulas fregit. ‘ moraliter ° viae ‘ sunt animae virtutes, ° ad solemnitatem, ‘ contemplationis, ° portae, ‘ sensus, ° sacerdotes, ‘ animae in sanctitate divinae religionis, ° virgines, ‘ in puritate conscientiae; quibus concussis, ipsa anima vitiorum amaritudine opprimitur.

lc5 ‘ Hic plangit oppressionem quantum ad captivos: et primo plangit captivitatem minorum; secundo majorum, * ibi, ° et egressus est a filia sion omnis decor ejus. ‘ circa primum tria proponit. primo hostium exaltationem in potentia: ° hostes, ‘ scilicet chaldaei, ° in capite, ‘ idest principantes ipsis. et quantum ad divitias: ° locupletati sunt. * deut. 28: ° ipse erit in caput, et tu eris in caudam. ‘ secundo assignat exaltationis rationem: ° quia dominus locutus est, ‘ quasi sententias contra ipsam, inspirans gentibus ad veniendum, vel praedicens per moysen. et hoc ° propter multitudinem iniquitatum: * jerem. 28: ° loquar adversus gentem, et adversus regnum, ut destruam et disperdam illud. ‘ tertio proponit captivitatem, ° parvuli ejus, ‘ idest parvuli de populo. * isa. 6: ° propterea captivus ductus est populus meus, quia non habuit scientiam. ‘ huic praemittitur littera he; idest, ista sunt judicia quae dominus per moysen dixerat. est octavus locus conquestionis. * hoc quod dicitur, ° propter multitudinem, ‘ est prima pars assumptae conditionis generalis, quae dicitur concessio. allegorice ° hostes, ‘ haeretici, deficiente scientia in ecclesia, ° facti sunt in capite, ‘ praevalentes in |25| contentionibus, ° lucupletati, ‘ eloquentia. ° dominus locutus est, ‘ permissive, ° parvuli, ‘ incipientes ° in captivitate, ‘ ab ecclesia abducti. moraliter ° hostes, ‘ daemones, ° in capite, ‘ intentionem corrumpentes, ° locupletati, ‘ multiplicitate peccatorum, ° locutus, ‘ permittens, ° parvuli, ‘ motus et affectus, ° tribulantis, ‘ daemonis. * psal. 12: ° qui tribulant me, exultabunt si motus fuero.

lc6 ‘ Hic plangit majorum captivationem; et circa hoc tria facit. primo proponit ornamentorum amissionem: ° egressus est a filia sion, ‘ idest jerusalem, ° omnis decor, ‘ quantum ad vasa quae ablata sunt, et thesauros, et principes, et sacerdotes cum joachim nepote josiae: * 4 reg. 24. ezech. 19: ° auferentur vasa decoris tui. ‘ secundo indigentia victualium: ° facti sunt principes ejus velut arietes non invenientes pascua, ‘ nec sibi, nec populo; quia defecit etiam panis in civitate, quando obsidebatur, tempore sedeciae, * sicut dicitur jerem. 34. isa. 5: ° nobiles ejus interierunt fame, et multitudo ejus siti exaruit. ‘ tertio ponit captivitatem principum: ° et abierunt absque fortitudine, ‘ non potentes resistere, ° ante faciem subsequentis, ‘ fugientes, * sicut legitur jerem. ult.. ‘ fugati sunt principes in campis jerichuntinis, * psal. 37: ° dereliquit me virtus mea. ‘ huic versui hi praeponitur littera vau, quae interpretatur, ° et; ‘ quasi, etiam haec adjuncta sunt superioribus in vindictam nostram a domino. et est quintus conquestionis locus. allegorice ab ecclesia ° filia ‘ caelestis ° sion, ‘ a qua exemplata est, quandoque egressus est decor fidei, |25| ° et principes, ‘ praelati vadunt in diversos errores, ° ante faciem subsequentis, ‘ diaboli, vel haeretici fidem pervertentis, ° non invenientes, ‘ in scripturis, ° pascua, ‘ verbi dei et domini jesu christi.

lc7 ‘ Hic deplorat miseriam ex praeteritorum memoria: et primo tangit memoriam praeteritorum, idest ° afflictionis ‘ praeteritae, quae memorata excitat taedium, ° praevaricationis, ‘ idest peccatorum, quae excitant conscientiae remorsum, ° desiderabilium, ‘ idest prosperitatum, quae causant et incendunt concupiscentiae desiderium. * isa. 38: ° recogitabo tibi annos meos in amaritudine animae meae. ‘ secundo proponit passionem praesentium malorum: ° cum caderet populus ejus in manu hostili. * psal. 21: ° tribulatio proxima est, et non est qui adiuvet. ‘ tertio contemptum hostium: ° viderunt eam hostes, et deriserunt sabbata ejus, ‘ et omnia quae ad cultum religionis pertinebant. * 1 machab. 1: ° dies festi ejus conversi sunt in luctum, sabbata ejus in opprobrium, honores ejus in nihilum. ‘ expositiones litterarum loci rhetorici, et sensus mystici sufficienter tanguntur * in glossis.

lc8 ‘ Hic ostendit causam tantae miseriae: et primo proponit ipsum peccatum; secundo peccati progressum, * ibi, ° sordes ejus in pedibus ejus. ‘ circa primum duo facit. primo proponit peccatum, ° peccatum, ‘ anthonomastice infidelitatis et idolatriae. * proverb. 14: ° miseros facit populos peccatum. ‘ secundo ponit peccati effectum. primo instabilitatis miseriam: ° propterea instabilis facta est; ‘ idest, non stetit in terra sua, sed captivata est, et fugit in alias regiones. * isa. 57: ° impii quasi mare fervens, quod quiescere non potest. ‘ secundo confusionis ignominiam: ° omnes qui glorificabant eam, ‘ benedicebant tempore prosperitatis, ° spreverunt illam, quia viderunt ignominiam, ‘ adversitatis. * job 29: ° auris audiens beatificabat me, et oculus videns, testimonium reddebat mihi. ‘ tertio cordis tristitiam: ° ipsa autem gemens conversa est retrorsum, ‘ a prosperitate, qua in deo proficiebat. * psal. 39: ° convertantur retrorsum, et erubescant qui volunt mihi mala.

lc9 ‘ Hic ponit peccati progressum: et primo ponit culpam: ° sordes, ‘ scilicet peccatorum, ° in pedibus, ‘ scilicet in affectibus, quasi ad progrediendum in peccato, ° finis, ‘ scilicet mortis, vel judicii divini. * eccli. 7: ° memorare novissima tua, et in aeternum non peccabis. ‘ secundo ponit poenam: ° deposita est, ‘ a statu dignitatis, ° vehementer, ‘ idest in extremam miseriam. * psal. 58: ° disperde illos in virtute tua, et depone eos. ‘ tertio exposcit misericordiam: ° vide, domine, ‘ scilicet misericordiae affectu. * psal. 118: ° vide humilitatem meam, et eripe me, quia legem tuam non sum oblitus.

lc10 ‘ Hic plangit servitutem quantum ad expoliationem bonorum, quam ab hostibus victoribus patiebantur: et primo ponit bonorum expoliationem quantum ad ea quae hostes auferebant. secundo quantum ad ea quae ipsimet destruebant, * ibi, ° omnis populus ejus gemens. ‘ circa primum duo ponit. primo bonorum direptionem: ° hostis, ‘ chaldaeus victor, ° desiderabilia, ‘ scilicet thesauros domus dei et domus regiae et omnium aliorum. * isa. 64: ° omnia desiderabilia vestra versa sunt in ruinas. ‘ secundo ponit istorum prophanationem, ° quia vidit, ‘ scilicet plebs judaeorum; ac si diceret: hoc ordine potuit fieri ut omnia auferrentur, etiam quae in templo erant. * 1 mach. 2: ° sancta in manu extranaeorum facta sunt. ‘ vel aliter. ° vidit, ‘ scilicet dominus ° gentes, ‘ sacerdotes verbo, sed gentiliter viventes, quando in templo idolum posuerunt, ° de quibus praeceperas. * levit. 22, ‘ quod homo etiam de stirpe aaron in quo est macula, non vescatur de sanctificatis domino. et sic, quia contra haec fecerunt, ducti sunt in captivitatem, secundum quod culpa est causa poenae.

lc11 ‘ Hic ponit spoliationem bonorum quantum ad ea quae ipsimet distrahebant: et primo ponit distrahendi necessitatem, scilicet ex defectu necessariorum: ° quaerens panem. * psal. 101: ° percussus sum sicut fenum, et aruit cor meum, quia oblitus sum comedere panem meum. ‘ secundo ponit ipsam distractionem: ° dederunt pretiosa ad refocillandam, ‘ non ad satiandam, ° animam, ‘ vilem vitam. sic legitur de aegyptiis. * genes. 48. ‘ tertio provocat deum ad pietatem: ° vide, domine. * jer. 2: ° quam vilis facta es nimis iterans vias tuas. ‘ et hoc ultimum ponitur ex persona ipsius civitatis vel plebis, quae quasi propheta proponente miseriam suam, audiens sustinere amplius non possit in verba lamentationis singultans prorumpit.

lc12 ‘ Hic ponitur conquestio ex parte ipsius civitatis et plebis: et primo conqueritur ad astantes de severitate judicis; secundo ad judicem de crudelitate hostis, * ibi, ° vide, domine, quoniam tribulor. ‘ circa primum duo facit. primo proponit severitatem judicis in generali; secundo prosequitur in speciali, * ibi, ° abstulit omnes magnificos meos. ‘ circa primum tria facit. primo proponit dei indignationem, inquantum puniendo vindicavit; secundo proponit disciplinae divinae severitatem, inquantum puniendo erudivit, * ibi, ° de excelso misit ignem; ‘ tertio proponit justitiae rigorem, inquantum puniendo officium judicis exercuit, * ibi, ° vigilavit jugum iniquitatum mearum. ‘ circa primum tria facit. primo ponitur invocatio: ° o vos omnes qui transitis per viam, ‘ regionis hujus desertae. * jer. 22: ° pertransibunt gentes per civitatem hanc; et dicet unusquisque proximo suo: quare fecit dominus sic civitati huic grandi? ‘ secundo proponitur doloris magnitudo, ° attendite; ‘ dum enim suum considerat dolorem, nullum similem putat. maximus etiam fuit, quia maxima amissa; spiritualia scilicet et temporalia. * jerem. 8: ° super contritione jerusalem contritus sum. ‘ tertio ponitur dei indignatio, quae |25| est ratio doloris, quia ° vindemiavit, ‘ captivatis, et interfectis habitatoribus, sicut vineam racemis. * isa. 5: ° vinea domini exercituum, domus israel est. * psal. 79: ° vindemiaverunt eam omnes qui praetergrediuntur viam. locutus est, ‘ comminando per prophetas.

lc13 ‘ Hic ponit severitatem disciplinae, inquantum quasi magister duris castigationibus erudivit: et primo ponit severitatem in corrigendo commissa: ° de excelso, ‘ idest in alto consilio suo, ° misit ignem, ‘ afflictionis, vel quo civitas et castrum, ad litteram, combusta sunt, ° in ossibus, ‘ idest in potentibus et munitionibus; et sic per gravia flagella ° erudivit me. * isa. 28: ° et tantummodo vexatio sola dabit intellectum. ‘ secundo ostendit severitatem in cavendo futura: ° expandit rete, ‘ idest impedimentum quo a peccato retraxit. * oseae 2: ° sepiam viam tuam spinis. ‘ tertio ostendit severitatem, subtrahendo consolationis beneficia: ° posuit me desolatam; ‘ quasi dicat: nullam consolationem post flagella adhibuit, sicut solet magister pueris facere. * baruch 4: ° adduxit mihi deus luctum magnum.

lc14 ‘ Hic ostendit rigorem justitiae ipsius dei, inquantum judex est: et circa hoc tria facit. primo ponit diligentem peccatorum considerationem: ° vigilavit, ‘ quasi vigilanter consideravit, ° jugum, ‘ afflictionis, mihi pro peccatis meis manibus imponendum. * jer. 1: ° quid tu vides jeremia? virgam vigilantem ego video. ‘ secundo ponit duram poenae afflictionem: ° convolutae sunt, ‘ scilicet iniquitates, ad modum catenae, indissolubili vinculo, ° impositae, ‘ dum pro his poenam patior. * psal. 37: ° iniquitates meae supergressae sunt caput meum, et sicut onus grave gravatae sunt super me. ‘ tertio excludit evasionem, tum propter debilitatem, ° infirmata est; ‘ tum propter hostis potestatem: ° dedit me dominus in manu, ‘ chaldaeorum. * psalm. 30: ° infirmata est in paupertate virtus mea.

lc15 ‘ Hic prosequitur miseriam servitutis per partes: et primo quantum ad primam captivitatem sub joakim nepote josiae, * de quo 4 regum penult.. ‘ secundo de ultima quae fuit sub sedecia, * de qua 4 reg. ult. et jer. ult. ibi, ° expandit sion manus suas. ‘ circa primum duo facit. quia primo plangit hominum captivationem; secundo consolationis subtractionem,

* ibi, ° idcirco ergo plorans, et oculus meus deducens aquas. ‘ circa primum tria facit. primo ponit captivitatem eorum qui erant eminentes dignitate, ° magnificos, ‘ principes, quorum est magna facere: quia, aliis remanentibus, ipsi captivati sunt. * isa. 3: ° auferet dominus a juda et jerusalem validum et fortem. ‘ secundo eos qui erant eminentes in virtute: ° vocavit adversum me tempus, ‘ aptum destructioni, ° ut contereret electos, ‘ virtute praeeminentes. * psal. 74: ° cum accepero tempus, ego justitias judicabo. * exod. 32: ° ego autem in die ultionis visitabo, et hoc peccatum eorum. * eccle. 3: ° omnia tempus habent. ‘ tertio eorum afflictionem, qui praeeminebant puritate, vel etiam pietate, ° torcular, ‘ idest afflictionem, ° virgini ‘ ad litteram; vel ipsi plebi, quae usque tunc quasi virgo fuerat; quae fuit etiam captivata. * jerem. 25: ° celeuma |25| quasi calcantium concinetur adversus omnes habitatores terrae. ‘ hic debet praescribi littera * secundum glossam; ‘ sed melius est quod in sequenti praescribatur, quia per tres vadit.

lc16 ‘ Hic plangit consolationis subtractionem: et primo ponit doloris planctum, ° plorans. * jer. 9: ° quis dabit capiti meo aquam? ‘ secundo doloris materiam: ° quia longe factus est a me consolator, ‘ aegyptius, ° convertens, ‘ a miseria quam patior, in pristinam prosperitatem. * psal. 87: ° longe fecisti notos meos a me. ‘ tertio ponit illius effectum: ° facti sunt filii mei perditi. ‘ ex defectu enim auxilii secuta est potestas adversarii, et captivitas populi. * jer. 50: ° grex perditus factus est populus meus.

lc17 ‘ Hic plangit secundam captivitatem, quae facta est sub sedecia, quando universaliter populus captivatus est: et circa hoc tria facit. primo plangit obsidionem; secundo captivitatem, * ibi, ° justus est dominus ‘ etc.; tertio famis consumptionem, * ibi, ° vocavi amicos meos. ‘ circa primum tria facit. primo ponit defectum amicorum qui adjuvare debuerant, et prohibere obsidionem: ° expandit sion manus suas, ‘ quasi petens auxilium ab aegyptiis. * infra ult.: ° aegypto dedimus manum, et assyriis. ‘ vel a deo. * isa. 1: ° cum extenderitis manus vestras, avertam oculos meos. ‘ secundo ponit adventum hostium: ° mandavit, ‘ juste dispensando, ° in circuitu, ‘ per modum obsidionis, ° hostes, ‘ chaldaeos. * isa. 10: ° contra populum furoris mei mandabo illi ut auferat spolia. ‘ tertio vilitatem obsessorum: ° facta est jerusalem quasi polluta, ‘ ad quam nullus accedit ad defendendum. * jerem. 2: ° omnes qui quaerunt eam non deficient.

lc18 ‘ Hic plangit captivitatem: et circa hoc tria facit. primo confitetur judicis justitiam: ° justus est dominus. * dan. 9: ° justus dominus deus noster in omnibus operibus suis quae facit. ‘ secundo captat auditorum benevolentiam, provocans eos ad compassionem: ° audite obsecro. * jer. 4: ° audite, civitates sion. ‘ tertio plangit captivitatis miseriam: ° virgines meae et juvenes mei, ‘ qui potuerunt propter robur aetatis, famis mortem evadere, ° abierunt in captivitatem. * jer. 51: ° implevit ventrem suum teneritudine mea, et ejecit.

lc19 ‘ Hic plangit consumptionem eorum qui fame in obsidione mortui sunt: et primo praemittit amicorum deceptionem, ° amicos, ‘ aegyptios, quia non adjuverunt, sicut sperabam. * isa. 30: ° aegyptus frustra et vane auxiliabitur; ideo clamavi super hoc. ‘ secundo ponit consumptionem ex hoc occasionatam: ° sacerdotes, ‘ de quibus videtur magis indignum, ° consumpti fame. * isa. 5: ° nobiles enim interierunt fame. ‘ tertio assignat consumptionis rationem: ° quia quaesierunt, ‘ ad refocillandum, non ad satiandum; et non invenerunt. vel assignat in hoc rationem culpam eorum: quia quaesierunt sibi non populo. * ezech. 34: ° vae pastoribus israel, qui pascebant semetipsos.

lc20 ‘ Hic incipit conqueri ipsi judici: et circa hoc tria facit. primo exponit propriam miseriam; secundo accusat adversariorum culpam, * ibi, ° audierunt quia ingemisco ego; ‘ tertio petit vindictam, * ibi, ° ingrediatur omne malum eorum coram te. ‘ circa primum tria facit. primo excitat attentionem: ° vide, domine. * psal. 30: ° miserere mei, domine, quoniam tribulor. ‘ secundo proponit dolorem sub metaphora doloris interioris, et angustiae cordis, ° conturbatus: ‘ quam exponit: ° quoniam amaritudine plena sum. * jer. 4: ° ventrem meum doleo. * ruth 1: ° valde amaritudine me replevit omnipotens. ‘ tertio assignat doloris rationem: ° foris interficit gladius. * deut. 32: ° foris vastabit eos gladius, et intus pavor.

lc21 ‘ Hic accusat aliorum culpam: et circa hoc tria facit. primo accusat adjutoris defectum: ° audierunt, ‘ scilicet aegyptii, et alii, de quibus confidebam. * jer. 31: ° vox in excelso audita est, lamentationis fletus et planctus. ‘ secundo accusat inimicorum gaudium: ° omnes inimici mei audierunt malum meum, laetati sunt. * psal. 12: ° qui tribulant me, exultabunt si motus fuero. ‘ tertio quasi securus de divina justitia, praedicit eorum interitum: ° adduxisti diem, ‘ hoc est adduces, propter certitudinem, ° consolationis, ‘ mihi ° similes, ‘ dolores et afflictiones. * isa. 65: ° ecce servi mei comedent, et vos esurietis.

lc22 ‘ Hic petit vindictam: et primo reducit culpam in memoriam: ° ingrediatur omne malum, ‘ peccatum. * psal. 108: ° in memoriam redeat iniquitas patrum ejus in conspectu domini, et peccatum matris ejus non deleatur. ‘ secundo petit poenam, ° vindemia. * supra: ° vindemiavit me dominus, ut locutus est, in die furoris sui. ‘ tertio assignat causam: ° multi enim gemitus mei, ‘ propter mala quae ab ipsis patior. * jerem. 8: ° dolor meus super dolores.

070 CTH cp2

lc1 ‘ Hic plangit destructionem civitatis, populi, et totius regionis. et dividitur in duas partes. in prima deplorat destructionem; in secunda excludit populi desperationem, * 3 cap.: ° ego vir videns paupertatem meam. ‘ prima in duas. in prima plangit destructionis miseriam; in secunda convertit se ad impetrandam divinam misericordiam, * ibi, ° clamavit cor eorum ad dominum. ‘ circa primum duo facit. primo plangit in generali destructionem; secundo in speciali, * ibi, ° praecipitavit dominus ‘ circa primum admiratur destructionem propter multiplicem gloriam quae praecesserat, et primo quantum ad praerogativam divinae cognitionis, * de qua ps. 147, ° non fecit taliter omni nationi: * et contra hoc dicit: ° quomodo obtexit caligine, ‘ ignorantiae vel tristitiae, * isa. 59: ° impegimus in meridie quasi in tenebris, in caliginosis quasi mortui. ‘ secundo quantum ad potentiam regalis dignitatis; * contra quod 1 esdrae 4: ° reges fortissimi fuerunt in jerusalem, qui dominati sunt omni regioni quae trans flumen est. * contra quod dicit: ° projecit de caelo, ‘ hoc est de culmine dignitatis et potestatis; vel de caelesti conversatione. * apocal. 6: ° stellae caeli ceciderunt de caelo. ‘ tertio quantum ad cultum |25| divinae religionis. * psalm. 143: ° beatus populus cujus dominus deus ejus. * contra quod dicit: ° non est recordatus, ‘ in bonum, ° scabelli, ‘ templi, in quo adorabatur, sicut rex ad scabellum pedis. * ezech. 43: ° locus solii mei, et locus vestigiorum pedum meorum, ubi habito in medio filiorum israel in aeternum.

lc2 ‘ Hic prosequitur in speciali ea quae circa destructionem acciderunt: et primo plangit destructioni adjuncta; secundo destructionem consequentia, * ibi, ° cui comparabo te? ‘ circa primum duo facit. primo plangit destructionem aedificiorum communium; secundo eminentium, * ibi, ° et dissipavit quasi hortum ‘ etc.. circa primum duo facit. primo plangit destructionem aedificiorum, quae pertinent ad robur regis; secundo eorum, quae pertinent ad usum populi, * ibi, ° tetendit arcum suum ‘ etc.. circa primum duo facit. primo plangit destructionem; secundo resistentium impotentiam, * ibi, ° confregit in ira furoris sui. ‘ circa primum tria facit. primo plangit eorum destructionem quae sunt ad decorem: ° omnis speciosa. * joel 1: ° ignis comedit speciosa deserti. ‘ secundo eorum quae pertinent ad fortitudinem: ° destruxit munitiones. * isa. 25: ° munimenta sublimium murorum tuorum concident et humiliabuntur, et detrahentur in terram usque ad pulverem. * jer. 33: ° haec dicit dominus ad domos urbis hujus, et ad domos regis juda, quae destructae sunt. ‘ tertio concludit regni deturpationem: ° polluit regnum. * ezech. 28: ° polluerunt decorem tuum: interficient et detrahent |25| te, et morieris in interitu occisorum in corde maris.

lc3 ‘ Hic ostendit resistendi impotentiam: et primo excludit robur humanum, ° cornu, ‘ idest potestatem. * psalm. 74: ° omnia cornua peccatorum confringam. ‘ secundo auxilium divinum, ° avertit, ‘ quasi a defensione, qua prius eos defendebat. * psal. 73: ° ut quid avertis manum tuam et dexteram tuam? ‘ tertio concludit terrae incendium: ° et succendit. * isa. 42: ° succendit eum, et non intellexit.

lc4 ‘ Hic plangit destructionem eorum quae pertinent ad usum populi: et primo eorum quae pertinent ad decorem; secundo eorum quae pertinent ad defensionem, * ibi, ° factus est dominus velut inimicus. ‘ circa primum tria facit. primo ostendit divinam indignationem: ° tetendit arcum, ‘ idest judicium, vel exercitum chaldaeorum, ut quasi a longinquis feriret, ° firmavit, ‘ ad percutiendum, ° dexteram, ‘ ut feriat de prope. * psal. 7: ° nisi conversi fueritis, gladium suum vibrabit; arcum suum tetendit, et paravit illum. ‘ secundo ponit poenae inflictionem: ° occidit, ‘ destruxit, ° omne quod pulchrum erat, ‘ homines, aedificia et alia hujusmodi. * num. 24: ° quam pulchra tabernacula tua jacob. ‘ tertio ostendit poenae magnitudinem: et quantum ad copiam sine numerum, ° effudit: ‘ et quantum ad acerbitatem, ° quasi ignem; ‘ vel quantum ad speciem, quia civitas combusta fuit * deut. 32: ° ignis succensus est in furore meo, et ardebit usque ad inferni novissima. * ps. 68. ° effunde super eos iram tuam.

lc5 ‘ Hic plangit destructionem aedificiorum pertinentium ad defensionem: et circa hoc tria facit. primo tangit dei indignationem, ° velut inimicus, ‘ quasi in pugna suum adjuvans inimicum. * isa. 63: ° conversus est eis in inimicum, et ipse debellavit eos. ‘ secundo aedificiorum destructionem: ° praecipitavit omnia moenia. * ps. 88: ° destruxisti omnes sepes ejus. ‘ tertio concludit populi humiliationem, ° et replevit, ‘ idest multiplicavit. * ps. 43: ° humiliata est in pulvere anima nostra, conglutinatus est in terra venter noster.

lc6 ‘ Hic plangit destructionem aedificiorum principalium: et primo templi; secundo domus regiae, * ibi, ° cogitavit dominus dissipare murum filiae sion. ‘ prima in duas. in prima tangit destructionem ipsius templi; secundo eorum quae erant in templo, * ibi, ° replevit dominus altare suum. ‘ circa primum tria facit. primo tangit templi destructionem: ° tentorium, ‘ quod in deserto factum, in sylo positum fuerat, ° tabernaculum, ‘ quod salomon aedificaverat, ° quasi hortum, ‘ qui facile destruitur. * psal. 77: ° repulit tabernaculum silo, tabernaculum suum ubi habitavit in hominibus. * jer. 26: ° dabo domum istam sicut silo, et urbem hanc dabo in maledictionem. ‘ secundo festorum templi cessationem: ° oblivioni tradidit dominus in sion festivitatem et sabbatum; ‘ quasi, non placent sicut ante. * isa. 1: ° calendas vestras et solemnitates vestras odivit anima mea. ‘ tertio ministrorum reprobationem: ° et in opprobrium, ‘ scilicet dedit, ° regem, ‘ ad quem pertinebat templi defensio, ° et sacerdotem ‘ ad quem pertinebat administratio. * job 12: ° ducit sacerdotes eorum ingloriosos, et optimates supplantat.

lc7 ‘ Hic tangit destructionem aedificiorum quae in templo erant: et primo altaris pertinentis ad religionem: ° altare, ‘ holocaustorum, ° repulit, ‘ tradens illud hostibus ad profanandum, ° sanctificationi, ‘ sacrificiis placationis, quae offerebantur. * 1 mach. 4: ° viderunt sanctificationem desertam, altare profanatum. tradidit in manus. * 1 mach. 2: ° sancta facta sunt in manu extraneorum. ‘ tertio templi ab hominibus combustionem: ° vocem dederunt, ‘ blasphemiae, vel tumultus bellici, ° sicut in die solemni, ‘ consueverant sacerdotes laudantes deum. * isa. ult.: ° vox populi de civitate, vox de templo, vox domini reddentes retributionem inimicis suis.

lc8 ‘ Hic tangit destructionem arcis sion: et primo ponit divinam deliberationem: ° cogitavit; ‘ quasi, cogitans statuit, non statim implens, ° filiae sion, ‘ arcis vel ipsam jerusalem. * isa. 14: ° hoc consilium quod cogitavi super omnem terram ‘ etc.. secundo justum judicium: ° tetendit funiculum, ‘ quasi ad metiendum justitiam suam, ut poena culpae aequaretur, ° non avertit, ‘ quia nihil dimisit de poena justa. * isa. 34: ° extendetur super ipsam mensura, ut redigatur in nihilum. ‘ tertio ostendit justitiae effectum: ° luxitque antemurale, ‘ idest destructum ad luctum provocavit, * sicut supra 1: ° viae sion lugent. * isa. 21: ° luxit et defluxit terra, et infirmata est; defluxit orbis.

lc9 ‘ Hic plangit destructionem hominum: et primo eorum quorum miseria est valde miserabilis secundum gradum dignitatis; secundo quorum est miserabilis propter reverentiam conditionis, * ibi, ° sederunt in terra, conticuerunt senes; ‘ tertio illorum quorum est miserabilis propter defectum aetatis, * ibi, ° defecerunt prae lacrymis oculis mei. ‘ circa primum duo. primo quantum ad principes saeculares praemittit parabolam vel metaphoram: ° defixae sunt in terra, ‘ idest tribulationibus implicati, ut facile evelli non possint. * psal. 68: ° infixus sum in limo profundi, et non est substantia. porta, ‘ reges, quorum erat potestas judicii, quod in portis exercebatur, ° perdidit, ‘ captivando, ° et contrivit, ‘ in captivitatem redigendo, ° vectes, ‘ principes, quibus confirmatur regnum, sicut vectibus portae. * et exponit: ° regem ejus, et principes ejus in gentibus, ‘ inter gentes. * psal. 106: ° contrivit portas aereas, et vectes ferreos confregit. * isa. 3: ° maerebunt atque lugebunt portae ejus, et desolatae erunt. ‘ secundo quantum ad principes spirituales, scilicet sacerdotes: ° non est lex, ‘ per sacerdotes edocenda. * malach. 2: ° labia sacerdotis custodiunt scientiam, et legem requirunt de ore ejus. ‘ et prophetas: |25| ° et prophetae ejus non invenerunt visionem a domino. * psal. 75: ° jam non est propheta, et nos non cognoscet amplius.

lc10 ‘ Hic plangit destructionem eorum qui sunt miserabiles propter reverentiam conditionis: primo senum: ° sederunt in terra, conticuerunt, ‘ quae sunt signa magnae tristitiae. * job 2: ° sederunt cum eo in terra sex diebus; et nemo loquebatur ei verbum: videbant enim dolorem esse vehementem. ‘ secundo quantum ad virgines: ° filiae sion, ‘ quae erant in arce; vel juxtà templum, filiae sacerdotum, ° consperserunt, ‘ in signum tristitiae; ° virgines jerusalem, ‘ quantum ad illas quae habitabant in civitate, ° accinctae sunt ciliciis; abjecerunt in terram, ‘ prae confusione et timore, ° virgines juda, ‘ quantum ad illas quae per regnum undique habitabant. * isa. 3: ° erit pro suavi odor foetor, et pro zona funiculus, et pro crispanti crine calvitium.

lc11 ‘ Hic plangit illos qui sunt miserabiles propter defectum aetatis: et primo tangit eorum mortem; secundo mortis ordinem, * ibi, ° matribus suis dixerunt. ‘ circa primum duo facit. primo ostendit suam compassionem ex lacrymarum effusione, ° defecerunt, ‘ quasi ultra non valentes flere. * jerem. 9: ° quis dabit capiti meo aquam, et oculis meis fontem lacrymarum? ‘ ex viscerum commotione, ° conturbata sunt; ‘ quasi, tantum doleo, sicut est dolor conturbationis viscerum, vel quia pervenit usque ad intima cordis. * jerem. 31: ° conturbata sunt viscera mea super eum. ‘ quantum ad jecoris effusionem: ° effusum est in terra jecur meum: ‘ idest, ita doleo ac si effusum esset vel quia amor meus cujus sedes in epate est, ad terram projectus est, illis quos amabam prostratis. * oseae 13: ° rumpam interiora jecoris, et consumam eos. ‘ secundo compassionis misericordiam: ° super contritione oppidi, ‘ idest jerusalem, quia vilis facta est, vel cujuscumque alterius. * jerem. 51: ° collidam in te senem et puerum, juvenem et virginem.

lc12 ‘ Hic exponit ordinem mortis, ut magis misericordiam excitet: et primo illorum petitionem a matribus: ° ubi est triticum et vinum? ‘ quasi, defecit: date nobis ad comedendum: * infra 4: ° parvuli petierunt panem, et non erat qui frangeret eis. ‘ secundo petendi necessitatem: ° cum deficerent, ‘ prae fame morerentur, ° in plateis, ‘ quasi omnibus videntibus, et non valentibus proferre remedium. * jer. 21: ° omnis qui habitaverit in urbe hac, morietur gladio, peste et fame. ‘ tertio amarissimam mortem: ° exhalaverunt animas suas in sinu matrum suarum. * 2 reg. 4: ° posuit eum illa super genua sua usque ad meridiem, et mortuus est.

lc13 ‘ Hic ponuntur consequentia destructionem, quae scilicet solent provenire post peractum negotium: et primo excludit plagae curationem; secundo ponit videntium admirationem, * ibi, ° plauserunt super te manibus omnes transeuntes per viam; ‘ tertio judicis commendationem, qui talem vindictam intulit, * ibi, ° fecit dominus quae cogitavit. ‘ circa primum duo facit. primo ostendit plagam incurabilem; secundo assignat causam, * ibi, ° prophetae tui viderunt tibi falsa. ‘ circa primum duo facit. primo ostendit quod non potest leniri consolationibus ex comparatione aliorum, quod solet esse afflictis aliqualis consolatio: ° cui comparabo? ‘ similitudo plus est quam comparatio: quaelibet enim distantia ejusdem rationis comparabilia sunt, dummodo in infinitum non distent: nec tamen similia, si eamdem qualitatem participent, nec omnia habeant aequalia; sed tantum illa quorum unum in participatione qualitatis alterum non excedit. excedit autem in hoc plagas aliorum, quod et temporalem, et spiritualem gloriam amisit, qua aliae gentes caruerunt. ° consolabor; ‘ quasi dicat: nihil alii pejus vel simile tibi passi sunt. * supra 1: ° adduxisti diem consolationis, et fient similes mei. ‘ secundo |25| ostendit quod non potest sanari medicinis, propter suam magnitudinem: ° magna velut mare, ‘ quod latissimum est et inquietum. * jerem. 30: ° insanabilis plaga tua.

lc14 ‘ Hic assignat causam incurabilitatis, quia scilicet medici suo tempore curare neglexerunt, scilicet prophetae. et primo ostendit falsitatem prophetarum quantum ad falsa quae praedicabant: ° viderunt, ‘ videre se dicebant, ° falsa et stulta: ‘ quia stultum erat credere quia deus peccatores non puniret. * ezech. 22: ° prophetae ejus liniebant eos absque temperamento. * 2 pet. 2: ° fuerunt enim pseudoprophetae, sicut et in vobis erunt magistri mendaces. ‘ et quantum ad ea quae reticebant: ° nec aperiebant iniquitatem tuam. * isa. 58: ° clama, ne cesses, quasi tuba exalta vocem tuam: annuntia populo meo scelera eorum. ‘ secundo exponit cujusmodi falsa videbant: ° viderunt autem tibi assumptiones, ‘ scilicet onera deprimentia, sicut onus assumptum in altum magis comprimit. * mich. 3: ° haec dicit dominus super prophetas qui seducunt populum meum. ejectiones, ‘ liberationes. * jer. 28: ° confringam jugum nabuchodonosor regis babylonis post duos annos dierum. ‘ vel ° assumptiones, ‘ quod deus vos ad se sumet, ° ejectiones, ‘ quod adversarii eorum ejicientur.

lc15 ‘ Hic ponit admirationem videntium: et primo amicorum; secundo inimicorum, * ibi, ° aperuerunt super te os suum omnes. ‘ circa primum ponit compassionis amicorum admirationem expressam quatuor signis. plausu manuum, ° plauserunt omnes transeuntes per viam, ‘ terrae tuae, videntes terrae vastitatem: sibilo, ° sibilaverunt: ‘ motu capitis, ° et moverunt capita sua: ‘ verbo, ° haeccine est urbs perfecti decoris, ‘ quia in spiritualibus et temporalibus (erat enim civitas regalis et sacerdotalis) ° gaudium universae terrae? ‘ quia conveniebant undique in solemnitatibus. * psalm. 47: ° fundatur exultatione universae terrae, mons sion, latera aquilonis, civitas regis magni. * isa. 22: ° urbs frequens, civitas exultans. * jerem. 22: ° pertransibunt gentes multae per civitatem hanc; et dicet unusquisque proximo suo: quare fecit dominus sic civitati huic grandi?

lc16 ‘ Hic ponit insultationem hostium: ° aperuerunt, ‘ accusando, ° inimici, ‘ idumaei, moabitae et alii, ° sibilaverunt, ‘ detrahendo, ° fremuerunt, ‘ comminando: ° devorabimus, ‘ insultando. * psalm. 21: ° aperuerunt super me os suum, sicut leo rapiens et rugiens. * jer. 51: ° comedit me, devoravit me nabuchodonosor rex babylonis. * ps. 34. ° dixerunt: euge euge animae nostrae: viderunt oculi nostri.

lc17 ‘ Hic ponit judicis commendationem. et primo ponitur constantia in proposito: ° fecit dominus quae cogitavit. * isa. 14: ° hoc est consilium quod cogitavi. ‘ secundo ostenditur verax in verbo, ° complevit: ‘ praeceperat enim destructionem populi ° a diebus antiquis, * deut. 28. ‘ vel etiam per priores prophetas. * num. 23: ° dixit, et non faciet; locutus est, et non implebit? ‘ tertio ostenditur justus in facto: ° destruxit, ‘ judaeam, ° et non pepercit, ‘ quasi deserens rigorem justitiae, ° cornu, ‘ potestatem. * psal. 88: ° exaltasti dexteram deprimentium eum.

lc18 ‘ Hic convertit se ad petendam judicis misericordiam per orationem. et primo invitat ad orandum; secundo ponit orationem, * ibi, ° vide, domine, et considera. ‘ circa primum duo. primo docet praeparare locum orationi per lacrymas; secundo docet orandi modum, * ibi, ° consurge lauda. ‘ circa primum tria facit. primo ponit planctus rationem; ° cor eorum, ‘ scilicet hostium, ° clamavit, ‘ blasphemans, ° ad dominum, ‘ idest contra eum, ° super muros, ‘ quasi destructio civitatis esset occasio blasphemiae, quasi deus non fuerit potens defendere. * exod. 16: ° non contra nos, sed contra dominum est murmur vestrum. ‘ vel ° cor eorum, ‘ scilicet judaeorum: ut dolorem cordis in lacrymosam orationem prodire doceat. * psalm. 118: ° clamavi in toto corde: exaudi me, domine. ‘ secundo invitat ad lacrymarum multitudinem: ° deduc quasi torrentem lacrymas. * jerem. 9: ° deducant oculi nostri lacrymas, et palpebrae nostrae defluant aquis. ‘ tertio invitat ad luctus continuitatem: ° per diem ac noctem, ‘ idest in prosperis et in adversis: vel, ad litteram, omni tempore, actu, vel habitu. * jerem. 15: ° deducant oculi mei lacrymam per diem ac noctem.

lc19 ‘ Hic docet orandi modum: et circa hoc duo facit. primo docet modum orandi quantum ad tempus: ° consurge, ‘ de somno, ° lauda deum, ‘ per orationem, ° in nocte, ‘ quando magis vacat tempus, et propter temporis quietem, ° in principio vigiliarum. ‘ vigiliae noctis distinguebantur secundum custodias illorum qui civitatem custodiebant, * sicut dicitur cant. 3: ° invenerunt me vigiles qui custodiebant civitatem. ‘ et erant quatuor. prima vocatur conticinium, quando tegitur ignis. secunda vocatur intempestum circa mediam noctem, quia tempus illud non est opportunum ad aliquid faciendum: dicitur enim tempestum apud antiquos, opportunum. tertia galli cantus. quarta dicitur antelucanum. dicit ergo, quod surgat ° in principio vigiliarum, ‘ idest in prima vigilia; vel in principio cujuslibet vigiliae. * isa. 26: ° anima mea desideravit te in nocte, sed et spiritu meo in praecordiis meis de mane vigilabo ad te. ‘ et quantum ad devotionem cordis, ° effunde sicut aquam; ‘ quasi, liquefiat amore et devotione, sicut aqua congelata. * ps. 41: ° haec recordatus sum, et effundi in me animam meam. ‘ et quantum ad devotionis signum, ° leva ad eum. * 1 timoth. 2: ° volo viros orare in omni |25| loco, levantes puras manus sine ira et disceptatione. ‘ secundo ponit materiam orationis, ° pro animabus, ‘ idest pro separatione animarum a corporibus: vel anima pro vita ipsa ponitur: ° compitorum, ‘ idest quatuor viarum quae in unam concurrunt. * supra (hoc cap.): ° cum deficeret parvulus, et lactens in plateis oppidi.

lc20 ‘ Hic ponit orationem: et primo provocat ad misericordiam ex poenae crudelitate; secundo ex ipsius universalitate, * ibi, ° jacuerunt in terra foris puer et senex; ‘ tertio ex evadendi impossibilitate, * ibi, ° vocasti quasi ad diem solemnem. ‘ circa primum duo ponit. primo attentionem: ° quem vindemiaveris; ‘ quasi dicat: nullum alium praeter me: vel, quis sicut ego? quia ex patribus electus. * supra 1: ° vindemiavit me dominus in ira furoris sui. ‘ secundo ponit poenae crudelitatem contra naturalem pietatem: ° ergo ne comedent mulieres fructum suum? ‘ quasi dicat: numquid hoc sustinebis? quod impletum legitur in obsidione romanorum in josepho et egesippo, * et 4 reg. 5 et 7, ‘ in obsidione samariae. * infra 4: ° manus mulierum misericordium coxerunt filios suos. ‘ et etiam contra religionis honestatem: ° si occiditur in sanctuario domini sacerdos et propheta? ‘ quasi dicat: numquid sustinebis quod occidatur? * ezech. 9: ° a sanctuario meo incipite.

lc21 ‘ Hic ponit poenae universalitatem: et circa hoc tria facit. primo ponit poenam omnibus communem: ° jacuerunt, ‘ mortui, vel dejecti, ° foris, ‘ idest in plateis, vel extra civitatem. * jerem. 51: ° collidam in te senem et puerum, juvenem et virginem. ‘ secundo punientis indignationem, ° interfecisti, ‘ tua auctoritate, quamvis chaldaei ministerio. * isa. 63: ° calcavi eos in furore meo, et conculcavi eos in ira mea. ‘ tertio excludit miserationem: ° percussisti, nec misertus es: * deut. 32: ° ego occidam, et ego vivere faciam; percutiam, et ego sanabo. * job 5: ° percutit manus ejus, et sanabit; in sex tribulationibus liberabit te, et in septima non tanget te malum. ‘ hic proponit evadendi impossibilitatem: et circa hoc tria facit. primo ponit obsidionem: ° quasi ad diem solemnem; ‘ idest, sicut ad solemnitates consueverunt judaei venire, ita nunc te inspirante venerunt ad obsidendum. * isa. 29: ° circumdabo quasi sphaeram in circuitu tuo, et jaciam contra te aggerem, et munimenta ponam in obsidione tua. ‘ secundo evadendi impossibilitatem: ° non fuit qui effugeret. * isa. 41: ° suscitavi ab aquilone, et venient a solis ortu. ‘ tertio comprehensorum |25| destructionem: ° quos educavi et enutrivi, inimicus meus consumpsit eos. * baruch 4: ° nutrivi illos cum jucunditate.

070 CTH cp3

lc1 ‘ Hic post multarum poenarum enumerationem, excludit populi desperationem. et dividitur in partes tres. in prima ponit desperationem provocantia; in secunda accipiendae fiduciae argumenta, * ibi, ° recordare paupertatis; ‘ in tertia, assumpta fiducia, convertit se ad petendam misericordiam, * ibi, ° scrutemur vias nostras. ‘ circa primum tria. primo proponit afflictionem; secundo assumit reprobationem, * ibi, ° et repulsa est anima mea; ‘ tertio concludit desperationem, * ibi, ° et dixi: periit. ‘ circa primum duo. primo ponit afflictionem quam ex percussione manus sustinuerunt; secundo affligendi modum, * ibi, ° ursus insidians. ‘ circa primum tria. primo ponit divinae passionis flagellum; secundo percussionis effectum, * ibi, ° vetustam fecit pellem meam; ‘ tertio excludit evasionis remedium, * ibi, ° circumaedificavit. ‘ circa primum tria. primo ponit percutientis indignationem: ° ego vir videns paupertatem meam. ‘ loquitur jeremias in persona sua, quia etiam cum aliis afflictus fuerat, vel in persona populi, cujus miseriam suam reputabat. * apoc. 3: ° nescis quia caecus es, et pauper, et miser, et miserabilis. ‘ allegorice de christo et ecclesia, moraliter de anima. secundo ponit consolationis |25| subtractionem: ° me minavit et adduxit in tenebras, ‘ tribulationum, ° et non in lucem, ‘ consolationis: quia post flagella non adhibuit consolationem solito more * job 3: ° circumdedit me deus tenebris. ‘ tertio flagellorum conditionem: ° tantum in me ‘ (morem afflictorum sequitur, qui solum suas plagas considerant) ° vertit et convertit, ‘ percutiens, et iterum percutiens. * isa. 8: ° in manu forti erudivit me. ‘ et in hoc capitulo tribus clausulis, singulis per ordinem, praescribitur eadem littera, et aliis tribus singulis sequens.

lc2 ‘ Hic ponit effectum divinae percussionis, sicut livor est effectus virgae: et circa hoc tria facit. primo consumptionem virium in toto populo, quia ° pellem, ‘ in qua plebs, quasi exterius circumstans, ° carnem, ‘ in qua delicati et teneri, ° ossa, ‘ in quibus fortes de populo bellatores; idest, totum vetustate tabescit. * baruch 3: ° quid est, israel, quod in terra inimicorum es? inveterasti in terra aliena. ‘ secundo obsidionem jam debilitatorum: ° aedificavit in gyro meo, ‘ idest exercitum obsidentem, ° felle, ‘ idest exercitu, qui mihi laborem, et fel intulit. * job 7: ° numquid mare ego sum, aut cetus, quia circumdedisti me carcere? ‘ tertio jam captorum carcerationem: ° in tenebrosis, ‘ carcere, ° quasi mortuos, ‘ illos qui morti adjudicati sunt. * psal. 142: ° posuit me in obscuris sicut mortuos saeculi. ‘ possunt etiam ex persona jeremiae intelligi, qui prae multis angustiis et in corpore consumptus, et in carcere reclusus est.

lc3 ‘ Hic excludit evasionis remedium primo propter hostium obsidionem: ° circumaedificavit, ‘ idest exercitum obsidentem, ° compedem, ‘ idem significat quod obsidio; sicut eis qui mittuntur in carcere, ut non possint effugere. * psalm. 87: ° traditus sum, et non egrediebar. * job 13: ° posuisti in nervo pedem meum, observasti omnes semitas meas. ‘ secundo propter orationis exclusionem: ° sed et cum clamavero, et rogavero, exclusit orationem meam. * psal. 21: ° clamabo per diem, et non exaudies. ‘ tertio propter consiliorum impeditionem: ° conclusit vias, ‘ consilia evadendi, ° lapidibus, ‘ gravibus impedimentis. * oseae 2: ° sepiam vias tuas spinis.

lc4 ‘ Hic ostendit affligendi modum: et primo quia insidiose; secundo quia aperte, * ibi, ° tetendit; ‘ tertio quia copiose, * ibi, ° replevit me. ‘ circa primum duo facit. primo ponit insidias hostium: ° factus est mihi, ‘ nabuchodonosor pugnans contra me ex insidiis, ° sicut ursus, ‘ in quo crudelitas, et ° leo, ‘ in quo potestas ejus designatur. * oseae 13: ° ego ero eis quasi leaena sicut pardus in via assyriorum. ‘ secundo excludit insidias, vel consilia ipsorum, quibus insidias hostium repellerent: ° semitas meas subvertit. * supra 2: ° posuit me desolatam, tota die maerore confectam. tetendit. ‘ hic ostendit, quod publice et patenter ipsam afflixit: et circa hoc tria facit. primo ponit propositionem, ° arcum, ‘ judicium, vel exercitum hostium, ° quasi signum, ‘ ad quod omnes publice sagittant. * psalm. 7: ° arcum suum tetendit. * job 16: ° confregit me, et posuit me quasi signum ad sagittam.

lc5 ‘ Hic secundo ponit poenae afflictionem, ° in renibus, ‘ in quo designatur luxuria populi, ° filias, ‘ sagittas, vel poenas diversas de providentia ejus exeuntes. * job 30: ° pharetram suam aperuit, et afflixit me. ‘ tertio ponit puniti delusionem: ° factus sum in derisum omni populo. ‘ hoc est impletum * jer. 20: ° factus sum in derisum tota die, omnes subsannant me: ‘ sicut etiam populus ab aliis derisui habitus est. ° replevit me. ‘ hic ostendit, quod copiose: et primo quantum ad multitudinem poenarum: ° replevit amaritudinibus, ‘ angustiis diversis, ° inebriavit, ‘ abundanter intulit. * jerem. 41. ‘ secundo * ibi, ° confregit, ‘ quantum ad numerum punitorum.

lc6 ‘ Hic prosequitur afflictiones: ° dentes, ‘ bellatores, quibus defendebantur, sicut bestia dentibus, ° ad numerum, ‘ ut nullus remaneret, ° cinere, ‘ vilitate. * job 4: ° dentes catulorum leonum contriti sunt. * ps. 101: ° cinerem tamquam panem manducabam. et repulsa est anima mea. ‘ hic assumit reprobationem. ° repulsa, ‘ a misericordia dei. * psalm. 88: ° tu autem repulisti et despexisti. oblitus sum, ‘ per experientiam malorum. * eccl. 11: ° malitia unius horae oblivionem facit luxuriae magnae. et dixi. ‘ hic concludit desperationem; quasi dicat: quia in angustiis sum, et dominus repulit me ut non adjuvet, ° dixi, ‘ in corde meo ex persona desperantium. ° periit finis, ‘ quasi: non consequar quod expectabam. * jerem. 2: ° desperavi, nequaquam faciam. * malach. 3: ° et dixistis: vanus est qui servit deo.

lc7 ‘ Hic ponit argumenta ad excludendam desperationem: et primo ex divina misericordia; secundo ex divina justitia, * ibi, ° ut conteret sub pedibus omnes vinctos terrae; ‘ tertio ex divina potentia, * ibi, ° quis est iste qui dixit ut fieret, domino non jubente? ‘ circa primum duo facit. primo ostendit divinam misericordiam quantum ad collationem beneficiorum; secundo quantum ad relaxationem poenarum, * ibi, ° quia non repellet in sempiternum. ' circa primum tria ponit. primo praeteritorum beneficiorum memoriam; secundo praesentium experientiam, * ibi, ° misericordiae domini quia non sumus consumpti; ' tertio quantum ad expectationem futurorum, * ibi, ° bonus est dominus sperantibus in eum. ' circa primum tria. primo propheta inducit deum ad considerationem malorum quae sustinuerunt, * dicens: ' domine, qui dissimulans oblitus nostri videris, ° recordare, ' liberans, ° paupertatis, ' quantum ad spoliationem bonorum, ° transgressionis, ' culpae, quae est causa tantae miseriae, ° absinthii, ' quantum ad amaritudinem et afflictionem hominum. * infra ult.: ° recordare, domine, quid acciderit nobis. ' secundo reducit seipsum in memoriam beneficiorum quae receperunt: ° memoria memor ero, ' scilicet |25| beneficiorum, ° et tabescet, ' deficiet ex admiratione, vel desiderio. * ps. 41: ° haec recordatus sum, et effudi in me animam meam. ' tertio concludit fiduciam, ° haec recolens, ' scilicet beneficia. * eccl. ult.: ° memoratus sum misericordiae tuae, domine.

lc8 ' Hic ponit experientiam divinae misericordiae in praesenti: et primo ponitur ipsius recognitio: ° misericordiae domini; ' quasi, non puniens ac si immisericors, quia citra condignum punivit, non ad nihilum redigens nos. * jer. 10: ° corripe me, domine, verumtamen in judicio, non in furore, ne forte ad nihilum redigas me. ' secundo ponitur hujus a domino approbatio: ° novi diluculo, ' idest aperte, ego dominus. ° multa est fides tua, ' idest jeremiae, qui inter supplicia recognoscis beneficia. * matth. 15: ° magna est fides tua, fiat tibi sicut vis. ' tertio ponit intentam conclusionem: ° pars mea dominus, ' quia ipsum mihi, aliis spretis, in partem elegi. * ps. 15: ° dominus pars hereditatis meae, et calicis mei.

lc9 ' Hic ostendit divinam misericordiam ex expectatione futurorum: et primo ponit expectationem; secundo expectationis conditionem, * ibi, ° sedebit solitarius, et tacebit. ' circa primum tria facit. primo ponit expectationis fructum, ° bonus, ' quasi propria bona diffundens. * ps. 72: ° quam bonus israel deus his qui recto sunt corde. ' secundo ponit expectandi modum: ° bonum est praestolari cum silentio, ' patienter, sine murmure. * isa. 30: ° in silentio et spe erit fortitudo vestra. ' tertio expectationis tempus: ° bonum est viro cum portaverit jugum, ' timoris domini et amoris, ° ab adolescentia, ' ut fervens aetas deprimatur, et facilius ad bona assuescat. * prov. 22: ° adolescens juxta viam suam, etiam cum senuerit, non recedet ab ea.

lc10 ' Hic ponit expectantis conditionem: et primo quantum ad altitudinem contemplationis: ° solitarius, ' ut non impediatur, ° tacebit, ' a tumultibus cogitationum, et desideriorum: ° quia ' per hoc ° levavit se supra se, ' et ad divina consideranda. * oseae 2: ° ducam eam in solitudinem, et loquar ad cor ejus. ' vel in hoc ostendit expectantis dejectionem, quia manet ad expectandum: ° sedebit solitarius et tacebit, ' quia abjectus, et ° levabit ' superbiendo. secundo quantum ad humilitatem locutionis: ° ponet in pulvere, os suum, ' humiliter loquens. * isa. 29: ° de humo audietur eloquium tuum. ' tertio quantum ad patientiam tribulationis: ° dabit percutienti se maxillam, ' paratus dare. * matth. 5: ° si quis percusserit te in una maxilla, praebe ei et alteram. saturabitur, ' delectabitur, quasi per hoc veniam sperans. * rom. 5: ° non solum autem, sed et gloriamur in tribulationibus nostris. * isa. 50: ° corpus meum dedi percutientibus, et genas meas vellentibus.

lc11 ' Hic ostendit divinam misericordiam quantum ad relaxationem poenarum: et primo ponit a poenis absolutionem: ° non repellet, ' quia non semper puniet. * psal. 93: ° non repellet dominus plebem suam. * isa. 28: ° non in perpetuum triturans triturabit illum, nec vexabit illum. ' secundo sumit ad hoc rationem ex divina pietate: ° quia abjecit et miserebitur: ' pii enim patris est, postquam percusserit ad corrigendum, consolari. * tob. 3: ° si in correctione fuerit, ad misericordiam tuam pervenire licebit. ' et ex hominum amore: ° non enim humiliavit ex corde suo, ' idest deposuit ab amore suo. * psal. 35: ° filii autem hominum in tegmine alarum tuarum sperabunt.

lc12 ' Hic sumit argumentum a divina justitia: et primo excludit ab ipsa tyrannicam oppressionem: ° dominus ignoravit, ' practice, ° ut contereret, ' quasi tyrannus, qui praeter judicium opprimit, ° vinctos, ' afflictos. * psal. 68: ° exaudivit pauperes dominus, et vinctos suos non despexit. ' secundo excludit judicis perversitatem: ° ut declinaret, ' scilicet a rectitudine, supple. ° dominus ignoravit. * job 34: ° vere deus non condemnabit frustra, nec omnipotens subvertet judicium. ' tertio excludit in judicio perversam intentionem, sicut est in illis qui sub pallio justitiae alios opprimere intendunt: ° ut perverteret in judicio, ' idest per judicium, ° dominus ignoravit. * prov. 4: ° vias, quae a dextris sunt, novit dominus.

lc13 ' Hic sumit argumenta a divina potentia, qua omnia gubernat et providet: et primo contra illos qui derogant divinae providentiae, infideliter blasphemando: ° quis est iste qui dixit ut fieret ' aliquid, etsi non omnia, sine dei providentia? * in quo excluditur haeresis illorum qui dicunt, quod " providentia dei extendit se usque ad universalia, et incorporalia, sicut corpora caelestia, et etiam usque ad homines propter conformitatem naturae humanae ad deum, * ut dicit rabbi moyses: " alia autem particularia non cognoscit deus: ° ex ore altissimi, ' idest sententia, ° bona, ' prospera, ° mala, ' adversa: * in quo excludit errorem illorum qui dicunt " omnia a casu fieri, * et etiam qui dicunt " a deo non esse aliquam poenam, * sicut dicit tullius. joan. 1: ° omnia per ipsum facta sunt, et sine ipso factum est nihil. * isa. 45: ° ego dominus faciens bona et creans mala. ' secundo loquitur contra eos qui derogant per impatientiam murmurando: ° quid murmuravit, ' idest quare, ° pro peccatis suis, ' idest pro his quae pro peccatis suis patitur? * sapien. 1: ° custodite vos a murmuratione, quae nihil prodest, et a detractione parcite linguae.

lc14 ' Hic jam, assumpta fiducia, convertit se ad petendum divinam misericordiam: et circa hoc duo facit. primo ponit praeparationem ad orationem; secundo ponitur oratio, * ibi, ° nos inique egimus. ' circa primum duo. primo paratur locus orationi per vitae emendationem: ° scrutemur, ' discutiendo peccata praeterita, ° et quaeramus, ' dominum, desiderio cordis, et petentes auxilium: quo accepto, ° revertamur, ' bene operando. * jer. 2: ° vide vias tuas in convalle, scito quid feceris. ' secundo paratur locus per devotionem: ° levemus corda. * 1 tim. 2: ° volo viros orare in omni loco levantes manus suas. nos inique egimus. ' hic incipit oratio: et primo captat benevolentiam; secundo accusat culpam, * ibi, ° vidisti, domine, iniquitatem; ' tertio petit vindictam, * ibi, ° reddes vicem, ' etc.. circa primum tria. primo captat benevolentiam ex persona sua, et populi conquerentis, secundo ex persona adversarii, * ibi, ° aperuerunt super nos os suum omnes inimici; ' tertio ex persona judicis, * ibi, ° invocavi nomen tuum, domine. ' benevolentiam autem ex persona sua et populi captat proponendo sua incommoda: unde circa primum duo facit. primo ponit populi afflictionem; secundo suam compassionem, * ibi, ° oculus meus afflictus |25| est. ' circa primum duo. primo confitetur culpam, ne sequens poena vergat in judicis crudelitatem: ° inique, ' peccando contra proximum, ° ad iracundiam, ' peccando in deum, ° inexorabilis, ' quia non flexibilis ad orationes nostras. * jer. 7: ° tu ergo noli orare pro populo isto, neque assumas pro eis orationem et laudem, quia te non exaudiam. * joan.: 9 ° peccatores deus non ex audit: sed si quis cultor dei est, hunc exaudit. ' secundo proponit peccatum.

lc15 ° Percussisti nos, ' primo tribulationibus diversis, et ad ultimum ° occidisti. * prov. 6: ° quia zelus, et furor viri non parcet in die vindictae. ' secundo quantum ad peccantium orationis repulsionem, ° opposuisti nubem, ' idest peccata nostra, apponens ea contra orationem nostram. * isa. 59: ° peccata vestra diviserunt inter vos et deum vestrum. ' tertio quantum ad ipsorum dispersionem, ° eradicationem, ' quasi eradicatos a firmitate protectionis tuae, et indignatione tua plenos. * sap. 4: ° a nimietate ventorum eradicabuntur, confringentur rami inconsummati.

lc16 ' Hic captat benevolentiam ex parte adversarii, excitans contra ipsum indignationem ex malis quae sibi intulit. et primo ponitur praeparatio ad capiendum; secundo ipsa captivatio, * ibi, ° venatione ceperunt me. ' circa primum tria. primo hostium praeparatio, ° aperuerunt, ' quasi praeparati ad devorandum. * psal. 21: ° aperuerunt super me os suum, sicut leo rapiens et rugiens. ' secundo ponitur prophetarum deceptio, per quos contra hostes muniri debuerunt: ° formido, ' causa formidinis ante captivitatem, ° et laqueus, ' in captivitate, ° contritio, ' post captivitatem, ° vaticinatio, ' falsorum prophetarum. * isa. 24: ° formido et fovea, et laqueus super te qui habitator es terrae. ' tertio ponitur sua compassio, ° divisiones, ' quasi pro singulis miseriis plorans. * psal. 118: ° exitus aquarum deduxerunt oculi mei. ' sciendum tamen, quod isti tres versus, secundum quosdam, debent praeponi praecedentibus, ut phe littera sit ante ain, praeter solitum morem.

lc17 ' Hic ponitur prophetae compassio: et primo quantum ad exteriorem planctum: ° oculus meus afflictus est, ' lacrymans, ° nec tacuit, ' a lacrymis, ° requies, ' a tribulationibus populo. * jer. 9: ° dederunt oculi mei lacrymas, quia vox lamentationis audita est de sion. ' et planctus terminus, ° donec respiceret, ' misericordiae oculo. * psalm. 101: ° quoniam prospexit de excelso sancto suo. ' secundo quantum ad interioris doloris aculeum: ° oculus meus, ' videns depraedationem terrae, ° depraedatus est animam meam, ' spolians eam laetitia, vel plangens totum dolorem cordis exterius traxit.

lc18 ' Hic ponitur afflictio in quam inciderunt: et primo ponitur ipsa captio: ° venatione; ' quasi, insidiis, ingeniis, et viribus operantes, ° inimici, ' scilicet chaldaei, ° gratis, ' quia scilicet nihil eos laeseram, nihil mihi profuerant. * isa. 52: ° assur absque ulla causa calumniatus est eum. * jer. 16: ° post haec mittam venatores multos et venabuntur eos. ' secundo ponitur captorum incarceratio: ° lapsa est in lacum, ' carceris et captivitatis, ° vita mea. * psal. 87: ° posuerunt me in lacu inferiori, in tenebrosis, et in umbra mortis. ' tertio incarceratorum afflictio: ° inundaverunt, ' multiplicatae sunt, ° aquae, ' tribulationum, dixi, desperans et impatiens. * jonae 2: ° omnes gurgites tui super me transierunt.

lc19 ' Hic captat benevolentiam ex judicis persona: et primo ostendit ejus misericordiam ad miseros; secundo ostendit ipsius justitiam, * ibi, ° judicasti, domine, causam animae meae. ' circa primum tria ponit. primo miserorum orationem: ° invocavi, ' alias in angustiis existens, ° de lacu novissimo, ' de maximis tribulationibus; sicut in aegypto; et in libro judicum frequenter. * eccli. 51: ° invocavi dominum patrem domini mei, ut non derelinquat me. ' secundo ponit orationis misericordem exauditionem: ° vocem meam audisti, ' ita et nunc ° ne avertas. * psal. 6: ° exaudivit orationem meam dominus, orationem meam suscepit. ' tertio commemorat post auditam orationem, confortationem: ° appropinquasti in die, ' confirmans me auxilio tuo; ita et nunc. * job 17: ° pone me juxta te. * isai. 41: ° ne timeas, serve meus, quia ego tecum sum, ne declines.

lc20 ' Hic commendat judicem de justitia, ° judicasti, ' in praeteritis temporibus; ita nunc fac. * psal. 42: ° judica me deus, et discerne causam meam. vidisti. ' hic, captata benevolentia judicis, proponit accusationem contra adversarium: et primo accusat iniquitatem operis: ° vidisti, domine; ' quasi dicat: non possunt negare tibi notum. * supra 1: ° intret omne malum eorum coram te, et vindemia eos, sicut vindemiasti me. ' secundo accusat furorem cordis: ° vidisti omne furorem. * jerem. 18: ° venite, cogitemus contra jeremiam cogitationes. ' tertio accusat peccatum oris: ° audisti opprobrium.

lc21 ' Hic accusat peccatum ejus, et primo quantum ad opprobriorum irrogationem: ° audisti opprobrium; ' quasi dicat: non indiget probatione. * dan. 9: ° jerusalem, et populus tuus opprobrium sunt omnibus per circuitum nostrum. ' secundo quantum ad comminationes, ° labia insurgentium. * psal. 37: ° qui inquirebant mala mihi, locuti sunt vanitates. ' tertio quantum ad irrisionem et insultationem: ° sessionem, ' quia sedent in concilio ad me destruendum, ° resurrectionem, ' exaltationem, ° psalmus eorum, ' quia de me irrisoria cantica faciunt. et possunt omnia haec intelligi in persona prophetae, vel in persona populi, ut prius dictum est. * job 30: ° nunc in eorum canticum versus sum, et factus sum illis in proverbium. * psal. 68: ° in me psallebant qui bibebant vinum.

lc22 ' Hic petit vindictam de adversariis: et propter securitatem exauditae orationis ponit magis praedicendo quam orando: unde duo facit. primo praedicit justam peccatorum retributionem, ° reddes vicem, ' idest poenas. * psal. 27: ° secundum opera eorum tribue illis, redde retributionem eorum ipsis. ' secundo ponit poenae determinationem: et primo quantum ad durationem, ° dabo eis laborem tuum, ' idest peccatum in quo te laborare fecerunt. * isa. 1: ° laboravi sustinens: scutum cordis; ' idest, pro peccato eorum retribues scutum cordis, scilicet duritiam, ut non penetrentur sagittis gratiae tuae in gladio verbi tui. * job 41: ° corpus illius quasi scuta fusilia. ' secundo quantum ad poenam corporis: ° persequeris, ' diversis afflictionibus, tandem ° conteres, ' per mortem et aeternam damnationem, ° sub caelis, ' qui in caelis esse voluerunt. * jerem. 17: ° induc super eos diem afflictionis, et duplici contritione contere eos, domine deus noster. * psal. 82: ° ita persequeris eos in tempestate tua, et in ira tua turbabis eos.

070 CTH cp4

lc1 ' Hic principaliter plangit miseriam obsidionis. et dividitur in partes duas. in prima plangit populi miseriam; in secunda arguit insultantium laetitiam * ibi, ° gaude et laetare, filia edom. ' circa primum duo. primo plangit populi afflictionem; secundo resistendi impotentiam, * ibi, ° cum adhuc subsisteremus, defecerunt oculi nostri. ' prima in duas. in prima plangit populi miseriam in generali; secundo exequitur per partes, * ibi, ° sed et lamiae nudaverunt. ' circa primum duo. in prima ponit metaphoram; in secunda exponit, * ibi, ° filii sion inclyti. ' fuerunt judaei eminentes in tribus. in subtilitate divinae cognitionis * psalm. 147: ° non fecit taliter omni nationi, et judicia sua non manifestavit eis. * ideo dicit, ° aurum. * prov. 20: ° est aurum, et multitudo gemmarum, et vas pretiosum labia scientiae. ' et hoc ° obscuratum est, ' infidelitatis ignominia. * isa. 5: ° captivus ductus est populus meus, quia non habuit scientiam. ' eminebant secundo in pulchritudine honestatis. * eccl. 44: ° pulchritudinis studium habentes, pacificantes in domibus suis. * et ideo dicitur, ° color optimus, ' quasi mutatus est in nigredinem peccati et tristitiae. * 2 mach. 3: |25| ° facies, et color immutatus est. ' tertio eminebant in cultu religionis: * ideo dicitur, ° lapides sanctuarii dispersi sunt per caput platearum, ' diversarum gentium. * 1 mach. 4: ° tulerunt lapides contaminationis in locum immundum.

lc2 ' Hic exponit quod supra dixerat: ° inclyti, ' quia ex genere sanctorum, ° auro primo, ' optimo, scilicet sapientia. * sap. 7: ° omne aurum in comparatione illius arena est exigua. in vasa testea, ' idest populum fragilem, et vilem. * isa. 64: ° et nunc, domine, pater noster es tu, nos vero lutum.

lc3 ' Hic prosequitur miseriam per partes: et primo ponit afflictionem obsidionis quantum ad famem; secundo civitatis captionem et destructionem, * ibi, ° complevit dominus furorem suum; ' tertio civium captorum irrisionem, * ibi, ° recedite polluti ' etc..

circa primum quatuor. primo tangit famem parvulorum; secundo famem delicatorum, * ibi, ° qui vescebantur voluptuose, interierunt in viis; ‘ tertio famem deo consecratorum, * ibi, ° candidiores nive; ‘ quarto immensam famem ipsarum matrum, * ibi, ° manus mulierum misericordium coxerunt filios. ‘ circa primum duo. primo famem lactentium; secundo parvulorum et adolescentum, * ibi, ° parvuli petierunt panem. ‘ circa primum duo. primo defectum lactis; secundo defectus effectum, * ibi, ° adhaesit lingua lactentis ad palatum ejus, lamiae, ‘ monstra quaedam habentia corpora feminea, pedes equinos, a laniando dicta, quia filios suos laniant. ° crudelis quasi struthio, * de quo job 39: ° induratur ad filios suos quasi non sint sui: frustra laboravit nullo timore cogente. ‘ et comparantur his mulieres jerusalem, non propter crudelitatem affectus, sed propter similitudinem actus: quia lac filiis non praebebant, quod erat ex defectu nutrimenti.

lc4 ‘ Hic ponit effectum, scilicet sitim puerorum: ° adhaesit lingua lactentis ad palatum ejus, ‘ propter siccitatem. ° parvuli, ‘ qui jam crescentes solido cibo uti poterant, nec lacte egebant * amos 8: ° deficient virgines pulchrae, et adolescentes in siti. * supra 2: ° matribus suis dixerunt: ubi est triticum, et vinum?

lc5 ‘ Hic ponit famem delicate nutritorum: et primo ponit famis afflictionem; secundo ponit comparationem, * ibi, ° et major effecta est iniquitas filiae populi mei peccato sodomorum. ‘ fames autem ostenditur duobus signis: morte, ° interierunt, ‘ et vilium comestione: ° qui nutriebantur in croceis, ‘ ab ore subtractis cibariis, ° amplexati sunt stercora; ‘ idest, avide sumpserunt vilia cibaria. vel ad litteram. * 4 reg. 7. simile job 6: ° animae esurienti etiam amara dulcia esse videntur.

lc6 ‘ Hic exaggerat poenam in comparatione ad poenam sodomorum: ° major effecta est: ‘ major in poena ostensa. et major fuit culpa propter ingratitudinem, et propter sanctorum profanationem; et major poena, quia diuturnior. * ezech. 16: ° non fecit sodoma soror tua, ipsa et filiae ejus, sicut fecisti tu, et filiae tuae. * matth. 11: ° terrae sodomorum remissius erit in die judicii quam tibi. * job 9: ° si flagellat, occidat semel, et de poenis innocentum non rideat. * glossa: ° moraliter de peccato simulationis, quod est majus peccatum peccato sodomorum. * contrarium est quod dicitur isa. 3: super illud, ° peccatum suum sicut sodoma praedicaverunt: * in glossa: ° secunda tabula post naufragium est peccatum abscondere. ‘ ad quod dicitur, quod absconse peccare est conditio allevians. peccatum vero simulationis vitium majus est, quando per hujusmodi quaeritur deceptio et gloria apud alios. et quidem majus dicitur, non simpliciter, sed quantum ad effectum deceptionis, vel quantum ad materiam: quia circa spiritualia peccatur, “ in quibus qui falsitatem facit plus est accusandus quam qui violat numisma, * ut dicit |25| philosophus.

lc7 ‘ Hic describit famem consecratorum deo, scilicet nazaraeorum: * de quorum consecratione legitur num. 6. ‘ et primo eorum pulchritudinem; secundo ex fame consecutam turpitudinem, * ibi, ° denigrata est super carbones facies eorum; ‘ tertio ponit poenae comparationem, * ibi, ° melius fuit occisis gladio quam interfectis fame. ‘ ad pulchritudinem autem corporalem hominis requiritur aspectus decens quo ad hilaritatem vultus: * et quantum ad hoc dicit: ° sapphyro pulchriores; ‘ qui quidem caelestis coloris existens mentem laetificat. requiritur etiam debitus color duplex: scilicet rubor; * et quantum ad hoc dicit, ° rubicundiores: ‘ et candor; * et quantum ad hoc dicit, ° candidiores. “ et quia, * ut dicit philosophus, “ albus color maxime receptivus est aliorum, oportet quod sit candor sine macula; * et quantum ad hoc dicit, ° nitidiores. ‘ et sunt locutiones hyperbolicae, nec tamen falsae, quia figuratae, quibus aliud dicitur, et aliud significatur. et, ad litteram, decori erant propter vitae munditiam et abstinentiam, sicut legitur de daniele et sociis ejus. * deut. 33: ° benedictio ejus qui apparuit in rubo.

lc8 ‘ Hic ponit turpitudinem ex fame sequentem quantum ad coloris mutationem: ° denigrata est super carbones facies eorum, et non sunt agniti, ‘ propter deturpationem: et quantum ad desiccationem pinguedinis, ° adhaesit cutis eorum ossibus. * nahum 2: ° facies omnium sicut nigredo ollae, ubi est habitaculum leonum, et pascua catulorum leonum. * job 7: ° cutis mea aruit.

lc9 ‘ Hic ponit comparationem, ° extabuerunt, ‘ defecerunt diu afflicti. * eccl. 30: ° melior est mors quam vita amara.

lc10 ‘ Hic ponit immensam famem matrum, quae prae nimietate famis filios suos comederunt. * supra 2: ° ergo ne comedent mulieres fructum suum, et parvulos suos?

lc11 ‘ Hic plangit captivitatem et destructionem civitatis: et primo ponit destructionem; secundo facti admirationem, * ibi, ° non crediderunt reges terrae; ‘ tertio assignat destructionis rationem, * ibi, ° propter peccata prophetarum. complevit, ‘ poenam inducens, ° effudit, ‘ propter copiam, ° succendit ignem, ‘ propter poenae determinationem, quia civitas combusta fuit, ° fundamenta, ‘ quicquid forte; vel quia usque ad fundamenta domus destructae sunt. * deut. 32: ° ignis succensus est in furore meo, et ardebit usque ad inferni novissima.

lc12 ‘ Hic ostendit factum esse admirabile, quia prius erat incredibile: ° non crediderunt, ‘ quando erant in ea reges potentes, et divina protectione munita, ° hostis, ‘ apertus violenter, ° inimicus, ‘ latens fraudulenter. * isa. 23: ° quis cogitavit hoc super tyrum quondam coronatam? * ibid. 30: ° subito dum non speratur venit contritio ejus.

lc13 ‘ Hic assignat rationem destructionis, ut admiratio cesset et primo praelatorum culpam: ° prophetarum et sacerdotum, ‘ qui populum gubernare debebant. * dan. 13: ° egressa est iniquitas a senioribus, qui videbantur regere populum.

lc14 ‘ Secundo ponit insufficientem emendam, quia abstinentes tantum ab ingressu templi, se satisfacere credebant: ° erraverunt, ‘ vagantes per plateas, ° caeci: excaecavit enim eos malitia eorum: * sap. 2. ° intrare, ‘ templum, ° lacinias suas, ‘ vestes scissas ad modum joculatorum, a lacero laceras, dictas: in quo ostenditur quod a voluptatibus non cessabant. vel secundum aliam litteram, ° lascivias, ‘ et planius est. * isa. 59: ° manus vestrae pollutae sunt sanguine, digiti vestri iniquitate. ‘ vel potest exponi de illis qui excaecati corporaliter fuerunt ab hostibus capti, qui domos per se intrare non poterant, nisi ductoris fimbrias tenerent; et tenet se cum sequente.

lc15 ‘ Hic ponit civium captorum irrisionem ab hostibus: et primo improperat eis sanctorum prophanationem: ° clamaverunt, ‘ scilicet hostes, ° eis, ‘ scilicet judaeis, ° recedite, ‘ in captivitatem de loco sancto, ° nolite tangere, ‘ sancta vos immundi. * lev. 21: ° omnis qui habuerit maculam de semine aaron, non accedet offerre hostiam. ‘ secundo improperat eis dei indignationem quantum ad divini auxilii destitutionem: ° jurgati sunt, ‘ hostes contra judaeos, ° et commoti, ‘ utrique isti objurgando, et illi dolendo ° ut inhabitet, ‘ deus vos defendens. * psal. 70: ° dicentes: deus dereliquit eum.

lc16 ‘ Et quantum ad poenae inflictionem, cum dicit: ° facies domini, ‘ praescientia, ° divisit, ‘ in gentes dispersit. * psalm. 34: ° divisi sunt ab ira vultus ejus. ‘ tertio improperat eis seniorum irreverentiam, et sunt verba hostium cum judaeis: ° facies sacerdotum non erubuerunt. * isa. 3. ° tumultuabitur puer contra senem, et ignobilis contra nobilem. ‘ vel possunt esse verba prophetae de hostibus.

lc17 ‘ Hic excludit evadendi facultatem, excludens quatuor per quae possent evadere. primo auxilium amicorum: ° cum adhuc subsisteremus, ‘ expectaremus, ° auxilium nostrum vanum, ‘ scilicet aegyptiorum. * isa. 30: ° aegyptus frustra et vane auxiliabitur.

lc18 ‘ Secundo excludit propriarum virium: ° lubricaverunt; ‘ quasi, prae debilitate non poteramus firmiter stare, ac si viae essent tenebrosae et lubricae. * psal. 34: ° fiant viae illorum tenebrae et lubricum, et angelus domini persequens eos. * jer. 23: ° viae illorum erunt quasi lubricum in tenebris. ‘ et ideo ° appropinquavit finis, ‘ scilicet captivitatis, vel mortis, et tandem ° completi ‘ sunt ° dies nostri. * ezech. 7: ° finis venit, venit finis.

lc19 ‘ Tertio excludit fugae remedium. tangit historiam hic quae dicitur * jer. ult., ‘ quod chaldaei comprehenderunt sedeciam fugientem per viam solitudinis locutio hyperbolica. * habac. 1: ° volabunt quasi aquila festinans.

lc20 ‘ Quarto excludit protectionem regum: ° spiritus oris nostri, ‘ quo respirabamus inter angustias, ° christus dominus, ‘ josias, ° captus est, ‘ interfectus est ab aegyptiis, * 4 reg. 24, ° pro peccatis nostris, ‘ quia ipse justus erat. vel potest exponi de sedecia, secundum consequentiam historiae. vel melius de christo. * isa. 53: ° ipse vulneratus est propter iniquitates nostras in umbra, ‘ protectione. * cantic. 2: ° sub umbra illius, quem desideraveram, sedi.

lc21 ‘ Hic comminatur insultantibus, et praecipue idumaeis: quibus primo comminatur; et secundo judaeos consolatur, * ibi, ° completa est iniquitas tua. ‘ circa primum duo. primo excludit laetitiam, ° gaude, ‘ irrisorie. * 2 reg. 1: ° nolite annuntiare in geth, neque annuntietis in compitis ascalonis. filia edom, ‘ plebs idumaeorum, ° in terra hus. * contra. deut. 2: ° in possessionem esau dedi montem seir. “ praeterea. hus fuit primogenitus nachor, * gen. 22. ‘ et dicendum, quod non est mentio de homine hus, sed de terra hus, “ quae alio nomine dicitur ausitidis, * ut dicit glossa. jer. 25: ° cunctis regibus terrae ausitidis, ‘ quae est in confinio idumaeorum et arabum. secundo comminatur poenam: ° ad te quoque perveniet calix ‘ ira dei, ° inebriaberis, ‘ miseria repleberis, ° nudaberis, ‘ spoliaberis omnibus bonis. * jerem. 49: ° ecce quibus non erat judicium ut biberent calicem, bibentes bibent.

lc22 ‘ Hic consolatur judaeos: et primo ex eorum liberatione: ° completa est iniquitas tua, ‘ poenis purgata, non ° addet, ‘ pro peccatis praeteritis, nisi peccata iteres. * isa. 40: ° completa est malitia ejus, dimissa est iniquitas illius. ‘ secundo ex hostium punitione. ° visitabit, ‘ quasi judex, vel ipsas inquirens vindictas, ° discooperiet, ‘ manifestans per poenas. * jerem. 49: ° ego discooperui esau, revelavi abscondita ejus.

070 CTH cp5

lc ‘ Hic propheta, post multiplicia lamenta, convertit se ad orationis remedium; et primo exponit populi miseriam: secundo petit misericordiam, * ibi, ° tu autem, domine, ‘ etc.. prima in duas. primo exponit miseriam populi, quantum ad mala quae incurrerunt; secundo quantum ad bona, quae amiserunt, * ibi, ° senes defecerunt de portis. ‘ circa primum duo. primo excitat attentionem, ° recordare, ‘ attende ad miserias meas. * supra 3: ° recordare paupertatis, et transgressionis meae. recordare, ‘ quasi dicat, in notitia tene, ° intuere, ‘ idest, notitia recondita considerationem defige, ° respice, ‘ cogitando, et discutiendo. secundo * ibi, ° hereditas nostra versa est ad alienos, ‘ ponit populi afflictionem: et primo in generali; secundo descendendo ad speciales personas, * ibi, ° mulieres in sion humiliaverunt. ‘ circa primum duo. primo excludit ea quibus contra miserias sustentabantur, scilicet proprias possessiones, quae in potestate hostium transierunt, ° hereditas nostra versa est ad alienos. * supra 1: ° manum suam misit hostis ad omnia desiderabilia ejus. * jer. 6: ° et transibunt domus eorum ad alteros, et agri, et uxores pariter. ‘ et divinam protectionem: ° pupilli facti sumus, ‘ quia destituti divina, |25| quasi paterna consolatione. ° matres nostrae, ‘ synagogae, ° quasi viduae, ‘ quarum acus sponsus dicebatur. * isa. 9: ° pupillorum et viduarum ejus non miserebitur: quia omnis hypocrita est et nequam. ‘ secundo * ibi, ° aquam nostram pecunia bibimus, ‘ prosequitur speciales miserias quas patiebantur: et primo servitutem; secundo afflictionem, * ibi, ° in animabus nostris afferebamus panem nobis. ‘ circa primum duo. primo ponit populi servitutem; secundo exaggerat ipsam, * ibi, ° patres nostri peccaverunt, et non sunt. ‘ circa primum duo. primo ponit servitutem quam patiebantur quantum ad bona ipsorum: ° aquam nostram pecunia bibimus ‘ hostibus tyrannice nos opprimentibus. * deut. 2: ° aquam emptam haurietis, et bibetis. ‘ secundo ponit servitutem quantum ad proprias personas: et primo coactam: ° cervicibus nostris minabamur; ‘ quasi, in percussione cervicum persistere in via nolebamus; vel ligati cervicibus. * deut. 28: ° in gentibus quoque illis non quiesces, nec erit requies tibi. ‘ secundo ponit servitutem personalem voluntariam, quia inopia compulsi se aliis in servos vendebant, vel simpliciter, vel ad tempus; et hoc est, ° aegypto dedimus manum, ‘ quasi eis nos subjugantes. * 1 reg. 2: ° repleti prius, pro panibus |50| se locaverunt. ‘ vel ° dedimus manum, ‘ auxilium postulantes. * jer. 2: ° quid tibi in via aegypti, ut bibas aquam turbidam? patres nostri peccaverunt. ‘ hic exaggerat servitutem: et primo ex conditione servientium, quia pro peccatis aliorum puniuntur, ° et non sunt, ‘ quia sunt mortui. ° portavimus, ‘ poenam eorum sustinentes. * sed contra. ezech. 18: ° quid est quod inter vos vertitis parabolam in proverbium dicentes: patres nostri comederunt uvas acerbas, et dentes filiorum obstupuerunt? ‘ solutio. * exod. 20: ° ego sum deus zelotes, visitans iniquitatem patrum in filios, in tertiam et quartam generationem. * (deut. 32): ° his qui oderunt me retribuam. ‘ secundo exaggerat ex conditione dominantium ° servi dominati sunt, ‘ sicut moabitae, et idumaei, et alii vicini, quorum prius dominati fuerant. * prov. 30: ° per tria mala movetur terra... per servum, cum regnaverit, per stultum, cum saturatus fuerit cibo; per odiosam mulierem, cum in matrimonio fuerit assumpta. in animabus. ‘ hic ponit afflictionem famis: et ostendit primo penuriam, ° in animabus, ‘ idest in periculo animarum nostrarum, scilicet vitae nostrae, fugientes in deserto a |75| facie gladii babylonis: vel quod onerantes se victualibus, periculis se exponebant, ut hostes insequentes in deserto effugerent: vel quia nimio labore ad conquirendum cibum corpus suum consumebant. * isa. 21: ° qui habitatis in terra austri cum panibus occurrite fugienti. ‘ secundo ponit famis effectum: ° pellis nostra exusta, ‘ fame desiccata, ° tempestatum, ‘ quia obsessi et fugientes famem passi sunt diu. * oseae 7: ° omnes adulterantes quasi clibanus succensus a coquente. * job 9: ° pelli meae, consumptis carnibus, adhaesit os meum. mulieres. ‘ hic descendit ad speciales personas: et primo ad mulieres, ° humiliaverunt, ‘ corrumpendo eas. * deut. 28: ° uxorem accipies, et alius dormiet cum ea: filiae tuae tradentur alteri populo, videntibus oculis tuis. ‘ secundo quantum ad principes: ° principes manu suspensi sunt, ‘ quasi in eculeo ad manifestandum divitias suas. * deut. 28: ° adducet super te gentem de longinquo, et de extremis finibus terrae, in similitudinem aquilae cum impetu, cujus intelligere linguam non possis, gentem procacissimam quae non deferat seni, nec misereatur parvuli. ‘ tertio quantum ad juvenes: ° adolescentibus impudice abusi sunt. * joel 3: ° posuerunt puerum in prostibulo, et puellam |100| vendiderunt pro vino, ut biberent. senes defecerunt de portis. ‘ hic ponit miseriam quantum ad bona quae defecerunt: et primo quantum ad officia personarum: ° de portis defecerunt, ‘ quasi ad exercendum judicia in portis; ° de choro, ‘ quasi non choreizant: quod erat officium dominorum. * 1 mach. 2: ° trucidati sunt senes ejus in platea et juvenes ejus ceciderunt gladio. ‘ secundo quantum ad exercitium gaudiorum, ° defecit gaudium. * amos 8: ° convertam festivitatem vestram in luctum, et omnia cantica vestra in planctum. ‘ tertio quantum ad gloriam dignitatum: et primo quantum ad gloriam regni, ° cecidit corona. * job 19: ° spoliavit me gloria mea, et abstulit coronam de capite meo. ‘ secundo quantum ad gloriam templi, ponens super hoc tristitiam. ° propterea maestum factum est in dolore cor nostrum; ideo contenebrati sunt oculi nostri, ‘ prae multitudine lacrymarum. * jer. 8: ° dolor meus super dolorem. ‘ et tristitiae causam: ° propter montem sion, ‘ ubi templum, ° vulpes ambulaverunt, ‘ quasi in locis desertis. * mich. 3: ° sion quasi ager arabitur, et jerusalem quasi acervus lapidum erit, et mons templi in excelsa sylvarum. tu autem, domine. ‘ hic jam convertit se ad petendum. et primo confitetur ipsam |125| majestatem quantum ad aeternitatem substantiae: ° in aeternum permanebis: ‘ et quantum ad durationem regalis gloriae: ° solium tuum in generationem et generationem. * ps. 101: ° tu autem, domine, in aeternum permanebis, memoriale tuum in generatione et generationem. ‘ secundo miratur indignationem: ° quare in perpetuum oblivisceris nostri? * isa. 49: ° numquid oblivisci potest mulier infantem suum, ut non misereatur filio uteri sui? ‘ tertio porrigit petitionem: ° converte nos, domine. * jer. 31: ° converte me, domine, et convertar, quia tu es dominus deus meus. * sed contra. zach. 1: ° convertimini ad me. ‘ et dicendum, quod utrumque est verum propter hoc quod ad opus meritorium exigitur liberi arbitrii praeparatio, et gratiae infusio. ° innova dies nostros. * job 29: ° quis tribuat ut sim juxta menses pristinos, secundum dies quando deus custodiebat me? ‘ quarto ponit petendi necessitatem: ° sed projiciens repulisti nos. * jer. 14: ° numquid projiciens abjecisti judam, aut sion abominata est anima tua? quare ergo percussisti nos, ut nulla sit sanitas?

CATENA AUREA IN MATTHAEUM

---

071 CMT cp

pr1 ‘ Sanctissimo ac reverendissimo patri domino urbano, divina providentia papae quarto, frater thomas de aquino, ordinis fratrum praedicatorum, cum devota reverentia, pedum osculo beatorum. fons sapientiae unigenitum dei verbum praesidens in excelsis, per quod pater sapienter fecerat et suaviter disposuerat universa, in fine temporum carnem sumere voluit, ut sub tegumento naturae corporeae, splendorem eius humanus intuitus posset inspicere, quem in celsitudine maiestatis divinae attingere non valebat. diffuderat siquidem radios suos, sapientiae videlicet suae indicia, super omnia opera quae creavit; quodam vero ampliori privilegio imaginem propriam hominum animabus impresserat, quam tamen diligentius expresserat in cordibus ipsum amantium secundum sui muneris largitatem. sed quid est hominis anima in tam immensa creatura, ut divinae sapientiae vestigia possit comprehendere ad perfectionem? quinimmo et sapientiae lux infusa hominibus per peccati tenebras et occupationum temporalium caligines fuerat obumbrata; et intantum est quorumdam cor insipiens obscuratum, ut dei gloriam in idola vana converterent, et quae non conveniunt facerent, in sensum reprobum incidentes. divina vero sapientia, quae ad sui fruitionem hominem fecerat eum sui inexpertem esse non sinens, totum se in humanam naturam contulit, eam modo sibi assumendo mirabili, ut errantem hominem ad se totaliter revocaret. huius igitur sapientiae claritatem nube mortalitatis velatam, primus |25| apostolorum princeps fide conspicere meruit, et eam constanter absque errore et plenarie confiteri, dicens ° tu es christus filius dei vivi. ‘ o beata confessio, quam non caro et sanguis, sed pater caelestis revelat. haec in terris fundat ecclesiam, aditum praebet in caelum, peccata meretur solvere, et contra eam portae non praevalent inferorum. huius igitur fidei ac confessionis heres legitime, sanctissime pater, pio studio mens vestra invigilat, ut tantae sapientiae lux fidelium corda perfundat et haereticorum confutet insanias, quae portae inferorum merito designantur. sane si, secundum platonis sententiam, beata censetur respublica cuius rectores operam sapientiae dare contigerit, illi siquidem sapientiae quam imbecillitas intellectus humani erroribus plerumque commaculat, quanto magis sub vestro regimine beatus censeri potest populus christianus, ubi tanta diligentia excellentissimae illi sapientiae curam impenditis, quam dei sapientia carnalibus membris induta et verbis docuit et operibus demonstravit? et huius siquidem diligentiae studio vestrae sanctitati complacuit mihi committere matthaei evangelium exponendum, quod iuxta propriam facultatem executus, sollicite ex diversis doctorum libris praedicti evangelii expositionem continuam compilavi, pauca quidem certorum auctorum verbis, ut plurimum ex glossis adiiciens, quae, ut ab eorum dictis possent discerni, sub glossae titulo praenotavi. sed et in sanctorum doctorum dictis hoc adhibui studium, ut singulorum auctorum nomina, nec non in quibus |50| habeantur libri assumpta testimonia describantur, hoc excepto quod libros et expositionem supra loca quae exponebantur, non oportebat specialiter designari: puta, sicubi nomen inveniatur hieronymi, de libro mentione non facta, datur intelligi quod hoc dicat super matthaeum, et in aliis ratio similis observetur, nisi in his quae de commentario chrysostomi super matthaeum sumuntur, oportuit inscribi in titulo super matthaeum, ut per hoc ab aliis quae sumuntur de ipsius homiliario distinguantur. in assumendis autem sanctorum testimoniis, plerumque oportuit aliqua rescindi de medio ad prolixitatem vitandam, nec non ad manifestiorem sensum vel, secundum congruentiam expositionis, litterae ordinem commutari; interdum etiam sensum posui, verba dimisi, praecipue in homiliario chrysostomi, propter hoc quod est translatio vitiosa. fuit autem mea intentio in hoc opere non solum sensum prosequi litteralem, sed etiam mysticum ponere; interdum etiam errores destruere, nec non confirmare catholicam veritatem. quod quidem necessarium fuisse videtur, quia in evangelio praecipue forma fidei catholicae traditur et totius vitae regula christianae. prolixum igitur praesens opus non videatur alicui. fieri enim non potuit ut haec omnia sine diminutione prosequerer, et tot sanctorum sententias explicarem, omnimoda brevitate servata. suscipiat itaque vestra sanctitas praesens opus, vestro discutiendum corrigendumque iudicio, vestrae sollicitudinis et obedientiae meae fructum, ut dum a vobis emanavit praeceptum et vobis reservetur finale iudicium, ad locum unde exeunt flumina |75| revertantur.

pr2 ° Super montem excelsum ascende, tu qui evangelizas sion; exalta in fortitudine vocem tuam, qui evangelizas ierusalem; exalta, noli timere. dic civitatibus iudae: ecce deus vester; ecce dominus deus in fortitudine veniet, et brachium eius dominabitur, ecce merces eius cum eo. * (is. 40, 9-10). ° evangelii praenuntiator apertus isaias propheta, evangelicae doctrinae sublimitatem, nomen et materiam breviter comprehendens, evangelicum doctorem ex persona domini alloquitur, dicens super montem excelsum ascende tu, etc.. ut autem ab ipso evangelii nomine sumamus exordium. * augustinus contra faustum. ° evangelii nomen latine interpretatur bonum nuntium vel bona annuntiatio; quod quidem cum aliquod bonum annuntiatur, semper dici potest, proprie tamen hoc vocabulum obtinuit annuntiatio salvatoris. narratores quippe originis, factorum, dictorum, passionum domini iesu christi proprie dicti sunt evangelistae. * chrysostomus super matth.. ° quid enim his bonis nuntiatis fiat aequale? deus in terra, homo in caelo, amicitia dei ad nostram facta naturam, prolixum solutum praelium, diabolus confusus, mors soluta, paradisus apertus. et haec omnia super dignitatem nostram, et cum facilitate nobis data sunt, non quia laboravimus, sed quia dilecti sumus a deo. * augustinus de vera religione. ° cum enim omnibus modis medeatur animis deus, pro temporum opportunitatibus, quae mira sapientia eius ordinantur, nullo modo beneficentius consuluit generi humano, quam cum unicus filius |25| consubstantialis patri et coaeternus, totum hominem suscipere dignatus est, et verbum caro factum est, et habitavit in nobis, ita enim demonstravit quam excelsum locum inter creaturas habeat humana natura, in hoc quod hominibus in vero homine apparuit. * augustinus in sermone 9 de nativitate. ° demum factus est deus homo, ut homo fieret deus. hoc igitur bonum evangelizandum praenuntiat propheta dicens ecce deus vester. * leo ad flavianum. ° exinanitio autem illa, qua se invisibilem praebuit, et creator ac dominus omnium rerum unus voluit esse mortalium, inclinatio fuit miserationis, non desertio potestatis. * glossa. ° ne ergo sic deus adesse credatur ut fieret aliqua diminutio potestatis, subiungit propheta ecce dominus in fortitudine veniet. * augustinus de doctrina christiana. ° non per locorum spatia veniendo, sed in carne mortali mortalibus apparendo. * leo in serm. 19 de passione domini. ° de ineffabili autem dei potentia factum est ut dum deus verus est in carne passibili, conferatur homini gloria per contumeliam, incorruptio per supplicium, vita per mortem. * augustinus de peccatorum meritis. ° fuso enim sanguine sine culpa, omnium culparum chirographa deleta sunt, quibus homines a diabolo antea tenebantur. * glossa. ° quia ergo per virtutem christi patientis homines a peccato liberati servi facti sunt dei, sequitur et brachium eius dominabitur. * leo papa in serm. 10 de passione. ° affuit autem nobis in christo singulare praesidium, ut in natura passibili mortis conditio non maneret, quam impassibilis |50| essentia recepisset; et per id quod non poterat mori, possit id quod mortuum fuerat, suscitari. * glossa. ° et sic per christum nobis immortalis gloriae aditus aperitur, unde sequitur ecce merces eius cum eo; de qua scilicet ipse dicit: merces vestra copiosa est in caelis. * augustinus contra faustum. ° aeternae enim vitae promissio, regnumque caelorum ad novum pertinet testamentum, temporalium vero promissiones testamento veteri continentur. * glossa. ° sic ergo quatuor nobis de christo evangelica doctrina tradit: divinitatem assumentem, humanitatem assumptam, mortem per quam a servitute eripimur, resurrectionem per quam nobis aditus gloriae vitae aperitur; et propter hoc in ezechiele sub figura quatuor animalium demonstratur. * gregorius super ezech.. ° ipse enim unigenitus dei filius veraciter factus est homo; ipse in sacrificio nostrae redemptionis dignatus est mori, ut vitulus; ipse per virtutem suae fortitudinis surrexit, ut leo; ipse etiam ascendens ad caelos est elevatus, ut aquila. * glossa. ° in qua ascensione manifeste ostendit suam divinitatem. matthaeus ergo in homine intelligitur, quia circa humanitatem christi principaliter immoratur; marcus in leone, quia agit de resurrectione; lucas in vitulo, quia agit de sacerdotio; ioannes in aquila, scribens sacramenta divinitatis. * ambrosius super lucam ° (in praefatione in lucam, parum ante finem). et bene accidit, ut quoniam evangelii huius librum secundum matthaeum dicimus esse moralem, opinio huius praemitteretur: mores enim proprie dicuntur humani. figura autem |75| leonis ascribitur marco, quia a potentiae coepit expressione divinae, cum dixit: initium evangelii iesu christi filii dei. ioanni autem figura aquilae, eo quod divinae miracula resurrectionis expressit. * gregorius super ezech.. ° haec autem ipsa uniuscuiusque libri evangelica exordia testantur: nam quia ab humana generatione coepit, iure per hominem matthaeus; quia per clamorem in deserto, recte per leonem marcus; quia a sacrificio exorsus est, bene per vitulum lucas; quia vero a divinitate verbi coepit, digne per aquilam significatur ioannes. * augustinus de cons. evang.. ° vel matthaeus, qui regiam christi personam maxime commendavit, per leonem significatur; lucas autem per vitulum, propter victimam sacerdotis; marcus autem, qui neque stirpem regiam, neque sacerdotalem narrare voluit, et tamen in humanis versatus ostenditur, hominis figura significatur. haec autem tria animalia: leo, homo, vitulus in terra gradiuntur, unde isti tres evangelistae in istis maxime occupati sunt quae christus in carne operatus est. at vero ioannes velut aquila volat, et lucem incommutabilis veritatis acutissimis cordis oculis intuetur. ex quo datur intelligi tres evangelistas circa activam vitam fuisse versatos, ioannem vero circa contemplativam. doctores autem graecorum per hominem intelligunt matthaeum, quia genealogiam domini secundum carnem descripsit; per leonem vero ioannem, quia sicut leo suo rugitu cunctis bestiis timorem incutit, sic et ioannes cunctis haereticis timorem incussit; per vitulum intellexerunt lucam, quia vitulus sacerdotalis est |100| hostia, et ipse semper circa templum et sacerdotium versatus est; et per aquilam marcum intellexerunt, quia aquila in scripturis divinis solet significare spiritum sanctum, qui locutus fuit per ora prophetarum, et ipse a prophetico testimonio exorsus est. * hieronymus super matth.. ° circa numerum vero evangelistarum sciendum est plures fuisse qui evangelia scripserunt, sicut et lucas evangelista testatur dicens: quoniam quidem multi conati sunt ordinare etc., et sicut perseverantia usque ad praesens tempus monimenta declarant, quae a diversis auctoribus edita, diversarum haeresum fuere principia, ut est illud iuxta aegyptios, et thomam et matthiam et bartholomaeum, duodecim quoque apostolorum, et basilidis, atque apellis, et reliquorum, quos enumerare longissimum est. ecclesia autem, quae supra petram domini voce fundata est, quatuor fluminum paradisi instar eructans, quatuor annulos et angulos habet, per quos quasi arca testamenti et custos legis domini lignis mobilibus vehitur. * augustinus de cons. evang.. ° vel quoniam quatuor sunt partes orbis terrae, per cuius universitatem christi ecclesia dilatatur. alius autem fuit eis ordo cognoscendi atque praedicandi, alius autem scribendi. ad cognoscendum quippe atque praedicandum primi fuerunt qui secuti sunt dominum in carne praesentem, docentem audierunt, facientemque viderunt, atque ex eius ore ad evangelizandum sunt missi; sed in conscribendo evangelio, quod divinitus ordinatum esse credendum est, ex numero eorum, quos ante passionem dominus elegit, primum ultimumque locum duo tenuerunt: |125| primum matthaeus, ultimum ioannes, ut reliqui duo, qui ex illo numero non erant, sed tamen christum in illis loquentem secuti erant tanquam filii amplectendi, ac per hoc in loco medio constituti, utroque ab eis latere munirentur. * remigius. ° matthaeus quidem scripsit in iudaea sub tempore caii caligulae imperatoris; marcus in italia, romae, sub tempore neronis vel claudii, secundum rabanum; lucas vero in achaiae baeotiaeque partibus, rogatus a theophilo; et ioannes ephesi in asia minori sub tempore nervae principis. * beda. ° sed tamen cum sint quatuor evangelistae, non tam quatuor evangelia quam unum quatuor librorum veritati consonum ediderunt. sicut enim duo versus eamdem prorsus habentes materiam, pro diversitate metri et verborum duo sunt, et tamen non nisi unam continent sententiam, sic evangelistarum libri, cum sint quatuor, unum continent evangelium, quia unam doctrinam faciunt de fide catholica. * chrysostomus super matth.. ° sufficiebat autem ut unus evangelista omnia diceret, sed cum quatuor ab uno ore omnia loquantur, non secundum eadem tempora, neque in eisdem locis convenientes, et ad invicem colloquentes, maxima fit demonstratio veritatis. et hoc ipsum quod in aliquibus modicis dissonare videntur, maximum signum veritatis est; si enim omnia consonarent, crederent inimici, quod ex placito quodam humano convenientes scripserint quae scripserunt. in principalibus quidem, quae pertinent ad informationem vitae et praedicationem fidei, nequaquam dissonant nec in parvo. si autem in miraculis hic |150| quidem haec, ille vero illa dixit, hoc te non conturbet; si enim unus omnia dixisset, superfluus esset numerus reliquorum; si omnes diversa, nequaquam consonantiae demonstratio appareret; si autem aliquid de temporibus vel modis differenter annuntiant, hoc nihil impedit eorum quae dicta sunt veritatem, ut infra ostendetur. * augustinus de cons. evang.. ° quamvis autem singuli eorum suum quemdam narrandi ordinem tenuisse videantur, non tamen unusquisque eorum velut alterius praecedentis ignarus voluisse scribere reperitur, vel ignorata praetermisisse, quae scripsisse alius invenitur; sed sicut unicuique inspiratum est, non superfluam cooperationem sui laboris adiunxit. * glossa. ° sublimitas autem evangelicae doctrinae consistit quidem primo in eius excellentissima auctoritate. * augustinus de cons. evang.. ° inter omnes enim divinas auctoritates, quae sanctis litteris continentur, evangelium merito excellit, cuius primi praedicatores apostoli fuerunt, qui dominum iesum salvatorem nostrum christum etiam in carne praesentem viderunt; quorum quidam, hoc est matthaeus et ioannes, etiam scripta de illo, quae scribenda visa sunt, libris singulis ediderunt. ac ne putaretur, quod attinet ad percipiendum ac praedicandum evangelium, interesse aliquid utrum illi annuntient qui eumdem dominum hic in carne apparentem secuti sunt, an alii qui ex illis comperta fideliter crediderunt, divina providentia procuratum est per spiritum sanctum ut quibusdam etiam ex illis qui primos apostolos sequebantur non solum annunciandi, verum etiam |175| scribendi evangelium tribueretur auctoritas. * glossa. ° et sic patet quod sublimitas evangelicae auctoritatis a christo dependet, et hoc designatur in verbis prophetae praemissis, cum dicitur super montem excelsum ascende tu. mons enim excelsus christus est, de quo idem isaias dicit: erit in novissimis diebus praeparatus mons domus domini in vertice montium, idest super omnes sanctos, qui a monte christo montes dicuntur, quia de plenitudine eius omnes accepimus. recte autem ad matthaeum dicitur supra montem excelsum ascende tu, quia, sicut praedictum est, ipse in propria persona facta christi vidit et eius doctrinam audivit. * augustinus de quaest. evang.. ° illud autem discutiendum est quod solet nonnullos movere, cur ipse dominus nihil scripserit ut aliis de ipso scribentibus necesse sit credere. sed nequaquam dicendum est quod ipse non scripserit, quandoquidem membra eius id operata sunt quod dictante capite cognoverunt. quicquid enim de suis factis et dictis nos legere voluit, hoc scribendum illis tamquam suis manibus imperavit. * glossa. ° secundo etiam habet evangelica doctrina sublimitatem virtutis, unde apostolus dicit quod evangelium virtus dei est in salutem omni credenti. et hoc ostendit propheta in praemissis verbis, cum dicit exalta in fortitudine vocem tuam, in quo etiam modum evangelicae doctrinae designat in exaltatione vocis, per quam doctrinae claritas datur. * augustinus ad volusianum. ° modus enim ipse quo sancta scriptura contexitur, est omnibus accessibilis, |200| paucissimis penetrabilis; ea quae aperte continet quasi amicus familiaris sine fuco ad cor loquitur indoctorum atque doctorum; ea vero quae in mysteriis occultat, nec ipsa eloquio superbo erigit, quo non audeat accedere mens tardiuscula et inerudita, quasi pauper ad divitem; sed invitat omnes humili sermone, quos non solum manifesta pascat, sed etiam secreta exerceat veritate, hoc tam in promptis quam in reconditis habens. sed ne aperta fastidirentur, eadem rursum aperta desiderantur, desiderata quodammodo renovantur, renovata suaviter intimantur. his salubriter et prava corriguntur et parva nutriuntur et magna oblectantur ingenia. * glossa. ° sed quia vox exaltata longius auditur, potuit in exaltatione vocis, evangelicae doctrinae publicatio designari: quia non ad unam tantum gentem, sed ad universas nationes praedicanda mandatur. praedicate, inquit dominus, evangelium omni creaturae. * gregorius in evang.. ° potest enim omnis creaturae nomine natio gentium designari. * glossa. ° tertio autem habet evangelica doctrina altitudinem libertatis. * augustinus contra adversarium legis et proph.. ° in veteri enim testamento, propter temporalium bonorum promissionem, malorumque comminationem, servos parit temporalis ierusalem, in novo autem, ubi fides impetrat caritatem, qua lex possit impleri, non magis timore poenae quam dilectione iustitiae, liberos parit ierusalem aeterna. * glossa. ° unde et hanc sublimitatem doctrinae evangelicae propheta designat dicens exalta, noli timere. restat autem videre quibus et qua de |225| causa hoc evangelium sit scriptum. * hieronymus super matth.. ° matthaeus enim evangelium in iudaea hebraeo sermone edidit, ob eorum maxime causam qui in ierusalem crediderant ex iudaeis. cum enim primo praedicasset evangelium in iudaea, volens transire ad gentes, primus evangelium scripsit hebraice, quod fratribus a quibus ibat, in memoria dereliquit. sicut enim necesse fuit ad confirmationem fidei evangelium praedicari, sic et contra haereticos scribi. * chrysostomus super matth.. ° corpus autem suae narrationis ordinavit matthaeus: primum ergo nativitatem, deinde baptismum, tertio tentationem, quarto doctrinam, quinto miracula, sexto passionem, septimo resurrectionem et ascensionem ipsius; non solum historiam de christo exponere volens per hoc, verum etiam evangelicae vitae statum docere, quoniam nihil est quod ex parentibus nascimur, nisi iterum per aquam et spiritum renati fuerimus ex deo. post baptismum autem necesse est contra diabolum stare. post hoc quasi omni superata tentatione factus idoneus ad docendum, si quidem sacerdos est, doceat, et doctrinam suam bonae vitae quasi miraculis factis commendet; si laicus est, operibus doceat fidem. deinde necesse est exire nos de hoc stadio mundi et tunc restat ut tentationum victoriam resurrectionis merces sequatur, et gloria. * glossa. ° patet igitur ex praemissis evangelii nomen, evangelicae doctrinae materia, scriptorum evangelii figura, numerus, tempus, lingua, differentia et ordo, evangelicae doctrinae sublimitas, et quibus hoc evangelium sit conscriptum et ordo processus ipsius.

071 CMT cp1

lc1 * Hieronymus. ° quia faciem hominis matthaeus significat, quasi de homine exorsus est scribere, dicens liber generationis. * rabanus. ° quo exordio satis ostendit generationem christi secundum carnem suscepisse narrandam. * chrysostomus, super matth.. ° iudaeis enim evangelium scripsit, quibus superfluum erat exponere divinitatis naturam, quam cognoscebant; necessarium autem fuit eis mysterium incarnationis ostendere. ioannes autem cum gentibus evangelium scripsit, quae non cognoscebant si deus filium habet; ideo necessarium fuit primum illis ostendere quia est filius dei deus, deinde quia carnem suscepit. * rabanus. ° cum autem parvam libri particulam teneat generatio, dixit liber generationis. consuetudo enim haebraeorum est ut voluminibus ex eorum principiis imponant nomina, ut est genesis. * glossa. ° planior autem sensus esset: hic est liber generationis, sed hic est mos in multis, ut visio isaiae, subaudis: haec est: |25| generationis autem singulariter dicitur, quamvis multae per ordinem replicentur, quia propter christi generationem ceterae hic indicuntur. * chrysostomus in matth.. ° vel ideo librum hunc generationis nominat, quia haec est totius dispensationis summa, et radix bonorum omnium, deum hominem factum esse: hoc enim facto alia secundum rationem sequebantur. * remigius. ° dicit autem liber generationis iesu christi quia noverat scriptum esse: liber generationis adae; et ideo sic exorsus est, ut opponeret librum libro. adam novum adae veteri, quia omnia per istum sunt restaurata quae per illum sunt corrupta. * hieronymus in matth.. ° in isaia autem legimus: generationem eius quis enarrabit? non ergo putemus evangelistam prophetae esse contrarium, ut quod ille impossibile dixit esse effatu, hic narrare incipiat, quia ibi de generatione divinitatis, hic de incarnatione dictum est. * chrysostomus in matth.. ° nec tamen parva aestimes te audire, hanc audiens generationem. est |50| enim valde auditu mirabile quod ineffabilis deus ex muliere nasci dignatus est, et habere progenitores david et abraham. * remigius. ° si autem aliquis dixerit quia propheta de nativitate humanitatis dixit, non est respondendum ad interrogationem prophetae. nullus generationem domini narravit, sed perrarus, quia matthaeus et lucas. * rabanus. ° in hoc autem quod dicit iesu christi, regalem et sacerdotalem in eo exprimit dignitatem; nam iesus, qui nominis huius praesagium praetulit, primus post moysen in populo israel ducatum tenuit; aaron vero mystico consecratus unguento, primus in lege sacerdos fuit. * augustinus de quaest. novi et veteris testamenti. ° quod autem per olei unctionem praestabat deus illis qui in reges vel sacerdotes ungebantur, hoc praestitit spiritus sanctus homini christo, addita expiatione: spiritus enim sanctus purificavit quod de maria virgine in corpus salvatoris profecit; et haec est unctio corporis salvatoris, quare christus est |75| appellatus. * chrysostomus super matth.. ° quia vero impia prudentia iudaeorum negabat iesum de david semine esse natum, subdit filii david, filii abraham. quare autem non sufficiebat dicere illum filium abrahae solius, aut david solius? quia ad ambos de christo nascituro ex eis promissio fuerat facta: ad abraham quidem sic: et in semine tuo benedicentur omnes gentes terrae; ad david autem ita: de fructu ventris tui ponam super sedem tuam. ideo ergo utriusque filium dixit, ut utriusque promissiones in christo adimpletas ostenderet. deinde, quia christus tres dignitates fuerat habiturus: rex, propheta, sacerdos. abraham propheta fuit et sacerdos, sicut deus ad illum dicit in genesi: accipe mihi vaccam triennem; propheta autem, sicut ait dominus ad abimelech de illo: propheta est, et orabit pro te. david rex fuit et propheta; sacerdos autem non fuit. ideo ergo amborum filius nominatus est, ut utriusque patris triplex |100| dignitas originali iure recognosceretur in christo. * ambrosius super lucam. ° ideo etiam duos generis auctores elegit: unum qui de cognatione populorum promissum accepit, alterum qui de generatione christi oraculum consecutus est. et ideo, licet sit ordine successionis posterior, prior tamen describitur quia plus est, promissum accepisse de christo, quam de ecclesia, quae est per christum potior est enim qui salvat eo quod salvatur. * hieronymus in matth.. ° ordo etiam praeposterus, sed necessario commutatus. si enim primum posuisset abraham, et postea david, rursus ei repetendus fuisset abraham, ut generationis series texeretur. * chrysostomus super matth.. ° altera autem ratio est, quia regni dignitas maior est quam naturae, nam etsi abraham praecedat in tempore, david praecedebat in dignitate. * glossa. ° quia vero ex hoc titulo apparet totum hunc librum conscribi de iesu christo, necessarium est praecognoscere |125| quid sit sentiendum de ipso, sic enim melius exponi poterunt quae in hoc libro de eo dicuntur. * augustinus de quaest. evang.. ° error autem haereticorum de christo tribus generibus terminatur: aut de divinitate, aut de humanitate, aut de utroque falluntur. * augustinus de haeres.. ° cerinthus ergo et ebion iesum christum hominem tantum fuisse dixerunt, quos secutus paulus samosatenus, christum non semper fuisse, sed eius initium, ex quo de maria natus est, asseverat, nec enim aliquid amplius quam hominem putat; et haec haeresis postea a photino confirmata est. * athanasius contra haeret. ° ioannes autem apostolus istius insaniam longe ante spiritu sancto conspiciens, eum alto imperitiae sopore demersum suae vocis praeconio excitat, dicens: in principio erat verbum. ei ergo quod in principio erat apud deum non relinquitur in novissimo tempore ut originis suae ab homine principium sumpserit. item inquit: pater, clarifica me illa gloria quam habui |150| apud te priusquam mundus fieret. audiat photinus eum gloriam ante principium possedisse. * augustinus de haeres.. ° nestorii autem perversitas fuit ut hominem tantummodo ex beata maria virgine genitum praedicaret, quem verbum dei non in unitatem personae, et in societatem inseparabilem recepisset; quod catholicorum aures nequaquam ferre potuerunt. * cyrillus alex. ad monachos aegypti. ° ait enim apostolus de unigenito quod cum in forma dei esset, non rapinam arbitratus est esse se aequalem deo. quis est ergo ille qui est in forma dei? aut quomodo exinanitus est, et descendit ad humilitatem secundum hominis formam? et quidem si praedicti haeretici in duo dividentes christum, idest in hominem et verbum, hominem dicunt sustinuisse exinanitionem, separantes ab eo dei verbum, praeostendendum est quia in forma et in aequalitate intelligitur et fuit patris sui, ut exinanitionis sustineret modum. sed nihil creaturarum est, si |175| secundum propriam intelligatur naturam, in patris aequalitate quomodo ergo exinanitus dicitur, et ex qua eminentia ut esset homo descendit? aut quomodo intelligitur assumpsisse tamquam non habens in principio servi formam? sed aiunt quod verbum patri aequale existens habitavit in homine nato per mulierem: et haec exinanitio. certe audio filium dicentem sanctis apostolis: si quis diligit me, verbum meum custodiet, et pater meus diliget eum, et ad eum veniemus, et mansionem apud eum faciemus. audis quomodo in eis qui se diligunt, se et sibi cohabitare dixit deum patrem? putas ergo, ipsum exinanitum et vacuatum dabimus et servi formam accepisse, quia in diligentium se animabus facit mansionem? quid autem spiritus habitans in nobis, putatis, et ipse humanationis dispensationem adimplet? * abbas isidorus ad atribium presbyterum. ° verum ne universa annumeremus, unum, ad quod universa intendunt, dicemus quia illum qui deus erat, humilia loqui, et dispensativum simul et |200| utile est, et nihil inviolabili naturae praeiudicat. eum vero qui homo est, divina et supernaturalia quaedam loqui summae praesumptionis est malum; nam regi quidem licet etiam et humiliter agere, militi vero non licet imperiales voces emittere. si igitur deus erat humanatus, etiam humilia locum habent; si vero homo tantum erat, excelsa non habent locum. * augustinus de haeres.. ° sabellium discipulum noeti quidam perhibent, qui dicebat christum eumdem et patrem et spiritum sanctum. * athanasius contra haeret. ° huius autem insanissimi furoris audaciam caelestium testimoniorum auctoritate frenabo ad demonstrandum propriae substantiae filii personam, non illa quae homini suscepto congruere cavillatur, assumens, sed illa in medium proferens testimonia, quae sine ullo ancipitis intelligentiae scrupulo divinitati eius competere omnes pariter confitentur. in genesi enim deum dixisse legimus: faciamus hominem ad imaginem et similitudinem nostram. ecce pluraliter dicit faciamus, alium videlicet |225| indicans ad quem loquentis factus est sermo. si unus est, ad imaginem suam fecisse diceretur; nunc autem alius et alterius imaginem apertius fecisse describitur. * glossa. ° alii vero veram christi humanitatem negaverunt. valentinus enim dixit christum a patre missum spiritale vel caeleste corpus attulisse, nihilque assumpsisse de maria virgine, sed per illam tamquam per rivum aut fistulam sine assumpta carne transisse. nos autem non ideo credimus natum ex maria virgine, quod aliter in vera carne existere atque hominibus apparere non posset, sed quia sic scriptum est in ea scriptura, cui nisi crediderimus, nec christiani nec salvi esse poterimus. si autem de caelesti, vel aerea, vel humida creatura corpus assumptum vellet commutare in humanae carnis verissimam qualitatem, hoc eum potuisse facere quis negaret? * augustinus de haeres.. ° manichaei vero dixerunt, phantasma esse dominum iesum christum, nec femineo posse |250| nasci ex utero. * augustinus, lib. 83 quaest.. ° sed si phantasma fuit corpus christi, fefellit christus; et si fallit, veritas non est. est autem veritas christus; non ergo phantasma fuit corpus eius. * glossa. ° et quia principium huius evangelii, et etiam evangelii secundum lucam, manifeste ostendit christum natum ex femina, ex quo apparet vera christi humanitas, ergo utriusque evangelii principia negant. * augustinus contra faustum. ° unde faustus dicit: evangelium quidem a praedicatione christi et esse coepit et nominari, in quo ipse nusquam se natum ex hominibus dicit. at vero genealogia adeo non est evangelium, ut nec eius scriptor ausus fuerit eam evangelium nominare. quid enim scribit? liber generationis iesu christi filii david; non ergo liber evangelii iesu christi, sed liber generationis. at vero marcus, quia generationem scribere non curavit, sed tantum praedicationem filii dei, quod est evangelium, vide quam competenter sit exorsus: evangelium, inquit, iesu christi filii |275| dei, ut hinc satis appareat genealogiam non esse evangelium; namque et in ipso matthaeo, post inclusum ioannem in carcere, tunc legitur iesum coepisse praedicare evangelium regni. ergo quicquid ante hoc narratur, genealogiam esse constat, non evangelium. ad ioannem ergo et marcum me contuli, quorum mihi principia non immerito placuerunt, quia nec david nec mariam inducunt, nec ioseph. * contra quem augustinus: ° quid ergo respondebit apostolo dicenti: memor esto iesum christum resurrexisse a mortuis, ex semine david, secundum evangelium meum? quod autem erat apostoli pauli evangelium, hoc etiam ceterorum apostolorum et omnium fidelium; hoc enim alibi dicit: sive ego, sive illi evangelium praedicaverunt. * augustinus de haeres.. ° ariani autem patrem et filium et spiritum sanctum nolunt esse unius eiusdemque substantiae, naturae, aut existentiae; sed esse filium creaturam patris, spiritum vero |300| sanctum creaturam creaturae, hoc est, ab ipso filio creatum volunt. christum etiam sine anima carnem suscepisse arbitrantur. * augustinus de trinit.. ° sed ioannes in eo declarat filium non tantum deum esse, sed etiam eiusdem cum patre substantiae, quia cum dixisset: et deus erat verbum, addidit: omnia per ipsum facta sunt. unde apparet ipsum factum non esse, per quem facta sunt omnia; et si factus non est, creatus non est; et sic eiusdem cum patre substantiae est; omnis enim substantia quae deus non est, creatura est. * augustinus contra felicianum. ° nescio enim quid nobis mediatoris persona contulerit, qui melius nostrum non redimens, carnem, quae sine anima nec beneficium possit sentire, suscepit. si enim venit christus salvum facere quod perierat, quia totus homo periit, totus beneficio salvatoris indiget; et ideo christus veniendo, totum salvat, corpus et animam assumendo. * augustinus lib. 83 quaest.. ° quomodo etiam ipsi respondent tam manifestis |325| obiectionibus ex evangelica scriptura, in qua contra eos dominus tam multa commemorat? ut est illud: tristis est anima mea usque ad mortem; et: potestatem habeo ponendi animam meam; et multa huiusmodi. qui si dicant in parabolis eum locutum esse, habemus evangelistarum rationes, qui res gestas narrantes, sicut eum corpus habuisse testantur, sic eum indicant habere animam per affectiones quae non possunt esse nisi in anima. eis enim narrantibus legimus: et miratus est iesus, et iratus, et multa huiusmodi. * augustinus de haeres.. ° apollinaristae autem sicut ariani, christum dixerunt carnem solam sine anima suscepisse. in qua quaestione testimoniis evangelicis victi, mentem, quae rationalis est anima hominis, defuisse animae christi, sed pro hac ipsum verbum in ea fuisse dixerunt. * augustinus lib. 83 quaest.. ° sed si ita est, belluam quamdam cum figura humani corporis dei verbum suscepisse credere-tur. * augustinus |350| de haeres.. ° de ipsa vero eius carne sic a recta fide dissensisse perhibentur ut dicerent carnem illam et verbum unius eiusdemque substantiae esse, contentiosissime asseverantes verbum carnem factum, hoc est; verbi aliquid in carnem fuisse mutatum atque conversum, non autem carnem de mariae carne suscepisse. * cyrillus ad ioannem antiochenum. ° furere autem arbitramur eos qui suspicati sunt, quod mutationis obumbratio circa divinam verbi naturam potest contingere: manet enim quod est semper, et non mutatur, nec conversionis est capax. * leo ad constantinopolitanos. ° nos autem non ita dicimus christum hominem ut aliquid ei desit quod ad humanam certum est pertinere naturam, sive animam sive mentem rationabilem, sive carnem, quae non de femina sumpta sit, sed facta de verbo in carnem converso atque mutato. quae ter falsa apollinaristarum haeresis tres varias protulit partes. * leo ad palaestinos. ° eutyches |375| quoque tertium apollinaris dogma delegit, ut, negata humanae carnis atque animae veritate, totum dominum nostrum iesum christum unius assereret esse naturae, tamquam verbi divinitas ipsa se in carnem animamque verteret, et concipi, nasci aut nutriri, et cetera huiusmodi, eius tantum essentiae fuerit, scilicet divinae, quae nihil horum in se sine carnis recepit veritate, quoniam natura unigeniti, natura est patris, natura est spiritus sancti, simul impassibilis et sempiterna. verum si ab apollinaris perversitate haereticus iste decesserit, ne convinceretur deitatem passibilem sentire atque mortalem, et tamen verbi incarnati, id est verbi et carnis, unam audet pronuntiare naturam; non dubie in manichaei et marcionis transit insaniam, et dominum iesum christum simultorie omnia credit egisse, nec humanum ipsum corpus, sed phantasticam corporis speciem oculis apparuisse cernentium. * idem ad iulianum. ° in eo vero quod eutyches in episcopali iudicio ausus est |400| dicere ante incarnationem duas fuisse in christo naturas, post incarnationem autem unam, necessarium fuit ut ad reddendam rationem professionis suae sollicitis interrogationibus urgeretur. arbitror enim eum talia loquentem hoc habere persuasum quod anima quam salvator assumpsit, prius in caelis sit commorata quam de maria virgine nasceretur. sed hoc catholicae mentes aures-que non tolerant, quia nil secum dominus de caelo veniens nostrae conditionis exhibuit, nec animam eius, quae anterior extitisset, nec carnem, quae non materni corporis esset, accepit. unde quod in origene merito damnatum est, qui animarum antequam corporibus insererentur non solum miras, sed et diversas fuisse asseruit actiones, necesse est quod in isto plectatur. * remigius. ° has igitur haereses in principio evangelii sui evangelistae destruunt, nam matthaeus cum narrat eum duxisse originem per reges iudaeorum, verum hominem eum ostendit, et veram carnem habuisse. similiter et lucas, qui sacerdotalem |425| stirpem et personam describit. marcus autem, cum ait: initium evangelii iesu christi filii dei, et ioannes cum ait: in principio erat verbum manifestant eum ante omnia saecula semper fuisse deum apud deum patrem.

lc2 * Augustinus de cons. evang.. ° matthaeus evangelista ostendit generationem christi secundum carnem se suscepisse narrandam, quia genealogiam christi exorsus est. lucas autem tamquam sacerdotem in expiandis peccatis magis assignans, non ab initio evangelii sui, sed a baptismo christi generationes enarrat, ubi testimonium ioannes perhibuit dicens: ecce qui tollit peccata mundi. in generationibus etiam matthaei significatur nostrorum susceptio peccatorum a domino christo. in generationibus autem lucae significatur abolitio nostrorum peccatorum ab ipso, ideo generationes christi matthaeus descendens enarrat, lucas autem ascendens. humanam autem christi generationem matthaeus descendendo describens, ab abraham generationes commemorat. * ambrosius super lucam. ° prior enim abraham meruit fidei testimonium, quia credidit deo, et reputatum est ei ad iustitiam. ideo etiam auctor generis debuit significari, quia |25| instaurandae ecclesiae sponsionem primus emeruit, cum dicitur: benedicentur in te omnes tribus terrae. et iterum david delatum est quod iesus filius eius diceretur, unde huic praerogativa servatur ut ab eo generationis dominicae manaret exordium. * chrysostomus in matth.. ° evangelista igitur matthaeus generationem dominicae carnis per seriem parentum volens commendare memoriae, ordiens a patre abraham, dicit abraham genuit isaac. cur non dixit: ismael, quem primitus genuit? sequitur isaac autem genuit iacob. cur non dixit: esau, qui eius primogenitus fuit? quia scilicet per illos ad david pervenire non posset. * glossa. ° omnes tamen fratres iudae, cum ipso in generatione computat, quod etiam ideo factum est, quia ismael et esau non remanserunt in cultu unius dei; fratres vero iudae in populo sunt computati. * chrysostomus in matth.. ° vel propterea duodecim patriarcharum meminit, ut eam quae ex progenitorum nobilitate est, elationem auferret. |50| etenim multi horum ex ancillis nati fuerunt, sed omnes similiter erant patriarchae et tribuum principes. * glossa. ° ideo autem iudam nominatim posuit, quia de illo tantum dominus descendit. in singulis autem patribus non solum debet notari historia, sed allegoria et moralitas: allegoria quidem in quo unusquisque patrum christum praefiguret; moralitas in hoc notatur quod ex singulis patribus in nobis aliqua virtus per significationem nominis vel exemplum aedificetur. abraham ergo in multis locis figuram christi portat, et praeterea in nomine: abraham enim pater multarum gentium interpretatur, et christus est pater multorum fidelium. abraham etiam de cognatione sua exiit, et in terra aliena demoratus est, et christus, derelicto iudaico populo, ad gentes per praedicatores suos exivit. * chrysostomus super matth.. ° isaac autem interpretatur risus. risus autem sanctorum est, non stulta cachinnatio labiorum, sed rationabile gaudium cordis, quod fuit |75| mysterium christi. sicut enim ille parentibus in ultima senectute donatus est laetitia suis, ut cognoscatur quia non erat filius naturae, sed gratiae, sic et christus in novissimo fine productus est a matre iudaea gaudium cunctis; sed iste per virginem, ille de anu, ambo contra spem naturae. * remigius. ° iacob supplantator interpretatur, et de christo dicitur: supplantasti insurgentes in me subtus me. iacob genuit iudas et fratres eius. * chrysostomus super matth.. ° et noster iacob genuit duodecim apostolos in spiritu, non in carne; verbo, non in sanguine. iudas autem interpretatur confessor, quoniam christi erat imago, qui confessor patris erat futurus, dicens: confiteor tibi, pater, domine caeli et terrae. * glossa. ° moraliter autem abraham nobis virtutem fidei per exempla christi significat, cum de eo legatur: abraham credidit deo, et reputatum est ei ad iustitiam. isaac significat spem, quia interpretatur risus, fuit enim gaudium |100| parentum; spes vero similiter est gaudium nostrum, dum aeterna bona sperare facit et de eis gaudere. abraham ergo genuit isaac quia fides generat spem. iacob autem significat caritatem. caritas enim amplectitur duas vitas: activam per dilectionem proximi, contemplativam per dilectionem dei; activa per liam, contemplativa per rachel significatur. lia enim laborans interpretatur, quia activa in labore est; rachel visum principium, quia per contemplativam principium, id est deus, videtur. nascitur ergo iacob de duobus parentibus, quia caritas nascitur de fide et spe; quod enim credimus et speramus, diligimus.

lc3 * Glossa. ° praetermissis aliis filiis iacob, evangelista iudae prosequitur generationem dicens iudas autem genuit phares et zaram de thamar. * augustinus de civit. dei. ° nec iudas primogenitus, nec istorum geminorum aliquis fuit primogenitus iudae; sed ante illos iam tres genuerat. eos itaque tenuit in ordine generationum per quos ad david, atque inde quo intenderet, perveniret. * hieronymus. ° notandum autem in genealogia salvatoris nullam sanctarum assumi mulierum, sed eas quas scriptura reprehendit, ut qui propter peccatores venerat, de peccatoribus nascens, omnium peccata deleret, unde et in sequentibus ruth moabitis ponitur. * ambrosius super lucam. ° lucas autem has declinavit, ut immaculatam sacerdotalis generis seriem declararet. sed sancti matthaei consilium a rationis iustitia non abhorret, nam cum evangelizaret secundum carnem generatum esse qui omnium peccata susciperet, subiectum iniuriis, subditum |25| passioni. nec hoc quidem putavit exortem asserendum esse pietatis, ut maculatae quoque originis non recusaret iniuriam; simul ne puderet ecclesiam de peccatoribus congregari, cum dominus de peccatoribus nasceretur; postremo ut beneficium redemptionis etiam a suis maioribus inchoaret, ne quis putaret originis maculam impedimento posse esse virtuti, nec se insolens de sui nobilitate iactaret. * chrysostomus in matth.. ° post hoc monstratur omnes obnoxios fuisse peccatis: instat enim thamar fornicatio iudam accusans, et david a fornicaria muliere genuit salomonem. si autem a magnis lex non est impleta, nec a minoribus; et sic omnes peccaverunt, et necessaria facta est christi praesentia. * ambrosius super lucam. ° vide autem quia non otiose matthaeus utrumque significavit, cum phares tantummodo commemorationem causa deposceret, quia hic in utroque mysterium est. per geminos enim gemina describitur vita populorum: una secundum legem, |50| altera secundum fidem. * chrysostomus super matth.. ° per zaram enim significatur iudaicus populus, qui primus apparuit in luce fidei, quasi de vulva tenebrosa mundi procedens. et ideo significatus est cocco circumcisionis, putantibus omnibus, quia ipse populus dei erat futurus, sed posita est ante faciem eius lex, quasi sepes vel maceria. sic ergo impeditus est populus iudaicus per legem, sed temporibus christi rupta est sepes legis, quae erat inter iudaeos et gentes, sicut ait apostolus: medium parietem maceriae solvens. sic factum est ut gentilis per phares significatus, postquam rupta est lex per christi mandata, primus ad fidem procedat; et postea sequitur iudaicus populus. sequitur phares autem genuit esron. * glossa. ° iudas genuit phares et zaram antequam intraret aegyptum, in quam ambo postea cum patre transierunt. in aegypto vero phares genuit esron. esron autem genuit aram. aram autem genuit aminadab, aminadab autem genuit naasson; et tunc |75| moyses eduxit eos de aegypto. naasson autem fuit dux sub moyse in tribu iuda per desertum, in quo genuit salmon. iste salmon fuit princeps de tribu iuda, qui cum iosue terram promissionis intravit. * chrysostomus super matth.. ° quoniam autem ex aliqua causa, secundum providentiam dei, posita horum patrum nomina credimus. sequitur naasson autem genuit salmon. iste salmon mortuo patre fuit princeps in tribu iuda, qui cum iosue terram promissionis intravit. * chrysostomus super matth.. ° accepit autem uxorem nomine rahab. haec autem rahab dicitur fuisse rahab meretrix de iericho, quae suscepit exploratores filiorum israel, abscondit eos, et servavit incolumes. cum autem salmon nobilis esset inter filios israel, quia de tribu erat iuda et quia filius principis erat, vidit rahab sic fidelem quasi magnam aliquam constitutam, meruit accipere in uxorem. forsitan autem et ideo interpretatur salmon, quasi per ipsum nomen invitaretur |100| a providentia dei ut acciperet vas electionis rahab. interpretatur enim salmon accipe vas. sequitur salmon autem genuit booz de rahab. * glossa. ° iste salmon in terra promissionis genuit de illa rahab booz. booz autem genuit obed ex ruth. * chrysostomus super matth.. ° quomodo autem booz accepit uxorem moabitidem nomine ruth, exponere aestimavi superfluum, cum de his scriptura sit omnibus manifesta. hoc autem dicimus solum, quoniam ruth, pro merito fidei suae nupsit booz, quia deos patrum suorum repulit et deum viventem elegit. et booz pro merito fidei suae illam accepit uxorem, ut ex coniugio tali sanctificato genus nasceretur regale. * ambrosius super luc.. ° quomodo autem ruth, cum esset alienigena, iudaeo nupsit, et qua ratione in christi generatione eius putaverit evangelista copulae commemorationem esse faciendam, quae legis serie moechabatur? quia ergo non de legitima salvator generatione manavit, videtur esse deforme, nisi ad apostolicam |125| sententiam revertatis, quia non est lex posita iustis, sed iniustis. haec enim cum esset alienigena et moabitis, praesertim cum lex moysi prohiberet has nuptias, moabitasque excluderet ab ecclesia, quomodo introivit in ecclesiam nisi quia sancta et immaculata moribus supra legem facta est? destinationem ergo legis excessit et meruit inter maiores dominici generis computari, propter cognationem mentis electam, non corporis. magnum autem nobis exemplum est quod in illa nostrum omnium, qui ex gentibus collecti sumus, ingrediendi in ecclesiam domini figura praecessit. * hieronymus in epistola ad paulinum. ° ruth etiam moabitis isaiae explet vaticinium dicentis: emitte agnum, domine, dominatorem terrae, de petra deserti ad montem filiae sion. sequitur obed autem genuit iesse. * glossa. ° iesse pater david binomius est, quia frequentius vocatus est isai. sed quia propheta vocat eum non isai, sed iesse, dicens: egredietur virga de radice iesse ut ostenderet illam prophetiam completam in maria et in christo, evangelista posuit iesse. sequitur iesse autem genuit david regem. * remigius. ° sed quaerendum est quare sanctus evangelista solum david nominaverit regem, quod ideo dixit ut ostenderet eum primum fuisse regem in tribu iuda. ipse autem christus est phares divisor, ut est illud: dividet agnos ab haedis. est et zaram oriens, ut est illud: ecce vir, oriens nomen eius. est esron sagitta, ut est illud: posuit me sicut sagittam electam. * rabanus. ° vel atrium, propter abundantiam gratiae et latitudinem caritatis. aram electus, secundum illud: ecce puer meus electus: vel excelsus, secundum illud: excelsus super omnes gentes dominus. ipse est aminadab, idest voluntarius, qui dicit: voluntarie sacrificabo tibi. idem est et naasson, idest augurium, qui novit praeterita, praesentia et futura. vel serpentinus, secundum illud: moyses exaltavit serpentem in deserto: est et salmon, id est sensibilis, qui dicit: ego sensi de me virtutem exisse. * glossa. ° ipse accipit rahab, id est ecclesiam de gentibus. rahab enim fames, vel latitudo, vel impetus, quia ecclesia gentium esurit et sitit iustitiam et impetu doctrinae philosophos et reges convertit. ruth etiam interpretatur videns vel festinans, et significat ecclesiam, quae puro corde videt deum et festinat ad bravium supernae vocationis. * remigius. ° est et booz in quo robur, ut est illud: cum exaltatus fuero a terra, omnia traham ad me. est et obed serviens, ut est illud. filius hominis non venit ministrari, sed ministrare. est et iesse incensum, secundum illud: ignem veni mittere in terram. ipse est david manu fortis, secundum illud: dominus fortis et potens; desiderabilis, secundum illud: veniet desideratus cunctis gentibus; pulcher aspectu, secundum illud: speciosus forma prae filiis hominum. * glossa. ° interim videamus quas virtutes isti patres in nobis aedificent, quia fides, spes et caritas omnium virtutum sunt fundamentum. sequentes virtutes sunt quasi superadditiones. iudas interpretatur confessio. duplex est autem confessio: est altera fidei, altera peccatorum. si ergo post tres supradictas virtutes peccatur, necessaria est non solum fidei, sed peccatorum confessio. post iudam sequitur phares et zaram. phares divisio, zaram oriens interpretatur, et thamar amaritudo. confessio enim generat divisionem a vitiis, et ortum virtutum, et amaritudinem poenitentiae. post phares sequitur esron, qui sagitta interpretatur, postquam enim aliquis divisus est a vitiis et saecularibus debet fieri sagitta, ut in aliis vitia praedicando perimat. sequitur aram, qui interpretatur electus, vel excelsus, quia postquam aliquis a mundo remotus est, et aliis proficit, necesse est ut deo electus, hominibus celebris, excelsus in virtutibus habeatur. naasson interpretatur augurium, hoc autem augurium non est saeculare, sed caeleste. de hoc gloriabatur ioseph, fratribus mandans: vos detulistis scyphum domini mei, in quo augurari solebat. scyphus est divina scriptura, ubi est potus sapientiae, in hac auguratur sapiens, quia ibi videt futura, id est caelestia. sequitur salmon, idest sensibilis. postquam enim aliquis studet in divina scriptura, fit sensibilis, idest discernens gustu rationis, quid bonum, quid malum, quid dulce, quid amarum. sequitur booz, idest fortis. instructus enim in scripturis, fit ad omnia adversa toleranda fortis. * chrysostomus super matth.. ° iste autem fortis est filius rahab, id est ecclesiae. rahab enim interpretatur latitudo vel dilatata, quia enim ex omnibus finibus terrae vocata est ecclesia gentium, latitudo appellatur. * rabanus. ° sequitur obed, id est servitus. non enim idoneus est ad servitutem nisi qui fortis est; quae servitus generatur ex ruth, idest festinantia. oportet enim promptum esse servum, non pigrum. * chrysostomus super matth.. ° nunc autem qui divitias et non mores, pulchritudinem et non fidem, et quod in meretricibus quaeri solet, hoc in coniugibus optant, non generant subditos filios vel sibi vel deo, sed contumaces et contra se et contra deum, ut filii eorum sint poena irreligiositatis eorum. iste obed genuit iesse, id est refrigerium, nam quicumque est subditus deo et parentibus suis, tales filios generat, deo praestante, a quibus refrigeratur. * glossa. ° vel iesse, id est incensum. si enim servimus ex amore et timore, erit devotio in corde, quae ex igne et desiderio cordis suavissimum incensum offert deo. postquam autem aliquis idoneus est servus et sacrificium deo factus, sequitur ut sit david, id est manu fortis qui contra hostes fortiter dimicavit et idumaeos tributarios fecit. similiter ipse debet carnales, id est homines, verbo et exemplo deo subiugare.

lc4 * Glossa. ° secundi quaterdenarii generationis seriem evangelista decurrit, quae a regibus continetur; et ideo a david incipit qui primus in tribu iudae regnavit, dicens david rex genuit salomonem ex ea quae fuit uriae. * augustinus de cons. evang.. ° quia enim in generationibus matthaei significatur nostrorum susceptio peccatorum, ideo ipse a david per salomonem descendit, in cuius matre ille peccavit. lucas vero ad david per nathan ascendit, per quem prophetam deus peccatum illius expiavit, quia in generationibus lucae significatur abolitio peccatorum. * augustinus in libro retract.. ° dicendum tamen fuit per cuius nominis prophetam, ne putaretur idem fuisse homo, cum alter fuerit, quamvis et ipse hoc nomine vocaretur. * remigius. ° quaerendum est autem quare evangelista bersabee proprio nomine non nominavit sicut ceteras mulieres. quod ideo est quia ceterae mulieres quamvis reprehensibiles fuissent, tamen laudabiles erant virtutibus. bersabee vero non solum fuit conscia adulterii, sed etiam homicidii mariti sui, et ideo proprio nomine eam non nominavit in genealogia domini. * glossa. ° tacet etiam nomen bersabee, ut nominando uriam, reducat ad memoriam illud maximum scelus quod in eum fecit. * ambrosius super lucam. ° at vero sanctus david in eo est praecellentior quod hominem se ipse cognovit, et commissum super arrepta uriae uxore peccatum poenitentiae curavit lacrymis abluendum, ostendens nobis neminem propriae virtuti debere confidere; habemus enim adversarium magnum, qui vinci a nobis sine dei adiutorio non possit. et plerumque in illustribus viris gravia peccata reperies, ut quasi homines tentationi potuisse succumbere cognoscas, ne virtutibus egregiis plusquam homines crederentur. * chrysostomus super matth.. ° salomon autem interpretatur pacificus, quoniam omnibus in circuitu gentibus pacificatis et tributa reddentibus pacificum habuit regnum. salomon autem genuit roboam. roboam interpretatur a multitudine populi. multitudo enim mater est seditionis, quia quod a pluribus peccatur, plerumque manet invindicabile. paucitas autem magistra est disciplinae.

lc5 * Hieronymus. ° in quarto autem regum volumine legimus de ioram ochoziam fuisse generatum. quo mortuo, iosabeth filia ioram regis, soror ochoziae, tulit ioas filium fratris sui, et eum internecioni, quae exercebatur ab athalia, subtraxit. cui successit in regnum filius eius amasias. post quem regnavit filius eius azarias, qui appellatur ozias, cui successit ioatham filius eius. cernis ergo quod, secundum fidem historiae, tres reges in medio fuerunt, quos evangelista praetermisit. ioram quoque non genuit oziam, sed ochoziam et reliquos quos numeravimus. verum quia evangelistae propositum erat tessaradecades in diverso temporis statu ponere, et quia ioram generi se miscuerat impiissimae iezabelis, idcirco usque ad tertiam generationem eius memoria tollitur, ne in sanctae nativitatis ordine poneretur. * hilarius in matth.. ° purgata vero labe familiae gentilis, iam regalis in quarta generationum consequentium origo numeratur. * chrysostomus super matth.. ° quod spiritus sanctus per prophetam contestatus est, dicens ut dispergeret omnem masculum de domo achab et iezabel, implevit iehu filius nansi, et accepit promissionem, ut usque ad quartam generationem sedeant filii eius in sede regni supra israel. quanta ergo benedictio facta est super domum achab, tanta maledictio facta est super domum ioram propter filiam iniqui achab et iezabel, ut usque ad quartam generationem praecidantur filii eius de regum numero, et sic peccatum eius descendit in filios eius, sicut fuerat scriptum: reddam peccata patrum in filios, usque ad tertiam et quartam generationem. videte ergo quam periculosum est inire coniugia ex genere impiorum. * augustinus de quaest. novi et vet. testamenti. ° vel non immerito sublati sunt de numero ceterorum ochozias, ioas et amasias. sic enim eorum continuavit impietas, ut nullum intervallum haberet. salomon autem merito patris dimissum in regno est; roboam autem merito filii; illi autem tres maligne agentes erasi sunt. ad perditionem enim generis exemplum est quando iugiter malignitas panditur. sequitur ozias autem genuit ioatham. ioatham autem genuit achaz. achaz autem genuit ezechiam. * glossa. ° cui, cum esset sine liberis, dictum est: dispone domui tuae, quia morieris. ideo flevit non propter longiorem vitam, cum sciret inde salomonem placuisse deo, quod non petiisset ampliores annos, sed quia dubitabat ne promissio dei impleretur, cum se sciret esse de david, per quem oportebat venire christum, et ipse erat sine liberis. sequitur ezechias autem genuit manassen. manasses autem genuit amon. amon autem genuit iosiam. iosias autem genuit iechoniam et fratres eius in transmigratione babylonis. * chrysostomus super matth.. ° sed non sic positum est in libro regum, ubi talis est ordo: iosias genuit eliacim, postea vocatum ioakim; ioakim autem genuit ieconiam. sed ioakim sublatus est de numero regum, quia non populus dei constituerat eum in regnum, sed pharao per potentatum. si enim iustum fuit ut propter solam commixtionem generis achab tollerentur tres reges de numero regum, quare non erat iustum ut similiter tolleretur ioakim, quem pharao vi hostili fecerat regem? et sic iechonias, qui est filius ioakim, nepos autem iosiae, sublato patre de numero regum, ipse est positus pro eo, quasi filius iosiae. * hieronymus. ° vel aliter. sciamus iechoniam priorem ipsum esse qui ioakim, secundum autem filium, non patrem: quorum primus per k et m, secundus per ch et n scribitur. quod scriptorum vitio et longitudine temporum apud graecos latinosque confusum est. * ambrosius super lucam. ° duos enim fuisse ioakim regnorum libri indicant, sic enim scriptum est: dormivit ioakim cum patribus eius, et regnavit ioachin filius eius pro eo. filius autem est cui ieremias nomen imposuit iechoniam. et bene s. matthaeus a propheta voluit discrepare, ut non ioachin et iechoniam vocaret simul, quia maiorem fructum dominicae pietatis astruxit. generis enim nobilitatem dominus in hominibus non requisivit, sed de captivis et peccatoribus congrue nasci voluit qui remissionem veniebat praedicare captivis. non igitur suppressit alterum evangelista, sed utrumque significavit quod uterque iechonias dictus sit. * remigius. ° sed quaeri potest quare dicat evangelista eos natos in transmigratione, cum nati fuissent antequam transmigratio fuerit facta. ideo autem dicit hoc quia ad hoc nati sunt ut de regno totius populi pro suis et aliorum peccatis captivi ducerentur. et quia praescius erat deus eos esse ducendos captivos, idcirco dixit eos natos in transmigratione. de his autem quos sanctus evangelista in genealogia domini simul ponit, sciendum quia aut similes fuerunt fama aut infamia: iudas et fratres eius laudabiles fuerunt fama; similiter phares et zara, iechonias et fratres eius notabiles fuerunt infamia. * glossa. ° mystice autem david est christus, qui goliam, id est diabolum, superavit. urias autem, id est lux mea deus, est diabolus, qui dicit. similis ero altissimo; cui ecclesiam coniugatam christus de solario paternae maiestatis adamavit, et pulchram factam sibi matrimonio copulavit. vel urias, id est iudaicus populus, qui per legem de luce gloriatur. sed huic christus legem abstulit, quam de se loqui docuit. bersabee autem est puteus satietatis, id est abundantia gratiae spiritualis. * remigius. ° vel bersabee interpretatur puteus septimus, sive puteus iuramenti, per quod significatur fons baptismatis, in quo datur donum spiritus septiformis et fit ibi adiuratio contra diabolum. est et christus salomon pacificus, secundum illud apostoli: ipse est pax nostra. est roboam latitudo populi, secundum illud: multi venient ab oriente et ab occidente. * rabanus. ° vel impetus populi, quia velociter populus convertit ad fidem. * remigius. ° ipse est abias, id est pater dominus, secundum illud: unus est pater vester qui in caelis est; et iterum: vos vocatis me magister et domine. est et asa, idest attollens, secundum illud: qui tollit peccata mundi. est et iosaphat, idest iudicans, secundum illud: pater omne iudicium dedit filio. est et ioram, id est excelsus, secundum illud: nemo ascendit in caelum, nisi qui de caelo descendit. est et ozias, idest robustus domini, secundum illud: fortitudo mea et laus mea dominus. est et ioatham consummatus vel perfectus, secundum illud apostoli: finis legis, christus. est et achaz convertens, secundum illud: convertimini ad me. * rabanus. ° vel comprehendens, quia nemo novit patrem nisi filius. * remigius. ° est et ezechias fortis dominus vel dominus confortavit, secundum illud: confidite, ego vici mundum. ipse est manasses obliviosus sive oblitus, secundum illud: peccatorum vestrorum non recordabor amplius. est et amon fidelis, secundum illud: fidelis dominus in omnibus verbis suis. est et iosias, ubi est incensum domini, secundum illud: factus in agonia, prolixius orabat. * rabanus. ° quod vero incensum orationem significat, psalmista testatur dicens: dirigatur oratio mea sicut incensum in conspectu tuo. vel domini salus, secundum illud: salus autem mea in sempiternum erit. * remigius. ° ipse iechonias praeparans, vel domini praeparatio, secundum illud: si abiero, et praeparavero locum. * glossa. ° moraliter autem post david sequitur salomon, qui interpretatur pacificus. tunc enim aliquis fit pacificus, motibus sedatis illicitis, et quasi iam in aeterna tranquillitate positus, cum deo servit et alios ad eum convertit. sequitur roboam, id est populi latitudo: postquam enim non habet quod in se vincat, amplecti alios debet et late populum dei ad superna trahere secum. sequitur abias, idest pater dominus: his enim praemissis potest se profiteri filium dei, et tunc esse asa, idest attollens, ut de virtute in virtutem ad patrem suum ascendat; et tunc erit iosaphat, idest iudicans, ut alios iudicet et a nemine iudicetur. ita fit ioram, idest excelsus, quasi in caelestibus habitans; unde efficitur ozias, idest robustus domini, quasi robur suum deo attribuens et in suo proposito perseverans. et sequitur ioathan, idest perfectus, quia quotidie in maius proficit. et sic fit achaz, idest comprehendens: ex operatione enim augmentatur agnitio, secundum illud: annuntiaverunt opera dei, et facta eius intellexerunt. sequitur ezechias, idest fortis dominus, quia deum fortem esse intelligit; et ideo in amorem eius conversus fit manasses, idest obliviosus, temporalia tradens oblivioni; et ex hoc fit amon, idest fidelis: qui enim temporalia contemnit, neminem in re sua defraudat. et fit iosias, idest salutem domini secure expectans: iosias enim salus domini interpretatur.

lc6 * Chrysostomus super matth.. ° post transmigrationem inter privatas personas primo ponit iechoniam quasi privatum et ipsum. * ambrosius super lucam. ° de quo ieremias dicit: scribe virum istum abdicatum: quia non exsurget ex semine eius sedens in throno david. quomodo autem ex semine iechoniae nullus regnaturus dicitur per prophetam? si enim christus regnavit, ex semine autem iechoniae christus est, propheta mentitus est. sed illic futuros ex semine iechoniae non negatur; et ideo de semine eius christus est; et quod regnaverit christus, non contra prophetam est: non enim saeculari honore regnavit; ipse enim dixit: regnum meum non est de hoc mundo. iechonias autem genuit salathiel. * chrysostomus super matth.. ° de salathiel quidem nihil legimus vel boni vel mali; tamen putamus sanctum eum fuisse, et in captivitate assidue deum petiisse pro ipsa calamitate quae contigerat israel: |25| ideo petitionem dei eum appellatum fuisse; interpretatur enim petitio dei. salathiel autem genuit zorobabel, qui interpretatur fluitio pos' osita, vel ex commixtione, vel hic doctor babyloniae. legi (si verum est nescio) quia sacerdotale et regale genus mixtum est in zorobabel. propter istum autem reversi sunt filii israel in terram propriam quia cum contenderent tres pro sua sententia, vicit zorobabel, et pronuntiata est omnibus fortior veritas esse; propter quod darius concessit ei filios israel redire in sua; et ideo recte secundum providentiam dei nominatus est zorobabel, idest doctor babyloniae. quae enim maior doctrina quam ostendere veritatem dominatricem esse omnium rerum? * glossa. ° sed hoc videtur esse contrarium generationi quae legitur in paralipomenon. dicitur enim ibi iechonias genuisse salathiel et phadaia, et phadaia zorobabel, et zorobabel mosollam, ananiam et salamith sororem eorum. sed scimus multa in paralipomenon vitio scriptorum depravata. unde multae et |50| indeterminatae genealogiarum veniunt quaestiones, quas iubet apostolus evitari. vel potest dici salathiel et phadaia eumdem esse, quasi binomium. vel salathiel et phadaia fratres esse, et filios eiusdem nominis habuisse; et historiographum secutum fuisse generationem zorobabel filii salathiel. de abiud usque ad ioseph nulla historia invenitur in paralipomenon; sed alii multi annales leguntur fuisse apud hebraeos, qui dicebantur verba dierum, de quibus herodes rex alienigena dicitur multos combussisse ut ordo regiae stirpis confunderetur. et forsitan ioseph nomina parentum ibi legerat, vel alio quoquo modo retinuerat. unde evangelista seriem istius generationis poterat scire. notandum tamen, quod prior iechonias domini resurrectio, sequens domini praeparatio dicitur. utrumque autem convenit domino christo, qui dicit: ego sum resurrectio et vita; et: vado parare vobis locum. salathiel, idest petitio mea deus, illi convenit qui dicit: pater sancte, serva illos |75| quos dedisti mihi. * remigius. ° est etiam zorobabel, idest magister confusionis, secundum illud: magister vester cum publicanis et peccatoribus manducat. ipse est abiud, idest pater meus iste, secundum illud: ego et pater unum sumus. est et eliacim, idest deus resuscitans, secundum illud: resuscitabo eum in novissimo die. est et azor, idest adiutus, secundum illud: qui me misit, mecum est. ipse est et sadoch iustus, sive iustificatus, secundum illud: traditus iustus pro iniustis. est et achim, idest frater meus iste, secundum illud: qui fecerit voluntatem patris mei, hic meus frater est. est etiam eliud, idest deus meus iste, secundum illud: deus meus et dominus meus. * glossa. ° est et eleazar, idest deus meus adiutor, secundum illud: deus meus adiutor meus. est et mathan, idest donans vel donatus, secundum illud: dedit dona hominibus et: sic deus dilexit mundum ut filium suum daret |100| unigenitum. * remigius. ° est et iacob supplantans, quia non solum ipse supplantavit diabolum, sed et huius potestatem suis fidelibus dedit, secundum illud: ecce dedi vobis potestatem calcandi supra serpentes. est et ioseph, idest apponens, secundum illud: ego veni ut vitam habeant, et abundantius habeant. * rabanus. ° sed videamus quid moraliter isti patres significent: quia post iechoniam, qui dicitur praeparatio domini, sequitur salathiel, idest petitio mea deus; qui enim praeparatus est non petit nisi solum deum. sed iterum fit zorobabel, idest magister babylonis, scilicet terrenorum hominum, quos facit cognoscere de deo quod pater est, quod sonat abiud; et tunc ille populus resurgit a vitiis: unde sequitur eliacim, qui resurrectio interpretatur. et idem ad bene operandum adiutus, quod sonat azor, fit sadoch, idest iustus; et tunc dicit fidelis dilectionem proximi. ipse est frater meus, quod sonat achim; et per dilectionem dei dicit deus meus, quod sonat eliud. et sequitur |125| eleazar, idest deus meus adiutor, quia recognoscit deum suum adiutorem. ad quid autem tendit, ostendit mathan, qui dicitur donum vel donans: expectat enim deum datorem; et sicut luctatus est in principio et vitia supplantavit, sic et in fine vitae, quod ad iacob pertinet; et sic pervenitur ad ioseph, idest ad augmentum virtutum.

lc7 * Glossa. ° post omnes generationes patrum ponit ultimo generationem ioseph viri mariae, propter quam omnes aliae introducuntur, dicens iacob autem genuit ioseph. * hieronymus. ° hunc locum obiicit nobis iulianus augustus de dissonantia evangelistarum: cur matthaeus ioseph filium dixit iacob, et lucas filium eum appellaverit heli; non intelligens consuetudinem scripturarum, quod alter secundum naturam, alter secundum legem ei pater sit. scimus enim hoc per moysen deo iubente praeceptum, ut si frater aut propinquus absque liberis mortuus fuerit, alius eius accipiat uxorem ad suscitandum semen fratris vel propinqui sui. super hoc africanus, temporum scriptor, et eusebius caesariensis plenius disputaverunt. * ex historia autem ecclesiastica. ° mathan enim et melchi diversis temporibus ex una eademque uxore iescha nomine singulos filios procrearunt. quia mathan per salomonem descendit, uxorem eam |25| primum ceperat, et relicto filio uno iacob nomine, defunctus est. post cuius obitum, quoniam lex viduam alii viro non vetat nubere, melchi, qui per mathan genus ducit, cum esset ex eadem tribu, sed non ex eodem genere, relictam mathan accepit uxorem, ex qua ipse suscepit filium nomine heli, per quos ex diverso patrum genere efficiuntur iacob et heli uterini fratres; quorum alter, idest iacob, fratris heli sine liberis defuncti uxorem ex mandato legis accipiens, genuit ioseph, natura quidem generis suum filium; propter quod et scribitur iacob autem genuit ioseph. secundum legis vero praeceptum, heli efficitur filius iacob quia frater erat et ad suscitandum fratris semen acceperat uxorem eius. et per hoc recta invenitur atque integra generatio et ea quam matthaeus enumerat et ea quam lucas, qui legalem successionem, quae velut adoptione quadam erga defunctos constat, competenti satis per hoc designavit indicio, observans ne in huiusmodi successionibus genuisse aliquem nominaret. |50| * augustinus de cons. evang.. ° commodius enim filius eius dictus est a quo fuerat adoptatus, quam si diceretur ab illo genitus cuius carne non erat natus. matthaeus autem dicens abraham genuit isaac, et in hoc perseverans donec diceret iacob genuit ioseph, satis expressit eum patrem produxisse secundum ordinem generationum a quo ioseph non adoptatus, sed genitus erat. quamquam si etiam lucas genitum diceret ioseph ab heli, nec sic nos hoc verbum perturbare deberet; neque enim absurde quisquam dicitur non carne sed caritate genuisse quem sibi filium adoptaverit. * ex historia eccles.. ° haec autem non nobis ad lubitum reperta aut absque ullis auctoribus commentata sunt, sed ipsi salvatoris nostri secundum carnem propinqui, seu studio tanti seminis demonstrandi, seu edocendi quae secundum veritatem gesta sunt, haec tradiderunt. * augustinus de cons. evang.. ° merito autem lucas, qui non ab initio evangelii sui sed a baptismo christi generationes enarrat tamquam sacerdotem |75| in expiandis peccatis magis assignans, adoptionis originem ipse suscepit, quia per adoptionem efficimur filii dei credendo in filium dei. per carnalem vero generationem, quam matthaeus prosequitur, filius dei potius propter nos homo factus est. satis autem ostendit lucas se dixisse ioseph filium heli, quod illi fuerit adoptatus, cum adam filium dixerit dei per gratiam, quam postea peccando amisit, tamquam filius in paradiso constitutus sit. * chrysostomus in matth.. ° positis igitur progenitoribus universis et finiens in ioseph, addit virum mariae, monstrans quod propter illam et hunc in genealogia posuit. * hieronymus. ° cum autem virum audieris, tibi suspicio non subeat nuptiarum; sed recordare consuetudinis scripturarum, quod sponsae uxores, et sponsi viri vocantur. * gennadius de ecclesiasticis dogmatibus. ° natus est autem dei filius ex homine, idest ex maria, et non per hominem, idest ex viri coitu, sicut ebion dicit; unde signanter subdit |100| de qua natus est iesus. * augustinus de haeres.. ° quod est contra valentinum, qui dixit christum nihil assumpsisse de virgine, sed per illam tamquam per rivum aut fistulam pertransisse. * augustinus contra faustum. ° cur autem carnem ex utero feminae assumere voluerit, summa consilii penes ipsum est: sive quod utrumque sexum hoc modo honorandum iudicavit assumendo formam viri et nascendo de femina, sive aliqua alia causa quam non temere dixerim. * augustinus de quaest. novi et vet. testam.. ° quod autem per olei unctionem praestabat deus his qui in reges ungebantur, hoc praestitit spiritus sanctus homini christo addita expiatione; quare natus, christus est appellatus; et hoc est quod dicitur qui vocatur christus. * augustinus de cons. evang.. ° non tamen erat fas ut eum ob hoc a coniugio mariae separandum putaret quod non ex eius concubitu, sed virgo peperit christum; hoc enim exemplo magnifice insinuatur fidelibus coniugatis et servata pari |125| consensu continentia, posse permanere coniugium non permixto corporis sexu, sed custodito mentis affectu; praesertim quia nasci eis filius potuit sine ullo complexu carnali. * augustinus de nupt. et conc.. ° omne autem nuptiarum bonum impletum est in illis parentibus christi: fides, proles et sacramentum; prolem cognoscimus ipsum dominum, fidem quia nullum adulterium, sacramentum quia nullum divortium. * hieronymus. ° quaerat autem diligens lector, et dicat: cum ioseph non sit pater domini salvatoris, quid pertinet ad dominum generationis ordo deductus usque ad ioseph? cui respondebimus primo, non esse consuetudinis scripturarum ut mulierum in generationibus ordo texatur, deinde ex una tribu fuisse ioseph et mariam unde ex lege eam accipere cogebatur ut propinquam et quod simul censentur in bethlehem, ut de una videlicet stirpe generati. * augustinus de nupt. et conc.. ° fuit et series generationis usque ad ioseph producenda ne in illo coniugio virili sexui, utique potiori, |150| fieret iniuria, cum veritati nihil deperiret quia ex semine david erat maria. * augustinus contra faustum. ° nos ergo credimus etiam mariam fuisse in cognatione david quia eis scripturis credimus quae utrumque dicunt: et christum ex semine david secundum carnem, et eius matrem mariam, non cum viro concumbendo, sed virginem. * concilium ephesinum. ° cavendus autem est hic nestorii error qui sic dicit: cum divina scriptura dictura est aut nativitatem christi, quae ex maria virgine est, aut mortem, nusquam videtur ponens deus, sed aut christus aut filius aut dominus, quoniam haec tria naturarum significativa duarum: aliquando quidem huius, aliquando vero illius, aliquando autem et illius et istius. accipe autem ad hoc testimonium: iacob genuit ioseph virum mariae, de qua natus est iesus qui dicitur christus. deus enim verbum secunda ex muliere non eguit nativitate. * augustinus contra felicianum. ° sed non alius dei et alius hominis, sed |175| idem christus dei et hominis filius fuit. et sicut in uno homine aliud animus et aliud corpus, sic in mediatore dei et hominum aliud dei filius, aliud hominis filius fuit, unus tamen ex utroque christus dominus fuit. aliud, inquam, pro discretione substantiae, non alius pro unitate personae. * sed obiicit haereticus: ° nescio quomodo natum doceatis ex tempore quem coaeternum patri dicitis iam fuisse. nasci enim est velut quidam motus rei non extantis antequam nascatur, id agens beneficio nativitatis ut sit. quo colligitur, eum qui erat nasci non potuisse, et si nasci potuit, non fuisse. * ad quod respondetur ab augustino. ° fingamus, sicut plerique volunt, esse in mundo animam generalem quae sic ineffabili motu semina cuncta vivificet ut non sit concreta cum genitis; nempe cum haec in uterum passibilem materiam ad usus suos formatura pervenerit, unam facit secum esse personam eius rei, quam non eamdem constat habere substantiam; et fit, operante anima et patiente materia, ex duabus substantiis |200| unus homo, cum anima aliud doceatur esse, aliud caro. sicque animam nasci fatemur ex utero, quam ad uterum venientem vitam dicimus contulisse concepto. nasci, inquam, ex matre dicitur qui ex hac sibi corpus aptavit in quo nasci posset, non quia antequam nasceretur, quantum ad se attinet, ipsa penitus non fuisset. sic ergo, immo multo incomprehensibilius atque sublimius, natus est susceptione perfecti hominis de matre filius dei, qui per omnipotentiam singularem omnibus genitis est causa nascendi.

lc8 * Chrysostomus super matth.. ° positis generationibus ab abraham usque ad christum, eas in tres partes divisit per generationes quatuordecim quia ter completis quatuordecim generationibus mutatus est in iudaeis status hominum. ab abraham enim usque ad david fuerunt sub iudicibus, a david usque ad transmigrationem babylonis sub regibus, a transmigratione usque ad christum sub pontificibus. hoc ergo vult demonstrare: sicut semper completis quatuordecim generationibus mutatus est hominum status, sic completis quatuordecim generationibus a transmigratione ad christum necesse est a christo mutari similiter hominum statum; quod et factum est. post christum enim omnes gentes sub uno christo iudice, rege et pontifice factae sunt; unde quando iudices, reges et pontifices christi dignitatem praefigurabant, semper principia eorum in figura fuerunt christi: primus iudicum iesus nave, primus regum david, primus pontificum |25| iesus filius iosedech. hoc in figura christi fuisse, dubitat nemo. * chrysostomus in matth.. ° vel ideo in tres partes divisit omnes generationes demonstrans quod neque regimine transmutato facti sunt meliores, sed sub iudicibus, regibus, pontificibus et sacerdotibus in eisdem permanserunt malis; propter quod et captivitatem babylonis commemorat manifestans quod neque ex hoc sunt correcti. descensus autem in aegyptum non meminit quia aegyptios non timebant sicut babylonios vel assyrios, et quia illud erat antiquum, hoc autem recens et quia illuc non propter peccata deducti fuerant sicut in babylonem. * ambrosius super lucam. ° illud autem non praetermittendum putamus quod a david temporibus usque ad iechoniam, cum septemdecim fuerint reges iudaeae, quatuordecim generationes matthaeus posuit. oportet autem cognoscere, posse plures esse successiones, pauciores generationes; possunt enim diutius vivere aliqui et serius generare, aut certe penitus exortes generationis existere; itaque non quae |50| regum, eadem generationum tempora. * glossa. ° vel potest dici tres reges esse praetermissos, ut superius dictum est. * ambrosius super lucam. ° rursus ergo cum a iechonia usque ad ioseph generationes duodecim computentur, postea quatuordecim generationes descriptas esse commemoravit. sed si diligenter advertas, hic quoque quatuordecim generationum poteris invenire rationem. duodecim enim a ioseph numerantur, tertiadecima est christus; duos autem ioakim, idest duos iechonias fuisse historia indicat, patrem et filium. non igitur suppressit alterum evangelista, sed utrumque significat. ita, addito minori iechonia, generationes quatuordecim computantur. * chrysostomus super matth.. ° vel unus iechonias bis numeratur in evangelio, semel ante transmigrationem, iterum autem post transmigrationem. hic enim iechonias, cum esset unus, duas habuit conditiones: fuit enim et rex ante transmigrationem, quasi rex factus a populo dei; factus est et privatus post transmigrationem. ideo ante transmigrationem numeratur inter reges quasi rex, post transmigrationem autem inter privatos. * augustinus de cons. evang.. ° vel ideo unus in illis progenitoribus bis numeratur, idest iechonias, a quo facta est quaedam in extraneas gentes deflexio quoniam in babyloniam transmigratus est. ubi autem ordo a rectitudine flectitur ut eat in diversum, tamquam angulum facit; illud autem quod in angulo est bis numeratur. et hic iam christum praefigurat a circumcisione ad praeputium migraturum, et lapidem angularem futurum. * remigius. ° ideo autem quatuordecim posuit generationes quia denarius significat decalogum, quaternarius vero quatuor libros evangelii; unde in hoc ostendit concordiam legis et evangelii. ideo etiam quaterdenarium numerum triplicavit, ut ostenderet quia perfectio legis, prophetiae et gratiae, in fide sanctae trinitatis consistit. * glossa. ° vel in hoc numero septiformis gratia spiritus sancti significatur; hic enim numerus ex septem conficitur; quod autem geminatur significat gratiam spiritus sancti corpori et animae esse necessariam ad salutem. sic ergo haec generatio dividitur in tres tessaradecades: prima est ab abraham usque ad david, ita quod david ibi includitur; sed secunda a david usque ad transmigrationem, ita quod david ibi non includitur, sed transmigratio sub eo continetur; tertia est a transmigratione usque ad christum, in qua si dicamus iechoniam bis numeratum, transmigratio inclusa est. in prima significantur homines ante legem, in qua quosdam homines naturalis legis invenies, scilicet abraham, isaac et iacob, usque ad salomonem; in secunda significantur homines sub lege: omnes enim qui in ea inveniuntur sub lege fuerunt; in tertia homines gratiae quia terminatur ad christum qui gratiae dator fuit, in qua etiam liberatio a captivitate babyloniae facta est significans liberationem a captivitate per christum factam. * augustinus de cons. evang.. ° cum autem quaterdenas generationes tribus distinxisset articulis, non tamen eas dixit in summa, ut diceret: fiunt omnes quadraginta et duae. unus enim in illis progenitoribus bis numeratur, scilicet iechonias; sic ergo non quadraginta et duae, quod faciunt ter quatuordecim, sed propter unam bis numeratam quadraginta et una generationes fiunt. matthaeus igitur, qui regiam in christo constituerat insinuare personam, excepto christo quadraginta homines in generationum serie numeravit. numerus enim iste illud tempus significat quo in hoc saeculo regi nos oportet a christo, secundum disciplinam laboriosam, quam significat illa virga ferrea de qua in psalmis legitur: reges eos in virga ferrea. quod autem numerus iste hanc temporalem vitam aeternamque significet, illa interim causa de proximo occurrit, quod et tempora annorum quadripartitis vicibus currunt, et mundus ipse quatuor partibus terminatur, ab oriente et occidente, aquilone et meridie. quadraginta autem quatuor habent decem. porro ipsa decem ab uno usque ad quatuor progrediente numero consummantur. * glossa. ° vel denarius ad decalogum refertur, quaternarius ad praesentem vitam quae per quatuor tempora transit; vel per decem vetus testamentum, per quatuor novum. * remigius. ° si quis autem voluerit dicere quod sunt quadraginta et duae generationes, quia non est unus iechonias, sed duo, dicendum est quod et iste numerus congruit sanctae ecclesiae; nascitur enim a septenario et senario: nam sexies septem quadraginta et duo faciunt. senarius refertur ad laborem, septenarius vero ad requiem.

lc9 * Chrysostomus super matth.. ° quoniam superius dixerat iacob autem genuit ioseph cui desponsata maria genuit iesum, ne aliquis audientium sic aestimaret esse nativitatem quomodo praecedentium patrum, ipse ordinem narrationis suae praecidens dicit christi autem generatio sic erat, ac si dicat: generatio quidem eorum quos exposuimus patrum sic fuit quemadmodum retuli; christi autem generatio non sic, sed ita erat: cum esset desponsata mater. * chrysostomus in matth.. ° quasi enim aliquid novum dicturus praemittit modum generationis dicere, ne audiens virum mariae aestimes natum esse lege naturae. * remigius. ° potest autem ad superiora referri hoc modo: sic erat christi generatio sicut dixi; idest: abraham genuit isaac. * hieronymus. ° sed quare non de simplici virgine, sed de desponsata concipitur? primum, ut per generationem ioseph origo mariae monstraretur; secundo, ne lapidaretur a iudaeis ut adultera; tertio, ut in aegyptum fugiens haberet solatium mariti. martyr etiam ignatius quartam addit causam: ut partus, inquiens, eius celaretur diabolo, dum eum putat non de virgine, sed de uxore generatum. * chrysostomus super matth.. ° ideo autem et desponsata et domi habita: nam quemadmodum in ea quae in domo viri concipit, intelligitur conceptio naturalis, ita in ea quae extra domum concepit, est suspecta coniunctio. * hieronymus contra helvidium. ° sciendum autem quod helvidius, quidam homo turbulentus, accepta materia disputandi, blasphemare contra dei matrem incepit; cuius prima propositio fuit: matthaeus loquitur sic: cum esset desponsata. ecce, inquit, habes desponsatam, non commendatam, ut dicitis; et utique non ob aliud desponsatam nisi quoniam nupturam. * origenes. ° desponsata fuit quidem ioseph, non tamen in concupiscentia iuncta. mater eius, inquit, mater immaculata, mater incorrupta, mater intacta. mater eius; cuius eius? mater est dei, unigeniti, domini, regis, omnium plasmatoris et redemptoris cunctorum. * cyrillus ad ioannem antioch.. ° quid enim videbit aliquis in sancta virgine praeter alias? si dei mater non sit, sed christi vel domini, ut nestorius dicit, nihil enim absurdum est etiam si voluerit quis matrem uniuscuiusque unctorum christi nominare genitricem. sola vero praeter illas sancta virgo et christi genitrix intelligitur ac dicitur. genuit enim non purum hominem, secundum vos, sed incarnatum potius, et hominem factum ex deo patre verbum. sed forsitan illud ais: dic mihi, putasne divinitatis mater facta est virgo? et ad hoc quoque dicimus quia natum est ex ipsa dei substantia eius verbum et sine principio temporis semper coexistens genitori; in novissimis autem temporibus, quoniam caro factum est, hoc est unitum carni animam habenti rationalem, natum etiam dicitur carnaliter per mulierem. assimilatur autem quodammodo nativitati quae est secundum nos, hoc sacramentum; matres etenim terrenorum ministrant naturae coagulatam paulatim carnem perficiendam in specie humana. immittit autem animali spiritum deus. sed licet sint istae solummodo terrenorum corporum matres, attamen parientes, totum animal et non partem peperisse dicuntur. tale autem aliquid gestum percipimus in generatione emmanuel; natum enim est ex patris substantia dei verbum; quia vero carnem assumpsit propriam eam faciens, necessarium est confiteri quia natus est secundum carnem per mulierem. quia igitur et deus vere est, quomodo dubitabit quispiam sanctam virginem dei dicere genitricem? * leo papa in sermone de nativ.. ° non autem te dei conceptus turbet, partus te non confundat auditus, quando virginitas quicquid est humani pudoris excusat. aut quae hic verecundiae laesio, ubi iniit deitas cum amica sibi semper integritate consortium, ubi est interpres angelus, fides pronuba, dispensatio castitas, donatio virtus, iudex conscientia, causa deus, conceptio integritas, virginitas partus, virgo mater? * cyrillus ad ioannem antioch.. ° sed si de caelo et non ex ipsa sanctum corpus christi factum esse diceremus, ut valentinus, quomodo intelligeretur dei genitrix maria? nomen autem matris ostendit cum subdit maria. * beda super lucam. ° interpretatur autem maria stella maris hebraice, domina syriace, quia et lucem salutis et dominum mundo edidit. cui autem desponsata fuerit ostendit subdens ioseph. * chrysostomus super matth.. ° ideoque fabro lignario maria desponsata erat, quoniam christus ecclesiae sponsus omnium salutem hominum operaturus erat per lignum crucis. * chrysostomus in matth.. ° quod autem sequitur antequam convenirent, non dicitur: antequam duceretur in domum sponsi; etenim iam intus erat. consuetudo enim multoties veteribus erat in domo desponsatas habere, quod et nunc quoque fieri videtur, et generi lot intus cum ipso erant. * glossa. ° sed dicitur antequam convenirent ad carnis commixtionem. * chrysostomus super matth.. ° ut non ex compassione carnis et sanguinis nasceretur, qui ideo natus est ut carnis et sanguinis solveret passionem. * augustinus de nupt. et concup.. ° nuptialis etiam concubitus ibi non fuit quia in carne peccati fieri non poterat sine ulla carnis concupiscentia quae accidit ex peccato, sine qua concipi voluit qui futurus erat sine peccato, ut hinc etiam doceret omnem quae de concubitu nascitur, carnem esse peccati; quandoquidem sola, quae non inde nata est, non fuit caro peccati. * augustinus in sermone 6 de nativ.. ° nascitur etiam ab intacta femina christus quia fas non erat ut virtus per voluptatem, castitas per luxuriam, per corruptionem incorruptio nasceretur. nec poterat nisi novo ordine adventare de caelo qui vetustum mortis destruere veniebat imperium. regnum igitur tenuit virginitatis quae regem genuit castitatis. ideo etiam dominus noster virgineum sibi requisivit hospitium habitandi, ut nobis ostenderet deum in casto corpore portari debere. ergo qui scripsit lapideas tabulas sine stylo ferreo, ipse gravidavit mariam spiritu sancto; unde dicitur inventa est in utero habens de spiritu sancto. * hieronymus. ° non ab alio inventa est nisi a ioseph, qui pene licentia maritali omnia noverat. * chrysostomus super matth.. ° nam, sicut historia non incredibilis docet, quando gesta sunt quae refert lucas, ioseph absens erat; nec enim conveniens est putare praesente ioseph introisse angelum ad mariam et dixisse quae dixit, et mariam respondisse quaecumque respondit. et si credamus angelum potuisse intrare ad eam et loqui, plane tamen mariam abiisse in montana et mansisse cum elisabeth mensibus tribus possibile non fuit praesente ioseph, quia necesse erat ut absentationis eius et mansionis diutinae requireret causas. postquam autem rediit peregre post tot menses, invenit eam gravidam manifeste. * chrysostomus in matth.. ° proprie autem dicit inventa est, quod de non excogitatis dici consuetum est. ne autem molestes evangelistam interrogando qualiter sit natus ex virgine, breviter expedivit se dicens de spiritu sancto; quasi dicat: spiritus sanctus est qui est hoc miraculum operatus. neque enim gabriel neque matthaeus amplius dicere potuerunt. * glossa. ° hoc ergo quod dicitur est ex spiritu sancto, evangelista ex parte sua adduxit, ut cum diceretur habere in utero, omnis mala removeretur suspicio a mentibus audientium. * augustinus in sermone de trin.. ° non autem, sicut quidam sceleratissime opinantur, spiritum sanctum dicimus fuisse pro semine, sed potentia ac virtute creatoris dicimus operatum. * ambrosius de spiritu sancto. ° quod enim ex aliquo est, aut ex substantia est aut ex potestate eius est: ex substantia, sicut filius qui a patre; ex potestate, sicut ex deo omnia, quomodo et in utero habuit maria ex spiritu sancto. * augustinus ench. ad laurentium. ° profecto autem iste modus quo natus est christus de spiritu sancto insinuat nobis gratiam dei, qua homo nullis praecedentibus meritis, in ipso exordio naturae suae quo esse coepit, verbo dei copularetur in tantam personae unitatem ut idem ipse esset filius dei. sed cum illam creaturam quam virgo concepit et peperit, quamvis ad solam personam filii pertinentem tota trinitas fecerit (neque enim separabilia sunt opera trinitatis), cur in ea facienda solus spiritus sanctus nominatus est? an et quando unus trium in aliquo opere nominatur, universa operari trinitas intelligitur? * hieronymus contra helvidium. sed inquit helvidius: ° neque de non conventuris evangelista dixisset priusquam convenirent, quia nemo de non pransuro dicit: antequam pranderet; quasi si quis diceret: antequam in portu pranderem ad africam navigavi, non posset stare sententia nisi ei in portu prandendum sit quandoque; aut non potius sit intelligendum sic quod ante, licet saepe et sequentia indicet, tamen nonnumquam ea tantum quae prius cogitabantur ostendit; nec necesse sit ut cogitata fiant cum ideo aliud intervenerit ne ea quae cogitata sunt fierent. * hieronymus. ° non ergo sequitur ut postea convenerint, sed scriptura quod factum non sit ostendit. * remigius. ° vel hoc verbum conveniendi, non ipsum concubitum, sed tempus significat nuptiarum, idest quando ea quae fuerat sponsa incipit esse uxor. est enim sensus antequam convenirent, idest antequam rite solemnia nuptiarum celebrarent. * augustinus de cons. evang.. ° hoc quemadmodum factum sit, quod hic praetermisit, lucas exponit post commemoratum conceptum ioannis ita enarrans: in mense autem sexto missus est angelus; et infra: spiritus sanctus superveniet in te. hoc ergo est quod matthaeus commemoravit dicens inventa est in utero habens de spiritu sancto. nec contrarium est, quia lucas exposuit quod matthaeus praetermisit; sicut non est contrarium, quia matthaeus deinceps continet quod lucas praetermisit. sequitur enim ioseph autem vir eius cum esset iustus, usque ad eum locum ubi scriptum est de magis quod per aliam viam reversi sunt in regionem suam. si quis autem velit unam narrationem ex omnibus quae de christi nativitate dicuntur ab alterutro, si haec praetermittuntur, ordinare sic potest: christi generatio sic erat: fuit in diebus herodis usque ibi: mansit autem maria cum illa quasi mensibus tribus, et reversa est in domum suam. et tunc addendum est quod hic dicitur: et inventa est in utero habens de spiritu sancto.

lc10 * Chrysostomus in matth.. ° cum dixisset evangelista quod ex spiritu sancto et sine concubitu inventa est in utero habens, ne suspectum habeas christi discipulum quasi grandia de suo magistro fingentem, introducit ioseph per ea quae passus est, ad fidem quae dicta sunt conferentem; unde dicit ioseph autem vir eius cum esset iustus. * augustinus in serm. 14 de nativ.. ° intelligens enim ioseph mariae uterum gravidari, turbatur quod mariam quam de templo domini acceperat et nondum cognoverat gravidam sentiebat; secumque aestuabat disputans et dicens: quid faciam? prodo aut taceo? si prodidero, adulterio non consentio, sed vitium crudelitatis incurro quia secundum moysi sententiam lapidandam eam esse cognosco. si tacuero, malo consentio et cum adulteris portionem meam pono. quoniam ergo tacere malum est, adulterium prodere peius est, dimittam eam a coniugio. * ambrosius super lucam. ° pulchre autem docuit sanctus matthaeus quid facere debeat iustus qui opprobrium coniugis deprehenderit, ut incruentum ab homicidio, castum ab adulterio praestare se debeat. et ideo dicit cum esset iustus. ubique ergo in ioseph iusti gratia et persona servatur ut testis ornetur; lingua enim iusti loquitur iudicium veritatis. * hieronymus. ° sed quomodo ioseph, cum crimen celet uxoris, iustus describitur? in lege enim praeceptum est non solum reos, sed conscios criminis obnoxios esse peccato. * chrysostomus in matth.. ° sed sciendum quod iustum hic virtuosum in omnibus dicit. est enim iustitia specialis quaedam, ut avaritiam non habere, et altera universalis virtus; et sic nomine iustitiae maxime utitur scriptura. iustus igitur existens, idest benignus et mitis, voluit occulte dimittere eam, quae non solum traductioni, sed etiam poenae secundum legem obnoxia videbatur. sed ioseph utrumque remisit quasi supra legem vivens. sicut enim sol antequam radios monstret mundum clarificat, sic et christus antequam nasceretur multa signa perfectae virtutis apparere fecit. * augustinus de verb. dom.. ° vel aliter: si solus nosti quia aliquis peccaverit in te, eum vis coram hominibus arguere, non es corrector sed proditor. unde vir iustus ioseph tanto flagitio quod de uxore fuerat suspicatus, magna benignitate pepercit. aestuabat utique certa adulterii suspicio; et tamen, quia ipse solus sciebat, noluit eam divulgare sed occulte dimittere, volens prodesse peccanti, non punire peccantem. * hieronymus. ° vel hoc testimonium mariae est quod ioseph sciens illius castitatem et admirans quod evenerat, celat silentio cuius mysterium nesciebat. * remigius. ° videbat enim gravidam quam noverat castam; et quia legerat: egredietur virga de radice iesse, unde novit mariam duxisse originem et legerat etiam: ecce virgo concipiet, non diffidebat hanc prophetiam in ea esse implendam. * origenes. ° sed si suspicionem in ea non habebat, quomodo iustus erat ut immaculatam dimitteret? ideo ergo dimittere volebat quoniam magnum sacramentum in ea esse cognoscebat cui approximare se indignum aestimabat. * glossa. ° vel cum vellet eam dimittere iustus erat; cum occulte, pius notatur, eam ab infamia defendens. et hoc est: cum esset iustus voluit dimittere eam; cum nollet eam traducere in publicum, idest diffamare, voluit hoc facere occulte. * ambrosius super lucam. ° nemo autem quam non accepit, dimittit; et ideo quam volebat dimittere, fatebatur acceptam. * glossa. ° vel cum nollet eam traducere in domum suam ad cohabitationem assiduam voluit occulte dimittere eam, idest tempus nuptiarum mutare; vera enim virtus est cum nec pietas sine iustitia nec sine pietate servatur iustitia, quae separatae ab invicem dilabuntur. vel iustus erat per fidem, qua credebat christum de virgine nasciturum; unde voluit se humiliare ante tantam gratiam.

lc11 * Remigius. ° quia, sicut dictum est, cogitabat ioseph occulte mariam dimittere, hoc autem si fecisset perpauci essent qui non magis suspicarentur eam esse meretricem quam virginem, idcirco repente consilium ioseph divino mutatum est consilio; unde dicitur: haec autem eo cogitante. * glossa. ° in quo notatur animus sapientis, qui nihil temere vult incipere. * chrysostomus in matth.. ° notatur etiam mansuetudo ioseph quia nulli enarravit suam suspicionem, neque ei quae suspecta erat; sed in se cogitabat. * augustinus in serm. 14 de nativ.. ° sed ioseph ista cogitante, non timeat maria david filia, quoniam sicut david veniam contulit sermo propheticus, sic mariam liberat angelus salvatoris. ecce enim iterum virginis ille paranymphus gabriel advenit; unde sequitur ecce angelus domini apparuit ioseph. * glossa. ° hoc igitur verbo apparuit significatur potestas apparentis, qui quando vult et quomodo, exhibet se videndum. * rabanus. ° quomodo autem angelus ioseph apparuerit, demonstratur cum dicitur in somnis, idest quomodo iacob scalam vidit per imaginationem quamdam oculis cordis ostensam. * chrysostomus in matth.. ° ideo autem non apparuit manifeste ioseph sicut pastoribus quia valde fidelis erat; pastores autem indigebant quasi rudes. virgo autem indiguit quasi primo de maximis instruenda. similiter etiam zacharias indiguit ante conceptionem prolis mirabili visione. * glossa. ° apparens angelus nomen exprimit, genus commemorat et timorem excludit dicens: ioseph fili david. ioseph, eum ex nomine quasi notum et familiarem sibi ostendit. * chrysostomus super matth.. ° filium david eum nominans, voluit eum adducere in memoriam promissionis dei ad david, ut de semine eius christus nasceretur. * chrysostomus in matth.. ° dicens autem noli timere, monstrat eum iam timere ne offenderet deum quasi adulteram habens; alias neque cogitasset eam expellere. * severianus. ° sponsus etiam ne timeat admonetur quia pius animus, dum compatitur, plus pavescit, ac si dicat: hic non est mortis causa, sed vitae, quia quae vitam parturit non meretur occidi. * chrysostomus super matth.. ° dicens etiam ne timeas, cognitionem se cordis eius ostendere voluit, ut per hoc futurorum bonorum, quae de christo erat dicturus, faceret fidem. * ambrosius super lucam. ° non autem te moveat quod eam coniugem vocat; non enim virginitatis ereptio, sed coniugii testificatio, nuptiarum celebratio declaratur. * hieronymus contra helvidium. ° non tamen est putandum quod ex eo quod uxor est appellata, sponsa esse desierit, cum hanc esse consuetudinem scripturae noverimus, quod sponsos viros, et sponsas appellet uxores sicut deuteronomii testimonio approbatur: si quis (inquit) invenerit virginem desponsatam viro in campo, et vim faciens dormierit cum ea, moriatur, quia humiliavit uxorem proximi sui. * chrysostomus in matth.. ° dicit autem noli timere accipere, idest domi retinere; iam enim mente dimissa erat. * rabanus. ° vel noli timere accipere eam nuptiali conventu et assidua cohabitatione. * chrysostomus super matth.. ° propter tres autem causas apparuit angelus ioseph hoc dicens ei. primo, ne iustus homo ignorans faceret rem iniustam ex proposito iusto. deinde propter honorem ipsius matris; nam si dimissa fuisset, apud infideles turpi suspicione carere non poterat. tertio, ut intelligens ioseph sanctam conceptionem, diligentius se custodiret ab illa quam prius. ideo tamen non ante conceptionem virginis venit ad ioseph, ut nec cogitaret haec quae cogitavit nec pateretur quae passus est zacharias culpam infidelitatis incurrens de conceptione coniugis iam longaevae; incredibilior enim erat res virginem posse concipere quam anum. * chrysostomus in matth.. ° vel ideo turbato iam ioseph angelus venit ut appareat ioseph sapientia, et ut hoc ipsum fieret ei eorum quae dicebantur demonstratio. dum enim audit ab angelo quae intra se cogitaverat, indubitabile signum erat quod a deo mitteretur, cuius solius est scire cordis secreta. sermo etiam evangelistae insuspicabilis fit, demonstrans ioseph passum quod probabile est virum pati. virgo etiam omnem malam suspicionem effugit, ex hoc quod vir qui zelotypiam passus est, eam suscepit et post conceptionem servavit. ideo autem virgo ioseph haec quae angelus nuntiarat, non dixit, quia non aestimabat sibi credi a sponso et maxime iam in suspicionem adducto. virgini autem ante conceptionem annuntiat angelus, ne si post conceptionem differret, in angustia esset. oportebat autem extra turbationem esse illam matrem quae omnium conditorem recepit. non solum autem angelus ab iniqua commixtione virginem excusat, sed et supra naturam concepisse demonstrat, non solum timorem auferens, sed et laetitiam addens; unde subdit quod enim in ea natum est, de spiritu sancto est. * glossa. ° aliud est nasci in ea, et aliud ab ea: nasci ab ea, est prodire in lucem; nasci in ea est idem quod concipi. vel secundum praesentiam angeli quam habet ex deo, cui futurum quasi praeteritum est, natum dicitur. * augustinus de quaest. nov. et vet. testam.. ° sed si de spiritu sancto natus est christus, cur dictum est: sapientia aedificavit sibi domum? domus ista gemina ratione debet intelligi. primum enim domus christi ecclesia est, quam aedificavit sibi sanguine suo; deinde potest et corpus eius dici domus eius, sicut dicitur templum eius. factum autem spiritus sancti, factum filii dei est, propter naturae et voluntatis unitatem; sive enim pater faciat sive filius sive spiritus sanctus, trinitas est quae operatur; et quidquid tres fecerint, dei unius est. * augustinus enchir.. ° numquid tamen ideo dicturi sumus patrem hominis christi esse spiritum sanctum, ut deus pater verbum genuerit, spiritus sanctus hominem? quod ita absurdum est, ut nullae fideles aures id valeant sustinere. quomodo ergo dicimus christum natum de spiritu sancto, si non eum genuit spiritus sanctus? an quia fecit eum? inquantum enim homo est, factus est, sicut apostolus dicit: factus ex semine david, secundum carnem. neque enim quia mundum istum fecit deus, dici eum fas est dei filium aut natum ex deo, sed factum vel creatum vel conditum. hic autem, cum confiteamur eum natum de spiritu sancto et maria virgine, quomodo non sit filius spiritus sancti, et sit filius mariae virginis? non ergo concedendum est quicquid de aliqua re nascitur, continuo eiusdem rei filium nuncupandum. ut enim omittam aliter de homine nasci filium, aliter capillum, pediculum et lumbricum, quorum nihil est filius, certe homines qui nascuntur ex aqua et spiritu, non aquae filios recte eos dixerit quispiam, sed dei patris, et matris ecclesiae. sic ergo de spiritu sancto natus est et filius dei patris est, non spiritus sancti.

lc12 * Chrysostomus in matth.. ° quia hoc quod angelus ad ioseph dixerat supra humanam cogitationem et legem naturae erat, non solum ex praeteritorum revelatione confirmat quae dixerat, sed etiam ex futuris, dicens pariet autem filium. * glossa. ° ut enim non videretur ioseph amplius coniugio non esse necessarius cum conceptio esset facta sine eius auxilio, ostendit quod quamvis non sit necessarius conceptui, tamen utilis est procurationi quia ipsa pariet filium, et tunc matri et filio erit necessarius: matri, ut ab infamia defendat, filio, ut eum nutriat et circumcidat; quae circumcisio notatur ubi dicit et vocabis nomen eius iesum. in circumcisione enim solet dari nomen. * chrysostomus super matth.. ° non autem dixit: pariet tibi filium sicut ad zachariam: ecce elisabeth uxor tua pariet tibi filium; quia mulier quae ex viro concipit, marito suo filium parit, quia magis ex illo est quam de ipsa; haec autem quae non de viro conceperat, non viro filium peperit, sed sibi tantummodo. * chrysostomus in matth.. ° vel indeterminate hoc posuit ut ostendat quod eum peperit orbi terrarum universo. * rabanus. ° dicit autem vocabis nomen, et non imponens, quia ab aeterno impositum est. * chrysostomus in matth.. ° hinc autem ostendit admirabilem esse partum, quia deus est qui nomen desuper per angelum mittit, nec nomen quodcumque, sed quod est infinitorum bonorum thesaurus. ideoque interpretatur illud angelus, bonam substituens spem, et ex hoc ad credendum quod dicebatur inducit. facilius namque sollicitamur ad prospera et promptius fidem accommodamus secundis. * hieronymus. ° iesus enim hebraeo sermone salvator dicitur. etymologiam ergo nominis significat dicens ipse enim salvum faciet populum suum a peccatis eorum. * remigius. ° ostendit enim eumdem totius mundi salvatorem, et nostrae salutis auctorem. salvat quidem non incredulos, sed populum suum, hoc est in se credentes salvat non tam a visibilibus hostibus quam potius invisibilibus; hoc est, a peccatis salvat non armis pugnando sed peccata relaxando. * severianus. ° veniant et audiant qui requirunt: quis est quem maria genuit? ipse enim salvum faciet populum suum, non alterius salvum faciet populum. unde? a peccatis eorum. esse deum qui peccata donat si christianis non credis, crede infidelibus, vel iudaeis dicentibus: nemo potest peccata dimittere nisi solus deus.

lc13 * Remigius. ° mos fuit evangelistae, ea quae dicit, de veteri testamento confirmare propter iudaeos qui in christum crediderant, ut agnoscerent ea esse completa in gratia evangelii quae praedicta fuerant in veteri testamento; et subdit hoc autem totum factum est. quaerendum autem est in hoc loco quare dixerit hoc totum factum esse, cum superius solam conceptionem narraverit. sed sciendum quod hoc ideo dixit, ut demonstraret quod ante in praesentia dei factum fuit quam fieret apud homines. sive quia praeteritarum rerum erat narrator, totum factum esse dixit, quia quando hoc scripsit, iam totum factum erat. * rabanus. ° vel hoc totum factum esse dicit, quod virgo desponsaretur, quod casta servaretur, quod gravida inveniretur, quod per angelum revelaretur ut adimpleretur quod dictum est. non enim hoc impleretur quod virgo conciperet et pareret, nisi desponsata esset, ne lapidaretur, et nisi ab angelo secretum detegeretur, et ita eam ioseph acciperet, ne dimissa per infamiam efflueret et lapidatione periret. si ergo ante partum periret, cessaretur prophetia quae ait: pariet filium. * glossa. ° vel potest dici quod ut non ponitur causaliter: non enim ideo impletum est quia implendum erat; ponitur autem consecutive sicut et in genesi: suspendit alterum in patibulo, ut coniectoris veritas probaretur, quia uno suspenso, coniectoris veritas est probata; sic et in hoc loco intelligendum est, quod hoc facto quod praedictum est, prophetia impleta est. * chrysostomus in matth.. ° vel aliter. quia vidit angelus abyssum divinae misericordiae, naturae leges solutas, et eum qui erat omnibus superior, ad hominem, qui erat omnibus inferior, descendisse, haec et huiusmodi uno verbo ostendit dicens hoc autem totum factum est, quasi dicat: ne putes quod haec nunc tantum deo placeant, olim praeordinata sunt; decenter enim angelus non virgini, sed ioseph prophetiam inducit, quasi in prophetis meditanti et experto. et primo quidem virginem coniugem appellaverat, nunc autem virginem propheta inducit, ut hoc etiam a propheta audiret quasi diu praemeditatum. unde ad fidem eorum quae dicebantur inducit isaiam, vel magis deum; non enim dicit: ut impleretur quod dictum est ab isaia, sed quod dictum est a domino per isaiam. * hieronymus super isaiam. ° quoniam autem praemittitur in propheta: dabit dominus ipse vobis signum, novum debet esse atque mirabile. si autem iuvencula vel puella, ut iudaei volunt, et non virgo pariat, quale signum poterat appellari, cum hoc nomen aetatis sit, non integritatis? et revera virgo hebraice bethula appellatur, quae in praesenti loco non scribitur in propheta; sed pro hoc verbo positum est halma, quod praeter lxx omnes adolescentulam transtulerunt. porro halma apud eos ambiguum est; dicitur enim et adolescentula et abscondita; ergo halma non solum puella vel virgo, sed virgo abscondita dicitur, et secreta, quae nunquam virorum patuerit aspectibus, sed magna parentum diligentia custodita sit. lingua quoque punica, quae de hebraeorum fontibus manare dicitur, proprie virgo halma appellatur. in nostro quoque sermone halma dicitur sancta; omniumque pene linguarum verbis utuntur hebraei; et quantum cum mea pugno memoria, numquam me arbitror halma de muliere nupta legisse, sed de ea quae est virgo, ut non virgo solummodo sit, sed in annis adolescentiae; potest enim fieri ut virgo sit vetula. ista autem virgo erat in annis puellaribus, vel certe virgo, non puella quae adhuc virum nosse non posset. * hieronymus. ° pro eo autem quod evangelista matthaeus dicit in utero habebit, in propheta, quia futurum praedicit, significat quod futurum sit: et scripsit accipiet; evangelista autem, quia non de futuro, sed de praeterito narrat historiam, mutavit accipiet et posuit habebit; qui autem habet, nequaquam accepturus est. dicit autem ecce virgo in utero habebit, et pariet filium. * leo ad flavianum. ° conceptus quippe est de spiritu sancto intra uterum virginis matris, quae ita illum salva virginitate edidit, quemadmodum salva virginitate concepit. * augustinus in serm. 11 de nativ.. ° qui enim dirupta corporum membra in aliis poterat reintegrare tangendo, quanto magis in sua matre quod invenit integrum non violavit nascendo? crevit enim in eius partu corporis integritas potius quam decrevit, et virginitas ampliata est potius quam fugata. * theodotus in serm. ephesini concilii. ° quia vero photinus purum hominem dicit qui natus est, dei non dicens partum, et qui ex vulva processit hominem proponit a deo divisum, dicat nunc quomodo natura humana per vulvam virginalem nata, virginitatem vulvae servavit incorruptam? nullius enim hominis mater virgo permansit. sed quia natus est carne deus verbum, custodit virginitatem, seipsum verbum esse ostendens; neque enim nostrum verbum cum paritur corrumpit mentem, neque deus verbum partum eligens peremit virginitatem. sequitur et vocabunt nomen eius emmanuel. * chrysostomus in matth.. ° consuetudo quidem est scripturae res quae contingunt pro nominibus ponere. nihil ergo est aliud quod dicit vocabunt nomen eius emmanuel, quam videbunt deum cum hominibus; unde non dicit vocabis sed vocabunt. * rabanus. ° primo quidem angeli psallentes, secundo apostoli praedicantes, adhuc et sancti martyres, deinde cuncti credentes. * hieronymus super isaiam. ° septuaginta autem et tres reliqui transtulerunt similiter vocabis, pro quo hic scriptum est vocabunt; quod in hebraeo non habetur; verbum enim charatim, quod omnes interpretati sunt vocabis, potest intelligi et vocabit, quod ipsa scilicet virgo quae concipiet et pariet christum, emmanuel appellatura sit nomine, quod interpretatur nobiscum deus. * remigius. ° quaerendum autem est quis est interpretatus hoc nomen: propheta aut evangelista aut aliquis translator? sed sciendum quod propheta non est interpretatus, sancto autem evangelistae quid |150| necesse fuerat interpretari, cum scriberet hebraeo sermone? fortassis quia hoc nomen obscurum erat apud hebraeos, idcirco dignum erat interpretatione. sed magis credendum est quod aliquis translator sit interpretatus ne haberetur hoc nomen obscurum apud latinos. hoc denique nomine duae substantiae, divinitatis scilicet et humanitatis, in una persona domini iesu christi designantur, quia qui ante omnia saecula ineffabiliter genitus est a deo patre, idem ipse in fine temporum factus est emmanuel, idest nobiscum deus, ex virgine matre. quod autem dicitur nobiscum deus, potest intelligi hoc modo: nobiscum factus est, idest passibilis mortalis et per omnia nostri similis absque peccato, sive quia substantiam nostrae fragilitatis quam assumpsit, substantiae suae divinitatis in unitate personae coniunxit. * hieronymus super isaiam. ° sed sciendum quod hebraei hoc de ezechia filio achaz prophetari arbitrantur, quod ipso regnante capta sit samaria; quod omnino probari |175| non potest. siquidem achaz filius ioathan regnavit super iudaeam et ierusalem annis sexdecim, cui successit in regnum filius eius ezechias annos natus viginti tres, et regnavit super iudaeam et ierosolymam annis viginti novem; quomodo ergo quam vidit primo anno achaz prophetiam, de ezechiae conceptu dicitur et nativitate, cum eo tempore cum regnare coeperat achaz, iam novem esset ezechias annorum? nisi forte sextum ezechiae regni annum quo capta est samaria, infantiam eius appellari dicant, non aetatis, sed imperii; quod coactum esse ac violentum etiam stultis patet. quidam de nostris isaiam prophetam duos filios habuisse contendit, iasub et emmanuel, et emmanuel de prophetissa uxore sua esse generatum in typum domini salvatoris. hoc autem fabulosum est. * petrus alphonsus. ° non enim scitur quod aliquis homo illius temporis emmanuel sit vocatus. * sed obiicit hebraeus: ° quomodo stare poterit quod hoc propter christum dictum sit et mariam, cum ab achaz usque |200| ad mariam multa centena annorum transierunt? sed licet ad achaz loqueretur propheta, non solum tamen ad eum vel de suo tempore dicta est prophetia. propter hoc enim dictum est: audite domus david, non: audite achaz. iterum: dabit dominus ipse vobis signum; addit ipse, ac si diceret: non alius; ex quo potest intelligi ipsum dominum signum esse futurum. quod etiam pluraliter ait vobis et non tibi, innuit non propter achaz vel ad ipsum solum hoc dictum fuisse. * hieronymus super isaiam. ° est ergo sic intelligendum quod dicitur ad achaz: iste puer qui nascetur ex virgine, domus david, nunc appelletur emmanuel, idest nobiscum deus, quia a rebus ipsis (probabiliter, a duobus regibus inimicis liberata) patebit deum te habere praesentem. postea autem vocabitur iesus, idest salvator, eo quod universum genus homini sit salvaturus. non mireris ergo, o domus david, ad rei novitatem, si virgo deum pariat quae tantam habeat potestatem ut multo post |225| tempore nasciturus te nunc liberet invocatus. * augustinus contra faustum. ° quis autem dementissimus diceret cum manichaeo, enervis esse fidei de christo sine teste non credere, cum apostolus dicat: quomodo credent ei quem non audierunt? aut quomodo audient sine praedicante? ut autem non contemnerentur neque fabulosa ducerentur quae apostoli nuntiabant, demonstrantur haec a prophetis fuisse praedicta, quia etsi attestabantur miracula, non defuissent qui magicae potentiae cuncta illi tribuerent, nisi talis eorum cogitatio contestatione prophetica vinceretur. magicis enim artibus longe antequam nasceretur, prophetas sibi constituere a quibus praenuntiaretur, nemo utique diceret: si etiam dixerimus homini gentili crede christo quia deus est et responderit: unde credo? prolataque auctoritate prophetarum, eis se nolle credere dixerit, ostendimus fidem prophetarum ex his quae ventura cecinerunt et venisse cernuntur. credo enim quod eum non |250| lateret quantas a regibus huius saeculi persecutiones prius pertulerit christiana religio; videat nunc ipsos reges terrae christi imperio subiugatos omnesque gentes eidem servientes, quae omnia per prophetas fuerunt praedicta. hoc ergo audiens de scriptura prophetica et cernens in universa terra completa, moveretur ad fidem. * glossa. ° horum ergo errorem evangelista excludit dicens ut adimpleretur quod dictum est a domino per prophetam. prophetia autem alia est ex praedestinatione dei, quam necessarium est evenire omnibus modis ut sine nostro impleatur arbitrio, ut illa de qua modo agimus: unde dicit ecce, ad demonstrandum certitudinem prophetiae; alia est ex praescientia dei, cui nostrum admiscetur arbitrium et cooperante gratia consequimur praemium, vel ab ea iuste relicti tormentum; alia non ex praescientia, sed est quaedam comminatio more humano facta, sicut illud: adhuc quadraginta dies et ninive subvertetur, intelligendo nisi ninivitae corrigantur.

lc14 * Remigius. ° eo audito rediit vita quo ingressa est mors. per inobedientiam enim adae omnes perditi sumus, per obedientiam ioseph omnes ad pristinum statum incipimus revocari; nam his verbis magna nobis virtus obedientiae commendatur, quibus dicitur exurgens autem ioseph fecit sicut praeceperat ei angelus domini. * glossa. ° non tantum quod praecepit angelus fecit, sed etiam sicut praecepit. quisquis etiam a deo monetur, solvat moras, surgat a somno, faciat quod iubetur. et accepit mariam coniugem suam. * chrysostomus super matth.. ° non in domum accepit eam, nec enim adhuc dimiserat eam de domo, sed de animo suo deposuerat eam, et iterum in animum suum eam recepit. * remigius. ° vel accepit celebratis nuptiis ut coniux vocaretur, non tamen ut concumberet, quia sequitur et non cognoscebat eam. * hieronymus contra helvidium. ° sed helvidius superfluo labore desudat, cognoscendi verbum ad coitum magis quam ad |25| scientiam esse referendum, quasi hoc quisquam negaverit et eas ineptias quas redarguit aliquando prudens quispiam suspicari potuerit. deinde vult dicere quod donec sive usque adverbium certum tempus significet, quo completo fiat aliud quod usque ad illud tempus non fiebat, ut hic: non cognoscebat eam donec peperit filium. apparet, inquit, cognitam esse post partum, cuius cognitionem filii tantum generatio differebat. et ad hoc approbandum congerit de scripturis exempla quam plurima. ad quod respondemus: et non cognoscebat, et usque, vel donec in scripturis dupliciter intelligenda. et de eo quidem scriptum est, non cognoscebat, ad coitum esse referendum ipse disseruit, nullo dubitante quin ad scientiam saepe referatur, ut ibi: remansit puer iesus in ierusalem et non cognoverunt parentes eius. sic etiam donec in scriptura saepe certum tempus, sicut ipse disseruit, significat, saepe infinitum, ut est illud: donec consenescatis, ego sum. numquid postquam illi senuerint, deus desistit? et |50| salvator in evangelio: ecce ego vobiscum sum usque ad consummationem saeculi. ergo post consummationem saeculi a discipulis abscedet? et apostolus: oportet illum regnare donec ponat inimicos sub pedibus eius. numquid postquam illi sub pedibus erunt, regnare desistet? intelligat ergo ea de quibus posset ambigi, si non fuissent scripta, significari, cetera vero nostrae intelligentiae derelinqui; iuxta quod evangelista illud indicat de quo scandalum poterat moveri, non eam cognitam esse a viro usque ad partum, ut multo magis intelligeremus cognitam non fuisse post partum. * chrysostomus super matth.. ° ut si quis dicat: donec ille vixit, non est hoc locutus, numquid per hoc significavit quia post mortem ille locutus est? quod fieri non potest. sic et ioseph ante partum credibile fuit ut non cognosceret eam quia nondum cognoscebat mysterii dignitatem; postquam vero cognovit quia est facta unigeniti dei templum, quomodo poterat hoc usurpare? |75| sed sequentes eunomium putant, quia illi ausi sunt hoc dicere, quod ioseph hoc ausus fuit, sicut insanus neminem reputat esse sanum. * hieronymus contra helvidium. ° ad summum illud requiro, cur se abstinuerit ioseph usque ad partus diem. respondebit utique: quia angelum audierat dicentem quod in ea natum est. qui ergo somnio tantum credidit ut uxorem non auderet tangere, hic postquam pastores audierat, magos viderat, miracula tanta cognoverat, templum dei, spiritus sancti sedem, domini sui matrem audebat attingere? * chrysostomus super matth.. ° potest etiam dici quod verbum cognoscendi hic accipitur pro agnitione; vere enim non agnovit eam ante, cuius fuerat dignitatis; et postquam peperit, tunc cognovit eam, qua speciosior et dignior facta fuerat quam totus mundus, quia quem totus mundus capere non poterat, in angusto cubiculo uteri sui sola suscepit. * hilarius. ° vel aliter. propter sanctissimae mariae glorificationem a ioseph cognosci non potuit donec peperit; |100| dominum enim gloriae habens in utero quomodo cognosceretur? si moysi cum deo colloquentis glorificata est facies ut non possent intendere in eum filii israel, quanto magis maria agnosci vel intueri non poterat, quae dominum potentiae in utero habebat? post partum autem a ioseph agnita invenitur specie faciei, non tactu libidinis. * hieronymus in matthaeum. ° ex hoc autem quod dicitur filium suum primogenitum, quidam perversissime suspicantur et alios filios habuisse mariam dicentes primogenitum non dici nisi qui habeat et fratres, cum hic mos scripturarum sit ut primogenitum non eum vocent quem fratres sequuntur, sed eum qui primus natus sit. * hieronymus contra helvidium. ° alioquin si non est primogenitus nisi quem sequuntur et fratres, tamdiu sacerdotibus primogenita non debentur quamdiu et alia fuerint procreata. * glossa. ° vel primogenitus dicitur inter omnes electos per gratiam; proprie autem unigenitus dei patris vel mariae dicitur. |125| sequitur et vocavit nomen eius iesum, die octavo quo fiebat circumcisio et nomen imponebatur. * remigius. ° liquet autem hoc nomen fuisse notissimum sanctis patribus et dei prophetis, maxime illi qui dicebat: defecit in salutari tuo anima mea; et: exultavit cor meum in salutari tuo; et illi qui dicebat: exultabo in deo iesu meo.

071 CMT cp2

lc1 * Augustinus in serm. 5 de epiph.. ° post miraculum virginei partus quo uterus divino numine plenus, salvo pudoris signo, deum hominem profudit, inter obscuras cubiculi latebras et praesepis angustias, in quibus infinita maiestas membris contractioribus stabulabat, dum pendet ad ubera et vilium patitur deus involumenta pannorum, repente novum de caelo sidus terris effulsit, et, totius mundi dissipata caligine, noctem convertit in diem ne dies celaretur in nocte; unde evangelista dicit cum ergo natus esset iesus in bethlehem * etc.. remigius. ° in principio autem huius evangelicae lectionis tria ponit: personam, cum dicitur cum natus esset iesus; locum, cum ait in bethlehem iudae; tempus, cum addit in diebus herodis regis. et haec tria ad confirmationem narrandae rei ponuntur. * hieronymus in matth.. ° putamus autem ab evangelista primum editum, sicut in hebraico legimus, iudae, non iudaeae. quae est enim aliarum gentium bethlehem, ut ad distinctionem |25| eius hic iudaeae poneretur? iudae autem idcirco scribitur, quia et aliam bethlehem in iudaea legimus in libro iesu filii nave. * glossa. ° duae enim bethlehem sunt: alia quae est in terra zabulon, altera quae in terra iuda, quae prius vocata est ephrata. * augustinus de cons. evang.. ° de civitate autem bethlehem matthaeus lucasque consentiunt. sed quomodo et qua causa ad eam venerint ioseph et maria, lucas exponit, matthaeus praetermittit. e contra de magis ab oriente venientibus lucas tacet, matthaeus dicit. * chrysostomus super matthaeum. ° sed videamus quid ad utilitatem respiciat quod evangelista tempus designat quo christus nascitur, dicens in diebus herodis regis, quod dicit ut prophetiam danielis impletam demonstraret, quae post lxx septimanas annorum christum nasciturum esse praedicit. nam ex illo tempore usque ad regnum herodis lxx septimanarum anni sunt consummati; vel ideo quia quamdiu iudaica gens sub iudaicis regibus, quamvis peccatoribus, |50| tenebatur, prophetae mittebantur ad remedium eius; nunc autem quando lex dei sub potestate regis iniqui tenebatur et iustitia dei sub dominatione romana premebatur, nascitur christus, quia magna et desperabilis infirmitas medicum artificiosiorem quaerebat. * rabanus. ° vel ideo regis alienigenae mentionem fecit, ut impleretur prophetia quae dixit: non auferetur sceptrum de iuda nec dux de femore eius, donec veniat qui mittendus est. * ambrosius super lucam. ° fertur autem quod idumaei latrones ascalonem ingressi, antipatrum inter alios adduxerunt captivum. is igitur imbutus mysteriis iudaeorum, hircano iudaeae regi amicitia copulatur, quem pro se ad pompeium hircanus direxit; et quia legationis fructu potitus est, per eam gratiam partem regni affectavit. occiso autem antipatro, filius eius herodes sub antonio senatus consulto iudaeis regnare praeceptus est; in quo claret herodem nulla affinitate gentis iudaeorum regnum quaesisse. * chrysostomus in matth.. ° dicitur |75| autem herodis regis, dignitatem addens, quia et alius fuit herodes qui ioannem interfecit. * chrysostomus super matth.. ° dum ergo hoc tempore natus esset, ecce magi veniunt, hoc est confestim ut natus est, magnum deum ostendentes in parvulo homine. * rabanus. ° magi vero sunt qui de singulis rebus philosophantur; sed sermo communis magos pro maleficis accepit; qui aliter tamen habentur apud gentem suam, eo quod sint philosophi chaldaeorum, et ab huius artis scientia reges quoque et principes eiusdem gentis omnia sapiunt, et ipsi primum ortum domini intellexerunt. * augustinus in serm. 4 de epiph.. ° isti autem magi quid fuerunt nisi primitiae gentium? israelitae pastores, magi gentiles; illi prope, isti longe, utrique tamen ad angularem lapidem cucurrerunt. manifestatus est ergo iesus non doctis nec iustis; praevalet namque imperitia in rusticitate pastorum, et impietas in sacrilegiis magorum. utrosque |100| sibi lapis ille angularis attribuit, quippe qui venerit stulta eligere ut confunderet sapientes, et non vocare iustos, sed peccatores, ut nullus magnus superbiret, nullus infirmus desperaret. * glossa. ° hi autem magi reges fuerunt, qui etsi tria munera obtulisse dicuntur, non ideo non plures quam tres fuisse probantur, sed ut per eos gentes, quae ex tribus filiis noe natae sunt, venturae ad fidem praefigurarentur. vel tot fuerunt principes, qui plures duxerunt in comitatu suo. venerunt autem non post annum, quia tunc inveniretur in aegypto, non in praesepio, sed tertiadecima die. ad ostendendum autem unde venerint, dicitur ab oriente. * remigius. ° sciendum est autem quia varia est de magis opinio. quidam enim dicunt eos fuisse chaldaeos; chaldaei enim stellam pro deo colebant, et idcirco dixerunt quod nuncupativus eorum deus ostenderit deum verum natum. alii vero dicunt persas eos fuisse. nonnulli dicunt illos de ultimis finibus terrae fuisse. alii vero dicunt illos fuisse nepotes balaam, quod magis est |125| credendum; balaam enim inter cetera quae prophetavit dixit: orietur stella ex iacob. illi vero habentes hanc prophetiam, mox ut viderunt stellam novam, intellexerunt regem natum, et venerunt. * hieronymus in matth.. ° et sic hanc stellam futuram vaticinio balaam noverant, cuius erant successores. sed quaerendum est: si chaldaei vel persae aut de ultimis finibus terrae fuerunt, quomodo in tam brevi spatio hierosolymam venire potuerunt? * remigius. ° sed sciendum est quod aliqui solent dicere quod puer qui tunc natus est, in tam brevi spatio temporis de ultimis finibus terrae ad se perducere potuit. * glossa. ° vel non mirandum est eos in tredecim diebus venisse in bethlehem, cum equos arabicos et dromedarios haberent, qui scilicet sunt veloces ad iter. * chrysostomus super matth.. ° vel per biennium ante christi nativitatem profecti sunt, et stella eos praecedebat, et neque esca neque potus defecit in peris eorum. * remigius. ° vel si fuerunt successores balaam, reges isti non longe distant a terra promissionis; idcirco in tam brevi spatio temporis ierusalem venire potuerunt. sed tunc quaerendum est quare evangelista dicat eos ab oriente venisse. quod ideo est, quia ab illa regione venerunt quae in orientali parte iudaeis posita est. pulchre autem ipsi ab oriente venisse dicuntur, quia omnes qui ad dominum veniunt, ab ipso et per ipsum veniunt; ipse est oriens, secundum illud: ecce vir, oriens nomen eius. * chrysostomus super matth.. ° vel ab oriente venerunt. unde dies nascitur, inde initium fidei processit, quia fides lumen est animarum. ab oriente ergo venerunt, sed hierosolymam. * remigius. ° quamvis dominus ibi natus non esset quia licet agnoscerent nativitatis tempus, locum tamen non cognoverunt. ierusalem enim regia civitas est, et crediderunt quod talis puer non nisi in urbe regia nasci debuisset. sive ideo venerunt ut adimpleretur quod scriptum est: de sion exibit lex, et verbum domini de ierusalem, quia ibi primo annuntiatus est christus; sive ut studio magorum damnaretur pigritia iudaeorum. venerunt ergo hierosolymam, dicentes: ubi est qui natus est rex iudaeorum? * augustinus in serm. 2 de epiph.. ° cum autem multi nati atque defuncti essent reges iudaeorum, numquid quemquam eorum adorandum magi quaesierunt? non, quia nec quemquam eorum de caelo loquentem didicerunt. non itaque regi iudaeorum, quales esse illic solebant, hunc tam magnum honorem longinqui alienigenae ab eodem regno prorsus extranei a se deberi arbitrantur. sed talem natum esse didicerant, in quo adorando se salutem, quae secundum deum est, consecuturos minime dubitarent; neque enim aetas erat saltem cui adulatio humana serviret, non de membris purpura, non in capite diadema fulgebat, non pompa famulantium, non terror exercitus, non gloriosa fama praeliorum hos ad eum viros ex remotis terris cum tanto voto supplicationis attraxerunt. iacebat in praesepio puer, ortu recens, exiguus corpore, contemptibilis paupertate. sed magnum aliquid latebat in parvo, quod illi homines primitiae gentium, non terra portante, sed caelo narrante didicerant; unde sequitur vidimus enim stellam eius in oriente. annuntiant et interrogant, credunt et quaerunt, tamquam significantes eos qui ambulant per fidem et desiderant speciem. * chrysostomus in matth.. ° sciendum autem, quod priscillianistae haeretici, qui nasci unumquemque hominem sub constitutionibus stellarum putant, hoc in adiutorium sui erroris assumunt, quod nova stella exiit, cum dominus in carne apparuit, cuius fuisse fatum eamdem quae apparuit stellam putant. * augustinus contra faustum. ° et secundum faustum hic stella inducitur, quae confirmat genesim, ut recte genesidium hoc magis nuncupari possit quam evangelium. * gregorius in evang.. ° sed absit a fidelium cordibus ut esse quid fatum dicant. * augustinus de civ. dei. ° nam homines quando fatum audiunt, usitata loquendi consuetudine non intelligunt nisi vim positionis siderum, qualis est quando quis nascitur sive concipitur; quod aliqui alienant a dei voluntate. et hi ab auribus omnium repellendi sunt, qui qualiumcumque deorum volunt esse cultores. aliqui vero stellas hanc putant habere potestatem traditam sibi a summa dei potestate: qui magnam caelo faciunt iniuriam, in cuius velut splendidissima curia opinantur scelera facienda decerni; qualia si aliqua terrena civitas decrevisset, genere humano decernente fuerat evertenda. * chrysostomus super matth.. ° si ergo aliquis adulter et homicida fiat per stellam, magna est iniquitas illarum stellarum, magis illius qui creavit stellas; nam cum sit praescius futurorum deus, ex quo tanta iniquitas futura per stellas, si voluit ei dare, non est bonus; si noluit ei dare, et non potuit, impotens est. si etiam stellae est quod aut mali sumus aut boni, ergo nec bonum nostrum laudandum est, nec malum vituperandum, quia nec in nobis est voluntarius actus; ut quid enim mali mei poenam suscipiam, quod non voluntate, sed necessitate commisi? ipsa denique mandata dei ne peccent homines, aut hortamenta ut faciant bonum, hanc insipientiam destruunt. quis enim iubet aliquem ne faciat malum quod non potest declinare, aut faciat bonum ad quod non potest pervenire? * gregorius nyssenus philos.. ° insipientes vero sunt orationes omnibus secundum fatum existentibus; exulat autem et providentia dei cum pietate, cum his et homo organum solum invenitur superni circularis motus; ab hoc enim moveri ad operationes aiunt non solum partes corporis, sed animae excogitationes; et universaliter qui hoc dicunt, quae in nobis sunt, et contingentis naturam destruunt; et ita nihil aliud est hoc quam omnia evertere. ubi etiam de reliquo erit liberum arbitrium? liberum enim oportet esse quod est in nobis. * augustinus de civ. dei. ° non usquequaque autem absurde dici potest, ad solas corporum differentias afflatus quosdam valere sidereos, sicut solaribus accessibus et decessibus videmus anni tempora variari, et lunaribus incrementis atque decrementis augeri et minui quaedam genera rerum, sicut conchas et mirabiles aestus oceani; non autem animi voluntates positionibus siderum subdi. quod si dicantur stellae significare ista potius quam facere, quid est quod nunquam dicere potuerunt cur in vita geminorum, in actionibus, in eventibus, professionibus, actibus, honoribus, ceterisque rebus ad humanam vitam pertinentibus, atque in ipsa morte plerumque sit tanta diversitas, ut similiores sint multi extranei quam ipsi inter se gemini, per exiguum temporis intervallum in nascendo separati, in conceptu autem per concubitum uno etiam momento seminati? quod ergo conantur efficere de intervallo exigui temporis quod ipsi inter se gemini dum nascerentur habuerunt, non tantum valet quanta invenitur in geminorum voluntatibus, actibus, moribus casibusque diversitas. quidam vero non astrorum constitutionem, sed omnium connexionem seriemque causarum, quam dei summi tribuunt voluntati et potestati, fati nomine appellant. si quis ergo res humanas fato tribuit quia ipsam dei voluntatem vel potestatem fati nomine appellat, sententiam teneat, linguam corrigat, quoniam fati nomen solet a loquentibus poni in siderum constitutione. unde voluntatem dei fati vocabulo non nuncupamus, nisi forte ut fatum a fando, idest a loquendo, dictum intelligamus. scriptum est enim: semel locutus est deus: duo haec audivi. unde non est multum cum eis de verbi controversia laborandum atque certandum. * augustinus contra faustum. ° si autem sub fato stellarum nullius hominis genesim ponimus ut liberum arbitrium voluntatis ab omni necessitatis vinculo vindicemus, quanto minus illius temporalem generationem sub astrorum conditionem credimus factam, qui est universorum aeternus creator et dominus? itaque illa stella quam viderunt magi, christo secundum carnem nato, non ad decretum dominabatur, sed ad testimonium famulabatur. proinde non ex illis erat stellis quae ab initio creaturae itinerum suorum ordinem sub creatoris lege custodiunt, sed novo virginis partu novum sidus apparuit, quod ministerium officii sui etiam ipsis magis quaerentibus christum, cum ante faciem praeiret, exhibuit, donec eos usque ad ipsum locum ubi deus verbum infans erat, praeeundo perduceret. quidam autem astrologi ita constituerunt nascentium hominum fata sub stellis, ut aliquam stellarum, homine aliquo nato, circuitus sui ordinem reliquisse, et ad eum qui natus est, perrexisse asseverent. sortem quippe nascentis astrorum ordini colligari arbitrantur, non astrorum ordinem ad hominis nati diem posse mutari. quapropter si stella illa ex his erat quae in caelo peragunt ordines suos quomodo poterat discernere quid christus acturus erat, quae nato christo iussa est relinquere quod agebat? si autem, ut probabilius creditur, ad demonstrandum christum, quae non erat, exorta est; non ideo christus natus quia illa extitit, sed illa extitit quia christus natus est; unde si dici oporteret, non stellam christo, sed christum stellae, fatum fuisse diceremus: ipse quippe illi, non illa huic nascendi attulit causam. * chrysostomus super matth.. ° non est hoc etiam astronomiae opus a stellis scire eos qui nascuntur, sed ab hora nativitatis futura praedicere; hi autem tempus nativitatis non cognoverunt, ut hinc sumentes initium a stellarum motu futura cognoscerent, sed e converso. dicunt ergo vidimus stellam eius. * glossa. ° idest propriam, quia hanc creavit ad ostensionem sui. * augustinus in serm. 2 de epiph.. ° pastoribus angeli, magis stella christum demonstrat: utrisque loquitur lingua caelorum, quia lingua cessaverat prophetarum. caelos angeli habitant, et sidera exornant: utrisque ergo caeli enarrant gloriam dei. * gregorius in evang.. ° et rationabiliter iudaeis, tamquam ratione utentibus, rationale animal, idest angelus, praedicare debuit. gentiles vero, quia ratione uti nesciebant, ad cognoscendum dominum non per vocem, sed per signa perducuntur, quia et illis prophetiae tamquam fidelibus, et istis signa tamquam infidelibus data sunt. eisdem autem gentibus christum, cum perfectae esset aetatis, apostoli praedicant, eumque parvulum et necdum per humanitatis officium loquentem stella gentibus denuntiat: quia nimirum rationis ordo poscebat ut loquentem iam dominum loquentes nobis praedicatores, et necdum loquentem elementa muta praedicarent. * leo papa in serm. 3 de epiph.. ° ipse etiam christus expectatio gentium, de quibus quondam beatissimo patri abrahae innumerabilis fuit promissa successio, non carnis semine, sed fidei fecunditate generanda; et ideo stellarum multitudini comparata, ut ab omnium gentium patre, non terrena, sed caelestis progenies speraretur. ad credendum ergo promissae posteritatis heredes in sideribus designati, ortu novi sideris excitantur, ut in quo caelum est adhibitum in testimonium, caeli famuletur obsequium. * chrysostomus in matth.. ° quoniam autem non caelestium una stellarum haec fuit, manifestum est; nulla enim alia stellarum hac via procedit; haec enim ab oriente in meridiem ferebatur, ita enim palaestina ad persidem iacet. secundo autem a tempore quo videbatur: non enim in nocte apparuit tantum, sed in media die; quod non est virtutis stellae, sed nec etiam lunae. tertio, ab eo quod apparebat et occultabatur rursus: cum enim intraverunt hierosolymam, occultavit seipsam; deinde ubi herodem reliquerunt, seipsam monstravit. neque etiam proprium quemdam gressum habebat, sed cum oporteat ire magos, ibat: quando autem stare oportebat, stabat, sicut et de columna nubis erat in deserto. quarto, quia non sursum manens partum virginis ostendebat, sed deorsum descendens hoc faciebat; quod non est stellae motus, sed virtutis cuiusdam rationalis; unde videtur haec stella virtutis invisibilis fuisse in talem apparentiam formata. * remigius. ° nonnulli dicunt hanc stellam fuisse spiritum sanctum, ut ipse qui postea super baptizatum dominum descendit in specie columbae, in specie stellae apparuerit magis. alii dicunt fuisse angelum ut ipse qui apparuit pastoribus, apparuerit etiam magis. *glossa. ° sequitur etiam in oriente. utrum stella in oriente orta sit, an ipsi ibi positi natam et occidentem viderint, ambiguum est: potuit enim nasci in oriente et eos in ierusalem perducere. * augustinus in serm. de epiph.. ° sed dicturus es: a quibus audierunt quod talis, scilicet stella, christum natum significaret? profecto ab angelis aliqua monitione revelationis. quaeris fortassis: ab angelis bonis an malis? christum quidem et angeli mali, hoc est daemones, filium dei esse confessi sunt. sed cur non et a bonis hoc audierunt quando in christo adorando salus eorum iam quaerebatur, non iniquitas damnabatur? potuerunt ergo illis et angeli dicere: stella quam vidistis, christus est. ite, adorate illum ubi natus est, et simul iudicate qualis quantusque natus sit. * leo papa in serm. 4 de epiph.. ° vel praeter illam stellae speciem quae corporeum incitavit obtutum, fulgentior veritatis radius eorum corda perdocuit; et hoc quidem ad illuminationem fidei pertinebat. * augustinus de quaest. nov. et vet. testam.. ° vel iudaeorum natum regem intellexerunt, cum stella indice temporalis rex soleat designari. hi enim magi chaldaei non malevolentia astrorum cursum, sed rerum curiositate speculabantur. sicut enim datur intelligi, traditionem balaam sequebantur, qui dixit: orietur stella ex iacob. unde videntes stellam extra ordinem mundi hanc intellexerunt quam balaam futuram indicem regis iudaeorum prophetaverat. * leo papa in serm. 4 de epiph.. ° potuerunt autem illis credita et intellecta sufficere, ut corporali intuitu non inquirerent quod plenissimo visu mentis inspexerant; sed diligentia sagacis officii ad videndum usque puerum perseverans nostri temporis hominibus serviebat, ut sicut omnibus nobis profuit quod post resurrectionem domini vestigia vulnerum eius thomae apostoli exploravit manus, ita ad nostram utilitatem proficeret quod infantiam ipsius magorum probavit aspectus; unde dicunt venimus adorare eum. * chrysostomus super matth.. ° sed numquid nesciebant quia in ierusalem regnabat herodes? numquid non intelligebant quia quicumque, rege vivente, alterum regem pronuntiat aut adorat, punitur in sanguine? sed dum considerabant regem futurum non timebant praesentem; adhuc non viderant christum, et iam parati erant mori pro eo. o beati magi, qui ante conspectum crudelissimi regis, priusquam christum cognoscerent, christi facti sunt confessores.

lc2 * Augustinus in serm. de epiph.. ° sicut magi desiderant redemptorem, ita herodes timet successorem; unde sequitur audiens autem herodes rex, turbatus est. * glossa. ° rex dicitur ut ex collatione eius qui quaeritur, hic intelligatur extraneus. * chrysostomus super matth.. ° et ideo turbatur audiens regem natum iudaeis ex genere iudaeorum, cum esset ipse genere idumaeus, ne regno revoluto iterum ad iudaeos, ipse a iudaeis expelleretur, et semen eius post ipsum praecideretur a regno: semper enim grandis potestas maiori timori subiecta est; sicut enim rami arborum in excelso positarum, etiam si levis aura flaverit, moventur, sic et sublimes homines etiam levis nuntii fama conturbat; humiles autem, sicut in convalle, plerumque in tranquillitate consistunt. * augustinus in serm. 2 de epiph.. ° quid autem erit tribunal iudicantis, quando superbos reges timere faciebat nativitas infantis? pertimeant reges ad patris dexteram iam sedentem, quem rex impius timuit adhuc matris ubera lambentem. * leo papa in serm. 4 de epiph.. ° superfluo tamen, herodes, timore turbaris: non capit christum regio tua, nec mundi dominus potestatis tuae coepit esse contentus angustiis. quem in iudaea regnare non vis, ubique regnat. * glossa. ° vel non solum propter se timuit, sed propter iram romanorum; decreverant enim romani ne quis rex vel deus sine eorum consilio diceretur. * gregorius in evang.. ° caeli autem rege nato, rex terrae turbatus est, quia nimirum terrena altitudo confunditur cum celsitudo caelestis aperitur. * leo papa in serm. 6 de epiph.. ° herodes etiam diaboli personam gerit, cuius sicut tunc fuit incentor, ita nunc quoque est indefessus imitator. cruciatur enim vocatione gentium, et quotidiana potestatis suae destructione torquetur. * chrysostomus super matth.. ° uterque ergo zelo proprio turbatur, et sui regni successorem timebat. herodes terrenum, diabolus autem caelestem. ecce autem et iudaicus populus turbatur, qui magis de auditu isto gaudere debuerat quia rex iudaeus surgere dicebatur. sed turbabantur quia de adventu iusti non poterant gaudere iniqui. aut certe turbantur ne forte iratus iudaico regi genus eius vexaret; unde sequitur et omnis hierosolyma cum illo. * glossa. ° volens illi favere quem timebat; populus enim plus iusto eis favet quos crudeles sustinet. sequitur et congregans omnes principes sacerdotum et scribas populi. ubi nota diligentiam inquirentis, ut si invenerit, faciat quod postea se velle ostendit; sin autem, excusatus sit romanis. * remigius. ° scribae autem dicti sunt, non tantum ab officio scribendi, sed potius ab interpretatione scripturarum; erant enim legis doctores. sequitur sciscitabatur ab eis ubi christus nasceretur. hic attendendum est, quia non dixit: ubi christus natus est, sed ubi nasceretur. callide enim interrogavit eos, ut posset agnoscere si de rege nato laetarentur. christum autem vocat, quia noverat inungi regem iudaeorum. * chrysostomus |75| super matth.. ° ut quid autem interrogat herodes, qui non credebat scripturis? aut si credebat, quomodo sperabat posse interficere illum quem regem futurum esse dicebant? sed diabolus instigabat, qui credebat quod scripturae non mentiuntur. sic sunt omnes peccatores, qui hoc ipsum quod credunt, perfecte credere non permittuntur; quod enim credunt, veritatis est virtus, quae non potest esse occulta; quod autem non credunt, excaecatio est inimici. si enim perfecte crederent, sic viverent quasi post modicum transituri de hoc mundo, non quasi in aeternum mansuri. sequitur at illi dixerunt: in bethlehem iudae. * leo papa in serm. 1 de epiph.. ° magi quidem humano sensu significatum sibi regis ortum existimaverunt in civitate regia esse quaerendum. sed qui servi susceperat formam, et non iudicare venerat, sed iudicari, bethlehem praeelegit nativitati, hierosolymam passioni. * theodorus in serm. conc. ephes.. ° si enim maximam romam elegisset civitatem, potentia |100| civium mutationem orbis terrarum factam putarent; si filius fuisset imperatoris, potestati utilitatem adscriberent. sed quid fecit? omnia egena et vilia elegit, ut divinitas cognosceretur orbem transformasse terrarum. propterea pauperculam elegit matrem, pauperiorem patriam, egenus fit pecuniis, et hoc tibi exponit praesepe. * gregorius in evang.. ° bene etiam in bethlehem nascitur: bethlehem quippe domus panis interpretatur: ipse namque est qui ait: ego sum panis vivus, qui de caelo descendi. * chrysostomus super matth.. ° cum autem debuissent celare mysterium regis praefiniti a deo, maxime in conspectu alienigenae regis, facti sunt non praedicatores operum dei, sed proditores mysteriorum eius; et non solum manifestant mysterium, sed etiam propheticum protulerunt exemplum; unde subiungunt sic enim scriptum est per prophetam, scilicet michaeam: et tu bethlehem terra iuda. * glossa. ° hoc sic ponit ut ab eis dictum est, qui etsi |125| non verba, veritatem sensus quodammodo ponunt. * hieronymus de optimo interpretandi genere. ° unde hic reprehenduntur iudaei de ignorantia, quoniam prophetia dicit: tu bethlehem ephrata, illi dixerunt tu bethlehem terra iuda. * chrysostomus super matth.. ° sed adhuc ipsam prophetiam praecidentes, interficiendorum parvulorum facti sunt causa: sic enim scriptum erat: ex te exiet rex, qui pascet populum meum israel, et dies eius a diebus saeculi. si ergo integram prophetiam protulissent, considerans herodes quia non erat rex terrenus cuius dies a diebus saeculi erant, in tantum furorem non exarsisset. * hieronymus super matthaeum, et super michaeam. ° est autem sensus prophetiae talis: tu bethlehem terra iuda vel ephrata (quod ideo dicitur, quia est alia bethlehem in galgalis sita), quamvis parvus vicus sis inter millia civitatum iuda, tamen ex te nascetur christus, qui erit dominator israel, qui secundum carnem de david est, de me tamen natus est ante saecula; |150| et ideo dicitur: egressus eius ab initio a diebus aeternitatis quia in principio verbum erat apud deum. sed hoc ultimum, ut dictum est, iudaei tacuerunt, alia vero mutaverunt, vel propter ignorantiam, ut dictum est, vel ad maiorem manifestationem, ut herodi alienigenae intellectum prophetiae aperirent; unde pro eo quod propheta dixit ephrata, quod erat nomen antiquum et forte herodi ignotum, dixerunt terra iuda; pro eo autem quod propheta dixerat: minima es in milibus iuda, volens ostendere parvitatem eius quantum ad populi multitudinem, dixerunt nequaquam minima es in principibus iuda, volentes ostendere magnitudinem dignitatis provenientem ex dignitate principis nascituri quasi dicerent: magna es inter civitates ex quibus principes prodierunt. * remigius. ° vel talis est sensus: quamvis minima videaris inter urbes principatum habentes, tamen non es minima, quia ex te exiet dux qui regat populum meum israel. dux autem iste christus est, qui populum fidelem regit et gubernat. * chrysostomus |175| in matth.. ° intende autem certitudinem prophetiae; non enim dixit quod in bethlehem erit, sed quod de bethlehem exiet, ostendens quod ibi solum nasceretur. quomodo autem habet rationem de zorobabel haec dicta esse ut quidam dicunt? non enim exitus eius fuit a principio ex diebus saeculi, neque etiam ex bethlehem exivit, cum non in iudaea, sed in babylonia natus sit. est etiam ad hoc, testimonium quod dicit: nequaquam minima es, quia ex te exiet: nullus enim alius illustrem fecit villam in qua nasceretur quam christus. post nativitatem enim a finibus orbis terrarum veniunt visuri praesepe et tugurii locum. non autem dixit: ex te exiet filius dei, sed dux qui pascet populum meum israel: oportebat enim in principio condescendere ut non scandalizarentur, et quae ad salutem hominum pertinebant praedicare, ut magis inducerentur. mystice autem dicit qui regat populum meum israel. israel enim hic dicit eos qui crediderunt ex iudaeis; si autem non omnes christus |200| rexit, eorum est accusatio. de gentibus autem interim tacuit ne scandalizaret iudaeos. vide autem mirabilem dispensationem: iudaei enim et magi simul se invicem docent: iudaei a magis audiunt quod christum in orientis regione stella praedicabat, et magi a iudaeis quod prophetae antiquitus eum nuntiaverunt; ut geminato testimonio confirmati, ardentiori fide expeterent quem et stellae claritas et prophetiae manifestabat auctoritas. * augustinus in serm. de epiph.. ° poterat enim stella quae magos perduxit ad locum ubi erat cum matre virgine deus infans, ad ipsam eos perducere civitatem; sed tamen subtraxit se, nec eis prorsus apparuit, donec de civitate in qua christus nasceretur et ipsi iudaei dicerent in bethlehem iuda: similes facti fabris arcae noe, qui aliis ubi evaderent, praestiterunt, et ipsi diluvio perierunt; similes lapidibus milliariis viam ostenderunt, nec ipsi ambulare potuerunt. audierunt et abierunt inquisitores, dixerunt et remanserunt doctores. nunc quoque iudaei simile |225| aliquid nobis exhibere non desinunt: nonnulli enim paganorum, quando eis de scripturis testimonia clare proferimus, ut noverunt christum ante prophetatum, suspecti ne forte a christianis ista conficta sint, malunt credere codicibus iudaeorum; et sicut tunc magi fecerunt, iudaeos dimittunt inaniter lectitare, ipsi pergunt fideliter adorare.

lc3 * Chrysostomus super matth.. ° postquam audivit herodes responsum duplici modo credibile: primum quia a sacerdotibus fuerat dictum, deinde quia exemplo prophetico fuerat comprobatum, non tamen ad devotionem flectitur nascituri regis, sed ad malitiam interfectionis eius per dolum. vidit enim quia non poterat magos nec blandimentis flectere nec minis terrere nec auro corrumpere, ut consentirent in interfectionem regis futuri; ideo illos decipere cogitavit; unde dicitur tunc herodes clam vocatis magis. occulte autem vocavit eos ut non viderent iudaei quos habebat suspectos, ne forte quasi regem suae gentis amantes proderent consilium eius. diligenter didicit ab eis tempus stellae. * remigius. ° idcirco diligenter, quia callidus erat et timebat ne non reverterentur ad eum, ut tunc sciret quid ageret de puero occidendo. * augustinus in serm. 7 de epiph.. ° ferme autem biennio ante visa est stella mirantibus quid esset. sed tunc |25| intelligitur indicatum eis cuius esset stella quae iamdiu videbatur, quando natus est qui per illam significabatur. sed postquam christo nato revelatum est magis, venerunt ab oriente, et tertiadecima die adoraverunt eum, quem ante paucos dies natum fuisse didicerunt. * chrysostomus in matth.. ° vel ante multum tempus haec stella apparuit, quoniam multum tempus in itinere erant magi consumpturi, ut confestim cum natus esset, christo assisterent, eum in fasciis adorantes, ut mirabilior appareret. * glossa. ° secundum alios vero a die nativitatis christi creditur stella tantum apparuisse, et peracto officio, cum nova esset, desiit esse. ait enim * fulgentius: ° puer natus novam stellam fabricavit. cognito autem loco et tempore, personam pueri vult non ignorare; unde dicit ite, et interrogate diligenter de puero. illud praeceperat quod absque praecepto erant facturi. * chrysostomus in matth.. ° non autem dicit interrogate de rege, sed de puero: ei enim etiam nomen |50| potestatis inviderat. * chrysostomus super matth.. ° ergo ut ad hoc eos induceret, devotionem promittebat, et per eam gladium acuebat et malitiam cordis sui humilitatis colore depingebat. talis est consuetudo omnium malignorum: quando aliquem in occulto gravius laedere volunt, humilitatem illi et amicitias fingunt. unde dicit et cum inveneritis, renuntiate mihi, ut et ego veniens adorem eum. * gregorius in evang.. ° adorare eum se velle simulat, ut quasi hunc, si invenire possit, extinguat. sequitur qui cum audissent regem, abierunt. * remigius. ° audierunt magi herodem ut quaererent dominum, sed non ut ad eum reverterentur. significabant enim bonos auditores, qui bona quae audiunt a malis praedicatoribus faciunt; sed tamen opera illorum non imitantur.

lc4 * Chrysostomus super matth.. ° ex hoc loco ostenditur, quia cum stella deduxisset magos prope ierusalem, abscondita est ab eis, ut relicti a stella cogerentur in ierusalem interrogare de christo simul et manifestare propter duo: primo ad confusionem iudaeorum, quia gentiles stellae tantummodo visione confirmati, christum per alienas provincias requirebant, et iudaei ab infantia prophetias legentes de christo, et in suis finibus natum non susceperunt; demum ut interrogati sacerdotes unde nasceretur christus, ad praeiudicium suum responderent de bethlehem, quia qui herodem docuerant de christo, ipsi ignorabant de illo; et ideo post interrogationem et responsionem habitam subditur et ecce stella quam viderant in oriente, antecedebat eos, ut considerantes obsequium stellae, regis intelligerent dignitatem. * augustinus in serm. de epiph.. ° et ut christo plenum redderet obsequium, temperavit gradum, donec magos perduceret ad puerum. obsequium |25| praebuit, non imperium adduxit: supplices ostendit, hospitium radiavit amplissimo lumine, et tecta nati perfudit, sicque discessit; unde sequitur usque dum veniens staret supra ubi erat puer. * chrysostomus super matth.. ° quid autem mirum si soli iustitiae orituro stella ministrabat divina? stetit enim supra caput pueri, quasi dicens: hic est; ut quia loquendo monstrare non poterat, stando demonstraret. * glossa. ° hic autem apparet quod stella in aere posita erat, et domui in qua puer erat multum vicina; aliter enim domum non discrevisset. * ambrosius super luc.. ° haec autem stella via est, et via christus est, quia secundum incarnationis mysterium christus est stella: ipse enim est stella splendida et matutina; unde ubi herodes est, non videtur; ubi autem christus, rursum videtur, et viam monstrat. * remigius. ° vel stella significat gratiam dei, herodes diabolum. qui autem per peccatum se diabolo subdit, mox gratiam perdit; quod si per poenitentiam |50| recesserit, mox gratiam invenit, quae non dimittit donec perducat ad domum pueri, idest ecclesiam. * glossa. ° vel stella est illuminatio fidei, quae ad proximum ducit, quam dum divertunt ad iudaeos, magi amittunt: quia dum a malis consilium quaerunt, veram illuminationem perdunt.

lc5 * Glossa. ° postquam praemisit stellae obsequium, subiungit evangelista magorum gaudium dicens videntes autem stellam, gavisi sunt gaudio magno valde. * remigius. ° et sciendum quod non satis fuit dicere evangelistae gavisi sunt, sed addidit gaudio magno et valde. * chrysostomus super matth.. ° gavisi sunt quia spes eorum non erat decepta, sed amplius confirmata, quod tanti itineris non sine causa susceperunt laborem. * glossa. ° gaudio gaudet qui propter deum gaudet, qui est verum gaudium. addidit autem et magno, quia de magno gaudebant. * chrysostomus super matth.. ° per mysterium enim stellae intelligebant quoniam dignitas tunc nati regis excedebat mensuram omnium mundalium regum. addidit etiam valde. * remigius. ° quia voluit ostendere quod magis gaudent homines de rebus perditis quam semper possessis. subditur autem et intrantes domum, invenerunt. * leo papa in serm. 4 de epiph.. |25| ° quantitate parvum, alienae opis indigum, fandi impotentem, et in nullo ab humanae infantiae generalitate discretum; quia sicut fidelia erant testimonia quae in eo maiestatem invisibilis divinitatis ostenderent, ita probatissimum debebat esse, sempiternam illam essentiam filii dei veram suscepisse hominis naturam. cum maria matre eius. * chrysostomus super matth.. ° non diademate coronata aut in lecto aureo recumbente, sed vix tunicam habente unam, non ad ornamentum corporis, sed ad tegumentum nuditatis, qualem habere potuit carpentarii uxor peregre constituta. si ergo regem terrenum quaerentes venissent, magis fuissent confusi quam gavisi, quia tanti itineris laborem sine causa suscepissent. nunc autem quia caelestem regem quaerebant, etsi nihil regale videbant, in eo tamen solius stellae testimonio contenti, gaudebant oculi eorum contemptibilem puerum aspicere, quia spiritus in corde eorum terribilem eum monstrabat; unde procidentes adoraverunt eum; vident |50| enim hominem et agnoscunt deum. * rabanus. ° divino autem nutu factum est quod abierat ioseph, ne aliqua malae suspicionis occasio daretur gentibus. * glossa. ° qui licet morem suae gentis in donis offerendis sequantur arabes enim auro, thure et diversis generibus aromatum abundant tamen aliquid mysterii muneribus demonstrare volebant; unde sequitur apertis thesauris, obtulerunt ei munera: aurum, thus et myrrham. * gregorius in evang.. ° aurum quippe regi congruit, thus vero in dei sacrificium ponebatur, myrrha autem mortuorum corpora condiuntur. * augustinus in serm. de epiph.. ° aurum igitur solvitur quasi regi magno, thus immolatur ut deo, myrrha praebetur quasi pro salute omnium morituro. * chrysostomus super matth.. ° haec autem etsi tunc non intelligebantur secundum quale mysterium ista gerebant, vel quid significaret unumquodque munus, eorum nihil contrarium est: gratia enim quae illos haec omnia facere hortabatur, ipsa ordinaverat |75| universa. * remigius. ° et sciendum quod isti non singula obtulerunt, sed singuli tria; et singuli cum suis muneribus regem, deum et hominem praedicaverunt. * chrysostomus super matth.. ° erubescant ergo marcion et paulus samosatenus, qui nolunt videre quae magi viderunt, qui ecclesiae sunt progenitores, deum in carne adorantes. nam quod in carne vera sit, panni monstrant et praesepe; quoniam autem non ut purum hominem adorant, sed ut deum, demonstrant dona quae deo offerre decens erat. confundantur et iudaei videntes se praeventos a magis, et nec post illos venire studentes. * gregorius in evang.. ° potest et in his aliud intelligi. auro namque sapientia designatur, salomone teste, qui ait: thesaurus desiderabilis requiescit in ore sapientis; thure, quod deo incenditur, virtus orationis exprimitur, secundum illud: dirigatur oratio mea sicut incensum in conspectu tuo; per myrrham vero carnis mortificatio figuratur. nato ergo regi aurum |100| offerimus, si in conspectu eius sapientiae lumine splendemus; thus offerimus, si per orationum studia deo redolere valeamus; myrrham offerimus, si carnis vitia per abstinentiam mortificamus. * glossa. ° tres autem viri qui offerunt, significant gentes de tribus partibus mundi venientes. thesauros aperiunt dum fidem cordis per confessionem ostendunt. bene autem in domo docentes ne thesaurum bonae conscientiae iactando propalemus. offerunt tria munera, hoc est fidem sanctae trinitatis; vel apertis thesauris scriptu-

rarum, historicum, moralem, et allegoricum sensum offerunt, vel logicam, physicam et ethicam, dum illa fidei servire faciunt.
lc6 * Augustinus in serm. de epiph.. ° herodes impius factus ex timore crudelis voluit desaevire. sed quomodo poterat capere eum qui ipsas fraudes venerat amputare? ut ergo eius fraus eluderetur, sequitur et responso accepto. * hieronymus. ° qui enim munera obtulerunt domino, consequenter responsum accipiunt. responsum, quod graece krematisthentes dicitur, non per angelum fit, sed per ipsum dominum, ut meritorum ioseph privilegium demonstretur. * glossa. ° fit autem haec responsio per ipsum dominum quia nullus alius viam reversionis instituit nisi ille qui dicit: ego sum via. non tamen loquitur puer ad eos ne divinitas ante tempus reveletur, et ut vera humanitas habeatur. dicit autem et responso accepto; sicut enim moyses tacitus clamat, sic isti pie affectu interrogabant quid divina iuberet voluntas. dicit autem per aliam viam reversi sunt in regionem suam, quia infidelitati miscendi non erant iudaeorum. * chrysostomus |25| in matth.. ° intuere autem magorum fidem, qualiter non scandalizati sunt in seipsis dicentes: si magnus est puer hic, quae necessitas fugae est et occultae recessionis? hoc enim est verae fidei non quaerere causas eorum quae fieri praecipiuntur, sed suaderi solum ab eis. * chrysostomus super matth.. ° si autem magi christum quasi terrenum regem quaesissent, invenientes eum, apud ipsum mansissent; tunc autem adoraverunt et reversi sunt. cum autem reversi fuissent, manserunt colentes deum magis quam ante, et praedicantes multos erudierunt. et denique cum thomas ivisset ad provinciam illam, adiuncti sunt ei; et baptizati, facti sunt executores praedicationis ipsius. * gregorius in evang.. ° magnum vero nobis aliquid magi innuunt, quod in regionem suam per aliam viam revertuntur. regio quippe nostra paradisus est, ad quem iesu cognito redire per viam qua venimus prohibemur. a regione etenim nostra superbiendo, inobediendo, visibilia |50| sequendo, cibum vetitum gustando discessimus; sed ad eam necesse est ut flendo, obediendo, visibilia contemnendo, atque appetitum carnis refrenando redeamus. * chrysostomus super matth.. ° nec etiam erat possibile ut qui ab herode ad christum venissent, redirent ad herodem: qui enim relicto christo ad diabolum transeunt per peccatum, frequenter per poenitentiam revertuntur ad christum. qui enim fuit in innocentia, dum nescit quid sit malum, facile decipitur; sed cum expertus fuerit malum quod invenit et recordatus bonum quod perdidit, compunctus redit ad deum. qui autem relicto diabolo venit ad christum, difficile redit ad diabolum, quia dum gaudet in bonis quae invenit et recordatur mala quae evasit, difficile redit ad malum.
lc7 * Rabanus. ° hic praetermittit matthaeus diem purificationis, in qua oportebat primogenitum offerri in templo, et agnum vel par turturum aut columbarum. et quamvis timerent herodem, tamen non sunt ausi transgredi legem, quin ad templum puerum deferrent. cum itaque rumor de puero iam inciperet dilatari, mittitur angelus qui in aegyptum faciat puerum transportari; unde dicit angelus domini apparuit in somnis ioseph. * remigius. ° per hoc quod semper angelus ioseph in somnis apparuisse dicitur, mystice designatur quia illi qui a curis terrenis et saecularibus negotiis quiescunt, perfrui angelica visione merentur. dicit ergo ei: surge et accipe puerum et matrem eius. * hilarius in matth.. ° cum desponsatam eam iusto significabat, coniugem nuncupavit; sed post partum mater tantum iesu ostenditur, ut quemadmodum iusto ioseph deputaretur mariae in virginitate coniugium, ita venerabilis esse ostenderetur in iesu matre virginitas. |25| * chrysostomus super matth.. ° non autem dicit: accipe matrem et puerum eius: sed e converso, quia non propter matrem puer natus est, sed propter puerum mater praeparata est. sequitur et fuge in aegyptum. quomodo autem filius dei ante hominem fugit, aut quis liberet de inimicis, si et ipse inimicos suos timet? et primum quidem oportet ut regulam humanae naturae quam suscepit conservet et in hac parte, quia humanae naturae et puerilitati convenit fugere potestatem minantem; deinde ut ceteri christiani, cum necessitas persecutionis advenerit, fugere non erubescant. sed quare in aegyptum? recordatus est enim dominus, qui non in finem irascitur, quanta mala fecerit super aegyptum; ideo mittit filium suum in eam et dat illi magnae reconciliationis signum, ut decem plagas aegypti una medicina sanaret; ut populus qui ante fuerat persecutor populi primogeniti, custos fieret filii unigeniti; ut quia illi violenter dominati sunt, isti cum devotione servirent; ut iam non irent ad mare |50| rubrum demergendi, sed vocarentur ad aquas baptismatis vivificandi. * augustinus in serm. de epiph.. ° audi etiam magni mysterii sacramentum. moyses aliquando in aegypto perfidis clauserat diem; illuc christus adveniens sedentibus in tenebris reddidit lucem; fugit ut illuminaret, non fugit ut lateret. sequitur et esto ibi usque dum dicam tibi; futurum est enim ut herodes quaerat puerum ad perdendum eum. putabat enim infelix tyrannus salvatoris adventu regali se solio detrudendum, sed non ita est: non ad hoc venerat christus ut alienam gloriam invaderet, sed ut suam donaret. sequitur qui consurgens, accepit puerum et matrem eius nocte et secessit in aegyptum. * hilarius in matth.. ° scilicet idolis plenam: iam enim post iudaeorum insectationem iudaeam relinquens, christus ad gentes inanissimis religionibus deditas, colendus infertur. * hieronymus in matth.. ° quando igitur tollit puerum et matrem |75| eius ut in aegyptum transeat, nocte tollit et in tenebris; quando vero revertitur in iudaeam, nec nox nec tenebrae ponuntur in evangelio. * chrysostomus super matth.. ° omnis enim perfectionis angustia nox est, refrigerium autem dies. * rabanus. ° vel quia luce vera recedente, lucis ipsius osores in tenebris remanserunt, ipsa vero redeunte illuminantur. * chrysostomus in matth.. ° vide autem statim ipso nato tyrannum insanire, et quod mater cum puero ad extraneam effugatur regionem, ut si tu incipiens alicui spirituali rei deservire, videaris tribulari, non turberis, sed omnia viriliter feras, hoc habens exemplum. * beda. ° quod enim dominus a parentibus sublatus est in aegyptum, significat electos saepius malorum improbitate suis effugandos ex sedibus, vel etiam exilio damnandos. si quidem ipse qui suis erat praecepturus: cum vos persecuti fuerint in una civitate, fugite in aliam, primus fecit quod praecepit, fugiendo hominem quasi homo in terra, quem stella magis |100| paulo ante adorandum monstravit ex caelo. * remigius. ° quod autem dominus in aegyptum iturus esset praedixerat isaias cum ait: ecce dominus ascendet super nubem levem et ingredietur aegyptum et disperdet simulacra aegypti. consuetudo autem fuit istius evangelistae omnia quae dixit confirmare, et hoc ideo, quia iudaeis scribebat; ideoque subiungit ut adimpleretur quod dictum est a domino per prophetam dicentem: ex aegypto vocavi filium meum. * hieronymus de optimo genere interpretandi. ° hoc lxx interpretes non habent; sed in osee propheta iuxta hebraicam scribitur veritatem: quia puer israel est, et dilexi eum et ex aegypto vocavi filium meum, pro quo lxx transtulerunt: quia parvulus est israel, et dilexi eum, ex aegypto vocavi filium meum. * hieronymus super osee. ° hoc autem testimonio utitur evangelista, quia haec typice referuntur ad christum. notandum enim, quod in hoc propheta et in aliis ita de adventu christi et de vocatione gentium |125| praenuntiatur, ut radix historiae non penitus deseratur. * chrysostomus in matth.. ° est etiam prophetiae lex multa multoties dici de aliis, compleri autem in aliis; sicut de simeone et levi dictum est: dividam eos in iacob et dispergam in israel; quod non in eis, sed in nepotibus completum est, quod et hic apparet. christus enim natura dei filius est, et sic in eo vere prophetia completur. * hieronymus. ° possumus autem et hunc locum conciliare, et inducemus testimonium ex numeris: deus ex aegypto vocavit eum; gloria eius sicut unicornis. * remigius. ° per ioseph autem designatur ordo praedicatorum, per mariam sacra scriptura, per puerum notitia salvatoris, per persecutionem herodis persecutio quam passa est ecclesia in hierosolymis, per fugam ioseph in aegyptum transitus praedicatorum ad gentes infideles: aegyptus enim tenebrae interpretatur; per tempus quo fuit in aegypto spatium temporis ab ascensione domini usque ad adventum antichristi; per obitum |150| herodis extinctio invidiae in cordibus iudaeorum.
lc8 * Chrysostomus super matth.. ° postquam parvulus iesus magos suo imperio subiugavit, non potestate corporis, sed gratia spiritus, irascebatur herodes, quia quos ipse sedens in throno regni suadere non potuit, his iesus parvulus placuit in praesepio iacens. deinde contemnentes eum, magi addiderunt causas doloris; unde dicitur tunc herodes videns quoniam illusus esset a magis, iratus est valde. illa enim regum ira magna et inextinguibilis est quam regni zelus accendit. sed quid fecit? mittens occidit omnes pueros. sicut enim bestia vulnerata, quicquid oculis eius occurrit, quasi auctorem sui vulneris dilaniat, sic et ille delusus a magis iram suam super parvulos diffundebat. dicebat enim cogitans in furore: certe magi puerum invenerunt, quem regnaturum dicebant: nam rex regni zelo repletus, de his omnia timet, omnia suspicatur. ideo ergo misit, et interfecit omnes parvulos, ut unum inveniret in omnibus. * augustinus in serm. de epiph.. |25| ° et dum insequitur christum, regi nostro coaevum procuravit exercitum stolis victricibus candidatum. * augustinus in serm. 3 de innocent.. ° ecce profanus hostis beatis parvulis nunquam tantum prodesse potuisset obsequio, quantum profuit odio: nam quantum contra eos iniquitas abundavit, tantum gratia benedictionis effulsit. * idem. ° o parvuli beati. ille de vestra corona dubitabit in passione pro christo qui etiam parvulis baptismum prodesse non existimat christi: nam qui natus habere potuit praedicatores angelos, narratores caelos, adoratores magos, potuit et illis, ne pro eo sic morerentur, praestare, si sciret illa morte perituros, et non potius maiore felicitate victuros. absit ut ad liberandos homines christus veniens, de illorum praemio qui pro illo interficerentur, nihil egerit, qui pendens in ligno pro eis a quibus interficiebatur, oravit. * rabanus. ° non est autem contentus vastatione bethlehem, sed et adiacentia loca vastavit; nec ullam misericordiam aetatis habuit, a filio unius noctis usque ad filium duorum annorum, |50| qui omnes occideret; unde subdit in bethlehem et in omnibus finibus eius a bimatu et infra. * augustinus. ° in caelo enim viderant magi ignotissimam stellam non ante paucos dies, sed ante finem biennii, sicut inquirenti herodi patefecerunt; unde a bimatu et infra occidit infantes; propter quod sequitur secundum tempus quod exquisierat a magis. * augustinus. ° vel quia timebat ne puer cui sidera famulantur, speciem suam paulo super aetatem vel infra transformaret, vel aetatem sui temporis occultaret; ideo videtur pueros a bimatu usque ad pueros unius diei interfecisse. * augustinus de cons. evang.. ° vel aliquorum magis propinquantium periculorum terroribus agitatus, herodes ab illa cura, scilicet interficiendi pueros, mente abrepta, in aliis potius occupatur; vel potuit credere, magos fallaci stellae visione deceptos, posteaquam non invenerunt quem natum putaverant, erubuisse ad se redire; atque ita timore depulso, a persequendo puero quievit, et sic completis diebus purgationis, |75| tute cum illo ascendere in templum potuerunt. quis enim non videat unum illum diem regem multis occupatum latere potuisse? deinde vulgatis rebus quae in templo dictae factaeque fuerant, herodes sensit se a magis illusum; ac deinde, sicut hic dicitur, multos infantes occidit. * beda in hom. in festo innocent.. ° in hac autem morte puerorum, omnium christi martyrum pretiosa est mors designata: quod parvuli occisi sunt, significat per humilitatis meritum ad martyrii perveniendum gloriam; quod in bethlehem et in omnibus finibus eius occisi sunt, ostendit in iudaea, unde ecclesiae coepit origo, et ubique per orbem persecutionem saevituram; quod bimi occisi sunt, doctrina et operatione perfectos indicat; qui vero infra, simplices; quod illi quidem occisi sunt, et christus evasit, insinuat corpora martyrum ab impiis posse perimi, sed christum ab eis non posse auferri.
lc9 * Chrysostomus in matth.. ° quia evangelista horrore implevit auditorem, crudelem occisionem narrans, rursus mitigationem apponit ostendens quod haec non facta sunt deo nequeunte prohibere atque ignorante, sed per prophetam praedicente; unde dicit tunc impletum est. * hieronymus super ierem.. ° hoc ieremiae testimonium matthaeus, non secundum hebraicam veritatem nec iuxta lxx protulit. ex quo perspicuum est evangelistas et apostolos non interpretationem alicuius secutos, sed tamquam hebraeos, quod legebant hebraice, suis sermonibus expressisse. * hieronymus in matth.. ° quod autem dicitur in rama, non putamus loci nomen esse, quod est iuxta gabaa, sed rama excelsum interpretatur; ut sit sensus: vox in excelso audita est, idest longe lateque dispersa. * chrysostomus super matth.. ° vel quoniam de morte innocentium mittebatur, ideo in excelso audiebatur, secundum illud: |25| vox pauperis penetrat nubes. quod autem dicit ploratus, fletum parvulorum ostendit; quod autem dicit ululatus, matrum significat lamentum. in parvulis autem mors faciebat finem doloris, in matribus autem semper per memoriam reparatur; et ideo dicit: ululatus multus; rachel plorans filios suos. * hieronymus. ° de rachel natus est beniamin, in cuius tribu non est bethlehem. quaeritur ergo quomodo rachel filios iudae, idest filios bethlehem, quasi suos ploret. respondebimus breviter, quia sepulta sit iuxta bethlehem in ephrata, et ex corpusculi hospitio matris nomen accepit. sive quoniam iuda et beniamin duae tribus iunctae erant, et herodes praeceperat, non solum in bethlehem interfici pueros, sed et in omnibus finibus eius; per occisionem bethlehem intelligimus multos etiam de beniamin fuisse caesos. * augustinus de quaest. nov. et vet. testam.. ° vel quia filii beniamin, qui ad rachel pertinent, olim a reliquis tribubus extincti sunt, et in praesenti et in futuro erasi. tunc ergo |50| rachel coepit filios suos plangere quando filios sororis suae in tali causa vidit occisos, ut aeternae vitae heredes existerent: cui enim aliquid adversum evenit, ex felicitate alterius infausta sua miserius luget. * remigius. ° assumpsit autem sanctus evangelista ad exaggerandam magnitudinem luctus, ut diceret etiam rachelem mortuam plorasse filios suos et noluit consolari, quia non sunt. * hieronymus. ° et hoc secundum duplicem intelligentiam: sive quod eos in aeternum mortuos existimaret, sive quod se consolari nollet de his quos scivit esse victuros; ut sit sensus: noluit consolari, de hoc quod non essent. * hilarius in matth.. ° non enim non erant hi qui mortui putabantur: in aeternitatis enim profectum per martyrii gloriam efferebantur; consolatio autem rei amissae erat praestanda, non auctae. rachel ecclesiae typum praetulit diu sterilis, nunc fecundae. huius ploratus ex filiis, non idcirco quia peremptos dolebat, auditur, sed quia ab his perimebatur quos primum genitos filios retinere voluisset. * rabanus. |75| ° vel significat ecclesiam quidem plorare sanctorum de hoc saeculo ablationem, sed non ita velle se consolari, ut qui saeculum morte vicerunt, rursus ad saeculi certamina secum redeant toleranda, quia non sunt ultra revocandi in mundum. * glossa. ° vel non vult consolari in praesenti, quia non sunt, sed omnem spem et consolationem ad aeternam transmittit vitam. * rabanus. ° bene autem rachel, quia ovis vel videns dicitur, ecclesiam figurat, cuius tota intentio ut deum contempletur, invigilat; et ipsa est ovis centesima quam pastor in humeris reportat.
lc10 * Ex historia eccles.. ° cum pro sacrilegio, quod herodes in salvatorem commiserat et scelere quod in

aequaevos eius peregerat, ultio eum divina perurgeret in mortem, corpus eius, ut iosephus refert, morbus invasit diversus, ita ut diceretur a vatibus, non morbi corporis haec, sed divinae ultionis esse supplicia. ipse autem furore iam plenus nobiliores et primarios ex omni iudaea ad se colligi, et recludi iubet in carcere, mandans, statim ut spiritum exhalasset, omnes interfici ut eius obitum omnis iudaea defleret invita. paulo autem antequam novissimum spiritum redderet, antipatrum filium suum iugulavit, post duos pueros ante necaverat, scilicet alexandrum et aristobulum. talis igitur herodis finis, qui digna supplicia scelere quod in bethlehem erga parvulos gesserat, et pro insidiis salvatoris exactus est: ab evangelista designatur cum dicit defuncto autem herode. * hieronymus. ° multi propter ignorantiam historiae labuntur in errorem, putantes eumdem esse herodem a quo in passione dominus irridetur, et qui nunc mortuus esse refertur. ergo herodes ille, qui cum pilato postea amicitias fecit, huius herodis filius est, frater archelai, quem tiberius caesar lugdunum relegavit, fratremque eius herodem successorem regni fecit. primo ergo herode defuncto, ecce apparuit angelus domini in somnis ioseph in aegypto dicens: surge, et accipe puerum et matrem eius. * dionysius de caelesti hierarchia. ° vide quoniam et ipse iesus super caelestibus essentiis superexistens, ad id quod secundum nos est immutabiliter veniens, non refugit ad se ordinatam et assumptam humanam ordinationem, sed obediens subditur dei patris per angelos dispositionibus et per angelos ipsos annuntiatur ioseph a patre disposita filii ad aegyptum recessio, et iterum ad iudaeam ex aegypto transductio. * chrysostomus super matth.. ° vides enim quia ioseph ad ministerium mariae erat electus: eunte enim illa in aegyptum et redeunte, quis ministerium ei tantae necessitatis impleret nisi desponsata fuisset? nam prima quidem facie maria puerum nutriebat et ioseph conservabat; revera autem puer et matrem nutriebat et ioseph tuebatur. sequitur et vade in terram israel: quasi medicus enim descendit in aegyptum, ut visitaret eam languentem erroribus, non ut remaneret in ea. ratio autem reversionis assignatur cum subditur defuncti sunt enim qui quaerebant animam pueri. * hieronymus. ° ex hoc loco intelligimus non solum herodem, sed etiam sacerdotes et scribas eo tempore necem domini fuisse meditatos. * remigius. ° sed si multi fuerunt, quomodo in tam brevi spatio extincti sunt? quia, ut dictum est, herode mortuo, occisi sunt omnes maiores qui in custodia tenebantur. * chrysostomus super matth.. ° quod dicitur consilio factum esse, quia consenserunt herodi, ut inquireret puerum et occideret, quia scriptum est: turbatus est herodes, et omnis hierosolyma cum illo. * remigius. ° aut certe locutus est evangelista per speciem tropi, quando multi ponuntur pro uno. in hoc autem quod dicit animam pueri, destruuntur haeretici qui dixerunt christum non sumpsisse animam, sed loco animae habuisse divinitatem. * beda in hom. de innocent.. ° quod autem occisis pro domino pueris, herodes non longe post obiit, et ioseph dominum cum matre ad terram israel reduxit, significat omnes persecutiones quae contra ecclesiam erant movendae, persecutorum morte vindicandas, et pacem ecclesiae denuo reddendam, et sanctos qui latuerant ad sua loca reversuros. vel quod defuncto herode, redit ad terram israel iesus, denuntiat quod enoch et elia praedicantibus, iudaei, sopita modernae invidiae flamma, fidem veritatis accipient.

lc11 * Glossa. ° angelicae admonitioni ioseph non inobediens fuit; unde sequitur qui consurgens, accepit puerum et matrem eius et venit in terram israel. non enim determinaverat angelus in quo loco terrae israel; ut dubitante ioseph, iterum revertatur, et frequentiori visitatione angeli certior redderetur; unde sequitur audiens autem quod archelaus regnaret in iudaea pro herode patre suo, timuit illo ire. * iosephus antiq. iud. et de bello iud.. ° habuit siquidem herodes uxores novem, ex quarum septem numerosam suscepit sobolem: primogenitus eius antipater ex iosida, alexander et aristobulus ex mariamne, archelaus ex mathaca samaritide, herodes antipas, qui postea tetrarcha fuit, et philippus, ex cleopatra hierosolymitide. tribus igitur primis ab herode interfectis, et post mortem eius occasione testamenti patris, archelao gubernationem regni usurpante, et causa de successione regni ad caesarem augustum delata, tandem de consilio senatus omnem herodis monarchiam distribuit: mediam partem, scilicet idumaeam et iudaeam, tradens archelao sub nomine tetrarchiae, pollicitus se facturum eum regem, si se dignum praebuisset; mediam vero partem in duas secuit tetrarchias: cessitque galilaea in partem herodis tetrarchae, ituraeae vero et trachonitidis regio philippo. factus est ergo post herodem defunctum archelaus quasi diarchus, quod dominii genus hic regnum appellat. * augustinus de cons. evang.. ° sed hic aliquis quaeret: quomodo, sicut lucas narrat, ibant parentes eius per omnes annos pueritiae christi in ierusalem, si archelai timore ibi prohibebantur accedere? hoc dissolvere non est difficile: fieri enim poterat ut per diem festum, inter tam ingentem turbam latenter ascenderent mox reversuri, cum tamen aliis diebus habitare metuerent: ut nec solemnitate praetermissa essent irreligiosi, nec continua mansione perspicui. iste quoque intellectus patet; ut quod lucas dicit per omnes annos eos ascendere solitos in ierusalem, tunc accipiamus factum cum iam non metueretur archelaus, qui, secundum historiam ioseph, solum novem annis regnavit. sequitur et admonitus in somnis secessit in partes galilaeae. sed forte hic quispiam moveatur: cum matthaeus dixerit, ideo timuisse ioseph cum puero redeuntem ire in iudaeam quia pro patre suo herode archelaus filius eius regnabat, quomodo potuit ire in galilaeam, ubi alius filius eius herodes tetrarcha erat, ut lucas testatur? quasi vero ipsa sint tempora quibus puero timebatur, quae lucas commemoravit, quae usque adeo mutata erant ut in ipsa iudaea non rex esset archelaus, sed praeses pilatus. * glossa. ° sed tunc quaeritur: quare non timuit ioseph in galilaeam ire, cum et ibi archelaus regnaret? sed melius potuit latere cum puero in nazareth, quam in ierusalem, ubi erat caput regni et assiduus archelaus. * chrysostomus in matth.. ° immo quia regionem ortus sui mutavit, res in posterum caligine obducta est. omnis quippe impetus persequentis in bethlehem eiusque fines desaevierat. venit igitur ioseph in nazareth et periculum fugiens et in patriam rediens; unde sequitur et veniens habitavit in civitate quae vocatur nazareth. * augustinus de cons. evang.. ° forte et hoc movet, quomodo dicat matthaeus, propterea cum puero iesu parentes eius isse in galilaeam, quia metu archelai in ierusalem ire noluerint; cum propterea magis esse in galilaea videantur, quia civitas eorum erat nazareth galilaeae, sicut lucas non tacuit. sed intelligendum est, quia ubi angelus in somnis in aegypto dixit ad ioseph: vade in terram israel, sic intellectum primo esse a ioseph, ut putaret rectius esse pergere in iudaeam: ipsa enim primitus intelligi potuit terra israel. postquam vero comperit ibi regnare archelaum, noluit obiicere se periculo, cum posset terra israel etiam galilaea intelligi, quia et ipsam populus israel incolebat. quamquam possit et aliter solvi: quia potuit videri parentibus christi non esse habitandum ibi cum puero, nisi in ierusalem ubi erat templum domini; et illuc ivissent, nisi archelai praesentia terrerentur. non autem divinitus iubebantur in iudaea vel in ierusalem habitare, ut de archelao quod timebant deberent contemnere; sed in terra israel, in qua etiam, ut dictum est, poterat intelligi galilaea. * hilarius in matth.. ° verum typica ratio conservata est: ioseph enim apostolorum tenet speciem, quibus christus circumferendus est creditus. hi tamquam herode mortuo, idest populo eius in passione domini deperdito, iudaeis praedicare sunt iussi (missi enim erant ad oves perditas domus israel); sed manente hereditariae infidelitatis dominatu, metuunt et recedunt; admoniti per visum, spiritus sancti donum in gentibus contemplantes, ad eas conferunt christum. * rabanus. ° vel hoc ultima tempora ecclesiae designat, quando plurimis iudaeorum ad praedicationem enoch et eliae conversis, ceteri ad instinctum antichristi contra fidem pugnabunt. pars igitur iudaeae in qua regnabat archelaus, antichristi sequaces ostendit; nazareth autem galilaeae, quo transfertur christus, partem eiusdem gentis quae fidem est susceptura designat: unde galilaea transmigratio, nazareth autem flos virtutum interpretatur, quia ecclesia quo ardentius a terrenis ad caelestia transmigrat, eo magis virtutum flore et germine abundat. * glossa. ° huic autem prophetae testimonium adiungit dicens ut impleretur quod dictum est per prophetas, quoniam nazaraeus vocabitur. * hieronymus. ° si fixum de scripturis posuisset exemplum, nunquam diceret quod dictum est per prophetas; sed simpliciter: quod dictum est per prophetam. nunc autem pluraliter prophetas vocans, ostendit se non verba de scripturis sumpsisse, sed sensum. nazaraeus interpretatur sanctus; sanctum autem dominum futurum omnis scriptura commemorat. possumus et aliter dicere: quod etiam eisdem verbis iuxta hebraicam veritatem in isaia scriptum sit: exiet virga de radice iesse, et nazaraeus de radice eius consurget. * chrysostomus super matth.. ° aut forte legerunt et aliquos prophetas ita dicentes, qui non sunt nobis canonizati, sicut nathan et esdra. et quoniam hoc prophetatum erat, manifestat philippus dicens ad nathanaelem: quem scripsit moyses in lege, invenimus iesum a nazareth. unde etiam prius christiani nazaraei vocabantur; sed apud antiochiam mutatum est hoc nomen, et dicti sunt christiani. * augustinus de cons. evang.. ° haec autem omnia quae sunt a narratione magorum et deinceps, lucas tacet. hoc proinde cognoscendum, quod deinceps ad cetera valeat: sic unumquemque evangelistarum contexere narrationem suam, ut tanquam nihil praetermittentis series digesta videatur; tacitis enim quae non vult dicere, sic ea quae vult dicere illis quae dicebat adiungit ut ipsa continuo sequi videantur; sed cum alter dicit ea quae alter tacuit, diligenter ordo consideratus indicat locum ubi ea potuerint a quo praetermissa sunt, transiliri.

071 CMT cp3

lc1 * Chrysostomus super matth.. ° sol appropians, antequam appareat, mittit radios suos et facit albescere orientem, ut praecedens aurora adventum diei demonstret; sic dominus natus in mundo, antequam appareat, per doctrinam spiritus sui fulgore transmisso illuminavit ioannem, ut praecedens ille adventum annuntiet salvatoris: et ideo post ortum christi enarratum, doctrinam eius enarraturus evangelista et baptismum, in quo testimonium habuit, de praecursore et baptista praemittit, dicens in diebus autem illis venit ioannes baptista praedicans in deserto. * remigius. ° his autem verbis, beati ioannis non solum tempus et locum et personam, sed etiam officium et studium demonstrat. tempus generale demonstrat cum dicit in diebus autem illis. * augustinus de cons. evang.. ° hoc autem tempus lucas per terrenas potestates expressit cum dixit: anno quintodecimo. sed intelligere debemus matthaeum cum diceret in diebus illis, in multo longiori spatio accipi voluisse. mox enim ut narravit regressum de aegypto christum, quod utique tempore pueritiae vel infantiae factum est, ut possit stare quod lucas de illo cum duodecim esset annorum narravit, continuo intulit in diebus autem illis: non utique pueritiae tantum illius dies insinuans, sed omnes dies ab eius nativitate usque quo praedicare coepit ioannes. * remigius. ° personam ostendit cum dicit venit ioannes; idest, manifestavit se, qui tamdiu prius latuerat. * chrysostomus. ° sed quare necessarium fuit ut ioannes christum praeveniret operum testimonio christum praedicante? primo quidem ut hinc christi dignitatem discas, quod sicut pater, ita et ipse prophetas habet, secundum illud zachariae: et tu, puer, propheta altissimi vocaberis. deinde ut nullam causam inverecundiae iudaeis relinquat: quod et ipse demonstrat dicens: venit ioannes neque manducans neque bibens, et dicunt: daemonium habet. venit filius hominis manducans et bibens, et dicunt: ecce homo edax. sed et aliter necessarium erat ab alio prius dici quae de christo erant, et non ab ipso; alias iudaei quid dixissent, qui post testimonium ioannis dixerunt: tu testimonium perhibes de teipso? testimonium tuum non est verum. * remigius. ° officium subiungit cum dicit baptista: in quo domini viam praeparavit: nisi enim baptizari homines consuescerent, baptismum christi abhorrerent. studium ostendit cum ait praedicans. * rabanus. ° quia etiam christus praedicaturus erat: postquam enim visum fuit idoneum tempus, scilicet circa triginta annos, incipiens praedicationem suam, viam domini praeparavit. * remigius. ° locum subiungit dicens in deserto iudaeae. * maximus. ° ubi ad praedicationem eius nec insolens turba perstreperet nec infidelis auditor rediret, sed hi tantum audire possent qui praedicationem cura divini cultus expeterent. * hieronymus super isaiam. ° vel in hoc considerandum est quod salutare dei et gloria domini non praedicatur in ierusalem sed in solitudine ecclesiae et in deserta gentium multitudine. * hilarius in matth.. ° vel etiam ad iudaeam venit desertam dei frequentatione, non populi, ut praedicationis locus, eorum quibus praedicatio erat missa, solitudinem testaretur. * glossa. ° vel typice desertum significat vitam a mundi illecebris segregatam, quae poenitentibus competit. * augustinus de utilitate poenitentiae. ° nisi autem poeniteat aliquem vitae veteris, novam non potest inchoare. * hilarius. ° et ideo poenitentiam, regno caelorum appropinquante, pronuntiat, per quam est reditus ab errore, recursus a crimine, et post vitiorum pudorem professio desinendi, dicens poenitentiam agite. * chrysostomus super matth.. ° ubi manifestat in ipso principio, quia benigni regis est nuntius: non enim peccatoribus minus intendebat, sed indulgentiam promittebat. solent reges nato sibi filio, indulgentiam in regno suo donare; sed ante transmittunt acerbissimos exactores. deus autem nato sibi filio, volens donare indulgentiam peccatorum, praemisit quasi exactorem exigentem, et dicentem poenitentiam agite. o exactio quae non fecit pauperes, sed divites reddit. nam cum quis debitum iustitiae suae reddiderit, deo nihil praestat, sed sibi lucrum suae salutis acquirit. poenitentia enim cor emundat, sensus illuminat et ad susceptionem christi praeparat humana praecordia; unde subiungit appropinquabit enim regnum caelorum. * hieronymus. ° primus baptista ioannes regnum caelorum praedicat, ut praecursor domini hoc honoretur privilegio. * chrysostomus in matth.. ° ideoque quod nunquam iudaei audierunt neque etiam a prophetis, caelos et regnum quod ibi est, praedicat, et nihil de cetero de terra dicit. sic ergo ex novitate eorum quae dicuntur erigit eos ad quaerendum eum qui praedicatur. * remigius. ° regnum autem caelorum quatuor modis dicitur: nempe christus, secundum illud: regnum dei intra vos est; sancta scriptura, secundum illud: auferetur a vobis regnum dei, et dabitur genti facienti fructum eius; sancta ecclesia, secundum illud: simile est regnum caelorum decem virginibus; supernum solium, secundum illud: multi venient ab oriente et occidente, et recumbent in regno caelorum; et hoc totum hic potest intelligi. * glossa. ° dicit autem appropinquabit regnum caelorum, quia nisi appropinquaret, nemo redire posset, quia infirmi et caeci via, quae est christus, carebant. * augustinus de cons. evang.. ° haec autem verba ioannis alii evangelistae praetermiserunt. iam vero quod sequitur hic est qui dictus est per isaiam prophetam dicentem: vox clamantis in deserto: rectas facite semitas eius, ambigue positum est, nec elucet utrum ex persona sua evangelista commemoraverit, an adhuc verba eiusdem ioannis secutus adiunxerit, ut totum hoc ioannes dixisse intelligatur: poenitentiam agite: appropinquabit enim regnum caelorum. hic est enim de quo dictum est per isaiam prophetam. neque enim hoc movere debet quia non ait: ego sum, sed hic est; nam et matthaeus dixit: invenit hominem sedentem in telonio, et non dixit: invenit me. quod si ita est, non est mirum si et interrogatus quid diceret de seipso, sicut narrat ioannes evangelista, respondit: ego vox clamantis in deserto. * gregorius in evang.. ° sicut autem, quia unigenitus filius verbum patris vocatur, secundum illud: in principio erat verbum. ex ipsa autem nostra locutione cognoscimur, quia vox sonat ut verbum possit audiri. adventum itaque domini ioannes praecurrens vox dicitur, quia per eius ministerium patris verbum ab hominibus auditur. * chrysostomus super matth.. ° vox etiam est sonus confusus, nullum secretum cordis ostendens, sed hoc tantummodo significans quia vult aliquid dicere ille qui clamat; verbum autem est sermo mysterium cordis aperiens. ad haec, vox inter homines et animalia communis est; verbum autem est hominum tantum. ideo ergo ioannes dictus est vox, non verbum, quia per eum deus sua consilia non demonstravit, sed hoc solum quod deus aliquid facere in hominibus meditabatur; postea autem per filium suum plenissime mysterium suae voluntatis aperuit. * rabanus. ° qui recte vox clamantis ob fortitudinem praedicationis dicitur. tribus autem modis clamor accidit: hoc est, si longe positus est cui loquatur, si surdus, si per indignationem; et haec humano generi acciderunt. * glossa. ° est igitur ioannes quasi vox verbi clamantis: verbum enim clamat in voce, idest christus in ioanne. * beda. ° sicut etiam clamavit in omnibus qui a principio aliquid divinitus dixerunt; et tamen iste solus est vox: quia per eum praesens verbum ostenditur, quod alii longe nuntiaverunt. * gregorius in evang.. ° ipse autem ioannes est clamans in deserto, quia derelictae ac destitutae iudaeae solatium redemptoris annuntiat. * remigius. ° quantum autem ad historiam attinet, in deserto clamabat, quia remotus erat a turbis iudaeorum. quid autem clamet, insinuat cum subiungit parate viam domini. * chrysostomus super matth.. ° sicut enim magno regi in expeditionem venturo praeparatores praecedunt qui sordida abluunt, dirupta componunt, sic et dominum nostrum praecessit ioannes, qui ab humanis cordibus poenitentiae scopis peccatorum sordes eiiceret, et quae dissipata fuerant, spiritualium praeceptorum ordinatione componeret. * gregorius in evang.. ° omnis autem qui fidem rectam et bona opera praedicat, domino ad corda audientium viam parat, rectas domino semitas facit, dum mundas animo cogitationes per sermonem bonae praedicationis format. * glossa. ° vel fides est via qua verbum ad cor descendit: cum mores in melius mutantur, fiunt semitae rectae.

lc2 * Chrysostomus super matth.. ° postquam ostendit quia ipse est vox clamantis in deserto, prudenter evangelista subiunxit ipse autem ioannes habebat vestimentum de pilis camelorum, in quo ostenditur quae sit vita ipsius: nam ipse quidem testificabatur de christo, vita autem eius de ipso. nemo autem potest esse alterius testis idoneus, nisi prius fuerit suus. * hilarius in matth.. ° fuerant enim praedicanti ioanni et locus opportunior et vestitus utilior et cibus aptior. * hieronymus. ° de pilis enim camelorum habebat vestimentum, non de lana. aliud austerae vestis indicium est, aliud luxuriae mollioris. * chrysostomus super matth.. ° servis autem dei non convenit habere vestimentum ad speciem visionis vel ad carnis delectamentum, sed tantum ad tegumentum nuditatis. habebat enim ioannes vestem non mollem neque delicatam, sed cilicinam, gravem et asperam, et conterentem corpus potius quam foventem, ut de virtute animae eius ipse habitus corporis loqueretur. sequitur et zonam pelliceam circa lumbos suos. consuetudo enim erat apud iudaeos ut zonis laneis uterentur: ideo iste, quasi durius aliquid facere volens, zona pellicea cingebatur. * hieronymus. ° porro quod sequitur, esca eius erat locustae et mel silvestre, habitatori solitudinis congruum est, ut non delicias ciborum, sed necessitates humanae carnis expleret. * rabanus. ° tenui victu contentus, et ex minutis volatilibus et melle invento in truncis arborum. in dictis autem arnulphi galliarum episcopi reperimus minimum genus locustarum fuisse in deserto iudaeae, quae corpusculis in modum digiti manus exilibus et brevibus in herbis facile capiuntur, coctaeque in oleo pauperem praebent gustum. similiter narrat, in eodem deserto esse arbores habentes lata folia et rotunda, lactei coloris, et melliti saporis, quae natura fragilia manibus fricantur et eduntur, et hoc est quod mel silvestre dicitur. * remigius. ° sub hoc autem habitu vestimentorum et vilitate ciborum ostendit se peccata totius generis humani deflere. * rabanus. ° potest et habitus et gustus eius, qualitatem internae conversationis exprimere: nam austerioribus utebatur indumentis quia vitam peccantium increpavit. * hieronymus. ° zona quidem pellicea, qua cinctus fuit et elias, mortificationis est indicium. * rabanus. ° locustas et mel silvestre edebat quia dulcius sapiebat turbis praedicatio eius; sed citius finem sortita est: in melle enim dulcedo, in locustis est alacer volatus, sed cito deciduus. * remigius. ° per ioannem autem, qui dei gratia interpretatur, significatur christus, qui mundo gratiam attulit; per vestimentum illius designatur ecclesia gentium. * hilarius in matth.. ° cum exuviis immundarum pecudum, quibus gentiles pares existimantur, christi praedicator induitur, fitque sanctificatum habitu prophetali quidquid in eis vel inutile fuerat vel sordidum. zonae autem praecinctio, efficax in omne opus bonum est apparatus, ut ad omne ministerium christi simus accincti. in esum etiam eliguntur locustae fugaces hominum, et ad omnem adventum nostri sensus evolantes: nos scilicet, qui ab omni sermone et congressu ipsis quibusdam corporis saltibus efferebamur voluntate vagi, in operibus inutiles, in verbis queruli, sede peregrini; nunc sumus sanctorum alimonia et satietas prophetarum electi, simul cum melle silvestri, dulcissimum ex nobis cibum non ex alveariis legis, sed ex truncis silvestrium arborum praebituri.

lc3 * Chrysostomus super matth.. ° conversatione ioannis exposita, convenienter subiungit tunc exibat ad eum; amplius enim resonabat conversatio vitae eius in eremo, quam vox clamoris ipsius. * chrysostomus in matth.. ° erat enim mirabile in humano corpore tantam patientiam videre: quod denique et iudaeos magis attrahebat, magnum eliam in eo videntes. conferebat autem ad stuporem quod derelique rat eos gratia prophetarum, et post longum tempus reversa videbatur ad eos. praedicationis etiam modus immutatus ad id proderat: nihil enim assuetorum apud alios prophetas audiebant, puta praelia et victorias babylonicas et persicas, sed caelos, et quidem illic regnum, et supplicium gehennae. dicit autem tunc exibat ad eum ierosolyma et omnis iudaea et omnis regio circa iordanem, et baptizabantur ab eo in iordane. * glossa. ° baptismo praecurrente, non peccata dimittente. * remigius. ° baptismus enim ioannis figuram gerebat catechumenorum: nam sicut modo catechizantur pueri, ut digni fiant sacramento baptismatis, ita ioannes baptizabat, ut baptizati ab eo, postea devote vivendo digni fierent accedere ad christi baptismum. in iordane autem baptizabat, ut ibi aperiretur ianua regni caelestis ubi datus est aditus filiis israel terram promissionis intrandi. sequitur confitentes peccata sua. * chrysostomus super matth.. ° ad comparationem enim sanctitatis ioannis quis poterat arbitrari se iustum? sicut enim vestis candida si fuerit posita iuxta nivem, ad comparationem nivis sordida invenietur, sic ad comparationem ioannis omnis homo videbatur immundus; et ideo peccata sua confitebantur. confessio autem peccatorum testimonium est conscientiae timentis deum. perfectus enim timor solvit omnem pudorem. illic autem turpitudo confessionis aspicitur ubi futuri iudicii poena non creditur. et quia ipsum erubescere poena est gravis, ideo iubet nos deus confiteri peccata nostra ut verecundiam patiamur pro poena: nam et hoc ipsum pars iudicii est. * rabanus. ° bene autem qui baptizandi erant, exire ad prophetam dicuntur, quia nisi quis ab infirmitate recedat, pompae diaboli ac mundi illecebris abrenuntiet, baptismum salubre consequi non poterit. bene autem in iordane, qui descensio eorum dicitur, baptizantur: quia de superbia vitae ad humilitatem verae confessionis descenderant. exemplum autem iam tunc confitendi peccata ac meliorem vitam promittendi baptizandis dabatur.

lc4 * Gregorius regula pastor.. ° pro qualitate audientium formari debet sermo doctorum, ut ad sua singulis congruat, et tamen a communis aedificationis arce nunquam recedat. * glossa. ° unde necesse fuit ut post doctrinam quam ioannes turbis tradiderat, evangelista etiam illius doctrinae faceret mentionem qua instruxit eos qui provectiores videbantur; et ideo dicit videns autem multos pharisaeorum et sadducaeorum venientes ad baptismum suum. * isidorus in lib. etymol.. ° pharisaei et sadducaei inter se contrarii sunt: nam pharisaei ex hebraeo in latinum interpretantur divisi, eo quod traditionum et observationum iustitiam praeferunt: unde divisi vocantur a populo quasi per iustitiam. sadducaei interpretantur iusti: vindicant enim sibi quod non sunt, corporum resurrectionem negant, et animam cum corpore interire praedicant. hi tantum quinque libros legis recipiunt, prophetarum vaticinia respuunt. * glossa. ° hos ergo qui inter iudaeos maiores videbantur, videns ioannes ad baptismum suum venire, dixit eis: progenies viperarum, quis vobis demonstrabit fugere a ventura ira? * remigius. ° consuetudo scripturarum est ab imitatione operum nomina imponere, secundum illud ezech.: pater tuus amorrhaeus; sic et isti ab imitatione viperarum, progenies viperarum dicuntur. * chrysostomus super matth.. ° sicut enim artificiosus medicus si viderit aegrotantis colorem, intelligit speciem passionis, sic ioannes venientium ad se pharisaeorum pravas cogitationes intellexit; forsitan enim apud se cogitaverunt: imus, et confitemur peccata nostra; nullum laborem nobis imponit; baptizemur, et consequamur indulgentiam peccatorum. insipientes, numquid facta digestione impuritatis, non est necessaria sumptio medicinae? sic multa diligentia necessaria est homini post confessionem et baptismum, ut vulnus peccatorum perfecte sanetur; ideo dicit progenies viperarum. natura enim viperarum est, quod statim cum momorderit hominem, currit ad aquam, quam si non invenerit, moritur; ideo istos dicebat progeniem viperarum, quia peccata mortifera committentes currebant ad baptismum, ut sicut viperae per aquam tantum pericula mortis evaderent. item viperarum natura est rumpere viscera matrum suarum, et sic nasci. quoniam ergo iudaei assidue persequentes prophetas corruperunt matrem suam synagogam, ideo progenies viperarum nuncupantur. item viperae a foris speciosae sunt et quasi pictae, intus autem veneno repletae; ita et isti pulchritudinem sanctitatis ostendebant in vultu. * remigius. ° cum ergo dicitur quis demonstrabit vobis fugere a ventura ira? subauditur: nisi deus. * chrysostomus super matth.. ° vel quis vobis demonstrabit? num isaias propheta? absit: si enim ipse vos docuisset, non spem in aqua poneretis tantum, sed etiam in operibus bonis: ille enim dicit: lavamini et mundi estote; auferte nequitiam ab animabus vestris, discite bene facere. numquid etiam david dicens: lavabis me, et super nivem dealbabor? absit: ille enim sic dicit postea: sacrificium deo spiritus contribulatus. si ergo essetis discipuli david, cum gemitu ad baptismum veniretis. * remigius. ° si vero quis demonstrabit sub futuro legatur tempore, hic est sensus: quis doctor, quis praedicator dabit vobis consilium ut possitis evadere iram aeternae damnationis? * augustinus de civ. dei. ° deus autem propter quamdam operum similitudinem, non propter affectionum infirmitatem, secundum scripturas, irascitur, nec tamen ulla passione turbatur: hoc enim verbum vindictae usurpavit effectus, non ille turbulentus affectus. si ergo vultis effugere, facite dignum fructum poenitentiae. * gregorius in evang.. ° in quibus verbis notandum est, quod non solum fructus poenitentiae, sed dignos poenitentiae admonet esse faciendos. sciendum enim est, quia quisquis illicita nulla commisit, huic iure conceditur ut licitis utatur; at si quis in culpam lapsus est, tanto a se debet licita abscindere quanto se meminit et illicita perpetrasse. uniuscuiusque ergo conscientia convenitur, ut tanto maiora quaerat bonorum operum lucra per poenitentiam, quanto graviora sibi intulerit damna per culpam. sed iudaei de generis nobilitate gloriantes, idcirco se agnoscere peccatores nolebant quia de abrahae stirpe descenderant; et ideo recte dicitur et ne velitis dicere intra vos: patrem habemus abraham. * chrysostomus in matth.. ° haec autem dixit, non prohibens illos dicere ex illo se esse, sed prohibet in hoc confidere, virtuti animae non insistentes. * chrysostomus super matth.. ° quid enim prodest ei quem sordidant mores, generatio clara? aut quid nocet illi generatio vilis, quem mores adornant? melius est enim alicui ut in eo glorientur parentes quia talem filium habent, quam ut ipse in parentibus glorietur. sic et vos nolite gloriari dicentes quia patrem habemus abraham; sed magis erubescite, quia filii estis eius, et sanctitatis eius non estis heredes. de adulterio enim natus videtur qui non assimilat patrem. parentum igitur gloriam excludit dicens et ne velitis dicere. * rabanus. ° quia ergo praeco veritatis ad dignum poenitentiae fructum faciendum eos incitare volebat, ad humilitatem provocabat, sine qua nullus poenitere potest, subdens dico enim vobis quoniam potens est deus de lapidibus istis suscitare filios abrahae. * remigius. ° fertur, quod in eo loco praedicavit ioannes circa iordanem, ubi iubente deo duodecim lapides de medio alveo iordanis sublati positi sunt. potuit ergo fieri ut hos demonstrando diceret de lapidibus istis. * hieronymus. ° in quo dei indicat potentiam, quod qui de nihilo cuncta fecerat, posset et de saxis durissimis populum procreare. * glossa. ° prima enim sunt rudimenta fidei credere deum posse quicquid voluerit. * chrysostomus. ° ex lapidibus autem generari homines, simile est ei quod ex sara processit isaac; unde et propheta dicit: aspicite ad petram de qua excisi estis. huius igitur prophetiae eos memores faciens, monstrat quod possibile est nunc etiam simile fieri. * rabanus. ° vel aliter. lapidum nomine gentes significatae sunt, quae lapides coluerunt. * chrysostomus, super matth.. ° item lapis durus est ad opus; sed cum factum fuerit opus ex eo, deficere nescit; sic et gentes cum difficultate crediderunt quidem, tamen credentes permanent in aeternum in fide. * hieronymus. ° lege ezechielem: auferam, inquit, a vobis cor lapideum, et dabo vobis cor carneum. in lapide duritia, in carne mollitudo monstratur. * rabanus. ° de lapidibus ergo filii abrahae suscitati sunt, quia dum gentiles in abrahae semine, idest in christo, crediderunt, eius filii facti sunt cuius semini sunt uniti. sequitur iam enim securis ad radicem arboris posita est. * chrysostomus super matth.. ° securis est acutissima ira consummationis, quae totum praecisura est mundum. sed si posita est, quare non praecidit? quia rationales sunt arbores et in potestate habent facere bonum aut non facere; ut videntes ad radices suas positam esse securim, timeant et faciant fructum. ergo denuntiatio irae, quod est securis positio, etsi in malis nihil agat, tamen a malis segregat bonos. * hieronymus. ° vel securis est praedicatio evangelii, iuxta ieremiam qui verbum domini comparat securi caedenti petram. * gregorius in evang.. ° vel securis est redemptor noster, qui velut ex manubrio et ferro, ex divinitate constans et humanitate, tenetur ex humanitate, sed incidit ex divinitate; quae videlicet securis ad radicem arboris posita est, quia etsi per patientiam expectat, videtur tamen quid factura est. omnis enim arbor quae non facit fructum bonum, excidetur, et in ignem mittetur: quia unusquisque perversus paratam citius gehennae concremationem invenit qui hic fructum boni operis facere contemnit. securim autem non iuxta ramos positam, sed ad radicem dicit: cum enim malorum filii tolluntur, rami infructuosae arboris abscinduntur; cum vero tota simul progenies cum parente tollitur, infructuosa arbor a radice abscissa est, ne remaneat unde prava iterum soboles succrescat. * chrysostomus in matth.. ° cum autem dicit omnis, excludit primatum, quod est a nobilitate; quasi dicat: etsi nepos fueris abrahae, sustinebis poenam sine fructu manens. * rabanus. ° quatuor autem sunt species arborum: quarum una tota est arida, cui assimilantur pagani; altera viridis, sed sine fructu, cui assimilantur hypocritae; tertia viridis et fructuosa, sed venenosa, cui assimilantur haeretici; quarta viridis est, et fructum bonum gignit, cui assimilantur viri catholici. * gregorius in evang.. ° igitur omnis arbor non faciens fructum bonum, excidetur et in ignem mittetur: quia paratam gehennae concremationem invenit qui hic boni operis fructum facere contemnit.

lc5 * Glossa. ° quia in praecedentibus verbis ioannes explicaverat quod supra summarie de agenda poenitentia praedicavit, restabat ut etiam distinctius praedicaret quod de regni caelorum appropinquatione iam dixerat; ideo dixit ego quidem baptizo vos in aqua in poenitentiam. * gregorius in evang.. ° ioannes non in spiritu, sed in aqua baptizat, quia peccata solvere non valebat: corpora quidem per aquam lavat, sed tamen animas per veniam non lavat. * chrysostomus in matth.. ° cum enim nondum esset oblata hostia neque peccatum solutum esset nec spiritus descendisset in aquam, qualiter fieret remissio peccatorum? sed quia iudaei nequaquam propria sentiebant peccata, et hoc erat eis causa malorum, advenit ioannes, in cognitionem eos ducens propriorum peccatorum, poenitentiam memorando. * gregorius in evang.. ° cur ergo baptizat qui peccata non relaxat, nisi ut praecursionis suae ordinem servans, qui nasciturum nascendo praevenerat, baptizaturum quoque dominum baptizando praeveniret? * chrysostomus super matth.. ° vel missus erat ioannes ad baptizandum, ut ad baptismum venientibus praesentiam filii dei in corpore praedicaret, sicut ipse testatur alibi dicens: ut manifestetur in israel, ideo ego veni in aqua baptizare. * augustinus super ioannem. ° vel ideo baptizat quia oportebat baptizari christum. sed quare non solus ipse baptizatus est a ioanne, si ad hoc missus erat ioannes per quem baptizaretur christus? quia si solus dominus baptizatus esset baptismate ioannis, non deessent qui putarent baptismum ioannis maiorem esse quam baptismum christi, usque adeo ut solus christus eo baptizari meruisset. * rabanus. ° vel ideo baptizat ut poenitentes hoc signaculo ab impoenitentibus secernendo, ad baptismum dirigat christi. * chrysostomus super matth.. ° quia ergo propter christum baptizabat, ideo ad ipsum venientibus christum praedicat appariturum et eminentiam potestatis eius annuntiat, dicens qui autem post me venturus est, fortior me est. * remigius. ° sciendum est autem, quod quinque modis venit christus post ioannem: nascendo, praedicando, baptizando, moriendo et ad inferos descendendo. et pulchre dominus dicitur fortior ioanne, quia ille purus homo, hic vero deus et homo. * rabanus. ° ac si ioannes dicat: ego quidem fortis sum ad poenitentiam invitando, ille peccata remittendo; ego regnum caelorum praedicando, ille donando; ego in aqua baptizando, ille in spiritu. * chrysostomus in matth.. ° cum autem audieris: quia fortior me est, ne aestimes secundum comparationem me hoc dicere; neque enim inter servos illius ordinari sum dignus, ut vilissimam ministerii susciperem particulam; unde subdit cuius non sum dignus calceamenta portare. * hilarius in matth.. ° apostolis utique circumferendae praedicationis gloriam derelinquens, quibus speciosis pedibus pacem dei erat debitum nuntiare. * chrysostomus super matth.. ° vel per pedes christi intelligere possumus christianos, praecipue apostolos, ceterosque praedicatores, inter quos erat ioannes baptista; calceamenta autem sunt infirmitates quibus operit praedicatores. haec ergo calceamenta christi omnes praedicatores portant; et ioannes etiam portabat; sed se dignum non esse portare pronuntiat, ut maiorem ostenderet gratiam christi meritis suis. * hieronymus. ° in alio evangelio ait: cuius non sum dignus solvere corrigiam calceamenti. hic humilitas, ibi ministerium demonstratur, quia christus cum sponsus sit, et ioannes non mereatur sponsi corrigiam solvere, ne vocetur domus eius, iuxta legem moysi, et exemplum ruth, domus discalceati. * chrysostomus super matth.. ° quia vero nemo potest dare dignius beneficium quam ipse est nec facere alterum quod ipse non est, recte subdit ille vos baptizabit in spiritu sancto et igni. ioannes quidem cum sit corporalis, spiritualem baptismum dare non potest, sed baptizat in aqua, quae corpus est; et ideo corpus cum corpore baptizat. christus autem spiritus est, quia deus est. spiritus etiam sanctus, spiritus est; anima quoque spiritus est: ideo spiritus cum spiritu spiritum nostrum baptizat. baptismus autem spiritus proficit, quia ingrediens spiritus circumplectitur animam, et quasi muro quodam inexpugnabili circuit eam, et non permittit ut carnales concupiscentiae praevaleant contra eam. non quidem facit ut caro non concupiscat, sed tenet animam ut ei non consentiat. et quoniam christus iudex est, baptizat in igne, idest in tentationibus; in igne autem baptizare non potest homo purus. ille enim tentandi habet licentiam qui remunerandi habet potestatem. hic autem baptismus tribulationis, idest ignis, comburit carnem ut non germinet concupiscentias: nam caro spirituales quidem poenas non timet, sed carnales. ideo ergo dominus super servos suos carnales tribulationes mittit, ut timens angustias suas caro non concupiscat malum. vides ergo quia spiritus repellit concupiscentias, et praevalere non sinit; ignis autem ipsas concupiscentiarum radices comburit. * hieronymus. ° vel in spiritu sancto et igni: quia ignis est spiritus sanctus, quo descendente, sedit quasi ignis super linguas credentium. et impletus est sermo domini dicens: ignem veni mittere in terram, sive quia, in praesenti, spiritu baptizamur, et in futuro, igni, secundum illud apostoli: uniuscuiusque opus quale sit, ignis probabit. * chrysostomus in matth.. ° non autem dicit: dabit vobis spiritum sanctum, sed baptizabit vos in spiritu sancto, copiam gratiae metaphorice ostendens. per hoc etiam monstratur quod sola voluntate etiam in fide indiget ad iustificandum, non laboribus et sudoribus; et sicut facile est baptizari, ita facile est per eum transmutari et fieri meliores. in igne vero vehementiam gratiae, quae vinci non possit, demonstrat; et ut intelligatur quod similes antiquis et magnis prophetis repente suos faciat: propter hoc enim ignis meminit, quia plures visionum prophetalium per ignem apparuerunt. * chrysostomus super matth.. ° patet ergo quod baptismus christi non solvit ioannis baptismum, sed in se inclusit: qui enim baptizatur in nomine christi, utrumque baptismum habet, et aquae et spiritus: quia christus et spiritus erat, et corpus suscepit, ut et corporale et spirituale baptisma daret. ioannis autem baptismus non includit in se baptismum christi, quia quod minus est, maius in se includere non potest. ideo apostolus cum invenisset quosdam ephesios ioannis baptismate baptizatos, iterum baptizavit eos in nomine christi, quia in spiritu non erant baptizati, quoniam et christus iterum baptizavit eos qui a ioanne fuerant baptizati, sicut sermo ioannis demonstrat, dicens ego vos baptizo in aqua, ille vos baptizabit in spiritu. nec videbatur iterum baptizare, sed semel: quia enim amplius erat baptisma christi quam ioannis, novum dabatur, et non iteratum. * hilarius in matth.. ° salutis igitur nostrae et iudicii tempus designat in domino, dicens baptizabit vos in spiritu sancto et igni, quia baptizatis in spiritu sancto reliquum sit consummari igne iudicii; unde subditur cuius ventilabrum in manu sua. * rabanus. ° per ventilabrum, idest palam, discretio iusti examinis designatur, quod habet dominus in manu, idest in potestate, quia pater omne iudicium dedit filio. sequitur et permundabit aream suam. * chrysostomus super matth.. ° area idest ecclesia, horreum vero regnum caeleste, ager autem hic mundus. mittens ergo dominus apostolos ceterosque doctores quasi messores, praecidit omnes gentes de mundo et in aream ecclesiae congregavit. hic ergo triturandi sumus, hic ventilandi: omnes enim homines in rebus carnalibus delectantur, sicut grana in palea. sed qui fidelis est et boni cordis habet medullam, mox ut leviter tribulatus fuerit, negligens carnalia, currit ad dominum; si autem modicae fidei fuerit, vix cum grandi tribulatione; qui autem omnino infidelis est et vacuus, quantumcumque tribulatus fuerit, non transit ad deum. triticum autem cum primum trituratum fuerit, iacet cum paleis in uno loco confusum, postea autem ventilatur ut separetur; sic et in una ecclesia fideles cum infidelibus habentur commixti; ideo movetur persecutio quasi ventus, ut ventilabro christi iactati, qui iam disiuncti fuerant actibus, separentur et locis. et vide quia non dixit: mundabit aream suam: sed permundabit: necesse est enim ut diversis modis tentetur ecclesia donec permundetur. et primum quidem ventilaverunt illam iudaei, deinde gentiles, modo haeretici, postmodum perventilabit antichristus. sicut enim quando modica est aura, non permundatur tota tritici massa, sed leviores paleae iactantur, graviores autem remanent, sic et modo modico flatu tentationis sufflante pessimi homines recedunt. si autem surrexerit maior tempestas, etiam illi qui videntur esse stabiles, sunt exituri. ideo necessaria est tentatio maior, ut permundetur ecclesia. * remigius. ° hanc etiam aream, scilicet ecclesiam, dominus mundat in hac vita, cum vel per iudicium sacerdotum mali de ecclesia tolluntur, vel per mortem de hac vita abscinduntur. * rabanus. ° universaliter autem areae purgatio in fine perficietur, quando mittet angelos suos filius hominis et colliget de regno suo omnia scandala. * gregorius moralium. ° nam post trituram vitae praesentis, in qua nunc triticum sub paleis gemit, ita illo extremi iudicii ventilabro triticum paleaque discernitur, ut nec in tritici horreum paleae transeant, nec in palearum ignem horrei grana dilabantur; et hoc est quod sequitur et congregabit triticum suum in horreum, paleas autem comburet igni inextinguibili. * hilarius in matth.. ° triticum suum, perfectos scilicet credentium fructus, dicit caelestibus horreis recondendum; paleas vero infructuosorum hominum inanitatem. * rabanus. ° verum hoc inter paleas et zizania distat, quod paleae non alio quam triticorum semine prodeunt, zizania vero diverso. paleae ergo sunt qui fidei sacramentis imbuuntur, sed solidi non sunt; zizania vero qui et opere et professione secernuntur a bonorum sorte. * remigius. ° ignis autem inextinguibilis dicitur poena aeternae damnationis: sive quia quos semel suscepit, nunquam extinguit, sed semper cruciat; sive ad differentiam ignis purgatorii, qui ad tempus accenditur et extinguitur. * augustinus de cons. evang.. ° si autem quaeritur quae verba potius ioannes baptista dixerit, utrum quae matthaeus an quae lucas an quae marcus eum dixisse commemorat, nullo modo hic laborandum esse iudicat qui prudenter intelligit ipsas sententias esse necessarias cognoscendae veritati, quibuslibet verbis fuerint explicatae. et in hoc apparet non debere nos arbitrari mentiri quemquam, si pluribus reminiscentibus rem quam audierunt vel viderunt, non eodem modo atque eisdem verbis eadem res fuerit indicata. quisquis autem dicit evangelistis per spiritus sancti potentiam hoc potuisse concedi ut nec in genere verborum nec in ordine nec in numero discreparent, non intelligit quanto amplius evangelistarum excellit auctoritas, tanto magis per eos fuisse firmandam ceterorum hominum vera loquentium securitatem. quod autem alius dixit cuius non sum dignus calceamenta portare, alius vero: calceamenti corrigiam solvere, non verbis tantum, sed et re ipsa videtur aliud esse. merito ergo quaeri potest quid horum ioannes dixerit. verum enim videtur narrasse qui hoc potuit narrare quod ille dixit; qui autem aliud, etsi non est mentitus certe vel oblitus, aliquid pro alio dixisse putabitur. omnem autem falsitatem abesse ab evangelistis decet, non solum eam quae mentiendo promitur, sed etiam eam quae obliviscendo. ita si ad rem pertinet aliquid aliud intelligere ex utroque dictorum, recte existimandum est ioannem utrumque dixisse, sive aliud alio tempore, sive confestim. si autem nihil intendit ioannes cum de calceamentis domini diceret, nisi excellentiam eius et suam humilitatem, quodlibet dictorum dixerit, eamdem tamen sententiam tenuit, quisquis etiam verbis suis per calceamentorum commemorationem eamdem significationem humilitatis expressit; unde ab eadem voluntate non aberravit. utilis ergo modus, et memoriae commendandus, non esse mendacium cum quis voluntatem eius explicat de quo aliquid narrat, etiam dicens aliquid aliud quod ille non dixit; voluntatem tamen suam explicavit eamdem quam et ille cuius verba commemorat. ita enim salubriter dicimus nihil aliud esse quaerendum quam quid velit ille qui loquitur.

lc6 * Glossa. ° postquam praedicatione sui praecursoris christus mundo praenuntiatus est, tandem qui diu latuerat, hominibus se manifestare voluit; unde dicitur tunc venit iesus a galilaea in iordanem ad ioannem, ut baptizaretur ab eo. * remigius. ° est sciendum quod in his verbis describuntur personae, loca, tempus et officium. tempus, cum dicit tunc. * rabanus. ° quando scilicet tricenarius erat: in quo ostendit nullum vel sacerdotem vel praedicatorem debere institui, nisi sit perfectae aetatis. ioseph tricenarius regimen aegypti suscepit; david ea aetate regnum inchoavit; ezechiel sub eodem tempore prophetiam promeruit. * chrysostomus in matth.. ° quia etiam post baptismum hanc legem cessare oportebat, hac aetate ad baptismum venit, qui potest omnia peccata suscipere, ut lege servata, nullus dicat quia ideo eam solvit quia implere non potuit. * chrysostomus super matth.. ° tunc etiam, scilicet quando ioannes praedicaverat: poenitentiam agite, ut confirmaret praedicationem ipsius et ut testimonium acciperet a ioanne. sicut autem cum processerit lucifer, lux solis non expectat occasum luciferi, sed eo procedente, egreditur, et suo lumine obscurat illius candorem, sic et christus non expectavit ut cursum suum ioannes impleret, sed adhuc eo docente apparuit. * remigius. ° personae ponuntur cum dicit venit iesus ad ioannem, idest deus ad hominem, dominus ad servum, rex ad militem, lux ad lucernam. loca designantur cum dicit a galilaea in iordanem. galilaea enim transmigratio interpretatur. quicumque ergo vult baptizari, transmigret de vitiis ad virtutes, et veniendo ad baptismum se humiliet: iordanis enim interpretatur descensus. * augustinus in serm. de epiph.. ° multa autem mirabilia in hoc flumine saepius facta esse scriptura sancta commemorat, inter cetera dicens: iordanis conversus est retrorsum. ante quidem retrorsum aquae conversae fuerant, modo retrorsum peccata conversa sunt; sicut etiam elias in iordane divisionem fecit aquarum, et christus dominus in eodem iordane separationem operatus est peccatorum. * remigius. ° officium designatur cum sequitur ut baptizaretur ab eo. * chrysostomus super matth.. ° non ut ipse remissionem peccatorum acciperet per baptismum, sed ut sanctificatas aquas relinqueret postmodum baptizandis. * augustinus. ° salvator enim ideo baptizari voluit, non ut sibi munditiam acquireret, sed ut nobis fluentia mundaret. ex quo ipse in aquam demergitur, ex eo omnium peccata abluit aqua. nec mirum quod aquam, hoc est substantiam corporalem, ad purificandam animam dicimus pervenire: pervenit plane, et penetrat conscientiae universa latibula. quamvis enim ipsa sit subtilis et tenuis, benedictione tamen christi facta subtilior, occultas vitae causas ad secreta mentis subtiliore rore pertransit. subtilior enim est benedictionum cursus quam aquarum meatus. unde quae de salvatoris baptismate benedictio fluxit, tamquam |75| fluvius spiritalis, omnium gurgitum tractus, universorum fontium venas implevit. * chrysostomus super matth.. ° ad hoc autem ad baptismum venit, ut qui humanam suscepit naturam, totum humanae naturae inveniatur implesse mysterium: nam quamvis ipse non erat peccator, tamen naturam suscepit peccatricem. propterea etsi pro se baptismate non egebat, tamen aliis carnalis natura opus habebat. * augustinus in serm. de epiph.. ° item ideo baptizari voluit, quia voluit facere quod faciendum omnibus imperabat; ut bonus magister doctrinam suam non tam verbis insinuaret, quam actibus exerceret. * augustinus super ioannem. ° hinc ergo dignatus est a ioanne baptizari, ut cognoscerent servi quanta alacritate debeant currere ad baptisma domini, quando ipse non dedignatus est accipere baptisma servi. * hieronymus. ° item baptizari voluit, ut baptismate suo ioannis baptisma comprobaret. * chrysostomus in matth.. ° quia vero baptismus poenitentiae erat, et |100| in demonstrationem delictorum inducebatur, ne aliquis aestimaret quod hac ratione christus ad iordanem venit, ideo venienti dixit ego a te debeo baptizari et tu venis ad me? quasi dicat: * chrysostomus super matth.: ° ut tu me baptizes, est idonea ratio, ut iustus efficiar, et dignus caelo; ut autem ego te baptizem, quae est ratio? omne bonum de caelo descendit in terram, non de terra ascendit in caelum. * hilarius in matth.. ° denique a ioanne baptizari prohibetur ut deus, et ita in se fieri oportere ut homo docet; unde sequitur respondens autem iesus dixit ei: sine modo. * hieronymus. ° pulchre dixit modo, ut ostenderet christum in aqua a ioanne, ioannem a christo in spiritu baptizandum. sive aliter sine modo, ut qui formam servi assumpsi, expleam et humilitatem eius; alioquin scito te in die iudicii meo esse baptismate baptizandum. vel sine modo, ut dicat dominus: habeo et aliud baptisma, quo et baptizandus sum. tu me baptizas in aqua, ut ego te baptizem |125| pro me in sanguine tuo. * chrysostomus super matth.. ° in quo etiam ostendit quia postea christus baptizavit ioannem, quamvis etiam in apocryphis libris hoc manifeste scriptum sit. sed sine modo ut iustitiam baptismatis non verbis sed factis adimpleam: prius suscipiam, postea praedicabo; unde sequitur sic enim decet nos omnem implere iustitiam; ubi non hoc significat, ut si fuerit baptizatus, adimpleat omnem iustitiam, sed sic: idest, quemadmodum baptismatis iustitiam prius factis implevit, postea praedicavit, sic et omnem aliam iustitiam, secundum illud: coepit iesus facere et docere. aut ita: sic oportet nos implere omnem iustitiam baptismi, idest secundum dispensationem humanae naturae; sic enim implevit iustitiam nascendi, crescendi et similium. * hilarius in matth.. ° erat et per eum omnis implenda iustitia, per quem solum lex poterat impleri. * hieronymus. ° non autem addit iustitiam legis, sive naturae, ut utrumque intelligamus. * remigius. ° vel sic: |150| decet nos implere omnem iustitiam, idest, ostendere exemplum omnis implendae iustitiae in baptismo, sine quo non aperitur aditus regni caelestis. vel etiam discant superbi exemplum humilitatis, ut non dedignentur baptizari ab humilibus membris meis, dum viderint me baptizatum a te ioanne servo meo. illa autem est vera humilitas quam comes obedientia sequitur; unde subditur tunc dimisit eum, idest, ad ultimum assensum praebuit ut baptizaret eum.

lc7 * Augustinus in serm. de epiph.. ° quia, ut dictum est, cum salvator noster abluitur, iam tunc in nostrum baptismum tota aqua mundatur, ut securis postmodum populis lavacri gratia ministretur. oportuit etiam christi baptismo ea designari quae per baptismum consequuntur fideles; unde dicitur baptizatus autem iesus, confestim ascendit de aqua. * chrysostomus super matth.. ° factum christi ad mysterium pertinet omnium qui postmodum fuerant baptizandi; et ideo dixit confestim, et non dixit simpliciter ascendit: quia omnes qui digne baptizantur in christo, confestim de aqua ascendunt; idest, proficiunt ad virtutes et ad dignitatem sublevantur caelestem; qui enim in aquam ingressi fuerant carnales et filii adae peccatores, confestim de aqua ascendunt spirituales filii dei facti. si autem quidam ex sua culpa nihil proficiunt baptizati, quid ad baptismum? * rabanus. ° quia ergo nobis dominus sui corporis intinctu baptismi lavacrum dedicavit, |25| nobis quoque post acceptum baptisma caeli aditum patere et spiritum sanctum dari demonstravit; unde sequitur et aperti sunt ei caeli. * hieronymus in matth.. ° non reseratione elementorum, sed spiritualibus oculis, sicut et ezechiel in principio voluminis sui apertos esse commemorat. * chrysostomus super matth.. ° si enim ipsa creatura caelorum rupta fuisset, non dixisset aperti sunt ei, quia quod corporaliter aperitur, omnibus est apertum. sed dicet aliquis: quid enim? ante oculos filii dei clausi fuerant caeli, qui etiam in terra constitutus erat in caelo? sed sciendum quod sicut secundum dispensationem humanam baptizatus est, sic secundum humanam dispensationem aperti sunt ei caeli; secundum autem naturam divinam erat in caelis. * augustinus. ° sed numquid tunc primo aperti ei caeli etiam secundum humanam naturam? fides enim ecclesiae et credit et tenet quod non minus aperti sunt ei caeli ante quam post. ideo ergo dicitur quod aperti sunt |50| ei caeli, quia omnibus renatis aperitur ianua regni caelestis. * chrysostomus super matth.. ° forte enim erant invisibilia quaedam obstacula prius, quibus obsistentibus animae defunctorum non poterant introire caelos. nullam enim animam ante christum arbitror ascendisse in caelum ex quo peccavit adam et clausi sunt caeli. sed ecce baptizato christo aperti sunt tantum; postquam vero tyrannum vicit per crucem, quia non erant necessariae portae caelo nunquam claudendo, non dicunt angeli: aperite portas: iam enim erant apertae; sed: tollite portas. vel baptizatis aperiuntur caeli, et vident ea quae sunt in caelo, non carnalibus oculis videndo, sed spiritualibus fidei credendo. aut ita: caeli sunt scripturae divinae, quas omnes legunt, non tamen omnes intelligunt, nisi qui fuerint sic baptizati ut accipiant spiritum sanctum. unde et apostolis primitus erant clausae scripturae prophetarum; sed accepto spiritu sancto, reseratae sunt eis omnes scripturae. tamen quocumque modo |75| intelligatur, caeli aperti sunt ei, idest omnibus propter eum; sicut si imperator alicui pro alio petenti dicat: hoc beneficium non illi do, sed tibi: idest, propter te illi. * glossa. ° vel tantus splendor circumfulsit christum in baptismo, ut empyreum videretur caelum reseratum esse. * chrysostomus in matth.. ° si autem tu non vides, non incredulus sis; etenim in principiis spiritualium rerum semper sensibiles apparent visiones, propter illos qui nullam intelligentiam incorporalis naturae suscipere possunt; ut si postea non fiat, ex his quae semel facta sunt, recipiant fidem. * remigius. ° sicut autem omnibus per baptismum renatis aperitur ianua regni caelestis, ita omnes in baptismate accipiunt dona spiritus sancti; ideo subditur et vidit spiritum dei descendentem sicut columbam, et venientem super se. * augustinus in serm. I in dom. infra oct. epiph.. ° christus enim postquam natus est hominibus renascitur sacramentis; ut quemadmodum tunc eum miramur incorrupta matre progenitum, |100| ita et nunc suscipiamus illum pura unda submersum. filium enim genuit mater, et casta est; christum lavit unda, et sancta est. denique spiritus sanctus, qui tunc illi in utero affuit, modo eum in gurgite circumfulsit; qui tunc mariam castificavit, nunc fluenta sanctificat. unde dicit et vidit spiritum dei descendentem. * chrysostomus super matth.. ° ideo autem spiritus sanctus speciem columbae suscepit, quoniam prae omnibus animalibus haec cultrix est caritatis. omnes autem iustitiae species quas habent servi dei in veritate, possunt habere servi diaboli in simulatione; solam autem caritatem sancti spiritus non potest immundus spiritus imitari. ideo ergo hanc privatam speciem caritatis tibi servavit spiritus sanctus, quia per nullius testimonium sic cognoscitur ubi est spiritus sanctus, sicut per gratiam caritatis. * rabanus. ° significantur etiam quatuor virtutes in baptizatis per columbam. columba enim secus fluenta habitat, ut, viso accipitre, mergat se et evadat; meliora grana eligit, |125| alienos pullos nutrit, non lacerat rostro, felle caret, in cavernis petrae nidificat, gemitum pro cantu habet; ita et sancti secus divinae scripturae fluenta resident, ut incursum diaboli evadant; sanas sententias quibus pascantur eligunt, non haereticas; homines qui diaboli fuerunt pulli, idest imitatores, doctrina nutriunt et exemplo; bonas sententias lacerando non pervertunt haereticorum more; ira irreconciliabili carent; in plagis mortis christi, qui petra firma est, nidum ponunt, idest suum refugium et spem; sicut etiam alii delectantur in cantu, ita ipsi in gemitu pro peccatis. * chrysostomus in matth.. ° veteris etiam recordatur historiae: in diluvio enim apparuit hoc animal, ramum ferens olivae et communem orbis tranquillitatem annuntians; quae omnia typus erant futurorum. etenim nunc columba apparet liberatorem nobis demonstrans, et pro ramo olivae adoptionem generi humano affert. * augustinus de trin.. ° est autem in promptu intelligere cur spiritus sanctus |150| missus dicatur, cum in ipsum dominum corporali specie velut columba descendit: facta est enim quaedam creaturae species ex tempore, in qua visibiliter ostenderetur spiritus sanctus. haec autem operatio visibiliter expressa, et oculis oblata mortalibus missio spiritus sancti dicta est; non ut appareret invisibilis eius substantia, sed ut corda hominum exterioribus visis commota, ad occultam aeternitatem converterentur. non autem sic assumpta est creatura, in qua spiritus sanctus apparuit, in unitatem scilicet personae, sicut assumpta est humana illa forma ex virgine. neque enim columbam beatificavit spiritus aut sibi in personae suae unitatem in aeternum coniunxit. proinde, quamquam illa columba spiritus dicta sit, ut ostenderetur per columbam spiritum demonstratum, non tamen ita possumus dicere spiritum sanctum et deum et columbam, sicut dicimus filium et deum et hominem; nec sicut dicimus filium agnum dei, non solum ioanne baptista dicente, sed etiam ioanne evangelista vidente agnum occisum |175| in apocalypsi: illa quippe visio prophetica non est exhibita oculis corporeis per formas corporeas, sed in spiritu per spiritales imagines corporum. de illa vero columba nullus unquam dubitavit quin oculis visa sit; nec sicut dicimus filium petram (scriptum est enim I cor. 10, 4: petra erat christus), ita possumus dicere spiritum columbam. illa enim petra iam erat in creatura, et per actionis modum nuncupata est nomine christi quem significabat; non autem sic illa columba, quae ad haec tantummodo significanda repente extitit. magis autem simile hoc mihi videtur flammae illi quae in rubo apparuit moysi, et illi quam populus in eremo fiebant dum lex daretur in monte. ad hoc sequebatur, et fulguribus ac tonitruis quae enim rerum illarum corporalis extitit species, ut aliquid significaret atque praeteriret. propter has ergo corporales formas missus dicitur spiritus sanctus; illae vero species corporales ad demonstrandum quod opus fuit, ad tempus apparuerunt, et postea destiterunt. * hieronymus in matth.. |200| ° sedit autem super caput iesu, ne quis putaret vocem patris ad ioannem factam, non ad dominum; unde sequitur et venientem super se.

lc8 * Augustinus in serm. de epiph.. ° non enim ut ante per moysen aut per prophetas, nec per typos aut figuras, venturum in carne pater filium docuit, sed palam venisse monstravit, dicens hic est filius meus. * hilarius in matth.. ° vel ut ex his quae consummabantur in christo, cognosceremus post aquae lavacrum et de caelestibus portis sanctum in nos spiritum involare et caelestis nos gloriae unctione perfundi et paternae vocis adoptione filios dei fieri. * hieronymus in matth.. ° mysterium autem trinitatis in baptismate demonstratur. dominus baptizatur, spiritus descendit in habitu columbae, patris vox filio testimonium perhibentis auditur. * augustinus in serm. de epiph.. ° nec mirum si in dominico lavacro mysterium non defuit trinitatis, cum nostrum lavacrum trinitatis compleat sacramentum. voluit enim dominus primo circa se exhibere quod erat postea humano generi praecepturus. * augustinus de fide ad petrum. ° quamvis autem pater et |25| filius et spiritus sanctus sint una natura, firmissime tamen tene tres esse personas; patremque solum esse qui dixit hic est filius meus dilectus, et filium solum esse super quem illa vox patris insonuit, et spiritum sanctum solum esse qui in specie columbae super christum baptizatum descendit. * augustinus de trin.. ° haec autem opera sunt totius trinitatis. in sua quippe substantia pater et filius et spiritus sanctus unum sunt, sine ullis intervallis temporum vel locorum; in meis autem vocibus separati sunt pater, filius et spiritus sanctus, nec simul dici poterunt; et in litteris visibilibus sua separatim locorum spatia tenuerunt: quia similitudine utcumque cognoscitur, inseparabilem in seipsa trinitatem per visibilis creaturae speciem separabiliter demonstrari. quod autem solius patris vox sit, ostenditur ex hoc quod dicit hic est filius meus. * hilarius in libro de trin.. ° non solum nomine contestatus est eum esse filium, sed proprietate. multi enim nos filii dei sumus, sed non talis est hic filius; hic enim et |50| proprius et verus est filius: origine, non adoptione; veritate, non nuncupatione; nativitate, non creatione. * augustinus super ioannem. ° pater autem diligit filium, sed quomodo pater filium, non quomodo dominus servum; sed quomodo unicum, non quomodo adoptatum. et ideo subditur in quo mihi complacui. * remigius. ° vel si ad humanitatem christi referatur, si legatur in quo mihi complacui, quia istum solum reperi sine peccato. si vero legatur in quo mihi complacuit, subauditur placitum meum constituere, ut per eum agerem quae agenda sunt, idest genus humanum redimerem. * augustinus de cons. evang.. ° haec autem verba et alii duo, marcus et lucas, similiter narrant; sed de verbis vocis quae de caelo facta est, variant locutionem, salva tamen sententia. quod enim matthaeus ait dictum hic est filius meus dilectus, et alii duo dicunt: tu es filius meus dilectus, ad eamdem sententiam explicandam valet; vox enim caelestis unum horum dixit; sed |75| evangelista ostendere voluit ad id valere quod dictum est hic est filius meus, ut illis potius qui audiebant indicaretur quod ipse esset filius dei; atque ita dictum referre voluit: tu es filius meus, ac si illi diceretur hic est filius meus. non enim christo indicabatur quod sciebat; sed audiebant qui aderant, propter quos vox facta est. iam vero quod alius dicit in quo mihi complacui, alius: in te complacuit mihi, si quaeris quid horum illa voce sonuerit, quodlibet accipe, dum intelligas eos qui non eamdem locutionem retulerunt, eamdem retulisse sententiam; quod enim deus in filio sibi complacuit, admonetur aliquis ex eo quod dictum est: in te complacuit; quod autem in filio pater placuerit hominibus, admonetur ex eo quod dictum est: in te complacuit mihi, seu intelligatur hoc dictum esse ab omnibus evangelistis, tamquam diceretur: in te complacitum meum constitui; hoc est, implere quod mihi placet.

071 CMT cp4

lc1 * Chrysostomus super matth.. ° postquam baptizatus est dominus a ioanne in aqua, ducitur a spiritu in desertum ut baptizaretur igne tentationis; unde dicitur tunc iesus ductus est in desertum a spiritu. tunc, scilicet quando pater clamavit de caelo: hic est filius meus dilectus. * chrysostomus in matth.. ° quisquis ergo post baptismum maiores sustines tentationes, non turberis; etenim propter hoc accepisti arma ut non cadas, sed ut praelieris. ideo autem tentationem a te deus non prohibet, primum quidem, ut discas quoniam multo factus es fortior; deinde ut magnitudine donorum non extollaris; tertio ut diabolus experientia cognoscat quod perfecte ab eo abscessisti; quarto ut per hoc fortior reddaris; quinto ut crediti tibi thesauri signum accipias: neque enim diabolus superveniret tibi ad tentandum, nisi te in maiori honore effectum videret. * hilarius in matth.. ° in sanctificatis enim maxime diaboli tentamenta grassantur quia victoria ei est magis optata de sanctis. * gregorius in evang.. ° dubitari autem a quibusdam solet a quo spiritu sit ductus iesus in desertum, propter hoc quod subditur assumpsit eum diabolus in sanctam civitatem. sed vere et absque ulla quaestione convenienter accipitur ut a spiritu sancto ductus esse credatur, ut illuc eum suus spiritus duceret ubi hunc ad tentandum spiritus malignus invenit. * augustinus de trin.. ° cur seipsum quoque tentandum praebuit? ut ad superandas tentationes mediator esset, non solum per adiutorium, verum etiam per exemplum. * chrysostomus super matth.. ° est autem ductus a spiritu sancto, non quasi minor maioris praecepto: non enim solum ductus dicitur qui alicuius potestate ducitur, sed etiam ille qui alicuius rationabili exhortatione placatur, sicut scriptum est de andrea, quod invenit simonem fratrem suum et adduxit eum ad iesum. * hieronymus. ° ducitur autem non invitus aut captus, sed voluntate pugnandi. * chrysostomus super matth.. ° ad homines enim diabolus vadit ut tentet eos; quoniam autem adversus christum diabolus ire non poterat, ideo contra diabolum christus processit; unde dicitur ut tentaretur a diabolo. * gregorius in evang.. ° sed sciendum nobis est, quia tribus modis tentatio agitur: suggestione, delectatione et consensu; et nos cum tentamur, plerumque in delectationem aut in consensum labimur, quia de carnis peccato propagati in nobisipsis etiam gerimus unde certamina toleramus; deus vero, qui in utero virginis incarnatus, in mundum sine peccato venerat, nihil contradictionis in semetipso tolerabat. tentari ergo per suggestionem potuit, sed eius mentem peccati delectatio non momordit; atque ideo omnis diabolica illa tentatio, foris, non intus fuit. * chrysostomus in matth.. ° tunc autem maxime instat diabolus ad tentandum cum viderit solitarios; unde etiam in principio mulierem tentavit sine viro eam inveniens; unde et sic per hoc etiam diabolo datur occasio tentandi quod ducitur in desertum. * glossa. ° hoc desertum est in ierusalem et iericho ubi morabantur latrones, qui locus vocatur dammin, idest sanguinis, propter effusionem sanguinis quam ibi latrones faciebant; unde et homo cum descendisset a ierusalem in iericho incidisse dicitur in latrones, gerens figuram adae, qui a daemonibus victus est. conveniens ergo fuit ut ibi christus diabolum superaret ubi diabolus hominem sub figura superasse dictum est. * chrysostomus super matth.. ° non solum autem christus ductus est in desertum a spiritu, sed et omnes filii dei habentes spiritum sanctum: non enim sunt contenti sedere otiosi, sed spiritus sanctus urget eos aliquid magnum apprehendere opus, quod est ire in desertum quantum ad diabolum, quia non est ibi iniustitia, qua diabolus delectatur. omne etiam bonum est extra carnem et mundum, quia non est secundum voluntatem carnis et mundi. ad tale ergo desertum omnes filii dei exeunt ut tententur: ut puta si non proposuisti ducere uxorem, duxit te spiritus sanctus in desertum, idest extra fines carnis et mundi, ut tenteris concupiscentia carnis: quomodo enim tentatur libidine qui tota die est cum uxore? scire debemus, quod filii dei non tentantur a diabolo nisi in desertum exierint; filii autem diaboli in carne et mundo constituti confringuntur et parent; sicut bonus homo, si uxorem habuerit, non fornicatur, sed sufficit ei uxor sua; malus autem etiam habens uxorem, fornicatur, et non est uxore contentus; et sic in omnibus invenies. filii ergo diaboli non exeunt ad diabolum ut tententur. quid enim opus habet ad certamen exire qui non desiderat vincere? qui autem gloriosiores sunt filii dei, extra fines carnis exeunt contra illum quia victoriae gloriam concupiscunt. propterea et in hoc christus exiit ad diabolum ut tentaretur ab eo. * chrysostomus in matth.. ° ut autem discas quam magnum bonum est ieiunium, et qualiter scutum est adversum diabolum, et quoniam post baptismum non lasciviae, sed ieiunio intendere oportet, ipse ieiunavit, non eo indigens, sed nos instruens. * chrysostomus super matth.. ° et ut quadragesimi nostri ieiunii poneret mensuram, quadraginta diebus et quadraginta noctibus ieiunavit; unde sequitur et cum ieiunasset quadraginta diebus et quadraginta noctibus. * chrysostomus in matth.. ° non autem ultra processit ieiunando quam moyses et elias ne incredibilis videretur carnis assumptio. * gregorius in evang.. ° ipse autem auctor omnium in quadraginta diebus nullum omnino cibum sumpsit. nos quoque quantum possumus, quadragesimae tempore carnem nostram per abstinentiam affligamus. quadragenarius autem numerus custoditur, quia virtus decalogi per libros quatuor sancti evangelii impletur; denarius etenim quater ductus, in quadragenarium surgit. vel quia in hoc mortali corpore ex quatuor elementis subsistimus, per cuius voluptatem praeceptis dominicis contraimus, quae per decalogum sunt accepta. qui ergo per carnis desideria decalogi mandata contempsimus, dignum est ut eamdem carnem quaterdecies affligamus. vel sicut in lege offerre debemus decimas rerum, ita ei offerre contendimus decimas dierum. a prima enim dominica quadragesimae usque ad paschalis solemnitatis gaudia sex hebdomadae veniunt, quarum dies quadraginta et duo sunt, ex quibus dum sex dies dominici ab abstinentia subtrahuntur, remanent triginta sex. dum vero per tercentum sexaginta quinque dies annus ducitur, nos autem per trigintasex dies affligimur, quasi anni nostri decimas deo damus. * augustinus in lib. 83 quaest.. ° vel aliter. omnis sapientiae disciplina est creatorem creaturamque cognoscere. creator est trinitas: pater et filius et spiritus sanctus; creatura vero partim est invisibilis, sicut anima, cui ternarius numerus tribuitur (diligere enim deum tripliciter iubemur: ex toto corde, ex tota anima et ex tota mente), partim visibilis, sicut corpus, cui quaternarius debetur propter calidum et frigidum, humidum et siccum. denarius ergo numerus, qui totam insinuat disciplinam, quater ductus, id est numero qui corpori debetur, multiplicatus, quia per corpus administratio geritur, quadragesimum numerum conficit, cuius partes aequales ad quinquaginta perveniunt; unum enim et duo et quatuor et quinque et octo et decem et viginti, quae sunt partes quadragenarii, simul iuncta, efficiunt quinquaginta. et ideo tempus quo ingemiscimus et dolemus quadragenario numero celebratur. status autem beatitudinis, in quo erit gaudium, quinquagesimae celebratione praefiguratur, idest a pascha usque ad pentecosten. * augustinus in serm. de quadragesima. ° non autem quia christus post acceptum baptismum continuo ieiunavit, regulam observationis dedisse credendum est, ut post christi baptismum continuo ieiunare necesse sit. sed quando acriori certamine cum tentatore confligitur, ieiunandum est, ut corpus impleat de castigatione militiam et animus impetret de humiliatione victoriam. * chrysostomus super matth.. ° sciebat autem dominus cogitationem diaboli, quia volebat eum tentare: audierat enim quia christus natus est in hoc mundo angelis praedicantibus, pastoribus referentibus, magis quaerentibus et ioanne ostendente. unde dominus processit contra eum, non quasi deus, sed quasi homo; magis autem quasi deus et homo. nam per quadraginta dies non esurire non erat hominis; aliquando autem esurire non erat dei. unde esurivit, ne manifeste intelligatur deus, et sic diaboli spem tentandi extingueret, suam autem victoriam impediret; unde sequitur postea esuriit. * hilarius in matth.. ° nam post quadraginta dies, non in quadraginta diebus esuriit. igitur cum dominus esuriit, non inediae surrepsit operatio, sed naturae suae hominem dereliquit. non enim erat a deo diabolus, sed a carne vincendus. qua rerum ratione indicat, post quadraginta dierum consummationem, quibus post passionem in saeculo erat commoratus, esuritionem se humanae salutis habiturum; quo in tempore expectatum deo patri munus, hominem quem assumpserat, reportavit.

lc2 * Chrysostomus super matth.. ° quia diabolus videns per quadraginta dies christum ieiunantem desperaverat, postquam esurientem sensit, iterum coepit sperare; unde sequitur et accedens tentator. si ergo ieiunaveris et tenteris, ne dicas quia perdidi fructum ieiunii mei; nam etsi non tibi profuit ieiunium tuum ut non tenteris, tamen proficiet ut a tentationibus non vincaris. * gregorius in evang.. ° sed si ipsum ordinem tentationis aspicimus, pensamus quanta magnitudine nos a tentatione liberamur. antiquus enim hostis primum hominem ex gula tentavit cum cibum ligni vetitum ad comedendum suasit; ex vana gloria, cum diceret: eritis sicut dii; ex avaritia, cum diceret: scientes bonum et malum: avaritia enim non solum pecuniae est, sed etiam altitudinis, cum supra modum sublimitas ambitur. quibus autem modis primum hominem stravit, istis modis secundo homini tentato succubuit. per gulam tentat, cum dicit dic ut lapides isti panes fiant; per vanam gloriam cum dicit si filius dei es, mitte te deorsum; per sublimitatis avaritiam, cum regna mundi ostendit, dicens haec omnia tibi dabo. * ambrosius super lucam. ° inde autem coepit unde iam vicerat, scilicet a gula; unde dixit ei si filius dei es, dic ut lapides isti panes fiant. quid autem sibi vult talis sermonis exorsus, nisi quia cognoverat dei filium esse venturum, sed venisse per infirmitatem corporis non putabat? aliud explorantis, aliud tentantis est; et deo se profitetur credere, et homini conatur illudere. * hilarius in matth.. ° eam ergo in tentando conditionem operis proposuit, per quam in deo ex mutatione lapidum in panes virtutem potestatis agnosceret, et in homine oblectamento cibi potentiam esurientis illuderet. * hieronymus. ° sed duobus contrariis teneris, o diabole: si ad imperium eius possunt lapides panes fieri, ergo frustra tentas eum qui tantae potentiae est; si autem non potest facere, frustra dei filium suspicaris. * chrysostomus super matth.. ° sicut autem diabolus omnes excaecabat, sic modo invisibiliter a christo est excaecatus. post quadraginta enim dies esurientem sensit, et per quadraginta non esurientem non intellexit. cum suspicatus est eum non esse filium dei, non cogitavit quoniam fortis athleta ad ea quae infirma sunt descendere potest; infirmus autem ad ea quae fortia sunt ascendere non potest. magis ergo ex eo quod per tot dies non esuriit, intelligere debuit quia deus est, quam ex eo quod post tot dies esuriit, quia homo est. sed dicit: moyses et elias quadraginta dies ieiunaverunt, et homines erant. sed illi ieiunantes esuriebant et sustinebant, iste quadraginta diebus non esuriit, sed postea. esurire enim et non manducare, patientiae est humanae; non esurire autem, divinae naturae. * hieronymus. ° propositum autem christi erat humilitate vincere; unde adversarium vicit testimoniis legis, non potestate virtutis, ut hoc ipso et hominem plus honoraret et adversarium plus puniret, cum hostis generis humani non quasi a deo, sed quasi ab homine vinceretur; unde sequitur qui respondens, dixit ei: scriptum est: non in solo pane vivit homo, sed in omni verbo quod procedit de ore dei. * gregorius in evang.. ° sic ergo tentatus a diabolo dominus, sacri eloquii praecepta respondit; et qui tentatorem suum mergere in abyssum poterat, virtutem suae potentiae non ostendit, quatenus nobis praeberet exemplum ut quoties a pravis hominibus aliquid patimur, ad doctrinam excitemur potius quam ad vindictam. * chrysostomus super matth.. ° non autem dixit: non in solo pane vivo, ne videatur de se dictum esse; sed non in solo pane vivit homo, ut posset diabolus dicere si filius dei es. abscondit se ut non ostendatur; quod potest, si homo est; astute excusat se, ne ostendatur non posse. * rabanus. ° testimonium autem hoc de deuteronomio sumptum est: ergo si quis non vescitur verbo dei, iste non vivit, quia sicut corpus humanum non vivit sine terreno cibo, ita et anima vivere non potest sine dei verbo. procedere autem verbum de ore dei dicitur cum voluntatem suam per scripturarum testimonia revelat.

lc3 * Chrysostomus super matth.. ° cum ex praemisso christi responso nihil certum discere diabolus potuisset utrum christus deus esset an homo, assumpsit eum ad aliam tentationem, dicens apud se: iste qui fame non vincitur, etsi filius dei non est, tamen sanctus est. valent enim homines sancti fame non vinci; sed postquam omnem necessitatem carnis vicerunt, per vanam gloriam cadunt; ideo coepit eum tentare in gloria vana; propter quod sequitur tunc assumpsit eum diabolus in sanctam civitatem. * hieronymus. ° assumptio ista non ex imbecillitate domini venit, sed de inimici superbia, qui voluntatem salvatoris necessitatem putat. * rabanus. ° sancta autem civitas ierusalem dicebatur, in qua templum dei erat et sancta sanctorum et cultus unius dei secundum legem moysi. * remigius. ° in quo ostenditur quia diabolus fidelibus christi etiam in sanctis locis insidiatur. * gregorius in evang.. ° sed ecce dum dicitur deus homo in sanctam civitatem a diabolo assumptus, humanae aures audire expavescunt; iniquorum tamen omnium diabolus caput est. quid autem mirum si se ab illo permisit in montem duci, qui se permisit a membris illius crucifigi? * glossa. ° diabolus enim semper ad alta ducit elevando per iactantiam, ut praecipitare possit; ideo sequitur et statuit eum supra pinnaculum templi. * remigius. ° pinnaculum sedes erat doctorum: templum enim non habebat culmen erectum sicut nostrae domus habent, sed et planum erat desuper more palaestinorum, et in ipso templo tria tabulata erant. et sciendum, quia in pavimento pinnaculum erat, et in unoquoque tabulato pinnaculum erat. sive ergo statuerit eum in illo pinnaculo quod erat in pavimento, sive in illis quae erant in primo, secundo vel tertio tabulato, intelligendum est quod in illo statuisset eum unde aliquod praecipitium esse potuit. * glossa. ° nota vero, haec omnia corporeis sensibus esse completa: si enim verba ad invicem conferuntur, in specie hominis diabolum apparuisse verisimile est. * chrysostomus sup. matth.. ° sed forte dicis: quomodo in corpore constitutum videntibus omnibus statuit supra templum? sed forsitan diabolus sic eum assumebat ut ab omnibus videretur; ipse autem, nesciente diabolo, invisibiliter sic agebat ut a nemine videretur. * glossa. ° ideo autem duxit eum supra pinnaculum, cum vellet eum de vana gloria tentare, quia in cathedra doctorum multos deceperat inani gloria, et ideo putavit istum positum in sede magisterii inani gloria extolli posse; unde sequitur et dixit: si filius dei es, mitte te deorsum. * hieronymus. ° in omnibus enim tentationibus hoc agit diabolus ut intelligat si filius dei sit. dicit autem mitte te, quia vox diaboli, qua semper homines cadere deorsum desiderat, persuadere potest, praecipitare non potest. * chrysostomus super matth.. ° per hanc autem propositionem quomodo poterat cognoscere si est filius dei, an non? volare enim per aerem non est proprie opus dei, quia nulli utile est. si ergo aliquis volaverit provocatus, propter ostentationem solam hoc facit, et est potius ex diabolo quam ex deo. si ergo homini sapienti sufficit esse quod est et non est necessarium ei apparere quod non est, quanto magis filius dei ostendere se necessarium non habet, de quo nemo potest tantum cognoscere quantum est apud se? * ambrosius super lucam. ° sed quia satanas transfigurat se sicut angelum lucis et de scripturis ipsis divinis laqueum fidelibus parat, utitur testimoniis scripturarum, non ut doceat, sed ut fallat; unde sequitur scriptum est enim: quia angelis suis mandavit de te. * hieronymus. ° hoc enim in psalmo 90, 11 legimus; verum ibi non de christo, sed de viro sancto prophetia est. male ergo diabolus interpretatur scripturas. * chrysostomus super matth.. ° vere enim filius dei angelorum manibus non portatur, sed ipse magis angelos portat; et si portatur manibus angelorum, non ut offendat ad lapidem pedem suum, quasi infirmus, sed |100| propter honorem, quasi dominus. o diabole, quoniam filius dei manibus portatur legisti, et quia super aspidem et basiliscum calcat, non legisti? sed illud quidem exemplum profert quasi superbus, hoc autem tacet quasi astutus. * chrysostomus in matth.. ° intuere etiam quia testimonia a domino allata sunt convenienter, a diabolo autem indecenter: non enim quod scriptum est angelis suis mandavit de te, et in manibus tollent te, suadet proiicere seipsum et praecipitare. * glossa. ° est ergo sic exponendum. ait enim scriptura de quolibet bono homine, quod angelis suis, id est administratoribus spiritibus, praecepit de ipso quod in manibus suis, idest in auxiliis suis, tollant eum et custodiant ne offendat pedem, idest affectum mentis, ad lapidem idest ad veterem legem scriptam in lapideis tabulis. vel per lapidem potest intelligi omnis peccati occasio et ruinae. * rabanus. ° notandum est autem, quod salvator noster licet permisisset se a diabolo supra pinnaculum templi poni, tamen renuit ad imperium |125| eius descendere, nobis exemplum donans, ut quisquis imperaverit viam veritatis arctam nos ascendere, obtemperemus. si autem vult nos de altitudine veritatis et virtutum ad ima erroris et vitiorum praecipitare, non illum audiamus. * hieronymus. ° falsas autem de scripturis diaboli sagittas veris scripturarum frangit clypeis; unde sequitur ait illi rursus iesus: scriptum est: non tentabis dominum deum tuum. * hilarius in matth.. ° diaboli enim conatus contundens, et deum se protestatur et dominum. * chrysostomus super matth.. ° non autem dixit: non tentabis me dominum deum tuum; sed ita: non tentabis dominum deum tuum, quod poterat dicere omnis homo dei tentatus a diabolo, quoniam et qui hominem dei tentat, deum tentat. * rabanus. ° vel aliter. suggerebatur ei quasi homini ut aliquo signo exploraret quantum deus posset. * augustinus contra faustum. ° pertinet autem ad sanam doctrinam, quando habet homo quid faciat, non tentare dominum |150| deum suum. * theodotus. ° tentat enim deum qui sine ratione obiiciens se periculo, quidpiam agit. * hieronymus. ° et notandum, quod necessaria testimonia de deuteronomio tantum protulit, ut secundae legis sacramenta monstraret.

lc4 * Chrysostomus super matth.. ° diabolus ex secundo responso incertus, transit ad tertiam tentationem: quia enim christus retia ventris disruperat, retia vanae gloriae transiverat, ponit ei retia avaritiae; propter quod dicitur iterum assumpsit eum diabolus in montem excelsum valde, quem scilicet diabolus circuiens omnem terram excelsiorem ceteris cognoscebat. quanto enim excelsior fuerit mons, tanto ex eo spatiosior terra videtur; unde sequitur et ostendit ei omnia regna mundi et gloriam eorum. ostendit autem ita non ut ipse regna vel civitates eorum vel populos vel argentum vel aurum videret, sed partes terrae in quibus unumquodque regnum vel civitas posita erat: ut puta, si ascendens super excelsum locum digito extenso dicam tibi: ecce ibi est roma aut alexandria, non sic ostendo tibi ut ipsas videas civitates, sed partes terrae in quibus positae sunt; sic et diabolus poterat christo singula loca demonstrare digito et uniuscuiusque |25| regni honores et statum verbis exponere: nam ostensum dicitur etiam quod exponitur ad intelligendum. * origenes super lucam. ° vel aliter. non est arbitrandum quod regna ei mundi ostendens, persarum verbi gratia regnum indorumque ostenderit; sed ostendit ei regnum suum, quomodo regnaret in mundo, idest quomodo alii regnentur a fornicatione, alii ab avaritia. * remigius. ° gloriam eorum appellat aurum, argentum et lapides pretiosos et temporalia bona. * rabanus. ° ostendit autem haec diabolus domino, non quod ipse visum eius amplificare potuerit aut aliquid ignotum demonstrare, sed vanitatem pompae mundanae, quam ipse diligebat, quasi speciosam ac desiderabilem verbis ostendens, in amorem christo suggerens venire volebat. * glossa. ° qui non concupiscentiae oculo intuetur sicut nos, sed sicut medici vident morbos sine laesione. * hieronymus. ° sequitur et dixit illi: haec omnia tibi dabo. arrogans et superbus de iactantia loquitur: non enim |50| potest omnia regna dare, cum sciamus plerosque sanctos viros a deo reges factos. * chrysostomus super matth.. ° sed eas quae per iniquitatem fiunt in mundo, ut puta per furtum aut per periuria acquisitas divitias diabolus dat. non ergo diabolus quibus vult divitias dare potest, sed his qui volunt ab illo recipere. * remigius. ° miranda etiam est diaboli dementia. illi promittebat dare regna terrena qui suis fidelibus dat regna caelestia, et gloriam mundi ei qui est caelestis gloriae dominus. * ambrosius super lucam. ° habet autem ambitio domesticum periculum: ut enim dominetur aliis prius servit, curvatur obsequio ut honore dominetur, et dum vult esse sublimior fit remissior. unde aperte subditur si cadens adoraveris me. * glossa. ° ecce antiqua diaboli superbia. sicut enim in principio voluit se similem deo facere, ita nunc volebat divinum sibi usurpare cultum, dicens si cadens adoraveris me. ergo qui adoraturus est diabolum, ante corruit. sequitur tunc dicit ei iesus: vade, |75| satana. * chrysostomus super matth.. ° in quo finem tentandi diabolo ponit, ne progrediatur ulterius tentans. * hieronymus. ° non autem, ut plerique putant, eadem satanas et petrus condemnantur sententia. petro enim dicitur: vade retro me, satana, idest sequere me qui contrarius es meae voluntati; huic autem dicitur vade, satana; et non ei dicitur retro, ut subaudiatur: vade in ignem aeternum qui paratus est tibi et angelis tuis. * remigius. ° vel, secundum alia exempla: vade retro, idest, reminiscere, recordare in quanta gloria conditus fuisti et in quantam miseriam cecidisti. * chrysostomus super matth.. ° videndum autem quia christus cum passus fuisset tentationis iniuriam, dicente sibi diabolo si filius dei es, mitte te deorsum, non est turbatus neque diabolum increpavit. nunc autem quando diabolus usurpavit sibi dei honorem, exasperatus est, et repulit eum dicens vade, satana, ut nos illius discamus exemplo nostras quidem iniurias magnanimiter |100| sustinere, dei autem iniurias nec usque ad auditum sufferre, quoniam in propriis iniuriis esse quempiam patientem laudabile est, iniurias autem dei dissimulare nimis est impium. * hieronymus. ° dicens autem diabolus salvatori si cadens adoraveris me, e contrario audit, quod ipse magis adorare eum debeat dominum et deum suum. * augustinus contra sermonem arianorum. ° unde sequitur scriptum est enim: dominum deum tuum adorabis et illi soli servies. unus dominus deus noster est ipsa trinitas, cui soli servitutem pietatis iure debemus. * augustinus de civ. dei. ° nomine autem servitutis, cultus deo debitus intelligitur: latriam quippe nostri, ubicumque sanctarum scripturarum positum est, interpretati sunt servitutem; sed ea servitus quae debetur hominibus, secundum quam praecepit apostolus servos dominis suis subditos esse debere, graece nuncupari solet dulia; latria vero aut semper, aut tam frequenter ut pene semper, ea servitus dicitur quae pertinet |125| ad colendum deum. * chrysostomus super matth.. ° diabolus autem, sicut, rationabiliter intelligi potest, non quasi obediens praecepto recessit, sed divinitas christi et spiritus sanctus qui erat in eo excussit inde diabolum; unde sequitur tunc reliquit eum diabolus. quod ad nostram proficit consolationem, quia non tamdiu homines dei diabolus tentat quamdiu vult, sed quamdiu christus permittit. etsi permittit eum paulisper tentare, tamen repellit propter infirmam naturam. * augustinus de civ. dei. ° post tentationem vero sancti angeli spiritibus immundis metuendi domino ministrabant, et per hoc magis magisque innotescebat daemonibus quantus esset; unde sequitur et ecce angeli accesserunt et ministrabant ei. * chrysostomus super matth.. ° non autem dixit: descendentes angeli, ut ostendat quia semper ad ministerium eius erant in terris, sed tunc praecipiente domino recesserunt ab eo, ut locus diabolo adversus christum |150| daretur, ne forte videns angelos circa eum non appropinquaret ad eum. in quibus autem rebus illi ministrabant scire non possumus: utrum ad sanationes infirmitatum, an ad correctiones animarum, an ad effugationem daemonum, quae omnia per angelos facit, unde eis facientibus ipse facere videtur; tamen manifestum est quod non propter necessitatem impotentiae eius ei ministrabant, sed propter honorem potestatis ipsius: non enim dicitur quod adiuvent eum, sed quod ministrent. * gregorius in evang.. ° ex his autem unius personae utraque natura ostenditur: quia et homo est quem diabolus tentat, et idem ipse deus est cui ab angelis ministratur. * chrysostomus super matth.. ° nunc breviter perstringamus quid significent christi tentationes. ieiunium est abstinentia rei malae, esuries est desiderium eius, usus eius est panis. qui ergo peccatum sibi convertit ad usum, lapidem convertit in panem. respondeat ergo diabolo persuadenti, quia |175| non in solo usu illius rei vivit homo, sed in observantia mandatorum dei. quando vero quis inflatus fuerit quasi sanctus, ductus est quasi super templum, et quando aestimaverit se consistere in sanctimoniae summitate, positus est supra pinnaculum templi. et haec tentatio sequitur primam, quia victoria tentationis gloriationem operatur et fit causa iactantiae. sed vide quod christus ieiunium ultro susceperit. super templum autem diabolus eum duxit, ut tu ad abstinentiam laudabilem sponte procedas; extolli autem ad fastigium sanctitatis non acquiescas; fuge exaltationem cordis et non patieris ruinam. ascensio autem montis est processio ad altitudinem divitiarum et gloriae huius mundi quae de superbia cordis descendit. cum ergo volueris dives fieri, quod est ascendere in montem, incipis cogitare de divitiis et honoribus acquirendis, et tunc princeps mundi gloriam regni sui tibi ostendit. tertio loco providet tibi causas, ut si volueris illa consequi, servias ei negligens iustitiam dei. * hilarius in matth.. |200| ° victo autem a nobis calcatoque diaboli capite, angelorum ministeria et virtutum in nos caelestium officia non defutura ostenditur. * augustinus de cons. evang.. ° lucas has tentationes non eodem ordine persecutus est; unde incertum est quid prius factum sit: utrum regna terrae prius demonstrata sint et postea in pinnaculum templi levatus sit, an e converso; nihil tamen ad rem, dum omnia facta esse manifestum sit. * glossa. ° sed quod dicit lucas magis videtur secundum historiam esse, sed matthaeus has refert tentationes secundum hoc quod in adam factae sunt.

lc5 * Rabanus. ° postquam matthaeus de quadraginta dierum ieiunio et de tentatione christi et de angelorum ministerio narravit, continuo subiecit dicens cum autem audisset iesus quia ioannes traditus esset. * chrysostomus super matth.. ° sine dubio a deo, quia in virum sanctum nemo potest aliquid nisi tradiderit eum deus. sequitur secessit in galilaeam, scilicet de iudaea, ut passionem suam opportuno tempori reservaret, deinde ut nobis fugiendi periculum daret exemplum. * chrysostomus in matth.. ° non enim accusabile est non proicere seipsum in periculum, sed incidentem non stare viriliter. recedit etiam de iudaea, iudaicam invidiam mitigans, simul quidem prophetiam complens et magistros orbis terrarum piscari studens, qui in galilaea morabantur. attende etiam qualiter ad gentes abiturus a iudaeis accepit causam: etenim cum praecursorem in vincula misissent, impellunt iesum transire ad galilaeam gentium. |25| * glossa. ° ut autem refert lucas, venit nazareth, ubi erat nutritus, et ibi intravit in synagogam, ubi legit et dixit multa, propter quae voluerunt eum praecipitare de monte; et tunc descendit capharnaum; unde modo ait matthaeus et relicta civitate nazareth, venit et habitavit capharnaum. * hieronymus. ° nazareth est in galilaea vicus iuxta montem thabor; capharnaum est oppidum in galilaea gentium iuxta stagnum genesareth; et ideo dicit maritima. * glossa. ° addit etiam in finibus zabulon et nephthalim, ubi prima captivitas hebraeorum fuit ab assyriis. ubi ergo prima legis oblivio est, ibi prima evangelii praedicatio, ut de loco quasi medio difflueret ad gentes et iudaeos. * remigius. ° reliquit autem unam, scilicet nazareth, ut praedicando et miracula faciendo plures illuminaret; in quo facto reliquit praedicatoribus exemplum, ut eo tempore et illis in locis studeant praedicare, quando multis prodesse possunt. sequitur ut adimpleretur quod dictum est per isaiam prophetam: |50| terra zabulon et terra nephthalim etc.. in prophetia ita habetur: primo tempore alleviata est terra zabulon et terra nephthalim, et novissimo aggravata est via maris, trans iordanem, galilaeae gentium. * hieronymus super isaiam. ° dicitur autem primo tempore alleviata esse ab onere peccatorum, quia in regionibus duarum tribuum, primum salvator evangelium praedicavit, novissimo vero tempore aggravata est fides eorum, plurimis iudaeorum in errore permanentibus. mare autem hic lacum appellat genesareth, qui iordane influente efficitur, in cuius litore capharnaum et tiberias et bethsaida et corozaim sitae sunt, in qua maxime regione christus praedicavit. vel, secundum hebraeos in christum credentes, hae duae tribus zabulon et nephthalim ab assyriis captae sunt, et galilaea deserta est, quam propheta dicit esse alleviatam, eo quod peccata populi sustineret; sed postea reliquae tribus, quae habitabant trans iordanem et in samaria, ductae sunt in captivitatem et hoc, inquiunt, |75| scriptura nunc dicit, quod regio, cuius populus primum captivatus est, ipsa primum lucem praedicantis viderit christi. vel, secundum nazaraeos, adveniente christo, primo terra zabulon et nephtalim est pharisaeorum erroribus liberata, postea per evangelium apostoli pauli ingravata est, idest multiplicata praedicatio in terminos gentium. * glossa. ° hic autem in evangelio diversi nominativi ad idem verbum reducuntur; ita et terra zabulon et terra nephthalim, quae est via maris, quae est trans iordanem, scilicet populus galilaeae gentium, qui ambulabat in tenebris. * hieronymus in lib. de locis hebr.. ° nota autem, quod duae galilaeae sunt: una quae dicitur iudaeorum, et alia quae dicitur gentium. divisa est enim tempore salomonis, qui dedit viginti civitates in galilaea hyram regi tyri, quae pars dicta est postea galilaea gentium; reliqua iudaeorum. vel legendum est trans iordanem galilaeae gentium, ita, inquam, ut populus, qui vel sedebat vel ambulabat in tenebris, lucem viderit, nequaquam |100| parvam, ut aliorum prophetarum, sed magnam, scilicet illius qui in evangelio loquitur: ego sum lux mundi. et qui habitabant in regione umbrae mortis, lux orta est eis. inter mortem et umbram mortis hoc interesse puto, quod mors eorum est qui cum operibus mortis ad inferos perrexerunt; umbra autem mortis eorum est qui dum peccant, nondum de hac vita egressi sunt: possunt enim, si voluerint, agere poenitentiam. * chrysostomus super matth.. ° vel in regione umbrae mortis sedebant gentiles, quia colebant idola et daemones. iudaei autem, qui legis opera faciebant, in tenebris erant quia dei iustitia nondum erat eis manifesta. * chrysostomus in matth.. ° ut autem discas quod neque lumen neque tenebras sensibiles ait, de lumine dixit lumen magnum, quod alibi dicitur lumen verum; tenebras autem exponens nominavit umbram mortis. deinde monstrans quod non ipsi quaerentes invenerunt, sed deus ipsis apparuit, dixit quod lumen ortum est et effulsit: non enim |125| prius ipsi ad lumen cucurrerunt, etenim in ultimis malis homines erant ante christi praesentiam: neque enim ambulabant in tenebris, sed sedebant; quod signum erat quia non sperabant liberari; sicut enim nescientes quo oporteret progredi, ita comprehensi a tenebris sedebant, iam non potentes stare. tenebras autem vocat hic errorem et impietatem. * rabanus. ° allegorice autem ioannes est vox praecedens verbum et alii prophetae. postquam autem propheta cessavit et ligatus est, accessit verbum complens quod praedicaverat vox, idest propheta. et secessit in galilaeam, idest de figuris ad veritatem. vel in galilaeam, idest in ecclesiam, ubi est transmigratio de vitiis ad virtutes. nazareth interpretatur flos, capharnaum villa pulcherrima. reliquit ergo florem figurarum, quo fructus evangelii significabatur et venit in ecclesiam, quae est christi virtutibus pulchra. et maritima est, quia iuxta fluctus saeculi posita, quotidie tunditur procellis persecutionum. inter zabulon et nephthalim sita est, idest iudaeis communis et gentibus. zabulon enim habitaculum fortitudinis dicitur: quia apostoli, qui de iudaea electi sunt, fortes fuerunt. nephthalim dilagatio, quia gentium ecclesia per orbem dilatata est. * augustinus de cons. evang.. ° ioannes autem evangelista, priusquam iret iesus in galilaeam, dicit de petro et andrea et nathanaele, et de miraculo in cana galilaeae; quae omnia ceteri evangelistae praetermiserunt, id contexentes suis narrationibus quod iesus reversus sit in galilaeam; unde intelligitur fuisse interpositos aliquos dies, quibus illa de discipulis gesta sunt quae interponuntur a ioanne. * remigius. ° sed illud solertius attendendum est, quare ioannes dicat dominum iisse in galilaeam antequam ioannes missus fuisset in carcerem. nam post vinum de aqua factum et descensum eius in capharnaum et post ascensum eius in ierusalem, dicitur in evangelio ioannis, quod rediit in iudaeam et baptizabat, et nondum erat missus ioannes in carcerem. hic autem dicitur, quod postquam traditus fuit ioannes, secessit in galilaeam; et hoc quidem dicit marcus. non autem debet hoc contrarium videri: nam ioannes primum adventum domini in galilaeam descripsit, qui scilicet fuit ante incarcerationem ioannis. sed et de secundo adventu alibi facit mentionem, cum ait quod iesus reliquit iudaeam et abiit iterum in galilaeam; et de hoc tantum secundo adventu in galilaeam, qui scilicet fuit post incarcerationem ioannis, alii evangelistae dicunt. * eusebius hist. eccl.. ° ioannem enim tradunt usque ad ultimum pene vitae suae tempus absque ullius scripturae indiciis evangelium praedicasse; sed cum trium evangeliorum ad ipsum notitia pervenisset, probasse quidem veritatem dictorum, deesse tamen vidit aliqua, et maxime quae primo praedicationis suae tempore dominus gesserat. certum est enim, quod in aliis tribus evangeliis haec videntur sola contineri quae in eo gesta sunt anno quo ioannes baptista vel inclusus est in carcerem vel punitus. matthaeus enim post tentationem christi continuo subiecit audiens autem quia ioannes traditus esset; et marcus similiter. lucas vero priusquam aliquid de actibus christi referret, dicit quod herodes conclusit ioannem in carcerem. rogatus est ergo ioannes apostolus, ut ea quae praeterierant priores ante traditionem ioannis, salvatoris gesta conscriberet: et ideo dicit in evangelio suo: hoc fecit initium signorum iesus.

lc6 * Chrysostomus super matth.. ° ille debet christi iustitiam praedicare qui ventri suo contradicere potest, qui saeculi istius bona contemnit, qui vanam gloriam non desiderat. et ideo dicitur exinde coepit iesus praedicare, idest ex quo tentatus, famem vicit in deserto, avaritiam sprevit in monte, vanam gloriam repercussit in templo. vel exinde coepit praedicare, ex quo traditus est ioannes: nam si praedicante ioanne praedicare coepisset, vilem reddidisset ioannem, et inveniretur praedicatio ioannis esse superflua quantum ad istius doctrinam, sicut si uno tempore sol cum lucifero oriatur, gratiam luciferi celat. * chrysostomus in matth.. ° ideo etiam non praedicavit donec ioannes in carcerem mitteretur, ne ex hoc multitudo scinderetur; propter quod etiam ioannes nullum fecit signum, ut per miracula omnes traherentur ad christum. * rabanus. ° in hoc etiam docet ne quis ab inferiori persona sermonem contemnat; unde apostolus: si cui sedenti revelatum fuerit, prior taceat. * chrysostomus super matth.. ° sapienter autem inde praedicationis suae sumpsit initium, non ut conculcet ioannis doctrinam, sed ut magis confirmet, et testem eum verum fuisse demonstret. * hieronymus. ° in quo etiam ostendit se eiusdem esse dei filium, cuius ille fuerat propheta, et ideo dicit poenitentiam agite. * chrysostomus super matth.. ° non enim statim iustitiam praedicavit quam omnes cognoscebant, sed poenitentiam, qua omnes indigebant. quis ergo ausus est dicere: volo bonus esse, et non possum? poenitentia enim correctio est voluntatis; et si vos mala non terrent, ut scilicet poenitentiam agatis, saltem bona delectent; unde sequitur appropinquavit enim regnum caelorum, idest beatitudo regni caelestis; ac si dicat: parate vos per poenitentiam, quia appropinquavit tempus mercedis aeternae. * remigius. ° et notandum, quia non dicit: appropinquavit regnum chananaeorum aut iebuzaeorum, sed regnum caelorum. lex enim promittebat bona temporalia, sed dominus regna caelestia. * chrysostomus in matth.. ° considerandum etiam, quod in hac praedicatione nihil de seipso manifeste praedicabat, quod interim conveniens erat, quia nondum de eo decentem habebant opinionem. incipiens etiam, nihil grave et onerosum dixit, sicut ioannes dixerat securim exscindendae arbori imminentem, et huiusmodi; sed in principio benigna proposuit, regnum caelorum evangelizans. * hieronymus. ° mystice autem: ioanne tradito, christus incipit praedicare, quia desinente lege, consequenter oritur evangelium.

lc7 * Chrysostomus super matth.. ° antequam christus aliquid dicat vel faciat, vocat apostolos, ut nihil illos lateat nec verborum christi nec operum, ut postmodum fiducialiter dicere possint: non possumus quae vidimus et audivimus non loqui. hinc est quod dicitur ambulans iesus iuxta mare galilaeae. * rabanus. ° mare galilaeae idem est quod stagnum genesareth, mare tiberiadis et lacus salinarum. * glossa. ° decenter autem per piscatoria vadit loca, piscatores piscaturus; unde sequitur vidit duos fratres, simonem, qui vocatur petrus, et andream fratrem eius. * remigius. ° vidit autem non tam corporaliter quam spiritualiter ad corda eorum respiciens. * chrysostomus in matth.. ° in mediis autem operationibus existentes eos vocavit, monstrans quod omnibus occupationibus sequelam suam praeponere oportet; unde sequitur mittentes retia in mare, quod quidem eorum officio congruebat; propter quod sequitur erant enim piscatores. * augustinus de verb. dom.. ° non enim elegit reges aut senatores aut philosophos aut oratores, immo elegit plebeios, pauperes et indoctos piscatores. * augustinus super ioann.. ° si enim doctus eligeretur, fortassis ideo se diceret electum, quia doctrina eius eligi meruit. dominus autem noster iesus christus volens superborum frangere cervices, non quaesivit per oratorem piscatorem, sed de piscatore lucratus imperatorem. magnus cyprianus orator, sed prius petrus piscator. * chrysostomus super matth.. ° futurae etiam dignitatis gratiam artificii opera prophetabant: nam sicut qui retia iactat in aquam, nescit quos pisces comprehensurus est, sic doctor, quando divini sermonis retia super populum iactat, nescit qui sunt accessuri ad deum. sed quoscumque deus excitaverit, illi adhaerent eius doctrinae. * remigius. ° de his autem piscatoribus loquitur dominus per ieremiam dicens: mittam in vos piscatores meos et piscabuntur vos. unde et hic subditur venite post me. * glossa. ° non tam pedibus, quam affectu et imitatione. et faciam vos fieri piscatores hominum. * chrysostomus super matth.. ° idest doctores; ut cum rete verbi dei comprehendatis homines de mundo tempestuoso et periculoso ubi homines non ambulant, sed feruntur, quia diabolus cum delectatione compellit eos in mala, ubi alterutrum homines se comedunt, sicut pisces fortiores devorant iuniores - ut translati vivant in terra, corporis christi membra facti. * gregorius in evang.. ° nulla autem petrus et andreas christum miracula facere viderant, nihil ab eo de praemio aeternae retributionis audierant, et tamen ad unum domini praeceptum, hoc quod possidere videbantur, obliti sunt; unde sequitur at illi continuo, relictis retibus, secuti sunt eum. in quo affectum debemus potius pensare quam censum. multum enim reliquit qui sibi nihil retinuit, multum dimisit qui cum re possessa et concupiscentiis renuntiavit. a sequentibus ergo tanta dimissa sunt quanta a non sequentibus concupisci potuerunt. exteriora enim nostra domino quantumlibet parva sufficiunt, nec perpendit quantum in eius sacrificio, sed ex quanto proferatur. aestimationem quippe pretii regnum dei non habet, sed tantum valet quantum habes. * chrysostomus super matth.. ° non autem praedicti discipuli secuti sunt christum, doctoris cupientes honorem, sed operis lucrum: sciebant enim quam pretiosa est anima hominis, quam grata est apud deum salus ipsius et quanta est merces. * chrysostomus in matth.. ° tantae igitur promissioni crediderunt, et per sermones quibus sunt capti, crediderunt se alios posse piscari. * chrysostomus super matth.. ° haec igitur cupientes, secuti sunt, omnibus relictis; in quo nos docuerunt quia nemo potest terrena possidere et perfecte ad caelestia pervenire. * glossa. ° in his ergo datum est exemplum illis qui censum deserunt pro christi amore. subditur autem exemplum eorum qui etiam carnales affectus pro deo postponunt; unde dicitur et procedens inde, vidit alios duos. nota, quia vocat binos et binos, sicut alibi legitur quod misit eos binos et binos ad praedicandum. * gregorius in evang.. ° quatenus hic nobis tacitus innuat, quia qui caritatem erga alterum non habet, praedicationis officium suscipere nullatenus debet. duo enim sunt praecepta caritatis, et minus quam inter duos caritas haberi non potest. * chrysostomus super matth.. ° super caritatem etiam fraternitatis ecclesiae recte posuit fundamenta, ut ex radicibus caritatis exuberans quasi humor ascendat in ramos; et hoc super naturalem caritatem, ut non solum per gratiam, sed etiam per naturam ipsa caritas firmior habeatur; unde dicit fratres: sic enim fecit deus et in veteri testamento, super moysen et aaron fratres, ponens aedificationis initium. quoniam autem abundantior est gratia novi testamenti quam veteris, ideo primum populum aedificavit super unam fraternitatem, hunc autem super duas. iacobum, inquit, zebedaei, et ioannem fratrem eius in navi cum zebedaeo patre eorum, reficientes retia sua, quod est maximae paupertatis indicium: vetera enim reficiebant qui nova unde emerent non habebant. et quod ad maiorem pietatem eorum pertinet, in tanta paupertate sic patri suo succurrebant, ut secum eum baiularent, in navi, non ut ille istos adiuvaret in opere, sed ut isti illum consolarentur sua praesentia. * chrysostomus in matth.. ° non parva autem est hic demonstratio virtutis, inopiam facile ferre, ex iustis nutriri laboribus, colligari invicem amoris virtute, patrem inopem habere secum et in eius obsequio laborare. * chrysostomus super matth.. ° aestimare autem primos velociores ad praedicandum, quia retia mittebant, istos autem quasi pigriores quia adhuc retia componebant, non sumus ausi, quia differentiam eorum cognoscere solius est christi. forte ergo illi propter petrum dicti sunt mittentes retia, qui praedicavit evangelium, sed non composuit; isti autem propter ioannem componentes, qui evangelium composuit. sequitur et vocavit eos: erant enim habitatione cives, dilectione concordes, artificio pares, fraternitatis coniuncti pietate. ideo simul vocavit eos, ne tot bonis coniunctos dissimilis vocatio separaret. * chrysostomus in matth.. ° vocando autem nihil eis promisit, sicut prioribus; obedientia enim eorum qui praevenerant, viam eis ad credendum praeparaverat. sed et multa de ipso audierant, scilicet tamquam familiares et consanguinitate coniuncti. sequitur illi autem, relictis retibus et patre, secuti sunt eum. * chrysostomus super matth.. ° tria enim sunt quae relinquere debet qui venit ad christum: actus carnales, qui per retia piscationis significantur; substantiam mundialem, quae per navem; et parentes, qui per patrem. reliquerunt ergo navem, ut fierent ecclesiasticae navis gubernatores; reliquerunt retia, ut non pisces afferrent ad civitatem terrenam, sed homines ad caelestem; reliquerunt unum patrem, ut spirituales patres omnium fierent. * hilarius in matth.. ° eis igitur artem et patriam domum relinquentibus, docemur, christum secuturi, et saecularis vitae sollicitudine et paternae domus consuetudine non teneri. * remigius. ° mystice autem per mare designatur iste mundus, propter amaritudinem et fluctuationem. galilaea autem interpretatur volubilis, sive rota, et significat mundi volubilitatem. ambulavit igitur iesus iuxta mare dum ad nos per incarnationem venit: quia non carnem peccati, sed similitudinem carnis peccati suscepit ex virgine. per duos fratres duo populi designantur qui ab uno deo patre creati sunt, quos vidit quando eos misericorditer respexit. per petrum enim, qui interpretatur agnoscens, et dicitur simon, idest obediens, designatur iudaicus populus, qui per legem deum agnovit et praeceptis eius obedivit; per andream, qui interpretatur virilis sive decorus, intelligitur gentilis populus qui post agnitionem dei viriliter in fide permansit. nos populum vocavit quando praedicatores in mundum misit, dicens venite post me, idest relinquite deceptorem et sequimini creatorem. de utroque etiam populo facti sunt hominum piscatores, idest praedicatores. relictis autem navibus, idest carnalibus desideriis, et retibus, idest mundi cupiditatibus, secuti sunt christum. per iacobum etiam intelligitur iudaicus populus, qui per cognitionem dei diabolum supplantavit; per ioannem gentilis populus, qui sola gratia salvatus est. zebedaeus autem, quem relinquunt, et interpretatur fugitivus sive labens, significat mundum qui transit et diabolum qui de caelis lapsus est. per petrum etiam et andream mittentes retia in mare, designantur illi qui in prima aetate, dum de navi corporis sui mittunt retia carnalis concupiscentiae in mare huius saeculi, vocantur a domino. per iacobum et ioannem reficientes retia designantur illi qui post peccata ante adversitates veniunt ad christum recuperantes quae perdiderunt. * rabanus. ° duae naves duas ecclesias figurant: eam quae ex circumcisione, et eam quae ex praeputio vocata est. quilibet etiam fidelis fit simon, deo obediendo; petrus, peccatum suum agnoscendo; andreas, viriliter labores patiendo; iacobus, vitia supplantando. * glossa. ° et ioannes, ut totum gratiae dei adscribat. et ideo quarta tantum vocatio ponitur, per quos praedicatores dei a quatuor mundi partibus vocatos signetur. * hilarius in matth.. ° vel in hoc futurorum evangelistarum numerus figuratur. * remigius. ° per hoc etiam quatuor virtutes principales designantur: prudentia enim refertur ad petrum, propter divinam cognitionem; iustitia ad andream, propter operum virilitatem; fortitudo ad iacobum, propter diaboli supplantationem; temperantia ad ioannem, propter divinae gratiae effectum. * augustinus de cons. evang.. ° sane movere potest quomodo ioannes dicat non in galilaea, sed iuxta iordanem andream secutum esse dominum cum alio cuius nomen tacetur; deinde petrum ab illo nomen accepisse; ceteri autem tres evangelistae de piscatione vocatos eos dicunt, satis inter se convenienter, maxime matthaeus et marcus; nam lucas andream non nominat, qui tantum intelligitur in eadem navi fuisse. hoc etiam videtur distare quod tantum petro a domino dictum esse commemorat lucas: ex hoc iam homines eris capiens quod matthaeus et marcus ambobus dixisse narrant. sed potuit prius petro dici secundum lucam, et ambobus postea secundum alios duos. sed quod de ioanne diximus, diligenter considerandum est, cum et locorum plurimum intersit et temporis et ipsius vocationis. sed intelligendum est, petrum et andream non sic vidisse dominum iuxta iordanem ut ei iam inseparabiliter inhaererent, sed tantum cognovisse quis esset, et eum miratos ad propria remeasse. forte autem quod praetermiserat recapitulat, quia sine ulla consequentis temporis differentia dicit ambulans autem iuxta mare. quaeri etiam potest quomodo binos et binos seorsum |275| eos vocaverit, sicut narrat matthaeus et marcus, cum lucas dicat iacobum et ioannem tamquam socios petri ad adiuvandum vocatos fuisse, et simul subductis ad terram navibus christum secutos? unde intelligendum est hoc primo esse factum quod lucas insinuat, et eos ad capturam piscium ex more remeasse: non enim erat dictum petro quod pisces nunquam esset capturus, cum post resurrectionem hoc fecerit, sed quod homines esset capturus; postea hoc factum est quod matthaeus et marcus narrant: non enim subductis ad terram navibus, tamquam cura redeundi secuti sunt eum, sed tamquam iubentem ut sequerentur.

lc8 * Chrysostomus super matth.. ° omnis rex pugnaturus contra adversarium, prius congregat exercitum, et sic vadit ad pugnam; sic et dominus contra diabolum pugnaturus, prius congregavit apostolos, et sic coepit evangelium praedicare; unde sequitur et circuibat iesus. * remigius. ° in quo doctorum vita instruitur: ut enim non sint pigri, docentur per hoc quod dicitur circuibat iesus. * chrysostomus super matth.. ° quia enim illi ut debiles ad medicum venire non poterant, ipse sicut studiosus medicus circuibat graviter aegrotantes. et dominus quidem circuibat singulas regiones; qui autem sunt unius regionis pastores considerando debent circuire populi singulas passiones, ut ad remedium passionis eorum aliquod medicamentum in ecclesia proferatur. * remigius ° (rabanus in hoc loco id habet). ut autem non sint acceptores personarum docentur praedicatores per hoc quod subiungitur totam galilaeam. ut autem |25| vacui non discurrant, docentur per hoc quod subditur docens. ut autem non paucis, sed multis prodesse studeant, monentur per hoc quod sequitur in synagogis. * chrysostomus in matth.. ° hinc quoque iudaeos docebat, quod nec esset dei adversarius nec animarum seductor, sed quod patri consentiens advenisset. * remigius. ° ut autem non errores neque fabulas, sed salutaria praedicent, docentur per hoc quod subditur praedicans evangelium regni. distat autem inter docens et praedicans: docens enim refertur ad praesentia, praedicans ad futura: docebat enim de praesentibus mandatis, praedicabat de futuris promissis. * chrysostomus super matth.. ° vel docebat iustitias naturales, quas scilicet ratio naturalis docet: ut castitatem, humilitatem, et huiusmodi, quas per seipsos omnes bona esse intelligunt: de quibus necessaria est doctrina, non tantum propter manifestationem eorum, quantum propter excitationem cordis. praevalentibus enim |50| delectationibus carnalibus, scientia iustitiae naturalis quasi in oblivionem deducta obdormit. cum ergo coepit doctor reprehendere carnalia mala, eius doctrina non novam scientiam introducit, sed oblitam commonefacit. praedicabat autem evangelium annuntiando bona, quae antiqui manifeste nec audierant, ut beatitudinem caelestem, mortuorum resurrectionem, et huiusmodi. vel docebat interpretando prophetias de ipso: evangelium praedicabat denuntiando in se bona futura. * remigius. ° ut autem doctores doctrinam suam virtutibus commendare studeant, docentur per hoc quod subditur sanans omnem languorem et omnem infirmitatem in populo. infirmitas quidem est corporum, languor autem animarum. * chrysostomus super matth.. ° vel per languorem, animae aliquam passionem intelligimus, ut avaritiam, libidinem, et huiusmodi; per infirmitatem autem infidelitatem, per quam aliquis infirmatur in fide. vel per languores intelliguntur graviores corporis passiones, per infirmitates |75| autem leviores. sicut autem passiones corporales divinitatis virtute sanabat, sic spirituales verbo pietatis. primo autem docet et postea sanat; propter duo: primo, quia praemittitur quod magis necessarium est: verba enim pietatis aedificant animam, non miracula; deinde quia verba per miracula commendantur, et non e converso. * chrysostomus in matth.. ° considerandum autem, quod quando novum fit aliquid, ac politicae cuiusdam introductio, signa deus facere consuevit praestans suae potentiae pignora his qui legem eius accepturi sunt. sic cum hominem facturus esset, prius mundum creavit, ac tum demum facto homini legem in paradiso dedit; et cum sancto noe legem positurus esset, magna utique mirabilia monstravit; sed et iudaeis quidem, cum legem laturus esset prius prodigia magna ostendit, ac tum demum eis praecepta legis imposuit. ita hic sublimem quamdam vivendi introducturus disciplinam, auctoritatem mandatis suis praestruxit claritate signorum: quia enim aeternum regnum, quod praedicabat, |100| non apparebat, ex his quae videntur, etiam illud quod nondum apparebat, manifestum fecit. * glossa. ° sed quia praedicatores debent habere bonum testimonium ab his qui foris sunt, ne, si vita despicitur, praedicatio contemnatur, subditur et abiit opinio eius in totam syriam. * rabanus. ° syria est omnis regio ab euphrate usque ad mare magnum, a cappadocia usque ad aegyptum, in qua est provincia palaestina, in qua habitant iudaei. * chrysostomus in matth.. ° intende autem moderationem evangelistae, quia non unumquemque nobis enarrat curatorum, sed brevibus verbis copiositatem transcurrit signorum; unde sequitur et obtulerunt ei omnes male habentes. * remigius. ° per quos varias vult intelligi infirmitates, sed leviores. cum vero dicit variis languoribus et tormentis comprehensos, illos vult intelligi de quibus subinfertur et qui daemonia habebant. * glossa. ° languor diuturnus est; tormentum est morbus acutus, ut dolor lateris, et huiusmodi; qui autem daemonia habebant, sunt |125| qui a daemonibus vexabantur. * remigius. ° lunatici enim dicti sunt a luna, quae dum menstruis temporibus crescit et decrescit, ipsi vexantur. * hieronymus. ° daemones enim observantes lunaria tempora, creaturam infamare cupiebant, ut in creatorem blasphemiae redundarent. * augustinus de civ. dei. ° illiciuntur tamen daemones ad inhabitandum per creaturas (quas non ipsi, sed deus condidit) delectabilibus pro sua diversitate diversis, non ut animalia cibis, sed ut spiritus signis, quae cuiusque delectationi congruunt. * rabanus. ° paralytici autem sunt corpore dissoluti: paralysis enim graece, latine dicitur dissolutio. sequitur et curavit eos. * chrysostomus super matth.. ° cum in quibusdam locis dicatur: multos curavit, hic simpliciter dicitur et curavit eos, signans quod omnes curavit, sicut et novitius medicus intrans civitatem, omnes ad se venientes curat propter suam opinionem commendandam. * chrysostomus in matth.. ° a nullo autem eorum |150| fidem exquisivit, quoniam nondum virtutis suae demonstrationem dederat, et illi e longinquo venientes et aegros adducentes, non parvam ostenderant fidem. sequitur et secutae sunt eum turbae multae. * rabanus. ° quae quadripartitae sunt alii propter caeleste magisterium, ut discipuli; alii ob curationem infirmitatum; alii sola fama et curiositate, volentes experiri an verum esset quod dicebatur; alii per invidiam, volentes eum in aliquo capere et accusare. mystice autem syria interpretatur elata, galilaea volubilis vel rota, idest diabolus et mundus, qui et superbus est et ad ima semper rotatur; in quo fama christi per praedicationem innotuit: daemoniaci enim sunt idololatrae; lunatici, instabiles; paralytici, pigri et dissoluti. * glossa. ° turbae autem quae sequuntur dominum, sunt de ecclesia, quae spiritualiter est galilaea transmigrans ad virtutes; et decapolis decem praecepta servans; et hierosolyma et iudaea, quam visio pacis et confessio illustrat; et trans iordanem, quia baptismo transito, terram |175| promissionis intrat. * remigius. ° vel sequitur dominum de galilaea, idest de volubilitate mundi, et decapoli, quae est regio decem urbium, et significat decalogi transgressores, et de hierosolyma, quia scilicet prius innoxia pace detinebatur, et de iudaea, idest de confessione diabolica, et de trans iordanem, qui prius erant in paganismo constituti, sed transeuntes per aquam baptismi venerunt ad christum.

071 CMT cp5

lc1 * Chrysostomus super matth.. ° omnis artifex secundum professionem suam, opportunitatem operis videns gaudet: carpentarius enim si viderit arborem bonam, concupiscit eam praecidere ad opus artificii sui; et sacerdos, cum viderit ecclesiam plenam, gaudet animus eius et delectatur ut doceat. sic et dominus videns magnam congregationem populi, excitatus est ad docendum; unde dicit: videns autem turbas iesus, ascendit in montem. * augustinus de cons. evang.. ° vel hic potest videri multas turbas vitare voluisse, et ob hoc ascendisse in montem ut solis discipulis loqueretur. * chrysostomus in matth.. ° per hoc autem quod non in civitate et foro, sed in monte et solitudine sedit, erudivit nos nihil ad ostentationem facere, et a tumultibus ascendere, et praecipue cum philosophandum est ac de rebus seriis disserendum. * remigius. ° hoc enim sciendum est, quod tria refugia legitur dominus habuisse: navim, montem et |25| desertum; ad quorum alterum, quotiescumque a turbis opprimebatur, conscendebat. * hieronymus in matth.. ° nonnulli autem simpliciorum fratrum putant dominum ea quae sequuntur in oliveti monte docuisse; quod nequaquam ita est: ex praecedentibus enim et sequentibus in galilaea monstratur locus, quem putamus esse vel thabor, vel quemlibet alium montem excelsum. * chrysostomus super matth.. ° ascendit autem in montem: primo quidem ut impleret prophetiam isaiae dicentis: super montem ascende tu; deinde ut ostendat quoniam in altitudine spiritalium virtutum consistere debet qui docet dei iustitiam, pariter et qui audit: nemo enim potest in valle stare et de monte loqui. si in terra stas, de terra loquere; si autem de caelo loqueris, in caelo consiste. vel ascendit in montem, ut ostendat quod omnis qui vult discere mysteria veritatis, in montem ecclesiae debet ascendere; de quo propheta: mons dei, mons pinguis. * hilarius in |50| matth.. ° vel ascendit in montem, quia in paternae maiestatis celsitudine positus, caelestis vitae praecepta constituit. * augustinus de serm. dom.. ° vel ascendit in montem, ut significet, quia minora erant praecepta iustitiae quae a deo data sunt per prophetas populo iudaeorum, quem timore adhuc alligari oportebat; per filium autem suum maiora populo quem caritate iam convenerat liberari. sequitur et cum sedisset, accesserunt ad eum discipuli eius. * hieronymus. ° ideo autem non stans, sed sedens, loquitur, quia non poterant eum intelligere in sua maiestate fulgentem. * augustinus de serm. dom.. ° vel quod sedens docebat, pertinet ad dignitatem magistri. accesserunt autem ad eum discipuli eius, ut audiendis verbis illius hi essent etiam corpore viciniores qui praeceptis implendis animo appropinquabant. * rabanus. ° mystice autem sessio domini, incarnatio eius est: quia nisi dominus incarnatus esset, humanum genus ad eum accedere non |75| potuisset. * augustinus de cons. evang.. ° movet autem quod matthaeus in monte dicit hunc habitum esse sermonem a domino sedente; lucas autem in loco campestri a domino stante. haec igitur diversitas facit videri alium fuisse illum, alium istum. qui enim prohibet christum quaedam alibi repetere quae ante iam dixerat, aut iterum facere quae ante iam fecerat? quamquam etiam possit illud occurrere: in aliqua excellentiori parte montis primo cum solis discipulis dominum fuisse, quando ex eis duodecim elegit; deinde cum eis descendisse non de monte, sed de ipsa montis celsitudine in campestrem locum, idest, in aliquam aequalitatem quae in latere montis erat et multos capere poterat, atque ibi stetisse donec ad eum turbae congregarentur; ac postea cum sedisset, accessisse propinquius discipulos eius, atque ita illis ceterisque turbis praesentibus, unum habuisse sermonem, quem matthaeus lucasque narrant diverso narrandi modo, sed eadem veritate rerum. |100| * gregorius moralium. ° sublimia autem praecepta domino in monte dicturo praemittitur aperiens os suum, docebat eos, qui dudum aperuerat ora prophetarum. * remigius. ° ubicumque autem legitur dominus aperuisse os, inspiciendum est, quia magna sunt quae sequuntur. * augustinus de serm. dom.. ° vel dicit aperiens os suum, ut ipsa mora commendet aliquanto longiorem futurum esse sermonem. * chrysostomus in matth.. ° vel hoc dicit, ut discas quoniam nunc quidem docebat os aperiens in loquendo, nunc autem vocem, quae est ab operibus, emittens. * augustinus. ° si quis autem pie sobrieque consideravit, inveniet in hoc sermone, quantum ad mores opportunos pertinet, perfectum vitae christianae modum; unde sic ipse sermo concluditur: omnis qui audit verba mea haec et facit ea, similabo eum viro sapienti. * augustinus de civ. dei. ° nulla autem est causa philosophandi, nisi finis |125| boni; quod autem beatum facit, ipse est finis boni. et ideo a beatitudine incipit dicens beati pauperes spiritu. * augustinus de serm. dom.. ° praesumptio quidem spiritus, audaciam et superbiam significat. vulgo etiam magnum spiritum superbi habere dicuntur, et recte, nam spiritus ventus vocatur; qui vero nesciat superbos inflatos dici, quasi vento distentos? quapropter recte hic intelliguntur pauperes spiritu humiles et timentes deum, idest non habentes inflantem spiritum. * chrysostomus in matth.. ° vel spiritum hic elationem et animum dicit: quia enim sunt multi humiles nolentes, rerum necessitate coacti, non est laus; unde illos beatificat qui se ex electione humiliant. ideo autem hic incipit radicitus evellens superbiam, quia haec fuit radix et fons malitiae universae; contra quam ponit humilitatem, velut quoddam stabile fundamentum; qua subiecta, cum stabilitate alia superaedificantur; hac autem destructa, pereunt quaecumque congregaveris bona. * chrysostomus super matth.. |150| ° ideo autem dixit manifeste beati humiles spiritu, ut sic humiles ostendat, ut semper adiutorium dei sint mendicantes; unde in graeco dicitur beati ptochi, mendici, vel egeni. sunt enim multi naturaliter humiles, et non ex fide, qui non pulsant adiutorium dei; sed solum qui secundum fidem sunt humiles. * chrysostomus in matth.. ° vel quia pauperes spiritu hic dicit formidantes et trementes dei iussiones, quomodo dominus per isaiam commendat. quid autem amplius quam simpliciter humiles? humilium enim hic quidem mediocriter est, hic autem superabundanter. * augustinus de serm. dom.. ° superbi ergo appetant regna terrarum; sed humilium est regnum caelorum. * chrysostomus super matth.. ° nam sicut cetera vitia deponunt ad inferos, maxime tamen superbia, sic et omnes virtutes inducunt in regnum caelorum, maxime tamen humilitas, quia proprium est ut qui se humiliat exaltetur. * hieronymus. ° vel beati pauperes |175| spiritu, qui scilicet propter spiritum sanctum voluntarie sunt pauperes. * ambrosius de offic.. ° inde autem incipit beatitudo iudicio divino, ubi aerumna aestimatur humana. * glossa. ° pauperibus autem in praesenti convenienter promittuntur divitiae caeli.

lc2 * Ambrosius super lucam. ° cum simpliciter contentus fuero inops, superest ut mores meos temperem. quid enim mihi prodest carere saecularibus, nisi fuero mitis? congrue igitur sequitur beati mites. * augustinus de serm. dom.. ° mites sunt qui cedunt improbitatibus et non resistunt malo, sed vincunt in bono malum. * ambrosius super lucam. ° mitiga ergo affectum tuum, ut non irascaris, aut certe iratus ne peccaveris. praeclarum est enim motum temperare consilio; nec minoris virtutis dicitur prohibere iracundiam, quam omnino non irasci, cum plerumque illud lentius, hoc fortius aestimetur. * augustinus. ° rixentur igitur immites et dimicent pro terrenis et temporalibus rebus; sed beati mites, quoniam ipsi hereditabunt terram de qua evelli non possunt; illam, inquam, terram de qua dicitur: portio mea in terra viventium. significat enim quamdam stabilitatem hereditatis perpetuae, ubi anima per bonum affectum tamquam |25| loco suo requiescit, sicut corpus in terra, et inde cibo suo alitur, sicut corpus ex terra: ipsa est requies et vita sanctorum. * chrysostomus super matth.. ° vel terra hic, sicut quidam dicunt, quamdiu est in hoc statu, terra mortuorum est, quia vanitati subiecta est; cum autem liberata fuerit de corruptione, fit terra vivorum, ut mortales hereditent immortalem. alterum exponentem legi, quasi caelum, in quo habitaturi sunt sancti, dicatur terra vivorum, quod quantum ad inferiorem regionem caelum est, quantum autem ad superius caelum dicitur terra. alii dicunt, quia corpus nostrum terra est, et quamdiu subiacet morti, terra est mortuorum; cum autem fuerit conforme factum gloriae corporis christi, erit terra vivorum. * hilarius in matth.. ° vel hereditatem terrae mitibus dominus pollicetur, idest eius corporis quod ipse assumpsit habitaculum: et quia per mansuetudinem mentis nostrae habitat christus in nobis, nos quoque clarificati corporis eius gloria vestiemur. |50| * chrysostomus in matth.. ° vel aliter, christus hic spiritualibus sensibilia immiscuit: quoniam enim aestimatur qui mitis est omnia sua perdere, contrarium promittit, dicens quod cum stabilitate sua possidet qui non est protervus; qui autem aliter est, multoties animam et hereditatem paternam perdit. quia vero propheta dixerat: mansueti hereditabunt terram, a consuetis verbis contexit sermonem. * glossa. ° mites etiam, qui seipsos possederunt, hereditatem patris in futuro possidebunt. plus autem est possidere quam habere: multa enim habemus quae statim amittimus.

lc3 * Ambrosius super lucam. ° cum hoc feceris, ut scilicet sis pauper et mitis, memento quia peccator es, et lugeto peccata tua; unde sequitur beati qui lugent. et bene tertia benedictio est peccata deflentis, quia trinitas est quae peccata condonat. * hilarius in matth.. ° lugentes enim hic dicuntur non orbitates aut contumelias aut damna moerentes, sed peccata vetera flentes. * chrysostomus super matth.. ° et qui sua quidem peccata lugent, beati sunt, sed mediocriter; beatiores autem sunt qui aliena lugent peccata: tales convenit esse omnes doctores. * hieronymus. ° luctus enim hic non mortuorum ponitur communi lege naturae, sed peccatis et vitiis mortuorum. sic flevit samuel saulem, et paulus eos qui post immunditiam poenitentiam egerunt. * chrysostomus super matth.. ° cum autem consolatio sit lugentium cessatio luctus, qui sua peccata lugent, consolabuntur indulgentiam consecuti. |25| * chrysostomus in matth.. ° et licet talibus sufficiat venia frui, non terminat retributionem in peccatorum remissione, sed et multarum facit participes consolationum et hic et in futuro. semper enim maiores laboribus deus dat retributiones. * chrysostomus super matth.. ° qui vero aliena peccata lugent, consolabuntur: qui cum in saeculo illo providentiam cognoverint dei et intellexerint quod qui perierunt non fuerunt dei, de cuius manu nemo rapere potest, de eis, luctu derelicto, in sua beatitudine laetabuntur. vel aliter. * augustinus de serm. dom.. ° luctus est tristitia de amissione carorum. conversi autem ad deum ea quae in hoc mundo cara habebant amittunt: non enim gaudent his rebus quibus ante gaudebant; et donec fiant in illis amor aeternorum, nonnulla moestitia sauciantur. consolabuntur ergo spiritu sancto, qui maxime propterea paraclitus nominatur, idest consolator, ut temporalem amittentes, aeterna laetitia perfruantur, et ideo dicit quoniam ipsi |50| consolabuntur. * glossa. ° vel per luctum duo genera compunctionis intelliguntur: scilicet pro miseriis huius mundi, et pro desiderio caelestium; unde filia caleph petivit irriguum superius et inferius. huiusmodi autem luctum non habet nisi pauper et mitis, qui cum mundum non diligat, quod miser est recognoscit, et ideo caelum concupiscit. convenienter ergo lugentibus promittitur consolatio, ut qui tristatus est in praesenti, gaudeat in futuro. maior est autem retributio lugentis quam pauperis et mitis: plus enim est gaudere in regno, quam habere et possidere: multa enim cum dolore possidemus. * chrysostomus in matth.. ° notandum autem, quod hanc beatitudinem non simpliciter, sed omnino cum intensione et cumulo posuit; ideoque non dixit: qui moerent, sed qui lugent. siquidem praeceptum istud totius philosophiae magisterium est. si enim qui filios vel proximos mortuos lugent, toto illo doloris sui tempore nec pecuniarum nec gloriae amore tenentur, non invidia consumuntur, non iniuriis permoventur |75| nec aliis vitiis obsidentur, utpote solis luctibus mancipati; multo magis qui propria peccata lugent, sicut ea lugere dignum est, celsiorem hanc philosophiam debent ostendere.

lc4 * Ambrosius super lucam. ° postquam delicta deflevi, esurire incipio et sitire iustitiam. aeger enim cum in gravi morbo est, non esurit; unde sequitur beati qui esuriunt et sitiunt iustitiam. * hieronymus. ° non nobis sufficit velle iustitiam, nisi iustitiae patiamur famem, ut sub hoc exemplo, nunquam nos satis iustos, sed semper esurire iustitiae opera intelligamus. * chrysostomus super matth.. ° quoniam omne bonum quod non ex amore ipsius boni faciunt homines, ingratum est ante deum. esurit autem iustitiam qui secundum iustitiam dei desiderat conversari; sitit autem iustitiam qui scientiam eius acquirere cupit. * chrysostomus in matth.. ° iustitiam autem dicit vel universalem, vel particularem avaritiae contrariam. quia enim de misericordia dicturus erat, praemonstrat qualiter misereri oporteat, quia non ex rapina neque ex avaritia; unde etiam quod est avaritiae proprium, scilicet esurire et sitire, iustitiae |25| attribuit. * hilarius in matth.. ° sitientibus autem et esurientibus iustitiam, beatitudinem tribuit, significans extensam in dei doctrinam sanctorum aviditatem perfecta in caelo satietate repleri; et hoc est quod dicitur quoniam ipsi saturabuntur. * chrysostomus super matth.. ° scilicet largitatem remunerantis dei: quoniam maiora erunt praemia dei quam sanctorum desideria. * augustinus de serm. dom.. ° vel illo cibo saturabuntur in praesenti, de quo dominus dicit: meus cibus est ut faciam voluntatem patris mei, quod est iustitia, et illa aqua de qua: quisque biberit, fiet ei fons aquae salientis in vitam aeternam. * chrysostomus in matth.. ° vel rursus sensibile praemium statuit: quia enim plurimos divites facere putatur avaritia, dicit hoc esse contrarium, magisque id praestare iustitiam: qui enim iustitiam diligit, tutissime omnia possidet.

lc5 * Glossa. ° iustitia et misericordia ita coniunctae sunt, ut altera ab altera debeat temperari: iustitia enim sine misericordia crudelitas est; misericordia sine iustitia, dissolutio; unde de misericordia post iustitiam subdit beati misericordes. * remigius. ° misericors dicitur, quasi miserum habens cor, quia alterius miseriam quasi suam reputat et de malo alterius quasi de suo dolet. * hieronymus. ° misericordia hic non solum in eleemosynis intelligitur, sed in omni peccato fratris, si alter alterius onera portemus. * augustinus de serm. dom.. ° beatos autem dicit esse qui subveniunt miseris, quoniam eis ita rependitur ut de miseria liberentur; unde sequitur quoniam ipsi misericordiam consequentur. * hilarius in matth.. ° intantum enim deus benevolentiae nostrae in omnes delectatur affectu, ut suam misericordiam sit solis misericordibus praestaturus. * chrysostomus in matth.. ° videtur autem esse aequalis retributio, sed est multo maior: |25| non enim est aequalis humana misericordia et divina. * glossa. ° merito ergo misericordibus misericordia impenditur, ut plus accipiant quam meruissent; et sicut plus recipit qui ultra saturitatem habet quam ille qui habet tantum ad saturitatem, sic maior est gloria misericordiae quam praecedentium.

lc6 * Ambrosius super lucam. ° qui misericordiam defert, misericordiam amittit, nisi mundo corde misereatur: nam si iactantiam quaerit, nullus est fructus; unde sequitur beati mundo corde. glossa. convenienter autem sexto loco ponitur cordis munditia, quia sexto die homo conditus est ad imaginem dei, quae quidem obtenebrata erat in homine per culpam, sed in mundis cordibus reformatur per gratiam. merito autem post praedicta sequitur, quia, nisi illa praecedant, mundum cor in homine non creatur. * chrysostomus in matth.. ° mundos autem hic ait vel eos qui universalem virtutem possident et nullius sibi malitiae conscii sunt, vel eos qui in temperantia consistunt, quae maxime necessaria est ad videndum deum, secundum illud pauli: pacem sequimini cum omnibus, et sanctimoniam, sine qua nemo videbit deum. quia enim multi miserentur quidem, sed impudica agunt, monstrans quod non sufficit primum, scilicet misereri, hoc |25| de munditia opposuit. * hieronymus. ° mundus autem deus a mundo corde conspicitur: templum enim dei non potest esse pollutum; et hoc est quod dicitur quoniam ipsi deum videbunt. * chrysostomus super matth.. ° qui enim omnem iustitiam facit et cogitat, mente sua deum videt quoniam iustitia figura est dei, deus enim iustitia est. secundum ergo quod aliquis eripuerit se a malis et fecerit bona, secundum hoc deum videt, aut parum aut amplius aut interdum aut semper, secundum possibilitatem humanam. in saeculo autem illo mundi corde deum videbunt facie ad faciem, non in speculo et in aenigmate, sicut hic. * augustinus de serm. dom.. ° stulti autem sunt qui deum videre istis exterioribus oculis quaerunt, cum corde videatur, sicut alibi scriptum est: in simplicitate cordis quaerite illum; hoc enim est simplex cor quod mundum cor. * augustinus de civ. dei. ° si autem tantum poterunt in corpore spirituali oculi etiam ipsi spirituales quantum possunt |50| isti quales nunc habemus, proculdubio per eos deus videri non poterit. * augustinus de trin.. ° haec autem visio merces est fidei; cui mercedi per fidem corda mundantur, sicut scriptum est: mundans fide corda eorum. hoc autem probatur illa maxime sententia: beati mundo corde, quoniam ipsi deum videbunt. * augustinus super gen. ad litt.. ° nemo autem videns deum vivit vita ista qua mortaliter vivitur et istis sensibus corporis. sed nisi ab hac vita quisque funditus moriatur, sive omnino exiens de corpore, sive ita alienatus a carnalibus sensibus ut merito nesciat, sicut ait apostolus: utrum in corpore an extra corpus sit, non in illam subvehitur visionem. * glossa. ° maiorem autem remunerationem isti habent quam primi, sicut qui in curia regis non solum prandet, sed etiam faciem regis videt.

lc7 * Ambrosius super lucam. ° cum interiora tua vacua feceris ab omni labe peccati, ne dissensiones contentionesque ex affectu tuo prodeant, a te pacem incipe, ut sic pacem aliis feras; unde sequitur beati pacifici. * augustinus de civ. dei. ° est autem pax tranquillitas ordinis. ordo autem est parium dispariumque sua cuique loca tribuens dispositio. sicut autem nemo est qui gaudere nolit, ita nemo est qui pacem habere nolit; quandoquidem ipsi qui bella volunt, nihil aliud quam ad gloriosam pacem cupiunt bellando pervenire. * hieronymus. ° pacifici autem dicuntur beati, qui primum in corde suo, deinde et inter fratres dissidentes faciunt pacem. quid enim prodest alios per te pacari, cum in tua anima sint bella vitiorum? * augustinus de serm. dom.. ° pacifici autem in semetipsis sunt qui omnes animi sui motus componentes et subiicientes rationi, carnalesque concupiscentias habentes edomitas, fiunt regnum dei, in quo ita ordinata sunt omnia |25| ut quod est in homine praecipuum et excellens imperet ceteris reluctantibus quae sunt nobis bestiisque communia; atque idipsum quod excellit in homine, idest mens et ratio, subiiciatur potiori quod est ipsa veritas, filius dei. neque enim imperare inferioribus potest nisi superioribus subiiciatur. et haec est pax quae datur in terra hominibus bonae voluntatis. * augustinus in lib. retract.. ° non tamen cuiquam provenire potest in hac vita ut lex repugnans legi mentis omnino non sit in membris. sed hoc nunc pacifici agunt domando concupiscentias carnis, ut ad pacem plenissimam quandoque veniatur. * chrysostomus super matth.. ° pacifici autem ad alios sunt non solum qui inimicos in pace reconciliant, sed etiam illi qui immemores malorum, diligunt pacem. pax enim illa beata est quae in corde posita est, non tantum in verbis. qui autem pacem diligunt, filii sunt pacis. * hilarius in matth.. ° pacificorum autem beatitudo, adoptionis est merces; et ideo dicitur quoniam filii |50| dei vocabuntur. parens enim omnium deus noster est, neque aliter transire in nuncupationem familiae eius licebit, nisi fraternae invicem caritatis pace vivamus. * chrysostomus in matth.. ° vel cum pacifici dicantur qui non adversum se mutuo dimicant, sed alios dissidentes in concordiam revocant, iure etiam filii dei appellantur, quia unigeniti hoc praecipuum fuit opus: distantia copulare, conciliare pugnantia. * augustinus de serm. dom.. ° vel quia in pace perfectio est, ubi nihil repugnat; pacifici filii dei dicuntur, quoniam nihil resistit deo, et utique filii dei similitudinem patris debent habere. * glossa. ° maximam ergo dignitatem habent pacifici; sicut qui filius regis dicitur in domo regia summus est. septimo autem loco beatitudo haec ponitur, quia in sabbato verae requiei dabitur pax, sed aetatibus transactis.

lc8 * Chrysostomus in matth.. ° posita pacificorum beatitudine, ne aliquis existimaret quod semper pacem sibi quaerere sit bonum, subdit beati qui persecutionem patiuntur propter iustitiam, hoc est propter virtutem, propter defensionem aliorum, propter pietatem: iustitiam enim consuevit pro omni virtute animae ponere. * augustinus de serm. dom.. ° pace enim intrinsecus constituta ac firmata, quascumque persecutiones ille qui foras missus est, forinsecus concitaverit aut gesserit, auget gloriam quae secundum deum est. * hieronymus. ° signanter autem addit propter iustitiam: multi enim propter sua peccata persecutionem patiuntur, et non sunt iusti. simulque considera quod octava verae circumcisionis beatitudo martyrio terminetur. * chrysostomus super matth.. ° non autem dixit: beati qui a gentibus persecutionem patiuntur, ne putes illum solum beatum qui persecutionem patitur propter idola non colenda; ideo et ab haereticis persecutionem |25| patiens propter veritatem non relinquendam, beatus est, quia propter iustitiam patitur. sed et si quis ex potentibus, qui christiani videntur, forsitan propter sua peccata correctus a te, fuerit te persecutus, beatus es cum ioanne baptista. si enim verum est quod prophetae martyres sunt, qui a suis occisi sunt, sine dubio qui propter causam dei aliquid patitur, etsi a suis patitur, mercedem martyrii habet. et ideo non posuit scriptura personas persequentium, sed solam causam persecutionis, ut non aspicias quis te persequitur, sed propter quod. * hilarius in matth.. ° sic ergo ad postremum eos in beatitudine numerat quibus omnia pro christo pati, qui iustitia est, pronus affectus est. his igitur et regnum servatur, qui in contemptu saeculi sunt pauperes spiritu; unde dicit quoniam ipsorum est regnum caelorum. * augustinus de serm. dom.. ° vel octava beatitudo tamquam ad caput redit, quia consummatum perfectumque ostendit et probat. itaque in prima et in octava nominatum est regnum |50| caelorum: septem enim sunt quae perficiunt; nam octava clarificat et perfectum demonstrat; ut per hos gradus perficiantur et ceteri, tamquam accipiatur rursus exordium. * ambrosius super lucam. ° vel aliter: primum regnum caelorum sanctis propositum est in absolutione corporis, secundum post resurrectionem esse cum christo. post resurrectionem enim terram incipies tuam possidere absolutus a morte, et in ipsa possessione consolationem reperies. consolationem sequitur delectatio, delectationem divina miseratio. cui autem miseretur dominus, et vocat et sic vocatus videt vocantem. qui autem viderit, in ius divinae generationis assumitur, et tunc demum quasi dei filius caelestis regni divitiis delectatur. ille igitur incipit, hic repletur. * chrysostomus in matth.. ° ne autem mireris si secundum unamquamque beatitudinem regnum non audis, quia cum dicit consolabuntur, misericordiam consequentur, et cetera huiusmodi, per haec universa nihil aliud quam regnum |75| caelorum occulte insinuat, ut nihil sensibile expectes. neque enim beatus est qui in his coronatur quae cum praesenti vita discedunt.

* augustinus de serm. dom.. ° diligenter autem attendendus est numerus harum sententiarum: his enim septem gradibus congruit operatio spiritus sancti septiformis quam isaias describit; sed ille a summo, hic ab imo: quia ibi docetur filius dei ad ima descensurus, hic homo de imis ad similitudinem dei ascensurus. in his prius est timor, qui congruit hominibus humilibus, de quibus dicitur beati pauperes spiritu, idest non alta sapientes, sed timentes. secunda est pietas, quae convenit mitibus: qui enim pie quaerit, honorat, non reprehendit, non resistit, quod est mitem fieri. tertia est scientia, quae convenit lugentibus, qui didicerunt quibus malis nunc vincti sunt, quae quasi bona petierunt. quarta, quae est fortitudo, congruit esurientibus et sitientibus, quia desiderantes gaudium de veris bonis, laborant, a terrenis cupientes averti. quinta, consilium, convenit misericordibus, quia unicum remedium est de tantis malis erui, dimittere aliis et dare. sexta est intellectus, et convenit mundis corde, qui purgato oculo possunt videre quod oculus non vidit. septima est sapientia, quae convenit pacificis, in quibus nullus motus est rebellis, sed obtemperant spiritui. unum autem praemium, quod est regnum caelorum, varie nominatum est. in prima, sicut oportebat, positum est regnum caelorum, quod est perfectae sapientiae initium, ac si diceretur: initium sapientiae timor domini. mitibus hereditas tamquam testamentum patris cum pietate quaerentibus; lugentibus consolatio, tamquam scientibus quid amiserunt et in quibus mersi sunt; esurientibus saturitas, tamquam refectio laborantibus ad salutem; misericordibus misericordia, tamquam optimo consilio utentibus, ut hoc eis exhibeatur quod exhibent; mundis corde facultas videndi deum, tamquam purum oculum ad intelligenda aeterna gerentibus; pacificis dei similitudo. et ista quidem in hac vita possunt compleri, sicut completa esse in apostolis credimus: nam quod post hanc vitam promittitur, nullis verbis exponi potest.

lc9 * Rabanus. ° superiores sententias generaliter dirigebat; iam incipit loqui praesentes compellans, praedicens eis persecutiones quas pro nomine eius passuri erant, dicens beati estis cum maledixerint vobis homines et persecuti vos fuerint et dixerint omne malum adversum vos. * augustinus de serm. dom.. ° quaeri autem potest quid intersit quod ait cum vobis maledicent et dicent omne malum, cum maledicere hoc sit malum dicere. sed aliter est maledictum iactatum cum contumelia coram illo qui maledicitur, aliter cum absentis fama laeditur. persequi autem est vim inferre, vel insidiis appetere. * chrysostomus super matth.. ° si autem verum est, quoniam qui calicem aquae porrexerit, merces eius non perit, consequenter qui vel unius levissimi verbi iniuriam fuerit passus, vacuus non erit a mercede. ut autem blasphematus sit beatus, duo convenire debent: ut et mendaciter blasphemetur, et propter deum; alioquin si unum defuerit, non est beatitudinis merces. et ideo dicit mentientes propter me. * augustinus de serm. dom.. ° quod propter illos dictum puto qui volunt de persecutionibus et de fama suae turpitudinis gloriari, et ideo dicere ad se pertinere christum, quod multa de illis dicuntur mala, cum et vera dicantur, quando et de errore illorum dicuntur; et si aliquando falsa iactantur, non tamen propter christum ista patiuntur. * gregorius super ezech.. ° quid autem poterit obesse si homines vobis derogent, et sola vos conscientia defendat? sed tamen linguas detrahentium sicut nostro studio non debemus excitare ne ipsi pereant, ita per suam malitiam excitatam debemus aequanimiter tolerare, ut nobis meritum crescat; unde et hic dicitur gaudete et exultate, quoniam merces vestra copiosa est in caelis. * glossa. ° gaudete mente quidem, et exultate corpore, quia merces vestra non tantum magna est, sicut aliorum, sed copiosa est in caelis. * augustinus de serm. dom.. ° non hic caelos puto dici superiores partes huius visibilis mundi: non enim merces vestra in rebus visibilibus collocanda est; sed in caelis, dictum puto in spiritalibus firmamentis, ubi habitat sempiterna iustitia. sentiunt ergo istam mercedem qui gaudent spiritualibus, sed ex omni parte perficietur cum mortale hoc induerit immortalitatem. * hieronymus. ° gaudere et exultare debemus, ut merces nobis in caelestibus praeparetur. hoc qui vanam sectatur gloriam, implere non potest. * chrysostomus super matth.. ° quia quantum aliquid laetatur de laude hominum, tantum de vituperatione tristatur. qui vero gloriam concupiscis in caelo, opprobria non times in terris. * gregorius super ezech.. ° aliquando tamen detractores debemus compescere, ne dum de nobis mala disseminant, eorum qui audire a nobis bona poterant, corda innocentia corrumpant. * glossa. ° non solum autem praemio, sed etiam exemplo eos ad patientiam provocat, cum subdit sic enim persecuti sunt prophetas qui fuerunt ante vos. * remigius. ° magnam enim consolationem accipit homo in tribulatione positus, dum recordatur passiones aliorum a quibus exemplum patientiae accipit; ac si diceret: mementote quia illius vos estis apostoli cuius illi fuerunt prophetae. * chrysostomus in matth.. ° simul etiam insinuat coaequalitatem sui honoris ad patrem, ac si dicat: sicut illi propter patrem, ita et vos propter me patiemini. cum etiam dixit prophetas qui fuerunt ante vos, monstrat et ipsos prophetas iam factos. * augustinus de serm. dom.. ° persecutionem autem hic generaliter posuit et in maledictis et in laceratione famae.

lc10 * Chrysostomus in matth.. ° quoniam sublimia praecepta apostolis dederat et multo quam in lege veteri maiora, ne turbarentur, ac dicerent: quonam modo haec implere poterimus? eos laudum admixtione permulcet, dicens vos estis sal terrae, per quod ostendit quam necessario ista praecipiat. non enim pro vestra, inquit, salute tantummodo, aut pro una solum gente, sed pro universo prorsus orbe haec vobis doctrina committitur. proinde non oportet vos adulari atque palpare, sed e contrario salis instar mordicare. quod si homines mordendo ac perstringendo, male audieritis, gaudete: hoc enim salis est opus, laxa quaeque mordicare atque restringere. sic itaque aliorum maledictio nihil vobis afferet incommodi; sed vestrae potius firmitatis testimonium est. * hilarius in matth.. ° est autem hic proprietas quaerenda dictorum, quam et apostolorum officium et ipsius salis natura monstrabit. hoc igitur in omnem usum humani generis effectum incorruptionem corporibus, quibus fuerit aspersum, impertit, et ad omnem sensum conditi saporis aptissimum est. apostoli autem sunt rerum caelestium praedicatores et aeternitatis velut salitores, merito sal terrae nuncupati, quia per virtutem doctrinae quasi salientes, aeternitati corpora servant. * remigius. ° sal etiam, per aquam et ardorem solis et flatum venti in naturam alteram commutatur; sic et apostolici viri per aquam baptismi et ardorem dilectionis et flatum spiritus sancti in spiritalem regenerationem commutati sunt. sapientia etiam caelestis, per apostolos praedicata, exsiccat humores carnalium operum, aufert foetorem et putredinem malae conversationis et vermem libidinosae cogitationis et illum de quo dicit propheta: vermis eorum non moritur. * remigius. ° sunt apostoli sal terrae, idest hominum terrenorum, qui amando terram, terra vocantur. * hieronymus. ° vel apostoli sal terrae appellantur, quia per illos universum hominum conditur genus. * chrysostomus super matth.. ° doctor enim cum fuerit omnibus praedictis virtutibus ornatus, tunc est quasi optimum sal, et totus populus de illo conditur videndo eum et audiendo. * remigius. ° et sciendum, quia nullum sacrificium offerebatur deo in veteri testamento nisi prius condiretur sale: quia nullus potest laudabile sacrificium deo offerre absque sapore caelestis sapientiae. * hilarius. ° verum quia conversioni homo subiacet, ideo apostolos sal terrae nuncupatos monet in traditae sibi potestatis virtute persistere, cum subdit quod si sal evanuerit, in quo salietur? * hieronymus. ° idest si doctor erraverit, a quo alio doctore emendabitur? * augustinus de serm. dom.. ° et si vos, per quos condiendi sunt populi, metu persecutionum temporalium, amiseritis regna caelorum, qui erunt homines per quos a vobis error auferatur? alia littera habet si sal infatuatum fuerit, ostendens fatuos esse iudicandos qui temporalium bonorum vel copiam sectantes vel inopiam metuentes amittunt aeterna, quae nec dari possunt ab hominibus nec auferri. * hilarius ° (ut supra). si autem doctores infatuati nil saliant, et ipsi sensu accepti saporis amisso vivificare non possunt corrupta, redduntur inutiles; unde sequitur ad nihilum valet ultra, nisi ut mittatur foras et conculcetur ab hominibus. * hieronymus. ° exemplum de agricultura sumptum est. sal enim ut in condimentum ciborum et ad siccandas carnes necessarium est, ita alium usum non habet. certe legimus in scripturis urbes quasdam ira victorum sale seminatas, ut germen nullum in ipsis oriretur. * glossa. ° postquam ergo illi qui capita sunt aliorum, defecerint, nulli usui apti sunt, nisi ad hoc ut mittantur foras ab officio docendi. * hilarius ° (ut supra). vel etiam de ecclesiae promptuariis proiecti, pedibus incedentium conterantur. * augustinus de serm. dom.. ° non autem calcatur ab hominibus qui patitur persecutionem, sed qui persecutionem timendo infatuatur. calcari enim non potest nisi inferior; inferior autem non est qui quamvis corpore multa in terra sustineat, corde tamen in caelo fixus est.

lc11 * Chrysostomus super matth.. ° sicut doctores propter bonam conversationem sunt sal quo populus conditur, ita propter verbum doctrinae sunt lux qua ignorantes illuminantur. prius autem est bene vivere quam bene docere; et ideo postquam apostolos dixerat sal, consequenter vocat eos lucem, dicens vos estis lux mundi. vel quia sal in eo statu tenet rem ne ad deterius mutetur, lux ad melius perducit illustrando. propter quod apostoli dicti sunt prius sal propter iudaeos et propter populum christianum, a quibus deus cognoscitur, quos servant in dei scientia; lux autem propter gentes quas ad scientiae lumen perducunt. * augustinus de serm. dom.. ° oportet autem hic mundum non caelum et terram, sed homines qui sunt in mundo, intelligi, vel qui diligunt mundum, quibus illuminandis apostoli missi sunt. * hilarius in matth.. ° natura enim luminis est ut lucem, quocumque circumferatur, emittat, illatumque aedibus tenebras interimat, luce dominante. igitur mundus extra cognitionem dei positus, obscuris tenebatur ignorantiae tenebris, cui per apostolos scientiae lumen invehitur, et cognitio dei claret, et de parvis eorum corpusculis, quocumque incesserint, lux tenebris ministratur. * remigius. ° sicut autem sol dirigit radios suos, ita et dominus, qui est sol iustitiae, direxit apostolos suos ad effugandas humani generis tenebras. * chrysostomus in matth.. ° intellige autem quam magna eis promittit, ut qui in regione propria cogniti non erant, ad fines orbis terrarum eorum veniret fama. nec persecutiones quas praedixerat, eos potuerunt occultare, sed propter hoc magis praeclari redduntur. * hieronymus. ° ne autem apostoli abscondantur ob metum, sed tota libertate se prodant, docet eos fiduciam praedicandi, cum consequenter dicit non potest civitas abscondi supra montem posita. * chrysostomus in matth.. ° per hoc etiam eos docet esse sollicitos de propria vita, quasi in oculis omnium positos, sicut civitas quae est supra montem posita, vel lucerna supra candelabrum lucens. * chrysostomus super matth.. ° haec autem civitas ecclesia sanctorum est, de qua dicitur: gloriosa dicta sunt de te, civitas dei. cives eius sunt omnes fideles, de quibus apostolus: vos estis cives sanctorum. haec ergo civitas posita est supra montem christum, de quo daniel: lapis abscissus sine manibus factus est mons magnus. * augustinus de serm. dom.. ° vel posita est supra montem, idest supra magnam iustitiam, quam significat mons, in quo disputat dominus. * chrysostomus super matth.. ° non potest ergo civitas abscondi posita supra montem, etiam si ipsa voluerit: mons enim qui eam portat, facit eam omnibus manifestam; sic et apostoli et sacerdotes, qui fundati sunt in christo, non possunt esse absconditi etiam si voluerint, quia christus eos manifestat. * hilarius in matth.. ° vel civitatem, carnem quam assumpserat nuncupat, quia in eo per naturam suscepti corporis, quaedam humani generis congregatio continetur, et nos per consortium carnis suae sumus habitatio civitatis. abscondi ergo non potest, quia in altitudine positus celsitudinis dei, admiratione operum suorum offertur omnibus contemplandus. * chrysostomus super matth.. ° quare autem sanctos suos christus manifestet et non sinat eos esse absconditos, per alteram comparationem ostendit, cum subditur neque accendunt lucernam et ponunt eam sub modio, sed supra candelabrum. * chrysostomus in matth.. ° vel per hoc quod dixit non potest civitas abscondi, demonstravit suam virtutem; in hoc autem quod subdit neque accendunt lucernam, eos inducit ad liberam praedicationem, ac si diceret: ego quidem lucernam accendi; ut vero perseveret ardens, vestri erit studii, non solum propter vos, sed propter alios qui illuminabuntur, sed et propter gloriam dei. * chrysostomus super matth.. ° lucerna est verbum divinum, de quo dictum est: lucerna pedibus meis verbum tuum. accendentes lucernam sunt pater et filius et spiritus sanctus. * augustinus de serm. dom.. ° quid autem putamus dictum esse et ponunt eam sub modio? ut occultatio tantum lucernae accipienda sit (tanquam si diceret: nemo accendit lucernam et occultat eam), an aliquid etiam modius significat, ut hoc sit ponere lucernam sub modio, superiora facere corporis commoda quam praedicationem veritatis? sub modio ergo lucernam ponit quisquis lucem doctrinae bonae commodis temporalibus obscurat et tegit. et bene modius dicitur res corporalis, sive propter retributionem mensurae, quia ea quisquis recipit quae gessit in corpore, sive quia temporalia bona, quae corpore peraguntur, circa dierum mensuram, quam significat modius, inchoantur, et transeunt; aeterna vero et spiritualia nullo tali fine coercentur. super candelabrum autem lucernam ponit qui corpus suum ministerio verbi subiicit, ut superior sit praedicatio veritatis et inferior servitus corporis: per ipsam enim corporis servitutem excelsior lucet doctrina, dum per vocem et ceteros corporis motus in bonis operibus insinuatur discentibus. * chrysostomus super matth.. ° vel modii sunt homines mundiales: quoniam sicut modii desuper quidem vacui sunt, subtus autem pleni, sic omnes mundi amatores in rebus spiritualibus insensati sunt, in terrenis autem sapientes; et ideo quasi modius verbum dei tenet absconditum, quando propter aliquam causam terrenam verbum dei non est ausus palam proloqui, nec fidei veritatem. candelabrum est ecclesia, quae baiulat verbum vitae, et omnis ecclesiasticus vir. * hilarius. ° vel synagogam dominus modio comparavit, quae susceptos fructus intra se tantum receptans, certum modium dimensae observantiae continebat. * ambrosius super lucam. ° et ideo nemo fidem suam intra mensuram legis includat, sed ad ecclesiam conferat, in qua septiformis spiritus relucet gratia. * beda. ° vel ipse christus accendit lucernam, qui testam humanae naturae flamma suae divinitatis implevit, quam nec credentibus abscondere, nec modio supponere, hoc est sub mensura legis includere, vel intra unius gentis terminos noluit cohibere. candelabrum ecclesiam dicit, cui lucernam superposuit, quia nostris in frontibus fidem suae incarnationis affixit. * hilarius in matth.. ° vel lucerna christi ponitur in candelabro, idest in ligno per passionem suspensa, quae lumen aeternum est in ecclesia habitantibus praebitura; et ideo dicit ut luceat omnibus qui in domo sunt. * augustinus de serm. dom.. ° si quis enim domum vult accipere ecclesiam, non est absurdum. vel domus est ipse mundus, propter id quod superius ait vos estis lux mundi. * hilarius ° (ut supra). tali etiam lumine monet fulgere apostolos, ut ex admiratione operis eorum deo laus impartiatur;

unde sequitur sic luceat lux vestra coram hominibus, ut videant opera vestra bona. * chrysostomus super matth.. ° idest sic illuminate docentes ut non vestra tantum audiant verba, sed et opera videant; et quos illuminaveritis per verbum quasi lux, condiatis per exemplum quasi sal. per illos autem doctores qui docent et faciunt magnificatur deus, nam disciplina domini ex moribus familiae demonstratur; et ideo sequitur et glorificent patrem vestrum qui in caelis est. * augustinus de serm. dom.. ° si tantummodo diceret ut videant opera vestra bona, finem constituisse videretur in laudibus hominum, quas quaerunt hypocritae; sed addidit et glorificent patrem vestrum qui in caelis est, ut hoc ipsum quod homo per bona opera placet hominibus, non ibi finem constituat, sed referat ad laudem dei, et propterea placeat hominibus ut in illo glorificetur deus. * hilarius. ° non quod ab hominibus oporteat gloriam quaerere, sed ut dissimulantibus nobis, opus nostrum his inter quos vivimus, in honorem dei eluceat.

lc12 * Glossa. ° postquam hortatus est audientes ut se praeparent ad omnia sustinenda pro iustitia, et non absconderent quod accepturi erant, sed ea benevolentia discerent, ut ceteros docerent, incipit eos informare qui doceant, tamquam si quaereretur: quid est hoc quod non vis abscondi, pro quo iubes omnia tolerari? numquid aliquid dicturus es extra ea quae in lege sunt scripta? ideo inquit nolite autem putare quoniam veni solvere legem aut prophetas. * chrysostomus super matth.. ° quod propter duas causas dicit: primum ut discipulos his verbis ad suum provocaret exemplum; ut sicut ipse omnem legem adimplebat, sic et illi studerent implere. denique futurum erat ut calumniarentur eum iudaei, quasi legem solventem; unde priusquam incurrat calumniam, calumniae satisfacit, ne putaretur sic venisse ut simpliciter legem praedicaret, sicut prophetae fecerant. * remigius. ° duo dixit: negat venisse se solvere, et affirmat venisse se implere: et ideo addit non enim veni legem solvere, sed implere. * augustinus de serm. dom.. ° in hac autem sententia duplex est sensus: nam adimplere legem aut est addendo aliquid quod minus habet, aut faciendo quod habet. * chrysostomus in matth.. ° implevit igitur christus prophetas complendo omnia quae per eos de ipso fuerant dicta; legem autem, primo quidem nihil transgrediendo legalium, secundo iustificando per fidem quod lex per litteram facere non valebat. * augustinus contra faustum. ° demum etiam, quia sub gratia positis in hac mortali vita difficile erat implere quod in lege scriptum est: non concupisces, ille per carnis suae sacrificium sacerdos effectus impetrat nobis indulgentiam; etiam hinc adimplens legem, ut quod per nostram infirmitatem minus possumus, per illius perfectionem curetur, cuius capitis membra effecti sumus. puto etiam sic esse accipiendum quod dicitur non veni legem solvere, sed adimplere; his videlicet additamentis, quae vel ad expositionem pertinent antiquarum sententiarum, vel ad conversationem in eis. aperuit enim dominus, etiam iniquum motum ad nocendum fratri, in homicidii genere deputari. maluit etiam nos dominus non iurantes non recedere a vero, quam verum iurantes appropinquare periurio. sed cur, o manichaei, legem non accipitis et prophetas, cum christus eos se non venisse solvere dixerit, sed adimplere? * ad hoc respondet faustus haereticus: ° quis hoc testatur dixisse iesum? matthaeus. quomodo ergo ioannes non id testatur, qui fuit in monte; matthaeus hoc scripsit, qui postquam iesus descendit de monte, secutus est eum? * ad hoc augustinus respondet: ° si nemo de christo vera dixit nisi qui vidit eum vel audivit, hodie de eo vera dicit nullus. cur ergo ex ore ioannis non potuit vera matthaeus audire de christo, si ex libro ioannis possumus vera loqui de eo nos tanto tempore post nati? hinc enim non solum matthaei, sed etiam lucae ac marci evangelium, et non impari auctoritate, receptum est. huc accedit, quia et ipse dominus potuit narrare matthaeo quod egerat, antequam eum vocasset. aperte autem dicite non vos credere evangelio; nam qui in evangelio non nisi quod vultis creditis, vobis potius quam evangelio creditis. * item faustus. ° probemus et matthaeum hoc non scripsisse, sed alium, nescio quem, sub nomine eius. quid enim dicit? cum transisset iesus, vidit sedentem hominem ad telonium, matthaeum nomine. et quis ergo scribens de seipso dicat: vidit hominem, et non vidit me? * ad quod augustinus: ° ita matthaeus de se, tamquam de alio scripsit, sicut et ioannes fecit dicens: conversus petrus vidit alium discipulum quem diligebat iesus manifestum est enim hunc morem fuisse scriptorum cum gesta narrarent. * item faustus. ° quid quod etiam ex ipso sermone quo praecepit non putare quia venerit legem solvere, magis intelligi datur quia solveret? neque enim nihil tale eo faciente iudaei suspicari hoc possent. * ad quod augustinus. ° hoc quidem valde infirmum est: non enim negamus iudaeis non intelligentibus videri potuisse christum destructorem esse legis et prophetarum. * item faustus. ° quid quod etiam lex et prophetae nec adimpletione gaudent, cum in deuteronomio dicatur: haec praecepta quae mando tibi observabis, nec addas quicquam eis nec minuas? * ad quod augustinus: ° non intelligit faustus quid sit legem implere, cum hoc de verborum adiectione putat accipiendum. plenitudo enim legis caritas est, quam dominus dedit mittendo fidelibus spiritum sanctum. impletur ergo lex, vel cum fiunt quae ibi praecepta sunt, vel cum exhibentur quae ibi prophetata sunt. * item faustus. ° quod novum testamentum iesum condidisse fatemur, quid aliud quam destructionem fatemur veteris testamenti? * ad quod augustinus: ° in veteri testamento figurae erant futurorum, quas rebus per christum praesentatis auferri oportebat, ut eo ipso lex et prophetae implerentur, in quibus scriptum est daturum deum novum testamentum. * item faustus. ° hoc igitur si dixit christus, aut aliud significans dixit, aut (quod absit) mentiens dixit, aut omnino nec dixit. sed iesum quidem mentitum fuisse nullus dicat; ac per hoc aliter dictum est, aut nec omnino dictum est. me quidem iam adversus capituli huius necessitudinem manichaea fides reddidit tutum, quae principio mihi non cunctis quae ex salvatoris nomine leguntur scripta, passim credere persuasit. esse enim multa zizania, quae in contagium boni seminis scripturis bene omnibus noctivagus quidam seminator insparsit. * ad quod augustinus: ° manichaeus docuit impiam perversitatem, ut ex evangelio quod haeresim tuam non impedit hoc accipias, quod autem impedit non accipias. nos autem docuit apostolus piam provisionem: ut quisquis nobis annuntiaverit praeter id quod accepimus, anathema sit. dominus autem exposuit quid sint zizania, non aliqua falsa veris scripturis immissa, sicut tu interpretaris, sed homines filios maligni. * item faustus. ° cum te iudaeus interpellabit, cur legis et prophetarum praecepta non serves, quae christus dixit non se venisse solvere, sed adimplere, cogeris aut vanae superstitioni succumbere, aut capitulum profiteri falsum, aut te christi negare discipulum. * ad quod augustinus: ° nullas ex hoc capitulo catholici patiuntur angustias, quasi legis et prophetarum praecepta non servent, quia caritatem dei et proximi habent, in quibus praeceptis pendet lex et prophetae. et quaecumque ibi rebus gestis vel sacramentorum celebrationibus vel locutionum modis figurate prophetata sunt, in christo et ecclesia compleri cognoscunt. unde nec vanae superstitioni succumbimus, nec istud evangelii capitulum falsum esse dicimus, nec christi discipulos nos negamus. qui ergo dicit: si christus legem et prophetas non solvisset, illa sacramenta legis et prophetarum in christianorum celebrationibus permanerent, potest dicere: si christus legem et prophetas non solvisset, adhuc promitteretur nasciturus, passurus, resurrecturus; cum ideo magis hoc non solverit sed adimpleverit, quia iam non promittitur nasciturus, passurus, resurrecturus, quod illa sacramenta quodammodo personabant; sed annuntiatur quod natus sit, passus sit, resurrexit, quod haec sacramenta, quae a christianis aguntur, iam personant. patet ergo quanto errore delirent qui putant, signis sacramentisque mutatis, etiam res ipsas esse diversas, quas ritus propheticus pronuntiavit promissas, et evangelicus demonstrat impletas. * item faustus. ° quaerendum est si hoc christus dixit, cur dixerit: utrum nec compalpandi iudaeorum furoris causa, qui sancta sua ab eo conculcari videntes, nec audiendum quidem eum existimabant; aut ut nos, qui ei credebamus ex gentibus, instrueret legis subire iugum. si autem haec non ei fuit causa dicendi, illa debet esse quam dixit; nec ipsum mentitus est. sunt enim tria genera legum: unum hebraeorum, quod peccati ac mortis paulus appellat; aliud gentium, quod naturale vocat, dicens: gentes naturaliter, quae legis sunt, faciunt; tertium est veritatis, de qua dixit: lex spiritus vitae. item prophetae: alii sunt iudaeorum, de quibus notum est; alii gentium, de quibus paulus dicit: dixit quidam proprius eorum propheta; alii veritatis, de quibus iesus dicit: mitto ad vos sapientes et prophetas. et quidem si observationes hebraicas adimpletionis gratia protulisset, dubium non erat quin de iudaeorum lege et prophetis dixisset; ubi vero sola recenset antiquiora praecepta, idest non occides, non moechaberis, quae olim promulgata fuerant per henoch et seth et ceteros iustos, cui non videatur hoc eum dixisse de veritatis lege et prophetis? ubi vero iudaeorum quaedam visus est nominasse, penitus eradicavit, praecipiendo contraria: ut est illud: oculum pro oculo, dentem pro dente. * ad quod augustinus: ° manifestum est quam legem et quos prophetas christus non venerit solvere, sed implere. ipsa enim est lex quae per moysen data est. non autem, sicut faustus opinatur, quaedam dominus adimplevit, quae ab antiquis iustis iam dicta erant ante legem moysi, sicut non occides, quaedam vero solvit, quae propria videbantur legis hebraeorum. nos enim dicimus, et haec pro tempore bene fuisse tunc instituta, et nunc a christo non soluta, sed adimpleta, ut patebit per singula. hoc etiam non intelligebant qui in ea perversitate manserunt ut gentes cogerent iudaizare, haeretici scilicet qui nazaraei dicuntur. * chrysostomus super matth.. ° quoniam vero omnia quae ab initio mundi usque ad finem erant futura, mystice erant prophetata in lege, ne videatur aliquid eorum quae fiunt non antea cognovisse, propterea dicit: non potest fieri ut transeat caelum et terra, donec omnia quae in lege prophetata sunt, rebus ipsis fuerint adimpleta; et hoc est quod dicit amen quippe dico vobis, donec transeat caelum et terra, iota unum aut unus apex non praeteribit a lege, donec omnia fiant. * remigius. ° amen, hebraeus sermo est, et latine dicitur vere, fideliter, sive fiat. duabus autem de causis hoc sermone utitur dominus: sive propter duritiam illorum qui tardi erant ad credendum, sive propter credentes, ut profundius attenderent ea quae sequuntur. * hilarius in matth.. ° per hoc autem quod ait donec transeat caelum et terra, caelum quidem et terram maxima elementa non arbitramur esse solvenda. * remigius. ° permanebunt enim essentialiter, sed transibunt per renovationem. * augustinus de serm. dom.. ° per hoc autem quod ait iota unum, aut unus apex non transibit a lege, nihil potest aliud intelligi nisi vehemens expressio perfectionis, quae per litteras singulas demonstrata est; inter quas litteras iota minor est ceteris, quia uno ductu fit; apex etiam est ipsius aliqua in summo particula. quibus verbis ostendit in lege ad effectum et minima quaeque perduci. * rabanus. ° apte quoque graecum iota, et non iod hebraeum posuit, quia iota in numero, decem significat, et decalogum legis enumerat, cuius quidem apex et perfectio est evangelium. * chrysostomus super matth.. ° si autem ingenuus homo vel in vili mendacio inventus fuerit, erubescit, et vir sapiens verbum quod dixit, non relinquit in vacuum, quomodo verba divina sine exitu vacua poterant permanere? unde concludit qui ergo solverit unum de mandatis istis minimis et docuerit sic homines, minimus vocabitur in regno caelorum. puto autem quod ipse dominus manifeste hoc respondit, quae sunt minima mandata monstrans, dicendo si quis solverit unum de mandatis istis minimis, id est quae modo dicturus sum. * chrysostomus in matth.. ° non enim pro veteribus legibus hoc dixit, sed pro his quae ipse erat praecepturus; quae quidem minima vocat, licet magna. sicut enim multoties de se humilia locutus est, ita et de suis praeceptis humiliter loquitur. vel aliter. * chrysostomus super matth.. ° mandata moysi in actu facilia sunt: non occides, non adulterabis; ipsa enim criminis magnitudo voluntatem faciendi repercutit; et ideo in remuneratione modica sunt, in peccato autem magna. mandata autem christi, idest: non irascaris, non concupiscas, in actu difficilia sunt; et ideo in remuneratione magna, in peccato autem minima. minima igitur dicit ista christi mandata: non irascaris, non concupiscas; ergo illi qui levia peccata committunt, minimi sunt in regno dei; idest qui iratus fuerit, et grande peccatum non fecerit, a poena quidem securus est, scilicet damnationis aeternae; non tamen est in gloria, scilicet quam consequuntur illi qui etiam haec minima implent. * augustinus de serm. dom.. ° vel e converso illa quae praecepta sunt in lege, dicuntur minima; quae autem christus dicturus est, sunt maxima. mandata autem minima significantur per unum iota et unum apicem. qui ergo solverit, et docuerit sic, idest secundum quod solvit, minimus vocabitur in regno caelorum. et fortasse ideo non erit, quia ibi nisi magni esse non possunt. * glossa. ° solvere autem est non agere quod recte quis intelligit, vel non intelligere quae depravavit, aut minuere integritatem superadditionis christi. * chrysostomus in matth.. ° vel cum audieris minimum in regno caelorum, nihil suspicare quam supplicium et gehennam. regnum enim consuevit dicere non solum regni utilitatem, sed tempus resurrectionis, et adventum christi terribilem. * gregorius in evang.. ° vel per regnum caelorum ecclesia intelligenda est, in qua doctor qui solvit mandatum, minimus vocatur, quia cuius vita despicitur, restat ut eius praedicatio contemnatur. * hilarius in matth.. ° vel minima dicit domini passionem et crucem: quae si quis tamquam erubescenda non confitebitur, erit minimus, idest novissimus, ac pene nullus; confitenti vero magnam in caelo vocationis gloriam pollicetur; unde sequitur qui autem fecerit et docuerit, hic magnus vocabitur in regno caelorum. * hieronymus. ° suggillat in hoc pharisaeos, qui contemptis mandatis dei, statuebant proprias traditiones, quod non eis prosit doctrina in populo, si vel parvum quod in lege est destruant. possumus autem et aliter intelligere: quod magistri eruditio, etiam si parvo peccato obnoxia sit, deducat eum de gradu maximo; nec prosit docere iustitiam quam minima culpa destruit; beatitudoque perfecta sit, quae sermone docueris, opere complere. * augustinus de serm. dom.. ° vel aliter. qui solverit illa minima, scilicet praecepta legis, et sic docuerit, minimus vocabitur; qui autem fecerit, illa minima, et sic docuerit non iam magnus habendus est, sed tamen, non tam minimus quam ille qui solvit. ut autem sit magnus, facere debet et docere quae christus docet.

lc13 * Hilarius in matth.. ° pulcherrimo ingressu opus legis coepit excedere, aditum in caelum apostolis, nisi iustitiam pharisaeorum anteissent, denuntians non futurum; et hoc est quod dicit dico enim vobis. * chrysostomus in matth.. ° iustitiam autem hic dicit universalem virtutem. intende autem gratiae additamentum: discipulos enim suos adhuc rudes magistris qui in veteri testamento erant, vult esse meliores. scribas autem ac pharisaeos non dixit iniquos, quia non dixisset eos habere iustitiam. vide etiam quoniam hic vetus testamentum confirmat, comparationem faciens eius ad novum: plus enim et minus eiusdem generis est. scribarum autem et pharisaeorum iustitiae sunt mandata moysi; superimpletiones autem istorum mandatorum sunt mandata christi. hoc est ergo quod dicit: nisi quis supra legis mandata, etiam haec mea praecepta, quae apud illos minima existimabantur, impleverit, non intrabit in regnum caelorum: quoniam illa de |25| poena liberant, quae scilicet transgressoribus legis debetur, non autem in regnum inducunt; haec autem et de poena liberant, et in regnum inducunt. cum autem sit idem solvere minima mandata, et non custodire, quare supra de solvente dicit quod minimus vocabitur in regno dei, hic autem de non conservante: non introibit in regnum caelorum? sed vide quia minimum esse in regno idem est quod non intrare in regnum. esse autem aliquem in regno non est regnare cum christo, sed esse tantum in populo christi; tamquam si dicat de solvente, quod inter christianos quidem erit, tamen minimus christianus. qui autem intrat in regnum, fit particeps regni cum christo. consequenter et iste qui non intrat in regnum caelorum, gloriam quidem non habebit cum christo, erit tamen in regno caelorum, idest in numero eorum super quos christus caelorum rex regnat. * augustinus de civ. dei. ° vel aliter. nisi abundaverit iustitia vestra plusquam scribarum et pharisaeorum, idest super |50| eos qui solvunt quod docent, quia de iis alibi dictum est: dicunt enim et non faciunt; ac si dicat: nisi ita abundaverit iustitia vestra, ut vos non solvatis, sed faciatis potius quod docetis, non intrabitis in regnum caelorum. alio ergo modo intelligendum est regnum caelorum ubi ambo sunt, et ille scilicet qui solvit quod docet, et ille qui facit, sed minimus ille, iste magnus: quod quidem regnum caelorum est ecclesia praesens. alio autem modo regnum caelorum dicitur quo non intrat nisi ille qui facit, et hoc est ecclesia qualis in futuro erit. * augustinus contra faustum. ° hoc autem nomen regnum caelorum, quod tam crebro nominat dominus, nescio utrum in libris veteris testamenti quisquam inveniat; proprie enim pertinet ad revelationem novi testamenti quod ori eius etiam nominandum servabatur quem regem ad regendum servos suos vetus testamentum praefigurabat. hic ergo finis, quo praecepta referenda sunt, occultus erat in veteri testamento, quamvis secundum eum |75| etiam tunc viverent sancti, qui futuram eius revelationem videbant. * glossa. ° vel hoc quod dicit nisi abundaverit, referendum est ad intellectum pharisaeorum et scribarum, non ad continentiam veteris testamenti. * augustinus contra faustum. ° pene enim omnia quae monuit vel praecepit dominus, ubi adiungebat ego autem dico vobis, inveniuntur et in illis veteribus libris. sed quia non intelligebant homicidium nisi peremptionem corporis humani, aperuit dominus omnem iniquum motum ad nocendum fratri in homicidii genere deputari; unde subdit audistis quia dictum est antiquis: non occides. * chrysostomus super matth.. ° volens christus ostendere quia ipse est deus, qui aliquando locutus est in lege et qui nunc mandat in gratia, illud mandatum quod ponitur in lege, ante omnia, scilicet prohibitiva, quae sunt contra proximum, et nunc ponit in principio mandatorum suorum. * augustinus de civ. dei. ° non |100| autem quod audivimus non occides, virgultum vellere nefas ducimus, secundum manichaeorum errorem, nec de irrationabilibus animalibus dictum intelligimus, quia iustissima ordinatione creatoris, vita et mors eorum nostris usibus subditur. unde restat quod de homine intelligamus quod dictum est non occides: non alterum, ergo nec te; neque enim qui se occidit, aliud quam hominem occidit. nequaquam autem contra hoc praeceptum fecerunt qui auctore deo bella gesserunt, ac personam gerentes publicae potestatis iustissimae rationis imperio sceleratos morte punierunt. et abraham non solum non est culpatus crudelitatis crimine, verum etiam laudatus est nomine pietatis, quod voluit filium obedienter occidere. hi ergo excipiuntur quos deus occidi iubet sive lege data, sive ad personam pro tempore expressa iussione: non autem ipse occidit qui ministerium dat iubenti, sicut adminiculum gladio utenti; nec samson aliter excusatur, quod seipsum cum hostibus ruina domus oppressit, nisi quod latenter |125| spiritus hoc iusserat, qui per illum miracula faciebat. * chrysostomus in matth.. ° per hoc autem quod dicit dictum est antiquis, ostendit multum tempus esse ex quo mandatum hoc acceperant. hoc ergo dicit, ut auditores ad sublimiora progredi praecepta cunctantes acrius incitet; ut si quispiam doctor dicat puero negligenti: nescis iam quantum temporis syllabarum meditatione consumpseris? et ideo subdit ego autem dico vobis, quoniam omnis qui irascitur fratri suo, reus erit iudicio. in quo considera legislatoris potestatem: nullus enim antiquorum prophetarum ita locutus est, sed sic: haec dicit dominus, quia illi ut servi ea quae sunt domini annuntiabant, hic autem ut filius ea quae sunt patris, quae etiam sua sunt; et illi conservis praedicabant, hic autem suis servis legem ponebat. * augustinus de civ. dei. ° duae quidem sunt sententiae philosophorum de animi passionibus. stoicis enim non placet huiusmodi passiones cadere in sapientem; peripatetici vero has passiones in sapientem |150| cadere dicunt, sed moderatas, rationique subiectas; sicut cum ita praebetur misericordia ut iustitia conservetur. in disciplina autem christiana non tam quaeritur utrum prius animus irascatur aut tristetur, sed unde. * chrysostomus super matth.. ° qui enim sine causa irascitur, reus erit; qui vero cum causa, non erit reus: nam si ira non fuerit, nec doctrina proficit nec iudicia stant nec crimina compescuntur. itaque qui cum causa non irascitur, peccat; patientia enim irrationabilis vitia seminat, negligentiam nutrit, et non solum malos, sed etiam bonos invitat ad malum. * hieronymus. ° in quibusdam ergo codicibus additur sine causa; ceterum in veris definita sententia est: et ira penitus tollitur. si enim iubemur orare pro persequentibus, omnis irae occasio tollitur. radendum ergo est sine causa, quia ira viri iustitiam dei non operatur. * chrysostomus super matth.. ° sed tamen iracundia quae cum causa est, non est iracundia, sed iudicium: iracundia enim |175| proprie intelligitur commotio passionis; qui autem cum causa irascitur, ira illius non est ex passione; ideo iudicare dicitur, non irasci. * augustinus in lib. retract.. ° illud etiam dicimus intuendum quid sit irasci fratri suo: quoniam non fratri irascitur qui peccato fratris irascitur. qui ergo fratri, non peccato irascitur, sine causa irascitur. * augustinus, de civ. dei. ° irasci autem fratri ut corrigatur, nullus sanae mentis reprehendit: huiusmodi enim motus de amore boni et de sancta caritate venientes, vitia dicenda non sunt, cum rectam rationem sequantur. * chrysostomus super matth.. ° puto autem quod non de iracundia carnis loquitur christus, sed de iracundia animae: caro enim non potest obedire, ut non conturbetur. quando ergo homo irascitur et non vult facere quod ira compellit, caro eius irata est, animus autem eius non est iratus. * augustinus de serm. dom.. ° sic ergo in hoc primo est unum, idest ira sola; in secundo autem sunt duo, scilicet |200| ira et vox, quae iram signat; unde sequitur qui autem dixerit fratri suo: racha, reus erit concilio. nonnulli de graeco trahere voluerunt interpretationem huius vocis, putantes pannosum dici racha, quoniam graece dicitur pannus idest racos. probabilius autem est non esse vocem significantem aliquid, sed indignantis animi motum exprimentem. has autem voces grammatici interiectiones vocant, velut cum dicitur a dolente: heu. * chrysostomus in matth.. ° vel racha est verbum contemptus et parvipensionis. sicut enim nos vel famulis vel iunioribus iniungentes dicimus: vade tu, dic illi tu, ita et qui syrorum utuntur lingua, racha dicunt, pro tu. dominus enim et quae parvissima sunt evellit, et cum honore nobis invicem uti iubet. * hieronymus. ° vel racha hebraeum verbum est, et dicitur chenos, idest inanis aut vacuus, quem nos possumus vulgata iniuria absque cerebro nuncupare. signanter autem addidit qui dixerit fratri suo: frater enim noster nullus est nisi qui eumdem nobiscum habet patrem. |225| * chrysostomus super matth.. ° indigna autem res est dicere hominem vacuum, qui habet in se spiritum. * augustinus. ° in tertio autem significantur tria: ira, et vox quae iram significat, et in voce vituperationis expressio; unde dicitur qui autem dixerit: fatue, reus erit gehennae ignis. gradus itaque sunt in istis peccatis: primo, ut quisquis irascitur, motum retineat corde conceptum. iam si extorsit vocem non significantem aliquid, sed animi motum ipsa eruptione testantem, plus est quam si ira surgens silentio premeretur. sed adhuc plus est, si etiam verbum proferatur, quod iam certam vituperationem designat. * chrysostomus super matth.. ° sicut autem nemo est vacuus qui habet spiritum sanctum, ita nemo est vacuus qui christum cognoscit; sed si racha idem est quod vacuus, quantum ad sensum verbi, unum est dicere fatue et racha; sed differunt quantum ad dicentis propositum: racha enim verbum vulgare erat apud iudaeos, quod non ex |250| ira neque odio, sed ex aliquo motu vano dicebant, magis fiduciae causa, quam iracundiae. sed forte dices: si racha iracundiae causa non dicitur, quare peccatum est? quia contentionis causa dicitur, non aedificationis; si enim nec bonum verbum dicere debemus nisi pro aedificatione, quanto magis illud quod in se naturaliter malum est? * augustinus. ° vide etiam nunc tres reatus: iudicii, concilii et gehennae ignis; in quibus quosdam gradus factos admonet a levioribus ad graviora: nam in iudicio adhuc defensionis locus datur; ad concilium autem pertinere videtur sententiae prolatio, quando inter se iudices conferunt quo supplicio damnari oporteat; in gehenna vero ignis certa est damnatio et poena damnati. unde patet quantum intersit inter iustitiam pharisaeorum et christi: ibi enim occisio reum facit iudicio, hic autem ira facit reum iudicio, quod horum trium est levissimum. * rabanus. ° gehennam hic salvator inferni cruciatum nominat, quam nomen traxisse |275| putant a valle idolis consecrata, quae est iuxta ierusalem, repleta olim cadaveribus quam et iosiam contaminasse in libro regum legimus. * chrysostomus in matth.. ° hic autem primum gehennae nomen posuit, postquam de regno caelorum supra dixerat, ostendens quod illud dare, est ex suo amore, hoc autem ex nostra desidia. multis autem hoc grave videtur, si pro solo verbo tantam patiemur poenam; propter quod quidam dicunt hoc hyperbolice dictum esse. sed timeo ne verbis hic nosmetipsos decipientes, illic opere ultimum patiamur supplicium. non ergo aestimes hoc esse onerosum: plures enim poenarum et peccatorum a verbis habent principium: etenim parva verba multoties homicidium pepererunt et civitates integras everterunt. nec enim parvum aestimes fratrem stultum vocare, auferens ei prudentiam et intellectum, quo homines sumus et ab irrationabilibus distamus. * chrysostomus super matth.. ° vel reus erit concilio: idest, ut sit unus ex concilio eorum qui adversus |300| christum fuerunt, sicut apostoli in suis canonibus interpretantur. * hilarius in matth.. ° vel qui spiritu sancto plenum convicio vacuitatis insinuat, fit reus concilio sanctorum contumeliam spiritus sancti sanctorum iudicio animadversione luiturus. * augustinus. ° quisquis autem dixerit: quo graviori supplicio punitur homicidium, si gehenna ignis punitur convicium? cogit intelligi esse differentiam gehennarum. * chrysostomus in matth.. ° vel iudicium et concilium sunt poenae in praesenti: gehenna autem poena futura. ideo autem irae iudicium apposuit, ut ostendat quod non est possibile hominem omnino esse sine passionibus, sed refrenare eas possibile est; et propterea determinatam poenam non apposuit, ne videretur prorsus iram prohibere. concilium autem posuit nunc pro iudicio iudaeorum, ne videatur semper nova inducere ac peregrina docere. * augustinus. ° in istis autem tribus sententiis subauditio verborum intuenda est. habet enim prima sententia |325| omnia verba necessaria, ut nihil subaudiatur. qui irascitur, inquit, fratri suo, sine causa, secundum quosdam; in secunda vero, cum ait qui autem dixerit fratri suo: racha, subauditur sine causa; nam in tertia, ubi ait qui autem dixerit: fatue, duo subaudiuntur: fratri suo et sine causa. et hoc est unde defenditur quod apostolus galatas vocat stultos, quos etiam fratres nominat: non enim id facit sine causa.

lc14 * Augustinus de serm. dom.. ° si irasci non est fas fratri, aut dicere racha, aut fatue, multo minus in animo tenere aliquid, ut in odium indignatio convertatur; et ideo subdit si ergo offers munus tuum ad altare, et ibi recordatus fueris quia frater tuus habet aliquid adversum te, * etc.. hieronymus. ° non dixit: si tu habes aliquid adversus fratrem tuum, sed si frater tuus habet aliquid adversum te, ut durior tibi reconciliationis imponatur necessitas. * augustinus. ° tunc enim ipse habet adversus nos, si nos eum in aliquo laesimus: nam nos adversus illum habemus, si ille nos laeserit, ubi non est opus pergere ad reconciliationem: non enim veniam postulabis ab eo qui tibi fecit iniuriam; sed tantum dimittas, sicut tibi a domino dimitti cupis quod ipse commiseris. * chrysostomus super matth.. ° si autem ille te laeserit, et prius rogaveris, magnam habebis mercedem. * chrysostomus in matth.. ° sed si aliquis propter |25| amorem proximi ei reconciliari non curat, ad hoc eum inducit ut saltem eius opus non remaneat imperfectum, et praecipue in loco sacro; unde subdit relinque ibi munus tuum ante altare, et vade prius reconciliari fratri tuo. * chrysostomus super matth.. ° ecce a discordantibus accipere non vult sacrificium. hinc ergo perpendite quantum sit malum discordiae, propter quod et illud abiicitur per quod culpa relaxatur. vide autem misericordiam dei, quomodo hominum utilitates amplius aspicit quam suos honores: plus enim diligit concordiam fidelium quam munera: quamdiu enim fideles homines aliquam dissensionem habuerint, munus eorum non suscipitur, oratio eorum non exauditur. nemo enim inter duos inimicos potest esse fidelis amicus amborum; ideo et deus non vult esse amicus fidelium, quamdiu inter se fuerint inimici. et nos ergo fidem deo non servamus, si inimicos eius non diligimus et amicos eius odimus. qualis autem praecessit offensio, talis debet sequi reconciliatio. si |50| cogitatu offendisti, cogitatu reconciliare; si verbis offendisti, verbis reconciliare; si operibus offendisti, operibus reconciliare. omne enim peccatum quo modo committitur, eo modo de ipso poenitentia agitur. * hilarius in matth.. ° reconciliata autem humana pace, reverti in divina iubet, in dei caritatem de caritate hominum transituros. et ideo sequitur et tunc veniens offeres munus tuum. * augustinus. ° si autem quod hic dicitur, accipiatur ad litteram, fortassis aliquis credit ita fieri oportere, si frater sit praesens: non enim diutius differri potest, cum munus tuum relinquere ante altare iubearis. si vero de absente, et, quod fieri potest, etiam trans mare constituto aliquid tale veniat in mentem, absurdum est credere ante altare munus relinquendum, quod post terras et maria pererrata offeras deo. et ideo prorsus intro ad spiritualia refugere cogimus, ut quod dictum est, sine absurditate possit intelligi. altare itaque spiritualiter fidem accipere possumus. munus enim quod offerimus deo |75| sive doctrina, sive oratio, vel quicquid aliud, deo acceptum esse non potest nisi fide fulciatur. si ergo fratrem in aliquo laesimus, pergendum est ad reconciliationem, non pedibus corporis, sed motibus animi, ubi te humili affectu prosternas fratri in conspectu eius, cuius munus es oblaturus. ita enim, ac si praesens sit, poteris eum non simulato animo lenire veniam postulando, atque inde veniens, idest intentionem revocans ad id quod agere coeperas, offeras munus tuum.

lc15 * Hilarius in matth.. ° quia nullum tempus vacuum affectu placabilitatis dominus esse permittit, cito in vitae nostrae via reconciliari nos adversario praecepit, ne in mortis tempus non inita pace transeamus; et ideo dicit esto consentiens adversario tuo cito dum es cum eo in via, ne forte tradat te adversarius iudici. * hieronymus. ° pro eo quod nos habemus in latinis codicibus consentiens, in graecis scriptum est eunoon, quod interpretatur benevolus, aut benignus. * augustinus de serm. dom.. ° sed videamus quis sit adversarius, cui iubemur esse benevoli. aut enim diabolus est, aut homo, aut caro, aut deus, aut praeceptum eius. sed diabolo non video qualiter iubeamur esse benevoli aut consentientes: ubi enim benevolentia, ibi amicitia; nec quisquam dixerit amicitiam cum diabolo esse faciendam; neque concordare cum illo expedit cui semel renuntiando bellum indiximus; neque consentire illi oportet, cui si nunquam consensissemus, nunquam in istas incidissemus materias. * hieronymus. ° quidam tamen dicunt a salvatore praecipi ut simus benevoli erga diabolum, ne faciamus eum poenam sustinere pro nobis, quem dicunt pro nobis esse torquendum, si ei consenserimus vitia suggerenti. quidam cautius disputant, in baptismate singulos pactum inire cum diabolo ei abrenuntiando. si ergo servaverimus pactum, benevoli et consentientes sumus adversario, et nequaquam in carcere recludendi. * augustinus. ° non autem video quomodo accipiam, ab homine nos iudici tradi, ubi christum iudicem intelligo, ante cuius tribunal omnes exhiberi oportet. quomodo ergo iudici traditurus est qui ante iudicem pariter exhibetur? et etiam si occidendo quis nocuerit homini, non erit iam tempus quo concordet cum eo in via, idest in hac vita; nec tamen ideo non sanabitur poenitendo. carni vero multo minus video quomodo consentientes esse iubeamur; magis enim peccatores ei consentiunt: qui vero eam servituti subiiciunt, non ei consentiunt, sed eam sibi consentire cogunt. * hieronymus. ° quomodo etiam caro mittenda erit in carcerem si animae non consenserit, cum et anima et caro pariter recludendae sint, nec quicquam possit caro facere nisi quod animus imperaverit? * augustinus. ° fortassis ergo iubemur deo consentire, quia ab eo peccando recessimus, ut adversarius noster dici possit dum nobis resistit: deus enim superbis resistit. quisquis ergo in hac vita non fuerit reconciliatus deo per mortem filii eius, tradetur ab illo iudici, idest filio, cui pater iudicium dedit. quomodo autem potest recte dici homo esse in via cum deo, nisi quia deus ubique est? aut si non placet dici impios esse cum deo, qui ubique praesto est, sicut non dicimus caecos esse cum luce quae eos circumfundit, unum reliquum est ut hic adversarium praeceptum dei intelligamus, quod adversatur peccare volentibus, et datum est nobis ad hanc vitam ut sit nobiscum in via; cui oportet nos consentire cito, legendo, praeaudiendo, deferendo ei culmen auctoritatis, ut quod aliquis intelligit non oderit propter hoc quod adversatur peccatis suis, sed magis diligat propter correctionem; quod vero obscurum est, oret ut intelligat. * hieronymus. ° sed ex praecedentibus manifestus est sensus, quod dominus nos ad concordiam proximi cohortatur; nam supra dictum est vade reconciliari fratri tuo. * chrysostomus super matth.. ° festinat enim dominus ut ad amicitiam festinemus inimicorum nostrorum quamdiu vivimus in hac vita, sciens quam periculosum est si unus ex inimicis pace non facta mortuus fuerit. si enim inimicantes per mortem iveritis ante iudicem, tradet te christo, convincens te reum iudicio eius. tradet autem te iudici, etiam si te prius rogaverit: qui enim rogat prius inimicum, reum facit eum ante deum. * hilarius in matth.. ° vel adversarius tradet vos iudici, quia manens in eum simultatis vestrae ira vos arguit. * augustinus. ° iudicem intelligo christum: pater enim omne iudicium dedit filio; ministrum autem intelligo angelum: et angeli, inquit matthaeus, ministrabant ei; et cum angelis suis venturum credimus ad iudicandum. unde sequitur et iudex tradat te ministro. * chrysostomus super matth.. ° vel ministro, idest angelo poenarum crudeli, et ille mittet te in carcerem gehennae; unde sequitur et in carcerem mittaris. * augustinus. ° carcerem autem intelligo poenas, videlicet tenebrarum. et ne quis istum carcerem contemneret, sequitur amen dico tibi: non exies inde donec reddas novissimum quadrantem. * hieronymus. ° quadrans genus nummi est quod habet duo minuta; hoc est ergo: non egredieris de carcere donec etiam minuta peccata persolvas. * augustinus. ° aut enim pro eo positum est quod nihil relinquitur impunitum; sicut cum volumus exprimere aliquid ita exactum ut nihil relinqueretur, dicimus usque ad fecem; vel significantur sub nomine quadrantis novissimi terrena peccata. quarta enim pars elementorum huius mundi, et ea novissima, terra invenitur. in hoc autem quod dictum est solvas, significatur poena aeterna. et sicut positum est donec, ubi dictum est: sede a dextris meis, donec ponam inimicos tuos sub pedibus tuis (non enim cum fuerint inimici sub pedibus positi, desinit regnare), ita et hic accipi potest non exies donec solveris quadrantem; semper non exiturum, quia solvet semper novissimum quadrantem, dum sempiternas poenas peccatorum terrenorum luet. * chrysostomus super matth.. ° vel si quidem in hoc saeculo pacem feceris, etiam gravissimi operis poteris accipere indulgentiam; si autem semel condemnatus fueris, missus in carcerem, non solum de gravibus peccatis, sed etiam de verbo otioso, quod potest significari per quadrantem, exigentur a te supplicia. * hilarius in matth.. ° quia enim caritas plurimum peccatorum tegit, novissimum poenae quadrantem solvemus, nisi pretio ipsius culpa criminum redimatur. * chrysostomus super matth.. ° vel angustiae huius mundi appellantur carceres, in quas plerumque peccantes mittuntur a deo. * chrysostomus in matth.. ° vel loquitur hic de iudicibus qui sunt in mundo isto et de via quae est ad hoc iudicium et de carcere isto, ut non solum a futuris, sed et a praesentibus auditorem inducat, quae sunt ante oculos, et magis consueverunt movere; sicut et paulus dicit: si male feceris, time potestatem: non enim sine causa gladium portat.

lc16 * Chrysostomus in matth.. ° postquam dominus quid primum mandatum contineret edocuit, scilicet non occides, instituto pergens ordine provehitur ad secundum, dicens audistis quia dictum est antiquis: non moechaberis. * augustinus de decem chordis. ° idest, non ibis ad aliquam aliam praeter uxorem tuam. si enim hoc exigis ab uxore, non vis hoc reddere uxori, cum debeas in virtute praecedere uxorem. turpe autem est ut vir dicat hoc non posse fieri. quod femina facit, vir non potest? noli autem dicere: uxorem non habeo, ad meretricem pergo, nec hoc praeceptum violo, quod dicit non moechaberis; iam enim nosti pretium tuum, iam nosti quod manduces, quod bibas. abstine ergo te a fornicationibus. cum enim imaginem dei (quod es tu) corrumpis per fornicationes et defluentias libidinis, ipse etiam dominus, qui scit quid tibi utile sit, hoc praecipit, ne per illicitas voluptates corruat templum eius, quod esse coepisti. * augustinus contra faustum. ° sed quoniam putabant pharisaei, tantummodo corporalem cum femina illicitam commixtionem vocari moechiam, demonstravit dominus talem concupiscentiam nihil aliud esse, dicens ego autem dico vobis quia omnis qui viderit mulierem ad concupiscendum eam, iam moechatus est eam in corde suo. quod autem lex praecipit: non concupisces uxorem proximi tui, videbatur iudaeis intelligendum esse de ablatione non de concubitu. * hieronymus. ° inter pathos, et propathian, idest inter passionem et propassionem, hoc interest, quod passio reputatur in vitium, propassio, licet vitii culpam habeat, tamen non tenetur in crimine. ergo qui viderit mulierem, et anima eius fuerit titillata, hic propassione percussus est. si ergo consenserit, de propassione transivit ad passionem, et huic non voluntas peccandi deest, sed occasio. quicumque igitur viderit ad concupiscendum, idest sic aspexerit ut concupiscat, et facere disponat, recte moechatus dicitur in corde suo. * augustinus de serm. dom.. ° nam tria sunt quibus impletur peccatum: scilicet suggestio quae per memoriam fit, sive per corporis sensus; quod si frui delectaverit, delectatio illicita refrenanda est; si autem consensio facta fuerit, plenum peccatum est. verumtamen delectatio ante consensum vel nulla est, vel tenuis; cui consentire peccatum est. si autem et in factum processerit, videtur satiari et extingui cupiditas. sed postea cum suggestio repetitur, maior accenditur delectatio, quae adhuc minor est quam illa quae in consuetudinem vertitur; quam vincere difficile est. * gregorius moralium. ° quisquis vero incaute exterius respicit, plerumque in delectationem peccati cadit, atque obligatus desideriis, incipit velle quod noluit. valde namque est quod caro deorsum trahit, et semel species formae cordi per oculos alligata, vix magni luctaminis manu solvitur. providendum ergo nobis est: quia intueri non debet quod non licet concupisci. ut enim munda mens in cogitatione servetur, a lascivia voluptatis suae deprimendi sunt oculi, quasi quidam raptores ad culpam. * chrysostomus in matth.. ° si ergo studeas venustis vultibus oculos frequenter infigere, profecto capieris, etiam si secundo et tertio possis fortasse animum continere. neque enim extra naturam aleamque humanam consistis. qui enim in se flammam cupiditatis accenderit, etiam absente muliere quam vidit, iugiter apud se turpium rerum simulacra depingit, et nonnumquam ad flagitium ipsum etiam opere pervenit. si qua vero ideo ornatur et comitur, ut in se oculos hominum irritet, etiam si nullum pulchritudine sua potuerit vulnerare, dabit tamen extrema supplicia: paravit quippe venenum, porrexit poculum, etiam si nullus qui biberet inventus sit. quod autem ad solos viros videtur dirigere, etiam feminis competit: cum enim capiti loquitur, toti profecto corpori admonitio communis est.

lc17 * Glossa. ° quia non solum peccata vitanda sunt, sed et occasiones peccatorum tollendae, postquam docuit vitare moechiae peccatum, non solum in opere, sed etiam in corde, consequenter docet occasiones peccatorum abscindere, dicens quod si oculus tuus dexter scandalizat te. * chrysostomus super matth.. ° sed, si secundum prophetam, non est sanitas in carne nostra, quot membra quis habet, debet abscindere, ut secundum malitiam carnis, sufficiat poena membrorum. sed videamus si sic possibile est intelligere de oculo corporali vel manu. sicut totus homo, cum conversus fuerit ad deum, mortuus est peccato, sic et oculus, cum desierit male aspicere, eiectus est peccato; sed neque sic convenit. si enim dexter oculus scandalizat, sinister quid facit? numquid contradicit dextero, ut quasi innocens reservetur? * hieronymus. ° in dextero ergo oculo et dextera manu, et fratrum et uxoris et liberorum atque affinium et propinquorum innititur affectus; quem si ad contemplandam veram lucem nobis impedimento cernimus, debemus truncare huiusmodi portiones. * augustinus de serm. dom.. ° quemadmodum autem in oculo contemplatio, sic in manu actio recte intelligitur. per oculum autem intelligimus dilectissimum amicum: solet enim ab eis qui vehementer volunt exprimere dilectionem suam, ita dici: diligo eum ut oculum meum. oportet autem intelligi per oculum amicum consiliarium, quia oculus iter demonstrat. quod autem additum est, dexter, fortasse ad augendam vim dilectionis valet: dextrum enim oculum homines magis formidant amittere. vel quia dexter est, intelligitur consiliarius in rebus divinis, sinister autem oculus est consiliarius in rebus terrenis; ut sic ille sit sensus: quicquid illud est quod ita diligis ut pro dextero oculo habeas, si scandalizat te, idest si impedimento est tibi ad veram beatitudinem, eiice eum, et proiice abs te. de sinistro autem scandalizante superfluum erat dicere, quando quidem nec dextero parcendum est. dextera autem manus accipitur dilectus adiutor in divinis operibus; sinistra autem in operibus quae huic vitae et corpori sunt necessaria. * chrysostomus super matth.. ° vel aliter vult christus ut non solum de periculo nostri peccati curemus, sed etiam ne ad nos pertinentes turbae aliquid agant: ut puta si habes aliquem amicum qui res tuas bene aspicit, quasi proprius oculus, aut qui procurat res tuas quasi propria manus, si eum agnoveris aliquid turpiter agere, proiice eum longe abs te, quia scandalizat te: quia non solum pro nostro peccato, sed etiam proximorum, quos prohibere possumus, dabimus rationem. * hilarius in matth.. ° fit ergo innocentiae gradus celsior: carere enim non solum propriis vitiis, sed etiam extrinsecus incidentibus admonemur. * hieronymus. ° vel aliter. quia supra de concupiscentia mulieris dixerat, recte nunc cogitationem et sensum in diversa volitantem oculum nuncupavit. per dexteram autem et ceteras corporis partes, voluntatis ad effectum initia demonstrantur. * chrysostomus super matth.. ° oculus enim iste carnalis speculum est interioris oculi. habet autem et corpus suum sensum, quod est oculus sinister, et appetitum, quod est manus sinistra. partes autem animae, dexterae vocantur, quoniam in libero arbitrio anima est creata, et sub lege iustitiae, ut recte videat et agat. pars autem corporis, quae non habet liberum arbitrium, et est sub lege peccati, sinistra dicitur. non autem carnis sensum vel appetitum praecidere iubet: desideria enim carnis retinere possumus, ut non faciamus quod desiderat caro; praecidere autem non possumus, ut non desideret. quando autem ex proposito volumus malum et cogitamus, tunc dexter sensus et dextera voluntas nos scandalizant, et ideo hic praecidere iubet. possunt enim praecidi propter arbitrii libertatem. vel aliter. omne bonum generaliter quod nos vel alios scandalizat, praescindere debemus a nobis; sicut si visito aliquam mulierem causa religionis, bonus respectus est oculus dexter; sed si assidue visitans decidi in laqueum desiderii eius, vel etiam quidam videntes scandalizantur, dexter oculus scandalizat, quod bonum est scandalizat: oculus enim dexter est bonus respectus, idest intentio; manus dextera, bona voluntas. * glossa. ° vel oculus dexter est vita contemplativa, quae scandalizat in desidiam mittendo, vel arrogantiam, vel cum ex infirmitate contemplari ad purum non valemus. dextera autem manus est bona operatio, vel vita activa, quae scandalizat dum per saeculi frequentiam et occupationis taedio illaqueamur. si quis ergo non potest frui contemplativa, non torpeat otio ab activa, vel ne, dum occupatur actibus, arescat ab interna dulcedine. * remigius. ° sed quare eiiciendus sit dexter oculus et dextera manus abscindenda, manifestat cum subdit expedit enim, * etc.. chrysostomus super matth.. ° quoniam enim alter alterius membra sumus, melius est ut sine uno tali membro salvemur, quam ut volentes tales habere, et ipsi pereamus cum eis. vel melius est ut sine uno respectu aut uno bono opere salvemur, quam dum omnia opera bona volumus facere, cum omnibus pereamus.

lc18 * Glossa. ° docuerat superius dominus alienam uxorem non esse concupiscendam; consequenter hic docet suam non esse dimittendam, dicens dictum est autem: quicumque dimiserit uxorem suam, det illi libellum repudii. * hieronymus. ° in posteriori parte istum locum plenius dominus et salvator exponit, quod moyses libellum repudii dari iusserit propter duritiam cordis maritorum, non dissidium concedens, sed auferens homicidium. * chrysostomus super matth.. ° quando enim moyses filios israel eduxit de aegypto, genere quidem erant israelitae, moribus autem aegyptii. propter mores gentilium contingebat ut vir odiret uxorem, et quia dimittere illam non permittebatur, paratus erat interficere eam aut assidue affligere. ideo iussit dari libellum repudii, non quia bonum erat, sed quia remedium erat mali peioris. * hilarius in matth.. ° sed dominus aequitatem in omnes concilians, manere eam maxime in coniugiorum pace praecepit; unde subdit ego autem dico vobis, quia omnis qui dimiserit uxorem suam, * etc.. augustinus contra faustum. ° quod hic praecepit dominus de uxore non dimittenda, non est contrarium ei quod lex praecipit, ut manichaeus dicebat; neque enim ait lex: qui voluerit dimittat uxorem, cui esset contrarium non dimittere; sed utique nolebat dimitti uxorem a viro, qui hanc interposuit moram, ut in dissidium animus praeceps libelli conscriptione refractus absisteret, praesertim quia, ut perhibetur apud hebraeos, scribere litteras hebraeas nulli fas erat nisi scribis solis, qui excellentiorem profitebantur scientiam. ad hos igitur lex mittere voluit eum quem iussit libellum dare repudii, si dimisisset uxorem, qui inter ipsum et uxorem pacifice agendo, concordiam suaderent, et libellum non scriberent nisi in animo nimis perverso consilium concordiae non valeret. sic ergo neque primorum hominum legem per verborum additamenta implevit, neque illam quae per moysen data est, quasi contrariorum oppositione |50| destruxit, ut manichaeus dicebat; sed potius omnia ex hebraeorum lege commemorata ita commendavit ut quicquid ex persona sua insuper loqueretur, vel ad expositionem requirendam valeret, si quid illa obscure posuisset, vel ad tutius observandum quod illa voluisset. * augustinus de serm. dom.. ° qui ergo dimittendi moram quaesivit, significavit quantum potuit duris hominibus, se nolle dissidium. dominus ergo ad illud confirmandum, ut non facile uxor dimittatur, solam causam fornicationis excepit, dicens excepta causa fornicationis; ceteras vero universas molestias, si quae forte extiterint, iubet pro fide coniugali fortiter sustineri. * chrysostomus super matth.. ° si enim extraneorum vitia supportare debemus, dicente apostolo: invicem onera vestra portate, quanto magis uxorum? vir autem christianus non solum se inquinare non debet, sed nec aliis inquinandi occasionem praebere; alioquin illorum crimen ad istius redundat peccatum qui aliis committendi |75| criminis factus est causa. qui ergo dimittens uxorem occasionem dedit adulteriorum committendorum, ut et illa adulteretur in alterum et alter in illam, pro adulteriis huiusmodi condemnatur; et ideo dicit quod qui dimiserit uxorem suam, facit eam moechari. * augustinus. ° ulterius etiam moechum dicit virum qui eam duxerit quae dimissa est a viro, scilicet per libellum repudii; et ideo subdit et qui dimissam duxerit, adulterat. * chrysostomus in matth.. ° non enim dicas quoniam vir suus eam dimisit, quia etiam postquam dimissa est, remanet dimittentis uxor. * augustinus. ° huius autem rei apostolus terminum ostendit, qui tamdiu observandum dicit quamdiu vir eius vivit. illo autem mortuo dat nubendi licentiam. si autem non conceditur alteri nubere mulieri vivente viro a quo recessit, multo minus fas est illicita cum quibuslibet stupra committere; neque enim contra istud praeceptum, quo dominus dimitti coniugem vetat, facit qui cum ea non carnaliter, |100| sed spiritualiter vivit, cum non eam dimittat. beatiora namque sunt coniugia eorum qui inter se pari consensu continentiam servant. oritur autem hic quaestio: cum dominus causa fornicationis permittat dimitti uxorem, qualiter hic intelligenda sit fornicatio: utrum ut eam fornicationem credamus dictam quae stupris committitur, an quemadmodum scripturae solent fornicationem vocare omnem illicitam corruptionem, sicut est idololatria, vel avaritia, et omnis iam transgressio legis per illicitam concupiscentiam. sed si licet, secundum apostolum, ut dimittatur coniux infidelis, quamvis melius sit non dimittere, et tamen non licet secundum praeceptum domini ut dimittatur coniux, nisi causa fornicationis; fornicatio est etiam ipsa infidelitas. porro si infidelitas fornicatio est, et idololatria infidelitas, et avaritia idololatria, non est dubitandum et avaritiam fornicationem esse. quis ergo iam quamlibet illicitam concupiscentiam potest recte a fornicationis genere separare, si avaritia fornicatio est? * augustinus in lib. |125| retract.. ° nolo tamen putare lectorem in re tam difficili istam sibi disputationem nostram debere sufficere: non enim omne peccatum fornicatio est spiritalis: neque enim omnem peccantem deus perdit, qui quotidie sanctos suos exaudit dicentes: dimitte nobis debita nostra, cum perdat omnem qui fornicatur ab eo. utrum etiam propter hanc liceat dimittere uxorem, latebrosissima quaestio est; licere tamen propter istam quae in stupris committitur, nulla quaestio est. * augustinus in lib. 83 quaest.. ° si enim aliquis asserat solam illam fornicationem dominum admittere ad causam relinquendae coniugis, quae concubitu illicito perpetratur, potest dicere dominum de utroque fideli dixisse, ut neutri liceat alterum relinquere nisi causa fornicationis. * augustinus de serm. dom.. ° non tantum fornicantem uxorem dimittere conceditur, sed quisquis eam quoque uxorem dimittit a qua ipse cogitur fornicari, causa fornicationis utique dimittit, non tantum illius, sed et suae: illius, quia fornicatur; suae, ne fornicetur. |150| * augustinus de fide et operibus. ° eodem etiam modo eam rectissime dimittit, si viro suo dicat: non ero uxor tua nisi nihil de latrocinio divitias congreges, aut si quid aliud vel facinorosum vel flagitiosum in viro monuerit. tunc enim ille cui hoc uxor dicit, si veraciter poenitens est, membrum quod eum scandalizat amputabit. * augustinus de serm. dom.. ° nihil autem est iniquius quam fornicationis causa uxorem dimittere, si et ipse convincitur fornicari; occurrit enim illud: in quo alterum iudicas, teipsum condemnas. de eo autem quod dicit et qui dimissam duxerit, adulterat, potest quaeri utrum sicut moechatur ille qui eam ducit, sic et illa quam ducit: iubetur enim ab apostolo et illa manere innupta, aut viro reconciliari. sed tamen si discesserit a viro, multum interest utrum dimittat an dimittatur: si enim ipsa virum dimiserit et alteri nupserit, videtur cupiditate mutandi coniugii virum priorem reliquisse; quae adulterina cogitatio est; sed si dimittatur a viro, inveniri non potest quomodo, |175| cum vir et mulier pari consensu misceatur, unus eorum moechatus sit, et non alter. huc accedit quia si moechatur ille ducendo eam quae dimissa est a viro, ipsa facit eum moechari; quod hic dominus vetat.

lc19 * Glossa. ° docuerat supra dominus non esse iniuriam proximo inferendam, prohibendo iram cum homicidio, concupiscentiam cum adulterio, et dimissionem uxoris cum libello repudii; nunc autem consequenter docet ab iniuria dei abstinendum, cum prohibet non solum periurium tamquam malum, sed etiam iuramentum tamquam mali occasionem; unde dicit iterum audistis quia dictum est antiquis: non periurabis. dicitur enim in levitico: non periurabis in nomine meo; et ne creaturas facerent sibi deos, praecepit reddere deo iuramenta, et non iurare per creaturas; unde subditur redde autem domino iuramenta tua; idest, si iurare contigerit, per creatorem iurabis, non per creaturam; unde dicitur in deuteronomio: dominum deum tuum timebis, et per nomen eius iurabis. * hieronymus. ° hoc autem quasi parvulis fuerat lege concessum, ut quomodo victimas immolabant deo, ne eas idolis immolarent, sic et iurare permitterentur in deum non |25| quod recte hoc facerent, sed quod melius esset deo hoc exhibere quam daemoniis. * chrysostomus super matth.. ° nemo enim frequenter iurat qui non aliquando periuret; sicut qui fecit consuetudinem multa loqui, aliquando loquitur importuna. * augustinus contra faustum. ° quia vero periurare grave peccatum est, longius autem remotus est a periurio qui nec iurare consuevit quam qui verum iurare proclivis est, maluit nos dominus non iurantes non recedere a vero, quam verum iurantes, appropinquare periurio; unde subdit ego autem dico vobis: non iurare omnino. * augustinus de serm. dom.. ° in quo pharisaeorum iustitiam, quae est non peierare, confirmat: non enim potest periurare qui non iurat. sed quoniam ille iurat qui adhibet deum testem, considerandum est ne contra hoc praeceptum domini apostolus fecisse videatur, quia saepe hoc modo iuravit cum dixit: quae scribo vobis ecce coram deo, quia non mentior. et: testis est mihi deus, cui servio in |50| spiritu meo. nisi forte quis dicat tunc cavendam esse iurationem cum aliquid dicitur per quod iuratur: ut non iuraverit, quia non dixit per deum, sed dixit testis est mihi deus. ridiculum est hoc putare; sed tamen etiam sciat hoc modo iurasse apostolum dicentem: quotidie morior per gloriam vestram, fratres. quod ne quis ita existimet dictum tamquam si diceretur: vestra gloria me fecit quotidie mori, graeca exemplaria diiudicant, in quibus quod scriptum est, ni tin kauchisin himeteran, idest per gloriam vestram, non nisi a iurante dicitur. * augustinus contra mendacium. ° sed pleraque in verbis intelligere non valentes, in factis sanctorum colligimus quemadmodum oporteat accipi quod facile in aliam partem duceretur, nisi exemplis revocaretur. iuravit apostolus in epistolis suis, et sic ostendit quomodo accipiendum est quod dictum est dico autem vobis non iurare omnino, ne scilicet iurando, ad facilitatem iurandi veniatur, ex facilitate |75| autem iurandi veniatur ad consuetudinem, a consuetudine in periurium decidatur. et ideo non invenitur iurasse nisi scribens, ubi consideratio cautior non habet linguam praecipitem. et tamen dominus omnino ait non iurare: non enim concessit ut id liceret scribentibus. sed quia praecepti violati reum paulum praesertim in epistolis conscriptis nefas est dicere, est intelligendum illud quod positum est, omnino, ad hoc positum, ut quantum in te est non affectes, vel quasi pro bono cum aliqua delectatione appetas iusiurandum. * augustinus contra faustum. ° in scriptis ergo ubi est consideratio maior, pluribus locis apostolus iurasse invenitur, ne quisquam putaret etiam verum iurando peccari, sed potius intelligeret humanae fragilitatis corda non iurando tutius a periurio conservari. * hieronymus. ° denique considera, quod hic salvator non per deum iurare prohibuit, sed per caelum, per terram et per hierosolymam et per caput tuum: hanc enim per elementa iurandi pessimam consuetudinem |100| semper habuere iudaei. qui iurat, aut veneratur aut diligit eum per quem iurat; iudaei autem per angelos et urbem ierusalem et templum et elementa iurantes, creaturas venerabantur dei honore; cum in lege praeceptum sit ut non iuremus nisi per dominum deum nostrum. * augustinus de serm. dom.. ° vel ideo additum est neque per caelum, quia iudaei non putabant se teneri iuramento, si per ista iurassent; ac si dicat: cum iuras per caelum et terram, non te arbitreris non debere domino iusiurandum tuum, quia per eum iurare convinceris cuius caelum thronus est et cuius terra scabellum est; quod non est sic dictum quasi habeat deus collocata membra in caelo et in terra, ut nos cum sedemus: sed illa sedes dei iudicium significat. et quoniam in hoc universo mundi corpore maximam speciem caelum habet, sedere in caelo dicitur tamquam praestantior sit excellenti pulchritudine vis divina; terramque dicitur calcare, quod minimam speciem ordinet in extremis. spiritualiter autem sanctas animas caeli nomine significat, |125| et terrae, peccatrices: quoniam: spiritualis omnia iudicat. peccatori autem dictum est: terra es et in terram ibis. et qui in lege manere voluit, sub lege ponitur; et ideo congruenter dicit scabellum pedum eius. sequitur neque per hierosolymam, quia civitas est magni regis; quod melius dicitur quam si diceret mea, cum tamen hoc dixisse intelligatur. et quia ipse utique est dominus. domino iusiurandum debet qui per hierosolymam iurat. sequitur neque per caput tuum iuraveris. quid enim poterat quisquam magis ad se pertinere arbitrari quam caput suum? sed quomodo nostrum est ubi potestatem faciendi unum capillum album aut nigrum non habemus? propter quod dicitur quia non potes unum capillum album facere aut nigrum. ergo deo debet iusiurandum quisquis etiam per caput suum iurare voluerit. et hinc etiam cetera intelliguntur. * chrysostomus in matth.. ° attendite autem, quod elementa mundi extollit, non ex propria natura, sed ex habitudine quam |150| habent ad deum, ne idololatriae daretur occasio. * rabanus. ° qui autem iurare prohibuit, quomodo loqui oporteat docuit, subdens sit autem sermo vester: est, est, non, non; idest quod est, sufficiat dicere: est; quod non est, sufficiat dicere: non est. sive ideo dicitur bis, est, est, non, non, ut quod ore affirmas, operibus probes; et quod verbis negas, factis non confirmes. * hilarius in matth.. ° vel aliter. in fidei simplicitate viventibus iurare opus non est cum quibus semper quod est, est, quod non, non; et per hoc eorum et opus et sermo omnis in verbo est. * hieronymus. ° evangelica igitur veritas non recipit iuramentum, cum omnis sermo fideli pro iuramento sit. * augustinus de serm. dom.. ° quapropter qui intelligit non in bonis sed in necessariis iurationem habendam, refrenet se quantum potest, ut non ea utatur nisi in necessitate, cum videt pigros esse homines ad credendum quod utile est credere, nisi iuratione firmetur. hoc ergo est bonum et appetendum, quod |175| hic dicitur sit sermo vester: est, est, non, non. quod autem his abundantius est, a malo est, idest, si iurare cogeris, scias de necessitate venire infirmitatis eorum quibus aliquid suades; quae utique infirmitas malum est. itaque non dixit: quod amplius est, malum est; tu enim non malum facis qui bene uteris iuratione, ut alteri persuadeas quod utiliter persuades; sed a malo est illius cuius infirmitate iurare cogeris. * chrysostomus in matth.. ° vel a malo est, idest ab infirmitate eorum quibus lex iurare permisit. ita enim christus non monstrat veterem legem diaboli esse; sed a veteri imperfectione ducit ad abundantem novitatem.

lc20 * Glossa. ° quia superius docuerat dominus non esse proximo iniuriam inferendam, nec irreverentiam domino, consequenter hic docet qualiter se christianus habere debeat ad iniuriam sibi inferentes; unde dicit audistis quia dictum est: oculum pro oculo, et dentem pro dente. * augustinus contra faustum. ° quod quidem ad reprimendas flammas odiorum in se invicem saevientium et immoderatos animos refrenandos ita praeceptum est. quis enim facile contentus est tantum rependere vindictae quantum accipit iniuriae? nonne videmus leviter laesos homines moliri caedem, sitire sanguinem vixque invenire in malis inimici unde satientur? huic igitur immoderatae ac iniustae ultionis lex iustum modum figens, poenam talionis instituit; hoc est, ut qualem quisque intulit iniuriam, tale supplicium rependat; quod non fomes, sed limes furoris est; non ut id quod sopitum erat, hinc accenderetur, sed ne id quod ardebat, ultra extenderetur; imposita est enim iusta vindicta, quae iuste |25| debetur ei qui passus fuerit iniuriam. quod autem debetur, etsi benigne remittitur, non tamen inique repetitur. itaque cum peccet qui immoderate vult vindicari, non peccet autem qui iuste vult vindicari, remotior est a peccato qui non vult omnino vindicari; et ideo subdit ego autem dico vobis non resistere malo. poteram autem et ego sic ponere: dictum est antiquis: non iuste vindicabis; ego autem dico vobis: ne vindicetis, quod adimpletio est, si per haec verba, quod legi defuit, a christo additum mihi videretur; ac non potius id quod lex volebat efficere, ne iniuste se quisquam vindicaret, conservari tutius, si omnino non vindicaret. * chrysostomus super matth.. ° sine hoc enim mandato, legis mandatum stare non potest, quia si secundum legis mandatum omnibus reddere mala pro malis coeperimus, omnes efficiemur mali, eo quod persequentes abundant. si autem, secundum christi praeceptum, non resistitur malo, et si mali non leniuntur, tamen boni permanebunt bonis. * hieronymus. ° dominus |50| ergo noster, vicissitudinem tollens, truncat initia peccatorum: in lege namque culpa emendatur, hic peccatorum auferuntur exordia. * glossa. ° vel potest dici, quod dominus hoc dixit, iustitiae veteris legis aliquid addens. * augustinus de serm. dom.. ° pharisaeorum enim iustitia minor est, non excedere vindictae modum: et hoc est pacis inchoatio; perfecta autem pax est talem penitus nolle vindictam. intra illud ergo primum quod praeter legem est, ut maius malum pro minori malo reddatur, et hoc quod dominus perficiendis discipulis dicit, ne pro malo ullum malum reddatur, medium locum tenet ut tantum reddatur quantum et acceptum est; per quod a summa discordia ad summam concordiam transitus factus est. quisquis enim malum prior infert, maxime a iustitia distat; quisquis autem nulli prior malefecit, sed tamen laesus rependit gravius, recessit aliquantum a summa iniquitate; qui vero tantum reddit quantum accepit, iam aliquid donat: iustum est enim eum qui laesit prior, gravius laedi. hanc ergo inchoatam minimam iustitiam ille perficit qui legem venit implere. duos autem gradus qui intersunt, intelligendos relinquit: nam est qui non reddat tantum, sed minus; et hinc ascendit, qui omnino nil rependerit; quod parum videtur domino, nisi et amplius sit paratus suscipere. quapropter non ait non reddere malum pro malo, sed non resistere adversus malum; ut non solum non rependas quod tibi fuerat irrogatum, sed etiam non resistas quin aliud irrogetur. hoc enim est quod convenienter exponitur: sed si quis te percusserit in dexteram maxillam tuam, praebe ei et alteram: quod ad misericordiam pertinere maxime sentiunt qui eis quos multum diligunt, serviunt, vel pravis vel phreneticis, a quibus multa saepe patiuntur; et si eorum salus id exigat, praebent se etiam ut plura patiantur. docet ergo dominus medicus animarum, ut discipuli sui, eorum quorum saluti consulere vellent, imbecillitates aequo animo tolerarent. omnis namque improbitas ex imbecillitate animi venit; quia nihil innocentius est eo qui in virtute perfectus est. * augustinus de mendacio. ° ea vero quae in novo testamento a sanctis facta sunt, valent ad exempla intelligendarum scripturarum, quae in praeceptis digesta sunt, velut cum legimus in evangelio lucae: accepisti alapam etc.. exemplum autem patientiae nullum quam ipsius domini excellentius invenimus; et ipse cum alapa percussus esset, non ait: ecce alteram maxillam, sed ait: si male dixi, exprobra de malo; si autem bene, quid me caedis? ubi ostendit illam praeparationem alterius maxillae in corde faciendam. * augustinus de serm. dom.. ° paratus enim fuit dominus non solum in alteram maxillam caedi pro salute omnium, sed in toto corpore crucifigi. quaeri autem potest quid sit dextera maxilla. sed cum facies sit qua quisque cognoscitur, in faciem caedi, secundum apostolum est contemni ac despici. sed quoniam facies non potest dici dextera et sinistra, et tamen nobilitas est secundum deum et secundum saeculum, ita distribuitur tamquam in dexteram maxillam et sinistram, ut in quocumque discipulo christi contemptum fuerit quod christianus est, multo magis in se contemni paratus sit, si quos huiusmodi saeculi honores habet. omnia autem in quibus improbitatem aliquam patimur, in duo genera dividuntur: quorum unum est quod restitui non potest, alterum quod potest. sed in illo quod restitui non potest, vindictae solatium quaeri solet. quid enim prodest quod percussus repercutis? numquid propterea quod in corpore laesum est restituitur? sed tumidus animus talia fomenta desiderat. * chrysostomus super matth.. ° numquid autem si repercusseris eum, compescuisti eum, ut te non percutiat? sed magis excitasti eum ut adhuc percutiat. nam iracundia per iracundiam non compescitur, sed amplius irritatur. * augustinus de serm. dom.. ° unde dominus potius misericorditer perferendam alterius infirmitatem iudicat, quam alieno supplicio suam mitigandam; neque tamen hic ea vindicta prohibetur quae ad correctionem valet: ipsa enim pertinet ad misericordiam, nec impedit illud propositum quo quisquam paratus est ab eo quem correctum esse vult plura perferre. requiritur tamen ut et ille vindicet cui ordine rerum potestas data est, et ea voluntate vindicet qua pater in filium parvulum, quem odisse non potest. sancti autem viri nonnulla peccata morte punierunt, quo et viventibus utilis metus incuteretur, et illis qui morte puniebantur non ipsa mors noceret, sed peccatum quod augeri posset si viverent. inde est quod elias multos morte affecit; de quo cum exemplum cepissent discipuli, reprehendit in eis dominus non exemplum prophetae, sed ignorantiam vindicandi, animadvertens eos non amore correctionis, sed odio desiderare vindictam. sed postquam eos docuit diligere proximum, infuso etiam spiritu sancto, non defuerunt tales vindictae: nam et verbis petri ananias et uxor eius exanimes ceciderunt; et paulus apostolus tradidit quemdam satanae in interitum carnis; et ideo quidam adversus corporales vindictas quae sunt in veteri testamento, nescio qua caecitate saeviunt, quo animo facta sunt, nescientes. * augustinus ad bonifacium comitem. ° quis autem mente sobrius regibus dicat: non ad vos pertinet quis velit esse, sive religiosus sive sacrilegus? quibus dici non potest: non ad vos pertinet in regno vestro, quis velit pudicus esse aut impudicus. melius est quidem ad deum colendum doctrina homines duci, quam poena compelli; multis autem profuit, quod experimentis probavimus, prius dolore vel timore cogi, ut postea possint doceri, aut quod iam verbis didicerant, opere sectari. sicut enim meliores sunt quos dirigit amor, ita plures sunt quos corrigit timor. agnoscant in apostolo paulo prius cogentem christum, et postea docentem. * augustinus de serm. dom.. ° tenebitur ergo in hoc iniuriarum genere quod per vindictam luitur, iste modus a christianis: ut accepta iniuria non surgat odium, sed paratus sit animus plura perpeti, nec correctionem negligat qui vel consilio vel auctoritate uti potest. * hieronymus. ° secundum autem mysticos intellectus percussa dextera nostra, non debemus sinistram praebere, sed alteram, hoc est alteram dexteram: iustus enim sinistram non habet. si nos haereticus in disputatione percusserit, et dextrum dogma voluerit vulnerare, opponatur ei aliud de scripturis testimonium. * augustinus de serm. dom.. ° aliud autem iniuriarum genus et quod integrum restitui potest: cuius duae sunt species: una ad pecuniam, altera ad opera pertinet; unde de primo horum duorum subdit et ei qui vult tecum in iudicio contendere et tunicam tuam tollere, dimitte ei et pallium. sicut ergo quod positum est de percussa maxilla, omnia significat quae sic ingeruntur ab improbis ut restitui non possint nisi vindicta, ita quod positum est de vestimento, omnia significat quae possunt restitui sine vindicta; et hoc etiam ad praeparationem cordis, non ad ostensionem operis praeceptum recte intelligitur. et quod de tunica et vestimento dictum est, in omnibus faciendum est quae aliquo iure temporaliter nostra esse dicimus. si enim de necessariis hoc imperatum est, quanto magis superflua contemnere convenit? et hoc ipse signat cum dicit qui vult tecum in iudicio contendere; omnia ergo intelliguntur de quibus in iudicio nobiscum contendi potest. sed utrum et de servis accipiendum sit, magna quaestio est: non enim christianum oportet sic possidere servum quomodo equum, quamvis fieri possit ut maiori pretio valeat equus quam servus. sed si servus rectius a te regitur quam ab illo qui eum cupit auferre, nescio utrum quisquam audeat dicere eum ut vestimentum debere contemni. * chrysostomus super matth.. ° indigna autem res est ut homo fidelis stet in iudicio ante conspectum iudicis infidelis. vel si fidelis, certe saecularis, et qui te venerari debuerat propter dignitatem fidei, iudicat te propter necessitatem causae, perdes dignitatem christi propter negotium mundi. deinde omne iudicium irritatio cordis est, et cogitationum malarum: nam si videris quod causa tua fraudibus aut pecuniis expugnetur, et similiter tu causae tuae adesse festinas, etsi ab initio hoc consilium non habuisti. * augustinus enchir.. ° et ideo prohibuit hic dominus suos de saecularibus rebus cum aliis habere iudicium. tamen cum apostolus sinit in ecclesia talia iudicia finiri inter fratres, fratribus iudicantibus, extra ecclesiam vero terribiliter vetat; manifestum est quid secundum veniam concedatur infirmis. * gregorius moralium. ° sed tamen quidam dum temporalia nobis rapiunt, solummodo sunt tolerandi; quidam vero sunt servata caritate prohibendi, non sola cura ne nostra subtrahantur, sed ne rapientes non sua, semetipsos perdant. plus enim ipsis raptoribus debemus metuere quam rebus irrationabilibus defendendis inhiare. cum autem pro terrena re pax a corde cum proximo scinditur, apparet quod plus res quam proximus amatur. * augustinus de serm. dom.. ° tertium vero iniuriarum genus quod ad operam pertinet, ex utroque confectum est et cum vindicta, et sine vindicta potest restitui: nam qui angariat hominem, et cogit se improbe adiuvari ab invito, et poenam improbitatis potest luere, et operam reddere. in hoc ergo genere iniuriarum, dominus docet animum christianum esse patientissimum, et ad plura perferenda paratum; unde subdit et quicumque te angariaverit mille passus, vade cum illo alia duo. et hoc utique monet non tam ut pedibus agas, quam ut animo sis paratus. * chrysostomus in matth.. ° angariare enim est iniuste trahere et sine ratione vexare. * augustinus de serm. dom.. ° sic ergo dictum putamus vade cum illo alia duo, scilicet millia, ut tria compleri voluerit, quo numero significatur perfectio, ut meminerit quisquis hoc facit, perfectam se implere iustitiam; propter quod et tribus exemplis hoc praeceptum insinuavit, et in hoc tertio exemplo, simplo duplum additur, ut triplum compleatur. vel per hoc accipitur quod in praecipiendo tamquam tolerabilius incipiens paulatim creverit; nam primo praeberi voluit alteram maxillam, cum fuerit dextra percussa, ut minus perferre paratus sis quam pertulisti. deinde illi qui tunicam vult tollere, iubet et pallium dimitti, vel vestimentum, secundum aliam litteram; quod aut tantumdem est, aut non multo amplius. tertio de mille passibus, quibus addenda dicit duo millia, usque ad duplum perducit. sed quoniam parum est non nocere, nisi et beneficium praestes, consequenter adiungit et dicit qui autem petit a te, da ei. * chrysostomus super matth.. ° quia divitiae nostrae non sunt, sed dei: deus enim dispensatores divitiarum suarum voluit nos esse, non dominos. * hieronymus. ° sed si de eleemosynis tantum intelligamus, in pluribus pauperibus hoc stare non potest; sed et divites si semper dederint, semper dare non poterunt. * augustinus de serm. dom.. ° dicit ergo: omni petenti da, non omnia petenti, ut id des quod dare honeste potes et iuste. quid enim si pecuniam petat qua innocentem conetur opprimere? quid si stuprum petat? dandum est ergo quod nec tibi nec alteri noceat, quantum ab homine credi potest; et cum negaveris quod petit, indicanda est iustitia, ut non eum inanem dimittas, et aliquando melius aliquid dabis, cum petentem iniuste correxeris. * augustinus ad vincentium. ° utilius enim esurienti panis tollitur, si de cibo securus iustitiam negligat, quam esurienti panis frangitur, ut vi iniustitiae seductus acquiescat. * hieronymus. ° potest enim intelligi de pecunia doctrinae quae nunquam deficit, sed quanto plus datur, tanto amplius duplicatur. * augustinus de serm. dom.. ° quod autem ait et volenti mutuari a te ne avertaris, ad animam referendum est; hilarem enim datorem diligit deus. mutuatur autem omnis qui accipit, etsi ipse non soluturus sit, quia misericordibus deus plura restituit. aut si non placet accipere mutuantem nisi eum qui accipit redditurus, intelligendum est dominum ipsa duo genera praestandi esse complexum: nam aut donamus, aut reddituro commendamus. recte ergo ad hoc beneficii genus hortando dicit ne avertaris, idest, ne propterea voluntatem alienes, quasi deus non reddituros sit, cum homo reddiderit: cum enim ex praecepto dei facis, infructuosum esse non potest. * chrysostomus super matth.. ° ergo iubet nos christus mutuum dare, non tamen sub usuris: quia qui sic dat, non sua dat, sed aliena tollit; de uno vinculo solvit, et multis alligat; et non propter dei iustitiam dat, sed propter proprium lucrum. similis est etiam pecunia usuraria aspidis morsui: nam sicut venenum aspidis latenter omnia membra corrumpit, sic usura omnes facultates convertit in debitum. * augustinus ad marcellinum. ° obiciunt autem quidam, quod haec christi doctrina rei publicae moribus nulla ex parte conveniat: nam quis, inquiunt, tolli sibi ab hoste aliquid patiatur, vel romanae provinciae depraedatoribus non mala velit belli iure rependere? sunt autem ista praecepta patientiae semper in cordis praeparatione retinenda, ipsaque benevolentia, ne reddatur malum pro malo, semper in voluntate complenda est. agenda sunt autem multa etiam cum invitis benigna quadam asperitate plectendis; ac per hoc si terrena res publica praecepta christiana custodiat, et ipsa bella sine benevolentia non gerentur, ut ad pietatis iustitiaeque pacatam societatem victis facilius consulatur; nam cui licentia iniquitatis eripitur, utiliter vincitur: quoniam nihil est infelicius felicitate peccantium, qua poenalis nutritur impunitas, et mala voluntas velut hostis interior roboratur.

lc21 * Glossa. ° docuit dominus supra, iniuriam inferenti non esse resistendum, sed ad plura perferenda paratum esse; nunc autem ulterius docet iniuriam inferentibus impendendum esse caritatis affectum simul et effectum. et cum praemissa ad complementum iustitiae legis pertineant, convenienter hoc ultimum rite pertinet ad impletionem caritatis, quae, secundum apostolum, est legis plenitudo. dicit ergo audistis quia dictum est: diliges proximum tuum. * augustinus de doctr. christ.. ° quod autem nullum hominem excepit qui praecepit proximum diligere, dominus in parabola semivivi relicti ostendit, dicens proximum qui erga illum extitit misericors, ut eum intelligamus proximum cui exhibendum esset misericordiae officium, si indigeret: quod nulli negandum esse, quis non videat? domino dicente benefacite his qui oderunt vos. * augustinus de serm. dom.. ° gradum autem esse in pharisaeorum iustitia, quae ad legem veterem pertineret, hinc intelligitur quod multi etiam eos a quibus diliguntur oderunt. ascendit ergo aliquem gradum qui proximum diligit, quamvis adhuc oderit inimicum; unde ad hoc designandum subditur et odio habebis inimicum tuum: quae vox non est accipienda ut iubentis iusto, sed permittentis infirmo. * augustinus contra faustum. ° quaero autem a manichaeis, cur proprium velint esse legis moysi quod dictum est antiquis oderis inimicum tuum. an et paulus non dixit homines quosdam deo odibiles? quaerendum est ergo quomodo intelligatur exemplo dei, cui dixit paulus quosdam odibiles, odio habendos inimicos; et rursus exemplo dei, qui facit solem suum oriri super bonos et malos, diligendos inimicos. haec itaque regula est qua et oderimus inimicum propter id quod in eo malum est, idest iniquitatem, et diligamus inimicum propter id quod in eo bonum est, idest rationalem creaturam. audito igitur et non intellecto quod antiquis dictum erat oderis inimicum tuum, ferebantur homines in hominis odium, cum non deberent odire nisi vitium. hos ergo corrigit dominus cum subdit ego autem dico vobis: diligite inimicos vestros; ut qui iam dixerat: non veni solvere legem sed implere, praecipiendo utique ut diligamus inimicos, cogeret nos intelligere quomodo possemus unum eumdemque hominem et odisse propter culpam, et diligere propter naturam. * glossa. ° sed sciendum est, in toto corpore legis non esse scriptum odio habebis inimicum tuum; sed hoc dicitur quantum ad traditionem scribarum, quibus visum est hoc addendum, quia dominus praecepit filiis israel persequi inimicos et delere amalech de sub caelo. * chrysostomus super matth.. ° sicut enim quod dictum est non concupisces, non dictum est ad carnem, sed ad animam, sic in hoc loco caro quidem inimicum suum diligere non potest, anima autem potest: quia dilectio vel odium carnis in sensu est, animae vero in intellectu. quando ergo nocemur ab aliquo, etsi sentimus odium, non tamen exequi volumus; cognosce quia caro nostra odit inimicum, anima vero diligit. * gregorius moralium. ° inimici autem dilectio tunc veraciter custoditur cum non de profectu deiicimur, nec de ruina illius laetamur. non enim amat aliquis quem non vult esse meliorem, eumque stantem voto persequitur quem cecidisse gratulatur. evenire tamen plerumque solet ut, non amissa caritate, et inimici nos ruina laetificet, et rursum eius gloria sine invidiae culpa contristet; cum et redeunte eo quosdam bene erigi credimus, et proficiente illo plerosque iniuste opprimi timemus. sed ad hoc servandum est discretionis examen, ne cum nostra odia exequimur, fallamur sub specie utilitatis alienae. oportet etiam pensare quid debemus ruinae peccatoris, et quid iustitiae ferientis; nam cum perversum quemquam omnipotens percutit, et congaudendum est iustitiae iudicis, et condolendum miseriae pereuntis. * glossa. ° qui autem sunt contra ecclesiam, tribus modis ei adversantur: odio, verbis, cruciatu |100| corporis. ecclesia contra diligit, unde dicit diligite inimicos vestros; benefacit, unde sequitur benefacite his qui oderunt vos; et orat, unde sequitur et orate pro persequentibus et calumniantibus vos. * hieronymus. ° multi praecepta dei imbecillitate sua, non sanctorum viribus aestimantes, impossibilia putant esse quae praecepta sunt; et dicunt sufficere virtutibus, non odisse inimicos; ceterum diligere plus praecipi quam humana natura patiatur. sciendum est ergo christum non impossibilia praecipere, sed perfecta; quae fecit david in saul et absalon; stephanus quoque martyr pro lapidantibus deprecatus est, et paulus anathema cupit esse pro persecutoribus suis. hoc autem iesus et docuit et fecit, dicens: pater, ignosce illis. * augustinus enchir.. ° sed perfectorum sunt ista filiorum dei: quo quidem se debet omnis fidelis extendere, et humanum animum ad hunc affectum, orando deum secumque luctando, perducere. tamen hoc tam magnum bonum, tantae |125| multitudinis non est, quantam credimus exaudiri, cum in oratione dicitur: dimitte nobis debita nostra, sicut et nos dimittimus debitoribus nostris. * augustinus de serm. dom.. ° oritur autem hic quaestio, quod huic praecepto domini in quo nos hortatur orare pro inimicis, multae aliae scripturae partes videntur adversae: quia in prophetis inveniuntur multae imprecationes adversus inimicos, ut est illud ps. 108, 9: fiant filii eius pupilli. sed sciendum, quod prophetae solent figura imprecantis futura praedicere. sed illud magis movet quod dicit ioannes: est autem peccatum ad mortem, non pro illo dico ut oret quis; aperte enim ostendit esse aliquos fratres pro quibus orare nobis non praecipitur, per hoc quod praemittit: si quis scit peccare fratrem suum etc., cum dominus etiam pro persecutoribus nos iubeat orare. nec ista quaestio solvi potest, nisi fateamur aliqua peccata esse in fratribus, quae inimicorum persecutione sunt graviora. |150| nam et stephanus orat pro eis a quibus lapidatur, quia nondum christo crediderant; et apostolus paulus non orat pro alexandro, quia frater erat et, per invidentiam, fraternitatem oppugnando peccaverat. pro quo autem non oras, iam non contra illum oras. sed quid agimus de his contra quos oratum a sanctis accipimus, non ut corrigerentur (nam hoc modo pro ipsis potius oratum est), sed illam ultimam damnationem, non sicut contra domini traditorem per prophetam (nam illa, praedictio futurorum, non optatio supplicii fuit), sed sicut in apocalypsi legimus martyres orare ut vindicentur? sed hinc non oportet moveri. quis enim audeat affirmare utrum contra ipsos homines, an contra regnum peccati petierint? nam ipsa iustitiae et misericordiae vindicta martyrum, ut evertatur regnum peccati, quo regnante tanta perpessi sunt. destruitur autem partim correctione hominum, partim damnatione perseverantium in peccato. nonne tibi videtur paulus in seipso stephanum vindicasse |175| cum dicit: castigo corpus meum et in servitutem redigo? * augustinus de quaest. nov. et vet. testam.. ° vel animae occisorum clamant, vindicari se postulantes; sicut sanguis abel clamavit de terra non voce, sed ratione. nam et opus opificem laudare dicitur per hoc ipsum quod videntem se oblectet; non enim tam impatientes sunt sancti ut urgeant fieri quod sciunt tempore praefinito futurum. * chrysostomus in matth.. ° vide autem quot gradus ascendit, et qualiter nos in ipsum virtutis verticem statuit. primus gradus est non incipere iniuriam; secundus ut iniuriam ulciscens, aequali supplicio sis contentus; tertius non facere vexanti quae quis passus est; quartus exponere seipsum ad patiendum mala; quintus amplius se tribuere quam ille vult qui fecit mala; sextus non odio habere eum qui hoc operatur; septimus diligere; octavus benefacere; nonus pro ipso orare. et quia magnum erat praeceptum, praeclarum praemium subdit, scilicet fieri similes deo; unde dicit ut sitis filii patris |200| vestri qui in caelis est. * hieronymus. ° si quis enim praecepta dei custodiat, filius dei efficitur; ergo non in natura filius est, hic scilicet de quo loquitur, sed arbitrio suo. * augustinus de serm. dom.. ° ex illa autem regula intelligendum est quod hic dicitur, qua et ioannes dicit: dedit eis potestatem filios dei fieri. unus enim naturaliter filius est; nos autem potestate accepta efficimur filii, inquantum illa quae ab eo praecipiuntur implemus. itaque non ait: facite ista, quia estis filii; sed: facite ista, ut sitis filii. cum autem ad hoc nos vocat, ad similitudinem suam vocat; unde sequitur qui solem suum facit oriri super bonos et malos, et pluit super iustos et iniustos. potest autem per solem intelligi non iste visibilis, sed ille de quo dicitur: vobis qui timetis nomen domini, orietur sol iustitiae, et per pluviam irrigatio doctrinae veritatis, quia et bonis et malis apparuit et evangelizatus est christus. * hilarius in matth.. ° vel in baptismi et spiritus sacramento tribuit |225| solem et pluviam. * augustinus de serm. dom.. ° vel potest accipi sol iste visibilis, et pluvia qua fructus gignuntur: quia iniqui in libro sapientiae plangunt: sol non ortus est nobis. et de pluvia spirituali dicitur: mandabo nubibus meis ne pluant super eam. sed sive hoc sive illud, magna dei bonitate fit, quae nobis imitanda praecipitur. non autem solum ait qui facit solem oriri, sed addidit suum, idest quem ipse fecit; ut hinc admoneremur quanta liberalitate ex praecepto eius praestare debemus quod non creamus, sed ex muneribus eius accipimus. * augustinus ad vincentium. ° sed sicut ista dona eius laudamus, ita etiam flagella in eos quos diligit cogitemus. unde non omnis qui parcit, amicus est, nec omnis qui verberat, inimicus; melius est enim cum severitate diligere, quam cum lenitate decipere. * chrysostomus super matth.. ° caute autem dixit super iustos et iniustos, non super iustos et iniustos: quia omnia bona deus non propter homines dat, sed propter |250| sanctos, sicut et flagella propter peccatores; sed in nobis non separat peccatores a iustis, ne desperent; nec in malis iustos a peccatoribus, ne glorientur; maxime cum malis bona non prosint quae male viventes ad praeiudicium suum percipiunt; nec bonis mala noceant, sed magis prosint ad iustitiae lucrum. * augustinus de civ. dei. ° nam bonum temporalibus bonis non extollitur, nec malis frangitur. malus autem ideo huiusmodi infelicitate punitur, quia felicitate corrumpitur. vel ideo ista temporalia bona et mala utrisque voluit esse communia, ut nec bona cupidius appetantur, quae mali habere cernuntur, nec mala turpiter evitentur, quibus et boni afficiuntur. * glossa. ° amare autem amantem, naturae est; inimicum vero amare est caritatis; et ideo sequitur si enim diligitis eos qui vos diligunt, quam mercedem habebitis, scilicet in caelo? nullam: de his enim dicitur: recepistis mercedem vestram. sed tamen haec oportet facere, illa non omittere. * rabanus. ° si ergo |275| peccatores erga dilectores suos natura duce volunt esse benefici, multo magis vos maioris dilectionis signo amplecti debetis etiam non amantes; unde sequitur nonne et publicani hoc faciunt? idest qui publica vectigalia exigunt, vel qui publica negotia saeculi vel lucra sectantur. * glossa. ° si vero pro his tantum oraveritis qui aliqua affinitate vobis coniuncti sunt, quid amplius habet beneficium vestrum quam infidelium? unde sequitur et si salutaveritis fratres vestros tantum, quid amplius facitis? salutatio enim est quaedam species orationis. nonne et ethnici hoc faciunt? * rabanus. ° idest gentiles: nam ethnos graece, latine gens dicitur, qui tales sunt ut fuerunt geniti, scilicet sub peccato. * remigius. ° quia vero perfectio dilectionis ultra dilectionem inimicorum non potest procedere, ideo postquam dominus praecepit diligere inimicos, subiunxit estote ergo et vos perfecti, sicut et pater vester caelestis perfectus est. ipse quidem perfectus est ut omnipotens, homo autem ut ab omnipotente adiutus: nam sicut quandoque in |300| scripturis pro veritate et aequalitate accipitur, ut ibi: sicut fui cum moyse, ita ero et tecum; aliquando autem pro similitudine, ut hic. * chrysostomus super matth.. ° sicut enim filii carnales similant patres in aliquo corporis signo, ita filii spirituales deum in sanctitate.

lc22 * Glossa. ° postquam christus legem quantum ad praecepta implevit, incipit nunc eam adimplere quantum ad promissa, ut pro caelesti mercede praecepta dei faciamus, non pro terrenis quae lex promittebat. omnia autem terrena ad duo potissima reducuntur: scilicet ad humanam gloriam, et ad terrenorum affluentiam; quorum utrumque in lege promissum esse videtur. de gloria enim dicitur in deuteronomio: faciet te dominus excelsiorem cunctis gentibus quae versantur in terra. de affluentia vero temporalium ibidem subditur: abundare te faciet dominus in omnibus bonis. et ideo dominus haec duo ab intentione fidelium excludit, scilicet gloriam et terrenorum affluentiam. sed sciendum quod appetitus gloriae propinquus est virtuti. * chrysostomus super matth.. ° ubi enim res agitur gloriosa, ibi facilius invenit locum gloriationis occasio; et ideo intentionem gloriae primo dominus excludit: prae omnibus enim vitiis carnalibus |25| periculosius hoc esse in hominibus intellexit: cum enim omnia mala servos diaboli vexent, concupiscentia vanae gloriae magis vexat servos dei quam servos diaboli. * prosper in libro sentent. august.. ° quas etiam vires nocendi habeat humanae gloriae amor, non sentit nisi qui ei bellum indixerit: quia etsi cuiquam facile est laudem non cupere dum negatur, difficile tamen est ea non delectari cum offertur. * chrysostomus super matth.. ° intuere autem qualiter incepit velut de fera aliqua difficile cognita disputans, et apta furari eum qui non valde vigilat: occulte enim ingreditur, et omnia quae intus sunt, insensibiliter aufert. * chrysostomus in matth.. ° et ideo hoc cautius cavendum mandat dicens attendite ne iustitiam vestram faciatis coram hominibus. cor autem nostrum attendere debemus: invisibilis enim est serpens quem observare iubemur, et latenter ingreditur et seducit. sed in corde mundo si surreptio inimici successerit, mox homo iustus discernit quia spiritu alieno pulsatur; |50| si autem cor fuerit iniquitatibus plenum, suggestionem diaboli non facile intelligit; et ideo praemisit ne irascaris, ne concupiscas: quia qui malis istis subiectus est, cor suum non potest attendere. sed quomodo potest fieri ut non coram hominibus eleemosynam faciamus? aut si fiat, quomodo non sentiemus? si enim praesente aliquo occurrerit pauper, quomodo dabitur ei absconse? sed educendo eum in secreto, videtur quia datur. sed considera, quia non dixit: ne tantum coram hominibus faciatis; sed addidit ut videamini ab eis. qui ergo non ideo facit ut ab hominibus videatur, etsi coram hominibus fecerit, non tamen coram hominibus fecisse videtur: qui enim aliquid facit propter deum, neminem videt in corde suo nisi deum propter quem facit; sicut artifex eum semper habet prae oculis qui sibi opus faciendum commisit. * gregorius moralium. ° si ergo dantis gloriam quaerimus, et publicata nostra opera in conspectu illius occulta servamus; si vero per hoc nostram laudem concupiscimus, |75| foras ab eius conspectu iam fusa sunt, etiam si a multis ignorentur. sed valde perfectorum est, sic ostenso opere, auctoris gloriam quaerere, ut de illata laude, privata nesciant exultatione gaudere, quam infirmi quia perfecte contemnendo non superant, necesse est ut bonum quod operantur, abscondant. * augustinus ° de serm. dom.. in hoc vero quod dicit ut videamini ab eis, nihil addens, apparet hoc eum prohibuisse ut ibi finem nostri propositi collocemus. nam et apostolus qui dicit: si adhuc hominibus placerem, christi servus non essem, alio loco dicit: ego omnibus per omnia placeo. quod non ideo facit ut placeret hominibus, sed deo, ad cuius amorem corda hominum volebat convertere ex eo quod eis placebat; sicut non absurde loqueretur qui diceret: in hoc opere quo navem quaero, non navem quaero, sed patriam. * augustinus de serm. dom.. ° dicit autem ut videamini ab eis, quia sunt quidam qui sic faciunt iustitiam coram hominibus ut non videantur ab |100| eis, sed ut ipsa opera videantur, et glorificetur pater qui in caelis est: non enim suam iustitiam deputant, sed eius cuius fide vivunt. * augustinus de serm. dom.. ° in hoc etiam quod addit alioquin mercedem non habebitis apud patrem vestrum qui in caelis est, nihil aliud demonstrat, nisi illud, nos cavere oportere ne humanam laudem pro nostrorum operum mercede quaeramus. * chrysostomus super matth.. ° quid autem a deo recipies qui deo nihil dedisti? nam quod propter deum fit, deo datur, et ab eo recipitur; quod autem propter homines fit, in ventos effunditur. quae est autem sapientia res dare, et verba vacua comparare, et mercedem dei contemnere? vel illum aspice a quo laudem expectas, qui te propter deum facere putat; alioquin vituperaret te magis. ille autem qui plena quidem voluntate propter homines facit, ille propter homines fecisse videtur. si autem per alicuius cor cogitatio vana ascendit, desiderans hominibus apparere, anima autem |125| intelligens contradicit, ille non propter homines fecisse videtur: quia quod cogitavit, passio carnis est; quod elegit, iudicium animae.

lc23 * Augustinus de serm. dom.. ° generaliter supra dominus iustitiam nominavit cum dixit: attendite ne iustitiam etc.; nunc autem per partes exequitur. * chrysostomus super matth.. ° ponit autem tria fortia bona, scilicet eleemosynam, orationem et ieiunium, contra tria mala adversus quae dominus tentationis bellum suscepit: pugnavit enim pro nobis contra gulam in eremo, contra avaritiam supra montem, contra vanam gloriam supra templum. est ergo eleemosyna quae dispergit, contra avaritiam quae congregat; ieiunium contra gulam, quia ei contrarium; oratio vero contra vanam gloriam, quia cum omne malum ex malo nascatur, sola vana gloria de bono procedit: ideo non destruitur per bonum, sed magis nutritur: nullum ergo remedium potest esse contra vanam gloriam nisi oratio sola. * ambrosius. ° omnis autem sententia disciplinae christianae in misericordia et pietate est; et ideo ab |25| eleemosyna incipit, dicens cum ergo facis eleemosynam, noli tuba canere ante te. * chrysostomus super matth.. ° tuba autem est omnis actus vel sermo per quem operis iactantia demonstratur; puta, qui facit eleemosynam quando aliquem videt praesentem vel intercedente aliquo, aut honestiori personae quae potest retribuere; alias autem non facit. sed et si in loco secreto fecerit eo proposito ut laudabilis videatur, tuba est. * augustinus de serm. dom.. ° sic ergo quod dicit noli tuba canere ante te, ad hoc respicit quod superius ait attendite ne iustitiam vestram faciatis coram hominibus. * hieronymus in matth.. ° qui autem tuba canit eleemosynam faciens, hypocrita est; et ideo subdit sicut hypocritae faciunt. * isidorus etymolog.. ° nomen hypocritae tractum est a specie eorum qui in spectaculis contecta facie incedunt, distinguentes vultum vario colore, ut ad personae, quam simulant, colorem perveniant, modo in specie viri, modo in feminae, ut fallant |50| populum dum in ludis agunt. * augustinus de serm. dom.. ° sicut ergo hypocritae, idest simulatores, tamquam imitatores personarum aliarum, agunt partes illius quod non sunt - non enim qui agit partes agamemnonis, vere ipse est, sed simulat eum -, sic et in ecclesiis in omni vita humana quisquis se vult videri quod non est, hypocrita est: simulat enim se iustum et non exhibet, qui totum fructum in laude hominum ponit. * glossa. ° et ideo subdit loca publica, cum dicit in synagogis et vicis; et finem intentum cum subdit ut honorificentur ab hominibus. * gregorius moralium. ° sciendum vero est, quod sunt nonnulli qui et sanctitatis habitum tenent, et perfectionis meritum exequi non valent; quos nequaquam credendum est inter hypocritarum numerum currere: quia aliud est infirmitate, aliud callida simulatione peccare. * augustinus. ° tales autem qui simulatione peccant, ab inspectore cordis deo mercedem non capiunt, nisi fallaciae supplicium; et ideo subditur amen dico vobis, receperunt |75| mercedem suam. * hieronymus. ° non dei mercedem, sed suam: laudati enim sunt ab hominibus, quorum causa exercuere virtutes. * augustinus de serm. dom.. ° hoc autem respicit ad illud quod supra posuit alioquin mercedem non habebitis apud patrem vestrum. sic ergo non quomodo illi eleemosynam facias, sed quomodo facienda sit, iubet convenienter, cum dicit te autem faciente eleemosynam, nesciat sinistra tua quid faciat dextera tua. * chrysostomus in matth.. ° hoc autem per superabundantiam dicitur, ac si dicat: si possibile est teipsum ignorare, et ipsas manus latere possibile esset, studiosissimum est tibi. * chrysostomus super matth.. ° apostoli autem interpretantur in libro canonum sic: dextera est populus christianus, qui est ad dexteram christi; sinistra autem est omnis populus, qui est ad sinistram. hoc ergo dicit, ne christiano eleemosynam faciente, qui est dextera, infidelis aspiciat, qui est sinistra. * augustinus de serm. |100| dom.. ° sed secundum hoc videbitur nulla esse culpa velle placere fidelibus, cum tamen in quorumlibet hominum laude finem boni operis constituere prohibeamur. ut autem te imitentur quibus facta tua placuerint, non tantum fidelibus, sed etiam infidelibus exhibendum est. si autem (ut alii dicunt) sinistram inimicum putaveris, ut nesciat inimicus tuus cum eleemosynam facis, cur ipse dominus inimicis iudaeis circumstantibus misericorditer sanavit homines? deinde quomodo cum ipso inimico faciemus, ut illud impleamus praeceptum: si esurierit inimicus tuus, ciba illum? tertia opinio est ridenda eorum qui dicunt, sinistrae nomine uxorem significari; ut quoniam in re familiari tenaciores pecuniarum solent esse feminae, lateat eas cum aliquid viri alienis impendunt, propter domesticas lites. non autem solis viris hoc praeceptum datum est, sed etiam feminis; cui ergo sinistrae iubetur femina occultare opus misericordiae suae? an etiam vir sinistra erit feminae? quod si quispiam putat, cum praeceptum sit talibus, |125| ut se invicem bonis moribus lucrifaciant, non sibi debent occultare bona opera sua: nec furta facienda sunt ut promereatur deus. quod si occultandum est aliquid quamdiu alterius infirmitas id aequo animo non potest sustinere, quamvis non illicite fiat, non tamen femina per sinistram significari facile apparet totius capituli significatione; et etiam quam sinistram vocet. quod enim in hypocritis culpatum est, quod scilicet laudes hominum quaerunt, hoc tu facere vetaris; quapropter sinistra videtur significare delectationem laudis, dextera autem significat intentionem implendi praecepta divina. cum ergo conscientiae facienti eleemosynam miscet se appetitio laudis humanae, fit sinistra conscientia dexterae. nesciat ergo sinistra, idest, non se misceat conscientiae tuae laudis humanae appetitio. dominus autem noster multo magis prohibet solam sinistram in nobis operari, quam eam miscere operibus dexterae. quo autem fine hoc dixerit, ostendit cum subdit ut sit eleemosyna vestra in abscondito, |150| idest in ipsa bona conscientia, quae humanis oculis demonstrari non potest, nec verbis aperiri, quandoquidem multi multa mentiuntur. sufficit autem tibi ad promerendum praemium ipsa conscientia, si ab eo expectas praemium qui solus conscientiae inspector est. et hoc est quod subditur et pater tuus, qui videt in abscondito, reddet tibi. multa latina exemplaria habent reddet tibi palam. * chrysostomus super matth.. ° impossibile est enim ut opus bonum hominis in abscondito dimittat deus; sed in hoc saeculo manifestat, et in illo glorificat, quia gloria dei est; sicut et diabolus manifestat malum, in quo malitiae eius virtus ostenditur. proprie autem publicat deus omne bonum in saeculo illo cuius bona non sunt communia bonis et malis; ideo cuicumque illic bene fecerit deus, manifestum est quia pro mercede iustitiae suae meruit illud. merces autem iustitiae in hoc saeculo manifesta non est; quia hic non solum boni, sed etiam mali sunt divites. * augustinus de serm. dom.. |175| ° sed in graecis exemplaribus, quae propria sunt, non invenimus palam. * chrysostomus in matth.. ° si ergo vis habere inspectores eorum quae facis, ecce habes non solum angelos aut archangelos, sed deum universorum.

071 CMT cp6

lc1 * Chrysostomus super matth.. ° salomon dicit: ante orationem praepara animam tuam. quod quidem facit qui faciens eleemosynam venit ad orationem: bona enim opera excitant fidem cordis et dant confidentiam animae apud deum orandi. ergo eleemosyna praeparatio est orationis, et idem dominus post eleemosynam convenienter de oratione nos instruit. * augustinus de serm. dom.. ° non autem hoc monet nunc ut oremus, sed quomodo oremus; sic nec superius ut faciamus eleemosynam, sed quo animo faciamus. * chrysostomus super matth.. ° est autem oratio quasi quoddam spiritale tributum, quod anima offert deo de visceribus suis. quanto ergo gloriosior est, tanto cautius est servanda, ne propter homines facta vilescat; et ideo dicit cum oratis, non eritis sicut hypocritae. * chrysostomus in matth.. ° hypocritas vocat, qui deum se fingentes orare, homines circumspiciunt; et ideo |25| subdit qui amant in synagogis orare. * chrysostomus super matth.. ° puto autem quod non ad locum hoc refert dominus, sed ad propositum orantis: in conventu enim fidelium orare laudabile est, sicut dictum est: in ecclesiis benedicite deum. qui ergo sic orat ut ab hominibus videatur, non deum aspicit, sed homines; et ideo quantum ad propositum suum in synagoga orat. cuius autem orantis mens solum aspicit deum, quamvis in synagoga oret, tamen apud se in secreto videtur orare. sequitur et in angulis platearum, ut videantur absconse orare; et sic dupliciter laudantur: et quia orant, et quia absconse orant. * glossa. ° vel anguli platearum sunt ubi via per transversum viae ducitur et quadrivium reddit. * chrysostomus super matth.. ° eo ergo proposito in conventu vetat orare, ut a conventu videatur; unde subditur ut videantur ab hominibus. orans ergo nihil novum faciat quod aspiciant homines, vel clamando, vel pectus percutiendo, vel |50| manus extendendo. * augustinus. ° non autem videri ab hominibus nefas est, sed ideo hoc agere ut ab hominibus videaris. * chrysostomus in matth.. ° a vana enim gloria ubique erui bonum est, maxime autem in oratione; si enim in hoc cogitationibus circumferimur, si ad orandum ingressi fuerimus hanc habentes aegritudinem, qualiter intelligemus ea quae a nobis dicuntur? * augustinus. ° sic etiam fugienda est hominum scientia, si hoc animo aliquid fiat ut fructus expectetur placendi hominibus; unde subditur amen dico vobis, receperunt mercedem suam. * chrysostomus super matth.. ° unusquisque enim ubi seminat, ibi metit: unde qui propter homines orant, non propter deum, ab hominibus, non a deo laudantur. * chrysostomus in matth.. ° dicit autem receperunt, quia deus retributionem quae est ab ipso, tribuere vellet; illi autem eam quae est ab hominibus, usurpant. quomodo autem orandum sit, subiungit dicens tu autem cum oraveris, intra in |75| cubiculum tuum, et clauso ostio, ora patrem tuum in abscondito. * hieronymus. ° hoc simpliciter intellectum erudit auditorem, ut vanam orandi gloriam fugiat. * chrysostomus super matth.. ° ut nemo sit ibi nisi ille qui orat: testis enim orantem gravat, non adiuvat. * cyprianus de orat. domin.. ° in abditis etiam locis orare magis convenit fidei, ut sciamus dominum ubique esse praesentem et maiestatis suae plenitudine occulta penetrare. possumus etiam intelligere per ostium domus, os corporis, ut non clamosa voce oremus deum, sed tacito corde, propter tria: primo, quia deus non voce clamosa pulsandus est, sed conscientia recta placandus, quia est cordis auditor; secundo, quia secretas orationes tuas non oportet alterum scire, nisi te et deum; tertio, quia clamose orans, alterum iuxta te non permittis orare. * cassianus collat.. ° cum summo etiam est orandum silentio, ut ipsos quoque inimicos nostros, qui orantibus nobis maxime insidiantur, lateat nostrae petitionis intentio. * augustinus. |100| ° vel per cubicula nostra sunt intelligenda corda nostra, de quibus dicitur: quae dicitis in cordibus vestris, in cubilibus vestris compungimini. ostium est carnalis sensus; foris sunt omnia temporalia, quae per sensum cogitationes nostras penetrant, et turba vanorum phantasmatum orantibus obstrepunt. * cyprianus. ° quae autem segnitia est alienari et capi ineptis cogitationibus et profanis, cum dominum deprecaris, quasi sit aliud quod magis debeas cogitare quam quod cum deo loquaris? quomodo te audiri a deo postulas, cum teipsum non audias? hoc est ab hoste non cavere, hoc est deum negligentia orationis offendere. * augustinus. ° claudendum est ergo ostium, idest carnali sensui resistendum, ut oratio spiritualis dirigatur ad patrem, quae fit in intimis cordis, ubi oratur pater in abscondito; unde sequitur et pater tuus, qui videt in abscondito, reddet tibi. * remigius. ° et est sensus: sufficiat tibi ut ille solus noverit tuam orationem qui omnium corda novit occulta, quia ipse qui |125| est inspector, erit exauditor. * chrysostomus in matth.. ° non autem dixit: gratis dabit, sed reddet tibi; etenim debitorem seipsum tibi constituit.

lc2 * Augustinus de serm. dom.. ° sicut hypocritarum est praebere se spectandos in oratione, quorum fructus est placere hominibus, ita est ethnicorum, idest gentilium, in multiloquio se putare exaudiri; et ideo subditur orantes autem nolite multum loqui. * cassianus collat.. ° frequenter enim, sed breviter est orandum, ne immorantibus nobis, inferre aliquid nostro cordi insidiator possit inimicus. * augustinus ad probam. ° non tamen, ut quidam putant, hoc est orare in multiloquio, si diutius oretur. aliud est sermo multus, aliud diuturnus affectus. nam et de ipso domino scriptum est, quod pernoctaverit in orando et prolixius oraverit, ut nobis praeberet exemplum. dicuntur fratres in aegypto crebras quidem habere orationes, sed eas tamen brevissimas, et raptim quodammodo iaculatas, ne illa violenter erepta, quae oranti plurimum est necessaria, per productiores moras hebetetur intentio; ac per hoc ipsi satis ostendunt hanc intentionem sicut non est obtundenda |25| si perdurare non potest, ita si perduraverit, non cito esse rumpendam. absit autem ab oratione multa locutio; sed non desit multa precatio, si fervens perseverat intentio: nam multum loqui est in orando rem necessariam superfluis agere verbis. multum autem precari, est eum quem precamur diuturna cordis excitatione pulsare: nam plerumque hoc negotium plus gemitibus quam sermonibus agitur, plus fletu quam affatu. * chrysostomus in matth.. ° dissuadet igitur per hoc inanem locutionem in orando; puta cum non petimus decentia a deo, sed potentatus et glorias, inimicos superare, et pecuniarum abundantiam. iubet ergo hic non longas orationes facere. longas autem dico non tempore, sed multitudine eorum quae dicuntur. perseverare tamen oportet eos qui petunt. orationi enim ait apostolus, instantes; non tamen iubet decem millium versuum orationem componere, et corde tenus enuntiare; quod occulte insinuat, cum dixit nolite multum loqui. * glossa. ° damnat autem |50| multiloquium orationis veniens de infidelitate; unde sequitur sicut ethnici faciunt. gentilibus enim erat necessaria verborum multiplicitas, propter daemones, qui nesciebant quid illi peterent, nisi illorum verbis instructi; unde sequitur putant enim quod in multiloquio suo exaudiantur. * augustinus de serm. dom.. ° et revera omne multiloquium a gentilibus venit, qui exercendae linguae potius quam mundando animo dant operam, et hoc studii genus, etiam ad deum prece flectendum transferre conantur. * gregorius, moralium. ° sed veraciter orare est amaros in compunctione gemitus, et non composita verba resonare; et ideo subditur nolite ergo assimilari eis. * augustinus. ° si enim verba multa ad id proferuntur ut instruatur ignarus, quid eis opus est ad rerum omnium conditorem? unde sequitur scit enim pater vester quid opus sit vobis, antequam petatis eum. * hieronymus. ° consurgit autem in hoc loco quaedam haeresis philosophorum quorumdam, |75| dogma perversum dicentium: si novit deus quid oremus, et antequam petamus scit quo indigemus, frustra scienti loquimur. quibus respondendum est, non narratores esse, sed rogatores. aliud est enim narrare ignoranti, aliud scientem petere. * chrysostomus in matth.. ° non ergo oras ut doceas, sed flectas; ut familiaris efficiaris continuitate interpellationis; ut humilieris; ut rememoreris peccatorum tuorum. * augustinus. ° nec etiam verbis nos agere debemus apud deum, ut impetremus quod volumus, sed rebus quas animo gerimus, et intentione cogitationis, cum dilectione pura et supplici affectu. * augustinus ad probam. ° sed ideo per certa intervalla temporum etiam verbis rogamus deum, ut illis rerum signis nos ipsos admoneamus, quantumque in hoc desiderio profecerimus nobisipsis innotescamus, et ad hoc augendum nosipsos acrius excitemus, ne variis curis quod tepescere coeperat, omnino frigescat, et penitus extinguatur nisi crebrius inflammetur. nobis ergo necessaria | 100 | sunt verba quibus commoveamur et inspiciamus quid petemus, non quibus dominum seu docendum seu flectendum esse credamus. * augustinus de serm. dom.. ° sed rursus quaeri potest, sive rebus sive verbis orandum sit, quid opus sit ipsa oratione, si deus iam novit quid nobis necessarium sit, nisi quia ipsa orationis intentio cor nostrum serenat et purgat, capaciusque efficit ad excipienda divina munera, quae spiritualiter nobis infunduntur. non enim ambitione precum nos exaudit deus, qui semper paratus est dare suam lucem; sed nos non semper parati sumus accipere, cum inclinamur in alia. fit ergo in oratione conversio corporis ad deum et purgatio interioris oculi, cum ea quae cupiebantur, temporaliter excluduntur, ut acies cordis simplicis ferre possit simplicem lucem, et in ea manere cum gaudio, quo beata vita perficitur.

lc3 * Glossa. ° inter salutaria monita et divina quibus consuluit credentibus, formam orandi proposuit, et orationes composuit brevibus verbis, ut sit fiducia cito annuendi, quod breviter vult rogari; unde dicit pater noster qui es in caelis. * cyprianus de orat. domin.. ° qui fecit vivere, docuit et orare: ut dum oratione quam filius docuit, apud patrem loquimur, facilius audiamur. amica et familiaris oratio est dominum de suo rogare. agnoscat pater filii sui verba, cum precem facimus; et cum ipsum habeamus advocatum apud patrem pro peccatis nostris, quando peccatores pro delictis nostris petimus, advocati nostri verba promamus. * glossa. ° non tamen his solis verbis oratur, sed et aliis sub eodem sensu conceptis, quibus cor nostrum accenditur. * augustinus de serm. dom.. ° cum autem in omni deprecatione benevolentia concilianda sit eius quem deprecamur, deinde dicendum quid deprecemur. per laudem illius ad quem oratio dirigitur, solet benevolentia |25| conciliari; et hoc in orationis principio poni solet: in quo dominus noster nihil aliud nos dicere iussit, nisi pater noster qui es in caelis. multa quidem dicta sunt in laudem dei; nusquam tamen invenitur praeceptum populo israel, ut dicerent pater noster; sed est eis insinuatus ut dominus tamquam servis. sed de populo christiano apostolus dicit quod spiritum adoptionis accepit, in quo clamamus abba pater, quod non est meritorum nostrorum, sed gratiae, quam in oratione ponimus, cum dicimus pater. quo nomine et caritas excitatur: quid enim carius debet esse filiis quam pater? et supplex affectus, cum homines dicunt deo pater noster; et quaedam impetrandi praesumptio: quid enim non det filiis petentibus, cum hoc ipsum ante dederit ut filii essent? postremo quanta cura animum tangit, ut qui dicit pater noster, tanto patre non sit indignus? admonentur etiam hinc divites, vel genere nobiles, cum facti fuerint christiani, non superbire adversus pauperes vel ignobiles, quoniam simul dicunt deo pater noster; quod non possunt pie ac vere dicere, nisi se fratres esse cognoscant. * chrysostomus in matth.. ° quod enim nocumentum est ex inferiori cognatione, cum secundum superiorem omnes simus copulati? qui etiam patrem dixit, et peccatorum remissionem et adoptionem et hereditatem et fraternitatem, quae est ad unigenitum, et spiritus largitionem per unam hanc confessus est nuncupationem. non enim possibile est vocare deum patrem, nisi eum qui est omnibus istis bonis potitus. dupliciter orantium igitur erigit sensum: et dignitate eius qui invocatur, et magnitudine beneficiorum, quibus orans potitus est. * cyprianus de orat. domin.. ° non autem dicimus pater meus, sed pater noster, quia pacis et unitatis magister noluit sigillatim et privatim precem fieri, ut qui eum precatur, pro se tantum precetur. publica enim est nobis et communis oratio; et quando oramus, non pro uno tantum, sed pro populo toto oramus, quia totus populus unum sumus. sic enim unum orare pro omnibus voluit, quomodo in uno omnes ipse portavit. * chrysostomus super matth.. ° pro se enim orare necessitas cogit, pro altero autem caritas fraternitatis hortatur. dulcior autem est ante deum oratio non quam necessitas transmittit, sed quam caritas fraternitatis commendat. * glossa. ° dicitur etiam pater noster, quod commune est omnibus: non pater meus quod soli christo convenit, qui est filius per naturam. * chrysostomus super matth.. ° addit autem qui es in caelis, ut sciamus nos habere patrem caelestem, et erubescant se terrenis rebus substernere qui patrem habent in caelis. * cassianus collat.. ° et ut ad illam regionem in qua patrem nostrum commorari fatemur, summo desiderio properemus. * chrysostomus in matth.. ° in caelis ergo cum dicit, non illic deum concludens, hoc ait, sed a terra abducens orantem et excelsis regionibus affigens. * augustinus de serm. dom.. ° vel dicitur esse in caelis, idest in sanctis et iustis; non enim spatio locorum continetur deus. sunt quidem caeli excellentia mundi corpora; et si in eis locus dei esse credatur, melioris meriti sunt aves, quarum vita est deo vicinior. non autem est scriptum: prope est dominus excelsis hominibus, aut eis qui in montibus habitant; sed contritis corde. sed sicut terra appellatur peccator, cui dictum est: terra es, et in terram ibis, sic caelum iustus e contrario dici potest. recte ergo dicitur qui es in caelis: tantum enim spiritualiter interesse videtur inter iustos et peccatores, quantum corporaliter inter caelum et terram. cuius rei significandae gratia orantes ad orientem convertimur, unde caelum surgit; non tamquam deus ibi sit, ceteras mundi deserens partes, sed ut admoneatur animus ad naturam excellentiorem se convertere, id est ad deum, cum corpus eius, quod terrenum est, ad corpus excellentius, idest ad corpus caeleste, convertatur. convenit etiam ut omnium sensibus et parvulorum et magnorum bene sentiatur de deo; et ideo qui nondum possunt incorporeum cogitare, tolerabilior est illorum opinio, si deum in caelo potius esse credant quam in terra.

lc4 * Augustinus de serm. dom.. ° dictum est quis sit qui petitur et ubi habitet; iam videamus quae sint petenda. primum autem omnium quae petuntur hoc est: sanctificetur nomen tuum: quod non sic petitur quasi non sit sanctum dei nomen, sed ut sanctum habeatur ab hominibus; idest, ita innotescat deus ut non aestimetur aliquid sanctius. * chrysostomus in matth.. ° vel rogare iubet orantem, deum per nostram glorificari vitam; ac si dicat: ita fac nos vivere ut per nos universa te glorificent. sanctificetur enim idem est quod glorificetur. digna est autem deum deprecantis oratio, nihil petere ante patris gloriam, sed omnia eius laudi postponere. * chrysostomus super matth.. ° vel aliter. non optamus deo ut sanctificetur orationibus nostris, sed ut nomen eius sanctificetur in nobis. quia enim ipse dixit: sancti estote, quia ego sanctus sum, id petimus et rogamus, ut qui in baptismo sanctificati sumus, in eo quod esse coeperimus perseveremus. * augustinus de bono persev.. ° cur autem perseverantia ista poscitur a deo, si, ut pelagiani dicunt, non datur a deo? an et ista irrisoria petitio est, cum id ab eo petitur quod scitur non ipsum dare, sed ipso non dante esse in hominis potestate praestare? * cyprianus de orat. domin.. ° et hoc etiam ut sanctificemur, quotidie deprecamur: opus enim est nobis continua sanctificatione, ut qui quotidie delinquimus, delicta nostra sanctificatione assidua purgemus.

lc5 * Glossa. ° congrue sequitur ut post adoptionem filiorum, regnum petamus, quod filiis debetur; unde sequitur adveniat regnum tuum. * augustinus de serm. dom.. ° quod non ita dictum est, quasi nunc non regnet etiam in terra, semperque in ea regnaverit. adveniat ergo accipiendum est ut manifestetur hominibus. nulli autem licebit ignorare regnum dei, cum eius unigenitus non solum intelligibiliter, sed etiam visibiliter venerit iudicare vivos et mortuos. tunc autem esse futurum iudicii diem dominus docet, cum evangelium praedicatum fuerit in omnibus gentibus; quae res pertinet ad sanctificationem nominis dei. * hieronymus. ° vel generaliter pro totius mundi petit regno, ut diabolus in mundo regnare desistat; vel ut in unoquoque regnet deus, et non regnet peccatum in mortali hominum corpore. * chrysostomus super matth.. ° vel nostrum regnum petimus advenire a deo nobis repromissum et christi sanguine acquisitum; ut qui in saeculo ante servivimus, postmodum christo dominante regnemus. * augustinus ad probam. ° regnum namque dei veniet, sive velimus sive nolimus. sed desiderium nostrum ad illud regnum excitamus, ut nobis veniat, atque in eo regnemus. * cassianus collat.. ° vel quia novit sanctus testimonio conscientiae suae, cum apparuerit regnum dei, eius se futurum esse consortem. * hieronymus ° attendendum autem quod grandis audaciae sit et purae conscientiae postulare regnum dei, et iudicium non timere. * cyprianus de orat. domin.. ° potest etiam et ipse christus esse regnum dei, quem venire quotidie cupimus, cuius adventus ut cito nobis repraesentetur optamus; nam cum resurrectio ipse sit, quia in ipso resurgimus, sic et regnum dei potest intelligi, quia in illo regnaturi sumus. bene autem regnum dei petimus, idest caeleste, quia est et terrestre regnum. sed qui renuntiavit iam saeculo, maior est etiam honoribus eius et regno; et ideo qui se deo et christo dedicat, non terrena, sed caelestia regna desiderat. * augustinus de bono persev.. ° cum autem petitur adveniat regnum, quid orant qui iam sancti sunt, nisi ut in ea sanctitate quae iam illis data est perseverent? neque enim aliter veniet dei regnum, quod his qui perseverant usque in finem, certum est esse venturum.

lc6 * Augustinus de serm. dom.. ° in illo beatitudinis regno vita beata perficietur in sanctis, sicut nunc in caelestibus angelis. et ideo post illam petitionem qua dicimus adveniat regnum tuum, sequitur fiat voluntas tua, sicut in caelo et in terra; idest, sicut in angelis, qui sunt in caelo, voluntas tua fit, ut te perfruantur, nullo errore obnubilante eorum sapientiam, nulla miseria impediente eorum beatitudinem, ita fiat in sanctis tuis, qui in terra sunt, et de terra, quantum ad corpus attinet, facti sunt. item fiat voluntas tua, recte intelligitur, obediatur praeceptis tuis: sicut in caelo, et in terra; idest, sicut ab angelis, ita ab hominibus: non quod ipsi faciant ut velit deus, sed quia faciunt quod ille vult; idest, faciunt secundum voluntatem eius. * chrysostomus in matth.. ° vide autem consequentiam optimam: quia enim concupiscere docuit caelestia per hoc quod dictum est adveniat regnum tuum, antequam ad caelum perveniatur, ipsam terram iussit fieri caelum, per hoc quod dicit fiat voluntas tua sicut in caelo et in terra. * hieronymus. ° erubescant autem ex hac sententia qui quotidie ruinas in caelo fieri mentiuntur. * augustinus de serm. dom.. ° vel sicut in caelo et in terra, idest, sicut in iustis, ita in peccatoribus; tamquam si diceret: sicut faciunt voluntatem tuam iusti, etiam peccatores, ut ad te convertantur, sive, ita ut sua cuique tribuantur, quod fiet in extremo iudicio. vel per caelum et terram, accipiamus spiritum et carnem. et quod dicit apostolus: mente servio legi dei; videamus factam dei voluntatem in spiritu. in illa autem immutatione qua promittitur iustis, fiat voluntas tua sicut in caelo et in terra, idest, sicut spiritus non resistit deo, ita et corpus non resistat spiritui. vel sicut in caelo et in terra, idest, sicut in ipso iesu christo, ita et in ecclesia; tamquam in viro, qui patris voluntatem implevit, ita et in femina, quae illi desponsata est. caelum enim et terra convenienter intelligitur quasi vir et femina, quoniam terra caelo fecundante fructifera est. * cyprianus de orat. domin.. ° non ergo petimus ut deus faciat quod vult, sed ut nos facere possimus quod deus vult: quod ut fiat in nobis, opus est dei voluntate, idest opera eius et protectione, quia nemo suis viribus fortis est, sed dei misericordia tutus. * chrysostomus in matth.. ° virtus enim non est nostri studii solum, sed superioris gratiae. rursum autem hic orationem pro orbe terrarum cuilibet nostrorum iniunxit: neque enim dixit: fiat voluntas tua in me vel in nobis, sed ubique terrarum, ut solvatur error et plantetur veritas et expellatur malitia et revertatur virtus, et sic iam non differat caelum a terra. * augustinus de bono persev.. ° ex hoc autem evidenter ostenditur contra pelagianos initium fidei esse donum dei, quando pro infidelibus, ut habere fidem incipiant, sancta orat ecclesia. cum etiam in sanctis iam sit facta dei voluntas, cur ut fiat adhuc petunt, nisi ut perseverent in eo quod esse coeperunt? * chrysostomus super matth.. ° communiter autem accipi debet quod ait sicut in caelo et in terra; idest: sanctificetur nomen tuum sicut in caelo et in terra; adveniat regnum tuum sicut in caelo, et in terra; fiat voluntas tua sicut in caelo, et in terra. et vide quod caute locutus est; non dixit: pater, sanctifica nomen tuum in nobis; adveniat regnum tuum super nos; fac voluntatem tuam in nobis. nec iterum dicit: sanctificemus nomen tuum; suscipiamus regnum tuum; faciamus voluntatem tuam; ne hoc aut dei tantum, aut hominis tantum esse videatur. sed medie dixit et impersonaliter: nam sicut homo non potest facere bonum nisi habuerit adiutorium dei, sic nec deus bonum operatur in homine nisi homo voluerit.

lc7 * Augustinus enchir.. ° haec ergo tria quae in praemissis petitionibus petuntur, hic inchoantur, et quantumcumque proficimus, augentur in nobis; perfecte vero, quod in alia vita sperandum est, semper possidebuntur. reliquis vero quatuor quae sequuntur, petuntur temporalia, quae propter aeterna consequenda sunt necessaria; panis enim qui convenienter petitur hic, est necessarius: sequitur enim panem nostrum supersubstantialem da nobis hodie. * hieronymus. ° quod nos supersubstantialem exprimimus, in graeco habetur bis epiousion, quod verbum lxx interpretes periousion, frequentissime transferunt. consideravimus ergo in hebraeo: et ubicumque illi periousion, expresserunt, nos invenimus segola, quod symmachus exereton, idest praecipuum vel egregium transtulit, licet in quodam loco peculiarem interpretatus sit. quando ergo petimus ut peculiarem vel praecipuum nobis dominus tribuat panem, illum petimus qui dicit in evangelio: ego sum panis vivus, qui de caelo descendi. * cyprianus de orat. domin.. ° nam panis vitae christus est; et panis hic omnium non est, sed noster est. hunc autem panem dari nobis quotidie postulamus, ne qui in christo sumus et eucharistiam quotidie accipimus, intercedente aliquo graviori delicto a caelesti pane prohibeamur et a christi corpore separemur. petimus ergo ut qui in christo manemus, a sanctificatione eius et corpore non recedamus. * augustinus de bono persev.. ° perseverantiam ergo a domino sancti poscunt, quando petunt ne a christi corpore separentur, sed in ea sanctitate permaneant, ut nullum crimen admittant. * chrysostomus super matth.. ° vel panem supersubstantialem posuit, hoc est quotidianum. * cassianus collat.. ° cum enim dicit hodie, ostendit eum quotidie esse sumendum, omnique tempore haec oratio debet profundi, quia non est dies qua non opus sit nobis huius panis perceptione cor interioris hominis confirmare. * augustinus de serm. dom.. ° sed contra hoc illi movent quaestionem qui in orientalibus partibus non quotidie coenae domini communicant: qui de hac re suam sententiam defendunt, vel ipsa auctoritate ecclesiastica, quod sine scandalo ista faciunt, neque ab eis qui ecclesiis praesunt, facere prohibentur. sed ut de istis nil in aliquam partem disseramus, illud certe debet occurrere cogitantibus, regulam nos orandi a domino accepisse, quam transgredi non oportet. quis ergo audeat dicere semel tantum nos orare debere orationem dominicam, aut si iterum et tertio, usque ad eam tantum horam qua corpori domini communicamus? non enim postea dicere poterimus da nobis hodie quod iam accepimus. aut poterit quisque cogere ut ultima parte diei sacramentum illud celebremus? * cassianus. ° licet istud quod dicitur hodie, ad praesentem vitam possit intelligi; idest dum in saeculo commoramur, praesta nobis hunc panem. * hieronymus. ° possumus supersubstantialem panem et aliter intelligere, qui super omnes substantias sit, et universas superet creaturas, scilicet domini. * augustinus de serm. dom.. ° vel quotidianum panem accipiamus spiritualem, praecepta scilicet divina, quae quotidie oportet meditari et operari. * gregorius ° moralium. nostrum autem hunc panem dicimus, et tamen ut detur oramus: quia dei est ex munere, et noster fit per acceptionem. * hieronymus. ° alii simpliciter putant, secundum apostoli sermonem dicentis: habentes victum et vestitum, his contenti simus, de praesenti tantum cibo sanctos curam gerere; unde in posterioribus praeceptum est: nolite cogitare de crastino. * augustinus ad probam. ° sic ergo hic sufficientiam petimus a parte quae excellit, idest nomine panis totum significantes. * chrysostomus super matth.. ° non solum autem oramus ideo, panem nostrum da nobis hodie, ut habeamus quid manducemus, quod commune est inter iustos et peccatores, sed ut quod manducamus, de manu dei accipiamus, quod est tantum sanctorum. nam illi deus dat panem qui cum iustitia praeparat, diabolus autem ei qui praeparat cum peccato. vel ita ut dum a deo datur, sanctificatus accipiatur; et ideo addidit nostrum, idest quem nos habemus paratum, illum da nobis, ut a te sanctificetur: sicut sacerdos panem accipiens a laico, sanctificat, et porrigit ei: panis enim offerentis est; sed quod sanctificatum est beneficium est sacerdotis. dicit autem nostrum propter duo. primo, quia omnia quae nobis deus dat, per nos aliis dat, ut de eo quod accipimus, partem impotentibus faciamus. qui ergo de laboribus suis, indigentibus praestat, non tantum panem suum manducat, sed etiam alienum. deinde qui de iustitia acquisitum panem manducat, suum panem manducat; quod autem cum peccato alienum. * augustinus de serm. dom.. ° forte autem aliquis moveatur cur oremus pro his adipiscendis quae huic vitae sunt necessaria, sicut est victus et tegumentum, cum dominus dicat: nolite solliciti esse quid edatis aut quid induamini; non potest autem quisque de ea re, pro qua adipiscenda orat, non esse sollicitus. * augustinus ° ad probam. sed sufficientiam vitae non indecenter vult quisquis vult, et non amplius; haec autem sufficientia non appetitur propter seipsam, sed propter salutem corporis, et congruentem habitum personae hominis, quo habito non sit inconveniens eis cum quibus honeste vivendum est. ista ergo cum habentur, ut teneantur; cum non habentur, ut habeantur orandum est. * chrysostomus in matth.. ° considerandum est autem quod postquam dixit fiat voluntas tua sicut in caelo, et in terra, quia hominibus loquebatur in terra carne indutis, et non potentibus habere eamdem impassibilitatem cum angelis, condescendit iam infirmitati nostrae, quae necessario indiget cibo; et ideo pro pane iussit orationem facere, non pro pecuniis neque pro lascivia, sed solum pro pane quotidiano; et neque hoc sufficit, sed apposuit |150| da nobis hodie, ut non conteramus nos ipsos sollicitudine supervenientis diei. * chrysostomus super matth.. ° et sic prima facie videntur haec verba sonare, ut qui hoc dicunt, non habeant in crastinum aut post crastinum praeparatum. quod si ita est, oratio ista aut paucis potest convenire, sicut apostolis, qui docendi gratia omni tempore vagabantur, aut forsitan nulli. doctrinam autem christi ita debemus aptare, ut omnes in ea proficiant. * cyprianus de orat. domin.. ° divinum ergo cibum discipulus christi debet petere, ne in longum desiderium petitionis extendat: quia contrarium sibi fit et repugnans ut quaeramus in saeculo diu manere, qui petimus regnum caelorum velociter advenire. vel addit quotidianum ut tantum quis manducet quantum ratio naturalis exigit non quantum lascivia carnis impellit. si enim in uno convivio tantum expendas quantum sufficere tibi potest centum diebus, iam non quotidianum cibum manducas, sed multorum dierum. * hieronymus. ° in evangelio autem quod |175| appellatur secundum hebraeos, pro supersubstantiali pane mohar reperitur, quod dicitur crastinum; ut sit sensus: panem nostrum crastinum, idest futurum, da nobis hodie.

lc8 * Cyprianus de orat. domin.. ° post subsidium cibi petitur et venia delicti, ut qui a deo pascitur, in deo vivat; nec tantum praesenti vitae, sed aeternae consulatur, ad quam venire potest, si peccata donentur, quae debita dominus appellavit, sicut alibi dicit: dimisi tibi omne debitum, quia rogasti me. unde sequitur dimitte nobis debita nostra. quare necessarie et salubriter admonemur, qui peccatores sumus, quia pro peccatis rogare compellimur; et ne quis sibi quasi innocens placeat, et se extollendo plus pereat, instruitur se peccare quotidie dum pro peccatis quotidie iubetur orare. * augustinus de bono persev.. ° hoc autem telo pelagiani confodiuntur haeretici, qui audent dicere hominem iustum in hac vita habere nullum omnino peccatum, et in talibus hominibus esse iam in praesenti tempore ecclesiam, non habentem maculam aut rugam. * chrysostomus in matth.. ° quoniam vero fidelibus haec oratio convenit, et leges ecclesiae |25| docent, et orationis principium, quod docet deum patrem vocare. qui ergo fidelibus iubet remissionem peccatorum petere, demonstrat quod post baptismum contingit peccata dimitti, contra novatianos. * cyprianus de orat. domin.. ° qui ergo pro peccatis nos orare docuit, paternam misericordiam promisit; sed plane addidit legem, certa conditione nos constringens, ut sic nobis debitum dimitti postulemus, secundum quod et ipsi debitoribus nostris dimittimus; et hoc est quod dicit sicut et nos dimittimus debitoribus nostris. * gregorius moralium. ° ut profecto bonum, quod a deo compuncti petimus, hoc primum proximo conversi faciamus. * augustinus de serm. dom.. ° hoc non de pecunia dicitur, sed de omnibus quae in nos quisque peccat ac per hoc etiam de pecunia: peccat namque in te qui pecuniam tibi debitam, cum habeat unde reddere, non reddit; quod peccatum si non dimiseris, non poteris dicere dimitte nobis debita nostra, sicut et nos dimittimus debitoribus nostris. * chrysostomus |50| super matth.. ° cum qua ergo spe orat qui inimicitiam servat adversus alterum, a quo forsitan laesus est? sicut enim ipse orans mentitur, dicit enim: remitto, et non remittit, sic a deo petit indulgentiam, et non illi indulgetur. sed multi nolentes dare veniam peccantibus in se, fugiunt istam orationem orare. stulti. primo, quia qui non sic orat ut docuit christus, non est christi discipulus; secundo, quia nec pater libenter exaudit orationem quam filius non dictaverit: cognoscit enim pater filii sui sensus et verba, neque suscipit quae usurpatio humana excogitavit, sed quae sapientia christi exposuit. * augustinus enchir.. ° tamen quia hoc tam magnum bonum, scilicet dimittere debita et diligere inimicos, tantae multitudinis non est quantam credimus exaudiri cum in oratione dicitur dimitte nobis debita nostra, sicut et nos dimittimus debitoribus nostris; procul dubio verba sponsionis huius implentur, si homo nondum ita proficit ut diligat inimicum; tamen quando rogatur ab homine qui peccavit |75| in eum ut ei dimittat, dimittit ex corde, qui etiam sibi roganti utique vult dimitti. iam vero qui eum in quem peccavit, rogat, si peccato suo movetur ut roget, non adhuc reputandus inimicus, ut eum diligere sit difficile, sicut difficile erat quando inimicitias exercebat.

lc9 * Chrysostomus super matth.. ° quia multa magnifica supra mandavit hominibus, ut deum patrem suum dicant, ut regnum dei petant venire, ideo nunc additur humilitatis doctrina, cum dicitur et ne nos inducas in tentationem. * augustinus de serm. dom.. ° nonnulli codices habent et ne nos inferas in tentationem, quod tantumdem valere arbitror: nam ex uno graeco verbo isenenkis, utrumque est translatum. multi autem interpretando ita dicunt: ne nos patiaris induci in tentationem, exponentes quomodo dictum sit inducas. nec enim per seipsum inducit deus, sed induci patitur eum quem suo auxilio deseruerit. * cyprianus de orat. domin.. ° qua in parte ostenditur, contra nos nihil adversarium posse, nisi deus ante permiserit: ut omnis timor noster et devotio convertatur ad deum * augustinus. ° aliud est autem induci in tentationem, aliud tentari: nam sine tentatione probatus esse nemo potest, sive sibi ipsi, |25| sive alii; deo autem ante omnes tentationes quisque notissimus est. non ergo hic oratur ut non tentemur, sed ut non inferamur in tentationem; tamquam si quispiam cui necesse est igne examinari, non orat ut igne non contingatur, sed ut non exuratur. inducimur enim, si tales inciderint quas ferre non possumus. * augustinus ad probam. ° cum ergo dicimus ne nos inducas in tentationem, nos admonemur hoc petere, ne deserti eius adiutorio, alicui tentationi vel consentiamus decepti vel cedamus afflicti. * cyprianus de orat. domin.. ° in quo admonemur infirmitatis et imbecillitatis nostrae, ne quis se insolenter extollat: ut dum procedit humilis et submissa confessio, et datur totum deo quicquid suppliciter petitur, ipsius pietate praestetur. * augustinus de bono persev.. ° cum autem sancti petunt ne nos inferas in tentationem, quid aliud quam ut in sanctitate perseverent orant? hoc autem sibi concesso (quod esse de dei dono, cum ab illo poscitur, demonstratur), nemo sanctorum non tenet usque in finem |50| perseverantiam sanctitatis; neque enim quisquam in proposito christiano perseverare desistit, nisi in tentationem primitus inferatur. ideo ergo petimus ne inferamur in tentationem, ut hoc non fiat; et si non fit, deus non permittit ut fiat: nihil enim fit, nisi quod aut ipse facit, aut fieri permittit. potens est ergo a malo in bonum flectere voluntates, et lapsum convertere, ac dirigere in sibi placitum gressum, cui non frustra dicitur ne nos inferas in tentationem: nam qui in tentationem suae malae voluntatis non infertur, in nullam prorsus infertur: unusquisque enim tentatur a concupiscentia sua. voluit ergo deus a se posci ne inferamur in tentationem, quod poterat nobis et non orantibus dari, quia voluit nos admoneri, a quo beneficia accipiamus. attendat ergo ecclesia quotidianas orationes suas: orat ut increduli credant; deus ergo convertit ad fidem; orat ut credentes perseverent; deus ergo dat perseverantiam usque in finem.

lc10 * Augustinus de serm. dom.. ° orandum est, non solum ut non inducamur in malum quo caremus, sed ab illo etiam liberemur in quo iam inducti sumus; et ideo sequitur sed libera nos a malo. * chrysostomus in matth.. ° vel malum hic diabolum vocat, propter excellentiam malitiae, non quae ex natura est, sed quae ex electione. et quia ad nos implacabile bellum habet, propter hoc dixit libera nos a malo. * cyprianus de orat. domin.. ° post omnia quidem supradicta, in consummatione orationis venit clausula universas preces nostras collecta brevitate concludens: nihil enim remanet quod ultra adhuc debeat postulari, cum semel protectionem dei adversus malum petamus, qua impetrata, contra omnia quae diabolus et mundus operatur, securi sumus. quis enim de saeculo metus est, cuius in saeculo deus tutor est? * augustinus ad probam. ° et hoc ultimum quod in oratione dominica positum est, tam late patet, ut homo christianus in qualibet tribulatione |25| constitutus, in hoc gemitus edat, et in hoc lacrymas fundat, hinc exordiatur, in hoc terminet orationem; unde sequitur amen, quo desiderium orantis exprimitur. * hieronymus. ° amen enim, quod in fine constat scriptum, signaculum est dominicae orationis; quod aquila interpretatus est fideliter, quod nos vere possumus dicere. * cyprianus de orat. domin.. ° quid mirum, si talis oratio est quam deus docuit, qui magisterio suo omnem precem nostram salutari sermone breviavit? hinc per isaiam fuerat ante praedictum: sermonem breviatum faciet deus super terram. nam cum dominus iesus christus omnibus venerit, ut colligeret doctos pariter atque indoctos, omni sexui atque aetati praecepta salutis ediderit, praeceptorum suorum fecit grande compendium, ut in disciplina caelesti discentium memoria non laboraret, sed quod esset simplici fidei necessarium, velociter disceret. * augustinus ad probam. ° quaelibet autem alia verba dicamus, quae affectus orantis vel praecedendo |50| format ut clareat, vel consequendo accendit ut crescat, nil aliud dicimus quam quod in ista oratione dominica positum est, si recte et congruenter oramus. qui enim dicit: clarificare in omnibus gentibus sicut clarificatus es in nobis. quid aliud dicit quam sanctificetur nomen tuum? qui dicit: ostende faciem tuam, et salvi erimus, quid aliud dicit quam adveniat regnum tuum? qui dicit: gressus meos dirige secundum eloquium tuum, quid aliud dicit quam fiat voluntas tua? qui dicit: paupertatem et divitias ne dederis mihi, quid aliud dicit quam panem nostrum quotidianum da nobis hodie? qui dicit: memento, domine, david, et omnis mansuetudinis eius, et: si reddidi retribuentibus mihi mala, quid aliud dicit quam dimitte nobis debita nostra, sicut et nos dimittimus debitoribus nostris? qui dicit: aufer a me concupiscentias ventris, quid aliud dicit quam ne nos inducas in tentationem? qui dicit: erue me ab inimicis meis, |75| deus meus, quid aliud dicit quam libera nos a malo? et si per omnia precationum sanctarum verba discurras, nihil invenies quod in ista oratione dominica non contineatur. quisquis autem id dicit quod ad evangelicam istam precem pertinere non possit, carnaliter orat; quod nescio quomodo non dicatur illicite quando renatos dominus, non nisi spiritualiter docet orare. qui autem dicit in oratione: domine, multiplica divitias meas, et honores meos auge, et hoc dicit eorum habens concupiscentiam, non id attendens ut ex his secundum deum prosit hominibus, puto eum non invenire in oratione dominica quo possit haec vota aptare. quamobrem pudeat saltem petere quod non pudet cupere. aut si et hoc pudet, et cupiditas vicit, melius hoc petetur ut etiam ab isto cupiditatis malo liberet cui dicimus libera nos a malo. * augustinus de serm. dom.. ° videtur etiam iste numerus petitionum septenario beatitudinum congruere. si enim timor dei est quo beati fiunt pauperes spiritu, |100| quoniam ipsorum est regnum caelorum, petamus ut sanctificetur in hominibus nomen dei, timore casto permanente in saecula saeculorum. si pietas est qua beati sunt mites, petamus ut veniat regnum eius, ut mitescamus, nec ei resistamus. si scientia est qua beati sunt qui lugent, oremus ut fiat voluntas eius sicut in caelo et in terra: quia si corpus tamquam terra cum spiritu tamquam caelo consenserit, non lugebimus. si fortitudo est qua beati sunt qui esuriunt, oremus ut panis noster quotidianus detur nobis hodie, quo ad plenissimam saturitatem venire possimus. si consilium est quo beati sunt misericordes, quoniam ipsorum miserebitur, dimittamus debita, ut nobis nostra debita dimittantur. si intellectus est quo beati sunt mundo corde, oremus non induci in tentationem, ne habeamus duplex cor, temporalia et terrena sectando, de quibus tentationes fiunt in nobis. si sapientia est qua beati sunt pacifici, quoniam filii dei vocabuntur, oremus ut liberemur a malo: ipsa enim liberatio liberos nos faciet filios dei. * chrysostomus |125| in matth.. ° quia vero sollicitos nos fecerat inimici memoria in hoc quod dixerat libera nos a malo, rursus audaciam praebet per hoc quod in quibusdam libris subditur quoniam tuum est regnum et virtus et gloria: quia si eius est regnum, nullum formidare oportet, cum et qui praeliatur contra nos, sit ei subiectus. cum autem virtus eius et gloria sint infinita, non solum a malis eruere potest, sed etiam facere gloriosum. * chrysostomus super matth.. ° haec etiam ad praecedentia pertinent: quod enim dicit tuum est regnum, respondet ad illud quod dixerat adveniat regnum tuum, ne aliquis dicat: ergo deus non habet regnum in terra. quod autem dicit et virtus, respondet ad id quod dixerat fiat voluntas tua sicut in caelo et in terra; ne aliquis dicat, quod deus non potest facere quod vult. quod vero dicit et gloria, respondet ad omnia quae sequuntur, in quibus gloria dei apparet.

lc11 * Rabanus. ° per hoc quod dominus dixerat amen significat indubitanter illis a domino conferri omnia quae rite postulant, qui conditionis additae servare pactum non negligunt; unde subditur si enim dimiseritis hominibus peccata eorum, dimittet et vobis pater vester caelestis delicta vestra. * augustinus de serm. dom.. ° ubi non est praetereundum, quod ex omnibus his sententiis, quibus nos dominus orare praecepit, eam potissimum commendandam esse iudicavit quae pertinet ad remissionem peccatorum, in qua nos misericordes esse voluit; quod est unum consilium miserias evadendi. * chrysostomus super matth.. ° non autem dixit, ut prius nobis deus dimittat, et postea nos debitoribus nostris, scit enim dominus homines esse mendaces, quoniam etsi acceperint remissionem peccati sui, ipsi suis debitoribus non dimittunt: ideo sic dicitur, ut prius dimittamus, postea petamus dimissionem. * augustinus enchir.. ° quisquis |25| autem roganti et peccati sui poenitenti ex corde non dimittit, nullo modo aestimet a domino sua peccata dimitti: et ideo subdit si autem non dimiseritis hominibus, nec pater vester dimittet vobis peccata vestra. * cyprianus de orat. domin.. ° excusatio enim tibi nulla est in die iudicii, cum secundum tuam sententiam iudiceris, et quod feceris, hoc patiaris. * hieronymus. ° si autem hoc quod scriptum est: ego dixi: dii estis; vos autem sicut homines moriemini, ad eos dicitur qui propter peccata homines ex diis esse meruerunt, recte ergo et hi quibus peccata dimittuntur, homines appellati sunt. * chrysostomus in matth.. ° ideo autem caelorum et patris meminit, ut ex hoc provocet auditorem: nihil enim ita te deo assimilat, sicut iniuriam tibi facientibus ignoscere. inconveniens est autem, si talis patris filius existens, servilis efficitur; et ad caelum vocatus, terrenum quemdam et vitae huius proprium habet sensum.

lc12 * Chrysostomus super matth.. ° quia oratio illa iam fortis est, quae fit in spiritu humili et corde contrito; qui autem deliciis fruitur, spiritum humilem et cor contritum habere non potest; manifestum est quoniam oratio sine ieiunio gracilis est et infirma: et ideo quicumque pro aliqua necessitate voluerunt orare, ieiunium adiutorium est orationis. unde consequenter dominus, post doctrinam de oratione, subiungit doctrinam de ieiunio dicens cum autem ieiunatis, nolite fieri sicut hypocritae tristes. sciebat enim dominus gloriam vanam ex omni bono procedere; ideo spinam vanae gloriae, quae nascitur in terra bona, iubet praecidere, ne suffocet ieiunii fructum. non autem potest fieri ut non sentiatur qui ieiunat; sed melius est ut ieiunium te ostendat, quam tu ieiunium. non autem potest fieri ut sit hilaris qui ieiunat; ideo non dixit: nolite esse tristes; sed nolite fieri tristes: qui enim per imposturas aliquas pallentes apparent, illi non sunt |25| tristes, sed fiunt; qui autem naturaliter propter assiduum ieiunium tristis est, non fit tristis, sed vere est; unde subdit exterminant enim facies suas, ut appareant hominibus ieiunantes. * hieronymus. ° verbum exterminant, quod in ecclesiasticis scripturis vitio interpretum tritum est, aliud multo significat quam vulgo intelligitur. exterminantur quippe exules, qui mittuntur extra terminos. pro hoc ergo sermone, demoliuntur semper accipere debemus, quod graece dicitur aphanizousi. demolitur autem hypocrita faciem suam, ut tristitiam simulet, et animo forte laetante luctum gestat in vultu. * gregorius moralium. ° nam ora pallescunt, corpus debilitate quatitur, pectus interrumpentibus suspiriis urgetur, nihilque tanto labore aliud nisi aestimatio humana cogitatur. leo papa in serm. 3 de epiph.. non sunt autem casta ieiunia quae non de ratione veniunt continentiae, sed de arte fallaciae. * chrysostomus super matth.. ° si ergo qui ieiunat et tristem se facit, hypocrita est, quanto magis iniquior est qui non ieiunat, |50| sed argumentis quibusdam in facie sua pingit venalem pallorem, quasi ieiunii signum? * augustinus de serm. dom.. ° in hoc autem capitulo maxime advertendum est, non in solo rerum corporearum nitore atque pompa, sed etiam in ipsis sordibus luctuosis esse posse iactantiam, et eo periculosiorem, quo sub nomine servitutis dei decipit. qui ergo immoderato cultu corporis atque vestitus vel ceterarum rerum nitore fulget, facile convincitur rebus ipsis pomparum saeculi esse sectator, nec quemquam fallit dolosa imagine sanctitatis; qui autem in professione christianitatis inusitato squalore ac sordibus intentos in se hominum oculos facit, cum id voluntate faciat, non necessitate patiatur, ex ceteris eius operibus potest cognosci utrum hoc contemptu superflui cultus, an ambitione aliqua faciat. * remigius. ° fructus autem ieiunii hypocritarum manifestatur cum subinfertur ut pareant hominibus ieiunantes. amen dico vobis, receperunt mercedem suam, idest quam desideraverunt.

lc13 * Glossa. ° docuit dominus quid non est faciendum; modo docet quid est faciendum, dicens tu autem cum ieiunas, unge caput tuum et faciem tuam lava. * augustinus de serm. dom.. ° quaeri autem solet quid sit quod hic dicitur: non enim quisquam recte praeceperit (quamvis faciem quotidiana consuetudine lavemus), unctis quoque capitibus, cum ieiunamus, nos esse debere; quod turpissimum omnes fatentur. * chrysostomus super matth.. ° item si ideo iubet nos non fieri tristes, ne per tristitiam appareamus hominibus ieiunare; si unctio capitis et lavatio faciei a ieiunantibus semper serventur; nihilominus erunt signa ieiunii. * hieronymus. ° sed loquitur iuxta ritum provinciae palaestinae, ubi diebus festis solent ungere capita. praecipit ergo ut quando ieiunamus, laetos et festivos nos esse monstremus. * chrysostomus super matth.. ° simplex ergo interpretatio huius est, quoniam per aggregationem intelligenda sunt ista sicut |25| cetera ante dicta, tamquam si dicat: sic longe te facere debes ab ostentatione ieiunii tui, ut, si posset fieri (quod tamen non docet), ea etiam facias quae ex diverso luxuriae et epulationis videntur esse indicia; unde sequitur ne videaris hominibus ieiunans. * chrysostomus in matth.. ° in eleemosyna quidem non simpliciter hoc posuit; sed dixit eleemosynam non esse faciendam coram hominibus apponens ut videremur ab eis; in ieiunio autem et oratione nihil tale addidit: quoniam eleemosynam quidem impossibile est omnino latere, orationem autem et ieiunium possibile est. non parvus autem fructus est humanam gloriam contemnere: per hoc enim aliquis a gravi hominum servitute liberatur, et proprie virtutis operator efficitur, eam amans non propter alios, sed propter seipsam. sicut enim nos contumeliam aestimamus, cum non propter nos, sed propter alios diligimur, ita nec virtutem oportet propter alios sequi, nec deo propter homines obedire, sed propter seipsum. ideo sequitur sed patri tuo, |50| qui est in abscondito. * glossa. ° idest, patri tuo caelesti qui est invisibilis, vel qui habitat in corde per fidem; deo autem ieiunat qui pro eius amore se macerat, et quod sibi subtrahit, alteri largitur. et pater tuus, qui videt in abscondito, reddet tibi. * remigius. ° sufficit enim tibi ut qui est inspector conscientiae, sit et remunerator. * chrysostomus super matth.. ° spiritualiter autem facies animae conscientia intelligitur. sicut enim in conspectu hominum gratiosa est facies pulchra, sic in oculis dei speciosa est munda conscientia. has facies hypocritae, qui propter homines ieiunant, exterminant, fallere volentes deum et homines: nam semper vulnerata est conscientia eius qui peccat. si ergo abstuleris nequitiam ab anima tua, lavasti conscientiam tuam, et bene ieiunas. * leo papa in serm. 6 de quadrag.. ° impleri enim debet ieiunium, non ciborum tantummodo parcitate, sed maxime privatione vitiorum. nam cum ob hoc castigatio ista sumatur, ut carnalium |75| desideriorum fomites subtrahantur, nullum magis sectandum est conscientiae genus quam ut semper simus ab iniusta voluntate sobrii, et ab inhonesta actione ieiuni; quae devotio non secernit invalidos, quia etiam in languido corpore potest animae integritas reperiri. * chrysostomus super matth.. ° spiritualiter autem caput tuum christus est. sitientem pota, esurientem ciba; et sic oleo misericordiae unxisti caput tuum, idest christum, qui clamat in evangelio: quod uni ex minimis meis fecistis, mihi fecistis. * gregorius in evang.. ° illud enim ieiunium deus approbat quod ante oculos eius manus eleemosynarum lavat. hoc ergo quod tibi subtrahis, alteri largire; ut unde tua caro affligitur, inde egentis proximi caro reparetur. * augustinus de serm. dom.. ° vel caput recte accipimus rationem, quia in anima praeeminet, et cetera hominis membra regit. ungere ergo caput ad laetitiam pertinet. interius ergo gaudeat de ieiunio suo qui ieiunando se avertit a voluntate |100| saeculi, ut sit subditus christo. * glossa. ° ecce non omnino in novo testamento ad litteram accipiuntur. ridiculum enim est in ieiunio oleo delibari; sed spiritu amoris eius, cuius passionibus debemus participare, nos macerando, mens debet inungi. * chrysostomus super matth.. ° proprie autem debet faciem quidem lavare; caput autem non lavare, sed ungere. quamdiu enim sumus in corpore, conscientia nostra sordida est in peccatis. caput autem nostrum, christus, peccatum non fecit.

lc14 * Chrysostomus in matth.. ° postquam vanae gloriae expulit aegritudinem, optime iam sermonem de contemptu divitiarum inducit. nihil enim ita pecunias concupiscere facit ut gloriae cupido: propter hoc namque famulorum greges et auro opertos equos et argenteas mensas expetunt homines, non ut utilitatem aut voluptatem impleant, sed ut multis ostendantur; et hoc est quod dicit nolite thesaurizare vobis thesauros in terra. * augustinus de serm. dom.. ° si enim eo corde quisque operetur aliquid ut terrenum commodum adipiscatur, quomodo erit cor mundum quod in terra volutatur? sordescit enim aliquid cum inferiori miscetur naturae, quamvis in suo genere non sordidetur, quia etiam de puro argento sordidatur aurum si misceatur: ita et animus noster terrenorum cupiditate sordescit, quamvis terra in suo ordine munda sit. * chrysostomus super matth.. ° vel aliter. quia supra dominus nihil de eleemosyna, vel |25| oratione, vel ieiunio docuerat, sed simulationem eorum compescuit tantum, nunc secundum tria praedicta, tres consequentias introducit doctrinae: quarum prima pertinet ad eleemosynam, quae est haec: nolite thesaurizare vobis thesauros in terra, ubi primo dat consilium ut eleemosyna fiat; ut sit ordo narrationis talis: cum facis eleemosynam, noli tuba canere ante te; et postea subsequitur: nolite thesaurizare vobis thesauros in terra; secundo ostendit quae sit utilitas in eleemosyna facienda; tertio ut neque timor inopiae accidentis impediat voluntatem eleemosynae faciendae. * chrysostomus in matth.. ° dicens autem nolite thesaurizare vobis thesauros in terra, subdit ubi aerugo et tinea demolitur: ut demonstret thesauri qui est hic, nocumentum, et eius qui est in caelo, utilitatem, et a loco, et ab his quae nocent; quasi dicat: quid formidas ne pecuniae consumantur, si eleemosynam dederis? itaque da eleemosynam, et additionem accipient: etenim quae in caelis sunt apponentur; quod si |50| non dederis, pereunt. et non dixit: aliis derelinquis, quoniam hoc delectabile est hominibus. * rabanus. ° tria autem ponit, secundum tres diversitates divitiarum. metalla aerugine, vestes tinea demoliuntur; sunt autem alia quae neque aeruginem neque tineam timent, sicut lapides pretiosi; et ideo ponit generale detrimentum, scilicet fures, qui omnes divitias rapere possunt. * chrysostomus super matth.. ° alia littera habet: ubi tinea et commestura exterminant. omnia enim bona mundi triplex tollit interitus. aut enim a semetipsis veterascunt et tineant, sicut vestimenta; aut ab ipsis dominis luxuriose viventibus comeduntur; aut ab extraneis vel dolo, vel vi, vel calumniis, vel alio iniquo modo diripiuntur: qui omnes fures dicuntur, quia per iniquitatem festinant aliena facere sua. sed dices: numquid omnes haec qui habent, perdent ea? interim quidem dicam, quia etsi non omnes perdunt, tamen multi perdunt. vere autem et male servatas divitias, etsi non corporaliter, spiritualiter |75| tamen perdidisti: quia non proficiunt tibi ad usum salutis. * rabanus. ° allegorice autem aerugo significat superbiam, quae decorem virtutum obscurat. tinea, quae vestes latenter rodit, invidia est, quae bonum studium lacerat, et per hoc compactionem unitatis dissipat. fures sunt haeretici et daemones, qui semper ad hoc sunt intenti ut spiritualibus spolient. * hilarius in matth.. ° ceterum laus caelestis aeterna est, nec furto surrepenti subtrahenda, nec tinea et rubigine invidiae excidenda; et ideo sequitur thesaurizate autem vobis thesauros in caelis, ubi neque aerugo neque tinea demolitur, et ubi fures non effodiunt neque furantur. * augustinus de serm. dom.. ° caelum autem hoc loco non corporeum acceperim, quia omne corpus pro terra habendum est. totum enim mundum debet contemnere qui sibi thesaurizat in illo caelo de quo dictum est: caelum caeli domino idest in firmamento spirituali. caelum enim et terra transibunt; non autem in eo quod transit collocare debemus |100| thesaurum nostrum, sed in eo quod semper manet. * chrysostomus super matth.. ° quid ergo melius est, an in terra reponere, ubi incertus est conservationis eventus, an in caelo, ubi est certa custodia? quae autem stultitia est illic relinquere unde exiturus es, et illuc non praemittere quo iturus es? illic ergo substantiam tuam colloca ubi patriam habes. * chrysostomus in matth.. ° quia tamen non omnis terrenus thesaurus aerugine aut tinea destruitur, aut per fures aufertur, ideo aliud inducit dicens ubi est thesaurus tuus, ibi est et cor tuum; ac si dicat: etsi nihil priorum veniat, non parvam sustinebis iacturam inferioribus affixus, et eorum servus factus, et a caelestibus cadens, et nihil excelsorum cogitare potens. * hieronymus. ° hoc autem non solum de pecunia, sed de cunctis possessionibus sentiendum est. gulosi enim deus venter est; lascivi thesaurus sunt lubrica; amatoris libido. hinc fuerit unusquisque a quo vincitur. ibi ergo habet cor, ubi et thesaurum. |125| * chrysostomus super matth.. ° vel aliter. ponit nunc quae sit utilitas in eleemosyna facienda. qui enim collocat thesauros in terra, non habet quid speret in caelo. ut quid ergo aspiciat in caelum, ubi nihil repositum habet? unde dupliciter peccat: primo, quia mala congregat; secundo, quia cor habet in terra; et ex contrariis causis dupliciter bene facit qui thesaurizat in caelo.

lc15 * Chrysostomus in matth.. ° postquam fecit mentionem de intellectu in servitutem redacto et captivato, quia hoc non multis facile cognoscibile erat, ad exteriorem doctrinam transponit dicens lucerna corporis tui est oculus tuus; ac si dicat: si non nosti quid est iactura intellectus, a corporalibus hoc disce: quod enim est oculus corpori, hoc est intellectus animae. sicut ergo oculis orbatis multum operationis reliquorum membrorum amittitur, lumine eis extincto, ita et mente corrupta, multis malis vita tua impletur. * hieronymus. ° hoc ergo totum transfert ad sensum: quomodo enim corpus totum est in tenebris, si oculus non fuerit simplex, ita si anima principalem fulgorem suum perdiderit, universus sensus, vel sensualis pars animae in caligine commorabitur: unde dicitur si ergo lumen quod in te est, tenebrae sint, ipsae tenebrae quantae erunt? idest, si sensus, qui lumen est animae, vitio caligatur, ipsa putas caligo |25| quibus tenebris obvolvetur? * chrysostomus super matth.. ° videtur autem quod non de corporali oculo hic loquatur, nec de hoc corpore quod videtur deforis; alioquin dixisset: si oculus tuus sanus fuerit aut infirmus; nunc autem dicit simplex et nequam. si autem benignum oculum habet et infirmum, numquid corpus eius in lumine est? aut si malignum et sanum, numquid corpus eius in tenebris est? * hieronymus. ° sed solent lippientes lucernas videre numerosas; simplex autem oculus et purus simplicia intuetur et pura. * chrysostomus super matth.. ° vel dicitur oculus non a foris sed ab intus. lucerna enim est mens, per quam anima videt deum. qui ergo cor habet ad deum, illius oculus lucidus est; idest illius mens munda est, non terrenis concupiscentiis sordidata. tenebrae autem in nobis sunt sensus carnales, qui semper desiderant quae sunt tenebrarum. qui ergo habet oculum mundum, idest mentem spiritualem, corpus suum servat lucidum, |50| idest sine peccato: etsi enim caro desiderat mala, virtute tamen divini timoris repercutit eam. qui autem habet oculum, idest mentem, aut malignitate tenebrosam, aut concupiscentia turbulentam, tenebrosum possidet corpus: non enim resistit carni quando concupiscit perversa, quia non habet spem in caelo, quae praestat nobis virtutem ut concupiscentiis resistamus. * hilarius in matth.. ° vel aliter. de officio luminis oculi, lumen cordis expressit: quod si simplex et lucidum manebit, claritatem aeterni luminis corpori tribuet, et splendorem originis suae corruptioni carnis infundet, scilicet in resurrectione; si autem obscurum peccatis et voluntate erit nequam, vitiis mentis natura corporis subiacebit. * augustinus de serm. dom.. ° vel aliter. oculum hic accipere debemus intentionem nostram; quae si munda fuerit et recta, omnia opera nostra, quae secundum eam operamur, bona sunt: quae quidem omnia totum corpus appellavit, quia et apostolus membra nostra dicit quaedam opera, ubi |75| ait: mortificate membra vestra, fornicationem et immunditiam. non ergo quid quisque faciat, sed quo animo faciat considerandum est. hoc est enim lumen in nobis, quia hoc nobis manifestum est bono animo nos facere quod facimus. omne enim quod manifestatur, lumen est. ipsa vero facta, quae ad hominum societatem procedunt, incertum nobis habent exitum; et ideo tenebras eas vocavit: non enim novi cum pecuniam porrigo indigenti, quid sit inde facturus. si ergo ipsa cordis intentio, quae tibi nota est, sordidatur appetitu temporalium rerum, magis ipsum factum, cuius incertus est exitus, sordidum erit; quia etsi bene alicui proveniat quod tu non recta intentione facis, quomodo tu feceris imputabitur tibi, non quomodo illi provenerit. si autem simplici intentione, idest fine caritatis, opera nostra fiant, tunc munda sunt, et placent in conspectu dei. * augustinus contra mendacium. ° sed ea quae constat esse peccata, nulla velut bona intentione facienda sunt: ea quippe |100| opera hominum si causas habuerint bonas vel malas, nunc sunt bona nunc mala, quae non sunt per seipsa peccata; sicut victum praebere pauperibus bonum est, si fiat misericordiae causa; malum autem si fiat causa iactantiae. cum vero opera ipsa peccata sunt, ut furta, stupra et huiusmodi, quis dicat causis bonis esse facienda, vel peccata non esse? quis dicat: furemur divitibus, ut habeamus quid demus pauperibus? * gregorius moralium. ° vel aliter. si lumen quod in te est, idest, si hoc quod nos bene agere coepimus, ex mala intentione offuscamus, ipsa quae mala esse non ignoramus, etiam cum facimus, quantae tenebrae sunt? * remigius. ° vel aliter. fides lucernae assimilatur, quia per eam egressus interioris hominis, idest actio, illuminatur ne offendat: secundum illud ps. 118, 105: lucerna pedibus meis verbum tuum; quae si fuerit munda et simplex, totum corpus lucidum erit; si vero sordida, totum corpus erit tenebrosum. vel aliter. per lucernam intelligitur rector ecclesiae, qui bene oculus dicitur, quia |125| salutaria plebi subiectae providere debet, quae per corpus intelligitur. si ergo rector ecclesiae erraverit, quanto magis errabit populus ei subiectus?

lc16 * Chrysostomus super matth.. ° superius dixerat dominus, quod qui habet mentem spiritalem, ille potest corpus suum servare sine peccato; qui autem non habet, non potest; cuius rationem subiungit, dicens nemo potest duobus dominis servire. * glossa. ° vel aliter. quia dictum est supra quod propter intentionem temporalium, bona mala fiunt; unde posset aliquis dicere: ego faciam bona et propter temporalia et propter caelestia. contra quod dominus ait nemo potest duobus dominis servire. * chrysostomus in matth.. ° vel aliter. in anterioribus, avaritiae compressit tyrannidem per multa et magna; sed adhuc alia apponit ampliora. non enim in hoc solum nobis nocent divitiae quod latrones adversus nos armant, et quod intellectum obtenebrant; sed etiam a servitute dei nos expellunt. et hoc probat a communibus conceptionibus, dicens nemo potest duobus dominis servire; duos autem dicit qui contraria iniungunt: concordia enim |25| multos unum facit: quod ostenditur per hoc quod subdit aut enim unum odio habebit. ideo autem duo ponit, ut monstret facilem esse transmutationem ad melius. si enim dicas: servus factus sum pecuniarum, amando scilicet eas, monstrat quod possibile est aliud venire; scilicet non sustinendo servitutem, sed contemnendo. * glossa. ° vel duo tangere videtur servientium genera. quidam enim serviunt liberaliter ex amore, quidam serviliter ex timore. si ergo aliquis ex amore serviat uni contrariorum dominorum, necesse est ut alterum odio habeat; si vero ex timore serviat, necesse est ut dum unum sustinet, alterum contemnat. res autem terrena, vel deus, si in corde hominis dominetur, ad contraria ex utroque trahitur homo: nam deus trahit ad superiora sibi servientem, res vero terrena ad inferiora; et ideo quasi concludens subdit non potestis deo servire et mammonae. * hieronymus. ° mammona sermone syriaco divitiae nuncupantur. audiat ergo hoc avarus, qui censetur vocabulo christiano, |50| non posse se simul divitiis christoque servire. et tamen non dixit: qui habet divitias; sed: qui servit divitiis. qui enim divitiarum servus est, divitias custodit ut servus; qui autem servitutis excussit iugum, distribuit eas ut dominus. * glossa. ° per mammonam etiam intelligitur diabolus, qui praeest divitiis; non quod possit eas dare, nisi quando deus permittit; sed quia per eas homines fallit. * augustinus de serm. dom.. ° qui enim servit mammonae, idest divitiis, illi utique servit qui rebus istis terrenis merito suae perversitatis praepositus, princeps huius saeculi a domino dicitur. vel aliter. qui sint duo domini, ostendit cum dicitur non potestis deo servire et mammonae, scilicet deo et diabolo. aut ergo hunc odio habebit homo, et alterum diliget, idest deum; aut alterum patietur, et alterum contemnet. patitur enim durum dominum quisquis servit mammonae: sua enim cupiditate implicatus subditur diabolo, et non eum diligit. sicut qui ancillae alienae coniunctus est propter concupiscentiam, |75| duram patitur servitutem, etsi non diligat eum cuius ancillam diligit. dixit autem alterum contemnet, non: odio habebit; nullus enim vera conscientia deum potest odisse. contemnit autem, idest non timet eum, cum quasi de eius bonitate securus est.

lc17 * Augustinus de serm. dom.. ° quia superius docuerat dominus, quod quisquis vult diligere deum, et cavere ne offendat, non se arbitretur duobus dominis posse servire, ne forte quamvis iam superflua non quaerantur propter ipsa tamen necessaria cor duplicetur, et ad ea deflectenda torqueatur intentio, subiungit dicens ideo dico vobis: ne solliciti sitis animae vestrae quid manducetis, neque corpori vestro quid induamini. * chrysostomus in matth.. ° non hoc dicit, quod anima cibo indigeat, incorporea est enim; sed secundum communem locutus est consuetudinem: aliter enim non potest morari in corpore, nisi eo cibato. * augustinus. ° vel animam in hoc loco pro animali vita positam noverimus. * hieronymus. ° in nonnullis codicibus additum est neque quid bibatis. ergo quod omnibus natura tribuit, et iumentis et bestiis hominibusque commune est, huius cura non penitus liberamur; sed praecipitur nobis ne solliciti simus quid manducemus: quia |25| in sudore vultus praeparamus nobis panem: labor exercendus est, sollicitudo tollenda. quod autem hic dicitur, ne solliciti sitis, de carnali cibo et vestimento accipiamus; ceterum de spiritualibus cibis et vestimentis spiritus debemus esse solliciti. * augustinus de haeres.. ° dicuntur autem euchitae quidam haeretici, opinantes monacho non licere, sustentandae vitae suae causa, aliquid operari, atque ita seipsos profiteri ut omnino ab operibus vacent. * augustinus de opere monach.. ° inquiunt enim: non de hoc opere corporali, in quo vel agricolae vel opifices laborant, praecepit apostolus cum dixit: qui non vult operari, non manducet. neque enim evangelio potuit esse contrarius, ubi ait dominus: ideo dico vobis: ne solliciti sitis. in verbo ergo apostoli praedicto spiritualia opera debemus accipere, de quibus alibi dicitur: ego plantavi, apollo rigavit. et ita se arbitrantur apostolicae obtemperare sententiae, cum evangelium credunt de non curanda corporali vitae huius indigentia praecepisse, |50| et apostolum de opere et cibo spiritali dixisse: qui non vult operari, non manducet. prius ergo demonstremus apostolum opera corporalia servos dei operari voluisse. praemiserat enim dicens: ipsi scitis quomodo oporteat nos imitari; quia non inquieti fuimus inter vos neque panem ab aliquo gratis manducavimus; sed in labore et fatigatione die ac nocte laborantes, ne quem vestrum gravaremus; non quia non habuimus potestatem, sed ut nosipsos formam daremus vobis, qua nos imitaremini. nam et cum essemus apud vos, hoc denuntiabamus vobis, quoniam si quis non vult operari, non manducet. quid ad hoc dici potest, quando exemplo suo docuit quid praeceperit, scilicet corporaliter operando? nam quod corporaliter operaretur, ostenditur in actibus, ubi dicitur quod mansit cum aquila et uxore eius priscilla, opus faciens apud illos: erant enim tabernaculorum artifices. et tamen apostolo, tamquam praedicatori evangelii, militi christi, plantatori vineae, pastori gregis, constituerat dominus ut |75| de evangelio viveret; qui tamen stipendium sibi debitum non exegit, ut se formam daret eis qui exigere indebita cupiebant. audiant ergo qui non habent hanc potestatem quam ille habebat, ut tantummodo spiritaliter operantes manducent panem a corporali labore gratuitum. si autem evangelistae sunt, si ministri altaris, si dispensatores sacramentorum, habent hanc potestatem, si saltem habebant aliquid in saeculo, quo facile sine opificio sustentarent hanc vitam, quod conversi ad deum indigentibus dispartiti sunt, et credenda est eorum infirmitas et ferenda. nec attendendum in quo loco hoc quod habebant impenderint, cum omnium christianorum sit una respublica. sed qui veniunt ad professionem servitutis dei ex vita rusticana, et ex opificum exercitio et plebeio labore, si quo minus operentur, excusari non possunt. nullo enim modo decet ut in ea vita ubi senatores fiunt laboriosi, ibi fiant opifices otiosi; et quo veniunt relictis deliciis suis qui fuerunt praediorum domini, ibi sint rustici delicati. |100| at cum dominus ait nolite solliciti esse, non hoc dicit ut ista non procurent, quantum necessitatis est, unde honeste poterunt; sed ut ista non intueantur, et propter ista faciant quicquid in evangelii praedicatione facere iubentur: eam namque intentionem paulo superius oculum vocaverat. * chrysostomus in matth.. ° vel potest aliter continuari: cum enim docuisset dominus pecuniam despicere, ne aliqui dicerent: qualiter poterimus vivere, si omnia proiecerimus? subiungit dicens ideoque dico vobis: ne solliciti sitis animae vestrae. * glossa. ° idest, cura temporali ne retrahamini ab aeternis. * hieronymus. ° praecipitur ergo nobis ne solliciti simus quid comedamus, quia in sudore vultus praeparamus nobis panem: ergo labor exercendus est, sollicitudo tollenda. * chrysostomus super matth.. ° non enim sollicitationibus spiritualibus, sed laboribus corporalibus acquirendus est panis, qui laborantibus pro praemio diligentiae, deo praestante, abundat, et negligentibus pro |125| poena, deo faciente, subducitur. confirmat autem spem nostram dominus; et primo de maiori ad minus descendit dicens nonne anima plus est quam esca, et corpus plus quam vestimentum? * hieronymus. ° qui maiora praestitit, utique et minora praestabit. * chrysostomus super matth.. ° nisi enim voluisset conservari quod erat, non creasset; quod autem sic creavit ut per escam servetur, necesse est ut det ei escam quamdiu vult esse quod fecit. * hilarius in matth.. vel aliter. quia corruptus circa futurorum curam infidelium sensus est, calumniantium quae in resurrectione corporum species sit futura, quae in substantia aeternitatis alimonia, ideo subsequenter dicitur ° nonne anima plus est quam esca? non enim patitur spem nostram futuri in resurrectione cibi et potus et vestitus sollicitudine demorari; ne tanto pretiosiora reddenti, corpus scilicet atque animam, contumelia in non efficiendis levioribus inferatur.

lc18 * Chrysostomus super matth.. ° postquam confirmavit spem nostram de maiore ad minus descendes, deinde confirmat de minori ad maius ascendens, cum dicit respicite volatilia caeli, quia non serunt neque metunt. * augustinus de opere monach.. ° quidam se dicunt propterea operari non debere, quia nec volucres caeli seminant neque metunt. cur ergo non attendunt quod sequitur neque congregant in horrea? cur ergo isti manus otiosas et plena repositoria volunt habere? cur denique molunt et coquunt? haec enim aves non faciunt. aut si reperiunt quibus hoc persuadeant, ut eis per singulos dies escas afferant praeparatas, saltem sibi de fontibus aquam afferunt et reponunt, quod volatilia non faciunt. sed si nec aqua sibi vasa coguntur implere, et iam illos qui tunc erant hierosolymae novo gradu iustitiae supergressi sunt, qui de misso sibi ex gratia frumento panem fecerunt, aut facere curaverunt; quod aves non faciunt. |25| non possunt autem ista servare, ut scilicet nihil in crastinum reponant, qui se per multos dies a conspectu hominum separatos, et nulli ad se praebentes accessum, includunt seipsos, viventes in magna intentione orationum. an forte quo sunt sanctiores, eo sunt volucribus dissimiliores? quod ergo dicit de volatilibus caeli, ad hoc dicit, ne quisquam putet deum servorum suorum necessaria non curare, cum eius providentia usque ad ista gubernanda perveniat. neque enim non ipse pascit eos qui manibus operantur; neque etiam quia deus dixit: invoca me in die tribulationis, et eruam te, non debuit fugere apostolus, sed expectare ut comprehenderetur, et eum deus sicut tres pueros, de mediis ignibus liberaret. sicut enim qui fugientibus sanctis huiusmodi quaestionem obiiceret, responderunt non se oportuisse tentare deum, sed tunc talia deum, si vellet, esse facturum, ut eos liberaret, sicut danielem a leonibus et petrum a vinculis, cum ipsi quid facerent non haberent; cum vero eis fugam |50| in potestatem dedisset, etiam si liberarentur per illam, non nisi ab ipso liberari: sic servis dei valentibus manibus suis victum transigere, si ex evangelio moverit quaestionem de volatilibus caeli, quae non seminant, neque metunt, facile respondebunt: si nos per aliquam infirmitatem vel occupationem non possumus operari, ille nos pascet sicut aves, quae nihil operantur. cum autem possumus, non debemus tentare deum, quia haec quae possumus, eius munere possumus; et cum hic vivimus, illo largiente vivimus qui largitus est ut possimus; et ille nos pascit a quo aves pascuntur, sicut dicitur et pater vester caelestis pascit illa. nonne vos magis pluris estis illis? * augustinus de serm. dom.. ° idest carius vos valetis; quia rationale animal, sicut est homo, sublimius ordinatur in rerum natura quam irrationalia, sicut sunt aves. * augustinus de civ. dei. ° plerumque tamen carius comparatur equus quam servus, et gemma quam famula, non ratione considerantis, sed necessitate |75| indigentis, seu voluptate cupientis. * chrysostomus super matth.. ° omnia enim animalia deus propter hominem fecit, hominem autem propter se; quanto ergo pretiosior est hominis creatio, tanto maior est dei sollicitudo de ipso. si ergo aves non laborantes inveniunt escas, homo non inveniet, cui deus dedit et operandi scientiam et fructificandi spem? * hieronymus. ° sunt autem quidam qui dum volunt terminos patrum excedere et ad alta volitare, in ima merguntur. volatilia caeli angelos esse volunt, ceterasque in dei ministerio fortitudines, quae absque sui cura, dei aluntur providentia. si hoc itaque est, ut intelligi volunt, quomodo sequitur dictum ad homines nonne vos magis pluris estis illis? simpliciter ergo accipiendum, quod si volatilia absque cura et aerumnis, dei aluntur providentia, quae hodie sunt et cras non erunt, quanto magis homines, quibus aeternitas repromittitur? * hilarius in matth.. ° potest autem dici, quod sub nomine volucrum, |100| exemplo nos immundorum spirituum hortatur, quibus sine aliquo negotio quaerendi et congregandi, vivendi tamen tribuitur de aeterni consilii potestate substantia; atque ut ad immundos istud spiritus referatur, opportune adiecit nonne vos pluris estis illis? de comparationis praestantia differentiam nequitiae et sanctitatis ostendens. * glossa. ° non solum autem exemplo avium, sed experimento docet, quod ad hoc quod sumus et vivimus, nostra cura non sufficit, sed divina providentia operatur, dicens quis autem vestrum cogitans potest adicere ad staturam suam cubitum unum? * chrysostomus super matth.. ° deus enim est qui per singulos dies incrementa corporis tui facit, te non intelligente. si ergo in teipso quotidie dei providentia operatur, quomodo in necessariis tuis cessabit? si autem vos cogitando modicam partem corpori vestro addere non potestis, quomodo cogitando salvandi estis in toto? * augustinus de serm. dom.. ° vel potest referri ad sequentia; ac si diceret: |125| non esse cura nostra factum ut ad hanc staturam veniret corpus nostrum; ex hoc intelligi potest quod si velletis adiicere unum cubitum, non possetis. illi ergo tegendi corporis curam relinquite, cuius curam factum est ut esset tantae staturae. * hilarius in matth.. ° vel aliter. sicut fidem vitalis substantiae nostrae de documento spirituum firmavit, ita opinionem futuri habitus iudicio communis intelligentiae dereliquit. cum enim universorum corporum quae vitam hauserunt, diversitatem in unum perfectum virum sit excitaturus, solusque potens sit ad uniuscuiusque proceritatem cubitum unum et alterum tertiumve praestare; de vestitu, idest de specie corporum, cum eius contumelia ambigimus, qui ut aequalem omnem hominem efficiat, tantum mensurae est humanis corporibus additurus. * augustinus de civit. dei. ° sed si christus in ea mensura corporis in qua mortuus est, resurrexit, nefas est dicere, cum resurrectionis omnium tempus venerit, accessuram corpori eius eam magnitudinem |150| quam non habuit, quando in ea discipulis, in qua notus erat, apparuit, ut longissimis fieri possit aequalis. si autem dixerimus ad dominici corporis modum, etiam minorum maiorumque corpora redigenda, peribit de multum corporibus perplurimum, cum ipse nec capillum periturum esse promiserit. restat ergo ut quisque recipiet suam mensuram, quam vel habuit in iuventute, si senes est mortuus, vel fuerat habiturus, si est ante defunctus. et ideo non est dictum ab apostolo: in mensuram staturae, sed: in mensuram aetatis plenitudinis christi; quia resurgent corpora mortuorum in iuvenili aetate et robore, ad quam christum pervenisse cognovimus.

lc19 * Chrysostomus in matth.. ° postquam monstravit quod non oportet nos pro cibo esse sollicitos, ad id quod levius est pertransit: neque enim ita necessarium est indumentum sicut cibus: unde dicit et de vestimentis quid solliciti estis? non autem hic utitur exemplo volucrum, ut induceret pavonem et cygnum, a quibus erat similia exempla accipere; sed utitur exemplo liliorum, dicens considerate lilia agri. vult ex duobus monstrare superabundantiam: scilicet a munificentia pulchritudinis, et a vilitate participantium tali decore. * augustinus de serm. dom.. ° ipsa autem documenta non sic allegorice discutienda sunt ut quaeramus quid significent aves caeli aut lilia agri: posita sunt enim ut de rebus minoribus maiora persuadeantur. * chrysostomus super matth.. ° lilia enim statuto tempore formantur in frondibus, vestiuntur candore, implentur odoribus; et quod terra radici non dederat. deus invisibili operatione largitur. in omnibus |25| autem eadem plenitudo servatur, ut non ab eventu facta putentur, sed deo providentia intelligantur esse disposita. dicendo autem non laborant, viros confortat; dicendo vero neque nent, mulieres. * chrysostomus in matth.. ° haec autem dicens, non opus prohibuit, sed sollicitudinem, sicut et supra cum de seminatione loqueretur. et ut magis dei providentiam in ipsis commendet quae omnem superat humanam industriam, subdit dico autem vobis, quoniam neque salomon in gloria sua coopertus est sicut unum ex istis. * hieronymus. ° revera enim quod sericum, quae regum purpura, quae pictura textricum potest floribus comparari? quid ita rubet ut rosa? quid ita candet ut lilium? violae vero purpuram nullo superari murice, oculorum magis quam sermonis iudicium est. * chrysostomus. ° quantum enim veritatis ad mendacium, tantum vestimentorum et florum differentia est. si ergo salomon a floribus superatus est, qui omnibus regibus fuit praeclarior, quando tu vestimentis poteris |50| vincere florum decorem? est autem salomon superatus a florum decore non semel tantum neque bis, sed per totum tempus sui regni: et hoc est quod dicit in omni gloria sua: quia nec in uno die ita decoratus est ut flores. * chrysostomus super matth.. ° vel hoc dicit, quia salomon etsi non laborabat quod vestiretur, tamen iubebat. ubi autem iussio, illic et ministrantium offensa et iubentis ira frequenter invenitur. haec autem quando nesciunt, sic ornantur. * hilarius in matth.. ° vel lilia intelligenda sunt angelorum caelestium claritates, quibus a deo gloriae candor indultus est. non laborant autem, neque nent, quia virtutes angelorum ex ea quam adeptae sunt originis suae sorte, ut sint semper accipiunt; et cum in resurrectione similes homines angelis erunt, sperare caelestis gloriae voluit operimentum, exemplo angelicae claritatis. * chrysostomus super matth.. ° si autem floribus terrenis sic occurrit deus, qui nati sunt ut tantummodo videantur et |75| pereant, homines negliget, quos sic creavit ut non pro tempore videantur, sed ut perpetuo sint? et hoc est quod dicit si autem foenum agri, quod hodie est, et cras in clibanum mittitur, deus sic vestit, quanto magis vos modicae fidei? * hieronymus. ° cras autem in scripturis futurum tempus intelligitur, dicente iacob: exaudiet me cras iustitia mea. * glossa. ° alii libri habent in ignem, vel in acervum, qui habet speciem clibani. * chrysostomus in matth.. ° non autem lilia iam ea vocat, sed foenum agri, ut eorum vilitatem ostendat. sed et aliam vilitatem apponit dicens quae hodie sunt; et non dixit: cras non erunt, sed, quod est multo deficientius, quod in clibanum mittitur. quod autem dicit quanto magis vos, occulte insinuatur humani generis honor; ac si diceret: vos quibus animam dedit, corpus plasmavit, prophetas misit, et unigenitum filium tradidit. * glossa. ° dicit autem modicae fidei, quia modica fides est quae nec de minimis certa est. * hilarius. |100| ° vel sub foeni nomine gentes nuncupantur. si igitur gentibus idcirco tantum indulgetur aeternitas corporalis ut mox igni iudicii destinentur, quam profanum est sanctos de gloria aeternitatis ambigere, cum iniquis aeternitatis opus praestetur ad poenam? * remigius. ° spiritaliter autem per volatilia sancti viri designantur, qui ex aqua sacri baptismatis renascuntur, et devotione terrena despiciunt et caelestia petunt, quibus pluris dicuntur esse apostoli, qui principes sunt omnium sanctorum. per lilia sancti viri intelliguntur, qui absque labore legalium caeremoniarum, sola fide deo placuerunt; de quibus dicitur: dilectus meus mihi, qui pascitur inter lilia. sancta etiam ecclesia per lilium intelligitur, propter candorem fidei et odorem bonae conversationis; de qua dicitur: sicut lilium inter spinas. per foenum designantur infideles; de quibus dicitur: aruit foenum et flos eius cecidit. per clibanum aeterna damnatio; ut sit sensus: si deus infidelibus tribuit bona |125| temporalia, quanto magis tribuet nobis aeterna?

lc20 * Glossa. ° postquam sigillatim de victu et vestitu sollicitudinem excluserat, argumento ab inferioribus sumpto, hic consequenter utrumque excludit, dicens nolite ergo solliciti esse dicentes: quid manducabimus aut quid bibemus, aut quo operiemur? * remigius. ° ideo autem hoc dominus repetivit, ut ostenderet hanc rem esse pernecessariam, et ut arctius eam in cordibus nostris inculcaret. * rabanus. ° notandum vero, quod non ait: nolite quaerere, aut solliciti esse de cibo aut potu aut indumento, sed quid manducetis aut quid bibatis, aut quid vestiamini; ubi mihi videntur argui qui spreto victu vel vestimento communi, lautiora sibi vel austeriora his cum quibus vitam ducunt alimenta vel indumenta requirunt. * glossa. ° est etiam alia sollicitudo superflua ex vitio hominum, quando fructus et pecuniam plusquam necesse est reservant, et dimissis spiritualibus, illis intenti sunt, quasi de bonitate dei desperantes; et hoc prohibetur; unde subditur haec omnia gentes |25| requirunt. * chrysostomus super matth.. ° quia in rebus humanis fortunam credunt esse, non providentiam; neque iudicio dei vitas suas gubernari existimant, sed incerto duci eventu; ideo merito timent et desperant, quasi qui neminem habent gubernantem. qui autem credit se dei iudicio gubernari, escam quidem suam in manu dei committit; unde sequitur scit enim pater vester quia his omnibus indigetis. * chrysostomus in matth.. ° non autem dicit: scit deus; sed scit pater vester, ut eos in maiorem spem ducat: si enim pater est, non poterit despicere filios, cum nec homines patres hoc sustineant. dicit autem quoniam his omnibus indigetis, ut magis sollicitudinem abiiciatis, quia necessaria sunt. qualiter enim est pater qui sustinet etiam necessaria filiis non dare? si autem essent superflua, non ita oporteret confidere. * augustinus de trin.. ° non autem ista ex aliquo tempore cognovit deus, sed futura omnia temporalia; atque in eis etiam quid et quando ab illo |50| petituri eramus, sine initio ante praescivit. * augustinus de civ. dei. ° quod autem dicunt quidam, haec dei scientia non posse comprehendi, quia infinita sunt, restat eis dicere, quod non omnes numeros deus noverit, quos infinitos esse certissimum est. infinitas autem numeri non est incomprehensibilis ei cuius intelligentiae non est numerus. quapropter, si quicquid scientia comprehenditur, scientis comprehensione finitur, profecto omnis infinitas quodam ineffabili modo deo finita est, quia eius scientiae incomprehensibilis non est. * gregorius nyssenus de hom.. ° quoniam autem est providentia, per huiusmodi signa demonstratur: permanentia enim universorum, et maxime eorum quae sunt in generatione et corruptione, et positio et ordo eorum quae sunt, semper custoditur secundum eumdem modum; qualiter utique perficeretur nullo providente? sed quidam dicunt: deo curam esse existentium permanentiae in universali, et huius solius providentiam habere; singularia vero fieri |75| ut contingit. tres autem causas solas utique quis dicet non fiendi providentiam singularium: aut enim hoc quod est ignorare deum quoniam bonum est particularium diligentiam habere; aut non velle; aut non posse. sed ignorantia omnino aliena est a beata substantia: qualiter enim latebit deum quod nec homo sapiens ignorabit, quod singularibus destructis, universalia destruentur? nihil autem prohibet omnia individua perire, nulla procurante potentia. si autem non vult, propter duas fit causas: aut propter pigritiam, aut propter indecentiam. pigritia autem a duobus generatur: aut enim voluptate aliqua attracti pigritamur, aut propter timorem desistimus: quorum neutrum fas est cogitare de deo. si autem dicant non decere deum, indignum enim esse tantae beatitudinis parvis condescendere, qualiter non inconveniens est artificem quidem procurantem universalia, nihil particularium neque parvissimum derelinquere sine procuratione, scientem quod ad totum proficit pars; conditorem vero deum artificibus |100| enuntiare indoctiorem? si autem non potest, imbecillis est deus, et impotens benefacere. si vero incomprehensibilis nobis est singularium providentiae ratio, non propterea oportet dicere quia non est providentia; ita enim dicerent, quia numerum hominum ignoramus, neque homines esse. * chrysostomus super matth.. ° sic ergo qui credit se dei iudicio gubernari, escam suam in manu dei committat; cogitet autem de bono et malo; de quo nisi sollicitus fuerit, neque malum fugiet, neque bonum apprehendet. et ideo subditur quaerite autem primum regnum dei et iustitiam eius. regnum dei est retributio bonorum operum; iustitia autem eius, via pietatis, per quam itur ad regnum. si ergo cogites qualis erit gloria sanctorum, necesse est ut aut propter timorem poenae recedas a malo, aut propter desiderium gloriae festines ad bonum. et si cogitaveris quae sit dei iustitia, quid scilicet odit deus et quid amat, iustitia ipsa ostendit tibi vias suas, quae |125| amantes se sequitur. non autem daturi sumus rationem, si pauperes sumus aut divites; sed si bene vel male egerimus, quod est in nostro arbitrio. * glossa. ° vel dicit iustitiam eius, quasi dicat: ut per eum, non per vos iusti sitis. * chrysostomus super matth.. ° terra autem etiam propter peccata hominum maledicitur ut non germinet, secundum illud: maledicta terra in opere tuo; benedicitur autem cum bona fecerimus. quaere ergo iustitiam, et non deerit tibi panis; unde sequitur et haec omnia adicientur vobis. * augustinus de serm. dom.. ° scilicet temporalia; quae manifeste hic ostendit non esse talia bona nostra propter quae bene facere debeamus; sed tamen necessaria esse. regnum vero dei et iustitia eius bonum nostrum est, ubi finis constituendus est. sed quia in hac vita militamus, ut ad illud regnum pervenire possimus, quae vita sine his necessariis agi non potest, apponentur, inquit haec vobis. cum autem dixit illud primum, significavit quia hoc posterius quaerendum |150| est non tempore, sed dignitate; illud tamquam bonum nostrum, hoc tamquam necessarium est. neque enim (verbi gratia) debemus evangelizare ut manducemus, quia sic vilius haberemus evangelium quam cibum, sed ideo manducare ut evangelizemus. quaerentibus autem primum regnum dei et iustitiam eius, idest hoc praeponentibus ceteris rebus, ut hoc propter cetera quaeramus, non debet subesse sollicitudo, ne necessaria desint; et ideo ait haec omnia adicientur vobis, idest consequenter sine ullo vestro impedimento: ne cum ista quaeritis, illinc avertamini, aut duos fines constituatis. * chrysostomus in matth.. ° et non dixit: dabuntur, sed apponentur, ut discas quia praesentia nihil sunt ad magnitudinem futurorum. * augustinus de serm. dom.. ° cum autem legimus in fame et siti apostolum laborasse, non existimemus hic domini promissa titubasse; quandoquidem ista sunt adiutoria. medicus iste, cui nos totos commisimus, novit quando apponat et quando detrahat, sicut nobis iudicat expedire. |175| si enim nobis aliquando defuerint (quod plerumque propter nostram exercitationem deus sinit), non debilitat propositum nostrum, sed examinatum confirmat.

lc21 * Glossa. ° prohibuerat sollicitudinem praesentium rerum; modo prohibet sollicitudinem futurorum vanam ex vitio hominum provenientem, cum dicit nolite ergo solliciti esse in crastinum. * hieronymus. ° cras in scripturis futurum tempus intelligitur, dicente iacob: exaudiet me cras iustitia mea, et in samuelis phantasmate pythonissa loquitur ad saulem: cras eris mecum. de praesentibus ergo concessit debere esse sollicitos qui futura prohibet cogitare. sufficit enim nobis praesentis temporis cogitatio; futura, quae incerta sunt, deo relinquamus. et hoc est quod dicitur crastinus enim dies sollicitus erit sibi ipsi, idest ipse affert sollicitudinem suam secum. sufficit enim diei malitia sua. hic malitiam non contrariam virtuti posuit, sed laborem et afflictionem et angustiam saeculi. * chrysostomus in matth.. ° nihil enim ita dolorem infert animae ut sollicitudo et cura. cum autem dicat quod crastina dies erit sollicita de seipsa, volens manifestius |25| facere quod dicitur, prosopopoeiam facit temporis, secundum multorum consuetudinem, loquens ad plebem imperfectam: ut enim eos magis moveat, ipsos dies conquerentes inducit pro superflua cura. numquid enim dies non sufficiens habet onus, idest curam suam? quid igitur eam aggravas magis, curam quae pertinet ad alium diem apponendo? * chrysostomus super matth.. ° vel aliter. per hodie haec solum significantur quae habemus in vita praesenti necessaria. quia autem dicit cras, quod superfluum est ostendit; dicit ergo nolite solliciti esse in crastinum, idest, nihil curetis super id habere quod necessarium est vobis ad vitam quotidianam: quod enim superfluum fuerit, quod est cras, curabit se. et hoc est quod dicit: crastinus enim dies sollicitus erit sibi ipsi; ac si dicat: superflua cum congregaveris, ipsa se curabunt; te quidem eis non fruente, invenient dominos multos, qui ea procurent. quid ergo curas de illis, quorum potestatem aliis es dimissurus? sufficit enim diei malitia |50| sua; quasi dicat: sufficit tibi labor quem pateris propter necessaria; noli de superfluis laborare. vel aliter. * augustinus de serm. dom.. ° non dicitur crastinus dies nisi in tempore, ubi praeterito succedit futurum. ergo cum aliquid boni operamur, non terrena, sed aeterna cogitemus. crastinus enim dies sollicitus erit sibi ipsi, idest, cum oportuerit, sumamus cibum et huiusmodi, scilicet cum necessitas urgere coeperit. sufficit enim diei malitia sua; idest, sufficit quod ista sumere urgebit necessitas; quam malitiam nominat, quia poenalis est nobis: pertinet enim ad mortalitatem, quam peccando meruimus. huic ergo poenae temporalis necessitati noli addere aliquod gravius: ut non solum eam patiaris, sed etiam propter hanc explendam milites deo. hic est cavendum, ne cum viderimus aliquem servum dei providere ne ista necessaria desint vel sibi vel eis quorum cura sibi commissa est, iudicemus eum contra domini praecepta facere, et de crastino esse sollicitum: nam et ipse dominus |75| (cui ministrabant angeli) propter exemplum loculos habere dignatus est. et in actibus apostolorum scriptum est, quae ad victum sunt necessaria, procurata esse in futurum propter imminentem famem. non ergo hoc dominus increpat, si quis humano more ista procuret; sed si quis propter ista non militet deo. * hilarius in matth.. ° hoc etiam totum sub dicti caelestis significantia continetur. iubemur igitur non ambigere de futuris. satis enim vitae nostrae malitia dierum quibus vivimus, scilicet peccata, sufficiunt, ut circa haec purganda omnis vitae nostrae meditatio laborque versetur. cessante autem cura nostra, ipsa futura sollicita sunt, dum nobis aeternae caritatis profectus deo procurante proponitur.

071 CMT cp7

lc1 * Augustinus de serm. dom.. ° quia cum ista temporalia procurantur in futurum, incertum est quo animo fiat, cum possit simplici corde fieri, et duplici, opportune hoc loco subiecit nolite iudicare. vel aliter. * chrysostomus super matth.. ° hucusque exposuit consequentiam ad eleemosynam pertinentem; nunc autem incipit exponere consequentiam ad orationem respicientem. et est doctrina haec quodammodo pars orationis, ut sit ordo narrationis talis: dimitte nobis debita nostra; et sequitur nolite iudicare, ut non iudicemini. * chrysostomus super matth.. ° sed si iudicare prohibet, qua consequentia paulus corinthium iudicat fornicantem, et petrus ananiam et saphiram mendacii arguit? sed quidam hunc locum secundum huiusmodi sensum exponunt, quia dominus hoc mandato non prohibet christianos ex benevolentia alios corripere; sed ne per iactantiam iustitiae suae christiani christianos despiciant, ex solis plerumque |25| suspicionibus odientes ceteros et contemnentes, et sub specie pietatis proprium odium exequentes. * chrysostomus in matth.. ° unde non dixit: ne quiescere facias peccantem; sed: ne iudicaveris; hoc est: ne amarus fias iudex: corripe quippe non ut hostis expetens vindictam, sed ut medicus instituens medicinam. * chrysostomus super matth.. ° sed ut non sic quidam corriperent christiani christianos, convenit sermo qui dicit nolite iudicare. sed si non sic corripuerint, numquid propter hoc consequentur indulgentiam peccatorum, quia dictum est non iudicabimini? quis enim consequitur indulgentiam mali prioris, quia non addidit alterum malum? hoc autem diximus volentes ostendere, quia hic sermo non est positus de proximis non iudicandis qui peccant in deum, sed qui in nos peccant. qui enim non iudicat proximum propter peccatum in se commissum, illum nec deus iudicat propter peccatum; sed dimittit ei debitum, sicut et ipse dimisit. |50| * chrysostomus in matth.. ° vel aliter. non simpliciter universa peccata iubet non iudicare; sed his qui multis malis sunt pleni, et alios pro minimis iudicant, hanc prohibitionem facit. sicut et paulus non simpliciter prohibet iudicare eos qui peccant, sed discipulos iudicantes de magistris redarguit, docens ut eos qui supra nos sunt non iudicemus. * hilarius in matth.. ° vel aliter. iudicari de sponsionibus suis deum vetat: quia ut iudicia ex incertis rebus inter homines sumuntur, ita et hoc iudicium adversus deum ex ambiguitate suscipitur: quod penitus repellit a nobis, ut constans potius fides retineatur: quia non sicut in ceteris rebus peccatum fit perperam iudicasse; sed si in rebus tantummodo dedero iudicium, initium fit criminis. * augustinus. ° vel aliter. hoc loco nihil aliud praecipi existimo, nisi ut ea facta quae dubium est quo animo fiant, in meliorem partem interpretemur. de his autem quae non possunt bono animo fieri, sicut sunt stupra, blasphemiae et huiusmodi, nobis |75| iudicare permittit; de factis autem mediis, quae possunt bono et malo animo fieri, temerarium est iudicare, maxime ut condemnemus. duo autem sunt in quibus temerarium iudicium cavere debemus, cum incertum est quo animo quicquam factum sit, vel cum incertum est qualis quisque futurus est, qui nunc vel bonus vel malus apparet. non ergo reprehendamus ea quae nescimus quo animo fiant; neque ita reprehendamus quae manifesta sunt ut desperemus sanitatem. potest autem movere quod ait in quo iudicio iudicaveritis, iudicabimini. numquid si nos temerario iudicio iudicaverimus, temere etiam de nobis deus iudicabit? aut numquid si mensura iniqua mensi fuerimus, et apud deum est iniqua mensura, unde nobis remetiatur? nam mensurae nomine ipsum iudicium significatum arbitror. sed hoc dictum est, quoniam temeritas qua punis alium, ipsa te puniat necesse est. iniquitas enim saepe nihil nocet ei qui patitur iniuriam, ei vero qui facit necesse est ut noceat. * augustinus de civ. dei. |100| ° dicunt aliqui: quomodo verum est quod ait christus et in qua mensura mensi fueritis, remetietur vobis, si temporale peccatum supplicio puniatur aeterno? nec attendunt non propter aequale temporis spatium, sed propter vicissitudinem mali (idest ut qui mala fecerit, mala patiatur) eamdem dictam mensuram fuisse: quamvis in ea re hoc proprie possit accipi de qua dominus cum hoc diceret loquebatur, idest de iudiciis et condemnationibus. proinde qui iudicat et condemnat iniuste, si iudicatur et condemnatur iuste in eadem mensura recipit, quamvis non hoc quod dedit: iudicio enim fecit quod iniquum est, iudicio patitur quod iustum est.

lc2 * Augustinus de serm. dom.. ° quia de temerario et iniquo iudicio dominus admonuerat, maxime autem hi temere iudicant, qui de incertis et facile reprehendunt, qui magis amant vituperare et damnare, quam emendare atque corrigere, quod vitium vel superbia est vel invidentia, consequenter subiicit et dicit quid autem vides festucam in oculo fratris tui, et trabem in oculo tuo non vides? * hieronymus. ° de his loquitur qui cum mortali crimine detineantur obnoxii, minora peccata fratribus non concedunt, ut si forte ira ille peccaverit, ut odio reprehendas. quantum autem inter festucam et trabem, tantum inter iram distat et odium: odium enim ira inveterata est. fieri autem potest ut si irascaris homini, velis eum corrigi; non autem si eum oderis. * chrysostomus in matth.. ° multi etiam hoc faciunt, qui si viderint monachum superfluum vestimentum habentem, aut copiosiori cibo potitum, amari fiunt accusatores, quotidie ipsi rapientes et crapulam |25| patientes. * chrysostomus super matth.. ° vel aliter. hoc quod hic dicitur, doctoribus convenit. omne enim peccatum diiudicatur modicum aut magnum, secundum peccantis personam. laici enim peccatum modicum est et festuca quantum ad peccatum sacerdotis, quod trabi comparatur. * hilarius in matth.. ° vel aliter. peccatum in spiritum sanctum est divinae virtutis potestatem negare, et christo substantiam adimere aeternitatis; per quem, quia in hominem venit deus, homo rursus veniet in deum. ergo quantum inter festucam et trabem discriminis est, tantum ostendit peccatum in spiritum sanctum cetera crimina excedere: ut cum infideles delicta corporis aliis exprobrant, onus peccati, quod de promissis dei ambigunt, in se ante non videant, in oculo trabe, tamquam in mentis acie, incidente. sequitur aut quomodo dices fratri tuo: sine, eiciam festucam de oculo tuo, et ecce in oculo tuo trabs est? * chrysostomus super matth.. ° idest, cum qua |50| facie arguis peccatum fratris tui, ipse aut in eodem peccato vel in maiori existens? * augustinus. ° primum ergo cogitemus cum aliquem reprehendere nos necessitas coegerit, utrum tale sit vitium quod numquam habuimus; et tunc cogitemus, et nos homines esse, et habere potuisse; vel tale quod habuimus, et iam non habemus; et tunc tangat memoriam communis fragilitas, ut illam correctionem non odium sed misericordia praecedat. si autem invenerimus nos in eodem vitio esse, non obiurgemus, sed congemiscamus, et ad pariter conandum invitemus. raro autem et ex magna necessitate obiurgationes adhibendae sunt; in quibus non ut nobis, sed ut domino serviatur instemus. * chrysostomus super matth.. ° vel aliter. quomodo dicis fratri tuo? idest, quo proposito putas? ex caritate, ut salves proximum tuum? non, quia teipsum ante salvares. vis ergo non alios sanare, sed per bonam doctrinam malos actus celare, et scientiae laudem ab hominibus quaerere, non aedificationem mercedis |75| a deo; et es hypocrita; unde sequitur hypocrita, eice primum trabem de oculo tuo. * augustinus. ° accusare enim vitia officium est bonorum; quod cum mali faciunt, alienas partes agunt; sicut hypocritae, qui tegunt sub persona quod sunt, et ostendunt in persona quod non sunt. * chrysostomus in matth.. ° et notandum, quod ubicumque vult monstrare magnum aliquod peccatum, a contumelia incipit; sicut ibi: serve nequam, omne debitum dimisi tibi; et ideo hic dicit hypocrita, eice primum. etenim quae sui ipsius sunt, magis aliquis novit quam quae sunt aliorum; et quae maiora sunt, magis videt quam quae minora, et seipsum magis diligit quam proximum. et ideo iubet eum qui obnoxius est multis peccatis, non amarum esse iudicem delictorum alterius, et maxime cum fuerunt parva: non quidem ab arguendo aut a corrigendo avertens, sed prohibet propria contemnere, et alienis insistere. oportet enim ut primo cum diligentia investiges quae tua sunt, et tunc quae proximi sunt |100| discuties; et ideo sequitur et tunc videbis eicere festucam de oculo fratris tui. * augustinus. ° auferentes enim de oculo nostro trabem invidentiae vel malitiae vel simulationis, videbimus eicere festucam de oculo fratris.

lc3 * Augustinus de serm. dom.. ° quia potest aliquos nomen simplicitatis, ad quam per superiora induxerat, decipere, ut sic putetur vitiosum esse aliquando verum occultare, quomodo vitiosum est falsum dicere, recte subiungit nolite sanctum dare canibus, neque mittatis margaritas vestras ante porcos. * chrysostomus super matth.. ° vel aliter. iusserat superius dominus diligere inimicos et benefacere his qui peccant in nos. ne ergo cogitarent sacerdotes etiam quae dei sunt eis communicare, talem cogitationem compescuit, dicens nolite sanctum dare canibus; ac si diceret: mandavi vobis diligere inimicos, et benefacere eis de vestris corporalibus bonis, non tamen de meis spiritalibus passim, quoniam in natura vobiscum communes sunt, non in fide; et deus carnalia beneficia dignis et indignis similiter praestat, non autem gratias spiritales. * augustinus. ° quaerendum autem est quid sit sanctum, quid canes, |25| quid margaritae, quid porci. sanctum est quod corrumpere nefas est; cuius sceleris voluntas rea tenetur, quamvis illud incorruptibile maneat. margaritae autem sunt quaecumque spiritalia magni aestimanda sunt. licet itaque una eademque res et sanctum et margarita dici possit; sed sanctum dicitur ex eo quod non debet corrumpi; margarita vero ex eo quod non debet contemni. * chrysostomus super matth.. ° vel aliter. sanctum est sicut baptismus, gratia corporis christi et huiusmodi; mysteria autem veritatis margaritae sunt: quia sicut margaritae inclusae cochleis, positae sunt in profundo maris, sic mysteria divina verbis inclusa, posita sunt in altitudine sensus sacrae scripturae. * chrysostomus in matth.. ° quae quidem his qui bonae mentis sunt et intellectum habent, revelata, honesta apparent; his autem qui insensibiles sunt, magis videntur reverenda cum ignorantur. * augustinus. ° canes autem pro impugnatoribus veritatis, porcos pro contemptoribus positos non |50| incongrue accipimus. quapropter, quia canes exiliunt ad dilacerandum, quod autem dilacerant integrum esse non sinunt, dixit nolite sanctum dare canibus: quia, quantum in ipsis est, si fieri posset, conantur perimere veritatem. porci autem quamvis non ita ut canes morsu appetant, passim tamen calcando inquinant: et ideo dicit neque mittatis margaritas vestras ante porcos. * rabanus. ° vel canes sunt ad vomitum reversi; porci nondum conversi, sed in luto vitiorum versati. * chrysostomus super matth.. ° vel aliter. canis et porcus immunda animalia sunt; sed canis ex omni parte, quia nec ruminat, nec ungulam findit; porcus autem ex parte; nam ungulam habet fissam, sed non ruminat. propter quod canes puto intelligendos gentiles omnino immundos, et propter actus et propter fidem; porcos autem haereticos, quia nomen domini invocare videntur. nolite ergo sanctum dare canibus: quia baptismum et alia sacramenta non sunt danda nisi fidem habentibus. item mysteria veritatis, idest |75| margaritae non sunt dandae nisi desiderantibus veritatem, et cum ratione humana viventibus. si enim porcis eas miseris, idest coenosae vitae delectatione gravatis, non intelligunt pretiositatem earum; sed aestimant eas similes ceteris fabulis mundialibus, et eas actibus suis carnalibus conculcant. * augustinus. ° calcari enim dicitur quicquid contemnitur: et ideo dicitur ne forte conculcent eas pedibus suis. * glossa. ° dicit autem ne forte, quia resipiscere possunt ab immunditia. * augustinus. ° quod autem sequitur, et conversi dirumpant vos, non ait ipsas margaritas: illas enim conculcant, et cum convertuntur ut adhuc aliquid audiant, disrumpunt eum a quo missas margaritas conculcant: non enim facile inveneris quod ei gratum esse possit, a quo magno labore inventa contemnantur. qui ergo tales docent, quomodo non disrumpantur indignando et stomachando non video. * chrysostomus super matth.. ° vel porci non solum carnalibus actibus |100| margaritas conculcant, sed etiam post modicum conversi, per inobedientiam rumpunt praebitores earum. frequenter autem et scandalizati calumniantur eos quasi dogmatum novorum seminatores. canes etiam conculcantes sancta sordidis actibus, disputationibus suis rumpunt praedicatorem veritatis. * chrysostomus in matth.. ° et bene dixit conversi: fingunt enim mansuetudinem, ut addiscant; deinde cum didicerint, detrahunt. * chrysostomus super matth.. ° rationabiliter autem margaritas dari porcis prohibuit: quia si porcis minus immundis mitti vetantur, quanto magis canibus plus immundis? de sancto autem dando idem aestimare non possumus; quia frequenter etiam benedictionem damus pecorum more viventibus christianis, non quia merentur accipere, sed ne forte plenius scandalizati dispereant. * augustinus de serm. dom.. ° cavendum est ergo ne quid aperiatur ei qui non capit; melius enim quaerit id quod clausum est quam id quod apertum est: aut infestat per odium, ut canis, aut negligit |125| per contemptum, ut porcus. non est autem consequens ut si verum occultatur, etiam falsum dicatur: quia dominus quamvis nihil mentitus sit, vera tamen aliqua occultavit, secundum illud ioannis: adhuc habeo vobis multa dicere, quae non potestis portare modo. sed si aliquis non capit propter sordes, mundandus est vel verbo vel opere quantum fieri potest a nobis. quia autem dominus quaedam dixisse invenitur quae multi qui aderant, vel resistendo vel contemnendo non receperunt, non putandus est sanctum dedisse canibus, aut margaritas ante porcos misisse. dedit enim eis qui capere poterant, et simul aderant, quos propter aliorum immunditiam negligi non oportebat; et quamvis tentantes eum in ipsis quae eis respondebat, contabescerent, alii tamen qui poterant capere, ex illorum occasione multa utiliter audiebant. qui ergo novit quid respondeat, debet respondere, saltem propter illos quibus desperatio suboritur, si propositam quaestionem solvi non posse crediderint: et hoc de rebus ad instructionem salutis |150| pertinentibus. de supervacuis autem et noxiis nihil dicendum est; sed hoc ipsum explicandum est, cur inquirenti talia non oporteat respondere.

lc4 * Hieronymus. ° quia carnalia supra vetuerat postulari, quid petere debeamus ostendit dicens petite, et dabitur vobis. * augustinus de serm. dom.. ° vel aliter. cum praeceptum esset ne sanctum daretur canibus, et ne margaritae ante porcos mitterentur, potuit auditor suae ignorantiae conscius dicere: quid sanctum me dare canibus vetas, cum adhuc me habere non videam? et ideo opportune subiecit dicens petite et accipietis. * chrysostomus super matth.. ° vel aliter. quoniam ad sanctificandam orationem quaedam dederat eis mandata, dicens nolite iudicare, competenter adiungit petite, et dabitur vobis; quasi dicat: si hanc clementiam servaveritis ad inimicos, quicquid clausum vobis videtur, pulsate, et aperietur vobis. petite ergo precibus, die ac nocte orantes; quaerite studio et labore: nec enim laborantes circa scripturam acquirimus scientiam sine gratia dei, nec gratiam acquirimus nisi studuerimus, ne donum dei negligentibus |25| detur. pulsate autem oratione et ieiuniis et eleemosynis. sicut enim qui pulsat ostium, non tantum voce clamat, sed manu, sic et qui bona opera facit, pulsat operibus bonis. sed dices: hoc ipsum peto ut sciam et faciam; quomodo ergo possumus facere priusquam accipiam? sed quod potest fac, ut amplius possis; et quod scis serva, ut amplius scias. vel aliter. cum dixisset supra omnibus ut indulgerent inimicis, et postea prohibuerit ne sub obtentu dilectionis sancta canibus darent, nunc dat eis bonum consilium, ut petant deum pro illis, et dabitur eis; quaerant eos qui perierant in peccatis, et invenient; pulsent eos qui in erroribus sunt conclusi, et aperiet eos deus, ut habeat sermo eorum ad animas eorum ingressum. vel aliter. quoniam maiora erant mandata superius posita quam virtus humana, transmittit eos ad deum, cuius gratiae nihil impossibile est, dicens petite, et dabitur vobis, ut quod ex hominibus consummari non potest, per gratiam dei adimpleatur. cum enim alia animalia deus muniverit veloci pedum cursu, aut velocibus pennis, aut unguibus, aut dentibus, aut cornibus, hominem solum sic disposuit ut virtus illius sit ipse, ut infirmitatis suae necessitate coactus, semper necessarium habeat dominum suum. * glossa. ° petimus autem fide, quaerimus spe, pulsamus caritate. primum petere debes, ut habeas; post quaerere, ut invenias; inventa observare, ut introeas. * remigius. ° vel aliter. petimus orando, quaerimus recte vivendo, pulsamus perseverando. * augustinus. ° petitio autem pertinet ad impetrandam sanitatem animae, ut ea quae praecipiuntur, implere possimus; inquisitio autem ad inveniendam veritatem. sed cum quisque veram viam invenerit, perveniet ad ipsam possessionem; quae tantum pulsanti aperietur. * augustinus in lib. retract.. ° operose quidem ista tria quid inter se differant, sic exponendum putavi; sed longe melius ad instantissimam petitionem omnia referuntur: unde postea concludit dicens dabit bona petentibus se. * chrysostomus in matth.. ° per hoc ergo quod addidit quaerite et pulsate, cum instantia multa et robore peti iussit. qui enim quaerit, omnia alia proicit a mente, et ad illud solum afficitur quod quaerit; qui autem pulsat, cum vehementia et fervida mente venit. * chrysostomus super matth.. ° quia vero dixerat petite, et accipietis, ne forte peccatores audientes dicerent: ad hoc dominus dignos hortatur, nos autem indigni sumus; ideo repetit, ut tam iustis quam peccatoribus misericordiam dei commendet; et ideo dicit omnis qui petit, accipit; idest, sive iustus sive peccator, tamen petere non dubitet: ut constet neminem sperni, nisi qui petere dubitavit a deo. non enim credibile est ut opus pietatis quod exhibetur benefaciendo inimicis, deus iniungat hominibus, ipse autem non faciat, cum sit bonus. * augustinus super ioann.. ° unde peccatores exaudit deus. si enim peccatores non audiret, frustra publicanus dixisset: domine, propitius esto mihi peccatori, et ex ista confessione meruit iustificationem. * prosper in lib. sentent. august.. ° fideliter autem supplicans deo pro necessitatibus huius vitae, et misericorditer auditur, et misericorditer non auditur. quid enim infirmo sit utile, magis novit medicus quam aegrotus. si autem id postulat quod deus et promittit et praecipit, fiet omnino quod poscit: quia accipiet caritas quod petit veritas. * augustinus ad paulinum et hierasiam. ° bonus autem dominus, qui non tribuit saepe quod volumus, ut quod mallemus attribuat. * augustinus de serm. dom.. ° perseverantia etiam opus est ut accipiamus quod petimus. * augustinus de verb. dom.. ° cum enim deus aliquando tardius dat, commendat dona, non negat: diu desiderata dulcius obtinentur; cito autem data vilescunt. pete ergo et quaere iusta. petendo enim et quaerendo, crescit appetitus ut capias: servat tibi deus quod non vult cito dare, ut tu discas magna magne desiderare; ideo oportet semper orare et non deficere.

lc5 * Augustinus de serm. dom.. ° sicut in superioribus egit de volatilibus caeli et de liliis agri, ut spes de minoribus ad maiora consurgeret, ita et in hoc loco, cum dicit aut quis ex vobis homo? * chrysostomus super matth.. ° ne forte aliquis considerans quanta est differentia inter deum et hominem, et ponderans peccata sua, dum desperat impetrare, nec incipiat petere, patrum et filiorum similitudinem introduxit; ut si propter peccata nostra desperamus, propter bonitatem dei speremus. * chrysostomus in matth.. ° duo autem oportet adesse oranti: et petere vehementer, et quae oportet petere. haec autem sunt spiritualia: etenim salomon, quia petiit quod petere oportebat, velociter accepit. * chrysostomus super matth.. ° quae autem petere oportet, sub similitudine panis et piscis ostendit. panis enim est verbum de notitia dei patris. lapis est omne mendacium quod habet scandalum offensionis ad animam. * remigius. ° piscem autem possumus intelligere verbum de christo, serpentem autem, ipsum diabolum. vel per panem intelligitur doctrina spiritualis; per lapidem ignorantia; per piscem unda baptismatis sacri, per serpentem astutia diaboli, sive infidelitas. * rabanus. ° vel panis, qui est communis cibus, caritatem significat, sine qua aliae virtutes nihil valent. piscis significat fidem, quae ex aqua baptismatis orta est, et in mediis fluctibus huius vitae pulsatur, et tamen vivit. lucas autem addidit tertium, scilicet ovum, quod est spes animalis, unde spem significat. contra caritatem ponit lapidem, idest odii duritiam; contra fidem, serpentem, idest perfidiae venenum; contra spem, scorpionem, idest desperationem, quae retro pungit, sicut scorpio. * remigius. ° est ergo sensus: non est timendum quod si petamus a deo patre panem, idest doctrinam vel caritatem, quod porrigat lapidem; idest quod permittat cor nostrum constringi aut frigore odiorum, aut duritia mentis; vel quod si petierimus fidem, ipse nos permittat perire veneno infidelitatis. unde sequitur si ergo vos cum sitis mali. * chrysostomus in matth.. ° haec autem dixit, non detrahens humanae naturae, neque malum confitens omne genus humanum, sed ad differentiam bonitatis suae, dilectionem paternam malitiam vocans: tanta est superabundantia amoris ipsius ad homines. quia quantum ad comparationem dei, qui solus singulariter bonus est, omnes mali videntur; sicut ad comparationem solis omne lucidum videtur obscurum. * hieronymus. ° vel forte apostolos malos dixit, quia sub apostolorum persona omne hominum genus damnatur, cuius ab infantia cor ad malum appositum est, ut in genesi legitur. nec mirum huius saeculi homines dici malos, cum et apostolus memoret quoniam dies mali sunt. * augustinus. ° vel malos appellavit huius saeculi dilectores, unde et bona quae dant, secundum eorum sensum bona dicenda sunt, quia haec pro bonis habent; quamquam et in rerum natura, ista bona sint, scilicet temporalia, et ad istam vitam infirmam pertinentia. * augustinus de verb. dom.. ° bonum enim quod facit bonos, deus est. aurum autem et argentum bonum est, non quod te faciat bonum, sed unde facias bonum. mali ergo cum simus, et bonum patrem habeamus, non semper mali remaneamus. * augustinus de serm. dom.. ° si ergo cum simus mali, novimus id dare quod petimus, quanto magis sperandum est daturum deum nobis bona petentibus? * chrysostomus super matth.. ° quoniam autem non omnia petentibus praestat, sed bona tantummodo, ideo convenienter addidit bona. * glossa. ° a deo enim non nisi bona percipimus, qualiacumque nobis videantur: omnia enim dilectis in bonum cooperantur. * remigius. ° et sciendum, quod ubi matthaeus sic dicit dabit bona, lucas dicit: dabit spiritum bonum. sed non debet videri contrarium: quia cuncta bona quae homo a deo accipit, per gratiam spiritus sancti dantur.

lc6 * Augustinus de serm. dom.. ° firmitas quaedam et valentia ambulandi per sapientiae viam in bonis moribus constituta est, quibus perducuntur homines usque ad mundationem et simplicitatem cordis; de qua iam diu loquens, ita concludit omnia quaecumque vultis, etc.. nemo enim est qui velit quemquam duplici corde secum agere. * chrysostomus super matth.. ° vel aliter. supra propter sanctificandam orationem mandavit ut non iudicent homines eos qui peccant in ipsos. et quia ab ordine narrationis suae recedens, introduxit alia quaedam, nunc ad mandatum quod coeperat rediens, ait omnia quaecumque vultis; idest, non solum mando: nolite iudicare, sed et omnia quaecumque vultis ut faciant vobis homines, et facite eis: et tunc impetrabiliter poteritis orare. * glossa. ° vel aliter. omnium bonorum spiritualium distributor est spiritus sanctus, ut opera caritatis impleantur; unde subdit omnia ergo, * etc.. chrysostomus in matth.. ° vel aliter. vult dominus demonstrare quoniam oportet homines et superius inquirere auxilium, et quae a seipsis sunt simul inferre; unde cum dixisset petite, quaerite, et pulsate docet aperte ipsos homines studiosos esse; et ideo subdit omnia quaecumque vultis, * etc.. augustinus de verb. dom.. ° vel aliter. promiserat se dominus petentibus bona largiturum. ut autem ille agnoscat mendicos suos, agnoscamus et nos nostros. excepta enim substantia facultatum, tales sunt qui petunt, quales a quibus petunt. quam frontem habes petendi ad deum tuum, qui non agnoscis parem tuum? hinc est quod in proverbiis dicitur: qui obturat aurem suam ad clamorem pauperis, et ipse clamabit, et non exaudietur. quid autem petenti proximo debeamus impendere ut et ipsi audiamur a deo, ex hoc considerare possumus quod ab aliis volumus nobis impendi. et ideo dixit omnia ergo quaecumque vultis. * chrysostomus in matth.. ° non simpliciter dicit omnia, sed addidit ergo; quasi dicat: si vultis audiri, cum illis quae dixi et haec facite. non autem dixit: quaecumque vis effici tibi a deo, haec fac ad proximum; ut non dicas: qualiter hoc est possibile? sed ait: quaecumque volueris effici tibi a conservo, haec et circa proximum ostende. * augustinus de serm. dom.. ° quidam latini codices habent additum bona; quod additum puto ad manifestationem sententiae. occurrebat enim quod si quisquam flagitiose aliquid erga se fieri velit, et ad hoc referat istam sententiam, ut hoc prior illi faciat a quo sibi fieri cupit; ridiculum est hunc putare istam implesse sententiam. intelligendum est autem perfectam esse sententiam, etiamsi hoc non addatur. quod enim dictum est omnia quaecumque vultis, non usitate ac passim, sed proprie dictum accipi oportet. voluntas namque non est nisi in bonis: nam in malis cupiditas proprie dicitur, non voluntas: non quia sic semper loquantur scripturae, sed ubi oportet, ibi omnino proprium verbum teneant, ut non aliud intelligatur. * cyprianus de orat. domin.. ° cum autem dei verbum dominus iesus christus omnibus venerit, praeceptorum suorum fecit grande compendium, cum dixit quaecumque vultis ut faciant vobis homines, et vos facite eis; unde subdit haec est lex et prophetae. * chrysostomus super matth.. ° nam quaecumque lex et prophetae sparsim in omnibus praeceperunt scripturis, in hoc compendioso continentur mandato, quasi innumerabiles arborum rami in una radice. * gregorius moralium. ° qui enim cogitat ut ea alteri faciat quae ipse sibi ab altero fieri expectat, pensat nimirum ut malis bona et bonis meliora reddat. * chrysostomus in matth.. ° unde manifestum est quoniam ex nobis quae deceant omnes scimus, et non est possibile ad ignorantiam refugere. * augustinus de serm. dom.. ° videtur autem hoc praeceptum ad dilectionem proximi pertinere, non autem ad dei; cum in alio loco duo esse praecepta dicat, in quibus lex pendet et prophetae. cum autem hic non addit: tota lex, quod ibi addidit, servavit locum alteri praecepto, quod est de dilectione dei. * augustinus de trin.. ° vel aliter. ideo scriptura tantum dilectionem proximi commemorat, cum dicit omnia quaecumque vultis; quia qui proximum diligit, consequens est ut et ipsam praecipue dilectionem diligat; deus autem dilectio est; consequens est ergo ut praecipue diligat deum.

lc7 * Augustinus de serm. dom.. ° admonuerat superius dominus ad habendum cor simplex et mundum, in quo quaeritur deus; sed quia hoc paucorum est, iam incipit de investiganda sapientia loqui, cui investigandae et contemplandae talis oculus per omnia superiora perductus est, quo videri iam possit arcta via et angusta porta; unde subdit intrate per angustam portam. * glossa. ° vel aliter. etsi difficile sit ut alii facias quod tibi vis fieri, tamen sic faciendum est, ut intremus per angustam portam. * chrysostomus super matth.. ° vel aliter. tertia haec convenientia ad iustitiam ieiunii pertinet, ut sit ordo narrationis talis: tu autem cum ieiunas, unge caput tuum; et postea sequitur intrate per angustam portam. praecipue enim tres sunt naturales passiones et intimae carnis: primo esca et potus, deinde amor viri ad mulierem, tertio loco somnus; et ideo gravius est eas a natura carnali praecidere quam ceteras passiones. ideo nullius passionis abstinentia sic sanctificat corpus, sicut quod homo sit castus, ieiunus, et in vigiliis perseverans. ergo propter omnes has iustitias, et praecipue propter laboriosissimum ieiunium, dicit intrate per angustam portam. porta perditionis est diabolus, per quem introitur in gehennam; porta vitae est christus, per quem introitur in regna caelestia. lata autem porta dicitur esse diabolus, non magnitudine potestatis extensus, sed effrenatae superbiae licentia dilatatus. porta autem angusta dicitur christus, non parvitate potestatis exiguus, sed humilitatis ratione collectus: quia quem totus non capit mundus, seipsum intra angustias uteri virginalis inclusit. via autem perditionis est omnis iniquitas. dicitur autem spatiosa, quia non est intra regulam disciplinae inclusa; et ambulantes in ea, quicquid eos delectaverit, hoc sequuntur. via autem vitae dicitur esse omnis iustitia, et propter contrarias causas esse arcta. considerandum autem, quia nisi quis ambulaverit per viam, non potest pervenire ad portam: qui enim non ambulant per viam iustitiae, impossibile est ut vere christum cognoscant. similiter nec incurrit in manus diaboli nisi qui in via ambulat peccatorum. * gregorius super ezech.. ° quamvis autem caritas sit lata, tamen per angusta et ardua homines ducit a terra. satis angustum est omnia praetermittere, unum solum diligere, prospera non ambire, adversa non timere. * chrysostomus in matth.. ° sed cum postea dicat: iugum meum suave est, et onus meum leve, qualiter hic angustam esse viam ait et arctam? sed et hic monstrat eam levem esse et suavem: quoniam via est et porta est; sicut et altera, quae lata et spatiosa dicitur, ipsa via et porta est. horum autem nihil mansurum est, sed omnia pertranseunt. transire autem labores et sudores, et in bonum finem devenire, scilicet in vitam, sufficiens est mitigare eos qui agones patiuntur. si enim tempestates nautis et vulnera militibus levia sunt propter spem praemiorum pereuntium, multo magis cum caelum praeiacens fuerit, et immortalia praemia, nullum aliquis sentiet imminentium periculorum. sed et hoc ipsum quod illam arctam vocavit, maxime ad faciendam illam facilem conferebat: per hoc siquidem ut semper vigilarent admonuit: hoc enim dominus dicit erigens nostrum desiderium. qui enim in agone certat, cum viderit principem admirantem labores agonum, animosior fit. ne igitur moesti simus cum multa nobis hic contigerint tristia, quia arcta est via, sed non civitas; ideo neque hic quietem oportet expectare, neque ibi triste aliquid praestolari. dicens autem quam pauci sunt qui inveniunt eam, rursus hic multorum desidiam significavit, et audientes erudivit non multorum prosperitatibus attendere, sed paucorum laboribus. * hieronymus. ° significanter igitur de utraque via locutus dixit, quod per latam multi ambulant, angustam pauci inveniunt: latam enim non quaerimus, nec inventione opus est, quia sponte se offert, et errantium via est; angustam vero nec omnes inveniunt, nec qui invenerint, statim ingrediuntur per eam. siquidem multi, inventa veritatis via, capti voluptatibus saeculi, de medio itinere revertuntur.

lc8 * Chrysostomus super matth.. ° supra mandaverat apostolis dominus, ne eleemosynas, orationes et ieiunia coram hominibus, sicut hypocritae, faciant; et ideo ad cognoscendum quia haec omnia in hypocrisi fieri possunt, loquitur dicens attendite a falsis prophetis. * augustinus de serm. dom.. ° vel aliter. cum dixisset dominus, paucos esse qui inveniunt angustam portam et arctam viam, ne haeretici, qui plerumque se sub nomine paucitatis commendant, se nobis supponant, statim subicit dicens attendite a falsis prophetis. * chrysostomus in matth.. ° vel aliter. quia dictum est, angusta est porta; sed et multi sunt, qui pervertunt eam quae illuc fert viam; ideoque induxit attendite a falsis prophetis; in quo ut maiorem sollicitudinem habeant, meminit eorum quae in patribus eorum facta sunt, falsos prophetas vocans, etenim tunc talia contigerunt. * chrysostomus super matth.. ° quod autem scriptum est, quia lex et prophetae usque ad ioannem, dicitur quia prophetia de christo non erat futura post eum. prophetae autem et fuerunt et sunt: sed non qui prophetarent de christo, sed interpretarentur ea quae de christo ab antiquis fuerant prophetata, idest doctores ecclesiarum: nec enim potest quis propheticos interpretari sensus nisi per spiritum prophetiae. sciens ergo dominus futuros esse falsos doctores haeresum diversarum, admonet dicens attendite a falsis prophetis. quia enim non erant futuri manifesti gentiles, sed absconditi sub nomine christiano, non dixit: aspicite, sed attendite: ubi enim res certa est, aspicitur, idest simpliciter videtur; ubi autem incerta, attenditur, idest caute consideratur. idem dicit attendite, quia firma tutela salutis est scire quem fugias. non autem sic admonet attendite, quasi invito deo diabolus haereses introducat, sed eo permittente: quia enim non sine iudicio vult servos habere, ideo misit tentationem; quia vero non vult eos per ignorantiam perire, ideo praemonet. ne autem aliquis |50| haereticus doctor dicat quia non dixit eos falsos prophetas, sed gentilium et iudaeorum doctores, ideo addidit dicens qui veniunt ad vos in vestimentis ovium. oves enim christiani dicuntur; vestimentum autem ovile est species christianitatis et simulatae religionis. nulla autem res sic exterminat bonum, sicut simulatio: nam malum sub specie boni celatum, dum non cognoscitur, non cavetur. et ne adhuc dicat haereticus quia de viris doctoribus loquitur, qui tamen peccatores sunt, ideo addit dicens intrinsecus autem sunt lupi rapaces. catholici autem doctores, etsi fuerint peccatores, servi quidem carnis dicuntur, non tamen lupi rapaces, quia non habent propositum perdere christianos. manifeste ergo de haereticis doctoribus dicit: quia eo proposito speciem christianorum suscipiunt, ut christianos iniquo seductionis morsu dilanient; de quibus dixit apostolus: scio quia post discessum meum intrabunt in vos lupi rapaces, non parcentes gregi. * chrysostomus in matth.. ° sed tamen videtur falsos prophetas hic non | 75 | haereticos insinuare, sed eos quidem qui vitae sunt corruptae, sed facie tamen virtutis induuntur; unde dixit a fructibus eorum cognoscetis eos. apud haereticos enim est multoties et vitam invenire; apud hos autem quos dixi, nequaquam. * augustinus de serm. dom.. ° unde rectissime quaeritur, quos fructus nos attendere voluerit. multi enim quaedam in fructibus deputant quae ad vestitum ovium pertinent, et hoc modo de lupis decipiuntur: secuti enim sunt vel ieiunia vel eleemosynas vel orationes, quae praetendunt hominibus, placere cupientes eis quibus ista difficilia videntur. hi ergo non sunt fructus, de quibus cognosci istos monet. ista enim quae cum bono animo fiunt, sunt proprie ovibus vestes; cum autem malo, in errore, non aliud quam lupos tegunt; sed non ideo debent oves odisse vestimentum suum, quod plerumque illo se occultant lupi. qui sunt ergo fructus quibus cognoscamus arborem malam? dicit apostolus: manifesta sunt opera carnis, quae sunt fornicatio, immunditia, etc.. qui vero |100| sunt fructus quibus cognoscamus arborem bonam? idem apostolus ostendit, dicens: fructus autem spiritus sunt caritas, gaudium, pax. * chrysostomus super matth.. ° fructus etiam eius ovis est confessio eius fidei: qui enim secundum deum vocem humilitatis et verae confessionis emittit, ovis est; qui autem contra veritatem blasphemiis ululat contra deum, lupus est. * hieronymus. ° etsi ergo potest de omnibus intelligi quod hic de falsis prophetis dicitur, qui aliud habitu ac sermone promittunt, aliud opere demonstrant, specialiter de haereticis intelligendum videtur, qui videntur continentia ac ieiunio quasi quadam pietatis veste se circumdare; intrinsecus autem habentes animum venenatum, simpliciorum fratrum corda decipiunt. * augustinus de serm. dom.. ° sed ex operibus conici potest utrum exteriorem cultum ambitione aliqua faciant. cum enim coeperint aliquibus tentationibus ea ipsa vel subtrahi vel negari, quae isto velamine vel consecuti sunt vel consequi cupierunt, |125| tunc necesse est ut appareat utrum lupus in ovina pelle sit, an ovis in sua. * gregorius moralium. ° hypocrita etiam sanctae ecclesiae pace premitur; idcirco ante oculos nostros religione vestitur. si qua vero fidei tentatio erumpat, statim lupi mens rabida habitu se ovinae pellis expoliat, quantumque contra bonos saeviat, persequens demonstrat. * chrysostomus in matth.. ° facile etiam hypocritae capiuntur: via enim quam iussi sunt ambulare, laboriosa est: hypocrita autem laborare non utique eliget. deinde ut non dicas quoniam impossibile est cognoscere tales, rursum rationem ab humano exemplo ponit, dicens numquid colligunt de spinis uvas, aut de tribulis ficus? * chrysostomus super matth.. ° uva in se mysterium christi habet: sicut enim botrus multa in se grana ligno mediante suspendit, sic et christus multos sibi fideles per lignum crucis tenet adiunctos. ficus autem est ecclesia, quae multos fideles tenet dulci quodam caritatis amplexu, sicut ficus |150| multa grana uno tegmine tenet inclusa. sunt ergo ficus signa haec, caritatis quidem in dulcedine, unitatis autem in coniunctione granorum. in uva autem patientiae quidem signum est, quia in torcular mittitur; gaudii autem, quia vinum laetificat cor hominis; sinceritatis, quia non est aqua permixtum; suavitatis autem in delectatione. spinae autem et tribuli sunt haeretici. sicut ergo spina vel tribulus ex quacumque parte habet aculeos, sic servos diaboli ex quacumque parte consideraveris, iniquitatis pleni sunt. non possunt ergo huiusmodi spinae et tribuli ecclesiasticos fructus proferre. quod autem particulariter sub similitudine ficus et vitis, spinae et tribuli dixerat, ostendit consequenter universaliter esse verum cum dicit sic omnis arbor bona fructus bonos facit, mala autem arbor fructus malos facit. * augustinus de serm. dom.. ° in hoc autem loco illorum error cavendus est, qui de duabus arboribus duas naturas opinantur esse; quarum una sit dei, altera vero non. non autem eos adiuvare |175| duas istas arbores dicendum est: quia de hominibus eum dicere planum est, si quis praecedentia et consequentia legerit. * augustinus de civ. dei. ° hominibus autem praedictis ipsae naturae displicent, non eas considerantibus secundum utilitatem suam; non autem ex commodo vel incommodo nostro, sed per seipsam considerata natura dat artifici suo gloriam. naturae igitur omnes quoniam sunt, et ideo habent modum suum, speciem suam et quamdam secum pacem suam, profecto bonae sunt. * chrysostomus in matth.. ° ut autem nullus dicat quoniam mala arbor fert quidem fructus malos, fert autem et bonos, et sic difficilis sit cognitio, duplici prolatione existente, ideo subiungit non potest arbor bona fructus malos facere, neque arbor mala fructus bonos facere. * augustinus de serm. dom.. ° ex hoc verbo putant manichaei, neque animam malam fieri posse ut in melius commutetur, neque bona in deterius; quasi dictum sit: non potest arbor bona mala fieri, neque mala fieri |200| bona; sed ita dictum est non potest arbor bona fructus malos facere, nec e converso. arbor quippe est ipsa anima, idest ipse homo; fructus vero opera hominis. non ergo potest malus homo bona operari, neque bonus mala. ergo si vult malus bona operari, prius bonus fiat. quamdiu autem quisque malus est, non potest facere fructus bonos. sicut enim potest fieri ut quod fuit nix, non sit, non autem ut nix sit calida, sic potest fieri ut qui malus fuit, non sit malus; non tamen fieri potest ut malus bene faciat: quia etsi aliquando utilis est, non hoc ipse facit, sed fit de illo divina providentia procurante. * rabanus. ° homo autem ipse arbor bona vel mala dicitur, propter voluntatem bonam vel malam. fructus autem sunt opera, quae nec bona malae voluntatis esse possunt, nec mala bonae voluntatis. * augustinus contra iulianum. ° sicut autem manifestum est ex voluntate mala, tamquam ex arbore mala fructus eius, fieri omnia opera mala, sic ipsam voluntatem malam unde dices esse exortam, nisi quia voluntas mala angeli ex angelo, ex homine |225| hominis orta est? quid autem erant haec duo antequam in eis ista mala orirentur, nisi bonum opus dei, et bona atque laudanda natura? ecce ergo ex bono oritur malum; nec fuit omnino unde oriri posset, nisi ex bono; ipsam dico voluntatem malam, quoniam nullum malum praecessit, non opera mala, quae non sunt nisi ex voluntate mala tamquam ex arbore mala: nec ideo tamquam ex bono potuit oriri voluntas mala, quia bonum factum est a bono deo: sed quia de nihilo factum est, non de deo. * hieronymus. ° quaeramus autem ab haereticis, qui duas in se contrarias dicunt esse naturas, si iuxta intelligentiam eorum, arbor bona malos fructus facere non potest, quomodo moyses arbor bona peccaverit ad aquam contradictionis, petrus quoque in passione dominum negaverit, dicens: nescio hominem. aut qua consequentia socer moysi arbor mala, qui in deum israel non credebat, dedit consilium bonum? * chrysostomus in matth.. ° quia vero punire non iusserat falsos prophetas, ideo terret eos | 250 | secundum poenam quae est a deo, dicens omnis arbor quae non facit fructum bonum excidetur, et in ignem mittetur: quibus verbis et iudaeos insinuare videtur; ideoque verbum ioannis baptistae meminit, per eadem verba poenam eis subscribens. etenim et ille hoc dixit ad iudaeos, instantem securim, et arborem excidendam, et ignem inextinguibilem commemorans. si quis autem diligenter investigabit, duae poenae sunt: et excidi, et comburi; qui enim comburitur, et a regno exciditur omnino; quae poena difficilior est. multi autem gehennam solum abhorrent; ego autem casum illius gloriae multo amariorem poenam, quam ipsius gehennae supplicium esse dico. quod enim parvum vel magnum malum non susciperet pater, ut videat, et potiatur dulcissimo filio? hoc itaque in gloria illa putemus: non enim aliquis filius ita suavis est patri ut illorum bonorum requies, et dissolvi et esse cum christo. intolerabilis quidem poena est gehenna; sed si quis decem mille ponat gehennas, nihil tale dicit quale est a beata |275| gloria illa excidere, et odio haberi a christo. * glossa ° ex praemissa autem similitudine concludit quod supra iam dixerat, quasi manifestum, dicens igitur ex fructibus eorum cognoscetis eos.

lc9 * Hieronymus. ° sicut supra dixerat, eos qui habent vestem bonae vitae, non recipiendos propter dogmatum nequitiam, ita nunc e contrario asserit nec his quidem accommodandam fidem qui, cum polleant integritate doctrinae, malis operibus destruunt: utrumque enim dei servis necessarium est, ut et opus sermone, et sermo operibus comprobetur; et ideo dicit non omnis qui dicit mihi: domine, domine, intrabit in regnum caelorum. * chrysostomus in matth.. ° ubi iudaeos maxime tangere videtur, in dogmatibus omnia ponentes: unde et paulus eos incusat dicens: si autem tu iudaeus cognominaris, et requiescis in lege. * chrysostomus super matth.. ° vel aliter. quoniam falsos prophetas et veros ex fructibus eorum docuit discernendos, hic iam manifestius docet qui sunt fructus quibus discernuntur probi doctores et reprobi. * augustinus de serm. dom.. ° cavendum enim est in ipso christi nomine ab haereticis |25| vel quibuslibet male intelligentibus et saeculi huius amatoribus ne decipiamur; et ideo dicit non omnis qui dicit mihi: domine, domine. sed merito potest movere quomodo huic sententiae conveniat illud apostoli: nemo potest dicere dominum iesum, nisi in spiritu sancto. non enim possumus dicere, illos qui non intrant in regnum caelorum, habere spiritum sanctum. sed apostolus proprie posuit hoc verbum dicit, ut significet voluntatem atque intellectum dicentis. ille enim proprie dicit qui voluntatem ac mentem suam sono vocis enuntiat. dominus autem generaliter hic posuit verbum dicendi: videtur enim etiam ille dicere qui nec vult nec intelligit quod dicit. * hieronymus. ° moris est enim scripturarum dicta pro factis accipere, secundum quem sensum dicit apostolus: confitentur scire deum, factis autem negant. * ambrosius. ° omne etiam verum a quocumque dicatur, a spiritu sancto est. * augustinus. ° non ergo putemus ad illos fructus de quibus |50| supra dixerat, pertinere si quis domino nostro dicat domine, domine, et ex eo nobis arbor bona videatur; sed illi sunt fructus facere voluntatem dei; unde sequitur sed qui facit voluntatem patris mei qui in caelis est, ipse intrabit in regnum caelorum. * hilarius in matth.. ° caelestis enim regni iter, obedientia voluntatis dei, non nuncupatio repertura est. * chrysostomus super matth.. ° quae autem est voluntas dei, ipse dominus docet: haec est, inquit, voluntas eius qui misit me, ut omnis qui videt filium, et credit in eum, habeat vitam aeternam. credulitatis autem verbum et ad confessionem respicit et ad actum. qui ergo non confitetur, aut non conversatur secundum verbum christi, non intrabit in regnum caelorum. * chrysostomus in matth.. ° non autem dixit qui facit voluntatem meam, sed patris: quoniam interim conveniens erat prius hoc suscipi ad imbecillitatem eorum; sed et per hoc illud occulte insinuavit; non est enim alia voluntas filii quam quae est |75| patris. * augustinus de serm. dom.. ° illud autem ad rem pertinet, ne decipiamur non solum nomine christi per eos qui nomen habent, et facta non agunt, sed etiam quibusdam factis atque miraculis, qualia propter infideles cum fecerit dominus, monuit tamen ne talibus decipiamur, arbitrantes ibi esse invisibilem sapientiam ubi miraculum visibile videmus; unde adiungit; et dicit multi dicent mihi in illa die. * chrysostomus in matth.. ° vides qualiter latenter iam seipsum introducit. quia enim omnem complevit sermonem, monstrat seipsum iudicem esse. quae enim poena expectat eos qui peccant, iam ante monstravit. quia autem est qui punit, hoc iam revelat, dicens multi dicent mihi in illa die. * chrysostomus super matth.. ° quando scilicet venerit in maiestate patris sui, quando iam nemo ausurus est garrula contentione sermonum aut mendacium defendere aut contradicere veritati; quando opera singulorum loquentur, et ora tacebunt; nec alter pro altero interveniet, sed |100| singuli sibi timebunt. in illo enim iudicio non erunt testes adulatores homines, sed angeli veraces; iudex autem dominus iustus: unde proprie timentium hominum et angustias patientium vocem expressit, dicens domine, domine. non enim semel sufficit illi dicere domine, quem necessitas timoris astringit. * hilarius in matth.. ° gloriam autem sibi ex verbi intentione praesumunt in doctrinae prophetia et daemoniorum fuga et operum virtutibus: atque hinc sibi regnum caelorum pollicentur, dicentes nonne in nomine tuo prophetavimus? * chrysostomus in matth.. ° sed sunt quidam qui dicunt: quoniam mentientes hi hoc dixerunt, et ideo salvati non sunt; sed non auderent iudice praesente ad ipsum hoc dicere. sed et ipsa responsio et interrogatio ostendit eos talia fecisse. qui enim hic mirabiles erant apud omnes, miracula facientes, illic autem vident seipsos punitos, admirantes dicunt domine, nonne in nomine tuo prophetavimus? quidam autem dicunt, quoniam non in tempore in quo haec miracula | 125 | faciebant, iniqua agebant, sed postea. sed si hoc erit, rursus quod dominus volebat monstrare, non constat: quod scilicet neque fides neque miracula valent, bona vita non existente; quod et paulus dicit: si habuero fidem ut montes transferam, caritatem autem non habuero, nihil sum. * chrysostomus super matth.. ° sed considera, quia in nomine dicunt, non: in spiritu; prophetant enim in nomine christi, sed in spiritu diaboli; quales sunt divinatores. sed sic discernuntur: quoniam diabolus interdum falsa dicit, spiritus sanctus numquam. concessum est autem et diabolo interdum vera dicere, ut mendacium suum rara veritate commendet. daemonia autem eiiciunt in nomine christi habentes spiritum inimici; magi autem non eiciunt, sed eicere videntur, colludentibus sibi daemonibus. faciunt et virtutes, idest miracula, non utilia et necessaria, sed inutilia et vacua. * augustinus de serm. dom.. ° legant enim quanta fecerint resistentes moysi magi |150| aegyptiorum. * hieronymus. ° vel aliter. prophetare, virtutes facere et daemonia eicere, etiam divina virtute, interdum non est eius meriti qui operatur; sed vel invocatio nominis christi hoc agit, vel ob condemnationem eorum qui invocant, aut utilitatem eorum qui vident et audiunt conceditur: ut licet homines despiciant facientes, tamen deum honorent, ad cuius invocationem fiunt tanta miracula: nam et saul et balaam et caiphas prophetaverunt, et in actibus apostolorum filii scevae videbantur eicere daemonia, et iudas apostolus cum animo proditoris multa signa inter ceteros apostolos fecisse narratur. * chrysostomus in matth.. ° quia enim non omnes ad omnia apte se habebant, sed hi quidem erant vitae purae, fidem autem non tantam habebant, hi autem contrarium, ideo deus illos per hos convertebat, ut multam ostenderent fidem; hos autem per hoc ineffabile signorum donum, ut fierent meliores evocabat: unde et cum multa copia hanc gratiam eis dabat. dicent enim virtutes multas fecimus. |175| sed quia circa eum qui eos ita honoravit, ingrati facti sunt, recte sequitur tunc confitebor illis: quia nunquam novi vos. * hieronymus. ° signanter dicit tunc confitebor, quia multo tempore ante dicere dissimulaverat. * chrysostomus super matth.. ° grandem enim iram grandis dilatio praecedere debet, quae iustius facit dei esse iudicium, et digniorem interitum peccatorum. sciendum autem quod peccatores nescit deus, quia non digni sunt ut cognoscantur a deo: non quia omnino ipsos non cognoscat, sed quia suos esse illos non cognoscit. deus enim naturaliter omnes cognoscit; sed videtur eos non cognoscere, quia non eos diligit; sicut etiam non videntur deum cognoscere qui non colunt eum digne. * chrysostomus in matth.. ° dicit autem eis nunquam novi vos; quasi, non solum in tempore iudicii, sed neque tunc cum miracula faciebatis: multos enim et hic iam odio habet, et ante punitionem avertit. * hieronymus. ° observa etiam hoc quod dicit nunquam novi vos, esse contra |200| quosdam dicentes, quod omnes homines semper conversati sunt inter rationabiles creaturas. * gregorius moralium. ° hac autem sententia datur intelligi, quod in hominibus caritas, humilitas, non autem debeant virtutum signa venerari; unde nunc sancta ecclesia etiam si qua sunt haereticorum miracula, despicit, quia haec sanctitatis speciem non esse cognoscit. probatio quidem sanctitatis non est signa facere, sed proximum ut se diligere, de deo vera, de proximo meliora quam de seipso sentire. * augustinus contra advers. legis et prophet.. ° absit autem ut secundum manichaeos ista de prophetis sanctis dominus dixerit; sed dictum est de his qui post eius evangelium praedicatum in eius nomine sibi loqui videntur, nescientes quid loquantur. * hilarius in matth.. ° sic autem hypocritae gloriati sunt, quasi aliquid proprium sit quod loquuntur aut faciunt, et non omnia virtus dei invocata perficiat; cuius doctrinae scientiam lectio afferat, daemoniorum fugam christi nomen exagitet. de nostro |225| igitur est beata illa aeternitas promerenda; praestandumque est aliquid ex proprio, ut bonum velimus, malum omne vitemus, agamusque potius quod vult quam quod potest gloriemur. repudians igitur eos ac expellens propter opera iniquitatis, dicit discedite a me, qui operamini iniquitatem. * hieronymus. ° non dixit: qui operati estis iniquitatem, ne videretur tollere poenitentiam; sed: qui operamini; idest, qui usque in praesentem horam cum iudicii tempus advenerit, licet non habeatis facultatem peccandi, tamen adhuc habetis affectum. * chrysostomus super matth.. ° nam mors quidem animam a carne separat; animae autem propositum non immutat.

lc10 * Chrysostomus in matth.. ° quoniam quidam futuri erant quae dicta sunt a domino admirantes; ostensionem autem quae est per opera non tribuentes, praeveniens eos terret dicens omnis ergo qui audit verba mea haec, et facit ea, assimilabitur viro sapienti. * chrysostomus super matth.. ° non autem dixit: aestimabo eum qui audit et facit, virum sapientem; sed: assimilabitur viro sapienti; ergo qui similatur homo est; cui autem assimilatur? christo; christus autem est sapiens vir, qui aedificavit domum suam, idest ecclesiam, supra petram, idest supra fortitudinem fidei. vir autem stultus est diabolus, qui aedificavit domum suam, idest omnes impios, super arenam, idest inconstantiam infidelitatis, aut super carnales homines: qui dicuntur arena propter sterilitatem, et quia non cohaerent sibi, sed sunt per diversas opiniones dispersi, et quia sunt innumerabiles. pluvia autem est doctrina quae irrigat hominem; nubes |25| autem sunt a quibus pluvia fluit. quidam a spiritu sancto excitantur, sicut apostoli et prophetae, et quidam a spiritu diaboli, sicut haeretici. venti autem boni sunt spiritus diversarum virtutum, vel angeli, qui invisibiliter in sensibus hominum operantur, et adducunt ad bona; venti autem mali sunt spiritus immundi. flumina autem bona sunt evangelistae et doctores populi; flumina mala sunt homines immundo spiritu pleni, et verbositate instructi, sicut philosophi, et ceteri saecularis scientiae professores, de quorum ventre exeunt flumina aquae mortuae. ecclesiam ergo quam christus fundavit non pluvia mendacis doctrinae corrumpit, neque diabolicus flatus impellit, neque violentorum fluminum impetus movet. nec est contrarium quod quidam de ecclesia cadunt: non enim omnes qui christiani dicuntur, christi sunt; sed novit dominus qui sunt eius. sed contra domum quam aedificavit diabolus, descendit pluvia verae doctrinae; venti, idest spiritales gratiae, aut angeli; flumina, quatuor evangelistae, |50| et ceteri sapientes; et sic cecidit domus, idest gentilitas, ut surgeret christus; et facta est eius ruina magna, solutis erroribus, convictis mendaciis, et idolis in toto mundo destructis. christo ergo similis est qui audit verba christi et facit ea: ipse enim aedificat supra petram, idest christum, qui est omne bonum: ut in quacumque specie boni aliquis aedificaverit, supra christum aedificasse videatur. sicut autem ecclesia aedificata a christo dirui non potest, sic talem christianum, qui se aedificavit super christum, nulla adversitas deicere potest: secundum illud ad rom.: quis nos separabit a caritate christi? diabolo autem est similis qui audit verba christi et non facit. verba enim quae audiuntur et non fiunt, separata sunt, et dispersa; et ideo assimilantur arenae. arena etiam est omnis malitia, vel etiam mundialia bona. sicut autem domus diaboli destructa est, ita tales supra arenam fundati destruuntur et cadunt. et est ruina magna, si de fundamento fidei aliquid ruinae fuerit passus; non |75| autem si fornicatus fuerit aut homicidium fecerit; quia habet unde per poenitentiam surgat, sicut et david. * rabanus. ° vel ruina magna intelligenda est, qua dicturus est dominus audientibus et non facientibus: ite in ignem aeternum. * hieronymus. ° vel aliter. super arenam, quae fluida est, et in unam copulam non potest redigi, omnis haereticorum sermo aedificatur ut corruat. * hilarius in matth.. ° vel aliter. in pluviis blandarum et sensim illabentium voluptatum illecebras significat, quibus primum fides rivis patentibus immadescit; post quas fluviorum procursus, idest graviorum cupiditatum motus, incurrit, ut exinde tota ventorum vis circumstantium desaeviat, idest universus diabolicae potestatis spiritus inferatur. * augustinus de serm. dom.. ° vel aliter. pluvia cum in mali alicuius significatione ponitur, caliginosa superstitio intelligitur; rumores autem hominum ventis comparantur; fluvius autem carnalibus concupiscentiis, |100| tamquam fluentibus super terram; et qui prosperitatibus inducitur, adversitatibus frangitur: quorum nihil metuit qui fundatam habet domum supra petram, idest qui non solum audit praeceptum domini, sed etiam facit. et in his omnibus periculo se subicit qui audit et non facit; non enim quisque firmat in se quae dominus praecipit vel ipse audit, nisi faciendo. considerandum autem est, quia cum dixit qui audit verba mea haec, satis significat istum sermonem omnibus praeceptis, quibus christiana vita formatur, esse perfectum; ut merito qui secundum ea vivere voluerint, comparentur aedificanti supra petram.

lc11 * Glossa. ° posita doctrina christi, effectum doctrinae ipsius in turbis ostendit, dicens et factum est, cum consummasset iesus verba haec, admirabantur turbae super doctrina eius. * rabanus in matth.. ° consummatio haec ad perfectionem verborum et integritatem dogmatis pertinet. quod autem dicitur turbas admirari, aut infideles in turba significat (qui ob hoc stupebant, quia non credebant verbis salvatoris); aut omnes generaliter demonstrat, qui excellentiam tantae sapientiae in eo venerabantur. * chrysostomus super matth.. ° placatus rationabiliter hominis intellectus laudem generat, victus autem admirationem. quicquid enim digne laudare non possumus, admiramur. admiratio tamen eorum magis ad gloriam christi pertinebat quam ad fidem ipsorum: si enim crederent in christum, non mirarentur. illud enim movet admirationem quod superat facientis aut dicentis personam; et ideo quod a deo factum aut dictum est, non admiramur, |25| quia omnia minora sunt quam dei potentia. turbae autem erant quae mirabantur, id est populus vulgaris, non principes populi, qui non discendi studio audire solebant; populus autem simplex simpliciter audiebat; sed eorum silentium, si illi interfuissent, suis contradictionibus conturbassent: ubi enim est maior scientia, illic fortior malitia: qui enim festinat esse prior, non est contentus esse secundus. * augustinus de cons. evang.. ° ex eo autem quod hic dicitur potest videri discipulorum turbam deseruisse, ex quibus illos duodecim elegerat in monte ex pluribus quos apostolos nominavit, quod matthaeus hic praetermisit. solis enim discipulis in monte videtur iesus hunc habuisse sermonem, quem matthaeus interposuit et lucas tacet. et deinde, cum descendisset in loco campestri, habuisse alterum similem, de quo matthaeus tacet, lucas non tacet. quamquam etiam illud possit occurrere quod, sicut supra dictum est, apostolis ceterisque turbis praesentibus unum habuisse sermonem quem |50| matthaeus lucasque narrarunt diverso narrandi modo, sed eadem veritate sententiarum; et sic planum est quod hic dicitur de admiratione turbae. * chrysostomus in matth.. ° causam autem admirationis subdit, dicens erat enim docens eos sicut potestatem habens, et non sicut scribae eorum et pharisaei. si autem hanc potestatem videntes per opera, scribae eum a se abigebant, ubi sola verba erant potestatem manifestantia, qualiter scandalizati non fuissent? sed turbae hoc non passae sunt: cum enim anima benevola fuerit, facile persuadetur a sermonibus veritatis. erat autem potestas docentis, ut multos eorum caperet, et in admirationem mitteret; ita quod propter delectationem eorum quae dicta erant, neque tacentem dimittebant: unde et secutae sunt eum descendentem de monte. stupebant autem eius maxime potestatem, quia non ad alium referens, ut prophetae et moyses dixerunt, quae dixit, sed ubique ostendit se eum esse qui habet dominium: etenim legem ferens, |75| continue apponebat: ego autem dico vobis. * hieronymus. ° quia quasi deus et dominus ipsius moysi pro libertate voluntatis suae, vel ea quae minus videbantur addebat in lege, vel commutans praedicabat in populo, ut supra legimus: dictum est antiquis; ego autem dico vobis. scribae autem ea tantum docebant quae scripta sunt in moyse et prophetis. * gregorius moralium. ° vel singulariter christus ex bona potestate locutus est, quia ex infirmitate mala nulla commisit; nos autem quia infirmi sumus, ex propria infirmitate pensemus quo docendi ordine infirmis fratribus consulamus. * hilarius in matth.. ° vel in verborum virtutibus effectum potestatis metiebantur. * augustinus de serm. dom.. ° hoc est enim quod in psalmo ii significatur: fiducialiter agam in eo. eloquia domini, eloquia casta, argentum igne examinatum, terrae probatum, purgatum septuplum, propter quem numerum admonitus sum omnia ista praecepta ad septem illas referre sententias |100| quas in principio sermonis huius posuit, scilicet de beatitudinibus. quod enim aliquis fratri irascatur sine causa, vel racha dicat, vel fatuum eum appellet, superbissime admittitur; contra quod est unum remedium, ut supplici animo veniam deprecetur, qui non iactantiae spiritu infletur. beati ergo pauperes spiritu, quoniam ipsorum est regnum caelorum. consentit autem adversario, idest verbo dei reverentiam exhibendo, quisquis ad testamentum patris aperiendum non litibus acerbus, sed pietate mitis accesserit: beati ergo mites, quoniam ipsi hereditate possidebunt terram. quisquis etiam carnalem delectationem contra rectam voluntatem quam rebellare sentit, exclamet: infelix ego homo, quis me liberabit de corpore mortis huius? et ita lugendo imploret consolatoris auxilium: unde beati qui lugent, quoniam ipsi consolabuntur. quid autem laboriosius cogitari potest quam ut in vitiosa consuetudine superanda praecidat intra se membra impedientia regnum caelorum, |125| nec dolore frangatur, toleret in coniugali fide omnia quae, quamvis sint molestissima, crimen tamen fornicationis non habent; verum loquatur, quod non iurationibus crebris, sed morum probitate commendet? sed quis tantos labores inire audeat, nisi flagret amore iustitiae, quasi fame ac siti vehementi accensus? beati ergo qui esuriunt et sitiunt, quoniam ipsi saturabuntur. quis autem potest paratus esse ab infirmis iniurias sustinere, petentia se tribuere, diligere inimicos, benefacere his qui se oderunt, orare pro persequentibus, nisi perfecte misericors? beati ergo misericordes, quoniam ipsi misericordiam consequentur. mundum autem cordis oculum habet qui finem bonorum operum suorum non in eo constituit ut hominibus placeat, neque ut comparet ea quae huic vitae sunt necessaria, neque temere animum hominis contemnat; et quicquid exhibet homini, hac intentione exhibet qua sibi vult exhiberi. beati ergo mundo corde quoniam deum videbunt. oportet etiam ut per mundum cor inveniatur |150| arcta via sapientiae, cui perversorum hominum deceptiones obstrepunt; quas evadere est venire ad pacem sapientiae. beati ergo pacifici, quoniam filii dei vocabuntur. sed sive iste ordo considerandus sit, sive alius, facienda sunt quae audivimus a domino, si volumus aedificare supra petram.

071 CMT cp8

lc1 * Hieronymus. ° post praedicationem atque doctrinam, signorum offertur occasio, ut per virtutum miracula praeteritus apud audientes sermo firmetur. * chrysostomus super matth.. ° quia enim quasi potestatem habens docebat, ut non aestimaretur ostentatio esse hic doctrinae modus, operibus hoc idem facit, quasi potestatem habens curare; et ideo dicit cum autem descendisset iesus de monte secutae sunt eum turbae multae. * origenes. ° docente enim domino in monte, discipuli erant cum ipso, quibus erat datum caelestis doctrinae nosse secreta; nunc autem descendente eo de monte, turbae secutae sunt eum, quia in monte ascendere nequaquam poterant; quia quos delictorum sarcina deprimit, ad mysteriorum sublimia scandere non valent. descendente autem domino, hoc est inclinante se ad infirmitatem et impotentiam ceterorum, quando misertus est imperfectioni eorum, vel infirmitati, secutae sunt eum turbae multae: quidam propter claritatem, plerique propter doctrinam, |25| nonnulli propter curationem et administrationem. * haymo. ° vel aliter. per montem in quo dominus sedet, caelum intelligitur, de quo scriptum est: caelum mihi sedes est. sed cum dominus in monte sedet, soli discipuli ad eum accedunt: quia antequam fragilitatis nostrae humanitatem assumeret, notus erat tantum in iudaea deus; at vero postquam de monte suae divinitatis descendit, et humanitatis nostrae fragilitatem assumpsit, magna turba nationum secuta est eum. demonstratur autem doctoribus ut in praedicatione sua sermonem habeant temperatum, et sicut viderint unumquemque capere posse, ita et verbum dei annuntient. ascendunt enim in montem doctores, cum perfectioribus excellentia praecepta ostendunt; descendunt vero, cum infirmioribus leviora demonstrant. * chrysostomus super matth.. ° inter ceteros autem qui montem non ascenderant, et leprosus sursum ascendere non valebat, quasi peccatorum baiulans pondus: lepra enim est |50| peccatum animarum nostrarum. ideo ergo dominus de altitudine caeli, quasi de excelso monte, descendit, ut lepram peccatorum nostrorum mundaret: et ideo quasi iam praeparatus descendenti occurrit: propter quod dicitur et ecce leprosus veniens. * origenes. ° deorsum curat, et in monte nihil facit: quia tempus est omni rei sub caelo: tempus doctrinae, et tempus curationis. in monte docuit, animas curavit, corda sanavit; quibus completis, sicut de caelestibus montibus ad salvandos carnales descendente, venit ad eum leprosus, et adorabat eum. antequam peteret, adorare coepit, cultum ostendens. * chrysostomus super matth.. ° non enim illum petebat quasi hominem artificem, sed adorabat eum quasi deum. oratio autem perfecta est fides et confessio: unde leprosus fidei opus adorans implevit; sed opus confessionis implevit in verbis: unde adorabat eum dicens. * origenes. ° domine, per te omnia facta sunt: tu ergo, si vis, potes me mundare. voluntas tua opus est, |75| et opera tua voluntati obediunt. tu prius naaman syrum per eliseum a lepra mundasti; et modo, si vis, potes me mundare. * chrysostomus in matth.. ° non dixit: si rogaveris deum, neque: si adoraveris; sed si volueris, potes me mundare. neque dixit: domine, munda; sed ei totum concedit; et dominum eum facit, et potestatem universorum ei attribuit. * chrysostomus super matth.. ° et ita spirituali medico spiritualem offerebat mercedem: nam sicut medici pecuniis, iste oratione placatur. nihil enim dignius offerimus deo quam orationem fidelem. in hoc autem quod dicit si vis, non dubitat christi voluntatem ad omne opus bonum paratam. sed quia non omnibus expedit corporalis integritas, nesciebat utrum ei expediret curatio illa. dicit ergo si vis; ac si diceret: credo quia quod bonum est vis; ignoro autem si est mihi, quod desidero, bonum. * chrysostomus in matth.. ° cum autem voluntate ac sermone purgare posset, manus apposuit tactum, unde sequitur et |100| extendens manum, tetigit eum: ut ostendat quoniam non subiacet legi, et quoniam mundo iam nihil est immundum. eliseus autem observans legis diligentiam, non exivit, et tetigit naaman; sed mittit eum ad iordanem lavandum. dominus autem monstrat quoniam non ut servus, sed ut dominus, curat et tangit: non enim manus a lepra facta est immunda, sed corpus leprosum a manu sancta constitutum est mundum. non enim corpora solum curaturus advenit, sed et animam in veram sapientiam ducturus. sicut igitur manibus non lotis iam manducare non prohibebat, ita et hic erudit quoniam oportet animae lepram formidare solam, quod est peccatum: lepram autem corporis nullum impedimentum esse ad virtutem. * chrysostomus super matth.. ° quamvis autem litteram legis solverit, propositum tamen eius non solvit. ideo enim lex iussit non tangere lepram, quia non poterat facere ut lepra non sordidaret tangentem; ergo vetuit tangere lepram, non ut leprosi non sanarentur, sed ut tangentes non |125| inquinarentur. iste autem tangens non inquinatus est a lepra, sed ipsam lepram mundavit tangendo. * damascenus de fide orth.. ° non enim deus solum erat, sed homo: unde per tactum et per sermonem divina signa operabatur: ut enim per organum, ita per corpus divinae perficiebantur actiones. * chrysostomus in matth.. ° cum autem leprosum tangit, nullus eum incusat, quia nondum invidia detenti erant auditores. * chrysostomus super matth.. ° si autem tacite eum curasset, quis scire poterat cuius virtute sanatus esset? igitur voluntas mundandi facta est propter leprosum, verbum autem propter spectantes; ideo dixit volo, mundare. * hieronymus. ° non autem ut plerique latinorum putant, iunctim legendum est volo mundare; sed separatim, ut prius dicatur volo, deinde ut imperans dicat mundare. ille enim dixerat si vis; dominus respondit volo; ille praemiserat potes me mundare; dominus dixit mundare. * chrysostomus in matth.. |150| ° nusquam autem videtur dicere hoc verbum, quamvis magna signa faciens; sed hic propterea apposuit volo, ut opinionem plebis et leprosi de eius potestate confirmaret. * chrysostomus. ° cessit autem mandanti natura cum decenti velocitate; et ideo sequitur et confestim mundata est lepra eius. sed hoc quod dicit confestim, multum est tardius velocitate quae secundum opus est facta. * origenes. ° quia enim non dubitavit credere, non tardatur sanatio; quia non distulit confessionem, non differtur mundatio. * augustinus de cons. evang.. ° huius autem leprosi mundati etiam lucas meminit, non sane hoc ordine, sed ut solent praetermissa recordari, posterius facta praeoccupari, sicut divinitus suggerebantur, ut antea cognita, postea recordando rescriberent. * chrysostomus in matth.. ° curans autem iesus corpus, iubet nulli dicere; unde sequitur et ait illi iesus: vide nemini dixeris. quidam igitur aiunt quoniam ideo iussit hoc, ut non malignentur circa eius purgationem; |175| quod insipienter dicitur: non enim ita mundavit ut dubitabilis esset mundatio; sed nulli dicere iubet, docens non diligere ostentationem et honorem. qualiter igitur alii sanato iubet dicere? sed in hoc erudivit nos bonae mentis esse; non enim illic divulgari se iussit, sed dari gloriam deo. per leprosum ergo hunc instruit nos non esse vane gloriosos: per illum autem non esse ingratos, sed omnia ad laudem dei referre. * hieronymus. ° et revera quid erat necesse quod sermone iactaret quod corpore praeferebat? * hilarius in matth.. ° vel ut salus haec non offerretur potius quam quaereretur, silentium imperatur. sequitur sed vade, ostende te sacerdoti. * hieronymus. ° mittit autem eum ad sacerdotes, primum propter humilitatem, ut sacerdotibus deferre videatur; deinde ut videntes leprosum mundatum, si crederent salvatori, salvarentur; si vero non crederent, inexcusabiles fierent; et simul ne quod in eo saepissime criminabantur, legem infringere videretur. * chrysostomus. |200| in matth.. ° neque enim ubique eam dissolvebat, neque ubique custodiebat; sed quandoque quidem hoc, quandoque illud faciebat: in uno quidem futurae sapientiae praeparans vitam, in altero autem inverecundam iudaeorum cohibens linguam, et condescendens imbecillitati eorum. unde apostoli apparent quandoque quidem observantes legem, quandoque autem eam praetermittentes. * origenes. ° vel mittit ad sacerdotes, ut cognoscant quia non per legis consuetudinem mundatus est, sed per gratiae operationem. * hieronymus. ° erat autem in lege praeceptum ut qui mundati fuerant a lepra, offerrent munera sacerdotibus; unde sequitur et offer munus tuum, quod praecepit moyses, in testimonium illis. * chrysostomus super matth.. ° non sic intellige, quia hoc moyses praecepit in testimonium illis: sed vade tu, offer in testimonium illis. * chrysostomus in matth.. ° praevidens enim christus eos ex hoc nihil profecturos, non dixit: in |225| emendationem eorum, sed in testimonium, idest in accusationem, et attestationem quoniam quae a me erant fienda, omnia facta sunt. et licet eos praeviderit non emendari, non tamen dimisit quae facere oportebat: illi autem in propria manserunt malitia. non autem dixit: munus quod ego iubeo, sed quod moyses iussit, ut interim transmittat ad legem, et iniquorum obstruat ora: ut enim non dicant quoniam sacerdotum gloriam rapuit, opus quidem ipse implevit, probationem autem illis concessit. * origenes. ° vel offer munus tuum, ut omnes qui vident te portare, miraculo credant. * chrysostomus super matth.. ° vel ideo iubet offerri munera, ut si postmodum eum expellere vellent, dicere eis: munera quasi a mundato accepistis; et quomodo me quasi leprosum expellitis? * hilarius in matth.. ° vel legendum est quod moyses praecepit in testimonium illis: quia quod moyses in lege praecepit, testimonium est, non effectus. * beda in hom. dom. 3 post epiph.. ° si quem autem moveat |250| quomodo dominus cum videatur moysi sacrificium approbare, quare id ecclesia non recipiat, meminerit quod nondum christus corpus suum obtulerat per passionem in holocaustum. non autem oportebat auferri significantia sacrificia prius quam illud quod significabatur, confirmatum esset testimonio apostolorum praedicantium, et fide credentium populorum. vir autem iste genus humanum designat, qui non solum leprosus, verum etiam, iuxta evangelium lucae, plenus lepra fuisse describitur. omnes enim peccaverunt, et egent gloria dei, illa scilicet ut extenta manu salvatoris, hoc est incarnato dei verbo, humanamque contingente naturam, ab erroris prisci vanitate mundentur; et qui diutius abominabiles, et castris populi dei eiecti, iam aliquando templo redditi et sacerdoti, queant offerre corpora sua hostiam viventem; illi scilicet cui dicitur: tu es sacerdos in aeternum. * remigius. ° moraliter autem per leprosum designatur peccator: nam peccatum immundam et |275| variam animam facit; qui ante christum procidit, quando de pristinis peccatis confunditur: et tamen debet confiteri, et remedium poenitentiae postulare: nam leprosus vulnus ostendit, et remedium postulavit. extendit autem dominus manum, quando auxilium divinae miserationis impendit: et statim consequitur remissionem delictorum; nec debet ecclesia eidem reconciliari, nisi iudicio sacerdotis.

lc2 * Chrysostomus super matth.. ° postquam dominus discipulos docuit in monte, leprosum autem sanavit sub monte, venit capharnaum in mysterio, quia post iudaeorum mundationem venit ad gentes. * haymo. ° capharnaum enim, quae villa pinguedinis interpretatur, sive ager consolationis, ecclesiam quae ex gentibus est collecta, significat, quae spirituali pinguedine est repleta, secundum illud ps. 62, 6: sicut adipe et pinguedine repleatur anima mea. et inter pressuras saeculi de caelestibus consolatur, secundum illud ps. 93, 18: consolationes tuae laetificaverunt animam meam. unde dicitur cum autem introisset capharnaum, accessit ad eum centurio. * augustinus de verb. dom.. ° iste centurio de gentibus erat: iam enim iudaea gens habebat militem romani imperii. * chrysostomus super matth.. ° centurio autem iste primus fructus ex gentibus ad cuius fidei comparationem omnium iudaeorum fides infidelitas est inventa: qui neque |25| christum audivit docentem, neque leprosum, cum mundaretur, aspexit, sed audita tantummodo sanitate leprosi, plus credidit quam audivit: erat enim in mysterio gentium futurarum, quae neque legem aut prophetas legerant de christo, neque ipsum christum mirabilia facientem viderant. accessit ergo rogans, et dicens domine, puer meus iacet in domo paralyticus, et male torquetur. vide autem bonitatem centurionis, qui pro salute servi sic sollicite festinabat, quasi non damnum pecuniae sed salutis passurus in morte illius. nullam enim differentiam aestimabat inter servum et dominum: quia etsi dignitas in hoc saeculo diversa est inter illos, una tamen est illis natura. fidem autem centurionis vide: quia non dixit: veni et salva eum; quia ille constitutus in omni loco erat praesens; sapientiam autem, quia non dixit: hic constitutus salva eum: sciebat enim quia potens est ad faciendum, sapiens ad intelligendum, misericors ad exaudiendum: ideo infirmitatem tantum exposuit, remedium autem |50| sanitatis in potestate misericordiae eius dimisit, dicens et male torquetur: in quo apparet quia diligebat eum: nam unusquisque quem diligit, etsi modice fuerit taediatus, gravius eum putat habere quam habet. * rabanus. ° omnia ista cum dolore cognominavit: et iacentem, et paralyticum, et male detentum: ideo ut animae suae angustias demonstraret, et dominum commoveret; sic debent omnes condolere servis, et eorum curam habere. * chrysostomus in matth.. ° quidam autem dicunt, quoniam excusans se, hanc causam dixit propter quam non ipsum adduxit. neque enim possibile erat dissolutum, cum torqueretur, et ad ultimas esset expirationes, portari. ego autem signum hoc esse magnae fidei dico: quia enim sciebat quod sola iniunctio sufficeret ad restaurationem iacentis, superfluum aestimabat eum ducere. * hilarius in matth.. ° iacentes autem in saeculo et peccatorum morbis dissolutae spiritualiter gentes aestimandae sunt, omnibus undique membris fluidis, et ad consistendi officium gradiendique |75| corruptis; quarum salutis sacramentum in puero centurionis expletur, quem satis dictum sit principem esse gentium crediturarum. quis autem sit hic princeps, canticum moysi docet, ubi scilicet dicitur: constituit terminos gentium iuxta numerum angelorum. * remigius. ° vel per centurionem designantur qui primi ex gentibus crediderunt, et perfecti in virtute fuerunt: centurio enim dicitur qui centum militibus praeest; centenarius autem numerus perfectus est. recte ergo centurio pro puero suo rogat, quia primitiae gentium pro salute totius gentilitatis deum rogaverunt. * hieronymus. ° videns autem dominus centurionis fidem, humilitatem et providentiam, statim se iturum et sanaturum esse promittit; unde sequitur et ait illi iesus: ego veniam, et curabo eum. * chrysostomus in matth.. ° quod numquam fecit, hic facit iesus: ubique enim sequitur voluntatem supplicantium, hic autem praesilit, et non solum curare promittit, sed ire ad domum. facit hoc, |100| ut discamus centurionis virtutes. * chrysostomus super matth.. ° nisi enim ille dixisset veniam, et curabo eum, numquam iste responderet non sum dignus. deinde quoniam pro servo petebat, ideo ire promisit, ut nos doceat non colere magnos et contemnere modicos; sed pauperes et divites similiter honorare. * hieronymus. ° sicut autem in centurione commendamus fidem, eo quod credidit paralyticum a salvatore posse sanari, ita patet humilitatis in hoc quod se iudicavit indignum cuius tectum dominus intraret; unde sequitur et respondens centurio, ait illi: domine, non sum dignus ut intres sub tectum meum. * rabanus. ° propter conscientiam enim vitae gentilis, gravari se magis dignatione putavit, quam iuvari, cuius etsi fide praeditus, nondum erat tamen sacramentis inunctus. * augustinus de verb. dom.. ° dicendo autem se indignum, praestitit dignum, non in cuius parietes, sed in cuius cor verbum dei christus intraret. neque hoc diceret cum tanta fide et humilitate, |125| nisi illum quem timebat intrare domum suam, corde gestaret: nam non erat magna felicitas, si iesus intraret in parietes eius, et non esset in pectore eius. * severianus. ° mystice autem hoc tectum, corpus est quod tegit animam: quod libertatem mentis caelesti visione in se concludit. sed deus neque habitare carnem, neque tectum nostri corporis dedignatur intrare. * origenes. ° nunc etiam quando sancti a deo acceptabiles ecclesiarum antistites sub tectum tuum intrant, tunc ibidem per eos dominus ingreditur; et tu sic aestimes quasi dominum suscipiens. et quando corpus et sanguinem domini manducas et bibis, tunc dominus sub tectum tuum ingreditur; et tu ergo humilians teipsum dicas domine, non sum dignus. ubi enim indigne ingreditur, ibi ad iudicium ingreditur accipienti. * hieronymus. ° prudentia autem centurionis apparet in hoc quod ultra corporis tegumen latentem vidit divinitatem, unde subiungit sed tantum dic verbo, et sanabitur puer meus. * chrysostomus super |150| matth.. ° sciebat enim quoniam astabant illi invisibiliter angeli ministrantes, qui omne verbum eius vertunt in opus; et quod si angeli cessant, tamen infirmitates praeceptis eius vivacibus expelluntur. * hilarius in matth.. ° dicit etiam centurio puerum verbo posse sanari, quia salus gentium omnis ex fide est, et in praeceptis domini vita est universorum: et ideo subiungit dicens nam et ego homo sum sub potestate constitutus, habens sub me milites; et dico huic: vade, et vadit; et alii: veni, et venit; et servo meo: fac hoc, et facit. * chrysostomus super matth.. ° patris et filii mysterium spiritu sancto suggerente depinxit, ac si diceret: etsi ego sum sub potestate alterius, tamen habeo potestatem iubendi eis qui sub me sunt; sic et tu, quamvis sis sub potestate patris, scilicet inquantum homo, habes tamen potestatem iubendi angelis. sed forte dicet sabellius volens ostendere eumdem esse patrem qui et filius est, sic hoc esse intelligendum: si ego sub potestate constitutus possum iubere, quanto magis tu, qui sub nullius es potestate? sed hanc expositionem non recipit textus. non enim dixit: si ergo homo sub potestate; sed dixit nam et ego homo sum sub potestate: in quo patet quod inter se et christum non comparationis differentiam fecit; sed rationem similitudinis introduxit. * augustinus de verb. dom.. ° si ego, qui sum sub potestate, iubendi habeo potestatem, quid tu potes, cui omnium serviunt potestates? * glossa. ° potes per angelorum ministeria sine corporis praesentia dicere infirmitati ut recedat, et recedet; et sanitati ut veniat, et veniet. * haymo. ° possunt autem per subiectos centurionis, virtutes naturales intelligi, in quibus plurimi gentilium pollebant; vel etiam cogitationes bonae aut malae. malis autem dicamus ut recedant, et recedent; sed bonas vocemus, et venient; servo quoque nostro, hoc est corpori, ut subiciatur voluntati divinae. * augustinus de cons. evang.. ° huic autem quod hic dicitur, videtur repugnare quod ait lucas: cum audisset centurio de iesu, misit ad eum seniores iudaeorum, rogans eum ut veniret, et salvaret servum eius; et iterum quod: cum non longe esset a domo misit ad eum centurio amicos dicens: domine, noli vexari, non enim sum dignus ut sub tectum meum intres. * chrysostomus in matth.. ° quidam autem dicunt, quoniam non est idem ille et hic; quod multas coniecturas habet. de illo enim ait lucas quoniam synagogam nostram construxit, et gentem diligit; de isto autem ipse iesus ait neque in israel tantam fidem inveni; unde videtur iudaeum illum esse. mihi autem videtur idem hic et ille. sed quando lucas dicit quod misit ut veniat, blanditias iudaeorum insinuavit. conveniens enim est credere centurionem volentem abire, prohibitum esse a iudaeis blandientibus, et dicentibus quoniam nos abimus et conducimus eum. sed quando ab eorum imminentia erutus est, tunc misit, dicens: ne aestimes quod propter desidiam non veni, sed quia me indignum aestimavi ut te in domum meam susciperem. quod autem matthaeus ait non per amicos, sed per seipsum hoc eum dixisse, nihil contrarium est: uterque enim desiderium viri repraesentavit, et quoniam de christo decentem opinionem habebat. conveniens autem est opinari et ipsum, postquam misit amicos, ad venientem per se haec dicere. si autem non hoc dixit lucas, neque illud matthaeus, non sibi contradicunt, sed complent quae ab invicem derelinquebantur. * augustinus de cons. evang.. ° matthaeus ergo accessum centurionis ad dominum per alios factum compendio dicere voluit, quia fidem eius qua vere ad deum acceditur laudavit, ut diceret non inveni tantam fidem in israel. lucas autem ideo totum ut gestum est aperuit, ut ex hoc intelligere cogeremur qualiter eum accepisse dixerit matthaeus, qui mentiri non potuit. * chrysostomus in matth.. ° neque enim est contrarium quod fabricavit synagogam, secundum lucam, et quod hic ostenditur non esse israelita: possibile enim est iudaeum non existentem, et synagogam fabricasse, et gentem diligere.

lc3 * Chrysostomus in matth.. ° sicut quod leprosus dixerat de christi potestate, si vis, potes me mundare, christi voce confirmatur, dicentis volo, mundare, ita et hic centurionem de christi potestate testantem non solum non accusavit, sed etiam commendavit. sed et amplius aliquid fecit: intensionem enim laudis evangelista significans, dicit audiens autem iesus miratus est. * origenes. ° attende quantum sit aut quale quod deus unigenitus miratur. aurum, divitiae, regna, principatus in conspectu eius sunt tamquam umbra vel flos decidens: nihil ergo horum in conspectu dei mirabile est, quasi magnum vel pretiosum, sed tantum fides: hanc miratur honorificans, hanc acceptabilem sibi aestimat. * augustinus super genesim contra manichaeos. ° quis autem in illo fecerat illam fidem, nisi ipse qui admirabatur? quod si et alius eam fecisset, ut quid miraretur qui praescius erat? quod ergo miratur dominus, nobis mirandum esse significat, quibus adhuc opus est sic moveri: omnes enim tales motus eius non perturbati animi signa sunt, sed docentis magisterium. * chrysostomus in matth.. ° unde plebe omni praesente admiratus esse dicitur, et aliis exemplum dedit, ut eum mirentur; sequitur enim et sequentibus se dixit: amen dico vobis: non inveni tantam fidem in israel. * augustinus contra faustum. ° fidem laudat illius; non autem desertionem militiae imperavit. * hieronymus. ° hoc autem de praesentibus loquitur, non de omnibus retro patriarchis et prophetis. * chrysostomus super matth.. ° credidit enim andreas, sed ioanne dicente: ecce agnus dei; credidit petrus, sed evangelizante sibi andrea; credidit philippus, sed legendo scripturas; et nathanael prius signum divinitatis accepit, et sic fidei confessionem obtulit. * origenes. ° iairus israelis princeps pro filia sua petens, non dixit dic verbo, sed: veni velociter. nicodemus de fidei sacramento audiens ait: quomodo potest hoc fieri? maria et martha dicunt: domine, si fuisses hic, frater meus non fuisset mortuus, quasi dubitantes quod ubique posset adesse dei potentia. * chrysostomus super matth.. ° aut si volumus fideliorem putare istum quam apostolos, ita testimonium christi intelligendum est quod unumquodque bonum hominis secundum quantitatem personae illius laudatur: rusticum enim dicere aliquid sapienter, magnum est; quod de philosopho non est mirum: sic de centurione dictum est in nullo tantam fidem inveni in israel. * chrysostomus in matth.. ° non enim erit aequale iudaeum credere et gentilem. * hieronymus. ° vel forte in centurione fides gentium praeponitur israeli; unde subdit dico autem vobis, quod multi ab oriente et occidente venient. * augustinus de verb. dom.. ° non omnes ait, sed multi; tamen ipsi ab oriente et occidente: istis duabus partibus totus orbis designatur. * haymo. ° vel ab oriente veniunt qui statim illuminati transeunt; ab occidente hi qui persecutionem usque ad mortem toleraverunt pro fide; vel ab oriente quis venit, cum ab infantia deo servire incipit; ab occidente, dum in ipsa decrepita aetate ad deum convertitur. * origenes. ° sed quomodo alibi dicit, quod pauci sunt electi? per diversas enim generationes pauci electi sunt, simul vero congregati in tempore visitationis multi invenientur. sequitur et recumbent, non carnaliter iacentes, sed spiritualiter requiescentes; non temporaliter potantes, sed aeternaliter epulantes cum abraham, isaac et iacob in regno caelorum, ubi lux, exultatio, gloria, et longaevitas vitae aeternae. * hieronymus. ° quia autem deus abraham caeli conditor, pater christi est, idcirco in regno caelorum est et abraham, cum quo accubiturae sunt nationes quae crediderunt in christum filium creatoris. * augustinus de verb. dom.. ° sicut autem videmus christianos vocatos ad caeleste convivium, ubi est panis iustitiae, potus sapientiae, ita videmus et iudaeos reprobatos; unde sequitur filii autem regni eicientur in tenebras exteriores: iudaei scilicet, qui legem acceperunt, qui celebrant figuras omnium futurorum, qui tamen praesentia non agnoverunt. * hieronymus. ° vel filios regni dicit iudaeos, quia in eis deus ante regnavit. * chrysostomus in matth.. ° vel filios regni eos dicit quibus regnum erat praeparatum; quod et magis eos mordebat. * augustinus contra faustum. ° si ergo non commendavit moyses populo israel deum, nisi deum abraham, isaac et iacob, eumque ipsum christus commendat; non est conatus illum populum avertere a deo suo; sed ideo minatus est eos ituros in tenebras exteriores, quod aversos videret eos a deo suo, in cuius regno gentes vocatas ex toto orbe terrarum recubituras dicit cum abraham, isaac et iacob: non ob aliud quam quod fidem tenuissent dei abraham, isaac et iacob: quibus non quasi in morte correctis, vel post passionem suam iustificatis testimonium dominus perhibeat. * hieronymus. ° tenebrae autem exteriores dicuntur, quoniam qui a domino expellitur foras, relinquit lumen. * haymo. ° quid autem ibi passuri sint, manifestat cum subdit ibi erit fletus et stridor dentium. per metaphoram enim membrorum poenas describit tormentorum: solent enim oculi fumo tacti lacrymas producere, dentes vero a nimio frigore stridere. ostenditur ergo quod reprobi in inferno et calorem intolerabilem et frigus sustinebunt, secundum illud iob: transient ab aquis nivium ad calorem nimium. * hieronymus. ° si autem fletus oculorum est, et stridor dentium ossa demonstrat, vera est corporum et eorumdem membrorum quae ceciderant resurrectio. * rabanus. ° vel stridor dentium prodit indignantis affectum, eo quod sero unumquemque poeniteat, sero sibi irascatur, quod tam pertinaci improbitate deliquit. * remigius. ° vel aliter. tenebras exteriores appellat exteras nationes: quantum enim ad historiam attinet, praedicit dominus his verbis interitum iudaeorum, quoniam propter infidelitatem ducendi erant captivi, et dispergendi per diversa regna terrarum: fletus enim ab igne solet fieri, stridor dentium a frigore. illis ergo adscribitur fletus qui in calidioribus locis habitant, sicut in india et aethiopia; stridor vero dentium illis adscribitur qui in frigidioribus locis commorantur, sicut est hircania et scythia. * chrysostomus in matth.. ° ne quis autem existimet blanditiarum esse haec verba quae dicta erant, credere facit signo; unde sequitur et dixit iesus centurioni: vade, et sicut credidisti fiat tibi. * rabanus. ° quasi dicat: secundum mensuram fidei fiat tibi et ista gratia. potest autem meritum domini etiam famulis suffragari, non solum merito fidei, sed etiam studio disciplinae; unde sequitur et sanatus est. * chrysostomus in matth.. ° ubi velocitatem admirare: neque enim solum curare, sed inopinate et in momento temporis hoc facere, virtutem christi ostendebat. * augustinus de verb. dom.. ° sicut enim dominus domum centurionis corpore non intravit, sed absens corpore, praesens maiestate, puerum sanavit, sic et in solo iudaico populo corpore fuit; apud alias autem gentes, nec de virgine natus est, nec passus est, nec humana pertulit, nec divina mirabilia fecit; et tamen impletum est quod dictum erat: populus quem non cognovi, servivit mihi; in auditu auris obedivit mihi. iudaea enim gens cognovit, et crucifixit; orbis terrarum audivit, et credidit.

lc4 * Rabanus. ° postquam ostendit matthaeus per leprosum totum genus humanum sanatum, et in servo centurionis gentilis populi sanationem, consequenter per socrum petri designat curationem synagogae, cum dicit et cum venisset iesus in domum petri. prius autem narrat de servo, quia maius miraculum fuit, et maior gratia in gentili converso; vel quia in fine saeculi synagoga est plenarie convertenda, cum plenitudo gentium subintraverit. domus autem petri in bethsaida erat. * chrysostomus in matth.. ° sed cur intravit in domum petri? mihi videtur cibum assumpturus; unde sequitur et surrexit, et ministrabat eis. apud discipulos enim divertebat honorans eos, et avidiores ex hoc faciens. attende autem petri ad christum reverentiam: habens enim socrum domi febricitantem, non traxit eum in domum, sed expectavit doctrinam compleri, et alios curari. ab exordio enim erudiebatur quae aliorum erant sibi ipsi praeponere. quocirca neque ipse eum inducit, sed christus sponte adivit, postquam dixit centurio: non sum dignus ut intres sub tectum meum, monstrans quantum largiebatur discipulo. non est autem dedignatus sub vilia tuguria piscatorum intrare, erudiens per omnia humanum conculcare tumorem. et quandoque solum verbis curat, quandoque autem etiam manum extendit: unde et hic dicitur et tetigit manum eius, et dimisit eam febris. non enim volebat semper cum superabundantia miracula facere: oportebat enim interim latere. tangens autem corpus, non febrem extinxit solum, sed et puram tribuit sanitatem. quia enim aegritudo curabilis erat, modo curationis suam virtutem ostendebat, faciendo quod ars medicinalis non operatur, ut scilicet simul perfectam restituat sanitatem; unde evangelista hoc innuens dicit, quod surrexit, et ministrabat eis. * hieronymus. ° natura enim hominum istiusmodi est ut post febrem magis lassescant corpora; et incipiente sanitate, aegrotationis mala sentiant. verum sanitas quae confertur a domino, tota simul redit; nec sufficit esse sanatum, sed ut epitasis fortitudinis indicetur, additum est surrexit, et ministrabat eis. * chrysostomus in matth.. ° in hoc ergo quod dicitur, quod surrexit, et ministrabat eis, et christi virtutis signum est, et affectus quem mulier erga christum ostendebat. * beda. ° mystice autem domus petri, lex vel circumcisio est: socrus est synagoga, quae quodammodo est mater ecclesiae petro commissae. haec febricitat, quia invidiae aestibus laborabat, persequens ecclesiam: cuius manum dominus tangit, quando carnalia eius opera in spiritualem usum convertit. * remigius. ° vel per socrum petri potest intelligi lex, quae secundum apostolum infirmabatur per carnem, idest carnalem intelligentiam. sed cum dominus per mysterium incarnationis visibilis in synagoga apparuit, et opere legem implevit, et spiritualiter intelligendam docuit, mox ipsa sociata gratiae evangelii, tantum robur accepit, ut quae fuerat ministra mortis et poenae, postmodum fieret vitae et gloriae. * rabanus. ° vel unaquaeque anima, quae carnis concupiscentiis militat, quasi febribus aestuat; sed manu misericordiae divinae tacta convalescit, et per continentiae frena carnis lasciviam constringit, et membris quibus servierat immunditiae, servit iustitiae. * hilarius in matth.. ° vel in socru petri vitiosa infidelitatis aestimatur affectio, cui adiacet libertas voluntatis, quae nos sibi quadam coniugii societate coniungit. ergo ingressu domini in petri domum, idest in corpus, curatur infidelitas peccatorum calore aestuans, et salvata officii famulatu ministrat. * augustinus de cons. evang.. ° hoc autem quando factum sit, idest post quid vel ante quid, non expressit matthaeus: non enim post quod narratur, post hoc etiam factum necesse est intelligatur: nimirum tamen iste hic recoluisse intelligitur quod prius omiserat. nam id marcus hic narrat antequam illud de mundato leproso commemoret, quod post sermonem in monte habitum, de quo ipse tacuit, videtur interposuisse. itaque et lucas hoc post factum narrat, de socru petri, post quod et marcus: ante sermonem etiam quem prolixum interposuit, qui potest idem videri quem dicit habitum in monte matthaeus. quid autem interest, quis quo loco ponat, sive quod ex ordine inerit, sive quod omissum recolit, sive quod postea factum ante praeoccupat, dum tamen non adversetur eadem alia narranti, nec sibi nec alteri? quia enim nullius in potestate est res opportune cognitas quo quisquam ordine recordetur, satis probabile est quod unusquisque evangelistarum eo se ordine credidit debuisse narrare, quo voluisset deus ea quae narrabat, eius recordationi suggerere. quapropter ubi ordo temporum non apparet, nihil nostra interesse debet quem narrandi ordinem quilibet eorum tenuerit.

lc5 * Chrysostomus in matth.. ° quia multitudo credentium erat iam aucta, neque tempore impellente a christo abscedere patiebantur, vespere ei infirmos adducunt; unde dicitur vespere autem facto obtulerunt ei daemonia habentes. * augustinus de cons. evang.. ° per hoc autem quod dicit vespere autem facto, ad eiusdem diei tempus hoc pertinere satis indicatur, quamvis necesse non sit, ubi dicitur vespere facto, eiusdem diei vesperum accipere. * remigius. ° christus autem dei filius auctor humanae salutis, fons et origo totius pietatis, caelestem medicinam tribuebat; unde sequitur et eiciebat spiritus verbo, et omnes male habentes curavit. daemones enim et morbos solo verbo repellebat, ut his signis et virtutibus ostenderet se ad salutem generis humani venisse. * chrysostomus in matth.. ° intende autem quantam multitudinem curatam transcurrunt evangelistae; non unumquemque curatum enarrantes, sed uno verbo pelagus ineffabile miraculorum inducentes. ne autem magnitudo miraculi incredulitatem immittat, si tantam plebem et varias aegritudines uno temporis momento curavit, inducit prophetam attestantem his quae fiebant; unde sequitur ut adimpleretur quod dictum est per isaiam prophetam dicentem: ipse infirmitates nostras accepit. * rabanus. ° non ut sibi haberet, sed ut nobis auferret; et aegrotationes nostras portavit, ut quod pro imbecillitate virium ferre non poteramus, ille pro nobis portaret. * remigius. ° quia humanae naturae infirmitatem ad hoc suscepit ut nos infirmos faceret fortes atque robustos. * hilarius in matth.. ° et passione corporis sui, secundum prophetarum dicta, infirmitates humanae imbecillitatis absorbuit. * chrysostomus in matth.. ° hoc autem de peccatis magis a propheta dictum esse videtur. qualiter igitur evangelista de aegritudinibus hoc exponit? sed sciendum, quod vel historiae hic testimonium adaptavit, vel ostendit quoniam plures aegritudines ex peccatis sunt animarum: nam et ipsa mors a peccatis habet radicem. |50| * hieronymus. ° attendendum autem, quod omnes non mane, non meridie, sed ad vesperam curantur, quando sol occubiturus est, et quando granum tritici in terram moritur, ut multos afferat fructus. * rabanus. ° solis enim occubitus passionem et mortem designat illius qui dixit: quamdiu sum in mundo, lux sum mundi; qui temporaliter vivens in carne, paucos iudaeorum docuit; calcato autem regno mortis, omnibus per orbem gentilibus fidei dona promisit.

lc6 * Chrysostomus in matth.. ° quia christus non solum corpora curabat, sed animam emendabat, et veram sapientiam monstrare voluit, non solum aegritudines solvendo, sed etiam nihil ad ostentationem faciendo; et ideo dicitur videns autem iesus turbas multas circum se, iussit discipulos ire trans fretum. faciebat autem hoc et simul moderata nos cupere docens, et invidiam iudaicam mitigans, et docens nos nihil ad ostentationem facere. * remigius. ° vel hoc facit quasi homo volens turbarum importunitatem declinare. erant autem ei affixi admirantes eum, et videre ipsum volentes. quis enim discederet a talia miracula operante? quis non in faciem eius simplicem vellet videre, et os talia loquens? si enim moyses glorificatam faciem habebat, et stephanus sicut angeli, intellige communem dominatorem qualem decens est tunc apparuisse; unde propheta dicit: speciosus forma prae filiis hominum. * hilarius in matth.. ° discipulorum autem nomen non |25| duodecim tantum apostolis convenire aestimandum est: nam praeter apostolos plures fuisse discipulos legimus. * augustinus de cons. evang.. ° manifestum est autem alium esse diem quo iussit ire trans fretum, non eum qui sequitur illum in quo socrus petri sanata est, quo die marcus lucasque eum in desertum exisse affirmant. * chrysostomus in matth.. ° vide autem qualiter turbas non simpliciter abicit, ut non offendat. non enim dixit: recedite, sed ultro discipulos iussit abire, spem dans turbae eundi etiam illuc. * remigius. ° sed quid inter iussionem dei et transfretationem gestum sit, evangelista studuit manifestare, cum ait et accedens unus scriba ait illi: magister, sequar te quocumque ieris. * hieronymus. ° iste scriba, qui tantum litteram noverat occidentem, si dixisset: domine, sequar te quocumque ieris, non fuisset repulsus a domino; sed quia magistrum unum de pluribus aestimat, et litterator erat (quod significantius graece dicitur grammateus), et non spiritalis auditor, ideo non |50| habet locum in quo possit iesus reclinare caput suum. ostenditur autem nobis, et ob hoc scribam repudiatum, quod signorum videns magnitudinem sequi voluerit salvatorem, ut lucra ex operum miraculis quaereret; hoc idem desiderans quod et simon magus a petro emere voluerat. * chrysostomus in matth.. ° vide etiam quantus est tumor: ita enim advenit et locutus est sicut dedignans cum turba annumerari, sed ostendens quoniam super multos est ipse. * hilarius in matth.. ° vel aliter. iste scriba qui est unus ex doctoribus legis, an sit secuturus interrogat, quasi lege non contineretur hunc esse quem utiliter sequatur. igitur infidelitatis affectum sub diffidentia interrogationis expressit: quia fidei assumptio non interroganda est, sed sequenda. * chrysostomus in matth.. ° respondet autem ei christus, non ad interrogationem verborum, sed ad consilium obvians mentis; unde sequitur et dicit ei iesus: vulpes foveas habent, et volucres caeli nidos; filius autem hominis non habet ubi |75| caput suum reclinet; ac si dicat: * hieronymus. ° quid me propter divitias et saeculi lucra cupis sequi, cum tantae sim paupertatis, ut nec hospitiolum quidem habeam, et tecto utar non meo? * chrysostomus in matth.. ° hoc autem non erat avertentis, sed arguentis quidem malum consilium, concedentis autem si vellet cum paupertatis expectatione sequi christum. et ut discas eius malitiam, audiens hoc et correctus non dixit: paratus sum sequi. * augustinus de verb. dom.. ° vel aliter. filius hominis non habet ubi caput suum reclinet, scilicet in fide tua. vulpes enim habent foveas, in corde tuo, quia dolosus es; volatilia caeli habent nidos, in corde tuo, quia elatus es. dolosus et elatus non me sequeris: quomodo enim dolosus sequitur simplicitatem? * gregorius moralium. ° vel aliter. vulpes valde fraudulenta sunt animalia, quae in fossis vel specubus absconduntur; cumque apparuerint, nunquam rectis itineribus sed tortuosis anfractibus currunt; volucres vero alto volatu se sublevant. nomine |100| ergo vulpium dolosa atque fraudulenta, nomine autem volucrum haec eadem superba daemonia designantur; ac si dicat: fraudulenta et elata daemonia in corde tuo inveniunt habitationem suam; humilitas autem mea requiem in superba mente non invenit. * augustinus de quaest. evang.. ° intelligitur enim miraculis motus, propter inanem iactantiam eum sequi voluisse, quam significant aves; finxisse autem discipuli obsequium, quae fictio vulpium nomine significata est. * rabanus. ° haeretici autem in sua versutia confidentes significantur per vulpes, et maligni spiritus per volucres caeli, qui in corde iudaici populi foveas et nidos, idest domicilia habebant. sequitur alius autem de discipulis illius ait illi: domine, permitte me ire primum, et sepelire patrem meum. * hieronymus. ° quid simile est inter scribam et discipulum? ille magistrum vocat, hic dominum confitetur. * hilarius in matth.. ° iste pietatis occasione ad sepeliendum patrem ire desiderat, ille secuturum se quolibet |125| ierit, promittit, non magistrum quaerens, sed ex magistro lucrum. ille etiam discipulus non interrogat an sequatur; iam enim sequi se oportere credidit; sed permitti sibi orat sepelire patrem. * augustinus de verb. dom.. ° dominus autem quando parat homines evangelio, nullam excusationem vult interponi carnalis huius temporalisque pietatis; et ideo sequitur iesus autem dixit ei: sequere me, et dimitte mortuos sepelire mortuos suos. * chrysostomus in matth.. ° hoc autem dixit non iubens contemnere amorem qui est ad parentes, sed monstrans quoniam nihil caelestibus negotiis nobis magis necessarium esse oportet; quoniam cum toto studio his iungi debemus, et neque parum tardare, etiam si valde invitabilia et incitantia fuerint quae attrahunt. quid enim magis necessarium erat quam sepelire patrem? quid etiam facilius? neque enim tempus multum consumendum erat. per hoc etiam eum dominus a multis malis eripuit: puta luctibus et moeroribus, et ab his quae hic expectantur. post sepulturam |150| enim necesse iam erat et testamenta scrutari, et haereditatis divisionem, et alia huiusmodi: et ita fluctuationes ex fluctuationibus ei succedentes, longe eum a veritatis abducere portu potuerunt. si autem adhuc tumultuaris, excogita quoniam multi infirmos non permittunt scire, nec ad momentum sequi; etiamsi pater aut mater aut filius sit qui defunctus est; nec ex hoc incusantur crudelitatis; sed contrarium crudelitatis esse. et multo maius malum est abducere hominem a spiritualibus sermonibus, et maxime cum fuerint qui hoc compleant: erant enim qui completuri erant huius funeris sepulturam; unde dicit dimitte mortuos sepelire mortuos suos. * augustinus de verb. dom.. ° quasi dicat: pater tuus mortuus est. sunt autem alii mortui, qui sepeliant mortuos suos, quia infideles sunt. * chrysostomus in matth.. ° in quo monstrat quoniam hic mortuus non erat eius: etenim qui defunctus erat, sicut aestimo, de numero infidelium erat. si autem admiraris iuvenem, quoniam pro negotio ita necessario interrogavit |175| iesum, et non spontanee abiit, multo magis admirare quoniam et prohibitus permansit: quod non erat ingratitudinis, cum non propter desidiam fecerit, sed ut non intercideret negotium magis necessarium. * hilarius in matth.. ° item quia accepimus in dominicae orationis exordio ita primum precandum: pater noster, qui es in caelis, et in discipulo credentis populi persona est, admonetur quod pater sibi vivus in caelis est; deinde inter fidelem filium patremque infidelem ius paterni nominis non relinqui. admonuit etiam non admisceri memoriis sanctorum mortuos infideles, et etiam eos esse mortuos qui extra deum vivunt: ut idcirco mortui sepeliantur a mortuis: quia per dei fidem vivos vivo oporteat adhaerere. si autem mortuum sepelit mortuus, non debemus curam habere mortuorum, sed viventium; ne dum solliciti sumus de mortuis, nos quoque mortui appellemur. * gregorius moralium. ° mortui etiam mortuum sepeliunt, cum peccatores peccatoribus favent. qui enim peccantem |200| laudibus prosequuntur, extinctum sub verborum suorum aggere abscondunt. * rabanus. ° notandum est etiam in hac sententia, quia aliquando minora bona praetermittenda sunt pro utilitate maiorum. * augustinus de cons. evang.. ° quod autem matthaeus dicit, tunc istud gestum esse quando iussit ut irent trans fretum, lucas vero ambulantibus illis in via, non est contrarium; quia viam utique ambulabant, ut venirent ad fretum.

lc7 * Origenes. ° cum multa magna et miranda ostendisset christus in terra, transit ad mare, ut ibidem excellentia opera demonstraret, quatenus terrae marisque dominum se esse cunctis ostenderet; unde dicitur et ascendente eo in naviculam, secuti sunt discipuli eius: non imbecilles, sed firmi et stabiles in fide. hi ergo secuti sunt eum, non tantum gressus eius sequentes, sed magis sanctitatem comitantes. * chrysostomus in matth.. ° accepit autem discipulos secum et in navi, ut ad utraque eos erigeret: et ad hoc quod in periculis non stupescerent, et ad hoc quod in honoribus moderata de se autumarent. ut enim non magna de se saperent, propter hoc quod aliis dimissis eos retinuerat, permittit eos fluctuari. ubi enim miraculorum ostensio erat, plebem permittit adesse; ubi autem tentationum et timorum arreptio, athletas orbis terrarum, quos exercitaturus erat, hos solos assumit. * origenes. ° ingressus |25| ergo naviculam fecit turbari mare; unde sequitur et ecce motus magnus factus est in mari, ita ut navicula operiretur fluctibus. haec tempestas non ex se orta est, sed potestati paruit imperantis, qui educit ventos de thesauris suis. facta est autem tempestas magna ut magnum opus ostenderetur: quia quanto magis fluctus naviculae irruebant, tanto magis discipulos timor conturbabat, ut plus desiderarent se liberari per mirabilia salvatoris. * chrysostomus in matth.. ° quia enim viderant alios christi beneficia accepisse; non autem similiter aliquis aestimat quae in alienis corporibus fiunt et quae in seipso; oportuit per familiarem sensum eos potiri beneficiis christi. et ideo voluit hanc fieri tempestatem, ut per liberationem manifestiorem accipiant beneficii sensum. erat autem haec turbatio typus futurarum tentationum, de quibus paulus dicit: nolo vos ignorare, fratres, quoniam gravati sumus supra virtutem. ut ergo daret tempus formidini, sequitur ipse vero dormiebat. si enim vigilante eo |50| facta fuisset tempestas, vel non rogassent, vel neque posse ipsum tale aliquid facere crederent. * origenes. ° est autem res mirabilis et stupenda: is qui numquam dormit neque dormitat, dormire dicitur. dormiebat quidem corpore, sed vigilabat deitate; demonstrans quia verum humanum portabat corpus, quod corruptibile induerat. corpore itaque dormiebat, ut apostolos faceret vigilare, et ne omnes nos unquam animo dormiamus. tanto autem metu discipuli fuerant conterriti, et pene animo alienati, ut irruerent in eum; et non modeste ac leviter suggererent, sed turbulenter suscitarent eum; unde sequitur et accesserunt ad eum discipuli eius, et suscitaverunt eum dicentes: domine, salva nos, perimus. * hieronymus. ° huius signi typum in iona legimus, quando ceteris periclitantibus ipse securus est, et dormit et suscitatur. * origenes. ° o veraces discipuli, salvatorem vobiscum habetis, et periculum timetis? vita vobiscum est, et de morte solliciti estis? sed respondeant: parvuli sumus, et adhuc infirmi, ideoque timemus; |75| unde sequitur et dicit eis iesus: quid timidi estis, modicae fidei? quasi diceret: si potentem me super terram cognovistis, quare non creditis quia et in mari potens sim? et si mors irrueret, nonne debuistis eam constantissime sustinere? qui modicum credit, arguetur; qui nihil credit, contemnetur. * chrysostomus in matth.. ° si autem aliquis dixerit, quoniam non fuit modicae fidei, accedentes excitare iesum; hoc signum fuit quod non decentem de ipso opinionem habebant. noverant enim quod excitatus poterat mare increpare; nondum autem quod dormiens. propter hoc etiam neque praesentibus turbis hoc signum fecit, ut non accusentur modicae fidei; sed discipulos solum accipiens corrigit; et prius solvit turbationem aquarum; unde sequitur tunc surgens imperavit ventis et mari, et facta est tranquillitas magna. * hieronymus. ° ex hoc autem loco intelligimus quod omnes creaturae sentiant creatorem: quibus enim imperatur, sentiunt imperantem: non errore haereticorum, qui omnia putant animantia sensibilia |100| esse; sed maiestate conditoris, quae apud nos insensibilia sunt, illi sensibilia sunt. * origenes. ° imperavit ergo ventis et mari; et de magno vento facta est tranquillitas magna: decet enim magnum magna facere; et ideo qui prius magnifice conturbavit profundum maris, nunc iterum tranquillitatem magnam fieri iussit, ut discipuli nimium conturbati magnifice laetarentur. * chrysostomus in matth.. ° in hoc etiam ostenditur quia omnis confestim soluta est tempestas, et neque semita turbationis remansit; quod quidem extraneum erat: cum enim naturaliter fluctuatio terminatur, usque ad multum tempus aquae concutiuntur; sed hic simul omnia solvebantur; ut quod de patre dictum est: dixit, et stetit spiritus procellae, hoc christus opere implevit: solo enim verbo et praecepto mare sedavit et refrenavit. a visu autem et a somno, et ex utendo navigio, qui aderant, eum hominem aestimabant: propter hoc in admirationem ceciderunt; unde sequitur porro homines mirati sunt, dicentes: qualis est hic, |125| quia venti et mare obediunt ei? * glossa, ° chrysostomus ponit hanc litteram qualis est hic homo? sonnus enim, et quod apparebat, hominem demonstrabat; sed mare et tranquillitas deum ostendebat. * origenes. ° sed qui homines mirati sunt? non putes hic apostolos significatos: nusquam enim invenimus praeter honorem cognominari domini discipulos; sed semper aut apostoli aut discipuli nominantur. mirabantur ergo hi homines qui cum eo navigabant, quorum erat navicula. * hieronymus. ° si autem quis contentiose voluerit eos qui mirabantur fuisse discipulos, respondebimus, recte homines appellatos, quia necdum noverant potentiam salvatoris. * origenes. ° non autem interrogantes dicunt qualis est iste? sed asserentes, quia iste talis est, cui venti et mare obediunt. qualis ergo est iste? idest, quantus, quam fortis, quam magnus? iubet omni creaturae, et non supergreditur iussionem eius; soli homines resistunt, et ideo in iudicio damnabuntur. mystice autem omnes in sanctae ecclesiae |150| navicula cum domino per hunc undosum supernatamus mundum. ipse autem dominus pio obdormit somno, patientiam nostram et impiorum poenitentiam expectans. * hilarius in matth.. ° vel dormit, eo quod somno nostro consopiatur in nobis. maxime autem id accidit ut a deo auxilium in periculi metu speremus: atque utinam vel spes sera confidat se periculum posse evadere, christi intra se vigilantis virtute. * origenes. ° alacriter ergo accedamus ad eum, cum propheta dicentes: exurge, quare obdormis, domine? et ipse imperabit ventis, idest daemonibus, qui concitant fluctus, idest principes huius mundi, ad persecutiones sanctis immittendas, facietque tranquillitatem magnam circa corpus et spiritum, pacem ecclesiae, et serenitatem mundo. * rabanus. ° vel aliter. mare est aestus saeculi; navicula quam christus ascendit, intelligitur arbor crucis, cuius auxilio fideles, transactis mundi fluctibus, perveniunt ad caelestem patriam, quasi ad littus securum, in qua christus una cum |175| suis ascendit; unde post ait: qui vult venire post me, abneget semetipsum, et tollat crucem suam, et sequatur me. cum ergo christus in cruce positus fuisset, motus magnus factus est: quia commotae sunt mentes discipulorum de eius passione, et navicula operta est fluctibus: quia tota vis persecutionis circa crucem christi fuit, ubi scilicet morte occubuit; unde dictum est ipse vero dormiebat. suum dormire, mori est. excitant autem discipuli dominum, dum turbati morte, maximis votis resurrectionem quaerunt dicentes salva, resurgendo, quia perimus, turbatione tuae mortis. ipse vero resurgens increpat duritiam cordis eorum, ut alibi legitur. imperavit autem ventis, quia diaboli superbiam stravit; imperavit mari, quia vesaniam iudaeorum disiecit; et facta est tranquillitas magna, quia sedatae sunt mentes discipulorum visa resurrectione. * glossa. ° vel navicula est ecclesia praesens, in qua christus cum suis mare saeculi transit, aquas persecutorum compescit. unde miremur, et gratias agamus.

lc8 * Chrysostomus in matth.. ° quidam homines christum hominem esse dicebant: venerunt daemones divinitatem eius divulgantes, ut qui mare procellosum et rursus quietum non audierunt, daemones audirent clamantes; unde dicitur et cum venisset trans fretum in regionem gerasenorum, occurrerunt ei duo homines habentes daemonia. * rabanus. ° gerasa urbs est arabiae trans iordanem, iuncta monti galaad, quam tenuit tribus manasse, non longe a stagno tiberiadis, in quo porci praecipitati sunt. * augustinus de cons. evang.. ° quod autem matthaeus duos dicit fuisse qui daemonia patiebantur, marcus autem et lucas unum commemorant, intelligas unum eorum fuisse personae alicuius clarioris et famosioris, quem regio illa maxime dolebat, et pro cuius salute plurimum satagebat, de quo facti huius fama praeclarius fragravit. * chrysostomus in matth.. ° vel lucas et marcus unum eorum saeviorem elegerunt: unde et eius calamitatem |25| exprimunt. lucas enim dicit, quod ruptis vinculis agebatur in deserto; marcus autem quia et lapidibus seipsum intercidebat; nec tamen dicunt quoniam unus solus erat, ne matthaeo contraria dicere viderentur. per hoc autem quod subditur, de monumentis exeuntes, perniciosum dogma imponere volebant, scilicet quod animae morientium daemones fiant; unde multi aruspicum occidunt pueros, ut animam eorum cooperantem habeant; propter quod et daemoniaci clamant, quoniam anima illius ego sum. non est autem anima defuncti quae clamat; sed daemon hoc fingit, ut decipiat audientes. si enim in alterius corpus animam mortui possibile esset intrare, multo magis in corpus suum. sed neque habet rationem, iniqua passam animam cooperari iniqua sibi facienti, vel hominem posse virtutem incorpoream in aliam transmutare substantiam, scilicet animam in substantiam daemonis. neque enim in corporibus hoc machinari quis potest, ut in hominis corpus transmutet asini corpus: neque enim rationabile est |50| animam a corpore separatam hic iam oberrare. iustorum enim animae in manu dei sunt; unde et quae puerorum; neque enim malae sunt. sed et quae peccatorum sunt, confestim hinc abducuntur: et hoc manifestum est ex lazaro et divite. quia vero nullus eos afferre audebat ad christum propter saevitiam horum daemoniacorum, christus ad eos vadit. quae quidem eorum saevitia designatur, cum subditur saevi nimis, ita ut nemo posset transire per viam illam. sed quia alios prohibebant pertransire, obstruentem sibi viam invenerunt. etenim flagellabantur invisibiliter, intolerabilia patientes ex christi praesentia; unde sequitur et ecce clamaverunt dicentes: quid nobis et tibi, iesu fili dei? * hieronymus. ° non est autem voluntatis ista confessio, quam praemium sequitur confitentium: sed necessitatis extorsio, quae cogit invitos. velut si servi fugitivi post multum temporis dominum suum videant, nihil aliud nisi de verberibus deprecantur; sic et daemones cernentes dominum in terris repente versari, |75| ad eos iudicandos se venisse credebant. ridiculum autem putant quidam daemonia scire filium dei, et diabolum ignorare, eo quod minoris malitiae sint isti quam ille cuius satellites sunt, cum omnis scientia discipulorum ad magistrum referenda sit. * augustinus de civ. dei. ° tantum autem innotuit eis deus, quantum voluit; tantum autem voluit, quantum oportuit. innotuit ergo eis non per id quod vita aeterna est, et lumen quod illuminat pios; sed per quaedam temporalia suae virtutis effecta, et occultissimae praesentiae signa, quae angelicis spiritibus etiam malignis potius quam infirmitati hominum possunt esse perspicua. * hieronymus. ° sed tamen tam daemones quam diabolus suspicari magis filium dei quam nosse intelligendi sunt. * augustinus de quaest. nov. et vet. testam.. ° quod autem daemones clamant quid nobis et tibi, iesu fili dei? magis ex suspicione quam ex cognitione dixisse credendi sunt. si enim cognovissent, numquam dominum gloriae crucifigi permisissent. * remigius. |100| ° sed quotiescumque eius virtute torquebantur, et signa et miracula facientem videbant, aestimabant eum esse filium dei: postquam videbant eum esurire, sitire et his similia pati, dubitabant, et credebant hominem purum. considerandum est, quod etiam iudaei increduli dicentes christum in beelzebub eiecisse daemonia, et ariani dicentes eum esse creaturam, non solum iudicio dei, sed etiam daemonum confessione damnari merentur, qui christum filium dei dicunt. recte autem dicunt quid nobis et tibi, iesu fili dei? hoc est, nihil commune est nostrae malitiae et tuae gratiae: quia, secundum apostolum nulla societas est lucis ad tenebras. * chrysostomus in matth.. ° ut autem non videretur adulationis hoc esse, ab experientia clamabant, dicentes venisti ante tempus torquere nos. * augustinus de civ. dei. ° sive quia subitum illis fuit quod futurum quidem, sed tardius opinabantur; sive quia perditionem suam hanc ipsam dicebant, quia fiebat ut eorum |125| cognitio sperneretur; et hoc erat ante tempus iudicii, quo aeterna damnatione puniendi sunt. * hieronymus. ° praesentia etiam salvatoris tormenta sunt daemonum. * chrysostomus in matth.. ° non autem poterant dicere se non peccasse, quia eos christus invenerat mala operantes, et facturam dei punientes; unde aestimabant propter superabundantiam malorum quae fecerant, quod non expectaretur in eis tempus extremae punitionis, quae erit in die iudicii. * augustinus de cons. evang.. ° quod autem verba daemonum diversimode ab evangelistis sunt dicta, non habet aliquid scrupuli: cum vel in unam redigi sententiam, vel omnia dicta possint intelligi: nec quia pluraliter apud matthaeum, apud alios autem singulariter loquitur; cum et ipsi narrent, quod interrogatus quid vocaretur, legionem se esse respondit, eo quod multa essent daemonia. sequitur erat autem non longe ab eis grex porcorum multorum pascens. daemones autem rogabant eum, dicentes: |150| si eicis nos hinc, mitte nos in porcos. * gregorius moralium. ° scit enim diabolus, quia quodlibet agere ex semetipso non sufficit; quia nec per semetipsum in eo quod est spiritus existit. * remigius. ° sed ideo non petierunt ut in homines mitterentur, quia illum cuius virtute torquebantur, humanam speciem gestare videbant. nec etiam petierunt ut in pecora mitterentur, quia pecora, dei praecepto, munda sunt animalia, et tunc in templo dei offerebantur. prae aliis autem immundis in porcos mitti petierunt, quia nullum animal est immundius porco: unde et porcus dicitur quasi spurcus, eo quod in spurcitiis delectetur: sic et daemones spurcitiis peccatorum delectantur. non autem petierunt ut in aerem mitterentur propter nimiam cupiditatem nocendi hominibus. sequitur et ait illis: ite. * chrysostomus in matth.. ° non autem hoc fecit iesus quasi a daemonibus persuasus, sed multa hinc dispensans: unum quidem ut instruat magnitudinem nocumenti daemonum, |175| qui illis hominibus insidiabantur; aliud, ut discant omnes quoniam neque adversus porcos audent, nisi ipse concesserit; tertium, ut ostendat quod graviora in illos homines operati essent quam in porcos, nisi essent homines illi inter calamitates divina providentia adiuti: magis enim odio habent homines quam irrationalia. per hoc autem manifestum est, quoniam nullus est qui non potiatur divina providentia. si autem non omnes similiter neque secundum unum modum, et haec etiam providentiae maxima species est; ad id enim quod unicuique expedit, providentia ostenditur. cum praedictis autem et aliud ex hoc discimus: quoniam non communiter omni providet solum, sed singulariter unicuique: quod in daemoniacis his aliquis aspiciet manifeste: qui olim suffocati essent, nisi divina procuratione potiti essent. propterea etiam concessit abire in gregem porcorum, ut qui regiones habitabant illas, discant eius virtutem. ubi enim nullus eum cognoverat, fulgere faciebat miracula, ut eos in |200| suae divinitatis cognitionem trahat. * hieronymus. ° non ergo ut concederet salvator daemonibus quod petebant, dixit ite, sed ut per interfectionem porcorum, hominibus salutis occasio praeberetur. sequitur at illi exeuntes, scilicet ab hominibus, abierunt in porcos; et ecce magno impetu abiit totus grex praeceps in mare, et mortui sunt in aquis. erubescat manichaeus. si de eadem substantia et ex eadem origine hominum bestiarumque sunt animae, quomodo ob unius hominis vel duorum salutem, duo millia porcorum suffocantur? * chrysostomus in matth.. ° ideo autem porcos daemones occiderunt, quia ubique homines in moestitiam mittere student, et de perditione laetantur. damni etiam magnitudo augebat eius quod factum erat famam: a multis enim divulgabatur: scilicet ab his qui curati erant, a porcorum dominis, et a pastoribus; unde sequitur pastores autem fugerunt, et venientes in civitate nuntiaverunt omnia, et de his qui daemonia habuerant; et ecce tota civitas exiit obviam |225| iesus. sed cum deceret eos adorare et admirari virtutem, mittebant eum a se; unde sequitur et viso eo rogabant eum ut transiret a finibus eorum. intuere autem et christi mansuetudinem post virtutem: quia enim beneficia adepti abigebant eum, non restitit, sed recessit; et eos qui indignos se nuntiaverunt eius doctrina, dereliquit, dans eis doctores liberatos a daemonibus, et porcorum pastores. * hieronymus. ° vel quod rogant ut transeat fines eorum, non de superbia hoc faciunt, sed de humilitate, qua se indignos domini praesentia iudicabant; sicut et petrus ait. exi a me, domine, quia vir peccator sum. * rabanus. ° interpretatur autem gerasa colonum eiciens, vel advena propinquans, hoc est gentilitas, quae diabolum a se eiecit: et quae prius longe, modo facta est prope, post resurrectionem visitata a christo per praedicatores. * ambrosius super lucam. ° duo quoque daemoniaci figuram populi gentilis accipiunt: quoniam cum tres filios noe generavit, cham, sem et iaphet, sem |250| tantummodo familia in possessionem accita est dei, ex duobus autem aliis nationum populi pullularunt. * hilarius in matth.. ° unde extra urbem, idest extra legis et prophetarum synagogam, duos homines in monumentis daemones detinebant; duarum scilicet gentium origines, intra defunctorum sedes et mortuorum reliquias obsederant, efficientes praetereuntibus viam vitae praesentis infestam. * rabanus. ° vel non immerito in monumentis illos habitasse significavit: quid enim aliud sunt corpora perfidorum nisi quaedam defunctorum sepulchra, quibus non dei sermo, sed anima peccantis morte recluditur? dicit autem ita ut nemo posset transire per viam illam, quia ante adventum salvatoris in via gentilitas fuit. vel per duos, iudaeos et gentes accipe, qui non habitabant in domo; idest, conscientia sua non requiescebant. in monumentis manebant, idest in operibus mortuis delectabantur; nec sinunt per viam fidei, quam viam iudaei impugnabant, aliquem transire. * hilarius. ° occursu |275| autem eorum, concurrentium ad salutem voluntas indicatur. videntes autem daemones non sibi iam locum in gentibus derelinqui, ut patiatur habitare se in haereticis deprecantur; quibus occupati, in mare, idest in cupiditatem saecularem, daemonum praecipitantur instinctu; et cum reliquarum gentium infidelitate moriuntur. vel porci sunt qui lutulentis delectantur actibus: nam nisi quis porci more vixerit, non in eum diaboli accipiunt potestatem: aut ad probandum tantum, non ad perdendum accipiunt. quod autem in stagnum praecipitati sunt porci, significat quod, etiam liberato populo gentium a damnatione daemonum, in abditis agunt sacrilegos ritus suos qui christo credere noluerunt, caeca et profunda curiositate submersi. quod autem pastores porcorum fugientes ista nuntiant, significat quosdam etiam primates impiorum, qui quamquam christianam legem fugiant, potentiam tamen christi stupendo praedicare non cessant. quod autem magno timore percussi, rogant ut ab eis discedat, significat multitudinem |300| vetusta sua vita delectatam, honorare quidem se nolle christianam legem, dum dicunt quod eam implere non possunt. * hilarius. ° vel urbs illa iudaici populi habuit speciem, quae, christi operibus auditis, domino suo obviam pergit, prohibens ne fines suos urbemque contingeret: neque enim evangelia recepit.

071 CMT cp9

lc1 * Chrysostomus in matth.. ° monstravit superius christus suam virtutem per doctrinam, quando docuit eos ut potestatem habens; per leprosum, quando dixit: volo, mundare; per centurionem, qui dixit: dic verbo, et sanabitur puer meus; per mare, quod verbo refrenavit; per daemones, qui eum confitebantur; hic autem rursus alio maiori modo inimicos eius cogit confiteri aequalitatem honoris ad patrem: unde ad hoc ostendendum subditur et ascendens iesus in naviculam, transfretavit, et venit in civitatem suam. navigium autem intrans pertransit qui pede mare poterat pertransire: non enim semper mirabilia volebat facere, ne incarnationis noceat rationi. * ioannes episcopus. ° creator autem rerum, orbis terrae dominus, posteaquam se propter nos nostra angustavit in carne, coepit habere humanam patriam, coepit civitatis iudaicae esse civis, parentes habere coepit, parentum omnium ipse parens, ut attraheret caritas quos disperserat metus. * chrysostomus in matth.. |25| ° civitatem autem suam hic capharnaum dicit: alia enim eum susceperat nascentem, scilicet bethlehem; alia eum nutrivit, scilicet nazareth; alia autem habuit continue habitantem, scilicet capharnaum. * augustinus de cons. evang.. ° vel aliter. quod matthaeus hic scribit de civitate domini, marcus autem de capharnaum, difficilius solveretur, si matthaeus nazareth nominaret; nunc vero cum potuerit ipsa galilaea dici civitas christi, quia in galilaea erat nazareth, sicut universum regnum romanum in tot civitatibus constitutum, dicitur modo romana civitas; quis dubitaverit ut veniens in galilaeam dominus recte diceretur venisse in civitatem suam, in quocumque esset oppido galilaeae, praesertim quia et ipsa capharnaum extollebatur in galilaea, ut tamquam metropolis haberetur? * hieronymus. ° vel civitatem eius non aliam intelligamus quam nazareth: unde et nazarenus appellatus est. * augustinus de cons. evang.. ° et secundum hoc, dicimus matthaeum praetermisisse |50| quae gesta sunt postea quam iesus venit in civitatem suam donec veniret capharnaum, et hic adiunxisse de sanato paralytico; sicut in multis faciunt praetermittentes media; tamquam hoc continuo sequatur, quod sine ulla praetermissionis significatione subiungunt: et hoc modo hic subditur et ecce offerebant ei paralyticum iacentem in lecto. * chrysostomus in matth.. ° paralyticus autem hic alter est praeter eum qui in ioanne patitur. ille quidem in natatoriis iacebat, hic autem in capharnaum; ille famulis carebat, hic autem habebat eos qui sui curam habebant, qui et portantes eum attulerunt. * hieronymus. ° obtulerunt autem ei iacentem in lecto, quia ipse ingredi non valebat. * chrysostomus in matth.. ° non autem ubique ab aegris solum quaerit fidem, puta cum insaniunt, vel aliter ab aegritudine in excessu fuerint mentis; unde subditur videns autem iesus fidem illorum. * hieronymus. ° non eius qui offerebatur, sed eorum qui offerebant. * chrysostomus in matth.. ° quia igitur tantam ostendunt fidem, monstrat et ipse suam virtutem, cum omni potestate solvens peccata; unde sequitur dixit paralytico: confide, fili, remittuntur tibi peccata. * ioannes episcopus. ° quantum valet apud deum fides propria, apud quem sic valuit aliena, ut intus et extra sanaret hominem? audit veniam, et tacet paralyticus; nec ullam respondet gratiam, quia plus corporis quam animae tendebat ad curam. merito ergo christus offerentium recipit fidem, non vecordiam iacentis. * chrysostomus in matth.. ° vel erat magna fides etiam huius infirmi: non enim permisisset se submitti, ut alius evangelista dicit, per tectum, non credens. * hieronymus. ° o mira humilitas. despectum et debilem, totis membrorum compagibus dissolutum, filium vocat, quem sacerdotes non dignabantur attingere; aut certe ideo filium, quia dimittuntur ei peccata sua: ubi datur nobis intelligentia, propter peccata plerasque evenire corporum debilitates. et idcirco forsitan prius dimittuntur peccata; ut causis debilitatis ablatis, sanitas restituatur. * chrysostomus in matth.. ° scribae autem diffamare volentes, etiam nolentes fecerunt clarere quod factum est; eorum enim aemulatione ad signi ostensionem usus est christus: hoc enim est superabundantia eius sapientiae quod sua per inimicos manifestat; unde sequitur ecce quidam de scribis dixerunt intra se: hic blasphemat. * hieronymus. ° legimus in propheta: ego sum qui deleo omnes iniquitates tuas. consequenter ergo scribae, quia hominem putabant, et verba dei non intelligebant, arguunt eum vitio blasphemiae. videns autem cogitationes eorum, ostendit se deum, qui potest cordis occulta cognoscere, et quodammodo tacens loquitur: eadem potentia qua cogitationes vestras intueor, possum et hominibus delicta dimittere. ex vobis intelligite quid paralyticus consequatur. unde sequitur et cum vidisset iesus cogitationes eorum, dixit: ut quid cogitatis mala in cordibus vestris? * chrysostomus in matth.. ° non quidem eorum destruxit suspicionem, qua scilicet cogitabant eum praedicta dixisse ut deum. si enim non esset aequalis deo patri, oportebat eum dicere: longe sum ab hac potestate, scilicet dimittendi peccata. nunc autem contrarium firmavit sua voce, et miraculi ostensione; unde subdit quid est facilius dicere: dimittuntur tibi peccata tua, an dicere: surge et ambula? quanto quidem anima corpore potior est, tanto peccatum dimittere maius est quam corpus sanare. sed quia illud quidem non manifestum, hoc autem manifestum, facit minus, quod est manifestius, ut demonstret maius, et non manifestum. * hieronymus. ° utrum enim sint paralytico peccata dimissa, solus noverat qui dimittebat; surge autem et ambula, tam ille qui surgebat quam hi qui surgentem videbant, poterant approbare; quamquam eiusdem virtutis sit et corporis et animae vitia dimittere. inter dicere autem et facere, multa distantia est. sit ergo carnale signum, ut probetur spirituale; unde sequitur ut autem sciatis quoniam filius hominis habet potestatem in terra peccata dimittendi. * chrysostomus in matth.. ° supra quidem paralytico non dixit: dimitto tibi peccata, sed: dimittuntur tibi peccata; quia vero scribae resistebant, altiorem suam potentiam demonstrat, dicens: quia filius hominis habet potestatem dimittendi peccata. et ut ostendat se patri aequalem, non dixit: filius hominis indiget aliquo ad dimittendum peccata, sed: quoniam habet. * glossa. ° haec autem verba, ut sciatis, possunt esse christi, vel evangelistae; quasi evangelista diceret: ipsi dubitabant eum peccata dimittere; sed ut sciatis quoniam filius hominis habet potestatem, ait paralytico. si autem christus dicatur pronuntiasse haec verba, sic intelligentur: vos dubitatis me posse peccata dimittere; sed ut sciatis quoniam filius hominis habet potestatem dimittendi peccata: quae quidem oratio imperfecta est; sed subditur actus loco consequentis; unde dicitur ait paralytico: surge et tolle lectum tuum. * ioannes episcopus. ° ut quod fuit probatio infirmitatis, sit testimonium sanitatis. et vade in domum tuam; ne christiana fide curatus moriaris in perfidia iudaeorum. * chrysostomus in matth.. ° hoc autem praecepit, ut non aestimetur phantasia esse quod factum est; unde ad veritatem facti ostendendam subditur et surrexit, et abiit in domum suam. sed tamen astantes homines adhuc deorsum trahuntur; unde sequitur videntes autem turbae, timuerunt et glorificaverunt deum qui dedit talem potestatem hominibus. si enim bene cogitassent apud se, agnovissent quia filius dei erat. interim autem non parum erat aestimare omnibus hominibus maiorem, et a deo venire. * hilarius in matth.. ° mystice autem a iudaea repudiatus in civitatem suam revertitur. dei civitas fidelium plebs est: in hanc ergo introivit per navim, idest ecclesiam, vectus. * ioannes episcopus. ° non autem christus indiget navi, sed navis, christo: quia sine caelesti gubernatione navis ecclesiae per mundanum pelagus ad caelestem portum non valet pervenire. * hilarius. ° in paralytico autem gentium universitas offertur medenda. hic itaque angelis ministrandus offertur; hic filius nuncupatur, quia dei opus est; huic remittuntur animae peccata, quae lex laxare non poterat: fides enim sola iustificat. deinde virtutem resurrectionis ostendit, cum sublatione lectuli, infirmitatem corporibus docuit defuturam. * hieronymus. ° iuxta tropologiam autem, interdum anima iacens in corpore suo virtutibus dissolutis, a perfecto doctore domino offertur curanda: unusquisque enim aeger petendae salutis precatores debet adhibere, per quos actuum nostrorum clauda vestigia verbi caelestis remedio reformentur. sunt igitur monitores mentis qui animum auditoris ad superiora erigunt, quamvis exterioris corporis debilitate torpentem. * ioannes episcopus. ° dominus autem in hoc saeculo insipientium voluntates non quaerit; sed respicit ad alterius fidem; nec medicus languentium respicit voluntatem, cum contraria requirat infirmus. * rabanus. ° surgere autem est animam a carnalibus desideriis abstrahere; lectum tollere est carnem a terrenis desideriis ad voluptatem spiritus attollere; domum ire est ad paradisum redire, vel ad internam sui custodiam, ne iterum peccet. * gregorius moralium. ° vel per lectum voluptas corporis designatur. iubetur itaque ut hoc sanus portet ubi infirmus iacuerat: quia omnis qui adhuc vitiis delectatur, infirmus iacet in voluptatibus carnis; sed sanatus hoc portat, quia eiusdem carnis contumelias postmodum tolerat, in cuius intus prius desideriis requiescebat. * hilarius in matth.. ° videntes autem turbae timuerunt. magni enim timoris res est, non dimissis a christo peccatis, in mortem resolvi: quia nullus est in domum aeternam reditus, si cui indulta non fuerit venia delictorum. cessante autem timore, honor deo redditur, quod potestas hominibus hac via data sit per verbum eius, et peccatorum remissionis, et corporum resurrectionis, et reversionis in caelum.

lc2 * Chrysostomus in matth.. ° cum christus fecisset miraculum, non permansit in eodem loco, ne iudaeorum zelum accenderet ampliorem. hoc et nos faciamus, non obstinate obsistentes eis qui insidiantur; unde dicitur et cum transiret inde iesus, scilicet a loco ubi miraculum fecerat, vidit hominem sedentem in telonio matthaeum nomine. * hieronymus. ° ceteri evangelistae propter verecundiam et honorem matthaei, noluerunt eum nomine appellare vulgato, sed dixerunt levi: duplici enim vocabulo fuit. ipse autem matthaeus (secundum illud salomonis prov. 18, 17: iustus accusator est sui) matthaeum se et publicanum nominat, ut ostendat legentibus nullum debere salutem desperare, si ad meliora conversus sit, cum ipse de publicano in apostolum sit repente mutatus. * glossa. ° dicit autem sedentem in telonio, idest in domo ubi vectigalia congregantur. erat enim teleonearius dictus a telon graece, quod est vectigal. * chrysostomus in matth.. ° per hoc ergo monstrat vocantis virtutem: quoniam non desistentem a periculoso officio ex mediis ipsum evulsit malis, sicut et paulum adhuc insanientem; et ideo sequitur et ait illi: sequere me. sicut vidisti vocantis virtutem, ita addisce vocati obedientiam. neque enim resistit, neque domum abire rogavit, et suis hoc communicare. * remigius. ° humana etiam pericula, quae ei a principibus accidere poterant, parvipendit, dum officii sui rationes imperfectas reliquit; unde sequitur et surgens secutus est eum. et quia terrena lucra deseruit ideo iure factus est dominicorum talentorum dispensator. * hieronymus. ° arguit autem in hoc loco porphyrius et iulianus augustus vel imperitiam historici mentientis, vel stultitiam eorum qui statim secuti sunt salvatorem; quasi irrationabiliter quemlibet vocantem hominem sunt secuti, cum tantae virtutes tantaque signa praecesserint, quae apostolos, antequam crederent, vidisse non dubium est. certe fulgor ipse, et maiestas divinitatis occultae, quae etiam in facie refulgebat humana, ad se videntes trahere poterat in primo aspectu. si enim in magnete lapide haec esse vis dicitur ut ferrum trahat, quanto magis dominus omnium creaturarum ad se trahere poterat quos volebat? * chrysostomus in matth.. ° sed cur non cum petro et ioanne et aliis eum vocavit? quoniam durius adhuc dispositus erat; sed post multa miracula et multam christi famam, quando aptiorem eum ad obedientiam scivit qui intima cordis novit. * augustinus de cons. evang.. ° vel probabilius videtur quod haec praetermissa recordando matthaeus commemorat: quia ante sermonem habitum in monte credendum est vocatum esse matthaeum: in eo quippe monte tunc lucas commemorat omnes duodecim electos, quos apostolos nominat. matthaeus enim vocationem suam refert inter miracula: magnum enim miraculum fuit quod publicanus factus est apostolus. * chrysostomus in matth.. ° quid est autem quod de aliis apostolis non dicitur qualiter et quando sunt vocati, nisi de petro et andrea et iacobo et ioanne et matthaeo? hi enim maxime erant in inconvenientibus, et humilibus studiis: neque enim telonii officio est aliquid deterius, neque piscatione vilius. * glossa. ° congruam autem caelestis beneficii vicem impendens matthaeus, christo magnum convivium in domo sua paravit, ut illi commodaret sua temporalia a quo expectabat perpetua bona; unde sequitur et factum est discumbente eo in domo. * augustinus de cons. evang.. ° hic matthaeus non expressit in cuius domo discumbebat iesus; unde posset videri non hoc ex ordine subiunxisse, sed quod alio tempore factum est recordatus interposuisse; nisi marcus et lucas, qui hoc omnino similiter narrant, manifestarent, in domo levi, hoc est matthaei, discubuisse iesum. * chrysostomus in matth.. ° honoratus autem matthaeus ingressu christi in domum eius, omnes publicanos, qui erant eiusdem artis, convocavit; unde sequitur ecce multi publicani et peccatores venientes discumbebant cum iesu et discipulis eius. * glossa. ° publicani enim vocantur qui publicis negotiis implicantur, quae sine peccato aut vix aut nunquam possunt tractari. et pulchrum fuit praesagium: quia qui apostolus et doctor gentium erat futurus, in prima sua conversione peccantium gregem post se traxit ad salutem; ut iam perficeret exemplo quod perficere debebat et verbo. * hieronymus. ° tertullianus hos dicit fuisse ethnicos, dicente scriptura: non erit vectigal pendens ex israel; quasi matthaeus non fuerit iudaeus. dominus autem non convivatur cum ethnicis, cum id maxime caveret, ne legem solvere videretur, qui et discipulis praecepit: in viam gentium ne abieritis. viderant autem publicanum a peccatis ad meliora conversum, locum invenisse poenitentiae, et ob id etiam ipsi non desperant salutem. * chrysostomus in matth.. ° unde accesserunt ad redemptorem nostrum, et non solum ad colloquendum, sed etiam ad convescendum recepti sunt: non enim solum disputans aut curans aut arguens inimicos, sed etiam convescens emendabat multoties eos qui male dispositi erant, per hoc docens nos quoniam omne tempus et omne opus potest nobis tribuere utilitatem. hoc autem videntes pharisaei indignati sunt: de quibus subditur et videntes pharisaei dicebant discipulis eius: quare cum publicanis et peccatoribus manducat magister vester? notandum, quod cum discipuli visi sunt peccare, christum alloquuntur dicentes: ecce discipuli tui faciunt quod non licet facere in sabbato; hic apud discipulos christo detrahunt; quae omnia malignantium erant, et volentium separare a doctore corda discipulorum. * rabanus. ° duplici autem errore tenebantur, quia et se iustos arbitrabantur, qui superbiae fastu a iustitia longe discesserant, et eos criminabantur iniustos qui resipiscendo a peccatis, iustitiae appropinquabant. * augustinus de cons. evang.. ° lucas autem aliquando differentius hoc videtur commemorasse, secundum quem pharisaei dicunt discipulis: quare cum publicanis et peccatoribus manducatis et bibitis? christo et discipulis eius hoc obiectum insinuantes. sed cum discipulis dicebatur, magis magistro obiciebatur, quem sectando imitabantur. una est ergo sententia: et tanto melius insinuata, quanto quibusdam verbis, manente veritate, mutata. * hieronymus. ° neque vero in pristinis permanentes veniunt ad iesum, ut pharisaei et scribae murmurant, sed poenitentiam agentes; quod et praesens sermo domini significat; unde sequitur at iesus audiens ait: non est opus valentibus medicus, sed male habentibus. * rabanus. ° seipsum medicum dicit, qui miro medicandi genere propter iniquitates nostras vulneratus est, ut vulnus peccatorum nostrorum sanaret. sanos quidem eos appellat, qui suam volentes statuere iustitiam, verae dei iustitiae subiecti non sunt. male habentes eos vocat, qui suae fragilitatis conscientia devicti, nec per legem videntes se iustificari, poenitendo se submittunt gratiae dei. * chrysostomus in matth.. ° postquam a communibus opinionibus eos allocutus est, alloquitur eos ex scripturis, cum dicit euntes autem discite quid est: misericordiam volo, et non sacrificium. * hieronymus. ° de propheta, scilicet osee, sumens testimonium, sugillat scribas et pharisaeos, qui se iustos aestimantes, peccatorum et publicanorum consortia declinabant. * chrysostomus in matth.. ° ac si dicat: cur accusatis me, quoniam peccatores corrigo? ergo et deum patrem ex hoc incusate. sicut enim ille vult peccatorum emendationem, ita et ego. et sic ostendit non solum non esse prohibitum quod incusabant, sed et secundum legem maius esse sacrificio: non enim dixit: misericordiam volo et sacrificium; sed hoc iniunxit, illud autem eiecit. * glossa. ° non tamen despicit deus sacrificium, sed sacrificium sine misericordia. faciebant autem pharisaei saepe sacrificia in templo, ut iusti apparerent coram populo; sed non exercebant misericordiae opera, in quibus probatur vera iustitia. * rabanus. ° admonet itaque eos, ut per opera misericordiae sibimetipsis supernae misericordiae praemia requirant; et non, contemptis pauperum necessitatibus, per oblationem sacrificiorum se deo placere confidant; unde dicit euntes, scilicet a temeritate stultae vituperationis ad diligentiorem scripturae sanctae meditationem, quae misericordiam maxime commendat; unde et suum de misericordia exemplum eis proponit, dicens non enim veni vocare iustos, sed peccatores. * augustinus de cons. evang.. ° lucas addidit: in poenitentiam; quod ad explanandam sententiam valet, ne quisquam peccatores ob hoc ipsum quod peccatores sunt, diligi arbitretur a christo: cum et illa similitudo de aegrotis bene intimet quid velit deus vocando peccatores. tamquam medicus aegros, utique ut ab iniquitate, tamquam ab aegritudine, salvi fiant; quod fit per poenitentiam. * hilarius in matth.. ° omnibus autem christus venerat: quomodo ergo non se iustis venisse dicit? erant ergo quibus necesse non erat ut veniret? sed nemo iustus ex lege est. ostendit ergo inanem iustitiae iactantiam, |225| quia sacrificia infirmis ad salutem, misericordia erat universis in lege positis necessaria. * chrysostomus in matth.. ° unde ironice videtur ad eos loquens, sicut cum dicitur: ecce iam adam factus est quasi unus ex nobis. quoniam enim nullus iustus erat in terra, paulus significat dicens: omnes peccaverunt, et egent gloria dei. in hoc autem et illos mitigavit qui vocati erant; quasi dicat: tantum renuo abominari peccatores, quin propter eos solos adveni. * rabanus. ° vel quia qui iusti erant, sicut nathanael et ioannes baptista, non erant ad poenitentiam invitandi. vel non veni vocari iustos falsos, qui de iustitia sua gloriantur, ut pharisaeos, sed illos qui se peccatores cognoscunt. per matthaei autem et publicanorum vocationem fides gentium exprimitur, qui prius mundi lucris inhiabant, et nunc spiritualiter cum domino reficiuntur; per superbiam pharisaeorum, invidia iudaeorum de salute gentium. vel matthaeus significat hominem terrenis lucris inhiantem, quem videt iesus, dum |250| oculo misericordiae respicit. matthaeus enim interpretatur donatus, levi assumptus: poenitens autem a massa perditorum assumitur, et gratia dei ecclesiae donatur. et ait illi iesus: sequere me, vel per praedicationem, vel per scripturae admonitionem, vel per internam inspirationem.

lc3 * Glossa. ° cum de convivio peccatorum et de participatione respondisset eis, de comestione eum aggrediuntur; unde dicitur tunc accesserunt ad eum discipuli ioannis dicentes: quare nos et pharisaei ieiunamus frequenter, discipuli autem tui non ieiunant? * hieronymus. ° superba interrogatio, et ieiunii reprehendenda iactantia. nec poterant discipuli ioannis non esse sub vitio, qui iungebantur pharisaeis, quos a ioanne noverant condemnatos; et calumniabantur eum quem sciebant magistri vocibus praedicatum. * chrysostomus in matth.. ° quod autem dicunt, tale est: esto tu ut medicus haec facis; sed cur discipuli tui dimittentes ieiunium, talibus mensis accedunt? deinde incusationem ex comparatione augere volentes, primo seipsos ponunt, et deinde pharisaeos. ieiunabant illi quidem a lege discentes, sicut et pharisaeus dixit: ieiuno bis in sabbato; ipsi autem a ioanne. * rabanus. ° ioannes enim vinum et siceram non bibit: quod abstinentiae meritum in |25| eo auget, cui nulla est potentia naturae. dominus autem qui peccata potest condonare, cur a peccatoribus manducantibus declinaret, quos abstinentibus poterat facere iustiores? ieiunat autem christus, ne praeceptum declinet; manducat autem cum peccatoribus, ut gratiam et potestatem intelligas. * augustinus de cons. evang.. ° sed cum matthaeus tantum discipulos ioannis hoc dixisse perhibeat, verba quae apud marcum leguntur, magis indicant alios hoc dixisse de aliis, idest convivas de discipulis ioannis et pharisaeis: quod lucas evidentius expressit, qui alios de aliis dixisse narravit. unde ergo matthaeus dicit tunc accesserunt ad eum discipuli ioannis, nisi quia et ipsi aderant, et omnes certatim, ut quisque poterat, hoc obiecerunt? * chrysostomus in matth.. ° vel lucas dicit, quod pharisaei hoc dixerunt; hic autem dicit, quod discipuli ioannis: quia pharisaei illos secum acceperunt ad dicendum, quod postea in herodianis fecerunt. sed considerandum, quod quando pro extraneis, sicut pro publicanis, |50| sermo erat, ut eorum turbatam mitiget animam, vehementius exprobrantes incursavit; ubi autem discipulos convitiabantur, cum mansuetudine respondet; unde sequitur et ait illis iesus: numquid possunt filii sponsi lugere, quamdiu cum illis est sponsus? primo quidem seipsum medicum vocaverat, hic autem sponsum, in memoriam reducens verba ioannis qui dixit: qui habet sponsam sponsus est. * hieronymus. ° sponsus christus est, sponsa autem ecclesia. de hoc spirituali connubio apostoli sunt creati, qui lugere non possunt quamdiu sponsum in thalamo vident, et sciunt sponsum esse cum sponsa. quando vero transierint nuptiae, et passionis ac resurrectionis tempus advenerit, tunc sponsi filii ieiunabunt. et hoc est quod subditur venient autem dies quando auferetur ab eis sponsus; et tunc ieiunabunt. * chrysostomus in matth.. ° quod autem dicit, tale est: gaudii est praesens tempus et laetitiae; non ergo introducenda sunt tristia: etenim ieiunium triste est non naturaliter, sed |75| istis qui imbecillius adhuc dispositi sunt: his enim qui sapientiam contemplari desiderant, delectabile est; unde secundum opinionem illorum hoc dixit. per hoc autem monstrat quod non gulae erat quod fiebat, sed dispensationis cuiusdam. * hieronymus. ° nonnulli autem putant idcirco dies quadraginta passionis ieiunia debere committi, licet statim dies pentecostes et spiritus sanctus veniens inducat nobis festivitatem. ex huiusmodi occasione testimonii montanus, prisca et maximilla, etiam post pentecosten faciunt quadragesimam, quia ablato sponso, filii sponsi debeant ieiunare. ecclesiae autem consuetudo ad passionem domini et resurrectionem per humilitatem carnis venit, ut spirituali saginae ieiunio corporis praeparemus. * chrysostomus in matth.. ° rursus autem a communibus exemplis confirmat hunc sermonem, cum subdit nemo autem mittit commissuram panni rudis in vestimentum vetus: tollit enim plenitudinem eius a vestimento, et peior scissura fit; quasi diceret: nondum effecti |100| sunt fortes mei discipuli, sed adhuc multa indigent condescensione: nondum sunt per spiritum renovati. sic autem dispositis non oportet gravedinem imponere praeceptorum. hoc autem dixit regulam dans suis discipulis, ut discipulos ex universo orbe terrarum cum mansuetudine suscipiant. * remigius. ° vestimentum vetus discipulos vult intelligi, quia nondum erant per omnia innovati. pannum rudem, idest novum, appellat novam gratiam, idest evangelicam doctrinam, cuius quaedam particula est ieiunium; et ideo non conveniebat ut saeviora praecepta ieiunii illis committerentur, ne forte austeritate ieiunii frangerentur, et fidem perderent quam habebant; ideo subdit tollit enim plenitudinem eius a vestimento, et peior scissura fit. * glossa. ° quasi dicat: ideo rudis pannus, idest novus, non debet poni in vestimento veteri, qui tollit saepe a vestimento plenitudinem eius, idest perfectionem; et tunc fit peior scissura. grave enim onus rudi iniunctum, illud boni quod prius inerat, saepe destruit. * remigius. ° duabus autem |125| similitudinibus positis, scilicet nuptiarum, et de panno rudi et de vestimento veteri, nunc tertiam addit similitudinem de utribus et de vino: neque mittunt vinum novum in utres veteres. utres veteres appellat suos discipulos, qui nondum perfecte erant innovati. vinum novum appellat plenitudinem spiritus sancti, et profunda caelestium mysteriorum, quae tunc discipuli ferre non poterant; sed post resurrectionem utres novi facti fuerunt, et vinum novum receperunt quando spiritus sanctus replevit corda eorum. unde quidam dixerunt: omnes isti musto pleni sunt. * chrysostomus in matth.. ° hinc et nos causam docuit humilium verborum quae continuo ad eos dicebat propter imbecillitatem ipsorum. * hieronymus. ° vel aliter. per vestimentum vetus et utres veteres debemus intelligere scribas et pharisaeos; particula vestimenti novi et vinum novum praecepta evangelica sentienda: quae non possunt sustinere iudaei, ne maior scissura fiat. tale quid et galatae facere cupiebant, ut |150| cum evangelio legis praecepta miscerent, et in utribus veteribus mitterent vinum novum. sermo igitur evangelicus apostolis potius quam scribis et pharisaeis est infundendus, qui maiorum traditionibus depravati, sinceritatem praeceptorum christi non poterant custodire. * glossa. ° per hoc ergo significat quod apostoli non erant in veteribus observantiis detinendi, quos oportebat gratiae novitate perfundi. * augustinus in serm. de quadrag. ° vel aliter. omnis qui recte ieiunat, aut animam suam in gemitu orationis et castigatione corporis humiliat, aut illecebras carnales spiritualis sapientiae delectatione suspendit. de utroque autem ieiunii genere dominus hic respondet: nam de primo, quod habet animae humiliationem, dicit non possunt filii sponsi lugere; de illo quod epulum mentis, consequenter locutus est, dicens nemo mittit commissuram panni rudis. deinde quia sponsus ablatus utique nobis est, lugendum est. et recte lugemus, si flagramus desiderio eius. beati quibus licuit eum ante passionem tunc habere |175| praesentem, interrogare sicut vellent, audire sicut deberent. illos dies concupierunt videre patres ante adventum eius, neque viderunt, quia in alia dispensatione sunt ordinati, per quos venturus annuntiaretur, non a quibus veniens audiretur; in nobis autem illud impletum est quod ipse dicit: venient dies quando desiderabitis videre unum de diebus istis, et non poteritis. quis ergo hic non lugebit? quis non dicat: factae sunt mihi lacrymae meae panes die ac nocte, dum dicitur mihi quotidie: ubi est deus tuus? merito ergo apostolus cupiebat dissolvi, et esse cum christo. * augustinus de cons. evang.. ° quod ergo dixit matthaeus lugere, ubi marcus et lucas dicunt ieiunare, significat de tali ieiunio dominum locutum quod pertinet ad humilitatem tribulationis, ut illud alterum quod pertinet ad gaudium mentis in spiritualia suspensae, et ob hoc alienatae a corporalibus cibis, posterioribus similitudinibus significasse intelligatur; ostendens, quod circa corpus occupatis et ob hoc veterem sensum habentibus, hoc |200| genus ieiunii non congruat. * hilarius in matth.. ° mystice vero, quod praesente sponso ieiunandi necessitatem discipulis non esse respondet, praesentiae suae gaudium, et sacramentum sancti cibi edocet, quo nemo se praesente (idest, in conspectu mentis christum continens) indigebat; ablato autem se, ieiunaturos esse dicit; quia omnes non credentes resurrexisse christum, habituri non essent cibum vitae. in fide enim resurrectionis sacramentum panis caelestis accipitur. * hieronymus. ° vel cum propter peccata a nobis recesserit, tunc indicendum est ieiunium, tunc luctus est recipiendus. * hilarius ° (ut supra). ponit etiam exempla, quibus ostendit, infirmatas vetustate peccatorum et animas et corpora novae gratiae sacramenta non capere. * rabanus. ° cum autem datae sint diversae similitudines ad idem, differunt tamen: vestis enim qua foris tegimur, opera bona significat, quae foris agimus; vinum quo intus reficimur, fervor est fidei et caritatis, quo intus reformamur.

lc4 * Chrysostomus in matth.. ° post sermones opus adiunxit, in quo amplius pharisaei obstruerentur eo quod qui advenit ad miraculum petendum, archisynagogus erat, et luctus magnus, quia puella unigenita erat, et duodecim annorum, quando incipit esse flos aetatis; et ideo dicitur haec illo loquente ad eos, ecce princeps unus accessit. * augustinus de cons. evang.. ° dicunt autem hoc et marcus et lucas, sed ab isto ordine iam recedunt: eo enim loco hoc inserunt ubi post expulsa daemonia, et in porcos missa, transfretando redit a regione gerasenorum. et per hoc quod marcus dicit, intelligendum est hoc factum esse postquam venit rursus trans fretum; sed quantum post, non apparet. nisi autem fuisset aliquod intervallum, non esset quando fieret quod narrat matthaeus in convivio domus suae. post hoc factum continuo sequitur de archisynagogi filia. si enim loquente eo de panno novo, accessit princeps, nihil aliud factorum dictorumque |25| eius interpositum est; in narratione autem marci patet locus ubi alia interponi potuerunt. similiter autem et lucas non renititur matthaeo: quod enim adiunxit: et ecce vir cui nomen erat iairus, non continuo accipiendum est factum, sed post illud de convivio publicanorum, ut narrat matthaeus dicens haec illo loquente ad eos, ecce princeps unus, scilicet iairus archisynagogus, accessit et adorabat eum dicens: domine, filia mea modo defuncta est. considerandum est autem, ne repugnare videatur, quod alii duo evangelistae morti iam proximam, non tamen mortuam eam dicant, usque adeo ut dicant venisse postea qui mortuam enuntiarent: et ob hoc non debere vexari magistrum: intelligendum est enim brevitatis causa matthaeum hoc potius dicere voluisse, rogatum dominum esse ut faceret, quod ipsum fecisse manifestum est, ut scilicet et mortuam suscitare. attendit enim non verba patris de filia sua, sed, quod potissimum est, voluntatem. ita enim desperaverat ut potius eam vellet reviviscere, |50| non credens vivam posse inveniri, quam morientem reliquerat. duo itaque posuerunt quid dixerit iairus; matthaeus autem quid voluerit atque cogitaverit. sane si quisquam illorum duorum patrem ipsum commemorasset dixisse, ut non vexaretur iesus, quod puella mortua fuisset, repugnarent eius cogitationi verba quae posuit matthaeus. nunc vero non legitur quod suis nuntiantibus ille consenserit. hinc autem rem pernecessariam discimus: nihil in cuiusque verbis debere inspicere nisi voluntatem, cui debent verba servire; nec mentiri quemquam, si aliis verbis dixerit quod ille voluerit cuius verba non dicit. * chrysostomus in matth.. ° vel hoc quod princeps dixit de morte puellae est augere calamitatem. etenim consuetudo est rogantibus extollere sermone propria mala, et amplius aliquid eo quod est dicere, ut magis attrahant eos quibus supplicant; unde subiungit sed veni, impone manum super eam, et vivet. vide autem eius crassitiem. duo enim expetit a christo: et accedere ipsum, et manum imponere. |75| hoc etiam syrus ille naaman a propheta expetebat. etenim et visu indigent et sensibilibus rebus qui crassius dispositi erant. * remigius. ° miranda est autem pariter atque imitanda domini humilitas et mansuetudo: nam mox ut rogatus est, rogantem coepit sequi; unde subdit et surgens iesus sequebatur eum. hic subditos et praelatos pariter instruxit: subditus exemplum obedientiae reliquit, praelatis vero instantiam et sollicitudinem docendi demonstravit: ut quotiescumque audierint aliquem mortuum in anima statim adesse studeant. et cum eo ibant discipuli eius. * chrysostomus in matth.. ° et marcus quidem et lucas dicunt, quoniam tres accepit discipulos, scilicet petrum, iacobum et ioannem: matthaeum autem non assumpsit, ampliorem ei concupiscentiam immittens, et quia imperfectius adhuc dispositus erat; propter hoc enim illos honorat, ut alii similes illis efficiantur. sufficiebat enim interim matthaeo videre ea quae facta sunt circa sanguinis fluxum |100| patientem, de qua subditur et ecce mulier quae sanguinis fluxum patiebatur duodecim annis, accessit retro, et tetigit fimbriam vestimenti eius. * hieronymus. ° haec autem mulier sanguine fluens, non in domo, non in urbe accedit ad dominum quia iuxta legem urbibus excludebatur; sed in itinere ambulante domino; ut dum pergit ad aliam, alia curaretur. * chrysostomus in matth.. ° ideo autem non libera propalatione ad christum venit, quia verecundabatur propter passionem, immundam se existimans: etenim apud legem multa immunditia aestimabatur esse haec passio; propter hoc latet et occultatur. * remigius. ° in quo laudanda est eius humilitas; quia non ad faciem accessit, sed retro, et indignam se iudicavit pedes domini tangere; et non plenitudinem vestimenti tetigit, sed tantummodo fimbriam: habuit enim dominus fimbriam iuxta legis praeceptum. pharisaei etiam fimbrias habebant, quas magnificabant, in quibus etiam spinas appendebant. sed fimbriae domini non habebant vulnerare, sed potius |125| sanare; et ideo sequitur dicebat enim intra se: quia si tetigero tantum vestimentum eius, salva ero: in quo fides eius admiranda est, quia desperans de salute medicorum in quos sua erogaverat, ut marcus dicit, intellexit caelestem adesse medicum, et in eo totam suam intentionem collocavit, et ideo salvari promeruit; unde sequitur at iesus conversus et videns eam, dixit: confide, filia: fides tua te salvam fecit. * rabanus. ° quid est quod eam confidere iussit, quae si fidem non haberet, salutem ab eo non quaereret? sed robur et perseverantiam fidei ab ea expostulavit, ut ad certam et veram perveniat salutem. * chrysostomus in matth.. ° vel quia formidolosa erat haec mulier, propter hoc ait confide. et filiam eam vocat, quia fides eam filiam fecerat. * hieronymus. ° non autem dixit: quia fides tua te salvam factura est; sed salvam fecit: in eo enim quod credidisti, iam salva facta es. * chrysostomus in matth.. ° nondum tamen perfectam de christo opinionem habebat, quia nequaquam aestimasset eum latere; sed christus non dimisit eam latere, non quasi gloriam concupiscens, sed multorum causa. primo enim solvit timorem mulieris, ne a conscientia pungatur, quasi donum furatura; secundo eam emendat de hoc quod aestimat se latere; tertio omnibus fidem eius ostendit, ut eam aemulentur; quarto dedit in hoc signum, quod monstravit se nosse omnia, non minus eo quod fontem sanguinis siccavit, de quo sequitur et salva facta est mulier ex illa hora. * glossa. ° intelligendum est ex illa hora ex qua tetigit fimbriam; non ex illa hora ex qua iesus conversus est ad eam: iam enim salva facta erat, ut alii evangelistae manifeste ostendunt et ex verbis domini perpendi potest. * hilarius. in matth.. ° in quo magna virtutis dominicae admiratio est; cum potestas intra corpus manens, rebus caducis efficientiam adderet sanitatis, et usque in vestium fimbrias operatio divina procederet: non enim comprehensibilis erat deus, ut corpore clauderetur. assumptio namque corporis non naturam virtutis inclusit, sed ad redemptionem nostram fragilitatem corporis virtus assumpsit. mystice autem princeps hic lex esse intelligitur, quae dominum orat ut plebi, quam ipsa christo, eius adventus expectatione praedicata, nutrierat, vitam mortuae reddat. * rabanus. ° vel archisynagogus signat moysen, et dicitur iairus, idest illuminans, sive illuminaturus, quia accepit verba vitae dare nobis, et per hoc cunctos illuminat ipse a spiritu sancto illuminatus. filia igitur archisynagogi, idest ipsa synagoga, velut duodecimo aetatis anno, idest tempore pubertatis, postquam spiritualem sobolem deo generare debebat, errorum languore consternata est. ad hanc ergo principis filiam dum properat dei verbum, ut salvos faceret filios israel, sancta ecclesia ex gentibus congregata, quae interiorum lapsu criminum deperibat, paratam aliis fide percepit sanitatem. notandum autem, quod dum archisynagogi filia sit duodennis, et mulier haec ab annis duodecim sanguine fluxit, eo tempore quo haec nata est, illa coepit infirmari: una enim pene saeculi aetate et synagoga ex patriarchis coepit nasci, et gentium exterarum natio idololatriae sanie foedari. nam fluxus sanguinis bifariam potest intelligi: hoc est super idololatriae pollutione, et super his quae carnis et sanguinis delectatione geruntur: et sic quamdiu synagoga viguit, laboravit ecclesia; sed illorum delicto salus gentibus facta est. accedit autem et tangit dominum ecclesia, cum ei per fidem appropinquat. * glossa. ° credidit, dixit, tetigit, quia his tribus fide, verbo et opere omnis salus acquiritur. * rabanus. ° accedit autem retro, sive iuxta hoc quod ipse ait: si quis mihi ministrat, me sequatur, sive quia praesentem dominum in carne non videns, peractis iam sacramentis incarnationis illius, ad agnitionis eius gratiam pervenit. unde et fimbriam vestimenti tangit; quia cum christum in carne gentilis populus non vidisset, verba incarnationis recepit. vestimentum enim christi dicitur mysterium incarnationis eius, quo divinitas induta est; fimbriae vestimenti, verba de incarnatione eius dependentia. non autem vestem, sed fimbriam tangit; quia non vidit in carne dominum, sed suscepit per apostolos incarnationis verbum. beatus qui extremam partem verbi fide tangit. non autem in urbe, sed in itinere pergente domino sanatur; unde apostoli: quia indignos vos iudicatis vita aeterna, ecce convertimur ad gentes. gentilitas autem ex hora dominici adventus coepit habere salutem.

lc5 * Glossa. ° post mulieris haemorrhoissae curationem, sequitur de mortuae suscitatione, cum dicitur et cum venisset iesus in domum principis, * etc.. chrysostomus in matth.. ° considerandum est autem, quod propter hoc tardius vadit, et plura loquitur mulieri curatae, ut permittat mori puellam, et sic manifesta fiat resurrectionis demonstratio. et similiter in lazaro usque ad tertiam diem mansit. sequitur et cum vidisset tibicines et turbam tumultuantem: quod est mortis demonstratio. * ambrosius super lucam. ° more enim veteri tibicines ad excitandos luctus in mortuis ferebantur adhiberi. * chrysostomus in matth.. ° sed christus tibias universas proiecit; parentes autem puellae introduxit, ne posset dici, quod aliter curavit; sed et ante suscitationem puellae sermone spem erigit: unde sequitur dicebat: recedite, non est enim mortua puella, sed dormit. * rabanus. ° quasi dicat: vobis mortua est; deo autem, qui suscitare potest, dormit tam in anima quam in corpore. * chrysostomus in matth.. ° per hoc autem et tumultum mentis removit eorum qui aderant, et ostendit quoniam facile est ei mortuos suscitare: quod utique in lazaro fecit dicens: lazarus amicus noster dormit. et simul docuit non formidare mortem: quia enim et ipse erat moriturus, in aliorum corporibus instruxit discipulos confidere, et viriliter ferre mortem. etenim eo accedente, iam mors somnus erat. hoc autem domino dicente, deridebant; unde sequitur et deridebant eum. non autem increpavit derisionem, ut et ipsa derisio et tibiae, et alia universa demonstratio fiant mortis: quia enim multoties, postquam facta sunt miracula, non credunt homines, antea eos convincit propriis responsionibus: quod et in lazaro fecit cum dixit: ubi posuistis eum? ut qui dixerunt: veni et vide, et quoniam foetet, quatriduanus enim est, non amplius possint non credere quoniam mortuum suscitavit. * hieronymus. ° non autem erant digni ut viderent mysterium resurgentis qui resuscitantem indignis contumeliis irridebant; et ideo sequitur et cum eiecta esset turba, intravit, et tenuit manum eius, et surrexit puella. * chrysostomus in matth.. ° non quidem aliam superinducens animam, eam suscitavit, sed eam quae exierat reinducens, et velut ex somno erigens, ut ante viam faciat per visum fidei resurrectionis; et non solum puellam resuscitat, sed et cibum ei iubet dari, ut alii evangelistae dicunt, ut non videatur phantasma esse quod factum est. sequitur et exiit fama haec in universam terram illam. * glossa. ° quod ad magnitudinem et novitatem miraculi pertinet, et ad manifestam veritatem ipsius, ne confictum putetur. * hilarius. ° mystice autem dominus domum principis, scilicet synagogam, ingreditur, cui in canticis legis hymnus luctum personabat. * hieronymus. ° usque enim hodie iacet in domo principis mortua; et qui videntur magistri, tibicines sunt, carmen lugubre canentes; turba quoque iudaeorum non est turba credentium, sed tumultuantium. sed cum intraverit plenitudo gentium, tunc omnis israel salvus fiet. * hilarius in matth.. ° ut autem rarus ex lege credentium electionis numerus posset intelligi, turba omnis expulsa est; quam utique salvari dominus optasset; sed irridendo dicta, gestaque eius, resurrectionis non fuit digna consortio. * hieronymus. ° tenuit autem manum eius, et surrexit puella: quia nisi prius mundatae fuerint manus iudaeorum, quae sanguine plenae sunt, synagoga eorum mortua non consurget. * hilarius in matth.. ° exeunte autem fama in universam terram illam, electionis salus, donum christi, atque opera praedicantur. * rabanus. ° moraliter autem puella in domo mortua, est anima mortua in cogitatione. dicit autem quod puella dormit, quia qui peccant in praesenti, adhuc per poenitentiam resuscitari possunt. tibicines sunt adulatores, qui fovent mortuam. * gregorius moralium. ° foras autem turba eicitur, ut puella suscitetur: quia nisi prius a secretioribus cordis expellatur saecularium multitudo curarum, anima quae intrinsecus iacet mortua, non resurgit. * rabanus. ° in domo autem puella paucis arbitris surgit, iuvenis extra portam, et lazarus coram multis; quia publica noxa publico eget remedio; levis, leviori et secreta potest deleri poenitentia.

lc6 * Hieronymus. ° priori signo de principis filia et morbosa muliere, consequenter signum de duobus caecis adiungitur, ut quod ibi mors et debilitas, hic caecitas demonstraret; et ideo dicitur et transeunte inde iesu, scilicet a domo principis, secuti sunt eum duo caeci, clamantes, et dicentes: miserere nostri, fili david. * chrysostomus in matth.. ° non autem parva hic iudaeorum accusatio est: cum hi quidem oculis carentes, ex auditu solo fidem suscipiant; illi autem habentes visum non attestantur miraculis quae fiebant. vide autem et eorum desiderium: neque enim simpliciter recesserunt, sed cum clamore, et nihil aliud quam misericordiam postulantes. filium autem david vocabant quia nomen honoris esse videbatur. * remigius. ° recte ergo filium david vocant, quia virgo maria de stirpe david originem duxit. * hieronymus. ° audiant marcion et manichaeus, et ceteri haeretici, qui vetus laniant testamentum: et discant salvatorem appellari filium david: si enim non est natus in carne, quomodo vocatur filius david? * chrysostomus in matth.. ° considerandum autem quod multoties dominus noluit rogatus sanare, ut non aliquis aestimet eum propter captandam honoris magnificentiam ad miracula insilire. * hieronymus. ° et tamen rogantes non curantur in itinere; non transitorie, ut putabant; sed postquam venit in domum illam, accedunt ad eum, ut introeant; et primum eorum discutitur fides; ut sic verae fidei lumen accipiant; unde sequitur cum autem venisset dominus, accesserunt ad eum caeci; et dixit eis iesus: creditis quia hoc possum facere vobis? * chrysostomus in matth.. ° rursum autem hic erudit nos gloriam multitudinis expellere: quia enim prope erat domus, ducit eos illuc singulariter curaturus. * remigius. ° qui autem caecis reddere poterat visum, non ignorabat si crederent; sed ideo interrogavit, ut fides eorum, quae gestabatur corde, dum confiterentur ore, digna fieret ampliori mercede, secundum illud apostoli: ore confessio fit ad salutem. * chrysostomus in matth.. ° et non propter hoc solum: sed ut ostenderet quoniam digni erant curatione; et ut non aliquis dicat, quoniam si misericordia solum salvabat, omnes salvari oportebat. ideo etiam fidem ab eis expetit, ut ex hoc ad excelsius eos reducat: quia enim dixerant eum filium david, erudit quod oportet de eo maiora sentire: unde non dixit: creditis quoniam possum rogare patrem? sed creditis quoniam possum hoc facere? de quorum responsione sequitur dicunt ei: utique, domine. non ultra filium david eum vocant, sed altius elevantur, et dominationem confitentur. ex tunc iam ipse imponit eis manum; unde sequitur tunc tetigit oculos eorum, dicens: secundum fidem vestram fiat vobis. dicit autem hoc fidem eorum affirmans, et contestans quoniam non adulationis erant verba quae dixerant. postea curationem subiungit, dicens et aperti sunt oculi eorum. deinde post sanationem iubet nulli dicere; et non simpliciter iubet, sed cum multa vehementia; unde sequitur et comminatus est eis dicens: videte ne quis sciat. illi autem exeuntes, diffamaverunt eum in tota terra. * hieronymus. ° dominus quidem propter humilitatem fugiens iactantiae gloriam, hoc praeceperat; et illi propter memoriam gratiae non possunt tacere beneficium. * chrysostomus in matth.. ° quod autem alteri dixit: vade, et annuntia gloriam dei, non est contrarium: erudit enim nos prohibere eos qui volunt nos propter nos laudare. si autem ad domini gloriam refertur, non debemus prohibere, sed magis iniungere ut hoc fiat. * hilarius in matth.. ° vel silentium caecis dominus imperat, quia apostolorum proprium erat praedicare. * gregorius moralium. ° quaerendum autem nobis est quid sit hoc quod ipse omnipotens, cui hoc est velle quod posse, et taceri virtutes suas voluit, et tamen ab eis qui illuminati sunt quasi invitus indicatur: nisi quod servis suis se sequentibus exemplum dedit, ut ipsi quidem virtutes suas occultari desiderent; et tamen ut aliis eorum exemplo proficiant, prodantur inviti. occultentur ergo studio, necessitate publicentur; et eorum occultatio sit custodia propria, eorum publicatio sit utilitas aliena. * remigius. ° allegorice autem per hos duos caecos duo populi designantur, idest iudaicus et gentilis vel duo populi iudaicae gentis: nam tempore roboam, regnum eius divisum est in duas partes. de utroque autem populo in se credentes christus illuminavit in domo, per quam intelligitur ecclesia, quia absque unitate ecclesiae nullus salvari potest. illi autem qui ex iudaeis crediderunt adventum domini, per universum orbem diffamaverunt. * rabanus. ° domus autem principis synagoga est subdita moysi; domus iesus caelestis est ierusalem. domino ergo per hoc saeculum transeunte, et domum suam revertente, duo caeci secuti sunt eum: quia praedicato evangelio per apostolos, multi ex iudaeis et gentibus coeperunt eum sequi. sed postquam in caelum conscenderat, intravit in domum, idest in ecclesiam, et ibi illuminati sunt.

lc7 * Remigius. ° pulchre, illuminatis caecis, muto loquelam reddidit, et obsessum a daemone curavit: in quo facto ostendit se dominum virtutis, et caelestis medicinae auctorem: nam per isaiam dictum est: tunc aperientur oculi caecorum, et aures surdorum patebunt, et aperta erit lingua mutorum. unde dicitur egressis autem illis, ecce obtulerunt ei hominem mutum, daemonium habentem. * hieronymus. ° quod autem dicitur graece cophos, magis tritum est sermone communi, ut tam surdus quam mutus intelligatur; sed moris est scripturarum cophon, indifferenter vel surdum vel mutum dicere. * chrysostomus in matth.. ° non autem naturae erat haec passio, sed ex daemonis insidiis: ideoque et aliis indiguit qui eum adducerent; neque enim per seipsum rogare poterat sine voce existens, neque aliis supplicare, daemone animam cum lingua colligente: propter hoc neque expetit fidem ab eo; sed confestim aegritudinem sanat; unde sequitur et eiecto daemonio, locutus est mutus. * hilarius in matth.. ° in quo rerum ordo servatus est: nam daemon prius eicitur, et tunc reliqua corporis officia succedunt. sequitur et miratae sunt turbae dicentes: nunquam apparuit sic in israel. * chrysostomus in matth.. ° praeponebant quidem ceteris eum, non quia curabat solum, sed quoniam facile et velociter infinitas aegritudines et insanabiles sanabat. hoc autem maxime pharisaeos contristabat: quoniam omnibus eum praeponebant, non solum his qui tunc erant, sed et his qui antea geniti fuerunt in israel: unde pharisaei concitati e contrario detrahebant: propter quod sequitur pharisaei autem dicebant: in principe daemoniorum eicit daemones. * remigius. ° scribae namque et pharisaei facta domini negabant quae poterant; et quae non poterant negare, in sinistram partem interpretabantur, secundum illud psalmi 65, 3: in multitudine virtutis tuae mentientur tibi inimici tui. * chrysostomus in matth.. ° eorum autem dicto quid est dementius? non enim confingi potest, proicere daemonem alterum daemonem: suis enim applaudere consuevit, non dissolvere sua. christus autem non solum daemones eiciebat, sed et leprosos mundabat, et mortuos suscitabat, et peccata solvebat, et regnum dei praedicabat, et ad patrem homines adducebat, quae daemon neque posset facere neque vellet. * rabanus. ° mystice autem, sicut in duobus caecis signatus est uterque populus, iudaeorum et gentium, ita in homine muto et daemoniaco generaliter signatum est omne genus humanum. * hilarius in matth.. ° vel in muto surdo et daemoniaco gentium plebs indigna totius salutis infertur: omnibus enim undique malis circumsessa, totius corporis vitiis implicabatur. * remigius. ° gentilis enim populus mutus erat: quia in confessione verae fidei et in laude sui creatoris os aperire non poterat; sive quia mutis idolis cultum impendebat, similis illis factus. daemoniacus erat quia per mortem infidelitatis diaboli imperiis subditus erat. * hilarius. ° dei autem cognitione, superstitionum omnium vesania effugata, et visus et auditus et sermo salutis invehitur. * hieronymus. ° sicut enim caeci lumen recipiunt, sic et muti ad loquendum lingua laxatur, ut confiteatur eum quem antea denegabat. in turba autem admirante confessio nationum est. pharisaei autem per suam calumniam usque hodie iudaeorum infidelitatem demonstrant. * hilarius. ° admirationem autem turbae talis confessio subsecuta est: nunquam apparuit sic in israel: quia is cui per legem nihil opis afferri potuit, verbi virtute salvatur. * remigius. ° illi vero qui mutum sanandum domino obtulerunt, intelliguntur apostoli et praedicatores, qui aspectibus divinae pietatis gentilem populum salvandum obtulerunt. * augustinus de cons. evang.. ° quod autem hic dicitur de duobus caecis et daemonio muto, solus matthaeus posuit. illi duo caeci de quibus alii narrant, non sunt isti; sed tamen simile factum est; ita ut si ipse matthaeus non etiam illius |100| facti meminisset, posset putari hoc quod nunc narrat, dictum fuisse etiam ab aliis duobus. quod commendare memoriae diligenter debemus, esse quaedam facta similia, quod probatur non esse idem, cum ipse evangelista utrumque commemorat; ut, si quando talia singula apud singulos inveniremus, atque in eis contrarium quod solvi non possit, occurrat nobis, non esse factum idem, sed aliud simile, vel similiter factum.

lc8 * Chrysostomus in matth.. ° voluit dominus ipso facto redarguere accusationem pharisaeorum dicentium in principe daemoniorum eicit daemonia: daemon enim convicium passus non benefacit, sed nocet eis qui eum inhonorant. dominus autem contrarium facit, qui post convicia et contumelias non solum non punit, sed etiam nec increpavit, quinimmo beneficia praestitit; unde sequitur et circuibat iesus omnes civitates et castella. in quo erudit nos accusatoribus nostris retribuere non accusationes, sed beneficia. qui enim post accusationem desistit a beneficio, monstrat quoniam propter hominum laudem benefacit. si vero propter deum benefacis conservis, quicquid illi fecerint, non desistis benefaciens, ut maior sit merces. * hieronymus. ° vides autem quod aequaliter et vicis et urbibus et castellis, idest et magnis et parvis, evangelium praedicaverit, ut non consideraret nobilium potentiam, sed salutem credentium. |25| sequitur docens in synagogis eorum: hoc scilicet habens operis quod mandaverat pater, et hanc esuriem ut doctrina salvos faceret infideles. docebat autem in synagogis evangelium regni; unde sequitur et praedicans evangelium regni. * remigius. ° intelligendum est dei. quamvis enim annuntientur bona temporalia, tamen non dicitur evangelium. hinc est quod lex non nominatur evangelium: quia suis observatoribus non promittebat bona caelestia, sed terrena. * hieronymus. ° post praedicationem autem et doctrinam curabat omnem languorem et omnem infirmitatem, ut. quibus sermo non suaserat, opera persuaderent; unde sequitur curans omnem languorem et omnem infirmitatem; quod de ipso proprie dicitur, nihil quippe ei impossibile est. * glossa. ° languorem vocat diuturnam infirmitatem, infirmitatem autem leves morbos. * remigius. ° sciendum est autem quia illos quos corpore sanabat forinsecus, mente sanabat intrinsecus. alii vero hoc facere non possunt sua potestate, sed per dei gratiam. |50| * chrysostomus in matth.. ° non autem in hoc stat christi bonitas, sed et aliam providentiam circa eos ostendit, viscera misericordiae circa eos expandens; unde sequitur videns autem turbas, misertus est eis. * remigius. ° per quod officium boni pastoris magis quam mercenarii in se christus ostendit. quare autem misertus sit subiungit quia erant vexati et iacentes sicut oves non habentes pastorem: vexati quidem a daemonibus: sive quia a diversis infirmitatibus et languoribus erant attriti. * rabanus. ° vel vexati per diversos errores, et iacentes, idest torpentes, non valentes surgere: et cum haberent pastores, erant quasi non haberent pastorem. * chrysostomus in matth.. ° haec principum iudaeorum excusatio, quoniam pastores existentes, ea quae luporum erant ostendebant: non solum enim non emendabant multitudinem, sed et nocebant eorum profectui. illis enim admirantibus et dicentibus: nunquam apparuit sic in israel, e contrario dicebant, quoniam in principe daemoniorum eicit daemonia. |75| * remigius. ° postquam autem dei filius de caelo prospexit in terram ut audiret gemitus compeditorum, mox multa messis coepit augeri: turbae namque humani generis fidei non appropinquassent, nisi quia auctor humanae salutis de caelis prospexit in terram; et ideo sequitur tunc dixit discipulis suis: messis quidem multa, operarii autem pauci. * glossa. ° messis ergo dicuntur homines, qui possunt meti a praedicatoribus, et de collectione perditorum separari, ut grana excussa a paleis, postea in horreis reponantur. * hieronymus. ° messis multa, populorum signat multitudinem; operarii pauci, penuriam magistrorum. * remigius. ° parvus enim erat numerus apostolorum ad comparationem tantarum segetum. hortatur autem dominus suos praedicatores, idest apostolos, et eorum sequaces, ut quotidie sui numeri augmentationem exposcant; unde subdit rogate ergo dominum messis ut mittat operarios in messem suam. * chrysostomus in matth.. ° latenter seipsum dominum ostendit: ipse enim est qui |100| messis est dominus. si enim metere misit quae apostoli non seminaverunt, manifestum est quoniam non aliena metere misit, sed ea quae ipse per prophetas seminavit. sed cum duodecim apostoli sint operarii, dixit deprecamini dominum messis ut mittat operarios in messem suam: et tamen nullum eis adiecit, quia scilicet eos iam duodecim existentes multiplicavit, non numero adiciens, sed virtutem largiens. * remigius. ° vel tunc augmentatus est quando designavit et alios septuaginta duos, et quando sunt facti multi praedicatores, spiritu sancto descendente super credentes. * chrysostomus in matth.. ° ostendit autem quia magnum donum sit hoc, scilicet ut aliquis habeat virtutem decenter praedicandi, per hoc quod dicit hoc esse orandum. commemorat autem in hoc loco verborum ioannis de area et ventilabro et palea et frumento. * hilarius in matth.. ° mystice autem, salute gentibus data, civitates omnes et castella omnia, virtute et ingressu |125| christi illuminantur, et omnem infirmitatem veterem languoris evadunt. immundi autem spiritus dominante violentia vexatam et sub legis onere aegrotam plebem dominus miseretur: quia nullus adhuc eis pastor erat custodiam sancti spiritus redditurus. erat autem doni istius copiosissimus fructus, cuius copia haurientium multitudinem vincit; nam quantumlibet assumatur a cunctis, ad largiendum tamen semper exuberat: et quia plures esse utile est per quos ministratur, rogari dominum messis iubet, ut ad capessendum quod praeparabatur donum spiritus sancti messorum copiam deus praestet: per orationem enim hoc munus a deo nobis effunditur.

071 CMT cp10

lc1 * Glossa. ° a curatione socrus petri usque huc continuationem habuerunt relata miracula; et fuerunt ante sermonem in monte habitum facta: quod ex electione matthaei, quae inter ipsa refertur, indubitanter habemus: fuit enim unus de duodecim electus in monte ad apostolatum. hic autem redit ad ordinem rei, sicut gesta est, post curatum centurionis servum, dicens et convocatis duodecim discipulis. * remigius. ° narraverat enim supra evangelista quia cohortatus est dominus discipulos rogare dominum messis ut mitteret operarios in messem suam; et quod hortatus est, hoc nunc implere videtur. duodenarius enim numerus perfectus est: nascitur enim a senario, qui perfectionem habet, eo quod ex suis partibus, quae sunt unum, duo, et tria, in seipsum formatur: senarius autem duplicatus duodenarium gignit. * glossa. ° quae quidem duplicatio ad duo praecepta caritatis, vel ad duo testamenta pertinere videtur. * rabanus. ° duodenarius etiam numerus, qui |25| conficitur ex ternario et quaternario, designat eos per quatuor mundi climata fidem sanctae trinitatis praedicaturos. iste etiam numerus per multas figuras in veteri testamento praesignatus est. per duodecim filios iacob, per duodecim principes filiorum israel, per duodecim fontes viventes in helim, per duodecim lapides in rationali aaron, per duodecim panes propositionis, per duodecim exploratores a moyse missos, per duodecim lapides unde factum est altare, per duodecim lapides sublatos de iordane, per duodecim boves qui sustinebant mare aeneum. in novo etiam testamento per duodecim stellas in corona sponsae, per duodecim fundamenta ierusalem, quae vidit ioannes, et per duodecim portas. * chrysostomus in matth.. ° non solum autem eos confidere fecit, eorum ministerium vocando missionem in messem, sed et faciendo eos potentes ad ministerium; unde sequitur dedit illis potestatem spirituum immundorum, ut eicerent eos, et curarent omnem languorem et omnem infirmitatem. * remigius. |50| ° in quo aperte demonstratur quia vexatio turbarum non fuit tantum una aut simplex, sed varia; et hoc est misereri turbis, dare discipulis potestatem curandi et sanandi eas. * hieronymus. ° benignus etenim, et clemens dominus ac magister non invidet servis atque discipulis virtutes suas; et sicut ipse curaverat omnem languorem et infirmitatem, apostolis quoque suis tribuit potestatem ut curent omnem languorem et omnem infirmitatem. sed multa differentia est inter habere et tribuere, donare et accipere. iste quodcumque agit, potestate domini agit; illi, si quid faciunt, imbecillitatem suam et virtutem domini confitentur, dicentes: in nomine iesu surge et ambula. catalogus autem apostolorum ponitur, ut extra hos, qui pseudo apostoli sunt, excludantur; unde sequitur duodecim autem apostolorum nomina sunt haec: primus simon qui vocatur petrus, et andreas frater eius. ordinem quidem apostolorum et meritum uniuscuiusque, illius fuit distribuere qui cordis arcana |75| rimatur. primus scribitur simon cognomine petrus, ad distinctionem alterius simonis qui appellatur chananaeus de vico galilaeae chana, ubi dominus aquas convertit in vinum. * rabanus. ° idem est autem graece sive latine petrus, quod syriace cephas; et in utraque lingua nomen a petra derivatum est. nec dubium quin illa de qua paulus ait: petra autem erat christus. * remigius. ° fuerunt autem nonnulli qui in hoc nomine, graeco scilicet atque latino, quod est petrus, quaerentes hebraicae linguae interpretationem, dixerunt, quod interpretatur discalcians, sive dissolvens vel agnoscens. sed illi qui hoc dicunt, duabus tenentur contrarietatibus. prima est ex proprietate hebraicae linguae, in qua p non exprimitur, sed loco eius ph ponitur. unde pilatum dicunt philatum. secunda ex interpretatione evangelistae, qui narrat dominum dixisse: tu vocaberis cephas, et ipse de suo addit: quod interpretatur petrus. simon interpretatur obediens: obedivit enim verbis andreae, et |100| cum eo venit ad christum; sive quia obedivit praeceptis divinis, et quia ad unius iussionis vocem secutus est dominum; sive, ut quibusdam placet, interpretatur deponens moerorem, et audiens tristitiam: domino enim surgente deposuit moerorem dominicae passionis, et tristitiam audivit, dicente ei domino: alius te cinget, et ducet quo tu non vis. sequitur et andreas frater eius. * chrysostomus in matth.. ° non parva autem et haec laus est. petrum enim denominavit a virtute, andream vero a nobilitate, quae est secundum morem, in hoc quod eum fratrem petri dixit. marcus autem post duos vertices, scilicet petrum et ioannem, andream numerat; hic autem non ita: marcus enim secundum dignitatem eos ordinavit. * remigius. ° andreas autem interpretatur virilis. sicut enim apud latinos a viro derivatur virilis, ita apud graecos ab andros, derivatur andreas. bene autem virilis dicitur, quia relictis omnibus secutus est christum, et viriliter in mandatis eius perseveravit. |125| * hieronymus. ° evangelista autem paria iuga apostolorum quaeque consociat. iungit enim petrum et andream fratres, non tam carne quam spiritu; iacobum et ioannem qui patrem corporis relinquentes, verum patrem secuti sunt: unde sequitur iacobus zebedaei et ioannes frater eius: iacobum quoque appellat zebedaei, quia et alius sequitur iacobus alphaei. * chrysostomus in matth.. ° vide autem quia non secundum dignitatem ordinat. mihi enim videtur ioannes non aliis solum, sed etiam fratre maior esse. * remigius. ° interpretatur autem iacobus supplantans, sive supplantator: quia non solum vitia carnis supplantavit, sed etiam eamdem carnem herode trucidante contempsit. ioannes interpretatur dei gratia, quia prae omnibus diligi a domino meruit: unde ob praecipui amoris gratiam, super pectus domini in coena recubuit. sequitur philippus et bartholomaeus. philippus interpretatur os lampadis, sive lampadarum, quia lumen quo illuminatus est a domino, mox invento fratri per |150| officium oris studuit propinare. bartholomaeus syrum nomen est, non hebraeum, et interpretatur filius suspendentis aquas id est christi: qui corda suorum praedicatorum de terrenis ad caelestia sublevat et suspendit, ut quo magis caelestia penetrat, eo corda suorum auditorum gutta sanctae praedicationis magis inebriet et infundat. sequitur thomas et matthaeus publicanus. * hieronymus. ° ceteri evangelistae in coniunctione nominum primum ponunt matthaeum, postea thomam; nec publicani nomen ascribunt, ne antiquae conversationis recordantes sugillare evangelistam viderentur; iste vero et post thomam se ponit, et publicanum appellat: ut ubi abundavit peccatum, superabundet et gratia. * remigius. ° thomas autem interpretatur abyssus, sive geminus, qui graece dicitur didymus. bene autem didymus abyssus interpretatur; quia quo diutius dubitavit, eo profundius effectum dominicae passionis credidit, et mysterium divinitatis agnovit: unde dixit: dominus |175| meus et deus meus. matthaeus autem interpretatur donatus, quia dei munere de publicano evangelista factus est. sequitur et iacobus alphaei et thaddaeus. * rabanus. ° iste iacobus est qui in evangeliis frater domini nominatur, et etiam in epistola ad galatas: quia maria uxor alphaei, soror fuit mariae matris domini, quam ioannes evangelista mariam cleophae nominavit: fortasse quia idem cleophas et alphaeus est dictus. vel ipsa maria, defuncto alphaeo, post iacobum natum, nupsit cleophae. * remigius. ° et bene dicitur filius alphaei, idest iusti, sive docti: quia non solum vitia carnis supplantavit, sed etiam curam carnis contempsit: nam cuius meriti fuerit, testes sunt apostoli qui eum episcopum hierosolymitanae ecclesiae ordinaverunt: unde et ecclesiastica historia inter cetera de eo dicit, quia carnem nunquam comedit, et vinum et siceram non bibit, balneis et lineis vestibus non est usus, die noctuque flexis genibus orabat. adeo etiam magni meriti fuit ut ab omnibus iustus vocaretur. |200| thaddaeus autem ipse est quem lucas iudam iacobi, idest fratrem iacobi appellat, cuius epistola in ecclesia legitur, in qua se fratrem iacobi nominat. * augustinus de cons. evang.. ° nonnulli autem codices habent lebbaeum. quis autem unquam prohibuit duobus vel tribus nominibus unum hominem vocari? * remigius. ° iudas autem interpretatur confessus, eo quod filium dei confessus sit. * rabanus. ° thaddaeus autem sive lebbaeus interpretatur corculus, idest cordis cultor. sequitur simon chananaeus, et iudas iscariotes, qui et tradidit eum. * hieronymus. ° simon chananaeus ipse est qui ab alio evangelista scribitur zelotes, chana quippe zelus interpretatur. iudas autem iscariotes, vel a vico in quo ortus est, vel ex tribu issachar vocabulum sumpsit, ut quodam vaticinio in condemnationem sui natus sit. issachar enim interpretatus est merces, ut significetur pretium proditoris. * remigius. ° interpretatur autem iscariotes memoria domini, quia secutus est dominum; sive memoriale mortis, quoniam meditatus |225| est in corde suo ut dominum traderet in mortem; seu suffocatio, quia seipsum strangulavit. et sciendum, quod duo discipuli hoc nomine sunt vocati, per quos omnes christiani designantur: per iudam iacobi illi qui in confessione fidei perseverant; per iudam iscariotem illi qui relicta fide retro convertuntur. * glossa. ° duo et duo nominatim exprimuntur, ut iugalis societas approbetur. * augustinus de civ. dei. ° elegit ergo hos in discipulos, quos et apostolos nominavit, humiliter natos, inhonoratos, illitteratos, ut quicquid magnum essent et facerent, ipse in eis esset et faceret. habuit inter eos unum quo malo utens bene, et suae passionis impleret dispositum, et ecclesiae suae tolerandorum malorum praeberet exemplum. * rabanus. ° qui etiam non per imprudentiam inter apostolos eligitur: magna est enim veritas quam nec adversarius minister infirmat. voluit etiam a discipulo prodi, ut tu a socio proditus, modeste feras tuum errasse iudicium, periisse beneficium.

lc2 * Glossa. ° quia manifestatio spiritus, ut apostolus dicit, ad utilitatem ecclesiae datur, post datam apostolis potestatem, mittit eos ut potestatem ad aliorum utilitatem exequantur: unde dicitur hos duodecim misit iesus. * chrysostomus in matth.. ° attendite autem opportunitatem missionis. postquam enim viderunt mortuum suscitantem, mare increpantem, et cetera huiusmodi, et sufficienter virtutis eius demonstrationem susceperant per verba et per opera, tunc eos mittit. * glossa. ° mittens autem docet eos quo eant, quid praedicent, et quid faciant. primo quidem quo eant: unde dicitur praecipiens eis, et dicens: in viam gentium ne abieritis, et in civitates samaritanorum ne intraveritis: sed potius ite ad oves quae perierunt domus israel. * hieronymus. ° non est autem contrarius locus iste ei praecepto quo postea dicitur: euntes docete omnes gentes: quia hoc ante resurrectionem, illud post resurrectionem praeceptum est. et oportebat |25| primum adventum christi nuntiare iudaeis, ne iustam haberent excusationem, dicentes, ideo a se dominum reiecisse, quia ad gentes et samaritanos apostolos miserit. * chrysostomus in matth.. ° ideo etiam primo ad iudaeos mittit, ut quasi in quadam palaestra in iudaea exercitati, ad agones orbis terrarum intrarent, et velut quosdam pullos debiles ad volandum eos inducens. * gregorius in evang.. ° vel quia prius soli iudaeae voluit, et postmodum gentibus praedicari, quatenus redemptoris nostri praedicatio a propriis repulsa, gentiles populos quasi extraneos quaereret. erant etiam tunc quidam qui de iudaeis vocandi essent et de gentilibus vocandi non essent; qui nec ad vitam reparari mererentur, nec tamen gravius de contempta praedicatione iudicari. * hilarius in matth.. ° legis etiam lectio obtinere privilegium evangelii debebat, hoc minus israel sceleris sui excusationem habiturus, quod plus sedulitatis in admonitione sensisset. * chrysostomus in matth.. |50| ° item ne aestimarent, quia christo conviciabantur et daemoniacum eum vocabant, quod propter hoc eos odio haberet, primum eos emendare studuit, et ab omnibus aliis discipulos abducens, eis medicos et doctores mittit; et non solum prohibuit aliis annuntiare antequam iudaeis, sed neque viam quae ad gentes fert, pertingere concedebat: quod signat cum dicit in viam gentium ne abieritis. et quia samaritani contrarii erant iudaeis, quamvis faciliores essent ut converterentur ad fidem, tamen neque samaritanis priusquam iudaeis praedicari permisit: unde dicit et in civitates samaritanorum ne intraveritis. * glossa. ° samaritani quidem fuerunt gentiles dimissi in terra israel a rege assyriorum post captivitatem ab eo factam, et multis periculis coacti ad iudaismum sunt conversi, circumcisionem, et quinque libros moysi recipientes, cetera vero omnino abhorrentes: unde iudaei samaritanis non commiscebantur. * chrysostomus in matth.. ° ab his ergo discipulos avertens, ad filios israel |75| mittit, quos oves pereuntes vocat, non abscondentes, undique veniam eis excogitans, et attrahens eorum mentem. * hilarius in matth.. ° qui tamen licet oves vocentur, in christum luporum ac viperarum linguis et faucibus saevierunt. * hieronymus. ° iuxta tropologiam vero praecipitur nobis qui christi censemur nomine, ne in viam gentium, et haereticorum ambulemus errorem; ut quorum religio separata est, separetur et vita. * glossa. ° postquam autem docuit eos quo eant, insinuat quid praedicent: unde subditur euntes autem praedicate dicentes, quia appropinquavit regnum caelorum. * rabanus. ° hic appropinquare dicitur regnum caelorum per collatam nobis fidem invisibilis creatoris, non aliqua motione electorum. recte autem caeli vocantur sancti, qui deum fide retinent, et diliguntur caritate. * chrysostomus in matth.. ° vides mysterii magnitudinem, vides apostolorum dignitatem. nihil sensibile praecipiuntur dicere, ut moyses et prophetae; sed nova quaedam |100| et inopinata; illi enim terrena bona praedicaverunt, hi autem regnum caelorum, et omnia quae illic sunt bona. * gregorius in evang.. ° adiuncta sunt autem praedicatoribus sanctis miracula, ut fidem verbis daret virtus ostensa, et nova facerent qui nova praedicarent: unde sequitur infirmos curate, mortuos suscitate, leprosos mundate, daemones eicite. * hieronymus. ° ne enim hominibus rusticanis, et absque eloquii venustate, indoctis et illitteratis nemo crederet pollicentibus regna caelorum, dat potestatem praedicta faciendi, ut magnitudinem promissorum probet magnitudo signorum. * hilarius in matth.. ° tota autem virtutis dominicae potestas in apostolis refertur: ut qui in adam imagine et similitudine dei erant figurati, nunc perfectam christi imaginem sortiantur; et quicquid malorum adae corpori satanae instinctus intulerat, hoc rursum ipsi de communione dominicae potestatis ementent. * gregorius in evang.. ° haec autem signa in exordio ecclesiae necessaria fuerunt: ut enim fides |125| cresceret credentium, miraculis erat nutrienda. * chrysostomus. ° postea autem steterunt, reverentia fidei ubique plantata. si autem et postea facta sunt, pauca et rara fuerunt; consuetudo enim est deo talia facere cum aucta fuerint mala: tunc enim suam demonstrat potentiam. * gregorius. ° sancta tamen ecclesia quotidie spiritualiter facit quod tunc per apostolos corporaliter faciebat; quae nimirum tanto maiora sunt, quanto per haec non corpora, sed animae suscitantur. * remigius. ° infirmi quippe sunt ignavi qui non habent vires bene vivendi; leprosi sunt immundi opere, vel delectatione carnali; mortui sunt qui opera mortis agunt; daemoniaci fiunt qui in potestatem diaboli sunt redacti. * hieronymus. ° et quia semper dona spiritualia, si merces media sit, viliora sunt, adiungitur avaritiae condemnatio, cum subdit gratis accepistis, gratis date; quasi dicat: ego magister et dominus absque pretio vobis hoc tribui: ergo et vos sine pretio date. * glossa. ° hoc autem dicit ne iudas, qui loculos |150| habebat, de praedicta potestate pecuniam congregare vellet, damnans etiam hic perfidiam simoniacae haereseos. * gregorius in evang.. ° praesciebat namque nonnullos donum accepti spiritus in usum negotiationis inflectere, et miraculorum signa ad avaritiae obsequium declinare. * chrysostomus in matth.. ° vide autem qualiter morum diligentiam non minus habet quam signorum, monstrans quoniam signa sine his nihil sunt. etenim superbiam eorum comprimit, dicens gratis accepistis; et ab amore pecuniarum mundos esse praecipit dicens gratis date. vel ut non videatur eorum esse beneficium, ait gratis accepistis; quasi dicat: nihil vos de vestro largimini suscipientibus: neque enim mercede hoc accepistis, neque laborantes in ea gratia: gratis enim accepistis; ita igitur aliis date; neque enim est condignum pretium eorum invenire.

lc3 * Chrysostomus in matth.. ° quia spiritualium mercationem supra dominus prohibuerat, consequenter radicem omnium malorum evellens, ait nolite possidere aurum neque argentum. * hieronymus. ° si enim sic praedicant ut pretium non accipiant, superflua est auri et argenti nummorumque possessio; nam si haec habuissent, videbantur non causa salutis hominum, sed causa lucri praedicare. * chrysostomus in matth.. ° per hoc ergo praeceptum primo quidem discipulos facit non esse suspectos; secundo ab omni eos liberat sollicitudine, ut vacationem omnem tribuant verbo dei; tertio docet eos suam virtutem. hoc nempe eis postea dixit: numquid aliquid defuit vobis quando misi vos sine sacculo et pera? * hieronymus. ° qui autem divitias detruncaverat, quae per aurum et argentum et aes signantur, propemodum et vitae necessaria amputat, ut apostoli doctores verae religionis, qui instituebant omnia dei providentia gubernari, |25| seipsos ostenderent nihil cogitare de crastino. * glossa. ° unde addit neque pecuniam in zonis vestris. duo enim sunt genera necessariorum: unum quo emuntur necessaria, quod intelligitur per pecuniam in zonis; aliud ipsa necessaria, quod intelligitur per peram. * hieronymus. ° per hoc autem quod dicit neque peram in via, arguit philosophos qui vulgo appellantur bactroperitae, quod contemptores saeculi et omnia pro nihilo ducentes, cellarium secum vehant. sequitur neque duas tunicas. in duabus tunicis duplex mihi videtur innuere vestimentum: non quod in locis scythiae et glaciali nive rigentibus, una quis tunica debeat esse contentus; sed quod in tunica vestimentum intelligamus, ne alio vestiti, aliud nobis futurorum timore reservemus. sequitur neque calceamenta. et plato etiam praecipit illas duas corporis summitates non esse velandas, nec assuefieri debere mollitiei capitis et pedum: cum enim haec habuerint firmitatem, cetera |50| robustiora sunt. sequitur neque virgam: qui enim domini habemus auxilium, baculi praesidium cur quaeramus? * remigius. ° ostendit etiam dominus his verbis, quia sancti praedicatores revocati sunt ad primi hominis dignitatem: qui quamdiu caelestes possedit thesauros, ista non concupivit: sed mox ut peccando illa amisit, ista desiderare coepit. * chrysostomus in matth.. ° felix autem est ista commutatio: nam pro auro et argento et huiusmodi, acceperunt potestatem curandi infirmos, suscitandi mortuos, et alia huiusmodi: unde non a principio dixit eis non possideatis aurum vel argentum; sed quando dixerat leprosos mundate, daemones eicite. ex quo patet quod angelos eos ex hominibus, ut ita dicam, constituit, ab omni solvens vitae huius sollicitudine: ut una sola detineantur cura, quae est doctrinae; a qua et eos solvit, dicens: ne solliciti sitis quid loquamini. quare quod videtur esse valde onerosum et grave, hoc maxime leve eis ostendit, et facile: nihil enim est ita |75| iucundum, ut a cura et sollicitudine erutum esse; et maxime cum possibile fuerit ab hac erutos in nullo minorari, deo praesente, et pro omnibus nobis effecto. * hieronymus. ° et quia nudos quodammodo et expeditos ad praedicandum apostolos miserat, et dura videbatur esse conditio magistrorum, severitatem praecepti sequenti sententia temperavit, dicens dignus est enim operarius cibo suo; quasi dicat: tantum accipite quantum in vestitu et victu vobis necessarium est: unde apostolus: habentes victum et vestitum, his contenti simus; et alibi: communicet is qui catechizatur ei qui se catechizat in omnibus bonis; ut quorum discipuli metunt spiritalia, consortes faciant eos carnalium suorum, non in avaritiam, sed in necessitatem. * chrysostomus in matth.. ° a discipulis autem apostolos cibari oportebat: ut neque ipsi magna saperent adversus eos qui docebantur, sicut omnia praebentes, et nihil accipientes; neque rursus illi abscedant, quasi ab his despecti. deinde ut non dicant |100| apostoli: mendicantes ergo nos iubet vivere, et in hoc verecundarentur, monstrat hoc eis debitum esse, operarios eos vocans, et quod datur mercedem appellans: non enim quia apostolorum in sermonibus operatio erat, aestimare debebant parvum esse beneficium quod praestabant; et ideo dicit dignus est operarius cibo suo. hoc autem dixit, non quidem ostendens tanto pretio apostolicos dignos esse labores, sed apostolis legem inducens, et tribuentibus suadens, quia quod ab ipsi datur, debitum est. * augustinus de pastor.. ° non ergo est venale evangelium, ut pro temporalibus praedicetur. si enim sic vendunt, magnam rem vili vendunt. accipiant ergo praedicatores sustentationem necessitatis a populo, mercedem dispensationis a deo. non enim a populo redditur quasi merces illis qui sibi in caritate evangelii serviunt; sed tamquam stipendium datur, quo, ut possint laborare, pascantur. * augustinus de cons. evang.. ° vel aliter. cum dixerit dominus apostolis |125| nolite possidere aurum, continuo subiecit dignus est operarius cibo suo; unde satis ostendit cur eos possidere hoc ac ferre noluerit: non quod necessaria non sint sustentationi huius vitae, sed quia sic eos mittebat ut eis hoc deberi demonstraret ab illis quibus evangelium credentibus annuntiarent, tamquam stipendia militantibus. apparet autem hic non praecepisse dominum ita tamquam evangelice vivere aliunde non debeant, quam eis praebentibus quibus annuntiant evangelium: alioquin contra hoc praeceptum fecit paulus, qui victum de manuum suarum laboribus transigebat. sed apparet potestatem dedisse apostolis, domum in qua starent, sibi ista debere. cum autem a domino aliquid imperatur, nisi fiat, inobedientiae culpa est; cum autem a domino potestas datur, licet cuique non uti, et tamquam de suo iure recedere. hoc ergo ordinans dominus, quod qui evangelium annuntiant, de evangelio vivant, illa apostolis loquebatur, ut securi non possiderent, neque portarent huic |150| vitae necessaria, nec magna nec minima; ideo posuit nec virgam, ostendens a fidelibus suis omnia deberi ministris suis nulla superflua requirentibus. hanc ergo potestatem, virgae nomine significavit, cum dixit, secundum marcum, ne quid tollerent in via nisi virgam tantum. sed et calceamenta cum dicit matthaeus in via non esse portanda, curam prohibuit, qua ideo portanda cogitantur ne desint. hoc et de duabus tunicis intelligendum est, ne quisquam eorum praeter eam qua esset indutus, aliam portandam putaret, sollicitus ne opus esset; cum ex potestate illa possit accipere. proinde marcus dicendo calceari eos sandaliis vel soleis, aliquid hoc calceamentum mysticae significationis habere admonet, ut pes neque tectus sit desuper, neque nudus ad terram; idest, non occultetur evangelium, nec terrenis commodis innitantur. et quia non portari duas tunicas, sed expressius indui prohibet, monet non dupliciter, sed simpliciter ambulare. ita dominum omnia dixisse nullo modo dubitandum est, partim |175| proprie, partim figurate; sed evangelistas alia istum, alia illum inseruisse scriptis suis. quisquis autem putat non potuisse dominum in uno sermone quaedam figurate, quaedam proprie ponere eloquia, cetera eius inspiciat; et videbit quam temere atque inerudite arbitretur: quia enim dominus monet ut nesciat sinistra quid facit dextera, ipsas eleemosynas, et quicquid hic aliud praecipit, figurate accipiendum putabit. * hieronymus. ° haec historice diximus; cetera secundum anagogem. non licet magistris aurum et argentum et pecuniam quae in zonis est possidere. aurum saepe legimus pro sensu, argentum pro sermone, aes pro voce: haec non licet vobis ab aliis accipere, sed data a domino possidere; neque haereticorum et philosophorum perversae doctrinae suscipere disciplinas. * hilarius in matth.. ° quia vero zona ministerii apparatus est, et ad efficaciam operis praecinctio; per hoc quod aeris in zona inhibetur possessio, ne quid in ministerio venale sit, |200| admonemur. admonemur etiam nec peram habere in via, curam scilicet saecularis substantiae relinquendam: quia omnis thesaurus in terra perniciosus est cordi, illic futuro ubi condatur thesaurus. dicit autem non duas tunicas: sufficit enim nobis semel christus indutus; neve post intelligentiam veram, altera deinceps vel haeresis vel legis veste induamur. non calceamenta, quia in sancta terra, peccatorum spinis atque aculeis non obsessa, ut moysi dictum est, nudis pedibus statuti, admonemur non alium gressus nostri habere, quam quem accipimus a christo apparatum. * hieronymus. ° vel docet dominus pedes nostros mortiferis vinculis non alligari, sed sanctam terram ingredientes esse nudos, neque habere virgam quae vertatur in colubrum, neque in aliquo praesidio carnis inniti: quia huiusmodi virga et baculus arundineus est, quem si paululum presseris, frangitur, et manum transforat incumbentis. * hilarius. ° potestatis autem externae iure non sumus indigni habentes virgam de radice iesse.

lc4 * Chrysostomus in matth.. ° quia dixerat superius dominus: dignus est operarius cibo suo, ne crederetur propter hoc omnium eis ianuam aperire, multam diligentiam hic iubet facere de hospite eligendo: unde dicitur in quamcumque civitatem aut castellum intraveritis, interrogate quis in ea dignus sit. * hieronymus. ° apostoli novam introeuntes urbem scire non poterant quis qualis esset: ergo fama hospes eligendus est populi et iudicio vicinorum; ne praedicatoris dignitas, suscipientis infamia deturpetur. * chrysostomus in matth.. ° qualiter ergo ipse christus apud publicanum manebat? quia scilicet dignus effectus erat ex conversione; hoc etiam non solum in gloriam eis proderat, sed in cibationem. si enim dignus est, omnino dabit cibum; et maxime cum nihil amplius necessariis peteretur. intende autem qualiter omnibus eos denudans, omnia eis dedit, permittens in domibus eorum qui docebantur, manere. ita enim et ipsi a sollicitudinibus |25| eruebantur, et aliis suadebant quoniam propter eorum advenerant salutem solam, in hoc quod nihil deferebant, et nihil amplius necessariis expetebant. et non ad omnes simpliciter introibant: non enim signis solum volebat eos claros apparere, sed magis virtute. nihil autem ita virtutem designat, sicut non superfluis uti. * hieronymus. ° hospes unus etiam eligitur non tribuens beneficium ei qui apud se mansurus est, sed accipiens; hic enim dicitur quis in ea dignus sit, ut magis se noverit accipere gratiam quam dare. * chrysostomus in matth.. ° intende autem quia nondum omnia eis tribuit; neque enim eis largitur ut sciant quis sit dignus, sed iubet scrutari; non solum autem dignos iubet quaerere, sed neque de domo in domum transmutari, cum subdit et ibi manete donec exeatis: ut neque suscipientem contristent, neque ipsi opinionem accipiant levitatis, aut gulae. * ambrosius super lucam. ° non ergo otiose domus quam ingrediantur apostoli, eligenda decernitur, ut mutandi |50| hospitii causa non suppetat; non tamen eadem cautio receptori mandatur, ne dum hospes eligitur, hospitalitas minuatur. sequitur intrantes autem domum, salutate eam, dicentes: pax huic domui. * glossa. ° quasi diceret: pacem hospiti precamini, ut sopiatur omnis repugnantia contra veritatem. * hieronymus. ° in hoc etiam occulte salutationem hebraei ac syri sermonis expressit; quod enim graece dicitur chere, et latine ave, hoc hebraico syroque sermone appellatur salemlach, sive samalach, idest pax tecum. quod autem praecipit tale est: introeuntes autem, pacem imprecamini hospiti, et quantum in vobis est, discordiae bella sedate. sin autem orta fuerit contradictio, vos mercedem habebitis de illata pace; illi qui habere noluerunt, bellum possidebunt: unde sequitur et si quidem fuerit domus illa digna, veniet pax vestra super eam; si autem non fuerit digna, pax vestra ad vos revertetur. * remigius. ° quia scilicet aut erit quisque praedestinatus ad vitam, et caeleste verbum sequitur, quod |75| audit; aut si nullus audire voluerit, ipse praedicator sine fructu non erit: quia ad eum pax revertitur, quando ei a domino pro labore sui operis recompensatur. * chrysostomus in matth.. ° instruit ergo eos dominus quod non propter hoc expectent ab aliis praesalutari, quia docebant; sed antecedere salutatione, alios honorando. deinde monstrat quod non sola salutatio, sed benedictio, per hoc quod dicit si fuerit domus illa digna, veniet pax vestra super eam. * remigius. ° docuit ergo dominus discipulos suos offerre pacem in introitu domus ut salutatione pacis eligeretur domus digna, vel hospes; ac si patienter diceret: omnibus offerte pacem: quia aut accipiendo dignos, aut non accipiendo indignos se manifestabunt: quamvis enim fama populi dignus electus sit hospes, tamen salutandus est, ut magis sua dignitate praedicatores vocentur, quam ultro se ingerere videantur. haec autem pax paucorum verborum ad totam explorationem dignae domus vel hospitis potest referri. * hilarius in matth.. |100| ° salutant ergo apostoli domum cum pacis affectu; sed ita ut potius pax dicta sit quam data. porro autem pacem propriam, quae viscera miserationis sunt, non oportere in eam venire nisi sit digna; quae si digna reperta non fuerit, sacramentum pacis caelestis intra propriam apostolorum conscientiam est continendum. in eos autem qui caelestis regni praecepta respuerint, egressu apostolorum et signo pulveris a pedibus excussi, aeterna maledictio relinquatur; unde sequitur et quicumque non receperit vos, neque audierit sermones vestros, exeuntes foras de domo vel de civitate, excutite pulverem de pedibus vestris. existenti enim in loco cum loco videtur esse communio. totum ergo quod est illius domus, excusso pulvere pedum, relinquitur, nihilque sanitatis de insistentium apostolorum vestigiis mutuatur. * hieronymus. ° pulvis etiam excutitur de pedibus in testimonium laboris sui, quod ingressi sint civitatem, et praedicatio apostolica ad illos usque pervenerit. sive excutitur pulvis, ut si tolerabilius erit terrae sodomorum |125| quam illi civitati quae non recipit evangelium, nihil ab eis accipiant, nec ad victum quidem necessaria, qui evangelium spreverint. * rabanus. ° vel aliter. pedes discipulorum ipsum opus incessumque praedicationis significant. pulvis vero quo asperguntur, terrenae levitas est cogitationis, a qua etiam summi doctores immunes esse nequeunt, cum pro auditoribus solliciti salubribus curis incessanter intendunt, et quasi per itinera mundi, uno calcaneo terrae pulverem legunt. qui ergo spreverint doctrinam docentium, sibi labores et pericula taediumque sollicitudinum ad testimonium suae damnationis inflectunt. qui vero receperint verbum, afflictiones curasque doctorum quas pro se tolerabunt, in argumentum sibi vertunt humilitatis. et ne levis culpa videatur esse apostolos non recipere, subdit amen dico vobis: tolerabilius erit terrae sodomorum et gomorrhaeorum in die iudicii quam illi civitati. * hieronymus. ° quia sodomitis et gomorrhaeis non fuit praedicatum; huic autem cum praedicatum sit, non recipit |150| evangelium. * remigius. ° vel quia sodomitae et gomorrhaei inter vitia carnis et hospitales fuisse leguntur; quamvis non tales hospites receperint sicut apostoli. * hieronymus. ° si autem tolerabilius erit terrae sodomorum quam illi civitati quae non recipit evangelium, ergo inter peccatores supplicia diversa sunt. * remigius. ° specialiter tamen sodomorum et gomorrhaeorum mentionem facit, ut per hoc demonstret quia illa peccata sunt deo magis odibilia quae fiunt contra naturam, pro quibus deletus est mundus aquis diluvii, quatuor civitates subversae, et mundus quotidie diversis malis affligitur. * hilarius in matth.. ° mystice autem instruit nos dominus non immisceri eorum domibus aut familiaritatibus qui christum aut insectantur aut nesciunt; et in quacumque civitate interrogare quis eorum habitatione sit dignus, idest, sicubi ecclesia sit, et christus habitator; neque quoquam alibi transire, quia haec est domus digna et iustus hospes. iudaeorum autem plures erant futuri quorum tantus |175| in favorem legis affectus esset, ut quamvis per admirationem operum in christum credidissent, tamen in legis operibus morarentur; alii vero explorandae libertatis, quae in christo est, curiosi, transire se ad evangelia ex lege essent simulaturi; multi etiam in haeresim per intelligentiae perversitatem traducerentur. et quia istiusmodi omnes penes se esse veritatem catholicam mentiuntur, domo ipsa, idest ecclesia, caute utendum est.

lc5 * Chrysostomus in matth.. ° quia superius apostolorum removit sollicitudinem, et signorum suorum ostensione eos armavit, consequenter praedicit eis mala quae debebant eis contingere. primo quidem ut discerent praescientiae eius virtutem; secundo ut nullus suspicaretur, quoniam propter imbecillitatem magistri haec eis supervenirent mala; tertio ut ipsi sustinentes non obstupescerent, dum inopinabiliter et praeter spem evenirent; quarto ut hoc audiente non turbentur in tempore crucis; deinde ut discant quoniam nova haec praelii lex est. nudos enim mittit, a suscipientibus iubet cibari; neque in hoc sistit, sed ulterius suam virtutem ostendit dicens ecce ego mitto vos, sicut oves in medio luporum. ubi considerandum, quod non simpliciter ad lupos, sed in medio luporum mittit, ut sic suam virtutem magis demonstrent, cum oves lupos superaverint, etiam in medio luporum existentes; et plurimos morsus accipientes ab eis, non solum non |25| consumuntur, sed et illos convertunt: multo autem mirabilius est et maius, transmutare mentes eorum quam interficere eos. inter lupos autem ovium mansuetudinem eos docet ostendere. * gregorius in evang.. ° qui enim locum praedicatoris suscipit, mala inferre non debet, sed tolerare; ut ex ipsa sua mansuetudine iram saevientium mitiget, et peccatorum vulnera ipse in aliis afflictionibus vulneratus sanet. quoniam et si quando zelus rectitudinis exigit ut erga subditos saeviat, furor ipse de amore sit, non de crudelitate: quatenus et iura disciplinae foris exhibeat, et intus paterna pietate diligat quos foris castigat. multi autem cum regiminis iura suscipiunt, ad lacerandos subditos inardescunt, terrorem potestatis exhibent, domini videri appetunt, patres se esse minime recognoscunt, humilitatis locum in elationem dominationis immutant, et si quando extrinsecus blandiuntur, intrinsecus saeviunt: de quibus dicitur: veniunt ad vos in vestimentis ovium, intrinsecus autem sunt lupi rapaces. contra quae nobis considerandum |50| est, quia sicut oves inter lupos mittimur, ut sensum servantes innocentiae, morsum malitiae non habeamus. * hieronymus. ° lupos autem scribas et pharisaeos vocat, qui sunt clerici iudaeorum. * hilarius in matth.. ° lupos etiam significat omnes hos qui vesano furore in apostolos desaevituri erant. * chrysostomus in matth.. ° malorum autem erat eis consolatio mittentis virtus: et ideo ante omnia posuit dicens ecce ego mitto vos; quasi dicat: ne turbemini, quoniam in medio luporum mittimini: possum enim facere ut nihil mali sustineatis; non solum lupis non suppositi, sed leonibus terribiliores effecti. sed ita expedit fieri; hoc enim vos clariores facit, et meam virtutem magis divulgat. deinde ut aliquid etiam a seipsis inferant, et non sine causa coronari aestimentur, subdit estote ergo prudentes sicut serpentes, et simplices sicut columbae. * hieronymus. ° ut per prudentiam devitent insidias, per simplicitatem non faciant malum. et serpentis astutia ponitur in exemplum: quia toto corpore |75| occultat caput, ut illud in quo vita est, protegat. ita et nos toto periculo corporis caput nostrum, qui christus est, custodiamus; idest fidem integram et incorruptam servare studeamus. * rabanus. ° solet etiam serpens eligere strictas rimas, per quas transiens veterem pellem exuat: similiter praedicator transiens per angustam viam, veterem hominem omnino deponat. * remigius. ° pulchre etiam dominus praedicatores serpentis prudentiam monet habere: quia primus homo per serpentem deceptus est; ac si diceret: quia hostis callidus fuit ad decipiendum, vos prudentes sitis ad liberandum: ille laudavit lignum, vos laudate crucis virtutem. * hilarius in matth.. ° ille animum primo mollioris sexus aggressus est, spe deinde illexit, et communionem immortalitatis spopondit. pari ergo opportunitate, introspecta uniuscuiusque natura et voluntate, verborum adhibenda prudentia est, spes futurorum bonorum revelanda; ut quod ille mentitus est, nos praedicemus ex vero, secundum sponsionem dei, angelis |100| similes futuros esse qui credant. * chrysostomus in matth.. ° sicut autem prudentiam serpentis oportet habere, ut in principalibus non laedamur, sic et simplicitatem columbae in non vindicando cum iniusta patimur, neque per insidias alicui nocendo. * remigius. ° ideo autem dominus haec duo sociavit: quia simplicitas absque prudentia facile decipi potest; et prudentia periculosa est, nisi simplicitate temperetur, alicui non nocendo. * hieronymus. ° simplicitas autem columbarum ex spiritus sancti specie demonstratur: unde dicit apostolus: malitia parvuli estote. * chrysostomus in matth.. ° quid autem durius his fiet iussionibus? non enim sufficiens est pati mala; sed neque turbari conceditur, quod est columbae: ira enim non per iram, sed per mansuetudinem extinguitur. * rabanus. ° quod autem lupi, de quibus supra dixerat, sint homines, ostendit cum subdit cavete autem ab hominibus. * glossa. ° ideo autem necessarium est ut sitis sicut serpentes, idest astuti: |125| nam secundum suam consuetudinem tradent vos primum in conciliis, prohibendo ne praedicetis in nomine meo; deinde incorrectos flagellabunt vos; tandem ad reges et praesides ducemini. * hilarius in matth.. ° qui extorquere silentium vestrum, aut conniventiam tentant. * chrysostomus. ° mirandum est autem qualiter hoc audientes non statim abscesserint homines, qui stagnum illud nunquam egressi fuerant, circa quod piscabantur: quod non virtutis eorum erat solum, sed sapientiae doctoris. unicuique enim malorum mitigationem adiungit: unde et hic dicit propter me: non enim parva consolatio est propter christum pati: quoniam non ut perniciosi et nocivi haec patiebantur. et iterum addit in testimonium illis. * gregorius in evang.. ° qui scilicet persequendo, mortem intulerunt, vel qui videndo non sunt mutati. mors quippe sanctorum bonis est in adiutorium, malis in testimonium: ut inde perversi sine excusatione pereant, unde electi exemplum capiunt et vivunt. |150| * chrysostomus in matth.. ° hoc autem eos consolabatur, non quia aliorum cupiebant poenam; sed ut confidentiam habeant quoniam ubique eum habent praesentem et praescientem. * hilarius in matth.. ° non solum autem hoc testimonio excusatio ignoratae divinitatis adimenda est persequentibus; sed etiam gentibus via pandenda credendi in christum, pertinaciter, inter saevientium poenas, confessorum vocibus praedicatum: et hoc est quod subiungit et gentibus.

lc6 * Chrysostomus in matth.. ° cum praemissis consolationibus non parvam et aliam apponit: ut enim non dicerent: qualiter suadere poterimus hominibus talibus persequentibus, persecutionibus existentibus? iubet eos de responsione confidere dicens cum autem tradent vos, nolite cogitare quomodo aut quid loquamini. * remigius. ° duo autem dicit: quomodo aut quid; quorum unum refertur ad sapientiam, alterum ad oris officium. quia enim et ipse subministrabat verba quae loquerentur, et sapientiam qua ea proferrent: non fuerat necesse sanctis praedicatoribus cogitare quid loquerentur aut quomodo. * hieronymus. ° cum enim propter christum ducamur ad iudices, voluntatem tantum nostram pro christo debemus offerre. ceterum ipse christus qui in nobis habitat, loquitur pro se, et spiritus sancti in respondendo gratia ministrabitur. * hilarius in matth.. ° fides enim nostra omnibus praeceptis divinae voluntatis intenta, ad responsionem scientiae instruetur, in |25| exemplo habens abraham, cui postulanti ad hostiam isaac, non defuit aries ad victimam; et ideo sequitur non enim vos estis qui loquimini, sed spiritus patris vestri qui loquitur in vobis. * remigius. ° et est sensus: vos acceditis ad certamen, sed ego sum qui praelior; vos verba editis, sed ego sum qui loquor. hinc paulus ait: an experientiam quaeritis eius qui in me loquitur christus? * hieronymus. ° per hoc autem ad prophetarum dignitatem eos reduxit, qui scilicet dei spiritu sunt locuti. cum autem hic dicat ne solliciti sitis quid loquamini, alibi dicitur: parati semper ad satisfactionem omni poscenti vos rationem reddere de ea quae in vobis est spe. cum enim in medio amicorum certamen erit, iubemur esse solliciti, cum autem est iudicium terribile, et plebes insanientes, et timor undique, auxilium a christo praebetur, ut confidenter loquantur, et non obstupescant.

lc7 * Glossa. ° praemissa consolatione subdit graviora pericula: unde dicitur tradet autem frater fratrem in mortem, et pater filium; et insurgent filii in parentes, et morte eos afficient. * gregorius in evang.. ° minorem enim dolorem ingerunt mala quae ab extraneis, maiorem quae ab illis patimur, de quorum mentibus praesumebamus: quia cum damno corporis mala nos cruciant caritatis amissae. * hieronymus. ° hoc autem in persecutionibus fieri crebro videmus: nec ullus est inter eos fidus affectus quorum diversa est fides. * chrysostomus in matth.. ° deinde quod est multo horribilius apposuit, dicens et eritis odio omnibus hominibus. ut enim communes orbis terrarum hostes, ita eos expellere tentabant. hinc etiam rursus apponitur consolatio, cum dicit propter nomen meum. et cum hoc rursus aliud consolatorium ponitur, cum subditur qui autem perseveraverit usque in finem, hic salvus erit. quoniam enim consueverunt multi in principio quidem esse |25| vehementes, postea vero dissolvi, propter hoc ait: quoniam finem requiro. quae enim utilitas est seminum in principio quidem florescentium, postmodum autem tabescentium? propter hoc autem sufficientem perseverantiam expetit ab ipsis. * hieronymus. ° non enim coepisse sed perfecisse virtutis est. * remigius. ° nec inchoantibus, sed perseverantibus praemium tribuitur. * chrysostomus in matth.. ° ne autem aliquis dicat, quia omnia christus in apostolos fecit, nihil mirabile est tales illos esse effectos, nihil patientes onerosum, propter hoc ait quod perseverantia eis est opus. etsi enim ex primis eruti fuerint periculis, aliis difficilioribus conservantur; et post illa rursus alia succedent, et non stabunt quin insidias patiantur donec vivunt: et hoc occulte insinuat, dicens qui perseveraverit usque in finem, hic salvus erit. * remigius. ° idest qui praecepta fidei non deseruerit, et in persecutionibus non defecerit, salvus erit: quia pro persecutionibus terrenis percipiet praemia regni caelestis. et notandum, quia |50| finis non semper signat consumptionem, sed aliquando perfectionem, iuxta illud: finis legis christus est. unde etiam potest esse sensus: qui perseveraverit usque in finem, idest in christo. * augustinus de civ. dei. ° in christo namque perseverare, est in fide eius permanere, quae per dilectionem operatur.

lc8 * Chrysostomus in matth.. ° postquam praedixit terribilia quae post crucem et resurrectionem et ascensionem, eis erant ventura, rursus ducit eos ad mansuetiora; non enim iussit eos ad persecutionem audacter ire, sed fugere: unde dicit cum autem persequentur vos in civitate ista, fugite in aliam. quia enim interim principium erat conversionis eorum, condecente utitur sermone. * hieronymus. ° hoc enim ad illud tempus referendum est, cum ad praedicationem apostoli mittebantur, quibus et proprie dictum est: in viam gentium ne abieritis; quod persecutionem timere non debeant, sed declinare. quod quidem videmus in principio fecisse credentes, quando orta hierosolymis persecutione, dispersi sunt in universam iudaeam, ut tribulationis occasio fieret evangelii seminarium. * augustinus contra faustum. ° neque tamen salvator non poterat tueri discipulos suos, quibus fugere praecipit; et huius rei prior exemplum praebuit; |25| sed instruebat hominis infirmitatem, ne deum tentare audeat quando habet quid faciat, ut quod cavere oportet, evadat. * augustinus de civ. dei. ° potuit autem eos admonere ut sibi manus inferrent, ut non in manus persequentium devenirent. porro si hoc ille non iussit aut monuit, ut hoc modo sui ex hac vita emigrarent, quibus migrantibus se mansionem aeternam praeparaturum esse promisit: quaelibet exempla opponant gentes quae ignorant deum, manifestum est hoc non licere credentibus unum verum deum. * chrysostomus. ° ne autem dicant: quid igitur si persecutionem passi fugerimus, et rursus hinc nos abiecerint? hunc destruens timorem ait amen dico vobis, non consummabitis, idest non pervenietis ad me, circumeuntes palaestinam, donec vos assumam. * rabanus. ° vel praedicit quod non ante praedicationibus suis ad fidem perducent omnes civitates israel, quam resurrectio domini fuerit perpetrata, et in toto orbe terrarum praedicandi evangelium potestas concessa. * hilarius |50| in matth.. ° vel aliter. ex una in aliam fugam suadet: quia praedicatio eius primum a iudaea effugata transit ad graeciam; deinde diversis intra graeciae urbes apostolorum passionibus fatigata, tertio in universis gentibus demoratur. sed ut ostenderet gentes quidem apostolorum praedicationi credituras; verum ut reliquum israel crederet esse adventui suo debitum, ait non consummabitis civitates israel; idest, post plenitudinem gentium, quod erit reliquum israel ad implendum numerum sanctorum, futuro claritatis christi adventu est in ecclesia convocandum. * augustinus ad honor.. ° faciant ergo servi christi quod praecepit vel permisit: sicut ipse fugit in aegyptum, fugiant omnino de civitate in civitatem, quando eorum quisquam specialiter a persecutoribus quaeritur: ut ab aliis qui non ita requiruntur, non deseratur ecclesia; sed praebeant cibaria conservis, quos aliter vivere non posse noverunt. cum autem omnium, idest episcoporum, clericorum et laicorum, |75| est commune periculum, hi qui aliis indigent non deserantur ab his quibus indigent. aut igitur ad loca munita omnes transeant; aut qui habent necessitatem remanendi, non relinquantur ab eis per quos illorum ecclesiastica est supplenda necessitas: ut vel pariter vivant, vel pariter sufferant quod eos paterfamilias volet pati. * remigius. ° praeterea sciendum est, quod sicut praeceptum perseverandi in persecutionibus specialiter ad apostolos pertinet et ad eorum successores viros fortes, sic licentia fugiendi satis convenit infirmis in fide, quibus condescendit pius magister: ne si se ultro ad martyrium obtulissent, fortassis positi in tormentis negarent: levius enim erat fugere quam negare. sed quamvis fugiendo perfectae fidei constantiam in se non ostenderent, tamen magni meriti erant; quoniam omnia pro christo parati erant deserere, scilicet fugiendo. nisi autem illis licentiam fugiendi dedisset, dicerent eos aliqui alienos esse a gloria regni caelestis. * hieronymus. ° spiritualiter autem possumus |100| dicere cum persecuti vos fuerint in una civitate, hoc est, in uno scripturarum libro vel testimonio, non fugiamus ad alias civitates, idest ad alia volumina: quamvis enim contentiosus fuerit persecutor, ante praesidium salvatoris adveniet quam adversariis victoria concedatur.

lc9 * Chrysostomus in matth.. ° quia futurum erat ut discipuli cum praemissis persecutionibus etiam diffamati malam opinionem paterentur, quod multis onerosius esse videbatur, hic eos consolatur a seipso, et ab his quae de ipso sunt dicta; cui consolationi nulla poterat esse aequalis. * hilarius in matth.. ° dominus enim lumen aeternum, dux credentium, et immortalitatis parens, discipulis suis futurarum passionum solatium ante praemisit, ut gloriae loco amplectamur, si domino nostro vel passionibus adaequemur; unde dicit non est discipulus super magistrum, nec servus super dominum suum. * chrysostomus in matth.. ° intelligendum, donec fuerit discipulus et servus: non est, inquam, super magistrum et dominum, secundum honoris naturam. nec mihi ea quae raro contingunt hic obicias; sed ab his quae sunt in pluribus, suscipe hunc sermonem. * remigius. ° magistrum autem et dominum semetipsum appellat; per servum et discipulum, |25| suos vult intelligi apostolos. * glossa. ° quasi dicat: ne indignemini tolerare quae tolero, quia dominus sum, faciens quod volo, et magister, docens quod utile scio. * remigius. ° et quia haec sententia minus videbatur superioribus verbis congrua, quo tendant verba, manifestatur cum subditur si patremfamilias beelzebub vocaverunt, quanto magis domesticos eius? * chrysostomus in matth.. ° non dixit: servos, sed: domesticos, ut multam ad eos familiaritatem ostenderet; sicut et alibi dixit: non dicam vos servos sed amicos meos. * remigius. ° quasi dicat: vos ergo temporales honores et humanam gloriam non quaeratis, dum me videtis per irrisiones et opprobria genus humanum redimere. * chrysostomus in matth.. ° non solum autem dixit: si domus dominum conviciati sunt; sed ipsam speciem convicii, quoniam beelzebub eum vocaverunt. * hieronymus. ° beelzebub idolum est accaron, quod vocatur in regum volumine idolum muscae: beel, ipse est bel, |50| sive baal; zebub autem musca dicitur. principem ergo daemoniorum ex spurcissimi idoli appellabant vocabulo, qui musca dicitur propter immunditiam, quae exterminat suavitatem olei.

lc10 * Remigius. ° post praemissam consolationem, aliam non minorem subiungit, dicens non ergo timueritis eos scilicet persecutores. quare autem non esset timendum manifestat cum subiungit nihil enim est opertum quod non reveletur et occultum quod non sciatur. * hieronymus. ° quomodo ergo in praesenti saeculo multorum vitia nesciuntur? sed de futuro tempore scribitur, quando iudicabit deus occulta hominum, et illuminabit latebras tenebrarum, et manifesta faciet consilia cordium. et est sensus: nolite timere persecutorum saevitiam, et blasphemantium rabiem: quia veniet dies iudicii, in quo et vestra virtus, et illorum nequitia demonstrabitur. * hilarius in matth.. ° igitur non minas, non convicia, non potestates insectantium monet esse metuendas; quia dies iudicii nulla haec fuisse atque inania revelabit. * chrysostomus in matth.. ° vel aliter. figura quidem eorum quae dicuntur, universalem videtur enuntiationem |25| habere; verum non de omnibus, sed de praemissis solum dictum est: quasi dicat: si doletis audientes convicia, hoc cogitate, quia et ab hac suspicione post parum eruemini. vocant quidem vos ariolos et magos et seductores; sed expectate parum, et salvatores vos orbis terrarum universi dicent; cum per res ipsas apparueritis benefactores: nec illorum attendent sermonibus homines, sed rerum veritati. * remigius. ° quidam autem dicunt, quod his verbis promiserit dominus discipulis suis quod per eos essent revelanda omnia occulta mysteria, quae sub velamine litterae legis latebant: unde apostolus dicit: cum conversi fuerint ad christum, tunc auferetur velamen. et est sensus: quare debetis timere vestros persecutores, cum tantae sitis dignitatis ut per vos occulta mysteria legis et prophetarum sint manifestata? * chrysostomus. ° deinde quia eos ab omni timore liberaverat, et altiores opprobriis fecerat, nunc opportuno tempore eis loquitur de libera propalatione, quae |50| est in praedicatione, dicens quod dico vobis in tenebris, dicite in lumine; et quod in aure auditis, praedicate super tecta. * hilarius in matth.. ° non legimus dominum solitum fuisse noctibus sermocinari, aut doctrinam in tenebris tradidisse; sed hoc dicit, quia omnis sermo eius carnalibus tenebrae sunt, et verbum eius infidelibus nox est. itaque quod ab eo dictum est, cum libertate fidei et confessionis est loquendum. * remigius. ° est ergo sensus: quod dico vobis in tenebris, idest inter iudaeos incredulos, vos dicite in lumine, idest fidelibus praedicate; et quod in aure auditis, idest quod dico vobis secrete, praedicate super tecta, idest palam coram omnibus. solemus enim dicere: in aurem loquitur illi, idest secrete. * rabanus. ° sane quod ait praedicate super tecta, iuxta morem provinciae palaestinae loquitur, ubi solent in tectis residere: quia non sunt cacuminata, sed aequalia. ergo praedicabitur in tectis quod cunctis audientibus palam dicetur. * glossa. ° vel aliter. quod dico vobis in tenebris, idest |75| dum adhuc in timore carnali estis, dicite in lumine, idest in fiducia veritatis, cum a spiritu sancto eritis illuminati; et quod in aure auditis, idest solo auditu percipitis, praedicate, opere complendo, super tecta existentes, idest corpora vestra quae sunt domicilia animarum. * hieronymus. ° vel aliter. quod dico vobis in tenebris, dicite in lumine; idest, quod auditis in mysterio, apertius praedicate; et quod in aure auditis, praedicate super tecta, idest, quod vos erudivi in parvulo iudaeae loco, universis urbibus in toto mundo audacter edicite. * chrysostomus in matth.. ° sicut autem quando dicebat: qui credit in me, opera quae ego facio et ille faciet, et maiora his faciet, ita et hic monstrat quoniam omnia per eos operatur, etiam plusquam per seipsum; quasi dicat: principium ego dedi; sed quod plus est, per vos explere volo. hoc autem non iniungentis est solum, sed et futurum praedicentis et ostendentis quoniam omnia superabunt. * hilarius in matth.. ° constanter ergo ingerenda est dei cognitio, |100| et profundum doctrinae evangelicae secretum lumine praedicationis revelandum, non timendo eos quibus cum sit licentia in corpora tantum, in animam ius nullum est: et ideo subditur et nolite timere eos qui occidunt corpus, animam autem non possunt occidere. * chrysostomus. ° vide qualiter omnibus eos statuit superiores: non sollicitudinem solum et maledictionem, neque pericula, sed et ipsam quae omnibus videtur terribilior, mortem suadens propter dei timorem contemnere: unde subdit sed potius eum timete qui potest et animam et corpus perdere in gehennam. * hieronymus. ° nomen gehennae in veteribus libris non invenitur; sed primo a salvatore ponitur. quaeramus ergo quae sit huius sermonis occasio. idolum baal fuisse iuxta ierusalem ad radices montis moria, in quibus siloa fluit, non semel legimus. haec vallis et parva campi planities irrigua erat et nemorosa, plenaque deliciis, et lucus in ea idolo consecratus. in tantam autem populus israel dementiam venerat ut, deserta |125| templi vicinia, ibi hostias immolaret, et rigorem religionis deliciae vincerent, filiosque suos incenderent daemoni: et appellabatur locus ipse gehennon, idest vallis filiorum hennon. hoc regum volumen, et paralipomenon et ieremias scribunt plenissime; et comminatur deus se locum ipsum impleturum cadaveribus mortuorum, ut nequaquam vocetur tophet et baal, sed vocetur polyandrion, idest tumulus mortuorum. futura ergo supplicia et poenae perpetuae quibus peccatores cruciandi sunt, huius loci vocabulo denotantur. * augustinus de civ. dei. ° hoc autem non antea fiet quam anima corpori fuerit copulata, ut nulla direptione separentur; et tamen tunc recte mors animae dicitur, quia non vivit ex deo; mors autem corporis, quia in damnatione novissima quamvis homo sentire non desinat, tamen quia sensus ipse nec voluntate suavis, nec quiete salubris, sed dolore poenalis est, mors potius appellata quam vita. * chrysostomus in matth.. ° vide autem rursus, quia non |150| promittit eis liberationem a morte, sed suadet contemnere mortem; quod multo maius est quam erui a morte; et quod hoc sermone ea quae de immortalitate sunt dogmata eis infigit.

lc11 * Chrysostomus in matth.. ° postquam timorem mortis excluserat, ne aestimarent apostoli quod si interficerentur, essent derelicti a deo, rursus sermonem de providentia dei inducit, dicens nonne duo passeres asse veneunt; et unus ex illis non cadet super terram sine patre vestro? * hieronymus. ° et est sensus: si parva animalia absque deo non decidunt auctore, et in omnibus est providentia, et quae in his peritura sunt, sine voluntate dei non pereunt, vos qui aeterni estis, non debetis timere quod absque dei vivatis providentia. * hilarius in matth.. ° mystice autem quod venditur, corpus atque anima est; et cui venditur, peccatum est. qui ergo duos passeres asse vendunt, seipsos peccato minimo vendunt, natos ad volandum, et ad caelum pennis spiritualibus efferendos; sed capti pretiis praesentium voluptatum, et ad luxum saeculi venales totos se talibus actionibus nundinantur. dei autem voluntatis est ut unus ex illis magis evolet; sed lex constitutione dei |25| perfecta decernit unum ex eis potius decidere. quemadmodum enim si evolarent, unum essent, fieretque corpus spiritale, ita peccatorum pretio venditis, anima terrenam contrahit ex vitiorum sorde materiam, fitque unum ex illis quod tradatur in terram. * hieronymus. ° quod autem ait vestri autem capilli capitis omnes numerati sunt, immensam dei erga homines ostendit providentiam, et ineffabilem signat affectum, quod nihil nostrorum deum lateat. * hilarius in matth.. ° in numerum enim aliquid colligi, diligentiae est. * chrysostomus in matth.. ° unde hoc dixit, non quod pilos deus numeret; sed ut diligentem cognitionem et multam circa eos providentiam ostendat. * hieronymus. ° derident autem intelligentiam ecclesiasticam in hoc loco qui carnis resurrectionem negant; quasi nos et capillos qui numerati sunt, et a tonsore decisi, omnes dicamus resurgere, cum salvator non dixerit: vestri autem et capilli omnes salvandi sunt, sed numerati sunt. ubi numerus est, scientia numeri demonstratur, |50| non eiusdem numeri conservatio. * augustinus de civ. dei. ° quamvis et de ipsis capillis possit inquiri, utrum redeat quicquid tondentibus decidit: quod si rediturum est, quis non exhorreat illam deformitatem? semel autem intellecto, ita nihil periturum esse de corpore, ita ut deforme nihil sit in corpore, simul intelligitur, ea quae deformem factura fuerant enormitatem, massae ipsi accessura esse, non locis quibus membrorum forma turbetur: velut si de limo vas fieret quod rursus in eumdem limum redactum, totum de toto iterum fieret; non esset necesse ut illa pars limi quae in ansa fuerat, ad ansam rediret; aut quae fundum fecerat, ipsa rursus faceret fundum; dum tamen totum reverteretur in totum; idest, totus ille limus in totum vas, nulla sui parte perdita, remearet. quapropter, si capilli toties tonsi ad sua loca deformiter redeunt, non redibunt, quia in eamdem carnem, ut quemcumque locum ibi corporis teneant, servata partium congruentia, materiae in utilitatem vertentur. quamvis quod dicit: |75| capillus capitis vestri non peribit, non de longitudine, sed de numero capillorum posset intelligi: unde hic dicitur capilli capitis vestri numerati sunt. * hilarius in matth.. ° neque enim dignum negotium est peritura numerare: ut igitur nihil ex nobis periturum esse cognosceremus, ipso capillorum nostrorum supputatorum numero indicatur. nullus igitur corporum nostrorum casus est pertimescendus: et ideo subditur nolite ergo timere: multis passeribus meliores estis vos. * hieronymus. ° in quo manifestius superior expositionis sensus expressus est, quod timere non debeant eos qui possunt corpus occidere: quoniam si sine dei scientia, parva quoque animalia non decidunt, quanto magis homo, qui apostolica fultus sit dignitate? * hilarius. ° vel cum dicit plurimis eos antestare passeribus, ostendit multitudini infidelium electionem fidelium praeesse: quia his casus in terra est, illis volatus in caelum. * remigius. ° mystice autem christus caput est, apostoli capilli; qui pulchre numerati dicuntur, quia |100| nomina sanctorum scripta sunt in caelis.

lc12 * Chrysostomus in matth.. ° eiciens dominus timorem qui discipulorum concutiebat animam, per ea quae consequuntur rursus eos confortat, non solum timorem eiciens, sed et spe praemiorum maiorum eos erigens in liberam propalationem veritatis, dicens omnis ergo qui confitebitur me coram hominibus, confitebor et ego eum coram patre meo qui est in caelis. considera autem diligenter, quod non dixit qui confitebitur me, sed, quemadmodum graece legitur, qui confitebitur in me; ut tibi ostenderet non propria virtute, sed gratia superiore adiutum, confiteri eum qui confitetur. * hilarius. ° hoc concludendo dicit, quia doctrinis talibus confirmatos oportet liberam dei confitendi habere constantiam. * remigius. ° confessio autem hic illa intelligenda est de qua dicit apostolus: corde creditur ad iustitiam, ore fit confessio ad salutem. ne ergo aliquis putaret se absque oris confessione posse salvari, non solum ait qui me confessus |25| fuerit, sed addit coram hominibus; et iterum addit qui autem negaverit me coram hominibus, negabo et ego eum coram patre meo qui est in caelis. * hilarius. ° in quo ostendit, quales nos testes hominibus fuerimus, tales apud deum patrem testimonio eius usuros. * chrysostomus in matth.. ° ubi considerandum est, quia in poena amplius est supplicium, et in bonis maior retributio. quasi dicat: superabundasti prius, me hic confitendo aut negando; superabundabo et ego, ineffabiliter tibi maiora dando: illic enim ego te confitebor aut negabo. propter hoc si feceris aliquod bonum, et non susceperis retributionem, ne turberis: cum additamento enim in futuro tempore retributio te expectat. et si feceris aliquod malum, et non exsolveris vindictam, non contemnas; illic enim te excipiet poena, nisi transmuteris, et melior fias. * rabanus. ° et sciendum, quod negare quod deus non sit, nec pagani possunt; sed quod non sit deus filius et pater, negari ab infidelibus potest. confitebitur ergo aliquem |50| filius apud patrem, quia per filium habebit accessum ad patrem, et quia filius dicet: venite, benedicti patris mei. * remigius. ° negabit autem negantem se, quia per ipsum non habebit accessum ad patrem, et a conspectu suae divinitatis et patris repelletur. * chrysostomus in matth.. ° ideo autem non solum fidem quae est secundum mentem, sed et confessionem exigit oris, ut erigat nos in liberam propalationem et ampliorem amorem, excelsos nos faciens. haec autem verba ad universos loquitur: et neque in persona apostolorum loquitur solum: non enim solos apostolos, sed et discipulos eorum facit viriles. qui nunc hoc servat, non solum cum libera propalatione docebit, sed et omnibus facile suadebit: huius enim verbi observatio multos ad apostolos adduxit. * rabanus. ° vel confitetur quis iesum ea fide quae per dilectionem operatur, mandata eius fideliter implendo; negat qui praeceptis non obedit.

lc13 * Hieronymus. ° supra dixerat: quod dico vobis in tenebris, dicite in lumine; nunc infert quid post praedicationem sequatur, dicens nolite arbitrari quia venerim pacem mittere in terram. non veni pacem mittere, sed gladium. * glossa. ° vel aliter continua: sicut timor mortis non debet attrahere, sic nec carnalis affectus. * chrysostomus in matth.. ° qualiter eis iniunxit ut in unamquamque domum ingredientes pacem indicerent, qualiter etiam et angeli dixerunt: gloria in excelsis deo, et in terra pax hominibus, quoniam haec maxime est pax, cum id quod aegrotat, inciditur; cum id quod litem infert, separatur: ita enim possibile erit caelum terrae copulari. nam et medicus ita reliquum conservat corpus, cum id quod insanabiliter se habet absciderit. ita quidem et in turri babel gestum est: malam enim pacem bona dissonantia solvit. ita et paulus eos qui adversus eum consonabant, divisit. non enim ubique concordia |25| bonum est: nam et latrones consonant. hoc autem praelium non est sui propositi, sed illorum consilii. * hieronymus. ° ad fidem enim christi totus orbis contra se divisus est. unaquaeque domus et infideles habuit et credentes, et propterea bellum missum est bonum, ut rumperetur pax mala. * chrysostomus in matth.. ° hoc autem dixit quasi discipulos consolans; ac si diceret: ne turbemini, quasi praeter spem his contingentibus: propter hoc enim veni, ut praelium mittam. et non dixit: praelium; sed, quod difficilius est, * gladium. ° voluit enim asperitate verborum eorum excitare auditum, ut non in difficultate rerum deficiant: ne aliquis dicat, quod blanda suasit, sed difficilia occultavit. melius est enim in rebus mansuetudinem videre, quam in verbis; et propter hoc in his non stetit, sed exponens praelii speciem, ostendit hoc esse civili bello difficilius, dicens veni enim separare hominem adversus patrem suum, et filiam adversus matrem suam, et nurum adversus socrum suam. |50| in quo ostendit quod non solum in familiaribus erit hoc praelium, sed in amantissimis et valde necessariis: quod maxime christi virtutem ostendit: quia discipuli haec audientes et ipsi susceperunt, et aliis suaserunt. quamvis autem non ipse christus hanc separationem fecerit, sed illorum malitia; tamen dicit se facere, secundum scripturae consuetudinem. scriptum est enim: dedit eis deus oculos ut non videant. hoc autem maxime ostendit, vetus testamentum novo esse cognatum. etenim in iudaeis unusquisque proximum interficiebat, quando vitulum fecerunt, et quando beelphegor immolaverunt: unde, ut monstraret eumdem esse cui haec et illa placuerunt, prophetiae meminit, dicens et inimici hominis, domestici eius. et in iudaeis tale aliquid contigit: erant enim prophetae et pseudoprophetae; et plebes scindebatur, et domus dividebantur; et hi quidem his credebant, alii autem illis. * hieronymus. ° hic autem locus prope iisdem verbis in michaea propheta scribitur. et notandum, |75| ubicumque de veteri testamento testimonium ponitur, utrum sensus tantum, an et verba consentiant. * hilarius in matth.. ° mystice autem gladius telorum omnium acutissimum est, in quo est ius potestatis, et iudicii severitas, et animadversio peccatorum. dei igitur verbum nuncupatum meminerimus in gladio; qui gladius missus est in terram; idest, praedicatio eius hominum cordibus infusa. hic igitur quinque habitantes in una domo dividit, tres in duos, et duos in tres: et tria ad hominem referimus; idest, corpus et animam et voluntatem: nam ut corpori anima data est, ita et potestas homini utendi utroque ut vellet, indulta est; atque ob illud lex est proposita voluntati. sed hoc tantum in illis deprehenditur qui primi a deo figurati sunt. sed ex peccato atque infidelitate primi parentis, sequentibus generationibus coepit esse corporis nostri pater peccatum, mater animae infidelitas. voluntas autem sua unicuique adiacet: ergo iam unius domus quinque sunt. cum ergo innovamur baptismi |100| lavacro, per virtutem verbi ab originis nostrae peccatis separamur, recisique quadam abscetione gladii dei, a patris et matris affectionibus dissidemus, fitque gravis in domo una dissensio, et domestica novo homini erunt inimica: quia ille manere in spiritus novitate gaudebit; ea vero quae a prosapiae antiquitate deducta sunt, consistere in his quibus oblectantur concupiscunt. * augustinus, de quaest. evang.. ° vel aliter. veni separare hominem adversus patrem suum: quia renuntiat quis diabolo qui fuit filius eius; et filiam adversus matrem suam, idest, plebem dei adversus mundanam civitatem, hoc est perniciosam societatem generis humani, quam nunc babylonia, nunc aegypto, nunc sodoma, nunc aliis atque aliis nominibus scriptura signat. nurum adversus socrum suam: ecclesiam adversus synagogam, quae secundum carnem christum peperit sponsum ecclesiae. dividuntur autem in gladio spiritus, quod est verbum dei. et inimici hominis domestici eius, cum quibus ante consuetudine implicatus |125| erat. * rabanus. ° nulla apud eos iura custodiri possunt inter quos fidei bellum est. * glossa. ° vel aliter. hoc dicit, quasi dicat: non ad hoc inter homines veni ut carnales affectus confirmem, sed spiritali gladio dissecem; unde recte dicitur et inimici hominis domestici eius. * gregorius moralium. ° callidus namque adversarius, cum a bonorum cordibus repelli se conspicit, eos qui ab illis valde diliguntur, exquirit; et per eorum verba blandiens loquitur qui plus ceteris amantur: ut dum vis amoris cor perforat, facile persuasionis eius gladius ad intimae rectitudinis munimina irrumpat.

lc14 * Hieronymus. ° quia ante praemiserat: non veni pacem mittere, sed gladium, et dividere hominem adversus patrem et matrem et socrum, ne quis pietatem religioni auferret, subiecit, dicens qui amat patrem aut matrem plusquam me, non est me dignus. et in cantico legimus canticorum: ordinavit in me caritatem. hic enim ordo in omni affectu necessarius est. ama post deum, patrem aut matrem aut filios. si autem necessitas venerit ut amor parentum aut filiorum dei amori compararetur, et non possit utrumque salvari, odium in suos, pietas in deum est. non ergo prohibuit amari patrem aut matrem; sed signanter addidit plusquam me. * hilarius in matth.. ° illi enim qui domesticas hominum caritates dilectioni eius praetulerint, futurorum bonorum indigni erunt hereditate. * chrysostomus in matth.. ° si autem paulus iubet per omnia parentibus obedire, non mireris: in illis enim solum dicit obediendum quae non nocent pietati: etenim sanctum est |25| omnem eis alium reddere honorem. cum autem plus debito exegerint, non oportet assentire. sunt autem haec veteri testamento consonantia: etenim illic eos qui idola colebant, non odio habere solum, sed et lapidare dominus iubet: et in deuteronomio dicitur: qui dixerit patri suo, et matri suae: nescio vos; et fratribus suis: ignoro illos; hi custodierunt eloquium tuum. * glossa. ° videtur autem id in pluribus accidere ut parentes plus diligant filios, quam filii diligant eos: et ideo gradatim postquam suum amorem amori parentum esse praeponendum docuit, docet consequenter praeferendum esse filiorum amori, dicens et qui amat filium aut filiam super me, non est me dignus. * rabanus. ° per quod signat illum divino consortio esse indignum qui consanguinitatis carnalem amorem praeponit spiritali amori dei. * chrysostomus in matth.. ° deinde ut non moleste ferant illi, scilicet quibus amor dei praefertur, ad altiorem adducit sermonem. anima enim nihil est familiarius alicui, sed tamen et hanc non simpliciter |50| eam haberi odio iussit, sed ut eam quis tradat in occisiones et sanguines; ostendens quod non solum ad mortem oportet esse paratum, sed ad mortem violentam et reprobatissimam, scilicet mortem crucis; unde sequitur et qui non accipit crucem suam et sequitur me, non est me dignus. nihil autem adhuc eis de propria dixerat passione; sed interim in his eos erudit ut sermonem de passione eius magis suscipiant. * hilarius in matth.. ° vel qui christi sunt, crucifixerunt corpus suum cum vitiis et concupiscentiis; et indignus est christo qui non crucem suam, in qua compatimur, commorimur, consepelimur, consurgimus, accipiens, dominum sit secutus, in hoc sacramento fidei spiritus novitate victurus. * gregorius in evang.. ° crux quippe a cruciatu dicitur: et duobus modis crucem domini baiulamus: cum aut per abstinentiam carnem affligimus, aut per compassionem proximi, necessitatem illius nostram putamus. sciendum vero est, quod sunt nonnulli qui carnis abstinentiam non pro deo, sed pro inani |75| gloria exhibent; et sunt nonnulli qui compassionem proximo non spiritaliter, sed carnaliter impendunt, ut ei non ad virtutem, sed quasi miserando ad culpas faveant. hi itaque crucem videntur ferre sed dominum non sequuntur: et ideo ait et sequitur me. * chrysostomus in matth.. ° quia vero praecepta haec quae iniunguntur, onerosa videbantur, ponit et utilitatem eorum maximam existentem, dicens qui invenit animam suam, perdet eam; quasi dicat: non solum haec quae praemisi, non nocent, sed maxime proderunt; contraria vero nocebunt. et hoc ubique facit. ab his enim quae homines concupiscunt inducit, sicut si dicat: propter quid non vis contemnere animam tuam? quia diligis eam? quocirca propter hoc contemne, et tunc ei maxime proderis. * remigius. ° anima autem in hoc loco non substantia est intelligenda, sed haec vita praesens; et est sensus: qui invenit animam suam, scilicet hanc praesentem vitam; idest, qui hanc lucem et eius dilectionem et voluptates ad hoc desiderat ut semper |100| invenire possit, istam quam semper servare cupit, perdet, et animam suam aeternae damnationi praeparat. * rabanus. ° vel aliter. qui salutem animae suae quaerit aeternam, eam perdere, hoc est in mortem dare, non dubitat. utrique autem sensui congruit apte quod sequitur et qui perdiderit animam suam propter me, inveniet eam. * remigius. ° idest, qui hanc temporalem lucem, et eius dilectiones et voluptates tempore persecutionis propter confessionem nominis mei contempserit, animae suae inveniet aeternam salutem. * hilarius in matth.. ° sic ergo proficit lucrum animae in mortem, et damnum in salutem: detrimento enim brevis vitae, fenus immortalitatis acquiritur.

lc15 * Hieronymus. ° dominus ad praedicationem discipulos mittens, docet pericula non timenda, et affectum subicit religioni; aurum supra tulerat, aes de zona excusserat: dura evangelistarum conditio. unde ergo sumptus, unde victus, unde necessaria, et cetera? et ideo austeritatem praeceptorum spe temperat promissorum, inquiens qui recipit vos, me recipit: ut in suscipiendis apostolis unusquisque credentium christum se suscepisse arbitretur. * chrysostomus in matth.. ° sufficientia siquidem erant praemissa ad persuadendum eis qui erant apostolos suscepturi. quis enim eos qui ita erant fortes, et omnia contemnebant ut alii salvarentur, non susciperet omni cum desiderio? et superius quidem poenam comminatus est his qui non reciperent; hic autem retributionem promittit recipientibus. et primo quidem repromittit honorem suscipientibus apostolos, ut christum suscipiant, et etiam patrem; unde subdit et qui me recipit, recipit eum qui me misit. quid autem huic honori fiet aequale, ut quis patrem et filium recipiat? * hilarius in matth.. ° in quibus verbis docet etiam in se mediatoris officium; qui cum sit receptus a nobis, atque ipse profectus ex deo sit, deus per illum transfusus in nobis sit; et per hunc ordinem gratiarum non est aliud apostolos recepisse quam deum: quia et in illis christus, et in christo deus habitat. * chrysostomus in matth.. ° promittit autem post haec et aliam retributionem, dicens qui recipit prophetam in nomine prophetae, mercedem prophetae accipiet. non autem simpliciter dixit qui suscipit prophetam, aut qui suscipit iustum; sed addit in nomine prophetae, et in nomine iusti; hoc est, si non propter vitae huius eminentiam, neque propter aliud temporalium susceperit, sed quia vel propheta est vel iustus. * hieronymus. ° vel aliter. quia ad susceptionem magistrorum discipulos provocaverat, poterat credentium occulta esse responsio: ergo et pseudoprophetas, et iudam proditorem debemus suscipere. unde dominus dicit, non personas suscipiendas esse, sed nomina; et mercedem non perire suscipientis, licet indignus fuerit qui susceptus sit. * chrysostomus in matth.. ° dicit autem mercedem prophetae et mercedem iusti accipiet; idest qualem decens est accipere eum, qui suscipit prophetam vel iustum; vel qualem propheta aut iustus est accepturus. * chrysostomus in matth.. ° non enim ait mercedem de propheta, vel iusto, sed mercedem prophetae vel iusti. iste enim fortasse iustus est; et quanto in hoc mundo nihil possidet, tanto loquendi pro iustitia fiduciam maiorem habet. hunc cum ille sustentat qui in hoc mundo aliquid possidet, illius iustitiae libertatem sibi participem facit, et cum eo pariter iustitiae praemia recipiet quem sustentando adiuvit. ille prophetiae spiritu plenus est, sed tamen corporeo eget alimento: et si corpus non reficitur, certum est quod vox ipsa subtrahatur. qui igitur prophetae alimenta tribuit, vires illi ad loquendum dedit; cum propheta ergo mercedem prophetae accipiet qui hoc ante dei oculos exhibuit quod adiuvit. * hieronymus. ° mystice autem qui prophetam recipit ut prophetam, et intelligit eum de futuris loquentem, hic prophetae mercedem accipiet. igitur iudaei carnaliter intelligentes prophetas, mercedem non accipient prophetarum. * remigius. ° nonnulli vero prophetam intelligunt dominum iesum christum, de quo moyses dicit: prophetam vobis suscitabit deus; quem similiter per iustum intelligunt, quia incomparabiliter iustus est. qui ergo in nomine iusti et prophetae, scilicet christi, prophetam vel iustum suscipit, ab eo recipiet remunerationem pro cuius amore recipit. * hieronymus. ° poterat autem aliquis causari et dicere: paupertate prohibeor ut hospitalis esse non possim; et hanc excusationem levissimo exemplo diluit, ut calicem aquae frigidae toto animo porrigamus, dicens et quicumque potum dederit uni ex minimis istis, aquae frigidae calicem tantum in nomine discipuli, amen dico vobis, non perdet mercedem suam. frigidae, inquit, non calidae; ne et in calida paupertatis et penuriae lignorum occasio quaereretur. * remigius. ° dicit autem minimis, idest non prophetae, non iusto, sed alicui ex minimis. * glossa. ° ubi nota, deum magis ad pium affectum dantis respicere quam ad quantitatem rei exhibitae. vel minimi sunt qui nihil penitus habent in hoc mundo, et iudices erunt cum christo. * hilarius in matth.. ° vel praevidens plures futuros tantum apostolatus nomine gloriosos, omni vero vitae suae opere improbabiles, obsequium quod ipsis sub religionis opinione delatum est, mercede non fraudat: nam licet et ipsi minimi essent, idest peccatorum omnium ultimi, non inania tamen in eos, etiam levia, sub frigidae aquae nomine designata, officia esse decernit. non enim peccatis hominis, sed discipuli nomini honor praestitus est.

071 CMT cp11

lc1 * Rabanus. ° postquam discipulos suos dominus ad praedicandum mittens, praemissis verbis eos instruxit, ipse etiam quod docuerat verbis, factis implevit, offerens primam praedicationem iudaeis; et hoc est quod dicitur et factum est cum consummasset iesus. dicit autem transiit inde. * chrysostomus in matth.. ° quia enim eos misit, subtraxit seipsum dans locum eis et tempus facere quae iniunxerat: eo enim praesente et curante, nullus ad discipulos vellet accedere. * remigius. ° pulchre autem de speciali doctrina, qua scilicet apostolos instruxerat, ad generalem transit, in civitatibus praedicando; quia in hoc de caelis ad terras descendit, ut omnes illuminaret: in quo facto monentur etiam sancti praedicatores ut omnibus prodesse studeant.

lc2 * Glossa. ° posuerat supra evangelista quomodo per miracula et doctrinam christi tam discipuli quam turbae instruebantur; nunc ostendit quomodo haec instructio usque ad discipulos ioannis perveniret, qui ad christum aemulationem habere videbantur: unde dicit ioannes autem cum audisset in vinculis opera christi, mittens duos ex discipulis suis, ait illi: tu es qui venturus es, an alium expectamus? * gregorius in evang.. ° quaerendum autem nobis est: ioannes propheta, et plusquam propheta, qui venientem ad baptismum dominum ostendit, dicens: ecce agnus dei, ecce qui tollit peccata mundi, cur in carcere positus mittens discipulos requirit tu es qui venturus es, an alium expectamus? tamquam si ignoraret quem ostenderat; et an ipse sit nesciat quem ipse prophetando, baptizando, ostendendo, ipsum esse clamaverat. * ambrosius super lucam. ° nonnulli autem hoc sic intelligunt. magnum quidem ita prophetam esse ioannem, ut christum agnosceret, annuntiaret remissionem peccatorum futuram; sed tamen, tamquam pium vatem, quem venturum crediderat, non credidisse moriturum. non igitur fide, sed pietate dubitavit. dubitavit etiam petrus dicens: propitius tibi esto, domine: non fiat hoc. * chrysostomus in matth.. ° sed non utique hoc habet rationem. ioannes enim neque hoc ignorabat: sed hoc primum testatus est dicens: ecce agnus dei, ecce qui tollit peccata mundi. agnum enim vocans, crucem divulgat: nec aliter quam per crucem peccatum abstulit mundi. qualiter autem maior propheta est hic si neque quae prophetarum sunt noscit? etenim isaias dicit: sicut ovis ad occisionem ductus est. * gregorius in evang.. ° sed aliter haec quaestio solvitur, si gestae rei tempus pensatur. ad iordanis enim fluenta positus, quia ipse redemptor mundi esset, asseruit; missus vero in carcerem, an ipse veniat, requirit: non quia ipsum esse mundi redemptorem dubitat; sed quaerit, ut sciat si is qui per se in mundum venerat, per se etiam ad inferni claustra descendat. * hieronymus. ° unde non ait: tu es qui venisti? sed tu es qui venturus es? et est sensus: manda mihi, quia ad inferna descensurus sum, utrum te etiam inferis debeam nuntiare, an alium ad haec sacramenta missurus es? * chrysostomus in matth.. ° sed qualiter et hoc habet rationem? cuius enim gratia non dixit: tu es qui venturus es in infernum? sed simpliciter: qui venturus es? quamvis et derisibilius videatur quod propter hoc ei dixerit, ut et illuc abiens praedicaret: praesens enim vita, gratiae tempus est; post obitum autem iudicium est et poena: quare in nullo opus erat praecursore illic. sed aliter. si infideles post mortem credentes essent salvandi, nullus peribit aliquando: omnes enim poenitebunt tunc, et adorabunt. omne enim genu flectetur, caelestium, terrestrium, et infernorum. * glossa. ° considerandum autem est, quod non ideo hieronymus et gregorius dixerunt, quod ioannes adventum christi in infernum praenuntiaturus esset, quia eius praedicatione aliqui non credentes converterentur ad fidem; sed ut iustis in expectatione christi manentibus ex vicino adventu consolationem afferret. * hilarius in matth.. ° certum est tamen quod qui venturum ut praecursor nuntiavit, consistentem ut propheta agnovit, adeuntem ut confessor veneratus est, eius abundanti scientiae error non obrepsit. nec sane credi potest, spiritus sancti gratiam in carcere posito defuisse, cum apostolis virtutis suae lumen esset in carcere positis ministraturus. * hieronymus. ° non ergo quasi ignorans interrogat, sed quomodo salvator interrogat ubi sit lazarus positus; ut qui locum sepulcri indicabant, saltem sic pararentur ad fidem, ut viderent mortuum resurgentem; sic et ioannes interficiendus ab herode discipulos suos mittit ad christum, ut per hanc occasionem videntes signa atque virtutes, crederent in eum, et magistro interrogante sibi discerent. quod autem haberent discipuli ioannis aliquid mordacitatis ex invidia adversus dominum, superior quoque interrogatio demonstravit, cum dixerunt: quare nos et pharisaei ieiunamus frequenter, discipuli tui non ieiunant? * chrysostomus in matth.. ° donec igitur ioannes erat cum ipsis, suadebat eis continue de christo: quia autem iam erat obiturus, amplius studium facit. etenim formidabat, ne relinquat in discipulis suis perniciosi dogmatis conditionem, et maneant abiecti a christo, cui et a principio omnes suos afferre studuit. si autem dixisset eis: abite ad ipsum, quia melior me est, non utique persuasisset, sed aestimaretur humilia de se sentiens hoc dicere; et sic magis esset ei affixi. quid igitur facit? expectat ab eis audire quod christus miracula facit. neque omnes misit; sed duos quosdam, quos noverat fortassis aliis persuasibiliores existentes, ut insuspicabilis interrogatio fieret, et ex rebus ipsis discerent distantiam inter eum et iesum. * hilarius in matth.. ° ioannes igitur non suae, sed discipulorum ignorantiae consulit: ut enim scirent non alium a se praedicatum, ad opera eius intuenda discipulos suos misit, ut auctoritatem dictis suis illius opera conferrent; nec christus alius expectaretur quam cui testimonium opera praestitissent. * chrysostomus in matth.. idem christus autem mentem noscens ioannis, non dixit: quoniam ego sum, quia per hoc rursus obsisteret audientibus: excogitassent enim, etsi non dixissent, quod iudaei ad ipsum dixerunt: ° tu de teipso testimonium perhibes. et propter hoc a miraculis fecit eos discere, insuspicabilem doctrinam faciens et manifestiorem. testimonium enim quod est a rebus, credibilius est testimonio quod est a verbis. unde confestim curavit caecos et claudos et alios multos, non ut doceret ioannem scientem, sed hos qui dubitabant: et ideo sequitur et respondens iesus ait illis: euntes renuntiate ioanni quae audistis et vidistis. caeci vident, claudi ambulant, leprosi mundantur, surdi audiunt mortui resurgunt, pauperes evangelizantur. * hieronymus. ° quod praemissis non minus est. pauperes autem evangelizatos intellige, vel pauperes spiritu, vel certe opibus pauperes: ut nulla inter nobiles et ignobiles, inter divites et egenos in praedicatione distantia sit: haec magistri rigorem, haec praeceptoris comprobant veritatem, quando omnis apud eum qui salvare potest aequalis est. * chrysostomus in matth.. ° quod autem ait: et beatus est qui non fuerit scandalizatus in me, internuntios percutit: quia enim scandalizabantur in ipso, dubitationem eorum non divulgans, et soli eorum conscientiae derelinquens, redargutionem eorum latenter induxit. * hilarius. ° itaque cui rei ioannes cavisset, ostendit dicens beatos eos in quibus aliquid in se scandali non fuisset: quia metu eius, scilicet ne scandalizarentur, discipulos suos ioannes, ut christum audirent, misit. * gregorius in evang.. ° vel aliter. infidelium mens grave in christo scandalum pertulit, cum eum etiam post tot miracula morientem vidit: unde paulus dicit: nos praedicamus christum crucifixum, iudaeis quidem scandalum. quid ergo est dicere: beatus qui non fuerit scandalizatus in me, nisi aperta voce abiectionem mortis suae humilitatemque signare? ac si patenter dicat: mira quidem facio, sed abiecta perpeti non dedignor. quia ergo moriendo te subsequor, cavendum valde est hominibus ne in me mortem despiciant qui signa venerantur. * hilarius. ° praebetur etiam mystice in his quae in ioanne gesta sunt, intelligentia amplior, ut propheta ipso conditionis suae genere prophetizaret, quia in eo forma legis lata est: christum enim lex annuntiavit, et remissionem peccatorum praedicavit, et regnum caelorum spopondit; et ioannes totum hoc opus legis explevit. igitur, cessante iam lege (quae peccatis plebis inclusa, ne christus posset intelligi, quasi vinculis et quasi carcere continebatur), ad evangelia contuenda lex mittit, ut infidelitas fidem dictorum contempletur in factis. * ambrosius super lucam. ° et fortasse isti discipuli quos misit, sunt duo populi: unus qui ex iudaeis credidit, alter qui ex gentibus.

lc3 * Chrysostomus in matth.. ° quantum ad discipulos ioannis, satis actum erat: certificati enim de christo per signa quae viderant, recesserunt. sed oportebat etiam turbas sanari, quae ex interrogatione discipulorum ioannis multa inconvenientia subintellexerint, ignorantes mittentis consilium. poterant utique dicere: qui tanta testatus est de christo, aliter persuasus est nunc et dubitat utrum sit ipse. numquid ergo altercans ad iesum hoc dicit? numquid timidior a carcere factus? numquid vane et inaniter priora dixit? * hilarius in matth.. ° ac ne illud quod immediate praemiserat, referri posset ad ioannem, tamquam scandalizatus esset de christo, subditur illis autem abeuntibus, coepit iesus dicere ad turbas de ioanne. * chrysostomus in matth.. ° propter hoc autem abeuntibus eis, ut non videatur homini adulari. corrigens autem et plebem, non ducit in medium suspicionem eorum, sed solutionem cogitationum eorum inducit, quae eos in dubitationem mittebant, demonstrans se nosse occulta. neque enim dixit sicut iudaeis: quis cogitatis mala? etsi mala cogitaverint; non tamen ex malitia, sed ex ignorantia; unde non loquitur eis dure, sed respondet pro ioanne, ostendens quod non excidit a priore opinione. hoc autem docet, non solum proprio verbo, sed eorum testimonio; non tantum per ea quae dixerunt, sed per ea quae egerunt: ideoque ait quid existis in desertum videre? ac si diceret: propter quid civitates dimittentes convenistis in desertum? non enim plebs tanta cum tanto desiderio in eremum venisset, nisi magnum quemdam et mirabilem et petra solidiorem se videre existimans. * glossa. ° non autem tunc exierant in desertum ad hoc ut viderent ioannem: nec enim erat tunc in deserto, sed in carcere: sed praeteritum refert, quia frequenter exierat populus in desertum videre ioannem, cum adhuc esset in deserto. * chrysostomus in matth.. ° et vide quia, omnem aliam malitiam praetermittens, removet a ioanne levitatem, de qua turbae dubitabant, dicens arundinem vento agitatam? * gregorius in evang.. ° quod videlicet non asserendo, sed negando intulit. arundinem quippe, mox ut aura contingit, in partem flectit; per quam carnalis animus designatur, qui mox ut favore et detractione tangitur, in partem quamlibet declinatur. arundo ergo vento agitata ioannes non erat, quem a status sui rectitudine nulla rerum varietas inflectebat. ac si dominus diceret * hieronymus: ° numquid ob hoc existis in desertum ut videretis hominem calamo similem, qui omni vento circumfertur, et levitate mentis de eo ambigeret quem antea praedicaret? an forsitan stimulis invidiae contra me cogitur, et praedicatio eius vanam sectatur gloriam, ut ex ea quaerat lucra? cur divitias cupiat? ut affluat dapibus? locustis vescitur et melle silvestri. an ut mollibus vestiatur? pili camelorum sunt tegmen eius; et ideo subdit sed quid existis videre? hominem mollibus vestitum? * chrysostomus in matth.. ° vel aliter. quod non sit ioannes similis calamo mobili per vestrum studium significastis, scilicet in desertum exeuntes. non tamen potest aliquis dicere, quod ioannes quidem constans erat, sed postea lasciviae serviens factus est mobilis: sicut enim aliquis est iracundus natura, alius per infirmitatem longam, ita aliqui sunt mobiles per naturam, alii vero lasciviae serviendo mobiles fiunt. ioannes autem neque natura mobilis erat; propter quod dixerat num existis videre arundinem vento agitatam? neque lasciviae dans se ipsum, perdidit quam habebat excellentiam: quod enim non servierit lasciviae, monstrat stola, solitudo et carcer. si enim vellet mollibus vestiri, non eremum inhabitasset, sed regum palatia: unde sequitur ecce qui mollibus vestiuntur, in domibus regum sunt. * hieronymus. ° ex hoc ostenditur rigidam vitam et austeram praedicationem vitare debere aulas regum, et mollium hominum palatia declinare. * gregorius in evang.. ° nemo autem existimet in luxu atque studio pretiosarum vestium peccata deesse: quia si hoc culpa non esset, nullo modo ioannem dominus de vestimenti sui asperitate laudasset. et nequaquam petrus feminas a pretiosarum vestium appetitu compesceret, dicens: non in veste pretiosa. * augustinus de doctr. christ.. ° cum in omnibus talibus non usus rerum, sed libido utentis in culpa est. quisquis enim rebus restrictius utitur quam se habent mores eorum cum quibus vivit, aut temperans, aut superstitiosus est. quisquis vero sic utitur, ut metas consuetudinis bonorum inter quos versatur excedat, aut aliquid significat, aut flagitiosus est. * chrysostomus in matth.. ° a loco autem et vestimentis, et a concursu hominum, eius moribus designatis, inducit iam et prophetam eum esse, dicens sed quid existis videre? prophetam? dico vobis etiam plus quam prophetam. * gregorius in evang.. ° prophetae enim ministerium est ventura praedicere, non etiam demonstrare. ioannes ergo plusquam propheta est: quia eum quem praecurrendo prophetaverat, etiam ostendendo nuntiabat. * hieronymus. ° in quo etiam ceteris prophetis maior est, et quia ad privilegium prophetale etiam baptismi accessit praemium, ut suum dominum baptizaret. * chrysostomus. ° deinde monstrat secundum quid est maior, dicens hic est enim de quo scriptum est: ecce mitto angelum meum ante faciem tuam. * hieronymus. ° ut enim meritorum ioannis augmentum faceret, de malachia testimonium infert, in quo etiam angelus praedicatur. angelum autem hic dici ioannem non putemus naturae societate, sed officii dignitate; idest nuntium qui venturum dominum nuntiavit. * gregorius in evang.. ° qui enim graece angelus, hic latine nuntius dicitur. recte ergo qui nuntiare supernum nuntium venerat, angelus vocatur, ut dignitatem servet in nomine, quam explet in operatione. * chrysostomus. ° monstrat igitur secundum quid est maior ioannes prophetis, secundum id scilicet quod est prope christum: et ideo dicit mitto ante faciem tuam, hoc est prope te: sicut enim qui prope currum regis incedunt, aliis sunt clariores, ita et ioannes prope christi praesentiam. * glossa. ° deinde alii prophetae missi sunt ut adventum christi annuntiarent; iste autem, ut praepararet viam ipsius: unde sequitur qui praeparabit viam tuam ante te: idest, pervia reddet tibi corda auditorum, poenitentiam praedicando et baptizando. * hilarius in matth.. ° mystice autem desertum spiritu sancto vacuum est sentiendum, in quo habitatio dei nulla sit; in arundine homo talis ostenditur de gloria saeculi vitae suae inanitate speciosus, in se autem fructu veritatis cavus, exterior placens, et nullus interior, ad omnem ventorum motum, idest, immundorum spirituum flatum, movendus, neque ad consistendi firmitatem valens, et animae medullis inanis. veste autem, corpus quo induitur anima signatur, quod luxu ac lasciviis mollescit. in regibus transgressorum angelorum nuncupatio est: hi enim saeculi sunt potentes, mundique dominantes. ergo vestiti mollibus in domibus regum sunt; idest illos quibus per luxum fluida et dissoluta sunt corpora, patet esse daemonum habitationem. * gregorius in evang.. ° ioannes etiam mollibus vestitus non fuit, quia vitam peccantium non blandimentis fovit, sed rigore asperae invectionis increpavit, dicens: genimina viperarum, etc..

lc4 * Chrysostomus in matth.. ° praemissa commendatione ioannis ex prophetae testimonio, non hic stetit, sed iam sententiam propriam de ipso inducit, dicens amen dico vobis, non surrexit maior inter natos mulierum ioanne baptista. * rabanus. ° ac si diceret: quid dicere per singula de commendatione ioannis? amen dico vobis, inter natos mulierum, etc.. inter natos, inquit, mulierum, non virginum: mulieres enim proprie corruptae vocantur. si autem maria aliquando mulier in evangelio nuncupatur, sciendum est, interpretem, mulierem pro femina posuisse, sicut ibi: mulier, ecce filius tuus. * hieronymus. ° his ergo praefertur hominibus qui de mulieribus nati sunt et de concubitu viri, et non ei qui natus est ex virgine et spiritu sancto; quamvis in eo quod dicit non surrexit inter natos mulierum maior ioanne baptista, non ceteris prophetis et patriarchis cunctisque hominibus ioannem praetulit, sed ioanni ceteros exaequavit: non enim statim sequitur ut si alii maiores eo non sunt, ille maior aliorum sit. * chrysostomus super matth.. ° sed tanta cum sit iustitiae altitudo ut in illa nemo possit esse perfectus nisi solus deus, puto quia omnes sancti quantum ad subtilitatem divini iudicii invicem sibi inferiores sunt aut priores. ex quo intelligimus quoniam qui maiorem se non habet, maior omnibus est. * chrysostomus in matth.. ° ne autem rursus superabundantia laudum pariat aliquod inconveniens iudaeis ioannem praeferentibus christo, convenienter hoc removet dicens qui autem minor est in regno caelorum hic maior est illo. * augustinus contra advers. legis et prophet.. ° argumentatur autem ex hoc haereticus ita, velut ratiocinando, tamquam ioannes non pertineat ad regnum caelorum, et ob hoc multo minus ceteri prophetae illius populi, quibus maior est ioannes. haec autem verba domini duobus modis possunt intelligi: aut enim regnum caelorum appellavit hoc quod nondum accepimus, de quo in fine dicturus est: venite, benedicti patris mei, percipite regnum; et quia ibi sunt angeli, quilibet in eis minor maior est quolibet iusto portante corpus quod corrumpitur. aut si regnum caelorum intelligi voluit ecclesiam, cuius filii sunt ab institutione generis humani usque nunc omnes iusti, dominus seipsum signavit: qui nascendi tempore minor erat ioanne, maior autem divinitatis aeternitate et dominica potestate. proinde secundum priorem expositionem, ita distinguitur: qui minor est in regno caelorum, ac deinde subinfertur maior est illo. secundum hanc autem posteriorem, ita: qui autem minor est, ac deinde subinfertur in regno caelorum maior est illo. * chrysostomus in matth.. ° dicit autem in regno caelorum, idest in spiritualibus, et universis quae sunt secundum caelum. quidam autem dicunt quoniam de apostolis hoc dixit christus. * hieronymus. ° nos autem simpliciter intelligamus, quia omnis sanctus qui iam cum domino est, sit maior illo qui adhuc consistit in praelio: aliud est enim victoriae coronam possidere, aliud adhuc in acie dimicare.

lc5 * Glossa. ° quia dixerat superius: qui minor est in regno caelorum, est maior ioanne, ne videretur ioannes a regno caelorum esse alienus, hoc removet subdens a die autem ioannis baptistae usque nunc regnum caelorum vim patitur, et violenti rapiunt illud. * gregorius in evang.. ° per regnum caelorum supernum solium signatur, quo cum peccatores quolibet facinore polluti ad poenitentiam redeunt, et semetipsos corrigunt, quasi praedatores in locum alienum intrant et violenter regnum caelorum rapiunt. * hieronymus. ° si autem primus ioannes baptista poenitentiam populis nuntiavit dicens: poenitentiam agite, appropinquabit enim regnum caelorum, convenienter a diebus illius regnum caelorum vim patitur et violenti rapiunt illud. grandis est enim violentia, in terra nos esse generatos, et caelorum sedem quaerere, et possidere per virtutem quae non tenuimus per naturam. * hilarius in matth.. ° vel aliter. dominus apostolos ire ad oves perditas israel iusserat; sed omnis haec praedicatio profectum publicanis et peccatoribus afferebat. itaque vim regnum patitur, et violenti diripiunt: quia gloria israel patribus debita, prophetis nuntiata, a christo oblata, fide gentium occupatur et rapitur. * chrysostomus in matth.. ° vel rapiunt regnum dei per fidem christi omnes qui cum festinatione veniunt: unde dicit a diebus autem ioannis usque nunc; et ita impellit et festinare facit ad fidem suam, simul autem et his quae antea dicta sunt a ioanne opitulatur. si enim usque ad ioannem omnia completa sunt, ipse est qui venturus est: unde subdit omnes enim prophetae et lex usque ad ioannem prophetaverunt. * hieronymus. ° non quod post ioannem excludat prophetas; legimus enim in actibus apostolorum et agabum prophetizasse et quatuor virgines filias philippi; sed quod lex et prophetae quos scriptos legimus, quicquid prophetizaverunt, de domino vaticinati sunt. quando ergo dicitur usque ad ioannem prophetaverunt, christi tempus ostenditur; et quem illi dixerunt esse venturum, ioannes venisse ostendit. * chrysostomus. ° deinde aliam coniecturam sui adventus ponit, dicens et si vultis recipere, ipse est elias, qui venturus est. dicit dominus in malachia: mittam vobis eliam thesbitem; et de isto dicit ecce ego mitto angelum meum ante faciem tuam. * hieronymus. ° elias ergo ioannes dicitur, non secundum stultos philosophos, et quosdam haereticos, qui metempsychosin, idest animae ex uno in aliud corpus migrationem introducunt; sed quod, iuxta aliud testimonium evangelii, venerit in spiritu et virtute eliae, et eamdem spiritus sancti vel gratiam habuerit vel mensuram. sed et vitae austeritas rigorque mentis eliae et ioannis pares sunt: uterque in eremo, uterque zona pellicea cingebatur: ille, quoniam regem achab et iezabel impietatis arguit, fugere compulsus est; iste, quia herodis et herodiadis illicitas arguit nuptias, capite truncatur. * chrysostomus in matth.. ° et bene dixit si vultis recipere, libertatem ostendens, et voluntariam expetens mentem. est enim ille hic, et hic ille: quia praecursores facti sunt utrique. * hieronymus. ° hoc autem quod dictum est, ipse est elias, mysticum esse, et egere intelligentia, sequens domini sermo demonstrat, dicens qui habet aures audiendi audiat. * remigius. ° ac si diceret: qui habet aures cordis audiendi, idest intelligendi, intelligat: quia non dixit ioannem eliam esse in persona, sed in spiritu.

lc6 * Hilarius in matth.. ° totus hic sermo infidelitatis opprobrium est, et de affectu superioris querimoniae descendit: quia insolens plebs per diversa sermonum genera docta non fuerit. * chrysostomus in matth.. ° unde et interrogatione utitur, monstrans quoniam nihil quod deberet fieri ad salutem eorum, derelictum est, dicens cui autem similem aestimabo generationem istam? * glossa. ° quasi dicat: tantus est ioannes; sed vos nec sibi nec mihi voluistis credere: et ideo cui vos similes aestimabo? per generationem accipit communiter et iudaeos, et se cum ioanne. * remigius. ° mox autem sibi ipsi respondet, subiungens similis est pueris sedentibus in foro, qui clamantes coaequalibus dicunt: cecinimus vobis, et non saltastis; lamentavimus, et non planxistis. * hilarius in matth.. ° in pueris prophetae signantur, qui in simplicitate sensus, ut pueri, praedicaverunt, et in medio synagogae tamquam in publico fori conventu coarguunt, quod cantantibus sibi officio corporis non obsecundaverint, et quod dictis suis non paruerint: ad cantantium enim modum saltantium motus aptatur. prophetae enim ad confessionem psallendi deo provocaverunt, ut cantico moysi tenetur, ut isaiae, ut david. * hieronymus. ° dicunt ergo cecinimus vobis et non saltastis: idest, provocavimus vos ut ad nostrum canticum bona opera faceretis, et noluistis. lamentati sumus, et vos ad poenitentiam provocavimus; et nec hoc quidem facere voluistis, spernentes utramque praedicationem, tam exhortationis ad virtutes, quam poenitentiae post peccata. * remigius. ° quid est autem quod dicit coaequalibus? numquid infideles iudaei coaequales erant sanctis prophetis? sed hoc dicit, quoniam de una stirpe orti fuerunt. * hieronymus. ° pueri etiam sunt de quibus isaias loquitur: ecce ego et pueri mei quos dedit mihi dominus. isti ergo pueri sedent in foro, ubi multa venalia sunt, et dicunt * chrysostomus in matth.: ° cecinimus vobis, et non saltastis; hoc est, remissam vitam ostendi, et non persuasi estis; lamentavimus, et non planxistis: hoc est, ioannes duram sustinuit vitam, et non attendistis. non autem dicit ille illud et ego hoc, sed communiter: quia una intentio utriusque erat; unde sequitur venit enim ioannes neque manducans neque bibens; et dicunt: daemonium habet. venit filius hominis, * etc.. augustinus contra faustum. ° vellem autem ut mihi manichaei dicerent quid manducabat et quid bibebat christus, qui in comparatione ioannis non manducantis neque bibentis, hic se dixit manducantem ac bibentem. non enim dictum est quod ioannes omnino non biberet; sed quod vinum et siceram non biberet: bibebat ergo aquam. cibus autem eius non omnino nullus erat, sed locustae, et mel silvestre. unde ergo dictus est non manducans neque bibens, nisi quia illo victu quo iudaei utebantur, non utebatur? hoc ergo dominus nisi uteretur, non in eius comparatione manducans bibensque diceretur. mirum autem si non manducans dicitur qui locustas et mel comedit, et manducans dicitur qui pane et olere contentus est. * chrysostomus. ° dicit ergo venit iesus; ac si dicat: per contrariam viam venimus ego et ioannes et idem fecimus: sicut si venatores per duas contrarias vias aliquod animal insequantur, ut in alterum incidat. universum autem hominum genus ieiunium et duram viam admiratur; et propter hoc dispensatum est a prima aetate ita nutriri ioannem, ut per hoc digna fide essent quae dicerentur ab ipso. incessit siquidem dominus per hanc viam quando quadraginta diebus ieiunavit; sed tamen et aliter docuit quod sibi esset credendum; multo enim maius erat quod testaretur pro eo ioannes qui per hanc viam incesserat, quam quod ipse per hanc viam incederet. aliter ioannes nihil plus ostendit praeter vitam et iustitiam; christus autem et a miraculis testimonium habebat. dimittens ergo ioannem ieiunio fulgere, ipse contrariam incessit viam, ad mensam intrans publicanorum, et manducans et bibens. * hieronymus. ° si ergo ieiunium vobis placet, cur ioannes displicuit? si saturitas, cur filius hominis? quorum alterum daemonium habentem, alterum voracem et ebrium nuncupastis. * chrysostomus. ° qualem igitur iam excusationem accipient? propter hoc subdit et iustificata est sapientia a filiis suis: hoc est, etsi vos persuasi non estis, sed me iam incusare non habetis: quod et de patre ait propheta: ut iustificeris in sermonibus tuis: etsi enim nihil in vobis expleatur a procuratione dei, quae est circa vos; omnia quae sunt ex parte sua, complet, ut inverecundis neque umbram relinquat ingratae dubitationis. * hieronymus. ° iustificata est ergo sapientia a filiis suis; idest, dei dispensatio atque doctrina, vel ipse christus, qui est dei virtus et dei sapientia, iuste fecisse, ab apostolis suis filiis comprobatus est. * hilarius in matth.. ° est autem ipsa sapientia non ex effectu, sed ex natura. plures enim dictum apostolicum, quod ait: christum dei sapientiam et dei virtutem, his modis solent eludere, quod in eo ex virgine creando efficax dei sapientia et virtus extiterit. sed ne tale posset intelligi, ipsum se sapientiam nuncupavit, eam in se, non quae sunt eius ostendens. non enim idem opus virtutis et virtus; et efficiens discernitur ab effectu. * augustinus de quaest. evang.. ° vel iustificata est sapientia a filiis suis: quia sancti apostoli intellexerunt regnum dei non esse in esca et potu, sed in aequanimitate tolerandi; quos nec copia sublevat, nec deprimit egestas; unde et paulus dicebat: scio abundare et penuriam pati. * hieronymus. ° in quibusdam libris legitur iustificata est sapientia ab operibus suis: sapientia namque non quaerit vocis testimonium, sed operum. * chrysostomus in matth.. ° si autem exempla vilia sunt de pueris, non mireris: ad imbecillitatem enim audientium loquebatur: sicut ezechiel multa dicit exempla iudaeis convenientia, dei magnitudine indigna. * hilarius. ° mystice autem iudaeos nec ioannis praedicatio inflexit, quibus et lex gravis visa est, potibus cibisque praescriptis, et difficilis et molesta peccatum in se, quod daemonium nuncupat, habens: quia per observantiae difficultatem necesse eis esset in lege peccare: rursusque in christo evangelii praedicatio vitae libertate non placuit, per quam difficultates legis et onera laxata sunt, et ad eam publicani peccatoresque crediderunt. atque ita tot et tantis admonitionum generibus frustra habitis, nec per gratiam iustificantur, et a lege sunt abdicati: et iustificata est sapientia a filiis suis, ab his scilicet qui regnum caelorum fidei iustificatione diripiunt, confitentes iustum sapientiae opus, quod munus suum ad fideles a contumacibus transtulerit.

lc7 * Glossa. ° hucusque iudaeos communiter increpaverat; nunc autem quasi nominatim quasdam civitates increpat, quibus specialiter praedicaverat, nec tamen converti volebant: unde dicitur tunc coepit exprobrare civitatibus in quibus factae sunt plurimae virtutes eius, quia non egissent poenitentiam. * hieronymus. ° exprobratio enim civitatum corozaim et bethsaidae et capharnaum, capituli huius titulo panditur, quod ideo exprobraverit eis, quia post factas virtutes et signa quamplurima, non egerint poenitentiam: unde subdit vae tibi, corozaim, vae tibi, bethsaida. * chrysostomus in matth.. ° ut autem non dicas a natura ipsos esse malos, ponit nomen civitatis, scilicet bethsaida, a qua quandoque processerunt apostoli; etenim philippus et duo binarii principalium apostolorum hinc fuerunt: scilicet petrus et andreas, iacobus et ioannes. * hieronymus. ° sed per hoc quod dicit vae, hae urbes galilaeae a salvatore planguntur, quod post tanta signa atque virtutes non egerint poenitentiam. * rabanus. ° corozaim autem, quae interpretatur mysterium meum, et bethsaida, quae domus fructuum, vel domus venatorum dicitur, civitates sunt galilaeae sitae in littore maris galilaeae. plangit ergo dominus civitates quae quondam mysterium dei tenuerunt, et virtutum iam fructum gignere debuerunt, et in quas spiritales venatores sunt missi. * hieronymus. ° et praeferuntur eis tyrus et sidon urbes idololatriae et vitiis deditae; et ideo sequitur quia si in tyro et sidone factae essent virtutes quae factae sunt in vobis, olim in cilicio et cinere poenitentiam egissent. * gregorius moralium. ° in cilicio quidem asperitas, quae punctio peccatorum, in cinere autem pulvis ostenditur mortuorum: et idcirco utrumque hoc adhiberi ad poenitentiam solet, ut in punctione cilicii cognoscamus quid per culpam fecimus, et in favilla cineris perpendamus quid per iudicium facti sumus. * rabanus. ° tyrus autem et sidon sunt urbes phoenicis. interpretatur autem tyrus angustia, et sidon venatio; et significat gentes quas venator diabolus in angustia peccatorum comprehendit, sed salvator iesus per evangelium absolvit. * hieronymus. ° quaerimus autem ubi scriptum sit quod in corozaim et bethsaida dominus signa fecerit. supra legimus: et circuibat civitates omnes et vicos, curans omnem infirmitatem, et reliqua; inter ceteras ergo urbes et viculos existimandum est in corozaim et in bethsaida dominum signa fecisse. * augustinus de bono persev.. ° non ergo verum est quod his temporibus et his locis evangelium eius praedicatum non est, in quibus tales omnes futuros esse praesciebat, quales multi in eius corporali praesentia fuerunt, qui in eum nec suscitatis ab eo mortuis credere voluerunt. ecce enim dominus attestatur quod tyrii et sidonii acturi essent magnae humilitatis poenitentiam, si in eis facta essent divinarum signa virtutum. porro si etiam secundum facta quae facturi essent si viverent, mortui iudicantur; profecto quia fideles futuri erant isti, si eis cum tantis miraculis evangelium fuisset praedicatum, non sunt utique puniendi, et tamen in die iudicii punientur: sequitur enim verumtamen dico vobis, etc.. severius ergo punientur illi, isti remissius. * hieronymus. ° quod ideo est, quia tyrus et sidon naturalem tantum legem calcaverant: istae vero civitates post transgressionem naturalis legis et scriptae, etiam signa quae apud eos facta sunt, parvi duxerunt. * rabanus. ° impletum autem hodie videmus dictum salvatoris: quia scilicet corozaim et bethsaida praesente domino credere noluerunt; tyrus autem et sidon, postea evangelizantibus discipulis crediderunt. * remigius. ° capharnaum autem metropolis erat galilaeae, et insignis civitas illius provinciae: et ideo dominus specialiter mentionem illius facit, dicens et tu, capharnaum, numquid usque in caelum exaltaberis? usque ad infernum descendes. * hieronymus. ° in altero exemplari reperimus: et tu, capharnaum, quae usque ad caelum exaltata es, usque ad inferna descendes; et est duplex intelligentia. vel ideo ad inferna descendes, quia contra praedicationem meam superbissime restitisti; vel ideo quia exaltata usque in caelum meo hospitio, et meis signis atque virtutibus tantum habens privilegium, maioribus plecteris suppliciis, quod his quoque credere noluisti. * remigius. ° non solum autem tyri et sidonis, sed ipsa sodomorum et gomorrhaeorum fuerunt levia peccata per comparationem: et ideo sequitur quia si in sodomis factae essent virtutes quae factae sunt in te, forte mansissent usque in hunc diem. * chrysostomus in matth.. ° in quo augetur eorum accusatio: etenim maxima malitiae demonstratio est, cum non solum his qui tunc erant, sed his qui unquam fuerant mali, apparent deteriores. * hieronymus. ° in capharnaum autem, quae interpretatur villa pulcherrima, condemnatur ierusalem, cum dicitur per ezechielem: iustificata est sodoma ex te. * remigius. ° ideo autem dominus, qui omnia novit, in hoc loco verbum dubitativum posuit, scilicet forte, ut demonstraret quia liberum arbitrium concessum est hominibus. sequitur verumtamen dico vobis, quia terrae sodomorum remissius erit in die iudicii quam vobis. et sciendum est, quod nomine civitatis vel terrae, non aedificia vel domorum parietes dominus increpat, sed homines in eis commorantes; secundum speciem tropi, quae est metonymia, in qua per hoc quod continet id quod continetur ostenditur. per hoc autem quod dicit remissius erit in die iudicii, aperte demonstrat quia diversa sunt supplicia in inferno, sicut et diversae sunt mansiones in regno caelorum. * hieronymus. ° quaerat autem prudens lector, et dicat: si tyrus et sidon et sodoma potuerunt agere poenitentiam ad praedicationem salvatoris, signorumque miracula, non sunt in culpa, quia non crediderunt; sed vitii silentium in eo est qui acturis poenitentiam noluit praedicare. ad quod facilis et aperta est responsio: ignorare nos iudicia dei, et singularium eius dispensationum sacramenta nescire. propositum fuerat domino iudaeae fines non excedere, ne iustam pharisaeis et sacerdotibus occasionem persecutionis daret: unde et apostolis praecepit: in viam gentium ne abieritis. corozaim et bethsaida damnantur, quod praesente domino credere noluerunt; tyrus et sidon iustificantur, quod apostolis illius crediderunt. non quaeras tempora, cum credentium intuearis salutem. * remigius. ° solvitur autem et aliter. fortassis erant plurimi in corozaim et bethsaida qui credituri erant; et erant multi in tyro et sidone qui non erant credituri; et ideo non erant digni evangelio. dominus ergo ideo habitatoribus corozaim et bethsaidae praedicavit, ut illi qui credituri erant, crederent; et habitatoribus tyri et sidonis praedicare noluit, ne forte illi qui non erant credituri, contemptu evangelii deteriores facti atrocius punirentur. * augustinus de bono persev.. ° quidam autem disputator catholicus non ignobilis hunc evangelii locum sic exposuit ut diceret, praescisse dominum tyrios et sidonios a fide fuisse postea recessuros, cum factis apud se miraculis credidissent; et misericordia potius non eum illic ista fecisse, quoniam graviori poenae obnoxii fierent, si fidem quam tenuerant reliquissent, quam si eam nullo tempore tenuissent. vel aliter. praescivit profecto deus beneficia sua, quibus nos liberare dignatur. haec autem est praedestinatio sanctorum, praescientia scilicet et praeparatio beneficiorum dei, quibus certissime liberantur quicumque liberantur. ceteri autem non nisi in massa perditionis iusto divino iudicio relinquuntur, ubi tyrii relicti sunt et sidonii, qui etiam credere poterant, si multa christi signa vidissent; sed quoniam ut crederent non eis erat datum, et unde crederent est negatum. ex quo apparet habere quosdam in ipso ingenio divinum naturaliter munus intelligentiae, quo moveantur ad fidem, si congrua suis mentibus vel audiant verba vel signa conspiciant: et tamen si dei altiore iudicio a perditionis massa non sunt gratiae praedestinatione discreti, nec ipsa eis adhibentur vel dicta divina vel facta, per quae possent credere, si audirent utique talia vel viderent. in eadem perditionis massa relicti sunt etiam iudaei, qui non potuerunt credere factis in conspectu suo tam magnis clarisque virtutibus. cur enim non poterant credere, non tacuit evangelium dicens: dum autem tanta signa fecisset coram eis, non poterant credere, quia dixit isaias: excaecavi oculos illorum, et induravi cor eorum. non erant ergo sic excaecati oculi nec sic induratum cor tyriorum et sidoniorum: quia crediderunt, si qualia viderunt isti, signa vidissent. sed nec illis profuit quod poterant credere quia praedestinati non erant, nec istis obfuisset quod non poterant credere, si ita praedestinati essent ut eos caecos dominus illuminaret, et induratis cor lapideum vellet auferre. * augustinus de cons. evang.. ° hoc autem quod hic dicitur, etiam lucas commemorat, continuatim cuidam sermoni domini etiam hoc ex ipsius ore coniungens; unde magis videtur ipse hoc ordine illa commemorare quo a domino dicta sunt; matthaeus autem suae recordationis ordinem tenuisse. aut illud quod matthaeus ait tunc coepit exprobrare civitatibus, sic accipiendum putant ut punctum ipsum temporis voluisse credatur exprimere, in hoc quod est tunc; non autem ipsum tempus aliquanto latius quo hic multa gerebantur et dicebantur. quisque ergo hoc credit, credat hoc esse bis dictum. cum enim apud unum evangelistam inveniantur quaedam quae bis dixerat dominus, sicut apud lucam de non tollenda pera in via; quid mirum si aliquid aliud bis dictum sigillatim a singulis dicitur eodem ordine quo dictum est? et ideo diversus ordo apparet in singulis: quia et tunc quando ille, et tunc quando iste commemorat, dictum est.

lc8 * Chrysostomus super matth.. ° quia sciebat dominus multos de superiori quaestione dubitaturos, scilicet quod iudaei christum non receperunt, quem gentilitas tam prona suscepit, respondet his cogitationibus eorum; et ideo dicit respondens iesus dixit: confiteor tibi, pater domine caeli et terrae. * glossa. ° idest, qui facis caelos, et relinquis in terrenitate quos vis. vel ad litteram. * augustinus de verb. dom.. ° si christus dixit confiteor, a quo longe est omne peccatum, confessio non est solius peccatoris, sed aliquando etiam laudatoris. confitemur ergo sive laudantes deum, sive accusantes nosmetipsos. dixit ergo confiteor tibi; idest, laudo te, non accuso me. * hieronymus. ° audiant ergo qui salvatorem non natum, sed creatum calumniantur, quod patrem suum vocet caeli et terrae dominum. si enim et ipse creatura est, et creatura conditorem suum patrem appellare potest, stultum fuit non et sui, et caeli, et terrae dominum, vel patrem similiter appellare. gratias autem agit, quod apostolis adventus sui aperuerit sacramenta, quae ignoraverunt scribae et pharisaei, qui sibi sapientes videntur et in conspectu suo prudentes: et ideo sequitur quia abscondisti haec a sapientibus et prudentibus, et revelasti ea parvulis. * augustinus de verb. dom.. ° nomine sapientum et prudentum superbos intelligi posse ipse exposuit, cum ait revelasti ea parvulis: quid enim est parvulis, nisi humilibus? * gregorius moralium. ° quod enim non subiungit: revelasti ea stultis, sed parvulis, tumorem se damnasse innuit, non acumen. * chrysostomus in matth.. ° vel dicens sapientes, non veram sapientiam dicit, sed eam quam videbantur scribae et pharisaei ab eloquentia habere. propter hoc neque dixit: revelasti ea stultis, sed parvulis, idest informibus aut rusticis; in quo erudit nos per omnia ab elatione erui, humilitatem autem zelare. * hilarius in matth.. ° caelestium ergo verborum arcana atque virtutes sapientibus absconduntur, et parvulis revelantur; parvulis malitia, non sensu; sapientibus vero stultitiae suae praesumptione, non sapientiae causa. * chrysostomus in matth.. ° revelatum autem esse his, dignum est laetitia; occultari autem his, non laetitia, sed lacrymis dignum est. non ergo propter hoc laetatur, sed quoniam quae sapientes non cognoverunt, cognoverunt hi. * hilarius. ° facti autem huius aequitatem dominus paternae voluntatis iudicio confirmat; ut qui indignantur parvuli in deo fieri, stulti deinceps in sapientia sua fiant: et ideo subditur ita, pater, quoniam sic placitum fuit ante te. * gregorius moralium. ° quibus verbis exempla humilitatis accipimus, ne temere discutere superna consilia de aliorum vocatione, aliorum vero repulsione praesumamus: ostendens quod iniustum esse non potest quod placuit iusto. * hieronymus. ° in his etiam verbis blandientis affectu loquitur ad patrem, ut coeptum in apostolis compleatur beneficium. * chrysostomus in matth.. ° haec autem quae dominus discipulis dixit, studiosiores eos fecerunt: quia enim consequens erat eos de se magna sapere, quia daemones abigebant, ideo hic eos reprimit: revelatio enim erat quod eis factum est, non illorum studium; ideoque scribae, sapientes et prudentes existimantes se esse, exciderunt propter proprium tumorem; unde si propter hoc ab eis abscondita sunt dei mysteria: timete, dicit, et vos, et manete parvuli: hoc enim fecit vos revelatione potiri. sicut autem cum paulus dicit: tradidit illos deus in reprobum sensum, non hoc dicit inducens deum hoc agentem, sed illos qui causam tribuerunt, ita et hic abscondisti haec a sapientibus et prudentibus. et propter quid abscondita sunt ab illis? audi paulum dicentem quoniam quaerentes propriam iustitiam statuere, iustitiae dei non sunt subiecti.

lc9 * Chrysostomus in matth.. ° quia dixerat: confiteor tibi, pater, quoniam abscondisti haec a sapientibus, ut non existimes quoniam ita gratias agit patri, sicut si ipse sit hac virtute privatus, consequenter adiungit omnia mihi tradita sunt a patre meo. cum autem audieris quoniam tradita sunt, nihil humanum suspiceris: ut enim non duos deos ingenitos esse aestimes, hanc ponit dictionem. simul enim cum genitus est, omnium dominator fuit. * hieronymus. ° alioquin si iuxta nostram fragilitatem sentire volumus, cum coeperit habere qui accepit, incipiet non habere qui dedit. vel tradita sibi omnia, non caelum et terra et elementa intelligenda sunt, et cetera quae ipse fecit et condidit; sed hi qui per filium accessum habent ad patrem. * hilarius. ° vel hoc dixit ne quid in illo minus quam quod in deo est, aestimaretur. * augustinus contra maximum. ° nam si minus habet in potestate aliquid quam pater, non sunt eius omnia quae habet pater: gignendo enim dedit pater potentiam filio, sicut omnia, quae habet in substantia sua, gignendo dedit ei quem genuit de substantia sua. * hilarius in matth.. ° deinde in mutua cognitione patris et filii dat intelligere non aliud in filio quam quod in patre extitisse: sequitur enim et nemo novit filium nisi pater, neque patrem quis novit nisi filius. * chrysostomus in matth.. ° ex eo enim quod solus patrem novit, latenter ostendit eiusdem se esse substantiae; ac si diceret: quid mirum est, si omnium sum dominator, cum aliquid aliud maius habeam, scilicet scire patrem, et eiusdem esse substantiae? * hilarius in matth.. ° eamdem enim utriusque in mutua cognitione docet esse substantiam; cum qui filium cognosceret, patrem quoque cogniturus esset in filio, quia omnia ei a patre sunt tradita. * chrysostomus super matth.. ° cum autem dicat neque patrem aliquis cognoscit nisi filius, hoc ait non quoniam eum omnes omnino ignorent, sed quoniam cognitione qua ipse eum novit, nullus eum scit; quod et de filio dicendum est. neque etiam de ignoto quodam deo hoc dixit, sicut marcion ait. * augustinus de trin.. ° denique propter substantiae inseparabilitatem sufficienter aliquando nominatur vel solus pater vel solus filius: nec inde separatur utriusque spiritus, qui proprie dicitur spiritus veritatis. * hieronymus. ° erubescat ergo eunomius haereticus tantam sibi notitiam patris et filii quantam ad alterutrum inter se habent, vindicans. quod si inde contendit, et suam consolatur insaniam, quia sequitur et cui voluerit filius revelare; aliud est naturae aequalitate nosse quod noveris, aliud revelantis dignatione. * augustinus de trin.. ° revelatur autem pater per filium, idest per verbum suum. si enim hoc verbum quod nos proferimus temporale et transitorium, et seipsum ostendit, et illud de quo loquimur, quanto magis verbum dei, per quod facta sunt omnia, quod ita ostendit patrem sicuti est pater, quia et ipsum ita est et hoc est quod pater? * augustinus |75| de quaest. evang.. ° cum autem diceret nemo novit filium nisi pater, non dixit: et cui voluerit pater filium revelare; sed cum diceret nemo novit patrem nisi filius, addidit et cui voluerit filius revelare: quod non ita intelligendum est quasi filius a nullo possit agnosci nisi a patre solo, pater autem non solum a filio, sed etiam ab eis quibus revelaverit filius: sic enim potius dictum est, ut intelligamus patrem et ipsum filium per filium revelari, quia ipse est mentis nostrae lumen; et quod postea intulit et cui voluerit filius revelare, non tantum patrem, sed etiam filium accipiamus: ad totum enim quod dixit, illatum est: verbo enim suo se pater declarat; verbum autem non solum id quod per verbum declaratur, sed etiam seipsum declarat. * chrysostomus super matth.. ° si ergo patrem revelat, et seipsum revelat. sed hoc quidem ut manifestum dimisit; illud autem posuit, quia scilicet poterat esse dubium. per hoc etiam instruit quod adeo concordat patri quod non est |100| possibile aliquem venire ad patrem nisi per filium: hoc enim maxime scandalizabat, quod videbatur deo contrarius; et ideo per omnia hoc destruere studuit.

lc10 * Chrysostomus in matth.. ° per ea quae dicta sunt, in desiderium sui discipulos constituerat, ostendens ineffabilem suam virtutem; nunc autem eos ad se vocat, dicens venite ad me, omnes qui laboratis et onerati estis. * augustinus de verb. dom.. ° quare enim omnes laboramus, nisi quia sumus homines mortales, lutea vasa portantes, quae faciunt invicem angustias? sed si angustiantur vasa carnis, dilatentur spatia caritatis. ad quid ergo dicit venite ad me, omnes qui laboratis, nisi ut non laboretis? * hilarius in matth.. ° legis etiam difficultatibus laborantes et peccatis saeculi oneratos ad se advocat. * hieronymus. ° gravia enim esse onera peccati, et zacharias propheta testatur iniquitatem dicens sedere super talentum plumbi. et psalmista complevit: iniquitates meae aggravatae sunt super me. * gregorius moralium. ° asperum etiam iugum et durum servitutis pondus est subesse temporalibus, ambire terrena, retinere labentia, |25| velle stare in non stantibus, appetere quidem transeuntia, sed cum transeuntibus nolle transire. dum enim contra votum cuncta fugiunt, quae prius mentem ex desiderio adeptionis afflixerant, post ex pavore amissionis premunt. * chrysostomus in matth.. ° non autem dicit: venite ille et ille; sed omnes qui in sollicitudinibus, qui in tristitiis, qui in peccatis estis; non ut expetam noxas, sed ut solvam peccata. venite, non quoniam indigeo vestra gloria, sed quia volo vestram salutem: unde dicit et ego reficiam vos; non dixit: salvabo solum; sed, quod multo amplius erat, reficiam vos; idest, in omni quiete constituam. * rabanus. ° non solum exonerabo, sed interna refectione saturabo. * remigius. ° venite, dicit, non pedibus, sed moribus; non corpore, sed fide. iste namque est spiritualis accessus, quo quisque deo appropinquat; et ideo sequitur tollite iugum meum super vos. * rabanus. ° iugum christi est evangelium christi, quod iudaeos et gentes in unitate fidei coniungit et sociat. hoc autem super nos iubemur |50| sumere, idest in honore habere, ne forte subtus ponentes, idest illud prave contemnentes, lutulentis pedibus vitiorum conculcemus: unde subditur discite a me. * augustinus de verb. dom.. ° non mundum fabricare, non in ipso mundo miracula facere; sed quia mitis sum et humilis corde. magnus esse vis? a minimo incipe. cogitas magnam fabricam constituere celsitudinis? de fundamento prius cogita humilitatis. et quanto quisque vult superponere maius aedificium, tanto altius fodiat fundamentum. quo autem perventurum est cacumen nostri aedificii? usque ad conspectum dei. * rabanus. ° discendum ergo nobis est a salvatore nostro ut simus mites moribus et humiles mentibus: neminem laedamus, neminem contemnamus, et virtutes quas foris ostendimus in opere, intus teneamus in corde. * chrysostomus in matth.. ° et ideo incipiens divinas leges, ab humilitate incipit; et maximum praemium ponit, dicens et invenietis requiem animabus vestris. hoc maximum est praemium: non enim alteri |75| efficeris utilis solum, sed teipsum requiescere facis; et ante futura hanc tibi dat promissionem; in futuro autem perpetua gaudebis requie. * chrysostomus. ° et ne formidarent quia dixerat onus et iugum, subdit iugum enim meum suave est, et onus meum leve. * hilarius. ° iugi autem suavis et levis oneris blandimenta proponit, ut credentibus eius boni scientiam praestet quod ipse solus novit in patre. * gregorius moralium. ° quid grave mentis nostrae cervicibus imponit qui vitare omne desiderium quod perturbat praecipit, qui declinare laboriosa mundi huius itinera monet? * hilarius in matth.. ° et quid iugo ipso suavius, quid onere levius? probatiorem fieri, scelere abstinere, bonum velle, malum nolle, amare omnes, odisse nullum, aeterna consequi, praesentibus non capi, nolle inferre alteri quod sibi perpeti sit molestum. * rabanus. ° sed quomodo iugum christi suave, cum supra dicatur: arcta est via quae ducit ad vitam? sed quod angusto initio incipitur, processu temporis |100| ineffabili dilectionis dulcedine dilatatur. * augustinus de verb. dom.. ° item qui iugum domini intrepida cervice subierunt, tam difficilia pericula patiuntur, ut non a laboribus ad quietem, sed a quiete ad laborem vocari videantur. sed profecto aderat spiritus sanctus, qui in exterioris hominis corruptione interiorem renovaret de die in diem; et gustata requie spirituali in affluentia deliciarum dei in spe futurae beatitudinis, omnia praesentia deliniret aspera, et omnia gravia relevaret. secari et uri se homines patiuntur, ut dolores non aeterni, sed aliquanto diuturnioris ulceris, acriorum dolorum pretio redimantur. quibus tempestatibus vel poenis importuni sunt mercatores, ut divitias perituras acquirant? sed qui has non amant, eadem gravia patiuntur; qui vero amant, eadem quidem, sed non gravia patiuntur. omnia enim saeva et immania, prorsus facilia et prope nulla efficit amor; quanto ergo facilius ad veram beatitudinem caritas facit quod ad miseriam, quantum potuit, cupiditas fecit? * hieronymus. ° quomodo |125| etiam levius est lege evangelium, cum in lege homicidium et adulterium, in evangelio ira concupiscentiaque puniantur; in lege enim multa praecepta sunt, quae apostolus non posse compleri plenissime docet: in lege opera requiruntur; in evangelio voluntas quaeritur, quae etsi effectum non habuerit, tamen praemium non amittit. evangelium ea praecipit quae possumus, ne scilicet concupiscamus: hoc in nostro arbitrio est; lex cum voluntatem non puniat, punit effectum, ne adulterium facias. finge in persecutione aliquam virginem prostitutam: haec apud evangelium, quia voluntate non peccat, virgo suscipitur; in lege quasi corrupta repudiatur.

071 CMT cp12

lc1 * Glossa. ° narrata praedicatione cum miraculis unius anni ante quaestionem ioannis factis, transit ad ea quae facta sunt in alio anno, scilicet post mortem ioannis, quando iam in omnibus christo contradicitur; unde dicitur in illo tempore abiit iesus per sata sabbato. * augustinus de cons. evang.. ° hoc autem quod hic sequitur, sine ulla repugnantiae quaestione commemoratur a marco et a luca; sed illi non dicunt in illo tempore: unde fortassis matthaeus rei gestae hic ordinem tenuit; illi autem recordationis suae: nisi latius accipiatur quod dictum est, in illo tempore, idest quo haec multa et diversa gerebantur; unde concipitur ista omnia post mortem ioannis completa esse. cum enim ioannes discipulos suos ad christum misisset, creditur post paululum decollatus fuisse: unde cum dicitur in illo tempore, interminatum tempus ponere videtur. * chrysostomus in matth.. ° quare autem per sata sabbato eos ducebat qui omnia praescivit, nisi quia volebat solvere |25| sabbatum? volebat quidem, sed non simpliciter; ideoque non sine causa id solvit, sed dans occasionem rationabilem, ut et legem cessare faciat, et legem non offendat: et ideo hic, ut iudaeos mitiget, naturae necessitatem praemittit; et hoc est quod dicitur discipuli autem eius esurientes coeperunt vellere spicas, et manducare. quamvis in peccatis quae manifesta sunt, nulla sit excusatio: neque enim occidens, ad sui excusationem potest furorem praetendere, neque qui adulterat, concupiscentiam, sed nec ullam aliam causam, hic tamen famem inducens, discipulos ab omni accusatione liberat. * hieronymus. ° ut autem in alio evangelista legimus, propter nimiam importunitatem, nec vescendi quidem habebant locum; et ideo quasi homines esuriebant. quod autem segetum spicas manibus confricant, et in eisdem consolantur, vitae austerioris indicium est; non praeparatas epulas, sed simplicem cibum quaerentium. * chrysostomus in matth.. ° tu autem admirare discipulos, qui ita erant oppressi quod nullam corporalium habebant |50| curam, sed contemnebant carnalem mensam; et fame oppugnabantur, nec tamen desistebant a christo: nisi enim eos cogeret vehementer esuries, nequaquam hoc fecissent. quid autem pharisaei ad hoc dicerent, subditur pharisaei autem videntes, dixerunt ei: ecce discipuli tui faciunt quod non licet facere sabbatis. * augustinus de oper. monach.. ° de sabbato autem potius quam de furto discipulos domini iudaei calumniati sunt: quia populo israel per legem praeceptum est ut in agris suis furem nullum tenerent, nisi qui secum aliquid vellet auferre: nam qui nihil aliud attigisset quam id quod comedisset, liberum impunitumque abire sinerent. * hieronymus. ° nota vero quod primi apostoli salvatoris litteram sabbati destruunt adversus ebionitas, qui cum ceteros recipiant apostolos, paulum tamquam transgressorem legis repudiant. deinde ad excusationem eorum subditur at ille dixit eis: non legistis quid fecerit david, quando esuriit? ad confutandam siquidem calumniam pharisaeorum, veteris |75| recordatur historiae: quando david fugiens saulem, venit in nobe, et ab abimelech sacerdote susceptus postulavit cibos, qui cum panes laicos non haberet, dedit eis consecratos panes, quibus non licebat vesci nisi solis sacerdotibus et levitis: melius arbitratus de famis periculo homines liberare, quam deo sacrificium offerre: hostia enim deo placabilis est hominum salus. opponit ergo dominus, et dicit: si et david sanctus est, et abimelech pontifex a vobis non reprehenditur, et legis utrique mandatum probabili excusatione transgressi sunt, et fames in causa est, cur eamdem famem non probatis in apostolis quam probatis in ceteris? quamquam et in hoc multa distantia sit. isti spicas in sabbato manu confricant; illi panes comederunt leviticos, et ad sabbati solemnitatem accedebant neomeniarum dies, quibus requisitus in convivio fugit ex aula regia. * chrysostomus in matth.. ° excusans autem discipulos, david in medium adducit. etenim multa prophetae huius erat gloria apud iudaeos. nec potest |100| responderi, quod david propheta erat: quia nec propter hoc ei licebat, sed sacerdotibus solis. tanto autem magis discipulos ab accusatione liberat, quanto maior invenitur qui hoc fecit, sed etsi david propheta erat, non tamen qui cum ipso erant. * hieronymus. ° observa tamen, quod panes propositionis nec david nec pueri eius acceperunt, antequam mundos se a mulieribus esse responderint. * chrysostomus in matth.. ° sed dicet aliquis: quid est exemplum hoc ad id quod quaeritur? non enim david sabbatum transgressus est. sed in hoc ostenditur christi sapientia, qui exemplum fert sabbatis maius. neque enim est aequale transgredi sabbati diem, quod multoties factum est, et sacram illam tangere mensam, quod nulli fas erat. deinde rursus et aliter solvit, principaliorem inducens solutionem, cum dicit aut non legistis in lege, quia sabbatis sacerdotes in templo sabbatum violant, et sine crimine sunt? * hieronymus. ° ac si diceret: calumniamini discipulos meos cur sabbato spicas triverint, famis necessitate cogente, |125| cum ipsi sabbatum violetis in templo immolantes victimas, caedentes tauros, holocausta super lignorum struem incendio concremantes; et iuxta alterius evangelii fidem, circumciditis parvulos in sabbato, ut dum aliam legem servare cupitis, sabbatum destruatis. numquam autem leges dei sibi contrariae sunt; et prudenter, ubi discipuli sui argui poterant transgressionis, et abimelech et david dicit exempla sectantes; veram autem, et absque necessitatis obtentu, sabbati praevaricationem in ipsos refert qui calumniam fecerant. * chrysostomus in matth.. ° ne autem mihi dicas, quoniam afferre in medium alium peccantem, non est erui ab accusatione: cum enim non accusatur qui fecit, excusatio fit circa id, quod factum est. verum hoc non sufficit, sed quod maius est dixit quod sine crimine sunt. vide autem quanta posuit. locum, ubi dicit in templo; tempus, cum dicit sabbatis; legis remissionem, cum dicit violant, et non solum solvunt; et quod non solum liberantur a poena, sed a culpa |150| liberati sunt: unde dicit sine crimine sunt. neque autem hoc secundum simile est priori quod dixerat de david; illud enim et semel factum est, et a david non sacerdote, et necessitatis causa fuit; hoc autem secundum singulo sabbato, et a sacerdotibus, et secundum legem. et ideo non secundum veniam, ut in primo exemplo; sed secundum legem sunt discipuli ab accusatione liberati. sed numquid discipuli sunt sacerdotes? immo sunt sacerdotibus maiores: ipse enim aderat, qui templi est dominus, qui veritas est, et non typus: et ideo subditur dico autem vobis, quia templo maior est hic. * hieronymus. ° hic non pronomen, sed adverbium loci legendum est, quod maior templo sit locus qui dominum templi teneat. * augustinus de quaest. evang.. ° notandum autem, unum exemplum datum esse regiae potestatis de david, alterum sacerdotalis, de his qui propter ministerium templi sabbata violant; ut multo minus ad ipsum evulsarum sabbato spicarum crimen pertineat, qui verus rex et verus sacerdos |175| est. * chrysostomus in matth.. ° deinde, quia grave audientibus videbatur esse quod dixerat, rursus convolat ad misericordiam, sermonem cum quadam vehementia inducens, cum dicit si autem sciretis quid est misericordiam volo, et non sacrificium, nunquam condemnassetis innocentes. * hieronymus. ° quid autem est misericordiam volo, et non sacrificium, supra diximus. quod autem dicit nunquam condemnassetis innocentes, de apostolis intelligendum est; et est sensus: si misericordiam comprobastis abimelech, eo quod periclitantem fame david refocillavit, quare meos discipulos condemnatis? * chrysostomus in matth.. ° vide autem rursus qualiter ad veniam ducens sermonem, discipulos rursus venia superiores ostendit in hoc quod dicit eos innocentes; quod quidem supra et de sacerdotibus dixerat. deinde et aliam causam dicit quare sunt innocentes, dicens dominus est filius hominis etiam sabbati. * remigius. ° filium autem hominis seipsum appellat; et est |200| sensus: ille quem vos purum hominem putatis, deus est omnium creaturarum dominus, et etiam sabbati; et ideo potest legem mutare pro sua voluntate, quia fecit eam. * augustinus contra faustum. ° discipulos autem suos vellere spicas sabbato non prohibuit, ut inde convinceret et praesentes iudaeos et futuros manichaeos, qui herbam non evellunt, ne homicidium perpetrent. * hilarius in matth.. ° mystice autem in principio est contuendum, sermonem hunc ita coeptum esse: in illo tempore, quo scilicet deo patri gratiam, data gentibus salute, confessus est. ager autem mundus est, sabbatum otium est, seges credituroram profectus in messem: ergo sabbato in agrum profectus in legis otio, domini progressus in hunc mundum est; esuries fames est salutis humanae. * rabanus. ° spicas vellunt dum singulos homines a terrena intentione retrahunt; fricant dum a concupiscentia carnis mentes exuunt; grana comedunt dum emendatos in corpus ecclesiae |225| traiciunt. * augustinus de quaest. evang.. ° nullus autem transit in corpus christi nisi carnalibus spoliatus fuerit indumentis, secundum illud apostoli: exuite vos veterem hominem. * glossa. ° sabbato hoc agunt, scilicet spe quietis aeternae, ad quam alios invitant. * rabanus. ° item ambulant per sata cum domino, qui in scripturarum meditatione delectantur; esuriunt dum panem vitae, idest dei amorem, in eis invenire desiderant; vellunt spicas et terunt dum testimonia discutiunt, donec inveniant quod latebat in littera; et hoc, sabbato, dum a turbis cogitationibus vacant. * hilarius. ° pharisaei, qui penes se clavem caelorum esse existimabant, illicita agere discipulos arguunt; quos dominus factorum, in quibus sub rerum argumento prophetiae ratio continetur, admonuit; atque ut ostenderet omnium rerum efficaciam, speciem futuri operis continere, adiecit si autem sciretis quid est misericordiam volo: opus enim salutis nostrae non in sacrificio legis, sed in misericordia est; |250| et lege cessante, in dei bonitate salvamur. cuius rei donum si intellexissent, numquam condemnassent innocentes, idest apostolos suos, quos insimulaturi erant transgressae legis invidia, cum sacrificiorum vetustate cessante, universis per eos misericordiae novitas subveniret.

lc2 * Hieronymus. ° quia destructionem sabbati, qua discipulos arguebant, probabili exemplo excusaverat, ipsum calumniari volunt: unde dicitur et cum inde transisset, venit in synagogam eorum. * hilarius in matth.. ° haec enim quae praemissa sunt, in campo dicta gestaque sunt, et post haec synagogam ingreditur. * augustinus de cons. evang.. ° posset autem putari eodem die factum et de spicis et de isto sanato, quoniam et sabbatum hic commemoratur; nisi lucas aperuisset, alio sabbato factum fuisse. proinde quod dicit matthaeus et cum inde transisset venit in synagogam eorum, non quidem venit nisi cum inde transisset; sed post quot dies in synagogam eorum venerit posteaquam a segete illa transiit, an recte continuoque illuc ierit, non expressum est: ac per hoc locus datur narrationi lucae, qui dicit alio sabbato huiusmodi manum fuisse sanatam. * hilarius. ° ingresso autem synagogam, hominem aridae manus offerunt, interrogantes an curare |25| sabbatis liceret, occasionem arguendi eum ex responsione quaerentes; unde sequitur et ecce homo manum habens aridam, et interrogabant eum dicentes: si licet sabbato curare? * chrysostomus in matth.. ° non autem interrogant ut addiscant, sed ut accusent eum: unde sequitur ut accusarent eum. quamvis et ipsum opus sufficeret si accusare volebant; sed et per verba volebant captionem invenire, maiorem copiam arguitionum sibi praeparantes. * hieronymus. ° et interrogant, utrum liceat curare sabbatis: ut si non curaverit, crudelitatis aut imbecillitatis; si curaverit, transgressionis vitio eum accusent. * augustinus de cons. evang.. ° sed potest movere quomodo matthaeus dixerit, quod ipsi interrogaverunt dominum si licet sabbato curare? cum marcus et lucas illos potius a domino interrogatos esse perhibeant: licet sabbato bene facere, an male? itaque intelligendum, quod illi prius interrogaverunt dominum si licet sabbato curare? deinde intelligens cogitationes eorum, aditum |50| accusandi quaerentium, constituit in medio illum quem erat sanaturus, et interrogavit quae marcus et lucas eum interrogasse commemorant: et tunc illis tacentibus, proposuit similitudinem de ove, et conclusit quod licet sabbato benefacere; unde sequitur ipse autem dixit illis: quis erit ex vobis homo, qui habens ovem unam? * etc.. hieronymus. ° ubi sic solvit propositam quaestionem, ut interrogantes avaritiae condemnaret. si vos, inquit, in sabbato ovem et aliud quodlibet animal in foveam decidens eripere festinatis, non animali sed vestrae avaritiae consulentes, quanto magis ego hominem, qui multo melior est ove, debeo liberare? * rabanus. ° competenti ergo exemplo solvit quaestionem eorum, ut eos ostendat sabbatum violare in opere cupiditatis, qui eum violare arguunt in opere caritatis; legem male interpretantes, qui dicunt in sabbato a bonis feriandum in quo a malis tantum feriandum est. unde leviticο: opus servile non facietis in eis, hoc est peccatum. sic in aeterna |75| requie a malis tantum feriabitur, non a bonis. * augustinus de cons. evang.. ° proposita autem similitudine de ove, concludit, quod liceat sabbato benefacere, dicens itaque licet sabbatis benefacere. * chrysostomus in matth.. ° intende autem qualiter varias excusationes de solutione sabbati inducit. sed quia iam insanabiliter aegrotabat, ad opus processit; unde sequitur tunc ait homini: extende manum tuam; et extendit, et restituta est sanitati sicut altera. * hieronymus. ° in evangelio quo utuntur nazaraei et ebionitae (quod nuper in graecum de hebraico sermone transtulimus, et quod vocatur a plerisque matthaei authenticum) homo iste qui aridam habet manum, caementarius scribitur, istiusmodi vocibus auxilium precans: coementarius eram manibus victum quaeritans; precor te, iesu, ut mihi restituas sanitatem, ne turpiter mendicem cibos. * rabanus. ° sabbatis autem praecipue docet et operatur iesus, non solum propter spirituale sabbatum, sed etiam propter celebriorem |100| populi conventum, quaerens salutem omnium. * hilarius in matth.. ° mystice autem post reditum de segete, ex qua iam apostoli fructus sationis acceperant, ad synagogam venit, iam illic messis suae opus paraturus: quia plures postmodum una cum apostolis extiterunt qui curabantur. * hieronymus. ° usque autem ad adventum domini salvatoris arida manus in synagoga iudaeorum fuit, et dei opera non fiebant in ea; postquam autem ille venit in terras, reddita est in apostolis credentibus dextera, et operi pristino restituta. * hilarius. ° curatio autem omnis in verbo est: et manus sicut altera redditur: idest, similis ministerio apostolorum in officium dandae salutis efficitur; docetque pharisaeos aegre ferre non oportere operationem humanae salutis in apostolis, cum ipsis ad officii eiusdem ministerium manus sit reformanda, si credant. * rabanus. ° vel aliter. homo qui habebat manum aridam, |125| humanum genus indicat, sterilitate boni operis arefactum per manum ad pomum extensam, quam sanavit manus innocens in cruce extensa. et bene manus in synagoga erat arida; quia ubi maius donum scientiae, ibi gravius est inexcusabilis noxae periculum. sananda autem manus arida iubetur extendi; quia infructuosae debilitas animae nullo melius ordine quam eleemosynarum largitate curatur. habebat autem homo dexteram manum languidam, quia ab eleemosynis torpebat; sinistram sanam, quia suae utilitati intendebat. sed veniente domino, dextera sanatur ut sinistra: quia quod congregaverat avide, modo distribuit caritative.

lc3 * Hilarius in matth.. ° invidia autem facti pharisaeos commovet: quia contuentes hominem in corpore, deum in operibus non intelligebant; unde dicitur exeuntes autem pharisaei consilium faciebant adversus eum, quomodo eum perderent. * rabanus. ° exeuntes dicit, quia eorum mens a domino aversa fuit. consilium fecerunt quomodo vitam perderent, non quomodo ipsi vitam invenirent. * hilarius. ° sciensque eorum consilia secessit, ut a consiliis malignantium procul abesset; unde sequitur iesus autem sciens secessit inde. * hieronymus. ° sciens, inquam, eorum insidias recessit, ut pharisaeis contra se occasionem impietatis auferret. * remigius. ° sive secessit inde quasi homo fugiens insidias suorum persequentium; sive quia non erat tempus neque locus patiendi; non enim capit perire prophetam extra ierusalem, sicut ipse dicit. declinavit etiam dominus odio se persequentes, et pervenit illuc ubi invenit plurimos se per amorem diligentes; unde sequitur et secuti |25| sunt eum multi. quem pharisaei unanimi consilio perdere quaerunt, turba indocta unanimi dilectione sequitur: unde mox sui desiderii consequuntur effectum: nam sequitur et curavit eos omnes. * hilarius in matth.. ° his autem quos curavit, silentium imperavit: unde sequitur et praecepit eis ne manifestum eum facerent: nam salus unicuique reddita, erat sibi ipsi testis. sed iubendo silentium teneri, et gloriandi de se iactantiam declinat, et nihilominus cognitionem sui praestat in eo ipso, cum admonet de se taceri; quia observatio silentii ex re quae sit silenda proficiscitur. * rabanus. ° in hoc etiam nos instruit, ne cum aliquid magni fecerimus, laudem foris quaeramus. * remigius. ° ideo etiam praecipit ut non manifestarent eum, ne persequentes ipsum deteriores fierent. * chrysostomus in matth.. ° deinde ut non turberis in his quae fiunt insania inopinabili pharisaeorum, inducit prophetam hoc praedicentem; tanta erat enim prophetarum diligentia, ut neque hoc derelinquerent; sed et vias eius et |50| transitus prophetizarent, et intentionem cum qua hoc faciebat; ut discas quoniam omnia a spiritu sancto loquebantur: si enim cogitationes hominum impossibile est scire, multo magis christi intentionem, nisi spiritus sanctus revelaret. sequitur ergo ut impleretur quod dictum est per isaiam prophetam dicentem: ecce puer meus quem elegi. * remigius. ° dominus quidem iesus christus puer omnipotentis dei dictus est, non secundum divinitatem, sed secundum assumptae carnis dispensationem: quia cooperante spiritu sancto carnem suscepit ex virgine absque macula peccati. quidam libri habent: electus, quem elegi: electus enim fuit a deo patre, idest praedestinatus, ut esset filius dei proprius, non adoptivus. * rabanus. ° quem elegi, dicit, ad opus quod nemo alius fecit, ut redimeret genus humanum, et pacificaret mundum cum deo. sequitur dilectus meus, in quo bene complacuit animae meae: quia ipse solus est agnus sine macula peccati, de quo pater dicit: hic est filius meus dilectus, |75| in quo mihi bene complacui. * remigius. ° quod autem dicit animae meae, non ita intelligendum est quod deus pater animam habeat; sed translative anima in deum ascribitur, ut per eam demonstretur dei affectus. nec mirum si anima translative in deo dicitur, cum etiam cetera corporis membra ei ascribantur. * chrysostomus in matth.. ° hoc autem in principio propheta ponit, ut discas quia hoc quod hic dicitur, fuit secundum consilium patris: dilectus enim secundum consilium eius qui diligit facit. sed iterum electus, non ut adversarius solvit legem, neque ut inimicus existens legislatori, sed ei concordans. quia ergo dilectus est, ponam spiritum meum super eum. * remigius. ° tunc etiam deus pater posuit spiritum suum super eum, cum operante spiritu sancto suscepit carnem ex virgine, et mox ut homo factus est, plenitudinem spiritus sancti suscepit. * hieronymus. ° ponitur autem spiritus sanctus non super dei verbum, sed super unigenitum, qui de sinu patris processit, scilicet super eum de quo dictum |100| est ecce puer meus. quid autem per ipsum facturus sit, subditur: et iudicium gentibus nuntiabit. * augustinus de civ. dei. ° quia scilicet iudicium praenuntiavit futurum, quod gentibus erat occultum. * chrysostomus. ° deinde humilitatem eius manifestans, dicit non contendet; quia sicut illi placuit oblatus est, et manibus persequentium se ultro obtulit; neque clamabit: quia sicut agnus coram tondente se obmutuit; neque audiet aliquis in plateis vocem eius. * hieronymus. ° lata enim est et spatiosa via quae ducit ad perditionem, et multi ingrediuntur per eam; qui multi non audiunt vocem salvatoris, quia non sunt in arcta via, sed in spatiosa. * remigius. ° platea namque graece, latine latitudo dicitur. in plateis ergo vocem eius nemo audivit: quia suis dilectoribus non delectabilia in hoc mundo promisit, sed aspera. * chrysostomus in matth.. ° volebat autem dominus per huiusmodi mansuetudinem curare iudaeos. sed licet isti renuerent, non tamen eis restitit, eos destruendo: unde et eius |125| virtutem et illorum imbecillitatem propheta ostendens dicit: arundinem quassatam non confringet, et linum fumigans non extinguet. * hieronymus. ° qui peccatori non porrigit manum nec portat onus fratris sui, iste quassatum calamum confringit; et qui modicam scintillam fidei contemnit in parvulis, hic linum extinguit fumigans. * augustinus de civ. dei. ° unde persecutores iudaeos, qui calamo quassato, perdita integritate, et lino fumanti, amisso lumine, comparati sunt, non contrivit, non extinxit: quia pepercit eis, quod nondum venerat eos iudicare, sed iudicari ab eis. * augustinus de quaest. evang.. ° in lino etiam fumigante notandum est, quia deserto lumine facit putorem. * hilarius. ° vel in hoc quod dicit arundinem quassatam non confringet ostendit quod ita facile erat ei omnes eos frangere, sicut arundinem; et non simpliciter arundinem, sed iam contritam. in hoc autem quod dicit linum fumigans non extinguet, demonstrat et illorum furorem accensum, et virtutem christi potentem |150| ad extinguendum huiusmodi furorem cum omni facultate: unde in hoc multa mansuetudo christi ostenditur. * rabanus. ° vel per hoc quod dicit, arundinem quae quassata est, non esse confractam, ostendit caduca et quassata gentium corpora non fuisse contrita, sed in salutem potius reservata. per hoc autem quod dicit linum fumigans non extinguet, ostendit exiguitatem ignis iam tantum fumigantis in lino non extinctam, idest israel ex reliquiis veteris gratiae spiritum non ablatum, quia resumendi totius luminis in tempore poenitentiae sit facultas. * rabanus. ° vel e converso, arundinem quassatam vocat iudaeos, quod a vento agitatos, et quasi ab invicem dissipatos, non statim dominus condemnavit, sed patienter supportavit; linum autem fumigans vocat populum de gentibus congregatum, qui, extincto naturalis legis ardore, fumi amarissimi et oculis noxii, tenebrosaeque caliginis involvebantur erroribus; quem non solum extinxit et redegit in cinerem, sed e contrario de parva scintilla et pene moriente maxima suscitavit | 175 | incendia. * chrysostomus in matth.. ° sed posset aliquis dicere: quid igitur? semper haec erunt; et feret usque in finem eos qui sic insidiantur et insaniunt? absit: sed cum sua omnia facta erunt tunc et illa operabitur. et hoc signavit dicens donec eiciat ad victoriam iudicium; ac si dicat: cum ea quae ex se sunt, omnia compleverit, tunc perfectam ultionem inducet; tunc enim punientur cum claram fecerit suam victoriam, ut non relinquatur eis inverecunda contradictionis occasio. * hilarius in matth.. ° vel donec eiciat ad victoriam iudicium; sublata scilicet mortis potestate, iudicium et claritatis suae reditum introducat. * rabanus. ° vel donec illud iudicium quod in eo agebatur, ad victoriam perveniret: quia postquam mortem resurgendo superavit, expulso principe huius mundi, victor ad regnum rediit in patris dextera sedens, donec ponat sub pedibus omnes inimicos suos. * chrysostomus in matth.. ° sed non in hoc stabunt ea quae sunt dispensationis, ut solum puniantur qui non crediderunt; |200| sed et orbem terrarum ad se trahet; unde sequitur et in nomine eius gentes sperabunt. * augustinus de civ. dei. ° hoc autem ultimum iam videmus impletum: et sic per hoc quod negari non potest, creditur et illud quod imprudenter a quibusdam negatur, novissimum iudicium, quod ponet in terra, cum venerit ipse de caelo. quis enim speraret gentes in christi nomine speraturas, quando tenebatur, ligabatur, caedebatur, illudebatur et crucifigebatur; quando et ipsi discipuli spem perdiderant, quam in illo habere iam coeperant? quod tunc vix unus latro speravit in cruce, nunc sperant gentes longe lateque diffusae. et ne in aeternum moriantur, ipsa in qua ille mortuus est cruce signantur. nullus igitur dubitet per iesum christum novissimum futurum esse iudicium. * remigius. ° sciendum est autem, quia non solum istius loci sensus, sed et multorum aliorum hoc testimonio confirmatur: nam quod dicit ecce puer meus, ad illum locum refertur ubi dixerat pater: hic est filius meus; quod vero |225| ait ponam spiritum meum super eum, ad hoc refertur quod spiritus sanctus descendit super dominum baptizatum; quod autem subiungit iudicium gentibus nuntiabit, refertur ad id quod infra dicitur: cum sederit filius hominis in sede maiestatis suae; quod autem subdit non contendet neque clamabit, ad hoc refertur quod dominus pauca respondit principi sacerdotum et pilato, herodi vero nulla; quod vero dicitur arundinem quassatam non confringet, ad hoc pertinet quod dominus suos persecutores declinavit, ne fierent deteriores; quod vero dicit in nomine eius gentes sperabunt, ad hoc refertur quod ipse dixit: euntes docete omnes gentes.

lc4 * Glossa. ° confutaverat superius dominus pharisaeos christi miracula calumniantes ex hoc quod sabbatum solvere videbatur: sed quia maiori nequitia ipsa christi miracula divina virtute facta pervertebant, attribuentes ea immundo spiritui, ideo evangelista praemittit miraculum ex quo blasphemandi occasionem sumpserunt, dicens tunc oblatus est ei daemonium habens, caecus et mutus. * remigius. ° quod autem dicit tunc, ad superiora refertur, quando sanato homine qui habebat manum aridam, exivit de synagoga. sive quod dicit tunc, potest referri ad latius atque prolixius tempus; ut sit sensus: tunc quando haec vel illa dicebantur vel gerebantur. * chrysostomus in matth.. ° miranda est autem nequitia daemonis. utrumque ingressum oppilavit per quem ille erat crediturus, scilicet et auditum et visum. sed christus utrumque aperuit; unde sequitur et curavit eum ita ut loqueretur et videret. * hieronymus. ° tria autem signa simul in uno homine perpetrata sunt: |25| caecus videt, mutus loquitur, possessus a daemone liberatur. quod et tunc quidem carnaliter factum est; sed quotidie completur in conversione credentium: ut expulso daemone, primum fidei lumen aspiciant, deinde in laudes dei tacentia prius ora laxentur. * hilarius in matth.. ° non autem sine ratione cum turbas omnes curatas in communi dixisset, nunc seorsum daemonium habens, caecus et mutus offertur. oportebat enim ut postquam manus aridae homo oblatus est, qui in synagoga curabatur, in unius huiusmodi hominis forma gentium salus fieret; ut qui erat habitatio daemonii, et caecus et mutus, deo capax pararetur, et deum contineret in christo, et christi opera dei confessione laudaret. * augustinus de quaest. evang.. ° daemonium enim habens, caecus et mutus est qui non credit, et subditus est diabolo qui non intelligit et non confitetur ipsam fidem, vel non dat laudem deo. * augustinus de cons. evang.. ° hoc autem non isto ordine, sed post multa alia lucas commemorat; et mutum |50| dicit tantum et non caecum. sed non ex eo quod aliquid tacet, de alio dicere putandus est: ea enim sequentia et ipse contexit quae matthaeus. * hilarius. ° stupuerunt facti istius omnes turbae; sed pharisaeorum ingravescit invidia: unde sequitur et stupebant omnes turbae et dicebant: numquid iste est filius david? * glossa. ° ob misericordiam et beneficia filium david praedicant. * rabanus. ° turbis autem quae minus eruditae videbantur, domini semper facta mirantibus, illi contra vel negare hoc, vel quae negare nequiverant sinistra interpretatione pervertere laborabant; quasi haec non divinitatis, sed immundi spiritus opera fuissent, idest beelzebub, qui deus erat accaron: unde sequitur pharisaei autem audientes dixerunt: hic non eicit daemones nisi in beelzebub principe daemoniorum. * remigius. ° beelzebub autem, ipse est beel et baal et beelphegor. beel fuit pater nini regis assyriorum; baal dictus est, quia in excelso colebatur; beelphegor a loco, idest a monte phega; zebub servus |75| fuit abimelech filii gedeonis, qui occisis septuaginta fratribus aedificavit templum baal, et constituit eum sacerdotem in ipso ad abigendas muscas quae ibi congregabantur propter nimium cruorem victimarum. zebub namque musca dicitur, beelzebub ergo vir muscarum interpretatur: unde propter spurcissimum ritum colendi, dicebant eum esse principem daemoniorum. nihil ergo sordidius invenientes quod domino obicerent, dicebant eum in beelzebub eicere daemonia. et sciendum quod non est legendum per d vel t in fine, ut quaedam mendosa exemplaria habent, sed per b.

lc5 * Hieronymus. ° pharisaei opera dei principi daemoniorum deputabant; quibus dominus non ad dicta, sed ad cogitata respondit, ut vel sic compellerentur credere potentiae eius qui cordis videbat occulta: unde dicitur iesus autem sciens cogitationes eorum, dixit eis. * chrysostomus in matth.. ° superius quidem et de hoc christum accusaverant, quia in beelzebub eiceret daemonia; sed tunc quidem eos non increpavit, concedens eis et a pluribus signis cognoscere eius virtutem, et a doctrina discere eius magnitudinem. sed quia permanebant eadem dicentes, iam increpat eos, quamvis eorum accusatio valde irrationabilis esset. invidia autem non quaerit quid dicat, sed solum ut dicat. neque tamen christus eos contempsit, sed respondet cum decenti mansuetudine, docens nos mites esse inimicis, et non turbari, etiam si talia dicant quae nos in nobis non recognoscimus, neque habent aliquam rationem. in quo etiam ostendit mendacia esse quae ab ipsis |25| sunt dicta: neque enim est daemonium habentis, tantam ostendere mansuetudinem, et cogitationes scire. et quia valde irrationabilis erat eorum suspicio, et multitudinem timebant, non audebant publicare christi accusationem, sed in mente volvebant: propter quod dicit sciens cogitationes eorum. ipse autem accusationem quidem in respondendo non ponit, neque divulgat eorum nequitiam; solutionem autem inducit: studium enim eius erat prodesse peccantibus, non publicare. non autem respondet eis a scripturis, quia non attenderent aliter exponentes; sed a communibus opinionibus: non enim ita exteriora praelia corrumpunt, sicut ea quae interiora: hoc enim fit in corporibus, et in omnibus rebus; sed interim a magis cognitis exempla ducit, dicens omne regnum contra se divisum desolabitur. nihil enim est in terra regno potentius; sed tamen per altercationem perit. quid autem dicendum est de civitate, vel de domo? sive magnum sive parvum fuerit, contra seipsum pugnans perit. * hilarius in matth.. |50| ° unde domus, et civitatis eadem est hic ratio quae est regni: propter quod sequitur et omnis civitas vel domus divisa contra se, non stabit. * hieronymus. ° quomodo enim concordia parvae res crescunt, sic discordia maximae dilabuntur. * hilarius. ° sermo autem dei dives est; et vel simpliciter intellectus, vel inspectus interius, ad omnem profectum est necessarius. relictis ergo his quae ad communem intelligentiam patent, causis interioribus immoremur. responsurus enim dominus ad id quod de beelzebub dictum erat, in ipsos quibus respondebat, responsionis conditionem retorsit: lex enim a deo est, et regni israel pollicitatio ex lege est: si regnum legis contra se dividitur, dissolvatur necesse est; et sic israel amisit legem, quando impletionem legis in christo plebs legis impugnat. sed civitas hic ierusalem indicatur, quae postquam in dominum suum furore plebis exarsit, et apostolos eius cum credentium turbis fugavit, post divisionem non stabit; atque ita (quod |75| per hanc divisionem mox consecutum est) civitatis illius denuntiatur excidium. deinde assumit et si satanas satanam eicit, adversus se divisus est: quomodo ergo stabit regnum eius? * hieronymus. ° ac si diceret: si satanas pugnat contra se, et daemon inimicus est daemoni, deberet iam mundi venire consummatio; nec habent in eo locum adversariae potestates, quarum inter se bellum, pax hominum est. * glossa. ° necessaria ergo complexione eos arguit. vel enim christus in virtute dei daemones eicit, vel in principe daemoniorum. si virtute dei, frustra calumniantur; si in principe daemoniorum, regnum eius divisum est nec stabit: et ideo a regno eius recedant; quod innuit sibi eos elegisse, dum in se non credunt. * chrysostomus in matth.. ° vel sic: si divisus est, imbecillior factus est, et perit; si autem perit, qualiter potest alium proicere? * hilarius in matth.. ° vel aliter. si ad divisionem suam coactus est daemon, ut daemones perturbaret, hinc |100| quoque aestimandum est plus in eo qui diviserit, quam in his qui divisi sunt, esse virtutis; ergo regnum diaboli, divisione facta, a christo est dissolutum. * hieronymus. ° si autem putatis, o scribae et pharisaei, quod recessio daemonum obedientia sit in principem suum, ut homines ignorantes fraudulenta simulatione deludantur, quid potestis dicere de corporum sanitatibus quas dominus perpetravit? aliud est, si membrorum quoque debilitates, et spiritualium virtutum insignia daemonibus assignetis.

lc6 * Chrysostomus in matth.. ° post primam solutionem, venit ad secundam prima manifestiorem, dicens et si ego in beelzebub eicio daemones, filii vestri in quo eiciunt? ideo ipsi iudices vestri erunt. * hieronymus. ° filios iudaeorum vel exorcistas gentis illius, ex more signat, vel apostolos ex eorum stirpe generatos. si exorcistas, qui ad invocationem dei eiciebant daemones, coarctat pharisaeos interrogatione prudenti, ut confiteantur spiritus sancti esse opus eorum. quod si expulsio, inquit, daemonum in filiis vestris, deo, non daemonibus deputatur, quare in me idem opus non eamdem habeat et causam? ergo ipsi vestri iudices erunt, non potestate, sed comparatione; dum illi expulsionem daemonum deo assignant, vos principi daemoniorum. sin autem et de apostolis dictum est (quod et magis intelligere debemus), ipsi erunt iudices eorum: quia sedebunt in duodecim soliis, iudicantes duodecim tribus israel. * hilarius in matth.. ° idcirco autem digne |25| iudices sunt in eos constituti, quibus id dedisse christus adversus daemones potestatis reperitur quod ipse est negatus habuisse. * rabanus. ° vel quia apostoli bene sibi conscii erant, nihil malae artis se ab eo didicisse. * chrysostomus in matth.. ° non autem dixit: discipuli mei, neque apostoli, sed filii vestri: ut si quidem voluerint reverti ad illorum dignitatem, multam hinc accipiant occasionem; si autem ingrati fuerint, neque inverecundam habeant excusationem. eiciebant autem apostoli daemones, quia acceperant potestatem ab ipso, et tamen nihil eos incusabant: non enim rebus, sed personae christi adversabantur. volens igitur monstrare quoniam invidiae erant quae dicebantur de ipso, apostolos in medium ducit. rursus autem ad sui cognitionem inducit eos, demonstrans quoniam propriis adversantur bonis, et contrariantur suae saluti; cum deceret eos laetari, quod magna bona illis advenerat donaturus; unde sequitur si autem ego in spiritu dei eicio daemones, igitur pervenit in vos regnum |50| dei. per hoc autem demonstrat quod magnae virtutis opus est daemones eicere, et non cuiuslibet gratia. et ob hoc quidem syllogizat dicens ergo pervenit in vos regnum dei; ac si dicat: si hoc est, profecto filius dei advenit. hoc autem obumbrate dicit, ut non illis sit grave. deinde ut illos alliciat, non dixit simpliciter pervenit regnum, sed in vos; quasi dicat: vobis veniunt bona: propter quid vestram impugnatis salutem? hoc enim est signum a prophetis traditum praesentiae filii dei, tanta fieri potestate divina. * hieronymus. ° regnum enim dei seipsum signat, de quo in alio loco scriptum est: regnum dei intra vos est; et: medius stat intra vos quem nescitis. vel certe illud regnum quod et ioannes et ipse dominus praedicaverant: poenitentiam agite: appropinquabit enim regnum caelorum. est et tertium regnum scripturae sanctae, quod auferetur a iudaeis, et tradetur genti facienti fructus eius. * hilarius in matth.. ° si ergo discipuli operantur per christum, et ex spiritu dei christus |75| operatur, adest regnum dei iam in apostolos mediatoris officio transfusum. diminutio etiam regni diaboli, est augmentatio regni dei. * augustinus de quaest. evang.. ° unde potest etiam hic esse sensus: si ego in beelzebub eicio daemones, etiam secundum vestram sententiam pervenit in vos regnum dei: quia regnum diaboli stare non potest, quem adversum se divisum fatemini. regnum enim dei nunc dixit quo damnantur impii, et a fidelibus de peccatis suis poenitentiam nunc agentibus decernuntur.

lc7 * Chrysostomus in matth.. ° posita secunda solutione, inducit et tertiam, dicens aut quomodo potest quisquam intrare in domum fortis? quod enim non potest satanas satanam eicere, manifestum ex dictis est. sed quoniam neque alius potest eum eicere nisi prius eum superaverit, omnibus est manifestum. constituitur ergo quod et antea ex manifestiori abundantia: dicit enim: tantum absisto ab hoc quod utar diabolo coadiutore, quod praelier cum eo et ligem eum: et huiusmodi coniectura est quod vasa eius diripio. et sic contrarium eius quod illi tentabant dicere, demonstrat. illi enim volebant ostendere quod non propria virtute eicit daemones, ipse autem ostendit quod non solum daemones, sed et eorum principem ligavit: quod manifestum est ab his quae facta sunt. qualiter enim principe non victo, hi qui subiacent daemones direpti sunt? hoc autem mihi prophetia videtur esse, quod dicitur: non enim solum daemones eicit, sed et errorem universi orbis terrarum |25| abiget et machinationem diaboli dissolvet. et non dixit: rapiet, sed diripiet, ostendens quod hoc cum potestate fiat. * hieronymus. ° domus illius mundus est, in maligno positus, non creatoris dignitate, sed magnitudine delinquentis. alligatus est fortis, et religatus in tartarum, et domini pede contritus. non autem debemus esse securi: adversarius noster fortis victoris quoque vocibus comprobatur. * chrysostomus in matth.. ° fortem autem eum vocat, antiquam eius ostendens tyrannidem, quae ex nostra desidia orta est. * augustinus de quaest. evang.. ° quos scilicet ipse tenebat, ne possent viribus suis ab illo se homines eruere, sed per gratiam dei. vasa eius dicit omnes infideles. alligavit autem fortem, quia potestatem illi ademit impediendi voluntatem fidelium a sequendo christo et obtinendo regno dei. * rabanus. ° domum ergo eius diripuit; quia ereptos a diabolo laqueis eos quos suos esse praevidit, ecclesiae adunavit; vel quia omnes mundi partes apostolis et eorum successoribus convertendas distribuit. |50| ostendit igitur per manifestam parabolam, dicens, quia non concordat in fallaci operatione cum daemonibus ut calumniabantur, sed virtute divinitatis homines a daemonibus liberavit.

lc8 * Chrysostomus in matth.. ° posita tertia solutione, hic ponit quartam, dicens qui non est mecum, contra me est. * hilarius in matth.. ° in quo ostendit longe a se esse ut aliquid a diabolo mutuatus sit potestatis; et ex hoc ingentis periculi res intelligitur male de eo opinari, cum quo non esse, idipsum est quod contra esse. * hieronymus. ° non tamen putet hoc quisquam de haereticis dictum et schismaticis; quamquam et ita ex superfluo posset intelligi; sed ex consequentibus textuque sermonis ad diabolum refertur, eo quod non possint opera salvatoris beelzebub operibus comparari. ille cupit animas hominum tenere captivas, dominus liberare; ille praedicat idola, hic unius dei notitiam; ille trahit ad vitia, hic revocat ad virtutes. quomodo ergo possunt inter se habere concordiam quorum opera sunt diversa? * chrysostomus in matth.. ° qui ergo non mecum congregat, neque mecum est, non erit mihi comparandus, ut mecum daemones eiciat: |25| sed magis desiderat quae mea sunt spargere. sed dic mihi: si oportuerit cum aliquo praeliari, qui non vult tibi auxiliari, hoc ipso non est adversum te? ipse etiam dominus alio loco dixit: qui non est adversum vos, pro vobis est. sed non est contrarium hoc quod hic dicitur. hic enim loquitur de diabolo adversario existente, ibi autem de homine qui in parte erat cum eis, de quo dictum erat: vidimus quemdam in nomine tuo eicientem daemonia. videtur autem iudaeos hic occulte insinuare, cum diabolo statuens eos: ipsi enim adversus eum erant, et spargebant quae ipse congregabat. sed et decens est credere hoc de seipso dixisse: quia adversus diabolum erat, et quae illius sunt dispergebat.

lc9 * Chrysostomus in matth.. ° quia dominus pharisaeis excusando respondebat, iam eos terret. est enim hoc correctionis non parva pars, non solum excusando respondere, sed et comminari. * hilarius in matth.. ° pharisaeorum enim sententiam, et eorum qui ita cum his sentiunt, perversitatem severissima definitione condemnat; peccatorum omnium veniam promittens, et blasphemiae spiritus indulgentiam abnegans: ideo dico vobis: omne peccatum et blasphemia remittetur hominibus. * remigius. ° sciendum est tamen, quod non passim quibuscumque dimittuntur; sed illis qui pro suis reatibus dignam poenitentiam egerint. destruitur autem his verbis error novatiani, qui dicebat, quod fideles post lapsum per poenitentiam non possunt surgere, neque peccatorum suorum veniam promereri; maxime illi qui in persecutione positi negabant. sequitur spiritus autem blasphemiae non remittetur. * augustinus de verb. dom.. ° quid enim interest ad rem utrum dicatur spiritus blasphemiae non remittetur, an dicatur: qui blasphemaverit in spiritum sanctum, non ei remittetur, ut lucas dicit, nisi forte quod eadem sententia apertius isto modo quam illo dicitur; et alium evangelistam non destruit alius, sed exponit? spiritus enim blasphemiae clause dictum est, quia non est expressum cuius spiritus; et ideo ad huiusmodi expositionem subditur et quicumque dixerit verbum contra filium hominis, remittetur ei. ideo post universalem commemorationem omnis blasphemiae, eminentius voluit exprimere blasphemiam quae dicitur contra filium hominis, quam in evangelio secundum ioannem valde gravem ostendit, ubi ait de spiritu sancto: ille arguet mundum de peccato, et de iustitia, et de iudicio: de peccato quidem, quia non credunt in me. sequitur qui autem dixerit contra spiritum sanctum verbum, non remittetur ei neque in hoc saeculo neque in futuro. non ergo hoc dicitur propterea quia in trinitate maior est filio spiritus sanctus: quod nullus unquam vel haereticus dixit. * hilarius in matth.. ° quid autem tam extra veniam est quam in christo negare quod dei est, et consistentem in eo paterni spiritus substantiam adimere, cum in spiritu dei omne opus consummet, et in eo deus sit mundum reconcilians sibi? * hieronymus. ° vel ita locus iste est intelligendus. qui verbum dixerit contra filium hominis, scandalizatus carne mea, et me hominem tantum arbitrans; talis opinio atque blasphemia, quamquam culpa non careat erroris, tamen habet veniam propter corporis vilitatem. qui autem manifeste intelligens opera dei, cum dei virtutem negare non possit, eadem calumniatur stimulatus invidia, et christum dei verbum et opera spiritus sancti dicit esse beelzebub, isti non remittitur neque in hoc saeculo, neque in futuro. * augustinus de verb. dom.. ° sed si hoc propterea dictum esset, profecto de omni blasphemia taceretur, et haec sola remissibilis videretur quae contra filium hominis dicitur, quasi cum homo solum putatur. cum vero praemissum sit omne peccatum et blasphemia remittetur hominibus, proculdubio et illa blasphemia quae contra patrem dicitur, ista generalitate concluditur; et tamen haec sola irremissibilis definitur quae dicitur contra spiritum sanctum. numquidnam et pater formam servi accepit, quasi sit maior spiritus sanctus? quis etiam non convincitur dixisse verbum contra spiritum sanctum antequam christianus vel catholicus fieret? primo ipsi pagani, cum dicunt christum magicis artibus fecisse miracula, nonne similes sunt his qui dixerunt eum in principe daemoniorum eiecisse daemonia? iudaei etiam, et quicumque haeretici qui spiritum sanctum confitentur, sed negant eum esse in corpore christi, quod est ecclesia catholica, similes sunt pharisaeis, qui negabant spiritum sanctum esse in christo. quidam etiam haeretici ipsum spiritum sanctum vel creaturam esse contendunt, sicut ariani, eunomiani et macedoniani; vel eum prorsus ita negant ut deum negent esse trinitatem; sed solum patrem esse deum asseverant; et ipsum aliquando vocari filium, aliquando spiritum sanctum, sicut sabelliani. photiniani quoque patrem solum esse dicentes deum, filium vero non nisi hominem, negant omnino tertiam esse personam spiritum sanctum. manifestum est igitur, a paganis, iudaeis et haereticis blasphemari spiritum sanctum. numquid ergo deserendi sunt, et sine ulla spe deputandi? quibus si non est dimissum verbum quod dixerunt contra spiritum sanctum, inaniter eis promittitur quod in baptismo sive in ecclesia remissionem accipiant peccatorum. non enim dictum est: non remittetur ei in baptismo; sed neque in hoc saeculo neque in futuro: et sic illi soli aestimandi sunt ab huiusmodi gravissimi peccati reatu liberi qui ab infantia sunt catholici. nonnullis autem videtur eos tantummodo peccare in spiritum sanctum qui lavacro regenerationis abluti in ecclesia, et accepto spiritu sancto, velut tanto postea dono salvatoris ingrati, mortifero aliquo peccato se immerserunt; qualia sunt vel adulteria, vel homicidia, vel ipsa discessio a nomine christiano, sive catholica ecclesia. sed iste sensus unde probari possit ignoro; cum et poenitentiae quorumcumque criminum locus in ecclesia non negetur, et ipsos haereticos ad hoc utique corripiendos dicat apostolus: ne forte det illis deus poenitentiam ad cognoscendam veritatem. postremo non ait dominus: qui fidelis catholicus dixerit verbum contra spiritum sanctum; sed qui dixerit, hoc est quicumque dixerit, non remittetur ei neque in hoc saeculo neque in futuro. * augustinus de serm. dom.. ° vel aliter. dicit ioannes apostolus: est peccatum ad mortem, non pro eo dico, ut roget quis. peccatum autem fratris ad mortem dico esse, cum post dei agnitionem per gratiam domini nostri iesu christi quisquam oppugnat fraternitatem, aut adversus ipsam gratiam qua reconciliatus est deo, invidentiae facibus agitatur. huius peccati tanta labes est ut deprecandi humilitatem subire non possit, etiam si peccatum suum mala conscientia et agnoscere et annuntiare cogatur. quam mentis affectionem propter peccati magnitudinem iam de damnatione aliquos habere credendum est: et hoc fortasse est peccare in spiritum sanctum; idest, per malitiam et invidiam, fraternam impugnare caritatem, post acceptam gratiam spiritus sancti; quod peccatum dominus neque hic, neque in futuro saeculo dimitti dicit. unde quaeri potest utrum in spiritum sanctum iudaei peccaverint, quando dixerunt, quod in beelzebub principe daemoniorum dominus daemonia expellebat. utrum enim hoc in ipsum dominum dictum accipiamus, quia de se dicit alio loco: si patremfamilias beelzebub vocaverunt, quanto magis domesticos eius? an quoniam de magna invidentia dixerant, ingrati tam praesentibus beneficiis, quamvis nondum christiani fuerint, tamen propter ipsam invidentiae magnitudinem in spiritum sanctum peccasse credendi sunt? non enim hoc colligitur de verbis domini. videri tamen potest adhuc eos monuisse, ut accedant ad gratiam, et post acceptam gratiam non ita peccent ut nunc peccaverunt. neque enim in filium hominis dixerunt verbum nequam; et potest eis dimitti, si conversi fuerint et ei crediderint. si autem postquam spiritum sanctum acceperint, fraternitati invidere, et gratiam quam acceperunt, oppugnare voluerint, non eis dimittitur neque in hoc saeculo, neque in futuro. nam si eos sic haberet condemnatos ut nulla spes reliqua illis esset, non adhuc monendo indicaret, cum addidit dicens aut facite arborem bonam, * etc.. augustinus in lib. retract.. ° hoc autem non confirmavi, quia hoc putare me dixi; sed tamen addendum fuit: si in hac tam scelerata mentis perversitate finierit hanc vitam: quoniam de quocumque pessimo in hac vita constituto non est utique desperandum; nec pro illo imprudenter oratur de quo non desperatur. * augustinus de verb. dom.. ° est autem magnum secretum huius quaestionis. lumen ergo expositionis a domino quaeratur. dico autem caritati vestrae, forte in omnibus scripturis sanctis nulla maior quaestio, nulla difficilior invenitur. prius ergo ut advertatis admoneo, non dixisse dominum: omnis blasphemia spiritus non remittetur; neque dixisse: qui dixerit quodcumque verbum contra spiritum sanctum; sed qui dixerit verbum. quapropter non est necesse ut omnem blasphemiam et omne verbum quod dicitur contra spiritum sanctum, remissionem quisquam existimet non habere; sed necesse est plane ut sit aliquod verbum quod si dicatur contra spiritum sanctum, nullam remissionem mereatur. solent enim scripturae ita loqui, ut quando aliquid sic dicitur ut neque ex toto, neque ex parte dictum sit, non sit necesse ut ex toto fieri possit, ut ex parte non intelligatur: sicut cum dominus dixit iudaeis: si non venissem, et locutus eis non fuissem, peccatum non haberent. non enim ita dictum est ut sine ullo omnino peccato vellet intelligi futuros fuisse iudaeos; sed esse aliquod peccatum quod non haberent nisi christus venisset. quis autem sit iste modus contra spiritum sanctum, ordo postulat ut dicamus. insinuatur siquidem nobis in patre auctoritas, in filio nativitas, in spiritu sancto patris filiique communitas. quod ergo commune est patri et filio et per hoc nos voluerunt habere communionem et inter nos et secum. caritas enim dei diffusa est in cordibus nostris per spiritum sanctum qui datus est nobis, et quia peccatis alienabamur a possessione bonorum verorum, caritas operit multitudinem peccatorum. quod enim christus in spiritu sancto peccata dimittat, hinc intelligi potest quod cum dixisset discipulis: accipite spiritum sanctum, continuo subiecit: si cui dimiseritis peccata, dimittentur illis. primum itaque credentium beneficium est in spiritu sancto remissio peccatorum. contra hoc donum gratuitum loquitur cor impoenitens: ipsa ergo impoenitentia est spiritus blasphemiae; quae non remittetur neque in hoc saeculo, neque in futuro. contra enim spiritum sanctum, quo peccata dimittuntur, verbum valde malum, sive cogitatione sive lingua sua dicit qui secundum duritiam cordis sui et cor impoenitens thesaurizat sibi iram in die irae. haec omnino impoenitentia non habet remissionem neque in hoc saeculo, neque in futuro: quia poenitentia impetrat remissionem in hoc saeculo, quae valeat in futuro. sed ista impoenitentia, quamdiu quisque in hac carne vivit, non potest iudicari: de nullo enim desperandum est quamdiu patientia dei ad poenitentiam adducit. quid enim, si isti quos in quocumque genere erroris notas et tamquam desperatissimos damnas, antequam istam vitam finiant, agant poenitentiam et inveniant veram vitam in futuro? haec autem blasphemia, quamvis prolixa, et pluribus verbis contexta sit, solet tamen scriptura etiam multa verba verbum appellare: neque enim unum verbum locutus est dominus cum propheta; et tamen legitur: verbum quod factum est ad illum, vel ad illum prophetam. hic autem fortassis aliquis quaerat utrum tantummodo spiritus sanctus peccata dimittat, an et pater et filius. respondemus, quia et pater et filius: ipse enim filius de patre dicit: dimittet vobis pater vester peccata vestra; et de se ait: filius hominis potestatem habet in terra dimittendi peccata. cur ergo illa impoenitentia quae numquam dimittitur, solum ad spiritus sancti blasphemiam dicitur pertinere? tamquam ille qui in hoc impoenitentiae peccato fuerit obligatus, dono spiritus sancti resistere videatur, quod eo dono fiat remissio peccatorum. sed peccata, quia praeter ecclesiam non dimittuntur, in eo spiritu dimitti oportebat quo in unum ecclesia congregatur. remissio ergo peccatorum, quam tota trinitas facit, proprie ad spiritum sanctum dicitur pertinere: ipse enim est spiritus adoptionis filiorum, in quo clamamus: abba pater, ut ei possimus dicere: dimitte nobis debita nostra. et hinc cognoscimus, sicut dicit ioannes, quoniam christus manet in nobis, de spiritu sancto quem dedit nobis. ad ipsum etiam pertinet societas qua efficimur unum corpus unici filii dei: quia quodammodo societas patris et filii est ipse spiritus sanctus. quisquis ergo reus fuerit impoenitentiae contra spiritum sanctum in quo unitas et societas communionis congregatur ecclesiae, numquam illi remittitur. * chrysostomus in matth.. ° vel aliter secundum primam expositionem: iudaei quidem ignorabant christum quis esset; spiritus autem sancti sufficiens acceperunt experimentum; etenim prophetae per eum locuti sunt. quod ergo dicit hoc est: esto quia me offendistis propter carnem circumpositam; numquid et de spiritu sancto habetis dicere: quoniam ignoramus eum? propter hoc non ignoscibilis est vobis haec blasphemia, et hic et illic dabitis vindictam; quia enim daemones eicere et sanitates perficere spiritus sancti est: non ergo mihi contumelias infertis solum, sed spiritui sancto; ideoque vobis inevitabilis erit condemnatio et hic et illic. etenim hominum hi quidem hic solum puniuntur, sicut qui indigni participaverunt mysteriis apud corinthios; hi autem illic solum, sicut dives in inferno; hi autem hic et illic, sicut et ipsi iudaei, qui et hic intolerabilia passi sunt, ierusalem capta, et ibi difficillimam sustinent poenam. * rabanus. ° in hac autem auctoritate extinguitur haeresis origenis, qui asserit, post multa saecula omnes peccatores veniam consecuturos; quae refellitur per hoc quod dicitur, quod non remittetur neque in hoc saeculo, neque in futuro. * gregorius in dialogo. ° datur enim intelligi quasdam culpas in hoc saeculo, quasdam vero in futuro relaxari: quod enim de uno negatur, de quibusdam conceditur. sed tamen hoc de parvis minimisque peccatis fieri posse credendum est; sicut est assiduus otiosus sermo, immoderatus risus, vel peccatum curae rei familiaris, quae vix sine culpa vel ab ipsis agitur qui culpam qualiter debeant declinare sciunt; aut in non gravibus culpis error ignorantiae, quae etiam post mortem gravant, si nobis in hac vita adhuc positis minime fuerint relaxata. hoc tamen sciendum est, quia illic saltem de minimis nil quisque purgationis obtinebit nisi qui hoc bonis actibus in hac vita positus ut obtineat, promeretur.

lc10 * Chrysostomus in matth.. ° post priores redargutiones rursus eos aliter confundit. hoc autem facit non ut seipsum accusatione liberet (ad hoc enim sufficiebant priora), sed eos corrigere volens: unde dicit aut facite arborem bonam et fructum eius bonum; aut facite arborem malam et fructum eius malum; ac si dicat: nullus vestrum dixit quod malum est aliquos a daemone liberare. sed quia operibus non maledicebant, sed diabolum dicebant hoc operantem, demonstrat quod haec accusatio est praeter consequentiam rerum, et praeter communes conceptiones. talia autem confingere est immensae verecundiae. * hieronymus. ° constringit ergo eos syllogismo quem graeci vocant aphycton, nos inevitabilem possumus appellare: quia interrogatos hinc inde concludit et utroque cornu premit. si, inquit, diabolus malus est, bona opera facere non potest; si autem bona sunt quae facta cernitis, sequitur ut non sit diabolus qui illa fecit; neque enim fieri potest ut ex malo bonum, aut ex bono oriatur malum. * chrysostomus in matth.. ° etenim arboris diiudicatio a fructu apparet, non fructus ab arbore: unde sequitur siquidem ex fructu arbor cognoscitur. etsi enim arbor fructus est causa, sed tamen fructus arboris est demonstrativus. vos autem contrarium facitis: in operibus enim nihil accusare habentes, contrariam de arbore fertis sententiam, me daemoniacum appellantes. * hilarius in matth.. ° sic ergo in praesens iudaeos refellit: quia cum intelligerent christi opera ultra humanam esse virtutem, noluerunt tamen ea quae dei sunt confiteri. futuram vero omnem fidei perversitatem coarguit, eorum scilicet qui divinitatem et communionem paternae substantiae domino detrahentes, in diversa haeresum studia ceciderunt, neutrum facientes: nec inter gentes sub venia ignorationis habitantes, nec in veritatis cognitione versantes. arborem se in corpore positum signat; quia per interiorem virtutis suae fecunditatem exeat ubertas omnis in fructus.

igitur arbor bona facienda cum fructibus bonis est, aut mala constituenda cum malis fructibus: non quia arbor mala possit constitui quae bona est, nec e converso; sed ut per hanc significantiam intelligeremus christum tamquam inutilem relinquendum, aut tamquam bonorum fructuum utilitate retinendum. ceterum medium se agere, et in christum aliqua deferre, negare quae maxima sunt, venerari tamquam deum, dei communione spoliare, blasphemia spiritus est: ut cum per admirationem tantorum operum dei nomen detrahere non audeas, per malevolentiam mentis generositatem eius, abnegata paternae substantiae communione, deturpes. * augustinus de verb. dom.. ° vel in hoc admonuit nos dominus ut bonae arbores simus, ut bonos fructus producere possimus: ubi enim ait facite enim arborem bonam, et fructum eius bonum, est praeceptum salubre, cui obedientia est necessaria. quod autem dicit facite arborem malam, et fructum eius malum, non praeceptum est ut faciatis, sed monitio ut caveatis: contra hos enim dixit qui putabant se cum mali essent, bona loqui posse, vel bona opera habere: hoc dominus dicit esse non posse. prius enim est mutandus homo, ut opera mutentur: si enim manet homo in eo quod malus est, bona opera habere non potest; si manet in eo quod bonus est, mala opera habere non potest. omnes ergo malas arbores christus invenit; sed dedit potestatem filios dei fieri credentibus in nomine eius. * chrysostomus in matth.. ° quia vero non pro seipso, sed pro spiritu sancto fecit sermonem, eos convenienter increpat dicens progenies viperarum, quomodo potestis bona loqui, cum sitis mali? hoc autem dixit et eos incusans, et eorum quae dicta sunt, demonstrationem ex ipsis praebens, quasi dicat: ecce vos cum sitis arbores malae, non potestis portare fructum bonum. non ergo miror quod haec loquimini: etenim male nutriti estis a malis progenitoribus, et mentem malam habetis. et vide, quod non dixit: qualiter potestis bona loqui, cum sitis progenies viperarum? nihil enim hoc ad illud pertinet; sed qualiter potestis bona loqui, cum sitis mali? progenies autem viperarum eos dici, quia in progenitoribus gloriabantur; ut ergo excluderet eorum superbiam, separavit eos a cognatione abraham, attribuens eis progenitores similium morum. * rabanus. ° vel progenies viperarum, idest filios et imitatores diaboli, eos appellat: quia scienter bonis operibus detrahunt, quod diabolicum est; unde sequitur ex abundantia enim cordis os loquitur. ille homo ex abundantia cordis loquitur qui non ignorat ex qua intentione verba promantur; quod apertius ostendere volens, subiungit bonus homo de bono thesauro profert bona, et malus homo de malo thesauro profert mala. thesaurus cordis intentio est cogitationis, ex qua interius arbiter iudicat proventum operis, ut aliquando maiora minorem habeant mercedem, aliquando ob incuriam cordis tepidi, maiorum virtutum opera ostentantes, minora a domino praemia sortiantur. * chrysostomus in matth.. ° ex his etiam demonstrat suam deitatem scientem cordis occulta: quoniam non verborum solum, sed etiam malarum cogitationum exsolvent vindictam. est autem naturae continentia supereminentis, inter nequitiae verba per os extra effundi. quare cum audieris hominem male loquentem, multo ampliorem aestimes nequitiam quam verba demonstrant. quod enim exterius dicitur, est supereffluentia eius quod intus est; in quo eos vehementer tetigit. si enim quod dictum est ab eis, ita est malum, excogita radix verborum quam maligna est. contingit autem hoc decenter; lingua enim confusa multoties non repente effundit nequitiam: cor autem nullum hominum habens testem, sine timore quaecumque vult parturit mala: dei enim non multa cura est ei. sed cum augetur multitudo malorum quae intus sunt, quae interim occultabantur, extra per verba proveniunt: et ideo dicit ex abundantia cordis os loquitur; eo quod homo de thesauris cordis loquitur. * hieronymus. ° in hoc autem quod dicit bonus homo de bono thesauro profert bona, etc., vel ipsos iudaeos deum blasphemantes ostendit, de quali thesauro blasphemiam proferant. vel cum superiori quaestione haeret sententia, quod quomodo non possit bonus homo proferre mala, nec malus bona, sic non possit christus mala, nec diabolus bona opera facere.

lc11 * Chrysostomus in matth.. ° post praemissa, eis dominus multum timorem incutit, ostendens quod ultimam dabunt vindictam qui talia deliquerunt: unde dicit dico enim vobis, quod omne verbum otiosum quod locuti fuerint homines, reddent rationem de eo in die iudicii. * hieronymus. ° et est sensus: si otiosum verbum, quod nequaquam aedificat audientes, non est absque periculo eius qui loquitur, et in die iudicii reddet unusquisque rationem sermonum suorum, quanto magis vos, qui opera sancti spiritus calumniamini, et dicitis me in beelzebub eicere daemonia, reddituri estis rationem calumniae vestrae? * chrysostomus in matth.. ° non autem dixit: quod locuti estis vos, simul quidem omne hominum erudiens genus; simul autem minus onerosum faciens suum sermonem. otiosum autem verbum est quod mendax est, quod calumniam habet. quidam autem dicunt quoniam et vanum quale est quod risum movet inordinatum, vel turpe, vel inverecundum. * gregorius in evang.. ° vel otiosum verbum est quod aut utilitate rectitudinis, aut ratione iustae necessitatis caret: quod scilicet sine utilitate et loquentis dicitur et audientis: si omissis seriis, de rebus frivolis loquamur, et fabulas narremus antiquas. ceterum qui scurrilia replicat, et cachinnis ora dissolvit, et aliquid profert turpitudinis, hic non otiosi verbi, sed criminosi tenebitur reus. * remigius. ° ex superioribus autem verbis adhuc sequens dependet sententia, cum dicitur ex verbis enim tuis iustificaberis, et ex verbis tuis condemnaberis. non est autem dubium quia unusquisque de verbis suis malis quae loquitur condemnabitur; verumtamen ex bonis verbis non iustificatur quis, nisi ex intimo corde et devota intentione ea proferat. * chrysostomus in matth.. ° vide autem quia non est onerosum hoc iudicium. non ex quibus alius dixit de te, sed ex quibus ipse locutus es, sententiam iudex feret. non igitur accusatos timere oportet, sed accusantes: non enim illi coguntur accusare se pro his malis quae audierunt, sed hi pro his quae male dixerunt.

lc12 * Chrysostomus in matth.. ° quia dominus superius multoties verbis inverecundam pharisaeorum obstruxerat linguam, rursus ad opera veniunt: quod admirans evangelista dicit tunc responderunt ei quidam de scribis et pharisaeis, dicentes: magister, volumus a te signum videre; tunc scilicet cum flecti oportebat, cum admirari, cum obstupescere; sed tunc a malitia non desistunt. dicunt enim volumus a te signum videre, ut eum capiant. * hieronymus. ° sic signa postulant, quasi quae viderant signa non fuerint; sed in alio evangelista quid petant plenius explicatur: volumus a te signum videre de caelo; vel in morem eliae ignem de sublimi venire cupiebant; vel in similitudinem samuelis tempore aestivo contra naturam loci mugire tonitrua, coruscare fulgura, imbres ruere; quasi non possint et illa calumniari, et dicere ex occultis et variis aeris passionibus accidisse: nam qui calumniaris ea quae oculis vides, manu tenes, utilitate sentis; quid facturus esses in his quae de caelo veniunt? utique respondebis et magos in aegypto multa signa fecisse de caelo. * chrysostomus in matth.. ° verba autem eorum adulatione et ironia sunt plena. et prius quidem conviciabantur, daemoniacum eum dicentes; nunc autem adulantur, vocantes eum magistrum. propter hoc et dominus eos vehementer arguit: unde sequitur qui respondens ait illis: generatio mala et adultera signum quaerit. et quidem cum ei conviciabantur, mansuete eis respondebat; cum autem adulabantur, conviciose, demonstrans quod utraque passione erat superior: et neque conviciis in iram deducitur, neque ab adulatione mollitur. quod autem dicit, tale est. quid mirum, si hoc in me facitis, qui ignotus sum vobis; cum in patrem, cuius tantam accepistis experientiam, hoc idem fecistis, derelicto eo, ad daemones currentes? propter hoc autem eos dicit generationem malam, quia ingrati semper facti sunt circa benefactores, et bene patientes deteriores fiunt; quod est ultimae malitiae. * hieronymus. ° egregie autem dixit et adultera, quia dimiserat virum, et iuxta ezechielem, multis se amatoribus copulavit. * chrysostomus in matth.. ° unde et monstrat se patri aequalem, si ei non credere generationem adulteram facit. * rabanus. ° deinde respondere incipit, non eis signum de caelo, quod indigni erant videre, sed de profundo inferni tribuens. discipulis autem suis signum de caelo dedit, quibus aeternam beatitudinis gloriam et prius in monte figuraliter et post veraciter in caelum superelevatus ostendit; unde sequitur et signum non dabitur ei, nisi signum ionae prophetae. * chrysostomus in matth.. ° quia non ut eos induceret signa faciebat (sciebat enim eos lapideos esse), sed ut alios emendaret; aut quoniam non acciperent signum, quale est illud quod petebant: signum enim eis factum est quando per propriam poenam cognoverunt eius virtutem. hoc igitur occulte insinuans dicit signum non dabitur ei; ac si diceret: multa beneficia demonstravi; nihil horum vos allexit ad venerandum meam virtutem, quam cognoscetis per poenam quando civitatem vestram in terram proiectam videbitis. interim autem sermonem de resurrectione interponit, quem cognituri erant per ea quae postea erant passuri, dicens nisi signum ionae prophetae. crux enim profecto credita non esset, nisi signa testantia habuisset. haec autem non credita, et resurrectio utique credita non esset. propter hoc et signum hoc vocat, et figuram in medium fert, ut veritas credatur: unde sequitur sicut fuit ionas in ventre ceti tribus diebus et tribus noctibus. * rabanus. ° ostendit iudaeos ad instar ninivitarum criminosos, et nisi poeniterent, subversioni proximos. sed sicut illis denuntiatur supplicium et demonstratur remedium, ita iudaei non debent desperare veniam, si saltem post christi resurrectionem egerint poenitentiam. ionas enim, idest columba, vel dolens, signum est eius super quem descendit spiritus sanctus in specie columbae, et qui dolores nostros portavit. piscis qui ionam devoravit in pelago, significat mortem quam christus passus est in mundo. tribus diebus et noctibus fuit ille in ventre ceti, et iste in sepulchro; ille eiectus est in aridam, iste resurrexit in gloriam. * augustinus de cons. evang.. ° quidam autem modum locutionis scripturae nescientes, noctem voluerunt advertere tres illas horas a sexta usque ad nonam, quibus sol obscuratus est; et diem tres horas alias, quibus iterum terris est redditus, idest a nona usque ad eius occasum. sequitur enim nox futura sabbati, qua cum suo die computata, erunt iam duae noctes et duo dies. porro autem post sabbatum sequitur nox primae sabbati, idest illucescentis diei dominici, in qua tunc dominus resurrexit. erunt ergo duae noctes et duo dies et una nox, etiam si tota posset intelligi; nec ostenderemus quod illud diluculum pars eius extrema sit; quapropter nec annumeratis illis sex horis quarum tribus tenebratus est et tribus illuxit, constabit ratio trium dierum et trium noctium. restat ergo ut hoc inveniatur illo scripturarum usitato loquendi modo, quo a parte totum intelligitur. * hieronymus. ° non quod omnes tres dies et tres noctes in inferno fuerit, sed quod in parte parasceves, et dominicae, et tota die sabbati, tres dies et tres noctes intelligantur. * augustinus de trin.. ° ipsum enim triduum non plenum et totum fuisse scriptura testis est, sed primus dies a parte extrema totus annumeratus est; dies vero tertius a parte prima et ipse totus; medius autem inter eos, idest secundus dies, absolute totus vigintiquatuor horis suis, duodecim nocturnis et duodecim diurnis: nox enim usque ad diluculum, quo domini resurrectio declarata est, ad tertium pertinet diem. sicut enim primi dies propter futurum hominis lapsum a luce in noctem, ita isti propter hominis reparationem a tenebris in lucem computantur. * chrysostomus in matth.. ° non autem manifeste dixit quod resurgeret, quia eum derisissent; sed occulte insinuat, ut et illi crederent quod praescivit. non autem dixit: in terra, sed in corde terrae, ut et sepulchrum ostenderet, et quod nullus solam mortis apparentiam suspicetur. et tres dies propter hoc posuit, ut credatur quod mortuus est. sed ipsa figura veritatem demonstrat: non enim fuit ionas in ventre ceti in phantasia, sed in veritate; neque figura fuit in veritate, et veritas in imaginatione. propter quod manifestum est quod filii sunt diaboli marcionem sequentes, qui christi passionem phantasticam esse asseruit; et quod pro eis esset passurus, licet eis non proficeret, ostendit per hoc quod innuit quod illi generationi signum daretur ionae prophetae.

lc13 * Chrysostomus in matth.. ° ne aliquis aestimaret quod talia deinceps futura essent in iudaeis qualia ninivitis contigerant, ut sicut ionas illos convertit, et civitas fuit a periculo liberata, ita isti post resurrectionem converterentur; dominus nunc totum contrarium ostendit, quoniam scilicet ex beneficio passionis nullum fructum perceperunt; sed et gravia patientur, ut infra ostendit per exemplum daemonis. interim autem ostendit quod iuste patientur, dicens viri ninivitae surgent in iudicio cum generatione ista. * remigius. ° ostendit autem dominus his verbis unam esse malorum et bonorum resurrectionem futuram, contra quosdam haereticos, qui dixerunt unam esse resurrectionem bonorum, et alteram malorum. destruitur etiam his verbis fabula iudaeorum, qui solent dicere, quod ante iudicium mille annis celebretur resurrectio; aperte his verbis ostendens quia mox ut celebrabitur resurrectio, celebrabitur et iudicium. et condemnabunt eam. * hieronymus. ° non sententiae potestate, sed comparationis exemplo: unde subditur quia poenitentiam egerunt in praedicatione ionae; et ecce plusquam ionas hic. hic adverbium loci, non pronomen intelligas. ionas, secundum septuaginta interpretes, triduum praedicavit: ego tanto tempore; ille assyriis genti incredulae, ego iudaeis populo dei. ille voce locutus est simplici, nihil signorum faciens, ego tanta faciens, beelzebub calumniam sustineo. * chrysostomus in matth.. ° non autem hic stat dominus, sed et aliam annuntiationem adiungit dicens regina austri surget in iudicio cum generatione ista, et condemnabit eam: quia venit a finibus terrae audire sapientiam salomonis. istud plus fuit quam prius. ionas enim ad illos abiit; regina autem austri non expectavit salomonem ad ipsam ire, sed ipsa ad eum accessit: et mulier, et barbara, et tantum remota, non mortem formidans, sola cupidine verborum sapientium. ibi ergo mulier advenit, hic ego veni; et ipsa quidem a finibus terrae surrexit, ego autem civitates et castra circumeo; et ille quidem de arboribus et lignis disputavit, ego autem de ineffabilibus mysteriis. * hieronymus. ° eodem ergo modo condemnabit regina austri populum iudaeorum, quo condemnabunt viri ninivitae israelem incredulum. ista est regina saba, de qua in regum volumine et in paralipomenon legimus, quae per tantas difficultates, gente sua et imperio derelictis, venit in iudaeam sapientiam audire salomonis, et ei multa munera obtulit. in ninive autem et in regina saba occulte fides nationum praefertur israeli. * rabanus. ° ninivitae significant eos qui peccare desistunt, regina vero eos qui peccare nesciunt: poenitentiam enim peccatum abolet, sapientia cavet. * remigius. ° pulchre autem ecclesia de gentibus congregata regina dicitur, quia mores suos regere novit: de qua psalmista: astitit regina a dextris tuis. austri autem regina est, quia ardore spiritus sancti superabundat: auster enim ventus calidus significat spiritum sanctum. salomon autem, qui interpretatur pacificus, significat ipsum de quo dictum est: ipse est pax nostra.

lc14 * Chrysostomus in matth.. ° quia dominus dixerat iudaeis: viri ninivitae surgent in iudicio, et condemnabunt generationem istam, ne propter temporis tardationem contemnerent et fierent pigriores, ostendit quod non solum in futuro saeculo, sed et hic gravissima patientur, futuram in eis poenam sub quodam aenigmate subdens; unde dicit cum autem immundus spiritus exierit ab homine. * hieronymus. ° quidam istum locum de haereticis dictum putant: quod immundus spiritus, qui in eis ante habitaverat, quando gentiles erant, ad confessionem verae fidei eiciatur; postea vero cum se ad haeresim transtulerint, et simulatis virtutibus ornaverint domum suam, tunc aliis septem nequam spiritibus adiunctis, revertatur ad eos diabolus, et habitet in illis; fiantque novissima eorum peiora prioribus. multo quidem peiori conditione sunt haeretici quam gentiles: quia in illis spes fidei, in istis est pugna discordiae; cum haec intelligentia plausum quemdam et colorem doctrinae praeferat, nescio an habeat veritatem; ex eo enim quod, finita vel parabola vel exemplo, sequitur, sic erit generationi huic pessimae, compellimur non ad haereticos et quosque homines, sed ad iudaeorum populum referre parabolam, ut contextus loci non passim et vagus in diversum fluctuet atque insipientium more turbetur, sed haerens sibi vel ad priora vel ad posteriora respondeat. unde immundus spiritus exiit a iudaeis quando acceperunt legem; expulsus autem a iudaeis, ambulavit per gentium solitudines: unde sequitur ambulat per loca arida, quaerens sibi requiem. * remigius. ° loca arida appellat corda gentium ab omni humore salutarium aquarum, hoc est sanctarum scripturarum et spiritualium donorum, et ab infusione sancti spiritus aliena. * rabanus. ° vel loca arida sunt corda fidelium, quae a mollitie fluxae cogitationis expurgata, callidus insidiator explorat, si quos gressus ibi figere possit; sed castas mentes effugiens diabolus in solo corde pravorum gratam sibi potest invenire quietem; unde sequitur et non invenit. * remigius. ° putabat autem diabolus se perpetuam quietem posse habere in gentili populo: sed subditur et non invenit, quia apparente dei filio per mysterium incarnationis suae, gentilitas credidit. * hieronymus. ° quae cum domino credidisset, ille non invento loco in nationibus, dixit revertar in domum meam unde exivi. habeo iudaeos quos ante dimiseram. et veniens invenit eam vacantem, scopis mundatam et ornatam. vacabat enim templum iudaeorum et christum hospitem non habebant dicentem: surgite et abeamus hinc. quia igitur et dei et angelorum praesidia non habebant, et ornati erant superfluis observationibus legis, et traditionibus pharisaeorum, revertitur diabolus ad sedem suam pristinam, et septenario numero sibi addito daemonum, habitat pristinam domum: et fiunt novissima illius populi peiora prioribus; multo enim nunc maiore daemonum numero possidentur, blasphemantes in synagogis suis christum iesum, quam in aegypto possessi fuerant ante legis notitiam: quia aliud est venturum non credere, aliud non suscepisse qui venerit. septenarium autem numerum adiunctum diabolo, vel propter sabbatum intellige, vel propter numerum spiritus sancti: ut quomodo in isaia super florem qui de radice iesse descendit, septem spiritus virtutum descendisse narrantur, ita e contrario vitiorum numerus in diabolo consecratus sit. pulchre ergo septem spiritus assumi dicuntur, vel propter violationem sabbati, vel propter criminalia peccata quae contraria sunt septem donis spiritus sancti. * chrysostomus in matth.. ° vel hic poenam eorum demonstrat: dicit enim quod sicut cum daemoniaci liberati fuerint ab infirmitate, si desidiores efficiantur, graviorem attrahunt adversus se phantasiam, ita et in vobis fiet: etenim ante detinebamini a daemone, quando idola adorabatis, et filios vestros daemonibus occidebatis; sed tamen non dereliqui vos; sed expuli daemonem illum per prophetas, et per memetipsum rursus veni, amplius expurgare vos volens. quia igitur non vultis attendere, sed in maiorem excidistis nequitiam (gravius enim est occidere christum quam prophetas), propter hoc difficiliora patiemini. quae enim sub vespasiano et tito contigerunt eis, multo graviora fuerunt his quae passi sunt in aegypto et in babylone et sub antiocho. nec hoc solum ostendit, sed quoniam ab omni virtute erunt desolati, et daemonum actibus occupabiles magis quam ante. haec autem non solum ad illos, sed ad nos etiam dicta esse, rationem habet; si illuminati et a prioribus eruti malis, rursus ab eadem possideamur nequitia: etenim difficilior iam erit poena posteriorum peccatorum: propter quod paralytico christus dicit: ecce sanus factus es: noli peccare, ne deterius tibi aliquid contingat. * rabanus. ° homo enim quilibet ad fidem conversus est, a quo diabolus per baptismum eicitur, qui eiectus inde loca arida peragrat, idest corda fidelium. * gregorius moralium. ° loca enim arentia atque inaquosa sunt corda iustorum, quae per disciplinae fortitudinem ab omni carnalis concupiscentiae humore siccantur. loca vero humentia sunt terrenorum hominum mentes, quas humor carnalis concupiscentiae, quia replet, fluidas facit: in quibus diabolus iniquitatis suae vestigia tanto altius imprimit quanto in eisdem mentibus per transitus illius, quasi in fluxa terra, descendit. * rabanus. ° rediens autem ad domum suam unde exierat, invenit eam vacantem a bonis actibus per negligentiam; scopis mundatam, scilicet a vitiis pristinis per baptismum; ornatam simulatis virtutibus per hypocrisim. * augustinus de quaest. evang.. ° unde per haec verba signat dominus quosdam ita credituros, ut non possint ferre laborem continentiae, et ad saeculum redituri sint. quod dicit assumit secum alios septem, intelligitur, quia cum quis ceciderit de iustitia, etiam simulationem habebit. cupiditas enim carnis expulsa per poenitentiam consuetis operibus, cum non invenerit in quibus delectationibus conquiescat, avidius redit, et rursus occupat mentem hominis, si negligentia subsecuta est, ut non introduceretur tamquam habitator mundatae domus sermo dei per sanam doctrinam; et quoniam non solum habebit illa septem vitia quae septem virtutibus sunt contraria spiritualibus, sed etiam per hypocrisim se ipsas habere virtutes simulabit, propterea assumptis secum septem aliis nequioribus, hoc est ipsa septenaria simulatione, redit ipsa concupiscentia, ut sint novissima hominis illius peiora prioribus. * gregorius moralium. ° plerumque etiam fit ut cum mens ex ipso exordio sui profectus extollitur, cumque se iam quasi de virtutibus erigit, saevienti contra se adversario aditum pandat: tantoque se vehementius in eius confractione exhibet, quanto et gravius, quia vel ad modicum fuerat proiectus, dolet.

lc15 * Hilarius in matth.. ° quia praedicta omnia in paternae maiestatis virtute loquebatur, nuntianti sibi, quod foris a matre atque fratribus expectaretur, quid responderit evangelista demonstrat subdens adhuc eo loquente ad turbas, ecce mater eius et fratres foris stabant, quaerentes loqui ei. * augustinus de cons. evang.. ° hoc sine dubio convenienter gestum intelligere debemus: praemisit enim cum ad hoc narrandum transiret adhuc eo loquente ad turbas. quid est autem adhuc, nisi quando illud loquebatur? nam et marcus post illud quod de blasphemia spiritus sancti retulerat, dixit: et veniunt mater eius et fratres. lucas autem non huius rei gestae ordinem tenuit, sed praeoccupavit hoc, et recordatum ante narravit. * hieronymus contra helvidium. ° hinc helvidii una propositio sumitur, ex hoc quod fratres domini in evangelio nominantur. unde, inquit, fratres domini dicti sunt qui non erant fratres? sed iam nunc sciendum est quatuor modis in scripturis divinis fratres dici: natura, gente, cognatione, et affectu. natura, ut esau et iacob. gente, ut omnes iudaei fratres inter se vocantur, ut in deuteronomio: non poteris constituere super te hominem alienum qui non est frater tuus. porro cognatione fratres vocantur qui sunt de una familia, sicut in genesi: dixit abraham ad lot: non sit rixa inter te et me, quoniam fratres sumus. affectu etiam fratres dicuntur: quod in duo dividitur: in speciali et in communi: in speciali, quia omnes christiani fratres dicuntur, ut salvator dicit: vade, dic fratribus meis; porro in communi, quia omnes homines ex uno patre nati, pari inter nos germanitate coniungimur, sicut ibi: dicite his qui oderunt vos: fratres nostri vos estis. interrogo ergo, iuxta quem modum fratres domini in evangelio appellentur. iuxta naturam? sed scriptura non dicit, nec mariae eos vocans filios, nec ioseph. iuxta gentem? sed absurdum est ut pauci ex iudaeis vocati sint fratres, cum omnes qui ibi fuerunt iudaei, fratres potuerint appellari. iuxta affectum humani iuris, et spiritus? verum sit: qui magis erant fratres quam apostoli, quos dominus docebat intrinsecus? aut si omnes quia homines, sunt fratres, stultum fuit nuntiare quasi proprium: ecce fratres tui quaerunt te. restat igitur ut fratres eos intelligas appellatos cognatione, non affectu, non gentis privilegio, non natura. * hieronymus super matth.. ° quidam vero fratres domini de alia uxore ioseph filios suspicantur, sequentes deliramenta apocryphorum, et quamdam escham mulierculam confingentes. nos autem fratres domini, non filios ioseph, sed consobrinos salvatoris, sororis mariae materterae domini filios intelligimus: quae esse dicitur mater iacobi minoris et ioseph et iudae, quos in alio evangelii loco fratres domini legimus appellatos. fratres autem consobrinos dici omnis scriptura demonstrat. * chrysostomus in matth.. ° vide autem et fratrum eius elationem: cum enim deceret eos ingredi, et audire cum turba; vel si hoc non vellent, expectare finem sermonis, et tunc eum adire: hi extra eum vocant; et coram omnibus hoc faciunt; et superfluum honoris amorem ostendentes, et monstrare volentes quod cum omni potestate christo aliquid iniungunt: quod et evangelista ostendit, hoc ipsum obscure insinuans, cum dicit adhuc eo loquente; ac si diceret: numquid non erat tempus aliud? quid autem et loqui volebant? si pro veritatis dogmatibus, communiter hoc proponere oportebat, ut et alios lucrarentur; si autem de aliis sibiipsis pertinentibus, non oportebat ita festinanter vocare: unde manifestum est quoniam solum ex vana gloria hoc faciebant. * augustinus de natura et gratia. ° sed quidquid dicatur de fratribus, de sancta virgine maria, propter honorem christi, nullam prorsus, cum de peccatis agitur, habere volo quaestionem. inde enim scimus quod ei plus gratiae collatum fuerit ad vincendum omni ex parte peccatum, quod concipere et parere meruit eum quem constat nullum habuisse peccatum. sequitur dixit autem ei quidam: ecce mater tua et fratres tui foris stant, quaerentes te. * hieronymus. ° videtur mihi iste qui nuntiat, non fortuito et simpliciter nuntiare, sed insidias tendere, utrum spirituali operi carnem et sanguinem praeferat: unde et dominus non quod matrem negaret et fratres, exire contempsit, sed quod responderet insidianti. * chrysostomus in matth.. ° neque autem dixit: vade, dic ei quoniam non est mater mea; sed ad eum qui nuntiaverat extendit sermonem: sequitur enim at ipse respondens dicenti sibi ait: quae est mater mea et qui sunt fratres mei? * hilarius in matth.. ° non autem fastidiose de matre sua sensisse existimandus est, cui in passione positus maximae sollicitudinis tribuit affectum. * chrysostomus in matth.. ° quod si negare vellet matrem, tunc utique negasset quando iudaei exprobrabant ei de matre. * hieronymus. ° non ergo, iuxta marcionem et manichaeum, matrem negavit, ut natus de phantasmate putaretur, sed apostolos cognationi praetulit, ut et nos in comparatione dilectionis, carni spiritum praeferamus; nec maternum refutat obsequium pietatis, cuius praeceptum est: honora patrem tuum et matrem tuam, sed paternis se mysteriis vel affectibus amplius quam maternis debere demonstrat: unde sequitur et extendens manum in discipulos dixit: ecce mater mea et fratres mei. * gregorius in evang.. ° fideles quidem discipulos fratres nominare dignatus est dominus, dicens: ite, nuntiate fratribus meis. qui ergo frater domini fieri ad fidem veniendo potuit, quaerendum est quomodo etiam esse possit mater. sed sciendum nobis est, quia qui christi frater vel soror est in credendo, mater efficitur praedicando: quasi enim parit dominum, quem cordi audientis infundit; et mater eius efficitur, si per eius vocem amor domini in proximi mente generatur. * chrysostomus in matth.. ° cum his autem quae dicta sunt et aliud nos docuit: videlicet in nulla cognatione confidentes, virtutem negligere. si enim matri nihil prodest matrem esse, nisi virtus adesset, quis utique alius per cognationem salvabitur? una enim nobilitas sola est dei facere voluntatem: et ideo sequitur quicumque enim fecerit voluntatem patris mei, qui in caelis est, etc.. multae mulieres beatificaverunt sanctam virginem illam et eius uterum, et optaverunt tales fieri matres. quid est igitur quod prohibeat? ecce latam vobis constituit viam; et licet non mulieribus solum, sed et viris fieri matrem dei. * hieronymus. ° dicamus autem et aliter. salvator loquitur ad turbas: intrinsecus erudit nationes; mater eius et fratres, hoc est synagoga et populus iudaeorum foris stant. * hilarius. ° cum itaque ingrediendi ad eum haberent, ut ceteri, potestatem, quia tamen in sua venit, et sui eum non receperunt, ingressu eius atque aditu abstinent. * gregorius in evang.. ° unde et mater eius cum quasi non agnoscitur, foris stare perhibetur: quia videlicet synagoga idcirco ab auctore suo non recognoscitur, quia legis observationem tenens, spiritualem intellectum perdidit, et se ad custodiam litterae foris fixit. * hieronymus. ° cumque rogaverint et quaesierint et nuntium miserint, responsum accipient, liberos eos esse arbitrii, et intrare posse, si velint et ipsi credere.

071 CMT cp13

lc1 * Chrysostomus in matth.. ° postquam increpaverat eum qui matris et fratrum praesentiam nuntiavit, dehinc fecit quod illi cupiebant: exiit scilicet domum, primo sanans aegritudinem vanae gloriae fratrum; secundo decentem honorem exhibens matri: unde dicitur in illo die exiens iesus de domo, sedebat secus mare. * augustinus de cons. evang.. ° cum dicit in illo die, satis indicat aut hoc consequenter gestum post praemissa, aut non multa interponi potuisse, nisi forte dies more scripturarum tempus significet. * rabanus. ° non solum autem verba et facta domini, verum etiam itinera ac loca in quibus virtutes operatur et praedicat, caelestibus sunt plena sacramentis. post sermonem quippe in domo habitum, ubi nefanda blasphemia daemonium habere dictus est, egrediens docebat ad mare, ut ostenderet se, relicta ob culpam perfidiae iudaea, ad gentes salvandas esse transiturum. gentilium enim corda diu superba et incredula merito tumidis amarisque fluctibus maris assimilantur; domum vero domini per fidem fuisse iudaeam quis nesciat? * hieronymus. ° considerandum etiam, quod populus domum iesu non poterat intrare, nec esse ibi ubi apostoli audiebant mysteria: idcirco miserator dominus egreditur de domo sua, et sedet iuxta huius saeculi mare, ut congregentur ad eum multae turbae, et audiant in littore quae intus non merebantur audire: unde sequitur et congregatae sunt ad eum turbae multae, ita ut in naviculam ascendens sederet; et omnis turba stabat in littore. * chrysostomus in matth.. ° hoc autem non simpliciter evangelista posuit, sed ut monstraret quod dominus hoc fecerit, volens cum diligentia hoc spectaculum statuere, ut nullum dimittat post dorsum, sed omnes coram facie habeat. * hilarius in matth.. ° sedisse autem dominum in navi, et turbas foris stetisse, ex subiectis rebus est ratio. in parabolis enim erat locuturus; et facti ipsius genere significat eos qui extra ecclesiam positi sunt, nullam divini sermonis posse capere intelligentiam. navis enim ecclesiae typum praefert, intra quam verbum vitae positum est, et praedicatum his qui extra sunt, et arenae modo steriles intelligere non possunt. * hieronymus. ° iesus etiam in mediis fluctibus est: hinc inde mari tunditur, et in sua maiestate securus appropinquare facit terrae naviculam suam, ut populus nequaquam periculum sustinens, non tentationibus circumdatus, quas ferre non poterat, stet in littore fixo gradu, ut audiat quae dicuntur. * rabanus. ° vel quod ascendens navem sedebat in mari, significat quod christus per fidem ascensurus erat in mentes gentilium et ecclesiam collecturus in mari, idest in medio nationum contradicentium. turba vero quae stabat in littore, quae neque in navi neque in mari erat, gerit figuram recipientium verbum dei, et iam fide a mari, idest a reprobis, separatorum, sed necdum mysteriis caelestibus imbutorum. sequitur et locutus est eis multa in parabolis. * chrysostomus in matth.. ° quamvis in monte ita non fecerit: non enim per parabolas sermonem contexit. tunc enim turbae solae erant, et plebs incomposita; hic autem et scribae et pharisaei. non propter hoc autem solum in parabolis loquitur, sed ut manifestiorem sermonem faciat, et ampliorem memoriam imponat, et sub visum res reducat. * hieronymus. ° est notandum, quod non omnia locutus sit eis in parabolis, sed multa: si enim dixisset cuncta in parabolis, absque emolumento populi recessissent. perspicua miscet obscuris: ut per ea quae intelligunt, provocentur ad eorum notitiam quae non intelligunt. turba etiam non unius sententiae est, sed diversarum in singulis voluntatum: unde loquitur ad eam in multis parabolis: ut iuxta varias voluntates, diversas recipiant disciplinas. * chrysostomus in matth.. ° primam autem parabolam ponit eam quae faciebat auditorem attentiorem: quia enim sub aenigmate erat tractaturus, erigit mentes audientium per primam parabolam, dicens ecce exiit qui seminat seminare semen suum. * hieronymus. ° significatur autem sator iste qui seminat, esse filius dei, et patris in populis seminare sermonem. * chrysostomus in matth.. ° unde autem exiit qui ubique praesens est, vel qualiter exiit? non loco, sed incarnatione propinquior factus nobis per habitum carnis: quia enim nos intrare non poteramus ad eum, peccatis nostris prohibentibus nobis ingressum, ipse ad nos egreditur. * rabanus. ° vel exiit cum, relicta iudaea, per apostolos ad gentes transivit. * hieronymus. ° vel intus erat dum domi versabatur, et loquebatur discipulis sacramenta. exiit ergo de domo sua, ut seminaret in turbis. * chrysostomus. ° cum autem audieris, quoniam exiit qui seminat ut seminet, non aestimes esse identitatem sermonis. egreditur enim multoties qui seminat et ad aliam rem: vel ut scindat terram, vel ut malas incidat herbas, vel ut spinas evellat, vel ut aliam talem quamdam diligentiam exhibeat: hic autem ad seminandum exivit. quid igitur fit de semine isto? tres depereunt partes, et una salvatur; et hoc non aequaliter, sed cum differentia quadam: unde sequitur et dum seminat, quaedam ceciderunt secus viam. * hieronymus. ° hanc parabolam ad probandam haeresim suam valentinus assumit, tres introducens esse naturas: spiritualem, naturalem vel animalem, atque terrenam; cum hic quatuor sint, una iuxta viam, alia petrosa, tertia plena spinis, quarta terra bona. * chrysostomus in matth.. ° sed secundum hoc, qualiter haberet rationem inter spinas seminare, et super petram, et in via? in seminibus quidem et terra materialibus non haberet utique rationem: non enim est in potestate petrae fieri terram, neque viae non esse viam, neque spinae non esse spinam. in animabus autem et doctrinis multam habet hoc laudem: possibile enim est petram fieri terram pinguem, et viam non ultra conculcari et spinas destrui. quod igitur plus seminis periit, non est ab eo qui seminat, sed a suscipiente terra, idest ab anima. ipse enim qui seminat, non divitem, non pauperem discernit, non sapientem neque insipientem; sed omnibus loquebatur, quae a seipso erant complens, praevidens tamen quae futura erant, ut liceat ei dicere: quid me oportuit facere, et non feci? ideo autem non dicit manifeste, quoniam haec susceperunt desides, et perdiderunt: haec autem divites, et suffocaverunt; haec autem molles, et perdiderunt: quia non voluit eos vehementer tangere, ut non in differentiam mittat. per hanc etiam parabolam discipulos erudit, etsi plures audientium eos fuerint qui pereunt, ut non propter hoc desides sint: quia nec propter hoc dominus, qui omnia praevidit, destitit a seminando. * hieronymus. ° observa autem hanc esse primam parabolam, quae cum interpretatione sua posita est: et cavendum est ubicumque dominus exponit sermones suos, ne vel aliud, vel quid plus, vel minus praesumas intelligere, quam ab eo expositum est. * rabanus. ° quae vero tacita nostrae intelligentiae dereliquit, perstringenda sunt breviter. via est mens sedulo malarum cogitationum meatu trita atque arefacta: petram, duritiam protervae mentis; terram, levitatem animae obedientis; solem dicit fervorem persecutionis saevientis. altitudo terrae est probitas animae disciplinis caelestibus institutae. in qua expositione diximus quia nequaquam ipsae res in una eademque significatione semper allegorice ponuntur. * hieronymus. ° provocamur autem ad dictorum intelligentiam quoties his sermonibus commonemur qui sequuntur: qui habet aures audiendi, audiat. * remigius. ° aures audiendi sunt aures mentis, scil. intelligendi et faciendi quae iussa sunt.

lc2 * Glossa. ° intelligentes discipuli esse obscura quae a domino populo dicebantur, voluerunt domino intimare ne parabolice loqueretur: unde dicitur et accedentes discipuli dixerunt ei: quare in parabolis loqueris eis? * chrysostomus in matth.. ° ubi dignum est admirari discipulos, quare discere cupientes, sciunt quando interrogare oporteat; non enim coram omnibus hoc faciunt. et hoc ostendit matthaeus cum dicit et accedentes; marcus autem manifestius demonstrat dicens, quod singulariter accesserunt. * hieronymus. ° quaerendum est autem quomodo accedant tunc ad eum, cum iesus in navi sedeat: nisi forte intelligatur, quod dudum cum ipso navem conscenderint, et ibi stantes super interpretatione parabolae sciscitati sint. * remigius. ° dicit ergo evangelista accedentes, ut ostenderet quo sollicitati sunt; sive poterant accedere corpore, quamvis esset aliquod vel breve spatium inter eos. * chrysostomus in matth.. ° consideranda est autem et eorum rectitudo: qualiter multam pro aliis habent curam, et prius quae aliorum sunt quaerunt, et tunc quae sunt ipsorum: non enim dixerunt: in parabolis loqueris nobis; sed in parabolis loqueris illis. qui respondens ait illis: quia vobis datum est nosse mysterium regni caelorum. * remigius. ° vobis, inquam, qui mihi adhaeretis, et in me creditis. mysterium autem regni caelorum appellat evangelicam doctrinam. illis autem, scilicet qui foris sunt, et in eum credere nolunt, scribis scilicet et pharisaeis, et ceteris in infidelitate perseverantibus, non est datum. accedamus ergo cum discipulis ad dominum puro corde, ut nobis evangelicam doctrinam interpretari dignetur, iuxta illud: qui appropinquant pedibus eius, accipient de doctrina ipsius. * chrysostomus in matth.. ° hoc autem dixit, non necessitatem inducens, neque fatum, sed monstrans quoniam illi quibus non est datum, causa sibi sunt universorum malorum; et ostendere volens quoniam cognoscere divina mysteria donum dei est, et gratia desuper data. non tamen propter hoc liberum arbitrium destruitur: et hoc ex his quae sequuntur manifestum est: ut enim neque isti desperent neque illi pigritentur, audientes quoniam eis datum est: demonstrat a nobis principium horum esse, cum subdit qui enim habet, dabitur ei, et abundabit; qui autem non habet, et quod habet auferetur ab eo; ac si diceret: cum aliquis desiderium habuerit et studium, dabuntur ei universa quae a deo sunt; cum autem his vacuus fuerit, et quae ad se pertinent non inferat, neque quae a deo sunt, ei dantur; sed et quod habet auferetur ab eo, non deo auferente, sed se indignum faciente his quae habet. unde et nos si viderimus aliquem desidiose audientem, et exhortantes quod attendat, non ei persuaserimus, sileamus: quia si magis immorati fuerimus, intendetur ei desidia. studentem autem discere allicimus, et multa effundimus. et bene dixit, secundum evangelistam, quod videtur habere: neque enim habet ipsum quod habet. * remigius. ° qui etiam habet studium legendi, dabitur ei et facultas intelligendi; et qui non habet legendi studium, hoc quod per naturae bonum videtur habere, auferetur ab eo. vel qui habet caritatem, dabuntur ei ceterae virtutes; et qui non habet, auferetur ab eo; quia absque caritate nullum bonum esse potest. * hieronymus. ° vel apostolis in christo credentibus conceditur; iudaeis vero, qui non crediderunt in filium dei, etiam si quid per naturae bonum possident, tollitur: neque enim possunt aliquid sapienter intelligere, quia sapientiae non habent caput. * hilarius in matth.. ° fidem etiam iudaei non habentes, legem quoque quae habuerant perdiderunt; et ideo perfectum fides evangelica habet donum: quia suscepta, novis fructibus ditat; repudiata vero etiam veteris substantiae opes detrahit. * chrysostomus in matth.. ° ut autem manifestius quod dixerat fiat, subdit ideo in parabolis loquor eis, quia videntes non vident, et audientes non audiunt neque intelligunt. et si quidem naturae haec excaecatio esset, aperire eorum oculos oportebat; quia vero voluntaria est haec excaecatio, propter hoc non dixit simpliciter: non vident; sed videntes non non vident. viderunt enim daemones exeuntes, et dixerunt: in beelzebub eicit daemonia. audiebant quod ad deum omnes attrahebat; et dicunt: non est hic homo a deo. quia ergo contraria his quae videbant et audiebant, enuntiabant, propter hoc ipsum videre et audire eis aufertur: nihil enim proficiunt, sed in iudicium magis incidunt: unde et a principio non eis parabolice loquebatur, sed cum multa certitudine. quia autem audita et visa pervertunt, iam in parabolis loquitur. * remigius. ° et notandum est, quia non solum quae loquebatur, verum etiam quae faciebat, parabolae fuerunt, idest signa spiritualium rerum; quod liquido ostendit cum dicit ut videntes non videant; verba namque videri non poterant, sed audiri. * hieronymus. ° haec de his loquitur qui stant in littore, et dividuntur a iesu, et sonitu fluctuum perstrepente non audiunt ad liquidum quae dicuntur. * chrysostomus. ° deinde ut non dicerent quoniam ut inimicus noster nobis detrahit, prophetam inducit eadem sententem: unde sequitur ut impleatur in eis prophetia isaiae dicentis: auditu audietis, et non intelligetis; et videntes videbitis, et non videbitis, idest auditu audietis verba, sed non intelligetis verborum arcana; videntes videbitis, carnem scilicet, et non videbitis: hoc est, non intelligetis divinitatem. * chrysostomus. ° hoc autem dixit, quia ipsi sibi abstulerunt videre et audire, aures et oculos sibi claudentes, et cor incrassantes. non enim solum non audiebant, sed et graviter audiebant: unde sequitur incrassatum est cor populi huius, et auribus graviter audierunt. * rabanus. ° incrassatum est enim cor iudaeorum crassitudine malitiae, et abundantia peccatorum graviter verba domini audierunt, quia ingrati susceperunt. * hieronymus. ° ac ne forte arbitremur crassitudinem cordis et gravitatem aurium naturae esse, non voluntatis, subiungit culpam arbitrii, et dicit et oculos suos clauserunt. * chrysostomus in matth.. ° in hoc autem intensam eorum nequitiam ostendit, et aversionem cum studio. ut autem attrahat eos, subdit et convertantur, et sanem eos. in quo demonstrat quia si converterentur, sanarentur; sicut si aliquis diceret: si rogatus essem, confestim donaturus eram, ostendit qualiter aliquis sibi reconcilietur, ita et hic cum dicit ne quando convertantur, et sanem eos, demonstrat quoniam et converti possibile est et poenitentiam agentes salvari. * augustinus de quaest. evang.. ° vel aliter. oculos suos clauserunt, ne quando oculis videant; idest, ipsi causa fuerunt ut deus eis oculos clauderet. alius enim evangelista dicit: excaecavit oculos eorum. sed utrum ut numquam videant, an vero ne vel sic aliquando videant, caecitate sua sibi displicentes, et se dolentes, et ex hoc humiliati atque commoti ad confitendum peccata sua, et pie quaerendum deum? si enim marcus hoc dicit: ne quando convertantur, et dimittantur eis peccata. ubi intelliguntur peccatis suis meruisse ut non intelligerent; et tamen hoc ipsum misericorditer eis factum ut peccata sua cognoscerent, et conversi veniam mererentur. quod autem ioannes hunc locum ita dicit: propterea non poterant credere, quia iterum dixit isaias: excaecavit oculos eorum, et induravit cor eorum, ut non videant oculis, et non intelligant corde, et convertantur et sanem eos, adversari videtur huic sententiae, et omnino cogere ut quod hic dictum est, ne quando oculis videant, non accipiatur, ne vel sic aliquando oculis videant, sed prorsus ut non videant: quandoquidem aperte dicit: ita ut oculis non videant. et quod ait: propterea non poterant credere, satis ostendit, non ideo factam excaecationem, ut ea commoti et dolentes se non intelligere, converterentur aliquando per poenitentiam: non enim possent hoc facere nisi prius crederent, ut credendo converterentur, et conversione sanarentur, et sanati intelligerent; sed ideo potius excaecatos ut non crederent: dicit enim apertissime: propterea non poterant credere. quod si ita est, quis non exurgat in defensionem iudaeorum, ut eos extra culpam fuisse proclamet, quod non crediderunt? propterea enim non poterant credere, quia excaecavit oculos eorum. sed quoniam potius deus extra culpam debet intelligi, cogimur fateri aliis quibusdam peccatis ita eos excaecari meruisse, qua tamen excaecatione non poterant credere: verba enim ioannis ista sunt: non poterant credere, quia iterum dixit isaias: excaecavit oculos eorum. frustra itaque conantur intelligere ideo fuisse caecatos ut converterentur; cum ideo converti non poterant, quia non credebant, et ideo credere non poterant, quia excaecati erant. an forte non absurde dicimus, quosdam iudaeorum fuisse sanabiles; sed tanto tamen tumore superbiae periclitatos, ut eis expedierit primo non credere, ut non intelligerent dominum loquentem parabolas, quibus non intellectis non in eum crederent; non credentes autem cum ceteris desperatis crucifigerent eum; atque ita post eius resurrectionem converterentur, quando iam de reatu mortis domini amplius humiliati diligerent eum, a quo sibi tantum scelus dimissum esse gauderent: quoniam tanta eorum superbia tali humiliatione esset deicienda? quod incongrue dictum esse quilibet arbitretur, si non ita contigisse in actibus apostolorum manifeste legerit. non ergo abhorret quod ait ioannes: propterea non poterant credere, quia excaecavit oculos eorum, ut non videant, ab ea sententia quia intelligimus, ideo excaecatos ut converterentur; hoc est, ideo eis per obscuritates parabolarum occultatas sententias domini, ut post eius resurrectionem salubriori poenitentia resipiscerent; quia per obscuritatem sermonis excaecati, dicta domini non intellexerunt; et ea non intelligendo, non in eum crediderunt; non credendo, eum crucifixerunt; atque ita post resurrectionem miraculis, quae in eius nomine fiebant, exterriti, maioris criminis reatu compuncti sunt, et prostrati ad poenitentiam; deinde accepta indulgentia ad obedientiam flagrantissima dilectione conversi: quibusdam autem non profuit illa caecitas ad conversionem. * remigius. ° et quantum ad hoc potest haec sententia sic intelligi, ut in omnibus subaudiatur non hoc modo: ne quando oculis videant, et ne quando auribus audiant, et ne quando corde intelligant, et ne quando convertantur, et sanem eos. * glossa. ° sic ergo oculi eorum qui vident, et nolunt credere, sunt miseri; vestri autem beati: unde sequitur vestri autem beati oculi quia vident, et aures vestrae quia audiunt. * hieronymus. ° nisi autem supra legissemus auditores ad intelligentiam provocatos, salvatore dicente: qui habet aures audiendi, audiat, putaremus nunc oculos et aures, qui beatitudinem accipiunt, corporales intelligi. sed mihi videntur oculi illi beati qui christi possunt agnoscere sacramenta, et illae beatae aures de quibus isaias loquitur: dominus apposuit mihi aurem. * glossa. ° mens enim est oculus, quia naturali vigore ad intelligendum aliquid dirigitur; auris, quia alio docente discit. * hilarius in matth.. ° vel apostolici temporis beatitudinem docet, quorum oculis atque auribus |275| contingit dei salutare videre et audire, prophetis atque iustis cupientibus videre et audire in plenitudine temporum destinatum: unde sequitur amen quippe dico vobis, quia multi prophetae et iusti cupierunt videre quae vos videtis, et non viderunt; et audire quae vos auditis, et non audierunt. * hieronymus. ° videtur autem huic loco illud esse contrarium quod alibi dicitur: abraham cupivit videre diem meum: vidit et gavisus est. * rabanus. ° isaias quoque et michaeas et multi alii prophetae viderunt gloriam domini: qui etiam propterea videntes appellati sunt. * hieronymus. ° non autem dixit: prophetae et iusti, sed multi: inter multos enim potest fieri ut alii viderint, alii non viderint, licet et in hoc periculosa sit interpretatio, ut inter sanctorum merita discretionem quamlibet facere videamur, scilicet quantum ad fidem de christo habitam; ergo abraham vidit in aenigmate, non vidit in specie. vos autem impraesentiarum tenetis et habetis dominum vestrum, et ad voluntatem interrogatis, |300| et convescimini ei. * chrysostomus in matth.. ° haec ergo quae apostoli viderunt et audierunt, praesentiam suam dicit, miracula, vocem et doctrinam. in hoc autem non solum malis, sed his qui boni fuerant eos praeponit: etenim antiquis iustis beatiores eos dicit: quoniam non solum quae iudaei non viderant hi vident, sed et quae iusti et prophetae cupierunt videre et non viderunt. illi enim fide solum consideraverunt; hi autem visu, et multo manifestius. vides autem qualiter vetus testamentum copulat novo: non enim si prophetae alieni cuiusdam, et contrarii dei servi fuissent, christum cupivissent.

lc3 * Glossa. ° dixerat superius, quia iudaeis non est datum nosse regnum dei, sed apostolis, et ideo concludit dicens vos ergo audite parabolam seminantis, quibus scilicet committuntur caeli mysteria. * augustinus super genesim. ° quod narravit evangelista, factum est, dominum scilicet talia locutum fuisse; ipsius autem domini narratio parabola fuit, de qua nunquam exigitur ut etiam ad litteram facta monstrarentur quae sermone proferuntur. * glossa. ° unde parabolam exponens subdit omnis qui audit verbum regni, idest praedicationem meam quae ad regnum caelorum adipiscendum valet, et non intelligit. quomodo autem non intelligit, subiungit venit enim malus, idest diabolus, et rapit quod seminatum est in corde eius. omnis, inquam, qui talis est, hic est qui secus viam seminatus est. notandum est autem, quod seminatum diversis modis accipitur. dicitur enim et semen seminatum, et ager seminatus: quod utrumque hic invenitur. ubi enim ait rapit quod seminatum |25| est, de semine intelligendum est; ubi autem sequitur secus viam seminatus est, non de semine, sed de loco seminis intelligendum est, idest homine, qui est quasi ager divini verbi semine seminatus. * remigius. ° his autem verbis exponit dominus quid sit semen: verbum scilicet regni, idest evangelicae doctrinae. sunt enim nonnulli qui verbum dei nulla cordis devotione suscipiunt; et ideo semen verbi dei quod in eorum cordibus seminatur, daemones quasi semen viae tritae subito auferunt. sequitur qui autem est seminatus supra petram, hic verbum audit etc.. semen enim, seu verbum dei, quod in petra, idest corde duro et indomito seminatur, fructificare non potest quia multa est eius duritia, et parvum caeleste desiderium: unde propter nimiam duritiam non habet in se radicem. * hieronymus. ° attende autem quod dictum sit continuo scandalizatur. est ergo aliqua distantia inter eum qui multis tribulationibus poenisque compellitur christum negare, et eum, qui ad primam persecutionem statim scandalizatur et corruit: |50| de qua hic loquitur. sequitur qui autem seminatus est in spinis. mihi videtur et illud quod iuxta litteram ad adam dicitur: inter spinas et tribulos panem tuum manducabis, hic significare mystice, quod quicumque saeculi se dederit voluptatibus, curisque istius mundi, panem caelestem et cibum verum inter spinas comedit. * rabanus. ° recte autem spinae vocantur, quia cogitationum suarum punctionibus mentem lacerant, et quasi strangulando, spirituales virtutum fructus gignere non permittunt. * hieronymus. ° et eleganter adiunxit fallacia divitiarum suffocat verbum: blandae enim sunt divitiae, aliud agentes, aliud pollicentes. lubrica est illarum possessio, dum huc illucque circumferuntur, et instabili gradu vel habentes deserunt, vel non habentes reficiunt. unde et dominus divites asserit difficulter intrare in regnum caelorum, suffocantibus divitiis verbum dei, et vigorem virtutum emollientibus. * remigius. ° et sciendum, quia his tribus generibus terrae nequam comprehenduntur |75| omnes qui verbum dei audire possunt, sed tamen ad salutem perducere non valent. excipiuntur gentiles, qui nec audire meruerunt. sequitur qui vero in terram bonam seminatus est. terra bona est fidelis conscientia electorum, sive mens sanctorum, quae verbum dei cum gaudio et desiderio et cordis devotione suscipit, et inter prospera et adversa viriliter conservat, et ad fructum perducit: unde sequitur et facit fructum, aliud centesimum, aliud sexagesimum, aliud vero tricesimum. * hieronymus. ° et notandum, quod sicut in terra mala tres fuere diversitates, scilicet secus viam, et petrosa, et spinosa loca; sic in terra bona trina diversitas est, centesimi, sexagesimi, et fructus tricesimi. et in illa autem et in ista non mutatur substantia, sed voluntas; et tam incredulorum quam credentium corda sunt qui semen recipiunt: unde primo dixit venit malus, et rapit quod seminatum est in corde eius; et secundo et tertio ait hic est qui verbum audit. in expositione quoque terrae bonae, iste |100| est qui audit verbum. primum ergo debemus audire, deinde intelligere, post intelligentiam fructus reddere doctrinarum, et facere vel centesimum fructum vel sexagesimum sive tricesimum. * augustinus de civ. dei. ° quidam putant hoc sic esse intelligendum quod sancti pro suorum diversitate meritorum, alii tricenos homines liberent, alii sexagenos, alii centenos: quod in die iudicii futurum suspicari solent, non post iudicium. qua opinione quidam cum videret homines impunitatem perversissime pollicentes, eo quod omnes isto modo ad liberationem pertinere posse videantur, respondit bene potius esse vivendum, ut inter eos quisque reperiatur qui pro aliis intercessuri sunt liberandis: ne tam pauci sint, ut cito ad numerum suum pervenientes, multi remaneant qui erui iam de poenis illorum intercessione non possint, et in eis inveniatur quisquis sibi spem fructus alieni temeritate vanissima pollicetur. * remigius. ° tricesimum ergo fructum facit qui fidem sanctae trinitatis docet; sexagesimum vero qui perfectionem bonorum operum commendat |125| (senario enim numero omnis mundi ornatus completus est); centesimum autem fructum facit qui vitam aeternam promittit: centenarius enim de laeva transit ad dexteram: per laevam autem vita praesens designatur, per dexteram futura. aliter: semen verbi dei tricesimum fructum facit, quando bonam cogitationem gignit; sexagesimum quando bonam locutionem, centesimum quando ad fructum boni operis perducit. * augustinus de quaest. evang.. ° vel aliter. centesimus fructus est martyrum propter sanctitatem vitae, vel contemptum mortis; sexagenarius virginum propter otium interius, quia non pugnant contra consuetudinem carnis: solet enim otium concedi sexagenariis post militiam, vel post actiones publicas; tricesimus vero coniugatorum, quia haec est aetas praeliantium, et ipsi habent acriorem conflictum, ne libidinibus superentur. vel aliter. confligendum est cum amore temporalium bonorum, ut ratio vincat; aut etiam edomitus subditusque esse debet, ut cum surgere coeperit, facile |150| reprimatur; aut ita extinctus ut se omnino nulla ex parte commoveat. ex quo fit ut ipsam etiam mortem propter veritatem alii fortiter spernant, alii aequanimiter, alii libenter: quae tria genera fructus sunt terrae, tricesimi et sexagesimi et centesimi. in horum aliquo genere inveniendus est tempore mortis suae, si quis de hac vita recte cogitat emigrare. * hieronymus. ° vel centesimus fructus virginibus, sexagesimus viduis et continentibus, tricesimus sancto matrimonio deputatur. * idem. ° nam ipsa digitorum coniunctio, et quasi molli se osculo complectens et foederans, maritum pingit et coniugem. sexaginta ad viduas: eo quod in angustia et tribulatione sint positae: unde et inferiori digito deprimuntur; quia quanto maior est difficultas expertae quondam voluptatis illecebris abstinere, tanto maius est praemium. porro centesimus numerus a sinistra transit ad dexteram; et iisdem quidem digitis, non eadem manu circulum faciens exprimit virginitatis coronam.

lc4 * Chrysostomus in matth.. ° in praecedenti parabola locutus est dominus his qui verbum dei non suscipiunt: hic autem de his qui suscipiunt corruptivum sermonem: etenim hoc est diabolicae machinationis veritati semper errorem inserere: unde dicitur aliam parabolam proposuit illis dicens. * hieronymus. ° proposuit autem aliam parabolam, quasi dives paterfamilias invitatos diversis reficiens cibis, ut unusquisque secundum naturam sui stomachi varia alimenta susciperet. non autem dixit alteram, sed aliam: si enim proposuisset alteram, expectare tertiam non poteramus. praemisit aliam ut plures sequantur. quae autem sit parabola, ostenditur cum subditur simile factum est regnum caelorum. * remigius. ° regnum caelorum appellat ipsum filium dei: quod regnum simile dicitur esse homini qui seminavit bonum semen in agro suo. * chrysostomus in matth.. ° deinde modum insidiarum diaboli ostendit, dicens cum autem dormirent homines, |25| venit inimicus eius, et superseminavit zizania in medio tritici, et abiit. demonstrat hic quod error post veritatem existit: quod et rerum exitus testatur: etenim post prophetas fuerunt pseudoprophetae, et post apostolos pseudoapostoli, et post christum antichristus. nisi enim diabolus viderit quid imitetur, vel quibus insidietur, non tentat. quia igitur vidit quod hic reddit in fructu centum, ille sexaginta, alius triginta, et non poterat rapere et suffocare quod radicatum erat, per aliam deceptionem insidiatur, interserens sua, multis ea similitudinibus colorans, ut facile surripiat his qui habiles sunt ad deceptionem. propter hoc non dicit quod seminet aliquod aliud semen, sed zizania, quae secundum visum assimilantur quodammodo frumento. hinc etiam apparet diaboli malignitas: tunc enim seminavit quando universa erant completa, ut magis noceret agricolae studio. * augustinus de quaest. evang.. ° dicit autem cum dormirent homines: quia cum negligentius agerent praepositi ecclesiae, aut dormitionem mortis |50| acciperent apostoli, venit diabolus, et superseminavit eos quos malos filios dominus interpretatur. sed recte quaeritur utrum haeretici sint, aut male viventes catholici. sed quod dicit eos in medio tritici seminatos, quasi videntur illi significari qui unius communionis sunt. verumtamen quoniam agrum ipsum non ecclesiam, sed hunc mundum interpretatus est, bene intelliguntur haeretici, qui in hoc mundo permiscentur bonis; ut illis qui in eadem fide mali sint, palea potius quam zizania deputentur: quia palea etiam fundamentum habet cum frumento radicemque communem. schismatici autem videntur spicis corruptis etiam similiores vel paleis aristarum fractis vel scissis, et de segete abiectis. nec tamen consequens est ut omnis haereticus vel schismaticus ab ecclesia corporaliter separetur: multos enim portat ecclesia, quia non ita defendunt falsitatem sententiae suae, ut intentam multitudinem faciant; quod si fecerint, tunc pelluntur. cum ergo diabolus sparsis pravis erroribus falsisque opinionibus superseminasset, hoc |75| est praecedente nomine christi, haereses superiecisset, magis ipse latuit, atque occultissimus factus est: hoc est enim quod dicit et abiit: quamquam in hac parabola dominus, sicut in expositione conclusit, non quaedam, sed omnia scandala, et eos qui faciunt iniquitatem, zizaniorum nomine significasse intelligatur. * chrysostomus in matth.. ° ex posterioribus autem diligenter haereticorum formam describit, dicens cum autem crevisset herba, et fructum fecisset, tunc apparuerunt et zizania. in principio enim haeretici obumbrant seipsos; cum autem multam acceperint libertatem, et sermone aliquis cum eis participaverit, tunc venenum effundunt. * augustinus de quaest. evang.. ° vel aliter. cum homo spiritalis esse coeperit diiudicans omnia, tunc ei errores incipiunt apparere: discernit enim quidquid audierit aut legerit abhorrere a regula veritatis; sed donec in eisdem perficiatur spiritualibus, potest eum movere quare sub nomine christiano tam multae haereticorum extitere falsitates; unde sequitur |100| accedentes autem servi patrisfamilias dixerunt ei: domine, nonne bonum semen seminasti in agro tuo? unde ergo habet zizania? utrum autem ipsi sint servi quos postea messores appellat, an quia in expositione parabolae messores dicit esse angelos; nec quisquam facile ausus fuerit angelos nescisse quis zizania superseminaverit; magis oportet intelligi, homines ipsos fideles servorum nomine hoc loco signatos. nec mirum si et bonum semen ipsi dicuntur: ex diversis enim significationibus una res diversas similitudines recipit: sicut et de se ait, quod ipse sit ianua, quod ipse sit pastor. * remigius. ° accedunt autem ad deum sine corpore, sed corde et mentis desiderio: quo docente intelligunt, diaboli calliditate hoc esse factum: unde sequitur et ait illis: inimicus homo hoc fecit. * hieronymus. ° diabolus propterea inimicus homo appellatur, quia deus esse desiit: et in psalmo 9, 20 scriptum est de eo: exsurge, domine, non confortetur homo. quamobrem non dormiat qui ecclesiae praepositus est, ne |125| per illius negligentiam inimicus homo superseminet zizania, hoc est haereticorum dogmata. * chrysostomus in matth.. ° inimicus autem vocatur propter iacturam quam infert hominibus: vexatio enim diaboli adversus nos est: principium autem vexationis factum est non ab inimicitia quae est ad nos, sed quae est ad deum. * augustinus de quaest. evang.. ° cum autem servi dei cognoverint hanc excogitasse diabolum fraudem, cum contra tanti nominis auctorem nihil se valere sentiret, ut fallacias suas eodem nomine obtegeret; potest sibi suboriri voluntas ut tales homines de rebus humanis auferant, si aliquam temporis habeant facultatem; sed utrum facere debeant, iustitiam dei consulunt: unde sequitur servi autem dixerunt: vis imus et colligimus ea? * chrysostomus. ° ubi intuenda est servorum diligentia et dilectio: etenim festinant zizania evellere: quod monstrat eorum de semine sollicitudinem: ad hoc enim solum respiciunt, non ut aliquis puniatur, sed ut |150| seminata non pereant. quid autem dominus responderit subditur et ait: non. * hieronymus. ° datur enim locus poenitentiae; et monemur, ne cito amputemus fratrem: quia fieri potest ut ille qui hodie noxio depravatus est dogmate, cras resipiscat, et defendere incipiat veritatem: unde subditur ne forte colligentes zizania, eradicetis simul et triticum. * augustinus de quaest. evang.. ° in quo eos patientissimos et tranquillissimos reddit: hoc enim dicitur, quia boni dum adhuc infirmi sunt, opus habent in quibusdam malorum commixtione; sive ut per eos exerceantur, sive ut eorum comparatione magna illis exhortatio fiat, et invitentur ad melius. aut forte simul eradicatur triticum cum auferuntur zizania: quia multi primo zizania sunt, et postea triticum fiunt; qui nisi patienter, cum mali sint, tolerentur, ad laudabilem mutationem non perveniunt. itaque si evulsi fuerint, simul eradicatur et triticum, quod futuri essent, si eis parceretur. ideo dicit tales non esse auferendos de hac vita, ne cum malos |175| conatur interficere, bonos interficiat, quod forte futuri sint; aut bonis obsit, quibus et invitis utiles sunt. sed tunc opportune hoc fiet cum iam in fine non restat vel tempus commutandae vitae, vel proficiendi ad veritatem ex occasione atque comparatione alieni erroris: et ideo subdit sinite utraque crescere usque ad messem, idest usque ad iudicium. * hieronymus. ° videtur autem hoc esse contrarium illi praecepto: auferte malum de medio vestrum. si enim prohibetur eradicatio, et usque ad messem tenenda est patientia, quomodo eiciendi sunt quidam de medio nostrum? sed inter triticum et zizania (quod nos appellamus lolium) quamdiu herba est et nec dum calamus venit ad spicam, grandis similitudo est, et in discernendo aut nulla, aut difficilis distantia. primo monet ergo dominus, ne verbi, quod ambiguum est, cito sententiam proferamus, sed deo iudici reservemus: ut cum dies iudicii venerit, ille non suspicionem criminis, sed manifestum reatum de sanctorum coetu eiciat. * augustinus |200| contra epist. parmeniani. ° cum enim quisque christianorum intus in ecclesia constitutorum in aliquo tali peccato fuerit deprehensus ut anathemate dignus habeatur, fiat hoc (ubi periculum schismatis non timetur) cum dilectione non ad eradicandum, sed ad corrigendum. quod si se non agnoverit, neque poenitendo correxerit, ipse foris exiet, et per propriam voluntatem ab ecclesiae communione dirimetur: unde dominus, cum dixisset sinite utraque crescere usque ad messem, subiunxit causam, dicens ne forte cum vultis colligere zizania, eradicetis simul et triticum; ubi satis ostendit, cum metus iste non subest, sed omnino de frumentorum stabilitate certa securitas manet; idest, quando ita cuiusque crimen notum est et omnibus execrabile apparet ut vel nullos prorsus vel non tales habeat defensores per quos possit schisma contingere; non dormiat severitas disciplinae: in qua tanto est efficacior emendatio pravitatis, quanto diligentior fuerit observatio caritatis. cum vero idem morbus plurimos |225| occupaverit, nihil aliud boni restat quam dolor et gemitus. sic igitur misericorditer corripiat homo quod potest; quod autem non potest, patienter ferat, et ex dilectione gemat atque lugeat, donec ille desuper emendet et corrigat; atque usque ad messem differat eradicare zizania, et paleam ventilare. turba autem iniquorum, cum facultas est in populis promendi sermonem, generali obiurgatione ferienda est; et maxime si occasionem atque opportunitatem praebuerit aliquod domini desuper flagellum, quo eos appareat pro suis meritis vapulare: tunc enim aures humiles praebet emendantis sermoni calamitas auditorum, et facilius in gemitum confitendi, quam in murmura resistendi afflicta corda compellit; quamquam etsi nulla calamitas tribulationis premat, cum facultas detur, utiliter corripitur in multitudine multitudo: nam sicut separata saevire, sic in ipsa congregatione obiurgata gemere consuevit. * chrysostomus in matth.. ° hoc autem dixit dominus prohibens occisiones fieri: neque enim oportet |250| interficere haereticum: quia praelium inexplicabile in orbe terrarum induceretur: et ideo dicit ne eradicetis simul cum eis frumentum; idest, si moveritis arma, et occideritis haereticos, necesse est multos sanctorum simul submitti. non ergo detinere haereticos et abscindere liberam eorum propalationem et synodos et studia dissolvere prohibet, sed interficere et occidere. * augustinus ad vincentium. ° haec autem primitus mea sententia erat, neminem ad unitatem christi esse cogendum: verbo enim agendum, disputatione pugnandum, ratione vincendum, ne fictos catholicos haberemus quos apertos haereticos noveramus. sed haec opinio mea non contradicentium verbis, sed demonstrantium superabatur exemplis: harum enim legum terror quibus promulgandis reges serviunt domino in timore, ita profuit, ut nunc alii dicant: iam hoc volebamus; sed deo gratias, qui nobis occasionem praebuit, et dilationum morulas amputavit. alii dicant: hoc esse verum |275| iam sciebamus; sed nescio qua consuetudine tenebamur: gratias deo, qui vincula nostra disrupit. alii dicant: nesciebamus hoc esse veritatem, nec eam discere volebamus, sed ad eam cognoscendam metus fecit intentos: gratias domino, qui negligentiam nostram stimulo terroris excussit. alii dicant: nos falsis rumoribus terrebamur intrare, quos falsos esse nesciremus nisi intraremus, nec intraremus nisi cogeremur: gratias deo qui praedicationem nostram flagello abstulit, expertos docuit, quam vana et inania de ecclesia sua mendax fama iactaverit. alii dicant: putabamus quidem nihil interesse, ubi fidem christi teneremus; sed gratias domino, qui nos a divisione collegit, et hoc uni deo congruere ut in unitate colatur, ostendit. serviant ergo reges terrae christo, leges edendo pro christo. * augustinus ad bonifacium comitem. ° quis autem vestrum velit non solum aliquem haereticorum perire, verum etiam aliquid perdere? sed aliter non meruit habere pacem domus david, nisi absalon filius eius in |300| bello quod contra patrem gerebat, fuisset extinctus: quamvis magna cura mandaverit suis ut eum quantum possent vivum salvumque servarent, et esset cui poenitenti paternus affectus ignosceret. quid autem ei restitit nisi perditum flere, et sui regni pace acquisita, suam moestitiam consolari? sic ergo catholica mater ecclesia, si aliquorum perditione tam multos ceteros colligit, dolorem materni cordis lenit, et sanat tantorum liberatione populorum. ubi est autem quod isti clamare consueverunt: liberum est credere vel non credere? cui vim christus intulit? quem coegit? ecce habent apostolum paulum: agnoscant in eo prius cogentem christum, et postea docentem; prius ferientem, et postea consolantem. mirum autem est quomodo ille qui poena corporis ad evangelium coactus intravit, plus illis omnibus qui solo verbo vocati sunt, in evangelio laboravit. cur ergo non cogeret ecclesia perditos filios ut redirent, si perditi filii coegerunt alios ut perirent? sequitur et in tempore messis dicam |325| messoribus: colligite primum zizania, et alligate ea in fasciculos ad comburendum. * remigius. ° messis autem appellatur tempus metendi; per messem vero designatur dies iudicii, in quo separandi sunt boni a malis. * chrysostomus in matth.. ° sed propter quid dicit colligite primum zizania? ut non timeant boni, quasi simul cum zizaniis tollatur frumentum. * hieronymus. ° quod autem dicit zizaniorum fasciculos igni tradi, et triticum congregari in horrea, manifestum est, haereticos quosque et hypocritas gehennae ignibus concremandos; sanctos vero, qui appellantur triticum, horreis, idest caelestibus mansionibus, recipi. * augustinus de quaest. evang.. ° quaeri autem potest cur non unum fascem aut unum acervum zizaniorum fieri dixerit; nisi forte propter varietatem haereticorum, non solum a tritico, sed etiam a seipsis discrepantium, ipsas uniuscuiusque haereses, in quibus sigillatim sua communione disiuncti sunt, nomine fasciculorum designavit: ut etiam tunc incipiant alligari |350| ad comburendum, cum a catholica communione segregati, suas proprias quasi ecclesias habere coeperint, ut combustio eorum sit in fine saeculi, non alligatio fasciculorum. sed si ita esset non tam multi resipiscendo, et in catholicam ecclesiam remeando ab errore discederent. quapropter alligatio fasciculorum in fine profutura est, ut non confuse, sed pro modo perversitatis suae uniuscuiusque erroris pertinacia puniatur. * rabanus. ° et notandum, quod ubi dicit seminavit bonum semen, notat bonam voluntatem, quae in electis est; ubi vero dicit inimicus venit, etc., cautelam habendam intimare voluit; quando autem crescentibus zizaniis, quasi patienter ferens ait inimicus homo hoc fecit, patientiam nobis commendavit; ubi vero ait ne forte colligentes zizania, donavit nobis discretionis exemplum; quando autem subiungit sinite utraque crescere usque ad messem, commendavit longanimitatem; ad ultimum iustitiam, cum dicit alligate ea in fasciculos ad comburendum.

lc5 * Chrysostomus in matth.. ° quia dominus dixerat, quod de semine tres partes pereunt, et salvatur una; et in ipsa rursus quae salvatur, multa efficitur iactura, propter zizania quae superseminantur; ne dicerent: qui ergo erunt et quanti fideles? consequenter hunc timorem aufert per parabolam sinapis: et ideo dicitur aliam parabolam proposuit eis, dicens: simile est regnum caelorum grano sinapis. * hieronymus. ° regnum caelorum praedicatio evangelii est, et notitia scripturarum quae ducit ad vitam: de qua dicitur ad iudaeos: auferetur a vobis regnum dei. huiusmodi ergo regnum caelorum est simile grano sinapis. * augustinus de quaest. evang.. ° granum namque sinapis ad fervorem fidei pertinet, vel eo quod dicatur venena expellere. sequitur quod accipiens homo seminavit in agro suo. * hieronymus. ° homo qui seminat in agro suo, a plerisque salvator intelligitur, qui in animis credentium seminat; |25| ab aliis ipse homo seminans in agro suo, idest in corde suo. quis autem est iste qui seminat nisi sensus noster et animus, qui suscipiens granum praedicationis, et fovens sementem humore fidei, facit in agro sui pectoris pullulare? sequitur quod minimum quidem est omnibus seminibus. praedicatio evangelii minima est omnibus disciplinis: ad primam quidem doctrinam fidem non habet veritatis, hominem deum, deum mortuum, et scandalum crucis praedicans. confer huiusmodi doctrinam dogmatibus philosophorum, et libris eorum, et splendori eloquentiae, compositionique sermonum; et videbis quanto minus sit ceteris seminibus semen evangelii. * chrysostomus in matth.. ° vel minimum est semen evangelii, quia discipuli universis erant imbecilliores; sed tamen quia magna erat virtus in eis, expansa est eorum praedicatio ubique terrarum: et ideo sequitur cum autem creverit, maius est omnibus oleribus, idest dogmatibus. * augustinus de quaest. evang.. ° dogmata autem sunt placita sectarum, |50| idest ut placuit sectis. * hieronymus. ° philosophorum enim dogmata cum creverint, nihil mordax, nihil vitale demonstrant: totum flaccidum marcidumque ebullit in olera et in herbas, quae cito arescunt et corruunt. praedicatio autem evangelica, quae parva videbatur in principio, cum vel in animam credentis, vel in totum mundum sata fuerit, non exurgit in olera, sed crescit in arborem, ita ut volucres caeli (quas vel animas credentium, vel fortitudines dei servitio mancipatas sentire debemus) veniant, et habitent in ramis eius: unde sequitur et fit arbor, ita ut volucres caeli veniant et habitent in ramis eius. ramos puto evangelicae arboris, qui de grano sinapis creverunt, dogmatum esse diversitates, in quibus supradictarum volucrum unaquaeque requiescit. assumamus et nos pennas columbae, ut ad altiora volitantes, possimus habitare in ramis huius arboris, et nidos nobis facere doctrinarum, terrenaque fugientes ad caelestia festinare. * hilarius in matth.. ° vel grano sinapis seipsum dominus |75| comparavit, acri semini, et omnium seminum minimo, cuius virtus pressuris accenditur. * gregorius moralium. ° ipse quidem est granum sinapis, qui in horto sepulturae plantatus, arbor magna surrexit: granum namque fuit cum moreretur, arbor cum resurgeret; granum per humilitatem carnis, arbor per potentiam maiestatis. * hilarius in matth.. ° granum igitur hoc postquam in agro seminatum fuit, idest ubi a populo comprehensus et traditus morti, tamquam in agro fuit satione quadam corporis consepultus, ultra mensuram omnium olerum excrevit et universam prophetarum gloriam excedit. oleris enim vice tamquam aegroto israel data est praedicatio prophetarum; sed iam in ramis arboris caeli volucres inhabitant. apostolos scilicet ex christi virtute protensos, et mundum inumbrantes in ramis intelligimus, in quo gentes in spem vitae advolabunt, et aurarum turbine, idest diaboli spiritu flatuque vexatae, tamquam in ramis arboris conquiescent. * gregorius moralium. |100| ° in istis etiam ramis volucres requiescunt; quia sanctae animae, quae quibusdam virtutum pennis a terrena cogitatione se sublevant, in eorum dictis atque consolationibus ab huiusmodi fatigatione vitae respirant.

lc6 * Chrysostomus in matth.. ° ad idem ostendendum dominus apponit parabolam de fermento: unde dicitur aliam parabolam locutus est eis: simile est regnum caelorum fermento; quasi dicat: sicut fermentum multam farinam transmutat in suam virtutem, ita et vos totum mundum transmutabitis. et vide christi prudentiam: ea enim quae sunt naturae inducit, demonstrans quoniam sicut illa possibile est fieri, ita et hoc. non autem dixit quod posuit simpliciter, sed abscondit; ac si diceret: ita et vos cum subiecti fueritis impugnatoribus vestris, tunc eos superabitis. et sicut fermentum suffoditur quidem, non autem destruitur, sed paulatim ad suum habitum omnia transmutat, sic et in praedicatione vestra continget. non itaque quia multas dixi superventuras vobis vexationes timeatis; ita enim fulgebitis et omnes superabitis. tria autem sata hic pro multis posuit: hunc enim numerum determinatum pro multitudine indeterminata accepit. * hieronymus. |25| ° satum autem est genus mensurae iuxta morem provinciae palaestinae, unum modium et dimidium accipiens. * augustinus de quaest. evang.. ° vel fermentum dicit dilectionem, eo quod fervescere facit, et excitat; mulierem, sapientiam dicit. in farinae autem satis tribus intelligitur vel tria illa in homine, ex toto corde, ex tota anima, et ex tota mente; vel tria illa fructifera, centesimum, sexagesimum, et tricesimum; vel tria illa genera hominum: noe, daniel et iob. * rabanus. ° dicit autem donec fermentatum est totum, quia caritas in nostra mente recondita eo usque crescere debet ut totam mentem in sui perfectionem commutet: quod hic quidem inchoatur, in futuro vero perficitur. * hieronymus. ° vel aliter. mulier ista, quae fermentum accipit et abscondit, praedicatio mihi videtur apostolica, vel ecclesia de diversis gentibus congregata. haec tollit fermentum, intelligentiam scilicet scripturarum, et abscondit illud in farinae satis tribus, ut spiritus, anima et corpus in unum redacta, |50| non discrepent inter se. vel aliter. legimus in platone tria esse in anima: rationale, irascibile et concupiscibile; et nos ergo si acceperimus fermentum evangelicum sacrarum scripturarum, in ratione possideamus prudentiam, in ira odium contra vitia, in desiderio cupiditatem virtutum: et hoc totum fiet per evangelicam doctrinam, quam nobis mater ecclesia praestitit. dicam et quorumdam intelligentiam: mulierem istam et ipsi ecclesiam interpretantur, quae fidem hominis farinae satis tribus commiscuit, scilicet credulitati patris et filii et spiritus sancti: cum in unum fuerit fermentata, non nos ad triplicem deum, sed ad unius divinitatis perducit notitiam. pius quidem sensus: sed nunquam parabolae et dubia aenigmatum intelligentia possunt ad auctoritatem dogmatum proficere. * hilarius in matth.. ° vel aliter. fermento se dominus comparavit: fermentum enim de farina est, quod virtutem acceptam acervo sui generis reddit. hoc autem fermentum acceptum mulier, synagoga scilicet, per iudicium |75| mortis abscondit: hoc autem in farinae mensuris tribus, idest legis, prophetarum, evangeliorum aequalitate coopertum, omnia unum fecit: ut quod lex constituit, prophetae nuntiaverunt, idipsum evangeliorum profectionibus expleatur, quamquam ad trium gentium vocationem, ex sem, cham et iaphet, tres mensuras farinae esse referendas sensisse multos memini. sed nescio an hoc ita opinari ratio permittat; cum etsi omnium gentium vocatio sit, in his tamen christus non absconsus sit, sed ostensus; et in tanta infidelium multitudine non fermentatum sit totum.

lc7 * Chrysostomus in matth.. ° post praemissas parabolas, ne aliquis opinaretur quod christus nova induceret, induxit evangelista prophetam etiam hunc praedicentem doctrinae modum; et ideo dicit haec omnia locutus est iesus in parabolis ad turbas. marcus autem ait: quoniam sicut poterant audire, loquebatur eis sermonem in parabolis. unde non mireris si de regno disputans, grani et fermenti meminit: hominibus enim loquebatur idiotis et indigentibus ab his induci. * remigius. ° parabola graece, latine dicitur similitudo, per quam veritas demonstratur. ostendit quippe in ipsa similitudine quasdam figuras verborum, et imagines veritatis. * hieronymus. ° non autem discipulis, sed turbis parabolas loquebatur: et usque hodie turbae in parabolis audiunt: et ideo dicitur et sine parabolis non loquebatur eis. * chrysostomus in matth.. ° quamvis enim multa sine parabolis non turbis dixerit, sed tamen tunc nihil. * augustinus de quaest. evang.. ° vel hoc dicitur non quia nihil proprie locutus est: sed quia nullum fere sermonem explicavit, ubi non per parabolam aliquid significaverit; quamvis in eo aliqua et proprie dixerit: ita ut saepe inveniatur totus sermo eius parabolis explicatus, totus autem proprie dictus nullus inveniatur. explicatos autem sermones dico, quando ex aliqua occasione rerum incipit loqui quousque terminet quidquid ad ipsam rem pertinet, et transeat ad aliud. nonnunquam sane alius evangelista contexit quod alius diversis temporibus dictum indicat: non enim omnino secundum rerum gestarum ordinem, sed secundum suae quisque recordationis facultatem, narrationem quam exorsus est, ordinavit. quare autem in parabolis loqueretur, manifestat evangelista, cum subdit ut adimpleretur quod dictum est per prophetam dicentem: aperiam in parabolis os meum, eructabo abscondita a constitutione mundi. * hieronymus. ° hoc testimonium de psalmo 77, 2 sumptum est. legi in nonnullis codicibus eo loco ubi nos posuimus et vulgata editio habet ut adimpleretur quod dictum est per prophetam dicentem, ubi scriptum est: per isaiam prophetam dicentem. * remigius. ° unde porphyrius obiecit fidelibus: evangelista vester tantae insipientiae fuit ut quod reperitur in psalmis, ipse deputaverit isaiae. * hieronymus. ° quia ergo minime inveniebatur in isaia, arbitror postea a prudentibus viris esse sublatum; sed mihi videtur in principio ita editum: quod scriptum est per asaph prophetam dicentem: septuagesimus enim septimus psalmus de quo sumptum est hoc testimonium, asaph prophetae inscribitur, et primum scriptorem non intellexisse asaph, et putasse scriptoris vitium, atque emendasse nomen isaiae, cuius vocabulum manifestius erat. sciendum est itaque, quod non solum david, sed etiam ceteri (quorum in psalmis et hymnis et canticis dei, praescripta sunt nomina) prophetae sunt appellandi, asaph videlicet et idithum, et heman ephraites, et reliqui quos scriptura commemorat; quodque in persona domini dicitur aperiam in parabolis os meum, considerandum attentius et inveniendum describi egressum israelis ex aegypto, et omnia signa narrari quae in exodi continentur historia. ex quo intelligimus universa illa quae ibi scripta sunt, parabolice sentienda, et manifestare abscondita sacramenta: hoc enim salvator edicturum se esse promittit, dicens aperiam in parabolis os meum. * glossa. ° quasi dicat: qui prius locutus sum per prophetas, modo in propria persona aperiam os meum in parabolis, et eructabo de thesauro mei secreti; emittam mysteria quae abscondita erant a constitutione mundi.

lc8 * Chrysostomus in matth.. ° locutus fuerat dominus turbis in parabolis, ut eos ad interrogandum induceret; et quamvis multa in parabolis dixisset, nullus tamen eum interrogavit; et ideo eos dimisit: unde sequitur tunc dimissis turbis venit in domum. nullus autem eum scribarum sequitur: unde manifestum est quod propter nihil aliud prius sequebantur quam ut eum caperent in sermone. * hieronymus. ° dimittit autem turbas iesus, et domum revertitur, ut accedant ad eum discipuli, et secreto interrogent quae populus nec merebatur audire nec poterat. * rabanus. ° mystice autem dimissa turba tumultuantium iudaeorum, ingreditur ecclesiam gentium, et ibi fidelibus exponit sacramenta caelestia: unde sequitur et accesserunt ad eum discipuli eius dicentes: edissere nobis parabolam zizaniorum agri. * chrysostomus in matth.. ° cum aliquando volentes discere formidaverint interrogare, nunc libere interrogant, et confisi sunt, quoniam audierant: vobis datum est nosse mysterium regni dei; ideoque singulariter interrogant, non multitudinem aemulantes, quibus non erat datum. dimittunt autem parabolam fermenti et sinapis, ut manifestiores; interrogant autem de parabola zizaniorum, quia habet convenientiam ad praemissam parabolam de semine, et aliquid amplius ostendit. dominus autem quae esset parabola exponit: unde sequitur qui respondens ait eis: qui seminat bonum semen, est filius hominis. * remigius. ° ideo autem dominus se filium hominis appellavit, ut hoc indicio nobis exemplum humilitatis relinqueret; sive quia futurum erat ut haeretici negarent eum verum hominem esse; sive ut per humanitatis fidem possimus conscendere ad divinitatis cognitionem. sequitur ager autem est mundus. * glossa. ° cum autem ipse sit qui seminat agrum suum, manifestum est quia praesens mundus est eius. sequitur bonum vero semen hi sunt filii regni. * remigius. ° idest sancti et electi viri, qui inter filios regni computantur. * augustinus contra faustum. ° zizania autem exponit dominus non aliqua falsa veris scripturis immissa, sicut manichaeus interpretatur; sed omnes filios maligni, idest, imitatores diabolicae falsitatis: unde sequitur zizania autem sunt filii nequam; per quos omnes impios et malignos vult intelligi. * augustinus de quaest. evang.. ° omnis autem immunditia in segete zizania dicuntur. sequitur inimicus autem qui seminavit ea, est diabolus. * chrysostomus in matth.. ° etenim hoc diabolicae est machinationis, veritati semper inserere errorem. sequitur messis vero consummatio saeculi est. alio autem loco ait, de samaritanis loquens: levate oculos vestros, et considerate regiones, quoniam iam albae sunt ad messem; et rursus: messis quidem multa, operarii autem pauci: in quibus verbis messem dicit iam adesse. qualiter ergo hic eam dicit esse futuram? sed sciendum, quod in alia significatione messem dicit: unde et ibi dicit, quod alius est qui seminat, et alius qui metit; hic autem eumdem dicit esse qui seminat et qui metit: quoniam ibi non ad sui differentiam, sed apostolorum, prophetas induxit: etenim ipse christus per prophetas seminavit in iudaeis et samaritanis. idem ergo nominat semen et messem secundum aliud et aliud. cum enim de obedientia loquatur, et persuasione ad fidem, tunc vocat messem, sicut in quo totum perficitur: sed cum inquirit de fructu auditionis verbi dei, tunc consummationem dicit messem, sicut hic. * remigius. ° per messem enim designatur dies iudicii, in quo separandi sunt boni a malis; quod fiet ministerio angelorum: unde infra dicitur, quod veniet filius hominis cum angelis suis iudicare: propter quod sequitur messores autem angeli sunt. sequitur sicut ergo zizania colliguntur et igni comburuntur, sic erit in consummatione saeculi: mittet filius hominis angelos suos, et colligent de regno eius omnia scandala et eos qui faciunt iniquitatem. * augustinus de civ. dei. ° numquid de regno illo ubi sunt nulla scandala? de regno ergo isto eius quod est hic, scilicet ecclesia, colligentur. * augustinus de quaest. evang.. ° quod autem primo separantur zizania, hoc est quia tribulatione praecedente separabuntur impii a piis: quod per bonos angelos intelligitur fieri, quia officia vindictae possunt implere boni bono animo, quomodo lex, quomodo iudex; officia vero misericordiae mali implere non possunt. * chrysostomus in matth.. ° vel potest intelligi de regno caelestis ecclesiae; et tunc ostenditur hic duplex poena: videlicet quod excidunt a gloria, in hoc quod dicit et colligent de regno eius omnia scandala, scilicet ne scandala in regnum eius intrent; et quod comburuntur, in hoc quod subdit et mittent eos in caminum ignis. * hieronymus. ° omnia autem scandala referuntur ad zizania. hoc autem quod dicit et colligent de regno eius omnia scandala et eos qui faciunt iniquitatem, inter haereticos et schismaticos qui faciunt iniquitatem, voluit distinguere: ut per eos qui faciunt scandala intelligantur haeretici; per eos vero qui faciunt iniquitatem, intelligantur schismatici. * glossa. ° vel aliter. per scandala possunt intelligi illi qui praebent proximo occasionem offensionis, aut ruinae; per facientes iniquitatem quoscumque peccantes. * rabanus. ° observa quod dicit et eos qui faciunt iniquitatem: non qui fecerunt, quia non qui conversi sunt ad poenitentiam, sed solum qui permanent in peccatis, aeternis cruciatibus mancipandi sunt. * chrysostomus in matth.. ° vide autem ineffabilem dei amorem ad homines; est enim ad beneficia promptus, et ad poenam tardus: cum enim seminat, per seipsum seminat; cum autem punit, per alios: mittit enim ad hoc angelos suos. sequitur ibi erit fletus et stridor dentium. * remigius. ° his verbis demonstratur vera corporum resurrectio: nihilominus ostenditur per hoc duplex poena inferni, scilicet nimii caloris, et nimii frigoris. sicut autem scandala referuntur ad zizania, ita iusti reputantur in filios regni; de quibus sequitur tunc iusti fulgebunt sicut sol in regno patris eorum. in praesenti enim saeculo fulget lux sanctorum coram hominibus, post consummationem autem mundi ipsi iusti fulgebunt sicut sol in regno patris sui. * chrysostomus in matth.. ° non quia ita solum sicut sol; sed quia hoc sidere aliud magis luculentum non noscimus, cognitis nobis utitur exemplis. * remigius. ° quod autem dicit tunc fulgebunt, intelligendum est quia et nunc fulgent in exemplum aliorum; sed tunc fulgebunt sicut sol ad laudandum deum. sequitur qui habet aures audiendi audiat. * rabanus. ° idest, qui habet intellectum intelligat, quia mystice haec omnia intelligenda sunt.

lc9 * Chrysostomus in matth.. ° parabolae quas supra dominus posuerat de fermento et sinapi, ad virtutem evangelicae praedicationis referuntur, quoniam superavit orbem terrarum; nunc autem ut pretiositatem et magnificentiam eiusdem ostenderet, proponit parabolam de thesauro et margarita, dicens simile est regnum caelorum thesauro abscondito in agro. praedicatio enim evangelii occultata est in mundo, et si non vendideris omnia, non emes eam; et cum gaudio hoc oportet facere: unde sequitur quem qui invenit homo abscondit. * hilarius in matth.. ° hic quidem thesaurus gratis invenitur. evangeliorum enim praedicatio in abscondito est; sed utendi et possidendi huiusmodi thesauri cum agro potestas non potest esse sine pretio: quia caelestes divitiae non sine damno saeculi possidentur. * hieronymus. ° quod autem abscondit, non de invidia facit; sed more servantis et nolentis prodere, abscondit in corde, quem pristinis praetulit facultatibus. * gregorius in evang.. ° vel aliter. thesaurus in agro absconditus est caeleste desiderium; ager vero in quo thesaurus absconditur, est disciplina studii caelestis: quem scilicet thesaurum cum invenit homo abscondit, scilicet ut servet: quia studium caelestis desiderii a malignis spiritibus custodire non sufficit ei qui hoc ab humanis laudibus non abscondit. in praesenti etenim vita quasi in via sumus, qua ad patriam pergimus. maligni autem spiritus iter nostrum quasi quidam latrunculi obsident. depraedari ergo desiderant qui thesaurum publice portant in via. hoc autem dico, non ut proximi nostri opera nostra non videant; sed ut per hoc quod agimus, laudes exterius non quaeramus. caelorum autem regnum idcirco terrenis rebus simile dicitur, ut ex his quae animus novit, surgat ad incognita; ut per hoc quod scit notum diligere, discat ignotum amare. sequitur et prae gaudio illius vadit, et vendit universa quae habet et emit agrum illum. agrum profecto venditis omnibus comparat qui voluptatibus carnis renuntians, cuncta sua terrena desideria per disciplinae caelestis custodiam calcat. * hieronymus. ° vel thesaurus iste, in quo sunt omnes thesauri sapientiae et scientiae absconditi, aut deus verbum est, qui in carne christi videtur absconditus; aut sanctae scripturae, in quibus reposita est notitia salvatoris. * augustinus de quaest. evang.. ° hunc autem thesaurum dixit in agro absconditum, scilicet duo testamenta in ecclesia; quae cum quis ex parte intellectus attigerit, sentit illic magna latere; et vadit, et vendit omnia sua, et emit illum; idest, contemptu temporalium comparat sibi otium, ut sit dives cognitione dei.

lc10 * Chrysostomus in matth.. ° evangelica praedicatio non solum lucrum multiplex praebet ut thesaurus, sed et pretiosa est ut margarita: unde post parabolam de thesauro ponit parabolam de margarita, dicens iterum simile est regnum caelorum homini negotiatori, etc.. in praedicatione enim duo oportet adesse: scilicet ab huius vitae negotiis separari, et vigilantes esse; quod negotiatio designat. una autem est veritas et non partita; et propter hoc una margarita dicitur inventa. et sicut qui margaritam habet, ipse quidem novit quod dives est, aliis vero non est cognitus, multoties eam manu detinens propter eius parvitatem, ita est in praedicatione evangelii: qui enim eam detinent, sciunt se divites esse; infideles autem hunc thesaurum nescientes, divitias nostras ignorant. * hieronymus. ° bonae autem margaritae possunt intelligi lex et prophetae. audi ergo, marcion et manichaee, quod bonae margaritae sunt lex et prophetae. una ergo pretiosissima margarita est scientia salvatoris, et sacramentum passionis et resurrectionis illius; quod cum invenerit homo negotiator, similis pauli apostoli, omnia legis prophetarumque mysteria, et observationes pristinas, in quibus inculpate vixerat, quasi purgamenta contemnit, ut christum lucrifaciat; non quod inventio bonae margaritae condemnatio sit veterum margaritarum; sed quod comparatione eius omnis alia gemma sit vilior. * gregorius in evang.. ° vel per margaritam pretiosam intelligitur caelestis vitae dulcedo, quam inventam omnia vendens emit: quia qui caelestis vitae dulcedinem, inquantum possibilitas admittit, perfecte cognoverit, ea quae in terris amaverat, libenter cuncta derelinquit: deforme conspicitur quicquid de terrenae rei placebat specie, quia sola pretiosae margaritae claritas fulget in mente. * augustinus de quaest. evang.. ° vel homo cum quaerat bonas margaritas, invenit unam pretiosam: quia quaerens homines bonos, cum quibus utiliter vivat, invenit unum sine peccato iesum christum; aut praecepta quaerens, quibus servatis, cum hominibus recte conversetur, invenit dilectionem proximi (in quo uno dicit apostolus omnia contineri); aut bonos intellectus quaerens, invenit illud verbum quo cuncti continentur: in principio erat verbum, quod est lucidum candore veritatis, et solidum firmitate aeternitatis, et undique sibi simile pulchritudine veritatis; qui deus penetrata testudine intelligendus est. quodlibet illorum vero trium sit, vel si aliud occurrere potuerit quod margaritae unius pretiosae nomine significetur; pretium eius est nos ipsi, qui ad eam possidendam non sumus liberi, nisi omnibus pro nostra liberatione contemptis quae temporaliter possidentur. venditis enim rebus nostris, nullum aliud pretium maius accipimus quam nos ipsos (quia talibus implicati, nostri non eramus), ut rursus nos pro illa margarita demus: non quia tantum valet, sed quia plus dare non possumus.

lc11 * Chrysostomus in matth.. ° postquam per praedictas parabolas evangelicam praedicationem commendaverat, ut non confidamus in praedicatione solum, neque fidem nobis aestimemus sufficere ad salutem, aliam parabolam terribilem subdit, dicens iterum simile est regnum caelorum sagenae missae in mare. * hieronymus. ° impleto enim ieremiae vaticinio dicentis: ecce ego mittam ad vos piscatores multos, postquam autem audierunt petrus et andreas, iacobus et ioannes: sequimini me: faciam vos piscatores hominum, contexuerunt sibi ex veteri et ex novo testamento sagenam evangelicorum dogmatum, et miserunt eam in mare huius saeculi; quae usque hodie in mediis fluctibus tenditur, capiens de salsis et amaris gurgitibus quicquid inciderit, idest bonos homines et malos; et hoc est quod subdit ex omni genere piscium congreganti. * gregorius in evang.. ° vel aliter. sancta ecclesia sagenae comparatur, quia et piscatoribus est commissa, et per eam quisque ad aeternum regnum a praesentis saeculi fluctibus trahitur, ne aeternae mortis profundo mergatur: quae ex omni genere piscium congregat, quia ad peccatorum veniam sapientes et fatuos, liberos et servos, divites et pauperes, fortes et infirmos vocat: quae sagena scilicet tunc universaliter impletur, cum in fine suo humani generis summa concluditur: unde sequitur quam, cum impleta esset educentes et secus littus sedentes, elegerunt bonos in vasa, malos autem foras miserunt. sicut enim mare saeculum, ita saeculi finem significat littus maris: in quo scilicet fine, boni pisces in vasis eliguntur, mali proiciuntur foras: quia et electus quisque in tabernacula aeterna recipitur, et interni regni luce perdita, ad exteriores tenebras reprobi protrahuntur. nunc enim malos bonosque communiter quasi permixtos pisces fidei sagena continet; sed littus indicat sagena ecclesiae quid trahebat. * hieronymus. ° dum enim sagena extrahetur ad littus, tunc verum secernendorum piscium indicium demonstrabitur. * chrysostomus in matth.. ° quid autem distat haec parabola a parabola zizaniorum? etenim illic hi quidem salvantur, hi autem pereunt, sicut et hic. sed illic quidem propter pravorum dogmatum haeresim, et in anteriori parabola de semine, quia non attendebant quae dicebantur; hic autem propter vitae nequitiam, propter quam quamvis et piscatione capti, idest cognitione dei fruentes, non possunt salvari. ne autem audiens quoniam malos foras miserunt, aestimes hanc poenam non esse periculosam, per expositionem eius gravitatem ostendit, dicens: sic erit in consummatione saeculi: exibunt angeli, etc.. quamvis alibi dicat, quod ipse segregabit eos sicut separat pastor oves, hic angelos hoc facere dicit, sicut et in parabola zizaniorum. * gregorius in evang.. ° timendum est autem hoc potius quam exponendum: aperta enim voce tormenta peccantium dicta sunt, ne quis ad ignorantiae suae excusationem recurreret, si quid de aeterno supplicio obscure diceretur. * rabanus. ° cum enim venerit finis mundi, tunc verum secernendorum piscium indicium demonstrabitur; et quasi in quodam quietissimo portu boni mittentur in vasa caelestium mansionum; malos autem torrendos et exsiccandos, gehennae flamma suscipiet.

lc12 * Chrysostomus in matth.. ° recedentibus turbis, dominus discipulis in parabolis loquitur; ex quibus sapientiores sunt facti, ita quod intelligunt quae dicuntur: quocirca dicit eis intellexistis haec omnia? dicunt ei: etiam. * hieronymus. ° ad apostolos enim proprie sermo est, quos non vult audire tantum ut populum, sed etiam intelligere ut magistros futuros. * chrysostomus in matth.. ° deinde quia intellexerunt, rursus eos laudat: unde sequitur ait illis: ideo omnis scriba doctus in regno caelorum similis est homini patrifamilias, qui profert de thesauro suo nova et vetera. * augustinus de civ. dei. ° non dixit: vetera et nova: quod utique dixisset, nisi maluisset meritorum ordinem servare quam temporum. manichaei etiam dum sola dei promissa nova tenere se arbitrantur, remanent in vetustate carnis, et novitatem inducunt erroris. * augustinus de quaest. evang.. ° utrum autem ista conclusione exponere voluit quem dixerit thesaurum in agro absconditum (quoniam sanctae scripturae intelliguntur, quae nomine duorum testamentorum novi et veteris concluduntur); an ostendere voluit, eum doctum habendum in ecclesia qui etiam scripturas veteres parabolis explicatas intellexerit, ab istis novis accipiens regulas, quia et ista dominus per parabolas enuntiavit; ut si ipse, in quo illa complentur et manifestantur, per parabolas adhuc loquitur, donec passio eius velum discindat, ut nihil sit occultum quod non reveletur; multo magis illa quae tam longe de illo scripta sunt, parabolis operta esse noverimus: quae cum iudaei ad litteram accipiant, noluerunt esse docti in regno caelorum. * gregorius in evang.. ° sed si per novum et vetus quod dicitur, utrumque testamentum accipimus, abraham doctum fuisse denegamus, qui novi et veteris testamenti etsi facta novit, minime verba nuntiavit. moysen quoque docto patrifamilias comparare non possumus: quia etsi testamentum edocuit vetus, novi tamen dicta non protulit. sed in eo quod hic dicitur, intelligi valet quia non de his qui fuerant, sed de his qui esse in ecclesia poterant, loquebatur; qui tunc nova et vetera proferunt, cum utriusque testamenti praedicamenta vocibus et moribus loquuntur. * hilarius in matth.. ° discipulis enim est locutus, quos scribas propter scientiam nuncupat, eo quod intellexerint ea quae ille nova et vetera, idest in evangeliis et lege protulit, quae sunt et eiusdem patrisfamilias, uniusque utraque thesauri: ipsos etiam sub patrisfamilias nomine sibi comparat, eo quod doctrinam de spiritus sancti thesauro suo novorum ac veterum sunt adepti. * hieronymus. ° vel apostoli instructi scribae dicuntur, quasi notarii salvatoris, qui verba illius et praecepta signabant in tabulis cordis carnalibus rerum caelestium sacramentis, et pollebant opibus patrisfamiliae, eicientes de thesauro doctrinarum suarum nova et vetera: ut quicquid in evangelio praedicabant, legis et prophetarum vocibus comprobarent. unde et sponsa dicit in cantico canticorum: nova cum veteribus, dilecte mi, servavi tibi. * gregorius in evang.. ° vel aliter. vetus est ut pro culpa humanum genus in aeterna poena intereat, et novum ut conversus in regnum vivat. prius autem de regni similitudine thesaurum inventum ac margaritam bonam protulit; postmodum inferni poenas de malorum combustione narravit: atque in conclusione subiungit ideo doctus scriba, etc.; ac si dicat: ille in sancta ecclesia doctus praedicator est qui et nova scit proferre de suavitate regni, et vetusta dicere de terrore supplicii: ut vel poenae terreant quos praemia non invitant.

lc13 * Hieronymus. ° post parabolas quas dominus ad populum est locutus, et quas soli apostoli intelligunt, transit in patriam suam, ut ibi apertius doceat: et hoc est quod dicitur et factum est, cum consummasset iesus parabolas istas transiit inde; et veniens in patriam suam docebat eos in synagogis eorum. * augustinus de cons. evang.. ° a superiori sermone parabolarum istarum sic transit ut non ostendat consequentis ordinis necessitatem; praesertim quia marcus ab istis parabolis non in quod matthaeus, sed in aliud intendens, in quod et lucas, ita contexuit narrationem ut credibilius ostendatur hoc esse potius consequenter gestum quod ipsi duo consequenter adiungunt, de navi scilicet in qua dormiebat iesus, et de miraculo expulsorum daemoniorum; quae matthaeus superius recolens interposuit. * chrysostomus in matth.. ° patriam autem eius hic nazareth vocat: non enim fecit ibi virtutes multas, ut infra dicitur, sed in capharnaum fecit multa signa; sed doctrinam eis ostendit non minorem admirationem habentem quam signa. * remigius. ° in synagogis autem docebat, ubi plurimi conveniebant: quia propter multorum salutem de caelis descendit ad terras. sequitur ita ut mirarentur et dicerent: unde huic sapientia haec et virtutes? sapientia refertur ad doctrinam; virtutes vero ad miraculorum operationem. * hieronymus. ° mira stultitia nazaraeorum. mirantur unde habeat sapientiam sapientia, et virtutes virtus; sed error in promptu est, quia fabri filium suspicantur: unde et dicunt nonne hic est fabri filius? * chrysostomus in matth.. ° per omnia ergo erant insensati, vilipendentes eum ab eo qui aestimabatur esse pater; quamvis multa horum exempla habentes in antiquis temporibus, et patrum ignobilium nobiles videntes filios: etenim david cuiusdam agricolae iesse fuit filius, et amos cuiusdam pastoris, et ipse pastor. oportebat enim propter hoc maxime eum honorare, quoniam a talibus existens talia loquebatur. et hoc enim manifestum quoniam non ex humana diligentia erat, sed ex divina gratia. * augustinus in serm. dom. infra oct. epiph.. ° est autem pater christi faber deus, qui totius mundi opera fabricatus est, arcam noe disposuit, moysi tabernaculum ordinavit, arcam testamenti instituit. fabrum dixerim, qui mentem rigidam explanat, ac cogitationes superbas excidit. * hilarius in matth.. ° fabri etiam hic erat filius, ferrum ignea vincentis ratione, saeculi virtutem iudicio decoquentis, massamque formantis in omne opus utilitatis humanae; formam scilicet corporum nostrorum in diversa membrorum ministeria, et ad omnia aeternae vitae opera fingentis. * hieronymus. ° cum autem errent in patre, non est mirandum si errent in fratribus: unde subditur nonne eius mater dicitur maria, et fratres eius iacobus et ioseph et simon et iudas? et sorores eius nonne apud nos omnes sunt? * hieronymus contra helvidium. ° fratres domini hic appellantur filii materterae eius mariae; et haec est mater iacobi et ioseph, idest maria cleophae uxor alphaei; et haec dicta est maria mater iacobi minoris. * augustinus de quaest. evang.. ° non ergo mirum est dictos esse fratres domini ex materno genere quoscumque cognatos: cum etiam ex cognatione ioseph dici potuerint fratres eius ab illis qui eum patrem domini esse arbitrabantur. * hilarius in matth.. ° inhonoratur ergo dominus a suis; et quamquam docendi prudentia et operandi virtus admirationem commoveret, non tamen credunt haec in nomine domini agere, et paternae artis quodam opprobrio lacessunt. inter tot ergo magnifica quae gerebat, corporis eius contemplatione commovebantur; et ideo dicunt unde huic omnia ista? sequitur et sic scandalizabantur in eo. * hieronymus. ° error iudaeorum salus nostra est, et haereticorum condemnatio: intantum enim cernebant hominem iesum christum ut putarent filium fabri. * chrysostomus in matth.. ° intuere enim christi mansuetudinem: conviciatus est; sed cum multa mansuetudine respondit: unde sequitur iesus autem dixit eis: non est propheta sine honore nisi in patria sua et in domo sua. * remigius. ° prophetam seipsum appellat; quod et moyses manifestat cum dicit: prophetam suscitabit deus de fratribus vestris vobis. et hoc sciendum, quia non solum christus, qui est caput omnium prophetarum, sed etiam ieremias, daniel, et ceteri minores prophetae maioris honoris et dignitatis fuerunt apud exteros quam apud suos. * hieronymus. ° propemodum enim naturale est cives semper civibus invidere: non enim considerant praesentia viri opera, sed fragilis recordantur infantiae: quasi non et ipsi per eosdem aetatum gradus ad maturam aetatem venerint. * hilarius in matth.. ° inhonorabilem etiam prophetam in patria sua esse respondit, quia in iudaea esset usque ad crucis sententiam condemnandus, et quia penes solos fideles dei virtus est: et propter eorum incredulitatem operibus divinae virtutis abstinuit: unde sequitur et non fecit ibi virtutes multas propter incredulitatem eorum. * hieronymus. ° non quod eum incredulis illis facere non potuit virtutes multas; sed quod ne multas faciens virtutes, cives incredulos condemnaret. * chrysostomus in matth.. ° si autem admiratio ei adveniebat ex miraculis, quare non multa fecit? quia non ad ostentationem suam inspiciebat, sed ad ea quae aliis erant utilia. hoc igitur non proveniente, despexit quod erat sui ipsius, ut non poenam eis augeat. cur igitur vel pauca fecit signa? ut non dicant: si utique facta essent signa, nos credidissemus. * hieronymus. ° potest etiam aliter intelligi: quod iesus despiciatur in domo, et in patria sua, hoc est in populo iudaeorum; et ideo ibi pauca signa fecerit, ne penitus inexcusabiles fierent; maiora autem signa quotidie in gentibus per apostolos facit non tam in sanatione corporum quam in animarum salute.

071 CMT cp14

lc1 * Glossa. ° quia supra evangelista ostenderat quomodo pharisaei christi miracula calumniabantur, concives autem eius haec admirantes, christum tamen contemnebant, refert nunc quam opinionem ex auditis miraculis herodes de christo conceperat: unde dicitur in illo tempore audivit herodes tetrarcha famam iesu. * chrysostomus in matth.. ° non absque causa hic tempus evangelista designat, sed ut discas tyranni superbiam et negligentiam: neque enim a principio didicit ea quae erant de christo, sed post plurimum tempus: sic etiam multi qui in potestatibus sunt multa elatione circumdati, huiusmodi tarde addiscunt, quia non multam horum faciunt curam. * augustinus de cons. evang.. ° dixit autem matthaeus in illo tempore, non: in illo die, vel ipsa hora: nam et marcus quidem hoc eodem modo dicit, sed non eodem ordine; sed postquam discipulos ad praedicandum misit; nulla tamen facta necessitate, qua hoc consequenter gestum esse intelligeretur. lucas etiam narrandi eum ordinem tenet quem et marcus; nec ipse tamen rerum gestarum ordinem fuisse eumdem credi cogit. * chrysostomus in matth.. ° vide ergo quam magnum quid est virtus: nam et defunctum ioannem herodes formidavit, et de resurrectione philosophatur: et ideo sequitur et ait pueris suis: hic est ioannes baptista: ipse surrexit a mortuis, et ideo virtutes operantur in eo. * rabanus. ° sed quanta est invidia iudaeorum, ex isto loco docemur. ioannem enim a mortuis potuisse resurgere nullo attestante herodes alienigena pronuntiavit; iudaei vero christum quem prophetae praedixerant, non resurrexisse, sed furtim ablatum esse credere maluerunt. in quo insinuatur, quod promptior est animus gentium ad credulitatem quam iudaeorum. * hieronymus. ° quidam autem ecclesiasticorum interpretum quaerit quare herodes ista sit suspicatus, ut putet ioannem a mortuis resurrexisse: quasi alieni erroris nobis reddenda sit ratio, aut ex his verbis habeat occasionem haeresis metempsychoseos, quae post multos annorum circulos in diversa corpora dicit animas insinuari: cum eo tempore quo ioannes decollatus est, dominus triginta annorum esset. * rabanus. ° bene autem de resurrectionis virtute omnes senserunt, quod maioris potentiae sunt sancti futuri cum a mortuis resurrexerint, quam fuere dum adhuc carnis infirmitate gravarentur: propterea dicit et ideo virtutes operantur in eo. * augustinus de cons. evang.. ° lucas autem dicit: et ait herodes: ioannem ego decollavi. quid est iste de quo audio talia? quia ergo haesitantem lucas commemoravit herodem, intelligendum est, aut post hanc haesitationem confirmasse in animo suo quod ab aliis dicebatur, cum dixit pueris suis, sicut hic matthaeus narrat, hic est ioannes baptista; aut ita pronuntianda sunt haec verba ut haesitantem adhuc indicent: utroque enim modo pronuntiari potest: ut aut confirmatum eum ex aliorum verbis accipiamus, aut adhuc eum haesitantem, ut lucas commemorat. * remigius. ° forte autem quaeret aliquis quare dicat matthaeus in illo tempore audivit herodes, cum longe superius dicat, quod mortuo herode, reversus est dominus ex aegypto. sed haec quaestio solvitur, si intelligatur duos fuisse herodes: mortuo namque priore herode, successit ei archelaus filius eius, qui post decem annos relegatus est exilio apud viennam urbem galliae. deinde caesar augustus iussit dividi illud regnum in tetrarchias, et tres partes dedit filiis herodis. iste ergo herodes qui ioannem decollavit, est filius maioris herodis, sub quo dominus natus est; et ut hoc ostenderet evangelista, addit tetrarcha. * glossa. ° quia vero dixerat de opinione resurrectionis ioannis, cum nihil de morte dixisset, ideo revertitur, et narrat qualiter obierit. * chrysostomus in matth.. ° et hanc historiam nobis evangelista non principaliter inducit, quia totum studium fuit ei dicere de christo, et nihil aliud, nisi ad hoc conferre deberet. dicit ergo herodes tenuit ioannem et alligavit eum. * augustinus de cons. evang.. ° lucas quidem non eodem ordine recordatur, sed circa baptismum quo dominus baptizatus est; unde hoc praeoccupasse intelligitur, ut narret quod multo post factum est. cum enim commemorasset ioannes verba de domino, quod ventilabrum in manu eius sit, continuo hoc subiecit, quod non continuo factum esse ioannes evangelista exponit, cum commemoret, postea quam baptizatus est iesus, iisse eum in galilaeam, et post rediisse in iudaeam, et ibi baptizasse circa iordanem, antequam ioannes in carcerem missus esset. sed nec matthaeus nec marcus eo ordine de ioanne in carcerem misso in sua narratione posuerunt: quod factum apparet in eorum scriptis: nam et ipsi dixerunt, tradito ioanne dominum iisse in galilaeam; et post multa quae fecit ibi, ex occasione famae venientis ad herodem de christo, narrant omnia quae de ioanne fuerunt incluso et occiso. causam autem quare positus sit in carcerem, ostendit cum dicit propter herodiadem uxorem fratris sui. dicebat enim illi ioannes: non licet tibi habere eam. * hieronymus. ° vetus narrat historia, philippum herodis maioris filium, fratrem huius herodis, duxisse uxorem herodiadem filiam arethae regis arabum; postea vero socerum eius, exortis quibusdam contra generum simultatibus, tulisse filiam suam, et in dolorem prioris mariti, herodis inimici eius nuptiis copulasse. ergo ioannes baptista, qui venerat in spiritu et virtute eliae, eadem auctoritate qua ille achab corripuerat et iezabel, arguit herodem et herodiadem, quod illicitas nuptias fecerint, et non liceat fratre vivente germano, uxorem eius ducere; malens periclitari apud regem, quam propter adulationem esse immemor praeceptorum dei. * chrysostomus in matth.. ° non tamen uxori loquitur, sed viro eius, quoniam principalior erat hic; forsan enim legem iudaeorum tenebat; et ideo ioannes eum ab adulterio prohibuit. sequitur et volens eum occidere timuit |150| populum. * hieronymus. ° seditionem quidem populi verebatur propter ioannem, a quo sciebat turbas in iordane plurimas baptizatas; sed amore vincebatur uxoris, ob cuius ardorem etiam dei praecepta neglexerat. * glossa. ° timor enim dei corrigit; timor hominum differt, sed voluntatem non aufert: unde et avidiores reddit ad crimen quos aliquando suspendit a crimine.

lc2 * Chrysostomus in matth.. ° postquam enarravit evangelista incarcerationem ioannis, prosequitur de occisione ipsius, dicens die autem natalis herodis saltavit filia herodiadis in medio. * hieronymus. ° nullum invenimus alium observasse diem natalis sui, nisi herodem et pharaonem: ut quorum erat par impietas, esset una solemnitas. * remigius. ° et sciendum, quod consuetudo est non solum divitum, sed etiam pauperum mulierum, ita pudice filias suas nutrire ut vix ab extraneis videantur. haec autem impudica mulier impudice filiam suam nutrivit, quam non docuit pudorem, sed saltationem. nec minus reprehendendus est herodes, qui oblitus est domum suam esse aulam regiam, quam praedicta mulier fecerat theatrum: unde sequitur et placuit herodi: unde cum iuramento pollicitus est ei dare quodcumque postulasset ab eo. * hieronymus. ° ego autem non excuso herodem quod invitus et nolens propter iuramentum homicidium fecerit, qui ad hoc forte iuravit |25| ut futurae occisionis machinas praepararet: alioquin, si ob iusiurandum fecisse se dicit, si matris, si patris postulasset interitum, facturus fuerat, an non? quod in se ergo repudiaturus fuit, contemnere debuit in propheta. * isidorus. ° in malis ergo promissis rescinde fidem. impia est promissio quae scelere adimpletur. illud non est observandum sacramentum quo malum incaute promittitur. sequitur at illa praemonita a matre sua, da mihi, inquit, hic in disco caput ioannis baptistae. * hieronymus. ° herodias enim timens ne herodes aliquando resipisceret, vel philippo fratri amicus fieret, atque illicitae nuptiae repudio solverentur, monet filiam ut in ipso statim convivio ioannis caput postulet: digno operi saltationis dignum sanguinis praemium. * chrysostomus in matth.. ° duplex est autem hic puellae accusatio: et quoniam saltavit, et quoniam ita ei placuit ut occisionem expeteret in mercedem. vide autem qualiter crudelis et qualiter mollis est herodes: seipsum enim obnoxium |50| iuramento facit, illam autem dominam petitionis constituit. quia ergo scivit quod ex eius petitione malum eveniebat, tristatus est: unde sequitur et contristatus est rex. virtus enim etiam apud malos admiratione et laudibus digna est. * hieronymus. ° vel aliter. consuetudinis scripturarum est ut opinionem multorum sic narret historicus quomodo eo tempore ab omnibus credebatur. sicut ioseph ab ipsa quoque maria appellabatur pater iesu, ita et nunc herodes dicitur contristatus, quia hoc discumbentes putabant. dissimulator enim mentis suae, et artifex homicidii, tristitiam praeferebat in facie, cum laetitiam haberet in mente. sequitur propter iusiurandum, et propter eos qui pariter recumbebant iussit dari. scelus excusat iuramento, ut sub occasione pietatis impius fieret. quod autem subicit et propter eos qui pariter discumbebant, vult omnes sceleris sui esse consortes, ut in luxurioso convivio cruentae epulae deferrentur. * chrysostomus in matth.. ° si autem testes habere |75| periurationis formidavit, quanto magis timuisse oportebat tam iniquae occisionis tantos testes habere? * remigius. ° sed in eo minus peccatum factum est causa maioris peccati: nam quia libidinosam voluntatem non extinxit, idcirco ad luxuriam usque pervenit; et quia luxuriam non coercuit, ideo ad reatum homicidii descendit: unde sequitur misitque et decollavit ioannem in carcere; et allatum est caput eius in disco. * hieronymus. ° legimus in romana historia, flaminium ducem romanorum, quod accubanti iuxta meretriculae, quae nunquam vidisse se diceret hominem decollatum, assensus sit ut reus quidam capitalis criminis in convivio truncaretur, a censoribus pulsum curia, quod epulas sanguini commiscuerit, et mortem, quamvis noxii hominis, in alterius delicias praestiterit, ut libido et homicidium pariter miscerentur. quanto sceleratior herodes et herodias, ac puella quae saltavit: in pretium sanguinis petiit caput prophetae, ut haberet in potestate linguam, quae illicitas nuptias arguebat. |100| sequitur et datum est puellae et attulit matri suae. * glossa. ° ut habeat in potestate linguam quae illicitas nuptias arguebat. * gregorius moralium. ° sed non sine admiratione gravissima perpendo, quod ille prophetiae spiritu intra matris uterum impletus, quo inter natos mulierum nemo maior surrexit, ab iniquis in carcerem mittitur; et pro puellae saltu capite truncatur; et vir tantae severitatis pro risu turpium moritur. numquidnam credimus aliquid fuisse quod in eius vita illa sic despecta mors tergeret? sed idcirco deus suos sic premit in infimis, quia videt quomodo remuneret in summis. hinc ergo unusquisque colligat quid illi passuri quos reprobat, si sic cruciat quos amat. * gregorius moralium. ° neque autem ioannes de confessione christi, sed de iustitiae veritate requisitus occubuit. sed quia christus est veritas, usque ad mortem pro christo quasi pro veritate pervenit. sequitur et accedentes discipuli eius tulerunt corpus eius et sepelierunt illud. |125| * hieronymus. ° in quo ipsius ioannis et salvatoris discipulos intelligere possumus. * rabanus. ° narrat autem iosephus vinctum ioannem in castellum mecheronta adductum, ibique truncatum; ecclesiastica vero narrat historia sepultum eum in sebastia urbe palaestinorum, quae quondam samaria dicta est. * chrysostomus in matth.. ° intende autem qualiter discipuli ioannis iam magis familiares facti sunt iesu: ipsi enim sunt qui annuntiaverunt ei quod factum est de ioanne: unde sequitur et venientes nuntiaverunt iesu. etenim universos dimittentes ad ipsum confugiunt; et ita paulatim post calamitatem et responsionem a christo datam directi sunt. * hilarius in matth.. ° mystice autem ioannes praetulit formam legis: quia lex christum praedicavit, et ioannes profectus ex lege est, christum ex lege praenuntians. herodes vero princeps est populi, et populi princeps subiectae sibi universitatis nomen causamque complectitur. ioannes ergo herodem monebat ne fratris sui uxorem sibi iungeret. sunt enim |150| atque erant duo populi: circumcisionis et gentium. hi igitur fratres ex eodem sunt humani generis parente; sed israelem lex admonebat ne opera gentium et infidelitatem sibi iungeret, quae ipsis tamquam vinculo coniugalis amoris annexa est. die autem natalis, idest rerum corporalium gaudiis, herodiadis filia saltavit: voluptas enim tamquam ex infidelitate orta, per omnia israel gaudia totis illecebris suae cursibus efferebatur, cui se etiam sacramento venalem populus addixit: sub peccatis enim et saeculi voluptatibus israelitae vitae aeternae munera vendiderunt. haec matris suae, idest infidelitatis, instinctu oravit deferri sibi caput ioannis, idest gloriam legis; sed populus boni eius quod in lege erat conscius, voluptatis conditionibus non sine periculi sui dolore concedit; scitque se talem praeceptorum gloriam non oportuisse concedere; sed peccatis tamquam sacramento coactus, et principum adiacentium metu atque exemplo depravatus et victus, illecebris voluptatis moestus obtemperat. igitur inter reliqua dissoluti |175| populi gaudia, in disco ioannis caput offertur: damnum scilicet legis, voluptas corporum, et saecularis luxus augetur. igitur per puellam ad matrem defertur; ac sic probrosus israel etiam voluptati et infidelitati suae gloriam legis addixit. finitis igitur legis temporibus, et cum ioanne sepultis, discipuli eius res gestas domino annuntiant, ad evangelia scilicet ex lege venientes. * hieronymus. ° vel aliter. nos usque hodie cernimus in capite ioannis prophetae, iudaeos christum, qui caput prophetarum est, perdidisse. * rabanus. ° sed et linguam et vocem apud eos perdidit propheta. * remigius. ° vel aliter. decollatio ioannis signat minorationem famae illius quae aestimatur a populo christus, sicut exaltatio domini in cruce signat profectum fidei: unde ioannes dixerat: illum oportet crescere, me autem minui.

lc3 * Glossa. ° salvator, audita nece sui baptistae, secessit in locum desertum: unde sequitur quod cum audisset iesus, secessit inde in navicula in locum desertum seorsum. * augustinus de cons. evang.. ° hoc autem continuo post ioannis passionem evangelista factum esse commemorat: unde post haec, facta sunt illa quae primo narrata sunt; quibus motus herodes dixit: hic est ioannes. illa enim posteriora debent intelligi quae ad herodem pertulit fama, ut moveretur, et haesitaret quisnam iste esse posset de quo audiret talia, cum ioannem ipse occidisset. * hieronymus. ° non autem secedit in locum desertum, ut quidam arbitrantur, timore mortis; sed parcens inimicis suis, ne homicidium homicidio iungerent; vel in diem paschae suum interitum differens, in quo propter sacramentum immolandus est agnus, et postes credentium sanguine respergendi: sive ideo secessit ut nobis praeberet exemplum temeritatis ultro se tradentium vitandae: quia non omnes eadem |25| constantia perseverant in tormentis qua se torquendos offerunt. ob hanc causam in alio loco praecipit: cum persecuti vos fuerint in ista civitate, fugite in aliam. unde eleganter quoque evangelista non dicit: fugit in locum desertum, sed secessit, ut persecutores vitaverit magis quam timuerit. potest etiam aliam ob causam, audito ioannis interitu, secessisse in desertum locum, ut credentium probaret fidem. * chrysostomus in matth.. ° vel ideo hoc fecit quia plura humanitus vult dispensare, nondum tempore existente denudandi suam manifeste deitatem; propter quod et discipulis dixit, quod nulli dicerent quod ipse esset christus. post resurrectionem autem volebat hoc fieri manifestum. ideo autem quamvis per se noverit quod factum est, tamen antequam nuntiaretur ei, non secessit, ut demonstraret per omnia incarnationis veritatem: non enim solo visu, sed operibus hoc credi volebat. recedens vero non abiit in civitatem, sed in desertum in navigio, ut nullus sequeretur. turbae autem neque ita desistunt, |50| sed sequuntur; et neque quod gestum est de ioanne eos terruit: unde sequitur et, cum audissent turbae, secutae sunt eum pedestres de civitatibus. * hieronymus. ° secutae sunt autem eum pedestres, non in iumentis, non in vehiculis, sed proprio labore pedum, ut ardorem mentis ostenderent. * chrysostomus in matth.. ° et propter hoc statim retributionem acceperunt: unde sequitur et exiens vidit turbam multam et misertus est eis et curavit languidos eorum: etsi enim multa erat affectio eorum qui civitates dimittebant, et diligenter eum quaerebant, sed tamen quae ab ipso fiebant, omnis studii superexcedunt retributionem. ideoque causam talis curationis misericordiam ponit. est autem magna misericordia quod omnes curat, et fidem non expetit. * hilarius in matth.. ° mystice autem dei verbum, lege finita, navem conscendens, ecclesiam adiit, in desertum descendit: relicta quippe conversatione israel, in vacua divinae cognitionis pectora transit. turba autem hoc audiens, dominum |75| de civitate sequitur in desertum, de synagoga videlicet ad ecclesiam tendens: quam videns misertus est, et omnem languorem infirmitatemque curat, obsessas scilicet mentes et corda infidelitatis vitio ad intelligentiam novae praedicationis emundat. * rabanus. ° illud quoque notandum, quod postquam dominus in desertum venerit, secutae sunt eum turbae multae: nam antequam veniret in solitudinem gentium, ab uno tantum populo colebatur. * hieronymus. ° relinquunt autem civitates suas, hoc est pristinas conversationes et varietates dogmatum. egressus autem iesus signat quod turbae quidem habebant eundi voluntatem, sed perveniendi vires non habuerunt; ideo salvator egreditur de loco, et obviam pergit.

lc4 * Chrysostomus in matth.. ° turbarum fidem ostendit quod dominum etiam famem patientes expectabant usque ad vesperam: ideo sequitur vespere autem facto, accesserunt ad eum discipuli eius dicentes: desertus est locus, et hora iam praeteriit. cibaturus quidem eos dominus expectat rogari, quasi ubique non insiliens prior ad miracula, sed vocatus. ideo autem nullus de turba accedit: venerabantur enim eum abundanter, et neque famis sensum accipiebant amore instantiae. sed neque discipuli accedentes dicunt: ciba eos; adhuc enim imperfectius erant disciplui dispositi; sed dicunt desertus est locus: quod enim videbatur iudaeis in eremo esse miraculum, cum dicerent: numquid potest parare mensam in deserto? hoc et per opera ostendit. propter hoc autem et in desertum eos ducit, ut sine omni suspicione sit hoc miraculum, et nullus aestimet ex castello aliquo prope existenti inferri aliquid ad mensam. sed quamvis desertus sit locus, tamen qui |25| nutrit orbem terrarum, adest; etsi hora iam praeteriit, ut dicunt, tamen qui non erat horae suppositus, loquebatur. et quamvis praeveniens discipulos dominus multos infirmos curaverit, tamen interim ita imperfecti erant quod neque quid de panibus facturus erat, poterant aestimare: unde subdunt dimitte turbas, ut euntes in castella emant sibi escas. vide autem magistri sapientiam: non enim statim dixit eis: ego cibabo eos (neque enim hoc facile suscepissent); sed subditur iesus autem dixit eis: non habent necesse ire; date illis vos manducare. * hieronymus. ° in quo provocat apostolos ad fractionem panis, ut illis se non habere testantibus, magnitudo miraculi notior fieret. * augustinus de cons. evang.. ° potest autem movere, si dominus, secundum narrationem ioannis, prospectis turbis, quaesivit a philippo unde illis escae dari possent, quomodo sit verum quod matthaeus hic narrat prius dixisse domino discipulos ut dimitteret turbas, quo possent alimenta emere de proximis locis. intelligitur |50| ergo, post haec verba dominum inspexisse multitudinem, et dixisse philippo quod ioannes commemorat, matthaeus autem et alii praetermiserunt. et omnino talibus quaestionibus neminem moveri oportet, cum ab aliquo evangelistarum dicitur quod ab alio praetermittitur. * chrysostomus in matth.. ° discipuli vero neque per praemissa verba directi sunt, sed adhuc ut homini loquuntur: unde sequitur responderunt ei: non habemus hic nisi quinque panes et duos pisces. addiscimus autem in hoc discipulorum philosophiam, qualiter contempserunt escam. duodecim enim existentes, quinque panes habebant et duos pisces: contemptibilia enim illis erant corporalia, et a spiritualibus possidebantur. quia igitur discipuli adhuc ad terram trahebantur, iam dominus inducere incipit quae ab ipso erant: unde sequitur qui ait eis: afferte illos mihi huc. propter quid autem non facit panes ex nihilo, quibus turbam pascat? ut scilicet obstruat marcionis et manichaei os, qui creaturas alienant a deo; |75| et per opera doceat quoniam omnia quae videntur, eius opera et creationes sunt, et ut ostendat quoniam ipse est qui fructus tradidit, qui dixit a principio: terra germinet herbam virentem; neque enim hoc minus illo est. non enim minus est de quinque panibus facere panes tantos, et de piscibus similiter, quam de terra educere fructum, et ab aquis reptilia, et alia animata; quod demonstrabat eum esse dominum terrae et maris. oportet autem erudiri discipulorum exemplo: quoniam etsi pauca habuerimus, oportet ea retribuere indigentibus. iussi namque discipuli afferre quinque panes, non dicunt: unde mitigabimus famem nostram? sed obediunt confestim: unde sequitur et cum iussisset turbam discumbere super faenum, acceptis quinque panibus et duobus piscibus, aspiciens in caelum benedixit ac fregit. quare autem aspexit in caelum et benedixit? oportebat namque credi de eo quoniam a patre est; et quoniam ei aequalis est, aequalitatem demonstrabat, cum potestate omnia faceret. a patre autem esse se |100| monstrabat per hoc quod ad ipsum omnia referens faciebat, invocans eum ad ea quae fiebant: et ideo ut utrumque ostendat, nunc quidem potestate, nunc autem orans miracula facit. deinde considerandum, quod in minoribus quidem respicit in caelum, in maioribus autem potestate omnia facit. quando enim peccata dimisit, mortuos suscitavit, mare refrenavit, occulta cordium redarguit, oculos condidit caeci nati, quae solius dei sunt, nequaquam videtur orans; quando autem panes multiplicans fecit quod his omnibus minus est, tunc respexit in caelum; ut discas quoniam et in minoribus non aliunde virtutem habet quam a patre. simul autem erudit nos non prius tangere mensam, donec gratias egerimus ei qui cibum dat nobis. propter hoc etiam et in caelum respicit: aliorum enim signorum multorum exempla habebant discipuli, huius autem nullum. * hieronymus. ° frangente autem domino, seminarium fit ciborum; si enim fuissent integri, et non in frusta discerpti, et non divisi in multiplicem segetem, tantam multitudinem |125| alere non poterant. turbae autem a domino per apostolos alimenta suscipiunt: unde sequitur et dedit discipulis panes, discipuli autem turbis. * chrysostomus in matth.. ° in quo quidem non solum eos honoravit, sed voluit ut hoc miraculo facto, non increduli fiant, neque obliviscantur cum praeterierit, manibus ipsis testantibus. ideoque turbas dimittit prius famis sensum accipere, et discipulos accedere et interrogare: et ab ipsis accepit panes ut multa essent testimonia eius quod fiebat, et multas rememorationes haberent miraculi. ex hoc autem quod nihil amplius quam panes et pisces eis dedit, et ex hoc quod omnibus communiter ea apposuit, humilitatem, parsimoniam, et caritatem qua omnia aestimarent communia, eos erudivit; quod et a loco docuit, cum super faenum eos discumbere fecit: non enim nutrire solum corpora volebat, sed et animam erudire. panes autem et pisces in discipulorum manibus augebantur: unde sequitur et manducaverunt omnes et saturati sunt. sed neque usque |150| ad hoc stetit miraculum: sed et superabundare fecit, non panes integros, sed fragmenta; ut ostendat quoniam illi panes neque quantum reliquiae erant, et ut absentes discant quod factum est, et ne ullus quod factum est aestimet esse phantasiam; unde sequitur et tulerunt reliquias duodecim cophinos plenos fragmentorum. * hieronymus. ° unusquisque enim apostolorum de reliquiis salvatoris implet cophinum suum, ut ex reliquiis doceat vero fuisse panes qui multiplicati sunt. * chrysostomus in matth.. ° propter hoc duodecim cophinos superabundare fecit, ut et iudas suum cophinum portaret. accipiens autem fragmenta, dedit discipulis et non turbis quae adhuc imperfectius dispositae erant quam discipuli. iuxta numerum quinque panum, et comedentium virorum quinque millium multitudo est: unde sequitur manducantium autem fuit numerus quinque millia virorum, exceptis mulieribus et parvulis. * chrysostomus in matth.. ° hoc enim erat plebis maxima laus; quoniam mulieres et viri astabant, quando |175| hae reliquiae factae sunt. * hilarius in matth.. ° non autem quinque panes multiplicantur in plures, sed fragmentis fragmenta succedunt. crescit deinde materies, nescio utrum in mensarum loco, aut in sumentium manibus. * rabanus. ° hoc autem miraculum scripturus ioannes praemisit quia proximum esset pascha; matthaeus vero et marcus hoc, interfecto ioanne, continuo factum esse commemorant: unde colligitur imminente paschali festivitate fuisse decollatum, et anno post sequente, cum paschale tempus rediret, mysterium dominicae passionis esse completum. * hieronymus. ° omnia autem haec plena mysteriis sunt; hoc enim facit dominus non mane, non meridie, sed vespere, quando sol iustitiae occubuit. * remigius. ° per vesperam enim mors domini designatur: quia postquam ille verus sol in ara crucis occubuit, famelicos satiavit. vel per vesperum ultima aetas saeculi designatur, in qua filius dei veniens, turbas in se credentium refecit. |200| * rabanus. ° quod autem discipuli rogant dominum ut dimittat turbas, ut emant sibi cibos per castella, signat fastidium iudaeorum contra turbas gentium, quos iudicabant magis aptos ut quaererent sibi cibum in conventiculis pharisaeorum, quam divinorum librorum uterentur pastu. * hilarius in matth.. ° sed dominus respondit non habent necesse ire, ostendens eos quibus medetur, venalis doctrinae cibo non egere neque necessitatem habere regredi ad iudaeam, cibosque mercari: iubetque apostolis ut escam darent. numquid autem ignorabat non esse quod dari posset? sed erat omnis typica ratio explicanda: nondum enim concessum apostolis erat ad vitae aeternae cibum caelestem panem perficere ac ministrare: quorum responsio ad spiritualis intelligentiae ordinem tendit: quia adhuc sub quinque panibus, idest quinque libris legis, continebantur; et piscium duorum, idest prophetarum et ioannis praedicationibus alebantur. * rabanus. ° vel per duos pisces et prophetias et psalmos habemus: totum |225| enim vetus testamentum in his tribus completur: lege, prophetis et psalmis. * hilarius. ° haec igitur primum, quia in his adhuc erant, apostoli obtulerunt; sed ex his evangeliorum praedicatio in maiorem suae virtutis abundantiam crescit. accumbere post hoc supra faenum populus iubetur, non iam in terra iacens, sed lege suffultus: et tamquam terrae faeno, fructibus operis sui unusquisque substernitur. * hieronymus. ° vel discumbere iubentur super faenum, et secundum alium evangelistam, per quinquagenos et centenos, ut postquam calcaverint carnem suam, et saeculi voluptates quasi arens faenum sibi subiecerint, tunc per quinquagenarii numeri praesentiam, ad perfectum centesimi numeri culmen ascendant. aspicit autem ad caelum, ut illuc dirigendos oculos doceat. frangitur autem lex cum prophetis, et in eius medio proferuntur mysteria; ut quod integrum non alebat, divisum per partes alat gentium multitudinem. * hilarius. ° dantur |250| autem apostolis panes, quia per eos erant divinae gratiae dona reddenda. idem autem edentium numerus invenitur qui futurus fuerat crediturorum: nam, sicut in libro actuum continetur, ex israel populi infinitate virorum quinque millia crediderunt. * hieronymus. ° comederunt autem quinque millia virorum, qui in perfectum virum creverant; mulieres autem et parvuli, sexus fragilis et aetas minor, numero indigni sunt: unde et in numerorum libro, servi, mulieres, et parvuli, et vulgus ignobile absque numero praetermittitur. * rabanus. ° turbis autem esurientibus, non nova creat cibaria; sed acceptis eis quae habebant discipuli, benedixit: quia veniens in carne, non alia quam quae praedicta sunt, praedicabat; sed legis et prophetarum scripta mysteriis gravida esse demonstrat. quod autem superest turbis, a discipulis tollitur; quia secretiora mysteria, quae a rudibus capi nequeunt, non sunt negligenter habenda, sed a duodecim apostolis; qui per duodecim cophinos signantur, et ab eorum |275| successoribus diligenter inquirenda. cophinis enim servilia opera aguntur; et deus infirma mundi elegit, ut confundat fortia. quinque autem millia, pro quinque sensibus corporis, hi sunt qui in saeculari habitu exterioribus recte uti noverunt.

lc5 * Chrysostomus in matth.. ° diligentem examinationem eorum quae facta erant, tradere volens, eos qui praemissum signum viderant, iussit a se separari: quia etsi praesens visus fuisset, phantastice, et non in veritate, fecisse miraculum diceretur; non tamen ut absens: et ideo dicitur et statim compulit iesus discipulos ascendere in naviculam et praecedere eum trans fretum, donec dimitteret turbas. * hieronymus. ° quo sermone ostenditur invitos eos a domino recessisse, dum amore praeceptoris ne ad punctum quidem temporis ab eo volunt separari. * chrysostomus in matth.. ° considerandum autem, quod cum dominus magna operatur, dimittit turbas, docens nos nusquam gloriam multitudinis prosequi, neque attrahere multitudinem. et iterum docet, non debere turbis nos commiscere continuo, neque fugere multitudinem semper; sed alterutrum utiliter facere: unde sequitur et, dimissa turba, ascendit in montem solus orare: in quo |25| nos docet quia solitudo bona est, cum nos deum interpellare oporteat. propter hoc etiam ad desertum vadit, et ibi pernoctat dum orat, erudiens nos in oratione tranquillitatem quaerere et a tempore et a loco. * hieronymus. ° quod autem ascendit solus orare, non ad eum referas qui de quinque panibus quinque millia hominum satiavit, sed ad eum qui audita morte ioannis secessit in solitudinem: non quod personam domini separemus, sed quod opera eius inter deum hominemque divisa sunt. * augustinus de cons. evang.. ° potest autem hoc videri contrarium quod matthaeus dimissis turbis eum dicit ascendere in montem, ut illic solus oraret; ioannes autem in monte fuisse, cum easdem turbas pavit. sed cum et ipse ioannes dicat, post illud miraculum fugisse eum in montem, ne a turbis teneretur quae eum volebant facere regem, utique manifestum est quod de monte in planiora descenderat, quando illi panes ministrati sunt. nec illud repugnat quod matthaeus dixit ascendit in montem solus |50| orare; ioannes autem: cum cognovisset, inquit, quod venturi essent ut facerent eum regem, fugit iterum in montem ipse solus: neque enim causa orandi contraria est causae fugiendi: quandoquidem et hinc dominus docet hanc esse nobis magnam causam orandi quando est causa fugiendi. nec illud contrarium est quod matthaeus prius dixit, eum iussisse ascendere discipulos in naviculam, ac deinde dimissis turbis ascendisse in montem solus orare; ioannes vero prius eum fugisse commemorat solum in montem, ac deinde: ut autem sero factum est, inquit, descenderunt discipuli eius ad mare, et cum ascendissent, etc.; quis enim non videat hoc recapitulando ioannem postea dixisse factum a discipulis quod iam iesus iusserat antequam fugisset in montem? * hieronymus. ° recte autem quasi inviti et detrectantes apostoli a domino recesserant, ne illo absente naufragia sustinerent: sequitur enim vespere autem facto, solus erat ibi, idest in monte; navicula autem in medio mari iactabatur |75| fluctibus; erat enim ventus contrarius. * chrysostomus in matth.. ° rursus autem discipuli tempestatem sustinent sicut et prius; sed tunc quidem habentes eum in navigio, hoc passi sunt, nunc autem soli existentes. paulatim enim ad maiora eos ducit, et ad ferendum omnia viriliter instruit. * hieronymus. ° domino quidem in montis cacumine commorante, statim ventus contrarius oritur, et turbat mare, et periclitantur apostoli; et tamdiu imminens naufragium perseverat quamdiu iesus veniat. * chrysostomus in matth.. ° tota autem nocte dimittit eos fluctuari, erigens eorum cor post timorem, in maius sui desiderium immittens eos, et in memoriam continuam: propter hoc non confestim eis astitit: unde sequitur quarta autem vigilia noctis venit ad eos ambulans supra mare. * hieronymus. ° stationes enim et vigiliae militares in trina horarum spatia dividuntur. quando ergo dicit quarta vigilia noctis venisse ad eos dominum, ostendit tota nocte periclitatos. * chrysostomus in matth.. ° erudiens |100| eos non cito solutionem inquirere advenientium malorum, sed ferre ea quae contingunt viriliter. quando autem putaverunt erui, tunc intensus est timor; unde sequitur et videntes eum supra mare ambulantem turbati sunt dicentes quia phantasma est, et prae timore clamaverunt. semper enim hoc dominus facit: cum soluturus sit mala aliqua, difficilia et terribilia inducit. quia enim non est longo tempore tentari, cum finiendi sunt agones iustorum, volens amplius eos lucrari, auget eorum certamina; quod et in abraham fecit, ultimum certamen tentationem filii ponens. * hieronymus. ° confusus autem clamor et incerta vox, magni timoris indicium est. si autem, iuxta marcionem et manichaeum, dominus noster non est natus ex virgine, sed visus in phantasmate, quomodo nunc apostoli timent ne phantasma videant? * chrysostomus in matth.. ° christus ergo non prius se revelavit discipulis donec clamaverunt: quanto enim magis intendebatur timor, tanto magis laetati sunt in eius praesentia: |125| unde sequitur statimque iesus locutus est eis dicens: habete fiduciam: ego sum, nolite timere. hoc autem verbum et timorem solvit, et fiduciam praeparavit. * hieronymus. ° quod autem dicit ego sum, nec subiungit quis sit; vel ex voce sibi nota poterant intelligere eum qui per obscuras noctis tenebras loquebatur, vel ipsum esse scire poterant quem locutum ad moysen noverant: haec dices filiis israel: qui est, misit me ad vos. in omnibus autem locis ardentissimae fidei ardore invenitur petrus. eodem igitur fidei ardore quo semper, nunc quoque, tacentibus ceteris, credit se posse facere per voluntatem magistri quod non poterat per naturam: unde sequitur respondens autem petrus dixit: domine, si tu es, iube me venire ad te super aquas; quasi dicat: tu praecipe, et illico solidabuntur: unde et leve fiet corpus quod per se grave est. * augustinus de verb. dom.. ° non enim possum hoc in me, sed in te. agnovit petrus quid sibi esset a se, quid ab illo, cuius voluntate se credidit |150| posse quod nulla humana infirmitas posset. * chrysostomus in matth.. ° vide autem quantus est fervor, quanta fides. non dixit: ora et deprecare; sed iube; non enim solum credidit quoniam potest christus ambulare super mare, sed quoniam potest et alios inducere; et concupiscit velociter ad eum ire: hoc enim tam magnum quaesivit propter amorem solum, non propter ostentationem. non enim dixit: iube me ire super aquas; sed iube me venire ad te. patet autem quod cum in miraculo supra posito ostenderit quod dominatur mari, nunc ad mirabilius signum eos inducit: unde sequitur at ille ait: veni. et descendens petrus de navicula, ambulabat super aquas ut veniret ad iesum. * hieronymus. ° qui putant domini corpus ideo non esse verum, quia super molles aquas quasi molle et aereum incesserit, respondeant quomodo ambulaverit petrus, quem utique verum hominem non negabunt. * rabanus. ° denique theodorus scripsit corporale pondus non habuisse dominum secundum carnem, sed absque |175| pondere super mare ambulasse; sed contrarium fides catholica praedicat: nam dionysius dicit, quod non infusis pedibus corporale pondus habentibus et materiale onus, deambulabat super undam. * chrysostomus in matth.. ° petrus autem quod maius est superans, scilicet undam maris, a minori turbatur, scilicet a venti impulsu: unde sequitur videns autem ventum validum timuit. talis est enim natura humana ut multoties in magnis recte se habens, in minoribus reprehendatur. hic autem quod petrus timuit, differentiam monstrabat magistri et discipuli; sed et alios discipulos mitigabat. si enim in duobus fratribus sessuris ad dexteram molestati sunt, multo magis hic molestati fuissent: nondum enim erant spiritu pleni; postea vero spirituales effecti, ubique petro primatum concedunt, et in concionibus eum praemittunt. * hieronymus. ° paululum etiam relinquitur tentationi, ut augeatur fides, et intelligat se non facultate postulationis, sed potentia domini conservatum. ardebat |200| enim in animo eius fides; sed humana fragilitas in profundum trahebat. * augustinus de verb. dom.. ° praesumpsit ergo petrus de domino, titubavit ut homo, sed redivit ad dominum: unde sequitur et, cum coepisset mergi, clamavit dicens: domine, salvum me fac. numquid autem dominus desereret titubantem, quem audierat invocantem? unde sequitur et continuo iesus extendens manum apprehendit eum. * chrysostomus in matth.. ° ideo autem non iniunxit ventis quiescere, sed extendens manum, apprehendit eum, quoniam illius fide opus erat. cum enim quae a nobis sunt defecerint, tunc ea quae a deo sunt, stant. ut igitur monstraret quia non venti immissio, sed illius modica credulitas periculum operabatur, subditur et ait illi: modicae fidei, quare dubitasti? in quo manifestat quia neque ventus nocere potuisset, si fides firma fuisset. sicut autem pullum ante tempus ex nido exeuntem et casurum, mater alis portans, rursus ad nidum reducit, ita et christus facit: unde sequitur et, cum ascendissent in naviculam, cessavit ventus. qui autem erant in navicula venerunt et adoraverunt eum dicentes: vere filius dei es. * rabanus. ° quod quidem de nautis intelligendum est, sive de apostolis. * chrysostomus in matth.. ° vide autem qualiter paulatim ad id quod est excelsius universos ducebat: supra enim increpavit mare; nunc autem magis virtutem suam demonstrat, super mare ambulando, et alii hoc idem facere iubendo, et periclitantem salvando; ideoque dicebant ei vere filius dei es: quod supra non dixerant. * hieronymus. ° si ergo ad unum signum tranquillitate maris reddita, quae post nimias procellas interdum et casu fieri solet, nautae atque rectores vere filium dei confitentur, cur arius ipsum in ecclesia praedicat creaturam? * augustinus de verb. dom.. ° mystice autem mons altitudo est. quid autem altius caelo in hoc mundo? quis vero in caelum ascendit, novit fides nostra. cur autem solus ascendit in caelum? quia nemo ascendit in caelum nisi qui de caelo descendit: quamvis et cum in fine venerit, et nos in caelum levaverit, etiam tunc solus ascendet; quia caput cum corpore suo unus est christus; nunc autem solum caput ascendit. ascendit autem orare, quia ascendit ad patrem pro nobis interpellare. * hilarius in matth.. ° vel quod vespere solus est, solitudinem suam in tempore passionis ostendit, ceteris trepidatione dilapsis. * hieronymus. ° ascendit etiam in montem solus, quia turba ad sublimia sequi non potest, nisi docuerit eam iuxta mare in littore. * augustinus de verb. dom.. ° verumtamen dum christus orat in excelso, navicula turbatur magnis fluctibus in profundo; et quia insurgunt fluctus, potest ista navicula turbari; sed quia christus orat, non potest mergi. naviculam quippe istam, ecclesiam cogitate; turbulentum mare, hoc saeculum. * hilarius in matth.. ° quod autem navem conscendere discipulos iubet, et ire trans fretum, dum turbas ipse dimittit, et dimissis turbis ascendit in montem orare; esse intra ecclesiam iubet, et periculum fieri usque in id tempus quo revertens in claritatis adventu populo omni qui ex israel erit reliquus salutem reddat, eiusque peccata dimittat; dimissoque eo, vel in caeleste regnum potius admisso, agens deo patri gratias, in gloria eius et maiestate consistat. sed inter haec discipuli vento ac mari deferuntur; et totius saeculi motibus, immundo spiritu adversante, iactantur. * augustinus de verb. dom.. ° quando enim aliquis impiae voluntatis, maximae potestatis, persecutionem indicit ecclesiae, super naviculam christi grandis unda consurgit. * rabanus. ° unde bene dicitur, quia navis erat in medio mari, et ipse solus in terra: quia nonnumquam ecclesia tantis pressuris est afflicta ut eam dominus deseruisse videatur ad tempus. * augustinus de verb. dom.. ° venit autem dominus ad visitandos discipulos suos, qui turbabantur in mari, quarta vigilia noctis, idest extrema parte noctis: vigilia enim una tres horas habet, ac per hoc nox quatuor vigilias habet. * hilarius. ° prima igitur vigilia fuit legis, secunda prophetarum, tertia corporalis adventus, quarta in reditu claritatis. * augustinus de verb. dom.. ° quarta igitur vigilia noctis, hoc est pene iam nocte finita, veniet in fine saeculi, iniquitatis nocte transacta, ad iudicandum vivos et mortuos. venit autem mirabiliter. surgebant enim fluctus, sed calcabantur: quantumlibet enim potestates saeculi consurgant, premit earum caput nostrum caput. * hilarius. ° veniens autem christus in fine invenit ecclesiam fessam, et antichristi spiritu et totius saeculi motibus inveniet circumactam. et quia de antichristi consuetudine ad omnem tentationum novitatem solliciti erunt, etiam ad domini adventum expavescent, falsas rerum imagines metuentes. sed bonus dominus timorem depellet dicens ego sum; et adventus sui fide metum naufragii imminentis repellet. * augustinus de quaest. evang.. ° vel quod dixerunt discipuli phantasma esse, signat quia quidam qui cesserint diabolo, de christi adventu dubitabunt. quod autem petrus implorat auxilium a domino ne mergatur, signat quibusdam tribulationibus, etiam post ultimam persecutionem, purgaturum ecclesiam: quod et paulus signat dicens: salvus erit, sic tamen quasi per ignem. * hilarius in matth.. ° vel quod petrus ex omni consistentium in navi numero respondere audet, et iuberi sibi ut supra aquas ad dominum veniat precatur, passionis tempore voluntatis suae designat affectum, dum vestigiis domini inhaerens, ad contemnendam mortem conatus est. sed infirmitatem futurae tentationis timiditas eius ostendit: per metum enim mortis, usque ad negandi necessitatem coactus est. clamor autem eius poenitentiae suae gemitus est. * rabanus. ° respexit dominus, et ad poenitentiam convertit; manum extendit et indulgentiam tribuit: et sic discipulus salutem invenit: quia non est volentis neque currentis, sed miserentis dei. * hilarius. ° quod autem trepidante petro virtutem perveniendi ad se dominus non inducit, sed manu apprehensum sustinuit, haec est ratio: solus enim passurus pro omnibus omnium peccata solvebat; nec socium admittit quicquid universitati praestatur ab uno. * augustinus de verb. dom.. ° in uno etiam apostolo, idest petro, in ordine apostolorum primo et praecipuo, in quo figurabatur ecclesia, utrumque genus significandum fuit; idest firmi in hoc quod super aquas ambulavit, et infirmi in hoc quod dubitavit: nam et unicuique sua cupiditas tempestas est. amas deum? ambulas supra mare: sub pedibus tuis est saeculi timor. amas saeculum? absorbet te. sed cum fluctuat cupiditate cor tuum, ut vincas cupiditatem, invoca christi divinitatem. * rabanus. ° aderit autem dominus, si sopitis tentationum periculis, protectionis suae fiduciam retribuat; et hoc, diluculo appropinquante: cum enim humana fragilitas pressuris obsita suarum virium parvitatem considerat, erga se tenebras cernit; cum autem mentem ad supernum praesidium erexerit, repente exortum luciferi conspicit, qui totam vigiliam matutinam illuminat. nec mirandum, si ascendente in naviculam domino ventus cessavit: in quocumque enim corde dominus per gratiam adest, mox universa bella quiescunt. * hilarius. ° ascensu etiam christi in navim, ventum et mare esse sedatum, post claritatis suae reditum aeterna ecclesiae pax et tranquillitas indicatur: et quia tunc manifestius adveniet, recte admirantes universi locuti sunt: vere filius dei es. confessio enim universorum tunc absoluta et publica erit: dei filium non iam in humilitate corporea, sed in gloria caelesti pacem ecclesiae reddidisse. * augustinus de quaest. evang.. ° signatur enim, claritatem eius tunc manifestam futuram per speciem iam videntibus qui per fidem nunc ambulant.

lc6 * Remigius. ° narraverat superius evangelista, dominum iussisse discipulos suos ascendere in naviculam, et praecedere eum trans fretum; nunc autem in coepta intentione perseverans, dicit quo in transfretando pervenerint, dicens et, cum transfretassent, venerunt in terram genesareth. * rabanus. ° terra genesar iuxta stagnum genesareth a loci ipsius natura nomen trahens, qua crispantibus aquis de seipso sibi excitare auram perhibetur: graeco enim vocabulo quasi generans sibi auram dicitur. * chrysostomus in matth.. ° monstrat autem evangelista quod post multum tempus ad partes illas christus venerat: et ideo sequitur et, cum cognovissent eum viri loci illius, miserunt in universam regionem illam. * hieronymus. ° cognoverunt autem eum rumore, non facie; vel certe pro signorum magnitudine quae perpetrabat in populis, vultu plurimis notus erat. et vide quanta fides sit hominum terrae genesareth, ut non praesentium tantum salute contenti sint, sed mittant ad alias per circuitum civitates. * chrysostomus in matth.. ° neque enim similiter ut prius ad domos trahebant, et tactum manus inquirebant; sed cum maiori fide eum alliciebant: unde sequitur et obtulerunt ei omnes male habentes et rogabant eum ut vel fimbriam vestimenti eius tangerent. mulier enim quae fluxum sanguinis patiebatur, universos hanc sapientiam docuit, ut scilicet tangendo fimbriam vestimenti christi, salvarentur. patet etiam quod tempus quo christus absens fuit, non solum fidem eorum non dissolvit, sed et maiorem reddidit, cuius virtute omnes salvati sunt: et ideo sequitur et quicumque tetigerunt salvi facti sunt. * hieronymus. ° si autem sciremus quid in nostra lingua resonat genesareth, intelligeremus quomodo iesus per typum apostolorum et navis, ecclesiam de persecutionis naufragio liberatam transducat ad littus, et in tranquillissimo portu faciat requiescere. * rabanus. ° genesar enim interpretatur ortus principium. tunc autem plena nobis tribuetur tranquillitas, quando paradisi per christum nobis restituetur hereditas ac primae stolae iucunditas. * hilarius. ° vel aliter. finitis legis temporibus, et ex israel quinque millibus virorum intra ecclesiam collocatis, iam credentium populus occurrit: iam ipse ex lege per fidem salvus, reliquos ex suis infirmos aegrotosque offert domino; oblatique fimbrias vestimentorum contingere optabant, salvi per fidem futuri; sed ut ex veste tota fimbriae, ita ex domino nostro iesu christo sancti spiritus gratiae virtus exiit, quae apostolis data, ipsis quoque tamquam ex eodem corpore exeuntibus, salutem his qui contingere cupiunt subministrat. * hieronymus. ° vel fimbriam vestimenti eius minimum mandatum intellige; quod qui transgressus fuerit, minimus vocabitur in regno caelorum; vel assumptionem corporis, per quam venimus ad verbum dei. * chrysostomus in matth.. ° nos autem non solum fimbriam aut vestimentum christi habemus, sed etiam corpus eius, ut comedamus. si ergo qui fimbriam vestimenti eius tetigerunt, tantam acceperunt virtutem, multo magis qui totum ipsum sument.

071 CMT cp15

lc1 * Rabanus. ° homines genesareth et minus docti credunt; sed qui sapientes videntur, ad pugnam veniunt: iuxta illud: abscondisti haec a sapientibus et prudentibus, et revelasti ea parvulis; unde dicitur tunc accesserunt ad eum ab hierosolymis scribae et pharisaei. * augustinus de cons. evang.. ° ita autem conserit evangelista narrationis suae ordinem, dicens tunc accesserunt: ut quantum ipse transitus indicat, rerum etiam consequentium ordo servetur. * chrysostomus in matth.. ° propter hoc autem evangelista hic tempus designat ut ostendat ineffabilem illorum nequitiam nulli cedentem: tunc enim venerunt quando plurima signa operatus est, quando infirmos ex tactu fimbriae curaverat. quod autem ab hierosolymis venisse dicuntur scribae et pharisaei, sciendum est, quod per omnes tribus erant disseminati; sed qui in metropoli habitabant, peiores aliis erant, velut ampliori fruentes honore, et maiorem superbiam possidentes. * remigius. ° duabus autem de causis reprehenduntur: et quia ab hierosolymis venerant, idest a loco sancto descenderant; et quia seniores populi et legis doctores erant; et non ad discendum, sed ad reprehendendum dominum venerant: subditur enim dicentes: quare discipuli tui transgrediuntur traditionem seniorum? * hieronymus. ° mira pharisaeorum scribarumque stultitia. dei filium arguunt, quare traditiones hominum et praecepta non servet. * chrysostomus in matth.. ° vide autem qualiter et a sua interrogatione capiuntur: non enim dicunt: quare transgrediuntur legem moysi; sed traditionem seniorum: unde manifestum est, quod multa nova inducebant sacerdotes, quamvis moyses dixerit: non adicietis ad verbum quod ego propono vobis hodie, et non auferetis ab eo; et quando oportebat eos ab observationibus liberari, tunc amplioribus observationibus se alligabant, timentes ne aliquis eorum principatum auferret; terribiliores esse volentes, quasi et ipsi essent legislatores. * remigius. ° quae autem fuerint traditiones, manifestat marcus cum ait: pharisaei et omnes iudaei, nisi crebro lavent manus suas, non manducant panem. unde et hic discipulos reprehendunt, dicentes non enim lavant manus suas cum panem manducant. * beda. ° verba enim prophetarum carnaliter accipientes, quod dictum erat: lavamini, et mundi estote, de corpore solum lavando servabant; et ideo statuerant nonnisi lotis manibus manducandum esse. * hieronymus. ° manus autem, idest opera non corporis sed animae lavandae sunt ut fiat in illis verbum dei. * chrysostomus in matth.. ° ideo autem discipuli non lotis manibus manducabant, quia iam superflua despiciebant, ea solum quae sunt necessaria attendentes, et neque lavari, neque non lavari pro lege habentes, sed ut contingebat alterutrum facientes. qui enim et ipsum necessarium cibum contemnebant, qualiter circa hoc studium haberent? * remigius. ° vel reprehendebant pharisaei discipulos domini, non de ista lavatione, quae consueto more congruit, et necessariis temporibus agitur; sed de illa superflua quae de superstitiosa traditione seniorum fuerat reperta. * chrysostomus in matth.. ° christus autem non excusavit, sed confestim reaccusavit, demonstrans quoniam eum qui magna peccat, pro parvis peccatis aliorum sollicitum esse non oportet: unde sequitur ipse autem respondens ait illis: quare et vos transgredimini mandatum dei propter traditionem vestram? non autem dicit quod bene faciunt transgredientes, ut non det eis occasionem calumniae; neque tamen vituperat quod ab apostolis factum est, ne approbet eorum traditiones; neque rursus accusat seniores, ne tamquam iniuriatorem eum repulissent, sed increpat eos qui advenerant, tangens etiam seniores qui talem traditionem statuerant, dicens * (hieronymus): ° cum vos propter traditionem hominum praecepta dei negligatis, quare discipulos meos arguendos creditis, quod seniorum iussa parvipendant, ut dei praecepta custodiant? nam deus dixit: honora patrem et matrem. honor in scripturis non tantum in salutationibus et officiis deferendis, quantum in eleemosynis ac munerum oblatione sentitur. honora, inquit apostolus, viduas quae vere viduae sunt. hic enim honor donum intelligitur. praeceperat ergo dominus, vel imbecillitates vel aetates vel penurias parentum considerans, ut filii honorarent etiam in vitae necessariis ministrandis parentes suos. * chrysostomus in matth.. ° voluit autem monstrare quod parentes essent valde honorandi, per hoc quod adiunxit et praemium et poenam. sed dominus hic praemium praetermittens quod honorantibus repromittitur, scilicet esse longaevum super terram, ponit quod terribilius est, scilicet poenam: ut et ipsos stupefaceret, et alios attraheret: unde addit et qui maledixerit patri vel matri, morte moriatur: in quo demonstrat eos morte dignos esse. si enim qui verbo dehonorat parentem, morte punitur, multo magis vos qui opere: et non solum dehonoratis parentes, sed et alios hoc docetis. qui igitur neque vivere debetis, qualiter meos discipulos incusatis? quomodo autem dei mandatum transgrediantur, manifestat cum subdit vos autem dicitis: quicumque dixerit patri vel matri: munus quodcumque est ex me, tibi proderit. * hieronymus. ° praemissam enim providentissimam dei legem volentes scribae pharisaeique subvertere, ut impietatem sub nomine pietatis inducerent, docuerunt pessimos filios, ut si quis ea quae parentibus offerenda sunt, deo voluerit vovere, qui verus est pater, oblatio domini praeponatur parentum muneribus. * glossa. ° ut sit sensus: quod ego offero deo, et mihi et tibi proderit; et ideo non debes sumere, scilicet res meas in tuos usus; sed pati ut deo offeram. * hieronymus. ° vel certe ipsi parentes, qui deo consecrata cernebant, ne sacrilegii crimen incurrerent, declinantes, egestate conficiebantur; atque ita fiebat ut oblatio liberorum sub occasione templi et dei in lucra cederet sacerdotum. * glossa. ° ut sit sensus: quicumque, idest quisquis vestrum, o iuvenes, dixerit, idest dicere poterit vel dicet, patri vel matri: o pater, munus quod |150| est ex me, deo iam devotum, proderit tibi. admirando; quasi diceret: non debes sumere, ne sis reus sacrilegii. vel potest legi per defectum hoc modo: quicumque dixerit patri, etc., subaudi: faciet dei mandatum, vel complebit legem, vel erit dignus vita aeterna. * hieronymus. ° potest autem et hunc breviter habere sensum. compellitis, inquit, filios, ut dicant parentibus suis: quodcumque donum oblaturus eram deo, in tuos consumis cibos, tibique prodest, o pater et mater; quasi diceret: non. * glossa. ° et sic propter istas persuasiones avaritiae vestrae, ille iuvenis non honorificabit patrem et matrem: unde sequitur et non honorificabit patrem et matrem; quasi diceret: vos filiis ista pessima suasistis; et propter hoc filius postea patrem et matrem non honorificabit; et ita mandatum dei de sustentandis parentibus fecistis irritum propter traditionem vestram, scilicet avaritiae vestrae servientes. * augustinus contra advers. leg. et proph.. ° evidenter autem hic christus ostendit, et illam esse dei legem |175| quam haereticus blasphemat, et iudaeos habere suas traditiones a libris propheticis et legitimis alienas; quas apostolus appellat profanas fabulas et viles. * augustinus contra faustum. ° multa etiam nos hic dominus docet: et iudaeos a deo suo se non avertere, et eius mandata non tantum se non infringere, verum etiam illos a quibus infringerentur arguere, et non nisi per moysen ista mandasse. * augustinus de quaest. evang.. ° vel aliter. munus quodcumque est ex me, tibi proderit; idest, munus quod offers causa mei, ad te iam pertinebit: quibus verbis significant filii iam sibi non necesse esse parentum pro se oblationem, quod ad eam aetatem pervenissent ut possent iam ipsi offerre pro se. in hac ergo aetate constitutos, ut possent parentibus suis hoc dicere, cum hoc dixissent, negabant pharisaei reos esse, si parentibus non praestarent honorem.

lc2 * Chrysostomus in matth.. ° monstraverat dominus quod pharisaei non erant digni accusare transgredientes mandata seniorum, cum dei legem destruerent; rursus autem demonstrat hoc ipsum et a propheta: unde dicit hypocritae, bene prophetavit de vobis isaias dicens: populus hic labiis me honorat; cor autem eorum longe est a me. * remigius. ° hypocrita dicitur simulator, quia aliud opere simulat, et aliud corde gestat. isti ergo bene hypocritae dicuntur, quia sub honore dei terrena sibi lucra accumulare cupiebant. * rabanus. ° praevidit autem isaias simulationem iudaeorum, quod in dolo pugnarent contra evangelium; et ideo dixit ex persona domini populus hic labiis me honorat, * etc.. remigius. ° iudaeorum namque populus labiis et ore deo appropinquare et honorare eum videbatur, quia unius dei cultum se habere gloriabatur; sed corde longe a deo recessit: quia visis signis atque miraculis, nec divinitatem eius cognoscere, nec eum suscipere voluerunt. |25| * rabanus. ° item labiis eum honorabant quando dicebant: magister, scimus quia verax es; sed cor eorum longe ab eo fuit quando miserunt insidiatores, ut eum caperent in sermone. * glossa. ° vel commendando exteriorem munditiam eum honorabant, sed dum interiori, quae vera est, carebant, cor eorum longe erat a deo, et illis talis honor inutilis erat: unde sequitur sine causa autem colunt me docentes doctrinas et mandata hominum. * rabanus. ° non enim habebunt mercedem cum veris cultoribus, docentes doctrinas et mandata hominum, contemptis praeceptis divinis. * chrysostomus in matth.. ° augmentata ergo accusatione pharisaeorum a testimonio prophetae, et illis non emendatis, iam eis non loquitur, sed turbis: unde dicit et, convocatis ad se turbis, dixit eis: audite et intelligite. quia turbis dogma excelsum et multa philosophia plenum propositurus erat, non simpliciter hoc enuntiat, sed susceptibilem facit sermonem. primo quidem et honore et sollicitudine |50| exhibita circa turbas; quod ostendit evangelista dicens et convocatis ad se turbis. deinde etiam susceptibilem facit sermonem ex tempore: quia post mortuos suscitatos, post victoriam contra pharisaeos habitam, tunc legem proponit, ut facilius suscipiatur. et non solum simpliciter turbas advocavit; sed etiam eos attentiores fecit in hoc quod dixit audite et intelligite; idest, attendite et erigimini mente ad hoc audiendum. non autem dixit eis: nihil est observatio escarum, neque quod moyses male iniunxerat; sed per modum admonitionis et consilii a rerum ipsarum natura testimonium accipiens ait non quod intrat in os, coinquinat hominem; sed quod procedit ex ore, hoc coinquinat hominem. hieronymus habet communicat. * hieronymus. ° verbum communicat proprie scripturarum est, et publico sermone non teritur. populus autem iudaeorum partem dei se esse iactans, communes cibos vocat quibus omnes utuntur homines; verbi gratia, suillam carnem, ostreas, lepores |75| et istiusmodi animantia, quae ungulam non findunt, nec ruminant, nec squamosa in piscibus sunt. unde et in actibus apostolorum scriptum est: quod deus sanctificavit, tu ne commune dixeris. commune ergo quod ceteris hominibus patet, et quasi non de parte dei, pro immundo appellatur. * augustinus contra faustum. ° testamento autem veteri non est contraria ista sententia, qua dominus dicit non quod intrat in os; in qua apostolus: omnia munda mundis et: omnis creatura dei bona est. si possunt, hoc apostolum de ipsis dixisse naturis, intelligant manichaei; illas autem litteras, propter quasdam praefigurationes tempori congruentes, animalia quaedam non natura, sed significatione immunda dixisse. itaque, verbi gratia, si de porco et agno requiratur, utrumque natura mundum est, quia natura omnis creatura dei bona est; quadam vero significatione agnus mundus, porcus immundus est; tamquam si stultum et sapientem diceres, utrumque hoc verbum |100| natura vocis et litterarum et syllabarum quibus constat, utique mundum est; significatione autem unum horum verborum, quod dicitur stultus, immundum dici potest, non natura sui, sed quoniam quoddam immundum significat. et fortasse quod est in rerum figuris porcus, hoc est in hominum genere stultus: et tam illud animal quam istae duae syllabae, quod dicitur stultus, quoddam unum idemque significant. immundum quippe illud animal in lege positum est, eo quod non ruminet; non autem hoc eius vitium, sed natura est. sunt autem homines, qui per hoc animal significantur, immundi proprio vitio, non natura; qui cum libenter audiant verba sapientiae, postea de his omnino non cogitant. quod enim utile audieris, velut ab intestino memoriae, tamquam ad os cogitationis recordandi dulcedine revocare, quid aliud est quam spiritualiter ruminare? quod qui non faciunt, illorum animalium genere figurantur. hae autem similitudines rerum in locutionibus vel observationibus figuratis rationales mentes utiliter et suaviter |125| movent; sed priori populo multa talia non tantum audienda, verum etiam observanda praecepta sunt. tempus enim erat quo non tantum dictis, sed etiam factis prophetizari oportebat ea quae posteriore tempore fuerant revelanda: quibus per christum atque in christo revelatis, fidei gentium onera observationum non sunt imposita, prophetiae tamen est auctoritas commendata. requiro autem a manichaeis, utrum ista domini sententia qua dixit, non inquinari his hominem quae in os eius intrant, vera aut falsa sit. si falsam dicunt, cur eam eorum doctor adimantus a christo prolatam dicens, ad expugnandum vetus testamentum obiecit? si autem vera est, cur adversus eam credunt se coinquinari? * hieronymus. ° opponat autem prudens lector, et dicat: si quod intrat in os, non coinquinat hominem, quare idolothytis non vescimur? sciendum igitur, quod ipsi quidem cibi, et omnis dei creatura per se munda sit; sed idolorum et daemonum invocatio ea facit immunda; apud eos scilicet qui cum conscientia idoli idolothytum |150| manducant, et conscientia eorum, cum sit infirma, polluitur, ut apostolus dicit. * remigius. ° quicumque autem tantae fidei est ut intelligat creaturam dei nullo modo inquinari posse, sanctificetur cibus per verbum dei et orationem, et comedat quicquid vult: ita tamen quod haec licentia offendiculum non fiat infirmis, ut apostolus dicit.

lc3 * Hieronymus. ° ex uno sermone domini, omnis superstitio observationum iudaicarum fuerat elisa, qui in cibis sumendis abominandisque religionem suam sitam arbitrabantur. * chrysostomus in matth.. ° praemissa itaque cum audissent pharisaei, nihil contradixerunt illi, quia vehementer eos convicerat, non redarguendo solum, sed et dolum illorum propalando: sed scandalizati sunt, pharisaei scilicet, non autem turbae: unde dicitur tunc accedentes discipuli eius, dixerunt ei: scis quia pharisaei, audito hoc verbo, scandalizati sunt? * hieronymus. ° quia crebro teritur in ecclesiasticis scripturis scandalum, breviter dicendum quid significat scandalum. nos offendiculum vel ruinam et impactionem pedis possumus dicere. quando ergo legimus: quicumque scandalizaverit, hoc intelligimus: qui dicto vel facto occasionem ruinae dederit. * chrysostomus in matth.. ° christus autem non solvit pharisaeorum scandalum, sed magis eos increpavit: unde sequitur |25| at ille respondens ait: omnis plantatio quam non plantavit pater meus caelestis eradicabitur. hoc autem manichaei de lege dictum esse dicunt; sed confutant eos quae antea dicta sunt. si enim de lege dixisset, qualiter superius pro lege pugnasset, dicens: quare transgredimini mandatum dei propter traditionem vestram? qualiter etiam prophetam induxisset in medium? si etiam deus dixit: honora patrem et matrem, qualiter hoc quod in lege dictum est, non est dei plantatio? * hilarius in matth.. ° dicens ergo omnem plantationem quae non a patre sit, docet traditionem hominum eradicandam, cuius favore legis praecepta transgressi sunt. * remigius. ° omnis etiam falsa doctrina, et superstitiosa observatio cum suis actoribus permanere non potest; et quia a deo patre non est, cum eisdem eradicabitur. illa ergo sola permanebit quae a deo patre est. * hieronymus. ° numquid ergo eradicabitur et illa plantatio, de qua apostolus ait: ego plantavi, apollo rigavit? sed solvitur |50| quaestio ex eo quod sequitur: deus autem incrementum dedit. dicit et ipse: dei agricultura, dei aedificatio estis; et alibi: cooperatores dei sumus. si autem cooperatores dei, igitur plantante paulo et rigante apolline, deus cum operatoribus suis plantat et rigat. abutuntur autem hoc loco qui diversas naturas introducunt, dicentes: si plantatio quam non plantavit pater, eradicabitur, ergo quam ille plantavit, non potest eradicari. sed audiant illud ieremiae: ego vos plantavi vineam veram: quomodo versi estis in amaritudinem vitis alienae? plantavit quidem deus, et nemo potest eradicare plantationem eius. sed quoniam ista plantatio in voluntate proprii arbitrii est, nullus alius eam eradicare poterit, nisi ipsa tribuerit assensum. * glossa. ° vel plantatio ista doctores legis significat cum sequacibus suis, qui christum non habebant fundamentum. quare autem sunt eradicandi, subditur sinite illos: caeci sunt, et duces caecorum. * rabanus. ° caeci quidem sunt, idest luce mandatorum dei privati; |75| et sunt duces caecorum, quia alios in praecipitium trahunt, errantes, et in errorem mittentes; unde subditur caecus autem si caeco ducatum praestet, ambo in foveam cadunt. * hieronymus. ° hoc etiam est quod apostolus praeceperat: haereticum hominem post primam et alteram correptionem devita, sciens quod perversus sit huiuscemodi. in hunc sensum et salvator praecepit doctores pessimos dimittendos arbitrio suo, sciens eos difficulter ad veritatem posse trahi.

lc4 * Remigius. ° consueverat dominus parabolice loqui; et ideo petrus cum audisset: quod intrat in os, non coinquinat hominem, putavit illum parabolice fuisse locutum; et ideo interrogavit, ut subditur respondens autem petrus dixit ei: edissere nobis parabolam istam. et quia ex persona ceterorum hoc dixerat, idcirco simul cum aliis a domino reprehensus est: unde sequitur at ille dixit: adhuc et vos sine intellectu estis? * hieronymus. ° corripitur autem a domino, quare parabolice dictum putet quod perspicue locutus est. ex quo animadvertimus, vitiosum esse auditorem qui obscura manifeste, aut manifeste dicta, obscure velit intelligere. * chrysostomus in matth.. ° vel ideo dominus increpat eum, quia non erat ex incertitudine quod quaesierat, sed ex scandalo quo scandalizatus erat. turbae enim non intellexerant quod dictum erat; discipuli autem scandalizati fuerant; unde a principio quasi pro pharisaeis interrogare volebant; sed quia audierant eum |25| magna dicentem: omnis plantatio etc., repressi fuerunt. sed petrus, qui ubique fervens erat, neque ita silet; quem dominus increpat, et increpationi rationem addidit dicens non intelligitis quia omne quod in os intrat, in ventrem vadit et in secessum emittitur? * hieronymus. ° ex hac sententia quidam calumniantur quod dominus physicae disputationis ignarus, putet omnes cibos in ventrem ire, et in secessum digeri, cum statim infusae escae per artus et venas ac medullas nervosque fundantur. sed sciendum, quod tenuis humor et liquens esca, cum in venis et artubus concocta fuerit et digesta, per occultos meatus corporis quos graeci poros, vocant, ad inferiora dilabitur et in secessum vadit. * augustinus de vera relig.. ° alimenta carnis corrupta, idest amittentia formam suam in membrorum fabricam migrant, et corrupta reficiunt, in aliam formam per convenientiam transeuntia, et per vitalem motum diiudicantur quodammodo, ut ex eis in structuram huius pulchri visibilis, quae apta sunt, assumantur, |50| non apta vero per congruos meatus abiciantur: quorum aliud faeculentissimum redditur terrae ad alias formas assumendas, aliud per totum corpus exhalat, aliud totius animalis latentes nervos accipit et inchoatur in prolem. * chrysostomus in matth.. ° cum autem hoc dominus dicit, adhuc discipulis secundum iudaicam infirmitatem respondet: dicit enim, quoniam cibus non manet, sed egreditur; quamvis etsi maneret, non faceret immundum. sed nondum haec audire poterant. propter hoc autem et moyses per tantum tempus dicit esse immundos, quantum cibus intus manet: in vespere enim iubet lavari et mundum esse, quasi tempus digestionis et egestionis dimetiens. * augustinus de trin.. ° duo autem quaedam hominis ora dominus complexus est: unum corporis, aliud cordis: nam cum dicit omne quod in os intrat, non coinquinat hominem, apertissime demonstravit os corporis; at in eo quod sequitur, os cordis ostendit, dicens quae autem procedunt de ore, de corde exeunt, et ea |75| coinquinant hominem. * chrysostomus in matth.. ° quae enim cordis sunt, intus in homine manent, et exeuntia inquinant, non manentia solum, immo tunc magis cum exierint; unde subiunxit de corde enim exeunt cogitationes malae: quas primo ponit, quia hoc erat iudaicum vitium, qui scilicet ei insidiabantur. * hieronymus. ° principale igitur animae non, secundum platonem, in cerebro est, sed iuxta christum in corde: et arguendi sunt ex hac sententia qui cogitationes a diabolo immitti putant, et non ex propria nasci voluntate. diabolus adiutor esse, et incentor malarum cogitationum potest esse; auctor esse non potest. si autem semper in insidiis positus levem cogitationum nostrarum scintillam suis fomitibus inflammaverit, non debemus opinari, eum quaeque occulta cordis rimari: sed ex corporis habitu et gestibus aestimare quid versemus intrinsecus. verbi gratia, si pulchram mulierem nos crebro viderit inspicere, intelligit cor ab oculis vulneratum. * glossa. ° ex cogitationibus autem malis proveniunt |100| et mala facta et mala verba, quae lege prohibentur: unde subdit homicidia, quae prohibentur illo legis praecepto: non occides; adulteria, fornicationes, quae intelliguntur prohiberi illo praecepto: non moechaberis; furta, quae prohibentur illo praecepto: non furtum facies; falsa testimonia, contra illud praeceptum: non dices adversus proximum tuum falsum testimonium; blasphemiae, contra illud praeceptum: non assumes nomen dei in vanum. * remigius. ° nominatis autem vitiis quae divina lege prohibentur, pulchre dominus subiungit haec sunt quae coinquinant hominem; idest, immundum et impurum reddunt. * glossa. ° et quia huiusmodi verba domini ex pharisaeorum nequitia occasionem sumpserant, qui traditiones suas divinis praeceptis praeferebant, consequenter concludit inconvenientiam traditionis praemissae, dicens non lotis autem manibus manducare non coinquinat hominem. * chrysostomus in matth.. ° non autem dixit: escas in lege prohibitas |125| manducare non coinquinat hominem, ut non possent illi contradicere, sed concludit de illo de quo disputatio erat.

lc5 * Hieronymus. ° scribis et pharisaeis et calumniatoribus derelictis, transgreditur in partes tyri et sidonis, ut tyrios sidoniosque curaret: et ideo dicitur et egressus inde iesus, secessit in partes tyri et sidonis. * remigius. ° tyrus et sidon civitates fuere gentilium: nam tyrus metropolis fuerat chananaeorum, sidon terminus chananaeorum respiciens ad aquilonem. * chrysostomus in matth.. ° considerandum autem, quod quando ab escarum observatione iudaeos eripuit, tunc et gentibus ianuam aperuit, sicut et petrus prius in visione iussus est hanc legem solvere, et post ad cornelium mittitur. si quis autem quaerat, cum discipulis suis dixerit: in viam gentium ne abieritis, qualiter hanc ambulat viam, primum quidem illud dicemus, quia non erat obnoxius praecepto quod discipulis dederat. secundo autem quia neque ut praedicaturus abiit: unde et marcus dicit quoniam occultavit seipsum. * remigius. ° ivit autem, ut tyrios sidoniosque |25| curaret; sive ut huius mulieris filiam liberaret a daemonio; quatenus per eius fidem, scribarum et pharisaeorum nequitiam condemnaret: de qua quidem muliere subditur et ecce mulier chananaea a finibus illis egressa. * chrysostomus in matth.. ° dicit autem evangelista eam esse chananaeam, ut ostendat virtutem praesentiae christi. chananaei enim, qui expulsi fuerant ut non perverterent iudaeos, hi iudaeis apparuerunt prudentiores, ut exirent a terminis suis, et accederent ad christum. cum autem haec mulier accessisset, nihil aliud quam misericordiam poposcit; unde sequitur clamavit dicens ei: miserere mei, domine fili david. * glossa. ° magna fides chananaeae hic notatur: deum credit, ubi dominum vocat; hominem, ubi dicit filium david. nihil ex merito postulat, sed solam misericordiam dei efflagitat, dicens miserere. nec dicit: miserere filiae, sed miserere mei: quia dolor filiae dolor est matris; et ut magis eum ad compassionem moveat, totum ei dolorem enarrat: unde sequitur |50| filia mea male a daemonio vexatur: in quo vulnera medico detegit, et magnitudinem et qualitatem morbi: magnitudinem, cum dicit male vexatur; qualitatem cum dicit a daemonio. * origenes. ° vide autem prudentiam feminae: non ivit ad homines seductores; non quaesivit inanes ligaturas; sed omnes relinquens diaboli cultus, venit ad dominum. non petivit iacobum, non rogavit ioannem, non accessit ad petrum: sed suscepit in se poenitentiae patrocinium, et sola cucurrit ad dominum. sed vide inexpertum negotium. petit, et lamentum suum producit in clamorem; et amator hominum deus non respondet verbum: unde sequitur qui non respondit ei verbum. * hieronymus. ° non autem de superbia pharisaica, nec de scribarum supercilio, sed ne ipse sententiae suae contrarius videretur, per quam iusserat: in viam gentium ne abieritis: nolebat enim occasionem calumniantibus dare, perfectamque salutem gentium passionis et resurrectionis tempori reservabat. * glossa. |75| ° differendo etiam et non respondendo, patientiam mulieris et perseverantiam nobis ostendit. ideo etiam non respondit, ut discipuli pro ea rogarent: ostendens per hoc, necessarias esse preces sanctorum ad aliquid impetrandum: unde sequitur et accedentes discipuli eius, rogabant eum dicentes: dimitte eam, quia clamat post nos. * hieronymus. ° discipuli adhuc illo tempore mysteria domini nescientes, vel misericordia moti, rogabant pro chananaea muliere, vel importunitate eius carere cupientes. * augustinus de cons. evan.. ° affert autem aliquam repugnantiae quaestionem quod marcus in domo dicit fuisse dominum cum ad illum venit mulier pro filia sua rogans, matthaeus autem posset intelligi de domo tacuisse, eamdem tamen rem commemorasse. sed quoniam dicit discipulos domino ita suggessisse, dimitte illam, quoniam clamat post nos, nihil videtur aliud significare quam post ambulantem dominum, mulierem istam deprecatoriam vocem misisse. intelligendum est ergo, dixisse quidem marcum |100| quod intraverit ubi erat iesus, cum eum praedixisset fuisse in domo. sed quia matthaeus ait non respondit ei verbum, dedit agnoscere, quod tacuerunt ambo, et in eo silentio egressum fuisse iesum de domo illa; atque ita cetera contexuntur quae iam in nullo discordant. * chrysostomus in matth.. ° aestimo autem et discipulos ad calamitatem mulieris esse tristatos, sed tamen non sunt ausi dicere: da ei hanc gratiam, sed dimitte eam: sicut et nos cum volumus alicui persuadere, multoties contraria dicimus. ipse autem respondens ait: non sum missus nisi ad oves quae perierunt domus israel. * hieronymus. ° non autem hoc dicit quin ad gentes non missus sit, sed quod primum ad israel missus est, ut illis non recipientibus evangelium, iusta fieret ad gentes transmigratio. * remigius. ° specialiter enim missus est ad salutem iudaeorum, ut etiam corporali praesentia eos doceret. * hieronymus. ° signanter autem dixit ad oves perditas domus israel, ut etiam ex hoc nunc erroneam ovem de alia parabola | 125 | intelligamus. * chrysostomus in matth.. ° sed quia mulier vidit nihil posse apostolos, inverecunda effecta est bona inverecundia: ante enim neque in conspectum venire audebat: unde dictum est clamat post nos. quando autem videbatur ut angustiata recederet, tunc proprius venit: unde sequitur at illa venit et adoravit eum. * hieronymus. ° nota, quod ista chananitidis perseveranter primum filium david, deinde dominum vocat, et ad extremum, deum adoravit. * chrysostomus in matth.. ° ideoque non dixit: roga vel deprecare deum; sed domine, adiuva me. quanto ergo magis mulier multiplicabat supplicationem, tanto et ipse multiplicabat negationem: et non adhuc iudaeos oves vocat, sed filios, illam autem canem: unde sequitur qui respondens ait: non est bonum sumere panem filiorum, et dare canibus. * glossa. ° filii sunt iudaei generati et nutriti sub cultu unius dei per legem; panis est evangelium, miracula, et alia quae ad salutem nostram pertinent. |150| non est ergo conveniens ut a filiis auferantur, et dentur gentibus, qui sunt canes, donec iudaei repudient. * rabanus. ° canes autem gentiles propter idololatriam dicuntur, qui esui sanguinis dediti, et cadaveribus mortuorum, vertuntur in rabiem. * chrysostomus in matth.. ° vide autem mulieris prudentiam, qualiter neque contradicere ausa est, neque tristata in aliorum laudibus, neque molestata in proprio convicio: unde sequitur at illa dixit: etiam, domine: nam et catelli edunt de micis quae cadunt de mensa dominorum suorum. ille dixit non est bonum, haec autem dixit utique, domine; ipse iudaeos filios vocat, haec autem dominos; ipse canem eam nominavit, haec autem et opus canis adiecit; ac si dicat: si canis sum, non sum aliena: canem me dicis; ergo nutri me ut canem: non possum relinquere mensam domini mei. * hieronymus. ° mira autem huius mulieris fides, patientia et humilitas praedicantur: fides, qua credebat sanari posse filiam suam; patientia, qua toties contempta in precibus perseverat; humilitas, |175| quod se non canibus, sed catulis comparat. scito me, inquit, filiorum panem non mereri, nec integros capere posse cibos, nec sedere ad mensam posse cum patre; sed contenta sum reliquiis catulorum, ut per humilitatem micarum ad panis integri veniam magnitudinem. * chrysostomus in matth.. ° propter hoc autem christus tardabat: praesciebat enim eam hoc dicturam, nec occultari volebat tantam mulieris virtutem: unde sequitur tunc respondens iesus ait illi: o mulier, magna est fides tua: fiat tibi sicut vis; ac si dicat: fides tua maiora his audire potest; verum interim fiat tibi sicut vis. vide autem qualiter non parum et haec mulier intulit in filiae medicinam: propter hoc enim neque christus dixit: sana sit filia tua; sed magna est fides tua: fiat tibi sicut vis; ut discas quoniam simpliciter loquebatur, et non adulationis, sed multae fidei erant verba ipsius. haec autem christi vox similis est illi voci qua dixit: fiat firmamentum: et factum est; unde sequitur et sanata est filia eius |200| ex illa hora. intende autem qualiter apostolis non impetrantibus impetrat ipsa: tam magnum quid est instantia orationis: etenim pro nostris noxis a nobis vult magis rogari, quam ab aliis pro nobis. * remigius. ° his etiam verbis datur nobis exemplum catechizandi et baptizandi pueros: quoniam haec mulier non ait: salva filiam meam, aut adiuva eam; sed miserere mei et adiuva me. hinc etenim descendit consuetudo in ecclesia ut fideles pro suis parvulis fidem deo promittant, quando ipsi non sunt tantae aetatis et rationis ut per se fidem deo promittere valeant; quatenus sicut fide istius mulieris sanata est filia eius, ita et fide virorum catholicorum peccata parvulis relaxentur. allegorice autem haec mulier sanctam ecclesiam significat de gentibus congregatam. per hoc enim quod dominus, relictis scribis et pharisaeis, venit in partes tyri et sidonis, praefigurabatur quia relicturus erat iudaeos, et transiturus ad gentes. est autem haec mulier egressa a finibus suis, quoniam ecclesia sancta recessit a |225| pristinis erroribus et vitiis. * hieronymus. ° filiam autem chananaeae puta animas esse credentium, quae male a daemonio vexabantur, ignorantes creatorem, et adorantes lapidem. * remigius. ° filios autem dominus appellat patriarchas et prophetas illius temporis. per mensam designatur sacra scriptura; per micas vero minima praecepta, vel interna mysteria, quibus sancta ecclesia pascitur; per crustas vero carnalia praecepta, quae iudaei observant. micae autem sub mensa comedi dicuntur, quia ecclesia humiliter se submittit ad implenda divina praecepta. * rabanus. ° non autem crustas, sed micas de pane puerorum edunt catelli: quia conversi ad fidem, qui erant despecti in gentibus, non litterae superficiem in scripturis, sed spiritualem sensum quo in bonis actibus proficere valeant, inquirunt. * hieronymus. ° mira autem rerum conversio. israel quondam filius, nos canes: pro diversitate fidei ordo nominum commutatur: de illis postea dicitur: circumdederunt |250| me canes multi; nos audivimus cum muliere fides tua te salvam fecit. * rabanus. ° quae merito magna dicitur: quia cum gentes nec lege fuerint imbutae, nec vocibus prophetarum instructae, ad praedicationem mox apostolorum, in auditu auris obedierunt; ideoque salutem impetrare meruerunt. verum si ad primas ecclesiae rogantis lacrymas dominus salutem animae differt dare, non est desperandum, vel a petendo cessandum; sed magis precibus insistendum. * augustinus de quaest. evang.. ° quod et puerum centurionis et filiam chananaeae mulieris, non veniens ad domos eorum sanat, significat gentes ad quas non venit, salvas fore per verbum suum. quod ipsis rogantibus filii sanantur, intelligenda est persona ecclesiae, quae sibi est et mater et filii: nam simul omnes quibus constat ecclesia, mater dicitur; singuli autem iidem ipsi filii appellantur. * hilarius in matth.. ° vel haec mulier proselytorum formam praefert, fines suos egreditur, et ex gentibus, scilicet in |275| populi alterius nomen excedens: quae pro filia, videlicet gentium plebe, dominatu immundorum spirituum occupata, orat; et quia dominum cognovit ex lege, david filium nuncupat. * rabanus. ° item si quis conscientiam habet alicuius vitii sorde pollutam, filiam habet male a daemonio vexatam. item si quis bona quae gessit, peccatorum peste foedavit, filiam habet immundi spiritus furiis agitatam; ideoque necesse est ut ad preces lacrymasque confugiat, sanctorumque intercessiones et auxilia quaerat.

lc6 * Hieronymus. ° sanata chananaeae filia, revertitur dominus ad iudaeam: unde dicitur et cum transisset inde iesus, venit secus mare galilaeae. * remigius. ° hoc mare diversis vocabulis appellatur: dicitur enim mare galilaeae propter galilaeam adiacentem; mare tiberiadis propter tiberiadem civitatem. sequitur et ascendens in montem, sedebat ibi. * chrysostomus in matth.. ° considerandum autem, quod aliquando dominus circuit ut sanet infirmos: aliquando autem sedet expectans eos: et ideo convenienter hic subditur et accesserunt ad eum turbae multae, habentes secum mutos, claudos, caecos, debiles, et alios multos. * hieronymus. ° in eo loco ubi latinus interpres transtulit debiles, in graeco scriptum est cyllous, quod non debilitatis generale, sed unius infirmitatis nomen est: ut quomodo claudus dicitur, qui pede claudicat uno, sic cyllos, appelletur qui unam manum debilem habet. * chrysostomus in matth.. |25| ° hi autem in duobus fidem suam demonstrabant; et in ascendendo montem, et in hoc quia aestimabant se nullo alio indigere nisi ut proicerentur ad pedes iesu; neque etiam adhuc tangunt fimbriam vestimenti, sed et ad altiorem fidem ascendunt unde dicitur et proiecerunt eos ad pedes eius. et mulieris quidem filiam cum multa tarditate curavit, ut eius virtutem ostenderet: his autem, non quia meliores erant, sed ut infidelium iudaeorum ora obstrueret, confestim sanationem praebet: unde sequitur et curavit omnes. multitudo autem eorum qui curabantur, et facilitas sanationis eos in stuporem mittebat: unde sequitur ita ut turbae mirarentur, videntes mutos loquentes. * hieronymus. ° de debilibus tacuit, quia quid e contrario diceret uno verbo non habebat. * rabanus. ° mystice autem, cum filia chananaeae praefigurasset salutem gentium, venit in iudaeam: quia cum plenitudo gentium intraverit, tunc omnis israel salvus erit. * glossa. ° mare autem iuxta quod venit iesus, turbida huius saeculi |50| volumina signat: quod est galilaeae, cum homines a vitiis ad virtutes transmigrant. * hieronymus. ° ascendit autem in montem, ut quasi avis teneros fetus provocet ad volandum. * rabanus. ° ut scilicet auditores suos erigat ad superna et caelestia meditanda. sedebatque ibi, ut demonstraret, non nisi in caelestibus requiem esse quaerendam. eo autem sedente in monte, idest in caelorum arce, accedunt turbae fidelium, devota mente illi appropinquantes, ducentes secum mutos et caecos etc., eosque ad pedes iesu proiciunt: quia peccata confitentes ipsi soli curandos subiciunt: quos ita curat ut turbae mirentur et magnificent deum israel; quia fideles, quando viderint eos qui spiritualiter aegrotaverant, diversis operibus virtutum ditatos, laudem deo decantant. * glossa. ° muti autem sunt qui non laudant deum; caeci qui non intelligunt viam vitae; surdi qui non obtemperant; claudi per devia boni operis non recte euntes; debiles sunt qui infirmi sunt in bonis operibus.

lc7 * Hieronymus. ° prius christus infirmorum debilitates abstulerat, postea vero sanatis offert cibos. convocat quoque discipulos suos, et quod facturus est loquitur: unde dicitur iesus autem convocatis discipulis suis dixit: misereor turbae. hoc autem facit ut magistris exemplum tribuat, cum minoribus atque discipulis communicandi consilia; vel ut ex confabulatione intelligant signi magnitudinem. * chrysostomus in matth.. ° turbae enim cum ad sanationem venissent, non audebant petere panes: unde ipse amator hominum, et omnium curam gerens, etiam non petentibus dat: propter quod dicit misereor turbae. ne autem dicatur quoniam venientes viaticum portaverant, dicit quia triduo iam perseverant mecum, et non habent quod manducent. etsi enim quando venerunt, cibos habuerunt, tamen iam consumpti erant: et propter hoc non in prima aut secunda die hoc fecit, sed in tertia, quando iam omnia erant consumpta: ut prius ipsi in necessitate constituti, cum ampliori desiderio susciperent quod fiebat. monstrat autem et quod de longe venerant, et nihil eis reliquum fuerat, in hoc quod dicit et dimittere eos ieiunos nolo, ne deficiant in via. cum autem nolit eos ieiunos dimittere, ideo tamen non statim signum facit, ut ex hac interrogatione et responsione attentiores discipulos faciat, et fidem suam ostendant, dicentes: fac panes. et quamvis christus plurima fecerit ut miraculi prius facti recordarentur, quia fecit eos ministros et partiti sunt cophinos, adhuc tamen imperfectius dispositi erant: quod patet per hoc quod sequitur et dicunt ei discipuli: unde ergo nobis in deserto panes tantos ut saturemus turbam tantam? ipsi quidem infirma cogitatione hoc dixerunt; per hoc tamen miraculum futurum insuspicabile facientes: ne aliquis enim suspicaretur quod ab aliquo propinquo castello accepti sunt cibi, propter hoc miraculum istud in solitudine fit, multum a castellis distante. ipse autem christus, ut discipulorum erigat mentem, eos interrogat; ut ex modo interrogationis eos commemoret illorum quae prius facta sunt: unde sequitur et ait illis iesus: quot panes habetis? at illi dixerunt: septem, et pisciculos paucos. non autem addunt: sed haec quid sunt inter tantos? sicut antea dixerant; iam enim paulatim profecerant, licet non totum apprehendatur ab eis. admirare autem in apostolis veritatis amorem, qualiter ipsi scribentes non occultant suos etiam magnos defectus; non enim est quantalibet accusatio, parum ante tali signo facto confestim oblivisci. admirare autem et aliam sapientiam eorum, qualiter ventrem superabant, non multam mensae curam facientes; in eremo enim existentes, et per tres dies ibi morantes, solum septem panes ibi habebant. alia vero similiter prioribus fecit: etenim recumbere eos fecit in terra, et in manibus discipulorum crescere panes: unde sequitur et praecepit turbae ut discumberent super terram. * hieronymus. ° de hoc autem supra diximus, et eadem repetere otiosi est: tantum in his quae discrepant immoremur. * chrysostomus in matth.. ° finis autem utriusque miraculi non similis est: sequitur enim et quod superfuit de fragmentis, tulerunt septem sportas plenas. erant autem qui manducaverant quatuor millia hominum, extra parvulos et mulieres. quare autem minores fuerunt reliquiae in hoc miraculo quam in primo etsi non tot fuerint qui comederunt? aut igitur hoc est, quia sportae cophinis maiores erant; aut ut ex diversitate rememorentur et illius et huius miraculi: et propter hoc tunc quidem fecit cophinos reliquiarum numero aequales discipulis, nunc autem sportas panibus aequales. * remigius. ° in hac autem evangelica lectione consideranda est in christo operatio divinitatis et humanitatis: per hoc enim quod turbis miseretur, ostendit se humanae fragilitatis affectionem habere: in eo vero quod panes multiplicavit et turbas pavit, ostenditur divinitatis operatio. destruitur ergo hic error eutychetis, qui in christo dicebat unam naturam. * augustinus de cons. evang.. ° sane non abs re est admonere in hoc miraculo; quod si aliquis evangelistarum hoc dixisset, qui de quinque panibus non dixisset, contrarius ceteris putaretur. sed quia illi qui miraculum de septem panibus narraverunt, nec illud de quinque tacuerunt; neminem movet, et utrumque factum homines intelligunt. hoc ideo diximus, ut sicubi simile reperitur factum a domino, quod in aliquo alter alteri evangelistae ita repugnare videatur ut omnino solvi non possit, nihil aliud intelligatur quam utrumque factum esse, et aliud ab alio commemoratum. * glossa. ° notandum autem, quod prius dominus aufert debilitates, et postea cibat: quia prius sunt removenda peccata, et postea anima verbis domini nutrienda. * hilarius in matth.. ° sicut autem illa turba quam prius pavit, iudaicae credentium convenit plebi, ita haec populo gentium comparatur. quod vero quatuor millia virorum congregantur, multitudo innumerabilium ex quatuor orbis partibus intelligitur. * hieronymus. ° isti etiam non sunt quinque millia, sed quatuor millia, qui numerus semper in laudibus ponitur; et quadrangulus lapis non fluctuat, non est instabilis: et ob hanc causam etiam evangelia in hoc numero consecrata sunt. in superiori ergo signo, quia propinqui erant et vicini quinque sensuum, non ipse dominus eorum recordatur, sed discipuli; hic autem ipse dominus misereri se dicit eorum quia triduo iam perseverant cum eo: quia scilicet patri, filio spirituique sancto credebant. * hilarius. ° vel quia omne passionis dominicae tempus cum domino agunt; sive quia venturi ad baptismum confitentur se credere in passione ac resurrectione eius; sive quia toto passionis dominicae tempore ieiuniis domino quadam compassionis societate iunguntur. * rabanus. ° vel hoc dicitur quia in toto saeculo triplex tempus est quo gratia datur: primum ante legem, secundum sub lege, tertium sub gratia, quartum est in caelo, ad quod tendens reficitur in via. * remigius. ° vel quia peccata commissa per poenitentiam corrigentes, cogitatione, locutione et opere convertuntur ad dominum. has turbas noluit dominus dimittere ieiunas, ne deficerent in via: quia peccatores per poenitentiam conversi, in cursu labentis saeculi pereunt, si absque sacrae doctrinae pabulo dimittantur. * glossa. ° septem panes sunt scriptura novi testamenti, in quo gratia spiritus sancti et revelatur et datur; neque sunt hordeacei, ut supra, quia non hic, ut in lege, vitale alimentum figuris quasi tenacissima palea tegitur; hic non duo pisces, ut in lege duo ungebantur, scilicet rex et sacerdos; sed pauci, idest sancti novi testamenti, qui de fluctibus saeculi erepti, et sustinent turbulentum mare, et exemplo suo nos reficiunt, ne in via deficiamus. * hilarius. ° turbae autem in terra recumbunt: nullis enim legis operibus fuerant ante substratae; sed peccatorum et corporum suorum inhaerebant. * glossa. ° vel ibi super faenum, ut desideria carnis comprimantur, hic super terram, ubi et ipse mundus relinqui praecipitur. vel mons in quo dominus reficit, est altitudo christi; ibi ergo faenum super terram, quia ibi celsitudo christi, propter carnales, carnali spe et desiderio tegitur: hic remota omni cupiditate carnali, convivas novi testamenti spe permanentes solidatosque continet; ibi quinque millia, qui carnales quinque sensibus subdit: hic quatuor, propter quatuor virtutes quibus spiritualiter muniuntur: temperantiam, prudentiam, fortitudinem et iustitiam: quarum prima est cognitio rerum appetendarum et vitandarum; secunda, refrenatio cupiditatis ab his quae temporaliter delectant; tertia, firmitas contra molesta saeculi; quarta, quae per omnes diffunditur, dilectio dei et proximi: et ibi et hic mulieres et parvuli excepti sunt: quia in veteri et novo testamento non admittuntur ad dominum qui non perdurant occurrere in virum perfectum, vel infirmitate virium, vel levitate mentis. utraque refectio in monte celebrata est, quia utriusque testamenti scriptura et altitudinem caelestium praeceptorum mandat et praemium. utraque altitudinem christi praedicat. altiora mysteria, quae non capit communis turba, apostoli sufferunt et implent, scilicet perfectorum corda septiformis spiritus gratia ad intelligendum illustrata. sportae iunco et foliis palmarum solent contexi; et significant sanctos, qui radicem cordis in ipso fonte vitae collocant ne arescant ut iuncus in aqua, et palmam aeternae retributionis in corde retinent.

071 CMT cp16

lc1 * Chrysostomus in matth.. ° sicut post miraculum quinque panum, dominus turbas dimisit, ita et nunc; nec autem pedes recedit, sed navigio, ne turba eum sequatur: unde dicitur et dimissa turba, ascendit in naviculam, et venit in fines mageddan. * augustinus de cons. evang.. ° marcus autem dicit, quod in dalmanutha; nec est dubitandum eumdem locum esse sub utroque nomine: nam plerique codices non habent, etiam secundum marcum, nisi mageddan. * rabanus. ° est autem mageddan regio contra gerasam, et interpretatur poma, vel nuntia; et significat hortum, de quo dicitur: hortus conclusus, fons signatus, in quo crescunt poma virtutum, et ubi nuntiatur nomen domini. docet autem, quod praedicatores, ministrato verbo turbae, ipsi intra cubiculum cordis virtutum pomis debent refici. sequitur et accesserunt ad eum pharisaei et sadducaei tentantes et rogaverunt eum ut signum de caelo ostenderet eis. * remigius. ° admiranda quippe est caecitas pharisaeorum et sadducaeorum: sic enim postulabant signum de caelo, quasi ea non essent signa quae facere videbatur. quod autem signum postularent, ioannes manifestat: refert enim post refectionem de quinque panibus, turbam accessisse ad dominum et dixisse: quod signum facis, ut videamus, et credamus tibi? patres nostri manna in deserto comederunt, sicut scriptum est: panem de caelo dedit eis manducare. ideoque et hic dicunt: ostende nobis signum de caelo; idest, fac ut uno vel duobus diebus manna pluat, ut totus populus pascatur, sicut multo tempore factum est in deserto. ipse vero inspiciens cogitationes eorum, ut deus, et sciens quod si etiam signum de caelo eis ostenderet, non crederent, noluit eis dare signum quod postulabant: unde sequitur at ille respondens ait illis: facto vespere dicitis: serenum erit, * etc.. hieronymus. ° hoc apud graecos in plerisque codicibus non habetur. sensus autem manifestus est, quod ex elementorum ordine et consonantia possunt et sereni et pluviosi dies praenosci. scribae autem et pharisaei, qui videbantur legis esse doctores, ex prophetarum vaticinio non poterant cognoscere salvatoris adventum. * augustinus de quaest. evang.. ° potest etiam intelligi quod dixit dominus: facto vespere dicitis: serenum erit, etenim rubicundum est caelum: idest sanguine passionis christi, primo adventu indulgentia peccatorum datur. et mane: hodie tempestas, rubet enim cum tristitia caelum; illud est quod secundo adventu igne praecedente venturus est. * glossa. ° vel aliter. rutilat triste caelum; idest, patiuntur apostoli post resurrectionem; post quos me iudicare in futuro scire potestis; quia cum non parco meis bonis quin patiantur, non parcam aliis in futuro. faciem ergo caeli diiudicare nostis, signa autem temporum non potestis. signa temporum dixit de adventu suo vel passione, cui simile est roseum caelum vespere; et idem de tribulatione, ante adventum suum futura, cui simile est mane roseum cum tristitia caelum. * chrysostomus in matth.. ° sicut ergo in caelo aliud quidem est signum serenitatis, aliud pluviae, ita et in me putare oportet: nunc enim, scilicet in primo adventu, his signis quae in terra sunt, opus est; quae autem in caelo sunt, conservantur tempori secundi adventus. nunc enim sicut medicus veni; tunc sicut iudex adero: propter hoc nunc occultus veni; tunc autem cum multa divulgatione quando virtutes caelorum movebuntur. sed non est nunc tempus horum signorum: quia veni mori, et quae abiecta sunt pati: et ideo sequitur generatio mala et adultera signum quaerit; et signum non dabitur ei, nisi signum ionae prophetae. * augustinus de cons. evang.. ° hoc autem et alibi iam dixit matthaeus: unde retinendum est, eadem dominum saepe dixisse; ut quod existente contrario solvi non poterit, bis dictum intelligatur. * glossa. ° dicit autem generatio mala et adultera, idest incredula, pro spirituali carneum habens intellectum. * rabanus. ° non ergo generationi illi tentantium dominum signum caeleste datur, quale quaerebant, quibus multa signa dedit in terra; sed generationi quaerentium dominum, idest apostolis; quibus cernentibus, ascendit in caelum, et spiritum sanctum misit. * hieronymus. ° quid autem sibi velit signum ionae, iam supra dictum est. * chrysostomus in matth.. ° cum autem hoc pharisaei audissent, oportebat interrogare, et dicere: quid est quod dicitur? sed ipsi non desiderio discendi, hoc a domino quaesierunt; et ideo dominus eos relinquit; unde sequitur et relictis illis, abiit. * rabanus. ° idest relicta generatione mala iudaeorum, abiit trans fretum, et gentium secutus est populus. nota, quod non, sicut in aliis legitur locis, dimissis turbis abiit; sed quia infidelitatis error insolentium animos obtinebat, dicitur quod eos reliquit.

lc2 * Glossa. ° sicut dominus pharisaeos reliquerat propter eorum infidelitatem, ita consequenter et doctrinam eorum a discipulis cavendam esse docet: unde sequitur et cum venissent discipuli eius trans fretum, obliti sunt accipere panes. * remigius. ° tanto enim amore magistri detinebantur ut nec etiam ad punctum vellent ab eo recedere. animadvertendum est ergo quantum alieni essent ab appetitu deliciarum, cum tam parvam haberent de necessariis curam ut etiam obliti sint panes accipere, sine quibus humana fragilitas subsistere non potest. sequitur qui dixit illis: intuemini et cavete a fermento pharisaeorum et sadducaeorum. * hilarius in matth.. ° in quo monentur apostoli non admisceri iudaeorum doctrinae: quia legis opera in effectum fidei et praefigurationem rerum consequentium constituta sunt: et in quorum tempora atque aetatem veritas contigisset, nihil ultra in veritatis similitudinem positum arbitrarentur: ne doctrina pharisaeorum christum nesciens, effectum evangelicae veritatis rumperet. * hieronymus. ° qui enim cavet a fermento pharisaeorum et sadducaeorum, legis ac litterae praecepta non servat, traditiones hominum negligit, ut faciat dei mandata. hoc est fermentum de quo apostolus ait: modicum fermentum totam massam corrumpit. istiusmodi fermentum etiam omni ratione vitandum est, quod habuit marcion, valentinus et omnes haeretici. fermentum enim hanc habet vim ut, si farinae mixtum fuerit, quod parum videbatur, crescat in maius, et ad saporem suum universam conspersionem trahat: ita et doctrina haeretica, si vel modicam scintillam iecerit in tuum pectus, in brevi ingens flamma concrescit, et totam hominis passionem ad se trahit. * chrysostomus in matth.. ° quare non dixit: attendite a doctrina pharisaeorum manifeste? quia vult commemorare ea quae facta sunt, scilicet de multiplicatione panum: etenim noverat eos esse oblitos. simpliciter autem de hoc eos incusare non videtur rationem habere: occasione autem ab eis recepta eos increpare, susceptibilem faciebat incusationem; et ideo quae cogitabant discipuli, evangelista in medium introducit, dicens at illi cogitabant intra se dicentes quia panes non accepimus. * hieronymus. ° quomodo autem panes non habebant qui statim impletis septem sportis, ascenderunt in naviculam, et venerunt in fines mageddan? ibi audiunt navigantes quod cavere debeant a fermento pharisaeorum et sadducaeorum. sed scriptura testatur, quod obliti sunt eos secum tollere. * chrysostomus in matth.. ° quia vero discipuli circa observationes iudaicas adhuc repebant, ideo dominus vehementer eos increpat ad utilitatem omnium: unde sequitur sciens autem iesus, dixit eis: quid cogitatis intra vos, modicae fidei, quia panes non habetis? * glossa. ° quasi dicat: quid cogitatis me dixisse de terrenis panibus, de quibus non est vobis dubitandum, cum de tam paucis tantas feci abundare reliquias? * chrysostomus in matth.. ° hoc autem facit, ut sollicitudinem escarum ab eis abiciat. sed quare non arguit eos, cum dixerunt: unde nobis in solitudine panes tanti? etenim opportunius videbatur hoc dici. sed ideo tunc non reprehendit eos, ne videretur se ingerere ad signa facienda, et nolebat ante turbas eos increpare. tunc etiam rationabilior haec accusatio fuit quando iam duplici miraculo de panibus facto tales erant ut adhuc de escis dubitarent. vide autem et increpationem cum mansuetudine: velut enim excusando respondet, pro his quos increpaverat dicens nondum intelligitis neque recordamini quinque panum? * glossa. ° quasi dicat: neque mysterium intelligitis, neque virtutem in memoria habetis. * chrysostomus in matth.. ° per quod in memoriam eis reducit ea quae praeterierunt, et ad futura attentiores facit. * hieronymus. ° per hoc autem quod dicit quare non intelligitis? ecce per occasionem docet eos quid significent quinque panes et septem, quinque millia hominum et quatuor millia, |100| quae pasta sunt in eremo. si enim fermentum pharisaeorum et sadducaeorum non corporalem panem, sed traditiones perversas et haeretica significat dogmata; quare cibi quibus nutritus est populus dei, non veram doctrinam integramque significent? * chrysostomus in matth.. ° ut autem discas quantum in discipulis potuit increpatio christi, et qualiter eorum mentem erexerit dormientem, audi quid evangelista dicat: tunc intellexerunt quod non dixit cavendum a fermento panum, sed a doctrina pharisaeorum et sadducaeorum, quamvis eo hoc non interpretante. interpretatio ergo domini eos a iudaicis observationibus abduxit, desides existentes attentiores fecit, et a parva fide eos eripuit, ut non timeant si quando paucos panes habere videantur, neque pro pane solliciti sint, sed haec despiciant universa.

lc3 * Glossa. ° postquam discipulos a pharisaeorum doctrina removerat dominus, convenienter evangelicae doctrinae altitudinem in eis fundat: et ut maior solemnitas designetur, locus describitur cum dicitur venit autem iesus in partes caesareae philippi. * chrysostomus in matth.. ° ideo autem non simpliciter caesaream nominat, sed caesaream philippi: quia est et alia caesarea quae est stratonis: non autem in illa, sed in hac discipulos interrogavit; longe eos a iudaeis abducens, ut ab omni timore eruti, libere dicant quae habebant in mente. philippus autem iste, frater fuit herodis tetrarchae ithureae et trachonitidis regionis, qui in honorem tiberii caesaris caesaream philippi, quae nunc paneas dicitur, appellavit. * glossa. ° confirmaturus autem in fide discipulos, prius opiniones et errores aliorum a mentibus eorum voluit removere: unde sequitur et interrogavit discipulos suos dicens: quem dicunt homines esse filium hominis? * origenes |25| in matth.. ° interrogat christus discipulos, ut ex apostolorum responsionibus nos discamus diversas opiniones fuisse tunc apud iudaeos de christo; et ut nos semper scrutemur qualis opinio sit apud homines de nobis: ut si quid male dicitur de nobis, occasiones illius praecidamus: si quid autem boni, eius occasiones augeamus. sed et discipuli episcoporum, apostolorum instruuntur exemplo, ut qualescumque opiniones audierint foris de episcopis suis, referant eis. * hieronymus. ° pulchre autem interrogat quem dicunt homines esse filium hominis? quia qui de filio hominis loquuntur, homines sunt; qui vero divinitatem eius intelligunt, non homines sed dii appellantur. * chrysostomus in matth.. ° non autem dicit: quem me dicunt scribae et pharisaei esse? sed: quem me dicunt homines esse? plebis mentem quae ad malum inflexa non erat, investigans. etsi enim multo humilior quam oportebat eorum erat de christo opinio, sed tamen a nequitia libera erat; pharisaeorum |50| autem opinio de christo erat plena multa malitia. * hilarius in matth.. ° dicendo ergo quem dicunt homines esse filium hominis? significavit, praeter id quod in se videbatur, esse aliud sentiendum: erat enim hominis filius. quod igitur de se opinandi iudicium desiderabat, non illud arbitramur quod de se ipse confessus est; sed occultum erat de quo quaerebatur, in quod se credentium fides debeat extendere. est autem haec confessionis tenenda ratio: ut sicut dei filium, ita et filium hominis meminerimus: quia alterum sine altero nihil spei tribuit ad salutem; et ideo signanter dixit quem dicunt homines esse filium hominis? * hieronymus. ° non enim dixit: quem me esse dicunt homines? sed quem dicunt esse filium hominis? ne iactanter de se quaerere videretur. et nota, quod ubicumque in veteri testamento scriptum est filius hominis, in hebraeo positum est filius adam. * origenes in matth.. ° diversas autem iudaeorum opiniones de christo discipuli referunt: unde dicitur |75| at illi dixerunt: alii ioannem baptistam, aestimationem scilicet secuti herodis; alii autem eliam, videlicet aestimantes, quod aut secundam nativitatem susceperit elias, aut ex eo tempore in corpore vivens, in tempore apparuit illo; alii vero ieremiam, quem dominus in gentibus prophetam constituit: non intelligentes quoniam ieremias typus fuerat christi; aut unum ex prophetis, ratione simili, propter illa quae deus ad ipsos locutus est per prophetas, non tamen in ipsis, sed in christo sunt impleta. * hieronymus. ° sed tamen turbae sic errare potuerunt in elia et ieremia, quomodo herodes erravit in ioanne: unde miror quosdam interpretes causas errorum inquirere singulorum. * chrysostomus in matth.. ° quia vero discipuli opinionem turbae recitaverant, evocat eos per secundam interrogationem ad opinandum aliquid maius de ipso: et ideo sequitur dicit illis iesus: vos autem quem me esse dicitis? vos, inquam, qui simul mecum estis semper, quia maiora signa vidistis quam turbae, |100| non oportet vos in opinione convenire cum turbis: et propter hoc non a principio praedicationis eos de hoc interrogavit, sed postquam multa signa fecit, et multa locutus est de sua deitate. * hieronymus. ° attende autem, quod ex hoc textu sermonis apostoli nequaquam homines sed dii appellantur; cum enim dixisset quem dicunt homines esse filium hominis? subiecit vos autem quem me esse dicitis? ac si dicat: illis, quia homines sunt, humana opinantibus, vos, qui dii estis, quem me esse existimatis? * rabanus. ° non autem quasi nesciens, de se sententiam discipulorum, vel extraneorum inquirit; sed ideo discipulos quid de se sentiant interrogat, ut confessionem rectae fidei digna mercede remuneret. ideo quid alii de se sentiant inquirit, ut expositis primo sententiis errantium, discipuli probarentur veritatem suae confessionis non de opinione vulgata, sed de ipso percepisse dominicae revelationis arcano. * chrysostomus in matth.. ° quando vero dominus de plebis opinione interrogat, omnes respondent; |125| sed omnibus discipulis interrogatis, petrus tamquam os apostolorum et caput, pro omnibus respondet: unde sequitur respondens simon petrus, dixit: tu es christus filius dei vivi. * origenes in matth.. ° denegavit quidem petrus aliquid eorum esse iesum quae arbitrabantur iudaei, confessus est autem tu es christus, quod nesciebant iudaei; sed, et quod maius est, filius dei vivi, qui et per prophetas dixerat: vivo ego, dicit dominus; et ideo dicebatur vivus, sed secundum supereminentiam, quia supereminet omnibus habentibus vitam: quoniam solus habet immortalitatem et est fons vitae, quod proprie dicitur deus pater; vita autem est quasi de fonte procedens, qui dixit: ego sum vita. * hieronymus. ° deum etiam vivum appellat, ad comparationem eorum deorum qui putantur dii, sed mortui sunt. saturnum dico, iovem, venerem, et herculem, et cetera idolorum portenta. * hilarius in matth.. ° est autem haec vera et inviolabilis fides, |150| ex deo deum filium profectum esse, cui sit ex aeternitate patris aeternitas. hunc igitur assumpsisse corpus et hominem factum esse, perfecta confessio est. complexus est itaque omnia qui et naturam et nomen expressit: in quo summa virtutum est. * rabanus. ° mira autem distinctione factum est ut dominus ipse humilitatem assumptae humanitatis profiteatur, discipulus excellentiam divinae aeternitatis ostendat. * hilarius. ° dignum autem confessio petri praemium consecuta est, quia dei filium in homine vidisset: unde sequitur respondens autem iesus dixit ei: beatus es, simon bar iona: quia caro et sanguis non revelavit tibi, sed pater meus qui est in caelis. * hieronymus. ° reddit enim christus apostolo vicem pro testimonio quod de se petrus dixerat tu es christus filius dei vivi. dominus autem dixit ei beatus es, simon bar iona. quare? quia non revelavit tibi caro et sanguis; sed revelavit pater. quod caro et sanguis revelare non potuit, spiritus |175| sancti gratia revelatum est. ergo ex confessione sortitur vocabulum quod revelationem ex spiritu sancto habeat, cuius et filius appellandus sit: siquidem bar iona in lingua nostra sonat filius columbae. alii simpliciter accipiunt, quod simon, scilicet petrus, filius sit ioannis, iuxta alterius loci interrogationem: simon ioannis, diligis me? et volunt scriptorum vitio depravatum: ut pro bar ioanna, idest filius ioannis, bar iona scriptum sit, una detracta syllaba; ioanna vero interpretatur dei gratia. utrumque autem nomen mystice intelligi potest: quod et columba spiritum sanctum, et gratia dei donum significet spiritale. * chrysostomus in matth.. ° vanum est enim dicere: tu es filius ionae, vel ioanna, nisi ut ostendat quoniam ita naturaliter est christus filius dei sicut petrus filius ionae, eiusdem substantiae cum eo qui genuit. * hieronymus. ° illud autem quod ait quia caro et sanguis non revelavit tibi, apostolicae narrationi compara, in qua ait: continuo non acquievi |200| carni et sanguini: carnem ibi et sanguinem iudaeos significans: ut hic quoque sub alio sensu demonstretur, quod ei non per doctrinam pharisaeorum, sed per dei gratiam christus dei filius revelatus sit. * hilarius in matth.. ° vel aliter. beatus hic, quia ultra humanos oculos et intendisse et vidisse laudatus est, non id quod ex carne et sanguine est contuens, sed dei filium caelestis patris revelatione conspiciens: dignusque iudicatus est ut primus agnosceret quod divinitas esset in christo. * origenes in matth.. ° est autem in hoc loco quaerendum utrum cum prius mitterentur, iam cognoscebant discipuli quoniam ipse erat christus. hic enim sermo demonstrat, quoniam tunc primum confessus fuerit eum petrus christum filium dei vivi. et vide, si potes huiusmodi quaestionem solvere, dicens, quoniam credere iesum esse christum, minus est quam cognoscere: ut dicamus, quod quando mittebantur ad praedicandum, credebant quidem iesum esse christum; |225| postea autem proficientes etiam cognoverunt. aut ita est respondendum ut dicamus quoniam tunc quidem apostoli initia cognitionis habebant christi, et exigua cognoscebant de illo; postea autem profecerunt in agnitione ipsius, ut possent capere scientiam christi revelatam a patre: sicut et petrus qui beatificatur, non solum in eo quod dicit tu es christus; sed in eo magis quod addidit filius dei vivi. * chrysostomus in matth.. ° nimirum autem, si non confessus esset petrus christum proprie ex patre natum, non esset hic revelatione opus: neque aestimare christum unum ex multis filiis adoptivis, beatitudine dignum esset: nam et ante hoc illi qui erant in navi dixerunt: vere filius dei est hic. sed et nathanael dixit: rabbi, tu es filius dei. non tamen beati dicti sunt, quia non talem confessi sunt filiationem qualem petrus: sed unum ex multis eum aestimabant, non vere filium; vel etsi praecipuum quidem prae multis, non autem ex substantia patris. vides autem |250| qualiter et filium revelat pater et patrem filius. non enim ab alio est dicere filium quam a patre, nec ab alio patrem quam a filio: quare et hinc manifestum est quod filius est consubstantialis et coadorandus patri. ostendit autem christus ex hinc iam multos credituros quod fuerat petrus confessus; unde subdit et ego dico tibi quia tu es petrus. * hieronymus. ° ac si dicat: quia tu mihi dixisti tu es christus filius dei vivi, et ego dico tibi, non sermone casso et nullum opus habente; sed dico tibi (quia meum dixisse, fecisse est), quia tu es petrus; sicut enim ipse lumen apostolis donavit ut lumen mundi appellentur, et cetera quae a domino sortiti vocabula sunt; ita et simoni qui credebat in petram christum, petri largitus est nomen. * augustinus de cons. evang.. ° nullus tamen arbitretur quod hic petrus nomen acceperit: non enim accepit hoc nomen nisi ubi ioannes commemorat ei dictum esse: tu vocaberis cephas; quod interpretatur petrus. * hieronymus. ° secundum autem metaphoram |275| petrae, recte dicitur ei: aedificabo ecclesiam meam super te; et hoc est quod sequitur et super hanc petram aedificabo ecclesiam meam. * chrysostomus in matth.. ° idest in hac fide et confessione aedificabo ecclesiam meam. hinc ostendit multos iam credituros quod petrus confessus fuerat, et erigit eius sensum, et pastorem ipsum facit. * augustinus in lib. retract.. ° dixi in quodam loco de apostolo petro, quod in illo tamquam in petra aedificata est ecclesia; sed scio me postea saepissime sic exposuisse quod a domino dictum est tu es petrus, et super hanc petram aedificabo ecclesiam meam, ut super hunc intelligeretur quem confessus est petrus dicens tu es christus filius dei vivi; ac si petrus ab hac petra appellatus, personam ecclesiae figuraret, quae super hanc petram aedificatur; non enim dictum est illi: tu es petra, sed tu es petrus; petra autem erat christus, quem confessus simon, sicut ei tota ecclesia confitetur, dictus est petrus. harum autem duarum sententiarum |300| quae sit probabilior, eligat lector. * hilarius in matth.. ° est autem in nuncupatione novi nominis felix ecclesiae fundamentum, dignaque aedificatione illius petra, quae infernales leges et tartari portas et omnia mortis claustra dissolveret: unde ad ostendendam firmitatem ecclesiae supra petram fundatae, subditur et portae inferi non praevalebunt adversus eam. * glossa. ° idest, non separabunt eam a caritate mea et fide. * hieronymus. ° ego portas inferi, vitia reor atque peccata; vel certe haereticorum doctrinas, per quas illecti homines ducuntur ad tartarum. * origenes in matth.. ° sed et singulae spirituales nequitiae in caelestibus portae sunt inferorum, quibus contrariantur portae iustitiae. * rabanus. ° portae quoque inferi, etiam tormenta et blandimenta sunt persecutorum; sed et prava infidelium opera ineptaque colloquia portae sunt inferi, quia iter perditionis ostendunt. * origenes. ° non autem exprimit utrum petrae non praevalebunt in qua aedificat christus ecclesiam, aut |325| ecclesiae quam aedificat supra petram; tamen manifestum est quia nec adversus petram, nec adversus ecclesiam portae praevalent inferorum. * cyrillus in lib. thesauri. ° secundum autem hanc domini promissionem, ecclesia apostolica petri ab omni seductione haereticaque circumventione manet immaculata, super omnes praepositos et episcopos, et super omnes primates ecclesiarum et populorum in suis pontificibus, in fide plenissima et auctoritate petri. et cum aliae ecclesiae, quorumdam errore sint verecundatae, stabilita inquassabiliter ipsa sola regnat, silentium imponens, et omnium obturans ora haereticorum: et nos necessario salutis, non decepti superbia, neque vino superbiae inebriati, typum veritatis et sanctae apostolicae traditionis una cum ipsa confitemur et praedicamus. * hieronymus. ° nemo autem putet haec de morte dici, quod apostoli conditioni mortis subiecti non fuerint, quorum martyria videat coruscare. * origenes in matth.. ° si ergo et nos, patre nobis revelante qui |350| est in caelis, quando scilicet conversatio nostra in caelis est, confessi fuerimus iesum christum esse filium dei vivi: et nobis dicetur: tu es petrus: petra enim est omnis qui imitator est christi. adversus quem autem portae praevalent inferorum, ille neque petra dicendus est, supra quam aedificat christus ecclesiam; neque ecclesia, neque pars ecclesiae, quam christus aedificat supra petram. * chrysostomus in matth.. ° deinde et alium petri dicit honorem, cum subditur et tibi dabo claves regni caelorum; quasi dicat: sicut pater tibi dedit me cognoscere, ita et ego tibi aliquid dabo, scilicet claves regni caelorum. * rabanus. ° qui enim regem caelorum maiori prae ceteris devotione confessus est, merito prae ceteris ipse collatis clavibus regni caelestis donatus est; ut constaret omnibus, quia absque ea confessione ac fide regnum caelorum nullus posset intrare. claves autem regni caelorum ipsam discretionem et potentiam nominat: potentiam, qua liget et solvat; discretionem, |375| qua dignos vel indignos discernat. * glossa. ° unde sequitur et quaecumque ligaveris, idest quemcumque indignum remissione iudicaveris dum vivit, indignus apud deum iudicabitur; et quodcumque solveris, idest quemcumque solvendum iudicaveris dum vivit, remissionem peccatorum consequetur a deo. * origenes in matth.. ° vide autem quantam potestatem habet petra super quam aedificatur ecclesia, ut eius etiam iudicia maneant firma, quasi deo iudicante per eam. * chrysostomus in matth.. ° vide autem qualiter christus reducit petrum ad excelsam de ipso intelligentiam. haec enim ei se promittit daturum quae sunt propria dei solius: scilicet peccata solvere, et ecclesiam immutabilem facere inter tot persecutionum et tentationum procellas. * rabanus. ° haec autem ligandi atque solvendi potestas quamvis soli petro data videatur a domino, tamen et ceteris apostolis datur, nec non etiam nunc in episcopis ac presbyteris omni ecclesiae. sed ideo petrus specialiter claves regni caelorum et principatum iudiciariae potestatis accepit, ut omnes per orbem credentes intelligant quia quicumque ab unitate fidei vel societatis illius quolibet modo semetipsos segregant, tales nec vinculis peccatorum absolvi, nec ianuam possunt regni caelestis ingredi. * glossa. ° specialiter etiam eam petro concessit, ut ad unitatem nos invitaret. ideo enim eum principem apostolorum constituit, ut ecclesia unum principalem christi haberet vicarium, ad quem diversa membra ecclesiae recurrerent, si forte inter se dissentirent. quod si diversa capita essent in ecclesia, unitatis vinculum rumperetur. quidam autem dicunt, quod ideo dicit super terram: non enim data est potestas hominibus ligandi vel solvendi mortuos, sed vivos. qui autem mortuos solveret vel ligaret, non super terram, sed post terram hoc faceret. * ex sententiis constantin. concilii. ° quomodo autem praesumunt quidam dicere de vivis tantummodo haec dicta esse? an ignorant quia iudicium anathematis nihil est aliud quam separatio? evitandi sunt autem illi qui pessimis culpis detinentur, sive in vivis sint, sive non. a nocente enim semper refugere necessarium est. sed et augustini religiosae memoriae, qui inter africanos episcopos splenduit, diversae epistolae recitatae sunt, significantes quod oporteret haereticos et post mortem anathematizare. talem autem ecclesiasticam traditionem et alii africani episcopi servaverunt. sed et sancta romana ecclesia quosdam episcopos post mortem anathematizavit, licet pro fide in vita sua non essent accusati. * hieronymus. ° istum locum episcopi et presbyteri non intelligentes, aliquid sibi de pharisaeorum assumunt supercilio, ut vel damnent innocentes, vel solvere se noxios arbitrentur; cum apud dominum non sententia sacerdotum sed reorum vita quaeratur. legimus in levitico de leprosis, ubi iubentur ostendere se sacerdotibus; et si lepram habuerint, tunc a sacerdote immundi fiant: non quod sacerdotes leprosos faciant et immundos, sed quod habeant notitiam leprosi et non leprosi, et possint discernere qui mundus quive immundus sit. quomodo ergo ibi leprosum sacerdos immundum facit, sic et hic alligat vel solvit episcopus vel presbyter, non eos qui insontes sunt vel innoxii; sed pro officio suo, cum peccatorum audierit varietates, scit qui ligandus sit, qui solvendus. * origenes. ° sit ergo irreprehensibilis qui alterum ligat vel solvit, ut inveniatur dignus ligare vel solvere in caelo. sed et ei qui potuerit virtutibus portas obstruere inferorum, quasi praemium dantur claves regni caelorum: omnis enim species virtutis, cum quis eam coeperit operari, quasi ipsa se adaperit ante eum, domino videlicet aperiente eam per gratiam suam, ut inveniatur eadem virtus et porta esse et clavis portae. forsitan autem et unaquaeque virtus est regnum caelorum.

lc4 * Origenes in matth.. ° postquam petrus confessus est christum filium dei vivi, quia noluit hoc eos interim praedicare, subdit tunc praecepit discipulis suis ut nemini dicerent quia ipse esset iesus christus. * hieronymus. ° sed cum supra mittens discipulos ad praedicandum iusserit eis ut annuntiarent adventum suum, videtur esse contrarium quod hic praecipit ne se dicant esse iesum christum. mihi videtur aliud esse christum praedicare, aliud iesum christum. et christus commune dignitatis est nomen, iesus proprium vocabulum salvatoris. * origenes in matth.. ° vel tunc leviter quidem de eo annuntiabant, quasi de magno et mirabili viro; christum autem esse eum nondum annuntiabant. qui autem vult etiam christum eum praedicatum prius ab apostolis, dicet, quoniam leviter praemittere voluit eos mentionem nominis sui, ut interim facto silentio praedicationis huius, hoc ipsum quod leviter de christo auditum fuerat, digeratur in sensibus auditorum. aut ita est solvenda quaestio: ut videantur ea quae superius de annuntiando christo sunt dicta, non ad tempus pertinere quod fuit ante christi resurrectionem, sed ad tempora post futura. haec autem quae mandat ut nemini dicant, tunc apostolis convenire: inutile enim est ipsum quidem praedicare, crucem autem eius tacere. propterea praecepit eis ut nemini dicerent quia ipse est christus, et praeparabat eos, ut postmodum dicant, quoniam ipse est christus, qui crucifixus est, et resurrexit a mortuis. * hieronymus. ° quod ne quis putet nostrae tantum esse intelligentiae quod sequitur, causas tunc prohibitae praedicationis exponit: sequitur enim exinde coepit iesus ostendere discipulis suis quia oportebat eum ire hierosolymam, et multa pati a senioribus et scribis et principibus sacerdotum, et occidi, et tertia die resurgere. est autem sensus: tunc me praedicate cum ista passus fuero: quia non prodest christum publice praedicari, et eius vulgare in populis maiestatem, quem post paululum flagellatum visuri sunt et crucifixum. * chrysostomus in matth.. ° quod enim semel radicatum est et postea evulsum, si iterum plantetur, difficile retinebitur apud multos: quod autem infixum semel est, et mansit postea immobile, facile provehitur ad augmentum. propter hoc autem immoratur tristibus praedicendis, et sermonem multiplicat, ut aperiat discipulorum mentes. * origenes. ° et vide quia non dixit: coepit dicere vel docere, sed ostendere; quia sicut corporalia ostendi dicuntur, sic ostendi dicuntur a christo ea quae loquebatur. non autem sic puto eis qui corporaliter eum multa patientem viderunt, ostensa fuisse ea quae videbantur, quomodo discipulis ostensus est rationabilis sermo de mysterio passionis et resurrectionis christi: et tunc quidem coepit ostendere; consequenter autem postea capacioribus factis plenius demonstravit: quia omne quod coepit iesus, hoc perfecit. oportebat autem eum ire in ierusalem, ut occidatur quidem in hierosolymis quae sunt deorsum, regnet autem resurgens in ierusalem caelesti. postquam enim resurrexit christus, et alii consurrexerunt ei, iam non deorsum quaeritur ierusalem, vel domus orationis in ea, sed sursum. patitur autem multa a senioribus ierusalem terrenae, ut glorificetur ab his qui capiunt beneficia eius caelestibus senioribus. tertia autem die resurrexit a mortuis, ut eripiens maligno, acquirat eis qui liberati fuerint hoc donum, ut baptizentur spiritu et anima et corpore in nomine patris et filii et spiritus sancti, qui sunt tres dies simul perpetuo instantes eis qui per eos facti fuerunt filii lucis.

lc5 * Origenes in matth.. ° adhuc initia eorum quae ostendebantur dicente christo, petrus indigna haec filio dei vivi arbitrabatur; et quasi oblitus quoniam filius dei vivi nihil dignum increpatione facit aut agit, coepit increpare; et hoc est quod dicitur et assumens eum petrus, coepit increpare illum. * hieronymus. ° saepe diximus nimii ardoris amorisque quam maximi fuisse petrum in dominum salvatorem. qui ergo post confessionem suam et praemium salvatoris quod audierat, non vult destrui confessionem suam, nec putat posse fieri ut dei filius occidatur, assumit eum in affectum suum vel separatim ducit, ne praesentibus ceteris condiscipulis videatur magistrum arguere; et coepit illum increpare amantis affectu, et obstans dicere absit a te, domine. vel, ut melius habetur in graeco, ileos si kyrie, u mi este si tuto; hoc est, propitius sis tibi, domine; non erit tibi hoc; quasi necessariam haberet propitiationem. cuius affectum quidem suscipiens christus, ignorantiam exprobrat; unde sequitur qui conversus dixit petro: vade post me, satana; scandalum mihi es. * hilarius in matth.. ° sciens enim dominus diabolicae artis instinctum, petro ait vade retro post me, idest ut exemplum suae passionis sequatur. in eum vero per quem opinio haec suggerebatur, conversus, adiecit satana, scandalum mihi es. non enim convenit existimare petro satanae nomen et accusationem scandali deputari, post indulta illa beatitudinis et potestatis tanta praeconia. * hieronymus. ° sed mihi error apostolicus de pietatis affectu veniens, nunquam incentivum videbitur diaboli. prudens ergo lector consideret, petro illam beatitudinem ac potestatem in futuro promissam, non in praesenti datam; quam si statim dedisset ei, nunquam in eo pravae confessionis error invenisset locum. * chrysostomus in matth.. ° quid etiam mirabile est haec pati petrum, qui de his revelationem non suscepit? ut enim discas, quia neque illa quae de christo confessus fuerat, ex se locutus est, vide qualiter in his quae non revelata sunt ei, turbationem patiatur: humana enim et terrestri cogitatione, quae sunt christi considerans, aestimabat turpe et indignum esse ei quod pateretur. et ideo dominus subiecit quia non sapis ea quae dei sunt, sed ea quae hominum. * hieronymus. ° quasi dicat: meae voluntatis est et patris, ut pro hominum salute moriar; tu tuam tantum considerans voluntatem, non vis granum tritici cadere in terram ut multos afferat fructus; et ideo, quia contraria loqueris voluntati meae, debes adversarius appellari. satanas enim interpretatur adversarius, sive contrarius. non tamen ut plerique putant, eadem satanas et petrus sententia condemnantur: petro enim dicitur vade retro me, satana; idest: sequere me, qui contrarius es voluntati meae; ille audit: vade, satana; et non ei dicit retro, ut subaudiatur: vade in ignem aeternum. * origenes in matth.. ° dixit ergo petro vade post me, quasi desistenti per ignorantiam ire post christum. satana autem dixit ei, quasi per ignorantiam aliquid habenti contrarium deo. beatus autem ad quem convertitur christus, etiam si corripiendi causa convertitur. sed quare dixit ad petrum scandalum mihi es, cum in psalmo 118, 165 dicatur: pax multa diligentibus legem tuam, et non est illis scandalum? sed respondendum est, quoniam non solum iesus non scandalizatur, sed nec omnis homo qui in dilectione dei perfectus est. sed quantum ad se, qui tale aliquid vel agit vel loquitur, scandalum est alteri; licet ille inscandalizabilis sit. aut certe omnem discipulum peccantem scandalum sibi appellat, sicut et paulus dicebat: quis scandalizatur, et ego non uror?

lc6 * Chrysostomus in matth.. ° postquam petrus dixerat: propitius esto tibi; nequaquam erit tibi hoc, et audivit: vade retro me, satana, non fuit dominus hac solum increpatione contentus; sed ex superabundantia voluit ostendere inconvenientiam dictorum a petro, et fructum suae passionis: unde subditur tunc iesus dixit discipulis suis: si quis vult post me venire, abneget semetipsum, et tollat crucem suam, et sequatur me; quasi dicat: tu dicis mihi: propitius esto tibi; ego autem dico tibi, quoniam non solum me prohibere a passione nocivum tibi est; sed neque salvari poteris, nisi patiaris et moriaris, et vitae abrenunties semper. et vide quia non coactivum facit sermonem; non enim dixit: si nolueritis, oportet vos hoc pati, sed si quis vult. hoc autem dicens magis attrahebat: qui enim libertati auditorem dimittit, magis attrahit; qui vero violentiam infert, multoties impedit. non autem solis discipulis suis; sed commune hoc dogma orbi terrarum proponit, dicens si quis vult, idest, si mulier, si vir, si rex, si liber, si servus. tria autem sunt quae dicuntur: abneget semetipsum, et tollat crucem suam, et sequatur me. * gregorius in evang.. ° quia nisi quis a semetipso deficiat, ad eum qui super ipsum est, non appropinquat. sed si nos ipsos relinquimus, quo ibimus extra nos? vel quis est qui vadit, si se deseruit? sed aliud sumus per peccatum lapsi, aliud per naturam conditi. tunc ergo nosmetipsos relinquimus et abnegamus, cum vitamus quod per vetustatem fuimus, et ad hoc nitimur ad quod per novitatem vocamur. * gregorius super ezech.. ° semetipsum etiam abnegat quicumque mutatur ad meliora, et incipit esse quod non erat, et desinit esse quod erat. * gregorius moralium. ° semetipsum etiam abnegat qui calcato typo superbiae, ante dei oculos se esse a se alienum demonstrat. * origenes. ° quamvis autem videatur aliquis a peccato abstinere, tamen nisi in crucem christi crediderit, non potest dici christo confixus, sive cruci: unde sequitur et tollat crucem suam. * chrysostomus in matth.. ° vel aliter. qui negat alium, vel fratrem, vel famulum, vel quemcumque, et si flagellatum viderit, et quodcumque patientem, non assistit, non adiuvat: ita vult corpori nostro nos non ignoscere, ut si flagellaverint, vel quodcumque aliud fecerint, corpori non parcamus. hoc enim est parcere: sicut patres tunc ignoscunt filiis, cum magistris eos tradentes, iusserint, ut non parcant. ne autem aestimes quod usque ad verba tantum et contumelias oportet abnegare seipsum, ostendit usque ad quantum abnegare seipsum oporteat; quia usque ad mortem, etiam turpissimam, scilicet crucis: quod significat in hoc quod dicit et tollat crucem suam, et sequatur me. * in matth.. hilarius. ° sequendus enim est dominus, cruce assumpta passionis suae; et si non sorte, tamen voluntate comitandus est. * chrysostomus in matth.. ° quia etiam latrones multa gravia patiuntur, ut non aestimes quod passio malorum sufficiat, adiungit causam patiendi cum dicit et sequatur me, ut propter eum omnia sustineas, et alias eius virtutes addiscas: hoc est enim sequi christum ut oportet, diligentem esse circa virtutes, et pati omnia propter ipsum. * gregorius in evang.. ° duobus etiam modis crux tollitur, cum aut per abstinentiam affligitur corpus, aut per compassionem proximi affligitur animus. sed quia ipsis virtutibus quaedam vitia mixta sunt, dicendum nobis est, quod abstinentiam carnis nonnumquam vana gloria obsidet: quia dum tenuitas in corpore, dum pallor in vultu respicitur, virtus patefacta laudatur. compassionem vero animi plerumque latenter obsidet pietas falsa, ut hanc nonnumquam usque ad condescendendum vitiis pertrahat: unde ad haec excludenda, subdit et sequatur me. * hieronymus. ° vel aliter. tollit crucem suam qui mundo crucifigitur; cui autem mundus crucifixus est, sequitur dominum crucifixum. * chrysostomus in matth.. ° deinde, quia grave videbatur quod dictum est, per ea quae consequuntur id mitigat, praemia ponens supereminentia laboribus, et malitiae poenas: unde sequitur qui enim voluerit animam suam salvam facere, perdet eam. * origenes in matth.. ° quod dupliciter potest intelligi. primum sic: si quis amator vitae praesentis, parcit animae suae, timens mori, et putans animam suam per hanc mortem perire; iste volens hoc modo salvare animam suam, perdet eam, alienam illam faciens a vita aeterna. si quis contemnens vitam praesentem, usque ad mortem pro veritate certaverit, perdet quidem animam suam quantum ad vitam praesentem; sed quoniam propter christum perdet eam, magis eam salvam faciet in vitam aeternam. alio modo sic: si quis intelligit quae est vera salus, et acquirere vult eam ad salutem animae suae, iste abnegans semetipsum, perdit quantum ad voluptates carnales animam suam propter christum; et perdens animam suam hoc modo, salvat eam per opera pietatis: dicendo enim qui voluerit, praecedentem et sequentem unum sensum esse ostendit. si ergo quod superius dixit abneget semetipsum, de morte corporali dixit, consequenter hoc de sola morte intelligere debemus dictum esse. si autem abnegare seipsum est carnalem conversationem reicere, et perdere animam est deponere voluptates carnales.

lc7 * Chrysostomus in matth.. ° quia dixerat: qui vult salvare, perdet, et: qui perdet, salvabit, utrobique salutem et perditionem ponens, ne aliquis aestimet aequalem esse hinc inde perditionem et salutem, subiungit quid enim prodest homini si mundum universum lucretur, animae vero suae detrimentum patiatur? quasi dicat: ne dicas, quod qui pericula quae propter christum imminent, effugit, salvet animam suam, idest vitam temporalem. sed pone etiam cum anima, idest vita temporali, totum orbem terrarum: quid ex his homini erit amplius, anima in perpetuum pereunte? si enim famulos tuos videres in laetitia, te autem in malis ultimis constitutum: quid lucrareris ex eorum dominio? hoc etiam in anima tua reputa, cum carne lasciviente, ipsa futuram perditionem expectat. * origenes in matth.. ° puto etiam quod mundum lucratur qui non abnegat semetipsum, nec perdit animam suam quantum ad voluptates carnales, et ipse facit animae suae |25| detrimentum; ideo duobus nobis propositis, magis est eligendum ut mundum perdamus, et lucremur animas nostras. * chrysostomus in matth.. ° sed si regnaveris super universum orbem terrarum, non poteris animam tuam emere: unde sequitur aut quam dabit homo commutationem pro animam sua? ac si dicat: divitias si perdideris, poteris dare divitias alias ad eas redimendas; animam autem perdens, non poteris animam aliquam dare, sed neque aliquid aliud. quid autem mirabile est si in anima hoc contingit? etenim in corpore hoc videtur contingere. etsi enim decem millia diademata corpori insanabiliter aegroto circumposueris, non curatur. * origenes. ° et prima quidem facie commutatio animae est in substantia, ut det substantiam suam homo pauperibus, et salvet animam suam. sed puto quod non habet aliquid homo quod dans quasi commutationem animae suae, liberet eam de morte. deus autem pro animabus hominum dedit commutationem pretiosum sanguinem filii sui. * gregorius |50| in evang.. ° vel aliter potest continuari: quia sancta ecclesia aliud habet tempus persecutionis, et aliud pacis; redemptor noster ipsa eius tempora distinguit in praeceptis: nam persecutionis tempore ponenda est anima; pacis autem tempore ea quae amplius dominari possunt, frangenda sunt desideria terrena: unde dicitur quid enim prodest homini? * hieronymus. ° provocatis autem discipulis ut abnegarent se et tollerent crucem suam, grandis fit error audientium. idcirco tristibus laeta succedunt, et dicit filius enim hominis venturus est in gloria patris sui cum angelis suis. times mortem? audi gloriam triumphantis. vereris crucem? ausculta angelorum ministeria. * origenes. ° quasi dicat: nunc quidem filius hominis venit, sed non in gloria: non enim decebat eum in gloria constitutum peccata nostra portare; sed tunc veniet in gloria cum ante praeparaverit discipulos suos, factus sicut illi, ut illos faceret sicut et ipse, conformes gloriae suae. * chrysostomus in matth.. ° non autem |75| dixit in tali gloria in quali est pater, ne alteritatem gloriae suspiceris; sed ait gloria patris, ut eadem gloria ostendatur. si autem gloria una est, manifestum quod et substantia una est. quid ergo times, petre, mortem audiens? tunc me videbis in gloria. si autem ego in gloria, et vos. sed tamen dicens gloriam, terribilia immiscuit, in medium iudicium introducens: unde sequitur et tunc reddet unicuique secundum opera eius. * hieronymus. ° non est enim distinctio iudaei et gentilis, viri et mulieris, pauperum et divitum, ubi non personae, sed opera considerantur. * chrysostomus in matth.. ° hoc autem dixit, non solum peccatoribus poenas commemorans, sed iustis bravia et coronas. * hieronymus. ° poterat autem apostolorum tacita cogitatio istiusmodi scandalum sustinere. occisionem et mortem nunc dicis esse futuram; quod autem promittis te affuturum in gloria, in tempora longa differtur. praevidens ergo occultorum cognitor quid possent obicere, praesentem timorem praesenti compensat praemio, dicens |100| amen dico vobis: sunt quidam de hic stantibus qui non gustabunt mortem, donec veniat filius hominis in regno suo. * chrysostomus in matth.. ° volens ergo monstrare quid est illa gloria in qua postea venturus est, eis in praesenti vita revelavit, sicut possibile erat eos discere, ut neque in domini morte iam doleant. * remigius. ° quod ergo hic dicitur, impletum est in tribus discipulis, quibus dominus transfiguratus in monte, gaudia aeternae repromissionis ostendit; qui viderunt eum in regno suo venientem, idest in ea claritate fulgentem, in qua, peracto iudicio, videbitur ab omnibus sanctis. * chrysostomus in matth.. ° propter hoc autem non praedicit nomina eorum qui ascensuri erant in montem, quia reliqui valde concupiscerent sequi, exemplum illius gloriae visuri, et graviter tulissent velut despecti. * gregorius in evang.. ° vel regnum dei, praesens ecclesia vocatur: et quia nonnulli ex discipulis eius usque adeo in corpore victuri erant ut ecclesiam dei constructam conspicerent, |125| et contra huius mundi gloriam erectam, consolatoria promissione nunc dicitur sunt quidam de hic stantibus. * origenes. ° moraliter autem verbum dei his qui noviter inducuntur ad fidem, formam habet servi; perfectis autem venit in gloria patris sui. angeli autem illius sunt prophetarum sermones, quos non est possibile ante spiritualiter intelligere nisi cum spiritualiter intellectum fuerit verbum christi, ut videantur simul apparere in maiestate. tunc autem dabit unicuique de gloria sua secundum actum eius: quia quanto quis melior fuerit in actibus suis, tanto spiritualius intelligit christum vel prophetas ipsius. stantes autem ubi stat iesus, sunt qui fundatas habent apud iesum animae bases: ex quibus qui melius stant dicuntur non gustare mortem, donec videant verbum dei quod venit in regno suo, videntes eminentiam dei, quam videre non possunt qui diversis involuti sunt peccatis; quod est mortem gustare, qua peccans anima moritur. sicut enim vita est et panis vivus qui de caelo descendit, |150| sic et inimica eius mors panis est mortuus. ex istis autem panibus quidam modicum manducant, tantum gustantes; quidam autem abundantius: qui enim raro et modicum peccant, tantummodo gustant mortem; qui autem perfectius susceperint spiritualem virtutem, non gustant eam, sed vivo pane semper vescuntur. quod autem dicit donec videant, non definit tempus, ut postquam transierit illud donec, fiat quod ante non fuerat factum; sed rem quae necessaria est, exponit: qui enim semel videt eum in gloria eius, iam nequaquam gustabit mortem. * rabanus. ° sanctos autem mortem gustare testatur, a quibus mors corporis quasi libando gustatur, vita vero animae possidendo tenetur.

071 CMT cp17

lc1 * Remigius. ° claritatem suae visionis, quam promiserat dominus discipulis suis, in hac transfiguratione habita in monte post sex dies complevit: unde dicitur et post sex dies assumpsit petrum et iacobum et ioannem fratrem eius. * hieronymus. ° quaeritur autem quomodo post sex dies assumpsit eos, cum lucas evangelista octonarium numerum ponat. sed facilis est responsio: quia hic medii ponuntur dies, ibi primus additur et extremus. * chrysostomus in matth.. ° ideo autem non confestim facta promissione eos sursum ducit, sed post sex dies, ut reliqui discipuli nihil patiantur humanum, idest aliquem invidiae motum; vel ut horum dierum spatio vehementiori concupiscentia repleti, qui assumendi erant, sollicita mente accederent. * rabanus. ° merito autem post sex dies gloriam illam ostendit, quia post sex aetates futura est resurrectio. * origenes. ° vel quia in sex diebus totus factus est visibilis mundus; qui transcendit omnes res mundi, potest ascendere super montem |25| excelsum, et gloriam aspicere verbi dei. * chrysostomus in matth.. ° ideo autem hos tres assumpsit, quoniam aliis potiores erant. intende autem qualiter matthaeus non occultat eos qui sibi praepositi sunt: hoc enim et ioannes facit, praecipuas petri laudes commemorans. ab aemulatione enim et vana gloria mundus fuit apostolorum chorus. * hilarius in matth.. ° in tribus autem assumptis, de trium origine: sem, cam et iaphet, futura electio populi ostenditur. * rabanus. ° vel tres solummodo discipulos secum ducit, quia multi sunt vocati, pauci vero electi. vel quia qui nunc fidem sanctae trinitatis incorrupta mente servant, tunc aeterna eius visione laetantur. * remigius. ° ostensurus autem dominus gloriam suae claritatis discipulis, duxit eos in montem: unde sequitur et duxit illos in montem excelsum seorsum: in quo docet quia necesse est omnibus qui deum contemplari desiderant, ut non in infimis voluptatibus iaceant, sed amore supernorum semper ad caelestia erigantur; et ut ostendat discipulis |50| quatenus gloriam divinae claritatis non in huius saeculi profundo quaerant, sed in caelestis beatitudinis regno. ducuntur autem seorsum, quia sancti viri toto animo et fidei intentione separati sunt a malis, funditusque separabuntur in futuro; vel quia multi vocati, pauci vero electi. sequitur. et transfiguratus est ante eos. * hieronymus. ° qualis enim futurus est tempore iudicandi, talis apostolis apparuit. nemo autem putet pristinam eum formam et faciem perdidisse, vel amisisse corporis veritatem, et assumpsisse corpus spirituale vel aereum; sed quomodo transfiguratus sit, evangelista demonstrans dicit et resplenduit facies eius sicut sol, vestimenta autem eius facta sunt alba sicut nix. ubi splendor faciei ostenditur, et candor describitur vestium, non substantia tollitur, sed gloria commutatur. certe transformatus est dominus in eam gloriam qua venturus est postea in regno suo. transformatio splendorem addidit, faciem non subtraxit, etsi corpus spirituale fuerit: unde et vestimenta mutata sunt, quae |75| intantum fuere candida, ut alius evangelista dixerit, qualia fullo super terram non posset facere; huiusmodi autem corporale est et tactui subiacet, non spirituale et aereum, quod illudat oculos, et tantum in phantasmate aspiciatur. * remigius. ° si autem facies domini resplenduit sicut sol, et sancti sicut sol fulgebunt, numquid erit aequalis claritas domini et servorum? nequaquam. sed quia nihil lucidius invenitur sole, idcirco ad manifestandum exemplum futurae resurrectionis, et facies domini resplendere, et iusti fulgere dicuntur sicut sol. * origenes in matth.. ° mystice autem, cum aliquis transcenderit sex dies, secundum quod diximus, videt transfiguratum iesum ante oculos cordis sui. diversas enim habet verbum dei formas; apparens unicuique secundum quod videnti expedire cognoverit; et nemini supra quod capit, semetipsum ostendit: unde non dixit simpliciter transfiguratus est, sed coram eis. in evangeliis enim iesus simpliciter intelligitur ab eis qui non ascendunt per excitationem verborum |100| spiritualium super excelsum sapientiae montem; eis autem qui ascendunt, iam non secundum carnem cognoscitur, sed deus verbum intelligitur. coram his ergo transfiguratur iesus, et non coram illis qui sunt deorsum in conversatione terrena viventes. hi autem coram quibus transfiguratur, facti sunt filii dei, et ostenditur eis sol esse iustitiae; et vestimenta ipsius fiunt candida sicut lumen; quae sunt sermones et litterae evangeliorum, quibus iesus est indutus, secundum illa quae ab apostolis dicuntur de eo. * glossa. ° vel vestimenta christi sanctos significant, de quibus isaias: omnibus his velut vestimento vestieris; et nivi comparantur, quia candidi erunt virtutibus, et omnis vitiorum aestus ab eis remotus erit. sequitur et apparuerunt illis moyses et elias cum eo loquentes. * chrysostomus in matth.. ° hoc autem multas habet rationes. et prima quidem est haec. quia enim turbae dicebant eum esse eliam vel ieremiam, aut unum ex prophetis, capita prophetarum secum ducit, ut saltem |125| hinc videatur differentia servorum et domini. alia ratio est: quia enim continue iesum accusabant iudaei tamquam transgressorem legis, et blasphemum, patris sibi gloriam usurpantem; ut ostendatur ab utraque accusatione innoxius, eos qui in utroque fulserunt, in medium ducit. etenim moyses legem dedit, et elias pro gloria dei aemulator fuit. alia ratio est: ut discant quoniam mortis et vitae potestatem habet: propter hoc et moysen, qui morte defecerat, et eliam, qui nondum mortem passus fuerat, in medium ducit. aliam causam et ipse evangelista revelat, scilicet monstrare crucis gloriam, et mitigare petrum et alios discipulos passionem timentes: loquebantur enim, ut alius evangelista dicit, de excessu quem completurus erat in ierusalem: unde eos in medium ducit qui se morti exposuerunt pro his quae deo placebant, et pro plebe credentium: etenim tyrannis uterque se libere praesentavit: moyses quidem pharaoni, elias autem achab. ducit autem et propter hoc eos in medium: volebat enim quod |150| discipuli illorum privilegia zelarent, ut scilicet fierent mansueti sicut moyses, et zelantes sicut elias. * hilarius in matth.. ° quod etiam moyses et elias ex omni sanctorum numero assistunt, medius inter legem et prophetas christus in regno est: cum his enim israelem, quibus testibus praedicatus est, iudicabit. * origenes in matth.. ° si quis etiam intelligit spiritualem legem convenientem sermonibus iesu, et in prophetis absconditam christi sapientiam; ille vidit moysen et eliam in gloria una cum iesu. * hieronymus. ° considerandum est etiam, quod scribis et pharisaeis de caelo signa poscentibus dare noluit; hic vero, ut apostolorum augeat fidem, dat signum de caelo. elia inde descendente quo conscenderat, et moyse ab inferis resurgente: quod et achaz per isaiam praecipitur, ut petat sibi signum de inferno vel de excelso. * origenes. ° quid autem fervidus petrus dixerit, subditur respondens autem petrus dixit ad iesum: domine, bonum est nos hic esse. quia enim audivit quod |175| oportet eum hierosolymam ire, adhuc timet pro christo; sed post increpationem non audet dicere rursus: propitius esto tibi; sed idem occulte per alia signa insinuat. quia enim videbat multam quietem et solitudinem, cogitavit convenientem ibi stationem esse ex loci dispositione: quod significat dicens bonum est nos hic esse. vult etiam ibi semper esse; ideo tabernaculorum meminit, dicens si vis, faciamus hic tria tabernacula. cogitavit enim quod si hoc fieret, non ascenderet hierosolymam; et si non ascenderet, christus non moreretur: ibi enim sciebat scribas insidiari ei. cogitabat etiam quod elias aderat, qui in monte ignem descendere fecit, et moyses, qui intravit nebulam, et deo locutus est: unde occultari poterant, ut nullus persecutorum sciret ubi essent. * remigius. ° vel aliter. visa domini maiestate et duorum servorum, petrus adeo delectatus est ut cuncta temporalia oblivioni traderet, et ibi in perpetuum vellet manere. si autem tunc petrus sic accensus est, quanta erit suavitas et dulcedo videre |200| regem in decore suo, et interesse choris angelorum et omnium sanctorum? in eo sane quod ait petrus, domine, si vis, devotionem subditi et obedientis servi ostendit. * hieronymus. ° erras tamen, petre, et sicut alius evangelista testatur, nescis quid dicas. noli tria tabernacula quaerere, cum unum sit tabernaculum evangelii, in quo lex et prophetae recapitulanda sunt. si autem quaeris tria tabernacula, nequaquam servos cum domino conferas; sed fac tria tabernacula, immo unum patri et filio et spiritui sancto: ut quorum est una divinitas, unum sit in pectore tuo tabernaculum. * remigius. ° erravit etiam, quia voluit ut regnum electorum constitueretur in terra; quod dominus promiserat dare in caelis. erravit etiam, quia oblitus est se et socios suos esse mortales; et absque gustu mortis voluit subire aeternam felicitatem. * rabanus. ° et in eo quod caelesti conversationi tabernacula facienda putavit; in qua domus necessaria non erat, cum scriptum sit: templum non vidi in ea.

lc2 * Hieronymus. ° qui carnale e frondibus aut tentoriis quaerebant tabernaculum, nubis lucidae operiuntur umbraculo; unde dicitur adhuc eo loquente, ecce nubes lucida obumbravit eos. * chrysostomus in matth.. ° cum dominus comminatur, nubem tenebrosam ostendit, sicut in sina; hic autem quia non terrere volebat, sed docere, nubes apparuit lucida. * origenes in matth.. ° lucida autem nubes obumbrans sanctos, est virtus paterna, vel forte spiritus sanctus: dicam etiam salvatorem nostrum esse lucidam nubem, quae obumbrat evangelium et legem et prophetas; sicut intelligunt qui possunt aspicere lumen ipsius in praemissis. * hieronymus. ° quia vero imprudenter interrogaverat petrus, propterea domini responsionem non meretur; sed pater respondet pro filio, ut verbum domini: qui me misit, ipse de me testimonium perhibet. * chrysostomus in matth.. ° neque autem moyses loquitur, neque elias, sed pater omnibus maior vocem |25| emittit ex nube, ut discipuli credant quod a deo vox erat. semper enim apparere solet deus in nube, sicut scriptum est: nubes et caligo in circuitu eius; et hoc est quod dicitur et ecce vox de nube. * hieronymus. ° vox quidem patris de caelo loquentis auditur, qui testimonium perhibeat filio, et petrum, errore sublato, doceat veritatem; immo per petrum ceteros apostolos: unde subdit dicens hic est filius meus dilectus: huic est faciendum tabernaculum, huic obtemperandum; hic est filius, illi servi sunt; debent et ipsi vobiscum in penetralibus cordis sui domino tabernaculum praeparare. * chrysostomus in matth.. ° ne igitur timeas, petre. si enim potens est deus, manifestum quia et filius similiter potens est; si autem diligitur, ne timeas: nullus enim eum quem diligit prodit, nec tu aequaliter eum diligis genitori. neque autem solum diligit eum quia genuit, sed quia unius est voluntatis cum ipso: sequitur enim in quo mihi complacui; ac si diceret: in quo requiesco, quem accepto, quia omnia quae sunt patris, cum diligentia exequitur, et est voluntas una ipsius et patris: quare et si crucifigi vult, non contradicas. * hilarius in matth.. ° hunc esse filium, hunc dilectum, hunc complacitum, sed et hunc audiendum, vox de nube significat, dicens ipsum audite: ut scilicet idoneus ipse praeceptorum talium auctor qui saeculi damnum, crucis voluntatem, obitum corporis, et post haec regni caelestis gloriam facti confirmasset exemplo. * remigius. ° dicit ergo ipsum audite, ac si aliis verbis diceret: recedant umbrae legales, et typi prophetarum; et solum coruscum lumen evangelii sequamini. sive ideo ait ipsum audite, ut illum esse ostenderet quem moyses praedixerat, dicens: prophetam suscitabit vobis deus de fratribus vestris: tamquam me audietis ipsum. sic ergo dominus undique habuit testes, ex caelo vocem patris, ex paradiso eliam, ex inferis moysen, ex hominibus apostolos, ut in nomine iesu omne genuflectatur, caelestium, terrestrium et infernorum. * origenes in matth.. ° vox autem de nube, aut ad moysen et eliam loquitur, qui desiderabant videre filium dei et audire eum, aut discipulos docet. * glossa. ° notandum autem, quod bene convenit mysterium secundae regenerationi (quae scilicet erit in resurrectione, ubi caro resuscitabitur) cum mysterio primae, quae est in baptismate, ubi anima resuscitatur. in baptismate enim christi, operatio totius trinitatis ostensa est; fuit enim ibi filius incarnatus, apparuit in columbae specie spiritus sanctus, et pater fuit ibi in voce declaratus: et similiter in transfiguratione, quae est sacramentum secundae regenerationis, tota trinitas apparuit: pater in voce, filius in homine, spiritus sanctus in nube. quaeritur autem quare spiritus sanctus ibi in columba, hic in nube declaratus est. dona siquidem sua per species declarare solet. innocentiam autem in baptismate donat, quod per avem simplicitatis designatur. daturus est autem claritatem et refrigerium in resurrectione; ideo in nube refrigerium, in fulgore nubis claritas resurgentium corporum designatur. sequitur et audientes discipuli ceciderunt in faciem suam, et timuerunt valde. * hieronymus. ° triplicem autem ob causam pavore terrentur: vel quia se errasse cognoverant, vel quia nubes lucida operuerat eos, aut quia dei patris vocem loquentis audierant: humana enim fragilitas conspectum maioris gloriae ferre non sustinet, ac toto animo et corpore contremiscens ad terram cadit: quanto enim quis ampliora quaesierit, tanto magis ad inferiora collabitur, si ignoraverit mensuram suam. * remigius. ° in eo vero quod sancti apostoli in faciem ceciderunt, fuit indicium sanctitatis: quia sancti in faciem cadere dicuntur, impii vero retrorsum. * chrysostomus in matth.. ° sed cum ante in christi baptismo, quando talis etiam vox de caelo delata est, nullus ex turba quae aderat, tale aliquid passus est, quomodo discipuli in monte ceciderunt? quia scilicet et solitudo, et altitudo, et silentium erat multum, et transfiguratio stupore plena, et lumen purum, et nubes extensa; ex quibus omnibus stupor in eis congregabatur. * hieronymus. ° quia vero illi iacebant et surgere non poterant, ipse clementer accedit, et tangit eos, ut tactu fuget timorem, et debilitata membra solidentur; et hoc est quod dicitur et accessit iesus, et tetigit eos. quos autem manu sanaverat, etiam sanavit imperio: unde sequitur dixitque eis: surgite, et nolite timere. primum timor expellitur, ut postea doctrina tribuatur. sequitur levantes autem oculos suos, neminem viderunt nisi solum iesum: quod rationabiliter factum est, ne si moyses et elias perseverassent cum domino, patris vox videretur incerta cui potissimum daret testimonium. vident etiam iesum stantem ablata nube, et moysen et eliam evanuisse: quia postquam legis et prophetarum umbra discesserat, utrumque in evangelio reperitur. sequitur et descendentibus illis de monte praecepit iesus, dicens: nemini dixeritis visionem hanc, donec filius hominis a mortuis resurgat. non vult ergo in populis praedicari, ne et incredibile esset pro rei magnitudine, et post tantam gloriam apud rudes animos sequens crux scandalum faceret. * remigius. ° sive quia, si maiestas illius divulgaretur in populo, populi impedirent dispensationem passionis eius, resistendo principibus sacerdotum, et sic redemptio humani generis retardaretur. * hilarius in matth.. ° silentium etiam rerum gestarum quas viderant imperat, ut cum essent spiritu sancto repleti, tunc gestorum spiritualium testes essent.

lc3 * Hieronymus. ° traditio pharisaeorum est iuxta malachiam prophetam, quod elias veniat ante salvatoris adventum, et reducat cor patrum ad filios et filiorum ad patres, et restituat omnia in antiquum statum. aestimant ergo discipuli transformationem gloriae hanc esse quam in monte viderant; et ideo dicitur et interrogaverunt eum discipuli eius dicentes: quid ergo scribae dicunt, quod eliam oporteat primum venire? ac si dicerent: si iam venisti in gloriam, quomodo praecursor tuus non apparet? maxime autem hoc dicunt, quia eliam viderant recessisse. * chrysostomus in matth.. ° non autem adventum eliae discipuli de scripturis sciebant; sed scribae eis manifestabant, et ferebatur hic sermo in plebe indocta, sicut et de christo. non autem ut oportebat, adventus christi et eliae a scribis interpretabatur. scripturae enim duos dant christi adventus; eum scilicet qui factus est, et eum qui futurus est. sed scribae plebem evertentes, secundum adventum solum commemorabant plebi, et dicebant quoniam si hic est christus, oportebat eliam praevenire. est igitur solutio quam christus inducit. sequitur at ille respondens ait: elias quidem venturus est, et restituet omnia. dico vobis, quia elias iam venit. ne autem existimes eum in sermone errasse si quandoque dicit eliam venturum, et quandoque venisse: cum enim dicit quod elias venturus est et restaurabit omnia, de ipso elia in propria persona loquitur: qui quidem restaurabit omnia, dum corriget infidelitatem iudaeorum qui tunc invenientur, quod est convertere corda patrum ad filios idest iudaeorum ad apostolos. * augustinus de quaest. evang.. ° vel restituet omnia, idest eos quos antichristi persecutio perturbaverit: vel ut ipse restituat moriendo quae debet. * chrysostomus in matth.. ° si autem tot bona erunt ex eliae praesentia, quare tunc non eum misit? dicemus, quia et tunc christum aestimantes eliam, non crediderunt ei. tunc autem eliae credent, quia cum post tantam expectationem venerit, annuntians iesum, facilius suscipient quae ab eodem dicentur. cum vero dicit quod elias iam venit, ioannem eliam vocat, propter ministerii modum: sicut enim elias secundi adventus praecursor erit, ita ioannes praecursor factus est primi. propter hoc autem ioannem eliam nominat, ut ostendat primum suum adventum veteri testamento et prophetiae convenire. * hieronymus. ° ipse ergo qui venturus est in secundo salvatoris adventu iuxta corporis fidem, nunc per ioannem venit in virtute et spiritu. sequitur et non cognoverunt eum, sed fecerunt in eo quaecumque voluerunt, hoc est, spreverunt et decollaverunt eum. * hilarius in matth.. ° ut domini adventum praenuntians, passionem quoque praecurreret et iniuriae et vexationis exemplo; unde sequitur sic et filius hominis passurus est ab eis. * chrysostomus in matth.. ° in quo opportune suam passionem commemorat ex passione ioannis, multam eis praebens consolationem. * hieronymus. ° quaeritur ergo, cum herodes et herodias ioannem interfecerint, quomodo ipsi quoque iesum crucifixisse dicantur, cum legamus eum a scribis et pharisaeis interfectum. et breviter respondendum, quod in ioannis necem pharisaeorum factio consenserit: et in occisione domini herodes iunxerit voluntatem suam; qui illusum atque despectum remisit ad pilatum, ut eum crucifigeret. * rabanus. ° ex indicio autem passionis suae, quam dominus eis saepius praedixit, et praecursoris sui, quam iam completam cernebant, discipuli cognoscebant ioannem sibi in eliae vocabulo demonstratum esse: unde sequitur tunc intellexerunt discipuli quia de ioanne baptista dixisset eis. * origenes in matth.. ° quod autem dixit propter ioannem elias iam venit, non anima eliae est intelligenda, ne incidamus in dogma transcorporationis, quod alienum est ab ecclesiastica veritate; sed, sicut angelus praedixit: venit in spiritu et virtute eliae.

lc4 * Origenes in matth.. ° concupiscens petrus spectabilem illam vitam, et praeponens utilitatem suam utilitatibus plurimorum, dicebat bonum est nos hic esse. sed quoniam caritas non quaerit quae sua sunt, hoc quod videbatur bonum petro, non fecit iesus; sed quasi de monte excelso divinitatis descendit ad turbam: ut qui non poterant ascendere sursum propter infirmitatem animarum suarum, illis proficiat; unde dicitur et cum venisset ad turbam: nisi enim cum discipulis suis electis venisset ad turbam, non accessisset ad eum ille de quo subditur accessit ad eum homo genibus provolutus ante eum dicens: domine, miserere filio meo. ubi considerandum est, quod quandoque qui patiuntur, credunt, et deprecantur pro sua salute; quandoque autem pro eis alii faciunt: sicut nunc qui genibus volvitur, pro filio rogat; quandoque vero a semetipso salvator etiam a nullo rogatus, sanat. primo autem quaeramus quid est quod sequitur quia lunaticus est, et male patitur. medici ergo loquuntur quae volunt: quia nec immundum spiritum arbitrantur, sed corporalem aliquam passionem; et dicunt humida moveri in capite secundum aliquam compassionem ad lumen lunare, quod humidam habet naturam. nos autem qui evangelio credimus, dicemus hanc passionem immundum spiritum in hominibus operari. observat enim quaedam schemata lunae, et sic operatur, ut ab observatione lunae pati homines mentiatur, et per hoc culpabilem dei creaturam ostendat: sic et alii daemones secundum aliqua stellarum schemata insidiantur hominibus, ut iniquitatem in excelso loquantur, quasdam stellas dicentes maleficas, quasdam beneficas: cum nulla stella a deo sit facta ut male faciat. in hoc autem quod subditur nam saepe cadit in ignem, et crebro in aquam. * chrysostomus in matth.. ° considerandum est, quod nisi providentia hic homo esset munitus, dudum periisset: daemon enim qui ipsum in ignem et in aquam mittebat, interfecisset eum omnino, nisi deus eum refrenasset. * hieronymus. ° quod autem dicit et obtuli eum discipulis tuis, et non potuerunt curare eum, latenter accusat apostolos: cum impossibilitas curandi interdum non ad imbecillitatem curantium, sed ad eorum qui curandi sunt, fidem referatur. * chrysostomus in matth.. ° inspice autem et aliunde eius insipientiam, qualiter coram turba interpellat iesum adversus discipulos. sed ipse eos liberat ab accusatione, defectum curationis imputans illi: ex multis enim monstratur eum infirmum in fide fuisse. non tamen tantum in eius personam invehitur, ne ipsum conturbaret; sed in omnes iudaeos. probabile est enim multos praesentium de discipulis inconvenientia cogitasse; et ideo sequitur respondens iesus ait: o generatio incredula et perversa, quousque ero vobiscum? usquequo patiar vos? per hoc autem quod dicit usquequo ero vobiscum? ostendit desideratam ab eo esse mortem, et concupiscibilem recessum. * remigius. ° sciendum quoque, quia dominus non tantum tunc coeperat pati improbitatem iudaeorum, sed a longo prius tempore: et ideo hic dicit usquequo patiar vos? ac si dicat: quia longo tempore coepi pati vestras improbitates, ideo indigni estis mea praesentia. * origenes in matth.. ° vel quoniam non potuerant eum sanare discipuli, quasi adhuc modicae fidei constituti, propterea dixit o generatio incredula; et quod ait perversa, ostendit quoniam ex perversitate malitia est introducta extra naturam. puto autem, quod propter perversitatem totius humani generis, quasi gravatus malitia eorum, dixit usquequo ero vobiscum? * hieronymus. ° non autem credendum est quod taedio superatus sit, et mansuetus ac mitis in verba furoris eruperit; sed quod in similitudinem medici, si aegrotum videat contra sua praecepta se gerere, dicat: usquequo ascendam in domum tuam? usquequo artis perdam industriam, me aliud iubente, et te aliud perpetrante? quod autem non sit iratus homini sed vitio, ac per unum hominem iudaeos arguat infidelitatis, patet ex hoc quod infert afferte huc illum ad me. * chrysostomus in matth.. ° postquam enim discipulos excusaverat, ducit patrem pueri ad spem benignam credendi, quod ab hoc malo eripietur; et ut inducatur pater ad fidem futuri miraculi, videns daemonem tumultum pati ex hoc solum quod vocabatur, increpavit eum; unde sequitur et increpavit eum iesus. non ille qui patiebatur, sed daemon increpatur. * remigius. ° in quo facto reliquit exemplum praedicatoribus, ut vitia persequantur, homines vero sublevent. * hieronymus. ° sive increpavit puerum, quia propter peccata sua a daemone fuerat oppressus. sequitur et exiit ab eo daemon et curatus est puer ex illa hora. * rabanus. ° mihi autem videtur, iuxta tropologiam, lunaticus esse qui per horarum momenta mutatur ad vitia; et nunc quidem in ignem fertur, quo adulterantium corda succensa sunt, nunc in aquas, scilicet voluptatum, vel cupiditatum, quae non valent extinguere caritatem. * augustinus de quaest. evang.. ° vel ignis ad iram pertinet, eo quod alta petat; aqua ad voluptates carnis. * origenes in matth.. ° de inconstantia autem peccatoris dicitur: stultus ut luna mutatur. et est videre in talibus impetus quosdam quasi operum bonorum subrepere; aliquando autem quasi quadam abreptione spiritus a passionibus comprehenduntur, et cadunt a statu bono in quo stare putabantur. forsitan ergo angelus, qui sortitus est huius lunatici custodiam pater huius appellatur, deprecans quasi pro filio medicum animarum, ut liberet eum qui non potest sanari a passione per verbum humile discipulorum christi, quia non recipit eorum admonitionem veluti surdus; et ideo opus est ei christi sermo, ut iam de cetero sine ratione non agat.

lc5 * Chrysostomus in matth.. ° acceperant discipuli a domino potestatem spirituum immundorum; et quia oblatum daemoniacum curare non potuerant, videtur quod in dubitationem devenerint, ne forte gratiam, quae erat eis tradita, perdidissent; et ideo dicit tunc accesserunt ad iesum discipuli eius secreto, et dixerunt: quare nos non potuimus eicere illum? interrogant quidem singulariter, non propter verecundiam, sed quia de ineffabili et magna re erant eum interrogaturi. sequitur dixit illis iesus: propter incredulitatem vestram. * hilarius in matth.. ° crediderant quidem apostoli, nondum tamen erant perfectae fidei: nam domino in monte demorante, et ipsis cum turbis residentibus, quidam tepor eorum fidem retardaverat. * chrysostomus in matth.. ° unde manifestum est hinc quoniam et discipuli in fide infirmati sunt, sed non omnes; columnae enim illae non aderant, scilicet petrus, iacobus et ioannes. * hieronymus. ° hoc est autem quod in alio loco dominus dicit: quaecumque in nomine meo petieritis, credentes accipietis. ergo quoties non accipimus, non praestantis est impossibilitas, sed poscentium culpa. * chrysostomus in matth.. ° sciendum tamen, quod sicut multoties accedentis fides accipere sufficit effectum miraculi; ita multoties facientium miracula sufficit virtus, etiam non credentibus illis qui expetierint miracula operari: etenim qui circa cornelium, ex propria fide allexerunt gratiam spiritus sancti: ille autem mortuus qui proiectus est in sepulchrum elisei, sola virtute corporis sancti resuscitatus est. contigit et tunc discipulos infirmari in fide: imperfectius enim dispositi erant ante crucem; et ideo fidem dicit hic esse causam signorum: unde subditur amen quippe dico vobis: si habueritis fidem sicut granum sinapis, dicetis monti huic: transi hinc, et transibit. * hieronymus. ° putant aliqui fidem grano sinapis comparatam parvam dici, cum apostolus dicat: etsi habuero tantam fidem ita ut montes transferam. magna est ergo fides quae grano sinapis comparatur. * gregorius moralium. ° granum quippe sinapis nisi teratur, nequaquam virtus eius agnoscitur: sic si virum sanctum tritura persecutionis opprimat, mox in fervorem virtutis vertitur quidquid in illo antea despicabile infirmumque videbatur. * origenes in matth.. ° vel ideo omnis fides grano sinapis comparatur, quoniam contemnitur quidem fides ab hominibus, et modicum aliquid et vile apparet; cum vero consecutum fuerit huiusmodi semen bonam animam quasi terram, fit arbor magna. sic autem magna est praedicta lunatici infirmitas, et fortis ad curandum inter omnia mala, ut monti assimiletur, nec expellatur nisi per omnem fidem eius qui passiones huiusmodi sanare voluerit. * chrysostomus in matth.. ° unde et de translatione montium mentionem facit, et ultra procedit dicens et nihil impossibile erit vobis. * rabanus. ° sic enim fides mentem nostram capacem donis caelestibus facit, ut quaecumque volumus, facillime a fideli domino impetrare possimus. * chrysostomus in matth.. ° si autem dixeris: ubi apostoli montes transtulerunt? illud dicam, quia multa maiora fecerunt, mortuos plurimos suscitantes. dicuntur autem post apostolos sancti quidam apostolis minores, montes necessitate imminente transtulisse. si autem apostolorum tempore montes non sunt translati, hoc non fuit quia non potuerunt sed quia noluerunt, utilitate non imminente. nec dominus dixit quod hoc essent facturi, sed quod hoc facere possent. probabile tamen est factum esse, sed scriptum non est; neque enim omnia miracula quae fecerunt, scripta sunt. * hieronymus. ° vel montis translatio non eius significatur quem oculis carnis aspicimus, sed illius qui a domino translatus fuerat ex lunatico, qui per prophetam corrumpere dicitur omnem terram. * glossa. ° ut sit sensus: dicetis monti huic, idest superbo diabolo: transi hinc, idest ab obsesso corpore in altum maris, idest in profundum inferni, et transibit; et nihil impossibile erit vobis, idest nulla incommoditas insanabilis. * augustinus de quaest. evang.. ° vel aliter. ne discipuli in miraculis faciendis extollerentur in superbiam, admoniti sunt potius per humilitatem fidei, quasi per sinapis granum, elationem terrenam, quae montis nomine significata est, curare transferre. * rabanus. ° dum autem docet apostolos quomodo daemon debeat expelli, omnes instituit ad vitam: ut scilicet noverimus graviora quaecumque vel immundorum spirituum vel hominum tentamenta ieiuniis et orationibus esse superanda, iram quoque domini hoc remedio singulari posse placari; unde subdit hoc autem genus non eicitur nisi per orationem et ieiunium. * chrysostomus in matth.. ° quod dicit non solum de genere lunaticorum, sed et de universo genere daemonum. ieiunium enim multam sapientiam imponit, et hominem quasi angelum de caelo constituit, et incorporeas potestates impugnat. sed et oratione opus est, quasi principaliori. qui enim orat ut oportet, et ieiunat, non multis indiget; et ita non fit avarus, sed ad eleemosynam promptus est. qui etiam ieiunat, levis est, et vigilanter orat, et concupiscentias perniciosas extinguit, et propitium deum facit, et animam superbam humiliat. qui ergo orat cum ieiunio, duplices habet alas, etiam ipsis ventis leviores. neque enim oscitat et torpet orans (quod et multi patiuntur); sed est igne vehementior, et terra fixior; ideoque talis maxime daemoniis adversatur; nihil enim est homine decenter orante potentius. si autem infirmum est tibi corpus ad continue ieiunandum, non tamen ad orandum; et si ieiunare non potes, potes tamen non lascivire. non parvum autem est hoc, neque multum a ieiunio distans. * origenes in matth.. ° si ergo aliquando oportuerit nos circa curationem tale aliquid patientium permanere, non adiuremus, neque interrogemus, neque loquamur quasi audienti spiritui immundo; sed abigamus ieiuniis et orationibus nostris spiritus malignos. * glossa. ° vel hoc genus daemonii, idest ista carnalium voluptatum mutabilitas, non vincitur nisi spiritus oratione confirmetur, et caro per ieiunium maceretur. * remigius. ° vel ieiunium hic intelligitur generale, quo non solum abstinemus a cibis, sed ab omnibus illecebris carnalibus, et peccatorum passionibus. similiter oratio intelligenda est generalis, quae in piis et bonis operibus consistit: de qua dicit apostolus: sine intermissione orate.

lc6 * Remigius. ° saepe dominus mysteria suae passionis discipulis praedixit, ut quando acciderent, tanto levius ea ferrent quanto praecognita haberent: et ideo hic dicitur conversantibus autem eis in galilaea, dicit illis iesus: filius hominis tradendus est in manus hominum, et occident eum. * origenes in matth.. ° videntur quidem haec illis quae supra dixerat similia esse, ut facile quis dicat, dominum eadem ipsa repetere; quod non est ita; tradendum enim superius non est dictum: hic autem non solum tradendum, sed etiam in manus hominum tradendum audivimus. traditum igitur apostolus filium narrat a deo patre; sed etiam contrariae potestates eum in manus hominum tradiderunt. * hieronymus. ° semper autem prosperis miscet tristia: si enim contristat eos quia occidendus est, debet laetificare quod subditur et die tertia resurget. * chrysostomus in matth.. ° neque enim multum tempus dixit quo in morte maneret; sed tertia die se dixit resurrecturum. * origenes in matth.. ° praedicente autem haec domino, tristati sunt discipuli: unde sequitur et contristati sunt vehementer, non attendentes ad illud quod dixerat et tertia die resurget, nec considerantes quis esset cui ad destruendam mortem trium dierum tempus sufficeret. * hieronymus. ° porro quod contristabantur vehementer, non de infidelitate venit: verum pro dilectione magistri, nihil de eo sinistrum et humile patiuntur audire.

lc7 * Glossa. ° quia discipuli audita domini passione contristati erant, ne aliquis passionem christi necessitati ascriberet, non humilitati, subiungit factum, in quo christi libertas et humilitas demonstratur: unde dicitur et cum venissent capharnaum, accesserunt qui didrachma accipiebant ad petrum, et dixerunt ei: magister vester non solvit didrachma? * hilarius in matth.. ° dominus didrachma solvere postulatur, idest denarios: hoc enim omni israel lex pro redemptione corporis et animae constituerat in ministerio templi servientium. * chrysostomus in matth.. ° cum enim primogenita aegyptiorum interfecit deus, tunc tribum levi pro eis accepit. deinde quia primogenitis qui erant apud iudaeos, minor huius tribus numerus erat, pro deficientibus in numerum, siclum iussit inferri, et ex tunc tenuit consuetudo ut primogenita vectigal hoc inferrent. quia igitur primogenitus erat christus, videbatur autem discipulorum primus esse petrus, ad eum accedunt. et, ut mihi videtur, non in unaquaque civitate hoc expetebant: ideoque in capharnaum adeunt christum, quia eius patria existimabatur. * hieronymus. ° vel aliter. post augustum caesarem iudaea facta est tributaria, omnes censi capite ferebantur: unde et ioseph cum maria cognata sua professus est in bethlehem. rursus, quoniam dominus nutritus erat in nazareth, quod est oppidum galilaeae subiacens capharnaum urbi, ibi deposcitur tributum; et pro signorum magnitudine hi qui exigebant, non audebant ipsum repetere, sed discipulum conveniunt. * chrysostomus in matth.. ° et neque hunc cum multa vehementia, sed mansuetius: neque enim incusantes, sed interrogantes dixerunt magister vester non solvit didrachma? * hieronymus. ° sive malitiose interrogant utrum reddat tributa, an contradicat caesaris voluntati. * chrysostomus in matth.. ° quid igitur petrus? ait: etiam. et his quidem dixit quoniam solvit; christo autem non dixit, erubescens fortassis pro his ei loqui. * glossa. ° vel aliter. et petrus respondit etiam; idest, ita est quod non solvit. voluit autem petrus domino intimare, quod herodiani peterent censum; sed dominus praevenit eum: unde sequitur et cum intrasset in domum, praevenit eum iesus, dicens: reges terrae a quibus recipiunt tributum vel censum, idest redditum de capite, a filiis suis, an ab alienis? * hieronymus. ° ante quidem quam petrus suggerat, dominus interrogat, ne scandalizentur discipuli ad postulationem tributi, cum videant eum nosse quae absente se gesta sunt. sequitur at ille dixit: ab alienis. dixit illi iesus: ergo liberi sunt filii. * origenes in matth.. ° sermo iste duplicem habet sensum. secundum unum enim filii regum terrae liberi sunt apud reges terrae; extranei autem extra terram liberi non sunt propter eos qui deprimunt eos, sicut aegyptii filios israel. secundum alterum autem, propter hoc ipsum quod aliqui sunt alieni a filiis regum terrae, sed sunt filii dei; liberi sunt qui manent in verbis iesu, et cognoverunt veritatem, et veritas liberavit eos a servitute peccati. filii autem regum terrae liberi non sunt; quoniam qui facit peccatum, servus est peccati. * hieronymus. ° dominus autem noster et secundum carnem et secundum spiritum filius erat regis; vel ex david stirpe generatus, vel omnipotentis patris verbum; ergo tributa quasi filius regis non debebat. * augustinus de quaest. evang.. ° dicit enim in omni regno liberos esse filios, idest non esse vectigabiles. multo ergo magis liberi esse debent in quolibet regno terreno filii regni ipsius, sub quo sunt omnia regna terrena. * chrysostomus in matth.. ° si autem non erat filius, inaniter hoc exemplum induxit. sed dicet aliquis: filius est, sed non proprius; est ergo alienus; et si hoc exemplum non habet veritatem: ipse enim de propriis filiis disputat, ad quorum differentiam alienos vocat qui non ex parentibus substantialiter nati sunt. intende autem qualiter et hinc christus certificat eam cognitionem quae petro revelata est a deo, per quam dixit: tu es christus filius dei vivi. * hieronymus. ° quamvis ergo liber esset, quia tamen humilitatem carnis assumpserat, debuit omnem iustitiam adimplere: unde sequitur ut autem non scandalizemus eos, vade ad mare. * origenes in matth.. ° consequens quoque est intelligere quoniam quoties exurgunt quidam qui per iustitiam tollant nostra terrena, reges huius terrae eos transmittunt, ut exigant a nobis quae sunt ipsorum; et suo exemplo prohibet dominus aliquod scandalum fieri etiam huiusmodi hominibus, sive ne amplius peccent, sive ut salventur. filius enim dei, qui nullum opus fecit servile, quasi habens formam servi quam propter hominem suscepit, tributum et censum dedit. * hieronymus. ° quid primum in hoc loco mirer nescio: utrum praescientiam, an magnitudinem salvatoris: praescientiam, quod noverat habere piscem in ore staterem, et quod primus ipse capiendus esset; magnitudinem atque virtutem, si ad eius verbum stater in ore piscis creatus est; et quod futurum erat, ipse loquendo fecerit. ipse ergo christus propter eximiam caritatem, et crucem sustinuit, et tributa reddidit: nos infelices qui christi censemur nomine, et nihil tanta dignum facimus maiestate: pro illius honore et tributa non reddimus, et quasi filii regis a vectigalibus immunes sumus. hoc etiam simpliciter intellectum aedificat auditorem, dum audit dominum tantae fuisse paupertatis ut unde tributa pro se et apostolo redderet, non habuerit. quod si quis obicere voluerit, quomodo iudas in loculis portabat pecuniam, respondebimus: rem pauperum in usus suos convertere nefas putavit, nobisque idem tribuit exemplum. * chrysostomus in matth.. ° vel ideo non ex repositis iubet dare, ut ostendat quod maris et piscium dominetur. * origenes in matth.. ° vel quoniam iesus non habuit imaginem caesaris (princeps enim huius saeculi nihil habebat in eo), propterea non ex proprio sed ex mari imaginem caesaris accepit. non autem suscepit ipse staterem, neque fecit eum sibi possessionem, ne sit aliquando imago caesaris apud imaginem invisibilis dei. vide etiam christi prudentiam: qualiter nec retinuit tributum, nec simpliciter iubet dari; sed prius ostendit se non esse obnoxium, et tunc dat: quorum unum fecit, scilicet dare tributum, ut illi, scilicet exactores, non scandalizentur; hoc autem, scilicet ut ostendat se liberum, ut non scandalizentur discipuli. alio vero loco contemnit pharisaeorum scandalum, quando de escis disputabant; docens nos scire tempora secundum quae oportet non contemnere eos qui scandalizantur, et secundum quae oportet contemnere. * gregorius super ezech.. ° considerandum enim est quia inquantum sine peccato possumus, vitare proximorum scandalum debemus. si autem de veritate scandalum sumitur, utilius permittitur nasci scandalum, quam veritas relinquatur. * chrysostomus in matth.. ° sicut autem stupescis de christi virtute, ita admirare petri fidem, quoniam rei tam difficili obedivit. ideoque de fide eum remunerans, copulavit eum sibi in tributi datione; quod fuit abundantis honoris: et hoc est quod dicitur invenies staterem: illum sumens da eis pro me et te. * glossa. ° consuetudo enim erat ut unusquisque pro se didrachma redderet. stater vero est pondus duorum didrachmatum. * origenes in matth.. ° mystice autem in agro consolationis (sic enim interpretatur capharnaum) consolatur omnem discipulum, et liberum filium esse pronuntiat, et dat ei virtutem piscandi primum piscem, ut ascendente eo, consolationem accipiat petrus super eum quem piscatus est. * hilarius in matth.. ° cum autem primum piscem admonetur petrus inquirere, ascensuri ostenduntur et plures. beatus ille primus martyr stephanus, primus ascendit, et staterem in ore continuit; in quo didrachma novae praedicationis tamquam duo denarii habebantur: dei enim gloriam et dominum christum in passione contuens praedicabat. * hieronymus. ° vel iste piscis primus captus, est primus adam, qui per secundum adam liberatur: et id quod in ore eius, hoc est in confessione, fuit inventum, pro petro et domino redditur. * origenes. ° cum etiam videris avarum hominem ab aliquo petro correctum, quod abstulit de ore eius verbum pecuniae; dices eum ascendisse de mari, idest de fluctibus sollicitudinum avaritiae, ad hamum rationalem; et comprehensum atque salvatum ab aliquo petro, qui eum docuit veritatem, ut pro statere habeat imaginem dei, idest eloquia eius. * hieronymus. ° et pulchre illud ipsum quidem datur pretium; sed divisum est: quia pro petro quasi pro peccatore pretium reddebatur; dominus autem noster peccatum non fecit. ostenditur autem similitudo carnis, dum eodem et dominus et servus pretio liberantur.

071 CMT cp18

lc1 * Hieronymus. ° quia discipuli viderant pro petro et domino idem tributum redditum, ex aequalitate pretii arbitrati sunt omnibus apostolis petrum esse praelatum. * chrysostomus in matth.. ° unde passi sunt aliquid humanum; quod evangelista designat dicens in illa hora accesserunt discipuli ad iesum dicentes: quis, putas, maior est in regno caelorum? verecundati siquidem passionem confiteri quam passi sunt, non dicunt manifeste: petrum cur praehonorasti nobis? sed indeterminate interrogant quis maior est? quando autem tres praehonoratos viderunt, scilicet petrum, iacobum et ioannem in transfiguratione, nihil tale passi sunt; quando vero in unum solum contulit honorem, tunc doluerunt. tu autem considera primum quidem quod nihil eorum quae sunt in terris, quaerunt; deinde quod postea hanc passionem deposuerunt. nos autem neque ad defectus eorum contingere possumus: neque enim quaerimus quis maior est in regno caelorum? sed: quis maior est in regno terrae? * origenes in matth.. ° in his autem imitatores discipulorum esse debemus, si quando aliquid in nobis dubium quaeritur et non invenitur, ut cum omni consensu accedamus ad iesum, qui potens est illuminare corda hominum ad intelligendum solutionem omnium quaestionum. interrogemus etiam aliquem doctorum, qui praepositi habentur in ecclesiis. sciebant autem discipuli hoc interrogantes, quia non est aequalitas sanctorum in regno caelesti; sed quomodo maior, et qualiter vivens minimus, hoc discere cupiebant. vel sciebant quis esset minimus et quis magnus, ex eo quod supra dominus dixerat; sed ex multis magnis quis esset maior; hoc eis non erat manifestum. * hieronymus. ° videns autem iesus cogitationes eorum, voluit desiderium gloriae humilitatis contentione sanare: unde sequitur et advocans iesus parvulum, statuit eum in medio eorum. * chrysostomus in matth.. ° mihi videtur valde parvulum in medio statuere, omnibus passionibus exutum. * hieronymus. ° ut in eo et aetatem quaereret, et similitudinem innocentiae demonstraret. vel certe parvulum statuit in medio eorum seipsum, qui non venerat ministrari, sed ministrare, ut eis humilitatis tribueret exemplum. alii parvulum interpretantur spiritum sanctum, quem posuerit in cordibus discipulorum, ut superbiam in humilitatem mutaret. sequitur et dixit: amen dico vobis: nisi conversi fueritis, et efficiamini sicut parvuli, non intrabitis in regnum caelorum. non praecipit apostolis ut aetatem habeant parvulorum, sed innocentiam; et quod illi per annos possident, hi possideant per industriam; ut malitia non sapientia parvuli sint; ac si dicat: sicut iste parvulus, cuius vobis exemplum tribuo, non perseverat in iracundia, laesus non meminit, videns pulchram mulierem, non delectatur, non aliud cogitat et aliud loquitur; sic et vos, nisi talem habueritis innocentiam et animi puritatem, in regnum caelorum non poteritis intrare. * hilarius in matth.. ° pueros etiam credentes omnes per audientiae fidem nuncupavit: hi enim patrem sequuntur, matrem amant, velle malum nesciunt, curam operum negligunt, non insolescunt, non oderunt, non mentiuntur, dictis credunt, et quod audiunt, verum habent. littera ergo sic legitur. * glossa. ° nisi conversi fueritis ab hac elatione et indignatione, in qua modo estis, et efficiamini omnes ita innocentes et humiles per virtutem sicut parvuli sunt per aetatem, non intrabitis in regnum caelorum; et quandoquidem aliter non intratur; quicumque ergo humiliaverit se sicut parvulus iste, hic maior est in regno caelorum: quanto enim quis erit humilior, tanto maior efficitur in regno caelorum. * remigius. ° idest, in cognitione gratiae, vel ecclesiastica dignitate, vel certe in aeterna beatitudine. * hieronymus. ° vel aliter. quicumque humiliaverit se sicut parvulus iste, idest qui se in exemplum mei humiliaverit, hic intrabit in regnum caelorum. sequitur et qui susceperit unum parvulum talem in nomine meo, me suscipit. * chrysostomus in matth.. ° ac si dicat: non solum si tales efficiamini, mercedem accipitis, sed et si alios tales propter me honorabitis; et honoris qui est ad illos retributionem vobis determino regnum. magis autem quod multo maius est ponit, dicens me suscipit. * hieronymus. ° qui enim talis fuerit ut christi imitetur humilitatem et innocentiam, in eo christus suscipitur: et prudenter, ne cum delatum fuerit apostolis, se putent honoratos, adiecit, non suo illos merito, sed magistri honore suscipiendos. * chrysostomus in matth.. ° deinde facile susceptibilem hunc sermonem facit, poenam inducens: unde sequitur qui autem scandalizat unum de pusillis istis, etc.; ac si diceret: sicut qui hos honorant propter me, mercedem habent, ita et qui hos dehonorant, ultimam sustinebunt vindictam. si autem convicium scandalum vocat, ne mireris, multi enim pusillanimes ex eo quod despiciuntur, scandalizati sunt. * hieronymus. ° nota, quod qui scandalizatur, parvulus est: maiores enim scandala non recipiunt. et quamquam generalis possit esse sententia adversus omnes qui aliquem scandalizant, tamen, iuxta consequentiam sermonis, etiam contra apostolos dictum intelligi potest; qui interrogando quis maior esset in regno caelorum, videbantur inter se de dignitate contendere: et si in hoc vitio permansissent, poterant eos quod ad fidem vocabant, per suum scandalum perdere, dum apostolos viderent inter se de honore pugnare. * origenes in matth.. ° quomodo autem qui conversus est, et factus quasi puer et minimus, est et potens scandalizari? hoc sic possumus explanare. omnis qui filio dei credit, et conversatur secundum evangelicos actus, conversus ambulat quasi puer; qui autem non convertitur ut fiat sicut puer, hunc impossibile est intrare in regnum caelorum. in omni autem credentium multitudine sunt quidam nuper conversi ut fiant sicut parvuli, nondum autem sunt facti; hi pusilli habentur in christo, et sunt scandali receptores. * hieronymus. ° quod autem dicitur expedit ei ut suspendatur mola asinaria in collo eius, secundum ritum provinciae loquitur, quo maiorum criminum ista apud veteres iudaeos poena fuerat, ut in profundum ligato saxo demergeretur. expedit autem ei: quia multo melius est pro culpa brevem recipere poenam, quam aeternis servari cruciatibus. * chrysostomus in matth.. ° consequens autem erat prioribus dicere: me non suscipit, quod erat omni poena amarius; sed quia crassi erant, et praedicta poena eos non movebat, comparatione exempli cogniti manifestat praeparatam poenam; propter hoc enim dicit quod expedit ei hoc sustinere, quoniam eos alia gravior poena expectat. * hilarius in matth.. ° mystice autem molae opus labor est caecitatis: nam clausis iumentorum oculis aguntur in gyrum; et sub asini quidem nomine frequenter gentes cognominatas reperimus, qui caeci laboris ignorantia continentur. iudaeis autem scientiae iter in lege praestitum est; qui si christi apostolos scandalizaverint, rectius, alligata collo mola asinaria, demersi in mari fuissent, idest gentium labore depressi ignorantia saeculi demonstrarentur: quia illis tolerabilius fuerat nescisse christum, quam prophetarum dominum non recepisse. * gregorius moralium. ° vel aliter. quid per mare nisi saeculum, quid per molam asinariam nisi actio terrena significatur? quae cum colla mentis per stulta desideria stringit, hanc in laboris circuitum mittit. sunt utique nonnulli qui dum terrenas actiones deserunt, et ad contemplationis studia humilitate postposita ultra intelligentiae vires surgunt, non solum se in errorem deiciunt, sed infirmos quosque de gremio veritatis dividunt. qui ergo unum de minimis meis scandalizat, melius ei fuerat, ligata collo mola asinaria, in mare proici: quia nimirum perversae menti expedientius esse potuisset ut occupata mundo terrena negotia ageret, quam per contemplationis studia ad multorum perniciem vacaret. * augustinus de quaest. evang.. ° vel aliter. qui scandalizaverit unum ex pusillis istis, idest ex humilibus, quales vult esse discipulos suos, non obtemperando, vel etiam contradicendo, expedit ei ut mola asinaria suspendatur in collo eius, et praecipitetur in profundum maris, idest congruit ei ut cupiditas rerum temporalium, cui stulti et caeci alligantur, eum devinctum pondere suo deducat ad interitum.

lc2 * Glossa. ° dixerat dominus, quod expedit ei qui scandalizat, ut suspendatur mola asinaria in collo eius: cuius rationem assignans, subdit vae mundo a scandalis, idest propter scandala. * origenes in matth.. ° hoc non de elementis mundi intelligamus; sed hic homines, qui sunt in mundo, dicuntur mundus. non sunt autem discipuli christi de hoc mundo: unde non potest eis esse a scandalis vae: nam etsi multa sunt scandala, non tangunt eum qui non est de hoc mundo. si autem adhuc est de hoc mundo, propterea quod diligit mundum, et quae sunt in eo; tanta scandala comprehendunt eum quantis fuerat obligatus in mundo. sequitur necesse est enim ut veniant scandala. * chrysostomus in matth.. ° cum autem dicit necesse est, non destruit libertatem arbitrii, neque necessitati aliquarum rerum supponit; sed quod omnino futurum est, praedicit. scandala quidem sunt prohibitiones rectae viae. non autem praedicatio christi scandala inducit: neque enim quia praedixit, propter hoc fit; sed quia omnino futurum erat, propter hoc praedixit. sed dicet aliquis: si omnes corrigantur, et nullus sit qui scandala afferat, nonne mendacii arguetur hic sermo? nequaquam: quia enim praevidit inemendatos futuros homines esse, propter hoc dixit necesse est ut veniant scandala: idest omnino venient. si autem corrigendi essent, non dixisset. * glossa. ° vel necesse est ut veniant scandala, quia sunt necessaria, idest utilia, ut per hoc qui probati sunt, manifesti fiant. * chrysostomus in matth.. ° scandala enim erigunt homines, et acutiores eos faciunt; et eum qui cadit, velociter erigunt, inquantum scilicet ingerunt sollicitudinem. * hilarius in matth.. ° vel humilitas passionis scandalum mundo est, quod sub deformitate crucis aeternae gloriae dominum voluit accipere. et quid mundo tam periculosum quam non recepisse christum? ideo vero necesse ait venire scandala, quia ad sacramentum reddendae nobis aeternitatis, omnis in eo passionis humilitas esset complenda. * origenes. ° vel venientia scandala sunt angeli satanae. nec tamen putes secundum naturam vel substantiam esse huiusmodi scandala; sed libertas arbitrii in quibusdam genuit scandalum, nolens suscipere pro virtute laborem. non potest autem esse verum bonum, nisi habeat impugnationem mali. sic ergo necesse est venire scandala, sicut necesse est sustinere malitiam caelestium; qua tanto magis irritantur, quanto magis verbum christi in hominibus invalescens expellit ab eis malignas virtutes. quaerunt autem organa per quae scandala operentur, quibus est magis vae: nam multo peius erit ei qui scandalizat quam ei qui scandalizatur: unde sequitur verumtamen vae homini illi per quem scandalum venit. * hieronymus. ° ac si dicat: vae homini illi qui vitio suo facit ut per se fiat quod necesse est ut in mundo fiat. simulque per generalem sententiam percutitur iudas qui proditioni animum praeparaverat. * hilarius. ° vel sub hominis nuncupatione actorem scandali huius quod est circa passionem christi, iudaicum populum designat, per quem omne huic mundo periculum comparatur, ut christum in passione abnegent, quem lex et prophetae passibilem praedicaverunt. * chrysostomus in matth.. ° ut autem discas quod non sunt absolutae necessitatis scandala, audi quae sequuntur: si autem manus tua vel pes tuus scandalizat te, etc.. non autem hoc de membris corporalibus dicit, sed de amicis, quos in ordine necessariorum membrorum habemus: nihil est enim ita nocivum ut conversatio mala. * rabanus. ° scandalum quippe sermo graecus est, quod nos offendiculum vel ruinam et impactionem pedis dicere possumus. ille ergo scandalizat fratrem qui ei dicto factove minus recto occasionem ruinae dederit. * hieronymus. ° igitur omnis truncatur affectus, et universa propinquitas amputatur: ne per occasionem pietatis unusquisque credentium scandalis pateat. si, inquit, ita est tibi coniunctus ut manus, pes et oculus, et est utilis atque sollicitus et acutus ad perspiciendum, scandalum autem tibi faciat, et propter morum dissonantiam te pertrahat in gehennam: melius est ut propinquitate eius careas et emolumentis carnalibus, quam dum vis lucrifacere cognatos et necessarios, causam habeas ruinarum. novit enim unusquisque credentium quid sibi noceat, vel in quo sollicitetur ac saepe tentetur: melius est enim vitam solitariam ducere, quam ob vitae praesentis necessaria vitam aeternam perdere. * origenes. ° vel sacerdotes rationabiliter possunt dici ecclesiae oculus, quoniam speculatores habentur; diaconi autem ceterique, manus, quia per eos opera spiritualia geruntur; populus autem sunt pedes corporis ecclesiae; quibus omnibus parcere non oportet, si scandalum ecclesiae facti fuerint. vel actus animae, peccans manus intelligitur; et incessus animae, peccans pes, et visus animae, peccans oculus: quos oportet praecidere, si scandalum praebent; frequenter enim ipsa opera membrorum pro membris in scriptura ponuntur.

lc3 * Hieronymus. ° supra dixerat dominus per manum et pedem et oculum, omnes propinquitates et necessitudines quae scandalum facere poterant amputandas. austeritatem itaque sententiae subiecto praecepto temperavit, dicens videte ne contemnatis unum ex his pusillis; ac si dicat: quantum in vobis est nolite contemnere; sed post vestram salutem etiam illorum quaerite sanitatem. sin autem perseverantes in peccatis videritis, melius est vos salvos fieri quam perire cum multis. * chrysostomus in matth.. ° vel aliter. sicut fugere malos, ita honorare bonos magnum habet lucrum. supra ergo docuit scandalizantium abscindere amicitias; hic autem docet exhibere sanctis honorem et procurationem. * glossa. ° vel aliter. quia tantum malum provenit ex scandalizatis fratribus, videte ne contemnatis unum ex his pusillis. * origenes in matth.. ° pusilli autem sunt qui nuper in christo sunt nati; aut tales qui permanent sine profectu, quasi nuper nati. non autem habuit necesse mandare christus de perfectioribus fidelibus non contemnendis, sed de pusillis; sicut et supra dixerat: si quis scandalizaverit unum ex pusillis istis. alius autem forte dicit: pusillum hic dicit perfectum, secundum quod alibi ait: qui minimus fuerit in vobis, hic erit maior. * chrysostomus in matth.. ° vel quia perfecti parvuli apud multos aestimantur, scilicet pauperes et contemptibiles. * origenes. ° sed huic expositioni non videtur convenire quod dicitur: si quis scandalizaverit unum de pusillis istis: perfectus enim non scandalizatur nec perit. sed qui hanc expositionem aestimat veram, dicit quod iusto homini anima vertibilis est, et scandalizatur aliquando, etsi non facile. * glossa. ° ideo autem non sunt contemnendi, quia adeo cari sunt deo quod angeli sunt eis ad custodiam deputati: unde sequitur dico enim vobis, quia angeli eorum in caelis semper vident faciem patris mei qui in caelis est. * origenes. ° quidam volunt ex eo dari hominibus angelum adiutorem ex quo per lavacrum regenerationis nati sunt infantes in christo; dicentes non esse credibile, incredulis et errantibus praeesse angelum sanctum; sed tempore infidelitatis et peccatorum est homo sub angelis satanae. alii autem volunt mox cum quis fuerit natus eorum qui praecogniti sunt a deo, accipere sibi praepositum angelum. * hieronymus. ° magna enim dignitas animarum ut unaquaeque habeat ab ortu nativitatis in custodiam sui angelum delegatum. * chrysostomus in matth.. ° hic autem non de quibuscumque angelis loquitur, sed de superioribus. cum enim dicat vident faciem patris mei, nihil aliud ostendit quam magis liberam praesentiam et maiorem eorum apud deum. * gregorius in evang.. ° dionysius autem dicit, quod ex minoribus angelorum agminibus ad explendum ministerium vel visibiliter vel invisibiliter mittuntur: nam superiora illa agmina usum exterioris ministerii nequaquam habent. * gregorius moralium. ° et faciem ergo patris angeli semper vident; et tamen ad nos veniunt: quia ad nos spirituali praesentia foras exeunt, et tamen ibi se unde recesserant, per internam contemplationem servant: neque enim sic a divina visione foras exeunt ut internae contemplationis gaudiis priventur. * hilarius in matth.. ° salvandorum igitur per christum orationes angeli deo quotidie offerunt: ergo periculose ille contemnitur cuius desideria ac postulationes ad aeternum et invisibilem deum angelorum famulatu ac ministerio pervehuntur. * augustinus de civ. dei. ° vel angeli nostri dicuntur qui sunt angeli dei. dei sunt, quia deum non reliquerunt; nostri sunt, quia suos cives nos habere coeperunt. sicut ergo nunc illi vident deum, ita et nos sumus visuri facie ad faciem: de qua visione dicit ioannes: videbimus eum sicuti est. facies enim dei manifestatio eius intelligenda est; non aliquod tale membrum, quale nos habemus in corpore, atque isto nomine nuncupamus. * chrysostomus in matth.. ° rursus aliam rationem ponit, quare pusilli non sint contemnendi, priore maiorem, dicens venit enim filius hominis salvare quod perierat. * remigius. ° quasi dicat: non contemnatis pusillos, quia ego pro hominibus homo fieri dignatus sum. cum enim dicit quod perierat, subintelligendum est genus humanum: omnia enim elementa suum ordinem servant; sed homo erravit, quia suum ordinem perdidit. * chrysostomus in matth.. ° deinde ad hanc rationem parabolam copulat, per quam et patrem inducit salutem hominum volentem, dicens quid vobis videtur si fuerint alicui centum oves? * gregorius in evang.. ° hoc ad ipsum auctorem hominum pertinet: quia enim centenarius perfectus est numerus, ipse centum oves habuit, cum angelorum et hominum substantiam creavit. * hilarius in matth.. ° ovis autem una homo intelligendus est, et sub homine universitas sentienda est; in unius enim adae errore, omne hominum genus aberravit. igitur et quaerens hominem christus est, et nonagintanovem relictae caelestis gloriae multitudo est. * gregorius. ° dicit autem evangelista eas relictas in montibus, ut significet in excelsis: quia nimirum oves quae non perierant, in sublimibus stabant. * beda. ° ovem ergo dominus invenit, quando hominem restauravit; et super eam inventam maius gaudium est in caelo, quam super nonagintanovem: quia maior materia divinae laudis est in restauratione hominum, quam in creatione angelorum. mirabiliter enim angelos creavit, sed mirabilius hominem restauravit. * rabanus. ° nota, quod unum deest a novem ut decem sint, et a nonagintanovem ut centum sint. variari ergo per brevitatem et magnitudinem numeri possunt, quibus unum deest ut perficiantur; ipsum vero unum sine varietate in se manens, cum accesserit, ceteros perficit. et ut perfecta summa ovium integraretur in caelo, homo perditus quaerebatur in terra. * hieronymus. ° alii vero nonagintanovem ovibus, iustorum putant numerum intelligi, et in una ovicula peccatorum, secundum quod in alio loco dixerat: non veni vocare iustos, sed peccatores. * gregorius. ° considerandum autem nobis est cur dominus plus de conversis peccatoribus quam de stantibus iustis gaudium esse fateatur: quia scilicet plerumque pigri remanent ad exercenda bona praecipua qui valde sibi securi sunt, quod nulla commiserunt mala graviora. at contra nonnumquam hi qui se aliquid egisse illicite meminerunt, ex ipso suo dolore compuncti inardescunt in amorem dei; et quia se errasse a deo considerant, damna praecedentia lucris subsequentibus recompensant; sic et dux in praelio plus eum militem diligit qui post fugam conversus hostem fortiter premit, quam illum qui nunquam terga praebuit, et nunquam aliquid fortiter fecit. sed et sunt quidam iusti, de quibus tantum est gaudium ut eis nullus poenitens praeponi possit; qui etsi non sint sibi malorum conscii, tamen licita respuunt, et in omnibus se humiliant. quantum ergo gaudium est si humiliter plangat iustus, cum gaudium sit si quod male gessit, damnat iniustus? * beda. ° vel per nonagintanovem oves quas in montibus reliquit, superbos significat, quibus ad perfectionem unitas deest. cum ergo invenerit peccatorem, magis super eum gaudet, idest suos gaudere facit, quam super iustos falsos. * hieronymus. ° quod autem subditur sic non est voluntas, refertur ad superius propositum, de quo dixerat: videte ne contemnatis unum de pusillis istis; et docet idcirco parabolam positam, ut pusilli non contemnantur. in eo autem quod dicit non est voluntas ante patrem, etc., ostendit quod quotiescumque perierit aliquis ex pusillis, non voluntate patris perit.

lc4 * Chrysostomus in matth.. ° quia superius vehementer sermonem adversus scandalizantes proposuit, undique eos terrens, ne rursus hi quibus scandala inferuntur, sic fiant resupini ut totum contemnentes, in aliud vitium incidant, scilicet negligentiae; ac per omnia sibi parci volentes, in elationem incidant; hic dominus eos comprimit, et redargutionem fieri iubet, dicens si autem peccaverit in te frater tuus, vade, et corripe eum inter te et ipsum solum. * augustinus de verb. dom.. ° admonet nos quidem dominus noster non negligere invicem peccata nostra, non quaerendo quid reprehendas, sed videndo quid corrigas. debemus enim amando corripere, non nocendi aviditate, sed studio corrigendi. si neglexeris, peior eo factus es. ille iniuriam faciendo, gravi seipsum vulnere percussit; tu vulnus fratris contemnis: peior es tacendo, quam ille conviciando. * augustinus de civ. dei. ° plerumque enim a malis docendis et admonendis, aliquando etiam obiurgandis et corripiendis male dissimulatur; vel cum eos laboris piget, vel cum eorum inimicitias devitamus, ne impediant et noceant in istis temporalibus rebus, sive quas adipisci adhuc nostra cupiditas appetit, sive quas adhuc amittere formidat infirmitas. si autem propterea quisque obiurgandis et corripiendis male agentibus parcit, quia opportunius tempus inquiritur, vel eisdem ipsis metuit, ne deteriores ex hoc efficiantur, vel ad bonam vitam et piam erudiendos impediant alios infirmos, aut premant atque avertant a fide; non videtur esse cupiditatis occasio, sed consilium caritatis. longe autem graviorem habent causam ecclesiarum praepositi qui in ecclesiis constituti sunt ut non parcant obiurgando peccata: nec ideo tamen ab huiuscemodi culpa penitus alienus est qui, licet praepositus non sit, in eis tamen quibus vitae huius necessitate coniungitur, multa monenda vel arguenda novit et negligit: devitans eorum offensiones propter illa quibus in hac vita non indebite utitur, sed plusquam debuit delectatur. * chrysostomus in matth.. ° considerandum autem, quod quandoque dominus eum qui contristavit, ad eum qui contristatus est ducit, sicut cum dicit: si recordatus fueris quod frater tuus habet aliquid adversum te, vade reconciliari fratri tuo. quandoque autem eum qui iniusta passus est, iubet dimittere proximo; sicut ibi: dimitte nobis debita nostra, sicut et nos dimittimus debitoribus nostris. hic autem alium excogitat modum: eum enim qui contristatus est, ducit ad eum qui contristavit; et ideo dicit si peccaverit in te frater tuus: quia enim ille qui iniusta fecit, non facile veniret ad excusationem, verecundatus, hunc qui passus est ad illum trahit; et non simpliciter, sed ut corrigat quod factum est; unde dicit vade et corripe eum. * rabanus. ° non passim iubet peccanti dimittere, sed audienti, idest obedienti et poenitentiam agenti: ne vel difficilis sit venia, vel remissa indulgentia. * chrysostomus in matth.. ° non autem dicit: accusa, neque: increpa, neque: vindictas expete; sed argue, idest, rememora sibi peccatum, dic ei quae ab eo passus es. ipse enim ira et verecundia detinetur, ebrius factus quasi gravi somno. unde oportet te, qui sanus es, ad illum qui aegrotat abire. * hieronymus. ° sciendum tamen, quod si peccaverit in vos frater vester, et in qualibet causa vos laeserit, dimittendi habetis potestatem, immo necessitatem: quia praecipitur ut debitoribus nostris debita dimittamus: propter quod et hic dicitur si peccaverit in te frater tuus. si autem in deum quis peccaverit, non est nostri arbitrii. nos e contrario, in dei iniuria benigni sumus, in nostris contumeliis exercemus odia. * chrysostomus in matth.. ° ideo autem praecipit arguere ei qui passus est iniuriam, et non alii; quia ille qui fecit iniuriam, ab eo mansuetius sustinet; et maxime cum solus eum corripiat. cum enim qui vindictam expetere debebat, hic salutis videtur diligentiam habere, maxime hoc eum potest propitium facere. * augustinus de verb. dom.. ° quando ergo in nos aliquis peccat, habeamus magnam curam, non pro nobis, nam gloriosum est iniuriam oblivisci; sed obliviscere iniuriam tuam, non vulnus fratris tui: ergo corripe inter te et ipsum solum, studens correctionis, parcens pudori. forte enim prae verecundia incipit defendere peccatum suum et quem vis facere correctiorem, facis peiorem. * hieronymus. ° corripiendus est enim seorsum frater, ne si semel pudorem atque verecundiam amiserit, permaneat in peccato. * augustinus de verb. dom.. ° apostolus autem dicit: peccantem coram omnibus argue, ut et ceteri timorem habeant. aliquando ergo scias corripiendum esse fratrem inter te et fratrem solum, aliquando autem coram omnibus. quid autem ante facere debeamus, intendite et videte. si peccaverit, inquit, in te frater tuus, corripe eum inter te et ipsum solum. quare? quia in te peccavit? quid est: in te peccavit? tu scis quia peccavit: quia enim secretum fuit quando in te peccavit, secretum quaere cum corrigis quae peccavit. nam si solus nosti quia peccavit in te, et eum vis coram omnibus arguere, non es corrector, sed proditor. peccavit ergo in te frater tuus; sed si tu solus nosti, tunc vere in te solum peccavit: nam si multis audientibus tibi fecit iniuriam, et in illos peccavit, quos testes suae iniquitatis effecit. ergo ipsa corripienda sunt coram omnibus, quae peccantur coram omnibus: ipsa corripienda sunt secretius quae peccantur secretius. distribuite tempora, et concordate scripturas. quare autem proximum corrigis? quia tu doles quod peccaverit in te? absit. si autem amore tui id facis, nihil facis; si amore illius facis, optime facis. denique in ipsis verbis attende cuius amore id facere debeas: utrum tui, an illius: sequitur enim si te audierit, lucratus eris fratrem tuum. ergo propter illum fac, ut lucreris illum. agnosce, quia in hominem peccando periisti: nam si non perieras, quomodo te lucratus est? nemo ergo contemnat quando peccat in fratrem. * chrysostomus in matth.. ° in quo etiam demonstratur quod inimicitia damnum est commune; et propter hoc non dixit quod ille lucratus est seipsum, sed quod tu lucratus es eum: ex quo ostendit quoniam et tu et ille damnum passi eratis ex discordia. * hieronymus. ° per salutem enim alterius nobis quoque acquiritur salus. * chrysostomus in matth.. ° quid autem facere debeas si non persuadeatur, subditur si autem te non audierit, adhibe tecum unum vel duos. quanto enim inverecundior fuerit et pertinacior, tanto magis nos ad medicinam studere oportet, non ad iram et odium. etenim medicus cum viderit morbum non remitti, non desistit, sed tunc magis praeparatur ad curandum. vide qualiter non vindictae gratia haec correptio fit, sed emendationis: et propter hoc non confestim iubet duos accipere, sed quando ipse corrigi non voluerit; neque tunc ad eum mittit multitudinem, sed unum vel duos; et ad hoc legis testimonium inducit, dicens ut in ore duorum testium vel trium stet omne verbum; quasi dicat: habes iam testimonium quia totum fecisti quod tuum erat. * hieronymus. ° vel intelligendum est hoc modo: si te audire noluerit, adhibeatur unus frater tantum: quod si nec illum audierit, adhibeatur et tertius: vel corrigendi studio, ut scilicet vel admonitione aut pudore corrigatur; vel conveniendi sub testibus. * glossa. ° vel si dixerit, non esse peccatum, ut probent illud esse peccatum. * hieronymus. ° porro si nec illos audire voluerit, tunc multis dicendum est, ut detestationi eum habeant; ut qui non potuit pudore salvari, salvetur opprobriis: unde sequitur quod si non audierit eos, dic ecclesiae. * chrysostomus in matth.. ° idest his qui ecclesiae praesident. * glossa. ° vel dic toti ecclesiae, ut maiorem erubescentiam patiatur. post haec omnia sequitur excommunicatio, quae fieri debet per os ecclesiae, idest per sacerdotem; quo excommunicante, tota ecclesia cum eo operatur: unde sequitur si autem ecclesiam non audierit, sit tibi sicut ethnicus et publicanus. * augustinus de verb. dom.. ° idest, noli illum iam deputare in numero fratrum tuorum; nec sic tamen salus eius negligenda est: nam et ipsos ethnicos, idest gentiles et paganos, in numero quidem fratrum non deputamus, sed tamen eorum salutem semper inquirimus. * chrysostomus in matth.. ° nihil tamen tale praecipit dominus observandum in his qui extra ecclesiam sunt, quale praecipit hic de fratribus corripiendis. sed de exterioribus dicit: si quis percusserit te in una maxilla, praebe ei et aliam; quod et paulus dicit: quid mihi est de his qui foris sunt, iudicare? fratres autem et arguere et avertere iubet. * hieronymus. ° quod autem dicit sicut ethnicus et publicanus, ostenditur maioris esse detestationis qui sub nomine fidelis agit opera infidelium, quam hi qui aperte gentiles sunt. publicani enim vocantur qui saeculi sectantur lucra, et exigunt vectigalia per negotiationes et fraudes, ac furta scelerata atque periuria. * origenes in matth.. ° videamus autem ne forte sententia haec, non de quocumque peccato posita sit: quid enim si aliquis peccaverit aliquod peccatorum quae sunt ad mortem: puta masculorum concubitor factus, adulter, homicida, aut mollis: numquid talem rationis est arguere solum ad solum? et, si audierit, statim eum dicere lucrifactum: et non prius expulerit eum de ecclesia, nisi postquam coram testibus argutus, et ab ecclesia, perstiterit in actu priori? alius autem respiciens ad immensam misericordiam christi, dicet quoniam cum verba christi nullam faciant differentiam peccatorum, contra christi misericordiam faciunt qui haec ad minima tantum peccata pertinere distinguunt. alius contra, caute ipsa verba considerans, non de omni peccato haec dicta defendet: quoniam qui grandia illa peccata facit, non est frater, sed nominatur frater; cum quo, secundum apostolum, non oportet nec cibum sumere. sicut autem negligentibus peccandi occasionem dant qui ad omne peccatum hoc pertinere exponunt, sic e contra qui docet in minimis et non mortiferis peccatis peccantem post argutionem testium vel ecclesiae, fieri oportere sicut ethnicum et publicanum, aliquid crudelitatis videtur inducere. utrum enim omnino pereat, pronuntiare non possumus. primum, quia qui ter argutus non obedivit, potest in quarto obedire; deinde, quia aliquando non secundum opera hominis redditur ei, sed amplius quam peccavit, quod expedit in hoc mundo; demum quia non dixit solum sit sicut ethnicus et publicanus; sed sit tibi. qui ergo in peccato levi correctus ter, non se emendat, nos quidem debemus eum habere sicut ethnicum et publicanum, abstinentes ab eo, ut confundatur. an autem etiam a deo quasi publicanus et ethnicus iudicetur, non est nostrum pronuntiare, sed est in iudicio dei.

lc5 * Hieronymus. ° quia dixerat: si ecclesiam non audierit, sit tibi sicut ethnicus et publicanus; et poterit contempti fratris haec esse responsio, vel tacita cogitatio: si me despicis, et ego te despicio; si me condemnas, et tu mea sententia condemnaberis; potestatem tribuit apostolis ut sciant qui talibus condemnantur, humanam sententiam divina sententia corroborari: unde dicitur amen dico vobis: quaecumque alligaveritis super terram, erunt ligata et in caelo; et quaecumque solveritis super terram, erunt soluta et in caelo. * origenes in matth.. ° non dixit: in caelis, sicut petro, sed in caelo, uno: quia non sunt tantae perfectionis sicut petrus. * hilarius in matth.. ° per hoc tamen ad terrorem maximi metus, quo ad praesens omnes continentur, immobile severitatis apostolicae iudicium demonstravit, ut quos in terris alligaverint, idest peccatorum nodis innexos reliquerint, et quos solverint, concessionem scilicet veniae acceperint in salutem, hi in caelis ligati sint vel soluti. * chrysostomus in matth.. ° et notandum, quod non dixit primati ecclesiae: liga talem; sed: si ligaveritis, indissolubilia erunt ligamina; quasi hoc eius iudicio dimittens. vide autem qualiter incorrigibilem duplicibus colligavit necessitatibus: scilicet et poena quae est hic, scilicet proiectione ab ecclesia, quam supra posuit, dicens: sit tibi sicut ethnicus; et supplicio futuro, quod est ligatum esse in caelo: ut multitudine iudiciorum dissolvat fratris iram. * augustinus de verb. dom.. ° vel aliter. coepisti habere fratrem tuum tamquam publicanum, ligans eum in terra: sed ut iuste alliges, vide: nam iniusta vincula disrumpit iustitia. cum autem correxeris, et concordaveris cum fratre tuo, solvisti illum in terra: cum solveris in terra, solutus erit in caelo. multum praestas non tibi sed illi, quia multum nocuit non tibi sed sibi. * glossa. ° non solum autem de excommunicatione, sed etiam de omni petitione quae fit a consentientibus in unitate ecclesiae, dat confirmationem, cum subdit iterum dico vobis, quia si duo ex vobis consenserint super terram, vel poenitentem recipiendo, vel superbum abiciendo, de omni re quam petierint, quae non est contraria ecclesiae unitati, fiet illis a patre meo qui in caelis est. per hoc autem quod dicit qui in caelis est, eum super omnia esse ostendit, et per hoc complere eum posse quod petitur. vel in caelis est, idest in sanctis; quod valet ad probandum, quod fiet illis quicquid petierint quod dignum sit, quia illum apud se habent a quo petunt. unde rata est sententia consentientium, quia deus cum eis habitat; et ideo sequitur ubi enim sunt duo vel tres congregati in nomine meo, ibi sum in medio eorum. * chrysostomus in matth.. ° vel quia dixerat fiet illis a patre meo, ut ostendat se etiam esse datorem simul cum patre, subdit ubi sunt enim duo vel tres. * origenes in matth.. ° non autem dixit in medio eorum ero, sed sum: mox enim ut aliqui consenserint, christus invenitur in eis. * hilarius. ° ipse enim qui pax atque caritas est, sedem atque habitationem in bonis atque pacificis voluntatibus collocabit. * hieronymus. ° vel aliter. omnis superior sermo ad concordiam nos provocaverat; igitur et praemium pollicetur, ut sollicitius festinemus ad pacem, cum se dicat inter duos vel tres medium fore. * chrysostomus in matth.. ° non autem dixit simpliciter ubi congregati fuerint; sed addit in nomine meo; quasi dicat: si quis me principalem causam amicitiae ad proximum habuerit, cum eo ero, si et in aliis virtuosus erit. quomodo ergo non ibi consentientes consequuntur id quod petunt? primo quidem, quia non expedientia petunt. secundo, quia indigni sunt qui petunt, et ea quae sunt a seipsis non inferunt: unde dicit si duo ex vobis, qui evangelicam ostenditis conversationem. tertio, quia adversus eos qui contristaverunt orant vindictam quaerentes. quarto, quia petunt misericordiam peccantibus qui non poenituerunt. * origenes. ° et ista est etiam causa propter quam non exaudimur orantes, quia non consentimus nobis per omnia super terram, neque dogmate neque conversatione. sicut enim in musicis, nisi fuerit convenientia vocum, non delectat audientem, sic in ecclesia, nisi consensum habuerit, non delectatur deus in ea, nec audit voces eorum. * hieronymus. ° possumus autem et hoc spiritualiter intelligere, quod ubi spiritus et anima corpusque consenserint, et non intra se bellum diversarum habuerint voluntatum, de omni re quam petierint, impetrent a patre: nulli enim dubium est quin bonarum rerum postulatio sit, ubi corpus vult habere ea quae spiritus. * origenes. ° vel in quo duo testamenta consentiunt sibi, eius invenitur oratio de omni re acceptabilis deo.

lc6 * Hieronymus. ° supra dixerat dominus: videte ne contemnatis unum de pusillis istis: et adiecerat: si peccaverit in te frater tuus, etc.; et praemium repromiserat, dicens: si duo ex vobis, etc., unde provocatus apostolus petrus interrogat; et hoc est quod dicitur tunc accedens ad eum petrus, dixit: domine, quoties peccaverit in me frater meus, et dimittam ei? et cum interrogatione profert sententiam, dicens usque septies? * chrysostomus in matth.. ° putavit quidem petrus aliquid se magnum dicere. sed quid amator hominum christus responderit, subditur dicit illi iesus: non tibi dico usque septies; sed usque septuagies septies. * augustinus de verb. dom.. ° audeo dicere: et si septuagies octies peccaverit, ignoscas; et si centies; et omnino quoties peccaverit, ignosce. si enim christus millia peccatorum invenit, et tamen omnia donavit, noli subducere misericordiam. ait enim apostolus: donantes vobismetipsis, si quis adversus aliquem habet querelam, sicut et deus in christo donavit nobis. * chrysostomus in matth.. ° cum ergo dicit usque septuagies septies, non numerum determinatum ponit, ut numero concludat remissionem; sed quod continue et semper est significavit. * augustinus de verb. dom.. ° non tamen sine causa dominus septuagies septies dixit: nam lex decem praeceptis commendatur: lex enim per decem, peccatum per undecim significatur, quia transgressio denarii est. septem autem solet pro toto computari, quia septem diebus volvitur tempus. duc autem septies undecim, fiunt septuagies septies. omnia ergo peccata dimitti voluit, quia ea septuagesimo septimo numero praesignavit. * origenes in matth.. ° vel quia numerus sex videtur esse operis et laboris, septimus autem repausationis, dicit remissionem fieri oportere fratribus in hoc mundo degentibus, et secundum res huius mundi peccantibus. si autem aliquis ultra ea peccata peccaverit, iam non habebit remissionem. * hieronymus. ° vel intelligendum est septuagies septies, idest quadringentis nonaginta vicibus: ut toties peccanti fratri dimitteret quoties ille peccare posset. * rabanus. ° aliter tamen datur venia petenti fratri: ut nobis scilicet socia caritate communicet, sicut ioseph fratribus; aliter inimico persequenti, ut bonum ei velimus, et si licet, faciamus, ut david lugens saul.

lc7 * Chrysostomus in matth.. ° ne aliquis existimaret magnum quid et grave dominum iniunxisse, cum dicit dimittendum usque septuagies septies, adiecit parabolam. * hieronymus. ° familiare enim est syris, et maxime palaestinis, ad omnem sermonem suum parabolam iungere: ut quod per simplex praeceptum ab auditoribus teneri non potest, per similitudinem exemploque teneatur: unde dicitur ideo assimilatum est regnum caelorum homini regi, qui voluit rationem ponere cum servis suis. * origenes in matth.. ° filius dei, sicut est sapientia, iustitia et veritas, ita ipse est regnum; non autem alicuius eorum quae sunt deorsum, sed omnium quae sunt sursum: in quorum sensibus iustitia et ceterae virtutes regnant; qui facti sunt caeli per hoc quod portant caelestis imaginem. hoc ergo regnum caelorum, idest filius dei quando factus est in similitudinem carnis peccati, tunc similis factus est homini regi, uniens hominem sibi. * remigius. ° vel regnum caelorum congrue sancta ecclesia intelligitur, in qua dominus operatur hoc quod in ista parabola loquitur. nomine autem hominis aliquando designatur pater, sicut ibi: simile est regnum caelorum homini regi, qui fecit nuptias filio suo; aliquando vero designatur filius: hic autem utrumque intelligi potest, et pater et filius qui sunt unus deus. deus autem rex dicitur, cuncta quae creavit regendo et gubernando. * origenes. ° servi autem hi soli sunt, quantum ad istas parabolas, qui dispensatores verbi habentur, et quibus hoc est commissum, ut negotientur. * remigius. ° vel per servos huius hominis regis designantur omnes homines, quos ad laudandum se creavit, quibusque legem naturae dedit; cum quibus rationem ponit, quando vitam et mores et actus singulorum discutit, ut unicuique secundum quod gessit tribuat; unde sequitur et cum coepisset rationem ponere, oblatus est ei unus qui debebat decem millia talenta. * origenes. ° omnis autem vitae nostrae ratio ponenda est a rege, quando omnes nos praesentari oportuerit ante tribunal christi. nec hoc dicimus ut suspicio sit ne forte res ipsa necessarium habeat longum tempus. volens enim deus ventilare omnium mentes, cito omnia ab omnibus omni tempore gesta, singulis quibuscumque faciet in mentem venire, ineffabili quadam virtute. dicit autem et cum coepisset rationem ponere, quia initium iudicii est ut incipiat a domo dei. in principio ergo ponendae rationis oblatus est debitor talentorum multorum, qui scilicet multa fecerat damna, et magna ei erant iniuncta, et nullum attulit lucrum: qui forsitan tot talenta perdidit quantos perdidit homines; et ideo talentorum multorum est factus debitor, quoniam secutus est mulierem super talentum plumbi sedentem, cuius nomen iniquitas. * hieronymus. ° scio quosdam istum qui debebat decem milia talenta, diabolum interpretari, cuius uxorem et filios venumdandos, perseverante illo in malitia, insipientiam et malas cogitationes intelligi volunt. sicut enim uxor iusti dicitur sapientia, sic uxor iniusti et peccatoris appellatur stultitia. sed quomodo ei dimittat dominus decem milia talenta, et ille nobis conservis suis decem denarios non dimiserit, nec ecclesiasticae interpretationis est, nec a prudentibus viris recipienda. * augustinus de verb. dom.. ° ideo dicendum est quod, quia lex in decem praeceptis commendatur, ille debebat decem millia talentorum: per quod omnia peccata significat, quae secundum legem fiunt. * remigius. ° homo autem sua voluntate et sponte peccans, suo conatu nullo modo surgere valet: et non habet unde reddat, quia nihil in se invenit per quod se a peccatis solvat: unde sequitur cum autem non haberet unde redderet, iussit eum dominus venumdari, et uxorem eius et filios et omnia quae habebat, et reddi. uxor quidem stulti est stultitia, et carnis voluptas seu cupiditas. * augustinus de quaest. evang.. ° per hoc ergo significatur, transgressorem decalogi pro cupiditate et pravis operibus tamquam uxore et filiis, poenas solvere debuisse; quod est pretium eius: pretium enim venditi est supplicium damnati. * chrysostomus in matth.. ° hoc autem non ex crudelitate iussit, sed ex ineffabili affectione. vult enim eum terrere per has minas, ut supplicet, et non vendatur; quod et factum ostenditur, cum subditur procidens autem servus ille rogabat eum, dicens: patientiam habe in me, et omnia reddam tibi. * remigius. ° his autem verbis humiliatio et satisfactio peccatoris demonstratur dum dicitur procidens. in hoc vero quod dicit patientiam habe in me, vox exprimitur peccatoris poscentis tempus vivendi, et spatium corrigendi. est autem larga dei benignitas et clementia erga peccatores conservos: quoniam ipse semper paratus est per baptismum aut poenitentiam peccata dimittere: unde sequitur misertus autem dominus servi illius, dimisit eum, et debitum dimisit ei. * chrysostomus in matth.. ° vide autem divini amoris superabundantiam: petit servus solius temporis dilationem; ipse autem maius eo quod petiit dedit: dimissionem et concessionem totius mutui. volebat autem et a principio dare; sed nolebat solum suum esse donum, sed et supplicationis illius, ut non incoronatus abscedat. ideo autem antequam rationem poneret, debitum non dimisit, quia docere voluit a quantis debitis eum liberat, ut saltem ita ad conservos mansuetior fieret. et quidem usque ad haec quae praemissa sunt acceptabilis fuit: etenim confessus est, et promisit se reddere debitum, et procidens rogavit, et debiti magnitudinem cognovit. sed quae postea fecit indigna fuere prioribus: sequitur enim egressus autem servus ille invenit unum de conservis suis qui debebat ei centum denarios. * augustinus de verb. dom.. ° quod autem dicitur quod debebat ei centum denarios, ab eodem numero, scilicet decem, sumitur, qui est numerus legis: nam et centum centies fiunt decem millia, et decies deni sunt centum; et illa decem millia talentorum et illi decies deni a legitimo numero non recedunt: in quo utroque invenies peccata. uterque est ergo debitor, uterque veniae deprecator: omnis enim homo et debitor est dei, et debitorem habet fratrem suum. * chrysostomus in matth.. ° tanta autem differentia est peccatorum quae committuntur in hominem et quae committuntur in deum, quanta est differentia decem millium talentorum et centum denariorum; magis autem et multo plus; quod patet ex differentia personarum, et a paucitate peccantium. homine enim vidente, et desistimus, et pigritamur peccare; deo autem vidente secundum unumquemque diem non absistimus; sed agimus informidabiliter omnia et loquimur. non hinc autem solum graviora apparent peccata in deum, sed etiam e beneficio quo sumus potiti ab ipso: fecit enim nos esse, et omnia propter nos operatus est: animam rationalem nobis inspiravit, filium suum misit, caelum nobis aperuit, et nos filios suos fecit. numquid ergo si unaquaque die moreremur pro illo retribueremus ei aliquod dignum? nequaquam; sed hoc rursus ad utilitatem nostram pertineret. nos autem e contrario in legibus eius offendimus. * remigius. ° sic ergo per debitorem decem millium talentorum designantur illi qui maiora crimina committunt; per debitorem autem centum denariorum, qui minora committit. * hieronymus. ° quod ut manifestius fiat, dicamus sub exemplo: si quis vestrum commiserit adulterium, homicidium, sacrilegium, maiora crimina decem millium talentorum roganti dimittuntur, si et ipse dimittat minora peccantibus. * augustinus de verb. dom.. ° sed ille servus ingratus, iniquus, noluit praestare quod illi indigno praestitum fuit: sequitur enim et tenens suffocabat eum, dicens: redde quod debes. * remigius. ° idest acriter insistebat, ut vindictam ab eo exigeret. * origenes in matth.. ° ideo, ut arbitror, suffocabat, quoniam a rege exierat: non enim suffocaret conservum suum, si non exisset a rege. * chrysostomus in matth.. ° per hoc etiam quod dicitur egressus, ostenditur quod non post multum tempus, sed confestim; adhuc quasi in auribus habens beneficium, in malitiam abusus est liberatione a proprio domino sibi data. quid igitur ille fecerit, subditur et procidens conservus eius rogabat eum, dicens: patientiam habe in me, et omnia reddam tibi. * origenes. ° considera subtilitatem scripturae: quoniam servus multorum debitor talentorum procidens adoravit regem; qui autem centum debebat denarios, procidens non adorabat, sed rogabat conservum, dicens patientiam habe. * chrysostomus in matth.. ° sed neque haec verba ingratus servus reveritus est, quibus salvatus est: sequitur enim ille autem noluit. * augustinus de quaest. evang.. ° idest, tenuit contra eum hunc animum, ut supplicium illi vellet. sed abiit. * remigius. ° idest, magis ira exarsit, ut ab eo vindictam exigeret. et misit eum in carcerem donec redderet debitum; idest, apprehenso fratre, vindictam ab eo exegit. * chrysostomus in matth.. ° vide domini caritatem, et servi crudelitatem: hic pro decem millibus talentis, hic autem pro centum denariis; hic conservum, hic autem dominum rogabat; et hic quidem totalem absolutionem accepit, ille autem solam dilationem petebat: nec tamen hoc dedit. condoluerunt qui non debebant: unde sequitur videntes autem conservi eius quae fiebant, contristati sunt valde. * augustinus de quaest. evang.. ° per conservos intelligitur ecclesia, quae illum solvit, et illum ligat. * remigius. ° vel conservi forte angeli sunt intelligendi, aut praedicatores sanctae ecclesiae; sive quicumque fideles, qui videntes aliquem fratrem remissionem peccatorum adeptum, non velle misereri conservi sui, contristantur de eius perditione. sequitur et venerunt et narraverunt domino quae facta fuerant. veniunt quidem non corpore, sed corde. domino autem narrare, est dolores et contristationes cordis in suo affectu demonstrare. sequitur tunc vocavit eum dominus suus. vocavit quidem per sententiam mortis, et ab hoc saeculo migrare iussit; et dixit ei: serve nequam, omne debitum dimisi tibi, quoniam rogasti me. * chrysostomus in matth.. ° et quando quidem decem millia talenta debebat, non vocavit eum nequam, neque est conviciatus, sed misertus; quando autem contra conservum ingratus est effectus, tunc dicitur serve nequam; et hoc est quod dicitur nonne ergo oportuit et te misereri conservi tui? * remigius. ° et sciendum, quia servus ille nullum responsum legitur domino dedisse: in quo demonstratur quod in die iudicii, et statim post hanc vitam, omne argumentum excusationis cessabit. * chrysostomus in matth.. ° quia vero beneficio non est factus melior, relinquitur ut poena corrigatur: unde sequitur et iratus dominus eius tradidit eum tortoribus, quoadusque redderet universum debitum. non autem simpliciter dixit tradidit eum, sed iratus: quod non posuit quando iussit eum vendi: non enim hoc erat irae, sed magis amoris ad correptionem; nunc autem haec sententia est supplicii et poenae. * remigius. ° tunc enim dicitur deus irasci quando adversus peccatores vindicat. tortores autem dicuntur daemones quia semper ad hoc parati sunt perditas animas suscipiant, et in poena aeternae damnationis eas torqueant. numquid autem postquam aliquis demersus fuerit in aeternam damnationem, poterit invenire spatium corrigendi aut aditum exeundi? non; sed quousque ponitur pro infinito; et est sensus: semper solvet, sed nunquam persolvet, et semper poenam luet. * chrysostomus in matth.. ° per hoc ergo ostenditur quod continue, idest aeternaliter, punietur, neque reddet aliquando. quamvis autem irrevocabilia sint charismata et dei vocationes, tamen tantum valuit malitia ut et hanc legem solvere videatur. * augustinus de verb. dom.. ° dicit enim deus: dimittite, et dimittetur vobis; sed ego prior dimisi; dimitte vel postea: nam si non dimiseris, revocabo te, et quicquid tibi dimiseram, replicabo tibi: non enim fallit aut fallitur christus, qui subiecit, dicens sic et pater meus caelestis faciet vobis, si non remiseritis unusquisque fratri suo de cordibus vestris. melius est enim ut clames ore, et dimittas in corde, quam sis |300| blandus ore et crudelis in corde. ideo enim dominus subdit de cordibus vestris, ut si per caritatem imponitis disciplinam, de corde lenitas non recedat. quid enim tam pium, quam medicus ferens ferramentum? saevit in vulnus, ut homo curetur: quia si vulnus palpatur, homo perditur. * hieronymus. ° ideo et dominus addidit de cordibus vestris, ut omnem simulationem fictae pacis averteret. praecipit ergo dominus petro, sub comparatione regis, domini et servi qui debitor decem millium talentorum a domino rogans veniam impetraverat, ut ipse quoque dimittat et conservis suis minora peccantibus. * origenes in matth.. ° vult etiam docere faciles nos esse ad indulgendum eis qui nocuerunt nobis; maxime si satisfaciant, et deprecentur sibi veniam dari. * rabanus. ° allegorice autem servus hic qui decem millia talentorum debuit, iudaicus est populus decalogo legis astrictus: cui dominus saepius dimisit debita, quando in |325| angustiis constituti illius misericordiam deprecabantur; sed liberati omnes debitores atrociter repetebant, et a gentili populo, quasi sibi obnoxio, circumcisionem et caeremonias legis expetebant; sed et prophetas et apostolos crudeliter trucidabant. unde tradidit eos dominus in manus romanorum, vel malignorum spirituum, quia aeternis cruciatibus eos punirent.

071 CMT cp19

lc1 * Chrysostomus in matth.. ° dominus prius iudaeam relinquens propter illorum aemulationem, nunc ibidem iam immoratur: quia passio in proximo futura erat. non tamen ad iudaeam interim ascendit, sed in terminos iudaeae: unde dicitur et factum est, cum consummasset iesus sermones istos, migravit a galilaea. * rabanus. ° hic ergo incipit narrare quae in iudaea fecit, docuit, sive passus est: et primo quidem trans iordanem ad orientem; deinde etiam trans iordanem, quando venit iericho et bethphage et ierusalem: unde sequitur et venit in fines iudaeae trans iordanem. * chrysostomus super matth.. ° quasi iustus dominus omnium, qui sic diligit alios servos, ut alios non contemnat. * remigius. ° sciendum est autem, quod omnis illa israelitarum provincia, generaliter iudaea dicebatur, ad comparationem aliarum gentium. verumtamen meridiana eius plaga in qua habitabat tribus iuda, et tribus beniamin, specialiter dicebatur |25| iudaea, ad distinctionem aliarum regionum, quae in ipsa provincia continebantur, idest samaria, galilaea, decapolis, et reliquae aliae. sequitur et secutae sunt eum turbae multae. * chrysostomus super matth.. ° perducebant eum quasi parvuli filii patrem peregre longe proficiscentem. ipse autem tamquam pater proficiens, pignora caritatis filiis reliquit remedia sanitatum: unde dicitur et curavit eos. * chrysostomus in matth.. ° considerandum etiam, quod neque doctrinae verborum continue dominus insistit, nec signorum operationi; sed nunc quidem hoc, nunc quidem illud facit: ut a signis credibilis appareret in his quae dicebat; ex sermonum autem doctrina utilitas quae erat in signis ostenderetur. * origenes in matth.. ° sanabat autem dominus turbas trans iordanem, ubi baptismus dabatur. vere enim omnes a spiritualibus infirmitatibus salvantur etiam in baptismo; et quidem multi sequuntur christum sicut turbae, tamen non surgentes, |50| ut matthaeus, qui surgens secutus est dominum. * rabanus. ° curat etiam galilaeos in iudaeae finibus ut peccata gentium in eam veniam quae iudaeae parabatur, admitteret. * chrysostomus in matth.. ° curabat siquidem christus homines, et illis benefaciens, et per eos multis aliis. horum enim sanatio aliis erat occasio divinae cognitionis, sed non pharisaeis qui ex signis duriores fiebant: unde sequitur et accesserunt ad eum pharisaei tentantes eum, et dicentes: si licet homini dimittere uxorem suam quacumque ex causa? * hieronymus in matth.. ° ut quasi cornuto eum teneant syllogismo, et quodcumque respondeat, pateat captioni. si dixerit dimittendam uxorem qualibet ex causa, et ducendam aliam: pudicitiae praedicator sibi videtur dicere contraria. sin autem responderit non omnem ob causam debere dimitti, quasi sacrilegii reus tenebitur, et adversus doctrinam moysi et dei facere. * chrysostomus in matth.. ° intuere autem ex modo etiam interrogationis |75| malitiam. dominus enim supra de lege hac disputaverat; ipsi autem quasi iam nullo dicto interrogant, scilicet opinantes quod oblitus esset eorum quae dixerat. * chrysostomus super matth.. ° sicut autem si videas hominem assidue amicitias medicorum colentem, intelligis quia infirmus est, sic et cum videas virum sive mulierem de dimittendis uxoribus aut viris interrogantes, cognosce quia vir ille lascivus est, mulier illa meretrix est: nam in matrimonio castitas delectatur, libido autem quasi vinculo coniugii alligate torquetur. sciebant autem quoniam nullam causam idoneam habebant circa dimittendas uxores, praeter solam turpitudinem, et alias atque alias sibi iungebant. timuerunt autem interrogare ex quibus causis, ne seipsos infra angustias certarum causarum astringerent; sed interrogaverunt si ex omnibus causis licet: scientes, quia modum nescit nec infra terminos unius coniugii capit libido; sed quanto magis exercetur, magis accenditur. * origenes in matth.. ° tentato |100| autem domino, nullus discipulorum eius, qui positus est ad docendum, graviter ferat si tentatus fuerit a quibusdam: tamen et tentatoribus respondet dogmata pietatis. * hieronymus. ° sic autem responsionem temperat ut decipulam eorum transeat, scripturam sanctam adducens in testimonium, et naturalem legem, primamque dei sententiam secundae opponens: unde sequitur qui respondens ait eis: non legistis, quia qui fecit hominem ab initio, masculum et feminam fecit eos? hoc in exordio genesis scriptum est. dicendo autem masculum et feminam, ostendit secunda vitanda coniugia: non enim ait: masculum et feminas, quod ex priorum repudio quaerebatur; sed masculum et feminam, ut unius coniugii consortia necterentur. * rabanus. ° salubri autem consilio dei factum est ut sui corporis portionem vir amplectetur in femina, nec a se putaret esse diversum quod de se cognosceret fabricatum. * chrysostomus super matth.. ° si ergo ad hoc marem et feminam ex uno creavit |125| ut sint unum, quare ergo et de cetero vir et mulier non ex uno utero nascuntur, sicut volatilia quaedam? quia deus masculum quidem creavit et feminam propter necessitatem filiorum generandorum; tamen semper fuit castitatis amator et continentiae auctor. ideo illum typum non servavit in omnibus; ut si quidem vult homo nubere, secundum primam dispositionem creationis humanae, intelligat quid est vir et uxor; si autem noluerit nubere, non habebit necessitatem nubendi propter coniunctionem nativitatis, ne forte videatur per suam continentiam alterum perdere, qui nolebat esse continens; sicut dominus post coniunctum matrimonium iubet ne alter altero nolente se separet. * chrysostomus in matth.. ° non solum autem ex modo creationis, sed etiam ex modo legislationis monstravit quoniam unum oportet uni coniungi, et numquam rescindi: unde sequitur et dixit: propter hoc relinquet homo patrem et matrem, et adhaerebit uxori suae. * hieronymus. ° similiter ait uxori, non: uxoribus; |150| et expresse subditur erunt duo in carne una. praemium enim est nuptiarum ex duobus unam carnem, scilicet prolis fieri. * glossa. ° vel in carne una, idest in carnali copula. * chrysostomus super matth.. ° si ergo quia ex viro est uxor, et ex una carne sunt ambo, relinquet homo patrem suum et matrem; maior nunc caritas debet esse inter fratres et sorores: quia hi quidem ex eisdem parentibus exeunt, illi autem ex diversis. sed hoc magnum est nimis, quia fortior est dei constitutio quam virtus naturae. non enim praecepta dei naturae subiecta sunt; sed natura dei praeceptis obtemperat. deinde fratres ex uno nascuntur, ut diversas vias petant, vir autem et uxor ex diversis nascuntur, ut in unum conveniant. ordo etiam naturae dei ordinationem sequitur. quod enim est in arboribus humor, hoc est in hominibus amor. humor autem de radicibus ascendit in herbam et sursum transmittitur in semen. ideo parentes quidem diligunt, sed non sic diliguntur a filiis: homo enim non ad parentes, sed ad |175| procreandos filios transmittit affectum: et hoc est quod dicitur propter hoc relinquet homo patrem et matrem, et adhaerebit uxori suae. * chrysostomus in matth.. ° vide etiam sapientiam doctoris. interrogatus enim si licet, non confestim dixit: non licet, ut non turbarentur; sed per probationem hoc constituit. deus enim a principio masculum et feminam fecit, et non simpliciter eos coniunxit, sed matrem iussit dimittere et patrem; et non simpliciter virum mulieri dixit advenire, sed coniungi; ex ipso modo locutionis indivisibilitatem ostendens. sed et maiorem copulam adiunxit, cum dixit et erunt duo in carne una. * augustinus super gen. ad litt.. ° haec tamen verba cum primi hominis fuisse scriptura testetur, dominus tamen hic deum hoc dixisse declarat, ut hinc intelligeremus propter extasim quae praecesserat in adam, hoc divinitus tamquam prophetam dicere potuisse. * remigius. ° mysterium enim hoc esse apostolus dicit in christo et ecclesia; dominus enim iesus christus quasi patrem |200| deseruit cum de caelis ad terram descendit, et matrem deseruit, idest synagogam, propter infidelitatem; et adhaesit uxori suae, sanctae scilicet ecclesiae; et sunt duo in carne una, idest christus et ecclesia in uno corpore. * chrysostomus in matth.. ° postquam vero veteris legis et verba et facta induxit, cum potestate iam et ipse interpretatur et legem inducit dicens itaque iam non sunt duo, sed una caro. sicut enim qui spiritualiter se diligunt, una anima esse dicuntur, dicente scriptura: omnium credentium erat cor unum et anima una, sic vir et uxor qui carnaliter se diligunt, una caro esse dicuntur. quemadmodum igitur carnem incidere est sordidum, ita et mulierem dividere est iniquum. * augustinus de civ. dei. ° unum etiam dicuntur, vel propter coniunctionem, vel propter originem feminae, quae de masculi latere creata est. * chrysostomus in matth.. ° ulterius autem et deus induxit, dicens quod ergo deus coniunxit, homo non separet, |225| demonstrans, quod et praeter naturam et praeter legem est uxorem dimittere: praeter naturam quidem, quia una caro dividitur; praeter legem autem, quoniam deo copulante et iubente non dividi, uxor dimittitur. * hieronymus. ° deus enim coniunxit, unam faciendo carnem viri et feminae: hanc ergo homo non potest separare sed solus deus. homo separat, quando propter desiderium secundae uxoris prima dimittitur: deus separat, qui et coniunxerat, quando ex consensu propter servitutem dei sic habemus uxores quasi non habentes. * augustinus contra faustum. ° ecce iudaei ex libris moysi convincuntur non esse uxorem dimittendam, qui secundum voluntatem legis moysi arbitrabantur se facere cum dimitterent. simul et illud hic, ipso christo attestante, cognoscimus, deum fecisse et coniunxisse masculum et feminam, quod manichaei negando damnantur, christi evangelio resistentes. * chrysostomus super matthaeum. ° gravis est autem fornicariis |250| interpretatio castitatis; sed contra rationem respondere non possunt; veritati tamen credere non acquiescunt. conferunt ergo se ad patrocinium moysi; sicut homines malam causam habentes confugiunt ad potentes viros, ut si per iustitiam non possunt, vincant per personam; unde sequitur dicunt illi: quid ergo moyses mandavit dari libellum repudii, et dimittere? * hieronymus. ° aperiunt calumniam quam paraverant: licet dominus non propriam sententiam protulerit, sed veteris historiae et mandatorum dei fuerit recordatus. * chrysostomus in matth.. ° si autem dominus alienus esset a veteri testamento, non decertasset pro moyse, neque quae sua sunt monstrasset veteribus convenire. sed ineffabilis christi sapientia et pro his excusando respondit: unde sequitur et ait illis: quoniam moyses ad duritiam cordis vestri permisit vobis dimittere uxores vestras. in quo liberat moysen ab accusatione, et totum in illorum caput convertit. * augustinus contra faustum. ° quanta enim erat duritia, |275| quae nec per libelli interpositionem, ubi dissuadendi locus iustis et prudentibus tribuebatur, solvi et flecti posset ad recipiendam vel revocandam coniugii caritatem? porro qua calliditate reprehendunt manichaei moysen, tamquam coniugia dirimentem per libellum repudii, et laudant christum tamquam eius vinculum confirmantem? cum secundum suam sacrilegam scientiam, moysen laudare debuerint separantem quod coniunxerat diabolus, et christum vituperare diaboli ligamenta solidantem. * chrysostomus in matth.. ° denique quia grave erat quod dictum erat, statim reducit sermonem ad antiquam legem, dicens ab initio autem non fuit sic. * hieronymus. ° quod dicit, huiusmodi est. numquid potest deus sibi esse contrarius, ut aliud ante iusserit, et sententiam suam novo frangat imperio? non ita sentiendum est; sed moyses cum videret propter desiderium coniugum secundarum, quae illis ditiores vel iuniores vel pulchriores essent, primas uxores interfici, aut malam vitam ducere, maluit indulgere dissidium, |300| quam odia et homicidia perseverare. simulque considera, quod non dixit propter duritiam cordis vestri permisit vobis deus, sed moyses; ut, iuxta apostolum, consilium esset hominis, non imperium dei. * chrysostomus super matth.. ° propterea bene dixit, quod moyses hoc permisit, non praecepit. quod enim praecipimus, semper volumus; quod autem permittimus, nolentes indulgemus; quia malam voluntatem hominum ad plenum prohibere non possumus. permisit ergo vobis facere mala, ne faceretis peiora; ergo hoc vobis permittendo, non vobis dei iustitiam demonstravit, sed a peccato abstulit culpam peccandi: ut quasi secundum legem agentibus vobis, peccatum vestrum non videatur esse peccatum.

lc2 * Chrysostomus in matth.. ° quia os illorum oppilaverat, iam cum auctoritate legis inducit, dicens dico autem vobis quia quicumque dimiserit uxorem suam nisi ob fornicationem, et aliam duxerit, moechatur. * origenes in matth.. ° forte autem dicet aliquis, quoniam iesus dicens quicumque dimiserit uxorem suam, nisi ob fornicationem, permisit uxorem dimittere, quemadmodum moyses: quem retulit propter duritiam cordis iudaeorum hoc praecepisse. sed ad hoc respondendum, quoniam, si secundum legem adultera lapidatur, non secundum hoc intelligitur res turpis, propter quam moyses permittit libellum repudii; nec enim in causa adulterii oportebat libellum dare repudii. sed forsitan moyses omnem culpam mulieris turpem rem appellavit; quae si inventa fuerit in uxore, scribitur ei libellus repudii. quaerendum est autem: si propter solam causam fornicationis dimittere iubet uxorem, quid est, si mulier non fuerit fornicata, sed aliud |25| quid gravius fecerit: puta venefica inveniatur, aut interfectrix filiorum? sed dominus exponens rem, alibi dixit: qui dimiserit, excepta causa fornicationis, facit eam moechari, dans ei occasionem secundarum nuptiarum. * hieronymus. ° sola ergo fornicatio est quae uxoris vincit affectum; immo cum illa unam carnem in aliam diviserit, et se fornicatione separaverit a marito, non debet teneri, ne virum quoque sub maledictione faciat, dicente scriptura: qui adulteram tenet, stultus et impius est. * chrysostomus super matth.. ° sicut enim crudelis est et iniquus qui castam dimittit, sic fatuus et iniquus qui retinet meretricem; nam patronus turpitudinis est qui crimen celat uxoris. * augustinus de adulterinis coniugiis. ° non tamen erit turpis nec difficilis, etiam post patrata et purgata adulteria, reconciliatio coniugii, ubi per claves regni caelorum non dubitatur fieri remissio peccatorum: non ut post viri divortium adultera revocetur, sed ut post christi consortium |50| adultera non vocetur. * chrysostomus super matth.. ° omnis autem res per quas causas nascitur, per ipsas solvitur. matrimonium autem non facit coitus, sed voluntas: et ideo non solvit illud separatio corporis, sed separatio voluntatis. ideo qui dimittit coniugem suam, et aliam non accipit, adhuc maritus est: nam etsi corpore iam separatus est, tamen adhuc voluntate coniunctus est. cum ergo aliam acceperit, tunc plane dimittit: et ideo dominus non dicit: qui dimittit, moechatur; sed qui alteram ducit. * rabanus. ° una ergo solummodo carnalis est causa, idest fornicatio; una spiritualis, hoc est timor dei, ut uxor dimittatur. nulla autem causa est ut, vivente ea quae relicta est, alia ducatur. * hieronymus. ° poterat autem accidere ut aliquis calumniam faceret innocenti uxori, et ob secundam copulam nuptiarum veteri crimen impingeret. ideo sic priorem dimittere iubetur uxorem ut secundam, prima vivente, non habeat. nec non quia poterat evenire ut, iuxta eamdem |75| legem, uxor quoque marito daret repudium, eadem cautela praecipitur ne secundum accipiat virum: et quia meretrix, et quae semel fuerat adultera, opprobrium non timebat, secundo non nubere praecipitur viro. quod si talem duxerit, sub adulterii crimine sit: unde sequitur et qui dimissam duxerit, moechatur. * glossa. ° accipientem terret: quia adultera non timet opprobrium.

lc3 * Hieronymus. ° grave pondus uxor est, si excepta causa fornicationis, eam dimittere non licet. quid enim si temulenta fuerit, si iracunda, si malis moribus, tenenda erit? videntes ergo apostoli grave uxorum iugum, proferunt motum animi sui: unde dicitur dicunt ei discipuli eius: si ita est causa hominis cum uxore, non expedit nubere. * chrysostomus in matth.. ° levius enim est contra concupiscentiam praeliari et contra seipsum, quam ad mulierem malam. * chrysostomus super matth.. ° non autem dixit dominus, quia expedit; sed magis consensit quod non expedit; sed infirmitatem carnis consideravit; unde sequitur qui dixit eis: non omnes capiunt verbum istud, idest, non omnes hoc possunt. * hieronymus. ° nemo autem putet sub hoc verbo quod addit sed quibus datum est, vel fatum vel fortunam introduci: quod hi sunt virgines quos ad hoc casus adduxit. sed his datum est a deo qui petierunt, qui voluerunt, qui ut acciperent, |25| laboraverunt. * chrysostomus super matth.. ° ideo ergo non omnes capere possunt, quia non omnes volunt. palma proposita est: qui concupiscit gloriam, non cogitet de labore. nemo vinceret, si omnes periculum timerent. ex eo ergo quod quidam a proposito continentiae cadunt, non debemus circa virtutem castitatis fieri pigriores; sicut et qui in pugna cadunt non exanimant ceteros. quod ergo dicit quibus datum est, illud ostendit, quia nisi auxilium gratiae acciperemus, nihil nobis valeret. hoc autem auxilium gratiae volentibus non denegatur: dicit enim dominus: petite et accipietis. * chrysostomus in matth.. ° deinde possibile hoc esse ostendens, ait sunt enim eunuchi; quasi dicat: excogita: si ab aliis excisus esses, quid utique faceres? voluptate quidem privatus esses, mercedem autem non haberes. * chrysostomus super matth.. ° sicut enim peccatum opus sine voluntate non facit, ita et iustitia ex opere non consummatur, nisi et voluntas affuerit. illa est |50| ergo gloriosa continentia, non illa quam transgredi non potest necessitas debilitatis corporis, sed quam complectitur voluntas sancti propositi. * hieronymus. ° triplex ergo genus eunuchorum posuit; quorum duo sunt carnales, et tertii spirituales. alii enim sunt qui de utero matris sic nascuntur; alii quos vel captivitas facit, vel deliciae matronales; tertii sunt qui seipsos castraverunt propter regnum caelorum, et qui cum possint esse viri, propter christum eunuchi fiunt. istis promittitur praemium; superioribus autem, quibus necessitas castimonia est, non voluntas, nihil omnino debetur. * hilarius in matth.. ° in uno enim eorum posuit naturam, scilicet in eo qui nascitur; in altero necessitatem, scilicet in eo qui factus est; in tertio voluntatem, qui scilicet spe regni caelestis talis esse decrevit. * chrysostomus super matth.. ° quod autem aliqui sic nascuntur, hac ratione fit sicut et nascuntur sex digitos habentes aut quatuor. si enim deus sicut ab initio constituit unamquamque naturam, sic dimitteret |75| illam immutabiliter semper in suo ordine permanere, in oblivionem deduceretur coram hominibus operatio dei. ideo ergo interdum natura rerum convertitur contra suam naturam, ut semper deus naturae opifex in memoriam reducatur. * hieronymus. ° possumus et aliter dicere: eunuchi sunt ex matris utero qui frigidiores naturae sunt, nec libidinem appetentes, et alii qui ab hominibus fiunt, quos aut pharisaei faciunt, aut propter idolorum cultum emolliuntur in feminas, vel persuasione haeretica simulant castitatem, ut mentiantur religionis veritatem. sed nullus eorum consequitur regnum caelorum, nisi qui se propter christum castraverit: unde sequitur qui potest capere, capiat; ut unusquisque consideret vires suas, utrum possit virginalia et pudicitiae implere praecepta. per se enim castitas blanda est, et quemlibet ad se alliciens; sed considerandae sunt vires, ut qui potest capere, capiat. quae hortantis domini vox est, et milites suos ad pudicitiae praemium concitantis, quasi, qui potest pugnare, |100| pugnet, et superet ac triumphet. * chrysostomus in matth.. ° cum autem dicit qui se castraverunt, non membrorum dicit abscissionem, sed malarum cogitationum interemptionem: maledictioni enim est obnoxius qui membrum abscindit: etenim quae homicidarum sunt talis praesumit; et manichaeis, qui detrahunt creaturis, tribuit occasionem, et eadem cum gentibus membra detruncantibus inique agit; abscindere enim membra daemoniacae tentationis est. cum his autem quae dicta sunt neque concupiscentia mansuetior ita fit, sed molestior: aliunde enim habet fontes sperma quod in nobis est, et praecipue a proposito incontinenti, et mente negligente; et si ipsa sobria fuerit, naturalium motuum nullum est nocumentum; nec ita abscissio membri comprimit tentationes et tranquillitatem facit, ut cogitationis frenum.

lc4 * Chrysostomus super matth.. ° dominus de castitate sermonem fecerat; audientes autem quidam obtulerunt ei infantes castitate mundissimos: putabant enim quia dominus corpore mundos tantum laudaret; et hoc est quod dicitur tunc oblati sunt ei parvuli, ut manus eis imponeret, et oraret. * origenes in matth.. ° iam enim ex praecedentibus virtutibus eius experti erant quoniam per impositionem manuum eius, et orationem repelluntur mala. offerunt ergo ei pueros, considerantes quoniam impossibile est ut postquam per tactum dominus dederit eis divinam virtutem, ruina aut daemonium aliquod tangere eos possit. * remigius. ° consuetudo etiam fuit apud veteres ut parvuli offerrentur senioribus, quatenus eorum manu vel ore benedicerentur; et iuxta hanc consuetudinem parvuli oblati sunt domino. * chrysostomus super matth.. ° caro autem, quia non delectatur in bono, facile obliviscitur bonum; malum autem quod |25| audierit, retinet semper. ante modicum autem tempus christus accipiens puerum, dixit: nisi facti fueritis sicut parvulus iste, non intrabitis in regnum caelorum; et ecce statim obliti discipuli pueris innocentiae, vetabant pueros ad christum quasi indignos accedere; unde sequitur discipuli autem increpabant eos. * hieronymus. ° non quia nollent eis salvatoris et manu et voce benedici; sed quod nondum habentes plenissimam fidem, putarent eum, in similitudinem aliorum hominum, offerentium importunitate lassari. * chrysostomus in matth.. ° vel discipuli expellebant pueros, causa dignitatis christi. dominus autem docens eos moderata sapere et tumorem conculcare mundanum, accepit parvulos, et in ulnis tenuit eos: et talibus regnum caelorum promittit: unde sequitur iesus autem ait eis: sinite parvulos, et nolite prohibere eos ad me venire: talium est enim regnum caelorum. * chrysostomus super matth.. ° quis enim mereatur appropinquare christo, si repellitur ab eo simplex |50| infantia? ideo dixit nolite prohibere eos. nam si sancti futuri sunt, quid vetatis filios ad patrem venire? si autem peccatores futuri sunt, ut quid sententiam condemnationis profertis, antequam culpam videatis? * hieronymus. ° signanter autem dixit talium est regnum caelorum, non istorum, ut ostenderet, non aetatem regnare, sed mores; et his qui similem haberent innocentiam et simplicitatem praemium repromitti. sequitur et cum imposuisset eis manus, abiit inde. * chrysostomus super matth.. ° praesens locus instruit omnes parentes, ut filios suos sacerdotibus offerant; non enim sacerdos manus imponit, sed christus, in cuius nomine manus imponitur. si enim qui escas suas per orationem offert deo, sanctificatas eas manducat: sanctificatur enim per verbum dei et orationem, ut apostolus dicit, quanto magis pueros offerri deo et sanctificari necesse est? causa autem sanctificandarum escarum haec est, quoniam totus mundus in maligno |75| positus est; unde et res corporales quae sunt magna pars mundi, in maligno positae sunt. consequenter infantes quando nascuntur, et ipsi quantum ad carnem in maligno positi sunt. * origenes in matth.. ° pueros autem mystice dicimus qui in christo adhuc carnales sunt, et lacte opus habentes. qui autem profitentur verbi doctrinam, simpliciores quidem, et quasi puerilem sermonem habentes quo nutriuntur, adhuc novitii sunt, qui offerunt salvatori pueros et infantes. qui autem videntur esse perfectiores, et ideo sunt discipuli iesu, priusquam discant rationem iustitiae de pueris, reprehendunt eos qui per simplicem doctrinam pueros et infantes, idest minus adhuc eruditos, offerunt christo. dominus autem hortans discipulos suos iam viros constitutos condescendere utilitatibus puerorum, ut fiant pueris quasi pueri, ut pueros lucrentur, dicit talium est enim regnum caelorum. nam et ipse, cum in forma dei esset, factus est puer. haec ergo debemus attendere, |100| ne aestimatione sapientiae excellentioris et profectus spiritualioris, contemnamus quasi magni pusillos ecclesiae, prohibentes pueros venire ad iesum. quoniam autem pueri non omnia quae dicuntur, sequi possunt, imposuit eis manum iesus, et virtutem relinquens in eis per tactum, abiit ab eis, quasi non potentibus sequi christum, sicut ceteri discipuli eius perfecti. * remigius. ° manibus etiam impositis benedixit pueris, significans quod humiles spiritu sunt digni eius gratia et benedictione. * glossa. ° imposuit etiam eis manus, viris continentibus, ut gratiam sui auxilii conferendam significaret. * hilarius in matth.. ° infantes etiam gentium forma sunt, quibus per fidem et auditum salus redditur. verum ex affectu primo salvandi israel, a discipulis inhibentur accedere, quos dominus ait non oportere prohiberi. munus enim spiritus sancti per impositionem manus, et precationem, cessante legis opere, erat gentibus largiendum.

lc5 * Rabanus. ° audierat forsan homo iste a domino, tantum eos qui volunt parvulis similes esse, dignos introitu regni caelestis; et ideo certior cupiens esse, non per parabolas, sed aperte postulat exponi, quibus meritis vitam aeternam consequi possit. et ideo dicitur et ecce unus accedens ait illi: magister bone, quid boni faciam ut habeam vitam aeternam? * hieronymus. ° iste qui interrogat, et adolescens et dives erat et superbus, et non voto discentis sed tentantis interrogat: quod ex eo probare possumus quod dicente sibi domino si vis ad vitam ingredi, serva mandata, rursum fraudulenter interrogat, quae sunt illa mandata; quasi non et ipse legere, aut dominus posset eidem haec iubere contraria. * chrysostomus in matth.. ° ego autem avarum quidem eum et pecuniarum amatorem nequaquam recuso dicere, quia et christus talem eum esse redarguit; simulatorem autem nequaquam, quia non est securum de incertis iudicare, et maxime accusando. |25| marcus autem hanc suspicionem destruit: dicit enim, quod occurrens, et genuflectens rogabat eum, et quoniam inspiciens eum iesus, amavit eum. si etiam eum tentans accessisset, demonstrasset nobis hoc evangelista, sicut in aliis facit. si autem et ipse siluisset, christus eum non permisisset latere, sed redarguisset manifeste, aut occulte insinuasset. hoc autem non facit: sequitur enim qui dicit ei: quid me interrogas de bono? * augustinus de cons. evang.. ° potest autem videri distare aliquid, quod hic secundum matthaeum dicitur quid me interrogas de bono? secundum alios autem: quid me dicis bonum? nam quid me interrogas de bono? ad illud magis referri potest quod ait ille quaerens: quid boni faciam? ibi enim et bonum nominavit, et interrogatio est. magister autem bone, nondum est interrogatio. commodissime ergo intelligitur utrumque dictum: quid me dicis bonum? et interrogas de bono? * hieronymus. ° quia vero magistrum vocaverat bonum, et non |50| deum vel dei filium confessus erat, dixit quemvis sanctum hominem comparatione dei non esse bonum: de quo dicitur: confitemini domino, quoniam bonus. et ideo dicit unus est bonus deus. ne quis autem putet in eo quod bonus deus dicitur, excludi a bonitate filium dei, legimus in alio loco: pastor bonus ponit animam suam pro ovibus suis. * augustinus de trin.. ° vel quia ille vitam aeternam quaerebat (vita autem aeterna est in illa contemplatione, qua non ad poenam videtur deus, sed ad gaudium sempiternum) et non intelligebat cum quo loquebatur, quoniam tantummodo eum filium hominis arbitrabatur; ideo dicit quid me interrogas de bono, et vocas me, secundum quod vides, magistrum bonum? haec forma filii hominis apparebit in iudicio, non tantum iustis, sed et impiis; et ipsa visio malum eis erit, quia poenalis erit. est autem visio formae meae, in qua aequalis sum deo. ille ergo unus deus, pater, filius et spiritus sanctus, ipse est solus bonus; |75| quia nemo videt eum ad luctum et planctum, sed tantum ad salutem et laetitiam veram. * hieronymus. ° salvator etiam noster bonitatis testimonium non renuit, sed magistri absque deo exclusit errorem. quae autem utilitas est ut ita responderet? reducit enim eum paulatim, et erudit liberari ab omni adulatione; et ab his quae sunt super terram eum abducens, deo adhaerere suadet, et futura quaerere, et nosse eum qui vere est bonus, et radix et fons universorum bonorum. * origenes in matth.. ° respondet etiam sic christus, propter eum qui dixit: quid boni faciam? quando enim declinamus a malo et facimus bonum, quantum ad comparationem ceterorum hominum, dicitur bonum quod facimus: quantum autem ad veritatem secundum quod hic dicitur unus est bonus, bonum nostrum non est bonum. dicere autem potest quis quoniam sciens dominus propositum interrogantis non esse ut faciat vel humanum bonum, dixit quid me interrogas de bono? ac si dicat: cum sis imparatus ad ea quae dicuntur |100| bona, cur me interrogas de bono? post hoc autem dicit si vis ad vitam ingredi, serva mandata. ubi considera, quoniam adhuc quasi extra vitam constituto respondit si vis ad vitam ingredi: secundum enim unum modum homo est extra vitam, qui est extra eum qui dixit: ego sum vita. alias autem omnis qui super terram est, quamvis iustissimus, potest quidem in umbra esse vitae, non autem in ipsa vita, cum sit corpore mortis circumdatus. introibit autem quis in vitam, abstinens se ab operibus mortuis, appetens autem opera viva. sunt autem et verba mortua et verba viva, et cogitationes mortuae et cogitationes vivae: et ideo dicit si vis ad vitam ingredi, serva mandata. * augustinus de verb. dom.. ° nec etiam dixit: si vis venire ad vitam aeternam; sed si vis ingredi ad vitam, eam definiens vitam quae fuerit aeterna vita. hic ergo considerandum est, quemadmodum amanda sit aeterna vita, quando sic amatur misera ista et quandoque finienda vita. |125| * remigius. ° demonstratur autem his verbis quia lex suis impletoribus non solum bona temporalia dabat, sed et vitam aeternam. et quia hoc audierat, sollicitus factus interrogavit: unde sequitur dicit illi: quae? * chrysostomus in matth.. ° hoc autem non tentans dixit; sed aestimans alia quaedam praecepta esse praeter legalia quae vitae causa fierent ei. * remigius. ° iesus vero quasi infirmo condescendens, clementissime legis praecepta exposuit: unde sequitur iesus autem dixit: non homicidium facies: quorum praeceptorum expositio est sequens sententia, qua dicitur et diliges proximum tuum sicut teipsum. etenim apostolus dicit: qui diligit proximum, legem implevit. quaerendum est autem: quare dominus tantum secundae tabulae praecepta commemoravit? idcirco scilicet quia forte iste studiosus erat in dilectione dei; sive quia dilectio proximi gradus est ascendendi ad dilectionem dei. * origenes in matth.. ° forsitan autem ista praecepta sufficiunt ut in principium, ut ita dicam, vitae ingrediatur quis; non autem sufficiunt haec vel alia similia istis ad interiora vitae introducere quemquam. qui autem praeterierit unum istorum mandatorum, nec in principium vitae intrabit. * chrysostomus in matth.. ° quia ergo dominus ea praecepta commemoraverat quae erant in lege, ideo sequitur dicit illi adolescens: haec omnia servavi a iuventute mea. et neque hic stetit; sed rursus interrogat quid adhuc mihi deest? quod et ipsum signum est vehementis desiderii. * remigius. ° illis autem qui in gratia perfecti esse volunt, ostendit qualiter ad perfectionem venire possunt: unde sequitur ait illi iesus: si vis perfectus esse, vade et vende omnia quae habes, et da pauperibus. notanda sunt ista verba: non enim ait: vade et manduca omnia quae habes; sed vade et vende. et non ait: aliqua, sicut ananias et saphira; sed omnia. et pulchre subiungit quae habes: illa enim habemus quae iuste possidemus. illa ergo quae iuste possidentur, vendenda sunt; quae vero iniuste, sunt eroganda illis quibus fuerant ablata. nec ait: da proximis aut divitibus a quibus accipies similia; sed da pauperibus. * augustinus de operibus monachorum. ° nec attendendum in quibus monasteriis, vel in quo loco indigentibus fratribus hoc quod habebat aliquis impenderit: omnium enim christianorum una respublica est. et ideo quisquis christianus necessaria ubilibet erogaverit, ubicumque etiam ipse quod necessarium est sibi, accipit, de eo quod est christi accipit. * rabanus. ° ecce duas vitas hominibus propositas audivimus: activam, ad quam pertinet non occides, et cetera legis mandata; et contemplativam, ad quam pertinet si vis perfectus esse. activa ad legem pertinet, contemplativa ad evangelium: quia sicut vetus novum praecessit testamentum, ita bona actio praecedit contemplationem. * augustinus contra faustum. ° nec tamen illi soli qui ut sint perfecti vendunt vel dimittunt omnia sua, pertinent ad regnum caelorum; sed huic militiae christianae, propter quoddam commercium caritatis, subiungitur etiam quaedam stipendiaria multitudo; cui dicetur in fine: esurivi et dedistis mihi manducare: quo absit ut istos a mandatis evangelicis alienos a vita aeterna separandos iudicemus. * hieronymus contra vigilantium. ° quod autem vigilantius asserit, eos melius facere qui utantur rebus suis, et paulatim fructus possessionum pauperibus dividant, quam illos qui possessionibus venumdatis semel omnia largiantur: non a me ei, sed a deo respondebitur si vis perfectus esse, vade et vende. iste, quem tu laudas, secundus, aut tertius gradus est; quem et nos recipimus, dummodo sciamus prima secundis et tertiis praeferenda. * gennadius de eccles. dogmat.. ° bonum est enim facultates cum dispensatione pauperibus erogare: melius est pro intentione sequendi dominum insimul donare, et absolutum sollicitudine egere cum christo. * chrysostomus in matth.. ° et quia de pecuniis erat sermo, a quibus denudari admonuit, ostendit quod ampliora his retribuet quanto terra maius est caelum: et ideo dicit et habebis thesaurum in caelo. in thesauro enim copiam et permanentiam retributionis ostendit. * origenes in matth.. ° si autem omne mandatum in hoc verbo impletur: diliges proximum tuum sicut teipsum, perfectus autem est qui impleverit omne mandatum, quomodo dominus dicenti adolescenti: haec omnia servavi a iuventute mea, quasi nondum perfecto, dicit si vis perfectus esse? forte autem quod ait: diliges proximum tuum, non a domino positum est, sed ab aliquo additum, quia nec marcus nec lucas hunc locum exponentes hoc addiderunt. vel aliter. scriptum est in evangelio secundum hebraeos, quod cum dominus dixisset ei vade et vende omnia quae habes, coepit dives scalpere caput suum, et non placuit ei. et dixit ad eum dominus: quomodo dicis: feci legem et prophetas? quoniam scriptum est in lege: diliges proximum tuum sicut teipsum? et ecce multi fratres tui filii abrahae amicti sunt stercore morientes prae fame; et domus tua plena est multis bonis, et non egreditur omnino aliquid ex ea ad eos. volens ergo dominus arguere divitem illum, dicit si vis perfectus esse, vade et vende omnia quae habes et da pauperibus. sic enim apparebit si diligis proximum tuum sicut teipsum. sed si perfectus est qui habet omnes virtutes, quomodo fit perfectus qui vendit omnia sua, et pauperibus dat? ponamus enim aliquem hoc fecisse, quomodo statim erit sine ira, sine concupiscentia, suscipiens omnes virtutes, et deponens malitiam universam? sapienti ergo videbitur forsan dicere, quoniam qui pauperibus tradidit bona sua, ipsorum orationibus adiuvatur, accipiens ad suam spiritualem inopiam illorum spiritualem abundantiam, et fit hoc modo perfectus, quamvis aliquas humanas habuerit passiones. aut ita: iste qui mutavit pro divitiis paupertatem ut fiat perfectus, credens sermonibus christi, adiuvabitur, ut sapiens fiat in christo, iustus et castus et absque omni passione; non tamen sic ut in ipso tempore quo tradidit bona sua pauperibus, fiat omnino perfectus; sed ex illo die incipiet speculatio dei adducere eum ad omnes virtutes. aliter autem ad expositionem moralem transibit, dicens substantiam esse uniuscuiusque actus animae eius. imperat ergo christus vendere omnem substantiam malam, et quasi tradere eam virtutibus operantibus eam quae ab omni bono pauperes sunt. sicut enim pax apostolorum revertitur ad ipsos, nisi fuerit filius pacis, sic universa peccata revertuntur ad actores eorum, cum non fuerit quis utens malis eorum: et sic neque dubitatio erit, quin statim erit perfectus qui sic vendidit omnes proprias facultates. manifestum est autem quod qui talia agit, habet thesaurum in caelo, et ipse factus caelestis. in suo enim caelo habebit thesaurum gloriae dei, et divitias in omni sapientia dei. talis autem poterit sequi christum, quia non distrahitur ab aliqua mala possessione quo minus christum sequatur. * hieronymus. ° multi etiam divitias relinquentes, dominum non sequuntur; nec hoc ad perfectionem sufficit, nisi post contemptas divitias salvatorem sequantur: idest, relictis malis, faciant bona. facilius enim sacculus contemnitur quam voluntas: et ideo sequitur et veni, sequere me; sequitur enim dominum qui imitator est eius, et per vestigia illius graditur. sequitur cum autem audisset adolescens verba haec, abiit tristis. haec est tristitia quae ducit ad mortem. causaque tristitiae redditur: erat enim habens multas possessiones; idest spinas et tribulos, qui sementem dominicam suffocaverunt. * chrysostomus in matth.. ° non enim similiter detinentur qui pauca habent, et qui multis abundant: quoniam abiectio divitiarum maiorem accendit flammam, et violentior fit cupido. * augustinus ad paulinum et therasiam. ° nescio autem quomodo cum superflua terrena diliguntur, arctius adepta quam concupita constringunt; nam unde iuvenis iste tristis discessit, nisi quia magnas habebat divitias? aliud est enim iam nolle incorporare quae desunt, aliud iam incorporata divellere: illa enim velut extranea repudiantur, ista velut membra praeciduntur. secundum historiam autem, iste adolescens laudabilis quidem est, quia non occidit, non adulteratus est; vituperabilis autem, quia contristatus est in verbis christi vocantibus eum ad perfectionem. adolescens quippe erat secundum animam et propterea, relinquens christum, abiit.

lc6 * Glossa. ° occasione huius avari, de quo praedictum est, habuit sermonem dominus de avaro; unde dicitur iesus autem dixit discipulis suis: amen dico vobis, * etc.. chrysostomus in matth.. ° quod quidem dixit, non pecuniis quidem detrahens, sed eis qui detinentur ab ipsis; et discipulos pauperes existentes monens non verecundari ob inopiam. * hilarius in matth.. ° habere enim divitias criminis non est; sed modus in habendo retinendus est. nam quomodo communicandum est necessitatibus sanctorum, si communicanda materia non relinquitur? * rabanus. ° sed inter pecunias habere et pecunias amare nonnulla distantia est; tutius autem est nec habere nec amare divitias. * remigius. ° unde dominus exponens huius loci sensum, dixit: difficile est confidentibus in divitiis intrare in regnum caelorum. illi enim in divitiis confidunt qui omnem suam spem in divitiis collocant. * hieronymus. ° quia vero divitiae habitae difficile contemnuntur, non dixit quod impossibile est divitem intrare in regnum caelorum, sed difficile. ubi difficile ponitur, non impossibilitas praetenditur, sed raritas demonstratur. * hilarius. ° periculosa enim cura est velle ditescere, et grave onus innocentia subiit incrementis opum occupata; rem enim saeculi famulatus dei non sine saeculi vitiis assequetur. hinc difficile est divitem regnum caelorum adire. * chrysostomus in matth.. ° quia vero dixerat difficile divitem intrare in regnum, procedit ad ostendendum quod est impossibile: unde sequitur et iterum dico vobis: facilius est camelum per foramen acus transire, quam divitem intrare in regnum caelorum. * hieronymus. ° secundum hoc nullus divitum salvus erit. sed si legamus isaiam, quomodo cameli madian et epha veniant ad ierusalem cum donis atque muneribus, et qui quondam curvi erant et vitiorum gravitate distorti ingrediantur portas ierusalem, videbimus quomodo et isti cameli, quibus divites comparantur, cum deposuerint gravem sarcinam peccatorum et totius corporis pravitatem, intrare possunt per angustam et arctam viam quae ducit ad vitam. * chrysostomus super matthaeum. ° gentium etiam animae assimilatae sunt tortuosis camelis, in quibus erat gibbus idololatriae: quoniam cognitio dei erectio est animarum. acus autem est filius dei, cuius prima pars subtilis est secundum divinitatem, alia vero crassior secundum incarnationem eius. tota autem recta est et nullam habet deflexionem, per cuius vulnus passionis gentes ingressae sunt in vitam aeternam. hac acu consuta est immortalitatis tunica: ipsa est acus quae spiritui consuit carnem: haec acus iudaicum populum iunxit et gentium: haec acus amicitiam angelorum et hominum copulavit. facilius est ergo gentiles transire per foramen acus, quam divites iudaeos intrare in regnum caelorum. si enim gentes cum tanto labore divelluntur ab irrationabilibus idolorum culturis, quanto magis iudaei divelluntur a rationabilibus dei culturis? * glossa. ° aliter dicitur, quia hierosolymis quaedam porta erat, quae foramen acus dicebatur, per quam camelus, nisi deposito onere et flexis genibus, transire non poterat: per quod significatur, divites non posse transire viam arctam quae ducit ad vitam, nisi sordibus peccatorum et divitiis depositis, saltem non amando. * gregorius moralium. ° vel nomine divitis quemlibet elatum, cameli appellatione propriam condescensionem significat. camelus autem per foramen acus transiit, cum redemptor noster usque ad susceptionem mortis, per angustias passionis intravit, quae passio velut acus extitit, quia dolore corpus pupugit. facilius autem camelus foramen acus quam dives regnum caelorum ingreditur: quia nisi ipse prius per passionem suam formam nobis humilitatis ostenderet, nequaquam se ad humilitatem ipsius superba nostra rigiditas inclinaret. * chrysostomus in matth.. ° discipuli autem inopes existentes turbantur, pro salute aliorum dolentes, et doctorum iam viscera assumentes: unde sequitur audientes autem discipuli, mirabantur dicentes: quis ergo poterit salvus esse? * augustinus de quaest. evang.. ° cum autem pauci sint divites in comparatione multitudinis pauperum, intelligendum est, quod omnes qui divitias cupiunt, in divitum numero haberi discipuli animadvertunt. * chrysostomus in matth.. ° dei autem opus hoc esse consequenter ostendit, quoniam multa opus est gratia ut homo in divitiis dirigatur; unde sequitur aspiciens autem iesus dixit eis: apud homines hoc impossibile est: apud deum autem omnia possibilia sunt. per hoc quod dicit aspiciens, significat evangelista quod mansueto oculo timidam eorum mentem mitigavit. * remigius. ° non autem hoc sic intelligendum est quod possibile sit apud deum quod dives cupidus, avarus et superbus intret in regnum caelorum; sed ut convertatur, et sic intret. * chrysostomus in matth.. ° neque etiam hoc ideo dicitur ut resupinus iaceas, et sicut ab impossibilibus abstineas; sed magnitudinem iustitiae considerans insilias, deum rogans.

lc7 * Origenes in matth.. ° audiverat petrus verbum christi dicentis: si vis perfectus esse, vade et vende omnia quae habes; deinde consideravit adolescentem cum tristitia abeuntem, et difficultatem divitum ingrediendi in regnum caelorum; ideo quasi qui non facilem rem consummaverat, fiducialiter quaesivit. etsi enim minima cum fratre reliquit; sed non minima aestimata sunt apud deum, considerantem quoniam ex tanta plenitudine dilectionis illa minima reliquerunt, ut etiam si multas habuissent possessiones, omnia reliquissent. et puto quod magis petrus confidens de affectu suo quam de ipsa quantitate rerum relictarum, fiducialiter interrogavit; unde dicitur tunc respondens petrus dixit ei: ecce nos reliquimus omnia. * chrysostomus in matth.. ° qualia omnia, o beate petre? arundinem, rete, navigium. omnia quidem haec dicit, non propter munificentiam, sed ut per interrogationem hanc inopem inducat plebem. quia enim dominus dixerat: si vis perfectus esse; ne dicat aliquis inopum: quid igitur? si non habuero, non possum esse perfectus? interrogat petrus, ut tu inops discas quoniam in nullo hinc diminutus es. qui enim claves regni caelorum acceperat, pro his quae ibi sunt iam confidit, et pro orbe terrarum universo interrogat. intuere autem et qualiter respondet diligenter, sicut christus inquisivit: etenim christus duo a divite expetiit: dare pauperibus quae habebat, et sequi se: propter hoc ipse addidit et secuti sumus te. * origenes in matth.. ° potest dici secundum omnia quae pater revelavit petro esse filium suum, secuti sumus te, iustitiam, sanctificationem, et huiusmodi. propter hoc quasi victor athleta interrogat quae sint praemia certaminis. * hieronymus. ° quia ergo non sufficit tantum relinquere, iungit quod perfectum est: et secuti sumus te. fecimus quidem quod iussisti; quid ergo nobis dabis praemii? et hoc est quod dicitur quid ergo erit nobis? sequitur iesus autem dixit illis: amen dico vobis quod vos qui secuti estis me, * etc.. hieronymus. ° non dixit: qui reliquistis omnia; hoc enim et socrates fecit philosophus, et multi alii divitias contempserunt, sed qui secuti estis me; quod proprie apostolorum est atque credentium. * hilarius in matth.. ° secuti sunt quidem discipuli christum in regeneratione, idest in lavacro baptismi, in fidei sanctificatione: haec enim illa regeneratio est quam apostoli sunt secuti, quam lex indulgere non potuit. * hieronymus. ° vel aliter debet construi: vos qui secuti estis me, sedebitis in regeneratione; idest quando mortui ex corruptione resurgent incorrupti, sedebitis et vos in soliis iudicantium condemnantes duodecim tribus israel: quia vobis credentibus, illi credere noluerunt. * augustinus de civ. dei. ° sic enim caro nostra regenerabitur per incorruptionem, quemadmodum anima nostra regenerabitur per fidem. * chrysostomus super matth.. ° futurum enim erat ut in die iudicii responderent iudaei: domine, non te cognovimus filium dei in corpore constituti. quis hominum videre poterat thesaurum in terra absconditum, solem nube celatum? responderunt ergo discipuli: et nos homines fuimus, rustici et obscuri in plebe; vos sacerdotes et scribae: sed in nobis bona voluntas facta est quasi lucerna rusticitatis nostrae; in vobis autem malitia facta est quasi caligo scientiae vestrae. * chrysostomus in matth.. ° propter hoc autem non dixit: et gentes et orbem terrarum, sed tribus israel; quia in eisdem erant educati et legibus et consuetudinibus apostoli et iudaei. cum ergo dixerint iudaei quoniam propter hoc non potuimus credere in christo, quia lex prohibuit, discipuli in medium inducentur qui eamdem susceperunt legem. sed dicet aliquis: quid magnum promisit eis, si id quod ninivitae habent et regina austri, hoc et ipsi habebunt? maxima quidem alia praemia ante et post eis promittit; sed et hic occulte insinuat aliquid plus illis. de illis enim simpliciter dixit, quod surgent, et condemnabunt generationem hanc; de his autem: cum sederit filius hominis, sedebitis et vos. manifestum est ergo quod conregnabunt et communicabunt in gloria illa: honorem enim et gloriam ineffabilem significavit per thronos. qualiter autem haec promissio completa est? numquid enim et iudas sedebit? nequaquam. lex a domino posita est per ieremiam prophetam: loquar super gentem et regnum, ut aedificem et plantem illud. sed si fecerit malum in conspectu meo, poenitebo et ego de bonis quae locutus sum ut facerem eis; quasi dicat: si indignos seipsos promissione faciant, non adhuc faciam quod promisi. indignum autem seipsum principatu iudas ostendit; et propter hoc tunc loquens discipulis, non simpliciter eis promisit: neque enim dixit: vos sedebitis; sed adiunxit qui secuti estis me: ut et hinc iudam excludat, et eos qui postea futuri erant attraheret: non enim ad illos solos dictum est, neque ad iudam iam indignum effectum. * hilarius in matth.. ° sequela ergo christi apostolos super duodecim thronos iudicandis duodecim tribubus israel in duodecim patriarcharum gloriam copulavit. * augustinus de civ. dei. ° ex hoc enim loco discimus, cum suis discipulis iudicaturum iesum: unde et alibi iudaeis dicit: ideo iudices vestri erunt. nec quoniam super duodecim sedes sessuros esse ait, duodecim solos homines cum ipso iudicaturos putare debemus. duodenario quippe numero universa quaedam significata est iudicantium multitudo, propter duas partes numeri septenarii quo significatur plerumque universitas; quae duae partes, idest tres et quatuor, altera per alteram multiplicatae duodecim faciunt: alioquin quoniam in locum iudae traditoris, apostolum matthiam legimus ordinatum, apostolus paulus, qui plus illis omnibus laboravit, ubi ad iudicandum sedeat non habebit: qui profecto cum aliis sanctis ad numerum iudicum se pertinere demonstrat, cum dicit: nescitis quia angelos iudicabimus? * augustinus in lib. de poenitentia. ° in hoc ergo numero iudicantium omnes intelliguntur qui propter evangelium sua omnia dimiserunt, et secuti sunt dominum. * gregorius moralium. ° quisquis enim stimulo divini amoris excitatus hic possessa reliquerit, illic proculdubio culmen iudiciariae potestatis obtinebit: ut simul tunc iudex cum iudice veniat qui nunc consideratione iudicii sese spontanea paupertate castigat. * augustinus de civ. dei. ° de ipsis quoque iudicandis, in hoc numero duodenario similis causa est: non enim quia dictum est iudicantes duodecim tribus israel, tribus levi quae decimatertia est, ab eis iudicanda non erit; aut solum illum populum, non etiam gentes ceteras iudicabunt. * chrysostomus super matth.. ° vel per hoc quod dicit in generatione, praemittit christus tempus christianitatis futurum post ascensionem suam, quando scilicet homines regenerantur per baptismum, et illud est tempus quando christus sedet in sede maiestatis suae. et vide, quia non de tempore futuri iudicii dicit, sed de vocatione gentium universarum: non enim dixit: cum venerit filius hominis sedens super sedem maiestatis suae; sed in regeneratione cum sederit in sede maiestatis suae: quod ex tunc fuit ex quo gentes credere coeperunt in christum: secundum illud: regnabit dominus super gentes, deus sedet super sedem sanctam suam. et ex tunc apostoli sederunt super duodecim thronos, idest in omnibus christianis: omnis enim christianus qui suscipit verbum petri, thronus fit petri: et sic de aliis apostolis. sedent ergo apostoli in his thronis, idest in duodecim partes distinctis, secundum differentias animarum et diversitates cordium, quas solus deus cognoscit. sicut enim iudaeorum populus in duodecim tribus fuit divisus, sic et universus populus christianus dividitur in duodecim tribus, ut quaedam animae sint de tribu ruben, et sic de aliis, propter diversas virtutes. non enim omnes gratiae in omnibus aequaliter sunt; sed unus praecedit in ista, alius in illa. et sic apostoli iudicabunt duodecim tribus israel, idest omnes iudaeos, per hoc quod verbum apostolorum est a gentibus receptum. omnes autem christiani sunt quidem duodecim sedes apostolorum, sed una sedes christi. christi enim omnes virtutes sunt quasi una sedes; quia in omni virtute aequaliter ipse solus perfectus est. unusquisque etiam apostolorum in aliquo bono speciali fit perfectior, ut petrus in fide: et ideo petrus requiescit in fide, ioannes in innocentia; et sic de aliis. et quod de retributione apostolis in hoc mundo danda christus loquatur, demonstrat quod sequitur: et omnis qui reliquerit domum vel fratres. si enim in hoc saeculo centuplum recipiunt, sine dubio et apostolorum etiam in hoc saeculo merces futura promittebatur. * chrysostomus in matth.. ° vel discipulis promittit futura, quia excelsiores erant iam, et nihil praesentium quaerebant; aliis autem quae sunt hic repromittit. * origenes in matth.. ° vel aliter. si quis reliquerit omnia, et secutus fuerit christum, quae promissa sunt petro, et ipse recipiet. si autem non omnia reliquit, sed quaedam, quae specialiter referuntur, hic multiplicia recipiet, et vitam possidebit aeternam. * hieronymus. ° ex occasione autem huius sententiae, quidam introducunt mille annos post resurrectionem, dicentes, tunc nobis centuplum omnium rerum quas dimisimus et vitam aeternam esse reddendam; quod si in ceteris digna sit promissio, in uxoribus appareat turpitudo, ut qui unam pro domino dimiserit, centum recipiat in futuro. sensus igitur iste est: qui carnalia pro salvatore dimiserit, spiritualia recipiet; quae comparatione et merito sui quasi parvo numero centenarius numerus compararetur. * origenes. ° sed in hoc saeculo, quia pro fratribus carnalibus multos inveniet fratres secundum fidem: sic et parentes, omnes episcopos et presbyteros: et filios, omnes aetatem filiorum habentes. sunt autem et angeli fratres, et sorores omnes quae exhibuerunt se christo virgines castas; tam istae quae nunc habentur in terris, quam illae quae iam vivunt in caelis. agros autem et domos multiplices intellige in requie paradisi et civitate dei. super haec autem omnia possidebunt vitam aeternam. * augustinus de civ. dei. ° hoc etiam quod hic dicitur centuplum accipiet, exponens quodammodo apostolus ait: quasi nihil habentes et omnia possidentes. centum enim pro ipsa universitate ponuntur aliquando. * hieronymus. ° quod autem dicit et omnis qui reliquerit fratres, congruit illi sententiae qua dixerat: veni separare hominem a patre suo. qui enim propter fidem christi ac praedicationem evangelii omnes affectus contempserint atque divitias et saeculi voluptates, isti centuplum accipient et vitam aeternam possidebunt. * chrysostomus in matth.. ° cum autem dicit qui reliquerit uxorem, non hoc ait ut simpliciter nuptiae divellantur, sed ut omnibus praeferamus fidei pietatem. videtur autem mihi et persecutionis tempus occulte insinuare: quia enim multi futuri erant filios ad impietatem trahentes, cum hoc acciderit, neque pro patribus neque pro viris habeantur. * rabanus. ° verum, quia multi virtutum studia, non eadem qua incipiunt intentione pietatis consummant; sed vel tepescunt, vel accelerate labuntur, sequitur multi autem erunt primi novissimi, et novissimi primi. * origenes. ° per hoc exhortatur eos qui nuper accedunt ad verbum divinum, ut festinent ad perfectum ascendere prae multis qui videntur senuisse in fide. potest etiam hic sensus destruere eos qui gloriantur eo quod christianis parentibus sunt enutriti in ipsa christianitate; neque pusillanimes fiant, quod christianitatis dogmata novissime receperint. habet etiam alium intellectum, ut sint primi israelitae, qui facti sunt novissimi propter infidelitatem; gentes autem novissimae, primi. caute autem dicit multi; non enim omnes primi erunt novissimi, nec omnes novissimi primi. adhuc autem multi hominum qui natura novissimi sunt, efficiuntur per vitam angelicam quibusdam angelis superiores; et quidam angeli qui fuerunt primi, facti sunt novissimi propter culpam. * remigius. ° potest etiam specialiter referri ad tristitiam divitis, qui primus videbatur, legis praecepta implendo; sed quia terrenam substantiam praetulit deo, novissimus factus est. sancti vero apostoli novissimi videbantur; sed relinquendo omnia, per humilitatis gratiam facti sunt primi. sunt etiam plurimi qui post studia bonorum operum a bonis operibus deficiunt; et cum fuerint primi, fiunt novissimi.

071 CMT cp20

lc1 * Remigius. ° quia dixerat dominus: multi erunt primi novissimi, et novissimi primi, ut hanc sententiam confirmaret, subiunxit similitudinem, dicens simile est regnum caelorum homini patrifamilias. * chrysostomus super matth.. ° homo paterfamilias christus est, cui caeli et terra quasi una est domus; familia autem caelestium et terrestrium et inferiorum creaturarum. vinea autem eius iustitia est, in qua diversae species iustitiarum positae sunt quasi vites: puta mansuetudo, castitas, patientia, ceteraeque virtutes; quae omnes generaliter iustitia appellantur. homines autem vineae cultores ponuntur; unde dicitur qui exiit primo mane conducere operarios in vineam suam. deus enim iustitiam suam dedit in sensibus nostris, non propter suam utilitatem, sed propter nostram. scitote ergo quia mercenarii sumus conducti. sicut ergo nemo ideo conducit mercenarium ut hoc solum faciat quod manducat, sic et nos non ideo vocati sumus a christo ut haec solum operemur quae ad nostrum pertinent usum, sed ad gloriam dei; et sicut mercenarius prius aspicit opus suum, deinde quotidianum cibum, sic et nos primum debemus aspicere quae ad gloriam dei pertinent, deinde quae ad nostram utilitatem; et sicut mercenarius totam diem circa domini opus impendit, unam autem horam circa suum cibum, sic et nos omne tempus vitae nostrae debemus impendere circa gloriam dei, modicam autem partem circa usus nostros terrenos. et sicut mercenarius ea die qua opus non fecerit, erubescit intrare in domum et petere panem, quomodo tu non confunderis intrare in ecclesiam et stare ante conspectum dei, quando nihil bonum in conspectu dei gessisti? * gregorius in evang.. ° vel paterfamilias, idest conditor noster, habet vineam, universam scilicet ecclesiam, quae ab abel iusto usque ad ultimum electum qui in fine mundi nasciturus est, quot sanctos protulit, quasi tot palmites misit. ad erudiendam autem dominus plebem suam, quasi ad excolendam vineam suam, nullo tempore destitit operarios mittere: quia et prius per patres, et postmodum per legis doctores, deinde per prophetas, ad extremum vero per apostolos, quasi per operarios in vineae cultum laboravit; quamvis in quolibet modulo vel mensura quisquis cum fide recta bonae actionis extitit, huius vineae operarius fuit. * origenes in matth.. ° totum autem hoc saeculum praesens, unum diem dicere possumus; magnum quidem quantum ad nos, modicum autem quantum ad dei vitam. * gregorius. ° mane autem mundi fuit aetas ab adam usque ad noe; et ideo dicitur qui exiit primo mane conducere operarios in vineam suam. et modum conductionis subiungit dicens conventione autem facta cum operariis ex denario diurno. * origenes. ° salutis autem arbitror nomen esse denarium. * remigius. ° denarius enim dicitur qui antiquitus pro decem nummis imputabatur, et figuram regis habet. recte ergo per denarium designatur observari decalogi praemium. pulchre ergo dicit conventione facta ex denario diurno, quia unusquisque in agro sanctae ecclesiae pro spe futurae remunerationis laborat. * gregorius. ° tertia vero hora a noe fuit usque ad abraham; de qua dicitur et egressus circa horam tertiam vidit alios in foro stantes otiosos. * origenes. ° forum autem est quicquid est extra vineam, idest extra ecclesiam christi. * chrysostomus super matth.. ° in hoc enim mundo vendendo et emendo vivunt homines, et invicem sibi fraudem facientes, vitam suam sustentant. * gregorius. ° qui autem sibi vivit, qui carnis suae voluptatibus pascitur, recte otiosus arguitur, quia fructum divini operis non sectatur. * chrysostomus super matthaeum. ° vel otiosi sunt peccatores, illi enim mortui dicuntur. otiosus autem est qui opus dei non operatur. vis ergo non esse otiosus? non aliena tollas, et de tuis des; et operatus es in vinea domini, misericordiae vitem colens. sequitur et dixit illis: ite et vos in vineam meam. nota, quod solis primis convenit specialiter dare denarium; alios autem sub incerto pacto conduxit, dicens quod iustum fuerit dabo vobis. sciens enim dominus quia praevaricaturus fuerat adam, et omnes postmodum in diluvio erant perituri, certum fecit pactum ad eum, ne quando dicat, ideo se neglexisse iustitiam, quia nesciebat quae praemia fuerat recepturus. istis autem non fecit pactum, quia tantum paratus est retribuere quantum mercenarii recipere non sperabant. * origenes in matth.. ° vel operarios tertiae horae non invitavit ad totum opus; quidquid autem poterant operari, suo arbitrio servavit. poterant enim aequale opus facere in vinea eis qui ex mane sunt operati, quicumque in tempore brevi volebant operantem virtutem ad opus extendere, quae ante non fuerat operata. * gregorius in evang.. ° sexta quoque hora est ab abraham usque ad moysen; nona est a moyse usque ad adventum domini: unde sequitur iterum autem exiit circa sextam et nonam horam, et fecit similiter. * chrysostomus super matth.. ° ideo autem coniunxit sextam et nonam, quia in sexta et nona generationem vocavit iudaeorum, et frequentavit cum hominibus disponere testamenta, quasi definito salutis omnium tempore iam appropinquante. * gregorius. ° undecima vero hora est ab adventu domini usque ad finem mundi. operator ergo mane, hora tertia, sexta et nona, antiquus ille et hebraicus populus designatur, qui in electis suis ab ipso mundi exordio, dum recta fide deum studuit colere, quasi non destitit in vineae cultura laborare. ad undecimam vero gentiles vocantur: unde sequitur circa undecimam vero exiit, et invenit alios stantes, et dixit illis: quid hic statis tota die otiosi? qui enim transacto tam longo mundi tempore pro vita sua laborare neglexerant, quasi tota die otiosi stabant. sed pensate quid inquisiti respondeant: sequitur enim dicunt ei: quia nemo nos conduxit. nullus quippe ad eos patriarcha, nullus propheta ad eos venerat. et quid est dicere nemo nos conduxit, nisi vitae nobis nemo viam praedicavit? * chrysostomus super matth.. ° quae est enim conductio nostra, et conductionis merces? promissio vitae aeternae: gentes enim solae neque deum sciebant neque dei promissa. * hilarius in matth.. ° hi igitur mittuntur ad vineam: unde sequitur dixit eis: ite et vos in vineam meam. * rabanus. ° postquam autem operis diurni ratio reddita est, ad remunerationis tempus opportunum, dicit cum autem sero factum esset; hoc est, cum dies totius mundi ad vesperam consummationis inclinata esset. * chrysostomus super matth.. ° considera, quia sero, non alio mane mercedem reddit; ergo adhuc stante saeculo isto iudicium est futurum, et unicuique merces sua reddenda; et hoc propter duas rationes. prima est quia ipsa beatitudo futura est merces iustitiae; ideo non in illo saeculo fit iudicium, sed ante illud. deinde ante adventum diei illius praemittitur iudicium, ne videant peccatores diei illius beatitudinem. sequitur dicit dominus procuratori suo; idest: filius spiritui sancto.

* glossa. ° vel si. volueris, dicit pater filio; qui scilicet pater operatur per filium, et filius per spiritum sanctum, non propter aliquam differentiam substantiae aut dignitatis. * origenes in matth.. ° vel dicit dominus procuratori suo, idest alicui angelorum qui super mercedes retribuendas est positus, sive alicui ex multis procuratoribus, secundum quod scriptum est in epist. ad galatas, sub curatoribus et tutoribus esse heredem in tempore quo parvulus est. * remigius. ° vel dominus iesus christus ipse est paterfamilias et vineae procurator, sicut et ipse est et ostium et ostiarius. ipse enim est venturus ad iudicium, ut unicuique reddat secundum quod gessit. vocat ergo operarios et reddit illis mercedem, quando omnes congregabuntur in iudicio, ut unusquisque accipiat secundum opera sua. * origenes. ° primi autem operarii testimonium habentes per fidem, non acceperunt dei promissionem, pro nobis aliquid melius |200| prospiciente patrefamilias, ut non sine nobis perficiantur. et quia misericordiam consecuti sumus, primi mercedem speramus accipere, qui sumus christi; post nos autem qui ante nos operati sunt: et ideo dicitur voca operarios, et redde illis mercedem suam, incipiens a novissimis usque ad primos. * chrysostomus super matth.. ° semper enim libentius aliquid damus illis quibus gratis donamus, quia pro solo nostro honore donamus. ergo omnibus sanctis deus reddens mercedem, iustus ostenditur; gentibus autem dans, misericors, dicente apostolo: gentes autem super misericordiam honorare deum. et ideo dicitur incipiens a novissimis usque ad primos. aut certe ut ostendat deus inaestimabilem misericordiam suam, primum novissimis et indignioribus reddit mercedem, postea primis: nimia enim misericordia ordinem non aspexit. * augustinus de spiritu et littera. ° vel ideo velut priores reperiuntur minores, quia minores ditati sunt. |225| sequitur cum venissent autem qui circa undecimam horam venerant, * etc.. gregorius in evang.. ° eumdem denarium accipiunt qui laboraverunt ad undecimam (quem expectaverunt toto desiderio) et qui laboraverunt ad primam: quia aequalem vitae aeternae retributionem sortiti sunt cum his qui ab initio mundi vocati fuerant, hi qui in fine mundi ad deum venerunt. * chrysostomus super matth.. ° non autem iniuste: nam et qui in prima parte saeculi natus est, non amplius vixit quam statutum tempus vitae suae; et quid illi nocuit, si post illius exitum mundus stetit? et qui circa finem nascuntur, non minus vivent quam dies qui numerati sunt eis; et quid illis prodest ad compendium laboris, si cito mundus finitur, cum pensum vitae suae compleant ante mundum? deinde non est in homine quando nascatur prius aut postea; sed potestatis divinae. nec ille quidem sibi priorem debet locum defendere qui prius natus est, nec ille contemptibilior debet esse qui postea. |250| sequitur et accipientes murmurabant adversus patremfamilias, dicentes. si autem verum est quod diximus, quia primi et posteriores tempus suum vixerunt, et non amplius neque minus, et unicuique mors sua est consummatio ipsius: quid est quod dicunt portavimus pondus diei et aestus? quia scilicet magna est nobis virtus ad faciendam iustitiam, cognoscere prope esse finem mundi. unde et christus nos armans, dicebat: appropinquabit regnum caelorum. illis autem infirmatio erat scire mundi spatia esse longinqua. quamvis ergo non per omne saeculum vixerint, tamen totius saeculi gravamina pertulisse videntur. aut pondus totius diei dicit onerosa legis mandata; aestum autem urentem erroris tentationem quam conflabant spiritus maligni in eos, ad aemulationem gentium eos irritantes: a quibus omnibus gentiles liberi extiterunt, christo credentes, et per compendium gratiae ad plenum salvati. * gregorius in evang.. ° vel pondus diei et aestus ferre, est per longioris vitae tempora carnis suae |275| calore fatigari. sed potest quaeri: quomodo murmurare dicti sunt, qui ad regnum vocantur caelorum? etenim regnum nullus qui murmurat accipit, nullus qui accipit, murmurare potest. * chrysostomus in matth.. ° non autem oportet ea quae in parabolis sunt, secundum totum quod dicitur, investigare; sed intentionem, propter quam composita est, intelligere, et nihil ultra scrutari. non ergo inducit hoc ut ostendat aliquos esse invidia morsos, sed ut ostendat hos tanto potitos esse honore quod et invidiam aliis poterant generare. * gregorius. ° vel quia antiqui patres usque ad adventum domini, quantumlibet iuste vixerint, ducti ad regnum non sunt, eorum hoc ipsum murmurasse est. nos autem qui ad undecimam venimus, post laborem non murmuramus: quia post mediatoris adventum in hoc mundo venientes, ad regnum ducimur mox ut de corpore eximus. * hieronymus. ° vel omnis retro vocatio gentilibus invidet, et in evangelii torquetur gratia. * hilarius in matth.. ° et secundum insolentiam |300| populi iam sub moyse contumacis hoc murmur operantium est. sequitur at ille respondens uni eorum, dixit: amice, non facio tibi iniuriam. * remigius. ° per hunc unum possunt intelligi omnes qui ex iudaeis crediderunt; quos amicos propter fidem nominat. * chrysostomus super matth.. ° non autem dolebant quasi defraudati de mercede sua; sed quia illi amplius quam merebantur, acceperant. sic enim dolent invidi quando alteri aliquid additur, quasi eis subtrahatur. ex quo patet quod ex vana gloria nascitur invidia. ideo enim dolet esse secundus, quia desiderat esse prior; et ideo invidiae motum removet, dicens nonne ex denario convenisti mecum? * hieronymus. ° denarius figuram regis habet. recepisti ergo mercedem quam tibi promiseram, hoc est imaginem et similitudinem meam: quid quaeris amplius? et non tam ipse plus accipere quam alium nihil accipere desideras? tolle quod tuum est, et vade. * remigius. ° idest: recipe mercedem tuam, et vade |325| in gloriam. volo autem et huic novissimo, idest gentili populo, dare secundum meritum, sicut et tibi. * origenes in matth.. ° forsitan autem adae dicit amice, non facio tibi iniuriam. nonne ex denario convenisti mecum? tolle quod tuum est, et vade. tuum est salus, quod est denarius. volo autem et huic novissimo dare sicut et tibi. non incredibiliter potest quis arbitrari, hunc novissimum esse apostolum paulum, qui una hora operatus est, et similiter omnes qui ante eum fuerunt. * augustinus de sancta virgin.. ° quia vero ipsa vita aeterna pariter erit omnibus sanctis aequalis, denarius omnibus est attributus, qui est omnium merces; quia vero in ipsa vita aeterna distincte fulgebunt lumina meritorum, multae mansiones sunt apud patrem; ac in denario quidem impari non vivet alius alio prolixius: in multis autem mansionibus honoratur alius alio clarius. * gregorius. ° et quia ipsa regni perceptio, eius est bonitas voluntatis, recte subiungitur aut non licet mihi quod volo facere? stulta |350| enim est quaestio hominis contra bonitatem dei murmurare. conquerendum quippe esset, non si dat quod non debet, sed si non daret quod deberet; unde aperte subditur an oculus tuus nequam est, quia ego bonus sum? * remigius. ° per oculum enim vult intentionem intelligi. iudaei namque nequam habuerunt oculum, id est intentionem malam, quia de salute gentium dolebant. ad quid autem sensus huius parabolae tendat, manifestat cum subditur sic erunt primi novissimi, et novissimi primi: eo scilicet quod iudaei de capite vertantur in caudam, et nos de cauda mutamur in caput. * chrysostomus super matth.. ° aut ideo primos dicit novissimos, et novissimos primos, non ut novissimi digniores sint quam primi, sed ut coaequentur, et nulla sit inter eos differentia temporis causa. quod autem dicit multi sunt vocati, pauci vero electi, non ad superiores sanctos pertinet, sed ad gentes: quoniam ex ipsis gentibus, qui multi vocati sunt, pauci sunt eligendi. * gregorius in evang.. |375| ° ad fidem enim plures veniunt, et ad caeleste regnum pauci perducuntur: plerique enim deum vocibus sequuntur, moribus fugiunt. ex hoc ergo duo pensare debemus. primum est ut de se quisque minime praesumat, quia etsi iam ad fidem vocatus est, utrum ad regnum eligendus sit, nescit. secundum vero est ut unusquisque proximum suum quem iacere in vitiis conspicit, desperare non audeat: quia divinae misericordiae divitias ignorat. vel aliter. mane nostrum pueritia est; hora tertia, adolescentia intelligi potest, quia quasi iam sol in altum proficit dum calor aetatis crescit; sexta autem, iuventus est, quia velut in centro sol figitur, dum in ea plenitudo roboris solidatur; nona autem, senectus intelligitur, in qua velut sol ab alto axe descendit, quia aetas a calore iuventutis deficit; undecima vero est ea aetas quae decrepita vel veterana vocatur. * chrysostomus in matth.. ° quod autem non omnes simul conduxit, sed alios mane, alios hora tertia, et sic de |400| aliis, ex differentia mentis eorum processit. tunc enim eos vocavit quando erant obedituri; nam et latronem vocavit quando obediturus erat. si autem dicant: quia nemo nos conduxit, sicut dictum est, non oportet omnia scrutari quae in parabolis sunt. item hoc non dicit dominus, sed operarii: quod ipse enim omnes, quantum ad se pertinet, a prima aetate vocet, significatur cum dicitur: exiit primo mane operarios conducere. * gregorius. ° qui ergo usque ad ultimam aetatem deo vivere neglexerunt, usque ad horam undecimam otiosi steterunt; et tamen tales paterfamilias vocat, et plerumque ante remunerantur: quia prius ad regnum de corpore exeunt, quam hi qui modo in pueritia vocati esse videbantur. * origenes in matth.. ° non autem dicitur: quid hic statis tota die otiosi? his qui spiritu incipientes, carne consumuntur, si postea regredi volunt ut iterum spiritu vivant: quod non dicimus dissuadentes ne ad domum paternam revertantur lascivi filii, qui vivendo luxuriose evangelicae |425| doctrinae substantiam consumpserunt; sed quoniam non similes sunt eis qui peccaverunt in iuventute sua, dum non adhuc didicissent quae fidei erant. * chrysostomus in matth.. ° quod autem dicit: erunt primi novissimi, et novissimi primi, eos occulte insinuat qui a principio claruerunt, et postea virtutem contempserunt; et rursus eos qui a malitia reducti sunt, et multos superexcesserunt. composita est ergo haec parabola, ut eos avidiores faceret qui in ultima senectute convertuntur, ne aestimarent se minus aliquid habituros.

lc2 * Chrysostomus in matth.. ° dominus a galilaea veniens, non repente hierosolymam ascendit, sed prius miracula fecit, pharisaeos confutavit, et discipulos de vitae perfectione et remuneratione instruxit; nunc iam ascensurus ierusalem, rursus eis de passione loquitur: unde dicitur et ascendens iesus hierosolymam, assumpsit duodecim discipulos secreto. * origenes in matth.. ° in duodecim adhuc erat et iudas: adhuc enim forsitan dignus erat cum aliis seorsum audire quae passurus erat magister. * chrysostomus super matth.. ° omnis autem salus hominum in christi morte posita est, nec est aliquid propter quod magis deo gratias agere debeamus quam propter mortem ipsius. ideo duodecim apostolis in secreto mortis suae annuntiavit mysterium; quia semper pretiosior thesaurus in melioribus vasis includitur. si autem alii audissent passionem christi futuram, viri forsitan turbarentur propter infirmitatem fidei, et mulieres |25| propter mollitiem suae naturae, ex qua in tali negotio ad lacrymas excitantur. * chrysostomus in matth.. ° dictum est quidem, et ad multos, tamen occulte sicut ibi: solvite templum hoc; et supra: signum non dabitur ei nisi signum ionae prophetae. discipulis autem manifeste exposuit dicens ecce ascendimus hierosolymam. * chrysostomus super matth.. ° quod dicit ecce, constantiae sermo est, ut memoriam praesentiae huius in cordibus recondant. dicit autem ascendimus; ac si dicat: videte quia voluntarie vado ad mortem. cum ergo videritis me in cruce pendentem, ne aestimetis me hominem esse tantum: nam etsi posse mori, hominis est, velle tamen mori, hominis non est. * origenes. ° hoc igitur considerantes, scire debemus quoniam frequenter, etiam cognoscentes quoniam et tentationes aliquas subituri sumus, nos ipsos offerre debemus. sed supra dictum est: si quis vos persecutus fuerit in una civitate, fugite in aliam: sapientis in christo est ut cognoscat |50| quale tempus exigit declinationem, quale autem obviationem periculorum. * hieronymus. ° crebro autem de passione sua discipulis dixerat; sed quia multis in medio disputationis poterat labi de memoria quod audierant, iturus hierosolymam et secum ducturus apostolos, ad tentationem eos parat, ne cum venerit persecutio, et crucis ignominia, scandalizentur. * chrysostomus super matth.. ° tribulatio enim cum supervenerit expectantibus nobis, levior invenitur quam esset futura si repentina venisset. * chrysostomus in matth.. ° praedicit etiam eis, ut discant quoniam praescius ad passionem venit et volens. sed a principio quidem mortem praedixit eis solam; quando autem exercitati sunt, adducit alia, scilicet quoniam tradent eum gentibus. * rabanus. ° tradidit enim iudas dominum iudaeis, et ipsi tradiderunt eum gentibus, idest pilato, et potestati romanorum. ideo autem dominus in mundo noluit prosperari, sed gravia pati, ut ostenderet nobis, qui per delectationem |75| cecidimus, cum qua amaritudine redire debeamus; unde sequitur ad illudendum et flagellandum et crucifigendum. * augustinus de civ. dei. ° passione ostendit quid sustinere pro veritate, resurrectione quid sperare in trinitate debeamus: unde dicitur et tertia die resurget. * chrysostomus in matth.. ° quae quidem huius gratia dixit, ut cum tristia viderint, resurrectionem expectarent: unde subdit et tertia die resurget. * augustinus de trin.. ° una enim mors, scilicet salvatoris secundum corpus, duabus mortibus nostris saluti fuit, scilicet animae et corporis; et una eius resurrectio duas nobis resurrectiones praestitit. haec autem ratio simpli ad duplum, oritur quidem a ternario numero, unum quippe et duo tria sunt. * origenes in matth.. ° hic autem non referuntur discipuli dixisse aut fecisse aliquid, cum audissent tristia haec christo futura, recordantes quae dominus dixit ad petrum, ne audiant talia vel peiora. et nunc quidem qui divinas litteras scire se arbitrantur |100| scribae condemnant iesum morte, et in linguis suis flagellant et crucifigunt eum per hoc quod tollere volunt doctrinam ipsius; ille autem paululum deficiens, surgit apparens his qui acceperunt posse videre.

lc3 * Hieronymus. ° quia post omnia dixerat dominus et tertia die resurget, putavit mulier post resurrectionem illico regnaturum; et aviditate feminea praesentia cupit, immemor futurorum: unde dicitur tunc accessit ad eum mater filiorum zebedaei cum filiis suis. * chrysostomus super matth.. ° haec mater filiorum zebedaei est salome, cuius apud alterum evangelistam ponitur nomen; vere pacifica, quae vere filios genuit pacis. magna laus mulieris ex hoc loco colligitur: quia non solum filii reliquerunt patrem, sed ipsa reliquerat virum suum et secuta fuerat christum: quia ille sine ista vivere poterat, ista autem sine christo salva esse non poterat; nisi forte quis dicat, quia intra tempus vocationis apostolorum et passionis christi mortuus est zebedaeus; et sic illa sexu fragilis, aetate defecta, christi vestigia sequebatur: quia fides nunquam senescit et religio fatigationem non sentit. audacem autem fecerat eam ad petendum naturae affectus; |25| unde dicitur adorans et petens aliquid ab eo: idest, reverentia exhibita petit, ut quod petierit sibi detur. sequitur qui dixit ei: quid vis? non interrogat quasi nesciens; sed ut illa exponente, manifestum faceret irrationabilem esse petitionem: unde subditur ait illi: dic ut sedeant hi duo filii. * augustinus de cons. evang.. ° quod autem hic per matrem dictum esse matthaeus expressit, marcus ipsos filios zebedaei perhibet dixisse, cum illa illorum voluntatem attulisset ad dominum; unde magis ipsos quam illam dixisse quod dictum est, marcus breviter intimavit. * chrysostomus in matth.. ° videbant enim seipsos honorato prae aliis, et audierant quod super duodecim thronos sedebitis, unde primatum ipsius cathedrae petebant accipere. et quod quidem plus alii honoris apud christum habebant, noverant; timebant vero petrum sibi praeferri; unde et alius evangelista dicit, quod quia prope erant ierusalem, putabant quod regnum dei esset in ianuis, idest aliquid sensibile. unde manifestum est quod nihil spiritale petebant, nec intelligentiam superioris regni habebant. * origenes in matth.. ° si enim in regno mundiali in honore esse videntur qui sedent cum rege, non fuit mirum si mulier muliebri simplicitate vel imperitia talia se debere petere aestimavit; et ipsi fratres adhuc imperfecti, et nihil altius cogitantes de regno christi, talia arbitrati sunt de his sedebunt cum iesu. * chrysostomus super matth.. ° vel aliter. non dicimus quod recte peteret haec mulier; sed hoc dicimus, quia non terrena, sed caelestia filiis suis optabat: non enim sentit sicut ceterae matres, quae corpora natorum suorum amant, animas autem contemnunt: desiderant illos valere in saeculo isto, et non curant quid sint passuri in illo, ut ostendant quia corporum sunt parentes, non animarum. aestimo autem quod hi fratres cum audissent dominum de passione ac resurrectione sua prophetantem, coeperunt dicere intra se, cum essent fideles: ecce rex caelestis descendit ad regna tartarea, ut regem mortis destruat. cum autem victoria fuerit consummata, quid aliud restat nisi ut regni gloria subsequatur? * origenes. ° destructo enim peccato, quod regnabat in corporibus mortalibus hominum, et omni principatu malignarum virtutum, eminentiam regni in hominibus christus recipit; quod est ipsum sedere in sede gloriae suae. quod autem omnia deus facit ad dexteram et sinistram, hoc est ut iam nullum malum sit ante eum: et qui quidem praecellunt prae ceteris appropinquantibus christo, sunt a dextris eius; qui autem inferiores sunt, a sinistris sunt eius. dexteram autem christi vide si potes intelligere invisibilem creaturam; sinistram autem visibilem et corporalem. appropinquantium enim christo quidam dexteram sortiuntur, ut intelligibilia; alii sinistram, ut sensibilia. * chrysostomus super matth.. ° qui autem seipsum donavit hominibus, quomodo regni sui societatem non donabit? petentis negligentia reprehenditur, ubi de dantis misericordia non dubitatur. si nos rogamus magistrum, forsitan ceterorum fratrum corda concutimus: etsi enim vinci a carne non possunt, quasi iam spiritales, tamen percuti possunt, quasi adhuc carnales. ergo submittamus matrem nostram, ut suo nomine deprecetur pro nobis. si enim reprehensibilis inventa fuerit, facile merebitur veniam; ipse enim sexus excusat errorem. si autem non fuerit importuna, facilius impetrabit mater pro filiis suis rogans. ipse enim dominus, qui maternos animos filiorum miseratione implevit, facilius audiet maternum affectum. tunc dominus occultorum cognitor non ad verba intercedentis mulieris respondit, sed ad consilia suggerentium filiorum. bonum quidem erat eorum desiderium, sed inconsiderata petitio; ideo etsi impetrare non debebant, simplicitas tamen petitionis eorum confundi non merebatur, quia de amore domini talis petitio nascebatur: propterea ignorantiam in eis dominus reprehendit: unde sequitur respondens autem iesus dixit: nescitis quid petatis. * hieronymus. ° nec mirum si ista arguatur imperitiae, cum et de petro dicatur: nesciens quid diceret. * chrysostomus super matth.. ° nam frequenter dominus patitur discipulos suos aliquid non recte aut dicere, aut agere, aut cogitare, ut ex illorum culpa occasionem inveniat exponendi regulam pietatis, sciens quia error eorum non nocet praesente magistro, et non solum in praesenti, sed etiam in futuro doctrina eius aedificat. * chrysostomus super matth.. ° hoc autem dicit ostendens quod vel nihil spiritale petebant, vel si novissent quod petebant, non ausi fuissent tantum quid petere quod superexcedit superiores virtutes. * hilarius in matth.. ° nesciunt etiam quid petant, quia nihil de gloria apostolorum ambigendum erat: iudicaturos enim eos sermo superior exposuit. * chrysostomus super matth.. ° vel nescitis quid petatis: quasi dicat: ego vos vocavi ad partem dexteram de sinistra, et vos vestro consilio curritis ad sinistram. ideo forsitan per mulierem res agebatur. contulit enim se diabolus ad consueta arma mulierum; ut sicut adam per mulierem spoliavit, ita et istos separaret per matrem. sed iam non poterat per mulierem perditio introire in sanctos, ex quo de muliere salus cunctorum processit. vel ideo dicit nescitis quid petatis: non enim solum debemus cogitare qualem gloriam consequamur, sed quomodo evadamus ruinam peccati; quia et in saeculari bello, qui semper de praeda victoriae cogitat, difficile vincit: ideo petendum erat: da nobis auxilium gratiae tuae, ut omne malum vincamus. * rabanus. ° nesciebant etiam quid peterent: quia sedem gloriae a domino, quam nondum merebantur, inquirunt. delectabat eos culmen honoris; sed prius habebant exercere viam laboris: unde subditur potestis bibere calicem quem ego bibiturus sum? * hieronymus. ° calicem in scripturis divinis passionem intelligimus, ut in psalmo 115, 13: calicem salutaris accipiam; statimque infert quis iste sit calix: pretiosa in conspectu domini mors sanctorum eius. * chrysostomus super matth.. ° sciebat autem dominus quia passionem ipsius poterant imitari; sed ideo interrogat, ut omnes audiamus, quia nemo potest cum christo regnare, nisi passionem christi fuerit imitatus: res enim pretiosa non nisi pretioso pretio comparatur. passionem autem domini dicimus non solum persecutionem gentilium, sed omnem violentiam quam patimur contra peccata certantes. * chrysostomus in matth.. ° dicit ergo potestis bibere? ac si dicat: vos mihi de honore et coronis loquimini; ego autem vobis de agonibus et sudoribus: non enim hoc est praemiorum tempus. ex modo autem interrogationis eos attrahit: non enim dixit: potestis sanguinem vestrum effundere? sed potestis bibere calicem? deinde addit: quem ego bibiturus sum. * remigius. ° ut ex communione ad ipsum avidiores fiant. at illi qui iam martyrii libertatem constantiamque retinebant, bibituros se pollicentur: unde sequitur dicunt ei: possumus. * chrysostomus super matth.. ° vel dicunt hoc non tam ex fiducia suae fortitudinis quam ex ignorantia: inexpertis enim levis videtur esse tentatio passionis et mortis. * chrysostomus in matth.. ° vel hoc ex desiderio promittunt. neque enim hoc dixissent, nisi expectassent audire quod petebant. dominus autem eis prophetat magna bona, idest martyrio dignos efficiendos. sequitur ait illis: calicem quidem meum bibetis. * origenes in matth.. ° non ita respondit christus: calicem meum bibere potestis; sed ad futuram eorum perfectionem respiciens, dixit calicem quidem meum bibetis. * hieronymus. ° quaeritur autem quomodo calicem martyrii filii zebedaei, iacobus videlicet et ioannes, biberint, cum scriptura narret iacobum tantum apostolum ab herode capite truncatum, ioannes autem propria morte vitam finierit. sed si legimus in ecclesiastica historia, quod ipse ioannes propter martyrium sit missus in ferventis olei dolium, et relegatus in patmos insulam sit, videbimus martyrio animum non defuisse; et bibisse ioannem calicem confessionis, quem et tres pueri in camino ignis biberunt, licet persecutor non fuderit sanguinem. * hilarius in matth.. ° dominus ergo collaudans eorum fidem ait, martyrio quidem eos secum compati posse; sed laevae eius ac dexterae assidere aliis a deo patre fuisse dispositum: unde sequitur sedere autem ad dexteram meam, etc.. et quidem, quantum arbitramur, ita honor iste aliis est reservatus, quod tamen nec apostoli ab eo erunt alieni, qui in duodecim patriarcharum sede considentes, israelem iudicabunt; et quantum sentire ex ipsis evangeliis licet, in regno caelorum moyses et elias assidebunt; quibus comitantibus, cum gloriae suae habitu in monte apparuit. * hieronymus. ° sed mihi hoc nequaquam videtur: sed ideo sedentium in regno caelorum vocabula non dicuntur, ne paucis nominatis ceteri putarentur exclusi; regnum enim caelorum non est tantum dantis, sed accipientis. non enim est personarum acceptio apud deum; sed quicumque talem se praebuerit ut regno caelorum dignus fiat, hoc accipiet, quod non personae, sed vitae paratum est. si itaque tales estis qui consequimini regnum caelorum quod pater meus victoribus praeparavit, vos quoque accipietis illud. ideo tamen non dixit neque: non sedebitis, ne duos confunderet; neque: sedebitis, ne ceteros irritaret. * chrysostomus in matth.. ° vel aliter. videtur invius omnibus esse locus ille, non solum hominibus, sed etiam angelis: sic enim praecipuum unigeniti ponit id paulus dicens: ad quem autem angelorum dixit unquam: sede a dextris meis? dominus ergo non quasi existentibus quibusdam qui assessuri sunt, sed condescendens interrogantium suspicioni respondit. hoc enim unum solum quaerebant prae aliis: stare apud ipsum; sed dominus respondet: moriemini quidem propter me: non tamen hoc sufficit vos facere primum ordinem obtinere. si enim aliquis alius veniret cum martyrio, ampliorem virtutem possidens, non quia vos amo, illum expellam, et vobis dabo primatum. propter hoc autem ut non infirmus ipse ostendatur, non dixit simpliciter: non est meum dare; sed non est meum vobis dare, sed quibus paratum est; his scilicet qui ab operibus possunt fieri clari. * remigius. ° vel aliter. non est meum dare vobis, idest superbis talibus quales vos estis, sed humilibus corde, quibus paratum est a patre meo. * augustinus de trin.. ° vel aliter. secundum formam servi discipulis dominus respondet sedere autem ad dexteram meam vel sinistram, non est meum dare vobis. quod autem paratum est a patre eius, et ab ipso filio est paratum, quia et ipse et pater unum sunt.

lc4 * Chrysostomus in matth.. ° donec christi sententia incerta erat, non tristabantur alii discipuli; sed tunc tristati sunt quando eos increpavit: unde dicitur et audientes decem, indignati sunt de duobus fratribus. * hieronymus. ° non ad mulieris audaciam referunt postulantis, sed ad filios, quod ignorantes mensuram suam, non modica cupiditate exarserunt. * chrysostomus in matth.. ° intellexerunt enim quia haec petitio discipulorum fuit, quando eos dominus increpavit. quando autem eos a domino praehonoratos viderunt in transfiguratione, etsi secundum mentem dolebant, in medium efferre non audebant, honorantes doctorem. * chrysostomus super matth.. ° sicut autem duo carnaliter petierunt, ita et decem carnaliter contristati sunt: nam velle quidem esse super omnes vituperabile est; sustinere autem alium super se minus est gloriosum. * hieronymus. ° humilis autem magister et mitis nec cupiditatis duos arguit postulantes, nec decem reliquos indignationis increpat et livoris: unde sequitur iesus autem vocavit eos ad se. * chrysostomus in matth.. ° quia enim turbati erant, vocatione eos consolatur, de propinquo eis loquendo: etenim duo a societate decem seipsos separantes, propius stabant, seorsum domino loquentes; non tamen sicut prius pueros in medium ducens eos consolatur, sed a contrario inseruit, dicens scitis quia principes gentium dominantur eorum. * origenes in matth.. ° idest, non contenti tantum regere suos subiectos, sed violenter eis dominari nituntur. inter vos autem, qui estis mei, non erunt haec: quoniam sicut omnia carnalia in necessitate sunt posita, spiritualia autem in voluntate, sic et qui principes sunt spiritales, principatus eorum in dilectione subditorum debet esse positus, non in timore corporali. * chrysostomus in matth.. ° ostendit autem in hoc, quod gentilium est primatus cupere; et sic gentium comparatione eorum animam aestuantem convertit. * chrysostomus super matth.. ° et opus quidem desiderare bonum, bonum est, quia nostrae voluntatis est, et nostra est merces; primatum autem honoris concupiscere vanitas est: hoc enim consequi, iudicium dei est; propter quod ex primatu honoris nescimus si mercedem iustitiae meremur. neque enim apostolus laudem habebit apud deum quia apostolus fuit; sed si opus apostolatus sui bene implevit: nec apostolus pro merito suo antecedenti honoratus est ut esset apostolus; sed ad hoc ministerium aptus est iudicatus secundum motum animae suae. primatus etiam fugientem se desiderat, et desiderantem se horret. conversatio ergo melior desideranda est, non dignior gradus. volens ergo dominus, duorum fratrum zebedaei et aliorum indignationem extinguere, introducit differentiam inter principes mundiales et ecclesiasticos, ostendens quia primatus in christo nec ab aliquo appetendus est non habente, nec alteri invidendus est habenti; quia principes mundi ideo sunt ut dominentur minoribus suis, et eos servituti subiciant et expolient, et usque ad mortem eis utantur ad suam utilitatem et gloriam: principes autem ecclesiae fiunt, ut serviant minoribus suis, et ministrent eis quaecumque acceperunt a christo; ut suas utilitates negligant, et illorum procurent, et mori non recusent pro salute inferiorum. primatum ergo ecclesiae concupiscere neque iustum est, neque utile. nullus sapiens vult ultro se subicere servituti et periculo tali, ut det rationem pro omni ecclesia; nisi forte qui non timet dei iudicium, abutens primatu suo ecclesiastico saeculariter, ita ut convertat illum in saecularem. * hieronymus. ° denique sui proponit exemplum, ut si dicta parvipenderent, erubescerent ad opera; unde subdit sicut filius hominis non venit ministrari, sed ministrare. * origenes in matth.. ° nam etsi angeli et martha ministraverunt ei, tamen non ideo venit ut ministretur, sed ut ministret; et tantum crevit ministrans, ut impleretur quod sequitur: et daret animam suam redemptionem pro multis, scilicet qui crediderunt in eum: daret, inquam, in mortem. sed quoniam solus erat inter mortuos liber et fortior omni potestate mortis, omnes sequi se volentes liberavit a morte. ecclesiarum ergo principes imitari debent christum accessibilem, et mulieribus loquentem, et pueris manus imponentem, et discipulis pedes lavantem; ut ipsi similiter faciant fratribus. nos autem tales sumus ut etiam principum mundi excedere videamus superbiam, vel non intelligentes, vel contemnentes mandatum christi; et quaerimus sicut reges acies praecedentes, et terribiles nos et accessu difficiles maxime pauperibus exhibemus, nullam affabilitatem habentes, vel habere ad nos permittentes. * chrysostomus in matth.. ° quantumcumque ergo te humiliaveris, non poteris tantum descendere quantum dominus tuus.

lc5 * Chrysostomus super matth.. ° sicut testimonium studiosi agricolae est messis fecunda, ita assidui doctoris est documentum ecclesia plena: unde et hic dicitur et egredientibus illis ab iericho, secuta est eum turba multa. neminem labor itineris impedivit, quia amor spiritualis fatigationem non sentit; neminem possessionum suarum recordatio retraxit, quia ingrediebantur in possessionem regni caelestis. vere enim non habet super terram quod amet qui bonum caeleste in veritate gustaverit. opportune autem oblati sunt ante faciem christi duo caeci, ut apertis oculis quasi testes virtutis ascenderent cum eo in ierusalem: unde sequitur et ecce duo caeci. hi currentium strepitum audiebant, et personas non videbant, nihil solutum habentes de toto corpore nisi vocem: et ideo, quia pedibus eum sequi non poterant, voce sequebantur: unde dicitur audierunt quia iesus transiret, et clamaverunt dicentes: domine, miserere nostri, fili david. * augustinus de cons. evang.. ° hoc autem factum marcus commemorat; sed de uno caeco factum: quae ita solvitur quaestio: nam duorum caecorum quos matthaeus interposuit, unum fuisse in illa civitate famosissimum, ex hoc satis apparet quod et nomen eius et patris eius marcus commemoravit: barthimaeus enim timaei filius ex aliqua magna felicitate deiectus notissimus fuit; qui non solum caecus, verum etiam mendicus sedebat. hinc est ergo quod ipsum solum voluit commemorare marcus, cuius illuminatio tam claram famam huic miraculo comparavit, quam erat illius nota calamitas. lucas vero quamvis omnino eodem modo factum, tamen in alio caeco intelligendus est par commemorare miraculum. ille quippe hoc factum dicit, cum appropinquaret iericho; alii cum egrederetur ab iericho. sequitur turba autem increpabat eos, ut tacerent. * chrysostomus super matth.. ° videbant enim sordidas vestes, et non considerabant conscientiae claritatem. |50| ecce fatua sapientia hominum: existimant enim iniuriam pati magnos, si a pauperibus honorentur. quis enim pauper ausus est divitem publice salutare? * hilarius. ° vel silentium non causa honoris exigunt; sed quod acerbe a caecis audiunt quod negabant, scilicet dominum esse david filium. * origenes in matth.. ° vel qui crediderant increpabant eos, ut non appellarent eum contemptibili nomine filium david, sed potius dicerent: fili dei, miserere nostri. * hilarius. ° invitabantur autem magis vetiti, quam compescebantur: fides enim quando vetatur, magis accenditur; et ideo in periculis secura est, et in securitate periclitatur: unde sequitur at illi magis clamabant dicentes: miserere nostri, fili david. primo enim clamabant, quia caeci erant; secundo magis clamabant, quia vetabantur ad lumen accedere. * chrysostomus in matth.. ° christus autem permittebat eos vetari, ut plus eorum desiderium appareret. hinc autem disce quoniam, etsi abiecti fuerimus, cum studio accedentes ad deum, |75| per nosipsos, assequemur quod petimus. sequitur et stetit iesus, et vocavit eos, et ait: quid vultis ut faciam vobis? * hieronymus. ° ideo autem stetit iesus, quia caeci quo pergerent ignorabant. multae foveae erant in iericho, multae rupes et praerupta in profundum vergentia; idcirco dominus stat, ut venire possint. * origenes in matth.. ° vel iesus non pertransit, sed stat, ut stante eo, non transfluat beneficium; sed quasi de fonte stante misericordia defluat usque ad eos. * hieronymus. ° vocari autem iubet, ne turbae prohibeant; et interrogat quid velint, ut ex responsione eorum, manifesta debilitas appareat, et virtus ex remedio cognoscatur. * chrysostomus super matth.. ° vel interrogat propter fidem; ut dum caeci christum filium dei confitentur, confundantur videntes qui eum tantum hominem putant. dominus quidem christum vocaverant; et verum dixerant; sed dicentes filium david, dissipabant quod bene confessi sunt: nam abusive et homines domini dicuntur; vere autem nemo dominus, |100| nisi deus. cum ergo dicunt domine, fili david, abusive christum secundum hominem honorant; si autem solummodo dominum dicerent, deitatem confiterentur; ideo interrogat: quid vultis? tunc illi iam non dixerunt: domine, fili david; sed tantum domine, sequitur enim dicunt illi: domine, ut aperiantur oculi nostri. filius enim david caecos illuminare non potest, filius dei potest. quamdiu ergo dixerunt domine, fili david, suspensa est sanitas; mox autem ut dixerunt domine, infusa est sanitas: sequitur enim misertus autem eorum iesus tetigit oculos eorum; et confestim viderunt. tetigit autem ut homo carnaliter, sanavit ut deus. * hieronymus. ° praestat enim artifex quod natura non dederat; aut certe quod debilitas tulerat, misericordia donat. * chrysostomus in matth.. ° hi autem sicut ante donationem fuerunt perseverantes, ita et post donationem non fuerunt ingrati. * chrysostomus super matth.. ° bonum enim munus obtulerunt christo sanati: sequitur enim |125| et secuti sunt eum. hoc enim deus a te requirit secundum prophetam, sollicitum te ambulare cum domino deo tuo. * hieronymus. ° qui ergo in iericho contracti sedebant, et clamare tantum noverant, postea sequuntur iesum non tam pedibus quam virtutibus. * rabanus. ° iericho autem, quae interpretatur luna, defectum nostrae mutabilitatis significat. * origenes in matth.. ° mystice autem iericho intelligitur mundus, in quem christus descendit. qui autem sunt in iericho, exire nesciunt de sapientia mundi, nisi viderint non solum iesum exeuntem de iericho, sed etiam discipulos eius. haec ergo videntes, secutae sunt eum turbae multae, mundum et mundana omnia contemnentes, ut christo duce ascendant in ierusalem caelestem. duos caecos possumus dicere iudam et israel, qui ante christi adventum caeci fuerunt, quia non videbant verbum verum, quod erat in lege et prophetis; tamen sedentes secus viam legis et prophetarum, et secundum carnem tantum intelligentes, clamabant tantum ad |150| eum qui factus est ex semine david secundum carnem. * hieronymus, ° vel duos caecos plerique pharisaeos et sadducaeos intelligunt. vel aliter. duo caeci sedentes iuxta viam significant de utroque populo quosdam iam cohaerentes per fidem dispensationi temporali secundum quam christus via est, et desiderantes illuminari; idest, aliquid de verbi aeternitate intelligere: quod transeunte domino impetrare cupiebant, idest, per meritum fidei, qua creditur filius dei, et natus homo, et passus propter nos: per hanc enim dispensationem quasi transit iesus, quia actio temporalis est. oportebat autem ut tantum clamarent donec resistentis sibi turbae strepitum vincerent; idest, tam perseverando animum intenderent orando atque pulsando, quousque consuetudinem desideriorum carnalium (quae tamquam turba obstrepit cognitioni lucem veritatis aeternae videre conanti) vel ipsam hominum carnalium turbam, studia spiritualia impedientem, fortissima intensione superarent. * augustinus de verb. dom.. |175| ° bonos enim christianos volentes facere praecepta dei, christiani mali et tepidi prohibent; clamant tamen illi non deficientes: cum enim quisque christianus coeperit bene vivere mundumque contemnere, in ipsa sui novitate patitur reprehensores frigidos christianos; sed si perseveraverit, ipsi iam obsequentur qui ante prohibebant. * augustinus de quaest. evang.. ° itaque audiens iesus, qui ait: pulsanti aperietur, stans, eos tangit et illuminat: quia enim fides incarnationis temporalis ad aeterna intelligenda nos praeparat, transeunte iesu admoniti sunt ut illuminarentur, et ab eo stante illuminati sunt: temporalia enim transeunt, aeterna stant. * chrysostomus super matth.. ° quidam interpretantur duos caecos gentiles: unum ex cham, alium ex iaphet: qui secus viam sedebant, idest iuxta veritatem conversabantur, sed veritatem invenire non poterant; vel secundum rationem verbi consistentes, quia notitiam verbi nondum acceperant. * rabanus. ° agnita autem fama nominis christi, |200| participes eius fieri quaerebant. contradicebant multi: primo iudaei, ut in actibus legimus; deinde etiam gentiles persecutione instabant: nec tamen eos qui erant ad vitam praeordinati, salute privare volebant. * chrysostomus super matth.. ° consequenter autem gentium oculos mentis tetigit iesus, dans eis gratiam spiritus sancti; quae illuminatae secutae sunt eum operibus bonis. * origenes in matth.. ° et nos ergo sedentes iuxta scripturarum viam, et intelligentes in quibus caeci sumus, si ex affectu petierimus, tanget oculos animarum nostrarum, et recedet a mentibus nostris tenebra ignorantiae, ut eum in scientiae lumine sequamur, qui dedit nobis posse videre propter nihil aliud nisi ut eum sequamur.

071 CMT cp21

lc1 * Remigius. ° narravit superius evangelista dominum egressum a galilaea, et coepisse ascendere hierosolymam. postquam ergo narravit quid in via gesserit, in incepta intentione perseverans dicit et cum appropinquasset hierosolymis, et venisset bethphage. bethphage viculus fuit sacerdotum, situs in latere montis oliveti, distans uno milliario a ierusalem. sacerdotes enim, qui per certos dies in templo deserviebant, completo officio vicis suae, illuc divertebant ad manendum: similiter et illi qui accipiebant officium, illuc divertebant: quia praeceptum fuit in lege, ut nullus diebus sabbatorum plus quam mille passus incederet. * origenes in matth.. ° unde et interpretatur bethphage, maxillarum domus: quoniam maxilla propria erat pars sacerdotum in lege. sequitur tunc iesus misit duos discipulos. * chrysostomus super matth.. ° non dixit discipulis: dicatis: dominus tuus his opus habet, vel dominus vester: ut intelligant, quia |25| ipse sit solus dominus, non solum animalium, sed omnium hominum: nam et peccatores conditione quidem sui sunt, voluntate autem sua diaboli. * chrysostomus in matth.. ° neque parvum enim existimes quod factum est. quis enim suasit dominis iumentorum non velle contradicere, volentes silere, et concedere? et in hoc discipulos erudit quoniam poterat et iudaeos prohibere, sed noluit; sed et docet ut quodcumque petitum fuerit darent. si enim qui ignorabant christum, ita concesserunt, multo magis discipulos convenit omnibus dare. quod autem dicitur et confestim dimittet eos, * chrysostomus super matth.: ° intelligendum est, quod animal postquam ingressum est in ierusalem, ad dominum suum remissum est a christo. * glossa. ° vel dominus iumentorum confestim dimittet eos in domini servitio mancipandos. adhibetur autem huic facto prophetae testimonium, ut appareat dominum omnia quae de ipso scripta erant, |50| implevisse; sed invidia caecatos scribas et pharisaeos ea quae ipsi legebant intelligere noluisse: et ideo sequitur hoc autem totum factum est ut adimpleretur quod dictum est per prophetam, scilicet zachariam. * chrysostomus super matth.. ° sciens enim propheta malitiam iudaeorum, quia contradicturi erant christo ascendenti in templum, praemonuit, ut per hoc signum cognoscerent regem suum dicentem dicite filiae sion. * rabanus. ° filia sion historialiter dicitur ierusalem civitas, quae sita est in monte sion; mystice autem est ecclesia fidelium, pertinens ad supernam ierusalem. * chrysostomus super matth.. ° ecce ostendentis est verbum; idest, non carnali aspectu, sed spirituali intellectu opera virtutum eius aspicite. ante tempora quidem multa dicebat ecce, ut ostenderet quia ille de quo loquebatur, antequam nasceretur, iam erat rex tuus. cum ergo videritis eum, nolite dicere: non habemus regem nisi caesarem. venit tibi, si intellexeris, ut salvet te; si non |75| intellexeris, venit contra te. mansuetus, non ut propter potentiam timeretur, sed ut propter mansuetudinem amaretur: unde non sedet in curru aureo, pretiosa purpura fulgens; nec ascendit super fervidum equum discordiae amatorem et litis; sed super asinam tranquillitatis et pacis amicam: unde sequitur sedens super asinam et pullum filium subiugalis. * augustinus de cons. evang.. ° in hoc autem testimonio prophetico aliquanto diversa est evangelistarum locutio. hoc enim matthaeus sic adhibet ut asinam dicat commemorasse prophetam: non autem ita se habet vel quod ioannes interponit, vel codices ecclesiasticae interpretationis lxx. cuius rei causa mihi videtur quod matthaeus hebraea lingua perhibetur evangelium conscripsisse; manifestum est autem interpretationem illam quae dicitur lxx in nonnullis aliter se habere, quam inveniunt in hebraeo qui eam linguam noverunt, et qui interpretati sunt singuli eosdem libros hebraeos. huius autem distantiae causa si quaeratur, nihil probabilius |100| aestimo quam eos lxx illo spiritu interpretatos, quo et illa quae interpretabantur dicta fuerant, quod ex ipsa eorum mirabili, quae praedicatur, consensione firmatum est. ergo et ipsi nonnulla in eloquio variando, et voluntati dei, cuius verba erant, non credendo, nihil aliud demonstrare voluerunt quam hoc ipsum, quod in evangelistarum concordia, quadam diversitate narratur; qua nobis ostenditur non esse mendacium, si quisquam ita diverso modo aliquid narret, ut ab eius voluntate cui consentiendum est, non recedat; quod noscere in moribus utile est propter cavenda mendacia; et ipsi fidei, ne putemus quasi consecratis sonis ita muniri veritatem, tamquam deus nobis, quemadmodum ipsam rem, sic verba quae propter illam sunt dicenda commendet; cum potius ita res sermonibus proferatur ut istos omnino quaerere non deberemus, si rem sine his nosse possemus, sicut illam novit deus, et in eo angeli eius. sequitur euntes autem discipuli fecerunt |125| sicut praecepit illis iesus, et adduxerunt asinum et pullum. ceteri autem evangelistae de asina tacent. non deberet autem permovere lectorem nec si matthaeus de pullo tacuisset, sicut illi de asina tacuerunt: quanto minus moveri oportet, quia unus ita commemoravit asinam, de qua ceteri tacuerunt, ut tamen pullum non taceret, de quo illi dixerunt? ubi enim utrumque potest intelligi factum, nulla repugnantia est, nec si alius aliud commemoraret: quanto minus ubi unus unum, alius utrumque? sequitur et imposuerunt super eos vestimenta sua, et eum desuper sedere fecerunt. * hieronymus. ° sed videtur quod super utrumque animal in parvo itineris spatio dominus sedere nequiverit: ergo cum historia aut impossibilitatem habeat aut turpitudinem, ad altiora transmittimur, idest ad mysticum sensum. * remigius. ° licet potuerit fieri ut super utrumque animal dominus sederit. * chrysostomus in matth.. ° mihi autem videtur quod non propter mysterium solum super |150| asinam sedit, sed et mensuram nobis sapientiae tribuens: demonstrat scilicet quod non super equos ferri necesse est, sed sufficit asino uti, et eo quod necessitatis est, esse contentum. interroga autem iudaeos: quis rex super asinam delatus intravit hierosolymam? sed non utique alium habent dicere, nisi istum solum. * hieronymus. ° turbae ergo quae egressae fuerant de iericho, et secutae salvatorem, supposuerunt vestimenta sua, et straverunt viam ramis arborum: et ideo sequitur plurima autem turba straverunt vestimenta sua in via pedibus asini, necubi offendat in lapidem, nec calcet spinam, nec labatur in foveam. sequitur alii autem caedebant ramos de arboribus, et sternebant in via: de arboribus scilicet fructiferis, quibus mons oliveti consitus est. cumque opere cuncta fecissent, vocis quoque tribuunt testimonium: unde sequitur turbae autem quae praecedebant et quae sequebantur, clamabant dicentes: hosanna filio david. quid autem significet hosanna, nunc perstringam |175| breviter. in psalmo 117, qui manifeste de adventu salvatoris scriptus est, inter cetera hoc quoque legimus: o domine, salvum me fac, o domine, bene prosperare. benedictus qui venturus es in nomine domini. pro eo quod in lxx habetur interpretibus, o kyrie soson di, idest: o domine, salvum fac, in hebraeo legimus: anna, iehova, hosi anna, quod manifestius interpretatus est symmachus dicens: obsecro, domine, salva, obsecro. nemo ergo putet ex duobus verbis, graeco scilicet et hebraeo, sermonem esse compositum; sed totum hebraicum est. * remigius. ° et est compositum ex integro et corrupto. hosi enim latine dicitur salva, sive salvifica; anna vero apud illos interiectio est obsecrantis: nam sicut apud illos ab obsecrante dicitur anna, sic apud latinos dicitur heu. * hieronymus. ° significavit enim quod adventus christi salus mundi sit; unde sequitur benedictus qui venit in nomine domini. salvatore quoque idipsum in evangelio comprobante: ego, |200| inquit, veni in nomine patris mei. * remigius. ° quia scilicet in omnibus bonis operibus non suam, sed patris gloriam quaesivit. * glossa. ° et sensus est: benedictus, idest gloriosus sit, qui venit, idest incarnatus est, in nomine domini, idest patris, eum glorificando. iterum repetunt: hosanna, idest salva, obsecro; et determinant ubi se vellent salvari, in altissimis, idest in caelestibus, non in terrenis. vel per hoc quod iungitur hosanna, idest salus in excelsis, perspicue ostenditur quod adventus christi non tantum hominis salus, sed totius mundi sit, terrena iungens caelestibus. * hieronymus. ° vel humanam quidem christi dispensationem laudant in eo quod dicebant hosanna filio david: benedictus qui venit in nomine domini; restitutionem autem eius in sancta, in eo quod dicebant: hosanna in excelsis. * chrysostomus super matth.. ° hosanna etiam quidam interpretantur gloriam, alii vero redemptionem: nam et gloria illi debetur, et redemptio illi convenit qui omnes redemit. * hilarius |225| in matth.. ° laudationis enim verba, redemptionis in eo exprimunt potestatem; filium autem david nuncupant, in quo agnoscerent aeterni regni hereditatem. * chrysostomus in matth.. ° nunquam antea dominus sibi adhibuit ministeria iumentorum, nec ramorum virentia circa se ornamenta constituit, nisi modo quando ierusalem ut pateretur ascendit. excitavit enim videntes ut facerent quod prius volebant: ergo potestas eis data est, non mutata voluntas. * hieronymus. ° mystice autem appropinquat dominus hierosolymis egrediens de iericho, turbis inde eductis quamplurimis, quia magnus magnis ditatus mentibus salute credentium rediens, ingredi cupit urbem pacis, et locum visionis dei. et venit bethphage, idest ad domum maxillarum, et confessionis portabat typum; et erat situs in monte oliveti, ubi est lumen scientiae, laborum et dolorum requies. per castellum enim, quod contra apostolos erat, mundus iste designatur: contra apostolos enim erat, nec lumen doctrinarum |250| volebat accipere. * remigius. ° dominus ergo de monte oliveti discipulos ad castellum misit, quia de primitiva ecclesia praedicatores in mundum direxit. duos quippe misit propter duos ordines praedicatorum, quod manifestat apostolus dicens: qui operatus est petro in apostolatum circumcisionis, operatus est et mihi inter gentes, sive quia duo sunt praecepta caritatis, sive propter duo testamenta, sive propter litteram et spiritum. * hieronymus. ° sive propter theoricam et practicam, idest scientiam et opera. asina autem ista quae subiugalis fuit, et edomita, et iugum legis traxerat, synagoga intelligitur. pullus asinae lascivus et liber, gentium populus: iudaea enim secundum deum mater est gentium. * rabanus. ° unde matthaeus solus, qui iudaeis evangelium scripsit, asinam domino refert adductam, ut eidem etiam genti hebraeae, si poeniteat, non desperandam monstret esse salutem. * chrysostomus super matth.. ° propter quasdam autem similitudines, |275| animalibus assimilati sunt homines, dei filium non cognoscentes. est enim animal immundum, et prae ceteris pene iumentis magis irrationale et stultum et infirmum et ignobile et oneriferum. sic fuerunt homines ante christi adventum, passionibus diversis immundi, irrationabiles, verbi ratione carentes, stulti propter dei contemptum, infirmi secundum animam; ignobiles, quia obliti generationis caelestis, facti fuerunt servi passionum et daemonum; oneriferi, quia sufferebant sarcinam erroris a daemonibus vel pharisaeis impositam. ligata autem erat asina, idest diabolici erroris vinculo impedita, ut non haberet libertatem eundi quo vellet: nam antequam peccemus, liberum habemus arbitrium sequi voluntatem diaboli an non; quod si semel peccantes obligaverimus nos operibus eius, iam nostra virtute evadere non possumus; sed sicut navis fracto gubernaculo illuc ducitur ubi tempestas voluerit, sic et homo divinae auxilio gratiae perdito per peccatum, non quod vult agit, sed quod diabolus vult. |300| et nisi deus valida manu misericordiae suae solverit eum, usque ad mortem in peccatorum suorum vinculis permanebit: et ideo dicit discipulis solvite, scilicet per doctrinam vestram, et per miracula vestra; quia omnes iudaei et gentes per apostolos sunt liberati; et adducite mihi, idest, ad gloriam meam illos convertite. * origenes in matth.. ° unde et ascendens in caelum iussit discipulis suis ut solverent peccatores, dans eis spiritum sanctum. absoluti autem et proficientes, et nutriti verbi divinitate, digni habentur remitti in locum ex quo erant assumpti, non iam ad opera priora, sed ut praedicarent eis filium dei; et hoc est quod significat dicens et confestim dimittet eos. * hilarius in matth.. ° vel per asinam et pullum duplex vocatio ex gentibus ostenditur. erant enim samaritani sub quadam observantiae suae consuetudine servientes, qui scilicet significantur per asinam; erant etiam indomitae gentes et feroces, qui scilicet significantur per pullum. igitur duo mittuntur, ut solvant |325| ligatos erroris vinculis: per philippum enim samaria credidit, per petrum cornelius christo, tamquam primitiae gentium, adductus est. * remigius. ° sicut autem tunc dictum est apostolis si quis vobis aliquid dixerit, dicite quia dominus his opus habet, sic nunc praedicatoribus est praeceptum, ut si aliquid adversitatis obstiterit, a praedicando non cessarent. * hieronymus. ° vestis autem apostolica quae iumento superponitur, vel doctrina virtutum, vel discretio scripturarum intelligi potest, sive ecclesiasticorum dogmatum veritates; quibus nisi anima instructa fuerit et ornata, sessorem habere dominum non meretur. * remigius. ° dominus autem super asellum sedens, hierosolymam tendit; quia praesidens sanctae ecclesiae, vel animae fideli, et eam in hoc saeculo regit, et post hanc vitam ad visionem caelestis patriae introducit. apostoli autem et ceteri doctores vestimenta posuerunt super asinam: quia gloriam quam acceperunt a christo gentibus dederunt. turba autem vestimenta sternebat in via: quia credentes ex circumcisione, |350| gloriam quam habebant ex lege, contemnebant. ramos autem de arboribus praecidebant: quia ex prophetis acceperunt exempla de christo, quasi de arboribus virentibus. vel turba, quae vestimenta stravit in via, significat martyres, qui vestimenta sua, idest corpora, quae tegumenta sunt animarum, pro christo ad martyrium tradiderunt. vel significantur illi qui corpora sua per abstinentiam domant. illi autem ramos arborum praecidunt qui dicta et exempla sanctorum patrum quaerunt ad suam, vel filiorum salutem. * hieronymus. ° quod autem ait turbae autem quae praecedebant, et quae sequebantur, utrumque populum ostendit, et qui ante evangelium, et qui post evangelium domino crediderunt, consona iesum confessionis voce laudare. * chrysostomus super matth.. ° et illi quidem prophetantes de christo venturo clamaverunt; hi autem laudantes clamant de adventu christi iam adimpleto.

lc2 * Hieronymus. ° introeunte iesu cum turba, tota hierosolymorum civitas commovetur, mirans frequentiam, nesciens virtutem: unde dicitur et cum intrasset hierosolymam, commota est universa civitas, dicens: quis est hic? * chrysostomus super matth.. ° merito autem commovebantur videntes rem mirabilem. homo laudabatur quasi deus, sed deus laudabatur in homine. puto autem quod nec ipsi qui laudabant, sciebant quid laudabant; sed spiritus subito ingressus in eos, veritatis verba fundebat. * origenes in matth.. ° sed et quando intravit iesus hierosolymam veram, admirantes virtutes caelestes, dicebant: quis est iste rex gloriae? * hieronymus. ° aliis autem vel ambigentibus vel interrogantibus, nisi plebecula confitetur: unde sequitur populi autem dicebant: hic est iesus propheta a nazareth galilaeae. a minoribus incipiunt, ut ad maiora perveniant. prophetam enim dicunt quem moyses sui similem dixerat esse |25| venturum, et qui proprie apud graecos scribitur cum tu arthru martyria, idest cum articuli testimonio. a nazareth autem galilaeae, quia ibi educatus fuerat, ut flos campi nutriretur in flore virtutum. * rabanus. ° notandum autem, quod hic introitus eius in ierusalem fuit ante quinque dies paschae. narrat enim ioannes, quod ante sex dies paschae venerit in bethaniam, et in crastinum asino sedens venerit in ierusalem; ubi notanda est concordia non solum in rebus, sed etiam in temporibus veteris et novi testamenti. decima enim die mensis primi, agnus qui in pascha immolaretur, domum introduci iussus est: quia et dominus decima die eiusdem mensis, hoc est ante quinque dies paschae, civitatem, in qua pateretur, erat ingressurus. sequitur et intravit iesus in templum dei. * chrysostomus super matth.. ° hoc erat proprium boni filii ut ad domum curreret patris, et illi honorem redderet; et tu imitator christi factus, cum ingressus fueris in aliquam civitatem, primo |50| ad ecclesiam curras. hoc etiam erat boni medici ut ingressus ad infirmam civitatem salvandam, primum ad originem passionis intenderet: nam sicut de templo omne bonum egreditur, ita de templo omne malum procedit: si enim sacerdotium integrum fuerit, tota ecclesia floret; si autem corruptum fuerit, tota fides marcida est: sicut enim cum videris arborem pallentibus foliis, intelligis quia vitium habet in radice; sic cum videris populum indisciplinatum, sine dubio cognosce quia sacerdotium eius non est sanum. sequitur et eiciebat omnes vendentes et ementes. * hieronymus. ° sciendum quidem est, quod iuxta mandata legis in venerabili toto orbe templo domini, et de cunctis pene regionibus iudaeorum illuc populo confluente, innumerabiles immolabantur hostiae, maxime festis diebus, taurorum, arietum, hircorum; pauperibus, ne absque sacrificio essent, pullos columbarum et turtures offerentibus. accidebat autem ut qui de longe venerant, victimas non haberent. excogitaverunt igitur sacerdotes quomodo |75| praedam de populo facerent; et omnia animalia quibus opus erat ad sacrificia, venderent; et ut venderent non habentibus, et ut ipsi rursus empta susciperent. hanc ergo stropham, idest fraudem se in diversa vertentem, crebro venientium inopia dissipabat, qui indigebant sumptibus, et non solum hostias non habebant, sed nec unde emerent. posuerunt itaque nummularios, qui mutuam sub cautione darent pecuniam. sed quia erat lege praeceptum ut nemo usuras acciperet, et prodesse non poterat pecunia fenerata, quae commodi nihil haberet, et interdum perderet sortem, excogitaverunt et aliam technam, idest artem, ut pro nummulariis collibystas facerent, cuius verbi proprietatem latina lingua non exprimit. collyba dicuntur apud illos, quae nos appellamus tragemata, vel vilia munuscula; verbi gratia, frixi ciceris, uvarumque passarum, et poma diversi generis. igitur quia usuras accipere non poterant, collibystae pro usuris accipiebant varias species; ut quae in nummo non licebant, in his rebus exigerent, quae |100| nummis coemuntur: quasi non hoc ipsum ezechiel praedicaverit dicens: usuram et superabundantiam non accipietis. istiusmodi dominus cernens in domo patris, negotiationem seu latrocinium, ardore spiritus concitatus, tantam hominum multitudinem eiecit de templo. * origenes in matth.. ° in quo non debent vendere et emere, sed orationibus tantum vacare qui congregantur, quasi in domo orationis: unde sequitur et dicit eis: scriptum est: domus mea domus orationis vocabitur. * augustinus in regula. ° nemo ergo in oratorio aliquid agat nisi ad quod factum est, unde et nomen accepit. sequitur vos autem fecistis illam speluncam latronum. * hieronymus. ° latro enim est, et templum dei in latronum convertit speluncam, qui lucra de religione sectatur. mihi autem inter omnia signa quae fecit dominus, hoc videtur esse mirabilius, quod unus homo, et illo tempore contemptibilis, intantum ut postea crucifigeretur, scribis et pharisaeis contra se saevientibus |125| et videntibus lucra sua destrui, potuerit ad unius flagelli verbera tantam eicere multitudinem. igneum enim quiddam atque sidereum radiabat ex oculis eius, et divinitatis maiestas lucebat in facie. * augustinus de cons. evang.. ° manifestum est, hoc non semel, sed iterum a domino esse factum; sed primum commemoratum est a ioanne, hoc autem ultimum a ceteris tribus. * chrysostomus in matth.. ° in quo maior est accusatio iudaeorum: quoniam cum bis hoc idem fecisset, morabantur tamen in sua dementia. * origenes in matth.. ° mystice autem templum dei est ecclesia christi. sunt autem multi in ea non, sicut decet, viventes spiritualiter, sed secundum carnem militant; qui domum orationis de lapidibus vivis constructam, faciunt speluncam esse latronum actibus suis. si autem oportet tres species eiectas a templo cautius exponere, possumus dicere: quicumque in populo christiano ad nihil aliud vacant, nisi circa emptiones et venditiones, rarius autem in orationibus |150| permanent, vel in aliis actibus rectis, ipsi sunt vendentes et ementes in templo dei. diaconi qui non bene tractant ecclesiarum pecunias et divites fiunt de rebus pauperum, ipsi sunt nummularii, pecuniarum mensas habentes, quas christus evertit. quod autem mensis ecclesiasticarum pecuniarum diaconi praesint, docemur in actibus apostolorum. episcopi autem qui tradunt ecclesias quibus non oportet, ipsi sunt qui vendunt columbas, idest gratiam spiritus sancti, quorum cathedras christus evertit. * hieronymus. ° iuxta simplicem enim intelligentiam, columbae non erant in cathedris, sed in caveis; nisi forte columbarum institores sedebant in cathedris: quod absurdum est, quia in cathedris magistrorum magis dignitas indicatur; quae ad nihilum redigitur, cum mixta fuerit lucris. observa etiam propter avaritiam sacerdotum, altaria dei, nummulariorum mensas appellari. quod autem de ecclesiis diximus, unusquisque de se intelligat: dicit enim apostolus: |175| vos estis templum dei. non sit ergo in domo pectoris vestri negotiatio, non donorum cupiditas, ne ingrediatur iesus iratus et rigidus, et non aliter mundet templum suum nisi flagello adhibito, ut de spelunca latronum domum faciat orationum. * origenes in matth.. ° vel in secundo adventu eiciet, vel evertet quos invenerit in templo dei indignos. * chrysostomus super matth.. ° ideo etiam nummulariorum mensas evertit: quod significat quod in templo dei non debent esse nummi, nisi spirituales, qui dei habent imaginem, non qui portant imaginem terrenam. cathedras vendentium columbas evertit, loquens ipso facto: quid faciunt in templo multae columbae venales, ex quo una columba gratuita descendit in templum corporis mei? quod autem verbis turbae clamaverunt, dominus factis ostendit: unde sequitur et accesserunt ad eum caeci et claudi in templo, et sanavit eos. * origenes in matth.. ° in templo enim dei, idest in ecclesia, non sunt omnes videntes, neque recte ambulantes; |200| sed qui ex eis intelligunt quia nullius est opus nisi christi ut sanentur, accedentes ad verbum dei sanantur. * remigius. ° quod autem in templo sanantur, significat quod homines non nisi in ecclesia sanari possunt, cui data est potestas ligandi atque solvendi. * hieronymus. ° nisi autem mensas nummulariorum subvertisset cathedrasque columbas vendentium, caeci et claudi lucem pristinam et concitum gradum in templo non meruissent recipere. * chrysostomus in matth.. ° principes autem sacerdotum neque ita persuadebantur, sed ex reliquis miraculis et praeconiis puerorum eum extollentibus indignabantur; unde sequitur videntes principes sacerdotum. * hieronymus. ° cum enim manum non audeant in eum inicere sacerdotes, tantum opera calumniantur, et testimonium populi atque puerorum qui clamabant: hosanna filio david; benedictus qui venit in nomine domini: quod videlicet hoc non dicitur nisi soli filio dei. videant ergo episcopi, et quilibet |225| sancti homines, cum quanto periculo dici sibi ista patiantur, si vero domino, cui dicebatur, quia nondum solida erat credentium fides, pro crimine impingitur. * chrysostomus super matth.. ° sicut autem columna si modicum obliquata fuerit, accepto pondere amplius vadit in latus, sic et cor hominis cum perversum fuerit, si alicuius viri iusti opera videat vel audiat, non confirmatur, sed magis ad invidiam concitatur. hoc modo sacerdotes concitati sunt contra christum, dicentes audis quid isti dicunt? * hieronymus. ° sed christi responsio moderata fuit. non dixit quod scribae audire cupiebant: bene faciunt pueri, ut mihi testimonium perhibeant: nec rursum: errant, pueri sunt, debetis aetati ignoscere: sed profert exemplum de octavo psalmo, ut, tacente domino, testimonium scripturarum puerorum dicta firmaret: unde sequitur iesus autem dicit eis: utique. nunquam legistis, * etc.. chrysostomus super matth.. ° tamquam si dicat: esto, mea culpa est, quia isti clamant. numquid mea |250| culpa est, quia ante tot millia annorum hoc futurum propheta praedixit? infantes autem et lactentes nec intelligere aliquem nec laudare possunt. dicuntur ergo infantes non aetate, sed simplicitate cordis: lactentes autem, quoniam quasi lactis suavitate, ita mirabilium delectatione excitati clamabant. lac enim dicitur opus miraculorum: quia miracula nullum laborem videntibus ponunt, sed videntes admiratione delectant, et ad fidem molliter invitant. panis autem est doctrina perfectae iustitiae; quam accipere non possunt nisi exercitati sensus circa res spirituales. * chrysostomus in matth.. ° hoc autem et typus gentium erat, et apostolis non parva consolatio: ut enim non angustiarentur qualiter idiotae existentes possent praedicare, praevenientes pueri eorum eiecerunt timorem: quoniam scilicet dabit eis sermonem qui hos fecit laudem cantare. hoc etiam miraculum significat quod christus conditor erat naturae: quia pueri significativa loquebantur, et prophetis consona; viri autem insipientia et insania plena.

lc3 * Chrysostomus super matth.. ° malum hominem melius locum dando potest aliquis vincere quam respondendo: quia malitia non instruitur sermonibus, sed excitatur: et ideo dominus recedendo compescere studuit quos respondendo non compescuit: unde dicitur et relictis illis, abiit foras extra civitatem in bethaniam. * hieronymus ° hinc autem intelligendum est quod dominus tantae fuerit paupertatis, et ita nulli adulatus sit, ut in urbe maxima nullum hospitem, nullam invenerit mansionem; sed in vico parvulo apud lazarum sororesque eius habitaret; eorum quippe viculus bethania est; unde sequitur ibique mansit. * chrysostomus super matth.. ° ut scilicet ibi maneret corporaliter ubi et spiritualiter repausabat: nam sanctorum virorum est quod non gaudent ubi epulae largae sunt, sed ubi sanctitas floret. * hieronymus. ° discussis autem noctis tenebris, cum in civitatem reverteretur dominus esuriit: unde sequitur mane autem revertens in civitatem, esuriit, veritatem scilicet humanae carnis ostendens. * chrysostomus super matth.. ° quando enim concessit carni quod proprium erat pati, tunc demonstrat eius passionem. * rabanus. ° nota autem maiorem studiosi operatoris affectum, dum dicitur mane revertisse in civitatem, ut praedicaret, et ut aliquos deo patri acquireret. * hieronymus. ° dominus autem passurus in populis, et baiulaturus scandalum crucis, voluit discipulorum animos signi anticipatione firmare: unde sequitur et videns arborem unam secus viam, venit ad eam, et nihil invenit in ea nisi folia tantum. * chrysostomus in matth.. ° non propter hoc veniebat quia esuriebat, sed propter discipulos: quia enim ubique benefaciebat, nullum autem puniebat, oportebat et punitricis eius virtutis demonstrationem tribuere. noluit autem in hominibus hoc ostendere, sed in planta. * hilarius in matth.. ° et in hoc quidem bonitatis dominicae argumentum reperimus: nam ubi afferre voluit procuratae per se salutis exemplum, virtutis suae potestatem in humanis corporibus exercuit, spem futurorum et animae salutem, curis praesentium aegritudinum commendans; nunc vero, ubi in contumaces formam severitatis constituebat, futuri speciem damno arboris indicavit: unde sequitur et ait illi: numquam ex te fructus nascatur in sempiternum. * hieronymus. ° vel in saeculum, utrumque enim eona, graecus sermo significat. * chrysostomus in matth.. ° suspicionis autem discipulorum erat existimare propter hoc eam esse maledictam, quia non habebat fructum: cur igitur maledicta est? discipulorum gratia, ut discant quoniam poterat siccare eos qui crucifixerunt eum; unde sequitur et arefacta est continuo ficulnea. ideo autem non in alia planta, sed in omnium humidissima miraculum hoc fecit, ut et hinc maius hoc miraculum appareat. cum autem in plantis vel in brutis fit aliquid tale, non quaeras qualiter iuste siccata est ficus, si tempus non erat (hoc enim quaerere est ultimae dementiae, quia scilicet in talibus non invenitur culpa et poena): sed miraculum inspice, et admirare miraculi factorem; unde sequitur et videntes discipuli mirati sunt, dicentes: quomodo continuo aruit? * glossa. ° non facit creator iniuriam possidenti; sed creatura suo arbitrio ad utilitatem aliorum mutatur. * chrysostomus in matth.. ° et ut discas quoniam propter eos hoc factum est, scilicet ut ad confitendum eos erigat, audi quid deinceps dicatur: sequitur enim respondens autem iesus ait illis: amen dico vobis, si habueritis fidem. * hieronymus. ° latrant contra nos gentilium canes, asserentes apostolos non habuisse fidem, quia montes transferre non potuerunt. quibus respondemus multa facta esse signa a domino quae scripta non sunt: igitur et haec credimus fecisse apostolos; sed ideo scripta non esse ne infidelibus contradicendi maior daretur occasio: alioquin interrogemus eos, utrum credant his signis quae scripta narrantur, an non? et cum incredulos viderimus, consequenter probabimus, nec maioribus eos credituros fuisse qui minoribus non crediderunt. * chrysostomus. ° hoc autem quod dominus dicit, orationi adscribit et fidei: unde iterum dicit omnia quaecumque petieritis in oratione credentes accipietis: discipuli enim christi, nihil eorum quae non oportet petunt: et quasi credentes magistro, nihil aliud petunt nisi magna et caelestia. * rabanus. ° quotiescumque autem petentes non exaudimur, ideo fit quia vel contra auxilium nostrae salutis petimus, vel quia eorum pro quibus petimus, perversitas ne impetremus obsistit; vel in futurum petitionis nostrae differtur effectus, ut desideria crescant, et perfectius capiant gaudia quae requiruntur. * augustinus de cons. evang.. ° considerandum autem, quod miratos esse discipulos de hoc quod arbor aruerat, et eis dominum respondisse quod dictum est de fide, non ipso secundo die quo maledixerit arbori, sed tertio die marcus dicit: ipso quippe die secundo commemoravit marcus de templo eiectos vendentes, quod primo die factum praetermiserat; ipso ergo secundo die dicit, facta vespera, egressum de civitate; et cum mane transirent, vidisse discipulos mane factam ficum aridam. matthaeus autem sic loquitur tamquam secundo die hoc totum sit factum; unde intelligitur quod cum matthaeus dixisset arefacta est continuo ficulnea, praetermissis ceteris ad secundam diem pertinentibus, adiunxit statim et videntes discipuli admirati sunt; ita tamen quod alio die viderit dominus ficulneam, et alio die discipuli mirati sunt: intelligitur enim non tunc aruisse quando viderunt arefactam, sed continuo quando maledicta est: non enim arescentem, sed penitus arefactam viderunt, ac sic eam continuo in verbo domini aruisse intellexerunt. * origenes in matth.. ° mystice autem relinquens dominus principes et scribas, factus est extra ierusalem terrenam, quae ideo cecidit. venit autem in bethaniam ad domum obedientiae, idest ecclesiam: ubi cum requievisset post principium constituendi ecclesiam, revertitur in civitatem quam paulo ante reliquerat, et revertens esuriit. * chrysostomus super matth.. ° si autem quasi homo esurisset cibum carnalem, nunquam mane esurisset: sed mane esurit qui aliorum esurit salutem. * hieronymus. ° arborem autem quam vidit in via, intelligimus synagogam, quae iuxta viam erat: quia legem habebat, non tamen credebat in viam, idest in christum. * hilarius in matth.. ° quae ficus arbori comparatur, quia credentes primi ex israel apostoli crasso modo, ceteros resurrectionis gloria et tempore anteibunt. * chrysostomus super matth.. ° ficus etiam propter multitudinem granorum sub uno cortice, est quasi congregatio multorum fidelium. nihil autem invenit in ea nisi folia tantum, idest traditiones pharisaicas, iactationem legis absque fructibus veritatis. * origenes in matth.. ° et quoniam arbor illa erat figuraliter animam habens, quasi audienti dicit nunquam ex te fructus nascatur in sempiternum: ideo infructuosa est synagoga iudaeorum; et hoc erit usque ad consummationem saeculi, donec intraverit gentium multitudo; et aruit ficulnea, adhuc peregrinante in hac vita christo, et videntes discipuli oculis spiritualibus mysterium fidei siccatae, mirati sunt; sed et discipuli christi fideles, et non haesitantes, relinquentes eam, siccam faciunt, cum vitalis virtus transierit ab eis ad gentes; sed et a singulis qui adducuntur ad fidem, tollitur mons ille satanas et mittitur in mare, idest in abyssum. * chrysostomus super matth.. ° vel in mare, idest in istum mundum, ubi sunt aquae salsae, idest populi iniqui. * rabanus. ° exclusionem enim suam ab electis amplius saeviendo vindicat in reprobis. * augustinus de quaest. evang.. ° vel hoc sibi servus dei dicere debet de monte superbiae, ut eam a se repellat: vel quia per eos evangelium praedicatum est, ipse dominus, qui mons appellatus est, a iudaeis in gentes tamquam in mare iacitur. * origenes. ° omnis etiam qui obedit verbo dei, bethania est, et requiescit christus in eo: malos quidem et peccatores reliquit; quando autem fuerit apud iustos, fit et apud alios post illos et cum illis: non enim dicitur quod relinquens bethaniam venit in civitatem. esurit autem semper dominus in iustis, volens manducare fructum spiritus sancti in eis, qui sunt caritas, gaudium et pax. erat autem secus viam haec ficus quae folia tantum habuit sine fructu. * chrysostomus super matth.. ° idest iuxta mundum: si enim homo iuxta mundum vixerit, non potest in se fructum iustitiae tenere. * origenes. ° si autem venerit dominus in tentationibus, fructum requirens, et inventus fuerit aliquis nihil iustitiae habens, nisi professionem tantummodo fidei, quod est folia sine fructu: mox exsiccatur, hoc ipsum etiam quod videtur fidelis amittens; sed et unusquisque discipulorum ficum arescere facit, manifestum faciens, eum esse vacuum a christo: sicut petrus dixit ad simonem: cor tuum non est rectum coram deo. melius est enim fallacem ficum, quae vivere aestimatur, non autem fructificet, siccari verbis discipulorum christi, et fieri manifestam, quam ut furetur per figmentum innocentium corda. est autem et in unoquoque infideli mons secundum mensuram infidelitatis suae, qui verbis discipulorum christi tollitur.

lc4 * Chrysostomus super matth.. ° quia viderant sacerdotes christum cum magna gloria introeuntem in templum, invidia torquebantur. itaque non sufferentes in pectore suo invidiae stimulantis ardorem, prorumpunt in vocem; unde dicitur et cum venisset in templum, accesserunt ad eum docentem principes sacerdotum et seniores populi dicentes: in qua potestate haec facis? * chrysostomus in matth.. ° quia enim signis detrahere non habebant, ex his quae inhibebantur in templo vendere, afferunt reprehensionem; ac si dicerent: numquid magistralem suscepisti thronum? sacerdos consecratus es, quoniam tantam demonstrasti potestatem? * chrysostomus super matth.. ° per hoc autem quod subdunt aut quis dedit tibi hanc potestatem? ostendunt multas esse personas quae dant hominibus potestatem, sive corporalem, sive etiam spiritualem; quasi dicerent: de sacerdotali familia genitus non es; senatus tibi hoc non concessit; caesar non donavit. si autem credidissent quia omnis potestas ex deo est, nunquam interrogassent: quis dedit tibi hanc potestatem? omnis enim homo secundum se aestimat alterum: fornicarius neminem aestimat castum; castus non facile de fornicario suspicatur; sic qui non est ex deo sacerdos, nullius sacerdotium putat ex deo. * hieronymus. ° vel his verbis eamdem quam supra calumniam struunt, quando dixerunt: in beelzebub principe daemoniorum eicit daemonia. quando enim dicunt in qua potestate haec facis? dubitant de dei potestate, et subintelligi volunt, diaboli esse quod faciat. addentes quoque quis tibi dedit hanc potestatem? manifestissime dei filium negant, quem putant non suis, sed alienis viribus signa facere. poterat autem dominus aperta responsione tentatorum calumniam confutare; sed prudenter interrogavit, ut suo ipsi vel silentio vel scientia condemnarentur: unde sequitur respondens iesus dixit eis: interrogabo vos et ego unum sermonem. * chrysostomus super matth.. ° non quidem ut respondentes audiant, sed ut impediti non interrogent: quia ipse praeceperat: nolite sanctum dare canibus. deinde etiam si dixisset, nihil proficeret: quia non potest sentire quae lucis sunt tenebrosa voluntas: interrogantem enim oportet docere, tentantem autem rationabili percussione confundere, non autem ei virtutem mysterii publicare. dominus ergo simplici interrogationi laqueum ponit in sua interrogatione; et quia eum vitare non poterant, subdit quem si dixeritis mihi, et ego vobis dicam in qua potestate haec facio. est autem interrogatio talis: baptismus ioannis unde erat? ex caelo, an ex hominibus? * augustinus super ioan.. ° accepit quidem ioannes ut baptizare posset ab eo quem postmodum baptizavit; baptismus autem quem accepit, baptismus ioannis hic dicitur. solus tale donum accepit: nullus ante ipsum iustorum, nullus post ipsum accepit baptismum, qui baptismus diceretur ipsius. venit enim ioannes baptizare in aqua poenitentiae, viam domino praeparando, non interius mundando, quod purus homo non potest. * hieronymus. ° ipsi autem sacerdotes quid in sua malitia pertractaverint, ostenditur cum subditur at illi cogitabant inter se. si enim respondissent baptisma ioannis esse de caelo, consequens erat responsio: quare ergo non estis baptizati a ioanne? si autem dicere voluissent humana deceptione compositum et nihil habere divinum, seditionem populi formidabant. omnes enim congregatae multitudines, ioannis receperant baptisma, et sic habebant eum ut prophetam. respondit itaque impiissima factio, et humilitatis verbo, quo nescire se diceret, versa est ad insidias cooperiendas: unde sequitur et respondentes iesu, dixerunt: nescimus. in hoc quod nescire se responderant, mentiti sunt: consequens ergo erat iuxta responsionem eorum, dominum quoque dicere: nec ego scio. sed mentiri veritas non potest; sequitur enim ait illis et ipse: nec ego dico vobis in qua potestate haec facio. ex quo ostendit et illos scire, sed respondisse nolle: et se nosse, et ideo non dicere, quia illi quod sciant taceant. * origenes in matth.. ° sed dicet aliquis contra hoc, quia ridiculum erat interrogare in qua potestate haec faceret iesus: nec enim poterat fieri ut responderet quia in potestate diaboli faceret; sed nec ipse responderet quod erat verum, quoniam in potestate propria facit. si quis autem dicat, quoniam interrogabant principes ut illum terrerent, ut puta, si facit aliquis quod nobis non placet in nostris, dicimus ei: quis te iussit hoc facere? eum terrentes ut recedat ab actu: sed quid est quod et christus ita respondit: dicite mihi vos hoc, et ego vobis dicam in qua potestate haec facio? forte ergo sic intelligitur hic locus. generaliter quidem sunt duae potestates diversae: una ex parte dei, altera ex parte diaboli: specialiter autem sunt plures; non enim una potestas omnibus prophetis facientibus signa cooperabatur; sed alia istis, alia illis; et ad res forsitan inferiores inferior, ad res autem eminentiores eminentior. principes autem sacerdotum videbant iesum multa prodigia facientem; et ideo potestatis sibi cooperantis speciem et proprietatem volebant audire a christo. alii quidem qui signa fecerunt, in primis quidem in ista potestate fecerunt; proficientes autem in alia potestate maiori; tamen salvator universa fecit in una potestate, quam accepit a patre. quoniam autem non erant digni talia audire mysteria, propterea non dat eis responsum, sed contra interrogat. * rabanus. ° ob duas enim causas scientia veritatis est occultanda quaerentibus: cum scilicet is qui quaerit aut minus capax est ad intelligendum, aut odio vel contemptu veritatis indignus est cui debeat aperiri quod quaerit.

lc5 * Hieronymus. ° post praemissa, infert dominus parabolam, qua et illos impietatis arguat, et ad gentes regnum dei doceat transferendum, dicens quid autem vobis videtur? * chrysostomus super matth.. ° quos reos proponit in causa, ipsos et iudices petit, ut a nullo mereantur solvi qui seipsos condemnant. magna est fiducia iustitiae ubi adversario ipsi causa committitur. in parabolis ergo figurat personas eorum, ut non intelligant quomodo ipsi adversus se sententiam dicerent; sequitur enim homo quidam habebat duos filios. quis ille nisi deus, qui omnes homines creavit; qui cum sit natura dominus, tamen vult magis diligi quasi pater, quam timeri ut dominus? maior filius, gentium populus erat; minor vero, populus iudaeorum: quoniam gentes quidem erant ex tempore noe, iudaei autem ex abraham. sequitur et accedens ad primum dixit: fili, vade hodie, operare, in vinea mea. hodie, idest tempore saeculi huius. locutus est autem non in facie, ut homo, sed in corde, ut deus, sensibus ingerens intellectum. operari autem in vinea est iustitiam facere: nescio autem si totam quis hominum sufficiat operari. * hieronymus. ° primo ergo dicitur gentilium populo per naturalis legis notitiam: vade, et operare in vinea mea; hoc est, quod tibi non vis fieri, alteri ne feceris; qui superbe respondit: unde sequitur ille autem respondens ait: nolo. * chrysostomus super matth.. ° gentes enim a principio relinquentes deum et iustitiam eius, et transeuntes ad idola et peccata, in cogitationibus suis respondere videntur: nolumus facere dei iustitiam. * hieronymus. ° postea vero in adventu salvatoris, gentium populus, acta poenitentia, operatus est in vinea dei, et sermonis contumaciam labore correxit; et hoc est quod dicitur postea poenitentia motus abiit. sequitur accedens autem ad alterum, dixit similiter. at ille respondens ait: eo, domine. secundus enim filius, populus iudaeorum est, qui respondit moysi: omnia quaecumque dixerit nobis dominus, faciemus. * chrysostomus super matth.. ° sed postea aversi, mentiti sunt deo, secundum illud: filii alieni mentiti sunt mihi; et hoc est quod dicitur et non ivit. interrogat ergo dominus consequenter: quis ex duobus fecit voluntatem patris? dicunt ei: primus. vide quomodo adversus se protulerunt sententiam, dicentes priorem filium voluntatem patris fecisse, idest populum gentium: quia melius est non promittere deo iustitiam et facere, quam promittere et mentiri. * origenes in matth.. ° unde potest considerari dominum esse locutum in parabola ista ad eos qui modicum aut nihil promittunt, operibus autem ostendunt; et contra eos qui magna promittunt, nihil autem secundum promissionem suam agunt. * hieronymus. ° sciendum est autem, in veris exemplaribus non haberi novissimum, sed primum, ut proprio iudicio condemnentur. si autem novissimum voluerimus legere, ut quidam habent, manifesta est interpretatio, ut dicamus intelligere quidem veritatem iudaeos, sed tergiversari, et nolle dicere quid sentiunt; sicut et baptismum ioannis scientes esse de caelo, dicere noluerunt. * chrysostomus super matth.. ° eorum autem iudicium dominus abundanter confirmat: unde sequitur dixit iesus: amen dico vobis, quia publicani et meretrices praecedent vos in regno dei; ac si dicat: non solum populus gentium melior est vobis, sed etiam publicani et meretrices. * rabanus. ° potest autem regnum dei evangelium vel ecclesia praesens intelligi; in quo gentes iudaeos praecedunt, quia citius credere voluerunt. * origenes in matth.. ° per hoc autem non excluditur quin iudaei aliquando intrent in regnum dei; sed cum plenitudo gentium intraverit tunc omnis israel salvus fiet. * chrysostomus super matth.. ° puto autem, quod ex persona omnium virorum peccatorum publicani ponuntur, et ex persona omnium mulierum peccatricum, meretrices: quia avaritia praecipue in viris abundat, fornicatio autem in mulieribus: mulier enim in quiete sedet inclusa; fornicatio autem maxime ex otio nascitur; vir autem quoniam in actibus rerum diversarum est assidue, in avaritiae peccatum facile incurrit; in fornicationem autem non facile, nisi multum sit lascivus: nam occupatio virilium sollicitudinum, voluptatem plerumque excludit; unde proprium est hoc adolescentium nihil agentium. consequenter exponit causam eius quod dixerat, dicens venit enim ioannes ad vos in via iustitiae, et non credidistis ei. * rabanus. ° viam iustitiae ioannes praedicans venit, quia christum, qui consummatio legis est, digito monstravit. * chrysostomus super matth.. ° vel venit in via iustitiae sic manifeste ut conversatio eius venerabilis peccatorum corda concuteret; unde sequitur publicani autem et meretrices crediderunt ei. considera quomodo conversatio bona praedicatoris praedicationi praestet virtutem, ut etiam indomita domet corda. sequitur vos autem videntes, nec poenitentiam habuistis postea, ut crederetis ei; ac si diceret: illi fecerunt quod maius est, credendo; isti autem neque poenitentiam fecerunt, quod minus est. in hac autem expositione, quam secundum multorum expositionem tractavimus, aliquid mihi videtur esse contrarium. si enim duo filii, iudaei et gentes, intelligendi sunt; postquam sacerdotes interrogati responderunt priorem filium patris voluntatem fecisse, concludens christus parabolam, sic debuit dicere: amen dico vobis, quia gentes praecedent vos in regnum dei. nunc autem dicit quia publicani et meretrices praecedent vos in regno dei; quod magis popularium hominum ostendit conditionem quam gentium: nisi forte intelligamus ut prius dictum est: intantum gentium populus magis placet deo quam vos, ut etiam publicani et meretrices sint acceptabiliores deo quam vos. * hieronymus. ° unde alii putant non gentilium et iudaeorum esse parabolam: sed simpliciter peccatorum et iustorum: eo quod illi quidem per mala opera deo servire negaverant, postea poenitentiae baptismum acceperant a ioanne; pharisaei autem, qui iustitiam praeferebant, et legem dei se facere iactabant, ioannis contempto baptismate, eius praecepta non fecerunt. * chrysostomus super matth.. ° hoc autem ideo introducit, quia sacerdotes non discendi causa, sed tentandi interrogaverant: in qua potestate hoc facis? multi autem ex populis crediderant: et ideo introducit parabolam duorum filiorum, ostendens eis per eam, quia meliores sunt populares, qui a principio saecularem profitentur vitam, quam sacerdotes, qui a principio profitentur deo servire: quoniam populares quidem aliquando compuncti convertuntur ad deum; sacerdotes autem impoenitibiles constituti, nunquam desinunt peccare in deum. prior enim filius populus est: non enim populus est propter sacerdotes, sed sacerdotes propter populum.

lc6 * Chrysostomus in matth.. ° post priorem parabolam, aliam ponit, ut ostendat eorum accusationem esse maiorem, et venia indignam: unde dicitur aliam parabolam audite. homo erat paterfamilias qui plantavit vineam. * origenes in matth.. ° homo paterfamilias deus est, qui dicitur homo in quibusdam parabolis; sicut si pater cum parvulo filio suo loquatur infantilia, ut descendat ad verba filii sui, et instruat eum. * chrysostomus super matth.. ° homo autem dicitur nomine non natura; similitudine, non veritate: praescius enim filius, quia propter appellationem humani nominis, quasi homo purus fuerit blasphemandus, etiam deum patrem invisibilem hominem appellavit, qui angelorum et hominum natura dominus est, benevolentia pater. * hieronymus. ° plantavit autem vineam, de qua loquitur isaias: vinea domini sabaoth, domus israel est. sequitur et sepem circumdedit ei, vel murum urbis, vel angelorum auxilia. * chrysostomus super matth.. ° vel per sepem intellige custodiam patrum iustorum, qui tamquam murus facti sunt populo israel. * origenes. ° vel custodia dei fuit sepes ipsius; torcular autem locus libationum, de quo sequitur et fodit in ea torcular. * hieronymus. ° altare scilicet, aut torcularia illa, quorum titulo tres psalmi praenotantur, 8, 80, 83, scilicet martyres. * hilarius in matth.. ° vel prophetas quasi quaedam torcularia aptavit, in quos musti modo quaedam ubertas spiritus sancti ferventius influeret. * chrysostomus super matth.. ° vel torcular est verbum dei, quod cruciat hominem, contradicente carnis natura. sequitur et aedificavit turrim. * hieronymus. ° idest templum, de quo dicitur per michaeam: et tu turris nebulosa, filia sion. * hilarius in matth.. ° vel in turre eminentiam legis extruxit, quae et in caelum ex solo egressa proveheret, et ex qua speculari christi posset adventus. sequitur et locavit eam agricolis. * chrysostomus super matth.. ° quando scilicet per legem constituti sunt sacerdotes et levitae, et procurationem regendi populum susceperunt. sicut autem colonus, quamvis de suo munere obtulerit domino, non sic eum placat sicut si de vinea eius reditus ei obtulerit, sic et sacerdos non tantum propter suam iustitiam placet deo, quomodo si populum dei in sanctitate docuerit: quoniam ipsius iustitia una est, populi autem multiplex. sequitur et peregre profectus est. * hieronymus. ° non loci mutatione: nec enim deus alicubi abesse potest, quo complentur omnia: sed abire videtur a vinea, ut vinitoribus liberum operandi arbitrium derelinquat. * chrysostomus in matth.. ° vel peregre profectus est, cum longanimitatem habuit, non semper eorum peccatis poenam inducens. * origenes in matth.. ° vel quia dominus, qui fuerat cum illis in nube diei et in columna ignis per noctem, nequaquam postea similiter apparuit illis. in isaia ergo iudaicus populus vinea nominatur, et comminatio patrisfamilias contra vineam fit; in evangelio autem vinea non culpatur, sed eius coloni. sed forte in evangelio vinea est regnum dei, idest doctrina, quae scripturis inserta est sanctis; vita autem irreprehensibilis hominum, est vineae fructus. littera autem scripturae est vineae sepes circumposita, ut non videantur ab his qui foris sunt, fructus qui sunt in absconso. profunditas autem eloquiorum dei est vineae torcular; in quod qui profecerunt de eloquiis dei, infundunt studia sua quasi fructus. turris autem aedificata, est verbum de ipso deo et de dispensationibus christi. hanc vineam tradidit colonis, idest populo ante nos, tam sacerdotibus quam laicis. et peregre profectus est, ad suam profectionem dans occasionem colonis. appropinquat autem tempus fructuum, et secundum unumquemque, et generaliter populo universo. primum enim vitae tempus est secundum infantiam; et tunc nihil vinea ostendit, nisi tantum habens in se vitalem virtutem; cum autem inceperit posse loqui, tempus est generationis. quantum autem proficit anima pueri, tantum et vinea, idest verbum dei; et post profectum, vinea operatur fructum maturum caritatis, et gaudii, et pacis, et huiusmodi. sed et populo qui acceperunt legem per moysen, tempus fructuum appropinquat aliquando: unde sequitur cum autem tempus fructuum appropinquasset, misit servos suos ad agricolas, ut acciperent fructus eius. * rabanus. ° unde tempus fructuum posuit, non proventuum: nullus enim est fructus populi contumacis. * chrysostomus in matth.. ° servos dicit prophetas, qui offerunt, quasi sacerdotes domini, populi fructus et obedientiae ostensionem per opera. hi autem non solum malitia potiti sunt in non dando fructum, sed etiam in indignando ad eos qui venerunt; et sanguine manus impleverunt; unde sequitur agricolae autem apprehensis servis eius, alium occiderunt, alium vero lapidaverunt. * hieronymus. ° caeciderunt quidem, ut ieremiam; occiderunt, ut isaiam; lapidaverunt, ut naboth et zachariam, quem interfecerunt inter templum et altare. * chrysostomus super matth.. ° per singulos autem gradus malitiae, dei misericordia addebatur; et per singulos gradus divinae misericordiae malitia iudaeorum crescebat; et sic contra dei clementiam malignitas humana certabat: unde sequitur iterum misit alios servos plures prioribus, et fecerunt illis similiter. * hilarius in matth.. ° missi autem plures prioribus, illud tempus designant quo post singulorum prophetarum praedicationem plurimus simul numerus prophetantium emissus est. * rabanus. ° vel servi qui missi sunt, ipse legifer moyses intelligitur, et aaron primus sacerdos dei, quos caesos flagello linguae vacuos emiserunt: alios autem servos, prophetarum choros intellige. * hilarius. ° in filio autem ad ultimum misso, domini nostri adventus significatur: sequitur enim novissime autem misit ad eos filium suum. * chrysostomus in matth.. ° quare autem non confestim misit? ut ex his quae ad alios fecerant, seipsos accusarent, et furorem dimittentes, verecundarentur propter filium advenientem: unde sequitur verebuntur filium meum. * chrysostomus. ° hunc autem misit, non quasi ad obnoxios poenae sententiam baiulantem, sed poenitentiae veniam: misit eum eos confundere, non punire. * hieronymus. ° quod autem dicit verebuntur filium meum, non de ignorantia venit. quid enim nesciat paterfamilias, qui hoc loco deus intelligitur? sed semper ambigere deus dicitur, ut libera voluntas homini reservetur. * chrysostomus in matth.. ° vel hoc dicit, annuntians quid fieri debebat, quoniam oportebat eos verecundari; per hoc enim vult ostendere peccatum eorum magnum, et omni excusatione privatum. * origenes in matth.. ° vel illud quod ait verebuntur forte filium meum, videtur impletum in illis iudaeis qui intelligentes christum, crediderunt in eum. hoc autem quod sequitur: agricolae autem videntes filium, dixerunt inter se: hic est heres; venite, occidamus eum, in illis impletum est qui videntes christum, et cognoscentes filium dei, nihilominus crucifixerunt eum. * hieronymus. ° interrogemus arium et eunomium: ecce pater dicitur ignorare. quidquid pro patre responderint, hoc intelligant de filio, qui se dicit ignorare consummationis diem. * chrysostomus super matth.. ° dicunt autem quidam, quia post incarnationem dictus est christus filius ex baptismo, sicut ceteri sancti; quos ex hoc loco convincit dominus, ubi dicitur: mittam filium meum. quando ergo adhuc cogitabat ad transmittendum filium post prophetas, iam filius erat: deinde se eo modo dicitur filius sicut omnes sancti ad quos factum est verbum dei, debuit et prophetas dicere filios sicut et christum, aut et christum servum dicere sicut et ceteros prophetas. * hieronymus. ° post hoc autem quod dicunt hic est heres, manifeste dominus probat iudaeorum principes non per ignorantiam, sed per invidiam dei filium crucifixisse. intellexerunt enim eum esse illum cui pater per prophetam dicit: postula a me, et dabo tibi gentes haereditatem tuam. hereditas quippe filio sancta ecclesia data est: quam non moriens pater illi reliquit; sed ipse sua morte mirabiliter acquisivit. * chrysostomus super matth.. ° tamen postquam introivit in templum, et vendentes animalia quae ad sacrificium pertinebant, foras eiecit, tunc praecipue cogitaverunt eum occidere: unde dicunt venite, occidamus eum. dicebant enim intra se: necesse est ut populus per istum dimittat consuetudinem hostiarum, quae ad nostrum pertinent lucrum, et acquiescat offerre sacrificium iustitiae, quod ad gloriam pertineat dei: et sic iam non erit populus iste possessio nostra, sed dei. si autem occiderimus eum dum non est qui iustitiae fructum a populo quaerat, semper durabit consuetudo offerendarum hostiarum; et sic populus iste erit nostra possessio, et hoc est quod sequitur et nostra erit hereditas. haec est cogitatio communis omnium sacerdotum carnalium, qui non sunt solliciti quomodo vivat populus sine peccato; sed aspiciunt quid in ecclesia offeratur, et hoc aestimant sacerdotii sui lucrum. * rabanus. ° vel hereditatem, occiso eo, praeripere moliebantur iudaei, cum fidem quae per eum est, extinguere, et suam magis quae ex lege est iustitiam praeferre, ac gentibus imbuendis conabantur inserere. sequitur et apprehensum eum, eiecerunt extra vineam, et occiderunt. * hilarius. in matth.. ° christus enim extra ierusalem, tamquam extra vineam in sententiam damnationis abiectus est. * origenes in matth.. ° vel quod dicit eiecerunt extra vineam, tale mihi videtur: quantum ad se, alienum eum esse iudicaverunt a vinea et colonis. sequitur cum ergo venerit dominus vineae, quid faciet agricolis illis? * hieronymus. ° interrogat quidem eos dominus, non quod ignoret quid responsuri sint, sed ut propria responsione damnentur. sequitur aiunt illi: malos male perdet, et vineam suam locabit aliis agricolis. * chrysostomus super matth.. ° quod autem verum responderunt, non est illorum qui iuste iudicaverunt, sed ipsius causae: veritas enim ipsis violentiam fecit. * origenes. ° sicut enim caiphas, sic et isti non ex se prophetaverunt contra se, quoniam tollenda ab eis erant eloquia dei, et danda gentibus fructum in tempore daturis. vel dominus, quem occiderunt, statim venit resurgens a mortuis, et malos quidem colonos male perdidit, aliis autem colonis, idest apostolis, vineam suam consignavit, idest eis qui ex iudaico populo crediderunt. * augustinus de cons. evang.. ° marcus autem hoc ab ipsis non responsum esse commemorat; sed dominum hoc consequenter locutum, post interrogationem suam, ipsum sibi quodammodo respondisse. sed facile potest intelligi, vel illorum vocem ita subiectam ut non interponeretur illi responderunt, sed tamen intelligeretur: aut ideo responsionem istam domino potius attributam, quia cum verum dixerunt, etiam de illis hoc ipse respondet, qui veritas est. * chrysostomus in matth.. ° vel non est contradictionis: etenim utraque facta sunt: quia scilicet et ipsi primo hoc responderunt, et postea dominus iteravit. * augustinus de cons. evang.. ° sed illud magis movet quod lucas non solum eos hoc respondisse non dicit, verum etiam contrariam retulisse responsionem: ita enim narrat: quo audito (scilicet hac sententia ex ore domini prolata) dixerunt: absit. restat ergo ut intelligamus, in plebe quae audiebat, quosdam respondisse quod matthaeus commemorat, quosdam vero illud quod lucas dicit, idest absit. nec moveat quod matthaeus principes sacerdotum et seniores populi dixit accessisse ad dominum; et sic sine interpositione alicuius personae sermo contexitur usque ad hoc quod de locata agricolis vinea commemoratur: potest enim putari, omnia haec cum principibus sacerdotum locutum fuisse; sed matthaeus brevitatis causa tacuit, quod lucas non tacuit; parabolam scilicet istam non ad eos solos dictam qui de potestate interrogaverant, sed ad plebem in qua erant qui dicerent perdet illos et vineam suam dabit aliis: quae vox recte etiam ipsius domini fuisse intelligitur, sive propter veritatem, sive propter membrorum eius cum suo capite unitatem. erant etiam qui talia respondentibus dicerent: absit, quia intelligebant contra seipsos parabolam esse dictam. * chrysostomus super matth.. ° vel aliter. lucas quidem secundum responsionem oris eorum narravit; matthaeus autem secundum responsionem cordis: nam vere visibiliter quidem in facie contradixerunt dicentes: absit. in conscientia autem susceperunt, dicentes malos male perdet. sicut cum homo deprehensus fuerit in malo, verbis quidem excusat, intus autem eius conscientia recognoscit. * chrysostomus in matth.. ° vel aliter. dominus propter hoc eis parabolam proposuit ut ipsi non intelligentes, contra se sententiam proferrent; sicut et ad david dictum est per nathan. rursus autem intelligentes quae dicta sunt contra se esse, dixerunt: absit. * rabanus. ° moraliter autem cuique vinea locatur colenda, cum baptismi mysterium datur, quod operando exerceat. mittitur servus unus, alter et tertius, cum lex, psalmus, prophetia legitur, ad quorum monita bene operetur. sed missus caeditur et eicitur, cum sermo contemnitur, vel, quod peius est, blasphematur. heredem quantum ad se occidit, qui filium dei conculcaverit, et spiritui gratiae contumeliam fecerit. perdito malo cultore, vinea alii datur, cum donum gratiae, quod superbus spreverit, humilis accipit. * chrysostomus super matth.. ° deinde quasi non acquiescentibus illis, testimonium scripturae inducit. sequitur enim dicit illis iesus: numquam legistis in scripturis: lapidem quem reprobaverunt aedificantes, hic factus est in caput anguli? idest, si parabolam meam non intelligitis, vel istam scripturam cognoscatis. * hieronymus. ° variis autem parabolis res eaedem contexuntur; quos enim supra operarios et agricolas appellavit, nunc aedificatores, idest caementarios vocat. * chrysostomus in matth.. ° lapidem autem christum vocat, aedificatores autem doctores iudaeorum, qui christum reprobaverunt, dicentes: hic non est a deo. * rabanus. ° sed illis nolentibus, idem lapis caput anguli firmavit: quia de utroque populo quotquot ipse voluit, sua fide coniunxit: unde sequitur hic factus est in caput anguli. * hilarius in matth.. ° est enim caput anguli factus: quia est inter legem et gentes lateris utriusque coniunctio. * chrysostomus in matth.. ° deinde ut discant quoniam nihil eorum quae fiebant, deo contrarium erat, subdit a domino factum est. * origenes in matth.. ° idest, iste lapis donum est, donatum a deo aedificio universo et admirabile caput in oculis nostris, qui possumus eum videre oculis mentis. * chrysostomus super matth.. ° quasi diceret: quare non intelligitis, in cuius aedificii angulo ponendus est ille lapis, non in vestro, quando reprobatus est, sed in alio? si autem aliud aedificium est futurum, ergo vestra aedificatio est contemnenda. unde subdit ideo dico vobis, quia auferetur a vobis regnum dei, et dabitur gentibus facientibus fructum eius. * origenes in matth.. ° regnum dei dicit mysteria regni dei, idest divinas scripturas, quas tradidit dominus primo quidem populo illi priori cui credita sunt eloquia dei, secundo autem gentibus facientibus fructum: nemini enim datur verbum dei nisi facienti fructum de eo; et nemini in quo peccatum regnat, datur regnum dei; quomodo ergo illi datum est a quo et ablatum est? sed considera quomodo quod datur, intelligitur gratis datum. quibus ergo locavit, non omnino quasi electis et fidelibus dedit; quibus autem donavit, cum iudicio electionis donavit. * chrysostomus super matth.. ° lapis autem dicitur christus non solum propter firmitatem, sed etiam quia est inimicorum magna confractio: unde sequitur et qui ceciderit super lapidem istum, * etc.. hieronymus. ° qui peccator est, et tamen in illum credit, cadit quidem super lapidem et confringitur, sed non omnino conteritur; reservatur enim per patientiam ad salutem; super quem vero ille ceciderit, hoc est cui lapis ille irruerit, et qui christum penitus negaverit, sic conteret eum ut nec testa quidem remaneat, in qua hauriatur aquae pusillum. * chrysostomus super matth.. ° aliud est enim confringi, et aliud comminui: de eo enim quod confringitur, aliquid remanet; quod autem comminuitur, quasi in pulverem convertitur. quod autem cadit ad lapidem, non frangitur secundum quod est lapidis virtus, sed inquantum fortiter cadit, aut propter pondus suum, aut propter altitudinem casus; sic et christianus peccans, non tantum perit, quantum potest perdere christus, sed quantum ipse se perdit per opera sua: aut propter magnitudinem peccati, aut propter altitudinem dignitatis. infideles autem pereunt tantum quantum potest eos perdere christus. * chrysostomus in matth.. ° vel hic duas perditiones eorum ostendit: unam ab eo quod offenderunt, et scandalizati sunt; quam designat dicens qui ceciderit super lapidem; aliam a captivitate eis superventura; quam manifestat dicens super quem vero ceciderit. * augustinus de quaest. evang.. ° vel de his dicit quod cadent super eum, qui illum modo contemnunt vel iniuriis afficiunt: ideo nondum penitus intereunt, sed tamen confringuntur, ut non recti ambulent: super quos cadet, dum veniet desuper in iudicio cum poena perditionis: ideo dixit conteret eos, ut sint impii, tamquam pulvis, quem proicit ventus a facie terrae.

lc7 * Hieronymus. ° quamvis duro corde iudaei propter incredulitatem essent, tamen intelligebant contra se omnes domini sententias dirigi: unde dicitur et cum audissent principes sacerdotum et pharisaei parabolas eius, cognoverunt quod de ipsis diceret. * chrysostomus super matth.. ° haec est autem differentia bonorum hominum et malorum: bonus enim comprehensus in peccato, gemit quia peccavit; malus autem fremit, non quia peccavit, sed quia comprehensus est in peccato, et non solum poenitentiam non agit, sed magis adversus corripientem irascitur, unde et isti comprehensi, magis ad malitiam sunt excitati; sequitur enim et quaerentes tenere eum, timuerunt turbas, quoniam sicut prophetam eum habebant. * origenes in matth.. ° sapiunt quidem aliquo de eo quod verum est, prophetam eum aestimantes; non autem magnitudinem eius intelligunt, secundum quod erat filius dei. turbas autem sic sapientes de eo, et paratas pro eo pugnare timent principes: neque enim ad eorum scientiam pertingere possunt, nihil dignum sentientes de eo. deinde sciendum est, quoniam volentium iesum tenere, differentia est. aliter enim principes et pharisaei quaerebant eum tenere; aliter sponsa quae dicit: tenui eum, nec dimittam, adhuc tentura melius, sicut dicit: ascendam in palmam, et tenebo altitudinem eius. omnes enim non recte sapientes de divinitate, tenere volunt iesum, et perdere eum. et alia quidem verba, praeter verbum christi, possibile est comprehendere et tenere; verbum autem veritatis nemo potest comprehendere, idest intelligere; neque tenere, idest convincere; neque separare a sensu credentium; neque mortificare, idest destruere. * chrysostomus super matth.. ° omnis etiam homo malus quantum ad voluntatem suam, et manus mittit in deum et occidit eum. qui enim praecepta dei conculcat, qui murmurat contra deum, et turbato vultu aspicit caelum, nonne, si fieri potuisset, manus mitteret in deum et occideret eum ut iam licenter peccaret? * rabanus. ° sed tamen quod timent mittere manum in iesum propter turbam, quotidie in ecclesia geritur, cum quilibet solo nomine frater, fidei et pacis unitatem, quam non diligit, propter bonos cohabitantes, vel erubescit impugnare, vel timet.

071 CMT cp22

lc1 * Chrysostomus in matth.. ° quia dixerat: dabitur genti facienti fructum eius, hic ostendit cui genti: unde dicitur et respondens iesus, dixit iterum in parabolis eis, dicens: simile factum est regnum caelorum, * etc.. glossa. ° dicit autem respondens, idest obvians pravae cogitationi eorum de morte sua. * augustinus de cons. evang.. ° parabolam autem istam solus matthaeus narrat: simile quidem etiam lucas commemorat; sed non est hoc, sicut et ipse ordo indicat. * gregorius in evang.. ° hic per nuptias, praesens ecclesia; illic per coenam, aeternum et ultimum convivium designatur; quia et in hanc nonnulli exituri intrant; ad illud quisquis semel intraverit, ulterius non exibit. at si quis forte contendat hanc eamdem esse lectionem, intelligi forsitan potest quia de proiecto eo, qui cum nuptiali veste non intraverat, quod lucas tacuit, matthaeus dixit; quod vero per illum coena, per hunc autem prandium dicitur, nequaquam obsistit: quia cum ad horam nonam apud antiquos prandium fieret quotidie, ipsum quoque prandium coena vocabatur. * origenes in matth.. ° regnum autem caelorum simile est, secundum eum quidem qui regnat, homini regi; secundum eum autem qui conregnat, filio regis; secundum ea vero quae sunt in regno regis, servis et invitatis ad nuptias; inter quod est et exercitus regis. additum est autem homini regi, ut hominibus quasi homo loquatur, et dispenset homines non cupientes dispensari a deo. sed tunc cessabit regnum caelorum esse simile homini, cum cessante zelo et contentione et ceteris passionibus et peccatis, cessaverimus secundum hominem ambulare, et videbimus eum sicuti est. nunc enim videmus eum non sicuti est, sed sicuti per nostram dispensationem factus fuerit nobis. * gregorius. ° tunc autem deus pater deo filio nuptias fecit quando hunc in utero virginis humanae naturae coniunxit. sed quia ex duabus personis fieri solet nuptiarum coniunctio, absit hoc ab intellectibus nostris ut personam redemptoris nostri ex duabus personis credamus esse unitam. ex duabus quippe atque in duabus hunc naturis existere dicimus, sed ex duabus personis credere compositum ut nefas vitamus. securius ergo dici potest, quia in hoc rex pater regi filio nuptias fecit, quod ei per incarnationis mysterium sanctam ecclesiam sociavit. uterus autem genitricis virginis huius sponsi thalamus fuit. * chrysostomus super matth.. ° vel aliter. cum resurrectio fuerit facta sanctorum, tunc suscipiet hominem vita, quae est christus, mortalitatem eius sua immortalitate absorbens. nunc enim quasi arrhas futuri coniugii spiritum sanctum accipimus; tunc autem ipsum christum plenius in nobis habebimus. * origenes. ° vel coniunctionem sponsi ad sponsam, idest christi ad animam, verbi susceptionem intellige; partus autem opera bona. * hilarius. ° merito autem a patre iam sunt hae nuptiae factae, quia aeternitatis huius societas et novi corporis desponsata coniunctio habetur iam perfecta in christo. sequitur et misit servos suos vocare invitatos ad nuptias; et noluerunt venire. * chrysostomus super matth.. ° ergo quando misit servos suos, iam invitati prius erant. invitati sunt enim homines a tempore abrahae, cui christi incarnatio promittebatur. * hieronymus. ° misit autem servum suum; nec dubium quin moysen, per quem legem invitatis dedit. si autem servos legerimus, ut plura habent exemplaria, ad prophetas referendum est: quia invitati per eos, venire contempserunt. sequitur iterum misit alios servos, dicens: dicite invitatis, etc.. servi qui secundo missi sunt, melius est ut prophetae intelligantur, quam apostoli; ita tamen si servus supra fuerit scriptus; sin autem servos ibidem legas, hic servi secundi, apostoli sunt intelligendi. * chrysostomus super matth.. ° quos misit cum eis dixit: in viam gentium ne abieritis... sed potius ite ad oves perditas domus israel. * origenes in matth.. ° vel qui primi mittuntur servi vocare invitatos ad nuptias habentur prophetae convertentes ex populo per suas prophetias ad laetitiam et restitutionem ecclesiae ad christum. qui autem noluerunt venire in primis invitati, sunt qui noluerunt audire verba prophetarum. iterum alii transmissi, alia congregatio prophetarum est. * hilarius in matth.. ° vel servi primo missi, qui invitatos vocarent, apostoli sunt; qui autem admonentur ut veniant, invitati antea, populus israel est: in gloriam enim aeternitatis per legem est advocatus. apostolorum ergo erat proprium commonefacere eos quos invitaverant prophetae. qui vero iterum cum praeceptorum conditione mittuntur, apostolici viri sunt successores eorum. * gregorius in evang.. ° sed quia hi qui prius invitati sunt, ad nuptiarum convivium venire noluerunt, in secunda invitatione iam dicitur ecce prandium meum paravi. * hieronymus. ° prandium paratum, et tauri, et altilia occisa, vel per metaphoram opes regiae describuntur, ut ex carnalibus intelligantur spiritualia; vel certe dogmatum magnitudo et doctrina dei lege plenissima sentiri potest. * chrysostomus super matth.. ° cum ergo dominus apostolis dixit: euntes praedicate, dicentes quia appropinquavit regnum caelorum, hoc significavit quod hic dicitur prandium meum paravi: idest, ex lege et prophetis scripturarum mensas ornavi: unde sequitur tauri mei et altilia occisa sunt. * gregorius. ° per tauros autem patres veteris testamenti significantur; qui ex permissione legis inimicos suos virtutis corporeae cornu feriebant. altilia vero saginata dicimus: ab eo enim quod est alere, altilia, quasi alitilia, vel quasi alita vocamus. per altilia ergo patres novi testamenti figurantur; qui dum gratiam pinguedinis internae dulcedinis percipiunt, a terrenis desideriis ad sublimia contemplationis suae penna sublevantur. dicit ergo tauri mei et altilia occisa sunt; ac si diceret: patrum praecedentium mortes aspicite, et remedia vitae vestrae cogitate. * chrysostomus super matth.. ° vel aliter. ideo dicit et saginata et tauros, non quia et tauri non fuerint saginati, sed quia non omnes saginati fuerunt tauri; ergo saginata tantummodo dicit prophetas, qui fuerunt spiritu sancto repleti; tauros autem qui prophetae fuerunt et sacerdotes, sicut ieremias et ezechiel: ut enim tauri duces sunt gregis, ita et sacerdotes principes sunt populi. * hilarius. ° vel aliter. tauri gloriosa martyrum species est, qui confessioni dei, tamquam hostia electa, sunt immolati; saginata vero sunt homines spirituales, tamquam caelesti pane ad evolandum aves pastae, ceteros accepti cibi ubertate expleturae. * gregorius. ° notandum vero, quod in priore invitatione nil de tauris et altilibus dicitur; in secunda autem iam tauri et altilia mactata memorantur: quia omnipotens deus, cum verba eius audire volumus, adiungit exempla: ut omne quod impossibile credimus, tanto nobis ad superandum fiat facilius, quanto per hoc transisse et alios audimus. * origenes in matth.. ° vel quia prandium quod paratur, est eloquium dei; fortia quaeque eloquiorum dei, tauri intelligantur; suavia vero et delectabilia eorum, sunt saginata. si quis enim proferat quaedam dicta modica et non firma, et non magnam virtutem rationis habentia, videntur macra esse quae proferuntur; saginata autem sunt cum ad unamquamque propositionem exempla multa rationis probatione repleta inducuntur: puta si aliquis de castitate sermonem loquitur, recte intelligitur turtur; sed cum ipsum sanctitatis sermonem cum rationis probatione de scripturis repletum protulerit, ita ut delectet et confirmet animum audientis, protulit eum saginatum. * chrysostomus super matth.. ° quod autem dicitur et omnia parata sunt, intelligitur quia quicquid quaeritur ad salutem, iam adimpletum est in scripturis: qui enim ignorans est, invenit ibi quod discat; qui contumax est, invenit ibi quod timeat; qui laborat, invenit ibi promissa, quibus excitetur ad opus. * glossa. ° vel omnia parata sunt, idest, introitus regni paratus est per fidem meae incarnationis, qui ante fuerat clausus. * chrysostomus super matth.. ° vel omnia parata dicit quae pertinent ad mysterium dominicae passionis et nostrae redemptionis. dicit autem venite ad nuptias, non pedibus, sed fide et moribus. sequitur illi autem neglexerunt. quare autem neglexerint, manifestat cum subditur et abierunt alius in villam suam, alius vero ad negotiationem suam. * chrysostomus in matth.. ° quamvis autem videantur rationabiles occasiones esse; sed hinc discimus quod etiam si necessaria sint quae detinent, omnibus tamen praeponere spiritualia oportet. mihi autem videtur quod his occasionibus usi, negligentiae velamina proponebant. * hilarius in matth.. ° ambitione enim saeculi, tamquam villa, homines occupantur; plures vero propter pecuniae cupiditatem negotiatione detinentur. * chrysostomus super matth.. ° vel aliter. cum labore manuum nostrarum aliquid facimus, puta exercentes agrum vel vineam, aut opus ligni vel ferri, villam colere videmur; cum autem non labore manuum nostrarum alia lucra sequimur, totum hoc negotiatio appellatur. o miserrimus mundus, et miseri qui eum sequuntur. semper enim mundialia opera homines excluserunt a vita. * gregorius in evang.. ° qui ergo intentus labori terreno, vel mundi actionibus deditus, mysterium incarnationis dominicae pensare, et secundum illud vivere dissimulat, quasi ad villam vel negotium pergens, venire ad regis nuptias recusat; et plerumque, quod est gravius, nonnulli vocati gratiam non solum respuunt, sed etiam persequuntur: unde subditur reliqui vero tenuerunt servos eius, et contumeliis affectos occiderunt. * chrysostomus super matth.. ° vel per occupationem villae, populares iudaeorum significat, quos mundi delectatio separavit a christo; per occupationem vero negotiationis, sacerdotes, ceterosque ministros templi significavit, quos lucri obtentu venientes ad ministerium legis et templi, avaritia separavit a fide; de quibus non dixit quod malignati sunt, sed neglexerunt: qui enim odio aut invidia crucifixerunt christum, illi malignati sunt: qui autem negotiis impediti non crediderunt, illi neglexisse dicuntur, non malignari. de sua tamen morte dominus tacet, quia in priori parabola dixerat; sed ostendit mortem discipulorum suorum, quos post ascensum ipsius occiderunt iudaei, stephanum lapidantes, et iacobum alphaei occidentes: propter quae ierusalem destructa est a romanis. et notandum, quod ira in deo non proprie, sed translative dicitur; tunc enim irasci dicitur quando ulciscitur; unde et hic dicitur rex autem cum audisset, iratus est. * hieronymus. ° quando invitabat ad nuptias, et agebat opera clementiae, hominis nomen appositum est: nunc autem quando ad ultionem venit, homo siletur, et rex tantum dicitur. * origenes in matth.. ° dicant autem qui peccant in deum legis et prophetarum et totius creationis, utrum iste qui et homo dicitur et iratus proponitur, ipse est pater christi. quod si dixerint hunc ipsum esse, cogendi sunt confiteri quoniam multa in eo secundum passibilem hominum naturam esse dicuntur: non quia ipse passibilis est, sed quia morem gerit passibilis naturae hominum. et secundum hanc consequentiam suscipere convenit et iram dei et poenitentiam et cetera huiusmodi in prophetis. sequitur et missis exercitibus suis. * hieronymus. ° per hos exercitus, romanos intelligimus sub duce vespasiano et tito, qui, occisis iudaeae populis, praevaricatricem incenderunt civitatem. * chrysostomus super matth.. ° romanus autem exercitus dicitur exercitus dei: quia domini est terra et plenitudo eius; nec etiam venissent romani ierusalem, nisi eos dominus excitasset. * origenes in matth.. ° vel angelorum agmina sunt exercitus regis nostri. missis ergo exercitibus extinxisse homicidas dicitur, quia in hominibus omne iudicium per angelos exercetur. homicidas ergo perdit, quia persequentes interimit; civitatem eorum igni succendit, quia illorum non solum animae, sed caro quoque in qua habitaverunt, aeternae gehennae flamma cruciantur. * origenes. ° vel civitas impiorum est, secundum unumquodque dogma, congregatio eorum qui conveniunt in sapientia principum huius saeculi: quam succendit rex et exterminat, quasi ex malis aedificationibus consistentem. * gregorius. ° sed is qui invitantem se contemni conspicit, filii sui nuptias vacuas non habebit: quandoque enim sermo dei inventurus est ubi requiescat: unde subditur tunc ait servis suis. * origenes. ° idest apostolis, aut angelis, qui praepositi erant in vocatione gentium. nuptiae quidem paratae sunt. * remigius. ° idest, omne sacramentum humanae dispensationis iam peractum atque completum est. sed qui invitati erant, idest iudaei, non fuerunt digni: quia dei iustitiam ignorantes, et suam statuere volentes, indignos se iudicaverunt aeternae vitae. reprobato ergo iudaico populo, ad has nuptias gentilis populus est susceptus: unde sequitur ite ergo ad exitus viarum, et quoscumque inveneritis vocate ad nuptias. * hieronymus. ° gentilis enim populus non erat in viis, sed in exitibus viarum. * remigius. ° qui sunt errores gentilium. * chrysostomus super matth.. ° vel viae sunt omnes professiones huius mundi, ut puta philosophiae, militiae, et huiusmodi. dicit ergo ite ad exitus viarum: ut cuiuslibet conditionis homines vocent ad fidem. adhuc, sicut castitas via est quae ducit ad deum, sic fornicatio via est quae ducit ad diabolum; et sic de virtutibus et vitiis. iubet ergo, ut cuiuscumque conversationis vel conditionis homines invitent ad fidem. * hilarius in matth.. ° per viam etiam tempus saeculi intelligendum est; atque ideo ad exitus viarum iubentur ire, quia omnibus retroacta donantur. * gregorius. ° vel aliter. in scriptura sacra vias actiones accipimus; exitus viarum intelligimus defectus actionum, quia illi plerumque facile ad eum veniunt quos in terrenis actionibus prospera nulla comitantur. * origenes. ° vel aliter. puto hanc primam vocationem fuisse ad nuptias aliquarum ingenuarum animarum: principaliter enim deus vult venire ad epulationem divini eloquii eos qui ad intelligendum sunt ingeniosiores; et quoniam qui huiusmodi sunt, nolunt ad istam vocationem venire, transmittuntur alii servi provocantes eos, et promittentes quod, si venerint, percipient prandium paratum a rege. sicut enim in corporalibus alia est quae nubit sponsa, alii invitatores, alii qui invitantur ad nuptias, sic deus scit diversos ordines animarum, earumque virtutes, et causas ob quas hi quidem in constitutione sponsae accipiuntur, alii in ordine servorum vocantium, alii in numero invitatorum ad nuptias. sed qui principaliter quidem fuerant invitati, primos invitatores quasi pauperes sensu neglexerunt, et abierunt sua sequentes, in quibus magis sunt delectati quam in his quae rex per servos quos promittebat. sed hi leviores sunt his qui servis transmissis iniuriantur et interficiunt; qui scilicet praeparatione contentiosorum verborum ausi sunt tenuisse servos missos, qui non sunt praeparati ad solvendas quaestiones eorum versutas; et contumeliis afficiuntur, vel interficiuntur ab eis. sequitur et egressi servi eius in vias, congregaverunt omnes quos invenerunt bonos et malos. * origenes. ° egredientes servi, sive de iudaea et ierusalem apostoli christi, sive ab interioribus angeli sancti, et venientes ad vias diversas diversorum morum, congregaverunt quoscumque invenerunt; et non curant, utrum aliquando ante vocationem mali fuerint aut boni. bonos autem intelligere hic simpliciter convenit humiliores et rectiores ex eis qui veniebant ad cultum dei, quibus conveniebat quod apostolus ait: cum gentes quae legem non habent, ea quae legis sunt faciunt, ipsi sibi sunt lex. * hieronymus. ° inter ipsos enim gentiles infinita est diversitas; cum alios sciamus esse procliviores ad vitia, alios ad honestatem morum virtutibus deditos. * gregorius. ° vel hoc dicit, quia in hac ecclesia nec mali sine bonis, nec boni sine malis esse possunt. bonus autem non fuit qui malos tolerare recusavit. sequitur et impletae sunt nuptiae discumbentium. * origenes in matth.. ° nuptiae, scilicet christi et ecclesiae, sunt impletae dum restituti deo qui ab apostolis sunt inventi recubuerunt ad epulandum in nuptiis. sed quoniam bonos et malos oportuit quidem vocari, non autem ut mali permanerent mali, sed ut deponerent vestimenta contraria nuptiis et induerent nuptialia indumenta, scilicet viscera misericordiae et benignitatis; ideo rex egreditur, ut videat discumbentes priusquam apponatur eis prandium, ut retineat habentes nuptialia vestimenta, et delectet; condemnetque contrarios: unde sequitur intravit autem rex, ut videret discumbentes. * chrysostomus super matth.. ° non quia alicubi ipse non est; sed ubi vult per iudicium aspicere, ibi dicitur praesens; ubi autem non vult, absens videtur. dies autem aspectionis est dies iudicii, quando visitaturus est christianos, qui super mensam scripturarum recumbunt. * origenes. ° ingrediens autem invenit quemdam qui non mutaverat proprios mores: unde sequitur et vidit ibi hominem non vestitum veste nuptiali. singulariter dixit, quia unius sunt generis omnes qui servant malitiam post fidem, quam habuerant ante fidem. * gregorius. ° quid autem debemus intelligere per nuptialem vestem nisi caritatem? quia hanc in se dominus habuit, dum ad sociandae sibi ecclesiae nuptias veniret. intrat ergo ad nuptias, sed sine veste nuptiali, qui in ecclesia fidem habet, sed caritatem non habet. * augustinus contra faustum. ° vel sine veste nuptiali nuptias adit qui quaerit ibi gloriam non sponsi, sed suam. * hilarius in matth.. ° vel vestis nuptialis est gratia spiritus sancti, et candor habitus caelestis, qui bonae interrogationis confessione susceptus, usque in coetum regni caelorum immaculatus et integer est reservandus. * hieronymus. ° vel vestis nuptialis praecepta sunt domini, et opera quae complentur ex lege et evangelio, novique hominis efficiunt vestimentum; quod qui in die iudicii inventus fuerit sub nomine christiano non habere, statim corripitur: unde sequitur et ait illi: amice, quomodo huc intrasti non habens vestem nuptialem? amicum vocat, quia est invitatus ad nuptias, quasi sit amicus per fidem. arguit autem impudentiae, quod veste sordida munditias polluerit nuptiales. * origenes. ° et quoniam qui peccat et non induit dominum iesum christum, non habet excusationem aliquam, ideo sequitur at ille obmutuit. * hieronymus. ° in tempore enim illo non erit locus impudentiae, nec negandi facultas; cum omnes angeli et mundus ipse testes sint peccatorum. * gregorius. ° non autem solum reiectus est a nuptiis qui iniuriam nuptiis fecit, sed adhuc a ministris regis super vincula constitutis ligatus incessione, qua non est usus ad bonum, et apprehensoria virtute, qua nullum opus ad bonum implevit; et condemnatus est in loco ab omni lumine alieno, qui vocatur tenebrae exteriores: unde sequitur tunc rex dixit ministris: ligatis manibus et pedibus, mittite eum in tenebras exteriores. * gregorius. ° ligantur tunc pedes et manus per districtionem sententiae, qui modo a pravis operibus ligari noluerunt per meliorationem vitae, vel tunc ligat poena quos modo a bonis operibus ligavit culpa. * augustinus de trin.. ° pravarum vero atque distortarum voluntatum implicatio vinculum est quo alligatur qui hoc agit, ut proiciatur in tenebras exteriores. * gregorius. ° interiores autem tenebras dicimus caecitatem cordis, exteriores vero tenebras aeternam noctem damnationis. * chrysostomus super matth.. ° vel per hoc designatur differentia tormentorum in peccatoribus. sunt enim primae tenebrae exteriores, interiores autem minores, et novissima loci. sequitur ibi erit fletus et stridor dentium. * hieronymus. ° in fletu oculorum et stridore dentium, per metaphoram membrorum corporalium, magnitudo ostenditur tormentorum. manus quoque ligatas et pedes, fletum oculorum, et stridorem dentium, ad comprobandam resurrectionis intellige veritatem. * gregorius in evang.. ° ut illic dentes strideant, qui de edacitate gaudebant; illic oculi defleant, qui hic per illicitas concupiscentias versabantur; quatenus singula membra supplicio subiaceant, quae hic singulis quibusque vitiis subiecta serviebant. * hieronymus. ° et quia in convivio nuptiali non initium, sed finis quaeritur, subditur multi enim sunt vocati, pauci vero electi. * hilarius in matth.. ° in invitante enim sine exceptione, publicae bonitatis humanitas est; in invitatis vero, vel vocatis, de iudicio meritorum probitatis electio est. * gregorius. ° nonnulli enim bona nec incipiunt, nonnulli vero in bonis quae inceperunt, minime persistunt. tanto ergo sibi unusquisque sollicite metuat quanto ignorat quae restant. * chrysostomus super matth.. ° vel aliter. quoties deus tentat ecclesiam suam, ingreditur ad eam, ut videat discumbentes; et si invenerit aliquem non habentem vestem nuptialem, interrogat eum: ut quid factus es christianus, si haec opera negligebas? talem ergo christus tradit ministris suis, idest aliquibus magistris seductionis; et ligant manus eius, idest opera, et pedes, idest motus animae; et mittunt eum in tenebras, idest in errores vel gentium, vel iudaeorum, vel haeresim: propinquiores enim sunt tenebrae gentilium, quia veritatem spernunt quam non audierunt; sed exteriores iudaeorum, qui audierunt, sed non crediderunt; sed magis exteriores haereticorum, qui audierunt et didicerunt.

lc2 * Chrysostomus super matth.. ° sicut si aliquis claudere voluerit aquae currentis meatum, si exclusa fuerit per aliquam violentiam, aliunde sibi semitam quaerit, sic iudaeorum malignitas, ex una parte confusa, alium sibi aditum adinvenit: unde dicitur tunc abeuntes pharisaei consilium inierunt, ut caperent eum in sermone. abierunt, inquam, ad herodianos. quale consilium, tales et consiliatores; et ideo sequitur et mittunt ei discipulos suos cum herodianis. * glossa. ° tamquam ignotis, ut facilius deciperent, et per eos illum caperent; cum timentes turbam, hoc per se non praesumerent facere. * hieronymus. ° nuper quidem sub caesare augusto iudaea subiecta romanis, quando in toto orbe est celebrata descriptio, stipendiaria facta fuerat; et erat in populo magna seditio, dicentibus aliis pro securitate et quiete, qua romani pro omnibus militarent, debere tributa persolvi; pharisaeis vero qui sibi applaudebant in iustitia, e contrario nitentibus non debere populum dei, qui decimas solveret, et primitias daret, et cetera quae in lege scripta sunt, humanis legibus subiacere. caesar autem augustus herodem filium antipatris alienigenam et proselytum regem iudaeis constituerat, qui tributis praeesset, et romano pareret imperio. mittunt igitur pharisaei discipulos suos cum herodianis, idest militibus herodis, seu quos illudentes pharisaei, quia romanis tributa solvebant, herodianos vocabant, et non divino cultui deditos. * chrysostomus in matth.. ° propter hoc autem suos discipulos et herodis milites simul mittunt, ut quodcumque dixerit reprehendatur: cupiebant enim magis adversum herodianos eum aliquid dicere: quia enim eum detinere timebant propter turbas, voluerunt ei periculum immittere ex hoc quod esset publicis tributis obnoxius. * chrysostomus super matth.. ° haec est autem hypocritarum prima simulatio, quia laudant quos perdere volunt; et ideo in laudem prorumpunt, dicentes magister, scimus quia verax es. magistrum eum vocant, ut quasi honoratus et laudatus mysterium sui cordis simpliciter eis aperiat, tamquam volens eos habere discipulos. * glossa. ° tripliciter autem contingit aliquem veritatem non docere. primo ex parte ipsius docentis: quia scilicet veritatem vel non novit, vel non amat; et contra hoc dicunt scimus quia verax es. secundo ex parte dei, cuius timore postposito, quidam veritatem de eo, quam noverunt, non pure annuntiant; et contra hoc dicunt et viam dei in veritate doces. tertio ex parte proximi, ex cuius timore vel amore aliquis veritatem tacet; et ad hoc excludendum dicunt et non est tibi cura de aliquo, scilicet homine: non enim respicis personam hominum. * chrysostomus in matth.. ° hoc de herode et caesare occulte insinuabant. * hieronymus. ° blanda quidem et fraudulenta interrogatio illuc provocat respondentem ut magis deum quam caesarem timeat: unde dicunt dic ergo nobis: quid tibi videtur? licet censum dare caesari, an non? ut |75| si dicat non debere tributa solvi, statim audientes herodiani, seditionis reum contra romanum principem eum teneant. * chrysostomus in matth.. ° quia enim sciebant quod quidam hanc discordiam meditantes occisi erant, volebant et ipsum per sermones hos in talem suspicionem immittere. sequitur cognita autem iesus nequitia eorum, ait: quid me tentatis, hypocritae? * chrysostomus super matth.. ° non secundum sermones eorum pacificos blande respondit; sed secundum conscientiam eorum crudelem, aspera dixit: quia deus voluntatibus respondet, non verbis. * hieronymus. ° prima ergo virtus est respondentis, interrogantium mentes cognoscere, et non discipulos, sed tentatores vocare. hypocrita ergo vocatur qui aliud est, et aliud simulat. * chrysostomus super matth.. ° dicit ergo eis hypocritae, ut considerantes eum humanorum cordium cognitorem, quod facere cogitabant, perficere non auderent. vide ergo quod pharisaei blandiebantur ut perderent; sed |100| iesus confundebat eos ut salvaret: quia utilior est homini deus iratus quam homo propitius. * hieronymus. ° sapientia enim semper sapienter agit, ut suis potissimum tentatores sermonibus confutentur: et ideo sequitur ostendite mihi numisma census. at illi obtulerunt ei denarium. hoc genus nummi est quod pro decem nummis computabatur, et habebat imaginem caesaris; unde sequitur et ait illis iesus: cuius est imago haec et superscriptio? qui putant interrogationem salvatoris ignorantiam esse, et non dispensationem, discant ex praesenti loco, quod utique poterat scire iesus, cuius imago esset in nummo. sequitur dicunt ei: caesaris. caesarem non putemus augustum, sed tiberium significari, sub quo et passus est dominus. omnes autem reges romani a primo caio caesare, qui imperium arripuerat, caesares appellantur. sequitur reddite ergo quae sunt caesaris caesari, idest nummum, tributum et pecuniam. * hilarius in matth.. ° si enim nihil quod caesaris est, penes |125| nos resederit, conditione reddendi ei quae sua sunt non tenebimur. porro autem si rebus illius incumbamus, si iure potestatis suae utimur, extra querelam iniuriae est reddere caesari quod caesaris est. * chrysostomus in matth.. ° tu autem cum audieris reddite quae sunt caesaris caesari, illa scito eum dicere solum quae in nullo pietati nocent: quia si aliquid tale fuerit, non adhuc caesaris est, sed diaboli tributum. deinde ut non dicant quoniam hominibus nos subicis, subdit et quae sunt dei deo. * hieronymus. ° idest decimas, primitias, oblationes et victimas, sicut et ipse dominus reddidit caesari tributa pro se et petro; et deo reddidit quae dei sunt, patris faciens voluntatem. * hilarius in matth.. ° deo etiam quae eius sunt reddere nos oportet, idest corpus et animam et voluntatem. numisma enim caesaris in auro est, in quo est eius imago depicta. dei autem numisma homo est, in quo est dei imago figurata: ideo divitias vestras date caesari, deo autem innocentiae vestrae conscientiam |150| servate. * origenes in matth.. ° ex hoc loco discimus salvatoris exemplo, ut non his quae a multis dicuntur, et propterea gloriosa videntur, occasione pietatis attendamus: sed quae convenienter secundum ordinem rationis dicuntur. possumus autem et moraliter intelligere locum istum, quoniam debemus corpori quaedam dare, quasi tributum caesari, idest necessaria. quaecumque autem sunt convenientia animarum naturae, idest ea quae ducunt ad virtutem, debemus deo offerre. qui ergo supra modum docent legem dei, et de rebus debitis corpori nihil curare praecipiunt, sunt pharisaei qui reddere caesari tributum vetabant, prohibentes scilicet nubere, et abstinere a cibis quos deus creavit: qui vero supra modum aestimant oportere corporibus indulgere, ipsi sunt herodiani. salvator autem noster vult ut nec virtus minoretur dum supra modum carni servimus, nec carnis natura gravetur, dum abundantius virtutibus adhaeremus. vel princeps mundi, idest diabolus, dicitur |175| caesar: non enim possumus reddere deo quae dei sunt, nisi prius reddiderimus principi quae sunt sua, idest, nisi deposuerimus malitiam universam. hoc etiam discamus ex loco praesenti; quod contra tentantes nec omnino tacere debemus, nec simpliciter respondere, sed circumspecte, ut praecidamus occasionem quaerentium in nobis occasionem, et doceamus irreprehensibiliter quae possunt salvare volentes salvari. * hieronymus. ° qui autem credere debuerant, ad tantam sapientiam mirati sunt quod calliditas eorum insidiandi non invenisset locum: unde sequitur et audientes mirati sunt et, relicto eo, abierunt, infidelitatem pariter cum admiratione reportantes.

lc3 * Chrysostomus in matth.. ° confutatis pharisaeorum discipulis cum herodianis, sadducaei se immittunt; cum tamen ex confusione priorum eos oporteret effici pigriores. sed praesumptio inverecundum quid est et pertinax et impossibilia tentans: propter hoc et evangelista stupens eorum dementiam, hoc ipsum significat, dicens in illa die accesserunt ad eum sadducaei. * chrysostomus super matth.. ° quando recedebant pharisaei, accedebant sadducaei; forte tali consilio, quia decertabant quis eum ante deprehendere posset: vel si ratione eum non possent superare, saltem per ipsam frequentiam subverterent sensum eius. * hieronymus. ° duae haereses erant in iudaeis: una pharisaeorum, et altera sadducaeorum; pharisaei traditionum et observationum iustitiam praeferebant, unde et divisi vocabantur a populo; sadducaei autem, qui interpretantur iusti, et ipsi vindicabant sibi quod non erant; ac prioribus et corporis et animae resurrectionem |25| credentibus confitentibusque, et angelos et spiritum sequentes, iuxta actus apostolorum, omnia denegabant; unde et hic dicitur: qui dicunt resurrectionem non esse. * origenes in matth.. ° non solum autem carnis resurrectionem negabant, sed etiam animae immortalitatem tollebant. * chrysostomus super matth.. ° videns enim diabolus quia iustitiam dei omnino extinguere non potuit, introduxit haeresim sadducaeorum, qui dicerent non esse resurrectionem mortuorum; quae res omne propositum faciendae iustitiae frangit: quis enim contentus erit adversus seipsum quotidie luctamina exercere, nisi ad spem resurrectionis aspiceret? * gregorius moralium. ° sunt autem nonnulli qui considerantes quod spiritus a carne solvitur, quod caro in putredinem vertitur, quod putredo in pulverem reducitur, quod pulvis in elementa solvitur, ut nequaquam ab humanis oculis videatur, resurrectionem fieri posse desperant; et dum arida ossa inspiciunt, haec vestiri carnibus, rursumque ad vitam virescere, |50| posse fieri diffidunt. * augustinus in enchir.. ° non autem perit deo terrena materies, de qua mortalium creatur caro; sed in quemlibet pulverem cineremve solvatur, in quoslibet halitus aurasque diffugiat, in quamcumque aliorum corporum substantiam, vel in ipsa elementa vertatur, in quorumcumque animalium, aut etiam hominum, cibum cedat, carnemque mutetur, animae illi humanae in puncto temporis redditur quae eam primitus ut homo fieret, viveret et cresceret, animavit. * chrysostomus super matth.. ° ad defensionem autem sui erroris invenisse se argutissimam rationem sadducaei putabant: unde sequitur et interrogaverunt eum, dicentes: magister, moyses dixit: si quis mortuus fuerit, * etc.. chrysostomus in matth.. ° quia enim immitigabile malum mors erat apud iudaeos, qui omnia pro praesenti vita faciebant, in legem deduxit moyses, defuncti sine filiis uxorem fratri dari oportere, ut defuncto filius nasceretur ex fratre, et non excideret nomen eius; quod erat quaedam |75| mortis mitigatio; non autem alius quam frater vel propinquus iubebatur accipere uxorem defuncti: quoniam non ita putaretur qui ex tali coniunctione erat nasciturus, esse filius eius qui obiit; et iterum extraneus non ita haberet necessitatem statuere domum eius qui obierat, sicut frater, cui etiam ea cognatione hoc facere iustum erat. sequitur erant autem apud nos septem fratres. * hieronymus. ° qui resurrectionem corporum non credebant, et animam putabant interire cum corporibus, recte istiusmodi fingunt fabulam, quae deliramenti arguat eos qui resurrectionem asserant mortuorum. turpitudinem ergo fabulae opponunt, ut resurrectionis denegent veritatem: unde concludunt in resurrectione ergo cuius erit? potest autem fieri ut vere in gente eorum hoc aliquando acciderit. * augustinus de quaest. evang.. ° per hos autem septem fratres mystice intelliguntur homines impii, qui fructum iustitiae non potuerunt afferre in terra per omnes septem mundi aetates, quibus ista terra |100| consistit: postea enim et ipsa terra transiet, per quam omnes illi quasi septem steriliter transierunt. sequitur respondens autem iesus, ait illis: erratis nescientes scripturas, neque virtutem dei. * chrysostomus super matth.. ° sapienter primum arguit stultitiam eorum, quia non legebant; secundo ignorantiam, quia non cognoscebant deum. ex diligentia enim dilectionis nascitur scientia dei: ignorantia autem negligentiae filia est. * hieronymus. ° propterea ergo errant, quia scripturas nesciunt; et quia scripturas nesciunt, consequenter ignorant virtutem dei. * origenes in matth.. ° duas autem res dicit eos nescire: unam quidem scripturas, alteram autem virtutem dei, per quam resurrectio fit, et nova vita in ea. vel dominus arguens sadducaeos nescire virtutem dei, se eos non cognoscere arguebat: ipse enim erat virtus dei, et non cognoscebant eum, quasi nescientes scripturas quae loquuntur de eo: propterea nec resurrectionem credebant, quam facturus fuerat ipse. quaeritur |125| autem, cum salvator dicat erratis nescientes scripturas, an dicat quod in quibusdam scripturis positum est quod sequitur: in resurrectione neque nubent neque nubentur: quod in veteri testamento non legitur scriptum. nos autem dicimus, quia scriptum est non in ipsis sermonibus manifeste ista dicentibus, sed in mysterio indicantibus secundum intellectum moralem: nam cum sit lex umbra futurorum bonorum, dicens quodlibet de viris et uxoribus, de spiritualibus nuptiis principaliter dicit. sed nec hoc invenio alicubi scripturam dicentem, sanctos post exitum fore sicut angelos dei: nisi forte quis et hoc moraliter intelligat, secundum illud quod dicitur: tu autem ibis ad patres tuos; item: appositus est ad populum suum. dicet autem aliquis: ideo eos increpabat, quia non legebant ceteras scripturas quae sunt extra legem et ideo errabant. alius autem dicit, quod nesciebant mosaicae legis scripturas ex eo quod divinum sensum earum non scrutabantur. * chrysostomus |150| super matth.. ° vel quod dicit in resurrectione neque nubent neque nubentur, retulit ad hoc quod dixerat nescitis virtutem dei; quod autem dixit ego sum deus abraham, etc., ad illud quod dixit nescitis scripturas. et quidem calumniatoribus primum oportet in aliqua quaestione auctoritatem scripturae proferre, deinde rationem exponere; interrogantibus autem per ignorantiam, prius rationem exponamus; postea auctoritate confirmemus: quoniam calumniatores convincere oportet, interrogatores autem docere; ideo his interrogantibus per ignorantiam, prius rationem exposuit, dicens in resurrectione, * etc.. hieronymus ° in hoc autem quod dicitur neque nubent neque nubentur, latina consuetudo graeco idiomati non respondet. nubere enim apud latinos proprie dicuntur mulieres. sed nos simpliciter dictum intelligamus quod nubere de viris, et nubi de mulieribus dictum sit. * chrysostomus super matth.. ° in hoc quidem saeculo, quia morimur, ideo nascimur; quia nascimur, ideo uxores |175| ducimus, ut quod moriendo minuitur, nascendo suppleatur: ibi autem moriendi necessitas tollitur, unde et nascendi causa soluta est. * hilarius in matth.. ° et quidem suffecerat adversus sadducaeos opinionem illecebrae corporeae recidisse, et officiis cessantibus inania haec corporum gaudia sustulisse; sed adiecit sed sunt sicut angeli dei in caelo. * chrysostomus in matth.. ° per quod ad interrogatum convenienter respondet: quia enim haec erat eis causa aestimandi resurrectionem non esse, quia credebant eamdem fore resurgentium conditionem; hanc causam removit, ostendens eos alterius conditionis futuros. * chrysostomus super matth.. ° notandum vero, quod cum de ieiuniis et eleemosynis ceterisque virtutibus spiritualibus locutus fuit, nunquam angelorum similitudinem introduxit, nisi cum de absolutione a coitu loqueretur; quoniam sicut omnes actus carnales opera sunt animalium, praecipue tamen actus libidinis; sic omnes virtutes sunt res angelicae, praecipue tamen castitas, per quam vincitur |200| natura virtutibus. * hieronymus. ° quod ergo infertur sed sunt sicut angeli in caelo, spiritalis conversatio repromittitur. * dionysius. ° tunc enim quando incorruptibiles et immortales erimus, visibili quidem ipsius dei apparitione in castissimis contemplationibus adimplebimur; intelligibilis autem luminis dationem participabimus in impassibili et in immateriali mente secundum imitationem supercaelestium mentium: propter quod dicitur, quod erimus angelis aequales. * hilarius in matth.. ° eamdem autem calumniam quam sadducaei afferunt de coniugio, afferre plures solent, in quam formam muliebris sexus resurgat. sed qualis in scripturis auctoritas est de angelis opinandi, talem in resurrectione speciei nostrae sensum oportet esse de feminis. * augustinus de civ. dei. ° sed mihi melius videntur sapere qui utrumque sexum resurrecturum esse non dubitant: non enim libido ibi erit, quae confusionis causa est; nam priusquam peccassent, nudi erant; natura autem servabitur, quae |225| tunc quidem et a concubitu et a partu immunis erit: erunt tamen membra feminea non accommodata usui veteri sed decori novo; quo non allicitur aspicientis concupiscentia, quae nulla erit, sed dei laudatur sapientia atque clementia, qui et quod non erat fecit, et liberavit a corruptione quod fecit. * hieronymus. ° nemo enim dicit de lapide et arbore, et his rebus quae non habent membra genitalia, quod non nubent neque nubentur; sed de his qui cum possint nubere, tamen aliqua ratione non nubunt. * rabanus. ° haec autem quae dicta sunt de resurrectionis conditionibus, propositae reddidit quaestioni; de ipsa vero resurrectione contra eorum infidelitatem convenienter loquitur. * chrysostomus in matth.. ° et quia illi interrogando, moysen praemiserant, per moysen eos confutat: unde subdit de resurrectione autem mortuorum non legistis. * hieronymus. ° ad comprobandum resurrectionis veritatem multis aliis exemplis manifestioribus uti potuit, ex quibus est illud: resuscitabuntur |250| mortui, et resurgent qui in monumentis sunt; et in alio loco: multi dormientium de terrae pulvere resurgent. quaeritur ergo quid sibi voluerit dominus hoc proferre testimonium quod videtur ambiguum, vel non satis ad resurrectionis pertinens veritatem; et quasi hoc prolato probaverit quod volebat, statim intulerit non est deus mortuorum, sed viventium. supra diximus autem sadducaeos nec angelum, nec spiritum, nec resurrectionem corporum confitentes, et animarum quoque interitum praedicasse: hi quinque tantum libros moysi recipiebant, prophetarum vaticinia respuentes. stultum autem erat inde proferre testimonia cuius auctoritatem non sequebantur. porro ad aeternitatem animarum probandam, de moyse ponit exemplum: ego sum deus abraham; statimque infert: non est deus mortuorum, sed viventium: ut cum probaverit animas permanere post mortem (neque enim poterat fieri ut eorum esset deus qui nequaquam subsisterent), convenienter introduceretur et |275| corporum resurrectio, quae cum animabus bona malaque gesserunt. * chrysostomus in matth.. ° sed qualiter alibi ait: ut vivorum et mortuorum dominetur? sed hoc non est simile ei quod hic dicitur: mortuorum enim ibi dicitur esse dominus, eorum scilicet qui victuri sunt; non autem eorum qui semel disparuerunt, et ultra non resurgent. * hieronymus. ° considerandum etiam, quod sermo hic ad moysen factus fuerat, sanctis istis patriarchis iam pridem quiescentibus, erant ergo quorum deus erat: nihil enim habere poterant, si non erant: quia in natura rei est ut esse id necesse sit cuius sit alterum; atque ita habere deum, viventium est; cum deus aeternitas sit, et non sit eorum quae mortua sunt, habere id quod aeternum est: et quomodo esse illi futuri semper negabuntur, quorum se esse profiteatur aeternitas? * origenes in matth.. ° deus etiam est qui dicit: ego sum qui sum. sic ergo impossibile est ut dicatur eorum deus esse qui non sunt. et vide, quia non dicit: ego sum deus abraham, |300| isaac et iacob; sed deus abraham, deus isaac et deus iacob. in alio autem loco sic dixit: deus hebraeorum misit me ad te. qui enim perfectissime sunt circa deum, quantum ad comparationem ceterorum hominum, totum habent deum in se: propterea non communiter, sed singulariter dicitur eorum deus; ut puta si dicamus: ager ille illorum est, ostendimus quod unusquisque eorum non habet eum in toto. si autem dicimus, quod ager illius est, demonstramus quia totum agrum possidet ille. ubi ergo dicitur deus hebraeorum, imperfectio demonstratur eorum: quia unusquisque eorum aliquid modicum de deo habebat. dicitur autem deus abraham, deus isaac et deus iacob, quia singuli eorum totum habebant deum. non autem ad modicam laudem respicit patriarcharum quod deo vivebant. * augustinus contra faustum. ° opportune itaque eadem voce nunc convincuntur manichaei, qua tunc convicti sunt sadducaei: nam et ipsam resurrectionem alio quidem modo, sed tamen etiam ipsi |325| negant. * augustinus super ioannem. ° ideo autem specialiter deus abraham, deus isaac et deus iacob dicitur, quia in istis tribus omnes modi generationis filiorum dei vocantur. generat enim deus multoties de bono praedicatore bonum filium, et de malo malum: quod significatur per abraham, qui de libera uxore fidelem filium habuit, et de ancilla infidelem genuit. aliquando vero generat per bonum praedicatorem, bonum et malum filium: quod significatur in isaac, qui de libera unum bonum, et alterum malum generavit. aliquando generat bonos per bonum et malum praedicatorem; quod significatur per iacob, qui bonos filios genuit et de liberis et de ancillis. * chrysostomus super matth.. ° et vide quomodo sit infirmior congressio iudaeorum contra christum. prima fuit cum terrore, dicendo: in qua potestate haec facis? contra quam necessaria fuit constantia cordis. secunda fuit cum dolo, contra quam necessaria fuit acuta sapientia. haec autem fuit cum praesumptione ignara, quae praecedentibus |350| facilior est. hominem enim putantem se aliquid scire, cum nesciat, viro scienti facile est convincere. sic et operatio inimici in primis gravis est; sed si quis forti animo sustinuerit, inveniet eum infirmiorem. sequitur et audientes turbae mirabantur in doctrina eius. * remigius. ° non quidem sadducaei, sed turbae mirantur. hoc etiam quotidie agitur in ecclesia: cum enim divina inspiratione adversarii ecclesiae superantur, turbae fidelium laetantur.

lc4 * Hieronymus. ° quia supra pharisaei in ostensione denarii fuerant confutati, et adversae partis viderant factionem subrutam, debuerant ex hoc moveri, ne ultra molirentur insidias; sed malevolentia et livor nutrit impudentiam; unde dicitur pharisaei autem audientes quod silentium imposuisset sadducaeis, convenerunt in unum. * origenes in matth.. ° silentium autem sadducaeis imposuit iesus, volens ostendere quoniam mendacii vocem obmutescere facit claritas veritatis. sicut enim proprium est iusti tacere cum sit tempus tacendi, et loqui cum sit tempus loquendi, non tamen obmutescere, sic proprium est omnium qui mendacii sunt doctores, obmutescere quidem quantum ad rem, non autem tacere. * hieronymus. ° pharisaei ergo et sadducaei, qui inter se contrarii sunt, ad tentandum iesum pari mente consentiunt. * chrysostomus super matth.. ° vel convenerunt in unum pharisaei, ut multitudine vincerent quem rationibus superare non |25| poterant; a veritate nudos se professi sunt, qui multitudine se armaverunt. dicebant enim apud se: unus loquatur pro omnibus, et omnes loquamur per unum; ut si quidem vicerit, omnes videamur vicisse, si autem convictus fuerit, vel solus videatur confusus; et ideo sequitur et interrogavit eum unus ex eis legis doctor, tentans eum. * origenes. ° omnes ergo qui non discendi, sed tentandi causa interrogant aliquem doctorum, aestimare debemus illius pharisaei fratres, secundum illud: quod uni ex minimis meis fecistis, mihi fecistis. * augustinus de cons. evang.. ° non moveat autem quod matthaeus hic dicit tentantem fuisse a quo dominus interrogatus est; marcus autem hoc tacet, et in fine ita concludit, quod ei dominus iesus sapienter respondenti dixerit: non longe es a regno dei. fieri enim potest ut quamvis tentans accesserit, domini tamen responsione correctus sit. aut certe ipsam tentationem, de qua loquitur iacobus non accipiamus malam tamquam decipere volentis inimicum, sed |50| cautam potius tamquam experiri amplius volentis ignotum: neque frustra scriptum est: qui facile credit, levis est corde. quid autem interroget, subditur magister, quod est mandatum magnum in lege? * origenes. ° tentans dicebat magister, quoniam non tamquam discipulus christi proferebat hanc vocem. si quis ergo non discit aliquid a verbo, nec tradit se ei ex toto animo suo; dicit autem ei magister, frater pharisaei est christum tentantis. cum ergo ante salvatoris adventum legeretur lex, forsitan quaerebatur quod est mandatum magnum in ea: neque enim interrogasset hoc pharisaeus, nisi diu apud illos de hoc quaesitum fuisset et non inventum, donec veniens iesus hoc doceret. * chrysostomus super matth.. ° de magno tamen mandato interrogat qui nec minimum observabat. ille debet interrogare de maiori iustitia qui iam minorem complevit. * hieronymus. ° vel non de mandatis interrogat, sed quod sit primum mandatum magnumque: ut cum omnia quae deus mandaverit, |75| magna sint, quicquid ille respondeat, occasionem habeat calumniandi. * chrysostomus super matth.. ° dominus autem sic ei respondit ut interrogationis eius fictam conscientiam statim primo responso percuteret: unde sequitur ait illi iesus: diliges dominum deum tuum ex toto corde tuo, et ex tota anima tua, et in tota mente tua. diliges, inquit; non: timebis, quia diligere magis est quam timere: timere enim servorum est, diligere filiorum; timor sub necessitate est, dilectio in libertate. qui in timore servit deo, poenam quidem evadit, mercedem vero iustitiae non habet, quia invitus fecit bonum propter timorem. non vult ergo deus ut timeatur serviliter ab hominibus quasi dominus; sed ut diligatur quasi pater, qui adoptionis spiritum donavit hominibus. diligere autem deum ex toto corde, est ut cor tuum non sit inclinatum ad alicuius rei dilectionem magis quam dei. diligere autem deum in tota anima, est certissimum animum habere in veritate, et firmum esse in fide. alius est enim amor |100| cordis, et alius est amor animae. amor cordis quodammodo carnalis est, ut etiam carnaliter diligamus deum; quod facere non possumus, nisi recedamus ab amore mundialium rerum. cordis ergo amor sentitur in corde; amor vero animae non sentitur, sed intelligitur, quia in iudicio animae consistit. qui enim credit apud deum esse omne bonum, et nihil boni esse extra ipsum, hic diligit deum in tota anima. tota vero mente diligere deum est ut omnes sensus deo vacent: cuius enim intellectus deo ministrat, cuius sapientia circa deum est, cuius cogitatio ea quae dei sunt tractat, cuius memoria quae bona sunt recordatur, tota mente diligit deum. * augustinus de doctr. christ.. ° vel aliter. deum ex toto corde diligere praeceperis, ut omnes cogitationes tuas; ex tota anima, ut omnem vitam tuam; ex tota mente tua, ut omnem intellectum tuum in illum conferas, a quo habes ea quae confers. nullam ergo vitae nostrae partem reliquit quae vacare debeat, et quasi locum dare ut alia re velit frui. sed quicquid aliud |125| diligendum venerit in animum, illuc rapiatur quo totus dilectionis impetus currit: tunc enim est optimus homo cum tota vita sua pergit in incommutabile bonum. * glossa. ° vel ex toto corde, idest intellectu, anima, idest voluntate, mente, idest memoria, ut nihil ei contrarium velis, sentias, aut recorderis. * origenes in matth.. ° vel aliter. ex toto corde, id est secundum totam recordationem et operationem et cogitationem; ex tota anima, idest ut parati sint eam ponere pro pietate dei; in tota mente, nihil aliud scilicet proferentes nisi quae dei sunt. et vide si potes cor quidem accipere pro intellectu, quo intelligibilia speculamur, mentem autem ad proferendas res: mente enim proferimus singulas res, et per unumquodque quod significatur quasi mente nostra inambulamus atque proferimus. si autem tentanti pharisaeo dominus non respondisset, aestimare possemus non esse unum mandatum maius altero. sed dominus respondens subdit hoc est maximum et primum mandatum: ubi discimus sententiam |150| de mandatis, quod est magnum, et sunt inferiora usque ad minima. respondet autem dominus non solum, quod est magnum mandatum; sed etiam primum, non pro ordine scripturae, sed pro dignitate virtutis. hi autem soli huius mandati in se suscipiunt magnitudinem et primatum qui non solum diligunt dominum deum suum, sed etiam illa tria susceperint, scilicet ex toto corde etc.. docuit autem, quod non solum est magnum et primum, sed etiam quod esset secundum simile priori: unde sequitur secundum autem simile est huic: diliges proximum tuum sicut teipsum. si autem qui diligit iniquitatem, odit animam suam, manifestum est quod non diligit proximum sicut seipsum, cum nec seipsum diligat. * augustinus de doctr. christ.. ° manifestum est autem omnem hominem proximum esse putandum, quia erga neminem operandum est malum. iam vero si vel cui praebendum, vel a quo praebendum est nobis officium misericordiae, recte proximus dicitur, manifestum est hoc praecepto, quo tenemur |175| diligere proximum, etiam sanctos angelos contineri, a quibus nobis tanta misericordiae impenduntur officia, quanta nobis in scripturis animadvertere facile est. ex quo et ipse dominus noster proximum se nobis dici voluit, quoniam seipsum dominus iesus significat opitulatum esse semivivo iacenti in via. * augustinus de trin.. ° qui autem amat homines, aut quia iusti sunt, aut ut iusti sint, amare debet; sic enim et seipsum amare debet, aut quia iustus est, aut ut iustus sit: sic enim diligit proximum sicut seipsum sine ullo periculo. * augustinus de doctr. christ.. ° si autem teipsum non propter te debes diligere, sed propter illum ubi dilectionis tuae rectissimus finis est, non succenseat aliquis homo, si et ipsum propter deum diligis. quisquis ergo recte proximum diligit, hoc cum eo debet agere ut etiam ipse toto corde diligat deum. * chrysostomus super matth.. ° qui autem hominem amat, simile est sicut qui deum amat: quia imago dei est homo, in quo deus diligitur, sicut rex in sua imagine |200| honoratur. et propter hoc dicitur hoc mandatum simile esse primo. * origenes. ° vel aliter. quod mandatum sequens primo est simile, significat idem esse officii et meriti in utroque: neque enim aut dei sine christo, aut christi sine deo potest utilis esse dilectio ad salutem. sequitur in his duobus mandatis tota lex pendet et prophetae. * augustinus de quaest. evang.. ° pendet, dixit, idest illuc refertur ubi habet finem. * rabanus. ° ad duo enim haec praecepta pertinet totus decalogus: praecepta quidem primae tabulae ad dilectionem dei, praecepta secundae ad dilectionem proximi. * origenes in matth.. ° vel quia qui omnia implevit quae scripta sunt de dei dilectione et proximi, dignus est magnas gratias a deo percipere, ut intelligat omnem legem et prophetas. * augustinus de trin.. ° cum autem sint duo praecepta, in quibus pendet lex et prophetae, dilectio dei et proximi, non immerito scriptura plerumque pro utroque unum ponit: sive dilectionem dei, |225| sicut est illud: scimus enim quoniam diligentibus deum omnia cooperantur in bonum; sive dilectionem proximi, sicut est istud: omnis lex in uno sermone impletur: diliges proximum tuum sicut teipsum. sed hoc ideo quia qui proximum diligit, consequens est etiam ut deum diligat: ex una enim eademque caritate deum proximumque diligimus; sed deum propter deum; nos autem et proximum propter deum. * augustinus de doctr. christ.. ° sed tamen quoniam excellentior et supra nostram naturam est divina substantia, praeceptum quo diligimus deum a proximi dilectione distinctum est; quod si te totum intelligas, idest animam et corpus, et proximum tuum, idest animam et corpus, nullum diligendarum rerum genus in his duobus praeceptis praetermissum est. cum enim praecurrat dilectio dei, sequatur dilectio proximi, eiusque dilectionis modus praescriptus sit, ut eum sicut te ipsum diligas; simul et tui abs te dilectio praetermissa non est.

lc5 * Chrysostomus in matth.. ° iudaei aestimantes christum esse hominem purum, eum tentabant; nec eum tentassent, si filium dei credidissent. volens ergo christus ostendere quod cognoscebat fallaciam cordis eorum, et quia deus erat, nec manifeste voluit dicere veritatem, ne occasionem blasphemiae invenientes iudaei amplius insanirent, nec omnino tacere, quia ad hoc venerat ut veritatem annuntiaret: ideo talem interrogationem eis proposuit, ut ipsa interrogatio eis ostenderet quis esset; unde dicitur congregatis autem pharisaeis, interrogavit eos iesus, dicens: quid vobis videtur de christo? cuius filius est? * chrysostomus in matth.. ° discipulos quidem primum interrogavit quid alii dicerent de christo, et tunc quid ipsi dicerent; hos autem non ita. profecto enim seductorem eum dixissent et malum. existimabant autem quoniam christus purus homo erat; et ideo dixerunt eum esse filium david; et hoc est quod subditur dicunt ei: david. |25| ipse autem hoc reprehendens, inducit prophetam dominationem eius et proprietatem filiationis, et cohonorationem quae est ad patrem, testantem; unde dicitur quomodo ergo david in spiritu vocat eum dominum, dicens: dixit dominus domino meo: sede a dextris meis, donec poenam, * etc.. hieronymus. ° testimonium hoc de psalmo 109, i sumptum est. dominus ergo david vocatur, non secundum id quod de eo natus est, sed secundum id quod natus ex patre semper fuit, praeveniens ipsum carnis suae patrem. vocat autem eum dominum suum, non errore incerto, nec propria voluntate, sed spiritu sancto. * remigius. ° quod autem dicit sede a dextris meis, non intelligendum est quod deus corporeus sit, ut dexteram vel sinistram habeat; sed a dextris dei sedere est in honore et aequalitate paternae dignitatis manere. * chrysostomus super matth.. ° puto autem quod hanc interrogationem non solum contra pharisaeos, sed etiam contra haereticos posuit: nam secundum carnem vere |50| filius erat david, dominus autem secundum divinitatem. * chrysostomus in matth.. ° non autem in hoc stat; sed ut timeant, subdit donec ponam inimicos tuos scabellum pedum tuorum: ut saltem ita eos inducat. * origenes in matth.. ° deus etiam non ad perditionem solum ponit scabellum pedum christi inimicos ipsius, sed ad eorum salutem. * remigius. ° donec autem pro infinito ponitur, ut sit sensus: sede semper, et inimici tui in sempiternum subicientur pedibus tuis. * glossa. ° quod autem a patre inimici subiciuntur filio, non infirmitatem filii, sed unitatem naturae significat: nam et filius subicit inimicos patri, quia patrem clarificat super terram. et ex hac auctoritate concludit si ergo david vocat eum dominum, quomodo filius eius est? * hieronymus. ° interrogatio haec nobis proficit usque hodie contra iudaeos: et hi enim qui confitentur christum esse venturum, hominem simplicem et sanctum virum asserunt de genere david. interrogemus ergo eos docti a domino: si simplex homo est, |75| et tantum filius david, quomodo david vocat eum dominum suum? iudaei autem ad diluendam interrogationis veritatem, frivola multa confingunt, vernaculum abrahae asserentes, cuius filius fuit damascus eliezer, et ex ipsius persona scriptum psalmum, quod post caedem quinque regum, dominus deus domino suo abraham dixerit: sede ad dexteram meam, donec ponam, etc.. quos interrogemus quomodo dixerit abraham ea quae sequuntur; et respondere cogamus quando abraham ante luciferum genitus sit, et quomodo sacerdos fuerit secundum ordinem melchisedech, pro quo melchisedech obtulerit panem et vinum, et a quo decimas praedae acceperit. * chrysostomus in matth.. ° hoc tantum imposuit finem ipsorum disputationibus, quasi magnum et sufficiens praecludere eorum ora: unde sequitur et nemo poterat respondere ei verbum, neque ausus fuit quisquam ex illa die eum amplius interrogare. siluerunt enim ex tunc non volentes, sed non habendo aliquid dicere. |100| * origenes. ° si autem interrogatio eorum fuisset ex voluntate discendi, nunquam eis talia proposuisset ut amplius non essent ausi eum interrogare. * rabanus. ° ex hoc autem intelligimus venena invidiae superari posse, sed difficile quiescere.

071 CMT cp23

lc1 * Chrysostomus super matth.. ° postquam dominus sacerdotes responsione prostravit, et incorrigibilem eorum conditionem ostendit: sicut clerici, si male fecerint, inemendabiles sunt, laici vero delinquentes facile emendantur: tunc convertit sermones ad apostolos, et ad populum: unde dicitur tunc locutus est iesus ad turbas et ad discipulos suos. infructuosum namque est verbum in quo sic alter confunditur ut alter non erudiatur. * origenes in matth.. ° sunt autem meliores discipuli christi reliquis turbis; et invenies in ecclesiis quosdam affectuosius accedentes ad verbum dei esse discipulos christi, ceteros autem populum esse ipsius. et interdum quaedam discipulis solis dicit, quaedam vero turbis simul atque discipulis, sicut haec; unde sequitur dicens: super cathedram moysi, etc.. qui legem moysi profitentur, et interpretari se gloriantur, hi sedent super cathedram moysi. qui ergo non recedunt a littera legis, scribae dicuntur; qui autem |25| maius aliquid profitentes, dividunt seipsos quasi meliores a multis, pharisaei dicuntur, quod interpretatur divisi; qui autem moysen secundum spiritualem virtutem intelligunt et exponunt, sedent quidem super cathedram moysi, sed non sunt scribae et pharisaei; sed his meliores dilecti christi discipuli. post adventum autem christi sedent super cathedram ecclesiae, quae est cathedra christi. * chrysostomus super matth.. ° videndum est tamen quomodo quis super cathedram sedeat: quia non cathedra facit sacerdotem, sed sacerdos cathedram; non locus sanctificat hominem, sed homo locum. ideoque malus sacerdos de sacerdotio suo crimen acquirit, non dignitatem. * chrysostomus in matth.. ° ne autem aliquis dicat quoniam propter hoc desidior factus sum ad agendum quia malus est doctor, hanc destruit occasionem, cum subdit omnia ergo quaecumque dixerint vobis, servate et facite; non enim sua dicunt, sed quae dei sunt, quae per moysen deus in legem deduxit. et intuere quanto |50| circa moysen utitur honore, eam iterum quae ad vetus est testamentum concordiam ostendens. * origenes. ° si autem scribae et pharisaei sedentes super cathedram moysi, sunt iudaeorum doctores, secundum litteram docentes legis mandata; quomodo iubet nos dominus secundum omnia quae dicunt illi, facere, cum apostoli in actibus vetent fideles vivere secundum litteram legis? sed illi docent secundum litteram, legem spiritualiter non intelligentes. quaecumque ergo dicunt nobis ex lege, intelligentes sensum legis facimus et servamus, nequaquam facientes secundum opera eorum; non enim sicut lex docet faciunt, nec intelligunt velamen esse super litteram legis. vel cum omnia audieris, non omnia intelligas praecepta legis, puta multa quae de escis sunt et quae de hostiis et similia; sed ea quae corrigunt mores. sed quare non de lege gratiae hoc mandavit, sed de doctrina moysi? quia scilicet nondum erat tempus praecepta novae legis ante tempus passionis manifestare. mihi autem videtur quod et aliquid aliud praedispensans |75| hoc dicit: quia enim accusaturus erat scribas et pharisaeos in sequentibus sermonibus, ne videretur apud stultos ex hoc eorum principatum cupere, vel propter inimicitiam hoc facere, primum a se hanc suspicionem removet, et tunc eos incipit reprehendere, ut turbae non in eadem vitia incidant; et ideo etiam ne existiment quod, quia debent eos audire, ideo eos debeant in operibus imitari: subditur enim secundum vero opera eorum nolite facere. quid est autem doctore illo miserabilius cuius vitam discipuli cum non sequuntur salvantur, cum imitantur perduntur? * chrysostomus super matth.. ° sicut autem aurum de terra eligitur, et terra relinquitur, sic et auditores doctrinam accipiant, et mores relinquant; frequenter enim de homine malo bona doctrina procedit. sicut autem sacerdotes melius iudicant propter bonos malos docere, quam propter malos bonos negligere, sic et subditi propter bonos sacerdotes etiam malos honorent, ne propter malos boni etiam contemnantur: |100| melius est enim malis iniusta praestare, quam bonis iusta subtrahere. * chrysostomus in matth.. ° considera vero unde incipit eos reprehendere; nam sequitur dicunt enim et non faciunt. maxime enim accusatione dignus est qui doctrinae auctoritatem habens, legem transgreditur: primo quidem quia praevaricatur qui alios corrigere debet; deinde quia peccans, maiore poena dignus est, propter honorem; tertio quia plus corrumpit, velut in ordine doctoris peccans. rursus autem et aliam eorum reprehensionem ponit, quoniam graves sunt sibi subiectis: unde sequitur alligant enim onera gravia: in quo duplicem eorum malitiam ostendit: unam quidem in hoc quod sine venia expetunt a subiectis summam diligentiam vitae; aliam vero in hoc quod sibiipsis multam concedunt licentiam. oportet autem bonum principem e contrario se habere; in his enim quae secundum seipsum sunt, gravem iudicem esse; in subiectis autem mansuetum. intende autem qualiter et eorum reprehensionem |125| aggravat: non enim dixit: non possunt, sed nolunt; neque dixit: portare, sed digito movere: idest, neque prope fieri, neque tangere. * chrysostomus super matth.. ° et quidem quantum ad pharisaeos et scribas, de quibus loquitur, onera gravia et importabilia dicit legis mandata, de quibus petrus dicit: ut quid vultis imponere iugum super cervices discipulorum, quod neque nos neque patres nostri portare potuimus? onera enim legis quibusdam rationibus fabulosis commendantes, auditoribus quasi vincula super humeros cordis eorum alligabant, ut velut rationis vinculo constricti, non reicerent ea a se; ipsi autem nec ex modica parte ea implebant; idest (ut non dicam pleno opere) sed nec modico tactu, idest digito. * glossa. ° vel alligant onera, idest, undecumque traditiones colligunt, quae conscientiam non levant, sed gravant. * hieronymus. ° humeri autem et digitus et onera et vincula, quibus alligant onera, spiritualiter sunt intelligenda. hic etiam generaliter dominus adversus omnes magistros |150| loquitur qui grandia iubent, et minora non faciunt. * chrysostomus super matth.. ° tales autem sunt qui grave pondus venientibus ad poenitentiam imponunt; et sic dum poena praesens fugitur, contemnitur poena futura. si enim fascem super humeros adolescentis, quem non potest baiulare, posueris, necesse habet ut aut fascem reiciat, aut sub pondere confringatur: sic et homini, cui grave pondus poenitentiae imponis, necesse est ut aut poenitentiam reiciat, aut suscipiens, dum sufferre non potest, scandalizatus amplius peccet. deinde etsi erramus modicam poenitentiam imponentes, nonne melius est propter misericordiam reddere rationem, quam propter crudelitatem? ubi paterfamilias largus est, dispensator non debet esse tenax. si deus benignus, ut quid sacerdos eius austerus? vis apparere sanctus? circa tuam vitam esto austerus, circa aliorum benignus: audiant te homines parva mandantem, et gravia facientem. talis est autem sacerdos qui sibi indulget, et alios exigit, quemadmodum |175| malus descriptor tributi in civitate, qui se relevat et onerat tribuentes.

lc2 * Chrysostomus in matth.. ° supra dominus arguerat scribas et pharisaeos crudelitatis et negligentiae; consequenter autem arguit eos inanis gloriae, quae fecit eos a deo recedere; unde dicit omnia autem opera sua faciunt ut videantur ab hominibus. * chrysostomus super matth.. ° in omni re nascitur quod ipsam exterminat, sicut ex ligno vermis, et ex vestimento tinea: unde sacerdotum ministerium, qui positi sunt ad aedificationem sanctitatis, corrumpere diabolus nititur, ut hoc ipsum bonum, dum propter homines fit, fiat malum. tolle hoc vitium de clero, et sine labore omnia resecabis: ex hoc enim fit ut difficile clerici peccantes poenitentiam agant. vult autem dominus in hoc ostendere causam propter quam non poterant credere christo; hoc est quia omnia faciunt ut videantur ab hominibus: impossibile enim est ut credat christo caelestia praedicanti qui gloriam hominum concupiscit terrenam. legi enim aliquem interpretantem hunc locum: supra |25| cathedram, idest in honore et gradu quo fuerat moyses, constituti sunt scribae et pharisaei indigne, qui legem prophetantem de christo venturo praedicabant aliis, ipsi autem non recipiebant praesentem. propter hoc hortatur populum audire legem quam praedicabant, idest credere in christum praedicatum a lege, et non imitari scribas et pharisaeos incredulos. et reddit causam quare praedicabant ex lege christum venturum, et non credebant in eum: quia scilicet omnia opera sua faciunt ut ab hominibus videantur, idest quia non praedicabant christum venturum desiderio adventus eius, sed ut doctores legis esse ab hominibus viderentur. * origenes in matth.. ° ad hoc autem opera sua faciunt ut ab hominibus videantur, visibilem suscipientes circumcisionem, et visibiliter corporalia fermenta auferentes de domibus suis, et similiter his similia agentes. christi vero discipuli legem in occultis implent, quasi in occulto constituti iudaei, ut apostolus dicit. * chrysostomus in matth.. ° vide autem |50| hic, quod cum quadam intensione eos incusat. non enim simpliciter ait quod faciant opera sua ut videantur ab hominibus, sed addidit omnia. deinde monstrat quod neque in magnis vane gloriabantur, sed in quibusdam vilibus rebus: unde subditur dilatant enim phylacteria sua et magnificant fimbrias. * hieronymus. ° dominus enim cum dedisset mandata legis per moysen, ad extremum intulit: ligabis ea in manu tua, et erunt semper ante oculos tuos; et est sensus: praecepta mea sint in manu tua, ut opere compleantur; sint ante oculos tuos, ut die ac nocte mediteris in eis. hoc pharisaei male interpretantes, scribebant in membranis decalogum moysi, idest decem legis verba, complicantes ea, et ligantes in fronte, et quasi coronam capitis facientes, ut semper ante oculos moverentur. iusserat quoque aliud moyses, ut in quatuor angulis palliorum hyacinthinas fimbrias facerent, ad israelis populum discernendum: ut quomodo in corporibus circumcisio signum iudaicae gentis daret, ita vestis haberet |75| aliquam differentiam. superstitiosi vero magistri captantes auram popularem, atque ex mulierculis captantes lucra, faciebant grandes fimbrias, et acutissimas in eis spinas ligabant, ut videlicet ambulantes et sedentes interdum pungerentur, et quasi hac commonitione retraherentur ad ministeria servitutis dei. pictariola ergo illa decalogi, phylacteria vocabant, idest conservatoria: eo quod quicumque habuissent ea, quasi ob custodiam et munimentum sui haberent: non intelligentibus pharisaeis quod haec in corde portanda sunt, non in corpore; alioquin et armaria et arcae habent libros, et notitiam dei non habent. * chrysostomus super matth.. ° illorum autem exemplo adhuc multi aliqua nomina hebraica angelorum confingunt, et scribunt, et alligant; quae non intelligentibus metuenda videntur; quidam vero aliquam partem evangelii scriptam circa collum portant. sed nonne quotidie evangelium in ecclesia legitur, et auditur ab omnibus? cui ergo in auribus posita evangelia nihil prosunt, quomodo eum |100| possunt circa collum suspensa salvare? deinde ubi est virtus evangelii? in figuris litterarum, an in intellectu sensuum? si in figuris, bene circa collum suspendis; si in intellectu, ergo melius in corde posita prosunt, quam circa collum suspensa. alii vero sic exponunt hunc locum: quia dilatabant verba sua de propriis observantiis, quasi phylacteria, idest conservatoria salutis, ea populo assidue praedicantes. fimbrias autem vestimentorum magnificatas dicit supereminentias eorumdem mandatorum. * hieronymus. ° cum autem superflue phylacteria dilatent, et magnas faciant fimbrias, gloriam cupientes ab hominibus, consequenter arguuntur in reliquis; unde dicitur amant enim primos accubitus in coenis, et primas cathedras in synagogis. * rabanus. ° notandum, quod non salutari in foro, non primo sedere vel discumbere vetat eos quibus hoc officii ordine convenit: sed eos qui haec, sive habita sive non habita, indebite amant, a fidelibus quasi improbos dicit esse cavendos. * chrysostomus |125| super matth.. ° non enim vituperat eos qui in primo loco recumbunt, sed eos qui amant primos discubitus; ad voluntatem vituperationem referens, non ad factum. sine causa enim loco se humiliat qui corde se praefert: aliquis enim iactator audiens laudabile esse in ultimo loco discumbere, discumbit post omnes, et non solum iactantiam cordis non dimittit, sed adhuc aliam iactantiam humilitatis acquirit, ut qui vult videri iustus, et humilis videatur. multi enim superbi corpore quidem in novissimo recumbentes, cordis autem elatione videntur sibi in capite recumbere; et multi sunt humiles in capite recumbentes, et conscientia se in ultimo esse existimant. * chrysostomus in matth.. ° intende ubi in eis vana gloria dominabatur: in synagogis scilicet, in quas intrabant alios directuri: in coenis hoc pati qualitercumque tolerabile erat, quamvis doctorem in admiratione esse oporteat, non in ecclesia solum, sed ubique. si autem diligere talia est incusatio, quam malum est studere ut |150| his aliquis potiatur? * chrysostomus super matth.. ° primas etiam salutationes amant, non solum in tempore, ut eos primum salutemus, sed etiam in voce, ut clamantes dicamus: ave, rabbi; et in corpore, ut flexis capitibus eis incurvemur; et in loco, ut in publico salutentur: unde dicit et salutationes in foro. * rabanus. ° quamvis in hoc culpa non careant, si iidem in foro litibus interesse qui in cathedra moysi magistri synagogae cupiunt appellari, et vocari ab hominibus rabbi. * chrysostomus super matth.. ° idest, vocari volunt, et non esse: nomen appetunt, et officium negligunt. * origenes in matth.. ° in ecclesia etiam christi inveniuntur mensarum suscipientes primatum, ut diacones fiant: consequenter autem primas cathedras eorum qui dicuntur presbyteri, praeripere ambiunt; quidam autem machinantur ut episcopi vocentur ab hominibus, hoc est rabbi. christi autem discipulus diligit quidem in spiritualibus coenis recubitus primos, ut meliora spiritualium |175| ciborum manducet; diligit etiam cum apostolis sedentibus super duodecim thronos, primas cathedras, actibus bonis dignum se praebere festinans cathedris huiusmodi; sic autem et salutationes diligit quae fiunt in nundinis caelestibus, idest caelestibus primitivorum congregationibus. vocari autem rabbi neque ab hominibus, neque ab aliquo alio diligit iustus, quia unus est magister omnium; unde subdit vos autem nolite vocari rabbi. * chrysostomus in matth.. ° vel aliter. praemissorum, de quibus pharisaeos incusaverat, alia quidem sicut parva et vilia praetermisit, quasi discipulis de his instrui non indigentibus; sed quod erat omnium malorum causa, idest thronum appetere magistralem, hoc in medium ducit ad discipulos instruendum: unde subdit vos autem nolite vocari rabbi: unus est enim magister vester. * chrysostomus super matth.. ° quasi dicat nolite vocari rabbi, ne quod deo debetur, vobis praesumatis. nolite et alios vocare rabbi, ne divinum honorem hominibus deferatis. unus est |200| enim magister omnium, qui omnes homines naturaliter docet. si enim homo hominem erudiret, omnes homines discerent qui habent doctores; nunc autem quia non homo docet, sed deus, multi quidem docentur, pauci autem discunt. non enim homo intellectum praestat homini docendo, sed a deo praestitum per admonitionem exercet. * hilarius in matth.. ° et ut meminerint discipuli se filios parentis unius, et per novae nativitatis generationem terreni ortus excessisse primordia, subdit omnes autem vos fratres estis. * hieronymus contra helvidium. ° omnes autem homines affectu fratres dici possunt: quod in duo dividitur: in speciale et commune. in speciale, quia omnes christiani fratres vocantur; porro in commune, quia omnes homines ex uno patre nati, pari inter nos germanitate coniungimur. sequitur et patrem nolite vocare vobis super terram. * chrysostomus super matth.. ° in mundo enim, quamvis homo hominem generat, tamen unus est pater qui omnes creavit. non enim initium vitae |225| habemus ex parentibus, sed transitum vitae per eos accipimus. * origenes in matth.. ° sed quis non vocat patrem in terris? qui per omnem actum secundum deum impletum dicit: pater noster, qui es in caelis. * glossa. ° quia vero apparebat quis esset omnium pater, in hoc quod dixerat qui es in caelis, vult exponere quis sit omnium magister: unde praeceptum de magistro iterum repetit, dicens ne vocemini magistri, quia magister vester unus est: christus. * chrysostomus in matth.. ° non tamen, dum dicitur christus magister, excluditur pater; sicut neque ex hoc quod deus pater noster dicitur, hominum pater excluditur christus. * hieronymus contra helvidium. ° quaeritur autem quare adversum hoc praeceptum apostolus doctorem gentium se esse dixerit, aut quomodo in monasteriis vulgato sermone se invicem patres vocant. quod sic solvitur. aliud est esse natura patrem, vel magistrum, aliud indulgentia. nos si hominem patrem vocamus, honorem aetati deferimus, non auctorem nostrae |250| ostendimus vitae. magister enim dicitur ex consortio veri magistri: et ne infinita replicem, quomodo unus per naturam deus, et unus filius non praeiudicat ceteris, ne per adoptionem dii vocentur et filii, ita et unus pater et magister non praeiudicat aliis ut abusive vocentur et patres et magistri. * chrysostomus in matth.. ° non solum autem dominus primatus cupere prohibet, sed ad contrarium auditorem inducit; unde subdit qui maior est vestrum, erit minister vester. * origenes in matth.. ° vel aliter. et si ministrat quis verba divina, sciens quia christus in eo fructificat, nequaquam se magistrum, sed ministrum profitetur; unde sequitur qui maior est vestrum, erit minister vester: quoniam et ipse christus cum esset vere magister, ministrum se esse professus est, dicens ego sum in medio vestrum, quasi qui ministrat. bene autem post omnia quibus vanae gloriae vetavit concupiscentiam, addidit dicens qui autem se exaltaverit, humiliabitur; et qui se humiliaverit, exaltabitur. * remigius. |275| ° quod sic intelligitur. omnis qui se de suis meritis extollit, apud deum humiliabitur; et qui se de beneficiis humiliat, apud deum exaltabitur.

lc3 * Origenes in matth.. ° christus quasi vere filius dei illius qui legem dedit, secundum similitudinem benedictionum quae sunt in lege, dixit et ipse beatitudines eorum qui salvantur; secundum similitudinem autem maledictionum positarum in lege, ponit vae adversus peccatores, dicens vae vobis, scribae et pharisaei hypocritae. qui fatentur bonitatis esse adversus peccatores ista pronuntiare, intelligant quia simile est propositum dei in maledictionibus legis; sive autem illa maledictio, sive istud vae, non ex pronuntiante contingit peccanti, sed ex peccatis, quibus dignum se praebet ad susceptionem istorum, quae deus disciplinae causa praenuntiavit, ut convertantur homines ad bonum: sicut pater increpans filium, profert verba maledictionis; nec tamen vult illum dignum fieri maledictionibus illis, sed magis ab eis divertere. huius autem vae causam subdit: qui clauditis regnum caelorum ante homines; vos autem non intratis, nec introeuntes sinitis |25| intrare. haec duo praecepta naturaliter inseparabilia sunt: quoniam hoc ipsum sufficit ad expulsionem quod alios non permittit intrare. * chrysostomus super matth.. ° regnum caelorum dicuntur scripturae, quia in illis insitum est regnum caelorum: ianua est intellectus earum. vel regnum caelorum est beatitudo caelestis; ianua autem est christus, per quem introitur in eam. clavicularii autem sunt sacerdotes, quibus creditum est verbum docendi et interpretandi scripturas; clavis autem est verbum scientiae scripturarum, per quam aperitur hominibus ianua veritatis. apertio autem eius est interpretatio vera. vide autem, quia non dixit vae vobis qui aperitis, sed qui clauditis; ergo non sunt scripturae clausae, licet sint obscurae. * origenes. ° pharisaei ergo et scribae nec intrabant, nec eum volebant audire qui dixit: si quis per me introierit, salvabitur; et nec intrantes, idest eos qui credere poterant propter ea quae a lege et prophetis ante fuerant declarata de christo, introire |50| sinebant, cum omni terrore ianuam claudentes; adhuc derogabant doctrinae eius, et subvertebant omnem propheticam scripturam de eo, et blasphemabant omne opus ipsius quasi falsum et a diabolo factum. sed et omnes qui mala conversatione sua dant exemplum peccandi in populo; et qui faciunt iniuriam, scandalizantes pusillos, claudere videntur ante homines regnum caelorum. et hoc peccatum invenitur quidem in popularibus, maxime autem in doctoribus, qui docent quod decet secundum iustitiam evangelii homines, non autem faciunt quod docent. bene autem viventes et bene docentes aperiunt hominibus regnum caelorum; et dum ipsi intrant, alios provocant introire. sed et multi non permittunt intrare in regnum caelorum intrare volentes, quando et sine ratione excommunicant quosdam propter aliquem zelum, qui meliores sunt quam ipsi; et ipsi quidem non permittunt eos introire. illi autem qui sobrii sunt mente, patientia sua tyrannidem eorum vincentes, quamvis vetiti, tamen intrant |75| et hereditant regnum. sed et qui cum multa temeritate seipsos dederunt ad professionem docendi priusquam discerent, et iudaicas fabulas imitantes, detrahunt eis qui ea quae sursum sunt in scripturis requirunt, claudunt quantum ad se ante homines regnum caelorum.

lc4 * Chrysostomus in matth.. ° de reliquo dominus de gula eos reprehendit: et quod deterius est, quoniam non a divitibus, sed a viduis accipiebant unde ventrem implerent; et illorum inopiam conterebant quam relevare oportebat; unde dicitur vae vobis, scribae et pharisaei hypocritae, qui comeditis domos viduarum. * glossa. ° idest, qui vestra superstitione nihil intenditis nisi ut praedam de subiecta plebe faciatis. * chrysostomus super matth.. ° sexus autem mulierum incautus est, quia non omnia quae videt aut audit, cum ratione considerat; mollis etiam est, quia facile flectitur vel de malo ad bonum, vel de bono ad malum. virilis autem sexus et cautior et durior est. propterea simulatores sanctitatis circa mulieres maxime negotiantur: quia nec intelligere eorum simulationes possunt, et facile ad eorum dilectionem inclinantur religionis causa. praecipue tamen circa viduas negotiantur: primo quidem quia mulier non facile decipitur habens consiliarium |25| virum; deinde quia non facile de facultatibus suis aliquid dant, cum sint in potestate viri. propterea ergo dominus, dum iudaicos sacerdotes confundit, christianos monet ne viduis mulieribus amplius commorentur quam ceteris: quia etsi voluntas mala non sit, tamen suspicio mala est. * chrysostomus in matth.. ° deinde et huius rapinae modus erat gravior: additur enim orationes longas orantes. quicumque enim malum facit, dignus est poena; sed qui a religione causam accipit nequitiae, graviori est obnoxius poenae: unde sequitur propter hoc amplius accipietis iudicium. * chrysostomus super matth.. ° primum quidem pro eo quod estis iniqui; alterum pro eo quod figmentum accipitis sanctitatis: avaritiam enim vestram, religionis colore depingitis; et quasi praestatis diabolo arma dei, ut ametur iniquitas, dum pietas aestimatur. * hilarius in matth.. ° vel quia hinc procedit regni caelestis observatio, ut in obeundis viduarum domibus retineatur ambitio; ideo accipient amplius |50| iudicium, quia poenam proprii peccati et reatum alienae ignorantiae debebunt. * glossa. ° vel quia servus sciens et non faciens, vapulabit multis.

lc5 * Chrysostomus in matth.. ° post praemissa, rursus eos dominus aliter incusat: et quia inefficaces sunt ad multorum salutem, cum multo labore indigeant ut ad salutem unum convertant; et quia non solum desides sunt circa eos quos convertunt, sed eorum etiam destructores, dum eos corrumpunt pravae vitae exemplis: unde dicitur vae vobis, scribae et pharisaei hypocritae, qui circuitis mare et aridam, ut faciatis unum proselytum. * hilarius in matth.. ° maris autem et terrae peragratione significat in totius orbis finibus eos esse christi evangelio obtrectaturos, et legis iugo contra iustificationem fidei aliquos subdituros. proselyti enim sunt ex gentibus in synagogam recepti, quorum futurorum raritas in uno indicatur. neque enim post christi praedicationem doctrinae eorum fides relicta est; sed quisquis acquisitus fuerit ad fidem iudaeorum, filius fit gehennae. * origenes in matth.. ° quicumque enim post salvatorem iudaizant, docentur |25| imitari affectum eorum qui dixerunt in illo tempore: crucifige, crucifige eum; unde sequitur et cum factus fuerit, facitis eum filium gehennae duplo quam vos. * hilarius. ° ideo autem poenae duplicatae erit filius, quia neque sit remissionem peccatorum gentilium consecutus, et societatem eorum qui christum persecuti sunt, sit secutus. * hieronymus. ° vel aliter. scribae et pharisaei totum lustrantes orbem, id studii habebant, de gentibus facere proselytum; idest, advenam incircumcisum miscere populo dei. * chrysostomus super matth.. ° non autem propter misericordiam, volentes eum salvare quem docebant; sed aut propter avaritiam, ut additis in synagogis iudaeis, sacrificiorum adderetur oblatio; aut propter vanam gloriam. qui enim seipsum mergit in gurgite peccatorum, quomodo alterum a peccatis velit eripere? numquid magis misericors potest alteri aliquis esse quam sibi? ex ipsis ergo actibus ostenditur qui propter deum aliquem vult convertere, aut propter vanitatem. |50| * gregorius moralium. ° quia vero hypocritae, quamvis perversa semper operentur, loqui tamen recta non desinunt; bene loquendo quidem in fide vel conversatione filios pariunt, sed eos bene vivendo nutrire non possunt: quanto enim se libentius terrenis actibus inserunt, tanto negligentius eos quos genuerant, agere terrena permittunt. et quia obduratis cordibus vivunt, ipsos etiam quos generant filios nulla pietate debiti amoris agnoscunt: unde et hic hypocritis dicitur et cum fuerit factus, facitis eum filium gehennae duplo quam vos. * augustinus contra faustum. ° hoc autem, non quia circumcidebantur, dixit; sed quia eorum mores imitabantur, a quibus imitandis suos cohibuerat, dicens: super cathedram moysi, etc.. in quibus verbis utrumque debet adverti: et quantus honor delatus sit doctrinae moysi, in cuius cathedra etiam mali sedentes, bona docere cogebantur; et inde fieret proselytus filius gehennae, non quidem verba legis audiendo, sed eorum facta sectando. |75| propterea autem duplo quam illi, quia hoc negligebat implere quod propria voluntate susceperat, non ex iudaeis natus, sed sponte iudaeus factus. * hieronymus. ° vel quia ante, dum esset gentilis, simplicitate errabat, et erat semel filius gehennae; videns autem magistrorum vitia et intelligens destruere eos opere quod verbo docebant, revertitur ad vomitum suum, et gentilis factus, quasi praevaricator maiori poena dignus erat. * chrysostomus super matth.. ° vel quia forte sub cultura idolorum constitutus, vel propter homines iustitiam servabat; factus autem iudaeus, malorum magistrorum provocatus exemplo, fiebat peior magistris. * chrysostomus in matth.. ° cum enim virtuosus fuerit magister, discipulus imitatur; cum autem fuerit malus, superexcedit. filius autem vocatur gehennae, quomodo filius perditionis, et filius huius saeculi; unusquisque enim cuius opera facit, huius filius appellatur. * origenes in matth.. ° ex hoc autem loco discimus quoniam et eorum qui in gehenna futuri |100| sunt, erit differentia tormentorum; quando alter est simpliciter filius gehennae, alter vero dupliciter. sed et hic videre oportet si generaliter est fieri aliquem filium gehennae, ut puta iudaeum aut gentilem, aut etiam specialiter, ut per singulas species peccatorum fiat quis filius gehennae: ut iustus quidem secundum numerum iustitiarum suarum augeatur in gloria, peccator autem secundum numerum peccatorum suorum multiplicetur in gehenna.

lc6 * Hieronymus. ° sicut in phylacteriis et fimbriis dilatatis opinio sanctitatis captabat gloriam, et per occasionem gloriae quaerebant lucra, sic alia traditionis fraude inventa, impietatis arguit transgressores. si quis enim in contentione, seu in aliquo iurgio, vel in causae ambiguo, iurasset in templo, et postea convictus esset mendacii, non tenebatur criminis: et hoc est quod dicit vae vobis, duces caeci, qui dicitis: quicumque iuraverit per templum, nihil est; quasi dicat: nihil debet. sin autem iurasset in auro et pecunia, quae in templo sacerdotibus offerebatur, statim id in quo iurabat, cogebatur exsolvere: unde sequitur qui autem iuraverit in auro templi, debet vel debitor est. * chrysostomus super matth.. ° templum quidem ad gloriam dei pertinet, et ad hominum spiritualem salutem; aurum autem templi, etsi ad gloriam dei pertineat, tamen magis ad delectationem hominum et ad utilitatem sacerdotum offertur. iudaei ergo aurum |25| quo ipsi delectabantur, et dona quibus pascebantur, sanctiora dicebant esse quam ipsum templum: ut homines promptiores facerent ad offerenda dona quam ad preces fundendas in templo. unde convenienter reprehendit dominus, dicens stulti et caeci: quid enim maius est: aurum, an templum, quod sanctificat aurum? multi autem nunc christiani sic insipienter intelligunt. ecce enim si aliqua causa fuerit, modicum videtur facere qui iurat per deum; qui autem iurat per evangelium, maius aliquid fecisse videtur. quibus similiter dicendum est stulti et caeci: nam scripturae propter deum scriptae sunt, non deus propter scripturas. maior ergo est deus, qui sanctificat evangelium, quam evangelium quod sanctificatur ab eo. * hieronymus. ° rursus si quis iurasset in altari, periurii reum nemo retinebat; si autem iurasset in dono vel in oblationibus, hoc est in hostia, vel in victimis, in simila, et ceteris quae offeruntur deo super altare; hoc studiosissime repetebant. totum autem faciebant non ob dei timorem, sed |50| ob divitiarum cupiditatem: unde sequitur et qui iuraverit in altari, nihil est; qui autem iuraverit in dono quod super illud est, debet. arguit enim eos dominus stultitiae et fraudulentiae: quod multo maius sit altare quam hostiae, quae sanctificantur ab altari: unde sequitur caeci: quid enim maius est: donum, an altare, quod sanctificat donum? * glossa. ° et ne forte in tantam insaniam prorumperent ut dicerent, aurum sanctius esse templo, et donum altari, eos alia ratione convincit: quia videlicet in iuramento quod fit per templum et altare, continetur iuramentum quod fit per aurum vel per donum: et hoc est quod subdit qui ergo iurat in altari, iurat in eo, et in omnibus quae super illud sunt. * origenes in matth.. ° similiter quoniam iudaei consuetudinem habebant per caelum iurare, ad reprehensionem eorum subdit qui iurat in caelo, iurat in throno dei, et in eo qui sedet super ipsum. non ergo, sicut arbitrantur, evadunt periculum in eo quod non per deum iurant, sed per thronum dei, scilicet caelum. |75| * glossa. ° qui enim per subiectam creaturam iurat, et per divinitatem praesidentem creaturae iurat. * origenes. ° est autem iuramentum confirmatio verbi de quo iuratur. iuramentum ergo intelligendum est testimonium scripturarum, quod profertur ad confirmationem verbi quod loquimur: ut sit quidem templum dei scriptura divina; aurum autem sensus positus in ea. sicut autem aurum quod fuerit extra templum, non est sanctificatum: sic omnis sensus qui fuerit extra divinam scripturam, quamvis admirabilis videatur, non est sanctus. non ergo debemus ad confirmandam doctrinam nostros intellectus assumere, nisi ostenderimus eos esse sanctos, ex eo quod in scripturis continentur divinis. altare autem est hominis cor, quod principale habetur in homine. vota autem, et dona quae ponuntur super altare, est omne quod supponitur cordi, ut orare, psallere, eleemosynas facere et ieiunare. sanctum ergo facit omne votum hominis cor eius, ex quo votum ei offertur. ideo non potest honorabilius esse |100| votum quam cor hominis, ex quo transmittitur votum. si ergo conscientia hominis non pungat, fiduciam habet ad deum, non propter dona, sed quia, ut ita dicam, altare cordis sui bene construxit. tertium est ut dicamus quod super templum, idest super omnem scripturam, et super altare, idest super omne cor, est intellectus quidam qui dicitur caelum, et thronus ipsius dicitur dei, in quo est videre facie revelata, cum venerit quod perfectum est, faciem veritatis. * hilarius in matth.. ° adveniente etiam christo, inutilem docet esse fiduciam legis: quia non in lege christus, sed lex sanctificatur in christo; in quo veluti sedes thronusque sit positus; atque ita stulti caecique sunt, qui, sanctificante praetermisso, sanctificata venerantur. * augustinus de quaest. evang.. ° templum etiam et altare, ipsum christum intelligimus; aurum et donum, laudes et sacrificia precum, quae in eo et per eum offerimus. non enim ille per haec, sed ista per illum sanctificantur.

lc7 * Chrysostomus in matth.. ° supra dominus dixerat, quod ligabant graviora onera, et aliis imponebant quae ipsi nec tangere volebant; hic autem rursus ostendit, quod in parvis quaerentes diligentiam, magna contemnebant: unde dicitur vae vobis, scribae et pharisaei hypocritae, qui decimatis mentam et anethum et cyminum. * hieronymus. ° pharisaei enim, quia praeceperat dominus propter alimoniam sacerdotum et levitarum, quorum pars erat dominus, omnium rerum offerri in templo decimas, ut intellectus mysticos dimittamus, hoc unum habebant studii, ut quae vilia fuerant comportarentur; cetera quae erant maiora, parvipendebant; unde sequitur et reliquistis quae graviora sunt legis: iudicium et misericordiam et fidem. ex hoc capitulo arguit eos avaritiae, quod studiose etiam vilium olerum decimas exigant, et iudicium in disceptatione negotiorum, misericordiamque in pauperes, et fidem in deum, quae magna sunt, praetermittant. * chrysostomus super |25| matth.. ° vel quia sacerdotes avaritia pleni, si quis decimas alicuius rei minimae non obtulisset, corripiebant eum quasi magnum crimen fecisset: si quis autem alterum laedebat, aut in deum peccabat, non curabant eum corripere; de lucro quidem suo solliciti, et de gloria dei ac salute hominum negligentes. servare enim iustitiam, et facere misericordiam, et habere fidem propter suam gloriam deus mandavit; decimas autem offerre propter utilitatem sacerdotum, ut sacerdotes quidem populo in spiritualibus obsequantur, populi autem in carnalibus sacerdotibus subministrent. sic et modo fit, quia omnes de honore suo sunt solliciti, de honore autem dei nulli; portiones etiam suas vigilanter defendunt, sed circa obsequium ecclesiae curam impendere non attendunt. si populus recte decimas non obtulerit, murmurant omnes; si peccantem populum viderint, nemo murmurat contra eos. sed quia scribarum et pharisaeorum, ad quos loquebatur, quidam populares erant, non est incongruum ut |50| aliam expositionem faciamus, propter eos qui decimas dabant: nam et qui accipit decimas, recte decimare dicitur, et qui dat. scribae ergo et pharisaei minimarum quidem rerum decimas offerebant, ostendendae religionis gratia; in iudiciis autem erant iniusti, in fratres sine misericordia, in veritatem increduli. * origenes in matth.. ° sed quoniam contingens erat ut audientes quidam dominum ista loquentem, contemnerent minimarum rerum decimationem, sapienter addidit et haec oportuit facere, hoc est iudicium, misericordiam et fidem, et illa non omittere, idest decimationem mentae, anethi et cymini. * remigius. ° ostendit quippe dominus his verbis quoniam omnia praecepta legis tam maxima quam minima, sunt implenda. redarguuntur autem qui eleemosynas de fructibus terrae faciunt, putantes se minime posse peccare; quibus nihil prosunt eleemosynae, nisi a peccatis studeant cessare. * hilarius in matth.. ° et quia minoris periculi esset decimationem oleris, quam benevolentiae officium praeterire, |75| irridet eos consequenter dominus, dicens duces caeci, excolantes culicem, camelum autem glutientes. * hieronymus. ° camelum puto esse magnitudinem praeceptorum: iudicium, misericordiam et fidem; culicem decimationem mentae, anethi, et cymini et reliquorum olerum vilium. haec autem praecepta dei, quae magna sunt, devoramus atque negligimus; et operationem religionis in parvis, quae lucrum habent, cum diligentia demonstramus. * origenes. ° vel excolantes culicem, idest, expellentes a se minima delicta, quae culices nominavit; camelum autem glutientes, idest, committentes maxima delicta, quae nominat camelos, animalia videlicet tortuosa et grandia. scribae autem moraliter sunt qui amplius nihil aestimant positum in scripturis quam simplex sermo demonstrat; pharisaei autem sunt omnes qui iustificant seipsos, et dividunt se a ceteris, dicentes: noli mihi appropinquare, quoniam mundus sum. menta autem et anethum et cyminum, ciborum condituræ sunt, non principales cibi. sic in conversatione |100| nostra, quaedam sunt necessaria ad iustificationem, ut iudicium, misericordia et fides; alia sunt quasi condientia actus nostros, et suaviores eos facientia: ut abstinentia risus, ieiunium, flexio genuum et huiusmodi. quomodo autem non aestimantur caeci qui non vident? quoniam nihil prodest cautum esse dispensatorem in rebus minimis, cum principalia negliguntur. hos ergo sermo praesens confundit, non quidem levia prohibens observare, sed principalia praecipiens cautius custodire. * gregorius moralium. ° vel aliter. culex susurrando vulnerat, camelus autem sponte se ad suscipienda onera inclinat. liquaverunt ergo culicem iudaei, qui seditiosum latronem dimitti petierunt; camelum vero glutierunt quia eum qui ad suscipienda nostrae mortalitatis onera sponte descenderat, extinguere clamando conati sunt.

lc8 * Hieronymus. ° diversis verbis, eodem sensu quo supra, arguit pharisaeos simulationis et mendacii; quod aliud ostendant hominibus foris, aliud domi agant: unde dicitur vae vobis, scribae et pharisaei hypocritae, qui mundatis quod deforis est calicis et paropsidis. non hoc dicit quod in calice et paropside eorum superstitio moraretur, sed quod foris hominibus ostenderent sanctitatem: quod manifestum est ex eo quod addidit, dicens intus autem pleni estis rapina et immunditia. * chrysostomus super matth.. ° vel hoc dicit, quia iudaei quoties ingressuri erant in templum, aut sacrificia oblaturi, aut per dies festos, seipsos et vestimenta sua et utensilia lavabant; et a peccatis nemo seipsum purgabat; cum deus neque corporis munditiam laudet, neque sordes condemnet. pone tamen quod deus odit sordes corporum et vasorum, quae necesse est ut ipso usu sordidentur; quanto magis sordes conscientiae horret, quam si volumus, semper mundam |25| servamus? * hilarius in matth.. ° arguit ergo eos qui iactantiam inutilis studii sequentes, utilitatis perfectae ministerium derelinquunt. calicis namque usus interior est; qui si obsorduerit, quid proficiet lotus exterior? atque ideo interioris conscientiae nitor est obtinendus, ut ea quae corporis sunt, forinsecus abluantur: et ideo subdit pharisaee caece, munda prius quod intus est calicis et paropsidis, ut fiat et id quod deforis est, mundum. * chrysostomus super matth.. ° non autem hoc dicit de sensibili calice aut paropside, sed de intelligibili: qui si numquam tetigerit aquam, mundus potest esse apud deum; si autem peccaverit, et tota aqua pelagi et fluminum se laverit, sordidus est, et miser ante deum. * chrysostomus in matth.. ° attende autem, quod ubi de decimis loquebatur, convenienter dixit: haec oportuit facere, et illa non omittere. decima enim eleemosyna quaedam est. quid autem nocet eleemosynam dare? non tamen hoc |50| dixit sicut legalem observationem inducens. hic autem, ubi de purgationibus et immunditiis disputat, non hoc addit; sed ostendit quod de necessitate ad interiorem munditiam exterior sequitur; quod quidem extra est calicis, et paropsidis, corpus vocans; quod autem intus est, animam. * origenes in matth.. ° hic sermo nos instruit, ut festinemus esse iusti, non apparere. qui enim studet ut appareat iustus, quae a foris sunt, mundat, et quae videntur curat; cor autem et conscientiam negligit. qui autem studet ea quae intus sunt, idest cogitationes, mundare, consequens est ut etiam ea quae a foris sunt, faciat munda. sed omnes falsi dogmatis professores, calices sunt a foris quasi mundati, propter speciem religionis quam simulant; ab intus autem pleni rapina et simulatione, dum rapiunt homines ad errorem. calix etiam est vas ad potum, paropsis ad cibum. omnis ergo sermo per quem potamur spiritualiter, vel omnis narratio per quam nutrimur, vasa sunt potus et cibi. qui ergo student compositum proferre | 75 | sermonem magis quam salutari sensu repletum, calix eius a foris mundatus est, ab intus autem sordibus vanitatis impletus. sed et litterae legis et prophetarum calices spiritualis potus et paropsides necessariarum escarum sunt. scribae quidem et pharisaei student sensum exteriorem mundum demonstrare; discipuli autem christi sensum spiritualem mundare festinant.

lc9 * Origenes in matth.. ° sicut habetur superius, intus pleni rapina et intemperantia, similiter hic pleni sunt hypocrisi et iniquitate; qui comparantur ossibus mortuorum et immunditiae universae: unde dicit vae vobis, scribae et pharisaei hypocritae, qui similes estis sepulchris dealbatis. * chrysostomus super matth.. ° merito quidem iustorum corpora templa dicuntur, quia anima in corpore iusti dominatur, sicut deus in templo; vel quia ipse deus in corporibus habitat iustis. corpora autem peccatorum sepulcra dicuntur mortuorum, quia anima mortua est in corpore peccatoris: nec enim vivens putanda est quae nihil vivum aut spirituale agit in corpore. * hieronymus. ° sepulcra autem forinsecus levigata sunt calce, et ornata marmoribus in auro, coloribusque distinctis; intus autem plena sunt ossibus mortuorum: unde dicitur quae apparent hominibus speciosa: intus autem plena sunt ossibus mortuorum, et omni spurcitia. |25| sic autem et perversi magistri, qui alia docent et alia faciunt, munditiam habitu vestis et verborum humilitate demonstrant; intus autem pleni sunt omni spurcitia et avaritia et libidine: et hoc manifeste exprimit inferens sic et vos a foris quidem apparetis hominibus iusti; intus autem pleni estis hypocrisi et iniquitate. * origenes. ° omnis enim iustitia simulata mortua est, quae propter deum non fit; magis autem nequam iustitia est; sicut mortuus homo, non est homo; et sicut mimi, qui personas suscipiunt aliorum, et non sunt ipsi quos simulant. tanta ergo sunt ossa in eis et immunditiae, quanta bona simulant ex malo affectu. videntur autem a foris iusti coram hominibus; non eis quos scriptura appellat deos, sed coram eis qui sicut homines moriuntur. * gregorius moralium. ° ante districtum vero iudicem excusationem ideo de ignorantia habere non possunt, quia dum ante oculos hominum omnem modum sanctitatis ostendunt, ipsi sibi sunt testimonio quia bene vivere non ignorant. |50| * chrysostomus super matth.. ° dic autem, hypocrita: si bonum est esse malum, ut quid non vis apparere quod vis esse? nam quod turpe est apparere, turpius est esse; quod autem formosum est apparere, formosius est esse. ergo aut esto quod appares, aut appare quod es.

lc10 * Hieronymus. ° prudentissimo syllogismo arguit eos esse filios homicidarum, dum ipsi opinione bonitatis et gloriae in populo, aedificant sepulcra prophetarum, quos maiores eorum interfecerunt: et hoc est quod dicit vae vobis, scribae et pharisaei hypocritae, qui aedificatis sepulcra prophetarum, et ornatis monumenta iustorum. * origenes in matth.. ° non satis rationabiliter comminari videtur adversus eos qui aedificant sepulcra prophetarum: quantum enim ad hoc laudabile aliquid faciebant: quomodo ergo erant digni suscipere vae? * chrysostomus in matth.. ° non ergo eos incusat quoniam sepulcra aedificant, sed intentioni eorum detrahit, cum qua aedificant: quoniam non propter honorem eorum qui occisi fuerant, sed sicut pompam sibi statuentes in occisionibus illorum, et formidantes ne forte tempore procedente, sepulcris destructis, tabescat tantae audaciae memoria. * chrysostomus super matth.. ° vel quia dicebant apud se: si |25| bene fecerimus pauperibus, non multi vident, et pro tempore vident: nonne ergo melius aedificia facimus, quae omnes aspiciunt, non solum in hoc tempore, sed etiam in posterum? o insipiens homo: quid tibi prodest post mortem ista memoria, si ubi es torqueris, et ubi non es laudaris? dum autem iudaeos castigat dominus, christianos docet; nam si ad illos solos dixisset haec, dicta fuissent tantum, non etiam scripta; nunc autem et dicta sunt propter illos, et scripta propter istos. si ergo iuxta alia bona fecerit homo aedificia sancta, additamentum est bonis operibus; si autem sine aliis bonis operibus, passio est gloriae saecularis. non enim gaudent martyres quando ex illis pecuniis honorantur in quibus pauperes plorant. semper etiam iudaei praeteritorum sanctorum cultores fuerunt, et praesentium contemptores, magis autem et persecutores. non enim sustinentes increpationes prophetarum suorum, persequebantur eos et occidebant; postea vero nascentes filii intelligebant culpas |50| patrum suorum, et ideo quasi de morte innocentium prophetarum dolentes aedificabant memorias eorum; et ipsi tamen similiter persequebantur et interficiebant suos prophetas, increpantes eos propter peccata sua; et ideo subditur et dicitis: si fuissemus in diebus patrum nostrorum, non essemus socii eorum in sanguine prophetarum. * hieronymus. ° hoc autem etsi sermone non dicant, opere loquuntur, ex eo quod ambitiose, et magnifice aedificant memorias occisorum. * chrysostomus super matth.. ° qualia ergo cogitabant in corde, talia loquebantur et factis. naturalem autem consuetudinem omnium malorum hominum hic christus exponit: quia alter alterius culpam cito intelligit, suam autem difficile: homo enim in causa alterius tranquillum habet cor, in sua vero turbatum. in causa ergo alterius de facili possumus omnes iusti iudices esse. ille autem vere iustus et sapiens est qui sibi ipsi iudex fieri potest. sequitur itaque testimonio estis vobismetipsis quia filii estis eorum qui prophetas |75| occiderunt. * chrysostomus in matth.. ° qualis autem est incusatio, filium esse homicidae eum qui non communicat menti patris? patet quod nulla: unde manifestum est quod propterea hoc dicit, quia occulte insinuat malitiae similitudinem. * chrysostomus super matth.. ° testimonia enim sunt de filiis mores parentum: si enim pater fuerit bonus et mater mala, aut e converso, filii interdum patrem sequuntur, interdum matrem. si autem ambo fuerint aequales, fit quidem aliquando ut de bonis parentibus mali exeant filii, aut e converso, sed raro. sic enim hoc est sicut cum extra regulam naturae nascitur homo aut sex digitos habens, aut oculos non habens. * origenes in matth.. ° sed et in propheticis dictis narratio secundum historiam est corpus, spiritualis autem sensus est anima; sepulcra ipsae litterae scripturarum et libri. qui ergo solam historiam attendunt, corpora prophetarum colunt in litteris posita, quasi in quibusdam sepulcris; et dicuntur pharisaei, idest |100| praecisi, quasi animam prophetarum praecidentes a corpore.

lc11 * Chrysostomus in matth.. ° quia dixerat contra pharisaeos et scribas, quod filii essent eorum qui occiderunt prophetas, nunc manifestat quod in malitia eis similes erant, et quod fictio erat hoc quod dicebant quod non communicassent operibus eorum, si fuissent in tempore illo: et ideo dicit et vos implete mensuram patrum vestrorum. non quidem hoc dicit quasi iniungens, sed quasi praedicens quod futurum erat. * chrysostomus super matth.. ° prophetizat enim illis futurum esse ut sicut patres eorum interfecerunt prophetas, sic et ipsi interficerent christum, et apostolos et ceteros sanctos: ut puta si contra aliquem litiges adversarium, dicis illi: fac mihi quod es facturus; non iubes ut faciat, sed ostendis te intelligere quod cogitat facere. et quidem quantum ad veritatem, excesserunt mensuram patrum suorum: illi enim homines occiderunt, isti deum crucifixerunt. sed quia voluntate sua descendit in mortem, non imputat illis suae mortis peccatum: |25| imputat autem illis mortem apostolorum ceterorumque sanctorum: et ideo dicit implete, et non: superimplete; nam benigni et iusti iudicis est suas iniurias contemnere, et aliorum iniurias vindicare. * origenes in matth.. ° implent etiam mensuram paternae iniquitatis per hoc ipsum quod non credunt in christum. causa autem incredulitatis fuit quoniam animum suum dederunt circa historias corporales, nihil spirituale in eis volentes intelligere. * hilarius in matth.. ° quia ergo mensuram paternae voluntatis implebunt, ideo et serpentes et viperina generatio sunt: unde sequitur serpentes, genimina viperarum, quomodo fugietis a iudicio gehennae? * hieronymus. ° hoc ipsum et ioannes baptista dixerat. sicut ergo de viperis, inquit, nascuntur viperae, sic de homicidis patribus vos nati estis homicidae. * chrysostomus super matth.. ° genimina autem viperarum dicuntur, quoniam talis est viperarum natura ut filii rumpant uterum matris, et sic procedant; |50| et sic iudaei semper parentes condemnant, reprehendentes eorum facta. dicit autem quomodo fugietis a iudicio gehennae? numquid sepulcra sanctorum aedificantes? sed primus gradus pietatis est sanctitatem diligere, deinde sanctos: sine causa enim iustos honorat qui iustitiam spernit. non possunt sancti amici esse illorum quibus deus est inimicus. an forsitan nomen vacuum vos liberabit, quia videmini esse in populo dei? puto autem quod melior est inimicus apertus, quam amicus falsus; sic et apud deum odibilior est qui servum dei se dicit, et mandata diaboli facit. apud deum quidem qui hominem occidere disponit, antequam occidat, homicida habetur: voluntas enim est quae aut remuneratur pro bono, aut condemnatur pro malo. opera autem testimonia sunt voluntatis. non ergo quaerit deus opera propter se ut sciat quomodo iudicet, sed propter alios, ut omnes intelligant quia iustus est deus. providet autem deus occasioni peccandi malis, non ut peccare faciat, sed ut peccatorem ostendat, et bonis |75| praebeat occasionem, per quam ostendat propositum voluntatis suae. sic ergo scribis et pharisaeis dedit occasionem ostendendi voluntatem suam: unde concludit ideo ecce mitto ad vos prophetas et sapientes et scribas. * hilarius in matth.. ° idest apostolos, qui de futurorum revelatione prophetae sunt, de christi agnitione sapientes, de legis intelligentia scribae. * hieronymus. ° vel observa iuxta apostolum scribentem ad corinthios, varia dona esse discipulorum christi: alios prophetas, qui ventura praedicant; alios sapientes, qui noverunt quando debent proferre sermonem; alios scribas in lege doctissimos; ex quibus lapidatus est stephanus, paulus occisus, petrus crucifixus, flagellati in actibus apostolorum discipuli: et persecuti sunt eos de civitate in civitatem, expellentes de iudaea, ut ad gentium populos transmigrarent. * origenes in matth.. ° vel scribae qui mittuntur a christo sunt secundum evangelium, quos et spiritus vivificat, et littera non occidit, sicut littera legis, quam sequentes in vanas |100| superstitiones incurrunt. simplex autem evangelii narratio sufficit ad salutem. scribae autem legis, scribas novi testamenti adhuc per detractionem flagellant in synagogis suis; sed et haeretici, qui sunt spirituales pharisaei, linguis suis christianos flagellant, et persequuntur de civitate in civitatem, interdum corporaliter, aliquando autem spiritualiter, volentes eos expellere quasi de propria civitate legis et prophetarum et evangelii in aliud evangelium. * chrysostomus in matth.. ° deinde ut ostendat quoniam non impune hoc faciunt, ineffabilem eis ex his timorem incutit: unde subditur ut veniat super vos omnis sanguis. * rabanus. ° idest, omnis debita ultio pro effuso sanguine iustorum. * hieronymus. ° de abel quidem nulla est ambiguitas quin is sit quem cain frater occiderit. iustus autem non solum ex domini nunc sententia, sed ex genesis testimonio comprobatur, ubi accepta eius a deo narrantur munera. quaerimus autem quis fuerit iste zacharias filius barachiae, quia multos legimus zacharias; et ne libera |125| nobis tribueretur erroris facultas, additum est quem occidistis inter templum et altare. alii zachariam filium barachiae dicunt qui in duodecim prophetis undecimus est, patrisque in eo nomen consentit: sed ubi occisus sit inter templum et altare, scriptura non loquitur, maxime cum temporibus eius vix ruinae templi fuerint. alii zachariam patrem ioannis intelligi volunt. * origenes. ° venit enim ad nos quaedam traditio talis, quasi sit aliquis locus in templo ubi virginibus quidem licet adorare deum; expertae autem thorum virilem non permittebantur in eo consistere. maria autem postquam genuit salvatorem, ingrediens ad orandum stetit in illo virginum loco. prohibentibus autem eis, qui noverant eam iam filium genuisse, zacharias dixit, quoniam digna est virginum loco, cum adhuc sit virgo. ergo quasi manifestissime adversus legem agentem occiderunt eum inter templum et altare viri generationis illius: et sic verum est verbum christi quod dixit ad praesentes quem occidistis. * hieronymus. ° hoc tamen |150| quia de scripturis non habet auctoritatem, eadem facilitate contemnitur qua probatur. alii istum volunt esse zachariam qui occisus sit a ioas rege iudae inter templum et altare, idest in atrio templi. sed observandum, quod ille zacharias non fuit filius barachiae, sed ioiadae sacerdotis. sed barachias in lingua nostra benedicens deum dicitur; et sacerdotis ioiadae iustitia hebraeo nomine demonstratur. in evangelio vero quo utuntur nazareni, pro filio barachiae filium ioiadae scriptum reperimus. * remigius. ° quaerendum est autem quomodo usque ad sanguinem zachariae dixerit, cum plurimorum sanctorum sanguis postea fuerit effusus? solvitur autem sic. abel pastor ovium fuit in campo occisus; zacharias fuit sacerdos et in atrio templi interfectus. ideo ergo dominus hos duos commemorat, quoniam per hos omnes sancti martyres designantur, laicalis scilicet et sacerdotalis ordinis. * chrysostomus in matth.. ° abel etiam commemoravit, ostendens quoniam ex invidia essent christum et discipulos eius occisuri. |175| zachariae autem mentionem fecit, quoniam duplex praesumptio fuit in eius occisione: non enim solum in sanctum hominem facta est, sed et in loco sancto. * origenes. ° zacharias etiam interpretatur memoria dei. omnis ergo qui memoriam dei disperdere festinat, in eis quos scandalizat, zachariae sanguinem videtur effundere filii barachiae. per benedictionem enim dei, memores sumus dei. ab impiis etiam memoria interficitur dei, quando et templum dei a lascivis corrumpitur, et altare eius per negligentiam orationum sordidatur. abel autem luctus interpretatur. qui ergo non recipit quod scriptum est: beati qui lugent, sanguinem effundit abel, hoc est veritatem luctus salutaris. effundunt etiam aliqui veritatem scripturarum quasi sanguinem earum: quia omnis scriptura, nisi secundum veritatem intelligatur, mortua est. * chrysostomus in matth.. ° et ut omnem excusationem illis adimeret, ne dicerent: quoniam ad gentes eos misisti, propter hoc scandalizati sumus, praedixerat |200| quod ad eos essent mittendi discipuli: et ideo de ultione eorum subditur amen dico vobis: venient haec omnia super generationem istam. * glossa. ° non hos tantum praesentes dicit, sed omnem generationem praecedentem et futuram: quia omnes una civitas sunt, et unum corpus diaboli. * hieronymus. ° regula autem scripturarum est duas generationes, bonorum et malorum, nosse. de generatione bonorum dicitur: generatio iustorum benedicetur; de malis vero in praesenti loco generatio viperarum. ergo et isti, quia similia sicut cain et ioas, contra apostolos gesserunt, de una generatione esse referuntur. * chrysostomus in matth.. ° vel aliter. quia gehennae poenam, quam eis comminatus fuerat, tardabat, comminatur etiam eis praesentia mala, cum dicit venient haec omnia super generationem istam. * chrysostomus super matth.. ° sicut enim omnia bona quae in singulis generationibus a constitutione mundi omnes sancti merebantur, illis |225| novissimis sunt donata qui receperunt christum; sic omnia mala quae in singulis generationibus a constitutione mundi pati meruerunt omnes iniqui, super novissimos iudaeos venerunt, quia christum repulerunt. aut ita. sicut omnis iustitia praecedentium sanctorum, immo omnium sanctorum, tantum mereri non potuit quantum gratiae datum est hominibus in christo, sic omnium peccata impiorum tantum malum mereri non potuerunt quantum venit super iudaeos, ut corpore talia paterentur, qualia passi sunt a romanis: et sic postmodum omnes generationes eorum usque in finem saeculi proicerentur a deo, et ludibrium fierent gentibus universis. quid enim peius potest fieri quam filium cum misericordia et humilitate venientem non suscipere, sed tali modo interficere? vel ita. omnis gens vel civitas non statim cum peccaverit, punit eam deus, sed expectat per multas generationes; quando autem placuerit deo perdere civitatem illam aut gentem, videtur omnium generationum praecedentium peccata reddere |250| illis: quoniam quae omnes merebantur, haec sola passa est; sic et generatio iudaeorum pro patribus suis videtur punita. vere autem non pro illis, sed pro se condemnati sunt. * chrysostomus in matth.. ° qui enim multos iam peccantes vidit, et incorrectus permansit, eadem rursus vel graviora faciens, maiori est poenae obnoxius.

lc12 * Chrysostomus in matth.. ° post praedicta, ad civitatem convertit dominus sermonem, ex hoc erudire volens auditores; unde dicit ierusalem, ierusalem. haec autem duplicatio miserentis est, et valde diligentis. * hieronymus. ° ierusalem autem non saxa et aedificia civitatis, sed habitatores vocat, quam patris plangit affectu. * chrysostomus super matth.. ° praevidens ruinam civitatis illius, et plagam quae a romanis superventura erat, recordabatur quidem sanguinis sanctorum suorum qui effusus erat ab illis, et postmodum effundendus: unde addit quae occidis prophetas et lapidas eos qui ad te missi sunt. missum ad te isaiam occidisti, et servum meum ieremiam lapidasti, ezechielem tractum per lapides excerebrasti: quomodo salvaberis, quae ad te medicum non venire permittis? et non dixit: occidisti, aut: lapidasti; sed occidis et lapidas, idest, quasi hanc propriam et naturalem consuetudinem habes ut occidas et lapides sanctos. |25| eadem enim fecit apostolis quae fecerat aliquando prophetis. * chrysostomus in matth.. ° deinde, cum vocasset eam, et abominabiles eius occisiones dixisset, quasi se excusando dixit quoties volui congregare filios tuos? quasi dicat: neque praedictis occisionibus me a tua benevolentia averti; sed volui te mihi adiungere, non semel aut bis, sed multoties. magnitudinem autem amoris sub similitudine gallinae ostendit. * augustinus de quaest. evang.. ° hoc enim genus animantis magnum affectum in filios habet, ita ut eorum infirmitate affecta infirmetur et ipsa: et, quod difficile in ceteris animantibus invenies, alis suis filios protegens contra milvum pugnat; sic et mater nostra, dei sapientia, per carnis susceptionem infirmata quodammodo, secundum illud apostoli: quod infirmum est dei, fortius est hominibus, protegit infirmitatem nostram, et resistit diabolo, ne nos rapiat. * origenes in matth.. ° filios autem ierusalem dicit, secundum quod dicimus semper |50| civium successores praecedentium filios. dicit autem quoties volui, cum sit manifestum semel eum docuisse in corpore iudaeos: semper enim christus praesens fuit et in moyse et in prophetis et in angelis, ministrantibus saluti humanae per singulas generationes. si quis autem non fuerit congregatus ab eo, iudicabitur quasi noluerit congregari. * rabanus. ° cessent igitur haeretici christo principium ex virgine dare; omittant alium legis et prophetarum deum praedicare. * augustinus in enchir.. ° ubi est autem illa omnipotentia qua in caelo et in terra omnia quaecumque voluit fecit, si colligere filios ierusalem voluit, et non fecit? an non potius illa quidem filios suos ab ipso colligi noluit, sed ea quoque nolente, filios eius collegit ipse quos voluit? * chrysostomus in matth.. ° deinde comminatur poenam quam semper formidaverunt, scilicet civitatis et templi eversionem, dicens ecce relinquetur vobis domus vestra deserta. * chrysostomus super matth.. ° sicut enim corpus, |75| anima recedente, prius quidem frigescit, deinde putrescit et solvitur, sic et templum nostrum, dei spiritu recedente, prius seditionibus et indisciplinatione replebitur, deinde veniet ad ruinam. * origenes. ° semper etiam eis qui noluerunt congregari sub alis eius, comminatur christus ecce relinquetur vobis domus vestra deserta, idest anima et corpus. sed et si quis ex vobis noluerit congregari sub alis christi, ex tempore illo ex quo congregationem refugit actu magis quam corpore, non videbit pulchritudinem verbi, donec poenitens a proposito malo dicat benedictus qui venit in nomine domini. tunc enim verbum dei benedictum venit super cor hominis quando fuerit quis conversus ad deum; unde sequitur dico enim vobis: non me videbitis amodo donec dicatis: benedictus qui venit in nomine domini. * hieronymus. ° quasi dicat: nisi poenitentiam egeritis, et confessi fueritis ipsum esse me, de quo prophetae cecinerunt, filium omnipotentis patris, faciem meam non videbitis. habent ergo iudaei datum |100| sibi tempus poenitentiae. confiteantur benedictum qui venit in nomine domini; et christi ora conspicient. * chrysostomus in matth.. ° vel aliter. per hoc occulte secundum adventum significavit: quoniam tunc omnino eum adorabunt. quod autem dicit amodo, ad tempus crucis refertur.

071 CMT cp24

lc1 * Origenes in matth.. ° postquam omnia quae super ierusalem ventura erant, christus praedixit, exiit de templo qui conservaverat templum, ne caderet donec fuit in eo; unde dicitur et egressus iesus de templo, ibat. sed et unusquisque cum sit templum dei propter spiritum dei inhabitantem in se, ipse fit causa suae desertionis ut egrediatur ab eo christus. sequitur et accesserunt ad eum discipuli eius, ut ostenderent ei aedificationes templi. dignum est videre quomodo ostendunt ei structuras templi, quasi nunquam viderit templum. ad quod respondendum est, quod cum christus prophetizasset superius ruinam templi futuram, audientes discipuli mirati sunt, talem ac tantam templi structuram ad nihilum redigendam; propterea ostendunt ei, ut flecterent eum ad misericordiam loci illius, ne faceret quod fuerat comminatus. sed et cum sit humanae naturae admirabilis constructio, facta videlicet templum dei, discipuli ceterique sancti etiam modo miranda opera dei |25| erga figmentum humanum confitentes, ante conspectum christi intercedunt, ne deserat genus humanum propter peccata ipsorum. sequitur ipse autem respondens dixit eis: videtis haec omnia? amen dico vobis: non relinquetur hic lapis super lapidem, qui non destruatur. * rabanus. ° iuxta historiam manifestus est sensus: quia quadragesimo secundo anno post passionem domini, sub vespasiano et tito romanis principibus, civitas eversa est cum templo. * remigius. ° divinitus autem procuratum est ut revelata iam luce gratiae, templum cum suis caeremoniis tolleretur: ne forte aliquis parvulus in fide, dum videret omnia illa quae a domino fuerant instituta et a prophetis sanctificata adhuc permanere, paulatim recedendo a sinceritate fidei, ad carnalem iudaismum transiret. * chrysostomus in matth.. ° sed qualiter verum est quod non mansit lapis super lapidem? vel enim desolationem eius ostendens omnimodam, hoc dixit; vel secundum illum locum ubi |50| erat: sunt enim eius partes usque ad fundamenta destructae. cum his et illud dicam, quoniam ex his quae facta sunt, et de reliquis oportet credere quod peribunt perfecte. * hieronymus. ° mystice autem recedente domino de templo, omnia legis aedificia et compositio mandatorum ita destructa est ut nihil a iudaeis possit impleri, et capite sublato universa inter se membra compugnent. * origenes. ° omnis etiam homo, qui suscipiens in se verbum dei, templum est; si post peccatum adhuc servat ex parte vestigia fidei et religionis, templum est ex parte destructum et ex parte consistens. qui autem postquam peccaverit, curam sui non habet, paulatim minuitur, donec ad plenum recedat a deo vivente: et sic non relinquetur lapis super lapidem, mandatorum dei, qui non destruatur.

lc2 * Remigius. ° perseverans dominus in itinere, pervenit ad montem oliveti; et quibusdam discipulis in via ostendentibus et laudantibus aedificationem templi, ipse palam praedixerat omnia esse destruenda: idcirco cum pervenissent ad montem oliveti, accesserunt ad eum interrogantes; unde dicitur sedente autem eo super montem oliveti. * chrysostomus in matth.. ° propter hoc autem secreto accesserunt, quia de magnis erant interrogaturi: etenim cupiebant discere diem adventus eius, quia vehementer desiderabant gloriam eius videre. * hieronymus. ° et interrogant tria. primo, quo tempore ierusalem destruenda sit, dicentes dic nobis, quando haec erunt? secundo, quo tempore christus venturus sit; unde dicunt et quod signum adventus tui? tertio, quo tempore consummatio saeculi sit futura; unde dicunt et consummationis saeculi? * chrysostomus in matth.. ° lucas autem ait unam esse interrogationem, quae est de hierosolyma, quasi |25| aestimantibus discipulis tunc futurum esse christi adventum et finem mundi quando hierosolyma destrueretur. marcus autem non omnes eos de consummatione hierosolymae interrogasse, sed petrum, iacobum, ioannem et andream, quasi liberius et securius christo loquentes. * origenes in matth.. ° puto autem montem oliveti mysterium esse ecclesiae quae ex gentibus est. * remigius. ° mons enim oliveti non habet infructuosas arbores, sed oliveta, quibus lumen nutritur ad fugandas tenebras, et quibus fessis requies, infirmis salus praestatur. sedens autem dominus supra montem oliveti contra templum, de ruina ipsius et excidio iudaicae gentis disputat, ut etiam ipso situ corporis monstret quia quietus manens in ecclesia, impiorum superbiam condemnat. * origenes. ° agricola enim residens in monte oliveti, verbum dei est in ecclesia confirmatum, christus scilicet, qui semper oleastri ramos inserit in bonam olivam patrum. qui habent fiduciam ante christum, discere volunt signum adventus christi |50| et consummationis saeculi. est autem duplex adventus verbi in animam. primus quidem stulta praedicatio de christo, quando praedicamus christum natum et crucifixum; secundus autem adventus est in viris perfectis, de quibus dicitur: sapientiam loquimur inter perfectos; et huic secundo adventui adiungitur consummatio saeculi in viro perfecto, cui mundus crucifixus est. * hilarius in matth.. ° et quia tria a discipulis quaesita sunt, distinctis et temporis et intelligentiae significationibus separantur. respondetur ergo primo de civitatis occasu, et deinde confirmatur veritate doctrinae, ne quis fallax ignorantibus possit obrepere; unde sequitur et respondens iesus, dixit eis: videte ne quis vos seducat: multi enim venient in nomine meo, dicentes: ego sum christus. * chrysostomus in matth.. ° neque enim de hierosolymae destructione, neque de secundo adventu respondit statim; sed de malis quibus statim obviandum erat. * hieronymus. ° unus autem eorum de quibus loquitur fuit simon |75| samaritanus, quem in actibus apostolorum legimus, qui se magnam dicebat esse virtutem, haec quoque inter cetera in suis voluminibus scripta dimittens: ego sum sermo dei, ego omnipotens, ego omnia dei. sed et ioannes apostolus in epistola sua 1 loquitur: audistis quia antichristus venturus est; nunc autem antichristi multi sunt. ego reor omnes haeresiarchas antichristos esse, et sub nomine christi ea docere quae contraria sunt christo. nec mirum si aliquos ab his videamus seduci, cum dominus dixerit et multos seducent. * origenes. ° multi autem sunt qui seducuntur: quia larga est porta quae ducit ad perditionem, et multi sunt qui intrant per eam. hoc autem solum sufficit ad cognoscendum seductionem antichristorum, qui dicunt ego sum christus, quod numquam legitur christus dixisse. sufficiebant enim ad credendum quod ipse est christus, opera dei, et sermo quem docebat, et virtus ipsius. omnis etiam sermo qui profitetur expositionem scripturarum secundum fidem |100| earum, et non habet veritatem, antichristus est. veritas enim christus est, et simulata veritas antichristus. sed et omnes virtutes invenimus esse christum, omnes simulatas virtutes antichristum: quoniam omnes species boni quascumque habet christus in se in veritate ad aedificationem hominum, omnes eas habet diabolus in specie ad seductiones sanctorum. opus ergo est nobis deo auxiliatore, ne quis nos seducat, vel sermo, vel virtus. malum enim est invenire aliquem secundum mores vitae errantem; multo autem peius arbitror esse non secundum verissimam regulam scripturarum sentire.

lc3 * Augustinus ad hesychium. ° interrogantibus discipulis ea dominus respondit quae iam ex illo tempore fuerant secutura, sive de excidio ierusalem, unde orta est ipsius interrogationis occasio; sive de adventu suo per ecclesiam, in qua usque ad finem venire non cessat; in suis enim veniens agnoscitur, dum eius quotidie membra nascuntur; sive de ipso fine in quo apparebit vivos iudicaturus et mortuos. cum itaque signa dicat quae ad ista tria pertinent, quod eorum trium signorum ad aliquid horum referendum sit, diligenter considerandum est, ne forte quod pertinet ad unum, referendum putemus ad alterum. * chrysostomus in matth.. ° hic autem loquitur de praeliis quae hierosolymis erant futura, cum dicit audituri enim estis praelia et opiniones praeliorum. * origenes in matth.. ° qui audit ipsas voces quae fiunt in praeliis, audit praelia; qui autem de praeliis longe gestis audit, opiniones vel rumores audit praeliorum. * chrysostomus |25| in matth.. ° quia vero per hoc turbari etiam discipuli poterant, ideo subdit videte ne turbemini. deinde quia aestimabant post illud bellum quo ierusalem destrueretur, statim finem mundi esse venturum, eos in vera opinione stabilit, dicens oportet enim haec fieri, sed nondum statim est finis. * hieronymus. ° idest, non putemus diem instare iudicii, sed in tempus aliud reservari; cuius signum perspicue in consequentibus ponitur. consurget enim gens in gentem, et regnum in regnum. * rabanus. ° vel admonentur apostoli ne his advenientibus terreantur, ut hierosolymam iudaeamque deserant; quia non statim finis, sed in quadragesimum annum desolatio provinciae, ultimumque urbis et templi sequetur excidium: de quibus subditur consurget enim gens in gentem, et regnum in regnum. constat autem hic acerbissimos dolores, quibus omnis vastata est provincia, ad litteram contigisse. * chrysostomus in matth.. ° deinde ut ostendat quoniam et ipse praeliabitur |50| contra iudaeos, non solum bella praenuntiat, sed et plagas divinitus illatas: unde subdit et erunt pestilentiae et fames et terraemotus per loca. * rabanus. ° notandum quod in hoc quod dicit consurget gens in gentem, ostenditur perturbatio hominum; erunt pestilentiae, ecce inaequalitas corporum; erit fames, ecce sterilitas terrae; terraemotus per loca, ecce respectus irae desuper. * chrysostomus in matth.. ° et non simpliciter haec fient secundum consuetudinem antea in hominibus existentem; sed ex ira quae erit desuper: et propter hoc non simpliciter dixit ea esse ventura, neque repente; sed cum quadam significatione subdit haec autem omnia sunt initia dolorum, idest iudaicorum malorum. * origenes. ° vel aliter: sicut aegrotant corpora ante mortem, sic necesse est ante corruptionem mundi ut quasi languens terra frequentius terraemotibus conquassetur, aer etiam vim mortiferam concipiens pestilens fiat; et vitalis virtus terrae deficiens, suffocet fructus. consequens autem est ut propter |75| inopiam ciborum, in avaritiam et bella homines excitentur; sed quia insurrectiones et lites interdum fiunt propter avaritiam, interdum autem propter concupiscentiam principatus, et gloriam vanam; adhuc profundiorem dabit aliquis causam eorum quae ante finem mundi sunt ventura. sicut enim adventus christi in pluribus gentibus divina virtute fecit pacem, sic consequens est ut propter abundantiam iniquitatis refriguerit caritas multorum; et ideo dereliquerit illos deus, et christus eius, iterum fieri praelia, dum non prohibentur a sanctitate operationes seminatrices bellorum: sed et adversariae virtutes dum non vetantur a sanctis et a christo, absque prohibitione operabuntur in cordibus hominum, ut excitent gentem adversus gentem, et regnum adversus regnum. si autem, sicut quibusdam placet, et fames et pestilentiae ab angelis satanae fiunt, haec etiam tunc invalescent ab adversis virtutibus, quando non fuerint sales terrae et lux mundi, christi discipuli, destruentes quae ex daemonum malitia seminantur. |100| et aliquando quidem in israel fames et pestilentiae fiebant propter peccata, quas orationes sanctorum solvebant. bene autem per loca: non enim insimul vult deus perdere humanum genus; sed iudicans per partes, dat poenitentiae locum. si autem incipientibus huiusmodi malis, non fuerit facta correptio, proficient ad peius: unde sequitur haec autem omnia initia sunt dolorum, generalium scilicet in universo mundo, et eorum qui secuturi sunt adversus impios, ut in doloribus acutissimis crucientur. * hieronymus. ° mystice autem videtur regnum contra regnum consurgere, et pestilentia eorum quorum sermo serpit ut cancer, et fames audiendi verbum dei, et commotio universae terrae, et a vera fide separatio, in haereticis magis intelligi, qui contra se invicem dimicantes, ecclesiae victoriam faciunt. * origenes. ° oportet autem haec fieri antequam videamus perfectionem sapientiae quae est in christo, sed non statim erit finis quem quaerimus: pacificus enim finis longe est |125| ab hominibus istis. * hieronymus. ° quod autem dixit haec omnia initia sunt dolorum, melius transfertur parturitionum, ut quasi conceptus quidam adventus antichristi, non partus intelligatur.

lc4 * Rabanus. ° quo merito hierosolymis, ac provinciae iudaeorum universae tot irroganda fuerint adversa, dominus manifestat subdens tunc tradent vos, * etc.. chrysostomus in matth.. ° vel aliter. quia discipuli audientes ea quae de hierosolyma dicebantur, sic dispositi erant ut extra turbationem essent, quasi de alia poena audientes, sibi vero prospera superventura sperabant, quae advenire valde desiderabant; propter hoc eis gravia praenuntiat, in sollicitudine eos statuens. et prius quidem iusserat eos vigilare contra deceptionem seductorum; nunc autem tyrannorum violentiam eis praedicit, dicens tunc tradent vos in tribulationem, et occident vos. opportune enim eorum mala interposuit, mitigationem habentia a communibus malis: nec solum ita eos consolatus est, sed ostendendo tribulationis causam, adiungens quod propter nomen eius haec essent passuri: unde sequitur et eritis odio omnibus hominibus propter nomen meum. * origenes in matth.. |25| ° sed quomodo etiam in ultimis partibus terrae commorantibus gentibus odio habetur populus christi? nisi forte et hic aliquis dicat propter exaggerationem positum omnibus pro multis. sed et hoc quod dicit tunc tradent vos, habet quaestionem: nam et priusquam haec fierent, traditi sunt christiani in tribulationes. sed aliquis respondebit, quoniam tunc maxime tradentur christiani in tribulationes quemadmodum unquam. amant enim qui in calamitatibus sunt, causas earum discutientes invenire aliquid quod loquantur. consequens ergo est ut quasi derelinquentibus hominibus deorum culturam propter multitudinem christianorum, dicant fieri bella, fames, et pestilentias; sed et terraemotus causam dicant christianos, propter quod et persecutiones passae sunt ecclesiae. * chrysostomus in matth.. ° postquam autem iam duplex praelium posuit, scilicet quod est a seductoribus, et quod est ab inimicis; consequenter tertium praelium ponit, quod est a falsis fratribus, |50| unde subdit et tunc scandalizabuntur multi, et invicem tradent, et odio habebunt invicem. vide autem et paulum haec plorantem et dicentem: foris pugnae, intus timores; et alibi: pericula in falsis fratribus; de quibus ibi dicit: tales sunt pseudoapostoli operarii subdoli. unde et hic subdit et multi pseudoprophetae surgent, et seducent multos. * remigius. ° imminente enim captivitate ierusalem, multi insurrexerunt, christianos se esse dicentes, et multos seduxerunt: quos paulus nominat falsos fratres, ioannes vero antichristos. * hilarius in matth.. ° ut nicolaus unus ex septem diaconibus fuit, qui multos mentita veritate pervertit. * chrysostomus in matth.. ° deinde quod his difficilius est ostendit, quia tales pseudoprophetae nullam mitigationem a caritate accipient; unde sequitur et quoniam abundabit iniquitas, refrigescet caritas multorum. * remigius. ° idest vera dilectio erga deum et proximum: nam quanto magis ab unoquoque iniquitas suscipitur, tanto |75| magis in corde ipsius ardor caritatis extinguitur. * hieronymus. ° considerandum autem, quod non negavit omnium futuram esse caritatem, sed multorum: nam in apostolis et in eorum similibus permansura est caritas, de qua paulus dicit: quis nos separabit a caritate christi? propter quod et hic subdit qui autem perseveravit usque in finem, hic salvus erit. * remigius. ° usque in finem dicit usque ad terminum vitae suae: qui enim usque ad terminum vitae suae in confessione nominis christi perseveraverit, et in caritate salvus factus est. * chrysostomus in matth.. ° deinde ne dicerent: qualiter ergo inter tot mala vivemus? quod plus est promittit: quod non solum viverent, sed etiam ubique docerent; unde subditur et praedicabitur hoc evangelium regni in universo orbe. * remigius. ° quia enim noverat dominus corda discipulorum contristanda esse de excidio ierusalem et perditione suae gentis, hoc solatio consolatur eos, quod multo plures credituri erant de gentibus |100| quam de iudaeis perirent. * chrysostomus in matth.. ° quod autem et ante captionem hierosolymae ubique praedicatum est evangelium, audi quod ait paulus: in omnem terram exivit sonus eorum. et vides eum a ierusalem ad hispaniam currentem. si autem unus tantam portionem accepit, excogita reliqui quanta operati sunt. unde et quibusdam scribens, de evangelio dicit quod fructificat et crescit in omni creatura quae sub caelo est. hoc autem est maximum signum virtutis christi, quod in triginta annis vel parum amplius evangelii sermo fines orbis terrarum implevit. quamvis autem evangelium ubique praedicatum fuerit, non tamen omnes crediderunt: propter quod subdit in testimonium omnibus gentibus idest in accusationem his qui non crediderunt. qui enim crediderunt, testabuntur adversus eos qui non crediderunt, et condemnabunt eos. convenienter autem postquam praedicatum est evangelium per orbem terrarum, tunc hierosolyma periit: unde sequitur et tunc veniet consummatio; |125| idest finis hierosolymorum. qui enim viderunt christi virtutem ubique refulgentem et in brevi tempore orbem terrarum supergressam, quam veniam habere debuerunt in ingratitudine permanentes? * remigius. ° potest autem et totus locus iste referri ad consummationem saeculi. tunc enim plurimi scandalizabuntur recedentes a fide, videntes multitudinem et divitias malorum, et miracula antichristi, et consocios persequentur; et antichristus mittet pseudoprophetas qui seducent multos; et abundabit iniquitas, quoniam numerus malorum augebitur; et refrigescet caritas, quoniam numerus bonorum minuetur. * hieronymus. ° signum etiam dominici adventus est in toto orbe evangelium praedicari, ut nullus sit excusabilis. * origenes in matth.. ° quod autem dicitur eritis odio omnibus hominibus propter nomen meum, sic salvare quis poterit, quia nunc quidem in unum consenserunt omnes gentes adversus christianos. cum autem contigerint quae christus praedixit, tunc fient persecutiones iam non |150| ex parte sicut ante, sed generaliter ubique adversus populum dei. * augustinus ad hesychium. ° sed qui putant hoc quod dicitur praedicabitur evangelium regni in universo orbe, per ipsos apostolos factum esse, non ita esse certis documentis probatum est. sunt enim in africa barbarae innumerabiles gentes, in quibus nondum praedicatum esse evangelium ex his qui ducuntur inde captivi, addiscere in promptu est. neque tamen ullo modo recte dici potest, istos ad promissionem dei non pertinere. non enim romanos solum, sed omnes gentes dominus semini abrahae iurando promisit. in quibus ergo gentibus nondum est ecclesia, oportet quod sit, non ut omnes qui ibi fuerint credant: quomodo enim illud implebitur eritis odio omnibus gentibus propter nomen meum, nisi in omnibus gentibus sint et qui oderint et quos oderint? non est igitur ab apostolis praedicatio ista completa, quando adhuc sunt gentes in quibus nondum coepit impleri. quod autem dixit apostolus: in omnem terram exivit |175| sonus eorum, quamvis locutio sit praeteriti temporis, verbis tamen quod futurum erat dixit, non quod iam factum atque completum: sicut et ipse propheta, quo usus est teste, fructificare et crescere dixit evangelium in universo mundo, ut ita signaret usque quo crescendo esset venturum. si ergo latet quando evangelio universus orbis implebitur, proculdubio latet quando finis erit: ante quippe non erit. * origenes in matth.. ° cum ergo omnis gens audiverit evangelii praedicationem, tunc erit saeculi finis; et hoc est quod sequitur et tunc erit consummatio. multae enim non solum barbarorum, sed etiam nostrarum gentium nondum audierunt christianitatis verbum. * glossa. ° utrumque autem dictorum tueri potest, si tamen diverso modo diffusio praedicationis evangelii intelligatur. si enim intelligatur quantum ad fructum praedicationis, qui est ut in singulis gentibus fundetur ecclesia credentium in christum, ut augustinus exponit, est signum quod oportet praecedere ante finem mundi; |200| non tamen praecessit ante destructionem hierosolymae. si autem intelligatur quantum ad famam praedicationis, sic ante finem hierosolymae fuit completum, discipulis christi per quatuor mundi partes dispersis. * unde hieronymus dicit: ° non puto aliquam remansisse gentem quae christi nomen ignoret; et quamquam non habuerit praedicatorem, tamen ex vicinis gentibus opinionem fidei non potest ignorare. * origenes in matth.. ° moraliter autem qui visurus est, secundum verbum dei, adventum gloriosum illum in animam suam, necesse est ut secundum mensuram profectus sui insidias a contrariis operationibus patiatur, quasi magnus athleta, et christus in eo ab omnibus odiatur: non tantum a gentibus secundum carnem, quantum a gentibus spiritualium nequitiarum. sed et in quaestionibus pauci erunt veritatem plenius attingentes; plures autem scandalizabuntur, et cadent ab ea, proditores et accusatores alterutrum propter dissensionem dogmatum veritatis; quod causa fiet ut odiant se invicem. |225| multi etiam erunt non sane tradentes de futuris sermonem, et quomodo non oportet interpretantes prophetas: quos pseudoprophetas dicit, seducentes multos; et ferventem dilectionem quae prius fuerat in simplicitate fidei, refrigescere facient. sed qui potuerit manere in apostolicae traditionis proposito, ipse salvabitur; et sic praedicatum evangelium in animas omnium, erit in testimonium omnibus gentibus, idest omnibus cogitationibus incredulis animarum.

lc5 * Chrysostomus in matth.. ° quia supra occulte insinuavit hierosolymae finem, consequenter idem manifeste ostendit, prophetiam inducens quae destructionem iudaeorum credere facit; unde dicit cum ergo videritis abominationem desolationis, quae dicta est a daniele propheta, stantem in loco sancto, qui legit intelligat. * hieronymus. ° hoc autem quod dictum est qui legit intelligat, ponitur ut ad intelligentiam mysticam provocemur. legimus autem in daniele hoc modo: et in dimidio hebdomadis auferetur sacrificium et libamina, et in templo desolationum abominatio erit usque ad consummationem temporis, et consummatio dabitur super solitudinem. * augustinus ad hesychium. ° lucas quidem, ut ostenderet tunc factam fuisse abominationem desolationis quae a daniele praedicta est, quando expugnata est ierusalem, eodem loco haec domini verba commemorat: cum videritis circumdari ab exercitu ierusalem, tunc scitote quia appropinquabit |25| desolatio eius. * chrysostomus super matth.. ° unde abominationem desolationis videtur mihi exercitum dicere, quo scilicet desolata est civitas sancta ierusalem. * hieronymus. ° aut potest intelligi de imagine caesaris, quam pilatus posuit in templo, aut de hadriani equestri statua, quae in ipso sancta sanctorum loco stetit usque in praesentem diem. abominatio enim secundum veterem scripturam idolum nuncupatur; et idcirco additur desolationis, quod in desolato templo atque deserto idolum positum sit. * chrysostomus in matth.. ° vel quia ille qui desolavit civitatem et templum, statuam intus posuit. ut autem discant quoniam viventibus quibusdam eorum haec erunt, propter hoc dixit cum videritis. ex quo admirare christi virtutem et discipulorum fortitudinem, qui in talibus temporibus praedicabant, in quibus omnia iudaica impugnabantur. apostoli autem ex iudaeis existentes, leges introduxerunt novas adversus romanos tunc dominantes. infinita |50| milia iudaeorum ceperunt romani, et duodecim viros non superaverunt nudos et inermes. quia vero multoties contigerat in gravibus praeliis iudaeos restauratos fuisse, sicut temporibus sennacherib et antiochi; ne aliquis suspicetur tale aliquid futurum, suis fugiendum esse praecepit cum subdit tunc qui in iudaea sunt fugiant ad montes. * remigius. ° haec enim omnia imminente desolatione ierusalem, constat fuisse impleta: appropinquante namque romano exercitu, omnes christiani qui in provincia erant, sicut historia ecclesiastica refert, divino miraculo moniti, longius recesserunt, et transeuntes iordanem, venerunt in pellam civitatem, et ibi sub tutela agrippae regis, cuius mentio in actibus apostolorum fit, aliquanto tempore manserunt: ipse autem agrippa, cum parte iudaeorum quae sibi obtemperabat, romano subditus erat imperio. * chrysostomus in matth.. ° deinde ostendens inevitabilia mala futura esse iudaeis et infinitam calamitatem, |75| subdit et qui in tecto est, non descendat tollere aliquid de domo sua; eligibilius enim erat nudo corpore salvari, quam intrare domum ut tolleret vestimentum, et occidi: propter quod et de eo qui est in agro subdit et qui in agro est, non revertatur tollere tunicam suam. si enim qui in civitate sunt fugiunt, multo magis qui foris sunt non oportet ad civitatem refugere. et quidem pecunias contemnere facile est, et providere sibi in vestimentis non difficile; quae autem a natura sunt, qualiter aliquis fugiet? qualiter enim praegnans fiet levis ad fugam, aut lactans poterit eum quem peperit deserere? propter quod subdit vae autem praegnantibus et nutrientibus in illis diebus: his quidem, quia pigriores sunt, et quia facile fugere non possunt, onere conceptionis gravatae; his autem, quia detinentur vinculo compassionis filiorum, et non possunt simul salvare eos quos lactant. * origenes in matth.. ° vel quoniam non erit tunc tempus miserendi neque super praegnantes, neque super lactantes, |100| neque super infantes earum. et quasi ad iudaeos loquens, qui arbitrabantur in sabbato non oportere ambulare viam amplius quam est sabbati iter, subdit orate autem ut non fiat fuga vestra hieme, vel sabbato. * hieronymus. ° quia scilicet in altero duritia frigoris prohibet ad solitudines pergere, et in montibus desertisque latitare; in altero autem transgressio legis est, si fugere voluerint; aut mors imminens, si remanserint. * chrysostomus in matth.. ° vide autem quoniam adversus iudaeos est hic sermo: non enim apostoli sabbatum erant observaturi, neque ibi mansuri, cum vespasianus hoc egit; etenim plures eorum iam praemortui erant. si autem aliquis remanserat, in aliis partibus orbis terrarum tunc conversabatur. propter quid autem hoc orandum esse dixerit, subdit erit enim tunc tribulatio magna, qualis non fuit ab initio mundi usque modo, neque fiet. * augustinus ad hesychium. ° apud lucam sic legitur: erit autem pressura magna super terram, et ira populo |125| huic; et cadent in ore gladii, et captivi ducentur in omnes gentes. nam et iosephus, qui iudaicam scripsit historiam, talia mala dicit populo tunc accidisse ut vix credibilia videantur. unde non immerito dictum est, talem tribulationem nec fuisse a creaturae initio, nec futuram; sed etsi tempore antichristi talis aut maior forsitan erit, intelligendum est de illo populo dictum, quod eis talis amplius futura non erit. si enim antichristum illi primitus et praecipue recepturi sunt, facturus est tunc idem populus tribulationem potius quam passurus. * chrysostomus in matth.. ° interrogo autem iudaeos, unde tam intolerabilis ira divinitus venit super eos, omnibus quae ante factae sunt difficilior. nam manifestum est quoniam propter crucis manifestationem. sed adhuc ostendit ipsos graviori poena fuisse dignos, in hoc quod dicitur et nisi breviati fuissent dies illi, non fieret salva omnis caro; ac si diceret: si amplius durasset praelium romanorum adversus civitatem, universi periissent |150| iudaei: omnem enim carnem iudaicam dicit, et qui foris et qui intus erant: non enim solum eos qui in iudaea erant impugnabant romani, sed et eos qui ubique dispersi erant persequebantur. * augustinus. ° quidam autem convenienter mihi intellexisse videntur mala ipsa significata nomine dierum, sicut sunt dicti dies mali in aliis scripturae divinae locis: neque enim dies ipsi mali sunt, sed ea quae fiunt in eis: ipsa enim dicta sunt breviari, ut deo tolerantiam donante, minus sentirentur; ac si quae magna essent, fierent brevia. * chrysostomus in matth.. ° ne vero iudaei dicerent, quoniam propter praedicationem et discipulos christi haec mala evenerunt, ostendit quod nisi illi essent, radicitus periissent; unde subditur sed propter electos breviabuntur dies illi. * augustinus. ° non enim debemus ambigere, quando eversa est ierusalem, fuisse in illo populo electos dei, qui ex circumcisione crediderant, sive fuerant credituri, electi ante constitutionem mundi, propter quos breviarentur dies illi, |175| ut tolerabilia mala fierent. non autem desunt qui existimant ita breviores dies illos futuros, quod cursu solis celeriore brevientur, sicut fuit longior dies orante iesu nave. * hieronymus. ° nec recordantur illius scripti: ordinatione tua perseverat dies. sed iuxta temporum qualitatem, idest abbreviatos non mensura sed numero, ne temporum mora concutiatur credentium fides. * augustinus. ° non tamen putemus hebdomadas danielis, vel propter dierum breviationes fuisse turbatas, vel illo iam tempore non fuisse completas, sed in fine temporum esse complendas: apertissime enim lucas testatur danielis prophetiam tunc fuisse completam quando eversa est ierusalem. * chrysostomus in matth.. ° intellige autem spiritus sancti dispensationem, quoniam nihil horum scripsit ioannes, ut non videretur ex ipsa eorum quae facta sunt historia scribere; etenim post captionem ierusalem vixit multo tempore. sed qui ante mortui sunt et nihil horum viderunt, ipsi scribunt, ut undique fulgeat praenuntiationis |200| virtus. * hilarius in matth.. ° vel aliter. totum indicium adventus futuri dominus ponit, dicens cum videritis abominationem. de antichristi enim temporibus haec locutus est propheta. abominatio ex eo dicta est quod adversus deum veniens honorem dei sibi vindicet: desolationis autem abominatio, quia bellis et caedibus terram desolaturus sit, atque ob id a iudaeis susceptus loco sanctificationis instituitur, ut ubi sanctorum precibus deus invocabatur, ibi ab infidelibus receptus dei honore venerabilis sit; et quia proprius iste iudaeorum error erit, ut qui veritatem respuerunt, suscipiant falsitatem, iudaeam deseri monet, et transfugere in montes, ne admixtione plebis illius antichristo crediturae, vis aut contagium afferatur. quod autem ait et qui in tecto sunt, non descendant tollere aliquid de domo sua, sic intelligitur: tectum est domus fastigium, et habitationis totius excelsa perfectio. qui igitur in consummatione domus suae, idest in cordis sui perfectione |225| constiterit, regeneratione spiritus novi celsus, non descendere in humiliora rerum saecularium cupiditate debebit. et qui in agro erit, non revertatur tollere tunicam suam; idest positus in operatione praecepti, non ad curas pristinas revertatur, ob quas veterum exinde peccaminum, quibus antea contegebatur, erit tunicam relaturus. * augustinus ad hesychium. ° in tribulationibus enim cavendum est ne quisquam devictus ad carnalem vitam de spirituali sublimitate descendat; aut qui profecerat in anteriora se extendens, deficiendo in posteriora respiciat. * hilarius in matth.. ° quod autem dicitur vae praegnantibus et nutrientibus in illis diebus; non de fetarum onere dominum admonuisse credendum est, sed animarum peccatis repletarum ostendisse gravitatem, quod neque in tecto positae, neque in agro manentes, repositae irae tempestatem vitare possint. illis quoque vae erit qui nutrientur: infirmitatem enim animarum quae ad cognitionem dei tamquam lacte educantur, in |250| his ostendit; et idcirco vae ipsis erit, quia ad fugiendum antichristum graves, et ad sustinendum imperitae, nec peccata effugerunt, nec cibum veri panis acceperunt. * augustinus de verb. dom.. ° vel praegnans est qui res alienas concupiscit; nutriens est qui iam rapuit quod concupiverat: istis enim vae erit in die iudicii. quod autem dominus dixit orate ne fiat fuga vestra hieme, vel sabbato, * augustinus de quaest. evang., ° idest ne in laetitia vel tristitia rerum temporalium quis inveniatur in die illa. * hilarius in matth.. ° vel ne aut in peccatorum frigore, aut in otio bonorum operum reperiamur, quia gravius vexatio incumbet; nisi quod causa electorum dei diebus illis sit brevitas afferenda, ut vim malorum coarctatum tempus exsuperet. * origenes in matth.. ° mystice autem in loco sancto omnium scripturarum, tam veteris testamenti quam novi, antichristus, qui est falsum verbum, stetit frequenter; qui autem hoc vident, ex iudaeae |275| littore fugiant ad sublimes veritatis montes. et si quis inventus fuerit ascendisse supra tectum verbi, et stare super fastigium eius, non descendat inde, occasione ut auferat aliquid de domo sua. et si fuerit in agro in quo absconditus est thesaurus, et reversus fuerit retro, incurret in seductionem verbi mendacis; et maxime si spoliaverit se vestimentum vetus, idest veterem hominem, et iterum conversus fuerit tollere ipsum. tunc autem anima in utero habens, quae necdum fructificavit ex verbo, incurrit in vae: proicit enim conceptum, et evacuatur a spe, quae est in actibus veritatis; similiter autem si videatur formatum et fructificatum verbum, non autem fuerit enutritum sufficienter. orent autem qui fugiunt in montes, ne fuga eorum fiat hieme vel sabbato: quoniam in tranquillitate animae constitutae possunt impetrare viam salutis: et in sabbato, quando homo bona opera non facit, fuga vestra non fiat; nemo enim in periculo falsi dogmatis facile superatur, nisi qui nudus fuerit ab operibus |300| bonis. quae est autem maior tribulatio quam videre fratres nostros seduci, et quod aliquis videat seipsum moveri et conturbari? dies autem intelliguntur praecepta et dogmata veritatis: omnes autem intellectus a scientia falsi nominis venientes, additamenta sunt dierum quae deus abbreviavit per quos vult.

lc6 * Chrysostomus in matth.. ° cum complesset dominus ea quae de hierosolymis sunt, ad suum de cetero pervenit adventum, et dicit eius signa non illis utilia solum, sed et nobis, et his qui post nos erunt omnibus: unde dicit tunc si quis vobis dixerit: ecce hic est christus aut illic, nolite credere. sicut autem cum supra dixit evangelista: in diebus illis venit ioannes baptista, non tempus quod immediate est consequens exposuit, cum triginta anni in medio essent, ita et hic cum dicit tunc, totum medium tempus praetermisit, quod futurum erat a captione hierosolymae usque ad initia consummationis mundi. dans autem eis signa sui secundi adventus, de loco eos certificat et de seductoribus: non enim sicut in priori adventu in bethlehem apparuit, et in parvulo angulo orbis terrarum, et nullo sciente a principio, ita et tunc erit; sed manifeste veniet, ita quod non indigeat quod aliquis eius adventum annuntiet; propter quod dicit si quis vobis dixerit: ecce hic est christus aut illic, non credatis. * hieronymus. ° in quo ostendit quod secundus adventus non in humilitate, ut primus, sed in gloria demonstrandus est. stultum est itaque eum in parvo loco vel in abscondito quaerere, qui totius mundi lumen est. * hilarius in matth.. ° et tamen, quia in magna vexatione positi erunt homines, pseudoprophetae, tamquam praesentem in christo opem sint indicaturi, multis in locis christum esse atque haberi mentientur, ut in antichristi famulatum depressos vexatosque deducant; et ideo subdit surgent enim pseudochristi et pseudoprophetae. * chrysostomus in matth.. ° hic de antichristo loquitur et de quibusdam eius ministris, quos pseudochristos et pseudoprophetas appellat, quales et tempore apostolorum multi fuerunt; sed ante secundum adventum christi, erunt multo prioribus amariores: unde subdit et dabunt signa magna et prodigia. * augustinus in lib. 83 quaest.. ° admonet autem hic dominus, ut intelligamus quaedam miracula etiam sceleratos homines facere, qualia sancti facere non possunt: nec tamen ideo potioris loci apud deum arbitrandi sunt. non enim acceptiores erant deo quam populus israel magi aegyptiorum, quia non poterat ille populus facere quod illi faciebant; quamvis moyses in virtute dei maiora potuerit. sed ideo non omnibus sanctis ista attribuuntur, ne perniciosissimo errore decipiantur infirmi, existimantes in talibus factis maiora dona quam in operibus iustitiae, quibus vita aeterna comparatur. cum ergo talia faciunt magi qualia nonnunquam faciunt sancti, diverso fine et diverso iure fiunt: isti enim faciunt quaerentes gloriam suam, illi quaerentes gloriam dei; et illi faciunt per quaedam potestatibus concessa in ordine suo, quasi privata commercia vel beneficia: isti autem in publica administratione iussu eius cui cuncta creatura subiecta est. aliter enim cogitur possessor equum dare militi, aliter tradit emptori, vel cuilibet donat aut commodat; et quemadmodum plerique mali milites, quos imperialis disciplina commendat, signis imperatoris sui nonnullos possessores territant, et ab eis aliquid quod publice non iubetur extorquent; ita nonnunquam mali christiani, per nomen christi vel per verba vel sacramenta christiana exigunt aliquid a potestatibus; cum autem malis iubentibus voluntate cedunt, ad seducendos homines cedunt, quorum errore laetantur. quapropter aliter faciunt miracula magi, aliter boni christiani, aliter mali christiani: magi per privatos contractus, boni christiani per publicam iustitiam, mali christiani per signa publicae iustitiae. nec hoc etiam oportet mirari; quia omnia quae visibiliter fiunt, etiam per inferiores potestates aeris huius, non absurde fieri posse creduntur. * augustinus de trin.. ° nec ideo tamen putandum est transgressoribus angelis ad nutum servire hanc visibilium rerum materiam, sed deo potius, a quo eis potestas datur; nec sane creatores, illi mali angeli dicendi sunt: sed pro subtilitate sua semina rerum istarum nobis occultiora noverunt, et ea per congruas temperationes elementorum latenter spargunt, atque ita et gignendarum rerum et accelerandorum incrementorum praebent occasiones: nam et multi homines noverunt ex quibus herbis aut carnibus aut succis aut humoribus ita obrutis vel commixtis quae animalia nasci soleant: sed haec ab hominibus tanto difficilius fiunt, quanto desunt sensuum subtilitates et corporum mobilitates in membris terrenis et pigris. * gregorius moralium. ° cum ergo antichristus coram carnalium oculis miranda prodigia fecerit, post se tunc homines trahet: quia qui bonis praesentibus delectantur, potestati illius se absque retractione subicient; unde sequitur ita ut in errorem inducantur, si fieri potest, etiam electi. * origenes in matth.. ° exaggeratorius sermo est dicens si possibile est: non enim pronuntiavit, neque dixit ut in errorem mittantur electi: sed ostendere vult quoniam frequenter valde persuasorii sunt sermones haereticorum, et commovere potentes etiam eos qui sapienter agunt. * gregorius moralium. ° vel quia electorum cor et trepida cogitatione concutitur, et tamen eorum constantia non movetur, una sententia dominus utrumque complexus est: quasi enim iam errare est in cogitatione titubare. sed si fieri potest subiungitur, quia fieri non potest ut in errorem electi capiantur. * rabanus. ° vel non ideo hoc dicit quod electio divina frustretur, sed qui humano iudicio electi videbantur, illi in errorem mittentur. * gregorius in evang.. ° minus autem iacula feriunt quae praevidentur; et propter hoc subditur ecce praedixi vobis. dominus enim noster perituri mundi praecurrentia mala denuntiat, ut eo minus perturbent venientia quo fuerint praescita: propter quod consequenter concludit si ergo dixerint vobis: ecce in deserto est, nolite exire; ecce in penetralibus, nolite credere. * hilarius in matth.. ° nam pseudoprophetae, de quibus supra dixerat, nunc in desertis christum esse dicent, ut homines errore depravent; nunc in penetralibus asserent eum esse, ut homines dominantis antichristi potestate concludant. sed dominus se nec loco occultandum, nec a singulis seorsum contuendum esse profitetur, sed ubique et in conspectu omnium praesentem se futurum esse denuntiat: unde sequitur sicut enim fulgur exit ab oriente et paret usque in occidentem, ita erit adventus filii hominis. * chrysostomus in matth.. ° sicut enim supra praedixit qualiter antichristus venturus est, ita et per hoc ostendit qualiter ipse sit venturus. sicut enim fulgur non indiget annuntiante aut praecone, sed in instanti momento temporis monstratur secundum universum orbem terrarum etiam his qui in thalamis sedent, ita et adventus christi simul apparebit ubique propter gloriae fulgorem. consequenter autem dicit et aliud signum sui adventus, cum subdit ubicumque fuerit corpus, illic congregabuntur et aquilae: per aquilas multitudinem angelorum, martyrum et sanctorum omnium designans. * hieronymus. ° de exemplo enim naturali quod quotidie cernimus, christi instruimur sacramento: aquilae enim et vultures, etiam transmarina dicuntur sentire cadavera, et ad escam huiuscemodi congregari. si ergo irrationabiles volucres naturali sensu tantis terrarum spatiis separatae, parvum cadaver sentiant ubi iaceat; quanto magis omnis multitudo credentium debet ad christum festinare, cuius fulgur exit ab oriente et paret usque ad occidentem? possumus autem per corpus, idest ptoma, quod significantius latine dicitur cadaver ab eo quod per mortem cadat, passionem christi intelligere. * hilarius. ° unde ut nec loci in quo venturus esset, essemus ignari, dicit ubicumque fuerit corpus, ibi congregabuntur et aquilae. sanctos de volatu spirituali corporis aquilas nominavit, quorum congregantibus angelis conventum futurum in loco passionis ostendit; et digne illic claritatis adventus expectabitur ubi nobis gloriam aeternitatis passione corporeae humilitatis operatus est. * origenes in matth.. ° et vide, quia non dixit ubicumque fuerit corpus, ibi congregabuntur vultures, aut corvi, sed aquilae: volens ostendere magnificos et regales omnes qui in passione domini crediderunt. * hieronymus. ° aquilae enim appellantur quibus iuventus renovata est ut aquilae, et qui assumunt pennas, ut ad christi veniant passionem. * gregorius moralium. ° potest etiam intelligi: ubicumque fuerit corpus, ac si dicat: quia caelesti sede incarnatus praesideo, electorum animas, cum carne solvero, ad caelestia sublevabo. * hieronymus. ° vel aliter. quod hic dicitur, de pseudoprophetis intelligi potest. multi enim tempore captivitatis iudaicae principes extitere qui christos se esse dicerent, intantum ut obsidentibus romanis, tres intus fuerint factiones. sed melius de consummatione mundi dicitur, ut expositum est. potest autem et tertio de haereticorum contra ecclesiam pugna intelligi, et de istiusmodi antichristis, qui sub opinione falsae scientiae contra christum dimicant. * origenes in matth.. ° generaliter enim unus est antichristus, species autem eius multae; tamquam si dicamus: mendacium nihil differt a mendacio. sicut autem veri christi fuerunt sancti prophetae, sic intellige secundum unumquemque pseudochristum, multos eius falsos prophetas, qui antichristi alicuius falsos sermones praedicant quasi veros. quando ergo dicet aliquis ecce hic est christus, ecce illic, non quasi extra scripturam foras aspiciendum est: ex lege enim et prophetis et apostolis proferunt quae videntur defendere mendacium. vel per hoc quod dicit ecce hic est christus, ecce illic, ostendunt non christum, sed aliquem fictum eiusdem nominis, ut puta secundum marcionis doctrinam, aut valentini et basilidis. * hieronymus. ° si quis ergo promiserit vobis quod in deserto gentilium et philosophorum dogmate christus moretur, aut in haereticorum penetralibus, qui dei pollicentur arcana, nolite credere, sed quod ab oriente usque in occidentem fides catholica in ecclesiis fulget. * augustinus de quaest. evang.. ° orientis et occidentis nomine totum orbem voluit signare, per quem futura erat ecclesia. secundum autem illum sensum quo dixit: amodo videbitis filium hominis venientem in nubibus, convenienter etiam nunc fulgur nominavit, quod maxime solet emicare de nubibus. constituta ergo auctoritate ecclesiae per orbem terrarum clara atque manifesta, convenienter discipulos admonet, atque omnes fideles, ne schismaticis atque haereticis credant. unumquodque schisma aut unaquaeque haeresis locum suum habet, in orbe terrarum aliquam tenens partem; aut obscuris atque occultis conventiculis curiositatem hominum decipit; quo pertinet quod ait si quis vobis dixerit: ecce hic est christus, aut illic; quod significat terrarum partes aut provinciarum; aut in penetralibus aut in deserto; quod significat occulta et obscura conventicula haereticorum. * hieronymus. ° vel per hoc quod dicit in deserto, et in penetralibus ostenditur quod persecutionis et angustiarum tempore semper pseudoprophetae decipiendi inveniunt locum. * origenes in matth.. ° vel quando secretas et non vulgatas scripturas proferunt ad confirmationem mendacii sui, videntur dicere: ecce in solitudine verbum est veritatis. quoties autem canonicas proferunt scripturas, in quibus omnis christianus consentit, videntur dicere: ecce in domibus est verbum veritatis. sed nos exire non debemus a prima ecclesiastica traditione. vel eos sermones qui sunt omnino extra scripturam ostendere volens, dixit si dixerint vobis: ecce in solitudine est, nolite exire, de regula fidei. eos autem qui simulant divinas scripturas, ostendere volens, dixit si dixerint vobis: ecce in penetralibus est, nolite credere. veritas enim similis est fulguri egredienti ab oriente, et apparenti usque ad occidentem. vel hoc dicit, quoniam veritatis fulgur ex omni scripturarum loco defenditur. exit ergo veritatis fulgur ab oriente, idest ab initiis christi, et apparet usque ad passionem ipsius, in qua est occasus eius; vel a primo initio creaturae mundi, usque ad novissimam apostolorum scripturam. vel oriens quidem est lex, occidens autem finis legis et prophetiae ioannis. sola autem ecclesia neque subtrahit huius fulguris verbum et sensum, neque addit quasi prophetiam aliquid aliud. vel hoc dicit, quia non debemus attendere eis qui dicunt ecce hic est christus; non autem ostendunt eum in ecclesia, in qua tota totus est adventus filii hominis dicentis: ecce ego vobiscum sum omnibus diebus usque ad consummationem saeculi. * hieronymus. ° provocamur autem ad passionem christi, ut ubicumque in scripturis legitur, congregemur, ut per illam venire possimus ad verbum dei.

lc7 * Glossa. ° postquam dominus praemunivit fideles contra seductionem antichristi et ministrorum eius, ostendens se manifeste esse venturum, nunc ordinem et modum sui adventus demonstrat dicens statim autem post tribulationem dierum illorum sol obscurabitur. * chrysostomus in matth.. ° tribulationem dicit dierum antichristi et pseudoprophetarum: tribulatio enim tunc erit magna tot existentibus deceptoribus. sed non extendetur per temporis longitudinem. si enim iudaicum bellum propter electos decurtatum est, multo magis propter eos haec tribulatio abbreviabitur: et propter hoc non simpliciter dixit post tribulationem; sed addit statim: ipse enim confestim aderit. * hilarius in matth.. ° gloriam autem adventus sui indicat obscuritate solis, et defectione lunae, et casu stellarum; nam sequitur et luna non dabit lumen suum, et stellae cadent de caelo. * origenes in matth.. ° dicet autem aliquis: sicut in magnis ignibus succendi incipientibus tenebrae ex fumo plurimo videntur extolli, sic in consummatione mundi ab igne, qui succendendus est, obscurabuntur etiam luminaria magna; marcescente autem stellarum lumine, reliquum earum corpus, cum exaltari non valeat, sicut primum cum a lumine ipso portatum extollebatur, cadet de caelo. his accidentibus consequens est caelorum rationabiles virtutes stuporem et commotionem aliquam pati, et conturbari, remotas a primis functionibus suis; unde sequitur et virtutes caelorum commovebuntur, et tunc parebit signum filii hominis in caelo, in quo scilicet caelestia facta sunt, idest virtus quam operatus est filius suspensus in ligno; et in caelo apparebit maxime signum illius, ut homines de omnibus tribubus quae prius non crediderunt christianitatem annuntiari, tunc recognoscentes per signum illud manifestatam, plangent, et lamentabuntur propter ignorantiam suam, atque peccata; unde sequitur et tunc plangent omnes tribus terrae. alius autem aliter arbitrabitur: quoniam sicut lucernae paulatim deficit lumen, sic caelestium luminum deficiente nutrimento, sol obscurabitur, et luna, et stellarum lumen deficiet, et quod remanserit in eis, quasi terrenum cadet de caelo. sed quomodo potest dici de sole quoniam obscurabitur lumen eius, cum isaias propheta profectum aliquem solis in consummatione fore declaret? similiter et de luna isaias profert quoniam erit sicut sol. de stellis autem quidam dicere tentant, aut omnes aut plures earum maiores esse tota terra. quomodo ergo cadent de caelo, cum magnitudini earum non sufficiat terra? * hieronymus. ° non ergo diminutione luminis huiusmodi accident; alioquin solem legimus septuplum habiturum luminis; sed comparatione verae lucis omnia visui apparebunt tenebrosa. * rabanus. ° nihil tamen prohibet intelligi veraciter tunc solem et lunam cum ceteris sideribus ad tempus suo lumine privari, sicut de sole factum constat tempore dominicae passionis; unde et ioel dicit: sol convertetur in tenebras et luna in sanguinem, antequam veniat dies domini magnus et manifestus. ceterum, peracto die iudicii et clarescente futurae gloriae vita, cum fuerit caelum novum et terra nova, tunc fiet quod isaias propheta dicit: erit lux lunae sicut lux solis, et lux solis erit septempliciter. quod autem de stellis dictum est: et stellae cadent de caelo, in marco ita scriptum est: et stellae caeli erunt decidentes, idest suo lumine carentes. * hieronymus. ° per virtutes autem caelorum, angelorum multitudines intelligimus. * chrysostomus in matth.. ° qui valde decenter commovebuntur vel concutientur, videntes tantam transmutationem fieri, et conservos suos puniri, et orbem terrarum terribili assistentem iudicio. * origenes in matth.. ° sicut autem in dispensatione crucis, sole deficiente, tenebrae factae sunt super terram; sic et signo filii hominis apparente in caelo, deficient lumina solis, lunae et stellarum, quasi consumpta ex multa virtute signi illius; unde sequitur tunc apparebit signum filii hominis in caelo. signum |100| autem crucis hic intelligamus, ut videant, iuxta zachariam et ioannem, iudaei quem compunxerant et signum victoriae. * chrysostomus in matth.. ° si autem sol quidem obtenebraretur, crux non appareret, nisi multo solaribus radiis luculentior esset. ne autem discipuli verecundentur et doleant de cruce, eam signum nominat cum quadam claritate. apparebit autem signum crucis, ut iudaeorum inverecundiam confutet: adveniet enim christus in iudicio non vulnera solum, sed mortem exprobratissimam ostendens; unde sequitur et tunc plangent omnes tribus terrae. visa enim cruce considerabunt quod mortuo eo nihil profecerant, et quoniam crucifixerunt eum quem adorari oportebat. * hieronymus. ° recte autem dicit tribus terrae: hi enim plangent qui municipatum non habent in caelis, sed scripti sunt in terra. * origenes in matth.. ° moraliter autem dicit aliquis obscurandum solem, esse diabolum, qui in consummatione est arguendus, cum sit tenebrae, simulat autem solem: luna autem |125| quae videtur homini illuminari sole, est omnis ecclesia malignantium, quae frequenter lumen se habere et dare promittit, tunc autem redarguta cum reprobatis dogmatibus suis claritatem suam amittet; sed et quicumque, sive in dogmatibus sive in virtutibus falsis, hominibus quidem veritatem promittebant, mendaciis autem seducebant, hi convenienter dicendi sunt stellae cadentes de caelo, ut ita dicam, suo, ubi erant in altitudine constitutae, extollentes se adversus scientiam dei. ad commendationem autem sermonis huius utemur exemplo proverbiorum dicente: lumen iustorum semper inextinguibile est; lumen autem impiorum extinguetur. tunc claritas dei apparebit in omni qui portavit imaginem caelestis; et caelestes laetabuntur, terreni autem plangent. vel ecclesia est sol, luna et stellae, cui dictum est: speciosa ut luna, electa ut sol. * augustinus ad hesychium. ° tunc enim sol obscurabitur et luna non dabit lumen suum, quia ecclesia non apparebit, impiis tunc persecutoribus ultra |150| modum saevientibus. tunc stellae cadent de caelo, et virtutes caelorum commovebuntur: quoniam multi qui gratia dei fulgere videbantur, persequentibus cedent et cadent; et quidem fideles fortissimi turbabuntur. hoc autem post tribulationem dierum illorum dicitur esse futurum, non quia transacta tota illa persecutione accidant ista, sed quia praecedet tribulatio, ut sequatur quorumdam defectio: et quia per omnes dies illos ita fiet, propterea post tribulationem dierum illorum, sed tamen eisdem diebus, fiet.

lc8 * Chrysostomus in matth.. ° quia crucem audiverant, ne rursus existimarent aliquid turpe esse futurum, subiungit et videbunt filium hominis venientem in nubibus caeli cum virtute multa et maiestate. * augustinus ad hesychium. ° cuius quidem proprior sensus est, ut cum hoc quisque audierit vel legerit, ipsum esse adventum accipiat, quando venturus est ad vivos et mortuos iudicandos in corpore suo; in quo sedet ad dexteram patris, in quo etiam mortuus est et resurrexit, et ascendit in caelum: et, sicut in actibus apostolorum legitur: nubes suscepit eum ab oculis eorum; et quia illic dictum est ab angelis: sic veniet, quomodo vidistis eum euntem in caelum, merito credendus est non solum in eodem corpore, verum etiam in nube venturus. * origenes in matth.. ° videbunt ergo oculis corporalibus filium hominis in specie humana venientem in nubibus caeli, idest supernis. sicut enim quando transformatus est, vox venit de |25| nube; sic cum veniet iterum in speciem transformatus gloriosam, et non super unam nubem, sed super multas, quae erunt vehiculum eius. et siquidem ut ne terram calcaret filius dei hierosolymam ascendens, diligentes eum, straverunt vestimenta sua in via, neque asellum qui portabat eum volentes terram calcare; quid mirum, si pater et deus omnium nubes sternat caelestes sub corpore filii descendentis ad opus consummationis? dicet autem aliquis, quoniam sicut in factione hominis accepit deus limum de terra, et finxit hominem, sic ut appareat gloria christi, accipiens dominus de caelo et de caelesti corpore, corporavit primum quidem in transfiguratione in nubem lucidam; in consummatione autem in nubes lucidas: propter quod nubes caeli dicuntur, secundum quod et limus terrae est dictus: et decet patrem talia miranda dare filio suo, qui se humiliavit; et propterea exaltavit illum non solum secundum spiritum, sed etiam secundum corpus, ut super talibus nubibus veniret; et forsitan |50| super nubibus rationabilibus, ne irrationabile esset vehiculum filii hominis glorificati. et primum quidem venit iesus cum virtute, ex qua faciebat signa et prodigia in populo; omnis autem illa virtus comparatione illius virtutis multae cum qua in fine venturus est, modica erat: virtus enim erat exinanientis seipsum. consequens est etiam ut ad maiorem gloriam reformetur quam fuit transformatus in monte: tunc enim propter tres tantummodo transformatus est: in consummatione autem mundi totius apparebit in gloria multa, ut videant eum omnes in gloria. * augustinus. ° sed quoniam scripturae scrutandae sunt, nec earum superficie debemus esse contenti, diligenter sunt inspicienda sequentia: post pauca enim sequitur cum videritis haec omnia fieri, scitote quia prope est iam in ianuis: tunc enim scimus prope esse, cum non aliqua videmus esse praemissorum, sed haec omnia, in quibus et hoc est quod videbitur filius hominis veniens. et mittet angelos suos de quatuor partibus mundi; |75| idest, de toto orbe terrarum congregabit electos suos: quae tota hora novissima facit veniens in suis membris tamquam in nubibus, vel in tota ipsa ecclesia tamquam in nube magna, sicut nunc venire non cessat; sed ideo cum potestate magna et maiestate, quia maior potestas et maiestas illius apparebit sanctis, quibus magnam virtutem dabit, ne tanta persecutione vincantur. * origenes in matth.. ° vel cum magna virtute venit quotidie ad animam hominis credentis in nubibus propheticis; idest in scripturis prophetarum et apostolorum, qui verbum dei super humanam naturam in intellectibus suis declarant; sic etiam eis qui intelligunt dicimus appareré gloriam multam; quae quidem videtur in secundo verbi adventu, quod est perfectorum: et sic fortasse omnia quae a tribus evangelistis dicta sunt de christi adventu, diligentius inter se collata et bene discussa, invenientur ad hoc pertinere quod quotidie venit in corpore suo, quod est ecclesia; de quo adventu suo alibi dixit: amodo videbitis |100| filium hominis sedentem a dextris virtutis dei, et venientem in nubibus caeli; exceptis his locis ubi ab eo ille adventus ultimus in seipso promittitur.

lc9 * Origenes in matth.. ° quia de planctu mentionem fecerat, qui ad hoc erit ut sponte contra se sententiam proferant, et seipsos condemnent; ne putetur quod in isto planctu mala eorum terminentur, subdit et mittet angelos suos cum tuba et voce magna. * remigius. ° haec autem tuba non revera corporea est intelligenda, sed archangelica vox, quae adeo magna erit ut ad clamorem illius omnes mortui de terrae pulvere resurgant. * chrysostomus in matth.. ° sonus autem tubae pertinet ad resurrectionem, ad gaudium, ad repraesentandum stuporem qui tunc erit, ad dolorem illorum qui relinquentur et in nubibus non rapientur. * origenes. ° scriptum est autem in numeris quod ex quatuor ventis congregabunt sacerdotes tibicinantes eos qui sunt ex castris israel; secundum quorum comparationem de angelis christi consequenter dicitur et congregabunt electos eius a quatuor ventis. * remigius. ° idest, a quatuor climatibus mundi, idest |25| oriente, occidente, aquilone et austro. * origenes. ° et simpliciores quidem opinantur eos tantum qui tunc inventi fuerint in corpore, aggregandos; sed melius est dicere congregandos ab angelis christi esse omnes, non solum ab adventu christi et usque ad consummationem vocatos atque electos, sed omnes qui a constitutione fuerint mundi, qui viderunt, sicut abraham, christi diem, et exultaverunt in illa. quoniam autem non tantum illos qui in corpore fuerint comprehensi, dicit congregandos christi electos, sed etiam illos qui de corporibus sunt egressi, manifestat sermo dicens, congregatos electos non solum a quatuor ventis, sed etiam subdens a summis caelorum usque ad terminos eorum: quod nemini super terram existenti arbitror convenire. vel caeli sunt scripturae divinae, aut auctores earum, in quibus habitat deus. summa autem scripturarum sunt initia illarum, termini autem consummationes earum. congregantur ergo sancti a summis caelorum, idest ab eis qui vivunt in initiis scripturarum usque |50| ad eos qui vivunt in consummationibus earum. congregabuntur enim tuba, et voce magna, ut qui audierint et adverterint parent se ad viam perfectionis quae ducit ad filium dei. * remigius. ° vel aliter. ne forte aliquis putaret quod solummodo a quatuor partibus mundi, et non a mediterraneis regionibus et locis; ideo addit a summis caelorum usque ad terminos eorum. per summum enim caeli medium orbis intelligitur, quia medio orbis summum caeli praesidet. per terminos autem caelorum, fines terrae significat, ubi longe distantibus circulis caeli terrae insidere videntur. * chrysostomus in matth.. ° quod autem per angelos dominus electos vocat, ad electorum honorem pertinet: nam et paulus dicit quod rapientur in nubibus: quia eos quidem qui resurrexerunt congregabunt angeli; congregatos autem recipient nubes.

lc10 * Chrysostomus in matth.. ° quia dixerat quod statim post tribulationem dierum illorum, quae praedicta sunt contingerent, ipsi autem quaerere poterant, post quantum tempus, ideo exponit exemplum ponens de ficu, dicens ab arbore fici discite parabolam: cum iam ramus eius tener fuerit, et folia nata, scitis quia prope est aestas. * hieronymus. ° quasi dicat: sicut quando teneri fuerint in arbore ficus cauliculi, et gemma erumpit in florem, cortexque folia parturit, intelligitis aestatis adventum, et favonii ac veris introitum, ita cum omnia quae scripta sunt videritis, nolite putare iam adesse consummationem mundi; sed quasi praevia et praecursores quosdam venire, ut ostendat quod prope sit, et in ianuis; unde sequitur ita et vos cum videritis haec omnia, scitote quia prope est in ianuis. * chrysostomus in matth.. ° per quod ostendit quod non multum erit temporis medium; sed statim adventus christi occurret. per ramum autem et |25| aliud quiddam praenuntiat, scilicet aestatem spiritualem, et tranquillitatem iustis post hiemem esse futuram; peccatoribus autem e contrario hiemem post aestatem. * origenes in matth.. ° sicut enim ficus in tempore quidem hiemis, vitalem virtutem habet in se absconditam, postmodum autem cum virtus ipsa vitalis prodire coeperit ad manifestationem praetereunte hieme, et ipsa valetudine, eius ramus efficitur tener, et folia producit: sic et mundus, et unusquisque eorum qui salvantur ante christi adventum, quasi in hieme in se absconsam habent vitalem virtutem; christo autem inspirante fiunt teneri et non duri cordis rami; et quae abscondita erant in eis, progrediuntur in folia, et manifestos fructus ostendunt: talibus autem prope est aestas, et adventus gloriae verbi dei. * chrysostomus in matth.. ° propter hoc etiam istud posuit, ut credere faciat hunc sermonem omnino ita esse venturum: ubicumque enim quod omnino eventurum est dicit, naturales necessitates in exemplum inducit. |50| * augustinus ad hesychium. ° quod autem de signis evangelicis et propheticis, quae fieri cernimus, propinquum domini adventum sperare debeamus, quis negat? quotidie quippe magis magisque fit proximus; sed quanto intervallo propinquat, de hoc dictum est: non est vestrum scire tempora vel momenta. vide quando dixit apostolus: nunc propior est nostra salus quam cum credidimus; et ecce tot anni transierunt, nec tamen quod dixit falsum est; quanto magis nunc dicendum est propinquare domini adventum quando tantus factus est ad finem accessus? * hilarius in matth.. ° mystice autem synagoga ficus arbori comparatur: ramus igitur ficus antichristus esse intelligitur, diaboli filius, peccati portio, legis assertor; qui cum virescere coeperit et frondescere quadam peccatorum exultantium viriditate, tunc proxima est aestas, idest, dies iudicii sentietur. * remigius. ° vel cum haec ficus rursum germinabit, idest cum synagoga verbum sanctae praedicationis accipiet, praedicantibus |75| enoch et elia, intelligere debemus quia prope est dies consummationis. * augustinus de quaest. evang.. ° vel per arborem fici intellige genus humanum propter pruritum carnis. cum iam ramus eius tener fuerit, idest, cum filii hominum per fidem christi, ad spirituales fructus profecerint, et in eis honor adoptionis filiorum dei emicuerit. * hilarius in matth.. ° ut autem fides certa esset futurorum, subiungitur amen dico vobis, quia non praeteribit generatio haec donec omnia fiant. amen autem dicendo, professionem veritatis adiunxit. * remigius. ° et simplices quidem ad destructionem ierusalem referunt verba, et de illa generatione aestimant dicta quae passionem christi aspexit, quod non esset transitura priusquam fieret destructio civitatis illius. nescio autem si verbum a verbo exponere possint, ab eo quod ait: non relinquetur hic lapis super lapidem, usque ad illud quod ait: prope est in ianuis: forsitan enim in quibusdam poterunt, in aliis autem non poterunt omnino. * chrysostomus in matth.. |100| ° haec ergo omnia de fine hierosolymorum dicta sunt, et quae de pseudoprophetis et pseudochristis et alia omnia quae diximus usque ad christi adventum futura. quod autem dixit generatio haec, non de ea quae tunc erat dixit, sed de ea quae est fidelium: consuevit enim scriptura generationem non solum a tempore designare, sed a loco, cultu et conversatione; sicut cum dicitur: haec est generatio quaerentium dominum. ex hoc autem ostendit quod ierusalem peribit, et amplior pars iudaeorum destruetur; generationem autem fidelium nulla separabit tentatio. * origenes in matth.. ° generatio tamen ecclesiae transibit aliquando totum hoc saeculum, ut haereditet futurum; tamen donec haec omnia fiant, non transibit. cum autem omnia haec facta fuerint, transibit non solum terra, sed etiam caelum; unde sequitur caelum et terra: idest non solum homines quorum vita terrena est, et propterea terra dicuntur; sed etiam illi quorum conversatio est in caelis, et ideo caelum vocantur: |125| transibunt autem ad futura, ut veniant ad meliora. verba autem quae a salvatore sunt dicta, non transibunt: quoniam quae sua propria sunt, operantur et semper operabuntur; perfecti autem, et qui non recipiunt ut iam meliores efficiantur, transeuntes quod sunt perveniunt ad illud quod non sunt; et hoc est quod subditur verba autem mea non praeteribunt. et forte quidem verba moysi et prophetarum transiverunt, quoniam quae prophetizabantur ab illis, impleta sunt: verba autem christi semper sunt plena, et quotidie implentur, et adhuc sunt impleta in sanctis. aut forte neque moysi verba aut prophetarum dicere debemus impleta omnino: proprie enim et illa verba filii dei sunt, et semper implentur. * hieronymus. ° vel hic per generationem omne hominum significat genus, aut specialiter iudaeorum. deinde ut magis eos ad fidem praemissorum inducat, subdit caelum et terra transibunt; verba autem mea non praeteribunt, ac si dicat: facilius est fixa et immobilia destrui, quam sermonum meorum aliquid decidere. * hilarius |150| in matth.. ° caelum enim et terra ex conditione suae creationis nihil habent in se necessitatis ut non sint: verba autem christi ex aeternitate deducta, id in se continent virtutis ut maneant. * hieronymus. ° caelum autem et terra transibunt in mutatione, non abolitione sui: alioquin quomodo sol obscurabitur, et luna non dabit lumen suum, si caelum, in quo ista sunt, terraque non fuerint? * rabanus. ° caelum tamen quod transibit, non sidereum, sed aereum intelligere debemus, quod prius diluvio periit. * chrysostomus in matth.. ° elementa autem mundi in medium adducit, ostendens quoniam pretiosior caelo et terra est ecclesia: simul etiam et hinc conditorem se omnium ostendit.

lc11 * Chrysostomus in matth.. ° cum dixisset dominus omnia quae praecedunt christi adventum, et ad ipsas ianuas narrationem duxisset, diem tacere voluit; unde dicit de die autem illa et hora nemo scit, neque angeli caelorum, nisi solus pater. * hieronymus. ° in quibusdam autem latinis codicibus additum est neque filius, cum in graecis, et maxime adamantii et pierei exemplaribus hoc non habeatur adscriptum. sed quia in nonnullis legitur, disserendum videtur. * remigius. ° marcus etiam evangelista non solum dicit angelos nescire, sed etiam filium. * hieronymus. ° in quo gaudent arius et eunomius; dicunt enim: non potest aequalis esse qui novit et qui ignorat. contra quos breviter ista dicenda sunt. cum omnia tempora fecerit iesus, hoc est verbum dei (omnia enim per ipsum facta sunt, et sine ipso factum est nihil); in omnibus autem temporibus cum dies iudicii sit, qua consequentia potest eius ignorare partem cuius totum noverit? hoc quoque dicendum |25| est. quid est maius: notitia patris, an notitia iudicii? si maius novit, quomodo ignorat quod minus est? * hilarius in matth.. ° numquid etiam deus pater cognitionem illius diei filio denegavit, cum dictum ab eo sit: omnia mihi tradita sunt a patre meo? ergo non omnia sunt tradita, si est aliquid quod negatur. * hieronymus. ° igitur, quia probavimus non ignorare filium dei consummationis diem, causa reddenda est cur ignorare dicatur. post resurrectionem quidem interrogatus ab apostolis de hac die, manifestius respondit: non est vestrum scire tempora et momenta, quae pater posuit in sua potestate. in quo ostendit quod ipse sciat, sed non expedit nosse apostolis, ut semper incerti de adventu iudicis, sic quotidie vivant, quasi die illa iudicandi sint. * augustinus de trin.. ° quod ergo dicit: nescit, intelligendum est nescientes facit; idest, quod non ita sciebat ut tunc discipulis indicaret: sicut dictum est ad abraham: nunc cognovi quoniam times deum: idest, |50| nunc feci ut cognosceres: quia et ipse sibi in illa tentatione innotuit. * augustinus de verb. dom.. ° quod autem dixit patrem scire, ideo dixit, quia in patre et filius scit. quid enim est in die quod non in verbo factum sit, per quod factus est dies? * augustinus in libro 83 quaest.. ° bene autem accipitur quod dictum est, solum patrem scire, secundum praedictum modum sciendi, quia facit filium scire; filius autem nescire dicitur, quia non facit homines scire. * origenes in matth.. ° vel aliter. donec ecclesia, quae est corpus christi, nescit diem illum et horam, tamdiu nec ipse filius dicitur diem illum et horam scire. dicitur autem scire secundum propriam significationem, sicut est in consuetudine scripturarum. apostolus enim salvatorem dicit nescientem peccatum, quia non peccavit. praeparat autem filius scientiam diei illius et horam coheredibus suae promissionis, ut omnes simul sciant, idest re ipsa experiantur in illa hora et die quae praeparavit deus diligentibus se. * basilius. |75| ° legi quoque in cuiusdam libro, filium hunc non unigenitum, sed adoptivum debere intelligi: non enim unigenito filio angelos praeposuisset; sic enim ait neque angeli caelorum, neque filius. * augustinus ad hesychium. ° sic ergo evangelium dicit de die illa et hora nemo scit; tu autem dicis: ego autem dico, neque mensem, neque annum adventus ipsius sciri posse: ita enim hoc videtur sonare tamquam non possit sciri quo anno venturus sit; sed possit sciri qua hebdomada annorum, vel qua decade; tamquam dici possit atque definiri inter illos septem annos, aut decem, aut centum vel quodlibet, seu maioris numeri seu minoris. si autem hoc te non comprehendisse praesumis, hoc sentis quod ego. * chrysostomus in matth.. ° ut autem addiscas quod non ignorantiae suae est quod de die et hora iudicii tacet, aliud signum inducit, cum subdit sicut autem fuit in diebus noe,... ita fiet adventus filii hominis. hoc autem dixit ostendens quod repente venit, et inopinate, |100| et pluribus lascivientibus: hoc enim et paulus dicit: cum dixerint: pax et securitas, tunc repentinus eis superveniet interitus, unde et hic subditur sicut enim erant in diebus illis ante diluvium, comedentes et bibentes. * rabanus. ° non igitur hic iuxta marcionis et manichaei errorem, coniugia vel alimenta damnantur, cum in his successionis, in illis naturae sint posita subsidia; sed immoderatus licitorum usus arguitur. * hieronymus. ° quaeritur autem quomodo supra scriptum est surget gens contra gentem, et regnum contra regnum et erunt pestilentiae et fames et terraemotus; et nunc ea futura memorentur quae pacis indicia sunt? sed aestimandum quod post pugnas, et cetera quibus vastatur genus humanum, brevis subsecutura pax sit, quae quieta omnia repromittat, ut fides credentium comprobetur. * chrysostomus in matth.. ° vel lascivia erit et pax his qui insensibiliter dispositi sunt: propter hoc non dixit apostolus: cum fuerit pax; sed: cum dixerint: pax et securitas, |125| insensibilitatem eorum ostendens, sicut illorum qui fuerunt in diebus noe: quoniam mali lasciviebant, non autem iusti; sed in tribulatione et tristitia pertransibant. hinc autem ostendit quoniam, cum antichristus venerit, indecentes voluptates assumentur apud eos qui iniqui erunt, et de propria desperabunt salute: et ideo exemplum ponit huic rei conveniens. cum enim arca fabricaretur, praedicabat quidem in medio, futura praedicens mala: mali autem non credentes, ac sic nullum fuisset futurum malum, lasciviebant: et quia futura apud multos non creduntur, ex praeteritis credibilia facit quae praedicit. deinde aliud signum ponit per quod ostendit et quod inopinabiliter dies ille veniet, et quod ipse diem illum non ignorat, dicens tunc duo erunt in agro: unus assumetur, et alius relinquetur: ex quibus verbis ostenditur quod assumentur, et relinquentur et servi et domini, et qui in otio, et qui in labore. * hilarius in matth.. ° vel duos in agro, duos populos fidelium, et infidelium in saeculo, tamquam in vitae huius opere, |150| dies domini deprehendet; separabuntur tamen relicto alio, et alio assumpto: in quo fidelium et infidelium discretio docetur: dei enim ira ingravescente, sancti in promptuario recondentur, perfidi vero ad caelestis ignis materiam relinquentur. de molentibus etiam par ratio est; unde sequitur duae erunt molentes in mola: una assumetur et alia relinquetur. mola enim opus legis est; sed quia pars iudaeorum ut per apostolos credidit, ita per eliam est creditura, et iustificanda per fidem; ideo una per eamdem fidem boni operis apprehendetur, alia vero infructuosa legis opere relinquetur, molens incassum, et non factura caelestis cibi panem. * hieronymus. ° vel duo in agro pariter invenientur eumdem habentes laborem, et quasi parem sementem; sed fructus laboris non aeque recipientes. in duobus etiam qui pariter molunt, vel synagogam intelligere debemus, et ecclesiam, quod simul molere videantur in lege, et de eisdem scripturis sanctis farinam terere praeceptorum dei; vel ceteras haereses, quae aut de utroque |175| testamento, aut de altero videntur molere farinam doctrinarum suarum. sequitur duo in lecto: unus assumetur et alius relinquetur. * hilarius in matth.. ° duo autem in lecto, sunt eamdem passionis dominicae requiem praedicantes; circa quam haereticorum et catholicorum eadem confessio est: sed quia unitatem divinitatis patris et filii catholicorum fides praedicabit, et haereticorum falsitas impugnabit; fidem confessionis utriusque divini arbitrii iudicium comprobabit, unum assumendo et alium relinquendo. * remigius. ° vel his verbis tres ordines ecclesiae demonstrantur: per duos in agro ordo praedicatorum, quibus commissus est ager ecclesiae; per duos in mola ordo coniugatorum, qui dum per diversas curas nunc ad haec, nunc ad illa flectuntur, quasi molas in circuitu trahunt: per duos in lecto ordo continentium, quorum requies nomine lecti designatur. in his autem ordinibus sunt boni et mali, iusti et iniusti; et ideo ex eis quidam relinquentur, et quidam assumentur. * origenes in |200| matth.. ° vel aliter. corpus quidem quasi infirmum in lecto est carnalium passionum; anima autem molit in gravi mola mundi; vel corporis sensus in agro mundi operantur.

lc12 * Hieronymus. ° perspicue ostendit dominus, quia supra dixit: de die autem illa nemo novit nisi pater solus: quia scilicet non expediebat apostolis scire, ut pendulae expectationis incerti semper credant eum esse venturum, quem ignorant quando venturus sit; et ideo quasi ex superioribus concludens dicit vigilate ergo, quia nescitis qua hora dominus vester venturus sit. et non dicit: quia nescimus, sed nescitis, scilicet ut ostendat se diem iudicii non ignorare. * chrysostomus in matth.. ° vult autem eos semper in sollicitudine esse: propter hoc dicit vigilate. * gregorius in evang.. ° vigilat qui ad aspectum veri luminis oculos apertos tenet; vigilat qui servat operando quod credit; vigilat qui a se torporis et negligentiae tenebras repellit. * origenes in matth.. ° dicit autem qui simplicior est, quoniam de secundo adventu, in quo venturus fuerat, hunc dicebat sermonem; alius autem quod intelligibilem et futurum in sensum |25| discipulorum verbi dicebat adventum: quia nondum erat in sensu eorum, quemadmodum erat futurus. * augustinus ad hesychium. ° non solum autem illis dixit vigilate, quibus tunc audientibus loquebatur; sed etiam illis qui fuerunt post illos annos, et ad nos ipsos, et qui erunt post nos usque ad novissimum eius adventum, quia ad omnes pertinet quodammodo: tunc enim unicuique veniet dies ille, cum venerit eius dies ut talis hinc exeat qualis iudicandus est illa die; ac per hoc vigilare debet omnis christianus, ne imparatum eum inveniat domini adventus: imparatum enim inveniet ille dies quem imparatum invenerit suae vitae ultima dies. * origenes. ° vani autem sunt omnes, sive qui consummationem mundi scire se profitentur quando erit, sive qui vitae propriae finem scire se gloriantur, quem nemo cognoscere potest, nisi spiritu sancto illuminatus. * hieronymus. ° praemisso autem patrisfamilias exemplo, cur reticeat consummationis diem, manifestius docet cum subdit illud autem scitote, |50| quoniam si sciret paterfamilias qua hora fur venturus esset, vigilaret utique, et non sineret perfodi domum suam. * origenes in matth.. ° paterfamilias domus est sensus hominis, domus autem eius est anima, fur autem diabolus. est autem omnis sermo contrarius qui non per naturalem introitum intrat ad animam negligentis, sed quasi qui foderit domum, primum destruens quaedam naturalia aedificia animae, idest naturales intellectus, et per ipsam diruptionem ingressus, spoliat animam. aliquoties invenit quis furem in ipsa perfossione, et comprehendens eum, percussorem sermonem immittens, interficit ipsum. non autem in die fur venit, quando illuminata est a sole iustitiae anima hominis studiosi; sed in nocte, idest in tempore adhuc malitiae permanentis: in qua cum fuerit aliquis, possibile est, etsi non habuerit virtutem solis, quod tamen illustretur ex aliquo splendore verbi, quod est lucerna; adhuc quidem manens in malitia, sed tamen habens propositum meliorum et vigilantiam ne perfodiatur |75| hoc eius propositum. vel in tempore tentationum, vel quarumcumque calamitatum maxime fur solet venire, volens perfodere animae domum. * gregorius in evang.. ° vel nesciente patrefamilias fur domum perfodit, quia dum a sui custodia spiritus dormierit, improvisa mors veniens carnis nostrae habitaculum irrumpit, et eum quem dominum domus dormientem invenerit, necat: quia dum ventura damna spiritus minime praevidet, hunc mors ad supplicium nescientem rapit. furi autem resisteret, si vigilaret; quia adventum iudicis, qui occulte animas rapit, praecavens, ei poenitendo occurreret, ne impoenitens periret. horam vero ultimam idcirco dominus voluit esse incognitam ut semper possit esse suspecta, ut dum illam praevidere minime possumus, ad illam sine intermissione praeparemur; propter quod sequitur ideoque estote parati quia, qua nescitis hora, filius hominis venturus est. * chrysostomus in matth.. ° hic videtur confundere eos qui non tantum studium faciunt animae suae, quantum |100| student circa pecunias qui furem expectant.

lc13 * Hilarius in matth.. ° quamvis dominus supra in communi nos ad indefessam vigilantiae curam fuerit adhortatus, specialem tamen populi principibus, idest episcopis, in expectatione adventuque suo sollicitudinem mandat. hunc enim servum fidelem atque prudentem praepositum familiae significat, commoda atque utilitates populi sibi commissi curantem; unde dicit quis, putas, est fidelis servus et prudens quem constituit dominus super familiam suam, ut det illis cibum in tempore? * chrysostomus in matth.. ° quod autem dicit quis, putas, non est ignorantis: invenitur enim et pater interrogando loquens: ut cum dicit: adam, ubi es? * remigius. ° nec enim signat haec interrogatio impossibilitatem perficiendae virtutis, sed difficultatem. * glossa. ° rarus enim est fidelis servus, domino propter dominum serviens, oves christi non ad lucrum, sed pro amore christi pascens; prudens qui subditorum capacitatem, vitam et mores discutiat: quem |25| constituat dominus, qui scilicet sit vocatus a deo, et non se iniecerit. * chrysostomus in matth.. ° duo autem expetit ab huiusmodi servo, scilicet prudentiam et fidem: fidelem enim eum dicit, quoniam nihil quod domini sui est, sibi proprium fecit, nihil etiam de rebus sui domini vane et inaniter consumpsit. prudentem autem eum vocat, quoniam cognovit id ad quod oportet dispensare quae data sunt. * origenes in matth.. ° vel qui in fide proficit, etsi nondum in ea perfectus est, communiter fidelis vocatur; et qui naturalem habet mentis velocitatem, dicitur prudens. si quis autem consideret, inveniet fideles multos et studium fidei exercentes, non autem et prudentes: quoniam quae stulta sunt mundi elegit deus. et iterum videbit alios veloces quidem esse et prudentes, modicae autem fidei. convenire autem in unum fidelem atque prudentem, rarissimum est. ut autem in tempore det cibum, necessariam habet quis prudentiam; ut autem non adimat cibos indigentium, opus est fide: |50| quoniam et secundum simplicem intellectum opus habemus ut fideles simus ad dispensandum ecclesiae reditus, et ut non devoremus quae sunt viduarum, et ut memores simus pauperum, et ne occasionem accipientes ex eo quod scriptum est: dominus constituit his qui evangelium praedicant, de evangelio vivere, amplius quaeramus quam cibum simplicem et necessaria vestimenta, et ut nec amplius teneamus nobis quam his qui necessitatem patiuntur. prudentes autem, ut prudenter intelligamus indigentium causas, propter quas sunt indigentes, et uniuscuiusque dignitatem, quomodo educatus est, et quantum necessarium habet. multa enim sapientia opus est ei qui bene vult dispensare ecclesiasticos reditus. sit etiam fidelis servus et prudens, ut non effundat rationabilem et spiritualem cibum quibus non oportet, volens ostendere se esse prudentem; illis scilicet qui magis necessarium habent verbum quod mores eorum aedificet et vitam componat, quam quod illuminat |75| scientiae lucem; aut ne eis qui possunt acutius audire, pigeat exponere altiora, ne exponentes vilia contemnantur ab his qui naturaliter sunt ingeniosi, aut per exercitationem saecularis sapientiae acuti. * chrysostomus in matth.. ° adaptatur etiam et ad principes saeculares haec parabola: unumquemque enim his quae habet, ad communem utilitatem uti oportet, non ad nocumentum conservorum, neque ad perditionem sui ipsius, sive habeat sapientiam, sive principatum, sive aliud quodcumque. * rabanus. ° dominus autem christus est; familia autem supra quam constituit, est ecclesia catholica. difficile est ergo invenire in uno, ut et prudens sit et fidelis, non autem impossibile: nec enim beatificaret eum qui non potest esse, cum subdit beatus ille servus quem, cum venerit dominus eius, invenerit sic facientem. * hilarius in matth.. ° idest praecepto domini sui obedientem, ut doctrinae opportunitate verbum vitae in aeternitatis cibum alendae familiae dispenset. * remigius. ° notandum autem, quod sicut magna distantia est meritorum inter bonos praedicatores et bonos auditores, ita magna distantia est praemiorum. bonos enim auditores, si vigilantes invenerit, faciet discumbere, ut lucas dicit; bonos autem praedicatores super omnia bona sua constituet; unde sequitur amen dico vobis, quoniam super omnia bona sua constituet eum. * origenes in matth.. ° ut scilicet conregnet cum christo, cui omnia sua tradidit pater; sicut boni patris filius, super omnem patris substantiam constitutus, participat huiusmodi dignitatem et gloriam fidelibus et prudentibus dispensatoribus suis, ut sint et ipsi super omnem creaturam. * rabanus. ° non ut soli, sed ut prae ceteris aeterna praemia habeant, tum pro sua vita, tum pro gregis custodia. * hilarius in matth.. ° vel super omnia bona constituetur; idest, in dei gloria collocabitur: quia nihil est ultra quod melius sit. * chrysostomus in matth.. ° deinde non solum ab honore qui imminet bonis, sed a poena quam minatur malis, erudit auditorem, cum subdit si autem dixerit malus servus ille in corde suo: moram facit dominus meus venire; et coeperit percutere conservos suos, * etc.. augustinus ad hesychium. ° ex moribus huius servi apparet animus eius: quos mores licet breviter, magister bonus curavit exprimere; idest superbiam, cum dicit et coeperit percutere conservos suos; atque luxuriam, cum dicit manducet autem et bibat cum ebriosis; ne quod dicebat moram facit dominus meus, desiderio sui domini dicere crederetur, quo ardebat ille qui dixit: sitivit anima mea ad te deum vivum: quando veniam? dicendo enim: quando veniam? moras se perpeti moleste ferebat: quia etiam quod tempore acceleratur, desiderio tardum videtur. * origenes in matth.. ° peccat autem in deum quicumque episcopus qui non quasi conservus ministrat, sed quasi dominus et frequenter ut amarus dominus per vim dominatur; et non esurientes suscipit, sed epulatur cum ebriosis, et semper somniat quia post multum temporis venturus est dominus. * rabanus. ° typice etiam potest intelligi conservos percutere, conscientias infirmorum verbo vel pravo exemplo vitiare. * hieronymus. ° quod autem dicit veniet dominus servi illius in die qua non sperat, et hora qua ignorat, ad hoc dicit ut sciat, quando non putatur dominus, tunc eum esse venturum; et vigilantiae ac sollicitudinis dispensatores admonet. porro quod dicit dividet eum, non est intelligendum quod gladio eum dissecet, sed a sanctorum consortio eum separet. * origenes in matth.. ° vel dividet eum quando spiritus eius, idest spirituale donum, revertetur ad deum qui dedit eum; anima autem cum corpore suo vadit in gehennam. iustus autem non dividitur; sed anima eius vadit cum spiritu, idest spirituali dono, ad regna caelestia. qui autem dividuntur, non habent postmodum in se partem spiritualis doni, quae erat a deo; sed relinquetur pars quae erat ipsorum, idest anima, quae cum corpore punietur: unde sequitur et partem eius ponet cum hypocritis. * hieronymus. ° cum his videlicet qui erant in agro, et qui molebant, et nihilominus derelicti sunt. saepe enim dicimus hypocritam aliud esse, et aliud ostendere; sicut et in agro et in mola idem facere videbatur, sed exitus diversae voluntatis apparuit. * rabanus. ° vel cum hypocritis suscipit partem suam, scilicet duplicem gehennae poenam, idest ignis et frigoris; unde sequitur ibi erit fletus et stridor dentium: ad ignem enim pertinet fletus oculorum, ad frigus stridor dentium. * origenes. ° vel fletus erit eis qui male in hoc mundo ridentes fuerunt; et his qui requieverunt irrationabiliter, erit dentium stridor: nolentes enim dolores materialiter sufferre, compulsi tormentis, dentibus strident, illi scilicet qui manducaverunt acerbitatem malitiae. ex his autem cognoscere est quoniam non solum qui fideles sunt et prudentes, constituit dominus super familiam suam, sed etiam malos; et quod non salvat eos hoc quod constituti sunt a domino super familiam eius; sed illud ut dent in tempore cibos, et ut abstineant a percussionibus et comessationibus. * augustinus ad hesychium. ° hoc autem servo malo remoto, qui proculdubio domini sui odit adventum, constituamus ante oculos tres servos bonos, adventum domini sui desiderantes. si unus eorum citius, alter tardius dominus suum dicit esse venturum, tertius de hac re suam ignorantiam confitetur. videamus tamen quis magis evangelio consonet. unus dicit: vigilemus et oremus, quia citius venturus est dominus. alter dicit: vigilemus, quia brevis et incerta est vita ista, quamvis tardius venturus sit dominus. tertius dicit: vigilemus, quia brevis et incerta est vita ista, et nescimus tempus quando venturus est dominus. quid autem aliud hic dicit, quam quod cum audimus evangelium dicere: vigilate, quia nescitis qua hora venturus sit dominus? omnes quidem prae desiderio regni dei, hoc volunt esse verum quod putat primus; proinde si factum fuerit, gaudebit cum illo secundus et tertius; si autem factum non fuerit, metuendum est ne inter ipsas moras perturbentur qui crediderant quod dixerat primus, et incipiant domini adventum non tardum putare sed nullum. qui autem credit quod dicit secundus, tardius dominus esse venturum, si falsum fuerit, nulli turbabuntur in fide, sed inopinato gaudio perfruentur. qui autem quid horum verum sit ignorare se confitetur, illud optat, hoc tolerat, in nullo eorum errat, quia nil eorum aut affirmat aut negat.

071 CMT cp25

lc1 * Chrysostomus in matth.. ° in superiori parabola dominus poenam ostendit eius qui percutiebat et inebriabatur, et bona domini sui dispergebat; in hac autem parabola punitionem inducit etiam ei qui utilitatem non affert, neque copiose haec quibus indiget, sibi praeparat; habebant enim fatuae virgines oleum, sed non copiose; unde dicitur tunc simile erit regnum caelorum decem virginibus. * hilarius in matth.. ° ideo autem dicitur tunc, quia de magno die domini, de quo supra agebatur, omnis hic sermo est. * gregorius in evang.. ° regnum autem caelorum praesentis temporis ecclesia dicitur, sicut et ibi: mittet filius hominis angelos suos, et colligent de regno eius omnia scandala. * hieronymus. ° similitudinem autem decem virginum fatuarum atque prudentum quidam simpliciter interpretantur in virginibus, quarum aliae, iuxta apostolum, et corpore et mente sunt virgines, aliae virginitatem tantum corporum reservantes, vel cetera non habent, vel parentum custodia reservante, nihilominus mente nupserunt. sed mihi videtur ex superioribus alius esse sensus qui dicitur; et non ad virginalia corpora, sed ad omne hominum genus hanc comparationem pertinere. * gregorius in evang.. ° in quinque enim corporis sensibus unusquisque subsistit geminatus; geminatus autem quinarius denarium perficit. et quia ex utroque sexu fidelium multitudo colligitur, sancta ecclesia decem virginibus similis denuntiatur; ubi quia mali cum bonis, reprobi cum electis admixti sunt, recte similis virginibus prudentibus et fatuis perhibetur. * chrysostomus in matth.. ° ideo autem ponit parabolam hanc in virginum persona, ut ostendat, quod licet virginitas magnum quid sit, tamen si ab operibus misericordiae sit deserta, cum adulteris foras eicietur. * origenes in matth.. ° vel sensus omnium qui receperunt verbum dei, virgines sunt. tale enim est verbum dei ut de sua munditia accommodet omnibus qui per suam doctrinam recesserunt ab idolorum cultura, accesserunt autem per christum ad dei culturam; unde sequitur quae accipientes lampades suas, exierunt obviam sponso et sponsae. accipiunt enim lampades suas, idest organa sua naturalia, et egrediuntur de mundo et de erroribus, et veniunt obviam salvatori, qui semper paratus est venire, ut ingrediatur simul cum dignis ad beatam sponsam ecclesiam. * hilarius. ° vel sponsus atque sponsa, dominus noster est in corpore deus: namque spiritui caro sponsa est. lampades autem quas acceperunt, animarum splendentium lumen est, quae sacramento baptismi splenduerunt. * augustinus de verb. dom.. ° vel lampades quae manibus gestantur, opera sunt; dictum est enim supra: luceant opera vestra coram hominibus. * gregorius. ° qui autem recte credunt et iuste vivunt, assimilantur quinque prudentibus; qui autem profitentur quidem fidem iesu, non autem praeparant se bonis operibus ad salutem, reliquis quinque virginibus fatuis: unde subditur quinque autem ex eis erant fatuae et quinque prudentes. * hieronymus. ° sunt enim quinque sensus, qui festinant ad caelestia, et superna desiderant. de visu autem et auditu et tactu specialiter dictum est: quod vidimus, quod audivimus quod oculis nostris perspeximus et manus nostrae palpaverunt. de gustu: gustate, et videte quoniam suavis est dominus. de odoratu: in odorem unguentorum tuorum currimus. alii autem sunt quinque sensus terrenis faecibus inhiantes. * augustinus. ° vel per quinque virgines significatur quinquepartita continentia a carnis illecebris: continendus est enim animi appetitus a voluntate oculorum, aurium, olfaciendi, gustandi et tangendi. sed quia ista continentia partim coram deo fit ut illi placeatur interiori gaudio conscientiae; partim coram hominibus tantum, ut gloria humana capiatur; quinque dicuntur sapientes, et quinque stultae: utraeque tamen virgines, quia utraque continentia est, quamvis diverso fomite gaudeat. * origenes. ° sicut autem sequuntur se ipsas invicem virtutes ut qui unam habuerit, omnes habeat, sic et sensus omnes alterutrum se subsequuntur; propterea necesse est ut aut omnes quinque sensus sint prudentes, aut omnes fatui. * hilarius. ° vel absolute in quinque prudentibus et quinque fatuis, fidelium atque infidelium est constituta divisio. * gregorius. ° notandum vero est, quod omnes lampades habent, sed non omnes oleum habent; sequitur enim sed quinque fatuae, acceptis lampadibus, non sumpserunt oleum secum; prudentes vero acceperunt oleum in vasis suis cum lampadibus. * hilarius. ° oleum boni operis fructus est; vasa, humana sunt corpora, intra quorum viscera thesaurus bonae conscientiae recondendus est. * hieronymus. ° oleum ergo habent virgines quae iuxta fidem operibus adornantur; non habent oleum quae videntur simili quidem fide confiteri, sed virtutum opera negligunt. * augustinus. ° vel per oleum ipsam laetitiam significari arbitror, secundum illud: unxit te deus tuus oleo exultationis. qui ergo non propterea gaudet quia deo intrinsecus placet, non habet oleum secum: gaudium enim non habent, dum continenter vivunt, nisi in laudibus hominum. prudentes autem acceperunt oleum cum lampadibus: idest laetitiam bonorum operum, in vasis suis, idest in corde atque conscientia posuerunt, sicut apostolus monet: probet autem seipsum homo; et tunc gloriam habebit in seipso, et non in altero. * chrysostomus in matth.. ° vel oleum hic vocat caritatem et eleemosynam, et quodcumque circa indigentes auxilium; lampades autem vocat virginitatis charismata; propter hoc stultas eas vocat, quoniam maiorem sustinentes laborem, propter minorem omnia perdiderunt; maiori enim labore vincitur carnis cupido quam pecuniarum. * origenes. ° vel oleum est verbum doctrinae, quo vasa animarum implentur: nihil enim sic confortat sicut moralis sermo, qui oleum luminis appellatur. prudentes ergo acceperunt huiusmodi oleum, quod satis sit eis, etiam tardante exitu et morante verbo venire ad consummationem eorum; fatuae autem acceperunt lampades in primis quidem accensas; sed tantum oleum non acceperunt ut eis sufficeret usque ad finem, negligentes circa susceptionem doctrinae, quae confortat fidem et bonorum actuum lumen illuminat; unde sequitur moram autem faciente sponso dormitaverunt omnes et dormierunt. * augustinus. ° ex utroque enim genere hominum moriuntur hoc intervallo temporis, donec sub adventu domini fiat resurrectio mortuorum. * gregorius. ° dormire etenim, mori est; ante somnum vero dormitare, est ante mortem a salute languescere: quia per pondus aegritudinis pervenitur ad somnum mortis. * hieronymus. ° vel dormitaverunt, idest mortuae sunt. consequenter autem dicitur dormierunt, quia postea suscitandae sunt. per hoc autem quod dicit moram autem faciente sponso, ostendit quod non parum temporis inter priorem et secundum domini adventum praetergreditur. * origenes. ° vel sponso tardante et non cito veniente verbo ad consummationem vitae, patiuntur aliquid sensus dormitantes, et quasi in nocte mundi agentes; et dormierunt, ut puta remissius agentes a sensu illo vitali; non tamen lampades perdiderunt, neque desperaverunt de conservatione olei illae prudentes; unde sequitur media autem nocte clamor factus est: ecce sponsus venit; exite obviam ei. * hieronymus. ° traditio iudaeorum est, christum media nocte venturum in similitudinem aegyptii temporis, quando pascha celebratum est, et exterminator venit et dominus super tabernacula transiit, et sanguine agni postes nostrarum frontium consecrati sunt; unde reor et traditionem apostolicam permansisse, ut die vigiliarum paschae ante noctis dimidium, populum dimittere non liceat, expectantes christi adventum: postquam illud tempus transierit, securitate praesumpta festum cuncti agant diem; unde psalmista dicebat: media nocte surgebam ad confitendum tibi. * augustinus. ° vel media nocte, idest nullo sciente aut sperante. * hieronymus. ° subito ergo quasi intempesta nocte, et securis omnibus, quando gravissimus sopor est, per angelorum clamorem et tubas praecedentium fortitudinum, christi resonabit adventus: quod significatur cum dicitur ecce sponsus venit, exite obviam ei. * hilarius. ° tuba enim excitante, sponso tantum obviam proceditur: erunt enim iam ambo unum, idest caro et deus, quia in gloriam spiritualem humilitas carnis transformata est. * augustinus. ° vel quod dicit, sponso tantum obviam venire virgines, sic intelligendum puto ut ex ipsis virginibus constet ea quae dicitur sponsa; tamquam si omnibus christianis in ecclesia concurrentibus, filii ad matrem currere dicantur, cum ex ipsis filiis congregatis constet ea quae dicitur mater. nunc enim desponsata est ecclesia, et virgo est ad nuptias perducenda illo tempore quo universa mortalitate in ea praetereunte, immortali coniunctione habeatur. * origenes in matth.. ° vel media nocte, idest in altitudine remissionis, factus est clamor, omnes suscitare volentium, sicut existimo, angelorum, qui sunt administratorii spiritus intus clamantes in sensibus omnium dormientium: ecce sponsus venit; exite obviam ei. et suggestionem quidem hanc omnes audierunt, et surrexerunt; non autem omnes decenter imposuerunt lampadibus suis ornatum; unde sequitur tunc surrexerunt omnes virgines illae, et ornaverunt lampades suas. ornantur autem lampades sensuum evangelicis usibus atque rectis. qui autem male utuntur sensibus, ornamentum nullum habent in sensibus. * gregorius in evang.. ° vel tunc quidem omnes virgines surgunt, quia et electi et reprobi a somno suae mortis excitantur; lampades ornant, quia sua secum opera numerant, pro quibus aeternam recipere beatitudinem expectant. * augustinus de verb. dom.. ° aptaverunt enim lampades suas, idest rationes reddendas operum suorum. * hilarius in matth.. ° vel lampadarum assumptio, animarum est reditus in corpora, earumque lux est conscientia boni operis elucens, quae vasculis corporum continetur. * origenes. ° sed lampades fatuarum virginum extinguuntur, quia earum opera quae clara hominibus foris apparuerunt, in adventu iudicis intus obscurantur; unde sequitur fatuae autem sapientibus dixerunt: date nobis de oleo vestro, quia lampades nostrae extinguuntur. quid est autem quod tunc a prudentibus oleum petunt, nisi quod in adventu iudicis, cum se intus vacuas invenerint, testimonium foris quaerunt? ac si a sua fiducia deceptae, proximis dicant: quia nos quasi sine opere repelli conspicitis, dicite de nostris operibus quod vidistis. * augustinus. ° de consuetudine enim id semper inquirit, unde gaudere animus solet. itaque hominum, qui corda non vident, testimonium volunt habere apud deum, qui cordis inspector est. sed quorum facta aliena laude fulciuntur, eadem subtracta deficiunt: unde et earum lampades extinguuntur. vel virgines quae lampades suas queruntur extingui, ostendunt eas ex parte lucere; et tamen non habent lumen indeficiens, nec opera perpetua. si quis igitur habet animum virginalem et amator est pudicitiae, non debet mediocriter esse contentus his quae cito exarescunt et orto caumate arefiunt; sed perfectas virtutes sequatur, ut lumen habeat sempiternum. * chrysostomus in matth.. ° vel aliter. non solum hae virgines stultae erant quoniam hinc recesserunt misericordia carentes, sed quia aestimabant ibi se accepturas ubi importune quaesierunt. quamvis autem illis virginibus prudentibus nihil misericordius sit, quae propter misericordiam maxime fuerunt approbatae; non tamen stultae virgines sua petitione potitae sunt. sequitur responderunt prudentes dicentes: ne forte non sufficiat nobis et vobis. hinc autem discimus quod nullus nostrum adire poterit nisi operibus cum quibus inventi erimus. * hieronymus. ° non enim hoc virgines prudentes de avaritia, sed de timore respondent; unde quisque pro suis operibus mercedem accipiet; neque possunt in die iudicii aliorum virtutes, aliorum vitia sublevare. dant autem prudentes consilium, ut non debeant sine oleo lampadarum sponso occurrere: et hoc est quod sequitur ite potius ad vendentes et emite vobis. * hilarius. ° vendentes hi sunt qui misericordia fidelium indigentes, reddunt ex se petita commercia indigentiae, sua satietate boni operis nostri conscientiam venundantes. haec est enim indefessi luminis copiosa materia, quae misericordiae fructibus et emenda est, et recolenda. * chrysostomus in matth.. ° vides ergo quanta nobis sit a pauperibus negotiatio; pauperes autem non sunt ibi, sed hic; ideoque hic oleum congregare oportet, ut illic utile sit, cum tempus nos vocet. * hieronymus. ° venditur etiam hoc oleum et multo emitur pretio, ac difficili labore conquiritur; quod non solum in eleemosynis, sed in cunctis virtutibus et consiliis intelligimus magistrorum. * origenes. ° vel aliter. etsi fatuae erant, tamen hoc intelligebant quoniam cum lumine debebant obviam ire sponso, omnes lampades sensuum habentes illuminatas. videbant autem et illud, quoniam ex eo quod minus habebant oleum rationabile, iam propinquantibus tenebris lampades earum fuerant obscurandae. sed sapientes transmittunt fatuas ad olei venditores, videntes quoniam non tantum oleum, idest verbum doctrinae, congregaverant ut sufficeret ipsis ad vitam, et illas docerent; unde dicunt ite potius ad vendentes, idest ad doctores, et emite vobis: idest, ab eis accipite; et pretium est perseverantia, et amor discendi et diligentia, et labor cupientium discere. * augustinus. ° vel non sunt putandae dedisse consilium; sed crimen earum ex obliquo commemorasse. vendunt enim adulatores oleum, qui sive falsa, sive ignorata laudando, animas in errores mittunt, et eis vana gaudia tamquam fatuis consiliando, aliquam de his mercedem commodi temporalis accipiunt. dicitur ergo ite ad vendentes, et emite vobis; idest, videamus nunc quid vos adiuvent qui vobis laudes vendere consueverunt. dicunt autem ne forte non sufficiat nobis et vobis, quia alieno testimonio non iuvatur quisquam apud deum, cui secreta cordis apparent; et vix quisque sibi sufficit cui testimonium perhibeat conscientia sua. * hieronymus. ° verum quia iam emendi tempus excesserat, et adveniente iudicii die locus non erat poenitentiae, non nova patrare opera, sed praeteritorum rationem coguntur exsolvere; unde sequitur dum autem irent emere, venit sponsus, et quae paratae erant intraverunt cum eo ad nuptias. * hilarius in matth.. ° nuptiae autem, immortalitatis assumptio est, et inter corruptionem atque incorruptionem ex nova societate coniunctio. * chrysostomus in matth.. ° per hoc autem quod dicit dum irent emere, ostendit quia etsi misericordes efficiamur post mortem, nihil hinc lucrabimur ad effugiendum: sicut nec diviti profuit quod factus est misericors et sollicitus circa eos qui sibi attinebant. * origenes in matth.. ° vel dicit dum irent emere: est enim invenire quosdam qui quando debuerunt, neglexerunt aliquid utile discere; in ipso autem exitu vitae suae, dum disponunt discere, comprehenduntur a morte. * augustinus de verb. dom.. ° vel aliter. euntibus illis emere, idest inclinantibus se in ea quae foris sunt, et solitis gaudere quaerentibus, quia gaudia interna non noverant, venit ille qui iudicat; et quae paratae erant, idest quibus coram deo conscientia testimonium perhibebat, intraverunt cum eo ad nuptias; idest ubi munda anima, puro ac perfecto dei verbo fecunda copulatur. * hieronymus. ° post iudicii autem diem bonorum operum et iustitiae occasio non relinquitur; unde sequitur et clausa est ianua. * augustinus. ° receptis enim illis qui sunt in angelicam vitam commutati, clauditur aditus ad regna caelorum; non enim post iudicium patet precum ac meritorum locus. * hilarius. ° et tamen cum iam poenitentiae nullum est tempus, fatuae occurrunt, aperiri sibi aditum rogant; unde sequitur novissime autem veniunt et reliquae virgines dicentes: domine, domine, aperi nobis. * hieronymus. ° egregia in domini appellatione confessio indicium fidei est. sed quid prodest voce invocare quem operibus neges? * gregorius in evang.. ° dolore autem repulsionis compulsae appellationem ingeminatur dominationis, invocando patrem, cuius in vita sua misericordiam contempserunt. * augustinus. ° non autem dictum est quod emerunt oleum; et ideo intelligendae sunt, nullo iam remanente de alienis laudibus gaudio, in angustiis et magnis afflictionibus redire ad implorationem dei. sed magna eius est severitas post iudicium, cuius ante iudicium ineffabilis misericordia praerogata est; propter quod sequitur at ille respondens ait: amen dico vobis, nescio vos: ex illa scilicet regula, quia non habet ars dei, idest eius sapientia, ut intrent in gaudium eius qui non coram deo, sed ut placerent hominibus, conati sunt aliquid secundum praecepta eius operari. * hieronymus. ° novit enim dominus eos qui sunt eius, et qui ignorat ignorabitur; et licet virgines sint vel corporis puritate vel verae fidei confessione, tamen quia oleum non habent, ignorantur a sponso. ex hoc autem quod infert vigilate itaque, quia nescitis diem neque horam, intelligit universa quae dicta sunt esse praemissa, ut quia ignoramus iudicii diem, sollicite nobis lumen bonorum operum praeparemus. * augustinus. ° non autem solum illius futuri temporis quo venturus est sponsus, sed suae quisque dormitionis diem et horam nescit, ad quam quisquis paratus est, etiam paratus invenitur cum illa vox sonuerit qua omnes evigilaturi sunt. * augustinus ad hesychium. ° non defuerunt autem qui docere voluerunt, has quinque et quinque virgines ad hunc eius adventum, qui nunc fit per ecclesiam, pertinere; sed haec non sunt temere pollicenda, ne aliquid occurrat quod valide contradicat.

lc2 * Glossa. ° in praecedenti parabola demonstrata est eorum condemnatio qui oleum sibi sufficienter non praeparaverant, sive per oleum nitor operum, sive gaudium conscientiae, sive eleemosyna, quae est per pecuniam, intelligatur. haec autem parabola inducitur contra eos qui non solum pecuniis, sed nec verbo, nec alio modo prodesse proximis volunt, sed omnia occultant; unde dicit sicut enim homo peregre proficiscens, vocavit servos suos, et tradidit illis bona sua. * gregorius in evang.. ° homo autem iste qui peregre proficiscitur, redemptor noster est, qui in ea carne quam assumpserat, abiit in caelum. carnis enim locus proprius terra est, quae quasi ad peregrinandum ducitur, cum per redemptorem nostrum in caelo collocatur. * origenes in matth.. ° secundum enim divinitatis suae naturam non peregrinatur, sed secundum dispensationem corporis quod suscepit. qui enim dicit discipulis suis: ecce ego vobiscum sum usque ad consummationem saeculi, unigenitus dei est, qui non est corporeo habitu circumclusus. hoc autem dicentes non solvimus iesum; sed unicuique substantiae proprietatem eius salvamus. possumus et talia dicere, quod peregrinatur dominus per fidem ambulantibus, et non per speciem. si autem peregrinantes a corpore cum domino fuerimus, tunc et ipse erit nobiscum. simul etiam considera, quod non videtur redditio sermonis ita conscripta: sicut homo peregrinans, ita ego aut filius hominis: quoniam ipse est qui in parabola proponitur peregrinans quasi homo, non sicut filius dei. * hieronymus. ° vocatis autem apostolis, doctrinam eis evangeliorum tradidit, non quasi pro largitate et parcitate, alteri plus et alteri minus tribuens, sed pro accipientium viribus; quomodo et apostolus eos qui solidum cibum capere non poterant, lacte potasse se dicit; unde sequitur et uni dedit quinque talenta, alii autem duo, alii vero unum, unicuique secundum propriam virtutem. * chrysostomus in matth.. ° in quinque et duobus et uno talento diversas gratias intelligimus, quae unicuique traditae sunt. * origenes. ° si quando enim videris eorum qui acceperunt a christo dispensationem eloquiorum dei, alios quidem habere amplius, alios autem minus, et, ut ita dicam, neque in dimidio intelligentes rerum negotia comparatione meliorum; alios autem adhuc minus habere; videbis differentias eorum qui eloquia domini susceperunt a christo: quoniam alia fuit virtus eorum quibus data sunt quinque talenta, alia quibus duo, alia quibus unum; et alter alterius non capiebat mensuram; et qui accepit talentum unum, accepit quidem datum non contemptibile: multum est enim et unum talentum talis domini. tamen tres sunt proprii servi, sicut tria sunt genera eorum qui fructum faciunt; et quinque quidem accepit talenta qui omnia sensibilia scripturarum potest adducere ad sensus diviniores; duo autem qui est corporalem doctrinam edoctus: duo enim videtur carnalis numerus esse; sed adhuc minus potenti unum talentum paterfamilias dedit. * gregorius. ° vel aliter. quinque talentis dona quinque sensuum, idest exteriorum scientia exprimitur; duobus vero intellectus et operatio designantur: unius autem talenti nomine, intellectus tantum designatur. sequitur et profectus est statim. * glossa. ° non locum mutans, sed liberam eis operandi potestatem permittens, et suo arbitrio relinquens. sequitur abiit autem qui quinque talenta acceperat, et operatus est in eis, et lucratus est alia quinque. * hieronymus. ° acceptis enim terrenis sensibus, caelestium sibi notitiam duplicavit, ex creaturis intelligens creatorem, ex corporalibus incorporalia, ex brevibus sempiterna. * gregorius in evang.. ° sunt etiam nonnulli qui, etsi interna ac mystica penetrare nesciunt, pro intentione tamen supernae patriae docent recta quae possunt de ipsis exterioribus quae acceperunt; dumque se a carnis petulantia, a terrenarum rerum ambitu, atque a visibilium voluptate custodiunt, ab his etiam alios admonendo compescunt. * origenes in matth.. ° vel qui habent sensus exercitatos, conversati salubriter, et ad maiorem scientiam seipsos erigentes, et studiose docentes, lucrati sunt alia quinque: quia nemo facile additamentum accipit virtutis alterius, nisi eius quam habet; et quanta ipsa scit, tanta alterum docet, et non amplius. * hilarius in matth.. ° vel servus ille qui quinque talenta accepit, populus ex lege credentium est, ex qua profectus meritum ipsius recte impleta evangelicae fidei operatione duplicavit. sequitur similiter et qui duo acceperat, lucratus est alia duo. * gregorius. ° sunt enim nonnulli qui dum intelligendo et operando aliis praedicant, quasi duplicatum de negotio lucrum reportant: quia dum utrique sexui praedicatio impenditur, quasi accepta talenta geminantur. * origenes. ° vel lucrati sunt alia duo, idest corporalem eruditionem, et aliam paulo sublimiorem. * hilarius. ° vel ille servus cui duo talenta commissa sunt, gentium populus est, fide atque confessione et filii iustificatus, et patris; dominum nostrum iesum christum deum atque hominem ex spiritu et carne confessus. haec ergo huic sunt duo talenta commissa. sed ut populus iudaeorum omne sacramentum quod in quinque talentis, idest in lege, cognoverat, idipsum fide evangelii duplicavit; ita iste incremento duorum talentorum, intellectum atque operationem promeruit. sequitur qui autem unum acceperat, abiens fodit in terra, et abscondit pecuniam domini sui. * gregorius in evang.. ° talentum quippe in terra abscondere, est acceptum ingenium in terrenis actibus implicare. * origenes in matth.. ° vel aliter. si quando videris aliquem qui virtutem habet docendi et animabus proficiendi, et hanc virtutem occultat, quamvis habeat quamdam religionem conversationis, non dubites dicere talem esse qui accepit unum talentum, et abscondit ipsum in terra. * hilarius in matth.. ° vel iste servus qui unum talentum accepit et in terra recondidit, populus est in lege persistens, qui propter invidiam salvandarum gentium in terra acceptum talentum abscondit: in terra enim talentum abscondere, est novae praedicationis gloriam sub obtrectatione corporeae passionis occultare. sequitur post multum vero temporis venit dominus servorum illorum, et posuit rationem cum eis. in ratione autem ponenda iudicii examen est. * origenes. ° et observa in hoc loco, quoniam non servi ad dominum vadunt ut iudicentur; sed dominus venit ad eos, cum tempus fuerit impletum; de quo dicit post multum vero temporis, idest, postquam dimisit aptos ad negotiandum animarum salutem; et ideo forsitan non facile invenitur quis ex eis qui apti fuerint ad huiusmodi opus, ut cito transeat de hac vita; sicut est manifestum ex eo quod et apostoli senuerunt: ex quibus dicitur ad petrum: cum senueris, extendes manum tuam; de paulo autem dictum est ad philemonem: nunc autem ut paulus senex. * chrysostomus in matth.. ° vide et dominum ubique non confestim expetentem rationem, ut discas eius longanimitatem. mihi autem videtur quod resurrectionem occulte insinuans, hoc dicit. * hieronymus. ° ideo ergo dicit post multum temporis, quia grande tempus est inter ascensionem salvatoris, et secundum eius adventum. * gregorius. ° haec autem lectio huius evangelii considerare nos admonet, ne qui plus ceteris in hoc mundo accepisse aliquid cernuntur, ab auctore mundi gravius iudicentur: cum enim augentur dona, rationes etiam crescunt donorum. tanto ergo humilior quisque debet esse ex munere, quanto se obligatiorem esse conspicit in reddenda ratione. * origenes. ° fiducia autem fecit eum qui quinque talenta acceperat, audere ut ad dominum prius accederet; sequitur enim et accedens qui quinque talenta acceperat, obtulit alia quinque talenta, dicens: domine, quinque talenta tradidisti mihi, ecce alia quinque superlucratus sum. * gregorius. ° servus ergo qui geminata talenta retulit, laudatur a domino, et ad aeternam remunerationem perducitur: unde subditur: ait illi dominus: euge. * rabanus. ° euge interiectio est laetantis; per quod gaudium suum dominus insinuat, qui bene laborantem servum ad gaudium aeternum invitat; de quo propheta ait: laetificabis nos in gaudio cum vultu tuo. * chrysostomus in matth.. ° serve bone, quia de bono loquitur, quod est ad proximum, et fidelis, quia nihil eorum quae sunt domini sibi appropriavit. * hieronymus. ° dicit autem super pauca fuisti fidelis, quia omnia quae in praesenti habemus, licet magna videantur et plurima, tamen comparatione futurorum parva et pauca sunt. * gregorius. ° sed tunc fidelis servus supra multa constituitur, quando devicta omnis corruptionis molestia, de aeternis gaudiis in illa caelesti sede gloriatur. tunc etiam ad domini sui gaudium perfecte intromittitur, quando in aeterna illa patria assumptus, atque angelorum coetibus admixtus, sic interius gaudet de munere ut non sit quod exterius doleat iam de corruptione. * hieronymus. ° quid autem potest maius dari fideli servo quam esse cum domino et videre gaudium domini sui? * chrysostomus in matth.. ° per hoc enim verbum omnem beatitudinem ostendit. * augustinus de trin.. ° hoc enim erit plenum gaudium nostrum, quo amplius non est, frui deo trinitate, ad cuius imaginem facti sumus. * hieronymus. ° utrique autem servo et qui de quinque talentis decem fecerat, et qui de duobus quatuor, idem patrisfamilias sermo blanditur; utrumque etiam simili recipit gaudio, non considerans lucri magnitudinem, sed studii voluntatem; unde sequitur accessit autem et qui duo talenta acceperat. * origenes in matth.. ° quod autem dicit vel in eo qui quinque talenta acceperat, vel in isto qui duo, accedens, intellige accessum transitum de |250| hoc mundo ad illum: et vide quoniam eadem dicta sunt ambobus, ne forte et qui minorem habuit virtutem, et totam illam quam habuit, secundum quod oportebat, exercuit, nihil minus habiturus sit apud deum quam ille qui fuerit in maiori virtute: hoc enim solum quaeritur, ut quicquid habuerit homo ex deo, toto eo utatur ad gloriam dei. * gregorius in evang.. ° servus autem qui operari de talento noluit, ad dominum cum verbis excusationis redit: unde subditur accedens autem et qui unum talentum acceperat, ait: domine, scio quia homo durus es. * hieronymus. ° vere enim hoc quod scriptum est: ad excusandas excusationes in peccatis, etiam huic servo contingit, ut ad pigritiam et negligentiam, superbiae quoque crimen accederet. qui enim debuit simpliciter inertiam confiteri et orare patremfamilias, e converso calumniatur, et dicit se prudenti fecisse consilio, ne dum lucra pecuniae quaereret, etiam de sorte periclitaretur. * origenes. ° videtur enim |275| mihi iste servus fuisse inter credentes quidem, non autem fiducialiter agentes, sed latere volentes, et omnia facientes ut non cognoscantur quasi christiani. adhuc videntur mihi qui huiusmodi sunt timorem dei habere, et sapere de eo quasi de aliquo austero et implacabili: hoc enim significat cum dicit domine, scio quia homo durus es. intelligimus autem, quod vere dominus noster metit ubi non seminavit; quoniam iustus seminat in spiritu, ex quo metet vitam aeternam. metit etiam ubi non seminat, et congregat ubi non spargit: quia sibi computat esse collata quaecumque in pauperibus fuerint seminata. * hieronymus. ° ex eo etiam quod hic servus ausus est dicere metis ubi non seminasti, intelligimus etiam gentilium et philosophorum bonam vitam recipere dominum. * gregorius. ° sunt autem plerique intra ecclesiam, quorum iste servus imaginem tenet, qui melioris vitae vias aggredi metuunt; et tamen iacere in sui corporis ignavia non pertimescunt; cumque se peccatores considerant, sanctitatis vias |300| arripere trepidant, et remanere in suis iniquitatibus non formidant. * hilarius in matth.. ° vel per hunc servum intelligitur populus iudaeorum in lege persistens, qui dicit: timui te; tamquam metu veterum praeceptorum ab usu evangelicae libertatis abstineat, dicatque ecce quod tuum est, velut in his quae a domino praecepta sunt fuerit immoratus; cum tamen sciverit, metendos illic iustitiae fructus ubi lex sata non sit, et colligendos ex gentibus qui non ex abrahae sint stirpe dispersi. * hieronymus. ° sed quod putaverat se pro excusatione dixisse, in culpam propriam vertitur; unde sequitur respondens autem dominus eius dixit ei: serve male et piger, sciebas quia meto ubi non semino. servus autem malus appellatur, quia calumniam domino fecit: piger, quia talentum noluit duplicare: ut in altero superbiae, in altero negligentiae condemnetur. si, inquit, durum et crudelem me noveras, et aliena sectari; tu scires me mea diligentius quaesiturum, et dares pecuniam |325| meam, sive argentum nummulariis: utrumque enim argyrion, graecus sermo significat. eloquia domini, eloquia casta, argentum igne examinatum. pecunia ergo et argentum, praedicatio evangelii et sermo divinus est; qui dari debuit nummulariis, idest vel ceteris doctoribus, quod fecerunt apostoli, per singulas provincias presbyteros et episcopos ordinantes; vel cunctis credentibus, qui possunt pecuniam duplicare et cum usuris reddere, ut quicquid sermone didicerant, opere explerent. * gregorius. ° sicut ergo periculum doctorum aspicitur, si dominicam pecuniam teneant, ita et auditorum: quia cum usuris ab eis exigitur quod audierunt, ut scilicet ex eo quod audiunt, etiam studeant intelligere non audita. * origenes. ° non autem confessus est dominus se esse durum, sicut ille arbitrabatur; ceteris autem eius sermonibus concessit. sed vere durus est his qui misericordia dei abutuntur ad negligentiam suam, non ad conversionem. * gregorius in evang.. |350| ° pigrum vero servum qua sententia dominus feriat, audiamus: tollite itaque ab eo talentum, et date ei qui habet decem talenta. * origenes. ° potest quidem dominus suae divinitatis virtute auferre sufficientiam ab eo qui pigrius est ea usus, et dare ei qui eam multiplicavit. * gregorius. ° opportunum autem videbatur ut ei potius qui duo quam qui quinque talenta acceperat daretur: illi enim dari debuit qui minus habebat. sed cum per quinque talenta exteriorum scientia designetur, per duo autem intellectus et operatio; plus habuit qui duo quam qui quinque talenta acceperat: quia qui per talenta quinque exteriorum administrationem meruit, ab intellectu aeternorum adhuc vacuus fuit. unum ergo talentum, per quod intellectum significari diximus, illi dari debuit qui bene exteriora quae acceperat, ministravit: quod quotidie in sancta ecclesia cernimus, ut etiam interna intelligentia polleant qui exteriora fideliter administrant. * hieronymus. ° vel datur ei qui decem talenta fecerat, ut intelligamus, |375| licet aequale sit domini gaudium in utriusque labore, eius scilicet qui quinque et qui duo duplicavit, tamen maius deberi praemium ei qui plus in domini pecunia laboravit. * gregorius. ° generalis etiam mox sententia subditur, qua dicitur omni enim habenti dabitur, et abundabit; ei autem qui non habet, et quod videtur habere, auferetur ab eo. quisquis autem caritatem habet, alia etiam dona percipit; quisquis autem caritatem non habet, etiam dona quae percepisse videbatur, amittit. * chrysostomus in matth.. ° qui etiam gratiam sermonis et doctrinae ad proficiendum habet, non utens ea, gratiam perdit; qui autem studium adhibet, amplius attrahit donum. * hieronymus. ° multi etiam cum sint sapientes naturaliter, et habeant acumen ingenii, si fuerint negligentes, et desidia bonum naturae corruperint, ad comparationem eius qui paululum tardior labore et industria compensavit quod minus habuit, perdunt bonum naturae; et praemium quod eis fuerat |400| repromissum, vident transire ad alios. potest etiam sic intelligi. ei qui fidem habet, et bonam in domino voluntatem, etiam si quid minus, ut homo, in opere habuerit, dabitur a bono iudice; qui autem fidem non habuerit, etiam ceteras virtutes quas videbatur naturaliter possidere, perdet. et eleganter inquit quod videtur habere, auferetur ab eo: quicquid enim sine fide christi est, non ei debet imputari qui male eo usus est, sed illi qui etiam malo servo naturae bonum tribuit. * gregorius in evang.. ° vel quisquis caritatem non habet, etiam ea quae percepisse videbatur, amittit. * hilarius in matth.. ° habentibus etiam usum evangeliorum et legis honor redditur; non habenti autem fidem christi, etiam quod ex lege sibi esse videbatur honoris auferetur. * chrysostomus in matth.. ° servus autem malus non solum damno punitur, sed etiam intolerabili poena, et cum poena accusabili denuntiatione; unde sequitur et inutilem servum eicite in tenebras exteriores. * origenes in matth.. |425| ° ubi scilicet nulla illuminatio est, forsitan nec corporalis; nec est respectio dei illic, sed quasi indigni speculatione dei, qui talia peccaverunt, condemnantur in his quae exteriores tenebrae appellantur. legimus etiam aliquem ante nos exponentem de tenebris abyssi quae est extra mundum, ut quasi indigni toto mundo in abyssum illam foras eiciantur, in qua sunt tenebrae, nemine eas illuminante. * gregorius. ° et sic per poenam in tenebras exteriores cadet qui per suam culpam sponte in interiores tenebras decidit. * hieronymus. ° quid autem sit fletus et stridor dentium, supra diximus. * chrysostomus in matth.. ° vide autem quia non solum qui rapit aliena aut qui mala operatur, punitur ultima poena, sed etiam qui bona non facit. * gregorius in evang.. ° habens igitur intellectum, curet omnino ne taceat; habens rerum affluentiam, a misericordia non torpescat; habens artem qua regitur, usum illius cum proximo partiatur; habens loquendi locum, apud divitem pro pauperibus |450| intercedat. talenti enim nomine cuilibet reputabitur quod vel minimum acceperit. * origenes. ° si autem displicet tibi quod dicitur, si propter quod non docuit, quis iudicatur, recordare illud apostoli: vae mihi est, si non evangelizavero.

lc3 * Rabanus. ° post parabolas de fine mundi, iam exequitur dominus modum futuri iudicii. * chrysostomus in matth.. ° est autem haec pars delectabilissima, quam continue in animo vertentes, cum studio audiamus, et omni compunctione; nam et ipse christus terribilius et lucidius hunc pertractat sermonem. idcirco non dicit de cetero: simile factum est regnum caelorum; sed revelate seipsum ostendit, dicens cum autem venerit filius hominis in maiestate sua. * hieronymus. ° post biduum quidem pascha facturus, et tradendus cruci, et illudendus ab hominibus, recte promittit gloriam triumphantis, ut secutura scandala pollicitationis praemio compensaret. et notandum, quod qui in maiestate cernendus est, filius hominis sit. * augustinus super ioannem. ° in forma humana videbunt eum impii, videbunt et ad dexteram positi: in iudicio enim apparebit in forma quam ex nobis accepit; sed postea futurum est ut videatur in forma dei, quam sciunt omnes fideles. |25| * remigius. ° destruitur autem his verbis illorum error qui dixerunt, dominum non in eadem forma servi manere. maiestatem autem appellat divinitatem, qua aequalis est patri et spiritui sancto. * origenes in matth.. ° vel quia cum gloria huc revertetur, ut corpus eius sit quale fuit cum transfiguratus fuit in monte. sedes autem eius aut quidam perfectiores sanctorum dicuntur, de quibus scriptum est: quoniam illic sederunt sedes in iudicio; aut quaedam virtutes angelicae, de quibus dicitur: sive throni, sive dominationes. * augustinus de civ. dei. ° descendet enim cum angelis, quos advocabit de supernis locis ad faciendum iudicium; unde dicitur et omnes angeli eius cum eo. * chrysostomus in matth.. ° omnes enim angeli cum ipso aderunt, testantes et ipsi quantum administraverunt missi a domino ad hominum salutem. * augustinus de poenitentia. ° vel angelorum nomine significavit homines qui cum christo iudicabunt: angeli enim nuntii sunt; nuntios autem rectissime |50| accipimus omnes qui salutem caelestem hominibus nuntiaverunt. sequitur et congregabuntur ante eum omnes gentes. * remigius. ° his verbis vera hominis futura demonstratur resurrectio. * augustinus de civ. dei. ° haec autem congregatio per ministerium angelicum fiet, quibus dicitur: congregate illi sanctos eius. * origenes in matth.. ° vel non localiter intelligamus quod congregabuntur ante eum omnes gentes, sed quia iam non erunt dispersae in dogmatibus falsis et multis de eo. manifesta enim fiet divinitas christi, ut non solum nullus iustorum, sed nec aliquis peccatorum ignoret: non enim in aliquo loco apparebit filius dei, et in altero non apparebit; sicut ipse secundum comparationem fulguris voluit demonstrare. quamdiu ergo iniqui nec se cognoscunt nec christum, vel iusti per speculum in aenigmate vident, tamdiu non sunt segregati boni a malis; cum autem propter manifestationem filii dei, omnes ad intellectum venerint suum, tunc salvator segregabit |75| bonos a malis; unde sequitur et separabit eos ab invicem, sicut pastor segregat oves ab haedis: quia et peccatores cognoscent sua delicta, et iusti manifeste videbunt semina iustitiae suae ad qualem eos perduxerint finem. oves autem dicti sunt qui salvantur, propter mansuetudinem, quam didicerunt ab eo qui dicit: discite a me quia mitis sum; et propter quod usque ad occisionem parati fuerunt venire, imitantes christum, qui sicut ovis ad occisionem ductus est. haedi autem dicuntur mali, qui aspera et dura saxa ascendunt, et per praecipitia eorum incedunt. * chrysostomus in matth.. ° vel hos vocat haedos, illos autem oves, ut horum infructuositatem ostendat, nullus enim fit ab haedis fructus; illorum autem utilitatem; multus enim est ovium fructus et a lana et a lacte et a fetibus qui parturiuntur. nomine autem ovis in scripturis divinis simplicitas, et innocentia solet designari. pulchre ergo in hoc loco per oves electi designantur. * hieronymus. ° haedus autem lascivum est |100| animal et fervens semper ad coitum, et semper pro peccatis offertur in lege; nec dicit capras, quae possunt habere fetus et tonsae egrediuntur de lavacro. * chrysostomus in matth.. ° deinde segregat eos etiam situ; nam sequitur et statuet oves quidem a dextris, haedos autem a sinistris. * origenes in matth.. ° sancti enim, qui dextera opera operati sunt, acceperunt pro mercede suorum dexterorum dexteram regis, in qua requies et gloria est; mali vero propter opera sua pessima et sinistra, ceciderunt in sinistram, idest in tristitiam tormentorum. sequitur tunc dicet rex eis qui a dextris eius erunt: venite; ut quicquid minus fuerit eis, cum perfectius uniti fuerint christo consequantur. addit autem benedicti patris mei, ut eminentia benedictionis eorum manifestetur: quia prius benedicti sunt a domino, qui fecit caelum et terram. * rabanus. ° vel vocantur benedicti quibus pro bonis meritis debetur aeterna benedictio. patris autem |125| sui dicit esse regnum, quia ad eum refert potestatem regni a quo ipse rex est genitus; unde per auctoritatem regiam, qua ipse solus exaltabitur in die illa, proferet iudicii sententiam; unde signanter dicitur. tunc dicet rex. * chrysostomus in matth.. ° nota autem, quod non dixit: accipite, sed possidete, sive hereditate, sicut familiaria bona sive paterna, sicut vestra vobis antiquitus debita; unde dicitur paratum vobis regnum a constitutione mundi. * hieronymus. ° haec autem iuxta praescientiam dei accipienda sunt, apud quem futura iam facta sunt. * augustinus de civ. dei. ° excepto autem illo regno, de quo in fine dicturus est possidete paratum vobis regnum, licet longe impari modo, etiam praesens ecclesia dicitur regnum eius; in quo adhuc cum hoste confligitur, donec veniatur ad illud pacatissimum regnum, ubi sine hoste regnabitur. * augustinus de poenitentia. ° sed dicet aliquis: regnare nolo, sufficit mihi salvum esse; in quo primum eos fallit, quia eorum nec salus est ulla quorum iniquitas |150| perseverat; deinde si est aliqua differentia inter regnantes et non regnantes, oportet tamen ut in uno regno sint omnes, ne in hostium aut aliorum numero deputentur, et ceteris regnantibus ipsi pereant. omnes enim romani romanum regnum possident, quamvis non omnes in eo regnent. * chrysostomus in matth.. ° pro quibus ergo sancti, caelestis regni bona accipiant, manifestatur cum subditur esurivi et dedistis mihi manducare. * remigius. ° et notandum, quod in hoc loco sex opera misericordiae a domino commemorantur; quae quicumque implere studuerit, regnum a constitutione mundi praeparatum electis percipere merebitur. * rabanus. ° mystice autem qui esurientem et sitientem iustitiam pane verbi reficit, vel potu sapientiae refrigerat, et qui errantem per haeresim vel per peccatum in domum matris ecclesiae recipit, et qui infirmum in fide assumit, verae dilectionis observat iura. * gregorius moralium. ° hi autem quibus iudex veniens in |175| dextera consistentibus dicit esurivi, etc., sunt qui ex parte electorum iudicantur et regnant, qui vitae maculas lacrymis tergunt; qui mala praecedentia factis sequentibus redimentes, quidquid illicitum aliquando fecerant, ab oculis iudicis eleemosynarum superductione cooperiunt. alii vero sunt qui non iudicantur et regnant, qui etiam praecepta legis perfectionis virtute transcendunt. * origenes in matth.. ° humilitatis autem causa laude beneficiorum suorum indignos se proclamant, non obliti eorum quae fecerunt. ipse autem eis ostendit suam compassionem in suis; unde sequitur tunc respondebunt ei iusti, dicentes: domine, quando te vidimus, * etc.. rabanus. ° hoc quidem dicunt non diffidentes de verbis domini; sed stupent de tanta sublimatione, et de maiestatis suae magnitudine; vel quia videbitur eis parvum esse bonum quod egerant, secundum illud apostoli: non sunt condignae passiones huius temporis ad futuram gloriam quae revelabitur in nobis. sequitur et respondens rex dicet eis: |200| amen dico vobis: quamdiu fecistis uni de his fratribus meis minimis, mihi fecistis. * hieronymus. ° libera quidem nobis erat intelligentia, quod in omni paupere christus esuriens pasceretur, sitiens potaretur, et sic de aliis; sed ex hoc quod sequitur quamdiu fecistis uni de his fratribus meis minimis, etc., non mihi videtur generaliter dixisse de pauperibus, sed de his qui pauperes spiritu sunt; ad quos extendens manum dixerat: fratres mei sunt qui faciunt voluntatem patris mei. * chrysostomus in matth.. ° sed si fratres eius sunt, quare eos minimos vocat? propter hoc quia sunt humiles, quia pauperes, quia abiecti. non autem per hos, monachos solum intelligit, qui ad montes secesserunt; sed unumquemque fidelem, etiam si fuerit saecularis, et fuerit esuriens, aut aliud huiusmodi, vult misericordiae procuratione potiri: fratrem enim baptisma facit et mysteriorum communicatio. sequitur tunc dicet et his qui a sinistris eius erunt: discedite a me, maledicti, in ignem aeternum, qui paratus est diabolo |225| et angelis eius. * origenes in matth.. ° sicut iustis dixerat: venite, ita et iniustis dicit discedite; nam propinqui sunt verbo qui servant dei mandatum, et vocantur ut adhuc propinquiores efficiantur; longe autem ab eo sunt, etsi videantur ei assistere, qui non faciunt mandata ipsius: propter hoc audiunt discedite, ut qui modo vel videntur esse ante eum, postea nec videantur. considerandum est autem, quoniam in sanctis dictum est: benedicti patris mei; non autem nunc dicitur: maledicti patris mei; nam benedictionis quidem ministrator est pater, maledictionis autem unusquisque sibi est auctor, qui maledictione digna est operatus. qui autem recedunt a iesu, decidunt in ignem aeternum, qui alterius est generis ab hoc igne quem habemus in usu. nullus enim ignis inter homines est aeternus, sed nec multi temporis. et considera quoniam regnum quidem non angelis praeparatum dicit, ignem autem aeternum diabolo et angelis eius: quia quantum ad se, homines |250| non ad perditionem creavit; peccantes autem coniungunt se diabolo; ut sicuti qui salvantur, sanctis angelis coaequantur, sic qui pereunt diaboli angelis coaequentur. * augustinus de civ. dei. ° ex hoc autem patet quod idem ignis erit hominum supplicio attributus et daemonum. si autem erit corporali tactu noxius ut eo possint corpora cruciari, quomodo in eo erit poena spirituum malignorum, nisi quia sunt quaedam daemonibus corpora, sicut quibusdam visum est, ex isto aere crasso atque humido? si autem aliquis nulla habere daemones corpora asserat, non est de hac re contentiosa disputatione certandum. cur enim non dicamus, quamvis miris, tamen veris modis, etiam spiritus incorporeos posse poena corporalis ignis affligi, si spiritus hominum, etiam ipsi profecto incorporei, et nunc potuerunt concludi corporalibus membris, et tunc poterunt corporum suorum vinculis insolubiliter alligari? adhaerebunt ergo daemones, licet incorporei, corporalibus ignibus cruciandi, accipientes ex ignibus |275| poenam, non dantes ignibus vitam. ignis autem ille corporeus erit, et cruciabit huiusmodi corpora cum spiritibus; daemones autem spiritus sine corporibus. * origenes in matth.. ° vel forsitan ignis ille talis substantia est ut invisibilia comburat, ipse invisibilis constitutus, secundum quod ait apostolus: quae videntur, temporalia sunt; quae autem non videntur, aeterna. ne autem mireris audiens esse invisibilem ignem et punientem, cum videas interius calorem hominibus accidentem, et non mediocriter cruciantem. sequitur esurivi enim et non dedistis mihi manducare. scriptum est ad fideles: vos estis corpus christi. sicut ergo anima habitans in corpore, cum non esuriat quantum ad suam substantiam spiritualem, esurit tamen corporis cibum, quia copulata est corpori suo, sic et salvator patitur quae patitur corpus eius ecclesia, cum sit ipse impassibilis. et hoc considera, quia loquens ad iustos, per singulas species eorum beneficia dinumerat; |300| ad iniustos autem praescindens narrationem, adunavit utrumque, dicens infirmus fui et in carcere, et non visitastis me; quoniam misericordis iudicis erat bene facta quidem hominum largius praedicare et ampliare; malefacta autem eorum transitorie memorari et abbreviare. * chrysostomus in matth.. ° intuere autem quia non in uno tantum vel duobus, sed in omnibus misericordiam deseruerunt: non enim esurientem solum non cibaverunt, sed neque, quod levius erat, infirmum visitaverunt. et vide qualiter levia iniungit; non enim dixit: in carcere eram, et non eripuistis me; infirmus eram, et non curastis me; sed non visitastis, et non venistis ad me. in esuriendo etiam non pretiosam petit mensam, sed necessarium cibum. omnia ergo sufficientia sunt ad poenam. primo quidem facilitas petitionis, panis enim erat; secundo miseria eius qui petebat, pauper enim erat; tertio compassio naturae, homo enim erat; quarto desiderium promissionis, regnum enim promisit; quinto dignitas eius qui |325| accipiebat, deus enim erat qui pauperes accipiebat; sexto superabundantia honoris, quoniam dignatus est ab hominibus accipere; septimo iustitia dationis, ex suis enim a nobis accipit: sed contra universa haec homines per avaritiam excaecantur. * gregorius moralium. ° isti autem quibus hoc dicitur, sunt mali fideles, qui iudicantur et pereunt; alii vero, scilicet infideles, non iudicantur et pereunt: non enim eorum tunc causa discutitur qui ad conspectum districti iudicis iam cum damnatione suae infidelitatis accedunt; professionem vero fidei retinentes, sed professionis opera non habentes, redarguuntur ut pereant. isti enim saltem verba iudicis audiunt, quia eius fidei saltem verba tenuerunt; illi in damnatione sua aeterni iudicis nec verba suscipiunt, quia eius reverentiam nec verbo tenus servare voluerunt: nam et princeps terrenam rempublicam regens aliter punit civem interius delinquentem, atque aliter hostem exterius rebellantem: in illo enim iura sua consulit; contra hostem |350| vero bellum movet, et de poena eius quid lex habeat non requirit. * chrysostomus in matth.. ° verbis autem iudicis redarguti, cum mansuetudine loquuntur: sequitur enim tunc respondebunt ei et ipsi dicentes: domine, quando te vidimus? * origenes in matth.. ° considera, quia iusti immorantur in unoquoque verbo, iniusti autem non ita per singula, sed cursim dicunt: quoniam proprium est iustorum bene facta sua relata sibi in facie, diligenter et per singula refutare causa humilitatis; malorum autem hominum est culpas suas excusationis causa aut nullas esse ostendere, aut leves et paucas. sed et responsio christi hoc ipsum signat; unde sequitur tunc respondebit illis, dicens: amen dico vobis. volens enim iustorum bene facta ostendere grandia, peccatorum autem culpas non grandes, ad iustos quidem dicit: ex eo quod fecistis uni ex minimis meis fratribus; ad iniustos autem non adiecit: fratribus: revera enim fratres eius sunt qui perfecti sunt. gratius est autem apud |375| deum opus bonum quod fit in sanctioribus quam in minus sanctis; et levior culpa est negligere minus sanctos quam sanctiores. * augustinus de civ. dei. ° nunc autem de novissimo iudicio agitur, quando christus de caelo venturus est, vivos et mortuos iudicaturus. divini iudicii ultimum hunc diem dicimus, idest novissimum tempus: nam per quot dies istud iudicium protendatur incertum est; sed scripturarum sanctarum more dies poni solet pro tempore. ideo autem dicimus ultimum iudicium vel novissimum, quia et nunc iudicat, et ab humani generis initio iudicavit, a ligno vitae separans primos homines, et angelis peccantibus non parcens; in illo autem finali iudicio simul et homines, et angeli iudicabuntur: fiet enim virtute divina ut cuique opera sua vel bona vel mala cuncta in memoriam revocentur, et mentis intuitu mira celeritate cernantur, ut accuset vel excuset scientia conscientiam.

lc4 * Augustinus de fide et operibus. ° nonnulli seipsos seducunt, dicentes ignem aeternum dictum, non ipsam poenam aeternam. hoc praevidens dominus, sententiam suam ita conclusit dicens et ibunt hi in supplicium aeternum, iusti vero in vitam aeternam. * origenes in matth.. ° attende quoniam, cum prius dixisset: venite, benedicti, deinde: discedite, maledicti, propterea quod proprium boni dei est primum recordari benefacta bonorum quam malefacta malorum, hic prius nominat poenam malorum, deinde vitam bonorum: ut primum quae timoris sunt, evitemus mala; postea quae honoris sunt, appetamus bona. * gregorius moralium. ° si ergo tanta poena mulctatur qui non dedisse convincitur, qua poena feriendus est qui redarguitur abstulisse aliena? * augustinus de civ. dei. ° est autem vita aeterna summum bonum nostrum, et finis civitatis dei; de quo fine dicit apostolus: finem vero vitam |25| aeternam. sed rursus, quia vita aeterna ab his qui familiaritatem non habent cum scripturis sanctis, potest accipi etiam in vita malorum propter animae immortalitatem, vel propter interminabiles poenas impiorum; profecto finis civitatis huius, in quo summum habebitur bonum, vel pax in vita aeterna, vel vita aeterna in pace dicendus est, ut ab omnibus possit intelligi. * augustinus de trin.. ° quod enim dixit dominus famulo suo moysi: ego sum qui sum, hoc contemplabimur cum vivemus in aeternum. ita enim dominus ait: haec est vita aeterna ut cognoscant te verum deum. haec enim nobis contemplatio promittitur actionum omnium finis, atque aeterna perfectio gaudiorum, de qua dicit ioannes: videbimus eum sicuti est. * hieronymus. ° prudens autem lector intende, quod et supplicia aeterna sunt: et vita perpetua metum deinceps non habeat ruinarum. * gregorius dialog.. ° inquiunt: ideo peccantibus minatus est, ut eos a peccatis compesceret; quibus |50| respondemus: si falsa minatus est ut iniustitiam corrigeret, etiam falsa promiserat, ut ad iustitiam provocaret; et sic dum satagunt deum perhibere misericordem, non verentur praedicare fallacem. at, inquiunt, sine fine puniri non debet culpa cum fine: quibus respondemus, quod recte dicerent, si iudex iustus non corda hominum, sed facta pensaret. ad districti ergo iudicis iustitiam pertinet ut numquam careant supplicio quorum mens in hac vita numquam voluit carere peccato. * augustinus de civ. dei. ° nullius etiam legis iustitia attendit ut tanta mora temporis quisque puniatur, quanta unde puniretur admisit. nullus enim extitit qui censeret tam cito nocentium finienda esse tormenta, quam cito factum est homicidium vel adulterium. qui vero pro aliquo grandi crimine morte mulctatur, numquid moram qua occiditur, eius supplicium leges existimant, et non quod eum in sempiternum auferant a societate viventium? iam vero damnum, ignominia, exilium, servitus, cum plerumque sic infligantur |75| ut nulla venia relaxentur, nonne pro huius vitae modo similia poenis videntur aeternis? ideo quippe aeterna esse non possunt, quia nec ipsa vita quae his plectitur, porrigitur in aeternum. sed inquiunt: quomodo ergo verum est quod ait christus: in qua mensura mensi fueritis, remetietur vobis, si temporale peccatum supplicio punitur aeterno? nec attendunt non propter aequale temporis spatium, sed propter vicissitudinem mali; idest, ut qui mala fecerit, mala patiatur, eamdem dictam mensuram fuisse. factus est autem homo malo dignus aeterno, qui hoc in se peremit bonum quod esse posset aeternum. * gregorius dialog.. ° at inquiunt: nullus iustus crudelitatibus pascitur, et delinquens servus a iusto domino idcirco caedi praecipitur, ut a nequitia corrigatur. iniqui autem gehennae ignibus traditi, quo fine semper ardebunt? quibus respondemus, quod omnipotens deus, quia pius est, miserorum cruciatu non pascitur; quia autem iustus est, ab iniquorum ultione non sedatur; |100| et tamen ad aliquid iniqui semper concremantur, ut scilicet iusti tanto in aeternum magis divinae gratiae debitores se esse cognoscant, quanto in aeternum mala puniri conspiciunt, quae eius adiutorio vitare potuerunt. * augustinus de civ. dei. ° sed nullum est, inquiunt, corpus quod dolere possit, mori non possit. necesse est autem ut vivat dolens, non est necesse ut occidat dolor; quia nec corpora ista mortalia omnis dolor occidit; et ut dolor aliquis possit occidere, illa causa est, quoniam sic connexa est anima huic corpori ut summis doloribus cedat atque discedat; tunc autem tali corpori anima et eo connectitur modo ut illud vinculum nullo dolore vincatur. non ergo tunc nulla, sed sempiterna mors erit, quando nec vivere anima poterit, deum non habendo, nec doloribus corporis carere moriendo. inter huiusmodi autem aeternitatem supplicii negantes misericordior fuit origenes, qui et ipsum diabolum et angelos eius post graviora pro meritis et diuturna supplicia ex illis cruciatibus eruendos |125| et sociandos sanctis angelis credidit. sed illum et propter hoc et propter alia nonnulla non immerito reprobavit ecclesia: quia et hoc quod misericors videbatur amisit, faciendo veras miserias, quibus poenas luerent, et falsas beatitudines in quibus securum et sempiternum boni gaudium non haberent. longe autem aliter aliorum misericordia errat affectu, qui hominum illo iudicio damnatorum miserias temporales, hominum vero qui vel citius, vel tardius liberantur, aeternam felicitatem putant. cur autem haec misericordia ad universam naturam manat humanam, et cum ad angelicam ventum fuerit, mox arescit? * gregorius dialog.. ° at inquiunt: ubi est quod sancti sunt, si pro inimicis suis, quos tunc ardere viderint, non orabunt? orant quidem pro inimicis suis eo tempore quo possunt ad fructuosam poenitentiam eorum corda convertere; quomodo autem tunc orabitur pro illis qui iam nullatenus possunt ab iniquitate commutari? * augustinus de civ. dei. ° item sunt alii ab aeterno supplicio |150| liberationem non omnibus hominibus promittentes, sed tantummodo christi baptismate ablutis, qui participes sunt corporis eius, quomodolibet vixerunt: propter illud quod ait dominus: si quis manducaverit ex hoc pane, non morietur in aeternum. item sunt qui non omnibus habentibus christi sacramentum, sed solum catholicis, quamvis male viventibus, hoc pollicentur, qui non solum sacramento, sed re ipsa manducaverunt corpus christi, in corpore eius quod est ecclesia constituti, etiam si postea, in aliquam haeresim vel in gentilium idololatriam fuerint lapsi. sunt autem qui propter id quod scriptum est supra: qui perseveravit usque in finem, hic salvus erit, non nisi in catholica ecclesia perseverantibus hoc promittunt, quod merito fundamenti, idest fidei, per ignem salventur; quo igne in ultimo iudicio punientur mali. sed omnibus his contradicit apostolus dicens: manifesta sunt opera carnis, quae sunt immunditia, fornicatio, et his similia; quae |175| praedico vobis quoniam qui talia agunt, regnum dei non possidebunt. si quis autem temporalia in corde suo praeponit christo, etsi videatur habere fidem christi, non est tamen in eo fundamentum christus, cui alia praeponuntur: quanto magis si committat illicita, non praeposuisse, sed postposuisse christum, convincitur? comperi etiam quosdam putare eos solum arsuros illius aeternitate supplicii, qui pro peccatis dignas eleemosynas facere negligunt; ideo iudicem ipsum noluisse existimant aliud commemorare se esse dicturum, nisi eleemosynas sive factas, sive non factas. sed qui digne pro peccatis suis eleemosynas facit, prius eas facere incipit a seipso: indignum est enim ut ipse sibi non faciat qui facit in proximum, cum audiat dicentem deum: diliges proximum tuum sicut teipsum; itemque audiat: miserere animae tuae, placens deo. hanc eleemosynam, idest ut deo placeat, non faciens animae suae, quomodo dignas pro peccatis suis facere eleemosynas dicendus est? propter hoc ergo eleemosynae |200| faciendae sunt, ut cum de praeteritis peccatis deprecamur, exaudiamur; non ut in eis perseverantes, licentiam male faciendi nos per eleemosynas comparare credamus. ideo autem dominus a dextris eleemosynas ab eis factas, in sinistris, non factas se imputaturum esse praedixit, ut hinc ostenderet quantum valent eleemosynae ad priora delenda, non ad perpetua impune committenda peccata. * origenes in matth.. ° vel non unius tantum iustitiae species remuneratur, sicut existimant multi. in quibuscumque enim causis mandatum christi quis fecerit, christum cibat et potat, qui fidelium iustitiam et veritatem manducat et bibit. item christo algenti teximus vestimentum, accipientes sapientiae texturam, adeo ut per doctrinam aliquos doceamus, et induamus eos viscera misericordiae. quando etiam praeparamus cor nostrum diversis virtutibus ad receptaculum eius, vel illorum quae sunt ipsius, ipsum peregrinantem suscipimus in domum pectoris nostri. item cum fratrem infirmum sive |225| in fide sive in bono opere visitaverimus, aut per doctrinam, aut per increpationem, aut per consolationem, ipsum christum visitamus. deinde omne quod hic est, carcer est christi, et eorum qui sunt eius, qui sunt in hoc mundo degentes, quasi etiam in carcere naturae necessitate constricti. cum ergo bonum opus in eis fecerimus, visitamus eos in carcere, et christum in eis.

071 CMT cp26

lc1 * Hilarius in matth.. ° post sermonem quo venturum se dominus in reditu claritatis ostenderat, nunc passurum esse se admonet, ut sacramentum crucis admixtum esse gloriae aeternitatis cognoscerent: unde dicitur factum est, cum consummasset iesus sermones hos omnes. * rabanus. ° de consummatione saeculi et de die iudicii: vel quia ab initio evangelii usque ad passionem omnia faciendo et praedicando compleverat. * origenes in matth.. ° non simpliciter autem dixit omnes, sed hos omnes: adhuc enim oportebat eum etiam alios loqui sermones priusquam traderetur. dixit discipulis suis: scitis quia post biduum pascha fiet. * rabanus. ° sicut ex ioannis narratione colligitur, ante sex dies paschae venit iesus in bethaniam, inde venit ierusalem sedens super asellum, postea geruntur ea quae narrantur hierosolymis gesta. ex illo ergo die quo venit in bethaniam, intelligimus consummatum quatriduum, ut occurreret dies |25| ante biduum paschae. hoc autem inter pascha et azyma distat, quod pascha ipse solus dies appellatur in quo agnus occidebatur ad vesperam, hoc est decimaquarta luna primi mensis; decimaquinta autem luna, quando egressus est populus de aegypto, succedebat festivitas azymorum. verum evangelistae unum pro altero ponere solent. * hieronymus. ° pascha autem, quod hebraice dicitur phase, non a passione, ut plerique arbitrantur, sed a transitu nominatur; eo quod exterminator videns sanguinem in foribus israelitarum pertransierit, nec percusserit eos; vel ipse dominus praebens auxilium populo suo desuper ambulaverit. * remigius. ° sive quia auxiliante domino populus israeliticus liberatus ab aegyptiaca servitute transivit ad libertatem. * origenes in matth.. ° non autem dixit: post biduum pascha erit, aut veniet, ne ostenderet illud pascha futurum quod fieri solebat secundum legem, sed pascha fiet, hoc est quale nunquam factum fuerat. * remigius. ° mystice enim pascha dicitur, sive quia ea | 50 | die christus transivit de mundo ad patrem, de corruptione ad incorruptionem, de morte ad vitam: sive quia salubri transitu a daemoniaca servitute mundum redemit. * hieronymus. ° post duos etiam dies clarissimi luminis veteris et novi testamenti verum pro mundo celebratur pascha. transitus etiam noster, idest phase, ita celebratur, si terrena dimittentes ad caelestia festinemus. * origenes in matth.. ° praedicit autem discipulis se tradendum, cum subdit et filius hominis tradetur ut crucifigatur, praemuniens eos ne priusquam audiant quae fuerant futura, subito videntes tradi magistrum ad crucem, obstupescant. ideo autem impersonaliter posuit tradetur, quia deus tradidit eum propter misericordiam circa genus humanum, iudas propter avaritiam, sacerdotes propter invidiam, diabolus propter timorem ne avelleretur de manu eius genus humanum per doctrinam ipsius: non advertens, quoniam maius fuerat eripiendum genus humanum per mortem ipsius, quam ereptum fuerat per doctrinam et miracula.

lc2 * Glossa. ° ostendit evangelista apparatum et machinationem dominicae passionis, quam christus praenuntiaverat; unde dicit tunc congregati sunt principes sacerdotum. * remigius. ° quod autem dicit tunc, superioribus verbis coniungitur, idest antequam pascha celebraretur. * origenes in matth.. ° non autem veri sacerdotes et seniores, sed illius qui videbatur populus dei, vere autem erat populus gomorrhae, non intelligentes summum sacerdotem dei, insidiati sunt ei: et non cognoscentes primogenitum universae creaturae, etiam seniorem omnibus consiliati sunt contra eum. * chrysostomus in matth.. ° iniqua vero negotia tentantes ad principem sacerdotum veniunt, inde volentes potestatem accipere unde prohibere oportebat. multi autem erant tunc principes sacerdotum; lex vero unum esse volebat; unde manifestum est quod iudaica dissolutio accipiebat principium. moyses enim unum principem sacerdotum esse iussit, et eo mortuo alterum fieri; postea | 25 | vero annui facti sunt. eos igitur ait hic principes sacerdotum qui de principibus sacerdotum erant. * remigius. ° condemnantur autem isti, et quia congregati sunt, et quia principes sacerdotum fuerant: quo enim plures ad peragendum aliquod malum conveniunt, et quo sublimiores et nobiliores fuerint, eo deterius habetur malum quod committitur, et eo maior poena illis praeparatur. ad ostendendam autem domini simplicitatem et innocentiam, addit evangelista ut iesum dolo tenerent, et occiderent: in quo enim nullam mortis causam invenire poterant, consilium fecerunt ut dolo tenerent, et occiderent. * chrysostomus in matth.. ° consiliati sunt ergo ut tenerent eum occulte et interimerent; formidabant autem populum, ideoque expectabant festivitatem praeterire; propter quod sequitur dicebant autem: non in die festo. diabolus enim nolebat in pascha christum pati, ut non manifestam eius constitueret passionem. principes autem sacerdotum non ea quae dei sunt timuerunt, ne scilicet peccato in hoc |50| tempore peracto maior eius inquinatio fieret, sed ubique quae humana sunt cogitabant: unde sequitur ne forte tumultus fieret in populo. * origenes in matth.. ° propter diversa studia populi, diligentis christum et odientis, credentis et non credentis. * leo papa in serm. 7 de passione. ° providentibus ergo principibus ne in sancto die tumultus oriretur, non festivitati sed facinori studebant; seditiones enim turbarum fieri in praecipua solemnitate metuebant, non ut populus non peccaret, sed ne christus evaderet. * chrysostomus in matth.. ° sed tamen furore ferventes immutati sunt a suo consilio: quia enim traditorem invenerunt, in ipsa festivitate christum occiderunt. * leo papa. ° divino autem intelligimus dispositum fuisse consilio ut iudaeorum principes, qui saeviendi in christum occasiones saepe quaesierant, non nisi in solemnitate paschali exercendi furoris sui acciperent potestatem. oportebat enim ut manifesto implerentur affectu quae diu figurata fuerant promissa mysteria, ut |75| ovem significativam vera removeret ovis, et uno expleretur sacrificio variarum differentia victimarum. ut ergo umbrae cederent corpori, et cessarent imagines sub praesentia veritatis, hostia in hostiam transit, sanguine sanguis aufertur, et legalis festivitas dum mutatur impletur.

lc3 * Glossa. ° ostenso consilio principum de christi occisione, vult exequi evangelista completionem eius, ostendens qualiter iudas habuit conventionem cum iudaeis, ut christum traderet; sed prius causam proditionis praemittit. doluit enim quia non erat venumdatum unguentum quod mulier super caput christi effudit, ut de pretio aliquid tolleret: unde voluit hoc damnum proditione magistri recompensare. dicit ergo cum autem esset iesus in bethania in domo simonis leprosi. * hieronymus. ° non quod leprosus illo tempore permaneret; sed quia antea leprosus, postea a salvatore mundatus est, nomine pristino permanente ut virtus curantis appareat. sequitur accessit ad eum mulier habens alabastrum unguenti pretiosi. * rabanus. ° est autem alabastrum genus marmoris candidi variis coloribus intincti, quod ad vasa unguentaria cavare solent, eo quod optime servare ea incorrupta dicatur. * hieronymus. ° alius autem evangelista pro alabastro unguenti pretiosi nardum pisticum |25| posuit, hoc est verum et absque dolo. * rabanus. ° pistis enim graece, latine dicitur fides; unde pisticum, idest fidele. erat enim illud unguentum fidele, idest purum, et non adulteratum. sequitur et effudit super caput ipsius recumbentis. * origenes in matth.. ° forsitan quis diceret quatuor fuisse mulieres de quibus scripserunt evangelistae; ego autem magis consentio tres fuisse: et unam quidem de qua scripserunt matthaeus et marcus, alteram autem de qua scripsit lucas, aliam de qua scripsit ioannes. * hieronymus. ° nemo enim putet eamdem esse quae super caput unguentum, et quae super pedes effudit: illa enim lacrymis lavit et crine tersit, et manifeste meretrix appellatur; de hac autem nihil tale scriptum est: nec enim poterat statim capite domini meretrix digna fieri. * ambrosius super lucam. ° potest ergo non eadem esse, ne sibi contraria dixisse evangelistae videantur. potest etiam quaestio meriti et temporis diversitate dissolvi, ut adhuc illa peccatrix sit, iam ista perfectior. * chrysostomus | 50 | in matth.. ° et secundum hoc apud tres evangelistas, scilicet matthaeum, marcum et lucam, una et eadem esse videtur. non autem absque ratione leprae simonis meminit evangelista; sed ut ostendat unde fiduciam sumens haec mulier accessit ad christum: quia enim lepra immunda passio esse videbatur, videns quod iesus illum hominem curaverat apud quem manebat, confidit quod et animae eius immunditiam facile expurgaret; et aliis mulieribus pro curatione corporis ad christum accedentibus, sola ipsa honoris gratia ad christum accessit, et propter animae curationem, cum nihil in corpore infirmum haberet. quapropter maxime aliquis eamdem admirari debet. apud ioannem autem non est eadem mulier, sed altera quaedam mirabilis lazari soror. * origenes in matth.. ° quoniam matthaeus quidem et marcus in domo simonis leprosi hoc factum fuisse exponunt; ioannes autem, quod venit iesus ubi erat lazarus; et non simon, sed maria et martha ministrabant. adhuc, secundum ioannem, |75| ante sex dies paschae venit in bethaniam, quando fecerunt ei coenam maria et martha; hic autem quando recumbit in domo simonis, post biduum pascha erat futurum. et apud matthaeum et marcum, discipuli indignantur ex bono proposito; apud ioannem autem solus iudas furandi affectu; apud lucam autem murmurat nemo. * gregorius in evang.. ° vel dicendum, quod hanc eamdem quam lucas peccatricem mulierem, ioannes mariam nominat. * augustinus de cons. evang.. ° lucas autem quamvis simile factum commemoret ei quod hic dicitur, nomenque conveniat eius apud quem convivabatur dominus, nam et ipsum simonem dicit; tamen, quia non est contra naturam vel morem hominum unum nomen habere duos homines, potius credibile est fuisse illum alium simonem, non leprosum, in cuius domo haec in bethania gerebantur. nihil igitur aliud arbitror nisi quod non quidem aliam fuisse mulierem quae peccatrix tunc accessit ad pedes iesu, sed eamdem mariam bis |100| hoc fecisse: semel scilicet quod lucas narravit: nam et ioannes mariam commendans commemoravit antequam veniret in bethaniam: erat, inquit, languens lazarus in bethania de castello mariae, et marthae sororis eius. maria autem erat quae unxit dominum unguento, et extersit pedes eius capillis suis, cuius frater lazarus infirmabatur. iam itaque hoc maria fecerat. quod autem in bethania rursus fecit, aliud est quod ad lucae narrationem non pertinet, sed pariter narratur a tribus, ioanne scilicet, matthaeo et marco. quod autem matthaeus et marcus caput domini unguento illo perfusum dicunt, ioannes autem pedes, ostenditur non esse contrarium, si accipiamus non solum caput, sed et pedes domini perfudisse mulierem: nisi forte quoniam marcus fracto alabastro perfusum caput commemorat, tam quisque calumniosus est ut aliquid in vase fracto neget remanere potuisse, unde etiam pedes domini perfunderet. ille autem qui sic calumniatur, prius accipiat perfusos pedes antequam illud fractum esset, ut in integro | 125 | remaneret unde etiam caput perfunderetur, ubi fractura illa totum effuderat. * augustinus de doctr. christ.. ° neque ullo modo quisquam fieri crediderit domini pedes ita unguento pretioso a muliere perfusos ut luxuriosorum et nequam hominum solent. in omnibus enim talibus non usus rerum, sed libido utentis in culpa est. quisquis enim rebus sic utitur ut metas consuetudinis bonorum inter quos versatur excedat; aut aliquid significat, aut flagitiosus est. itaque quod in aliis personis plerumque flagitium est, in divina vel prophetica persona magnae cuiusdam rei signum est. odor enim bonus fama bona est, quam quisquis bonae vitae operibus habuerit, dum vestigia christi sequitur, quasi pedes eius pretiosissimo odore perfundit. * augustinus de cons. evang.. ° sed hoc videri potest esse contrarium quod matthaeus et marcus posteaquam dixerunt pascha post biduum futurum, deinde commemoraverunt quod erat iesus in bethania, ubi de unguento eadem narraturus ioannes dicit: |150| ante sex dies paschae. sed qui ita moventur, non intelligunt matthaeum et marcum illud quod in bethania de unguento factum erat, recapitulando posuisse. non enim quisquam eorum cum dixisset post biduum pascha futurum, sic adiunxit ut diceret: post haec cum esset bethaniae. * chrysostomus in matth.. ° sed quia discipuli audierant magistrum dicentem: misericordiam volo et non sacrificium, apud se cogitabant: si holocausta non acceptat, multo minus olei huiusmodi usum; unde sequitur videntes autem discipuli indignati sunt, dicentes: ut quid perditio haec? potuit enim istud venumdari multo, et dari pauperibus. * hieronymus. ° scio quosdam hunc locum calumniari, quare ioannes iudam solum dixerit contristatum, eo quod loculos tenuerit et fur ab initio fuerit, et matthaeus scribat omnes discipulos indignatos, nescientes tropum qui vocatur, syllipsis, quo et pro multis unus, et pro uno multi soleant appellari: nam et paulus |175| in epistola ad hebraeos dicit: secti sunt, cum unum tantummodo, scilicet isaiam, sectum autumet. * augustinus de cons. evang.. ° potest etiam intelligi, quod et alii discipuli aut senserunt hoc, aut dixerunt, aut eis iuda dicente persuasum sit, atque omnium voluntatem matthaeus et marcus etiam expresserint; sed iudas propterea dixerat quia fur erat, ceteri vero propter pauperum curam: ioannes autem de solo illo id commemorare voluit, cuius ex hac occasione furandi consuetudinem credidit intimandam. * chrysostomus in matth.. ° discipuli ergo ita existimabant; sed dominus mentem mulieris videns permittit, multa enim erat eius religio, et ineffabile studium: idcirco condescendens concessit super caput suum unguentum effundi. sicut enim pater eius odorem victimae et fumum patiebatur, ita et christus mulierem devote ungentem, cuius discipuli mentem nesciebant, querelam facientes; unde sequitur sciens autem iesus ait illis: quid molesti estis huic mulieri? * remigius. |200| ° per quod aperte ostendit quod apostoli aliquid moleste locuti fuerant adversus eam. pulchre autem subdit opus bonum operata est in me; ac si dicat: non est perditio unguenti, sicut vos dicitis; sed opus bonum, idest pietatis et devotionis obsequium. * chrysostomus in matth.. ° ideo autem non simpliciter dixit bonum opus operata est in me; sed prius posuit quid molesti estis huic mulieri? erudiens nos quodcumque geritur bonum a quocumque, etsi non valde diligenter factum fuerit, suscipere et augere et fovere, et non ex principio omnem diligentiam expetere. quisquis enim eum interrogasset antequam fecisset hoc mulier, non mandasset hoc fieri; sed post effusum unguentum non habebat locum discipulorum increpatio; et ideo ipse, ut non obtunderet desiderium mulieris, omnia haec in consolationem mulieris dixit. sequitur nam pauperes semper habebitis vobiscum. * remigius. ° ostendit enim dominus his verbis quasi ex quadam ratione, quoniam non erat illi culpandi qui sibi adhuc in mortali corpore conversanti aliquid de suis facultatibus ministrarent: cum pauperes semper habendi essent in ecclesia, quibus fideles cum vellent, benefacere possent; ipse vero brevi tempore corporaliter mansurus erat cum eis; unde sequitur me autem non semper habebitis. * hieronymus. ° oritur autem hic quaestio, quare dominus post resurrectionem dixerit ad discipulos: ecce ego vobiscum sum usque ad consummationem mundi. et nunc loquitur me autem non semper habebitis. sed mihi videtur in hoc loco de praesentia dicere corporali, quod nequaquam cum eis ita futurus sit post resurrectionem quomodo nunc, in omni convictu et familiaritate. * remigius. ° vel solvitur ita ut intelligatur quod soli iudae dictum sit; sed ideo non dixit: habetis, sed habebitis, quia in persona iudae omnibus imitatoribus illius dictum est. ideo autem dicit non semper, cum nec ad tempus habeant: quia mali videntur habere christum in praesenti saeculo; quando miscent se membris christi, et accedunt ad mensam eius; sed non semper sic habebunt, quando solis electis dicturus est: venite, benedicti patris mei. sequitur mittens enim haec unguentum hoc in corpus meum, ad sepeliendum me fecit. consuetudo erat illius populi ut corpora mortuorum diversis aromatibus condirentur, quatenus diutius illaesa conservarentur. et quia futurum erat ut haec mulier corpus domini mortuum vellet perungere, et tamen non posset, quia resurrectione anticiparetur, idcirco divina providentia actum est ut vivum domini corpus perungeret. hoc est ergo quod dicit mittens haec; idest, cum haec mulier corpus meum vivum perungit, me moriturum et sepeliendum ostendit. * chrysostomus in matth.. ° quia ergo sepulcrum et mortem commemoraverat, ut non videatur in tristitiam mittere mulierem, rursus eam consolatur per ea quae consequuntur amen dico vobis: ubicumque praedicatum fuerit hoc evangelium in toto mundo, dicetur et quod haec fecit in memoriam eius. * rabanus. ° idest, in quocumque loco dilatabitur ecclesia per totum mundum, dicetur et quod hoc fecit. illud et appositum notat, quod sicut iudas contradicens adeptus est perfidiae infamiam, sic et ista piae devotionis gloriam. * hieronymus. ° attende notitiam futurorum, quod passurus post biduum, et moriturus, sciat evangelium suum in toto orbe celebrandum. * chrysostomus in matth.. ° ecce autem quod dixit, factum est; et ubicumque terrarum abieris, videbis hanc mulierem famosam effectam; quod virtus praedicentis effecit. et regum quidem multorum et ducum victoriae silentur; et multi qui civitates construxerunt, et gentes multas servituti subegerunt, neque ex auditu, neque ex nomine sunt cogniti: quoniam autem haec mulier oleum effudit in domo leprosi cuiusdam, duodecim viris praesentibus, hoc omnes concinunt per orbem terrarum; et tempus tantum pertransiit, et memoria eius quod factum est non est tabefacta. sed quare nihil speciale promisit mulieri, sed sempiternam memoriam? quia ex his quae dixit intelligi potuit: si enim opus bonum fecit, manifestum est quod et mercedem dignam suscipiet. * hieronymus. ° mystice autem passurus pro omni mundo moratur in bethania in domo obedientiae, quae quondam fuit simonis leprosi. simon quoque ipse obediens dicitur, qui iuxta aliam intelligentiam mundus interpretari potest, in cuius domo curata est ecclesia. * origenes in matth.. ° oleum autem ubique in scripturis aut opus misericordiae intelligitur, quo lucerna verbi enutrita clarescit; aut doctrina, cuius auditu verbum fidei quod est accensum nutritur. generaliter ergo omne quo quis ungitur, oleum appellatur, olei autem aliud est unguentum; item unguenti aliud est pretiosum: sic omnis actus iustus opus bonum dicitur; operis autem boni aliud est quod facimus propter homines vel secundum homines; aliud quod propter deum et secundum deum. item hoc ipsum quod facimus propter deum, aliud proficit ad usum hominum, aliud tantum ad gloriam dei: ut puta aliquis benefacit homini naturali iustitia motus, non propter deum, quomodo faciebant interdum et gentes: opus illud oleum est vulgare, non magni odoris; et ipsum tamen acceptabile apud deum, quoniam, ut dicit petrus apud clementem, opera bona quae fiunt ab infidelibus in hoc saeculo eis prosunt, non in alio ad consequendum vitam aeternam. qui autem propter deum faciunt, magis illis in illo saeculo proficit: hoc est unguentum boni odoris. sed aliud fit ad utilitatem hominum, ut puta eleemosyna, et cetera huiusmodi. hoc qui facit in christianos, pedes domini ungit: quia ipsi sunt domini pedes: quod praecipue solent facere poenitentes pro remissione peccatorum suorum. qui autem castitati studet, et in ieiuniis et in orationibus permanet, et ceteris quae tantum ad gloriam dei proficiunt, hoc est unguentum quod ungit domini caput, et hoc est unguentum pretiosum, ex cuius odore tota repletur ecclesia; et hoc est opus proprium non poenitentium, sed perfectorum. aut doctrina, quae necessaria est hominibus, hoc est unguentum quo pedes domini unguntur: agnitio autem fidei, quae ad solum pertinet deum, est unguentum quo ungitur caput christi, quo consepelimur christo per baptismum in mortem. * hilarius in matth.. ° mulier autem haec in praefiguratione plebis gentium est, quae in passione christi gloriam deo reddidit: caput enim perunxit: caput autem christi deus est, nam unguentum, boni operis est fructus. sed discipuli favore salvandi israelis vendi hoc in usum pauperum dicunt debuisse; pauperes autem iudaeos fide indigentes, instinctu prophetico nuncupant, quibus dominus ait plurimum esse temporis quo habere curam pauperum possent. ceterum nonnisi ex praecepto suo salutem gentibus posse praestari, quae secum, infuso mulieris huius unguento, sunt consepultae, quia regeneratio nonnisi cum mortuis in baptismi professione redditur: et idcirco ubi praedicabitur hoc evangelium, narrabitur opus eius: quia cessante israel, evangelii gloria fide gentium praedicatur.

lc4 * Glossa. ° posita occasione proditionis, consequenter de proditione iudae agit evangelista; unde dicit tunc abiit unus de duodecim. * chrysostomus in matth.. ° tunc scilicet quando hoc audivit quoniam praedicabitur hoc evangelium ubique: timuit enim: nam virtutis ineffabilis erat quod dictum est. * augustinus de cons. evang.. ° ita enim sermo dirigitur dicente domino scitis quia post biduum pascha fiet... tunc congregati sunt principes sacerdotum... tunc abiit unus de duodecim. inter illud enim quod dictum est: ne tumultus fieret in populo, et hoc quod dicitur tunc abiit unus de duodecim, interpositum est illud de bethania, quod recapitulando dictum est. * origenes in matth.. ° abiit autem adversus unum principem sacerdotum, qui factus fuerat sacerdos in aeternum, ad multos principes sacerdotum, ut venderet pretio volentem redimere totum mundum. * rabanus. ° abiit autem dicit, quia non coactus, non invitatus, sed sponte sceleratum iniit consilium. * chrysostomus in matth.. ° addit autem unus de duodecim, ac si diceret: de primo choro eorum qui sublimiter electi sunt; et ad designationem eius adiungit qui dicitur iudas iscariotes: erat enim et alius iudas. * remigius. ° iscariota namque fuit villa, unde ortus est iste iudas. * leo papa in serm. 9 de passione. ° qui non timoris perturbatione christum deseruit, sed pecuniae cupiditate distraxit: amore enim pecuniae vilis est omnis affectio, et anima lucri cupida, etiam pro exiguo perire non metuit; nullumque est iustitiae in illo corde vestigium in quo sibi avaritia facit habitaculum. hoc perfidus iudas inebriatus veneno, dum sitit lucrum, ita stulte impius fuit ut dominum venderet et magistrum: unde dixit principibus sacerdotum quid vultis mihi dare, et ego vobis tradam? * hieronymus. ° infelix iudas damnum quod ex effusione unguenti se fecisse credebat, vult magistri pretio compensare; nec certam tamen postulat summam, ut saltem lucrosa videretur proditio; sed quasi vile tradens mancipium, in potestate ementium posuit quantum vellent dare. * origenes in matth.. ° hoc autem faciunt omnes qui accipiunt aliquid corporalium aut mundialium rerum ut tradant, et eiciant ab anima sua salvatorem et verbum veritatis quod erat in eis. sequitur at illi constituerunt ei triginta argenteos: tantam mercedem constituentes, quantos annos salvator conversatus fuerat in hoc mundo. * hieronymus. ° ioseph autem, non, ut putant multi iuxta septuaginta interpretes, triginta aureis venditus est, sed iuxta hebraicam veritatem, triginta argenteis: neque enim poterat servus pretiosior esse quam dominus. * augustinus de quaest. evang.. ° quod autem dominus triginta argenteis venditus est, significavit per iudam iudaeos, iniquosque, qui persequentes carnalia et temporalia quae ad quinque pertinent sensus corporis, christum habere noluerunt; et quia sexta mundi aetate fecerunt, sexies quinque eos quasi pretium venditi domini accepisse signatum est, et quia eloquium domini argentum est, illi autem ipsam legem etiam carnaliter intellexerunt, tamquam in argento impresserant saecularis principatus imaginem, quam amisso domino tenuerunt. sequitur et exinde quaerebat opportunitatem ut eum traderet. * origenes in matth.. ° qualem autem opportunitatem quaerebat iudas, lucas manifestius explanat dicens: et quaerebat opportunitatem ut traderet eum sine turba; idest, quando populus non erat circa eum, sed secretus erat cum discipulis; quod et fecit, tradens eum post coenam, cum secretus esset in praedio gethsemani: et inde usque nunc opportunitas ista videtur his qui volunt prodere dei verbum in tempore persecutionis, quando multitudo credentium non est circa verbum veritatis.

lc5 * Glossa. ° prosecutus fuerat evangelista de his quae erant praeambula ad christi passionem, scilicet de praenuntiatione passionis, de consilio principum et de tractatu proditionis: nunc autem tempus et seriem passionis incipit prosequi, dicens prima autem die azymorum. * hieronymus. ° prima dies azymorum quartadecima dies mensis primi est, quando agnus immolatur, et luna plenissima est, et fermentum abicitur. * remigius. ° et notandum, quod apud iudaeos primo die pascha celebratur, reliqui vero septem sequentes dies azymorum vocabantur; sed nunc dies azymorum dicitur pro die paschae. * chrysostomus in matth.. ° vel hanc primam diem azymorum dicit, quia septem dies azymorum erant: assueverunt enim iudaei a vespera semper numerare diem; unde huius diei facit mentionem, secundum quam in vespera pascha erat immolandum, quod quinta feria fuit. * remigius. ° sed forte dicet aliquis: si ille typicus agnus figuram huius veri agni gestabat, quare non ea nocte passus est christus quando solebat agnus immolari? sed sciendum, quia eadem nocte mysteria sanguinis et corporis sui discipulis celebranda tradidit; et sic tentus et ligatus a iudaeis, suae immolationis, idest passionis, sacravit exordium. sequitur accesserunt ad iesum discipuli dicentes: ubi vis paremus tibi comedere pascha? inter eos autem discipulos qui accesserunt ad iesum, interrogantes et iudam fuisse aestimo proditorem. * chrysostomus in matth.. ° ex hoc autem manifestum est quoniam non erat ei domus neque tugurium: ego autem aestimo neque discipulos habuisse: profecto enim eum illuc rogassent venire. sequitur at iesus dixit: ite in civitatem ad quemdam. * augustinus de cons. evang.. ° eum scilicet quem marcus et lucas dicunt patremfamilias vel dominum domus. quod ergo interposuit matthaeus ad quemdam, tamquam ex persona sua studio brevitatis illud compendio voluit insinuare: nam neminem sic loqui ut dicat ite ad quemdam, quis nesciat? ac per hoc cum matthaeus verba domini posuisset dicentis ite in civitatem, interposuit ipse ad quemdam: non quia ipse dominus hoc dixerit; sed ut ipse nobis insinuaret tacito nomine, fuisse quemdam in civitate ad quem domini discipuli mittebantur, ut praepararent pascha: manifestum est enim discipulos a domino non ad quemlibet, sed ad quemdam hominem, idest ad certum aliquem missos esse. * chrysostomus in matth.. ° vel dicendum, quod per hoc quod dicit ad quemdam, ostendit quod ad ignotum hominem mittit, monstrans hinc quoniam poterat non pati. qui enim menti huius persuasit ut eos susciperet, quid non utique operatus esset in his qui eum crucifigebant, si tamen voluisset non pati? ego autem non hoc admiror solum quoniam eum suscepit, ignotus existens: sed quoniam suscipiendo christum, multorum odium contempsit. * hilarius in matth.. ° vel ideo hominem cum quo pascha celebraturus esset non nominat, nondum enim christiani nominis honor credentibus erat praestitus. * rabanus. ° vel nomen praetermittit, ut omnibus verum pascha celebrare volentibus, christumque hospitio suae mentis suscipere, danda facultas designetur. * hieronymus. ° in hoc etiam morem veteris testamenti nova scriptura conservat: frequenter enim legimus: dixit ille illi, et in loco illo et illo; et tamen nomen personarum locorumque non ponitur. sequitur et dicite ei: magister dicit: tempus meum prope est. * chrysostomus in matth.. ° hoc autem dixit discipulis, passionem commemorans, ut ex multiplici passionis enuntiatione exercitati meditarentur quod futurum erat; simul autem demonstrans quod volens ad passionem venit. sequitur apud te facio pascha: in quo demonstrat quoniam usque ad ultimum diem non erat contrarius legi. addidit autem cum discipulis meis, ut sufficiens fieret praeparatio, et ut ille ad quem mittebat non existimaret eum occultari velle. sequitur et fecerunt discipuli sicut constituit illis iesus, et paraverunt pascha. * origenes in matth.. ° forsitan autem aliquis requiret, ex eo quod iesus celebravit more iudaico pascha, quia convenit et nos imitatores christi similiter facere: non considerans quod iesus factus est sub lege, non ut eos, qui sub lege erant, sub lege relinqueret, sed ut ex lege educeret; quanto ergo magis non convenit illos introire in legem, qui prius fuerant extra legem? sed spiritualiter celebrantes quae in lege corporaliter celebranda mandantur, ut in azymis sinceritatis et veritatis celebremus pascha, secundum voluntatem agni dicentis: nisi manducaveritis carnem meam, et biberitis sanguinem meum, non habebitis vitam in vobis.

lc6 * Hieronymus. ° quia supra dominus de passione sua praedixerat, nunc etiam de proditore praedicit, dans ei poenitentiae locum, ut cum intelligeret sciri cogitationes suas et occulta cordis consilia, poeniteret eum facti sui; unde dicitur vespere autem facto, discumbebat cum duodecim discipulis suis. * remigius. ° cum duodecim dicit, quia iudas adhuc erat in numero qui iam recesserat merito. * hieronymus. ° omnia enim sic agit iudas ut tollatur suspicio proditoris. * remigius. ° et notandum quia pulchre vespere facto discubuisse dicitur, quoniam ad vesperam agnus immolari solebat. * rabanus. ° ideo etiam vespere discubuit cum discipulis, quia in passione christi, quando verus sol ad occasum properavit, refectio aeterna omnibus fidelibus praeparata fuit. * chrysostomus in matth.. ° designat autem evangelista quod comedentibus illis disputat iesus de traditione iudae, ut et a tempore et a mensa ostendat malitiam proditoris; et ideo sequitur et edentibus illis, dixit: amen dico vobis, quia unus vestrum me traditurus est. * leo papa in serm. 7 de passione. ° in quo notam sibi esse proditoris sui conscientiam demonstravit, non aspera ac aperta impium increpatione confundens, sed levi et tacita admonitione conveniens, ut facilius corrigeret poenitudo quem nulla deformasset abiectio. * origenes in matth.. ° vel dixit generaliter, ut testimonio percussi cordis singulorum qualitas probaretur, et ut iudae ostenderet malitiam, qui nec cognitori consiliorum suorum credebat; esto quia in primis putavit latere quasi hominem, qui postquam vidit conscientiam suam positam in verbis ipsius, quorum primum infidelitatis erat, secundum impudentiae: et ut etiam discipulorum ostenderet bonitatem, quia plus credebant verbis christi quam conscientiae suae; unde sequitur et contristati valde coeperunt singuli dicere: numquid ego sum, domine? unusquisque enim discipulorum sciebat ex his quae docuerat iesus, quoniam ad malum vertibilis est humana natura, et in colluctatione adversus |50| rectores huius mundi tenebrarum; et propter hanc causam unusquisque eorum timens interrogavit: unde et de omnibus futuris timendum est nobis infirmis. videns autem dominus de seipsis timentes discipulos, demonstravit proditorem inditio propheticae vocis dicentis: qui manducavit panem mecum, ampliavit adversum me supplantationem; unde sequitur at ipse respondens ait: qui intingit mecum manum in paropside, hic me tradet. * hieronymus. ° o mira domini patientia. prius dixerat: unus vestrum me tradet; perseverat proditor in malo; manifestius arguit, et tamen nomen proprium non designat. iudas enim, ceteris contristatis et retrahentibus manum, et interdicentibus cibos ori suo, temeritate et impudentia qua proditurus erat, etiam manum cum magistro mittit in paropsidem, ut audacia bonam conscientiam mentiretur. * chrysostomus in matth.. ° mihi autem videtur et hoc christum fecisse, quod scilicet iudas cum eo in paropside intingeret, magis eum confundens, et in |75| amorem suum attrahens. * rabanus. ° quod autem dicit hic matthaeus in paropside, marcus dicit: in catino. paropsis enim est vas escarum quadrangulatum a paribus assibus, idest aequis lateribus, dictum; catinum vero vas fictile aptum ad immittendum liquorem; et potuit fieri ut in mensa vas fictile quadrangulatum contineretur. * origenes in matth.. ° haec est autem propria consuetudo hominum nimis malorum, ut post salem et panem insidientur hominibus, maxime nihil inimicitiae ab eis habentibus. si autem et post spiritualem mensam, abundantius videbis multitudinem malitiae eius, non recordatus nec in corporalibus bonis magistri dilectionem, nec in spiritualibus doctrinam. tales sunt omnes in ecclesia qui insidiantur fratribus suis, cum quibus ad eamdem mensam corporis christi frequenter simul fuerunt. * hieronymus. ° iudas autem nec primo nec secundo correctus, a proditione retrahit pedem; sed patientia domini nutrit impudentiam suam; et ideo poena praedicitur, |100| ut quem pudor non viderat, corrigant denuntiata supplicia; unde sequitur filius quidem hominis vadit, sicut scriptum est de illo. * remigius. ° humanitatis namque est ire et redire; divinitatis semper manere et esse; et quia humanitas pati potuit et mori, idcirco pulchre dicitur filius hominis abire. aperte etiam dicit sicut scriptum est de eo: quoniam quaecumque passus est, prius a prophetis praedicta sunt. * chrysostomus in matth.. ° hoc autem dixit ad consolandum discipulos, ut non existimarent infirmitatis id esse quod passurus erat; et ut etiam corrigeret proditorem. quamvis autem scriptum fuerit passurum esse christum, nihilominus tamen incusatur iudas; non enim traditio iudae salutem nostram operata est, sed sapientia christi, qui aliorum nequitiis ad id quod nobis expediebat utebatur; unde sequitur vae autem homini illi per quem filius hominis tradetur. * origenes in matth.. ° non autem dixit vae homini illi a quo traditur, sed per quem tradetur: ostendens |125| alterum a quo tradebatur, idest a diabolo; ipsum autem iudam ministrum esse traditionis. vae autem omnibus traditoribus christi; quicumque enim discipulos christi tradit, ipsum christum tradit. * remigius. ° vae etiam erit omnibus qui maligna conscientia et polluta ad mensam christi accedunt: quamvis enim christum non tradant iudaeis crucifigendum, tradunt tamen suis iniquis membris sumendum; et ad maiorem exaggerationem subdit bonum erat illi si natus non fuisset homo ille. * hieronymus. ° non autem ideo putandus est ante fuisse quam nasceretur, quia nulli possit esse bene, nisi ei qui fuerit; sed simpliciter dictum est multo melius esse non subsistere, quam male subsistere. * augustinus de quaest. evang.. ° et si quispiam contendit aliquam vitam esse ante istam, non iudae tantum ut non nasceretur, sed nulli expedire convincitur. an diabolo dicit non expedire nasci, scilicet ad peccatum? an etiam bonum erat illi ut christo non nasceretur per vocationem, ne esset apostata? |150| * origenes in matth.. ° iudas autem post omnium apostolorum interrogationes, et post christi narrationem de ipso, vix aliquando et ipse interrogavit versuto consilio, ut similia ceteris interrogando celaret proditionis consilium: nam vera tristitia non sustinet moram; unde sequitur respondens autem iudas, qui tradidit eum, dixit: numquid ego sum, rabbi? * hieronymus. ° in quo blandientis fingit affectum, sive incredulitatis signum. ceteri enim, qui non erant proditurі, dicunt: numquid ego sum, domine? iste qui proditurus erat, non dominum, sed magistrum vocat; quasi excusationem habeat, si domino denegato, saltem magistrum prodiderit. * origenes in matth.. ° vel hoc ipsum quasi subsannans dicit, quia vocabatur magister, cum non esset hoc vocabulo dignus. * chrysostomus in matth.. ° quamvis autem dominus poterat dixisse: argentum es pactus accipere, et adhuc audes interrogare? sed nihil horum dixit mitissimus iesus, nobis terminos et regulas praefigens; |175| sequitur enim et ait illi: tu dixisti. * remigius. ° quod sic potest intelligi: tu dicis, et verum dicis; sive tu dixisti, et non ego: ut adhuc ei locus poenitentiae concederetur, dum non apertius eius perversitas manifestatur. * rabanus. ° potuit hoc etiam sic dici a iuda, et a domino responderi, ut non omnes adverterent quod dictum erat.

lc7 * Hieronymus. ° postquam typicum pascha fuerat impletum, et agni carnes cum apostolis comederat, ad verum paschae transgreditur sacramentum; ut quando omni praefiguratione eius melchisedech summi dei sacerdos, panem et vinum offerens fecerat, ipse quoque in veritate sui corporis et sanguinis repraesentaret; unde dicitur coenantibus autem illis. * augustinus ad ianuarium. ° in quo liquido apparet, quando primo acceperunt discipuli corpus et sanguinem domini, non eos accepisse ieiunos. numquid tamen propterea calumniandus est ritus universae ecclesiae, quod a ieiunis semper accipitur? placuit enim spiritui sancto ut in honorem tanti sacramenti in os christiani prius dominicum corpus intraret quam ceteri cibi. salvator namque quo vehementius commendaret mysterii huius altitudinem, ultimum hoc voluit infigere cordibus et memoriae discipulorum, a quibus ad passionem digressurus erat; et ideo non praecepit quo deinceps ordine sumeretur, ut |25| apostolis, per quos ecclesiam dispositurus erat, servaret hunc locum. * glossa. ° sub alia tamen specie carnem et sanguinem suum tradidit christus, et deinceps sumendum instituit, ut fides haberet meritum, quae de his est quae non videntur. * ambrosius de sacramentis. ° et ut nullus horror cruoris sit, et pretium tamen operetur redemptionis. * augustinus super ioannem. ° commendavit autem dominus corpus et sanguinem suum in eis rebus quae ad unum aliquid rediguntur ex multis. panis namque in unum ex multis granis conficitur, vinum vero in unum ex multis acinis confluit: ita dominus iesus christus nos significavit, et mysterium pacis ac unitatis nostrae in sua mensa consecravit. * remigius. ° apte etiam fructum terrae obtulit, ut per hoc demonstraret quia ad hoc venerat ut illam maledictionem auferret, qua maledicta est terra propter peccatum primi hominis. congruenter etiam iussit offerri quae de terra nascuntur et pro quibus homines maxime laborant, ut non esset |50| difficultas in acquirendo, et homines de labore manuum suarum sacrificium deo offerrent. * ambrosius de sacramentis. ° ex hoc autem accipe anteriora esse mysteria christianorum quam iudaeorum. obtulit enim melchisedech panem et vinum, similis per omnia filio dei, cui dicitur: tu es sacerdos in aeternum secundum ordinem melchisedech; de quo et hic dicitur accepit iesus panem. * glossa. ° quod de pane frumenti intelligi debet: grano enim frumenti se comparavit dominus dicens: nisi granum frumenti cadens in terram, etc.. talis etiam panis competit sacramento, quia eius usus est communior: nam alii panes propter eius defectum fiunt. quia vero christus usque ad ultimum diem demonstravit se non esse contrarium legi, ut supra ex verbis chrysostomi habitum est, in vespera vero quando pascha immolabatur secundum legis praeceptum azyma comedendum erat, et omne fermentatum abiciendum, manifestum est quod panis iste quem dominus accepit ut discipulis traderet, |75| azymus fuit. * gregorius in registro. ° solet autem nonnullos movere quod in ecclesia alii offerunt panes azymos, alii fermentatos. ecclesia namque romana offert azymos panes, propterea quod dominus sine ulla commixtione suscepit carnem; aliae vero ecclesiae offerunt fermentatum pro eo quod verbum patris indutum est carne, et est verus deus et verus homo: nam et fermentum commiscetur farinae; sed tamen tam azymum quam fermentatum dum sumimus, unum corpus domini nostri salvatoris efficimur. * ambrosius de sacramentis. ° iste autem panis ante verba sacramentorum, panis est usitatus; ubi accesserit consecratio, de pane fit caro christi. consecratio autem quibus verbis est, et quibus sermonibus, nisi domini iesu? si enim tanta vis est in eius sermone ut inciperent esse quae non erant, quanto magis operatorius est ut sint quae erant, et in aliud commutentur? si enim operatus est sermo caelestis in aliis rebus, non operatur in caelestibus sacramentis? ergo ex pane corpus fit christi, et vinum |100| fit sanguis consecratione verbi caelestis. modum requiris? accipe. consuetudo est ut non generetur homo nisi ex viro et muliere: sed, quia voluit dominus, de spiritu sancto et virgine natus est christus. * augustinus de verb. dom.. ° sicut ergo per spiritum sanctum vera caro sine coitu creatur, ita et per eumdem substantia panis et vini, idest corpus christi et sanguis consecratur; et ideo quia verbo domini fit praedicta consecratio, subditur benedixit. * remigius. ° per hoc etiam monstravit quia humanam naturam, una cum patre et spiritu sancto, gratia divinae virtutis implevit, et aeternae immortalitatis munere ditavit. sed ut monstraret quia corpus eius non absque sua voluntate subiectum erat passioni, subditur ac fregit. * augustinus in lib. sentent. prosperi. ° cum enim frangitur hostia, dum sanguis de calice in ora fidelium funditur, quid aliud quam dominici corporis immolatio in cruce, eiusque sanguinis effusio de latere designatur? * dionysius in eccl. hierar.. ° in hoc etiam ostenditur quod unum et simplex |125| dei verbum per humanationem compositum et visibile ad nos pervenit, et ad se nostram societatem benigne peragens, spiritualium bonorum distributorum nos participes fecit: unde sequitur deditque discipulis suis. * leo papa in serm. 7 de passione. ° nec ab hoc quidem mysterio traditore submoto, ut ostenderetur iudas nulla iniuria exasperatus, qui impietate voluntaria erat praescitus. * augustinus super ioannem. ° de uno enim pane et petrus accepit et iudas; sed petrus accepit ad vitam, iudas ad mortem. * chrysostomus in matth.. ° et hoc ioannes ostendit dicens, quoniam post haec intravit in eum satanas. etenim maius ei peccatum est factum, et quoniam cum tali mente ad mysteria accessit, et quoniam cum accessisset, non factus est melior neque timore, neque beneficio, neque honore. christus autem non prohibuit eum, quamvis omnia noverit, ut discas quoniam nihil dereliquit eorum quae in correptionem conveniunt. * remigius. ° in hoc etiam facto reliquit exemplum ecclesiae, ut neminem |150| a societate sui, neque a communione corporis et sanguinis domini segreget, nisi pro aliquo manifesto et publico crimine. * hilarius in matth.. ° vel sine iuda, pascha, accepto calice et fracto pane, conficitur: dignus enim aeternorum sacramentorum communione non fuerat. discessisse autem eum hinc intelligitur quod cum turbis reversus ostenditur. sequitur et ait: accipite et comedite. * augustinus de verb. dom.. ° invitat dominus servos, ut praeparet eis cibum seipsum. sed quis audeat manducare dominum suum? et quidem quando manducatur reficit, sed non deficit: vivit manducatus, quia surrexit occisus; nec quando manducatur, partes de illo facimus; et quidem in sacramento sic fit. norunt fideles quemadmodum manducent carnem christi: unusquisque partem suam accipit. per partes manducatur in sacramento, et integer manet: totus in caelo, totus in corde tuo. ideo autem ista dicuntur sacramenta, quia in eis aliud videtur, et aliud |175| intelligitur: quod videtur, habet speciem corporalem; quod intelligitur, fructum habet spiritualem. * augustinus super ioannem. ° carnem autem christi non edamus tantum in sacramento, quod et multi mali faciunt; sed usque ad spiritus participationem manducemus, ut in domini corpore tamquam membra maneamus, ut eius spiritu vegetemur. * ambrosius de sacramentis. ° ante enim quam consecretur, panis est; ubi autem verba christi accesserint dicentis hoc est corpus meum, corpus christi est.

lc8 * Remigius. ° quia corpus suum sub specie panis dominus discipulis dederat, pulchre etiam calicem sui sanguinis tradit eisdem; unde dicitur et accipiens calicem, gratias egit; in quo demonstrat quantum de nostra salute gratuletur, pro quibus etiam sanguinem suum funderet. * chrysostomus in matth.. ° ideo etiam gratias egit ut nos doceret qualiter oporteret nos hoc mysterium perficere; et etiam monstravit quoniam ad passionem non venit nolens. erudivit enim nos quodcumque patimur cum gratiarum actione ferre, et etiam ex hoc bonam spem nobis dedit. si enim figura huius sacrificii, scilicet immolatio agni paschalis, facta est liberatio populi ab aegyptiaca servitute, multo magis veritas liberabit orbem terrarum. sequitur et dedit illis, dicens: bibite ex hoc omnes. ne autem haec audientes turbarentur, primum ipse sanguinem suum bibit, inducens eos sine turbatione ad communionem mysteriorum. * hieronymus contra helvidium. ° sic igitur dominus |25| iesus fuit conviva et convivium, ipse comedens et qui comeditur. sequitur hic est sanguis meus novi testamenti. * chrysostomus in matth.. ° hoc est, annuntiationis legis novae: hoc enim promittebat vetus testamentum quod continet novum: sicut enim vetus testamentum habuit sanguinem vitulorum et ovium, ita novum habet sanguinem dominicum. * remigius. ° sic enim legitur, quia accepit moyses sanguinem agni, et misit in craterem, et intincto fasciculo hyssopi aspersit populum, dicens: hic est sanguis testamenti quod mandavit ad vos deus. * chrysostomus in matth.. ° sanguinem autem nominans, et passionem suam praenuntiat, dicens qui pro multi effundetur. et rursus dicit mortis causam, cum subdit in remissionem peccatorum, quasi dicat: sanguis agni in aegypto effusus est pro salute primogenitorum populi israelis, hic autem in remissionem peccatorum. * remigius. ° et notandum, quia non ait: pro paucis, aut: pro omnibus; sed pro multis; quia non |50| venerat unam tantum gentem redimere, sed multos de omnibus gentibus. * chrysostomus in matth.. ° hoc autem dicens ostendit quod passio eius mysterium est salutis humanae, per quod etiam discipulos consolatur. et sicut moyses ait: hoc erit vobis memoriale sempiternum, ita et ipse dixit, ut lucas refert: hoc facite in meam commemorationem. * remigius. ° non solum autem panem, sed etiam vinum offerendum docuit, ut esurientes et sitientes iustitiam his mysteriis doceret esse recreandos. * glossa. ° sicut enim corporalis refectio fit per cibum et potum, ita sub specie cibi et potus nobis spiritualem refectionem dominus praeparavit. conveniens etiam fuit ad signandam dominicam passionem, ut sub duplici specie hoc sacramentum institueretur. in passione enim sanguinem suum effudit, et sic sanguis eius fuit a corpore separatus. oportuit ergo ad dominicam passionem repraesentandam, seorsum proponi panem et vinum, quae sunt corporis et sanguinis sacramentum. sciendum tamen est, quod sub utraque specie totus christus continetur: sub specie quidem panis simul sanguis cum corpore, et sub specie vini simul corpus cum sanguine. * ambrosius in epist. ad corinth.. ° ideo etiam in duabus speciebus celebratur: valet enim ad tuitionem corporis et animae quod percipimus. * cyprianus ad caecilium. ° calix vero domini non est aqua sola et vinum solum, nisi utrumque misceatur; quomodo nec corpus domini potest esse farina sola, aut aqua sola, nisi utrumque fuerit adunatum. * ambrosius de sacramentis. ° si autem melchisedech panem et vinum obtulit, quid sibi vult aquae mixtio? accipe rationem. tetigit moyses petram, et petra undam maximam fudit; petra autem erat christus, et unus de militibus lancea tetigit latus christi, et de latere eius aqua fluxit et sanguis; aqua ut mundaret, sanguis ut redimeret. * remigius. ° sciendum etiam, quod, ut ioannes dicit, aquae multae populi sunt. et quia nos oportet semper manere in christo, et christum in nobis vinum aquae mixtum offertur, ut ostendatur quia caput et membra, idest christus et ecclesia, unum sunt corpus; vel ut demonstretur quia nec christus passus est absque amore nostrae redemptionis, nec nos salvari possumus absque illius passione. * chrysostomus in matth.. ° quia vero de passione et cruce eis locutus erat, consequenter eum qui de resurrectione est sermonem inducit, dicens dico autem vobis; non bibam amodo de hoc genimine vitis usque in diem illum, cum illud bibam vobiscum novum in regno patris mei. regnum autem resurrectionem suam nominat. ideo autem hoc de resurrectione dixit, quod scilicet cum apostolis esset bibiturus, ne aliqui existimarent phantasiam esse resurrectionem; et ideo persuadentes hominibus de christi resurrectione dixerunt: simul comedimus et bibimus cum eo, postquam resurrexit a mortuis. per hoc ergo ostendit quod videbunt eum suscitatum, et cum ipsis rursus erit. quod autem dicit novum, clare intelligendum est nove, idest novo modo, non quasi corpus passibile habens, et indigens cibo: non enim post resurrectionem comedit et bibit quia cibo indigeret, sed propter resurrectionis certitudinem. quia vero sunt quidam haeretici in sacris mysteriis aqua utentes, non vino, demonstrat per haec verba quoniam et cum sacra mysteria tradidit, vinum dedit, quod et resuscitatus bibit: propter hoc dicit ex hoc genimine vitis; vitis enim vinum, non aquam generat. * hieronymus. ° vel aliter. de carnalibus dominus transit ad spiritualia. quod vinea de aegypto transplantata populus sit israel, sacra scriptura testatur. dicit ergo dominus se de hac vinea nequaquam esse bibiturum, nisi in regno patris. regnum patris fidem puto esse credentium. ergo cum iudaei regnum receperint patris, tunc de vino eorum dominus bibet. attende autem quod dicat patris, et non dei; omnis enim pater nomen est filii; ac si diceret: cum crediderint in deum patrem, et adduxerit eos pater ad filium. * remigius. ° vel aliter. non bibam de genimine vitis huius; idest, non ultra synagogae carnalibus oblationibus delectabor, in quibus illa paschalis agni immolatio praecipuum locum tenere solebat. aderit autem tempus meae resurrectionis, et dies in quo in regno patris constitutus, idest gloria aeternae immortalitatis sublimatus, vobiscum illud bibam novum, hoc est de salvatione illius populi iam renovati per aquam baptismatis, quasi novo gaudio laetabor. * augustinus de quaest. evang.. ° vel aliter. cum dicit bibam illud novum, vult intelligi hoc vetus esse. quia ergo de propagine adam, qui vetus homo appellatur, corpus suscepit, quod in passione morti traditurus erat (unde etiam per vini sacramentum commendavit sanguinem suum), quid aliud novum vinum quam immortalitatem renovandorum corporum intelligere debemus? quod autem dicit vobiscum bibam, etiam ipsis resurrectionem corporum ad induendam immortalitatem promittit: vobiscum enim non ad idem tempus, sed ad eamdem innovationem esse dictum accipiendum est: nam et nos dicit apostolus resurrexisse cum christo, ut spes rei futurae iam laetitiam praesentem afferat. quod autem de hoc genimine vitis etiam illud novum esse dicit, significat utique eadem corpora resurrectura secundum innovationem caelestem, quae nunc secundum terrenam vetustatem sunt moritura. * hilarius in matth.. ° videtur autem ex hoc quod iudas cum eo non biberit, quia non erat bibiturus in regno: cum universos tunc bibentes ex vitis istius fructu, bibituros secum postea polliceretur. * glossa. ° sed sustinendo aliorum sanctorum sententiam, quod scilicet iudas sacramenta receperit a christo, dicendum est, quod hic dicit vobiscum, ad plures eorum, non ad omnes referendum esse.

lc9 * Origenes in matth.. ° discipulos qui acceperant benedictionis panem, et biberant calicem gratiarum actionis, docebat dominus pro his omnibus hymnum dicere patri; unde dicitur et hymno dicto exierunt in montem oliveti: ut de alto transirent ad altum, quia fidelis non potest aliquid agere in convalle. * chrysostomus in matth.. ° audiant quicumque, veluti porci, simpliciter manducantes cum ebrietate surgunt, cum deceret gratias agere, et in hymnum mensam desinere. audiant quicumque ultimam orationem in sacris mysteriis non expectant: ultima enim oratio missae illius hymni est signum. gratias ergo egit antequam sacra mysteria discipulis daret, ut et nos gratias agamus; hymnum dixit postquam dedit, ut et nos hoc ipsum faciamus. * hieronymus. ° iuxta hoc exemplum salvatoris, qui pane christi et calice saturatus et inebriatus fuerit, potest laudare deum, et conscendere montem oliveti, ubi laborum refectio dolorisque solatium et veri luminis notitia est. * hilarius in matth.. ° per hoc etiam ostendit quod homines consummati in universis divinorum mysteriorum virtutibus, gaudio exultationeque communi in caelestem gloriam efferuntur. * origenes in matth.. ° apte etiam mons misericordiae est electus, ubi pronuntiaturus fuit scandalum infirmitatis discipulorum, iam tunc paratus ut non repelleret discipulos discedentes, sed ut reciperet revertentes; unde sequitur tunc dixit illis iesus: omnes vos scandalum patiemini in me in ista nocte. * hieronymus. ° praedicit quidem quod passuri sunt, ut cum passi fuerint non desperent salutem, sed agentes poenitentiam, liberentur. * chrysostomus in matth.. ° in quo etiam docet nos, quales ante crucem fuerunt discipuli, et quales post crucem. etenim qui neque cum christo, dum crucifigebatur, stare poterant, post mortem christi adamante fuerunt fortiores. fuga enim discipulorum et timor demonstratio est mortis christi, ut confundantur qui haeresi marcionis aegrotant. si enim neque ligatus est, neque crucifixus, unde petro et reliquis apostolis incussus est tantus timor? * hieronymus. ° et signanter addit in ista nocte: quia quomodo qui inebriantur, nocte inebriantur, sic et qui scandalum patiuntur, in nocte et tenebris sustinent. * hilarius in matth.. ° huius etiam praedictionis fides auctoritate prophetiae veteris continebatur; unde sequitur scriptum est enim: percutiam pastorem, et dispergentur oves gregis. * hieronymus. ° hoc aliis verbis in zacharia propheta scriptum est, et ex persona prophetae ad deum dicitur: percute pastorem, et dispergentur oves. percutitur autem pastor bonus, ut ponat animam suam pro ovibus suis, et de multis gregibus errantium fiat unus grex, et unus pastor. * chrysostomus in matth.. ° hanc autem prophetiam inducit, simul quidem suadens eis attendere semper quae scripta sunt, simul etiam ostendens quoniam secundum dei consilium crucifigebatur, et undique monstrans non alienum se esse a veteri testamento qui in eo praenuntiabatur. non autem permisit eos in tristibus permanere; sed et laeta praenuntiat, dicens postquam autem resurrexero, praecedam vos in galilaeam: non enim confestim post resurrectionem in caelo eis apparuit, neque in longam quamdam regionem, ut eis appareat, vadit; sed in ipsa gente et in ipsis fere regionibus: ut et hinc crederent quoniam qui crucifixus est ipse est qui resurrexit. propter hoc etiam se in galilaeam abire dicit, ut a timore iudaeorum liberati crederent ei quod dicebatur. * origenes in matth.. ° praedicit etiam hoc eis, ut qui ad modicum disperguntur, scandalum passi, post congregentur a resurgente christo et praecedente eos in galilaeam gentium. * hilarius in matth.. ° sed petrus intantum et affectu et caritate christi efferebatur ut et imbecillitatem carnis suae et fidem verborum domini non contueretur, quasi dicta eius efficienda non essent; unde sequitur respondens petrus ait illi: et si omnes scandalizati fuerint in te, ego nunquam scandalizabor. * chrysostomus in matth.. ° quid ais, o petre? propheta dicit: dispergentur oves, et christus confirmavit quod dictum est, et tu dicis: nequaquam. quando dixit: unus ex vobis me tradet, timebas ne tu esses traditor, quamvis nihil tibi tale conscius eras; nunc autem, manifeste eo dicente quoniam omnes scandalizabimini, contradicis. sed quia erutus erat ab anxietate quam de proditione habuerat, confidens de reliquo, dicebat ego nunquam scandalizabor. * hieronymus. ° non tamen est temeritas nec mendacium, sed fides est apostoli petri, et ardens affectus erga dominum salvatorem. * remigius. ° quod ergo ille dicit praevidendo, iste denegat amando; ubi moraliter instruimur ut quantum confidimus de arbore fidei, tantum timeamus de carnis fragilitate. videtur tamen accusabilis petrus, et quoniam contradixit, et quoniam aliis seipsum praeposuit, et tertio quoniam totum sibi attribuit, quasi fortiter esse perseveraturus. ut hoc igitur in eo sanaret, permisit fieri eius casum, non impellens eum ad negandum, sed eum sibi deserens, et naturam humanam de fragilitate convincens. * origenes in matth.. ° unde alii discipuli scandalizati sunt in iesu, petrus autem non solum scandalizatur, sed abundantius relinquitur ut ter denegaret; unde sequitur ait illi iesus: amen dico tibi, quia in hac nocte, antequam gallus cantet, ter me negabis. * augustinus de cons. evang.. ° potest autem movere quod tam diversa non tantum verba, sed etiam sententias evangelistae praemittunt, quibus praemonitus petrus, illam praesumptionem proferret, vel cum domino vel pro domino moriendi; ita ut cogant intelligibiliter eum expressisse praesumptionem suam diversis locis sermonis christi, et ter illi a domino responsum, quod eum esset ante galli cantum ter negaturus: sicut etiam post resurrectionem ter illum interrogat utrum illum amet, et mandatum de pascendis ovibus ter praecepit. quid enim habent haec verba matthaei vel sententiae simile illis vel quibus secundum ioannem, vel quibus secundum lucam petrus protulit praesumptionem suam? marcus autem pene ipsis verbis hoc commemorat quibus et matthaeus, nisi quod distinctius quemadmodum futurum esset, expressit dictum esse a domino: amen dico tibi, quia tu hodie in nocte hac priusquam bis gallus vocem dederit, ter me es negaturus. unde nonnullis, qui parum attendunt, marcus videtur non congruere ceteris: tota enim negatio petri trina est; quae si post primum galli cantum inciperet, falsum dixisse viderentur tres evangelistae, qui dicunt dixisse dominum, quod antequam gallus cantaret, eum petrus esset negaturus. rursus si totam trinam negationem ante peregisset quam cantare gallus inciperet, superfluo dixisse marcus deprehenderetur ex persona domini: priusquam gallus bis vocem dederit, ter me es negaturus. sed quia ante primum galli cantum coepta est illa trina negatio, attenderunt tres evangelistae non quando eam completurus esset petrus, sed quanta futura esset, et quando incepta, idest ante galli cantum: quamquam in anima eius et ante primum galli cantum tota possit intelligi, quoniam ante galli cantum tantus timor obsederat mentem, qui eam posset usque ad tertiam negationem perducere. multo minus igitur movere debet quia trina negatio, etiam trinis negantis vocibus, ante galli cantum coepta, etsi non ante primum galli cantum peracta est; tamquam si alicui diceretur: antequam gallus cantet, ad me scribes epistolam, in qua mihi ter conviciaberis: non utique si eam ante omnem galli cantum scribere inciperet, et post primum galli cantum finiret; ideo dicendum erat falsum fuisse praedictum. * origenes in matth.. ° quaeres autem si possibile erat ut non scandalizaretur petrus, semel salvatore dicente: omnes vos scandalum patiemini in me. ad quod aliquis respondebit, quoniam necesse erat fieri quod praedictum erat a iesu; alius autem dicet, quoniam qui exoratus a ninivitis, quae praedixerat per ionam non fecit, possibile fuit ut repelleret etiam scandalum a petro deprecante. nunc autem promissio eius audax in affectu quidem prompto, non tamen prudenti, facta est ei causa ut non solum scandalizaretur, verum etiam ter denegaret. postquam autem cum affirmatione iuramenti pronuntiavit, dicet aliquis quod non erat possibile ut non denegaret. si enim iuramentum erat christi amen, mentitus fuisset dicendo amen dico tibi, si verum dixisset petrus, quia non te negabo. videntur autem mihi ceteri discipuli cogitantes quod primum fuerat dictum: omnes vos scandalum patiemini. ad hoc autem quod dictum est petro amen dico tibi, promiserunt similiter petro, quia non erat comprehensi in illa prophetia; unde sequitur ait illi petrus: etiam si oportuerit me mori tecum, non te negabo. similiter et omnes discipuli dixerunt. hic etiam petrus, nescit quid loquatur: cum iesu enim mori pro omnibus moriente hominum non erat: quoniam omnes fuerant in peccatis, et omnes opus habebant ut pro eis alius moreretur, non ipsi pro aliis. * rabanus. ° sed quia intellexerat petrus dominum, prae timore mortis eum se praedixisse negaturum, ob hoc dicebat, quod licet periculum immineret mortis, nullo modo ab eius fide posset avelli; et similiter alii apostoli per ardorem mentis non timuerunt damnum mortis; sed vana fuit praesumptio humana sine protectione divina. * chrysostomus in matth.. ° hinc ergo magnum discimus dogma: quia non sufficit desiderium hominis, nisi divino aliquis potiatur auxilio.

lc10 * Remigius. ° paulo superius evangelista dixerat, quia hymno iam dicto, exiit cum discipulis in montem oliveti; et ut ostenderet ad quem locum ipsius montis diverterit, consequenter adiunxit tunc venit iesus cum illis in villam quae dicitur gethsemani. * rabanus. ° lucas dicit: in montem oliveti; ioannes: trans torrentem cedron, quod idem est quod gethsemani: et est locus, in quo oravit ad radicem montis oliveti, ubi hortus est, ubi etiam ecclesia est aedificata. * hieronymus. ° gethsemani interpretatur vallis pinguissima, in qua iussit discipulos sedere paulisper, et expectare redeuntem, donec pro cunctis dominus solus oraret. * origenes in matth.. ° non enim conveniebat ut ibi caperetur ubi cum discipulis manducaverat pascha; conveniebat autem et priusquam proderetur orare, et eligere locum mundum ad orationem; unde sequitur et dixit discipulis suis: sedete hic donec vadam illuc, et orem. * chrysostomus. ° hoc autem dicit, quia discipuli indivisibiliter sequebantur christum; consuetudo enim ei erat sine discipulis orare; hoc autem faciebat erudiens nos in orationibus quietem nobis constituere, et solitudinem quaerere. * damascenus de fide orth.. ° sed cum oratio sit ascensus intellectus ad deum, vel petitio decentium a deo, qualiter dominus orabat? neque enim ascensione quae ad deum est, indigebat intellectus eius, semel secundum personam deo verbo unitus; neque etiam ea quae a deo est petitione: unus enim deus et homo christus est. sed formans in seipso quod nostrum est, docuit nos a deo patre petere, et ad ipsum extendi: sicut enim passiones sustinuit, ut triumphans adversus eas victoriam nobis tribueret, ita orat, nobis viam faciens ad eam quae ad deum est ascensionem, et pro nobis omnem iustitiam implens, et reconcilians nobis patrem suum; et ut principium ipsum honorans, et monstrans quod non est deo contrarius. * remigius. ° cum autem dominus in monte oravit, docuit nos in oratione pro caelestibus dominum supplicare: cum vero in villa oravit, nos instruxit ut in oratione semper humilitatem servare studeamus. * rabanus. ° pulchre autem appropinquans passioni, in valle pinguedinis orasse dicitur, ut demonstraret quod per vallem humilitatis et pinguedinem caritatis mortem pro nobis susceperit. moraliter etiam nos instruxit ut non gestemus cor aridum a pinguedine caritatis. * remigius. ° appropinquans morti dominus, in valle pinguedinis oravit: quia per vallem humilitatis et pinguedinem caritatis pro nobis mortem subiit. quia vero fidem discipulorum et constantiam devotae sibi voluntatis acceperat; sed turbandos illos et dispergendos praesciebat: ideo iussit eos in loco sedere: nam sedere requiescentis est: laboraturi enim erant eum negaturi. qualiter autem progressus sit, manifestat cum subiungitur et assumpto petro, et duobus filiis zebedaei, coepit contristari et moestus esse. illos videlicet assumpsit quibus in monte claritatem suae maiestatis ostenderat. * hilarius in matth.. ° sed quia |75| dicit coepit contristari et moestus esse, haereticorum omnis hic sensus est ut opinentur metum mortis in dei filium incidisse, quia asserunt non de aeternitate prolatum, neque de infinitate paternae substantiae extitisse, sed ex nihilo per eum qui omnia creavit, effectum; et ideo in eo doloris anxietas, ideo metus mortis: ut qui mortem timere potuit, et mori possit; qui vero mori potuit, licet in futurum erit, non tamen per eum qui se genuit ex praeterito, sit aeternus. quod si per fidem capaces evangeliorum essent, scirent verbum in principio deum, et hoc in principio apud deum, et eamdem esse aeternitatem gignentis et geniti. sed si virtutem illam incorruptae substantiae, imbecillitatis suae sorte assumptio carnis infecerit, ut sit ad dolorem infirma, ad mortem trepida, iam et corruptioni subdita erit; ac sic aeternitate demutata in metum, hoc quod in ea est poterit aliquando non esse. deus autem sine mensura temporum semper est, et qualis est, talis semper aeternus est. mori igitur nihil in deo |100| potuit, nec ex se metus deo ullus est. * hieronymus. ° nos autem ita dicimus hominem passibilem a deo filio susceptum ut deitas impassibilis permaneret. passus est enim dei filius non putative, sed vere, omnia quae scriptura testatur, secundum illud quod pati poterat; secundum scilicet substantiam assumptam. * hilarius de trin.. ° puto autem non alia hic ad timendum quam passionis et mortis causa a quibusdam praetenditur. interrogo autem eos qui hoc ita existimant, an ratione subsistat ut mori timuerit qui omnem ab apostolis timorem mortis expellens ad gloriam eos sit martyrii adhortatus: quid enim ipse in mortis sacramento doluisse existimandus est qui pro se morientibus vitam rependit? deinde quem dolorem mortis timeret, potestatis suae liberate moriturus? si etiam passio honorificatura eum erat, quomodo tristem eum metus passionis effecerat? * hilarius in matth.. ° quia ergo moestum dominum fuisse legimus, causas moestitiae reperiamus. admonuerat superius omnes scandalizandos; |125| petrum etiam dominus ter negaturum esse respondit: assumptisque eo et iacobo et ioanne, coepit tristis esse. ergo non ante tristis est quam assumit sed omnis metus illis esse coepit assumptis: atque ita non de se orta est, sed de eis quos assumpserat, moestitudo. * hieronymus. ° contristabatur ergo dominus non timore patiendi, qui ad hoc venerat ut pateretur, et petrum temeritatis arguerat, sed propter infelicissimum iudam, et scandalum omnium apostolorum, et reiectionem vel reprobationem populi iudaeorum, et eversionem miserae ierusalem. * damascenus de fide orth.. ° vel aliter. omnia quae non ante ad esse deducta sunt a conditore, existendi naturaliter desiderium habent, et non existere naturaliter fugiunt. deus igitur verbum homo factus habuit hoc desiderium, quo desideravit escam et potum et somnum, quibus scilicet conservatur vita, et naturaliter experientia horum usus est, et e contrario, corruptiva reformidavit; unde et tempore passionis, quam voluntarie sustinuit, habuit mortis |150| timorem naturalem et tristitiam: est enim timor naturalis quo anima non vult dividi a corpore, propter naturalem familiaritatem quam ei a principio conditor rerum imposuit. * hieronymus. ° dominus ergo noster, ut veritatem assumpti probaret hominis, vere quidem contristatus est; sed ne passio in animo illius dominaretur, per passionem coepit contristari: aliud est enim contristari, et aliud incipere contristari. * remigius. ° destruuntur autem in hoc loco manichaei, qui dixerunt illum phantasticum corpus assumpsisse; nihilo minus et illi qui dixerunt eum veram animam non habuisse, sed loco animae divinitatem. * augustinus in lib. 83 quaest.. ° habemus enim evangelistarum narrationes, per quas christum et natum de beata virgine maria cognovimus, et comprehensum a iudaeis, et flagellatum et crucifixum atque interfectum, et sepultum in monumento: quae omnia intelligere sine corpore nemo potest facta esse; nec figurate accipienda quisquam vel dementissimus dixerit, cum dicta sint ab eis qui res gestas |175| ut meminerant narraverunt. sic ergo isti corpus eum habuisse testantur, sicut et eum habuisse indicant animam affectiones illae quae non possunt esse nisi in anima; quas nihilominus eisdem evangelistis narrantibus legimus: et miratus est iesus, et iratus, et contristatus. * augustinus de civ. dei. ° cum ergo in evangelio ista referuntur, non falso utique referuntur; verum ille hos motus certissimae dispensationis gratia ita cum voluit suscepit animo humano, ut cum voluit factus est homo. habemus quidem et nos huiusmodi affectus ex humanae conditionis infirmitate; non autem ita dominus iesus, cuius infirmitas fuit ex potestate. * damascenus de fide orth.. ° quapropter naturales nostrae passiones secundum naturam et supra naturam fuerunt in christo: secundum naturam enim, quia permittebat carni pati quae propria; super naturam autem, quia non praecedebant in eo voluntatem naturalia; nihil enim coactum in christo consideratur, sed omnia voluntaria: volens enim esurivit, volens timuit |200| et contristatus est. et ideo de manifestatione tristitiae subditur tunc ait illis: tristis est anima mea usque ad mortem. * ambrosius super lucam. ° tristis autem est non ipse, sed anima: non enim tristis sapientia, non divina substantia, sed anima: suscepit enim animam meam, suscepit corpus meum. * hieronymus. ° non autem propter mortem, sed usque ad mortem dicitur contristatus, donec apostolos sua liberet passione. dicant qui irrationabilem iesum sumpsisse animam suspicantur, quomodo contristetur, et noverit tempus tristitiae: quamvis enim et bruta moereant animalia, tamen non noverunt nec causas, neque tempus usque ad quod debeant contristari. * origenes in matth.. ° vel aliter. tristis est anima mea usque ad mortem; quasi dicat: tristitia coepta est in me, non semper, sed usque ad tempus mortis; ut cum mortuus fuero peccato, moriar et universae tristitiae, cuius principium tantum fuit in me. sequitur sustinete hic, et vigilate mecum; ac si dicat: ceteros quidem iussi |225| sedere ibi, quasi infirmiores, ab agone isto servans eos securos; vos autem quasi firmiores adduxi, ut collaboretis mecum in vigiliis et orationibus: tamen et vos manete hic, ut unusquisque in gradu suae vocationis consistat: quoniam omnis gratia, quamvis fuerit magna, habet superiorem. * hieronymus. ° vel ideo a somno prohibet, cuius tempus non erat imminente discrimine; sed a somno infidelitatis et torpore mentis.

lc11 * Origenes in matth.. ° petrum magis de se confidentem et alios adduxit, ut videant cadentem in faciem et orantem, et discant non magna sed humilia de se sapere, nec veloces esse ad promittendum, sed solliciti ad orandum; et ideo dicitur et progressus pusillum: nolebat enim longe fieri ab eis, sed iuxta eos constitutus orare: et qui dixerat: discite a me quia mitis sum et humilis corde, laudabiliter se humilians cadit in faciem; unde sequitur procidit in faciem suam orans, et dicens: mi pater, si possibile est, transeat a me calix iste. manifestans autem in oratione sua devotionem, quasi dilectus et complacens dispositioni patris, addidit verumtamen non sicut ego volo, sed sicut tu: docens, ut non oremus fieri nostram voluntatem, sed dei. secundum autem quod coepit pavere et tristari, secundum hoc orat calicem passionis transire; et non sicut ipse vult, sed sicut pater; hoc est, non secundum substantiam eius divinam et impassibilem, sed secundum naturam humanam |25| et infirmam: suscipiens enim naturam carnis humanae, omnes proprietates implevit, ut non in phantasia habuisse carnem aestimaretur sed in veritate. proprium est autem hominis fidelis primum quidem nolle pati aliquid doloris, maxime quod ducit usque ad mortem, quia homo carnalis est; si autem sic voluerit deus, acquiescere, quia fidelis est: nam sicut multum confidere non debemus, ne nostram virtutem videamur profiteri, sic diffidere non debemus, ne dei adiutoris nostri impotentiam videamur pronuntiare. notandum et autem, quoniam marcus quidem et lucas hoc ipsum scripserunt; ioannes autem orantem iesum, ut transiret ab eo calix, non introducit: quoniam hi quidem magis secundum humanam naturam eius exponunt de eo quam secundum divinam; ioannes autem magis secundum divinam. aliter autem iesus videns qualia erant iudaei passuri petentes eum ad mortem, dicebat pater, si possibile est, transeat a me calix iste. * hieronymus. ° unde signanter dicit calix iste, hoc est populi iudaeorum, |50| qui excusationem ignorantiae habere non possunt si me occiderint, habentes legem et prophetas, qui me vaticinantur. * origenes in matth.. ° rursus videns quanta utilitas totius mundi esset futura per passionem ipsius, dicebat sed non sicut ego volo, sed sicut tu; idest, si possibile est ut sine passione mea omnia ista bona proveniant, quae per passionem meam sunt proventura, transeat passio haec a me, ut et mundus salvetur, et iudaei in passione mea non pereant. si autem sine perditione quorundam, multorum salus non potest introduci, quantum ad iustitiam tuam, non transeat. calicem autem hunc qui bibitur, passionis in multis locis nominat scriptura. bibit autem calicem totum qui patitur pro testimonio quicquid fuerit ei illatum. effundit autem accipiens qui denegat, ne aliquid patiatur. * augustinus de cons. evang.. ° et ne quis eum putaret patris minuisse potestatem, non dixit: si facere potes; sed si fieri potest, vel si possibile est; ac si diceretur: si vis. fieri enim potest quod ille voluerit; |75| unde et lucas hoc ipsum planius intimavit; non enim ait si fieri potest, sed: si vis. * hilarius in matth.. ° vel aliter. non ait transeat a me calix iste: haec enim esset pro se timentis oratio. quod autem ut a se transeat rogat, non ut ipse praetereatur orat, sed ut in alterum illud quod a se transit, accedat. totus igitur supra eos qui passuri erant metus est; atque ideo pro his orat qui passuri post se erant, dicens transeat calix a me; idest, quomodo a me bibitur, ita ab his bibatur, sine spei differentia, sine sensu doloris, sine metu mortis. ideo autem ait si possibile est, quia carni et sanguini horum terror est; et difficile est eorum acerbitate corpora non vinci humana. quod autem ait non sicut ego volo, sed sicut tu, vellet quidem eos non pati, ne forte in passione diffidant, si cohereditatis suae gloriam sine passionis suae difficultate mereantur. non ergo ut non patiantur rogat, dicens non ut ego volo; sed ut tu, ait, eo quod pater vult ut bibendi calicis in eos ex ipso transeat fortitudo: quia ex voluntate patris |100| non tam per christum vinci diabolum, quam etiam per eius discipulos oportebat. * augustinus in enchir.. ° sic igitur christus hominem gerens ostendit privatam quamdam hominis voluntatem: in qua et suam et nostram figuravit, qui caput nostrum est, cum dicit transeat a me. haec enim erat humana voluntas proprium aliquid tamquam privatum volens. sed quia rectum vult esse hominem et ad deum dirigi, subdit verumtamen non sicut ego volo, sed sicut tu: ac si diceret: vide te in me, quia potes aliquid proprium velle; et si deus aliud velit, conceditur hoc humanae fragilitati. * leo papa in serm. 7 de passione. ° haec vox capitis, salus est totius corporis; haec vox omnes fideles instruit, omnes confessores accendit, omnes martyres coronavit: nam quis mundi odia, quis tentationum turbines, quis posset persecutorum superare terrores, nisi christus in omnibus et pro omnibus patri diceret: fiat voluntas tua? discant igitur hanc vocem omnes ecclesiae filii; ut cum adversitas violentae alicuius tentationis |125| incumbit, superato timore formidinis, accipiant tolerantiam passionis. * origenes in matth.. ° pusillum autem progrediente iesu ab eis, nec una hora potuerunt vigilare eo absente: propter quod oremus, ut nec modicum aliquando iesus progrediatur. sequitur et venit ad discipulos suos, et invenit eos dormientes. * chrysostomus in matth.. ° quia tempus intempestae noctis erat, et oculi eorum a tristitia erant gravati. * hilarius in matth.. ° postquam ergo ad discipulos redit, et dormientes deprehendit, petrum arguit; unde sequitur et dicit petro: sic non potuisti una hora vigilare mecum? petrum ideo prae omnibus ex tribus arguit, quia prae ceteris non se scandalizandum fuerat gloriatus. * chrysostomus in matth.. ° sed quia et alii idem dixerunt, omnium etiam infirmitatem arguit: qui enim mori simul cum christo elegerant, neque simul cum eo potuerunt vigilare. * origenes in matth.. ° inveniens autem eos dormientes, suscitat verbo ad audiendum, |150| et praecipit vigilare, dicens vigilate et orate, ne intretis in tentationem: ut primum vigilemus, et sic vigilantes oremus. vigilat qui facit opera bona, et qui sollicite agit ne in aliquid tenebrosum dogma incurrat: sic enim vigilantis exauditur oratio. * hieronymus. ° impossibile est humanam animam non tentari. ergo non ait vigilate et orate ne tentemini, sed ne intretis in tentationem; hoc est ne vos tentatio superet. * hilarius in matth.. ° cur autem ne in tentationem venirent admonere eos voluisset orare, ostendit dicens spiritus quidem promptus est, caro autem infirma. non enim de se hoc dicit: ad eos enim hic sermo conversus est. * hieronymus. ° hoc autem est adversus temerarios, qui quod crediderint putant se posse consequi. itaque quantum de ardore mentis confidimus, tantum de fragilitate carnis timeamus. * origenes in matth.. ° hic considerandum est utrum sicut omnium caro infirma est, sic omnium spiritus promptus est; an omnium quidem caro infirma est, non autem et omnium |175| hominum spiritus promptus est, sed tantum sanctorum; infidelium autem spiritus segnis est, et caro infirma. est autem et alio modo caro infirma eorum solum quorum spiritus promptus est, qui cum spiritu prompto opera carnis mortificant. hos ergo vult vigilare et orare, ut non intrent in tentationem; quoniam qui spiritualior est, sollicitior debet esse, ne magnum bonum ipsius gravem habeat lapsum. * remigius. ° vel aliter. his verbis ostendit se veram carnem ex virgine sumpsisse, et veram animam habuisse; unde et nunc dicit spiritum suum promptum esse ad patiendum, carnem vero infirmam timere dolorem passionis. sequitur iterum secundo abiit, et oravit dicens: pater mi, si non potest calix iste transire, nisi bibam illum, fiat voluntas tua. * origenes in matth.. ° aestimo quod calix ille passionis omnino a iesu fuerat transiturus, sed cum differentia: ut si quidem biberet eum, et ab ipso transiret, postmodum et ab universo genere hominum; si autem non biberet eum, ab ipso |200| quidem forsitan transiret, ab hominibus autem non transiret. hunc ergo calicem passionis volebat quidem a se transire, sic ut omnino neque gustaret amaritudinem eius: si tamen possibile esset, quantum ad iustitiam dei. si autem non poterat fieri, magis volebat ut sumeret eum, et sic transiret ab eo et ab universo hominum genere, quam ut contra voluntatem paternam, bibitionem eius effugeret. * chrysostomus in matth.. ° quod quidem secundo vel tertio orat, ex affectu scilicet humanae infirmitatis, quo mortem timebat, certificat quod vere factus est homo. secundo enim vel tertio aliquid fieri, veritatis est maxime demonstrativum in scripturis: unde ioseph dixit pharaoni: quod vidisti secundo ad eam rem pertinens, somnii firmitatis indicium est. * hieronymus. ° vel aliter. secundo orat, ut si ninive, idest gentilitas, aliter salvari non potest nisi aruerit cucurbita, idest iudaea, fiat voluntas patris, quae non est contraria filii voluntati, dicente ipso per prophetam: ut facerem voluntatem |225| tuam, deus meus, volui. * hilarius in matth.. ° vel aliter. passuris discipulis omnem in se corporis nostri infirmitatem assumpsit; crucique secum universa quibus infirmamur affixit: et ideo transire ab eo calix non potest, nisi illum bibat, quia pati, nisi ex eius passione, non possumus. * hieronymus. ° christus autem solus orat pro omnibus, sicut et solus patitur pro universis; sequitur enim et venit iterum, et invenit eos dormientes; erant enim oculi eorum gravati. languescebant enim et opprimebantur apostolorum oculi negatione vicina. * origenes in matth.. ° puto enim quod non tantum corporum oculi quantum animarum gravati erant: nondum enim erat eis spiritus datus; unde non eos reprehendit, sed vadens iterum oravit, docens ut non deficiamus, sed permaneamus in oratione, donec impetremus ea quae postulare iam coepimus; unde sequitur et relictis illis, iterum abiit, et oravit tertio, eumdem sermonem dicens. * hieronymus. ° tertio autem oravit, ut in ore duorum vel trium testium staret omne |250| verbum. * rabanus. ° vel ideo tribus vicibus dominus oravit, ut nos a peccatis praeteritis veniam, et praesentibus malis tutelam, et futuris periculis cautelam oremus, et ut omnem orationem ad patrem et ad filium et ad spiritum sanctum dirigamus: et ut integer spiritus noster et anima et corpus servetur. * augustinus de quaest. evang.. ° non absurde etiam intelligitur propter trinam tentationem passionis ter dominum orasse. sicut enim tentatio cupiditatis trina est, ita tentatio timoris trina est. cupiditati quae in curiositate est, opponitur timor mortis: sicut enim in illa cognoscendarum rerum est aviditas, ita et in ista metus amittendae talis notitiae. cupiditati vero honoris vel laudis opponitur timor ignominiae, et contumeliarum. cupiditati autem voluptatis opponitur timor doloris. * remigius. ° vel ter orat pro apostolis, et maxime pro petro, qui ter erat eum negaturus.

lc12 * Hilarius in matth.. ° post orationem frequentem, post discursus recursusque multiplices, metum demit, securitatem reddit, in requiem adhortatur; unde dicitur tunc venit ad discipulos suos, et ait illis: dormite iam et requiescite. * chrysostomus in matth.. ° et quidem tunc vigilare oportebat; sed hoc dixit, ut ostenderet quoniam neque visum possent ferre futurorum malorum, et quoniam eorum non indiget auxilio: et quoniam omnino tradi eum oportebat. * hilarius in matth.. ° vel hoc dicit, quia voluntatem patris de discipulis iam securus expectabat, de qua dixerat: fiat voluntas tua; qua scilicet transiturum in nos calicem bibens, infirmitatem corporis nostri, et timoris sollicitudinem, et ipsum dolorem mortis absorbuit. * origenes in matth.. ° vel non est ille ipse somnus quem iubet nunc discipulos suos dormire, et ille qui eis superius scribitur contigisse. illic enim dormientes invenit, non requiescentes, sed |25| gravatos oculos habentes: nunc autem praecepit eis non simpliciter dormire, sed cum requie; ut ordo servetur, ut primum quidem vigilemus orantes, ut non intremus in tentationem; ut postea dormiamus et requiescamus; ut cum aliquis invenerit locum domino, tabernaculum deo iacob, ascendat supra lectum stratus sui, et det somnum oculis suis. forsitan autem et anima non potens semper sufferre labores, quasi incarnata, remissiones aliquas sine reprehensione consequetur: quae moraliter dormitiones dicuntur, ut usque ad aliquantum temporis habens remissionem renovata resuscitetur. * hilarius in matth.. ° quod autem ad eos revertens, dormientesque reperiens, primum reversus obiurgat, secundo silet, tertio quiescere iubet: ratio ista est, quod primum post resurrectionem dispersos eos et diffidentes ac trepidos reprehendit; secundo, misso spiritu paraclito, gravatis ad contuendam evangelii libertatem oculis, visitavit: nam aliquamdiu legis amore detenti, quodam fidei somno occupati sunt; tertio vero, |50| idest claritatis suae reditu, securitati eos quietique restituet. * origenes in matth.. ° postquam autem resuscitavit eos a somno, videns in spiritu appropinquantem iudam traditioni, qui nondum videbatur a discipulis eius, dicit ecce appropinquavit hora, et filius hominis tradetur in manus peccatorum. * chrysostomus in matth.. ° per hoc autem quod dicit appropinquavit hora, ostendit quoniam divinae dispositionis erat quod gerebatur: per hoc autem quod dicit in manus peccatorum, demonstrat quoniam illorum nequitiae hoc opus erat, non quod ipse delicto esset obnoxius. * origenes in matth.. ° sed et nunc in manus peccatorum traditur iesus; quando hi qui videntur iesum credere, habent eum in manibus suis, cum sint peccatores. sed et quotiescumque iustus habens in se iesum, in potestate factus fuerit peccatorum, iesus est traditus in manus peccatorum. * hieronymus. ° postquam ergo tertio oraverat, et apostolorum timorem sequente |75| poenitentia impetraverat corrigendum, securus de passione sua pergit ad persecutores, et ultro se ad interficiendum praebet; unde sequitur surgite, eamus, quasi dicat: non vos inveniant quasi timentes: ultro pergamus ad mortem, ut confidentiam et gaudium passuri videant; sequitur enim ecce appropinquavit qui me tradet. * origenes in matth.. ° non dicit: appropinquavit mihi: nec enim ipsi appropinquabat traditor eius, qui se elongaverat peccatis suis ab eo. * augustinus de cons. evang.. ° videtur autem hic sermo secundum matthaeum sibi ipsi esse contrarius. quomodo enim dixit dormite iam et requiescite, cum connectat surgite, eamus? qua velut repugnantia quidam commoti conantur ita pronuntiare quod dictum est dormite iam, et requiescite, tamquam ab exprobrante, non a permittente sit dictum; quod recte fieret, si esset necesse. cum vero marcus ita commemoravit, ut cum dixisset: dormite iam et requiescite, adiungeret: sufficit, et deinde inferret: venit hora; ecce |100| tradetur filius hominis, utique intelligitur post illud quod eis dictum est dormite et requiescite, siluisse dominum aliquantum, ut hoc fieret quod promiserat: et nunc intulisse ecce appropinquavit hora. propter quod secundum marcum positum est: sufficit, idest quod iam requiescitis.

lc13 * Glossa. ° quia superius dictum est quod dominus ultro se persecutoribus exhibebat, consequenter evangelista ostendit quomodo sit a persecutoribus detentus; unde dicit adhuc eo loquente, ecce iudas unus de duodecim venit. * remigius. ° unus, videlicet numero, non merito. hoc autem dixit ad ostendendum immane facinus illius qui de apostolica dignitate factus fuerat proditor. sequitur et cum eo turba multa cum gladiis et fustibus. ut autem ostenderet evangelista invidentiae causa illum deprehensum, subiungit missi a principibus sacerdotum et senioribus populi. * origenes. ° potest dicere aliquis, quoniam propter multitudinem eorum qui iam crediderant, multi venerunt adversus eum, timentes ne multitudo credentium de manibus eorum tollerent eum; ego autem aestimo etiam alteram causam, quoniam qui putabant in beelzebub eicere solere daemonia, arbitrabantur eum ex quibusdam maleficiis posse effugere de medio volentium eum |25| tenere. multi etiam nunc spiritualibus gladiis militant contra iesum, variis scilicet et diversis de deo dogmatibus. sequitur qui autem tradidit eum, dedit eis signum, dicens: quemcumque osculatus fuero, ipse est, tenete eum. dignum est autem quaerere, cum secundum faciem notus esset omnibus habitantibus in iudaea, quare quasi non cognoscentibus effigiem eius dedit eis signum. venit autem traditio talis de eo ad nos: quoniam non solum duae formae in eo fuerunt: una secundum quam eum omnes videbant, altera secundum quam transfiguratus est coram discipulis in monte; sed etiam unicuique apparebat secundum quod fuerat dignus: sicut et de manna scriptum est, quod habebat saporem ad omnem usum convenientem, et verbum dei non similiter cunctis apparet. propter huiusmodi ergo transfigurationem eius, signo indigebant. * chrysostomus in matth.. ° vel ideo signum eis dedit, quia multoties detentus ab ipsis, pertransiit nescientibus eis, quod et tunc factum esset, si ipse |50| voluisset. sequitur et confestim accedens ad iesum, dixit: ave, rabbi; et osculatus est eum. * rabanus. ° suscipit dominus osculum traditoris, non quod simulare nos doceat, sed ne proditionem fugere videatur. * origenes in matth.. ° si autem aliquis quaerat cur osculo iudas tradidit iesum, secundum quosdam quidem voluit reverentiam ad magistrum servare, non audens manifeste in eum irruere; secundum alios hoc fecit, timens ne si forte se manifestum adversarium praebuisset, ipse ei fieret causa evasionis, cum posset secundum opinionem eius effugere, et facere se impervium. ego autem puto quod omnes proditores veritatis amare veritatem fingentes, osculi signo utuntur. omnes etiam haeretici, sicut et iudas, iesu dicunt rabbi. iesus autem placabilia respondet; unde sequitur dixitque illi iesus: amice, ad quid venisti? dicit autem amice, improperans simulationem: hoc enim nomine neminem bonorum in scripturis cognoscimus appellatum: ad malum enim |75| dicitur: amice, quomodo huc intrasti? et: amice, non facio tibi iniuriam. * augustinus in serm. de passione. ° dicit autem ad quid venisti? tamquam si diceret: oscularis et insidiaris: novi quare veneris; amicum fingis, cum proditor sis. * remigius. ° sive: amice, ad quid venisti? hoc fac, subintelligitur. sequitur tunc accesserunt, et manus iniecerunt in iesum, et tenuerunt eum. tunc, scilicet quando ipse permisit: frequenter enim voluerunt, sed non potuerunt. * rabanus. ° exulta, christiane, in commercio inimicorum tuorum vicisti: quod iudas vendidit et quod iudaeus emit, tu acquisivisti.

lc14 * Chrysostomus in matth.. ° sicut lucas refert, dominus in coena discipulis dixerat: qui habet sacculum, tollat similiter et peram; et qui non habet, vendat tunicam suam, et emat gladium; et discipuli responderunt: ecce gladii duo hic. conveniens autem erat illic gladios esse, propter agnum scilicet paschalem, quem comederent. audientes quoque quoniam venirent persecutores ad christum capiendum, a coena exeuntes gladios sumpserunt in auxilium adversus persecutores, quasi pro magistro praeliaturi; unde hic dicitur et ecce unus ex his qui erant cum iesu extendens manum exemit gladium suum. * hieronymus. ° in alio evangelio scriptum est, quod petrus hoc fecerit eodem ardore quo et cetera fecit; unde sequitur et percutiens servum principis sacerdotum, amputavit auriculam eius. servus principis sacerdotum malchus appellatur; auricula quoque quae amputatur, dextera est. transitorie dicendum est, quod malchus, idest rex |25| quondam populi iudaeorum, servus factus est impietatis, et devorationis sacerdotum; dexteramque perdidit auriculam, ut litterae veritatem audiat in sinistra. * origenes in matth.. ° nam si videntur legem audire modo, cum sinistro auditu audiunt umbram traditionis de lege, non veritatem. populus autem ex gentibus significatus per petrum, per hoc ipsum quod crediderunt in christum, facti sunt causa ut praecideretur iudaeorum auditio dextera. * rabanus. ° vel petrus non tollit audientibus intelligendi sensum, sed de divino ablatum iudicio negligentibus pandit: verum eadem dextera auris in his qui ex eodem populo crediderunt, divina pietate pristino restituta est officio. * hilarius in matth.. ° vel aliter. servo principis sacerdotum auricula ab apostolo resecatur; populo scilicet sacerdotio servienti, per christi discipulum inobediens auditus exciditur; et ad capacitatem veritatis hoc quod erat non audiens, amputatur. * leo papa in serm. 1 de passione. ° dominus autem zelantis apostoli pium motum |50| progredi ultra non patitur; unde sequitur tunc ait illi iesus: converte gladium tuum in locum suum. contra sacramentum enim erat redemptionis nostrae, ut qui mori pro omnibus venerat, capi nollet. dat ergo in se furentibus licentiam saeviendi, ne dilato gloriosae crucis triumpho, et dominatio diabolica fieret longior, et captivitas humana diuturnior. * rabanus. ° oportuit etiam ut auctor gratiae fideles patientiam suo exemplo doceret, et potius ad sustinendum fortiter adversa instrueret quam ad vindicandum provocaret. * chrysostomus in matth.. ° ad hoc autem ut discipulo persuaderetur, comminationem addit, dicens omnes enim qui acceperint gladium, gladio peribunt. * augustinus contra faustum. ° idest, omnis qui usus fuerit gladio. ille autem utitur gladio, qui nulla superioritate aut legitima potestate vel iubente vel concedente, in sanguinem alicuius armatur. nam utique dominus iusserat ut ferrum discipuli eius ferrent; sed non iusserat ut ferirent. quid ergo indignum si petrus post hoc peccatum |75| factus est pastor ecclesiae, sicut moyses post percussum aegyptium factus est rector et princeps synagogae? uterque enim non detestabili immanitate, sed emendabili animositate regulam excessit; uterque odio improbitatis alienae; sed ille fraterno, iste dominico, licet adhuc carnali, tamen amore peccavit. * hilarius. ° sed non omnibus gladio utentibus mors solet esse per gladium; nam plures aut febris aut alius accidens casus absumit, qui gladio, aut iudicii officio, aut resistendi latronibus necessitate sunt usi. et si secundum sententiam eius, omnis gladio utens, gladio perimeretur, recte ad necem eorum gladius eximebatur, qui eodem utebantur ad facinus. * hieronymus. ° quo ergo gladio peribit quicumque gladium sumpserit? illo nempe qui igneus vertitur ante paradisum, et gladio spiritus, qui in dei describitur armatura. * hilarius in matth.. ° recondi ergo gladium praecipit dominus: quia eos non humano, sed oris sui gladio esset perempturus. * remigius. ° vel aliter. qui gladio utitur ad occidendum hominem, |100| ipse suae prius malitiae moritur gladio. * chrysostomus in matth.. ° non solum autem mitigavit discipulos per comminationem poenae, sed etiam ostendendo quod voluntarie hoc sustinebat; unde sequitur an putas quia non possum rogare patrem meum; et exhibebit mihi modo plus quam duodecim legiones angelorum? quia multa humanae infirmitatis ostenderat, non videretur credibilis dicere, si dixisset quod eos perdere posset; et ideo dicit an putas quia non possum? * etc.. hieronymus. ° quasi diceret: non indigeo duodecim apostolorum auxilio, etiam si omnes me defenderent, qui possum habere duodecim legiones angelici exercitus. una legio apud veteres sex millibus hominum complebatur: de duodecim ergo legionibus, septuaginta duo millia angelorum fiunt, in quot gentes hominum lingua divisa est. * origenes in matth.. ° ex hoc autem demonstratur quoniam secundum similitudinem legionum militiae mundialis sunt et angelorum legiones militiae caelestis militantium contra legiones |125| daemonum: militia enim omnis propter adversarios intelligitur constituta. non autem quasi indigens auxilio angelorum hoc dicebat, sed secundum aestimationem petri volentis ei auxilium ferre. magis enim angeli opus habent auxilio unigeniti filii dei quam ipse illorum. * remigius. ° possumus etiam intelligere per angelos romanorum exercitum: cum tito enim et vespasiano omnes linguae adversus iudaeam surrexerunt, et impletum est: quia pugnabit pro eo orbis terrarum contra insensatos. * chrysostomus in matth.. ° non solum autem per hoc timorem discipulorum evacuat, sed etiam per hoc quod scripturas in medium introducit, dicens quomodo ergo implebuntur scripturae quia sic oportet fieri? * hieronymus. ° haec sententia promptum ad patiendum demonstrat animum: quod frustra prophetae cecinerint, nisi dominus eos vera dixisse sua passione asseveret.

lc15 * Origenes in matth.. ° postquam dixit petro: reconde gladium tuum, quod est patientiae; postquam etiam auriculam restituit amputatam, sicut alter dicit evangelista, quod summae benignitatis indicium fuerat, et divinae virtutis, subditur in illa hora dixit iesus turbis: ut si praeterita beneficia non recordantur, vel praesentia recognoscant: tamquam ad latronem existis cum gladiis et fustibus comprehendere me. * remigius. ° ac si diceret: latronis officium est nocere et latitare; ego vero nemini nocui, sed plures sanavi, et in synagogis semper docui; et hoc est quod subditur quotidie apud vos sedebam in templo docens, et non me tenuistis. * hieronymus. ° quasi diceret: stultum est eum cum gladiis et fustibus quaerere qui ultro se vestris tradit manibus; et in nocte quasi latitantem per proditorem investigare qui quotidie in templo doceat. * chrysostomus in matth.. ° ideo autem eum in templo non tenuerunt, quia non ausi erant propter turbam: propter quod et dominus foras exivit, ut ex loco et tempore daret eis aptitudinem se capiendi. ex hoc ergo docet quoniam nisi voluntarius permisisset, nequaquam eum capere valuissent. deinde evangelista quaestionem solvit propter quid dominus capi voluit, cum subdit hoc autem totum factum est ut adimplerentur scripturae prophetarum. * hieronymus. ° foderunt manus meas et pedes meos, et: sicut ovis ad victimam ductus est, et in alio loco: ab iniquitatibus populi mei ductus est ad mortem. * remigius. ° quia enim omnes prophetae praedixerunt christi passionem, ideo non posuit fixum testimonium, sed generaliter dicit impleri vaticinia omnium prophetarum. * chrysostomus in matth.. ° discipuli autem, qui quando detentus est dominus permanserunt, quando locutus est haec ad turbas, fugerunt; unde sequitur tunc discipuli omnes, relicto eo, fugerunt; sciebant enim quoniam iam non erat possibile effugere, eo se voluntarie illis tradente. * remigius. ° in hoc tamen facto demonstratur fragilitas apostolorum: qui enim de ardore fidei promiserant se mori cum eo, nunc timore fugiunt immemores suae promissionis. quod etiam videmus impleri in his qui pro amore dei magna se promittunt facturos, et postmodum non implent: non tamen desperare debent, sed cum apostolis resurgere et per poenitentiam resipiscere. * rabanus. ° mystice autem sicut petrus, qui culpam negationis poenitentiae lacrymis abluit, recuperationem eorum ostendit qui in martyrio labuntur; ita ceteri discipuli fugientes cautelam fugiendi docent eos qui se minus idoneos ad toleranda supplicia sentiunt. sequitur at illi tenentes iesum duxerunt ad caipham principem sacerdotum. * augustinus de cons. evang.. ° sed tamen primo ad annam ductus est socerum caiphae, sicut ioannes dicit: ductus est autem ligatus, cum adessent in illa turba tribunus et cohors, ut ioannes commemorat. * hieronymus. ° refert autem iosephus istum caipham unius tantum anni pontificatum pretio redemisse; cum tamen moyses deo iubente praeceperit ut pontifices patribus succederent, et generationis in sacerdotibus series texeretur. non ergo mirum est si iniquus pontifex iniqua iudicet. * rabanus. ° convenit etiam nomen actioni: caipha, idest investigator, vel sagax ad implendam suam nequitiam, vel vomens ore, quia impudens fuit ad proferendum mendacium, et ad perpetrandum homicidium. ideo autem illuc eum adduxerunt ut cum consilio omnia facerent; unde sequitur ubi scribae et seniores convenerant. * origenes in matth.. ° ubi caiphas est princeps sacerdotum, illic congregantur scribae, idest litterati, qui praesunt litterae occidenti; et seniores non in veritate, sed in vetustate litterae. sequitur petrus autem sequebatur eum a longe: non enim poterat de proximo eum sequi, sed de longinquo; nec tamen omnino recedens ab eo. * chrysostomus in matth.. ° multus enim erat fervor petri, qui cum alios fugientes vidisset, non fugit, sed stetit, et intravit. si autem et ioannes intravit, tamen notus erat principi sacerdotum. longe autem sequebatur, quia erat dominum negaturus. * remigius. ° neque enim negare potuisset, si domino proximus adhaesisset. per hoc etiam significatur quod petrus dominum ad passionem euntem erat secuturus, idest imitaturus. * augustinus de quaest. evang.. ° significatur etiam ecclesiam secuturam quidem, hoc est imitaturam, passionem domini, sed longe differenter: ecclesia enim pro se patitur, at ille pro ecclesia. sequitur et ingressus intro sedebat cum ministris, ut videret finem. * hieronymus. ° vel amore discipuli, vel humana curiositate scire cupiebat quid iudicaret de domino pontifex: utrum eum neci addiceret, an flagellis caesum dimitteret.

lc16 * Chrysostomus in matth.. ° congregatis principibus sacerdotum, tota pestilentiae conventicula volebant suis insidiis iudicii formam imponere; unde dicitur principes autem sacerdotum et omne concilium quaerebant falsum testimonium contra iesum, ut eum morti traderent. sed quod fictum erat iudicium, et omnia tumultus et turbationis plena, manifestatur per hoc quod subditur et non invenerunt, cum multi falsi testes accessissent. * origenes in matth.. ° falsa enim testimonia tunc locum habent quando cum colore aliquo proferuntur. sed nec color inveniebatur qui posset contra iesum adiuvare mendacia; quamvis essent multi gratiam tribuere volentes principibus sacerdotum: quod maximam laudem exhibet iesu, qui sic omnia irreprehensibiliter dixit et fecit ut nullam verisimilitudinem invenirent in eo reprehensionis et mali et multi astuti. sequitur novissime autem venerunt duo falsi testes, et dixerunt: hic dixit: possum destruere templum dei, et post triduum reaedificare illud. * hieronymus. ° quomodo autem falsi testes sunt, si ea dicunt quae dominum dixisse legimus? sed falsus testis est qui non eodem sensu dicta intelligit quo dicuntur: dominus enim dixerat de templo corporis sui; sed in ipsis verbis calumniantur, ut paucis additis vel mutatis quasi iustam calumniam faciant. salvator dixerat: solvite templum hoc; isti commutant, et aiunt possum destruere templum dei. vos, inquit, solvite, non ego: quia illicitum est ut nobisipsis inferamus manus. deinde illi vertunt et post triduum reaedificare illud, ut proprie de templo iudaico dixisse videretur; dominus autem, ut ostenderet animale et spirans templum, dixerat: et ego in triduo resuscitabo illud. aliud est aedificare, aliud suscitare. * chrysostomus in matth.. ° sed quare non attulerunt in medium accusationem de solutione sabbati? quia multoties eos super hoc confutaverat. * hieronymus. ° ira autem praeceps et impatiens non inveniens calumniae locum, excutit de solio pontificem, ut vesaniam mentis motu corporis demonstraret; unde sequitur et surgens princeps sacerdotum ait illi: nihil respondes ad ea quae isti adversum te testificantur? * chrysostomus in matth.. ° hoc autem dixit, volens ab eo inexcusabilem responsionem elicere, ut ex ipsa eum caperet. inutilis autem erat excusationis responsio, nullo eam exaudiente; et ideo sequitur iesus autem tacebat: etenim solum figura iudicii ibi erat: in veritate autem latronum erat incursus, sicut in spelunca; et ideo silet. * origenes in matth.. ° ex hoc autem loco discimus contemnere calumniantium et falsorum testium voces, ut nec responsione dignos eos habeamus qui non convenientia dicunt adversus nos, maxime ubi maius est libere et fortiter silere quam defendere sine ullo profectu. * hieronymus. ° sciebat enim quasi deus, quicquid dixisset, torquendum ad calumniam. quanto ergo iesus magis tacebat ad indignos responsione sua falsos testes, et sacerdotes impios, tanto magis pontifex furore superatus, eum ad respondendum provocat, ut ex qualibet occasione sermonis, locum inveniat accusandi; unde sequitur et princeps sacerdotum ait illi: adiuro te per deum vivum, ut dicas nobis si tu es christus filius dei. * origenes in matth.. ° in lege quidem adiurandi usum aliquoties invenimus; aestimo autem quoniam non oportet ut vir qui vult secundum evangelium vivere, adiuret alterum: si enim iurare non licet, nec adiurare. sed et qui respicit iesum imperantem daemonibus, et potestatem dantem discipulis super daemonia, dicet quod secundum potestatem datam a salvatore, non est adiurare daemonia. princeps autem sacerdotum peccatum faciebat insidians iesu; et ideo imitabatur proprium patrem, qui bis dubie interrogavit salvatorem: si tu es christus filius dei? unde quis recte dicere potest, quoniam dubitare de filio dei utrum ipse sit christus, opus diaboli est. non decebat autem dominum ad adiurationem principis respondere sacerdotum, quasi vim passum: propter quod nec denegavit se filium dei esse, nec manifeste confessus est; unde sequitur dicit illi iesus: tu dixisti. non enim erat dignus christi doctrina: propterea non eum docet, sed verbum oris eius accipiens, in redargutionem ipsius convertit. sequitur verumtamen dico vobis: amodo videbitis filium hominis sedentem a dextris virtutis dei. videtur mihi quoniam firmitatem quamdam regalem significat sessio filii hominis: iuxta virtutem ergo dei, qui solus est virtus, fundatus est qui accepit omnem potestatem a patre, sicut in caelo et in terra. erit autem quando hanc fundationem videbunt etiam adversarii, quod a tempore dispensationis incepit impleri. viderunt enim eius discipuli eum resurgentem a mortuis, et per hoc viderunt eum fundatum ad dexteram virtutis. vel quia secundum longitudinem sempiternam, quae est apud deum, a constitutione mundi usque ad finem est unus dies: nihil ergo mirum quod hic dicit salvator amodo, spatium esse brevissimum usque ad finem ostendens; et non solum sedentem eum ad dexteram virtutis visuros prophetabat, sed etiam venientem in nubibus caeli; unde sequitur et venientem in nubibus caeli. hae nubes sunt prophetae et apostoli christi, quibus mandat pluere cum oportet; et sunt nubes caeli non transeuntes, quasi portantes imaginem caelestis; et dignae sunt ut sint sedes dei, quasi heredes dei et coheredes christi. * hieronymus. ° pontificem autem quem de solio sacerdotali furor excusserat, eadem rabies ad scindendum vestes provocat; unde sequitur tunc princeps sacerdotum scidit vestimenta sua, dicens: blasphemavit. consuetudinis enim iudaicae est quod cum aliquid blasphemum et quasi contra deum audierint, scindant vestimenta sua. * chrysostomus in matth.. ° hoc igitur fecit, ut accusationem redderet graviorem: et quod verbis dicebat, factis extolleret. * hieronymus. ° per hoc autem quod scidit vestimenta sua, ostendit iudaeos sacerdotalem gloriam perdidisse, et vacuam sedem habere pontificis. dum enim vestem sibi discidit, ipsum quo tegebatur vestimentum legis abrupit. * chrysostomus in matth.. ° cum ergo scidisset vestimenta sua, non fert sententiam a seipso, sed ab aliis eam exquirit, dicens: quid vobis videtur? sicut in confessis peccatis et blasphemia manifesta fieri solet, et quasi cogens et violentiam inferens ad sententiam proferendam, praevenit auditorem, dicens: quid adhuc egemus testibus? ecce nunc audistis blasphemiam. quae autem fuit illa blasphemia? etenim ante eis congregatis dixerat: dixit dominus domino meo: sede a dextris meis: et interpretatus est eis, et siluerunt, nec de cetero contradixerunt; qualiter ergo nunc quod dictum est, blasphemiam vocant? sequitur at illi respondentes dixerunt: reus est mortis; ipsi accusantes, ipsi discutientes, ipsi sententiam proferentes. * origenes in matth.. ° quantum putas fuit erroris, ipsam principalem omnium vitam ream mortis pronuntiare, et per tantorum resurgentium testimonia non respicere fontem vitae, de quo in omnes resurgentes vita fluebat? * chrysostomus in matth.. ° ut autem venatores fera inventa, ita suam demonstrabant ebrietatem, et insania ferebantur. sequitur tunc expuerunt in faciem eius et colaphis eum caeciderunt. * hieronymus. ° ut compleretur quod dictum est: dedi maxillam meam alapis, et faciem meam non averti a confusione sputorum. sequitur alii autem palmas in faciem eius dederunt, dicentes: prophetiza nobis, christe, quis est qui te percussit? * glossa. ° in contumeliam ei hoc dicitur, qui se prophetam haberi voluit a populis. * hieronymus. ° stultum autem erat verberantibus respondere, et prophetare caedentem, cum palam percutientis insania videretur. * chrysostomus in matth.. ° attende autem, quod evangelista cum summa diligentia ea quae videntur esse exprobratissima exponit, nihil occultans aut verecundans; sed gloriam existimans maximam, dominatorem orbis terrarum pro nobis talia sustinere. hoc autem legamus continue, hoc nostrae menti inscribamus, et in his gloriemur. * augustinus de quaest. evang.. ° quod autem dictum est expuerunt in faciem eius, significavit eos qui praesentiam gratiae eius respuunt. item tamquam colaphis eum caedunt, qui ei honores suos praeferunt; palmas in faciem eius dant qui perfidia caecati eum non venisse affirmant, tamquam praesentiam eius exterminantes et repellentes.

lc17 * Augustinus de cons. evang.. ° inter praedictas domini contumelias trina negatio petri facta est, quam non omnes evangelistae eodem ordine narrant. lucas enim explicat prius tentationem petri, tunc demum contumelias domini; sed matthaeus et marcus eas primo commemorant, et deinde petri tentationem. sic enim hic sequitur petrus vero sedebat foris in atrio. * hieronymus. ° foris sedebat, ut videret exitum rei; et non appropinquabat iesu, ne ministris aliqua suspicio nasceretur. * chrysostomus in matth.. ° et qui quando detentum magistrum vidit solum, ita efferbuit ut gladium evaginaverit, et auriculam absciderit; quando contumelias christi audivit, negator efficitur, et vilis puellae minas non sustinet; sequitur enim et accessit ad eum una ancilla, dicens: et tu cum iesu galilaeo eras. * rabanus. ° quid sibi vult quia prima eum prodit ancilla, cum viri magis eum potuerint recognoscere; nisi quod iste sexus peccare in nece domini videretur, ut eius passione redimeretur? sequitur at ille negavit coram omnibus dicens: nescio quid dicis. palam coram omnibus negavit, quia se manifestare expavit: quod dicebatur se nescire respondit, quia pro salvatore adhuc mori noluit. * leo papa in serm. 9 de passione. ° ob hoc autem, sicut apparet, haesitare permissus est, ut in ecclesiae principe remedium poenitentiae conderetur, et nemo auderet de sua virtute confidere, quando mutabilitatis periculum nec beatus petrus potuisset evadere. * chrysostomus in matth.. ° non solum autem semel, sed et secundo et tertio negat in brevi tempore; unde sequitur exeunte autem eo ianuam, vidit eum alia ancilla, et ait his qui erant ibi: et hic erat cum iesu nazareno. * augustinus de cons. evang.. ° intelligitur autem quod postquam exiit foras, cum iam semel negasset, gallus cantavit primum, quod marcus dicit. * chrysostomus in matth.. ° ut ostendat quod neque vox galli eum a negatione detinuit, neque in memoriam suae promissionis reduxit. * augustinus de cons. evang.. ° non autem foris ante ianuam iterum negavit, sed cum redisset ad focum: neque enim exierat, et foris eum vidit altera ancilla; sed cum exiret, eum vidit; idest, cum surgeret et exiret, animadvertit et dixit his qui erant ibi, idest qui simul aderant ad ignem in atrio: et hic erat cum iesu nazareno. ille autem qui foras exierat, hoc audito regressus est, ut se quasi purgaret negando. vel, quod est credibilius, non audivit quod de eo dictum fuerat cum foras exiret, et posteaquam rediit, dictum est ei quod lucas commemorat. sequitur et iterum negavit cum iuramento: quia non novi hominem. * hieronymus. ° scio quosdam pio affectu erga apostolum petrum locum hunc ita interpretatos ut dicerent, petrum hominem negasse, non deum; et esse sensum: nescio hominem, quia scio deum. hoc quam frivolum sit, prudens lector intelligit: si enim iste non negavit, ergo mentitus est dominus, qui dixerat: ter me negabis. * rabanus. ° in hac autem negatione petri dicimus, non solum abnegare christum qui dicit eum non esse christum, sed qui cum sit, negat se esse christianum. * augustinus de cons. evang.. ° nunc iam de tertia negatione inspiciamus; sequitur enim et post pusillum accesserunt qui stabant, et dixerunt petro: vere et tu ex illis es. lucas autem dixit: intervallo facto quasi horae unius; et ut eum convincant, consequenter adiungunt nam et loquela tua manifestum te facit. * hieronymus. ° non quod alterius sermonis esset petrus, aut gentis externae: omnes quippe hebraei erant, et qui arguebant et qui arguebantur: sed quia unaquaeque provincia et regio habeat proprietates suas, et vernaculum loquendi sonum vitare non possit. * remigius. ° vide autem quam sint noxia pravorum hominum colloquia: ipsa quippe coegerunt petrum negare dominum, quem prius confessus fuerat esse dei filium; sequitur enim tunc coepit |100| detestari et iurare, quia non novisset hominem. * rabanus. ° nota, quia primum ait: nescio quid dicis; secundo, cum iuramento negat; tertio, quia coepit detestari et iurare, quia non novit hominem. perseverare quippe in peccato dat incrementum scelerum; et qui minima spernit, cadit in maiora. * remigius. ° spiritualiter autem per hoc quod petrus ante primum galli cantum negavit, illi designantur qui ante christi resurrectionem non crediderant eum esse deum, eius morte turbati. per hoc autem quod post galli cantum negavit, illi designantur qui in utramque domini naturam, et secundum deum et secundum hominem errant. per primam autem ancillam designatur cupiditas; per secundam carnalis delectatio; per illos qui astabant, daemones intelliguntur: his enim trahuntur homines ad christi negationem. * origenes in matth.. ° vel per primam ancillam intelligitur synagoga iudaeorum, qui frequenter compulerunt denegare fideles; per secundam congregatio gentium, qui etiam persecuti |125| sunt christianos; per tertios stantes in atrio, ministri haeresum diversarum. * augustinus de quaest. evang.. ° ter etiam petrus negavit: nam et error haereticorum de christo, tribus generibus terminatur: aut enim de divinitate, aut de humanitate, aut de utroque falluntur. * rabanus. ° post tertiam autem negationem sequitur galli cantus; et hoc est quod subdit et continuo gallus cantavit, per quem doctor ecclesiae intelligitur, qui somnolentos increpans ait: evigilate, iusti, et nolite peccare. solet autem sacra scriptura saepe meritum causarum per statum designare temporum: unde petrus, qui media nocte peccavit, ad galli cantum poenituit: unde sequitur et recordatus est petrus verbi iesu quod dixerat: priusquam gallus cantet, ter me negabis. * hieronymus. ° in evangelio legimus, quod post negationem petri et galli cantum respexit salvator petrum, et intuitu suo eum ad amaras lacrymas provocavit: non enim fieri poterat ut in negationis tenebris permaneret quem lux respexerat |150| mundi; unde et hic sequitur et egressus foras, flevit amare. in atrio enim caiphae sedens non poterat agere poenitentiam: unde foras egreditur de impiorum concilio, ut pavidae negationis sordes amaris fletibus lavet. * leo papa in serm. 9 de passione. ° felices, o apostole sancte, lacrymae tuae, quae ad diluendam culpam negationis, virtutem sacri habuere baptismatis. affuit enim dextera domini iesu christi, quae labentem te priusquam deicereris exciperet; et firmitatem standi in ipso cadendi periculo recepisti. cito itaque ad soliditatem rediit petrus, tamquam recipiens fortitudinem; ut qui tunc in christi expaverat passione, in suo post supplicio non timeret, sed constans permaneret.

071 CMT cp27

lc1 * Augustinus de cons. evang.. ° contexuerat superius evangelista narrationem in his quae cum domino acta sunt usque ad mane; sed postea rediit ad narrandam petri negationem, qua terminata rediit ad mane ut inde cetera contexeret: et hoc est quod dicitur mane autem facto consilium inierunt omnes principes sacerdotum et seniores populi adversus iesum, ut eum morti traderent. * origenes in matth.. ° putantes per mortem extinguere eius doctrinam et fidem apud eos qui crediderunt in eum, quasi in filium dei. talia autem contra eum consiliantes, alligaverunt iesum solventem a vinculis; unde sequitur et vinctum adduxerunt eum, et tradiderunt pontio pilato praesidi. * hieronymus in matth.. ° vide sollicitudinem sacerdotum in malum: tota nocte vigilarunt ut homicidium facerent; et vinctum tradiderunt pilato: habebant enim hunc morem ut quem adiudicassent morti, ligatum iudici traderent. * rabanus. ° attamen notandum, |25| quod non tunc primum ligaverunt, sed mox comprehensum in horto, ut ioannes declarat. * chrysostomus in matth.. ° ideo autem eum non occulte interfecerunt, quia volebant eius gloriae detrahere: multi enim eum admirabantur; et propter hoc studuerunt publice et coram omnibus eum occidere; et ideo ad praesidem eum duxerunt. * hieronymus. ° videns autem iudas dominum adiudicatum morti, pretium retulit sacerdotibus, quasi in potestate sua esset persecutorum immutare sententiam; unde sequitur tunc videns iudas qui tradidit eum, quod damnatus esset, poenitentia ductus, retulit triginta argenteos principibus sacerdotum et senioribus populi, dicens: peccavi, tradens sanguinem iustum. * origenes in matth.. ° respondeant mihi qui de naturis quasdam fabulas introducunt; unde est quod iudas agnoscens peccatum suum dixit peccavi, tradens sanguinem iustum, nisi ex bona plantatione mentis, et seminatione virtutis, quae seminata est in qualibet rationali |50| anima? quam non coluit iudas; et ideo cecidit in tale peccatum. si autem naturae pereuntis est aliquis hominum, magis huius naturae fuit iudas. et si quidem post resurrectionem christi hoc dixisset iudas, forsitan erat dicendum quoniam compulit eum poenitere de peccato ipsa virtus resurrectionis. nunc autem videns eum traditum esse pilato, poenituit: forsitan recordatus quae frequenter iesus dixerat de sua resurrectione futura. forsitan et satanas, qui ingressus in eum fuerat, praesto fuit ei donec iesus traderetur pilato: postquam autem fecit quod voluit, recessit ab eo; quo recedente poenitentiam capere potuit. sed quomodo vidit iudas quoniam condemnatus est? nondum enim a pilato fuerat interrogatus. forsitan dicet aliquis, quoniam consideratione mentis suae vidit exitum rei ex eo quod traditum aspexit. alius autem dicet, quoniam quod scriptum est: videns iudas quia condemnatus est, ad ipsum iudam refertur: tunc enim sensit malum suum, et intellexit se condemnatum. * leo papa in serm. i de passione. ° dicendo |75| tamen peccavi, tradens sanguinem iustum, in impietatis suae perfidia perstitit qui iesum non dei filium, sed nostrae tantummodo conditionis hominem, etiam inter extrema mortis suae pericula credidit; cuius flexisset misericordiam, si eius omnipotentiam non negasset. * chrysostomus in matth.. ° vide autem quoniam poenitentiam agit quando completum est, et finem accepit peccatum: non enim permittit diabolus eos qui non vigilant, videre malum antequam perficiant. sequitur at illi dixerunt: quid ad nos? tu videris. * remigius. ° ac si dicant: quid ad nos pertinet si iustus est? tu videris, idest, opus tuum quale sit manifestabitur. quidam autem coniunctim voluerunt legere haec verba, ut sit sensus: cuius aestimationis deputaris apud nos, qui eum quem tradidisti, iustum confiteris? * origenes in matth.. ° recedens autem ab aliquo diabolus observat tempus iterum; et postquam cognoverit, et ad secundum peccatum induxerit, observat etiam tertiae deceptionis locum. sicut ille |100| qui primo uxorem patris habuit, de hoc malo postea poenituit; sed postea diabolus voluit hanc ipsam tristitiam exaggerare, ut ipsa tristitia abundantior facta absorberet tristantem. simile aliquid factum est in iuda: postquam enim poenituit, non servavit cor suum, sed suscepit abundantiorem tristitiam a diabolo sibi submissam, quia voluit eum absorbere; unde sequitur et abiens, laqueo se suspendit. si autem locum poenitentiae requisisset, et tempus poenitentiae observasset, forsitan invenisset eum qui dixit: nolo mortem peccatoris. vel forte existimavit praevenire magistrum moriturum, et occurrere ei cum anima nuda, ut confitens et deprecans misericordiam mereretur; nec vidit quia non convenit servum dei seipsum expellere de hac vita, sed expectare dei iudicium. * rabanus. ° suspendit autem se laqueo, ut se ostenderet caelo terraeque perosum. * augustinus de quaest. nov. et vet. testam.. ° sed occupatis principibus sacerdotum ad necem domini a mane usque ad horam nonam, quomodo iudas eis retulisse |125| pretium sanguinis quod acceperat, ante crucem domini, probatur, et dixisse illis in templo peccavi, quod tradiderim sanguinem iustum? cum constet omnes principes et seniores ante passionem domini non fuisse in templo, quippe cum in cruce posito insultarent ei. nec enim inde potest probari quia ante passionem domini relatum est, cum sint multa quae ante facta probantur, et novissima ordinantur. sed ne forte post horam nonam factum sit, ut videns iudas occisum salvatorem, et ob hoc velum templi scissum, terram tremuisse, saxa scissa, elementa conterrita, ipso metu correptus doluerit. sed post horam nonam occupati erant, ut existimo, seniores et principes sacerdotum ad celebrationem paschae: sabbato autem secundum legem non licet nummos portare: ac per hoc non est probabile apud me quo die, immo tempore, laqueo vitam finierit, iudas.

lc2 * Chrysostomus in matth.. ° quia principes sacerdotum noverant, quod occisionem emerant, a propria conscientia condemnati fuerunt: et ad hoc ostendendum subdit evangelista principes autem sacerdotum acceptis argenteis dixerunt: non licet eos mittere in corbonam, quia pretium sanguinis est. * hieronymus. ° vere culicem liquantes, et camelum glutientes; si enim ideo non mittunt pecuniam in corbonam, hoc est gazophylacium, et dona dei, quia pretium sanguinis est, cur ipse sanguis effunditur? * origenes in matth.. ° videbant autem quoniam circa mortuos magis eam pecuniam conveniebat expendi quae pretium sanguinis erat. sed quia et inter loca mortuorum sunt differentiae, usi sunt pretio sanguinis iesu ad comparationem agri figuli alicuius, ut in eo peregrini sepeliantur, non secundum votum suum in monumentis paternis; unde sequitur consilio autem inito, emerunt ex illis agrum figuli in sepulturam peregrinorum. * augustinus in serm. 2 |25| de coena dom.. ° providentia autem dei factum puto ut pretium salvatoris non peccatoribus sumptum praebeat, sed peregrinis requiem subministret; ut iam exinde christus et vivos sanguinis sui passione redimat, et mortuos pretiosa passione suscipiat. pretio ergo dominici sanguinis ager figuli comparatur. legimus in scripturis, quod totius generis humani salus redempta sit in sanguine salvatoris. ager ergo iste, mundus hic totus est. figulus autem qui mundi possit habere dominatum, ipse est qui vascula corporis nostri fecit de limo. istius itaque figuli ager christi sanguine emptus est: peregrinis, inquam, qui sine domo et patria, toto orbe exules iactabantur, requies christi sanguine providetur. istos autem peregrinos esse dicimus devotissimos christianos, qui renuntiantes saeculo, nihil possidentes in mundo, in christi sanguine requiescunt: sepultura enim christi nihil aliud est quam requies christiani: consepulti enim sumus cum illo per baptismum in morte. nos ergo |50| peregrini in hoc mundo sumus, et tamquam hospites in hac luce versamur. * hieronymus. ° qui etiam peregrini eramus a lege et prophetis, prava iudaeorum studia suscepimus in salutem. * origenes in matth.. ° vel peregrinos dicimus qui usque ad finem extranei sunt a deo: nam iusti consepulti sunt christo in monumento novo quod excisum est in petra. qui autem alieni sunt a deo usque in finem, sepulti sunt in agro figuli operantis lutum; qui pretio sanguinis est comparatus, et ager sanguinis nominatur; unde sequitur propter hoc vocatus est ager ille haceldama, hoc est ager sanguinis, usque in hodiernum diem. * glossa. ° quod referendum est ad tempus quo evangelista hoc scripsit. deinde confirmat idem prophetico testimonio, dicens tunc impletum est quod dictum est per ieremiam prophetam, dicentem: et acceperunt triginta argenteos pretium appretiati, quem appretiaverunt a filiis israel, et dederunt eos in agrum figuli, sicut constituit mihi dominus. * hieronymus. ° hoc in ieremia penitus non invenitur, |75| sed in zacharia, qui penultimus est duodecim prophetarum, quaedam similitudo refertur; et quamquam sensus non multum discrepet, tamen ordo et verba diversa sunt. * augustinus de cons. evang.. ° si quis ergo putat ideo fidei evangelistae aliquid derogandum, primo noverit non omnes codices evangeliorum habere quod per ieremiam dictum sit, sed tantummodo per prophetam. mihi autem haec non placet defensio: quia et plures codices habent ieremiae nomen, et antiquiores; et nulli fuit causa cur adderetur hoc nomen, et mendositas fieret. cur autem tolleretur, fuit utique causa ut hoc audax imperitia faceret, praedicta quaestione turbata. potuit autem fieri ut animo matthaei evangelium scribentis, pro zacharia ieremias occurreret, ut fieri solet: quod tamen sine ulla dubitatione emendaret saltem ab his admonitus qui ipso adhuc in carne vivente haec legere potuerunt, nisi cogitaret recordationi suae, quae spiritu sancto regebatur, non occurrisse aliud pro alio nomen prophetae, nisi quia dominus |100| hoc ita scribi constituit. cur autem constituerit, prima causa est, quia sic insinuatur ita omnes prophetas uno spiritu locutos, mirabili inter se consensione constare, ut hoc multo amplius sit quam si omnium verba prophetarum uno unius hominis ore demonstrentur; et ideo indubitanter accipi debet, quaecumque per eos spiritus sanctus dixit, et singula esse omnium, et omnia singulorum. si enim hodie quisquam volens alicuius verba indicare, dicat nomen alterius a quo dicta sunt, qui tamen sit amicissimus illius cuius verba dicere voluit, et continuo recordatus, alium pro alio se dixisse, ita se corrigat ut tamen dicat: bene dixi, nihil aliud intuens nisi inter ambos esse concordiam: quanto magis de prophetis sanctis hoc commendandum fuit? est et alia causa, cur hoc nomen ieremiae in testimonio zachariae sit manere permissum: vel potius sancti spiritus auctoritate praeceptum sit. est apud ieremiam quod emerit agrum a filio fratris sui, et dederit ei argentum, non quidem sub hoc nomine pretii, |125| quod positum est apud zachariam, triginta argenteis. quod autem prophetiam de triginta argenteis ad hoc interpretatus sit evangelista quod modo de domino completum est, manifestum est; sed ad hoc pertinere etiam illud de agro empto quod ieremias dicit, hinc potest mystice significari, ut non hic zachariae nomen poneretur qui dixit triginta argenteis, sed ieremiae qui dixit de agro empto; ut lecto evangelio, atque invento nomine ieremiae, lecto autem ieremia, et non invento testimonio de triginta argenteis, invento tamen agro empto, admoneatur lector utrumque conferre, et inde sensum enucleare prophetiae, quomodo pertineat ad hoc quod in domino completum est. nam illud quod subiecit huic testimonio matthaeus cum ait quem appretiaverunt a filiis israel, et dederunt eos in agrum figuli, sicut constituit mihi dominus, nec apud zachariam, nec apud ieremiam reperitur; unde magis ex persona evangelistae accipiendum est, et mystice insertum, quia hoc ex domini revelatione cognoverit, |150| et ad hanc rem quae de christi pretio facta est, huiusmodi pertinere prophetiam. * hieronymus de optimo genere interpretandi. ° absit ergo de pedissequo christi quod possit argui de falso, cui cura fuit non verba et syllabas aucupari, sed sententias dogmatum ponere. * hieronymus. ° legi nuper in quodam hebraico volumine, quod nazaraeae sectae mihi hebraeus contulit, ieremiae apocryphum, in quo hoc ad verbum scriptum reperi; sed tamen mihi videtur magis de zacharia sumptum testimonium, evangelistarum et apostolorum more vulgato, quo verborum ordine praetermisso, sensus tamen de veteri testamento proferunt exemplum.

lc3 * Augustinus de cons. evang.. ° finitis his quae matthaeus de iuda proditore interposuit, ad ordinem narrationis revertitur, dicens iesus autem stetit ante praesidem. * origenes in matth.. ° iudex totius creaturae constitutus a patre vide quantum se humiliavit, ut acquiesceret stare ante iudicem tunc terrae iudaeae; et interrogatus est interrogationem, quam forsitan deridens, aut dubitans pilatus interrogat; unde sequitur et interrogavit eum praeses, dicens: tu es rex iudaeorum? * chrysostomus in matth.. ° id pilatus interrogat quod adversarii contra christum continue revolvebant. quia enim sciebant pilatum nullam curam facientem legalium, ad publicas accusationes rem ducunt. * origenes in matth.. ° vel pronuntiative hoc dixit pilatus: unde et alibi scripsit in titulo rex iudaeorum. principi ergo sacerdotum respondens tu dixisti, oblique arguit eius dubitationem; pilati vero sententiam confirmat pronuntiantis; unde sequitur dicit ei iesus: tu dicis. * chrysostomus in matth.. ° confessus est se esse regem, sed caelestem, ut in alio evangelio manifestius legitur: regnum meum, inquit ioannes, non est de hoc mundo, ut neque iudaei, neque pilatus excusationem habeant, huic accusationi insistentes. * hilarius in matth.. ° vel interroganti pontifici an ipse esset iesus christus, dixerat tu dixisti, quia semper futurum christum ex lege ipse dixisset; huic vero legis ignaro interroganti, an ipse esset rex iudaeorum, dicitur tu dicis, quia per fidem praesentis confessionis salus gentium est. * hieronymus. ° attende autem quod pilato, qui invitus promebat sententiam, aliqua ex parte respondit; sacerdotibus autem et principibus sacerdotum respondere noluit, indignos eos suo sermone iudicans: unde sequitur et cum accusaretur a principibus sacerdotum et senioribus, nihil respondit. * augustinus de cons. evang.. ° lucas autem ipsa crimina, quae accusantes obiecerunt, aperuit: dicit enim: coeperunt illum accusare, dicentes: hunc invenimus subvertentem gentem nostram, et prohibentem tributa dari caesari, et dicentem se christum regem esse. nihil autem interest ad veritatem quo ordine ista retulerint, sicut nihil interest si alius aliquid tacet quod alius commemorat. * origenes in matth.. ° accusatus autem iesus, sicut tunc illis nihil respondit, sic nec modo: non fit enim eis verbum dei, sicut aliquando factum fuerat ad prophetas; sed neque dignum erat ut pilato interroganti responderet, qui non habebat permanens et firmum de christo iudicium, sed ad contraria trahebatur; unde sequitur tunc dixit ei pilatus: non audis quanta adversum te dicunt testimonia? * hieronymus. ° gentilis quidem est qui condemnat iesum; sed causam refert in populum iudaeorum. * chrysostomus in matth.. ° ideo autem hoc dicebat, quia volebat eum liberare dum se excusando responderet. sequitur et non respondit ei ad ullum verbum, ita ut miraretur praeses vehementer. quia enim multas habentes demonstrationes ex ipsis rebus, virtutis et mansuetudinis eius et humilitatis, tamen in ipsum indignabantur, et perverso iudicio agebantur contra ipsum; propter hoc nihil respondet, et si aliquando respondet, brevia quidem dicit, ne continua taciturnitate pertinaciae opinio de ipso accipiatur. * hieronymus. ° vel ideo iesus nihil respondere voluit, ne crimen diluens dimitteretur a praeside, et crucis utilitas differretur. * origenes in matth.. ° miratus est autem praeses constantiam eius: forsitan sciens, quod idoneus esset pronuntiare crimen, et tamen videbat eum in tranquilla et quieta sapientia, et gravitate non turbabili stare. sed vehementer miratur: dignum enim ei videbatur magno miraculo ut exhibitus christus ad criminale iudicium, imperturbabilis staret ante mortem, quae apud omnes homines terribilis aestimatur.

lc4 * Chrysostomus in matth.. ° quia christus ad accusationes iudaeorum nihil responderat, per quod posset eum pilatus ab accusationibus iudaeorum excusatum habere, aliud machinatur per quod eum liberare possit; unde dicitur per diem autem solemnem consueverat praeses dimittere populo vinctum unum quem voluissent. * origenes in matth.. ° sic enim quasdam gratias praestant gentes eis quos subiciunt sibi, donec confirmetur super eos iugum ipsorum; tamen consuetudo haec aliquando fuit apud iudaeos: saul enim non interfecit ionatham, omni populo petente eum ad vitam. * chrysostomus in matth.. ° per hanc autem consuetudinem christum eripere tentavit, ut neque umbram excusationis iudaei sibi derelinquant. manifestus homicida in comparatione christi adducitur, de quo sequitur habebat autem tunc vinctum insignem, qui dicebatur barabbas. non simpliciter dicit latronem, sed insignem, hoc est in malitia diffamatum. * hieronymus. ° iste barabbas in evangelio quod inscribitur iuxta hebraeos, filius magistri eorum interpretatur, qui propter seditionem et homicidium fuerat condemnatus. offert autem optionem eis pilatus dimittendi quem vellent, latronem an iesum, non dubitans iesum potius eligendum; unde sequitur congregatis autem illis, dixit pilatus: quem vultis dimittam vobis: barabbam, an iesum qui dicitur christus? * chrysostomus in matth.. ° quasi dicat: si non vultis sicut innocentem dimittere, saltem condemnatum festivitati donetis. si enim oportebat in peccatis manifestis existentem dimittere, multo magis in dubiis. vide autem ordinem conversum. petitio pro condemnatis solet esse plebis, concessio autem principis; nunc autem contrarium gestum est: princeps enim petit a plebe, et plebs ferocior redditur. * glossa. ° quare autem pilatus ad liberationem christi laboravit, manifestat evangelista cum subdit sciebat enim quod per invidiam tradidissent eum. * remigius. ° quae autem invidia fuerit, ioannes manifestat, qui narrat eos dixisse: ecce mundus totus post eum vadit, et si dimittimus eum sic, omnes credent in eum. notandum etiam, quia loco eius quod matthaeus dicit an iesum qui dicitur christus? marcus dicit: vultis dimittam vobis regem iudaeorum? soli namque reges iudaeorum ungebantur, et ab ipsa unctione, christi vocabantur. * chrysostomus in matth.. ° deinde subditur aliud quod sufficiens erat omnes a passione revocare; sequitur enim sedente autem illo pro tribunali, misit ad eum uxor eius dicens: nihil tibi et iusto illi. cum demonstratione enim quae erat a rebus et somnus non parvum quid erat. * rabanus. ° notandum vero, quia tribunal sedes est iudicis, solium regum, cathedrae magistrorum. in visionibus autem et somniis gentilis viri uxor hoc intellexit quod iudaei vigilantes nec credere, nec intelligere voluerunt. * hieronymus. ° nota etiam, quod gentilibus saepe a deo somnia revelantur, et quod in pilato et uxore eius iustum dominum confitentibus gentilis populi testimonium sit. * chrysostomus in matth.. ° sed cuius gratia non ipse pilatus somnium videbat? quia illa magis digna erat: vel quia si pilatus vidisset, non aequaliter sibi creditum esset; vel forte neque dixisset; propter hoc dispensatur a deo quod mulier vidit, ut manifestum omnibus fieret. et non simpliciter videt, sed et patitur multa: sequitur enim multa enim passa sum hodie per visum propter eum: ut scilicet a compassione quae erat ad uxorem, desidior fieret vir circa occisionem. sed et tempus non parum conferebat; etenim eadem nocte vidit. * augustinus in serm. de passione. ° sic ergo iudex terretur in coniuge: et ut crimini iudaeorum non praebeat in iudicio consensum, pertulit in uxoris afflictione iudicium: iudicatur ipse qui iudicat, et torquetur antequam torqueat. * rabanus. ° vel aliter. nunc demum diabolus intelligens per christum se spolia sua amissurum, sicut primum per mulierem mortem intulerat, ita per mulierem vult christum de manibus iudaeorum liberare, ne per eius mortem mortis amittat imperium. * chrysostomus in matth.. ° nihil autem praemissorum christi adversarios movit, quia eos omnino invidia excaecaverat: unde ex propria malitia plebem corrumpunt: et hoc est quod sequitur principes autem sacerdotum, et seniores persuaserunt populo ut peterent barabbam, iesum vero perderent. * origenes in matth.. ° et est videre nunc quomodo populus iudaeorum a senioribus suis et iudaicae culturae doctoribus suadetur, et excitatur adversus iesum, ut perdant eum. sequitur respondens autem praeses ait illis: quem vultis de duobus dimitti? * glossa. ° respondisse autem dicitur pilatus haec dicens, sive ad ea quae uxor nuntiaverat, sive ad petitionem populi, qui iuxta consuetudinem aliquem in die festo sibi dimitti petebat. * origenes in matth.. ° turbae autem quasi ferae, quae spatiosam ambulant viam, voluerunt sibi barabbam habere solutum: unde subditur at illi dixerunt: barabbam. ideo gens illa habet seditiones et homicidia et latrocinia, secundum quosdam gentis suae, in rebus quae foris habentur, secundum autem omnes, intus in anima. ubi enim non est iesus, illic lites et praelia sunt; ubi autem est, ibi sunt omnia bona et pax. omnes etiam qui iudaeis sunt similes, vel in dogmate, vel in vita, barabbam sibi solvi desiderant: quicumque enim mala agit, solutus est in corpore eius barabbas, christus autem vinctus; qui autem bona agit, christum habet solutum, barabbam vinctum. voluit autem pilatus pudorem tantae iniquitatis eis incurrere; unde sequitur dicit illis pilatus: quid igitur faciam de iesu qui dicitur christus? non solum autem hoc, sed et mensuram colligere volens impietatis eorum. illi autem nec hoc erubescunt, quod pilatus iesum christum esse confitebatur, nec modum impietatis servant, unde sequitur dicunt omnes: crucifigatur; in quo multiplicaverunt impietatis suae mensuram, non solum homicidam postulantes ad vitam, sed etiam iustum ad mortem, et ad mortem turpissimam crucis. * rabanus. ° pendentes siquidem in ligno crucifixi, clavibus ad lignum pedibus manibusque confixi, producta morte necabantur, et diu vivebant in cruce, non quia longior vita eligebatur, sed quia mors ipsa protendebatur, ne dolor citius finiretur. verum iudaei de morte pessima cogitabant, sed a domino, non intelligentibus eis, electa erat; ipsam enim crucem diabolo superato erat tamquam trophaeum in frontibus fidelium positurus. * hieronymus. ° cum autem hoc responderent, non statim acquievit, sed iuxta suggestionem uxoris, quae mandaverat nihil tibi et iusto illi, ipse quoque respondit; unde sequitur ait illis praeses: quid enim mali fecit? hoc dicendo pilatus, absolvit iesum. sequitur at illi magis clamabant dicentes: crucifigatur, ut impleretur quod in psalmo 21, 17 dicitur: circumdederunt me canes multi, congregatio malignantium obsedit me: et illud ieremiae: facta est mihi hereditas mea sicut leo in silva; dederunt super me vocem suam. * augustinus de cons. evang.. ° saepius autem pilatus cum iudaeis egit, volens ut dimitteretur iesus: quod paucissimis verbis testatur matthaeus cum subdit videns pilatus quia nihil proficiebat, sed magis tumultus fieret: quod non diceret, nisi multum ille conatus fuisset, quamvis tacuerit quoties hoc tentavit ut erueret iesum furori eorum. sequitur accepta aqua, lavit manus coram populo, dicens: innocens ego sum a sanguine iusti huius. * remigius. ° mos enim erat apud antiquos ut cum vellet quis se ostendere immunem ab aliquo crimine, accepta aqua, lavaret manus suas coram populo. * hieronymus. ° pilatus ergo accepit aquam iuxta illud propheticum: lavabo inter innocentes manus meas, quodammodo in hoc contestans, et dicens: ego quidem innocentem volui liberare, sed quoniam seditio oritur, et rebellionis mihi contra caesarem crimen impingitur, innocens sum a sanguine iusti huius. iudex ergo qui cogitur contra dominum ferre sententiam, non damnat oblatum, sed arguit offerentes, iustum esse pronuntians eum qui crucifigendus est. sequitur vos videritis, quasi dicat: ego minister legum sum, vox vestra sanguinem fundit. sequitur et respondens universus populus dixit: sanguis eius super nos, et super filios nostros. perseverat usque in praesentem diem haec imprecatio super iudaeos, et sanguis domini non aufertur ab eis. * chrysostomus in matth.. ° intuere autem et hic iudaeorum multam insaniam: eorum enim impetus et perniciosa concupiscentia non permittit eos quae oportet, inspicere, et sibi maledicunt dicentes sanguis eius super nos; quin et ad filios maledictionem attrahunt, dicentes super filios nostros. sed tamen misericors deus eorum sententiam non firmavit; sed ex eis et eorum filiis suscepit qui poenitentiam egerunt: etenim et paulus ex ipsis fuit et multa millia eorum qui in hierosolymis crediderunt. * leo papa in serm. 8 de passione. ° excessit ergo pilati culpam facinus iudaeorum; sed ipse evasit reatum, qui reliquit proprium iudicium, et in crimen transivit alienum; sequitur enim tunc dimisit illis barabbam, iesum autem flagellatum tradidit eis, ut crucifigeretur. * hieronymus. ° sciendum est autem pilatum romanis legibus ministrasse, quibus sancitum est ut qui crucifigitur, prius flagellis verberetur. traditur igitur iesus militibus verberandus, et illud sanctissimum corpus pectusque dei capax flagellis secuerunt. * augustinus in serm. de pass.. ° ecce dominus aptatur ad verbera, ecce iam caeditur: rupit sanctam cutem violentia flagellorum; repetitis ictibus crudelia verbera scapularum terga conscindunt. proh dolor. iacet extensus ante hominem deus, et supplicium patitur rei in quo nullum peccati vestigium potuit inveniri. * hieronymus. ° hoc autem factum est ut, quia scriptum erat: multa flagella peccatorum, illo flagello nos a verberibus liberemur. in lavacro etiam manuum pilati, gentilium omnia opera purgantur, et ab impietate iudaeorum nos alieni efficimur. * hilarius in matth.. ° hortantibus autem sacerdotibus populus barabbam elegit, qui interpretatur patris filius, in quo arcanum futurae infidelitatis ostenditur, christo antichristum peccati filium praeferendo. * rabanus. ° barabbas etiam, qui seditiones faciebat in turbis, dimissus est populo iudaeorum, idest diabolus, qui usque hodie regnat in eis; et idcirco pacem habere non possunt.

lc5 * Augustinus de cons. evang.. ° post accusationes christi, consequens est ut ipsam domini passionem videamus, quam matthaeus sic incipit: tunc milites praesidis suscipientes iesum in praetorio, congregaverunt ad eum universam cohortem. * hieronymus. ° quia enim rex iudaeorum fuerat appellatus, et hoc ei scribae et sacerdotes crimen obiecerant, quod sibi in populo israel usurparet imperium, illudentes hoc faciunt, ut nudatum pristinis vestibus induant chlamydem coccineam pro rufo linteo, quo reges veteres utebantur, et pro diademate imponant ei coronam spineam, pro sceptro regali dent calamum, et adorent quasi regem; et hoc est quod subditur et exuentes eum, chlamydem coccineam circumdederunt ei, et plectentes coronam de spinis posuerunt super caput eius. * augustinus de cons. evang.. ° per hoc autem intelligitur marcum dixisse indutum purpura. pro regia enim purpura chlamys illa coccinea ab illudentibus adhibita erat; et est rubra quaedam purpura cocco simillima. potest etiam fieri ut purpuram etiam marcus commemoraverit, quam chlamys habebat, quamvis esset coccinea. * chrysostomus in matth.. ° quae igitur erit nobis cura de reliquo, si contumelias ab alieno patiamur, postquam christus hoc passus est? etenim quod fiebat in christum, ultimus terminus contumeliae erat; nec una particula tantum, sed universum corpus patiebatur iniurias: caput per coronam et arundinem et colaphos; facies, quia conspuebatur; genae, quia alapis caedebantur; corpus totum per flagella, et quia denudatum est per circumdationem chlamydis, et per fictam adorationem; manus per arundinem, quam dederunt ei pro sceptro; ac si timerent ne aliquid praetermitterent gravissimae praesumptionis. * augustinus de cons. evang.. ° apparet autem matthaeum recapitulando ista commemorasse, non quod tunc factum sit cum eum pilatus crucifigendum tradidisset. ioannes enim antequam quam diceret quod eum pilatus crucifigendum tradiderit, ista commemoravit. * hieronymus. ° nos autem omnia haec intelligamus mystice. quomodo enim caiphas dixit: oportet unum hominem mori pro omnibus, nesciens quid diceret; sic et isti quodcumque fecerunt, licet alia mente fecerint, tamen nobis qui credimus, sacramenta tribuebant. in chlamyde coccinea, opera gentium cruenta sustentat; in corona spinea maledictum solvit antiquum; in calamo venenata occidit animalia; sive calamum tenebat in manu, ut sacrilegium scriberet iudaeorum. * hilarius in matth.. ° vel aliter. susceptis omnibus corporis nostri infirmitatibus a domino, omnium deinde martyrum, quibus regnum secum erat debitum, sanguine cocci colore perfunditur, spinis quoque, idest compungentium quondam peccatis gentium, coronatur: est enim aculeus in spinis, ex quibus christo victoriae corona contexitur. in calamo vero earumdem gentium infirmitas atque inanitas manu comprehensa firmatur; quin etiam capiti eius illiditur, ut infirmitas gentium manu christi comprehensa etiam in deum patrem, qui caput eius est, conquiescat. * origenes in matth.. ° vel calamus mysterium fuit, quod priusquam crederemus, confidebamus in virga arundinea aegypti, vel cuiuscumque regni contrarii deo; quem accepit, ut triumphet eum in ligno crucis. percutiunt autem cum hoc calamo caput christi iesu, quoniam semper regnum illud verberat deum patrem caput salvatoris. * remigius. ° vel aliter. per chlamydem coccineam caro domini designatur, quae rubra dicitur propter sanguinis effusionem; per spineam coronam susceptio peccatorum nostrorum, quia in similitudinem carnis peccati apparuit. * rabanus. ° calamo igitur christi caput percutiunt qui divinitati eius contradicentes, errorem suum auctoritate sanctae scripturae, quae calamo scribitur, confirmare conantur. spuunt in faciem eius qui praesentiam gratiae illius verbis execrandis respuunt, et iesum in carne venisse denegant. falso autem illum adorant qui in eum credunt, sed perversis actibus despiciunt. * augustinus de quaest. evang.. ° quod autem dominum in passione exuerunt veste propria, et induerunt fucata, signati sunt haeretici, qui eum dicunt verum corpus non habuisse, sed fictum.

lc6 * Glossa. ° postquam evangelista commemoravit ea quae ad illusionem christi pertinent, nunc narrare incipit processum crucifixionis ipsius: unde dicitur et postquam illuserunt ei, exuerunt eum chlamyde, et induerunt eum vestimentis suis, et duxerunt eum ut crucifigerent. * augustinus de cons. evang.. ° hoc autem in fine factum esse intelligitur, cum iam duceretur ad crucifigendum; postquam scilicet pilatus tradidit eum iudaeis. * hieronymus. ° notandum autem, quod quando flagellatur iesus et conspuitur, non habet propria vestimenta, sed ea quae propter peccata nostra sumpserat; cum autem crucifigitur et illusionis pompa praeterierit, tunc pristinas vestes recipit, et proprium assumit ornatum; statimque elementa turbantur, et creatori dat testimonium creatura. * origenes in matth.. ° et de chlamyde quidem scriptum est, quoniam denuo expoliaverunt eum; dei corona autem spinea nihil tale evangelistae scripserunt; ut iam non sint spinae nostrae antiquae, postquam semel eas a nobis abstulit iesus super venerabile caput suum. * chrysostomus in serm. de passione. ° non autem voluit dominus pati sub tecto, non in templo iudaico, ne putares pro illa tantum plebe oblatum: et ideo foras civitatem, foras muros, ut scias sacrificium esse commune quod totius terrae est oblatio, quod communis est purificatio; et hoc signatur cum dicitur exeuntes invenerunt hominem cyrenaeum nomine simonem: hunc angariaverunt ut tolleret crucem eius. * hieronymus. ° ne quis autem putet huic loco evangelistae ioannis historiam esse contrariam: ille enim dicit, exeuntem dominum de praetorio portasse crucem suam; matthaeus autem refert, quod invenerunt hominem cyrenaeum, cui imposuerunt crucem iesu. sed hoc intelligendum est quod egrediens de praetorio iesus, ipse portaverit crucem suam; postea obviam habuerunt simonem, cui portandam crucem imposuerunt. * origenes in matth.. ° aut egressi quidem angariaverunt simonem; appropinquantes autem ad locum in quo eum fuerant suspensuri, imposuerunt crucem et ipsi, ut ipse eam portaret. non fortuito autem angariatus est simon; sed secundum dispositionem dei ductus est ad hoc ut evangelica scriptura dignus inveniretur, et ministerio crucis christi. non solum autem salvatorem conveniebat accipere crucem suam, sed et nos conveniebat eam portare, salutarem nobis angariam adimplentes; nec tamen sic profecisset nobis eam accipere, sicut cum ipse eam accepit. * hieronymus. ° mystice christum suscipiunt nationes, et peregrinus obediens portat ignominiam salvatoris. * hilarius in matth.. ° indignum enim iudaeis erat christi crucem ferre, quia fidei gentium erat in reliquum et crucem accipere et compati. * remigius. ° iste enim simon non erat hierosolymita, sed peregrinus et advena, scilicet cyrenaeus: cyrene enim civitas est lybiae. interpretatur autem simon obediens, cyrenaeus heres; unde pulchre per eum designatur populus gentium, qui peregrinus erat testamentorum dei, sed credendo factus est civis sanctorum, et domesticus et heres dei. * gregorius in evang. et moralium. ° vel aliter. per simonem, qui crucem dominicam in angariam portat, designantur abstinentes et arrogantes: quia per abstinentiam quidem carnem afficiunt, sed fructum abstinentiae interius non requirunt; unde idem simon crucem portat, sed non moritur, quia abstinentes et arrogantes per abstinentiam quidem corpus afficiunt, sed per desiderium gloriae mundo vivunt. sequitur et venerunt in locum qui dicitur golgotha, quod est calvariae locus. * rabanus. ° golgotha enim syrum nomen est, et interpretatur calvaria. * hieronymus. ° audivi quemdam exposuisse calvariae locum, in quo sepultus est adam; et ideo sic appellatum, quia ibi antiqui hominis sit conditum caput. favorabilis interpretatio et mulcens aurem populi, nec tamen vera. extra urbem enim et foris portam loca sunt in quibus truncantur capita damnatorum, et calvariae, idest decollatorum, sumpsere nomen. propterea autem ibi crucifixus est iesus, ut ubi prius erat area damnatorum, ibi erigerentur vexilla martyrii. adam vero sepultum iuxta ebron et arbee, in iesu filii nave volumine legimus. * hilarius in matth.. ° locus autem crucis talis est, ut positus in medio terrae, ad capessendam dei cognitionem universis gentibus esset aequalis. sequitur et dederunt ei vinum bibere cum felle mixtum. * augustinus de cons. evang.. ° hoc marcus ita narrat: et dabant ei bibere myrrhatum vinum. fel quippe pro amaritudine matthaeus posuit: myrrhatum enim vinum amarissimum est: quamquam fieri possit ut fel et myrrha vinum amarissimum redderent. * hieronymus. ° amara vitis amarum vinum facit; quo potant dominum iesum, ut impleatur quod scriptum est: dederunt in cibum meum fel. et deus loquitur ad ierusalem: ego te plantavi vineam veram; quomodo facta es in amaritudinem vitis alienae? et cum gustasset, noluit bibere. * augustinus de cons. evang.. ° quod autem marcus ait: et non accepit, intelligitur: non accepit ut biberet; gustavit autem, sicut matthaeus testis est; et quod idem matthaeus ait noluit bibere; hoc marcus dixit: non accepit. tacuit etiam, quod gustavit; quod autem cum gustasset noluit bibere, hoc indicat, quod gustaverit quidem pro nobis mortis amaritudinem, sed tertia die resurrexit. * hilarius in matth.. ° vel ideo oblatum vinum felle admixtum bibere recusavit: non enim aeternae gloriae incorruptioni peccatorum amaritudo miscetur.

lc7 * Glossa. ° praemisso quomodo christus ad locum passionis est ductus, hic evangelista ipsam passionem prosequitur, genus mortis exponens, cum dicit postquam autem crucifixerunt eum. * augustinus in lib. 83 quaestionum. ° sapientia quidem dei hominem ad exemplum quo recte viveremus, suscepit. pertinet autem ad vitam rectam ea quae non sunt metuenda non metuere. sunt autem homines qui quamvis mortem ipsam non timeant, genus tamen mortis horrescunt. ut ergo nullum mortis genus recte viventi homini metuendum esset, illius hominis cruce ostendendum fuit. nihil enim erat inter omnia genera mortis, illo genere execrabilius et formidabilius. * augustinus in serm. de passione. ° quantum autem valeat virtus crucis, advertat sanctitas vestra. contempsit adam praeceptum, accipiens ex arbore pomum; sed quicquid adam perdidit, christus in cruce invenit. de diluvio aquarum humanum genus arca lignea liberavit; de aegypto dei populo recedente, moyses mare virga divisit, pharaonem prostravit, et populum dei redemit. idem moyses lignum in aquam misit, et amaram aquam in dulcedinem commutavit. ex lignea virga de spirituali petra salutaris unda profertur: et ut amalec vinceretur, circa virgam moyses expansis manibus extenditur: et lex dei arcae testamenti creditur ligneae: ut his omnibus ad lignum crucis, quasi per gradus quosdam, veniatur. * chrysostomus in serm. de passione. ° ideo et in excelso ligno, non sub tecto, passus est, ut etiam ipsius aeris natura mundetur; sed et terra simile beneficium sentiebat, decurrentis de latere sanguinis stillatione mundata. * glossa. ° lignum etiam crucis significare videtur ecclesiam in quatuor mundi partibus diffusam. * rabanus. ° vel secundum moralem sensum, crux per suam latitudinem significat hilaritatem operantis, quia tristitia angustias facit: latitudo enim crucis est in traverso ligno, ubi figuntur manus; per manus autem opera intelligimus. per altitudinem autem, cui caput adiungitur, significatur expectatio retributionis de sublimi iustitia dei. longitudo autem qua totum corpus extenditur, tolerantiam designat: unde longanimes dicuntur qui tolerant. profundum autem quod terrae infixum est, secretum sacramenti praefigurat. * hilarius in matth.. ° sic ergo in ligno vitae cunctorum salus et vita suspenditur; unde dicitur postquam autem crucifixerunt eum, diviserunt vestimenta eius, sortem mittentes. * augustinus de cons. evang.. ° hoc breviter a matthaeo dictum est; ioannes autem distinctius explicat quemadmodum gestum est: milites cum crucifixissent eum, acceperunt vestimenta eius, et fecerunt quatuor partes, unicuique militi partem, et tunicam. erat autem tunica inconsutilis. * chrysostomus in matth.. ° notandum ergo, quod non parva haec abiectio christi erat: quasi enim circa dehonoratum et omnium vilissimum in christo hoc agebant; in latronibus autem nihil tale operati sunt. dividere enim vestimenta in condemnatis valde vilibus et abiectis fit, et nihil aliud habentibus. * hieronymus. ° hoc autem quod circa christum gestum est, in psalmo 22, 19 fuerat prophetatum; et ideo sequitur ut adimpleretur quod dictum est per prophetam dicentem: diviserunt sibi vestimenta mea, et super vestem meam miserunt sortem. sequitur et sedentes servabant eum, scilicet milites. diligentia militum et sacerdotum nobis profuit, ut maior et apertior resurgentis virtus appareat. sequitur et imposuerunt super caput eius causam ipsius scriptam: hic est iesus rex iudaeorum. non possunt autem digne admirari pro rei magnitudine, quod emptis falsis testibus, et ad seditionem clamoremque infelici populo concitato, nullam aliam invenerunt causam interfectionis eius, nisi quod rex iudaeorum esset: et illi forsitan illudentes ridentesque hoc fecerunt. * remigius. ° divinitus autem procuratum fuit ut talis titulus super caput eius poneretur, ut per hoc iudaei agnoscerent quoniam nec etiam occidendo facere potuerunt ut eum regem non haberent: per mortis enim patibulum non amisit imperium, sed potius corroboravit. * origenes in matth.. ° et princeps quidem sacerdotum, secundum litteram legis, portabat in capite suo sanctificationem domini scriptam; verus autem princeps sacerdotum et rex iesus in cruce quidem habet scriptum hic est rex iudaeorum; ascendens autem ad patrem, pro litteris et pro nomine quo nominatur, habet ipsum patrem. * rabanus. ° quia enim rex simul et sacerdos est, cum suae carnis hostiam in altari crucis offerret, regis quoque dignitatem titulus praetendit; qui non infra, sed supra crucem ponitur: quia licet in cruce pro nobis hominis infirmitate dolebat, super crucem tamen regis maiestas fulgebat; quam per crucem non perdidit, sed potius confirmavit. sequitur tunc crucifixi sunt cum eo duo latrones, unus a dextris, et unus a sinistris. * hieronymus. ° sicut enim pro nobis maledictum crucis factus est christus, sic pro omnium salute inter noxios quasi noxius crucifigitur. * leo papa in serm. 4 de passione. ° duo autem latrones, unus ad dexteram et unus ad sinistram, crucifiguntur, ut ipsa patibuli specie monstraretur illa quae in iudicio ipsius omnium hominum est facienda discretio. passio igitur christi salutis nostrae continet sacramentum; et de instrumento quod iniquitas iudaeorum paravit ad poenam, potentia redemptoris, gradum fecit ad gloriam. * hilarius in matth.. ° vel aliter. duo latrones laevae ac dexterae affiguntur, omnem humani generis universitatem vocari ad sacramentum passionis domini ostendentes; sed quia per diversitatem fidelium ac infidelium fit omnium secundum dexteram sinistramque divisio, unus ex duobus ad dexteram eius situs, fidei iustificatione salvatur. * remigius. ° vel per istos duos latrones designantur omnes qui arctioris vitae continentiam apprehendunt: quicumque enim sola intentione placendi deo hoc faciunt, designantur per illum qui a dextris dei crucifixus est; qui vero pro appetitu humanae laudis vel aliqua minus digna intentione, designantur per illum qui a sinistris crucifixus est.

lc8 * Chrysostomus in matth.. ° cum christum denudassent et crucifixissent, ultra procedunt, et in cruce videntes affixum exprobrant ei: unde dicitur praetereuntes autem blasphemabant eum moventes capita sua. * hieronymus. ° blasphemabant quidem, quia praetergrediebantur viam, et in vero itinere scripturarum ambulare nolebant. movebant autem capita sua, quia iam ante moverant pedes, et non stabant supra petram. idipsum autem insultans dicit fatuus populus, quod falsi testes confixerant; unde sequitur et dicentes: vah, qui destruis templum dei, et in triduo illud reaedificas. * remigius. ° vah interiectio est insultantis, sive irridentis. * hilarius in matth.. ° quid ergo veniae erit, cum post triduum reaedificatum templum dei in corporis resurrectione cernetur? * chrysostomus in matth.. ° et quasi prioribus signis incipientes detrahere, subiungunt salva temetipsum. si filius dei es, descende de cruce. * chrysostomus in serm. de passione. ° sed e contrario, quia filius dei est, ideo non descendit de cruce: nam ideo venit ut crucifigeretur pro nobis. sequitur similiter et principes sacerdotum illudentes cum scribis et senioribus dicebant: alios salvos fecit, seipsum non potest salvum facere. * hieronymus. ° etiam nolentes scribae et pharisaei confitentur quod alios salvos fecerit. itaque vestra vos condemnat sententia: qui enim alios salvos fecit, utique si vellet, et seipsum salvare poterat. sequitur si rex israel est, descendat nunc de cruce; et credimus ei. * chrysostomus in serm. de passione. ° considera autem nunc vocem filiorum diaboli, quomodo imitantur vocem paternam. diabolus enim dicebat: mitte te deorsum, si filius dei es; et iudaei dicunt si filius dei es, descende de cruce. * leo papa in serm. 4 de passione. ° de quo erroris fonte, iudaei, talium blasphemiarum venena potastis? quis vobis magister tradidit? quae doctrina persuasit, quod illum regem israel, illum dei filium credere debeatis, qui se aut crucifigi non sineret, aut a confixione clavorum liberum corpus excuteret? non hoc vobis legis mysteria aut prophetarum ora cecinerunt, sed illud vere legistis: faciem meam non averti a confusione sputorum. et iterum: foderunt manus meas et pedes meos; dinumeraverunt omnia ossa mea. numquid legistis: dominus descendit de cruce? sed legistis: dominus regnavit a ligno. * rabanus. ° si autem tunc de cruce surgeret, insultantibus cedens, virtutem nobis patientiae non demonstraret; sed expectavit paululum, irrisionem sustinuit; et qui de cruce surgere noluit, de sepulcro resurrexit. * hieronymus. ° fraudulenta autem est promissio cum addunt et credimus ei. quid enim plus est, de cruce adhuc viventem descendere, an de sepulcro mortuum resurgere? resurrexit, et non credidistis; ergo etiam si de cruce descenderet, non crederetis. sed mihi videntur hoc daemones immittere. statim enim ut crucifixus est dominus, senserunt virtutem crucis et intellexerunt fractas vires suas esse; et hoc agunt ut de cruce descendat. sed dominus sciens adversariorum insidias, permanet in patibulo, ut diabolum destruat. sequitur confidit in deo: liberet eum nunc si vult. * chrysostomus in matth.. ° o inquinati valde. numquid prophetae et iusti non erant, quia eos non eripuit a periculis deus? si autem illorum gloriae non obfuit quod eis pericula induxistis: multo magis in isto non oportebat vos scandalizari per ea quae patitur, quia semper per ea quae dixit, hanc vestram removit suspicionem. sequitur dixit enim: quia filius dei sum; per quod ostendere volebant eum pati ob seductoris et erronei causam, et sicut superbum et vane gloriantem in his quae dicebat. sic ergo non solum iudaei et milites desubtus eum deridebant, sed et desuper latrones cum eo crucifixi; unde sequitur ipsum autem et latrones, qui crucifixi erant cum eo, improperabant ei. * augustinus de cons. evang.. ° potest autem putari lucas repugnare ei quod |100| hic dicitur, qui dicit, quod unus de latronibus blasphemabat eum, quem alter increpabat, nisi intelligamus matthaeum breviter restringentem hunc locum, pluralem numerum pro singulari posuisse: sicut in epistola ad hebraeos legimus pluraliter dictum: clauserunt ora leonum, cum solus daniel significari intelligatur. quid autem usitatius quam ut aliquis dicat: en rustici mihi insultant, etiamsi unus insultet? esset autem contrarium, si matthaeus dixisset ambos latrones conviciatos domino; cum vero dictum est latrones, nec additum est ambo, potuit usitato locutionis modo per pluralem numerum significari. * hieronymus. ° vel potest dici, quod primum uterque simul blasphemaverit; deinde, sole fugiente, terra commota, saxisque diruptis, et ingruentibus tenebris, unus crediderit in iesum, et priorem negationem sequenti confessione emendaverit. * chrysostomus in matth.. ° ut enim non existimes ex quadam conniventia id gestum fuisse, neque latronem fuisse qui latro videbatur; a contumelia ostendit |125| tibi quoniam etiam in cruce positus latro erat et inimicus, et repente transmutatus est. * hilarius in matth.. ° quod autem latrones ambo conditionem ei passionis exprobrant, universis etiam fidelibus scandalum crucis futurum esse significat. * hieronymus. ° vel in duobus latronibus uterque populus gentilium et iudaeorum primo dominum blasphemavit; postea signorum multitudine alter exterritus egit poenitentiam, et usque hodie iudaeos increpat blasphemantes. * origenes in matth.. ° sed et latro qui salvatus est potest esse mysterium eorum qui post multas iniquitates crediderunt in christum.

lc9 * Chrysostomus in serm. de passione. ° non poterat ferre creatura iniuriam creatoris; unde sol retraxit radios suos, ne videret impiorum facinora; et ideo dicitur a sexta autem hora tenebrae factae sunt super universam terram usque ad horam nonam. * origenes in matth.. ° ab hoc textu quidam calumniantur evangelicam veritatem. defectio enim solis a saeculo semper fuit in suo tempore facta; sed defectio solis, quae secundum consuetudinem temporum ita currentium fieri solet, non in alio tempore fit nisi in conventu solis et lunae, quando luna subtus currens, solis impedit radios occurrentis ei: in tempore autem quo passus est christus, manifestum est quoniam conventus non erat lunae ad solem, quoniam tempus erat paschale, quod consuetudinis est agere quando luna plena est. quidam autem credentium volentes defensionem aliquam inducere contra hoc, dixerunt quoniam illa defectio solis convenienter secundum cetera prodigia nova contra consuetudinem |25| facta est. * dionysius ad polycarpum. ° cum ambo apud heliopolim essemus, ambo simul incidentem mirabiliter soli lunam notabamus (non enim eiusce coniunctionis tunc aderat tempus), ipsamque rursus ab hora nona usque in vesperam ad solis diametrum supra naturae vires restitutam. insuper et eam lunae incidentiam observavimus ab oriente coepisse, et usque ad solaris corporis finem pervenisse, ac tum demum resilisse, nec ex ea, ut assolet, parte luminis defectum et restitutionem contigisse, sed ex adverso diametri. * chrysostomus in matth.. ° tribus etiam horis tenebrae permanserunt, cum eclipsis in momento transeat; non enim habet moram, ut sciunt illi qui consideraverunt. * origenes in matth.. ° sed adversus hoc filii huius saeculi dicunt: quomodo hoc factum tam mirabile nemo graecorum aut barbarorum scripsit eorum qui notaverunt, si quid tale novum factum est aliquando? et phlegon quidem in chronicis suis scripsit, in principatu tiberii caesaris factum, sed |50| non signavit in luna plena. arbitror ergo sicut cetera signa quae facta sunt in passione ipsius, scilicet velum scissum et terra tremens et cetera in ierusalem tantummodo facta sunt. aut si latius voluerit quis extendere ad terram iudaeam, sicut in tertio libro regum dixit abdias ad eliam: vivit deus tuus, si est gens aut regnum, ubi non misit dominus meus quaerere te, ostendens quoniam satis eum in gentibus quaesierat circa iudaeam. est autem consequens intelligere quasdam tenebrosissimas nubes et multas et magnas concurrisse super ierusalem et terram iudaeae; et ideo factae sunt tenebrae profundae a sexta hora usque ad nonam. duae enim creaturae in sexta die factae fuisse intelliguntur: ante sextam quidem animalia, in sexta autem homo; et ideo conveniebat pro salute hominis morientem in hora sexta suspendi, et a sexta hora propter hoc tenebras fuisse factas super omnem terram usque ad nonam. et sicut moyse manus extendente in caelum factae sunt tenebrae super aegyptios, servos dei |75| tenentes in servitute; similiter et christo in sexta hora manus extendente in cruce ad caelum super populum qui clamaverat: crucifige eum, factae sunt tenebrae, et ab omni lumine sunt privati, in signum futurarum tenebrarum, quae comprehensurae erant gentem iudaeam. item sub moyse factae sunt tenebrae super omnem terram aegypti tribus diebus; omnibus autem filiis israel erat lumen; sub christo autem factae sunt tenebrae super omnem iudaeam tribus horis: quoniam propter peccata sua privati sunt a lumine dei patris, et a splendore christi, et ab illuminatione spiritus sancti. lumen autem super omnem reliquam terram, quod ubique illuminat omnem ecclesiam dei in christo. et si usque ad horam nonam tenebrae factae fuerunt super iudaeam, manifestum est quoniam iterum eis lumen refulsit: quia cum plenitudo gentium intraverit, tunc omnis israel salvus fiet. * chrysostomus in matth.. ° vel aliter. hoc admirandum erat quod in omnem terram tenebrae |100| sunt factae, quod numquam prius contigerat. in aegypto enim solum tenebrae factae sunt, quando pascha perficiendum erat: quae enim tunc agebantur, horum typus erant. et intuere, quod fuerint tenebrae in media die, quando ubique terrarum dies erat: ut omnes qui habitabant terram, hoc miraculum cognoscerent. hoc autem est signum quod petentibus promittebat dare, dicens: generatio prava et adultera signum quaerit; et signum non dabitur ei, nisi signum ionae prophetae, crucem signans et resurrectionem. etenim multo mirabilius est in eo qui crucifixus erat hoc fieri, quam ambulante eo super terram. hoc autem sufficiens erat eos convertere, non solum magnitudine miraculi, sed quia hoc gestum est postquam omnia locuti fuerant quae voluerant, et satietatem acceperant contumeliarum. qualiter autem non admirati sunt universi, neque aestimaverunt eum esse deum? quia scilicet hominum genus tunc multa malitia et desidia detinebatur: et hoc miraculum factum confestim transiit, |125| et non noverant quae esset causa eius quod gerebatur. et propter hoc ipse postea loquitur, ut ostendat se vivere, et quod ipse hoc miraculum fecit; unde sequitur et circa horam nonam clamavit iesus voce magna dicens: eli, eli, lamma sabactani; hoc est: deus meus, deus meus, ut quid dereliquisti me? * hieronymus. ° principio vigesimi primi psalmi usus est. illud vero quod est in medio versiculi, respice in me, superfluum est: legitur enim in hebraeo: eli, eli, lamma sabactani, hoc est: deus meus, deus meus, quare me dereliquisti? ergo impii sunt qui psalmum ex persona david, sive esther et mardochaei dictum putant, cum etiam evangelistae testimonia ex eo sumpta super salvatore intelligantur, ut est illud: diviserunt sibi vestimenta mea, et: foderunt manus meas. * chrysostomus in matth.. ° ideo autem emisit propheticam vocem, ut usque ad ultimam horam testimonium perhibeat veteri testamento, et ut videant quoniam honorat |150| patrem, et non est deo contrarius: et ideo hebraicam vocem emisit, ut eis fieret cognita et manifesta. * origenes in matth.. ° requirendum est autem: quid est quod a deo derelictus est christus? et quidam quia non possunt exponere derelinqui christum a deo, dicunt quod per humilitatem dictum est. sed manifeste intelligere poteris quid sit quod dicit, faciens comparationem gloriae illius quam habuit apud patrem ad confusionem quam contemnens sustinuit crucem. * hilarius in matth.. ° per haec autem verba ingenia contendunt haeretica, quod aut defecisse omnino dei verbum in animam corporis volunt, dum corpus officio animae vivificat; aut omnino nec fuerit christus homo natus, quia in eo dei verbum modo spiritus habitaverit prophetalis; quasi iesus christus animae solum, et corporis homo communis, hoc habeat sui exordium quo esse coepit homo qui nunc a dei verbo contracta rursum protectione desertus clamet deus meus, quare me dereliquisti? vel certe |175| in animam verbi natura mutata, paterno christus in omnibus usus auxilio, nunc inops eius mortique permissus solitudinem suam conqueratur, relinquentemque se arguat. sed inter has impias infirmasque sententias, ecclesiae fides imbuta apostolicis doctrinis non partitur iesum christum, ne filius dei et non filius hominis intelligatur; nam querela derelicti morientis infirmitas est; promissio autem paradisi, viventis dei regnum est. habes in conquerente ad mortem relictum se esse, quia homo est; habes eum qui moritur profitentem se in paradiso regnare, quia deus est. non ergo mireris verborum humilitatem, et querimonias derelicti, cum formam servi sciens, scandalum crucis videas. * glossa. ° dicitur autem deus eum deseruisse in morte, quia potestati persequentium eum exposuit; subtraxit enim protectionem, sed non solvit unionem. * origenes in matth.. ° postquam autem vidit super omnem terram iudaeam tenebras, hoc dixit, ostendere volens: dereliquisti me, pater; idest, talibus exinanitum |200| calamitatibus tradidisti, ut populus qui fuerat apud te honoratus, recipiat quae in me ausus est, ut privetur a lumine tuae prospectionis; sed et pro salute gentium dereliquisti me. quid autem tam bonum fecerunt qui ex gentibus crediderunt, ut pretioso sanguine super terram effuso pro eis, eruerem eos a maligno? aut quid tale dignum facturi sunt homines, pro quibus patior ista? forsitan autem et videns peccata hominum pro quibus patiebatur, dixit quare me dereliquisti? ut fierem quasi qui colligit stipulam in messe, et racemos in vindemia. non autem aestimes humano more salvatorem ista dixisse, propter calamitatem quae comprehenderat eum in cruce: si enim ita acceperis, non audies magnam vocem eius, quae ostendit aliquid esse magnum absconditum. * rabanus. ° vel salvator hoc dixit, nostros circumferens motus, qui in periculis positi, a deo deseri nos putamus. humana enim natura propter peccatum a deo fuerat derelicta; sed quia filius dei factus est noster advocatus, quorum suscepit culpam, deplorat |225| miseriam: in quo ostendit quantum flere debeant qui peccant, quando sic flevit qui nunquam peccavit. sequitur quidam autem illic stantes et audientes, dicebant: eliam vocat iste. * hieronymus. ° non omnes, sed quidam: quos arbitror milites fuisse romanos, non intelligentes hebraici sermonis proprietatem; sed ex eo quod dixit eli, eli, putant eliam ab eo invocatum. sin autem iudaeos, qui hoc dixerint, intelligere voluerimus, hoc more sibi solito fecisse, ut dominum imbecillitatis infament, qui eliae auxilium deprecetur. sequitur et continuo currens unus ex eis, acceptam spongiam implevit aceto, et imposuit arundini, et dabat ei bibere. * augustinus in serm. de passione. ° sic ergo propinator fontium potatur aceto, mellis dator cibatur felle, flagellatur remissio, condemnatur venia, illuditur maiestas, ridetur virtus, perfunditur largitor imbrium sputis. * hilarius in matth.. ° est autem acetum vinum quod per vitium aut incuriae aut vasis acescit; vinum autem |250| est honor immortalitatis aut virtus. cum igitur in adam coacuisset, ipse accepit et potavit ex gentibus. in calamo enim et spongia ut potaret offertur; idest ex corporibus gentium in se ad communionem immortalitatis ea quae in nobis erant vitiata transfudit. * remigius. ° vel aliter. iudaei acetum erant degenerantes a vino patriarcharum et prophetarum; habebant fraudulenta corda, quasi spongiam cavernosis atque tortuosis latibulis. per arundinem designatur sacra scriptura, quae in hoc facto implebatur: sicut enim lingua hebraea vel graeca dicitur loquela, quae fit per linguam, sic et arundo dici posset littera, vel scriptura, quae fit per arundinem. * origenes in matth.. ° et forsitan quicumque secundum doctrinam ecclesiasticam sapiunt, vivunt autem male, dant ei vinum bibere felle permixtum; qui autem alienas a veritate sententias applicant christo, quasi eas dicenti, hi spongiam implentes aceto imponunt calamo scripturae, et offerunt ori eius. sequitur ceteri vero dicebant: sine, |275| videamus an veniat elias liberans eum. * rabanus. ° quia enim milites prave sonum vocis dominicae intelligebant, ideo inaniter adventum eliae expectabant. deum ergo, quem salvator hebraico sermone invocabat, inseparabiliter semper secum habebat. * augustinus in serm. de passione. ° cum ergo nil iam christo restaret ex poenis, mors moratur, quia suum esse ibi nil sentit. suspecta est vetustati novitas. hunc primum, hunc solum vidit hominem peccati nescium, noxa liberum, iuris sui legibus nil debentem. accedit tamen confoederata iudaico mors furori, et desperata vitae invadit auctorem; unde sequitur iesus autem iterum clamans voce magna, emisit spiritum. quare autem displicet, si christus de sinu patris ad nostram servitutem venit, ut nos suae redderet libertati; nostram mortem suscepit, ut nos eius morte liberemur, quando nos despectu mortis mortales in deos retulit, terrenos caelestibus aestimavit? quantum enim divina virtus operum contemplatione lucebat, tantum pati pro subiectis, pro |300| servis mori, insigne est caritatis immensae. ergo haec prima causa est dominicae passionis, quia sciri voluit quantum amaret hominem deus, qui plus amari voluit quam timeri. secunda causa est ut sententiam mortis, quam iuste dederat, iustius aboleret. quia namque primus homo, adiudicante deo, de reatu incurreret mortem, et eam transmisit ad posteros, venit de caelo secundus homo peccati nescius, ut mors damnaretur, quae rapere iussa reos, innocentiae ipsum invadere praesumpsit auctorem. nec mirandum est, si pro nobis posuit quod suscepit a nobis, scilicet animam, qui propter nos fecit tanta, et talia largitus est nobis. * augustinus contra felicianum. ° absit enim a fidelibus ista suspicio, ut sic christus senserit mortem nostram, ut quantum in se est, vita perderet vitam. nam si hoc ita esset, quomodo illo triduo potuisse dicimus aliquid vivere, si vitae fons dicitur aruisse? sensit igitur mortem deitas christi participatione humana, sive humani affectus, quem sponte susceperat, non naturae suae |325| potentiam perdidit, per quam cuncta vivificat. in morte enim nostra sine dubio destitutum vita corpus animam nostram non perimit, dum discedens anima non vim suam perdit, sed quod vivificaverat hoc dimittit, et quantum in se est, alterius mortem facit, ipsa non recipit. de salvatoris nunc anima dicemus, qui, ut non dicam propter inhabitantem divinitatem et propter iustitiam singularem, certe propter communem moriendi sortem corpus illo triduo sic potuit deserere, ut ipsa non posset penitus interire. credo enim dei filium mortuum esse, non secundum poenam iniustitiae, quam ex toto non habuit, sed secundum legem naturae, quam pro humani generis redemptione suscepit. * damascenus de fide orth.. ° etsi tamen mortuus est ut homo, et sancta eius anima ab incontaminato divisa est corpore; tamen deitas inseparabilis ab utrisque permansit; ab anima, dico, et corpore. et neque sic una hypostasis in duas divisa est: corpus enim et anima, sicut a principio in verbi hypostasi habuerunt |350| existentiam, ita etiam in morte. numquam enim neque anima, neque corpus propriam habuerunt hypostasim, praeter eam quae verbi est hypostasis. * hieronymus. ° divinae autem potestatis indicium est emittere spiritum, ut ipse quoque dixerat: nemo potest tollere animam meam a me; sed ego pono eam, et iterum sumo eam: spiritum enim in hoc loco pro anima intelligamus; seu quod vitale aut spirituale corpus faciat, seu quod ipsius animae substantia spiritus sit, iuxta id quod scriptum est: auferes spiritum eorum, et deficient. * chrysostomus in matth.. ° propter hoc autem et voce magna clamavit, ut ostendatur quoniam secundum eius potestatem id geritur. per hoc enim quod moriens vocem emisit magnam, apertissime se verum deum esse ostendit: quoniam homines cum moriuntur, vix tenuem vocem emittere possunt. * augustinus de cons. evang.. ° quid autem voce magna dixerit, lucas declaravit: dixit enim: et clamans iesus voce magna, ait: |375| pater, in manus tuas commendo spiritum meum. * hilarius in matth.. ° vel spiritum cum clamore magnae vocis emisit, dolens se non omnia peccata portare.

lc10 * Origenes in matth.. ° magna facta sunt ex eo quod magna voce clamavit iesus; unde sequitur et ecce velum templi scissum est in duas partes a summo usque deorsum. * augustinus de cons. evang.. ° in quo satis ostendit tunc esse scissum cum emisit spiritum. si autem non addidisset et ecce, sed simpliciter dixisset et velum templi scissum est, incertum esset utrum ipse et marcus hoc recapitulando commemorassent; lucas autem ordinem tenuisset, qui cum dixisset: sol obscuratus est, continuo subiungendum aestimavit: et velum templi scissum est, an lucas recapitulasset quod illi ordine posuissent. * origenes in matth.. ° duo autem fuisse vela intelliguntur: unum quod velat sancta sanctorum, aliud exterius sive tabernaculi, sive templi. in passione ergo domini salvatoris, velum quod erat a foris conscissum est a sursum usque deorsum, ut ab initio mundi usque ad finem conscisso velamine, mysteria publicentur, quae usque ad adventum |25| domini rationabiliter fuerunt occulta. cum autem venerit quod perfectum est, tunc auferetur etiam secundum velum, ut videamus etiam quae interius sunt occulta, scilicet veram arcam testamenti, et sicut ipsa se habet natura, videamus cherubim et alia. * hilarius in matth.. ° vel ideo velum templi scinditur, quia exinde populus est divisus in partes, et veli honor cum custodia angeli protegentis auferetur. * leo papa in serm. de passione. ° est autem ad testimonium venerandae passionis sufficiens signum elementorum inopinata turbatio; unde sequitur et terra mota est, et petrae scissae sunt, et monumenta aperta sunt. * hieronymus. ° nulli enim dubium est quid significet iuxta litteram magnitudo signorum, ut crucifixum dominum suum et caelum et terra et omnia demonstrarent. * hilarius in matth.. ° movetur terra, quia capax huius mortui esse non poterat; petrae scissae sunt, omnia enim valida et fortia penetrans dei verbum, et potestas aeternae virtutis irruperat; et monumenta |50| aperta sunt: erant enim mortis claustra reserata. sequitur et multa corpora sanctorum qui dormierant surrexerunt: illuminans enim mortis tenebras, et infernorum obscura collustrans, mortis spolia detrahebat. * chrysostomus in matth.. ° ipso quidem in cruce manente eum irridentes dicebant alios salvos fecit; seipsum non potest salvum facere. sed quod in se facere noluit, in servorum corporibus, cum multa superabundantia demonstravit. si enim quatriduanum lazarum exurgere magnum fuit, multo magis eos repente qui olim dormierant, apparere viventes; quod futurae resurrectionis erat indicium. ut autem non putaretur esse phantasma quod factum est, evangelista subiungit et exeuntes de monumentis post resurrectionem eius, venerunt in sanctam civitatem, et apparuerunt multis. * hieronymus. ° quomodo autem lazarus mortuus resurrexit, sic et multa corpora sanctorum resurrexerunt, ut dominum ostenderent resurgentem; et tamen cum monumenta aperta |75| sunt, non ante resurrexerunt quam resurgeret dominus, ut esset primogenitus resurrectionis ex mortuis. sanctam autem civitatem in qua visi sunt resurgentes, aut ierusalem caelestem intelligamus, aut hanc terrenam, quae ante sancta fuerat: sancta enim appellabatur civitas ierusalem propter templum et sancta sanctorum, et ob distinctionem aliarum urbium, in quibus idola colebantur. quando vero dicitur apparuerunt multis, ostenditur non generalis fuisse resurrectio quae omnibus appareret, sed specialis ad plurimos, ut hi viderent qui cernere merebantur. * remigius. ° quaeret autem aliquis quid de illis factum sit qui resurgente domino surrexerunt. credendum quippe est quoniam ideo surrexerunt ut testes essent dominicae resurrectionis. quidam autem dixerunt, quod iterum mortui sunt, et in cinerem conversi, sicut et lazarus, et ceteri quos dominus resuscitavit. sed istorum dictis nullo modo est fides accommodanda: quoniam maius illis esset tormentum qui surrexerunt, si iterum mortui essent, quam si non resurgerent. |100| incunctanter ergo credere debemus quia qui resurgente domino a mortuis resurrexerunt, ascendente eo ad caelos, et ipsi pariter ascenderunt. * origenes in matth.. ° semper autem haec eadem magna quotidie fiunt: velum enim templi ad relevandum quae intus habentur scinditur sanctis. terra etiam movetur, idest omnis caro, novo verbo et novis rebus secundum novum testamentum. petrae autem scinduntur, quae mysterium fuerunt prophetarum, ut in profundis eorum posita spiritualia mysteria videamus. monumenta autem dicuntur corpora peccatricum animarum, idest mortuarum deo; cum autem per gratiam dei animae huiusmodi fuerint suscitatae, corpora eorum, quae prius fuerunt monumenta, fiunt corpora sanctorum, et videntur a seipsis exire, et sequuntur eum qui resurrexit, et in novitate vitae ambulant cum eo: et qui digni sunt habere conversationem in caelis, ingrediuntur in sanctam civitatem per singula tempora, et apparent multis videntibus opera bona ipsorum. |125| sequitur centurio autem, et qui cum eo erant custodientes iesum, viso terraemotu et his quae fiebant, timuerunt valde, dicentes: vere filius dei erat iste. * augustinus de cons. evang.. ° non est contrarium quod matthaeus viso terraemotu dicit admiratum centurionem et eos qui cum eo erant, cum lucas dicat hoc admiratum, quod emissa magna voce expirasset: in eo enim quod matthaeus non solum dixit viso terraemotu, sed et addidit his quae fiebant, integrum locum fuisse demonstravit lucae, ut diceret centurionem ipsam domini mortem fuisse miratum: quia et hoc inter illa est quae tunc mirabiliter facta erant. * hieronymus. ° ex hoc considerandum, quod centurio in ipso scandalo passionis vere dei filium confiteatur, et arius in ecclesia praedicet creaturam. * rabanus. ° unde merito per centurionem fides ecclesiae designatur, quae, vel mysteriorum caelestium per mortem domini reserato, continuo iesum et vere iustum hominem, et vere dei filium, synagoga tacente, confirmat. * leo in serm. |150| 13 de passione. ° exemplo igitur centurionis contremiscat in redemptoris sui supplicio terrena substantia, rumpantur infidelium mentium petrae, et qui mortalitatis gravabantur sepulcris, discussa obstaculorum mora prosiliant; appareant nunc quoque in civitate sancta, idest ecclesia dei, futurae resurrectionis indicia; et quod credendum est in corporibus, fiat in cordibus. sequitur erant autem ibi mulieres multae a longe, quae secutae erant iesum a galilaea, ministrantes ei. * hieronymus. ° consuetudinis enim iudaicae fuit, nec ducebatur in culpam more gentis antiquo, ut mulieres de substantia sua victum atque vestitum praeceptoribus ministrarent. hoc, quia scandalum facere poterat in gentibus, paulus abiecisse se memorat. ministrabant autem domino de substantia sua, ut meteret illarum carnalia, cuius illae metebant spiritualia: non quia indigebat cibis dominus creaturarum, sed ut typum ostenderet magistrorum, quia victu atque vestitu ex discipulis deberent esse contenti. |175| sed videamus quales comites habuerit; sequitur enim inter quas erat maria magdalene, et maria iacobi et ioseph mater, et mater filiorum zebedaei. * origenes in matth.. ° apud marcum autem tertia illa salome appellatur. * chrysostomus in matth.. ° hae autem mulieres considerabant quae gerebantur, quae maxime erant compassibiles; et quae sequebantur ministrantes usque ad pericula affuerunt, maximam fortitudinem ostendentes: quia cum discipuli fugerunt, ipsae affuerunt. * hieronymus contra helvidium. ° ecce, inquit helvidius, iacobus et ioseph sunt filii mariae matris domini, quos iudaei appellaverunt fratres christi. dicit autem iacobi minoris ad distinctionem iacobi maioris, qui erat filius zebedaei. impium enim dicit esse helvidius hoc sentire de maria, ut cum aliae feminae ibi fuerint, matrem eius abesse dicamus; aut alteram esse mariam, nescio quam confingamus, praesertim cum evangelium ioannis testetur eam illic fuisse praesentem. o furor caecus, et in proprium |200| exitium mens vesana. audi quid ioannes evangelista dicat: stabat iuxta crucem iesu mater eius, et soror matris eius maria cleophae, et maria magdalene. nulli dubium est duos fuisse apostolos, iacobi nuncupatos vocabulo: iacobum zebedaei, et iacobum alphaei. iste autem nescio quis minor iacobus, quem mariae filium scriptura commemorat: si apostolus est, alphaei filius erit, si non est apostolus, sed tertius nescio quis iacobus, quomodo putandus est frater domini, et quomodo tertius ad distinctionem maioris minor appellabitur? cum maior et minor non inter tres, sed inter duos soleant praebere distantiam; et frater domini apostolus sit, paulo dicente: alium apostolorum vidi neminem, nisi iacobum fratrem domini. ne autem hunc iacobum putes filium zebedaei, lege actus apostolorum, iam ab herode fuerat interemptus. restat conclusio, ut maria ista, quae iacobi minoris scribitur mater, fuerit uxor alphaei, et soror mariae matris domini, quam mariam cleophae |225| ioannes evangelista commemorat. si autem inde tibi alia atque alia videtur, quod alibi dicatur maria iacobi minoris mater, et alibi maria cleophae, disces scripturae consuetudinem, eumdem hominem diversis nominibus appellari; sicut raguel socer moysi ietro dicitur. et similiter dicitur maria cleophae uxor alphaei; haec eadem dicta est maria mater iacobi minoris; quae si mater esset domini, magis eam, ut in omnibus locis, matrem alterius voluisset intelligi. verum etsi alia fuerit maria cleophae, et alia maria iacobi et ioseph mater, hoc tamen constat non eamdem mariam iacobi et ioseph esse quam matrem domini. * augustinus de cons. evang.. ° possemus autem dicere alias mulieres a longe, ut tres evangelistae dicunt, et alias iuxta crucem fuisse, ut ioannes dicit, nisi matthaeus et marcus mariam magdalene nominassent inter stantes longe, quam scilicet ioannes nominavit inter stantes iuxta crucem. quomodo autem hoc intelligitur, nisi quia eo intervallo erant ut et iuxta dici possent, quia in conspectu |250| eius praesto aderant, et a longe in comparatione turbae propinquius circumstantis cum centurione et militibus. possumus etiam intelligere quod illae quae simul aderant cum matre domini, postquam eam discipulo commendavit, abire iam coeperant, ut a densitate turbae se eruerent, et cetera quae facta sunt, longius intuerentur; ut evangelistae, qui post mortem domini eas commemoraverunt, et longe stantes commemorent.

lc11 * Glossa. ° postquam evangelista retulerat ordinem dominicae passionis et mortem, nunc agit de eius sepultura, dicens cum sero autem factum esset, venit quidam homo dives ab arimathaea nomine ioseph, qui et ipse discipulus erat iesu. * remigius. ° arimathaea ipsa est et ramatha civitas helcanae et samuelis, quae sita est in regione chanaitica, iuxta diospolim. iste autem ioseph, secundum saeculi statum, magnae fuit dignitatis; sed multo maioris meriti apud deum fuisse laudatur, siquidem iustus fuisse describitur. decebat quippe eum talem existere qui corpus sepeliret, quatenus per iustitiam meritorum dignus esset tali officio. * hieronymus. ° dives autem refertur non de iactantia scriptoris, quod virum nobilem atque ditissimum referat iesu fuisse discipulum; sed ut ostendat causam quare a pilato corpus christi potuerit impetrare. sequitur hic accessit ad pilatum, et petiit corpus iesu: pauperes enim et ignoti non essent ausi ad pilatum praesidem romanae |25| potestatis accedere et crucifixi corpus impetrare. in alio autem evangelio ioseph iste bulites appellatur, idest consiliarius; et de ipso quidem putant primum psalmum fuisse compositum: beatus vir qui non abiit in consilio impiorum. * chrysostomus in matth.. ° inspice autem huius viri fortitudinem: in mortis enim periculum se tradidit, inimicitias ad omnes assumens, propter benevolentiam christi; et non solum audet corpus christi petere, sed et sepelire; unde sequitur et accepit et involvit illud in sindone munda. * hieronymus. ° ex simplici sepultura domini, ambitio divitum condemnatur, qui nec in tumulis quidem possunt carere divitiis. possumus autem iuxta intelligentiam spiritualem et hoc sentire, quod corpus domini non auro, non gemmis, non serico, sed linteamine puro obvolvendum sit; quamquam et hoc significet, quod ille in sindone munda involvit iesum qui pura mente eum susceperit. * remigius. ° vel aliter. quia sindon lineus pannus est; linum autem ex terra procreatur, et cum magno labore ad |50| candorem perducitur; designatur quia corpus illius, quod ex terra, idest ex virgine, sumptum est, per laborem passionis pervenit ad candorem immortalitatis. * rabanus. ° hinc etiam ecclesiae mos obtinuit ut sacrificium altaris non in serico neque in panno tincto, sed in lino terreno celebretur, ut a beato papa silvestro legimus esse statutum. sequitur et posuit illud in monumento suo novo, quod exciderat in petra. * augustinus in serm. 2 de sabbato sancto. ° ideo autem salvator in aliena sepultura ponitur, quia pro aliorum moriebatur salute. ut quid ergo in propria sepultura qui in se mortem propriam non habebat? ut quid illi tumulus in terris, cuius sedes manebat in caelis? ut quid illi sepultura propria, qui tridui tantum temporis spatio in sepulcro non tam mortuus iacuit, quam velut in lectulo conquievit? sepulcrum autem mortis est habitaculum necessarium: ergo non erat mortis habitaculum christo, quia vita est; nec opus habebat semper vivens habitaculo defunctorum. * hieronymus. ° in novo |75| autem ponitur monumento, ne post resurrectionem, ceteris corporibus remanentibus, surrexisse alius fingeretur. potest autem et novum sepulcrum, mariae virginalem uterum demonstrare. in monumento autem exciso in petra conditus est, ne si ex multis lapidibus aedificatus fuisset, suffossis tumuli fundamentis, ablatus furto diceretur. * augustinus in serm. 2 de sabbato sancto. ° si etiam sepulcrum fuisset in terra, dicere poterant: suffoderunt terram, et furati sunt eum. si fuisset lapis parvulus superpositus, dicere poterant: dormientibus nobis tulerunt eum; unde sequitur et advolvit saxum magnum ad ostium monumenti, et abiit. * hieronymus. ° saxum enim magnum appositum ostendit, non absque auxilio plurimorum sepulcrum potuisse reserari. * hilarius in matth.. ° mystice autem ioseph apostolorum habet speciem. hic in munda sindone corpus involvit, et quidem in hoc eodem linteo reperimus de caelo ad petrum universorum animantium genera submissa: ex quo intelligitur |100| sub lintei illius nomine consepeliri christo ecclesiam. domini ergo corpus infertur in vacuam et novam requiem lapidis excisi, quia per apostolorum doctrinam in pectus duritiae gentilis quodam doctrinae opere excisum christus infertur, rude scilicet ac novum, et nullo antea ingressu timoris dei pervium. et quia nihil praeter eum oporteat in pectora nostra penetrare, lapis ostio advolvitur: ut quia nullus antea in nos divinae cognitionis auctor fuerat illatus, nullus absque eo postea inferatur. * origenes in matth.. ° non autem fortuito scriptum est, quoniam involvit corpus in sindone munda, et posuit in monumento novo, et quod advolvit lapidem magnum: quoniam omnia quae sunt circa corpus iesu, munda sunt et nova, et omnia magna valde. * remigius. ° postquam autem corpus domini sepultum est, ceteris ad propria remeantibus, solae mulieres, quae eum arctius amaverunt, perseveraverunt, et diligenti cura notaverunt locum in quo corpus domini poneretur; quatenus congruo tempore munus suae |125| devotionis ei offerrent; et ideo sequitur erant autem ibi maria magdalene et altera maria sedentes contra sepulcrum. * origenes in matth.. ° mater autem filiorum zebedaei non scribitur sedere contra sepulcrum: forsitan enim usque ad crucem pervenire potuit. istae autem, quasi maiores in caritate, neque his quae postea gesta sunt defuerunt. * hieronymus. ° vel ceteris relinquentibus dominum, mulieres in officio perseverant, expectantes quod promiserat iesus; et ideo meruerunt primae videre resurrectionem, quia qui perseveraverit usque in finem, hic salvus erit. * remigius. ° quod usque hodie sanctae mulieres, idest humiles animae sanctorum, in hoc saeculo faciunt, et pia curiositate attendunt quemadmodum passio christi completa sit.

lc12 * Hieronymus. ° non suffecerat principibus sacerdotum crucifixisse dominum salvatorem, nisi sepulcrum custodirent, et quantum in illis est, manus imponerent resurgenti; unde dicitur altera autem die, quae est post parasceven. * rabanus. ° parasceve dicitur praeparatio: hoc nomine vocatur sexta sabbati, in qua praeparabant necessaria sabbato, ut de manna dictum est: sexta die colligetis duplum: quia enim sexta die factus est homo, in septima requievit deus, ideo sexta die iesus pro homine moritur, et in sabbato quievit in sepulcro. * hieronymus. ° principes autem sacerdotum licet immensum facinus in nece domini perpetraverint, tamen non sufficit eis, nisi etiam post mortem eius conceptae nequitiae virus exerceant, famam eius lacerantes; et quem innocentem sciebant, seductorem vocant: unde dicunt domine, recordati sumus quia seductor ille dixit. sicut autem caiphas ignorans ante prophetaverat dicens: expedit unum hominem mori |25| pro populo, et non tota gens pereat, sic modo; seductor enim erat christus, non a veritate in errorem mittens, sed a falsitate in veritatem, a vitiis ad virtutes, a morte ad vitam ducens. * remigius. ° ex hoc autem dicunt eum dixisse post tres dies resurgam, quia dixerat: sicut fuit ionas tribus diebus et tribus noctibus in ventre ceti, etc.. sed videndum quomodo post tres dies resurrexerit. nonnulli voluerunt tres horas tenebrarum, unam intelligi noctem; et lucem quae secuta est tenebras, diem; sed hi vim figuratae locutionis ignoraverunt. figurate enim sexta feria, qua passus est, comprehendit noctem praecedentem; sequitur autem nox sabbati cum suo die; nox vero dominici diei comprehendit suum diem; ac per hoc verum est quod post triduum resurrexit. * augustinus in serm. de passione. ° ideo autem post tres dies resurrexit, ut in passione filii totius trinitatis monstraretur assensus; triduum enim legitur in figura, quia trinitas, quae in principio fecerat hominem, ipsa in fine hominem per christi reparat |50| passionem. sequitur iube ergo custodiri sepulcrum usque in tertium diem. * rabanus. ° discipuli enim christi fures spiritualiter erant: quia ab ingratis iudaeis scripta novi et veteris testamenti ablata in usum ecclesiae conferebant, et salvatorem qui eis promissus fuerat, illis nocte dormientibus, hoc est infidelitate torpentibus, abstulerunt, gentibus credendum tradentes. * hilarius in matth.. ° metus furandi corporis, et sepulcri custodia atque obsignatio, stultitiae atque infidelitatis testimonium est: quod signare sepulcrum eius voluerunt, cuius praecepto conspexissent de sepulcro mortuum suscitatum. * rabanus. ° in hoc autem quod dicunt et erit novissimus error peior priore, ignoranter verum dicunt: peior enim fuit contemptus poenitentiae in iudaeis quam error ignorantiae. * chrysostomus in matth.. ° vide etiam qualiter nolentes concertant ad demonstrandam veritatem: irrefragabilis enim demonstratio resurrectionis facta est per ea quae praetenderunt: quia enim custoditum |75| est sepulcrum, nulla fraus facta est. si autem fraus facta non est, manifeste et irrefragabiliter dominus surrexit. quid autem pilatus respondeat, subiungitur ait illis pilatus: habetis custodiam: ite, custodite, sicut scitis. * rabanus. ° quasi dicat: sufficiat vobis quod consensi in necem innocentis; de cetero vester error vobiscum permaneat. sequitur illi autem abeuntes munierunt sepulcrum, signantes lapidem cum custodibus. * chrysostomus in matth.. ° non autem permittit pilatus solos milites sigillare: si enim soli milites sigillassent, possent dicere quoniam milites permiserunt quod discipuli corpus domini furarentur, et ita resurrectionis infringere fidem: nunc hoc dicere non possunt, cum ipsimet sepulcrum sigillassent.

071 CMT cp28

lc1 * Augustinus in serm. de resurrectione. ° post illusiones et verbera, post aceti et fellis pocula mixta, post supplicia crucis et vulnera, et postremo post ipsam mortem et inferos, surrexit de suo funere caro nova, redit ab occiduo latens vita, et in morte salus reservata resurgit, pulchrior reditura post funus. * augustinus de cons. evang.. ° de hora vero qua mulieres venerunt ad monumentum, non contemnenda exoritur quaestio. cum enim matthaeus hic dicat vespere autem sabbati quae lucescit in prima sabbati: quid est quod dicit marcus: et valde mane una sabbatorum venit maria magdalene et altera maria videre sepulcrum? aperte quippe prima noctis, quod est vespere, ipsam noctem voluit significare matthaeus, cuius noctis fine venerunt ad monumentum; ergo quoniam sabbato impediebantur ut non ante facerent, ab eo tempore nominavit noctem ex quo eis licere coepit ut facerent quodcumque vellent tempore eiusdem noctis. sic itaque |25| dictum est vespere sabbati, ac si diceretur, nocte sabbati, idest nocte quae sequitur diem sabbati: quod ipsa verba eius satis indicant; sic enim ait quae lucescit in prima sabbati: quod fieri non potest nisi tantummodo primam noctis particulam, idest solum initium noctis, intellexerimus dicto vespere significatum. neque enim ipsum initium noctis lucescit in prima sabbati; sed ipsa nox quae in luce incipit terminari; et usitatus modus loquendi est divinae scripturae a parte totum significare. vespere ergo noctem significavit, cuius extremum est diluculum: diluculo enim venerunt ad monumentum. * rabanus. ° quod dictum est, quia sanctae mulieres vespere sabbati quae lucescit in prima sabbati, venerunt videre sepulcrum, ita intelligendum: quia vespere quidem venire coeperint; sed lucescente mane in prima sabbati ad sepulcrum pervenerunt; idest, vespere aromata paraverunt, quibus corpus domini ungere desiderabant, sed aromata vespere praeparata, mane ad sepulcrum detulerunt; quod matthaeus quidem brevitatis |50| causa obscurius posuit; sed evangelistae alii quo ordine factum sit evidentius ostendunt. sepulto namque sexta feria domino, reversae a monumento mulieres praeparaverunt aromata et unguenta, quamdiu operari licebat; et sabbato quidem siluerunt secundum legis mandatum, sicut lucas aperte designat; cum autem transisset sabbatum, vesperaque adveniente, tempus operandi rediisset, prompte ad devotionem emerunt quae minus praeparaverant aromata, sicut marcus commemorat: ut venientes ungerent iesum; et valde mane veniunt ad monumentum. * hieronymus. ° vel aliter. quod diversa tempora istarum mulierum in evangeliis describuntur, non mendacii signum est, ut impii obiciunt, sed sedulae visitationis officia, dum crebro abeunt et redeunt, et non patiuntur a sepulcro domini diu abesse vel longius. * remigius. ° sciendum autem quia matthaeus mystice loquens studuit nobis insinuare, illa sacratissima nox quantam dignitatem ex honore devictae mortis et dominicae resurrectionis accepit; ideo dixit vespere |75| autem sabbati quae lucescit in prima sabbati. cum consuetus ordo temporum habeat ut vesperae non lucescant in diem, sed potius obtenebrescant in noctem; ostenditur his verbis quod dominus totam hanc noctem luce suae resurrectionis festivam et coruscam reddidit. * beda in hom. in vigilia paschae. ° ab exordio etiam mundanae creationis usque huc ita temporum cursus distinguebatur, ut dies noctem praecederet: quia homo a luce paradisi peccando lapsus, in huius saeculi tenebras aerumnasque decidit. aptissime autem nunc dies sequitur noctem, quando per fidem resurrectionis a peccati tenebris et umbra mortis ad lucem vitae, christo largiente, reducimur. * severianus in serm. de passione. ° est autem vespera sabbati quae lucescit; quia illuminatur per christum sabbatum, non deletur. non, inquit supra, veni solvere legem, sed adimplere. illuminatur, ut in diem dominicam luceat, clarescat in ecclesia quod in synagoga, iudaeis obscurantibus, fuscabatur. sequitur venit maria magdalene et |100| altera maria videre sepulcrum. sero quidem mulier currit ad veniam, quae mature cucurrit ad culpam: quae de paradiso perfidiam sumpserat, festinat fidem sumere de sepulcro; contendit rapere de morte vitam, quae de vita rapuerat mortem. non autem dixit: venerunt, sed venit, sub uno nomine. veniunt duae mysterio, non casu: venit ipsa, sed altera, ut mutaretur mulier virtute, non sexu. praecedunt autem apostolos feminae quae ecclesiarum typum ad dominicum deferunt sepulcrum, maria scilicet, et maria. maternum christi unum nomen in duas geminatur feminas: quia haec ecclesia ex duobus populis veniens, idest ex gentibus et iudaeis, una esse figuratur. venit autem maria ad sepulcrum, sicut ad resurrectionis uterum, ut iterum christus ex sepulcro nasceretur fidei, qui carni fuerat generatus ex ventre; et eum quem clausa virginitas ad praesentem tulerat vitam, clausum sepulcrum ad vitam redderet sempiternam. divinitatis insigne est clausam virginem reliquisse post partum, et de sepulcro clauso exisse |125| cum corpore. sequitur et ecce terraemotus factus est magnus. * hieronymus. ° dominus noster unus atque idem filius dei et hominis, iuxta utramque naturam divinitatis et carnis, nunc magnitudinis suae, nunc humilitatis signum demonstrat; unde et in praesenti loco quisquis homo sit qui crucifixus est, qui sepultus, tamen quae foris aguntur, ostendunt filium dei. * hilarius in matth.. ° motus enim terrae resurrectionis est virtus, cum concusso mortis aculeo, et illuminatis illius tenebris, resurgente virtutum caelestium domino, inferorum trepidatio commovetur. * chrysostomus in matth.. ° vel ideo terraemotus factus est, ut exurgant et evigilent mulieres: etenim accesserant, ut unguentum mitterent; et quia in nocte haec gerebantur, probabile est quasdam obdormisse. * beda in hom. super venit maria magdalene. ° quod etiam terraemotus, resurgente domino de sepulcro, sicut etiam moriente in cruce, factus est magnus, significat |150| terrena quidem corda per fidem passionis prius, ac resurrectionis eius ad poenitentiam concutienda salubri pavore permota. * severianus in serm. paschae. ° si autem sic terra tremuit cum dominus ad veniam sanctorum resurgeret: quomodo contremiscet, cum noxiorum omnium surget ad poenam? dicente propheta: terra tremuit, cum resurgeret in iudicio deus. et quomodo domini praesentiam sustinebit quae angeli praesentiam sustinere non valuit? nam sequitur angelus domini descendit de caelo. surgente siquidem christo, morte pereunte, terrenis redditur caeleste commercium, et mulieri cui fuerat cum diabolo lethale consilium, cum angelo colloquium fit vitale. * hilarius. ° misericordiae enim dei patris insigne est, resurgente filio ab inferis, virtutum caelestium ministeria mittere; atque ideo prior resurrectionis ipse est index ut quodam famulatu paternae voluntatis resurrectio nuntiaretur. * beda. ° quia enim christus deus et homo est, inter acta humanitatis semper ei |175| angelorum ministeria deo debita non desunt. sequitur et accedens revolvit lapidem, non ut egressuro domino ianuam pandat, sed ut egressus eius iam facti hominibus praestet indicium. qui enim mortalis clauso virginis utero potuit nascendo ingredi mundum, ipse factus immortalis, clauso sepulcro potuit resurgendo exire de mundo. * remigius. ° significat autem revolutio lapidis reservationem sacramentorum christi, quae littera legis tegebantur: lex namque in lapide scripta fuit, et ideo per lapidem designatur. * severianus. ° non autem dixit: volvit, sed revolvit lapidem: quia lapis advolutus probavit mortem, et revolutus extitit resurrectionis assertor. mutatur hic ordo rerum: sepulcrum mortem, non mortuum devorat; domus mortis mansio fit vitalis; uteri nova forma mortuum recipit, reddit vivum. sequitur et sedebat super eum; sedebat inquam, cui nulla inerat lassitudo, ut fidei doctor, ut resurrectionis magister; sedebat supra petram, ut soliditas sedentis daret credentibus firmitatem; ponebat angelus |200| super petram fundamenta fidei, super quam christus erat ecclesiam fundaturus. vel per lapidem monumenti potest designari mors, qua omnes premebantur: per hoc ergo quod angelus super lapidem sedit, significatur quod christus mortem sua virtute subiecit. * beda. ° et recte stans apparuit angelus qui adventum domini in mundo praedicebat, ut stando designaret quia dominus ad debellandum mundi principem veniret. praeco autem resurrectionis sedisse memoratur, ut sedendo significaret eum, superato mortis auctore, sedem regni iam conscendisse perpetui. sedebat autem super lapidem revolutum, quo ostium monumenti claudebatur, ut claustra inferorum sua ipsum virtute deiecisse doceret. * augustinus de cons. evang.. ° potest autem movere quomodo secundum matthaeum angelus super lapidem sedebat revolutum a monumento, cum marcus dicat mulieres introeuntes in monumentum vidisse iuvenem sedentem in dextris, nisi intelligamus aut matthaeum tacuisse de angelo quem intrantes |225| viderunt, marcum autem de illo quem viderunt sedentem super lapidem, ut duos viderint, et a duobus sigillatim audierint quae dixerunt angeli de iesu: aut certe quod dicit marcus: intrantes in monumentum, in aliqua septa maceriae debemus accipere, qua communitum locum tunc fuisse credibile est, idest in aliquod spatium ante petram, in qua excisa locus factus fuerat sepulturae, ut ipsum viderint in eodem spatio sedentem a dextris quem dicit matthaeus sedentem super lapidem. sequitur erat autem aspectus eius sicut fulgur, et vestimenta eius sicut nix. * severianus. ° vultus claritas a vestium candore separatur, et facies fulguri, nivi vestis angeli comparatur: quia fulgur de caelo, nix de terra: unde propheta: laudate dominum de terra... ignis, grando, nix, etc.. in facie ergo angeli claritas caelestis servatur naturae; in veste significatur gratia communionis humanae: et sic temperatur species angeli colloquentis, ut carnalis oculi et vestium ferant placidam claritatem, et ex fulgore vultus nuntium sui |250| tremerent, et revererentur auctoris. * idem in alio serm.. ° quid autem facit indumentum ubi tegendi necessitas non habetur? sed angelus nostrum habitum, nostram formam in resurrectione praefiguratur, ubi homo ipsa corporis sui claritate vestitur. * hieronymus. ° in candido etiam vestitu angelus significat gloriam triumphantis. * gregorius in evang.. ° vel aliter. in fulgure terror timoris est, in nive autem blandimentum candoris: quia vero omnipotens deus et terribilis est peccatoribus, et blandus iustis, recte testis resurrectionis eius angelus et in fulgure vultus et in candore habitus demonstratur, ut de ipsa sua specie et terreret reprobos et mulceret pios; unde sequitur prae timore autem eius exterriti sunt custodes, et facti sunt velut mortui. * rabanus. ° timoris anxietate sunt exterriti qui amoris fiduciam non habebant; et facti sunt velut mortui qui resurrectionis veritatem credere noluerunt. * severianus in serm. paschae. ° custodiebant enim crudelitatis studio, non pietatis obsequio: stare enim non potest |275| quem conscientia destituit et impellit reatus. hinc est quod angelus percellit impios, pios alloquitur et solatur. sequitur respondens autem angelus dixit mulieribus. * hieronymus. ° custodes quidem timore perterriti ad instar mortuorum stupefacti iacent; et angelus tamen non illos, sed mulieres consolatur, dicens nolite timere vos: quasi dicat: illi timeant in quibus remanet incredulitas; ceterum vos, quia iesum quaeritis crucifixum, audite quod surrexerit, et promissa perfecerit; unde sequitur scio enim quod iesum, qui crucifixus est, quaeritis. * severianus. ° adhuc enim crucifixum et mortuum requirebant, quarum fidem saeva passionis procella turbaverat, et tentationis ita eas pondus incurvaverat, ut caeli dominum quaererent in sepulcro. non est hic. * rabanus. ° per praesentiam carnis, qui tamen nusquam deest per praesentiam maiestatis. sequitur surrexit enim, sicut dixit. * chrysostomus in matth.. ° quasi dicat: et si mihi non creditis, illius mementote |300| verborum. deinde et alia sequitur demonstratio, cum subditur venite, et videte locum ubi positus erat dominus. * hieronymus. ° ut si meis verbis non creditis, vacuo credatis sepulcro. * severianus. ° angelus ergo praedicit nomen, crucem dicit, loquitur passionem; sed mox resurrectionem, mox dominum confitetur; et angelus post tanta supplicia, post sepulcrum agnoscit dominum suum; cur homo aut minoratum deum in carne iudicat, aut in passione existimat defecisse virtutem? dicit autem crucifixum, et ostendit locum ubi positus erat dominus, ne alter, et non idem resurrexisse crederetur ex mortuis. et si dominus in eadem redit carne, et suae resurrectionis facit indicia, quare homo in alia putat se carne rediturum? aut carnem forte servus dedignatur suam, cum nostram dominus non mutavit? * rabanus. ° non autem solis vobis hoc gaudium magnum concessum est occulto corde tenere, sed similiter amantibus debetis illud pandere; unde sequitur et cito euntes dicite discipulis eius quia surrexit. * severianus. |325| ° quasi dicat: revertere ad virum, mulier iam sanata, et suade fidem quae perfidiam ante suasisti: refer homini resurrectionis indicium cui ante consilium ruinae dedisti. sequitur et ecce praecedet vos in galilaeam. * chrysostomus in matth.. ° hoc autem dicit eripiens eos a periculis, ne timor fidem impediret. * hieronymus. ° mystice autem praecedet vos in galilaeam, hoc est in volutabrum gentilium, ubi ante error erat lubricum, et firmo ac stabili pede vestigium non tenebat. sequitur ibi eum videbitis: ecce praedixi vobis. * beda. ° bene autem dominus in galilaea videtur a discipulis, qui iam de morte ad vitam, iam de corruptione ad incorruptionem transierat: galilaea quippe transmigratio interpretatur. felices feminae quae triumphum resurrectionis mundo annuntiare meruerunt; feliciores animae quae in die iudicii, percussis pavore reprobis, gaudium beatae resurrectionis intrare meruerint.

lc2 * Hilarius. ° mulieribus per angelum adhortatis confestim dominus occurrit, ut nuntiaturae expectantibus discipulis resurrectionem non angeli potius quam christi ore loquerentur; unde dicitur et exierunt cito de monumento cum timore et gaudio magno. * augustinus de cons. evang.. ° egressae autem dicuntur a monumento, hoc est ab illo loco ubi erat horti spatium ante lapidem effossum. * hieronymus. ° duplex autem mentes mulierum tenebat affectus: timoris et gaudii: et alter de miraculi magnitudine, alter ex desiderio resurgentis: et tamen uterque femineum concitabat gradum; unde sequitur currentes nuntiate discipulis eius. pergebant enim ad apostolos, ut per illos fidei seminarium spargeretur. quae autem sic quaerebant, quae ita currebant, merebantur obviam habere dominum resurgentem; unde sequitur et ecce iesus occurrit illis, dicens: avete. * rabanus. ° per hoc ostendit, se omnibus iter virtutum inchoantibus, ut ad salutem perpetuam pervenire queant, |25| adiuvando occurrere. * hieronymus. ° primae mulieres merentur audire avete, ut maledictum evae mulieris, in mulieribus solveretur. * severianus. ° in istis vero feminis ecclesiae figuram manere evidenter ostendit: quia discipulos suos christus de resurrectione arguit trepidantes; occurrens autem istis non potestate terret, sed praevenit caritatis ardore: christus enim in ecclesia se salutat, quam suum recipit in corpus. * augustinus de cons. evang.. ° colligimus et angelorum allocutionem bis numero eas habuisse venientes ad monumentum, scilicet cum viderunt unum angelum, de quo narrant matthaeus et marcus; et cum postea viderunt duos, ut narrant lucas et ioannes; et similiter ipsius domini bis: semel scilicet illic quando maria hortulanum putavit; et nunc iterum cum eis occurrit in via, ut eas ipsa repetitione firmaret, atque a timore recrearet. * severianus. ° sed ibi mariae non tangendi datur facultas; hic non solum tangendi, sed tenendi copia tota conceditur; unde sequitur illae autem accesserunt |50| et tenuerunt pedes eius, et adoraverunt eum. * rabanus. ° superius quidem dictum est, quia clauso surrexit monumento, ut immortale iam factum doceret esse corpus quod in monumento clausum fuerat mortuum; tenendos autem mulieribus tunc praebuit pedes, ut intimaret veram se carnem habere, quae a mortalibus tangi posset. * severianus in serm. de resurrectione. ° istae quidem tenent pedes christi quae in ecclesiae typo, evangelicae praedicationis tenent et merentur excursum, ac sic fide astringunt sui vestigia salvatoris, ut totius deitatis perveniant ad honorem. illa autem merito audit: noli me tangere, quae in terris deflet dominum, et sic in sepulcro quaerit mortuum ut in caelis eum nesciat regnare cum patre. quod ergo eadem maria, nunc in fidei vertice constituta, tangit christum, ac tenet toto sanctitatis affectu, nunc imbecillitate carnis et feminea infirmitate deiecta dubitat, et tactum sui non meretur auctoris, non facit quaestionem. siquidem illud de figura est, hoc de sexu; illud |75| est de divina gratia, hoc de humana natura: quia nos ipsi cum divina scimus, deo vivimus; cum humana sapimus, caecamur ex nobis. tenuerunt autem pedes eius, ut scirent in capite christi virum esse, se autem esse in pedibus christi, et datum sibi virum sequi, non praeire ipsum. quod autem dixerat angelus, dicit et dominus, ut quas firmaverat angelus, christus redderet firmiores. sequitur tunc ait illis iesus: nolite timere. * hieronymus. ° et in veteri et in novo testamento hoc semper observandum est: quod quando angustior apparuerit visio, primum timor pellatur, ut sic, mente placata, possint quae dicuntur, audiri. * hilarius in matth.. ° in contrarium autem ordo causae principalis est redditus: ut quia a sexu muliebri coepta mors esset, ipsi primum resurrectionis gloriae et visus et nuntius redderetur; unde dominus subdit ite, nuntiate fratribus meis ut eant in galilaeam: ibi me videbunt. * severianus. ° vocat fratres quos corporis sui fecit esse germanos; |100| vocat fratres quos benignus heres sibi praestitit coheredes; vocat fratres quos patris sui adoptavit in filios. * augustinus de cons. evang.. ° quod autem dominus non ubi primum se monstraturus erat, sed in galilaea, ubi postea visus est, se videndum mandavit et per angelum et per seipsum, quemvis fidelem facit intentum ad quaerendum, in quo mysterio dictum intelligitur: galilaea namque interpretatur vel transmigratio, vel revelatio. prius itaque, secundum transmigrationis significationem, quid aliud occurrit intelligendum, nisi quia christi gratia de populo israel transmigratura erat ad gentes, quibus apostoli praedicantes evangelium nullo modo crederent, nisi eis ipse dominus viam in cordibus hominum praepararet? et hoc intelligitur praecedet vos in galilaeam. quod autem subditur ibi eum videbitis, sic intelligitur: idest, ibi membra eius invenietis; ibi vivum corpus eius in his qui vos susceperint, agnoscetis. secundum autem quod galilaea interpretatur revelatio, non iam in forma servi |125| intelligendum est, sed in illa in qua aequalis est patri. illa erit revelatio tamquam vera galilaea, cum similes ei erimus, et videbimus eum sicuti est. ipsa etiam erit beatior transmigratio ex isto saeculo in illam aeternitatem.

lc3 * Chrysostomus in matth.. ° signorum quae circa christum apparuerunt, quaedam fuerunt orbi terrarum communia, puta tenebrae, quaedam propria militibus custodientibus, sicut mira angeli apparitio et terraemotus, quae propter milites facta sunt, ut stupefierent, et ab ipsis fiat testimonium veritatis: veritas enim a contrariis divulgata magis refulget, quod et contigit; unde dicitur quae cum abiissent, scilicet mulieres, ecce quidam de custodibus venerunt in civitatem, et nuntiaverunt principibus sacerdotum omnia quae facta fuerant. * rabanus. ° simplex quidem animi qualitas et indocta hominum rusticitas saepe veritatem rei, ut est, sine fraude manifestat; at contra versuta malignitas falsitatem verisimilibus verbis pro vero commendare decertat. * hieronymus. ° principes ergo sacerdotum qui debuerant converti ad poenitentiam, et iesum quaerere resurgentem, perseverant in malitia, et pecuniam quae ad usus templi data fuerat, vertunt in redemptionem mendacii, |25| sicut et ante triginta argenteos inde dederunt proditori; unde sequitur et congregati cum senioribus, consilio accepto, pecuniam copiosam dederunt militibus, dicentes: dicite quia discipuli eius nocte venerunt, et furati sunt eum nobis dormientibus. * severianus. ° non enim contenti sunt interfecisse magistrum; immo etiam quomodo discipulos perdere possint, moliuntur; et discipulorum crimen esse faciunt virtutem magistri. plane amiserunt milites, perdiderunt iudaei; sed discipuli magistrum suum non furto, sed fide; virtute, non fraude; sanctitate, non crimine; vivum, non mortuum sustulerunt. * chrysostomus in matth.. ° qualiter enim furarentur discipuli, homines pauperes et idiotae, et neque apparere audentes? si enim adhuc christum vivum videntes fugerunt, qualiter mortuo eo non timuissent tot militum multitudinem? numquid ostium sepulcri poterant evertere? lapis enim imminebat magnus, multis indigens manibus. numquid etiam non erat sigillum superimpositum? propter quid autem |50| non furati sunt prima nocte, quando nullus sepulcro affuit? sabbato enim petierunt a pilato custodiam. quid autem sibi volunt haec sudaria quae petrus vidit iacentia? si enim vellent furari, non essent nudum corpus furati; non solum ne iniuriarentur, sed ne etiam in exeundo tardarent et tribuerent militibus se detinendi facultatem; maxime quia myrrha erat corpori et vestimentis affixa, ita glutinosa ut non facile esset a corpore avellere vestimenta: quare non persuasibilia sunt quae de furto dicta sunt. unde per quae resurrectionem obumbrare conantur, per haec eam faciunt clarere. dicentes enim quod discipuli furati sunt, confitentur non esse corpus in sepulcro; furtum autem ostendit esse mendax custodia militum et discipulorum pavor. * remigius. ° sed si custodes dormierunt, quomodo furtum viderunt? et si non viderunt, quomodo testes fuerunt? et ideo quod voluerunt facere non potuerunt. * glossa. ° ne autem timore principis a mendacio revocarentur, timentes propter negligentiam puniri, subdunt et |75| si hoc auditum fuerit a praeside, nos suadebimus ei, et securos vos faciemus. * chrysostomus in matth.. ° vide omnes corruptos. pilatus enim ipse persuasus est, plebs iudaica commota est, milites corrupti sunt; unde sequitur at illi, accepta pecunia, fecerunt sicut erant edocti. si pecunia apud discipulum tantam habuit virtutem ut eum faceret magistri proditorem, non mireris si pecunia milites superantur. * hilarius. ° emitur ergo resurrectionis silentium et mendacium furti argento, quia honore scilicet saeculi, qui in pecunia est et cupiditate, christi gloria denegatur. * rabanus. ° sicut autem sanguinis reatus, quem sibi et posteris suis ipsi imprecabantur, gravi peccatorum sarcina illos premit; ita emptio mendacii per quod resurrectionis denegant veritatem, reatu eos constringit perpetuo; unde sequitur et divulgatum est verbum istud apud iudaeos usque in hodiernum diem. * severianus. ° apud iudaeos quidem divulgatum est, non apud christianos: quod enim in iudaea |100| iudaeus obscurabat auro, fide toto claruit in mundo. * hieronymus. ° omnes autem qui stipe templi et his quae conferuntur ad usus ecclesiae abutuntur in aliis rebus quibus suam expleant voluntatem, similes sunt scribarum et sacerdotum redimentium mendacium et salvatoris sanguinem.

lc4 * Beda. ° postquam dominicam resurrectionem ab angelo nuntiatam beatus matthaeus asseruit, visionem domini etiam a discipulis impletam refert, dicens undecim autem discipuli abierunt in galilaeam, in montem ubi constituerat illis iesus: nam pergens dominus ad passionem, ait discipulis: postquam surrexero praecedam vos in galilaeam. angelus quoque mulieribus ait: dicite discipulis eius, quia praecedet vos in galilaeam. quapropter iussioni magistri obedientia discipulorum obsequitur. recte autem undecim discipuli ad adorandum pergunt: iam enim unus perierat, qui dominum ac magistrum suum tradiderat. * hieronymus. ° post resurrectionem ergo iesus in galilaeae monte conspicitur, ibique adoratur; licet quidam dubitent, et dubitatio eorum nostram augeat fidem. sequitur et videntes eum adoraverunt, quidam autem dubitaverunt. * remigius. ° hoc autem lucas evangelista plenius manifestat: refert enim quia cum dominus resurgens |25| a mortuis ipse apparuisset discipulis, ipsi conturbati et exterriti, existimabant se spiritum videre. * rabanus. ° in monte quidem apparuit eis dominus, ut significaret quoniam corpus, quod de communi generis humani terra nascendo susceperat, resurgendo iam super terrena omnia sublevaverat; et ut admoneret fideles, si illic celsitudinem resurrectionis eius cupiunt videre, hic ab infimis voluptatibus ad superna studeant desideria transire. iesus autem discipulos in galilaeam praecedit, quia christus resurrexit a mortuis primitiae dormientium. sequuntur autem hi qui sunt christi, et suo ordine ad vitam de morte transmigrant, in sua specie divinitatem contemplantes; et huic congruit quod galilaea revelatio interpretatur. * augustinus de cons. evang.. ° sed considerandum est quomodo corporaliter in galilaea dominus videri potuerit: quia enim non ipso die quo resurrexit, visus est, manifestum est: nam in ierusalem visus est eo die in initio noctis, ut lucas et ioannes aptissime consonant; |50| neque etiam in sequentibus octo diebus, post quos dicit ioannes discipulis apparuisse dominum, ubi primo vidit eum thomas, qui eum non viderat die resurrectionis eius: nisi quis dicat non illos undecim qui iam tunc apostoli vocabantur, sed discipulorum illic undecim fuisse ex multo numero discipulorum. sed occurrit aliud quod obsistit; ioannes enim quando commemoravit non in monte ab undecim, sed ad mare tiberiadis a septem piscantibus visum esse dominum: hoc iam tertio (inquit) manifestavit se iesus discipulis suis; quod intelligendum est ad numerum dierum retulisse, non ad numerum manifestationum. si autem acceperimus intra illos octo dies, antequam eum thomas vidisset, ab undecim discipulis quibusque dominum visum, non erit hoc ad mare tiberiadis tertio manifestatum esse, sed quarto; ac per hoc cogimur intelligere, post omnia factum esse quod eum in monte galilaeae discipuli undecim viderunt. invenimus itaque apud quatuor evangelistas decies commemoratum dominum |75| visum ab hominibus esse post resurrectionem: semel ad monumentum a mulieribus; iterum eisdem egredientibus a monumento in itinere; tertio petro; quarto duobus euntibus in castellum; quinto pluribus in ierusalem, ubi non erat thomas; sexto ubi vidit eum thomas; septimo ad mare tiberiadis; octavo in monte galilaeae secundum matthaeum; nono, quod dicit marcus, novissime recumbentibus, quia iam non erant in terra cum illo convivaturi; decimo in ipso die, non iam in terra, sed elevatum in nube, cum in caelum ascenderet: quod marcus et lucas commemorant. sed non omnia scripta sunt, sicut ioannes fatetur: crebra enim erat eius cum illis conversatio per dies quadraginta, priusquam ascendisset in caelum. * remigius. ° videntes ergo discipuli dominum cognoverunt, et idcirco dimissis in terram vultibus adorabant; et ideo pius et clemens magister, ut omnem dubietatem auferret a cordibus eorum, accedens ad eos corroboravit in fide; unde sequitur et accedens iesus locutus est eis, dicens: |100| data est mihi omnis potestas in caelo et in terra. * hieronymus. ° illi autem potestas data est qui paulo ante crucifixus, qui sepultus in tumulo, qui postea resurrexit. * rabanus. ° non enim hoc de coaeterna patri divinitate, sed de assumpta loquitur humanitate, secundum quam minoratus est paulo minus ab angelis. * severianus. ° filius quippe dei virginis filio, deus homini, divinitas carni contulit, quod semper ipse cum patre possedit. * hieronymus. ° in caelo autem et in terra potestas data est, ut qui ante regnabat in caelo, per fidem credentium regnet in terris. * remigius. ° quod ergo psalmista de resurgente domino dicit: constituisti eum super opera manuum tuarum, hoc nunc dominus dicit data est mihi omnis potestas in caelo et in terra. et hic sciendum, quia antequam dominus surrexisset a mortuis, noverant angeli se subiectos homini christo. volens ergo christus etiam hominibus notum fieri quod data esset sibi omnis potestas in caelo et in terra, praedicatores misit, qui verbum vitae cunctis |125| nationibus praedicarent; unde sequitur euntes ergo docete omnes gentes. * beda. ° qui enim ante passionem suam dixerat: in viam gentium ne abieritis, surgens a mortuis dicit: ite, docete omnes gentes. quapropter confundantur iudaei, qui dicunt christum tantummodo ad suam salutem esse venturum; erubescant et donatistae, qui localiter christum concludere cupientes, dixerunt eum tantummodo in africa esse, non in aliis regionibus. * hieronymus. ° primum ergo docent omnes gentes, deinde doctas intingunt in aqua: non enim potest fieri ut corpus baptismi recipiat sacramentum, nisi ante anima fidei susceperit veritatem. baptizantes eos in nomine patris et filii et spiritus sancti: ut quorum est una divinitas, sit una largitio, nomenque trinitatis unus deus. * severianus. ° omnes ergo gentes potestas una eademque recreat ad salutem, quas creavit ad vitam. * didymus de spiritu sancto. ° licet autem quis possit existere saxei, ut ita dicam, cordis et penitus mentis alienae, |150| qui ita baptizare conetur ut unum de praedictis nominibus praetermittat, videlicet contrarius christo legislatori; tamen sine perfectione baptizabit, immo penitus a peccatis liberare non poterit quos a se existimaverit baptizatos. ex his autem colligitur quam indivisa sit substantia trinitatis, et patrem vere filii esse patrem, et filium vere patris filium, et spiritum sanctum vere patris et dei filii esse spiritum, et insuper sapientiae et veritatis, idest filii dei. haec est salus credentium, et dispensatio ecclesiasticae disciplinae in hac trinitate perficitur. * hilarius in matth.. ° quid enim in hoc sacramento salutis humanae non continetur? plena sunt omnia, ut a pleno et perfecto prolata. habet enim naturae suae nomen in patre, sed pater tantum est: non enim humano modo habet aliunde quod pater est: ipse ingenitus, aeternus, habens in se semper ut semper sit soli filio notus. filius autem est progenies ingeniti, unus ex uno, verus a vero, vivus a vivo, perfectus a perfecto, virtutis virtus, |175| sapientiae sapientia, gloriae gloria, imago invisibilis dei, forma patris ingeniti. spiritus autem sanctus non potest a confessione patris et filii separari. et quidem ubique non deest hoc expectationis nostrae solatium. hic in donorum operationibus futurae spei pignus est, hic mentium lumen, hic splendor animorum est. haec igitur licet mutare non possint haeretici, afferunt tamen humana commenta: ut sabellius patrem ex quo tendat in filium, idque nominibus potius confitendum putat esse quam rebus, cum ipsis filium proponat et patrem; ut ebion, omne initium ex maria concedens, non ex deo hominem, sed ex homine deum proferat; ut ariani, qui ex nihilo atque ex tempore formam et sapientiam et virtutem dei procedunt. quid autem mirum est ut de spiritu sancto diversa sentiant, qui in filio largitore eius tam temerarii sunt auctores? * hieronymus. ° consideratur autem hic ordo praecipuus. iussit apostolos, ut primum docerent universas gentes, deinde fidei tingerent sacramento, et post fidem |200| ac baptisma, quae essent observanda praeciperent; unde sequitur docentes eos servare omnia quaecumque mandavi vobis. * rabanus. ° quia sicut corpus sine spiritu mortuum est, ita fides sine operibus mortua est. * chrysostomus in matth.. ° quia vero eis magna iniunxerat, erigens eorum sensus, dicit et ecce ego vobiscum sum omnibus diebus usque ad consummationem saeculi; quasi dicat: ne dicatis difficile esse iniunctum negotium, ego sum vobiscum, qui omnia facio levia. non autem cum illis solum dixit se futurum esse, sed et cum omnibus qui post illos credunt: non enim usque ad consummationem saeculi apostoli mansuri erant; sed sicut uni corpori fidelibus loquitur. * rabanus. ° ex hoc autem intelligitur quod usque ad finem saeculi non sunt defuturi in mundo qui divina mansione et inhabitatione sunt digni. * chrysostomus in matth.. ° rememorat autem eis et consummationem, ut eos magis attrahat, et ne praesentia solum inspiciant, sed et futura bona, et sine |225| fine mansura; quasi dicat: tristitia quam sustinebitis, simul cum praesenti vita consumetur, et totum saeculum in consummationem deveniet; bona autem quibus potiemini, sunt in aeternum permansura. * beda. ° quaeritur autem quare hic dicat ecce ego vobiscum sum, cum alibi dixisse legatur: vado ad eum qui me misit. sed alia sunt quae humanitati ascribuntur, et alia quae divinitati. ivit ad patrem per humanitatem, manet autem cum discipulis in forma qua est patri aequalis. quod autem dicit usque ad consummationem saeculi, finitum pro infinito ponitur: nam qui in praesenti saeculo manet cum electis, eos protegendo, ipse post finem cum eis manebit, eos remunerando. * hieronymus. ° qui ergo usque ad consummationem saeculi cum discipulis se esse promittit, et illos ostendit semper esse victuros, et se nunquam a credentibus recessurum. * leo papa in serm. de passione. ° qui enim ascendit in caelos, non deserit adoptatos, et ipse deorsum confortat |250| ad patientiam qui sursum invitat ad gloriam; cuius gloriae participes nos faciat ipse christus rex gloriae, qui est deus benedictus in saecula. amen.

CATENA AUREA IN MARCUM

----

072 CMC cp

pr1 ‘ Reverendo in christo patri domino hannibaldo, basilicae duodecim apostolorum venerabili presbytero cardinali, frater thomas de aquino ordinis fratrum praedicatorum se totum. rerum opifex deus solo suae bonitatis intuitu cuncta in esse producens, naturalem boni amorem omnibus indidit creaturis, ut dum unaquaeque res bonum sibi conveniens naturaliter amat et appetit, quadam conversione mirabili in suum recurrere demonstretur auctorem. sed in hoc praefertur ceteris rationalis natura, quod ipsum universalem bonitatis fontem per sapientiam intueri potest, et per caritatis amorem suaviter degustare: unde fit ut sapientiae bonum, quo ad ipsum fontem bonitatis accedimus, omnibus humanis bonis secundum rectae rationis iudicium praeferatur. haec est enim quae fastidium nescit: ita ut qui eam edit, adhuc esuriat, et qui eam bibit, sitire non cesset. haec est quae intantum peccato repugnat, ut qui secundum ipsam operantur, non peccent. haec est quae indeficientem fructum suis ministris largitur, ut qui eam elucidant, vitam possideant sempiternam. praecellit itaque voluptates dulcedine, securitate sedes et regna, utilitateque divitias universas. huiusmodi igitur delectatus muneribus, evangelicae sapientiae a saeculis in mysterio absconditae, quam in lucem produxit dei sapientia incarnata, ministerium expositionis adhibui, sacrorum doctorum sententias compilando; ad quod me induxit primitus felicis recordationis urbani | 25 | papae quarti mandatum. verum quia, eo summo pontifice ex hac vita subtracto, tria evangelia, marci, lucae et ioannis exponenda restabant, ne opus quod obedientia inceperat, negligentia imperfectum relinqueret, cum multo labore diligens adhibui studium, ut quatuor evangeliorum expositionem complerem, eadem in omnibus forma servata in ponendis sanctorum auctoritatibus et eorum nominibus praescribendis. et ut magis integra et continua praedicta sanctorum expositio redderetur, quasdam expositiones doctorum graecorum in latinum feci transferri, ex quibus plura expositionibus latinorum doctorum interserui, auctorum nominibus praenotatis. verum quia congruit ut de laborum fructibus oblationes sacerdotibus offerantur, expositionis evangelicae opus, laboris mei fructum, apostolorum presbytero censui offerendum: in quo vestra suscipiat auctoritas debitum, ut scientis industria iudicii censuram exerceat; et antiqua dilectio, amoris affectum in offerentis munere comprehendat.

pr2 ° Deus meus factus est fortitudo mea, et dixit: parum est ut sis mihi servus ad suscitandas tribus iacob, et faeces israel convertendas. dedi te in lucem gentium, ut sis salus mea usque ad extremum terrae. * glossa. ° vocationem gentium et causam salutis earum isaias propheta manifesto praenuntiat oraculo, dicens deus meus factus est fortitudo mea, * etc.. hieronymus super isaiam. ° in quibus verbis ostenditur christum appellari servum, inquantum est formatus ex utero; nam ante verba ista praemittitur: haec dicit dominus, formans me ex utero servum sibi. fuerat siquidem voluntas patris, ut pessimi vinitores missum susciperent filium; unde de ipsis christus ad discipulos loquitur: in viam gentium ne abieritis; sed ite magis ad oves perditas domus israel. quia igitur israel non est reductus ad deum, propterea dei filius loquitur iudaeis non credentibus, dicens deus meus factus est fortitudo mea: qui et consolatus est me super abiectione populi mei, et dixit: parum est si servias mihi ad suscitandas tribus iacob, quae suo vitio corruerunt, et ad faeces, sive reliquias, israel convertendas; pro illis enim dedi te in lucem gentium omnium, ut illumines universum mundum, et salutem meam, per quam homines salvi fiunt, usque ad extrema terrae facias pervenire. * glossa. ° ex praemissis igitur verbis duo possumus colligere: quorum primum est divina virtus, quae fuit in christo, ex qua |25| efficax fuit ad gentium illuminationem; quia dicitur deus meus factus est fortitudo mea. deus igitur erat in christo mundum reconcilians sibi, ut apostolus, dicit; unde et evangelium, per quod credentes salvantur, virtus dei est in salutem omni credenti, ut idem apostolus dicit. secundum autem est illuminatio gentium et salus mundi ex dispositione patris per christum completa: quia dicitur dedi te in lucem gentium: unde post resurrectionem suam dominus ut dispositionem patris impleret, ad praedicandum discipulos misit, dicens: docete omnes gentes, quorum quidam ad praedicandum iudaeis, quidam ad praedicandum gentibus ministerium acceperunt. quia vero evangelium oportuit non solum praedicari propter praesentes, sed etiam scribi propter futuros, eadem distinctio est in scriptoribus evangelii observata; nam matthaeus iudaeis evangelium hebraico sermone scripsit; marcus autem primus evangelium scripsit in gentibus. * eusebius in eccl. hist.. ° cum enim romanae urbi clarum verbi dei lumen fuisset exortum, sermo veritatis et lucis, qui per petrum praedicabatur, universorum mentes placido illustravit auditu; ita ut quotidie audientibus eum nulla unquam satietas fieret: unde neque eis auditio sola sufficiebat; sed marcum discipulum eius omnibus precibus exorant, ut ea quae ille verbo praedicabat, ad perpetuam eorum commonitionem habendam scripturae traderet, quo domi forisque in huiusmodi verbi meditationibus permanerent; nec |50| prius ab obsecrando desistunt quam quae oraverant, impetrarent: et haec fuit causa scribendi evangelium secundum marcum. petrus vero ut per spiritum sanctum religioso se comperit furto spoliatum, delectatus est, fidem eorum per hoc devotionemque considerans; factumque confirmavit et in perpetuum legendam scripturam ecclesiis tradidit. * hieronymus super marcum. ° principium autem a perfectioris aetatis christi praedicatione inchoat, nec laborat in nativitate infantuli qui loquitur de perfectione filii dei. * chrysostomus. ° compendiosam autem ac brevem narrationem facit, in quo magistrum imitatus est, scilicet petrum, brevitati studentem. * augustinus de cons. evang.. ° unde matthaeus qui regiam christi personam narrandam susceperat, habuit marcum sibi tamquam comitem et abbreviatorem adiunctum, qui sua vestigia quodammodo sequeretur: regum enim est non esse sine comitum obsequio. sacerdos autem quoniam in sancta sanctorum solus intrabat, propterea lucas, cuius circa sacerdotium christi erat intentio, non habuit tamquam socium obsequentem, qui suam narrationem quodammodo breviaret. * beda. ° notandum est etiam, quod evangelistae sancti diversum narrationis suae primordium, singuli diversum statuere terminum. matthaeus namque a nativitate dominica exordium sumens, ad tempus usque dominicae resurrectionis seriem suae narrationis perduxit; marcus ab initio evangelicae praedicationis incipiens, pervenit usque ad tempus ascensionis domini et praedicationis |75| discipulorum eius cunctis gentibus per orbem; lucas autem a nativitate praecursoris inchoans evangelium, terminavit in ascensione dominica; ioannes ab aeternitate verbi dei principium sumens, usque ad tempus dominicae resurrectionis evangelizando pertingit. * ambrosius super lucam. ° quia igitur marcus a potentiae coeperat expressione divinae, recte sub leonis imagine figuratur. * remigius super marcum. ° per leonem etiam signatur marcus: quia sicut leo terribilem vocem in deserto emittit, sic marcus a voce in deserto incepit, dicens: vox clamantis in deserto. * augustinus de cons. evang.. ° quamvis et de figura aliter dici possit. marcus enim qui neque stirpem regiam ut matthaeus, ob hoc per leonem significatus, neque sacerdotalem ut lucas signatus per vitulum, vel cognationem vel consecrationem narrare voluit; et tamen in eis versatus ostenditur quae homo christus operatus est, per hominis figuram in illis quatuor animalibus signatus videtur. * theophylactus ° (in evang. marci). vel evangelium secundum marcum aquila innuit: a prophetia enim ioannis incepit. prophetia vero acute quae a longe sunt, speculatur ut aquila.

072 CMC cp1

lc1 * Hieronymus. ° marcus evangelista sacerdotium in israel agens, secundum carnem levita, ad dominum conversus, evangelium in italia scripsit, ostendens in eo quid et generi suo deberet christus. nam initium evangelii in voce propheticae exclamationis instituens ordinem leviticae electionis ostendit, praedicans ioannem zachariae filium in voce angeli emissum, dicens initium evangelii iesu christi filii dei. * hieronymus. ° evangelion, graece dicitur, latine bona annuntiatio praedicatur, quod proprie ad regnum dei, et remissionem pertinet peccatorum: est enim evangelium per quod venit redemptio fidelium, et beatitudo sanctorum. quatuor autem evangelia unum sunt, et unum quatuor. in hebraeo iehosua, in graeco soter, in latino salvator dicitur. masciach hebraice, christos graece, unctus latine, idest rex, et sacerdos dicitur. * beda. ° conferendum autem est hoc evangelii principium principio matthaei quo ait: liber generationis |25| iesu christi filii david, filii abraham; hic autem dicitur filii dei: ex utroque enim unus dominus iesus christus dei et hominis filius est intelligendus. et apte primus evangelista filium hominis eum, secundus filium dei nominat, ut a minoribus ad maiora paulatim sensus noster assurgeret, ac per fidem et sacramenta humanitatis assumptae, ad agnitionem divinae aeternitatis ascenderet. apte etiam qui humanam erat generationem descripturus a filio hominis coepit, david scilicet, sive abraham; apte etiam is qui librum suum ab initio evangelicae praedicationis inchoabat, filium dei magis appellare voluit iesum christum, quia humanae erat naturae de progenie patriarcharum veritatem carnis suscipere, et divinae fuit potentiae evangelium mundo praedicare. * hilarius de trin.. ° non autem solo nomine contestatus est christum filium dei, sed etiam proprietate. nos filii dei sumus; sed non talis hic filius: hic enim verus et proprius est filius, origine, non adoptione; veritate, non nuncupatione; |50| nativitate, non creatione.

lc2 * Beda. ° scripturus evangelium marcus, congrue primo ponit testimonia prophetarum, ut eo cunctis sine scrupulo dubietatis suscipienda quae scriberet intimaret, quo haec a prophetis antea praedicta esse demonstraret. simulque uno eodemque evangelii sui principio et iudaeos, qui legem ac prophetas susceperant, ad suscipiendam evangelii gratiam, ac sacramenta, quae ipsorum prophetae praedixerant, instituit; et gentiles, qui per evangelii praeconia ad dominum venerant, ad auctoritatem quoque legis et prophetarum suscipiendam venerandamque provocat; unde dicit sicut scriptum est in isaia propheta: ecce ego mitto angelum meum ante faciem tuam. * hieronymus de optimo genere interpretandi. ° hoc autem non scribitur in isaia; sed in malachia novissimo duodecim prophetarum. * chrysostomus in marc.. ° potest autem dici, quod falsitas est scriptoris. vel aliter dicetur, quod duas prophetias in diversis locis dictas a duobus prophetis, in unum congregans |25| posuit. in isaia enim propheta post ezechiae describitur historiam: vox clamantis in deserto; in malachia vero: ecce mitto angelum meum. secundus igitur evangelista duas prophetias posuit ut ab isaia dictas, et ad unam lectionem hoc referens, tacens vero a quo dicatur ecce mitto angelum. * augustinus de quaest. novi et veter. testam.. ° sciens enim omnia ad auctorem referenda, dicta haec ad isaiam revocavit, qui sensum istum prior intimaverat. denique post verba malachiae statim subiecit dicens vox clamantis in deserto: ut iungeret verba utriusque prophetae ad unum sensum pertinentia, sub prioris prophetae persona. * beda. ° vel aliter intelligendum est: quia etsi non haec verba inveniuntur in isaia, sensus tamen eorum invenitur in multis aliis locis; et manifestius in hoc quod subiunxit vox clamantis in deserto. nam quod dixit malachias mittendum angelum ante faciem domini, qui praepararet vias eius, hoc est quod dixit isaias vocem clamantis in deserto audiendam, quae diceret |50| parate viam domini. in utraque autem sententia similiter paranda via domini praedicatur. potuit autem fieri ut animo marci evangelium conscribentis pro malachia isaias occurrerit, ut fieri solet; quod tamen sine ulla dubitatione emendaret, saltem ab aliis admonitus, qui ipso adhuc in carne vivente legere potuerunt; nisi cogitaret, recordationi suae, quae sancto spiritu regebatur, non frustra occurrisse aliud pro alio nomen prophetae. sic enim insinuatur quaecumque per prophetas spiritus sanctus dixit, et singula esse omnium, et omnia singulorum. * hieronymus ° vox pneumatos agiu, per malachiam ad patrem sonat de filio, qui est facies patris, unde agnitus est. * beda. ° angelus autem vocatur ioannes, non naturae societate, iuxta haeresim origenis, sed officii dignitate: angelus enim graece, latine nuntius dicitur; quo nomine recte appellari potuit homo ille qui fuit missus a deo, ut testimonium perhiberet de lumine, et venientem in carne dominum mundo nuntiaret: cum constet |75| omnes qui sacerdotio funguntur ob evangelizandi officium angelos posse vocari, dicente propheta malachia: labia sacerdotis custodiunt scientiam; et legem requirunt ex ore eius, quia angelus est domini exercituum. * theophylactus. ° praecursor igitur christi angelus dicitur propter vitam angelicam et reverentiam excelsam. quod autem dicitur ante faciem tuam, hoc significat quasi diceret, iuxta te est nuntius tuus; unde ostenditur propinquitas praecursoris ad christum: etenim iuxta reges ambulant qui propinqui sunt magis. sequitur qui praeparabit viam tuam ante te: per baptismum enim praeparavit animas iudaeorum, ut christum susciperent. * hieronymus. ° vel via domini qua ad homines ingreditur, poenitentia est, per quam deus ad nos descendit, et nos ad illum ascendimus: hinc autem initium praedicationis ioannis fuit: poenitentiam agite. * beda. ° sicut autem ioannes angelus potuit vocari pro eo quod faciem domini evangelizando praevenit; ita recte appellari et vox |100| potuit, quia verbum dei sonando praeibat; unde sequitur vox clamantis in deserto. constat enim quod unigenitus filius verbum patris vocatur; et ex ipsa nostra locutione cognoscimus quia prius vox sonat, ut verbum postmodum possit audiri. * hieronymus. ° dicitur autem vox clamantis, quia clamor ad surdos, et longe positos, sive cum indignatione fieri solet; quae iudaico certum est populo evenisse, dum longe est a peccatoribus salus; et aures suas obturaverunt sicut aspides surdae: et indignationem, et iram, et tribulationem a christo audire meruerunt. * chrysostomus. ° per hoc autem quod dicitur in deserto, manifeste ostendit prophetia, non in ierusalem divina fieri dogmata, sed in deserto. quod implebatur ad litteram, ioanne baptista in deserto iordanis verbi dei apparitionem salutiferam praedicante. ostendit etiam sermo propheticus praeter desertum quod a moyse ostensum fuit, ubi semitas faciebat, aliud esse desertum, in quo praesentem esse salutem christi praedicabat. * hieronymus. ° vel in deserto |125| fit vox, et clamor, quia deserti erant a spiritu dei, sicut domus vacans et scopata; deserti etiam a propheta, rege atque sacerdote. * beda. ° quid autem clamaret aperitur cum subditur parate viam domini, rectas facite semitas eius. omnis enim qui fidem rectam, et opera bona praedicat, quid aliud quam venienti domino ad corda audientium viam parat, ut haec scilicet corda vis gratiae penetret, et lumen veritatis illustret? rectas autem semitas facit, dum mundas in animo cogitationes per sermonem praedicationis format. * hieronymus. ° vel aliter. parate viam domini; hoc est, poenitentiam agite, et praedicate: rectas facite semitas eius, ut via regia incedentes proximos nostros ut nos, et nosmetipsos ut proximos diligamus: qui enim semetipsum diligit, et non diligit proximum, ad dexteram declinat: nam multi bene agunt, sed bene non corrigunt, ut fuit heli; et qui semetipsum odiens, proximum diligit ad sinistram divertit: multi enim bene corrigunt, sed non bene agunt, ut fuerunt scribae et pharisaei. |150| semitae autem post viam sequuntur, quia mandata moralia post poenitentiam explanantur. * theophylactus. ° vel via est novum testamentum, semitae vero vetus, quasi attritum: ad viam enim necesse erat praeparari, scilicet ad novum testamentum; veteris autem testamenti semitas rectas fieri oportebat.

lc3 * Hieronymus. ° secundum praemissam isaiae prophetiam via domini a ioanne paratur per fidem et baptismum et poenitentiam; rectae semitae fiunt per austera indicia vestis cilicinae, et zonae pelliceae, et cibi locustini, et mellis silvestris, et humillimae vocis; unde dicitur fuit ioannes in deserto. ioannes enim, et iesus quaerunt quod in deserto amissum est; ubi vicit diabolus, ibi vincitur; ubi cecidit homo, ibi exurgit. ioannes autem gratia dei interpretatur; a gratia autem narratio incipit; sequitur enim baptizans; per baptismum enim gratia datur, qua peccata gratis dimittuntur. quod autem consummatur per sponsum, initiatur per paranymphum: unde catechumeni, hoc est instructi, incipiunt per sacerdotem, et chrismantur per episcopum; et ad hoc designandum subditur et praedicans baptismum poenitentiae in remissionem peccatorum. * beda. ° liquet quia ioannes baptismum poenitentiae non solum praedicavit, verum etiam quibusdam |25| dedit; sed baptismum in remissionem peccatorum dare non potuit; remissio etenim peccatorum in solo baptismo christi nobis tribuitur. dicitur ergo praedicans baptismum poenitentiae in remissionem peccatorum: quoniam baptismum quod peccata solveret, quia dare non poterat, praedicabat: ut sicut incarnatum verbum patris praecurrebat verbo praedicationis, ita baptismum poenitentiae quo peccata solvuntur praecurreret suo baptismate, quo peccata solvi non possunt. * theophylactus. ° baptisma ioannis non habebat remissionem peccatorum, sed poenitentiam solam afferebat hominibus: praedicabat ergo baptisma poenitentiae, hoc est quo duceret baptismus poenitentiae, nempe in remissionem peccatorum, ut hi qui poenitentiam agentes, christum reciperent, remissionem reciperent peccatorum. * hieronymus. ° per ioannem autem sicut per amicum sponsi inducitur sponsa ad christum, sicut per puerum rebecca ad isaac; unde sequitur et egrediebatur ad illum omnis iudaea regio, et hierosolymitae |50| universi, et baptizabantur ab illo in iordane flumine: confessio enim, et pulchritudo in conspectu eius. scilicet sponsi. desilit enim sponsa de camelo, cum humiliat se nunc ecclesia viso viro isaac, idest iesu christo. iordanis autem descensio aliena interpretatur, ubi peccata abluuntur. nos enim olim alienati a deo per superbiam, per baptismi symbolum humiliati erigimur in alta. * beda. ° exemplum autem hinc sumitur confitendi peccata, ac meliorem vitam promittendi, eis qui baptisma desiderant, per hoc quod subditur confitentes peccata sua. * chrysostomus in matth.. ° quia vero ioannes poenitentiam praedicabat, poenitentiae signa gerebat in vestitu et cibo; unde sequitur et erat ioannes vestitus pilis camelorum. * beda. ° pilis, inquit, vestitus, non lana. aliud austerae vestis indicium est, aliud luxuriae est mollioris. zona autem pellicea, qua accinctus fuit, ut elias, mortificationis indicium est. porro quod sequitur et locustas et mel silvestre edebat, habitatori |75| solitudinis congruum est, ut non delicias ciborum, sed necessitatem humanae carnis expleret. * hieronymus. ° vestis autem ioannis et cibus et potus totam austeram vitam praedicantium significat, et futuras gentes ad gratiam dei, quae est ioannes, intus et foris esse coniungendas: pilis enim cameli divites gentium significantur, et zona pellicea pauperes mundo mortui, et locustis errantibus sapientes huius mundi; qui stipulas iudaeis aridas relinquentes, frumenta mystica curribus trahunt, et in calore fidei saltus in altum dant, et melle silvestri fideles inspirati de inculta silva saginantur. * theophylactus. ° vel aliter. vestis de pilis camelorum doloris erat ostensivum, innuente ioanne, quod poenitentem dolere oportet. dolorem enim saccus significat, zona vero pellicea mortificationem iudaici significat populi; esca autem ioannis non solum abstinentiam notat, sed etiam est indicium spiritualis escae, qua tunc populus vescebatur, non quid altum intelligens, sed tamen in alta saliens, iterumque se deprimens: talis enim |100| est locusta, in altum saliens, et iterum cadens. sic igitur et melle quidem vescebatur populus quod erat ex apibus natum, scilicet ex prophetis, non tamen domesticum, sed silvestre: habebant enim scripturas hebraei, sicut mel quoddam; sed non bene intelligebant. * gregorius moralium. ° vel ipsa ciborum specie designavit dominum quem praevenit qui, quia infructuosae gentilitatis dulcedinem sumpsit, mel silvestre edit; quia vero iudaeorum plebem in suo corpore ex parte convertit, in cibo locustas accepit, quae subito saltus dantes, protinus ad terram cadunt. saltus enim iudaei dabant, cum praecepta domini se implere promitterent; sed ad terram cadebant, cum per prava opera hoc se audisse denegarent. habebant ergo saltum per vocem et casum per actionem. * beda. ° potest etiam habitus, et victus ioannis qualitatem internae conversationis eius exprimere: namque austerioribus utebatur indumentis, quia vitam peccantium non blandimentis fovit, sed vigore asperae invectionis increpavit: zonam |125| pelliceam habebat circa lumbos, quia carnem suam crucifixit cum vitiis et concupiscentiis; locustas et mel silvestre edebat, quia dulce quiddam sapiebat turbis praedicatio eius, existimante populo ne ipse esset christus; sed potius finem sortita est, intelligentibus eius auditoribus quia non ipse christus, sed praecursor, et propheta esset christi. in melle etenim dulcedo, in locustis est alacer volatus; unde sequitur et praedicabat dicens: veniet fortior me post me. * glossa. ° hoc dicebat ad removendum turbae opinionem, quae eum christum esse credebat; fortiorem autem christum esse praenuntiat, qui remissurus erat peccata, quod ipse facere non valebat. * hieronymus. ° quis etiam fortior est gratia qua abluuntur peccata, quam ioannes significat? ille nimirum qui septies et septuagies dimittit peccata. gratia quidem prior est, sed semel dimittit peccata per baptismum; misericordia vero ad miseros ab adam usque ad christum per septuaginta septem generationes, et usque ad centum quadraginta quatuor millia |150| pervenit. * chrysostomus in matth.. ° ne autem aestimaretur hoc secundum comparationem sui ad christum dicere, subiungit cuius non sum dignus procumbens solvere corrigiam calceamentorum eius. non est autem idem solvere corrigiam calceamentorum eius, quod hic marcus dicit, et calceamenta portare, quod dicit matthaeus. et quidem narrationis ordinem prosequentes evangelistae, nec in aliquo fallentes, dicunt utrumque ioannem dixisse secundum alterum sensum; commentantes vero circa hoc differenter exposuerunt unumquodque: corrigiam enim vocant ligamen calceamentorum. ad excellentiam igitur potestatis christi, et divinitatis magnitudinem extollendam hoc dicit, ac si diceret: neque in ministri ordine deputari sufficiens sum. magnum enim est in his quae sunt corporis christi quasi procumbendo inferius attendere, et imaginem supernorum inferius videre, et solvere unumquodque inexplicabilium quae sunt circa mysterium incarnationis. * hieronymus. |175| ° calceamentum enim in extrema parte corporis est: in fine enim ad iustitiam est salvator incarnatus: unde per prophetam dicitur: in idumaeam extendam calceamentum meum. * gregorius in evang.. ° calceamenta etiam ex mortuis animalibus fiunt. incarnatus ergo dominus veniens quasi calceatus apparuit, qui in divinitate sua morticina nostrae corruptionis assumpsit. vel aliter. mos apud veteres fuit, ut si quis eam quae sibi competeret accipere uxorem nollet, ille ei calceamentum solveret qui ad hanc sponsus iure propinquitatis veniret. recte ergo se indignum esse ad solvendam corrigiam calceamenti eius denuntiat; ac si aperte dicat: ego redemptoris vestigia denudare non valeo, quia sponsi nomen mihi immeritus non usurpo. * theophylactus. ° intelligitur vero etiam sic. omnes qui veniebant, et a ioanne baptizabantur, per poenitentiam solvebantur a ligamine peccatorum in christum credendo. igitur omnium aliorum ioannes sic solvebat corrigiam, idest vinculum peccatorum: |200| iesu vero non valuit corrigiam solvere, quia non invenit in eo peccatum. * beda. ° sic ergo ioannes dominum non adhuc manifeste dominum aut dei filium, sed tantum virum se fortiorem praedicat. non enim rudes adhuc auditores tanti capiebant arcana sacramenti, quod filius dei aeternus, homine assumpto ex virgine, denuo natus esset in mundum: sed paulatim per agnitionem glorificatae humilitatis introducendi erant ad fidem divinae aeternitatis: quibus tamen latenter deum hunc esse verum declarans subdit ego baptizo vos in aqua, ille vero baptizabit vos in spiritu sancto. cui enim dubium est nullum posse alium gratiam spiritus sancti nisi deum dare? * hieronymus. ° quid enim interest inter aquam et spiritum sanctum qui ferebatur super aquas? aqua ministerium est hominis, spiritus vero mysterium dei est. * beda. ° baptizamur autem a domino in spiritu sancto, non solum cum in die baptismatis fonte vitae in remissionem peccatorum abluimur, verum etiam quotidie per gratiam |225| eiusdem spiritus ad agenda quae deo placent accendimur.

lc4 * Hieronymus. ° marcus evangelista, sicut cervus ad fontes aquarum desiderans, saltus in planis et arduis dat, et velut apis melliflua flores summatim degustat; unde a nazareth venientem iesum enarravit dicens et factum est in diebus illis, venit iesus a nazareth galilaeae, et baptizatus est a ioanne in iordane. * chrysostomus. ° alterum siquidem baptisma ordinans, ad ioannis venit baptisma; quod respectu sui baptismi incompletum erat, a iudaico vero baptismate alienum, tamquam in amborum medio existens, ut per baptismi naturam ostendat, quia non in peccati remissionem baptizatur, aut quasi indigens spiritus sancti acceptione: his enim ambobus baptisma ioannis carebat. baptizatus est autem ut notus omnibus fieret, et in eum crederent; et ad implendum omnem iustitiam, quae est observatio mandatorum: mandatum siquidem erat hominibus baptismum subire prophetae. * beda. ° baptizatus est, et ut baptismate suo ioannis baptisma comprobaretur, et ut iordanis aquam sanctificans, per descensionem columbae, spiritus sancti in lavacro credentium monstraret adventum; unde sequitur et statim ascendens de aqua, vidit apertos caelos, et spiritum sanctum tamquam columbam descendentem, et manentem in ipso. aperiuntur autem caeli non reseratione elementorum, sed spiritualibus oculis, quibus ezechiel in principio voluminis sui eos apertos esse commemorat. hoc autem, quod apertos caelos post baptisma vidit, nostri utique gratia factum est, quibus per lavacrum regenerationis ianua panditur regni caelestis. * chrysostomus in matth.. ° vel ut de caelis hominibus sanctificatio tribuatur, ac terrena caelestibus coniungantur. spiritus autem sanctus super eum descendisse dicitur, non tamquam tunc primum ad eum accesserit (non enim ab eo umquam fuerat derelictus), sed ut ostenderet christum qui a ioanne praedicabatur, tamquam digito quodam fidei omnibus demonstratum. * beda. ° quod etiam in baptismum descendere visus est spiritus sanctus, signum erat conferendae nobis in baptismo gratiae spiritualis. * hieronymus. ° haec est unctio christi secundum carnem, scilicet spiritus sanctus, de qua dicitur: unxit te deus deus tuus oleo laetitiae prae consortibus tuis. * beda. ° bene autem in specie columbae descendit spiritus sanctus, quod multum simplex est animal, atque a malitia fellis alienum, ut figurate nobis insinuaret quia simplicia corda quaerit, nec habitare dignatur in mentibus impiis. * hieronymus. ° in specie etiam columbae spiritus sanctus descendit, quia in cantico de ecclesia canitur: sponsa mea, amica mea, dilecta mea, columba mea. sponsa in patriarchis, amica in prophetis, proxima in ioseph, et mea dilecta in ioanne baptista, columba in christo et apostolis, quibus dicitur: estote prudentes sicut serpentes, et simplices sicut columbae. * beda. ° sedit autem columba super caput iesu, ne quis putaret vocem patris ad ioannem factam, non ad dominum. bene autem addidit manentem in ipso: hoc enim est christo speciale ut implens eum semel spiritus sanctus nunquam recedat. nam fidelibus eius ad signa virtutum, et miracula facienda aliquando gratia spiritus confertur, aliquando tollitur; quibus tamen ad operationem pietatis et iustitiae, ad amorem dei et proximi conservandum numquam gratia spiritus abest. ipsum autem qui baptizandus cum aliis ad ioannem venit, verum esse filium dei in spiritu sancto baptizare volentem vox patris docuit; unde sequitur et vox facta est de caelis: tu es filius meus dilectus, in te complacui. non autem per hoc ipse filius quod nesciebat docetur; sed nobis quid credere debeamus ostenditur. * augustinus de cons. evang.. ° unde matthaeus ait dictum esse: filius meus dilectus, quia ostendere voluit ad id valere quod dictum est: hic est filius meus, ut illis potius qui audiebant indicaretur, quod ipse filius esset dei. si autem quaeris quid horum in illa voce sonuerit; quodlibet accipe, dummodo intelligas eos qui non eamdem locutionem retulerunt, eamdem retulisse sententiam. quod autem deus in filio sibi placuisse videatur, admonemur ex eo quod dictum est in te complacui. * beda. ° nos quoque vox eadem docuit per aquam ablutionis, et spiritum sanctificationis dei posse filios effici; mysterium etiam trinitatis in baptismate demonstratur. filius baptizatur, spiritus descendit in specie columbae, patris vox filio testimonium perhibentis auditur. * hieronymus. ° moraliter et nos de volubilitate mundi, odore florum, et munditie tracti, cum adolescentulis post sponsum currimus, et baptismi sacramento de duobus fontibus dilectionis dei et proximi, gratia remissionis abluimur, et ascendentes spe caelestia secreta mundi cordis oculis intuemur. dehinc spiritum sanctum spiritu contrito et humiliato cum simplici corde descendentem ad mansuetos, et cum caritate numquam cadente manentem suscipimus. et vox domini de caelis ad nos a deo dilectos dirigitur: beati pacifici, quoniam filii dei vocabuntur, et tunc in nobis complacet pater cum filio, et spiritu sancto, quando efficimur unus spiritus cum deo.

lc5 * Chrysostomus in matth.. ° quia christus omnia ad doctrinam nostram operabatur, et sustinebat, incepit post baptismum ab eremi habitatione, et pugnavit contra diabolum, ut unusquisque baptizatorum tentationes maiores patienter sustineat post baptismum, nec turbetur tamquam praeter spem hoc contingente, sed omnia sustinens maneat triumphator. etsi enim deus permittat tentationes fieri multis aliis modis, ob hoc etiam permittit, ut cognoscas quod homo tentatus in maiori honore constituitur: non enim accedit diabolus nisi ubi aliquem in maiori honore viderit constitutum; et ideo dicitur et statim expulit eum spiritus in desertum. propter hoc autem non ostendit eum simpliciter euntem in desertum, sed expulsum, ut hoc intelligas fieri iuxta divinae dispositionis verbum: per quod etiam innuit ne homo seipsum in tentationem ingerat, sed aliunde in tentationem quasi expulsos victores existere. * beda. ° verum ne cui veniret in dubium a quo eum spiritu expulsum diceret in desertum, consulte lucas primo posuit quod iesus plenus spiritu sancto regressus est a iordane; ac deinde intulit: et agebatur a spiritu in desertum, ne quid contra eum valuisse spiritus putaretur immundus qui plenus spiritu sancto, quo volebat digrediens, quae volebat agebat. * chrysostomus in matth.. ° expulit autem eum spiritus in desertum: quia enim diabolum ad tentandum provocare proponebat, non solum fame, sed etiam loco occasionem dedit: tunc enim maxime diabolus se ingerit, cum videt aliquos solitarios permanentes. * beda. ° secedit etiam in desertum, ut nos doceat relictis mundi illecebris, et societate pravorum, divinis per omnia servire mandatis. tentatur solus a diabolo, ut nobis insinuet, quia omnes qui volunt pie vivere in christo, persecutiones patiuntur; unde sequitur et erat in deserto quadraginta diebus, et quadraginta noctibus, et tentabatur a satana. tentatur autem quadraginta diebus, et quadraginta noctibus, ut indicet quia quamdiu hic viventes domino servimus, sive prospera blandiantur, quod ad dies pertinet, seu adversa fiant, quod noctis figurae congruit, toto tempore adversarius adsit, qui iter nostrum tentando impedire non cessat: quadraginta enim dies et noctes totum huius saeculi tempus insinuant: quia quadripartitus est mundus, in quo domino famulamur; decem vero sunt praecepta per quorum observantiam contra hostem certamus; decem autem quater ducta, quadraginta fiunt. sequitur eratque cum bestiis. * chrysostomus. ° hoc autem dicit ut ostendat quale erat desertum: invium enim erat hominibus, et bestiis plenum. sequitur et angeli ministrabant ei. post tentationem enim, et victoriam contra diabolum, operatus est hominum salutem. et sicut apostolus dicit: angeli in ministerium mittuntur propter eos qui hereditatem capiunt salutis. notandumque est, quod vincenti tentationem assistunt angeli ministrantes. * beda. ° considerandum etiam, quod christus inter bestias commoratur ut homo, sed ministerio utitur angelico ut deus. et nos cum in eremo sanctae conversationis bestiales hominum mores impolluta mente toleramus, ministerium angelorum meremur; a quibus corpore absoluti ad aeternam beatitudinem transferemur. * hieronymus. ° vel tunc bestiae pacatae nobiscum sunt, sicut in arca animalia munda cum immundis, cum caro non concupiscit adversus spiritum; post hoc angeli ministri mittuntur nobis, ut responsa et solatia cordibus vigilantibus dent.

lc6 * Chrysostomus. ° marcus evangelista matthaeum in ordine sequitur; et ideo postquam dixit angelos ministrare, subiungit postquam autem traditus est ioannes, venit iesus in galilaeam. post tentationes, et angelos ministrantes recedit in galilaeam, instruens nos non resistere violentiis malignorum. * theophylactus. ° et ut ostendat nobis quod in persecutionibus decet recedere, et non expectare; cum vero inciderimus, decet sustinere. * chrysostomus. ° recessit etiam ut ad doctrinam et sanationes seipsum conservaret priusquam pateretur; hisque omnibus adimpletis, fieret obediens usque ad mortem. * beda. ° ioanne tradito, recte incipit dominus praedicare; unde sequitur praedicans evangelium regni dei. desinente enim lege, consequenter oritur evangelium. * hieronymus. ° cessante umbra, adest veritas; ioannes in carcere, lex in iudaea, iesus in galilaea, paulus in gentibus praedicans evangelium regni. regno enim terreno succedit paupertas, paupertati christianorum regnum tribuitur sempiternum. honor autem terrenus spumae aquae, vel fumo, vel somnio comparatur. * beda. ° nemo autem putet traditionem ioannis in carcerem statim post ieiunium quadraginta dierum domini factam; quisquis enim evangelium ioannis legerit, inveniet dominum ante traditionem ioannis multa docuisse, et multa miracula fecisse: habes enim in evangelio ipsius: hoc fecit initium signorum iesus; et postea: necdum enim erat missus ioannes in carcerem. fertur autem quia cum legisset ioannes matthaei, marci et lucae volumina, probaverit quidem textum historiae, et vera eos dixisse firmaverit, sed unius tantum anni, in quo et passus est, post carcerem ioannis, historiam texuisse. praetermisso itaque anno cuius acta a tribus exposita fuerant, superioris temporis, antequam clauderetur ioannes in carcere, gesta narravit. cum ergo dixisset marcus, quia venit iesus in galilaeam, praedicans evangelium regni, subiungit, dicens quoniam impletum est tempus, et appropinquabit regnum dei. * chrysostomus. ° siquidem completo tempore, quando scilicet venit plenitudo temporis, misitque deus filium suum, conveniens fuit humanum genus ultimam consequi dei dispensationem: et ideo dicit, quod appropinquabit regnum dei. regnum autem dei idem est secundum substantiam cum regno caelorum, quamvis differt ratione: regnum enim dei intelligitur quo deus regnat; hoc vero est in regione viventium, quando facie ad faciem deum videntes, in bonis promissis existent. sive amorem quis velit suscipere illam regionem, sive aliquam aliam confirmationem eorum qui imaginem induunt supernorum, quae per caelos intelliguntur. satis enim apparens est quod regnum dei neque loco, neque tempore concluditur. * theophylactus. ° vel completum esse dicit dominus tempus legis; quasi diceret: usque ad tempus praesens operabatur lex; amodo operabitur regnum dei, quod est secundum evangelium conversatio, quae convenienter assimilatur regno caelorum. cum enim vides aliquem carne indutum secundum evangelium vivere, numquid non dices, quoniam iste habet regnum caelorum? quod non est esca, et potus; sed iustitia, et pax, et gaudium in spiritu sancto. sequitur poenitemini. * hieronymus. ° poenitentiam enim agit qui vult aeterno bono, scilicet regno dei, adhaerere. qui enim desiderat nucleum, frangit nucem. amaritudinem radicis, dulcedo pomi compensat; periculum maris, spes lucri delectat; dolorem medicinae, spes salutis mitigat. praeconia autem christi illi narrare digne possunt qui ad palmam indulgentiae meruerunt pervenire: et ideo postquam dixit poenitemini, subiunxit et credite evangelio; nam nisi credideritis, non intelligetis. poenitemini igitur, et credite; idest, renuntiate operibus mortuis: quid enim prodest credere sine bonis operibus? non tamen bonorum operum meritum adducit ad fidem; sed fides incipit, ut bona opera consequantur.

lc7 * Glossa. ° posita praedicatione christi ad turbas, agit evangelista de vocatione discipulorum, quos fecit suae praedicationis ministros; unde sequitur et praeteriens secus mare galilaeae, vidit simonem, et andream fratrem eius. * theophylactus. ° sicut ioannes evangelista refert, praecursoris erant discipuli petrus et andreas. videntes vero quod ioannes de iesu testimonium dederat, adiuncti sunt ei; post haec dolentes, quia ioannes traditus erat, ad artem propriam sunt reversi; unde sequitur mittentes retia in mare: erant enim piscatores. vide autem eos de laboribus propriis enutritos, et non ex iniquitate: tales enim digni erant christi primi discipuli fieri; unde subditur et dixit eis iesus: venite post me. nunc secundo illos vocat: est enim haec secunda vocatio respectu illius quae legitur in ioanne. ad quid autem vocentur, ostenditur cum subditur faciam vos fieri piscatores hominum. * remigius. ° quia per rete sanctae praedicationis, pisces, idest homines, de profundo pelagi, idest infidelitatis, ad lucem fidei traxerunt. admiranda autem est ista piscatio. pisces enim cum capiuntur, mox moriuntur; homines cum capti sunt, verbo praedicationis potius vivificantur. * beda. ° piscatores autem, et illitterati mittuntur ad praedicandum, ut fides credentium in virtute dei, non in eloquentia atque in doctrina esse putaretur. sequitur et protinus, relictis retibus, secuti sunt eum. * theophylactus. ° non enim oportet intervallum facere; sed statim sequi dominum. post hos vero piscatur iacobum et ioannem: quia et illi pauperes existentes, tamen senectutem nutriebant paternam; unde sequitur et progressus inde pusillum, vidit iacobum zebedaei. reliquerunt autem patrem, quia in sequela christi eos erat impediturus. sic et tu cum a parentibus impediris, relinque eos, et accede ad deum. ostenditur autem quod zebedaeus non credidit; mater vero apostolorum credidit, quae secuta est christum mortuo zebedaeo. * beda. ° quaeri autem potest quomodo binos vocaverit de naviculis piscatores, primo petrum et andream, deinde progressus paululum alios duos filios zebedaei, cum lucas dicat iacobum et ioannem vocatos fuisse ad adiuvandum petrum et andream, et christum petro tantum dixisse: noli timere: ex hoc iam homines eris capiens; simul tamen, subductis ad terram navibus, eos fuisse secutos. unde intelligendum est, hoc primo esse factum quod lucas insinuat, et postmodum ad capturam piscium eos ex more remeasse, ut postea fieret quod marcus hic narrat. tunc enim secuti sunt dominum, non subductis ad terram navibus, tamquam cura redeundi, sed tamquam vocantem, ac iubentem ut sequerentur. * hieronymus. ° mystice autem hac quadriga piscatorum vehimur ad aethera, ut elias; his quatuor angulis construitur prima ecclesia; his quatuor litteris hebraicis, tetragrammaton, nomen domini agnoscitur a nobis, quibus simili exemplo praecipitur ut audiamus vocem domini vocantis, et obliviscamur populum vitiorum, et domum paternae conversationis, quae est stultitia deo, et rete aranearum, in quo nos velut culices pene lapsos tenebat aer inanis, qui pendet in nihilum, navem pristinae conversationis abominantes. pellibus enim mortuis tegitur adam, qui est genitor noster secundum carnem; et nunc, deposito vetere homine cum actibus suis, novum sequentes hominem, pellibus tegimur salomonis, quibus sponsa gloriatur se esse formosam factam. simon autem obediens, andreas virilis, iacobus supplantans, ioannes gratia in latino sonant: quibus quatuor nominibus in agmen domini coniungimur, obedientia ut audiamus, virilitate ut pugnemus, supplantatione ut perseveremus, gratia ut conservemur: quae quatuor virtutes cardinales dicuntur; per prudentiam enim obedimus, per iustitiam viriliter agimus, per temperantiam serpentem calcamus, per fortitudinem gratiam dei meremur. * theophylactus. ° scias item primum hic vocari actionem, deinde contemplationem; petrus enim activae symbolum est, ferventior enim erat aliis, sicut activa est; ioannes vero contemplationem significat, plus enim de rebus divinis disserit ioannes.

lc8 * Hieronymus. ° marcus dicta evangelii in seipso, non in seipsis disponens, ordinem historiae non secutus, mysteriorum ordinem servat; unde sabbatis primam virtutem narrat, dicens et ingrediuntur capharnaum. * theophylactus. ° a nazareth recedens. in die autem sabbati, quando scribae congregabantur, tunc docens synagogam intravit; unde sequitur et statim sabbatis ingressus in synagogam docebat eos: etenim lex ad hoc sabbatis otio vacare iubebat, ut lectioni studentes convenirent in unum. docebat autem christus arguendo, non adulando, sicut pharisaei; unde sequitur et stupebant super doctrina eius: erat enim docens eos quasi potestatem habens, et non sicut scribae. docebat etiam in potestate, transmutans homines ad bonum, et per poenam non credentibus minabatur. * beda. ° scribae etiam docebant populos quae scripta sunt in moyse et prophetis; iesus vero quasi deus et dominus ipsius moysi pro libertate voluntatis suae, vel ea quae minus videbantur, addebat in lege, vel commutans praedicabat populis, ut in matthaeo legimus: dictum est antiquis... ego autem dico vobis.

lc9 * Beda. ° quoniam invidia diaboli mors intravit in orbem terrarum, ideo contra ipsum mortis auctorem primo debuit medicina salutis operari; et ideo dicitur et erat in synagoga eorum homo in spiritu immundo. * chrysostomus. ° spiritus quidem angelus, et aer, et anima nuncupatur, et etiam spiritus sanctus. ne igitur propter communicantiam nominis, in errorem decidamus, addit immundo: immundus autem dicitur propter impietatem, ac elongationem a deo, et quia omnibus immundis, et pravis operationibus se immiscet. * augustinus de civ. dei. ° contra superbiam porro daemonum quantam virtutem habeat dei humilitas, quae in forma servi apparuit, ipsi daemones ita sciunt ut eidem domino infirmitate carnis induto haec exprimerent; sequitur enim et exclamavit dicens: quid nobis, et tibi, iesu nazarene? venisti ante tempus perdere nos. clarum est in his verbis quod in eis et scientia erat, et caritas non erat: poenam quippe suam formidabant ab illo, non in illo iustitiam diligebant. * beda. ° daemones enim dominum in terris cernentes, se continuo iudicandos credebant. * chrysostomus. ° vel hoc ita dicit, quasi diceret: auferens immunditiam, divinamque imponens cognitionem hominum animabus, nobis locum in hominibus non das. * theophylactus. ° exire enim ab homine perditionem suam existimat daemon: immisericordes enim existunt daemones, malum aliquod pati se existimantes cum homines non molestant. sequitur scio quod sis sanctus dei. * chrysostomus. ° quasi diceret: considero adventum tuum: non enim firmam ac certam adventus dei habebat notitiam. sanctum autem dicit eum, non unum de pluribus, quia et sanctus erat unusquisque prophetarum, sed unum eum esse denuntiat: per articulum enim qui in graeco ponitur unum ostendit; per timorem vero, omnium dominum recognoscit. * augustinus. de civ. dei. ° tantum enim eis innotuit quantum voluit; tantum autem voluit quantum oportuit. sed innotuit non sicut angelis sanctis, qui eius, secundum id quod est dei verbum, participata aeternitate perfruuntur; sed sicut eis terrendis innotescendus fuit, ex quorum tyrannica potestate fuerat liberaturus praedestinatos. innotuit ergo daemonibus, non per id quod est vita aeterna, sed per quaedam temporalia suae virtutis effecta, quae angelicis sensibus etiam malignorum spirituum potius quam infirmitati hominum possint esse conspicua. * chrysostomus. ° non autem volebat veritas testimonia spirituum immundorum; unde sequitur et comminatus est ei iesus, dicens: obmutesce, et exi de homine. unde dogma salutiferum nobis datur, ne credamus daemonibus quantumcumque denuntient veritatem. sequitur et discerpens eum spiritus immundus, et exclamans voce magna exivit ab eo. quia enim homo ille tamquam sapiens loquebatur, ac discrete verba proferebat, ne putaretur quod non ex daemone, sed ex corde verba componeret, virum discerpi permisit a daemone, ut ostenderet daemonem esse qui loquebatur. * theophylactus. ° ut videntes cernerent a quo malo liberabatur homo, et propter miraculum crederent. * beda. ° potest autem videri contrarium, quomodo discerpens, vel, sicut quidam codices habent, convexans eum exiverit, cum nihil ei nocuerit secundum lucam. sed et ipse lucas dicit: et cum proiecisset eum daemonium in medium, exiit ab eo, nihilque ei nocuit. unde intelligitur hoc dixisse marcum convexans eum, sive discerpens, quod lucas dicit: cum proiecisset eum in medium; et quod secutus ait: nihilque ei nocuit, hoc intelligitur, quod illa iactatio membrorum, atque vexatio non eum debilitavit, sicut solent daemonia exire etiam quibusdam membris amputatis, aut evulsis. visa autem virtute miraculi, novitatem dominicae admirantur doctrinae atque ad inquisitionem eorum quae audierant, per ea quae viderant, excitantur; unde sequitur et mirati sunt omnes, ita ut conquirerent: ad hoc enim fiebant signa, ut per hoc evangelio regni dei quod praedicabatur, certius crederetur, dum hi qui caelestia terrigenis gaudia promittebant, caelestia in terris ac divina opera monstrabant. prius autem, teste evangelista, erat docens eos quasi potestatem habens, et nunc turba attestante, in potestate imperat spiritibus immundis, et obediunt ei. sequitur et processit rumor eius statim in omnem regionem galilaeae. * glossa. ° ea enim quae homines multum mirantur prompte divulgant: quia ex abundantia cordis os loquitur. * hieronymus. ° mystice autem capharnaum villa consolationis interpretatur, sabbatum autem requies. homo in spiritu immundo requie et consolatione sanatur, ut locus et tempus congruant saluti. homo in spiritu immundo genus humanum est, in quo immunditia regnavit ab adam usque ad moysen: nam sine lege peccaverunt, et sine lege perierunt. qui sciens sanctum dei, obmutescere iubetur, dum scientes quidem deum, non sicut deum glorificaverunt, sed servierunt potius creaturae quam creatori. spiritus discerpens hominem exiit ab eo. appropinquante salute, appropinquavit tentatio: pharao dimissurus israel persequitur israel, diabolus contemptus surgit in scandala.

lc10 * Beda. ° primo debuit lingua serpentina, ne ultra virus spargeret, concludi; deinde femina, quae primo seducta est, a carnalis concupiscentiae febre sanari; unde dicitur et protinus egredientes de synagoga, venerunt in domum simonis et andreae cum iacobo et ioanne. * theophylactus. ° recessit enim, ut consuetudo erat in sabbato, circa vesperam ad edendum in discipulorum domum. quae autem ministrare debebat, febribus tenebatur; unde sequitur recumbebat autem socrus simonis febricitans. * chrysostomus. ° discipuli autem tamquam exinde utilitatem aliquam recepturi non expectantes vespere, socrum petri sanari precabantur; unde sequitur qui statim dicunt ei de illa. * beda. ° in evangelio autem lucae scriptum est quod rogaverunt illum pro ea. modo enim salvator rogatus, modo ultro curat aegrotos, ostendens se, contra vitiorum quoque passiones, et precibus semper annuere fidelium, et ea nonnumquam quae ipsi minime intelligunt, vel intelligenda dare, vel pie petentibus, etiam non intellecta, dimittere, iuxta id quod psalmista postulat: delicta quis intelligit? ab occultis meis munda me, domine. unde et hic rogatus sanat; sequitur enim et accedens elevavit eam, apprehensa manu eius. * theophylactus. ° per hoc significatur, quod si aliquis infirmatur, a deo curabitur, si sanctis ministraverit ob christi amorem. * beda super lucam. ° quod autem sabbatis maxime medicinae, doctrinaeque suae dona frequentat, docet se non sub lege, esse sed supra legem, nec iudaicum eligere sabbatum; dilectamque domino esse requiem, si saluti studentes animarum ab opere servili, idest a cunctis contineamus illicitis. sequitur et continuo dimisit eam febris; et ministrabat eis. sanitas quae domini confertur imperio, simul tota redit, tanto robore comitante, ut eis continuo qui se adiuvant, ministrare sufficiat. si autem virum a daemonio liberatum, moraliter animum ab immunda cogitatione purgatum significare diximus; convenienter femina a febribus ad imperium domini curata carnem ostendit a concupiscentiae suae fervore, per continentiae praecepta frenatam. * hieronymus. ° febris enim intemperantiam significat, de qua nos filii synagogae per manum disciplinae, desiderii elevatione sanamur, et huius qui sanat nos ministramus voluntati. * theophylactus. ° febricitat autem qui irascitur, ut ex ira manus effrenatus extendat; sed si ratio retineat manum eius, surgit, et sic ratio ministrat.

lc11 * Theophylactus. ° quia turbae considerabant neminem licere die sabbati curare, huius gratia solis expectabant occasum, ut curandos ad iesum adducant; unde dicitur vespere autem facto, cum occidisset sol. sequitur et curavit multos qui vexabantur variis languoribus. * chrysostomus. ° per hoc autem quod dicit multos, omnes oportet intelligere, iuxta scripturae consuetudinem. * theophylactus. ° vel multos dicit; erant enim quidam infideles, qui minime curati sunt propter incredulitatem eorum. multos ergo ex oblatis sanavit, illos scilicet qui fidem habebant. sequitur et daemonia multa eiciebat, et non sinebat ea loqui, quoniam sciebant eum. * augustinus de quaest. novi et vet. testam.. ° sciebant enim daemonia christum esse, qui per legem fuerat repromissus: omnia enim signa videbant in eo quae dixerant prophetae; mysterium autem divinitatis eius ignorabant, sicut et principes eorum. si enim cognovissent, numquam dominum maiestatis crucifixissent. * beda. ° quem enim dierum quadraginta ieiunio fatigatum diabolus hominem cognoverat, nec tentando valuit an dei filius esset, experiri; iam nunc per signorum potentiam vel intellexit, vel potius suspicatus est esse filium dei. non igitur ideo iudaeis eum crucifigere persuasit, quia dei filium non esse putavit, sed quia se morte illius non praevidit esse damnandum. * theophylactus. ° ideo autem non sinebat loqui daemonia, docens nos non credere eis, etiam si vera dicunt: si enim invenerint aliquos sibi credentes, veritatibus mendacia miscent. * chrysostomus. ° non est autem contrarium ei quod hic dicitur hoc quod lucas dicit quod exibant daemonia a multis clamantia, et dicentia: quia tu es christus filius dei; subiunxit enim et increpans non sinebat ea loqui. marcus enim multa sub brevitate pertransiens, circa finem praedictorum verborum loquitur. * beda. ° mystice autem solis occubitus passionem mortemque significat illius qui dixit: quamdiu in mundo sum, lux mundi sum; et sole occidente plures quam ante daemoniaci et aegroti sanantur, quia temporaliter in carne vivens paucos iudaeorum docuit, omnibus per orbem gentibus fidei, salutisque dona transmisit. * hieronymus. ° ianua autem regni moraliter poenitentia est cum fide, quae operatur salutem languoribus variis: varia etenim sunt vitia quibus languescit civitas mundi.

lc12 * Theophylactus. ° postquam dominus infirmos curavit, seorsum recedit; unde dicitur et diluculo valde surgens, egressus abiit in desertum locum: in quo docuit nos non facere aliquid ad apparentiam, sed, et si boni aliquid operamur, non propalare. sequitur ibique orabat. * chrysostomus. ° non quia oratione indigeret: ipse enim erat qui hominum orationes suscipiebat: sed haec quidem dispensative agens, forma bonae operationis nobis est factus. * theophylactus. ° ostendit enim nobis quod deo debet attribui, si aliquid boni facimus, et ei debemus dicere: quoniam omne datum optimum desuper est descendens a te. sequitur et prosecutus est illum simon, et qui cum illo erant. * chrysostomus. ° lucas autem dicit turbas accessisse ad christum, et dixisse quod marcus hic dicit dixisse apostolos, subdens et cum venissent ad eum dixerunt ei: quia omnes quaerunt te. non autem invicem contradicunt: suscepit enim christus et post apostolos turbam coniungi christi pedibus anhelantem. gaudens autem eos suscipiebat, sed volebat eos dimittere, ut et reliqui doctrinae eius participes essent, tamquam non multo tempore in mundo moraturus; et ideo sequitur et ait: eamus in proximos vicos et civitates, ut et ibi praedicem. * theophylactus. ° transit enim ad illos magis indigentes, quia doctrinam concludere non convenit in uno loco, sed ubique radios eius extendere. sequitur ad hoc enim veni. * chrysostomus. ° in quo manifestat exinanitionis, idest incarnationis mysterium et divinitatis suae dominium, cum scilicet asserit sponte in mundum venisse. lucas vero dicit: ad hoc missus sum, denuntians dispensationem, et dei patris bonam voluntatem de filii incarnatione. sequitur et erat praedicans in synagogis eorum in omni galilaea. * augustinus de cons. evang.. ° in hac autem praedicatione quam dicit eum habuisse in omni galilaea, intelligitur etiam sermo domini habitus in monte, cuius commemorationem facit matthaeus; quem marcus omnino non commemoravit, nec aliquid simile ei dixit, nisi quasdam sententias non contextim, sed sparsim repetivit, quas dominus aliis locis dixit. * theophylactus. ° doctrinae autem operationem immiscuit: praedicans enim postmodum fugavit daemonia: sequitur enim et daemonia eiciens: nisi enim ostenderet christus miracula, eius sermoni non crederetur; sic et tu post doctrinam, operare ut non sit in te vacuus tuus sermo. * beda. ° mystice autem si occasu solis mors exprimitur salvatoris, quare non diluculo redeunte resurrectio eius indicetur? cuius manifestata luce abiit in desertum gentium, ibique in suis fidelibus orabat, quia corda eorum per gratiam sancti spiritus ad virtutem orationis excitabat.

lc13 * Beda. ° postquam lingua serpentina daemonum occlusa est, et femina, quae primo seducta est, a febre curata, tertio vir, qui male suadentis dicta coniugis audivit, ab erroris suis lepra mundatur, ut ipse esset ordo restaurationis in domino, qui erat ordo casus in protoplastis; unde sequitur et venit ad eum leprosus deprecans eum. * augustinus de cons. evang.. ° de hoc leproso mundato talia marcus connectit ut ipse intelligatur quem matthaeus commemorat tunc esse mundatum quando dominus post sermonem de monte descendit. et quia dominus ait: non veni solvere legem, sed adimplere, ille qui excludebatur a lege, purgari se domini potestate praesumens, non ex lege, sed supra legem esse gratiam indicavit quae leprosi maculam posset abluere. verum sicut in domino potestatis auctoritas, ita in illo fidei constantia declaratur; sequitur enim et genuflexo dixit: domine, si vis, potes me mundare. in faciem procidit, quod humilitatis est et pudoris, ut unusquisque de vitae suae maculis erubescat; sed confessionem verecundia non repressit: ostendit vulnus, et remedium postulavit; et ipsa confessio religionis et fidei plena est: in voluntate enim domini tribuit potestatem. * theophylactus. ° non enim dixit: si deum deprecatus fueris, sed si vis, quasi ipsum credens deum. * beda. ° de voluntate autem domini non quasi pietatis incredulus dubitavit, sed quasi colluvionis suae conscius non praesumpsit. sequitur iesus autem misertus eius, extendit manum suam, et tangens eum ait illi: volo: mundare. non, ut plerique latinorum putant, iniungendum est, et legendum: volo mundare; sed separatim, ut primum dicat volo, deinde imperet: mundare. * chrysostomus super matth.. ° propter hoc autem leprosum tangit, et non solo verbo contulit sanitatem, quia in lege a moyse dictum est: qui leprosum tetigerit, immundus erit usque ad vesperum. ut enim ostendat quod secundum naturam est haec immunditia, et quod lex non erat propter eum posita, sed propter homines puros, et quod ipse est proprie dominus legis, et quia non sicut servus infert, sed sicut dominus, sanitatem, leprosum tetigit congruenter, non tamen existente necessario tactu ad curationis operationem. * beda. ° ideo etiam tetigit ut probaret quia contaminari non poterat qui alios liberabat. simulque illud mirabile quod eo sanavit genere quo fuerat obsecratus. si vis, inquit leprosus, potes me mundare. volo, inquit; ecce habes voluntatem; mundare, iam habes pietatis effectum. * chrysostomus. ° per hoc autem non solum opinionem leprosi non destruxit, sed magis confirmavit: verbo enim morbum fugat et quod leprosus verbo dixerat, hoc opere adimplevit; unde sequitur et cum hoc dixisset, statim discessit ab eo lepra, et mundatus est. * beda. ° nihil enim medium inter opus dei atque praeceptum, quia in praecepto est opus: dixit enim, et facta sunt. sequitur et comminatus est illi, statimque eiecit eum, et dixit ei: vide nemini dixeris. * chrysostomus. ° quasi diceret: tempus nondum est mea opera praedicari; tua non indigeo praedicatione. per hoc autem docet nos ex nostris operibus honorem apud homines pro retributione non quaerere. sequitur sed vade, ostende te principi sacerdotum. propter hoc autem hunc ad sacerdotem mittit salvator, ad probationem medelae, et ne extra templum fieret, sed in oratione cum populo computetur. mittit etiam, quae sunt legis adimplens, ut iudaeorum linguam maliloquam obturaret. opus quidem ipse complevit, probationem operis illis dimittens. * beda. ° ut scilicet intelligeret sacerdos eum non legis ordine, sed gratia dei supra legem esse curatum. sequitur et offer pro emundatione tua quod praecepit moyses, in testimonium illis. * theophylactus. ° praecepit quidem munus offerre quod habebant in consuetudine qui mundabantur offerre, tamquam in huiusmodi testimonium quod non erat contra legem, sed magis legem confirmabat, intantum quod ipse legis operaretur praecepta. * beda. ° si quem vero movet quomodo dominus iudaicum videtur approbare sacrificium, cum id non recipiat ecclesia, meminerit, quod nondum obtulerat in passione holocaustum suum. non autem oportebat auferri significantia sacrificia priusquam illud quod significabatur, confirmatum esset contestatione apostolorum praedicantium, et fide credentium populorum. * theophylactus. ° leprosus autem, quamvis dominus prohibuerit, beneficium patefecit; unde sequitur at ille egressus coepit praedicare, et diffamare sermonem. oportet enim beneficiatum gratum esse, et gratias reddere, etiam si benefaciens non indigeat. * gregorius moralium. ° merito autem quaeritur quidnam sit quod dominus quae gessit, abscondi iussit, et nec ad horam potuerunt abscondi? sed notandum. miraculum faciens taceri iussit, et tamen taceri non potuit, ut videlicet electi eius exempla doctrinae illius sequentes, in magnis quae faciunt latere quidem in voluntate habeant, sed ut prosint aliis, prodantur inviti. non ergo voluit quicquam fieri, et minime potuit; sed quid velle eius membra debeant, quidve de eis etiam nolentibus fiat, doctrinae magisterio exemplum dedit. * beda. ° unius autem perfecta salvatio multas ad dominum cogit turbas; unde subditur ita ut iam non posset manifeste introire in civitatem, sed foris in desertis locis esset. * chrysostomus. ° leprosus enim ubique praedicabat mirabilem curationem, ita ut omnes currerent ad visum, et fidem curantis: ut propter hoc dominus in civitatibus evangelizare non posset, sed in eremis conversaretur; unde sequitur et conveniebant ad eum undique. * hieronymus. ° mystice lepra nostra peccatum primi hominis est, quae a capite coepit quando regna mundi desideravit: radix enim omnium malorum est cupiditas; unde giezi avaritiam secutus lepra suffunditur. * beda. ° extenta vero manu salvatoris, hoc est incarnato dei verbo, humanamque contingente naturam, ab erroris prisci varietate mundatur. * hieronymus. ° quae quidem lepra vero sacerdoti secundum ordinem melchisedech ostensa, oblatione mundatur, eo dicente nobis: date eleemosynam, et omnia munda sunt vobis. quod autem non poterat iesus manifeste in civitatem introire, etc., significatur quod non omnibus manifestatus est iesus, qui latis, atque plateneis serviunt laudibus, et propriis voluntatibus; sed his qui foras cum petro exeunt, et in desertis locis sunt, quae elegit dominus ad orandum et reficiendum populum, qui scilicet deserunt delectationes mundi, et omnia quae possident, ut dicant: portio mea dominus. gloria vero domini manifestatur his qui conveniunt undique, idest per plana, et ardua, quos nihil potest separare a caritate christi. * beda. ° post factum etiam in civitate miraculum secedit dominus in desertum, ut ostendat se magis quietam, et a saeculi curis remotam diligere vitam, atque ob huius appetitum se sanandis curam adhibere corporibus.

072 CMC cp2

lc1 * Beda. ° quia nec carnales superna pietas deserit, quin etiam his gratiam suae visitationis, per quam et ipsi spirituales effici valeant, indulget; post desertum dominus redit in civitatem; unde dicitur et iterum intravit capharnaum post dies octo. * augustinus de cons. evang.. ° matthaeus autem hoc miraculum quod sequitur, ita scribit tamquam in civitate domini factum sit, marcus autem hoc in capharnaum; quod difficilius solveretur, si matthaeus etiam nazareth nominaret. nunc vero cum potuerit ipsa galilaea dici civitas christi, quia in galilaea erat nazareth; quis dubitaverit in civitate sua hoc fecisse dominum, cum hoc fecerit in capharnaum civitate galilaeae, praesertim quia et ipsa capharnaum ita excellebat in galilaea, ut tamquam metropolis haberetur? vel matthaeus praetermisit quae gesta sunt postquam venit in civitatem suam, donec veniret capharnaum, et sic adiungit de sanato paralytico, subiungens: et ecce offerebant ei paralyticum, postquam dixerat, quod venit in civitatem suam. * chrysostomus in matth.. ° vel capharnaum civitatem eius dixit matthaeus, eo quod saepius illuc ibat, ac multa ibidem miracula perpetrabat. sequitur et auditum est quod in domo esset; et convenerunt multi, ita ut non caperet eos domus neque ad ianuam. laborem enim accedendi desiderium audiendi superabat. post hoc paralyticum introducunt, de quo et matthaeus et lucas dicunt; unde sequitur et venerunt ferentes ad eum paralyticum, qui a quatuor portabatur. invenientesque multitudine ianuam obturatam, per eam non potuerunt aliquatenus introire; sperantes autem portatores eum qui portabatur curationis gratiam posse promereri, lectum cum onere sublevantes, nudato tecto intromiserunt cum lecto paralyticum ante faciem salvatoris: et hoc est quod subditur et cum non possent offerre eum, etc.. sequitur cum vidisset autem iesus fidem illorum, ait paralytico: fili, dimittuntur tibi peccata tua. non quidem dixit fidem paralytici, sed portantium: contingit enim aliquando quod aliquis fide alterius convalescit. * beda. ° intuendum sane quanti propria cuiuscumque fides apud deum valeat, ubi tanti valuit aliena ut totus homo repente interius exteriusque salvatus exurgeret, et aliorum merito aliis relaxarentur errata. * theophylactus. ° ipsius etiam paralytici fidem vidit: etenim ille portari non sineret, nisi curationis fidem haberet. * beda. ° curaturus autem hominem a paralysi dominus primo peccatorum vincula dissolvit, ut ostenderet eum ob nexus culparum, artuum dissolutione fuisse damnatum, nec nisi his relaxatis membrorum posse recuperatione sanari. mira autem humilitas: despectum et debilem, totisque membrorum dissolutum compagibus filium vocat, quem sacerdotes non dignarentur attingere: aut certe ideo filium, quia dimittuntur ei peccata sua. sequitur erant autem illic quidam de scribis sedentes et cogitantes in cordibus suis: quid hic loquitur? blasphemat. * cyrillus. ° arguunt autem eum blasphemiae, mortis praecipitantes sententiam: erat enim in lege mandatum, quod quicumque blasphemaret in deum, morte puniretur. hoc autem ei imponebant, quia sibi attribuebat divinam potestatem remittendi peccata; unde subditur quis potest dimittere peccata nisi solus deus? solus enim iudex omnium potestatem habet dimittendi peccata. * beda. ° qui per eos quoque dimittit quibus dimittendi tribuit potestatem: et ideo christus vere deus esse probatur, quia dimittere peccata quasi deus potest. errant itaque iudaei, qui cum christum et deum esse, et peccatum dimittere posse credant, iesum tamen christum esse non credunt. sed multo dementius errant ariani, qui cum iesum et christum esse, et peccata posse dimittere, evangelii verbis devicti negare non audeant: nihilominus deum negare non timent. at ipse perfidos salvare desiderans et occultorum cognitione, et virtute operum deum se esse manifestat; nam sequitur quo statim cognito iesus spiritu suo, quia sic cogitarent intra se, dicit illis: quid ista cogitatis in cordibus vestris? in quo ostendit se deum, qui potest cordis occulta cognoscere, et quodammodo tacens loquitur: eadem maiestate et potentia qua cogitationes vestras intueor, possum et hominibus delicta dimittere. * theophylactus. ° sed quamvis fuerint eorum cogitationes revelatae, tamen permanent insensibiles, non in hoc consentientes quod peccata valeat dimittere qui novit eorum corda; unde dominus certificat de curatione animae per curationem corporis, demonstrans per visibile invisibile, per id quod est facile difficilius: quamvis ipsi non ita crederent. pharisaei enim difficilius credebant sanare corpus tamquam manifestum, animam vero curare facilius, quia invisibilis est medela; ita ut talia cogitarent: ecce corpus curare desinit, et invisibilem curat animam: magis autem si valuisset, corpus iam curasset et non ad invisibile refugisset. salvator igitur, ostendens quod utraque potest, ait quid est facilius? quasi dicat: ego quidem per corporis medelam, quae secundum veritatem facilior est, difficilior autem vobis videtur, ostendam vobis animae sanitatem, quae difficilior est. * chrysostomus. ° et quia dicere, quam facere facilius est, adhuc manifesta erat contradictio, quia opus nondum erat manifestum: unde subdit ut autem sciatis quia potestatem habet filius hominis, etc.; quasi dicat: quoniam de verbo diffiditis, operationem inducam, quod erat invisibile confirmantem. signanter autem dicit in terra dimittendi peccata, ut ostenderet quod humanae naturae potestatem divinitatis univit indivisibili unione; quia etsi factus est homo, tamen dei verbum permansit; et si per dispensationem in terris cum hominibus conversaretur, non tamen prohibebatur miracula perpetrare, ac remissionem tribuere peccatorum: non enim humanitas diminuit aliquid de proprietatibus divinitatis, nec divinitas impedivit dei verbum incommutabiliter, et veraciter in terris secundum carnem fieri filium hominis. * theophylactus. ° dicit autem tolle grabatum tuum, ad maiorem miraculi certitudinem; ostendens quod non est secundum phantasiam, simulque ut ostenderet quod non solum curavit, sed et fortitudinem dedit: sic animas non solum a peccato convertit, sed eis virtutem tribuit ad operandum mandata. * beda. ° fit igitur carnale signum, ut probetur spirituale; quamquam eiusdem virtutis sit et corporis et animae vitia dimittere; unde sequitur et statim ille surrexit, et sublato grabato abiit coram omnibus. * chrysostomus. ° prius autem id quod quaerere venerat, scilicet animam, remittendo peccata, curavit, ut cum non credentes dubitaverint, tunc opus adducat in medium, ut verbum opere confirmetur, et per manifestum occultum, animae scilicet sanitas per medelam corporis ostendatur. * beda. ° datur etiam nobis intelligentia, propter peccata plerasque evenire corporum debilitates; et idcirco forsitan prius dimittuntur peccata, ut, causis debilitatis ablatis, sanitas restituatur. quinque enim de causis affliguntur homines molestiis carnis: aut propter merita augenda, ut iob, et martyres; aut propter humilitatem conservandam, ut paulus ab angelo satanae; aut ob peccata intelligenda, et corrigenda, ut maria soror moysi, et hic paralyticus; aut ad gloriam dei, sicut caecus natus, et lazarus; aut ad initium damnationis, sicut herodes. miranda est autem divinae potentiae virtus, ubi nulla temporis interveniente morula, iussu salvatoris salus festina comitatur; unde sequitur ita ut admirarentur. relinquentes maius, scilicet remissionem peccatorum, admirantur tantummodo quod apparet, corporis scilicet sanitatem. * theophylactus. ° non est autem hic paralyticus qui a ioanne curatus narratur: ille enim hominem non habebat, hic vero quatuor; ille in probatica piscina curatur, hic vero in domo. est autem unus qui a matthaeo et marco curatus narratur. mystice autem est et nunc christus in capharnaum, in domo scilicet consolationis, idest in ecclesia, quae est domus paralytici. * beda. ° praedicante autem domino in domo, non capiuntur neque ad ianuam, quia praedicante in iudaea christo gentiles ad audiendum nondum intrare valuerunt, ad quos tamen, etsi foris positos, doctrinae suae verba per praedicatores direxit. * hieronymus. ° paralysis autem typus est torporis quo piger iacet in mollitie carnis, habens desiderium salutis. * theophylactus. ° si ergo ego dissolutis potentiis animae quasi paralyticus invirtuosus abeam ad bonum, et attollar a quatuor evangelistis, ad christum adducar, audiamque tunc fili, et relinquentur mihi peccata: filius enim dei fit aliquis propter mandatorum operationem. * beda. ° seu quia quatuor sunt virtutes quibus ad promerendam sospitatem homo fiducia mentis erigitur, quas nonnulli prudentiam, fortitudinem, temperantiam et iustitiam nuncupant. desiderant autem paralyticum christo offerre; sed turba interposita ab omni parte intercluduntur: quia saepe anima post infirmi corporis desidiam, supernae gratiae remedio cupiens innovari, priscae consuetudinis obstaculo retardatur; saepe inter ipsas orationis secretae dulcedines, et quasi suave cum domino colloquium, turba cogitationum interveniens aciem mentis, ne christus videatur, impedit. non itaque est in infimis ubi turbae tumultuantur remanendum; sed tectum domus, idest sacrae scripturae sublimitas est appetenda, lexque domini meditanda. * theophylactus. ° sed quomodo ferar ad christum, nisi tectum aperiatur? tectum enim est intellectus, qui superponitur omnibus his quae in nobis sunt. hic multum habet terrae quantum ad lateres fictiles, terrenas dico res: sed si haec sublevetur virtus, intellectus in nobis exoneratur. post hoc submittatur, id est humilietur: non enim decet extolli de hoc quod intellectus est exoneratus, sed magis humiliari. * beda. ° vel patefacto tecto aeger submittitur, quia reseratis scripturarum mysteriis ad notitiam christi pervenitur, hoc est, ad eius humilitatem fidei pietate descenditur. quod autem cum grabato deponitur infirmus, significat ab homine adhuc in ista carne constituto christum debere cognosci. de grabato autem surgere est animam se a carnalibus desideriis, ubi aegra iacebat, abstrahere. grabatum tollere est ipsam quoque carnem per continentiae frena correptam spe caelestium praemiorum a deliciis segregare terrenis. sublato autem grabato domum ire, ad paradisum redire est. vel sanus qui languerat, domum reportat grabatum, cum anima, remissione accepta peccatorum, cum ipso suo corpore ad internam sui custodiam se refert. * theophylactus. ° oportet etiam grabatum, idest corpus tollere ad operationem boni: tunc enim ad contemplationem pertingere valebimus, ita ut quae in nobis sunt cogitationes dicant: quoniam nunquam sic vidimus, idest nunquam sic intelleximus, sicut nunc a paralysi curati: qui enim a peccatis mundatus est, mundius videt.

lc2 * Beda. ° postquam dominus in capharnaum docuit, egressus est ad mare, ut non solum civilem vitam hominum instrueret, verum etiam habitatoribus maris evangelium regni praedicaret, eosque fluctivagos rerum labentium motus contemnere, ac fidei firmitate superare doceret; unde dicitur et egressus est iesus ad mare, omnisque turba veniebat ad eum, et docebat eos. * theophylactus. ° vel post miraculum ad mare egreditur, quasi solitarius volens esse; sed turba concurrit iterum: ut addiscas quod quantum fugis gloriam, tantum ipsa te persequitur. et si quidem tu ipsam persequeris, ipsa te fugiet. inde autem transiens dominus vocavit matthaeum; unde sequitur et cum praeteriret, vidit levi alphaei sedentem ad telonium. * chrysostomus. ° idem autem est publicanus a tribus evangelistis nominatus, scilicet matthaeus a matthaeo, levi autem simpliciter a luca, levi autem alphaei a marco: filius enim erat alphaei. binomios autem secundum scripturam et alios est videre; sicut socer moysi quandoque ietro, quandoque raguel vocatur. * beda. ° sic et idem est levi qui et matthaeus; sed lucas, marcusque propter verecundiam, et honorem evangelistae, nomen ponere nolunt vulgatum; ipse autem matthaeus iuxta illud quod scriptum est: iustus accusator est sui, matthaeum se, et publicanum nominat, ut ostendat legentibus, nullum debere conversum de salute diffidere, cum ipse de publicano in apostolum sit repente mutatus. ad teloneum autem, idest ad curam, dispensationemque vectigalium sedentem dicit: telos, enim graece, latine vectigal nominatur. * theophylactus. ° sedebat enim in telonio ut consuetudinis est, aut aliquos impetens, aut verba vendens, aut aliquid huiusmodi faciens, quibus in suis mansionibus telonearii utuntur: qui de hoc statu sic sublevatus est ut relinquens omnia, christum sequeretur; unde sequitur et ait illi: sequere me. et surgens secutus est eum. * beda. ° sequi autem imitari est: ideoque ut pauperem christum non tam gressu, quam affectu imitari posset, reliquit propria qui rapere solebat aliena. non solum autem lucra reliquit vectigalium, sed et periculum contempsit quod evenire poterat a principibus saeculi: quia vectigalium rationes imperfectas atque incompositas reliquit. ipse enim dominus, qui hunc exterius humana allocutione ut sequeretur vocavit, intus divina inspiratione, ut mox vocantem sequeretur, accendit. * hieronymus. ° sic ergo levi, qui appositus interpretatur, a telonio negotiorum saecularium solum sequitur verbum quod dicit: qui non renuntiaverit omnibus quae possidet, non potest meus esse discipulus. * theophylactus. ° qui autem prius alios impetebat sic factus est benevolus ut ad comestionem plurimos convocaret: unde sequitur et factum est cum accumberet, scilicet iesus, in domo illius, multi publicani, et peccatores simul discumbebant cum iesu et discipulis eius. * beda. ° publicani autem appellantur hi qui vectigalia publica exigunt, sive qui conductores sunt vectigalium fisci, vel rerum publicarum, nec non et hi qui saeculi huius lucra per negotia sectantur, eodem vocabulo censentur. viderant itaque publicanum a peccatis ad meliora conversum, locum invenisse poenitentiae, et ob id etiam non desperant salutem. neque vero in pristinis vitiis permanentes publicani veniunt ad iesum, ut pharisaei et scribae; sed poenitentiam agentes, ut sequens evangelistae sermo designat, dicens erant enim multi qui sequebantur eum. ibat enim dominus ad convivia peccatorum, ut occasionem haberet docendi, et spirituales invitatoribus suis praeberet cibos: quod mysteriorum figuris congruit; qui enim domicilio christum recipit interno, maximis delectationibus exuberantium pascitur voluptatum. itaque dominus libenter ingreditur, et in eius qui crediderit recumbit affectu; et hoc est bonorum operum spirituale convivium, quo dives populus eget, et pauper epulatur. * theophylactus. ° pharisaei autem hoc arguunt, quasi puros se facientes; unde sequitur et pharisaei videntes quia manducaret cum publicanis et peccatoribus, dixerunt discipulis eius: quare cum publicanis et peccatoribus manducat et bibit magister vester? * beda. ° si per matthaei electionem et vocationem publicanorum, fides exprimitur gentium, quae prius mundi lucris inhiabant: profecto supercilium scribarum et pharisaeorum, iudaeorum invidiam insinuat, qui de gentium salute torquentur. sequitur hoc audito iesus ait illis: non necesse habent sani medico, sed qui male habent. sugillat scribas et pharisaeos, qui iustos se putantes, peccatorum consortia declinabant. seipsum medicum dicit, qui miro medicandi genere vulneratus est propter iniquitates nostras, et eius livore sanati sumus; sanos autem et iustos appellat eos, qui suam iustitiam nolentes statuere, iustitiae dei sunt subiecti; porro male habentes, et peccatores vocat eos qui suae fragilitatis conscientia devicti, nec per legem se iustificari posse videntes, christi gratiae poenitendo colla submittunt; unde subditur non enim veni vocare iustos, sed peccatores; non quidem ut maneant peccatores, sed ut ad poenitentiam convertantur.

lc3 * Glossa. ° sicut superius apud discipulos magister arguebatur de consortio peccatorum in conviviis; ita nunc e converso apud magistrum discipuli incusantur de ieiuniorum omissione, ut sic inter eos materia dissidii oriretur; unde dicitur et erant discipuli ioannis et pharisaeorum ieiunantes. * theophylactus. ° ioannis enim discipuli in imperfecto positi, in consuetudinibus iudaicis permanebant. * augustinus de cons. evang.. ° potest autem putari, ideo addidisse pharisaeos, quod simul cum discipulis ioannis hoc quod sequitur domino dixerint; cum matthaeus hoc discipulos ioannis tantum dixisse perhibeat; sed verba quae sequuntur magis indicant alios hoc dixisse de aliis; sequitur enim et veniunt, et dicunt illi: quare discipuli ioannis et pharisaeorum ieiunant, tui autem discipuli non ieiunant? haec enim verba indicant, convivas qui aderant venisse ad iesum, et hoc idem discipulis dixisse, ita ut quod ait veniunt, non de ipsis dixerit, de quibus interposuerat et erant discipuli ioannis et pharisaeorum ieiunantes. sed cum isti essent ieiunantes, veniunt illi quos hoc movet. unde ergo matthaeus dicit: et accesserunt ad eum discipuli ioannis dicentes, nisi quia et apostoli aderant, et omnes certatim, ut quisque poterat, haec obiecerunt? * chrysostomus. ° discipuli ergo ioannis, et pharisaeorum contra christum zelotype se habentes, ipsum interrogant, utrum solus cum discipulis suis absque abstinentia et labore pugnas superet passionum. * beda. ° sed ioannes vinum et siceram non bibit; dominus cum peccatoribus manducat et bibit: quia illi abstinentia meritum auget cui potentia nulla inerat naturae; dominus autem, cui naturaliter suppetebat delicta donare, cur eos declinaret quos abstinentibus poterat reddere puriores? sed ieiunavit et christus, ne praeceptum declinares; manducavit cum peccatoribus, ut gratiam cerneres, agnosceres potestatem. sequitur et ait illis iesus: numquid possunt filii nuptiarum, quamdiu est cum illis sponsus, ieiunare? * augustinus de cons. evang.. ° marcus hic filios nuptiarum appellat, matthaeus autem filios sponsi: filios enim nuptiarum non tantum sponsi, sed etiam sponsae intelligimus. * chrysostomus. ° sponsum ergo seipsum vocat, tamquam ecclesiam desponsaturus. est enim desponsatio datio arrhae, scilicet gratiae spiritus sancti, per quam credidit orbis terrae. * theophylactus. ° sponsum etiam seipsum vocat, non solum tamquam virginales animas desponsantem, sed quia tempus primi adventus eius non est doloris neque tristitiae his qui credunt in eum, neque labores continens, sed requiem: est enim absque operatione legali dans requiem per baptismum, per quem facile sine labore salutem consequimur. filii autem nuptiarum, sive sponsi, sunt apostoli: quia ipsi dei gratia digni sunt facti omni bono caelesti, ac omni delectatione participes. * chrysostomus. ° conversationem autem suam omnis angustiae dicit esse alienam, cum subdit quanto tempore habent secum sponsum, non possunt ieiunare. ille tristatur qui praesens bonum non habet; qui vero in praesenti accipit, gaudet, et non tristatur. ut autem elationem illorum destrueret, et ostenderet quod non ad lasciviam proprios discipulos conservabat, subiungit venient autem dies cum auferetur ab eis sponsus, et tunc ieiunabunt in illis diebus; quasi dicat: tempus erit in quo suam virilitatem demonstrent: quando enim subtrahetur ab eis sponsus, ieiunabunt, eius affectantes adventum, ut spiritus illi coniungant per corporales angustias emundatos. ostendit etiam quod nulla necessitas est ut sui ieiunent, sicut illi qui sponsum humanae naturae, qui ubique praesidet verbis dei, et qui tribuit semen vitae, secum habebant praesentem. filii etiam sponsi, quia infantes sunt, non possunt per totum conformari patri et sponso, qui eorum infantiam considerans dignatur eos non tunc ieiunare; recedente autem sponso, propter desiderium ieiunabunt; sed cum perfecti fuerint, et sponso coniungentur in nuptiis, regalem semper comedent coenam. * theophylactus. ° intelligendum est autem et sic: quoniam omnis homo qui bene operatur est sponsi filius, et sponsum secum habet, scilicet christum, et non ieiunat, idest opera poenitentiae non ostendit, quia non peccat; quando vero aufertur sponsus, homine in peccatum labente, tunc ieiunat, et poenitet, ut curet delictum. * beda. ° mystico autem sensu potest sic exponi quod discipuli ioannis et pharisaei ieiunant: quia omnis qui de operibus legis sine fide gloriatur, et qui traditiones sequitur hominum, et praeconium christi aure corporis, non fide cordis percipit, spiritualibus abstinens bonis, ieiuno corde tabescit; qui vero christi membris fideli incorporatur amore, non potest ieiunare, quia carne ipsius epulatur et sanguine. sequitur nemo assumentum panni rudis, idest novi, assuit vestimento veteri. * chrysostomus. ° quasi dicat: quia hi novi praedicatores testamenti existunt, legibus eos servire veteribus possibile non est; vos autem congrue veteres sequentes consuetudines, mosaica ieiunia observatis; isti vero novas, ac mirabiles observationes tradituri hominibus, veteres observare non est necesse, sed esse mentibus virtuosos: aliquo vero tempore ieiunium cum ceteris virtutibus observabunt. sed hoc ieiunium differt a ieiunio legis; quia illud erat ex necessitate, hoc ex voluntate, propter fervorem spiritus, cuius nondum sunt capaces; unde sequitur et nemo mittit vinum novum in utres veteres. * beda. ° discipulos enim veteribus comparat utribus, quos vino novo, idest spiritualibus praeceptis, facilius disrumpi, quam posse continere dicit. erunt autem utres novi cum post ascensum domini desiderio consolationis eius innovabuntur; et tunc novum vinum novis utribus adveniet; hoc est, spiritus sancti fervor spiritualium corda replebit. doctori etiam cavendum est, ne animae in vetustate malitiae perduranti, novorum mysteriorum secreta committat. * theophylactus. ° vel aliter. discipuli veteribus vestimentis assimilati sunt propter eorum mentis infirmitatem, quibus non erat congruum imponere statutum grave ieiunii. * beda. ° neque conveniens erat novum pannum assuere, quod est aliqua particula doctrinae, quae ad novae vitae temperantiam pertinet, quae generale docet ieiunium ab omni laetitia temporalium delectationum: quia si hoc fiat, et doctrina scinditur, et non convenit vetustati. vestimento autem novo bona opera, quae foris aguntur, insinuantur; vino autem novo fervor fidei, spei et caritatis, quo intus reformamur, exprimitur.

lc4 * Chrysostomus. ° liberati a figura, et veritati uniti christi discipuli, figurale sabbati festum non servant; unde dicitur et factum est iterum, cum dominus sabbatis ambularet per sata, et discipuli eius coeperunt progredi et vellere spicas. * beda. ° legimus et in sequentibus, quod erant qui veniebant, et redibant multi, et nec manducandi quidem spatium habebant: et ideo quasi homines esuriebant. * chrysostomus. ° esurientes autem escam simplicem comedebant, non ad voluptatem, sed propter naturae necessitatem. pharisaei autem figurae et umbrae servientes, discipulos accusabant tamquam iniuste agentes: unde sequitur pharisaei autem dicebant ei: ecce quid faciunt discipuli tui sabbatis quod non licet. * augustinus de oper. monach.. ° populo siquidem israel per legem praeceptum est ut in agris suis furem nullus teneret, nisi qui secum aliquid vellet auferre: nam qui nihil aliud attigisset, quam id quod comedisset, liberum impunitumque abire sineret; unde etiam spicas vellentibus discipulis domini, de sabbato potius quam de furto iudaei calumniati sunt. * chrysostomus. ° dominus autem david in medium introducit, cui aliquando contigit non secundum legem comedere, cum sacerdotalem tetigit cibum, ut illius exemplo accusationem discipulorum solvat; sequitur enim et ait illis: numquam legistis quid fecerit david? * theophylactus. ° fugiens enim david a facie saul ad principem sacerdotum devenit, et panes propositionis comedit, et gladium abstulit goliae; quae domino erant oblata. quaerunt vero aliqui qualiter nunc evangelista abiathar principem sacerdotum nominavit, cum liber regum hunc nominet abimelech. * beda. ° hoc autem nihil habet dissonantiae: ambo enim fuerunt illic, cum veniens david panes petiit, et accepit: abimelech videlicet princeps sacerdotum, et abiathar filius eius. occiso autem abimelech a saule, fugit abiathar ad david, et comes factus totius exilii eius, postea, eo regnante, summi sacerdotii et ipse gradum accepit, multoque maioris excellentiae filius quam pater effectus est; ideo dignus fuit cuius memoriam dominus, etiam vivente patre, quasi summi sacerdotis faceret. sequitur et dicebat eis: sabbatum propter hominem factum est, et non homo propter sabbatum. maior enim est cura sanitati, et vitae hominis quam custodia sabbati adhibenda. sic enim mandatum est sabbatum custodiri, ut tamen si necessitas esset, reus non esset qui sabbatum violasset; ideo sabbato circumcidi non est prohibitum, quia necesse erat fieri; et machabaei necessitate instante sabbato pugnabant: unde discipulis esurientibus quod licitum non erat in lege, necessitate famis factum est licitum; sicut hodie si quis aeger ieiunium corruperit, nulla ratione reus tenetur. sequitur itaque dominus est filius hominis etiam sabbati; quasi dicat: david rex sacerdotali cibo pastus excusabilis est; quanto magis filius hominis, verus rex et sacerdos, et dominus sabbati, evulsarum sabbato spicarum noxa non tenetur? * chrysostomus. ° dominum quidem sabbati, et filium hominis seipsum proprie vocat: quoniam quidem dei existens filius, filius hominis propter homines dignatus est dici. legis autem latori, et domino lex non dominatur; plus enim licet regi quam legibus statuatur. infirmis quidem datur lex, non perfectis, et operantibus supra legem. * beda. ° mystice autem discipuli per sata transeunt, cum doctores sancti quos in fide instituerunt cura piae sollicitudinis inspiciunt; quos esurire nihil melius quam salutem intelligimus hominum. vellere autem spicas est homines a terrena intentione eruere, fricare autem manibus est exemplis virtutum a carnis concupiscentia, quasi a quibusdam folliculis, puritatem mentis exuere: grana manducare est emundatum quemque a sordibus vitiorum per ora praedicantium, ecclesiae membris incorporari. et bene hoc discipuli progredientes ante faciem domini fecisse memorantur: quia doctoris necesse est sermo praecedat, et sic cor auditoris subsequens gratia supernae visitationis illustret. bene sabbatis: quia et ipsi doctores in praedicando pro spe futurae quietis laborant, et auditores suos monent pro aeterna requie insudare laboribus. * theophylactus. ° vel quia cum habent in passionibus requiem, tunc aliis ad virtutem ductores fiunt, evellentes terrena. * beda. ° item per sata ambulant cum domino qui eloquia sacra meditari delectantur, esuriunt cum in eis panem vitae invenire desiderant; et hoc in sabbatis, cum sopita mente a turbulentis cogitationibus vacare gaudent; vellunt spicas, et contritas purgant, donec ad escam perveniant, cum testimonia scripturarum, ad quae legentes perveniunt, meditando assumunt, et tamdiu discutiunt donec in eis medullam dilectionis inveniant. verum haec mentium refectio stultis displicet, sed a domino approbatur.

072 CMC cp3

lc1 * Theophylactus. ° postquam dominus iudaeos, qui discipulos accusaverant, quod spicas sabbato evellebant, exemplo david confudit, nunc amplius ipsos ad veritatem reducens, miraculum in sabbato operatur, ostendens quod si operari sabbato miracula in salutem hominum pium est, non est malum in sabbato necessaria corporis operari. dicit ergo et introivit iterum in synagogam, et erat ibi homo habens manum aridam. et observabant eum si sabbatis curaret, ut accusarent eum. * beda. ° quia enim destructionem sabbati, quam in discipulis arguebant, probabili magister excusaverat exemplo, nunc ipsum observando calumniari volunt, ut si sabbato curet, transgressionis, si non curet, crudelitatis, aut imbecillitatis arguant. sequitur et ait homini habenti manum aridam: surge in medium. * chrysostomus. ° statuit quidem illum in medio, ut terrerentur aspectu, ac viso eo compatiantur, et malitiam deponant. * beda. ° et praeveniens calumniam iudaeorum, quam ei paraverant, |25| arguit eos, quia legis praecepta prava tentatione violabant; unde sequitur et dicit eis: licet sabbato bene facere, an male? hoc autem quaerit quia aestimabant in sabbato etiam a bonis operibus feriandum, cum lex a malis abstinere iubeat, dicens: omne opus servile non facietis in eo, id est peccatum: quia qui facit peccatum, servus est peccati. idem autem est quod praemiserat bene facere, an male, et quod postea subdit animam salvam facere an perdere? hoc est, hominem curare, an non: non quod deus summe bonus, auctor perditionis nobis esse possit: sed quod eius non salvare scripturae consuetudine perdere dicitur. si quem vero movet quare dominus, cum corpus esset curaturus, de animae salvatione interrogaverit, intelligat vel animam more scripturarum pro homine positam, sicut dicitur: hae sunt animae quae exierunt de femore iacob; vel quod illa miracula propter animae salutem faciebat; vel quod ipsa manus sanatio salutem animae significabat. * augustinus de cons. |50| evang.. ° sed potest movere quomodo matthaeus dixerit, quod ipsi interrogaverint dominum, si licet sabbato curare; cum marcus illos potius interrogatos a domino perhibeat licet sabbato bene facere an male? itaque intelligendum est, quod illi prius interrogaverunt dominum, si licet sabbato curare, deinde quod intelligens cogitationes eorum aditum accusandi quaerentium, constituerit in medio illum quem fuerat sanaturus, et interrogaverit quae marcus et lucas eum interrogasse commemorant; ac tunc illis tacentibus proposuisse similitudinem de ove, et conclusisse, quod liceat sabbatis bene facere. sequitur at illi tacebant. * chrysostomus. ° sciebant enim quod eum omnino curaret. sequitur et circumspiciens eos cum ira. quod eos cum ira circumspicit, ac tristatur super caecitate cordis eorum, humanitati convenit, quam pro nobis suscipere dignatus est. verbo autem miraculum coniungit: unde sola voce homo curatur; unde sequitur et extendit, et restituta est manus |75| illi; per haec omnia pro discipulis respondens, simulque ostendens suam vitam existere supra legem. * beda. ° mystice autem homo qui manum habebat aridam, humanum genus indicat infecunditate boni operis arefactum, sed domini miseratione curatum: cuius dextera, quae in primo parente, dum vetitae arboris poma decerperet, aruerat, per redemptoris gratiam, dum insontes manus in cruce arboris tenderet, bonorum operum succis est restituta saluti. et bene in synagoga manus erat arida: quia ubi scientiae donum maius est, ibi gravius est inexcusabilis noxae periculum. * hieronymus. ° vel significat avaros, qui valentes dare, volunt accipere, praedari, et non largiri; quibus dicitur ut extendant manus suas; id est: qui furabatur iam non furetur, magis autem laboret operans manu sua quod bonum est, ut habeat unde communicet indigentibus. * theophylactus. ° vel aridam dexteram habet manum quisquis non operatur quae sunt dexterae partis: ex quo enim manus nostra constituitur in operibus |100| prohibitis, ex tunc arescit in operatione boni. iterum vero restaurabitur quando in virtute stabit; unde christus dicit surge, scilicet a peccatis, et sta in medio; et neque ad diminutum, neque ad superabundantiam se extendit.

lc2 * Beda. ° pharisaei reputantes in crimen quod ad verbum domini salvam qui languebat extendit dexteram, de voce salvatoris fecerunt consilium; unde dicitur exeuntes autem pharisaei, statim cum herodianis consilium faciebant adversus eum, quomodo eum perderent: quasi non ipsorum quisque maiora sabbatis ageret, cibos portando, porrigendo calicem, et caetera quae victui sunt necessaria exequendo. neque enim ille qui dixit, et facta sunt, sabbato laborasse poterat convinci. * theophylactus. ° herodiani autem dicuntur milites herodis regis. haeresis namque quaedam nova surrexerat, quae herodem christum esse dicebat. prophetia enim iacob innuebat, quod quando deficerent principes de iuda, tunc christus veniret; et quia herodis tempore nullus supererat iudaicorum principum, sed ipse solus regnabat alienigena existens; quidam ipsum esse christum putaverunt, et haeresim constituerunt. isti ergo cum pharisaeis christum interficere conabantur. * beda. ° vel herodianos |25| herodis tetrarchae ministros dicit, qui propter inimicitias quas eorum dominus adversus ioannem habebat, etiam salvatorem, quem ioannes praedicabat, insidiis persequebantur, et odiis. sequitur iesus autem cum discipulis suis secessit ad mare; quasi homo fugiens persequentium insidias: quia neque adhuc venerat hora passionis eius, neque extra ierusalem fuit locus passionis; ubi et exemplum dedit suis, si in una civitate persecutionem paterentur, in alteram fugiendi. * theophylactus. ° simul etiam secedit, ut plurimis benefaciat ab ingratis recedens; etenim multi secuti sunt eum, et sanavit eos; sequitur enim et multa turba a galilaea et iudaea secuta est eum. tyrii et sidonii, alienigenae existentes, utilitatem a christo accipiunt; propinqui vero eius, iudaei scilicet, ipsum persequebantur; et sic nulla est propinquitatis utilitas, nisi similitudo bonitatis existat. * beda. ° illi enim videntes opera virtutum eius, et verba doctrinae audientes, eum persequebantur; isti autem opinione tantum ducti |50| virtutum eius, congesto agmine permaximo veniunt ad audiendum eum, opemque salutis flagitandam; unde sequitur et dixit discipulis suis ut in navicula sibi deservirent. * theophylactus. ° vide autem occultatam gloriam eius: etenim ne laederet eum turba, petit naviculam, ut intrans in eam conservetur illaesus. sequitur quotquot autem habebant plagas. et spiritus immundi, cum illum videbant, procidebant ei. plagas autem dicit infirmitates; ipse namque deus nos vulnerat, ut filios pater. * beda. ° procidebant ergo utrique domino, et qui habebant plagas infirmitatum corporalium, et qui a spiritibus vexabantur immundis; sed infirmi simplici intentione obtinendae salutis, daemoniaci autem vel potius in eis habitantes daemones, vi divini timoris coacti, non solum ad procidendum ei, verum etiam ad confitendum eius maiestatem compulsi; unde sequitur et clamabant dicentes: tu es filius dei. ubi miranda est arianorum caecitas, qui post resurrectionis gloriam filium dei negant, quem daemones adhuc |75| mortali carne indutum filium dei profitentur. sequitur et vehementer comminabatur eis, ne manifestarent eum. peccatori enim dixit deus: quare tu enarras iustitias meas? prohibetur ergo dominum praedicare peccator, ne quis dum praedicantem audit, sequatur errantem: improbus enim magister est diabolus, qui falsa veris saepe permiscet, ut specie veritatis testimonium fraudis obtegat. ceterum non solum daemones, sed et a christo sanati, et apostoli ante passionem praecipiuntur reticere de illo; ne, divina maiestate praedicata, passionis dispensatio differretur. iuxta allegoriam vero in hoc quod dominus egressus de synagoga secessit ad mare, gentium salvationem praefiguravit, ad quas venire per fidem, relicta ob perfidiam iudaea, dignatus est. recte enim diversis errorum anfractibus iactatae nationes instabilitati pelagi comparantur. multa autem turba a diversis provinciis secuta est eum; quia praedicantibus apostolis, multas nationes ad se venientes benigne |100| suscepit. navicula vero domino in mari deserviens ecclesia est de gentibus congregata. propter turbam autem, ne se comprimat, naviculam ascendit; quia turbidas carnalium mentes fugiens, ad eos qui gloriam saeculi spernunt, venire, et mansionem facere gaudet. distat autem inter comprimere dominum et tangere: comprimunt enim cum carnalibus cogitationibus aut factis pacem turbant, in qua veritas manet; tangit vero qui per fidem et dilectionem eum suscepit corde: unde qui eum tetigerunt, salvati esse perhibentur. * theophylactus. ° moraliter autem herodiani, idest carnales, christum interficere volunt: herodes enim pelliceus interpretatur. qui vero de patria sua egrediuntur, idest a carnali habitudine, hi sequuntur christum, et eorum plagae curantur, idest peccata, quae conscientiam vulnerant. iesus autem in nobis est ratio quae praecipit ut navicula nostra, idest corpus ei deserviat, ne rationem turbationes opprimant rerum.

lc3 * Beda. ° postquam nefandos spiritus se praedicare prohibuit, elegit sanctos, qui et immundos spiritus eicerent et evangelium praedicarent; unde dicitur et ascendens in montem vocavit ad se quos voluit ipse. * theophylactus. ° lucas autem dicit, quod ascendit ad orandum: post miraculorum enim ostensionem orat, docens nos quod oportet gratias agere cum consequimur aliquid boni, et hoc divinae virtuti appropriare. * chrysostomus. ° praelatos etiam ecclesiae instruit in orationibus pernoctare antequam ordinationem faciant, ut eorum officium non frustretur. cum ergo, secundum lucam, dies factus esset, vocavit quos voluit: erant enim plures qui eum sequebantur. * beda. ° non enim illorum electionis ac studii, sed divinae erat dignationis et gratiae ut in apostolatum vocarentur. mons etiam ille in quo apostolos dominus elegit, altitudinem designat iustitiae in qua erant instituendi, et quam erant hominibus praedicaturi. * hieronymus. ° vel christus spiritualiter mons est, ex quo |25| aquae vivae fluunt, lac in parvulorum salutem praeparatur, pinguedo spiritualis agnoscitur, et quicquid summe bonum creditur, in montis istius est gratia constitutum. in montem ergo vocantur excelsi meritis et verbis, ut locus congruat meritis altis. sequitur et venerunt ad eum; et fecit ut essent duodecim cum illo, et ut mitteret eos praedicare. speciem enim iacob dilexit dominus, ut sint ipsi super thronos duodecim, iudicantes duodecim tribus israel, qui etiam trini et quaterni circa tabernaculum domini excubant, et sancta domini verba humeris operum portant. * beda. ° in hoc enim sacramento quondam filii israel circa tabernaculum castrametabantur, ut ex omni parte per quadrum ternae tribus manerent. ter autem quatuor duodecim faciunt, et ter quaterni ad praedicandum sunt missi apostoli; ut per universas quadrati orbis plagas baptizarent gentes in nomine patris, et filii, et spiritus sancti. sequitur et dedit illis potestatem curandi |50| infirmitates et eiciendi daemonia; ut scilicet promissorum caelestium magnitudini attestaretur magnitudo factorum, et nova facerent qui nova praedicarent. * theophylactus. ° numerat autem apostolorum nomina, ut propter falsos apostolos evitandos sint noti et veri; et ideo sequitur et imposuit simoni nomen petrus. * augustinus de cons. evang.. ° nullus autem putet nunc accepisse simonem nomen ut petrus vocaretur, ne sit contrarium ioanni, qui longe ante dictum esse illi commemorat: tu vocaberis cephas, quod interpretatur petrus. marcus autem recapitulando hoc commemoravit: cum enim vellet nomina duodecim apostolorum enumerare, et necesse haberet petrum dicere, breviter insinuare voluit, quod non hoc antea vocaretur, sed hoc ei dominus nomen imposuerit. * beda. ° ideo autem dominus voluit eum prius aliter vocari, ut ex ipsa commutatione nominis sacramentum commendaretur. idem est ergo graece, sive latine petrus quod syriace cephas; et in utraque lingua nomen a |75| petra derivatum est, nec dubium quin illa de qua paulus ait: petra autem erat christus: nam sicut lux vera erat christus, et donavit apostolis ut lux mundi vocentur, sic et simoni, qui credebat in petram, christus petrae largitus est nomen. * hieronymus. ° de obedientia autem, quam simon significat, ascenditur ad agnitionem, quam significat petrus. sequitur et iacobum zebedaei et ioannem fratrem iacobi. * beda. ° subauditur a superioribus, vocavit ad se ascendens in montem. * hieronymus. ° iacobum, scilicet qui supplantata habet tota desideria carnis, et ioannem, qui gratia accepit quod alii per laborem tenent. sequitur et imposuit eis nomina boanerges. * chrysostomus. ° filios quidem zebedaei sic nominat propter hoc quod magna et clara divinitatis edicta debebant orbi terrae diffundere. * hieronymus. ° vel per hoc trium superiorum sublime ostenditur meritum, qui in monte merentur audire tonitruum patris per nubem |100| de filio tonantis: hic est filius meus dilectus; et ut ipsi per nubem carnis, et ignem verbi, quasi fulgura in pluviam, in terris spargerent: quoniam dominus fulgura in pluviam fecit, ut extinguat misericordia quod iudicium urit. sequitur et andream, qui viriliter vim facit perditioni, ut et responsum mortis in se semper habeat, et anima eius sit semper in manibus suis. * beda. ° andreas enim graecum nomen est, et interpretatur virilis, ab andros, quod est vir: quia viriliter domino adhaesit. sequitur et philippum. * hieronymus. ° qui est os lampadis, qui illuminare potest ore quod corde concepit, cui dedit dominus apertionem oris illuminantis. scimus hunc modum locutionis proprium esse divinarum scripturarum, quod hebraea nomina ad aliquod mysterium significationis sunt posita. sequitur et bartholomaeum, qui est filius suspendentis aquas, illius scilicet qui dixit: et mandabo nubibus meis |125| ne pluant super eam imbrem. nomen vero filii dei per pacem et dilectionem acquiritur inimici: beati enim pacifici, quoniam filii dei sunt; et: diligite inimicos vestros, ut filii dei sitis. sequitur et matthaeum, qui est donatus, cui donatur a domino ut non solum remissionem peccatorum adipiscatur, sed numero ascribatur apostolorum. et thomam, qui est abyssus: multa enim profunda scientes dei numine proferunt. sequitur et iacobum alphaei, idest docti, vel millesimi, cuius a latere cadent mille. hic alter iacobus est, cui colluctatio non est adversus carnem et sanguinem, sed adversus spirituales nequitias. sequitur et thaddaeum: is est corculus, idest cordis cultor, qui conservat cor suum omni custodia. * beda. ° thaddaeus autem ipse est quem lucas in evangelio et in actibus apostolorum iudam iacobi nominat: erat enim frater iacobi fratris domini, ut ipse in epistola sua scripsit. sequitur et simonem chananaeum, et iudam iscariotem, qui et tradidit illum. haec |150| cum additamento posuit, ad distinctionem simonis petri et iudae iacobi. simon autem chananaeus dicitur ab chana vico galilaeae; iudas autem scarioth a vico in quo ortus est, aut ex tribu isachar dicitur. * theophylactus. ° sed cur inter apostolos computatur? ut discamus quod deus non repellit aliquem propter futuram malitiam, sed propter praesentem virtutem dignum facit haberi. * hieronymus. ° simon autem ponens tristitiam interpretatur: beati namque qui lugent nunc, quoniam ipsi consolabuntur. chananaeus autem, idest zelotes dicitur, quem zelus domus dei comedit. iudas autem scarioth est qui non delet peccatum suum per poenitentiam: iudas enim confitens, vel gloriosus interpretatur; scarioth autem memoria mortis. sunt autem confessores multi in ecclesia superbi et gloriosi, ut simon magus et arius et ceteri haeretici; quorum memoria mortalis ideo in ecclesia celebratur, ut evitentur.

lc4 * Beda. ° electos in monte apostolos dominus ad domum reducit, quasi eos admonens ut post acceptum apostolatus gradum ad conscientiam suam redeant; unde dicitur et veniunt in domum, et convenit iterum turba, ita ut non possent neque panem manducare. * chrysostomus. ° ingratae quidem erant principum multitudines, quos impedit a cognitione elatio; grata vero populi multitudo venit ad iesum. * beda. ° quam beata vero frequentia turbae confluentis, cui tantum fuit curae ad obtinendam salutem, ut auctori salutis cum his qui secum erant nec vescendi quidem hora libera maneret; sed quem turba frequentat externa, hunc propinquorum aestimatio parvipendit; sequitur enim et cum audissent sui, exierunt tenere eum. quia enim altitudinem sapientiae quam audiebant, capere non poterant, quasi in alieno eum sensu locutum esse credebant; unde sequitur dicebant enim, quoniam in furorem versus est. * theophylactus. ° idest, daemonium habet, et furit: et ideo eum |25| tenere volebant, ut incarcerarent tamquam daemoniacum. et quidem sui hoc volebant, idest propinqui, forte compatriotae eius, vel fratres eius. stulta autem fuit insania, quod tantorum miraculorum divinae sapientiae factorem in furiam verti concipiunt. * beda. ° multum autem distat inter eos qui verbum dei pro mentis tarditate non intelligunt, quales fuerunt de quibus dictum est, et eos qui hoc quod intelligunt, de industria blasphemant, de quibus subditur et scribae qui ab hierosolymis descenderant dicebant quoniam beelzebub habet. quae enim negare nequiverant, sinistra interpretatione pervertere laborant; quasi non deitatis opera essent, sed immundissimi spiritus, idest beelzebub, qui deus erat accaron. nam beel quidem ipse est vir, zebub autem musca vocatur; beelzebub ergo, idest vir muscarum interpretatur, ob sordes immolatitii cruoris, ex cuius spurcissimo ritu principem daemoniorum eum nominabant, cum subdunt et quia in principe daemoniorum eicit daemonia. * hieronymus. ° mystice autem domus ad quam veniunt primitiva est ecclesia; turbae quae impediunt panem manducari, peccata et vitia sunt, quia qui manducat indigne, iudicium sibi manducat et bibit. * beda. ° scribae etiam ab hierosolymis descendentes blasphemant; turba vero ab hierosolymis veniens secuta est dominum, et ab aliis regionibus iudaeorum sive gentium: quia sic erat passionis tempus futurum, ut turba illum populi iudaeorum cum palmis ac laudibus hierosolymam perduceret, gentiles videre desiderarent; sed scribae et pharisaei de eius morte tractarent.

lc5 * Chrysostomus in matth. et super matth.. ° posita blasphemia scribarum, dominus ostendit impossibile fore quod dicebant, suam probationem exemplo confirmans; unde dicit et convocatis eis, in parabolis dicebat illis: quomodo potest satanas satanam eicere? quasi diceret: regnum contra se intestino bello divisum necesse est desolari: quod et in domo et in civitate videtur. quocirca etsi satanae regnum in seipsum divisum est, ita quod satanas ab hominibus repellat satanam, desolatio regni daemonum appropinquavit; regnum autem eorum est in hoc quod homines subditos teneant. si igitur ab hominibus pelluntur, hoc non est aliud quam regnum eorum dissolvi. si autem adhuc in hominibus tenent potestatem, manifestum est quod regnum maligni adhuc stat, et non est contra seipsum divisum. * glossa. ° et quia iam ostendit exemplo quod daemon daemonem non expellit, ostendit quomodo posset expelli, dicens nemo potest vasa fortis in domum ingressus diripere, * etc.. theophylactus. ° exemplum tale est. fortis est daemon, vasa eius sunt homines in quibus recipitur: nisi ergo quis prius vincat daemonem et alliget, quomodo vasa eius, idest daemoniacos, ab eo diripiet? sic et ego, qui diripio vasa eius, idest libero homines a daemoniaca passione, prius alligo daemones, supero eos, et inimicus eorum sum. quomodo ergo dicitis, quod beelzebub habeo, et daemonum amicus existens daemonia eicio? * beda. ° alligavit etiam dominus fortem, idest diabolum, hoc est ab electorum seductione compescuit, et ingressus in domum, idest in mundum, domum eius et vasa, idest homines, diripuit: quia ereptos a diaboli laqueis, ecclesiae suae adunavit. vel domum eius diripuit, quia omnes mundi partes, quibus olim hostis dominabatur antiquus, apostolis, eorumque successoribus distribuit, ut populos ad viam vitae converterent. ostendit autem dominus quod grande scelus committerent qui hoc quod dei esse cognoverant, diaboli esse clamabant, cum subdit amen dico vobis, quoniam omnia dimittentur filiis hominum peccata, et blasphemiae quibus blasphemaverint. omnia quidem peccata et blasphemiae non passim dimittuntur omnibus hominibus, sed his qui dignam pro erroribus suis in hac vita poenitentiam egerint: et sic neque ullum habet locum vel novatus, qui poenitentibus, qui in martyrio lapsi sunt, veniam neget esse tribuendam; vel origenes, qui asserit post iudicium universale, transactis licet saeculorum voluminibus, cunctos peccatores veniam peccatorum esse consecuturos; cuius errorem sequentia domini verba redarguunt, cum subditur qui autem blasphemaverit in spiritum sanctum, non habet remissionem in aeternum. * chrysostomus in matth.. ° et quidem blasphemiam quae circa eum erat, excusationem habere dicit, quia tunc videbatur homo despectus, et infimi generis; sed iniuria dei remissionem non habet. blasphemia autem in spiritum sanctum contra deum fit. est enim spiritus sancti operatio regnum dei, et propter hoc irremissibilem dicit esse spiritus sancti blasphemiam. pro eo autem quod hic subditur sed erit reus aeterni delicti, alius evangelista dicit: neque in hoc saeculo, neque in futuro: per quod intelligitur iudicium quod est secundum legem et futurum. cum enim lex maledicentem deum occidi iubeat, in hoc legis secundae excusationem non habet: omnis autem qui baptizatur, extra hoc saeculum fit. latebat autem iudaeos remissio quae fit per baptismum. qui ergo miracula et daemonum eiectionem, quae solum sunt propria spiritus sancti, daemoni appropriat, nulla excusatio sibi de blasphemia relinquetur. sed neque blasphemia talis, cum sit contra spiritum sanctum, remitti videtur; unde exponens subdit quoniam dicebant: spiritum habet immundum. * theophylactus. ° est autem intelligendum, quod veniam non consequentur, nisi poeniteant. cum vero in carne christi scandalizabantur, etiam si non poeniterent, aliquid excusationis habebant et remissionis aliquid consequebantur. * hieronymus. ° vel hoc dicit, quia non merebitur poenitentiam agere ut recipiatur qui christum intelligens, principem daemoniorum esse dicebat. * beda. ° neque tamen hi qui spiritum sanctum non esse deum credunt, irremissibilis blasphemiae crimine tenentur: quia non invidentia diabolica, sed humana ignorantia ducti hoc faciunt. * augustinus de verb. dom.. ° vel ipsa impoenitentia est blasphemia spiritus sancti, quae non remittetur. contra enim spiritum sanctum, quo peccata dimittuntur, verbum dicit, sive cogitatione, sive lingua, qui sibi cor impoenitens thesaurizat. subiungit autem quoniam dicebant: spiritum immundum habet, ut ostenderet hinc fuisse exortam causam ut hoc diceret, eo quod dicerent eum in beelzebub daemonem expellere; non quia esset blasphemia quae non remittitur, cum et haec remittatur, si recta poenitentia consequatur; sed hinc causa extitit ut a domino illa sententia proferretur, facta mentione spiritus immundi, quem adversus seipsum divisum dominus ostendit propter spiritum sanctum, qui etiam quos colligit efficit indivisos, peccata, quae adversus se divisa sunt, dimittendo; cui dono remissionis non resistit nisi qui duritiam cordis impoenitentis habuerit. nam alio loco dixerunt iudaei de domino, quod daemonium haberet; nec tamen ibi aliquid dixit de blasphemia spiritus sancti: quoniam non ita obiecerunt spiritum immundum ut in se divisus ex ore eorum posset ostendi, sicut beelzebub, a quo daemones eici posse dixerunt.

lc6 * Theophylactus. ° quia propinqui domini venerant tenere eum tamquam in furiam versum, mater eius amoris compassione detenta, venit ad ipsum; unde dicitur et veniunt mater eius, et fratres, et foris stantes miserunt ad eum vocantes eum. * chrysostomus. ° ex hoc autem manifestum fit quod non semper cum eo erant fratres eius et mater: quia vero dilectus erat, ad eum propter reverentiam et affectum veniunt, de foris expectantes; unde sequitur et sedebat circa eum turba; et dicunt ei: ecce mater tua, et fratres tui foris quaerunt te. * beda. ° fratres domini non filii semper virginis mariae, iuxta helvidium, nec filii ioseph ex alia uxore, iuxta quosdam, putandi sunt; sed eius potius intelligendi sunt esse cognati. * chrysostomus. ° alter autem evangelista dicit, quod fratres eius nondum credebant in eum; cui convenit quod hic dicitur, quod eum quaerebant de foris expectantes; et secundum eamdem intentionem dominus eorum non sicut propinquorum meminit; unde sequitur et respondens eis ait: quae est mater mea, et fratres mei? hoc autem non dixit, matrem et fratres omnino reprobando, sed ostendens quod super omnem cognationem temporalem oportet propriam animam praehonorare: unde convenienter hoc dicitur his qui vocabant ad propinquorum collocutionem, quasi ad aliquid utilius quam sit doctrina salutis. * beda. ° rogatus ergo officio verbi, dissimulat egredi, non maternae refutans obsequium pietatis; sed paternis se mysteriis amplius quam maternis debere monstrat affectibus. nec iniuriose fratres contemnit, sed opus spirituale carnis cognationi praeferens, religiosiorem cordium copulam docet esse quam corporum; unde sequitur et circumspiciens eos qui in circuitu eius sedebant, ait: ecce mater mea, et fratres mei. * chrysostomus. ° in quo dominus ostendit quod oportet eos qui fidei sunt propinqui, prae omnibus consanguineis honorare. iesu quidem aliquis mater efficitur praedicando: quasi enim parit dominum quem cordi audientis infuderit. * hieronymus. ° sciamus autem nos esse fratres eius et sorores, si voluntatem patris impleverimus, ut coheredes simus eius; unde sequitur qui enim fecerit voluntatem dei, hic frater meus, et soror mea, et mater est. * theophylactus. ° non ergo negans matrem hoc dixit, sed ostendens quod non solum digna est honore propter hoc quod genuit christum, sed propter omnem aliam virtutem. * beda. ° mystice autem mater, et fratres iesu sunt synagoga, ex cuius carne est editus, et populus iudaeorum, qui, salvatore intus docente, venientes intrare nequeunt, cum spiritualiter intelligere dicta nequeunt. praeoccupans autem turba ingreditur, quia differente iudaea, gentilitas fluxit ad christum: foris enim stantes volunt dominum videre cognati ipsius, cum iudaei se ad custodiam litterae foris fixerunt, et christum potius ad carnalia docenda cogunt exire, quam se ad discenda spiritualia consentiunt ingredi. si ergo foris stantes nec ipsi agnoscuntur parentes, quemadmodum nos agnoscemur, si foris stemus? intus enim est verbum, intus est lumen.

072 CMC cp4

lc1 * Theophylactus. ° licet matrem dominus superius negligere videretur, tamen reveretur eam: propterea namque egreditur circa mare; unde dicitur et iterum coepit docere ad mare. * beda. ° si enim evangelium matthaei inspicimus, patet hanc doctrinam domini ad mare eadem die qua superiorem in domo celebratum esse sermonem: terminato enim primo sermone continuo subiunxit matthaeus dicens in illo die exiens de domo sedebat ad mare. * hieronymus. ° coepit autem docere ad mare, ut locus docendi indicet auditores amaros fuisse et instabiles. * beda. ° relicta etiam domo coepit docere ad mare quia relicta synagoga ad colligendam per apostolos populi gentilis multitudinem venit; unde sequitur et congregata est ad eum turba multa, ita ut in navim ascendens sederet in mari. * chrysostomus. ° quod non sine causa factum oportet intelligi; sed ut post se neminem dimitteret, sed omnes auditores ante faciem haberet. * beda. ° praefigurabat autem haec navis ecclesiam in medio nationum aedificandam, in qua dominus dilectam sibi consecrat mansionem. sequitur et dicebat illis in parabolis multa. * hieronymus. ° parabola est rerum natura discrepantium sub aliqua similitudine facta comparatio: paravoli, enim graeco vocabulo dicitur similitudo, quando illud quod intelligi volumus, per comparationes aliquas indicamus. sic enim ferreum quempiam dicimus, quando durum ac fortem desideramus intelligi: cum velocem, ventis, aut avibus comparamus. loquitur autem turbis in parabolis more providentiae suae, ut qui caelestia capere non poterant, per similitudinem terrenam audita percipere potuissent. * chrysostomus in matth.. ° erigit enim per parabolam audientium mentem, ut manifestiorem sermonem faceret, res visui ostendens. * theophylactus. ° et ut attentiores faceret auditores, primam parabolam proponit de semine, quod est verbum dei; unde sequitur et dicebat illis in doctrina sua; non moysi, non prophetarum, quia suum praedicat evangelium: exiit seminandum. seminans autem christus est. * chrysostomus in matth.. ° non autem loco exivit qui praesens existit omnibus, et implet; sed habitu, et dispensatione, qua nobis factus est propinquior per carnis amictum. quia enim non valebamus ire ad eum, peccatis impedientibus iter nostrum, ipse exiit ad nos. exiit autem praedicans pietatis seminare sermonem, quem copiose loquebatur. non autem inculcat sermonem eumdem in eo quod dicit exiit seminans ad seminandum: exit enim aliquando seminans, aut ut faciat novale, aut herbas malas evellat, aut aliquod aliud operetur. iste autem exiit ad seminandum. * beda. ° vel exiit ad seminandum, cum post vocatam ad fidem suam partem synagogae electam, ad vocationem quoque gentium gratiae suae dona diffudit. * chrysostomus in matth.. ° sicut autem seminans non discernit terram subiectam, sed simpliciter, et absque discretione semen mittit, sic et ipse omnes alloquitur; et ad hoc significandum subdit et dum seminat, aliud cecidit circa viam. * theophylactus. ° vide quia non dixit, quod proiecit illud in via, sed quia cecidit: qui enim seminat, quantum in se est, in terram bonam proicit; sed illa, si sit mala, corrumpit verbum. via autem christus est; infideles autem sunt circa viam, idest extra christum. * beda. ° vel via est mens sedulo malarum cogitationum motu trita, ne verbi semen in ea germinare sufficiat. et ideo quidquid boni seminis vicinia talis viae contigerit, perit, et a daemonibus rapitur; unde sequitur et venerunt volucres caeli, et comederunt illud. recte autem daemones volucres caeli dicuntur, sive quia caelestis spiritualisque sunt naturae, sive quia in aere habitant. vel qui sunt circa viam, sunt negligentes et desides. sequitur. aliud vero cecidit super petrosa. petram dicit duritiam protervae mentis, terram levitatem animae obedientis, solem fervorem persecutionis saevientis. altitudo ergo terrae, quae semen dei debuerat accipere, probitas est animi disciplinis caelestibus exercitati, atque ad obediendum divinis eloquiis regulariter instituti. petrosa autem loca, quae vim radicis suscipiendae non habent, illa sunt praecordia quae dulcedine tantum auditi sermonis, ac promissis caelestibus ad horam delectantur; sed in tempore tentationis recedunt, quia parum est in eis salutaris desiderii, quod semen vitae concipiat. * theophylactus. ° vel petrosa sunt qui modicum adhaerentes petrae, idest christo, inquantum ad tempus verbum recipiunt, postmodum abiciunt recedentes. sequitur et aliud cecidit inter spinas, per quod significantur animae multa curantes: spinae enim curae sunt. * chrysostomus in matth.. ° ulterius vero ponit terram bonam, dicens et aliud cecidit in terram bonam. secundum enim conditionem terrae est differentia fructuum. multa est autem dilectio seminantis ad homines: quoniam et primos commendat, et secundos non reicit, et tertiis tribuit locum. * theophylactus. ° vide etiam quomodo mali sunt plurimi et pauci qui salvantur; quarta enim pars seminis invenitur salvata. * chrysostomus in matth.. ° non tamen maior pars seminis occasione amittitur seminantis, sed terrae recipientis, idest animae audientis. et quidem materialis agricola hoc modo seminando congrue incusaretur: non enim ignorat lapidem, aut viam, aut terram spinosam, terram pinguem non fieri; in rationalibus vero non est sic: petram enim possibile est fieri terram pinguem, et viam non conculcari, et destrui spinas; quod si fieri non posset, non ibi seminasset. per hoc ergo nobis tribuit poenitentiae spem. sequitur et dicebat: qui habet aures audiendi, audiat. * hieronymus. ° quoties haec admonitio in evangelio, aut in apocalypsi ioannis interponitur, mysticum hoc quod dicitur, atque ad audiendum, discendumque insinuatur: aures enim audiendi sunt cordis et sensus interioris aures, obediendi et faciendi quae iussa sunt. sequitur et cum esset singularis, interrogabant eum hi, qui cum eo erant, duodecim parabolam exponere. et dicebat eis: vobis datum est scire mysterium regni dei: illis autem qui foris sunt in parabolis omnia fiunt. * beda. ° quasi diceret: vos qui estis digni omnia quae ad praedicationem sunt congrua edoceri, parabolarum manifestationem addiscetis. ad istos autem parabolis usus sum, quia digni non sunt addiscere propter eorum malitiam: qui enim legis quam acceperant, obedientiam non tenebant, iustum fuit ut novi sermonis participationem non haberent; sed ab utroque sint alieni. ostendit enim per discipulorum obedientiam quod per contrarium indigni facti sunt reliqui mysticae doctrinae. postea vero inductione vocis propheticae, eorum confundit nequitiam, tamquam a longe confutatam: unde sequitur ut videntes videant et non videant, et audientes audiant et non intelligant; quasi dicat: ut prophetia impleatur quae hoc praedicit. * theophylactus. ° deus enim eos fecit videntes, idest intelligentes bonum; ipsi vero non vident, voluntarie se fingentes non videre, ne convertantur, et corrigant se, tamquam suae saluti inviderent. |175| sequitur ne quando convertantur et dimittantur eis peccata. * chrysostomus in matth.. ° sic ergo vident et non vident, audiunt et non intelligunt: quod enim vident et audiunt, contingit eis ex gratia dei; sed quod vident, et non intelligunt, contingit eis, quia gratiam recipere nolunt, sed oculos claudunt, et fingunt se non videre, neque dictis acquiescunt; et sic a peccatis non mutantur per hoc quod vident et audiunt, sed contrarium patiuntur. * theophylactus. ° vel potest aliter intelligi, quod reliquis loquebatur in parabolis, ut videntes non videant, et audientes non intelligant. deus enim dat visum, et intellectum his qui petunt, reliquos autem obcaecat, ne in maiorem redargutionem sit eis, quod cum intelligerent, noluerunt facere quae oportet; unde sequitur ne quando convertantur et dimittantur eis peccata. * augustinus de quaest. evang.. ° vel hoc intelliguntur peccatis suis meruisse, ut non intelligerent, et tamen hoc ipsum misericorditer eis est factum ut peccata sua cognoscerent, et conversi veniam mererentur. |200| * beda. ° illis ergo qui foris sunt, in parabolis omnia fiunt, et facta scilicet, et verba salvatoris: quod neque in his quas operabatur virtutibus, neque in eis quae praedicabat arcanis eum cognoscere deum valent; ideoque ad remissionem peccatorum attingere non valent. * chrysostomus. ° quod autem non loquebatur eis, nisi in parabolis, nec omnino loqui desistebat, demonstrat quod his qui bono propinqui sunt, etsi in seipsis bonum non habeant, occultum tamen eis ostenditur. cum autem aliquis cum reverentia ac recto corde accedit, occultorum revelationem consequitur abundanter; cum autem non sana sentit, nec his quae multis facilia sunt dignus fiet, nec etiam eorum auditu. sequitur et ait illis: nescitis parabolam hanc? et quomodo omnes parabolas cognoscetis? * hieronymus. ° oportebat siquidem ut illi, quibus in parabolis loquebatur, requirerent quod non intelligerent, et per apostolos, quos contemptos habebant, discerent mysterium regni, quod ipsi non habebant. * glossa. ° et ideo dominus haec |225| dicens, ostendit oportere eos et hanc primam, et omnes consequentes parabolas intelligere; propter quod exponens subdit qui seminat, verbum seminat. * chrysostomus in matth.. ° et quidem propheta doctrinam populi plantationi vineae comparavit; hic vero seminationi, manifestans per hoc quod brevior est nunc et facilior obedientia, et statim fructum dabit. * beda. ° in hac autem domini expositione omnes eorum qui audire verba salutis potuerunt, sed ad salutem pervenire nequeunt, distantia comprehenditur. sunt namque qui verbum quod audiunt, nulla fide, nullo intellectu, nulla saltem tentandae utilitatis occasione percipiunt; de quibus dicit hi autem sunt qui circa viam. cordibus enim eorum mandatum verbum, confestim immundi spiritus, quasi viae tritae volucres semen, eripiunt. sunt qui auditi verbi et utilitatem probant, et desiderium gustant; sed ne ad id quod probant perveniant, alios huius vitae adversa terrendo, alios prospera blandiendo retardant; de quorum primis dicitur et hi |250| sunt similiter qui supra petrosa; de aliis dicitur et alii sunt qui in spinis. spinae autem divitiae vocantur, quia cogitationum suarum punctionibus mentem lacerant; et cum usque ad peccatum pertrahunt, quasi inflicto vulnere cruentant. dicit autem et aerumnae saeculi, et deceptio divitiarum: quemcumque enim supervacuus divitiarum decipit appetitus, necesse est mox curarum aerumna continuarum affligat. addit autem et circa reliqua concupiscentiae: quia qui mandatis dei contemptis, circa reliqua concupiscens aberrat, ad gaudium beatitudinis non potest attingere. suffocant autem huiusmodi concupiscentiae verbum: quia bonum desiderium, ad quod intrare non sinunt, quasi aditum flatus vitalis necant. excipiuntur autem ab his hominum differentiis gentiles, qui nec audire verba vitae merentur. * theophylactus. ° eorum vero qui semen suscipiunt, convenienter rursus tres sunt gradus; unde sequitur et hi sunt qui super terram bonam seminati sunt. qui in centum fructificant, |275| sunt qui perfectam, et obedientem habent vitam, ut virgines et eremitae; qui autem in sexaginta, qui mediocriter se habent, ut continentes, et qui in coenobio sunt; qui autem triginta, qui parvi quidem sunt secundum propriam virtutem fructum ferentes, ut laici, et qui in coniugio sunt. * beda. ° vel triginta fructificat, cum aliquis fidem sanctae trinitatis electorum cordibus insinuat; sexaginta, cum perfectionem docet bonae operationis; centum, cum caelestis regni praemia demonstrat: centum namque computando in dexteram transferuntur: unde recte in significatione ponuntur perpetuae beatitudinis. terra autem bona est electorum conscientia, quae omnibus praedictis tribus terris contraria facit: quia et commendatum sibi semen verbi libenter excipit, et exceptum inter adversa et prospera constanter ad fructus usque tempora conservat. * hieronymus. ° vel fructus terrae in triginta et sexaginta et centum continetur; hoc est lege et prophetia et evangelio.

lc2 * Chrysostomus. ° post interrogationem discipulorum de parabola, ac explanationem, bene subiungit et dicebat illis: numquid venit lucerna ut sub modio ponatur, aut sub lecto? nonne ut super candelabrum ponatur? quasi dicat: propter hoc parabola dicta est, non ut immanifesta maneat, aut occulta, tamquam sub modio, aut sub lecto, sed ut dignis manifestetur. lucerna in nobis est intellectualis natura, quae secundum proportionem illuminationis, aut clare apparet, aut obscure. si enim meditationes quae nutriunt lumen, ac recordationes, in quibus lucerna talis accenditur, negligantur, mox extinguitur. * hieronymus. ° vel lucerna verbum est de tribus seminibus; modius, aut lectus, auditus est inobedientium; candelabrum apostoli sunt, quos illuminavit verbum dei; unde sequitur non est enim aliquid absconditum. absconditum et occultum parabola seminis est; in palam vero venit, dum a domino tractatur. * theophylactus. ° vel hic dominus discipulos monet lucidos esse secundum |25| vitam et conversationem; quasi dicat: sicut lucerna ad lucendum ponitur, sic ad vitam vestram omnes respicient. itaque studete bonam vitam habere, et non in angulis sedeatis, sed lucerna estote: lucerna enim non sub lecto, sed supra candelabrum posita lucet. quam quidem lucernam necesse est ponere super candelabrum, idest in altitudine conversationis, quae secundum deum est, ut et aliis lucere valeat; non sub modio, idest circa gulam; neque sub lecto, idest otio: nemo enim qui escis studet, et requiem diligit, posset esse lucerna omnibus lucens. * beda. ° vel quia tempus vitae nostrae sub certa divinae provisionis mensura continetur, recte modio comparatur; lectus vero animae corpus est, in quo temporaliter habitans quiescit. qui ergo amore vitae temporalis et illecebrarum carnalium occultat verbum dei, modio vel lecto lucernam operit; supra candelabrum autem ponit lucernam qui corpus suum ministerio verbi dei subicit: unde his verbis typice figuram docet praedicandi; unde sequitur non |50| enim est absconditum quod non reveletur, neque factum est occultum quod non in palam veniat; quasi dicat: nolite erubescere evangelium, sed inter tenebras persecutorum, lumen verbi dei supra corporis vestri candelabrum levate, fixa mente retinentes illum diem quo illuminabit deus abscondita tenebrarum: tunc enim et vos laus, et adversarios poena manet aeterna. * chrysostomus. ° vel aliter. non est aliquid absconditum; quasi dicat: si vos cum diligentia vitam duxeritis, accusationes lucernam vestram non poterunt obumbrare. * theophylactus. ° unusquisque enim nostrum seu bonum aliquid, seu malum in praeterito fecerit, manifestatur in praesenti, et multo magis in futuro. quid enim est deo occultius? sed tamen et ipse manifestatus est in carne. sequitur si quis habet aures audiendi, audiat. * beda. ° idest, si quis habet sensum intelligendi verbum dei, non se subtrahat, non auditum ad fabulas convertat; sed his quae veritas dixit, accommodet aurem scrutandi, manus implendi, linguam |75| praedicandi. sequitur et dicebat illis: videte quid audiatis. * theophylactus. ° ut scilicet nihil eorum quae vobis a me dicuntur subterfugiatis. in qua mensura mensi fueritis, remetietur vobis; idest, quantamlibet mensuram intentionis introducetis, tantam recipietis utilitatem. * beda. ° vel aliter. si solerter omnia quae valetis, bona facere, ac proximis intimare studueritis, aderit divina pietas, quae vobis et in praesenti sensum altiora capiendi, ac potiora gerendi affectum conferet, et in futuro aeternam retributionem adiciet; et ideo subditur et adicietur vobis. * hieronymus. ° vel aliter. secundum mensuram fidei unicuique dividitur intelligentia mysteriorum, et scientiae etiam adicientur virtutes. sequitur qui enim habet, dabitur ei; idest, qui fidem habet, habebit virtutem; et qui habet opus verbi, habebit et intelligentiam mysterii; et qui non habet e contra fidem, deficit virtute; et qui non habet opus verbi, eius intelligentia caret; et qui non intelligit, iam auditum perdidit. * chrysostomus |100| super matth.. ° vel aliter. qui habet, scilicet affectum et voluntatem audiendi, et petendi, dabitur ei; qui vero non habet divini auditus desiderium, et quod contingit habere scriptae legis, auferetur ab eo. * beda. ° nonnumquam enim lector ingeniosus negligendo se, privat se sapientia, quam tardus ingenio, studiosius elaborando, degustat. * chrysostomus. ° potest autem ideo dici quod non habet, quia veritatem non habet. dicit autem quod habet, propter hoc quod mendacium habet: putat enim aliquid se habere, qui mendacis intellectus existit.

lc3 * Chrysostomus. ° posuit supra parabolam de tribus seminibus, diversimode perditis et uno salvato; cuius, secundum proportionem fidei et operationis, tres differentias ostendit: hic vero parabolam ponit solum de salvatis; unde dicit et dicebat: sic est regnum dei quemadmodum si homo iactet semen in terram. * hieronymus. ° regnum dei ecclesia est, quae regitur a deo, et ipsa regit homines, et contrarias virtutes, et vitia calcat. * chrysostomus. ° vel regnum dei dicit fidem, quae est in ipsum, ac dispensationem humanitatis; quod quidem regnum est sicut si iaciat sementem homo: ipse enim existens deus, et dei filius, homo incommutabiliter factus pro nobis, terram seminavit; idest, totum mundum verbo divinae cognitionis illuminavit. * hieronymus. ° semen enim verbum vitae est; terra corda humana; et dormitio hominis mors est salvatoris. exurgit semen nocte ac die: quia post somnum christi, numerus credentium per adversa et prospera magis magisque germinavit |25| in fide, et crevit in opere. * chrysostomus. ° vel exurgit ipse christus, qui sedebat, expectans per longanimitatem, quod recipientes semen fructificarent. surgit autem, idest benevolentiae suae verbo ad fructificationem nos erigens per arma iustitiae a dextris, quibus significatur dies, et a sinistris, quibus significatur nox persecutionum: per haec enim semen germinat, nec arescit. * theophylactus. ° vel aliter. christus dormit, idest ascendit in caelum, ubi licet dormire videatur, surgit tamen nocte cum per tentationes nos erigit in suam cognitionem; die vero cum propter orationes nostram disponit salutem. * hieronymus. ° quod autem dicit dum nescit ille, tropica est locutio; idest, nescire nos facit, quis fructus usque in finem afferat. * chrysostomus. ° vel dicit nescit ille, ut ostendat liberam voluntatem eorum qui verbum suscipiunt: voluntati enim nostrae committit opus, et non totum ipse solus operatur, ne bonum involuntarium videatur; unde subdit ultro enim terra fructificat; idest, non necessitate coacta contra |50| propriam voluntatem, sed voluntate adducitur ad fructificandum. primum herbam. * hieronymus. ° idest timorem: initium enim sapientiae timor domini. deinde spicam, idest poenitentiam lacrymosam; deinde plenum fructum in spica, idest caritatem: plenitudo enim legis est caritas. * chrysostomus. ° vel primo herbam fructificat in lege naturae, paulatim ad profectum crescens, postmodum producit spicas in manipulum colligendas, et in altari domino offerendas, in lege scilicet moysi; postea plenum fructum in evangelio: vel quia non solum oportet nos frondere per obedientiam, sed esse prudentes, et quasi arundinis spicas erectos persistere, de ventis agitantibus non curantes. oportet nos etiam animam curare per assiduitatem memoriae, ut tamquam spicae fructum gestemus; idest, operationem virtutis completam demonstremus. * theophylactus. ° herbam enim germinamus, cum principium boni ostendimus; deinde spicam, cum resistere tentationibus possumus; deinde |75| fructum, cum perfectum quis operatur. sequitur et cum ex se produxerit fructus, statim mittit falcem, quoniam adest messis. * hieronymus. ° falx est mors, vel iudicium, quod secat omnia; messis est consummatio saeculi. * gregorius moralium. ° vel aliter. semen homo iactat in terram, cum cordi suo bonam intentionem inserit; dormit autem qui iam in spe boni operis quiescit; nocte vero exurgit, ac die, quia inter adversa et prospera proficit, dum ille nescit quia adhuc metiri incrementa sua non valet, et tamen concepta virtus ad perfectum ducitur. cum igitur desideria bona concipimus, semen in terram mittimus; cum recte operari incipimus, herba sumus; cum ad profectum boni operis crescimus, ad spicam pervenimus; cum in eiusdem operis perfectione solidamur, iam plenum frumentum in spica proferimus.

lc4 * Glossa. ° postquam posuit parabolam de fructificatione seminis evangelii, hic subiungit aliam parabolam ad ostendendam excellentiam doctrinae evangelicae ad omnes alias doctrinas; unde dicitur et dicebat: cui assimilabimus regnum dei? * theophylactus. ° parvissimum quidem est fidei verbum. crede in deum, et salvus eris. sed sparsa super terram praedicatio dilatata est et augmentata, ita ut caeli volatilia, idest contemplativi homines, et alti intellectu, et cognitione, sub eo habitent. quanti enim sapientes gentilium relinquentes sapientiam, sub praedicatione evangelii requieverunt? omnium igitur maior praedicatio facta est. * chrysostomus. ° et etiam quia quod fuit hominibus in brevibus sermonibus nuntiatum, sapientia quae inter perfectos dicitur, dilatavit super omnes sermones: quia nihil maius est hac veritate. * theophylactus. ° ramos autem magnos fecit: quidam enim apostolorum in romam, et quidam in indiam, et quidam in alias terrae partes sunt divisi |25| sicut rami. * hieronymus. ° vel semen istud minimum est timore, magnum autem in caritate, quae est maior omnibus oleribus, quia deus caritas est, et omnis caro foenum. fecit autem ramos misericordiae et compassionis, cum sub umbra pauperes christi, qui sunt caeli animalia, delectantur habitare. * beda. ° homo autem qui seminat a plerisque salvator ipse intelligitur, ab aliis autem ipse homo seminans in corde suo. * chrysostomus. ° postea vero marcus brevitate gaudens, ostendens parabolarum naturam, subiungit et talibus multis parabolis loquebatur eis verbum, prout poterant audire. * theophylactus. ° quoniam enim turbae erant indoctae, a comestibilibus, et consuetis nominibus instruit eas; et propter hoc subdit sine parabola autem non loquebatur eis, ut scilicet moverentur ad accedendum et interrogandum. sequitur seorsum autem discipulis suis disserebat omnia, scilicet de quibus interrogabant ut ignorantes, non simpliciter omnia tam manifesta, quam immanifesta. |50| * hieronymus. ° illi enim digni erant seorsum audire mysteria in penetrali, in timore sapientiae qui remoti a cogitationum malarum tumultibus in solitudine virtutum permanebant: sapientia enim in tempore otii percipitur.

lc5 * Hieronymus. ° post doctrinam dehinc ad mare venerunt, et fluctibus turbantur; unde dicitur et ait illis in illa die, cum sero esset factum: transeamus contra. * remigius. ° tria enim legitur dominus habuisse refugia, scilicet navis, montis et deserti; quoties a turbis comprimebatur, ad aliquod istorum refugiebat. cum ergo vidit dominus turbas multas circa se, earum importunitatem quasi homo volens declinare, iussit discipulos suos transfretare. sequitur et dimittentes turbam, assumunt eum, ita ut erat in navi. * chrysostomus. ° discipulos quidem assumpsit dominus, ut visores fierent futuri miraculi; sed solum ipsos assumit, ne alii cognoscerent ipsos esse tam modicae fidei; unde ad ostendendum quod separatim alii transfretabant, subiungit et aliae naves erant cum illo. ne autem superbirent discipuli quod eos solos assumpserat, periclitari eos permittit, et ut etiam per hoc discerent tentationes viriliter sustinere; unde sequitur et facta est procella magna. ut autem futuri |25| miraculi maiorem eis imprimat sensum, dat tempus timori, dormiendo; unde sequitur et erat ipse in puppi super cervical dormiens. si enim vigilasset, aut non timuissent, neque rogassent tempestate orta; aut eum aliquid tale facere non putassent. * theophylactus. ° dimisit ergo eos incidere in timore periclitationis, ut eius virtutem in seipsis cognoscerent, qui alios ab eo beneficiatos videbant. dormiebat autem super cervical navis, ligneum siquidem. * chrysostomus. ° ostendens suam humilitatem, et ex hoc multam sapientiam docens. nondum autem discipuli, qui circa eum existebant, eius gloriam cognoscebant; et quidem quod surgens poterat ventis imperare credebant, sed quod quiescens, seu dormiens nequaquam; et ideo sequitur et excitant eum, et dicunt ei: magister, non ad te pertinet quia perimus? * theophylactus. ° ipse autem exurgens, comminatur primo quidem vento, qui maris tempestatem et fluctus faciebat; et hoc est quod subditur et exurgens comminatus est vento; deinde praecipit |50| mari; unde sequitur et dixit mari: tace, obmutesce. * glossa. ° ex commotione enim maris quidam sonitus consurgit, qui videtur esse quaedam maris locutio periculum comminantis; et ideo convenienter sub quadam metaphora tranquillitatem imperat taciturnitatis vocabulo; sicut et in cohibitione ventorum, qui sua violentia mare conturbant, comminationem nominavit. solent enim potestatem habentes, eos qui violentia pacem hominum conturbant, comminatione poenarum refrenare. per hoc ergo datur intelligi quod sicut rex aliquis potest comminatione violentos comprimere, et suis edictis murmur subiecti populi mitigare, ita christus rex universae creaturae existens, sua comminatione ventorum cohibuit violentiam, et mari taciturnitatem indixit: et statim est effectus secutus; sequitur enim et cessavit ventus, cui scilicet fuerat comminatus, et facta est tranquillitas magna; scilicet in mari, cui taciturnitatem indixerat. * theophylactus. ° comminatus est etiam et discipulis tamquam fidem non habentibus; sequitur |75| enim et ait illis: quid timidi estis? necdum habetis fidem? si enim habuissent fidem, credidissent quod etiam dormiens servare eos potuisset incolumes. sequitur et timuerunt timore magno, et dicebant ad alterutrum: quis, putas, est iste, quia venti et mare obediunt ei? etenim dubie habebant se erga eum; inquantum enim iussu mare placavit, non baculo, ut moyses, non precibus, ut eliseus iordanem, neque arca, ut iesus nave, secundum hoc vere deus eis videbatur, secundum vero quod dormiebat, homo. * hieronymus. ° mystice vero puppis ecclesiae est initium, in qua dominus corporaliter dormit, quia nunquam dormit qui custodit israel; puppis enim mortuis pellibus vivos continet, et fluctus arcet, et ligno solidatur; idest, cruce et morte domini ecclesia salvatur. cervical corpus domini est, cui divinitas sicut caput inclinata est. ventus autem et mare daemones et persecutores sunt; quibus dicit tace, quando compescit |100| edicta regum iniquorum, ut voluerit. tranquillitas magna est pax ecclesiae post pressuram, sive theoricae post vitam activam. * beda. ° vel navicula quam ascendit, passionis arbor intelligitur, per quam fideles ad securitatem securi littoris perveniunt. aliae naves quae fuisse dicuntur cum domino, illos significant qui fide dominicae crucis imbuti sunt, non tamen turbine tribulationum pulsati; vel post tentationum procellas serenitate pacis utuntur. discipulis autem navigantibus christus obdormivit, quia fidelibus futuri regni quietem meditantibus, tempus dominicae passionis advenit: unde hoc sero factum fuisse perhibetur, ut veri solis occubitum non sola domini dormitio, sed ipsa descendentis lucis hora significet. ascendente autem illo in puppim crucis, fluctus blasphemantium persecutorum assurgunt daemoniacis excitati procellis; quibus tamen non ipsius patientia turbatur, sed discipulorum imbecillitas concutitur. excitant autem discipuli dominum: quia cuius mortem viderant, maximis votis resurrectionem quaerebant. |125| vento exurgens comminatus est: quia resurrectione celebrata, diaboli superbiam stravit. mare silere praecepit: quia iudaeorum rabiem resurgendo deiecit. discipuli autem arguuntur: quia post resurrectionem exprobavit eis incredulitatem eorum. et nos quoque cum signo dominicae crucis imbuti saeculum relinquere disponimus, navem cum iesu conscendimus, mare transire conamur; sed nobis navigantibus inter aequoris fremitus obdormit, quando inter medios virtutum usus, vel immundorum spirituum, vel hominum pravorum, vel ipsarum nostrarum cogitationum impetus, amoris flamma refrigescit. verum inter huiusmodi procellas illum sedulo excitemus; mox tempestatem compescet, refundet tranquillitatem, portum salutis indulgebit.

072 CMC cp5

lc1 * Theophylactus. ° quia qui in navicula erant conquirebant ad invicem quis, putas, est iste? inimicorum testimonio confirmatur quis esset: accessit enim daemoniacus confitens ipsum esse filium dei; ad quod narrandum evangelista accedens, dicit et venerunt trans fretum maris, in regionem gerazenorum. * beda. ° geraza est urbs insignis arabiae trans iordanem, iuxta montem galaad, quam tenuit tribus manasse, non longe a stagno tiberiadis, in quod porci praecipitati sunt. * chrysostomus. ° sed tamen neque gadarenorum, neque gerazenorum exquisita scriptura continet, sed gergesenorum. gadara enim civitas est iudaeae, cui prope adiacet stagnum, et nullo modo mare; geraza vero arabiae civitas est, neque mare, neque stagnum proximum habens. et ne tam evidens mendacium evangelistae dixisse videantur, viri tam diligenter scientes ea quae circa iudaeam erant; gergesa quidem, a qua gergeseni dicti, antiqua civitas fuit, iuxta eam quae nunc tiberias appellatur, |25| circa quam praecipuum est circumpositum stagnum. sequitur et exeunti ei de navi statim occurrit de monumentis homo. * augustinus de cons. evang.. ° cum matthaeus dicat duos fuisse, marcus et lucas unum commemorant, ut intelligas unum eorum fuisse personae alicuius clarioris, quem regio illa maxime dolebat. * chrysostomus in matth.. ° vel videtur quod marcus et lucas illud quod erat miserabilius narraverunt; et propter hoc diffusius quod illi contigerat enarrant; sequitur enim et neque catenis iam quisquam poterat eum ligare. dixerunt ergo simpliciter daemoniacum, numerum non quaerendo; vel ut virtutem maiorem ostenderent operantis; nam qui unum talem curaverat, non erat ei impossibile multos alios curare. nec tamen hic dissonantia demonstratur: non enim dixerunt, quod unus solus erat; quod si dixissent, matthaeo contradicere viderentur. habitabant autem in monumentis daemones, erroneum dogma multis volentes immittere, quod decedentium animae |50| in daemones convertebantur. * gregorius nyssenus. ° paraverat autem se coetus daemonum ad resistendum divinae potestati. cum autem appropinquaret qui potestatem habet super omnia, exclamant eminentem eius virtutem; unde sequitur videns autem iesum a longe, cucurrit, et adoravit eum, et clamans voce magna dixit: quid mihi et tibi iesu fili dei altissimi? * cyrillus. ° vide daemonem duplici passione divisum, audacia et timore: reluctatur, et orat; quasi quaestionem aliquam intentans, vult scire quid sibi et iesu commune; quasi dicat: qua de causa eicis me ab hominibus, cum sint mei? * beda. ° quae autem impietas est iudaeorum eum dicere in principe daemoniorum eiecisse daemonia quem et ipsa daemonia fatentur nihil secum habere commune? * cyrillus. ° deinde orans subiungit adiuro te per deum ne me torqueas; emissionem enim reputabat tormentum; vel etiam invisibiliter torquebatur. * chrysostomus in matth.. ° quamvis enim mali sint daemones, |75| sciunt tamen quod ipsos propter peccata expectat ultimo aliqua poena: quia vero nondum eis tempus ultimae poenae advenerat, firmissime cognoscebant; maxime cum permissum esset eis hominibus commisceri. sed quia christus comprehenderat eos tanta mala perpetrare, putabant quod propter factorum excessum, ultimum punitionis tempus minime expectarent; propter hoc supplicant ne torqueantur. * beda. ° magnum enim tormentum est daemoni a laesione hominis cessare; et tanto dimittit gravius quanto possidet durius; sequitur enim dicebat enim illi: exi, spiritus immunde, ab homine isto. * cyrillus. ° attendas inexpugnabilem virtutem christi; conquassat satanam, cui verba christi sunt ignis et flamma: secundum quod psalmista dicit: liquefacti sunt montes a facie dei, idest sublimes, et superbae virtutes. sequitur et interrogabat eum: quod tibi nomen est? * theophylactus. ° interrogat quidem dominus, non ut ipse sciret; sed ut ceteri sciant multitudinem habitantium |100| daemonum. * chrysostomus. ° ne si ipse diceret, quod multi sunt, incredibile fieret. vult ergo quod ipsi confiteantur, quod multi erant; unde sequitur et dicit ei: legio mihi nomen est, quia multi sumus. non dicit determinatum numerum, sed multitudinem: non enim prodest ad scientiam exquisitio numeri. * beda. ° confessa autem publice peste, quam furens tolerabat, virtus curantis gratior apparet. sed et nostri temporis sacerdotes, qui per exorcismi gratiam eicere norunt, solent dicere, patientes non aliter valere curari, nisi, quantum sapere possunt, omne quod ab immundis spiritibus visu, auditu, gustu, tactu, vel alio quolibet corporis aut animi sensu vigilantes, dormientesve pertulerint, confitendo patenter exponant. sequitur et deprecabatur eum multum ne se expelleret extra regionem. * chrysostomus. ° aut, ut lucas dicit, in abyssum; abyssus enim est separatio huius mundi: promerentur enim daemones mitti ad tenebras exteriores, diabolo et suis angelis praeparatas. hoc autem christus facere |125| poterat; permisit tamen eos in hac terra esse, ne absentia tentatoris homines corona victoriae privaret. * theophylactus. ° et ut nobiscum pugnantes, nos peritiores constituant. sequitur erat autem ibi circa montem grex porcorum magnus pascens. * augustinus de cons. evang.. ° quod hic dicit marcus circa montem fuisse gregem, lucas autem in monte, nihil repugnat: grex enim porcorum tam magnus fuit ut aliquid eius esset in monte, et aliquid circa montem. sequitur et deprecabantur eum spiritus, dicentes: mitte nos in porcos, ut in eos introeamus. * remigius super matth.. ° idcirco autem intraverunt in porcos non sponte, sed petierunt ut eis concederetur, ut demonstraretur quia non possunt nocere hominibus, nisi permissione divina. ideo autem non petierunt mitti in homines, quia illum cuius virtute torquebantur, humanam speciem gestare videbant; nec petierunt ut in pecora mitterentur, quia velut munda animalia in templo |150| dei offerebantur. petierunt ut in porcos mitterentur, quia nullum animal est immundius porco, et daemones semper in spurcitiis delectantur. sequitur et concessit eis statim iesus. * beda. ° ideo quidem permisit ut per interfectionem porcorum hominibus salutis occasio praebeatur. * chrysostomus in matth.. ° volens furiam quam contra homines habent daemones, omnibus demonstrare, et quod multo peiora vellent hominibus infligere, si possent virtute non impediti divina. et quia in hominibus hanc demonstrationem fieri eius pietas non ferebat, ipsos in porcos intrare permisit, ut in illis virtus, et furor daemonum videatur. sequitur et exeuntes spiritus immundi introierunt in porcos. * titus. ° fugam autem arripuerunt pastores, ne cum porcis perirent, et huiusmodi terrorem civibus intulerunt; unde sequitur qui autem pascebant eos, etc.. illos ad salvatorem adduxit damni necessitas: frequenter enim cum deus homines damnat in rebus possessis, |175| confert beneficium animabus; unde sequitur et veniunt ad iesum, et vident illum qui a daemonio vexabatur sedentem, scilicet iuxta pedes a quibus nactus erat salutem, quem antea nec catenae compescere poterant; vestitum et sanae mentis, qui continuo nudus erat: et obstupuerunt; unde sequitur et timuerunt. hoc igitur miraculum partim visu, partim verbis comperiunt; unde sequitur et narraverunt illis qui viderant. * theophylactus. ° stupentes autem propter miraculum quod audierant, timuerunt, et propter hoc deprecantur ipsum ut ab eorum recedat finibus; et hoc est quod subditur et rogare eum coeperunt ut discederet a finibus eorum: timebant enim ne aliquando tale aliquid paterentur. contristati enim de porcorum perditione, praesentiam renuunt salvatoris. * beda. ° vel conscii fragilitatis propriae, praesentia domini se iudicabant indignos. sequitur cumque ascenderet navim, coepit illum deprecari qui a daemone vexatus fuerat, ut esset cum illo. * theophylactus. |200| ° timebat enim ne aliquando invenientes eum daemones reintrarent in eum. dominus vero remittit eum in domum suam, innuens ei quod quamvis ipse praesens non esset, tamen sua virtus ipsum custodiret; simul etiam ut curatus aliis prosit; unde sequitur et non admisit eum, sed ait illi: vade in domum tuam ad tuos, et nuntia illis quanta tibi dominus fecerit, et misertus sit tui. vide salvatoris humilitatem: non dixit: denuntia omnia quae feci tibi, sed omnia quae fecit tibi dominus: sic et tu cum aliquid boni feceris, non tibi, sed deo attribuas. * chrysostomus. ° licet autem aliis sanatis praeceperit nemini dicere, convenienter tamen huic praecepit quod annuntiet: quoniam omnis illa regio daemonibus detenta sine deo manebat. * theophylactus. ° ipse igitur coepit praedicare, et omnes mirantur; et hoc est quod sequitur et coepit praedicare. * beda. ° mystice autem gerasa sive gergese, ut quidam legunt, colonum eiciens, sive advena appropinquans interpretatur: |225| quia gentium populus et hostem de corde repulit, et qui erat longe, factus est prope. * hieronymus. ° hic autem daemoniacus, desperatissimus gentium populus est, nec lege naturae, nec dei, nec humano timore alligatus. * beda. ° qui in monumentis habitabat, quia in mortuis operibus, hoc est in peccatis, delectabatur, semper nocte ac die furebat, quia in prosperis et adversis a servitio malignorum spirituum non cessabat; sed per operum foeditatem quasi in monumentis iacebat, per fastum superbiae in montibus errabat, per verba durissimae infidelitatis quasi lapidibus se concidebat. dicit autem legio mihi nomen est, quia populus gentium diversis idololatriae cultibus erat mancipatus. quod autem exeuntes spiritus immundi ab homine intrant porcos, quos in mare praecipitant, significat quod liberato populo gentium a damnatione daemonum, qui christo credere noluerunt, in abditis agunt sacrilegos ritus. * theophylactus. ° vel per hoc significatur quod daemones intrant in homines ad modum porcorum viventes, |250| et volutabro voluptatum se involventes; ac praecipitant eos praecipitio perditionis in mare vitae istius, et suffocantur. * hieronymus. ° vel suffocantur in inferno sine respectu misericordiae per impetum immaturae mortis; a quibus fugiunt multi, quia flagellato stulto, sapiens prudentior fit. * beda. ° quod autem dominus volentem esse cum illo non admisit, significat quod quisque intelligat post remissionem peccatorum ingrediendum sibi esse in conscientiam bonam, et serviendum evangelio propter aliorum salutem, ut deinde cum christo requiescat. * gregorius moralium. ° cum enim quantumlibet parum de divina cognitione percepimus, redire iam ad humana nolumus, quietem contemplationis quaerentes; sed dominus praecipit, ut mens prius exsudet in opere, et postmodum refici debeat per contemplationem. * hieronymus. ° homo autem sanatus praedicabat in decapoli, dum a romano nunc regno iudaei convertuntur, qui in littera tantum pendent decalogi.

lc2 * Theophylactus. ° post miraculum daemoniaci, aliud miraculum dominus operatur, filiam scilicet archisynagogi resuscitans, ad cuius miraculi narrationem evangelista accedens, dicit et cum ascendisset iesus in navi, rursus trans fretum. * augustinus de cons. evang.. ° intelligendum est autem quod de archisynagogi filia subditur, factum esse cum ascendisset iesus in navi rursus trans fretum; sed quantum post, non apparet: nisi enim fuisset intervallum, non esset quando fieret quod narrat matthaeus de convivio domus suae; post quod factum nihil aliud continuo sequitur quam illud de archisynagogi filia: sic enim ipse contexit, ut ipse transitus aperte indicet hoc consequenter narrari quod consequenter est factum. sequitur et venit quidam de archisynagogis nomine iairus. * chrysostomus. ° nomen posuit propter iudaeos, qui tunc erant, ut nomen miraculi fieret ostensivum. |25| sequitur et videns eum procidit ad pedes eius, et deprecabatur eum multum, dicens: quoniam filia mea in extremis est. et quidem matthaeus narrat archisynagogum puellam mortuam nuntiasse; marcus vero graviter infirmatam; sed postmodum archisynagogo, cum quo dominus ire debebat, nuntiatum fuisse puellam mortuam esse. matthaeus ergo eamdem rem similem significat, quod scilicet mortuam suscitaverit, brevitatis causa eam dicens obiisse, quam constat mortuam suscitatam fuisse. * augustinus de cons. evang.. ° attendit enim non verba patris de filia, sed, quod est potissimum, voluntatem: ita enim desperaverat ut potius eam vellet reviviscere, non credens vivam posse inveniri quam morientem reliquerat. * theophylactus. ° fuit autem hic vir ex parte fidelis, inquantum cecidit ad pedes iesu, inquantum vero deprecatur ut veniat, non quantam oportebat habere fidem, ostendit. oportebat enim dicere: dic verbo, et sanabitur filia mea. sequitur et abiit cum illo, et sequebatur |50| eum turba multa, et comprimebat eum; et mulier quae erat in profluvio sanguinis duodecim annis... venit in turba retro. * chrysostomus. ° mulier ista famosa et nota omnibus, propter hoc ad salvatorem in manifesto accedere non audebat, neque ante eum venire, quia secundum legem immunda erat; propter hoc retro tetigit, et non ante, quia nec hoc facere audebat, nec etiam tetigit vestimentum, sed vestimentorum fimbriam. non autem fimbria, sed eius cogitatio eam salvam fecit. sequitur dicebat enim: quia si vel vestimenta eius tetigero, salva ero. * theophylactus. ° fidelissima est haec mulier, quae a fimbriis curationem speravit, propter quod consequitur sanitatem; unde sequitur et confestim siccatus est fons sanguinis eius, et sensit corpore quia sanata esset a plaga. * chrysostomus. ° his autem qui fide tangunt christum, virtutes eius cum sua voluntate donantur; unde sequitur et statim iesus cognoscens in semetipso virtutem quae exierat de illo, conversus ad |75| turbam aiebat: quis tetigit vestimenta mea? virtutes quidem salvatoris exeunt ab eo non localiter, aut corporaliter, ipsum modo aliquo relinquentes: incorporales enim cum sint, ad alios exeunt, aliisque donantur, neque tamen extra eum sunt a quo exire dicuntur; sicut scientiae, quae a doctore discentibus tribuuntur. dicit ergo cognoscens in semetipso virtutem quae exierat de eo: ut intelligeres quod eo sciente, non ignorante mulier salutem recepit. interrogabat vero quis me tetigit? licet sciret tangentem, ut mulierem venientem manifestet, et eius publicet fidem, et ne virtus miraculosi operis oblivioni tradatur. sequitur et dicebant ei discipuli sui: vides turbam comprimentem te, et dicis: quis me tetigit? quaesierat autem dominus: quis me tetigit? idest cogitatione et fide: non enim comprimentes turbae me tangunt, quia non cogitatu et fide accedunt. sequitur et circumspiciebat videre eam quae hoc fecerat. * theophylactus. ° volebat enim dominus mulierem manifestare, primo |100| quidem ut fidem approbaret mulieris; deinde ut archisynagogum ad confidentiam provocaret, quia sic eius filia curaretur; simulque ut mulierem solveret a timore: etenim timebat mulier, quia furata erat sanitatem: propter quod sequitur mulier autem timens et tremens, sciens quid factum esset in se, venit, et procidit ante eum, et dixit ei omnem veritatem. * beda. ° ecce quo tendebat interrogatio: ut scilicet mulier confiteatur veritatem diuturnae infidelitatis, subitae credulitatis et sanationis: et ita ipsa confirmatur in fide, et aliis praebet exemplum. sequitur ille autem dixit ei: filia, fides tua te salvam fecit: vade in pace, et esto sana a plaga tua. non dixit: fides tua te salvam factura est, sed te salvam fecit, quasi dicat: in eo quod credidisti, iam salva facta es. * chrysostomus. ° filiam vero vocat salvatam fidei ratione: fides enim christi, dei filiationem praestat. * theophylactus. ° dicit autem ei vade in pace, idest in requie; quasi dicat: vade, requiesce, quia hucusque fuisti in angustiis et turbationibus. |125| * chrysostomus. ° vel dicit vade in pace, mittens eam in finem bonorum: in pace enim deus habitat; ut cognoscat quod non solum corpore curata est, sed etiam a causis corporalis passionis, idest peccatis, mundata. * hieronymus. ° mystice autem post praedicta venit iairus archisynagogus: quia cum intraverit plenitudo gentium, tunc omnis israel salvus fiet. iairus, sive illuminans, sive illuminatus interpretatur; idest, iudaicus populus, umbra litterae deposita, spiritu illustratus et illuminatus, procidens ad pedes verbi, idest ad incarnationem iesu se humilians, rogat pro filia; quia qui sibi vivit, alios vivere facit. abraham etiam et moyses et samuel rogant pro plebe mortua; et sequitur iesus preces eorum. * beda. ° ad puellam autem sanandam pergens dominus a turba comprimitur: quia genti iudaeae salutaria monita praebens, noxia carnalium populorum est consuetudine gravatus. mulier autem sanguine fluens, sed a domino curata, ecclesia est, congregata |150| de gentibus: fluxus enim sanguinis, et super idololatriae pollutione et super his quae carnis ac sanguinis delectatione geruntur potest recte intelligi. sed dum verbum dei iudaeam salvare decerneret, plebs gentium paratam promissamque aliis praeripuit spe certa salutem. * theophylactus. ° vel per mulierem, quae haemorrhoissa erat, intelligas humanam naturam: profluebat enim peccatum, quod animam occidens quasi sanguinem fudit animarum nostrarum. haec a pluribus medicorum, sapientum dico huius mundi et legis et prophetarum, curari non valuit: mox ut fimbriam christi tetigit, idest carnem eius, sanata est: qui enim credit filium dei incarnatum, hic est qui vestimentorum fimbriam tangit. * beda. ° unde una credula mulier dominum tangit, turba comprimit: quia qui diversis haeresibus, sive perversis moribus gravatur, solo ecclesiae catholicae corde fideliter veneratur. venit autem ecclesia gentium retro: quia praesentem in carne dominum non videns, peractis iam sacramentis |175| incarnationis illius, ad fidei eius gratiam pervenit; sicque dum participatione sacramentorum eius salvari a peccatis meruit, quasi tactu vestimentorum eius, fontem sui sanguinis siccavit. circumspiciebat autem dominus videre eam quae hoc fecerat: quia omnes qui salvari merentur, suo dignos intuitu ac miseratione iudicat.

lc3 * Theophylactus. ° hi qui circa archisynagogum erant, christum unum ex prophetis esse credebant, et propter hoc eum deprecandum putabant, ut veniens super puellam oraret; quia vero iam expiraverat puella, putabant non esse precandum; et ideo dicitur adhuc eo loquente, veniunt ad archisynagogum, dicentes: quia filia tua mortua est: quid ultra vexas magistrum? sed ipse dominus ad confidendum patrem inducit; sequitur enim noli timere: tantummodo crede. * augustinus de cons. evang.. ° non legitur, quod suis nuntiantibus et prohibentibus ne iam magister veniret, ille consenserit; ac per hoc quod dominus dixit ei noli timere, crede, non diffidentem reprehendit, sed credentem robustius confirmavit. si autem evangelista archisynagogum commemorasset dixisse quod sui a domo venientes dixerunt, quod iam non vexaretur iesus, repugnarent eius cogitationi verba quae posuit matthaeus eum dixisse, quod scilicet puella mortua esset. | 25 | sequitur et non admittit quemquam sequi se, nisi petrum et iacobum et ioannem fratrem iacobi. * theophylactus. ° non enim humilis christus ad ostentationem voluit aliquid operari. sequitur et veniunt in domum archisynagogi, et vident tumultum et flentes et eiulantes multum. * chrysostomus. ° ipse autem iubet non ululare, tamquam puella non sit mortua, sed dormiens; unde sequitur et ingressus ait: quid turbamini et ploratis? puella non est mortua, sed dormit. * hieronymus. ° archisynagogo dicitur filia tua mortua est; iesus autem dixit non est mortua, sed dormit. utrumque verum est; quasi dicat: mortua est vobis, mihi dormit. * beda. ° hominibus enim mortua erat, qui suscitare nequiverant; deo dormiebat, in cuius dispositione et anima vivebat, et caro resuscitanda quiescebat. unde mos apud christianos obtinuit ut mortui, qui resurrecturi non dubitantur, dormientes vocentur. sequitur et irridebant eum. * theophylactus. ° derident autem eum tamquam |50| ulterius non posset aliquid facere; sed ipsemet contra seipsos attestantes disputat, tamquam vere mortuam suscitaverit: et ideo miraculosum erit, si suscitaverit eam. * beda. ° quia ergo verbum resuscitantis irridere quam credere malebant, merito foras excluduntur, utpote indigni qui potentiam resuscitantis, ac resurgentis mysterium viderent; unde sequitur ipse vero eiectis omnibus assumit secum patrem et matrem puellae, * etc.. chrysostomus. ° vel ut ostentationem auferret, propter hoc non omnes secum esse sinit; ut vero testes postmodum haberet divinae virtutis, tres praecipuos ex discipulis elegit, et patrem et matrem puellae, tamquam prae omnibus magis necessarios. manu vero et verbo puellam vivificat; unde sequitur et tenens manum puellae, ait illi: thabitha cumi, quod est interpretatum: puella, tibi dico, surge. manus enim iesu vivificativa existens, mortuum corpus vivificat, vox autem iacentem excitat; unde sequitur et confestim surrexit puella et ambulavit. * hieronymus de optimo genere interpret.. |75| ° arguat aliquis evangelistam mendacii, quare exponendo addiderit tibi dico; cum in hebraico thabitha, cumi tantum significet puella, surge. sed ut emphaticoteron faceret et sensum vocantis et imperantis exprimeret, addit tibi dico, surge. sequitur erat autem annorum duodecim. * glossa. ° hoc evangelista addidit ad ostendendum puellam huius aetatis esse quod poterat ambulare. in ambulatione eius non solum suscitata, sed etiam perfecte sanata ostenditur. sequitur et obstupuerunt stupore magno; et praecepit illis vehementer, ut nemo id sciret; et iussit illi dari manducare. * chrysostomus. ° ad demonstrandum, quod eam vere suscitaverit et non secundum phantasiam. * beda. ° mystice autem salvata a profluvio sanguinis muliere, mox filia archisynagogi mortua nuntiatur: quia dum ecclesia gentium a vitiorum labe mundata, et ob fidei meritum filia est cognominata, continuo synagoga perfidiae simul et invidiae zelo soluta est; perfidiae quidem, quia in christo credere noluit; invidiae |100| vero, quia ecclesiam credere doluit. et quod aiebant nuntii archisynagogo, quid ultra vexas magistrum? per eos hodie dicitur qui a deo destitutum synagogae statum vident, ut restaurari posse non credant: ideoque pro resuscitatione illius supplicandum non esse aestimant. sed si archisynagogus, idest coetus doctorum legis, credere voluerit, et subiecta ei synagoga salva erit. quia vero synagoga laetitiam dominicae inhabitationis merito infidelitatis amisit, quasi inter flentes et eiulantes mortua iacet. tenens autem puellae manum dominus eam suscitavit: quia nisi prius mundatae fuerint manus iudaeorum, quae sanguine plenae sunt, synagoga mortua non resurget. in sanatione autem haemorrhoissae mulieris, et suscitatione puellae, salus ostenditur generis humani, quae a domino ita dispensata est, ut primo aliqui ex israel ad fidem venirent, deinde plenitudo gentium intraret, ac sic omnis israel salvus fieret. annorum autem duodecim erat puella, et annis duodecim mulier erat passa: quia | 125 | peccata non credentium apparuerunt in initio fidei credentium: unde dicitur: credidit abraham deo, et reputatum est ei ad iustitiam. * gregorius moralium. ° moraliter vero redemptor noster puellam in domo, iuvenem vero extra portam, in sepulcro autem lazarum suscitat; adhuc quidem in domo mortuus iacet qui latet in peccato; iam extra portam educitur cuius iniquitas usque ad vecordiam publicae perpetrationis aperitur; sepulturae vero aggere premitur qui perpetratione nequitiae etiam usu consuetudinis pressus gravatur. * beda. ° et notandum, quod leviores et quotidiani erratus, levioris poenitentiae possunt remedio curari: unde iacentem in conclavi dominus facillima voce puellam resuscitat dicens puella, surge; ut vero quatriduanus mortuus sepulcri claustra evadere posset, fremuit spiritu, turbavit seipsum, lacrymas fudit. quanto igitur gravior animae mors, tanto acrior necesse est ut poenitentis fervor insistat. sed et hoc notandum, quia publica noxa publico eget remedio: |150| unde lazarus de monumento vocatus populis innotuit; levia autem peccata, secreta queunt poenitentia deleri: unde puella in domo iacens paucis arbitris exsurgit, eisdemque ut nemini manifestent praecipitur. turba etiam foris eicitur, ut puella suscitetur: quia si non prius a secretioribus cordis expellitur saecularium multitudo curarum, anima quae intrinsecus iacet mortua, non resurgit. bene autem surrexit et ambulat: quia anima a peccatis resuscitata, non solum a sordibus scelerum exurgere, sed et in bonis proficere debet operibus, et mox necesse est ut caelesti pane satietur, divini scilicet verbi et altaris particeps effecta.

072 CMC cp6

lc1 * Theophylactus. ° post praemissa miracula dominus in patriam suam revertitur, non ignorans quoniam spernerent eum, sed ut occasionem non haberent ulterius dicendi: quia si venisses, credidissemus tibi; unde dicitur et egressus inde abiit in patriam suam: et sequebantur eum discipuli sui. * beda. ° patriam eius nazareth dicit, in qua erat nutritus. sed quanta nazaraeorum caecitas, qui eum quem verbis factisque illius christum cognoscere poterant, ob solam gentis notitiam contemnunt? sequitur et facto sabbato coepit in synagoga docere; et multi audientes admirabantur in doctrina eius, dicentes: unde huic haec omnia? et quae est sapientia quae data est illi, et virtutes tales quae per manus eius efficiuntur? sapientiam ad doctrinam, virtutes referunt ad sanitates et miracula quae faciebat. sequitur nonne hic est faber filius mariae? * augustinus de cons. evang.. ° matthaeus quidem fabri filium eum dictum esse dicit; nec mirandum |25| est, cum utrumque dici potuerit: eo enim fabrum credebant quo et fabri filium. * hieronymus. ° filius quidem fabri iesus vocatur, sed fabri qui fabricatus est auroram et solem, idest ecclesiam primam, et sequentem; in quarum figura mulier, et puella sanatur. * beda. ° nam etsi humana non sint comparanda divinis, typus tamen integer est: quia pater christi igne operatur et spiritu. sequitur frater iacobi, et ioseph, et iudae, et simonis; nonne et sorores eius hic nobiscum sunt? fratres et sorores eius secum esse testantur: qui tamen non liberi ioseph, aut mariae, iuxta haereticos, sunt putandi; sed potius, iuxta morem sacrae scripturae, cognati sunt intelligendi; quomodo abraham, et lot fratres appellantur, cum esset lot filius fratris abrahae. et scandalizabantur in illo. scandalum et error iudaeorum salus nostra est, et haereticorum condemnatio. intantum enim spernebant dominum iesum christum ut eum fabrum, et fabri vocarent filium. sequitur et dicebat eis iesus, quia non est propheta sine honore nisi in patria sua, et in domo sua, et in cognatione sua. prophetam dici in scripturis dominum iesum etiam moyses testis est, futuram eius incarnationem praedicens filiis israel, ait: prophetam vobis suscitabit dominus deus vester de fratribus vestris. non solum autem ipse qui dominus est prophetarum, sed et elias, et ieremias ceterique prophetae, minores in patria sua quam in exteris civitatibus habiti sunt: quia propemodum naturale est cives semper civibus invidere: non enim considerant praesentia viri opera, sed fragilem recordantur infantiam. * hieronymus. ° comitatur etiam saepe vilitas originem, ut est illud: quis est filius isai? quia humilia dominus respicit, et alta a longe cognoscit. * theophylactus. ° sive etiam praeclaros consanguineos propheta habeat, cives oderunt eos, et propter hoc dehonorant prophetam. sequitur et non poterat ibi virtutem ullam facere; nisi paucos infirmos impositis manibus curavit. quod autem dicit non poterat, intelligere oportet: non volebat: quia non ipse impotens, sed illi infideles erant: ergo ibi non operatur virtutes, parcens eis, ne maiori reprehensione digni essent, etiam factis miraculis non credentes. vel aliter. in miraculis faciendis necessaria est virtus operantis, et recipientium fides, quae ibi deficiebat: unde non volebat iesus ibi signa facere. sequitur et mirabatur propter incredulitatem illorum. * beda. ° non quasi inopinata et improvisa miratur qui novit omnia antequam fiant; sed qui novit occulta cordis, quod mirandum intimare vult hominibus, mirari se coram hominibus ostendit: iudaeorum enim miranda notatur caecitas, qui nec prophetis suis credere de christo, nec ipsi inter se nato voluerunt credere christo. mystice autem iesus despicitur in domo, et in patria sua, hoc est in populo iudaeorum; et ideo pauca ibi signa fecit, ne penitus excusabiles ibi fierent. maiora autem signa quotidie in gentium populo facit, non tam in sanitate corporum quam in animarum salute.

lc2 * Theophylactus. ° non solum in civitatibus praedicabat dominus, sed et in castellis, ut discamus parva non spernere; neque magnas semper quaerere civitates, sed verbum dei in vicis abiectis et vilibus seminare; unde dicitur et circuibat castella in circuitu docens. * beda. ° benignus autem et clemens dominus, ac magister non invidet servis atque discipulis suis virtutes suas; et sicut ipse curaverat omnem languorem, et omnem infirmitatem, apostolis quoque suis dedit potestatem; unde sequitur et convocavit duodecim, et coepit eos mittere binos, et dabat illis potestatem spirituum immundorum. sed multa distantia est inter donare et accipere: iste quodcumque agit, potestate domini agit, illi si quid faciunt imbecillitatem suam, et virtutes domini confitentur, dicentes: in nomine iesu surge et ambula. * theophylactus. ° binos autem apostolos mittit, ut fierent promptiores: quia, ut ait ecclesiastes, melius est simul duos esse, quam unum. si autem plures quam duos misisset, non esset sufficiens numerus ut in plura castella mitterentur. * gregorius in evang.. ° binos autem in praedicationem discipulos mittit, quoniam duo sunt praecepta caritatis: dei videlicet amor, et proximi, et minus quam inter duos caritas haberi non potest. per hoc ergo nobis innuit quia qui caritatem erga alterum non habet, praedicationis officium suscipere nullatenus debet. sequitur et praecepit eis ne quid tollerent in via, nisi virgam tantum; non peram, neque panem, neque in zona aes; sed calceatos sandaliis, et ne induerentur duabus tunicis. * beda. ° tanta enim praedicatori in deo debet esse fiducia ut praesentis vitae sumptus, quamvis non provideat, tamen hos sibi non deesse certissime sciat, ne dum mens eius occupatur ad temporalia, minus aliis provideat aeterna. * chrysostomus. ° hoc etiam eis dominus praecepit, ut per habitum ostenderent quantum a divitiarum desiderio distarent. * theophylactus. ° instruens etiam eos per hoc non esse amatores munerum, et ut videntes eos praedicare paupertatem, acquiescant, cum apostoli nihil habeant. * augustinus de cons. evang.. ° vel quia cum, secundum matthaeum, dominus continue subiecerit: dignus est enim operarius cibo suo, satis ostendit cur eos possidere haec, aut ferre noluerit: non quod necessaria non sint necessitati huius vitae, sed quia sic eos mittebat ut eis hoc deberi demonstraret ab illis quibus evangelium credentibus nuntiarent: unde apparet hoc non ita praecepisse dominum tamquam evangelistae vivere aliunde non debeant, quam eis praebentibus quibus annuntiant evangelium; alioquin contra hoc praeceptum fecit apostolus, qui victum de manuum suarum labore transigebat; sed potestatem dedisse, in qua scirent sibi ista deberi. solet item quaeri quomodo matthaeus et lucas commemoraverint dixisse dominum discipulis, ut nec virgam ferrent, cum dicat marcus et praecepit eis ne quid tollerent in via nisi virgam tantum. quod ita solvitur, ut intelligamus sub alia significatione dictam virgam, quae secundum marcum ferenda est, et sub alia illam quae secundum matthaeum et lucam non est ferenda. potuit enim sic breviter dici: nihil necessariorum vobiscum feratis nisi virgam tantum, ut illud quod dictum est: nec virgam, intelligatur nec minimas quidem res; quod vero adiunctum est nisi virgam tantum, intellegatur quia per potestatem a domino receptam, quae virgae nomine significata est, etiam quae non portantur, non deerunt. utrumque ergo dominus dixit; sed quia non utrumque unus evangelista commemoravit, putatur ille qui virgam sub alia significatione positam tollendam dixit, ei qui virgam rursus aliud significantem non tollendam, dixit, esse contrarius; sed iam ratione reddita non putetur. sic et calceamenta cum dicit matthaeus in via non esse portanda, curam prohibet: quia ideo cogitantur portanda ne desint. hoc et de duabus tunicis intelligendum est, ne quisquam eorum praeter eam qua esset indutus, aliam portandam curaret, sollicitus ne opus esset, cum ex illa potestate posset accipere. proinde marcus dicendo, calceari eos sandaliis vel soleis, aliquid hoc calceamentum mysticae significationis habere admonet, ut pes neque tectus sit desuper, nec nudus ad terram; idest nec occultetur evangelium, nec terrenis commodis innitatur. et quod non haberi, vel portari duas tunicas, sed expressius indui prohibet, quid eos monet nisi non dupliciter, sed simpliciter ambulare? quisquis autem putat non potuisse dominum in uno sermone quaedam figurate, quaedam proprie ponere eloquia, cetera eius inspiciat, et videbit, quod hoc temere ac inerudite arbitretur. * beda. ° in duabus autem tunicis videtur mihi duplex ostendere vestimentum: non quod in locis scythiae glaciali nive rigentibus, una quis tunica debeat esse contentus; sed in tunica vestimentum intelligamus, ne aliud vestiti, aliud nobis futurorum timore servetur. * chrysostomus. ° vel aliter. matthaeus et lucas non calceamenta, neque baculum portare permittit, quod ostendit perfectissimum esse; marcus vero baculum iubet assumere, et sandaliis calceari; quod dictum est permissive. * beda. ° allegorice autem per peram onera saeculi, per panem delicias temporales, per aes in zona occultatio sapientiae designatur: quia quisquis officium doctoris accipit, neque oneribus saecularium negotiorum deprimi, neque desideriis carnalibus resolvi, neque commissum sibi talentum verbi, sub otio debet lenti torporis abscondere. sequitur et dicebat eis: quocumque introieritis in domum, illic manete donec exeatis inde: ubi dat constantiae generale mandatum, ut hospitalis necessitudinis iura custodiant, alienum a praedicatore regni caelestis astruens cursitare per domos. * theophylactus. ° ne scilicet de gula contingeret eos reprehendi, ab aliis in alios transeuntes. sequitur et quicumque non receperint vos, nec audierint vos, exeuntes inde, excutite pulverem de pedibus vestris in testimonium illis. hoc autem dominus praecepit ut ostenderet quod longam propter eos viam ambulaverunt, et nihil eis profuit: vel quia nihil ab eis acceperunt, etiam neque pulverem; sed et hunc excutiunt, ut hoc sit in testimonium illis, idest in redargutionem illis. * chrysostomus. ° vel ut sit in testimonium laboris viae quam sustinebant pro eis, aut tamquam pulvis peccatorum praedicantium convertatur in ipsos. sequitur et exeuntes praedicabant ut poenitentiam agerent; et daemonia multa eiciebant, et ungebant oleo multos aegrotos, et sanabantur. quod oleo ungerent, solus marcus enarrat; iacobus autem in epistola sua canonica similia dicit. oleum enim et labores curat, et luminis et hilaritatis causa existit. significat autem oleum unctionis dei misericordiam, infirmitatis medelam, et cordis illuminationem; quod totum oratio operatur. * theophylactus. ° significat etiam gratiam spiritus sancti, per quam a laboribus transmutamur, et lumen et laetitiam spiritualem suscipimus. * beda. ° unde patet ab ipsis apostolis hunc sanctae ecclesiae morem esse traditum, ut energumeni, vel alii quilibet aegroti, ungantur oleo, pontificali benedictione consecrato.

lc3 * Glossa. ° post praedicationem discipulorum christi, et miraculorum operationem convenienter evangelista subiungit de fama quae consurgebat in populo; unde dicit et audivit herodes rex. * chrysostomus. ° herodes iste filius erat primi herodis, sub quo ioseph iesum duxerat in aegyptum. tetrarcham autem matthaeus nominat hunc, atque lucas tamquam principantem super quartam partem regni patris sui. romani enim post mortem patris, regnum in partes quatuor diviserunt. marcus vero regem eum vocat, aut patris consuetudine, aut quia hoc loco eius congruum existebat. * hieronymus. ° sequitur manifestum enim factum est nomen eius: lucernam enim sub modio abscondi fas non est. et dicebant, scilicet aliqui de turba, quia ioannes baptista resurrexit a mortuis, et propterea operantur virtutes in illo. * beda. ° quanta enim fuit iudaeorum invidia docemur: ecce enim ioannem, de quo dictum est quia signum fecit nullum, a mortuis potuisse resurgere, nullo attestante credebant; iesum autem approbatum a deo virtutibus et signis cuius resurrectionem angeli, apostoli, viri ac feminae praedicabant, non resurrexisse, sed furtim esse ablatum credere maluerunt: qui cum dicerent ioannem resurrexisse a mortuis, et propterea virtutes operatas esse in illo, bene de virtute resurrectionis senserunt, quod maioris potentiae futuri sunt sancti, cum a mortuis resurrexerint, quam fuerunt cum carnis adhuc infirmitate gravarentur. sequitur alii autem dicebant, quia elias est. * theophylactus. ° confutabat enim multos homines ioannes quando dicebat: genimina viperarum. sequitur alii autem dicebant, quia propheta est, quasi unus ex prophetis. * chrysostomus. ° mihi quidem videtur hunc prophetam dicere de quo moyses dixit: prophetam suscitabit vobis deus de fratribus vestris. recte quidem; sed quia manifeste dicere trepidabant: hic est christus, moysi utebantur voce, propriam suspicionem velantes, praepositorum suorum timore. sequitur quo audito, herodes ait: quem ego decollavi ioannem, hic a mortuis resurrexit. per ironiam hoc herodes expresse pronuntiat. * theophylactus. ° vel aliter. sciens herodes quod ioannem iustum existentem sine causa occiderat, credebat eum a mortuis resurrexisse, et quod ex resurrectione suscepisset miraculorum operationem. * augustinus de cons. evang.. ° in his autem verbis lucas marco attestatur, ad hoc dumtaxat quod alii dixerint, non herodes, ioannem surrexisse; sed haesitantem lucas, commemoravit herodem, verbaque eius ita posuit dicentis: ioannem ego decollavi. quis autem est iste, de quo audio talia? intelligendum est autem post hanc haesitationem confirmasse in animo suo quod ab aliis dicebatur, cum ait pueris suis, sicut matthaeus narrat: hic est ioannes baptista, ipse surrexit a mortuis. aut ita pronuntianda sunt haec verba ut haesitantem adhuc indicent; praesertim quia et marcus, qui superius dixerat ab aliis dictum fuisse, quod ioannes a mortuis resurrexit; in extremo tamen ipsum herodem dixisse non tacet. quem ego decollavi ioannem, hic a mortuis resurrexit. quae item verba duobus modis pronuntiari possunt, ut aut confirmantis, aut dubitantis intelligantur.

lc4 * Theophylactus. ° ex praemissis marcus evangelista occasionem sumens, hic de morte commemorat praecursoris, dicens ipse enim herodes misit, ac tenuit ioannem et vinxit eum in carcere, propter herodiadem uxorem fratris sui quia duxerat eam. * beda. ° vetus narrat historia, philippum herodis maioris filium, sub quo dominus fugit in aegyptum, fratrem huius herodis, sub quo passus est christus, duxisse herodiadem uxorem filiam regis aretae, postea vero socerum eius, exortis quibusdam contra generum simultatibus, tulisse filiam suam, et in dolorem mariti prioris, herodis inimici eius nuptiis copulasse. ergo ioannes baptista arguit herodem et herodiadem, quod illicitas nuptias fecerint, et non liceat, fratre vivente germano, illius uxorem ducere. * theophylactus. ° alii autem dicunt, quod philippus iam mortuus reliquerit ex se filiam: quapropter non debebat herodes fratris, quamvis defuncti, uxorem ducere. lex enim praecipiebat quod frater uxorem fratris acciperet, cum defunctus prolem non haberet; illi autem erat filia, propter quod erant nuptiae sceleratae. sequitur herodias autem insidiabatur illi, et volebat occidere eum, et non poterat. * beda. ° timebat enim herodias ne herodes aliquando resipisceret, vel philippo fratri suo amicus fieret; atque illicitae nuptiae repudio solverentur. sequitur herodes autem metuebat ioannem, quia sciebat eum virum iustum et sanctum. * glossa. ° timebat, inquam, eum reverendo; sciebat enim eum esse iustum, quoad homines, et sanctum, quoad deum; et custodiebat eum, ne scilicet ab herodiade interficeretur; et audito eo multa faciebat: quia putavit eum spiritu dei loqui; et libenter eum audiebat: quia reputabat utilia quae ab eo dicebantur. * theophylactus. ° vide autem quantum operatur concupiscentiae rabies: quia cum herodes tantam circa ioannem habebat reverentiam, et timorem, horum fit immemor, ut suae fornicationi provideret. * remigius super matth.. ° libidinosa enim voluntas eum coegit in illum manum mittere quem sciebat iustum et sanctum. ac per hoc datur intelligi quia minus peccatum factum est ei causa maioris peccati, secundum illud: qui in sordibus est, sordescat adhuc. sequitur et cum dies opportunus accidisset, herodes natalis sui coenam fecit principibus, et tribunis, et primis galilaeae. * beda. ° soli mortalium herodes et pharao leguntur diem natalis sui gaudiis festivis celebrasse; sed uterque rex infausto auspicio festivitatem suam sanguine foedavit: verum herodes tanto maiore impietate, quanto sanctum, et innocentem doctorem veritatis occidit; et hoc pro voto ac petitione saltatricis; sequitur enim cumque introisset filia ipsius herodiadis, et saltasset, et placuisset herodi, et simul recumbentibus, rex ait: pete a me quod vis, et dabo tibi. * theophylactus. ° dum enim convivium fit, satanas per puellam saltat, et iusiurandum perficitur sceleratum; sequitur enim et iuravit illi: quia quidquid petieris dabo tibi, licet dimidium regni mei. * beda. ° non excusatur ab homicidio per iuramentum: ideo enim forte iuravit, ut occasionem inveniret occidendi; et si patris, aut matris interitum postulasset, non utique concessisset herodes. sequitur quae cum exisset, dixit matri suae: quid petam? at illa dixit: caput ioannis baptistae. digno operi saltationis, dignum postulatur sanguinis praemium. sequitur cumque introisset statim cum festinatione ad regem, petivit dicens: volo ut protinus des mihi in disco caput ioannis baptistae. * theophylactus. ° maligna mulier protinus sibi caput ioannis dari petit, idest statim in illa hora; timebat enim ne herodes resipisceret. sequitur et contristatus est rex. * beda. ° consuetudinis est scripturarum ut opinionem multorum sic narret historicus, quomodo eo tempore ab omnibus credebatur: sicut et ioseph ab ipsa quoque maria appellatur pater iesu; ita et nunc herodes dicitur contristatus, quia hoc discumbentes putabant: dissimulator enim mentis tristitiam praeferebat in facie, cum laetitiam |100| haberet in mente; scelusque excusat iuramento, ut sub occasione pietatis impius fieret; unde sequitur propter iusiurandum, et propter simul discumbentes noluit eam contristare. * theophylactus. ° herodes quidem non sui compos, sed voluptuosus iusiurandum implevit, et iustum interemit. decebat autem magis in hoc periurare, et non tantum scelus operari. * beda. ° quod autem subdit, et propter simul recumbentes, vult omnes sceleris sui esse consortes, ut in luxurioso, impuroque convivio cruentae epulae deferrentur; unde sequitur sed, misso spiculatore, praecepit afferri caput ioannis in disco. * theophylactus. ° spiculator carnifex dicitur, qui constituitur ad homines interficiendum. * beda. ° non autem herodem puduit caput occisi hominis ante convivas inferre. pharao vero nil talis vesaniae commisisse legitur. ex utroque tamen exemplo probatur utilius esse nobis diem mortis futurae timendo et caste agendo saepius in memoriam revocare, quam diem nativitatis luxuriando celebrare. homo enim ad laborem nascitur in mundo, |125| et electi ad requiem per mortem transeunt e mundo. sequitur et decollavit eum in carcere et attulit caput eius in disco, et dedit illud puellae, et puella dedit matri suae. * gregorius moralium. ° non sine gravissima admiratione perpendo, quod ille prophetiae spiritu intra matris uterum impletus, quo inter natos mulierum nemo maior surrexit, ab iniquis in carcerem mittitur, et pro puellae saltu capite truncatur, et vir tantae severitatis pro usu turpium moritur. numquid credimus aliquid fuisse quod in eius vita, illa sic despecta mors tergeret? sed quando ille vel in cibo peccavit, qui locustas solummodo, et mel silvestre edit? quando conversatione sua offendere potuit, qui de eremo non recessit? quid est quod omnipotens deus sic vehementer in hoc saeculo despicit quos sic sublimiter ante saecula elegit? nisi hoc quod pietati fidelium patet: quoniam idcirco sic eos premit in infimis, quia videt quomodo remuneret in summis; et foras usque ad |150| despecta deicit, quia intus usque ad incomprehensibilia perducit. hinc ergo unusquisque colligat, quid illic passuri sint quos reprobat, si hic sic cruciat quos amat. sequitur quo audito discipuli eius venerunt, et tulerunt corpus eius, et posuerunt illud in monumento. * beda. ° narrat iosephus, vinctum ioannem in castellum macheronta adductum, ibique truncatum; narrat vero ecclesiastica historia sepultum eum in sebaste palaestinae urbe, quae quondam samaria dicta est. decollatio autem ioannis, minorationem famae illius, qua christus a populo credebatur, insinuat, sicut exaltatio salvatoris in crucem profectum designabat fidei: quia et ipse qui prius a turbis propheta esse credebatur, dei filius a cunctis fidelibus est agnitus: unde ioannes quem oportebat minui, cum diurnum lumen decrescere incipit natus est; dominus autem eo tempore anni quo dies crescere incipit. * theophylactus. ° mystice autem herodes, qui interpretatur pelliceus, populus |175| est iudaeorum; qui habebat uxorem, scilicet inanem gloriam, cuius filia saltat, et movetur etiam nunc circa iudaeos, scilicet falsus intellectus scripturarum: decapitaverunt siquidem ioannem, idest verbum propheticum, et sine capite christo habent eum. * hieronymus. ° vel aliter. caput legis, quod est christus, de corpore abscinditur proprio, idest iudaico populo et datur gentili puellae, idest romanae ecclesiae, et puella dat matri suae adulterae, idest synagogae crediturae in fine. corpus ioannis sepelitur, caput in disco collocatur: littera humata tegitur, spiritus in altari honoratur et sumitur.

lc5 * Glossa. ° postquam evangelista narravit mortem ioannis, narrat ea quae christus cum suis discipulis post mortem ioannis egerit, dicens et convenientes apostoli ad iesum, renuntiaverunt ei omnia quae egerant et docuerant. * hieronymus. ° ad locum enim unde exeunt flumina, revertuntur. deo semper referunt gratias missi super his quae acceperant. * theophylactus. ° discamus autem et nos cum in ministerium aliquod mittimur, non elongari, et ultra commissum officium non efferri; sed mittentem visitare et renuntiare ei omnia quae egimus et docuimus. * beda. ° non enim solum oportet docere, sed facere. non solum autem quae ipsi egerant et docuerant, apostoli domino renuntiant; sed etiam quae ioannes, eis in docendo occupatis, sit passus, et sui, et ioannis discipuli domino renuntiant, sicut matthaeus describit. sequitur et ait illis: venite seorsum in desertum locum, et requiescite pusillum. * augustinus de cons. evang.. ° hoc |25| continuo post ioannis passionem factum esse commemorat: unde post haec facta sunt illa quae primo narrata sunt, quibus motus herodes dixit: hic est ioannes baptista quem ego decollavi. * theophylactus. ° in desertum autem recedit locum propter humilitatem. quiescere autem facit christus suos discipulos, ut addiscant praepositi, quod qui laborant in opere et sermone, requiem promerentur, et quod non debent continue laborare. * beda. ° quae autem necessitas fuerit concedendae requiei discipulis, ostendit cum subdit erant enim qui veniebant et redibant multi; et nec spatium manducandi habebant: ubi temporis illius felicitas de labore docentium simul, et discentium studio demonstratur. sequitur et ascendentes in navim abierunt in desertum locum seorsum. non discipuli soli, sed assumpto domino ascendentes in navim locum petiere desertum, ut matthaeus demonstrat. tentat autem fidem turbarum: petendo enim solitudinem, an sequi curent explorat: illi sequendo, et |50| non in iumentis, aut vehiculis diversis sed proprio labore pedum, quantam salutis suae curam gerant, ostendunt. sequitur et viderunt eos abeuntes, et cognoverunt multi, et pedestres de omnibus civitatibus cucurrerunt illuc, et praevenerunt eos. dum pedestres eos praevenisse dicuntur, ostenditur quia non in aliam maris, sive iordanis ripam navigio pervenerunt discipuli cum domino, sed proxima eiusdem regionis loca adierunt, quo etiam indigenae pedestres poterant praevenire. * theophylactus. ° ita tu christum non expectans quod ipse revocet, sed praecurrens eum, praevenias. sequitur et exiens vidit turbam multam iesus, et misertus est super eos, quia erant sicut oves non habentes pastorem. pharisaei lupi existentes rapaces, non pascebant populum, sed devorabant: propter hoc ad christum verum congregantur pastorem; qui tradidit illis cibum spiritualem, scilicet verbi dei; unde sequitur et coepit eos docere multa. videns enim eos qui miraculorum occasione eum sequebantur |75| prae longitudine viae fessos, eorum misertus, voluit eorum satisfacere voluntati, docendo eos. * beda. ° matthaeus dicit, quod curavit languidos eorum: hoc est enim veraciter pauperum misereri, eis veritatis viam docendo aperire, et molestias corporis auferre. * hieronymus. ° mystice autem seorsum ducit dominus quos elegit, ut inter malos viventes, mala non intendant, ut lot in sodomis, et iob in terra hus, et abdias in domo achab. * beda. ° derelicta etiam iudaea, in deserto ecclesiae praedicatores sancti, qui apud iudaeos tribulationum sarcina premebantur, de gratia fidei gentibus collata requiem nacti sunt. * hieronymus. ° pusilla tamen est hic sanctis requies, longus labor; sed postea dicitur illis ut requiescant a laboribus suis. sicut autem in arca noe animalia quae intus erant, foris mittebantur, et quae foris erant, intro erumpebant; sic agitur in ecclesia: iudas recessit, latro accessit. sed quamdiu receditur a fide in ecclesia, non est requies |100| sine moerore: rachel enim plorans filios suos noluit consolari. non est etiam hoc convivium, in quo bibitur vinum novum cum cantabitur canticum novum ab hominibus novis, cum mortale hoc induerit immortalitatem. * beda. ° christum autem petentem deserta gentium, multae fidelium catervae relictis moenibus priscae conversationis sequuntur.

lc6 * Theophylactus. ° praeponens dominus quod utilius est, scilicet cibum sermonis dei, deinde etiam corporalem cibum praebuit turbae; ad cuius narrationem evangelista accedit, dicens et cum iam hora multa fieret, accesserunt discipuli eius dicentes: desertus est locus hic. * beda. ° horam multam vespertinum tempus dicit; unde lucas dicit: dies autem coeperat declinare. * theophylactus. ° vide autem quomodo discipuli christi circa hominum amorem proficiunt: turbarum enim miserti accedunt ad christum, et pro eis intercedunt. dominus autem tentavit eos si eius virtutem tantam esse cognoverant quod turbas pascere posset; unde sequitur et respondens ait illis: date eis manducare. * beda. ° provocat etiam apostolos, hoc dicens, ad fractionem panis, ut illis se non habere testantibus magnitudo signi notior fieret. * theophylactus. ° discipuli autem arguebant eum tamquam ignorantem quid illis esset necessarium ad tantam multitudinem turbarum pascendam: unde |25| turbati respondent; sequitur enim et dixerunt ei: euntes emamus ducentis denariis panes, et dabimus illis manducare. * augustinus de cons. evang.. ° hoc philippus apud ioannem respondet; sed marcus a discipulis responsum esse commemorat; volens intelligi hoc ex ore ceterorum philippum respondisse; quamquam et pluralem numerum pro singulari usitatissime ponere potuerit. sequitur et dicit eis: quot panes habetis? ite, et videte. hoc a domino factum esse ceteri evangelistae praetermiserunt. sequitur et cum cognovissent, dicunt: quinque, et duos pisces. quod andreas apud ioannem de quinque panibus, et duobus piscibus suggesserat, hoc ceteri evangelistae pluralem numerum pro singulari ponentes, ex discipulorum persona retulerunt. sequitur et praecepit illis ut accumbere facerent omnes secundum contubernia super viride faenum. et discubuerunt in partes per centenos et quinquagenos. quod autem lucas dicit quinquagenos iussos esse |50| discumbere, marcus vero quinquagenos et centenos, ideo non hoc movet, quia unus partem dicit, alter totum: qui enim de centenis retulit, hoc retulit quod ille praetermisit. * theophylactus. ° per hoc autem datur intelligi, quod separatim discubuerunt per partes et partes: quod enim hic dicitur per contubernia, in graeco geminate dicitur, symposia symposia; hoc est, per distributa convivia. sequitur et acceptis quinque panibus et duobus piscibus, intuens in caelum, benedixit, et fregit panes, et dedit discipulis, ut ponerent ante eos; et duos pisces divisit omnibus. * chrysostomus in matth.. ° decenter autem in caelum aspexit: quia in deserto manna accipientes iudaei, de deo dicere attentaverunt: numquid poterit dare panem? ne vero hoc contingat, antequam faceret, ad patrem retulit quod erat facturus. * theophylactus. ° intuetur etiam in caelum, ut nos instrueret a deo petere escam, et non a diabolo, sicut faciunt illi qui alienis |75| iniuste laboribus nutriuntur. ex hoc etiam turbis tunc innuit quod non esset deo contrarius, sed deum invocaret. dat autem panem discipulis apponendum turbis, ut tractando panem non dubium, sed miraculum videatur. sequitur et manducaverunt omnes, et saturati sunt. et sustulerunt reliquias fragmentorum duodecim cophinos. duodecim cophini superabundant fragmentorum, ut quolibet apostolorum unum cophinum super humerum apportante, ineffabile miraculum videatur. superabundantis enim virtutis erat non solum tot homines pascere, sed et tantam superabundantiam relinquere fragmentorum: moyses enim etsi manna dabat, secundum uniuscuiusque necessitatem illud largiebatur, superfluum vero vermibus scaturiebat; elias etiam viduam pascens, quantum ei erat sufficiens tribuebat; iesus vero tamquam dominus superabundanter operabatur. * beda. ° mystice autem die declinata turbas esurientes salvator reficit: quia vel fine saeculorum propinquante, vel cum sol |100| iustitiae pro nobis occubuit, a spiritualis inediae sumus tabe salvati. provocat apostolos ad fractionem panis, insinuans quod quotidie per eos ieiuna sunt corda nostra pascenda, eorum scilicet litteris et exemplis. per quinque panes, quinque mosaicae legis libri; per duos pisces, psalmi sunt et prophetae figurati. * theophylactus. ° vel duo pisces sunt piscatorum sermones, scilicet epistolae et evangelium. * beda. ° quia vero quinque sunt exterioris hominis sensus, quinque millia viri dominum secuti designant eos qui in saeculari adhuc habitu positi exterioribus bene uti noverunt. * gregorius moralium. ° diversi convivantium discubitus distinctiones ecclesiarum, quae unam catholicam faciunt, designant. iubilaei autem requies quinquagenarii numeri mysterio continetur; et quinquagenarius bis ducitur, ut ad centenarium perveniatur. quia ergo prius a malo quiescitur opere, ut post anima plenius quiescat in cognitione, alii quinquagenarii, alii centeni discumbunt. * beda. ° super faenum autem discumbentes dominicis pascuntur alimentis, |125| qui per continentiam calcatis concupiscentiis, audiendis implendisque dei verbis operam impendunt. salvator autem non nova creat cibaria: quia veniens in carne non alia quam quae praedicata sunt praedicat; sed legis, et prophetarum scripta quam gravida sint mysteriis gratiae demonstrat. intuetur in caelum, ut ibi lucem doceat esse quaerendam. frangit, et ante turbas ponenda distribuit discipulis: quia sacramenta prophetiae sanctis doctoribus, qui haec toto orbe praedicent, patefecit. quod turbis superest, a discipulis tollitur: quia secretiora mysteria, quae a rudibus capi nequeunt, non negligenter omittenda, sed sunt inquirenda perfectis. nam per cophinos duodecim apostoli, et sequentes doctores figurantur, foris quidem hominibus despecti, sed intus salutaris cibi reliquiis cumulati. constat enim cophinis opera servilia geri solere. * hieronymus. ° vel duodecim cophini pleni fragmentis colliguntur, cum sedent super thronos iudicantes duodecim tribus israel, qui sunt fragmenta abraham, isaac et iacob, |150| quando ex israel reliquiae salvae fient.

lc7 * Glossa. ° dominus quidem in miraculo panum, quod esset conditor rerum ostendit, nunc autem ambulando super undas, quod haberet corpus ab omnium peccatorum gravedine liberum edocuit; et in placando ventos, undarumque rabiem sedando, quod elementis dominaretur monstravit; unde dicitur et statim coegit discipulos suos ascendere navim, ut praecederent eum trans fretum ad bethsaidam, dum ipse dimitteret populum. * chrysostomus. ° dimittit quidem populum in benedictione, et aliquibus curationibus. coegit autem discipulos, quia non de facili ab eo poterant separari; et hoc quidem tum propter nimium affectum quem ad eum habebant, tum quia sollicitabantur qualiter ad eos veniret. * beda. ° merito autem movet quomodo marcus dicat, peracto miraculo panum, discipulos venisse trans fretum ad bethsaidam, cum videatur lucas dicere, quod in locis bethsaidae factum fuerit miraculum illud; nisi forte intelligamus, quod lucas ait in desertum locum, qui |25| est bethsaida, non ipsius intima civitatis, sed loca deserti ad eam pertinentis esse designata. marcus autem dicit ut praecederent eum ad bethsaidam; ubi ipsa civitas notatur. sequitur et cum dimisisset eos, abiit in montem orare. * chrysostomus. ° quod decet intelligere de christo secundum quod est homo: hoc etiam fecit instruens nos assiduos esse in oratione. * theophylactus. ° dimissa autem turba, ascendit orare: requiem enim et silentium oratio exigit. * beda. ° non omnis autem qui orat, ascendit in montem; sed qui bene orat, qui deum orando quaerit; qui vero de divitiis aut honore saeculi, aut de inimici morte obsecrat, ipse in infimis iacens viles ad deum preces mittit. quare autem dominus dimisso populo in montem oraturus abierit, ioannes declarat dicens: iesus ergo, cum cognovisset quia venturi essent ut raperent eum, et facerent eum regem, fugit iterum in montem ipse solus.

sequitur et cum sero esset, erat navis in medio mari, et ipse solus in terra. * theophylactus. ° permisit autem dominus periclitari discipulos, ut patientes fierent: unde non statim eis astitit, sed per totam noctem periclitari permisit, ut doceret eos patienter expectare, et non a principio sperare in tribulationibus subsidium; sequitur enim et videns eos laborantes in remigando (erat enim ventus contrarius eis) et circa quartam vigiliam noctis venit ad eos ambulans supra mare. * chrysostomus. ° quatuor vigilias noctis dicit sacra scriptura, unamquamque dividens in tres horas: unde quartam vigiliam dicit quae est post horam nonam, scilicet in hora decima, vel posteriori hora. sequitur et volebat praeterire eos. * augustinus de cons. evang.. ° quomodo autem hoc intelligere potuerunt, nisi quia in diversum ibat, eos volens praeterire tamquam alienos, a quibus ita non agnoscebatur ut phantasma putaretur? sequitur enim at illi ut viderunt eum ambulantem supra mare, putaverunt phantasma esse, et exclamaverunt: omnes enim viderunt eum, et conturbati sunt. * theophylactus. ° vide autem quoniam cum christus debebat eorum pericula compescere, tunc maiorem eis incutit timorem; sed statim per vocem confortavit eos; sequitur enim et statim locutus est cum eis, et dixit eis: confidite, ego sum; nolite timere. * chrysostomus. ° statim autem in voce cognoverunt eum, et timor solutus est. * augustinus de cons. evang.. ° quomodo ergo eos volebat praeterire quos paventes ita confirmat, nisi quia illa voluntas praetereundi ad eliciendum illum clamorem valebat cui subveniri oportebat? * beda. ° scripsit autem theodotus, pharanitanus quondam episcopus, corporale pondus non habuisse dominum secundum carnem, sed absque pondere super mare ambulasse; sed fides catholica pondus secundum carnem habere eum praedicat. nam dionysius egregius inter ecclesiasticos scriptores, in opusculo de divinis nominibus hoc modo loquitur. ignoramus qualiter non infusis pedibus corporale pondus habentibus, et materiale onus, deambulabat in humidam et instabilem substantiam? * theophylactus. ° deinde per introitum in naviculam dominus compescuit tempestatem; sequitur enim et ascendit ad illos in navim, et cessavit ventus. magnum quidem miraculum est quod ambulat dominus super mare; sed tempestas et venti contrarietas apposita fuerunt propter maius miraculum. apostoli enim ex miraculo quinque panum non intelligentes christi potentiam, nunc ex maris miraculo plenius cognoverunt; unde sequitur et plus magis intra se stupebant: non enim intellexerant de panibus. * beda. ° stupebant quidem carnales adhuc discipuli virtutum magnitudinem, nedum tamen in eo veritatem divinae maiestatis cognoscere valebant; unde sequitur erat enim cor eorum obcaecatum. mystice autem labor discipulorum in remigando et ventus contrarius, labores sanctae ecclesiae designat, quae inter undas saeculi adversantes, et immundorum flatus spirituum, ad quietem patriae caelestis pervenire conatur. bene autem dicitur, quia navis erat in medio maris, et ipse solus in terra: quia nonnunquam ecclesia tantis gentilium pressuris afflicta est, ut redemptor ipsius eam prorsus deseruisse videretur. sed videt dominus suos laborantes in mari: quia eos ne in tribulationibus deficiant, suae respectu pietatis corroborat, et aliquando manifesto adiutorio liberat. quarta autem vigilia venit ad eos diluculo appropinquante: quia homo mentem cum ad superni lumen praesidii erexerit, aderit dominus, et tentationum pericula sopientur. * chrysostomus. ° vel prima vigilia est usque ad diluvium, secunda usque ad moysen, tertia usque ad adventum domini, in quarta venit dominus, et discipulis locutus est. * beda. ° saepe autem fideles in tribulatione positos superna pietas deseruisse visa est, ut quasi laborantes in mari discipulos praeterire iesus voluisse putaretur. adhuc autem haeretici putant phantasma fuisse dominum, nec veram assumpsisse carnem de virgine. * hieronymus. ° dicit autem eis confidite: ego sum: quia videbimus eum sicuti est. cessavit autem ventus, et procella, iesu sedente, idest regnante, in navi, quae est universa ecclesia. * beda. ° in quocumque etiam corde per gratiam sui adest amoris, mox universa vitiorum et adversantis mundi, sive spirituum malignorum bella compressa quiescunt.

lc8 * Glossa. ° quia evangelista exposuerat periculum quod discipuli in navigando sustinuerant, et quomodo fuerant liberati, nunc ostendit quo navigando pervenerint, dicens et cum transfretassent pervenerunt in terram genezareth, et applicuerunt. * theophylactus. ° post magnum autem spatium temporis ad praedictum locum dominus transfretavit; et ideo evangelista subdit cumque egressi essent de navi, continuo cognoverunt eum, scilicet incolae. * beda. ° cognoverunt autem eum rumore, non facie; vel prae signorum magnitudine, et vultu plurimis notus erat. vide autem quanta fides sit hominum terrae genezareth, ut non praesentium tantum salute contenti sint, sed mittant ad alias per circuitum civitates, quo omnes currant ad medicum; unde sequitur et percurrentes universam regionem illam, coeperunt in grabatis illos qui se male habebant, circumferre, ubi audiebant eum esse. * theophylactus. ° non enim ad domos invitabant eum ut curaret, sed magis ipsi male habentes afferebant ad eum; unde etiam sequitur et quocumque introibat in vicos, aut in villas, aut in civitates, in plateis ponebant infirmos, et deprecabantur eum, ut vel fimbriam vestimenti eius tangerent. miraculum enim quod circa mulierem haemorrhoissam contigerat, ad aures multorum devenerat, et multam fidem eis dabat, ex qua sanabantur; sequitur enim et quotquot tangebant eum, salvi fiebant. * beda. ° mystice autem fimbriam vestimenti eius minimum mandatum intellige; quod quicumque transgressus fuerit, minimus vocabitur in regno caelorum: vel assumptionem carnis, per quam venimus ad verbum dei, et illius postea fruimur maiestate. * hieronymus. ° quod autem dicitur et quotquot tangebant eum, salvi fiebant, implebitur quando fugiet dolor, et gemitus.

072 CMC cp7

lc1 * Beda. ° homines terrae genezareth, qui minus docti videbantur, non solum ipsi veniunt, sed et suos infirmos adducunt ad dominum, ut vel fimbriam eius mereantur contingere. at vero pharisaei et scribae, qui doctores esse populi debuerant, non ad quaerendam medelam, sed ad movendas quaestionum pugnas ad dominum concurrunt; unde dicitur et convenerunt ad eum pharisaei, et quidam de scribis venientes ab ierosolymis; et cum vidissent quosdam ex discipulis eius communibus manibus, idest non lotis, manducare panes, vituperaverunt. * theophylactus. ° discipuli namque domini instructi ea quae virtutis tantum sunt operari, non lotis manibus simpliciter comedebant. pharisaei autem volentes occasionem invenire, hoc acceperunt; et non utique vituperabant eos, ut legis transgressores, sed quia traditiones seniorum transgrediebantur; unde sequitur pharisaei enim, et omnes iudaei, nisi crebro laverint manus, non manducant, tenentes traditionem seniorum. * beda in marc.. ° spiritualia enim prophetarum verba carnaliter accipientes, quae illi de cordis et operis castigatione praecipiebant dicentes: lavamini et mundi estote; et: mundamini qui fertis vasa domini, isti de corpore solo lavando servabant. superstitiosa ergo est hominum traditio, semel lotos ob manducandum panem crebrius lavare, et a foro, nisi baptizentur, non comedere. sed necessarium est eos qui panem de caelo descendentem participare desiderant, crebro eleemosynis, lacrimis et aliis iustitiae fructibus sua opera purgare. necessarium etiam est inquinamenta, quae ex temporalibus negotiorum curis quisquam contraxerit, subsequenti bonarum cogitationum, et actuum permundet instantia. frustra autem iudaei lavant manus, et a foro baptizantur, quamdiu contemnunt fonte ablui salvatoris: in vanum baptisma servant vasorum qui corporum suorum et cordium negligunt abluere sordes. sequitur et interrogabant eum pharisaei et scribae: quare discipuli tui non ambulant iuxta traditionem seniorum, sed communibus manibus manducant panem? * hieronymus super matth.. ° mira pharisaeorum scribarumque stultitia. dei filium arguunt quare traditiones hominum et praecepta non servet. commune autem hic pro immundo ponitur: populus enim iudaeorum, partem dei se esse iactitans, communes cibos vocat quibus omnes utuntur. * hieronymus. ° pharisaeorum autem superfluum latratum furca rationis obtundit, idest moysi et isaiae interpretatione, ut nos adversantes haereticos verbo scripturae vincamus; unde sequitur at ille respondens ait: bene prophetavit isaias de vobis, hypocritae, sicut scriptum est: populus hic labiis me honorat; cor autem eorum longe est a me. * chrysostomus in matth.. ° quia enim non de legis transgressione, sed seniorum, discipulos accusabant, iniuriose ipsos confundit, hypocritas vocans, quasi commendantes cum reverentia quadam id quod non conveniebat. superaddit autem isaiae prophetae verbum, quasi de eis dictum; ac si diceret: sicut hi de quibus dicitur, quod deum labiis honorant, cor autem eorum ab eo longe est, in vanum pietatem custodire se dicunt, doctrinas hominum honorantes; ita et vos qui derelinquitis id quod interius curabile est, et iustitiam colentes accusatis. * hieronymus. ° traditio autem pharisaica in mensis et vasis abscindenda est et radenda: saepe enim traditionibus hominum mandata dei cedunt; unde sequitur derelinquentes mandata dei, tenetis traditiones hominum, baptismata urceorum. * chrysostomus in matth.. ° ut autem eos arguat tamquam dei reverentiam non servantes, propter traditionem a senioribus factam, divinis scripturis oppositam, subiungit moyses enim dixit: honora patrem et matrem tuam; et: qui maledixerit patri vel matri, morte moriatur. * beda. ° honor in scripturis non tantum in salutatione et officiis deferendis, quantum in eleemosyna ac munerum collatione sentitur: honora, inquit apostolus, viduas quae vere viduae sunt. * chrysostomus. ° tali autem existente divina lege, ac talibus ministris transgredientibus illatis, vos de levi divinum transgredimini praeceptum, observantes seniorum traditiones; unde sequitur vos autem dicitis: si dixerit homo patri aut matri: corban, quod est donum, quodcumque ex me tibi proderit; supple: liber erit ab observatione praemissi mandati; unde sequitur et ultra non dimittitis eum quicquam facere patri suo aut matri. * theophylactus. ° volentes enim pharisaei quae offerebantur comedere, instruebant filios, quod cum peculia aliqua habebant, et parentes haec peterent, responderent illis; corban, hoc est donum, quod a me petis, iam obtuli domino; et ita haec non exquirerent, quasi domino oblata, idest ad salutem parentum proficua: et sic decipiebant filios, ut parentes non honorarent, et ipsi oblata devorarent. hoc ergo dominus exprobrat eis, quia propter lucrum legem divinam transgrediebantur; unde sequitur rescindentes verbum dei per traditionem vestram quam tradidistis. et multa similia huiusmodi facitis, scilicet transgredientes praecepta dei, ut observetis hominum traditiones. * chrysostomus in matth.. ° vel potest dici, quod pharisaei iuvenes docebant, quod si quis pro iniuria patri aut matri illata munus offerret deo, erat immunis, quasi deo dans munera quae patri debentur; et hoc dicentes parentes honorari non permittebant. * beda. ° potest autem et hunc breviter habere sensum: munus quod ex me est, tibi proderit. compellitis, inquit, filios ut dicant parentibus suis: quodcumque donum oblaturus eram deo, in tuos consumo cibos, tibique prodest, o pater et mater; quasi dicant: non prodest; ut sic illi timentes accipere quod deo videbant mancipatum, inopem magis vellent vitam ducere, quam edere de consecratis. * hieronymus. ° mystice autem discipulos non lotis manibus manducare, futuram gentium communionem significat. munditia et baptisma pharisaicum sterile est: communicatio non lota apostolica extendit palmites suos usque ad mare.

lc2 * Chrysostomus. ° iudaeis considerantibus corporalem munditiam legis, et de hac murmurantibus, dominus contrarium vult introducere; unde dicitur et advocans iterum turbam, dicebat illis: audite me omnes, et intelligite. nihil est extra hominem introiens in eum quod possit eum coinquinare; sed quae de homine procedunt, illa sunt quae coinquinant hominem; idest immundum faciunt. ea enim quae christi sunt, intra hominem considerantur; ea vero quae legis sunt, magis cernuntur extra hominem; quibus quasi corporalibus crux christi finem in brevi dare debebat. * theophylactus. ° hoc autem dominus dicit, volens instruere homines, quod observationes escarum, quas lex commemorat, non oportet corporaliter intelligere; et ex hoc intentionem legis eis manifestare incepit. * chrysostomus. ° subiungit autem si quis habet aures audiendi, audiat. non enim manifeste aperuerat quae essent illa quae de homine procedebant, et hominem coinquinant, et propter hoc verbum apostoli crediderunt quod aliud profundum praedictus domini sermo innueret; unde sequitur et cum introisset in domum a turba, interrogabant eum discipuli eius parabolam. parabolam autem immanifestum sermonem vocabant. * theophylactus. ° dominus autem prius increpat; unde sequitur et ait illis: sic et vos imprudentes estis? * beda. ° vitiosus enim est auditor qui obscura manifeste, aut manifeste dicta obscure vult intelligere. * theophylactus. ° deinde dominus manifestat id quod erat occultum, dicens: non intelligitis quia omne extrinsecus introiens in hominem non potest eum coinquinare? * beda. ° iudaei enim se partem dei iactantes, communes cibos vocant quibus omnes homines utuntur, ut ostrea, lepores, et huiusmodi animalia. nec etiam idolothytum, inquantum cibus, et dei creatura est, sed daemonum invocatio hoc facit immundum. et causam subdit, dicens quia non intrat in cor eius. animae locus principalis, iuxta platonem, in cerebro; sed, iuxta christum, in corde est. * glossa. ° dicitur ergo in cor eius, idest in mentem, quae est principalis pars animae, ex qua tota hominis vita dependet; unde secundum eam necesse est hominem mundum, vel immundum aestimari; et sic ea quae ad mentem non perveniunt, non possunt homini immunditiam afferre. cibi ergo quia ad mentem non perveniunt, secundum suam naturam hominem inquinare non possunt; sed inordinatus ciborum usus, qui ex inordinatione provenit mentis, ad hominis immunditiam pertinet. quod autem cibi ad mentem non perveniant, ostendit per id quod subdit, dicens sed in ventrem vadit, et in secessum exit, purgans omnes escas. hoc autem dicit, ne intelligatur quod inde ex cibis in corpore maneat. manet enim quod est necessarium ad corporis nutrimentum et augmentum; egreditur autem quod est superfluum, quasi purgatio quaedam interius remanentis nutrimenti. * augustinus in lib. 83 quaest.. ° quaedam enim sic accedunt ut etiam mutent, et mutentur; sicut et ipse cibus amittens speciem suam, in corpus nostrum vertitur, et nos refecti in robur commutamur. sed et tenuissimus humor, cum in venis, et aliis arteriis cocta fuerit esca et digesta, per occultos meatus, quos graeci poros vocant, dilabitur, et in secessum vadit. * beda. ° sic ergo cibi non faciunt homines immundos, sed malitia, quae operatur passiones ab interioribus procedentes; unde sequitur dicebat autem, quoniam quae de homine exeunt, illa coinquinant hominem. * glossa. ° cuius rationem significat cum subdit ab intus enim de corde hominis cogitationes malae procedunt. et sic patet quod malae cogitationes ad mentem pertinent, quae hic cor nominantur; secundum quam homo dicitur bonus vel malus, mundus vel immundus. * beda. ° hinc autem arguuntur qui cogitationes a diabolo immitti putant, non ex propria nasci voluntate. diabolus incentor, et auditor malarum cogitationum esse potest: auctor esse non potest. * glossa. ° ex malis autem cogitationibus ulterius mali actus procedunt; de quibus subditur adulteria, quae in violatione alieni tori consistunt; fornicationes, quae sunt illiciti |100| coitus personarum matrimonio solutarum; homicidia, quibus in personas proximorum nocumentum infertur; furta, quibus res subtrahuntur; avaritiae, inquantum aliqua iniuste retinentur; nequitiae, quae consistunt in proximorum calumniis; dolus, in eorum deceptione; impudicitiae, quantum ad quamlibet corruptionem mentis, vel corporis. * theophylactus. ° oculus malus, idest odium, et adulatio: nam qui odit, oculum malum et invidum habet ad eum quem odit; et adulator non recto oculo videns quae sunt proximi, ad malum ipsum deducit; blasphemiae, idest iniuriae in deum; superbia, idest dei contemptus, dum scilicet quis bonum quod operatur, non deo, sed suae virtuti ascribit; stultitia, idest iniuria in proximum. * glossa. ° vel stultitia est cum non recte de deo sentitur: contrariatur enim sapientiae, quae est divinarum rerum cognitio. sequitur omnia haec mala ab intus procedunt et coinquinant hominem. hoc enim in culpam homini imputatur quod in sua potestate existit. talia autem sunt quae procedunt |125| ab interiori voluntate, per quam homo est suorum actuum dominus.

lc3 * Theophylactus. ° postquam de escis dominus docuerat, videns incredulos esse iudaeos, fines ingreditur gentium: iudaeis enim infidelibus existentibus, salus ad gentes convertitur; unde dicitur et inde surgens abiit in fines tyri et sidonis. * chrysostomus. ° tyrus et sidon loca chananaeorum erant. venit igitur ad eos dominus, non tamquam ad propinquos, sed tamquam ad eos quibus nihil est commune ad patres, quibus promissio facta est: et ideo sic venit, ut adventus suus tyriis et sidoniis non appareret; unde sequitur et ingressus domum neminem voluit scire: nondum enim tempus advenerat ut cum gentibus habitaret, et eas ad fidem adduceret: huius enim tempus debitum erat post crucem et resurrectionem. * theophylactus. ° vel ideo clam ingreditur, ne occasionem iudaei sumerent contra eum, tamquam ad immundas gentes transisset. sequitur et non potuit latere. * augustinus de quaest. nov. et vet. testam.. |25| ° si autem voluit, et non potuit, infirma voluntas eius esse videtur. impossibile est autem ut salvatoris voluntas non impleatur, nec potest velle quod scit fieri non debere; idcirco quod factum est, hoc voluisse dicendus est. advertendum est autem, quod istud in finibus gestum est gentilium, quibus adhuc tempus praedicandi non erat; ultro tamen venientes ad fidem non suscipere invidiae erat. sic ergo factum est ut salvator a discipulis proditus non esset, ab aliis tamen qui ingredientem domum viderant, proditus est, et incepit sciri quod esset in domo. a suis ergo noluit praedicari; requiri autem se voluit; et ita factum est. * beda. ° ingressus etiam domum praecepit discipulis ne se cuiquam in regione ignota quis esset aperirent, ut exemplo eius discerent, quibus sanandi infirmos gratiam conferret, in exhibitione miraculorum humani favoris gloriam quantum possent declinare, nec tamen a pio virtutis opere cessare, quando hoc fieri vel fides bonorum iuste mereretur, vel infidelitas pravorum |50| necessario cogeret. ipse enim suum illo introitum gentili feminae, et quibuscumque voluit publicavit. * augustinus. ° denique mulier chananaea audiens de illo intravit ad eum; quae nisi prius subiecisset se deo, iudaeorum beneficium consecuta non esset; de qua sequitur mulier enim statim ut audivit de eo, cuius filia habebat spiritum immundum, intravit, et procidit ad pedes eius. * chrysostomus. ° per hoc autem voluit dominus discipulis ostendere quod etiam gentibus aperuit ostium salutis; unde et mulieris genus describitur cum subditur erat enim mulier gentilis syrophoenissa genere, idest de syria phoenicis. sequitur et rogabat eum ut daemonium eiceret de filia eius. * augustinus de cons. evang.. ° videtur autem afferre aliquam repugnantiae quaestionem, quia dicit in domo fuisse dominum, cum ad illum venit mulier pro filia sua rogans. sed quoniam matthaeus dicit discipulos domino ita suggessisse: dimitte illam, quoniam clamat post nos, nihil aliud videtur |75| significare quam post ambulantem dominum mulierem illam deprecatorias voces emisisse. quomodo ergo in domo, nisi quia intelligendum est dixisse quidem marcum, quod intraverit ubi erat iesus, cum eum praedixisset fuisse in domo? sed quia matthaeus ait: non respondit ei verbum, dedit agnoscere in eo silentio egressum fuisse iesum de domo illa; atque ita cetera contexuntur quae iam in nullo discordant. sequitur qui dixit illi: sine prius saturari filios. * beda. ° quasi dicat: futurum est ut etiam vos, qui de gentibus estis, salutem consequamini; sed prius oportet iudaeos, qui merito antiquae dilectionis, filiorum dei solent nomine censeri, pane caelesti refici; et sic tandem gentibus vitae pabula ministrari. sequitur non est bonum sumere panem filiorum et mittere canibus. * chrysostomus. ° hoc autem verbum dixit: non quod in eo sit defectus virtutis ad benefaciendum omnibus, sed quia beneficium eius distributum iudaeis et gentibus, communionem |100| inter se non habentibus, provocationem magis operaretur. * theophylactus. ° canes vocat gentiles, tamquam a iudaeis sceleratos reputatos; panem vero dicit beneficium, quod filiis, idest iudaeis, dominus promisit. est ergo sensus, quod non decet gentiles beneficii primo esse participes, quod iudaeis principaliter promissum est. ideo autem dominus non statim exaudit, sed gratiam differt, ut etiam ostendat mulieris fidem constantem, et ut discamus non statim deficere cum oramus, sed ut insistamus donec recipiamus. * chrysostomus. ° similiter etiam ut iudaeis ostenderet, quod non aequaliter eis dabat, et alienigenis sanitatem, et ut patefacta mulieris fide, magis patefieret infidelitas iudaeorum. mulier enim non graviter tulit, sed vocem domini cum multa reverentia confirmavit; unde sequitur at illa respondit, et dixit ei: utique, domine: nam et catelli comedunt sub mensa de micis puerorum. * theophylactus. ° quasi dicat: iudaei panem totum habent, scilicet descendentem de caelo, et tua etiam |125| beneficia; ego micas postulo, scilicet modicam beneficii partem. * chrysostomus. ° quod ergo in ordine canum se reputat, reverentiae est; quasi dicat: pro gratia habeo etiam in numero canum esse, et non ab aliena, sed a propria mensa comedere dominantis. * theophylactus. ° quia ergo mulier sapientissime respondebat, obtinuit quod optabat; unde sequitur et ait illi, etc.. non dixit: virtus mea te salvam fecit; sed propter hunc sermonem, idest propter fidem tuam, quae hoc de sermone demonstratur, vade; exiit daemonium a filia tua. sequitur et cum abiisset in domum suam invenit puellam iacentem supra lectum, et daemonium exiisse. * beda. ° propter humilem enim matris, fidelemque sermonem filiam deseruit daemonium: ubi datur exemplum catechizandi et baptizandi infantes: quia videlicet per fidem et confessionem parentum in baptismo liberantur a diabolo parvuli, qui necdum per se sapere, vel aliquid agere boni possunt vel mali. |150| * hieronymus. ° mystice autem mulier gentilis quae pro filia rogat, est mater nostra romana ecclesia. nata eius daemoniaca barbarica est occidentalis natio; cuius fides fecit de cane ovem. micas autem spiritualis intellectus, non panem infractum litterae sumere cupit. * theophylactus. ° unusquisque etiam nostrum cum peccat, mulier est anima eius. infirmam vero filiam habet haec anima actus pravos; quae filia daemonium habet: nam actus pravi daemonum sunt. peccatores autem existentes, nuncupantur catuli impleti immunditiis. propter quod non sumus digni panem dei recipere, aut participes fieri immaculatorum mysteriorum dei. si vero cognoscentes nosmetipsos per humilitatem esse catulos, confiteamur peccata nostra, tunc sanabitur filia, scilicet operatio prava.

lc4 * Theophylactus. ° in gentilium locis moram dominus facere non volebat, ne occasionem iudaeis daret ut transgressorem legis eum aestimarent, quod se gentibus admiscebat; et ideo confestim revertitur; unde dicitur et iterum exiens de finibus tyri, venit per sidonem ad mare galilaeae inter medios fines decapoleos. * beda. ° decapolis est regio decem urbium trans iordanem ad orientem contra galilaeam. quod ergo dicitur quod dominus venit ad mare galilaeae inter medios fines decapoleos, non ipsos fines decapolis intrasse significat, neque enim mare navigasse dicitur; sed potius ad mare usque venisse atque ad ipsum pervenisse locum qui medios fines decapolis longe trans mare positos respiciebat. sequitur et adducunt ei surdum et mutum, et deprecabantur eum ut imponat illi manum. * theophylactus. ° quod recte post daemoniaci liberationem ponitur: ex daemonio enim talis passio erat. sequitur et apprehendens eum de turba |25| seorsum, misit digitos suos in auriculam eius. * chrysostomus. ° seorsum a turba oblatum surdum et mutum apprehendit, ut divina miracula non faceret manifeste, instruens nos vanam gloriam eicere, et tumorem: nihil enim est ex quo aliquis sic miracula operetur, sicut si humilitatem colat, et modestiam sequatur. misit vero digitos in auriculam, potens verbo sanare, ut ostenderet quod divina virtute ditatum erat corpus divinitati unitum, et operatio eius. quia enim propter transgressionem adae, natura humana multam incurrerat passionem, ac membrorum, et sensuum laesionem, veniens christus in seipso perfectionem demonstravit humanae naturae; et propter hoc digitis aures aperuit, et sputo loquelam dedit; unde sequitur et expuens tetigit linguam eius. * theophylactus. ° ut scilicet ostenderet quod omnia membra sacri corporis eius divina existunt et sancta; sicut et sputum, quod vinculum linguae dissolvit. etenim omne sputum superfluitas est; sed in domino omnia divina fuerunt. |50| sequitur et suspiciens in caelum ingemuit, et ait: ephphetha, quod est adaperire. * beda. ° suspexit quidem in caelum, ut inde mutis loquelam, inde auditum surdis, inde cunctis infirmantibus medelam doceret esse quaerendam. ingemuit autem, non quia ipsi opus esset cum gemitu aliquid petere a patre, qui cuncta petentibus donat cum patre; sed ut nobis gemendi daret exempla, cum vel pro nostri, vel pro nostrorum erratibus proximorum supernae pietatis praesidia invocamus. * chrysostomus. ° simul etiam ingemuit, nostram causam suscipiens in seipso, et naturae misertus humanae, videns miseriam in quam humanum genus inciderat. * beda. ° quod ait ephphetha, idest adaperire, ad aures proprie pertinet: aures enim ad audiendum aperiendae, lingua vero, ut loqui posset, a retinaculis erat suae tarditatis solvenda; unde sequitur et statim apertae sunt aures eius, et solutum est vinculum linguae eius, et loquebatur recte: ubi utraque natura unius et eiusdem christi manifeste distincta est. suspiciens |75| quidem in caelum, quasi homo deum deprecatus ingemuit; sed mox uno sermone quasi potens divina maiestate curavit. sequitur et praecepit illis ne cui dicerent. * hieronymus. ° per quod non in virtutibus gloriandum esse docuit; sed in cruce et humiliatione. * chrysostomus. ° praecepit etiam miraculum occultare, ne ante tempus accenderet iudaeos ad homicidium per invidiam perpetrandum. * hieronymus. ° civitas autem in monte posita, undique circumspecta abscondi non potest, et humilitas semper praecedit gloriam; unde sequitur quanto autem eis praecipiebat, tanto magis plus praedicabant. * theophylactus. ° docemur autem ex hoc cum alicui beneficia elargimur, minime applausus, et laudes petere; cum vero accepimus beneficia, benefactores praedicare et laudare, quamvis nolint. * augustinus de cons. evang.. ° si autem sciebat eos (sicut ille qui notas habebat et praesentes et futuras hominum voluntates) tanto magis praedicaturos, quanto magis ne praedicarent eis praecipiebat; ut quid hoc praecipiebat, |100| nisi pigris volebat ostendere quanto gaudiosius, quanto ferventius eum praedicare debeant, quibus iubet ut praedicent, quando illi qui prohibebantur, tacere non poterant? * glossa. ° ex praedicatione autem salvatorum a christo, crescebat admiratio turbarum, et confessio beneficiorum christi; unde sequitur et eo amplius admirabantur dicentes: bene omnia fecit; hoc scilicet, surdos fecit audire, et mutos loqui. * hieronymus. ° mystice autem tyrus interpretatur angustia, et significat iudaeam, cui dominus dicit: coangustatum est stratum, a qua transfert se ad gentes alias. sidon venatio interpretatur. fera autem indomita nostra natio est, et mare, quod fluctuosa volubilitas est. inter medios autem fines decapoleos, quod interpretatur decalogi mandata, salvator ad salvandas gentes venit. genus autem humanum per multa membra, quasi unus homo varia peste absumptus, enumeratur in protoplasto: caecatur dum male videt, surdus fit cum audit, obmutescit cum loquitur. |125| deprecantur autem eum, ut imponat illi manum, quia incarnatum fore dominum multi iusti et patriarchae cupiebant et optabant. * beda. ° vel surdus et mutus est qui nec aures audiendi verba dei habet, nec os aperit pro loquendis; quales necesse est ut hi qui loqui iam, et audire divina eloquia didicerunt, domino sanandos offerant. * hieronymus. ° seorsum autem semper a turbulentis cogitationibus, et actibus inordinatis, sermonibusque incompositis educitur qui sanari meretur. digiti autem, qui in aures mittuntur, verba, vel dona spiritus sunt, de quo dicitur: digitus dei est hic. sputum autem divina sapientia est, quae solvit vinculum labiorum humani generis, ut dicat: credo in deum patrem omnipotentem, et reliqua. suspiciens autem in caelum ingemuit, idest gemere nos docuit, et in caelum thesauros nostri cordis erigere: quia per gemitum compunctionis intimae frivola laetitia carnis purgatur. apertae sunt autem aures ad hymnos et cantica et psalmos. solvit linguam, ut eructet |150| verbum bonum, quod non possunt nec verbera cohibere.

072 CMC cp8

lc1 * Theophylactus. ° postquam dominus superius miraculum de multiplicatione panum perpetrasset, nunc iterum occasione habita congruenti, adducit simile miraculum operari; unde dicitur in diebus illis iterum cum turba esset cum iesu, nec haberent quod manducarent, convocatis discipulis ait illis: misereor super turbam, quia ecce iam triduo sustinent me, nec habent quod manducent. non enim semper circa alimenta miracula faciebat, ne propter cibum ipsum sequerentur. et nunc igitur hoc miraculum non fecisset, nisi quia videbat turbis periculum imminere: unde sequitur et si dimisero eos ieiunos in domum suam, deficient in via: quidam enim ex eis de longe venerunt. * beda. ° quare triduo sustinent de longe venientes? matthaeus plenius dicit sic: et ascendens in montem sedebat; et accesserunt ad eum turbae multae, habentes multos infirmos, et proiecerunt eos ad pedes eius, et curavit eos. * theophylactus. ° discipuli adhuc non intelligebant, |25| nec virtuti eius propter priora miracula credebant; unde sequitur et responderunt ei discipuli sui: unde istos quis poterit hic saturare panibus in solitudine? ipse autem dominus non eos vituperat, ex hoc instruens nos quod non debemus ignorantibus et non intelligentibus graviter irasci, sed eorum ignorantiae compati; unde sequitur et interrogavit eos: quot panes habetis? qui dixerunt: septem. * remigius super matth.. ° non ideo interrogavit, quia ignoraret quot haberent; sed ut dum illi respondent septem, quo pauciores essent, eo magis miraculum diffamaretur, et notius fieret. sequitur et praecepit turbae discumbere super terram. in superiori refectione supra foenum discubuisse dicuntur, hic vero super terram. sequitur et accipiens septem panes, gratias agens fregit. in eo quod gratias egit, nobis reliquit exemplum ut de omnibus donis nobis caelitus collatis illi gratias referamus. et notandum, quia dominus panes non dedit turbae, sed discipulis, |50| discipuli autem dederunt turbis; sequitur enim et dedit discipulis suis ut apponerent; et apposuerunt turbae. non solum panes, sed et pisciculos benedicens iussit apponi; sequitur enim et habebant pisciculos paucos, et ipsos benedixit, et iussit apponi. et manducaverunt, et saturati sunt. * beda. ° in hac ergo lectione consideranda est in uno eodemque redemptore nostro distincta operatio divinitatis et humanitatis, atque eutychetis error, qui unam tantum in christo operationem dogmatizare praesumit, procul a christianis finibus expellendus. quis enim non videat hoc, quod super turbam miseretur dominus, affectum esse, et compassionem humanae fragilitatis? quod autem septem panibus et pisciculis paucis quatuor millia hominum satiavit, divinae opus est virtutis. sequitur et sustulerunt quod superaverat de fragmentis septem sportas. * theophylactus. ° turbae comedentes et saturatae non secum tollunt panum reliquias, sed ipsas discipuli sustulerunt, sicut et superius cophinos: in quo secundum historiam |75| discimus quoniam oportet nos his quae sufficiunt esse contentos, et non quaerere ultra. deinde numerus manducantium describitur cum dicitur erant autem qui manducaverant quasi quatuor millia: et dimisit eos. ubi considerandum est, quod christus neminem ieiunum dimittit: omnes enim vult sua gratia enutriri. * beda. ° hoc vero typice inter hanc refectionem et illam quinque panum, ac duorum piscium distat, quod ibi littera veteris testamenti spirituali gratia plena significata est; hic autem veritas, et gratia novi testamenti fidelibus ministranda monstrata est. turba autem triduo dominum sustinet propter sanationem infirmorum, ut matthaeus narrat, cum electi in fide sanctae trinitatis pro peccatis perseveranti instantia supplicant. vel quia ad dominum se opere, locutione, atque cogitatione convertunt. * theophylactus. ° vel per eos qui per triduum expectant, significat baptizatos. baptismus enim illuminatio dicitur, et trina submersione perficitur. * gregorius moralium. ° non vult |100| autem eos ieiunos dimittere, ne deficiant in via: oportet enim quod in praedicatione verbum consolationis accipiant, ne a veritatis pabulo ieiuni remanentes in huius vitae labore succumbant. * ambrosius super lucam. ° bonus quidem dominus studia exigit, vires ministrat, non vult ieiunos dimittere, ne deficiant in via; hoc est vel in istius cursu vitae, vel antequam ad caput vitae perveniant, scilicet ad patrem, et intelligant quod ex patre christus est: ne forte cum acceperint, quod natus ex virgine est, incipiant non dei virtutem, sed hominis aestimare. dividit ergo escas dominus iesus, et ille quidem vult dare omnibus, negat nemini, dispensator est omnium; sed cum ille panes frangat, ut det discipulis, si tu manus tuas non extendas ut accipias tibi escas, deficies in via, nec poteris in eum culpam referre qui miseretur, et dividit. * beda. ° qui vero post carnis flagitia, post furta, violentias et homicidia ad poenitentiam redeunt, ad dominum de longinquo veniunt. quanto enim |125| quisque plus in pravo opere erravit, tanto ab omnipotente deo longius recessit; et credentes de gentibus de longe venerunt ad christum; iudaei vero de prope, qui legis et prophetarum erant litteris edocti ex illo. supra autem in refectione quinque panum turbae super faenum viride discumbebant, hic autem super terram: quia per scripturam legis desideria carnis comprimere iubemur; in novo autem testamento ipsam quoque terram, ac facultates temporales relinquere praecipimur. * theophylactus. ° septem autem panes sunt spirituales sermones: nam septenarius numerus spiritus sancti significativus est, qui perficit omnia: in septenario enim numero dierum nostra vita perficitur. * hieronymus. ° vel septem panes dona sunt spiritus sancti, fragmenta panum mystici intellectus sunt huius septimanae. * beda. ° quod enim dominus panes fregit, apertionem significat sacramentorum; quod gratias egit, ostendit quantum de salute humani generis congaudeat; quod panes discipulis dedit ut turbae apponerent, significat quia spiritualis |150| dona scientiae tribuit apostolis, et per eorum ministerium voluit ecclesiae suae vitae, cibaria distribui. * hieronymus. ° pisciculi benedicti, libri sunt novi testamenti: quoniam piscis assi partem dominus resurgens postulat: vel in pisciculis sanctos accipimus, quorum scriptura novi testamenti fidem, vitam et passiones continet: qui e turbulentis huius saeculi fluctibus erepti, refectionem nobis internam exemplo suo praebuerunt. * beda. ° quod autem turbis saturatis supererat, apostoli tollunt: quia altiora perfectionis praecepta, quae turba nequit attingere, ad illos pertinent qui generalem populi dei conversationem transcendunt; et tamen turba saturata esse memoratur: quia etsi sua relinquere nequeant, neque explere, quod de virginibus dicitur; tamen audiendo mandata legis dei ad vitam perveniunt aeternam. * hieronymus. ° septem autem sportae, septem ecclesiae. quatuor millia, annus est novi testamenti, cum quatuor temporibus. bene etiam quatuor millia sunt, ut in ipso numero docerent evangelicis se pastos esse |175| cibariis. * theophylactus. ° vel quatuor millia sunt, idest quatuor virtutibus perfecti; et propter hoc veluti fortiores plura comedentes, pauciora reliquerunt. in isto enim miraculo septem sportae remanent; in miraculo autem quinque panum duodecim cophini: quia quinque millia erant, idest quinque sensibus servientes, et propter hoc non potuerunt comedere, sed paucis contenti fuerunt; unde multae superabundant reliquiae fragmentorum.

lc2 * Theophylactus. ° postquam dominus operatus est miraculum panum, statim in alium secedit locum, ne propter miraculum, ipsum turbae caperent, ut facerent regem; unde dicitur et statim ascendens navim cum discipulis suis, venit in partes dalmanutha. * augustinus de cons. evang.. ° in matthaeo autem legitur, quod venit in fines magedam. non autem dubitandum est eumdem locum esse sub utroque nomine: nam plerique codices non habent, etiam secundum marcum, nisi magedam. sequitur et exierunt pharisaei, et coeperunt conquirere cum eo, quaerentes ab illo signum de caelo, tentantes eum. * beda. ° pharisaei siquidem signum quaerunt de caelo, ut qui multa hominum millia secundo de paucis panibus saturavit, nunc in exemplo moysi, manna caelitus misso, et per omnia passim disperso, populum omnem in ultimo tempore reficiat: quod in evangelio ioannis quaerunt dicentes: quod signum facis, ut videamus et |25| credamus tibi? patres nostri manducaverunt manna in deserto, sicut scriptum est: panem de caelis dedit manducare. * theophylactus. ° vel quaerunt signum de caelo, scilicet ut solem et lunam sisteret, grandinem peteret et aerem immutaret. credebant enim quod de caelo signa facere non poterat, sed quod in beelzebub solum poterat facere signum in terra. * beda. ° sicut autem turbam supra credentem refecturus gratias agebat, ita nunc ob stultam pharisaeorum petitionem gemit: quia humanae naturae circumferens affectus, sicut de hominum salute laetatur, ita super eorum dolet erroribus: unde sequitur et ingemiscens spiritu ait: quid generatio ista signum quaerit? amen dico vobis, si dabitur generationi isti signum; idest, non dabitur, iuxta illud: semel iuravi in sancto meo, si david mentiar; idest, non mentiar david. * augustinus de cons. evang.. ° non autem moveat quod marcus non dicit responsum esse quaerentibus signum de caelo idem quod matthaeus de iona; sed ait dominum |50| respondisse: signum non dabitur ei; intelligendum est enim quale petebant, hoc est de caelo. praetermisit autem dicere de iona, quod matthaeus commemoravit. * theophylactus. ° ideo autem eos dominus non exaudit, quia aliud est tempus signorum caelestium, scilicet tempus adventus secundi, cum virtutes caelorum commovebuntur, et luna non dabit lumen suum. tempore autem primi adventus non fiunt talia, sed omnia mansuetudine plena. * beda. ° non etiam dandum erat caeleste signum generationi tentantium dominum. ceterum generationi quaerentium dominum signum de caelo ostendit, quando cernentibus apostolis ascendit in caelum. sequitur et dimittens eos, ascendit iterum navim, et abiit trans fretum. * theophylactus. ° dimittit quidem dominus pharisaeos quasi incorrectos: nam ubi spes est correctionis, ibi morandum est; ubi vero malum incorrigibile est, inde recedendum. sequitur et obliti sunt panes sumere, et nisi unum panem non habebant secum |75| in navi. * beda. ° quaerit autem aliquis: quomodo panes non habebant qui statim impletis septem sportis ascenderunt in naviculam? sed scriptura testatur, quod obliti sunt eos secum tollere; quod indicium est quam modicam carnis curam haberent in reliquis, quibus ipsa reficiendi corporis necessitas intentione dominici comitatus mente excesserat. * theophylactus. ° dispensative etiam panes sumere discipuli sunt obliti, ut reprehensi a christo fierent meliores et ad virtutis christi notitiam pervenirent; sequitur enim et praecipiebat eis, dicens: videte, et cavete a fermento pharisaeorum, et fermento herodis. * chrysostomus. ° matthaeus dicit: a fermento pharisaeorum et sadducaeorum; lucas vero pharisaeorum solum. tres ergo pharisaeos nominant, quasi principales; matthaeus vero et marcus sibi secundarios diviserunt. congrue autem marcus posuit herodis, quasi relictis a matthaeo herodianis in supplementum narrationis ipsius. hoc autem dicens, paulatim inducit discipulos ad |100| sensum et fidem. * theophylactus. ° fermentum pharisaeorum et herodianorum vocat doctrinam eorum, quasi damnosam et corruptivam et malitia veteri plenam. herodiani enim doctores erant, qui herodem christum esse dicebant. * beda. ° vel fermentum pharisaeorum est decreta legis divinae traditionibus hominum postponere; legem verbis praedicare, et factis impugnare; dominum tentare, doctrinae eius, aut operibus non credere. fermentum autem herodis est adulterium, homicidium, temeritas iurandi, simulatio religionis, et odium in christum et praecursorem eius. * theophylactus. ° ipsi autem discipuli de fermento panum dixisse dominum putaverunt; unde sequitur et cogitabant ad alterutrum, dicentes: quia panes non habemus. hoc autem dicebant, quasi non intelligentes christi virtutem, quod poterat panes facere ex non ente; unde dominus eos reprehendit: sequitur enim quo cognito iesus ait illis: quid cogitatis, quia panes non habetis? * beda. ° per occasionem autem praecepti quod salvator iusserat, dicens |125| cavete a fermento pharisaeorum et fermento herodis, docet eos quid significent quinque panes, et septem, de quibus subdit nec recordamini quando quinque panes fregi? etc.. si enim fermentum praedictum traditiones perversas significaret, quare cibi quibus nutritus est populus dei, non veram doctrinam significent?

lc3 * Glossa. ° post refectionem turbarum evangelista de illuminatione caeci subiungit, dicens et veniunt bethsaidam, et adducunt ei caecum, et rogabant eum ut illum tangeret. * beda. ° scientes quia tactus domini sicut leprosum mundare, ita caecum illuminare valeret. sequitur et apprehensa manu caeci eduxit eum extra vicum. * theophylactus. ° videtur namque bethsaida multa infidelitate fuisse infecta: unde dominus exprobrat ei: vae tibi, bethsaida: quia si in tyro et sidone factae essent virtutes quae factae sunt in vobis, olim in cilicio et cinere poenitentiam egissent. in hac ergo adductum caecum extra vicum educit: non enim erat vera adducentium fides. sequitur et expuens in oculos eius, impositis manibus suis, interrogavit eum si aliquid videret. * chrysostomus. ° spuit quidem, et manus imponit caeco, volens ostendere quod verbum divinum operationi adiunctum mirabiliter proficit. manus enim operationis est ostensiva, sputum |25| vero sermonis ex ore prolati. interrogat autem si aliquid videret; quod in aliis sanatis non fecit, significans propter imperfectam adducentium fidem, ac ipsius caeci, oculos eius non esse omnino apertos; unde sequitur et aspiciens ait: video homines velut arbores ambulantes. quia enim in infidelitate adhuc detinebatur, obscure se videre homines declarabat. * beda. ° formam quidem corporum inter umbras aspiciens, sed nulla membrorum lineamenta, visu adhuc caligante, discernere valens, quales condensae arbores a longe spectantibus, vel in luce nocturna solent apparere; ita ut non facile arbor, an homo sit, possit dinosci. * theophylactus. ° ideo autem non statim eum perfecte facit videre, sed in parte, quia non perfectam fidem habebat: nam secundum fidem datur medela. * chrysostomus. ° deducit autem eum ab initio sensus redditi in fidei apprehensionem; et sic fecit eum perfecte videre; unde sequitur deinde iterum imposuit manus super oculos eius et coepit videre. et postea subiungit et restitutus est, ita ut clare videret omnia; |50| sensu scilicet, et intellectu perfecte curatus. sequitur misit eum in domum suam, dicens: vade in domum tuam; et si in vicum introieris, nemini dixeris. * theophylactus. ° hoc quidem praecepit ei, quia infideles erant, ut dictum est, ne forte ab eis in anima laederetur, et ipsi non credentes gravius crimen incurrant. * beda super lucam. ° vel exemplum suis tribuit ne de his quae faciunt mirandis, favorem vulgi requirant. mystice autem bethsaida domus vallis interpretatur, idest mundus, qui est vallis lacrymarum. adducunt autem ad dominum caecum; idest, qui non videt quid fuit, quid est, et quid erit. rogant illum, ut eum tangeret. quis enim est qui tangitur nisi qui compungitur? * beda. ° tangit enim nos dominus cum mentem afflatu sui spiritus illustrat, atque ad agnitionem nos propriae infirmitatis, studiumque bonae actionis accendit. apprehendit manum caeci, ut eum ad executionem bonae operationis confortaret. * hieronymus. ° et eduxit eum extra vicum, idest vicinitatem malorum. expuit autem |75| in oculos eius, ut videat voluntatem domini per flatum spiritus sancti. impositis autem manibus interrogat eum si videret: quia per opera domini videtur maiestas eius. * beda. ° vel expuens in oculos caeci imponit manus suas ut videat: quia caecitatem humani generis et per invisibilia dona, et per sacramenta assumptae humanitatis extersit. sputum etiam, quod de capite hominis procedit, gratiam spiritus sancti designat. sed quem uno verbo totum simul curare poterat, paulatim curat, ut magnitudinem humanae caecitatis ostendat, quae vix et quasi per gradus ad lucem redeat: et gratiam suam nobis indicat, per quam singula perfectionis incrementa adiuvat. quisquis autem ita longi temporis obscuritate depressus est, ut inter bonum et malum discernere nesciat, quasi ambulantes homines instar arborum cernit, quia facta multitudinis absque luce discretionis videt. * hieronymus. ° vel videt homines velut arbores, quia omnes homines existimat se superiores. iterum autem manus posuit super oculos |100| eius, ut videret clare omnia; idest, per opera visibilia intelligeret et quae oculus non vidit, et clarum animae suae statum post rubiginem peccati, mundi cordis oculo contueretur. misit eum in domum suam, idest in cor suum, ut videret in se quod ante non vidit. non enim putat homo desperans de salute omnino posse quod illuminatus facile potest perficere. * theophylactus. ° vel postquam sanavit, mittit in domum: nam domus uniuscuiusque nostrum, caelum est, et mansiones quae sunt in eo. * hieronymus. ° dicit autem ei et si in vicum introieris, nemini dixeris; idest, vicinis caecitatem tuam semper enarra, non virtutem.

lc4 * Theophylactus. ° postquam eduxit longe a iudaeis discipulos suos, tunc de seipso interrogat, ut non timentes iudaeos respondeant veritatem; unde dicitur et ingressus est iesus, et discipuli eius in castellum caesareae philippi. * hieronymus super matth.. ° philippus iste fuit frater herodis, de quo supra diximus, qui in honorem tiberii caesaris caesaream philippi, quae nunc paneas dicitur, appellavit. sequitur et in via interrogabat discipulos suos, dicens eis: quem me dicunt esse homines? * chrysostomus. ° sciens quidem interrogat, quia decebat ut discipuli quandoque eum melius laudarent quam turbae. * beda. ° unde primum hominum sententiam interrogat, discipulorum fidem exploraturus, ne illorum confessio vulgi videretur opinione firmata. sequitur qui responderunt illi, dicentes: alii ioannem baptistam, alii eliam, alii vero quasi unum de prophetis. * theophylactus. ° multi namque putabant quod ioannes a mortuis resurrexisset, sicut et herodes credebat, et post resurrectionem suam miracula perpetrasset. postquam vero ab eis sciscitatus est aliorum suspicionem, ipsos interrogat quid de hoc in eorum mente consistat; unde sequitur tunc dicit illis: vos vero quem me esse dicitis? * chrysostomus in matth.. ° ex ipso autem interrogationis modo, in maiorem eos reducit sensum ad maius aliquid aestimandum de eo, ne cum turbis conveniant. quid vero vertex discipulorum, os apostolorum, interrogatis omnibus, responderit, manifestatur cum subditur respondens petrus ait ei: tu es christus. * theophylactus. ° confitetur quidem illum esse christum a prophetis denuntiatum. sed quid ad confessionem petri responderit dominus, et qualiter ipsum beatificavit, marcus evangelista pertransit, ne huiusmodi narrando, petro suo magistro gratiam praestare videretur; matthaeus autem hoc plane pertractat. * origenes super matth.. ° vel quia marcus et lucas scripserunt petrum respondentem tu es christus, non adicientes quod positum est in matthaeo: filius dei vivi; propterea non scripserunt ad confessionem relatam beatitudinem. sequitur et comminatus est eis, ne cui dicerent de illo. * theophylactus. ° volebat enim interim suam gloriam occultare, ne multi scandalizarentur de eo, et poenam mererentur maiorem. * chrysostomus. ° vel ut scandalo crucis completo puram infigat fidem in mente eorum: prius enim passione perfecta, circa ascensionem dixit eis: euntes docete omnes gentes. * theophylactus. ° postquam autem dominus confessionem discipulorum acceptavit dicentium verum deum, tunc ipsis revelat crucis mysterium; unde sequitur et coepit docere eos quoniam oportet filium hominis multa pati, et reprobari a senioribus, et a summis sacerdotibus, et scribis, et occidi, et post tres dies resurgere; et palam verbum loquebatur, scilicet de futura passione. non autem intelligebant discipuli ordinem veritatis, neque resurrectionem comprehendere poterant; sed putabant esse melius quod non pateretur. * chrysostomus. ° praedixerat tamen hoc eis dominus hac occasione, ut ostenderet quod oportet post crucem et resurrectionem christum a testibus praedicari. rursus petrus existens fervidus, solus de his sumit audaciam disputandi; unde sequitur et apprehendens eum petrus, coepit increpare eum: domine, propitius esto tibi: nam hoc non erit. * beda. ° hoc autem amantis affectu et optantis dixit; quasi diceret: hoc non potest fieri, nec recipiunt aures meae ut dei filius occidendus sit. * chrysostomus in matth.. ° quid est autem hoc quod petrus qui revelatione patris potitus erat, sic velociter cecidit et instabilis est effectus? sed dicimus non esse mirum si hoc ignoravit qui de passione revelationem non accepit. quod enim christus filius dei vivi esset, revelatione didicerat; mysterium vero crucis et resurrectionis nondum ei fuerat revelatum. ipse vero ostendens quod oporteret eum ad passionem venire, petrum increpavit; unde sequitur qui conversus, et videns discipulos suos, comminatus est petro, dicens: vade retro me, satana. * theophylactus. ° dominus namque volens ostendere quod propter salutem hominum debebat eius passio fieri, et quod solus satanas christum pati nolebat, ut genus non salvaretur humanum, petrum satanam nominavit, eo quod saperet quae sunt satanae, nolens christum pati, sed adversans eidem; satanas enim adversarius interpretatur. * chrysostomus. ° daemoni autem ipsum tentanti non ait: vade post me; sed petro dicit: vade retro me; idest sequere me, et voluntario meae passionis consilio non resistas. sequitur quoniam non sapis ea quae dei sunt, sed quae hominum. * theophylactus. ° quae hominum sunt dicit petrum sapere, secundum quod affectiones carnales quodammodo sapiebat: volebat enim petrus quod sibi christus praestaret requiem, et non crucifigeretur.

lc5 * Beda. ° postquam discipulis mysterium suae passionis et resurrectionis ostendit, hortatur eos una cum turba ad sequendum suae passionis exemplum; unde sequitur et convocata turba cum discipulis suis, dixit eis: si quis vult me sequi, deneget semetipsum. * chrysostomus in matth.. ° quasi diceret ad petrum: tu quidem increpas me passionem sustinere volentem; ego autem dico tibi, quod non solum prohibere me pati nocivum est; sed neque salvari poteris, nisi ipse moriaris. dicit autem si quis vult me sequi, quasi dicat: ad bona voco, quae quis velle debet; non ad mala et gravia, ut cogaris. qui enim infert violentiam frequenter impedit; qui vero auditorem in libertatem dimittit, magis attrahit ipsum. aliquis autem abnegat semetipsum, cum nullam sui corporis curam habet, ut sive flagelletur, sive aliquid simile patiatur, sustineat patienter. * theophylactus. ° nam sicut qui abnegat alterum, videlicet fratrem, aut patrem, quamvis ille vulneretur, et moriatur, non compatitur, neque condolet ei: sic et nos debemus spernere corpus nostrum, ut si vulnerari contingat, vel aliquid simile pati, non curemus. * chrysostomus. ° non autem ait, quod parcat sibi ipsi, sed, quod amplius est, quod abneget semetipsum, quasi nihil commune ad se habeat, sed periculis exponat, et circa ea sic disponatur, ac si alius pateretur; et hoc est sibi ipsi parcere: quia patres tunc liberis suis ignoscunt, cum tradentes eos doctoribus, illis iubent non parci. usquequo autem oporteat seipsum abnegare, ostendit cum subdit et tollat crucem suam; quasi dicat: usque ad mortem exprobrabilissimam. * theophylactus. ° nam tunc crux exprobrabilis videbatur, quia in ea malefici figebantur. * hieronymus. ° vel aliter. sicut gubernator peritus tempestatem in tranquillitate praecavens, nautas suos vult esse paratos, ita et dominus dicit si quis vult me sequi, deneget semetipsum; id est, alter ex altero fiat. * beda. ° tunc enim nos ipsos abnegamus cum vitamus quod per vetustatem fuimus, et ad hoc nitimur quod per novitatem vocamur. crux autem tollitur cum aut per abstinentiam afficitur corpus, aut per compassionem proximi affligitur animus. * theophylactus. ° quia vero post crucem virtutem aliam nos habere oportet, adiecit et sequatur me. * chrysostomus in matth.. ° hoc autem dicit, quia contingit aliquem patientem non sequi christum, cum scilicet aliquis non patitur propter christum: sequitur enim christum qui post eum ambulat, qui morti eius se conformat, principes etiam et potestates contemnens, sub quibus ante christi adventum peccabat. sequitur qui enim voluerit animam suam salvam facere, perdet eam; qui autem perdiderit animam suam propter me et evangelium, salvam faciet eam, quasi dicat: haec vobis mando quasi vobis parcens: etenim qui filio suo parcit, perdit eum; qui vero non parcit, salvat. oportet ergo nos esse ad mortem continue praeparatos. si enim in materialibus praeliis qui paratus est ad mortem melior est aliis, nullo post mortem eum resuscitare valente, multo magis in spiritualibus praeliis, cum spes tanta resurrectionis existat, quod qui ponit animam suam in mortem, salvam facit eam. * remigius. ° anima autem hoc loco intelligenda est vita praesens, non autem ipsa substantia animae. * chrysostomus in matth.. ° quia ergo dixerat qui voluerit animam suam salvam facere, perdet eam, ne quis perditionem hanc, et salutem illam aestimet aequalem, subiungit quid enim proderit homini, si lucretur totum mundum, et detrimentum faciat animae suae? aut quam commutationem dabit homo pro anima sua? quasi dicat: ne dicas quoniam animam suam salvavit qui crucis effugit pericula: quando enim cum anima sua, idest vita ista, lucratur aliquis orbem terrae, quid amplius erit ei, anima pereunte? numquid aliam habet animam pro anima dare? pretium enim pro domo potest aliquis commutare; animam vero perdens, aliam animam dare non potest. caute autem dicit aut quam commutationem dabit homo? deus enim propter nostram salutem dedit commutationem pretiosum sanguinem iesu christi. * beda. ° vel hoc dicit, quia persecutionis tempore ponenda est anima; pacis autem tempore frangenda sunt desideria terrena: quod significat cum dicit quid enim proderit homini? etc.. plerumque autem verecundiae usu praepedimur, ut rectitudinem quam servamus in mente, non exprimere valeamus in voce; et ideo subditur qui enim me confessus fuerit, et verba mea in generatione ista adultera et peccatrice, et filius hominis confitebitur eum, cum venerit in gloria patris sui cum angelis sanctis. * theophylactus. ° non enim est sufficiens fides quae solum in mente consistit, sed oris confessionem dominus requirit: sanctificata enim per fidem anima debet et corpus per confessionem sanctificari. * chrysostomus. ° qui autem hoc didicit subiecit se cum desiderio ad hoc quod sine confusione christum confiteatur. dicitur autem adultera generatio, quae deum verum animae sponsum dereliquit, et non est secuta christi doctrinam; sed daemonibus prostrata, semina impietatis suscepit, propter quod et peccatrix dicitur. qui ergo inter hos christi dominationem negaverit, et verba dei in evangelio revelata, dignam impietatis poenam suscipiet, audiens in secundo adventu: non novi vos. * theophylactus. ° qui ergo confessus fuerit crucifixum esse suum deum, et ipse confitebitur illum, non hic ubi christus reputatur pauper, et miser, sed in gloria et cum multitudine angelorum. * gregorius in evang.. ° sunt autem nonnulli qui christum ideo confitentur, quia cunctos christianos esse conspiciunt. non ergo ad probationem fidei vox sufficit, quam defendit a verecundia professio generalitatis. pacis ergo tempore est aliud, ubi ostendamur vobis. veremur saepe a proximis despici, dedignamur iniurias verbi tolerare. si contigerit iurgium fortasse cum proximo, erubescimus priores satisfacere: cor quippe carnale dum huius vitae gloriam quaerit, humilitatem respuit. * theophylactus. ° quia vero de sua gloria dixerat, volens ostendere quod non inania promittebat, subditur et dicebat illis: amen dico vobis, quia sunt de hic stantibus qui non gustabunt mortem, donec videant regnum dei veniens in virtute; ac si diceret: quidam, idest petrus et iacobus et ioannes, non gustabunt mortem, donec eis ostendam in transfiguratione cum qua gloria venturus sim in secundo adventu: non enim erat aliud transfiguratio, nisi secundi adventus praenuntiatio, in quo et ipse christus, et sancti lucebunt. * beda. ° pia vero provisione factum est ut, contemplatione semper manentis gaudii ad breve momentum delibata, fortius adversa tolerarent. * chrysostomus in matth.. ° non autem eorum qui ascensuri erant nomina declaravit, ne reliqui discipuli aliquid paterentur humanum; praedicit autem, ut dociliores circa huiusmodi contemplationem fiant. * beda. ° vel regnum dei praesens ecclesia vocatur. aliqui autem ex discipulis usque adeo in corpore victuri erant ut ecclesiam constructam conspicerent, et contra mundi gloriam erectam. discipulis enim rudibus de praesenti vita aliquid promittendum fuit, ut possent robustius in futuro solidari. * chrysostomus. ° mystice autem vita christus est, mors vero diabolus. gustavit autem mortem, qui peccatis immoratur: adhuc omnis homo habens dogmata bona aut prava, mortis aut vitae panem degustat. et quidem minus malum est videre mortem; malum autem est eam gustare; sed adhuc peius eam sequi; pessimum autem ei supponi.

072 CMC cp9

lc1 * Hieronymus. ° post consummationem crucis, gloria resurrectionis ostenditur, ut non timerent opprobria crucis qui oculis suis visuri erant gloriam resurrectionis futurae; unde dicitur et post dies sex assumpsit iesus petrum, et iacobum, et ioannem, et duxit illos in montem excelsum seorsum solos, et transfiguratus est coram ipsis. * chrysostomus in marc. et in matth.. ° quod autem lucas dicit post octo dies, non contrariatur huic: lucas enim et diem quo christus praedicta locutus fuerat, et diem in quo eos assumpsit, numeravit. ideo autem post sex dies eos assumpsit, ut vehementiori repleti desiderio in horum dierum spatio vigilanti et sollicita mente, ea quae videbant attenderent. * theophylactus. ° assumpsit autem tres vertices apostolorum: petrum tamquam confitentem et diligentem, ioannem tamquam dilectum, iacobum vero tamquam altivocum et theologum. intantum enim gravis erat iudaeis ut herodes volens iudaeis placere ipsum occiderit. * chrysostomus. ° non autem in domo suam gloriam demonstrat, sed in montem excelsum illos assumit: quoniam montis sublimitas conveniens erat ad gloriae sublimitatem ostendendam. * theophylactus. ° seorsum autem eos ducit, quia debebat eis mysteria revelare. transfigurationem autem oportet intelligere non figurae immutationem, sed quia, manente ut prius erat figura, appositio facta est cuiusdam inenarrabilis claritatis. * chrysostomus. ° neque ergo decet aliquam figurae transformationem in regno dei esse futuram aut circa ipsum salvatorem, aut circa eos qui assimilabuntur, sed appositionem claritatis. * beda. ° transfiguratus igitur salvator, non substantiam verae carnis amisit, sed gloriam futurae, vel suae, vel nostrae resurrectionis ostendit: qui qualis tunc apostolis apparuit, talis post iudicium cunctis apparebit electis. sequitur et vestimenta eius facta sunt splendentia. * gregorius moralium. ° quia in supernae claritatis culmine ei vitae iustitia fulgentes adhaerebunt: vestium enim nomine iustos, quos sibi adiungit insinuat. sequitur et apparuit illis elias cum moyse, et erant loquentes cum iesu. * chrysostomus in matth.. ° moysen et eliam in medio introducit: primo quidem quia turbae dicebant christum eliam, aut unum prophetarum, apostolis se cum eis ostendit, ut differentiam servorum et domini cernerent; et etiam quia de transgressione legis iudaei christum accusabant, et blasphemum eum putabant, tamquam sibi gloriam patris attribuentem, eos qui in utroque fulserunt, in medium ducit: etenim moyses legem dedit, et elias gloriae dei zelator fuit: unde ei non assisterent, si deo et legi eius contrarius esset. et ut scirent quod vitae potestatem et mortis habet, propter hoc et moysen, qui mortuus erat, et eliam qui nondum mortem passus fuerat, in medium introducit. item per hoc significavit quod doctrinae legis christi prophetarum doctrina paedagogus fuit. significat etiam coniunctionem novi et veteris testamenti, et quoniam in resurrectione cum prophetis apostoli coniungentur, et una erit obviatio regi communi. sequitur et respondens petrus ait iesu: rabbi, bonum est nos hic esse; et faciamus hic tria tabernacula: tibi unum, moysi unum, et eliae unum. * beda. ° si tantum transfigurata christi humanitas, duorumque societas sanctorum ad punctum visa delectat, ut eos ne discedant etiam obsequio petrus sistere velit; quanta erit felicitas visioni deitatis inter angelorum choros adesse perpetuo? sequitur non enim sciebat quid diceret. etsi enim petrus prae stupore humanae fragilitatis nesciat quid dicat; insiti tamen sibi dat affectus indicium: nesciebat enim quid diceret, quia oblitus est regnum sanctis a domino non alicubi terrarum, sed in caelis esse promissum; nec recordatus est se suosque coapostolos mortali adhuc carne circumseptos immortalis vitae statum subire non posse; cui etiam mente excesserat quia in domo patris quae in caelis est, domus manufacta necessaria non sit. sed et usque nunc imperitiae notatur quisquis legi, prophetis et evangelio tria tabernacula facere cupit, cum haec ab invicem nullatenus valeant separari. * chrysostomus. ° non etiam intellexit petrus quod ad demonstrationem verae gloriae transfigurationem dominus est operatus, neque quod propter doctrinam hominum hoc faciebat; nam plurimi erant relicturi multitudinem, in eremo habitantes. sequitur erant enim timore exterriti. erat autem hic timor secundum quem de communi mente in statum elevabantur meliorem: quod enim in exterioribus videbatur, moyses et elias erat. ducebatur autem anima ad quemdam divinum affectum, quasi ex divina visione ab humano sensu abstracta. * theophylactus. ° vel aliter. petrus timens a monte descendere, quia iam praesenserat quod christus crucifigi debebat, dixit bonum est nos hic esse; et non illuc descendere, in medium scilicet iudaeorum. si autem huc venient furentes contra te, habemus moysen qui aegyptios debellavit, habemus et eliam, qui ignem eduxit de caelo, et quinquagenos destruxit. * origenes super matth.. ° marcus autem ex persona sua dicit non enim sciebat quid diceret. ubi considerandum, ne forte per excessum mentis hoc loquebatur, motus quodam spiritu alieno, ne forte scilicet ille spiritus qui voluit, quantum ad se, christum scandalizare, ut recederet a passione omnibus hominibus salutari, ipse operans etiam hic seductorie vult evellere christum sub colore boni, ut non condescendat hominibus, nec veniat ad eos, nec suscipiat mortem pro eis. * beda. ° quia vero petrus materiale quaesivit tabernaculum, nubis accepit umbraculum: ut discat, in resurrectione non tegmine domorum, sed spiritus sancti gloria eos esse protegendos; unde sequitur et facta est nubes obumbrans eos. quia vero imprudenter interrogaverunt, propterea responsionem domini non merentur: sed pater respondet pro filio: unde sequitur et venit vox de nube dicens: hic est filius meus carissimus: ipsum audite. * chrysostomus in matth.. ° a nube quidem vox emittitur, in qua deus apparere consuevit, ut crederent quod vox illa ferretur a deo. in hoc autem quod dicit hic est filius meus carissimus, unam voluntatem patri et filio protestatur, et quod, salva filiatione, quantum ad omnia cum eo qui genuit unum esset. * beda. ° quem autem moyses, cum venerit in carne, audiendum ab omni anima quae salvari vellet praedixit, hunc iam venientem in carne, deus pater audiendum discipulis ostendit. sequitur et statim circumspicientes, neminem amplius viderunt nisi iesum tantum secum. ubi enim coepit filius designari, mox servi discesserunt, ne ad illos paterna vox emissa putaretur. * theophylactus. ° mystice autem post consummationem huius saeculi, quod in sex diebus factum est, assumet nos iesus, si eius sumus discipuli, in montem excelsum, idest in caelum; et tunc videbimus eius gloriam singularem. * beda. ° vestimenta autem domini recte sancti eius accipiuntur, qui novo candore fulgebunt. fullo autem intelligendus est cui psalmista loquitur: amplius lava me ab iniquitate mea, et a delicto meo munda me; qui non potest suis fidelibus dare claritatem in terra, quae eis conservata manet in caelis. * remigius super matth.. ° vel per fullonem sancti designantur praedicatores et animarum purgatores; quorum in hac vita nullus ita vivere valet ut alicuius peccati maculis non obfuscetur; in futura autem resurrectione sancti ab omni macula peccati purgabuntur. tales ergo eos faciet dominus, quales nec ipsi membra sua castigando, nec ullus praedicatorum suo vel exemplo, vel doctrina facere potest. * chrysostomus. in marc.. ° vel vestimenta alba evangelica sunt et apostolica scripta, omnium clarissima, quibus similia nullus expositorum facere potest. * origenes super matth.. ° vel forsitan fullones super terram possumus moraliter existimare sapientes saeculi huius, qui putantur ornare etiam turpes intellectus, et dogmata falsa fullonicatione ingenii sui; sed illorum ars fullonica potest facere aliquid simile sermoni, qui ostendit spiritualium intellectuum splendorem in dictis scripturarum imperitis, quae a plurimis contemnuntur. * beda. ° moyses et elias, quorum unum mortuum et alium in caelis raptum legimus, futuram omnium sanctorum gloriam significant, qui videlicet tempore iudicii vel vivi in carne reperiendi, vel ab olim gustata morte resuscitandi, et pariter sunt regnaturi cum illo. * theophylactus. ° vel hoc significat, quia in gloria videbimus et legem et prophetas cum ipso loquentes; idest, quae per eum fuerunt dicta per moysen et alios prophetas, tunc videbimus esse consona rebus, et tunc audiemus vocem paternam, revelantem scilicet nobis filium patris, et dicentem, quoniam hic est filius meus, obumbrante nube, idest spiritu sancto qui est sapientiae fons. * beda. ° et notandum quod sicut, domino in iordane baptizato, sic et in monte clarificato, totius sanctae trinitatis mysterium declaratur: quia gloriam eius quam in baptismo credentes confitemur, in resurrectione videntes collaudabimus. nec frustra spiritus sanctus hic in lucida nube, illic apparuit in columba: quia qui nunc simplici corde fidem quam percepit servat, tunc luce apertae visionis quod crediderat contemplabitur. cum autem fieret vox super filium, inventus est ipse solus: quia cum manifestaverit ipsum electis, erit deus omnia in omnibus; immo cum suis per omnia christus, caput cum corpore, splendebit.

lc2 * Origenes super matth.. ° post mysterium ostensum in monte, descendentibus de monte discipulis, praecepit ut eius transfiguratio non manifestetur ante gloriam passionis et resurrectionis ipsius; unde dicitur et descendentibus illis de monte praecepit illis ne cuiquam quae vidissent narrarent, nisi cum filius hominis a mortuis resurrexerit. * chrysostomus in matth.. ° ubi non simpliciter silere iubet; sed passionem insinuans, causam insinuat propter quam silere debebunt. * theophylactus. ° ne scilicet homines scandalizentur, audientes de christo tam gloriosa, qui eum crucifixum erant visuri. non igitur erat congruum talia de christo dicere antequam pateretur, post resurrectionem vero credibile videbatur. * chrysostomus. ° illi vero resurrectionis mysterium ignorantes, verbum quidem retinentes, invicem disputabant; unde sequitur et verbum continuerunt apud se, conquirentes quid esset, cum a mortuis resurrexerit. * hieronymus. ° hoc quod proprie marci est, id significat quia cum absorpta fuerit mors in victoria, non erunt in memoria priora. sequitur et interrogabant eum, dicentes: quid ergo dicunt pharisaei et scribae, quia eliam oportet venire primum? * chrysostomus. ° intentio quidem discipulorum super hac interrogatione talis mihi esse videtur: nos quidem eliam tecum vidimus, et prius te vidimus quam eliam; scribae vero prius eliam venire docent: credimus itaque eos mendacium protulisse. * beda. ° vel ita aestimabant discipuli transformationem gloriae hanc esse quam in monte viderant, et dicunt: si iam venisti in gloria, quomodo praecursor tuus apparet? maxime quia eliam viderant recessisse. * chrysostomus in matth.. ° quid autem ad hoc christus responderit, apparet per hoc quod subditur qui respondens ait: elias cum venerit primo, restituet omnia. in quo ostendit, quod elias veniet ante secundum adventum. scripturae enim duos adventus christi praenuntiant; unum scilicet qui factus est, et alium qui venturus est. dominus autem secundi adventus eliam asserit praecursorem. * beda. ° restituet autem omnia, utique illa quae malachias ostendit dicens: ecce ego mittam vobis eliam prophetam, ut convertat cor patrum ad filios, et cor filiorum ad patres eorum. restituet etiam hoc quod morti debet, ac diu vivendo distulit. * theophylactus. ° proponit autem haec dominus ad resistendum opinioni pharisaeorum, qui tenebant quod primi adventus praecursor erat elias; quasi ad inconveniens ducens; unde subdit et quomodo scriptum est in filium hominis, ut multa patiatur et contemnatur; ac si dicat: elias thesbites cum venerit, pacificabit iudaeos, et ad fidem adducet ipsos, ita ut sit secundi adventus praecursor. si ergo primi adventus elias est praecursor, quomodo scriptum est, quod filius hominis debet pati? ex his ergo duobus unum erit: aut quod non sit primi adventus elias praecursor, et scripturae erunt verae; aut quod sit praecursor primi adventus, et scripturae non erunt verae, quae dicunt, quod oportet christum pati, cum elias debeat omnia restituere, et non debeat esse iudaeus aliquis incredulus; sed omnes credere debeant ad praedicationem eius quicumque audient eum. * beda. ° vel ita: et quomodo scriptum est, idest, quomodo de christi passione multifarie prophetae multa scripserunt. sed et elias cum venerit, multa passurus est, et contemnendus ab impiis. * chrysostomus in matth.. ° sicut autem dominus secundi adventus eliam asseruit praecursorem, sic et consequenter asserit ioannem esse praecursorem primi adventus; unde subdit sed dico vobis, quia et elias venit. * glossa. ° ioannem vocat eliam, non quia elias erit in persona, sed quia eliae ministerium adimplebat: sicut enim ille praecursor erit secundi adventus, sic iste factus est primi. * theophylactus. ° erat etiam ioannes redargutor, et zelotes, et eremita ut elias; non tamen audierunt illum sicut eliam audient. nefario vero ludo eum occiderunt, caput illius amputantes; unde sequitur et fecerunt illi quaecumque voluerunt, sicut scriptum est de eo. * chrysostomus. ° vel aliter. interrogabant discipuli iesum: quomodo scriptum est pati filium hominis? ad hoc autem quasi respondens dicit: sicut ad similitudinem eliae ioannes venit, et ei mala intulerunt; sic secundum scripturas oportet filium hominis pati.

lc3 * Theophylactus. ° postquam gloriam suam tribus discipulis in monte ostenderat, revertitur ad alios discipulos qui cum eo non ascenderant in montem; unde dicitur et veniens ad discipulos suos, vidit turbam magnam circa eos, et scribas conquirentes cum illis. pharisaei namque captantes horam, cum praesens non extiterat christus, accesserunt ut ipsos ad se attraherent. * hieronymus. ° non est autem homini requies sub sole: semper parvulos occidit invidia; magnos percutiunt fulgura montes: alii discentes cum fide, ut turbae; alii invidentes cum fastu, ut scribae, ad ecclesiam conveniunt. sequitur et confestim omnis populus videns iesum, stupefactus est, et expaverunt. * beda. ° notanda in omnibus locis distantia mentis scribarum, et turbae: scribae enim nihil devotionis, fidei, humilitatis, et reverentiae ei exhibuisse narrantur; sed veniente domino mox omnis turba stupefacta expavit, eumque salutans accurrit; unde sequitur et currens salutavit eum. * theophylactus. ° affectabant enim turbae eum videre, ita ut eum venientem a longe salutarent. quidam vero dicunt, quod aspectus eius ex transfiguratione speciosior factus, turbam ad salutationem eius attrahebat. * hieronymus. ° populus autem videns stupefactus est et expavit, non discipuli; quia non est timor in caritate: timor est servorum, stupescere stultorum. sequitur et interrogavit eos: quid inter vos conquiritis? quid scilicet dominus interrogat? ut confessio pariat salutem, et murmur cordis nostri sermonibus piis solvatur. * beda. ° potest vero, nisi fallor, intelligi de hoc quaestionem fuisse motam, quare ipsi, cum essent discipuli salvatoris, sanare daemoniacum qui in medio erat positus, non possent; quod ex sequentibus potest convinci, cum dicitur et respondens unus de turba dixit: magister, attuli filium meum ad te habentem spiritum mutum. * chrysostomus in matth.. ° hunc hominem scriptura infirmum in fide ostendit ex hoc quod christus dicit o generatio incredula, et per hoc quod subdit si potes credere. sed etsi infidelitas eius occasio extiterit daemonem non pellendi, incusat tamen discipulos; unde subditur et dixi discipulis tuis ut eicerent illum; et non potuerunt. vide autem istius insipientiam. iesum in medio turbarum precatur, discipulos incusans; unde et dominus coram plebe multo magis hoc ei imputat non solum in personam eius accusationem intendens, sed in personam omnium iudaeorum: probabile enim est multos praesentium scandalizatos, ea quae non conveniebant de discipulis cogitasse; unde sequitur qui eis respondens dixit: o generatio incredula, quamdiu vos patiar? in quo ostendit, et mortem se desiderare, et grave ei esse cum illis conversari. * beda. ° intantum autem non est homini iratus, sed vitio, ut statim intulerit afferte illum ad me. et attulerunt eum. et cum vidisset eum, statim spiritus conturbavit illum; et elisus in terram volutabatur spumans. * chrysostomus in matth.. ° hoc autem dominus permisit propter patrem pueri, ut cum vexantem daemonem videret, ad fidem futuro miraculo traheretur. * theophylactus. ° permittit etiam vexari puerum, ut ex hoc sciremus daemonis impietatem, qui occidisset eum, nisi fuisset a domino adiutus. sequitur et interrogavit patrem eius: quantum temporis est ex quo ei hoc accidit? at ille ait: ab infantia; et frequenter eum in ignem et in aquam misit, ut eum perderet. * beda. ° erubescat iulianus, qui dicere audet omnes homines absque peccati contagione nasci in carne, tamquam innocentes per omnia, ut adam quando creatus est. quid enim habuit iste puer ut ab infantia daemonio vexaretur acerbissimo, si nullo originalis peccati vinculo tenebatur, quia constat illum adhuc proprium non habere potuisse peccatum? * glossa. ° exprimit autem in verbis suae petitionis, fidei defectum; unde subdit sed si quid potes, adiuva nos, misertus nostri. cum enim dicit si quid potes, manifestat se de eius potentia dubitare: quia viderat filium suum a discipulis christi curatum non esse. dicit autem misertus nostri, ut designaret miseriam filii qui patiebatur, et patris qui compatiebatur. sequitur iesus autem ait illi: si potes credere, omnia possibilia sunt credenti. * hieronymus. ° libertatem arbitrii hoc indicat quod dicit si potes. quae autem sunt omnia quae possibilia sunt credenti, nisi quae in nomine iesu, idest salutis, postulantur cum lacrymis? * beda. ° aptum autem responsum dominus dedit petenti: ipse enim ait si quid potes, adiuva nos; et dominus: si potes, inquit, credere. at contra leprosus, qui fideliter clamabat: domine, si vis, potes me mundare, congruum suae fidei accepit responsum: volo: mundare. * chrysostomus in matth.. ° quod autem dicit, tale est. tanta est virtutis apud me superabundantia, ut non solum hoc possim, sed et alios hoc faciam operari: quare si credideris, ut oportet, et hunc ipse curare poteris, et alios multos. sic ergo eum ad fidem reducebat qui adhuc de infidelitate loquitur; unde sequitur et continuo exclamans pater pueri cum lacrymis aiebat: domine, adiuva incredulitatem meam. sed si crediderat dicens credo, quomodo subdit adiuva incredulitatem meam? dicamus igitur, quoniam multiplex est fides, introductoria scilicet et perfecta. hic autem incipiens credere, salvatorem deprecabatur ut apponeret reliquum ad suam virtutem. * beda. ° nemo enim repente fit summus, sed in bona conversatione a minimis quisque inchoat, ut ad magna perveniat. alia namque sunt virtutis exordia, aliud profectus, aliud perfectio. quia igitur per occultam inspirationem gratiae, meritorum suorum gradibus fides crescit, uno eodemque tempore is qui necdum perfecte crediderat, simul et credebat, et incredulus erat. * hieronymus. ° per hoc etiam monstratur quod credulitas nostra infirma est, nisi innixa subsistat adiutorio subsidii dei; fides autem cum lacrymis optata vota capit: unde sequitur et cum vidisset iesus concurrentem turbam, comminatus est spiritui immundo, dicens illi: surde et mute spiritus, ego praecipio tibi: exi ab eo, et amplius ne introeas in eum. * theophylactus. ° ideo autem cum videret turbam concurrere, comminatus est spiritui immundo, quia nolebat coram turba curare, ut ostentationem fugere doceret. * chrysostomus. ° quod autem comminatur, et dicit ego tibi praecipio, divinae attribuitur potestati; quod vero dicit non solum exi ab eo, sed et amplius noli introire in eum, ostendit quia ad reintrandum promptus erat, quia ille nondum erat in fide perfectus; sed hoc domini iussio inhibebat. sequitur et exclamans, et multum discerpens eum exiit ab eo, et factus est sicut mortuus, ita ut multi dicerent, quia mortuus est. non enim valuit mortem diabolus imponere propter verae vitae adventum. * beda in matth.. ° quem autem hostis impius morti similem reddidit, hunc pius salvator piae dexterae tactu salvavit; unde sequitur iesus autem tenens manum eius elevavit eum, et surrexit. ex quo sicut verum se esse deum potentia salvandi docuit, ita et veram se habuisse carnis naturam more tactus humani declaravit. negat namque manichaeus insanus, veraciter eum carne indutum fuisse; sed ipse cum tot languentes suo tactu erexit, mundavit, illuminavit, haeresim illius, et antequam nata esset, damnavit. sequitur et cum introisset in domum, discipuli eius secreto interrogabant eum: quare nos non potuimus eicere? * chrysostomus in matth.. ° timebant enim ne forte collatam sibi gratiam amisissent: receperant enim potestatem iam spirituum immundorum. sequitur et dixit illis: hoc genus in nullo potest exire, nisi in oratione et ieiunio. * theophylactus. ° scilicet lunaticorum, vel simpliciter omnium daemoniorum genus: oportet namque ieiunare eum qui curari debet, et illum qui curat. sic enim vera oratio perficitur, cum coniungitur orationi ieiunium, quando non gravatur qui orat ex sumptione ciborum, sed sobrius est. * beda. ° mystice autem dominus sursum |200| discipulis mysteria regni reserat, deorsum turbis peccata infidelitatis exprobrat, et spiritus malos ab his qui vexantur expellit: nam carnales adhuc et insipientes confortat, docet, castigat; et perfectos liberius de aeternis instruit. * theophylactus. ° daemon autem iste surdus et mutus est: surdus, inquantum non vult dei sermones audire; mutus vero, inquantum non vult alios quod condecens est docere. * hieronymus. ° peccator autem spumat stultitia, stridet iracundia, arescit ignavia. discerpit autem spiritus appropinquantem ad salutem; et similiter quos in ventrem suum trahere desiderat, discerpit per terrores et damna, ut fecit iob. * beda. ° saepe enim dum converti ad deum post peccata conamur, maioribus novisque antiqui hostis pulsamur insidiis: quod facit ut vel odium virtutis incutiat, vel expulsionis suae vindicet iniuriam. * gregorius moralium. ° velut mortuus autem ostenditur qui a maligni spiritus potestate liberatur: quia quisquis |225| iam terrena desideria subegit, vitam in se carnalis conversationis extinguit et mundo mortuus apparet: quem multi mortuum dicunt, quia qui spiritualiter vivere nesciunt, eum qui carnalia bona non sequitur, extinctum funditus arbitrantur. * hieronymus. ° per hoc autem quod ab infantia vexatus est, significatur gentilis populus, cuius a nativitate crevit cultus inutilis idolorum, ut stulte immolaret filios suos daemoniis; unde dicitur, quod in ignem et aquam eum misit: alii enim de gentibus ignem venerabantur, alii aquam. * beda. ° vel in hoc daemoniaco significatur quod qui originalis culpae reatu astricti veniunt in mundum, christi sunt gratia salvandi. ignis autem ad fervorem iracundiae referendus est, aqua ad voluptates carnis, quae dissolvere mentem per delicias solent. non autem puero qui vim patiebatur, sed daemoni qui inferebat, comminatus est: quia qui peccantem emendare desiderat, vitium utique increpando et execrando debet exterminare, sed hominem amando refovere. |250| * hieronymus. ° imputat autem dominus spiritui quod homini praestat, dicens surde et mute spiritus, quia ille nunquam audiet, nec loquetur quod peccator poenitens audit et loquitur. exiens autem daemon ab homine, nunquam revertitur, si homo cor suum servaverit clavibus humilitatis et caritatis, et ostium obtinuerit immunitatis. factus est homo sanatus velut mortuus: sanatis etenim dicitur: mortui estis, et vita vestra abscondita est cum christo in deo. * theophylactus. ° sed si iesus, idest evangelicus sermo, teneat manum, idest virtutem activam, tunc a daemone liberabimur. vide etiam quod primo deus nos iuvat, deinde requiritur a nobis quod bonum operemur; unde dicitur, quod iesus elevavit illum, in quo ostenditur dei auxilium; et surrexit, in quo monstratur hominis studium. * beda. ° dum autem docet dominus apostolos quomodo daemon nequissimus debeat expelli, omnes instituit ad vitam; ut scilicet noverimus graviora quaeque, vel immundorum spirituum, vel hominum, |275| tentamenta, ieiuniis et orationibus esse superanda: iram quoque domini, cum in ultionem scelerum nostrorum fuerit accensa, hoc remedio singulari posse placari. ieiunium autem generale est non solum ab escis, sed a cunctis illecebris abstinere carnalibus, immo ab omnibus vitiorum passionibus. sic et oratio generalis non solum in verbis est quibus divinam clementiam invocamus, verum etiam in omnibus quae in obsequium nostri conditoris fidei devotione gerimus, teste apostolo, qui ait: sine intermissione orate. * hieronymus. ° vel stultitia, quae ad luxuriam carnis pertinet, sanatur; ira et ignavia oratione depellitur. medicina cuiusque vulneris adhibenda est ei. non sanat oculum quod calcaneo adhibetur. ieiunio passiones corporis, et oratione pestes sanandae sunt mentis.

lc4 * Theophylactus. ° post miracula interponit dominus sermonem de passione, ne putaretur quod involuntarie passus est; unde dicitur et inde profecti praetergrediebantur galilaeam; nec volebat quemquam scire, idest se ibi esse. docebat autem discipulos suos, et dicebat illis quoniam filius hominis tradetur in manus hominum, et occident eum. * beda. ° semper prosperis miscet tristia, ut cum repente venerint, non terreant apostolos; sed praemeditatis animis ferant. * theophylactus. ° postquam vero dixerat quod triste erat, tunc adiungit quod laetificare debet; unde sequitur et occisus, tertia die resurget, ut disceremus ex hoc, quod post angustias laetitiae subsequuntur. sequitur at illi ignorabant verbum, et timebant eum interrogare. * beda. ° haec ignorantia discipulorum non tam de tarditate ingenii, quam de amore nascitur salvatoris, qui carnales adhuc, et mysterii crucis ignari, quem deum verum cognoverant, mortuum credere nequibant; et |25| quia per figuras eum loquentem saepe audire consueverant, horrentes eventum mortis eius, etiam in eis quae de sua traditione ac passione aperte loquebatur, figurate aliquid significari volebant. sequitur et venerunt capharnaum. * hieronymus. ° capharnaum dicitur villa consolationis; et congruit interpretatio ad praedictam sententiam, qua dixerat et occisus, tertia die resurget. sequitur qui cum domi essent, interrogabat eos: quid in via tractabatis? at illi tacebant. * chrysostomus. ° matthaeus autem dicit quod accesserunt ad iesum discipuli dicentes: quis, putas, maior est in regno caelorum? non enim ab initio narrationem incepit, sed tacuit de intelligentia salvatoris circa discipulorum cogitationes et dicta, quamvis posset intelligi quod ea etiam quae seorsum cogitabant, aut dicebant, dicebant ad eum; quia omnia erant ei ita cognita ac si ad eum dicta fuissent. sequitur siquidem inter se in via disputaverant, quis esset illorum maior. lucas |50| autem dicit quod cogitatio intravit in discipulos, quis esset illorum maior. cogitationem enim et intentionem eorum dominus ex illorum verbis manifestavit secundum historiam evangelicam. * hieronymus. ° recte autem in via tractabant de principatu. similis enim est haec tractatio loco. principatus enim sicut ingreditur, sic deseritur, et quamdiu tenetur, labitur, et incertum est in qua mansione, idest in qua die, finiatur. * beda. ° inde autem videtur orta disputatio discipulorum de primatu, quia viderant petrum, iacobum et ioannem seorsum ductos in montem, secretumque eis ibi aliquid esse creditum; sed et petro, secundum matthaeum, claves regni caelorum esse promissas. videns autem discipulorum cogitationes dominus, curat desiderium gloriae humilitate sanare, et primatum non esse quaerendum, prius simplici humilitatis commonet imperio; unde sequitur et residens vocavit duodecim, et ait illis: si quis vult primus esse, erit omnium novissimus, et omnium minister. |75| * hieronymus. ° ubi notandum, quod illi euntes disputabant de principatu, ipse sedens docet humilitatem. principes enim laborant, humiles quiescunt. * chrysostomus. ° appetebant quidem discipuli honorem habere a domino; desiderium etiam eis inerat ut magnificarentur a christo: quanto enim quis maior est, tanto maioribus honoribus dignus existit; propter hoc non eorum desiderium impedivit, sed humilitatem introduxit. * theophylactus. ° non enim vult ut usurpemus nobis primatus, sed per humilitatem altitudinem consequamur. mox autem monet eos innocentiae puerilis exemplo; unde sequitur et accipiens puerum, statuit eum in medio eorum. * chrysostomus in matth.. ° ipso visu eis persuadens humiles esse et simplices: etenim ab invidia et vana gloria parvulus mundus existit, et a concupiscendo primatum. non solum autem ait: si tales efficiamini, mercedem magnam accipietis; sed et si alios tales honorabitis propter me; unde sequitur quem cum complexus esset, ait illis: |100| quisquis unum ex huiusmodi pueris recipit in nomine meo, me recipit. * beda. ° in quo vel simpliciter pauperes christi ab his qui volunt esse maiores, pro eius ostendit honore recipiendos; vel malitia parvulos ipsos esse suadet, ut simplicitatem sine arrogantia, caritatem sine invidia et devotionem sine iracundia conservent. quod autem complectitur puerum, significat humiles suo dignos esse complexu ac dilectione. addidit autem in nomine meo, ut formam virtutis quam, natura duce, puer observat, ipsi pro nomine christi rationis industria sequantur. sed quia se in pueris recipi docebat, ne putaretur hoc esse solum quod videbatur, subiunxit et quicumque me susceperit non me suscipit, sed eum qui me misit; talem se utique ac tantum credi volens, qualis et quantus est pater. * theophylactus. ° vide quantum valet humilitas, patris namque et filii inhabitationem meretur, et etiam spiritus sancti.

lc5 * Beda. ° ioannes praecipua devotione dominum amans, excludendum beneficio putavit eum qui non recte utatur officio; unde dicitur respondit illi ioannes dicens: magister, vidimus quemdam in nomine tuo eicientem daemonia, qui non sequitur nos, et prohibuimus eum. * chrysostomus. ° multi enim credentium charismata receperunt, nec tamen cum christo erant; qualis erat hic qui daemones eiciebat: non enim omnes ad omnia ordinate se habebant: alii enim erant purae vitae, fidem autem tam perfecte non habebant; alii vero e contrario. * theophylactus. ° vel etiam quidam increduli videntes nomen iesu virtuosum, dicebant et ipsi hoc nomen, et signa faciebant, licet divina gratia essent indigni: volebat enim dominus etiam per indignos nomen suum ampliare. * chrysostomus. ° non autem zelo, seu invidia motus ioannes prohibebat illum qui daemones expellebat; sed volebat quod omnes qui nomen domini invocabant, sequerentur christum, et essent |25| cum discipulis unum. sed dominus per hos qui miracula faciunt, licet sint indigni, alios provocat ad fidem, et ipsosmet per hanc ineffabilem gratiam inducit ut fiant meliores; unde sequitur iesus autem ait: nolite prohibere eum. * beda. ° in quo docet neminem a bono quod ex parte habet, esse arcendum; sed ad hoc potius quod nondum habet, esse provocandum. * chrysostomus. ° decenter autem eum non esse prohibendum ostendit consequenter dicens nemo est enim qui faciat virtutes in nomine meo, et possit cito male loqui de me. hoc autem dicit propter eos qui in haeresim ceciderunt, quales erant simon, et menander et cerinthus; neque enim illi in nomine christi miracula faciebant; sed deceptionibus quibusdam facere videbantur. isti vero etsi non sequuntur nos, non tamen contra nos aliquid firmiter dicere valebunt, eo quod honorant in operando virtutes nomen meum. * theophylactus. ° qualiter enim male de me loquitur qui ex nomine meo occasionem gloriae habet, et per hoc quod ipsum invocat, miracula operatur? |50| sequitur qui enim non est adversum vos, pro vobis est. * augustinus de cons. evang.. ° videndum est, ne hoc illi sententiae domini videatur contrarium, ubi ait: qui mecum non est, adversum me est. an hoc interesse aliquis dicet, quia hic discipulis ait qui non est adversum vos, pro vobis est; ibi autem de seipso locutus est: qui mecum non est, adversum me est? quasi non possit cum illo non esse qui discipulis eius tamquam membris eius sociatur. alioquin quomodo verum erit: qui vos recipit, me recipit? aut potest etiam non esse adversus eum qui fuerit adversus discipulos suos? nam ubi erit illud: qui vos spernit, me spernit? sed nimirum hoc vult intelligi intantum cum illo non esse aliquem, inquantum est adversus illum; et intantum adversus illum non esse, inquantum cum illo est: exempli gratia, sicut iste qui in nomine christi virtutes faciebat, et in societate discipulorum non erat, inquantum operabatur virtutes in illo nomine, intantum cum |75| ipsis erat, et adversus eos non erat; inquantum vero eorum societati non adhaerebat, intantum cum ipsis non erat, et adversus eos erat. sed quia illi hoc eum facere prohibuerunt in quo cum ipsis erat, dixit eis dominus nolite prohibere: illud enim prohibere debuerunt quod extra eorum erat societatem, ut illi unitatem ecclesiae suaderent, non illud in quo cum illis erat, nomen scilicet magistri et domini eorum in expulsione daemonum commendans, sicut ecclesia catholica facit, non improbans in haereticis sacramenta communia, sed divisionem, vel aliquam adversam paci veritatique sententiam: in hoc enim adversus nos sunt. * chrysostomus. ° vel aliter. hoc dicitur de credentibus in eum, qui tamen ipsum non sequuntur propter vitae laxationem. illud autem de daemonibus dicitur, qui a deo omnes student separare, et congregationem eius dispergere. sequitur quisquis enim potum dederit vobis calicem aquae frigidae in nomine meo, quia christi estis, amen dico vobis, |100| non perdet mercedem suam. * theophylactus. ° quasi dicat: non solum hunc qui in nomine meo miracula operatur, non prohibeo; sed et quisquis minimum quid dederit vobis propter nomen meum, et receperit vos propter me, non propter humanam gratiam et mundanam, non perdet mercedem suam. * augustinus de cons. evang.. ° unde ostendit quod ille de quo ioannes suggesserat, non ita separabatur a societate discipulorum ut eam tamquam haereticus improbaret; sed sicut solent homines nondum audere christi suscipere sacramenta, et tamen nomini favere christiano, ita ut christianos etiam suscipiant, et non ob aliud eis nisi quia christiani sunt obsequantur; de quibus dicit, quod non perdent mercedem suam: non quia iam tuti atque securi sibi debeant videri ex hac benevolentia quam erga christianos habent, etiam si christi baptismo non abluantur, nec unitati eius incorporentur; sed quia ita iam dei misericordia gubernentur ut ad ea quoque perveniant, atque ita securi de hoc saeculo abscedant. |125| * chrysostomus. ° et ne quis paupertatem alleget, ponit illud quo non contingit egere, scilicet calicem aquae frigidae; pro quo etiam consequetur mercedem. non enim pretium dati, sed dignitas recipientium, et affectus dantium facit opus dignum mercede. non solum autem recipiendos discipulos verbo ostendit ex mercede quam aliquis consequitur, sed etiam quia retrahitur a tormento. sequitur et qui scandalizaverit unum ex his pusillis credentibus in me, bonum est ei magis, si circumdaretur mola asinaria collo eius, et in mare mitteretur; quasi dicat: si qui vos propter me honorant, mercedem habent; sic et inhonorantes, idest scandalizantes, ultimam accipient ultionem. ex manifestis autem nobis tormentum describit intolerabile, faciens mentionem molae et submersionis; et non ait: mola suspendatur in collo, sed bonum est ei hoc sustinere, demonstrans quoniam eum gravius aliquod malum expectat. pusillos autem in se credentes dicit eos qui invocant nomen eius, non solum sequentes; |150| etiam eos qui calicem frigidum offerunt, et non operantur alia maiora. istorum autem neminem vult scandalizari, neque supplantari; hoc enim est prohibere nomen eius invocare. * beda. ° recte autem qui scandalizari potest, pusillus appellatur: qui enim magnus est, quodcumque passus fuerit, non declinat a fide; qui autem pusillus est animo, et parvus, occasiones quaerit quo scandalizetur. propterea oportet nos maxime his consulere qui parvi sunt in fide, ne occasione nostri offendantur, et recedant a fide, ac decidant a salute. * gregorius super ezech.. ° notandum tamen, quod in nostro bono opere aliquando cavendum est scandalum proximi, aliquando autem pro nihilo contemnendum. in quantum enim sine peccato possumus vitare proximi scandalum, debemus; si autem de veritate scandalum ponitur, utilius permittitur scandalum nasci, quam veritas relinquatur. * gregorius reg. pastor.. ° mystice autem in mola asinaria saecularis vitae circuitus ac labor exprimitur, et per profundum |175| maris extrema damnatio designatur. qui ergo ad sanctitatis speciem deductus, vel verbo ceteros destruit, vel exemplo, melius profecto erat ut hunc ad mortem sub exteriore habitu terrena acta constringerent, quam sacra officia in culpa ceteris imitabilem demonstrarent: quia nimirum si solus caderet, utcumque hunc tolerabilior inferni poena cruciaret.

lc6 * Beda. ° quia supra docuerat dominus ne scandalizaremus eos qui credunt in eum, nunc consequenter admonet quantum cavere debeamus eos qui scandalizare nos, idest verbo, vel exemplo suo ad ruinam peccati propellere, certant; unde dicitur et si scandalizaverit te manus tua, abscinde illam. * chrysostomus. ° non de membris hoc dicit, sed de propinquis amicis, quos quantum ad necessaria in membrorum ordine nos habemus: nihil enim tam nocivum ut perniciosa societas. * beda. ° manum quippe nostram appellat necessarium amicum, cuius auxilio quotidiano opus habemus; sed si talis nos laedere in causa animae voluerit, excludendus est a nostra societate, ne si cum perdito in hac vita partem habere volumus, simul in futuro cum illo pereamus; unde sequitur bonum est tibi debilem introire in vitam, quam duas manus habentem ire in gehennam, in ignem inextinguibilem. * glossa. ° debilem dicit adiutorio alicuius amici privatum: nam melius est absque amico ire |25| in vitam, quam cum eo ire in gehennam. * hieronymus. ° vel aliter. bonum est tibi debilem ingredi in vitam, idest, sine cupito principatu, quam duas manus habentem. duae manus principatus sunt humilitas et superbia. abscinde superbiam, tenens humilem principatum. * chrysostomus. ° deinde testimonium propheticum ex isaia propheta inducit, dicens ubi vermis eorum non moritur, et ignis non extinguitur. non de sensibili verme hoc dicit, sed vermem conscientiam vocat mordentem animam, quod non sit operata bonum. unusquisque enim sui ipsius accusator fiet, rememorans quae gessit in vita mortali, et sic eorum vermis immortalis permanet. * beda. ° sicut autem vermis est dolor interius accusans, sic ignis est poena extrinsecus saeviens. vel in verme putredinem gehennae, sicut in igne ardorem designat. * augustinus de civ. dei. ° utrumque autem horum, ignem scilicet, ac vermem, qui volunt ad animae poenas, non ad corporis pertinere, dicunt etiam uri dolore animae, sero ac infructuose poenitentis, eos qui fuerint a |50| regno dei separati; et ideo ignem pro isto dolore urente non incongrue poni posse contendunt, secundum illud apostoli: quis scandalizatur, et ego non uror? eumdem etiam dolorem vermem putant intelligendum esse, secundum illud: sicut tinea vestimentum, vermis lignum, sic moeror excruciat cor viri. qui vero poenas et animae et corporis in illo supplicio futuras esse non dubitant, igne uri corpus, animam vero rodi quodammodo verme moeroris affirmant; quod etsi credibilius dicitur, quia utique absurdum est ibi dolorem aut corporis, aut animae defuturum; ego tamen facilius existimo ut ad corpus utrumque dicam pertinere quam neutrum: et ideo tacitum esse in istis divinae scripturae verbis animi dolorem, quia consequens esse intelligitur ut corpore dolente animus quoque crucietur. eligat ergo quisque quod placet: aut ignem tribuere corpori, animae vermem, hoc proprie, illud tropice; aut utrumque proprie corpori. possunt enim animalia etiam in ignibus vivere, in ustione sine |75| consumptione, in dolore sine morte per miraculum potentissimi creatoris. sequitur et si pes tuus scandalizat te. * beda. ° pes amicus dicitur propter ministerium discursus, quasi nostris usibus accommodatus. sequitur quod si oculus tuus scandalizat te. oculus dicitur amicus utilis atque sollicitus et acutus ad perspiciendum. * augustinus de cons. evang.. ° hic profecto apparet quod illi qui nomini christi sunt devoti, et priusquam christianorum numero socientur, utiliores sunt quam hi qui, cum iam christiani appellentur et christianis sacramentis imbuti sint, talia suadent ut eos quibus ea persuaserint, secum in aeternam poenam pertrahant: quos membrorum corporalium nomine, tamquam manum vel oculum scandalizantem, iubet erui a corpore, hoc est ab ipsa unitatis societate; ut sine his potius veniatur ad vitam, quam cum eis eatur in gehennam. hoc ipso autem separantur a quibus separantur, quod eis mala suadentibus, hoc est scandalizantibus, non |100| consentiunt. et si quidem omnibus bonis cum quibus eis societas est, de hac perversitate innotescunt, ab omni penitus societate atque ab ipsa divinorum sacramentorum participatione separentur. si autem quibusdam ita noti sunt, pluribus autem ista eorum est ignota perversitas, ita tolerandi sunt ut neque illis ad iniquitatis communionem consentiatur, neque propter illos bonorum societas deseratur. * beda. ° quia vero dominus tertio mentionem vermis et ignis fecerat, ut hoc valeamus evitare tormentum, subdit omnis enim igne salietur. foetor enim vermium de corruptione solet nasci carnis et sanguinis; ideoque caro recens sale conditur, ut exsiccato humore sanguineo, vermescere nequeat. et quidem quod sale salitur, vermis putredinem arcet; quod vero igne salitur, idest ignibus sale aspersis reconditur, non solum vermes abicit, sed ipsam quoque carnem consumit. caro ergo et sanguis vermes creat: quia delectatio carnalis, cui condimentum continentiae non resistit, poenam luxuriosis generat aeternam; cuius |125| foetorem quisquis vitare desiderat, et corpus sale continentiae, et mentem studeat condimento sapientiae ab erroris et vitiorum labe castigare. sal enim dulcedinem sapientiae, ignis spiritus sancti gratiam designat. dicit ergo omnis igne salietur: quia omnis electus sapientia spirituali debet a corruptione concupiscentiae carnalis expurgari. vel ignis est tribulationis, quo patientia fidelium, ut perfectum opus habere possit, exercetur. * chrysostomus. ° simile autem est huic quod dicit apostolus: uniuscuiusque opus quale sit ignis probabit. postea a levitico testimonium introducit dicens et omnis victima salietur. * hieronymus. ° victima domini est genus humanum, quod hic ratione sapientiae salitur, dum corruptio sanguinis, custodia putredinis et mater vermium, consumetur, et illic purgatorio igne examinabitur. * beda. ° possumus et ita intelligere: quod altare dei sit cor electorum; hostiae vero et sacrificia in hoc altari offerenda, bona sunt opera fidelium. in omnibus autem |150| sacrificiis sal debet offerri: quia nullum est opus bonum quod non sal sapientiae ab omni corruptione vanae laudis ceterisque pravis sive superfluis cogitationibus expurgat. * chrysostomus. ° vel hoc dicitur, quia omne munus victimae nostrae, quae est secundum orationem et proximi subventionem, salitur igne divino, de quo dicitur: ignem veni mittere in terram; de quo subditur bonum est sal, idest ignis dilectionis. quod si sal insulsum fuerit, idest seipso privatum, et propria qualitate per quam dicitur bonum, in quo illud condietis? sunt enim sales sal habentes, qui scilicet habent gratiae plenitudinem; et sunt sales sal non habentes: qui enim non sunt pacifici, sal sunt insulsum. * beda. ° vel bonum est sal: bonum est dei verbum audire frequentius et sale sapientiae spiritualis cordis arcana condire. * theophylactus. ° sicut enim sal carnes conservat, et vermes eas non sinit generare, sic et sermo doctoris, si desiccativus erit, carnales homines constringit, et in eis inextinguibilem vermem non sinit generari; si vero sit |175| insulsus, idest si virtutem desiccativam et conservativam non habeat, in quo condietur? * chrysostomus. ° vel, secundum matthaeum, discipuli christi sunt sal, qui totum orbem conservant, resistentes putredini, quae est ab idololatria et fornicatione peccatorum. potest etiam intelligi quod unusquisque nostrum habeat tantum salis quantum capax est dei gratiarum; unde et apostolus coniungit gratiam sali, dicens: sermo vester sit in gratia sale conditus. sal etiam est dominus iesus christus, qui fuit sufficiens totam terram conservare, et multos in terra fecit sales: quorum si aliquis marcescat (possibile est enim et bonos in putredinem transmutari), dignum est ut foras mittatur. * hieronymus. ° vel aliter. sal insulsum est qui amat principatum et increpare non audet; unde sequitur habete in vobis sal, et pacem habete inter vos: ut scilicet salsedinem correptionis amor proximi temperet, et dilectionem proximi sal iustitiae condiat. * gregorius super ezech.. ° vel hoc dicitur contra quosdam, quos dum maior |200| scientia erigit, a ceterorum societate disiungit; et quo plus sapiunt, eo a concordiae virtute resipiscunt. * gregorius reg. pastor.. ° qui etiam loqui sapienter nititur, magnopere metuat ne eius eloquio audientium unitas confundatur; ne dum sapiens videri desiderat, unitatis compagem insipienter abscindat. * theophylactus. ° vel qui constringit se vinculo dilectionis ad proximum, hic salem habet, et ex hoc pacem cum fratre suo. * augustinus de cons. evang.. ° haec marcus dominum locutum fuisse contextim commemorat; et aliqua posuit quae nullus alius evangelistarum posuit, alia vero quae matthaeus quoque posuit, et aliqua quae matthaeus et lucas; sed illi ex aliis occasionibus et in alio rerum ordine: unde mihi videtur etiam hoc loco dominum ideo dixisse quae aliis locis dixit, quia satis pertinebat ad hanc ipsam eius sententiam, qua vetuit prohiberi virtutes in nomine suo fieri, etiam ab illo qui cum discipulis eum non sequebatur.

072 CMC cp10

lc1 * Beda. ° hucusque marcus ea narravit de domino quae in galilaea fecit et docuit; hic incipit enarrare quae in iudaea fecit et docuit sive passus est, et primo quidem trans iordanem ad orientem; et hoc est quod dicitur et inde exurgens venit in fines iudaeae ultra iordanem. deinde etiam circa iordanem, quando venit iericho, bethaniam et hierosolymam. et cum omnis iudaeorum provincia generaliter ad distinctionem aliarum gentium iudaea sit dicta, specialius tamen meridiana eius plaga appellabatur iudaea, ad distinctionem samariae, galilaeae, decapolis et ceterarum in eadem provincia regionum. * theophylactus. ° visitat autem regionem iudaeae, quam saepe propter iudaeorum aemulationem reliquerat, quia passio in ea erat futura; non tamen ascendit tunc hierosolymam, sed iudaeae confinia, ut turbae non malitiosae proficerent; hierosolyma enim erat operatrix omnis nequitiae ob malitiam iudaeorum; unde sequitur et conveniunt iterum turbae ad eum; et |25| sicut consueverat, iterum docebat illos. * beda. ° notanda est mentium distantia in turbis et pharisaeis: hae conveniunt ut doceantur, et sui sanentur infirmi, sicut matthaeus commemorat; illi accedunt ut salvatorem tentando decipiant; unde sequitur et accedentes pharisaei interrogabant eum, si licet viro uxorem dimittere, tentantes eum. * theophylactus. ° accedunt quidem non deserentes eum, ne turbae in eum crederent; sed continue accedentes credebant eum in dubitationem deducere, et eum per interrogationes confundere. proposuerunt autem ei quaestionem ex utraque parte praecipitium habentem: ut si dicat, quod licet viro uxorem dimittere, vel non licet, accusarent ipsum, contradicentes eidem ex dogmatibus moysi. christus igitur sapientia ipsa respondit eis responsionem illorum laqueos fugientem. * chrysostomus in matth.. ° interrogatus enim si licet, non statim respondit: non licet, ne tumultuentur; sed primo eis legis sententiam voluit respondere, ut quod eum dicere oportebat, hoc illi responderent: |50| unde sequitur at ille respondens ait: quid vobis praecepit moyses? sequitur qui dixerunt: moyses permisit libellum repudii scribere et dimittere. proponunt quidem moysen hoc dixisse, aut propter interrogationem salvatoris, aut volentes in eum virorum multitudinem incitare. etenim hoc iudaeis erat indifferens, et omnes hoc operabantur tamquam a lege permissum. * augustinus de cons. evang.. ° nihil autem ad rei veritatem interest utrum domino separationem prohibenti, et sententiam suam de lege firmanti, ipsae turbae, ut matthaeus narrat, intulerint quaestionem de libello repudii per eumdem moysen sibi permisso, an hoc quidem illi de praecepto moysi illos interroganti responderint, ut marcus hic dicit: nam et voluntas eius ita se habebat ut non eis redderet rationem cur illud moyses permiserit, nisi prius ipsi hoc commemorassent. cum ergo voluntas loquentium, cui debent verba servire, ab evangelista utroque monstrata sit, nihil interest iam, licet diversus inter ambos |75| fuerit modus narrandi. potest etiam hoc intelligi quod, sicut dicit marcus, prius eos de uxore dimittenda interrogantes, dominus vicissim interrogarit quid eis praecepit moyses; qui cum respondissent, moysen permisisse libellum repudii scribere, et dimittere, respondit eis de ipsa lege per moysen data, quomodo deus instituerit coniugium masculi et feminae, dicens ea quae ponit matthaeus; quibus auditis, illi id quod ei primo interroganti responderant, repetierunt, dicentes quid ergo mandavit moyses? * augustinus contra faustum. ° nolebat autem dimitti uxorem a viro, qui hanc interposuit moram, ut in dissidium animus praeceps, libelli conscriptione refractus absisteret, praesertim quia, ut perhibent, apud hebraeos scribere litteras hebraeas nulli fas erat nisi solis scribis. ad hos igitur quos oporteret esse prudentes legis interpretes, et iustos dissidii dissuasores, lex mittere voluit eum quem iussit libellum dare repudii, si dimisisset uxorem. non enim poterat ei scribi libellus nisi ab ipsis, quem |100| per hanc occasionem, et necessitatem venientem quodammodo in manus suas bono consilio regerent, atque inter ipsum et uxorem pacifice agendo dilectionem, concordiamque suaderent. quod si tantum intercederet odium ut extingui, emendarique non posset, tunc utique scriberetur libellus: quia frustra non dimitteret quam sic odisset ut ad debitam coniugio caritatem nulla prudentium suasione revocaretur; propter hoc subditur quibus respondens iesus ait: ad duritiam cordis vestri scripsit vobis praeceptum istud. magna enim duritia erat, quae nec per libelli interpositionem, ubi dissuadendi locus iustis et prudentibus tribuebatur, solvi, vel flecti posset ad recipiendam, vel revocandam coniugii caritatem. * chrysostomus. ° vel dicitur ad duritiam cordis vestri, quia si anima fuerit purgata desideriis et ira, possibile est mulierem nequissimam tolerare. multiplicatis autem in anima passionibus praedictis, multa mala contingent circa odiosum connubium. sic igitur ab incusatione eorum moysen eripuit, qui dederat |125| legem, et totum in eorum caput convertit. sed quia grave erat quod dictum est, statim ad antiquam legem sermonem reducit, dicens ab initio autem creaturae, masculum et feminam fecit eos deus. * beda. ° non ait: masculum et feminas, quod ex priorum repudio quaerebatur; sed masculum et feminam, ut unius coniugis consortio necterentur. * chrysostomus in matth.. ° si autem voluisset hanc quidem dimitti, et alteram introduci, creasset plurimas mulieres. nec solum homini deus mulierem coniunxit; sed et relinquere parentes praecepit, et mulieri adhaerere; unde sequitur et dixit, scilicet deus per adam: propter hoc relinquet homo patrem suum, et matrem suam, et adhaerebit ad uxorem suam, ex ipso modo locutionis inseparabilitatem matrimonii demonstrans, quia dicit adhaerebit. * beda. ° et similiter quia dicit adhaerebit ad uxorem suam, non ad uxores. sequitur et erunt duo in carne una. * chrysostomus in matth.. ° idest ex una radice facti, in |150| unum corpus convenient. sequitur itaque iam non sunt duo, sed una caro. * beda. ° primum igitur nuptiarum est ex duabus unam carnem fieri. castitas iuncta spiritui, unus efficitur spiritus. * chrysostomus in matth.. ° post hoc terribile faciens argumentum, non dixit: ne dividatis; sed conclusit: quod ergo deus coniunxit, homo non separet. * augustinus contra faustum. ° ecce iudaei ex libris moysi convincuntur, non esse uxorem dimittendam, qui secundum voluntatem legis moysi arbitrabantur se facere cum dimitterent. similiter et illud hinc ipso christo attestante cognoscimus deum fecisse, et coniunxisse masculum et feminam; quod manichaei negando damnantur; non iam moysi libris, sed christi evangelio resistentes. * beda. ° quod ergo deus coniunxit, unam faciendo carnem viri et feminae, hoc homo non potest separare, sed solus deus. homo separat quando propter desiderium secundae uxoris primam dimittimus;

deus separat quando ex consensu propter servitutem dei sic habemus uxores quasi non habentes. * chrysostomus. ° si autem duo quos deus coniunxit, separari non debent, multo magis ecclesiam, quam deus christo coniunxit, ab eo non convenit separare. * theophylactus. ° quia vero scandalizabantur discipuli, tamquam ex praedictis non plene eis fuerit satisfactum, propter hoc eum iterum interrogant; unde sequitur et in domo iterum discipuli eius de eodem interrogaverunt eum. * hieronymus. ° secunda interrogatio ab apostolis iterum dicta est: quia de eadem re, de qua pharisaei, eum interrogaverunt, idest de coniugii statu: et hoc proprie dicit marcus. * glossa. ° iterata enim verbi sententia, non fastidium, sed esuriem et sitim praestat: unde qui me comedunt, adhuc esurient; et qui me bibunt, adhuc sitient. melliflua enim sapientiae eloquia gustata, diligentibus multimodum saporem reddunt: unde dominus iterato discipulos instruit; nam sequitur et dixit illis: quicumque dimiserit uxorem suam, et aliam duxerit, adulterium committit super eam. * chrysostomus. ° adulterium vocat non cum sua simul esse: non enim est sua quam accepit, prima derelicta; et propter hoc committit adulterium super eam, idest super secundam quam introducit. idem autem est et de muliere; unde sequitur et si uxor dimiserit virum suum, et alii nupserit, moechatur. non enim alteri, ut proprio viro potest coniungi, si proprium derelinquat. et quidem lex prohibuit adulterium manifestum; sed salvator hoc non manifestum, neque ab omnibus notum, naturae tamen contrarium. * beda. ° in matthaeo vero scriptum est plenius: quicumque dimiserit uxorem suam, nisi ob fornicationem. una ergo solum carnalis est causa, fornicatio; una spiritualis, timor dei, ut uxor dimittatur, sicut multi religionis causa fecisse leguntur. nulla autem causa est dei lege perscripta, ut vivente ea quae relicta est, alia adducatur. * chrysostomus. ° quod autem matthaeus dicit, pharisaeis haec verba dixisse, marcus vero discipulis, non est contrarium: contingit enim haec et his et illis dicta esse.

lc2 * Theophylactus. ° ostensa superius nequitia pharisaeorum christum tentantium, nunc ostenditur multa fides turbarum, quae tantum manuum impositione putabant christum benedicere parvulos quos illi offerebant; unde dicitur et offerebant illi parvulos, ut tangeret eos. * chrysostomus in matth.. ° sed discipuli prohibebant offerentes, propter christi dignitatem; et hoc est quod subditur discipuli autem comminabantur offerentibus. salvator autem erudiens discipulos sapere moderata et tumorem conculcare mundanum, accipit pueros, et eis praenuntiat regnum dei; unde sequitur et dixit illis: sinite parvulos venire ad me, et ne prohibueritis eos. * origenes in matth.. ° si quis ergo eorum qui doctrinam ecclesiasticam profitentur, videat aliquem offerentem quosdam stultos mundi et ignobiles et infirmos qui propter hoc appellati sunt pueri et infantes, non prohibeat quasi sine iudicio facientem eum qui offert tales salvatori. post hoc exhortatur discipulos suos iam viros constitutos condescendere utilitatibus puerorum, ut fiant pueris quasi pueri, ut pueros lucrentur. nam et ipse cum in forma dei esset, humilians se factus est puer; unde subdit talium est enim regnum dei. * chrysostomus in matth.. ° etenim ab omnibus passionibus pura existit anima pueri: propter hoc oportet ut haec ex voluntate operemur quae pueri habent per naturam. * theophylactus. ° unde non dixit: horum est regnum dei; sed talium, scilicet habentium ex studio et labore innocentiam et simplicitatem quam habent pueri ex natura. puer enim non odit, neque malitiose aliquid operatur, neque verberatus a matre discedit; sed etsi eum vilibus induat vestimentis, praefert ea regalibus indumentis: sic et ille qui vivit secundum virtutem ecclesiae matris suae, nihil huic praehonorat, neque etiam reginam multorum voluptatem; unde et dominus subdit amen dico vobis: quisquis non receperit regnum dei velut parvulus, non intrabit in illud. * beda. ° idest, nisi talem habueritis innocentiam, et animi puritatem, sicut parvulus habet, regnum caelorum non poteritis intrare. aliter. regnum dei, idest doctrinam evangelii, sicut parvulus, recipere iubemur: quia quomodo parvulus in discendo non contradicit doctoribus, neque rationes, et verba componit eis resistens; sed fideliter suscipit quae docent, et cum metu obtemperat, et discit: ita et nos obediendo simpliciter, et sine ulla contradictione verbum domini suscipere debemus. sequitur et complexans eos, et imponens manus super illos benedicebat eos. * chrysostomus. ° bene autem amplexatur eos ad benedictionem tamquam in proprium sinum elevans, propitiatus facturam suam ab eo cadentem ab initio, et divisam. imponit autem parvulis manus, docens divinae virtutis operationem. et quidem secundum consuetudinem aliorum manus imponit; sed non secundum consuetudinem operatur: deus enim existens, humanum modum servabat tamquam verus homo factus. * beda. ° complexus etiam benedixit parvulos, ut humiles spiritu sua benedictione, et gratia, et dilectione dignos esse significet.

lc3 * Beda. ° audiverat quidam a domino, tantum eos qui parvulorum volunt esse similes, dignos esse introitu regni caelorum, atque ideo poscit sibi exponi non parabolis, sed aperte, quibus operum meritis vitam aeternam consequi possit; unde dicitur et cum egressus esset in viam, procurrens quidam genu flexo ante eum, rogabat eum, dicens: magister bone, quid faciam ut vitam aeternam percipiam? * theophylactus. ° miror de hoc iuvene, qui omnibus aliis pro infirmitatibus ad christum accedentibus, hic vitae aeternae possessionem postulat, cum maligna sit passio avaritiae, propter quam postmodum contristatus est. * chrysostomus in matth.. ° quia vero accesserat ad christum, tamquam ad hominem, et ad unum iudaicorum doctorum, christus tamquam homo respondit eidem; unde sequitur iesus autem dixit ei: quid me dicis bonum? nemo bonus nisi unus deus. haec autem dicens non excludit homines a bonitate, sed a comparatione bonitatis divinae. * beda. ° unus autem bonus, non pater solus intelligendus est, sed et filius, qui dicit: ego sum pastor bonus; sed et spiritus sanctus, quia dicitur: pater de caelis dabit spiritum bonum petentibus se. ipsa enim una et individua trinitas, pater et filius et spiritus sanctus, solus et unus deus bonus est. non igitur dominus se bonum negat, sed esse deum significat; non se magistrum bonum non esse, sed magistrum absque deo nullum bonum esse testatur. * theophylactus. ° voluit igitur dominus per haec verba mentem iuvenis facere altiorem, ut ipsum cognosceret tamquam deum. sed et aliud quidem innuit in his verbis: ut quando debes conferre cum aliquo, non adulando cum eo conferas, sed respicias radicem bonitatis et fontem deum, et ei praestes honorem. * beda. ° notandum autem, quod iustitia legis suo tempore custodita, non solum bona terrae, verum etiam suis electoribus vitam conferebat: unde dominus de vita aeterna quaerenti consequenter dixit praecepta nosti: ne adulteres, ne occidas, etc.. haec est enim puerilis innocentia, quae nobis imitanda proponitur, si regnum dei volumus intrare; unde sequitur at ille respondens ait: magister, haec omnia observavi a iuventute mea. non est putandus homo iste vel voto tentantis, ut quidam putaverunt, dominum interrogasse, vel de sua vita esse mentitus, sed simpliciter ut vixerat esse confessus: quod patet ex hoc quod subditur iesus autem intuitus eum, dilexit eum, et dixit ei. si autem aut mendacii aut simulationis noxa reus teneretur, nequaquam intuitus arcana cordis eius diligere diceretur iesus. * origenes super matthaeum. ° in hoc enim quo dilexit eum vel osculatus est eum, videtur affirmasse professionem eius, qui dixit se omnia ista implesse. intendens enim mente in eum, vidit hominem ex bona conscientia confitentem. * chrysostomus. ° dignum tamen est inquirere qualiter hunc dilexit, qui eum non erat secutus. est autem hoc dicere, quoniam quantum ad priora dignus erat amore, quae legis sunt observans a iuventute; circa finem vero neque diminutionem prioris dilectionis consecutus est, sicut neque perfectionem suscepit. etsi enim non excesserat mensuram humanam, christi perfectionem non sequens, nullo tamen crimine existebat reus, iuxta possibilitatem hominis legem observans; et in hac observatione christus eum dilexit. * beda. ° diligit enim dominus eos qui mandata legis, quamvis minora, custodiunt; sed nihilominus quae in lege minus fuerat his qui perfecti esse desiderant ostendit: quia non venit solvere legem, sed adimplere; unde sequitur et dixit: unum tibi deest: vade, quaecumque habes vende, et da pauperibus, et habebis thesaurum in caelo, et veni, sequere me. quicumque enim perfectus esse voluerit, debet vendere quae habet, non ex parte, sicut ananias fecit et saphira, sed totum. * theophylactus. ° et cum vendiderit, dare pauperibus, non histrionibus et luxuriosis. * chrysostomus in matth.. ° bene autem non fecit aeternae vitae mentionem, sed thesauri, dicens et habebis thesauros in caelo. quia enim de pecuniis erat sermo et de abrenuntiatione omnium, ostendit quod reddit plura his quae praecepit relinquere, quanto maius est caelum quam terra. * theophylactus. ° sed quia multi sunt pauperes non humiles, sed ebrii, aut aliquam aliam habentes malitiam, propter hoc dicit et veni, sequere me. * beda. ° sequitur enim dominum qui imitator eius est, et per vestigia eius graditur. sequitur qui contristatus in verbo abiit moerens. * chrysostomus in matth.. ° et causam tristitiae subdit evangelista dicens erat enim possessiones habens multas. non enim eodem modo afficiuntur qui pauca habent, et qui multa. adiectio enim acquisitarum divitiarum maiorem flammam cupiditatis accendit. sequitur et circumspiciens iesus, ait discipulis suis: quam difficile qui pecuniam habent, in regnum dei introibunt. * theophylactus. ° non hoc dicit quod divitiae malae sint, sed habentes ipsas ut custodiant: decet enim non ipsas habere, idest retinere et custodire, sed eis in necessariis uti, et in servitio hominis esse. * chrysostomus in matth.. ° dixit autem hoc dominus discipulis pauperibus existentibus et nihil possidentibus, instruens eos inopiam non erubescere; et quasi excusando eis respondens, pro eo quod nihil eos habere concesserat. sequitur discipuli autem obstupuerunt in verbis eius. manifestum est enim quoniam inopes existentes pro aliorum salute dolebant. * beda. ° sed quia inter pecunias habere et amare multa distantia est: unde et salomon non ait: qui habet, sed: qui amat divitias, fructum non capit ex eis, ideo dominus obstupescentibus discipulis verba praemissae sententiae exponit; unde sequitur at iesus rursus respondens ait illis: filioli, quam difficile est confidentes in pecuniis in regnum dei introire. ubi notandum est, quod non ait: quam impossibile est; sed quam difficile est: quod enim impossibile est, omnino fieri non potest; quod difficile, cum labore potest. * chrysostomus in matth.. ° vel dicens difficile, ostendit esse impossibile, et non simpliciter, sed cum quadam intentione; et hoc ostendit exemplo, dicens facilius est camelum per foramen acus transire quam divitem intrare in regnum dei. * theophylactus. ° camelum siquidem oportet intelligere aut ipsum animal, aut funem illum crassum, quo naves magnae utuntur. * beda. ° quomodo ergo vel in evangelio matthaeus et ioseph, vel in veteri testamento quamplurimi divites intraverunt in regnum dei, nisi forte, quia divitias vel pro nihilo habere vel ex toto relinquere, domino inspirante, didicerunt? altiore autem sensu, facilius est christum pati pro dilectoribus suis, quam dilectores saeculi ad christum posse converti. cameli enim nomine se intelligi voluit, quia infirmitatis nostrae onera sustulit; per acum autem significat punctiones, idest dolores in passione susceptos. foramen ergo acus dicit angustias passionis, qua scissa nostrae quasi vestimenta naturae quodammodo resarcire dignatus est. sequitur qui magis admirabantur, dicentes ad semetipsos: et quis potest salvus fieri? cum incomparabiliter maior sit turba pauperum, quae divitibus perditis potest salvari; intellexerunt tamen cunctos qui divitias amant, etiam si adipisci nequeant, in divitum numero deputari. sequitur et intuens eos iesus ait: apud homines impossibile est; sed non apud deum. quod non ita intelligendum est quasi cupidi et superbi in regnum caelorum sint intraturi cum cupiditate et superbia; sed possibile est deo ut a cupiditate et superbia ad caritatem et humilitatem convertantur. * chrysostomus in matth.. ° ideo autem hoc opus dei esse dixit, ut ostenderet quod multa opus est illi gratia qui ad hoc a deo dirigitur: unde monstratur quod non parva merces est divitibus volentibus christi philosophiam sequi. * theophylactus. ° vel intelligendum est quod dicit apud homines impossibile est, sed non apud deum, quia cum deum audimus, hoc fit possibile; cum vero humana sapimus, impossibile. sequitur omnia enim possibilia sunt apud deum. cum omnia dicit, entia subintelligas; peccatum non est ens: est enim res absque essentia et hypostasi peccatum. vel aliter. peccatum non virtutis, sed infirmitatis est; et ideo peccatum sicut et infirmitas impossibile est apud deum. sed numquid deus facere potest ut id quod factum est, non sit factum? ad quod dicitur, quod deus est summa veritas; facere autem quod factum est, ut non sit factum, falsum est. qualiter ergo veritas faciet falsum? prius igitur destruet propriam naturam, ut quidam dicunt: numquid potest deus non esse deus? hoc enim ridiculum est.

lc4 * Glossa. ° quia iuvenis, audito consilio salvatoris de rerum dimissione, tristis abscesserat, discipuli autem christi praemissum consilium iam adimpleverant; sollicitare coeperunt de praemio, aestimantes se magnum aliquid fecisse, cum iuvenis qui praecepta legis impleverat, hoc sine tristitia nec audire potuerit: unde petrus pro se et aliis dominum interrogat: et hoc est quod dicitur et coepit ei petrus dicere: ecce nos dimisimus omnia, et secuti sumus te. * theophylactus. ° petrus, etsi pauca dimisit, tamen haec omnia vocat: nam et pauca habent vinculum passionis; ita ut beatificetur ille qui pauca relinquit. * beda. ° et quia non sufficit tantum dimittere, iungit quod perfectum est: et secuti sumus te; quasi dicat: fecimus quod iussisti; quid igitur dabis nobis praemii? petro autem de discipulis tantum interrogante, dominus universalem responsionem facit: unde sequitur respondens iesus ait: amen dico vobis, nemo est qui reliquerit domum aut fratres. hoc autem dicens, non innuit ut patres relinquamus, non adiuvantes eos, neque ut ab uxoribus separemur; sed nos instruit praeferre honorem dei saecularibus rebus. * chrysostomus in matth.. ° mihi autem videtur quod in hoc intendebat persecutiones futuras occulte praenuntiare: quia futurum erat ut multi patres ad impietatem filios inducerent et uxores viros. non autem differt dicere propter nomen meum aut evangelium, ut marcus dicit, aut propter regnum dei, ut ait lucas; etenim nomen christi virtus evangelii est et regni: evangelium enim recipitur in nomine iesu christi, et regnum dei per nomen ipsius cognoscitur, et venit. * beda. ° quidam autem ex occasione huius sententiae qua dicitur accipiet centies tantum, nunc in tempore hoc, etc., iudaicam mille annorum fabulam post resurrectionem iustorum dogmatizant, quando omnia quae propter deum dimisimus, multiplici sunt foenore reddenda, insuper et vita aeterna donanda. nec vident quod etsi in ceteris digna sit promissio, in uxoribus tamen centenis, iuxta alios evangelistas, apparet turpitudo? praesertim cum dominus in resurrectione nubendum non esse testetur, et ea quae propter se dimissa fuerint, recipienda in hoc tempore cum persecutionibus asseveret: quas mille annis suis abesse affirmant. * chrysostomus. ° est quidem igitur centies tantum merces secundum communicationem, et non secundum possessionem: hoc enim adimplevit eis dominus non corporaliter, sed alio quodam modo. * hieronymus. ° uxor enim in domo circa viri cibum negotiatur et vestimenta. vide igitur hoc et in apostolis: multae enim mulieres sollicitae erant de eorum cibo et vestimentis, et ministrabant eis. similiter et patres et matres plurimas apostoli habuerunt, scilicet eos qui ipsos diligebant; sed et petrus unam relinquens domum, postea omnium discipulorum domos habebat. et maius est, quia cum persecutionibus haec omnia possidebunt sancti, si persecutionem sint passi et angustiati; propter quod sequitur multi autem erunt primi novissimi, et novissimi primi: pharisaei enim primi existentes, facti sunt novissimi; qui vero omnia reliquerunt, et christum secuti sunt, fuerunt novissimi in saeculo isto per angustias et persecutiones; sed erunt primi per spem quae est in deum. * beda. ° potest sane hoc quod ait, accipiet centies tantum, altius intelligi. centenarius quippe numerus de laeva translatus in dexteram, licet eamdem in flexu digitorum videatur habere figuram, quam habuerat denarius in laeva, tamen quantitatis magnitudine sursum crescit: quia videlicet omnes qui propter regnum dei temporalia spreverunt, et in hac vita persecutionibus plenissima, eiusdem regni gaudium fide certa degustant, atque in expectatione patriae caelestis, quae significatur in dextera, omnium electorum delectatione fruuntur. verum quia multi virtutum studia non eadem qua incipiunt intentione pietatis, consummant, mox subinfertur multi autem erunt, etc.. quotidie enim videmus multos in laico habitu constitutos, magnis vitae meritis excellere; et alios a prima aetate spirituali studio ferventes, ad extremum otio torpente lassescere, atque inerti stultitia quod spiritu coepere, carne consummare.

lc5 * Beda. ° meminerant discipuli sermonis quo dominus se passurum multa a summis sacerdotibus et scribis praedixerat; et ideo hierosolymam tendentes stupebant: et hoc est quod dicitur erant autem in via ascendentes ierusalem, et praecedebat illos iesus. * theophylactus. ° ut ostendat quod ad passionem praecurrit, et quod non refugit mortem pro nostra salute. et stupebant et sequentes timebant. * beda. ° ne vel ipsi cum eo occiderentur, vel saltem ille, cuius vita et magisterio gaudebant, inimicorum manibus occumberet. praevidens autem dominus ex passione sua discipulorum animos perturbandos, eis et passionis poenam et resurrectionis suae gloriam praedicit: unde sequitur et assumens iterum duodecim, coepit illis dicere quae ei essent ventura. * theophylactus. ° ut scilicet discipulorum corda confirmaret, ut cum haec praeaudirent, levius postmodum sustinerent, et in repentinis non formidarent, et etiam ut ostenderet quod voluntarie pateretur. qui enim praenoscit, et potest fugere, et non fugit, manifestum est quod voluntarie seipsum passionibus tradit. seorsum autem assumit discipulos; namque conveniens erat passionis mysterium propinquioribus sibi revelare. * chrysostomus in matth.. ° commemorat autem singula quae passurus erat, ne si aliquid praetermissum remaneret, cernentes postmodum illud subito turbarentur; unde subdit quia ecce ascendimus ierosolymam. * glossa. ° ad quem scilicet pertinet pati: nam divinitas pati non potest. tradetur, scilicet a iuda, principibus sacerdotum et scribis et senioribus, et condemnabunt eum morte, iudicantes eum esse reum mortis. et tradent eum gentibus, scilicet pilato gentili; et illudent ei milites eius; et conspuent eum, et flagellabunt eum, et interficient eum. * chrysostomus in matth.. ° ut autem cum fuerint contristati propter passionem et mortem, tunc et resurrectionem expectent, subdit et tertia die resurget: cum enim tristitias et opprobria quae contigerunt non occultaverit, conveniens erat ut ei et de reliquis crederent.

lc6 * Chrysostomus. ° audientes discipuli christum frequenter de suo regno loquentem, putabant quod hoc regnum post eius mortem non esset; et ideo nunc praenuntiata christi morte, accesserunt ad eum ut honoribus regni statim fierent digni; unde dicitur et accedunt ad eum iacobus et ioannes filii zebedaei, dicentes: magister, volumus ut quodcumque petierimus facias nobis. erubescentes enim quod aliquid humanum passi erant, accesserunt ad christum, seorsum eum a discipulis assumentes. salvator vero non ignorans quid petere debebant, sed ad respondendum eos inducens, interrogationem subiungit: at ille dixit eis: quid vultis ut faciam vobis? * theophylactus. ° credebant autem praedicti discipuli quod propter hoc hierosolymam ascenderet ut regnaret, et postmodum pateretur quae se passurum praedixerat; et hoc cogitantes dexteram et sinistram sedem appetebant; unde sequitur et dixerunt: da nobis ut unus ad dexteram, et alius ad sinistram sedeat in gloria tua. * augustinus de cons. evang.. ° hoc ab eis non per eos ipsos, sed per matrem dictum esse matthaeus expressit, cum illa eorum voluntatem attulisset ad dominum; unde magis ipsos quam illam dixisse quod dictum est, marcus breviter intimavit. * chrysostomus in matth.. ° vel convenienter dici potest utrumque factum esse. videntes enim se prae aliis honoratos, praedictam petitionem se consequi aestimabant, et ut facilius petitionem obtinerent, matrem assumpserunt, ut cum hac simul christum precarentur. * augustinus de cons. evang.. ° denique et dominus etiam secundum marcum et secundum matthaeum, ipsis potius quam matri respondit; nam sequitur iesus autem dixit eis: nescitis quid petatis. * theophylactus. ° quasi dicat: non est hoc quod creditis, quod sim temporaliter in ierusalem regnaturus; sed omnia haec, quae scilicet ad regnum meum pertinent, supra intellectum sunt. etenim sedere a dextris meis tam magnum quid est ut excellat ordines angelorum. * beda. ° vel nesciunt quid petant, qui sedem gloriae a domino, quam nondum merebantur, inquirunt. * chrysostomus in matth.. ° vel dicit nescitis quid petatis, ac si diceret: vos de honore loquimini; ego vero de agonibus et sudoribus disputo: non enim est hoc praemiorum tempus, sed occisionis, praeliorum et periculorum; unde subdit potestis bibere calicem, quem ego bibiturus sum, aut baptismo quo ego baptizor, baptizari? per modum interrogationis attrahit eos, ut ex communicatione quae est ad ipsum, avidiores fierent. * theophylactus. ° calicem autem et baptismum crucem nominat: calicem quidem tamquam potum dulciter ab ipso susceptum; baptismum vero tamquam emundationem nostrorum facientem peccatorum. qui non intelligentes quod dixerat, responderunt; unde sequitur at illi dixerunt: possumus. credebant enim quod de calice sensibili et baptismo quo iudaei baptizari solebant, lavantes scilicet se antequam comederent, loqueretur. * chrysostomus in matth.. ° responderunt autem tam prompte, expectantes in eo quod petierunt exaudiri. sequitur iesus autem ait eis: calicem quidem quem ego bibo, bibetis, et baptismo quo ego baptizor, baptizabimini, idest martyrio digni eritis, et patiemini, sicut et ego. * beda. ° quaeritur autem quomodo calicem martyrii iacobus et ioannes biberunt, aut quomodo baptismo domini fuerunt baptizati, cum scriptura narret iacobum tantum apostolum ab herode capite truncatum, ioannes autem propria morte finivit vitam. sed si legamus ecclesiasticas historias, in quibus fertur, quod et ipse propter martyrium in ferventis olei dolium missus sit, statimque relegatus in pathmos insulam; sic videbimus martyrium animo non defuisse; et bibisse ioannem calicem confessionis, quem et tres pueri in camino ignis biberunt, licet persecutor non fuderit sanguinem. sequitur sedere autem ad dexteram meam vel sinistram, non est meum dare vobis, sed quibus paratum est. * chrysostomus in matth.. ° ubi duo quaeruntur: unum est, si paratum est alicui sedere a dextris eius; alterum autem, si omnium dominus his quibus paratum est potestatem tribuendi non habet. ad primum ergo dicimus, quod nullus a dextris neque a sinistris sedet; invius enim est omni creaturae thronus ille. quomodo ergo dixit sedere ad dexteram meam, vel ad sinistram, non est meum dare vobis, quasi quibusdam sessuris? ad suspicionem quidem interrogantium respondit, eorum intentioni condescendens: neque enim noverant illum thronum excelsum, et cathedram quae est a dextris patris; sed unum solum petebant, scilicet potiri primatu, et aliis praeesse. quia enim audierunt dictum de apostolis, quod super duodecim thronos essent sessuri, quid esset quod dictum est ignorantes, inter ceteros petierunt primatum. ad secundum dicendum est, quod tale donum potestatem filii dei non transcendit, sed quod in matthaeo dicitur: paratum est a patre meo, idem est ac si diceret: a me; unde et marcus non dixit hic: a patre meo. quod ergo hic christus dicit, tale est. moriemini, inquit, propter me; non tamen hoc sufficit ad hoc quod vos primum ordinem obtineatis. si enim aliquis alius cum martyrio venerit, omnem aliam virtutem possidens, multa vobis maiora possidebit; his enim paratur primatus qui per opera possunt fieri primi. sic igitur dominus sua responsione eos instruxit, ut non vane et inaniter pro primatibus molestentur; simul autem et eos noluit contristari. * beda. ° vel non est meum vobis dare, idest superbis; hoc enim adhuc erant. aliis paratum est; et vos alii estote, idest humiles, et vobis paratum est.

lc7 * Theophylactus. ° quia reliqui apostoli vident iacobum et ioannem honorem petere, patienter ferre non possunt; unde dicitur et audientes decem, indignati sunt de iacobo et ioanne. patientes enim humana, invidia movebantur; sed tunc primo indignati sunt, cum viderunt ipsos a domino non susceptos; non autem prius indignabantur, quia videbant ipsos aliis praehonorari. tunc igitur sic imperfecte se habebant apostoli; sed postea in primatibus sibi cedebant ad invicem. christus autem eos sanat, primo quidem ad eorum consolationem eos iuxta se adducendo; et hoc significatur cum dicitur iesus autem vocans eos; deinde demonstrando quod usurpare honorem et desiderare primatum, gentilium est; unde sequitur ait illis: scitis quia hi qui videntur principari gentibus, dominantur eis, et principes eorum potestatem habent ipsorum. gentilium principes tyrannice et dominabiliter ad principatum se ingerunt. sequitur non ita est autem in vobis. * beda. ° in quo docet, eum maiorem esse qui minor fuerit, et illum dominum fieri qui omnium servus fit. frustra igitur aut illi immoderata quaesierant, aut isti dolent super maiorum desiderio, cum ad summitatem virtutum non potentia, sed humilitate veniatur. deinde proponit exemplum; ut si dicta parvipenderent, erubescerent ad opera; et dicit nam et filius hominis non venit ut ministraretur ei, sed ut ministraret, et daret animam suam redemptionem pro multis. * theophylactus. ° quod maius est quam ministrare. cum enim aliquis pro eo cui ministrat moritur, quid isto potest esse maius et mirabilius? sed tamen ista ministratio et humilitatis descensus gloria eius erat et omnium: ante enim quam homo fieret, solum ab angelis agnoscebatur; cum autem factus est homo et crucifixus est, non tantum ipse gloriam habet, sed et alios in participationem suae gloriae suscepit, et dominatus est per fidem orbi terrae. * beda. ° non autem dixit animam suam redemptionem dare pro omnibus, sed pro multis, idest qui credere voluerint.

lc8 * Hieronymus. ° passioni domini appropinquanti, civitatis nomen respondet; dicitur enim et veniunt iericho. iericho luna, sive anathema interpretatur. defectus autem carnis christi praeparatio est ierusalem caelestis. sequitur et proficiscente eo de iericho, et discipulis eius, et plurima multitudine, filius timaei, bartimaeus caecus, sedebat iuxta viam mendicans. * beda. ° matthaeus duos iuxta viam sedentes, et ad dominum clamantes caecos dicit esse illuminatos: lucas autem, cum appropinquaret iericho, pari ordine illuminatum ab eo caecum esse perhibet; ubi nemo saltem sapiens putet evangelistas sibimet contraria scribere, sed alium plenius scribere quae alter omisit. intelligendum est ergo unum eorum fuisse potissimum; quod ex hoc apparet quod et nomen eius et nomen patris eius marcus commemoravit. * augustinus de cons. evang.. ° hinc est ergo quod ipsum solum voluit commemorare marcus, cuius illuminatio tam claram famam huic miraculo comparavit quam erat nota calamitas. lucas vero quamvis omnino eodem modo factum, tamen in alio caeco intelligendus est par commemorare miraculum, et eiusdem miraculi modum parem. sequitur qui cum audisset quod iesus nazarenus est, coepit clamare et dicere: iesu fili david, miserere mei. * chrysostomus. ° filium david vocat caecus dominum, praetereuntis turbae laudem audiens, ac prophetarum expectatione completa certificatus. sequitur et comminabantur illi multi ut taceret. * origenes in matth.. ° tamquam si dicat: qui primi crediderant, increpabant ei clamanti fili david, ut taceret, et non appellaret eum contemptibili nomine, sed diceret: fili dei, miserere mei. ille autem non destitit; unde sequitur ille autem magis clamabat: fili david, miserere mei; cuius clamorem dominus exaudivit; unde sequitur et stans iesus praecepit illum vocari. vide autem quod inferior est caecus de quo lucas loquitur: nam nec iesus eum vocavit, ut matthaeus dicit, nec iussit eum vocari, ut hic dicitur, sed iussit eum ad se adduci, quasi non potentem per se venire. iste autem caecus ad imperium domini vocatur; unde sequitur et vocant eum, dicentes ei: animaequior esto; surge, vocat te. ille autem abiciens vestimentum venit ad eum. sequitur qui proiecto vestimento suo venit ad eum. forte vestimentum caeci et mendicantis, velamentum intelligitur caecitatis et mendicitatis, quo fuerat circumdatus; quod abiciens venit ad iesum: quem appropinquantem dominus interrogat; unde sequitur et respondens iesus ait illi: quid tibi vis faciam? * beda. ° numquid qui lumen reddere poterat, quid vellet caecus ignorabat? ad hoc ergo requirit ut petatur; ad hoc requirit ut cor ad orationem excitet. * chrysostomus in matth.. ° vel quaerit, ne scilicet aliquis aestimaret, quod aliud volenti accipere, aliud daret. etenim consuetudo erat eius, voluntatem curandorum universis facere manifestam, et tunc medelam inducere, ut alios duceret in zelum, et ut ostenderet eum qui curandus erat, gratiae dono digne potiri. sequitur caecus autem dixit ei: rabboni, ut videam. * beda. ° parvipendit enim extra lucem caecus aliquid quaerere; quia etsi habere caecus quodlibet potest, sine luce non potest videre quod habet. * hieronymus. ° considerans autem iesus promptam voluntatem, completione desiderii remunerat. * origenes super matth.. ° dignius autem est dicere rabboni, vel, sicut in aliis dicitur, domine, quam fili david: unde propter illud quod dixit, fili david, non praestitit ei sanitatem; sed propter hoc quod dicit rabboni; unde sequitur iesus autem dixit ei: vade: fides tua salvum te fecit. et confestim vidit, et sequebatur eum in via. * theophylactus. ° grata enim est anima caeci in eo quod sanus effectus iesum non relinquit, sed secutus est eum. * beda. ° mystice autem iericho, quae interpretari dicitur luna, defectum nostrae mutabilitatis designat. appropinquans dominus iericho lumen caeco reddidit: quia veniens in carne et passioni appropinquans, multos ad fidem adduxit. non enim primis incarnationis suae temporibus, sed paucis antequam pateretur annis, mysterium verbi mundo exhibuit. * hieronymus. ° caecitas etiam ex parte facta iudaeis illustrabitur in fine, quando eis mittet eliam prophetam. * beda. ° quod autem appropinquans iericho unum illuminavit, ac proficiscens de iericho duos, hoc intimavit quod ante passionem suam uni tantum populo iudaeorum praedicavit; post resurrectionem vero atque ascensionem suam per apostolos et iudaeis et gentibus divinitatis et humanitatis suae arcana patefecit. quod vero marcus unum illuminatum scribit, ad gentium salutem respicit, ut eorum quos instruebat ad fidem, salvationi figura congrueret. matthaeus vero, qui credentibus ex hebraeis suum scribebat evangelium, quod in gentium quoque notitiam erat perventurum, recte duos dicit illuminatos, ut ad utrumque populum fidei gratiam pertinere doceret. proficiscente igitur domino et discipulis eius et plurima multitudine de iericho, caecus sedebat iuxta viam mendicans: quia ascendente ad caelos domino, et multis fidelium sequentibus, immo cunctis ab initio mundi electis una cum illo ianuam regni caelestis ingredientibus, mox gentium populus coepit suae illuminationis spem habere: qui mendicat iuxta viam sedens, quia necdum iter veritatis ingrediens ad hoc pervenire contendit. * hieronymus. ° populus etiam iudaeorum, qui scripturam conservat nec complet, iuxta viam mendicans esurit. clamat autem fili david, miserere mei, quia per merita patriarcharum iudaicus populus illuminatur. comminantur autem ei multi ut taceat, quia peccata et daemonia compescunt clamorem pauperis; sed ille magis clamabat, quia ingravescente bello, manus ad lapidem adiutorii, hoc est iesum nazarenum, cum clamore levandae sunt. * beda. ° populus etiam gentium, agnita fama nominis christi, particeps eius fieri quaerebat: |150| cui contradicebant multi, primo iudaei, deinde etiam gentiles, ne illuminandus mundus christum invocaret; nec tamen impugnantium furor eos qui ad vitam erant praeordinati valebat salute privare. clamantem autem caecum transiens audivit: quia per humanitatem suam misertus est qui per divinitatis potentiam mentis nostrae tenebras exclusit: quod enim propter nos natus et passus est iesus, quasi transiit, quia haec actio temporalis est; stare autem dei est immutabiliter cuncta disponere. clamantem autem caecum dominus vocat, cum populo gentium per praedicatores verbum fidei mittit: qui vocantes caecum animaequiorem esse et surgere atque ad dominum venire praecipiunt, cum praedicando indoctis spem eos salutis habere ac de torpore vitiorum erigi atque ad virtutum studia se accingere iubent. proiecto autem vestimento exilit qui, abiectis mundi retinaculis, expedito mentis gressu ad largitorem aeternae lucis properat. * hieronymus. ° venit etiam iudaicus |175| populus exiliens nudus veteri homine, ut hinnulus saliens super montes: quia segnitiem deponens, patriarchas, prophetas, apostolos in altis considerans, ad superna se extendit. quam conveniens autem est ordo salutis. audivimus primo per prophetas, deinde clamamus per fidem, postea vocamur per apostolos, surgimus per poenitentiam, exuimur per baptismum, interrogamur per voluntatem. caecus autem interrogatus hoc requirit ut videat voluntatem domini. * beda. ° imitemur ergo et nos eum: non divitias, non terrena bona, non honores a domino, sed lucem quaeramus, quam videre cum solis angelis possumus, ad quam via fides est; unde et caeco respondetur fides tua te salvum fecit. videt autem et sequitur qui bonum quod intelligit operatur: iesum enim sequitur qui bonum quod intelligit operatur, qui imitatur eum qui prosperari in hoc mundo noluit, opprobria ac irrisiones toleravit. et quia rerum corporalium delectatione a gaudio interno cecidimus, cum qua amaritudine illuc redeatur ostendit. |200| * theophylactus. ° dicit autem quod secutus est dominum in via, scilicet in hac vita: quia post hanc excluduntur omnes qui hic eum non sequuntur operando mandata eius. * hieronymus. ° vel via ista est quae dixit: ego sum via, veritas et vita. haec est via angusta quae ducit ad ardua hierosolymae et bethaniae, ad montem olivarum, qui est mons luminis et consolationis.

072 CMC cp11

lc1 * Chrysostomus in matth.. ° postquam dominus suae virtutis sufficientem experientiam dederat, et crux instabat in ianuis, omnia iam cum maiori agit claritate, quae adversarios inflammatura erant; et ideo quamvis multoties prius ascenderit hierosolymam, numquam tamen cum tanta excellentia sicut modo. * theophylactus. ° ut si velint, valeant gloriam eius agnoscere, et per prophetias de eo completas scirent quod est verus deus; si vero noluerint, maius fieret eis iudicium, quia tot claris miraculis non crediderunt. huius igitur adventus claritatem evangelista describens, dicit et cum appropinquaret ierosolymae et bethaniae ad montem olivarum, mittit duos ex discipulis suis. * beda. ° bethania villula est, sive civitas in latere montis oliveti, ubi lazarus est suscitatus a mortuis. quomodo autem discipulos miserit et ad quid, ostendit subdens et ait illis: ite in castellum quod est contra vos. * theophylactus. ° considera vero quanta dominus discipulis praedixerit, |25| scilicet quod invenirent pullum; unde sequitur et statim introeuntes illic invenietis pullum ligatum, super quem nemo adhuc hominum sedit; solvite illum et adducite; et quod impedirentur ab accipiendo; unde sequitur et si quis vobis dixerit: quid facitis? dicite quia domino necessarius est; et quod hoc dicto permitterentur accipere; unde sequitur et continuo illum dimittet huc. et sicut dominus praedixerat, ita impletur; unde sequitur et abeuntes invenerunt pullum ligatum ante ianuam foris in bivio, et solvunt eum. * augustinus de cons. evang.. ° matthaeus asinam dicit et pullum, ceteri autem de asina tacent; ubi ergo utrumque factum potest intelligi, nulla repugnantia est, nec si alius unum, alius alium commemoraret; quanto minus moveri oportet, si alius unum, alius utrumque commemoret? sequitur et quidam de illic stantibus dicebant illis: quid facitis solventes pullum? qui dixerunt eis sicut praeceperat illis iesus, et dimiserunt eis, scilicet pullum. |50| * theophylactus. ° non autem hoc permitterent, nisi divina virtus eis incumberet, cogens illos; praesertim quia rurales existentes et coloni permiserunt pullum auferre. sequitur et duxerunt pullum ad iesum et imponunt illi vestimenta sua; et sedit super eum. * chrysostomus in matth.. ° non quidem quod ex necessitate a monte oliveti usque ierusalem super pullum ire dominum oportebat, cum iudaeam et omnem galilaeam pedes perambulaverat; sed signum erat quod fiebat. sequitur multi autem vestimenta sua straverunt in via. magis autem ad ornatum et ad sacramentum pertinet quam ad necessitatem. sequitur et qui praeibant et qui sequebantur clamabant dicentes: hosanna, benedictus qui venit in nomine domini. multitudo enim donec corrupta non fuit, cognovit quod congruum erat: propter quod honorificavit iesum unusquisque secundum propriam virtutem: unde laudantes ipsum, hymnum leviticum assumpserunt, |75| dicentes hosanna, quod secundum quosdam idem est quod salvum me fac; secundum vero quosdam idem quod hymnus. aestimo autem primum esse verius, nam in psalmo 117, 25 habetur: o domine, salvum me fac, quod in hebraico scriptum est hosanna. * beda. ° est autem hosanna verbum hebraicum compositum ex duobus, corrupto et integro; salva namque sive salvifica apud eos dicitur hosy; at vero anna interiectio est deprecantis, quomodo apud latinos est dolentis heu. * hieronymus. ° hosanna igitur, idest salvifica, dicunt, ut homines salventur ab eo benedicto, vincente et veniente in nomine domini, idest patris sui; quoniam filius de patre nomen suscepit, et pater de filio. * chrysostomus. ° sic ergo dant deo gloriam, dicentes benedictus qui venit in nomine domini. benedicunt etiam regnum christi, dicentes benedictum quod venit regnum patris nostri david. * theophylactus. ° regnum autem david regnum christi dicebant, et quia de semine david christus descenderat, simulque quia david |100| interpretatur manu fortis; quis enim fuit manu fortis nisi dominus, cuius manus tot et talia miracula operata est? * chrysostomus. ° unde et multoties prophetae david christum nuncupant, propter originem christi ex david secundum carnem. * beda. ° legimus autem in evangelio ioannis, quia ne facerent eum regem, in montem fugit. nunc autem ubi passurus hierosolymam venit, non refugit eos qui se regem nuncupant, ut aperte doceret quia non temporalis et terreni, sed aeterni in caelis rex esset imperii, atque ad regnum per contemptum mortis perveniret. notandum autem quanta sit consonantia turbae cum voce gabrielis, qui ait: dabit illi dominus deus sedem david patris sui, ut scilicet gentem cui david quondam temporalis regni gubernacula praebuit, hanc ipse verbis et factis ad regnum caeleste vocaret. * chrysostomus. ° et ulterius dant gloriam deo cum subdunt hosanna in excelsis, idest, hymnus et gloria sit universorum deo, qui est in excelsis. * hieronymus. ° vel hosanna, idest salvifica, in |125| excelsis et imis; idest, ut iusti aedificentur in ruinam angelorum, et terreni et subterranei etiam salventur. mystice autem appropinquat dominus hierosolymae, quae est visio pacis: in qua manet fixa immobilisque felicitas, quae, secundum apostolum, est omnium credentium. * beda. ° bethania autem domus obedientiae dicitur: quia multos ante passionem suam docendo, domum sibi obedientiae effecit: et in monte oliveti posita esse dicitur: quia ecclesiam unctione spiritualium charismatum et scientiae pietatisque luce refovet. misit autem discipulos in castellum quod contra eos erat; hoc est doctores qui indocta orbis loca quasi contra positi castelli moenia evangelizando penetrarent, destinavit. * hieronymus. ° bini vocantur, et bini mittuntur discipuli christi: quoniam caritas non consistit cum uno, ut dicitur eccl.: vae soli. duo educunt hebraeos de aegypto, duo deportant botrum de terra sancta, ut semper praepositi iungant opus et scientiam, et duo mandata de duabus tabulis proferant, et duobus |150| fontibus abluantur, et de duobus vectibus arcam domini portent, et inter duos cherubim deum cognoscant, spiritu et mente psallentes. * theophylactus. ° non autem erat ei necessarius pullus; sed eum quaesivit ostendens quod debebat se ad gentilem populum transferre. * beda. ° pullus enim asinae lascivus et liber populum nationum significat, super quem nemo adhuc hominum sedit: quia nemo rationabilium doctorum frenum correctionis, quo vel linguam cohibere a malo vel in arctam vitae viam ire cogeretur, utilia suadendo contulerat. invenerunt autem pullum ligatum ante ianuam foris, quia populus gentilis ligatus erat vinculis peccatorum suorum ante ianuam fidei, idest, extra ecclesiam. * ambrosius super lucam. ° vel invenerunt eum ligatum ante ianuam: quia extra christum quicumque est, foris est in via; qui autem in christo est, foris non est. in transitu, sive in bivio addidit, ubi nullius certa possessio, non praesepe, non alimenta, non stabulum. |175| misera servitus cui vagum ius est: plures enim dominos habet qui unum non habet. alieni alligant ut possideant, iste solvit ut teneat: vehementiora enim dona novit esse quam vincula. * beda. ° vel recte in bivio stabat, quia non viam certam vitae fideique tenebat, sed plures dubiosque sectarum calles sequebatur erroneus. * hieronymus. ° vel in bivio, idest in libertate arbitrii, dubitans inter vitam et mortem. * theophylactus. ° vel in bivio, idest in vita hac. solutus est autem a discipulis per baptismum et fidem. * hieronymus. ° quidam autem dicebant: quid facitis? ac si dicerent: quis potest dimittere peccata? * theophylactus. ° vel prohibentes sunt daemones, quibus fuerunt apostoli fortiores. * beda. ° vel magistri errorum, qui venientibus ad salutem gentium doctoribus obsistebant; at postquam fidei dominicae potestas apparuit credentibus, adversariorum querelis liber credentium populus ad dominum, quem corde portaret, adducebatur. vestimenta autem apostolorum quae illi |200| imponunt, vel doctrina virtutum, vel discretio scripturarum, vel ecclesiasticorum dogmatum varietates intelligi possunt; quibus illi corda hominum, ante nuda et frigida, quae christo sessore digna fiant operiunt. * hieronymus. ° vel imponunt vestimenta sua, idest, stolam primam immortalitatis per baptismi sacramenta afferunt. sedit autem iesus super eum, idest in eis regnare coepit, ut non regnet peccatum in lasciva carne, sed iustitia et pax et gaudium in spiritu sancto. multi autem straverunt vestimenta sua in via, sub pedibus pulli asinae. qui sunt pedes, nisi extremi qui portant, quos ad iudicandum constituit apostolus? qui et ipsi, etsi non sunt dorsum in quo sedit dominus, tamen cum militibus a ioanne instruuntur. * beda. ° vel multi vestimenta sua in via sternunt, quia sancti martyres propriae se carnis amictu exuentes, simplicioribus dei famulis viam suo sanguine parant. multi etiam vestimenta sua in via sternunt, quia corpora sua per abstinentiam domant, ut dei iter ad montem parent, |225| vel exempla bona sequentibus praebeant. frondes autem vel ramos de arboribus caedunt qui in doctrina veritatis semina patrum de eorum eloquio capiunt, et haec in via dei ad auditoris animum venientis, humili praedicatione submittunt. * theophylactus. ° sternamus et nos viam vitae nostrae, caedentes ramos de arboribus, idest sanctos imitantes: nam arbores sancti sunt, de quibus ille ramos caedit qui virtutem imitatur eorum. * hieronymus. ° iusti enim ut palma florebunt, angusti radicibus, lati in floribus et fructibus, quoniam bonus odor christi sunt. sternunt viam mandatorum dei bona fama. qui praeibant, prophetae sunt; et qui sequebantur, apostoli. * beda. ° et quia omnes electi, sive qui in iudaea esse poterant, sive qui nunc in ecclesia existunt, in mediatorem dei et hominum crediderunt et credunt; qui praeeunt, et qui sequuntur hosanna clamabant. * theophylactus. ° sed et qui praeeunt et qui sequuntur nostrorum actuum ad laudem sunt dei: quidam enim in praeterita vita bonum fecerunt initium; sequens vero |250| non est ut prior, neque in laudem dei finita.

lc2 * Beda. ° appropinquante tempore passionis, appropinquare voluit dominus loco passionis, ut per hoc intimaret quia sua sponte mortem subiret; unde dicitur et introivit hierosolymam in templum. quod autem ingressus civitatem primo templum adiit, formam nobis religionis quam sequamur praemonstrat, ut cum forte quemlibet locum in quo sit domus orationis intramus, primo ad hanc divertamus. hoc quoque intelligendum est quod tantae dominus fuerit paupertatis, et ita nulli sit adulatus, ut in urbe maxima nullum hospitem, nullam invenerit mansionem; sed in agerulo parvulo apud lazarum sororesque eius habitaret: eorum quippe vicus bethania est; unde sequitur et circumspectis omnibus, si quis eum hospitio susciperet, cum iam vespera esset hora, exiit in bethaniam cum duodecim. non hoc semel fecit; sed per omnes quinque dies, ex quo hierosolymam ascenderat usque ad tempus passionis hoc ipsum semper agere solebat, ut per diem in templo doceret, |25| nocte vero exiens moraretur in monte oliveti. sequitur et alia die, cum exiret a bethania esuriit. * chrysostomus in matth.. ° qualiter autem mane esuriebat, ut matthaeus dicit, nisi quia dispensative hoc carni suae concessit? sequitur cumque vidisset a longe ficum habentem folia, venit, si quid forte inveniret in ea. manifestum est autem, quod hoc secundum suspicionem discipulorum dicitur, qui aestimabant propter hoc christum ad ficulneam accessisse; et propter hoc ficulneam ipsam maledictam esse, quod in ea fructum non invenit: nam sequitur et cum venisset ad eam, nihil invenit praeter folia: non enim erat tempus ficorum. et respondens dixit ei: iam non amplius in aeternum quisquam ex te fructum manducet. maledicit ergo ficulneam propter discipulos, ut confidant. quia enim ubique beneficia tribuebat, nullumque puniebat, oportebat autem eius punitivae virtutis demonstrationem praebere, ut discerent quia posset etiam iudaeos persequentes siccare; noluit |50| hoc demonstrare in hominibus: unde in planta suae punitivae virtutis praebuit signum: unde ostenditur quod principaliter propter hoc ad ficulneam venit, non propter esuriem. quis enim tam inscius est ut putet quod matutino tempore tali stimularetur esurie? aut quid est quod impediret eum comedere antequam domum exiret? neque potest dici quod visio fructus excitavit in esurie appetitum: non enim erat ficorum tempus. sed si esuriebat, cur de alio comedere non quaerebat, sed de ficu fructus ante tempus tribuere non valente? qua etiam poena erat dignam ficum fructum non habere ante tempus? ideoque ex his sufficienter syllogizari potest, quod propriam volebat demonstrare virtutem, ut non frangerentur animis in eius passione. * theophylactus. ° volens ostendere discipulis quod, si vellet, hos qui crucifixuri erant ipsum, in momento posset exterminare. mystice autem dominus introivit in templum, sed rursus exivit, ostendens quod ipsum relinqueret desertum et in rapinam. * beda. ° circumspicit autem |75| omnia corda; et cum in contradicentibus veritati non inveniat ubi caput reclinet, secedit ad fideles, et in eis qui obediunt, mansionem fecit: bethania namque domus obedientiae dicitur. * hieronymus. ° mane autem ad iudaeos venit, atque nos in vespera mundi visitat. * beda. ° sicut autem parabolas loquitur, ita et operatur; ideo esuriens in ficu fructum quaerit, cuius nondum tempus esse novit, et tamen eam perpetua sterilitate damnavit, ut ostenderet plebem iudaeorum propter folia, idest verba iustitiae, quae habebat sine fructu, idest bono opere, non posse salvari, sed scindi, et in ignem mitti. esuriens ergo, idest salutem humani generis desiderans, vidit ficum, idest iudaeum, habentem folia, idest eloquia legis et prophetarum, et quaesivit in ea fructum boni operis, docendo, corripiendo, miracula faciendo; et non invenit, et ideo damnavit. tu quoque, si non vis damnari a christo in iudicio, arbor sterilis esse caveto; sed potius pauperi christo fructum pietatis quo indiget, offer. * chrysostomus. ° est |100| autem et aliter dicere, quod dominus ante tempus fructum quaesivit in ficu, et non inveniens maledixit; quia omnes qui mandata legis adimplent, isti suo tempore fructificare dicuntur; sicut est illud mandatum: non moechaberis; qui autem non solum non moechatur, sed permanet virgo, quod est magis, virtutibus excedit. dominus autem a perfectis non solum exigit ut virtutes observent, sed supra mandata fructificent.

lc3 * Beda. ° quod maledicendo ficum infructuosam per figuram dominus fecit, hoc idem mox apertius ostendit eiciendo improbos de templo. ficus enim non peccavit, si ante tempus fructum non habuit; sed sacerdotes; unde dicitur et veniunt hierosolymam; et cum introisset in templum, coepit eicere vendentes et ementes in templo. et quidem credendum est, quod ea tantum vendi vel emi repererit in templo quae ad ministerium templi necessaria essent. si ergo ea quae alibi libere geri poterant, dominus in domo sua temporalia negotia geri non patitur, quanto magis ea quae nunquam fieri licet, plus caelestis irae merentur, si in aedibus deo sacratis aguntur? sequitur et mensas nummulariorum. * theophylactus. ° nummularios vocat campsores nummorum: nummus enim genus aeris minuti est. sequitur et cathedras vendentium columbas evertit. * beda. ° quia spiritus sanctus in columba super dominum apparuit, recte |25| per columbas spiritus sancti charismata designantur. columba igitur venditur, quando manus impositio, per quam spiritus sanctus recipitur, ad pretium praebetur. cathedras autem vendentium columbas evertit: quia qui spiritualem gratiam venumdant, vel ante homines vel ante dei oculos sacerdotio privantur. * theophylactus. ° sed et si quis baptismatis gratiam et puritatem tradiderit daemoni per peccatum, suam columbam vendidit; et propter hoc foras de templo eicitur. sequitur et non sinebat ut quisquam transferret vas per templum. * beda. ° de vasis illis dicit quae mercandi gratia inferebantur. ceterum absit ut vasa deo dicata dominus eiceret de templo, vel intro ferre prohiberet in templum: ubi futuri examinis praetendit exemplum; quia de ecclesia repellit reprobos, et ne ultra ad interturbandam ecclesiam intrent, aeterno eos verbere compescit. sed et peccata quae cordibus fidelium inerant, divinitus immissa compunctio tollit; et ne ultra repetantur, divina in eis gratia adiuvat. |50| sequitur et docebat eos dicens: nonne scriptum est, quia domus mea domus orationis vocabitur cunctis gentibus? * hieronymus. ° iuxta isaiam. vos autem fecistis speluncam latronum, iuxta ieremiam. * beda. ° omnibus, inquit gentibus, non uni genti iudaeae, nec in uno hierosolymae urbis loco, sed in toto orbe terrarum; et nequaquam taurorum et hircorum et arietum, sed orationis. * theophylactus. ° speluncam autem latronum templum nominat propter lucrum: genus namque latronum ad lucrum se congregat. quia ergo illa animalia quae ad sacrificium oblata erant, causa lucri vendebant, latrones ipsos dixit. ad hoc enim in templo erant, vel ut non dantes corporaliter persequerentur, vel dantes spiritualiter necarent. templum etiam et domus dei mens est et conscientia fidelium, quae si in laesione proximi perversas cogitationes profert, quasi in spelunca latrones resident. ergo mens fidelium spelunca latronis fit quando relicta simplicitate sanctitatis, illud conatur agere quo valeat proximis nocere. * augustinus de cons. |75| evang.. ° ioannes autem longe diverso ordine hoc narrat; unde manifestum est non semel, sed iterum hoc esse a domino factum; sed illud primum commemoratum a ioanne, hoc ultimum a ceteris tribus. * theophylactus. ° quod etiam est in maiorem redargutionem iudaeorum: quia cum dominus hoc toties fecerit, ipsi minime se correxerunt. * augustinus de cons. evang.. ° in hoc etiam marcus non eumdem ordinem tenet cum matthaeo, sed quia matthaeus ita connectit: et relictis illis, abiit foras extra civitatem in bethaniam; unde mane revertentem in civitatem, arbori maledixisse commemorat; probabilius creditur ipse potius tenuisse ordinem temporis de vendentibus et ementibus eiectis de templo. praetermisit ergo marcus quod prima die factum est, cum intravit in templum, et recordatum interposuit, cum dixisset quod non invenit aliquid in ficulnea praeter folia; quod secundo die factum est, sicut ambo testantur. * glossa. ° quem autem effectum correctio domini in ministris templi habuerit, |100| ostendit evangelista cum subdit quo audito principes sacerdotum et scribae quaerebant quomodo eum perderent: secundum illud amos: odio habuerunt corripientem in porta et loquentem perfecte abominati sunt. ab hoc autem tam iniquo proposito ad tempus solo timore retrahebantur: unde subditur timebant enim eum quoniam universa turba admirabatur super doctrina eius. erat enim docens eos sicut potestatem habens, et non sicut scribae eorum et pharisaei, ut alibi dicitur.

lc4 * Hieronymus. ° relinquens dominus post se tenebras in iudaeorum cordibus, ut sol egrediebatur de civitate ad aliam quae est benevola et obediens: et hoc significatur cum dicitur et cum vespera esset facta, egrediebatur de civitate. sed occidit sol, et oritur sol: lux enim ablata a scribis, lucet in apostolis, unde in civitatem revertitur; propter quod subditur et cum mane transirent, scilicet in civitatem euntes, viderunt ficum aridam factam a radicibus. * theophylactus. ° quod miraculum magnum videtur in hoc quod tam humidam et viridem arborem siccaverit. quamvis autem matthaeus dicat ficulneam continuo arefactam, et quod videntes discipuli admirati sunt, non admireris si nunc a marco audis ficum in crastinum arefactam vidisse discipulos: nam sic intelligendum est hoc quod dicitur a matthaeo, scilicet quod non statim viderunt, sed in crastinum. * augustinus de cons. evang.. ° intelligitur autem non tunc aruisse quando viderunt, sed continuo quando maledicta |25| est: neque enim arescentem, sed penitus arefactam viderunt; ac sic eam continuo in verbo domini aruisse intellexerunt. * hieronymus. ° ficus autem arida a radicibus, synagoga est a cain et a ceteris, a quibus omnis sanguis ab abel usque ad zachariam requiritur. * beda. ° a radicibus autem arefacta est ficus, ut ostenderetur gens impia non ad tempus vel ex parte corripienda externorum incursibus, et per poenitentiam liberanda, sicut saepe factum est; sed aeterna damnatione ferienda. vel arefacta est a radicibus, ut ostendatur non solum humano extrinsecus, sed divino intus favore funditus destituenda: nam et vitam perdit in caelis, et patriam in terris. * hieronymus. ° petrus autem agnoscit aridam et abscissam radicem, cui succedit oliva fructifera, pulchra vocata a domino; unde sequitur et recordatus petrus dixit ei: rabbi, ecce ficus cui maledixisti, aruit. * chrysostomus. ° quod autem petrus et alii discipuli mirati sunt, non erat perfectae fidei: non enim magnum erat hoc deo. quia ergo non manifeste noverant |50| eius virtutem, eorum ignorantia fecit eos in admirationem prorumpere; et ideo subditur et respondens iesus ait illis: habete fidem dei. amen dico vobis, quia qui dixerit huic monti, etc. quasi dicat: non solum lignum siccare poteritis, sed et montem iussu ac praecepto transmutare. * theophylactus. ° mirare autem divinam misericordiam, qualiter nobis appropinquantibus ad eum per fidem, miraculorum virtutem condonat, quam ipse possidet per naturam, intantum ut etiam montes transmutare possimus. * beda. ° solent autem gentiles qui contra ecclesiam maledicta scripsere, improperare nostris, quia non habuerunt plenam fidem dei, qui numquam montes transferre potuerunt. quibus respondendum est, non omnia scripta esse quae in ecclesia sunt gesta; sicut et de factis ipsius christi scriptura testatur. fieri autem potuit, si necessitas id fieri poposcisset; quomodo factum legimus precibus beati patris gregorii neocaesareae ponti antistitis, viri meritis et virtutibus eximii, ut mons in terra tantum loco cederet, |75| quantum incolae civitatis opus habebant. * chrysostomus. ° vel aliter. sicut ficum non propter se siccavit, sed in signum ierusalem ad arefactionem perventurae, et ad demonstrationem virtutis suae; sic intelligendum est et de promissione quae est circa montem; quamvis huiusmodi transmutatio non sit impossibilis secundum dei virtutem. * hieronymus. ° christus igitur qui est mons crescens de lapide abscisso sine manibus, tollitur et mittitur in mare, quando apostoli dicunt digne: transferamur ad gentes alteras, quia vos indignos iudicastis audiendi verbum dei. * beda. ° vel quia montis nomine diabolus significatur propter superbiam, mons ad praeceptum eorum qui fortes sunt in fide, tollitur de terra et in mare proicitur, cum praedicantibus verbum dei doctoribus sanctis, immundus spiritus ab eorum corde repellitur, qui ad vitam sunt praeordinati et in turbulentis amarisque infidelium mentibus vesaniam suae tyrannidis exercere permittitur: in quos tanto acrius desaevit, quanto amplius se dolet a laesione priorum |100| fuisse depulsum. sequitur propterea dico vobis: omnia quae orantes petitis, credite quia accipietis et evenient vobis. * theophylactus. ° qui enim ex affectu credit, manifestum est quod in deum erigit cor suum, et illi coniungitur, et certificatur cor eius calefactum, quasi suam petitionem iam consecutum: quod quidem intelligibile est ei qui passus est hoc. et mihi quidem videtur illos hoc pati qui mensuram et modum attendunt: propter hoc dominus dicit, quod omnia accipietis quaecumque fide petieritis. qui enim credit se totum disponi a deo, cum lacrymis intercedens, et quasi domini pedes in oratione tenere se cogitans, quae iuste postulat consequetur. vis autem et aliter quae petis accipere? dimitte, si quid contra te peccaverit frater tuus; et hoc est quod subditur et cum stabitis ad orandum, dimittite, si quid habetis adversus aliquem, ut et pater vester qui in caelis est dimittat vobis peccata vestra. * hieronymus. ° septem versus orationis dominicae marcus suo more in |125| una oratione comprehendit. is autem cui dimissa sunt omnia peccata, quid amplius rogabit nisi ut perseveret in eo quod obtinuit? * beda. ° notanda est autem distinctio deprecantium: qui perfectam habet fidem, quae per dilectionem operatur, ille orando vel etiam iubendo potest transferre montes spirituales, quomodo fecit paulus de elyma mago; qui vero tantae vestigium perfectionis necdum conscendere queunt, postulent sibi peccata dimitti, et impetrabunt, si tamen in se peccantibus aliis primo ipsi dimittant. sin autem hoc facere contemnunt, non solum orando virtutes facere, sed nec suorum possunt veniam consequi peccatorum; et hoc est quod subditur quod si vos non dimiseritis, nec pater vester qui in caelis est dimittet vobis peccata vestra.

lc5 * Theophylactus. ° quia dominus de templo eiecerat eos qui templum quasi tabernam rerum venalium faciebant, irati fuerant: ideo accedunt ut interrogent et tentent; unde dicitur et veniunt rursus hierosolymam. et cum ambularet in templo, accedunt ad eum summi sacerdotes et scribae et seniores, et dicunt ei: in qua potestate haec facis? et quis dedit tibi hanc potestatem ut ista facias? quasi dicant: quis es tu qui talia facis? numquid doctorem te constituis et te ordinas principem sacerdotum? * beda. ° et quidem quando dicunt in qua potestate haec facis? de dei dubitant potestate et subintelligi volunt diaboli esse quod facit; addentes quoque quis dedit tibi hanc potestatem? manifestissime dei filium negant, quem putant non suis sed alienis viribus signa facere. * theophylactus. ° haec autem dicebant, credentes ipsum in iudicationem reducere; ut si diceret: in potestate mea, ipsum tenerent; si autem diceret: in potestate alterius, ab eo discedere populum procurarent, qui |25| ipsum deum esse credebant. dominus vero illos interrogat de ioanne, non frustra, neque sophistice, sed quia de eo ioannes perhibuerat testimonium; unde sequitur ille autem respondens ait illis: interrogabo vos et ego. * beda. ° poterat quidem dominus, aperta responsione, tentatorum calumnias confutare; sed prudenter interrogat, ut suo vel silentio vel sententia condemnentur: quod apparet ex eo quod subditur at illi cogitabant secum, dicentes: si dixerimus: de caelo, dicet nobis: quare ergo non creditis ei? quasi dicat: quem confitemini de caelo habuisse prophetiam, mihi testimonium perhibuit, et ab illo audistis in qua ista facio potestate. sequitur si dixerimus: ex hominibus. viderunt ergo, quodlibet horum respondissent, in laqueum se casuros, timentes lapidationem, sed magis timentes veritatis confessionem; unde sequitur et respondentes dicunt iesu: nescimus. * hieronymus. ° de lucerna invidi obscurantur; unde dicitur: paravi lucernam christo meo; inimicos eius induam confusione. |50| sequitur respondens iesus, ait illis: neque ego dico vobis in qua potestate haec faciam. * beda. ° quasi dicat: non vobis dico quod scio, quia non vultis fateri quod scitis. notandum autem, quod duas ob causas maxime scientia veritatis est occultanda quaerentibus; scilicet cum is qui quaerit aut minus capax est ad intelligendum quod quaerit; aut contemptu veritatis, aut aliquo alio indignus est cui debeat aperiri quod quaerit.

072 CMC cp12

lc1 * Glossa. ° postquam dominus prudenti interrogatione tentatorum ora concluserat, consequenter eorum malitiam parabolice demonstrat; unde dicitur et coepit in parabolis loqui: vineam pastinavit homo. * hieronymus. ° homo deus pater dicitur humano affectu; vinea domus israel est; sepis est custodia angelorum; lacus est lex; turris templum; agricolae sacerdotes. * beda. ° vel sepis murus est urbis, lacus sive torcular altare, aut illa torcularia quorum tres psalmi praenotantur titulo. * theophylactus. ° vel sepis est lex, prohibens eos alienigenis commisceri. sequitur et peregre profectus est. * beda. ° non loci mutatione; sed abire videtur a vinea, ut vinitoribus liberum operandi arbitrium derelinquat. sequitur et misit ad agricolas in tempore servum, ut ab agricolis acciperet de fructu vineae. * hieronymus. ° servi missi prophetae, fructus vineae obedientia est. de prophetis alii caesi, alii vulnerati: alii occisi sunt; unde sequitur qui apprehensum |25| eum ceciderunt et dimiserunt vacuum. * beda. ° servus qui primo missus est, ipse legifer moyses intelligitur. sed caesum eum dimiserunt vacuum: irritaverunt enim moysen in castris. sequitur et iterum misit ad illos alium servum, et illum in capite vulneraverunt et contumeliis affecerunt. servus alter david regem et ceteros psalmistas significat; sed hunc affectum contumeliis in capite vulneraverunt, quia psalmistarum carmina parvipendentes, ipsum david abiecerunt, dicentes: quae nobis pars cum david? sequitur et rursus alium misit, et illum occiderunt, et plures alios, quosdam caedentes, alios vero occidentes. tertium cum suis sociis servum, prophetarum chorum intellige; sed quem prophetarum non sunt persecuti? his sane tribus servorum gradibus, omnium sub lege doctorum figuram posse comprehendi dominus alibi pronuntiat, dicens: quoniam necesse est impleri omnia quae scripta sunt in lege et prophetis et psalmis de me. * theophylactus. |50| ° vel aliter. per primum servum intellige prophetas qui circa tempus eliae fuerunt: quoniam michaeam verberavit sedechias pseudopropheta; secundum vero servum, quem in capite vulneraverunt, idest affecerunt iniuria, intellige prophetas qui fuerunt circa tempus oseae et isaiae; tertium vero servum intellige prophetas qui fuerunt circa tempus danielis et ezechielis. sequitur adhuc ergo unum habens filium carissimum, et illum misit ad eos novissimum, dicens: quia forte reverebuntur filium meum. * hieronymus. ° filius carissimus et novissimus, unigenitus est. quod autem dicit reverebuntur filium meum, per ironiam hoc dicitur. * beda. ° vel aliter. quod ait quia forte reverebuntur filium meum, non de ignorantia venit; sed ambigere dicitur deus, ut libera voluntas homini reservetur. * theophylactus. ° vel aliter. non ignorans quod futurum erat, hoc dixit; sed ostendens quid erat decens et congruum eos operari. coloni autem dixerunt ad invicem: hic est heres; venite, |75| occidamus eum; et nostra erit hereditas. * beda. ° manifestissime dominus probat, iudaeorum principes non per ignorantiam, sed per invidiam crucifixisse filium dei. intellexerunt enim hunc esse cui dictum est: dabo tibi gentes hereditatem tuam. hanc occisionem eius mali coloni praeripere moliebantur, cum crucifigentes eum iudaei, fidem quae per eum est, extinguere, et suam magis quae ex lege est iustitiam praeferre, ac gentibus imbuendis conabantur inserere. sequitur et apprehendentes eum, occiderunt et eiecerunt extra vineam. * theophylactus. ° scilicet extra ierusalem: extra civitatem quippe crucifixus est dominus. * hieronymus. ° vel eiecerunt eum extra vineam, idest extra plebem, dicentes: samaritanus es et daemonium habes. vel quia quantum in se erat, ex suis eum finibus excludentes, gentibus suscipiendum dederunt. sequitur quid ergo faciet dominus vineae? veniet, et perdet colonos, et dabit vineam aliis. * augustinus de cons. evang.. |100| ° et quidem matthaeus illos respondisse subiungit, atque dixisse: malos male perdet, quod marcus hic non ab ipsis responsum esse commemorat, sed dominum post interrogationem suam ipsum sibi quodammodo respondisse. sed facile potest intelligi vel illorum vocem ita subiunctam ut non interponeretur: illi responderunt, aut: illi dixerunt, sed tamen intelligeretur; aut ideo responsionem istam domino potius attributam, quia cum verum dixerunt, etiam de illis hoc ipse respondit, qui veritas est. * theophylactus. ° dominus ergo vineae est pater filii interempti, et ipse filius interemptus, qui perdet colonos, tradens ipsos romanis; et populum dabit aliis colonis, id est apostolis. perlegas actus apostolorum, et invenies tria millia et quinque millia repente credentium et fructificantium deo. * hieronymus. ° vel datur vinea aliis, idest ab oriente, et occidente, et austro et ab aquilone venientibus, et recumbentibus cum abraham, isaac et iacob in regno dei. * beda. ° hoc autem ita divinitus fuisse procuratum prophetico |125| statim affirmavit exemplo, subiciens nec scripturam hanc legistis: lapidem quem reprobaverunt aedificantes, hic factus est in caput anguli? quasi dicat: quomodo implebitur haec prophetia, nisi quia christus a vobis reprobatus et occisus, traditus est gentibus praedicandus, ut quasi lapis angularis duos populos condat in semetipsum, atque ex utroque populo unam sibi fidelium civitatem, unum templum aedificet? eosdem enim synagogae magistros, quos supra colonos dixerat, nunc aedificantes appellat: quia subditam sibi plebem ad ferendos vitae fructus quasi vineam videbantur excolere; ipsi quoque hanc deo inhabitatore dignam quasi domum construere atque ornare praecipiebantur. * theophylactus. ° lapis ergo quem reprobaverunt doctores, hic factus est in caput anguli, idest in caput ecclesiae: angulus namque ecclesia est, quasi coniungens iudaeos et gentiles: hic angulus, scilicet ecclesia, a domino factus est, et est mirabilis in oculis nostris, scilicet fidelium: nam ab infidelibus miraculis detrahitur. mirabilis quidem est |150| ecclesia quasi miraculis sistens, domino cooperante apostolis, et sermonem confirmante sequentibus signis; et hoc est quod dicitur a domino factum est istud, et est mirabile in oculis nostris. * hieronymus. ° vel aliter. hic lapis reprobus, quem gestat angulus coniungens in coena agnum cum pane, finiens vetus, novum inchoans testamentum, praestat mira in oculis nostris, ut topazion. * beda. ° principes autem sacerdotum ostendebant vera esse quae dominus dixerat; quod patet ex hoc quod subditur et quaerebant eum tenere. ipse enim est heres, cuius iniustam necem dicebat esse vindicandam a patre. moraliter autem cuique fidelium cum mysterium baptismi committitur, quasi vinea quam excolat locatur. sed missus servus contumeliis affectus vel caesus eicitur, cum sermo auditus vel contemnitur, vel, quod peius est, etiam blasphematur. missum insuper heredem, quantum in se est, occidit qui filium dei conculcavit. perdito malo cultore, vinea datur alteri, cum dono gratiae, quod superbus sprevit, humilis quisque ditabitur. sed |175| hoc quod principes sacerdotum manum mittere quaerentes in iesum, timore turbae retinentur, quotidie geritur in ecclesia, cum quilibet solo nomine frater eam quam non diligit ecclesiasticae fidei et pacis unitatem, propter cohabitantium fratrum bonorum multitudinem, aut erubescit aut timet impugnare.

lc2 * Beda. ° quaerentes dominum comprehendere summi sacerdotes timuerunt turbam: atque ideo quod per se non potuerunt, terrenis potestatibus efficere tentabant, ut vel ipsi a morte eius viderentur immunes; et ideo dicitur et mittunt ad eum quosdam ex pharisaeis et herodianis, ut eum caperent in verbo. * theophylactus. ° diximus alibi de herodianis, quod haeresis quaedam nova erat dicentium christum esse herodem, propter hoc quod defecerant successiones regni iudaeorum. alii vero dicunt herodianos milites fuisse herodis, quos pharisaei pro testibus inducebant de his quae dicebantur a christo, ut eum caperent et adducerent. vide autem eorum malitiam, qualiter cum adulatione christum decipere volebant; nam sequitur qui venientes dicunt ei: magister, scimus. * hieronymus. ° mellitis enim verbis eum interrogabant, et circumdabant eum, sicut apes mel portantes in ore, aculeum in tergo. * beda. ° blanda autem et fraudulenta interrogatio illuc provocat respondentem ut magis |25| deum quam caesarem timeat, et dicat non debere tributa solvi, ut statim audientes herodiani, seditionis contra romanos auctorem habeant; et ideo subdunt et non curas quemquam; nec enim vides in faciem hominum. * theophylactus. ° ita ut caesarem non honores, scilicet contra veritatem. ideo subdunt sed in veritate viam dei doces: licet tributum dari caesari, an non dabimus? totum enim artificium eorum erat undique praecipitium habens; ut si diceret quod licet censum caesari dari, provocent contra eum plebem, quasi in servitutem reducentem ipsum populum; si vero diceret quod non licet dari, sic accusarent eum tamquam excitaret populum contra caesarem. sed sapientiae fons fugit dolos eorum; unde sequitur qui sciens versutiam eorum, ait illis: quid me tentatis? afferte mihi denarium, ut videam. at illi obtulerunt ei. * beda. ° denarius est genus nummi quod pro decem nummis imputabatur, et habebat imaginem caesaris; unde sequitur et ait illis: cuius est imago haec et inscriptio? dicunt ei: |50| caesaris. qui putant interrogationem salvatoris ignorantiam esse, non dispensationem, ex hoc discant quod potuit scire cuius imago esset; sed interrogat ut ad sermonem eorum competenter respondeat; unde sequitur respondens autem iesus dixit illis: reddite igitur quae sunt caesaris caesari, et quae sunt dei deo. * theophylactus. ° quasi dicat: date quod imaginem habet imaginato, idest denarium caesari: potestis enim et censum caesari dare, et deo propria offerre. * beda. ° idest decimas et primitias et oblationes et victimas, quomodo et ipse reddidit quae dei sunt, patris faciens voluntatem. * hieronymus. ° vel aliter. nummum habentem caesaris imaginem reddite coactum caesari, vosipsos libenter deo reddite. signatum est enim super nos lumen vultus tui, domine, non caesaris. * theophylactus. ° quasi caesar etiam est uniuscuiusque nostrorum corporum inevitabilis necessitas. iubet ergo dominus dari corpori cibaria propria et vestitum, et quae sunt dei deo. sequitur et mirabantur super eo. qui | 75 | credere debuerant, ad tantam sapientiam sunt mirati, quod calliditas eorum non invenisset locum.

lc3 * Glossa. ° postquam dominus sapienter pharisaeorum callidam tentationem evitavit, ostenditur quomodo etiam sadducaeos tentantes confundit; unde dicitur et venerunt ad eum sadducaei, qui dicunt resurrectionem non esse. * theophylactus. ° haeresis quaedam iudaeorum erat, qui dicebantur sadducaei, et hi resurrectionem negabant, et dicebant quod non sit angelus neque spiritus. hi ergo accedentes ad iesum, dolose narrationem quamdam inquisierunt, per quam ostenderent resurrectionem non esse nec factam, nec fiendam. et ideo subditur et interrogabant eum, dicentes: magister. in qua quidem narratione septem ponunt qui mulierem acceperant, ut magis retrahant a resurrectione. * beda. ° recte enim istiusmodi fingunt fabulam, quae deliramenti arguat eos qui resurrectionem asserunt corporum. potest autem fieri ut vere in gente eorum aliquando hoc acciderit. * hieronymus. ° mystice autem mulier sterilis non relinquens semen ex septem fratribus, novissime moriens, quid aliud significat |25| quam iudaicam synagogam relictam a spiritu septiformi, qui septem patriarchas implevit, qui non reliquerunt ei semen abrahae, quod est iesus christus? licet enim puer natus est illis, nobis tamen gentibus datus est; quae mulier mortua erat christo, nec cuiquam patriarchae de septem in resurrectione coniungetur. septenario namque numero universitas perfectorum significatur, ut versa vice per isaiam dicitur: apprehendent septem mulieres virum unum, idest, septem ecclesiae, quas dominus amat, arguit et castigat, eum una fide adorant; unde sequitur et respondens iesus ait illis: nonne ideo erratis, non scientes scripturas neque virtutem dei? * theophylactus. ° quasi dicat: vos non intelligitis qualem resurrectionem scriptura annuntiet. creditis enim quod restauratio corporum talium sit futura qualia nunc sunt: non autem sic erit. sic igitur ignoratis scripturam, sed etiam virtutem ignoratis divinam. vos enim consideratis quasi difficile, dicentes: qualiter poterunt membra dissoluta coniungi, et animabus adunari? |50| hoc enim respectu divinae potentiae quasi nihil est. sequitur cum enim a mortuis resurrexerint, neque nubent neque nubentur, sed erunt sicut angeli dei in caelis; quasi dicat: divina quaedam erit vitae restauratio et angelica, cum ulterius non corrumpemur, sed eodem modo manebimus; et propter hoc nuptiae auferentur. nam nuptiae quidem nunc sunt propter corruptionem, ut per successionem generis persistamus et non deficiamus; tunc vero sicut angeli erimus, qui sunt sine successione nuptiali et nunquam desinunt. * beda. ° considerandum est hic quod latina consuetudo hic graeco idiomati non respondet. nubere enim proprie dicuntur mulieres, et viri uxores ducere; sed nos simpliciter dictum intelligamus, ut nubere de viris, et nubi de uxoribus scriptum sit. * hieronymus. ° sic igitur errant non intelligentes scripturas, quia in resurrectione homines erunt sicut angeli dei; idest, nemo ibi moritur, nemo ibi nascitur; nec infans est ibi, nec senex. * theophylactus. ° et aliter etiam decipiuntur non |75| intelligentes scripturas. si enim has intellexissent, intelligerent quomodo per scripturas resurrectio mortuorum possit probari; unde subditur de mortuis quod resurgant non legistis in libro moysi, super rubum quomodo dixit illi deus, inquiens: ego sum deus abraham et deus isaac et deus iacob? * hieronymus. ° dico autem super rubum, in quo est similitudo vestra, in quo ignis ardebat, sed non eius spinas consumebat; sic vos inflammat eloquium meum, nec spinas vestras sub maledicto germinatas absumit. * theophylactus. ° dico autem ego sum deus abraham, deus isaac et deus iacob; quasi dicat deus viventium; unde subdit non est deus mortuorum, sed vivorum. non enim dixit: ego fui, sed ego sum, tamquam illi praesentes existant. sed forte aliquis dicet, quod hoc dixit solum deus de anima abrahae, non de corpore. ad quod dicimus, quod abraham utrumque importat, scilicet corpus et animam; ita ut et corporis ipse sit deus, et corpus vivat apud deum, idest in dei ordinatione. * beda. ° vel quia cum probavit |100| animas permanere post mortem (neque enim poterat fieri ut eorum esset deus qui nequaquam subsisterent), consequenter introduceretur et corporum resurrectio, quae cum animabus bona malaque gesserunt. * hieronymus. ° cum autem dicit deus abraham, deus isaac, et deus iacob, ter deum nominando trinitatem intimavit. cum autem dicit non est deus mortuorum, unum deum iterans, unam substantiam significavit. vivunt autem qui vindicant portionem quam elegerant: mortui autem sunt qui quod vindicaverant, perdiderunt. vos ergo multum erratis. * glossa. ° quia videlicet et scripturis contradicebant, et virtuti dei derogabant.

lc4 * Glossa. ° postquam dominus confutavit pharisaeos et sadducaeos tentantes, hic ostenditur quomodo satisfecit scribae quaerenti; unde dicitur et accessit unus de scribis qui audierat illos conquirentes, et videns quod bene illis responderit, interrogavit eum quod esset primum omnium mandatum. * hieronymus. ° quae est haec quaestio problematis quod est commune omnibus peritis in lege, nisi quod diversa in exodo et levitico et deuteronomio ordinantur mandata? unde non unum, sed duo intulit mandata, quibus quasi duobus uberibus super pectus sponsae elevatis nostra alitur infantia; et ideo subditur primum omnium mandatum est: audi, israel, dominus deus tuus deus unus est. primum omnium mandatum dicit; hoc est quod ante omnia debemus in corde singuli quasi unicum pietatis fundamentum locare, idest cognitio atque confessio divinae unitatis cum executione bonae operationis, quae in dilectione dei et proximi perficitur; unde subdit et diliges dominum deum tuum |25| ex toto corde tuo, et ex tota anima tua, et ex tota mente tua, et ex tota virtute tua: hoc est primum mandatum. * theophylactus. ° attende qualiter omnes animae vires enumeravit. est enim virtus animae animalis, quam expedit in dicendo ex tota anima tua, ad quam pertinet ira et desiderium; quae omnia tribui vult divino amori. est et alia vis quae dicitur naturalis, ad quam pertinet nutritiva et augmentativa; et ista est etiam danda domino tota; propter quod dicit ex toto corde. est et alia vis rationalis, quam mentem vocat; et ista etiam est danda deo tota. * glossa. ° quod autem subdit et ex tota fortitudine, ad vires corporales referri potest. sequitur secundum autem simile est huic: diliges proximum tuum sicut teipsum. * theophylactus. ° propter hoc dicit esse simile, quia haec duo mandata alternatim sunt sibi consona, et reciproce convertuntur: nam qui diligit deum, diligit et facturam suam. principale autem factorum eius est homo: unde qui diligit deum, diligere debet omnes homines; qui vero |50| diligit proximum, qui multoties dat causam scandali, multo magis eum debet diligere qui semper praestat beneficia; et ideo propter cohaerentiam horum mandatorum subdit maius horum aliud mandatum non est. sequitur et ait illi scriba: bene, magister, in veritate dixisti. * beda. ° ostendit ex hoc quod dicit maius est omnibus holocautomatibus et sacrificiis, gravem saepe inter scribas et pharisaeos quaestionem esse versatam, quod esset mandatum primum sive maximum divinae legis; quibusdam videlicet hostias et sacrificia laudantibus; aliis vero fidei et dilectionis opera praeferentibus eo quod plurimi patrum ante legem ex fide tantum, quae per dilectionem operatur, placerent deo. in hac sententia scriba iste se fuisse declarat. sequitur iesus autem videns quod sapienter respondisset, dixit illi: non longe es a regno dei. * theophylactus. ° in quo non eum esse perfectum testatur: non enim dixit: intra regnum caelorum es; sed non longe es a regno dei. * beda. ° ideo autem |75| non fit longe a regno dei, quia sententiae illius quae novi testamenti et evangelicae perfectionis est propria, fautor extitisse probatus est. * augustinus de cons. evang.. ° nec moveat quod matthaeus dicit tentantem fuisse, a quo dominus interrogatus est: fieri enim potest ut quamvis tentans accesserit, domini tamen responsione correctus sit; aut certe ipsam tentationem non accipiamus malam, tamquam decipere volentis inimicum, sed cautam potius, tamquam experiri amplius volentis ignotum. * hieronymus. ° vel non est longe qui venit callide: longior namque est ignorantia a regno dei quam scientia; unde supra sadducaeis: erratis, inquit, nescientes scripturas neque virtutem dei. sequitur et nemo audebat iam eum interrogare, quia enim in sermonibus confutati sunt, ultra non interrogant, sed apertissime comprehensum romanae tradunt potestati. ex quo intelligimus venena invidiae posse quidem superari, sed difficile conquiescere.

lc5 * Theophylactus. ° quia christus ad passionem venturus erat, opinionem falsam corrigit iudaeorum, qui christum filium david esse dicebant, non dominum eius; unde dicitur et respondens iesus, dixit docens in templo. * hieronymus. ° idest, palam eis de se loquitur, ut inexcusabiles sint; sequitur enim quomodo dicunt scribae christum filium david esse? * theophylactus. ° ostendit vero christus se esse dominum per verba david; nam sequitur ipse autem dicebat in spiritu sancto: dixit dominus domino meo: sede a dextris meis; quasi dicat: non potestis mihi dicere quod david absque gratia spiritus sancti hoc dixerit; sed in spiritu sancto vocavit eum dominum. et quod sit dominus, ostendit per hoc quod subdit donec ponam inimicos tuos scabellum pedum tuorum. ipsi enim erant inimici eius, quos deus pater posuit scabellum christi. quod autem a patre subiciuntur ei inimici, non infirmitatem filii, sed unitatem naturae, qua in altero alter operatur, significat. |25| nam et filius subicit inimicos patris, quia patrem clarificat super terram. * glossa. ° sic ergo dominus ex praedictis concludit dubitabilem quaestionem: nam ex verbis david praemissis habetur quod christus sit dominus david; ex dicto autem scribarum habetur quod sit filius eius; et hoc est quod subditur ipse ergo david dicit eum dominum; et unde est filius eius? * beda. ° interrogatio iesu nobis profuit usque hodie contra iudaeos: et hi enim qui confitentur christum esse venturum, hominem simplicem et sanctum virum asserunt de genere david. interrogemus ergo eos docti a domino, si simplex homo est et tantum filius david, quomodo vocet eum david dominum suum in spiritu sancto. non autem reprehenduntur quod david filium dicunt, sed quod dei filium eum esse non credunt. sequitur et multa turba libenter eum audiebat. * glossa. ° quia scilicet videbant eum sapienter respondentem et interrogantem.

lc6 * Hieronymus. ° confutatis scribis et pharisaeis, ut ignis eorum arida exempla incendit; unde dicitur et dicebat eis in doctrina sua: cavete a scribis, qui volunt in stolis ambulare. * beda. ° ambulare in stolis, cultioribus vestimentis indutos ad publicum procedere significat: in quo inter cetera dives ille qui epulabatur quotidie splendide peccasse describitur. * theophylactus. ° in stolis autem venerabilibus ambulabant, ex hoc volentes praehonorari, et similiter alia appetebant quae cedunt ad gloriam; nam sequitur et salutari in foro et in primis cathedris sedere in synagogis, et primos discubitus in coenis, scilicet volunt. * beda. ° notandum autem, quod non salutari in foro, non primos sedere vel discumbere vetat eos quibus hoc officii ordine competit; sed eos qui haec sive habita sive non habita indebite amant, a fidelibus quasi improbos docet esse cavendos, animum videlicet, non gradum redarguens; licet culpa non careat, si iidem in foro litibus interessent qui in cathedra |25| moysi synagogae magistri cupiunt appellari. duplici sane ratione a vanae gloriae cupidis attendere iubemur: ne scilicet eorum vel simulatione seducamur, aestimantes bona esse quae faciunt; vel aemulatione inflammemur, frustra gaudentes in bonis quae simulant, laudari. * theophylactus. ° specialiter etiam apostolos docet ut nullam cum scribis habeant conversationem, sed ipsum christum imitentur; ordinansque ipsos magistros in his quae sunt circa vitam agenda, alios eis supponit. * beda. ° non solum autem laudes ab hominibus, verum etiam pecunias quaerunt; unde sequitur qui devorant domos viduarum sub obtentu prolixae orationis. sunt enim qui se iustos simulantes, a peccatorum suorum conscientia turbati, quasi patroni pro eis in iudicio futuri, pecunias accipere non dubitant; et cum porrecta manus pauperi preces iuvare soleat, illi ob hoc maxime in precibus pernoctant, ut pauperi nummum tollant. * theophylactus. ° accedebant autem scribae ad has mulieres, quae sine protectione viri manebant, quasi earum |50| fierent protectores; et simulatione orationis, et habitu reverentiae, et hypocrisi viduas decipiebant, et sic etiam devorabant divitum domos. sequitur hi accipient prolixius iudicium, scilicet quam ceteri iudaeorum peccantium.

lc7 * Beda. ° dominus qui appetitus primatus et vanae gloriae cavendos esse monuerat, etiam dona ferentes in domum domini certo examine discernit; unde dicitur et sedens iesus contra gazophylacium aspiciebat quomodo turba iactaret aes in gazophylacium. sermone graeco phylaxe servare dicitur, et gaza persica lingua divitiae vocantur; unde gazophylacium locus appellari solet, quo divitiae servantur: quo nomine et arca in qua donaria populi congregabantur ad usus templi necessarios, et porticus, in quibus servabantur, appellabantur. habes exemplum de porticibus in evangelio: haec verba locutus est in gazophylacio, docens in templo. habes et de arca in libro regum: et attulit ioiada pontifex gazophylacium unum. * theophylactus. ° erat autem laudabilis consuetudo apud iudaeos, ut scilicet habentes et volentes aliquid in gazophylacio ponerent, quod esset pro sacerdotibus et pauperibus et viduis, ut exinde nutrirentur; |25| unde subditur et multi divites iactabant multa. multis autem hoc facientibus, accessit et vidua, ostendens affectum in oblatione pecuniae secundum propriam virtutem; unde subditur cum venisset autem una vidua pauper, misit duo minuta, quod est quadrans. * beda. ° quadrantem vocant calculatores quartam partem cuiuslibet rei, videlicet aut loci, aut temporis, aut pecuniae. forsitan ergo hoc loco quartam partem sicli, idest quinque obolos significat. sequitur et convocans discipulos suos, ait illis: amen dico vobis, quoniam vidua haec pauper plus omnibus misit qui miserunt in gazophylacium. deus enim non substantiam offerentium, sed conscientiam pensat; nec perpendit quantum in eius sacrificio, sed ex quanto proferatur; unde subdit omnes enim ex eo, quod abundabat illis, miserunt; haec vero de penuria sua omnia quae habuit misit, totum victum suum. * hieronymus. ° mystice autem divites sunt qui proferunt de thesauro cordis sui nova |50| et vetera; quae sunt incerta et occulta sapientiae divinae utriusque testamenti: paupercula autem quae est nisi ego, et mei similes, qui mitto quod possum, et desidero quod non possum vobis explanare? nam non quantum vos audistis, sed ex quanto considerat deus. unusquisque autem quadrantem potest offerre, quae est voluntas prompta; quae dicitur quadrans, quia cum tribus consistit, scilicet cogitatu, verbo et facto. quod dicitur totum victum suum misit, hoc significat quia tota voluntas corporis in victu consistit; unde dicitur: totus labor hominis in ore suo est. * theophylactus. ° vel aliter. vidua ista anima hominis est, relinquens satanam, cui fuerat adiuncta; quae mittit in templi aerario duo minuta, carnem scilicet et mentem: carnem quidem per abstinentiam, mentem vero per humilitatem: ut sic audire valeat quod totum victum suum posuit, et sacrum fecit, nihil de suo mundo relinquens. * beda. ° allegorice autem divites, qui in gazophylacium munera mittebant, iudaeos de iustitia legis elatos designant. |75| vidua pauper ecclesiae simplicitatem designat: pauper quidem, quia spiritum superbiae vel concupiscentias temporalium abiecit; vidua vero, quia iesus vir eius pro ea mortem pertulit. haec in gazophylacium duo minuta mittit: quia dilectionem dei et proximi, seu fidei et orationis munera defert, quae considerantur proprie fragilitatis minuta, sed merito piae intentionis accepta cunctis superbientibus iudaeorum operibus praestant. ex abundanti sibi iudaeus mittit in munera dei qui de iustitia sua praesumit. omnem victum suum in dei munera mittit ecclesia, quia omne quod vivit, non sui meriti, sed divini muneris esse intelligit.

072 CMC cp13

lc1 * Beda. ° quia fundata ecclesia christi, iudaea dignas suae perfidiae poenas erat luitura, apte dominus post laudatam in paupere vidua devotionem ecclesiae, egreditur de templo, ruinamque eius futuram, atque aedificia nunc admiranda non multo post contemnenda esse praedixit; unde dicitur et cum egrederetur de templo, ait illi unus ex discipulis suis: magister, aspice quales lapides, et quales structurae. * theophylactus. ° quia enim multa circa destructionem ierusalem dominus locutus fuerat, discipuli eius mirabantur quod tam magna et pulchra aedificia destrui debeant; et propter hoc ostendunt ei templi decorem; qui non solum ait haec destruenda fore, sed et quod in eis lapis super lapidem non relinqueretur: unde sequitur et respondens iesus ait illi: vides has magnas aedificationes? non relinquetur lapis super lapidem qui non destruatur. sed dicerent aliqui, quod multae reliquiae remanserunt, ut christum mendacem nitantur ostendere. sed nequaquam est hoc; |25| etsi enim aliquae reliquiae remansissent, tamen usque ad universalem consummationem non relinquetur lapis super lapidem. praeterea narratur, quod elius hadrianus civitatem et templum a fundamento evertit; ita quod verbum domini quod hic dicitur, sit impletum. * beda. ° divinitus autem procuratum est ut, patefacta per orbem fidei evangelicae gratia, templum ipsum cum caeremoniis tolleretur; ne quis forte parvulus in fide, si videret illa permanere quae a deo sunt instituta, paulatim a sinceritate fidei quae est in christo iesu, ad carnalem laberetur iudaismum. * hieronymus. ° in hoc etiam enumerat dominus discipulis cladem novissimi temporis, idest destructionem templi cum plebe et littera sua; de qua lapis super lapidem non relinquetur, idest testimonia prophetarum super eos, in quos iudaei retorquebant ea, ut in esdram, et zorobabel, et machabaeos. * beda. ° recedente etiam domino de templo, omnia legis aedificia et compositio mandatorum ita destructa est ut nihil a iudaeis impleri |50| possit; et capite sublato, universa inter se membra compugnant.

lc2 * Beda. ° quia laudantibus quibusdam aedificationes templi dominus palam responderat haec esse omnia destruenda, discipuli secreto tempus et signa praedictae destructionis interrogant; unde dicitur et cum sederet in monte olivarum contra templum, interrogabant eum. sedet dominus in monte olivarum contra templum, cum de ruina et excidio templi disputat, ut etiam ipso corporis situ verbis quae loquitur congruat, mystice designans, quod quietus manens in sanctis, superborum detestatur amentiam. mons enim oliveti fructiferam designat sanctae ecclesiae celsitudinem. * augustinus ad hesychium. ° interrogantibus autem discipulis ea respondit dominus quae iam ex illo tempore fuerant secutura, sive de excidio ierusalem, unde orta est ipsius interrogationis occasio; sive de adventu suo per ecclesiam, in qua usque ad finem venire non cessat: in suis enim veniens agnoscitur, dum eius quotidie membra nascuntur; sive de ipso fine, in quo apparebit vivos iudicaturus et |25| mortuos. * theophylactus. ° sed antequam eis ad interrogata respondeat, mentem eorum confirmat, ut non seducantur; unde sequitur et respondens iesus coepit dicere illis: videte ne quis vos seducat. hoc autem dicit, quia incipientibus circa iudaeam passionibus, insurrexerunt quidam qui se doctores esse dicebant; unde sequitur multi enim venient in nomine meo dicentes: quia ego sum. * beda. ° multi enim imminente hierosolymorum excidio extitere qui se esse christos dixerunt, tempusque libertatis iam appropinquare; multi etiam in ecclesia ipsis etiam temporibus apostolorum haeresiarchae prodiere; multi etiam in nomine christi venere antichristi, quorum primus est simon magus, cui, sicut in actibus apostolorum legimus: auscultabant qui in samaria erant, dicentes: haec est virtus dei quae vocatur magna; unde et hic subditur et multos seducent. a tempore autem dominicae passionis in populo iudaeorum, qui latronem seditiosum elegerunt, et christum salvatorem abiecerunt, |50| nec hostium, nec seditiones civium cessaverunt; unde sequitur cum audieritis autem bella et opiniones bellorum, ne timueritis. sed his adventantibus, apostoli ne terreantur, ne ierusalem iudaeamque deserant admonentur: quia videlicet non statim finis; quin potius in quadragesimum differendum sit annum; et hoc est quod subditur oportet enim haec fieri; sed nondum finis, idest desolatio provinciae, ultimumque urbis ac templi excidium. sequitur exurget autem gens contra gentem, et regnum super regnum. * theophylactus. ° idest, romani contra iudaeos; quod iosephus narrat ante destructionem ierusalem factum. cum enim gens iudaeorum tributum non redderet, romani venerunt turbati. sed quia tunc temporis romani misericordes erant, cepissent quidem eorum spolia, non fuisset tamen destructio ierusalem. sed quod deus contra iudaeos praeliaretur, ostenditur per id quod subditur et erunt terraemotus per loca et fames. * beda. ° constat autem hoc tempore iudaicae seditionis ad litteram contigisse. |75| potest vero regnum super regnum, et pestilentia eorum, quorum sermo serpit ut cancer, et fames audiendi verbum dei, et commotio universae terrae, et a vera fide separatio in haereticis magis intelligi, qui contra se invicem dimicantes, ecclesiae victoriam faciunt.

lc3 * Beda. ° quo merito hierosolymis ac provinciae iudaeorum universae irroganda tot fuerunt adversa, dominus manifestat cum dicit videte autem vosmetipsos: tradent enim vos in conciliis, et in synagogis vapulabitis. ea quippe iudaicae genti maxima causa erat excidii, quod post occisionem salvatoris, nominis quoque ac fidei eius praecones impia crudelitate vexabant. * theophylactus. ° convenienter autem praeposuit narrationem de his quae circa apostolos erant, ut in propriis tribulationibus aliqualem consolationem haberent ex communibus tribulationibus et passionibus; sequitur enim et ante reges et praesides stabitis propter me, in testimonium illis. reges autem et praesides dicit, sicut agrippam, neronem et herodem. quod autem dicit ante reges et praesides stabitis pro me, non modicam eis consolationem dedit, quia scilicet propter eum erant passuri. quod autem dicit in testimonium illis, sic intelligitur, idest in praeiudicium eorum, ut scilicet essent inexcusabiles; quod scilicet |25| apostolis laborantibus, illi non potuerunt veritati coniungi. deinde ne crederent quod propter tribulationes et pericula praedicatio impediretur, subditur et in omnes gentes primum oportet praedicari evangelium. * augustinus de cons. evang.. ° matthaeus addit: et tunc veniet consummatio. sed hoc quod marcus ait primum, signat utique antequam veniat consummatio. * beda. ° hoc ita fuisse completum, ecclesiasticae testantur historiae, in quibus refertur quod apostoli omnes multo ante excidium iudaeae provinciae ad praedicandum evangelium toto orbe fuerunt dispersi, excepto iacobo zebedaei et iacobo fratre domini, qui in iudaea pro verbo domini prius sanguinem fuderant. quoniam ergo noverat dominus corda discipulorum de excidio ac perditione suae gentis esse contristanda, hoc eos solatio allevat, ut nossent sibi, etiam iudaeis abiectis, socios non deesse gaudii regnique caelestis, immo multo plures quam de iudaea perirent, ex omnibus toto orbe hominibus esse colligendos. * glossa. ° poterat etiam alia sollicitudo in discipulorum cordibus oriri; quia enim audierant quod ante reges et praesides essent ducendi, ne dubitarent quod ex defectu propriae scientiae ac facundiae ad respondendum sufficientes essent, dominus eos consolatur cum subdit et cum duxerint vos, tradentes, nolite praecogitare quid loquamini; sed quod datum fuerit vobis in illa hora, id loquamini. * beda. ° cum enim propter christum ducimur ad iudices, voluntatem tantum nostram pro christo debemus offerre. ceterum ipse christus qui in nobis habitat loquitur; et spiritus sancti in respondendo gratia dabitur: unde sequitur non enim vos estis loquentes, sed spiritus sanctus. * theophylactus. ° praedicit etiam eis quod erat gravius, quod scilicet a propinquis persecutionem patientur, unde sequitur tradet autem frater fratrem in mortem, et pater filium; et consurgent filii in parentes, et morte afficient eos. * beda. ° hoc in persecutionibus fieri crebro vidimus; nec ullus est inter eos fidus affectus quorum diversa fides est. * theophylactus. ° hoc autem dicit, ut audito hoc, praeparent se ut persecutiones et mala patientius sustinerent. deinde consolationem inducit dicens et eritis odio omnibus propter nomen meum. quod enim habeamur odio propter christum, causa est sufficiens patienter persecutiones sustinendi: non enim martyrem facit poena, sed causa. sed in hoc etiam quod sequitur qui autem sustinuerit in finem, hic salvus erit, non modica consolatio esse videtur inter persecutiones.

lc4 * Glossa. ° praemissis his quae ante excidium civitatis erant futura, nunc dominus praedicit ea quae circa ipsam civitatis destructionem contigerunt, dicens cum autem videritis abominationem desolationis stantem ubi non debet, qui legit intelligat. * augustinus de cons. evang.. ° matthaeus dicit: stantem in loco sancto; in hac autem mutatione verbi marcus exposuit eamdem sententiam: ideo quippe dixit ubi non debet, quia in loco sancto non debet. * beda. ° quando autem ad intelligentiam provocamur, mysticum monstratur esse quod dictum est. potest autem simpliciter aut de antichristo accipi, aut de imagine caesaris, quam pilatus posuit in templo, aut de hadriani equestri statua, quae in ipso sancto sanctorum loco multo tempore stetit. abominatio quoque secundum veterem scripturam idolum nuncupatur: et idcirco addidit desolationis, quod in desolato templo, atque deserto idolum positum sit. * theophylactus. ° vel abominationem desolationis dicit ingressum hostium in civitatem per violentiam. * augustinus ad hesychium. ° lucas vero, ut ostenderet tunc factam fuisse abominationem desolationis, quando expugnata est ierusalem, hoc eodem loco domini verba commemorat: cum videritis circumdari ab exercitu ierusalem, tunc scitote quia appropinquavit desolatio eius. sequitur tunc qui in iudaea sunt fugiant in montes. * beda. ° haec iuxta litteram facta esse constat, cum appropinquante romano bello, et exterminio iudaicae gentis, oraculo admoniti omnes qui erant in provincia christiani, longius discesserunt, ut ecclesiastica narrat historia, et trans iordanem secedentes, manebant ad tempus in civitate pella, sub tutela agrippae regis iudaeorum, cuius in actibus apostolorum mentio est, qui cum ea quae sibi obtemperare volebat parte iudaeorum, semper imperio romanorum subditus agebat. * theophylactus. ° bene autem dixit qui in iudaea sunt, quia apostoli in iudaea adhuc non erant, sed ante praelium fugati sunt a ierusalem. * glossa. ° vel magis ipsi exierunt, spiritu ducti divino. sequitur et qui super tectum, non descendat in domum, nec introeat ut tollat quid de domo sua: desiderabile enim erit etiam nudo corpore de tanta tribulatione salvari. sequitur vae autem praegnantibus et nutrientibus in illis diebus. * beda. ° quarum scilicet uteri vel manus filiorum sarcina praegravatae, fugae necessitatem non minime impediant. * theophylactus. ° mihi autem videtur quod filiorum esum in his ostendat: nam fame et pestilentia afflicti manus filiis iniecerunt. * glossa. ° postquam autem fecerat mentionem de duplici impedimento fugae, quod scilicet posset esse vel ex cupiditate rerum asportandarum, vel ex deportatione natorum, tangit tertium impedimentum, quod scilicet est ex parte temporis, dicens orate ergo ut hieme non fiant. * theophylactus. ° ne scilicet ex difficultate temporis impediantur qui fugere cupiunt. causam autem tantae necessitatis ad effugiendum convenienter assignat, cum dicit erunt enim in diebus illis tribulationes tales quales non fuerunt ab initio creaturae quam condidit deus, usque nunc, nec fient. * augustinus ad hesychium. ° iosephus enim qui iudaicas scripsit historias, talia mala dicit illi populo tunc accidisse, ut vix credibilia videantur. unde non immerito dictum est, talem tribulationem nec fuisse a creaturae initio, nec futuram. sed etsi tempore antichristi talis aut maior forsitan erit, intelligendum est de illo populo dictum quod eis talis amplius futura non erit. si enim antichristum illi primi et praecipui recepturi sunt, facturus est tunc idem populus tribulationem potius quam passurus. * beda. ° hoc autem solum est in tantis malis refugium, ut deus, qui dat virtutem patiendi, breviet potentiam persequendi: unde sequitur et nisi breviasset dominus dies. * theophylactus. ° idest, nisi in brevi spatio bellum romanorum fuisset, non fuisset salva omnis caro; idest, nullus evasisset iudaeus; sed propter electos, quos elegit, idest propter iudaeos credentes aut in posterum credituros, breviavit dies; idest, cito bellum est terminatum; nam praesciebat deus quod multi post desolationem civitatis crederent iudaeorum: huius gratia eorum genus ex toto destrui non permisit. * augustinus ad hesychium. ° quidam autem convenientius intellexisse mihi videntur mala ipsa significata nomine dierum, sicut dicti sunt dies mali in aliis scripturae divinae locis: neque enim dies ipsi mali sunt, sed ea quae fiunt in eis. ipsa ergo dicta sunt breviari, ut, deo donante tolerantiam, minus sentirent, ac sic quae magna essent, brevia fierent. * beda. ° vel aliter. haec quae dicit ab illo loco, erunt dies tribulationis, temporibus antichristi proprie congruunt, quando non solum tormenta crebriora et acerbiora, quam prius consueverant, ingerenda sunt fidelibus; sed, quod gravius est, signorum quoque operatio eos qui tormenta ingerunt, comitabitur. haec autem tribulatio quanto ceteris, quae praecessere, pressurarum pondere gravior fuit, tanto est temporis brevitate moderatior futura. namque tribus annis et dimidio, quantum de prophetia danielis et apocalypsi ioannis conici potest, ecclesia per orbem impugnanda esse creditur. iuxta vero sensus spirituales, cum viderimus abominationem desolationis stare ubi non debet, hoc est, haereses et flagitia regnare inter eos, qui caelestibus mysteriis videbantur esse consecrati, tunc quicumque in iudaea, hoc est in confessione verae fidei persistimus, tanto altius virtutum culmen debemus ascendere quanto plures ampla vitiorum itinera sequi videmus. * hieronymus. ° fuga enim in montes est, ut non descendat ad ima qui ascendit ad alta. * beda. ° tunc qui super tectum est, hoc est, qui excedens animo carnalia facta, tamquam in aura libera, spiritualiter vivit, ne descendat ad infimos actus pristinae conversationis, neque ea quae reliquerit mundi, carnisve desideria repetat. domus namque nostra vel mundus hic, vel ipsa in qua degimus, nostra intelligenda est caro. * hieronymus. ° dicit enim orate, ut hieme non fiat fuga vestra, vel sabbato; idest, ne finiantur fructus nostri operis cum fine temporis: hieme enim finitur fructus, sabbato vero tempus. * beda. ° si autem de consummatione mundi intelligatur, haec praecipit, ut non refrigescat fides nostra et in christum caritas, neque ut otiosi in opere dei torpeamus virtutum sabbato. * theophylactus. ° oportet etiam nos a peccato fugere cum fervore, et non frigide et quiete. * hieronymus. ° tribulatio autem erit ingens, et dies breves propter electos, ne malitia huius temporis mutet intellectum eorum.

lc5 * Theophylactus. ° postquam ea quae ad ierusalem pertinebant dominus complevit, nunc de adventu loquitur antichristi, dicens et tunc si quis vobis dixerit: ecce hic est christus, ecce illic, ne credideritis. hoc autem quod dicit tunc, non sic intelligas, idest statim cum completa fuerint supradicta circa ierusalem: sicut et matthaeus post christi generationem dicit: in diebus illis venit ioannes; numquid immediate post christi nativitatem? non, sed indeterminate vel indistincte. sic et in hoc loco tunc accipi potest, non scilicet quando ierusalem desolabitur, sed circa tempus adventus antichristi. sequitur exurgent enim pseudochristi et pseudoprophetae, et dabunt signa et prodigia ad seducendos, si fieri potest, etiam electos. multi enim christi nomen suscipient, ita ut etiam fideles seducant. * augustinus de civ. dei. ° solvetur enim tunc satanas, et per antichristum in omni virtute sua mirabiliter quidem, sed mendaciter operabitur. solet autem ambigi utrum propterea dicta sint ab apostolo signa et prodigia mendacii, quoniam mortales sensus per phantasmata decepturus est, ut quod non facit, facere videatur; an quia illa ipsa, etiam si erunt vera prodigia, ad mendacia pertrahent credituros non ea potuisse nisi divinitus fieri, virtutem diaboli nescientes, maxime quando tantam quantam numquam habuit acceperit potestatem. sed propter quodlibet horum dictum sit, seducentur eis signis atque prodigiis qui seduci merebuntur. * gregorius super ezech.. ° cur autem sub dubitatione dicitur si fieri potest, cum quid futurum sit, a domino praesciatur? unum vero ex duobus est: quia si electi sunt, fieri non potest; si autem fieri non potest, electi non sunt. ista ergo dominici sermonis dubitatio in electis exprimit trepidationem mentis; quos et electos nominat, quia cernit quod in fide et bono opere persistent: quia qui electi sunt ad persistendum, per signa praedicatorum antichristi tentabuntur ad cadendum. * beda. ° quidam autem hoc ad captivitatis iudaicae tempus referunt, ubi multi christos se esse dicentes, deceptas post se catervas populi trahebant: sed in illa civitatis obsidione nullus erat fidelis, ad quem divina exhortatio, ne falsos magistros sequeretur, fieri deberet; unde melius de haereticis accipiendum est, qui contra ecclesiam venientes christos se esse mentirentur; quorum primus simon magus fuit, extremus autem ille maior ceteris est antichristus. sequitur vos ergo videte: ecce praedixi vobis omnia. * augustinus ad plebem hippon.. ° non enim solum bona quae sanctis et fidelibus suis est redditurus, verum etiam mala quibus erat hic mundus abundaturus, ante praedixit, ut bona post saeculi finem secutura certiores expectaremus, quando mala similiter praenuntiata ante saeculi finem praecedentia sentiremus. * theophylactus. ° post antichristi autem adventum alterabitur et mutabitur machina mundialis, obscuratis sideribus propter abundantiam claritatis christi: unde sequitur sed in diebus illis post tribulationem illam sol contenebrabitur, et luna non dabit splendorem suum, et stellae caeli erunt decidentes. * beda. ° sidera enim in die iudicii videbuntur obscura, non diminutione suae lucis accidente, sed superveniente claritate veri luminis, hoc est summi iudicis; quamvis nil prohibeat intelligi veraciter solem tunc et lunam cum sideribus ceteris ad tempus suo lumine privari, quomodo de sole factum constat tempore dominicae passionis. ceterum peracto die iudicii, cum fuerit caelum novum et terra nova, tunc fiet quod isaias dicit: erit lux lunae sicut lux solis, et lux solis septempliciter. sequitur et virtutes quae sunt in caelo movebuntur. * theophylactus. ° idest, virtutes angelicae stupebunt, tanta magnalia videntes fieri, et eorum iudicari conservos. * beda. ° quid mirum homines ad hoc iudicium perturbari, cuius aspectum et ipsae angelicae tremunt potestates? quid faciunt ibi tabulae, quando tremunt columnae? quid virgula deserti patitur, cum cedrus paradisi concutitur? * hieronymus. ° vel aliter. sol obtenebrabitur ad gelida corda, ut hieme; et luna non dabit splendorem suum, serena a tempestate dissensionum; et stellae caeli erunt decidentes in lumine, quando pene deerit semen abrahae, cui sunt similatae; et virtutes quae sunt in caelis movebuntur ad iram vindictae, quando mittentur a filio hominis veniente; de cuius adventu subditur et tunc videbunt filium hominis venientem in nubibus cum virtute multa, qui scilicet prius sicut pluvia in vellus gedeon descendit cum humilitate. * augustinus ad hesychium. ° quia enim dictum est apostolis ab angelis: sic veniet quomodo vidistis eum euntem in caelum, merito credendus est non solum in eodem corpore, verum etiam in nube venturus: quoniam sic veniet sicut abiit, et nubes suscepit eum abeuntem. * theophylactus. ° videbunt autem dominum tamquam filium hominis, scilicet in corpore: quod enim videtur corpus est. * augustinus de trin.. ° visio quippe filii hominis exhibetur etiam malis: nam visio formae dei non nisi mundis corde, quia ipsi deum videbunt. et quia filium dei, secundum id quod in forma dei aequalis est patri, iniqui videre non possunt; oportet autem ut iudicem vivorum et mortuorum, coram quo iudicabuntur, et iusti videant et iniqui; ideo oportebat ut filius hominis acciperet iudiciariam potestatem; de cuius executione mox subditur et tunc mittet angelos suos. * theophylactus. ° vide quod christus iesus mittit angelos, sicut et pater. ubi ergo sunt qui dicunt, quod patri non est aequalis? egrediuntur namque angeli congregare fideles electos, ut, in aera rapti obvient iesu christo; unde sequitur et congregabit electos suos a quatuor ventis. * hieronymus. ° ut triticum ventilatum de area totius terrae. * beda. ° a quatuor autem ventis, a quatuor mundi partibus dicit: oriente, occidente, aquilone et austro. et ne quisquam putaret, a quatuor solummodo plagis terrae, et non potius a cunctis eius finibus, simul et mediterraneis regionibus electos esse congregandos, apte subiunxit a summo terrae usque ad summum caeli; idest, ab extremis terrae finibus usque ad ultimos terminos eius, ubi longe aspectantibus circulus caeli terrae finibus insidere videtur. nullus ergo in die illa remanebit electus qui non venienti ad iudicium domino in aera occurrat. veniunt ad iudicium et reprobi, ut peracto iudicio dissipentur, et pereant a facie dei.

lc6 * Beda. ° sub exemplo arboris docuit dominus consummationis exemplum, dicens a ficu autem discite parabolam. cum iam ramus eius tener fuerit et nata fuerint folia, cognoscitis quia in proximo sit aestas; sic et vos, cum videritis haec fieri, scitote quod in proximo sit in ostiis. * theophylactus. ° quasi dicat: sicut cum ficui nascuntur folia, statim est aestas, sic et post angustias antichristi statim, nullo sequente medio, christi erit adventus; qui aestas erit iustis ex hieme, peccatoribus vero hiems ex aestate. * augustinus ad hesychium. ° vel aliter. omnia quae a tribus evangelistis dicta sunt de domini adventu, diligentius inter se collata atque discussa fortasse inveniuntur ad hoc pertinere quod quotidie venit in corpore suo quod est ecclesia, exceptis his locis ubi ille adventus ultimus ita promittitur ut propinquare dicatur: ut in ultimo sermonis secundum matthaeum ipse adventus evidenter exprimitur, ubi dicitur: cum venerit filius hominis in maiestate sua. quid enim est cum videritis haec fieri? nisi ea quae supra dixit, in quibus est etiam id quod ait et tunc videbunt filium hominis venientem in nubibus. non itaque tunc erit finis, sed tunc erit in proximo. an dicendum est non omnia quae supra commemorata sunt, esse intelligenda, sed aliqua eorum, hoc videlicet excepto quod dictum est et tunc videbunt filium hominis venientem? ipse quippe finis erit, non tunc proximus erit. sed matthaeus aperuit nullis exceptis esse accipiendum, dicens: cum videritis haec omnia, scitote quia prope est in ianuis. intelligitur ergo quod supra dictum est sic: et mittet angelos suos de quatuor mundi partibus, idest, de toto orbe terrarum congregabit electos suos; quae tota hora novissima facit veniens in suis membris tamquam in nubibus. * beda. ° potest autem haec fructificatio fici mystice intelligi super statu synagogae, quae veniente ad se domino, quia fructum iustitiae non habebat in eis qui tunc increduli erant, aeterna sterilitate damnata est. sed quoniam dixit apostolus quod cum plenitudo gentium intraverit, omnis israel salvus erit, quid est hoc nisi quod diu sterilis arbor fici fructum quem negaverat reddet? quod ubi factum fuerit, aestatem verae pacis esse in proximo non ambiges. * hieronymus. ° vel folia fici nata, verba sunt praesentia; aestas proxima, dies est iudicii, in qua unaquaeque arbor manifestabit quae intus habuit, aridum ad comburendum, an viride ad plantandum cum ligno vitae. sequitur amen dico vobis, quoniam non transibit generatio haec, donec ista omnia fiant. * beda. ° nomine generationis aut omne hominum significat genus, aut specialiter iudaeorum. * theophylactus. ° vel aliter. non transibit generatio haec, scilicet christianorum, donec omnia fiant, quae circa ierusalem et antichristi adventum dicta sunt. non enim dicit generationem apostolorum; quia maior pars apostolorum non pervenit usque ad ierusalem consummationem. dicit autem hoc de generatione christianorum, volens discipulos consolari, ne crederent quod in illis temporibus fides deficeret: prius enim elementa immobilia deficient, quam verba christi; unde subditur caelum et terra transibunt, verba autem mea non transibunt. * beda. ° caelum quod transibit, non aethereum sive sidereum, sed aereum intelligere debemus. quocumque enim pervenire potuit aqua diluvii, eo, iuxta beati petri sententiam, ignis iudicii perveniet. transient autem caelum et terra per eam quam nunc habent imaginem, attamen per essentiam sine fine subsistent.

lc7 * Theophylactus. ° volens dominus discipulos impedire ab interrogatione illius diei et horae, dixit de die autem illo et hora nemo scit, neque angeli in caelo, neque filius, nisi pater. si enim dixisset, quia scio, tamen nolo vobis revelare, ipsos non modicum contristasset. nunc vero sapientius egit, et ipsos exclusit ab huiusmodi interrogatione, ne ei molesti fierent, in hoc quod dixit: neque angeli sciunt, neque ego. * hilarius de trin.. ° ignoratio autem diei atque horae obicitur unigenito deo, ut deus ex deo natus non sit in ea naturae perfectione qua deus est. sed primum sensu communis iudicii sentiendum est an credibile esse possit ut aliquid ex omnibus nesciat qui omnibus ad id quod sunt atque erunt, auctor est. quomodo enim extra eius naturae scientiam est per quam et in qua id quod efficiendum sit continetur? hanc autem ille diem ignorat, quae adventus sui dies est? humanae naturae quod agere definiunt, quantum in se est, praesciunt, et sequitur gerendi cognitio voluntatem agendi. quomodo ergo dominus gloriae adventus sui ignorata die, naturae esse imperfectae creditur, quae et necessitatem habeat adveniendi, et scientiam adventus sui non adepta sit? iam vero quanta impietatis geminatur occasio, si deo patri deputabitur indignitatis affectus, si ei ademerit beatitudinis cognitionem, cui mortis induxerit praescientiam? quod si in eo omnes scientiae thesauri sunt, diem hunc non ignorat. sed meminisse nos convenit occultos in eo scientiae thesauros esse. ignoratio igitur eius est secundum quod thesauri scientiae in eo latent. in omnibus enim quae deus ignorare se loquitur, ignoratione non detinetur; sed aut tempus est non loquendi, aut dispensatio non agendi. si autem tunc cognovisse deus dicitur quod abraham eum amaverit, cum hoc non celavit abrahae; necesse est ut et pater ob id diem scire dicatur, quia non celaverit filio. si itaque diem filius nescit, sacramentum est ut taceat; e contrario pater solus ostenditur scire, quia non tacet. absit autem corporalium mutationum novitates in patre et filio existimari. denique, ne per infirmitatem ignorare dicatur, continuo subiecit videte, vigilate et orate: nescitis enim quando tempus sit. * hieronymus. ° vigilia enim opus est mentis ante mortem corporis. * theophylactus. ° docet autem vigilare et orare, duo haec: multi namque vigilamus, sed noctes ducentes in pravitates. ad hoc autem consequenter similitudinem inducit, dicens sicut homo qui peregre profectus reliquit domum suam, et dedit servis suis potestatem cuiusque operis, et ianitori praecepit ut vigilet. * beda. ° homo qui peregre profectus reliquit domum suam, christus est, qui ad patrem post resurrectionem victor ascendens, ecclesiam corporaliter reliquit, quam tamen numquam divinae praesentiae praesidio destituit. * gregorius in evang.. ° carnis etenim locus proprie terra est, quae velut ad peregrinandum ducta est, cum per redemptorem nostrum est in caelis collocata. dedit autem servis suis potestatem cuiusque operis, quia fidelibus suis concessa sancti spiritus gratia, facultatem tribuit bonis operibus serviendi. ianitori quoque praecepit ut vigilaret: quia ordini pastorum commissae sibi ecclesiae curam iubet impendere. non solum autem rectores ecclesiae, sed omnes vigilare praecipimur, ianuas cordium custodientes, ne antiqui hostis mala suggestio subintret, ne nos dominus dormientes inveniat. unde ex hac similitudine concludens subdit vigilate ergo: nescitis enim quando dominus domus veniat: sero, an media nocte, an galli cantu, an mane; ne cum venerit inveniat vos dormientes. * hieronymus. ° nam qui dormit, non corpora vera, sed phantasmata intendit, et vacuus vigilat de his quae viderat. sic nimirum sunt quos mundi amor rapit in vita, qui deserunt post vitam quod somniabant pro certo. * theophylactus. ° vide autem quia non dixit: nescio quando tempus erit, sed nescitis. propter hoc enim hoc occultavit, quia nobis expediebat: nam si nunc ignorantes finem non curamus, quid faceremus, si finem sciremus? malitias namque nostras differremus usque ad ultimum. attendamus etiam dictiones: sero namque finis existit, cum quis moritur in senectute; media nocte, cum quis moritur in medio iuventutis; galli cantu vero, cum ratio completur in nobis: cum enim incipit puer secundum rationem vivere, tunc gallus in eo vociferatur, excitans a somno sensualitatis; mane autem puerilis est aetas. oportet enim omnes istos finem praescire: nam et puero cavendum ne imbaptizatus pertranseat. * hieronymus. ° hoc autem fine concludit sermonem, ut commune omnium praeceptum novissimi per primos audiant; unde subdit quod autem vobis dico, omnibus dico: vigilate. * augustinus ad hesychium. ° non solum enim illis dixit quibus tunc audientibus loquebatur, sed etiam illis qui fuerunt post illos ante nos, et ad nos ipsos, et qui erunt post nos usque ad novissimum eius adventum. numquid autem omnes inventurus est dies ille in hac vita, aut quisquam dicturus est quod ad defunctos etiam pertineat quod ait vigilate, ne cum venerit repente, inveniat vos dormientes? cur itaque omnibus dicit quod ad eos solos pertineat qui tunc erunt, nisi quia ad omnes pertinet, quomodo dixi? tunc enim unicuique veniet dies ille cum venerit eius dies, ut talis hinc exeat qualis est iudicandus illo die; ac per hoc, vigilare debet omnis christianus, ne imparatum eum inveniat domini adventus. imparatum autem inveniet dies ille quem imparatum inveniet suae vitae huius ultimus dies.

072 CMC cp14

lc1 * Hieronymus. ° nunc aspergamus librum nostrum de sanguine, et limina domorum, et funem coccineum circumdemus domui orationis nostrae, et coccum in manu nostra ut zaram ligemus, ut vaccam rufam in valle occisam enarrare possimus. de christi enim occisione narraturus evangelista praemittit erat autem pascha et azyma post biduum. * beda. ° pascha, quod hebraice dicitur phase, non a passione, ut plerique arbitrantur, sed a transitu nominatur: eo quod exterminator videns sanguinem in foribus israelitarum, pertransierit, nec percusserit eos; vel ipse dominus praebens auxilium populo suo, desuper ambulavit. * hieronymus. ° vel phase transitus interpretatur, pascha vero immolatio. in immolatione agni et transitu populi per mare vel aegyptum, praefiguratur passio christi, et redemptio populi de inferno, quando nos post biduum visitat, idest plenissima luna, aetate christi perfecta: ut nec cum aliqua parte tenebrosa carnes agni immaculati, qui tollit peccata mundi, in una domo, quae est ecclesia catholica, calceati caritate et armati virtute comedamus. * beda. ° hoc autem, iuxta veteris testamenti scripturam, inter pascha et azyma distat, quod pascha ipse solus dies appellatur, in quo agnus occidebatur ad vesperam, hoc est quartadecima luna mensis primi; decima quinta autem luna, quando egressum est de aegypto, succedebat festivitas azymorum, quae septem diebus, idest usque ad vigesimum primum diem eiusdem mensis ad vesperam est statuta solemnitas. verum evangelistae indifferenter et diem azymorum pro pascha, et pro diebus azymorum pascha ponere solent; unde et marcus hic dicit erat autem pascha, et azyma post biduum: quia et paschae dies in azymis panibus est celebrari praeceptus; et nos quasi pascha perpetuum facientes, semper ex hoc mundo transire praecipimur. * hieronymus. ° a principibus autem egressa est iniquitas in babylone, qui templum et vasa et se purificare secundum legem ad esum agni debuerant; unde sequitur et quaerebant summi sacerdotes et scribae quomodo eum dolo tenerent et occiderent. occiso autem capite totum corpus enerve efficitur: unde miseri faciunt quod caput moriatur. vitant autem diem festum, quod convenit illis: non enim est festivitas his qui vitam et misericordiam perdiderunt; unde sequitur dicebant autem: non in die festo, ne forte tumultus fieret in populo. * beda. ° non quidem metuentes seditionem, ut simplex sermo demonstrat; sed caventes ne auxilio populi de suis manibus tolleretur. * theophylactus. ° ipse tamen christus tempus sibi constituerat passionis: voluit enim in paschate crucifigi, quia ipse verum erat pascha.

lc2 * Beda. ° passurus dominus pro toto mundo, et universas nationes suo sanguine redempturus, moratur in bethania, idest in domo obedientiae; unde dicitur et cum esset bethaniae in domo simonis leprosi, et recumberet, venit mulier. * hieronymus. ° hinnulus enim cervorum semper ad lectum suum redit, idest filius patri obediens usque ad mortem, a nobis obedientiam petit. * beda. ° dicit autem simonis leprosi, non quod leprosus illo tempore permaneret, sed quod antea leprosus, postea a salvatore mundatus est, nomine pristino permanente, ut virtus curantis appareat. * theophylactus. ° quamvis autem quatuor evangelistae unguentum mulieris commemorent, non est tamen una, sed duae: una quidem quae describitur a ioanne, quae soror est lazari, quae scilicet ante sex dies paschae unxit pedes iesu; alia vero quae a reliquis tribus evangelistis describitur. adhuc autem si attendas, invenies has tres esse. a ioanne enim una describitur, altera vero a luca, a duobus vero reliquis altera. quae enim a luca describitur meretrix esse, dicitur in medio praedicationis tempore ad iesum venisse. haec vero quae a matthaeo et marco describitur, dicitur in tempore passionis venisse, non confitentem se peccatricem. * augustinus de cons. evang.. ° ego autem nihil aliud intelligendum arbitror, nisi quod non aliam quidem fuisse mulierem, quae peccatrix tunc accessit ad pedes iesu, sed eamdem mariam bis hoc fecisse: semel scilicet quod lucas narravit, cum primo accedens cum humilitate et lacrymis, meruit peccatorum remissionem: nam et hoc ioannes commemoravit, cum de lazaro resuscitando coepisset loqui, antequam veniret in bethaniam, dicens: maria autem erat quae unxit dominum unguento, et extersit pedes eius capillis suis, cuius frater lazarus infirmabatur. quod autem in bethania rursus fecit, aliud est quod ad lucae narrationem non pertinet; sed pariter narratur a reliquis tribus. quod ergo matthaeus et marcus caput domini unguento illo perfusum dicunt, ioannes autem pedes, accipiamus non solum caput, sed etiam pedes domini perfudisse mulierem; nisi forte quoniam marcus fracto alabastro perfusum caput commemorat, tam quisquam calumniosus est ut in vase fracto neget aliquid remanere potuisse, unde etiam pedes domini perfunderet. sed religiosius contendet aliquis non ita fractum esse ut totum effunderet; vel prius accipiat perfusos pedes, antequam illud fractum esset, ut in integro remaneret unde etiam caput perfunderetur. * beda. ° est autem alabastrum genus marmoris candidi, variis coloribus intertincti, quod ad vasa unguentaria cavare solent, eo quod optime servare ea incorrupta dicatur. nardus vero est frutex aromaticus grandi, ut aiunt, et crassa radice, sed brevi ac nigra, fragilique. quamvis autem pinguis sit, tamen redolet ut cupressus, aspero sapore, folio parvo densoque, cuius cacumina in aristas se spargunt; ideoque gemina dote pigmentarii nardi spicas ac folia celebrant. et hoc est quod ait marcus unguenti nardi pistici pretiosi: quia videlicet unguentum illud quod attulit maria domino, non solum de radice confectum est nardi, verum etiam, quo pretiosius esset, spicarum quoque et foliorum eius, adiectione odoris ac virtutis illius erat accumulata gratia. * theophylactus. ° vel, sicut in graeco dicitur, nardi pistici, idest fidelis, eo quod unguentum nardi erat absque dolo cum fide confectum. * augustinus de cons. evang.. ° potest autem videri contrarium quod matthaeus et marcus posteaquam dixerunt pascha et biduum, deinde commemoraverunt quod erat iesus in bethania, ubi de illo pretioso unguento dicitur; ioannes autem ante sex dies paschae dicit iesum venisse in bethaniam, de eodem unguento narraturus. sed qui ita moventur, non intelligunt, matthaeum et marcum illud quod in bethania de unguento factum erat, non post illam praedicationem de biduo, sed adhuc cum sex dies essent ante pascha recapitulando posuisse. * hieronymus. ° mystice autem simon leprosus mundum infidelem primo, et postea fidelem significat; mulier autem cum alabastro ecclesiasticam fidem, quae dicit: nardus mea dedit odorem suum. pistica nardus dicitur, idest fidelis et pretiosa. domus impleta odore, caelum et terra est. fractum alabastrum carnale desiderium est, quod frangitur ad caput, ex quo omne corpus compaginatum est; recumbente ipso, idest humiliante se, ut eum tangeret fides peccatricis, quae de pedibus ascendit ad caput, et ad pedes a capite descendit per fidem, idest ad christum et ad membra eius. sequitur erant autem quidam indigne ferentes intra semetipsos, et dicentes: ut quid perditio ista? per synecdochen dicitur unus pro multis, et multi pro uno. perditus enim iudas de salute perditionem invenit, et in vite fructifera mortis laqueus nascitur. sub praetextu autem avaritiae mysterium fidei loquitur: etenim nostra fides trecentis emitur denariis, in decem sensibus, interioribus scilicet et exterioribus, scilicet per corpus et animam et spiritum triplicatis. * beda. ° quod autem dicit et fremuerunt in eam, nequaquam debemus de diligentibus christum apostolis dictum credere, sed de iuda potius sub numero plurali. * theophylactus. ° vel convenienter videtur innui quod discipuli plures mulierem arguerunt, eo quod saepe christum audierant de eleemosyna docentem. iudas vero non eadem intentione indigne tulit, sed propter amorem pecuniae, et turpe lucrum; unde et ioannes ipsum solum commemorat, tamquam fraudulenta intentione mulierem arguentem. dicit autem et fremuerunt in eam; idest molesti erant ei, exprobrantes, et iniurias inferentes. arguit autem dominus discipulos, eo quod desiderium impediunt mulieris; unde sequitur iesus autem dixit: sinite eam: quid illi molesti estis? postquam enim munus obtulerat, illam per opprobria pervertebant. * origenes super matth.. ° doluerunt enim de perditione unguenti, quod poterat venumdari multo pretio, et dari pauperibus; tamen non debebat fieri hoc, quia conveniens erat ut super caput christi funderetur sancta et decenti infusione; unde sequitur bonum opus operata est in me. usque adeo autem efficax est laus huius operis boni, ut exhortetur nos omnes odoriferis et pretiosis operibus implere domini caput, ut de nobis dicatur quod bonum opus fecimus super caput christi; quia semper quidem habemus, quamdiu in hac vita sumus, pauperes nobiscum, et opus habentes cura eorum qui profecerunt in verbo, et divites facti sunt in sapientia dei; non autem possunt sufficere ut semper diebus et noctibus habeant secum filium dei, idest verbum et sapientiam dei; sequitur enim semper enim pauperes habetis vobiscum, et cum volueritis potestis illis benefacere; me autem non semper habebitis. * beda. ° mihi quidem videtur in hoc loco de praesentia corporali locutus, quod nequaquam cum eis ita futurus sit post resurrectionem quomodo tunc in omni convictu et familiaritate. * hieronymus. ° dicit etiam bonum opus operata est in me: quia qui credit in deum, reputatur ei ad iustitiam. |175| aliud est enim credere ei, et aliud in eum; idest, totum eicere se in illum. sequitur quod habuit, idest quod potuit, hoc fecit: praevenit ungere corpus meum in sepulturam. * beda. ° quasi diceret: vos putatis perditionem esse unguenti: officium sepulturae est. * theophylactus. ° praevenit enim, quasi a deo ducta, ungere corpus meum, in signum sepulturae: in quo proditorem confundit, ac si ei diceret: qua conscientia mulierem confundis, quae in sepulturam corpus meum ungit; teipsum vero non confundis, qui me in mortem trades? prophetizat autem dominus consequenter duas prophetias: scilicet quod evangelium praedicabitur in universo mundo, et quod opus mulieris laudabitur; unde sequitur amen dico vobis: ubicumque praedicatum fuerit, * etc.. beda. ° notandum autem, quod sicut maria gloriam adepta est in toto orbe de obsequio quod domino exhibuit: ita e converso ille qui obsequio eius detrahere non timuit, longe lateque infamatus est; sed dominus bonum laude digna remunerans, futuras |200| impii contumelias tacendo praeteriit.

lc3 * Beda. ° infelix iudas damnum quod ex effusione unguenti fecisse credebat, vult magistri pretio compensare; unde dicitur et iudas iscariotes unus de duodecim abiit ad summos sacerdotes, ut proderet eum illis. * chrysostomus in serm. de passione. ° quid mihi eius patriam dicis? utinam ipsum quoque nescire licuisset. sed alter erat discipulus, qui iudas iacobi zelotes vocabatur: et ne appellatione cognominis fiat confusio personarum, propterea hunc ab illo separavit. non autem dixit: iudas proditor, ut doceat detractiones nescire, et accusationes declinare. quod autem dicit unus de duodecim, auget detestabilitatem proditoris: nam et alii discipuli erant, qui fuerant numero septuaginta; sed illi non intimi, non tanta confidentia sociati sunt; isti autem duodecim fuerunt comprobati: haec erat caterva legalis, de qua proditor malignus exivit. * hieronymus. ° unus tamen erat de duodecim numero, non unus merito; unus corpore, non unus animo. abiit autem ad |25| principes postquam exiit, et intravit in eum satanas: unumquodque animal ad simile sibi iungitur. * beda. ° quod autem dixit abiit, ostendit eum non a principibus invitatum, non ulla necessitate constrictum; sed sponte propria sceleratae mentis inisse consilium. * theophylactus. ° dicit autem ut proderet eum illis; idest, ut annuntiaret illis quando solus existeret. timebant autem in eum irruere quando docebat propter turbam. * hieronymus. ° promittit autem se tradere, ut magister eius diabolus ante dicebat: tibi dabo potestatem hanc universam. sequitur qui audientes gavisi sunt, et promiserunt ei pecuniam se daturos. promittunt quidem pecuniam, et amittunt vitam, quam ipse recipit cum vitam amittit. * chrysostomus in serm. de passione. ° o dementiam, immo cupiditatem proditoris. cuncta enim mala cupiditas procreavit: nam cupiditas captas animas retinet, et omnibus nodis alligatas constringit, et rerum oblivionem imponit, et alienationem mentis ostendit. ab hac iudas captivus, |50| cupiditatis insania, conversationis, mensae, discipulatus, admonitionis, suasionis oblitus est; nam sequitur et quaerebat quomodo eum opportune traderet. * hieronymus. ° sed opportunitas doli numquam invenitur, ut non vindicetur hic aut illic. * beda. ° multi hodie scelus iudae, quod dominum ac magistrum deumque suum pecunia vendiderit, velut immane et nefarium exhorrent, nec tamen cavent: nam cum pro muneribus, caritatis et veritatis iura spernunt, deum, qui est caritas et veritas, produnt.

lc4 * Chrysostomus in serm. de passione. ° quando iudas de traditione tractabat, alii discipuli sunt de praeparatione paschae solliciti; unde dicitur et primo die azymorum, quando pascha immolabant, dicunt ei discipuli: quo vis eamus et paremus tibi comedere pascha? * beda. ° primum diem azymorum quartumdecimum diem primi mensis appellat, quando fermento abiecto, immolare, idest agnum occidere, solebant ad vesperam; quod exponens apostolus ait: pascha nostrum immolatus est christus, qui licet die sequenti, idest quintadecima luna, sit crucifixus, attamen nocte qua agnus immolabatur, et corporis sanguinisque sui tradens mysteria celebranda, et a iudaeis tentus ac ligatus, ipsius immolationis, hoc est passionis suae, sacravit exordium. * hieronymus. ° azyma vero, quae cum amaritudine, idest lactucis agrestibus, manducantur, redemptio nostra est; amaritudo vero passio domini. * theophylactus. ° ex hoc autem quod dicunt discipuli quo vis eamus? manifeste videtur |25| quod christus hospitium aliquod non habebat; sed neque discipuli proprias domos: si enim habuissent, duxissent eum ad illas. * hieronymus. ° dicunt etiam quo vis eamus? ut cum voluntate dei dirigamus gressus nostros. dominus autem indicat cum quo manducat pascha; et more suo mittit duos, quod supra exposuimus; unde sequitur et mittit duos ex discipulis suis, et dicit eis: ite in civitatem. * theophylactus. ° mittit quidem ex discipulis suis, petrum scilicet et ioannem, ut lucas dicit, ad ignotum hominem, innuens ex hoc quod posset non pati. nam qui mentem ignoti movit ut ipsos reciperet, quid non operaretur in aliis? dat etiam eis signum, ut domum scilicet invenirent, cum subdit et occurret vobis homo lagenam aquae baiulans. * augustinus de cons. evang.. ° marcus lagenam dicit, quam lucas amphoram: ille vasis genus, iste modum significavit; uterque veritatem sententiae custodivit. * beda. ° indicium autem praesentiae divinitatis est quod cum discipulis loquens, quid alibi |50| futurum sit novit; unde sequitur et abierunt discipuli eius, et venerunt in civitatem, et invenerunt sicut dixit illis, et paraverunt pascha. * chrysostomus in serm. de passione. ° non illud quod nostrum, sed interim iudaeorum; illud autem quod nostrum est non solum constituit, sed ipse factus est pascha. sed et cur illud manducavit? quia factus est sub lege, ut eos qui sub lege erant redimeret, et ipse legi requiem daret: et ut nemo dicat quod ideo eam evacuaverit quia eam implere, ut molestam et arduam, non valuit, ipse prius eam complevit, et sic fecit eam requiescere. * hieronymus. ° mystice autem civitas ecclesia est, quae muro fidei cingitur: homo occurrens populus primitivus est; amphora aquae lex litterae. * beda. ° vel aqua lavacrum gratiae, lagena fragilitatem designat eorum per quos eadem erat gratia mundo monstranda. * theophylactus. ° lagenam aquae portat qui baptizatus est; qui autem baptisma baiulat, venit ad requiem secundum rationem vivens, et sicut in domo requie potitur: unde subdit sequimini |75| eum. * hieronymus. ° qui scilicet ducit in altum, ubi est refectio christi. dominus domus petrus apostolus est, cui dominus domum suam credidit, ut sit una fides sub uno pastore; coenaculum grande ecclesia magna est, in qua narratur nomen domini, strata varietate virtutum et linguarum. * beda. ° vel coenaculum magnum spiritualiter lex est, quae de angustiis litterae egrediens, et sublimi loco, idest in alto mentis solario, recipit salvatorem. consulte autem sive aquae baiuli sive domini domus sunt praetermissa vocabula, ut omnibus verum pascha celebrare volentibus, hoc est christi sacramentis imbui, eumque suae mentis hospitio suscipere quaerentibus, facultas danda signetur. * theophylactus. ° vel dominus domus intellectus est, qui ostendit coenaculum grande, idest altitudinem intelligentiarum; quod etsi altum sit, tamen nihil habet vanae gloriae et tumoris; sed sternitur, et planum fit humilitate. ibi autem, idest in tali mente, pascha christo paratur, |100| a petro scilicet et ioanne, idest ab actione et contemplatione.

lc5 * Beda. ° dominus qui de sua passione praedixerat, etiam de proditore praedicit, dans locum poenitentiae; ut cum intellexisset sciri cogitationes suas, poeniteret eum facti sui; unde dicitur vespere autem facto, venit cum duodecim, et discumbentibus eis et manducantibus ait iesus: amen dico vobis, quia unus ex vobis me tradet, qui manducat mecum. * chrysostomus in serm. de passione. ° ubi patet quod non aperte eum omnibus publicabat, ne impudentiorem eum faceret, nec etiam penitus silentio praeteribat, ne celari arbitratus, audacter ad proditionem properaret. * theophylactus. ° sed quomodo discumbentes coenabant, cum lex praeciperet quod stantes erecti deberent pascha comedere? probabile autem est prius eos adimplesse pascha legale, deinde discubuisse, incipiente eo proprium tradere pascha. * hieronymus. ° vespera autem diei, vesperam indicat mundi: circa undecimam namque horam veniunt novissimi qui primi denarium |25| aeternae vitae accipiunt. omnes igitur discipuli tanguntur a domino; ut fiat harmonia citharae, omnes nervi bene suspensi consona voce respondent; nam sequitur at illi coeperunt contristari, et dicere ei singillatim: numquid ego? unus autem remissus, et pecuniae amore madefactus, dixit: numquid ego sum, rabbi? sicut in matthaeo legitur. * theophylactus. ° coeperunt autem alii discipuli contristari propter domini verbum: nam etsi extra hanc existerent passionem, magis tamen credunt illi qui omnium novit corda, quam sibi. sequitur qui ait illis: unus ex duodecim, qui intingit mecum manum in catino. * beda. ° iudas scilicet qui, ceteris contristatis et retrahentibus manum, cum magistro manum mittit in catinum: et quia prius dixerat unus ex vobis me tradet, et perseverat proditor in malo, manifestius arguit; et tamen nomen proprium non designat. * hieronymus. ° dicit autem unus de duodecim, quasi ab eis separatus: separat enim seorsum lupus ovem quam |50| capit. ovis quae de ovili egreditur, lupi morsibus patet. iudas autem nec primo, nec secundo correptus a proditione retrahit pedem; unde poena praedicitur, ut quem pudor non vicerat, corrigant denuntiata supplicia; et hoc est quod subditur et filius quidem hominis vadit sicut scriptum est de eo. * theophylactus. ° per hoc quod dicitur vadit, ostenditur quod mors christi fuit voluntaria, et non necessaria. * hieronymus. ° sed quia multi bonum, ut iudas, faciunt, sed omnino illis non proficit, recte subditur vae autem homini illi per quem filius hominis tradetur. * beda. ° sed et hodie quoque in sempiternum vae illi homini qui ad mensam domini malignus accedit. etenim ille in exemplum iudae filium hominis tradit, non quidem iudaeis peccatoribus, sed tamen peccatoribus membris suis. sequitur bonum erat ei, si non esset natus homo ille. * hieronymus. ° scilicet intimo latens utero materno; melius enim est non esse, quam ad tormenta esse. * theophylactus. ° quantum enim ex fine |75| melius fuisset ei quod esset, si non proditor existeret; nam deus fecit ipsum ad opera bona; sed postquam ad tantam devenit malitiam, melius fuisset ei si natus non fuisset.

lc6 * Beda. ° finitis paschae veteris solemniis transiit ad novum, ut scilicet pro carne agni ac sanguine, sui corporis sanguinisque sacramentum substitueret; unde dicitur et manducantibus illis accepit iesus panem: ut scilicet ipsum se esse monstraret, cui iuravit dominus: tu es sacerdos in aeternum secundum ordinem melchisedech. sequitur et benedicens fregit. * theophylactus. ° idest, gratias agens fregit: quod et nos facimus, orationes superaddentes. * beda. ° frangit etiam ipse panem quem discipulis porrigit, ut ostendat corporis sui fractionem non absque sua sponte vel procuratione futuram; quem etiam benedixit, quia naturam humanam quam passurus assumpsit, ipse una cum patre et spiritu sancto gratia divinae virtutis implevit. benedixit panem ac fregit: quia hominem assumptum ita morti subdere dignatus est, ut ei divinae immortalitatis inesse potentiam demonstraret; ideoque velocius eum a morte resuscitandum esse doceret. |25| sequitur et dedit eis, et ait: sumite: hoc est corpus meum. * theophylactus. ° hoc scilicet quod nunc do, et quod nunc sumitis. non autem panis figura tantum corporis christi est, sed in proprium christi corpus transmutatur: nam dominus ait: panis quem ego dabo, caro mea est; sed tamen caro christi non videtur propter nostram infirmitatem: panis enim et vinum de nostra consuetudine est; si vero carnem et sanguinem cerneremus, sumere non sustineremus. propter hoc dominus nostrae infirmitati condescendens, species panis et vini conservat; sed panem et vinum in veritatem convertit carnis et sanguinis. * chrysostomus in serm. de passione. ° et nunc etiam ille praesto est christus, qui illam ornavit mensam, ipse istam quoque consecrat. non enim homo est qui proposita corpus christi facit et sanguinem; sed ille qui pro nobis crucifixus est christus. sacerdotis ore verba proferuntur, et dei virtute consecrantur et gratia. hoc verbo quod dicit hoc est corpus meum, proposita consecrantur; |50| et sicut illa vox quae dicit: crescite et multiplicamini, et replete terram, semel quidem dicta est, sed omni tempore sentit effectum ad generationem operante natura, ita et vox ista semel quidem dicta est, sed per omnes mensas ecclesiae usque in hodiernum diem et usque ad eius adventum praestat sacrificio firmitatem. * hieronymus. ° mystice autem in panem transfigurat dominus corpus suum, quod est ecclesia praesens, quae accipitur in fide, benedicitur in numero, frangitur in passionibus, datur in exemplis, sumitur in doctrinis, formatur in sanguinem suum in calice vino et aqua commixtum: ut alio purgemur a culpis, alio redimamur a poenis. sanguine namque agni servantur domus a percussione angeli, et aqua maris rubri extinguuntur inimici; quae sunt mysteria ecclesiae christi; unde sequitur et accepto calice, gratias agens dedit eis; gratia enim et non meritis salvati sumus a deo. * gregorius moralium. ° cum appropinquaret etiam passioni, |75| accepto pane, gratias egisse perhibetur. gratias itaque egit qui flagella alienae iniquitatis suscepit; et qui nil percussione dignum exhibuit, humiliter in passione benedicit, ut hinc ostendat quid unusquisque in flagello culpae facere debeat, si ipse aequanimiter flagella culpae portat alienae: ut hinc etiam ostendat quid in correctione faciat subditus, si in flagello positus patri gratias egit aequalis. * beda. ° quia et nos in christo, et in nobis christum manere oportet, vinum dominici calicis aqua miscetur. attestante enim ioanne, aquae populi sunt; et neque aquam solam, neque solum vinum cuiquam licet offerre, ne talis oblatio caput a membris secernendum esse significet, et vel christum sine nostrae redemptionis amore pati potuisse, vel nos sine illius passione salvari ac posse offerri contingat. sequitur et biberunt ex illo omnes. * hieronymus. ° ebrietas felix, satietas salutaris, quae quanto copiosius sumitur, tanto sobrietatem mentis donare dignatur. * theophylactus. |100| ° quidam autem dicunt iudam mysteriorum non fuisse participem, sed quod exiverit antequam dominus mysteria largiretur. alii etiam dicunt, quod illi tradidit de illo mysterio. * chrysostomus in serm. de passione. ° christus enim sanguinem ei qui eum vendidit offerebat, ut haberet remissionem peccatorum, si tamen impius existere noluisset. * hieronymus. ° bibit ergo iudas, sed non saturatur; nec sitim extinguit ignis aeterni, quia indigne sumit mysteria christi. sunt enim in ecclesia quos sacrificium non emundat, sed eos cogitatio insipiens perducit ad culpas, qui se coenosis crudelitatis foetoribus miscuerunt. * chrysostomus. ° nullus ergo sit iudas in domini mensa. hoc sacrificium cibus spiritualis est: nam sicut corporalis cibus, cum ventrem invenerit adversis humoribus occupari, amplius laedit, ita est et iste spiritualis cibus; si aliquem reperit malignitate pollutum, magis eum perdit, non sua natura, sed accipientis vitio. pura igitur sit mens in omnibus, pura cogitatio, quia et sacrificium purum est. sequitur et ait illis: hic est sanguis meus novi testamenti. * beda. ° hoc ad distinctionem respicit veteris testamenti, quod hircorum et vitulorum est sanguine dedicatum, dicente inter aspergendum legislatore: hic est sanguis testamenti, quod mandavit ad vos deus. sequitur qui pro multis effundetur. * hieronymus. ° non enim omnes emundat. sequitur amen dico vobis, quod iam non bibam de genimine vitis usque in diem illum, cum illud bibam novum in regno dei. * theophylactus. ° quasi diceret: non bibam de vino usque ad resurrectionem: regnum enim resurrectionem vocat, quasi tunc regnaverit contra mortem. post resurrectionem vero bibit cum discipulis et comedit, ostendens quod idem ipse esset qui passus est. novum autem bibit illud, idest novo quodam modo et alieno: non enim corpus habebat passibile indigens cibo, sed immortale et incorruptibile. intelligendum est autem et sic: vitis est ipse dominus, genimen vitis mysteria et intellectus occultus; quem ipse generat qui docet hominem scientiam. in regno autem dei, idest in futuro saeculo, bibet cum suis discipulis mysteria et sapientiam, nova quaedam nos docens, et revelans quae nunc occultat. * beda. ° vel aliter. vitem sive vineam domini appellatam esse synagogam isaias testatur dicens: vinea domini sabaoth, domus israel est. iturus ergo dominus ad passionem ait iam non bibam de genimine vitis: ac si aperte dicat: non ultra carnalibus synagogae caeremoniis delectabor, in quibus etiam ista paschalis agni sacra locum tenuere praecipuum. aderit enim tempus meae resurrectionis; aderit dies ille cum in regno dei positus, idest gloria vitae immortalis sublimatus, de salute eiusdem populi, fonte gratiae spiritualis regenerati, vobiscum gaudio perfundar. * hieronymus. ° considerandum autem, quod hic dominus mutat tantum sacrificium, sed non mutat tempus, ut nos nunquam coenam domini ante quartamdecimam lunam faciamus. qui facit in quartadecima resurrectionem, in undecima luna coenam domini faciet; quod nunquam in testamento veteri nec in novo factum est.

lc7 * Hilarius. ° sicut gratias egerunt antequam biberent, ita etiam gratias agunt et postquam biberunt; unde dicitur et hymno dicto exierunt in montem oliveti: ut scilicet addiscas et ante cibum et post cibum gratiarum reddere actiones. * hieronymus. ° hymnum enim dicit laudem domini, ut est in psalmo 21, 27-28: edent pauperes et saturabuntur, et laudabunt dominum qui requirunt eum; et adoraverunt et manducaverunt omnes pingues terrae. * theophylactus. ° simul etiam et hic ostendit quod amplectibile erat sibi pro nobis mori: quia cum tradendus erat, deum laudare dignatus est. docet etiam nos, cum in angustias incidimus propter multorum salutem, non contristari, sed deo gratias agere, qui in nostra tribulatione operatur multorum salutem. * beda. ° potest etiam hymnus ille intelligi quem dominus, secundum ioannem, patri gratias agens decantabat, in quo et pro seipso et pro discipulis et pro eis qui per verbum ipsorum credituri erant, elevatis sursum oculis, precabatur. * theophylactus. ° exivit autem in montem, ut ad eum solitarium existentem accedentes, ipsum caperent absque tumultu. si enim accessissent cum in civitate manebat, forte fuisset multitudo populi conturbata; et tunc manifeste occasionem inimici captantes viderentur ipsum iuste interficere tamquam populum concitantem. * beda. ° pulchre etiam dominus discipulos sacramentis imbutos in montem educit olivarum, ut typice designet nos per acceptionem sacramentorum ad altiora virtutum dona et charismata sancti spiritus, quibus in corde perungamur, ascendere debere. * hieronymus. ° in monte etiam oliveti iesus tenetur, unde ad caelos ascendit; ut nos sciamus quia inde ascendimus ad caelos unde vigilamus et oramus, et ligamur, nec repugnamus in terra. * beda. ° praedicit autem dominus discipulis quid passuri sunt; ut cum passi fuerint, non desperent salutem, sed agentes poenitentiam liberentur; unde sequitur et ait illis iesus: omnes scandalizabimini in me in nocte ista. * hieronymus. ° omnes quidem cadunt, sed non omnes iacent. numquid enim qui dormit non adiciet ut resurgat? carnale est cadere, sed diabolicum est iacere. * theophylactus. ° permisit autem eos dominus cadere, ut non in seipsis confidant; et ne videretur hoc quod praedixerat ex quodam argumento apparenti praedixisse, inducit testimonium zachariae prophetae; unde sequitur percutiam pastorem, et dispergentur oves gregis. * beda. ° hoc aliis verbis in zacharia propheta scriptum est et ex persona prophetae ad dominum dicitur: percute pastorem, et dispergentur oves. propheta enim postulat passionem domini; pater respondet: percutiam pastorem, precibus inferiorum. filius a patre mittitur, et percutitur; idest incarnatur et patitur. * theophylactus. ° dicit autem pater percutiam pastorem, quia ipsum percuti dimisit. oves discipulos dicit, quasi innocentes et quasi absque malitia. ultimo consolationem inducit, dicens sed postquam resurrexero, praecedam vos in galilaeam. * hieronymus. ° in quo vera promittitur resurrectio, ut spes non extinguatur. sequitur petrus autem ait ei: et si omnes scandalizati fuerint, sed non ego. ecce avis sine pennis in altum volare nititur: sed corpus aggravat animam, ut timore humanae mortis timor domini superetur. * beda. ° et petrus ergo de ardore fidei promittebat, et salvator quasi deus futura noverat; unde sequitur et ait illi iesus: amen dico tibi, quia tu hodie in nocte hac, priusquam gallus vocem bis dederit, ter me es negaturus. * augustinus de cons. evang.. ° cum omnes evangelistae dicant praedixisse dominum quod eum petrus esset negaturus antequam gallus cantaret; marcus hoc solum narravit expressius: unde nonnullis videtur non congruere ceteris, quia parum attendunt. tota enim petri negatio trina est: quae si tota post primum galli cantum inciperet, falsum dixisse viderentur tres alii evangelistae: quod scilicet antequam gallus cantaret, ter eum esset negaturus. rursus si totam trinam negationem ante peregisset quam cantare gallus inciperet, superfluo dixisset marcus ex persona domini priusquam gallus bis vocem dederit, ter me negaturus es. sed quia ante primum galli cantum coepta est illa trina negatio, attenderunt illi tres non quando eam completurus esset petrus, sed quanta futura esset, idest trina, et quando coeptura, idest ante galli cantum: quamquam in animo eius et ante primum galli cantum tota concepta est. marcus autem de ipsarum vocum intervallo planius elocutus est. * theophylactus. ° quod sic intelligitur. petrus semel negavit; deinde gallus cantavit; negante vero eo duabus aliis negationibus, tunc gallus secundo vocem emisit. * hieronymus. ° gallus lucis nuntius quis est nisi spiritus sanctus? cuius voce in prophetia et in apostolis nos de trina negatione excitamur ad amarissimos post lapsum fletus, qui male cogitavimus de deo, et male locuti sumus ad proximos, et male fecimus ad nosmetipsos. * beda. ° fides autem apostoli petri et ardens affectus ad dominum consequenter ostenditur; sequitur enim at ille amplius loquebatur: et si oportuerit me simul commori tibi, non te negabo. * theophylactus. ° fervorem etiam intrepidum et alii discipuli ostenderunt; nam sequitur similiter autem et omnes dicebant; sed tamen resistebant veritati, quam christus praedixerat.

lc8 * Glossa. ° postquam dominus scandalum discipulorum praedixerat, nunc evangelista narrat de oratione ipsius, in qua pro discipulis creditur orasse: et primo describens locum orationis, dicit et veniunt in praedium cui nomen gethsemani. * beda. ° monstratur usque hodie locus gethsemani, in quo dominus oravit ad radices montis oliveti. interpretatur autem gethsemani vallis pinguium, sive pinguedinum. cum autem dominus in monte orat, nos docet, sublimia orando inquiri debere. at cum in valle pinguedinis orat, insinuat nobis humilitatem semper in orationibus, et internae pinguedinem dilectionis esse servandam. ipse etiam per vallem humilitatis et pinguedinem caritatis pro nobis mortem subiit. * hieronymus. ° in valle etiam pinguedinum tauri pingues obsederunt eum. sequitur et ait discipulis suis: sedete hic donec orem. separantur in oratione qui separantur in passione: quia ille orat, illi dormiunt, pigredine cordis oppressi. * theophylactus. ° singulariter etiam erat consuetudo illi semper orare, formam nobis tradens ut silentium et solitudinem in orationibus requiramus. sequitur et assumit petrum et iacobum et ioannem secum. illos tres tantum assumit qui gloriae eius in monte thabor inspectores extiterant, ut qui gloriosa viderant, viderent et tristia, et addiscerent quod verus erat homo in hoc quod tristatur; unde sequitur et coepit pavere et taedere. quia enim totum assumpserat hominem, assumpsit et naturales proprietates hominis, pavere et taedere et contristari naturaliter; nam homines naturaliter inviti tendunt ad mortem; unde sequitur et ait illis: tristis est anima mea usque ad mortem. * beda. ° quasi deus in corpore constitutus fragilitatem carnis exponit, ut eorum qui sacramentum incarnationis obiurgant excluderetur impietas; nam qui corpus suscepit, omnia debuit suscipere quae corporis sunt, ut esuriret, sitiret, angeretur, contristaretur: divinitas enim per hos commutari nescit affectus. * theophylactus. ° quidam autem hoc sic intellexerunt, quasi dicat: tristor enim, non quod mori debeo, sed quod israelitae propinqui mei me crucifixuri sunt, ac per hoc a regno dei debent excludi. * hieronymus. ° in hoc etiam pavere et tristari docemur ante iudicium mortis, quod non possumus per nos dicere, sed per illum: venit princeps mundi huius, et in me non habet quicquam. sequitur sustinete hic, et vigilate. * beda. ° non a somno dormitionis prohibet, cuius tempus non erat imminente discrimine, sed a somno infidelitatis et torpore mentis. paululum autem procedens ruit in faciem suam, et humilitatem mentis habitu carnis ostendit; unde sequitur et cum processisset paululum, procidit super terram, et orabat ut, si fieri posset, transiret ab eo hora. * augustinus de cons. evang.. ° non dixit: si facere posset, sed si fieri posset; fieri enim potest quod ille voluerit. sic itaque dictum est si fieri potest, ac si diceretur: si vellet. et ne quis putaret eum patris minuisse potestatem, manifestavit quo intellectu accipiendum sit quod dictum est: nam sequitur et dixit: abba, pater, omnia tibi possibilia sunt: in quo satis ostendit non ex impossibilitate, sed ex voluntate patris dictum esse si fieri potest. quod autem marcus non solum pater, sed abba, pater, eum dixisse commemorat; hoc est abba hebraice, quod latine pater. et fortasse dominus propter aliquod sacramentum utrumque dixit, volens ostendere se illam tristis personam in persona sui corporis, idest ecclesiae, suscepisse, cui factus est angularis lapis, venientibus ad eum partim ex hebraeis, ad quos pertinet quod ait abba, partim ex gentibus, ad quos pertinet quod ait pater. * beda. ° orat autem transire calicem, ut ostendat vere quod homo erat; unde subdit transfer calicem hunc a me. reminiscens autem et propter quid missus est, perficit dispensationem ad quam missus est, et clamat sed non quod ego volo, sed quod tu; quasi dicat: si moritur mors me non moriente secundum carnem, transeat calix; verum, quia non aliter hoc fiet, non quod ego volo, sed quod tu. multi adhuc contristantur futura morte, sed habeant rectum cor, vitent mortem quam possunt; sed si non possunt, dicant id quod propter nos dominus dixit. * hieronymus. ° ex quo etiam usque in finem non cessat nos docere patribus obedire, et voluntatem eorum voluntati nostrae praeponere. sequitur et venit, et invenit eos dormientes. sicut enim dormiunt mente, sic et corpore. post orationem autem dominus veniens, et videns discipulos dormientes, petrum solum increpat; unde sequitur et ait petro: simon, dormis? non potuisti una hora vigilare mecum? quasi dicat: qui una hora non potuisti mecum vigilare, quomodo mortem spernes tu qui spondes mori mecum? sequitur vigilate et orate, ut non intretis in tentationem, scilicet negandi me. * beda. ° non ait: orate ne tentemini, quia impossibile est humanam animam non tentari; sed ne intretis in tentationem; hoc est, ne vos tentatio superet. * hieronymus. ° in tentationem autem intrare dicitur qui orare negligit. sequitur spiritus quidem promptus est, caro autem infirma. * theophylactus. ° quasi dicat: spiritus quidem vester promptus est ad me non negandum, et propterea hoc promittitis; sed caro vestra intantum infirma est quod nisi dominus per orationem virtutem carni dederit, in tentationem intrabitis. * beda. ° temerarios hic reprimit, qui quicquid crediderint, putant se consequi posse. sed quantum ex mentis ardore confidimus, tantum ex fragilitate carnis timeamus. facit etiam hic locus adversus eos qui dicunt unam in domino operationem et unam voluntatem fuisse. duas enim voluntates ostendit: humanam scilicet, quae propter infirmitatem carnis recusat passionem; et divinam, quae promptissima est. sequitur et iterum abiens oravit eumdem sermonem dicens. * theophylactus. ° ut scilicet per secundariam orationem, quod verus homo esset, affirmaret. sequitur et reversus denuo, invenit eos dormientes; tamen non vehementer redarguit: erant enim oculi eorum gravati, scilicet somno, et ignorabant quid responderent ei. per hoc infirmitatem humanam addiscas, ne scilicet gravati somno promittamus ea quae nobis impossibilia sunt. ideo tertio abiit ad orandum oratione praedicta: unde sequitur et venit tertio, et ait illis: dormite iam, et requiescite. non turbatur contra illos cum post redargutionem peius fecerint; sed ironice dicit illis dormite iam, et requiescite: quia iam sciebat quod proditor appropinquabat. et quod ironice dixerit, apparet per hoc quod subditur sufficit. venit hora: ecce filius hominis traditur in manus peccatorum. hoc dicebat deridens somnum eorum, quasi diceret: nunc tempus est ut dormiatis quando inimicus appropinquat. deinde subiungit surgite, eamus: ecce qui me tradet prope est. non ut fugerent hoc dicit, sed ut inimicis obviarent. * augustinus de cons. evang.. ° vel aliter. per hoc quod cum dixisset dormite iam, et requiescite, adiungit sufficit, et deinde infert venit hora, ecce tradetur filius hominis, utique intelligendum est post illud dormite et requiescite, siluisse dominum aliquantum, ut hoc fieret quod praemiserat; et tunc intulisse venit hora; et ideo interponit sufficit, scilicet quod requievistis. * hieronymus. ° trina autem discipulorum dormitio tres mortuos quos dominus suscitavit significat; primus in domo, secundus ad sepulcrum, tertius de sepulcro. trina autem domini vigilia docet nos orando et de praeteritis, et de futuris, et de praesentibus veniam rogare.

lc9 * Beda. ° postquam tertio dominus oraverat et apostolorum timorem sequente poenitentia impetraverat corrigendum, securus de passione sua pergit ad persecutores; de quorum adventu evangelista dicit et adhuc eo loquente, venit iudas iscariotes unus de duodecim. * theophylactus. ° hoc non frustra ponitur, sed ad maiorem proditoris redargutionem; quod cum de primo choro discipulorum existeret, contra dominum in rabiem versus est. sequitur et cum eo turba multa cum gladiis et lignis, a summis sacerdotibus et scribis et senioribus. * hieronymus. ° incumbit enim virtuti saeculi qui desperat de adiutorio dei. * beda. ° adhuc tamen habet aliquid iudas de verecundia discipuli, cum eum non palam tradidit persecutoribus, sed per signum osculi; unde sequitur dederat autem traditor eis signum, dicens: quemcumque osculatus fuero, ipse est: tenete eum, et ducite caute. * theophylactus. ° vide eius insensibilitatem, quomodo credebat in osculo christum decipere, ut quasi amicus aestimaretur. si autem amicus eras, o iuda, cuius gratia cum inimicis accessisti? sed omnis pravitas sine providentia est. sequitur et cum venisset, statim accedens ad eum ait: ave, rabbi; et osculatus est eum. * hieronymus. ° dat iudas signum osculi cum veneno doli: sic cain obtulit sacrificium subdolum et reprobatum. * beda. ° invidens autem et scelerata confidentia magistrum vocat, et osculum infert ei quem tradit. suscipit autem dominus osculum traditoris, non quo simulare nos doceat, sed ne proditionem fugere videatur; simul et illud psalmi 119, 7 complens: cum his qui oderunt pacem eram pacificus. sequitur at illi manus iniecerunt in eum, et tenuerunt eum. * hieronymus. ° hic adest ioseph venditus a fratribus, et ferrum pertransivit animam eius. sequitur unus autem de circumstantibus educens gladium, percussit servum summi sacerdotis, et amputavit auriculam. * beda. ° petrus hoc fecit, ut ioannes declarat, |50| eodem mentis ardore quo cetera faciebat: sciebat enim quomodo phinees puniendo sacrilegos, mercedem iustitiae et sacerdotii perennis acceperit. * theophylactus. ° tacet autem nomen eius marcus, ut non videretur suum laudare magistrum quasi zelantem pro christo. innuit autem petrus ex hoc quod inobedientes erant et increduli, spernentes scripturas; nam si habuissent aures audientes scripturas, non crucifixissent dominum gloriae. amputavit autem auriculam servi summi sacerdotis: nam summi sacerdotes primo praeteribant scripturas, quasi servi non audientes facti. sequitur et respondens iesus ait illis: tamquam ad latronem existis cum gladiis et lignis? * beda. ° quasi dicat: stultum est cum gladiis et fustibus quaerere eum qui ultro se vestris tradidit manibus, et in nocte quasi latitantem per proditorem investigare qui quotidie in templo docebat. * theophylactus. ° istud autem divinitatem eius ostendit: quando enim in templo docebat, non valuerunt ipsum capere, quamvis in manibus eorum esset, quia nondum |75| tempus advenerat passionis; quando autem ipse voluit, tunc tradidit seipsum, ut adimplerentur scripturae: quia tamquam agnus ad occisionem ductus est, non clamans neque vociferans, sed voluntarie patiens. sequitur tunc discipuli eius relinquentes eum omnes fugerunt. * beda. ° in hoc impletur sermo quem dominus dixerat, quod omnes discipuli scandalizarentur in illo in ipsa nocte. sequitur adolescens autem quidam sequebatur illum, amictus sindone super nudo: subauditur corpore: quia non aliud indumenti quam solam habebat sindonem. sequitur et tenuerunt eum. at ille, relicta sindone, nudus profugit ab eis: quorum scilicet praesentiam detestabatur et facta, non a domino, cuius amorem et absens corpore fixum servavit in mente. * hieronymus. ° sicut etiam ioseph, relicto pallio, nudus de manibus impudicae feminae aufugit, qui vult effugere manus iniquorum, relinquens mente quae mundi |100| sunt, fugiat post iesum. * theophylactus. ° probabile autem videtur quod hic adolescens erat de illa domo in qua pascha comederant. quidam vero dicunt hunc adolescentem fuisse iacobum fratrem domini, qui dicebatur iustus, qui ab apostolis post christi ascensionem cathedram hierosolymorum accepit. * gregorius moralium. ° vel hoc de ioanne dicitur, qui, etsi post, ut verba redemptoris audiret, ad crucem rediit, prius tamen territus fugit. nam, et illum eo tempore fuisse adolescentem, longa post hoc in carne vita eius indicio est. potuit enim fieri ut ad horam tenentium manibus elapsus, mox resumpto indumento redierit, et sub dubia lucis nocte, se turbis ducentium iesum, quasi unus de ipsis immiscuerit, donec ad atrium pontificis, cui erat notus, perveniret, ut ipse in suo evangelio commemorat. sicut autem petrus, qui culpam negationis poenitentiae lacrymis abluit, recuperationem ostendit eorum qui in martyrio labuntur; ita ceteri discipuli qui articulum comprehensionis |125| fugiendo praevenerunt, cautelam fugiendi docent eos qui se minus idoneos ad toleranda supplicia sentiunt.

lc10 * Glossa. ° narraverat evangelista superius, quomodo dominus a ministris sacerdotum fuerat captus; nunc narrare incipit quomodo in domo principis sacerdotum morti adiudicatus fuit; unde dicitur et adduxerunt iesum ad summum sacerdotem. * beda. ° summum sacerdotem significat caipham, qui, sicut ioannes scribit, erat pontifex anni illius, de quo testatur iosephus, quod pontificatum sibi emerit a principe romano. sequitur et convenerunt in unum omnes sacerdotes et scribae et seniores. * hieronymus. ° tunc facta est congregatio taurorum in vaccis populorum. sequitur petrus autem a longe sequebatur eum usque intro in atrium summi sacerdotis. timor enim retrahit, sed caritas trahit. * beda. ° merito autem a longe sequebatur qui iam erat proxime negaturus: neque enim negare posset, si christo proximus adhaesisset. sequitur et sedebat cum ministris ad ignem, et calefaciebat se. * hieronymus. ° in |25| atrio cum ministris calefacit se ad ignem. atrium sacerdotis est saecularis circuitus; ministri daemonia sunt, cum quibus qui manet, flere peccata non potest; ignis desiderium carnale. * beda. ° est enim ignis caritas, de quo dicitur: ignem veni mittere in terram: qui super credentes descendens variis linguis eos laudare dominum docuit. est et ignis cupiditatis, de quo dicitur: omnes adulterantes, velut clibanus corda eorum. hic ignis in atrio caiphae instinctu maligni spiritus accensus, ad negandum, ad blasphemandum dominum perfidorum linguas armabat. quod enim intus in domo maligna synodus gerebat, hoc ignis in atrio inter frigora noctis accensus figurabat. quoniam enim abundat iniquitas, refrigescit caritas multorum. hoc frigore torpens ad horam petrus, quasi prunis ministrorum caiphae calefieri cupiebat: quia temporalis commodi solatium perfidorum societate quaerebat. sequitur summi vero sacerdotes et omne concilium quaerebant adversus iesum |50| testimonium, ut eum morti traderent. * theophylactus. ° lege praecipiente quod unus existeret summus sacerdos, tunc multi erant substituti, et destituti annis singulis per principem romanorum. summos ergo sacerdotes dicit illos qui determinatum eis tempus complentes iam compleverant et a sacerdotio destituti erant. figuram autem iudicii, quod in praeiudicium agebant, operantur, testimonia quaerentes, ut videantur iesum iuste damnare et perdere. * hieronymus. ° sed mentita est iniquitas sibi, ut regina adversus ioseph, et sacerdotes adversus susannam. sed ignis sine materia deficit; unde sequitur nec inveniebant; multi enim falsum testimonium dicebant adversus eum, et convenientia testimonia non erant. quod enim variatur, incertum habetur. sequitur et quidam surgentes falsum testimonium ferebant. moris est haereticorum umbram de veritate trahere. non ille dixit quod illi dicunt, sed simile verbum de templo corporis sui, quod post biduum resuscitavit. * theophylactus. ° non enim |75| dixerat: ego dissolvam illud, sed: solvite; neque manufactum dixit, sed simpliciter templum. * hieronymus. ° dixit etiam: suscitabo, vivum animal significans, et spirans templum. falsus testis est qui in eo sensu dicta intelligit quo non dicuntur.

lc11 * Beda. ° quanto iesus tacebat ad indignos responsione sua falsos testes et sacerdotes impios, tanto magis pontifex furore superatus, eum ad respondendum provocat, ut ex qualibet occasione sermonis, locum inveniat accusandi; unde dicitur et exsurgens summus sacerdos in medium, interrogavit iesum, dicens: non respondes quidquam ad ea quae tibi obiciuntur ab his? iratus quidem princeps et impatiens, non inveniens calumniae locum, exsurgit de solio, ut insaniam mentis motu corporis demonstraret. * hieronymus. ° sed ipse deus et salvator noster, qui mundo salutem contulit, et humano generi sua pietate subvenit, sicut ovis ad occisionem sine voce ducitur, et obmutuit, et siluit a bonis; unde sequitur ille autem tacebat, et nihil respondit. taciturnitas christi apologiam, idest excusationem, adae absolvit. * theophylactus. ° tacebat autem, sciens quod non attenderent verbis eius; unde secundum lucam respondit: si dixero |25| vobis, non credetis mihi; unde sequitur rursus summus sacerdos interrogavit eum, et dixit ei: tu es christus filius dei benedicti? interrogat quidem hoc summus sacerdos, non ut addiscens crederet, sed ut ex hoc aliquam occasionem captaret. quaerit autem tu es christus filius dei benedicti? multi namque erant christi, idest uncti, sicut reges et summi sacerdotes; sed nullus eorum dicebatur filius dei benedicti, quasi semper collaudati. * hieronymus. ° hunc autem expectabant de longe, quem prope non vident; sicut isaac caligantibus oculis iacob sub manibus non agnoscit; sed longe de eo futura canit. sequitur iesus autem dixit illis: ego sum; ut scilicet inexcusabiles sint. * theophylactus. ° sciebat namque quoniam non crederent: tamen respondit, ne postea dicerent: si audissemus aliquid ab eo, credidissemus ei. hoc autem est in eorum praeiudicium: quia audierunt et non crediderunt. * augustinus de cons. evang.. ° matthaeus autem non dixit respondisse iesum: ego sum sed: tu dixisti; |50| sed marcus tantum valere ostendit quod ei dicit: tu dixisti, quantum si diceret ego sum. sequitur et videbitis filium hominis sedentem a dextris virtutis dei, et venientem cum nubibus caeli. * theophylactus. ° ac si dicat: videbitis me tamquam filium hominis a dextris patris sedentem. virtutem namque hic patrem dicit. non autem sine corpore veniet; sed qualis apparuit crucifigentibus, talis in iudicio eis apparebit. * beda. ° si ergo tibi in christo, o iudaee, o pagane et haeretice, contemptus, infirmitas et crux contumelia est, vide quia per hoc filius hominis ad dexteram dei patris sessurus, et in sua cum nubibus caeli est maiestate futurus. * hieronymus. ° et quidem sacerdos interrogat filium dei, iesus autem respondet filium hominis; ut hinc intelligamus dei filium idem esse et filium hominis, et ne quaternitatem faciamus in trinitate; sed homo in deo, et deus in homine sit. dicit autem a dextris virtutis sedentem; idest, in vita regnantem sempiterna, et |75| virtute divina. et venientem cum nubibus caeli. in nube ascendit, cum nube veniet; idest, in corpore suo solo, quod sumpsit a virgine, ascendit, et cum multiformi ecclesia, quae corpus ipsius et plenitudo eius, ad iudicium venturus est. * leo papa in serm. 6 de passione. ° caiphas autem ad exaggerandam auditi sermonis invidiam, scidit vestimenta sua; et nesciens quid haec significaret insania, sacerdotali se honore privavit, oblitus praecepti illius quod legitur de principe sacerdotum: de capite suo cidarim non deponet, et vestimenta sua non disrumpet. nam sequitur summus autem sacerdos scindens vestimenta sua, ait: quid adhuc desideramus testes? audistis blasphemiam: quid vobis videtur? * theophylactus. ° adimplet quidem sacerdos consuetudinem iudaicam: cum enim aliquid intolerabile et triste illis occurrebat, vestimenta scindebant. ut ergo monstraret quod christus magnam et intolerabilem blasphemiam dixerit, vestimenta scidit. * beda. ° altiori autem mysterio factum est ut in passione domini pontifex |100| iudaeorum sua ipse vestimenta discinderet, hoc est ephod; cum tunica domini nec ab ipsis qui eum crucifixere militibus scindi potuerit. figurabatur enim quia sacerdotium iudaeorum pro sceleribus ipsorum pontificum esset scindendum: soliditas vero ecclesiae, quae vestis sui redemptoris solet appellari, nunquam valet disrumpi. * theophylactus. ° ex eo autem sacerdotium iudaeorum scindendum erat quod condemnaverunt christum esse reum mortis; unde sequitur qui omnes condemnaverunt eum esse reum mortis. * hieronymus. ° condemnant quidem eum esse reum mortis ut reatu suo reatum nostrum solveret. sequitur et coeperunt quidam conspuere eum: ut scilicet sputaminibus susceptis, faciem animae nostrae lavaret; et velamine faciei suae velamen cordium nostrorum auferret; et colaphis, quibus in capite percussus est, caput humani generis, quod est adam, sanaret; et alapis, quibus expalmatus est, maxima laus eius nostris manibus labiisque plauderet: ut dicitur: |125| omnes gentes, plaudite manibus. * beda. ° quod vero dicunt ei prophetiza: quis est qui te percussit? quasi in contumeliam faciunt eius qui se a populis prophetam haberi voluit. * augustinus de cons. evang.. ° hoc autem intelligitur passus dominus usque ad mane in domo principis sacerdotum, quo prius adductus est.

lc12 * Augustinus de cons. evang.. ° de petri tentatione, quae inter praedictas domini contumelias facta est, non eodem ordine omnes evangelistae narrant. nam lucas explicat prius tentationem petri, tum demum has domini contumelias; ioannes autem incipit petri tentationem dicere, et interponit quaedam de contumeliis domini, et adiungit quod inde missus est ad caipham pontificem; et inde recapitulat, ut explicet quam coeperat tentationem petri. matthaeus autem et marcus primo commemorant christi contumelias, deinde petri tentationem de qua dicitur et cum esset petrus in atrio deorsum, venit una ex ancillis summi sacerdotis. * beda. ° quid autem sibi vult, quod prima eum prodit ancilla; cum viri utique eum magis potuerint recognoscere, nisi ut et iste sexus peccasse in necem videretur domini, et iste sexus redimeretur per domini passionem? sequitur at ille negavit dicens: neque scio, neque novi quid dicas. * hieronymus. |25| ° petrus sine spiritu voci ancillae cessit, cum spiritu nec principibus, nec regibus cedit. * theophylactus. ° hoc autem eum pati dispensative permisit dominus, ne scilicet extolleret se; simulque ut peccantibus misericors ostendatur, tamquam ex seipso instructus humanae infirmitatis eventum. sequitur et exiit foras ante atrium et gallus cantavit. * beda. ° de hoc galli cantu ceteri evangelistae tacent; non tamen factum negant; sicut et multa alia alii silentio praetereunt quae alii narrant. sequitur rursus autem cum vidisset eum ancilla, coepit dicere circumstantibus, quia hic ex illis est. * augustinus de cons. evang.. ° haec ancilla non eadem, sed alia est, sicut dicit matthaeus. sane hoc quoque intelligitur, quia in secunda negatione a duobus compellatus est, ab ancilla scilicet,. quam commemorant matthaeus et marcus, et ab alio quem commemorat lucas. sequitur at ille iterum negavit. iam petrus redierat ut, quemadmodum dicit ioannes, ad focum stans |50| iterum negaret: unde ancilla dicebat quod dictum est, non illi, scilicet petro, sed his qui illo exeunte ibi remanserant; sic tamen ut ille audiret; unde rediens et rursus ad ignem stans resistebat negando verbis eorum. liquido enim colligitur collatis de hac re omnibus evangelistarum testimoniis, non ante ianuam secundo petrum negasse, sed intus in atrio ad ignem; matthaeum autem et marcum, qui commemoraverunt exisse eum foras, regressum eius brevitatis causa tacuisse. * beda. ° in hac autem negatione petri discimus non solum abnegari christum ab eo qui dicit eum non esse christum; sed ab illo etiam qui cum sit, negat se esse christianum: dominus enim non ait petro: discipulum meum te negabis, sed me negabis. negavit ergo christum cum se negavit eius discipulum. sequitur et post pusillum rursus qui adstabant dicebant petro: vero ex illis es: nam et galilaeus es. non quod alia lingua galilaei quam hierosolymitae loquerentur, qui utique fuerunt hebraei; sed |75| quod unaquaeque provincia et regio suas habeat proprietates, ac vernaculum loquendi sonum vitare non possint. * theophylactus. ° igitur timore petrus perterritus, et domini sermonem oblitus, dicentis: qui me confessus fuerit coram hominibus, confitebor et ego eum coram patre meo, dominum abnegavit; unde sequitur ille autem coepit anathematizare et iurare: quia nescio hominem istum quem dicitis. * beda. ° quam noxia sunt pravorum consilia. inter infideles hominem negavit se nosse quem inter discipulos deum fuerat confessus. solet autem scriptura sacra meritum causarum per statum designare temporum; unde petrus, qui media nocte negavit, ad galli cantum poenituit; unde subditur et statim iterum gallus cantavit. et recordatus est petrus verbi quod dixit ei iesus: priusquam gallus cantet bis, ter me negabis. et coepit flere. * theophylactus. ° lacrymae enim petrum christo per poenitentiam adduxerunt. confundantur itaque novatiani, qui dicunt, quod qui post susceptionem baptismatis peccaverit, non suscipitur ut sibi delictum remittatur. ecce enim petrus, qui et christi corpus sumpsit et sanguinem, per poenitentiam est susceptus. etenim sanctorum defectus propter hoc scripti sunt, ut et nos si per incautelam deciderimus, recursum habeamus per eorum exemplum, et speremus per poenitentiam sublevari. * hieronymus. ° mystice autem prima ancilla, titubatio est; secunda, consensio; tertius vir, actus est. haec trina negatio, quam abluit per fletus verbi christi recordatio. tunc nobis gallus cantat quando praedicator quisquam per poenitentiam corda nostra ad compunctionem excitat; tunc incipimus flere quando ignimur intus per scintillam scientiae; et foris eximus cum extra eicimus quod intus fuimus.

072 CMC cp15

lc1 * Beda. ° habebant iudaei hunc morem ut quem adiudicassent morti, ligatum iudici traderent; unde post condemnationem christi subiungit evangelista et confestim mane consilium facientes summi sacerdotes cum senioribus et scribis et universo concilio, vincientes iesum duxerunt, et tradiderunt pilato. attamen notandum, quod non tunc primum ligaverunt eum; sed mox comprehensum nocte in horto, ut ioannes declarat, ligaverunt. * theophylactus. ° tradiderunt itaque iesum romanis; sed et ipsi a deo traditi fuerunt in manibus romanorum, ut adimplerentur scripturae dicentes: secundum opera manuum eorum retribue illis. sequitur et interrogavit eum pilatus: tu es rex iudaeorum? * beda. ° pilato nihil aliud criminis interrogante nisi utrum rex iudaeorum sit, arguuntur impietatis iudaei, quod nec falso quidem invenire potuerint quod obicerent salvatori. sequitur at ille respondens ait illi: tu dicis. sic respondet, ut verum diceret, et sermo eius calumniae non pateret. * theophylactus. ° dubiam enim responsionem emisit: nam tu dicis potest sic intelligi: tu dicis hoc, sed ego non dico. et nota, quod pilato, qui invitus fert sententiam, aliqua in parte responderit; sacerdotibus autem et principibus respondere noluerit, indignosque sermone suo iudicaverit. sequitur et accusaverunt eum summi sacerdotes in multis. * augustinus de cons. evang.. ° lucas etiam ista crimina quae falso obiecerunt aperuit: sic enim narrat: coeperunt accusare eum, dicentes: hunc invenimus subvertentem gentem nostram, et prohibentem tributa dare caesari, et dicentem se christum regem esse. sequitur pilatus autem rursus interrogabat eum, dicens: non respondes quicquam, vides in quantis te accusant? * beda. ° ethnicus quidem est qui condemnat iesum; sed causam refert in populum iudaeorum. sequitur iesus autem amplius nihil respondit, ita ut miraretur pilatus. nihil quidem respondere voluit, ne crimen diluens dimitteretur a praeside, et crucis utilitas differretur. * theophylactus. ° mirabatur autem pilatus: quia cum legis doctor esset, et eloquens, et potens responsione sua eorum accusationes infringere, non respondebat quicquam, sed magis accusationes viriliter sustinebat.

lc2 * Beda. ° multas liberandi salvatorem pilatus occasiones dedit: primo latronem iusto conferens; unde dicitur per diem autem festum dimittere solebat illis unum ex vinctis quemcumque petissent. * glossa. ° quod quidem solitus erat facere ut gratiam populi captaret, et praecipue in die festo, quando de tota provincia iudaeorum populus hierosolymam confluebat. et ut maior iudaeorum improbitas appareat, describitur consequenter enormitas culpae latronis, quem iudaei christo praetulerunt; unde sequitur erat autem qui dicebatur barabbas, qui cum seditiosis vinctus erat, qui in seditione fecerat homicidium: in quo ostenditur et ex gravitate culpae notabilis, quod homicidium fecerat; et ex modo faciendi, quia cum perturbatione civitatis hoc fecerat, seditionem concitando; et etiam quia culpa eius manifesta erat, nam et cum seditiosis vinctus erat. sequitur et cum ascendisset turba, coepit rogare sicut semper faciebat illis, * augustinus de cons. evang.. ° nulla quaestio est quod matthaeus tacet ipsos petisse ut aliquis eis dimitteretur, quod marcus hic dicit. nihil enim interest si alius aliud tacet, quod alius commemorat. sequitur pilatus ergo respondit, et dixit: vultis dimittam vobis regem iudaeorum? sciebat enim quod per invidiam tradidissent eum summi sacerdotes. quaeri potest quae verba pilatus dixerit, utrum quae a matthaeo, an quae a marco referuntur? aliud enim videtur esse: quem vultis dimittam vobis: barabbam, an iesum qui dicitur christus? ut matthaeus refert; aliud: vultis vobis dimittam regem iudaeorum? ut hic dicitur. sed quia christos reges dicebant, et qui dixit: illum an illum, manifestum est eum quaesisse an vellent dimitti regem iudaeorum, idest christum. nihil autem interest sententiae quod hic tacuit marcus de barabba, hoc solum volens dicere quod ad dominum pertinebat; quandoquidem in eorum responsione satis et ipse ostendit quem sibi dimitti voluerint; nam sequitur pontifices autem concitaverunt turbam, ut magis barabbam dimitteret eis. * beda. ° haeret iudaeis usque hodie sua petitio, quam tanto labore impetrarunt: quia enim data sibi optione, pro iesu latronem, pro salvatore interfectorem elegerunt, merito salutem perdiderunt et vitam, et latrociniis ac seditionibus se intantum subdiderunt ut patriam regnumque suum, quod plus christo amaverunt, perdiderint; et libertatem, corpus et animam numquam receperint. deinde aliam occasionem dat pilatus liberandi salvatorem, cum sequitur pilatus autem respondens ait illis: quid ergo vultis faciam regi iudaeorum? * augustinus de cons. evang.. ° iam satis apparet quod id marcus velit ostendere dicendo regem iudaeorum, quod matthaeus dicendo christum: non enim dicebantur christi reges, nisi iudaeorum. in hoc enim loco secundum matthaeum dicitur: quid igitur faciam de iesu qui dicitur christus? sequitur at illi clamabant: crucifige eum. * theophylactus. ° vide autem iudaeorum pravitatem, et pilati commensurationem; quamvis et ipse dignus sit condemnatione pro eo quod populo non resistebat. illi namque clamabant crucifige; hic tentat humiliter ab illo praeiudicio eruere iesum; et ideo rursus interrogat; unde sequitur pilatus autem dicebat eis: quid enim fecit? occasionem namque ex hoc sumere volebat ut christum solveret innocentem. * beda. ° iudaei vero insaniae suae satisfacientes, interrogationi praesidis non respondent; unde sequitur at magis clamabant: crucifige eum: ut impleretur illud ieremiae: facta est mihi hereditas mea sicut leo in silva; dederunt super me vocem suam. sequitur pilatus autem volens satisfacere populo, dimisit illis barabbam, et tradidit iesum flagellis caesum ut crucifigeretur. * theophylactus. ° volebat quidem satisfacere populo, idest eorum facere voluntatem, et non quod erat placitum iustitiae et deo. * hieronymus. ° hic duo hirci adsunt: unus apompaeos, idest emissarius, cum peccato populi in desertum inferni absolutus dimittitur; alter pro peccatis absolutorum ut agnus occiditur. pars domini semper mactatur; pars diaboli, qui est magister eorum, quod sonat barabbas, effrenata in tartarum praecipitatur. * beda. ° iesus autem flagellatus non ab alio quam ab ipso pilato intelligendus est: scribit namque ioannes: apprehendit pilatus iesum, et flagellavit; quod quidem ideo fecisse credendus est, ut satiati poenis ac opprobriis eius, iudaei mortem ultra sitire desisterent.

lc3 * Theophylactus. ° militaris vana gloria semper inordinatis gaudens et opprobriis, sibi propria ostendebat; unde dicitur milites autem duxerunt eum in atrium praetorii, et convocant totam cohortem, idest totum ordinem militiae; et induunt eum purpura, sicut regem. * beda. ° quia enim rex iudaeorum fuerat appellatus, et hoc ei scribae et sacerdotes crimen obiecerant, quod sibi in populo israelitico usurparet imperium; illudentes hoc faciunt, ut nudatum pristinis vestibus induant purpura, qua reges veteres utebantur. * augustinus de cons. evang.. ° intelligitur autem quod matthaeus ait: chlamydem coccineam circumdederunt ei, hic marcum dixisse indutum purpura: pro regia enim purpura chlamys illa coccinea ab illudentibus adhibita erat; et est rubra quaedam purpura cocco simillima. potest etiam fieri ut purpuram etiam marcus commemoraverit, quam chlamys habebat, quamvis esset coccinea. * beda. ° pro diademate autem ponunt ei coronam spineam: unde sequitur et imponunt ei plectentes spineam coronam. pro sceptro autem regali dant calamum, ut matthaeus scribit, et adorant quasi regem; unde sequitur et coeperunt salutare eum: ave, rex iudaeorum. et quod milites eum, quasi qui deum seipsum falso dixisset, adorabant illudentes, patet ex hoc quod subditur et percutiebant caput eius arundine, et conspuebant eum, et ponentes genua adorabant eum, quasi falso se dixisset deum. * hieronymus. ° opprobria autem eius nostrum abstulere opprobrium; vincula eius nos liberos fecerunt; corona spinea capitis eius, diadema regni adepti sumus; vulneribus eius sumus sanati. * augustinus de cons. evang.. ° apparet autem matthaeum et marcum recapitulando ista posuisse, non quod tunc factum sit, cum eum pilatus iam crucifigendum tradidisset. ioannes enim apud pilatum dicit haec gesta. hoc autem quod sequitur, et postquam illuserunt ei, exuerunt eum purpura, et induerunt eum vestimentis suis, in fine factum intelligitur, cum iam adduceretur ad crucifigendum. * hieronymus. ° mystice autem vestimentis suis nudatur iesus, idest iudaeis: purpura induitur, idest gentili ecclesia, quae de scopulis collecta est. item ea exutus in fine scandalizante, iudaica rursum induitur plebe: cum enim intraverit plenitudo gentium, tunc omnis israel salvus erit. * beda. ° vel in purpura qua indutus est dominus, ipsa eius caro quam passionibus obiecit, insinuatur; in corona vero quam portabat spinea, nostrorum susceptio peccatorum. * theophylactus. ° induamus et nos purpuram stolam regalem: quia ut reges ambulare debemus calcantes super serpentes et scorpiones, et suppeditantes peccatum: christiani namque dicimur, idest uncti, sicut et tunc reges uncti dicebantur. sumamus et coronam spineam, idest festinemus coronari vita arcta et abstinentiis et puritate. * beda. ° caput autem christi percutiunt qui eum verum deum esse negant. et quia per arundinem scriptura solet confici, quasi arundine caput christi feriunt qui divinitati illius contradicentes, errorem suum confirmare auctoritate sacrae scripturae conantur. spuunt in faciem eius qui gratiae praesentiam verbis execrandis respuunt. sunt et hodie qui eum certa fide ut deum verum adorant; sed perversis actibus verba eius quasi fabulosa despiciunt, ac promissa verbi illius temporalibus illecebris postponunt. sicut autem caiphas nescius dixit: oportet unum hominem mori pro populo, sic milites nescientes faciunt.

lc4 * Glossa. ° post condemnationem christi et contumelias condemnato illatas, ad crucifixionem eius narrandam evangelista accedit dicens et educunt illum, ut crucifigerent eum. * hieronymus. ° hic educitur abel in agrum a fratre ut perimatur; hic adest isaac cum lignis, et abraham cum ariete vepribus haerente; hic etiam ioseph cum fasce somniato, et tunica talari sanguine lita; hic adest moyses cum virga et serpente suspenso in ligno; hic adest botrus in ligno portatus; hic adest eliseus cum ligno ad quaerendam securim, quae in imo demersa est, et natavit ad lignum, idest genus humanum, quod a ligno vetito in infernum decidit, per lignum crucis christi, et per baptismum aquae ad paradisum natavit; hic adest ionas de ligno forti in mare ventremque ceti triduo missus. sequitur et angariaverunt quempiam praetereuntem simonem cyrenaeum venientem de villa, patrem alexandri et rufi, ut tolleret crucem eius. * theophylactus. ° ioannes autem ait, quod ipsemet baiulabat sibi crucem: utrumque enim fuit: nam ipse quidem primo baiulavit sibi crucem, donec praeteriit quidam quem angariaverunt, et tunc ille portabat. dixit autem quorum filiorum erat pater ad maiorem fidem, et affirmationem: nam homo ille vivebat, qui poterat omnia quae circa crucem facta sunt, enarrare. * hieronymus. ° cum autem alii per merita patrum suorum commemorentur, alii per merita filiorum suorum; hic simon qui crucem in angaria portat, meritis filiorum suorum, qui erant discipuli, commemoratur. de hoc nos in praesenti vita admonemur, parentes adiuvari per natorum suorum sapientiam vel merita: ut populus iudaicus propter patriarcharum et prophetarum et apostolorum merita semper commemoratur. simon autem iste qui portat crucem in angaria, ipse est qui laborat pro laude humana: cogunt enim homines hunc laborare, quem non cogit timor et dilectio dei. * beda. ° vel quia simon iste non hierosolymita, sed cyrenaeus esse perhibetur (cyrene enim lybiae civitas est), recte per eum populi gentium designantur, qui quondam peregrini et hospites testamentorum, nunc obediendo heredes sunt dei, coheredes autem christi. unde apte simon obediens, cyrene heres interpretatur. de villa autem venisse refertur: villa enim graece pagus dicitur: unde paganos appellamus eos quos a civitate dei alienos videmus. de pago igitur egrediens simon crucem portat post iesum, cum populus nationum, paganis ritibus derelictis, vestigia dominicae passionis obedienter amplectitur. sequitur et perduxerunt eum in golgotha locum, quod est interpretatum calvariae locus. extra urbem et foris portam loca sunt in quibus truncantur capita damnatorum; calvariae, idest decollatorum, sumpsere nomen. propterea autem ibi crucifixus est dominus, ut ibi prius erat area damnatorum, ibi erigerentur vexilla martyrii. * hieronymus. ° tradunt autem iudaei quod in hoc montis loco immolatus est aries pro isaac; et ibi decalvatur christus; idest, a carne sua, carnali videlicet iudaea, separatur. sequitur et dabant ei bibere myrrhatum vinum. * augustinus de cons. evang.. ° hoc intelligendum est matthaeum dixisse cum felle mixtum: fel quippe pro amaritudine posuit, et myrrhatum vinum amarissimum est: quamquam fieri possit ut et fel et myrrha vinum amarissimum redderent. * theophylactus. ° vel ordinatione quadam existente, alii alia afferebant; quidam acetum et fel, quidam vinum myrrhatum. * hieronymus. ° vel myrrhatum vinum, hoc est acetum; per hoc succus lethalis pomi abstergitur. * beda. ° amara vitis amarum vinum fecit, de quo propinat dominum iesum, ut impleatur quod scriptum est: dederunt in cibum meum fel, et in siti mea potaverunt me aceto. * augustinus de cons. evang.. ° quod autem subditur, et non accepit, intelligitur: non accepit ut biberet; gustavit autem, ut matthaeus testis est et sicut idem matthaeus ait: noluit bibere, hoc marcus dixit et non accepit: tacuit autem quod gustavit. * hieronymus. ° non accepit etiam id pro quo patitur; unde de eo dicitur: quae non rapui, tunc exsolvebam. sequitur et crucifigentes eum, diviserunt vestimenta sua, mittentes sortem super eis, quis quid tolleret. hoc loco figuratur salus per lignum. primum lignum scientiae boni et mali fuit; secundum lignum boni tantum nobis et vitae lignum est. extensio manus primae ad lignum mortem apprehendit; extensio autem secundae, vitam, quae perierat, invenit. ligno hoc vehimur per mare undosum ad terram viventium: cruce enim sua christus cruciatum nostrum absolvit, et morte sua mortem nostram necavit. cum forma serpentis serpentem necat: quia serpente de virga facto, alii absorbentur serpentes. ipsa autem species crucis quid est nisi forma quadrata mundi? oriens de vertice fulget; arctos dextra tenet; auster laeva consistit; occidens sub plantis firmatur. unde apostolus: ut sciamus quae sit altitudo et latitudo, et longitudo, et profundum. aves quando volant ad aethera, formam crucis sumunt; homo natans per aquas, forma crucis vehitur; navis per maria, antenna cruci similata sufflatur; tau littera, signum salutis et crucis describitur. * beda. ° vel in transverso ligno crucis, ubi figuntur manus, gaudium spei signatur; per manus enim opera, per latitudinem hilaritatem operantis intelligimus; quia tristitia facit angustias; per altitudinem, cui caput adiungitur, expectationem retributionis de sublimi iustitia dei; per longitudinem, qua totum corpus extenditur, tolerantiam, unde longanimes dicuntur; per profundum quod terrae est infixum, ipsum sacramentum secretum. quamdiu ergo hic agunt corpora nostra ut destruatur corpus peccati, tempus nobis est crucis. * theophylactus. ° quod autem ponebant sortem super vestimenta eius, et hoc illudentes fecerunt, quasi regis vestimenta dividentes: etenim vilia erant, non valde pretiosa. hoc autem ioannes evangelista plenius exponit, quia scilicet milites cetera in quatuor partes |150| iuxta suum numerum dividentes, de tunica, quae inconsutilis erat, desuper contexta per totum, sortem miserunt. * hieronymus. ° vestimenta autem domini, eius mandata sunt, quibus tegitur corpus eius, idest ecclesia: quae dividunt inter se milites gentium, ut sint quatuor ordines cum una fide, idest coniugati et viduati, praepositi et separati. sortiti sunt tunicam indivisam, quae est pax et unitas. sequitur erat autem hora tertia, et crucifixerunt eum. hoc vere et proprie marcus intulit: nam sexta hora tenebrae suffuderunt terram, ut non quisquam potuisset movere caput. * augustinus de cons. evang.. ° si hora quasi sexta pilato sedente pro tribunali traditus est iesus crucifigendus iudaeis, ut ioannes refert; quomodo hora tertia crucifixus est, sicut verba marci non intelligentes quidam putaverunt? prius ergo qua hora crucifigi potuerit videamus; deinde videbimus cur hora tertia crucifixum dixerit marcus. hora erat quasi sexta cum traditus est crucifigendus a pilato sedente pro tribunali, |175| ut dictum est: non enim iam plena sexta erat, sed quasi sexta, idest peracta quinta, et aliquid etiam de sexta esse coeperat, ut peracta quinta et inchoata sexta, gererentur haec quae narrata sunt in crucifixione domini nostri, donec completa sexta, illo pendente fierent hae quae dicuntur tenebrae. quaeramus autem iam cur dixerit marcus erat autem hora tertia, et crucifixerunt eum. iam certe dixerat et crucifigentes eum, diviserunt vestimenta eius; sic etiam ceteri attestantur, quod eo crucifixo vestimenta divisa sunt. si enim rei gestae tempus voluit commemorare marcus, sufficeret dicere: erat autem hora tertia: ut quid adiunxit et crucifixerunt eum? nisi quia voluit aliquid recapitulando significare, quod quaesitum inveniretur cum scriptura ipsa illis temporibus legeretur, quibus universae ecclesiae notum erat qua hora dominus ligno suspensus est: unde posset huiusmodi vel error tolli, vel mendacium refutari. sed quia sciebat a militibus suspensum dominum, non a iudaeis, sicut ioannes apertissime |200| dicit; occulte ostendere voluit eos magis crucifixisse, qui clamaverunt ut crucifigeretur, quam illos qui ministerium principi suo secundum suum officium praebuerunt. intelligitur ergo fuisse hora tertia, cum clamaverunt iudaei ut dominus crucifigeretur; et verissime demonstratur tunc eos crucifixisse quando clamaverunt. in conatibus autem pilati ad eripiendum dominum, et in tumultu iudaeorum contradicentium consumptum tempus duarum horarum intelligimus, et circa horam fuisse sextam, qua nondum terminata, gesta sunt quae ab eo tempore quo pilatus dominum tradidit usque ad tenebras factas narrantur. facile autem videbit qui sine impietatis duritia voluerit attendere, quam opportuno loco marcus hoc de tertia hora posuerit, ubi scilicet factum ministrorum militum commemoratum est. ergo ne quisquam cogitationem tanti criminis aversus a iudaeis in milites illos converteret, erat, inquit, hora tertia, et crucifixerunt eum: ut illi eum potius crucifixisse inveniantur quos hora tertia ut crucifigeretur clamare |225| potuisse diligens inquisitor inveniet, cum adverterit hoc quod a militibus factum est, hora sexta factum esse. * augustinus de quaest. nov. et vet. testam.. ° iudaeorum ergo sententiam de crucifixione christi tertia hora datam vult intelligi. omnis enim qui morti addicitur, ex eo iam mortuus computatur, quo sententiam excepit. manifestavit ergo marcus, quia non iudicis sententia salvator crucifixus est: difficile est enim innocentem probare eum qui sententia iudicis punitur. * augustinus de cons. evang.. ° quamquam non desint qui parasceve, quam ioannes commemorat dicens: erat autem parasceve, hora quasi sexta, horam diei tertiam velint intelligi: dicunt enim, die quidem illo, quem dies sabbati sequebatur, parascevem fuisse paschae iudaeorum, quod ab eodem sabbato iam inciperet azyma; sed tamen verum pascha, quod iam in passione domini celebratur, non iudaeorum, sed christianorum coepisse praeparari, idest parascevem habere, ab ea hora noctis nona, in eo quod |250| dominus a iudaeis occidendus praeparabatur: parasceve quippe interpretatur praeparatio. ab illa ergo hora noctis usque ad eius crucifixionem occurrit hora parasceve sexta secundum ioannem, et hora diei tertia secundum marcum. quis fidelis non huic faveat solutioni quaestionis? si modo possit aliquis articulus conici, unde ab hora nona noctis coepisse parasceve paschae nostrae, idest praeparationem mortis christi, congruenter intelligamus. si enim dicamus eam coepisse quando a iudaeis apprehensus est dominus, adhuc noctis partes primae erant; sed quando ad domum perductus est soceri caiphae, ubi et auditus est a principibus, adhuc gallus non cantaverat. si autem quando pilato traditus est iam mane fuisse apertissime scriptum est; restat ergo ut intelligamus tunc coepisse praeparationem mortis domini quando omnes principes sacerdotum dixerunt: reus est mortis. non enim absurde coniciunt eo tempore nonam horam noctis esse potuisse, ut recapitulando intelligatur de petri |275| negatione postea dictum esse quod ante factum erat. sequitur et erat titulus causae eius inscriptus: rex iudaeorum. * theophylactus. ° scripserunt autem hunc titulum, scilicet causam propter quam crucifixus est, quasi vituperantes eius opinionem qui regem seipsum faciebat, ut sic praetereuntes misereri non valerent, sed magis ei improperarent tamquam tyranno. * hieronymus. ° scripserunt autem hoc tribus linguis: hebraice melech ieudim, graece basileus exomologyton, latine rex confessorum. hae tres linguae ad principatum in crucis titulo consecratae sunt, ut omnis lingua commemoraret perfidiam iudaeorum. * beda. ° titulus autem hic positus supra crucem illud ostendit, quia nec occidendo potuerunt efficere ut eum regem non haberent qui eis secundum sua opera redditurus est. sequitur et cum eo crucifigunt duos latrones, unum a dextris et unum a sinistris eius. * theophylactus. ° ut scilicet homines pravam opinionem contra eum conciperent, |300| quod ipse latro et maleficus esset. hoc autem dispensative factum est ad implendum scripturam; unde sequitur et impleta est scriptura quae dicit: et cum iniquis reputatus est. * hieronymus. ° cum iniquis veritas deputata unum reliquit sinistrum, alterum assumit dexterum, sicut in die iudicii faciet: ex simili crimine tam dissimiles sortiuntur fines: alter antecedit petrum in paradisum, alter iudam in infernum. confessio brevis vitam acquisivit longam: et blasphemia finita, poena plectitur aeterna. * beda. ° mystice autem latrones qui cum domino crucifixi sunt, significant eos qui sub fide et confessione christi, vel agonem martyrii, vel quaelibet arctioris disciplinae instituta subeunt. sed qui hoc pro aeterna gloria gerunt, dexteri latronis fide designantur; qui vero humanae laudis intuitu, sinistri latronis mentem imitantur et actus. * theophylactus. ° vel aliter. indicium erant duo latrones duorum populorum, scilicet iudaici et gentilis: ambo namque iniqui: gentilis quidem tamquam legem naturalem praetergrediens, iudaicus |325| vero scriptam legem quam ei tradiderat dominus; sed gentilis poenitens, iudaicus usque in finem blasphemus: in quorum medio crucifigitur dominus: ipse enim est lapis angularis nos coniungens.

lc5 * Hieronymus. ° pullo iudaeae ligato ad vitem, et eius pallio in sanguine uvae intincto, lacerant hoedi vineam, blasphemantes christum, et moventes capita sua; unde dicitur et praetereuntes blasphemabant eum, moventes capita sua, et dicentes: vah, qui destruis templum dei. * theophylactus. ° transeuntes enim christum blasphemabant, exprobrantes ei tamquam seductori. diabolus autem movebat illos ad dicendum quod de cruce descenderet: quia enim noverat quod salus fiebat per crucem, rursus ingerebat se ad tentandum christum, ut si a cruce descenderet, certus fieret quod non est vere filius dei, et sic salus quae per crucem est, destrueretur. sed ipse dei verus existens filius non descendit: si enim descendere debuisset, non illuc a principio ascendisset; sed quia videbat quod per hunc modum salutem fieri oportebat, sustinuit crucifigi et multa alia pati, et perficere opus suum. sequitur similiter et summi sacerdotes illudentes ad alterutrum cum scribis dicebant: |25| alios salvos fecit, se ipsum non potest salvum facere. haec dicebant eius miracula abolentes, quasi ab eo secundum apparentiam perpetrata fuissent: operans namque miracula multos salvabat. * beda. ° sic etiam nolentes confitentur quod alios salvos fecit. itaque vos vestra condemnat sententia: qui enim alios salvos fecit, seipsum salvare poterat. sequitur christus rex israel descendat nunc de cruce, ut videamus et credamus. * hieronymus. ° et viderunt postea resurgentem de sepulcro, quem de crucis descendere non credebant posse patibulo. ubi est, o iudaei, infidelitas vestra? vos ipsos consulo, vos ipsos iudices peto. quanto mirabilius est mortuum posse resurgere, quam adhuc vivum de cruce velle descendere? parva petistis, dum maiora provenerint; sed infidelitas vestra non potuit sanari signis multo fortioribus quam petistis. hic omnes declinaverunt, simul inutiles facti sunt; unde sequitur et qui cum eo crucifixi erant, conviciabantur ei. * augustinus de cons. evang.. |50| ° quomodo hoc verum est, quandoquidem unus eorum conviciatus est, secundum lucae testimonium, alter et compescuit eum, et in deum credidit; nisi intelligamus matthaeum et marcum breviter perstringentes hunc locum, pluralem numerum pro singulari posuisse? * theophylactus. ° vel duo a principio conviciabantur ei: deinde unus cognoscens ipsum innocentem, increpat alterum blasphemantem.

lc6 * Beda. ° clarissimum lumen mundo retraxit radios suos, ne aut pendentem videret dominum, aut impii blasphemantes sua luce fruerentur: unde dicitur et facta hora sexta tenebrae factae sunt per totam terram usque in horam nonam. * augustinus de cons. evang.. ° addidit autem lucas, unde factae sunt tenebrae, idest, solem obscuratum. * theophylactus. ° si autem tempus eclipsis fuisset, posset quis dicere quod naturalis fuisset haec passio; sed tunc decima quarta erat luna, cum naturalis eclipsis fieri nequit. sequitur et hora nona exclamavit iesus voce magna dicens: eli, eli. * hieronymus. ° nona hora invenitur, eversa domo, decima drachma quae perierat. * beda. ° nam et adam peccante, scriptum est quod audiverit vocem domini dei ambulantis in paradiso ad auram post meridiem; et qua hora primus adam peccando mortem huic mundo invexit, eadem hora secundus adam mortem moriendo destruxit. et notandum, quod recedente a centro mundi sole, crucifixus |25| est dominus; oriente autem sole, resurrectionis suae mysteria celebravit: quia mortuus est propter peccata nostra, et resurrexit propter iustificationem nostram. nec mireris verborum humilitatem, querimonias derelicti, cum formam servi scias, scandalum crucis videas. sicut enim esurire et sitire et fatigari, non erant propria deitatis, sed corporales passiones; ita quod dicitur, ut quid dereliquisti me? corporalis vocis erat proprium: quia solet secundum naturam corpus nullatenus velle a sibi coniuncta vita fraudari. licet enim ipse salvator dicebat hoc; sed proprie ostendebat corporis fragilitatem: ut homo ergo loquitur in eos circumferens motus, quod in periculis positi a domino deseri nos putemus. * theophylactus. ° vel hoc loquitur homo crucifixus deo pro me: nos enim homines sumus derelicti, ipse numquam a patre derelictus fuit: audi enim quid dicit ioannes: non sum solus, sed pater mecum est. etsi etiam hoc pro iudaeis dixerit quasi et ipse secundum carnem iudaeus existens; ac si diceret: |50| ut quid hebraicum populum dereliquisti, ut tuum crucifigerent filium? sicut enim aliquando consuevimus dicere: deus induit me, idest meam naturam, scilicet humanam; sic et hic, dereliquisti me, oportet intelligere humanam naturam, vel iudaicum populum. sequitur et quidam de circumstantibus audientes, dicebant: ecce eliam vocat. * beda. ° sed hos arbitror milites fuisse romanos, non intelligentes sermonis hebraici proprietatem; sed ex eo quod dixit eli, eli, putantes ab eo eliam vocatum. si autem iudaeos qui hoc dixerunt intelligere volueris; hoc faciunt, ut eum imbecillitatis infament, quod eliae auxilium deprecetur. sequitur currens autem unus, et implens spongiam aceto, etc.. quam ob causam domino acetum sit potui datum, ioannes plenius ostendit dicens quod iesus, ut consummaretur scriptura, dixit: sitio. illi autem spongiam plenam aceto, obtulerunt ori eius. * hieronymus. ° innuit autem hic iudaeorum similitudinem: spongiam super cannam infirmam, aridam, ignibus |75| aptam implent aceto, hoc est malitia et dolo. * augustinus de cons. evang.. ° de elia vero non ipsum qui obtulit spongiam cum aceto, sed ceteros dixisse matthaeus narravit; unde intelligimus et illum et ceteros hoc dixisse. * hieronymus. ° infirmata autem carne, vox invaluit divina, quae dicit: aperite mihi portas iustitiae; unde sequitur iesus autem emissa voce magna expiravit. cum ima voce, sive sine voce nos morimur, qui de terra sumus; ille vero cum exaltata voce expiravit, qui de caelo descendit. * theophylactus. ° et qui morti dominatur et praecipit, sicut dominus potestative expirat. qualis autem haec vox fuerit, lucas declarat: pater, inquit, in manus tuas commendo spiritum meum. etenim christus ex tunc per hoc nobis voluit declarare quod sanctorum animae in manus dei ascendunt: nam prius ab inferis omnium animae tenebantur, donec venit qui praedicavit captivis remissionem.

lc7 * Glossa. ° postquam narravit evangelista passionem et mortem christi, nunc prosequitur de his quae post mortem domini contigerunt; unde dicitur et velum templi scissum est in duo, a summo usque deorsum. * hieronymus. ° velum templi scinditur, idest caelum aperitur. * theophylactus. ° scissum est etiam velum, innuente deo quod spiritus sancti gratia a templo recedit, et scinditur ut sancta sanctorum ab omnibus videnda essent, et quod templum lugebit in iudaeis, cum calamitates deplorabunt, et vestimenta scindent. hoc etiam et templum animatum, scilicet corpus christi, ostendit, in cuius passione vestimentum eius laceratum est, scilicet caro. et aliud etiam significat: caro namque velum est nostri templi, scilicet mentis nostrae; virtus autem carnis scissa est in christi passionibus a summo usque deorsum, scilicet ab adam usque ad ultimos homines: nam et adam effectus est sanus per passionem christi, et eius caro non manet sub maledicto, neque digna est corruptione: |25| sed omnes incorruptione honorati sumus. videns autem centurio. centurio dicitur qui centum est militum princeps. videns autem quod ita potestative et dominabiliter expirasset, miratus est, et confessus est. * beda. ° manifesta autem causa miraculi centurionis exponitur, quod videns dominum sic expirasse, idest spiritum emisisse, dixerit vere homo hic filius dei erat; nullus enim habet potestatem mittendi spiritum nisi qui animarum conditor est. * augustinus de trin.. ° et hoc maxime miratus est, quod post illam vocem, in qua figuram peccati nostri edidit, continuo tradidit spiritum: demonstravit enim spiritus mediatoris, quod nulla poena peccati usque ad mortem carnis eius accesserit: quia non eam deseruit invitus, sed quomodo voluit, quippe dei verbo ad unitatem personae coniunctus. * hieronymus. ° novissimi autem nunc primi efficiuntur. gentilis confitetur populus, iudaea caecata negat, ut fiat eis error peior priore. * theophylactus. ° et sic ordo |50| convertitur, dum iudaei occidunt et gentilis confitetur; discipuli fugiunt, et mulieres expectant; sequitur enim erant autem et mulieres de longe aspicientes, inter quas erat maria magdalene, et maria, iacobi minoris et ioseph mater, et salome. salome dicta est mater filiorum zebedaei. * origenes in matth.. ° opinatus autem sum hoc videns apud matthaeum et marcum, hic tres praecipuas mulieres nominatas: et duas quidem uterque evangelista exponit, mariam magdalene, et mariam iacobi; tertia autem a matthaeo dicitur mater filiorum zebedaei; a marco autem tertia illa salome appellatur. * beda. ° iacobum autem minorem dicit iacobum alphaei, qui et frater domini dicebatur, eo quod esset filius mariae materterae domini, cuius meminit ioannes dicens: stabant iuxta crucem iesu mater eius, et soror matris eius maria cleophae, et maria magdalene. mariam autem cleophae videtur eam dicere a patre, sive a cognatione. vocabatur autem minor iacobus ad distinctionem maioris iacobi, videlicet filii |75| zebedaei, qui inter primos apostolos vocatus est a domino. consuetudinis autem iudaicae fuit, nec ducebatur in culpam more gentis antiquo, ut mulieres de sua substantia victum atque vestitum praeceptoribus ministrarent; unde sequitur et cum esset in galilaea, sequebantur eum, et ministrabant ei. ministrabant domino quidem de substantia sua: ut meteret earum carnalia, cuius illae metebant spiritualia, et ut typum ostenderet magistrorum, quod victu atque vestitu ex discipulis deberent esse contenti. sed videamus quales comites habuerit; sequitur enim et aliae multae, quae simul cum eo ascenderant hierosolymam. * hieronymus. ° sicut non excluditur muliebris sexus a salute per mariam virginem, ita non repellitur a mysterii crucis scientia et resurrectionis per viduam mariam magdalenam et ceteras matres.

lc8 * Glossa. ° post passionem et mortem christi, evangelista sepulturam eius narrat, dicens et cum iam sero esset factum, quia erat parasceve, quod est ante sabbatum, venit ioseph ab arimathaea. * beda. ° parasceve graece, latine praeparatio dicitur: quo nomine iudaei qui inter graecos morabantur sextam sabbati appellabant, eo quod in illo ea quae requiei sabbati necessaria essent praeparare solerent. quia ergo sexta die homo factus est, septima autem die conditor ab omni opere suo requievit; recte salvator sexta die crucifixus humanae restaurationis implevit arcanum. sabbato autem in sepulcro quiescens, resurrectionis, quae octava die ventura erat, expectabat eventum. sic et nos in hac quidem saeculi aetate mundo necesse est crucifigi; in septima vero die, idest cum mortis quis debitum solvit, corpora quidem in tumulis, animas autem secreta in pace cum domino post bona opera oportet quiescere, donec octava aetate etiam corpora ipsa resurrectione glorificata cum animabus incorruptionem |25| accipiant. talem autem esse decebat qui corpus domini sepeliret, qui etiam per iustitiam meritorum tali ministerio dignus esset, et per nobilitatem potentiae saecularis facultatem posset obtinere ministrandi; et ideo dicitur, quod erat nobilis decurio expectans regnum dei. decurio vocatur quod sit de ordine curiae, et officium curiae administraret, qui etiam curialis a procurando munera civilia solet appellari. arimathaea autem ipsa est ramathain civitas helcanae et samuelis. * hieronymus. ° quae interpretatur deponens, de qua fuit ioseph, qui venit ad deponendum corpus christi de cruce. sequitur et audacter introivit ad pilatum, et petiit corpus iesu. * theophylactus. ° audet ausum laudabilem: non enim excogitavit: a divitiis decidam, et expellar a iudaeis, si corpus petam eius qui est blasphemus condemnatus. sequitur pilatus autem mirabatur si iam obiisset. putabat enim quod diu viveret in cruce, sicut et latrones in patibulo vivebant diu. |50| sequitur et accersito centurione, interrogavit eum si iam mortuus esset, scilicet ante horam qua ceteri mori consueverunt. sequitur et cum cognovisset a centurione, scilicet quod mortuus esset, donavit corpus ioseph. * beda. ° non autem quilibet ignotus aut mediocris ad praesidem accedere, et crucifixi corpus poterat impetrare. sequitur ioseph autem mercatus sindonem, et deponens eum, involvit in sindone. * theophylactus. ° pretiosum corpus pretiose sepeliens: cum enim esset discipulus domini, sciebat qualiter corpus domini honorari deberet. * beda. ° possumus autem secundum intelligentiam spiritualem hoc sentire, quod corpus domini non auro, non gemmis et serico, sed linteamine puro obvolvendum sit: hinc ecclesiae mos obtinuit ut sacrificium altaris, non in serico, neque in panno tincto, sed in lino terreno celebretur, sicut corpus est domini in sindone munda sepultum: iuxta quod in gestis pontificalibus a b. silvestro legimus esse statutum: quamquam et hoc |75| significet, quod ille sindone munda involvit iesum qui pura mente susceperit. sequitur et posuit eum in monumento quod erat excisum in petra, et advolvit lapidem ad ostium monumenti. dicitur quod monumentum domini domus rotunda fuit, de subiacente rupe excisa, tantae altitudinis ut homo rectus existens vix extenta manu culmen posset attingere; et habet introitum ab oriente, cui lapis magnus involutus atque impositus est in eius parte aquilonari. ipsum sepulcrum, idest locus dominici corporis, de eadem petra factum est, septem habens pedes longitudinis, trium palmorum mensura a pavimento altius eminens, qui scilicet locus non desuper, sed a latere meridiano per totum patet, unde corpus inferebatur. color autem monumenti et loculi albo et rubeo dicitur esse permixtus. * hieronymus. ° sepultura autem christi resurgimus, descensione eius ad inferos nos ascendimus ad caelos. hic invenitur mel in ore leonis mortui. * theophylactus. ° imitemur autem et nos ioseph, recipientes christi corpus |100| per unitatem, et ponamus illud in monumento exciso de petra, idest in anima memorante, et non obliviscente deum: illa enim anima est ex petra excisa, idest ex christo, qui est petra, quia continet firmitatem. involvere etiam debemus ipsum in sindone, idest in corpore puro suscipere: sindon namque est corpus, quod est animae indumentum. decet enim non solum pura anima corpus christi suscipere, sed in corpore puro. involvere autem oportet, sed non operire: nam secretum clausum est et occultum. sequitur maria autem magdalene et maria ioseph aspiciebant ubi poneretur. * beda. ° in luca legimus, quod stabant noti eius a longe, et mulieres quae secutae erant eum. his ergo notis iesu post depositum eius corpus ad sua remeantibus, solae mulieres, quae arctius amabant, funus subsecutae, quomodo poneretur respicere curabant, ut tempore congruo munus possent devotionis offerre. die autem parasceves sanctae mulieres, idest animae humiles, idem faciunt, cum amore salvatoris |125| ferventes, passionis eius vestigiis in hoc saeculo, quo praeparanda est requies futura, diligenter obsequuntur; et si forte valeant imitari, pia curiositate quo ordine sit eius passio completa perpendunt. * hieronymus. ° haec etiam congruunt ad populum iudaicum in fine credentem, qui nobilitatur fide, ut abrahae sit filius, deponit desperationem, expectat regnum dei, intrat ad christianos ut baptizetur: quod significat nomen pilati, idest malleatoris, idest qui domat ferreas gentes, ut regat eas in virga ferrea; et petit sacrificium quod donatur poenitentibus in fine viaticum, et corde mundo et peccatis mortuo involvit munimine fidei stabilitum, et operculo spei per opera caritatis concludit: finis enim praecepti est caritas; aspicientibus a longe electis, qui sunt stellae maris, quoniam, si fieri potest, scandalizabuntur etiam electi.

072 CMC cp16

lc1 * Hieronymus. ° post sabbati tristitiam felix irradiat dies, quae primatum in diebus tenet, luce prima in eo lucescente, et domino in eo cum triumpho resurgente; unde dicitur et cum transisset sabbatum, maria magdalene et maria iacobi et salome emerunt aromata, ut venientes ungerent iesum. * glossa. ° religiosae enim mulieres sepulto domino, cum licuit operari, idest usque ad solis occasum, unguenta paraverunt, ut lucas dicit. et quia prae angustia temporis non poterant explere, mox transacto sabbato, idest occidente sole, ut operandi licentia redit, festinaverunt emere aromata, sicut marcus dicit hic, ut venientes mane ungerent corpus iesu; neque vespere sabbati, praeoccupante iam noctis articulo, monumentum adire valuerunt; unde sequitur et valde mane una sabbatorum veniunt ad monumentum, orto iam sole. * severianus. ° mulieres hoc loco feminea devotione discurrunt, quae non ut viventi fidem, sed ut mortuo unguenta deferunt ad sepulcrum; et ut sepulto parant |25| moeroris obsequia, non ut resurgenti praeparant divinorum gaudia triumphorum. * theophylactus. ° non enim magnitudinem atque dignitatem divinitatis christi sapiunt. venerunt autem iuxta consuetudinem iudaeorum ungere corpus christi, ut scilicet maneret odoriferum, et ne humiditate scaturiret: nam aromata virtutem habent desiccativam, humiditatem corporis absorbentia: unde incorruptum corpus conservant. * gregorius in evang.. ° nos autem in eum qui est mortuus credentes, si odore virtutum referti cum opinione bonorum operum dominum quaerimus, ad monumentum illius cum aromatibus venimus. sequitur et valde mane una sabbatorum veniunt ad monumentum orto iam sole. * augustinus de cons. evang.. ° quod lucas dicit: valde diluculo, et ioannes: mane cum adhuc tenebrae essent, hoc intelligitur marcus dicere valde mane oriente iam sole, idest cum caelum ab orientis parte albesceret, quod fit utique solis orientis vicinitate. |50| eius enim est ille fulgor, qui nomine aurorae appellari solet; ideo non repugnat ei qui ait: cum adhuc tenebrae essent. die quippe surgente aliquae reliquiae tenebrarum tanto minus sunt quanto magis oritur lux; nec accipiendum est quod ait valde mane orto iam sole, tamquam sol ipse iam videretur super terram; sed de proximo adveniente in has partes sole, idest ortu suo iam caelum illuminare incipiente. * hieronymus. ° valde ergo mane dicit, quod alius evangelista dicit diluculo. diluculum autem est inter tenebras noctis et diei claritatem; in qua salus humani generis provenit, felici vicinitate in ecclesia declaranda, more solis, qui proxima luce consurgens roseam praemittit auroram, ut gratiam praeclari splendoris praeparatis oculis possit intueri quando tempus dominicae resurrectionis illuxit, ut tunc laudes christi tota caneret, secundum exemplum feminarum, ecclesia, quando genus humanum exemplo suae resurrectionis animavit, quando vitam praestitit, et lumen credulitatis infudit. * beda. |75| ° sicut autem quod valde mane mulieres venerunt ad monumentum, iuxta historiam magnus fervor caritatis ostenditur, ita iuxta intellectum mysticum nobis datur exemplum, ut illuminata facie, discussisque vitiorum tenebris, odorem bonorum operum domino et orationum suavitatem studeamus offerre. * theophylactus. ° dicit autem una sabbatorum, idest prima dierum hebdomadae: sabbata namque dies hebdomadae nuncupantur, una vero dicitur prima. * beda. ° vel prima sabbatorum prima dies est a die sabbatorum, idest requietionum, quae in sabbatis custodiebantur. sequitur et dicebant ad invicem: quis revolvet nobis lapidem ab ostio monumenti? * severianus. ° obscuratum erat vestrum pectus, oculi clausi; et ideo patefacti sepulcri gloriam prius non videbatis; sequitur enim et respicientes viderunt revolutum lapidem. * beda. ° quomodo lapis per angelum revolutus sit, matthaeus sufficienter exponit. haec revolutio lapidis mystice reserationem sacramentorum christi, |100| quae velamine litterae legalis tenebantur, insinuat: lex enim lapide scripta est. sequitur erat quippe magnus valde. * severianus. ° et plus iam magnus merito quam forma, qui creatoris mundi corpus et claudere et operire sufficit. * gregorius in evang.. ° mulieres autem angelos vident, quae cum aromatibus venerunt: quia illae mentes supernos cives aspiciunt quae cum virtutibus ad sancta desideria veniunt; unde sequitur et introeuntes in monumentum, viderunt iuvenem sedentem in dextris, coopertum stola candida, et obstupuerunt. * theophylactus. ° si matthaeus dicit angelum sedere super lapidem, marcus vero, quod mulieres introeuntes monumentum viderunt sedentem iuvenem, non mireris: nam quae viderunt prius sedentem super lapidem, ipsum etiam intus in monumento postmodum viderunt. * augustinus de cons. evang.. ° aut intelligamus matthaeum tacuisse de illo angelo quem intrantes viderunt, marcum vero de illo quem foris super |125| lapidem sedentem viderunt; ut duos viderint, et a duobus singillatim audierint quae dixerunt angeli de iesu: aut certe intrantes in monumentum in aliqua septa maceriae debemus accipere, qua communitum locum tunc fuisse credibile est in aliquo spatio ante petram; qua excisa locus factus fuerat sepulturae, ut ipsum viderint in eodem spatio sedentem a dextris, quem dicit matthaeus sedentem super lapidem. * theophylactus. ° quidam autem dicunt, quod aliae fuerunt mulieres quae dicuntur a matthaeo, aliae quae a marco; sed maria magdalena sequebatur omnes, fervidam festinationem habens et ardentem affectum. * severianus. ° introierunt ergo mulieres ad sepulcrum, ut consepultae christo, christo consurgerent de sepulcro; vident iuvenem, ut cernerent nostrae resurrectionis aetatem: quia nescit resurrectio senectutem; et ubi nasci morique homo nescit, ibi aetas nec admittit detrimenta, nec indiget incrementis: unde iuvenem, non senem, non infantem, sed iucundam aetatem viderunt. * beda. ° viderunt autem iuvenem sedentem |150| in dextris, idest ad meridianam partem loci illius ubi positum erat: corpus enim quod supinum iacens, caput habebat ad occasum, dextram necesse erat habere ad austrum. * gregorius in evang.. ° quid autem per sinistram nisi vita praesens; quid vero per dexteram nisi vita perpetua designatur? quia igitur redemptor noster iam praesentis vitae corruptionem transierat, recte angelus, qui nuntiare perennem eius vitam venerat, in dextra sedebat. * severianus. ° vident etiam iuvenem sedentem a dextris, quia resurrectio recipit nil sinistrum. vident etiam coopertum stola candida. stola ista non est ex mortali vellere, sed ex virtute vitali splendens caelesti lumine, non colore terreno, dicente propheta: amictus lumine sicut vestimento; et de iustis matthaeus: tunc iusti fulgebunt sicut sol. * gregorius in evang.. ° vel stola candida coopertus apparuit, quia festivitatis nostrae gaudia nuntiavit: candor etenim vestis splendorem nostrae denuntiat solemnitatis. * hieronymus. ° vestis |175| etiam candida vera laetitia est, hoste depulso regnoque adepto, rege pacis quaesito et invento, et numquam dimisso. hic igitur iuvenis formam resurrectionis timentibus mortem ostendit. quod autem obstupuerunt, id est quod oculus non vidit, nec auris audivit, nec in cor hominis ascendit, quae praeparavit deus diligentibus se. sequitur qui dicit illis: nolite expavescere. * gregorius. ° ac si dicat: paveant illi qui non amant adventum supernorum civium; pertimescant qui carnalibus desideriis pressi ad eorum societatem pertingere se posse desperant; vos autem cur pertimescitis, quae vestros concives videtis? * hieronymus. ° non enim est timor in caritate. quid expavescerent quae invenerunt quem quaesierunt? * gregorius. ° sed iam quid angelus subiungit audiamus: iesum quaeritis nazarenum. iesus latino eloquio salutaris, idest salvator, interpretatur. at vero tunc multi iesus dici poterant, nec tamen substantialiter, sed nuncupative; ideo et locus subiungitur, ut de quo iesu dictum sit manifestetur: |200| nazarenum; et causam protinus subdit: crucifixum. * theophylactus. ° non enim erubescit crucem: in hac namque salus hominum est, et beatorum principium. * hieronymus. ° radix autem amara crucis evanuit; flos vitae cum fructibus erupit, idest, qui iacuit in morte, surrexit in gloria; unde addit surrexit, non est hic. * gregorius. ° non est hic dicitur, per praesentiam carnis, qui tamen nusquam deerat per praesentiam maiestatis. * theophylactus. ° et quasi dicat: vultis certificari de eius resurrectione? subdit: ecce locus ubi posuerunt eum: propter hoc enim et revolverat lapidem, ut locum ostenderet. * hieronymus. ° ostenditur autem immortalitas mortalibus ad gratiarum actionem debitam, ut intelligamus quid fuerimus, et sciamus quid futuri erimus. sequitur sed ite, dicite discipulis eius et petro, quia praecedet vos in galilaeam. mulieribus dicitur ut nuntient apostolis: quia per mulierem mors annuntiata est, per mulierem vita resurgens. dicit autem specialiter et petro, quia se indignum iudicavit discipulatu, cum ter negavit magistrum; sed peccata praeterita non nocent, quando non placent. * gregorius. ° si autem hunc angelus non nominatim exprimeret, qui magistrum negaverat, venire inter discipulos non auderet. vocatur ergo ex nomine, ne desperaret ex negatione. * augustinus de cons. evang.. ° quod autem dicit praecedet vos in galilaeam; ibi eum videbitis sicut dixit vobis, videtur hoc sonare: quod iesus non erat demonstraturus se discipulis post resurrectionem nisi in galilaea; quam demonstrationem nunc ipse marcus commemoravit; quod enim dixit mane prima sabbati apparuit mariae magdalene.... post haec duobus euntibus in villam, factum est in ierusalem ipso die resurrectionis; deinde venit ad ultimam manifestationem, quam factam scimus in monte oliveti non longe a ierusalem. numquam igitur commemorat marcus impletum quod ab angelo praenuntiatum esse testatur. matthaeus vero nullum alium locum omnino commemorat, ubi discipuli, postquam surrexit, viderint dominum, nisi in galilaea, secundum angeli praedicationem. sed cum non sit expressum quando id futurum esset, utrum primum antequam alibi ab eis visus esset, idque ipsum quod discipulos matthaeus dicit iisse in galilaeam in montem, non exprimit diem nec narrandi ordinem; non adversatur quidem matthaeus narrationibus ceterorum; sed dat eas intelligendi atque accipiendi locum. verumtamen quod dominus non ibi primum se demonstraturus erat, sed in galilaea, ubi postea visus est, se videndum mandavit, quemvis fidelem facit intentum ad quaerendum in quo mysterio dictum intelligatur. * gregorius. ° galilaea namque transmigratio interpretatur. iam quippe redemptor noster a passione ad resurrectionem, a morte ad vitam transmigraverat; et nos resurrectionis eius gloriam post laeti videbimus, si modo a vitiis ad virtutum celsitudinem transmigramus. qui ergo in sepulcro nuntiatur, in transmigratione ostenditur: quia is qui in mortificatione carnis agnoscitur, in transmigratione mentis videtur. * hieronymus. ° brevis ergo sententia in syllabis, sed ingens in quantitate promissio. ibi est gaudii nostri fons, et salutis aeternae origo praeparata. ibi congregantur dispersiones, et sanantur contriti corde. ibi, inquit, eum videbitis, sed non sicut vidistis. * augustinus de cons. evang.. ° significatur etiam quod gratia christi de populo israel erat transmigratura ad gentes, a quibus apostoli nullo modo praedicantes suscipientur, nisi eis viam dominus in eorum cordibus praeveniens praeparasset; et hoc est: praecedet vos in galilaeam: ibi eum videbitis, id est, ibi membra eius invenietis. sequitur at illae exeuntes, fugerunt de monumento: invaserat enim eas tremor et pavor. * theophylactus. ° idest stupor propter visionem angeli, et admirationem resurrectionis. * severianus. ° angelus quidem sedet in monumento, de monumento fugiunt mulieres; quia ille de caelesti substantia confidit, turbantur istae de conditione terrena. sepulcrum, qui mori non potest, timere nescit; mulieres autem et de praesenti facto tremunt, et sepulcrum ut mortales adhuc mortaliter expavescunt. * hieronymus. ° hoc etiam dicitur de futura vita, in qua fugiet dolor et gemitus. imitantur etiam mulieres ante resurrectionem omnia quae faciunt post resurrectionem, fugientes mortem et pavorem. sequitur et nemini quicquam dixerunt: timebant enim. * theophylactus. ° aut propter iudaeos aut timore visionis detentae tacebant hoc quod audierant. * augustinus de cons. evang.. ° quaeri autem potest quemadmodum hoc dicat marcus, cum dicat matthaeus: et exierunt cito de monumento cum timore et gaudio magno, currentes nuntiare discipulis eius, nisi intelligamus ipsorum angelorum nemini ausas fuisse aliquid dicere, idest respondere ad ea quae ab illis audierant; aut certe custodibus quos iacentes viderunt: nam illud gaudium quod matthaeus commemorat, non repugnat timori de quo marcus dicit: debuimus enim utrumque in illarum animo factum intelligere, etiam si matthaeus de timore non diceret. cum vero ipse dicat: exierunt cito de monumento cum timore et gaudio magno, nihil ex hac re quaestionis remanere permittit. * severianus. ° signanter etiam dicitur, quod nemini quicquam dixerunt: quia mulieribus audire, non loqui datum est; discere, non docere.

lc2 * Augustinus de cons. evang.. ° iam post resurrectionem quemadmodum apparuit dominus considerandum est: dicit enim marcus: surgens autem mane prima sabbati apparuit primo mariae magdalene, de qua eiecerat septem daemonia. * beda. ° haec apparitio quomodo et ubi facta sit, ioannes plenissime docet. surrexit autem dominus mane de monumento, in quo sero iam facto erat depositus, ut adimpleretur illud psalmistae: ad vesperam demorabitur fletus, et ad matutinum laetitia. * theophylactus. ° vel aliter. quod dicit surgens iesus, ibi puncta; deinde dicas mane prima sabbati apparuit primo mariae magdalene. * gregorius in evang.. ° ut enim samson media nocte non solum de gaza exiit, sed etiam portas tulit, sic et redemptor noster ante lucem resurgens non solum liber de inferno exiit, sed ipsa etiam inferni claustra destruxit. de maria autem hic marcus septem daemonia eiecta fuisse testatur; et quid septem daemonia, nisi universa vitia significant? quia enim septem diebus omne tempus comprehenditur, recte septenario numero universitas figuratur. * theophylactus. ° septem ergo daemonia maria habuit, quae universis vitiis plena fuit. aut septem daemonia septem virtutibus spiritus contrarios dicit, ut spiritus absque timore, absque sapientia, absque intellectu, et quaecumque alia donis spiritus sancti opponuntur. * hieronymus. ° ei autem de qua eiecerat septem daemonia, primo ostenditur: quia meretrices et publicani praecedent synagogam in regnum dei, ut latro praecessit apostolos. * beda. ° in principio etiam mulier inductrix culpae viro fuit; nunc quae mortem primo gustavit, resurrectionem primo videt, ne perpetui reatus apud viros opprobrium sustineret; et quae viro culpam transfuderat, transfudit et gratiam; nam sequitur illa vadens nuntiavit his qui cum eo fuerant, lugentibus et flentibus. * hieronymus. ° flent et lugent qui nondum viderunt; sed non post multum consolabuntur: beati enim qui lugent nunc, quoniam ipsi consolabuntur. * beda. ° recte autem haec mulier, quae laetitiam dominicae resurrectionis prima nuntiavit, a septem daemonibus curata esse memoratur, ne quisquam digne poenitens de admissorum venia desperaret, et ut ubi abundavit peccatum, superabundasse et gratia monstraretur. * severianus. ° nuntiat autem maria; sed iam non feminam, sed ecclesiam gestans: ut supra sicut femina tacebat, hic in ecclesia et nuntiet et loquatur. sequitur et illi audientes quia viveret, et visus esset ab ea, non crediderunt. * gregorius in evang.. ° quod resurrectionem dominicam discipuli tarde crediderunt, non tam illorum infirmitas quam nostra, ut ita dicam, futura firmitas fuit. ipsa namque resurrectio illis dubitantibus per multa argumenta monstrata est: quae dum nos legentes agnoscimus, quid aliud quam de eorum dubitatione solidamur? sequitur post haec autem duobus ex his ambulantibus ostensus est in alia effigie euntibus in villam. * augustinus de cons. evang.. ° de istis duobus, quorum unus erat cleophas, lucas totum narrat, sed marcus hic breviter perstringit. castellum quippe illud de quo lucas loquitur, non absurde accipimus etiam villam potuisse appellari; et in codicibus quidem graecis magis agrum invenimus quam villam; agri autem nomine non castella tantum, verum etiam municipia et coloniae solent vocari extra civitatem, quae quasi caput et mater est ceterarum. quod autem ait marcus, eis in alia effigie dominum apparuisse, hoc lucas dicit quod eorum oculi tenebantur, ne agnoscerent eum. oculis enim eorum acciderat aliquid, quod ita manere permissum est usque ad fractionem panis. * severianus. ° nemo autem putet christum sua resurrectione sui vultus effigiem commutasse. sed mutatur effigies dum efficitur ex mortali immortalis; ut hoc sit acquisivisse vultus gloriam, non vultus substantiam perdidisse. duobus autem visus est, quia duobus populis, idest gentibus et iudaeis resurrectionis fides praedicanda monstratur. sequitur et illi euntes nuntiaverunt ceteris; nec illis crediderunt. quod marcus dicit nuntiaverunt ceteris, nec illis crediderunt, cum lucas dicat, quod iam inde loquebantur vere resurrexisse dominum, et simoni apparuisse, quid intelligendum est, nisi aliquos ibi fuisse qui nollent credere? * theophylactus. ° non enim de undecim apostolis hoc dicit, sed de quibusdam aliis quos ceteros nominat. * hieronymus. ° mystice autem intelligitur, quod fides hic laborat agens activam vitam, illic contemplativa secura visione regnat; hic per speculum contuemur imaginem, illic facie ad faciem videbimus veritatem: unde ambulantibus, idest laborantibus, ostensus est in alia effigie; et nuntiantibus non est creditum, dum, sicut moyses, viderunt quod non sufficiebat ei, qui dicit: ostende mihi temetipsum: oblitus enim carnis suae, postulat in vita ista quod speramus in futura.

lc3 * Glossa. ° completurus evangelicam narrationem marcus, novissimam apparitionem, qua christus post resurrectionem discipulis apparuit, commemorat, dicens novissime autem recumbentibus illis undecim apparuit. * gregorius in evang.. ° notandum autem quid lucas in actibus referat dicens: convescens praecepit eis ab hierosolymis ne discederent; et post pauca: videntibus illis elevatus est. comedit enim et ascendit, ut videlicet per effectum comestionis veritas patesceret carnis: unde et hic dicitur, quod recumbentibus illis novissime apparuit. * hieronymus. ° apparuit autem undecim simul congregatis, ut omnes testes sint, et enarrent omnibus quod communiter viderunt et audierunt. sequitur et exprobravit incredulitatem eorum, et duritiam cordis: quia his qui viderant eum resurrexisse, non crediderunt. * augustinus de cons. evang.. ° quomodo autem novissime hoc factum est? novissimum quippe illud est quod dominum in terra apostoli viderunt, quod factum est quadragesima die post resurrectionem eius. numquid nam tunc exprobraturus erat, quod non credidissent eis qui eum viderant resurrexisse, quando iam et ipsi post resurrectionem toties eum viderant? restat igitur ut intelligamus, nunc marcum breviter commemorare voluisse, et iam dixisse novissime, quia ipso die hoc novissimum fuit iam incipiente nocturno tempore, posteaquam discipuli de castello redierunt in ierusalem, et invenerunt, sicut dicit lucas, undecim, et qui cum illis erant colloquentes de resurrectione domini. sed erant ibi utique non credentes. his ergo, sicut marcus dicit, discumbentibus, et adhuc inde, sicut dicit lucas, loquentibus, stetit in medio eorum dominus, et ait illis: pax vobis, sicut lucas et ioannes dicunt. verbis itaque domini, quae tunc eum locutum esse discipulis, lucas ioannesque dixerunt, interponitur et illa exprobratio de qua marcus hic dicit. sed hoc rursus movet: quomodo discumbentibus undecim, dicit apparuisse marcus, si illud tempus est diei dominici iam noctis initio; cum aperte ioannes dicat non cum eis fuisse thomam, quem credimus exiisse inde antequam dominus ad eos intraret, posteaquam illi duo redeuntes de castello cum ipsis undecim collocuti sunt, sicut apud lucam invenitur. sed lucas in sua narratione dat locum quo possit intelligi, dum haec loquerentur, prius inde exiisse thomam, et postea dominum intrasse. marcus autem qui dicit novissime discumbentibus illis undecim apparuit, etiam thomam illic fuisse cogit fateri: nisi forte quamvis uno absente, undecim tamen voluit appellare, quia eadem tunc apostolica societas hoc numero nuncupabatur, antequam mathias in locum iudae subrogaretur. aut si hoc durum est accipere, illud accipiamus, post multas demonstrationes eius, eum novissime recumbentibus undecim apparuisse, idest ipsa quadragesima die. et quoniam iam erat ab eis ascensurus in caelum, hoc eis illo die magis exprobrare voluisse, quia his qui audierant eum resurrexisse, non crediderant, antequam ipsi eum viderent; cum utique post ascensionem suam praedicantibus evangelium etiam gentes quae non viderunt fuerant crediturae: post illam quippe exprobrationem ait idem marcus: et dixit eis: euntes in mundum universum; et infra: qui vero non crediderit, condemnabitur. hoc ergo praedicaturi, nonne ipsi primitus fuerant obiurgandi, qui antequam dominum vidissent, non crediderunt eis quibus prius apparuisset? * gregorius in evang.. ° idcirco etiam tunc dominus discipulos increpavit cum corporaliter reliquit, ut verba quae recedens diceret, in corde audientium arctius impressa remanerent. * hieronymus. ° exprobrat autem incredulitatem, ut succedat credulitas: exprobrat duritiam cordis lapidei, ut succedat cor carneum caritate plenum. * gregorius. ° increpata igitur eorum duritia, quid admonendo dicat audiamus; sequitur enim euntes in mundum universum, praedicate evangelium omni creaturae. omnis creaturae nomine significatur homo: omnis enim creaturae aliquid habet homo; habet namque commune esse cum lapidibus, vivere cum arboribus, sentire cum animalibus, intelligere cum angelis. omni enim creaturae praedicatur evangelium, cum soli homini praedicatur; quia ille videlicet docetur, propter quem in terra cuncta creata sunt, et a quo omnia per quamdam similitudinem aliena non sunt. potest etiam omnis creaturae nomine omnis natio gentium designari: ante enim dictum fuerat: in viam gentium ne abieritis; nunc autem dicitur praedicate evangelium omni creaturae; ut scilicet prius a iudaea apostolorum repulsa praedicatio, tunc nobis in adiutorium fieret, cum hanc illa ad damnationis suae testimonium superbe repulisset. * theophylactus. ° vel omni creaturae, idest credenti et non credenti. sequitur qui crediderit et baptizatus fuerit, salvus erit. non enim sufficit credere: nam qui credit et nondum est baptizatus, sed catechumenus, nondum est perfecte salutem adeptus. * gregorius. ° fortasse autem unusquisque apud semetipsum dicat: ego iam credidi, salvus ero. verum dicit, si fidem operibus teneat. vera etenim fides est quae in hoc quod verbis dicit, operibus non contradicit. sequitur qui vero non crediderit, condemnabitur. * beda. ° quid adhuc hic dicemus de parvulis, qui per aetatem adhuc credere non valent? nam de maioribus nulla quaestio est. in ecclesia enim salvatoris per alios parvuli credunt, sicut ex aliis ea quae illis in baptismo peccata remittuntur pertraxerunt. sequitur signa autem eos qui crediderint, haec sequentur: in nomine meo daemonia eicient, linguis loquentur novis, serpentes tollent. * theophylactus. ° hoc est, dispergent intellectuales, sicut illud lucae: calcabitis super serpentes et scorpiones, intellectualiter intelligitur. potest autem intelligi de sensibilibus serpentibus, sicut etiam paulus a vipera nullum habuit nocumentum. sequitur et si mortiferum quid biberint, non eis nocebit. multa talia facta in historiis legimus: multos namque venena bibita christi munita signaculo laedere non valebant. sequitur super aegros manus imponent, et bene habebunt. * gregorius in evang.. ° numquid autem quia ista signa non facimus, minime credimus? sed haec necessaria in exordio ecclesiae fuerunt; ut enim fides cresceret credentium, miraculis fuit nutrienda: quia et nos cum arbusta plantamus, tamdiu eis aquam fundimus, quousque ea in terra convaluisse videamus; at si semel radicem fixerint, a rigando cessamus. habemus de his signis atque virtutibus quae adhuc subtilius considerare debeamus. sancta quippe ecclesia quotidie spiritualiter facit quod tunc per apostolos corporaliter faciebat:

nam sacerdotes eius cum per exorcismi gratiam manum credentibus imponunt et habitare malignos spiritus in eorum mentibus contradicunt, quid aliud faciunt, nisi daemonia eiciunt? et fideles quique, qui iam saecularia verba derelinquunt, sancta autem mysteria insonant, linguis loquuntur novis: qui dum bonis suis exhortationibus malitiam de alienis cordibus auferunt, serpentes |175| tollunt; et dum pestiferas suasiones audiunt, sed tamen ad operationem pravam minime pertrahuntur, mortiferum est quod bibunt; sed non eis nocebit qui, quoties proximos suos in bono opere infirmari conspiciunt, dum exemplo suae operationis illorum vitam roborant, super aegros manus imponunt ut bene habeant. quae nimirum miracula tanto maiora sunt quanto spiritualia, et quanto per haec non corpora, sed animae suscitantur.

lc4 * Hieronymus. ° dominus iesus, qui de caelo descenderat ad liberandam infirmitatis nostrae naturam, ipse etiam super caelos ascendit; unde dicitur et dominus quidem iesus postquam locutus est eis, assumptus est in caelum. * augustinus de cons. evang.. ° in quo satis videtur ostendere novissimum cum illis in terra praemissum habuisse sermonem, quamvis non omnimodo ad id coarctari videatur: non enim ait: postquam haec locutus est eis; unde admittit, si necessitas cogeret, non illam fuisse novissimam locutionem, sed ad omnia quae cum eis omnibus illis diebus locutus est, posse pertinere quod dictum est: postquam locutus est eis, assumptus est in caelum. sed quia ea quae supra diximus, magis suadent novissimum diem fuisse, ideo post praemissam locutionem quam marcus commemoravit, adiunctis etiam illis verbis quae commemorantur in actibus apostolorum, credendum est assumptum esse dominum in caelum. * gregorius in |25| evang.. ° in veteri testamento cognovimus quod elias sit raptus in caelum. sed aliud est caelum aethereum, aliud caelum aereum. caelum quippe aereum terrae est proximum. in caelum itaque aereum elias sublevatus est, ut in secretam quamdam regionem terrae repente duceretur, ubi in magna iam carnis et spiritus quiete viveret, quoadusque ad finem mundi redeat, et mortis debitum solvat. notandum quoque est, quod elias in curru legitur ascendisse, ut videlicet aperte illis demonstraretur, quia homo purus adiutorio indigebat alieno. redemptor autem noster non curru, non angelis sublevatus legitur: quia qui fecerat omnia, super omnia sua virtute ferebatur. considerandum vero nobis est, quod marcus subdit et sedet a dextris dei; cum stephanus dicat: video caelos apertos et filium hominis stantem a dextris dei. sed sedere iudicantis est, stare vero pugnantis vel adiuvantis. stephanus ergo in laboris certamine positus stantem vidit, quem adiutorem habuit; sed hunc post |50| assumptionem marcus sedere describit, quia post assumptionis suae gloriam iudex in fine videbitur. * augustinus de symbolo. ° sessionem igitur istam non accipiamus, quasi sit in humanis membris positus; tamquam pater sedeat in sinistra, et filius sedeat a dextris; sed ipsam dexteram intelligimus potestatem quam accepit ille homo a deo, ut veniat iudicaturus qui primo venerat iudicandus. sedere enim habitare intelligitur; quomodo dicimus de quocumque homine: in illa patria sedit per tres annos, sic ergo credite habitare christum in dextera dei patris. beatus enim est, et habitat in beatitudine, quae dextera patris vocatur: ibi enim omnis dextera est, quia nulla est ibi miseria. sequitur illi autem profecti praedicaverunt ubique, domino cooperante, et sermonem confirmante sequentibus signis. * beda. ° nota, quod marcus evangelista evangelium suum quanto inchoavit tardius, tanto in longinquiora tempora scribendo porrexit: ab initio enim evangelicae praedicationis quod a ioanne factum est, coepit, |75| et ad illud usque tempus narrando pervenit quo apostoli idem evangelii verbum per totum orbem seminaverunt. * gregorius. ° quid autem in his considerandum est nisi quod praeceptum obedientia, obedientiam vero signa secuta sunt? praeceperat enim dominus: euntes in mundum universum, praedicate evangelium; et in actibus: eritis mihi testes usque ad extremum terrae. * augustinus ad hesychium. ° quo autem pacto ab apostolis est praedicatio ista completa, quando usque adhuc sunt gentes in quibus modo coepit, et in quibus nondum coepit impleri? non utique hoc a domino sic mandatum est apostolis, tamquam ipsi soli, quibus tunc loquebatur, tantum munus fuerint impleturi; sed sicut eis solis videtur dixisse: ecce ego vobiscum sum usque ad consummationem saeculi: quod tamen eum universae ecclesiae promisisse, quae, aliis morientibus, aliis nascentibus, hic usque in saeculi consummationem futura est, quis non intelligat? * theophylactus. ° sciendum |100| est autem et hic, quod sermo per opera confirmatur, sicut in apostolis tunc operationes confirmabant sermonem, sequentibus signis. fiat autem, o christe, ut nostri sermones quos de virtute dicimus, per opera confirmentur et actus; ut tandem simus perfecti te cooperante in omnibus verbis et operibus: quia te decet et sermonum et operum gloria. amen.

CATENA AUREA IN LUCAM

073 CLC cp

lc ° Induam caelos tenebris, et saccum ponam operimentum eorum. dominus dedit mihi linguam eruditam, ut sciam sustentare eum qui lapsus est verbo. erigit mane, mane erigit mihi aurem, ut audiam quasi magistrum. * (isaias 50, 3-4). glossa. ° inter cetera incarnationis christi mysteria, quae isaias propheta diligenter et aperte praenuntiat, dicit induam caelos tenebris etc., ex quibus verbis accipere possumus evangelii secundum lucam materiam, modum scribendi, finem et conditionem scriptoris. * augustinus de cons. evang.. ° lucas enim circa sacerdotalem domini stirpem atque personam magis occupatus videtur, unde per vitulum significatus est, propter maximam victimam sacerdotis. * ambrosius in luc.. ° vitulus enim sacerdotalis est victima, unde bene congruit vitulo hic evangelii liber, qui a sacerdotibus inchoavit et consummavit in vitulo, qui omnium peccata suscipiens pro totius mundi vita est immolatus; et ipsam vituli immolationem lucas stylo quodam pleniore diffudit. * glossa. ° quia igitur passionem christi principaliter exponere lucas intendit, huius evangelii materia significari potest in eo quod dicitur induam caelos tenebris, et saccum ponam operimentum eorum; nam ad litteram in passione christi tenebrae factae sunt, et in discipulis fides obscurata est. * hieronymus super isaiam. ° et christus despectus erat et ignobilis quando pendebat in cruce; et absconditus est vultus eius atque despectus, ut humano corpore |25| divina potentia celaretur. * hieronymus de viris illustribus. ° sermo autem lucae tam in evangelio quam in actibus apostolorum comptior est et saeculari redolet eloquentia. unde subditur dominus dedit mihi linguam eruditam. * ambrosius in luc.. ° nam licet scriptura divina mundanae evacuet sapientiae disciplinam, quod maiore fucata verborum ambitu quam rerum ratione subnixa sit; tamen si quis in scripturis divinis etiam illa quae imitanda illi putant, quaerat, inveniet. sanctus enim lucas velut quemdam historicum ordinem tenuit, et plura nobis gestorum domini miracula revelavit; ita tamen ut omnes sapientiae virtutes evangelii ipsius complecteretur historia. quid enim praecellentius ad sapientiam naturalem, quam quod spiritum sanctum creatorem etiam dominicae incarnationis extitisse reseravit? docet moralia in eodem libro, quemadmodum scilicet amare inimicum debeam; docet etiam rationalia, cum lego quoniam qui fidelis est in minimo, et in magno fidelis est. * eusebius in eccles. hist.. ° is ergo genere quidem antiochenus, arte medicus, secundum hanc medicinam quam ex apostolorum vel societate vel traditione susceperat, duos nobis medicinales libros, quibus non corpora sed animae curentur explicuit. unde sequitur ut sciam sustentare eum qui lapsus est verbo. * hieronymus super isaiam. ° dicit enim se a domino accepisse sermonem, quomodo lapsum errantemque populum sustentet, et revocet ad salutem. * graecus expositor. ° cum autem lucas bonae indolis esset et capacitatis strenuae, graecorum scientiam consecutus | 50 | est. grammaticam siquidem atque poesim adeptus perfecte, rethoricam autem et persuadendi leporem assecutus ad plenum, neque philosophiae muneribus caruit; denique et medicinam acquirit, et quoniam naturae velocitate satis de humana gustaverat sapientia, ad altiorem convolat. accelerat igitur ad iudaeam, et visibiliter et verbo tenus christum adit. cumque veritatem cognosceret, verus efficitur christi discipulus, plurimum magistro commoratus. * glossa. ° unde subditur erigit mane, quasi a iuventute ad saecularem sapientiam; mane erigit mihi aurem ad divina, ut audiam quasi magistrum, scilicet ipsum christum. * eusebius in eccles. hist.. ° tradunt autem quod evangelium suum ex pauli ore conscripserit, sicut et marcus quae ex petri ore fuerant praedicata conscripsit. * chrysostomus super matthaeum. ° uterque autem eorum magistrum imitatus est; hic quidem paulum super flumina fluentem, ille autem petrum breviloquio studentem. * augustinus de cons. evang.. ° eo autem tempore scripserunt quo non solum ab ecclesia christi, verum etiam ab ipsis adhuc in carne manentibus apostolis probari meruerunt. et haec prooemialiter dicta sufficiant.

073 CLC cp1

lc1 * Eusebius eccles. hist.. ° lucas in initio evangelii sui, causam cur scripserit indicavit, videlicet quoniam multi alii temere praesumpserant enarrare res quae sibi magis erant ad liquidum compertae: et hoc est quod dicit quoniam quidem multi conati sunt ordinare narrationem rerum. * ambrosius in prooem. in lucam. ° nam sicut multi in iudaeorum populo divino infusi spiritu prophetaverunt, alii autem pseudoprophetae erant potius quam prophetae; sic et nunc in novo testamento multi evangelia scribere conati sunt, quae boni nummularii non probarunt: et aliud quidem fertur evangelium quod duodecim scripsisse dicuntur: ausus est etiam basilides evangelium scribere: fertur aliud secundum thomam, et aliud secundum matthiam. * beda. ° multos ergo eos non tam numerositate quam haereseos multifariae diversitate connumerat, qui non spiritus sancti munere donati, sed vacuo labore conati, magis ordinaverunt narrationem, quam historiae texeurunt veritatem. |25| * ambrosius. ° qui enim conatus est ordinare, suo labore conatus est, nec implevit suo conatu: sine conatu sunt enim donationes et gratia dei, quae ubi se infuderit, rigare consuevit, ut non egeat, sed redundet scriptoris ingenium: et ideo bene dicit rerum quae in nobis completae sunt, vel quae in nobis redundant: quod enim redundat, nulli deficit, et de completo nemo dubitat, cum fidem effectus astruat, exitus prodat. * origenes in lucam. ° dicit autem rerum, quia non secundum phantasiam, iuxta haereticos, exercuit iesus carnalem ipsius adventum; sed cum veritas esset, revera negotium prosecutus est. affectum autem suum indicat ex hoc quod ait quae in nobis completae sunt; idest, quae in nobis manifestissimae sunt ostensae: id enim quod graece legitur peplirophorimenon uno verbo latinus sermo non explicat: certa enim fide et ratione cognoverat, neque in aliquo fluctuabat. * chrysostomus. ° evangelista autem non solum testimonio contentus est proprio, |50| sed ad apostolos totum refert, inde robur venatur sermoni; et ideo subdit sicut tradiderunt nobis qui ab initio ipsi viderunt. * eusebius eccles. hist.. ° certus est quod veritatem, vel paulo exponente, vel aliis apostolis qui ab initio ipsi viderant, vel sibi tradiderant, consecutus sit. * chrysostomus. ° dicit autem viderunt, quia hoc maxime robur nanciscitur credulitatis, quod addiscitur ab his qui praesentialiter viderunt. * origenes. ° palam est autem quod cuiusdam doctrinae finis est in ipsa doctrina, sicut geometriae; alterius vero doctrinae finis in opere computatur, sicut medicinae; et ita est in sermone dei. et ideo postquam significaverat scientiam ex hoc quod dixerat ipsi viderunt, demonstrat opera ex hoc quod sequitur: et ministri fuerunt sermonis vel verbi. * ambrosius. ° nam congruit ista locutio, ut maius mysterium verbi quam auditum esse credamus; sed quia non prolativum verbum, sed substantiale significatur, non vulgare verbum, sed caeleste intelligamus, cui apostoli ministrarunt. |75| * cyrillus. ° quod autem dicit, huius verbi visores fuisse apostolos, concordat cum ioanne, qui dicit: verbum caro factum est, et habitavit in nobis, et vidimus gloriam eius. verbum namque, mediante carne, visibile factum est. * ambrosius. ° non solum autem secundum corpus viderunt dominum, sed etiam secundum verbum. viderunt enim verbum, qui cum moyse et elia viderunt gloriam verbi; alii non viderunt, qui corpus tantummodo videre potuerunt. * origenes. ° et in exodo quidem scriptum est: populus videbat vocem domini; vox autem auditur potius quam videtur. sed propterea ita scriptum est ut ostenderetur nobis aliis videri oculis vocem domini, quibus illi aspiciunt qui merentur. porro in evangelio non vox cernitur, sed sermo qui voce praestantior est. * theophylactus. ° ex hoc enim manifeste innuitur quod lucas non fuit discipulus ab initio, sed processu temporis; alii autem fuerunt discipuli ab initio, ut petrus et filii zebedaei. * beda in lucam. ° et tamen matthaeus |100| quoque et ioannes in multis quae scriberent, ab his qui infantiam, pueritiam, genealogiamque eius scire et gestis interesse potuerant, audire opus habebant. * origenes. ° deinde facultatem scribendi replicat: quoniam ea quae scripsit, non rumore cognoverit, sed ab initio fuerit ipse consecutus: unde sequitur visum est et mihi, assecuto a principio omnia diligenter, ex ordine tibi scribere, optime theophile. * ambrosius. ° cum dicit visum est et mihi, non negat deo visum: a deo enim praeparatur voluntas hominum. prolixiorem autem hunc evangelii librum quam ceteros esse nemo dubitaverit; et ideo non ea quae falsa sunt, sed quae vera, sibi vindicat: et ideo dicit assecuto quidem omnia visum est scribere: non omnia, sed ex omnibus: quia quae fecit iesus si scribantur omnia, nec ipsum mundum capere arbitror. consulto autem quae ab aliis sunt scripta praeteriit, ut propriis quibusdam singuli evangeliorum libri mysteriorum gestorumque miraculis eminerent. * theophylactus. |125| ° scribit autem ad theophilum virum inclytum, fortassis et principem, quia quod dicit cratiste, idest optime, sive strenue, non dicebatur nisi principibus et praesidibus; sicut et paulus festo praesidi dixit: cratiste (hoc est optime vel strenue) feste. * beda. ° theophilus autem interpretatur amans deum vel amatus a deo. quisquis ergo amat deum, sive a deo se desiderat amari, ad se scriptum putet evangelium, et ut sibi datum munus, sibique commendatum pignus conservet. non autem novorum quorumlibet eidem theophilo et velut ignotorum ratio pandenda; sed eorum de quibus eruditus est, verborum promittitur veritas exprimenda, cum subditur ut cognoscas eorum verborum de quibus eruditus es, veritatem; scilicet, ut quo quid ordine a domino gestum dictumve sit, agnoscere queas. * chrysostomus. ° vel aliter. ut certitudinem habeas, et securus existas, quae auditu perceperas, prospiciens in scriptura. * theophylactus in lucam. ° plerumque |150| enim cum sine scripto aliquid dicitur, calumniantur illud quasi falsum; cum vero quis quae dicit scripserit, tunc magis credimus: quia nisi putaret vera, non scriberet. * chrysostomus. ° vel aliter. totum evangelistae prooemium duo continet: conditionem eorum qui ante eum evangelium scripserant, puta matthaei et marci; et rursum cur et ipse scribere proposuit. cum vero dixisset conati sunt, vocabulum protulit potens applicari et ad praesumptuose aggredientes materiam, et ad honeste pertractantes illam. duabus enim additionibus dubiam sententiam certificat. primo quidem quia dixit quae in nobis completae sunt rerum; secundo quia dixit sicut tradiderunt nobis qui ab initio ipsi viderunt. simul autem hoc quod dico tradiderunt indicare mihi videtur quod et ipsi moneantur propagare; velut enim illi tradiderunt, ipsos quoque oportebit accipientes seriatim ad invicem promulgare. nondum autem commendantibus scripturae quae tradita fuerint, contingebat inconvenientia plurima provenire |175| diuturnitate temporis, unde merito quae de primis visoribus verbi et ministris verbi acceperant, in scriptis universo mundo traditionem praestiterunt, et calumnias propellentes, et oblivionem destruentes, et ex ipsa traditione integritatem accomodantes.

lc2 * Chrysostomus. ° evangelicae narrationis exordium a zacharia sumit et nativitate ioannis, mirum ante mirum edisserens, minus ante maius, nam quoniam virgo paritura erat, praeparavit gratia ut vetus prius conciperet. declarat autem tempus, cum dicit fuit in diebus herodis; et adicit dignitatem, cum subdit regis iudaeae. alius autem herodes fuit qui ioannem occidit; sed ille tetrarcha fuit, hic autem rex. * euthymius. ° rex, inquam, ille qui infantes occidit, pater illius herodis, qui praecursorem interemit. * beda in lucam. ° tempus autem herodis alienigenae regis dominico attestatur adventui; praedictum namque fuerat quia non deficiet princeps de iuda, neque dux de femore eius, donec veniat qui mittendus est. ex quo enim patres ex aegypto exierunt, suae gentis iudicibus usque ad samuelem prophetam, ac deinde regibus usque ad transmigrationem babyloniae regebantur. post reditum vero babyloniae pontifices rerum summam gerebant usque |25| ad hircanum regem simul et pontificem, quo ab herode interempto, iudaeae regnum ipsi herodi alienigenae iussu augusti caesaris traditur gubernandum; cuius trigesimo primo anno, iuxta prophetiam supradictam, qui mittendus erat advenit. * ambrosius. ° docet autem nos divina scriptura, non solum mores in his qui praedicabiles sunt, sed etiam parentes oportere laudari: ut veluti transmissa immaculatae puritatis hereditas, in his quos volumus laudare, praecellat. non solum igitur a parentibus, sed etiam a maioribus sancti ioannis nobilitas propagatur, non saeculari potestate sublimis, sed religionis successione venerabilis. plena est igitur laudatio, quae genus, mores, officium, factum, iudicium comprehendit. officium in sacerdotio: unde dicit sacerdos quidam nomine zacharias. * beda. ° de sacerdotali enim prosapia ioannes ortus est, ut eo potentius imitationem sacerdotii praeconizaret, quo ipsum ad sacerdotale genus pertinere claresceret. |50| * ambrosius. ° genus autem comprehendit in maioribus: unde sequitur de vice abia, idest nobilis inter familias. * beda. ° erant enim principes sanctuarii, idest summi sacerdotes, tam de filiis eleazar quam de filiis ithamar, quorum vices, secundum ministeria sua, ut ingrederentur domum dei, vigintiquatuor sortibus david distinxit; in quibus familiae abia, de qua zacharias ortus est, sors contingit octava. non autem frustra primus novi testamenti praeco in octavae sortis iure nascitur: quia sicut septenario saepe numero propter sabbatum vetus testamentum, sic novum aliquoties per octonarium propter sacramentum dominicae vel nostrae resurrectionis exprimitur. * theophylactus. ° volens etiam ostendere quod ab utroque parente legaliter ex sacerdotali genere erat, subdit et uxor illius de filiabus aaron, et nomen eius elisabeth. non enim permittebatur de alia tribu uxorem accipere, sed de sua. elisabeth interpretatur dei requies. zacharias vero memoria domini. * beda. ° iustis |75| enim parentibus ioannes est genitus, ut eo confidentius iustitiae praecepta populis daret, quo haec ipsa non quasi novitia didicisset, sed velut hereditario iure a progenitoribus accepta servaret. unde sequitur erant autem ambo iusti ante deum. * ambrosius in lucam. ° et sic mores in aequitate comprehendit. bene autem dicit ante deum. fieri enim potest ut aliquis affectata bonitate populari iustus videatur mihi, iustus autem ante deum non sit, si iustitia non ex mentis simplicitate formetur, sed adulatione simuletur. perfecta igitur laus est ante deum iustum esse: solus enim perfectior est qui ab eo probatur qui non potest falli. factum autem comprehendit in mandato, in iustificatione iudicium. unde sequitur incedentes in omnibus mandatis et iustificationibus domini. cum enim mandatis caelestibus obedimus, in mandatis domini incedimus; cum congrue iudicamus, tenere domini iustificationes videmur. providere autem oportet bona non solum coram deo, sed etiam coram hominibus. unde |100| sequitur sine querela. nulla enim querela est ubi et mentis bonitas concordat et facti, et plerumque iustitia durior hominum querelam excitat. * origenes in lucam. ° potest etiam aliquid iustum iniuste fieri, ut si iactantiae causa quis pauperi elargiatur; quod non est sine querela. sequitur et non erat illis filius, eo quod esset sterilis elisabeth, et ambo processissent in diebus suis. * chrysostomus. ° non solum autem elisabeth erat sterilis, sed et patriarcharum coniuges, sara, rebecca, rachel; quod dedecus erat antiquis: nec enim possumus dicere quod peccati effectus esset sterilitas, quia cuncti iusti, cuncti virtuosi. haec autem fuit sterilitatis causa, ut cum videris virginem parientem dominum, non sis incredulus, exercitans mentem tuam in alvo sterilium. * theophylactus. ° et ut etiam tu addisceres quod lex dei multiplicationem filiorum non appetit corporalem, sed magis spiritualem. processerant autem ambo, non secundum corpus, sed secundum spiritum, |125| ascensiones in corde ponentes, et vitam suam ut diem et non ut noctem habentes, quasi in die honeste ambulantes.

lc3 * Beda. ° per moysen dominus unum constituit summum sacerdotem, cui mortuo unum succedere iussit; et hoc usque ad david tempora servatum est, a quo plures fieri domino agente decretum est: unde nunc zacharias in ordine vicis suae sacerdotio functus esse asseritur cum dicitur factum est autem cum sacerdotio fungeretur zacharias in ordine vicis suae ante deum, secundum consuetudinem sacerdotalem, sorte exiit ut incensum poneret ingressus in templum domini. * ambrosius. ° videtur autem hic zacharias summus designari sacerdos: quia semel in anno solus summus sacerdos in secundo sanctuario intrabat, non sine sanguine, quem offerret pro se, et pro populi delictis. * beda. ° non autem nunc nova sorte electus est cum incensum esset adolendum, sed prisca sorte, cum ex ordine sui pontificatus in vicem abia succederet. sequitur et omnis multitudo populi |25| erat orans foris hora incensi. incensum in sancta sanctorum a pontifice deferri, expectante foris templum omni populo, decimo die septimi mensis est iussum, et hanc diem expiationis sive propitiationis vocari; cuius diei mysterium apostolus ad hebraeos pandens, iesum ostendit pontificem esse verum, qui in sanguine proprio caeli secreta subiit, ut propitium nobis faceret patrem, et interpellaret pro peccatis eorum qui adhuc prae foribus orantes expectant. * ambrosius. ° hic est autem ille summus sacerdos qui adhuc forte quaeritur, quia verus adhuc ignoratur: qui enim sorte eligitur, humano iudicio non comprehenditur. ille igitur quaerebatur, et alius figurabatur, verus in aeternum sacerdos, qui non hostiarum cruore, sed proprio, patrem deum generi reconciliaret humano: et tunc quidem vices erant, nunc autem est perpetuitas.

lc4 * Chrysostomus. ° ingressus zacharias in templum ut preces ferret pro cunctis ad deum, et quasi dei et hominum mediator, vidit angelum intus stantem: unde dicitur apparuit autem illi angelus domini stans a dextris altaris incensi. * ambrosius. ° bene apparuisse dicitur ei qui eum repente conspexit; et hoc specialiter aut de angelis aut de deo scriptura divina tenere consuevit; ut quod non potest praevideri, apparere dicatur. non enim similiter sensibilia videntur, et is cuius in voluntate situm est videri, et cuius naturae est non videri. * origenes in lucam. ° et hoc tantum in praesenti saeculo dicimus, sed et in futuro cum migraverimus a mundo, non omnibus vel deus vel angeli apparebunt: sed ille tantum videbit qui mundum habuit cor. locus autem nec nocere poterit quemquam, nec iuvare. * chrysostomus. ° manifeste autem apparuit, non in somnis: eo quod nimis arduum annuntiabatur, unde manifestiori et mirabiliori visione egebat. |25| * damascenus de fide orth.. ° tamen angeli non ut sunt, hominibus patefiunt, sed transfigurati, prout possunt visores aspicere in quodcumque iusserit dominus. * basilius. ° dicit autem altaris incensi, eo quod alterum erat altare deputatum ad holocausta. * ambrosius. ° non immerito autem angelus videtur in templo, quia veri sacerdotis annuntiabatur iam adventus, et caeleste sacrificium parabatur, in quo angeli ministrarent: non enim dubites assistere angelum quando christus immolatur. apparuit autem a dextris altaris incensi, quia divinae insigne misericordiae deferebat: dominus enim a dextris est mihi, ne commovear. * chrysostomus. ° non potest autem homo, quantumcumque sit iustus, absque timore cernere angelum: unde et nunc zacharias aspectum non tolerans praesentiae angeli, nec fulgorem illum valens sufferre, turbatur: et hoc est quod subditur et zacharias turbatus est videns. sicut autem auriga perterrito, loraque dimittente, corruunt equi praecipites, totaque quadriga |50| pervertitur; sic accidere consuevit animae quoties ab aliquo stupore vel sollicitudine deprimitur: unde et hic subditur et timor irruit super eum. * origenes in lucam. ° nova quippe facies humanis se obtutibus praebens turbat mentem, animumque consternat: unde angelus sciens hanc humanam esse naturam, primum perturbationi medetur: nam sequitur ait autem ad illum angelus: ne timeas, zacharia. * athanasius in vita antonii. ° unde non difficilis est bonorum spirituum malorumque discretio: si enim post timorem successerit gaudium, a domino venisse sciamus auxilium, quia securitas animae praesentis maiestatis indicium est; si autem incussa formido permanserit, hostis est qui videtur. non solum autem trepidantem refocillat, sed etiam novo laetificat nuntio, subdens quoniam exaudita est deprecatio tua, et uxor tua elisabeth pariet tibi filium. * augustinus de quaest. evang.. ° ubi primo hoc attendendum est, quia non est verisimile ut cum pro peccatis populi vel |75| salute vel redemptione sacrificium ille offerret, potuerit publicis votis relictis homo senex, uxorem habens, pro accipiendis filiis orare praesertim; nam nemo orat accipere quod accepturum esse desperat. usque adeo autem ille iam se habiturum filios desperabat, ut hoc angelo promittenti non crederet. ergo quod ei dicitur exaudita est deprecatio tua, pro populo intelligendum est; cuius populi quoniam salus et redemptio et peccatorum abolitio per christum futura erat, adhuc nuntiatur zachariae nasciturus filius, quia praecursor christi destinabatur. * chrysostomus. ° vel quod exaudita sit eius deprecatio, probat per hoc quod gignendus erat ei filius, clamans: ecce agnus dei qui tollit peccata mundi. * theophylactus. ° quasi ipso dicente: unde erit mihi hoc manifestum? ait angelus: ex hoc quod elisabeth pariet tibi filium, credes quod peccata populo sunt remissa. * ambrosius. ° vel aliter. plena semper et redundantia sunt divina beneficia, non exiguo constricta munere, sed uberi bonorum coacervata |100| congestu, ut hic, ubi primum precationis fructus promittitur, deinde sterilis partus uxoris: cuius nomen praenuntiat subdens et vocabis nomen eius ioannem. * beda. ° singularis meriti indicium datur, quoties hominibus a deo vel imponitur nomen vel nuntiatur. * chrysostomus in ioannem. ° illud quoque oportet exprimere, quoniam in quibus ab ipsa teneritate infantiae virtus refulgere debebat, a principio divinitus sumebant nomina; his vero qui postea debebant excrescere, nomen postea imponebatur. * beda. ° ioannes ergo interpretatur in quo est gratia, vel domini gratia: quo nomine declaratur primo parentibus eius gratiam, quibus decrepitis nasceretur filius, esse donatam; deinde ipsi ioanni, qui magnus coram domino erat futurus; postremo etiam filiis israel, quos ad dominum erat conversurus: unde sequitur et erit gaudium tibi et exultatio. * origenes. ° quando enim iustus oritur in mundo, ministri nativitatis eius laetantur: quando vero ille nascitur qui quasi ad poenas et ergastulum |125| relegatur, minister consternatur et concidit. * ambrosius. ° sanctus autem non solum parentum gratia, sed etiam salus est plurimorum: unde sequitur et multi in nativitate eius gaudebunt. admonemur hoc loco, sanctorum generatione laetari, admonentur parentes gratias agere: non enim mediocre munus est dei, dare liberos, propagatores generis, successionis heredes.

lc5 * Ambrosius. ° post laetitiam plurimorum, magnitudo virtutis promittitur, cum dicitur erit enim magnus coram domino. non corporis, sed animae magnitudinem declaravit: est coram domino magnitudo animae, magnitudo virtutis. * theophylactus. ° multi namque magni dicuntur, sed coram hominibus, non coram deo, sicut hypocritae: ita etiam et parentes ioannis iusti coram domino dicti sunt. * ambrosius. ° deinde non fines alicuius propagavit imperii, non triumphos bellici certaminis reportavit; sed, quod est amplius, praedicans in deserto, delicias hominum corporisque lasciviam magna animi virtute depressit: unde sequitur et vinum et siceram non bibet. * beda. ° sicera interpretatur ebrietas; quo vocabulo hebraei omne quod inebriare potest populum, sive de frugibus seu de qualibet alia materia confectum, significant. proprium vero in lege nazaraeorum erat, vino et sicera tempore obsecrationis abstinere: unde ioannes, ceterique tales, ut semper nazaraei, idest |25| sancti, manere possint, semper his abstinere satagunt: non enim decet vino, in quo est luxuria, inebriari eum qui musto spiritus sancti desiderat impleri: unde recte cui vini ebrietas tollitur, spiritus gratia cumulatur. sequitur autem et spiritu sancto replebitur adhuc ex utero matris suae. * ambrosius. ° cui spiritus sanctus infunditur, magnarum est plenitudo virtutum. siquidem sanctus ioannes antequam nasceretur, matris adhuc in utero positus, spiritus accepti gratiam designavit, cum in utero parentis exiliens domini evangelizavit adventum. alius est spiritus vitae huius, alius gratiae; ille nascendo sumit exordium, moriendo defectum; iste non aetatibus coercetur, non obitu extinguitur, non alvo matris excluditur. * graecus. ° quod autem erit opus ioannis, quidve per spiritum sanctum peraget, ostendit subdens et multos filiorum israel convertet ad dominum deum ipsorum. * origenes in lucam. ° ioannes quidem plurimos convertit; domini autem |50| opus est ut omnes ad deum patrem convertat. * beda. ° cum autem ioannes, qui christo testimonium perhibens, in eius fide populos baptizabat, dicitur filios israel ad dominum deum ipsorum convertisse, patet christum dominum deum esse israel: unde desinant ariani christum dominum deum esse negare: erubescant photiniani christo ex virgine principium dare: cessent manichaei alium populi israel, atque alium christianorum deum credere. * ambrosius. ° non autem egemus testimonio, quod plurimorum sanctus ioannes corda convertit, in quo nobis propheticae scripturae et evangelicae suffragantur: vox enim clamantis in deserto: parate viam domino: non enim de se, sed de domino praedicabat praenuntius christi; et ideo sequitur et ipse praecedet ante illum in spiritu et virtute eliae. bene praecedet ante illum, qui praenuntius natus, praenuntius mortuus est. bene etiam iungitur in spiritu et virtute eliae. * origenes in lucam. ° non dicit in anima eliae, sed in spiritu |75| et in virtute: spiritus enim qui fuerat in elia, venit in ioannem, et similiter virtus eius. * ambrosius. ° nunquam enim sine virtute spiritus, vel sine spiritu virtus: et ideo in spiritu et virtute, quia sanctus elias et virtutem habuit magnam, et gratiam: virtutem, ut ad fidem animos populorum a perfidia retorqueret, virtutem abstinentiae atque patientiae, et spiritum prophetandi. in deserto elias, in deserto ioannes; ille achab regis gratiam non quaesivit, hic sprevit herodis; ille iordanem divisit, hic ad lavacrum salutare convertit; hic prioris, ille sequentis domini praecursor adventus. * beda. ° quod autem de elia per malachiam praedictum est, hoc per angelum de ioanne dicitur, cum subditur ut convertat corda patrum in filios; spiritualem antiquorum sanctorum scientiam populis praedicando infundens; et incredulos ad prudentiam iustorum; quae est non de legis operibus iustitiam praesumere, sed ex fide salutem quaerere. * graecus. ° vel aliter. parentes ioannis et apostolorum iudaei fuerunt; sed tamen |100| contra evangelium ex superbia et infidelitate saeviebant. itaque tamquam benigni filii ioannes prius et apostoli consequenter eis veritatem monstrabant, in propriam iustitiam et prudentiam eos attrahentes: sic etiam elias reliquias hebraeorum convertet ad apostolorum veritatem. * beda. ° quia vero zachariam pro plebe supplicantem dixerat exauditum, subiungit parare domino plebem perfectam: in quo docet quo ordine plebs eadem salvari et perfici debeat, ad praedicationem scilicet ioannis poenitendo, et credendo in christum. * theophylactus. ° vel aliter. ioannes plebem paravit, non incredulam, sed perfectam, idest praeparatam ad suscipiendum christum. * origenes. ° sacramentum autem ioannis usque nunc expletur in mundo; quicumque enim crediturus est in iesum christum, antea spiritus et virtus ioannis ad animam illius venit, et praeparat domino populum perfectum.

lc6 * Chrysostomus. ° habito respectu zacharias ad propriam aetatem, quin etiam coniugis sterilitate conspecta, diffisus est: unde dicitur et dixit zacharias ad angelum: unde hoc sciam? quasi dicat: quomodo hoc fiet? et causam dubitationis subdit ego enim sum senex, et uxor mea processit in diebus suis; quasi dicat: aetas intempesta, natura inepta; ego generans debilis, terra sterilis. non autem censetur propter hoc dignus esse venia sacerdos, dum seriem rerum expostulat: quandocumque enim deus aliquid indicat, oportet in fide suscipere; nam super huiusmodi disceptare contumacis est animae: unde sequitur et respondens angelus dixit ei: ego sum gabriel, qui asto ante deum. * beda. ° quasi dicat: si homo talia signa promitteret, impune signum flagitare liceret; at cum angelus promittat, iam dubitare non decet. sequitur et missus sum loqui ad te, et haec tibi evangelizare. * chrysostomus. |25| ° ut cum audias me a deo missum fore, nihil humanum aestimes ex his quae tibi dicuntur: neque enim ex me loquor, sed mittentis relata denuntio; haec est enim nuntii bonitas, ut nihil ex se referat. * beda. ° ubi notandum est, quod angelus se et ante deum stare, et ad evangelizandum zachariae missum esse testatur. * gregorius in evang.. ° quia et cum ad nos veniunt angeli, sic exterius implent ministerium, ut tamen nunquam interius desint per contemplationem: quia etsi circumscriptus est angelicus spiritus, summus tamen spiritus, qui deus est, circumscriptus non est. angeli itaque etiam missi ante ipsum sunt: quia quomodolibet missi veniant, intra ipsum currunt. * beda. ° dat autem ei signum quod rogatur: ut qui discredendo locutus est, iam tacendo credere discat: unde sequitur et ecce eris tacens, et non poteris loqui. * chrysostomus. ° ut a vi generativa ad organa vocalia vincula transferantur. nec intuitu sacerdotii ei parcitur; sed ob hoc plectebatur amplius: |50| quia circa fidem ceteris praeesse debebat. * theophylactus. ° sed quia verbum kophos, quod etiam infra subiungitur, potest tam surdum quam mutum significare, bene ait eris surdus, et non poteris loqui. convenienter enim haec duo passus est: tamquam enim inobediens surditatem incurrit, et tamquam contradictor taciturnitatem. * chrysostomus. ° dicit autem et ecce, quasi dicat: in hoc instanti. sed considera miserationem domini in hoc quod sequitur usque in diem quo haec fient; quasi dicat: cum per eventus rerum quod dico ostendero, et noveris te iure punitum; tunc te de poena eripiam. et causam poenae ostendit cum subditur pro eo quod non credidisti verbis meis, quae implebuntur in tempore suo; non attendens virtutem eius qui misit me, cui ego assisto. si autem is qui erga nativitatem mortalem incredulus erat punitur; qualiter qui caelestem, et ineffabilem calumniatur, vitabit ultionem? * graecus. ° dum autem haec intrinsecus agerentur, dilatio temporis admirari cogebat expectantem forinsecus |75| multitudinem: unde sequitur et erat plebs expectans zachariam, et mirabatur quod tardaret ipse in templo. cumque per diversa vagaretur suspicio, quilibet dictabat ad libitum, donec zacharias egrediens docuit silendo quod latendo perpessus est: unde sequitur egressus autem non poterat loqui ad illos: et cognoverunt quod visionem vidisset in templo. * theophylactus. ° innuebat autem populo zacharias forte causam taciturnitatis interroganti, quam loqui non valens, per nutum declarabat: unde sequitur et ipse erat innuens illis, et permansit mutus. * ambrosius. ° est autem nutus quidam sine verbo corporalis actus, indicare moliens, nec exprimens voluntatem.

lc7 * Beda. ° vicis suae tempore pontifices templi tantum officiis mancipati, non solum a complexu uxorum, sed ab ipso quoque domorum suarum abstinebant ingressu; unde dicitur et factum est ut impleti sunt dies officii eius, abiit in domum suam. quia enim tunc sacerdotalis ex stirpe aaron successio quaerebatur, necessario tempus substituendae soboli procurabatur. at quia nunc non carnalis successio, sed profectio spiritualis inquiritur, sacerdotibus, ut semper altari queant assistere, semper castitas observanda praecipitur. sequitur post hos autem dies concepit elisabeth uxor eius: post dies scilicet officii zachariae completos. gesta sunt autem haec mense septembri, octavo calendas octobris, quando oportebat iudaeos ieiunium scenopegiae celebrare, imminente aequinoctio, in quo incipit nox esse maior quam dies: quia christum oportet crescere, ioannem autem minui. nec frustra tunc dies ieiuniorum erat, quia per ioannem |25| erat hominibus afflictio poenitentiae praedicanda. sequitur et occultabat se mensibus quinque. * ambrosius. ° quae causa occultationis nisi pudor? sunt enim quaedam tempora praescripta coniugio, quando dare operam procreandis liberis sit decorum, dum anni vigent, dum suscipiendorum liberorum spes est. at ubi et matura aevi senectus successerit, et aetas est regendis liberis habilior quam creandis, pudor est legitimi licet coitus gestare indicia, et gravari alienae aetatis onere, et tumescere alvum non sui temporis fructu. pudebat ergo eam propter aetatem: unde intelligi potest causa, quia iam non conveniebant inter se concubitu coniugali: neque enim ea quae senilem non erubesceret coitum, erubesceret partum; haec tamen erubescit onus parentis, quamdiu nescit mysterium religionis. sed quae occultabat se quia conceperat filium, iactare se coepit, quia generabat prophetam. * origenes in lucam. ° et ideo dicit * mensibus quinque; ° idest, donec maria conciperet, |50| et fetus eius exultans cum gaudio prophetaret. * ambrosius. ° et quamvis partus sui erubesceret aetatem, rursus caruisse se gaudebat opprobrio, dicens quia sic fecit mihi dominus. * chrysostomus. ° scilicet solvit sterilitatem, donum supra naturam concessit, et petra infructuosa spicas virentes produxit: abstulit dedecus dum genitricem fecit: unde sequitur in diebus quibus respexit auferre opprobrium meum inter homines. * ambrosius. ° pudor enim est feminis nuptiarum praemia non habere, quibus haec sola est causa nubendi. * chrysostomus. ° dupliciter igitur gaudet, dum et a nota sterilitatis ipsam eripuit dominus, et quoniam illustrem partum enixa est. non enim ut in ceteris gignentium solus concubitus intervenit, sed gratia caelestis huius ortus fuit exordium. * beda. ° mystice autem per zachariam sacerdotium iudaeorum, per elisabeth potest lex ipsa designari, quae sacerdotum doctrinis exercitata spirituales deo filios gignere debebat, sed non valebat; quia neminem ad perfectionem adduxit lex. erant ambo |75| iusti, quia bona est lex, et sacerdotium pro illo tempore sanctum: ambo processerant in diebus suis, quia adveniente christo iam incurvantur ad senium. ingreditur zacharias templum, quia sacerdotum est intrare in sanctuarium mysteriorum caelestium; foris erat multitudo, quia mystica penetrare nequit. dum altari thymiama imponit, nasciturum ioannem agnoscit: quia dum doctores flamma divinae lectionis ardent, gratiam dei per iesum prodituram reperiunt; et hoc per angelum, quia lex per angelos ordinata est. * ambrosius. ° in uno autem vox totius plebis obmutuit, quia in uno totus ad deum loquebatur populus: transivit enim ad nos dei verbum, et in nobis non tacet. mutus est qui non intelligit legem. cur enim tibi magis videatur mutus esse qui sermonem quam qui mysterium nescit? innuenti similis est populus iudaeorum, qui actuum suorum praestare non potest rationem. * beda. ° et tamen elisabeth concipit ioannem, quia interiora legis sacramentis christi abundant: conceptum quinque |100| mensibus occultat, quia moyses quinque libris mysteria christi designat, seu quia christi dispensatio in quinque mundi aetatibus per sanctorum dicta vel facta figuratur.

lc8 * Beda. ° quia christi incarnatio vel sexta aetate saeculi futura, vel ad impletionem legis erat profutura, recte sexto mense concepti ioannis missus ad mariam angelus nasciturum nuntiat salvatorem: unde dicitur in mense autem sexto. mensem sextum martium intellige, cuius vigesima quinta die dominus noster et conceptus traditur et passus, sicut et vigesima quinta die mensis decembris natus. quod si vel hoc die, ut nonnulli arbitrantur, aequinoctium vernale, vel illo solstitium brumale fieri credamus; convenit cum lucis incremento concipi vel nasci eum qui illuminat omnem hominem venientem in hunc mundum. at si quis ante dominicae nativitatis et conceptionis tempus considerat lucem vel crescere, vel tenebras superare convicerit, dicimus et nos, quia ioannes ante faciem adventus eius regnum caelorum evangelizabat. * basilius. ° adeunt autem nos caelestes spiritus, non quasi ex seipsis, sed ex eo quod divinae sapientiae decorem conspiciunt; unde sequitur |25| missus est angelus gabriel a deo. * gregorius in evang.. ° ad mariam enim virginem non quilibet angelus, sed gabriel archangelus mittitur: ad hoc quippe ministerium summum angelum venire dignum fuerat qui summum omnium nuntiabat: qui idcirco privato nomine censetur, ut signetur per vocabulum in operatione quid valeat. gabriel enim dei fortitudo nominatur; per dei ergo fortitudinem nuntiandus erat qui virtutum dominus et potens in praelio ad debellandas potestates aereas veniebat. * glossa. ° additur autem et locus quo mittitur, cum subditur in civitate galilaeae, cui nomen nazareth: nazaraeus enim, idest sanctus sanctorum, nuntiabatur venturus. * beda. ° aptum autem humanae restaurationis principium, ut angelus a deo mitteretur ad virginem partu consecrandam divino: quia prima perditionis humanae fuit causa, cum serpens a diabolo mittebatur ad mulierem spiritu superbiae decipiendam: unde sequitur ad virginem. * augustinus de |50| sancta virgin.. ° illum enim solum virginitas decenter parere potuit qui in sua nativitate parem habere non potuit. oportebat enim caput nostrum propter insigne miraculum secundum corpus nasci de virgine, quod significaret membra sua de virgine ecclesia secundum spiritum nascitura. * hieronymus. ° et bene angelus ad virginem mittitur, quia semper est angelis cognata virginitas. profecto in carne praeter carnem vivere, non terrena vita est, sed caelestis. * chrysostomus super matth.. ° non autem angelus post partum annuntiat virgini, ne nimium exinde turbaretur: et ideo ante conceptionem illam alloquitur, non in somnis, immo visibiliter assistit: nam quasi magnam valde relationem accipiens egebat ante rei eventum visione solemni. * ambrosius. ° bene autem utrumque posuit scriptura, ut et desponsata esset, et virgo: virgo, ut expers virilis consortii videretur; desponsata, ne temeratae virginitatis adureretur infamia, cui gravis alvus corruptelae videretur insigne |75| praeferre. maluit autem dominus aliquos de suo ortu quam de matris pudore dubitare: sciebat enim teneram esse virginis verecundiam et lubricam famam pudoris nec putavit ortus sui fidem matris iniuriis astruendam. servatur itaque sanctae mariae sicut pudore integra, ita et inviolabilis opinione virginitas: nec decuit sinistra virginibus opinione viventibus velamen excusationis relinqui, quod infamata mater quoque domini videretur. quid autem iudaeis, quid herodi posset ascribi, si natum viderentur ex adulterio persecuti? quemadmodum autem ipse diceret: non veni legem solvere, sed adimplere, si videretur coepisse a legis iniuria, cum partus innuptae lege damnetur? quid quod etiam fides mariae verbis maior adsciscitur, et mendacii causa removetur? videretur enim culpam obumbrare voluisse mendacio innupta praegnans. causam autem mentiendi desponsata non habuit, cum coniugii praemium et gratia nuptiarum partus sit feminarum. non mediocris quoque causa est ut virginitas |100| mariae falleret principem mundi, qui cum desponsatam viro cerneret, partum non potuit habere suspectum. * origenes in lucam. ° si enim non habuisset sponsum, statim cogitatio tacita diabolum surrepsisset, quomodo quae non accubuit cum viro, praegnans esset. debet iste conceptus esse divinus, debet aliquid humana natura esse sublimius. * ambrosius. ° sed tamen magis fefellit principes saeculi: daemonum enim malitia facile etiam occulta deprehendit; at vero qui saecularibus vanitatibus occupantur, scire divina non possunt. quin etiam locupletior testis pudoris maritus adhibetur, qui posset et delere iniuriam et vindicare opprobrium, si non agnosceret sacramentum: de quo subditur cui nomen erat ioseph de domo david. * beda. ° quod non tantum ad ioseph, sed etiam pertinet ad mariam. legis namque erat praeceptum ut de sua quisque tribu aut familia acciperet uxorem. sequitur et nomen virginis maria. |125| * beda. ° maria hebraice stella maris, syriace vero domina vocatur; et merito: quia et totius mundi dominum, et lucem saeculis meruit generare perennem.

lc9 * Ambrosius. ° disce virginem moribus; sola in penetralibus, quam nemo virorum videret, solus angelus repperiret: unde dicitur et ingressus angelus ad eam. et ne quo degeneri depravaretur affatu, ab angelo salutatur. * graecus. ° contra vocem prius editam mulieri dirigitur nunc sermo ad virginem. in illa doloribus partus est causa peccati punita; in hac per gaudium moestitia pellitur: unde iucunditatem non absurde praenuntiat angelus virgini, dicens ave. quod autem digna cognosceretur sponsalium, attestatur cum dicit gratia plena: quasi enim quaedam arrha aut dos sponsi ostenditur, quod fecunda sit gratiis. horum enim quae dicit, haec sunt sponsae, alia sponsi. * hieronymus. ° et bene gratia plena: quia ceteris per partes praestatur; mariae vero simul se totam infudit gratiae plenitudo. vere gratia plena, per quam largo spiritus sancti imbre superfusa est omnis creatura. iam autem erat cum virgine qui ad virginem |25| mittebat angelum, et praecessit nuntium suum dominus, nec teneri potuit locis qui omnibus habetur in locis: unde sequitur dominus tecum. * augustinus. ° magis quam mecum: ipse enim in tuo est corde, in tuo fit utero, adimplet mentem, adimplet ventrem. * graecus. ° hoc autem est totum legationis complementum. dei enim verbum, ut sponsus supra rationem unionem efficiens, tamquam ipse germinans, idemque germinatus, totam naturam humanam sibi ipsi conformavit. ultimum vero ponitur tamquam perfectissimum et compendiosum benedicta tu in mulieribus: una scilicet prae cunctis mulieribus: ut etiam benedicantur in te mulieres, sicut mares in filio; sed magis uterque in utrisque. velut enim per unam feminam et unum marem peccatum simul ac tristitia intravit: sic et nunc per unam et unum benedictio revocata est et laetitia et ad singulos est profusa. * ambrosius de salut. ang.. ° disce autem virginem a verecundia, quia pavebat: nam |50| sequitur quae cum audisset, turbata est in sermone eius. trepidare virginum est, et ad omnes ingressus viri pavere, omnes viri affatus vereri. disce, virgo, verborum vitare lasciviam: maria etiam salutationem angeli verebatur. * graecus. ° cum assueta foret his visionibus, evangelista non visioni, sed relatibus turbationem attribuit, dicens turbata est in sermone eius. attende autem virginis et pudicam et prudentem et animam simul et vocem. audita laetitia dictum examinavit, et neque manifeste obstitit per incredulitatem, nec statim paret ex levitate; evae levitatem evitans simul et duritiam zachariae; unde sequitur et cogitabat qualis esse ista salutatio: non conceptio, nam adhuc ignorabat immensitatem mysterii, sed salutatio: numquid libidinosa, ut a viro ad virginem; an divina, dum dei faceret mentionem dicens dominus tecum? * ambrosius in lucam. ° benedictionis etiam novam formulam mirabatur, quae nusquam est ante comperta: soli mariae hoc servabatur. * origenes in lucam. |75| ° si enim scivisset maria ad alium quempiam similem factum esse sermonem, utpote quae habebat legis scientiam, nunquam eam, quasi peregrinam, talis salutatio exterruisset.

lc10 * Beda. ° quia salutatione insolita virginem turbatam viderat, quasi familiarius notam vocans ex nomine, ne timere debeat iubet: unde dicitur et ait ei angelus: ne timeas, maria. * graecus. ° quasi dicat: non accessi decepturus, immo deceptionis absolutionem depromere; non veni praedaturus inviolabilem tuam virginitatem, sed conditori puritatis et custodi contubernia reserare; non sum serpentis minister, sed perimentis serpentem legatus; sponsalium tractator, non insidiarum molitor. sic ergo nequaquam distrahentibus ipsam considerationibus vexari permisit, ne diiudicaretur infidus minister negotii. * chrysostomus. ° qui autem apud deum meretur gratiam, non habet quid timeat; unde sequitur invenisti enim gratiam apud deum. qualiter autem illam quisque reperiet, nisi humilitate mediante? humilibus enim dat deus gratiam. * graecus. ° inveniet enim gratiam virgo coram deo, quia splendore pudicitiae propriam exornans animam, gratum deo se habitaculum |25| praeparavit; nec solum caelibatum inviolabilem conservavit, sed etiam immaculatam conscientiam custodivit. * origenes in lucam. ° invenerant enim plures gratiam ante eam; et ideo subdit quod proprium est, dicens ecce concipies in utero. * graecus. ° quod dicitur ecce, celeritatem et praesentiam denotat, insinuans cum eius verbo celebratam esse conceptionem. dicit autem concipies in utero, ut demonstret, dominum ab ipso utero virginali et de nostra substantia carnem suscipere. venit enim divinum verbum emundaturum naturam humanam, et partum, et nostrae generationis primordia; et ideo sine peccato et humano semine, per singula sicut nos in carne concipitur, et novem mensium spatio gestatur in utero. * gregorius nyssenus. ° sed quoniam contingit specialiter divinum concipi spiritum, et spiritum parere salutarem, secundum prophetam; ideo addidit et paries filium. * ambrosius. ° non autem omnes sunt sicut maria, ut dum de spiritu sancto concipitur, verbum |50| pariant; sunt autem quae abortivum excludant verbum, antequam pariant; sunt quae in utero christum habeant, sed nondum formaverint. * gregorius nyssenus. ° cum autem expectatio partus mulieribus timorem incutiat, sedat timoris metum dulcis partus relatio, cum subditur et vocabis nomen eius iesum: salvatoris enim adventus est cuiuslibet timoris propulsio. * beda super lucam. ° iesus autem salvator sive salutaris interpretatur. * graecus. ° dicit autem tu vocabis, non pater: patre enim caret quantum ad inferiorem generationem, sicut et matre respectu supernae. * cyrillus. ° hoc autem nomen de novo fuit verbo impositum, nativitati congruens carnis, secundum illud propheticum: vocabitur tibi nomen novum quod os domini nominavit. * graecus. ° verum quia hoc nomen commune est sibi cum successore moysi, idcirco innuens angelus quod non erit secundum illius similitudinem, subiungit hic erit magnus. * ambrosius. ° dictum est quidem etiam de ioanne |75| quia erit magnus; sed ille quasi homo magnus, hic quasi deus magnus. late enim funditur dei virtus, late caelestis substantiae magnitudo porrigitur: non loco clauditur, non opinione comprehenditur, non aestimatione concluditur, non aetate variatur. * origenes. ° vide ergo magnitudinem salvatoris quomodo in toto orbe diffusa sit: ascende in caelos, quomodo caelestia repleverit; descende cogitatione ad abyssos, et vide eum illuc descendisse: si hoc videris, pariter intueberis opere completum hic erit magnus. * graecus. ° neque carnis assumptio deitatis derogat celsitudini; immo potius humanitatis humilitas sublimatur; unde sequitur et filius altissimi vocabitur. non utique tu impones vocabulum, sed ipse vocabitur: a quo nisi a consubstantiali genitore? nullus enim filium novit nisi pater. penes quem vero infallibilis est notitia geniti, is verus interpres est erga impositionem congruam nominis: propter quod dicit: hic est filius meus dilectus, |100| ab aeterno siquidem est, quamvis nunc ad nostram doctrinam nomen eius patuerit. et ideo ait vocabitur, non: fiet vel generabitur: nam et ante saecula fuerat consubstantialis patri. hunc ergo concipies, huius mater efficieris, hunc virginalis cella concludet, cuius caeleste spatium capax non extitit. * chrysostomus. ° ceterum si quidem enorme quibusdam videtur, deum habitare corpus; nonne sol, cuius est corpus sensibile, quocumque radios mittit, non laeditur in propria puritate? multo ergo magis iustitiae sol ex utero virginali mundissimum corpus assumens, non tantum contaminatus non est, immo etiam ipsam matrem sanctiorem ostendit. * graecus. ° et ut virginem redderet memorem prophetarum, subdit et dabit illi dominus deus sedem david patris eius, ut noscat liquido quoniam qui nasciturus est ab ea, ipse est christus, quem illi promiserunt ex david semine nasciturum. * cyrillus. ° non tamen ex ioseph est editum corpus christi mundissimum; secundum enim unam lineam |125| cognationis profluxerant ioseph et virgo, ex qua formam humanitatis unigenitus sumpsit. * basilius. ° non autem in materiali sede david sedit dominus, translato iudaico regno ad herodem; sed sedem appellat david, in qua resedit dominus, indissolubile regnum; unde sequitur et regnabit in domo iacob in aeternum. * chrysostomus. ° dicit autem ad praesens domum iacob eos qui de numero iudaeorum crediderunt in illum: ut enim paulus dicit: non omnes qui ex israel sunt, hi sunt israelitae; sed qui sunt filii promissionis, computantur in semine. * beda. ° vel domum iacob totam ecclesiam dicit, quae vel de bona radice nata, vel cum oleaster esset, merito tamen fidei in bonam est inserta olivam. * graecus. ° nullius autem est in aeternum regnare, nisi dei solius: quo fit ut etsi propter incarnationem dicatur david sedem accipere, tamen idem ipse, inquantum deus, rex aeternus agnoscitur. sequitur et regni eius non erit finis: non solum inquantum deus est, sed etiam |150| in eo quod homo: et in praesenti quidem habet regnum multorum, finaliter vero universorum, cum ei omnia subicientur. * beda. ° omittat ergo nestorius dicere hominem tantum ex virgine natum, et hunc a verbo dei non in unitatem personae esse receptum: angelus enim qui ait eumdem ipsum patrem habere david, quem filium altissimi vocari praenuntiat, in duabus naturis unam christi personam demonstrat. non autem ideo futuri temporis verbis angelus utitur, quia secundum haereticos christus ante mariam non fuerit, sed quia secundum eamdem personam homo cum deo idem filii nomen sortitur.

lc11 * Ambrosius. ° neque non credere angelo maria debuit, neque tam temere usurpare divina; unde dicitur dixit autem maria ad angelum: quomodo fiet istud? temperatior est ista responsio quam verba sacerdotis. haec ait quomodo fiet istud? ille respondit unde hoc sciam? negat ille se credere, et quasi fidei adhuc alium quaerit auctorem; ista se facere profitetur, nec dubitat esse faciendum, quod quomodo fiat inquirit. legerat maria: ecce concipiet in utero, et pariet filium: ideo credidit futurum; sed quomodo fieret ante non legerat: non enim quemadmodum fieret vel prophetae tanto fuerat revelatum: tantum enim mysterium non hominis fuit, sed angeli ore promendum. * gregorius nyssenus. ° attende etiam mundae virginis vocem: partum annuntiat angelus; ipsa vero virginitati innititur, praestantiorem incorruptibilitatem angelica visione diiudicans: unde dicit quoniam virum non cognosco. * basilius. ° cognitio multifarie dicitur: dicitur |25| enim cognitio nostri conditoris sapientia, ac magnalium suorum notitia, nec non mandatorum custodia, et quae fit apud eum appropinquatio, et copula nuptialis, ut hic accipitur. * gregorius nyssenus. ° haec igitur mariae verba indicium sunt eorum quae tractabat in mentis arcano: nam si causa copulae coniugalis ioseph desponsari voluisset, cur admiratione ducta est dum sibi narratur conceptio? cum nimirum ipsa praestolaretur ad tempus mater effici iuxta legis naturam. verum quia oblatum corpus deo quasi quoddam ex sacris inviolabile reservari decebat, ideo dicit quoniam virum non cognosco; quasi dicat: etsi sis angelus, tamen quod virum cognoscam ex impossibilibus cernitur; qualiter igitur mater ero carens coniuge? ioseph siquidem in sponsum agnovi. * graecus. ° sed considera qualiter virgini solvit dubium angelus, ac explanat intemeratum connubium, et ineffabilem partum: sequitur enim et respondens angelus dixit ei: spiritus sanctus superveniet in te. * chrysostomus. ° quasi |50| dicat: non quaeras ordinem naturalem ubi naturam transcendunt et superant quae tractantur. dicis quomodo fiet istud, quoniam virum non cognosco? quinimmo eo ipso continget quod es coniugis inexperta: nam si virum experta fuisses, non digna censereris hoc mysterio: non quia profanum sit coniugium, sed quia virginitas potior. decebat enim communem omnium dominum, et in nativitate nobiscum participare, et ab ea discrepare: quod enim ex utero nasceretur, habuit commune nobiscum; quod autem absque concubitu nasceretur, plus a nobis obtinuit. quam beatum corpus illud quod ob exuberantem munditiam virginis mariae, ut videtur, donum animae ad seipsum allexit. in singulis enim ceteris vix utique anima sincera sancti spiritus impetrabit praesentiam; sed nunc caro receptaculum efficitur spiritus. * gregorius nyssenus. ° tabulas enim nostrae naturae quas culpa confregerat, denuo verus legislator de terra nostra sibi dolavit, absque concubitu divinitatis suae corpus susceptibile |75| creans, quod divinus digitus sculpsit, scilicet spiritus superveniens virgini. * chrysostomus. ° insuper et virtus altissimi obumbrabit tibi. altissimi regis virtus christus est, qui per adventum spiritus sancti formatur in virgine. * gregorius moralium. ° per obumbrationis enim vocabulum, incarnandi dei utraque natura significatur: umbra enim a lumine formatur et corpore; dominus autem per divinitatem lumen est: quia ergo lumen incorporeum in eius erat utero corporandum, recte ei dicitur virtus altissimi obumbrabit tibi; idest, corpus in te humanitatis accipiet incorporeum lumen divinitatis: hoc enim mariae dicitur propter mentis refrigerium caelitus datum. * beda. ° non ergo virili, quod non cognoscis, semine, sed spiritus sancti, quo impleris, opere concipies: concupiscentiae in te non erit aestus, ubi umbram faciet spiritus sanctus. * gregorius nyssenus. ° vel dicit obumbrabit tibi: quia sicut corporis umbra praecedentium charactere |100| conformatur, ita indicia deitatis filii ex virtute generandi patebunt. sicut enim in nobis quaedam vivifica virtus in materia corporali conspicitur qua homo formatur, sic in virgine altissimi virtus per vivificantem spiritum pariter corpori insitam materiam carnis ex virgineo corpore ad formandum novum hominem assumpsit: unde sequitur ideoque et quod nascetur ex te sanctum. * athanasius. ° profitemur enim quoniam naturae humanae assumptum ex maria corpus verissimum extitit, et idem secundum naturam corpori nostro: soror namque nostra maria est, cum omnes ab adam descenderimus. * basilius lib. de spir. s.. ° unde et paulus dicit quoniam misit deus filium suum natum non per mulierem, sed ex muliere. nam hoc quod dico: per mulierem, transituram poterat indicare nativitatis sententiam; quod autem dicitur ex muliere, manifestat communionem naturae geniti respectu parentis. * gregorius moralium. ° ad |125| distinctionem autem nostrae sanctitatis, iesus singulariter sanctus nasciturus asseritur: nos quippe etsi sancti efficimur, non tamen nascimur, quia ipsa naturae corruptibilis cognatione constringimur: ille autem solus veraciter sanctus natus est qui ex coniunctione carnalis copulae conceptus non est; qui non, sicut haereticus desipit, alter in humanitate, alter in deitate est; ut purus homo conceptus atque editus, et post per meritum ut deus esset accepit: sed nuntiante angelo, et adveniente spiritu, mox verbum in utero, mox intra uterum verbum caro: unde sequitur vocabitur filius dei. * theophylactus. ° vide quomodo sanctam trinitatem declaravit, non solum spiritum sanctum commemorans, sed et virtutem, idest filium, et altissimum, scilicet patrem.

lc12 * Chrysostomus. ° quoniam praecedens dictum superabat virginis mentem, ad humiliora declinavit sermonem, per sensibilia ipsi suadens: unde dicit et ecce elisabeth cognata tua. animadverte gabrielis industriam: non memoravit eam sarae vel rebeccae vel rachelis, quia antiquiora erant exempla: sed imminens factum inducit, ut eius mentem corroboret, et ob hoc et aetatem commemoravit, cum dicit et ipsa concepit filium in senectute sua: et defectum naturae, sequitur enim et hic mensis est sextus illi quae vocatur sterilis. non enim a principio conceptus elisabeth statim annuntiavit, sed acto sex mensium spatio, ut tumor ventris perhibeat argumentum. * gregorius nazianzenus. ° sed quaeret aliquis: qualiter ad david christus refertur? siquidem maria de sanguine manavit aaron, cuius cognatam angelus elisabeth asseruit. sed hoc nutu superno contingit ut regium genus sacerdotali stirpi iungeretur, ut christus qui rex est et |25| sacerdos, ab utrisque secundum carnem nasceretur. legitur etiam in exodo, quoniam aaron primus secundum legem sacerdos duxit ex tribu iudae coniugem elisabeth filiam aminadab; et attende sacratissimam spiritus administrationem, dum et hanc zachariae coniugem statuit elisabeth vocari, reducens nos ad illam elisabeth quam duxerat aaron. * beda. ° sic ergo, ne virgo se parere posse diffidat, accepit exemplum sterilis anus pariturae, ut discat omnia deo possibilia esse, etiam quae naturae ordini videntur esse contraria: unde sequitur quia non erit impossibile apud deum omne verbum. * chrysostomus. ° ipse namque cum sit naturae dominus, cuncta potest cum velit, qui cuncta peragit et disponit, vitae mortisque lora gubernans. * augustinus contra faustum. ° quisquis autem dicit: si omnipotens deus est, faciat ut ea quae facta sunt, facta non fuerint: non percipit se dicere ut ea quae vera sunt, eo ipso quod vera sunt, falsa sint. potest enim facere quod aliquid non sit quod |50| erat: velut cum aliquem qui coepit esse nascendo, faciat non esse moriendo. quis autem dicat ut id quod iam non est, faciat non esse? quidquid enim praeteritum est, iam non est; si de ipso fieri aliquid potest, adhuc est de quo fiat. et si est, quomodo praeteritum est? non ergo est quod vere diximus fuisse; sed ideo verum est illud fuisse, quia in nostra sententia verum est, non in ea re quae iam non est: hanc autem sententiam deus falsam facere non potest. omnipotentem autem deum non ita dicimus ac si eum etiam mori posse credamus. ille plane omnipotens vere solus dicitur qui vere est, et a quo solo est quidquid aliquo modo est. * ambrosius. ° vide autem humilitatem virginis, vide devotionem: sequitur enim dixit autem maria: ecce ancilla domini. ancillam se dicit quae mater eligitur, nec repentino exaltata promisso est. mitem enim humilemque paritura, humilitatem debuit etiam ipsa praeferre: simul etiam ancillam se dicendo, nullam sibi praerogativam tantae gratiae vindicavit, |75| quin faceret quod iuberetur: unde sequitur fiat mihi secundum verbum tuum. habes obsequium, vide votum. ecce ancilla domini, apparatus officii est; fiat mihi secundum verbum tuum, conceptus est voti. * eusebius. ° alius aliud quiddam in praesenti sermone virginis extollet apicibus; hic quidem constantiam, hic obedientiae promptitudinem; alius quod non allecta est tam splendidis et arduis per magnum archangelum promissis pollicitis; alius quod non excessit modum in dando instantias, sed aequaliter cavit et evae levitatem et zachariae inobedientiam: mihi autem humilitatis profunditas non minus conspicitur admiranda. * gregorius moralium. ° per ineffabile namque sacramentum concepto sancto partu inviolabili secundum veritatem utriusque naturae, eadem virgo ancilla domini fuit et mater. * beda. ° accepto autem virginis consensu, mox angelus caelestia repetit: unde sequitur et discessit ab illa angelus. * eusebius. ° non solum impetrans quod optabat, |100| sed stupens in virginea forma, et virtutis plenitudine.

lc13 * Ambrosius. ° angelus cum abscondita nuntiaret, ut fides astrueretur, exemplo feminae sterilis conceptum virgini nuntiavit. ubi hoc audivit maria, non quasi incredula de oraculo, nec quasi incerta de nuntio, nec quasi dubitans de exemplo; sed quasi laeta pro voto, religiosa pro officio, festina prae gaudio in montana perrexit: unde dicitur exurgens autem maria in diebus illis abiit in montana. quo enim, iam deo plena, nisi ad superiora cum festinatione conscenderet? * origenes in lucam. ° iesus enim, qui in utero illius erat, festinabat adhuc in ventre matris ioannem positum sanctificare: unde sequitur cum festinatione. * ambrosius. ° nescit tarda molimina spiritus sancti gratia. discite, virgines, non circumcursare per alienas aedes, non demorari in plateis, non aliquos in publico miscere sermones. * theophylactus. ° propter hoc abiit in montana, quia zacharias in montanis habitabat, unde sequitur in civitatem iuda, et intravit in |25| domum zachariae. * ambrosius. ° discite vos, sanctae mulieres, sedulitatem, quam praegnantibus debeatis exhibere cognatis. mariam autem quae sola in intimis penetralibus versabatur, non a publico virginitatis pudor, non a studio asperitas montium, non ab officio prolixitas itineris retardavit. discite etiam, virgines, humilitatem mariae: venit propinqua ad proximam, iunior ad seniorem; nec solum venit, sed et prior salutavit: unde sequitur et salutavit elisabeth. decet enim ut quanto castior virgo, tanto humilior sit, noveritque deferre senioribus. sit magistra humilitatis in qua est professio castitatis. est etiam causa pietatis: quia superior venit ad inferiorem, ut inferior adiuvetur; maria ad elisabeth; christus ad ioannem. * chrysostomus super matth.. ° vel aliter celabat quae supra dicta sunt in se virgo, nec cuiquam hominum pandit: non enim credebat ab aliis posse fidem adhiberi mirandis relatibus; immo magis putabat se pati convicia si diceret, quasi volens scelus proprium palliare. * graecus. |50| ° ad solam autem refugit elisabeth: sic enim consueverat propter cognationem, et propter ceteram huiusmodi coniunctionem. * ambrosius. ° cito autem adventus mariae, et praesentiae dominicae beneficia declarantur: nam sequitur et factum est, ut audivit salutationem mariae elisabeth, exultavit infans in utero eius. vide distinctionem, singulorumque verborum proprietates. vocem prior elisabeth audivit, sed ioannes prior gratiam sensit; illa naturae ordine audivit, iste exultavit ratione mysterii; illa mariae, iste domini sensit adventum. * graecus. ° propheta enim parente acutius videt et audit, salutatque prophetatum; sed quoniam verbis non poterat, saltat in utero; quod maximum existit in gaudio. quis unquam novit tripudium nativitate antiquius? insinuavit gratia quae naturae ignota extiterant; reclusus ventre miles agnovit dominum ac regem oriturum, ventris tegmine non obstante mysticae visioni: inspexit enim non palpebris, sed spiritu. * origenes. ° non |75| autem antea repletus fuerat spiritu donec assisteret quae christum gerebat in utero; tunc autem et spiritu erat plenus, et resultabat in parente: unde sequitur et repleta est spiritu sancto elisabeth. non autem dubium est quin quae tunc repleta est spiritu sancto, propter filium sit repleta. * ambrosius. ° illa autem quae se occultaverat et conceperat filium, iactare se coepit, quia gerebat prophetam; et quae erubescebat ante, benedicit: unde sequitur et exclamavit voce magna, et dixit: benedicta tu inter mulieres. magna voce clamavit, ubi domini sensit adventum, quia religiosum credidit partum. * origenes. ° dicit autem benedicta tu inter mulieres: nulla enim unquam tantae fuit gratiae particeps aut esse poterit; unius enim divini germinis parens est unica. * beda. ° eadem autem voce ab elisabeth qua a gabriele benedicitur, quatenus et angelis et hominibus veneranda monstretur. * theophylactus. ° quia vero aliae sanctae mulieres fuerunt, quae tamen genuerunt filios peccato inquinatos, subiungit |100| et benedictus fructus ventris tui. vel aliter intelligitur. dixerat benedicta tu inter mulieres; deinde quasi interrogante aliquo, quare, subiungit et benedictus fructus ventris tui, sicut dicitur in psalmo 117, 26-27: benedictus qui venit in nomine domini, deus dominus, et illuxit nobis. consuevit enim sacra scriptura et pro quia recipere. * origenes. ° fructum autem ventris dei genitricis dominum dixit: quia nequaquam ex viro, sed ex sola maria processit: nam qui semen sumpserunt a patribus, fructus eorum existunt. * graecus. ° solus ergo hic fructus benedictus: quia absque viro et absque peccato producitur. * beda. ° iste est fructus, qui david promittitur: de fructu ventris tui ponam super sedem tuam. * severus. ° in qua parte emergit eutychis redargutio, dum fructus ventris christus asseritur omnis enim fructus est eiusdem naturae cum planta: unde et virginem relinquitur eiusdem fuisse naturae cum secundo adam, qui tollit peccata mundi. |125| sed et qui phantasticam opinionem de carne christi confingunt, in vero dei genitricis partu erubescant; nam ipse fructus ex ipsa substantia procedit arboris. ubi sunt etiam dicentes, quasi per aquaeductum christum transisse per virginem? advertant ex dictis elisabeth, quam replevit spiritus, christum fructum fuisse ventris. sequitur unde hoc mihi ut veniat mater domini mei ad me? * ambrosius. ° non quasi ignorans dicit: scit enim esse sancti spiritus gratiam et operationem, ut mater domini matrem prophetae ad profectum sui pignoris salutet: sed quasi non humani hoc meriti, sed divinae gratiae munus esse cognoscat, ita dicit unde hoc mihi: hoc est qua iustitia, quibus factis, pro quibus meritis? * origenes. ° convenit autem hoc dicens cum filio; nam et ioannes indignum se sentiebat adventu christi ad ipsum. matrem autem domini nuncupat adhuc virginem existentem, praeoccupans eventum ex dicto prophetico. divina autem promissio duxerat |150| mariam ad elisabeth, ut ioannis testimonium ab utero perveniret ad dominum; ex tunc enim ioannem dominus in prophetam constituit: unde sequitur ecce enim, ut facta est vox salutationis tuae in auribus meis, exultavit infans in utero meo. * augustinus ad dardanum. ° hoc autem ut diceret, sicut evangelista praelocutus est, repleta est spiritu sancto; quo proculdubio revelante cognovit quid illa exultatio significasset; idest, infantis illius venisse matrem, cuius ipse praecursor, et demonstrator esset futurus. potuit ergo esse ista significatio rei tantae a maioribus cognoscendae, non a parvulo cognitae: non enim dixit: exultavit in fide infans in utero meo, sed exultavit in gaudio. videmus autem exultationem non solum parvulorum, sed etiam pecorum: non utique de aliqua fide vel religione, vel quacumque rationabili cognitione venientem. sed haec inusitata et nova extitit, quia in utero, et eius adventu quae omnium salvatorem fuerat paritura. ideo haec |175| exultatio, et tamquam matri domini reddita resalutatio, sicut solent miracula fieri, facta est divinitus in infante, non humanitus ab infante; quamquam etiam si usque adeo in illo puero est acceleratus usus rationis et voluntatis ut intra viscera materna iam posset agnoscere, credere et consentire, etiam hoc in miraculis habendum divinae potentiae, non ad humanae tradendum exemplar naturae. * origenes. ° venerat autem mater domini visura elisabeth miraculosum conceptum, quem retulerat angelus, ut per hoc sequatur credulitas potioris ad virginem manaturi: et ad hanc fidem facit sermo elisabeth, dicentis et beata quae credidisti, quoniam perficientur ea quae dicta sunt tibi a domino. * ambrosius. ° vides minime dubitasse mariam, sed credidisse; et ideo fructum fidei consecutam. * beda. ° nec mirum, si dominus redempturus mundum, operationem suam inchoavit a matre; ut per quam salus omnibus parabatur, eadem prima fructum salutis hauriret ex pignore. * ambrosius. ° sed et vos |200| beati qui audivistis et credidistis: quaecumque enim crediderit anima, et concipit et generat dei verbum, et opera eius agnoscit. * beda. ° omnis autem anima quae verbum dei mente concepit, virtutum statim celsa cacumina gressu conscendit amoris, quatenus civitatem iuda, idest confessionis et laudis arcem, penetrare, et usque ad perfectionem fidei, spei et caritatis, quasi tribus in ea mensibus valeat commorari. * gregorius super ezech.. ° simul et de praeterito et de praesenti et de futuro per prophetiae spiritum tacta est, quae et eam promissionibus angeli credidisse cognovit, et matrem nominans, quia redemptorem humani generis in utero portaret, intellexit: et cum omnia perficienda praediceret, quid etiam de futuro sequeretur aspexit.

lc14 * Ambrosius. ° sicut peccatum a mulieribus coepit, ita et bona a mulieribus inchoantur: unde non otiosum videtur quod et ante ioannem elisabeth prophetizat, et maria ante domini generationem. sequitur autem ut mariae quo persona melior, eo prophetia sit plenior. * basilius. ° virgo enim intentione sublimi ac speculatione profunda immensitatem contemplans mysterii, quasi profundius gradiens, magnificat deum: unde dicitur et ait maria: magnificat anima mea dominum. * graecus. ° quasi diceret: mirabilia quae deus praenuntiavit, in meo corpore exercebit; sed anima mea infructuosa apud deum non erit. convenit autem mihi et voluntatis fructum afferre: nam quantum amplo doceor miraculo, tantum teneor glorificare in me mirabilia operantem. * origenes in lucam. ° si autem dominus nec augmentum nec detrimentum recipere potest; quid est quod maria loquitur magnificat anima mea dominum? sed si considerem dominum salvatorem |25| imaginem esse invisibilis dei, et animam factam ad eius imaginem, ut sit imago imaginis: tunc videbo quoniam, in exemplo eorum qui solent imagines pingere, quando magnificavero animam meam opere, cogitatione, sermone, tunc imago dei grandis efficitur, et ipse dominus, cuius imago est in anima mea, magnificatur.

lc15 * Basilius. ° primus spiritus fructus est pax et gaudium. quia ergo virgo sancta totam sibi hauserat spiritus gratiam, merito subiungit et exultavit spiritus meus in deo salutari meo. idem animam dicit et spiritum. consueta autem in scripturis exultationis prolatio insinuat alacrem quemdam et iocosum habitum animae in his qui digni sunt. proinde virgo exultat in domino ineffabili cordis tripudio et resultatione in strepitu honesti affectus. sequitur in deo salutari meo. * beda. ° quia eiusdem iesu, idest salvatoris, spiritus virginis aeterna divinitate laetatur, cuius caro temporali conceptione foetatur. * ambrosius. ° magnificat ergo anima mariae dominum, et exultat spiritus eius in deo: eo quod anima et spiritu patri filioque devota, unum deum, per quem omnia, pio veneratur affectu. sit autem in singulis mariae anima, ut magnificet dominum, sit in singulis spiritus mariae, ut exultet in domino. si secundum carnem una |25| mater est christi, secundum fidem tamen omnium fructus est christus: omnis enim anima accipit dei verbum; si tamen immaculata et immunis a vitiis sit, et intemerato castimoniam pudore custodiat. * theophylactus. ° ille autem deum magnificat, qui digne sequitur christum, et dum christianus vocatur, christi non minuit dignitatem, magna et caelestia operando; et tunc spiritus eius, idest spirituale charisma exultabit, idest proficiet, et non mortificabitur. * basilius. ° si quando vero lux in cor suum irrepserit, et ad deum diligendum, et contemnenda corporea per illam obscuram et brevem imaginem perfectam perceperit iustorum conscientiam, absque ulla difficultate consequetur in domino gaudium. * origenes. ° prius autem anima magnificat dominum, ut postea exultet in deo: nisi enim antea crediderimus, exultare non possumus.

lc16 * Graecus. ° causam manifestat cur se magnificare deum deceat ac exultare in illo, dicens quia respexit humilitatem ancillae suae; quasi diceret: ipse providit, non ego expectavi; humilibus eram contenta. nunc autem ad ineffabile consilium eligor, et exaltor de terra ad sidera. * augustinus. ° o vera humilitas, quae deum hominibus peperit, vitam mortalibus edidit, caelos innovavit, mundum purificavit, paradisum aperuit, et hominum animas liberavit. facta est mariae humilitas scala caelestis, per quam deus descendit ad terras. quid enim est dicere respexit, nisi approbavit? multi enim videntur in conspectu hominum humiles esse; sed eorum humilitas a domino non respicitur. si enim veraciter humiles essent deumque ab hominibus non se laudari vellent; non in hoc mundo, sed in deo spiritus eorum exultaret. * origenes in lucam. ° sed quid humile atque deiectum habebat quae dei filium gestabat in utero? sed |25| considera quoniam humilitas in scripturis una de virtutibus praedicatur, quae a philosophis atyphia, sive metriotis, dicitur. sed et nos eam possumus appellare quodam circuitu, cum aliquis non est inflatus, sed ipse se deicit. * beda. ° cuius autem humilitas respicitur, recte beata ab omnibus cognominatur: unde sequitur ecce enim ex hoc beatam me dicent omnes generationes. * athanasius. ° si enim secundum prophetam beati sunt qui habent semen in sion, et proximos in ierusalem: quantum debet esse praeconium divinae ac sacrosanctae virginis mariae, quae secundum carnem verbi genitrix est effecta? * graecus. ° non autem se beatam appellat inani vexata gloria: unde enim focus in ipsa superbiae, quae se ancillam domini nuncupavit? sed sacro tacta spiritu quae futura sunt praescivit. * beda. ° decebat enim ut, sicut per superbiam primi parentis mors in mundum intravit, ita per humilitatem mariae vitae introitus videretur. * theophylactus. |50| ° et ideo dicit omnes generationes; non solum elisabeth, sed etiam omnes credentium nationes.

lc17 * Theophylactus. ° ostendit virgo non per suam virtutem se beatam praedicandam; sed causam assignat, dicens quia fecit mihi magna qui potens est. quae tibi magna fecit? credo ut creatura ederes creatorem, famula dominum generares, ut per te mundum deus redimeret, per te illuminaret, per te ad vitam revocaret. * titus. ° quomodo vero magna, nisi quod manens illibata concipio, superans nutu dei naturam? digna reputata sum sine viro, non quomodocumque genitrix effici, sed unigeniti salvatoris. * beda. ° respicit autem hoc ad initium carminis, ubi dictum est magnificat anima mea dominum: sola enim anima illa cui dominus magna facere dignatur, dignis eum praeconiis magnificare potest. * titus. ° dicit autem qui potens est, ut si quis diffidat in conceptionis negotio, dum virgo manens concepit, retorqueat miraculum ad potentiam operantis. nec quia unigenitus accessit ad feminam, ex hoc inquinatur: quia sanctum |25| est nomen eius. * basilius. ° sanctum vero dicitur nomen dei, non quia in syllabis quamdam significativam virtutem contineat, sed quia quomodolibet dei speculatio sancta dignoscitur et sincera. * beda. ° singularis enim potentiae culmine transcendit omnem creaturam, et ab universis quae fecit lege segregatur; quod graeca locutione melius intelligitur: in quo ipsum verbum quod dicit agion, quasi extra terram esse significat.

lc18 * Beda. ° a specialibus se donis ad generalia dei iudicia convertens, totius humani generis statum describit, subdens et misericordia eius a progenie in progenies timentibus eum; quasi dicat: non solum mihi fecit magna qui potens est, sed et in omni gente qui timet deum acceptus est illi. * origenes in lucam. ° misericordia enim dei, non in una generatione, sed in sempiternum extenditur a generatione in generationem. * graecus. ° et misericordia eius, quam habet in generationes generationum, ego concipio; ac ipse corpori animato coniungitur, nostram tractans salutem solius intuitu pietatis. miseretur autem non qualitercumque, sed his quos timor eius compescuit in qualibet natione: unde dicitur timentibus eum; qui scilicet poenitentia ducti, ad fidem et poenitentiam convertuntur; nam qui obstinati sunt, incredulitatis vitio clauserunt sibi ianuam pietatis. * theophylactus. ° vel per hoc innuit, quod timentes misericordiam consequenter |25| in generatione ista, idest in praesenti saeculo, et futura, idest in saeculo futuro; in hoc saeculo centuplum accipientes, in illo vero multo maiora.

lc19 * Beda. ° humani generis statum describens, quid superbi et quid humiles mereantur, ostendit dicens fecit potentiam in brachio suo, idest in ipso dei filio: sicut enim tuum brachium est quo operaris, sic brachium dei dictum est eius verbum, per quod operatus est mundum. * origenes in lucam. ° timentibus autem se fecit potentiam in brachio suo: quia licet infirmus ad deum accesseris, si timueris eum, promissam virtutem consequeris. * theophylactus. ° in brachio suo, scilicet eius filio incarnato, potentiam fecit: quia natura devicta est, virgine pariente et deo humanato. * graecus. ° vel dicit fecit pro faciet potentiam; non ut dudum per moysen contra aegyptios, nec per angelum, puta quando multa millia rebellium prostravit assyriorum, nec quoquam alio mediante, nisi in proprio brachio triumphum docuit, intelligibiles hostes superando; unde sequitur dispersit superbos mente cordis sui, scilicet quamlibet mentem elatam, non parentem eius |25| adventui; quin etiam aperuit, et vitiosas ostendit superbas cogitationes eorum. * cyrillus. ° magis autem proprie de daemonum hostili caterva intelligenda sunt haec: hos enim saevientes in terra dissipavit adveniens dominus, et compeditos ab eis obedientiae suae restituit. * theophylactus. ° potest hoc etiam et de iudaeis intelligi, quos in omnem dispersit regionem sicut nunc dispersi sunt.

lc20 * Beda. ° quod dixit fecit potentiam in brachio suo, et quod praemiserat, et misericordia eius a progenie in progenies, his versiculis per singula continuata est annectendum: quia scilicet per omnes saeculi generationes et perire superbi, et humiles exaltari, pia iustaque divinae potentiae dispensatione non cessant: unde dicitur deposuit potentes de sede, et exaltavit humiles. * cyrillus. ° magna sapiebant daemones et diabolus, gentilium sapientes, pharisaei et scribae: hos tamen deposuit, erexitque humiliantes se sub potenti manu dei, dans illis virtutem calcandi serpentes et scorpiones, omnemque potestatem inimici. erant et quandoque iudaei potestate superbi; sed prostravit hos incredulitas; ex gentibus autem ignobiles et humiles per fidem ad apicem conscenderunt. * graecus. ° deitatis enim tribunal noster intellectus esse cognoscitur; sed iniquae virtutes post transgressionem incubuerunt praecordiis protoplasti, tamquam in proprio solio. ob hoc ergo |25| venit dominus, et spiritus iniquos eiecit a sedibus voluntatum, et prostratos a daemoniis exaltavit, eorum conscientias purgans, et eorum mentem statuens propriam sedem.

lc21 * Glossa. ° quia humana prosperitas praecipue in honoribus potentatuum et in abundantia divitiarum consistere videtur, post deiectionem potentium et exaltationem humilium de divitum exinanitione et pauperum repletione mentionem facit, dicens esurientes implevit bonis, et divites dimisit inanes. * basilius super psal.. ° disponit quidem nos praesens verbum etiam quoad sensibilia, edocens rerum mundanarum incertitudinem. caduca siquidem sunt haec, sicut unda quae ab impetu ventorum hinc inde diffunditur. intellectualiter autem sumendo, esuriebat genus humanum, exceptis iudaeis: hos namque ditaverat legis traditio, et sanctorum dogmata prophetarum. quia vero non humiliter haeserunt verbo humanato, dimissi sunt inanes, nihil deferentes, non fidem, non scientiam: et spe bonorum privati sunt, et a terrena ierusalem et a vita futura exclusi. quos vero de gentibus fames et sitis contriverat, cum haesissent domino, repleti sunt spiritualibus | 25 | bonis. * glossa. ° qui etiam aeterna toto studio quasi esurientes desiderant, saturabuntur, cum christus apparuerit in gloria; sed qui terrenis gaudent, in fine totius beatitudinis inanes dimittentur.

lc22 * Glossa. ° post generalem divinae pietatis et iustitiae commemorationem, ad singularem novae incarnationis dispensationem convertit verba, dicens suscepit israel puerum suum: quasi medicus aegrum, visibilis inter homines factus, ut faceret israel, idest videntem deum, puerum suum. * beda. ° obedientem scilicet, et humilem: nam qui contemnit humiliari, non potest salvari. * basilius. ° israel enim dicit non materialem, quem sola nobilitabat appellatio, sed spiritualem, qui nomen fidei retinebat, habens oculos tendentes ad deum videndum per fidem. potest etiam ad israel carnalem hoc adaptari, cum ex eo infiniti crediderunt. hoc autem fecit recordatus misericordiae suae: hoc enim implevit quod abrahae promisit, dicens: quoniam benedicentur in semine tuo omnes cognationes terrae. huius ergo promissionis, dei genitrix recordata dicebat sicut locutus est ad patres nostros, abraham, et semini eius in saecula. nam et abrahae dictum | 25 | est: statuam pactum meum inter me et te, et inter semen tuum post te in generationibus suis foedere sempiterno, ut sim deus tuus et seminis tui post te. * beda. ° semen autem dicit non tam carne progenitos, quam fidei eius vestigia secutos quibus adventus salvatoris in saecula promissus est. * glossa. ° quia ipsa promissio haereditatis nullo fine claudetur, et usque in finem saeculi credentes non deerunt, et beatitudinis gloria erit perennis.

lc23 * Ambrosius. ° tamdiu mansit maria, quamdiu elisabeth pariendi tempus impleret; unde dicitur mansit autem maria cum illa quasi mensibus tribus. * theophylactus. ° in sexto enim mense conceptionis praecursoris venit angelus ad mariam; quae mansit cum elisabeth mensibus tribus; et sic novem menses implentur. * ambrosius. ° non autem sola familiaritas est causa quod diu mansit, sed etiam tanti vatis profectus: nam si primo ingressu tantus profectus extitit, ut ad salutationem mariae exultaret infans in utero, repleretur spiritu sancto mater infantis; quantum putamus usu tanti temporis sanctae mariae addidisse praesentiam? bene ergo inducitur exhibuisse officium, et mysticum numerum custodisse. * beda. ° anima enim casta quae spiritualis verbi desiderium concipit, necesse est ut alta caelestis exercitus iuga subeat, et quasi trium mensium dies ibidem demorata, quousque fidei et spei et caritatis luce radietur, perseverare non desistat. * theophylactus. |25| ° quando vero elisabeth paritura erat, virgo recessit; unde sequitur et reversa est in domum suam; scilicet propter multitudinem quae ad partum congregari debebat; inconveniens autem erat in talibus virginem esse praesentem. * graecus. ° mos enim est virginibus cedere quoties praegnans parit. ut autem propriam applicuit domum, alio quidem nullatenus abiit; ibi vero manebat ulterius, donec adesse partus horam cognovit, ubique ioseph dubitans ab angelo edocetur.

lc24 * Ambrosius. ° si diligenter advertas plenitudinis verbum, nusquam invenies positum nisi in generatione iustorum; unde et nunc dicitur elisabeth autem impletum est tempus pariendi: plenitudinem enim habet iusti vita; inanes autem sunt dies impiorum. * chrysostomus. ° idcirco autem deus elisabeth partum retardavit, ut gaudium augeretur, et famosiorem faceret mulierem; unde sequitur et audierunt vicini et cognati eius quia magnificavit dominus misericordiam suam cum illa, et congratulabantur ei. nam qui sterilitatem eius cognoverant, testes divinae gratiae sunt effecti. nemo autem viso infante cum silentio discedebat; sed deum, qui illum ex insperato concesserat, collaudabat. * ambrosius. ° habet enim sanctorum editio laetitiam plurimorum, quoniam commune est bonum: iustitia enim communis est virtus; et ideo in ortu iusti futurae vitae insigne praemittitur, et gratia secuturae virtutis, exaltatione vicinorum praefigurante signatur.

lc25 * Chrysostomus. ° circumcisionis norma primo tradita est abrahae in signum distinctionis, ut genus patriarchae impermixtum conservetur, et sic promissa bona consequi valeant; ubi autem pacti consummatur negotium, appositum signum de medio tollitur: sic igitur et per christum circumcisione cessante baptismus succedit; sed antea ioannem circumcidi decebat; unde dicitur et factum est, in die octavo venerunt circumcidere puerum. dixerat enim dominus: infans octo dierum circumcidatur in vobis. hanc autem temporis mensuram a divina clementia constitutam autumo duplici de causa: primo quidem ut in tenerrima aetate levius patiatur dolorem sectionis carnis; secundo ut ex ipsis operibus moneamur quoniam hoc agebatur in signum: tener enim puer minime discernit quae circa ipsum fiunt. post circumcisionem autem nomen imponebatur; unde sequitur et vocabant eum nomine patris sui zachariam. hoc autem ideo fiebat, quia prius oportet |25| sumere signaculum domini, et postea nomen humanum: vel quia nullus, nisi prius abiciat carnalia, quod significat circumcisio, dignus est quod in libro vitae nomen eius scribatur. * ambrosius. ° mire autem sanctus evangelista praemittendum putavit quod plurimi infantem patris nomine zachariam appellandum putarunt; ut advertas, matri non nomen alicuius displicuisse de genere; sed id sancto infusum spiritu, quod ab angelo ante zachariae fuerat praenuntiatum. et quidem ille mutus intimare vocabulum filii nequivit uxori; sed per prophetiam elisabeth didicit quod non didicerat a marito: unde sequitur et respondens mater eius dixit: nequaquam; sed vocabitur ioannes. nec mireris, si nomen mulier quod non audivit asseruit, quando spiritus ei sanctus, qui angelo mandaverat, revelavit: neque poterat domini ignorare praenuntium, qui prophetaverat christum. et bene sequitur et dixerunt ad illam: quia nemo est in cognatione tua qui vocetur hoc nomine: ut intelligas nomen non generis esse, sed |50| vatis. zacharias quoque nutu interrogatur: unde sequitur innuebant autem patri eius quem vellet vocari eum. sed quia incredulitas ei affatum eripuerat, et auditum; quod voce non poterat, manu et litteris est locutus: unde sequitur et postulans pugillarem, scripsit dicens: ioannes est nomen eius: hoc est, non ei nos nomen imponimus qui iam a deo nomen accepit. * origenes in lucam. ° zacharias quidem interpretatur memor dei; ioannes autem significat demonstrantem: ceterum et absentis memoria, et praesentis demonstratio est. debebat autem ioannes non memoriam dei ut absentis exprimere, immo digito demonstrare praesentem, dicens: ecce agnus dei. * chrysostomus. ° quin etiam hoc nomen ioannes gratia dei interpretatur. quod ergo, gratia divina favente, non natura, elisabeth hunc filium cepit, beneficii memoriam in nomine pueri conscripserunt. * theophylactus. ° quia vero cum muliere circa hoc nomen pueri pater mutus concordavit, sequitur et mirati |75| sunt universi: nemo enim huius nominis erat in cognatione eorum, ut aliquis diceret quod antea hoc ambo cogitassent. * gregorius nazianzenus. ° editus ergo ioannes zachariae solvit silentium: unde sequitur apertum est autem illico os eius et lingua eius. absurdum enim erat ut cum vox verbi progressa fuisset, pater maneret elinguis. * ambrosius. ° merito etiam continuo resoluta est lingua eius: quia quam vinxerat incredulitas, solvit fides. credamus igitur et nos, ut lingua nostra, quae incredulitatis vinculis est ligata, rationis voce solvatur: scribamus spiritu mysteria, si volumus loqui. scribamus praenuntium christi, non in tabulis lapideis sed in tabulis cordis carnalibus: etenim qui ioannem loquitur, christum prophetizat: sequitur enim et loquebatur benedicens deum. * beda. ° allegorice autem ioannis celebrata nativitas, gratia novi testamenti est inchoata; cui vicini et cognati nomen patris quam ioannis imponere malebant: quia iudaei qui ei legis observatione, quasi affinitate, iuncti |100| erant, magis iustitiam quae ex lege est sectari, quam fidei gratiam suscipere cupiebant. sed ioannis, hoc est gratiae dei, vocabulum, mater verbis, pater litteris nuntiare satagunt: quia et lex ipsa psalmique et prophetae apertis sententiarum vocibus gratiam christi praedicant, et sacerdotium illud vetus figuratis caeremoniarum ac sacrificiorum umbris eidem testimonium perhibet. pulchreque zacharias octavo die prolis editae loquitur: quia per domini resurrectionem, quae octava die, hoc est post septimum sabbati, facta est, occulta legalis sacerdotii arcana patuerunt.

lc26 * Theophylactus. ° sicut in taciturnitate zachariae miratus est populus, ita et cum locutus est: unde dicitur et factus est timor super omnes vicinos eorum, et super omnia montana iudaeae divulgabantur omnia verba haec: ut propter haec duo, magnum aliquid circa natum puerum universi existiment. haec autem omnia dispensative fiebant, ut qui testis esse christi debebat, existeret fide dignus: unde sequitur et posuerunt omnes qui audierant in corde suo, dicentes: quis, putas, puer iste erit? * beda. ° praecurrentia enim signa praebent iter praecursori veritatis, et futurus propheta praemissis commendatur auspiciis: unde sequitur etenim manus domini erat cum illo. * glossa. ° prodigia enim deus in illo peragebat, quae non faciebat ioannes, sed dextera divina. * graecus. ° mystice autem tempore divinae resurrectionis, praedicata gratia christi, salubris timor non solum iudaeorum, qui erant vicini vel situ loci vel scientia legis, sed etiam exterarum gentium |25| corda concussit; nec tantum montana iudaeae, sed omnia mundani regni, mundanaeque sapientiae culmina christi fama transcendit.

lc27 * Ambrosius. ° bonus deus, et facilis indulgere peccatis, non solum ablata restituit, sed etiam insperata concedit. nemo ergo diffidat, nemo veterum conscius delictorum praemia divina desperet. novit deus mutare sententiam, si tu noveris emendare delictum: ille siquidem dudum mutus prophetizat: unde dicitur et zacharias pater eius repletus est spiritu sancto. * chrysostomus. ° scilicet operatione sancti spiritus; nec quocumque modo gratiam spiritus sancti nactus, sed ad plenum; et fulgebat in eo prophetiae donum: unde sequitur et prophetavit. * origenes in lucam. ° plenus autem spiritu sancto zacharias duas prophetias generaliter nuntiat: primam de christo, alteram de ioanne: quod manifeste de verbis illius probatur, in quibus quasi de praesenti, et quasi iam versaretur in mundo, loquitur de ioanne; et primo de salvatore, dicens benedictus dominus deus israel, quia visitavit et fecit redemptionem plebis suae. * chrysostomus. ° dum deum benediceret |25| zacharias, visitationem dicit esse factam ab eo erga populum suum: sive materiales israelitas quis velit accipere, venit enim ad oves quae perierant domus israel; sive spirituales, idest fideles, qui digni fuerunt hac visitatione, efficacem erga se divinam provisionem facientes. * beda. ° visitavit autem dominus plebem suam quasi longa infirmitate tabescentem, et quasi venditam sub peccato, unici filii sui sanguine redemit: quod quia zacharias proxime faciendum cognoverat, prophetico more quasi iam factum narrat. dicit autem plebem suam, non quia veniens suam invenit, sed quia visitando suam fecit.

lc28 * Theophylactus. ° videbatur deus dormire, peccata multa respiciens; sed in novissimis incarnatus temporibus excitatus est, et contrivit daemones, qui nos oderant: unde dicitur et erexit cornu salutis nobis in domo david pueri sui. * origenes in lucam. ° quia de semine david secundum carnem natus est christus: unde dicitur cornu salutis nobis in domo david: sicut et alibi dictum est: vinea facta est in cornu, idest in iesu christo. * chrysostomus. ° cornu autem nominat potestatem, gloriam et famam, metaphorice a brutis animalibus illud accipiens, quibus loco muniminis et gloriae cornua deus dedit. * beda. ° cornu etiam salutis regnum salvatoris christi vocatur. ossa siquidem omnia carne involuta sunt: cornu excedit carnem: et ideo cornu salutis regnum christi vocatur, quo mundus et carnis gaudia superantur; in cuius figuram david et salomon cornu olei sunt in regni gloriam consecrati.

lc29 * Theophylactus. ° quod de domo david christus nasceretur, michaeas mentionem facit dicens: et tu, bethlehem, terra iuda, nequaquam minima es; ex te enim exiet dux, qui regat populum meum israel. sed et omnes prophetae de incarnatione dixerunt: et ideo dicitur sicut locutus est per os sanctorum prophetarum. * graecus. ° per quod innuit, deum per illos esse locutum, et non esse humanum quod dixerunt. * beda. ° dicit autem qui a saeculo sunt: quia tota veteris testamenti scriptura prophetice de christo processit: nam et ipse pater adam, et ceteri patrum, factis suis eius dispensationi testimonium reddunt.

lc30 * Beda. ° cum primo breviter praemisisset erexit cornu salutis nobis, continuo explanans quid dixerit, subdit salutem ex inimicis nostris; quasi dicat erexit nobis cornu, idest erexit nobis salutem ex inimicis nostris, et de manu omnium qui oderunt nos. * origenes in lucam. ° non autem putemus nunc de corporalibus inimicis dici, sed de spiritualibus. venit enim dominus iesus fortis in praelio destruere omnes inimicos nostros, ut nos de eorum insidiis et tentationibus liberos faceret.

lc31 * Beda. ° dixerat dominum, iuxta eloquia prophetarum, in domo david nasciturum: dicit eumdem, ad explendum testamentum quod abrahae disposuit, nos esse liberaturum: quia his praecipue patriarchis de suo semine vel congregatio gentium vel christi est incarnatio promissa. praemittitur autem david, quia abrahae sanctus ecclesiae coetus est promissus; david autem, quod ex eo christus nasciturus esset, audivit. et ideo post id quod dictum est de david, subdit de abraham, dicens ad faciendam misericordiam cum patribus nostris. * origenes in lucam. ° ego puto quod in adventu domini salvatoris et abraham et isaac et iacob fruiti sint misericordia dei. non est enim credibile ut qui prius viderunt diem illius et laetati sunt, postea in adventu ipsius nihil utilitatis acciperent: cum scriptum sit: pacem faciens per sanguinem crucis suae, sive super terram, sive in caelis. * theophylactus. ° christi etiam gratia se usque ad illos extendit qui mortui |25| extiterunt quia per eum resurgemus non solum nos, sed et qui fuerunt ante mortui. fecit et misericordiam cum patribus nostris, secundum quod eorum spem et desiderium implevit: unde sequitur et memorari testamenti sui sancti, illius scilicet de quo dicitur: benedicens benedicam tibi et multiplicabo te. multiplicatus est enim abraham in omnibus gentibus per imitationem fidei eius adoptatis in filios: sed etiam patres videntes suos filios talia beneficia recepisse, congaudent et recipiunt misericordiam in seipsis: unde sequitur iusiurandum quod iuravit ad abraham patrem nostrum daturum se nobis. * basilius. ° nemo autem audiens quod iurasset dominus abrahae, ad iurandum sit promptus: sicut enim furor de deo dictus non significat passionem, sed punitionem; sic neque deus iurat ut homo, sed verbum eius loco iuramenti nobis ad veritatem exprimitur immutabili sententia quod promissum est approbans.

lc32 * Chrysostomus. ° quia exortum nobis cornu salutis ex domo david dixerat, ostendit quod per ipsum et gloriam participamus, et dispendia inimici vitavimus: unde dicit ut sine timore, de manu inimicorum nostrorum liberati, serviamus illi. duo praedicta non facile reperiet aliquis sese comitantia: plures enim evitant pericula, sed vita gloriosa privantur; sicut sceleris patratores, qui de carcere ex indulgentia regia absolvuntur: e contra gaudent alii gloria, sed ob hanc periclitari coguntur; sicut milites bellicosi vitam inclytam amplexantes, securitate multoties caruerunt. sed hoc cornu et salvat et glorificat: salvat quidem eripiens a manibus hostium, non leviter, sed mirifice, ut non sit ultra timendum: et hoc est quod dicit ut sine timore. * origenes in lucam. ° vel aliter. crebro de hostium manu aliqui liberantur, sed non absque timore: cum enim metus et discrimen ante praecesserint, et sic de inimicorum manu quis eruatur, liberatus est |25| quidem, sed non sine timore: ideo dixit, quod christi adventus sine timore nos a manibus hostium eripi fecit. non enim eorum insidias sensimus, sed repente ab eis nos segregans eduxit ad sortis propriae mansionem.

lc33 * Chrysostomus. ° glorificat zacharias dominum, quia fecit nos sibi servire cum plena fiducia, non carnaliter, ut iudaei in sanguine victimarum, sed spiritualiter in bonis operibus: et hoc est quod dicit in sanctitate et iustitia: est enim sanctitas apta circa deum aequitas; iustitia vero quae est circa homines, puta quod aliquis reverenter exequatur divina, et quo ad homines laudabiliter conversetur. dicit autem non coram hominibus, ut hypocritae volentes hominibus placere, sed coram deo, sicut hi quorum commendatio non est ab hominibus, sed a deo; et hoc non semel aut ad tempus, sed singulis diebus et quamdiu vixerint: unde dicit omnibus diebus nostris. * beda. ° nam qui vel ante mortem ab eius servitio discedit, vel immunditia qualibet sive iniustitia fidei suae sinceritatem commaculat, vel coram hominibus tantum et non coram deo, sanctus et iustus esse contendit, nondum perfecte de manu spiritualium inimicorum liberatus domino servit, sed exemplo veterum samaritanorum |25| diis gentium pariter et domino servire conatur.

lc34 * Ambrosius. ° pulchre cum de domino prophetaret, ad prophetam sua verba convertit, ut hoc quoque beneficium esse domini designaret; ne cum publica numeraret, sua quasi ingratus tacuisse videretur; unde dicitur et tu, puer, propheta altissimi vocaberis. * origenes in lucam. ° ideo reor zachariam festinasse ut loqueretur ad puerum, quia sciebat eum post paululum in eremo moraturum, nec se eius posse habere praesentiam. * ambrosius. ° sed fortasse aliqui quasi irrationabilem mentis excessum putent quod octo dierum infantem alloquitur; verum si tenemus superiora, intelligimus profecto quod potuit vocem patris natus audire, qui mariae salutationem antequam nasceretur audivit. sciebat propheta alias esse aures prophetae, quae spiritu dei, non corporis aetate reserantur. habebat intelligendi sensum qui exultandi habebat affectum. * beda. ° nisi forte putandus est zacharias propter eos qui aderant potius instruendos futura sui filii munera, quae |25| dudum per angelum didicerat, mox ut loqui potuit, praedicare voluisse. audiant ariani, quod christum quem ioannes prophetando praeibat, altissimum vocat, sicut in psalmo 86, 5 dicitur: homo natus est in ea, et ipse fundavit eam altissimus. * chrysostomus. ° sicut autem regibus commilitones sunt qui eis viciniores existunt, sic ioannes cum esset amicus sponsi, de prope eius adventum praecessit: et hoc est quod subditur praeibis enim ante faciem domini parare vias eius. alii enim prophetae eminus christi mysterium praedicaverunt; hic vero proprius praedicavit, ut et christum videret, et eum ceteris indicaret. * gregorius moralium. ° quisquis autem praedicando a sordibus vitiorum corda audientium mundat, venienti sapientiae ad cor viam praeparat.

lc35 * Theophylactus. ° qualiter praecursor viam domini praeparavit, exponit subdens ad dandam scientiam salutis plebi eius. salus dominus iesus est; data est autem plebi scientia salutis idest christi, a ioanne, qui testimonium perhibebat de christo. * beda. ° quasi iesu, idest salvatoris, nomen exponere et diligentius commendare desiderans, salutis mentionem frequentat. sed ne temporalem salutem promitti putarent, subdit in remissionem peccatorum eorum. * theophylactus. ° non enim aliter cognitus esset deus, nisi plebi peccata dimisisset: dei enim est peccata dimittere. * beda. ° verum iudaei non christum suscipere, sed antichristum malunt expectare: quia non intus a peccati dominio, sed foris ab humanae servitutis iugo cupiunt liberari.

lc36 * Theophylactus. ° quia deus peccata nobis dimisit, non propter opera nostra, sed propter misericordiam suam; ideo convenienter addidit per viscera misericordiae dei nostri. * chrysostomus. ° quam quidem misericordiam non ipsimet inquirentes invenimus: sed desuper nobis deus aperuit; unde sequitur in quibus, scilicet misericordiae operibus, visitavit nos, assumpta carne, oriens ex alto. * graecus. ° in altis permanens, tamen in terrenis praesens, non divisionem patiens neque circumscriptionem: quod intellectus noster comprehendere non potest, nec ulla serie verborum exprimere.

lc37 * Beda. ° recte christus oriens vocatur, quia nobis ortum verae lucis aperuit: unde sequitur illuminare his qui in tenebris et in umbra mortis sedent. * chrysostomus. ° tenebras hic appellat non materiales, sed errorem, et a fide distantiam. * basilius. ° tenebrosa enim erat plebs gentilis, quae idolorum cultu gravabatur, donec lux orta dispersit caliginem, et splendorem veritatis expandit. * gregorius moralium. ° umbra vero mortis oblivio mentis accipitur: sicut enim mors hoc quod interficit, agit ut non sit in vita, ita oblivio hoc quod interficit, agit ut non sit in memoria: unde iudaeorum populus, qui dei oblitus fuerat, dicitur in umbra mortis sedere. umbra etiam mortis mors carnis accipitur: quia sicut vera mors est qua anima separatur a deo, ita umbra mortis est qua caro separatur ab anima: unde voce martyrum dicitur: operuit nos umbra mortis. per umbram etiam mortis imitatio diaboli, qui mors in apocalypsi dicitur, |25| designatur: quia sicut umbra iuxta qualitatem corporis ducitur, ita actiones iniquorum de specie imitationis eius exprimuntur. * chrysostomus. ° recte autem dicit sedent: non enim ambulabamus in tenebris, sed sedebamus. * theophylactus. ° non solum autem oriens dominus his qui in tenebris sedent illuminat, sed aliquid amplius facit: unde sequitur ad dirigendos pedes nostros in viam pacis. via pacis est via iustitiae, ad quam direxit pedes, idest affectus animarum nostrarum. * gregorius in evang.. ° tunc enim gressus nostros in viam pacis dirigimus quando per illud actionum iter pergimus in quo ab auctoris nostri gratia non discordemus. * ambrosius. ° simul et illud adverte, quam paucis elisabeth, quam multis zacharias prophetizet; et uterque sancto impletus spiritu loquebatur; sed disciplina servatur, ut mulier discere magis quae divina sunt studeat quam docere.

lc38 * Beda. ° praedicator patientiae futurus, ut liberius auditores suos a mundi illecebris erudiendo sustollat, primaevam in desertis transigit vitam; unde dicitur puer autem crescebat. * theophylactus. ° secundum corporalem aetatem. et confortabatur spiritu: simul enim cum corpore spirituale donum crescebat, et spiritus operationes in eo magis ac magis ostendebantur. * origenes in lucam. ° vel crescebat spiritu, nec in eadem permanebat mensura qua coeperat; sed semper crescebat spiritus in eo, semper voluntas eius ad meliora tendens habebat profectus, et mens divinius aliquid contemplabatur. exercebat se memoria, ut plura in thesauro suo reconderet. addit autem et confortabatur: infirma enim est humana natura: legimus enim: caro autem infirma. confortanda est itaque spiritu: spiritus enim promptus est. multi confortantur carne; athleta autem dei spiritu roborandus est, ut sapientiam carnis elidat: unde recessit, fugiens tumultum urbium |25| propter frequentiam; sequitur enim et erat in desertis: ubi purior aer est, caelum apertius, et familiarior deus: ut quia nondum baptismi et praedicationis tempus advenerat, vacaret orationibus, et cum angelis conversaretur, appellaret dominum, et illum audiret dicentem: ecce adsum. * theophylactus. ° vel erat in desertis ut extra multorum malitiam nutriretur, et ut neminem vereretur arguere: si enim fuisset in mundo, forte fuisset amicitia et conversatione hominum depravatus: simul etiam ut esset fide dignus qui praedicaturus erat christum. occultabatur autem in desertis, donec placuit deo ipsum israelitico populo demonstrare: unde sequitur usque ad diem ostensionis suae ad israel. * ambrosius. ° pulchre autem tempus quo fuit in utero propheta describitur, ne mariae praesentia taceatur, sed tempus siletur infantiae, eo quod praesentia matris domini in utero roboratur qui infantiae impedimenta nescivit.

073 CLC cp2

lc1 * Beda. ° nasciturus in carne dei filius, sicut de virgine natus virginitatis sibi decus ostendit esse gratissimum; ita pacatissimo tempore saeculi procreatur; quia pacem quaerere docuit, et pacis sectatores invisere dignatur. nullum autem potuit magis esse pacis indicium quam una totum orbem descriptione concludi; cuius moderator augustus, tanta duodecim annis circa tempus dominicae nativitatis pace regnavit ut, bellis toto orbe sopitis, prophetae praesagium ad litteram videatur implesse: unde dicitur factum est autem in diebus illis, exiit edictum a caesare augusto ut describeretur universus orbis. * graecus. ° tunc etiam nascitur christus cum principes iudaeorum defecerant, et ad romanos principes translatum erat imperium, quibus iudaei tributa solvebant; et sic impletur prophetia praedicens: non deficere ducem de iuda, nec principem de femoribus eius, donec veniat qui mittendus est. iam vero caesare augusto quadragesimum secundum |25| annum imperii peragente, exiit ab eo edictum totum orbem conscribi ad tributa solvenda; quod cuidam cyrino caesar commiserat, quem iudaeae et syriae praesidem statuit: unde sequitur haec descriptio prima facta est a praeside syriae cyrino. * beda. ° signat hanc descriptionem vel primam esse earum quae totum orbem concluserint, quia pleraeque iam partes terrarum saepe leguntur fuisse descriptae; vel primo tunc coepisse quando cyrinus in syriam missus est. * ambrosius. ° pulchre autem praesidis nomen addidit, ut seriem temporis designaret: nam si consules ascribuntur tabulis emptionis, quanto magis redemptioni omnium debuit tempus ascribi? * beda. ° superna autem dispensatione professio census ita descripta est ut in suam quisque patriam ire iuberetur: secundum quod sequitur et ibant omnes ut profiterentur singuli in civitatem suam: quod ideo factum est, ut dominus alibi conceptus, alibi natus, insidiantis herodis furorem facilius evaderet: unde sequitur |50| ascendit autem et ioseph a galilaea de civitate nazareth in iudaeam. * chrysostomus. ° domino autem dirigente augustus hoc edictum censuit, ut unigeniti praesentiae famuletur: nam hoc edictum matrem attrahebat in patriam quam prophetae praedixerant, scilicet in bethlehem iudae; unde dicit civitatem david quae vocatur bethlehem. * graecus. ° ideo autem addidit civitatem david, ut promissionem factam david a deo, quod ex fructu ventris eius rex perpetuus adveniret, esse completam annuntiet: unde sequitur eo quod esset de domo et familia david. per hoc autem quod ioseph erat de cognatione david, contentus fuit evangelista ipsam quoque virginem de cognatione david promulgare, cum lex divina praeciperet coniugales copulas ex eadem progenie contrahi: unde sequitur cum maria desponsata sibi uxore praegnante. * cyrillus. ° dicit autem eam fuisse desponsatam, innuens quod solis sponsalibus praecedentibus est conceptio subsecuta; neque enim ex virili semine sancta virgo concepit. |75| * gregorius in evang.. ° mystice autem nascituro domino mundus describitur: quia ille apparebat in carne qui electos suos ascriberet in aeternitate. * ambrosius. ° et dum professio saecularis ostenditur, spiritualis implicatur, non terrarum regi dicanda, sed caeli. professio ista fidei, census animorum est: abolito enim synagogae censu vetusto, novus census ecclesiae parabatur. denique ut scias censum non augusti esse, sed christi, totus orbis profiteri iubetur. quis autem poterat professionem totius orbis exigere, nisi qui totius orbis habebat imperium? non enim augusti, sed: domini est terra et plenitudo eius. * beda. ° qui etiam vocabulum augusti perfectissime complevit, utputa suos et augere desiderans, et augere sufficiens. * theophylactus. ° conveniens etiam erat ut per christum cultus multorum deorum deficeret, et unus deus coleretur: unde unus rex orbi imperasse describitur. * origenes in lucam. ° diligentius autem intuenti sacramentum quoddam videtur |100| figurari, quod in totius orbis professione describi oportuerit et christum, ut cum omnibus scriptus sanctificaret omnes, et cum orbe relatus in censum communionem sui praeberet orbi. * beda. ° sicut autem tunc imperante augusto et praesidente cyrino, ibant singuli in suam civitatem ut profiterentur censum; sic, modo imperante christo per doctores ecclesiae praesides, profiteri debemus censum iustitiae. * ambrosius. ° haec est ergo prima professio mentium domino, cui omnes profitentur, non praeconis evocatione, sed vatis dicentis: omnes gentes, plaudite manibus. denique ut sciant censum esse iustitiae, veniunt ad eum ioseph et maria, hoc est iustus et virgo: ille qui verbum servaret, ista quae pareret. * beda. ° civitas nostra et patria est patria beata, ad quam crescentibus quotidie virtutibus ire debemus. quotidie autem sancta ecclesia suum comitata doctorem, de rota mundanae conversationis, quod galilaea sonat, in civitatem iuda, scilicet confessionis et |125| laudis, ascendens, censum suae devotionis regi aeterno persolvit, quae, in exemplo beatae virginis mariae, concipit nos virgo de spiritu; quae alii quidem desponsata ab alio fecundatur, dum praeposito sibi pontifici visibiliter iungitur, sed invisibilis spiritus virtute cumulatur. unde et bene ioseph auctus interpretatur, indicans ipso nomine, quod instantia loquentis magistri nil valet, nisi augmentum superni iuvaminis, ut audiatur, acceperit.

lc2 * Ambrosius. ° breviter sanctus lucas et quo modo et quo tempore et quo loco secundum carnem christus natus sit explicavit dicens factum est autem cum essent ibi, impleti sunt dies ut pareret. quo modo quidem, quia nupta concepit, sed virgo generavit. * gregorius nyssenus. ° apparens enim ut homo, non per omnia legibus humanae naturae subicitur: nam quod ex muliere nascitur, humilitatem redolet; virginitas vero, quae ortui deservivit, ostendit quam transcenderet hominem. huius ergo iucunda portatio, ortus immaculatus, partus facilis, absque corruptela nativitas: nec ex luxu incipiens, nec doloribus edita: quia namque ea quae naturae nostrae mortem per culpam inseruit, damnata est ut cum doloribus pareret, oportebat parentem vitae cum gaudio partum perficere. eo autem tempore per incorruptionem virgineam ad vitam transmigrat mortalium in quo diminui incipiunt tenebrae, et nocturna immensitas exuberantia radii deficere cogitur. mors |25| enim peccati finem pravitatis attigerat; sed de cetero tendit ad nihilum propter verae lucis praesentiam, quae radiis evangelicis totum orbem lustravit. * beda. ° eo etiam tempore dignatus est incarnari quo mox natus censu caesaris ascriberetur, atque ob nostri liberationem ipse servitio subderetur: unde etiam non solum propter iudicium regii stemmatis, sed etiam propter nominis sacramentum dominus in bethlehem nascitur. * gregorius in evang.. ° bethlehem quippe domus panis interpretatur: ipse namque est qui ait: ego sum panis vivus, qui de caelo descendi. locus ergo in quo dominus nascitur, domus panis antea vocabatur, quia futurum erat ut ibi ille per naturam carnis appareret qui electorum mentes interna satietate reficeret. * beda. ° sed et usque ad consummationem saeculi dominus in nazareth concipi, in bethlehem nasci non desinit cum quilibet audientium, verbi flore suscepto, domum in se aeterni panis efficit; quotidie in utero virginali, hoc est in animo |50| credentium, per fidem concipitur, per baptismum gignitur. sequitur et peperit filium suum primogenitum. * hieronymus contra helvidium. ° ex hoc helvidius nititur approbare, primogenitum dici non posse nisi eum qui habeat et fratres, sicut unigenitus ille vocatur qui parentibus sit solus filius. nos autem ita definimus. unigenitus est primogenitus, non omnis primogenitus est unigenitus. primogenitum non esse dicimus eum quem alii subsequuntur, sed ante quem nullus: alioquin si non est primogenitus nisi is quem sequantur et fratres, tamdiu sacerdotibus primogenita non debentur, quamdiu et alii fuerint procreati, ne forte partu postea non sequente, unigenitus sit, et non primogenitus. * beda. ° est etiam unigenitus in substantia divinitatis, primogenitus susceptione humanitatis; primogenitus in gratia, unigenitus in natura. * hieronymus. ° nulla autem ibi obstetrix, nulla muliercularum sollicitudo intercessit. ipsa pannis involvit infantem; ipsa mater et |75| obstetrix fuit; unde sequitur et pannis eum involvit. * beda. ° qui totum mundum vario vestit ornatu, pannis vilibus involvitur, ut nos stolam primam recipere valeamus. per quem omnia facta sunt, manus pedesque astringitur, ut nostrae manus ad opus bonum exertae, nostri sint pedes in viam pacis directi. * graecus. ° o admirabilem coarctationem et peregrinationem quam subiit qui continet orbem. ab initio captat penuriam, et eam in seipso decorat. nimirum si voluisset, venire poterat movendo caelum, concutiendo terram, emittens fulmina; non autem sic processit: non enim perdere, sed salvare volebat, et ab ipsis primordiis humanam conculcare superbiam; atque ideo non tantum homo fit, sed etiam homo pauper; et pauperem matrem elegit, quae caret his quibus natum infantem reclinet; sequitur enim et reclinavit eum in praesepio. * beda. ° duri praesepis angustia continetur cui caelum sedes est, ut nos per caelestis regni gaudia dilatet. qui panis est angelorum, in praesepio |100| reclinatur, ut nos quasi sancta animalia carnis suae frumento reficiat. * cyrillus. ° reperit etiam hominem factum bestialem in anima: et ideo in praesepio loco pabuli ponitur, ut vitam bestialem mutantes, ad consonam homini perducamur scientiam, pertingentes non fenum, sed panem caelestem, vitae corpus. * beda. ° qui autem ad dexteram patris sedet, in diversorio loco eget, ut nobis in domo patris sui multas mansiones praeparet; unde sequitur quia non erat eis locus in diversorio. nascitur non in parentum domo, sed in diversorio, et in via: quia per incarnationis mysterium via factus est, qua nos ad patriam, ubi veritate et vita fruemur, adduceret. * gregorius in evang.. ° et ut ostenderet quia per humanitatem quam assumpserat, quasi in alieno nascebatur, non secundum potestatem, sed secundum naturam. * ambrosius. ° propter te ergo infirmitas, in se potentia; propter te inopia, in se opulentia; noli hoc aestimare quod cernis, sed quod redimeris agnosce. plus, domine iesu, iniuriis tuis |125| debeo quod redemptus sum, quam opibus quod creatus sum. non prodesset nasci, nisi etiam redimi profuisset.

lc3 * Ambrosius. ° videte quemadmodum divina curia fidem astruat. angelus mariam, angelus ioseph, angelus pastores edocet, de quibus dicitur et pastores erant in regione eadem vigilantes, et custodientes vigilias noctis super gregem suum. * chrysostomus. ° ioseph quidem in somnis apparuit angelus; pastoribus autem visibiliter quasi rudioribus: non autem angelus ivit ierosolymam, non requisivit scribas et pharisaeos; erant enim corrupti, et prae invidia cruciabantur; sed hi erant sinceri, antiquam conversationem patriarcharum et moysis colentes. est autem semita quaedam ad philosophiam perducens innocentia. * beda. ° nusquam autem in tota veteris testamenti serie reperimus angelos, qui tam sedulo apparuere patribus, cum luce apparuisse. sed hoc privilegium recte huic tempori est servatum quando exortum est in tenebris lumen rectis corde: unde sequitur et claritas dei circumfulsit illos. * ambrosius. ° ex utero funditur, |25| sed coruscat a caelo; terreno in diversorio iacet, sed caelesti lumine viget. * graecus. ° verum pavidi facti sunt in miraculo; unde sequitur et timuerunt timore magno. sed angelus, cum pavor ingruerit, fugat ipsum: unde sequitur et dixit illis angelus: nolite timere. non solum sedat terrorem, sed etiam alacritatem infundit: sequitur enim ecce enim evangelizo vobis gaudium magnum, quod erit omni populo: non soli populo iudaeorum, sed etiam omnibus. causa autem gaudii ostenditur, novus et admirabilis partus manifestatur ex ipsis nominibus: nam sequitur quia natus est vobis hodie salvator, qui est christus dominus: quorum primum, idest salvator, est actionis; tertium autem, scilicet dominus, maiestatis. * cyrillus de incarn. unigen.. ° sed id quod in medio ponitur, scilicet christus, non naturam significat, sed hypostasim compositam. in christo enim salvatore unctionem fore celebratam fatemur; non tamen figuralem, sicut olim in regibus ex oleo, quasi ex prophetica gratia, neque |50| ad perfectionem alicuius negotii, iuxta illud: haec dicit dominus christo meo cyro, qui quamquam esset idololatra, dictus est christus, ut caelesti censura totam occuparet babyloniorum provinciam. fuit autem unctus salvator spiritu sancto humanitus in forma servi; ungens autem ut deus spiritu sancto credentes in eum. * graecus. ° huius autem nativitatis et tempus ostendit cum dicit hodie, et locum cum subdit in civitate david, et signa cum subiungit et hoc vobis signum: invenietis infantem pannis involutum, et positum in praesepio. ecce pastoribus angeli pastorem praecipuum praedicant, tamquam agnum in antro manifestatum et editum. * beda. ° crebris autem infantia salvatoris et angelorum praeconiis et evangelistarum nobis est conculcata testimoniis, ut nostris altius cordibus quid pro nobis factum sit infigatur. et notandum, quod signum nati salvatoris datur non tyrio exceptum ostro, sed pannis squalentibus involutum: non in ornatis auro stratoriis, sed in praesepibus inveniendum. * maximus |75| in serm. nativ.. ° sed si tibi panni fortassis vilescunt, angelos collaudantes admirare: si praesepe despicis, erige parumper oculos, et novam in caelo stellam protestantem mundo nativitatem dominicam contuere: si credis vilia, crede mirifica: si de his quae humilitatis sunt disputas, quae alta sunt et caelestia venerare. * gregorius in evang.. ° mystice autem quod vigilantibus pastoribus angelus apparet, eosque claritas dei circumfulsit, hoc est quod illi prae ceteris videre sublimia merentur qui fidelibus gregibus praeesse sollicite sciunt: dumque ipsi pie super gregem vigilant, divina super eos latius gratia coruscat. * beda. ° significant enim mystice pastores isti gregum, doctores quosque ac rectores fidelium animarum. nox, cuius vigilias custodiebant super gregem suum, pericula tentationum indicat, a quibus se suosque subiectos custodire non desistunt. et bene, nato domino, pastores super gregem vigilant: quia natus est qui dicit: ego sum pastor bonus; |100| sed et tempus imminebat quo idem pastor oves suas, quae dispersae erant, ad vitae pascua revocaret. * origenes in lucam. ° ceterum, si ad secretiorem oportet ascendere intellectum, dicam quosdam fuisse pastores angelos qui res humanas regerent; et cum horum unusquisque suam custodiam conservaret, venisse angelum nato domino, et annuntiasse pastoribus, quia verus esset pastor exortus. angeli enim ante adventum salvatoris parum poterant commissis sibi utilitatis afferre: vix enim aliquis unus ex singulis gentibus credebat in deum; nunc autem populi accedunt ad fidem iesu.

lc4 * Beda. ° ne parva unius angeli videretur auctoritas, postquam unus sacramentum novae nativitatis edocuit, statim multitudo caelestium agminum affuit; unde dicitur et subito facta est cum angelo multitudo militiae caelestis. bene chorus adveniens angelorum, militiae caelestis vocabulum accipit, qui et duci illi in praelio qui ad debellandas aereas potestates apparuit, humiliter obsecundat, et ipse potestates easdem contrarias, ne mortales tantum tentare valeant quantum volunt, fortiter armis caelestibus perturbat. quia vero deus et homo nascitur, hominibus pax et deo gloria canitur; unde sequitur laudantium deum, et dicentium: gloria in altissimis deo. uno angelo, uno evangelizante nuntio natum in carne deum, mox multitudo militiae caelestis in laudem creatoris prorumpit, ut et christo devotionem impendat, et nos suo instruat exemplo, quoties aliquis fratrum sacrae eruditionis verbum insonuerit, vel ipsi quae pietatis sunt ad mentem reduxerimus, |25| deo statim laudes corde, ore et opere reddendas. * chrysostomus. ° et olim quidem angeli ad puniendum mittebantur, puta ad israelitas, ad david, ad sodomitas, ad gemitus convallem; nunc e contra canunt in terra gratias agentes deo: eo quod suum descensum ad homines eis reseravit. * gregorius moralium. ° simul etiam laudant, quia redemptioni nostrae voces suae exultationis accommodant: simul etiam, quia dum nos conspiciunt recipi, suum gaudent numerum impleri. * beda. ° optant etiam pacem hominibus, cum subdunt et in terra pax hominibus: quia quos infirmos prius abiectosque despexerant, nascente in carne domino, iam socios venerantur. * cyrillus. ° haec autem pax per christum facta est: reconciliavit enim nos per se deo et patri, culpam hostilem de medio auferens; duos populos in unum hominem pacificavit, ac caelicolas et terrenos in unum gregem composuit. * beda. ° quibus autem hominibus pacem poscant, exponunt dicentes bonae voluntatis, eis scilicet qui |50| suscipiunt natum christum: non enim est pax impiis, sed pax multa diligentibus nomen dei. * origenes in lucam. ° sed diligens lector inquirat quomodo salvator dicat: non veni pacem mittere super terram; et nunc angeli de eius nativitate cantent in terra pax hominibus. sed hoc quod pax esse dicitur in hominibus bonae voluntatis, solvit quaestionem; pax enim quam non dat dominus super terram, non est pax bonae voluntatis. * augustinus de trin.. ° pertinet enim iustitia ad bonam voluntatem. * chrysostomus. ° aspice autem mirandum processum: angelos ad nos deduxit prius, ac deinde duxit hominem ad superna: factum est caelum terra, cum terrena deberet recipere. * origenes in lucam. ° mystice autem videbant angeli, se opus quod eis creditum fuerat, implere non posse absque eo qui vere salvare poterat; et medicinam suam inferiorem esse quam hominum cura poscebat: unde sicut si veniat aliquis archiater qui habeat summam in medicina notitiam: |75| et illi qui prius sanari nequiverant, cernentes magistri manu putredines cessare vulnerum, non invideant, sed in laudes archiatri erumpant, et dei, qui sibi aegrotantibusque tantae scientiae hominem miserit; sic multitudo angelorum pro christi adventu deum laudat.

lc5 * Graecus. ° quae visa sunt et relata stuporem ingesserunt pastoribus; et sic ovilia sua omiserunt, et profecti sunt nocte bethlehem, lucem indagantes salvatoris; unde dicitur et factum est ut discesserunt ab eis angeli in caelum, pastores loquebantur ad invicem: transeamus usque bethlehem, et videamus hoc verbum quod factum est. * beda. ° vere quasi vigilantes non dixerunt: videamus puerum, sed verbum quod factum est; idest, verbum quod semper erat videamus quomodo pro nobis caro factum est: siquidem hoc ipsum verbum dominus est; sequitur enim quod fecit dominus et ostendit nobis; idest, videamus quomodo verbum ipsum se fecerit, et ostenderit nobis carnem suam. * ambrosius in lucam. ° vide quam singulariter scriptura singulorum libret momenta verborum: etenim cum caro domini videtur, videtur verbum, quod est filius. non mediocre fidei tibi hoc videatur exemplum: non vilis persona pastorum: simplicitas enim quaeritur, non ambitio |25| desideratur. sequitur et venerunt festinantes; nemo enim cum desidia christum requirit. * origenes in lucam. ° quia vero festinantes venerunt, et non pedetentim, ideo sequitur et invenerunt mariam, quae scilicet fudit iesum in partu, et ioseph, scilicet dispensatorem ortus dominici, et infantem positum in praesepio, scilicet ipsum salvatorem. * beda. ° est autem iusti ordinis, ut honore digno celebrata verbi incarnatione, ad ipsam quandoque verbi gloriam intuendam pertingatur; unde sequitur videntes autem cognoverunt de verbo quod dictum erat illis de puero hoc. * graecus. ° occulta scilicet fide felicia relata contuentes, nec contenti de veritate stupere, quae primitus viderant et perceperant angelo nuntiante, non solum mariae et ioseph promebant, sed etiam ceteris; et, quod est amplius, eorum mentibus infigebant; unde sequitur et omnes qui audierunt mirati sunt, et de his quae dicta erant a pastoribus ad ipsos. quomodo enim non erat mirandum videre |50| caelicolam in terrenis, et terram pace conciliari caelestibus, et ineffabilem illum infantulum numine quidem caelestia, humanitate vero terrestria connectentem ad invicem, et sui compagine foedus mirandum praestantem? * glossa. ° nec solum mirantur de incarnationis mysterio, sed etiam de tanta pastorum attestatione qui fingere inaudita nescirent, sed simplici facundia vera praedicarent. * ambrosius. ° nec contemnenda putes quasi vilia verba pastorum: a pastoribus enim maria colligit fidem: unde sequitur maria autem conservabat omnia verba haec, conferens in corde suo. discamus sanctae virginis in omnibus castitatem, quae non minus ore pudica quam corpore argumenta fidei conferebat in corde. * beda. ° virginalis enim pudicitiae iura custodiens, secreta christi quae noverat, nemini divulgare volebat; sed conferebat ea quae facienda legerat cum his quae iam facta cognovit; non ore promens, sed clausa in corde custodiens. * graecus. ° quicquid etiam ei retulerat angelus, quicquid |75| a pastoribus audierat, cuncta congerebat in mente; et ad invicem comparans, unam in omnibus mater sapientiae cernebat concordiam. vere deus erat qui natus erat ex ea. * athanasius. ° singuli autem in christi nativitate exultabant, non humanitus, sicut in puero nato soliti sunt homines congaudere, sed in christi praesentia, et lucis divinae fulgore; unde sequitur et reversi sunt pastores glorificantes et laudantes deum in omnibus quae audierant. * beda. ° scilicet ab angelis; et viderant, scilicet in bethlehem, sicut dictum est ad illos; idest in hoc glorificant quod non aliud venientes invenerant, quam dictum est ad illos: sive sicut dictum est ad illos, gloriam deo laudesque referunt: etenim hoc illis facere dictum est ab angelis, non quidem verbo imperantibus, sed formam suae devotionis offerentibus, cum deo in excelsis gloriam resonarent. * beda. ° mystice autem intellectualium pastores gregum, immo cuncti fideles, exemplo horum pastorum transeant cogitatione usque in bethlehem, |100| et incarnationem christi dignis celebrent honoribus. transeamus autem abiectis concupiscentiis carnalibus toto mentis desiderio usque in bethlehem supernam, idest domum panis vivi; ut quem illi in praesepio videre vagientem, nos in patris solio mereamur videre regnantem; non est autem tanta beatitudo cum desidia ac torpore quaerenda; sed alacriter sunt christi sequenda vestigia. videntes autem cognoverunt. et nos quae dicta sunt de salvatore nostro, plena dilectione festinemus amplecti, ut hoc in futuro perfectae cognitionis visu comprehendere valeamus. * beda. ° dominici etiam gregis pastores praecedentium patrum vitam, in qua panis vitae servatur, quasi bethlehem portas contemplando subeunt; nihilque in hac aliud reperiunt quam virginalem ecclesiae pulchritudinem, quasi mariam, virilem spiritualium doctorum coetum, quasi ioseph, et humilem christi adventum scripturae paginis sacrae insertum, quasi in praesepio positum christum infantem. * origenes in lucam. |125| ° vel praesepe illud israel erat, secundum illud: cognovit bos possessorem suum, et asinus praesepe domini sui. * beda. ° non celavere autem silentio pastores quae agnoverant: quia ecclesiae pastores in hoc ordinati sunt ut quae in scripturis didicerunt, auditoribus ostendant. * beda. ° magistri etiam spiritualium gregum modo ceteris dormientibus contemplando caelestia subeunt, modo fidelium exempla quaerendo circumeunt, modo ad publicum pastoralis officii docendo revertuntur. * beda. ° unusquisque etiam qui privatus vivere creditur, pastoris officium tenet, si bonorum actuum cogitationumque mundarum aggregans multitudinem, hanc iusto moderamine gubernare, scripturarum pastu nutrire, et contra daemonum insidias servare contendit.

lc6 * Beda. ° exposita nativitate dominica, subiungit evangelista atque ait et postquam consummati sunt dies octo ut circumcideretur puer. * ambrosius. ° quis puer, nisi ille de quo dictum est: puer natus est nobis, et filius datus est nobis et: factus est enim sub lege, ut eos qui sub lege erant lucrifaceret? * epiphanius adver. haeres.. ° dicunt autem ebionis et cerinthi sequaces: sufficit discipulo, si sit sicut magister eius: circumcidit autem se christus; tu ergo circumcidaris. falluntur autem destruentes sua principia. si enim fatetur ebion christum deum caelitus descendentem octavo die fuisse circumcisum, tunc praeberet circumcisioni materiam argumenti; sed cum nudum hunc asserit hominem, non puer est causa ut circumcidatur, sicut nec infantes sunt suae circumcisionis auctores. nos enim deum ipsum fatemur caelitus descendentem, et in claustro virgineo moram debitam fetibus protraxisse, |25| quoadusque sibi ex utero virgineo humanitatis carnem perfecte componeret, in qua circumcisus est veraciter, non apparenter octavo die, quatenus cum ad spiritualem effectum figurae pervenerint, tam ab ipso, quam a suis discipulis divulgentur non ultra figurae, sed veritas. * origenes in lucam. ° sicut enim mortui sumus cum illo moriente, et consurreximus resurgenti; sic cum eo circumcisi sumus: unde nequaquam nunc indigemus circumcisione carnali. * epiphanius. ° pluribus autem ex causis circumcisus est christus. et primo quidem ut ostendat carnis veritatem contra manichaeum et illos qui apparenter eum dicunt prodiisse: deinde ut pateat quod nequaquam deitati consubstantiale corpus extiterit, ut fatur apollinaris; neque caelitus detulit illud, ut asserit valentinus: et ut confirmet circumcisionem, quam olim instituerat eius adventui servientem: quin etiam ut nulla sit iudaeis excusatio: nam nisi circumcisus fuisset, obicere poterant quod non possent incircumcisum | 50 | christum recipere. * beda. ° ut etiam nobis obediendi virtutem commendaret exemplo, et ut eos qui sub lege positi legis onera portare nequiverant, sua compassione iuvaret; ut qui in similitudine carnis peccati advenit, remedium quo caro peccati consueverat mundari, non respuat. idem enim salutiferae curationis auxilium circumcisio in lege contra originalis peccati vulnus agebat quod nunc baptismus revelatae gratiae tempore consuevit; excepto quod regni caelestis ianuam nondum intrare poterant, sed in sinu abrahae post mortem beata requie consolati supernae pacis ingressum spe felici expectabant. * athanasius. ° nihil enim aliud exprimebat circumcisio nisi generationis vetustae spoliationem per hoc quod circumcidebatur pars corporis quae corporalis nativitatis causa existit. hoc autem tunc temporis agebatur in signum futuri per christum baptismatis. idcirco postquam venit signatum, cessavit figura: ubi namque tota vetustas tollitur per baptismum, superfluum est quod | 75 | partis sectio praefigurat. * cyrillus. ° octavo autem die consuetum erat carnalem celebrari circumcisionem: octavo enim die christus a mortuis resurrexit, et insinuavit nobis spiritualem circumcisionem, dicens: euntes, docete omnes gentes, baptizantes eos. * beda. ° in eius autem resurrectione praefigurata est utraque nostra resurrectio, et carnis et spiritus: christus enim circumcisus nostram naturam docuit et nunc per ipsum a vitiorum labe purgandam, et in novissimo die a mortis peste restaurandam; et sicut dominus octava die, hoc est post septimam sabbati, resurrexit; ita et ipsi post sex huius saeculi aetates et septimam sabbati animarum, quae nunc interim in alia vita geritur, quasi octavo tempore surgemus. * cyrillus. ° secundum legis praeceptum eodem die impositionem nominis recipit; unde sequitur vocatum est nomen eius iesus, quod interpretatur salvator: editus enim fuit ad totius orbis salutem, quam sua circumcisione praefiguravit: secundum quod apostolus dicit: circumcisi |100| estis circumcisione non manufacta in expoliatione corporis carnis, scilicet in circumcisione christi. * beda. ° sed et hoc quod eodem die suae circumcisionis nomen accepit, ad imitationem priscae observationis fecit: abraham enim, qui primum circumcisionis sacramentum accepit, in die suae circumcisionis amplificatione nominis benedici promeruit. * origenes in lucam. ° nomen autem iesu gloriosum omnique cultu dignissimum, nomen quod est super omne nomen, non decuit primum ab hominibus appellari, neque ab eis afferri in mundum: unde signanter evangelista subdit quod vocatum est ab angelo priusquam in utero conciperetur. * beda. ° huius autem nominis etiam electi in sua spirituali circumcisione participes existere gaudent; ut sicut a christo christiani, ita etiam a salvatore salvati vocentur; quod illis a deo vocabulum non solum priusquam in utero ecclesiae per fidem conciperentur, sed etiam ante tempora saecularia vocatum est.

lc7 * Cyrillus. ° post circumcisionem rursus expectatur purgationis tempus; unde dicitur et postquam impleti sunt dies purgationis eius secundum legem moysi. * beda. ° si legis ipsius verba diligentius inspexeris, profecto reperies quod ipsa dei genitrix, sicut a commixtione virili, sic et a legali fit iure immunis. non enim omnis mulier pariens, sed ea quae suscepto semine peperit, designatur immunda, rituque docetur esse mundanda; ad distinctionem scilicet illius quae virgo concepit et peperit. sed ut nos a legis vinculo solveremur, sicut christus, ita et beata maria legi est sponte subiecta. * titus. ° unde eleganter evangelista protulit, quod completi sunt dies purgationis eius secundum legem: nam revera non incumbebat necessitas virgini sacrae ut dies purgationis eius expectaretur, quae cum ex spiritu sancto concepisset, caruit coniugio. sequitur tulerunt illum in ierusalem, ut sisterent eum domino. * athanasius. ° sed quando paternis aspectibus latuit |25| dominus; aut quis locus excipitur ab eius imperio, ut ibi existendo semotus a patre sit, nisi afferatur ierosolymam, et introducatur in templum? sed forte causa nostri huiusmodi scripta sunt. sicut enim non gratia sui homo factus est et circumcisus in carne, sed ut nos per gratiam faceret deos, et ut spiritualiter circumcidamur; sic propter nos sistitur domino, ut discamus deo praesentare nosipsos. * beda. ° post tricesimum autem et tertium circumcisionis diem domino sistitur, mystice insinuans neminem nisi circumcisum vitiis, dominicis dignum esse conspectibus; neminem nisi mortalitatis nexibus absolutum, supernae civitatis gaudia posse perfecte subire. sequitur sicut scriptum est in lege domini. * origenes in lucam. ° ubi sunt qui deum legis negant a christo fuisse in evangelio praedicatum? an putandum est quod filium suum bonus deus sub lege inimici fecit, quam ipse non dederat? in lege enim moysi scriptum est quod sequitur: quia omne masculinum |50| adaperiens vulvam sanctum domino vocabitur. * beda. ° quod dicit adaperiens vulvam, et hominis et pecoris primogenitum significat; quod utrumque sanctum domino vocari, atque ideo sacerdotis esse, praeceptum est; ita dumtaxat ut pro hominis primogenito pretium acciperet et omne animal immundum redimi faceret. * gregorius nyssenus. ° hoc autem legis decretum in solo incarnato deo, singulariter et ab aliis differenter, impleri videtur: ipse namque solus ineffabiliter conceptus ac incomprehensibiliter editus, virginalem uterum aperuit, non ante a connubio reseratum; servans et post partum mirabile inviolabiliter signaculum castitatis. * ambrosius in lucam. ° non enim virilis coitus vulvae virginalis secreta reseravit: sed immaculatum semen inviolabili utero spiritus sanctus infudit. qui ergo vulvam sanctificavit alienam ut nasceretur propheta, hic est qui aperuit matri suae vulvam, ut immaculatus exiret. * beda. ° quod ergo ait adaperiens vulvam, consuetae nativitatis more loquitur; non | 75 | quod dominus sacri ventris hospitium, quod ingressus sanctificarat, egressus devirginasse credendus sit. * gregorius nyssenus. ° solus autem hic partus masculinus spiritualiter esse conspicitur qui nil de femineitate culpae portavit: unde revera sanctus vocatus est: unde et gabriel quasi hoc decretum ad ipsum solum pertinere memorans, dicebat: quod ex te nascetur sanctum, vocabitur filius dei. et in ceteris quidem primogenitis sanctos illos vocari evangelica solertia statuit, tamquam oblatione divina sortitos huiusmodi nomen: at in totius primogenito creaturae, quod nascitur sanctum pronuntiat angelus, quasi proprie sanctum existens. * ambrosius. ° solus enim per omnia in natis de femina sanctus dominus iesus, qui terrenae contagia corruptelae immaculati partus novitate non senserit, et caelesti maiestate depulerit: nam si litteram sequimur, quomodo sanctus omnis masculus, cum multos sceleratissimos fuisse non lateat? sed ille sanctus quem in figura futuri mysterii legis divinae praescripta signabant; | 100 | eo quod solus sanctae ecclesiae virginis ad generandos populos aperiret genitale secretum. * cyrillus. ° o profunditas scientiarum sapientiae et scientiae dei. offert hostias qui per singulas hostias honoratur cum patre; figuras legis custodit veritas; qui legis est conditor sicut deus, legem custodivit ut homo; unde sequitur et ut darent hostiam, secundum quod dictum erat in lege domini, par turturum, aut duos pullos columbarum. * beda. ° hostia autem haec pauperum erat; praecepit quippe dominus in lege ut qui possent agnum pro filio aut filia, simul et turturem sive columbam offerrent: qui vero non sufficiebant ad offerendum agnum, duos iam turtures vel duos columbae pullos offerrent. ergo dominus cum dives esset, pauper fieri dignatus est, ut nos sua paupertate divitiarum suarum donaret esse participes. * cyrillus. ° videndum autem quid haec oblata insinuant. nimirum loquacissima est turtur in avibus; et columba est animal mansuetum. talis autem factus est erga |125| nos salvator, mansuetudinem perfecte colens, et ut turtur orbem allexit, replens hortum suum propriis melodiis. occidebatur ergo turtur aut columba, ut ipse per figuras nobis pandatur passurus in carne pro vita mundi. * beda. ° vel columba simplicitatem, turtur indicat castitatem: quia et columba simplicitatis, et castitatis amator est turtur; ita ut si coniugem casu perdiderit, non ultra aliam quaerere curet. merito ergo turtur et columba domino offeruntur in hostiam: quia simplex et pudica fidelium conversatio est illi iustitiae sacrificium gratum. * athanasius. ° ideo vero bina iussit offerri, quia homine consistente ex anima et corpore, duplum a nobis poscit deus, castitatem et mansuetudinem, non solum corporis, sed etiam animae: alioquin erit homo fictor et hypocrita, gerens in tegumentum occultae malitiae innocentiam apparentem. * beda. ° cum vero utraque avis propter consuetudinem gemendi praesentes sanctorum luctus designet; in hoc tamen differunt, quod turtur solivagus, columba |150| autem gregatim volare consuevit; et ob id iste secretas orationum lacrymas, illa publicos ecclesiae conventus insinuat. * beda. ° vel columba, quae gregatim volat, activae vitae frequentiam demonstrat; turtur qui singularitate gaudet, speculativae vitae culmina denuntiat. et quia aeque utraque conditori accepta est hostia, consulte lucas utrum turtures an pulli columbarum pro domino sint oblati non dixit, ne unum alteri vivendi ordinem praeferret, sed utrumque sequendum doceret.

lc8 * Ambrosius in lucam. ° non solum ab angelis et prophetis, a pastoribus et a parentibus, sed etiam a senioribus et iustis generatio domini accepit testimonium; unde dicitur et ecce homo erat in ierusalem cui nomen simeon, et homo iste iustus et timoratus. * beda. ° quia difficulter iustitia sine timore custoditur: non illum dico timorem qui temporalia sibi bona subtrahi perhorrescit, quem perfecta dilectio foras mittit; sed timorem domini sanctum qui manet in saecula, quo iustus deum quanto ardentius diligit, tanto solertius offendere cavet. * ambrosius. ° et bene iustus, qui non suam sed populi gratiam requirebat; unde sequitur et expectans consolationem israel. * gregorius nyssenus. ° non utique mundanam felicitatem in consolationem israel prudens simeon expectabat; sed veram translationem ad veritatis decorem per separationem a legis umbra: habuerat namque per oracula quod visurus esset christum domini priusquam de saeculo praesenti |25| transmigraret; unde sequitur et spiritus sanctus erat in eo; a quo scilicet iustificabatur. et responsum acceperat a spiritu sancto non visurum se mortem nisi prius videret christum domini. * ambrosius. ° cupiebat ipse quidem corporeae vinculis fragilitatis absolvi; sed expectabat videre promissum; sciebat enim quia beati oculi qui eum viderent. * gregorius moralium. ° in quo etiam discimus quanto desiderio ex plebe israelitica sancti viri incarnationis eius mysterium videre cupierunt. * beda. ° videre autem mortem, experiri eam significat; multumque felix mortem videbit carnis quicumque christum domini prius oculis carnis videre sategerit, conversationem habendo in caelesti ierusalem, templi dei limina frequentando, hoc est sanctorum, in quibus deus habitat, exempla sectando. eadem autem spiritus gratia, qua olim venturum praecognoverat, et nunc venientem cognovit; unde sequitur et venit in spiritu in templum. * origenes in lucam. |50| ° et tu si vis tenere iesum et amplexari manibus, omni labore nitere ut ducem habeas spiritum, veniasque ad templum dei; sequitur enim et cum inducerent puerum iesum parentes eius, scilicet maria mater et ioseph, qui putabatur pater, ut facerent secundum consuetudinem legis pro eo; et ipse accepit eum in ulnas suas. * gregorius nyssenus. ° quam beatus ille sacer ad sacra introitus, per quem ad vitae terminum maturavit. beatae manus quae verbum vitae palpaverunt, et ulnae quoque quas ad susceptionem paravit. * beda. ° accepit autem iustus secundum legem puerum iesum in ulnas suas, ut significet iustitiam operum, quae ex lege erat, per manus et brachia figuratorum, humili quidem, sed salutari fidei evangelicae gratia mutandum. accepit senior infantem christum, ut insinuet hoc saeculum quasi senio iam defessum, ad infantiam et innocentiam christianae conversationis rediturum.

lc9 * Origenes in lucam. ° si ad tactum fimbriae vestimenti mulier sanata est, quid putandum est de simeone, qui in suas ulnas accepit infantem, et gaudebat videns parvulum a se gestari, qui venerat ad vinctos resolvendos, sciens neminem eum posse de claustro corporis emittere cum spe futurae vitae, nisi is quem in brachiis continebat; unde dicitur et benedixit deum, et dixit: nunc dimittis servum tuum, domine. * theophylactus. ° quod dicit domine, confitentis est quod ipse mortis est et vitae dominus; et sic puerum quem suscepit, deum confitetur. * origenes. ° quasi dicat: quamdiu christum non tenebam, clausus eram, et de vinculis exire non poteram. * basilius. ° si autem voces iustorum inquiras, omnes super hoc mundo et eius flebili mora ingemiscunt. heu mihi, dicit david, quia incolatus meus prolongatus est. * ambrosius. ° vide ergo iustum velut corporeae carcere molis inclusum velle dissolvi, ut incipiat |25| esse cum christo. sed qui vult dimitti, veniat in templum, veniat in ierusalem, expectet christum domini, accipiat in manibus verbum dei, et complectatur velut quibusdam fidei suae brachiis; tunc dimittetur ut non videat mortem, qui viderit vitam. * graecus. ° simeon autem benedicebat deum inter cetera, quod promissa sibi facta sortita erant efficaciae veritatem: nam consolationem israel oculis prospicere meruit, et manibus portare: et ideo dicit secundum verbum tuum; idest, cum finem obtinuerim promissorum. at ubi visibiliter sensi quod desiderabam, nunc solvis tuum servum, nec gustu mortis attonitum, nec haesitationis cogitationibus conturbatum; et ideo subditur in pace. * gregorius nyssenus. ° quia postquam christus culpam hostilem destruxit, nos quoque patri reconciliavit, facta est translatio sanctorum in pace. * origenes. ° quis est autem qui de saeculo isto recedit in pace, nisi is qui intelligit quod deus erat in christo mundum reconcilians sibi; nihilque habet inimicum deo, |50| sed omnem pacem bonis in se operibus assumpsit? * graecus. ° fuerat autem sibi repromissum non visurum se mortem nisi prius videret christum domini; et ideo hoc impletum ostendens, subdit quia viderunt oculi mei salutare tuum. * gregorius nyssenus. ° beati oculi tui tam animae quam corporis; hi quidem visibiliter deum suspicientes, illi vero non solum quae visa sunt attendentes, immo illuminati fulgore spiritus domini, verbum in carne cognoscentes: salutare namque quod tuis oculis percepisti, ipse iesus est, quo nomine salus declaratur. * cyrillus. ° fuerat autem christi mysterium quod patuit in ultimis temporibus saeculi praeparatum ante mundi originem; unde sequitur quod parasti ante faciem omnium populorum. * athanasius. ° scilicet confectam toti mundo per christum salutem. qualiter ergo supra dictum est, quod expectabat israel consolationem? eo quod scilicet tunc futuram esse consolationem israel agnovit in spiritu cum et omnibus populis paratum est salutare. * graecus. ° attende etiam sagacitatem |75| digni et venerandi senis: antequam dignus videretur beatae visionis, praestolabatur solamen israel; ut autem quod sperabat obtinuit, exclamat se vidisse salutem omnium populorum: adeo enim infantis ineffabile iubar illustravit eum, ut processu temporis secutura mox sibi fierent nota. * theophylactus. ° signanter autem dicit ante faciem, ut scilicet omnibus eius incarnatio appareret. hoc autem salutare dicit esse gentium lumen et gloriam israel; unde sequitur lumen ad revelationem gentium. * athanasius. ° gentes enim ante christi adventum in ultimis tenebris erant constitutae, cognitione divina privatae. * cyrillus. ° sed christus adveniens factus est lux tenebrosis et erraticis, quos diabolica manus pressit. vocati sunt autem a deo patre ad notitiam filii, qui est lux vera. * athanasius. ° israel autem, licet tenuiter, lege illuminabatur; et ideo non dicit quod lumen illis protulerit, sed subdit et gloriam plebis tuae israel: memorans antiquam historiam, quod sicut olim moyses dominum |100| alloquendo gloriosam retulit faciem, sic et ipsi divinam humanitatis lucem pertingentes, vetus abicientes velamen, in eamdem imaginem transformarentur de gloria in gloriam. * cyrillus. ° nam etsi quidam eorum inobedientes fuerint, tamen reliquiae salvae factae sunt, et per christum pervenerunt ad gloriam. harum primitiae fuere divini apostoli, quorum fulgores universum orbem illuminant. fuit etiam christus singulariter israel gloria, quia secundum carnem ex eis processit; quamvis cunctis ut deus praeesset per saecula benedictus. * gregorius nyssenus. ° et ideo signanter dixit plebis tuae, quia non ab eis tantum est adoratus, sed insuper ex eis est secundum carnem natus. * beda. ° et bene revelatio gentium, israelis gloriae praefertur, quia, cum plenitudo gentium introierit, tunc omnis israel salvus erit.

lc10 * Graecus. ° transcendentium rerum notitia quoties in memoriam venerit, toties renovat in mente miraculum; unde dicitur et erant pater eius et mater mirantes super his quae dicebantur de illo. * origenes in lucam. ° tam ab angelo quam a multitudine caelestis exercitus, necnon et a pastoribus et ipso simeone. * beda. ° patrem salvatoris appellat, non quod vere pater fuerit ei, sed quod ad famam mariae conservandam pater sit ab omnibus aestimatus. * augustinus de cons. evang.. ° quamvis et eo modo pater illius valeat dici, quo et vir mariae recte intelligitur sine commixtione carnis, ipsa copulatione coniugii; multo videlicet coniunctius quam si esset aliunde adoptatus. neque enim propterea non erat appellandus ioseph pater christi, quia non eum concumbendo genuerat; quandoquidem pater esset et ei quem non ex sua coniuge procreatum aliunde adoptasset. * origenes. ° qui autem altius aliquid inquirit, potest dicere quoniam |25| generationis ordo a david usque ad ioseph deducitur; et ne videretur frustra ioseph nominari, quia pater non fuerat salvatoris, ut generationis ordo haberet locum, pater domini appellatus est. * graecus. ° laudibus autem divinis exhibitis, vertit se simeon ad benedictionem adducentium puerum; unde sequitur et benedixit illis simeon. benedictione igitur utrumque donat; occultorum vero praesagia dirigit tantum ad matrem; quatenus per communem benedictionem non privetur ioseph similitudine patris; per ea vero quae dicit matri seorsum a ioseph, veram praedicet genitricem; unde sequitur et dixit ad matrem eius: ecce positus est hic in ruinam et in resurrectionem multorum in israel. * ambrosius. ° vide uberem in omnes gratiam domini in generatione diffusam, et prophetiam incredulis negatam esse, non iustis. ecce et simeon prophetizat, in ruinam et resurrectionem multorum venisse christum iesum. * origenes. ° qui simpliciter exponit, potest dicere in ruinam eum venisse infidelium, |50| et in resurrectionem credentium. * chrysostomus. ° sicut enim lux, etsi oculos debiles turbet, lux est; hoc modo salvator perseverat, etsi corruant plurimi; neque enim est eius officium destructio, sed eorum vesaniae. quamobrem non solum ex salute bonorum, sed etiam ex malorum dissipatione virtus eius ostenditur; nam sol quoniam multum radiat, propterea visus debiles praecipue perturbat. * gregorius nyssenus. ° attende autem distinctionis exquisitam prolationem: praeparatio quippe salutis dicitur coram omni populo; sed casus et sublevatio plurium. divinum enim propositum est salus et deificatio singulorum: casus autem et sublevatio consistit in plurium intentione, credentium et non credentium. quod autem iacentes et increduli subleventur, non est absurdum. * origenes. ° qui autem curiosus interpres est, dicit nequaquam eum cadere qui ante non steterit. da mihi igitur qui fuerit ille qui stetit, et in cuius ruinam salvator advenerit? * gregorius nyssenus. |75| ° sed per hoc designat ruinam ad infima: quasi non puniendos aequaliter ante incarnationis mysterium et post datam dispensationem et praedicationem. et maxime hi sunt ex israel, quos necesse erat et pristinis bonis carere, et poenas luere graviores quam omnes aliae gentes: eo quod dudum prophetatum in eis et adoratum et ex eis productum minime susceperunt. idcirco specialiter eis minatur ruinam, non solum a spirituali salute, sed etiam propter destructionem urbis et habitantium civitatem. resurrectio vero promittitur credentibus, partim quidem velut sub lege iacentibus, et ab eius servitute sublevandis; partim vero velut consepultis cum christo, et ei consurgentibus. his autem verbis intellige per concordiam intellectuum ad dicta prophetica, unum et eumdem deum et legislatorem et in prophetis et in novo testamento locutum esse: lapidem namque ruinae et petram scandali futurum, ne confundantur credentes in eum, sermo propheticus declaravit. * origenes in lucam. ° est |100| autem et altius quid intelligendum adversus eos qui contra conditorem latrant dicentes: ecce deus legis et prophetarum, videte qualis sit. ego, inquit, occidam, et ego vivificabo. sed si propterea cruentus est iudex et crudelis conditor, quia haec dicit, manifestissimum est et iesum esse illius filium; eadem siquidem de eo hic scripta sunt, quod veniat in ruinam et resurrectionem multorum. * ambrosius. ° ut scilicet iustorum iniquorumque merita discernat, et pro nostrorum qualitate factorum iudex verus et iustus aut supplicia decernat aut praemia. * origenes. ° videndum est autem ne forte salvator non aeque aliis in ruinam venerit et in resurrectionem: quia enim peccato stabam, primo mihi utilitas fuit ut caderem et peccato morerer. denique et sancti prophetae cum augustius aliquid contemplabantur, cadebant in faciem suam, ut peccata per ruinam plenius purgarentur: hoc ipsum et salvator tibi primum concedit. peccator eras; cadat in te peccator, ut possis dehinc resurgere |125| et dicere: si commortui sumus, et convivemus. * chrysostomus. ° resurrectio quidem est conversatio nova: cum enim lascivus castus efficitur, avarus misericors, atrox mansuescit, resurrectio celebratur, mortuo quidem peccato, resurgente vero iustitia. sequitur et in signum cui contradicetur. * basilius. ° signum contradictionem accipiens proprie crux dicitur a scriptura. fecit enim, inquit, moyses serpentem aeneum, et posuit pro signo. * gregorius nyssenus. ° miscet autem dedecus gloriae. huius enim rei nobis christicolis est hoc signum indicium; contradictionis vero, dum ab his quidem accipitur ut ridiculosum et horribile, ab his vero admodum venerandum. vel forsan ipsum christum nominat signum, tamquam supra naturam existentem et signorum auctorem. * basilius. ° est enim signum alicuius rei mirabilis et occultae indicativum; visum quidem a simplicioribus, intellectum vero ab habentibus exercitatum intellectum. * origenes in lucam. |150| ° omnia autem quae de christo narrat historia, signum sunt cui contradicitur: non quod contradicant hi qui credunt in eum: nos quippe scimus omnia vera esse quae scripta sunt: sed quia apud incredulos universa quae de eo scripta sunt, signum sunt cui contradicetur. * gregorius nyssenus. ° haec siquidem de filio dicuntur; spectant tamen ad eius genitricem, dum singula sibi assumit simul periclitata et glorificata: nec tantum prospera, sed illi denuntiat etiam dolorosa; nam sequitur et tuam ipsius animam pertransibit gladius. * origenes. ° nulla docet historia beatam mariam ex hac vita gladii occisione migrasse; praesertim cum non anima, sed corpus ferro soleat interfici: unde restat intelligi gladium illum de quo dicitur: et gladius in labiis eorum, hoc est, dolorem dominicae passionis animam eius pertransisse: quae etsi christum utpote dei filium sponte propria mori, mortemque ipsam non dubitaret esse devicturum: ex sua |175| tamen carne procreatum, non sine doloris affectu potuit videre crucifigi. * ambrosius. ° vel prudentiam mariae non ignaram mysterii caelestis ostendit: vivum est enim verbum dei, et validum et acutius omni gladio acutissimo. * augustinus de quaest. nov. et vet. testam.. ° vel per hoc significavit quod maria, per quam gestum est incarnationis mysterium, in morte domini stupore quodam dubitavit, videns filium dei sic humiliatum ut usque ad mortem descenderet. et sicut gladius pertransiens iuxta hominem, timorem facit, non percutit; ita et dubitatio moestitiam fecit, non tamen occidit: quia non sedit in animo, sed pertransiit quasi per umbram. * gregorius nyssenus. ° sed nec ipsam solam in ea passione occupari significat cum subditur ut revelentur ex multis cordibus cogitationes. quod dicit ut eventum designat; non autem causaliter ponitur. his enim omnibus evenientibus, secuta est erga multos intentionum detectio: quidam enim deum fatebantur |200| in cruce; alii nec sic ab infamiis et criminationibus destebant. vel hoc dictum est, quatenus tempore passionis pateant ex plurium cordibus meditationes, et emendentur per resurrectionem: velox enim illis post ambiguitatem certitudo supervenit: nisi forte revelationem illuminationem quis aestimet, ut solitum est scripturae. * beda. ° sed et usque ad consummationem saeculi praesentis ecclesiae animam gladius durissimae tribulationis pertransire non cessat, cum signo fidei ab improbis contradici; cum audito dei verbo multos cum christo resurgere, sed plures a credulitate ruere, gemebunda pertractat; cum revelatis multorum cordium cogitationibus, ubi optimum evangelii sevit semen, ibi zizania vitiorum vel plus iusto praevalere, vel sola germinare conspicit. * origenes in lucam. ° cogitationes etiam malae in hominibus erant; quae propterea revelatae sunt, ut occideret eas ille qui pro nobis mortuus est. quamdiu enim absconditae erant, impossibile erat eas penitus interfici; unde et nos si peccaverimus, |225| debemus dicere: iniquitatem meam non abscondi. si enim revelaverimus peccata nostra non solum deo, sed his qui possunt mederi vulneribus nostris, delebuntur peccata nostra.

lc11 * Ambrosius in lucam. ° prophetaverat simeon,

prophetaverat copulata coniugio, prophetaverat virgo, debuit et vidua prophetare; nec qua professio deesset aut sexus; et ideo dicitur et erat anna prophetissa filia phanuel de tribu aser. * theophylactus. ° immoratur evangelista circa annae descriptionem, et patrem et tribum enarrans; testes quasi multos adducens qui patrem et tribum viderunt. * gregorius nyssenus. ° vel quia tunc temporis cum hac aliae quaedam eodem nomine nuncupabantur. ut igitur ad eam manifesta discretio fieret patrem eius commemorat, et generis qualitatem describit. * ambrosius. ° anna vero et stipendiis viduitatis et moribus talis inducitur ut digna fuisse credatur quae redemptorem omnium nuntiaret; unde sequitur haec processerat in diebus multis, et vixerat cum viro suo annis septem a virginitate sua, et haec vidua usque ad annos octuaginta quatuor. * origenes in lucam. ° neque enim spiritus |25| sanctus fortuito habitavit in ea: bonum enim est primum si qua potest virginitatis gratiam possidere; si autem hoc non potuerit, sed evenerit ei ut perdat virum, vidua perseveret: quod quidem non solum post mortem viri, sed etiam cum ille vivit, debet habere in animo ut etiam si non evenerit, voluntas ipsius et propositum a domino coronetur, et dicat: hoc voveo, hoc promitto: si mihi humanum aliquid, quod non opto, contigerit, nihil aliud faciam quam incontaminata, et vidua perseverem. iuste ergo sancta mulier spiritum prophetandi meruit accipere, quia longa castitate, longis etiam ieiuniis ad hoc culmen ascenderat; unde sequitur quae non discedebat de templo, ieiuniis et obsecrationibus serviens die ac nocte. * gregorius nyssenus. ° in quo liquet quod ceterarum virtutum inerat ei congeries. et aspice eam conformem simeoni virtutibus: simul enim erant in templo, simul etiam digni reputati sunt prophetica gratia; unde sequitur et haec ipsa hora superveniens confitebatur domino; |50| hoc est, regratiabatur, videndo mundi salutem in israel, et confitebatur de iesu, quoniam ipse esset redemptor, idemque salvator; unde sequitur et loquebatur de illo omnibus qui expectabant redemptionem israel. verum quia anna prophetissa modicum aliquid et non nimis clarum de christo disseruit, evangelium non seriatim induxit quae ab ea sunt dicta. forsan autem ob hoc aliquis simeonem praevenisse fatebitur, eo quod is quidem formam legis gerebat: nam et ipsum nomen notat obedientiam; illa vero gratiae, quod interpretatio nominis manifestat: inter quos christus medius erat: idcirco illum quidem dimisit cum lege morientem, hanc vero fovet ultra viventem per gratiam. * beda. ° iuxta intellectum etiam mysticum anna ecclesiam significat, quae in praesenti sponsi sui est morte quasi viduata. numerus etiam annorum viduitatis eius tempus ecclesiae designat, quo in corpore constituta peregrinatur a domino. septies quippe duodeni octuaginta quatuor faciunt: et septem quidem |75| ad huius saeculi cursum, qui diebus septem volvitur, duodecim vero ad perfectionem doctrinae apostolicae pertinent. ideoque sive universalis ecclesia, seu quaelibet anima fidelis, quae totum vitae suae tempus apostolicis curat mancipare institutis, octoginta quatuor annis domino servire laudatur. tempus etiam septem annorum, quo cum viro suo manserat, congruit: nam propter dominicae privilegium maiestatis, quo in carne versatus docuit, in signum perfectionis simplex septem annorum est numerus expressus. arridet etiam ecclesiae mysteriis et anna, quae gratia eius interpretatur, et filia est phanuelis, qui facies dei dicitur, et de tribu aser, idest beati, descendit.

lc12 * Beda. ° praetermisit hoc loco lucas quae a matthaeo satis exposita noverat: dominum videlicet post hoc, ne ab herode necandus inveniretur, in aegyptum a parentibus esse delatum, defunctoque herode, sic demum in galilaeam reversum, nazareth civitatem suam inhabitare coepisse. solent enim evangelistae singuli sic omittere quaedam quae vel ab aliis commemorata viderunt, vel ab aliis commemoranda in spiritu praeviderunt, ut continuata suae narrationis serie, quasi nulla praetermisisse videantur; quae tamen, alterius evangelistae considerata scriptura, quo loco transita fuerint, diligens lector inveniat. unde multis praetermissis, lucas dicit et ut perfecerunt omnia secundum legem domini, reversi sunt in galilaeam in civitatem suam nazareth. * theophylactus. ° erat quidem eorum civitas bethlehem sicut patria, nazareth vero tamquam habitaculum. * augustinus de cons. evang.. ° forte autem hoc movet quomodo dicat matthaeus propterea cum |25| puero parentes eius iisse in galilaeam, quia metu archelai in iudaeam ire noluerunt; cum propterea magis iisse in galilaeam videantur, quia civitas eorum erat nazareth galilaeae, sicut lucas hic non tacet. sed intelligendum est, ubi angelus in somnis in aegypto dixit ad ioseph: surge, et accipe puerum et matrem eius, et vade in terram israel, sic intellectum primo esse a ioseph, ut putaret iussum se esse pergere in iudaeam: ipsa enim intelligi primitus potuit terra israel. porro autem postea, quoniam comperit illic regnare filium herodis archelaum, noluit obicere se illi periculo; cum posset terra israel etiam sic intelligi, ut etiam galilaea illi deputaretur, quia et ipsam populus israel incolebat. * graecus. ° vel aliter. enumerat hic lucas tempus ante descensum in aegyptum; neque enim ante purgationem eam ioseph deduxisset. ante vero quam in aegyptum descenderent, non receperant per oracula ut nazareth pergerent; immo quasi libentius in patria conversantes, illuc ultro |50| pergebant. cum enim ad nihil aliud ascensus in bethlehem evenisset nisi causa descriptionis, expedito eo cuius causa ascenderant, descendunt in nazareth. * theophylactus. ° poterat autem secundum corpus ex ipso utero in mensura maturae aetatis prodire; sed videretur hoc secundum phantasiam: propterea paulatim crescit; unde sequitur puer autem crescebat et confortabatur. * beda. ° notanda est distinctio verborum: quia dominus iesus christus in eo quod puer erat, idest habitum humanae fragilitatis induerat, crescere et confortari habebat. * athanasius contra arianos. ° ceterum si, secundum quosdam, caro in divinam naturam mutata est, quomodo capiebat augmentum? increato enim augmentum attribuere nefarium est. * cyrillus. ° decenter vero aetatis incremento sapientiae coniunxit augmentum, cum dicit et confortabatur, scilicet spiritu; nam iuxta mensuram aetatis corporeae, natura divina sapientiam propriam revelabat. * theophylactus. ° si enim dum parvus aetate erat, |75| omnem sapientiam demonstrasset, videretur prodigium; sed per profectum aetatis seipsum ostendebat, ut totum impleret orbem. non autem quasi suscipiens sapientiam, spiritu confortari dicitur: quod enim ab initio perfectissimum est, quomodo potest deinde perfectius fieri? unde sequitur plenus sapientia; et gratia dei erat in illo. * beda. ° sapientia quidem, quia in ipso habitat omnis plenitudo divinitatis corporaliter; gratia autem, quia homini iesu christo magna gratia donatum est ut ex quo homo fieri coepisset, perfectus esset et deus; multo autem magis in eo quod verbum dei et deus erat, nec confortari indigebat, nec habebat augeri. adhuc autem cum parvulus esset, habebat gratiam dei; ut quomodo in illo omnia mirabilia fuerant, ita et pueritia mirabilis esset, ut dei sapientia compleretur. sequitur et ibant parentes eius per omnes annos in ierusalem, in die solemni paschae. * chrysostomus. ° in hebraeorum solemnitatibus non solum tempus, sed |100| etiam locum observare lex iusserat: et ideo nec domini parentes extra hierosolymam celebrare pascha volebant. * augustinus de cons. evang.. ° quomodo autem ibant parentes eius per omnes annos pueritiae christi in ierusalem, si archelai timore illuc prohibebantur accedere? hoc mihi dissolvere non esset difficile, nec si aliquis evangelistarum expressisset quamdiu regnaret archelaus: fieri enim poterat ut per diem festum inter tam ingentem turbam latenter ascenderent mox reversuri; ubi tamen aliis diebus habitare metuerunt, ut nec solemnitate praetermissa essent irreligiosi, nec continua mansione conspicui. cum vero etiam de regno archelai omnes quam fuerit diuturnum tacuerint, iste quoque intellectus patet: quod lucas dicit, per omnes annos eos ascendere solitos in ierusalem, tunc accipimus factum, cum iam non timeretur archelaus.

lc13 * Cyrillus. ° quia dixerat evangelista quod puer crescebat et confortabatur, proprium sermonem verificat, inducens iesum una cum sacra virgine in ierusalem ascendentem: unde dicitur et cum factus esset iesus annorum duodecim, ascendentibus illis in hierosolymam, * etc.. graecus. ° non enim indicium sapientiae transcendit aetatis mensuram; sed quo tempore penes nos discretionis ratio perfici consuevit, duodecimo scilicet anno, christi sapientia demonstratur. * ambrosius in lucam. ° vel a duodecimo anno dominicae sumitur disputationis exordium: hic enim praedicandae fidei evangelizantium numerus debebatur. * basilius. ° possumus et hoc dicere: quia sicut septenario numero, sic et duodenario, qui multiplicatis inter se invicem septenarii partibus constat, vel rerum vel temporum universitas ac perfectio designetur: atque ideo quo omnia loca vel tempora doceat occupari, recte a duodecimo numero iubar christi sumit exordium. * beda. |25| ° quod autem dominus per omnes annos cum parentibus in pascha hierosolymam venit, humilitatis est humanae indicium: hominis namque est ad offerenda deo sacrificia concurrere, et eum orationibus conciliare. fecit ergo dominus, inter homines homo natus, quod faciendum hominibus per angelos imperavit deus: unde dicitur secundum consuetudinem diei festi. sequamur igitur iter humanae conversationis eius, si deitatis gloriam delectamur intueri. * graecus. ° celebrato autem festo, aliis remeantibus, iesus latenter remansit; unde sequitur consummatisque diebus, cum redirent, remansit puer iesus in ierusalem; et non cognoverunt parentes eius. dicit autem consummatis diebus, quia septem diebus durabat solemnitas. ideo autem latenter remanet, ne parentes impedimento essent disputationi peragendae cum legisperitis: vel forsitan hoc evitans, ne videatur parentes contemnere, si mandantibus non pareret. latenter ergo remanet, ne aut retrahatur, aut sit inobediens. |50| * origenes in lucam. ° non autem miremur parentes vocatos, quorum alter ob partum, alter ob obsequium, patris et matris meruerunt vocabula. * beda. ° sed quaeret aliquis quomodo dei filius tanta parentum cura nutritus, potuerit obliviscendo relinqui. cui respondendum: quia filiis israel moris fuit ut temporibus festis vel hierosolymam confluentes, vel ad propria redeuntes, seorsum viri, seorsum feminae incederent, infantesque vel pueri cum quolibet parente indifferenter ire potuerunt; ideoque mariam vel ioseph vicissim putasse puerum iesum, quem secum non cernebant, cum altero parente reversum; unde sequitur existimantes autem illum esse in comitatu, venerunt iter diei, et requirebant eum inter cognatos et notos. * origenes. ° sicut autem quando insidiabantur ei iudaei, elapsus est de medio eorum, et non apparuit; sic et nunc puto remansisse puerum iesum, et parentes eius ubi remanserit ignorasse: sequitur enim et non invenientes, reversi sunt in ierusalem, |75| requirentes eum. * glossa. ° una quidem die reversi sunt a ierusalem; secunda quaerunt inter cognatos et notos; et non invenientes, tertia die regressi sunt in ierusalem, et ibi invenerunt; unde sequitur et factum est post triduum, invenerunt eum in templo. * origenes. ° non statim ut quaeritur invenitur: non enim inter cognatos et carnis propinquos invenitur iesus: neque enim potest humana cognatio dei filium continere. non invenitur inter notos, quia maior est mortali notitia. in multorum comitatu non potest inveniri; nec ubique invenerunt, sed in templo. et tu ergo quaere iesum in templo dei, quaere in ecclesia, ubi christi sermonem atque sapientiam, idest filium dei, reperies. * ambrosius. ° post triduum reperitur in templo, ut esset indicio quia post triduum triumphalis passionis, in sede caelesti et honore divino fidei nostrae se ostenderet, resurgens qui mortuus credebatur. * glossa. ° vel quia quaesitus adventus christi a patriarchis |100| ante legem non est inventus, quaesitus a prophetis et iustis sub lege non est inventus: quaesitus a gentilibus sub gratia invenitur. * origenes. ° quia vero parvulus erat, invenitur in medio praeceptorum, sanctificans et erudiens eos; unde dicitur sedentem in medio doctorum, audientem illos, et interrogantem; et hoc, pietatis officio, ut nos doceret quid pueris, quamvis sapientes et eruditi sint, conveniret, ut audiant potius magistros quam docere desiderent, et se vana ostentatione non iactent. interrogabat autem non ut addisceret, sed ut interrogans erudiret: ex uno quippe doctrinae fonte manat et interrogare et respondere sapienter; unde sequitur stupebant autem omnes qui eum audiebant, super prudentia et responsis suis. * beda. ° ad ostendendum enim quia homo erat, homines magistros humiliter audiebat; ad probandum vero quia deus erat, eisdem loquentibus sublimiter respondebat. * graecus. ° quaerit enim rationabiliter, audit prudenter, respondetque | 125 | prudentius: quod stuporem faciebat; unde sequitur et videntes admirati sunt. * chrysostomus super ioannem. ° nullum quippe miraculum egit dominus in pueritia; hoc tamen unum prodit lucas, per quod mirabilis videbatur. * beda. ° divina siquidem lingua sapientiam prodebat, sed infirmitatem aetas praetendebat humanam: unde iudaei inter alta quae audiunt, et infima quae vident, dubia admiratione turbantur. nos autem nequaquam miremur, scientes secundum isaiae prophetiam quod sic parvulus natus est nobis quod permanet deus fortis. * graecus. ° miranda vero dei genitrix maternis affecta visceribus, quasi cum lamentis inquisitionem dolorosam ostendit, et omnia sicut mater et fiducialiter, et humiliter, et affectuose exprimit; unde sequitur et dixit mater eius ad illum: fili, quid fecisti nobis sic? ecce pater tuus et ego dolentes quaerebamus te. * origenes. ° noverat virgo sacrata hunc non esse filium ioseph; et tamen patrem vocat illius sponsum suum, propter iudaeorum |150| suspicionem, aestimantium ipsum vulgo fore conceptum. dicetur autem forte simplicius, quod eum honoravit spiritus sanctus patris nomine, eo quod puerum iesum educavit; artificiosius vero eo quod genealogiam ioseph ex david produxit, ne superflua censeretur. cur autem dolentes eum quaerebant? an ex eo quod perierit puer, an erraverit? absit. numquid etiam fieri poterat ut perditum formidarent infantem quem dominum esse cognoverant? sed quomodo tu, si quando scripturas legis, quaeris in eis sensum cum dolore, non quod scripturas errasse arbitreris; sed veritatem quam intrinsecus habent, quaeris invenire; ita illi quaerebant iesum, ne forte relinquens eos reversus esset ad caelos, cum illi placuisset iterum descensurus. oportet ergo eum qui quaerit iesum, non negligenter et dissolute transire, sicut multi quaerunt, et non inveniunt; sed cum labore et dolore. * glossa. ° vel metuebant ne, quod herodes in infantia eius patrasse quaesierat, tunc iam in pueritia positum, |175| inventa opportunitate, alii interficerent. * graecus. ° sed ipse dominus respondet ad omnia, et corrigens quodammodo dictum eius de eo qui putabatur pater, verum patrem manifestat, docens non per infima gradi, sed in altum extolli; unde sequitur et ait ad illos: quid est quod me quaerebatis? * beda. ° non eos quod filium quaerant vituperat; sed quid ei potius cui ipse aeternus est filius, debeat, eos cogit oculos mentis tollere; unde sequitur nesciebatis quia in his quae patris mei sunt oportet me esse? * ambrosius. ° duae sunt in christo generationes: una est paterna, altera materna; paterna divinior, materna vero quae in nostrum laborem usumque descendit. * cyrillus. ° hoc igitur dicit, ostendens se mensuram humanam transcendere, et innuens quod sacra virgo effecta sit minister negotii cum peperit carnem. ipse vero naturaliter et vere deus erat, et filius patris excelsi. hinc autem valentini sequaces audientes quod templum erat dei, pudeat dicere, quod creator et legis deus et templi, non |200| ipse pater est christi. * epiphanius adv. haer.. ° attendat et ebion, quod post annos duodecim et non post tricesimum annum christus reperiretur stupendus in sermonibus gratiae. quamobrem non est dicere, quod postquam venit ad eum spiritus in baptismo, factus fuit christus; sed ab ipsa pueritia et templum agnovit et patrem. * graecus. ° haec est demonstratio prima sapientiae et virtutis pueri iesu; quae namque puerilia eius vocant, diabolicae putamus esse considerationis: nisi quis ea sola velit acceptare nequaquam his quae tenemus oppugnantia, sed magis consona propheticis dictis: quia speciosus prae filiis hominum, et matri obediens, et moribus facetus, et visu non modicum venerandus et placidus, ad loquendum facundus, dulcis et providus, et multum strenuitate cognitus, tamquam qui repletus sapientia fuerat; et sicut in aliis sic conversationis humanae atque locutionis, quamvis supra hominem, terminus et ratio; mansuetudo enim sibi praecipuum elegit locum. super haec autem omnia |225| nihil ascendit super verticem eius, nec humana manus, excepta materna. hinc autem possumus utilitatem consequi: dum enim mariam increpat dominus quaerentem ipsum inter propinquos, omissionem vinculorum sanguinis apertissime suggerit; ostendens quod non contingit metam perfectionis attingere eum qui adhuc vagatur in his quae corpori conferunt; et quod homo deficit a perfectione per affectum cognatorum. sequitur et ipsi non intellexerunt verbum quod locutus est ad illos. * beda. ° quia scilicet de sua divinitate ad eos loquebatur. * origenes in lucam. ° vel nesciebant utrum dicens in his quae patris mei sunt, significaret in templo, an aliquid altius, et quod magis aedificat: unusquisque enim nostrum, si bonus fuerit atque perfectus, possessio dei patris est, et habet in medio sui iesum.

lc14 * Graecus. ° totam intermediam christi vitam, quae est inter ostensionem aetatis et tempus baptismatis, velut immunem alicuius famosi et publici miraculi et doctrinae, evangelista sub uno verbo colligit dicens et descendit cum eis, et venit nazareth. * origenes in lucam. ° crebro iesus descendit cum discipulis suis, nec semper versatur in monte: quia non valebant qui variis morbis laborabant, ascendere in montem; idcirco et nunc descendit ad illos qui deorsum erant. sequitur et erat subditus illis. * graecus. ° quandoque enim verbo prius leges instituens, ipse secundario opere comprobabat; sicut illud: bonus pastor animam suam ponit pro ovibus suis; ipse namque paulo post, nostram salutem exquirens, animam exposuit propriam: aliquando vero prius vivendi proponit exemplar, et postea promebat verbo tenus sanctionem, sicut hic, haec tria prae ceteris opere monstrans, diligere deum, honorare parentes, deum vero et ipsis praeferre |25| parentibus. cum enim reprehenderetur a parentibus, minoris curae cetera reputat quam quae sunt dei. denique ipsis quoque parentibus obedientiam praestat. * beda. ° quid enim magister virtutis nisi officium pietatis impleret? quid inter nos aliud quam quod agi a nobis vellet, ageret? * origenes. ° discamus ergo et nos filii parentibus nostris esse subiecti. quod si patres non fuerint, subiciamur his qui patrum habent aetatem. iesus filius dei subicitur ioseph et mariae; ego vero subiciar episcopo, qui mihi constitutus est pater. puto quod intelligebat ioseph quia maior se erat iesus, et trepidus moderabatur imperium. videat ergo unusquisque quod saepe qui subiectus est, maior sit: quod si intellexerit, non elevabitur superbia qui est sublimior dignitate, sciens sibi meliorem esse subiectum. * gregorius nyssenus. ° amplius: quoniam impuberibus adhuc est imperfecta discretio, egetque per provectos ad statum provehi perfectiorem; ideo cum pertigisset duodecimum annum, |50| paret parentibus, ut ostendat quod quicquid per promotionem perficitur, antequam ad finem perveniat, obedientiam tamquam perducentem ad bonum utiliter amplexatur. * basilius in lib. relig.. ° ab ipsa autem primaeva aetate parentibus obediens quemlibet laborem corporeum humiliter et reverenter sustinuit. cum enim homines essent honesti et iusti, egeni tamen, et necessariorum penuriam patientes, teste praesepi partus venerandi ministro, manifestum est quod sudores corporeos continuo frequentabant, necessaria vitae sibi quaerentes. iesus autem obediens illis, ut scriptura testatur, etiam in sustinendo labores subiectionem plenariam sustinebat. * ambrosius. ° et miraris si patri defert qui subditur matri? non utique infirmitatis, sed pietatis est ista subiectio. attollat licet caput haereticus, ut alienis auxiliis asserat eum qui mittitur indigere; numquid et humano egebat auxilio, ut materno serviret imperio? deferebat ancillae, deferebat simulato patri; et miraris si deo detulit? an |75| homini deferre pietatis est, deferre deo infirmitatis? * beda. ° virgo autem sive quae intellexit, sive quae nondum intelligere potuit, omnia suo pariter in corde quasi ruminanda et diligentius scrutanda recondebat; unde sequitur et mater eius conservabat omnia verba haec, conferens in corde suo. * graecus. ° considera prudentissimam mulierem mariam, verae sapientiae matrem, qualiter scholaris sit pueri: non enim ut puero, neque ut viro, sed ut deo vacabat; ulterius et illius voces divinas et opera reputabat: idcirco nil ex dictis aut actis ab eo incassum illi cadebat; sed sicut ipsum verbum prius in visceribus, ita nunc eiusdem modos et dicta concipiebat, et in corde suo quodammodo fovebat; et hoc quidem iam secum in praesenti contemplabatur: hoc autem expectabat in futurum clarius revelandum: et hac quidem tamquam regula et lege per totam vitam utebatur: unde sequitur et iesus proficiebat aetate et sapientia et gratia apud deum et homines. * theophylactus. |100| ° sed inquiunt: quomodo potest aequalis patri esse in substantia qui quasi imperfectus crescere dicitur? non autem in eo quod est verbum, dicitur incrementum suscipere, sed in eo quod factus est homo. si enim vere profecit postquam factum est caro, qui ante imperfectus extiterat; quid ergo gratias agimus ei velut incarnato pro nobis? qualiter autem, si ipse est vera sapientia, in sapientia potest augeri? vel qualiter qui ceteris largitur gratiam, ipse in gratia promovetur? amplius: si nemo scandalizatur cum audit quod verbum seipsum humiliaverit, infirma quaedam de deo verbo sentiens: sed potius miratur misericordiam eius: quomodo non est supervacaneum scandalizari audiendo quod profecit? nam sicut pro nobis humiliatus est, sic pro nobis profecit, ut nos in eo proficiamus qui lapsi fuimus per peccatum: nam quicquid spectat ad nos, ipse vere pro nobis christus suscepit, ut cuncta reformet in melius. * cyrillus. ° et attende quod non dixit proficere verbum, sed iesum, ne simplex |125| verbum proficere intelligas, sed verbum carnem factum. * theophylactus. ° et sicut verbum in carne passum fatemur, quamvis sola caro fuit passa, quia caro verbi erat quae patiebatur; ita proficere dicitur ex eo quod humanitas proficiebat in ipso. * gregorius nazianzenus. ° dicitur autem secundum humanitatem proficere, non quod ipsa suscipiat augmentum quae ab initio fuit perfecta; sed ex eo quod paulatim manifestabatur. * theophylactus. ° naturalis enim lex respuit hominem sensu maiore uti quam aetas corporis patiatur. erat itaque verbum factum homo perfectum, cum sit virtus et sapientia patris; verum quia dandum erat aliquid nostrae naturae moribus, ne aliquod extraneum a videntibus reputetur; tamquam homo, paulatim crescente corpore, manifestabat seipsum, et quotidie sapientior ab audientibus et videntibus censebatur. * graecus. ° proficiebat ergo secundum aetatem quidem, corpore in virilem statum promoto; sapientia autem per eos qui ab eo divina docebantur; gratia vero, qua cum gaudio |150| promovemur, credentes in fine obtinere quae ab ipso promissa sunt; et hoc quidem apud deum ex eo quod assumpta carne paternum opus peregit; apud homines vero per conversionem eorum a cultu idolorum ad summae trinitatis notitiam. * theophylactus. ° dicit enim apud deum et homines: quia prius decet placere deo, et postea hominibus. * gregorius nyssenus. ° differenter etiam proficit verbum in his qui ipsum suscipiunt: secundum enim mensuram illius apparet aut infans, aut adultus, aut perfectus.

073 CLC cp3

lc1 * Gregorius in evang.. ° redemptoris praecursor quo tempore verbum praedicationis accepit, memorato romanae reipublicae principe et iudaeae regibus designatur, cum dicitur anno autem quintodecimo imperii tiberii caesaris. quia enim illum praedicare veniebat qui ex iudaea quosdam, et multos ex gentibus redempturus erat; per regem gentium et principes iudaeorum praedicationis eius tempora designantur. quia autem gentilitas colligenda erat in romana republica, unus praefuisse describitur, cum dicitur imperii tiberii caesaris. * graecus. ° mortuo enim augusto monarcha, a quo romani principes nomen augusti adepti sunt, tiberius post illum ad iura monarchiae succedens, decimumquintum annum suscepti principatus agebat. * origenes in lucam. ° et in prophetico quidem sermone solis iudaeis praedicato, solum iudaeorum regnum describitur: visio isaiae in diebus oziae, ioathan et achaz regum iuda; at in evangelio, |25| quod erat praedicandum universo mundo, dominium describitur tiberii caesaris, qui totius orbis dominus videbatur. verum si solum hi qui sunt de gentibus essent salvandi, satis erat solius tiberii facere mentionem; sed quia oportebat et iudaeos credere, ob hoc etiam iudaeorum regna describuntur, seu tetrarchiae, cum subditur procurante pontio pilato iudaeam, tetrarcha autem galilaeae herode: philippo autem fratre eius tetrarcha ituraeae et trachonitidis regionis, et lysania abilinae tetrarcha. * gregorius. ° quia enim iudaea erat pro culpa perfidiae dispergenda, in iudaeae regno per partem et partem plurimi principabantur, secundum illud: omne regnum in seipsum divisum desolabitur. * beda. ° pilatus quidem duodecimo anno tiberii caesaris in iudaeam missus, procurationem gentis suscepit; atque ibi per decem continuos annos usque ad ipsum pene finem tiberii perduravit. herodes autem et philippus et lysanias filii sunt herodis illius sub quo dominus natus |50| est, inter quos et ipse herodes archelaus frater eorum decem annis regnavit, qui a iudaeis apud augustum criminatus, apud viennam exilio periit. regnum autem iudaeae quo minus validum fieret, idem augustus per tetrarchias dividere curavit. * gregorius. ° et quia ioannes illum praedicavit qui simul rex et sacerdos existeret; lucas evangelista praedicationis eius tempora non solum per regnum, sed etiam per sacerdotium designavit; unde subditur sub principibus sacerdotum anna et caipha. * beda. ° ambo quidem incipiente praedicatione ioannis, idest annas et caiphas, principes fuere sacerdotum; sed annas illum annum, caiphas vero eum quo crucem dominus ascendit, administrabat, tribus aliis in medio pontificatu perfunctis: verum hi maxime qui ad domini passionem pertinent, ab evangelista commemorantur. legalibus namque tunc praeceptis vi et ambitione cessantibus, nulli pontificatus honor vitae vel generis merito reddebatur; sed romana potestate summa sacerdotii |75| praestabatur. iosephus enim refert, quod valerius graccus anna a sacerdotio deturbato, ismaelem pontificem designavit filium baphi; sed etiam hunc non multo post abiiciens, eleazarum ananiae pontificis filium surrogavit: post annum vero et hunc arcet officio, et simoni cuidam caiphae filio pontificatus tradidit ministerium; quo non amplius ipse quam unius anni spatio perfunctus, iosephum, cui et caiphas nomen fuit, accepit successorem: itaque omne hoc tempus quo dominus noster docuisse describitur, intra quadriennii spatia coarctatur. * ambrosius. ° congregaturus autem ecclesiam dei filius, ante operatur in servulo; et ideo bene dicitur factum est verbum domini super ioannem zachariae filium: ut ecclesia non ab homine coeperit, sed a verbo. bene autem lucas compendio usus est, ut ioannem declararet prophetam, dicens factum est super eum verbum dei, alia non addens: nullus enim eget iudicio sui qui verbo dei abundat. unum itaque dicens, omnia declaravit; at vero |100| matthaeus et marcus et vestitu et cinctu et cibo prophetam declarare voluerunt. * chrysostomus. ° verbum autem dei hic mandatum esse dicitur: quia non a se venit zachariae filius, sed deo ipsum movente. * theophylactus. ° per totum autem tempus praeteritum usque ad sui ostensionem occultus fuit in deserto; et hoc est quod subditur in deserto: ut nulla suspicio innascatur hominibus, ut gratia affinitatis ad christum, vel conversationis a teneris annis, talia de ipso testaretur: unde ipse testificans dicebat: ego nesciebam illum. * gregorius nyssenus. ° simul etiam qui in spiritu et virtute eliae hanc vitam ingressus est, amotus a conversatione humana, invisibilium speculationi vacans, ne huiusmodi fallaciis quae per sensus ingeruntur assuetus, quamdam confusionem ac errorem incurreret erga viri boni discretionem. et ideo ad tantum divinarum gratiarum elevatus est apicem, ut plusquam prophetis sibi gratia infunderetur: quia mundum et expers cuiuslibet naturalis passionis desiderium suum |125| a principio usque ad finem divinis aspectibus obtulit. * ambrosius. ° desertum etiam est ipsa ecclesia: quia plures filii desertae, magis quam eius quae habet virum. factum est ergo verbum domini, ut quae erat ante deserta fructum nobis terra generaret.

lc2 * Ambrosius. ° factum verbum vox secuta est: verbum enim prius intus operatur, sequitur vocis officium; unde dicitur et venit in omnem regionem iordanis. * origenes in lucam. ° iordanis idem est quod descendens: descendit enim dei fluvius aquae salubris. quae autem loca decebat perambulare baptistam, nisi iordani circumadiacentia? ut si quem poenitere contingeret, protinus occurreret fluenti humiditas ad recipiendum poenitentiae baptismum; subditur enim praedicans baptismum poenitentiae in remissionem peccatorum. * gregorius in evang.. ° cunctis legentibus liquet quia ioannes baptismum poenitentiae non solum praedicavit, verum etiam quibusdam dedit; tamen baptismum suum in remissionem peccatorum dare non potuit. * chrysostomus super ioannem. ° cum enim nondum oblata esset hostia, nec descendisset spiritus, qualiter erat fienda remissio? quid est ergo quod lucas dicit in remissionem peccatorum? erant siquidem |25| iudaei ignari, nec culpas proprias perpendebant. quoniam igitur haec erat causa malorum; ut peccata agnoscerent ad redemptorem quaerendum, venit ioannes hortans illos poenitentiam agere, ut per poenitentiam effecti meliores atque contriti ad recipiendam veniam satagant. apte ergo, cum dixisset quod venit praedicans baptismum poenitentiae, addidit in remissionem peccatorum; quasi dicat: idcirco suadebat illis poenitere, ut subsequentem veniam facilius impetrarent, credentes in christum, nam nisi poenitentia ducerentur, nequaquam exposcerent gratiam: unde baptisma illud nullam aliam habet causam, nisi quod praeparatorium erat ad fidem christi. * gregorius. ° vel ioannes dicitur praedicans baptismum poenitentiae in remissionem peccatorum; quoniam baptismum quod peccata solveret, quia dare non poterat, praedicabat: ut sicut incarnatum verbum patris praecurrebat verbo praedicationis, ita baptismum poenitentiae, quo peccata solvuntur, praecurret suo baptismate, quo peccata solvi non |50| possunt. * ambrosius. ° et ideo plerique sancto ioanni typum legis imponunt, eo quod lex peccatum denuntiare potuit, donare non potuit. * gregorius nazianzenus. ° et ut aliquatenus de baptismatum differentia disseramus, baptizavit moyses, sed in aqua, nube et mari; hoc autem figuraliter agebatur. baptizavit quoque ioannes non utique ritu iudaeorum, non enim solum in aqua, sed etiam in remissionem peccatorum: non tamen omnino spiritualiter: neque enim addit, in spiritu. baptizat iesus, sed in spiritu: et hic est perfectio. est quoque quartum baptisma, quod fit per martyrium et sanguinem, quo etiam ipse christus est baptizatus;

quod ceteris est venerabilius nimis, eatenus, quatenus iteratis contagiis non foedatur. est etiam quintum ex lacrymis, laboriosius tamen; iuxta quod quidam singulis noctibus suum rigat cubile et stratum in lacrymis. sequitur sicut scriptum est in libro isaiae prophetae: vox clamantis in deserto. * ambrosius. ° bene vox dicitur ioannes verbi praenuntius: quia vox praecedit inferior, verbum sequitur quod praecellit. * gregorius in evang.. ° qui etiam in deserto clamat, quia derelictae ac destitutae iudaeae solatium redemptionis annuntiat. quid autem clamaret, aperitur, cum dicitur parate viam domini, rectas facite semitas eius. omnis enim qui fidem rectam et bona opera praedicat, quid aliud quam venienti domino ad corda audientium viam parat, ut rectas deo semitas faciat, dum mundas in animo cogitationes per sermonem bonae praedicationis format? * origenes in lucam. ° vel in corde nostro via praeparanda est domino: magnum enim est cor hominis et spatiosum; si tamen fuerit mundum. neque in corporis quantitate, sed in virtute sensuum, magnitudinem eius intellige, quae tantam scientiam capiat veritatis. praepara ergo in tuo corde viam domino per conversationem bonam, et egregiis vel perfectis operibus dirige semitam vitae, ut in te sermo dei absque offensa perambulet. * basilius. ° et quia semita est via quam praecedentes calcaverant, et quam priores homines corruperant, eam iterato dirigere iubet sermo illis qui a praecedentium zelo recedunt. * chrysostomus. ° clamare autem parate viam domini, non regis erat, sed praecursoris officium: et ideo eum vocaverat vocem, quia verbi erat praecursor. * cyrillus. ° sed quasi quis responderet, et diceret: qualiter viam praeparabimus domino, vel qualiter eius semitas rectas faciemus, cum plura sint impedimenta honestam vitam volentibus ducere? ad hoc propheticus sermo respondet. sunt enim viae quaedam et semitae nequaquam ad eundum habiles; adeo ut alicubi ad tumulos et iuga tollantur, alicubi declives sint; et ad hoc removendum dicit omnis vallis implebitur, et omnis mons et collis humiliabitur. quaedam viarum inaequaliter dispositae sunt; et dum nunc sursum erigunt, nunc vergunt deorsum, valde sunt ad eundum difficiles; et quantum ad hoc subdit et erunt prava in directa et aspera in vias planas. hoc autem intelligitur actum esse per nostri salvatoris potentiam: quondam enim evangelicae conversationis et vitae iter erat ad eundum difficile, ex eo quod et mentes singulorum mundanae voluptates oppresserant; ut autem deus factus homo peccatum damnavit in carne, explanata sunt omnia, et reddita sunt ad eundum facilia; et nec collis, nec vallis proficere volentibus obviat. * origenes. ° quando enim venit iesus, et spiritum suum misit, omnis vallis repleta est operibus bonis et fructibus spiritus sancti; quos si habueris, non solum vallis esse desistis, sed etiam mons dei esse incipies. * gregorius nyssenus. ° vel quietam in virtutibus conversationem significat per convalles, secundum illud: valles abundabunt frumento. * chrysostomus. ° elatos autem superbos nomine montis denuntiat, quos christus humiliavit. colles autem desperatos appellat, non solum ob superbiam mentis suae, sed propter desperationis sterilitatem: collis enim nullos fructus producit. * origenes in lucam. ° vel intelligas quoniam montes et colles, qui sunt adversariae potestates, per adventum christi prostrati sunt. * basilius. ° sicut autem colles respectu montium magnitudine differunt, in aliis sunt idem; sic et adversae potestates proposito quidem conformes sunt, immanitate tamen offensionum secernuntur. * gregorius. ° vel vallis impleta crescit, mons autem et collis humiliatus decrescit: quia in fide christi et gentilitas plenitudinem gratiae accepit, et iudaea per errorem perfidiae hoc unde tumebat perdidit. humiles enim donum accipiunt, quod a se corda superbientium repellunt. * chrysostomus in matthaeum. ° vel per hoc declarat legis difficultatem in fidei facilitatem conversam; ac si dicat: non ulterius sudores et dolores imminent; sed gratia et remissio peccatorum facilem viam pariunt ad salutem. * gregorius nyssenus. ° vel iubet valles impleri, deiici vero colles et montes; volens ostendere quod nec ob defectum virtutis ordo sit concavus, nec discrepet ob excessum. * gregorius. ° prava autem directa fiunt, cum malorum corda per iniustitiam detorta, ad iustitiae regulam diriguntur. aspera autem in vias planas immutantur, cum immites atque iracundae mentes per infusionem supernae gratiae ad lenitatem mansuetudinis redeunt. * chrysostomus. ° deinde horum subicit causam, dicens et videbit omnis caro salutare dei: ostendens quoniam usque ad fines mundi diffundetur evangelii virtus atque cognitio, ex more ferino et obstinata voluntate ad mansuetudinem et lenitatem humanum genus convertens. non autem solum iudaei et proselyti, immo tota humana natura salutare dei videbit. * chrysostomus. ° idest, patris qui filium misit ut nostrum salvatorem. caro autem praesens accipitur pro toto homine. * gregorius in evang.. ° vel aliter. omnis caro, idest omnis homo, salutare dei, videlicet christum, in hac vita videre non potuit. propheta ergo oculum ad extremum iudicii diem tendit, quando hunc omnes et electi et reprobi pariter videbunt.

lc3 * Chrysostomus. ° manens aliquis in pristino statu, et mores suos et consuetudinem non relinquens, nequaquam rite ad baptismum venit. si quis ergo velit baptizari, egrediatur: unde signanter dicitur et dicebat ad turbas quae exibant, ut baptizarentur ab ipso. egredientibus itaque ad lavacrum turbis, loquitur quae sequuntur; si enim iam egressi essent, nequaquam ad eos diceret genimina viperarum. * chrysostomus. ° ille itaque cultor deserti videns omnes incolas palaestinae circumstantes ipsum et admirantes, non flectebatur pro tanta reverentia, sed insurgens in ipsos arguebat eos. sacra autem scriptura, secundum stimulantes passiones, plerumque ferarum nomina imponit hominibus; interdum canes eos nominans causa procacitatis, equos ob luxum, asinos propter dementiam, et leones et pardos causa rapacitatis et petulantiae, aspides causa doli, serpentes et viperas causa veneni et calliditatis. unde et nunc ioannes iudaeos audacter genimina viperarum vocat. * basilius contra eunom.. ° oportet autem scire, quod haec nomina natus et filius de animalibus dicuntur; genimen vero potest dici fetus antequam effingatur; fructus etiam palmarum genimina dicuntur; raro autem in animalibus accipiuntur, et semper in malo. * chrysostomus in matthaeum. ° ferunt autem viperam matrem coeundo necare, cuius semen excrescens perimit matrem; et sic prodit in lucem scisso parentis utero, in vindictam quodammodo parentis genitoris; itaque parricida est proles viperea. tales erant iudaei, qui patres spirituales eorum atque doctores occidebant. quid autem si non invenit eos peccantes, sed incipientes converti? non debebat eis conviciari, sed permulcere. dicendum, quod non adhibebat mentem his quae fiebant exterius; mentis enim eorum arcana cognoverat domino revelante: nimis enim se iactabant in progenitoribus. hanc ergo radicem scindens nominat illos genimina viperarum, non quidem vituperans patriarchas, aut eos viperas nominans. * gregorius in evang.. ° sed quia per hoc quod bonis invident eosque persequuntur, patrum suorum carnalium vias sequentes, quasi venenati filii de veneficis parentibus nati sunt. quia vero supradicta sententia intendit quod extremo christus examine ab omni carne videbitur, recte subditur quis ostendit vobis fugere a ventura ira? ventura ira est animadversio ultionis extremae. * ambrosius. ° ostenditur autem his dei miseratione infusa prudentia, ut gerant suorum poenitentiam delictorum, futuri terrorem iudicii provida devotione metuentes: aut fortasse, iuxta quod scriptum est: estote prudentes sicut serpentes, ostenduntur habere prudentiam naturalem, qui profutura videant et sponte deposcant, sed adhuc noxia non relinquant. * gregorius. ° quia vero tunc fugere ab ira peccatorum non valet qui nunc ad lamenta poenitentiae non recurrit, subditur facite ergo fructus dignos poenitentiae. * chrysostomus. ° non enim satis est poenitentibus peccata dimittere, sed opus est eius fructus ferre, secundum illud: declina a malo, et fac bonum; sicut non sufficit ad sanationem sagittam evellere, sed oportet ulceri medicamentum apponere. non autem dicit fructum, sed fructus, copiam designans. * gregorius. ° nec solum fructus poenitentiae, sed dignos poenitentiae admonet esse faciendos. quisquis enim illicita nulla commisit, huic conceditur ut licitis utatur; at si quis in culpam lapsus est, tanto a se licita debet abscindere, quanto meminit se perpetrasse illicita. neque enim par fructus esse boni operis debet eius qui minus, et qui amplius deliquit: aut eius qui in nullis, et eius qui in quibusdam facinoribus cecidit. per hoc ergo cuiuslibet conscientia convenitur, ut tanto maiora quaerat bonorum lucra per poenitentiam, quanto graviora sibi intulit damna per culpam. * maximus. ° poenitentiae fructus est impassibilitas animae, qua plenarie non fruimur, dum interdum passionibus instigamur: nondum enim fructus poenitentiae dignos peregimus. poeniteamus ergo veraciter, ut a passionibus expediti, peccatorum veniam consequamur. * gregorius. ° sed iudaei de generis nobilitate gloriantes, idcirco se agnoscere peccatores nolebant, quia de abrahae stirpe descenderant: quibus recte dicitur et ne coeperitis dicere: patrem habemus abraham. * chrysostomus. ° non hoc indicans quod ab abraham naturali origine non descenderent; sed quia nihil prodest ab abraham descendisse, nisi secundum virtutem cognationem observent. cognationis namque leges consuevit scriptura vocare non eas quae secundum naturam consistunt, sed quae derivantur a virtute vel vitio; quibus namque se quisque conformem statuit, horum filius, vel frater vocatur. * cyrillus. ° quid enim confert carnalis generositas, nisi consimilibus studiis fulciatur? vanum est igitur extolli de bonis praedecessoribus, et deficere ab eorum virtutibus. * basilius. ° neque enim equum velocem esse facit patris erga cursum strenuitas; sed veluti ceterorum animalium probitas consideratur in singulis, sic quoque laus propria viri discernitur quam praesentium bonorum in se comprobat argumentum. turpe namque est alienis ornari decoribus quem virtus propria non venustat. * gregorius nyssenus. ° sic igitur iudaeorum promulgato exilio, consequenter ingerit convocationem gentilium, quos lapides appellat: unde sequitur dico enim vobis, quia potest deus de lapidibus istis suscitare filios abrahae. * chrysostomus in matthaeum. ° quasi dicat: ne putetis quod, si vos perieritis, filiis privetur patriarcha: potest enim deus etiam ex lapidibus homines illi praebere, et ad illum perducere sanguinem: nam et ab ipso principio sic evenit: ei namque quod est ex lapidibus homines fieri, aequipollet exitus filii ab illo emortuo utero sarae. * ambrosius. ° sed licet deus possit diversas convertere et mutare naturas, tamen mihi plus mysterium quam miraculum prodest. quid enim aliud quam lapides habebantur qui lapidibus serviebant, similes utique his qui fecerant eos? prophetatur igitur saxosis gentilium fides infundenda pectoribus, et futuros per fidem abrahae filios oraculo pollicetur. ut autem scias quia lapidibus comparati sunt homines, arboribus quoque homines comparavit, cum subdit iam enim securis posita est ad radicem arboris. exempli autem ideo facta est mutatio, ut illo comparationis processu quidam intelligatur homini clementior iam profectus. * origenes in lucam. ° et quidem si iam ingrueret consummatio et temporum finis instaret, nulla mihi quaestio nasceretur: dicerem enim propterea hoc prophetatum esse, quia illo tempore complebitur. cum autem tanta post saecula fluxerint ex quo spiritus sanctus hoc dixit, ego puto israelitico populo prophetari, quod praecisio eius vicina sit. his enim qui egrediebantur ad eum ut baptizarentur, haec inter cetera loquebatur. * cyrillus. ° securim ergo in praesenti nominat mortiferam iram, quae divinitus irruit in iudaeos propter exercitam impietatem in christum. non tamen haesisse radici securim praenuntiat, sed ad radicem, idest iuxta radicem positam: decisi namque fuerunt rami, nec radicitus extirpata est planta; reliquiae enim israel salvae fient. * gregorius. ° vel aliter. arbor huius mundi est universum genus humanum: securis vero est redemptor noster, qui velut ex manubrio et ferro, tenetur ex humanitate, sed incidit ex divinitate: quae videlicet securis iam ad radicem arboris posita est, quia etsi per patientiam expectata, videtur tamen quid factura est. et notandum, quod non iuxta ramos securim positam, sed ad radicem dicit: cum enim malorum filii tolluntur, quid aliud quam rami infructuosae arboris abscinduntur? cum vero tota simul progenies cum parente tollitur, infructuosa arbor a radice abscissa est. unusquisque autem perversus paratam citius gehennae concremationem invenit, qui fructum boni operis contemnit; unde sequitur omnis ergo arbor quae non facit fructum bonum excidetur, et in ignem mittetur. * chrysostomus. ° eleganter dictum est non faciens fructum, et adicitur bonum: officiosum enim hoc animal deus creavit, et naturalis est sibi exercitiorum instantia, otium vero innaturale. obest enim inertia etiam cunctis corporis membris, nulli autem ut animae: ea namque cum continuo sit naturaliter mobilis, otiari non patitur. sicut autem otium malum est, ita et indecens exercitium. ex eo autem quod praemisit poenitentiam, praedicat quod securis adiacet, non quidem incidens, sed terrorem incutiens. * ambrosius. ° faciat ergo fructum qui potest gratiae, et qui debet poenitentiae. adest dominus qui fructum requirat, fecundos vivificet, steriles reprehendat.

lc4 * Gregorius in evang.. ° in praemissis verbis baptistae ioannis constat, quod audientium corda turbata sunt, quae consilium quaerebant, cum subinfertur et interrogabant eum turbae dicentes: quid ergo faciemus? * origenes in lucam. ° tres ordines inducuntur sciscitantium ioannem super salute sua: unus quem scriptura appellat turbas; alius quem publicanos nominat; tertius qui militum appellatione censetur. * theophylactus. ° et quidem publicanis et militibus a malo abstinere praecepit; turbis autem, quasi non malitiosis existentibus, bonum aliquod praecepit observari; unde sequitur respondens autem dicebat illis: qui habet duas tunicas, det non habenti. * gregorius. ° propter hoc quod tunica plus est necessaria usui nostro quam pallium, ad fructum dignum poenitentiae pertinet ut non solum exteriora quaecumque, sed ipsa nobis valde necessaria dividere cum proximis debeamus; scilicet vel tunicam qua vestimur, vel escam qua carnaliter vivimus; unde sequitur et qui habet escas, similiter faciat. * basilius. ° hic autem docemur quod ex omni eo quod affluit supra proprii victus necessitatem, tenemur erogare illi qui non habet, propter deum, qui quaecumque possidemus largitus est. * gregorius. ° quia enim in lege scriptum est: diliges proximum tuum sicut teipsum, minus proximum amare convincitur qui non cum eo in necessitate illius etiam ea quae sunt sibi necessaria partitur: idcirco de dividendis cum proximo duabus tunicis datur praeceptum; quoniam si una dividitur, nemo vestitur. inter haec autem sciendum est quantum misericordiae opera valeant, cum ad fructus dignos poenitentiae ipsa prae ceteris praecipiuntur. * ambrosius. ° alia enim officiorum praecepta propria sunt singulorum: misericordia communis est usus: ideo commune praeceptum est omnibus ut conferant non habenti. misericordia est plenitudo virtutum. misericordiae tamen ipsius pro possibilitate conditionis humanae mensura servatur, ut non sibi unusquisque totum eripiat, sed quod habet cum paupere partiatur. * origenes in lucam. ° profundiorem autem locus iste recipit intellectum. quomodo enim non debemus duobus servire dominis, sic nec duas habere tunicas, ne sit unum indumentum veteris hominis et alterum novi: sed debemus nos exuere veterem hominem, et ei dare qui nudus est: alius enim habet unum, alius vero omnino non habet, contraria scilicet fortitudo; et quomodo scriptum est ut in profundum maris praecipitemus nostra delicta, sic proiici a nobis oportet vitia atque peccata, et iacere super eum qui eorum nobis causa extitit. * theophylactus. ° quidam autem tunicas duas esse dixit spiritum scripturae et litteram. habentem vero duo haec monet ioannes ut instruat ignorantem, et det ei ad minus litteram. * beda. ° quantum autem baptistae sermo virtutem habuerit, hinc probatur, cum et publicanos et milites ad consilium salutis suae coegerit inquirendum; unde sequitur venerunt autem publicani ut baptizarentur, |75| et dixerunt: magister, quid faciemus? * chrysostomus. ° magna est virtutis fortitudo, dum felicitatis viam requirunt ab indigo locupletes. * beda. ° praecepit ergo eis ne ultra praescriptum exigant; unde sequitur et ille dixit ad eos: nihil amplius quam quod vobis constitutum est faciatis. publicani vero appellantur hi qui vectigalia publica exigunt, sive qui conductores sunt vectigalium fisci, vel rerum publicarum; nec non et hi qui saeculi huius lucra per negotia sectantur, eodem vocabulo censentur; quos omnes pariter in suo quemque gradu ab agenda fraude coercet; ut dum primo se ab alienorum temperarent appetitu, tandem ad propria cum proximis communicanda pertingerent. sequitur interrogabant autem eum et milites, dicentes: quid faciemus et nos? iustissimo autem moderamine praemonet, ne ab eis calumniando praedam requirant, quibus militando prodesse debuerant; unde sequitur et ait illis: neminem concutiatis, scilicet per violentiam, neque calumniam faciatis, scilicet per fraudulentam malitiam; |100| et contenti estote stipendiis vestris. * ambrosius. ° docens idcirco stipendia militiae constituta, ne dum sumptus quaeritur, praedo grassetur. * gregorius nazianzenus. ° stipendium enim appellat imperialem provisionem, et deputata per legem dignitatibus munera. * augustinus contra faustum. ° sciebat enim eos cum militarent non esse homicidas, sed ministros legis; et non ultores iniuriarum suarum, sed salutis publicae defensores: alioquin responderet eis: arma abjicite, militiam istam deserite, neminem percutite, vulnerate, prosternite. quid enim culpatur in bello? an quia moriuntur quandoque morituri, ut dominentur in pace victuri? hoc reprehendere timidorum est, non religiosorum. nocendi cupiditas, ulciscendi crudelitas, implacatus atque implacabilis animus, feritas rebellandi, libido dominandi, et si qua similia, haec sunt quae in bellis iure culpantur; quae plerumque ut etiam inde puniantur, adversus violentiam resistentium, sive deo, sive aliquo legitimo imperio iubente, gerenda ipsa bella suscipiuntur |125| a bonis, cum in eo rerum humanarum ordine inveniuntur ubi eos vel iubere tale aliquid, vel in talibus obedire iuste ipse ordo constringit. * chrysostomus super matth.. ° volebat autem ioannes quando publicanis et militibus loquebatur, ad aliam maiorem philosophiam ipsos traducere; sed quoniam nondum erant ad illam idonei, minora reserat: ne si potiora proferret, nequaquam illis intenderent, et his etiam privarentur.

lc5 * Origenes in lucam. ° dignum erat ut plus ioanni quam ceteris hominibus deferretur, qui aliter quam cuncti mortales vixerat: quam ob causam diligebant quidem eum iustissime, sed non servabant in caritate modum; unde dicitur existimante autem populo, et cogitantibus omnibus in cordibus suis de ioanne, ne forte ipse esset christus, * etc.. ambrosius. ° quid autem ineptius quam quod is qui in alio aestimatur, in seipso esse non creditur? quem per mulierem venturum putabant, per virginem venisse non credunt: et utique divini adventus signum in virginis partu, non in mulieris constitutum est. * origenes. ° habet autem periculum dilectio, si modum transeat: debet enim qui aliquem diligit, naturam et causas considerare diligendi, et non plus diligere quam meretur: nam mensuram caritatis modumque si transcenderit, et qui diligit et qui diligitur in peccato erit. * graecus. ° unde ioannes non fuit gloriatus in habita opinione de ipso ab hominibus, nec aliquatenus visus |25| est primatum appetere; sed infirmam humilitatem amplexus est; unde sequitur respondit ioannes, dicens omnibus: ego quidem baptizo vos in aqua. * beda. ° quomodo autem respondit eis qui in secreto cordis quia christus esset, cogitabant, nisi quia non solum cogitabant, sed etiam, sicut alius evangelista declarat, missis ad eum sacerdotibus ac levitis, an esset christus inquirebant? * ambrosius. ° vel videbat ioannes cordis occulta. sed consideremus cuius gratia: dei enim munus est qui revelat, non virtus hominis qui divino magis adiuvatur beneficio, quam naturali cernit officio. cito autem respondens probavit non esse se christum, qui visibili operatur officio: nam cum ex duabus naturis, idest ex anima homo subsistat et corpore, visibile per visibilia, invisibile per invisibile mysterium consecratur: aqua enim corpus abluitur, spiritu animae delicta mundantur: licet etiam in ipso fonte sanctificatio divinitatis aspiret: et ideo aliud fuit baptisma poenitentiae, aliud est gratiae: istud baptisma ex utroque, illud ex |50| uno: opus hominis est gerere poenitentiam delictorum, dei munus est gratiam implere mysterii. declinans ergo maiestatis invidiam, non verbo sed opere declaravit non esse se christum; unde sequitur venit enim fortior me post me. in hoc quod dicit fortior me, comparationem non fecit: neque enim inter dei filium et hominem ulla poterat esse comparatio; sed quia multi fortes, fortior nemo nisi christus. denique fecit comparationem, eo quod addiderit cuius non sum dignus solvere corrigiam calceamentorum eius. * augustinus de cons. evang.. ° matthaeus quidem dicit: cuius non sum dignus calceamenta portare. itaque si ad rem pertinet aliud intelligere in eo quod dictum est: calceamenta portare, et corrigiam calceamentorum solvere, ut unus evangelistarum hoc, alii aliud dicerent, omnes verum narraverunt: si autem nihil intendit ioannes, cum de calceamentis domini diceret, nisi excellentiam eius et humilitatem suam; quodlibet horum dixerit, sive de solvenda calceamentorum |75| corrigia, sive de portandis calceamentis, eamdem tamen sententiam tenuit quisquis etiam verbis suis per calceamentorum memoriam, eamdem significationem humilitatis expressit. * ambrosius. ° per hoc etiam quod dicit: cuius non sum dignus calceamenta portare, evangelicae praedicationis ostendit in apostolos gratiam esse collatam, qui sunt calceati in evangelium. videtur tamen ideo hoc dicere quod plerumque ioannes personam accipit populi iudaeorum. * gregorius in evang.. ° sed et ioannes se indignum esse ad solvendum corrigiam calceamenti eius denuntiat; ac si aperte dicat: ego redemptoris vestigia denudare non valeo, qui sponsi nomen mihi immeritus non usurpo. mos enim apud veteres fuit ut si quis eam quae sibi competeret, accipere nollet uxorem, ille ei calceamentum solveret qui ad hanc sponsus iure propinquitatis veniret. vel quia calceamenta ex mortuis animalibus fiunt, incarnatus dominus quasi calceatus apparuit, qui morticina nostrae corruptionis assumpsit. corrigia ergo calceamenti est ligatura mysterii. |100| ioannes itaque solvere corrigiam calceamenti eius non valet: quia incarnationis mysterium nec ipse investigare sufficit qui hanc per prophetiae spiritum agnovit. * chrysostomus in matthaeum. ° et quia dixerat quod suum baptisma nil plus haberet quam aquam, consequenter ostendit excellentiam exhibiti per christum baptismatis, cum subdit ipse vos baptizabit in spiritu sancto et igni: per ipsam dicti metaphoram ostendens abundantiam gratiae: non enim ait: dabit vobis spiritum sanctum, sed baptizabit: ac rursus per id quod de igne subicit, ostendit virtutem gratiae; et sicut christus aquam vocat spiritus gratiam, ostendens per vocabulum aquae, nitorem qui contingit ex ea, et consolationem immensam quae mentibus capacibus illius ingeritur; sic et ioannes per ignis vocabulum exprimit fervorem et rectitudinem gratiae, necnon et peccatorum consumptionem. * beda. ° potest et spiritus sanctus nomine ignis significatus intelligi: quia incendit per amorem, et per sapientiam corda quae replet, illuminat: |125| unde et apostoli baptisma spiritus in ignis visione percipiunt. sunt qui ita exponunt, quod in praesenti in spiritu, et in futuro baptizaremur in igne; ut videlicet, sicut in remissionem omnium peccatorum ex aqua et spiritu renascimur; ita et tunc de levibus quibusdam peccatis purgatorii ignis ante ultimum iudicium baptismate permundemur. * origenes in lucam. ° et quomodo ioannes iuxta iordanem fluvium venientes ad baptismum praestolabatur, et alios abigebat, dicens: generatio viperarum, eos vero qui confitebantur peccata, suscipiebat, sic stabit in igneo flumine dominus iesus iuxta flammeam rhomphaeam; ut quicumque post exitum vitae huius ad paradisum transire desiderat, et purgatione indiget, hoc eum amne baptizet, et ad paradisum transmittat: eum vero qui non habet signum priorum baptismatum, lavacro igneo non baptizet. * basilius. ° non autem propter hoc quod dicit baptizabit vos in spiritu sancto, integrum quis esse baptisma fatebitur in quo nomen solius |150| spiritus invocatum est: oportet enim semper illibatam manere assignatam traditionem in vivificante gratia: nam addere vel minuere quicquam excludit a vita perpetua: sicut enim credimus, sic et baptisma suscipimus in nomine patris et filii et spiritus sancti. * graecus. ° per hoc ergo quod dicit baptizabit in spiritu sancto, ostendit abundantiam gratiae et beneficii copiam. ne autem aliqui putent quod dona largiri et potestas et voluntas est creatori: punire vero inobedientes nullam sibi fore causam; ob hoc subdit cuius ventilabrum in manu eius: ostendens quod non solum munificus est dignis, sed etiam praevaricationum ultor. ventilabrum autem promptitudinem iudicii exprimit: non enim cum induciis, sed in instanti et absque quolibet intervallo separat damnandos a collegio salvandorum. * cyrillus. ° per hoc autem quod subdit et permundabit aream suam, designat baptista ecclesiam pertinere ad christum, quasi ad dominum. * beda. ° per aream enim praesens ecclesia |175| figuratur, in qua multi sunt vocati, pauci vero electi; cuius areae purgatio et nunc viritim geritur, cum quisque perversus vel ob manifesta peccata de ecclesia, sacerdotali castigatione, eicitur, vel ob occulta post mortem divina districtione damnatur. et universaliter in fine perficietur, quando mittet filius hominis angelos suos, et colligent de regno eius omnia scandala. * ambrosius. ° ventilabri ergo indicio, discriminandorum dominus declaratur ius habere meritorum, eo quod dum frumenta ventilantur in area, plena a vacuis velut quodam aurae spirantis examine separantur; unde sequitur et congregabit triticum in horreum suum; paleas autem comburet igne inextinguibili. per hanc comparationem dominus ostendit quod iudicii die solida merita fructusque virtutis ab inanis iactantiae, exiliumque factorum infructuosa levitate discernat, perfectioris meriti viros locaturus in mansione caelesti. ipse enim perfectior fructus est qui meruit eius esse conformis qui sicut granum tritici excidit, |200| ut plurimos fructus afferret. * cyrillus. ° at paleae lentos et inanes signant, et quolibet vento peccati ventilatos et volubiles. * basilius. ° conferunt autem his qui digni sunt regno caelorum velut palea tritico; non tamen intuitu divinae caritatis et proximorum hoc faciunt, sive spiritualibus donis, sive corporalibus beneficiis. * origenes in lucam. ° vel quia absque vento non possunt triticum et paleae separari; ideo habet ventilabrum in manu sua; quod alios paleas, alios triticum esse demonstrat. cum enim esses palea levis, idest incredulus, ostendit te esse tentatio quod latebas. cum autem fortiter tentamenta toleraveris, non te faciet fidelem tentatio atque patientem; sed virtutem, quae in te latebat, profert in medium. * gregorius nyssenus. ° expedit autem scire, quod nec bona quae per repromissiones reposita sunt honeste viventibus, talia sunt ut verbo valeant explicari: quia nec oculus vidit, nec auris audivit, nec in cor hominis ascenderunt: nec peccatorum poenae ad aliquid eorum quae in |225| praesenti sensum afficiunt, proportionem habent: et quamvis aliquae illarum poenarum per nostra nominentur vocabula, differt tamen non modicum: cum enim audis ignem, aliud quiddam conicere doceris ex eo quod additur inextinguibili, quod in istum ignem non cadit. * gregorius moralium. ° miro modo expressus est ignis gehennae: ignis namque noster corporeus per congesta ligna nutritur, nec valet nisi fotus subsistere; at contra gehennae ignis, cum sit corporeus, et in se missos reprobos corporaliter exurat, lignis non nutritur, sed creatus semel inextinguibilis durat.

lc6 * Origenes in lucam. ° annuntiaverat ioannes christum, baptismum spiritus sancti praedicabat, et cetera quae evangelii tradit historia: exceptis ergo his alia annuntiasse monstratur in eo quod dicitur multa quidem et alia exhortans evangelizabat populo. * theophylactus. ° exhortatio enim eius erat bona doctrina; et ideo convenienter evangelium dicitur. * origenes. ° et quomodo in evangelio secundum ioannem de christo refertur, quia multa et alia locutus est, sic et in praesenti loco intellige quod lucas hic dixit, quoniam maiora quaedam a ioanne annuntiabantur quam ut deberent litteris credi. miramur autem ioannem, quo inter natos mulierum maior nemo fuerit, quod in tantam opinionem meritis virtutis ascenderit ut a plerisque christus putaretur; sed illud multo mirabilius, quod non timuit herodem, non formidavit interitum; unde sequitur herodes autem tetrarcha cum corriperetur ab illo, * etc.. eusebius eccles. hist.. ° dicitur |25| autem tetrarcha ad differentiam alterius herodis, quo regnante natus est christus: erat enim ille rex, hic autem tetrarcha. erat autem illi coniux aretae regis arabum filia, quam, cum coniux esset fratris sui philippi, more sacrilego duxit, quamvis prolem haberet a fratre: his enim solum licebat hoc agere quorum fratres sine prole vitam compleverant. super hoc herodem reprehenderat baptista. primo quidem diligenter eius audiebat sermones, cum sciret eos ponderosos, et consolatione plenos; sed herodiadis concupiscentia cogebat eum aspernari verba ioannis: unde et eum detrudit in carcerem; et hoc est quod dicitur adiecit et hoc super omnia, et inclusit ioannem in carcere. * beda. ° non autem his diebus captus est ioannes, sed, iuxta evangelium ioannis, post aliqua gesta signa a domino, et post eius baptismum diffamatum. sed a luca propter exaggerandam malitiam herodis praeoccupatum est: qui cum videret ad praedicationem ioannis multos confluere, milites credere, publicanos poenitere, totum vulgus |50| baptisma suscipere, ipse e converso non solum ioannem contemnit, sed vinculat et occidit. * glossa. ° ante etiam quam lucas aliquid narret de actibus iesu, dicit ioannem ab herode captum; ut ostendat se solummodo ea domini facta praecipue descripturum quae eo anno gesta sunt quo ioannes captus est vel punitus.

lc7 * Ambrosius. ° pulchre in his quae a ceteris dicta sunt, lucas compendium sumpsit. et intelligendum magis quod a ioanne dominus baptizatus est, quam expressum reliquit; unde dicitur factum est autem, cum baptizaretur omnis populus, et iesu baptizato et orante, apertum est caelum. baptizatus est autem dominus, non mundari volens, sed mundare aquas; ut ablutae per carnem christi, qui peccatum non cognovit, baptismatis ius haberent. * gregorius nazianzenus. ° accedit etiam christus ad baptismum, forsan sanctificaturus baptistam; quod autem nulli dubium est, ut totum veteranum adam immergat aquae. * ambrosius. ° quae etiam sit dominici causa baptismatis, dominus ipse declarat, dicens: sic decet implere omnem iustitiam. quae est ergo iustitia, nisi quia quod alterum tibi facere velis, prior ipse incipias, et tuo alios horteris exemplo? nemo igitur refugiat lavacrum gratiae, quando christus lavacrum poenitentiae non refugit. * chrysostomus. ° fuerat autem |25| baptisma iudaicum quod sordes carnis amovebat, non conscientiae crimina; nostrum autem baptisma separat a peccatis, lavat animam, et spiritus copiam elargitur. baptisma vero ioannis iudaico praestantius fuit: neque enim ad observantiam corporalium mundificationum inducebat, sed monebat a vitio in virtutem converti: nostro vero baptismate minus, eo quod nec spiritum sanctum administrabat, nec remissionem quae per gratiam sit exhibebat; cum quasi finis quidam esset utrorumque baptismatum. sed neque iudaico baptismate, nec nostro baptizatus est christus: quia nec indulgentia peccatorum egebat, nec illa caro expers erat spiritus sancti quae per spiritum sanctum ab ipso principio concepta est. sed baptizatus est ioannis baptismate, ut ex ipsa natura baptismatis scias quia neque causa peccati, neque propter indigentiam doni baptizatus est. dicit autem baptizato et orante, ut perpendas quod, suscepto baptismate, opportuna sit iugis oratio. * beda. ° quia etsi peccata sunt omnia in baptismo laxata, non adhuc terrenae carnis est fragilitas solidata: nam quasi transito mari rubro gratulamur submersos aegyptios; sed in deserto mundanae conversationis hostes concurrunt alii, qui duce christi gratia nostro sudore vincantur, donec perveniamus ad patriam. * chrysostomus. ° dicit autem apertum est caelum, tamquam hactenus reclusum fuisset. iam autem ovili superno et infimo in unum redacto, et uno existente ovium pastore, caelum patuit, et homo terricola aggregatus est angelis. * beda. ° non enim ei caelum tunc apertum est cuius oculi interiora cernebant; sed virtus ibi baptismatis ostenditur, de quo quisque cum egreditur, regni caelestis ei ianua aperitur, dumque caro innoxia frigentibus tangitur aquis, opposita quondam noxiis rhomphaea extinguitur ignea. * chrysostomus. ° descendit etiam spiritus sanctus ad christum tamquam ad generis nostri principium, ut in christo sit primo, qui non sibi, sed nobis potius illum suscepit: unde sequitur et descendit spiritus sanctus corporali specie, sicut columba, in ipsum. non existimet aliquis quod cum non habuit eum, suscepit ipsum: ipse namque illum desursum tamquam deus mittebat; at idem ut homo recipiebat inferius. igitur ex eo devolavit in eum, ex ipsius deitate ad eius humanitatem. * augustinus de trin.. ° absurdissimum autem est, cum iam triginta annorum esset, accepisse spiritum sanctum: sed venit ad baptismum sicut sine peccato, ita non sine spiritu sancto. si enim de ioanne scriptum est: spiritus sancto replebitur ab utero matris suae, quid de homine christo credendum est, cuius carnis ipsa conceptio non carnalis, sed spiritualis fuit? nunc ergo corpus suum, idest ecclesiam, praefigurare dignatus est, in qua baptizati praecipue accipiunt spiritum sanctum. * chrysostomus. ° redolebat illud baptisma aliquid vetustatis, et partim sapiebat novitatem: quod enim baptisma susciperet a propheta, ostendebat aliquid vetustatis: quod autem spiritus descenderit, novum aliquid designabat. * ambrosius. ° merito autem spiritus se in corpore demonstravit, quoniam divinitatis substantia non videtur. advertamus mysterium quare sicut columba: simplicitatem enim lavacri requirit gratia: quoniam in typo veteri columba quondam ad illam arcam, quae sola fuit diluvii immunis, reversa est. * chrysostomus. ° vel nunc ut mansuetudinem magistri declaret, in specie columbina apparet; in pentecoste autem quemadmodum ignis, ut ostendat poenam. cum enim oportebat delictis ignoscere, mansuetudo necessaria erat; sed ut adepti sumus gratiam, restat examinis et iudicii tempus. * cyprianus de simpl. praelat.. ° est autem columba simplex et laetum animal, non felle amarum, non moribus saevum, non ungulae laceratione violentum; hospitia humana deligere, unius domus nosse consortium; cum generant filios simul sedere; cum commeant, volatu invicem cohaerere; conversatione communi vitam suam degere; oris osculo concordiam pacis agnoscere; legem circa omnia unanimitatis implere. * chrysostomus. ° et quidem christus in ortu suo per plurima se manifestaverat oracula: verum quia noluerunt advertere, cum medio latuerit tempore, rursum se ab alio clariore patefecit principio. non stella, sed desuper indicabat pater in undis iordanis, et spiritus devolabat protrahens illam vocem super verticem eius qui baptizabatur; unde sequitur et vox de caelo facta est: tu es filius meus dilectus, in te complacui mihi. * ambrosius. ° vidimus spiritum, sed in specie corporali; et patrem quem videre non possumus, audiamus: invisibilis enim est pater, sed et filius invisibilis secundum divinitatem: sed demonstrare se voluit in corpore: et quia pater corpus non gerebat, ideo probare voluit nobis in filio sese praesentem, dicens tu es filius meus. * athanasius de syn. nyc.. ° sacra quidem scriptura ex nomine filii duplicem intellectum ostendit; unum quidem, ut in evangelio ioannis dicitur: dedit eis potestatem ut fiant filii dei; alterum autem intellectum, iuxta quem isaac est filius abrahae. christus ergo non simpliciter dicitur dei filius, sed cum articuli additione, ut comprehendamus quoniam ipse solus est qui revera et secundum naturam est filius; quamobrem et unigenitus dicitur: nam si secundum insaniam arii dicitur filius, sicut qui hoc nomen per gratiam assequuntur; in nullo a nobis differre videbitur. restat ergo, secundum alium intellectum, fatendum esse christum filium dei, secundum quem isaac filius abrahae esse cognoscitur: quod enim ab alio naturaliter gignitur, non autem ab extrinseco sumit exordium, filium natura recenset. sed dicitur: numquid ut hominis est passibilis nativitas filii? minime; sed deus cum sit indivisibilis, impassibiliter pater est filii: unde verbum patris dicitur: quia nec ipsum verbum humanum passibiliter producitur; et cum simplex sit natura divina, unius solius filii pater est; et propter hoc additur dilectus. * chrysostomus. ° cum enim quis unum solum possidet filium, maxime diligit; si vero pater factus sit plurium, dispertitus affectus remittitur. * athanasius. ° cum autem antea propheta protulerit dei promissa dicentis: mittam christum filium meum, nunc apud iordanem, quasi consummato promisso, decenter subiungit in te complacui mihi. * beda. ° ac si dicat: in te placitum meum constitui, idest hoc per te gerere quod mihi placet. * gregorius super ezech.. ° vel aliter. omnis qui poenitendo corrigit aliqua quae fecit, eo ipso quod poenitet, se sibi displicuisse indicat, quia emendat quod fecit. et quia omnipotens pater humano modo de peccatoribus locutus est, dicens: poenitet me fecisse hominem, quasi sibimetipsi displicuit in peccatoribus quos creavit: in solo autem christo sibi complacuit, quia in solo eo non invenit culpam, in qua se reprehendat quasi per poenitentiam. * augustinus de cons. evang.. ° quod autem matthaeus dicit: hic est filius meus, lucas autem tu es filius meus dilectus, ad eamdem sententiam explicandam valet: vox enim caelestis unum horum dixit; sed matthaeus ostendere voluit ad id valere quod dictum est: hic est filius meus, ut illis qui potius audiebant, indicaretur quod ipse esset filius dei: non enim christo indicabatur, qui sciebat; sed audiebant qui aderant, propter quos etiam ipsa vox facta est.

lc8 * Origenes in lucam. ° cum autem baptizatum dominum dixisset, generationem domini exponit, non a superioribus ad inferiora deducens, sed a christo usque ad ipsum pervenit deum; unde dicit et ipse iesus erat incipiens quasi annorum triginta. quando enim baptizatus est, et mysterium secundae generationis assumpsit, tunc dicitur incepisse, ut tu quoque priorem nativitatem destruas, et in secunda regeneratione nascaris. * gregorius nazianzenus. ° est ergo considerandum qui esset qui baptizatus est, et a quo, et quando. mundus siquidem, et a ioanne, et iam inceptis miraculis; ut ex hinc suscipiamus doctrinam nos praemundandi, et humilitatem amplexandi, quin et in perfectione et spiritualis et carnalis aetatis praedicandi: quorum primum dictum est baptisma suscipientibus, et non praemunientibus se per habitum bonum; nam etsi relaxationem peccatorum faciat donum baptismi, verendum tamen est ne ad eumdem vomitum revertamur. secundum dictum est adversus insurgentes contra dispensatores mysterii: siquidem ipsi dignitate praecellunt. tertium editum est illis qui de iuventa confidunt, et quodlibet tempus arbitrantur ad praelationem vel doctrinam spectare. purgatur iesus, et tu purgationem contemnis; a ioanne, ac tu in tuum monitorem insurgis; tricenarius, tu autem docendo seniores, lanuginem praevenis. sed adsunt danielis et similium exempla in ore: nam quilibet noxius ad respondendum paratus est. non est autem lex ecclesiae quod raro contingit, eo quod nec unica hirundo ver statuit. * chrysostomus. ° vel idcirco usque ad illam aetatem quae cuncta peccata recipit, expectat, totam legem perficiens, ne quis dicat, quod ideo legem solvit, quod eam non poterat consummare. * graecus. ° ob hoc etiam tricenarius accedit ad baptisma, ut ostendat quod spiritualis regeneratio viros parit perfectos secundum spiritualem aetatem. * beda. ° potest etiam tricenalis baptizati salvatoris aetas, nostri etiam baptismatis intimare mysterium, propter fidem scilicet trinitatis, et operationem decalogi. * gregorius nazianzenus. ° baptizandus est tamen infantulus, si necessitas urgeat: nam utilius est insensibiliter sanctificari, quam non signatos transmigrare. sed dices: christus tricenarius baptizatur, cum deus esset; tu vero iubes accelerare baptisma. sed cum dixisti: deus, id obiectum solvisti. ipse non indigebat purgamine, nec aliquod imminebat ei periculum dum differret baptisma; at tibi in parvum non redundat piaculum, si transmigres in corruptione natus, non autem incorruptionis veste indutus. at forsan times ne baptizatus baptismatis munditiam custodias et propterea differs baptismum. sed melius est nonnunquam parumper inquinari, quam omnino gratia carere. * cyrillus. ° licet tamen christus secundum carnem careat patre, suspicabantur aliqui eum patrem habere; unde sequitur ut putabatur filius ioseph. * ambrosius in lucam. ° bene ut putabatur, qui vere non erat; sed ideo putabatur, quia eum maria, quae ioseph viro suo erat desponsata genuerat. cur autem ioseph magis quam mariae generatio describitur, cum maria de spiritu sancto genuerit christum, et ioseph a generatione domini videatur alienus, dubitare possemus, nisi consuetudo nos instrueret scripturarum, quae semper viri originem quaerit: maxime cum in ioseph origine etiam origo sit mariae: nam cum vir iustus fuerit ioseph, utique ex tribu sua et ex patria sua accepit uxorem: itaque et census tempore ascendit ioseph de domo et de patria david, ut profiteretur cum maria uxore sua. quae ex eadem domo et ex eadem patria professionem defert, utique eiusdem tribus et eiusdem patriae se esse designat: unde generationem ioseph explicans subdit qui fuit heli. illud autem advertamus, quod sanctus matthaeus iacob, qui fuit pater ioseph, filium nathan esse commemorat; lucas vero ioseph, cui desponsata fuit maria, filium heli esse descripsit. quomodo unius duo patres, scilicet heli et iacob, esse potuerunt? * gregorius nazianzenus. ° dicunt autem quidam quod unica est successio a david usque ad ioseph; licet diversis nominibus ab utroque evangelista narratur. sed hoc absurde fatentur: quoniam initium huius generationis duos fratres obtinuit, nathan scilicet et salomonem: unde generationes diversimode profluxerunt. * eusebius eccl. hist.. ° ipsorum ergo verborum sententiae intellectum attentius explicemus: si enim approbante matthaeo ioseph esse filium iacob, lucas similiter approbasset ioseph esse filium heli, esset aliqua controversia. ceterum cum approbante matthaeo, lucas plurium opinionem declararet, non propriam, dicens ut putabatur, non arbitror aliquod relinqui dubium. cum enim essent inter iudaeos diversae opiniones de christo, et omnes reducerent ipsum ad david propter promissiones ei factas; plurimi autem assererent christum a david esse futurum per salomonem et alios reges; quidam hanc opinionem vitabant, eo quod plurima de regibus dicuntur enormia; et quia de iechonia ieremias dixit, quod non oriretur semen ex eo collocandum in sede david: quorum opinionem commemorat lucas, sentiens enarrare matthaeum qualis esset veritas generationis: et haec est prima ratio. est et alia profundior. matthaeus enim cum inciperet scribere ante conceptionem mariae, et carnalem nativitatem iesu, opportune velut in historia praemittit carnalem progeniem: unde et generationem a superioribus derivat descendens: cum enim verbum dei carnem acciperet, descendebat. sed lucas ad factam per lavacrum regenerationem prosilit, et ibi aliam generum successionem exponit, et ab imis ad prima sublevans, pariter et peccatorum, quos narravit matthaeus, memoriam abdicat (eo quod quicumque in deo renascitur, sit alienus a criminosis parentibus, dei filius factus), et eorum qui secundum deum vitam duxerunt honestam, meminit. sic enim abrahae dictum est: tu proficisceris ad patres tuos, non quidem carnales, sed in deo patres, propter similitudinem honestatis. igitur ei qui in deo nascitur ascribit parentes, qui sunt secundum deum per aequiparantiam morum. * augustinus de quaest. nov. et vet. testam.. ° vel aliter. matthaeus a david per salomonem descendit ad ioseph; lucas vero ab heli, qui tempore fuit salvatoris, ascendit per traducem nathan filii david, et heli et ioseph iunxit tribum, ostendens unius generis esse utrumque; ac per hoc non solum ioseph filium esse salvatorem, sed et heli. ipsa enim ratione qua ioseph filius dicitur esse salvator, ipsa etiam est heli filius, et caeterorum omnium qui de eadem tribu sunt. hinc est quod dicit apostolus: quorum patres, et ex quibus christus secundum carnem. * augustinus de quaest. evang.. ° vel tres causae concurrunt, quarum aliquam evangelista secutus sit: aut enim unus evangelista patrem eius a quo genitus est, nominavit, alter vero vel avum maternum, vel aliquem de cognatis maioribus posuit; aut unus erat ioseph naturalis pater et alter eum adoptavit: aut more iudaeorum, cum sine filiis unus decessisset, eius uxorem propinquus recipiens, filium quem genuit propinquo mortuo deputavit. * ambrosius. ° traditur enim, nathan, qui a salomone genus duxit, iacob generasse filium, et uxore superstite decessisse, quam postea melchi accepit uxorem, ex qua generatus est heli; rursus heli, fratre iacob sine liberis decedente, copulatus est fratris uxori, et generavit alium ioseph, qui iuxta legem iacobi filius dicitur: quoniam semen fratris defuncti iuxta legis veteris seriem suscitabat. * beda. ° vel aliter. iacob fratris heli sine liberis defuncti uxorem de mandato legis accipiens genuit ioseph, natura quidem germinis filium suum, secundum vero legis praeceptum efficitur filius heli. * augustinus de quaest. nov. et vet. testam.. ° probabilius enim intelligimus lucam adoptantis originem tenuisse, qui noluit ioseph genitum dicere ab illo cuius filium esse narravit. commodius enim filius dictus est eius a quo fuerat adoptatus, quam diceretur ab illo genitus cuius carne non erat natus. matthaeus autem dicens: abraham genuit isaac, isaac autem genuit iacob, atque in hoc verbo, quod est genuit, perseverans donec in ultimo diceret: iacob autem genuit ioseph, satis expressit ad eum se patrem perduxisse originem generantium, a quo ioseph non adoptatus, sed genitus erat. quamquam si etiam genitum lucas diceret ioseph ab heli, nec sic nos hoc verbum perturbare deberet: neque enim absurde quisque dicitur non carne, sed caritate genuisse quem sibi filium adoptavit. merito autem lucas adoptionis originem suscepit: quia per adoptionem efficiuntur filii dei; per carnalem vero generationem filius dei potius propter nos filius hominis factus est. * chrysostomus. ° quia vero haec pars evangelii consistit in serie nominum, nihil pretiosum exinde acquiri existimant. ne igitur hoc patiamur, experiamur etiam hunc passum scrutari. est enim ex nudis nominibus copiosum haurire thesaurum, quia plurimum rerum indicativa sunt nomina: nam et divinam clementiam, et oblatas a mulieribus gratiarum actiones sapiunt: cum enim filios impetrabant, nomen imponebant a dono. * glossa. ° interpretatur igitur heli, deus meus, vel scandens; qui fuit mathat, idest donans peccata; qui fuit levi, idest additus. * ambrosius. ° pulchre lucas, quoniam filios iacob non poterat plures comprehendere, ne extra generationes evagari superflua serie videretur, licet in aliis longe posterioribus patriarcharum tamen antiqua nomina non praetermittenda arbitratus est: ioseph, iudae, simeonis et levi. quatuor enim genera in his cognoscimus fuisse virtutum: in iuda passionis dominicae per figuram mysterium prophetatum; in ioseph praecessisse castitatis exemplum, in simeone vindictam pudoris; in levi officium sacerdotis; unde sequitur qui fuit melchi, idest rex meus; qui fuit ianne, idest dextera; qui fuit ioseph, idest accrescens (fuit autem alius iste ioseph); qui fuit mathathiae, idest donum dei, vel aliquando; qui fuit amos, idest onerans, vel oneravit; qui fuit nahum, idest consolatio, vel consolans; qui fuit hesli, idest, adiuva me; qui fuit nagge, idest meridies, vel meridianum; qui fuit mahath, idest desiderium; qui fuit mathathiae, ut supra; qui fuit semei, idest obediens; qui fuit ioseph, idest augmentum; qui fuit iuda, idest confitens; qui fuit ioanna, idest dominus, vel gratia eius, vel dominus misericors; qui fuit resa, idest misericors; qui fuit zorobabel, idest princeps, vel magister babylonis; qui fuit salathiel, idest petitio mea deus; qui fuit neri, idest lucerna mea; qui fuit melchi, idest regnum meum; qui fuit addi, idest robustus, vel violentus; qui fuit cosan, idest dominans; qui fuit helmadam, quod est dei mensura; qui fuit her, quod est vigilans, vel vigilia, vel pelliceus; qui fuit iesu, quod est salvator; qui fuit eliezer, idest deus meus adiutor; qui fuit iorim, idest dominus exultans, vel exaltans; qui fuit mathat, ut supra; qui fuit levi, ut supra; qui fuit simeon, id est audivi tristitiam, vel signum; qui fuit iuda, ut supra; qui fuit ioseph, ut supra; qui fuit iona, idest columba, vel dolens; qui fuit eliakim, quod est dei resurrectio; qui fuit melcha, idest rex eius; qui fuit menna, quod est viscera mea; qui fuit mathathiae, idest donum; qui fuit nathan, idest dedit, vel dantis. * ambrosius. ° per nathan autem expressam advertimus prophetiae dignitatem; ut quia unus omnis christus iesus, in singulis quoque maioribus genera virtutum diversa praecederent. sequitur qui fuit david. * origenes in lucam. ° dominus descendens in mundum, assumpsit peccatorum hominum personam, et nasci voluit de stirpe salomonis, ut refert matthaeus, cuius peccata scripta sunt, et ceterorum, ex quibus multi fecerunt malum in conspectu dei. quando vere ascendit, et secundo per baptismum ortus esse describitur, ut refert lucas, non per salomonem, sed per nathan nascitur, qui arguit patrem super uriae morte, ortuque salomonis. * augustinus in lib. retract.. ° dicendum autem, quod huiusmodi nominis propheta arguit david, ne putetur idem fuisse homo, cum alter fuerit. * gregorius nazianzenus. ° sed a david ultra, secundum utrumque evangelistam, est generis processus indivisibilis; unde sequitur qui fuit iesse. * glossa. ° interpretatur david manu fortis, iesse incensum. sequitur qui fuit obed, quod est servitus; qui fuit booz, quod est fortis; qui fuit salomon, quod est sensibilis, vel pacificus; qui fuit naasson, quod est augurium, vel serpentinus; qui fuit aminadab, idest populus voluntarius; qui fuit aram, quod est erectus, vel excelsus; qui fuit esron idest sagitta; qui fuit phares, quod est divisio; qui fuit iudae, idest confitens; qui fuit iacob, quod est supplantator; qui fuit isaac, quod est risus, vel gaudium; qui fuit abraham, quod est pater multarum gentium, vel videns populum. * chrysostomus. ° matthaeus quidem tamquam qui iudaeis scribebat, nihil statuit ulterius scribere nisi quod ab abraham et david christus processerat: hoc enim maxime placabat iudaeos. lucas vero, sicut qui omnibus communiter loquebatur, ulterius protendit sermonem, attingens usque ad adam; unde sequitur qui fuit thare. * glossa. ° quod interpretatur exploratio, sive nequitia; qui fuit nachor, quod est requievit lux; qui fuit sarug, quod est corrigia, vel comprehendens lorum, vel perfectio; qui fuit ragau, quod est aegrotus, vel pascens; qui fuit phaleg, quod est dividens, vel divisum; qui fuit heber, quod est transitus; qui fuit sale, quod est tollens; qui fuit cainan, quod est lamentatio, vel possessio eorum. * beda. ° nomen et generatio cainan, iuxta hebraicam veritatem neque in genesi, neque in verbis dierum invenitur, sed arphaxad selaa vel sale filium nullo interposito genuisse perhibetur. scito ergo lucam hanc generationem de septuaginta interpretum editione sumpsisse, ubi scriptum est quod arphaxad centum triginta quinque annorum genuerit cainan, et ipse cainan cum triginta quinque fuerit annorum, genuerit sale. sequitur qui fuit arphaxad. * glossa. ° quod est sanans depopulationem; qui fuit sem quod est nomen, vel nominatus; qui fuit noe, quod est requies. * ambrosius. ° noe quidem iusti inter dominicas generationes commemoratio non debuit praetermitti: ut quia aedificator ecclesiae nascebatur, eum sui generis auctorem praemisisse videatur qui eam in typo ante fundaverat. qui fuit lamech. * glossa. ° quod est humiliatum vel percutiendum, percussum vel humilem; qui fuit mathusalem, quod est mortis emissio, vel mortuus est, et interrogavit. * ambrosius. ° huius ultra diluvium numerantur anni; ut quoniam solus est christus unus, cuius vita nullam sentit aetatem, in maioribus quoque suis non sensisse diluvia videretur. qui fuit enoch: et hic pietatis dominicae et divinitatis manifestum indicium est, eo quod nec mortem senserit dominus, et ad caelum remeaverit, cuius generis auctor raptus ad caelum est. unde manifestum est christum potuisse non mori, sed voluisse, ut nobis mors illa prodesset: et ille quidem raptus ne malitia mutaret cor eius; dominus autem, quem malitia saeculi mutare non poterat, eo unde venerat, naturae suae maiestate remeavit. * beda. ° pulchre autem a baptizato dei filio usque ad deum patrem ascendens, septuagesimo gradu enoch ponit, qui dilata morte translatus est in paradisum; ut significet eos qui in gratiam adoptionis filiorum ex aqua et spiritu sancto regenerantur, interim post corporis absolutionem, aeternam suscipiendos in requiem: septuagenarius enim, propter septimam sabbati, illorum requiem significat qui iuvante dei gratia decalogum legis impleverunt. * glossa. ° interpretatur autem enoch dedicatio; qui fuit iared, quod est defendens, sive continens; qui fuit malaleel, quod est laudatus dei, vel laudans deum; qui fuit cainan, ut supra; qui fuit enos, idest homo desperans, vel violentus; qui fuit seth, quod est positio sive posuit. * ambrosius. ° seth posterior filius adae non siletur; ut cum duae sint populi generationes, significaretur in typo, in posteriore potius quam in priore generatione christum numerandum. sequitur qui fuit adam. * glossa. ° quod est homo, vel terrenus, vel indigens. qui fuit dei. * ambrosius. ° quid pulchrius potuit convenire quam ut sancta generatio a dei filio inciperet, et usque ad dei filium duceretur; creatusque praecederet in figura, ut natus in veritate sequeretur; ad imaginem factus praeiret, propter quem dei imago descenderet? putavit etiam lucas ad deum christi originem referendam, quod verus christi generator deus sit, vel secundum generationem veram pater, vel secundum lavacrum et regenerationem mystici auctor numeris. et ideo non a principio generationem eius coepit describere, sed posteaquam baptisma eius explicuit; ut secundum naturam et secundum gratiam dei filium demonstraret. quod autem evidentius divinae generationis indicium, quam quod de generatione dicturus patrem praemisit loquentem tu es filius meus dilectus? * augustinus. de cons. evang.. ° satis etiam per hoc demonstravit, non se ideo dixisse ioseph filium heli, quod de illo genitus: sed quod ab illo potius fuerit adoptatus; cum etiam ipsum adam filium dixit, cum sit factus a deo; sed per gratiam, quam postea peccando amisit, tamquam filius in paradiso constitutus sit. * theophylactus. ° ideo etiam generationem finit in deum, ut addiscamus quod qui in medio sunt patres, christus ad deum eriget, et filios dei faciet; et ut etiam crederetur christi generatio sine semine fuisse; quasi dicat: si non credis quod secundus adam factus sit sine semine, devenias ad primum adam: invenies enim absque semine factum a deo. * augustinus de cons. evang.. ° et matthaeus quidem significare voluit dominum descendentem ad nostram mortalitatem; ideo generationes ab abraham usque ad christi nativitatem descendendo commemoravit ab initio evangelii sui. lucas autem non ab initio, sed a baptismo christi generationes narrat, nec descendendo, sed ascendendo, tamquam sacerdotem in expiandis peccatis magis assignans; cui ioannes testimonium perhibuit dicens: ecce qui tollit peccata mundi. ascendendo autem pervenit ad deum, cui mundati et expiati reconciliamur. * ambrosius. ° nec sic evangelistae discrepare videantur, qui veterem ordinem sunt secuti. nec mireris, si ab abraham plures secundum lucam successiones usque ad christum sunt, pauciores secundum matthaeum, cum per alias personas generationem fatearis esse decursam. potest enim fieri ut alii longaevam transegerint vitam, alterius vero generationis viri immatura aetate decesserint: cum videamus quam plures senes cum suis nepotibus vivere, alios vero viros statim filiis obire susceptis. * augustinus de cons. evang.. ° convenientissime autem lucas baptizato domino generationes per septuaginta septem personas sursum versus numerat; nam et ascensus ad deum, cui per peccatorum abolitionem reconciliamur, expressus est; et per baptismum fit homini omnium remissio peccatorum, quae illo numero significantur: nam undecies septem, septuaginta et septem sunt: in denario autem perfectio beatitudinis est; unde manifestum est quod transgressio denarii designat peccatum per superbiam plus aliquid habere cupientis. hoc autem septies propterea ducitur, ut motu hominis facta significetur illa transgressio: ternario enim numero incorporea pars hominis significatur; quaternario vero corpus; motus autem in numeris non exprimitur, cum dicimus: unum, duo, tria; sed cum dicimus: semel, bis, ter. unde per septies undecim significatur motu hominis facta transgressio.

073 CLC cp4

lc1 * Theophylactus. ° post baptismum christus tentatur, innuens nobis quod postquam erimus baptizati, tentationes imminent nobis; unde dicitur iesus autem plenus spiritu sancto regressus est a iordane. * cyrillus. ° dudum dixit deus: non permanebit spiritus meus in hominibus istis, eo quod sunt caro; ubi vero regeneratione per aquam et spiritum ditati sumus, facti sumus divinae naturae participes per spiritus sancti participationem. primogenitus autem in multis fratribus, primus recepit spiritum, qui et spiritus dator est, ut etiam ad nos per ipsum perveniat gratia spiritus sancti. * origenes in lucam. ° quando igitur legis iesum plenum spiritu sancto, et in actibus scribitur de apostolis, quod repleti fuerint spiritu sancto, vide ne aequales putes esse apostolos salvatori: quomodo enim si volueris dicere, haec vasa plena sunt vino vel oleo, non statim dices, quod aequali mensura sunt plena; sic et iesus et paulus pleni erant spiritu sancto; sed vas pauli multo minus erat quam iesu, et tamen erat secundum mensuram suam utrumque repletum. accepto itaque baptismo, salvator plenus spiritu sancto, qui super eum in specie columbae de caelis venerat, ducebatur a spiritu: quia quotquot spiritu dei ducuntur, hi filii dei sunt; iste autem supra omnes proprie filius dei est. * beda. ° ne cui autem veniret in dubium a quo spiritu ductum sive expulsum, alii evangelistae dicerent in desertum, consulte lucas demum intulit et agebatur in desertum a spiritu quadraginta diebus: ne quid contra eum valuisse spiritus putaretur immundus, qui plenus spiritu sancto quaecumque volebat, agebat. * graecus. ° si vero nos arbitrio proprio nostram vitam disponimus, quomodo ipse trahebatur invitus? quod ergo dicitur agebatur spiritu, huiusmodi habet intellectum: sponte spiritualem duxit conversationem, ut locum exhiberet tentanti. * basilius. ° non enim verbo provocans inimicum, sed opere incitans quaerit desertum: delectatur enim diabolus in deserto, non patitur esse in urbibus, contristat ipsum concordia civium. * ambrosius. ° agebatur igitur consilio in desertum, ut diabolum provocaret: nam nisi ille certasset, non mihi iste vicisset: mysterio, ut illum adam de exilio liberaret qui de paradiso in desertum eiectus est; exemplo, ut ostenderet nobis diabolum ad meliora tendentibus invidere, et tunc magis esse cavendum ne mysterii gratiam deserat mentis infirmitas; unde sequitur et tentabatur a diabolo. * cyrillus. ° ecce factus est in athletis iubens agones deus in his, qui coronat sanctorum vertices. * gregorius moral.. ° hostis tamen noster mentem mediatoris dei et hominum tentatione quassare non valuit: sic enim dignatus est tentationes exterius suscipere, ut tamen eius mens interius divinitati inhaerens inconcussa permaneret. * origenes in lucam. ° tentatur autem iesus a diabolo quadraginta diebus; et quae fuerint tentamenta nescimus; quae ideo forsitan praetermissa sunt, quia maiora erant quam ut litteris traderentur. * basilius. ° vel dominus per quadragenam intentatus mansit; noverat enim diabolus quod ieiunabat et non famescebat; et ideo non audebat accedere; unde sequitur et nihil manducavit in diebus illis: ieiunavit siquidem, ostendens quod illi qui se vult ad pugnas tentationum accingere, sobrietas est necessaria. * ambrosius in lucam. ° tria igitur sunt quae ad usum proficiunt salutis humanae: sacramentum, desertum et ieiunium. nemo nisi qui legitime certaverit, coronatur; nemo autem ad certamen virtutis admittitur, nisi prius ab omnibus ablutus maculis delictorum, gratiae caelestis munere consecretur. * gregorius nazianzenus. ° quadraginta siquidem diebus ieiunavit nihil manducans: erat enim deus: nos autem ieiunium possibilitati proportionamus, licet zelus aliquibus progredi suadeat ultra posse. * basilius. ° sed tamen non sic utendum est carne ut per egestatem alimenti naturalis vigor eius solvatur; neque ut ad ultimum torporem intellectus urgeatur per dissolutionis excessum. unde dominus noster semel hoc peregit, sed per totum consequens tempus ordine debito gubernavit corpus; et similiter moyses et elias. * chrysostomus. ° valde autem prudenter factum est quod in ieiunando eorum non excessit numerum; ne scilicet putaretur apparenter venisse, non autem recepisse veram carnem, aut praeter humanam esse naturam. * ambrosius. ° quadraginta autem dierum mysticum numerum recognoscis: tot enim diebus aquas abyssi effusas esse meministi, et tot ieiunio dierum sanctificato refusam caeli serenioris ostendit clementiam, tot ieiunio dierum moyses perceptionem legis emeruit, tot annos in eremo constituti patres panem angelorum consecuti sunt. * augustinus de cons. evang.. ° numerus autem iste laboriosi huius temporis sacramentum est, quo sub disciplina regis christi adversus diabolum dimicamus. hic enim numerus temporalem vitam significat: tempora enim annorum quadripartitis vicibus currunt: quadraginta autem quater habent decem: porro ipsa decem ab uno usque ad quatuor progrediente numero consummantur; quod declarat quod quadraginta dierum ieiunium, hoc est humiliationem animae, consecravit et lex et prophetae per moysen, et eliam, et evangelium per ipsius domini ieiunium. * basilius. ° verum quia non esurire supra hominem est, assumpsit dominus passionem famis, indicans eam non esse peccatum, et concessit cum voluit naturae humanae quae sua sunt pati et agere; unde sequitur et consummatis illis esuriit, non coactus ad necessitatem quae praeest naturae, sed quasi provocans diabolum ad duellum: sentiens enim diabolus, quia ubi fames, ibi imbecillitas, aggreditur ad tentandum; et quasi tentationum excogitator, famem christo patienti suadebat lapidibus appetitum sedare; unde sequitur dixit autem illi diabolus: si filius dei es, dic lapidi huic ut panis fiat. * ambrosius. ° tria praecipue docemur tela esse diaboli, quibus ad convulnerandam mentem hominis consuevit |150| armari: gulae unum, aliud iactantiae, tertium ambitionis. inde ergo coepit unde iam vicit, scilicet adam. discamus igitur cavere gulam, cavere luxuriam, quia telum est diaboli. sed quid sibi vult talis sermo: si filius dei es, nisi quia cognoverat dei filius esse venturum, sed venisse per hanc infirmitatem corporis non putabat? aliud est explorantis, aliud tentantis: ideo profitetur se credere, et homini conatur illudere. * origenes in lucam. ° rogato autem patre a filio panem, nec dante lapidem pro pane, iste quasi adversarius et fallax, pro pane dabat lapidem. * basilius. ° suadebat quidem lapidibus appetitum sedare; hoc est, permutare desiderium ab alimento naturali ad existentia praeter naturam. * origenes. ° puto etiam quod usque hodie lapidem diabolus ostendit, ut hortetur singulos ad loquendum: dic ut lapis iste panis fiat. si videris haereticos dogmatum suorum mendacium pro pane comedere, scito lapidem eorum esse sermonem, quem monstrat eis diabolus. |175| * basilius. ° dissipator autem tentationum christus non repellit a natura famem; unde sequitur et respondit ad illum iesus: scriptum est, quia non in solo pane vivit homo, sed in omni verbo dei. * theophylactus. ° quasi dicat: non solis panibus humana natura sustentatur; immo sufficit verbum dei ad nutriendum universam naturam humanam. taliter pastus est israeliticus populus, colligens annis quadraginta manna, et gaudens volatilium praeda. divino consilio elias convivas habuit corvos; eliseus herbis agrestibus socios nutrivit. * cyrillus. ° vel aliter. terrenis cibis terrenum nostrum alitur corpus; anima vero rationalis divino verbo vigoratur ad bonam habitudinem spiritus: non enim naturam incorpoream corpus alit. * gregorius nyssenus. ° unde non alitur virtus pane, nec per carnes bene se habet anima et pinguescit: aliis epulis vita sublimis educatur et crescit: nutrimentum boni castitas, panis sapientia, pulmentum iustitia, potus impassibilis status, delectatio bene sapere. * ambrosius. ° vides |200| igitur quo genere utatur armorum, quo hominem a spiritualis nequitiae incursione defendat adversum incitamenta gulae: non enim quasi deus utitur potestate: quid enim mihi proderat? sed quasi homo commune sibi accepit auxilium, ut divino pabulo lectionis intentus famem corporis negligat, alimentum verbi acquirat: non enim potest qui verbum sequitur, panem desiderare terrenum: humanis enim divina praestare non dubium est. simul cum dicit non in solo pane vivit homo, ostendit hominem esse tentatum, hoc est susceptionem nostram, non suam divinitatem.

lc2 * Theophylactus. ° primo inimicus christum de gula tentaverat, sicut et adam; deinde de cupiditate sive avaritia, in hoc quod ostendit ei omnia regna mundi; unde sequitur et duxit illum diabolus in montem excelsum, et ostendit ei omnia regna orbis terrae in momento temporis. * gregorius in evang.. ° quid mirum si se permisit ab illo in montem duci qui se pertulit etiam a membris ipsius crucifigi? * theophylactus. ° sed qualiter ostendit ei omnia regna orbis terrae? quidam dicunt, quod mente haec ei ostendit; ego autem dico, quod sensibiliter et in phantasia apparere fecit. * titus. ° vel descripsit orbem verbo et velut quamdam domum intentioni eius manifestavit, ut existimabat. * ambrosius. ° bene autem in momento temporis saecularia et terrena monstrantur: non enim tam conspectus celeritas indicatur, quam caducae fragilitas potestatis exprimitur. in momento enim cuncta illa praetereunt; et saepe honor saeculi abiit antequam |25| venerit. sequitur et ait illi: tibi dabo potestatem hanc universam et gloriam illorum, quia mihi tradita sunt, et cui volo do illa. * titus. ° in utroque mentiebatur: neque enim habebat, nec conferre poterat quo carebat: nullus enim obtinet potestatem, sed ad pugnam est adversarius derelictus. * ambrosius. ° alibi enim legitur quia omnis potestas a deo est; itaque a deo est potestatum ordinatio, a malo ambitio potestatis; nec est potestas mala, sed is qui male utitur potestate. quid ergo? bonum est uti potestate, studere honori? bonum, si deseratur, non eripiatur. distingue tamen hoc ipsum bonum; alius enim bonus in saeculo; alius perfectae virtutis usus. bonum est enim deum quaerere et cognoscendae divinitatis studium nullis occupationibus impediri. quod si is qui deum quaerit, propter fragilitatem carnis et mentis angustias saepe tentatur; quanto magis qui saeculum quaerit, obnoxius est. docemur ergo ambitionem despicere, eo quod diabolicae subicit potestati. |50| * titus. ° habet autem forensis gratia domesticum periculum, et ut dominetur aliis prius servit; curvatur ad obsequium ut honore donetur; et dum vult esse sublimior, simulata humilitate fit vilior; unde subdit tu ergo si adoraveris coram me, erunt tibi omnia subdita. * cyrillus. ° quomodo tu, cuius sors est inextinguibilis flamma, qualiter omnium domino quae sua sunt spondes? putasti cultorem habere, cuius metu tremunt universa? * origenes in lucam. ° vel aliter totum. duo reges certatim regnare festinant: peccati rex peccatoribus diabolus, et iustitiae rex iustis christus: sciensque diabolus ad hoc venisse christum ut regnum eius tolleret, ostendit ei omnia regna mundi: non quidem regnum persarum et indorum, sed regnum suum, quomodo regnaret in mundo, quomodo scilicet alii regnentur a fornicatione, alii ab avaritia: et ostendit ei in puncto temporis, hoc est in praesenti temporum cursu, qui ad comparationem aeternitatis puncti obtinet instar: neque enim |75| necessarium habebat salvator ut ei diutius huius saeculi negotia monstrarentur; sed statim ut aciem luminum suorum ad contemplandum vertit, et peccata regnantia, et eos qui regnarentur a vitiis conspexit. dicit ergo ad eum: venisti ut adversus me de imperio dimices. adora me, et accipe regnum quod teneo. verum dominus vult quidem regnare, sed iustitia, ut absque peccato regnet; et vult gentes sibi esse subiectas, ut serviant veritati; nec sic vult regnare ceteris ut ipse regnetur a diabolo; unde sequitur et respondens iesus dixit illi: scriptum est: dominum deum tuum adorabis, et illi soli servies. * beda. ° dicens diabolus salvatori si procidens adoraveris me, e contrario audit, quod ipse magis adorare eum debeat quasi dominum et deum suum. * cyrillus. ° qualiter autem, si, secundum haereticos, filius est creatura, adoratur? quod crimen inferretur adversus eos qui servierunt creaturae et non creatori, si filium secundum eos creaturam existentem colimus tamquam deum? * origenes. |100| ° vel aliter. hos, inquit, omnes propterea mihi volo esse subiectos, ut dominum deum adorent et ipsi soli serviant; tu autem a me vis incipere peccatum, quod ego dissoluturus huc veni. * cyrillus. ° hoc autem mandatum eius tetigit intima; ante adventum enim eius ipse ubique colebatur: lex autem divina eiciens ipsum a dominio usurpato, adorare statuit solum eum qui naturaliter deus est. * beda. ° quaeret autem aliquis quomodo conveniat quod hic praecipitur, soli domino serviendum, apostoli verbo, qui dicit: per caritatem servite invicem. sed in graeco dulia intelligitur servitus communis, hoc est sive deo, sive homini exhibita; latria autem vocatur servitus divinitatis cultui debita. iubemur ergo per caritatem servire invicem, quod est graece duleuin; iubemur uni deo servire, quod est graece latreuin: unde hic dicitur et illi soli servies; quod est graece latreuis.

lc3 * Ambrosius. ° sequitur iactantiae telum, quo in proclive delinquitur: quia dum homines gloriam virtutis suae iactare desiderant, de loco meritorum et statione decidunt: unde dicitur et duxit illum in ierusalem, et statuit eum supra pinnaculum templi. * origenes in lucam. ° sequebatur plane, quasi athleta ad tentationem sponte proficiscens, et quodammodo loquebatur: duc quo vis, et invenies me in omnibus fortiorem. * ambrosius. ° ita est autem iactantia ut dum se putat unusquisque ad altiora conscendere, sublimium usurpatione factorum ad inferiora trahatur; unde sequitur et dixit illi: si filius dei es, mitte te hinc deorsum. * athanasius. ° non autem contra divinitatem certamen diabolus iniit, neque enim audebat; et ideo dicebat si filius dei es: sed cum homine certamen iniit, quem quondam seducere potuit. * ambrosius. ° vere autem diabolica vox est quae mentem hominis de gradu altiori meritorum praecipitare contendit. |25| simul infirmitatem suam diabolus malitiamque designat: quia nemini potest nocere nisi ipse deorsum se miserit: nam qui relictis caelestibus terrena eligit, voluntarium quoddam praecipitium vitae labentis incurrit. simul quoniam telum suum diabolus vidit obtusum, qui omnes proprie subiecerat potestati, plus coepit quam hominem iudicare. transfigurat autem se satanas velut angelum lucis, et de scripturis saepe divinis laqueum fidelibus parat; unde sequitur scriptum est enim: quoniam angelis suis mandavit de te, ut conservent te, et quia in manibus tollent te, ne forte offendas ad lapidem pedem tuum. * origenes. ° unde tibi, diabole, hoc scire, quod ista scripta sunt? numquid legisti prophetas vel divina eloquia? legisti quidem non ut ipse ex lectione eorum melior fieres, sed ut de simplici littera eos qui amici sunt litterae interficias. scis quia si de aliis eius voluminibus loqui volueris, non decipies. * ambrosius. ° ergo non te capiat haereticus, quia potest de scripturis aliqua |50| exempla proferre: utitur et diabolus testimoniis scripturarum, non ut doceat, sed ut fallat. * origenes. ° vide autem quomodo et in ipsis testimoniis versipellis est; vult enim minuere gloriam salvatoris, quasi angelorum manibus indigeat auxilio: offensurus pedem, nisi eorum manibus sublevetur. hoc enim testimonium non de christo, sed de sanctis generaliter scriptum est: neque enim indiget angelorum auxilio qui maior est angelis, quin potius disce, diabole, quod nisi deus adiuvaret angelos, offenderent pedem suum; et tu propterea offendisti, quia credere in iesum christum dei filium noluisti. quare autem siles quod sequitur: super aspidem et basiliscum ambulabis, nisi quia tu es basiliscus, tu draco, tu leo? * ambrosius. ° sed dominus rursus ne ea quae de se fuerant prophetata, ad arbitrium diaboli putaret esse facienda, sed divinitatis propriae auctoritate servata, versutiae eius occurrit; ut quia scripturarum exemplum praetenderat, scripturarum vinceretur exemplis; |75| unde sequitur et respondens iesus ait illi: dictum est quia non tentabis dominum deum tuum. * chrysostomus. ° diabolicum enim est seipsum inicere ad pericula, et tentare si eripiat deus. * cyrillus. ° non enim tentantibus largitur deus auxilia, sed credentibus in eum: unde christus tentantibus eum non ostendebat miracula, quibus dicebat: generatio prava signum quaerit, et non dabitur ei. * chrysostomus. ° aspice autem quomodo non turbatus est dominus; immo de scripturis humillime cum iniquo disceptat, ut conformeris christo pro posse. novit diabolus arma christi, quibus succubuit: ex mansuetudine eum cepit, ex humilitate devicit. tu quoque, cum videris hominem effectum diabolum, et tibi obviantem, eo modo devincas, doceas animam tuam formare os condecens ori christi: sicut enim cum romanus forsan resides iudex, non exaudiet responsum ignorantis eo modo loqui quo ipse, sic et christus nisi suo modo loquaris, non exaudiet te, nec vacabit |100| tibi. * gregorius nyssenus. ° legitime autem pugnanti agonum reperitur terminus; vel quod adversarius sua sponte cedat vincenti, vel trino casu deponitur secundum pugnatoriae artis decretum; unde sequitur et consummata omni tentatione diabolus recessit usque ad tempus ab illo. * ambrosius. ° non dixisset scriptura omnem tentationem consummatam, nisi in tribus praemissis esset omnium materia delictorum: quia causae tentationum, causae cupiditatum sunt: scilicet carnis oblectatio, spes gloriae, aviditas potentiae. * athanasius. ° accesserat quidem ad eum hostis ut ad hominem; non inveniens autem in ipso antiqui sui seminis signa, discessit. * ambrosius. ° vides ergo ipsum diabolum in stadio non esse pertinacem, cedere verae solere virtuti; et si invidere non desinat, tamen instare formidat, quia frequentius refugit triumphari. audito itaque dei nomine, recessit, inquit, usque ad tempus; postea enim non tentaturus, sed aperte pugnaturus venit. * theophylactus. |125| ° vel quia de voluptate tentaverat in deserto, recessit ab eo usque ad tempus crucis, in quo eum erat de tristitia tentaturus. * maximus. ° vel diabolus in deserto christo suggesserat praeferre mundi materiam divino amori; quem dominus retrocedere iussit, quod erat indicium divini amoris: unde postea satagebat praevaricatorem eum facere dilectionis ad proximos; et ideo docente eo semitas vitae provocabat ad illius insidias pharisaeos et scribas, ut ad eorum odium perverteretur. sed dominus dilectionis intuitu, quem habebat in eos, monebat, arguebat, beneficia conferre non cessabat. * augustinus de cons. evang.. ° totum autem hoc similiter matthaeus narrat, sed non eodem ordine: unde incertum est quid prius factum sit: utrum regna terrae prius demonstrata sint ei et postea in pinnam templi levatus sit; an hoc prius et illud postea: nihil tamen ad rem, dum omnia facta esse manifestum sit. * maximus. ° ob hoc autem evangelistarum hanc iste, illam vero ille praemittit, |150| quia inanis gloria et avaritia ad invicem sese gignunt. * origenes in lucam. ° ioannes autem, quia a deo exordium fecerat, dicens: in principio erat verbum, tentationem domini non descripsit, quia deus tentari non potest, de quo ei erat sermo: quia vero in matthaei evangelio et in luca generatio hominis scribitur et in marco: homo autem est qui tentatur; ideo matthaeus, lucas et marcus tentationem domini descripserunt.

lc4 * Origenes in lucam. ° quia dominus tentatorem vicerat, virtus ei addita est; quantum scilicet ad manifestationem; unde dicitur et egressus est iesus in virtute spiritus in galilaeam. * beda. ° virtutem spiritus signa miraculorum dicit. * cyrillus. ° agebat autem miracula, non ab extrinseco, et quasi acquisitam habens spiritus sancti gratiam, sicut alii sancti; sed potius, cum esset naturaliter dei filius et consors omnium quae sunt patris, tamquam propria virtute et operatione, utitur ea quae est spiritus sancti. decebat autem ex tunc eum notum fieri, et humanationis fulgere mysterium apud eos qui erant de sanguine israel; ideo sequitur et fama exiit per universam regionem de illo. * beda. ° et quia sapientia pertinet ad doctrinam, virtus vero refertur ad opera, utraque hic coniunguntur; unde sequitur et ipse docebat in synagogis eorum. synagoga graece, latine dicitur congregatio; quo nomine non solum turbarum conventum, sed et domum |25| in qua ad audiendum verbum dei conveniebant, iudaei appellare solebant; sicut nos ecclesias et loca et choros fidelium vocamus. verum differt inter synagogam quae congregatio, et ecclesiam quae convocatio interpretatur: quia scilicet et pecora et quaeque res congregari in unum possunt; convocari non possunt nisi ratione utentia: ideo novae gratiae populum quasi maiore dignitate praeditum, rectius ecclesiam quam synagogam nominare apostolicis doctoribus visum est. merito autem et magnificatus a praesentibus asseveratur praecedentibus factorum dictorumve indiciis, cum sequitur et magnificabatur ab omnibus. * origenes in lucam. ° cave autem ne beatos tantum illos iudices, et te arbitreris privatum esse christi doctrina: quia nunc etiam in toto orbe docet per organa sua, et nunc magis glorificatur ab omnibus quam illo tempore quo tantum in una provincia cognoscebatur. * cyrillus. ° largitur autem sui notitiam illis inter quos educatus est secundum |50| carnem; unde sequitur et venit nazareth, ubi erat nutritus. * theophylactus. ° ut et nos doceat prius proprios beneficare et docere, deinde et ad reliquos amicitiam spargere. * beda. ° confluebant autem die sabbati in synagogis, ut feriatis mundi negotiis ad meditanda legis monita quieto corde residerent; unde sequitur et intravit secundum consuetudinem suam die sabbati in synagogam. * ambrosius. ° ita autem dominus ad omnia se curvavit obsequia, ut ne lectoris quidem aspernaretur officium; unde sequitur et surrexit legere, et traditus est illi liber isaiae. accepit quidem librum, ut ostenderet seipsum esse qui locutus est in prophetis, et removeret sacrilegia perfidorum, qui alium deum dicunt veteris testamenti, alium novi; vel qui initium christi dicunt esse de virgine; quomodo enim coepit ex virgine qui ante virginem loquebatur? * origenes. ° non autem fortuito revolvit librum, et caput de se vaticinans rêperit lectionis; sed hoc providentiae dei fuit; unde sequitur et ut revolvit librum, invenit locum ubi scriptum erat: spiritus domini super me; christus enim est qui ita commemoratur. * athanasius. ° explicans enim nobis causam factae in mundo revelationis, id est suae humanationis, hoc dicit: sicut enim filius, cum sit spiritus dator, non recusat fateri tamquam homo, quod in spiritu dei eicit daemonia; ita non recusat dicere spiritus domini super me, pro eo quod factus est homo. * cyrillus. ° similiter autem fatemur eum unctum fuisse inquantum carnem suscepit; unde sequitur propter quod unxit me: non enim ungitur divina natura, sed quod nobis cognatum exstitit: sic etiam et quod dicit se missum, imputandum est humanitati; nam sequitur evangelizare pauperibus misit me. * ambrosius. ° vides trinitatem coaeternam atque perfectam: ipsum loquitur scriptura iesum deum hominemque in utero perfectum; loquitur et patrem et spiritum sanctum, qui cooperator ostenditur quando corporali specie sicut columba descendit in christum. * origenes in lucam. ° pauperes autem nationes dicit: isti enim erant pauperes nihil omnino possidentes, non deum, non legem, non prophetas, non iustitiam, non reliquas virtutes. * ambrosius. ° vel universaliter ungitur oleo spirituali et virtute caelesti, ut paupertatem conditionis humanae, thesauro resurrectionis rigaret aeterno. * beda. ° mittitur etiam evangelizare pauperibus, dicens: beati pauperes, quia vestrum est regnum caelorum. * cyrillus. ° forsitan enim pauperibus spiritu in his ostendit exhibitum liberale donum inter omnia dona quae per christum obtinentur. sequitur sanare contritos corde. vocat contritos corde debiles, fragilem mentem habentes, et resistere nequeuntes insultibus passionum; quibus remedium sanitatis promittit. * basilius. ° vel contritos corde venit sanare, idest remedium dare habentibus cor contritum a satana per peccatum: eo quod prae ceteris peccatum cor humanum prosternit. * beda. ° vel quia scriptum est: cor contritum et humiliatum deus non spernit, ideo missum se dicit ad sanandum contritos corde, secundum illud: qui sanat contritos corde. sequitur et praedicare captivis remissionem. * chrysostomus. ° captivationis vocabulum multiplex est. est enim captivatio bona, sicut paulus dicit: captivantes omnem intellectum ad obedientiam christi. est et prava et sensibilis; quae est a corporalibus hostibus. sed deterior est intelligibilis, de qua hic dicit: fungitur enim peccatum pessima tyrannide, praecipiens mala, et obedientes confundens. ab hoc intelligibili carcere nos christus eripuit. * theophylactus. ° possunt autem et haec de mortuis intelligi, qui captivi existentes, soluti sunt ab inferni dominio per christi resurrectionem. sequitur et visum caecis. * cyrillus. ° profluentes enim a diabolo tenebras in corda humana, christus quasi sol iustitiae removit, faciens homines filios non noctis et tenebrarum, sed lucis et diei: qui enim aliquando errabant, perceperunt iustorum semitas. sequitur dimittere confractos in remissionem. * origenes in lucam. ° quid enim ita fractum, atque collisum fuerat ut homo, qui a iesu dimissus est et sanatus? * beda. ° vel dimittere confractos in remissionem, idest eos, qui legis pondere importabili fuerant depressi relevare. * origenes. ° ista autem omnia praedicta sunt, ut post visionem ex caecitate, post libertatem ex vinculis, post sanitatem a diversis vulneribus veniamus ad annum domini acceptum; unde sequitur praedicare annum domini acceptum. aiunt autem quidam iuxta simplicem intelligentiam, anno uno evangelium salvatorem in iudaea praedicasse; et hoc est quod dicitur praedicare annum domini acceptum. vel annus domini acceptus est totum tempus ecclesiae, quo dum versatur in corpore, peregrinatur a domino. * beda. ° neque enim solus ille annus quo dominus praedicabat fuit acceptabilis, sed etiam iste quo praedicat apostolus dicens: ecce nunc tempus acceptabile. post annum sane domini acceptabilem, subdit et diem retributionis, scilicet extremae, quando reddet unicuique secundum opus suum. * ambrosius. ° vel diem hunc annum domini acceptum dicit perpetuis diffusum temporibus, qui redire in orbem laboris nesciat, continuationem fructus hominibus et quietis indulgeat. sequitur et cum plicuisset librum, reddidit ministro, et sedit. * beda. ° librum audientibus illis qui aderant legit; sed lectum ministro reddidit: quia dum esset in mundo, palam locutus est, docens in synagogis et templo; sed ad caelestia reversurus, his qui ab initio viderant, et ministri sermonis fuerant, evangelizandi officium tradidit. stans legit, quia nobis scripturas quae de ipso erant aperuit, quando in carne dignatus est operari; sed reddito libro residet, quia se supernae quietis solio restituit: stare enim operantis est, sedere autem quiescentis vel iudicantis. sic et praedicator verbi surgat et legat, idest operetur, et praedicet; et resideat, idest praemia quietis expectet. revolutum autem librum legit, quia ecclesiam misso spiritu omnem veritatem docuit; plicatum ministro reddidit, quia non omnia omnibus dicenda, sed pro captu audientium committit doctori dispensandum verbum. sequitur et omnium in synagoga oculi erant intendentes in eum. * origenes in lucam. ° et nunc etiam si volumus, oculi nostri possunt intendere in salvatorem: cum enim principalem cordis tui direxeris aciem ad sapientiam et veritatem deique unigenitum contemplandum, oculi tui intuentur iesum. * cyrillus. ° tunc autem omnium oculos convertebat ad se, quodammodo stupentium qualiter litteras novit quas non didicit. sed quoniam mos erat iudaeis promulgatas de christo prophetias dicere consummari vel in quibusdam eorum praepositis, vel in aliquibus sanctis prophetis, dominus hoc praedicavit; unde sequitur coepit autem dicere ad illos: quia hodie impleta est haec scriptura in auribus vestris. * beda. ° quia scilicet, sicut illa scriptura praedixerat, et magna faciebat, et maiora dominus evangelizabat.

lc5 * Chrysostomus in matthaeum. ° cum venisset in nazareth dominus, a miraculis abstinet, ne provocaret eos ad maiorem livorem. praetendit autem eis doctrinam non minus admirandam miraculis: erat enim quaedam divina gratia ineffabilis in dictis salvatoris concurrens, animas permulcens auditorum; unde dicitur et omnes testimonium illi dabant et mirabantur in verbis gratiae quae procedebant de ore ipsius. * beda. ° testimonium illi dabant, attestando illum vere esse ut dixerat, de quo propheta cecinerat. * chrysostomus. ° sed stulti admirantes sermonis virtutem, parvipendunt ipsum ab eo qui putabatur pater; unde sequitur et dicebant: nonne hic est filius ioseph? * cyrillus. ° sed quid impedit ut venerabilis et admirabilis sit, si filius esset, ut putabatur, ioseph? nonne vides divina miracula? satanam iam prostratum, nonnullos ab his aegritudinibus liberatos? * chrysostomus. ° post multum enim tempus et signorum ostensionem profectus est ad eos, nec eum sustinuerunt, sed iterum se succendebant invidia; unde sequitur et ait illis: utique dicetis mihi hanc similitudinem: medice, cura te ipsum. quanta audivimus facta in capharnaum, fac et hic in patria tua. * cyrillus. ° commune quidem proverbium erat apud hebraeos ad improperium excogitatum: clamabant enim aliqui contra medicos infirmos: medice, sana te ipsum. * glossa. ° quasi dicerent: quia in capharnaum plures te curasse audivimus, cura etiam teipsum; idest, fac similiter in tua civitate, ubi conceptus es et nutritus. * augustinus de cons. evang.. ° cum autem iam magna ab illo facta fuisse commemorat, quae se nondum narrasse scit; quid evidentius quam hoc eum scienter praeoccupasse narrandum? neque enim tantum ab eius baptismo progressus est, ut oblitus putetur nondum se aliquid commemorasse de his quae in capharnaum gesta fuerant. * ambrosius. ° non otiose autem salvator se excusat quod nulla in patria sua miracula virtutis operatus sit, ne fortassis aliquis viliorem patriae nobis esse debere putaret affectum; nam sequitur ait autem: amen dico vobis, quia nemo propheta acceptus est in patria sua. * cyrillus. ° quasi dicat: vultis multa prodigia inter vos a me fieri, penes quos sum nutritus; sed non latet me quaedam communis, quae multis accidit, passio: contemnuntur enim quodammodo semper etiam optima quaeque quando non raro contingunt alicui, sed suppetunt ad velle; et sic etiam contingit in hominibus: familiaris enim, quia semper praesto est, debita reverentia privatur a notis eius. * beda. ° prophetam autem dici in scripturis christum et moyses testis est, qui dicit: prophetam vobis suscitabit deus de fratribus vestris. * ambrosius. ° hoc autem exemplo declaratur quod frustra opem misericordiae caelestis expectes, si alienae fructibus virtutis invideas: aspernator enim deus invidorum est, et ab his qui divina beneficia in aliis persequuntur, miracula suae pietatis avertit. dominicae quippe carnis actus divinitatis exemplum est, et invisibilia eius nobis per ea quae sunt visibilia demonstrantur. videte igitur quid mali invidia afferat: indigna propter invidiam patria iudicatur in qua civis operetur, quae digna fuit in qua dei filius nasceretur. * origenes in lucam. ° quantum ad lucae historiam pertinet, nondum in capharnaum fecisse aliquod signum describitur: nam antequam veniret in capharnaum, in nazareth dixisse legitur quaecumque audivimus facta in capharnaum. unde puto in praesenti sermone aliquid latitare mysterii, et nazareth in typo iudaeorum, capharnaum in typo praecessisse gentium. erit enim tempus quando dicturus est populus israel: quae ostendis universo orbi, ostende et nobis; praedica sermonem tuum populo tuo israel, ut saltem cum subintraverit plenitudo gentium, tunc omnis israel salvus fiat. quamobrem videtur mihi convenienter respondisse salvator nemo propheta acceptus est in patria sua, plus iuxta sacramentum quam iuxta litteram, licet et ieremias in anathoth patria sua non fuerit acceptus, et reliqui prophetae; sed magis videtur mihi intelligi ut dicamus patriam omnium prophetarum fuisse populum circumcisionis. et nationes quidem susceperunt vaticinium iesu christi, magis habentes moysen et prophetas de christo praedicantes, quam illi qui ex his non susceperunt iesum. * ambrosius. ° bene autem apto comparationis exemplo arrogantia civium retunditur invidorum, dominicumque factum scripturis docetur veteribus convenire; nam sequitur et in veritate dico vobis: multae viduae erant in diebus eliae: non quia eliae dies fuerunt, sed in quibus elias operatus est. * chrysostomus. ° ipse quidem terrestris angelus, caelestis homo, qui nec tectum, nec mensam, nec amictum habebat, ut multi, clavem caelorum gerit in lingua; et hoc est quod sequitur quando clausum est caelum annis tribus et mensibus sex. postquam autem caelum seravit, terramque reddit sterilem, regnabat fames, et consumpta sunt corpora; unde sequitur cum facta esset fames in terra. * basilius. ° ut enim aspexit ex saturitate non modicum generari opprobrium, per famem illis ieiunium attulit, quo culpam eorum, quae in immensum crescebat, cohibuit. corvi autem facti sunt iusto cibi ministri, qui consueverunt aliorum pabula usurpare. * chrysostomus. ° sed quoniam exsiccatus est fluvius, ex quo pocula iusto dabantur, vade, inquit deus, in sareptam sidoniae; illic mandabo mulieri viduae ut pascat te; unde et hic sequitur et ad nullam earum missus est elias, nisi in sareptam sidoniae ad mulierem viduam: quod ex quadam dei dispensatione factum est: fecit enim deus eum per longum iter pergere usque in sidonem, ut visa mundi peste poscat a domino pluvias. multi autem tunc temporis opulenti erant; sed nullus tale aliquid fecit ut vidua; reverentia enim mulieris ad prophetam, non praediorum, sed voluntatis fiebant divitiae. * ambrosius. ° mystice autem dicit in diebus eliae: quia dies faciebat illis qui in eius operibus lucem videbant gratiae spiritualis; et ideo aperiebatur caelum videntibus divina mysteria, claudebatur quando fames erat, quia nulla erat cognoscendae divinitatis ubertas. in vidua autem illa ad quam elias directus est, typus ecclesiae praemissus est. * origenes in lucam. ° occupante enim fame populum israel, scilicet audiendi sermonem dei, venit propheta ad viduam, de qua dicitur: multi filii desertae magis quam eius quae habet virum; et cum venisset, panem illius et alimenta multiplicat. * beda. ° sidonia autem venatio inutilis, sarepta incendium vel angustia panis interpretatur: quibus omnibus gentilitas exprimitur, quae inutili venationi dedita, idest lucris et negotiis saeculi serviens, incendium carnalium cupiditatum panisque spiritualis angustias patiebatur; donec elias, idest propheticus sermo, cessante scripturarum intelligentia, pro perfidia iudaeorum venit ad ecclesiam, ut receptus pasceret et reficeret corda credentium. * basilius. ° quaelibet etiam anima viduata et privata virtute et divina notitia, postquam divinum verbum recipit, propria delicta cognoscens, docetur nutrire verbum virtutum panibus, et irrigare fonte vitae doctrinam veritatis. * origenes in lucam. ° sed et aliud ad eumdem sensum pertinens loquitur, cum subdit et multi leprosi erant in israel sub eliseo propheta; et nemo eorum mundatus est, nisi naaman syrus; qui utique non erat ex israel. * ambrosius. ° mystice autem populus ecclesiam contingit, ut sequatur populus ille ex alienigenis congregatus, ante leprosus, prius quam mystico baptizaretur in flumine; idest, post sacramenta baptismatis, maculis corporis et mentis ablutis, immaculata virgo coepit esse sine ruga. * beda. ° naaman enim, qui decorus interpretatur, populum significat nationum, qui septies lavari iubetur; quia illud baptisma salvat quod septiformis spiritus regenerat. caro eius post lavacrum sicut pueri apparet; quia mater gratia omnes in unam parit infantiam: vel quia christo conformatur, de quo dicitur: puer natus est nobis.

lc6 * Graecus. ° quia pravam eorum intentionem redarguerat, ideo indignantur; et hoc est quod dicitur et repleti sunt omnes in synagoga ira: pro eo etiam quod dixerat hodie completa est haec prophetia, arbitrati sunt quod seipsum compararet prophetis; et ideo indignantur, et fugant eum extra civitatem; unde sequitur et surrexerunt, et eiecerunt illum extra civitatem. * ambrosius. ° nec mirum, si perdiderunt salutem qui eiecerunt de suis finibus salvatorem. dominus autem, qui docuerat apostolos exemplo sui omnibus omnia fieri, nec volentes repudiat, nec invitos alligat, nec eicientibus reluctatur, nec rogantibus deest. non mediocriter autem invidia proditur, quae caritatis oblita in acerba odia causas amoris inflectit. cum enim ipse dominus per populos beneficia diffunderet, illi iniurias irrigabant; unde sequitur et duxerunt illum usque ad supercilium montis, super quem civitas illorum erat aedificata, ut praecipitarent eum. * beda. ° peiores sunt iudaei discipuli diaboli diabolo magistro; ille enim ait: mitte te deorsum: isti facto mittere conantur; sed illorum mente mutata subito, vel obstupefacta, descendit, quia adhuc illis poenitentiae locum reservat; unde sequitur ipse autem transiens per medium illorum ibat. * chrysostomus. ° in quo et quae sunt humanitatis et quae sunt divinitatis ostendit: stare enim in medio insidiantium et non apprehendi, divinitatis eminentiam ostendebat; discedere vero, dispensationis approbat mysterium. * ambrosius. ° simul intellige non ex necessitate fuisse, sed voluntariam corporis passionem: etenim quando vult capitur, quando vult elabitur. nam quemadmodum a paucis teneri potuit, qui a populo non tenetur? sed voluit sacrilegium esse multorum, ut a paucis quidem affligeretur, sed pro toto orbe moreretur. quin etiam malebat iudaeos adhuc sanare quam perdere; ut inefficaci furoris exitu desinerent velle quod implere non possent. * beda. ° nondum etiam venerat hora passionis, quae in parasceve paschae futura extiterat; necdum locum passionis adierat, qui non in nazareth, sed hierosolymis hostiarum sanguine figurabatur; nec hoc genus mortis elegerat, qui crucifigendum se a saeculo praeconabatur.

lc7 * Ambrosius. ° non indignatione commotus dominus, nec scelere offensus, iudaeam deseruit; quin etiam immemor iniuriae, memor clementiae, nunc docendo, nunc sanando, infidae plebis corda demulcet; unde dicitur et descendit in capharnaum civitatem galilaeae, ibique docebat illos sabbatis. * cyrillus. ° quamvis enim sciret quod inobedientes essent et duri cordis, tamen visitat illos, sicut bonus medicus illos qui ultima laborant aegritudine tentat sanare. docebat autem in synagogis confidenter, secundum illud: nequaquam occulte locutus sum, nec in obscuro loco terrae. in sabbato quoque disputabat cum eis, quia vacabant. mirati sunt ergo de doctrinae virtute et potestatis magnitudine; unde sequitur et stupebant in doctrina eius, quia in potestate erat sermo ipsius; idest non blandus, sed imperiosus ad salutem. iudaei autem putabant esse christum sicut aliquem sanctorum aut prophetarum. ut autem maiorem de eo opinionem accipiant, transcendit |25| mensuram propheticam; non enim dicebat: haec dicit dominus, ut prophetae consueverant dicere; sed sicut dominus legis, quae sunt supra legem proferebat, transferens litteram ad veritatem, et figuras ad spiritualem intelligentiam. * beda. ° sermo etiam doctoris in potestate fit, cum ea quae docet operatur: qui enim facto destruit quod praedicat, contemnitur. * cyrillus. ° opportune autem dogmatibus plerumque ardua miscet opera: quos enim non disponit ratio ad cognoscendum, hos instigat signorum ostensio: unde sequitur et in synagoga erat homo habens daemonium immundum. * ambrosius. ° sabbato medicinae divinae opera coepta significat, ut inde nova creatura coeperit unde vetus creatura ante desivit; ne sub lege esse dei filium, sed supra legem, in ipso principio designaret. bene etiam sabbato coepit, ut ipsum se ostenderet creatorem, quia opera operibus interserit, et prosequitur opus quod ipse ante iam coeperat; ut si domum faber |50| renovare disponat, non a fundamentis, sed a culminibus incipit solvere vetustatem, ita ut ibi prius manum admoveat ubi ante desierat. deinde a minoribus incipit, ut ad maiora perveniat. liberare a daemone etiam homines, sed in verbo dei, possunt; resurrectionem mortui imperare, divinae solius est potestatis. * cyrillus. ° calumniabantur autem iudaei gloriam christi, dicentes: hic non eicit daemones nisi in beelzebub principe daemoniorum; ad quod removendum cum repraesentarentur daemones invictae potestati eius, nec tolerarent congressum deitatis, saevam vocem emittebant; unde et hic sequitur exclamavit voce magna dicens: sine: quid nobis et tibi, iesu nazarene? venisti perdere nos? * beda. ° quasi dicat: paululum a me vexando quiesce, cui nulla est societas cum nostra fraude. * ambrosius. ° nec quemquam movere debet quod iesu nazareni nomen in hoc libro diabolus dixisse primus inducitur: nec enim ab eo christus nomen accepit, quod |75| de caelo angelus ad virginem detulit. est huius impudentiae diabolus, ut inter homines aliquid primus usurpet, et ad homines quasi novum deferat, quo terrorem suae potestatis incutiat; unde sequitur scio enim te, quia sis sanctus dei. * athanasius. ° non dicebat eum sanctum dei, quasi aliis sanctis similis, sed quasi eo singulariter sancto existente cum articuli adiectione: ipse est enim naturaliter sanctus, cuius participatione omnes alii sancti vocantur: neque tamen hoc dicebat quasi eum veraciter nosset, sed se cognoscere fingebat. * cyrillus. ° putaverunt enim daemones quod per huiusmodi laudem facerent ipsum inanis gloriae amatorem, ut abstineret ab eorum contrarietate, utpote pro gratia gratiam recompensans. * chrysostomus. ° voluit etiam daemon perturbare ordinem rerum, et apostolorum rapere dignitatem, et suggerere multis ut ei obediant. * athanasius. ° quamvis igitur vera fateretur, compescebat tamen eius sermonem, ne simul cum veritate etiam suam iniquitatem promulget; |100| ut nos etiam assuefaciat ne curemus de talibus, etsi vera loqui videantur. nefas est enim ut cum adsit nobis scriptura divina, instruamur a diabolo; unde sequitur et increpavit illum, dicens: obmutesce, et exi ab illo. * beda. ° divina autem permissione liberandus a daemone homo proicitur in medium, ut virtus patefacta salvatoris plures ad viam salutis invitet; unde sequitur et cum proiecisset illum daemonium in medium, exiit ab illo, nihilque illi nocuit. videtur autem repugnare quod hic dicitur marco qui ait: et discerpens eum spiritus immundus, et exclamans voce magna, exivit ab eo, nisi intelligamus hoc dixisse marcum: discerpens eum, quod lucas dicit et cum proiecisset illum in medium; ut quod secutus ait nihilque illi nocuit, intelligatur quia iactatio illa membrorum atque vexatio non eum debilitavit, sicut solent exire daemonia etiam quibusdam membris amputatis aut evulsis. unde merito pro tam integra restitutione sanitatis mirantur; nam sequitur et factus |125| est pavor in omnibus, et colloquebantur ad invicem, dicentes: quod est hoc verbum quod in potestate et virtute imperat immundis spiritibus, et exeunt? * theophylactus. ° quasi dicant: quale est praeceptum hoc quod praecepit exi ab eo, et exit? * beda. ° expellere quidem daemonia et homines sancti, sed in verbo dei, possunt; ipsum autem dei verbum propria potestate virtutes operatur. * ambrosius. ° mystice autem qui in synagoga spiritum habebat immundum, populus est iudaeorum, qui innodatus diaboli laqueis, simulatam corporis munditiam interioris mentis sordibus inquinabat: et bene spiritum immundum habebat, quia spiritum sanctum amiserat: introierat enim diabolus, unde christus exierat. * theophylactus. ° sciendum est etiam, quod multi nunc daemonia habent, scilicet qui daemoniorum desideria implent, ut furiosi habent daemonium irae, et sic de ceteris. sed dominus in synagogam venit, cum mens hominis fuerit congregata, et tunc dicit daemoni |150| inhabitanti obmutesce; et statim eiciens eum in medium, egreditur ab eo; non enim decet hominem semper iracundum esse, bestiale namque hoc est; nec semper absque ira, insensibile namque hoc est: sed medium iter ambulare oportet, et iram contra mala habere; et sic proicitur homo cum immundus spiritus ab eo egreditur.

lc8 * Ambrosius. ° postquam lucas virum a spiritu nequitiae liberatum ante praemisit, substituit feminae sanitatem. utrumque enim sexum dominus curaturus advenerat; et prior sanari debuit qui prior creatus est; unde dicitur surgens autem de synagoga introivit in domum simonis. * chrysostomus in matthaeum. ° manebat enim apud discipulos honorans ipsos, et ob hoc animosiores reddens. * cyrillus. ° aspice autem quomodo manet penes virum inopem christus, qui spontanea voluntate paupertatem pro nobis passus est, ut discamus cum pauperibus conversari, nec spernere depressos et pauperes. sequitur socrus autem simonis tenebatur magnis febribus: et rogaverunt illum pro ea. * hieronymus super matthaeum. ° modo salvator rogatus, modo ultro curat aegrotos; ostendens se contra peccatorum quoque passiones et precibus semper annuere fidelium; et ea quae ipsi minime in se intelligunt, vel intelligenda |25| dare, vel non intellecta dimittere: secundum illud: delicta quis intelligit? ab occultis meis munda me, domine. * chrysostomus. ° quod autem matthaeus hic reticuit, non differt: illud enim est brevitatis, hoc autem exquisitae interpretationis. sequitur et stans super illam, imperavit febri; et dimisit illam. * basilius. ° in quo lucas figuravit sermonem tamquam de praecepto animali sensibili facto, sic dicens febri imperatum, et quod febris non omisit imperantis operationem; unde sequitur et continuo surgens ministrabat illis. * chrysostomus. ° quia enim morbus curabilis erat, per modum medendi potestatem suam declaravit, faciens quod minime ars medicinae facere potuisset: post febris enim sedationem, multo tempore patientes egent ut pristinae restituantur sanitati; tunc autem simul omnia facta sunt. * ambrosius. ° si autem altiori consilio ista perpendamus, animi debemus intelligere et corporis sanitatem: ut prius animus, qui serpentis |50| laborabat insidiis, absolutus sit. denique non prius eva esuriit, quam serpentis eam versutia tentavit; et ideo adversus ipsum auctorem peccati prius debuit medicina salutis operari. fortassis etiam in typo mulieris illius, variis criminum febribus caro nostra languescebat; nec minorem febrem amoris esse dixerim quam caloris. * beda. ° si enim virum a daemonio liberatum moraliter animum ab immunda cogitatione purgatum significare dixerimus; consequenter femina febribus tenta, sed ad imperium domini curata, carnem ostendit a concupiscentiae suae fervore per continentiae praecepta frenatam. * cyrillus. ° et nos ergo suscipiamus iesum: cum enim visitaverit nos, et portamus eum in mente et corde, tunc enormium voluptatum aestum extinguet, et incolumes faciet, ut ministremus ei, hoc est, ei beneplacita peragamus.

lc9 * Theophylactus. ° considerandum est turbae desiderium: nam cum sol occidisset, adducunt ad eum infirmos, non a tempore impediti; unde dicitur cum autem sol occidisset, omnes qui habebant infirmos variis languoribus, ducebant illos ad eum. * origenes. ° ideo quidem circa solis occasum, idest elapsa die, illos educebant, quia verecundabantur, vel timebant pharisaeos; vel quia de die intenti erant circa alia; vel quia putabant non licere sanare in sabbato. ipse autem sanabat eos; unde sequitur at ille singulis manus imponens, curabat omnes. * cyrillus. ° quamvis autem ut deus potuisset omnes verbo pellere morbos, tamen tangit eos, ostendens propriam carnem efficacem ad praestanda remedia, nam caro dei erat. sicut enim ignis appositus vasi aeneo imprimit ei propriae caliditatis effectum; sic omnipotens dei verbum, cum univit sibi veraciter assumptum templum ex virgine animatum et intellectivum, particeps suae potestatis, eius |25| effectum inseruit. tangat et nos, immo potius nos illum tangamus, quatenus et nos ab animarum infirmitatibus liberet, nec non a daemonum impugnatione et superbia; sequitur enim exibant autem daemonia a multis clamantia et dicentia: quia tu es filius dei. * beda. ° daemonia filium dei confitentur, et, sicut postea dicitur, sciebant ipsum esse christum: quia cum ieiunio fatigatum eum diabolus videret, verum hominem intellexit; sed quia tentando non praevaluit, utrum filius dei esset dubitabat; nunc autem per signorum potentiam vel intellexit vel potius suspicatus est esse filium dei. non igitur ideo iudaeis eum crucifigere persuasit, quia christum sive dei filium non esse putavit; sed quia se morte illius non praevidit esse damnandum. de hoc enim mysterio a saeculis abscondito dicit apostolus quod nemo principum huius saeculi cognovit: si enim cognovissent, nunquam dominum gloriae crucifixissent. * chrysostomus in marcum. |50| ° in hoc autem quod sequitur et increpans non sinebat ea loqui, percipe christi humilitatem: non sinebat ut daemones immundi eum manifestarent; non enim oportebat eos subripere officii apostolici gloriam, nec decebat christi mysterium lingua foeda publicari. * theophylactus. ° quia non est speciosa laus in ore peccatoris; vel quia nolebat invidiam accendere iudaeorum ex hoc quod ab omnibus laudaretur. * beda. ° ipsi autem apostoli praecipiuntur reticere de illo, ne divina maiestate praedicata, passionis dispensatio differretur.

lc10 * Chrysostomus. ° postquam satis utilitatis populis per miracula est collatum, oportebat eum abesse: maiora namque putantur miracula post absentiam operantis, dum ipsa magis exclamant, et vice vocis fruuntur; unde dicitur facta autem die, egressus ibat in desertum locum. * graecus. ° abiit etiam in desertum, ut marcus dixit, et orabat: non quod ipse oratione indigeret, sed ut nobis bonae operationis fieret forma. * chrysostomus. ° pharisaei quidem, ipsis prodigiis praedicantibus, potentia christi scandalizabantur; populi vero eloquia audientes, acquiescebant et sequebantur; unde sequitur et turbae requirebant eum, et venerunt usque ad ipsum; et detinebant illum, ne discederet ab eis; non quidem aliqui primatum aut scribarum, sed quoscumque malitiae fucus non denigraverat, et illaesam habebant conscientiam. * graecus. ° quod autem marcus dicit apostolos pervenisse ad eum dicentes quod omnes quaerunt te, lucas vero dicat populus pervenisse, |25| non discrepant ab invicem. applicuerant enim ad ipsum populi, apostolorum sequentes vestigia; dominus autem gaudebat detentus, sed mandabat ut eum dimitterent, ut etiam alii participes forent eius doctrinae, quasi tempore suae praesentiae non multum duraturo; unde sequitur quibus ait: quia et aliis civitatibus oportet me evangelizare regnum dei, quia ideo missus sum. marcus dicit: ad hoc veni, ostendens divinitatis eius celsitudinem, et voluntariam exinanitionem; lucas vero dicit ad hoc missus sum, idest incarnationem ostendens, necnon beneplacitum patris missionem appellans; et ille quidem simpliciter dicit: ut praedicem, iste vero regnum dei adiungit, quod est ipse christus. * chrysostomus. ° simul etiam considera, quod poterat in eodem loco manendo, omnes attrahere ad se; non tamen hoc fecit, praebens nobis exemplum ut perambulemus et requiramus pereuntes, sicut pastor ovem perditam, et medicus accedit ad infirmum: una enim anima recuperata, |50| poterit aliquis mille delicta abolere; unde et hic sequitur et erat praedicans in synagogis galilaeae. frequentabat quidem synagogas, docens illos quod non esset seductor: nam si iugiter inhabitata coleret, diffamarent eum velut latitantem. * beda. ° si autem occasu solis mystice mors domini exprimitur, die redeunte resurrectio illius indicatur; cuius manifestata luce, a credentium turbis requiritur, et in gentium deserto inventus, ne abeat detinetur; maxime cum hoc contigerit prima sabbati, quo resurrectio celebrata est.

073 CLC cp5

lc1 * Ambrosius in lucam. ° ubi dominus impertivit multis varia genera sanitatum, nec tempore, nec loco coepit a studio sanandi turba cohiberi: vespera incubuit, sequebantur: stagnum occurrit, et turbae urgebant: unde dicitur factum est autem cum turbae irruerent in eum. * chrysostomus. ° erant enim ei connexi, diligentes eum et mirantes, et tenere cupientes. quis enim discessisset, dum huiusmodi miracula faciebat? quis noluisset solam prospicere faciem, et os talia loquens? neque enim in agendo miracula solum admirabilis erat; sed visus eius abundabat plurima gratia; unde et loquentem eum audiunt in silentio, seriem locutionis non irrumpentes; dicitur enim ut audirent verbum dei, et ipse stabat secus stagnum genezareth. * beda. ° stagnum genezareth idem dicunt esse quod mare galilaeae, vel mare tiberiadis; sed mare galilaeae ab adiacente provincia dicitur; mare autem tiberiadis a proxima civitate. porro genezareth a laci |25| ipsius natura, quae crispantibus aquis de seipso sibi excitare auram perhibetur, graeco vocabulo quasi generans sibi auram dicitur: neque enim in stagni morem sternitur aqua, sed frequentibus auris spirantibus agitatur, haustu dulcis, et ad potandum habilis. sed hebraeae linguae consuetudine omnis aquarum congregatio, sive dulcis, sive salsa, mare nuncupatur. * theophylactus. ° fugit autem dominus gloriam quanto magis ipsa eum sequebatur; et ideo a turbis se separans ascendit in navem. et vidit duas naves stantes secus stagnum: piscatores autem descenderant, et lavabant retia. * chrysostomus. ° quod signum erat vocationis. secundum vero matthaeum invenit eos reficientes retia; tantus enim erat paupertatis excessus, ut laniata repararent, nova nequeuntes habere. volens autem diligenter congregare spectaculum, ut nemo remaneret post tergum, sed omnes facie ad faciem cernerent, ascendit in navim; unde dicitur ascendens autem in unam navim, quae |50| erat simonis, rogavit eum a terra reducere pusillum. * theophylactus. ° vide autem christi mansuetudinem, quomodo rogat petrum; et petri obedientiam, quomodo in omnibus fuit obediens. * chrysostomus. ° postquam vero multa peregerat miracula, iterum doctrinam proponit, et existens in mari piscatur existentes in terra; unde sequitur et sedens docebat turbas de navicula. * gregorius nazianzenus. ° cunctis condescendens, ut a profundis extrahat piscem, hominem scilicet natantem in mobilibus rebus, et amaris huius vitae procellis. * beda. ° mystice autem duae naves circumcisionem et praeputium figurant; quas videt dominus, quia in utroque populo novit qui sunt eius, et ad futurae vitae tranquillitatem quasi ad littus videndo, hoc est misericorditer visitando, provehit. piscatores sunt ecclesiae doctores, qui nos per rete fidei comprehendunt, et quasi littori, sic terrae viventium advehunt. sed haec retia modo laxantur in capturam, modo lota plicantur: quia |75| non omne tempus est habile doctrinae; sed nunc exercenda est lingua doctoris, et nunc suimet cura gerenda. navis simonis est ecclesia primitiva, de qua paulus dicit: qui operatus est petro in apostolatum circumcisionis; bene una dicta, quia multitudinis credentium erat cor unum et anima una. * augustinus de quaest. evang.. ° de qua docebat turbas, quia de auctoritate ecclesiae docet gentes. quod autem dominus ascendens in navim rogat eum a terra reducere pusillum, significat temperate utendum verbo ad turbas, ut nec terrena eis praecipiantur, nec a terrenis in profunda sacramentorum recedatur. vel prius in proximis regionibus gentibus praedicandum, ut quod postea dicit duc in altum, ad remotiores gentes postea praedicandum praecipiat.

lc2 * Cyrillus. ° postquam sufficienter populum docuerat, regreditur iterum ad magnificentias proprias, et per piscatoria ministeria piscatur discipulos; unde sequitur ut autem cessavit loqui, dixit ad simonem: duc in altum, et laxate retia vestra in capturam. * chrysostomus. ° condescendens enim hominibus, sicut magos per sidus vocavit, sic et piscatores per piscatoriam artem. * theophylactus. ° petrus autem non distulit; unde sequitur et respondens simon dixit illi: praeceptor, per totam noctem laborantes nihil cepimus. non autem addidit: non te audiam, nec secundis laboribus me exponam; sed magis subdit in verbo autem tuo laxabo rete: quia vero turbam de navicula dominus instruxerat, non sine mercede naviculae dominum dereliquit, dupliciter beneficians ipsum: quia primo dedit ei multitudinem piscium, et deinde discipulum ipsum fecit. et cum hoc fecisset, concluserunt piscium multitudinem copiosam. tot autem pisces cepit ut non posset eos |25| foras educere, sed a sociis auxilium peteret; unde sequitur rumpebatur autem rete eorum: et annuerunt sociis qui erant in alia navi, ut venirent et adiuvarent eos. per nutum ipsos vocant: quia ex stupore propter capturam piscium loqui non poterant. et sequitur de eorum auxilio, cum dicitur et venerunt, et impleverunt ambas naviculas, ita ut pene mergerentur. * augustinus de cons. evang.. ° ioannes quidem videtur simile miraculum dicere; sed illud longe aliud est, quod factum est post resurrectionem domini ad mare tiberiadis: ibi enim non solum ipsum tempus valde diversum est, sed etiam res ipsa plurimum distat: nam retia illic in dexteram partem missa, centum quinquaginta tres pisces ceperunt, magnos quidem; sed pertinuit ad evangelistam dicere, quod cum tam magni essent, retia non sunt disrupta; respicientem scilicet ad hoc factum quod lucas commemorat, ubi prae multitudine piscium retia rumpebantur. * ambrosius. ° mystice autem navis petri, |50| secundum matthaeum fluctuat, secundum lucam repletur piscibus, ut et principia ecclesiae fluctuantis, et posteriora exuberantis agnoscas. non turbatur ista quae petrum habet; turbatur illa quae iudam habet: in utraque petrus; sed qui suis meritis firmus est, turbatur alienis. caveamus igitur proditorem, ne per unum plurimi fluctuemus. illic turbatio ubi modica fides; hic securitas ubi perfecta dilectio. denique etsi aliis imperatur ut laxent retia sua, soli tamen petro dicitur duc in altum, hoc est in profundum disputationum. quod est tam altum quam scire dei filium? quae sunt autem apostolorum quae laxari iubentur retia, nisi verborum complexiones, et quasi quidam orationis sinus, et disputationum recessus, qui eos quos ceperint non amittant? et bene apostolica instrumenta piscandi retia sunt, quae non captos perimunt, sed reservant, et fluctuantes de infimis ad superna transducunt. dicit autem praeceptor, per totam noctem laborantes nihil cepimus: quia non hoc humanae facundiae |75| opus, sed supernae vocationis est munus. qui autem nihil ante ceperant, magnam in verbo domini concludunt piscium multitudinem. * cyrillus. ° hoc autem fuit figura futuri: non enim incassum laborabunt evangelicae doctrinae rete tendentes; sed greges gentium aggregabunt. * augustinus de quaest. evang.. ° quod autem retia rumpebantur piscium copia, et naviculae impletae sunt, ita ut pene mergerentur, significat hominum carnalium multitudinem tantam futuram in ecclesia, ut etiam disruptione pacis per haereses et schismata scinderetur. * beda. ° rumpitur autem rete, sed non labitur piscis, quia suos dominus inter persequentium scandala servat. * ambrosius. ° alia autem navis est iudaea, ex qua ioannes et iacobus eliguntur. hi igitur de synagoga ad navim petri, hoc est ad ecclesiam, convenerunt, ut implerent ambas naviculas: omnes enim in nomine iesu genuflectunt, sive iudaeus sive graecus. * beda. ° vel alia navis est ecclesia gentium, quae et ipsa, una navicula non sufficiente, |100| piscibus impletur electis: quia novit dominus qui sunt eius. et apud ipsum certus est suorum numerus electorum; dumque tot in iudaea credituros non invenit quot ad fidem vitamque praedestinatos novit aeternam, quasi alterius navis receptacula piscibus quaerens suis, corda quoque gentium fidei gratia replet. et bene rupto reti socia navis advocatur, quando iudas proditor, simon magus, ananias et saphira, et multi discipulorum abierunt retro: ac deinde barnabas et paulus ad gentium sunt apostolatum segregati. * ambrosius. ° possumus tamen et aliam ecclesiam intelligere navem alterius: ab una enim plures ecclesiae derivantur. * cyrillus. ° innuit autem sociis ut auxiliarentur eis: multi enim sequuntur apostolorum labores; et prius illi qui evangeliorum ediderunt scripturas, post quos alii praesides et populorum pastores, et in deitatis doctrina periti. * beda. ° harum autem impletio navium in fines saeculi crescit; sed quod impletae merguntur, hoc est in submersione premuntur (non |125| enim sunt submersae, sed periclitatae), apostolus exponit dicens: in novissimis diebus erunt tempora periculosa, et erunt homines seipsos amantes, etc.: nam mergi naves, est homines in saeculo, ex quo electi per fidem fuerant, morum pravitate relabi.

lc3 * Ambrosius. ° admirabatur petrus dona divina; et quo plus metuerat, praesumebat minus; unde dicitur quod cum videret simon petrus, procidit ad genua iesu, dicens: exi a me, domine, quia homo peccator sum. * cyrillus. ° reducens enim ad conscientiam patrata delicta, tremit et trepidat, et velut immundus mundum non credit se posse suscipere: acceperat enim a lege, distinguendum esse inter maculatum et sanctum. * gregorius nyssenus. ° cum enim mandasset demergere retia, tanta copia piscium capta est, quantum ipse maris dominus et terrae voluerat. vox enim verbi semper est vox virtutis, cuius praecepto in origine mundi lux et ceterae creaturae prodibant. in his admiratur petrus; unde sequitur stupor enim circumdederat eum, et omnes qui cum illo erant, in captura piscium quam ceperant; similiter autem iacobum et ioannem filios zebedaei, qui erant socii simonis. * augustinus de cons. evang.. ° andream non nominat, qui tamen intelligitur |25| in ea navi fuisse, secundum matthaei et marci narrationem. et ait ad simonem iesus: noli timere. * ambrosius. ° dic et tu exi a me, domine, quia peccator sum, ut respondeat deus noli timere. indulgenti domino peccatum fatere. vides quam bonus dominus, qui tantum tribuit hominibus ut vivificandi habeant potestatem; unde sequitur ex hoc iam homines eris capiens. * beda. ° hoc ad ipsum petrum specialiter pertinet: exponit enim ei dominus quid haec captura piscium significet; quod scilicet ipse sicut nunc per retia pisces, sic aliquando per verba sit capturus homines: totusque facti huius ordo quid in ecclesia, cuius ipse typum tenet, quotidie geratur, ostendit. * chrysostomus. ° considera autem eorum fidem et obedientiam; habentes enim opus prae manibus appetibilis piscationis, cum audissent mandantem, non distulerunt, sed relictis omnibus sequebantur. talem enim obedientiam requirit a nobis christus, ut eam non praetermittamus, etiam si aliquid valde necessarium |50| urgeat; unde et sequitur et subductis ad terram navibus, relictis omnibus, secuti sunt eum. * augustinus de cons. evang.. ° matthaeus et marcus breviter hoc perstringunt quemadmodum gestum sit, quod lucas hic apertius explicavit. hoc tamen videtur distare quod tantum petro a domino dictum commemorat ex hoc iam homines eris capiens, quod illi ambobus fratribus dictum esse narraverunt. sed potuit utique prius hoc petro dici, cum de capta ingenti multitudine piscium miraretur, quod lucas insinuavit; ambobus postea, quod illi duo commemoraverunt. vel intelligendum est hoc primo fuisse factum quod lucas commemorat; nec tunc eos a domino vocatos, sed tantum fuisse praedictum petro quod homines esset capturus: non autem quod numquam pisces esset capturus: unde datur locus intelligere eos ad capturam piscium remeasse, ut postea fieret quod matthaeus et marcus narrant: tunc enim non subductis ad terram navibus, tamquam cura redeundi, sed ita |75| eum secuti sunt, tamquam vocantem aut iubentem. sed si, secundum ioannem, iuxta iordanem secuti sunt eum petrus et andreas; quomodo ab aliis evangelistis dicitur quod eos in galilaea piscantes invenit et ad discipulatum vocavit, nisi quia intelligendum est, non sic eos vidisse dominum iuxta iordanem ut ei inseparabiliter cohaererent, sed tantum cognovisse quis esset, eumque miratos ad propria remeasse? * ambrosius. ° mystice autem quos petrus in verbo capit, negat suam praedam, negat suum munus. exi, inquit, a me, domine. noli timere et tu quae tua sunt domino deferre, quia quae sua sunt nobis ille concessit. * augustinus de quaest. evang.. ° vel aliter. ex persona ecclesiae carnalibus hominibus plenae petrus dicit exi a me, quia homo peccator sum; tamquam ecclesia turbis carnalium impleta, et eorum moribus pene submersa, regnum spiritualium, in quibus maxime persona christi eminet, a se quodammodo repellat. non enim hoc voce linguae dicunt homines bonis ministris dei, ut |100| eos a se repellant; sed voce morum et actuum suadent a se recedi, ne per bonos regantur, et eo vehementius quo deferunt eis honorem; ut honorificentiam eorum significaverit petrus cadens ad pedes domini, mores autem in eo quod dixit exi a me. * beda. ° confortat autem dominus timorem carnalium, ne quis vel de suae conscientia culpae tremens, vel de aliorum innocentia stupens sanctitatis iter formidet aggredi. * augustinus de quaest. evang.. ° dominus autem dum non recessit ab eis, significat, in bonis et spiritualibus viris non esse oportere hanc voluntatem ut peccatis turbarum commoti, quo quasi securius tranquilliusque vivant, munus ecclesiasticum deserant. quod autem subductis ad terram navibus, relictis omnibus secuti sunt eum, potest significare finem temporis quo ab huius mundi salo, qui christo inhaeserunt penitus recessuri sunt.

lc4 * Ambrosius in lucam. ° quarto signo, ex quo in capharnaum dominus venit leprosus sanatur. si autem quarto die solem illuminavit, et clariorem ceteris fecit, hoc clarius opus aestimare debemus, de quo dicitur et factum est cum esset in una civitate, et ecce vir plenus lepra. bene ubi leprosus mundatur, certus non exprimitur locus, ut ostendatur non unum populum specialis alicuius civitatis, sed omnes populos fuisse sanatos. * athanasius. ° adoravit autem leprosus dominum deum existentem in corpore; et neque propter carnem putavit esse creaturam verbum dei; nec pro eo quod verbum erat, vilipendit carnem quam vestiebat; immo ut in templo creato adorabat omnium creatorem, in faciem procidens; sequitur enim et videns iesum et procidens in faciem, rogavit eum. * ambrosius. ° quod in faciem procidit, humilitatis est et pudoris, ut unusquisque de vitae suae maculis erubescat: sed confessionem verecundia non repressit: ostendit vulnus, |25| remedium postulavit, dicens domine, si vis, potes me mundare. de voluntate domini non quasi pietatis incredulus dubitavit; sed quasi iniquitatis suae conscius non praesumpsit: religionis autem et fidei plena confessio est quae in voluntate domini posuit potestatem. * cyrillus. ° noverat enim lepram experimentis medicorum non cedere; sed vidit divina maiestate pelli daemones, et ceteros ab aliis valetudinibus curari, quae coniecit divina dextera fieri. * titus. ° addiscamus etiam ex verbis leprosi corporalium infirmitatum medelam non quaerere, sed divino beneplacito totum committere, qui novit opportuna, et omnia iudicio disposuit. * ambrosius. ° eo autem sanat genere quo fuerat obsecratus; unde sequitur et extendens iesus manum, tetigit illum. lex tangi leprosos prohibet; sed qui dominus legis est, non obsequitur legi, sed legem facit. non ergo tetigit, quia sine tactu mundare non poterat, sed ut probaret quia subiectus non erat legi, nec contagium timebat ut homines, sed |50| quia contaminari non poterat qui alios liberabat; simul e contrario ut lepra tactu domini fugaretur, quae solebat contaminare tangentem. * theophylactus. ° ipsius enim sacra caro est purgativa, et vitam tribuens, sicut existens verbi dei caro. * ambrosius. ° in hoc autem quod subdit volo, mundare, habes voluntatem, habes et pietatis effectum. * cyrillus. ° a maiestate autem processit imperiosum mandatum. qualiter igitur in servis computatur unigenitus filius, qui volendo tantummodo cuncta potest? legitur de deo patre, quod omnia quaecumque voluit fecit. qui vero sui patris potestate fungitur, quomodo diversificabitur in natura ab eo? solent etiam quaecumque sunt eiusdem virtutis, eiusdem esse substantiae. mirare tamen in his christum divine et corporaliter operantem: divinum enim est ita velle ut praesto fiant omnia, humanum autem extendere dexteram. unus itaque christus ex utrisque perficitur, eo quod verbum caro factum est. * gregorius nyssenus. ° et quia cum utraque |75| hominis particula, anima scilicet et corpore, unita est deitas, per utraque patebant supernae naturae indicia. corpus enim reconditum in se lumen declarabat, cum palpando praestabat remedia, sed anima praepotenti voluntate divinam ostendebat virtutem: velut enim sensus tactus proprius corporis est, sic et animae voluntarius motus: vult anima, tangit corpus. * ambrosius. ° dicit ergo volo, propter photinum; imperat propter arium; tangit propter manichaeum. nihil autem medium est inter opus dei atque praeceptum, ut intelligas medentis affectum, virtutem operis; unde sequitur et confestim lepra discessit ab illo. sed ne lepra transire possit in medicum, unusquisque dominicae humilitatis exemplo iactantiam vitet; nam sequitur et praecepit illi ut nemini diceret: ut scilicet doceret non vulganda nostra beneficia, sed premenda, ut non solum a mercede abstineamus pecuniae, sed etiam gratiae. aut fortasse illa silentii causa est imperati, quod meliores putabat, qui fide magis spontanea |100| quam speratis beneficiis credidissent. * cyrillus. ° leproso etiam silente sufficiebat ipsa negotii vox ad narrandum omnibus agnoscentibus per eum potestatem curantis. * chrysostomus in matth.. ° et quia ut plurimum homines, dum aegrotant, dei sunt memores, ut autem convalescunt hebetantur, mandat ut deum prae oculis habeat, dans gloriam deo; unde sequitur sed vade, ostende te sacerdoti: ut scilicet mundatus leprosus committeret se sacerdotis aspectui; ac sic per illius censuram numeraretur inter suos. * ambrosius. ° et ut etiam intelligeret sacerdos non legis ordine, sed gratia dei supra legem esse curatum; et dum mandatur sacrificium secundum praeceptum moysi, ostendit dominus quia legem non solveret, sed impleret; unde sequitur et offer pro emundatione tua sicut praecepit moyses. * augustinus de quaest. evang.. ° videtur hic approbare sacrificium quod per moysen praeceptum est, cum id non recipiat ecclesia: quod ideo iussisse intelligi potest, quia nondum coeperat esse sacrificium sanctum sanctorum, quod corpus eius est: non enim oportebat auferri significativa sacrificia priusquam illud quod significabatur confirmatum esset contestatione apostolorum praedicantium, et fide credentium populorum. * ambrosius. ° vel quia lex spiritualis est, videtur sacrificium mandasse spirituale; unde dixit sicut praecepit moyses; denique addidit in testimonium illis. * titus. ° haeretici perperam hoc accipiunt, dicentes in opprobrium legis esse dictum. qualiter autem iuberet offerre pro emundatione secundum praeceptum moysi? * chrysostomus in matthaeum. ° dicit ergo in testimonium illis, quia ex hoc facto ostenditur christum incomparabili excellentia moysi praeferri; quia enim moyses insufficiens erat a sorore leprae pellere morbum, orabat dominum ut eam liberaret; sed salvator in potestate divina protulit volo, mundare. * cyrillus. ° vel in testimonium illis, hoc est ad reprehensionem eorum, et ad probationem quod legem revereor. cum enim te curaverim, mitto te ad sacerdotum experientiam, ut attesteris mihi quod non sum praevaricatus in legem. et quamvis dominus impendens remedia, moneret nemini dicere, instruens nos evitare superbiam; fama tamen eius volabat, undique installans auditui cunctorum miraculum; unde sequitur perambulabat magis sermo de illo. * beda. ° unius autem perfecta salvatio multas ad dominum cogit turbas: unde sequitur et conveniebant turbae multae, ut audirent et curarentur ab infirmitatibus suis. ut enim leprosus exterius se sanatum doceret, perceptum beneficium, ut marcus ait, etiam iussus non tacet. * gregorius moralium. ° redemptor autem noster per diem miracula in urbibus exibet, et ad orationis studium in nocte pernoctat: unde sequitur ipse autem secedebat in desertum, et orabat: ut perfectis videlicet praedicatoribus innuat quatenus nec activam amore speculationis funditus deserant, nec contemplationis gaudia operationis nimietate contemnant; sed quieti contemplantes sorbeant quod occupati erga proximos loquentes profundant. * beda. ° quod autem secedit orare, non ei naturae tribuas quae dicit volo, mundare, sed ei quae extendens manum tetigit leprosum: non quod iuxta nestorium gemina sit filii persona; sed eiusdem personae, sicut naturae, sic et operationes sunt duae. * gregorius nazianzenus. ° et opera quidem in populo, orationes autem in deserto peragebat ut plurimum; sanciens quod liceat parumper quiescere, ut mente sincera cum deo colloquamur. neque enim ipse indigebat remotione, quia non erat in eo quod remitteretur, cum deus esset: sed ut pateat nobis et operationis hora et altioris solertiae. * beda. ° typice autem leprosus humanum genus languidum peccatis designat, plenum lepra: quia omnes peccaverunt, et egent gratia dei, ut scilicet extenta manu, idest verbo dei humanam contingente naturam, a prisci erroris varietate mundentur, et offerant deo pro emundatione corpora sua hostiam vivam. * ambrosius. ° si autem leprae medicina verbum est, contemptus verbi lepra mentis est. * theophylactus. ° vide autem, quod postquam mundatus est aliquis, tunc dignus est offerre hoc munus, scilicet corpus et sanguinem domini, quod est divinae unitum naturae.

lc5 * Cyrillus. ° scribae et pharisaei, qui facti fuerant prodigiorum christi visores, audiebant ipsum quoque docentem; unde dicitur et factum est in una dierum, et iesus sedebat docens; et erant pharisaei sedentes, et legis doctores, qui venerant ex omni castello galilaeae, et iudaeae, et ierusalem; et virtus domini erat ad sanandum eos. non quasi mutuo acciperet potestatem alterius, sed quasi deus et dominus propria operabatur virtute. fiunt autem homines saepe donorum spiritualium digni; sed plerumque deficiunt ea ratione quam novit donorum largitor; quod in christo non accidit: affluebat enim in praestandis remediis virtus divina. quia vero necessarium erat, ubi tanta scribarum et pharisaeorum turba convenerat, aliquid fieri ex his quae virtuti attestarentur ipsius coram eis qui eum parvipendebant, factum est quoddam miraculum in paralytico: in quo quia defecisse videbatur medicinalis ars, portabatur a proximis ad supernum et caelestem medicum; unde sequitur et ecce viri portantes in lecto hominem qui erat paralyticus; et quaerebant eum inferre, et ponere ante eum. * chrysostomus. ° mirandi vero sunt qui paralyticum adduxerunt, qualiter cum nequissent intrare per ostium, novum aliquid et alienum attentaverunt; unde sequitur et non invenientes qua parte eum inferrent prae turba, ascenderunt supra tectum. detegentes autem tectum deponunt grabatum, et ponunt in medio paralyticum; unde sequitur et per tegulas submiserunt illum cum lecto in medium ante iesum. dicet aliquis demissum fuisse locum a quo per tegulas deposuerunt paralytici lectum. * beda. ° hominem autem dominus a paralysi curaturus, primo peccatorum vincula dissolvit, ut ostenderet eum ob nexus culparum artuum dissolutione damnari, nec nisi his relaxatis membrorum posse recuperatione sanari; unde sequitur quorum fidem ut vidit, dixit: homo, remittuntur tibi peccata tua. * ambrosius. ° magnus dominus, qui aliorum merito ignoscit aliis; et dum alios probat, aliis relaxat errata. cur apud te, homo, collega non valeat, cum apud deum servus et interveniendi meritum et ius habeat impetrandi? si gravium peccatorum diffidis veniam, adhibe precatores, adhibe ecclesiam quae pro te precetur, cuius contemplatione, quod tibi dominus negare posset, ignoscat. * chrysostomus in matthaeum. ° occurrebat autem et in hoc ipsius patientis fides: non enim sustinuisset se inferius submitti, nisi credidisset. * augustinus de cons. evang.. ° quod autem dicit homo, dimittuntur tibi peccata, ad hoc insinuandum valet quia homini dimittebantur peccata, qui hoc ipso quod homo erat, non posset dicere: non peccavi: simul etiam ut ille qui homini dimittebat, intelligeretur deus. * chrysostomus. ° nos autem si corporaliter patimur, satagimus nocivum abicere; cum vero male sit animae, differimus; atque ideo nec a corporis nocivis curamur. abscindamus igitur fontem malorum, et cessabunt aegritudinum fluxus. metu autem multitudinis suam intentionem aperire pharisaei non audebant, sed solum in cordibus suis meditabantur; unde sequitur et coeperunt cogitare scribae et pharisaei, dicentes: quis est hic qui loquitur blasphemias? * chrysostomus. ° in quo mortis praecipitant sententiam. erat enim mandatum in lege, quod quicumque blasphemaret in deum, morte puniretur. * ambrosius. ° itaque ab ipsis ex operibus suis dei filius accipit testimonium; nam et validius est ad fidem quod confitentur inviti, et perniciosius ad culpam quod negant qui suis assertionibus relinquuntur; unde sequitur quis potest peccata dimittere, nisi solus deus? magna infidae plebis amentia, ut cum confessa fuerit solius dei esse donare peccata, non credat deo peccata donanti. * beda. ° verum enim dicunt: quia nemo peccata dimittere nisi deus potest, qui per eos quoque dimittit quibus dimittendi tribuit potestatem. et ideo christus vere deus esse probatur, quia dimittere peccata quasi deus potest. * ambrosius. ° dominus autem salvos volens facere peccatores, ex occultorum cognitione deum se esse demonstrat; unde sequitur ut autem cognovit iesus cogitationes eorum, respondens dixit ad illos: quid cogitatis in cordibus vestris? * cyrillus. ° quasi dicat: o pharisaei, quia dicitis quis potest peccata dimittere, nisi solus deus? respondeo vobis: quis potest secreta cordis scrutari, nisi solus deus? qui per prophetas dicit: ego dominus scrutans corda et probans renes. * chrysostomus. ° si ergo increduli estis erga primum, scilicet remissionem peccati, ecce aliud adicio, dum intima vestra patefacio: quin etiam aliud dum paralytici corpus consolido; unde subdit quid est facilius, dicere: dimittuntur tibi peccata, an dicere: surge et ambula? palam quidem est quia consolidare corpus facilius est: quanto namque nobilior est anima corpore, tanto est excellentior absolutio criminum: verum, quia illud non creditis eo quod lateat, adiciam quod minus est; apertius tamen, quatenus quod est magis occultum per hoc demonstretur. et quidem cum allocutus est infirmantem, non dixit: dimitto tibi peccata, propriam exprimens potestatem; sed remittuntur tibi peccata. cogentibus autem illis, evidentius propriam declarat potestatem, dicens ut autem sciatis quia filius hominis potestatem habet in terris dimittendi peccata. * theophylactus. ° vide quod in terra dimittit peccata: dum enim sumus in terra, peccata nostra delere possumus, postquam vero a terra tollimur, non valebimus confiteri: clauditur enim ianua. * chrysostomus. ° demonstrat autem peccatorum veniam per corporis sanationem; unde sequitur ait paralytico: tibi dico: surge. ipsam vero corporis sanationem demonstrat per lecti portationem, ut sic non reputetur phantasia quod factum est; unde sequitur tolle grabatum tuum, et vade in domum tuam; quasi dicat: ego volebam per tuam passionem curare illos qui sani videntur, infirmantur autem in anima; sed quia nolunt, vade tuam correcturus familiam. * ambrosius. ° nec mora ulla sanitatis intervenit; unum dictorum remediorumque momentum est; unde sequitur et confestim consurgens coram illis, tulit lectum in quo iacebat, et abiit in domum suam, magnificans deum. * cyrillus. ° quo facto patuit quod filius hominis potest in terra relaxare peccata; quod pro se et pro nobis dixerat. ipse namque ut deus factus homo tamquam dominus legis peccata dimittit. sortiti sumus etiam nos ab eo tam mirabilem gratiam: dictum est enim discipulis: quorum remiseritis peccata, remittuntur eis. quomodo autem non magis ipse peccata dimittit, qui ceteris potestatem faciendi hoc tradidit? * chrysostomus. ° reges autem terreni et principes homicidas absolventes, a poena praesenti liberant, a criminibus autem expiare non possunt. * ambrosius. ° spectant autem surgentem increduli, mirantur abeuntem; unde sequitur et stupor apprehendit omnes, et magnificabant deum. * chrysostomus in matthaeum. ° paulatim serpunt iudaei magnificantes deum, non tamen putant eum deum esse; obstabat enim eis caro: nec tamen erat modicum aestimare eum praecipuum esse mortalium et a deo processisse. * ambrosius. ° divini autem operis miracula malunt timere quam credere; unde sequitur et repleti sunt timore, dicentes: quia vidimus mirabilia hodie. si autem credidissent, non timuissent utique, sed dilexissent: perfecta enim dilectio foras timorem excludit. non otiosa autem huius paralytici nec angusta medicina est, quoniam orasse praemittitur, non propter suffragium, sed propter exemplum. * augustinus de quaest. evang.. ° de paralytico enim potest intelligi animam dissolutam membris, hoc est operationibus, christum quaerere, idest voluntatem verbi dei; impediri autem a turbis, scilicet cogitationum, nisi tecta, idest operta scripturarum, aperiat, et per hoc ad notitiam christi perveniat, hoc est, ad eius humilitatem fidei pietate descendat. * beda. ° et bene domus iesu tegulis contecta describitur, quia sub contemptibili litterarum velamine spiritualis gratiae virtus invenitur. * ambrosius. ° unusquisque autem aeger petendae praedicatores salutis debet adhibere, per quos nostrae vitae compago resoluta, actuumque nostrorum clauda vestigia, verbi caelestis remedio reformentur. sint igitur aliqui monitores mentis, qui animum hominis, quamvis exterioris corporis debilitate torpentem, ad superiora erigant, quorum rursus adminiculis et attollere et humiliare se facilis ante iesum locetur, dominico videri dignus aspectu: humilitatem enim respicit dominus. * augustinus de quaest. evang.. ° hi ergo a quibus deponitur, bonos doctores ecclesiae possunt significare; quod autem cum lecto deponitur, significat ab homine in ista carne adhuc constituto christum debere cognosci. * ambrosius. ° dominus autem plenam spem resurrectionis ostendens, peccata donat animorum, et debilitatem carnis excludit: hoc est enim totum hominem esse curatum. quamvis igitur magnum sit hominibus peccata dimittere, tamen multo divinius est resurrectionem donare corporibus, quandoquidem deus resurrectio est. lectus autem qui tolli iubetur, nihil est aliud quam corpus humanum. * augustinus de quaest. evang.. ° ut non iam in carnalibus gaudiis tamquam in lecto requiescat infirmitas animae, sed magis ipsa contineat affectiones carnales, et tendat ad domum suam, idest requiem secretorum cordis sui. * ambrosius. ° vel domum repetere suam, hoc est ad paradisum redire: ea enim est vera domus quae hominem prima suscepit, non iure amissa, sed fraude. merito ergo restituitur, quoniam venerat qui nexum fraudis aboleret, iusque reformaret.

lc6 * Augustinus de cons. evang.. ° post paralyticum sanatum, de conversione publicani subiungit, dicens et post haec exiit et vidit publicanum nomine levi, sedentem ad telonium. ipse est matthaeus, qui et levi. * beda. ° sed lucas et marcus propter honorem evangelistae, nomen tacent vulgatum; matthaeus autem in sermonis principio accusator sui factus, matthaeum se et publicanum nominat, ne quis a salute desperet pro immanitate peccatorum, cum ipse de publicano in apostolum sit mutatus. * cyrillus. ° publicanus enim fuerat levi, vir avarus, effrenis erga superflua, alieni amator, (hoc enim est publicanorum officium); sed ab ipsis officinis malitiae detrahitur, christo eum vocante; unde sequitur et ait illi: sequere me. * ambrosius. ° sequi iubet, non corporis gressu, sed mentis affectu. itaque ille verbo vocatus, propria dereliquit qui rapiebat aliena; unde sequitur et relictis omnibus, surgens secutus est eum. * chrysostomus in matthaeum. ° ubi et vocantis virtutem et vocati obedientiam considera. neque enim obstitit, neque vacillavit; sed protinus paruit, nec in propriam domum ire voluit ut suis hoc intimaret, sicut nec piscatores. * basilius. ° nec solum fenora telonii postposuit, sed etiam contempsit pericula quae sibi ac suis accidere poterant, dum calculos telonii dimitteret imperfectos. * theophylactus. ° et sic ab accipiente censum a transeuntibus, christus censum accepit: non quidem eius accipiens pecuniam, sed totaliter eum transferens ad suum consortium. * chrysostomus. ° vocatum autem levi dominus honoravit, dum cum eo confestim epulatus est: hoc enim maiorem praestabat fiduciam; unde sequitur et fecit ei convivium magnum levi in domo sua. nec solum cum eo discumbit, immo cum pluribus; unde sequitur et erat turba multa publicanorum et aliorum qui cum illis erant discumbentes. convenerant enim publicani ad eum sicut ad collegam, et hominem eiusdem officii, sed et ipse glorians de praesentia christi, convocavit omnes. christus etiam quodlibet genus remedii exhibebat, et non solum disputando et praestando sanitatis remedia, vel etiam redarguendo aemulos, sed etiam comedendo, nonnullos errantium corrigebat; inde nos instruens quod quodlibet opus et tempus potest nobis utilitatem afferre. sed nec publicanorum participationem vitavit propter utilitatem sequentem, more medici, qui nisi tangeret saniem, non liberaret a morbo. * ambrosius. ° cum peccatoribus enim manducando, etiam cum gentibus non prohibet nos inire convivium. * chrysostomus. ° sed tamen dominus inculpatus est inde a pharisaeis invidentibus et volentibus a christo discipulos separare; unde sequitur et murmurabant pharisaei et scribae dicentes ad discipulos eius: quare cum publicanis et peccatoribus manducatis et bibitis? * ambrosius. ° serpentina vox est: hanc primam vocem serpens emisit dicens evae: quid dixit deus: nolite manducare, etc.? ergo patris sui venena diffundunt. * augustinus de cons. evang.. ° videtur autem lucas hoc aliquanto differentius ab aliis evangelistis commemorasse: non enim dicit tantum domino obiectum esse quod cum publicanis et pharisaeis manducaret et biberet, sed discipulis; quod de ipso ac de ipsis acciperetur. propterea enim matthaeus et marcus de christo discipulis obiectum narrant: quia quod discipuli cum publicanis et peccatoribus manducabant, magistro magis obiciebatur, quem sectando imitabantur. una ergo sententia est, tanto melius insinuata quanto quibusdam verbis, manente veritate variata. * chrysostomus. ° ipse autem dominus in contrarium eorum sermonem convertit, ostendens non esse culpam cum peccatoribus conversari, sed etiam consonum misericordiae propriae; unde sequitur et respondens iesus dixit ad illos: non egent medico qui sani sunt, sed qui male habent; in quo commonet eos communis infirmitatis, et de numero languentium eos esse ostendit; se vero medicum esse latenter subiungit non enim veni vocare iustos, sed peccatores. * gregorius nyssenus. ° quasi dicat: adeo peccatores non abominor, quod eorum tantum gratia veni, non ut maneant peccatores, sed ut convertantur, et boni fiant. * augustinus de cons. evang.. ° unde addit in poenitentiam, quod ad explanandam sententiam valet, ne quisquam peccatores ob hoc ipsum quod peccatores sunt, diligi arbitretur a christo; cum et illa similitudo de aegrotis bene intimet quid velit deus vocando peccatores, tamquam medicus aegrotos, ut ab iniquitate tamquam ab aegritudine salvi fiant. * ambrosius. ° sed quomodo dum iustitias dilexit, neque vidit david iustum derelictum, si iustus derelinquitur, peccator asciscitur? nisi intelligas quod eos iustos dicit qui ex lege praesumant, et evangelii gratiam non requirant. nemo autem iustificatur ex lege, sed redimitur ex gratia. non vocat ergo eos qui se iustos dicunt: usurpatores enim iustitiae non vocantur ad gratiam: nam si gratia est ex poenitentia, utique qui fastidit poenitentiam, abdicat gratiam. * beda. ° peccatores autem vocat eos qui sua mala attendentes, nec per legem iustificari se posse putantes, christi gratiae se poenitendo subiciunt. * chrysostomus. ° ironice autem dicit illos iustos, sicut quando dicitur: ecce adam factus est quasi unus nostrum. quod autem nullus erat iustus super terram, ostendit paulus dicens: omnes peccaverunt et egent gratia dei. * gregorius nyssenus. ° vel dicit non egere sanos et iustos medico, scilicet angelos; sed male habentes et peccatores, idest nos: quia morbum peccati incurrimus, qui in caelis non est. * beda. ° per matthaei autem electionem fides gentium exprimitur, qui prius mundanis inhiabant, sed nunc christi corpus sedula devotione conficiunt. * theophylactus. ° vel publicanus est qui principi mundi servit, et debitum carni reddit; cui gulosus reddit escas, adulter voluptatem, et alius aliud. cum autem viderit eum dominus sedentem in telonio, idest non moventem se ad maiorem nequitiam; tunc a malo erigetur et sequetur iesum, et suscipiet in domo animae dominum. * ambrosius. ° qui autem domicilio christum recipit interno, maximis delectationibus exuberantium pascitur voluptatum. itaque libenter dominus ingreditur, et in eius recumbit affectu. sed rursus accendit invidia perfidorum, et futurae poenae species praefiguratur: epulantibus enim fidelibus in regno caelorum, perfidia ieiuna torquebitur. * beda. ° vel per hoc designatur iudaeorum invidia, quae de gentium salute torquetur. * ambrosius. ° simul etiam ostenditur quantum sit inter aemulos legis et gratiae: quod illi qui legem sequuntur, mentis famem patientur aeternam; qui vero verbum in interioribus animae receperunt, alimenti caelestis et fontis ubertate recreati, esurire et sitire non possunt. et ideo, qui animo ieiunabant, murmurabant.

lc7 * Cyrillus. ° postquam primum verbum acceperunt a christo, ab aliis ad alia se transferunt, volentes ostendere sacros discipulos, et ipsum cum eis iesum minime curasse de lege: unde dicitur at illi dixerunt ad eum: quare discipuli ioannis ieiunant frequenter et observationes faciunt, similiter et pharisaei; tui autem edunt et bibunt? quasi dicant: comeditis cum publicanis et peccatoribus, cum iubeat lex immundo non communicare; sed in excusationem praevaricationis vobis accedit misericordia. cur ergo non ieiunatis, ut mos est secundum legem volentibus vivere? sed sancti quidem idcirco ieiunant ut corpus affligentes, quietent passiones ipsius; sed christus non egebat ieiunio ad perfectionem virtutis, cum tamquam deus absolutus esset a quolibet vinculo passionis; sed nec eius comitiva ieiunio egebat, sed particeps gratiae eius sine ieiunio decorata virtuose conversabatur. quod si christus quadraginta diebus ieiunaverat, non hoc fuit ut in se passionem mortificaret, sed ut normam abstinentiae ostendat carnalibus. * augustinus de cons. evang.. ° evidenter autem lucas alios de aliis hoc dixisse narravit; unde ergo matthaeus dixit: tunc accesserunt ad eum discipuli ioannis dicentes: quare nos et pharisaei ieiunamus? nisi quia et ipsi aderant, et omnes certatim ut quisque poterat hoc obiecerunt. * augustinus de quaest. evang.. ° est autem duplex ieiunium: unum in tribulatione ad propitiandum deum in peccatis; aliud in gaudio, cum tanto minus delectant carnalia, quanto spiritualium maior sarcina est. interrogatus ergo dominus cur discipuli eius non ieiunarent, de utroque ieiunio respondit: et primo de ieiunio tribulationis: sequitur enim quibus ipse ait: numquid potestis filios sponsi, dum cum illis est sponsus, facere ieiunare? * chrysostomus in matthaeum. ° quasi dicat: praesens tempus laetitiae est et alacritatis; non igitur immiscenda sunt tristia. * cyrillus. ° salvatoris enim nostri in hoc saeculo demonstratio nihil aliud fuit quam quaedam festivitas, intelligibiliter quasi quamdam sponsam copulans illi nostram naturam, ut quondam sterilis fecunda fieret. igitur filii sponsi esse noscuntur quicumque vocati sunt ab eo per novam et evangelicam disciplinam; non autem scribae cum pharisaeis, qui solam legis umbram considerant. * augustinus de cons. evang.. ° per hoc autem quod solus lucas dicit non potestis filios sponsi facere ieiunare, intelligitur eos ipsos qui loquebantur, fuisse facturos ut lugentes ieiunarent filii sponsi, quando ipsi essent sponsum occisuri. * cyrillus. ° ubi vero concesserat filiis sponsi quod non decebat eos laborare, tamquam qui spiritualem solemnitatem habebant, ne inter nos annullaretur ieiunium, dispensative subiungit dicens venient autem dies cum ablatus fuerit ab eis sponsus; tunc ieiunabunt in illis diebus. * augustinus de quaest. evang.. ° quasi dicat: tunc desolabuntur, et in moerore et luctu erunt, donec eis per spiritum sanctum gaudia consolatoria tribuantur. * ambrosius. ° vel aliter. non hoc ieiunium relegatur quo conficitur caro, et corporis luxuria castigatur; hoc ieiunium nos commendat deo. sed non possumus ieiunare qui christum habemus, et christi carnem epulamur et sanguinem. * basilius. ° filii etiam sponsi ieiunare nequeunt, hoc est animae nutrimentum non sumere, sed vivere in omni verbo quod de ore dei procedit. * ambrosius. ° sed qui sunt illi dies quibus nobis christus auferetur, cum ipse dixerit: vobiscum ero usque ad consummationem mundi? sed nemo tibi christum potest auferre, nisi te illi ipse auferas. * beda. ° quamdiu enim sponsus nobiscum est, in laetitia sumus, nec ieiunare possumus nec lugere; cum autem per peccata ille recedit, tunc indicendum est ieiunium, et requirendus luctus. * ambrosius. ° denique de animi dictum est ieiunio, ut sequentia declarant; sequitur enim dicebat autem similitudinem ad illos, quod nemo commissuram, idest particulam ablatam, a vestimento novo immittit in vestimentum vetus. appellavit ieiunium vestimentum vetus, quod exuendum apostolus aestimavit, dicens: spoliate vos veterem hominem cum actibus suis. in eadem igitur forma series convenit praeceptorum, ne actus veteris et novi hominis misceamus. * augustinus de quaest. evang.. ° vel aliter. dono spiritus sancti percepto, genus etiam ieiunii quod fit per laetitiam iam renovati in vitam spiritualem convenientissime celebrant; quod antequam accipiant, dicit eos esse tamquam vetera vestimenta, quibus inconvenienter pannus novus assuitur, idest aliqua particula doctrinae quae ad novae vitae temperantiam pertinet: quia si hoc fiat, et ipsa doctrina quodammodo scinditur, quae docet generale ieiunium non a concupiscentia ciborum tantum, sed ab omni laetitia temporalium delectationum: cuius particulam quae ad cibos pertinet dicit non oportere hominibus adhuc veteri consuetudini deditis impartiri: quia et illic quasi concisio videtur fieri, et ipsi vetustati non convenit. dicit etiam eos esse similes veteribus utribus; unde sequitur et nemo mittit vinum novum in utres veteres. * ambrosius. ° fragilitas humanae conditionis aperitur, cum corpora nostra exuviis defunctorum animalium comparantur. * augustinus de quaest. evang.. ° veteribus autem utribus comparantur apostoli, qui vino novo quasi spiritualibus praeceptis facilius disrumpuntur quam contineant; unde sequitur alioquin rumpit vinum novum utres, et ipsum effunditur et utres peribunt. erunt autem novi utres, cum post ascensionem accepto desiderio consolationis eius, orando et sperando innovabuntur; unde sequitur sed novum vinum in utres novos mittendum est, et utraque conservantur. * beda. ° vino siquidem intus reficimur, veste autem foris tegimur. vestis ergo sunt bona opera quae foris agimus, quibus coram hominibus lucemus; vinum fervor fidei, spei et caritatis. aliter. veteres utres sunt scribae et pharisaei; novus pannus et novum vinum praecepta evangelii. * gregorius nyssenus. ° vinum enim de novo elicitum, propter fervorem naturalis humidi, fumosum est despumans naturali agitatione a se materialem immunditiam. tale vinum, novum testamentum est, quod antiqui utres qui, propter incredulitatem inveterati sunt, non capiunt; immo scinduntur excellentia doctrinae, necnon et gratiam spiritus incassum fluere faciunt, quia in malevolam animam non introibit sapientia. * beda. ° sed cuicumque animae nondum innovatae, sed in vetustate malitiae perseveranti, novorum mysteriorum sacramenta non debent committi. qui etiam praeceptis evangelicis praecepta legis miscere volunt, ut galatae, vinum novum in utres veteres mittunt. sequitur et nemo bibens vetus, statim vult novum; dicit enim: vetus melius est: quia iudaeis vitae veteris saliva imbutis, novae gratiae praecepta sordebant: quia maiorum traditionibus commaculati dulcedinem spiritualium verborum percipere non valebant.

073 CLC cp6

lc1 * Ambrosius in lucam. ° non solum comprehensione verborum, sed etiam ipso usu specieque gestorum incipit hominem dominus veteris observatione legis exuere; unde dicitur factum est autem in sabbato secundo primo, cum transiret per sata, vellebant discipuli eius spicas et manducabant, confricantes eas manibus suis. * beda. ° non habentes enim discipuli spatium manducandi propter importunitatem turbarum, esuriebant ut homines; sed vellentes spicas inediam consolabantur: quod est indicium austerioris vitae, non praeparatas escas, sed simplices quaerere cibos. * theophylactus. ° dicit autem in sabbato secundo primo: quia iudaei omnem festivitatem sabbatum nuncupabant: requies enim dicitur sabbatum: multoties ergo contingebat in parasceve festivitas, et vocabant parascevem sabbatum propter festum; deinde principale sabbatum secundum primum dicebant, quasi secundum existens a praecedentis diei festivitate. * cyrillus. ° duplex enim erat festum; et principalis festi et alterius solemnitatis sabbati. * isidorus. ° vel dicit secundo primo quia secundum erat pascha, primum autem azymorum; cum immolarent enim pascha in sero, sequenti die festum azymorum celebrabant. quod autem ita sit, patet ex hoc quod apostoli vellebant spicas, et manducabant: in illo namque tempore spicae flectuntur a fructu. * epiphanius contra haer.. ° die igitur sabbati visi sunt transeuntes per segetes, et spicas edebant, ostendentes quoniam dissolutum est vinculum sabbati, ubi magnum advenit sabbatum, hoc est christus, qui fecit nos quiescere ab opere delictorum nostrorum. * cyrillus. ° pharisaei autem et scribae ignari sacrarum scripturarum, in unum conspiraverant, ad reprehendendum christi discipulos; unde sequitur quidam autem pharisaeorum dicebant illis: quid facitis quod non licet in sabbatis? dic mihi tu: cum in sabbato tibi mensa proponitur, nonne frangis panem? quid igitur alios reprehendis? * beda. ° alii vero dicunt, ipsi domino haec fuisse obiecta; sed a diversis et ipsi domino et discipulis potuerunt obici; et cuicumque obiectum, ad ipsum maxime respicit. * ambrosius. ° dominus autem defensores legis arguit nescire quae legis sunt, exemplum inducens david; unde sequitur et respondens iesus ad eos, dixit: nec hoc legistis quod fecit david, cum esurisset ipse et qui cum eo erant? * cyrillus. ° quasi dicat: cum expresse dicat lex moysi: iudicate iustum iudicium, nec considerabitis personam in iudicio; qualiter increpatis discipulos, qui usque in hodiernum diem extollitis david ut sanctum et prophetam, cum moysi praeceptum non servaverit? * chrysostomus in matthaeum. ° et attende, quod quandocumque domino sit sermo pro servis, idest discipulis, servos ducit in medium, scilicet david et sacerdotes; quando vero pro se, introducit patrem, sicut ibi: pater meus usque modo operatur, et ego operor. * theophylactus. ° aliter autem eos reprimit cum subditur et dicebat illis, quia dominus est filius hominis etiam sabbati; quasi dicat: ego sum dominus sabbati tamquam dispositor, et sicut legislator potestatem habeo solvere sabbatum: filius enim hominis vocatus est christus, qui dei existens filius, miraculose dignatus est filius hominis propter homines fieri et vocari. * chrysostomus in matthaeum. ° marcus autem de communi natura hoc ipsum protulisse fatetur: dicebat enim: propter homines sabbatum factum est, non homo propter sabbatum. expedit igitur potius sabbatum homini subici, quam hunc colla subicere sabbato. * ambrosius. ° non mediocre autem mysterium hoc est. ager enim est hic mundus; agri seges in satione humani generis fecunditas numerosa sanctorum; spicae agri fructus ecclesiae, quos operibus discutientes suis apostoli pascebantur, nostro se alentes profectu, et tamquam folliculis corporum, mentium fructus ad fidei lucem praeclaris operum suorum miraculis eruebant. * beda. ° spicas enim confricant: quia in illis quos in corpus christi volunt traicere, mortificant veterem hominem cum actibus suis, a terrena intentione extrahendo. * ambrosius. ° sed hoc putabant iudaei sabbato non licere; christus autem novae gratiae munere designabat otium legis opus gratiae: mire tamen secundo primum, non primo secundum sabbatum dixit: quia sabbatum illud ex lege solutum est quod erat primum; et hoc primum factum est quod secundo constitutum est. sabbatum igitur dicitur secundum iuxta numerum, primum iuxta operationis gratiam: melius est enim sabbatum quo impunitas datur, quam quo poena praescribitur. aut hoc forte primum est in praedestinatione consilii, et secundum in sanctione decreti. deinde quod david cum sociis fugit, hic praefiguratus in lege christus est, qui cum apostolis principem mundi lateret. quomodo autem ille observator legis atque defensor panes et ipse manducavit, et dedit his qui secum erant, quos non licebat manducare nisi sacerdotibus; nisi ut per illam demonstraret figuram, sacerdotalem cibum ad usum transire populorum; sive quod omnes vitam sacerdotalem debemus imitari; sive quod omnes filii ecclesiae sacerdotes sunt? ungimur enim in sacerdotium sanctum, offerentes nosmetipsos deo hostias spirituales. si autem sabbatum propter homines factum est; utilitas autem hominum postulabat esurientem hominem, qui diu fuerit terrae fructibus abdicatus, veteris famis vitare ieiunia: non utique lex solvitur, sed impletur.

lc2 * Ambrosius. ° hic ad alia progreditur dominus; nam qui totum hominem salvum facere disposuerat, per singula membra curabat; unde dicitur factum est autem in alio sabbato ut intraret in synagogam, et doceret. * beda. ° sabbatis maxime curat et docet, non solum propter insinuandum spirituale sabbatum, sed etiam propter celebriorem populi conventum. * cyrillus. ° docebat autem revera transcendentia intellectum, et quae salutis futurae per eum reserabant audientibus semitam; deinde, praecedente doctrina, subito divinam ostendebat virtutem; unde sequitur et erat ibi homo, et manus eius dextera arida. * beda. ° quia vero destructionem sabbati quam in discipulis arguebant, probabili magister excusaverat exemplo, nunc ipsum observando magistrum calumniari volunt; unde sequitur observabant autem scribae et pharisaei si in sabbato curaret; ut scilicet si non curet, crudelitatis vel imbecillitatis; si curet, transgressionis vitio arguant; unde sequitur ut invenirent unde accusarent eum. * cyrillus. ° hic enim est mos adversarii: pascit in se doloris morbum aliorum praeconiis. sed dominus novit omnia, et corda rimatur; unde sequitur ipse autem sciebat cogitationes eorum et ait homini qui habebat manum aridam: surge et sta in medio. et surgens stetit; ut forsan incitaret ad pietatem crudelem pharisaeum, et ipsa passio flammas mitigaret livoris. * beda. ° praeveniens autem dominus calumniam quam sibi praeparabant, arguit eos qui praecepta legis male interpretando etiam a bonis operibus sabbato aestimabant feriandum, cum lex a servili opere, idest a malis, abstinere praecipiat in sabbato; unde sequitur ait autem ad illos iesus: interrogo vos, si licet sabbato bene facere an male? * cyrillus. ° nimis est idonea quaestio: nam si licet in sabbato bene facere, nec aliquid obstat ut laborantes a deo misericordiam consequantur, desinas colligere adversus christum calumniam: si autem non licet in sabbato benefacere, et lex prohibet animarum salutem, factus es legis accusator. ipsam quoque sabbati sanctionem si velimus discutere, ad opus pietatis introductum fuisse reperiemus. iussit enim in sabbato feriari: ut quiescat puer tuus et ancilla tua, bos tuus et quodlibet pecus tuum. qui vero bovis miseretur et ceterorum pecorum, quomodo non miserebitur hominis gravi morbo perplexi? * ambrosius. ° lex autem in praesentibus formam praefiguravit futurorum; in quibus utique malorum feriae sunt, non bonorum: nam licet saecularia opera conquiescant, non otiosus tamen boni operis actus est, in dei laudes requiescere. * augustinus de quaest. evang.. ° cum autem dominus corpus curaverit, sic interrogavit: animam salvam facere, an perdere? vel quia illa miracula propter fidem faciebat, ubi salus est animae; vel quia ipsa sanatio manus dexterae salutem animae significabat, quae a bonis operibus cessans, aridam quodammodo dexteram habere videbatur; vel animam pro homine posuit, sicut dici solet: tot animae ibi fuerunt. * augustinus de cons. evang.. ° sed potest movere quomodo matthaeus dixerit quod ipsi interrogaverunt dominum, si licet curare sabbato; cum lucas hic illos potius a domino interrogatos esse perhibeat. itaque intelligendum est, quod illi prius interrogaverunt dominum, si licet sabbato curare. deinde intelligens cogitationes eorum, aditum accusandi quaerentium, constituit in medio eum quem fuerat sanaturus, et interrogavit quae marcus et lucas eum interrogasse commemorant. sequitur et circumspectis omnibus. * titus. ° quasi collectis omnium oculis, quin etiam incitata mente eorum ad considerationem negotii, dixit homini: extende manum tuam: ego tibi mando qui creavi hominem. audit autem qui laesam habebat manum, et sanus fit; unde sequitur et extendit, et restituta est sanitati manus eius. quos autem oportebat in miraculo stupere, augent malitiam; unde sequitur ipsi autem repleti sunt insipientia, et colloquebantur ad invicem, quidnam facerent de iesu. * origenes. ° et, ut narrat matthaeus, exeunt et consiliantur, ut occidant eum. * cyrillus. ° cernis, o pharisaee, operantem divina, ac superna maiestate liberantem languentes, et mortem portas ex livore. * beda. ° homo autem iste humanum genus significat infecunditate boni operis arefactum pro manu in primo parente ad pomum extensa, quam sanavit innocens manus in cruce extensa. et bene manus in synagoga erat arida; quia ubi maius donum scientiae, ibi transgressor maiori subiacet culpae. * ambrosius. ° audisti igitur verba dicentis extende manum tuam. communis ista generalisque medicina est: et tu qui putas manum habere te sanam, cave ne avaritia vel sacrilegio contrahatur. extende saepius eam, ut proximum iuves, ut viduae praesidium feras, eripias iniuriae quem vides iniuste contumeliae subiacere; extende ad pauperem, qui te obsecrat; extende ad dominum pro peccatis tuis: sic manus extenditur, sic manus sanatur.

lc3 * Glossa. ° insurgentibus adversarii contra christi miracula et doctrinam, apostolos elegit quasi defensores veritatis et testes: quorum electioni orationem praemittit; unde dicitur factum est autem in illis diebus, exiit in montem orare. * ambrosius. ° noli insidiatrices aperire aures, ut putes filium dei quasi infirmum rogare, ut impetret quod implere non possit: potestatis enim auctor, obedientiae magister, ad praecepta virtutis suo nos informat exemplo. * cyrillus. ° scrutemur igitur in his quae christus egit, qualiter nos doceat orationibus divinis insistere, semotim scilicet et secreto, nemine vidente, amota quoque mundana sollicitudine, ut sursum ad divinae speculationis intuitum erigatur intentio: quod designatur in hoc quod semotim orabat iesus in montem. * ambrosius. ° ubique etiam solus obsecrat: dei enim consilium humana vota non capiunt; nec quisquam interiorum potest esse particeps christi. non autem omnis qui orat, ascendit in montem, sed qui orat a terrenis ad superiora progrediens; sed non ille qui de saeculi divitiis aut de honore sollicitus est. omnes sublimes in montem ascendunt: quare in evangelio invenies solos in montem cum domino ascendisse discipulos. species autem tibi, christiane, datur; forma praescribitur quam debeas aemulari, cum sequitur et erat pernoctans in oratione dei. quid enim te pro salute tua facere oportet, quando pro te christus in oratione pernoctat? * chrysostomus. ° exurge igitur et tu tempore noctis. purior est enim tunc temporis anima; ipsae tenebrae, silentium nimium possunt sufficienter ad compunctionem perducere. ceterum si ipsum quoque caelum inspicias punctatum stellis, quasi infinitis luminibus; si consideres quod qui per diem saltant iniurianturque, hi tunc nihil, a mortuis discrepant; detestaberis quemlibet ausum humanum. haec omnia sufficiunt ad animam erigendam: tunc non vexat inanis gloria, non acedia, non concitatio occupat; non sic ignis ferri sequestrat rubiginem, velut nocturna oratio aeruginem peccatorum. quem de die solis aestus perussit, nocte refrigeratur. quemlibet rorem superant nocturnae lacrymae; et contra concupiscentiam valent, et quemlibet timorem. si vero praedicto rore non foveatur, homo arescit sub die. quapropter licet non multum ores, semel ora vigilando, et sufficit: ostende quod non solum ad corpus nox pertinet, sed etiam ad animam. * ambrosius. ° quid autem te facere convenit cum vis aliquod officium pietatis adoriri, quando christus missurus apostolos prius oravit? sequitur enim et cum dies factus esset, vocavit discipulos suos, et elegit duodecim ex ipsis, quos et apostolos nominavit; quos scilicet ad propagandum auxilium salutis humanae per terrarum orbem satores fidei destinavit. simul adverte caeleste consilium: non sapientes aliquos, non divites, non nobiles, sed piscatores et publicanos, quos dirigeret, elegit; ne divitiis aut potentiae nobilitatisque auctoritate traxisse aliquos ad suam gratiam videretur; ut veritatis ratio, non disputationis gratia praevaleret. * cyrillus. ° attende autem maximam evangelistae sedulitatem; non solum dicit electos fuisse sacros apostolos, immo nominatim eos enumerat, ne quisquam audeat alios inscribere apostolorum catalogo. simonem quem cognominavit petrum, et andream fratrem eius. * beda. ° non modo primum eum cognominavit, sed longe prius; cum ab andrea adducto dicitur: tu vocaberis cephas, quod interpretatur petrus. sed volens lucas nomina apostolorum enumerare, cum necesse haberet petrum dicere, breviter voluit innuere quod non hoc antea cognominaretur, sed ita dominus cognominaverit. * eusebius. ° secunda autem combinatio est iacobi et ioannis; unde sequitur iacobum et ioannem; ambos scilicet filios zebedaei, qui etiam piscatores fuerunt. post hos autem dicit philippum et bartholomaeum. philippum dicit ioannes fuisse de bethsaida, concivem andreae et petri; ipse quoque bartholomaeus, vir simplex et expers scientiae mundanae et amaritudinis. matthaeus vero ex his qui prius census exigebant vocatus est, de quo subdit matthaeum et thomam. * beda. ° matthaeus compari suo thomae in ordine, humilitatis causa se supponit, cum a ceteris evangelistis praelatus sit. sequitur iacobum alphaei et simonem, qui vocatur zelotes. * glossa. ° quia scilicet fuit de cana galilaeae, qui interpretatur zelus, quod additur ad differentiam simonis petri. sequitur iudam iacobi, et iudam iscariotem qui fuit proditor. * augustinus de cons. evang.. ° in nomine iudae iacobi lucas videtur discrepare a matthaeo, qui eum thaddaeum appellat. sed quis unquam prohibuit duobus vel tribus nominibus unum hominem vocari? eligitur autem iudas proditor, non per imprudentiam, sed per providentiam: susceperat quidem hominis fragilitatem, et ideo nec has partes recusavit infirmitatis humanae: voluit ab apostolo suo tradi, ut tu a socio proditus moderate feras, tuum errasse iudicium, periisse beneficium. * beda. ° mystice autem mons in quo apostolos elegit, altitudinem designat iustitiae, qua instituendi erant, et eam praedicaturi: sic et lex in monte data fuit. * cyrillus. ° quod si libet interpretationem apostolicorum nominum scire, scito quia petrus dicitur dissolvens vel agnoscens; andreas decora potentia vel respondens; iacobus autem supplantator doloris; ioannes domini gratia; matthaeus donatus; philippus os magnum vel orificium lampadis; bartholomaeus filius aquas suspendentis; thomas abyssus, vel geminus; iacobus alphaei supplantator gressus vitae; iudas confessio, et simon obedientia.

lc4 * Cyrillus. ° celebrata ordinatione apostolorum, pluribus congregatis et de regione iudaeorum, nec non a maritima tyri et sidonis, qui erant idololatrae, constituit eos totius orbis doctores, utpote qui evocarent iudaeos a legis servitute cultores autem daemonum ab errore gentili ad veritatis cognitionem; unde dicitur et descendens de monte cum illis, stetit in loco campestri, et turba discipulorum eius, et multitudo copiosa plebis ab omni iudaea et ierusalem et maritima. * beda. ° non a proximo mari galilaeae maritima dicit, quia hoc non miraculi loco poneretur; sed a mari magno cognominatur, in quo etiam tyrus et sidon comprehendi poterant; de quibus sequitur et tyri et sidonis; quae quia civitates gentium sunt, consulto nominatim ponuntur, ut quanta sit fama virtusque salvatoris intimetur, quae exteras etiam ad sanitatem doctrinamque capessendam civitates accersierat; unde sequitur qui venerant ut audirent eum. * theophylactus. ° hoc est ad animarum medelam; et sanarentur a languoribus suis, hoc est ad medelam eorum corporum. * cyrillus. ° postquam autem sacros publicavit apostolos, plurima et ardua fecit miracula: ut qui convenerant iudaei et gentiles, scirent eos decoratos esse a christo dignitate apostolatus; et quod ipse non erat sicut unus aliorum hominum, magis autem deus, ut verbum incarnatum; unde sequitur et omnis turba quaerebat eum tangere, quia virtus de illo exibat et sanabat omnes. neque enim alienam virtutem accipiebat christus: sed cum naturaliter esset deus, propriam virtutem super infirmos emittens sanabat omnes. * ambrosius. ° adverte autem omnia diligenter, quomodo et cum apostolis ascendat, ac descendat ad turbas; quomodo eum turba non sequitur ad excelsa; denique ubi descendit, invenit infirmos: in excelsis enim infirmi esse non possunt. * beda. ° raro hoc quoque uspiam vel turbas dominum ad altiora sequi, vel quempiam debilem invenies in monte curari; sed extincta febre libidinum, accensaque scientiae luce, pedetentim quemquam ad culmen subire virtutum. turba autem quae dominum tangere potuit, spiritus illius virtute sanatur ut supra leprosus domino tangente mundatur. tactus ergo salvatoris opus est salutis, quem tangere est fideliter in eum credere a quo tangi est eius munere sanari.

lc5 * Cyrillus. ° post apostolorum ordinationem, ad evangelicae vitae novitatem salvator suos discipulos rectificavit. * ambrosius. ° divinitatis autem prompturus oracula, incipit esse sublimior; etsi in humili stabat, tamen oculos elevavit; unde dicitur et ipse elevatis oculis. quid est levare oculos nisi interius lumen aperire? * beda. ° et quamvis generaliter omnibus loquatur, specialius tamen oculos in discipulos levat; sequitur enim in discipulos suos: ut his qui verbum intenta cordis aure percipiunt, latius saporis intimi lumen aperiat. * ambrosius. ° quatuor autem tantum beatitudines lucas posuit, octo vero matthaeus; sed in istis octo illae sunt quatuor, et in istis quatuor illae octo. hic enim quatuor velut virtutes amplexus est cardinales; ille in illis octo mysticum ordinem reseravit: sicut enim spei nostrae octava perfectio est, ita octava summa virtutum est. primam autem beatitudinem paupertatis uterque evangelista posuit: ordine enim prima est, et parens quaedam virtutum: quia qui contempserit saecularia, ipse merebitur sempiterna: nec potest quisquam meritum regni caelestis adipisci qui a mundi cupiditate pressus emergendi non habet facultatem; unde sequitur dicebat: beati pauperes. * chrysostomus. ° in evangelio quidem quod est secundum matthaeum, beatos fieri dixit pauperes spiritu, ut intelligamus esse pauperem spiritu, habentem intellectum modestum, et quodammodo remissum: unde dicit salvator: discite a me, quia mitis sum et humilis corde. hic autem beatos asserit pauperes, non addito spiritu, pauperes appellans divitias contemnentes: decebat enim ut cum praenuntiaturi essent salutiferi evangelii dogma, mentem non gererent cupidam, sed promptum affectum haberent erga maiora. * basilius. ° non autem omnis quem paupertas premit, beatus est, sed qui christi praeceptum mundanis praetulerit opibus. plures enim pauperes sunt in substantia, avarissimi tamen secundum affectum; quos non salvat paupertas, sed affectus damnat. nihil enim involuntarium beatificabile est, eo quod omnis virtus libero designatur arbitrio. beatus ergo pauper, quasi christi discipulus, qui pro nobis paupertatem sustinuit: nam ipse dominus quodlibet opus implevit quod ad beatitudinem ducit, se praebens exemplar discentibus. * eusebius. ° sed cum caeleste regnum in multis gradibus bonorum consideretur, primus gradus scandentium est eorum qui divino intuitu colunt paupertatem; tales autem fecit eos qui primo facti sunt eius discipuli: ob hoc in eorum persona dicit quia vestrum est regnum dei; quasi demonstrative hoc proferens ad praesentes, ad quos etiam oculos elevavit. * chrysostomus. ° postquam igitur mandavit paupertatem colere, ea quae consequuntur inopiam coronat honoribus. contingit autem paupertatem colentes, necessariorum incurrere defectum, et vix acquirere victum; idcirco non sinit discipulos pusillanimes super hoc fieri, dicens beati qui nunc esuritis. * beda. ° idest, beati qui castigatis corpus vestrum et servituti subicitis, qui in fame et siti verbo operam datis: quia caelestium tunc gaudiorum habebitis ubertate perfrui. * gregorius nyssenus. ° altius autem, sicut secundum sensibilem escam diversificatur participantium appetitus ad comestibilium species, sic et in cibo animae, ab his quidem opinabile, ab his autem appetitur quod naturaliter est bonum: unde hic secundum matthaeum beatificantur qui iustitiam loco cibi et potus reputant; non, inquam, particularem, sed universalem virtutem, quam qui esurit beatificandum dicit. * beda. ° apertissime nos instruens nunquam nos satis iustos aestimare debere, sed quotidianum iustitiae semper amare profectum; ad cuius perfectam saturitatem non in hoc saeculo, sed in futuro possumus pervenire, ut psalmista ostendit dicens: satiabor cum manifestabitur gloria tua; unde sequitur quia saturabimini. * gregorius nyssenus. ° avidis enim iustitiae, desideratorum copiam spondet. nihil enim eorum quae secundum voluptatem in vita quaeruntur satiat inquirentes; solum autem virtutis studium subsequitur praemium quod indeficiens gaudium inserit animae. * cyrillus. ° consequitur autem inopiam non solum defectus rerum ad delectationes facientium, sed etiam depressus vultus propter moestitiam; unde sequitur beati qui nunc fletis. beatificat flentes, non eos qui simpliciter ab oculis lacrymas emittunt: commune enim est hoc tam fidelibus quam infidelibus, si quid tristium accidat. magis autem illos beatos asserit qui levem vitam et implicitam carnalibus voluptatibus deditam vitant, refutantes delicias, et pene lacrymantes propter odium mundanorum. * chrysostomus. ° magnum quid vero secundum deum tristitia est, et impetrat poenitentiam in salutem; unde paulus, cum non haberet suos defectus flere, pro alienis lugebat. talis luctus est alacritatis materia: unde sequitur quia ridebitis. etenim si nihil prosumus his pro quibus flemus, tamen proficimus nobismetipsis: nam qui sic aliena deflet, multo magis non praeteribit inflebiliter sua delicta; magis autem nec facile labetur in scelus. non dissolvamur in hac brevi vita, ne suspiremus in infinita: non quaeramus delicias, a quibus manat luctus et dolor nimius; sed tristemur tristitia, quae germinat veniam. est etiam dominum saepius reperire lugentem, ridentem nequaquam. * basilius. ° promittit autem flentibus risum, non quidem emissum per mandibulas sonum, sed meram et impermixtam cuilibet tristitiae alacritatem. * beda. ° qui ergo propter divitias hereditatis christi, propter panem vitae aeternae, propter spem caelestium gaudiorum, fletus, esuriem, paupertatemque pati desiderat, beatus est; multo autem beatior qui has virtutes inter adversa servare non trepidat; unde sequitur beati eritis cum vos oderint homines: licet enim homines odiant corde nefando dilectum cor christo laedere nequeunt. sequitur et cum separaverint vos. separent, et a synagoga expellant: christus invenit et confirmat. sequitur et exprobraverint. exprobrent nomen crucifixi: ipse commortuos sibi conresuscitat, et consedere facit in caelestibus. sequitur et eiecerint nomen vestrum tamquam malum: ubi nomen christianorum significat, quod a gentilibus iudaeisque saepissime quantum ad ipsos memoriae abrasum, et ab hominibus est abiectum, nulla existente causa odii, nisi propter filium hominis; qui scilicet credentes nomen christi, suum cognomen facere voluerunt. docet ergo eos ab hominibus insectandos, sed ultra homines esse beandos; unde sequitur gaudete in illa die, et exultate: ecce enim merces vestra multa est in caelo. * chrysostomus. ° multum et paucum mensuratur dignitate proferentis. quaeramus igitur: quis multam promisit mercedem? si quidem propheta vel apostolus, velut homo paucum esse multum existimavit; nunc autem dominus, qui possidet perennes thesauros, et opes quae quemlibet intellectum transcendunt, multam pollicitus est mercedem. * basilius. ° rursus, magnum aliquando absolutam habet intentionem; sicut magnum est caelum, et magna est terra; aliquando vero ad aliquid habet relationem: ut magnus equus et bos in comparatione similium. sic arbitror multam fore mercedem repositam patientibus opprobria propter christum, non tamquam comparatam ad ea quae penes nos sunt, sed in se multam existentem, et tamquam a deo donatam. * damascenus. ° illa etiam quae mensurari vel numerari possunt, determinate ingeruntur; quod autem ex quadam excellentia omnem transcendit mensuram et numerum, indeterminate dicitur magnum et multum: puta quando dicimus multam esse dei misericordiam. * eusebius. ° deinde muniens discipulos ad pugnam adversariorum, quam passuri erant per totum orbem praedicantes, subdit secundum haec enim faciebant prophetis patres eorum. * ambrosius. ° quia prophetas iudaei usque ad mortem corporis persecuti sunt. * beda. ° quia vera dicentes solent persecutionem pati; nec tamen ideo prophetae antiqui timore persecutionis a veritatis praedicatione defecerunt. * ambrosius. ° in hoc ergo quod dicit beati pauperes, habes temperantiam, quae a peccato abstinet, saeculum calcat, illecebrosa non quaerit. beati qui esuritis: habes iustitiam: qui enim esurienti compatitur, compatiendo largitur, largiendo fit iustus, quia iustitia eius manet in aeternum. beati qui nunc fletis; habes prudentiam, cuius est flere quotidiana, et ea quae aeterna sunt quaerere. beati eritis cum vos oderint homines: habes fortitudinem; sed eam quae non odium meretur ex crimine, sed persecutionem patiatur ex fide. sic enim ad passionis pervenitur coronam, si gratiam hominum negligas, divinam sequaris. ergo temperantia cordis habet munditiam, iustitia misericordiam, pacem prudentia, mansuetudinem fortitudo. connexae sibi sunt et concatenatae virtutes, ut qui unam habet, plures habere videatur: et sanctis una competit virtus; sed eius quae fuerit uberior, uberius est praemium. quanta hospitalitas in abraham, quanta humilitas? sed quia fide praestitit, fidei prae ceteris meruit principatum. ergo unicuique plura praemia, quia plurima incentiva virtutum; sed quod in aliquo merito copiosius, hoc etiam in praemio redundantius.

lc6 * Cyrillus. ° praedicto, quod paupertas propter deum causa sit cuiuslibet boni, et quod esurire et flere non vacabit mercede sanctorum, transfert sermonem ad apposita, et innuit ipsa damnationis et supplicii fore materiam; unde dicitur verumtamen vae vobis divitibus, qui habetis consolationem vestram. * cyrillus. ° haec enim dictio vae semper in scripturis dicitur his qui non possunt evadere a futuro supplicio. * ambrosius. ° licet autem in pecuniariis copiis multa sint lenocinia delictorum, pleraque tamen sunt incentiva virtutum; quamquam virtus subsidia non requirat, et commendatior sit collatio pauperis, quam divitis liberalitas; tamen non eos qui habent divitias, sed eos qui uti his nesciant, sententiae caelestis auctoritate condemnat. nam ut ille pauper laudabilior est qui prompto largitur affectu, ita criminosior dives est qui de eo referre gratiam deo debuit quod accepit, nec censum ad communem usum datum sine usu abscondere. non census igitur, sed affectus in crimine est. et quamquam nulla poena gravior sit quam successorum profutura compendiis anxio timore servare, tamen quoniam avaritiae desideria congerendi quadam voluptate pascuntur, qui consolationem vitae praesentis habuerunt, remunerationem perpetuam perdiderunt. possumus tamen hic divitem intelligere populum iudaeorum, vel haereticos, vel certe pharisaeos, qui ubertate verborum, et quodam ambitiosae facundiae patrimonio delectati, simplicitatem verae fidei supergressi, thesauros inutiles condiderunt. sequitur vae vobis qui saturati estis, quia esurietis. * beda. ° dives ille purpuratus saturabatur, epulans quotidie splendide; sed dirum vae sustinebat esuriens, quando de lazari, quem despexerat, digito guttam aquae quaerebat. * basilius. ° quod autem necessaria sit abstinentiae ratio, palam est ex eo quod apostolus eam inter fructus spiritus enumeravit. subiectio enim corporis per nihil aliud sic obtinetur, sicut per abstinentiam; qua sicut quodam freno decet compescere iuventutis fervorem. est igitur abstinentia interemptio criminis, amotio passionum, vitae spiritualis initium, obtundens in se illecebrarum aculeum. ne autem coincidentia fiat cum inimicis dei, decet accipi quodlibet cum exigit tempus, ad ostendendum quod mundis omnia munda; procedendo quidem ad necessaria vitae, abstinendo autem omnino ab his quae faciunt ad voluptatem. attamen nec eamdem horam sibi cunctos sancire possibile, nec modum, nec mensuram. sit autem communis intentio non expectare repletionem; replere namque ventrem, ipsum quoque corpus inutile facit erga proprias operationes, somnolentum, et ad nocumenta dispositum. * beda. ° aliter. si beati sunt illi qui iustitiae semper esuriunt opera, infelices e contra aestimandi sunt qui sibi in desideriis placentes, nullam veri boni famem patiuntur. sequitur vae vobis qui ridetis nunc, quia lugebitis et flebitis. * basilius. ° cum dominus ridentes nunc arguat, palam est quod numquam erit fideli tempus risus; et praecipue in tanta multitudine eorum qui in peccato moriuntur, pro quibus oportet lugere. superfluus autem risus est immoderantiae signum, et effrenis animae motus; sed usque ad vultus iucunditatem exprimere passionem animae non dedecet. * chrysostomus. ° dic autem mihi cur concuteris et defluis qui debes assistere terribili iudicio, et ponere rationem de omnibus hic operatis? * beda. ° quia vero ipsa peccati nutrix adulatio, sicut oleum flammis, sic in culpa ardentibus solita est ministrare fomentum, subdit vae cum benedixerint vobis omnes homines. * chrysostomus. ° non autem contrarium est quod hic dicitur ei quod alibi dominus dicit: luceat lux vestra coram hominibus, ut scilicet manifestemus bene agere ad gloriam dei, non ad propriam. perniciosum enim quid est inanis gloria: et inde sumit ortum iniquitas atque desperatio, et mater malorum avaritia. quod si viam quaeris divertendi ab hoc, dirigas aspectum semper ad deum, et esto contentus ea quae apud eum est gloria: nam si in qualibet facultate doctiores eligere oportet in arbitros, quomodo virtutis experimentum pluribus credis, non autem illi qui prae omnibus eam novit, et dare et coronare potest? a quo si gloriam cupis, vita laudem humanam: de nullo enim alio magis consuevimus admirari quam de respuente gloriam. quod si nos, multo magis dominus omnium. deinde illud consideres, quod hominum gloria celeriter deficit, quia per cursum temporis oblivioni traditur. sequitur secundum haec enim faciebant pseudoprophetis patres eorum. * beda. ° pseudoprophetae significantur, eo quod ad captandum vulgi favorem futura praeloqui conentur. itaque dominus in monte beatitudines solummodo proborum, in campo vero etiam vae describit reproborum: quia rudes adhuc auditores necesse est terroribus ad bona compelli, perfectos autem satis est praemiis invitari. * ambrosius. ° et attende quod matthaeus, praemiis ad virtutem et fidem populos provocavit; hic autem etiam a criminibus atque peccatis futurorum suppliciorum denuntiatione deterruit.

lc7 * Beda. ° quia dixerat supra quid ab inimicis pati possent, nunc qualiter cum eisdem inimicis agere debeant ostendit, dicens sed vobis dico qui auditis. * ambrosius. ° non otiose plurimorum factorum caelestium enumeratione progressus ad hunc locum serius venit, ut populus divinis miraculis roboratus ultra legis tramitem virtutum vestigiis progredi edoceretur. denique inter tria maxima, spem, fidem et caritatem, maior est caritas, quae ordinatur cum dicitur diligite inimicos vestros. * basilius. ° inimici quidem proprium est obesse et insidiari. omnis igitur qui qualitercumque nocet alicui, dicitur inimicus. * cyrillus. ° conveniens autem erat huiusmodi conversatio doctoribus sanctis, qui praedicaturi erant ubique terrarum salutarem sermonem; quos si contingeret velle recipere de persequentibus vindictam, omisissent eos ad cognitionem veritatis vocare. * chrysostomus in matthaeum. ° non autem dicit: ne odio habeas; sed: diligas; neque simpliciter mandavit diligere, sed etiam benefacere; unde sequitur benefacite his qui oderunt vos. * basilius. ° verum quia homo ex corpore consistit et anima, secundum animam quidem benefaciemus, huiusmodi arguentes et commonentes eos, et omnino ad conversionem manuducentes; secundum corpus autem benefacientes eis in necessariis victui. sequitur benedicite maledicentibus vobis. qui enim percutiunt proprias animas, digni sunt lacrymis et fletibus, non maledictionibus. nihil enim detestabilius est anima maledica, nec immundius lingua quae maledictiones effert. homo es; aspidum venena non evomas, nec vertaris in belluam. est tibi datum os, non ut mordeas, sed ut aliorum vulnera sanes. inimicos autem mandavit nobis annumerare gradui amicorum, non quorumcumque, sed praecipuorum, pro quibus orare solemus; unde sequitur orate pro persequentibus vos. plerique autem e contra procumbentes, et fronte super terram percutientes, et manus expandentes, non pro suis criminibus orant deum, sed adversus inimicos; quod nihil aliud est quam seipsum transfodere. cum eum qui prohibuit contra inimicos orare, precaris ut te maledicentem inimicis exaudiat, quomodo possibile est audiri, quando provocas exauditurum, verberando inimicum coram rege, etsi non manibus, verbis tamen? quid facis, homo? stas ut veniam impetres peccatorum, et imples os amaritudine. mitigationum est tempus, orationis et gemitus, non furoris. * beda. ° sed merito movetur quaestio, quomodo in prophetis inveniuntur multae imprecationes adversus inimicos. ubi videndum est, quia prophetae per imprecationem quid esset futurum cecinerunt, non optantis voto, sed spiritu praevidentis. * cyrillus. ° vetus autem lex mandabat non offendere alios; vel si prius fuerimus laesi, non ultra proportiones laedentium iras protendere; sed perfectio legis in christo est, et in suis mandatis; unde sequitur et qui te percutit in maxillam, praebe ei et alteram. * chrysostomus in matthaeum. ° nam et medici cum calce feriuntur ab insanis, tunc maxime miserentur eis, et accingunt se ad eorum remedia. tu quoque similem habeas coniecturam erga persequentes: ipsi namque sunt qui praecipue infirmantur; nec prius desistamus quam totam amaritudinem evomuerint; tunc uberes gratias agent tibi, et ipse deus te coronabit, eo quod fratrem tuum in pessima aegritudine liberasti. * basilius. ° fere autem cuncti contra hoc mandatum procedimus; et praesertim potentes vel principes, non solum si passi fuerint contumelias, sed et si praestita eis non sit reverentia, adversarios reputantes quicumque eos minus reveriti sunt quam se reputaverunt dignos. est autem magna infamia principis esse promptum ad vindictam: nam et qualiter alium docebit nil mali pro malo rependere, qui nocenti retribuere satagit? * cyrillus. ° vult autem dominus insuper esse contemptorem rerum; unde sequitur et ab eo qui aufert tibi vestimentum, etiam tunicam noli prohibere: haec est enim virtus animae quae omnino aversa est a passione cupiditatis divitiarum. decet enim eum qui pius est et oblivisci malorum, ut et ea quibus caros amicos iuvamus, persequentibus conferamus. * chrysostomus in matthaeum. ° non autem dixit: fer humiliter iniuriantis impetum; sed: procedas per sapientiam, et ulterius te disponas ad patiendum quae ille cupiat facere, superans insolentiam eius ubertate prudentiae, ut habito pudore in excellenti patientia tua discedat. sed dicet aliquis: quomodo potest hoc fieri? cum videris deum factum hominem, tot passum pro te, adhuc quaeris et dubitas quomodo possibile sit nequitiis ignoscere conservorum? quis tale passus est quale dominus tuus dum ligaretur, flagellaretur, sputa perferens, mortem patiens? unde sequitur omni autem petenti te tribue. * augustinus de serm. dom.. ° non dicit: omnia petenti; sed ut id des quod iuste et honeste potes, idest quod nec tibi, nec alteri noceat, quantum sciri aut credi ab homine potest; et cui iuste negaveris quod petit, indicanda est iustitia; et aliquando melius aliquid tribues, cum petentem iniusta correxeris. * chrysostomus. ° in hoc tamen peccamus non modicum, non solum non dando petentibus, sed et eos increpando. cur, inquis, non laborat? cur otiosus alitur? dic mihi: et tu laborando possides? sed et si laboras, ad hoc laboras ut vitupere alium? propter unicum panem et tunicam appellas cupidum. nihil tribuis? nec convicieris. cur nec tu misereris, et volentibus dissuades? si cunctis indifferenter erogaverimus, semper miserebimur. quia enim abraham cunctos recipiebat, recepit et angelos. nam etsi homicida sit et praedo, nonne tibi dignus videtur panis habendi? non igitur simus severi aliorum censores, ne nos quoque exquisite iudicemur. sequitur et qui aufert quae tua sunt, ne repetas. * chrysostomus. ° a deo percipimus omnia; quod autem dicimus meum et tuum, nuda tantum sunt verba: si namque domum tuam asseris, emisisti verbum carens subsistentia rei: nam et aer et solum et caementum creatoris sunt, tu etiam ipse qui domum construxisti: sed et si tuus sit usus dubitatur, non solum propter mortem, sed etiam propter rerum eventus. anima tua non possidetur a te, et quo pacto tuae reputabuntur opes? vult autem deus tua fore quae tibi pro fratribus credita sunt; fient autem tua, si pro aliis dispensaveris; si vero tibi affluenter expenderis, quae sunt tua iam facta sunt aliena. sed propter nefandam opum cupidinem homines in curiis conrixantur; contra quod christus ait et qui aufert quae tua sunt, ne repetas. * augustinus de serm. dom.. ° quod de veste, domo, fundo, iumento, et generaliter omni pecunia dicit. non autem christianum oportet sic possidere servum quomodo equum aut argentum. servus si honestius a te regeretur quam ab illo qui eum tibi cupit auferre; nescio utrum quisquam dicere audeat eum debere contemni. * chrysostomus. ° est autem nobis insita lex naturalis, per quam dignoscimus quid sit virtus et vitium; unde sequitur et prout vultis ut faciant vobis homines, et vos facite illis similiter. non ait: quaecumque non vultis ut faciant, nec vos faciatis: cum enim duae sint viae quae ducunt ad virtutem, scilicet abstinentia mali, et operatio boni, hanc ponit, per istam et illam significans. et si quidem dixisset: ut sitis homines, diligite bestias, esset mandatum difficile; si vero homines diligere iussit, ad quod naturalis monitio est, quam difficultatem res continet, quam leones et lupi servant, in quibus naturalis cognatio amicitiam cogit? ostenditur igitur quod christus nihil statuit nostram transcendens naturam; sed quod dudum inseruit conscientiae nostrae, docet; ut propria voluntas pro lege sit tibi; ut si vis bene tibi, bene facias alii; si vis ut alius tui misereatur, proximi miserearis.

lc8 * Chrysostomus. ° dixerat dominus diligendos esse inimicos. ne autem putares hyperbolice esse dictum, aestimans solum ad terrorem eis dici, adicit rationem, dicens et si diligitis eos qui vos diligunt, quae vobis est gratia? plures quidem causae sunt quae dilectiones constituunt; dilectio vero spiritualis universas praecellit; nihil enim terrenum eam parit; non utilitas, non beneficium, non natura, non tempus, sed de caelo descendit. quid autem miraris si non indiget beneficio ut consistat, quando nec ex casu malorum pervertitur? pater quidem passus iniurias, rumpit foedus amoris; coniux post iurgia virum relinquit; filius si longaevum videat patrem, gravatur: at paulus ibat ad lapidantes, benefacturus eis; moyses lapidatur a iudaeis, et orat pro eis. veneremur itaque spirituales amicitias, quia sunt insolubiles. unde arguens volentes pigrescere, subdit, nam et peccatores diligentes se diligunt; quasi dicat: quia volo vos his amplius aliquid possidere, non moneo solum amicos diligere, sed etiam inimicos. benefacientibus etiam benefacere commune est omnibus. ostendit autem se parum plus petere quam sit moris peccatorum, qui benefaciunt amicis; unde sequitur et si benefacitis his qui vobis benefaciunt, quae vobis est gratia? siquidem et peccatores hoc faciunt. * beda. ° non solum autem dilectionem vel beneficium peccatorum, quasi infructuosa redarguit, sed etiam mutuum; unde sequitur et si mutuum dederitis his a quibus speratis recipere, quae gratia est vobis? nam et peccatores peccatoribus fenerantur, idest mutuantur, ut recipiant aequalia. * ambrosius. ° in tres autem partes philosophia sibi videtur divisisse iustitiam: unam in deum, quae pietas vocatur; alteram in parentes vel reliquum genus humanum; tertiam in mortuos, ut his exequiarum iura solvantur. at dominus, legis oraculum ac prophetiae fastigium supergressus, in eos quoque qui laeserunt, pietatis correxit officium, cum subdit verumtamen diligite inimicos vestros. * chrysostomus in genesim. ° in quo plus tibi quam illi conferes: ille enim diligitur a conservo, tu vero efficieris similis deo. est autem maximae virtutis quando nocere volentes beneficiis complectimur; unde subditur et benefacite. sicut enim fornacem succensam aqua proiecta extinguit, sic iram ratio cum lenitate: quod enim est aqua igni, hoc est irae humilitas et mansuetudo. et sicut non extinguitur ignis per ignem, sic nec ira per iram mitigatur. * gregorius nyssenus. ° debet autem homo vitare damnosam sollicitudinem, ne quaerat ab inope divitiarum augmenta, aeris et auri metallorum sterilium exigens fructum; unde subdit et mutuum date, nihil inde sperantes. malignam fenorum excogitationem si quis appellet furtum et homicidium, non peccabit: nam quid refert suffosso pariete quemquam erepta possidere, ac fenorum necessitate possidere illicita? * basilius. ° talis autem avaritiae species, graece tocos idest partus, latine fenus, quasi fetus propter mali fecunditatem, ut arbitror, appellatur. aut fortasse partus dicitur propter partus dolores, quos animis eorum qui mutuo ad usuram acceperunt, inducere solet. animalia temporis progressu nascuntur, adolescunt et pariunt; at fenus statim cum oritur parere incipit. animalia quae citius pariunt, citius parere cessant: sed avarorum pecunia simul cum omni tempore adaugetur. animalia ubi pariendi vim ad sobolem suam transtulerunt, ipsa parere cessant; at feneratorum pecuniae et novas pariunt, et veteres renovant. nullus itaque mortiferam hanc bestiam attendet. sed magna, inquis, o pauper, necessitas, et utilitas est ut mutuum sumam. et quaenam haec est utilitas? rursum veniet tibi paupertas, et eadem cum accessione necessitas. meditare iam unde restituas. unde tibi pecuniae intantum multiplicabuntur ut et sufficiant ad usus necessitatem, et ad restitutionem? verum ais: quomodo igitur me enutriam nisi fenus accipiam? mille sunt victus parandi solertiae. manus habes, labora, servi, tandem mendica: omnia tibi tolerabiliora sunt quam pecuniam ad usuram sumere. ceterum dives ait: quale illud est mutuum cui nulla retributionis spes adiuncta est? considera vim dicti, et legislatoris admiraberis humanitatem. cum pauperi dare voles propter dominum, idem et donum est et mutuum: donum quidem, quia non speras receptionem; mutuum vero, propter domini magnificentiam, qui paucis per pauperem acceptis, magna pro ipsis reddet; unde sequitur et erit merces vestra multa. non vis universorum dominum obnoxium tibi ipsi habere ad persolvendum? aut si quis in urbe dives promittat se tibi pro alio exsoluturum, fideiussionem ipsius accipies, deum autem pro pauperibus persolutorem non admittes? * chrysostomus. ° attende mutui naturam mirabilem: alius recipit, et alius obligat se pro debitis, centuplum in praesenti reddens, in futuro vero vitam aeternam. * ambrosius. ° quanta misericordiae merces qui filiis divinae misericordiae asciscitur? sequitur enim et eritis filii altissimi. sequere igitur misericordiam, ut merearis gratiam. late patet benignitas dei: super ingratos pluit, malis fecunda non negat terra proventus. sequitur quia ipse benignus est super ingratos et malos. * beda. ° vel temporalia bona largiendo, vel caelestia dona singulari gratia inspirando. * cyrillus. ° magnum est ergo praeconium pietatis: reddit enim haec virtus nos deo conformes, et quasi quaedam signa sublimis naturae nostris imprimit animabus; unde sequitur estote ergo misericordes sicut et pater vester misericors est. * athanasius. ° ut scilicet aspicientes beneficia eius, bona quae facimus, non hominum, sed eius intuitu faciamus; quatenus a deo, non ab hominibus praemia consequamur.

lc9 * Ambrosius. ° addidit dominus non temere iudicandum, ne tui conscius ipse delicti in alterum cogaris ferre sententiam: unde dicit nolite iudicare. * chrysostomus in matthaeum. ° non iudices praecedentes te, idest qui discipulus es magistrum, peccator innocentem; quos non oportet increpare, sed monere, et caritative corrigere: nec etiam iudicandum est in incertis et qualibuscumque, quae nec similitudinem habent peccati, aut quae non sunt gravia, sive prohibita. * cyrillus. ° sedat ergo hic pessimam passionem nostrarum conscientiarum, contemptus principium: quamvis enim deceat aliquos se circumspicere, et secundum deum conversari; hoc non faciunt, sed examinant aliena. et si videant aliquos infirmari, tamquam propriarum passionum obliti, faciunt hoc detractionis materiam. * chrysostomus. ° nec facile reperies quemquam neque patremfamilias, neque claustralem expertem huius erroris. sunt autem et hae diabolicae tentationis insidiae: nam qui severe discutit aliena, nunquam propriorum reatuum merebitur veniam; unde sequitur et non iudicabimini; sicut enim pius et mitis reprimit peccatorum timorem; sic severus et dirus adjicit criminibus propriis. * gregorius nyssenus. ° non igitur cum acrimonia praecipitetis in servos sententiam, ne similia patiamini: vocat enim iudicium asperiorem damnationem; unde sequitur nolite condemnare, et non condemnabimini: non enim iudicium cum venia prohibet. * beda. ° brevi autem sententia cuncta quae de conversando cum inimicis mandaverat, comprehendendo concludit, dicens dimittite et dimittetur vobis, date et dabitur vobis: ubi dimittere nos iniurias et dare beneficia iubet, ut et nobis peccata dimittantur, et vita detur aeterna. * cyrillus. ° quod autem ampliori manu recompensationem accipiemus a deo, qui largiflue donat diligentibus eum, ostendit subdens mensuram bonam, et confertam, et coagitatam et supereffluentem dabunt in sinum vestrum. * theophylactus. ° quasi dicat: sicut si farinam sine parcitate mensurare velles, conferres eam, coagitares et supereffunderes abunde; sic dominus mensuram magnam et supereffluentem dabit in sinum vestrum. * augustinus de quaest. evang.. ° dicit autem dabunt, quia per illorum merita quibus vel calicem aquae frigidae in nomine discipuli dederunt, mercedem caelestem recipere merebuntur. sequitur eadem quippe mensura qua mensi fueritis, remetietur vobis. * basilius. ° qua enim mensura unusquisque vestrum mensurat in bene operando aut peccando, eadem vel praemia vel poenas feret. * theophylactus. ° interrogabit autem fortassis aliquis subtilius: si enim supereffluenter redditur, quo modo eadem est mensura? ad quod dicimus, quod non dixit: in tanta mensura remetietur vobis, sed in eadem. qui enim benefecit, bene fiet ei: quod est remetiri eadem mensura. sed supereffluentem mensuram dicit, quia millies benefiet ei: sic et in iudicando: qui enim iudicat et deinde iudicatur, accipit eamdem mensuram; secundum vero quod ad plus diiudicabitur, quia sibi similem iudicavit, secundum hoc supereffluens est mensura. * cyrillus. ° hoc autem solvit apostolus dicens: qui parce seminat, hoc est modice et manu tenaci, parce et metet, hoc est non copiose; et qui seminat in benedictionibus, in benedictionibus et metet, hoc est, copiose. si quis autem non habet, si non faciat, non delinquit: in eo enim quod habet acceptatur, non in eo quo caret.

lc10 * Cyrillus. ° addidit dominus praedictis parabolam valde necessariam; unde dicitur dicebat autem illis et similitudinem. erant enim eius discipuli futuri mundi doctores; unde decebat eos scire viam conversationis honestae, quasi illustratam mentem habentes divino fulgore ne caeci caecos ducerent; et ideo subdit numquid potest caecus caecum ducere? nonne ambo in foveam cadunt? et si contingat aliquos hoc attingere ut aequalem virtutem docentium virtuti possideant, sistant in mensura docentium, et illorum sequantur vestigia; unde sequitur non est discipulus supra magistrum; perfectus autem omnis erit, scilicet discipulus, si sit sicut magister eius; unde et paulus dicit: imitatores mei estote, sicut et ego christi. christo ergo non iudicante, cur tu iudicas? neque enim venit iudicare mundum, sed misereri. * theophylactus. ° vel aliter. si tu alium iudicas, et ipse in eisdem peccas, nonne assimilaris caeco caecum ducenti? quomodo enim ille a te ducetur ad bonum, cum et tu pecces? non est enim discipulus supra magistrum. si igitur tu peccas, qui te magistrum et ductorem putas, ubi erit qui a te disciplinatur et ducitur? perfectus enim erit discipulus, si sit sicut magister eius. * beda. ° vel sensus huius sententiae pendet ex superioribus, ubi danda eleemosyna et iniuria dimittenda praecipitur. si te, inquit, ira contra violentum, et contra petentem avaritia caecaverit, numquid tu mente vitiata vitium eius curare poteris? si etiam magister christus, qui quasi deus potuit suas ulcisci iniurias, maluit persecutores patiendo reddere mitiores, eamdem necesse est quod discipuli, qui puri homines sunt, regulam perfectionis sequantur. * augustinus de quaest. evang.. ° vel quod dicit numquid potest caecus caecum ducere? ideo subiunxit, ut non sperarent a levitis se accepturos mensuram illam de qua dixit dabunt in sinum vestrum, quoniam decimas dabant eis quos caecos dixit, quia evangelium non tenerent; ut illam remunerationem per discipulos domini potius plebs inciperet iam sperare; quos imitatores suos volens ostendere, addit non est discipulus supra magistrum. * theophylactus. ° inducit autem dominus et aliam parabolam de eodem, subdens quid autem vides festucam, idest modicum criminis, in oculo fratris tui, trabem autem quae in oculo tuo est, idest peccatum tuum maximum, non consideras? * beda. ° hoc autem ad superiorem sensum respicit, ubi caecum a caeco duci, idest peccantem a peccatore castigari non posse praemonuit; unde dicitur aut quomodo potes dicere fratri tuo: frater, sine eiciam festucam de oculo tuo, ipse in oculo tuo trabem non videns? * cyrillus. ° quasi dicat: qui gravibus obnoxius est peccatis, quae trabem vocat, qualiter damnat eum qui pauca vel quandoque nil mali commisit? hoc enim festuca significat. * theophylactus. ° convenit autem hoc omnibus, et maxime doctoribus, qui subditorum cum minima peccata puniant, propria impunita relinquunt. propter hoc eos dominus hypocritas vocat, qui ex hoc aliorum peccata iudicant ut iusti videantur; unde sequitur hypocrita, eice primum trabem de oculo tuo, et tunc perspicies ut educas festucam de oculo fratris tui. * cyrillus. ° videlicet teipsum primum mundum ostendas a magnis peccatis; consequenter consules proximo modica committenti. * basilius. ° videtur enim revera cognitio sui ipsius gravissimum omnium: neque enim solus oculus exteriora videns super se visu non utitur; sed et ipse noster intellectus, cum alienum velociter coniectat peccatum, lentus est erga propriorum perceptionem defectuum.

lc11 * Beda. ° contra hypocritam quae coeperat dominus exequitur dicens non est enim arbor bona quae facit fructus malos, neque arbor mala faciens fructum bonum: quasi dicat: si veram et non fictam vis habere iustitiam, quae verbis ostentas, etiam facto compensa: quia etsi se bonum fingat hypocrita, non est bonus qui facit opera mala; et si reprehendat insontem, non ideo malus est qui facit opera bona. * titus. ° hoc autem audiens, non sumas inde tibi favorem inertiae: naturaliter enim arbor movetur, tu vero libero arbitrio fungeris; et omnis arbor sterilis ad aliquid ordinata est, tu vero factus es ad opera virtutum. * isidorus abbas. ° non ergo poenitentiam, sed pertinaciam mali excludit: cum enim mala sit, non potest fructus bonos producere; in virtutem vero conversa fructificat. quod autem est arboribus natura, hoc est nobis affectio. etsi ergo arbor mala non potest fructum bonum producere, poterit tamen. * chrysostomus in matthaeum. ° quamvis autem fructus causetur ex arbore, facit tamen notitiam arboris, eo quod arboris distinctio per fructum apparet; unde sequitur unaquaeque enim arbor de fructu suo cognoscitur. * cyrillus. ° sed et vita morum uniuscuiusque erit significativa: neque enim extrinsecis ornamentis et fictis humilitatibus, vere felicitatis apprehenditur decor, sed et ex his quae aliquis operatur: cuius rei exemplum ponens subdit neque enim de spinis colligunt ficus. * ambrosius. ° in spinis istius mundi ficus illa reperiri non potest; quae quia fecundis fructibus melior est, bene species ei resurrectionis aptatur: vel quia, ut legisti: ficus dederunt grossos suos; quod immaturus et caducus et inutilis in synagoga fructus ante praecessit: vel quia immatura nostra vita est in corpore, matura in resurrectione: et ideo procul a nobis debemus saeculares sollicitudines abdicare, quae mordent animum, mentemque adurunt, ut maturos fructus culturae diligentis possimus adipisci. hoc ergo ad mundum et resurrectionem; alterum ad animam et corpus refertur, cum subditur neque de rubo vindemiant uvam; vel quia nemo peccatis fructum acquirit animae suae, quae sicut uva, proxima terris corrumpitur, in superioribus maturatur; vel quia nemo potest damnationem carnis evadere, nisi quem christus redemerit, qui sicut uva pependit in ligno. * beda. ° vel spinas et rubum, saeculi curas et punctiones puto esse vitiorum; ficus vero et uvam, dulcedinem novae conversationis et fervorem dilectionis. non autem de spinis ficus, neque uva de rubo colligitur: quia mens adhuc veteris hominis consuetudine depressa similare potest, sed fructus novi hominis ferre non potest. sed sciendum, quod sicut ferax palmes sepi involutus recumbit, portansque fructum spina non suum usibus servat humanis; sic dicta vel acta malorum si quando prosunt bonis, non hoc ipsi faciunt mali, sed fit de illis dei consilio. * cyrillus. ° postquam autem ostendit quod ex operibus potest discerni homo bonus et malus, sicut ex fructibus arbor; nunc idem ostendit per aliud signum, dicens bonus homo de bono thesauro cordis sui profert bonum; et malus homo de malo thesauro profert malum. * beda. ° idem est thesaurus cordis quod radix est arboris. qui ergo in corde thesaurum patientiae perfectique habet amoris, optimos fructus effundens diligit inimicum, et cetera facit quae supra edocuit; at qui thesaurum nequam corde servat, contraria facit. * basilius. ° verbi etiam conditio cor a quo processit manifestat, evidenter ostendens dispositionem praecordiorum nostrorum; unde sequitur ex abundantia enim cordis os loquitur. * chrysostomus in matthaeum. ° naturalis enim consequentia est ut cum intus abundet nequitia, effluant oretenus verba nequam: unde cum audiveris hominem inhonesta proferentem, non tantam in eo putes latere malitiam quanta verbis exprimitur; sed coniecta fontem rivo esse uberiorem. * beda. ° per oris etiam locutionem dominus universa quae dicto, vel facto, vel cogitatu de corde proferimus, insinuat; moris enim est scripturarum, verba pro rebus ponere.

lc12 * Beda. ° ne aliquis sibi frustra blandiretur ex eo quod dictum est ex abundantia cordis os loquitur, quasi verba solum et non magis opera veri christiani quaerantur, consequenter dominus adiungit quid autem vocatis me: domine, domine, et non facitis quae dico? quasi dicat: quid folia rectae confessionis vos germinare iactatis, qui nullos operis boni fructus ostenditis? * cyrillus. ° convenit autem soli supremae omnium naturae, dominationis et nomen et res. * athanasius. ° non est ergo hoc verbum hominis, sed dei ostendentis proprium ortum a patre: dominus enim est qui natus est a solo domino. non timeas autem dualitatem: non enim secundum naturam separantur. * cyrillus. ° quae autem sit utilitas in mandatorum observatione, quodve damnum accidere possit ex inobedientia, ostendit subdens omnis qui venit ad me, et audit sermones meos, et facit eos, ostendam vobis cui similis sit. similis est homini aedificanti domum, qui fodit in altum, et posuit fundamentum supra petram. * beda. ° petra erat christus, qui fodit in altum, qui praeceptis humilitatis terrena omnia de cordibus fidelium eruit, ne propter commodum temporale serviant deo. * basilius. ° ponere autem fundamentum supra petram, hoc est inniti fidei christi, ut immobilis perseveret in adversis, sive humanitus, sive divinitus accidant. * beda. ° vel fundamentum domus, ipsa est intentio bonae conversationis, quod perfectus verbi auditor in adimplendis christi mandatis firmiter inserit. * ambrosius. ° vel omnium fundamentum docet esse virtutum obedientiam caelestium praeceptorum, per quam domus haec nostra, non profluvio voluptatum, non nequitiae spiritualis incursu, non imbre mundano, non haereticorum possit nebulosis disputationibus commoveri; unde sequitur inundatione autem facta, illisum est flumen domui illi, et non potuit eam movere. * beda. ° inundatio tribus modis fit: vel immundorum spirituum, vel improborum hominum, vel ipsa mentis aut carnis inquietudine; et quantum propriis viribus homines fidunt, inclinantur; quantum vero invictissimae illi petrae adhaerent, etiam labefactari nequeunt. * chrysostomus in matthaeum. ° ostendit etiam nobis dominus quod nullam parit fides utilitatem, si foeda sit conversatio; unde sequitur qui autem audit et non facit, similis est homini aedificanti domum suam supra terram sine fundamento. * beda. ° domus diaboli mundus, qui in maligno positus est: quam super terram aedificat, quia obsequentes sibi de caelis ad terrena detrahit; sine fundamento fundamentum non habet, quia non ex propria natura subsistit; malum quippe aedificat, quia omne peccatum sine substantia est, quod tamen, quodcumque sit, in boni natura convalescit. quia vero a fundo dicitur fundamentum, possumus etiam fundamentum pro fundo positum non inconvenienter accipere: sicut qui in puteo mergitur, putei fundo retinetur; sic anima corruens, quasi in quodam fundi loco consistit, si se in aliqua peccati mensura continet. sed cum peccato in quod labitur non potest esse contenta, dum quotidie ad deteriora deicitur, quasi in puteo in quem cecidit, fundum non invenit quo figatur. ingruente autem qualibet tentatione, et vere mali et ficte boni peiores fiunt, donec ad extremum perpetuam labantur in poenam; unde sequitur in quam illisus est fluvius, et continuo cecidit, et facta est ruina domus illius magna. potest etiam per impetum fluminis, extremi iudicii discrimen intelligi, quando utraque domo consummata, ibunt impii in supplicium aeternum, iusti autem in vitam aeternam. * cyrillus. ° vel super terram sine fundamento aedificat qui super arenam dubietatis, quae secundum opinionem est, ponit fundamentum spiritualis fabricae, quos paucae stillae tentationum dissiparunt. * augustinus de cons. evang.. ° hunc autem sermonem domini prolixum sic exorsus est lucas, sicut et matthaeus: uterque enim dixit beati pauperes; deinde multa quae sequuntur in utriusque narratione similia sunt; et ad extremum sermonis ipsa conclusio prorsus eadem reperitur, scilicet de homine qui aedificat supra petram, et super arenam. posset ergo facillime credi eumdem lucas domini interposuisse sermonem, aliquas tamen praetermisisse sententias quas matthaeus posuit, item alias posuisse quas matthaeus non dixit; nisi moveret quod matthaeus in monte dicit habitum sermonem a domino sedente, lucas autem in loco campestri a domino stante. non tamen istos duos sermones longa temporis distantia separari hinc probabiliter creditur, quod et ante et postea quaedam similia vel eadem ambo narrarunt. quamquam illud possit occurrere, in aliqua excelsiori parte montis primo cum solis discipulis fuisse dominum, quando ex eis illos duodecim elegit; deinde cum eis descendisse de monte, scilicet de ipsa montis celsitudine, in campestrem locum, idest in aliquam aequalitatem quae in latere montis erat, et multas turbas capere poterat, atque ibi stetisse, donec ad eum turbae congregarentur; ac postea cum sedisset, accessisse propinquius discipulos suos, atque illis ceterisque turbis praesentibus unum habuisse sermonem.

073 CLC cp7

lc1 * Titus. ° cum perfectioribus documentis suos refecisset discipulos, vadit capharnaum, ibi prodigiosa operaturus; unde dicitur cum autem implesset omnia verba sua in aures plebis, intravit in capharnaum. * augustinus de cons. evang.. ° hic intelligendum est quia non ante quam haec verba terminasset intravit, sed non esse expressum post quantum temporis intervallum, cum istos sermones terminasset, intraverit capharnaum: ipso quippe intervallo leprosus ille mundatus est, quem suo loco matthaeus interponit. * ambrosius. ° pulchre autem ubi praecepta complevit, formam docet suorum praeceptorum exequi: nam statim gentilis centurionis servus domino curandus offertur; unde sequitur centurionis autem cuiusdam servus male habens, erat moriturus, qui illi erat pretiosus. quod moriturum dixerit, evangelista non fefellit; moriturus enim erat, nisi fuisset sanatus a christo. * eusebius. ° strenuus siquidem in bellis erat iste centurio, et militibus romanis praefectus. quia vero specialis serviens eius domi languens iacebat, considerans quales salvator erga ceteros virtutes agebat sanando languidos, et iudicans quod non secundum vires humanas haec agebantur miracula, mittit ad eum ut ad deum, non habito respectu ad apparens organum, quo cum hominibus conversabatur; unde sequitur et cum audisset de iesu, misit ad eum seniores iudaeorum, rogans eum ut veniret, et salvaret servum suum. * augustinus de cons. evang.. ° quomodo ergo verum erit quod matthaeus narrat: accessit ad eum quidam centurio, cum ipse non accesserit? ubi diligenter advertentes intelligamus, matthaeum non deseruisse usitatum modum loquendi: si enim ipsa perventio usitate dicitur per alios fieri, quanto magis accessus per alios fieri potest? non ergo absurde matthaeus per alios facto accessu centurionis ad dominum, compendio dicere voluit, ipsum potius accessisse ad christum, quam illos per quos verba sua misit: quia quo magis credidit, eo magis accessit. * chrysostomus in matthaeum. ° qualiter etiam matthaeus dicit quod ipse dixit: non sum dignus ut intres sub tectum meum; lucas autem hic dicit, quoniam rogat ut veniat? sed mihi videtur quod lucas significat nobis iudaicas blanditias. credibile enim est ut cum vellet abire centurio, retraheretur a iudaeis blandientibus, et dicentibus, quia nos euntes ducemus eum: unde et eorum preces adulationibus plenae sunt; sequitur enim at illi cum venissent ad iesum, rogabant eum sollicite, dicentes: quia dignus est ut hoc illi praestes: diligit enim gentem nostram, et synagogam ipse aedificavit nobis. decebat quidem ipsos dicere, quoniam ipse volebat venire et supplicare; nos autem detinuimus, calamitatem videntes, et cadaver quod in domo iacebat, aut promere fidei eius immensitatem; sed nolebant propter invidiam fidem viri detegere; ne magnus aliquis esse videretur cui preces porriguntur. quod autem matthaeus significat ipsum israelitam non esse, lucas vero dicit quoniam aedificavit synagogam, non est contrarium; potuit enim et iudaeus non esse, et synagogam construxisse. * beda. ° in hoc autem ostendunt, quia sicut nos ecclesiam, sic etiam illi synagogam non conventum solummodo fidelium, sed etiam locum quo conveniebant sint soliti appellare. * eusebius. ° et seniores quidem iudaeorum pro modicis sumptibus ad opus synagogae datis gratiam poscunt; sed dominus non propter hoc, sed pro maiori causa, volens scilicet generare credulitatem in cunctis mortalibus per suam virtutem, seipsum exhibuit; unde sequitur iesus autem ibat cum illis. * ambrosius. ° quod utique non ideo faciebat quia absens curare non poterat; sed ut formam tibi daret humilitatis imitandae, ad reguli filium noluit pergere, ne videretur magis divitiis detulisse; hic ipse perrexit, ne videretur in centurionis famulo conditionem despexisse servilem. centurio vero militari tumore deposito, reverentiam sumit, et ad fidem facilis, et ad honorificentiam promptus; unde sequitur et cum non longe esset a domo, misit ad eum centurio amicos, dicens: domine, noli vexari. non enim hominis, sed dei potestate coniecit dari a christo hominibus sanitatem. iudaei quidem dignitatem eius praetenderant; iste vero indignum se asseruit non solum beneficii, sed etiam susceptionis domini: non enim dignus sum ut sub tectum meum intres. * chrysostomus in matthaeum. ° postquam enim liberatus est a iudaeorum taedio, tunc mittit dicens: ne putes prae taedio me non venisse; sed indignum reputavi te domi recipere. * ambrosius. ° bene autem lucas in occursum amicos dicit esse a centurione transmissos, ne praesentia sua, et generare domini verecundiam videretur, et officio provocasse; unde sequitur propter quod et meipsum non sum dignum arbitratus ut venirem ad te; sed dic tantum verbo, et sanabitur puer meus. * chrysostomus. ° ubi attende centurionem debitam opinionem habentem de domino: non enim dixit: ora; sed tantummodo: iube, dubitans ne se humiliando renueret. subdit nam et ego homo sum sub potestate constitutus, habens sub me milites; et dico huic: vade, et vadit; et alii: veni, et venit; et servo meo: fac hoc, et facit. * beda. ° hominem se potestati vel tribuni vel praesidis subditum dicit; imperare tamen minoribus: ut subaudiatur, eum multo magis qui deus sit, non per adventum tantum corporis, sed per angelorum ministeria posse implere quod vellet: repellendae enim erant vel infirmitates corporum, vel fortitudines contrariae, et verbo domini, et ministeriis angelorum. * chrysostomus. ° est autem hic notandum, quod hoc verbum fac imperium designat dictum servo. ob hoc deus cum hominem vellet creare non ait unigenito: fac hominem; sed faciamus hominem, ut per formam consensus verborum declaret aequiparantiam. quia ergo in christo considerabat excellentiam dominii, ob hoc ait dic verbo: nam et ego dico servo meo, etc.. christus autem non eum reprehendit, sed eius intentionem roboravit; unde sequitur quo audito iesus miratus est. * beda. ° sed quis in illo fecerat ipsam fidem nisi ille qui admirabatur? sed et si alius eam fecisset, quid miraretur qui praescius erat? quod ergo miratur dominus, nobis mirandum esse significat: omnes enim tales motus cum de deo dicuntur, non perturbati animi signa sunt, sed docentis magistri. * chrysostomus. ° ut autem liqueat tibi quod dominus hoc ideo dixit ut alios instruat, prudenter evangelista hoc aperiens subdit amen dico vobis, nec in israel tantam fidem inveni. * ambrosius. ° et quidem si sic legas: in nullo tantam fidem inveni in israel, simplex intellectus et facilis est; si vero iuxta graecos: nec in israel tantam fidem inveni, fides huiusmodi etiam electioribus, et deum videntibus antefertur. * beda. ° non autem de omnibus retro patriarchis et prophetis, sed de praesentis aevi loquitur hominibus; quibus ideo centurionis fides antefertur, quia illi legis prophetarumque monitis edocti, hic autem nemine docente sponte credidit. * ambrosius. ° probatur autem fides domini, et servi sanitas roboratur; unde sequitur et reversi qui missi fuerant domum, invenerunt servum qui languerat sanum. potest ergo meritum domini et famulis suffragari, non solum fidei merito, sed et studio disciplinae. * beda. ° plenius autem haec explicat matthaeus, quod dicente domino centurioni: vade, sicut credidisti fiat tibi, sanatus sit puer ex illa hora. sed beato lucae moris est, quod plene viderit ab aliis evangelistis exposita abbreviare, vel etiam de industria praeterire; quae vero ab eis omissa vel breviter cognoverit tacta, dilucidare solertius. * ambrosius. ° mystice autem servo centurionis populus nationum, qui mundanae servitutis vinculis tenebatur, aeger lethalibus passionibus, beneficio domini sanandus exprimitur. * beda. ° centurio autem, cuius fides israeli praefertur, electos a gentibus ostendit; qui quasi centenario milite stipati virtutum spiritualium sunt perfectione sublimes: numerus enim centenarius, qui de laeva transfertur ad dexteram, in caelestis vitae significationem poni consuevit. tales ergo pro his necesse est ut domino supplicent qui adhuc spiritu servitutis premuntur; nos autem, qui de gentibus credimus, non ipsi ad dominum venire possumus, quem in carne videre non valemus; sed ad eum accedere debemus per fidem. seniores autem iudaeorum mittere, hoc est summos ecclesiae viros, qui nos ad dominum praecesserunt, suppliciter obsecrando patronos acquirere, qui nobis testimonium reddentes, quod ecclesiam aedificare curemus, pro nostris peccatis intercedant. pulchre autem dicitur quia iesus non longe erat a domo, quia prope timentes eum salutare ipsius; et qui naturali lege recte utitur, quo bona quae novit operatur, eo illi qui bonus est appropiat. * ambrosius. ° non vult autem iesum vexari centurio; quia quem iudaeorum populus crucifixit, inviolatum ab iniuria manere desiderat populus nationum; et, quod ad mysterium spectat, vidit in pectora adhuc gentilium non esse penetrabilem christum. * beda. ° milites autem et servi, qui centurioni obediunt, virtutes sunt naturales, quarum copiam multi ad dominum venientes deferunt secum. * theophylactus. ° vel aliter. centurio est intellectus, qui multorum in militia princeps existit, dum multas in hac vita res habet. habet autem servum infirmum, irrationabilem animae partem, irascibilem et concupiscibilem dico. et mittit ad iesum mediatores iudaeos, idest confessionis cogitationes et verba; et confestim suscipit servum sanum.

lc2 * Cyrillus. ° mira dominus miris annectit; et supra quidem accersitus occurrit, hic vero non vocatus accedit; unde dicitur et factum est, deinceps ibat in civitatem quae vocatur naim. * beda. ° naim est civitas galilaeae in secundo milliario montis thabor. divino autem nutu multa turba dominum comitatur, ut multi essent tanti miraculi testes; unde sequitur et ibant cum illo discipuli eius et turba copiosa. * gregorius nyssenus. ° resurrectionis autem experimentum non ita verbis sicut operibus a salvatore didicimus, qui ab inferioribus inchoans opus miraculi, fidem nostram assuefacit ad maiora. primo quidem in aegritudine desperata servi centurionis, resurrectionis incepit potestatem; post haec altiori potestate ducit homines ad fidem resurrectionis, dum suscitavit filium viduae, qui ferebatur ad monumentum; unde sequitur cum autem appropinquaret portae civitatis, ecce defunctus efferebatur filius unicus matris suae. diceret enim aliquis de puero centurionis, quod moriturus non erat: ut igitur temerariam linguam compesceret, iam defuncto iuveni christum obviare fatetur unico filio viduae; nam sequitur et haec vidua erat, et turba civitatis multa cum illa. aerumnae molem brevibus verbis explicuit. mater vidua erat, et non sperabat ulterius filios procreare; non habebat in quem aspectum dirigeret vice defuncti; hunc solum lactaverat, solus aderat alacritatis causa in domo; quicquid matri dulce ac pretiosum, hic solus extiterat. * cyrillus. ° miseranda passio, et ad fletum et lacrymas potens provocare. unde sequitur quam cum vidisset dominus, misericordia motus super eam, dixit illi: noli flere. * beda. ° quasi dicat: desiste quasi mortuum flere, quem mox vivum resurgere videbis. * chrysostomus. ° iubens autem cessare a lacrymis qui consolatur moestos, monet nos praesentibus defunctis consolationem recipere, resurrectionem sperantes. tenet autem feretrum vita obvians morti; unde sequitur et accessit, et tetigit loculum; hi autem qui portabant steterunt. * cyrillus in ioannem. ° ideo autem non solo verbo peragit miraculum, sed et feretrum tangit, ut cognoscas efficax esse sacrum christi corpus ad humanam salutem: est enim corpus vitae, et caro verbi omnipotentis, cuius habet virtutem: sicut enim ferrum adiunctum igni perficit opus ignis, sic postquam caro unita est verbo quod vivificat omnia, ipsa quoque facta est vivificativa, et mortis expulsiva. * titus. ° non autem salvator similis est eliae deflenti filium sareptanae, nec qualis eliseus, qui proprium corpus applicuit corpori defuncti, nec qualis est petrus, qui pro thabita oravit; sed ipse est qui non entia velut entia vocat, qui mortuos ut vivos alloqui potest; unde sequitur et ait: adolescens, tibi dico: surge. * gregorius nyssenus. ° qui dixit adolescentem, florentis significavit temporis horam, primam producentem lanuginem: qui paulo ante muliebris erat maternorum oculorum aspectui, iam aspirans ad tempus sponsalium, virga generis, successionis ramus, baculus senectutis. * titus. ° incunctanter autem erectus est cui sunt mandata directa: divina enim potestas est irrefragabilis: nulla mora, nulla orationum instantia; unde sequitur et resedit qui erat mortuus, et coepit loqui; et dedit illum matri suae. indicia sunt haec verae resurrectionis: corpus enim exanime loqui non potest; nec reportasset mulier ad domum defunctum filium inanimatum. * beda. ° pulchre autem evangelista dominum prius misericordia motum esse super matre, ac sic filium resuscitare testatur, ut in uno nobis exemplum imitandae pietatis ostenderet, in altero fidem mirandae potestatis astrueret; unde sequitur accepit autem omnes timor, et magnificabant deum, dicentes: quia propheta magnus surrexit in nobis, et quia deus visitavit plebem suam. * cyrillus. ° hoc magnum fuit in populo insensibili et ingrato: post modicum enim nec prophetam, nec ad utilitatem populi procedere ipsum existimavit. neminem autem habitantium iudaeam hoc miraculum latuit; unde sequitur et exiit hic sermo in universam iudaeam, et in omnem circa regionem. * ambrosius. ° idoneum autem est dicere, quod septem resurrectiones ante dominicam narrantur; quarum prima est filii sareptanae, secunda filii sunamitis, tertia quae facta est in reliquiis elisei, quarta quae facta est in naim, quinta filiae archisynagogi, sexta lazari, septima in christi passione, multa namque corpora sanctorum surrexerunt; octava est christi, qui expers mortis remansit ulterius, in signum quod communis resurrectio, quae futura est in octava aetate, non tolletur morte, sed indissolubilis permanebit. * beda. ° defunctus autem qui extra portam civitatis multis est intuentibus elatus, significat hominem lethali funere criminum soporatum, et animae mortem non cordis adhuc cubili tegentem, sed ad multorum notitiam per locutionis operisve indicium, quasi per civitatis ostia, propalantem. portam enim civitatis puto aliquem de sensibus esse corporalibus: qui bene filius unicus matris suae fuisse perhibetur, quia una est ex multis personis collecta mater ecclesia: viduam autem esse ecclesiam, omnis anima quae se domini morte redemptam meminit, agnoscit. * ambrosius. ° hanc enim viduam populorum turba circumseptam plus video esse quam feminam, quae resurrectionem unici adolescentis filii a pompa funeris revocat ad vitam, quarum contemplatione lacrymarum, quae flere prohibetur eum cui resurrectio debebatur. * beda. ° vel novati dogma confunditur, qui dum poenitentium mundationem evacuare conatur, matrem ecclesiam de natorum suorum spirituali extinctione plorantem spe vitae reddendae negat consolari debere. * ambrosius. ° hic autem mortuus in loculo materialibus quatuor ad sepulchrum ferebatur elementis; sed spem resurgendi habebat, quia ferebatur in ligno; quod etsi nobis ante non proderat, tamen posteaquam christus id tetigit, proficere coepit ad vitam; ut esset iudicio salutem populo per crucis patibulum refundendam. in secreto enim iacemus exanimes, cum vel ignis immodicae cupiditatis exaestuat, vel frigidus humor exundat, et pigra quadam corporis habitudine vigor hebetatur animorum. * beda. ° vel loculus in quo mortuus effertur, male secura desperati peccatoris conscientia est: qui vero sepeliendum portant, vel immunda desideria, vel blandimenta sunt sociorum; qui, domino loculum tangente, steterunt: quia superni formidine iudicii tacta conscientia, carnales saepe voluptates et iniuste laudantes coercens ad se revertitur, vocantique ad vitam respondet salvatori. * ambrosius. ° si ergo grave peccatum est, quod poenitentiae tuae lacrymis ipse lavare non possis, fleat pro te mater ecclesia, assistat et turba; iam resurges a funere, et incipies vitalia loqui, timebunt omnes; unius enim exemplo omnes corriguntur: laudabunt etiam deum, qui tanta nobis remedia vitandae mortis indulsit. * beda. ° visitavit autem deus plebem suam, non solum semel verbum suum incorporando, sed semper in corda mittendo. * theophylactus. ° viduam etiam potes intelligere animam virum amittentem, idest divinum sermonem: filius enim est intellectus, qui extra civitatem effertur viventium; loculus eius est corpus eius, quod quidam dixerunt esse sepulchrum: tangens autem eum dominus levat ipsum, iuvenescere faciens eum qui surgens a peccato incipit loqui et alios edocere: non enim prius ei crederetur.

lc3 * Cyrillus. ° miraculum quod omnes inhabitantes iudaeam et galilaeam sciverant, referunt sancto baptistae quidam ex eius discipulis, unde sequitur et nuntiaverunt ioanni discipuli eius de omnibus his. * beda. ° non simplici corde, ut opinor, sed invidia stimulante: nam et alibi conqueruntur dicentes: rabbi, qui erat tecum trans iordanem, ecce hic baptizat; et omnes veniunt ad eum. * chrysostomus. ° tunc autem magis ad eum erigimur cum incumbit necessitas: et ideo ioannes detrusus in carcerem, quando magis discipuli eius indigebant iesu, tunc mittit eos ad christum; sequitur enim et convocavit duos de discipulis suis ioannes, et misit eos ad iesum, dicens: tu es qui venturus es, an alium expectamus? * beda. ° non ait: tu es qui venisti; sed: tu es qui venturus es? et est sensus: manda mihi, quia interficiendus ab herode et ad inferna descensurus sum, utrum te et inferis debeam nuntiare, qui superis nuntiavi; an hoc non conveniat filio dei, et alium ad haec sacramenta missurus es? * cyrillus. ° sed omnino reprobanda est talis opinio: nunquam enim reperimus sacram scripturam disserere, quod infernalibus praenuntiaverit baptista ioannes salvatoris adventum. illud etiam verum est dicere, quod non ignoravit baptista virtutem mysterii incarnationis unigeniti; unde et hoc cum aliis noverat quod illuminaturus erat in inferno manentes, cum pro omnibus gustaverit mortem, tam vivis quam mortuis. sed quoniam sermo sacrae scripturae hunc quidem praedixit venturum tamquam deum et dominum; alii vero missi sunt sicut famuli ante christum: ideo omnium salvator et dominus a prophetis nominabatur, qui venit vel qui venturus est, secundum illud: benedictus qui venit in nomine domini; et in habacuc: post modicum qui venturus est veniet et non tardabit. igitur divinus baptista quasi nomen accipiens a sacra scriptura, misit quosdam discipulorum suorum quaesituros an ipse sit qui venit vel qui venturus est. * ambrosius. ° sed quomodo fieri posset ut de quo dixerat: ecce qui tollit peccatum mundi, adhuc eum dei filium esse non crederet? aut enim insolentiae est ei tribuere divina quae nescit, aut de dei filio dubitasse perfidiae est. nonnulli autem de ipso ioanne intelligunt magnum quidem ita prophetam ut christum agnosceret; sed tamen non tamquam dubium, sed tamquam pium vatem quem venturum crediderat, non credidisse moriturum. non igitur fide, sed pietate dubitavit, sicut et petrus dicens: propitius tibi esto, domine, non fiet hoc. * cyrillus. ° vel ex dispensatione interrogat; noverat enim ut praecursor passionis christi mysterium; sed ut discipulis suis constet quanta sit excellentia salvatoris, ex propriis discipulis prudentiores misit, quos praecepit sciscitari, et viva salvatoris voce conicere, si ipse est qui expectabatur; unde subditur cum autem ad eum venissent viri, dixerunt: ioannes baptista misit nos ad te, dicens: tu es qui venturus es, an alium expectamus? sciens autem ut deus quo animo misisset eos ioannes, et causam adventus eorum, tunc temporis egit uberiora miracula; unde sequitur in ipsa autem hora curavit multos a languoribus et plagis et spiritibus malis, et caecis multis donavit visum. non dicit eis expresse: ego sum; sed ducit eos magis ad rei certitudinem, ut congrua ratione sumentes fidem ipsius revertantur ad eum qui misit eos; unde non ad verba, sed ad propositum mittentis responsum exhibuit; nam sequitur et respondens dixit illis: euntes renuntiate ioanni quae vidistis et audistis; quasi dicat: narrate ioanni quae quidem audistis per prophetas, consummari vero vidistis a me: ea enim tunc agebat quae praedixerant prophetae eum facturum; de quibus subditur quia caeci vident, claudi ambulant, leprosi mundantur, surdi audiunt, mortui resurgunt. * ambrosius. ° plenum sane testimonium, quo dominum propheta cognosceret: de ipso enim fuerat prophetatum quia dominus dat escam esurientibus, erigit elisos, solvit compeditos, illuminat caecos; et quod qui ista facit, regnabit in aeternum. ergo non humanae ista, sed divinae virtutis insignia sunt. huius autem evangelii exempla vel rara vel nulla inveniuntur: unus tobias oculos recepit; et haec fuit angeli, non hominis medicina; elias mortuum suscitavit; ipse tamen rogavit et flevit, hic iussit; eliseus leprosum mundari fecit; non tamen ibi valuit praecepti auctoritas, sed mysterii figura. * theophylactus. ° sunt enim haec verba isaiae dicentis: deus ipse veniet, et salvabit nos. tunc aperientur oculi caecorum, et aures surdorum patebunt; tunc saliet sicut cervus, claudus. * beda. ° et, quod his non minus est, subditur pauperes evangelizantur, pauperes scilicet spiritu vel opibus, intus illuminantur, ut inter divites et egenos in praedicatione nulla distantia sit. hoc magistri comprobavit veritatem; quando omnis qui apud eum salvari potest, aequalis est. * ambrosius. ° sed tamen parva adhuc ista dominicae testificationis exempla: plenitudo fidei crux domini, obitus, sepultura est; unde addidit et beatus est qui non fuerit scandalizatus in me. crux enim etiam electis scandalum posset afferre; sed nullum hoc maius divinae personae est testimonium; nihil enim est quod magis esse ultra humana videatur, quam totum se obtulisse pro mundo. * cyrillus. ° vel per hoc volebat ostendere quod quaecumque versabantur in cordibus eorum, ab oculis ipsius effugere nequiverunt; ipsi enim erant qui scandalizabantur de ipso. * ambrosius. ° mystice autem in ioanne supra diximus typum esse legis, quae praenuntia fuit christi. mittit ergo ioannes discipulos suos ad christum ut supplementum scientiae consequantur, quia plenitudo legis est christus: et fortasse isti discipuli sunt duo populi, quorum unus ex iudaeis credidit, alter ex gentibus, qui ideo credidit, quia audivit. voluerunt ergo et isti videre: quia beati oculi qui vident. cum autem venerint ad evangelium, et cognoverint illuminari caecos, ambulare claudos, tunc dicent: oculis nostris perspeximus: videmur enim nobis vidisse quae legimus: aut fortasse in parte quadam corporis nostri, omnes videmur investigasse dominicae seriem passionis: fides enim per paucos ad plures pervenit. lex ergo christum venturum annuntiat, evangelii scriptura venisse confirmat.

lc4 * Cyrillus. ° coniecit dominus, tamquam hominum secreta cognoscens, aliquos dicturos: si usque hodie ignorat ioannes iesum, qualiter eum ostendebat nobis, dicens: ecce agnus dei, ecce qui tollit peccata mundi? ut igitur sanaret hanc passionem quae eis acciderat, damnum quod ex scandalo procedebat, exclusit; unde dicitur et cum discessissent nuntii ioannis, coepit dicere de ioanne ad turbas: quid existis in desertum videre? arundinem vento agitatam? quasi dicat: mirati estis de ioanne baptista, et pluries perrexistis ad eum, percurrentes tam longa deserti itinera: frustra siquidem, si sic levem ipsum existimatis, ut similis sit arundini declinanti quocumque agitat ventus. talis enim esse videtur, si quae cognovit, ex levitate se ignorare fatetur. * titus. ° non autem existis in desertum, ubi nulla iucunditas, civitatibus omissis, nisi de hoc viro curam gerentes. * graecus. ° hoc autem post recessum discipulorum ioannis dominus dixit: non enim praesentibus eis proferre volebat baptistae praeconia, ne blandientis verba esse putarentur. * ambrosius. ° non otiose autem ioannis hic persona laudatur, qui vitae amore posthabito, iustitiae formam nec mortis terrore mutavit. deserto enim mundus hic comparari videtur adhuc sterilis, adhuc incultus; in quem negat nobis dominus ita prodeundum ut mente carnis inflatos, vacuosque virtutis internae viros, et fragili se gloriae saecularis sublimitate iactantes, exemplari quodam et imagine nobis putemus imitandos, quos procellis huius mundi obnoxios vita mobilis inquietat, iure arundini comparandos. * graecus. ° est etiam infallibile testimonium vitae ioannis vestitus cum carcere, in quem detrusus non fuisset, si scivisset favere principibus; unde sequitur sed quid existis videre? hominem mollibus vestimentis indutum? ecce qui in veste pretiosa sunt et in deliciis, in domibus regum sunt. mollibus vestimentis indutus viventes in deliciis significat. * chrysostomus. ° mollis autem vestis dissolvit rigidam animam; et si rigidum corpus assumat et asperum, facile per huiusmodi mollitiem delicatum reddit et fragile. facto vero corpore molliori, necesse est et animam participare laesionem; nam ut plurimum operationes ipsius consonant dispositionibus corporis. * cyrillus. ° qualiter ergo tanta sedulitas religionis ut carnales passiones subiceret, ad tantam ignorantiam deveniret, nisi ex mentis levitate, quam non asperitates, sed illecebrae mundanae delectant? igitur si velut non colentem deliciosa ioannem imitamini, date ei robur continentiae competens si vero nihil amplius debetur honestae conversationi, quid, omissa reverentia delicatorum, incolam deserti, vilemque tegumen et camelorum vellus miramini? * chrysostomus in matthaeum. ° per utrumque autem dictorum designat, quod ioannes nec naturaliter, nec facile mobilis erat, nec ulla voluptate flecteretur. * ambrosius. ° et quamvis plerosque mollioris cura vestis effeminet, tamen alia videtur hic indumenta significare; humana scilicet corpora, quibus anima nostra vestitur. sunt autem mollia indumenta deliciosi actus et mores; hi vero quibus fluida deliciis membra solvuntur, regni caelestis extorres sunt; quos rectores mundi huius atque tenebrarum ceperunt: hi sunt enim reges qui dominantur suorum operum aemulos. * cyrillus. ° sed forte inconveniens est circa hoc excusare ioannem; fatemini enim eum imitabilem esse; unde subdit sed quid existis videre? prophetam? utique dico vobis: et plusquam prophetam. prophetae namque praedicabant venturum: hic autem non solum venturum praedicavit, sed et praesentem indicavit, dicens: ecce agnus dei. * ambrosius. ° maior sane propheta, in quo finis est prophetarum: quia multi cupierunt videre quem iste conspexit, quem iste baptizavit. * cyrillus. ° cum igitur et a loco et a vestibus et ex concursu hominum morem eius descripserit, introducit prophetae testimonium, dicens hic est, de quo scriptum est, scilicet in malachia: ecce mitto angelum meum. * titus. ° angelum appellat hominem, non quia natura esset angelus, homo enim naturaliter erat; sed quia opus angeli exercebat, nuntiando christi adventum. * graecus. ° quod autem subdit ante faciem tuam, propinquitatem designat: apparuit enim hominibus prope christi adventum; quapropter et plusquam prophetam ipsum esse existimandum est; nam et hi qui in militiis collaterales sunt regibus, digniores et familiariores sunt. * ambrosius. ° viam autem domino non solum nascendi secundum carnem ordine fideique nuntio, sed etiam praecursu quodam paravit passiones; unde sequitur qui praeparabit viam tuam ante te. si autem et christus propheta, quomodo maior hic omnibus? sed inter mulieris, non virginis natos: maior enim iis fuit quibus aequalis poterat esse sorte nascendi; unde sequitur dico enim vobis: maior inter natos mulierum propheta ioanne baptista non est. * chrysostomus in matthaeum. ° sufficit quidem domini vox praebens testimonium praeeminentiae ioannis inter homines; reperiet autem qui vult et rei veritatem consonam, si mensam eius consideraverit, si vitam, si mentis excellentiam: velut enim qui caelitus descendisset, degebat in terra, fere nullam gerens curam de corpore, intellectualiter erectus in caelum, et soli deo coniunctus, de nullo mundanorum sollicitus; sermo severus et lenis: nam cum populo iudaeorum viriliter et ferventer, cum rege audacter, cum propriis discipulis leniter conferebat: nil frustra vel leviter, omnia convenienter agebat. * isidorus abbas. ° maior etiam inter natos mulierum ioannes eo quod ab ipso matris utero prophetavit, et positus in tenebris lumen quod iam venerat non ignoravit. * ambrosius. ° denique eo usque cum dei filio non poterit ioannis esse ulla collatio ut et infra angelos aestimetur; unde sequitur qui autem minor est in regno dei, maior est illo. * beda. ° haec sententia duobus modis potest intelligi: aut enim regnum dei appellavit quod nondum accepimus, in quo sunt angeli, et quilibet in eis minor, maior est quolibet iusto portante corpus, quod aggravat animam; aut si regnum dei intelligi voluit huius temporis ecclesiam, seipsum dominus significavit, qui nascendi tempore minor erat ioanne, maior autem divinitatis auctoritate et potestate dominica: proinde secundum primam expositionem ita distinguitur: qui autem minor est in regno dei, ac deinde subinfertur maior est illo; secundum posteriorem vero ita: qui autem minor est, ac deinde subinfertur in regno dei maior est illo. * chrysostomus. ° ut enim copia laudum ioannis occasionem iudaeis non daret praeferendi ioannem christo, hoc subdidit. ne autem putes quod comparative se dixerit maiorem ioanne. * ambrosius. ° alia enim est ista natura, nec humanis generationibus comparanda: non potest enim homini cum deo ulla esse collatio. * cyrillus. ° mystice autem, cum ioannis praerogativam ostendit inter natos mulierum, ponit ex opposito aliquid maius eo, scilicet qui per spiritum sanctum natus est filius dei: regnum enim donum dei spiritus est. quamvis ergo secundum operationem et sanctitatem, minores sumus his qui legis mysterium sunt assecuti, quos ioannes significat: tamen maiora per christum attingimus, participes facti divinae naturae.

lc5 * Chrysostomus in matthaeum. ° praemissa commendatione ioannis, magnum pharisaeorum et legisperitorum prodidit crimen, qui nec post publicanos baptisma ioannis acceperunt; unde dicitur et omnis populus audiens et publicani iustificaverunt deum, baptizati baptismo ioannis. * ambrosius in lucam. ° iustificatur deus per baptismum, dum se homines peccata propria confitendo iustificant: qui enim peccat, et confitetur deo peccatum, iustificat deum: cedens ei vincenti, ab eoque gratiam sperans. in baptismate igitur iustificatur deus, in quo est et confessio, et venia peccatorum. * eusebius in lucam. ° quia etiam crediderunt, iustificaverunt deum: apparuit enim eis iustus in omnibus quae fecit. pharisaei autem repellendo ioannem, tamquam inobedientes, non consonabant prophetae dicenti: ut iustificeris in sermonibus tuis; unde sequitur pharisaei autem et legisperiti consilium dei spreverunt in semetipsis, non baptizati ab eo. * beda. ° haec verba sive ex persona evangelistae, sive ex persona salvatoris, ut quibusdam placet, dicta sunt. quod autem dicit in semetipsis, vel contra semetipsos, significat quia qui gratiam dei respuit, contra semetipsum facit. vel ad semetipsos missum dei consilium stulti et ingrati vituperantur noluisse recipere. consilium ergo est dei, quod per passionem et mortem christi salvare decrevit: quod pharisaei et legisperiti spreverunt. * ambrosius. ° non condemnamus ergo, sicut pharisaei, consilium dei quod est in ioannis baptismate: hoc est consilium quod magni consilii angelus reperit. ioannis consilium nemo contemnit, dei consilium quis refutet? * cyrillus. ° erat autem quidam modus ludendi talis consuetus apud filios iudaeorum: bipartiebatur puerorum caterva, qui rerum praesentis vitae deridentes repentinam transmutationem, hi quidem canebant, hi vero moerebant; sed nec gaudentibus congaudebant moerentes, nec qui gaudebant confirmabant se flentibus; deinde arguebant se invicem improperantes incompassionis malitiam. tale quid passam fuisse iudaeorum plebem una cum principibus christus innuebat; unde ex persona christi subditur cui ergo similis dicam homines generationis huius, et cui similes sunt? similes sunt pueris sedentibus in foro, et loquentibus ad invicem, et dicentibus: cantavimus vobis tibiis, et non saltastis; lamentavimus, et non plorastis. * beda. ° generatio iudaeorum comparatur pueris, quia doctores olim prophetas habebant, de quibus dicitur ex ore infantium et lactentium perfecisti laudem. * ambrosius. ° cantaverunt autem prophetae spiritualibus modulis publicae salutis oracula resultantes, fleverunt threnis flebilibus iudaeorum dura corda mulcentes. hoc canticum non in foro, non in plateis canebatur, sed in ierusalem: ipsa est enim dominicum forum, in quo praeceptorum caelestium iura conduntur. * gregorius nyssenus. ° canticum autem et lamentatio nil aliud est quam excessus, hoc quidem gaudii, illud vero moeroris. resonat autem quaedam consona melodia ex organo musico, secundum quam dum homo pede et motu consono corporis commovetur, intrinsecam dispositionem manifestat; et ideo dicit lamentavimus, et non plorastis. * augustinus de quaest. evang.. ° haec autem pertinent ad ioannem et christum. quod enim dicit lamentavimus, et non plorastis, ad ioannem pertinet, cuius abstinentia a cibis et potu luctum poenitentiae significabat; unde exponendo subdit venit enim ioannes baptista neque manducans panem, neque bibens vinum; et dicitis: daemonium habet. * cyrillus. ° praesumunt criminari virum qualibet admiratione dignum: daemonium habere dicunt mortificantem legem peccati, quae latet in membris. * augustinus de quaest. evang.. ° quod autem dixerat cantavimus tibiis, et non saltastis, ad ipsum dominum pertinet, qui utendo cum ceteris cibo et potu, laetitiam regni significabat; unde sequitur venit filius hominis manducans et bibens; et dicitis: ecce homo devorator et bibens vinum. * titus. ° noluit enim christus abstinere ab huiusmodi cibis, ne occasionem daret haereticis, qui dicunt creaturas esse malas, et vituperant carnes et vinum. * cyrillus. ° ubi autem potuerunt ostendere dominum voratorem? invenitur enim christus ubique reprimere immoderantiam, et ad modestiam ducere. conversabatur autem cum publicanis et peccatoribus; unde contra eum dicebant amicus publicanorum et peccatorum; cum tamen nullatenus ipse posset in peccatum incidere, sed e contra fiebat eis causa salutis: non enim coinquinatur sol radians super totam terram, et frequenter superveniens immundis corporibus; nec sol iustitiae laedetur conversando cum pravis. nemo autem conetur comparare propriam mensuram dignitatibus christi: sed quilibet propriam fragilitatem considerans vitet consortia talium: prava namque colloquia mores corrumpunt bonos. sequitur et iustificata est sapientia ab omnibus filiis suis. * ambrosius. ° sapientia dei filius est per naturam, non per profectum: quae iustificatur per baptisma, in eo quod non per contumaciam refutatur, sed per iustitiam dei munus agnoscitur. in eo ergo iustificatio dei est, si non ad indignos et obnoxios, sed ad innocentes, per ablutionem sanctos et iustos, videatur sua munera transtulisse. * chrysostomus. ° filios autem sapientiae dicit sapientes: consuevit enim scriptura malos magis ex peccato quam ex nomine indicare, bonos autem filios appellare informantis eos virtutis. * ambrosius. ° bene autem dicit ab omnibus: quia circa omnes iustitia reservatur, ut susceptio fiat fidelium et eiectio perfidorum. * augustinus de quaest. evang.. ° vel quod dicit iustificata est sapientia ab omnibus filiis suis, ostendit filios sapientiae intelligere, nec in abstinendo, nec in manducando esse iustitiam, sed in aequanimitate tolerandi inopiam: non enim usus, sed concupiscentia reprehendenda est, dummodo congruas in generibus alimentorum his cum quibus tibi vivendum est.

lc6 * Beda. ° quia superius dictum fuerat: et omnis populus audiens et publicani iustificaverunt deum, baptizati baptismate ioannis, idem evangelista, quae verbis proposuerat, etiam factis astruit: iustificatam scilicet sapientiam a iustis et poenitentibus, dicens rogabat autem illum quidam pharisaeus ut manducaret cum illo. * gregorius nyssenus. ° haec conscriptio quemdam utilem intellectum sapit. sunt enim plerique eorum qui se iustificant inflati suspicione vani sensus, priusquam veniat verum iudicium, separantes seipsos velut agnos ab hoedis, nec tecto, nec escis cum plerisque communicare volentes, abominantes omnes quicumque non extremum sed medium tenent callem in vita. lucas ergo plus medicus animarum quam corporum, ostendit ipsum deum et salvatorem nostrum piissime alios visitantem; unde sequitur et ingressus domum pharisaei discubuit: non ut aliquid de vitiis eius sortiatur, sed ut impartiatur de iustitia propria. * cyrillus. ° mulier autem inhonestae vitae, promens autem fidelem affectum, venit ad christum, quasi potentem veniam commissorum largiri; sequitur enim et ecce mulier quae erat in civitate peccatrix, ut cognovit quod iesus accubuit in domo pharisaei, attulit alabastrum unguenti. * beda. ° alabastrum est genus marmoris candidi variis coloribus intertincti, quod ad vasa unguentaria cavari solet, eo quod optime servare ea incorrupta dicatur. * gregorius in evang.. ° quia enim haec mulier turpitudinis suae maculas aspexit, lavanda ad fontem misericordiae cucurrit: convivantes non erubuit; nam quia semetipsam graviter erubescebat intus, nihil esse credidit quod verecundaretur foris. discite quo dolore ardet quae flere inter epulas non erubescit. * gregorius nyssenus. ° indignitatem autem suam ostendens stabat post tergum, deiectis luminibus et effusa coma, pedes amplectens, lacrymisque eos perfundens; rebus tristem animum ostendebat, veniam implorans; sequitur enim et stans retro secus pedes eius, lacrymis coepit rigare pedes eius. * gregorius. ° oculis enim terrena cupierat; sed hos iam per poenitentiam conterens flebat: capillos ad compositionem vultus exhibuerat; sed iam capillis lacrymas tergebat; unde sequitur et capillis capitis sui tergebat. ore superba dixerat; sed pedes domini osculans, hoc in redemptoris sui vestigia figebat; unde sequitur et osculabatur pedes eius. unguentum sibi pro odore suae carnis exhibuit; quod ergo sibi turpiter exhibuerat, hoc iam deo laudabiliter offerebat; unde sequitur et unguento ungebat. quot ergo in se habuit oblectamenta, tot de se invenit holocausta. convertit ad virtutum numerum, numerum criminum; ut totum deo serviret in poenitentia quicquid ex se deum contempserat in culpa. sic igitur meretrix effecta est honestior virginibus: postquam enim accensa est poenitentia, exarsit in christi amorem. et haec quidem quae dicta sunt agebantur exterius; quae vero revolvebat eius intentio, multo ferventiora his erant, quae solus deus inspiciebat. * gregorius. ° haec autem pharisaeus intuens despicit, et non solum venientem peccatricem mulierem, sed etiam suscipientem dominum reprehendit. videns autem pharisaeus qui vocaverat eum, ait intra se dicens: si hic esset propheta, sciret utique quae et qualis mulier est quae tangit eum. ecce pharisaeus veraciter apud se superbus, et fallaciter iustus, aegrum reprehendit de aegritudine, et medicum de subventione: quae profecto mulier, si ad pharisaei pedes venisset, calcibus repulsa discederet. inquinari enim se alieno peccato crederet, quia hunc vera sua iustitia non replebat. sic et quidam sacerdotali officio praediti, si quid fortasse iuste exterius vel tenuiter egerint, protinus subiectos despiciunt, et peccatores quosque in plebe positos dedignantur. necesse est autem ut cum peccatores quosque conspicimus, nosmetipsos prius in eorum calamitate defleamus, quia fortasse in similibus aut lapsi sumus aut labi possumus. oportet autem ut sollicite discernamus quia districtionem debemus vitiis, compassionem naturae. si enim feriendus est peccator, nutriendus est proximus; cum vero iam per poenitentiam percutit ipse quod fecit, iam noster proximus peccator non est, quia hic in se punit quod iustitia divina reprehendit. inter duos ergo aegros medicus aderat: sed unus in febre sensum tenebat, alter sensum perdiderat mentis: illa quippe flebat quod fecerat, pharisaeus autem de falsa iustitia elatus, vim suae valetudinis exaggerabat. * titus. ° dominus autem non verba eius audiens, sed cogitationes inspiciens, dominum se prophetarum ostendit; unde sequitur et respondens iesus, dixit ad illum: simon, habeo tibi aliquid dicere. * glossa. ° quod quidem dixit eius cogitationi respondens. pharisaeus autem ex verbis domini attentior est factus; unde dicitur at ille ait: magister, dic. * gregorius. ° de duobus autem ei debitoribus paradigma opponitur, quorum unus minus, alius amplius debet; unde sequitur duo debitores erant cuidam feneratori: unus debebat denarios quingentos, et alius quinquaginta. * titus. ° quasi dicat: neque tu absque debito es: quid igitur si in paucioribus teneris? non superbias, quia tu quoque venia eges; unde de venia subdit, dicens non habentibus autem illis unde redderent, donavit utrisque. * glossa. ° nullus enim potest per seipsum a debito peccati liberari, nisi divina gratia veniam consequatur. * gregorius in evang.. ° utrorumque autem debito dimisso, quis amplius largitorem debiti diligat, pharisaeus interrogatur: sequitur enim quis ergo plus eum diligit? quibus verbis protinus ille respondit aestimo quia is cui plus donavit. qua in re notandum est, quod dum sua sententia pharisaeus convincitur, quasi phreneticus funem portat ex quo ligetur; unde sequitur at ille dixit ei: recte iudicasti. enumerantur autem ei bona peccatricis, enumerantur et mala falsi iusti; unde sequitur et conversus ad mulierem, dixit simoni: vides hanc mulierem? intravi in domum tuam; aquam pedibus meis non dedisti: haec autem lacrymis rigavit pedes meos. * ambrosius. ° quasi dicat: facilis est usus aquarum, non est facilis lacrymarum effusio: tu promptis non es usus, haec effudit non prompta: lavans lacrymis pedes meos, lavit maculas proprias: tersit comis, ut per eas sibi assumat sacros sudores, et quibus venata est ad peccatum iuventutem, venata est sanctitatem. * chrysostomus in matthaeum. ° sicut autem ubi vehemens imber prorumpit, fit serenitas, sic lacrymis effusis apparet tranquillitas, et perit caligo reatuum; et sicut per aquam et spiritum, sic per lacrymas et confessionem denuo mundamur; unde sequitur propter quod dico tibi: remittuntur ei peccata multa, quoniam dilexit multum. nam qui vehementer se ingesserunt malis, rursus et bonis vehementer insistent, conscii ad quot debita se obligaverunt. * gregorius. ° tanto ergo amplius peccati rubigo consumitur, quanto peccatoris cor magno caritatis igne concrematur. * titus. ° contingit autem saepius eum qui multum peccavit, per confessionem purgari; pauca vero peccantem, ex arrogantia non venire ad confessionis remedium; unde sequitur cui autem minus dimittitur, minus diligit. * chrysostomus in matthaeum. ° opus est ergo nobis ferventi anima, quia nihil impedit hominem fieri magnum. nullus ergo constitutorum in peccatis desperet, nemo virtuosus dormitet: nec hic confidat, saepe enim meretrix praecedet eum; nec ille diffidat, possibile namque est eum etiam primos superare; unde et hic subditur dixit autem ad illam: remittuntur tibi peccata tua. * gregorius in evang.. ° ecce quae ad medicum venerat aegra, sanata est; sed de salute eius adhuc alii aegrotant; sequitur enim et coeperunt qui simul accumbebant dicere intra se: quis est hic qui etiam peccata dimittit? sed caelestis medicus aegros non respicit, quos etiam de medicamento fieri deteriores vidit; eam autem quam sanaverat, per pietatis suae sententiam confirmat; unde sequitur dixit autem ad mulierem: fides tua te salvam fecit: quia scilicet hoc quod petiit, posse se accipere non dubitavit. * theophylactus. ° postquam autem ei peccata dimisit, non sistit in remissione peccati, sed adicit operationem boni; unde subditur vade in pace, idest in iustitia: quia iustitia est pax hominis ad deum, sicut peccatum est inimicitia inter deum et hominem; quasi dicat: operare omnia quae ad pacem dei te ducunt. * ambrosius. ° hoc autem loco plerique pati videntur scrupulum quaestionis, utrum videantur evangelistae discordasse de fide. * graecus. ° quia enim quatuor evangelistae dicunt christum unctum fuisse unguento a muliere, tres puto fuisse mulieres ex personarum qualitate, ex modo agendi, ex differentia temporum. ioannes quidem narrat de maria sorore lazari, quoniam sex diebus ante pascha unxit pedes iesu in propria domo. at matthaeus, postquam dominus dixerat: scitis quia post biduum fiet pascha, subdit, quod in bethania in domo simonis leprosi mulier fudit unguentum super domini caput; non autem unxit pedes, ut maria; marcus etiam matthaeo similiter. lucas autem non circa tempus paschae, sed in medio evangelii hoc refert. chrysostomus autem binas asserit has mulieres fuisse: unam quidem quae continetur in ioanne, alteram vero cuius mentio fit a tribus. * ambrosius. ° hanc ergo mulierem inducit matthaeus supra caput christi effundentem unguentum; et ideo noluit dicere peccatricem: nam peccatrix, secundum lucam, supra christi pedes effudit unguentum. potest ergo non eadem esse, ne sibi contrarium evangelistae dixisse videantur. potest etiam quaestio meriti et temporis diversitate dissolvi, ut adhuc illa peccatrix sit, iam ista perfectior. * augustinus de cons. evang.. ° eamdem enim mariam bis hoc fecisse, arbitror intelligendum; semel scilicet quod lucas narravit, cum primo accedens cum humilitate et lacrymis meruit remissionem peccatorum. unde ioannes, cum de lazaro resuscitando coepisset loqui, antequam veniret in bethaniam, dicit: maria autem erat quae unxit dominum unguento, et tersit pedes eius capillis suis, cuius frater lazarus infirmabatur. iam itaque hoc maria fecerat. quod autem in bethania rursum fecit, aliud est, quod ad lucae narrationem non pertinet, sed pariter narratur ab aliis tribus. * gregorius. ° mystico autem intellectu, pharisaeus de falsa iustitia praesumens, iudaicum populum, peccatrix mulier, sed ad vestigia domini veniens et plorans, conversam gentilitatem designat. * ambrosius in lucam. ° vel princeps huius saeculi quidam leprosus est, domus autem simonis leprosi terra est; ergo dominus ex illis superioribus locis descendit in terram; neque enim sanari potuisset haec mulier, quae speciem habet animae vel ecclesiae, nisi christus venisset in terram. merito autem speciem accipit peccatricis, quia christus quoque formam peccatoris accepit. itaque si constituas animam fideliter appropinquantem deo, non peccatis turpibus et obscoenis, sed pie servientem dei verbo, habentem immaculatae fiduciam castitatis; ad ipsum christi caput ascendit: caput autem christi deus est. sed qui caput non tenet christi, ille pedes teneat. peccator ad pedes, iustus ad caput. habet tamen etiam ea quae peccavit unguentum. * gregorius. ° quid aliud unguento nisi bonus odor opinionis exprimitur? si igitur recta opera agimus, quibus opinione boni odoris ecclesiam respergamus, quid in corpore domini nisi unguentum fundimus? sed secus pedes mulier stetit: contra pedes enim domini stetimus, cum in peccatis positi, eius itineribus renitebamur; sed si ad veram poenitentiam post peccata convertimur, iam retro secus pedes stamus, quia eius vestigia sequimur quem impugnabamus. * ambrosius. ° defer et tu post peccata poenitentiam; ubicumque audieris christi nomen, accurre; in cuiuscumque interiorem domum iesus intrasse cognoveris, et ipse festina: cum repereris sapientiam, cum repereris iustitiam in aliquibus penetralibus recumbentem, accurre ad pedes; hoc est, vel extremam partem quaere sapientiae, lacrymis confitere peccata. et fortasse ideo non lavit pedes suos christus, ut eos lacrymis nos lavemus. bonae lacrymae, quae non solum nostrum possunt lavare delictum, sed etiam verbi caelestis rigare vestigium, ut gressus eius nobis exuberent. bonae lacrymae, in quibus non solum redemptio peccatorum, sed etiam iustorum refectio est. * gregorius. ° lacrymis enim domini pedes rigamus, si quibuslibet ultimis membris domini compassionis affectu inclinemur. capillis pedes domini tergimus, quando sanctis eius, quibus ex caritate compatimur, ex his quae nobis superfluunt, miseremur. * ambrosius. ° expande etiam capillos, sterne ante eum omnes corporis tui dignitates; non mediocres capilli sunt qui possunt pedes tergere christi. * gregorius. ° osculatur mulier pedes quos tersit: quod nos quoque plane agimus si studiose diligimus quos ex largitate continemus. potest quoque per pedes ipsum mysterium incarnationis eius intelligi. osculamur igitur redemptoris pedes, cum mysterium incarnationis eius ex toto corde diligimus. unguento pedes ungimus, cum ipsam humilitatis eius potentiam sacri eloquii bona opinione praedicamus. sed hoc etiam pharisaeus vidit, et invidit; quia cum iudaicus populus gentilitatem deum praedicare conspicit, sua apud se malitia tabescit. sic autem pharisaeus retunditur ut per eum perfidus ille populus ostendatur: quia videlicet infidelis ille populus nec ea quae extra se erant, unquam pro domino tribuit; conversa autem gentilitas pro eo non solum rerum substantiam, sed etiam sanguinem fudit; unde pharisaeo dicit aquam pedibus meis non dedisti; haec autem lacrymis rigavit pedes meos. aqua quippe extra nos est, lacrymarum humor intra nos est. infidelis etiam ille populus deo osculum non dedit, quia ex caritate eum amare noluit cui ex timore servivit; osculum quippe dilectionis est signum: vocata autem gentilitas redemptoris sui vestigia osculari non cessat, quia in eius continuo amore suspirat. * ambrosius. ° non mediocris autem haec meriti est, de qua dicitur ex quo intravi, non cessavit osculari pedes meos; ut aliud nisi sapientiam loqui nesciat, nisi iustitiam diligere, nisi castitatem habere, nisi pudicitiam osculari. * gregorius. ° pharisaeo autem dicitur oleo caput meum non unxisti: quia ipsam quoque divinitatis potentiam, in quam se iudaicus populus credere spopondit, digna laude praedicare neglexit; haec autem unguento unxit pedes meos: quia dum incarnationis eius mysterium gentilitas credidit, summa laude eius etiam ima praedicavit. * ambrosius. ° beatus qui potest et oleo ungere pedes christi; sed beatior qui ungit unguento: multorum enim florum in unum collecta spargit; et fortasse istud unguentum non posset alius nisi ecclesia sola deferre, quae diversi spiraminis innumerabiles habet flores: et ideo nemo potest tantum diligere quantum illa quae in pluribus diligit. in domo autem pharisaei, idest in domo legis et prophetae, non pharisaeus, sed ecclesia iustificatur: pharisaeus enim non credidit, ista credebat; lex mysterium non habet, quo occulta mundantur; et ideo quod in lege minus est, consummatur in evangelio. duo autem debitores, duo populi sunt feneratori illi thesauri caelestis obnoxii. non materialem autem feneratori huic debemus pecuniam, sed meritorum examinata, aera virtutum; quarum merita gravitatis pondere, iustitiae specie, sono confessionis expenduntur. non mediocris autem est iste denarius, in quo regis imago formatur. vae mihi, si non habuero quod accepi: aut quia difficile quisquam est qui feneratori huic debitum integrum possit exsolvere, vae mihi, si non petiero concedi mihi debitum. sed quis est populus iste qui amplius debet, nisi nos, quibus amplius creditum est? illis credita sunt eloquia dei; nobis creditur virginis partus emmanuel, idest nobiscum deus, domini crux, mors, resurrectio. itaque non est dubium quod plus debet qui plus accipit. secundum homines plus fortasse offendit qui plus debuerit; sed per misericordiam domini causa mutatur, ut amplius diligat qui amplius debuit, si tamen gratiam consequatur. et ideo, quoniam nihil est quod digne deo referre possimus, vae mihi et si non dilexero. reddamus ergo amorem pro debito; amplius enim diligit cui donatur amplius.

073 CLC cp8

lc1 * Theophylactus. ° qui caelitus descendit, ut exemplum fieret nobis et forma, instruit nos non pigritare in docendo; unde dicitur et factum est deinceps, et ipse iter faciebat per civitates et castella, praedicans, et evangelizans regnum dei. * gregorius nazianzenus. ° vadit quippe de loco in locum, non solum ut plures lucretur, sed etiam ut multa dedicet loca. dormit, laborat, ut somnum et laborem sanctificet; plorat ut det pretium lacrymis; praedicat caelestia, ut audientes exaltet. * titus. ° qui enim de caelo ad terram descendit, annuntiat habitantibus terram regnum caeleste, ut terram in caelum convertat. quis autem praedicare debebat regnum dei, nisi filius dei, cuius est regnum? venerunt plures prophetae, non tamen praedicaverunt regnum caelorum: nam qualiter eorum quae non viderunt sermonem praetenderent? * isidorus abbas. ° hoc autem regnum dei aliquibus videtur altius et melius regno caelesti; quibusdam vero unum et idem secundum essentiam, sed diversimode nominari; aliquando quidem regnum dei a regnante, aliquando autem regnum caelorum a subditis angelis et sanctis, qui caeli dicuntur. * beda. ° more autem aquilae provocantis ad volandum pullos suos, dominus pedetentim discipulos suos ad sublimia erigit. siquidem primo docet in synagogis et miracula facit; ex hinc duodecim, quos apostolos nominat, eligit; postmodum omnes praedicans secum ducit; unde sequitur et duodecim cum illo. * theophylactus. ° non docentes, aut praedicantes, sed instruendi ab eo. ne autem femineus sexus prohiberi videretur sequi christum, subditur et mulieres aliquae, quae erant curatae a spiritibus malis et infirmitatibus; maria quae vocatur magdalena, de qua septem daemonia exierant. * beda. ° maria magdalena ipsa est, cuius tacito nomine proxima lectio poenitentiam narrat. nam pulchre evangelista ubi eam cum domino iter facere commemorat, noto hanc vocabulo manifestat; ubi vero peccatricem, sed poenitentem describit, mulierem generaliter dicit, ne nomen tantae famae, prisci erroris nota fuscaret, de qua daemonia septem exiisse referuntur. * gregorius in evang.. ° quid enim per septem daemonia nisi universa vitia intelliguntur? quia enim septem diebus omne tempus comprehenditur, recte septenario numero universitas figuratur. septem ergo daemonia maria habuit, quae universis vitiis plena fuit. sequitur et ioanna uxor chusae procuratoris herodis, et susanna, et aliae multae, quae ministrabant ei de facultatibus suis. * hieronymus comm. super matth.. ° consuetudinis iudaicae fuit, nec ducebatur in culpam more gentis antiquo, ut mulieres de substantia sua victum atque vestitum praeceptoribus darent. hoc quia scandalum facere poterat in nationibus, paulus se abiecisse commemorat. ministrabant autem domino de substantia sua, ut meteret earum carnalia, cuius ipsae metebant spiritualia: non quod indigeret cibis dominus creaturarum; sed ut typum ostenderet magistrorum, quod victu atque vestitu de discipulis deberent esse contenti. * beda. ° interpretatur autem maria amarum mare propter poenitentiae rugitum, magdalena turris, vel melius turrensis, a turre, de qua dicitur: factus est spes mea turris fortitudinis a facie inimici. ioanna dominus gratia eius, vel dominus misericors interpretatur, videlicet quia eius est omne quod vivimus. si autem maria mundata a sorde vitiorum ecclesiam de gentibus insinuat, cur non ioanna eamdem designat ecclesiam quondam idolorum cultui subditam? nam quilibet malignus spiritus dum pro regno diaboli facit, quasi herodis procurator existit. interpretatur susanna lilium, aut gratia eius, propter odoriferum caelestis vitae candorem, aureumque internae dilectionis ardorem.

lc2 * Theophylactus. ° quod david in persona christi praedixerat: aperiam in parabolis os meum, hic dominus implet; unde dicitur cum autem turba plurima conveniret, et de civitatibus properarent ad eum, dixit per similitudinem. loquitur autem dominus per similitudinem primo quidem ut attentiores faceret auditores: consueverunt enim homines in obscuris se exercitare, et spernere manifesta: deinde ut non caperent indigni quae mystice dicebantur. * origenes. ° et ideo signanter dicitur cum turba plurima conveniret: non enim sunt multi, sed pauci qui per arctam viam incedunt, et qui inveniunt viam quae ducit ad vitam: unde matthaeus dicit quod extra domum docebat per parabolas, sed intra domum parabolam discipulis exposuit. * eusebius. ° satis autem congrue christus primam proponit parabolam multitudini, non solum tunc astantium, sed etiam futurorum post illos, inducens ad audientiam verborum suorum, cum dicit exiit qui seminat, seminare semen suum. * beda. ° satorem illum nullum melius quam filium dei intelligere possumus, qui de sinu patris, quo creaturae non erat accessus, egrediens, ad hoc venit in mundum ut testimonium perhiberet veritati. * chrysostomus in matthaeum. ° exiit autem qui ubique est, non localiter, sed per amictum carnis nobis appropinquavit. decenter autem adventum proprium christus exitum nominat: eramus enim exclusi a deo; et sicuti condemnati et rebelles regi eiecti sunt; qui vero reconciliare vult eos, exeundo ad ipsos extra cum eis loquitur, donec dignos iam factos aspectu regio eos introducat: sic etiam christus fecit. * theophylactus. ° exiit autem nunc, non ut agricolas perderet aut combureret terram; sed exiit seminare: saepe enim agricola qui seminat, ob aliam causam exit, non solum ut seminet. * eusebius. ° exierunt autem nonnulli a patria caelesti, et ad homines descenderunt, non tamen ut sererent, neque enim satores erant, sed administratorii spiritus in ministerium missi. moyses etiam et prophetae post eum non inseruerunt hominibus mysteria regni caelorum; sed retrahendo insipientes ab errore nequitiae et idolorum cultu, quasi colebant animas hominum, et in novalia redigebant. solus autem omnium sator verbum dei exivit, evangelizaturus nova semina, scilicet mysteria regni caelorum. * theophylactus. ° non cessat autem dei filius semper in nostris animabus seminare; nam non solum cum docet, sed etiam cum creat, in nostris animabus seminat semina bona. * titus. ° exiit autem ut seminaret semen suum; non autem accepit verbum quasi mutuatum, cum ipse naturaliter sit verbum dei vivi. non est igitur suum proprium semen pauli vel ioannis; sed habent cum acceperint; christus autem habet proprium semen, proferens doctrinam ex sua natura; unde et iudaei dicebant: qualiter hic litteras novit, quas non didicit? * eusebius. ° docet igitur duos esse gradus eorum qui recipiunt semina: primum quidem eorum qui digni facti sunt vocatione caelesti, sed labuntur a gratia propter negligentiam et torporem; secundum vero multiplicantium semen in bonis fructibus. ponit autem secundum matthaeum tres differentias in quolibet gradu. nam qui corrumpunt semen, non similem habent perditionis modum; et qui ab eo fructificant, non aequam recipiunt copiam. sane actiones perdentium ostendit semen. quidam enim cum non peccaverint, suis animabus insita sibi semina salubria perdiderunt, subtracta ab intentione et memoria eorum per spiritus malignos et daemones, qui volant per aerem, vel viros fallaces et callidos, quae volatilia nuncupavit; unde subdit et dum seminat, aliud cecidit secus viam. * theophylactus. ° non dixit quod seminans proiecit aliud secus viam, sed quod semen cecidit. qui enim seminat, docet rectum sermonem; sed sermo diversimode cadit in audientes, ut quidam eorum via dicantur. et conculcatum est, et volucres caeli comederunt illud. * cyrillus. ° arida enim est et inculta quodammodo omnis via, eo quod a cunctis conculcatur, ac nihil ex seminibus humatur in ea. sic igitur habentes cor indocile non penetrat divina monitio, ut possit laudem germinare virtutum; sed tales sunt via frequentata immundis spiritibus. sunt iterum aliqui leviter gerentes fidem in se quasi in verborum simplicitate; horum fides caret radice; de quibus subditur et aliud cecidit supra petram, et natum aruit, quia non habebat humorem. * beda. ° petram dicit durum et indomitum cor. hoc est autem humor ad radicem seminis, quod iuxta aliam parabolam oleum ad lampades virginum nutriendas, idest amor et perseverantia virtutis. * eusebius. ° sunt etiam aliqui qui per avaritiam et appetitum voluptatum et mundanas sollicitudines, quas quidem spinas nuncupat, immissum sibi semen suffocari fecerunt; de quibus subditur et aliud cecidit inter spinas; et simul exortae spinae suffocaverunt illud. * chrysostomus in matthaeum. ° sicut enim spinae non permittunt oriri semen, sed ex condensatione suffocant immissum; sic sollicitudines vitae praesentis semen spirituale fructificare non sinunt. increpandus autem esset agricola qui super sensibiles spinas, et petram, et viam seminaret. non enim possibile est petram terram fieri, nec viam non esse viam, nec spinas non esse spinas; in rationalibus autem secus est; possibile est enim petram converti in terram pinguem, et viam non conculcari, et spinas dissipari. * cyrillus. ° sunt autem terra pinguis et ferax, animae honestae et bonae, quae in profundo suscipiunt verbi semina, et retinent, et fovent; et quantum ad hoc subditur et aliud cecidit in terram bonam, et ortum fecit fructum centuplum. cum enim in mentem mundam ab omnibus perturbationibus verbum divinum infunditur, tunc immittit radices in profundum, et germinat tamquam spica, et convenienter perficitur. * beda. ° fructum enim centuplum, fructum perfectum dicit: nam denarius numerus pro perfectione semper accipitur, quia in decem praeceptis legis custodia continetur: denarius autem numerus per semetipsum multiplicatus in centenarium surgit; unde per centenarium magna perfectio significatur. * cyrillus. ° quae autem sit sententia parabolae, accipiamus per eum qui eam composuit; unde sequitur haec dicens clamabat: qui habet aures audiendi, audiat. * basilius. ° audire pertinet ad intellectum: unde per hoc dominus excitat ad exaudiendum attente mentionem eorum quae dicuntur. * beda. ° quoties enim haec admonitio vel in evangelio, vel in apocalypsi ioannis interponitur, mysticum esse quod dicitur, quaerendumque a nobis intentius ostenditur; unde discipuli ignorantes, salvatorem interrogant; sequitur enim interrogabant autem eum discipuli eius quae esset haec parabola. nemo tamen putet finita mox parabola discipulos hoc interrogasse; sed, ut marcus ait: cum esset singularis, interrogaverunt eum. * origenes. ° est autem parabola sermo quasi facti, non autem facti iuxta quod dicitur, possibilis autem fieri; rerum significativus per transumptionem eorum quae in parabola traduntur. aenigma vero est processus sermonis in his quae traduntur quasi facta; quae tamen non sunt facta, nec possibilia fieri, significant vero aliquid in occulto; sicut quod dicitur in libro iudicum quod ligna iverunt ut ungerent sibi regem. non est autem ad litteram factum quod dicitur exiit qui seminat, sicut ea narrat historia, possibile tamen fuit fieri. * eusebius. ° dominus vero docuit eos causam quare turbis per parabolas loquebatur; unde subditur quibus ipse dixit: vobis datum est nosse mysterium regni dei. * gregorius nazianzenus. ° cum hoc audis, non introducas diversas naturas secundum quosdam haereticos, qui putant hos quidem esse pereuntis naturae, hos vero salubris; quosdam vero sic se habere, ut eorum voluntas eos ducat ad peius vel melius, sed addas ei quod dicitur vobis datum est, idest volentibus, et simpliciter dignis. * theophylactus. ° his autem qui sunt indigni tantis mysteriis obscure dicuntur; unde subditur ceteris autem in parabolis, ut videntes non videant, et audientes non intelligant. videre enim se putant, non vident autem; et audiunt quidem, sed non intelligunt. huius ergo gratia hoc eis christus abscondit, ne maius eis praeiudicium generetur, si postquam noverint christi mysteria, contempserint. qui enim intelligit et postea spernit, gravius punietur. * beda. ° recte igitur in parabolis audiunt, quando clausis sensibus cordis, non curant cognoscere veritatem, obliti eius quod dominus dixerat: qui habet aures audiendi, audiat. * gregorius in evang.. ° dominus autem dignatus est exponere quod dicebat, ut sciamus rerum significationes quaerere etiam in his quae per semetipsum noluit explanare; sequitur enim est autem haec parabola: semen est verbum dei. * eusebius. ° destruentium autem immissa semina suis animabus tres dicit esse causas. quidam enim destruunt in se semen reconditum, dantes leviter auditum volentibus fallere; de quibus subdit quod autem secus viam, hi sunt qui audiunt; deinde venit diabolus, et tollit verbum de corde eorum, ne credentes salvi fiant. * beda. ° qui scilicet verbum quod audiunt, nulla fide, nullo intellectu, nulla saltem tentandae utilitatis actione percipere dignantur. * eusebius. ° quidam vero cum in mentis profundo non susceperint verbum dei, facile extinguuntur advenientes adversitate; de quibus subdit nam qui supra petram, hi sunt qui cum audierint, cum gaudio suscipiunt verbum; et hi radices non habent, quia ad tempus credunt, et in tempore tentationis recedunt. * cyrillus. ° cum enim intrant ecclesiam, laetanter attentant divina mysteria, sed ex levi voluntate; ut autem egressi sunt ecclesiam, obliviscuntur sacrarum disciplinarum: et si fides christiana non fluctuet, permanent; turbante vero persecutione, profugam habent mentem, quia fides eorum caret radice. * gregorius. ° multi boni operis initia proponunt; sed mox ut fatigari adversitatibus vel tentationibus coeperint, inchoata derelinquunt. petrosa ergo terra humorem non habuit, quae hoc quod germinaverat, ad fructus perseverantiam non perduxit. * eusebius. ° quidam vero suffocant reconditum in eis semen divitiis et illecebris, quasi quibusdam suffocantibus spinis; de quibus subditur quod autem in spinis cecidit, hi sunt qui audierunt, et a sollicitudinibus, et divitiis, et voluptatibus vitae, euntes suffocantur, et non referunt fructum. * gregorius. ° mirum quomodo dominus divitias spinas interpretatus sit, cum illae pungant, istae delectent; et tamen spinae sunt, quia cogitationum suarum punctionibus mentem lacerant, et cum usque ad peccatum pertrahunt, quasi inflicto vulnere cruentant. duo autem sunt quae divitiis iungit, sollicitudines et voluptates: quia per curam mentem opprimunt, et per affluentiam resolvunt. suffocant autem semen, quia importunis cogitationibus guttur mentis strangulant; et dum bonum desiderium intrare ad cor non sinunt, quasi aditum vitalis flatus vetant. * eusebius. ° haec autem ex provisione a salvatore praedicta sunt. sic autem se habere patefacit effectus; non enim aliter aliqui a verbo divini cultus deficiunt nisi secundum aliquem modorum praedictorum ab eo. * chrysostomus in matthaeum. ° et ut plura brevibus comprehendam, hi quidem tamquam negligentes audire, hi tamquam delicati et debiles, hi vero tamquam servi facti voluptatis et rerum mundi, a bono desistunt. bonus etiam ordo viae, petrae et spinarum: opus enim est primo memoriae et cautelae, deinde fortitudinis, consequenter contemptus praesentium. consequenter ponit bonam terram contrario modo se habentem ad viam, et petram, et spinas, cum subdit quod autem in terram bonam, hi sunt qui in corde bono et optimo verbum retinent, et fructum afferunt in patientia. nam qui secus viam positi sunt, non retinent verbum, sed rapit eis semen diabolus: qui vero sunt in petra, non sustinent in patientia tentationis insultum propter imbecillitatem; qui vero sunt in spinis, non fructificant, sed suffocantur. * gregorius. ° terra ergo bona fructum per sapientiam reddit: quia nulla sunt bona quae agimus, si non aequanimiter etiam proximorum mala toleramus. fructum ergo per patientiam reddunt: quia cum humiliter flagella suscipiunt, post flagella ad requiem sublimiter cum gaudio suscipiuntur.

lc3 * Beda. ° quia supra dixerat apostolis: vobis datum est nosse mysterium regni dei, ceteris autem in parabolis, nunc ostendit per eos aliquando etiam ceteris idem mysterium esse revelandum, dicens nemo autem lucernam accendens operit eam vase, aut subtus lectum ponit, sed supra candelabrum ponit, ut intrantes videant lumen. * eusebius. ° quasi dicat: sicut lucerna accenditur ut luceat, non ut operiatur sub modio vel lecto; sic etiam secreta regni caelorum in parabolis edita, quamvis lateant alienos a fide, tamen penes omnes manifestum habebunt sensum; unde subdit non enim est occultum quod non manifestetur, nec absconditum quod non agnoscatur et in palam veniat; quasi dicat: quamvis plurima in parabolis dicta sint, ut videntes non videant, et audientes non intelligant propter sui incredulitatem, totus tamen sermo patebit. * augustinus de quaest. evang.. ° vel aliter totum. his verbis typice docet fiduciam praedicandi, ne quis timore carnalium incommodorum lucem scientiae abscondat; vasis enim et lecti nomine carnem, lucernae autem vocabulo verbum designat; quod ob metum carnalium incommodorum occultat qui ipsam carnem praeponit manifestationi veritatis, et ea quasi operit verbum qui praedicare trepidat. supra candelabrum autem ponit lucernam qui corpus suum ministerio dei subicit, ut superior sit praedicatio veritatis, et inferior servitus corporis. * origenes de serm. dom.. ° sed et qui vult adaptare lucernam perfectioribus christi discipulis persuadebit nobis per ea quae dicta sunt de ioanne, quoniam ipse erat lucerna ardens et lucens. non decet ergo eum qui lucernam rationalem accendit in anima, abscondere eam sub lecto ubi quis requiescit, nec sub aliquo alio vase: quia qui facit hoc, non providet intrantibus domum, quibus lucerna paratur: sed oportet superponere candelabro, idest omni ecclesiae. * chrysostomus in matthaeum. ° hoc autem dicens, inducit eos ad vitae diligentiam, docens eos strenuos esse quasi expositos aspectibus omnium, ac pugnantes in mundo quasi in theatro; quasi dicat: ne consideretis quod manemus in modica parte mundi; eritis enim omnibus noti: quia tantam virtutem impossibile est latere. * maximus. ° vel forsan seipsum appellat dominus lucernam radiantem cunctis habitantibus domum, idest mundum, cum sit naturaliter deus, et factus dispensative caro; et sic quasi lux ad instar lucernae retinetur in testa carnis per mediam animam, sicut per lychnum ignis in testa lucernae. vocat autem candelabrum ecclesiam, supra quam verbum divinum effulgens, quasi quamdam domum illuminat radiis veritatis. dixit autem similitudinarie vas aut lectum, corporalem cultum legis, sub quo contineri non vult. * beda. ° instanter autem nos dominus docet verbo auscultare, ut et nostro illud pectore continue ruminare, et alieno eructare sufficiamus auditui; unde sequitur videte ergo quid audiatis. qui enim habet, dabitur illi; et quicumque non habet, etiam quod putat se habere, auferetur ab illo. quasi dicat: tota intentione verbo quod auditis operam date: quia qui amorem habet verbi, dabitur illi et sensus intelligendi quod amat: at qui verbi audiendi amorem non habet, etsi vel naturali ingenio, vel litterario callere se putaverit exercitio, nulla sapientiae dulcedine gaudebit. saepe enim desidiosus ingenium accipit, ut de negligentia iustius puniatur; quia quod sine labore assequi potuit, scire contemnit; et nonnunquam studiosus tarditate intelligentiae premitur, ut eo maiora praemia retributionis inveniat, quo magis studio inventionis elaborat.

lc4 * Titus. ° derelictis cognatis carnalibus, dominus insistebat doctrinae paternae. quia vero desiderabatur propter absentiam, accedunt ad eum: unde dicitur venerunt autem ad illum mater et fratres eius, et non poterant adire eum prae turba. si audiveris de fratribus domini, addisce pietatem, et intellige gratiam: nullus enim secundum divinitatem salvatoris frater est, unigenitus enim est; sed pietatis gratia communicavit nobis in carne et sanguine, et factus est frater noster, cum esset naturaliter deus. * beda. ° fratres tamen domini secundum carnem dicuntur non filii beatae mariae genitricis dei, secundum elvidium, nec filii ioseph de alia uxore secundum quosdam putandi sunt; sed eorum potius intelligendi sunt esse cognati. * titus. ° putabant autem fratres eius quod cum eorum audiret praesentiam, dimittet populum, reveritus maternum nomen, et flexus amore materno; unde sequitur et nuntiatum est illi: mater tua et fratres tui foris stant, volentes te videre. * chrysostomus in matthaeum. ° considera quale erat, astante ei toto populo, et ab ore eius pendente, iam inchoata doctrina, eum foras extrahere. ob hoc dominus quasi increpando respondit; sequitur enim qui respondens dixit ad eos: mater mea et fratres mei hi sunt qui verbum dei audiunt et faciunt. * ambrosius. ° moralis magister, qui de se ceteris praebet exemplum, praescripturus ceteris quoniam qui non reliquerit patrem aut matrem suam, non est filio dei dignus, sententiae huic ipse primus se subicit: non quod maternae refutet pietatis obsequia: ipsius enim praeceptum est: qui non honorificaverit patrem et matrem, morte moriatur; sed quia paternis se mysteriis amplius quam maternis affectibus debere cognoscit. neque tamen iniuriose refutantur parentes; sed religiosiores copulae mentium docentur esse quam corporum. ergo hic non, ut quidam haeretici tendiculas aucupantur, mater negatur, quae etiam de cruce agnoscitur; sed necessitudini corporali praescriptorum |50| caelestium forma praefertur. * beda. ° hi igitur qui verbum dei audiunt et faciunt, mater domini vocantur, eo quod illum quotidie suo exemplo vel dicto quasi parturiunt in cordibus proximorum; fratres quoque sunt eius, cum et ipsi faciant voluntatem patris eius qui in caelis est. * chrysostomus in matthaeum. ° non autem hoc dixit increpando matrem, sed eam plurimum adiuvando. nam si erga ceteros sollicitus erat, ut generaret eis de se debitam opinionem, multo magis erga matrem: non autem elevasset eam ad illa fastigia, si semper expectaret honorari ab eo tamquam a filio, non autem eum dominum reputaret. * theophylactus. ° quidam vero hoc sic intelligunt, quod christo docente quidam invidentes, subsannantes eum super doctrina eius, dixerunt mater tua, et fratres tui stant foris volentes te videre: tamquam propter hoc ignobilem eum demonstrarent: et ideo qui mentem eorum cognovit, sic eis respondit, quoniam non nocet vilis consanguinitas; sed si ignobilis |75| quis existat, audiat autem verbum dei, ipsum consanguineum reputat. quia tamen audire solum neminem salvat, sed magis condemnat, subiungit et faciunt: decet enim audire, et facere. verbum autem dei dicit suam doctrinam: quaecumque enim ipse dicebat, patris erant. * ambrosius. ° mystice autem non debuit foris stare qui christum quaerebat; unde et ille ait: accedite ad eum, et illuminamini. si enim foris stant, nec ipsi agnoscuntur parentes; et propter nostrum fortasse non agnoscuntur exemplum, quemadmodum nos non agnoscimur si foris stemus. illud quoque intelligere non abhorret, quia per figuram parentum demonstrat iudaeos, ex quibus est christus secundum carnem, ecclesiamque synagogae credidit praeferendam. * beda. ° intus enim eo docente venientes intrare nequeunt, cuius spiritualiter intelligere dicta negligunt. praeoccupans autem turba intravit in domum; quia differente iudaea, gentilitas confluxit ad christum. foris autem stantes volunt christum videre, |100| qui spiritualem in lege sensum non quaerentes, sese ad custodiam litterae foris fixerunt; et quasi christum potius ad docenda carnalia cogunt exire, quam se ad discenda spiritualia consentiunt intrare.

lc5 * Cyrillus. ° quia discipuli omnes beneficiatos a christo videbant, decebat etiam ipsos sensim in beneficiis christi delectari: non enim similiter quis considerat quae fiunt in alienis corporibus ut in suo: et ideo dominus discipulos et mari et ventis exposuit; unde dicitur factum est autem in una dierum, et ipse ascendit in unam naviculam, et discipuli eius; et ait ad illos: transfretemus trans stagnum. et ascenderunt. * chrysostomus in matthaeum. ° vitans quidem lucas quaestionem quae sibi fieri posset de temporum ordine, dicit eum in una dierum intrasse naviculam. * cyrillus. ° si autem vigilante domino accidisset tempestas, vel non timuissent discipuli, vel non exhorruissent, vel non credidissent eum posse tale aliquid facere. quapropter dormit, praestans tempus timori; sequitur enim navigantibus autem illis, obdormivit, et descendit procella venti in stagnum. * ambrosius. ° supra habes quia pernoctabat in oratione; quomodo hic in tempestate dormit? sed |25| exprimitur securitas potestatis; quomodo omnibus timentibus solus intrepidus quiescebat, sed quiescebat corporis somno cum intenderet divinitatis mysterio; nihil enim sine verbo fit. * cyrillus. ° cum magna autem dispensatione videtur esse peractum ne mox postquam tempestas invadere coepit naviculam, quaererent ab eo suffragium, sed postquam malum invaluit, ut manifestior fiat divinae maiestatis potestas; unde dicitur et compellebantur, et periclitabantur: quod quidem dominus permisit exercitationis gratia, ut cum confessi fuerint periculum, cognoscant miraculi magnitudinem. unde postquam magnitudo periculi in intolerabilem metum eos urgebat, tamquam aliam spem non habentes salutis nisi solum ipsum dominum virtutum, eum excitaverunt. sequitur accedentes autem suscitaverunt eum, dicentes: praeceptor, perimus. * augustinus de cons. evang.. ° matthaeus quidem dicit: domine, salva nos, perimus; marcus autem: magister, |50| non ad te attinet quia perimus? eadem autem est sententia excitantium dominum, volentiumque salvari. nec opus est quaerere quis horum potius christo dictum sit: sive enim aliquid horum trium dixerint, sive alia verba quae nullus evangelistarum commemoravit, tantumdem autem valentia, quid ad rem interest? quamquam etiam hoc fieri potuerit ut, pluribus eum excitantibus, omnia haec, aliud autem ab alio diceretur. * cyrillus. ° non autem erat possibile eos perire existente cum eis omnipotente: unde illico surgit christus, qui habet omnium potestatem, et sedat confestim procellam et ventorum impetum. et cessavit tempestas, et facta est tranquillitas: in quo ostendit se deum esse, cui dicitur: tu dominaris potestati maris, motum autem fluctuum eius tu mitigas. * beda. ° sic igitur in hac navigatione dominus utramque unius eiusdemque personae naturam ostendit, dum is qui ut homo dormit in navi, furorem maris ut deus verbo coercet. |75| * cyrillus. ° simul autem cum tempestate aquarum solvit tempestatem animarum; unde sequitur dixit autem illis: ubi est fides vestra? in quo verbo ostendit quod timorem non facit tentationum inductio, sed imbecillitas mentis. sicut enim aurum probatur in igne, sic in tentationibus fides. * augustinus de cons. evang.. ° hoc autem ab aliis evangelistis aliis verbis dictum est. matthaeus enim dicit eum dixisse: quid timidi estis modicae fidei? marcus autem dicit: quid timidi estis? necdum habetis fidem? idest illam perfectam velut granum sinapis. hoc ergo et ille ait: modicae fidei; lucas autem: ubi est fides vestra? et totum quidem dici potuit: quid timidi estis? ubi est fides vestra? modicae fidei? unde aliud hic, aliud ille commemorat. * ambrosius. ° pacata igitur tempestate ad imperium christi, discipuli stupefacti miraculo, susurrabant ad invicem; unde sequitur qui timentes, mirati sunt, ad invicem dicentes: quis, putas, hic est, quia et ventis imperat et mari, et obediunt? |100| non autem discipuli, ut ignorantes eum, hoc dixerunt ad invicem; noverant enim eum deum esse, et filium dei iesum: admirantur autem innatae potestatis abundantiam, et divinitatis gloriam; quamvis similis nobis esset et visibilis secundum carnem; unde dicunt quis est hic? idest qualis et quantus, et in quanta virtute et maiestate? imperiosum enim est opus, dominativum praeceptum, non servilis petitio. * beda. ° vel non discipuli, sed nautae et alii mirantur qui in navi erant. allegorice autem mare vel stagnum tenebrosus est et amarus mundi aestus. navicula arbor crucis, cuius beneficio fideles adiuti, emensis mundi fluctibus, obtinent littus patriae caelestis. * ambrosius. ° itaque dominus, qui se intelligit propter divinum in terras mysterium venisse, relictis parentibus navem ascendit. * beda. ° ascendunt autem et discipuli admoniti cum eo; unde ipse ait: si quis vult post me venire, abneget semetipsum et tollat crucem suam et sequatur me. discipulis navigantibus, idest |125| fidelibus saeculum calcantibus, et futuri saeculi animo quietem meditantibus, et per sancti spiritus flatum, vel etiam proprii remigii conatum, infidos mundi fastus certatim post terga iactantibus, subito obdormivit dominus; idest, advenit tempus dominicae passionis; et descendit procella, quia domino somnum mortis in cruce subeunte, fluctus persecutionum daemoniacis flatibus exsurgunt. fluctibus autem non domini patientia turbatur, sed discipulorum imbecillitas concutitur et trepidat: qui suscitarunt dominum ne eo dormiente pereant: quia cuius mortem viderant, resurrectionem optant: quae si differetur, ipsi in perpetuum perirent. unde surgens increpat ventum: quia celeri resurrectione per mortem destruit superbiam diaboli, qui habebat imperium mortis. tempestatem autem aquae facit cessare, quia rabiem iudaeorum morti eius insultantium resurgens labefacit. * ambrosius. ° et advertas, sine tentatione neminem posse ex hoc vitae curriculo demigrare, quia exercitium fidei |150| tentatio est. subiecti igitur sumus nequitiae spiritualis procellis; sed quasi pervigiles nautae gubernatorem excitemus, qui non serviat, sed imperet ventis; qui etsi iam non dormiat sui corporis somno, caveamus tamen ne nostri corporis somno nobis dormiat, et quiescat. bene autem arguuntur qui praesente christo timebant, cum utique ibi aderat qui perire non posset. * beda. ° cui simile est quod post mortem discipulis apparens exprobravit incredulitatem eorum: et sic tumidis gurgitibus sedatis, patefecit cunctis potentiam suae divinitatis.

lc6 * Chrysostomus. ° salvator navigando una cum discipulis ad portum pervenit; unde dicitur et navigaverunt ad regionem gerazenorum, quae est contra galilaeam. * titus. ° veraciora exemplaria nec gerazenorum habent, nec gadarorum, sed gergezinorum; est enim gadara civitas in iudaea, stagnum autem vel mare nullatenus invenitur in ea; sed geraza civitas arabiae est, nec stagnum, nec mare iuxta habens. est autem gergeza, a qua gergezaei, urbs antiqua iuxta tiberiacum stagnum, circa quam est rupes stagno vicina, in quod ostenditur deiectos fuisse porcos a daemonibus. quia tamen geraza et gedara confinium habent cum terra gergezinorum, verisimile est inde ad horum terram porcos fuisse adductos. * beda. ° geraza enim urbs est insignis arabiae trans iordanem iuncta monti galaad, quam tenuit tribus manasse, non longe a stagno tiberiadis, in quo porci praecipitati sunt. * chrysostomus in matthaeum. |25| ° cum autem dominus descendisset a mari, occurrit ei aliud terribilius miraculum: nam daemoniacus, tamquam servus videns dominum, servitutem confitetur; unde sequitur et cum egressus esset ad terram, occurrit illi vir quidam qui daemonium habebat iam temporibus multis. * augustinus de cons. evang.. ° quod matthaeus duos dicit fuisse daemoniacos, marcus autem et lucas unum commemorant, intelligas unum eorum fuisse personae alicuius clarioris et famosioris, quem regio illa maxime dolebat, et pro cuius salute plurimum satagebat. hoc volentes significare duo evangelistae, solum commemorandum iudicaverunt de quo facti huius fama latius praeclariusque fragraverat. * chrysostomus in matthaeum. ° vel lucas elegit ex illis duobus eum qui saevior erat: unde flebilius narrat eius infortunium, cum subdit et vestimentis non induebatur, neque in domo manebat, sed in monumentis. visitant autem daemones mortuorum sepulchra, volentes imbuere homines |50| periculosa doctrina, quod scilicet mortuorum animae daemones fiunt. * cyrillus. ° quod autem nudus petebat defunctorum sepulchra, daemoniacae ferocitatis erat indicium. permittit autem quosdam dispensative deus subesse daemonibus, ut nos perpendamus per eos quales sunt daemones erga nos, ut renuamus eis subici velle; et sic uno patiente aedificantur quamplures. * chrysostomus. ° quia vero hominem eum populi fatebantur, accesserunt daemones divinitatem praedicantes ipsius, quam etiam mare sua tranquillitate clamaverat; unde sequitur is ut vidit iesum, procidit ante illum, et exclamavit voce magna, et dixit. * cyrillus. ° attendas hic timorem annexum audaciae et desperationi multae; signum enim diabolicae desperationis est in audendo dicere quid mihi et tibi est, iesu fili dei altissimi? timoris vero cum precatur obsecro te, ne me torqueas. sed si nosti eum esse filium dei altissimi, fateris eum deum caeli et terrae, et eorum quae continentur in eis. qualiter igitur |75| non tua, immo sua usurpas, et dicis quid mihi et tibi? quis autem principum terrenorum omnino sustinebit a barbaris lacessiri suo subiectos imperio? unde sequitur praecipiebat enim spiritui immundo ut exiret ab homine; et necessitatem praecepti ostendit subdens multis enim temporibus arripiebat illum; et vinciebatur catenis et compedibus custoditus; et ruptis vinculis agebatur a daemonio in deserta. * chrysostomus. ° unde, quia nemo audebat daemoniacum tenere, ipse christus ad eum vadit, alloquens ipsum. sequitur interrogavit autem illum iesus, dicens: quod tibi nomen est? non velut inscius nomen inquirit, sed ut confessa peste quam tolerabat, virtus curantis gratior emicaret. * beda. ° sed et nostri temporis sacerdotes qui per exorcismi gratiam daemones eicere norunt, solent dicere, patientes non aliter valere curari, nisi omne quod ab immundis spiritibus vigilantes dormientesve pertulerint, confitendo patenter exponant; et maxime |100| quando corporis humani concubitum petere se ac patrare confingunt; unde et hic confessio subditur: at ille dixit: legio; quia intraverant daemonia multa in eum. * gregorius nyssenus. ° imitantes quidam daemones supernas militias et legiones angelicas, dicunt se legionem, sicut et eorum princeps dicit se positurum thronum super astra, ut fiat altissimo similis. * chrysostomus. ° postquam autem dominus supervenerat daemonibus creaturam dei perturbantibus, putabant eum propter excessum eorum quae fiebant non expectare tempus supplicii: et quia culpam diffiteri non poterant, instant ne cito sustineant poenam; unde sequitur et rogaverunt illum ne imperaret illis ut in abyssum irent. * theophylactus. ° quod quidem postulant daemones volentes adhuc cum hominibus conversari. * cyrillus. ° hic autem palam est quod aemulae catervae maiestatis divinae, ineffabili potentia salvatoris detrudebantur ad inferna. * maximus. ° statuit autem deus unicuique peccatorum consonam poenam; |125| gehennam ignis propter carnis incendium, stridorem dentium propter risum lascivum, intolerabilem sitim propter voluptatem et crapulam, pervigilem vermem propter obliquum et malignum cor, caliginem perpetuam propter ignorantiam et fallaciam, lymbum abyssi propter superbiam: unde daemonibus tamquam superbis abyssus delegatur. sequitur erat autem ibi grex multorum porcorum pascentium in monte. * augustinus de cons. evang.. ° quod marcus dixit circa montem fuisse gregem porcorum, lucas autem in monte, non repugnat: grex enim porcorum tam magnus fuit, ut aliquid eius esset in monte, aliquid circa montem: erant enim duo millia porcorum, sicut marcus expressit. * ambrosius. ° daemones autem caelestis luminis claritatem sustinere non poterant, ut qui oculos dolent, radios solis ferre non possunt. * cyrillus. ° et ideo turba immundorum spirituum petit mitti in conformem sibi gregem immundorum porcorum. |150| sequitur et rogabant eum ut permitteret eis in illos ingredi. * athanasius in vita antonii. ° quod si super porcos potestatem non habent, multo magis nullum habent dominium contra homines factos ad imaginem dei. oportet ergo deum solum timere, contemnere autem illos. * cyrillus. ° dominus autem concessit eis potestatem, ut hoc inter cetera fiat nobis causa salutis, et roboris spes. sequitur et permisit illos. considerare ergo oportet, quod daemones pravi sunt, et hostiles his qui eis sunt subditi; ut potest patere ex eo quod praecipitaverunt et suffocaverunt porcos in aquis; unde sequitur exierunt ergo daemonia ab homine, et intraverunt in porcos, et impetu abiit grex per praeceps in stagnum, et suffocatus est. et ideo concessit eis christus petentibus, ut ex eventu appareat quam sint crudeles. erat etiam necessarium ostendere filium dei providentiam rerum habere non minus quam pater, ut aequalitatis decor in utroque appareat. * titus. ° fugam autem pastores arripiunt, ne cum |175| porcis perirent; unde sequitur quod ut viderunt factum, qui pascebant fugerunt et nuntiaverunt in civitatem et in villas: et huiusmodi terrorem civibus intulerunt. duxit autem eos ad salvatorem damni necessitas. sequitur exierunt autem videre quod factum est, et venerunt ad iesum. ubi considera, quod dum deus homines punit in rebus, confert beneficium animabus. cum autem profecti essent, viderunt sanum eum qui iugiter vexabatur. sequitur et invenerunt hominem sedentem, a quo daemonia exierant, vestitum, qui antea continuo nudus erat, ac sana mente ad pedes eius: non enim discedit a pedibus, a quibus est nactus salutem: et sic agnoscentes signum, mirati sunt passionis remedium, et obstupuerunt in facto. sequitur et timuerunt. hoc autem factum partim visu comperiunt, partim verbis audiverant. sequitur nuntiaverunt autem illis qui viderant quomodo sanus factus esset a |200| legione. oportebat autem eos supplicare domino ne inde recederet, sed custos esset regionis, ne daemones haberent accessum ad eos; sed prae timore propriam salutem amiserunt, rogantes salvatorem recedere. sequitur et rogaverunt illum omnis multitudo regionis gerazenorum, ut discederet ab ipsis, quia timore magno tenebantur. * theophylactus. ° timebant enim ne iterum damnum aliquod paterentur, sicut passi fuerant in submersione porcorum. * chrysostomus. ° attendas autem christi humilitatem: postquam enim collatis a se talibus beneficiis emittebant eum, non obstat, sed discedit, eos qui se ipsos indignos sua doctrina promulgaverant relinquens. sequitur ipse autem, ascendens navim, reversus est. * titus. ° sed eo discedente, ille qui passus fuerat, a salvatore non discedit. sequitur et rogabat illum vir a quo daemonia exierant, ut cum eo esset. * theophylactus. ° nam, sicut expertus, timebat ne forte elongatus a iesu, rursus |225| daemonibus esset paratus. dominus autem ostendit ei quod quamvis non sit cum eo praesentialiter, tamen potest eum gratia sua protegere; sequitur enim dimisit autem eum iesus, dicens: redi in domum tuam, et narra quanta tibi fecit deus. non autem dixit: quanta tibi feci ego; formam praebens humilitatis, ut rectitudines nostras referamus in deum. * titus. ° nec tamen praevaricatur in lege veritatis; quidquid enim filius operatur, pater operatur. cur autem qui ubique omnes liberatos monebat nulli dicere, huic liberato a legione dicit narra quanta tibi fecit deus? quia scilicet tota regio illa deum ignorabat, irretita cultibus daemonum. vel verius, quandoquidem ad patrem retorquet miraculum, dicit narra; cum vero loquitur de seipso, monet nulli dicere. ille autem qui liberatus est a daemonibus, noverat deum esse iesum, et ideo praedicavit quanta fecit illi iesus; sequitur enim et abiit per universam civitatem praedicans quanta illi fecit iesus. * chrysostomus. ° et sic illos |250| qui se indignos sua doctrina promulgaverant derelinquens, statuit eis eum in magistrum qui fuerat a daemonibus liberatus. * beda. ° mystice autem geraza significat nationem gentium, quas post passionem et resurrectionem suam dominus per praedicatores visitavit; unde geraza vel gergesi, ut quidam legunt, interpretatur colonum eiciens, idest diabolum, a quo prius incolebatur; vel advena propinquans, qui prius longe erat. * ambrosius. ° licet autem discordet numerus curatorum a christo secundum lucam et matthaeum, tamen concordat mysterium: ut enim iste qui habebat daemonium, populi gentilis est figura, duo quoque illi similiter figuram populi gentilis accipiunt: quoniam cum tres filios noe generavit, sem, cham et iaphet, sem tantummodo familia in possessionem ascita est dei: ex duobus illis diversarum nationum populi pullularunt. qui multis, inquit, temporibus habebat daemonium, utpote qui a diluvio usque ad adventum domini |275| vexabatur. nudus autem erat, quia tegumentum naturae suae et virtutis amisit. * augustinus de quaest. evang.. ° in domo non habitabat; hoc est, in conscientia sua non requiescebat: in monumentis manebat; idest in mortuis operibus, hoc est peccatis, delectabatur. * ambrosius. ° vel quid sunt corpora perfidorum nisi quaedam sepulchra in quibus dei verba non habitant? * augustinus de quaest. evang.. ° quod autem compedibus ferreis et catenis ligabatur, significat graves et duras leges gentium, quibus etiam in eorum republica peccata cohibentur: quod autem vinculis talibus diruptis agebatur a daemonio in desertum, significat quod etiam ipsis transgressis legibus ad ea scelera cupiditate ducebatur quae iam vulgarem consuetudinem excederent, quod vero in eo legio daemonum erat, significatae sunt gentes, quae multis daemonibus serviebant; quod in porcos pascentes in montibus daemonia ire concessa sunt, significat etiam immundos et superbos homines, quibus daemonia |300| dominantur propter idolorum cultus. * ambrosius. ° porci enim hi sunt qui immundorum usu animalium, vocis et rationis expertes, lutulentis vitae suae actibus naturalium coinquinaverunt ornamenta virtutum. * augustinus. ° quod autem in stagnum praecipitati sunt, significat quod iam clarificatur ecclesia, et liberato populo gentium a dominatione daemoniorum, in abditis agunt sacrilegos ritus suos qui christo credere noluerunt, caeca et profunda curiositate submersi. * ambrosius. ° impetu autem feruntur in praeceps, quoniam nullius meriti contemplatione revocantur; sed tamquam de superioribus ad inferiora per improbitatis proclive detrusi, inter fluenta mundi huius intercluso pereunt spiritus commeatu. neque enim in his qui fluido aestu voluptatis huc atque illuc feruntur, illius spiritus potest esse vitale commercium. videmus igitur quia homo ipse suae est auctor aerumnae: nam nisi quis porci more vixisset, numquam accepisset in eum diabolus potestatem; aut si accepisset, |325| non ut perderet, sed ut probaret: et fortasse diabolus, quia post domini adventum bonos iam depraedari non poterat, non omnium hominum, sed levium quaerit interitum; ut latro non armatis, sed insidiatur inermibus. viderunt hoc magistri gregum, et fugerunt: neque enim vel philosophiae professores vel principes synagogae pereuntibus populis possunt ferre medicinam: solus est christus qui aufert peccata populorum. * augustinus. ° vel quod porcorum pastores fugientes ista nuntiaverunt, significat quosdam primates impiorum, quamquam christianam legem fugientes, potentiam tamen eius pergentes stupendo et mirando praedicare. quod autem gerazeni cognoscentes quod factum est, rogant iesum ut ab eis discederet, magno timore perculsi, significat magnitudinem vetusta suavitate delectatam, honorare quidem, sed nolle pati christianam legem, dum dicunt quod eam implere non possunt; admirantes tamen fidelem populum a pristina perdita conversatione sanatum. * ambrosius. |350| ° vel in gerazenorum civitate species synagogae videtur existere: qui rogabant ut discederet, quia timore magno tenebantur; infirma enim mens non capit dei verbum, nec potest pondus sustinere sapientiae. et ideo diutius molestus non fuit, sed ascendit ab inferioribus ad superiora, a synagoga scilicet ad ecclesiam: et regressus est per stagnum: nemo enim de ecclesia ad synagogam sine periculo transit salutis; sed ille qui de synagoga ad ecclesiam transire desiderat, crucem suam tollat, ut discrimen evadat. * augustinus. ° quod autem ille sanatus cupit iam esse cum christo, et dicitur ei redi in domum tuam, et narra quanta tibi fecit deus: sic intelligitur, ut sic quisquis intelligat post remissionem peccatorum redeundum sibi in conscientiam bonam sicut in domum, et serviendum evangelio propter aliorum salutem, et deinde cum christo requiescat: ne cum praepropere vult esse cum christo, negligat ministerium praedicationis fraternae redemptioni accommodatum.

lc7 * Augustinus de cons. evang.. ° post narratum apud gerazenos miraculum, transit ad narrandum, de archisynagogi filia, dicens factum est autem cum rediisset iesus, excepit illum turba: erant enim omnes expectantes eum. * theophylactus. ° simul quidem propter doctrinam, et propter miracula. * augustinus. ° quod vero adiungit et ecce venit vir cui nomen iairus, non continue factum accipiendum est, sed prius illud de convivio publicanorum, sicut narrat matthaeus; cui rei sic coniungit hoc ut non possit aliud factum consequenter intelligi. * titus. ° est autem positum nomen, iudaeorum causa, qui tunc noverunt quod accidit, ut nomen demonstratio miraculi fiat. accessit autem non aliquis infirmorum, sed princeps synagogae, ut magis obturarentur iudaeorum ora; unde sequitur et ipse princeps synagogae erat. accessit autem ad christum causa necessitatis: urget enim aliquando dolor ad agendum ea quae decent, secundum illud: |25| in camo et freno maxillas eorum constringe qui non approximant ad te. * theophylactus. ° unde necessitate instante cecidit ad pedes eius; sequitur enim et cecidit ad pedes iesu. decebat autem ut absque necessitate cogente caderet ad pedes eius, et cognosceret ipsum deum esse. * chrysostomus. ° sed considera eius inertiam: quaerit enim a christo ut in domum veniat; sequitur enim rogans eum ut intraret in domum eius; ignorans scilicet quod absens poterat liberare: nam si scivisset, dixisset sicut centurio: dic verbo, et curabitur filia mea. * graecus. ° causa autem adventus eius ponitur, cum subditur quia unica filia erat illi, domus fundamentum, successio generis, fere annorum duodecim, in ipso scilicet flore aetatis; et haec moriebatur, pro thalamis efferenda ad tumulum. * chrysostomus. ° advenerat autem dominus, non ut iudicaret mundum, sed ut salvaret: quapropter non examinat dignitatem petentis, sed aequanimiter arripit opus, sciens quod maius erat futurum eo quod quaerebatur: vocabatur autem |50| ad remedium aegrotantis; novit autem se suscitaturum iam mortuam, et inserturum terrenis firmam spem resurrectionis. * ambrosius. ° suscitaturus autem mortuam, ad faciendum fidem, haemorrhoissam ante curavit; sicut et resurrectio temporalis in passione domini celebratur, ut perpetua illa credatur. et contigit dum iret, a turba comprimebatur. * cyrillus. ° quod maximum erat indicium quod veram carnem induerat, et omnem conculcaret superbiam: neque enim a longe sequebantur, sed eum circumdabant. * graecus. ° quaedam autem mulier gravi morbo detenta, ob cuius infirmitatis curam medici omnes divitias consumpserant, solam spem in tanta diffidentia reperit ut procideret domino; de qua sequitur et mulier quae erat in fluxu sanguinis ab annis duodecim, quae in medicos erogaverat omnem substantiam suam, nec ab ullo potuit curari, accessit retro. * titus. ° qualiter autem non est digna praeconio haec mulier, quae viribus extinctis corporeis ob continuum sanguinis |75| fluxum, et tanto populo concurrente circa illum, affectu roborata et fide petierat populum, et retro latens tetigerat fimbriam vestimenti? sequitur tetigit fimbriam vestimenti eius. * cyrillus. ° neque enim licebat immundis vel tangere quemquam sanctorum, vel appropinquare viro sancto. * chrysostomus in matthaeum. ° ritu autem legis huiusmodi passio reputabatur immunditia magna. aliter etiam: nondum enim nec ipsa habebat dignam opinionem de eo; non enim putavisset latere; sed tamen confisa de sanitate accedit. * theophylactus. ° sicut autem cum aliquis oculum lucernae lucenti adhibet, aut igni spinas, statim operationem illorum experitur; sic quidem qui fidem affert potenti curare, statim curationem consequitur. et confestim stetit fluxus sanguinis eius. * chrysostomus. ° non autem sola vestimenta ipsius mulierem salvarunt; nam et milites sortiti sunt ea inter se; sed fidei eius intentio. * theophylactus. ° credidit enim, et salvata est; et, ut congruum fuit, |100| primo tetigit christum intellectualiter, deinde corporaliter. * graecus. ° audivit autem dominus tacitas mulieris considerationes, et tacens liberavit tacentem, passus sua sponte sanitatis rapinam; sed postea miraculum publicat; unde sequitur et ait iesus: quis est qui me tetigit? * cyrillus. ° non enim latuit dominum perpetratum miraculum; sed qui cuncta cognoscit, quasi nesciret interrogat. * graecus. ° nescientibus autem discipulis quod quaerebatur, sed putantibus de simplici quodam tactu dicere, domini quaestioni respondent; sequitur enim negantibus autem omnibus, dixit petrus, et qui cum illo erant: praeceptor, turbae te comprimunt et affligunt, et dicis: quis me tetigit? et ideo dominus tactum sua responsione distinguit; sequitur enim et dixit illis iesus: tetigit me aliquis; sicut etiam dicebat: qui habet aures audiendi, audiat; quamvis omnes habeant huiusmodi corporalem auditum, sed non est vere audire, si audiatur incaute, nec vere tangere, si infideliter tangatur. * cyrillus. |125| ° propalat autem consequenter quod factum est, cum subditur nam et ego novi virtutem de me exiisse. materialius respondet secundum opinionem audientium; hic tamen nobis manifestatur quod ipse verus est deus, et ex eo quod prodigialiter factum est, et etiam ex sermonibus: transcendit enim naturam nostram, et forsan angelicam, posse quemquam virtutem emittere quasi a propria natura; convenit autem hoc soli supremae naturae: nulla namque creaturarum aliquam gerit salvandi potestatem, vel etiam aliqua alia, scilicet miracula, faciendi, sed divinitus praestitam. non autem ambitione gloriae non dimisit latere divinae virtutis ostensionem qui multoties praeceperat taceri sua miracula: sed quia spectabat ad utilitatem eorum qui vocabantur per fidem ad gratiam. * chrysostomus in matthaeum. ° primo enim solvit femineum metum, ne remorsum conscientiae pateretur quasi surripiens gratiam; secundo corrigit eam, quia latere putaverat; tertio fidem eius exprimit cunctis, ut et alii imitentur: |150| proditque non minus miraculum retentione sanguinis, dum ostendit sibi cuncta patere. * cyrillus. ° insuper principem synagogae persuadebat indubitabiliter credere quod a laqueis mortis eripiet filiam eius. * chrysostomus. ° ob hoc autem dominus non statim eam manifestaverat, ut ostenso quod omnia sibi liquent, faciat mulierem praedicare quod factum est, ut suspicione miraculum careat; unde sequitur videns autem mulier quia non latuit eum, tremens venit et procidit ante pedes eius, et ob quam causam tetigit eum, indicavit coram omni populo, et quemadmodum confestim sanata sit. * origenes. ° eamdem autem sanitatem quam nacta est mulier ex contactu, verbis confirmavit salvator; unde sequitur at ipse dixit illi: filia, fides tua te salvam fecit; vade in pace: idest esto sana a tuo flagello: et sanat quidem primo per fidem animam, deinde vero corpus. * titus. ° vocat autem filiam iam fidei causa sanatam; fides enim gratiam adoptionis impendit. * eusebius eccl. hist.. ° dicunt |175| autem hanc mulierem in paneade, quae est caesarea philippi, unde fuit oriunda, statuisse triumphos insignes collati sibi beneficii a salvatore: stabat namque super altam basim ad limina domus eius aeneum simulacrum mulieris flexis genibus manibusque iunctis, quasi precaretur; ex cuius opposito aliud erectum simulacrum ad instar viri, eiusdemque materiae, amictum diploide, et manum versus mulierem extendens; ante cuius pedes super ipsam basim aliena species plantae orta, quae usque ad aeneae diploidis oras pertingens, medicina omnium passionum esse ferebatur. hanc autem statuam dicebant repraesentare christum, quam maximus destruxit. * ambrosius. ° mystice autem reliquerat in gerazenis synagogam christus, et quem sui non receperant, recipiunt alieni. * beda. ° vel in fine saeculi dominus est ad iudaeos rediturus, atque ab eis per fidei confessionem libenter excipiendus. * ambrosius. ° quem autem putamus synagogae principem esse nisi legem, cuius contemplatione |200| dominus synagogam non penitus dereliquerit? * beda. ° vel princeps synagogae moyses intelligitur: unde bene iairus, idest illuminans vel illuminatus, vocatur: quia qui accipit verba vitae dare nobis, et per hoc ceteros illuminat, ipse a spiritu sancto illuminatur. cecidit autem archisynagogus ad pedes iesu, quia legislator cum tota patrum progenie christum in carne apparentem longe sibi praeferendum esse cognovit. si enim caput christi deus, convenienter pedes accipiendi sunt incarnatio, qua terram nostrae mortalitatis tetigit. rogavit autem intrare in domum eius, quia eius videre desiderabat adventum. filia autem unica eius est synagoga, quae sola legali est institutione composita; quae duodecimo aetatis anno, hoc est tempore pubertatis appropinquante, moriebatur; quia nobiliter a prophetis educata, postquam ad intelligibiles annos pervenerat, in quibus spirituales deo fructus gignere debebat, subito errorum languore consternata, spiritualis vitae viam amisit: et si christus non succurreret, corruisset in mortem. ad puellam autem sanandam pergens dominus a turba comprimitur, quia genti iudaeae salutaria monita praebens, carnalium populorum est consuetudine gravatus. * ambrosius. ° ad hanc autem principis filiam dum properat dei verbum, ut salvos faceret filios israel, sancta ecclesia ex gentibus congregata, quae inferiorum lapsu criminum deperibat, paratam aliis fide praeripuit sanitatem. * beda. ° dupliciter autem sanguinis fluxus potest intelligi; hoc est, et super idolatriae prostitutione, et super his quae carnis et sanguinis oblectatione patrantur. * ambrosius. ° quid autem sibi vult quod haec principis filia annorum duodecim moriebatur, et mulier ista fluxu sanguinis ab annis duodecim laboravit, nisi ut intelligatur quia quamdiu synagoga viguit, laboravit ecclesia? * beda. ° una enim pene saeculi aetate synagoga in patriarchis nasci coepit, et gentilium nationem idololatria foedavit. * ambrosius. ° sicut autem illa in medicos erogaverat omnem substantiam suam, ita congregatio gentium amiserat omnia dona naturae. * beda. ° medicos autem intellige sive falsos theologos, sive philosophos, legumque doctores saecularium, qui multa de virtutibus vitiisque disserentes, utilia se vivendi instituta mortalibus dare promittebant; se ipsos immundos spiritus, qui velut hominibus consulendo, se pro deo colendos ingerebant; quibus audiendis gentilitas quanto magis naturalis industriae vires expenderat, tanto minus potuit ab iniquitatis suae sorde curari. * ambrosius. ° audiens autem aegrotare populum iudaeorum, sperare coepit salutis suae remedium; tempus venisse cognovit quo medicus adesset de caelo: surrexit ut occurreret fide promptior, pudore contractior: hoc enim est pudoris et fidei, agnoscere infirmitatem, non desperare veniam. verecunda ergo fimbriam tetigit, fidelis accessit, religiosa credidit, sapiens sanatam se esse cognovit: sic sancta plebs gentium, quae deo credidit, peccatum erubuit ut desereret, fidem detulit ut crederet, devotionem exhibuit ut rogaret, sapientiam induit ut sanitatem suam ipsa sentiret, fiduciam sumpsit ut fateretur quod praeripuisset alienum. retro autem tangitur christus, quia scriptum est: post dominum deum tuum ambulabis. * beda. ° et ipse ait: si quis mihi ministrat, me sequatur, sive quia praesentem in carne dominum non videns, vel quia peractis dispensationis sacramentis per fidem coepit vestigia eius subsequi. * gregorius moralium. ° premente autem turba, una redemptorem nostrum mulier tetigit: quia carnales quique in ecclesia eum comprimunt a quo longe sunt, et soli tangunt qui huic veraciter humiles adiunguntur. turba igitur premit, et non tangit: quia et importuna est per praesentiam, et absens per vitam. * beda. ° vel una credula mulier dominum tangit: quia qui diversis haeresibus inordinate affligitur, solo catholicae ecclesiae corde fideliter quaeritur. * ambrosius. ° non enim credunt qui comprimunt; credunt qui tangunt: fide tangitur christus, fide videtur. denique ut fidem credentis exprimeret, dicit ego cognovi virtutem de me exiisse: quod est evidentius indicium quia non intra possibilitatem conditionis humanae atque intra corporis claustrum divinitas coarctata est, sed ultra fines nostrae mediocritatis virtus exundat aeterna; non enim humana ope plebs gentium liberatur; sed dei munus est congregatio nationum, quae etiam brevi fide misericordiam inclinat aeternam. nam si consideremus quanta sit fides nostra, et intelligamus quantus sit dei filius; videmus quia comparatione eius fimbriam tantummodo tangimus, superiora vero vestimenti eius nequimus attingere. si igitur et nos curari volumus, fide tangamus fimbriam christi. non autem latet eum quicumque tetigerit. beatus qui extremam partem verbi tetigerit; nam totum quis potest comprehendere?

lc8 * Chrysostomus in matthaeum. ° opportune dominus expectabat puellae mortem, ut propalaretur resurrectionis miraculum: propter quod et tardius incedit, et loquitur cum muliere diutius, ut archisynagogi filia expiraret, et huius eventus nuntii adveniret; unde dicitur adhuc illo loquente, venit quidam ad principem synagogae dicens ei: quia mortua est filia tua, noli vexare illum. * augustinus de cons. evang.. ° sed cum matthaeus archisynagogum non moriturum filiam suam narret domino nuntiasse, sed omnino defunctam; lucas autem et marcus nondum mortuam, usque adeo ut dicant venisse postea qui mortuam nuntiarent; considerandum est ne repugnare videatur. et intelligendum est, brevitatis hoc causa matthaeum potius dicere voluisse, rogatum esse dominum ut faceret quod eum fecisse manifestum est, ut scilicet mortuam suscitaret. attendit enim non verba patris de filia sua, sed, quod est potissimum, voluntatem. sane si alii duo vel quisquam eorum patrem commemorasset dixisse quod venientes de domo dixerunt, ut iam non vexaretur iesus, quia puella mortua fuisset; repugnarent eius cogitationi verba quae posuit matthaeus: nunc vero illud nuntiantibus et prohibentibus ne magister veniret, non legitur quod ipse consenserit; unde dominus non diffidentem reprehendit, sed credentem robustius confirmavit; unde sequitur iesus autem audito hoc verbo respondit patri puellae: noli timere, sed crede tantum, et salva erit. * athanasius. ° fidem dominus exigit ab invocantibus eum, non quia indiget adminiculo aliorum: ipse namque et dominus, et largitor est fidei: sed ne videretur ex acceptione personarum sua dona conferre, ostendit quod credentibus favet, ne sine fide accipiant beneficia, et ea per infidelitatem aboleant: vult enim benefaciens durare gratiam, et sanans inconcussum permanere remedium. * theophylactus. ° mortuam autem suscitaturus eiecit omnes, quasi nos docens absque inani gloria esse, et nihil ad demonstrationem facere; et quod cum quis debet miracula perpetrare, non decet ipsum esse in medio plurimorum, sed solitarium, et ab aliis separatum; unde sequitur et cum pervenisset ad domum, non permisit intrare secum quemquam nisi petrum et ioannem et iacobum et patrem et matrem puellae. solos autem hos intromisit tamquam discipulorum vertices, et potentes miraculum occultare: non enim volebat ipsum ante tempus pluribus revelari, forte propter invidiam iudaeorum. sic et cum quis nobis invidet, non debemus iustitias nostras ei revelare, ne ei maioris invidiae occasio tribuatur. * chrysostomus. ° ceteros autem discipulos non assumpsit, provocans eos ad appetitum maiorem, ob id quoque quod nondum erant plene dispositi, ut et alii istos imitentur. assumpsit etiam parentes in testes, ne quis dicere posset fallax esse resurrectionis indicium. ad hoc etiam illud nota, quod deflentes exclusit a domo, et indignos ostendit huius visione; sequitur enim flebant enim omnes, et plangebant illam. quod si tunc exclusit, multo magis nunc; tunc enim nondum patuerat in somnum mortem fuisse conversam. nullus ergo de cetero se contemnat, iniuriam inferens christi victoriae, qui superavit mortem, et eam in somnum convertit; ad cuius ostensionem subditur at ille dixit: noli flere; non est enim mortua puella, sed dormit: ostendens singula sibi fore in promptu, et quod eam vivificaret, quasi suscitaret a somno. nihilominus tamen deridebant eum; sequitur enim et deridebant eum scientes quia mortua esset. quos non obiurgavit, nec derisionem repressit, ut etiam derisio fiat mortis indicium; nam, quia ut plurimum post acta miracula homines perseverant increduli, verbis propriis eos praevenit. ut autem quasi per visum disponeret ad resurrectionis fidem, tenet manum puellae; unde sequitur ipse autem tenens manum eius, clamavit dicens: puella, surge. cumque tenuisset, suscitat eam; unde sequitur et reversus est spiritus eius; et surrexit continuo: non enim infudit aliam animam, sed illam eamdem quae expiraverat restituit; nec solummodo suscitat, immo iubet etiam illam cibari; sequitur enim et iussit illi dare manducare: ne scilicet phantasticum esse videatur quod factum est: nec ipse propinat, sed aliis mandat; sicut et in lazaro dixit: solvite eum, ac deinde participem mensae fecit. * graecus. ° deinde stupefactos miraculo et pene clamantes parentes cohibet ne factum praedicent; sequitur enim et stupuerunt parentes eius; quibus praecepit ne alicui dicerent quod factum erat: ostendens quod largitor bonorum est, non autem cupidus gloriae, datque totum, nihil recipiens. qui vero venatur operum gloriam, aliquid quidem exhibuit, aliquid vero recepit. * beda. ° mystice autem salvata a fluxu sanguinis muliere, mox filia principis mortua nuntiatur: quia dum ecclesia a vitiorum labe mundata est, continuo synagoga perfidia atque invidia soluta est: perfidia quidem, quia in christum credere noluit; invidia vero, quia ecclesiam credidisse doluit. * ambrosius. ° adhuc autem et servuli principis increduli erant ad resurrectionem, quam iesus in lege praedixit, in evangelio complevit; unde dicunt noli vexare illum: quasi sit sibi impossibile suscitare mortuam. * beda. ° vel per eos significantur qui adeo destitutum synagogae statum vident, ut restaurari posse non credant; ideoque pro suscitatione illius supplicandum esse non aestiment. sed quae impossibilia sunt apud homines, possibilia sunt apud deum: unde dominus ei dixit noli timere, crede tantum, et salva erit. pater puellae coetus doctorum legis accipitur: qui si credere voluerit, etiam subiecta ei synagoga salva erit. * ambrosius. ° itaque cum venisset in domum, paucos futurae resurrectionis arbitros ascivit: non enim a multis continuo est credita resurrectio. quae tamen tantae diversitatis est causa? supra publice filius viduae suscitatur, hic removentur plures arbitri. sed puto quod pietas ibi domini declaratur, quia vidua mater unici filii non patiebatur moras. est etiam forma sapientiae, in filio viduae cito ecclesiam credituram: in archisynagogi filia credituros quidem iudaeos, sed ex pluribus pauciores. denique dicente domino non est mortua puella, sed dormit, deridebant eum: quicumque enim non credit, irridet. fleant igitur mortuos suos, qui putant mortuos: ubi resurrectionis fides est, non mortis species, sed quietis est. * beda. ° synagoga etiam, quia sponsi laetitiam, qua vivere possit, amisit, quasi inter plangentes mortua iacens, nec hoc ipsum quare plangatur intelligitur. * ambrosius. ° tenens autem dominus manum puellae sanavit eam: beatus enim si cuius manus sapientia teneat, inducat in penetralia sua, iubeat manducare: panis enim caelestis est dei verbum: inde et illa sapientia, quae dei corporis et sanguinis altaria replevit alimentis. venite, edite panes meos, et bibite vinum quod miscui vobis. * beda. ° surrexit autem puella continuo, quia christo manum confortante, homo a morte animae resipiscit. sunt enim nonnulli qui latente tantum cogitatione peccati sibi mortem consciscunt; sed tales se vivificare significans dominus, suscitavit filiam archisynagogi. alii vero ipsum malum quo delectantur agendo, mortuum suum quasi extra portas efferunt; et hos se suscitare demonstrans, suscitavit filium viduae extra portas civitatis. quidam vero etiam peccati consuetudine se quasi sepeliendo corrumpunt; et ad hos etiam erigendos adest gratia salvatoris; ad quod intimandum resuscitavit lazarum quatuor dies in monumento habentem. quanto autem gravior est mors animae, tanto acrior poenitentis fervor insistat. unde iacentem in conclavi mortuam levi voce resuscitat; delatum foras iuvenem pluribus dictis corroborat; ad quatriduanum vero suscitandum fremuit spiritu, lacrymas fudit, et voce magna clamavit. sed et hic notandum, quod publica noxia publico egent remedio; levia peccata secreta queunt poenitentia deleri. puella in domo iacens paucis arbitris resurgit; iuvenis extra domum turba multa comitante suscitatur; lazarus de monumento vocatus multis populis innotuit.

073 CLC cp9

lc1 * Cyrillus. ° decebat institutos ministros sacrarum doctrinarum posse mira peragere, et per ipsos effectus credi quod essent dei ministri; unde dicitur convocatis autem iesus duodecim apostolis, dedit illis virtutem et potestatem super omnia daemonia: in quo elevatum supercilium diaboli flectit, qui dicebat aliquando: non est qui contradicere valeat. * eusebius. ° et ut per eos venetur genus humanum, non solum dat eis ut pravos spiritus pellant, sed etiam quamlibet infirmitatem sanent ex eius imperio; unde sequitur et ut languores curarent. * cyrillus. ° attendas hic divinam filii potestatem naturae corporali non convenientem; agere namque miracula aderat sanctis, non natura, sed participatione spiritus sancti. super hoc autem aliis concedere potestatem prorsus alienum erat ab eorum virtute: qualiter enim posset natura creata super spiritus dona possidere dominium? at dominus noster iesus christus, tamquam naturaliter deus existens, impertitur huiusmodi gratiam quibus vult, non invocans in eos alienam virtutem, sed infundens ex promptuariis propriis. * chrysostomus in matthaeum. ° postquam autem satis confortati fuerant ex eius comitiva, et competens nacti sunt argumentum virtutis eius, mittit eos; unde sequitur et misit illos praedicare regnum dei, et sanare infirmos. ubi considera, quod non committitur eis aliquod sensibile dicere, sicut moyses et prophetae, qui terram et bona terrena promittebant; hi vero regnum caelorum, et quaecumque continentur in eo. * gregorius nazianzenus. ° mittens autem discipulos ad praedicandum, dominus multa eis iniunxit, quorum summa est, sic eos virtuosos esse, sic constantes atque modestos, et, ut breviter loquar, caelestes, ut non minus propter eorum modum vivendi quam propter verbum evangelica doctrina propagaretur. et ideo cum aeris et baculi carentia et amictus singularitate mittebantur; et ideo subdit et ait ad illos: nihil tuleritis in via: neque virgam neque peram, neque panem, neque pecuniam, neque duas tunicas habeatis. * chrysostomus in matthaeum. ° plurima quidem per hoc constituebat: primo quidem insuspectos reddens discipulos; secundo sequestrans eos a qualibet cura, ut totum studium adhiberent verbo; tertio docens eos propriam virtutem. sed forsan dicet aliquis cetera quidem habere rationem; sed non habere peram in via, nec duas tunicas, nec baculum, cuius rei causa praecipit? volens scilicet excitare eos in qualibet diligentia: et, ut ita loquar, ex hominibus angelos faciebat eos, dirimens a qualibet cura vitae, ut una sola cura detineantur doctrinae. * eusebius. ° volens igitur eos carere cupidine rerum in sollicitudine vitae, protestatus est haec: sumebat enim experimentum fidei et animositatis eorum, qui habito in mandatis extremae vitam ducere paupertatis, non effugiunt quae iubentur; decebat enim eos quidem commercium facere, et recipientes salubres virtutes recompensare obedientia mandatorum: et cum milites eos faceret regni dei, accingit eos ad pugnam in hostes, monens colere paupertatem; nullus enim militans deo implicat se vitae saecularis negotiis. qualis ergo esse debeat qui evangelizat regnum dei, praeceptis evangelicis designatur; hoc est, ut subsidii saecularis adminicula non requirat, fideique totus inhaerens, putet, quo minus requirat, magis posse suppetere. * theophylactus. ° sic enim ipsos mendicos mittit, quod neque panes ipsos portare vult, nec aliquid aliud, quibus indigent multi. * augustinus de cons. evang.. ° vel dominus haec possidere discipulos ac ferre noluit, non quod necessaria non sint sustentationi huius vitae; sed quia sic eos mittebat ut eis haec deberi monstraret ab illis quibus evangelium credentibus annuntiarent; ut sic securi non possiderent, neque portarent huic vitae necessaria, nec magna, nec minima. ideo posuit secundum marcum: nisi virgam, ostendens a fidelibus suis omnia deberi ministris suis nulla superflua requirentibus. hanc autem potestatem virgae nomine significavit, cum diceret ne quid tollerent in via nisi virgam tantum. * ambrosius. ° possunt etiam qui volunt, hoc ad eum deducere tractatum, ut spiritualem tantummodo locus iste formare videatur affectum, qui velut indumentum quoddam videatur corporis exuisse, non solum potestate reiecta contemptisque divitiis, sed etiam carnis ipsius illecebris abdicatis. * theophylactus. ° quidam etiam apostolos non portare peram, neque baculum aut duas tunicas sic intelligunt, quod non thesaurizent: hoc enim pera innuit congregans multa: neque sint iracundi et tribulati spiritus, quod significat baculus; neque sint ficti et duplici corde, quod significat tunica duplex. * cyrillus. ° sed diceret aliquis: unde eis necessaria erunt? et ideo subdit et in quamcumque domum intraveritis, ibi manete, et inde ne exeatis; quasi dicat: sufficiat vobis discipulorum fructus, qui recipientes a vobis spiritualia, vos procurabunt. iussit autem eos in una domo manere, ut nec hospitem gravent, eum scilicet dimittendo, nec ipsi gulositatis et levitatis suspicionem incurrant. * ambrosius. ° alienum namque a praedicatore regni caelestis asserit cursitare per domos, et inviolabilis hospitii iura mutare. sed ut hospitii gratia deferenda censetur, ita etiam si non recipiantur, excutiendum pulverem, egrediendumque de civitate mandatur, cum sequitur et quicumque non receperint vos, exeuntes de civitate illa, etiam pulverem pedum vestrorum excutite in testimonium super illos. * beda. ° pulvis excutitur de pedibus apostolorum in testimonium laboris sui, qui ingressi sint in civitatem, et praedicatio apostolica ad illos pervenerit; sive excutitur pulvis cum nihil ab eis accipiant, nec ad victum quidem necessarium, qui evangelium spreverunt. * cyrillus. ° nam improbabile valde est contemnentes sermonem et patremfamilias, se famulis benignos ostendere, vel benedictiones eorum exigere. * ambrosius. ° vel non mediocris etiam boni remuneratio docetur hospitii, ut non solum pacem tribuamus hospitibus, verum etiam si qua eos terrenae obumbrant delicta levitatis, receptis apostolicae praedicationis vestigiis auferantur. * beda. ° qui vero perfida negligentia, vel etiam studio verbum dei contemnunt, horum vitanda communio est, excutiendus pulvis pedum, ne gestis inanibus pulveri comparandis mentis castae vestigium polluatur. * eusebius. ° cum autem praecinxisset dominus discipulos suos tamquam milites dei divinis virtutibus et sapientiae monitis, mittens eos iudaeis ut doctores et medicos, ipsi secundum hoc procedebant; unde sequitur egressi autem circuibant per castella, evangelizantes et curantes ubique: quasi doctores quidem evangelizantes; sed quasi medici praestantes remedia, et verba miraculis comprobantes.

lc2 * Chrysostomus in matthaeum. ° multo transacto tempore, non a principio, percepit herodes facta iesu, ut pateat tibi tyranni superbia; unde dicitur audivit autem herodes tetrarcha omnia quae fiebant ab eo. * theophylactus. ° iste herodes erat filius magni herodis, qui pueros interemit; sed ille quidam rex erat, iste autem tetrarcha. inquirebat autem de christo quis esset; unde sequitur et haesitabat. * chrysostomus. ° peccatores enim scientes et nescientes quemque strepitum pertimescunt: peccatum enim nemine arguente hominem prodit, nemine accusante condemnat, et timidum et pigrum reddit delinquentem. causa autem timoris ponitur consequenter cum dicit eo quod diceretur a quibusdam quia ioannes surrexit a mortuis, a quibusdam vero quia elias apparuit, ab aliis autem quia propheta unus de antiquis surrexit. * theophylactus. ° iudaei enim resurrectionem mortuorum expectabant in vita carnali, et in comessationibus et potationibus. sed resurgentes non erunt in carnalibus actibus. * chrysostomus. ° cum ergo audisset herodes quibus iesus uteretur miraculis, ait: ioannem ego decollavi; quod non erat ostentationis verbum, sed consolantis suum timorem, et persuadentis animae perturbatae recolere quod ipse eum occidit. et quia ioannem decollaverat, subdit quis autem est iste, de quo audio talia? * theophylactus. ° quasi dicat: si ioannes est, et a mortuis resurrexit, videns eum cognoscam; unde sequitur et quaerebat videre eum. * augustinus de cons. evang.. ° lucas autem hunc eumdem narrandi ordinem quem marcus tenens, non cogit credi rerum gestarum eumdem ordinem fuisse. in his etiam verbis marco attestatur, ad hoc dumtaxat quod alii dixerint, non herodes, ioannem a mortuis surrexisse. sed quia haesitantem commemoravit herodem, intelligendum est: aut post istam haesitationem confirmasse in animo suo quod ab aliis dicebatur, cum ait pueris suis, sicut matthaeus narrat: hic est ioannes baptista, ipse surrexit a mortuis; aut ita pronuntianda sunt haec verba matthaei ut haesitantem adhuc indicent.

lc3 * Augustinus de cons. evang.. ° matthaeus et marcus ex praecedentium occasione narrant quemadmodum sit ioannes ab herode occisus; lucas autem qui iam longe supra de passione ioannis narraverat, postquam commemoravit illam herodis haesitationem de domino quisnam esset, continuo subiungit et reversi apostoli narraverunt illi quae fecerunt. * beda. ° non solum autem narrant quae ipsi fecerunt, et docuerunt; sed etiam quae ioannes eis in docendo occupatis sit passus, vel sui, vel eiusdem ioannis ei discipuli renuntiant, sicut matthaeus insinuat. * isidorus. ° quia vero dominus viros sanguinum abominatur, et commorantes cum eis, si a propriis criminibus non discedant, post occisionem baptistae deserens occisores, discessit; unde sequitur et assumptis illis, secessit seorsum in locum desertum, qui est bethsaidae. * beda. ° est autem bethsaida in galilaea civitas andreae, et petri, et philippi apostolorum, prope stagnum genezareth. non autem timore mortis hoc egit, ut quidam arbitrantur, sed parcens inimicis suis, ne homicidio homicidium iungerent; simul et opportunum suae passionis tempus expectans. * chrysostomus in matthaeum. ° non autem prius, sed relato sibi quod acciderat, discessit, manifestans per singula carnis veritatem. * theophylactus. ° in desertum autem locum abiit dominus, quia operaturus erat miraculum panum: ne quis diceret: de civitate prope existente oblati sunt panes. * chrysostomus. ° vel vadit in desertum locum, ut nemo sequeretur. sed nec sic plebs discessit, sed comitatur ipsum; unde sequitur quod cum cognovissent turbae, secutae sunt illum. * cyrillus. ° hi quidem postulantes a daemonibus liberari, hi vero languorum remotionem; necnon quos eius oblectabat doctrina, illum attentissime visitabant. * beda. ° ipse autem ut potens piusque salvator, excipiendo fatigatos, docendo inscios, sanando aegrotos, reficiendo ieiunos, quantum devotione credentium delectetur, insinuat; unde sequitur et excepit illos, et loquebatur illis de regno dei, et eos qui cura indigebant sanabat. * theophylactus. ° ut addiscas, quod quae secundum nos est sapientia, dividitur verbo et opere; et quod decet dicere operata, et operari dicta. reclinante autem die, discipuli iam incipientes aliorum curam habere, turbae miserentur, unde sequitur dies autem coeperat declinare, et accedentes duodecim dixerunt illi: dimitte turbas, ut euntes in castella villasque quae circa sunt, divertant et inveniant escas: quia hic in loco deserto sumus. * cyrillus. ° sicut enim dictum est, diversarum passionum postulabant remedia: et quia videbant discipuli solo nutu posse perfici quod infirmi petebant, dicunt: dimitte eos, ne amplius anxientur. aspice autem exuberantem mansuetudinem eius qui rogatur: non enim illa tantum largitur quae postulant discipuli, sed sequentibus ipsum adiicit bona munificae dexterae, mandans eis escas exhiberi; unde sequitur ait autem ad illos: vos date illis manducare. * theophylactus. ° non autem hoc dicit eorum responsionem ignorans, sed volens ipsos inducere ut dicerent quot panes haberent; et sic magnum ostenderetur ex eorum confessione miraculum, panum quantitate audita. * cyrillus. ° sed quod mandabatur, intolerabile discipulis erat, quod non habebant penes se nisi quinque panes et duos pisces; unde sequitur at illi dixerunt: non sunt nobis plusquam quinque panes et duo pisces, nisi forte nos emamus in omnem hanc turbam escas. * augustinus de cons. evang.. ° in quibus quidem verbis lucas in unam sententiam constrinxit responsionem philippi dicentis: ducentorum denariorum panes non sufficiunt eis, ut unusquisque modicum quid accipiat, et responsionem andreae dicentis: est puer unus hic, qui habet quinque panes hordeaceos et duos pisces, ut narrat ioannes. quod enim ait non sunt nobis plusquam quinque panes et duo pisces, ad andreae retulit responsionem; quod vero adiunxit nisi forte nos eamus, et emamus in omnem hanc turbam escas, videtur ad responsionem philippi pertinere, nisi quod de ducentis denariis tacuit: quamquam et in ipsius andreae sententia hoc posset intelligi; cum enim dixisset: est puer unus hic qui habet quinque panes hordeaceos et duos pisces, adiunxit: sed haec quid sunt inter tantos? hoc est dicere nisi forte nos eamus, et emamus in omnem hanc turbam escas. ex qua varietate verborum, rerum autem sententiarumque concordia, satis apparet salubriter nos doceri, nihil quaerendum in verbis nisi loquentium voluntatem; cui demonstrandae invigilare debent omnes veridici narratores, cum de homine, vel de angelo, vel de deo aliquid narrant. * cyrillus. ° ut autem adhuc ad magis ardua feratur miraculum, ostenditur non parva fuisse multitudo virorum, cum sequitur erant autem viri fere quinque millia, exceptis scilicet mulieribus atque pueris, ut alius evangelista refert. * theophylactus. ° docet autem dominus quod decet cum hospitamur aliquem, reclinare ipsum, et omnis consolationis participem facere; unde sequitur ait autem ad discipulos suos: facite illos discumbere per convivia quinquagenos: et ita fecerunt; et discumbere fecerunt omnes. * augustinus de cons. evang.. ° quod lucas hic dicit, quinquagenos iussos esse discumbere, marcus vero quinquagenos et centenos, ideo non movet, quia unus partem dixit, alter totum. verum si alius de quinquagenis tantum commemoraret, alius de centenis, valde videretur esse contrarium, nec satis dignosceretur utrumque dictum esse. unum autem ab altero, alterum ab altero esse commemoratum, et tamen attentius considerantum inveniri debuisse quis non fateatur? hoc ideo dixi, quia existunt saepe aliqua eiusmodi quae parum intendentibus temere iudicantibus contraria videantur, et non sint. * chrysostomus in matthaeum. ° et quia credendum erat christum venisse a patre, facturus miraculum, aspexit in caelum; unde sequitur acceptis autem quinque panibus et duobus piscibus, respexit in caelum. * cyrillus. ° hoc etiam dispensative pro nobis fecit: ut discamus quod in principio mensae, cum frangere debemus panem, debemus deo offerre et elicere super ipsum benedictionem supernam; unde sequitur et benedixit, et fregit, et discipulis suis distribuit, ut ponerent ante turbas. * chrysostomus in matthaeum. ° dat quidem eis per manus discipulorum, honorando eos, et ne dent oblivioni iam peracto miraculo. non autem ex non entibus facit escas ad pascendum turbas, ut obturet os manichaei asserentis alienam esse ab eo creaturam, ostendens se esse victualium largitorem, et eum qui dixit: germinet terra. multiplicat quoque pisces, ad significandum quod tam mari quam aridae dominabatur. bene autem in languentibus speciale peregit miraculum; agit et beneficium generale, alens omnes etiam non languentes; unde sequitur et manducaverunt omnes, et saturati sunt. * gregorius nyssenus. ° quibus nec caelum fluebat manna, nec tellus iuxta sui naturam producens frumentum, eorum satisfaciebat egestati; sed ex ineffabilibus horreis divinae potentiae beneficium affluebat. panis paratur factus in manibus ministrantium, necnon per saturitatem edentium augmentatur. esum etiam piscium eorum necessitati non administrabat mare; sed ille qui in mari piscium genus inseruit. * ambrosius. ° non exiguo, sed multiplicato cibo populum liquet esse satiatum. vides incomprehensibili quodam ritu inter dividentium manus, quas non fregerant multiplicare particulas, et intacta frangentium digitis sponte sua fragmenta subripere. * cyrillus. ° nec usque ad hoc tantum pervenit miraculum, sed sequitur et sublatum est quod superfuit eis fragmentorum cophini duodecim: ut hinc esset manifesta certificatio quod opus caritatis in proximos uberem vindicet retributionem a deo. * theophylactus. ° et ut addisceremus quantum hospitalitas potest, et quantum augentur nostra, cum indigentibus subvenimus. * chrysostomus in matthaeum. ° fecit autem superabundare non panes, sed fragmenta; ut ostendat illorum panum esse reliquias, quae tot factae sunt, ut totidem essent cophini quot et discipuli. * ambrosius. ° mystice autem postquam illa quae ecclesiae typum accepit, a fluxu curata est sanguinis, posteaquam apostoli ad evangelizandum sunt destinati, gratiae caelestis impartitur alimentum. sed quibus impartiatur adverte: non otiosis, non in civitate, quasi in synagoga, vel saeculari dignitate residentibus, sed inter deserta quaerentibus christum. * beda. ° qui derelicta iudaea, quae prophetiae non credendo, sibi caput abstulerat, in deserto ecclesiae, quae virum non habebat, verbi pabula largitur. petentem vero deserta gentium christum, multae fidelium catervae, relictis moenibus priscae conversationis variorum dogmatum, sequuntur. * ambrosius. ° qui autem non fastidiunt, ipsi excipiuntur a christo; et cum ipsis loquitur dei verbum, non de saecularibus, sed de regno: et qui corporalis gerunt ulcera passionis, his medicinam suam libenter indulget. ubique autem mysterii ordo servatur: ut prius per remissionem peccatorum vulneribus medicina tribuatur, postea vero alimonia mensae caelestis exuberet. * beda. ° die autem declinante turbam reficit, idest fine saeculorum appropinquante, vel cum sol iustitiae pro nobis occubuit. * ambrosius. ° quamquam nondum validioribus haec turba reficiatur alimentis: primum enim in modum lactis quinque sunt panes; secundum septem; tertium ipsum corpus christi est esca solidior. si quis autem petere cibum veretur, ipse relictis suis omnibus festinet ad dei verbum. dum autem aliquis audire incipit dei verbum, incipit esurire. incipiunt apostoli esurientem videre; et si illi adhuc non intelligant quid esuriant, intellexit christus: scit quod non saecularem cibum esuriant, sed cibum christi: nondum enim intellexerant apostoli cibum credentis non esse venalem. noverat christus nos potius esse redimendos, suas vero epulas esse gratuitas. * beda. ° nondum autem erant apostolis nisi quinque panes mosaicae legis, et duo pisces utriusque testamenti; quae in abdito mysteriorum latentium, quasi aquis abyssi tegebantur. quia vero quinque sunt exteriores hominis sensus, quinque millia viri dominum secuti, designant eos qui in saeculari adhuc habitu positi, exterioribus, quae possident, bene uti noverunt; qui quinque panibus aluntur, quia tales necesse est legalibus adhuc praeceptis instrui: nam qui mundo ad integrum renuntiant, evangelica refectione sublimes sunt. diversi autem convivantium discubitus designant diversos per orbem terrarum ecclesiarum conventus qui unam catholicam faciunt. * ambrosius. ° hic vero panis, quem frangit iesus, mystice quidem dei verbum est, et sermo de christo; qui cum dividitur augetur; de paucis enim sermonibus, populis redundantem alimoniam ministravit. dedit sermones nobis velut panes, qui nostro dum libantur ore, geminantur. * beda. ° turbis autem esurientibus salvator non nova creat cibaria; sed acceptis his quae habuerunt discipuli benedicit: quia veniens in carne, non alia quam praedicta sunt praedicat; sed prophetiae dicta mysteriis gratiae gravida demonstrat. respicit in caelum, ut illuc dirigendam mentis aciem, ibi lucem scientiae doceat esse quaerendam. frangit, et ante turbas ponenda distribuit discipulis: quia legis et prophetiae sacramenta eis, ut per mundum praedicent, patefecit. * ambrosius. ° non otiose autem quae turbae supersunt, a discipulis colliguntur: quia ea quae divina sunt, apud electos facilius possis quam apud populos reperire. beatus ille qui potest colligere quae etiam doctis supersunt. qua ratione autem cophinos christus duodecim implevit, nisi ut illud populi iudaici solveret, quia manus eius in cophino servierunt? hic est populus, qui ante lutum in cophinis colligebat, sed iam per crucem christi vitae caelestis operatur alimoniam. nec paucorum hoc munus, sed omnium est: nam per duodecim cophinos, tamquam |300| tribuum singularum, fidei firmamentum redundat. * beda. ° vel per cophinos duodecim apostoli figurantur, et omnes sequentes doctores; foris quidem hominibus despecti, sed intus salutaris cibi reliquiis cumulati.

lc4 * Cyrillus. ° sequestratus a populis dominus et seorsum positus vacabat orationibus; unde dicitur et factum est cum solus esset orans, erant cum illo et discipuli. formam enim in hoc seipsum constituebat, docens discipulos artem facilem doctrinalium dogmatum: reor enim oportere populorum antistites etiam meritis praeesse subditis suis, in rebus necessariis iugiter conversantes, et illa tractantes quibus deus placatur. * beda. ° aderant autem discipuli domino; sed ipse patrem solus oravit: quia possunt sancti domino fidei amorisque societate coniungi. ubique solus obsecrat, quia dei consilium humana vota non capiunt, nec quisquam potest interiorum participes esse cum christo. * cyrillus. ° poterat autem orationis negotium turbare discipulos: videbant enim humanitus orare quem olim viderant auctoritate divina peragentem miracula. ut igitur huiusmodi propelleret turbationem, eos interrogat, non quia nesciret ab exterioribus sibi collata praeconia, |25| sed ut eos a plurium opinione auferret, et rectam fidem eis insereret; unde sequitur et interrogavit illos dicens: quem me dicunt esse turbae? * beda. ° pulchre dominus fidem discipulorum exploraturus, prius turbarum sententiam interrogat, ne illorum confessio, non veritatis agnitione probata, sed vulgi videatur opinione formata; nec comperta credere, sed instar herodis de auditis haesitare putentur. * augustinus de cons. evang.. ° potest autem illud movere quod lucas dominum interrogasse discipulos suos, quem illum dicerent homines, tunc dixit cum esset solus orans, et adessent etiam ipsi: porro autem marcus in via dicit illos hoc ab eodem interrogatos. sed hoc eum movet, quia nunquam oravit in via. * ambrosius. ° non est autem otiosa turbae opinio quam discipuli respondent, cum subditur at illi responderunt, et dixerunt: alii ioannem baptistam, quem decollatum sciebant; alii autem eliam, quem venturum putabant; alii autem, quia propheta |50| unus de prioribus surrexit. sed hoc quaerere alterius prudentiae est: nam si paulo apostolo satis est nihil scire nisi christum iesum, et hunc crucifixum, quid amplius mihi desiderandum est scire quam christum? * cyrillus. ° vide autem in interrogationibus elegantiam. dirigit enim prius eos ad extrinsecas laudes, ut eis evulsis veram opinionem generet. unde cum dixissent discipuli plebis opinionem, eorum sententiam interrogat, cum subditur dicit autem illis: vos autem quem me esse dicitis? o quam praecipuum illud vos. excipit eos ab aliis, ut eorum vitent opiniones; quasi dicat: vos, qui censura mea vocati estis ad apostolatum, testes miraculorum meorum, quem me esse dicitis? praevenit autem petrus ceteros, fitque os totius collegii, eructatque divini amoris eloquia, profertque fidei confessionem, cum dicitur respondens autem petrus dixit: christum dei. non ait simpliciter eum esse christum dei, sed magis cum articulo christum illum dei: |75| unde in graeco habetur ton christon. nam plures divinitus uncti, diversimode vocati sunt christi. quidam enim uncti fuerunt in reges, quidam in prophetas; nos autem per christum sancto peruncti spiritu, nomen obtinuimus christi; sed unus solus est qui est christus dei et patris, quasi ipso solo proprium habente patrem, qui in caelis est: et sic lucas concordat quidem in sententiis cum matthaeo, qui narravit petrum dixisse: tu es christus filius dei vivi; sed utens breviloquio, ait eum dixisse christum dei. * ambrosius. ° in uno enim hoc nomine et divinitatis et incarnationis expressio, et fides est passionis. complexus est itaque omnia qui et naturam et nomen expressit, in quo summa virtutum est. * cyrillus. ° sed notandum, quod unum confessus est esse christum prudentissimus petrus contra praesumentes emmanuelem in duos christos dividere. neque enim sciscitatus est eos, dicens quem dicunt homines esse divinum verbum, sed filium hominis? quem petrus |100| confessus est esse filium dei. in hoc ergo admirandus est, et dignus factus tam praecipuis honoribus, quia quem admiratus est in forma nostra, hunc credidit esse christum patris, scilicet hominem factum verbum, quod processit de patris substantia. * ambrosius. ° dominus autem iesus christus praedicari se primo noluit, ne ullus strepitus nasceretur; unde sequitur at ille increpans eos, praecepit ne cui diceret. multis ex causis iubet tacere discipulos: ut fallat principem mundi, ut declinet iactantiam, doceat humilitatem. ergo christus noluit gloriari; et tu, qui ignobilis natus es, gloriaris? simul ne rudes et imperfecti adhuc discipuli maximae praedicationis molibus opprimantur. prohibentur ergo evangelizare eum dei filium, ut evangelizarent postea crucifixum. * chrysostomus in matthaeum. ° opportune etiam dominus tunc vetuit nulli dicere quod ipse esset christus, quatenus sublatis de medio scandalis, et crucis consummato patibulo, |125| habitualiter imprimeretur audientium menti conveniens de eo opinio; nam radicatum semel, et postmodum evulsum, vix unquam denuo insitum retinebitur; quod autem semel insitum perseverat immobile, de facili concrescit. nam si petrus ex solo auditu scandalizatus est, quid quamplures paterentur, cum audissent filium dei esse, viderent autem crucifixum et consputum? * cyrillus. ° oportebat ergo discipulos eum ubique terrarum praedicare (hoc enim erat opus electorum ab eo ad apostolatus officium): sed, ut sacra scriptura testatur, tempus est unicuique rei. decebat enim ut crux et resurrectio impleretur, et sic sequeretur apostolorum praedicatio; unde sequitur dicens, quia oportet filium hominis multa pati, et reprobari a senioribus, et principibus sacerdotum et scribis, et occidi, et tertia die resurgere. * ambrosius. ° fortasse, quia sciebat dominus difficile passionis et resurrectionis mysterium etiam discipulos credituros, ipse voluit esse suae passionis et resurrectionis assertor.

lc5 * Cyrillus. ° ducum magnanimi strenuos in armis ad audaciam provocant, non solum eis honores pollicendo victoriae, sed etiam ipsum pati generosum esse fatentes. tale quid videmus docere dominum iesum christum. praedixerat enim apostolis quod oporteret eum perpeti iudaeorum calumnias, occidi, et tertia die resurgere. ne igitur putarent christum quidem passurum persecutiones pro vita mundi, eis vero licere laetam vitam ducere; ostendit quod necessario per aequa certamina gradi decet cupientes eius gloriam obtinere; unde dicitur dicebat autem ad omnes. * beda. ° pulchre posuit ad omnes: quia superiora, quae ad fidem dominicae nativitatis vel passionis pertinent, cum solis discipulis seorsum egit. * chrysostomus in matthaeum. ° cum autem salvator sit pius et benignus, nullum invitum aut coactum habere vult famulum, sed spontaneos, et gratias agentes ei pro famulatu; et ideo neminem cogendo, aut necessitatem imponendo, sed persuadendo |25| et benefaciendo, universos volentes attrahit, dicens si quis vult. * basilius. ° vitam autem propriam in formam optimae conversationis tradidit volentibus ei obedire, cum dicit post me venire; non obsecutionem corporalem insinuans: esset enim in omnibus impossibilis, domino iam in caelis existente: sed debitam conversationis pro posse imitationem. * beda. ° nisi autem quis a semetipso deficiat, ad eum qui supra ipsum est non appropinquat; unde dicitur abneget semetipsum. * basilius. ° abnegatio quidem sui ipsius est totalis praeteritorum oblivio, et recessus a propriis voluntatibus. * origenes. ° abnegat etiam aliquis seipsum, dum vitam prius in malitia consuetam alteratione debita commutat: puta qui dudum in lascivia vixerat, abnegat semetipsum lascivum, cum fit castus; et similiter abstinentia cuiuslibet criminis, suipsius abnegatio est. * basilius. ° appetitus autem mortis tolerandae pro christo, et mortificatio membrorum, quae sunt super terram, et viriliter disponi ad omne periculum sustinendum pro christo, |50| et non affici quemquam ad vitam praesentem, hoc est tollere crucem suam; unde subditur et tollat crucem suam quotidie. * theophylactus. ° crucem hic dicit mortem exprobrabilem, innuens quod si quis vult christum sequi, non debet effugere propter ipsum etiam exprobrabilem mortem. * gregorius in evang.. ° duobus etiam modis crux tollitur: dum aut per abstinentiam affligitur corpus, aut per compassionem afficitur animus. * graecus. ° recte autem coniungit haec duo: abneget semetipsum, et tollat crucem suam. sicut enim qui paratus est ascendere crucem, sumit in mente sua mortis intentionem, sicque vadit ut non aestimans amplius hanc vitam participare; ita qui sequi vult dominum, primo debet abnegare seipsum, et sic tollere crucem, ut eius voluntas sit prompta ad omnem miseriam sustinendam. * basilius. ° in hoc igitur consistit perfectio, ut impassibiliter se habeat secundum affectum etiam ad ipsum vivere, et habeat in promptu mortis responsum, ut |75| nequaquam in seipso confidat. sumit autem exordium perfectio ab exteriorum alienatione, puta possessionum, vel inanis gloriae, vel praecise affectionis inutilium rerum. * beda. ° praedictam igitur crucem et quotidie tollere, et ea sumpta dominum sequi iubemur, qui crucem propriam baiulavit; unde sequitur et sequatur me. * origenes. ° huius autem causam assignat subdens qui enim voluerit animam suam salvam facere, perdet illam; idest, qui vult secundum vitam praesentem vivere, et propriam animam in sensibilibus conservare, hic eam perdet, non ducens eam ad terminos beatitudinis. e contrario autem subdit nam qui perdiderit animam suam propter me, salvam faciet illam; idest, qui negligit sensibilia intuitu veritatis, exponens se morti, hic tamquam animam perdens pro christo, eam potius salvabit. itaque si animam salvari beatum est, relatum ad eam quae est in deo salutem, debet esse et quaedam bona perditio animae quae fit intuitu christi. videtur etiam mihi persimile ei quod est abnegare |100| seipsum, secundum praedicta, decere perdere quemlibet propriam animam peccatricem, ut sumat eam quae per virtutem salvatur. * cyrillus. ° quod autem incomparabiliter exercitium pacis christi superet delicias et pretiosa mundi, insinuat subdens quid proficit homini si lucretur universum mundum, seipsum autem perdat, et detrimentum sui faciat? quasi dicat: cum aliquis aspiciens praesentem dulcedinem aut utilitatem, renuit quidem pati, eligit autem splendide vivere, si sit opulentus, quod inde sibi commodum erit cum perdiderit animam? transit enim huius mundi figura, et amoena velut umbra discedunt: non enim proderunt thesauri impietatis; eripit autem a morte iustitia. * gregorius in evang.. ° quia ergo sancta ecclesia habet aliud tempus persecutionis atque aliud pacis, dominus utraque tempora designavit in praeceptis; nam persecutionis tempore ponenda est anima; quod significavit dicens qui perdiderit animam; pacis autem tempore ea quae amplius dominari possunt, |125| frangenda sunt desideria terrena; quod significavit dicens quid proficit homini? plerumque autem labentia cuncta despicimus; sed tamen adhuc humanae verecundiae usu praepedimur, ut rectitudinem quam servamus in mente, nondum exprimere valeamus in voce. sed huic quidem vulneri congruum dominus subiungit medicamentum, dicens nam qui me erubuerit et meos sermones, hunc filius hominis erubescet. * theophylactus. ° erubescit christum qui dicit: numquid credam crucifixo? sed et sermones eius erubescit qui evangelii ruditatem contemnit. quod autem hunc dominus erubescet in regno suo, tale est sicut si aliquis paterfamilias habens servum pravum, erubescat eum nominare. * cyrillus. ° incutit autem eis timorem, dicens se caelitus descensurum, non in pristina humilitate, et mensura proportionabili nobis, sed in gloria patris, ministrantibus angelis; sequitur enim cum venerit in maiestate sua et patris et sanctorum angelorum. pessimum igitur et damnosum notari |150| inimicitia et operis inertia, quando tantus iudex descenderit, agminibus circumstantibus angelorum. hinc autem percipias quod, carne sumpta et sanguine, filius non minus est deus, quod se pollicetur in maiestate dei patris venturum, et quod ei tamquam iudici omnium ministrabunt angeli qui factus est homo similis nobis. * ambrosius. ° semper autem dominus sicut erigit ad praemia futura virtutum, atque utilem saecularium rerum docet esse contemptum, ita etiam infirmitatem mentis humanae praesentium remuneratione sustentat. arduum quippe est crucem tollere, et animam periculis, morti corpus offerre; negare quod sis, cum velis esse quod non sis; raroque quamvis excelsa virtus futuris commutat praesentia. ergo bonus magister, ne quis desperatione frangatur aut taedio, continuo se videndum fidelibus pollicetur, dicens dico autem vobis: vere sunt aliqui hic stantes qui non gustabunt mortem, donec videant regnum dei. * theophylactus. ° idest gloriam in qua iusti erunt. hoc autem dixit |175| de transfiguratione quae forma erat futurae gloriae; ac si diceret: sunt aliqui hic stantes, scilicet petrus, iacobus et ioannes, qui non attingent mortem, donec in tempore transfigurationis videant in qua gloria erunt qui me confitentur. * gregorius. ° vel regnum dei hoc loco praesens ecclesia vocatur: et quidam ex discipulis usque adeo in corpore victuri erant ut ecclesiam dei constructam conspicerent, et contra mundi huius gloriam erectam. * ambrosius. ° itaque si nos volumus mortem non timere, stemus ubi christus est: soli enim non quaerunt gustare mortem qui stare possunt cum christo: in quo licet ex verbi ipsius qualitate perpendere, nec tenuem quidem sensum mortis habituros qui christi videntur mereri consortia. certe mors corporis libando gustetur, vita animae possidendo teneatur: non enim hic mors corporis, sed animae denegatur.

lc6 * Eusebius. ° cum dominus discipulis suis secundae apparitionis suae promulgaverit ingens mysterium, ne solis verbis credere viderentur, procedit ad opera, ostendens eis oculata fide imaginem regni sui; unde dicitur factum est autem post haec verba fere dies octo, et assumpsit petrum et iacobum et ioannem, et ascendit in montem ut oraret. * damascenus. ° matthaeus quidem et marcus sexto die post factam promissionem discipulis, lucas autem post octavum dicit celebratum fuisse transfigurationem; nec est dissonantia in dictis; sed qui sex numeraverunt, demptis extremis, primo dico et ultimo, quo pollicitus est, et quo fecit, medios computaverunt; at qui octo connumeravit, utrumque praedictorum computavit. sed cur non omnes, sed aliqui vocati sunt ad hanc visionem? unus quidem erat qui solus indignus erat divinitatis visione, scilicet iudas, secundum illud: tollatur impius, ne videat gloriam dei. si solus ergo esset omissus, tamquam invidus ad maiorem |25| esset malitiam provocatus. proinde proditori tollit proditionis occasionem, cum dimisit inferius reliquam apostolorum congeriem. assumpsit autem tres, ut in duobus vel tribus stet omne verbum. petrum quidem assumpsit, volens testimonium quod testatus fuerat, ei ostendere per patris testimonium confirmari, et quasi praesidem futurum totius ecclesiae. sed iacobum assumpsit tamquam moriturum pro christo ante omnes discipulos. ioannem vero tamquam theologiae purissimum organum, ut visa gloria filii, quae non subiacet tempori, resonet illud: in principio erat verbum. * ambrosius. ° vel petrus ascendit, qui claves regni caelorum accepit; ioannes, cui committitur mater; iacobus qui primus solium sacerdotale conscendit. * theophylactus. ° vel assumit hos tamquam hanc rem celare potentes, et nulli alii revelare. ascendit autem in montem ut oraret, docens nos solitarios et ascendentes orare ad nihil terrenorum declinantes. * damascenus. ° aliter tamen orant servi, aliter orabat dominus: nam servi orantis oratio est per intellectus ascensum ad deum; sed sacer intellectus christi, qui secundum hypostasim deo unitus erat, manuducens nos ad ascensum, quo per orationem ad deum ascenditur, et docens quod adversarius dei non est, sed tamquam principium veneratur genitorem, quin etiam alliciens tyrannum explorantem si deus esset, quod miraculorum virtus praedicabat, quasi sub quadam esca hamum contegeret, ut qui spe deificationis hamaverat hominem, corporis amictu decenter hamaretur; unde sequitur et facta est, dum oraret, species vultus eius altera. * cyrillus. ° non tamquam corpore humanam formam mutante, sed quadam splendida gloria superveniente. * damascenus. ° videns autem diabolus orationibus refulgentem, recordatus est moysi, cuius glorificata est facies. sed moyses quidem glorificatur extrinsecus adveniente gloria, dominus autem ex innato gloriae divinae fulgore: cum enim secundum hypostasis unionem, una et eadem sit gloria verbi et carnis, transfiguratur, non quasi accipiens quod non erat, sed quod erat manifestans discipulis: unde secundum matthaeum dicitur, quod transfiguratus est coram eis, et quod facies eius refulsit ut sol: quod enim est in sensibilibus sol, hoc in intelligibilibus deus: et sicut sol, qui est lucis fons, de facili videri non potest, lux autem eius ex eo quod ad terram pervenit aspicitur, sic facies christi intensius refulget ut sol, vestimenta autem eius dealbantur ut nix; unde sequitur et vestitus eius albus refulgens; illustratus scilicet per divinae lucis participationem. his autem ita se habentibus, ut unus ostenderetur dominus novi et veteris testamenti, et haereticorum ora obturentur, et fides fiat resurrectionis, necnon qui transfigurabatur vivorum et mortuorum dominus crederetur; moyses et elias tamquam famuli assistunt domino in gloria; unde sequitur ecce duo viri loquebantur cum illo; erant autem moyses et elias visi in maiestate. oportebat enim ut videntes conservorum gloriam et fiduciam, mirarentur quidem pium dominicum descensum, zelarent vero eos qui prius laboraverant, visuri amoenitatem futurorum bonorum, et magis fortificarentur in laboribus: nam qui laborum noverit emolumenta, labores facilius tolerabit. * chrysostomus in matthaeum. ° aliter quoque, quoniam vulgus asserebat eum esse eliam vel ieremiam, ut discerneretur inter dominum et famulos, et ut pateat eum non esse adversarium dei, et legis transgressorem, eos sibi assistentes monstravit: non enim legislator moyses, et qui pro gloria divina zelatus est elias astitissent ei: sed et propter virtutes virorum demonstrandas; nam uterque pro mandatis divinis quampluries se morti exposuerat. volebat etiam discipulos eos imitari in regimine populi, ut fierent mites sicut moyses, et zelantes sicut elias. inducit etiam eos, ut ostendat crucis gloriam, ad consolandum petrum et alios passionem timentes; unde sequitur et dicebant excessum eius quem completurus erat in ierusalem. * cyrillus. ° videlicet mysterium dispensationis in carne, necnon salutiferam passionem completam in venerabili cruce. * ambrosius. ° mystice autem post verba praedicta, transfiguratio christi ostenditur; quoniam is qui verba christi audit et credit, resurrectionis gloriam videbit: octava enim die facta est resurrectio: unde et plerique psalmi pro octava scribuntur; aut forte ut ostenderet nobis quod dixerat, quod is qui propter dei verbum perdiderit animam suam, salvam faciet eam, quoniam promissa sua in resurrectione restituet. * beda. ° nam sicut post septimam sabbati, qua in sepulchro quieverat, a mortuis resurrexit, et nos post sex saeculi aetates, et septimam quietis animarum, quae interim in alia vita geritur, quasi octava aetate resurgemus. * ambrosius. ° sed matthaeus et marcus post dies sex assumptos hos esse commemorarunt: de quo possemus dicere, quod post sex millia annorum, mille enim anni in conspectu dei tamquam dies una. sed plures quam sex millia computantur anni; et maluimus sex dies per symbolum intelligere, quod sex diebus mundi opera sunt creata, ut per tempus opera, et per opera mundum intelligamus. et ideo mundi temporibus impletis, resurrectio futura monstratur, aut quia is qui supra mundum ascenderit, et huius saeculi momenta transcenderit, velut in sublimi locatus, futurae resurrectionis fructus expectabit in aeternum. * beda. ° unde in montem oraturus et transfigurandus ascendit, ut ostendat eos qui fructum resurrectionis expectant, et regem in decore suo videre desiderant, mente in excelsis habitare, et continuis precibus debere incumbere. * ambrosius. ° putarem in tribus qui ducuntur ad montem, mystice genus humanum comprehensum, quia ex tribus filiis noe genus omne defluxit humanum, nisi electos cernerem. tres igitur eliguntur qui ascendunt in montem; quia nemo potest resurrectionis videre gloriam, nisi qui mysterium trinitatis incorrupta fidei sinceritate servaverit. * beda. ° transfiguratus autem salvator gloriam futurae vel suae vel nostrae resurrectionis ostendit; qui qualis tunc apostolis apparuit, post iudicium cunctis apparebit electis. vestitus autem talis domini sanctorum illius chorus accipitur: qui videlicet domino in terris consistente despectus videbatur; sed illo montem petente, novo candore refulget: quia nunc filii dei sumus, et nondum apparuit quid erimus; scimus autem quoniam, cum apparuerit, similes ei erimus. * ambrosius. ° vel aliter. pro tua possibilitate tibi verbum aut minuitur aut crescit; ac nisi altioris prudentiae cacumen ascendas, non tibi apparet quanta sit gloria in dei verbo. vestimenta autem verbi sunt sermones scripturarum, et quaedam intellectus indumenta divini. et sicut vestitus albus refulsit, ita in oculis tuae mentis divinarum lectionum sensus albescit. inde apparet moyses et elias, hoc est lex et propheta in verbo; neque enim lex potest esse sine verbo, nec propheta nisi qui de dei filio prophetavit.

lc7 * Theophylactus. ° christo vacante orationi, petrus somno deprimitur: infirmus enim erat, et quod humanum erat implevit; unde dicitur petrus vero, et qui cum illo erant, gravati erant somno. excitati autem gloriam eius cernunt, et duos viros cum eo; unde sequitur et evigilantes viderunt maiestatem eius, et duos viros qui stabant cum illo. * chrysostomus in matthaeum. ° vel somnum vocat ingestum eis nimium stuporem ex illa visione: neque enim nocturnum tempus erat, sed lucis excellentia gravabat oculorum debilitatem. * ambrosius. ° premit enim incomprehensibilis splendor divinitatis, nostri corporis sensus: nam si solis radium e regione oculorum contuentium corporea nequit acies continere, quomodo dei gloriam humanorum ferret corruptela membrorum? et fortasse ideo gravati somno erant, ut resurrectionis viderent speciem post quietem. itaque vigilantes viderunt maiestatem eius: nemo enim nisi vigilans gloriam videt christi. delectatus est petrus: et quem saeculi huius illecebrosa non ceperent, gloria resurrectionis illexit; unde sequitur et factum est cum discederent ab illo, ait petrus ad iesum: praeceptor, bonum est nos hic esse. * cyrillus. ° aestimabat forsan divus petrus imminere tempus regni dei; et ideo approbat montis incolatum. * damascenus. ° non est autem bonum, petre, tibi quod christus ibi moretur: quoniam si mansisset, nequaquam tibi facta promissio consequeretur effectum: neque enim claves obtinuisses regni, nec mors tyranni abolita esset. non quaeras ante tempus felicia, ut adam deificationem. erit quando hunc aspectum indesinenter percipias, et cohabitabis illi qui lux est et vita. * ambrosius. ° petrus autem non solum affectu, sed etiam factorum devotione praestantior, ad aedificanda tabernacula tria impiger operarius, communis obsequii ministerium pollicetur; sequitur enim et faciamus tria tabernacula: unum tibi, et unum moysi, et unum eliae. * damascenus. ° non autem te dominus tabernaculorum, sed universalis ecclesiae constructorem constituit: verba tua tui discipuli, oves tuae, mandaverunt effectui, christo tabernaculum construentes, necnon et servis eius. hoc autem non ex intentione petrus proferebat, sed inspiratione spiritus revelantis futura; unde sequitur nesciens quid diceret. * cyrillus. ° nesciebat etiam quid diceret: neque enim aderat tempus finis saeculi, nec participandae a sanctis promissae spei: et cum iam sumeret exordium dispensatio, quo pacto christum oportebat desistere a mundi dilectione, volentem pati pro eo? * damascenus. ° decebat etiam non solum perstringere fructum incarnationis ad opus existentium in monte, sed diffundi ad omnes credentes quod per crucem et passionem erat consummandum. * titus. ° ignorabat etiam petrus quod dixerat, quia non oportebat tribus tria tabernacula facere: non enim connumerantur domino famuli, nec comparantur creaturae creatori. * ambrosius. ° neque capit humana conditio in hoc corruptibili corpore facere tabernaculum deo, sive in animo, sive in corpore, sive in quolibet alio loco. et quamvis nesciret quid diceret, tamen pollicebatur officium; cui non inconsulta petulantia, sed praematura devotio fructus pietatis accumulat: nam quod ignorabat, conditionis fuit; quod promittebat, devotionis. * chrysostomus in matthaeum. ° vel aliter. audiebat quod oportebat ipsum mori, et tertia die resurgere; videbat autem multam distantiam et solitudinem; unde consideravit quod plurimam haberet locus tutelam; ob hoc dixit bonum est hic esse. aderat quoque moyses, qui nubem intravit, et elias, qui in monte ignem deduxit. igitur evangelista confusionem mentis eius ex qua hoc proferebat, ostendens, dixit nesciens quid diceret. * augustinus de cons. evang.. ° quod autem hic lucas dixit de moyse et elia et factum est dum discederent ab illo, ait petrus ad iesum: praeceptor, bonum est nos hic esse, non debet putari contrarium ei quod matthaeus et marcus ita coniunxerunt, petrum haec suggessisse, quasi adhuc moyses et elias cum domino loquerentur; non enim expresserunt tunc, sed tacuerunt potius quod iste addidit, illis descendentibus, hoc petrum domino suggessisse. * theophylactus. ° petro autem dicente faciamus tria tabernacula, dominus tabernaculum non manufactum fabricat, et in eum ingreditur cum prophetis; unde subditur haec autem illo loquente, facta est nubes, et obumbravit eos: ut ostenderet quod non minor est patre: sicut enim in veteri testamento in nube habitare dominus dicebatur, sic et nunc nubes suscepit dominum, non caliginosa, sed lucida. * basilius. ° nam obscuritas legis transierat: sicut enim fumus ab igne, sic nubes a luce causata est. verum, quia nebula signum tranquillitatis est, quies futurae mansionis ostenditur per nubis operimentum. * ambrosius. ° divini enim spiritus est obumbratio ista, quae non caligat affectibus hominum, sed revelat occulta. * origenes in matthaeum. ° hanc autem gloriam discipuli sufferre nequeuntes, procubuerunt humiliati sub potenti dextera dei, nimium timentes, cum scirent quod dictum fuit moysi: non videbit homo faciem meam, et vivet; unde sequitur et timuerunt intrantibus illis in nubem. * ambrosius. ° cognosce autem nubem istam non coacti aeris caligine piceam, et quae caelum tenebrarum horrore subtexat, sed lucidam nubem, quae nos non pluvialibus aquis immadidet, sed qua mentes hominum in voce dei omnipotentis emissa fidei ros rigavit; sequitur enim et vox facta est de nube, dicens: hic est filius meus dilectus. non elias filius, non moyses filius; sed hic est filius, quem solum videtis. * cyrillus. ° qualiter ergo oportebat eum qui revera filius est, factum vel creatum existimare, deo patre desuper intonante hic est filius meus? quasi dicat: non unus ex filiis, sed qui vere et naturaliter est filius; ad cuius exemplar alii sunt adoptivi. illi ergo iussit obedire, cum subdit ipsum audite; et magis quam moysen et eliam, quia christus est finis legis et prophetarum; unde signanter evangelista subdit et dum fieret vox, inventus est iesus solus. * theophylactus. ° ne scilicet putaret aliquis hoc dictum hic est filius meus dilectus, de moyse vel elia fuisse prolatum. * ambrosius. ° recesserunt ergo illi ubi coeperat dominus designari. tres etiam in principio videntur, unus in fine: perfecta enim fine unum sunt. ergo et illi quasi recipiuntur in christi corpus, quia et nos unum erimus in christo iesu; aut fortasse quia lex et prophetae ex verbo. * theophylactus. ° quae autem ex verbo coeperunt, in verbo desinunt: per hoc enim innuit quod usque ad tempus aliquod lex et prophetae apparerent, sicut hic moyses et elias; postmodum autem solus iesus, illis recedentibus: nam nunc evangelium manet transactis legalibus. * beda. ° et nota, sicut domino in iordane baptizato, sic etiam in monte clarificato totius trinitatis mysterium declarari; quia gloriam illius, quam in baptismate confitemur, in resurrectione videbimus. nec frustra spiritus sanctus hic in lucida nube, illic apparet in columba: quia qui nunc simplici corde fidem quam percepit servat, tunc luce apertae visionis quae crediderat contemplabitur. * origenes. ° non vult autem iesus dici quae ipsius spectant ad gloriam ante suam passionem; unde sequitur et ipsi tacuerunt, et nemini dixerunt in illis diebus quicquam ex his quae viderant: offensi enim fuissent, et praecipue vulgus, si vidisset crucifigi eum qui sic fuerat glorificatus. * damascenus. ° hoc etiam praecepit dominus, sciens discipulos imperfectos, qui nondum sortiti erant plenam spiritus participationem; ne corda aliorum qui non viderant, subverterentur tristitia: et ne proditor incitaretur ad invidiae rabiem.

lc8 * Beda. ° loca rebus congruunt. in monte dominus orat, transformatur, discipulis arcana suae maiestatis aperuit; in inferiora descendens, turbae occursu excipitur; unde dicitur factum est autem in sequenti die, descendentibus illis de monte, occurrit illis turba multa. sursum patris vocem pandit, deorsum spiritus malos expellit; unde sequitur et ecce vir de turba exclamavit dicens: magister, obsecro te, respice in filium meum. * titus. ° videtur mihi sapiens quidem hic esse; non enim dixit salvatori: fac hoc vel istud; sed respice. hoc enim sufficit ad salutem, sicut propheta dicebat: respice in me, et miserere mei. et dicit in filium meum, ut rationabilem demonstret inverecundiam, quod solus in multitudine clamat. addit quia unicus est mihi; quasi dicat: nullus alius expectatur futurus remedium senectutis. consequenter explicat passionem, ut audientem moveat ad pietatem, dicens et ecce spiritus apprehendit eum, et subito clamat, et elidit, et dissipat eum cum spuma, et vix discedit dilanians eum. deinde videtur criminari discipulos; sed magis respondit, quod iuste verecundiam deposuerit, dicens et rogavi discipulos tuos ut eicerent illum, et non potuerunt; quasi dicat: non putes quod leviter ad te pervenerim: stupenda est dignitas tua, nec statim te molestavi: ad discipulos tuos accessi primo; nunc quia non curaverunt, cogor proficisci ad te; unde et dominus non ipsum, sed genus incredulum increpat; sequitur enim respondens autem iesus dixit: o generatio infidelis et perversa, usquequo ero apud vos, et patiar vos? * chrysostomus in matthaeum. ° sed hunc hominem multum infirmari in fide, evangeliorum scriptura ostendit ex pluribus; ex eo scilicet quod dixit: adiuva incredulitatem meam, et: si potes, et ex eo quod christus dixit: credenti omnia possibilia sunt. * cyrillus. ° unde melius puto incredulum reputatum daemoniaci patrem, quod et sacros apostolos obiurgavit, dicens eos non posse imperare daemonibus; potius autem erat honorando deum ab eo petere gratiam; annuit enim veneratus. qui autem dicit debilitari erga virtutem quae est in spiritus malignos, eos qui a christo adepti sunt potestatem eiciendi eos, gratiam magis calumniatur quam fulgentes ea, in quibus christus operatur. unde offenditur christus accusatis sanctis quibus est commissum verbum praedicationum sacrarum; propter quod dominus increpat eum et concordes ei, dicens o generatio infidelis et perversa; quasi dicat: causa tuae infidelitatis, gratia effectum sortita non est. * chrysostomus. ° non autem dirigit sermonem ad eum tantum, sed ad omnes iudaeos, ne faciat eum haesitare: oportebat enim scandalizari quamplures. * theophylactus. ° quod autem dicit perversa, demonstrat quod non a principio, neque naturaliter inerat eis malitia; sed natura quidem erant recti semen abrahae existentes, sed per malitiam erant perversi. * cyrillus. ° quasi |75| nescientes procedere rectis incessibus. cum eis autem qui sic sunt dispositi, christus commorari dedignatur; unde dicitur usquequo ero apud vos, et patiar vos? ferens quasi moleste eorum conversationem propter pravitatem ipsorum. * chrysostomus. ° per hoc etiam ostendit desideratum sibi esse suum recessum, et quod non erat grave crucis patibulum, sed magis ipsorum conversatio. * beda. ° non quod taedio superatus sit mansuetus et mitis; sed in similitudinem medici si aegrotum videat contra sua praecepta se gerere, dicat: usquequo accedam ad domum tuam, me aliud iubente, te aliud faciente? intantum autem non est iratus homini, sed vitio, ut statim intulerit adduc huc filium tuum. * titus. ° poterat quidem solo iussu eum liberare; sed propalat suam passionem subiciens infirmum praesentium visioni. deinde daemonium, postquam dominum sensit, concutit puerum; unde sequitur et cum accederet, elisit illum daemonium et dissipavit; ut sic prius exprimatur passio, |100| deinde adhibeatur remedium. * chrysostomus. ° non tamen hoc dominus ad ostentationem facit, sed causa patris; ut cum viderit daemonium conturbari propter solam vocationem, sic saltem inducatur ad fidem futuri miraculi; de quo sequitur et increpavit iesus spiritum immundum, et sanavit puerum, et reddidit illum patri eius. * cyrillus. ° antea autem non erat patris, sed daemonis occupantis. subdit autem evangelista stupere plebem in magnaliis dei, dicens stupebant autem omnes in magnitudine dei, quod dicit propter donum christi, qui sacris quoque apostolis contulit potestatem agendi divina miracula, et imperandi daemonibus. * beda. ° mystice autem pro qualitate meritorum quotidie aliis ascendit dominus, dum perfectos, quorum conversatio in caelis est, sublimius extollendo glorificat, et de aeternis instruit, et docet quae a turbis audiri non valent; aliis autem descendit, dum terrenos et insipientes confortat, docet et castigat. hunc |125| autem daemoniacum matthaeus lunaticum, marcus surdum et mutum describit: significat enim illos qui ut luna mutantur, per diversa vitia crescentes et decrescentes; qui muti sunt non confitendo fidem, et surdi, nec ipsum fidei audiendo sermonem. dum puer autem ad dominum accedit, eliditur: quia conversi ad dominum plerumque a daemonio gravius pulsantur, ut vel odium virtutis incutiat, vel expulsionis suae vindicet iniuriam: sicut ecclesiae primordiis tot gravissima intulit certamina, quot suo regno doluit subito illata dispendia. non puerum autem qui vim patiebatur, sed daemonem qui inferebat increpat: quia qui peccantem emendare desiderat, vitium arguendo et odiendo depellere, sed hominem debet amando refovere, donec sanatum spiritualibus ecclesiae possit reddere patribus.

lc9 * Cyrillus. ° omnia quaecumque operabatur iesus, admiratione digna penes omnes erant: irradiabat enim quiddam praecipuum et divinum in qualibet operatione ipsius, secundum illud: gloriam et decorem superpones ei. et si omnes quidem mirarentur in his quae faciebat, ipse tamen haec quae sequuntur, non omnibus, sed discipulis retulit; unde dicitur omnibusque mirantibus in omnibus quae faciebat, dixit ad discipulos suos: ponite vos in cordibus vestris sermones istos. ostenderat in monte discipulos gloriam suam, et post hoc liberaverat quemdam a spiritu nequam; sed oportebat eum sustinere passionem pro nobis. poterant autem discipuli conturbari dicentes: numquid decepti sumus dum deum esse eum arbitraremur? ut ergo scirent quid circa ipsum futurum erat, velut quoddam depositum iubet eos in mente habere passionis mysterium, dicens ponite vos in cordibus vestris. quod dicit vos, distinguit eos ab aliis: neque enim oportebat |25| vulgares scire quoniam passurus esset; sed erant potius certificandi quoniam mortuus resurgeret, destruens mortem, ne scandalizarentur. * titus. ° cunctis igitur admirantibus signa, ipse praenuntiat passionem: non enim signa salvant, sed crux beneficia praestat; unde subditur filius enim hominis futurum est ut tradatur in manus hominum. * origenes in matthaeum. ° non autem exprimit manifeste a quo tradendus sit: aliquis enim dicit eum tradendum a iuda, aliquis a populo. paulus autem dicit quod deus pater pro nobis omnibus tradidit eum; sed iudas tamquam pro pecunia tradens eum hostiliter prodidit; sed pater beneficii causa. * theophylactus. ° eorum autem infirmitati dominus condescendens et eos disciplina quadam gubernans, quod de cruce dictum est, intelligere non permisit; unde sequitur at illi ignorabant verbum istud, et erat velatum ante eos ut non sentirent illud. * beda. ° haec ignorantia discipulorum non tam de tarditate |50| quam de amore nascitur; qui carnales adhuc, et mysterii crucis ignari, quem deum verum crediderunt, moriturum credere nequiverunt: et quia per figuras eum saepe loquentem audire solebant, etiam quae de sua traditione loquebatur, figurative eum illud significare putabant. * cyrillus. ° dicet autem aliquis forsan: qualiter ignoraverunt discipuli crucis christi mysterium, cum per umbram legis in pluribus locis tangeretur? sed, ut paulus commemorat, usque ad hodiernum diem, quando legitur moyses, velamen adiacet cordi eorum. expedit ergo accedentes ad christum dicere: detege oculos meos, et contemplabor mirabilia de lege tua. * theophylactus. ° vide etiam discipulorum reverentiam in hoc quod sequitur et timebat interrogare eum de hoc verbo: nam timor gradus est reverentiae.

lc10 * Cyrillus. ° insidiatur diabolus multimode diligentibus optimam vitam; et si quidem per carnales illecebras obsidere valet alicuius mentem, affectus voluptatem exacuit: si quis hos effugerit laqueos cupidinis, gloriae suscitat passionem, quae quidem passio vanae gloriae invasit quemdam apostolorum suorum; unde dicitur intravit autem cogitatio in eos, quis eorum esset maior: hoc enim cogitare est cupientis ceteris superesse. improbabile autem puto omnes discipulos hanc aegritudinem incurrisse: et ideo ne crimen aliquod contra aliquem discipulorum evangelista machinari videretur, exprimit indeterminate dicens, quod intravit in eos cogitatio. * theophylactus. ° videtur autem hanc passionem ex hoc ortam fuisse quod daemoniacum curare non valuerunt, eis de hoc altercantibus; uno dicente quod non propter meam impotentiam, sed alterius curari non valuit, ut ex hoc accensa contentio fuerit quis eorum maior esset. * beda. ° vel |25| quia viderant petrum, iacobum et ioannem seorsum ductos in montem, et petro claves regni caelorum promissas fuisse, irati sunt, vel ipsos tres ceteris, vel petrum omnibus esse praelatum: vel quia tributi solutione petrum ipsi domino parificatum viderant, ipsum prae ceteris arbitrabantur praeferendum. sed diligens lector hanc intra eos quaestionem etiam ante didrachma redditum inveniet fuisse versatam. denique matthaeus hoc in capharnaum memorat esse gestum. dicit autem marcus: et venerunt capharnaum. qui cum in domo essent, interrogabat eos: quid in via tractabatis? at illi tacebant: siquidem inter se in via disputaverant quis illorum esset maior. * cyrillus. ° dominus autem, qui novit salvos facere, videns in mente discipulorum super hoc cogitationem exortam, velut quamdam amaritudinis radicem, priusquam augmentum susciperet, radicitus eam evellit: cum enim inchoant passiones in nobis, facile devincuntur; sed auctae difficile sunt mobiles; unde sequitur at iesus videns cogitationes |50| cordis eorum, apprehendit puerum et statuit illum penes se. discat qui nudum hominem putat esse iesum, se errasse; quamvis enim verbum caro factum sit, mansit tamen deus: nam solius dei est posse rimari corda et renes. quod autem puerum assumpsit, et ponebat penes se, agebatur causa apostolorum utilitatis et nostrae. depascitur enim inanis gloriae morbus ut plurimum eos, qui praeeminent in hominibus aliis. puer autem sinceram gerit mentem, immaculatum cor, et manet in simplicitate cogitationum: non ambit honores, nec novit cuiusvis praerogativae modum, nec refugit videri minus se habere, non multam gerit severitatem in mente et corde. tales autem dominus amplexatur, et diligit, et prope se dignatur habere, quasi qui elegerunt quae sua sunt sapere. ait enim: discite a me, quia mitis sum et humilis corde; unde sequitur et ait: quicumque susceperit puerum istum in nomine meo, me recipit; quasi dicat: quando una et eadem est merces honorantibus sanctos, |75| sive forsan minimus sit, sive praeclarus honore et gloria, quia in eo christus suscipitur; quomodo non vanum est petere invicem fungi praerogativa? * beda. ° in hoc autem vel simpliciter pauperes christi ab his qui velint esse maiores, pro eis docet honore suscipiendos; vel malitia parvulos istos esse suadet; unde cum diceret quicumque susceperit puerum istum, addit in nomine meo; ut scilicet formam virtutis, quam natura duce puer observat, ipsi pro nomine christi rationis industria sequantur. sed quia et se in puero suscipi docet, et ipse puer natus est nobis, ne putaretur hoc esse solum quod videbatur, subiunxit et quicumque me recipit, recipit illum qui misit me: talem se utique ac tantum credi volens, qualis et quantus est pater. * ambrosius. ° qui enim imitatorem christi recipit, christum recipit; et qui imaginem dei recipit, deum recipit. sed quia imaginem dei non poteramus videre, facta est nobis per incarnationem verbi praesens, ut reconciliaretur nobis quae supra |100| nos est, divinitas. * cyrillus. ° adhuc autem magis insinuat praemissi verbi intentionem, dicens nam qui minor est inter vos omnes, hic maior est. quod de modesto dicit, qui nihil de se sublime putat propter honestatem. * theophylactus. ° quia dominus dixerat qui minor est inter vos omnes, hic maior est, timuit ioannes ne forte malum aliquod fecerint, propria potestate quemdam hominem prohibentes; nam prohibitio non minorem prohibentem ostendit, sed maius aliquid sapientem; unde subditur respondens autem ioannes dixit: praeceptor, vidimus quemdam in nomine tuo eicientem daemonia, et prohibuimus eum: non quidem invidentes, sed operationem miraculorum diiudicantes: non enim cum eis miraculorum potestatem acceperat, neque eum dominus miserat sicut illos, neque iesum in omnibus sequebatur; unde subdit qui non sequitur te nobiscum. * ambrosius. ° ioannes enim plurimum diligens, et ideo redamatus plurimum, excludendum putat beneficio |125| eum qui non utatur obsequio. * cyrillus. ° sed oportebat magis pensare non hunc ipsum esse miraculorum auctorem, sed gratiam quae est in eo qui in virtute christi miracula perficit. quid autem si non connumerentur apostolis qui christi gratia coronantur? multae sunt differentiae christi donorum; sed quia tradidit salvator potestatem apostolis ut spiritus immundos eicerent, putaverunt nulli aliorum quam sibi solis licere concessam gerere dignitatem; et ideo accedunt sciscitantes si liceat et aliis hoc agere. * ambrosius. ° non reprehenditur autem ioannes, quia amore faciebat, sed docetur, ut noverit infirmorum esse firmorumque distantiam. et ideo dominus etsi fortiores remunerat, tamen non excludit infirmos; unde sequitur et ait ad illos iesus: nolite prohibere: qui enim non est adversum vos, pro vobis est. bene, domine: nam et ioseph et nicodemus, occulti discipuli propter metum, in tempore tamen suum tibi officium non negaverunt. sed tamen, quia alibi dixisti: qui non |150| est mecum, adversum me est, et qui mecum non colligit, dispergit, aperi nobis, ne videatur esse contrarium. et puto, quia si quis mentium consideret scrutatorem, non debeat dubitare uniuscuiusque factum mente discerni. * chrysostomus. ° illic enim cum dixit: qui non est mecum, adversum me est, ostendit diabolum et iudaeos sibi esse contrarios; hic autem ostendit eum qui in nomine christi daemones eiciebat, in parte cum eis existere. * cyrillus. ° quasi dicat: pro vobis, qui christum diligitis, sunt qui prosequi volunt quae ad ipsius gloriam spectant, eiusdem gratia coronati. * theophylactus. ° mirare autem christi virtutem, qualiter per indignos et non discipulos eius gratia operatur; sicut et per sacerdotes sanctificantur homines, quamvis sacerdotes sancti non fuerint. * ambrosius. ° cur autem hic eos qui possunt per manus impositionem immundis imperare spiritibus in nomine iesu, negat esse prohibendos? secundum matthaeum dicit his: non novi vos. sed advertere debemus, non esse |175| sententiarum discordiam; sed illud censeri, quod non solum officii in clericos, sed etiam virtutis opera requirantur; tantumque esse christi nomen, ut etiam parum sanctis opituletur ad praesidium, etsi non opituletur ad gratiam: unde nemo purgati hominis sibi gratiam vindicet, in quo aeterni nominis virtus operata sit: non enim merito suo diabolus, sed odio sui vincitur. * beda. ° itaque in haereticis et malis catholicis non sacramenta communia in quibus nobiscum sunt et adversum nos non sunt, sed divisionem paci veritatique contrariam, qua adversum nos sunt, et dominum non sequuntur nobiscum, detestari et prohibere debemus.

lc11 * Cyrillus. ° cum immineret tempus quo decebat dominum, peracta passione salubri, caelum ascendere, decrevit ascendere ierosolymam; unde dicitur factum est autem, dum complerentur dies assumptionis eius, et ipse faciem suam firmavit ut iret in ierusalem. * titus. ° quia ibi oportebat verum agnum offerri, ubi figuralis agnus immolabatur. dicit autem firmavit faciem suam; idest, non huc et illuc ibat, nec perambulabat vicos et municipia, sed iter tenebat versus ierusalem. * beda. ° cessent ergo pagani quasi hominem ridere crucifixum, quem et tempus suae crucifixionis constat quasi deum praevidisse, et quasi sponte crucifigendus locum quo crucifigendus erat firmata facie, idest obstinata atque imperterrita mente, petiisse. * cyrillus. ° misit autem nuntios paraturos ei et comitibus eius hospitium; qui cum ivissent ad terram samaritanorum, non fuerunt admissi; unde sequitur et misit nuntios ante conspectum suum; et euntes intraverunt in civitatem |25| samaritanorum, ut pararent illi. et non receperunt illum. * ambrosius. ° disce quia recipi noluit ab his quos sciebat non simplici mente conversos; nam si voluisset, ex indevotis devotos fecisset; sed deus quos dignatur vocat, et quem vult religiosum facit. cur autem non receperunt, evangelista memorat dicens quia facies eius erat euntis in ierusalem. * theophylactus. ° sed si intelligamus quod propter hoc illum non receperunt quia ire ierusalem determinaverat, inveniuntur hi excusati qui non receperunt eum. sed dicendum est, quod in hoc quod dicit evangelista: et non receperunt illum, intelligitur illud quod neque in samariam venit; deinde quasi aliquo interrogante quare non receperunt ipsum, neque eos adivit, solvens dicit, non quia impotens esset, sed quod illuc ire nolebat, sed magis hierosolymam. * beda. ° vel ierusalem ire conspicientes samaritani, dominum non recipiunt: non enim coutuntur iudaei samaritani, ut ioannes ostendit. * cyrillus. ° sed cum dominus, quia omnia noverat, sciret quod |50| eius nuntii non essent a samaritanis recipiendi, ideo tamen praecepit eis quod praecederent, quia mos erat ei omnia satagere erga profectum discipulorum. ascendebat quidem hierosolymam propinquante tempore passionis. ut igitur quando pati eum viderent, non scandalizarentur, considerantes quod oportet patientes esse cum contumelias inferunt aliqui, praemisit quasi quoddam praeludium samaritanorum repulsam. profuit autem eis et aliter. futuri enim erant doctores orbis terrarum, civitates et villas percurrentes ad praedicandum evangelicam doctrinam; quibus aliquando occurrerent aliqui minime recipientes sacram praedicationem, quasi non concedentes secum commorari iesum. docuit igitur eos quod divinam annuntiantes doctrinam pleni esse debebant patientia et mansuetudine; non autem hostiles et iracundi, et in peccantes in eos atrociter insurgentes: sed adhuc non erant tales; immo zelo fervido concitati, volebant ignem de caelo super eos deducere. sequitur cum vidissent autem discipuli eius iacobus et ioannes, dixerunt; domine, vis dicimus ut ignis descendat de caelo, et consumat illos? * ambrosius. ° sciebant enim, et phinees reputatum ad iustitiam quia sacrilegos interemerat, et ad preces eliae ignem descendisse de caelo, ut prophetae vindicaretur iniuria. * beda. ° sancti enim viri quod optime scirent mortem istam, quae animam dissolvit a corpore, non esse formidandam; secundum eorum tamen animum qui illam timerent, nonnulla peccata morte punierunt, quo et viventibus utilis metus incuteretur, et illis qui morte puniebantur, non ipsa mors noceret, sed peccatum, quod augeri posset si viverent. * ambrosius. ° sed vindicetur qui timet: vindictam non quaerit qui non timet. similiter ostenditur nobis in apostolis fuisse merita prophetarum, quando eamdem sibi potestatem quam propheta meruit, impetrandi iure praesumunt; et bene praesumunt quod ad sermonem suum ignis de caelo descenderet, quoniam filii sunt tonitrui. * titus. ° censetur autem ab eis multo iustius esse samaritanos perire, dominum non admittentes, quam quinquaginta servum excludere tentantes. dominus autem in eos non commovetur, ut ostenderet quia non habet ultionis studium perfecta virtus, nec ulla sit iracundia ubi plenitudo est caritatis; nam nec excludenda est infirmitas, sed iuvanda. procul a religiosis indignatio, procul a magnanimis cupiditas ultionis; unde sequitur et conversus increpavit illos, et dixit: nescitis cuius spiritus estis. * beda. ° reprehendit in eis dominus non exemplum prophetae sancti, sed ignorantiam vindicandi, quae adhuc erat in rudibus, animadvertens eos non amore correptionem, sed odio desiderare vindictam. itaque posteaquam eos docuit quid esset diligere proximum tamquam seipsum, infuso etiam spiritu sancto non defuerunt tales vindictae, quamvis multo rarius quam in veteri testamento: quia, sicut sequitur, filius hominis non venit animas perdere, sed salvare; quasi dicat: et vos ergo, qui eius spiritu signati estis, etiam acta eius imitamini, nunc pie consulentes, sed in futuro iuste iudicantes. * ambrosius. ° non enim semper in eos qui peccaverunt est vindicandum; quia nonnunquam amplius prodest clementia, tibi ad patientiam, lapso ad correptionem. denique samaritani citius crediderunt, a quibus hoc loco ignis arcetur.

lc12 * Cyrillus. ° etsi munificus sit omnium dominus, non simpliciter et improvide singulis dat superna et divina dona, sed illis qui digni sunt recipere, qui scilicet animam suam alienant a maculis pravitatum; et hoc nos docet evangelicorum verborum virtus, cum dicitur factum est autem ambulantibus illis in via, dixit quidam ad illum: sequar te quocumque ieris. primo quidem plurima continetur in accessu inertia; consequenter ostenditur quod plenus impudentia nimia: neque enim simpliciter christum sequi petebat, sicut alii plures de populo; sed magis insiliebat ad apostolicas dignitates, cum paulus dicat: non assumat quisquam sibi honorem, sed a deo vocatus. * athanasius. ° ausus etiam fuit comparare se incomprehensibili salvatoris potestati, dicens sequar te quocumque ieris: eo quod sequi salvatorem simpliciter ad eius audiendam doctrinam possibile est humanae naturae proprietate, qua fungitur erga homines; non est autem possibile secum concurrere ubilibet existenti: ipse namque incomprehensibilis est, et non circumscribitur loco. * cyrillus. ° alio quoque modo non immerito recusabilem facit eum; decebat enim ipsum crucem suam accipere ad sequendum dominum, et abrenuntiare praesentis vitae affectibus: et hoc dominus in eo reprehendit, non vituperans, sed corrigens. sequitur et ait iesus: vulpes foveas habent et volucres caeli nidos; filius autem hominis non habet ubi caput suum reclinet. * theophylactus. ° quia enim viderat dominum multum populum adducentem, putavit quod ab eis haberet pretium, et quod si ipse dominum sequeretur, posset pecuniam congregare. * beda. ° unde dicitur ei: quid me propter divitias et lucra huius saeculi cupis sequi, cum tantae sim paupertatis ut nec hospitiolum quidem habeam, et non meo utar tecto? * chrysostomus. ° aspice qualiter paupertatem quam dominus docuerat, per opera demonstrat. non erat ei mensa, non candelabrum, non domus, nec quicquam aliud talium. * cyrillus. ° mystica autem significatione vulpes et volatilia caeli malignas et astutas potestates daemonum vocat: quasi dicat: quando vulpes et volatilia in te mansionem habent, qualiter christus in te requiescet? quid commune est luci et tenebris? * athanasius. ° vel in hoc dominus magnitudinem sui muneris docet; quasi dicat: omnia generabilia circumscribi possunt; verbum vero dei incomprehensibilis potestatis est: et ideo ne dicas sequar te quocumque ieris. ceterum si velis discipulus fieri, abdices irrationabilia: eo quod impossibile est eum qui moratur in irrationabilitate, verbi discipulum fieri. * ambrosius. ° vel vulpes haereticis comparat: fallax quippe animal et insidiis semper intentum, rapinam fraudis exercet: nihil tutum, nihil otiosum, nihil patitur esse securum, eo quod intra ipsa hospitia hominum praedam requirit. ita sunt haeretici, qui domum sibi parare non norunt, sed circumscriptionibus suis alios decipere conantur. hoc animal neque mansuescit unquam; unde apostolus ait: haereticum hominem post unam correctionem devita. volucres vero caeli frequenter ad nequitiae spiritualis similitudinem derivantur; et veluti nidos quosdam struunt in pectoribus improborum: et ideo dominante versutia in affectibus singulorum, nulla potest divinitatis esse possessio; ubi autem mentem probaverit innoxiam, supra ipsum quodammodo vim suae maiestatis reclinat, quia profusiore quadam gratia honorum pectoribus inseritur. sic igitur non videtur convenire rationi ut simplicem fidelemque ipsum arbitremur qui domini dignatione respuitur, cum indefessi famulatus obsequium spopondisset. sed dominus non obsequiorum speciem, sed puritatem quaerit affectus; nec obsequium eius admittitur cuius non probatur officium: circumspectum etenim fidei debet esse hospitium: ne dum infidelibus nostrae domus interna reseramus, in alienam perfidiam improvida credulitate labamur. itaque ut advertas deum non cultus aspernantem esse, sed fraudis; qui repudiavit fraudulentum, elegit innocentem; sequitur enim ait autem ad alterum: sequere me. sed hoc dicit ei cuius patrem iam sciebat mortuum; unde sequitur ille autem dixit: domine, permitte mihi primum ire et sepelire patrem meum. * beda. ° non discipulatum respuit; sed expleta primum paterni funeris pietate, liberior assequi desiderat. * ambrosius. ° sed dominus quos miseretur advocat; unde sequitur dixitque iesus: sine ut mortui sepeliant mortuos suos; tu autem vade, et annuntia regnum dei. cum religiosum humani corporis sepeliendi acceperimus officium, quomodo paterni quoque funeris sepultura prohibetur, nisi ut intelligas humana posthabenda divinis? bonum studium, sed maius impedimentum; nam qui partitur studium, derivat affectum; qui dividit curam, differt profectum; ergo prius sunt obeunda quae maxima: nam et apostoli ne occuparentur studio dispensandi, ministros pauperibus ordinaverunt. * chrysostomus in matthaeum. ° quid autem magis necessarium paternis exequiis; quid facilius, cum non esset multum temporis dandum? per hoc docemur quod minime tempus frustra ducere decet, etsi mille cogentia sint; immo praeferre spiritualia cunctis admodum necessariis. diabolus enim insistit attentius, volens aliquem aditum invenire; et si modicam sumat negligentiam, magnam operatur pusillanimitatem. * ambrosius. ° non ergo paterni funeris sepultura prohibetur: sed necessitudini generis divinae religionis pietas antefertur. illud consortibus relinquitur, hoc mandatur relictis. quomodo autem mortui sepelire mortuos possunt, nisi geminam hic intelligas mortem, unam naturae, alteram culpae? est etiam mors tertia, in qua peccato morimur, deo vivimus. * chrysostomus in matthaeum. ° cum ergo dixisset mortuos suos, ostendit hunc non esse mortuum eius; puto enim de numero infidelium fuisse defunctum. * ambrosius. ° aut quia sepulchrum patens est guttur impiorum, memoria eorum abolenda praescribitur quorum simul cum corpore meritum occidit; nec revocatur ab officio patris filius, sed fidelis a perfido communione secernitur; non interdictum est muneris, sed religionis mysterium, communionem nobis cum gentibus mortuis non futuram. * cyrillus. ° vel aliter. erat enim pater senectute gravatus. putat autem honestum aliquid agere, dum proponeret observare ei debitam pietatem, secundum illud: honora patrem tuum et matrem tuam. unde ubi vocatus est ad evangelicum ministerium, dicente domino sequere me, quaerebat inducias quae sufficere possent ad decrepiti patris sustentationem dicens permitte mihi primum ire, et sepelire patrem meum: non quod defunctum patrem sepelire rogaret; neque enim christus hoc agere volentem impedivisset; sed dixit sepelire, idest sustentare in senectute usque ad mortem. sed dominus ad eum dixit sine mortuos sepelire mortuos suos: erant enim et alii curatores linea parentelae astricti, sed, ut aestimo, mortui, eo quod nondum christo crediderant. hinc percipe quod praeferenda sit pietas qua deo tenemur, amori parentum; quibus reverentiam exhibemus, quia per eos geniti sumus; sed omnium deus, cum non essemus, ad esse nos conduxit; parentes autem facti sunt ministri introitus ad esse. * augustinus de cons. evang.. ° hoc ergo dicebat dominus illi cui dixerat sequere me. alius vero discipulus misit se in medio, cui nemo aliquid dixerat; unde sequitur et alter ait: sequar te, domine, sed primum permitte mihi ire, et renuntiare his qui domi sunt, ne forte, quomodo fieri solet, quaerant me. * cyrillus. ° imitanda autem huiusmodi promissio, et omni laude plena; sed quaerere renuntiare his qui domi sunt, licentiando se ab eis, ostendit quod utcumque divisus sit a domino, dum hoc non perfecte adire proposuerit mente: nam velle consulere proximos non consensuros huic proposito, indicat se utcumque, labentem: propter quod dominus hoc improbat. sequitur ait ad illum iesus: nemo mittens manum suam ad aratrum, et respiciens retro, aptus est regno dei. apposuit manum aratro qui affectuosus est ad sequendum; tamen respicit retro qui dilationem petit, occasione redeundi ad domum et cum propinquis conferendi. * augustinus de verb. dom.. ° quasi dicat ei: vocat te oriens, et tu attendis occidentem. * beda. ° manum etiam cuilibet in aratrum mittere, est quasi quodam compunctionis instrumento, ligno et ferro dominicae passionis duritiem sui cordis atterere, atque ad serendos bonorum operum fructus aperire; quam si quis excolere incipiens cum uxore lot ad ea quae reliquerat, respicere delectatur, futuri iam regni munere privatur. * graecus. ° crebri namque intuitus eorum quae deseruimus, propter consuetudinem trahunt ad retro acta: violentum enim quid usus est ad retinendum sibi. nonne habitus ex usu, ex habitu vero natura innascitur? naturam vero amovere vel alterare difficile: nam et si paulisper declinet coacta, redit ad seipsam velociter. * beda. ° si autem secuturus dominum discipulus, quia vel domi renuntiare velit arguitur, quid fiet illis qui nulla utilitatis gratia saepe visitant domos illorum quos in mundo reliquerunt?

073 CLC cp10

lc1 * Cyrillus. ° certificaverat deus per prophetas quod evangelii praedicatio salutaris comprehensura erat non solum israel, sed etiam gentium greges: et ideo a christo post duodecim apostolos et alii septuaginta duo sunt instituti; unde dicitur post haec autem designavit dominus et alios septuaginta duos. * beda. ° bene septuaginta duo mittuntur, quia totidem mundi gentibus evangelium praedicandum erat: ut quomodo duodecim primo, propter duodecim tribus israel; ita et hi propter exteras gentes destinarentur imbuendas. * augustinus de quaest. evang.. ° sicut etiam viginti quatuor horis totus orbis peragitur atque lustratur, ita mysterium illustrandi orbis per evangelium trinitatis in septuaginta duobus discipulis intimatur: ter enim viginti quatuor septuaginta duo faciunt. * beda. ° sicut autem duodecim apostolos formam episcoporum praemonstrare nemo est qui dubitet; sic et hos septuaginta duos figuram presbyterorum, idest secundi ordinis sacerdotum, gessisse sciendum est; tametsi primis ecclesiae temporibus, ut apostolica scriptura testis est, utrique presbyteri, utrique vocabantur et episcopi; quorum unum sapientiae maturitatem, aliud industriam curae pastoralis significat. * cyrillus. ° huius etiam forma in verbis moysi figurabatur, qui iubente deo septuaginta elegit, quibus deus spiritum infundebat. in numeris etiam scriptum est de filiis israel, quod venerunt in helim, quod interpretatur ascensus; et erant ibi duodecim fontes aquarum, et septuaginta palmae. convolantes enim ad augmentum spirituale reperiemus duodecim fontes, scilicet sacros apostolos, a quibus haurimus salutis scientiam sicut a fontibus salvatoris; et septuaginta palmas, hos scilicet qui nunc destinati sunt a christo. est enim palma arbor bonae medullae, bene radicata et fertilis, et semper nascens in aquis, alta simul, et frondes porrigens sursum. sequitur et misit illos binos. * gregorius in evang.. ° binos in praedicatione discipulos mittit, quia duo sunt praecepta caritatis, dei scilicet amor, et proximi; et minus quam inter duos caritas haberi non potest: quatenus in hoc nobis tacitus innuat, quia qui caritatem erga alterum non habet, praedicationis officium suscipere nullatenus debet. * origenes. ° sicut etiam ex duodecim bini et bini numerati fuerunt, ut in eorum catalogo matthaeus ostendit: quod enim bini famularentur dei verbo antiquum esse videtur: eduxit enim deus israel de aegypto per manus moysi et aaron: iosue quoque et caleb concordantes pacaverunt provocatum a duodecim exploratoribus populum; unde dicitur: frater a fratre adiutus ut civitas valida. * basilius. ° simul etiam per hoc indicavit quod si aliqui pares sunt in spiritualibus donis, hoc non sinet in eis praevalere propriae opinionis passionem. * gregorius in evang.. ° bene autem subditur ante faciem suam in omnem civitatem et locum quo erat ipse venturus: praedicatores enim suos dominus sequitur: quia praedicatio praevenit, et tunc ad mentis nostrae habitaculum dominus venit quando verba exhortationis praecurrunt, atque per hoc veritas in mente suscipitur. hinc praedicatoribus isaias dicit: parate viam domini, rectas facite semitas dei nostri. * theophylactus. ° designaverat autem dominus discipulos propter multitudinem doctoribus indigentem: sicut enim agri spicati multos messores desiderant, sic qui credituri erant innumerabiles existentes, multis doctoribus indigebant; unde sequitur messis quidem multa. * chrysostomus. ° sed qualiter messem vocat, cum res ad praesens exordium sumant? nondum iacto aratro aut sulcis productis, de messibus tractat. poterant enim discipuli vacillare et secum meditari, et dicere: qualiter nos numerus brevis emendare poterimus totum mundum, idiotae sophistas, munitos nudi, dominantes subiecti? ne igitur consideratione talium turbarentur, vocat evangelium messem; quasi dicat: parata sunt omnia, mitto vos ad paratam collectionem fructuum; eodem die et serere potestis et metere. sicut ergo colonus exiens ad messes laetatur, sic etiam vos multo amplius et alacrius necessarium est exire in mundum: nam hoc negotium messis est, agros nobis exhibens praeparatos. * gregorius. ° sed non sine gravi moerore loqui possumus quod subditur operarii vero pauci: quia etsi sunt qui bona audiant, desunt qui dicant. ecce mundus sacerdotibus plenus; sed tamen in messe dei rarus valde reperitur operator: quia officium quidem sacerdotale suscipimus, sed opus officii non implemus. * beda. ° sicut autem messis multa est omnis turba credentium, ita operarii pauci sunt apostoli et imitatores eorum, qui mittuntur ad messem. * cyrillus. ° sicut autem agri spatiosi messores multos exigunt, sic et multitudo crediturorum in christum; unde subdit rogate autem dominum messis ut mittat operarios in messem suam. illud autem attende, quod cum dixisset rogate dominum messis ut mittat operarios in messem suam, ipse postmodum hoc peregit. ipse igitur est dominus messis, ac per eum et cum eo deus pater omnibus dominatur. * chrysostomus in matthaeum. ° multiplicavit autem postmodum eos, non addens ad numerum, sed concedens virtutem. insinuat autem quam magnum donum est operarios mitti in messem divinam, per hoc quod dicit, dominum messis super hoc esse rogandum. * gregorius in evang.. ° per hoc etiam inducendi sunt subditi ut pro suis pastoribus rogent, ut digna eis operari valeant, nec ab exhortatione torpeat lingua; saepe enim pro sua nequitia praedicantium restringitur lingua: saepe vero ex subiectorum culpa agitur ut eis qui praesunt, praedicationis sermo subtrahatur.

lc2 * Cyrillus. ° narrat lucas consequenter, septuaginta discipulos vindicasse sibi a christo apostolicam eruditionem, modestiam, innocentiam, aequitatem, nihilque mundanorum sacris praedicationibus praeferre, aspirare autem adeo ad fortitudinem mentis ut nullum terribilium formident, neque ipsam mortem; unde dicit ite. * chrysostomus in matthaeum. ° erat enim inter omnia pericula eorum solatium virtus mittentis eos, et ideo dicit ecce ego mitto vos; quasi dicat: hoc sufficit ad consolationem vestram, hoc sufficit ad sperandum, et non timendum supervenientia mala, quae significat subdens sicut agnos inter lupos. * isidorus abbas. ° denotans simplicitatem et innocentiam: nam debacchantes et sua enormitate iniuriantes naturae, non agnos appellat, sed hoedos. * ambrosius. ° contraria autem sunt sibi ista animalia, ut alia ab aliis devorentur, scilicet agni a lupis; sed bonus pastor lupos gregi suo timere non novit; ideoque isti discipuli non in praedam, sed ad gratiam diriguntur; sollicitudo enim pastoris boni efficit ut lupi in agnos audere nihil possint. mittit ergo agnos inter lupos, ut compleretur illud: tunc lupi et agni simul pascentur. * chrysostomus. ° hoc enim fuit manifestum indicium praeclari triumphi, ut circumdati essent discipuli christi ab hostibus, quasi agni inter lupos; eos tamen converterent. * beda. ° vel specialiter lupos vocat scribas et pharisaeos, qui sunt clerici iudaeorum. * ambrosius. ° vel lupis sunt haeretici comparandi: lupi enim bestiae sunt quae insidiantur ovilibus, et circa pastorales versantur casas. habitacula domorum intrare non audent; somnum canum, absentiam aut desidiam pastorum explorant; ovium guttur invadunt ut cito strangulent; feri, rapaces, natura corporis rigidiores, ut se facile non possint inflectere, impetu quodam suo feruntur, et ideo saepe deluduntur. si quem priores hominem viderint, vocem eius quadam naturae vi feruntur eripere; si autem homo prius eos viderit, exagitari memorantur. sic haeretici insidiantur ovilibus christi, fremunt circa caulas nocturno tempore: semper enim perfidis nox est, qui lucem christi nebulis pravae interpretationis obducunt; stabula tamen christi intrare non audent; et ideo non sanantur, sicut curatus est ille in stabulo qui incidit in latrones. explorant pastoris absentiam, quia praesentibus pastoribus oves christi incusare non possunt; quadam etiam mentis intentione duri ac rigidi nequaquam solent a suo errore deflectere; quos scripturae verus interpres christus illudit; ut in vanum suos effundant impetus, et nocere non possint: qui si quem versuta disputationis suae circumscriptione praeveniunt, faciunt obmutescere; mutus est enim qui verbum dei non eadem qua est gloria confitetur. cave igitur ne tibi vocem tollat haereticus, ne priorem non ipse deprehenderis: serpit enim dum latet eius perfidia. si autem commenta impietatis eius agnoveris, iacturam piae vocis timere non poteris. guttur invadunt, vitalibus vulnus affigunt, dum animam petunt. si etiam audies aliquem sacerdotem dici, et rapinas eius cognoscis, foris ovis, intus lupus est, qui humanae necis insaturabili crudelitate rabiem suam desiderat explere. * gregorius. ° multi enim cum regiminis iura suscipiunt, ad lacerandos subditos inardescunt, terrorem potestatis exhibent; et quia caritatis viscera non habent, domini videri appetunt, patres se esse minime recognoscunt: humilitatis locum in elationem dominationis immutant. contra quae omnia considerandum nobis est, quia sicut agni inter lupos mittimur, ut sensum servantes innocentiae, morsum malitiae non habeamus: qui enim locum praedicationis suscipit, mala inferre non debet, sed tolerare; quem et si quando zelus rectitudinis exigit ut erga subiectos saeviat, intus paterna pietate diligat quos foris quasi insequendo castigat: quod tunc rector bene exhibet, cum terrenae cupiditatis oneribus nequaquam mentis colla supponit; unde subditur nolite portare sacculum neque peram. * gregorius nazianzenus. ° quorum summa est ut adeo virtuosi existant quod non minus propter vitae modum quam propter eorum verbum evangelium proficiat. * gregorius in evang.. ° tanta enim praedicatorum debet esse in deo fiducia ut praesentis vitae sumptibus quamvis non provideant, tamen sibi hos non deesse certissime sciant: ne dum mens eius occupatur ad temporalia, minus aliis provideat aeterna. * cyrillus. ° sic igitur praeceperat nec de ipso subiecto curam habere, cum dixerat mitto vos sicut agnos inter lupos. nec etiam concessit sollicitos esse erga extrinseca corpori, cum dixit nolite portare sacculum neque peram. nec etiam concessit portare aliquid eorum quae nondum unita sunt corpori; unde subdit neque calceamenta. non solum autem sacculum et peram portare prohibuit, sed nec aliquam studii distractionem permisit assumere, quos nec ab obviantium salutatione distrahi voluit; unde subdit et neminem per viam salutaveritis: quod et dudum ab eliseo dictum fuit; quasi dicat: recto tramite ad opus procedite, non alternantes benedictionibus benedictiones: damnum enim est expendere tempus praedicationibus competens. * ambrosius. ° non ergo haec dominus prohibuit quod benevolentiae displiceret officium, sed quod persequendae devotionis intentio plus placeret. * gregorius nazianzenus. ° mandavit etiam hoc eis dominus ad verbi gloriam, ne videretur in eis magis vigere blanditias: voluit etiam eos non esse sollicitos in verbis alienis. * gregorius. ° haec autem verba si quis etiam per allegoriam velit intelligi, pecunia clausa in sacculo est sapientia occulta. qui igitur sapientiae verbum habet, et hoc erogare proximo negligit, quasi pecuniam in sacculo ligatam tenet. per peram vero, onera saeculi, per calceamenta mortuorum operum exempla significantur. qui ergo officium praedicationis suscipit, dignum non est ut onus saecularium negotiorum portet; ne dum hoc eius colla deprimit, ad praedicanda caelestia non assurgat: nec debet stultorum operum exempla conspicere, ne sua opera quasi ex mortuis pellibus credat munire; ne scilicet quia alios talia fecisse considerat, se etiam facere licenter putet. * ambrosius. ° nihil etiam dominus in nobis mortale vult esse. mortale enim atque terrenum calceamentum moyses iubetur solvere, cum mitteretur ad populum liberandum. quod si quem movet qua ratione in aegypto calceati iubentur edere agnum, apostoli autem sine calceamento ad praedicandum evangelium diriguntur; is considerare debet, quia in aegypto positus debet adhuc morsus cavere serpentis, multa enim venena in aegypto: et qui typo pascha celebrat, patere potest vulneri: qui autem minister est veritatis, venena non trepidat. * gregorius. ° omnis autem qui salutat in via, ex occasione salutat itineris, non ex studio optandae salutis. qui igitur non amore aeternae patriae, sed praemiorum ambitu salutem audientibus praedicat, quasi in itinere salutat: quia ex occasione et non ex intentione salutem audientibus exoptat.

lc3 * Chrysostomus. ° bonorum omnium mater pax est, sine qua cetera inania sunt: propter quod dominus discipulis intrantibus domos, illico pacem iussit proferre tamquam bonorum indicium, dicens in quamcumque domum intraveritis, primum dicite: pax huic domui. * ambrosius. ° ut scilicet pacis perferamus nuntium, ipse primus ingressus pacis benedictione celebretur. * chrysostomus. ° unde pontifex ecclesiae tradit eam, dicens: pax vobis. implorant autem pacem sancti, non solum eam quae versatur inter homines ad invicem, sed et eam quae pertinet ad nos ipsos: nam saepius in pectore bellum gerimus, et nullo molestante turbamur, nec non prava desideria contra nos crebro insurgunt. * titus. ° dicitur autem pax huic domui, scilicet habitantibus domum: omnes alloquantur, maiores pariter et minores, neque cum indignis vestra salutatio dirigetur; unde subditur et si ibi fuerit filius pacis, requiescet super illum pax vestra; quasi dicat: vos quidem proferetis verbum, res autem pacis applicabitur meo iudicio, ubicumque dignum esse videbitur. si quis autem non sit dignus, non estis delusi, nec verborum vestrorum gratia periit; immo reciprocatur ad vos; et hoc est quod subditur sin autem, ad vos revertetur. * gregorius. ° pax enim quae ab ore praedicatoris offertur, aut requiescet in domo, si in ea fuerit quisquam praedestinatus ad vitam, et caeleste verbum sequitur, quod audit; aut si nullus audire voluerit, ipse praedicator sine fructu non erit, quia ad eum pax revertitur, dum ei a domino pro labore sui operis merces recompensatur. si autem pax nostra recipitur, dignum est ut ab eis terrena stipendia consequamur, quibus patriae caelestis praemia offerimus; unde sequitur in eadem autem domo manete edentes et bibentes quae apud illos sunt. ecce qui peram et sacculum portari prohibuit, sumptus et alimenta ex eadem praedicatione concedit. * chrysostomus. ° sed ne aliquis diceret: consumo res proprias parando advenis mensam, illum primo intrantem facit tibi pacis donum offerre, cui nihil est aequale, ut scias te maiora, quam des, suscipere. * titus. ° vel aliter continua. quia non estis constituti iudices eorum qui sunt digni vel indigni, edatis et bibatis quae vobis offeruntur ab eis. dimittite autem mihi eorum qui vos recipiunt examen; nisi vobis quoque sit notum non esse ibi filium pacis; tunc enim fortassis retrocedere debetis. * theophylactus. ° vide igitur qualiter discipulos mendicare instituit, et pro pretio eos nutrimentum habere voluit; nam subditur dignus est enim operarius mercede sua. * gregorius in evang.. ° sunt enim iam de mercede operarii ipsa alimenta sustentationis; ut hic merces de labore praedicationis inchoetur quae illic de veritatis visione perficitur. qua in re considerandum est quod uni nostro operi duae mercedes debentur: una in via, quae nos in labore sustentat; alia in patria, quae nos in resurrectione remunerat. merces itaque quae in praesenti recipitur, hoc in nobis debet agere ut ad sequentem mercedem robustius tendatur. verus ergo quisque praedicator non ideo praedicare debet ut in hoc tempore mercedem accipiat; sed ideo mercedem recipere ut praedicare valeat. quisque namque ideo praedicat ut hic laudis vel muneris mercedem recipiat, aeterna mercede se privat. ambrosius. subditur virtus alia, ne de domo in domum quis vaga facilitate demigret; sequitur enim nolite transire de domo in domum: ut scilicet amore hospitali servemus constantiam, neque aliquam amicitiae necessitudinem facile resolvamus. * beda. ° descripto autem diversae domus hospitio, quid iam in civitatibus agere debeant docet: piis scilicet in omnibus communicare, ab impiorum vero per omnia secietate secerni; unde sequitur et in quamcumque civitatem intraveritis, et susceperint vos, manducate quae apponuntur vobis. * theophylactus. ° quamvis modica existant et vilia, nihil amplius inquirentes. denuntiat etiam eis ut operantes miracula homines ad suas praedicationes attraherent; unde subdit et curate infirmos qui in illa sunt, et dicite illis: appropinquavit in vos regnum dei. si enim prius curaveritis, deinde docueritis, prosperabitur sermo, et homines credent regnum dei appropinquare: non enim curarent, nisi hoc aliqua virtus divina perficeret. sed etiam cum secundum animam curantur, appropinquat in eos regnum dei, quod longe est ab eo cui dominatur peccatum. * chrysostomus in matthaeum. ° vide autem dignitatem apostolorum: nihil sensibile monentur proferre, qualia qui circa moysen et prophetas, scilicet bona terrena; sed quaedam nova et mirabilia, scilicet regnum dei. * maximus. ° dicitur autem appropinquavit: non ut ostendat temporis brevitatem; neque enim regnum dei venit cum observatione; sed ostendit dispositionem hominum ad regnum dei; quod quidem potentia est in omnibus credentibus, actu vero in his qui respuunt corporalem vitam, et solam eligunt spiritualem, qui dicere possunt: vivo autem non ego, sed vivit in me christus. * ambrosius. ° deinde docet excutiendum de pedibus pulverem, si quis recipiendos civitatis hospitio non putaverit, dicens in quamcumque civitatem intraveritis, et non receperint vos, exeuntes in plateas eius, dicite: etiam pulverem pedum, qui adhaesit nobis de civitate vestra, extergimus in vos. * beda. ° vel ad contestationem terreni laboris quem pro illis inaniter susceperunt; vel ut ostendatur usque adeo se ab ipsis nihil terrenum quaerere ut etiam pulverem de terra eorum non sibi patiantur adhaerere. vel per pedes ipsum opus et incessus praedicationis significatur; pulvis vero quo asperguntur, terrenae levitas est cogitationis, a qua et summi doctores immunes esse nequeunt. qui ergo spreverint doctrinam, labores et pericula docentium, ad testimonium suae damnationis inflectunt. origenes. extergendo ergo pulverem pedum in eos, quodammodo dicunt: pulvis peccatorum vestrorum merito veniet super vos. et attende, quod quaecumque civitates non suscipiunt apostolos sanamque doctrinam, habent plateas, iuxta illud: lata est via quae ducit ad perditionem. * theophylactus. ° et sicut recipientibus apostolos appropinquare regnum dei dicitur in beneficium, sic non recipientibus in praeiudicium; unde subdit tamen hoc scitote, quia appropinquavit regnum dei; sicut adventus regis est quibusdam ad poenam, quibusdam vero ad honorem; unde de eorum poena subditur dico autem vobis, quia sodomis in illa die remissius erit quam illi civitati. * eusebius. ° nam in civitate sodomitarum non caruerunt angeli hospitio; sed lot inventus est dignus eos hospitari. si ergo ad accessum discipulorum, nec unus invenietur in civitate qui eos recipiat, quomodo non peior erit civitate sodomorum? hic sermo docebat eos audacter aggredi regulam paupertatis: non enim posset consistere civitas et villa, nec vicus, sine aliquo incola noto deo: nam nec sodoma subsisteret non reperto lot, quo recedente tota repente periit. * beda. ° sodomitae quoque ipsi etsi inhospitales fuerint inter cetera carnis animaeque flagitia, nulli tamen apud eos tales hospites quales apostoli reperti sunt: et lot quidem aspectu et auditu iustus erat, non tamen ibi aliquid docuisse aut signa fecisse perhibetur.

lc4 * Ambrosius. ° docet dominus graviori poenae obnoxios fore qui evangelium non sequendum quam qui legem iudicaverunt esse solvendam, dicens vae tibi, corozaim, vae tibi, bethsaida. * beda. ° corozaim, bethsaida et capharnaum, tiberias quoque, quam ioannes nominat, civitates sunt galilaeae, sitae in littore laci genezareth, qui ab evangelistis mare galilaeae, vel tiberiadis appellatur. plangit ergo dominus has civitates, quae post tanta miracula atque virtutes non poenituerunt, peioresque sunt gentilibus naturale tantum ius dissipantibus: quia post descriptae legis contemptum, filium quoque dei et gloriam eius spernere non timuerunt; unde sequitur quia si in tyro et sidone factae fuissent virtutes quae in vobis factae sunt, olim in cilicio et cinere sedentes poeniterent. in cilicio, quod de pilis caprarum contexitur, asperam peccati pungentis memoriam significat; in cinere autem mortis considerationem, per quam in pulverem redigimur, demonstrat. porro in sessione humilitatem propriae conscientiae significat. impletum autem videmus hodie dictum salvatoris: quia corozaim et bethsaida praesente domino credere noluerunt: tyrus autem et sidon et quondam david ac salomon amici fuere, et post evangelizantibus christi credidere discipulis. * chrysostomus in matthaeum. ° deplorat autem dominus has civitates ad nostrum exemplum: eo quod effusio lacrymarum et gemitus amarus super patientes insensibilitatem doloris, non modicum antidotum est et ad correctionem patientium, et ad remedium ingemiscentium super eos. non solum autem per deplorationem inducit eos ad bonum, sed etiam per terrorem; unde sequitur verumtamen tyro et sidoni remissius erit quam vobis in iudicio. hoc et nos audire debemus: non enim solum illis, sed etiam nobis peius iudicium statuit, nisi receperimus intrantes ad nos hospites, quorum pulverem praecepit excutere. cum autem plurima signa fecisset dominus in capharnaum, et eum ipsa incolam habuisset, videbatur super alias civitates exaltata; sed propter incredulitatem cecidit in ruinam; unde sequitur et tu, capharnaum, usque in caelum exaltata, usque ad infernum demergeris; ut scilicet iudicium sit proportionabile honori. * beda. ° duplex autem in hac sententia sensus est. vel ideo ad infernum demergeris, quia contra praedicationem meam superbissime restitisti, ut scilicet intelligatur in caelum exaltata per superbiam: vel ideo quia es exaltata usque ad caelum meo hospitio, et meis signis, maioribus plecteris suppliciis, quia his quoque credere noluisti. et ne quis putaret hanc increpationem vel tantummodo civitatibus vel personis convenire quae dominum in carne videntes spernebant, et non omnibus qui hodie quoque evangelii verba despiciunt; consequenter adiunxit, dicens qui vos audit, me audit. * cyrillus. ° per quod docet, quicquid per sanctos apostolos dicit, acceptandum esse: quia qui illos audit, christum audit. inevitabilis ergo poena haereticis imminet, qui apostolorum negligunt verba; sequitur enim et qui vos spernit, me spernit. * beda. ° ut scilicet in audiendo quisque vel spernendo evangelii praedicationem, non viles quasque personas, sed dominum salvatorem, immo ipsum patrem spernere se vel audire disceret; nam sequitur qui autem me spernit, spernit eum qui misit me: quia in discipulo magister auditur, et in filio pater honoratur. * augustinus de verb. dom.. ° si autem sermo dei ad vos quoque pervenit, et in eo loco vos constituit, videte ne spernatis nos, ne ad illum perveniat quod nobis feceritis. * beda. ° potest et ita intelligi: qui vos spernit, me spernit; idest, qui non facit misericordiam uni de fratribus meis minimis, nec mihi facit. qui autem me spernit, nolens credere filium dei, spernit eum qui me misit: quia ego et pater unum sumus. * titus. ° simul autem in hoc discipulos consolatur; quasi dicat: non dicatis: cur imus passuri contumelias? accomodate linguam; ego praebeo gratiam, in me vestra redundat contumelia.

lc5 * Cyrillus. ° supra dictum est, quod dominus misit discipulos gratia spiritus sancti insignitos, et facti praedicationis ministri potestatem super immundos spiritus acceperunt; nunc autem reversi confitentur honorantis eos potentiam; unde dicitur reversi sunt autem septuaginta duo cum gaudio dicentes: domine, etiam daemonia subiciuntur nobis in nomine tuo. videbantur quidem gaudere magis quod facti sunt miraculorum auctores, quam quod facti erant praedicationis ministri. erat autem melius eos gaudere in illis quos ceperunt, sicut vocatis per ipsum dicit paulus: gaudium meum et corona mea. * gregorius moralium. ° mire autem dominus ut in discipulorum cordibus elationem premeret, iudicium ruinae retulit, quod ipse magister elationis accepit; ut in auctore superbiae discerent quid de elationis vitio formidarent; unde sequitur videbam satanam sicut fulgur de caelo cadentem. * basilius. ° dicitur satanas, eo quod adversatur bono; hoc enim significat nomen hebraicum; sed diabolus dicitur, eo quod cooperatur nobis in malo, et accusator sit. natura eius est incorporea, locus aereus. * beda. ° non autem dicit: modo video, sed: prius videbam, quando corruit. quod autem ait sicut fulgur, vel praecipitem de supernis ad ima lapsum significat; vel quia deiectus adhuc transfigurat se in angelum lucis. * titus. ° se autem dicit vidisse tamquam iudicem, qui novit incorporeorum passiones. vel dicit sicut fulgur, quia natura fulgidus erat ut fulgur; sed factus est tenebrosus propter affectum; quia quod deus fecit bonum, hoc ipse in se alteravit in malum. * basilius. ° supernae enim virtutes non sunt naturaliter sanctae, sed secundum analogiam divini amoris mensuram sanctificationis sortiuntur. et sicut ferrum positum in igne non desinit esse ferrum, vehementi tamen flammae unione tam effectu quam aspectu in ignem pertransit; sic et almae virtutes ex participatione eius quod est naturaliter sanctum, insitam habent sanctificationem: neque enim cecidisset satanas, si natura fuisset insusceptibilis mali. * cyrillus. ° vel aliter. videbam satanam sicut fulgur de caelo cadentem, idest a suprema potentia in extremam fragilitatem. nam ante salvatoris adventum subegerat sibi orbem, et ab omnibus colebatur; sed cum unigenitum verbum dei de caelo descendit, corruit tamquam fulgur, quia conculcatur ab adorantibus christum; unde sequitur et ecce dedi vobis potestatem calcandi supra serpentes et scorpiones. * titus. ° serpentes quidem aliquando figuraliter in deserto mordebant iudaeos et necabant eos, eo quod infideles erant; venit autem qui serpentes illos perimeret aeneus serpens crucifixus, ut si quis credens in eum prospexerit, liberetur a morsibus et salvetur. * chrysostomus. ° deinde ne putaremus hoc dici de bestiis, subiunxit et supra omnem virtutem inimici. * beda. ° hoc est omne genus immundorum spirituum de obsessis corporibus eiciendi; et quantum ad ipsos subdit et nihil vobis nocebit: quamvis et ad litteram possit accipi: paulus enim a vipera invasus nihil mali patitur, et ioannes hausto veneno non laeditur. hoc autem inter serpentes qui dente et scorpiones qui cauda nocent, distare arbitror, quod serpentes aperte saevientes, scorpiones clanculo insidiantes, vel homines vel daemones significent. vel serpentes qui inchoandis virtutibus venena pravae persuasionis obiciunt: scorpiones qui consummatas virtutes ad finem vitiare intendunt. * theophylactus. ° vel serpentes sunt qui visibiliter nocent, veluti fornicationis et homicidii daemon: qui vero invisibiliter nocent, scorpiones vocantur, sicut in vitiis spiritualibus. * gregorius nyssenus. ° voluptas etiam serpens dicitur in scriptura, cuius natura est quod si caput eius muri stricturam attigerit, totum sequens corpus ad se trahit: sic natura necessarium concessit homini domicilium; sed per hanc necessitatem aggrediens voluptas animum ad immoderatum quemdam ornatum pervertit; ad hoc subsequentem avaritiam trahit, quam impudicitia sequitur, idest ultimum membrum, et cauda bestialitatis. sed quemadmodum non est per caudam serpentem retrahi, sic non est incipiendum ab ultimis ad evellendum voluptates, nisi quis priorem aditum obturet malitiae. * athanasius. ° deludunt autem nunc per christi virtutem pueri voluptatem, quae quondam seducebat grandaevos; et virgines perseverant conculcantes serpentinae voluptatis fallacias. sed et quidam ipsum aculeum scorpionis, idest diaboli, conculcantes, scilicet mortem, non timuerunt interitum; verbi gratia, martyres facti; plerique vero postpositis terrenis, libero gressu conversantur in caelis, principem aeris non timentes. * titus. ° sed quia laetitia qua eos laetos videbat, inanem gloriam sapiebat: gaudebant enim quod quasi sublimes effecti, terribiles hominibus et daemonibus erant: ideo dominus subiungit verumtamen in hoc nolite gaudere, quia spiritus subiciuntur vobis. * beda. ° de subiectione spirituum, cum caro sint, gaudere prohibentur: quia spiritus eicere, sicut et virtutes alias facere, interdum non est eius meriti qui operatur; sed invocatio nominis christi hoc agit ad condemnationem eorum qui invocant, vel ad utilitatem eorum qui vident et audiunt. * cyrillus. ° sed cur, domine, non sinis laetari in honoribus a te collatis, cum scriptum sit: in nomine tuo exultabunt tota die? sed dominus eos ad maius gaudium erigit; unde subdit gaudete autem quia nomina vestra scripta sunt in caelis. * beda. ° quasi dicat: non oportet vos de daemonum humiliatione, sed de vestra sublimatione gaudere. salubriter autem intelligendum est, quod sive caelestia, sive terrestria quis opera gesserit, per hoc quasi litteris annotatus apud dei memoriam sit aeternaliter affixus. * theophylactus. ° scripta sunt enim nomina sanctorum in libro vitae, non encausto, sed memoria dei et gratia. et diabolus quidem desuper cadit; homines vero inferius existentes superius ascribuntur in caelis. * basilius. ° quidam autem sunt qui scribuntur quidem non in vita, sed, secundum ieremiam, in terra; ut secundum hoc intelligatur duplex quaedam descriptio, horum quidem ad vitam, illorum ad perditionem. quod autem dicitur: deleantur de libro viventium, intelligitur de his qui digni putabantur in libro dei conscribi; et secundum hoc fieri dicitur scripturae mutatio, quando a virtute delabimur in peccatum, vel e contra.

lc6 * Theophylactus. ° sicut benignus pater videns filios suos dirigi, gaudet; sic et christus exultat, quod apostoli tantis bonis facti sunt digni; unde dicitur in ipsa autem hora exultavit in spiritu sancto. * cyrillus. ° inspexit quidem per spiritus operationem, quam apostolis tradidit, plurium acquisitionem; unde in spiritu sancto laetatus dicitur, idest in effectibus, qui per spiritum sanctum proveniunt: quasi enim amator hominum, gaudii reputabat materiam conversionem errantium; de quo gratias agit; unde sequitur confiteor tibi, pater, domine caeli et terrae. * beda. ° confessio non semper poenitentiam, sed et gratiarum actionem significat, ut in psalmis saepissime legimus. * cyrillus. ° ecce autem, inquiunt illi quorum corda perversa sunt, gratias refert filius patri tamquam minor. sed quid impedit consubstantialem filium laudare proprium genitorem, mundum salvantem per eum? quod si censes confessionis causa hunc esse minorem, aspice quod vocat eum patrem suum, et dominum caeli et terrae. * titus. ° alia enim per christum ex non entibus producta sunt; sed solus ipse incomprehensibiliter a patre est genitus: solius enim unigeniti tamquam veri filii naturaliter pater est; unde solus patri dicit confiteor tibi, pater; hoc est, glorifico te. nec mireris si patrem filius glorificat: tota enim hypostasis unigeniti, genitoris est gloria: nam quae facta sunt, et caelum et angeli, gloria sunt creatoris: verum quia haec nimis infime sita sunt respectu dignitatis ipsius, solus filius, cum deus perfecte sit similis genitori, perfecte glorificat patrem. * athanasius. ° novimus etiam saepius salvatorem humana proferre; habet enim adiunctam humanitatem divinitas; nec tamen propter corporis tegimen deum ignores. sed quid respondent in hoc qui volunt subsistentiam esse mali, formant vero sibi deum alium a vero patre christi, et hunc dicunt esse unigenitum mali creatorem et nequitiae principem, nec non mundialis machinae conditorem? ait autem dominus, approbans verba moysi, confiteor tibi, pater, domine caeli et terrae. * epiphanius. ° editum vero a marcione evangelium habet, eucharisto, idest, gratias ago tibi, domine caeli: tacens quod dicitur pater, et quod dicitur et terrae, ne videatur christus opificem caeli et terrae habere patrem suum. redarguitur autem, quia idem paulo infra habet: ita, pater. * ambrosius. ° postremo aperit caeleste mysterium, quo placuit deo ut parvulis, magis quam prudentibus mundi suam gratiam revelaret; unde sequitur quod abscondisti haec a sapientibus et prudentibus, et revelasti ea parvulis. * theophylactus. ° potest sic distingui ut dicatur a sapientibus, idest a pharisaeis et scribis legem interpretantibus, et prudentibus, idest ab his qui a scribis fuerant docti; sapiens enim est qui docet, prudens vero qui docetur. parvulos vero vocat dominus suos discipulos, quos non legis doctores, sed de turba et piscatores elegit, qui sunt vocati parvuli, quasi non malevoli. * ambrosius. ° vel parvulum hic accipiamus qui se exaltare non noverit, et phaleratis sermonibus artem suae iactare prudentiae: quod pharisaei plerique faciunt. * beda. ° gratias igitur agit, quod apostolis quasi parvulis adventus sui aperuit sacramenta, quae ignoraverunt scribae et pharisaei, qui sibi sapientes videntur, et in conspectu suo prudentes. * theophylactus. ° abscondita igitur sunt mysteria ab his qui putant se esse sapientes, et non sunt: nam si essent, eis revelata fuissent. * beda. ° unde sapientibus et prudentibus, non insipientes et hebetes, sed parvulos, idest humiles opposuit, ut probaret se tumorem damnasse, non acumen. * origenes. ° sensus enim defectus praeparatio fit supervenientis perfectionis: qui enim non sentit quod careat vero bono, propter bonum praesens, quod sibi inesse videtur, vero bono privatur. * chrysostomus in matthaeum. ° non autem laetatur et gratias agit quod dei mysteria latebant scribas et pharisaeos: haec enim non erat materia alacritatis, sed gemitus; sed de hoc gratias agit, quia quod sapientes non noverant, hi noverunt. gratias autem super hoc agit patri, cum quo ipse simul hoc facit, ostendens nimiam dilectionem qua diligit nos. ostendit autem consequenter, quod huius rei causa prima, voluntas sua sit, et patris, qui propria voluntate hoc agebat; unde sequitur etiam, pater, quia sic placitum fuit ante te. * gregorius. ° his verbis exempla humilitatis accipimus, ne temere discutere superna consilia de aliorum vocatione aliorumve repulsione praesumamus: iniustum enim esse non potest quod placuit iusto. in cunctis ergo quae exterius disponuntur, apertae causa rationis est occultae iustitia voluntatis. * chrysostomus. ° cum vero dixisset confiteor tibi, quia revelasti ea parvulis, ne putares quod ipse christus hac virtute privatus non posset hoc facere, subiungit omnia tradita sunt mihi a patre meo. * athanasius. ° hoc non recte intelligentes arii sequaces delirant in dominum, dicentes: si data sunt ei omnia, idest dominium creaturae, fuit tempus quo ea non habuit; et sic non est de substantia patris: nam si esset, non esset ei opus recipere. sed ex hoc magis dementia eorum carpitur. si enim priusquam recepisset vacabat creatura a verbo, qualiter salvabitur illud: omnia in eo consistunt? ceterum si simul postquam facta est creatura, tota fuit tradita ei, non erat opus tradere; per ipsum namque facta sunt omnia. non ergo, ut ipsi putant, significatur hic creaturae dominium; immo significativum est hoc verbum factae dispensationis in carne: postquam enim homo peccavit, perturbata sunt omnia; unde verbum caro factum est, ut omnia restauraret. data sunt ergo ei omnia, non quia potestate careret, sed ut salvator emendet universa; ut sicut per verbum omnia in principio introducta sunt in esse, ita cum verbum caro factum est, in ipso omnia restaurentur. * beda. ° vel dicit omnia sibi tradita, non mundi elementa, sed hi quibus parvulis spiritu sacramenta filii pater revelavit, et de quorum salute, cum haec loqueretur, exultavit. * ambrosius. ° vel cum omnia legis, omnipotentem agnoscis, non degenerem patris; cum tradita legis, filium confiteris; cui per naturam omnia unius substantiae iura sunt propria, non dono collata per gratiam. cum autem dixisset omnia sibi fore a patre tradita, ascendit ad propriam gloriam et excellentiam, ostendens in nullo se superari a patre; unde subdit et nemo novit quis sit filius, nisi pater, et quis sit pater, nisi filius. non valet enim creaturae intentio comprehendere modum divinae substantiae, quae omnem superat intellectum, et decor eius quamlibet considerationem transcendit; sed a seipsa quid sit natura divina cognoscitur. itaque pater per id quod est, novit filium; et filius per id quod est, novit patrem, non interveniente aliqua differentia quantum ad divinitatis naturam: quod enim sit deus, credimus; quid autem naturaliter sit incomprehensibile est. si vero creatus est filius, quomodo solus sciret patrem, aut quomodo a solo patre sciretur? scire namque naturam divinam impossibile |175| est cuilibet creaturae; scire autem quodcumque eorum quae creata sunt quid sit, non transcendit quemlibet intellectum, quamvis superet nostrum sensum. * athanasius. ° hoc autem domino dicente, constat arianos ei obsistere, dum dicunt non videri patrem a filio. sed eorum ostenditur insania, si seipsum non novit verbum, quod omnibus patris et sui praestat notitiam; sequitur enim et cui voluerit filius revelare. * titus. ° est autem revelatio traditio notionis iuxta proportionem naturae et virtutum uniuscuiusque; et ubi quidem est natura consimilis, ibi est cognitio sine doctrina; hic autem est per revelationem disciplina. * origenes. ° vult autem revelare ut verbum, non irrationabiliter, et tamquam iustitia, qui novit digne et tempora revelandi et mensuras revelationis. revelat autem removens oppositum cordi velamen, necnon tenebras quas posuit in sui latibulum. sed quoniam ex hoc putant qui alterius sunt opinionis, construere nefarium suum dogma, quod scilicet ignotus erat pater |200| iesu sanctis antiquis; dicendum est eis, quoniam quod dicitur cuicumque vult filius revelare, non solum retorquetur ad tempus futurum, ex quo salvator hoc protulit, sed etiam ad tempus praeteritum. quod si velint hoc verbum revelare pro praeterito sumere, dicendum est eis, quod non est idem cognoscere et credere. alii datur per spiritum sermo scientiae, alii fides in eodem spiritu. erant ergo primo quidem credentes, non autem cognoscentes. * ambrosius. ° ut scias autem quia sicut filius patrem quibus vult revelat, etiam pater revelat quibus vult filium; audi dominum dicentem: beatus es, simon bariona, quia caro et sanguis non revelavit tibi, sed pater meus qui in caelis est.

lc7 * Theophylactus. ° quia superius dixerat: nemo novit quis sit pater, nisi filius, et cui voluerit filius revelare, beatificat discipulos quibus pater per eum revelabatur; unde dicitur et conversus ad discipulos suos dixit: beati oculi qui vident quae vos videtis. * cyrillus. ° convertitur quidem ad eos, quia repellens iudaeos surdos, et caecam mentem gerentes, nec videre volentes, totum se praebebat diligentibus eum; et beatos asserit oculos videntes quae prius aliis ipsi videbant. illud tantum scire convenit, quia videre non significat actum oculorum, sed mentis recreationem in praestitis beneficiis; puta si quis dicat: iste vidit bona tempora, idest gavisus est in bonis temporibus, secundum illud: videas bona ierusalem. multi enim iudaeorum viderunt christum divina operantem, corporali scilicet intuitu; nec tamen omnibus beatificatio convenit: non enim crediderunt, sed neque viderunt gloriam dei oculis mentis. beatificati |25| sunt ergo oculi nostri in hoc quod fide vidimus verbum pro nobis hominem factum, imprimens nobis decorem sui numinis, ut nos sibi conformes faciat per sanctificationem atque iustitiam. * theophylactus. ° beatificat autem eos, et omnes simpliciter qui eum fide respiciunt, ex hoc quod antiqui prophetae et reges deum in carne videre et audire optaverunt; unde sequitur dico enim vobis quod multi prophetae et reges voluerunt videre quae vos videtis, et non viderunt; et audire quae auditis, et non audierunt. * beda. ° matthaeus apertius prophetas et iustos appellat; ipsi enim sunt reges magni, quia tentationum suarum motibus non consentiendo succumbere, sed regendo praeesse noverunt. * chrysostomus. ° ex hoc autem dicto plures existimant prophetas caruisse christi notitia. sed si optaverunt videre quae viderunt apostoli, noverunt illum venturum ad homines et dispensaturum quae dispensavit: nullus enim habet horum appetitum quae mente non concepit: noverant |50| ergo filium dei: unde non simpliciter dicit voluerunt videre me, sed quae vos videtis; nec audire me, sed quae vos auditis. viderant enim ipsum, non tamen iam incarnatum, nec sic cum hominibus conversantem, nec tanta maiestate eis loquentem. * beda. ° illi enim a longe inspicientes per speculum et in aenigmate viderunt; apostoli autem in praesentiarum habentes dominum, quaecumque voluissent interrogando discentes, nequaquam per angelos aut alias visionum species opus habebant doceri. * origenes. ° sed quare dicit plerosque prophetas optasse, non autem omnes? quia de abraham dicitur quod vidit diem christi et laetatus est; quam visionem non plures, immo pauci contigerunt. fuerunt autem alii prophetae et iusti non tanti ut visionem abrahae et peritiam apostolorum attingerent; et hos dicit non vidisse, sed optasse.

lc8 * Beda. ° dixerat supra dominus, quod nomina eorum scripta sunt in caelis: unde, ut puto, occasionem tentandi dominum legisperitus assumpsit; unde dicitur et ecce quidam legisperitus surrexit tentans illum. * cyrillus. ° erant enim quidam verbosi circumeuntes totam regionem iudaeorum, incusantes christum et dicentes, quod praeceptum moysi inutile diceret, ipse autem quasdam novas doctrinas promeret. volens ergo legisperitus seducere christum, ut aliquid contra moysen loqueretur, adest tentans ipsum, magistrum vocans, doceri non patiens. et quia dominus solitus erat his qui veniebant ad eum, loqui de vita aeterna, utitur legisperitus eius eloquiis. et quia tentabat astute, nihil aliud audit nisi quae per moysen edita sunt; sequitur enim at ille dixit ad eum: in lege quid scriptum est? quomodo legis? * ambrosius. ° erat enim ex his qui sibi legisperiti videntur, qui verba legis tenent, vim legis ignorant: et ex ipso legis capitulo docet esse legis |25| ignaros, probans quod in principio statim lex patrem et filium praedicaverit et incarnationis dominicae annuntiaverit sacramentum: sequitur enim ille respondens dixit: diliges dominum deum tuum ex toto corde tuo et ex tota anima tua et ex omnibus viribus tuis et ex tota mente tua. * basilius. ° quod dicitur tota mente tua, in cetera non recipit sectionem: nam quantamcumque dilectionem in infimis expenderis, hoc tibi necessario a toto deficiet. sicut enim in vase aliquo pleno liquore, quantum emanat foras, tantum necesse est plenitudini derogari; sic et in anima, inquantum emanaverit ab ipsius dilectione ad illicita, intantum minui necessarium est amorem ad deum. * gregorius nyssenus. ° in tria autem quaedam animae vis discernitur. haec enim est augmentativa solum et nutritiva, quae etiam in plantis reperitur; alia est quae sensualiter disponitur, quae salvatur in natura irrationalium animalium; perfecta autem vis animae est rationalis, quae in natura humana conspicitur. dicendo |50| ergo cor, substantiam corporalem significavit, scilicet nutritivam; dicendo vero animam, mediocrem, idest sensitivam; dicendo vero mentem, altiorem naturam, idest intellectivam et considerativam potentiam. * theophylactus. ° hic igitur intelligendum est, quod oportet nos omnem virtutem animae amori divino subicere, et hoc viriliter, et non remisse; unde additur et ex omnibus viribus tuis. * maximus. ° cum hac igitur intentione trinam ad deum dilectionem lex pertractat, ut avellat nos a trina mundi habitudine, qua respicitur ad possessiones, ad gloriam, et ad voluptates; in quibus etiam tentatus est christus. * basilius. ° si quis autem quaerit quo pacto divina dilectio poterit obtineri, dicemus, quoniam indocibilis est divina dilectio: nam nec lucis gaudere praesentia, nec vitam amplecti ab alio didicimus, vel amare parentes aut alumnos; et multo magis divinae dilectionis doctrinam. sed seminalis quaedam ratio nobis insita est intrinsecus, habens causas ut homo deo adhaereat; quam rationem accipiens |75| doctrina divinorum praeceptorum colere diligenter, cauteque fovere, et ad perfectionem divinae gratiae perducere consuevit: naturaliter enim bonum amamus, amamus etiam proprium et cognatum, necnon et benefactoribus sponte affectionem totam profundimus. si igitur bonus est deus, omnia vero bonum desiderant, quod voluntarie perficitur, naturaliter nobis inest; quem etsi per bonitatem minime novissemus, ex hoc tamen quod ab ipso processimus, tenemur ipsum ultra modum amare, tamquam scilicet nobis cognatum. maior etiam est et benefactor omnibus qui naturaliter diliguntur. est igitur primum et praecipuum mandatum divinae dilectionis; secundum autem primi completivum, et ab eo completum, quo monemur diligere proximum: unde sequitur et proximum tuum sicut teipsum. sortimur autem a deo potentiam ad huius executionem mandati. quis autem non novit quoniam mansuetum et communicativum animal est homo, non autem solitarium et silvestre? nihil enim tam |100| proprium est nostrae naturae, sicut ad invicem communicare, et mutuo indigere, et cognatum diligere. quorum ergo praeveniens dominus nobis tradidit semina, horum consequenter fructus requirit. * chrysostomus. ° tu tamen attende qualiter fere cum eodem excessu postulat utrumque praeceptum; de deo enim ait toto corde tuo; de proximo sicut teipsum: quod si diligenter observaretur, nec servus esset nec liber, nec victor nec victus, nec dives nec pauper, nec notus unquam esset diabolus: potius enim paleae ignis sustinerent immissionem, quam fervorem caritatis diabolus; adeo cuncta superat dilectionis constantia. * gregorius moralium. ° cum autem dicatur diliges proximum tuum sicut teipsum, quomodo alteri miserando pius est qui adhuc iniuste vivendo sit impius sibimetipsi? * chrysostomus. ° cum autem legisperitus respondisset quae continebantur in lege, christus, cui nota sunt omnia, scindit fallaciae eius retia; sequitur enim dixitque illi: recte respondisti; hoc fac, et vives. |125| * origenes. ° ex his indubitanter colligitur, quod vita quae praedicatur secundum mundi creatorem deum et antiquas scripturas ab eo traditas, vita perpetua est; attestatur enim dominus sumenti ex deuteronomio quidem illud diliges dominum deum tuum; ex levitico vero illud diliges proximum tuum sicut teipsum. haec autem dicta sunt contra sequaces valentini, basilidis et marcionis. quid enim aliud voluit nos facere ad quaerendum vitam aeternam, nisi quae continent lex et prophetae?

lc9 * Cyrillus. ° laudatus legisperitus a salvatore quod recte respondit, in superbiam prorumpit, nullum sibi proximum putans esse, quasi nullus esset ei in iustitia comparandus; unde dicitur ille autem volens iustificare seipsum, dixit ad iesum: et quis est meus proximus? circumveniunt enim eum quodammodo alternatim vitia, a fallacia qua tentando quaesiverat, ad arrogantiam lapsum. in hoc autem quod quaerit quis est meus proximus? vacuus a dilectione proximi ostenditur, cum non aestimet aliquem sibi proximum esse: et per consequens a dilectione divina, quoniam cum fratrem non diligat quem videt, non potest deum diligere quem non videt. * ambrosius. ° respondit etiam quod nesciret proximum suum, quia non credebat in christum; et qui christum nescit, nescit legem. cum enim veritatem ignoret, quomodo potest scire legem, quae annuntiat veritatem? * theophylactus. ° salvator autem non actibus aut dignitatibus, sed natura determinat |25| proximum: quasi dicat: non putes quod quamvis iustus sis, nullus tibi sit proximus: omnes namque qui eamdem naturam communicant, proximi tui sunt. fias igitur et tu eorum proximus, non loco, sed affectu, et circa eos cura; et ad hoc samaritanum in exemplum ducit; unde sequitur suscipiens autem iesus dixit: homo quidam descendebat ab ierusalem in iericho. * graecus. ° bene est generis appellatio; non enim ait: descendit quidam, sed homo quidam: nam sermo fit de tota humanitate. * augustinus de quaest. evang.. ° homo enim iste ipse adam intelligitur in genere humano; ierusalem civitas pacis, illa caelestis, a cuius beatitudine lapsus est; iericho interpretatur luna, et significat mortalitatem nostram, propter hoc quod nascitur, crescit, senescit et occidit. * augustinus hypognosticon. ° vel ierusalem, quae interpretatur visio pacis, paradisum dicimus. ante enim quam peccaret homo, in visione pacis erat, hoc est in paradiso, ubi quidquid videbat, pax erat, et laetitia. |50| inde descendit quasi humiliatus, et miser factus per peccatum, in iericho, idest in mundum, in quo omnia orta occidunt, sicut luna. * theophylactus. ° non autem dicit: descendit, sed descendebat: semper enim humana natura ad inferiora tendebat; et non in parte, sed in toto vitae attendebat passibili. * basilius. ° convenit etiam hoc, si quis loca perspexerit: iericho enim tenet loca convallia palaestinae; ierusalem vero in cacumine sita est, occupans apicem montis. venit igitur homo ab altis ad infima, ut a latronibus caperetur, qui incolebant desertum; unde sequitur et incidit in latrones. * chrysostomus. ° primus istius hominis miserandus est casus, qui inermis ac destitutus in latrones inciderit; quique improvidus incautusque eam viam elegerit qua evadere praedonum manus nequiverit; non enim posset inermis armatos, improvidus pessimos, incautus nocivos effugere: quippe cum malitia semper armata sit dolis, crudelitate septa, munita fallacia, et ad nocendi saevitiam praeparata. * ambrosius. |75| ° qui sunt autem isti latrones, nisi angeli noctis atque tenebrarum, in quos non incidisset nisi eis mandati caelestis devius se fecisset obnoxium? * chrysostomus. ° in exordio igitur mundi nocendi fallaciam diabolus est operatus in hominem, in quem fallendi virus exercuit, et malitiae nocentiam dedicavit. * augustinus. ° incidit ergo in latrones, idest in diabolum et angelos eius: qui per inobedientiam primi hominis humanum genus despoliaverunt, morum scilicet ornamentis, et vulneraverunt, dono scilicet possibilitatis liberi arbitrii perdito; unde sequitur qui etiam despoliaverunt eum, et plagis impositis abierunt. in illo enim peccante plagam fecit, in nobis vero plagas, cum per unum peccatum quod contrahimus, superaddimus multa peccata. * augustinus de quaest. evang.. ° vel spoliaverunt hominem immortalitate, et plagis impositis, peccata suadendo, reliquerunt semivivum: quia ex parte qua potest intelligere et cognoscere deum, vivus est homo: ex parte autem qua peccatis |100| contabescit et premitur, mortuus est et hoc est quod subditur semivivo relicto. * augustinus hypognosticon. ° semivivus enim habet vitalem motum, idest liberum arbitrium, vulneratum; quod ad aeternam vitam, quam perdiderat, redire non sufficiebat: et ideo iacebat, quia vires ei propriae ad surgendum non sufficiebant, ut ad se sanandum medicum, idest deum, requireret. * theophylactus. ° aut semivivus dicitur homo post peccatum; quia anima immortalis est, corpus vero mortale, ita ut medietas hominis morti succumbat: aut quia humana natura in christo sperabat consequi salutem, ita ut non omnino morti succumberet; sed inquantum adam peccaverit, mors in mundum intravit; in christi vero iustificatione mors erat destruenda. * ambrosius. ° vel spoliant quae accepimus indumenta gratiae spiritualis, et sic vulnera inferre consueverunt: nam si intemerata quae sumpsimus indumenta servemus, plagas latronum sentire non possumus. * basilius. ° vel potest intelligi quod |125| expoliaverunt eum, plagis prius impositis: praecedunt enim vulnera nuditatem, ut intelligas quod peccatum gratiae praecedat carentiam. * beda. ° dicuntur autem plagae peccata, quia his naturae humanae integritas violatur. abierunt autem non ab insidiis cessando, sed insidiarum fraudes occultando. * chrysostomus. ° hic itaque homo, idest adam, iacebat destitutus salutis auxilio, confossus vulneribus delictorum; cui nec sacerdos aaron transiens sacrificio potuit profuisse; sequitur enim accidit autem ut sacerdos quidam descenderet eadem via; et viso eo praeterivit; nec etiam eius frater moyses levita, per legem potuit subvenire; unde sequitur similiter et levita, cum esset secus locum, et videret eum, pertransiit. * augustinus hypognosticon. ° vel in sacerdote et levita duo tempora intelliguntur, legis scilicet, et prophetarum: in sacerdote lex, per quam sacerdotium et sacrificia instituta sunt; in levita vaticinium prophetarum: quorum temporibus humanum |150| genus sanari non potuit, quia per legem cognitio peccati, non abolitio. * theophylactus. ° dicit autem praeterivit, quia lex venit, et stetit usque ad tempus praefixum; deinde non valens curare, abiit. vide etiam quod lex non ad hoc data est praecogitative ut hominem curaret: non enim poterat homo a principio suscipere christi mysterium; et ideo dicit accidit ut sacerdos quidam descenderet: quod consuevimus dicere in his quae non praemeditative fiunt. * augustinus de verb. dom.. ° vel quia homo descendens a ierusalem in iericho israelita fuisse intelligitur: quod intelligi potest, quia transiens sacerdos utique genere proximus praeteriit iacentem; transiit levita, et hic genere proximus iacentem et ipse contempsit. * theophylactus. ° miserti, inquam, illius fuere cum cogitaverunt: postmodum vero tenacitate devicti abierunt retrorsum: hoc enim designat quod dicit praeteriit. * augustinus. ° transiit samaritanus genere longinquus, misericordia proximus; fecit quod sequitur: samaritanus |175| autem quidam iter faciens, venit secus eum: in quo samaritano se voluit intelligi dominus noster iesus christus: samaritanus enim custos interpretatur et de ipso dicitur: non dormitabit neque dormiet qui custodit israel, quia resurgens a mortuis, iam non moritur. denique cum dictum esset illi: quia samaritanus es, et daemonium habes, negavit se habere daemonium, quia se noverat daemonum expulsorem, non se negavit infirmi custodem. * graecus. ° vocat autem hic christus se samaritanum opportune: cum enim alloqueretur legisperitum superbientem in lege, voluit exprimere quoniam nec sacerdos, nec levita, et qui conversabantur in lege, legis propositum implebant; sed ipse venit consummaturus legis propositum. * ambrosius. ° hic autem samaritanus etiam erat descendens; quis enim est qui descendit de caelo, nisi qui ascendit in caelum, filius hominis qui est in caelo? * theophylactus. ° dicit autem iter faciens, quasi ex proposito hoc statuens, |200| ut nos curaret. * augustinus hypognosticon. ° venit autem in similitudine carnis peccati; ideo secus eum quasi in similitudine. * graecus. ° vel secus viam venit; fuit enim vere viator, non deviator, gratia nostri descendens ad terram. * ambrosius. ° veniens autem factus est compassionis nostrae susceptione finitimus, et misericordiae collatione vicinus; unde sequitur et videns eum, misericordia motus est. * augustinus. ° videns quidem eum iacentem, non valentem, non currentem; et ideo misericordia motus est, quia in eo nullum meritum invenit, quo curari dignus esset; sed ipse de peccato damnavit peccatum in carne; unde sequitur et appropians alligavit vulnera eius, infundens oleum et vinum. * augustinus de verb. dom.. ° quid enim tam longinquum, quid tam remotum quam deus ab hominibus, immortalis a mortalibus, iustus a peccatoribus, non loco longe, sed dissimilitudine? cum ergo haberet in se duo bona, scilicet iustitiam et immortalitatem, et |225| nos duo mala, scilicet iniquitatem et mortalitatem; si utrumque malum nostrum suscepisset, par noster fuisset, et liberatore nobiscum opus haberet. ut ergo esset non hoc quod nos, sed prope nos, non est ille peccator ut tu; sed factus est mortalis quod tu; suscipiendo poenam, et non suscipiendo culpam, et culpam delevit et poenam. * augustinus de quaest. evang.. ° alligatio vulnerum est cohibitio peccatorum, oleum consolatio spei bonae per indulgentiam datam ad reconciliationem pacis; vinum exhortatio ad operandum ferventissime in spiritu. * ambrosius. ° vel constringit vulnera nostra austeriore praecepto, et sicut oleo fovet remissione peccati, sic vino compungit denuntiatione iudicii. * gregorius moralium. ° vel in vino morsum districtionis adhibet, in oleo mollitiem pietatis; per vinum ungantur putrida, per oleum sananda foveantur. miscenda est ergo lenitas cum severitate, et faciendum est quoddam ex utroque temperamentum, ut neque multa asperitate |250| exulcerentur subdit, neque nimia benignitate solvantur. * theophylactus. ° vel aliter. quae secundum hominem est conversio, oleum est; quae vero secundum deum, vinum est; quod divinitatem significat, quam nemo potuisset sustinere, nisi oleum haberetur, idest conversatio humana: unde quaedam operatus est humane, quaedam divinitus. infudit ergo oleum et vinum, quia nos humanitate et divinitate salvavit. * chrysostomus. ° vel vinum infundit, idest sanguinem passionis, et oleum chrismatis, ut indulgentia daretur per sanguinem, sanctificatio conferretur per chrismatis unctionem. a caelesti medico conscissa loca ligantur, et intra semetipsa retinentia medicinam, operante medicamine, pristinae sanitati redduntur. infuso ergo vino et oleo, imposuit eum super iumentum; unde sequitur et imponens illum in iumentum suum, duxit in stabulum, et curam eius egit. * augustinus. ° iumentum eius est caro, qua ad nos venire dignatus est; imponi iumento est in ipsam incarnationem |275| christi credere. * ambrosius. ° vel iumento imponit dum peccata nostra portat et pro nobis dolet: homo enim iumento similis factus est: et ideo supra iumentum suum nos imposuit, ne nos essemus sicuti equus et mulus: ut per nostri corporis assumptionem infirmitatem nostrae carnis aboleret. * theophylactus. ° vel imposuit in suum iumentum, idest in corpus suum: membra namque sua nos fecit, et participes corporis eius. et lex quidem non omnes suscipiebat: moabitae et ammonitae non intrabunt in ecclesiam dei; nunc vero in omni gente qui timet dominum, ab eo suscipitur volens credere et pars ecclesiae fieri; propter hoc dicit, quod duxit eum in stabulum. * chrysostomus. ° est enim stabulum ecclesia, quae in itinere mundi lassatos et sarcinis delictorum defessos suscipit venientes; ubi deposito onere peccatorum, viator lassus reficitur, et refectus salubri pascuo reparatur; et hoc est quod dicitur et curam illius egit. totum enim quicquid contrarium, nocens |300| et malum est, foris est, quia intra stabulum requies omnis salubritasque inclusa est. * beda. ° et bene iumento impositum duxit in stabulum, quia nemo, nisi per baptismum corpori christi adunatus, ecclesiam intrabit. * ambrosius. ° sed quia non vacabat samaritano huic diu in terris degere, redeundum erat unde descenderat: unde sequitur et altera die protulit duos denarios, et dedit stabulario, et ait: curam illius habe. quis est iste alter dies, nisi forte ille dominicae resurrectionis, de quo dictum est: haec est dies quam fecit dominus? duo autem denarii sunt duo testamenta, quae imaginem in se habent aeterni regis expressam, quorum pretio vulnera nostra curantur. * augustinus de quaest. evang.. ° vel duo denarii sunt duo praecepta caritatis, quam per spiritum sanctum acceperunt apostoli ad evangelizandum ceteris; vel promissio vitae praesentis et futurae. * origenes. ° vel duo denarii videntur mihi esse scientia sacramenti, quomodo pater in filio et filius in patre sit, |325| qua velut mercede donatur ecclesiae angelus, ut diligentius curet hominem sibi commendatum, quem pro angustia temporis etiam ipse curaverat. et promittitur ei quicquid de suo in medelam semiviventis expenderet, illico esse reddendum; unde sequitur et quodcumque supererogaveris, ego, cum rediero, reddam tibi. * augustinus. ° stabularius fuit apostolus, qui supererogavit aut illud consilium quod ait: de virginibus autem praeceptum domini non habeo, consilium autem do, aut quod etiam manibus suis operatus est, ne infirmorum aliquem in novitate evangelii gravaret, cum ei liceret ex evangelio pasci. multum etiam supererogaverunt apostoli; sed et pro tempore doctores, qui vetus et novum testamentum exposuere, supererogaverunt, pro quibus retributionem accipient. * ambrosius. ° beatus ergo ille stabularius qui alterius vulnera curare potest; beatus ille cui dicit iesus quodcumque supererogaveris, revertens reddam tibi. sed quando reverteris, domine, nisi iudicii die? nam |350| licet ubique sis semper et stans in medio nostrum, non cerneris a nobis; erit tamen tempus quo universa caro te respiciet revertentem. reddes ergo quod debes beatis quibus es debitor. utinam nos simus idonei debitores, ut quod accepimus possimus exsolvere. * cyrillus. ° his ergo praemissis, opportune iam dominus legisperitum interrogat, subdens quis horum trium tibi videtur proximus fuisse illi qui incidit in latrones? at ille dixit: qui fecit misericordiam in illum. neque enim sacerdos, neque levita factus fuit proximus patientis, sed ille qui est eius misertus: inutilis est enim sacerdotii dignitas et legis scientia, nisi per bona opera confirmetur; unde sequitur et ait illi iesus: vade, et tu fac similiter. * chrysostomus. ° quasi dicat: si quem vides oppressum, non dicas: utique nequam est; sed sive gentilis sit, sive iudaeus, et ope indigeat, non cavilleris auxiliari, quaecumque mala fuerit passus. * augustinus de doctr. christ.. ° ex hoc intelligimus eum esse |375| proximum cui vel exhibendum est officium misericordiae, si indiget, vel exhibendum esset, si indigeret. ex quo iam consequens est ut etiam ille a quo nobis vicissim exhibendum est, proximus noster sit: proximi enim nomen ad aliquid est; nec quisquam esse proximus nisi proximo potest. nullum autem exceptum esse cui misericordiae denegetur officium, quis non videat? dicente domino: benefacite his qui vos oderunt. unde manifestum est, hoc praecepto quo iubemur diligere proximum, etiam sanctos angelos contineri, a quibus tanta nobis misericordiae impenduntur officia, ex quo et ipse dominus proximum nostrum se dici voluit, significans se opitulatum esse semivivo iacenti in via. * ambrosius. ° non enim cognatio facit proximum, sed misericordia, quia misericordia est secundum naturam: nihil enim tam secundum naturam, quam iuvare consortem naturae.

lc10 * Beda. ° dilectio dei et proximi, quae superius verbis et parabolis continebatur, hic ipsis rebus et veritate designatur; dicitur enim factum est autem dum irent, et ipse intravit in quoddam castellum. * origenes. ° cuius quidem nomen lucas hic tacet; sed ioannes exprimit vocans ipsum bethaniam. * augustinus de verb. dom.. ° sed dominus qui in sua propria venit, et sui eum non receperunt, susceptus est tamquam hospes; sequitur enim et mulier quaedam martha nomine, excepit illum in domum suam; sicut solent suscipi peregrini; sed tamen suscepit famula dominum, aegra salvatorem, creatura creatorem. ne quis autem dicat: o beati qui christum suscipere in domum propriam meruerunt; noli dolere, cum inquit: quod enim uni ex minimis meis fecistis, mihi fecistis. accepta autem forma servi, in illa pasci a servis voluit dignatione, non conditione. habebat carnem, in qua quidem esuriret et sitiret; sed in eremo esurienti |25| angeli ministrabant; ergo quod pasci voluit, pascenti praestitit. martha igitur dominus pascere disponens et praeparans circa ministerium occupabatur; maria vero soror eius pasci magis elegit a domino; sequitur enim et huic erat soror nomine maria, quae etiam sedens secus pedes domini, audiebat verbum illius. * chrysostomus. ° non simpliciter dicitur de maria quod sederet prope iesum, sed secus pedes illius; ut ostendat diligentiam, assiduitatem et solertiam erga auditionem, et multam reverentiam quam habebat ad dominum. * augustinus de verb. dom.. ° quanto autem humilius ad pedes sedebat, tanto amplius capiebat: confluit enim aqua ad humilitatem convallis, denatat de tumoribus collis. * basilius. ° omnis autem operatio et verbum salvatoris regula est pietatis et virtutis; ob hoc enim induit corpus nostrum, ut nos conversationem illius imitemur pro posse. * cyrillus. ° exemplo igitur suo docet discipulos qualiter se gerere debeant in domibus eorum qui eos suscipiunt; ut |50| scilicet applicantes ad domum, non resupini quiescant, sed potius repleant suscipientes sacris et divinis doctrinis: hi vero qui domum parant, exeant obviam hilariter et ferventer duabus de causis. primo quidem aedificabuntur in doctrinis eorum quos suscipiunt, deinde et recipient caritatis mercedem; unde et hic sequitur martha autem satagebat circa frequens ministerium. * augustinus. ° bene martha circa corporalem domini necessitatem vel voluntatem ministrabat, quasi mortali; sed qui erat in carne mortali, in principio erat verbum; ecce quod maria audiebat; verbum caro factum est, ecce cui martha ministrabat: laborabat ista, vacabat illa; verumtamen martha laborans multum in illa occupatione et negotio ministrandi interpellavit dominum, et de sorore conquesta est; sequitur enim et ait: domine, non est tibi curae quod soror mea reliquit me solam ministrare? erat enim maria intenta dulcedini verbi domini; a martha convivium domino parabatur, in cuius |75| convivio maria iam iucundabatur. cum ergo suaviter audiret verbum dulcissimum, et corde intentissimo pasceretur, interpellato domino a sorore sua, quomodo putamus eam timuisse ne diceret ei dominus: surge, et adiuva sororem tuam? mira enim suavitate tenebatur; quae profecto maior est mentis quam ventris. sed causam suam tamquam otiosa iudici maluit committere, nec in respondendo voluit laborare: si enim pararet respondendi sermonem, remitteret audiendi intentionem. respondit ergo dominus, qui in verbo non laborabat, quia verbum erat; sequitur enim et respondens dixit illi dominus: martha, martha, sollicita es, et turbaris erga plurima. repetitio nominis indicium est dilectionis, aut forte movendae intentionis, ut audiat attentius. bis vocata audit turbaris erga plurima; idest, circa multa es occupata: vult enim homo occurrere quando ministrat, et aliquando non potest: quaeritur quod deest, paratur quod adest: distenditur animus; nam si martha sufficeret, adiutorium sororis |100| non posceret: multa sunt, diversa sunt, quia carnalia sunt, temporalia sunt. praeponitur autem unum multis; non enim a multis unum, sed multa ab uno; unde sequitur porro unum est necessarium. circa unum se voluit occupari, secundum illud: mihi adhaerere deo bonum est. unum sunt pater et filius et spiritus sanctus: ad hoc unum non nos perducit, nisi multi habeamus cor unum. * cyrillus. ° vel aliter. cum susceperint aliqui fratres deum, non sollicitentur erga multum officium, nec poscant quae prae manibus non sunt, et opus exuperant: gravat enim passim in qualibet re quod superfluit: generat enim volentibus conferre taedium: convivis autem videtur quod sunt aliis causa laboris. * basilius. ° absurdum etiam est cibos ad sustentationem corporis sumere, ac per eos iterum officere corpori, et impedire ipsum erga mandatorum divinorum officium. si ergo adveniat aliquis pauperum, sumat formam et exemplar modestiae ciborum; nec causa vivere volentium in deliciis |125| mensam propriam praeparemus: uniformis enim est christiani vita, ad unam intendens intentionem, scilicet ad gloriam dei; multiformis vero et varia vita eorum qui de foris sunt, pro libito variata. tu vero cur dum copia ciborum et causa delectationis fratri praeparas mensam, criminaris eum voluptatis, et diffundis in eum gulositatis opprobria, arguens delicias eius in eo quod praeparas? non commendavit dominus martham occupatam circa frequens ministerium. * augustinus de verb. dom.. ° quid ergo? putamus reprehensum esse ministerium marthae, quam cura hospitalitatis occupaverat, quae tanto hospite laetabatur? hoc si verum est, dimittant homines quod ministrant egentibus: vacent verbo, occupentur circa scientiam salutarem; nihil sit cura eis quis peregrinus in vico sit, quis egeat pane; vacent opera misericordiae, uni instetur scientiae. * theophylactus. ° non ergo dominus hospitalitatem prohibet, sed plurimorum turbationem, scilicet abstractionem et tumultum. |150| et vide consilium domini; quod prius dominus nihil dixerat marthae; sed postquam quam illa sororem ab auditu studebat avellere, tunc dominus occasione habita increpavit eam: usque enim adeo honoratur hospitalitas, donec ad necessaria nos attrahit; cum vero incipit ab utilioribus impedire, manifestum est quod honorabilior est divinorum auditus. * augustinus de verb. dom.. ° non ergo dominus opus reprehendit, sed munus distinxit; sequitur enim maria optimam partem elegit, quae non auferetur ab ea. non tu malam, sed illa meliorem. unde meliorem? quia ab ea non auferetur, a te auferetur aliquando onus necessitatis: non enim cum veneris ad illam patriam, invenies peregrinum quem suscipias hospitio. sed bono tuo auferetur, ut quod melius est detur: auferetur a te labor, ut requies detur. tu navigas, illa in portu est: aeterna enim est dulcedo veritatis; in hac tamen vita augetur, in illa perficietur, numquam auferetur. * ambrosius. ° agat ergo te sicut mariam desiderium |175| sapientiae: hoc enim maius, hoc perfectius opus, ne ministerii cura cognitionem verbi caelestis avertat. nec arguas eos et otiosos iudices, quos videas sapientiae studere. * augustinus de quaest. evang.. ° mystice autem quod martha excepit illum in domum suam, significat ecclesiam, quae nunc excepit dominum in cor suum. maria soror eius, quae sedebat ad pedes domini, et audiebat verbum eius, significat eamdem ecclesiam, sed in futuro saeculo, ubi cessans ab opere ministerioque indigentiae, sola sapientia perfruitur. quod autem conqueritur quod soror eius eam non adiuvet, occasio datur sententiae domini, qua ostendit istam ecclesiam sollicitam esse et turbari erga plurima, cum sit unum necessarium, ad quod per ministerii huius merita pervenitur. mariam vero dicit optimam partem elegisse, quia per hanc ad illam tenditur, et non aufertur. * gregorius moralium. ° vel per mariam, quae verba domini residens audiebat, contemplativa vita exprimitur; |200| per martham exterioribus obsequiis occupatam, activa vita significatur. sed marthae cura non reprehenditur, mariae vero laudatur: quia magna sunt activae vitae merita, sed contemplativae potiora. unde nec auferri unquam mariae pars dicitur: quia activae vitae opera corpore transeunt, contemplativae autem gaudia melius ex fine convalescunt.

073 CLC cp11

lc1 * Beda. ° post historiam sororum, quae duas ecclesiae vitas significaverunt, non frustra dominus et ipse orasse, et discipulos orare docuisse scribitur; quia et oratio quam docuit, utriusque in se vitae continet mysterium et ipsarum perfectio vitarum, nostris non viribus est obtinenda, sed precibus; unde dicitur et factum est cum esset in quodam loco orans. * cyrillus. ° cum autem habeat omnis boni plenitudinem, cur orat, si plenus est, et in nullo penitus eget? ad hoc dicimus, quod competit ei ex modo dispensationis in carne, cum voluerit, humana prosequi tempore ad hoc conveniente. si enim comedit et bibit, non incongrue utebatur oratione: ut doceat nos non esse erga hoc tepidos, sed attentius insistere orationibus. * titus. ° cum autem novam conversationem vidissent discipuli, novam formam orationis postulaverunt, cum plures orationes continerentur in veteri testamento; unde sequitur ut cessavit, dixit unus ex discipulis eius ad eum: domine, doce nos |25| orare; ne scilicet contra deum peccemus, alia quaerentes pro aliis, vel deo assistentes in oratione non eo modo quo expedit. * origenes. ° et ut orationis doctrinam proferat, infert sicut ioannes docuit discipulos suos; de quo scilicet nos docuisti, quod inter natos mulierum nullus eo maior surrexit: et quia praecepisti nobis petere aeterna et grandia; unde erit nos ad horum pervenire notitiam, nisi a te deo et salvatore nostro? * gregorius nyssenus. ° orationis ergo doctrinam explicat discipulis, qui solerter notitiam orationis expostulant; ostendens qualiter implorari oporteat divinum auditum. * basilius. ° duo autem sunt modi orationis. unus quidem laudis cum humilitate: secundus vero petitionis, remissior. quoties ergo oras, non prius ad petendum prorumpas. sin autem tuum criminaris affectum, quasi necessitate coactus supplices deo. sed cum incipis orare, quamlibet desere creaturam visibilem et invisibilem; sumas autem exordium a laude illius qui cuncta creavit; unde subditur et ait illis: |50| cum oraveritis, dicite: pater. * augustinus de verb. dom.. ° primus sermo quantae gratiae? faciem tuam non audebas ad caelum levare, et subito accepisti gratiam christi. ex malo servo factus es bonus filius; ideo praesume non de tua operatione, sed de christi gratia. non ergo hic arrogantia est, sed fides: praedicare quod acceperis, non est superbia, sed devotio. ergo attolle oculos ad patrem; qui te per lavacrum genuit, qui per filium te redemit: patrem dicas quasi filius; sed noli tibi aliquid specialiter vindicare: solius christi specialis est pater, nobis est pater omnibus in communi: quia illum solum genuit, nos autem creavit. et ideo secundum matthaeum dicitur: pater noster, et additur: qui es in caelis; in illis scilicet caelis de quibus dictum est: caeli enarrant gloriam dei. caelum est ubi culpa cessavit, ubi nullum mortis est vulnus. * theophylactus. ° non autem dicit: qui es in caelis, tamquam ibi circumscribatur; sed ut ad caelos erigat auditorem et abstrahat a terrenis. * gregorius nyssenus. |75| ° vide autem quantae praeparationis opus est ut audacter possis deo dicere pater; quia si ad res mundanas intuitum dirigis, aut humanam gloriam ambis, aut sordes passibilis appetitus, et hanc orationem enunties; audire mihi videor deum dicentem: cum corruptae fueris vitae, si patrem vocas incorruptibilitatis genitorem, foeda voce inquinas incorruptibile nomen: nam qui patrem mandavit vocare, proferre mendacium non concessit. omnium vero bonorum exordium est glorificare nomen dei in vita nostra; unde subdit sanctificetur nomen tuum. quis enim est adeo bestialis qui videns in credentibus vitam puram, non glorificet nomen invocatum in tali vita? igitur qui dicit in oratione sanctificetur in me invocatum nomen tuum, hoc orat: fiam, tuo concurrente subsidio, iustus, et abstinens a quolibet malo. * chrysostomus. ° sicut enim cum quis caeli pulchritudinem aspicit, dicit: gloria tibi, deus, sic etiam cum aspicit alicuius virtutem: quia hominis virtus multo magis quam |100| caelum glorificat deum. * augustinus de verb. dom.. ° vel dicitur sanctificetur nomen tuum, in nobis, ut ad nos possit eius sanctificatio pervenire. * titus. ° vel dicit sanctificetur nomen tuum: idest, nota sit tua sanctitas toti mundo, et laudet te decenter. rectos autem decet collaudatio. iussit igitur orare pro emendatione mundi totius. * cyrillus. ° quoniam penes eos ad quos nondum pervenit fides, contemnitur adhuc nomen dei; sed ubi iubar veritatis super eos illuxerit, eum fatebuntur sanctum sanctorum. * titus. ° et quia in nomine iesu est gloria dei patris; tunc nomen patris sanctificabitur, quando christus erit notus. * origenes. ° vel quia nomen dei ab errantibus attribuitur culturis et creaturis, nondum est sanctificatum, ut sit separatum a quibus debuit separari. decet ergo nos orare ut nomen dei adaptetur soli vero deo, cui adaptatur quod subditur adveniat regnum tuum: ut scilicet evacuetur principatus, et potestas, et virtus, et regnum mundi, quin etiam peccatum, quod regnat in mortalibus nostris |125| corporibus. * gregorius nyssenus. ° imploramus etiam a domino liberari a corruptione, eximi a morte. vel secundum quosdam, adveniat regnum tuum, idest, veniat super nos spiritus sanctus tuus, ut purificet nos. * augustinus de verb. dom.. ° tunc enim venit regnum dei quando eius sumus gratiam consecuti: ipse enim ait: regnum dei intra vos est. * cyrillus. ° vel qui hoc dicunt, videntur optare rursum refulgentem in mundo omnium salvatorem. mandavit autem in oratione petere illud tempus revera terribile, ut sciant quod vivere decet eos non lente vel remisse, ut illud tempus non paret eis flammam et vindictam, sed magis honeste secundum voluntatem ipsius, ut eis tempus illud nectat coronas: unde, secundum matthaeum sequitur: fiat voluntas tua, sicut in caelo et in terra. * chrysostomus. ° quasi dicat: praesta nobis, domine, conversationem imitari caelestem, quatenus quaecumque tu vis, nos etiam velimus. * gregorius nyssenus. ° quoniam enim vitam humanam post resurrectionem |150| similem dicit esse venturam vitae angelicae, consequens est vitam mundanam ad vitam quae postmodum speratur, disponi, ut in carne viventes, carnaliter non vivamus. per hoc autem verus medicus animae solvit morbi naturam; ut quos occupavit infirmitas per hoc quod a voluntate divina recesserant, a morbo denuo liberet copulatio ad voluntatem divinam. est enim sanitas animae executio debita voluntatis divinae. * augustinus in enchir.. ° apud evangelistam igitur matthaeum septem petitiones continere videtur dominica oratio; evangelista vero lucas in oratione dominica petitiones non septem, sed quinque complexus est, nec ab illo utique discrepavit. sed quomodo illa septem sint intelligenda, ipse sub brevitate commonuit. nomen quippe dei sanctificatur in spiritu; dei autem regnum in resurrectione futurum est. ostendens ergo lucas tertiam petitionem duarum superiorum esse quodammodo repetitionem, magis eam praetermittendo voluit intelligi. deinde tres |175| alias adiunxit; et primo de pane quotidiano, dicens panem nostrum quotidianum da nobis hodie. * augustinus de verb. dom.. ° in graeco dicitur epiusion, hoc est supersubstantialem. non iste est panis qui vadit in corpus, sed ille panis vitae aeternae, qui animae nostrae substantiam fulcit. latinus autem hunc quotidianum panem dicit, quem graeci dicunt advenientem. si quotidianus ille est panis, cur post annum illum sumas, quemadmodum graeci in oriente facere consueverunt? accipe quotidie quod quotidie tibi prosit: sic vive quod quotidie merearis accipere. mors domini significatur, et remissio peccatorum. qui vulnus habet, medicinam quaerit; vulnus est, quia sub peccato sumus; medicina est caeleste et venerabile sacramentum. si quotidie accipis, quotidie tibi est hodie; christus tibi quotidie resurgit: hodie est enim quando christus resurgit. * titus. ° vel panis animarum divina est virtus afferens futuram vitam perennem, sicut panis ex terra prodiens vitam temporalem conservat. cum |200| autem quotidianum dixisset, divinum qui advenit et futurus est, significat; quem nobis hodie praestari requirimus, poscentes quoddam eius principium atque gustum, quando spiritus in nobis inhabitans virtutem operatur, quae superat omnem virtutem humanam; puta castitatem, humilitatem, * etc. cyrillus. ° putant autem forsan aliqui indecens esse, sanctos a deo quaerere corporalia; et ob hanc causam applicant quod dicitur, ad spiritualem considerationem. ego autem concedam quod oportet sanctos praecipue satagere ad obtinenda spiritualia dona; illud tamen decet inspicere quod irreprehensibiliter petunt, domino praecipiente, panem communem: ex eo enim quod panem iussit quaerere, idest quotidianum alimentum, videtur quod nihil concedat eos habere, sed magis honestam colere paupertatem: non enim est habentium panem petere, sed oppressorum penuria. * basilius. ° quasi dicat: panem quotidianum, qui nostrae substantiae competit ad vitam diurnam, non tibi ipsi commendes; sed ad deum causa eius refugias, exponens |225| ei necessitatem naturae. * chrysostomus in matthaeum. ° postulanda ergo sunt divinitus necessaria vitae, non ciborum diversitates et vina odorifera, et cetera quae delectant guttur, onerant autem ventrem, et mentem perturbant; sed panis, qui potest substantiam corporis sustentare; et illum qui nobis hodie tantummodo sufficit, ut de crastino non cogitemus. unam autem solam petitionem sensibilem quaerimus, ut praesentibus non affigamur. * gregorius nyssenus. ° postquam autem per bona opera fiduciam sumere docuit, consequenter remissionem reatuum docet implorare; sequitur enim et dimitte nobis peccata nostra. * titus. ° hoc autem additum est necessario, pro eo quod nullus sine peccato reperitur, ne impediamur a sacra participatione propter humana peccata. cum enim teneamur exhibere christo omnimodam sanctitatem, qui spiritum sanctum habitare facit in nobis, redarguendi sumus, si non observemus ei templum mundum. huic autem defectui subvenitur per dei bonitatem indulgentem humanae |250| fragilitati peccatorum punitionem. hoc autem iuste fit a iusto deo, quando nos quasi debitoribus relaxamus, his scilicet qui nobis nocuerunt, et debita non exhibuerunt; unde subditur siquidem et ipsi dimittimus omni debenti nobis. * cyrillus. ° vult enim, ut ita loquar, patientiae quam homines colunt, imitatorem fieri deum, ut qualem ipsi exhibuerunt conservis bonitatem, talem pari lance recipere petant a deo, qui iuste recompensat, et novit omnium misereri. * chrysostomus. ° haec igitur animadvertendo grates agendae sunt debitoribus nostris: fiunt enim nobis, si sapimus, causa indulgentiae maximae; et pauca exhibentes, plurima reperiemus: nam et nos multa debemus et magna debita domino; quorum si minimam partem a nobis vellet exigere, iam perissemus. * augustinus de verb. dom.. ° debitum autem quid est nisi peccatum? ergo si non accepisses alieni fenoris pecuniam, non deberes; et ideo peccatum tibi imputatur. habuisti enim pecuniam, cum qua dives nascereris, ad imaginem et similitudinem |275| factus dei; sed perdidisti quod habebas; sicut dum arrogantiam desideras vindicare, perdidisti humilitatis pecuniam; accepisti a diabolo debitum, quod non erat necessarium: cautionem tuam tenebat inimicus; sed eam dominus crucifixit, et suo cruore delevit. potens est autem dominus, qui abstulit peccatum, et debita nostra donavit, custodire nos adversus diaboli insidias, qui culpam generare consuevit; unde sequitur et ne nos inducas in tentationem, quam scilicet ferre non possumus. sed quasi athleta talem vult tentationem, quam ferre possit humana conditio. * titus. ° a diabolo enim non tentari est impossibile; sed ne a deo relinquamur ad tentationes, hoc deprecamur. quod autem ex permissione divina contingit, illud deus quandoque facere dicitur in scriptura; et secundum hoc, nisi prohibeat tentationis invalescentiam, quae supra nos est, tunc nos in tentationem inducit. * maximus. ° vel mandat dominus ut petamus ne nos inducas in tentationem; idest, non permittas voluptuosarum et |300| spontanearum tentationum nos experientiam pati. iacobus autem docet, pro veritate certantes non remitti tentationibus involuntariis et causativis laborum, dicens: omne gaudium existimate, fratres mei, cum in tentationes varias incideritis. * basilius. ° non tamen decet nos orando petere afflictiones corporales; universaliter enim praecepit orare, non subire tentationem; sed postquam aliquis subiit, expedit a domino petere virtutem perferendi, ut consummetur in nobis illud: qui sustinet usque ad finem, salvus erit. * augustinus in enchir.. ° at vero quod matthaeus in ultimo posuit: sed libera nos a malo, iste non posuit, ut intelligamus ad illud superius, quod de tentatione dictum est, pertinere: ideo quippe ait: sed libera, non ait: et libera; tamquam unam petitionem demonstrans: noli hoc, sed hoc. sed sciat unusquisque in eo se liberari a malo quod non infertur in tentationem. * augustinus de verb. dom.. ° unusquisque enim petit ut a malo, hoc |325| est ab inimico et peccato, liberetur; sed qui deo se committit, diabolum non timet. si enim deus pro nobis, quis contra nos?

lc2 * Cyrillus. ° docuerat supra salvator ad petitionem apostolorum, qualiter oportet orare: poterat autem contingere eos qui hoc salutare documentum receperant, effundere quidem preces iuxta traditam formam, sed negligenter et remisse hoc facere: deinde cum non exaudirentur per primam vel secundam orationem, desistere ab orationibus. itaque ne hoc pateremur, per modum parabolae manifestat, quod pusillanimitas in orationibus damnosa est. utilissimum vero est in eis patientiam habere; unde dicitur et ait ad illos: quis vestrum habebit amicum? * theophylactus. ° amicus iste deus est, qui omnes amat et omnes salvos vult fieri. * ambrosius. ° quis etiam est nobis amicior quam qui pro nobis corpus suum tradidit? datur autem nobis hic alius praecepti modus, ut omnibus momentis, non solum diebus, sed etiam noctibus, oratio deferatur; sequitur enim et ibit ad illum media nocte: sicut petiit david quando dixit: media nocte surgebam ad confitendum tibi; neque enim timuit excitare dormientem, quem scit semper esse vigilantem. nam si ille tam sanctus, et qui regni erat necessitatibus occupatus, septies in die laudem domino dicebat; quid nos facere debemus, qui eo amplius rogare debemus quo frequentius carnis ac mentis fragilitate delinquimus? quid quod diligendo dominum deum tuum, non solum tibi, sed etiam aliis poteris mereri? sequitur enim et dicet illi: amice, commoda mihi tres panes, quoniam amicus meus venit ad me de via, et non habeo quod ponam ante illum. * augustinus de verb. dom.. ° quid autem sunt isti tres panes nisi mysterii caelestis alimentum? fieri enim potest ut aliquis passus fuerit amicum aliquid interrogantem quod respondere non possit; et tunc se invenit non habere quando coactus est dare. venit ergo tibi amicus de via huius saeculi, in qua omnes velut peregrini transeunt, nec ullus quasi possessor manet; sed omni homini dicitur: transi, da venturo locum, aut forte de via mala, hoc est de vita mala, fatigatus nescio quis amicus tuus non inveniens veritatem, qua audita et percepta beatus fiat. venit ad te tamquam ad christianum, et dicit: redde mihi rationem: et interrogat quod forte tu per simplicitatem fidei nesciebas; et non est unde reficias esurientem et compelleris quaerere in dominicis libris: fortassis enim quod ille interrogavit, in libro positum est; sed obscurum est; ipsum paulum, aut petrum, aut aliquem prophetam interrogare non sineris: iam enim requiescit familia ista cum domino isto suo; et saeculi huius ignorantia valida est, hoc est nox media, et urget amicus esuriens, cui simplex fides non sufficit. numquid deserendus est? ergo ad ipsum dominum, cum quo familia requiescit, pulsa orando; de quo subditur et ille de intus respondens dicat: noli mihi molestus esse. qui differt dare, vult ut amplius desideres dilatum, ne vilescat cito datum. * basilius. ° forsitan etiam ob hoc differt quasi ingeminans tui assiduitatem et frequentiam erga se, et ut agnoscas quid donum dei sit, et in timore donata custodias. quicquid enim aliquis multo labore acquirit, nititur custodire, ne cum illud perdiderit, suum laborem amittat. * glossa. ° non ergo aufert impetrandi licentiam, sed vehementius accendit desiderium orandi, ostensa difficultate consequendi; sequitur enim iam ostium clausum est. * ambrosius. ° hoc est ostium quod aperiri sibi etiam paulus exposcit, non solum suis, sed etiam populi orationibus obsecrans se iuvari, ut aperiatur sibi ostium ad loquendum mysterium christi. et fortasse illud est ostium quod apertum vidit ioannes, cui dictum est: ascende huc, et ostendam tibi quae oportet fieri. * augustinus de quaest. evang.. ° significatur ergo tempus famis verbi cum intelligentia clauditur, et illi qui apostolicam sapientiam tamquam panem erogantes per orbem terrae praedicaverunt, iam sunt in secreta quiete cum domino; et hoc est quod subditur et pueri mei mecum sunt in cubili. * gregorius nyssenus. ° opportune eos qui per arma iustitiae impassibilitatem vindicaverunt sibi, pueros appellat, docens quod bonum, quod per studia in nobis acquiritur, ab initio fuerat in natura repositum: nam quando aliquis abrenuntians carni per rationem, exercitio vitae virtuosae passionem confutavit, tunc quasi puer insensibiliter se habet erga passiones. cubile autem requiem intelligimus salvatorum. * glossa. ° et propter praemissa subdit non possum surgere, et dare tibi: quod est ad difficultatem impetrandi referendum. * augustinus. ° vel aliter. amicus ad quem venitur media nocte, ut accommodet tres panes, utique ad similitudinem ponitur secundum quam quis rogat deum in media tribulatione constitutus, ut ei tribuat intelligentiam trinitatis, qua praesentis vitae consoletur labores. ipsa enim angustia media nox est, qua cogitur vehementer instare. in tribus autem panibus etiam illud significatur, unius substantiae esse trinitatem. amicus autem veniens de via intelligitur hominis appetitus, qui debet rationi servire: serviebat autem consuetudini temporali: quam viam vocat propter omnia transeuntia. converso autem homine ad deum, etiam ille appetitus a consuetudine revocatur. sed si non consoletur interius gaudium de doctrina spirituali, qua creatoris trinitas praedicatur, magnae angustiae sunt in homine quem premit aerumna mortalis, cum ab his quae foris delectant praecipitur abstinentia, et intus non est refectio de laetitia doctrinae spiritualis: et tamen orando efficitur ut accipiat desiderans intellectum a domino, etiamsi homo desit per quem sapientia praedicetur; sequitur enim et ille si perseveraverit pulsans, dico vobis: et si non dabit illi surgens eo quod amicus eius sit, propter improbitatem tamen eius surget, et dabit illi quotquot habet necessarios. comparatio est a minori: si enim amicus homo surgit de lecto et dat, non amicitia sed taedio compulsus, quanto magis deus dat, qui sine taedio largissime donat quod petitur? * augustinus de verb. dom.. ° cum autem perveneris ad tres panes, hoc est ad cibum et intelligentiam trinitatis, habes et unde vivas, et unde pascas. ne timeas, ne finias: non enim panis ille finietur, sed indigentiam tuam finiet; disce et doce, vive et pasce. * theophylactus. ° vel aliter. media nox finis est vitae, in quo multi ad deum adveniunt. amicus autem est angelus, qui accipit animam. vel media nox est profundum tentationum, in quo constitutus petit a deo tres panes, necessitatem scilicet corporis, animae et spiritus, per quae in tentationibus non periclitamur. amicus autem qui de via venit, ipse deus est, qui in tentationibus nos probat: cui non habet quod apponat qui in tentatione infirmatur. quod autem dicit et clausa est ianua, intelligendum est, quod docet nos ante tentationes praeparatos esse; postquam vero tentationi incidimus, praeparationis ianua clauditur, et imparati inventi, nisi deus adiuvet, periclitamur.

lc3 * Augustinus de verb. dom.. ° posita similitudine, adiunxit exhortationem dominus, et omnino stimulavit nos quaerere, petere, pulsare, donec accipiamus quod petimus; unde dicit et ego dico vobis: petite, et dabitur vobis. * cyrillus. ° quod dicit dico vobis, vim habet iuramenti: deus enim non mentitur. quandocumque autem innuit audientibus aliquid cum iuramento, ostendit inexcusabilem nostrae fidei parvitatem. * chrysostomus in matthaeum. ° per petitionem autem orationem ostendit; per inquisitionem vero studium et sollicitudinem, cum subdit quaerite, et invenietis: quae enim quaeruntur, plurima cura indigent: quod maxime est in deo. plura namque sunt quae sensum nostrum impediunt. sicut ergo aurum perditum quaerimus, sic deum sollicite perquiramus. ostendit etiam quod quamvis non aperiat illico ianuam, tamen immorandum est; unde subdit pulsate, et aperietur vobis: quia si quaerens immoraberis, utique recipies; ob hoc reclusum est ostium ut faciat te pulsare: ideo non mox annuit ut exposcas. * graecus. ° vel per hoc quod dicit pulsate, forsitan insinuat petere cum effectu: pulsat enim aliquis manu: boni autem operis signum est manus. vel haec tria possunt aliter distingui: virtutis enim initium est petere notam fieri viam veritatis; secundus vero gradus est quaerere qualiter oporteat transire per viam; tertius gradus est ut cum virtutes attigerit, pulset ad ostium, ut intret spatiosam cognitionem: quae omnia orando aliquis acquirit. vel petere quidem est orare: quaerere vero, per bona opera agere orationi condigna; pulsare autem est orationi immorari, nec desistere. * augustinus. ° non autem nos tantum hortaretur ut peteremus, nisi dare vellet. erubescat humana pigritia; plus vult ille dare quam nos accipere. * ambrosius. ° qui autem promittit aliquid, spem debet afferre promissi, ut mandatis obedientia deferatur, promissis fides; et ideo subdit omnis enim qui petit accipit, et qui quaerit invenit, et pulsanti aperietur. * origenes. ° quaeret autem aliquis qualiter quidam orantes non exaudiantur. ad quod dicendum, quod quicumque recto tramite ad quaerendum accedit, nil omittens ex his quae conferunt ad petitorum obtentum, accipiet revera quod precatus est dari sibi: si quis autem divertat a proposito debitae petitionis, cum non petat ut decet, non petit; quo fit ut cum non recipiat, quod hic dicitur, non falsificetur; nam et magistro dicente: quicumque veniet ad me, assequetur disciplinarum peritiam, adire magistrum realiter accipimus, hoc est ut ferventer et diligenter vacet documentis ipsius; unde et iacobus dicit: petitis et non accipitis, eo quod male petatis, scilicet causa voluptatum vanarum. sed dicet aliquis: immo cum aliqui rogant pro divina notitia obtinenda et recuperatione virtutum, non obtinent. cui dicendum, quod non propter se bona petiverunt accipere, sed ut commendentur per ea. * basilius. ° si quis etiam ob torporem exhibeat se desideriis, et traditor sui fiat in manus hostium, hunc deus nec adiuvat, nec exaudit, eo quod per peccatum alienum se fecit a deo. decet ergo offerre quidem quicquid interest sua; clamare autem ad deum, ut adiuvet eum. est autem divinum subsidium implorandum non remisse, nec mente huc illucque vagante: eo quod talis non solum non impetrabit quod petit, sed magis dominum irritabit: nam si aliquis coram principe stans, fixum habet et intrinsecum et extrinsecum oculum, ne forsitan puniatur: quanto magis coram deo attentum ac tremebundum oportet assistere? si vero debilitatus a peccato fixe nequis orare, quantumcumque potes te ipsum cohibeas, ut stando coram deo ad eum dirigas intellectum; et deus ignoscit, eo quod non ex negligentia, sed ex fragilitate non potes, ut oportet, assistere coram deo. si sic ergo teipsum compellis, ne discedas donec accipias. ideo ergo quandoque petis et non accipis, quia perperam postulasti, vel infideliter, vel leviter, vel non conferentia tibi, vel destitisti. saepius autem quidam obviant dicentes: quare oramus? an ignorat deus quibus opus est nobis? novit quippe, et omnia spiritualia uberius dat nobis et antequam postulemus; sed opera virtutis et regnum caelorum oportet prius optare, optantem vero quaerere, ingerentem per fidem et patientiam quicquid interest sua, in nullo delicto redargutum a propria conscientia. * ambrosius. ° ergo praeceptivus locus frequenter orandi spes est impetrandi. ratio autem persuadendi prius fuit in praecepto, postea fit in exemplo; quod ostendit subdens quis autem ex vobis patrem petit panem, numquid lapidem dabit illi? * cyrillus. ° in quo instruit nos salvator quiddam necessarium: frequenter enim inconsulto, voluptatum impetu, irruimus ad perniciosa desideria. cum igitur aliquid talium a deo petimus, nequaquam impetrabimus: ad quod ostendendum utitur patenti exemplo ex his quae penes nos sunt: cum enim filius tuus petit panem, gratanter propinas, quia cibum petit opportunum; quando vero sensus penuria lapidem poscit ut comedat, non affers ei, sed potius prohibes eum a nocivo desiderio: ut sit sensus: quis autem ex vobis patrem petit panem, quem scilicet pater dat, numquid lapidem dabit illi? scilicet si petierit. eadem quoque ratio est in serpente et pisce, de quo subdit aut piscem; numquid pro pisce serpentem dabit illi? et similiter in ovo et scorpione, de quo subdit aut si petierit ovum, numquid porriget illi scorpionem? * origenes. ° tu tamen attende, si panis quidem est animae cibus in cognitione, sine quo non contingit salvari: puta perspicax ratio vitae debitae: piscis autem est amor disciplinae; puta mundi constitutionem agnoscere, elementorum effectum, et quaecumque consequenter disserit sapientia. itaque nec vice panis deus propinat lapidem, quem volebat diabolus a christo manducari; nec vice piscis serpentem, quem comedunt aethiopes, indigni pisces comedere; nec similiter dat vice nutritivi et utilis, non comestibilia et nociva: quod refertur ad scorpionem et ovum. * augustinus de quaest. evang.. ° vel potius intelligitur caritas propter maiorem appetitum et tam necessarium, ut sine illa cetera nihil sint, sicut sine pane mensa est inops: cui contraria est cordis duritia, quam lapidi comparavit. piscis autem intelligitur fides invisibilium vel propter aquam baptismi, vel quia de invisibilibus locis capitur. quod etiam fides huius mundi fluctibus circumiactata non frangitur, recte pisci comparatur; cui contrarium posuit serpentem propter venena fallaciae, quae etiam primo homini male suadendo praeseminavit. in ovo intelligitur spes; ovum enim nondum est fetus perfectus, sed fovendo speratur; cui contrarium posuit scorpionem, cuius aculeus venenatus retro timendus est, sicut contrarium spei est retrospicere, cum spes futurorum in illa quae ante sunt se extendat. * augustinus de verb. dom.. ° quanta tibi loquitur mundus, quanta post dorsum strepit, ut retro respicias? o munde immunde, quid strepis, quid avertere conaris? tenere vis periens; quid faceres si maneres? quem non deciperes dulcis, si amarus alimenta mentiris? * cyrillus. ° ex praemisso autem exemplo concludit si ergo vos, cum sitis mali, idest cum mentem susceptivam pravitatis geratis, non autem uniformem et fixam in bono, sicut deus. * beda. ° vel malos vocat saeculi amatores, qui dant illa quae secundum sensum suum iudicant bona; quae etiam in sua natura sunt bona, et ad usum infirmae vitae pertinent; unde subdit nostis bona data dare filiis vestris. apostoli etiam, qui merito electionis bonitatem humani generis excesserant, supernae bonitatis respectu, mali esse dicuntur: quia nihil per semetipsum bonum, nisi deitas sola. quod vero subditur quanto magis pater vester de caelo dabit spiritum bonum petentibus se? pro quo matthaeus posuit: dabit bona petentibus se, ostendit spiritum sanctum plenitudinem donorum dei: quia omnes utilitates quae ex donorum dei gratia suscipiuntur, ex isto fonte emanant. * athanasius. ° nisi autem spiritus sanctus esset de substantia dei, qui solus est bonus, nequaquam hic appellaretur bonus, quando dominus renuit dici bonus in eo quod homo factus est. * augustinus de verb. dom.. ° ergo, avare, quid quaeris? aut si aliud petas, quid tibi sufficiat, cui deus non sufficit?

lc4 * Glossa. ° promiserat dominus quod spiritus bonus daretur orantibus: cuius quidem beneficium subsequenti miraculo demonstrat; unde dicitur et erat iesus eiciens daemonium, et illud erat mutum. * theophylactus. ° cophos, quem latini interpretantur mutum, apud graecos frequenter dicitur qui non loquitur; dicitur etiam et qui non audit; sed magis proprie qui nec audit nec loquitur. qui autem a nativitate non audivit, ex necessitate non loquitur: ea enim loquimur quae per auditum loqui docemur. si quis tamen ex aliqua passione superveniente auditum amiserit, hunc nihil prohibet loqui. qui autem domino oblatus fuit, et mutus erat lingua et surdus auditu. * titus. ° mutum autem vel surdum dicit daemonium quod hanc ingerit passionem, quod non audiatur divinum verbum. nam daemones auferentes aptitudinem humani affectus, obtundunt animae nostrae auditum. idcirco venit christus ut eiciat daemonium, et audiamus verbum veritatis; unum enim sanavit, ut universalem praegustationem faciat humanae salutis; unde sequitur et cum eiecisset daemonium, locutus est mutus. * remigius. ° daemoniacus autem iste apud matthaeum non solum mutus, sed et caecus fuisse narratur. tria igitur signa simul in uno homine perpetrata sunt. caecus videt, mutus loquitur, possessus a daemone liberatur quod quotidie completur in conversione credentium, ut, expulso primum daemone, fidei lumen aspiciant; deinde ad laudes dei tacentia prius ora laxentur. * cyrillus. ° hoc autem miraculo peracto, extollebat eum multitudo praeconiis, et gloria quae deum decet; unde sequitur et admiratae sunt turbae. * beda. ° turbis autem, quae minus eruditae videbantur, domini semper facta mirantibus, scribae et pharisaei vel negare, vel sinistra interpretatione pervertere laborabant; quasi non divinitatis, sed immundi spiritus opera fuissent; unde sequitur quidam autem ex eis dixerunt: in beelzebub principe daemoniorum eicit daemonia. beelzebub deus erat accaron: nam beel quidem ipse baal, zebub autem musca vocatur. dicit autem beelzebub, quasi vir muscarum; ex cuius spurcissimo ritu principem daemoniorum cognominabant. * cyrillus. ° alii vero paribus stimulati livoris aculeis, petebant ab eo caeleste videre portentum; unde sequitur alii tentantes signum de caelo quaerebant ab eo: quasi dicerent: quamvis ab homine daemonium eieceris, non tamen hoc est divinae operationis argumentum: nondum enim vidimus aliquid prioribus simile miraculis: moyses enim transduxit populum per medium maris, iosue vero successor eius solem retardavit in gabaon; tu vero nihil horum ostendisti. quaerere enim prodigia de caelo innuit, quod huiusmodi cogitationibus tunc temporis afficiebantur erga christum.

lc5 * Chrysostomus in matthaeum. ° cum pharisaeorum suspicio irrationabilis esset, metu multitudinis non audebant eam divulgare, sed in animo suo eam vertebant; unde dicitur ipse autem ut vidit cogitationes eorum, dixit eis: omne regnum in se divisum desolabitur, et domus supra domum cadet. * beda. ° non ad dicta, sed ad cogitata respondit; ut vel sic compellerentur credere potentiae eius, quae cordis videbat occulta. * chrysostomus. ° non autem respondebat ex scripturis, quia non attendebant, falso eas exponentes; sed ex his respondet quae communiter accidunt. domus enim et civitas si fuerit divisa, velociter dissipatur, et etiam regnum, quo nihil est validius: firmat enim regna et domos subditorum concordia. si ergo, inquit, ego per daemonem daemonia eicio, dissensio inter eos est, et perit virtus eorum; unde subdit si autem et satanas in seipsum divisus est, quomodo stabit regnum eius, quia dicitis me in beelzebub eicere daemonia? |25| non enim satanas sibiipsi repugnat, nec suis satellitibus nocet, sed potius statuit regnum suum. restat ergo quod divina virtute conteram satanam. * ambrosius. ° in hoc etiam ostendit regnum suum individuum esse, atque perpetuum: et ideo qui non in christo spem gerunt, sed in principe daemoniorum eicere daemones opinantur, eos regni negat esse perpetui, quod spectat etiam ad populum iudaeorum. quomodo enim potest regnum iudaeorum esse perpetuum, quando a legis populo iesus negatur, qui ex lege debetur? ita ex parte se fides iudaicae plebis impugnat, impugnando dividitur, dividendo dissolvitur; et ideo regnum ecclesiae manebit aeternum, quia individua fides corpus est unum. * beda. ° regnum etiam patris et filii et spiritus sancti non est divisum, quod est aeterna stabilitate mansurum. desistant igitur ariani iuniorem patre filium, filio vero spiritum sanctum dicere: quia quorum unum est regnum, horum est et una maiestas. * chrysostomus in matthaeum. ° haec est prima solutio; secunda |50| vero, quae est de discipulis, quam ponit subdens si autem ego in beelzebub eicio daemonia, filii vestri in quo eiciunt? non dicit: discipuli mei, sed filii vestri, volens eorum permulcere furorem. * cyrillus. ° iudaei namque, et a iudaeis, secundum carnem, exorti sunt christi discipuli: qui potestatem in spiritus immundos adepti erant a christo, et oppressos ab eis in nomine christi liberabant. cum ergo filii vestri satanam in nomine meo conterunt, quomodo non habet multam amentiam, dicere me a beelzebub virtutem habere? damnabimini igitur ex fide natorum vestrorum; unde subditur ideo ipsi iudices vestri erunt. * chrysostomus. ° quoniam enim ex vobis emanantes mihi obediunt, liquet quod condemnabunt operantes contraria. * beda. ° vel aliter. filios iudaeorum exorcistas gentis illius significat, qui ad invocationem dei eiciebant daemones; quasi dicat: si expulsio daemonum in filiis vestris deo, non daemonibus deputatur: quare in me idem opus non eamdem habeat causam? ergo ipsi |75| vestri iudices erunt, non potestate, sed operatione, dum illi expulsionem daemonum deo assignant, vos beelzebub principi daemoniorum. * cyrillus. ° postquam ergo quod dicitis, calumniae notam habet, manifestum est quod in spiritu dei eicio daemonia; unde subdit porro si in digito dei eicio daemonia, profecto pervenit in vos regnum dei. * augustinus de cons. evang.. ° quod lucas digitum dei dicit, ubi matthaeus dixit spiritum, ab eadem sententia non recedit; quin potius et aliquid docet, ut noverimus quemadmodum intelligamus ubicumque scripturarum legerimus digitum dei. * augustinus de quaest. evang.. ° dicitur autem spiritus sanctus digitus dei, propter partitionem donorum, quae in eo dantur unicuique propria, sive hominum, sive angelorum; in nullis enim membris nostris magis apparet partitio quam in digitis. * cyrillus. ° vel spiritus sanctus dicitur digitus dei: filius enim manus et brachium patris dictus est: operatur enim pater cuncta per eum. sicut igitur digitus |100| non est alienus a manu, sed ei naturaliter insitus; sic spiritus sanctus consubstantialiter connexus est filio, et per eum omnia filius operatur. * ambrosius. ° nec tamen tibi membrorum compactione nostrorum portio quaedam videatur facienda virtutis; individuae enim rei non potest esse divisio; et ideo ad formam unitatis, non ad distinctionem potestatis referenda digiti nuncupatio est. * athanasius contra arianos. ° ad praesens autem non renuit dominus gratia suae humanitatis dicere se minorem spiritu sancto, dicens se in eo daemones eicere, quasi non sufficiente humana natura ad daemonum expulsionem, nisi virtute spiritus sancti. * cyrillus. ° et ideo convenienter dicitur pervenit in vos regnum dei; idest, si ego, homo existens, in spiritu divino eicio daemones, ditata est humana natura in me, et advenit regnum dei. * chrysostomus in matthaeum. ° dicit autem super vos, ut eos attraheret; quasi dicat: si vobis adveniunt prospera, cur vestra bona fastiditis? * ambrosius. |125| ° simul ostendit etiam imperialem quamdam esse spiritus sancti potestatem, in quo regnum est dei: nos quoque, in quibus habitat spiritus, esse regalem domum. * titus. ° vel dicit pervenit in vos regnum dei, ut intelligatur, pervenit contra vos, non pro vobis: horrendus enim est perfidis christi secundus adventus.

lc6 * Cyrillus. ° quia necessarium erat per multas considerationes detrahentium retractare sermonem, utitur nunc exemplo manifestissimo, quod demonstrat volentibus intueri, quod principem huius saeculi virtute sibi insita vicit, dicens cum fortis armatus custodit atrium suum, in pace sunt ea quae possidet. * chrysostomus in matthaeum. ° fortem vocat diabolum, non quia naturaliter huiusmodi sit, sed innuens antiquam eius tyrannidem, quam pusillanimitas nostra causavit. * cyrillus. ° erat enim ante salvatoris adventum violentia multa, rapiens alienos greges, scilicet dei, et quasi ad proprium ducens ovile. * theophylactus. ° arma autem eius sunt omnes species peccatorum, in quibus confidens invaluit contra homines. * beda. ° atrium vero illius mundum vocat, qui in maligno positus est, in quo usque ad salvatoris adventum potiebatur imperio; quia in cordibus infidelium sine ulla contradictione quiescebat, sed fortiori potentia christus victor, omnes |25| homines liberando, ipsum eiecit; unde subditur si autem fortior illo superveniens vicerit eum, universa arma eius auferet, in quibus confidebat, et spolia eius distribuet. * cyrillus. ° postquam enim dei summi verbum, totius fortitudinis dator, et dominus virtutum, factum est homo, invasit illum, et arma eius abstulit. * beda. ° sunt ergo arma eius astutiae dolique nequitiae spiritualis; spolia vero eius ipsi homines sunt ab eo decepti. * cyrillus. ° nam qui dudum irretiti fuerant ab eo iudaei in divinam ignorantiam et errorem, evocati sunt per sanctos apostolos ad notitiam veritatis, et oblati sunt deo patri per fidem adhibitam filio. * basilius. ° distribuit etiam spolia, exhibens fideles custodias angelorum ad hominum salutem. * beda. ° victor etiam christus spolia distribuit, quod est insigne triumphantis: quia captivam ducens captivitatem, dedit dona hominibus: quosdam quidem apostolos, alios evangelistas, hos prophetas, illos pastores ordinans et doctores. * chrysostomus. ° deinde ponitur quarta |50| solutio, cum subditur qui non est mecum, adversum me est; quasi dicat: ego volo homines offerre deo, satanas autem contrarium. qualiter ergo qui mihi non cooperatur, sed dissipat quae mea sunt, tam mihi consentaneus fieret ut una mecum eiceret daemones? sequitur et qui non colligit mecum, dispergit. * cyrillus. ° quasi dicat: ego veni ut filios dei ab eo dispersos congregem; at ipse satanas, cum mecum non sit, quae collegi et salvavi, tentat dispergere. qualiter ergo qui meis dispensationibus refragatur, virtutem mihi ministrat? * chrysostomus. ° at si qui non cooperatur, adversarius est, multo magis qui obstat. videtur tamen mihi et iudaeos ad praesens sub aenigmate tangere, ordinans eos cum diabolo: nam et ipsi agebant contra eum, et dispergebant quos congregabat.

lc7 * Cyrillus. ° post praemissa ostendit dominus unde contigit populo iudaeorum ut ad huiusmodi opiniones laberentur de christo, dicens cum immundus spiritus exierit ab homine, ambulat per loca inaquosa, quaerens requiem. quod enim hoc exemplum ad iudaeos spectet, matthaeus expressit dicens: sic erit et generationi huic pessimae. quamdiu enim erant in aegypto viventes ritu aegyptiorum, inhabitabat in eis spiritus malignus, qui expulsus est ab eis, quando mactaverunt agnum in figura christi, et liniti sunt eius sanguine, et sic evitaverunt destructorem. * ambrosius. ° itaque in uno homine totius populi iudaici comparatio est, a quo per legem spiritus immundus exierat. sed quia in gentibus, quorum corda prius arida erant, sed postmodum per baptisma rore spiritus humescebant, propter fidem christi requiem diabolus invenire non potuit (immundis enim spiritibus christus incendium est): ideo regressus est ad plebem iudaeorum; unde |25| sequitur et non inveniens, dicit: revertar in domum meam unde exivi. * origenes. ° idest ad eos qui sunt ex israel: quos vidit nihil divinum in se continentes, sed desertos et vacantes habitationi eius; unde sequitur et cum venerit, invenit eam scopis mundatam. * ambrosius. ° forensi enim et perfunctoria specie compta animo manet interiore pollutior: neque enim sacri fontis irriguo aut abluebat aut restinguebat ardorem: meritoque ad eam spiritus redibat immundus, adducens secum septem spiritus nequiores; unde sequitur et tunc vadit, et assumit septem alios spiritus secum nequiores se; et ingressi habitant ibi: quoniam scilicet in hebdomada legis et octavae mysterium commisit. itaque, ut nobis multiplicatur septiformis spiritus gratia; ita illis immundorum spirituum omnis cumulatur iniuria: universitas enim hoc numero aliquoties comprehenditur. * chrysostomus in matthaeum. ° incolunt autem animas iudaeorum daemones peiores prioribus: nam tunc temporis in prophetas saeviebant, nunc |50| vero ipsi domino prophetarum iniuriantur; atque ideo a vespasiano et tito peiora passi fuerunt quam in aegypto et in babylone; unde sequitur et fiunt novissima hominis illius peiora prioribus. tunc etiam aderat eis divina provisio et gratia spiritus sancti; nunc vero etiam hac cura privantur; propter quod virtutis maior penuria nunc, et aerumna intensior, et daemonum exactio saevior. * cyrillus. ° sunt etiam novissima peiora prioribus, secundum illud apostoli: melius erat eis veritatis viam non cognoscere, quam post agnitam retroire. * beda. ° potest etiam hoc accipi de haeretico quolibet vel schismatico, vel etiam malo catholico, de quo, tempore baptismatis, spiritus exierat immundus, locaque inaquosa peragrat; idest, corda fidelium, quae a mollitie fluxae cogitationis expurgata sunt, callidus insidiator explorat, si quos ibi nequitiae suae gressus figere possit. dicit autem revertar in domum meam unde exivi: in quo timendum est ne culpa, quam in nobis |75| extinctam credebamus, per incuriam nos vacantes opprimat. invenit autem eam scopis mundatam, hoc est gratia baptismatis a peccatorum labe castigatam, sed nulla boni operis industria cumulatam. per septem autem malos spiritus, quos assumit, universa vitia designat. nequiores autem dicuntur, quia non solum habebit illa septem vitia quae septem spiritualibus sunt contraria virtutibus, sed etiam per hypocrisim ipsas se virtutes habere simulabit. * chrysostomus in matthaeum. ° non solum autem illis, sed et nobis fore dicta accipiamus quae sequuntur et erunt novissima hominis illius peiora prioribus: quia si illustrati et a pristinis malis remoti, denuo redimus ad eamdem nequitiam, gravior deinceps erit poena sequentium peccatorum. * beda. ° posset etiam simpliciter intelligi, dominum haec ad distinctionem suorum et satanae operum adiunxisse, quod scilicet ipse semper polluta mundare, satanas vero mundata gravioribus sordibus contaminare festinet.

lc8 * Beda. ° scribis et pharisaeis dominum tentantibus, simul et blasphemantibus, incarnationem eius magna fiducia quaedam mulier confitetur; unde sequitur factum est autem cum haec diceret, extollens vocem quaedam mulier de turba, dixit illi: beatus venter qui te portavit, et ubera quae suxisti: ubi et praesentium calumniam, et futurorum confundit haereticorum perfidiam; nam sicut tunc iudaei, sancti spiritus opera blasphemando, verum dei filium negabant; sic haeretici postea negando mariam semper virginem, spiritus sancti cooperante virtute, nascituro unigenito deo carnis suae materiam ministrasse, verum consubstantialemque patri filium hominis fateri non debere dixerunt. sed si caro verbi dei secundum carnem nascentis, a carne virginis matris pronuntiatur extranea, sine causa venter qui eum portasset, et ubera quae lactassent, beatificantur. qua vero consequentia eius lacte credatur nutritus ex cuius semine negatur conceptus, cum ex unius et eiusdem fontis |25| origine, secundum physicos, uterque liquor manare perhibetur? non autem tantummodo eam quae verbum dei corporaliter generare meruerat, sed et omnes qui idem verbum spiritualiter auditu fidei concipere, et boni operis custodia vel in suo, vel in proximorum corde parere et quasi alere studuerint, asserit esse beatos; sequitur enim at ille dixit: quinimmo beati qui audiunt verbum dei, et custodiunt illud. * chrysostomus in matthaeum. ° non fuit hoc responsum repudiantis matrem, sed ostendentis quod nihil ei partus profuisset, nisi valde bona et fidelis fuisset. ceterum si mariae non proderat sine virtutibus animae christum ab ea ortum traxisse: multo magis nobis sive patrem, sive fratrem, sive filium virtuosum habeamus, nos autem absistamus ab illius virtute, nequaquam hoc prodesse valebit. * beda. ° eadem autem dei genitrix et inde quidem beata, quia verbi incarnandi ministra est facta temporalis; sed inde multo beatior, quia eiusdem semper amandi custos manebat aeterna. hac etiam sententia |50| sapientes iudaeorum percutit, qui verbum dei non audire et custodire, sed negare et blasphemare quaerebant.

lc9 * Beda. ° duplici dominus fuerat quaestione pulsatus. quidam enim calumniabantur eum in beelzebub eiecisse daemonia, quibus hactenus est responsum; et alii tentantes, signum de caelo quaerebant ab eo, quibus ab hinc respondere incipit; unde sequitur turbis autem concurrentibus, coepit dicere: generatio haec, generatio nequam est. * ambrosius. ° ut scias synagogae populum deformari, ubi ecclesiae beatitudo laudatur. sicut autem fuit ionas signum ninivitis, ita erit et filius hominis iudaeis; unde subditur signum quaerit; et signum non dabitur ei, nisi signum ionae prophetae. * basilius. ° signum est res in propatulo posita, alicuius occulti continens in se declarationem; sicut ionae signum descensum ad inferos ac iterum ascensum christi, et resurrectionem a mortuis repraesentat; unde subditur nam sicut ionas fuit signum ninivitis, ita et filius hominis generationi isti. * beda. ° signum eis tribuit, non de caelo, quia indigni erant |25| videre; sed de profundo inferni: signum scilicet incarnationis, non divinitatis; passionis, non glorificationis. * ambrosius. ° ut autem ionae typus signum dominicae passionis est, ita etiam gravium, quae iudaei commiserunt, testificatio peccatorum est. simul advertere licet et maiestatis oraculum, et pietatis iudicium: namque ninivitarum exemplo et denuntiatur supplicium, et remedium demonstratur; unde etiam debent iudaei non desperare indulgentiam, si velint agere poenitentiam. * theophylactus. ° sed ionas post exitum suum a ventre ceti, sua praedicatione ninivitas convertit; christo vero resurgenti iudaeorum generatio non credidit: unde praeiudicium fuit eis; de quo praeiudicio subdit duplex exemplum, cum dicitur regina austri surget in iudicio cum viris generationis huius, et condemnabit illos. * beda. ° non utique potestate iudicii, sed comparatione facti melioris; unde sequitur quia venit a finibus terrae audire sapientiam salomonis: et ecce plusquam salomon hic. hic in isto lóco non pronomen est, sed adverbium loci, et significat: idest, in praesentiarum inter vos conversatur qui incomparabiliter est salomone praestantior. * cyrillus. ° non autem dixit: maior salomone ego sum; ut persuadeat nobis humiliari, etsi fecundi sumus spiritualium gratiarum; quasi dicat: festinavit ad audiendum salomonem mulier barbara, per tam longum iter auditura scientiam visibilium animantium, et vires herbarum; vos autem cum assistatis et audiatis de invisibilibus et caelestibus ipsam sapientiam vos instruentem, et verba signis et operibus comprobantem; alienamini contra verbum, et miracula insensibiliter praeteritis. * beda. ° si autem regina austri, quae electa esse non dubitatur, surget in iudicio cum reprobis, ostenditur una cunctorum, bonorum scilicet malorumque, resurrectio mortalium; et hoc non iuxta fabulas iudaeorum mille annis ante iudicium, sed in ipso esse futura iudicio. * ambrosius. ° in hoc quoque iudaeorum plebem damnans, ecclesiae mysterium vehementer exprimit, quae in regina austri per studium percipiendae sapientiae de totius orbis finibus congregatur, ut pacifici salomonis verba cognoscat: regina plane, cuius regnum est indivisum, de diversis et distantibus populis in unum corpus assurgens. * gregorius nyssenus. ° sicut autem illa regina erat aethiopum, et longe distans; sic in principio nigra erat ecclesia gentium, et multum distabat a veri dei notitia; at ubi pacificus christus emicuit, tunc, caecutientibus iudaeis, accedunt gentiles, offeruntque christo pietatis aromata, et aurum divinae notitiae, et gemmas, obedientiam scilicet praeceptorum. * theophylactus. ° vel quia auster laudatur in scriptura, sicut calidus et vivificans. anima igitur regnans in austro, idest in spirituali conversatione, venit audire sapientiam salomonis regis pacifici domini dei nostri; idest, in contemplationem erigitur, ad quam nullus perveniet, nisi regnet in bona vita. ponit autem consequenter exemplum de ninivitis, dicens viri ninivitae surgent in iudicio cum generatione hac, et condemnabunt illam. * chrysostomus super matthaeum. ° condemnationis iudicium ex similibus vel dissimilibus fit: ex similibus quidem sicut in parabola de decem virginibus; ex dissimilibus autem, sicut cum ninivitae condemnant eos qui erant tempore christi, ut sic fiat condemnatio clarior: nam illi quidem barbari, hi vero iudaei; hi refecti propheticis documentis, illi numquam acceperant auditum divinum: illuc ivit servus, huc dominus; ille eversionem praedicabat, iste regnum caelorum annuntiat. notum est ergo cuilibet quod iudaeos decebat potius credere; accidit autem contrarium; unde subdit quia poenitentiam egerunt in praedicatione ionae; et ecce plusquam ionas hic. * ambrosius. ° secundum mysterium autem, ex duobus constat ecclesia: ut aut peccare nesciat, quod scilicet pertinet ad austri reginam; aut peccare desinat, quod scilicet pertinet ad ninivitas poenitentiam agentes. poenitentia enim delictum abolet, sapientia cavet. * augustinus de cons. evang.. ° hoc autem lucas narrat eo loco quidem quo matthaeus, sed aliquanto dispari ordine. quis autem non videat superfluo quaeri quo illa ordine dominus dixerit; cum et hoc discere debeamus per evangelistarum excellentissimam auctoritatem, non esse mendacium, si quisque non hoc ordine cuiusquam sermonem digesserit quo ille a quo processit, cum ipsius ordinis nihil intersit ad rem, sive ita sit, sive ita?

lc10 * Cyrillus. ° dicebant iudaei dominum exercere miracula, non propter fidem, sed propter applausus videntium. reprobat igitur praesentem calumniam, inducens exemplum lucernae, cum dicit nemo lucernam accendit et in abscondito ponit, neque sub modio; sed supra candelabrum, ut qui ingrediuntur lumen videant. * beda. ° de se ipso dominus hic loquitur, ostendens, etsi supra dixerit nullum generationi nequam, nisi signum ionae dandum, nequaquam tamen lucis suae claritatem fidelibus occultandam. ipse quidem lucernam accendit qui testam humanae naturae flamma suae divinitatis implevit: quam profecto lucernam nec credentibus abscondere, nec modio supponere, hoc est sub mensura legis includere, vel intra unius iudaeae gentis terminos voluit cohibere; sed supra candelabrum posuit, idest ecclesiam, quia in nostris frontibus fidem suae incarnationis affixit, ut qui ecclesiam fideliter ingredi voluerint, lumen veritatis palam queant intueri. denique praecepit ne opera tantummodo, sed et cogitationes, et ipsas etiam cordis intentiones mundare et castigare meminerint; nam sequitur lucerna corporis tui est oculus tuus. * ambrosius. ° vel lucerna fides est; iuxta quod scriptum est: lucerna pedibus meis verbum tuum, domine. verbum enim dei fides nostra est. lucerna autem lucere non potest, nisi aliunde lumen acceperit: unde et virtus nostrae mentis et sensus accenditur, ut mna quae perierat possit reperiri. nemo ergo fidem sub lege constituat: lex enim intra mensuram est, ultra mensuram gratia: lex obumbrat, gratia clarificat. * theophylactus. ° vel aliter. quia iudaei videntes miracula accusabant ex eorum mentis malitia, propter hoc dicit dominus quod accipientes lucernam a deo, intellectum scilicet, aemulatione obscurati, miracula et beneficia non cognoscebant. sed ad hoc intellectum a deo suscepimus ut supra candelabrum poneremus, ut etiam alii qui ingrediuntur, lumen videant. sapiens quidem iam ingressus est; qui vero addiscit, adhuc ambulat. quasi pharisaeis dicat: oportet vos uti intellectu ad miraculorum notitiam, et aliis declarare: quoniam quae videtis sunt opera non beelzebub, sed filii dei; unde secundum hunc intellectum subdit lucerna corporis tui est oculus tuus. * origenes. ° oculum quippe appellat proprie intellectum nostrum; totam autem animam, quamvis non corpoream, hic tropologice vocat corpus: illustratur enim ab intellectu anima tota. * theophylactus. ° sicut autem corporis oculus si lucidus fuerit, corpus lucidum erit: si vero tenebrosus, et corpus similiter tenebrosum: sic comparatur intellectus ad animam; unde subditur si oculus tuus fuerit simplex, totum corpus tuum lucidum erit: si autem nequam, totum corpus tuum tenebrosum erit. * origenes. ° intellectus enim a suo principio in solo simplicitatis studio est, nullam continens duplicitatem et dolum et divisionem in se. * chrysostomus super matthaeum. ° si ergo intellectum corruperimus, qui potest solvere passiones, totam laesimus animam, patimurque diram caliginem, perversione excaecati intellectus; unde subdit vide ergo ne lumen quod in te est tenebrae sint. non sensibiles dicit tenebras, sed intrinsecam habentes originem, et quas nobiscum passim deferimus, extincto nobis oculo animae; de cuius luminis virtute subdit, dicens si ergo corpus tuum totum lucidum fuerit, non habens aliquam partem tenebrarum, erit lucidum totum, et sicut lucerna fulgoris illuminabit te. * origenes. ° idest, si corpus tuum sensibile factum est luminosum, illustrato corpore a lucerna, adeo ut non amplius in te sit membrum tenebrosum; multo magis te non peccante, intantum fiet lucidum totum tuum corpus spirituale, ut comparentur splendores eius illustranti lucernae, dum lux quae erat in corpore, quae consueverat esse caligo, dirigitur quocumque praeceperit intellectus. * gregorius nazianzenus. ° vel aliter. ecclesiae lucerna et oculus est praelatus. necesse est ergo ut, sicut oculo puro verum habente corpus dirigitur, impuro vero existente deviat: sic et in praelato, qualitercumque se habet, oportet pariter naufragium pati ecclesiam, vel salvari. * gregorius moralium. ° vel aliter. appellatione corporis unaquaeque actio intelligitur, quae intentionem suam quasi intuentium oculum sequitur; unde dicitur lucerna itaque corporis tui est oculus tuus, quia per bonae intentionis radium merita illustrantur actionis. si ergo oculus tuus simplex fuerit, totum corpus tuum lucidum erit: quia si recte intendimus per simplicitatem cogitationis, bonum opus efficitur, etiam si minus bonum esse videatur; et si oculus tuus nequam fuerit, totum corpus tuum tenebrosum erit; quia cum perversa intentione quid vel rectum agitur, etsi splendere coram hominibus cernitur, tamen apud examen interni iudicis obscuratur; unde et recte subditur vide ergo ne lumen quod in te est, tenebrae sint: quia si hoc quod bene nos agere credimus, ex mala intentione fuscamus; quanta ipsa mala sunt quae mala esse, et cum agimus, non ignoramus? * beda. ° cum autem subdit si ergo corpus tuum lucidum fuerit etc., totum corpus nostrum omnia opera nostra dicit. si igitur bonum bona intentione patraveris, non habens in tua conscientia aliquam partem tenebrosae cogitationis; etsi contigerit aliquem proximorum tua bona actione noceri, tu tamen pro tuo simplici corde, et hic gratia, et in futuro lucis gloria donaberis. quod significat subdens et sicut lucerna fulgoris illuminabit te. haec contra hypocrisim pharisaeorum sub dolo signa quaerentium, specialiter dicta sunt.

lc11 * Cyrillus. ° pharisaeus quamvis tenax esset sui propositi, dominum tamen in propriam domum vocat; unde dicitur et cum loqueretur, rogavit illum quidam pharisaeus ut pranderet apud se. * beda. ° consulte lucas non ait: et cum haec loqueretur; sed cum loqueretur, ut ostendat eum non statim finitis quae proposuerat verbis, sed aliquot interpositis, apud pharisaeum prandere rogatum. * augustinus de cons. evang.. ° ut enim hoc lucas narraret, digressus est a matthaeo circa illum locum ubi ambo commemoraverant quod dictum est a domino de signo ionae, et de regina austri, et de ninivitis, et de spiritu immundo: post quem sermonem dicit matthaeus: adhuc eo loquente ad turbas, ecce mater eius et fratres stabant foris, quaerentes ei loqui. lucas autem in eo sermone domini, commemoratis etiam quibusdam quae matthaeus dixisse dominum praetermisit, ab ordine quem cum matthaeo tenuerat, digreditur. * beda. ° itaque postquam nuntiatis sibi foris matre et fratribus ait: qui enim fecerit voluntatem domini, hic frater meus, et soror mea, et mater est, datur intelligi, rogatu pharisaei intrasse convivium. * cyrillus. ° sed ipse christus, qui eorum pharisaeorum nequitiam noverat, dispensative condescendit, satagens commonere eos, ad similitudinem optimorum medicorum, qui gravius infirmantibus afferunt remedia suae industriae; unde sequitur et ingressus recubuit. dedit autem occasionem verbis christi indocilis pharisaeus scandalizatus, quia cum opinaretur eum iustum et prophetam, non conformabatur irrationabili eorum consuetudini; unde subditur pharisaeus autem coepit intra se reputans dicere, quare non baptizatus esset ante prandium. * augustinus de verb. dom.. ° omni enim die pharisaei antequam pranderent, abluebant se aqua; quasi quotidiana lavatio possit cordis esse mundatio. apud seipsum autem pharisaeus cogitavit, voce non sonuit: ille tamen audivit qui interiora cernebat; unde sequitur et ait dominus ad illum: nunc vos, pharisaei, quod de foris est calicis et catini mundatis; quod autem intus est vestrum, plenum est rapina et iniquitate. * cyrillus. ° poterat autem dominus et aliis uti verbis, commonens pharisaeum insanum; captat tamen tempus, et ex his quae erant prae manibus contexit documentum. hora namque mensae et pabuli, sumit pro exemplo calicem et catinum, ostendens quod mundos et lotos decet esse sincere ministrantes deo non solum a spurcitia corporali, immo ab ea quae latet intrinsecus penes mentem: sicut aliquod vasorum quibus servitur in mensa, bonum est et extrinsecis et intrinsecis carere contagiis. * ambrosius. ° vide autem corpora nostra terrenorum et fragilium expressione significari, quae brevi lapsu praecipitata franguntur, et facile ea quae mens volvit interne, per sensus et gesta corporis prodit, sicut illa quae calix interius continet, foris lucent: unde et in posterioribus non dubium est vocabulo calicis passionem corporis declarari. cernis igitur quod nos non exteriora huius calicis et catini, sed interiora contaminant; quia dixit quod intus est vestrum, plenum est rapina et iniquitate. * augustinus. ° sed quomodo non pepercit homini a quo fuerat invitatus? magis quidem obiurgando pepercit, ut correcto in iudicio parceret. deinde ostendit nobis quia et baptisma quod semel adhibetur, per fidem mundat; fides autem intus est, non foris. fidem autem contemnebant pharisaei, et quod foris erat lavabant, intus inquinatissimi manebant; quod dominus improbat dicens stulti, nonne qui fecit quod de foris est, etiam id quod intus est fecit? * beda. ° quasi dicat: qui utramque hominis naturam fecit, utramque mundari desiderat. hoc est contra manichaeos qui animam tantum a deo, carnem vero putant a diabolo creatam. hoc etiam est contra illos qui corporalia peccata, fornicationem scilicet, furtum, et cetera talia peccata, quasi gravissima detestantur; spiritualia vero, quae non minus damnat apostolus, ut levia contemnunt. * ambrosius. ° dominus autem, quasi bonus praeceptor, docuit quomodo nostri corporis mundare contagium debeamus, dicens verumtamen quod superest date eleemosynam; et ecce omnia munda sunt vobis. vides quanta remedia. mundat nos misericordia, mundat nos dei sermo: iuxta quod scriptum est: iam vos mundi estis propter sermonem quem locutus sum vobis. * augustinus de eleemosyna. ° misericors monet misericordiam fieri: et quia servare quaerit quos magno redemit pretio, post gratiam baptismi sordidatos, docet denuo posse purgari. * chrysostomus. ° dicit autem date eleemosynam, non iniustitiam; est enim eleemosyna quae caret iniustitia qualibet: haec omnia facit munda, et ieiunio est praestantior; quod quamvis sit laboriosius, illa tamen est lucrosior. illustrat animam, impinguat, bonam efficit et decoram. qui cogitat misereri roganti, citius a peccatis desistet. sicut enim medicus qui crebro vulneratis medetur, frangitur de facili in aerumnis aliorum; sic et nos si vacaverimus egenorum auxiliis, de facili contemnemus praesentia, et in caelum levabimur. non parvum est igitur eleemosynae cataplasma, cum valeat omnibus apponi vulneribus. * beda. ° dicit autem quod superest, scilicet necessario victui et vestimento. neque enim ita facienda iubetur eleemosyna ut teipsum consumas inopia; sed ut tui cura corporis expleta, inopem quantum vales sustentes. vel ita intelligendum: quod superest, idest quod tam multo scelere praeoccupatis solum remedium restat, date eleemosynam: qui sermo ad omnia quae utili miseratione fiunt, valet: non enim solum qui dat esurienti cibum et cetera huiusmodi, verum etiam qui dat veniam peccanti, atque orat pro eo; et qui corripit, et aliqua emendatoria poena plectit, eleemosynam dat. * theophylactus. ° vel dicit quod superest: nam facultates praesident cupido cordi. * ambrosius. ° totus itaque pulcherrimus ab hinc dirigitur locus, ut quoniam nos ad studium simplicitatis invitat, superflua iudaeorum et terrena condemnet. et tamen ipsis peccatorum abolitio promittitur, si misericordiam consequantur. * augustinus de verb. dom.. ° si autem mundari non possunt nisi credentes in eum qui fide mundat cor, quid est quod dicit date eleemosynam, et ecce omnia munda sunt vobis? attendamus: forte et ipse exponit. illi enim de omnibus suis fructibus decimam partem detrahebant, et eleemosynas dabant; quod non facile aliquis facit christianus. irriserunt ergo illum eis hoc dicentem, quasi hominibus qui eleemosynas non facerent. hoc deus sciens subiungit sed vae vobis pharisaeis, qui decimatis mentham et rutam et omne olus, et praeteritis iudicium et caritatem dei. non ergo est hoc facere eleemosynam; facere enim eleemosynam, est facere misericordiam. si intelligis, a te incipe: quomodo enim es misericors alteri, si crudelis es tibi? audi scripturam dicentem: miserere animae tuae, placens deo. redi ad conscientiam tuam quicumque male aut infideliter vivis; et ibi invenis mendicantem animam tuam, vel forte egestate obmutescentem. in iudicio |175| et caritate fac eleemosynam cum anima tua. quid est iudicium? displice tibi. quid est caritas? dilige deum, dilige proximum. hanc eleemosynam si praetermittis, quantumvis ames, nihil facis quando tecum non facis. * cyrillus. ° vel hoc dicit in pharisaeorum reprehensionem: quia illa sola praecepta attentius observari iubebant a populis subiectis quae causa erant illis reddituum fecundorum; unde nec minima olerum postponebant, opus autem ingerendae dilectionis ad deum et iudicii iustam censuram negligebant. * theophylactus. ° quia enim deum contemnebant, indifferenter sacra tractantes, praecipit eis dilectionem dei habere. per iudicium vero dilectionem innuit proximi; nam quod aliquis iuste iudicet proximo, ex eius dilectione provenit. * ambrosius. ° vel iudicium, ideo quia non omnia quae agunt in iudicium referunt: caritatem, ideo quia non ex affectu diligunt deum. sed ne rursus fidei studiosos nos faciat operum negligentes, perfectionem |200| fidelis viri brevi sermone concludit, ut et fide et operibus approbetur, dicens haec autem oportuit facere, et illa non omittere. * chrysostomus in matthaeum. ° ubi quidem sermo iudaicae mundationis agebatur, totaliter praeterivit; sed quia decima eleemosyna quaedam est, et nondum erat tempus expresse interimendi legalia, propter hoc dicit haec oportuit facere. * ambrosius. ° arrogantiam quoque iactantium iudaeorum redarguit, dum primatus appetunt; sequitur enim vae vobis pharisaeis, qui diligitis primas cathedras in synagogis, et salutationes in foro. * cyrillus. ° per ea quibus illos reprehendit, nos facit meliores: vult etenim nos ambitione carere, et non plus venari apparentiam quam veri existentiam; quod tunc pharisaei agebant. salutari enim ab aliquibus, et praesidere eis, non vere nos idoneos esse ostendit; pluribus enim haec contingunt, cum boni non sint; unde subdit vae vobis qui estis ut monumenta quae non apparent. volentes enim ab hominibus salutari et eis praesidere ut magni |225| aestimentur, ab occultis sepulchris non differunt, quae nitent quidem extrinsecus ornamentis, sunt autem plena omni spurcitia. * ambrosius. ° et quasi sepulchra quae non apparent, specie fallunt visuque decipiunt transeuntes; unde sequitur et homines ambulantes supra nesciunt; ita scilicet ut cum foris speciosa promittant, plena intus foetoris includant. * chrysostomus in matthaeum. ° sed quod tales extiterint pharisaei, non est mirabile; si autem nos digni reputati fieri templa dei, fiamus repente sepulchra solum foetorem continentia, hoc est extremae miseriae. * cyrillus. ° ait autem hic apostata iulianus, vitanda esse sepulchra, quae christus ipse ait esse immunda; sed ignoravit vim verborum salvatoris; non enim iussit a monumentis discedere, sed eis comparavit pharisaeorum fictitium populum.

lc12 * Cyrillus. ° redargutio quae mansuetos transfert in melius, superbis hominibus communiter intolerabilis esse solet; unde cum salvator reprehenderet pharisaeos tamquam deviantes a recto calle, percellebatur ex hoc legisperitorum caterva; unde dicitur respondens autem quidam ex legisperitis, ait illi: magister, haec dicens, etiam nobis contumeliam facis. * beda. ° quam misera conscientia, quae audito dei verbo, sibi contumeliam fieri putat: et commemorata poena perfidorum, se semper intelligit esse damnandam. * theophylactus. ° erant autem alii legisperiti a pharisaeis: nam pharisaei divisi ab aliis, quasi religiosi videbantur; legis autem periti scribae erant, doctoresque quaestiones legis solventes. * cyrillus. ° christus autem legisperitis invectivam ingerit, et deprimit vanum eorum supercilium; unde sequitur at ille ait: et vobis legisperitis vae: quia homines oneratis oneribus quae portare non possunt, et ipsi uno digito non tangitis sarcinas. exemplo patenti utitur |25| ad eos dirigendum. erat lex onerosa iudaeis, ut fatentur christi discipuli; ipsi vero fasces importabiles legis colligantes, et subditis superponentes, ipsi nullatenus operari curabant. * theophylactus. ° quoties etiam doctor facit quae docet, alleviat fascem, tradens ad exemplum seipsum: quando vero nil agit eorum quae docet, tunc graves fasces videntur eis qui doctrinam suscipiunt, utpote qui nec a doctore possunt portari. * beda. ° recte autem audiunt quod sarcinas legis uno digito non tangerent; hoc est, nec in minimis quidem eam perficerent, quam se contra morem patrum sine fide et gratia christi servare, et servanda tradere praesumebant. * gregorius. ° tales quoque modo plures sunt iudices severi peccantium, et debiles agonistae; intolerabiles legislatores, et debiles portatores; neque appropinquare volentes, nec palpare vitae honestatem, quam irremediabiliter exigunt a subiectis. * cyrillus. ° postquam igitur reprobavit onerosam legisperitorum officinam, inducit |50| communem invectivam in cunctos principes iudaeorum, dicens vae vobis qui aedificatis monumenta prophetarum, et patres vestri occiderunt illos. * ambrosius. ° bonus est hic locus adversus superstitionem vanissimam iudaeorum: quia aedificando sepulchra prophetarum, patrum suorum facta damnabant; aemulando autem paterna scelera, in seipsos sententiam retorquebant: non enim aedificatio, sed aemulatio loco criminis aestimatur; unde subdit profecto testificamini quod consentitis operibus patrum vestrorum: quoniam quidem ipsi eos occiderunt, vos autem aedificatis eorum sepulchra. * beda. ° simulabant quidem se, ob favorem vulgi captandum, patrum suorum horrere perfidiam, memorias prophetarum qui ab eis occisi sunt, magnifice honorando; sed ipso ore testificantur quantum paternae nequitiae consentiant, iniuriis agendo dominum a prophetis praenuntiatum; unde subditur propterea et sapientia dei dixit: mittam ad illos prophetas et apostolos, et ex illis occident et persequentur. * ambrosius. ° dei |75| sapientia christus est. denique in matthaeo habes: ecce ego mitto ad vos prophetas et sapientes. * beda. ° si autem eadem sapientia dei prophetas apostolosque misit, cessent haeretici christo ex virgine principium dare; omittant alium legis et prophetarum, alium novi testamenti deum praedicare; quamvis saepe etiam apostolica scriptura prophetas non eos solum qui futuram christi incarnationem, sed eos qui futura caelestis regni gaudia praedicunt appellet. sed nequaquam hos crediderim apostolis in catalogi ordine praeferendos. * athanasius. ° sive autem occidant, mors occisorum altius contra eos clamabit; sive persequantur, memorialia suae iniquitatis emittunt. fuga enim persecutionem passorum in magnum redundat persequentium crimen: nemo enim pium et mansuetum fugit, sed potius austerum et moribus imbutum iniquis; et ideo sequitur ut inquiratur sanguis omnium prophetarum, qui effusus est a constitutione mundi a generatione ista. * beda. ° quaeritur quomodo |100| sanguis omnium prophetarum atque iustorum ab una iudaeorum generatione requiratur, cum multi sanctorum, sive ante incarnationem, sive post, ab aliis nationibus sint interempti. sed moris est scripturarum duas saepe generationes hominum, bonorum malorumque computare. * cyrillus. ° etsi ergo dicat demonstrative a generatione ista, non exprimit solum tunc astantes et audientes, sed quemlibet homicidam: astruitur enim simili simile. * chrysostomus in matthaeum. ° ceterum si dicat, iudaeos graviora passuros; hoc non immerito fit, eo quod et peiora omnibus ausi sunt, et nullo praeteritorum castigati fuerunt; sed cum vidissent alios peccasse et punitos fuisse, non fuerunt meliores effecti, sed similia commiserunt; non autem ita quod pro commissis aliorum alii luant poenam. * theophylactus. ° ostendit autem dominus iudaeos esse heredes malitiae cain, ex eo quod subdit a sanguine abel usque ad sanguinem zachariae, qui periit inter altare et aedem. abel siquidem a cain |125| occisus est; zachariam autem, quem occiderunt inter altare et aedem, quidam dicunt esse antiquum zachariam filium ioiadae sacerdotis. * beda. ° quare igitur a sanguine abel, qui primus martyrium passus est, mirum non est; sed quare usque ad sanguinem zachariae, quaerendum est, cum et multi post eum usque ad nativitatem christi, et ipso mox nato innocentes perempti sint; nisi forte, quia abel pastor ovium, zacharias sacerdos fuit, et hic in campo, ille in atrio templi necatus est, utriusque gradus martyres, et laici scilicet, et altaris officio mancipati, sub eorum intimantur vocabulo. * gregorius nyssenus. ° quidam autem dicunt, quod zacharias pater ioannis spiritu prophetiae coniciens mysterium virginitatis intactae dei genitricis, nequaquam sequestravit illam a loco templi virginibus deputato, volens ostendere quod in potestate conditoris omnium erat novum ortum ostendere, qui enixae vigorem caelibatus non auferret. erat autem hic locus medius inter altare et aedem, in qua erat altare |150| aeneum situm, ubi propter hoc eum occiderunt. aiunt etiam, quod, cum audirent regem mundi venturum, dispensative metu subiectionis aggrediuntur eum qui attestabatur ortum ipsius, mactantes sacerdotem in templo. * graecus. ° alii autem aliam causam dicunt esse interitus zachariae: cum enim occiderentur infantes, magnus ioannes cum coaetaneis suis occidendus erat; sed elisabeth eripiens filium de medio caedis, petiit eremum: unde cum satellites herodis elisabeth et puerum non invenirent, convertunt iram in zachariam, occidentes ipsum ministrantem in templo. sequitur vae vobis legisperitis, qui tulistis clavem scientiae. * basilius. ° haec vox vae, quae intolerabilibus profertur doloribus, eis convenit qui paulo post detrudendi erunt in grave supplicium. * cyrillus. ° clavem autem scientiae ipsam dicimus esse legem: erat enim lex umbra et figura iustitiae christi. decebat ergo legisperitos quasi indagantes legem moysi et dicta prophetarum, reserare quodammodo |175| populo iudaeorum ianuas notitiae christi. hoc autem non fecerunt; sed e contra derogabant divinis miraculis, et contra eius dogmata clamabant: quid eum auditis? sic igitur tulerunt, idest abstulerunt, clavem scientiae; unde sequitur ipsi non introistis, et eos qui introibant prohibuistis. sed et fides est clavis scientiae: fit enim per fidem veritatis cognitio, secundum illud: nisi credideritis, non intelligetis. sustulerunt igitur legisperiti clavem scientiae, non permittentes homines credere in christum. * augustinus de quaest. evang.. ° sed et clavis scientiae est humilitas christi, quam nec ipsi intelligere, nec ab aliis intelligi volebant. * ambrosius. ° arguuntur etiam adhuc sub nomine iudaeorum, et futuro supplicio statuuntur obnoxii: quia cum doctrinam sibi divinae cognitionis usurpent, et alios impediant, nec ipsi quod profitentur agnoscunt. * augustinus de cons. evang.. ° haec autem omnia matthaeus narrat esse dicta postquam dominus in ierusalem venerat. lucas autem |200| hic narrat, cum adhuc dominus iter ageret in ierusalem: unde mihi similes videntur esse sermones, quorum ille alterum, iste alterum narravit. * beda. ° quam autem vera perfidiae, simulationis et impietatis suae crimina audierint pharisaei et legisperiti, ipsi testantur, qui non resipiscere, sed doctorem veritatis insidiis moliuntur aggredi; sequitur enim cum autem hoc ad illos diceret, coeperunt pharisaei et legisperiti graviter insistere. * cyrillus. ° sumitur autem insistere pro instare, vel invidere, vel saevire. coeperunt autem interrumpere sermonem eius in pluribus; unde sequitur et os eius opprimere de multis. * theophylactus. ° cum enim plures interrogant unum de diversis materiis, cum nequeat simul omnibus respondere, videtur insipientibus quod dubitet. hoc igitur ingeniabantur et illi nefarii contra ipsum; sed et aliter quaerebant os eius opprimere; scilicet ut provocarent eum ad aliquid dicendum, unde posset damnari; unde sequitur insidiantes ei, et quaerentes aliquid capere de ore |225| eius, ut accusarent eum. quod primo dixerat opprimere, nunc dicit capere, vel rapere, aliquid ex ore eius. interrogabant eum nunc quidem de lege, ut arguant eum quasi blasphemum obloquentem de moyse; nunc vero de caesare, ut accusent eum tamquam insidiosum et hostem maiestatis caesareae.

073 CLC cp12

lc1 * Theophylactus. ° pharisaei quidem conabantur iesum capere in sermone, ut populos ab eo abducerent; hoc autem in contrarium vertitur: magis enim adibant populi per millenarios congregati, adeo cupientes haerere christo ut se invicem comprimerent: tam validum quid est veritas, et dolus imbecillis ubique; unde dicitur multis autem turbis circumstantibus, ita ut se invicem conculcarent, coepit dicere ad discipulos suos: attendite a fermento pharisaeorum, quod est hypocrisis. * gregorius. ° quia enim cavillatores erant, ob hoc christus ab eis sibi cavere admonebat discipulos. * gregorius nazianzenus. ° est autem, quando fermentum laudatur, tamquam efficiens panem vitalem; est autem quando vituperatur, significans vetustam et acidam malitiam. * theophylactus. ° vocat igitur fermentum hypocrisim tamquam alterantem et corrumpentem intentiones hominum, quibus se ingesserit: nihil enim sic alterat mores ut hypocrisis. * beda. ° nam sicut modicum fermentum |25| totam farinae massam corrumpit, sic simulatio animum tota virtutum sinceritate et veritate fraudabit. * ambrosius. ° pulcherrimum autem locum tenendae simplicitatis et aemulandae fidei salvator intexuit, ne iudaicae more perfidiae, alia promamus in affectu, alia voce simulemus; cum ultimo tempore occulta cogitationum accusantium aut etiam defendentium secretum nostrae mentis aperitura videantur; unde subditur nihil autem opertum est quod non reveletur, neque absconditum quod non sciatur. * origenes. ° aut ergo de illo tempore hoc dicit quando iudicabit deus occulta hominum; aut id dicit, quia quantumcumque conetur aliquis occultare bona aliorum infamiis, bonum naturaliter latere non potest. * chrysostomus in matth.. ° quasi dicat discipulis: quamvis nunc quidam vocent vos seductores et magos, deteget omnia tempus, et arguet eorum calumniam, et vestram declarabit virtutem: unde quaecumque vobis in parvo angulo palaestinae locutus sum, haec audacter et fronte detecta et qualibet sublata |50| formidine toti orbi praedicate; et ideo subdit quoniam quae in tenebris dixistis, in lumine dicentur; et quod in aure locuti estis et in cubiculis, praedicabitur in tectis. * beda. ° vel hoc dicit, quia quae inter tenebras quondam pressurarum carcerumque umbras locuti vel passi sunt apostoli, nunc clarificata per orbem ecclesia, lectis eorum actibus publice praedicantur. sane quod dicit praedicabitur in tectis, iuxta morem provinciae palaestinae loquitur, ubi solent in tectis residere: non enim tecta nostro more culminibus sublimata, sed plano schemate faciunt aequalia. ergo dicit praedicabitur in tectis: idest cunctis audientibus palam dicetur. * theophylactus. ° vel hoc proponitur pharisaeis, quasi dicat: o pharisaei, quae in tenebris dixistis, idest quod in opacis cordibus vestris tentare me conamini, in lumine dicentur: ego enim sum lux, et in me luce notum fiet quicquid vestra machinatur caligo; et quod in aure locuti estis et in cubiculis, idest quicquid mutuis susurris vestris auribus instillastis, praedicabitur |75| in tectis; idest, ita mihi fuit audibile ac si in tectis praedicatum fuisset. hic etiam intelligere potes quod lux sit evangelium, tecta vero altae apostolorum animae. quotquot vero consiliati sunt pharisaei, divulgata sunt postmodum, et audita in evangelii luce, flante magno praecone spiritu sancto super apostolorum animas.

lc2 * Cyrillus. ° quoniam gemina est causa perfidiae, quae aut ex insolita malitia aut ex accidenti metu nascitur; ne quis metu territus deum, quem corde cognoscit, negare cogatur, pulchre addit dico autem vobis amicis meis, ne terreamini ab his qui occidunt corpus. * cyrillus. ° non quibuscumque enim simpliciter hic sermo convenire videtur, sed his qui deum ex tota diligunt mente: quibus convenit dicere: quis nos separabit a caritate christi? qui autem non tales sunt, labiles sunt, et ad prosiliendum parati. porro dominus dicit: maiorem hac dilectionem nemo habet quam ut animam suam ponat quis pro amicis suis. quomodo autem non est inconvenientissimum christo non rependere quod ab eo recepimus? * ambrosius. ° mortem etiam docet non esse terribilem, quam locupletiore fenore sit immortalitas redemptura. * cyrillus. ° est ergo advertendum, quod laboribus parantur coronae et honores, quibus mortales usque ad tempus suam iram extendunt, fitque illis nostrae persecutionis finis corporalis interitus; unde subdit et post hoc non habent amplius quid faciant. * beda. ° ergo supervacua furiunt insania qui mortua martyrum membra feris avibusque discerpenda proiciunt, cum nequaquam omnipotentiae dei, quin ea resuscitando vivificet, resistere possint. * chrysostomus in matthaeum. ° considera qualiter dominus discipulos omnibus superiores constituit, ipsam mortem cunctis terribilem hortans contemnere. simul autem et documenta immortalitatis animae ostendit eis, cum subdit ostendam autem quem timeatis: timete eum qui postquam occiderit, habet potestatem mittere in gehennam. * ambrosius. ° mors enim naturae finis, non poenae est; et ideo mortem supplicii corporalis esse defectum, poenam vero animae esse perpetuam, deumque solum esse metuendum, cuius potestati non natura praescribat, sed eadem natura subiaceat, concludit: ita dico vobis, hunc timete. * theophylactus. ° hinc nota, quod peccatoribus quidem mors ad supplicium fertur, et hic cruciatis ipsis per interitum, et consequenter in gehennam detrusis; sed si sermonem discusseris, quiddam aliud intelliges: non enim dicit: qui mittit in gehennam; sed qui potestatem habet mittere: non enim quicumque cum peccato moriuntur, semper mittuntur in gehennam. hoc autem dico propter oblationes et distributiones quae fiunt pro defunctis, quae non parum conducunt etiam his qui in gravibus peccatis mortui sunt. * ambrosius. ° inspiraverat ergo dominus simplicitatis affectum, virtutem mentis erexerat; fides sola nutabat: bene eam de rebus vilioribus roboravit, subdens nonne quinque passeres veneunt dipondio, et unus ex illis non est in oblivione coram deo? quasi dicat: si deus oblivionem passerum non habet, hominum quomodo habere potest? * beda. ° dipondius genus est ponderis levissimi, ex duobus assibus compositi. * glossa. ° quod autem in numeris est unum, hoc in ponderibus assis; quod duo, hoc dipondius. * ambrosius. ° fortasse autem dicat aliquis: quomodo apostolus dixit: nonne de bobus cura est deo? cum bos passere pretiosior sit? sed aliud est cura, aliud scientia. * origenes. ° ad litteram igitur, acumen divinae provisionis, quae procedit usque ad minima, per hoc significatur; mystice autem quinque passeres spirituales sensus iuste significant, qui excelsa et supra homines sentiunt, deum intuentes, vocem audientes divinam, gustantes panem vitae, olfacientes odorem unguentorum christi, palpantes vivum verbum: qui dipondio veneuntes, idest vilipensi ab eis qui ea quae sunt spiritus, stultitiam iudicant, non dantur in oblivione coram deo. dicitur autem deus aliquorum immemor fieri propter eorum facinora. * theophylactus. ° vel hi quinque sensus duobus assibus venduntur, novo scilicet et veteri testamento: et ideo non dantur oblivioni a deo: quorum enim sensus traduntur verbo vitae, ut sint apti ad spirituale pabulum, horum semper memor est dominus. * ambrosius. ° vel aliter. passer bonus est cui volandi natura suppeditat: volandi enim nobis gratiam natura dedit, voluptas abstulit, quae malorum escis gravat animam, atque in naturam corporeae molis inclinat. quinque igitur corporis sensus si terrenarum sordium cibum quaerant, ad superiorum operum fructus revolare non possunt. est ergo malus passer qui volandi usum terrenae vitio labis aboleverit, quales sunt isti passeres, qui dipondio veneunt, luxuriae scilicet pretio saecularis: adversarius enim tamquam captiva mancipia vilioris pretio aestimationis addicit; at dominus tamquam speciosa servitia, quae ad imaginem sui fecit, idoneos sui operis aestimat et magno pretio nos redemit. * cyrillus. ° est igitur sibi curae diligenter nosse sanctorum vitam; unde subditur sed et capilli capitis vestri omnes numerati sunt; per quod significat quod omnia quae ad eos spectant, diligentissime novit: diligentiam enim curae adhibitae numeratio manifestat. * ambrosius. ° denique numerum capillorum non in actu computationis, sed in facilitate cognitionis accipitur. bene tantum numerati dicuntur, quia ea quae volumus servare, numeramus. * cyrillus. ° mystice autem caput quidem hominis est intellectus, capilli vero cogitationes, quae patent deo. * theophylactus. ° vel caput uniuscuiusque fidelium intelliges aptam christo conversationem; crines autem eius, mortificativa corporis opera, quae numerantur a deo, et digna sunt provisione divina. * ambrosius. ° si igitur tanta dei est maiestas ut unus ex passeribus, aut nostrorum numerus capillorum praeter scientiam dei non sit: quam indignum est aestimare quod fidelium corda dominus aut ignoret, aut spernat, qui viliora cognoscat? unde convenienter concludit nolite ergo timere: multis passeribus pluris estis vos. * beda. ° non plures estis legendum est, quod ad comparationem numeri pertinet; sed pluris estis hoc est, apud deum maioris dignitatis. * athanasius. ° quaero autem ab arianis, si quasi dedignaretur deus alia facere, solum filium fecit, cetera vero filio subrogavit; quomodo provisione utitur usque ad tam modica, capillum et passerem? quorum enim provisione fungitur, horum creator est suo verbo.

lc3 * Beda. ° supra dictum est, opera quaelibet et verba abscondita esse revelanda: nunc autem concludit hanc revelationem non in vili quolibet conciliabulo, sed in conspectu supernae civitatis aeternique regis ac iudicis agendam, dicens dico autem vobis: omnis quicumque confessus fuerit me coram hominibus, et filius hominis confitebitur illum coram angelis dei. * ambrosius. ° praeclare etiam fidem acuendo intexuit, et fidei ipsi virtutum fundamenta subiecit: nam ut fortitudinis incentivum est fides, ita fidei fundamentum est fortitudo. * chrysostomus in matthaeum. ° non est ergo dominus contentus intrinseca fide, sed exteriorem confessionem expostulat, urgens nos ad fiduciam, et maiorem affectum. et quia hoc omnibus utile est, communiter loquitur, dicens omnis quicumque confessus fuerit me. * cyrillus. ° ait autem paulus: si confitearis ore tuo dominum iesum, et credas in corde tuo quod deus eum a mortuis suscitavit, salvus eris. totum christi mysterium in his interpretatur: decet enim prius ortum a deo patre verbum, idest unigenitum ex ipsius substantia, fateri dominum omnium, non tamquam ab extrinseco et furtivum sortitum dominium, sed existentem revera et naturaliter dominum, sicut et pater. consequenter oportet fateri quod deus hunc a mortuis suscitavit; ipsum scilicet factum hominem, et passum in carne pro nobis: sic enim resurrexit a mortuis. quisquis ergo sic confitebitur christum coram hominibus, videlicet ut deum et dominum, christus eum confitebitur coram angelis dei, tunc temporis cum descendet cum sanctis angelis in gloria patris sui, in saeculi consummatione. * eusebius. ° quid autem erit gloriosius quam ipsum unigenitum dei verbum attestari pro nobis in divino iudicio, ac ipso effectu remunerationem testimonii promere indicium in animam eius cui testimonium perhibetur? non enim manens extra eum cui testimonium reddetur, sed habitans in eo, et implens eum lumine suo, testimonium dabit. cum autem corroborasset eos spe bona per tanta promissa, iterum eos inducit terribilioribus minis, dicens qui autem negaverit me coram hominibus, denegabitur coram angelis dei. * chrysostomus. ° et in damnatione maius supplicium, et in bonis maior recompensatio ponitur; quasi dicat: tu hic confiteris, aut negas; ego autem illic: bonorum enim malorumque retributio cum augmento in futuro saeculo te praestolatur. * eusebius. ° opportune autem hanc comminationem ponit, ne confessionem ipsius contemnerent propter poenam, quae est negari a filio dei, quod est a sapientia denegari, et a vita deficere, et lumine privari, et omnibus destitui bonis; sed et haec cuncta pati coram patre, qui est in caelis, et angelis dei. * cyrillus. ° negantes autem sunt primo quidem qui imminente persecutione fidem postposuerunt: abnegant etiam haeresum doctores et discipuli. * chrysostomus. ° sunt etiam alii abnegationis modi, quos paulus describit dicens: confitentur se nosse deum, factis autem negant; et iterum: si quis suorum, et maxime domesticorum, curam non habet, fidem negavit, et infideli est deterior; item: avaritiam fugite, quae est idololatria. postquam ergo tot sunt modi negationis, palam est quod totidem sunt confessionis; quos quicumque servaverit, audiet illam beatissimam vocem, qua christus laudabit omnes qui confessi fuerint eum. attende autem verborum cautelam. in graeco enim dicit quisquis confitebitur in me, ostendens, quod non propriis viribus, sed adiutus superna gratia, christum aliquis confitebitur. de negante vero non dixit: in me, sed me; nam destitutus gratia denegat; redarguitur tamen, quia destitutio propter eum qui deseritur fit. * beda. ° ne autem ex eo quod ait, eos qui se negaverint esse denegandos, una cunctorum, hoc est eorum qui studio, et eorum qui infirmitate vel ignorantia negant, conditio putaretur, continuo subiecit et omnis qui dicit verbum in filium hominis, remittetur illi; ei autem qui in spiritum sanctum blasphemaverit, non remittetur. * cyrillus. ° sed si hoc vult innuere salvator, quod si quod iniuriosum verbum dicatur a nobis in hominem communem, obtinebimus, si poeniteamus, veniam; nulla difficultas est in sermone; quia cum naturaliter bonus sit deus, emendat volentes poenitere. verum si ad ipsum christum retorqueatur sermo, qualiter incondemnabilis est qui dicit verbum in eum? * ambrosius. ° utique filium hominis christum intelligimus, qui de spiritu sancto generatus ex virgine est, eo quod parens eius in terris sola sit virgo. numquid ergo maior spiritus sanctus christo, ut in christum peccantes veniam consequantur, in spiritum sanctum delinquentes remissionem non mereantur adipisci? sed ubi unitas potestatis est, nulla comparationis est quaestio. * athanasius. ° viri quidem antiqui, studiosus origenes et mirandus theognostus, hanc conscribunt esse spiritus sancti blasphemiam, quando qui digni reputati sunt dono spiritus sancti per baptismum, regrediuntur ad peccandum: ob hoc enim aiunt illos nec veniam obtinere, prout paulus dicit: impossibile est eos qui facti sunt participes spiritus sancti, et prolapsi sunt, revocari rursum ad poenitentiam. addidit autem uterque intentionem propriam. nam origenes causam huius sic explicat: deus quidem pater omnia percurrit et singula continet; virtus autem filii ad sola rationalia extenditur; spiritus vero sanctus solus inest participantibus eum in dono baptismatis. quando ergo cathecumeni peccant, et gentiles, peccant in filium, qui in eis manet; possunt tamen veniam obtinere, cum digni fiunt dono regenerationis: quando vero baptizati delinquunt, dicit hoc nefas attingere spiritum, ad quem cum pervenissent, peccaverunt: et ideo irrevocabilem fore damnationem. theognostus vero ait, quod qui primum et secundum excessit limen, minorem poenam meretur; sed qui tertium quoque pertransit, non amplius accipiet veniam. primum quidem et secundum limen vocavit doctrinam patris et filii; tertium vero in participatione spiritus sancti, secundum illud: cum venerit spiritus veritatis, docebit vos omnem veritatem: non tamquam doctrina spiritus dogma filii superet, sed quia filius condescendit imperfectis, spiritus vero signaculum est eorum qui perficiuntur. sic igitur, non quia superet spiritus filium, expers est veniae blasphemia spiritus, sed quia imperfectorum quidem est remissio, perfectis vero nulla restat excusatio. sed cum filius sit in patre, est in illis in quibus est pater, nec abest spiritus; indivisibilis est enim sancta trinitas. ad haec, si omnia per filium facta sunt, et omnia in ipso consistunt, erit ipse nimirum in omnibus, ut necessarium sit peccantem in filium, in patrem et in spiritum sanctum peccare. sacrum autem baptisma in nomine patris et filii et spiritus sancti datur: et sic peccantes post baptismum in sanctam trinitatem exercent blasphemiam. ceterum si pharisaei baptismum non susceperant, qualiter redarguebat eos ac si blasphemassent in spiritum sanctum, cuius nondum erant facti participes; praesertim cum non de peccatis simpliciter, sed de blasphemia eos increpabat? differunt autem: quoniam qui peccat, transgreditur legem; qui vero blasphemat, in ipsam offendit deitatem. sed aliter. si eis qui delinquunt post baptisma, non indulgetur vindicta reatuum, qualiter apostolus poenitenti in corintho condonat: retrogressos vero galatas parit, quousque christus denuo formetur in eis? cur autem et novatum arguimus interimentem poenitentiam post baptismum? apostolus igitur ad hebraeos non dissipat poenitentiam peccatorum. sed ne putarent secundum ritum legis, poenitentiae causa multa fore et quotidiana baptismata, ob hoc poenitere quidem monet; unicam autem fore insinuat per baptisma renovationem. talia vero considerans recurro ad dispensationem quae fit in christo, qui deus existens, homo factus est: tamquam deus suscitabat mortuos; sicut carne vestitus sitiebat, laborabat et patiebatur. quando igitur aliqui spectantes humana, vident dominum sitientem et patientem, et obloquuntur in salvatorem velut in hominem, peccant quidem, possunt tamen cito cum poenituerint, accipere veniam, praetendentes pro causa fragilitatem corporis; quando vero rursus aspicientes aliqui opera deitatis, dubitant de natura corporis, ipsi quoque nimium peccant; sed et his poenitentibus cito potest ignosci, eo quod et ipsi excusationem habent ab operum magnitudine. quando vero divinitatis opera retorquent ad diabolum, merito irrevocabilem ferunt scientiam, quoniam arbitrati sunt diabolum fore deum, et verum deum nihil plusquam daemones in operibus putaverunt habere. ad hanc ergo perfidiam pharisaei pervenerant: salvatore enim ostendente patris opera, mortuos suscitans, caecos illuminans, et similia faciens, huiusmodi opera dicebant esse beelzebub: aeque enim dicere poterant videntes mundi ordinem et erga eum provisionem quod mundus a beelzebub est creatus. quamdiu igitur ad humana spectantes mente claudicabant dicentes: nonne hic est carpentarii filius? et: quomodo litteras quas non didicit, novit? sustinebat eos tamquam in filium hominis peccantes; sed ubi magis insaniunt dicentes opera dei esse beelzebub, non amplius eos sustinuit. sic enim et tamdiu patres eorum sustinebat, quamdiu causa panis et aquae murmurabant; sed postquam vitulum conflantes, in eum collata sibi divinitus beneficia referunt, puniti sunt: primo quidem non paucis eorum occisis, postmodum dixit: ego autem in die ultionis visitabo hoc peccatum eorum. talem ergo et nunc pharisaei audiunt sententiam, ut in flamma diabolo parata perpetuo corrodantur cum eo. non igitur faciendo collationem inter blasphemiam dictam in ipsum et spiritum sanctum, haec dixit, tamquam maior sit spiritus; sed utraque blasphemia in ipsum prolata, hanc minorem, illam validiorem ostendit: ipsum enim videntes hominem vituperabant, et eius opera beelzebub esse dicebant. * ambrosius. ° sic igitur videtur quibusdam, ut eumdem et filium et spiritum sanctum intelligamus, salva distinctione personarum, et unitate substantiae: quia unus et deus et homo christus est spiritus, sicut scriptum est: spiritus ante faciem vestram christus dominus. idem spiritus sanctus, qui et pater sanctus, et filius sanctus, et spiritus sanctus. si ergo utrumque christus est, quae est diversitas nisi ut sciamus quia divinitatem christi nobis negare non liceat? * beda. ° vel aliter. qui opera spiritus sancti dicit esse beelzebub, illi non dimittetur neque in praesenti saeculo, neque in futuro; non quod negamus ei, si poenitentiam agere possit, posse dimitti a deo;

sed quod credamus eum blasphemum, exigentibus meritis, sicut numquam ad remissionem, ita nec ad ipsos dignae poenitentiae fructus esse perventurum, secundum illud: excaecavi oculos eorum ne convertantur, et sanem illos. * cyrillus. ° quod si creatura esset spiritus sanctus, non autem de divina substantia patris et filii, qualiter acta in eum contumelia tantam fert poenam quanta promulgatur contra blasphemantes in deum? * beda. ° neque tamen quicumque spiritum sanctum non esse, aut deum non esse, sed patre filioque minorem confitentur, hoc irremissibilis blasphemiae crimine tenentur: quia humana ignorantia ducti faciunt, non invidentia diabolica, sicut principes iudaeorum. * augustinus de verb. dom.. ° vel aliter. si hic diceretur: qui blasphemaverit quamcumque blasphemiam in spiritum sanctum, omnem intelligere deberemus; sed quia dictum est qui blasphemaverit in spiritum sanctum, ille intelligatur qui non omni modo, sed eo modo blasphemaverit ut ei numquam possit ignosci: sic enim dictum est: deus neminem tentat, scilicet non omni, sed quodam tentationis modo. quis autem sit iste modus blasphemandi contra spiritum sanctum, dicamus. primum quidem credentium beneficium est in spiritu sancto remissio peccatorum: contra hoc donum gratuitum loquitur cor impoenitens: ipsa ergo impoenitentia est spiritus blasphemia; quae non remittitur neque in hoc saeculo, neque in futuro: quia poenitentia impetrat remissionem in hoc saeculo quae valeat in futuro. * cyrillus. ° cum autem tantum metum incusserit dominus discedentibus a recta confessione, praecepit de cetero non curare de responso, eo quod fideliter dispositis constituit verba congrua spiritus tamquam doctor inhabitans; unde sequitur cum autem inducent vos in synagogas, et ad magistratus et potestates, nolite solliciti esse qualiter aut quid respondeatis, aut quid dicatis. * glossa. ° dicit autem qualiter, quantum ad modum proferendi; quid, quantum ad modum inveniendi; respondeatis, interrogantibus, aut quid dicatis, discere volentibus. * beda. ° cum enim propter christum ducimur ad iudices, voluntatem tamen nostram pro christo debemus offerre; ceterum in respondendo spiritus sancti gratia ministrabitur; unde subditur spiritus enim sanctus docebit vos in ipsa hora quid oporteat vos dicere. * chrysostomus in matthaeum. ° alibi vero dicitur: estote parati cunctis ad respondendum, quicumque quaesiverint a vobis rationem spei quae fovet vos. quando namque oritur inter amicos agon, praecipit nos meditari; quando vero terribile est praetorium, et pavor circumquaque, dat proprium monimentum, ut audendum sit et loquendum, non autem obstupescendum. * theophylactus. ° quoniam igitur duplex est nostra infirmitas, et aut poenae formidine martyrium fugimus, aut quia rudes sumus, et nescimus reddere rationem fidei, utrumque exclusit: metum quidem poenarum in eo quod dixit ne timeatis occidentes corpus; timorem vero inscientiae in hoc quod dixit nolite solliciti esse qualiter aut quid respondeatis.

lc4 * Ambrosius. ° totus superior locus ad subeundam pro confessione domini passionem, aut contemptu mortis, aut spe praemii, aut mansuri denuntiatione supplicii, cui nunquam venia laxetur, instruitur. et quoniam avaritia plerumque solet tentare virtutem, etiam huius abolendae rei praeceptum subicitur et exemplum, cum dicitur ait autem ei quidam de turba: magister, dic fratri meo ut dividat mecum hereditatem. * theophylactus. ° hi duo fratres, quia de hereditate paterna dividenda contendebant, consequens erat ut alter alterum fraudare intenderet. dominus autem docens nos quod non oportet ad terrena flecti, repellit vocantem eum ad hereditatis divisionem; unde sequitur at ille dixit ei: homo, quis me constituit iudicem aut divisorem, scilicet facultatum, super vos? * beda. ° qui magistro supernae pacis gaudia commendanti, terrenae divisionis vult ingerere molestiam, merito homo vocatur, secundum illud: cum sit inter vos zelus et contentio, nonne homines estis? * cyrillus. ° fuit autem dei filius quando factus est similis nobis, constitutus a deo patre in regem et principem super sion montem sanctum eius, annuntians mandatum divinum. * ambrosius. ° bene ergo terrena declinat qui propter divina descenderat, nec iudex dignatur esse litium et arbiter facultatum, virorum habens mortuorumque iudicium arbitriumque meritorum. non ergo quid petas, sed a quo postules, intuendum est; nec maioribus intento animo putes minoribus obstrependum: unde non immerito refutatur hic frater, qui dispensatorem caelestium gestiebat corruptibilibus occupare, cum inter fratres patrimonium non iudex medius, sed pietas debeat sequestra dividere: quamquam immortalitatis patrimonium, non pecuniae, sit hominibus expectandum. * beda. ° occasione autem huius stulti petitoris, adversus avaritiae pestem, et turbas et discipulos praeceptis pariter et exemplis munire satagit; unde sequitur dixitque ad illos: videte, et cavete ab omni avaritia. dicit autem ab omni, quia nonnulla simpliciter geri videntur, sed internus arbiter qua intentione fiant diiudicat. * cyrillus. ° vel dicit ab omni avaritia, scilicet magna et parva. est enim inutilis avaritia, dicente domino: domos zelatas aedificabitis, et non habitabitis in eis; et alibi: decem iugera vinearum facient lagunculam unam, et triginta modii sementis facient modios tres. sed et secundum alium modum est inutilis, quem ostendit subdens quia non in abundantia cuiusquam vita eius est ex his quae possidet. * theophylactus. ° hoc dicit dominus refellens avarorum intentiones, qui videntur coacervare divitias quasi diu victuri; sed numquid te opulentia longaevum efficiet? quid igitur manifeste sustines mala, incertae causa quietis? nam dubium est an debeas attingere senium, cuius gratia thesaurizas.

lc5 * Theophylactus. ° dicto quod ex affluentia opum non protendatur vita humana, ad huius fidem parabolam subdit, dicens dixit autem similitudinem ad illos, dicens: hominis cuiusdam divitis uberes fructus ager attulit. * basilius. ° non facturi quidem ex ubertate fructuum aliquid boni, ut magis divina longanimitas pateat, quae usque ad malos suam bonitatem extendit, pluens super iustos et iniustos. quae vero sunt quae hic homo benefactori recompensat? non meminit communis naturae, nec arbitratus est oportere quod superfluit, dispensari egentibus: et horrea quidem crepabant prae copia conditorum: avarus tamen animus nequaquam implebatur, nolens veteribus cedere propter avaritiam, nova non valens suscipere propter multitudinem: propter quod imperfecta erant eius consilia, et steriles curae; unde sequitur et cogitabat intra se, dicens: quid faciam, quia non habeo quo congregem fructus meos? conqueritur aeque pauperibus. an non quem premit inopia, dicit: quid faciam? unde victus, unde calceamenta? talia et locuples profert: urgent enim ipsius animam divitiae a promptuariis emanantes, ne forte cum exiverint prosint egentibus; a simili gulosorum, qui mallent edacitate crepare quam indigentibus de reliquiis impartiri. * gregorius moralium. ° o angustia ex satietate nata. dicens enim quid faciam? profecto indicat quia votorum suorum effectibus pressus, sub quodam rerum fasce laborabat. * basilius. ° erat quidem in promptu dicere: aperiam horrea, convocabo egenos; sed cogitat non ut distribuat, sed ut congreget; sequitur enim et dixit: hoc faciam: destruam horrea mea. bene facis: nam digna destructione nequitiae promptuaria: dissolve horrea, ex quibus nullus consolationem accepit. subdit et maiora faciam. at si et hoc impleveris, numquid destrues iterum? quid stultius, quam in infinitum laborare? horrea sunt tibi, si vis, pauperum domus. sed dices: cui iniuriam facio, propria retinendo? nam et sequitur et illuc congregabo omnia quae nata sunt mihi, et bona mea. dic mihi: quae tua? unde ea sumens in vitam tulisti? sicut qui praeveniens spectacula prohiberet advenientes, appropriando sibi quod ad usum communem ordinatur; similes sunt divites, qui communia quae praeoccupaverunt, aestimant sua esse; si enim quilibet suae necessitatis sufficientiam recipiens, relinqueret superfluum indigenti, non esset dives nec pauper. * cyrillus. ° attende et aliter esse frivolum eius verbum, cum dicit congregabo omnia quae nata sunt mihi: quasi non putaret ea divinitus obtinere, sed fructus esse laborum suorum. * basilius. ° ceterum, si fateris ea tibi divinitus provenisse, an iniustus est deus inaequaliter res nobis distribuens? cur tu abundas, ille vero mendicat, nisi ut tu bonae dispensationis merita consequaris, ille vero patientiae braviis decoretur? at tu nonne spoliator es, quae dispensanda suscepisti, propria reputando? est panis famelici quem tu tenes, nudi tunica quam in conclavi conservas, discalceati calceus qui penes te marcescit, indigentis argentum quod possides inhumatum; quocirca tot iniuriaris quot dare valeres. * chrysostomus. ° sed et in hoc errat, quod bona putat quae sunt indifferentia: rerum enim quaedam sunt bonae, quaedam malae, quaedam mediae. bona quidem sunt castitas et humilitas et huiusmodi; quae cum homo eligit, fit bonus. his autem opposita sunt mala; quae homo dum eligit, fit malus. media vero sunt, ut divitiae; quae quandoque quidem ordinantur in bonum, scilicet ad eleemosynam; quandoque ad malum, scilicet ad avaritiam; et similiter inopia quandoque ad blasphemiam, quandoque ad sapientiam secundum affectum utentium. * cyrillus. ° dives igitur non parat permanentia horrea, sed caduca; et, quod stultius est, vitae longitudinem sibi taxat; sequitur enim et dicam animae meae: anima, habes multa bona posita in annos plurimos. sed, o dives, fructus quidem habes in horreis, sed annos plurimos unde poteris obtinere? * athanasius. ° si quis autem sic vivat quasi quotidie moriturus, eo quod incerta est naturaliter vita nostra, non peccabit: semper enim maior timor plurimum voluptatis dissolvit. sed e contrario dives longaevitatem sibi repromittens, ad voluptates aspirat; sequitur enim requiesce, scilicet a labore, comede, bibe, epulare, magno scilicet apparatu. * basilius. ° tam improvidus es erga bona animae, ut escas corporeas animae ascribas: si quidem virtutem habet, si fecunda est operationum bonarum, si deo adhaesit, bona plurima possidet, et bono gaudio gaudet. verum quia totus carnalis es passionibus subiectus, a ventre, non ab anima clamas. * chrysostomus. ° non autem decet vacare deliciis, et impinguare corpus, et attenuare animam, fascemque ei gravare, et tenebras obducere, spissumque velamen: eo quod in deliciis dominativum animae servit, servile vero corporis dominatur. alimentorum autem indiget corpus, non deliciarum: ut nutriatur, non ut scindatur et fluat: neque enim animae soli, sed et ipsi corpori sunt nocivae deliciae: eo quod ex forti fit debile, ex sano aegrotativum, ex agili grave, ex formoso deforme, ex iuvene veternosum. * basilius. ° permissus autem est deliberare in omnibus, et manifestare propositum proprium, ut condignam mereatur sui affectus sententiam. sed dum in abdito loquitur, eloquia eius examinantur in caelo, unde sibi responsa proveniunt; sequitur enim dixit autem illi deus: stulte, hac nocte animam tuam repetent a te. audi conveniens tibi stultitiae nomen, quod tibi nullus imposuit hominum, sed ipse deus. * gregorius moralium. ° eadem nocte sublatus est qui multa tempora fuerat praestolatus, ut scilicet qui in longum sibi subsidia colligendo prospexerat, subsequentem diem vel unum minime videret. * chrysostomus in matthaeum et in orat. de lazaro. ° dicit autem repetent a te: exposcebant enim eam forsan terribiles quaedam virtutes ad hoc missae; quoniam si de civitate in civitatem transeuntes egemus ductore, multo magis anima absoluta a corpore, et ad futuram vitam transmigrans, indigebit ducatu. ob hoc multoties recusat anima, et regreditur in profundum, cum debet exire a corpore; semper enim stimulat nos conscientia peccatorum, sed praecipue cum debemus trahi ad terribile iudicium. tunc enim tota congeries criminum innovatur, et prae oculis posita mentem percellit: et sicut carcerati semper quidem dolorosi sunt, tunc autem praecipue cum debent iudici praesentari; sic et anima maxime in ipso tempore de peccato cruciatur et dolet; multo autem magis cum fuerit evulsa. * gregorius moralium. ° in nocte autem ablata est anima quae in obscuritate cordis est emissa: in nocte ablata est quae considerationis lucem habere noluit, ut quod pati poterat praevideret. subdit autem quae autem parasti, cuius erunt? * chrysostomus. ° hic enim ea deseres, non solum nullum inde percipiens commodum, sed et sarcinam peccatorum portans super humeros proprios. et quae quidem a te congesta sunt, plerumque in manus inimicorum pervenient; a te vero super his ratio requiretur. sequitur sic est qui sibi thesaurizat et non est in deum dives. * beda. ° hic enim stultus est, et in nocte rapiendus. ergo qui vult esse in deum dives, non sibi thesaurizet, sed pauperibus possessa distribuat. * ambrosius. ° frustra enim congregat opes qui se his nescit usurum: neque enim nostra sunt quae non possumus auferre nobiscum: sola virtus comes est defunctorum, sola nos sequitur misericordia, quae tabernacula defunctis acquirit aeterna.

lc6 * Theophylactus. ° paulatim dominus provehit ad perfectiorem doctrinam; docuit enim supra cavendum esse ab avaritia, subdiditque parabolam divitis, insinuans per eam quod stultus est qui superflua cupit; deinde procedente sermone, neque de necessariis sinit nos sollicitudinem gerere, avaritiae radicem evellens; unde dicit ideo dico vobis; quasi dicat: postquam stultus est qui sibi maiorem vitae mensuram attribuit, et exinde magis efficitur cupidus, nolite solliciti esse animae vestrae quid manducetis; non quia intelligibilis anima comedat, sed quia non videtur aliter animam posse coniunctam manere corpori, nisi dum nutrimur. vel quia animati corporis est nutrimentum suscipere, congrue animae nutriri attribuit; nam et virtus nutritiva dicitur anima; ut sic intelligatur: ne solliciti sitis nutritivae parti animae quid edatis. potest autem etiam corpus mortuum vestiri; unde subdit neque corpori vestro quid induamini. * chrysostomus in matthaeum. ° quod autem dicitur nolite solliciti esse, non idem est quod nolite operari, sed nolite rebus mundanis mente affigi: contingit enim aliquem operantem nihil sollicitum esse. * cyrillus. ° praeeminet autem anima cibo, et corpus vestitui; unde subdit anima plus est quam esca, et corpus plusquam vestimentum; quasi dicat: deus, qui quod maius est exhibuit, quomodo non dabit quod minus est? non ergo multum nostra intentio modicis insistat, nec intellectus noster serviat ad vestitum et victum quaerendum; magis autem cogitet quaecumque salvant animam, et sublevant ad regnum caelorum. * ambrosius. ° nihil autem moralius ad faciendam fidem omnia credentibus a deo posse conferri, quam quod aereus ille spiritus vitale collegium, animae corporisque contubernio foederatum non deficit, nisi cum venerit dies suprema moriendi. cum igitur anima indumento corporis vestiatur, et vigore animae corpus animetur, absurdum est ut victus nobis copiam defuturam putemus, qui vivendi iugem substantiam consequamur.

lc7 * Cyrillus. ° sicut supra erigendo nos ad spiritualem audaciam, per aves induxit, dicens: multis passeribus pluris estis vos, sic et nunc ex volatilibus firmam et indubitabilem fiduciam nobis adducit, dicens considerate corvos, quia non seminant neque metunt, scilicet ad acquirendum cibum, quibus non est cellarium, neque horreum, scilicet ad conservandum; et deus pascit illos. quanto magis vos pluris estis illis? * beda. ° idest, carius vos valetis: quia rationale animal, sicut homo, sublimius ordinatum est in rerum natura, quam irrationabilia, sicut sunt aves. * ambrosius. ° magnum autem quod fide sequamur exemplum: nam volatilibus caeli, quibus nullum exercitium cultionis, nullus de messium fecunditate proventus est, indeficientem providentiam divina largitur alimoniam. verum est igitur causam inopiae nostrae avaritiam videri: etenim illis idcirco sine labore pabuli usus exuberat, quo fructus ad escam communem datos, speciali quodam nesciunt vindicare dominatu. nos communia amisimus, dum propria vindicamus: nam nec proprium quicquam ubi perpetuum nihil, nec certa copia ubi incertus eventus. * chrysostomus in matthaeum. ° cum autem posset dominus exemplum ab hominibus sumere qui minime terrena curaverunt, eliam dico, moysen et ioannem, et ceteros huiusmodi, commemoravit volatilia, sequens vetus testimonium, quod ad apem transmittit et formicam, et alia huiusmodi; quibus naturales quosdam mores inseruit conditor. * theodoretus. ° ideo autem omissa mentione aliorum volatilium, corvorum mentionem facit, quia pullos corvorum speciali providentia deus nutrit: nam corvi pariunt quidem, non autem nutriunt, sed negligunt pullos suos: quibus miro modo ab aere pabulum quadam aura delatum ad os pervenit, quod hiantes suscipiunt, et sic nutriuntur. forsan etiam et talia per synecdochen dicta sunt, toto significato per partem: unde in matthaeo dominus remittit ad volatilia caeli, hic vero specialiter ad corvos, tamquam gulosiores et rapaciores. * eusebius. ° in corvis etiam aliquid plus significat: avibus enim colligentibus legumina promptius est alimentum, vescentibus vero carnibus, sicut corvis, difficilius est ad habendum; nec tamen huiusmodi aves defectum pabuli patiuntur propter providentiam dei diffusam ubique. utitur autem ad idem et tertio syllogismo, dicens quis autem vestrum cogitando potest adicere ad staturam suam cubitum unum? * chrysostomus. ° nota quod animam quidem semel dedit deus, et eadem perseverat; sed corpus quotidie sumit incrementum. pertransiens igitur animam quasi non recipientem augmentum, de solo corpore facit mentionem, dans intelligere quod non augetur per solum alimentum, sed provisione divina, per hoc quod nullus nutrimentum accipiendo aliquid ad suam staturam adicere potest; unde concluditur si ergo neque quod minimum est potestis, quid de ceteris solliciti estis? * eusebius. ° quasi dicat: si nullus sua cura corpoream ingeniatus est sibi staturam; sed neque termino temporis vitae potest aliquis vel brevissimum tempus horae excogitando adicere, cur oportet superflue de necessariis vitae cogitare? * beda. ° illi ergo tegendi corporis curam relinquite, cuius videtis cura factum esse ut tantae staturae corpus habeatis. * augustinus de quaest. evang.. ° cum autem de augenda corporis statura loqueretur, dicit quod minimum est hoc, scilicet deo corpora operari.

lc8 * Chrysostomus in matthaeum. ° sicut superius dominus de alimentis monebat, ita et nunc monet de vestitu, dicens considerate lilia agri, quomodo crescunt: non laborant neque nent, ut scilicet sibi faciant indumenta. sicut autem supra cum dominus dixit: non seminant volatilia, non reprobavit sementem, sed superfluam curam, sic cum dixit non laborant neque nent, non opus interemit, sed cogitationem. * eusebius. ° si quis autem mortalium vult decorari pretioso vestitu, videat oculate quod deus etiam usque ad flores, qui ex terra oriuntur, multiplicem sui sapientiam propagans, ornavit hos diversis coloribus, tenuibus membranis florum, murice et auro longe meliores tincturas accommodans, adeo quod nec penes aliquem regem deliciosum, nec etiam ipsum salomonem, qui apud antiquos tam in divitiis quam in sapientia et in deliciis celeber fuit, tam pretiosum opus fuerit inventum; unde sequitur dico autem vobis, quia nec salomon in omni gloria sua vestiebatur sicut unum ex istis. * chrysostomus. ° non utitur hic volatilium exemplo, cygnum commemorans aut pavonem, sed lilia: vult enim utrinque declarare hyperbolem, scilicet ab infirmitate rerum, quae tantum sunt sortitae decorem, et a pretio decoris, qui concessus est liliis; unde postmodum non vocat ea lilia, sed fenum, cum subditur si autem fenum quod in agro est hodie: nec dicit: cras non entia; sed subdit: et cras in clibanum mittetur: neque dicit simpliciter: deus vestit, sed dicit deus sic vestit, quod multam habet expressionem; et subdit quanto magis vos? quod est exprimentis pretiositatem et providentiam humani generis. denique, cum increpare deceret, utitur et hic moderantia, non infidelitatis, sed paucitatis fidei arguens, cum subdit pusillae fidei; ut per hoc magis excitet nos ad dictorum persuasionem; ut non solum non cogitemus de vestibus, sed nec affectemus vestimentorum decorem. * cyrillus. ° sufficit enim prudentibus solius causa necessitatis aptum habere vestitum, modestiam non excedentem, et ciborum quod satis est. sufficiunt etiam sanctis quae sunt in christo spirituales deliciae, et subsequens gloria. * ambrosius. ° non otiosum autem videtur quod flos vel homini confertur, vel certe plus pene quam hominibus in salomone praefertur: ut prae claritate coloris angelorum caelestium gloriam putemus expressam, qui vere mundi istius flores sunt, quod eorum claritatibus mundus ornatur, et bonum odorem sanctificationis aspirant: qui nulla sollicitudine praepediti, nullo usu laboris exerciti, divinae in se liberalitatis gratiam, et caelestis servant dona naturae. unde bene et hic vestitus gloria sua salomon, et alibi coopertus ostenditur, quod infirmatem corporeae naturae, velut virtute quadam mentis adopertam, operum gloria vestiebat. angeli vero, quorum natura divinior expers manet iniuriae corporalis, recte licet maximo viro praeferuntur. nec tamen in nobis misericordiam dei desperare debemus, quibus per resurrectionis gratiam dominus similem angelorum speciem pollicetur. * cyrillus. ° absonum autem erat discipulos debentes normam et exemplar conversationis honestae aliis tradere, in ea incidere a quibus discedendum esse oportebat eos consulere. et ideo dominus subdit et vos nolite quaerere quid manducetis, aut quid bibatis. in hoc etiam dominus consuluit non modicum studio sacrarum praedicationum, monens discipulos sollicitudinem humanam abicere. * beda. ° notandum tamen est, quod non ait: nolite quaerere, aut solliciti esse de cibo, aut potu, aut indumento; sed quid manducetis aut bibatis: ubi mihi videntur argui qui, spreto victu vel vestitu communi, lautiora sibi vel austeriora prae his cum quibus vitam ducunt, alimenta vel indumenta requirunt. * gregorius nyssenus. ° sed dicetur: aliqui obtinuerunt dominia, honores et divitias, cum orassent; qualiter ergo prohibes nos talia orando quaerere? et quidem quod omnia haec ad divinum consilium pertineant, omnibus patet; haec tamen a deo conferuntur petentibus, ut discentes deum nos exaudire in minoribus petitionibus, elevemur ad altiorem affectum; sicut in pueris videmus, qui mox nati maternis adhaerent uberibus; si vero pubuerit parvulus, spernit mammas, quaerit autem monile, aut aliquid talium, quibus oculus delectatur; postquam autem mens cum corpore creverit, cedens cunctis puerilibus desideriis, quaerit a parentibus quae conveniunt vitae perfectae. * augustinus de quaest. evang.. ° prohibita autem sollicitudine de alimentis, consequenter ne extollantur admonuit, dicens nolite in sublime tolli. primo enim haec ad necessitatem complendam homo quaerit; cum autem his abundaverit, incipit de talibus superbire. tale est hoc ac si se vulneratus aliquis iactet, quia habeat multa emplastra in domo, cum illi bonum esset ut vulnera non haberet, et ne uno quidem indigeret emplastro. * theophylactus. ° vel elevationem nihil aliud vocat quam vagum mentis motum, alias aliud meditantis, et ex hoc salientis ad aliud, et sublimia cogitantis. * basilius. ° et ut intelligas huiusmodi elevationem, memento vanitatis propriae iuventutis; si quando manens solus cogitasti de vita et promotionibus, discurrens a principatu in principatum, amplexus es divitias, aedificasti palatia, amicis bene fecisti, ultus es inimicos. est autem peccatum talis abstractio: intenta enim circa superflua delectatio a veritate seducit; unde convenienter subdit haec enim omnia gentes mundi quaerunt, scilicet voluptatem, divitias et huiusmodi. * gregorius nyssenus. ° adhibere enim sollicitudinem rebus apparentibus proprium est eorum qui nullam supponunt spem futuri saeculi, neque metum iudicii. * basilius. ° sed de necessariis vitae subdit pater autem vester scit quoniam his indigetis. * chrysostomus in matthaeum. ° non dixit: deus, sed pater, ut ipsos ad maiorem promoveret fiduciam: quis enim est pater qui patiatur necessaria filiis non ministrare? sed et aliud adicit. non enim poteris dicere, quod pater quidem est, ignorat tamen his nos indigere; nam qui naturam creavit, eius indigentiam novit. * ambrosius. ° ostendit autem consequenter nec ad praesens, nec in reliquum fidelibus gratiam defuturam, si modo qui divina desiderant, terrena non quaerant. indecorum quippe est homines curare de cibo, qui militant pro regno. novit rex quemadmodum familiam suam pascat, alat et vestiat; unde sequitur verumtamen quaerite primum regnum dei; et haec omnia adicientur vobis. * chrysostomus. ° non modo regnum, sed etiam opes christus pollicetur cum eo. si enim nos a curis eos eripimus qui praetermittentes sua, nostrorum diligentiam habent, multo magis deus. * beda. ° indicat enim aliud esse quod principaliter datur, aliud quod superadditur: quia nobis in intentione aeternitas, in usu vero temporalitas esse debet.

lc9 * Glossa. ° postquam dominus temporalium curam a cordibus discipulorum removit, hic excludit ab eis timorem, ex quo superflua cura procedit, dicens nolite timere, pusillus grex. * theophylactus. ° pusillum gregem dominus vocat volentes discipulos eius fieri: vel quia in hoc saeculo sancti parvi videntur causa voluntariae paupertatis, vel quia superantur a multitudine angelorum, qui incomparabiliter praecellunt quae nostra sunt. * beda. ° pusillum etiam dominus gregem electorum nominat, vel ad comparationem maioris numeri reproborum, vel potius ob humilitatis devotionem. * cyrillus. ° quare autem timere non debent, ostendit subdens quia complacuit patri vestro dare vobis regnum, quasi dicat: eum qui tam pretiosa largitur, qualiter pigebit erga vos clementiam exercere? quamvis enim hic grex parvus sit et natura, et numero, et gloria, bonitas tamen patris concessit et huic pusillo gregi caelestium spirituum sortem, scilicet regnum caelorum. ergo ut possideatis regnum caelorum, opes terrenas contemnite; unde subditur vendite quae possidetis et date eleemosynam. * beda. ° quasi dicat: nolite timere ne propter regnum dei militantibus huius vitae necessaria desint; quin etiam possessa propter eleemosynam vendite: quod tunc digne fit, quando quis semel pro domino suo omnibus spretis, nihilominus post hoc labore manuum operatur, unde et victum transigere, et eleemosynam dare queat. * chrysostomus in matthaeum. ° non est enim peccatum quod eleemosyna nequeat abolere; antidotum est cuilibet conveniens vulneri: sed et eleemosyna non solum in pecuniis fit, sed et in rebus, dum aliquis alium protegit, dum medicus medetur, dum sapiens consulit. * gregorius nazianzenus. ° vereor autem ne putes pietatis tibi necessitatem non esse, sed arbitrium. opinabar et ipse hoc; sed terrent me hoedi ad sinistram statuti, non quia rapuerunt, sed quia christum in egentibus non placaverunt. * chrysostomus. ° nam sine eleemosyna impossibile est regnum videre. sicut enim fons, si aquas in se continuerit, vitiatur; sic et divites, cum omnia penes se teneant. * basilius. ° sed quaeret aliquis: quid considerantem oportet vendere quae possidentur? numquid tamquam eis naturaliter noxiis, vel propter tentationem accidentem animabus ab eis? ad hoc dicendum est, primo quidem quod singulum eorum quae sunt, si per seipsum malum existeret, non esset creatura dei; omnis enim creatura dei bona: consequenter autem, quia mandatum dominicum non docuit abicere tamquam mala quae possidentur, sed dispensare, dicens et date eleemosynam. * cyrillus. ° molestum autem forte est hoc mandatum divitibus; sanam tamen mentem habentibus non est inutile: thesaurizant enim sibi regnum caeleste; unde sequitur facite vobis sacculos qui non veterascunt. * beda. ° eleemosynas videlicet operando, quarum merces in aeternum maneat: ubi non hoc praeceptum esse putandum est, ut nil pecuniae reservetur a sanctis, vel suis, vel pauperum usibus; cum et ipse dominus, cui angeli ministrabant, loculos habuisse legatur, a fidelibus oblata conservans; sed ne deo propter ista serviatur, et ob inopiae timorem iustitia deseratur. * gregorius nyssenus. ° praecipit autem sensibiles et terrenas opes sursum concedere, quo virtus corruptiva non attingit; unde subdit thesaurum non deficientem in caelis, quo fur non appropiat, neque tinea corrumpit. * theophylactus. ° quasi dicat: hic tinea demolitur, non autem in caelis. deinde quia tinea quaedam non demolitur, addidit de fure: aurum enim non demolitur tinea, sed fur tollit. * beda. ° sive igitur hoc simpliciter accipiendum est, quod pecunia servata deficiat, data autem proximo, perennem fructum conferat in caelis: seu ita quod thesaurus boni operis si commodi terrestris occasione condatur, facile corruptus intereat: at si caelesti solum intentione congeratur, non exterius hominum favore, quasi a fure qui deforis rapit, non intus inani gloria, quasi a tinea quae interius scindit, valet maculari. * glossa. ° vel fures sunt haeretici, et daemones, qui ad hoc intenti sunt ut spiritualibus nos spolient. tinea, quae vestes latenter rodit, invidia est, quae studium bonum lacerat, et compactionem unitatis dissipat. * theophylactus. ° porro, quia non omnia furto tolluntur, addit potiorem rationem et nullam prorsus patientem instantiam, dicens ubi enim thesaurus vester est, ibi et cor vestrum erit: quasi dicat: esto quod nec tinea demoliatur, nec fur tollat; hoc ipsum quod est habere cor affixum thesauro sepulto, et divinum opus, scilicet animam, terrae immergere, quanto est dignum supplicio? * eusebius. ° nam quilibet homo naturaliter dependet ab eo erga quod studet; illuc totum animum applicat ubi totum commodum possidere putavit. unde si quis in rebus praesentis vitae habeat totam mentem et intentionem, quam cor nominavit, in terrenis versatur: si vero mentem applicaverit ad caelestia, ibi mentem habebit, ut videatur solo corpore cum hominibus conversari, animo vero iam sit aggressus mansiones caelestes. * beda. ° hoc autem non solum de pecunia, sed de cunctis passionibus sentiendum est: luxuriosi epulae sunt thesauri, lascivi ludicra, amatoris libido.

lc10 * Theophylactus. ° postquam suum discipulum modestum statuit dominus, spolians eum qualibet vitae cura et elevatione, iam nunc ad ministrandum inducit, dicens sint lumbi vestri praecincti, idest semper proclives ad exequenda opera domini vestri; et lucernae ardentes, idest, non ducatis vitam in tenebris, sed adsit vobis lux rationis, ostendens vobis agenda et fugienda: est enim hic mundus nox. cincti vero lumbos sunt qui practicam exequuntur; nam talis est ministrantium habitus, quibus oportet adesse et lucernas ardentes, idest discretionis donum: ut valeat dignoscere practicus non solum quid oporteat agere, sed et quomodo: alioquin in praecipitium superbiae homines ruunt. notandum autem quod primo iubet lumbos praecingi, secundo lucernas ardere: nam primo quidem est operatio, deinde speculatio, quae est illustratio mentis. ideo studeamus exercere virtutes, ut duas lucernas habeamus ardentes, scilicet conceptum mentis iugiter in anima emicantem, quo nos illustramur, et doctrinam, qua ceteros illuminamus. * maximus. ° vel lucernas accensas docet habere per orationem et contemplationem, et spiritualem dilectionem. * cyrillus. ° vel subcingi significat agilitatem et promptitudinem ad sustinenda mala intuitu divini amoris; lucernae autem accensio significat, ut non patiamur aliquos in tenebris ignorantiae vivere. * gregorius in evang.. ° vel aliter. lumbos praecingimus cum carnis luxuriam per continentiam coarctamus: viris enim luxuria in lumbis est, feminis in umbilico. a principali igitur sexu lumborum nomine luxuria designatur. sed quia minus est mala non agere, nisi etiam quisque studeat bonis operibus insudare, additur et lucernae ardentes; quas in manibus tenemus cum per bona opera, proximis nostris lucis exempla monstramus. * augustinus de quaest. evang.. ° vel docet et lumbos praecingere propter continentiam ab amore rerum saecularium, et lucernas ardentes habere, ut hoc ipsum vero fine et recta intentione fiat. * gregorius. ° sed si utrumque horum agitur, restat ut quisquis ille est, totam spem suam in redemptoris sui adventu constituat; unde subditur et vos similes hominibus expectantibus dominum suum quando revertatur a nuptiis. ad nuptias quippe dominus abiit, quia ascendens in caelum supernam sibi multitudinem angelorum novus homo copulavit. * theophylactus. ° quotidie etiam in caelis desponsat sanctorum animas, quas ei paulus vel alius similis offert virginem castam. redit autem a nuptiis celebratis in caelis, forsan quidem universaliter in consummatione totius mundi, quando veniet de caelo in gloria patris; forsan etiam singulis horis astans inopinate particulari uniuscuiusque consummationi. * cyrillus. ° considera etiam, quod a nuptiis quasi a solemnitate venit, in qua semper existit divinitas: nihil enim potest incorruptibili naturae inferre tristitiam. * gregorius nyssenus. ° vel aliter. consummatis nuptiis, et desponsata sibi ecclesia, et admissa ea in thalamum secretorum, praestolabantur angeli reditum regis ad naturalem beatitudinem; quibus similem fieri decet nostram vitam; ut sicut illi sine malitia conversantes parati fuerint dominicum regressum recipere; sic et nos vigilantes ad obedientiam promptos nos faciamus cum advenerit pulsans; sequitur enim ut cum venerit et pulsaverit, confestim aperiant illi. * gregorius in evang.. ° venit quippe cum ad iudicium properat; pulsat vero cum iam per aegritudinis molestiam esse mortem vicinam designat. cui confestim aperimus, si hunc cum amore suscipimus. aperire enim iudici pulsanti non vult, qui exire de corpore trepidat, et eum quem contempsisse se meminit, videre iudicem formidat: qui autem de sua spe et operatione securus est, pulsanti confestim aperit: quia cum tempus propinquae mortis agnoverit, de gloria retributionis hilarescit unde subditur beati servi illi, quos cum venerit dominus, invenerit vigilantes. vigilat qui ad aspectum veri luminis mentis oculos apertos tenet; qui servat operando quod credit; qui a se torporis et negligentiae tenebras repellit. * gregorius nyssenus. ° propter hanc igitur vigiliam observandam supra dominus monuit, ut sint lumbi praecincti, et lucernae ardentes: lumen enim oppositum oculis pellit somnolentiam oculorum, lumbi etiam cingulo perstricti reddunt corpus insusceptibile somni; nam qui praecinctus est castitate, et pura conscientia illustratus, perseverat insomnis. * cyrillus. ° cum igitur dominus veniens suos insomnes invenerit, et praecinctos, cor illuminatum habentes, tunc eos promulgabit beatos; sequitur enim amen dico vobis, quia praecinget se: ex quo percipimus quod similia nobis retribuet, dum cum succinctis se praecinget. * origenes. ° erit enim praecinctus iustitia circa lumbos suos, secundum isaiam. * gregorius. ° per quam praecingit se, idest ad retributionem se praeparat. * theophylactus. ° vel praecinget se in eo quod non totam ubertatem bonorum largitur, sed hanc cohibet secundum certam mensuram. quis enim deum capere potest quantus est? unde seraphim velari dicuntur propter excellentiam divini splendoris. sequitur et faciet illos discumbere, idest omnino requiescere: sicut enim discumbens totum corpus facit quiescere, sic in futuro adventu sancti totaliter requiescent. hic enim non habuerunt requiem corporis, illic vero simul cum animabus spiritualia corpora incorruptionem sortita, plena gaudebunt quiete. * cyrillus. ° faciet igitur illos discumbere, quasi fessos refocillans, apponens spirituales delicias, et statuens dapsilem donorum suorum mensam. * dionysius ad titum. ° discubitum enim opinamur quietem a multis laboribus, et vitam sine laesione, et conversationem divinam in lumine et regione viventium; universo sancto affectu adimpletam et copiosam donationem omnium donorum, secundum quam laetitia adimplentur; hoc est enim quod iesus faciet eos recumbere, dans eis perpetuam quietem, et distribuens eis bonorum multitudinem; unde sequitur et transiens ministrabit illis. * theophylactus. ° quasi vicem aequalem eis reddens, ut sicut ipsi ministraverunt ei, ita et ipse eis ministret. * gregorius in evang.. ° transiens vero dictum est cum de iudicio ad regnum redit. vel dominus nobis post iudicium transit, qui ab humanitatis forma in divinitatis suae contemplationem nos elevat. * cyrillus. ° novit autem dominus lubricum fragilitatis humanae ad peccandum; sed quoniam bonus est, desperare non sinit, sed magis miseretur, et dat nobis poenitentiam in salutis antidotum; et ideo subdit et si venerit in secunda vigilia, et si in tertia vigilia venerit, et ita invenerit, beati sunt servi illi. dividunt enim excubantes in moeniis civitatum, et hostium servantes aggressus, noctem in tres aut quatuor vigilias. * gregorius. ° prima ergo vigilia primaevum tempus est vitae nostrae, idest pueritia; secunda, adolescentia vel iuventus; tertia autem senectus accipitur. qui ergo vigilare in prima vigilia noluit, custodiat in secunda: et qui in secunda noluit, tertiae vigiliae remedia non amittat: ut qui converti in pueritia neglexit, saltem in tempore iuventutis vel in senectute resipiscat. * cyrillus. ° de prima tamen vigilia mentionem non facit, quia pueritia non punitur a deo, sed veniam meretur. secunda vero et tertia aetas, debet obedientiam deo, et vitam honestam ducere ad voluntatem ipsius. * graecus. ° vel ad primam vigiliam pertinent diligentius viventes, quasi primum gradum sortiti; ad secundam vero mediae conversationis mensuram tenentes; ad tertiam vero qui sunt infra hos; et idem de quarta putandum est, et, si contingat, de quinta: diversae enim sunt conversationum mensurae, et bonus remunerator metitur unicuique quod dignum est. * theophylactus. ° vel quia vigiliae sunt horae noctis provocantes soporem hominibus, intelligas etiam in vita nostra esse quasdam horas quae faciunt nos beatos, si insomnes reperti fuerimus. rapuit tibi aliquis facultates, defuncti sunt tibi filii, accusatus es: sed si in his temporibus non feceris contra dei mandata quidquam, vigilantem te inveniet in secunda et tertia vigilia, idest in tempore malo perniciosum somnum animabus lentis inferente. * gregorius. ° ad excutiendam vero nostrae mentis desidiam, etiam exteriora damna per similitudinem ad medium deducuntur; nam subditur hoc autem scitote: quoniam si sciret paterfamilias qua hora fur veniret, vigilaret utique, et non sineret perfodi domum suam. * theophylactus. ° quidam hunc furem intelligunt esse diabolum, domum animam, patremfamilias hominem: non tamen videtur haec acceptio consonare sequentibus: adventus enim domini comparatur huic furi tamquam ex inopinato proveniens, secundum illud apostoli: dies domini sicut fur, ita in nocte veniet; unde et hic subditur et vos estote parati: quia qua hora non putatis filius hominis veniet. * gregorius in evang.. ° vel aliter. nesciente patrefamilias, fur domum perfodit: quia dum a sui custodia spiritus dormit, improvisa mors veniens carnis nostrae habitaculum irrumpit; furi autem resisteret si vigilaret: quia adventum iudicis, qui occulte animam capit, praecavens, ei poenitendo occurreret, ne impoenitens periret. horam vero ultimam dominus idcirco nobis voluit esse incognitam, ut dum illam praevidere non possumus, ad illam sine intermissione praeparemur.

lc11 * Theophylactus. ° petrus, cui iam commissa ecclesia fuerat, quasi omnium curam gerens, inquirit utrum ad omnes dominus parabolam protulisset; unde dicitur ait autem ei petrus: domine, ad nos dicis parabolam hanc, an ad omnes? * beda. ° duo dominus in praemissa parabola monuerat; et se videlicet subito venturum, et illum eos paratos expectare debere. sed de quo horum, an de utroque petrus interrogaverit, quosve sibi sociisque suis comparaverit, cum ait ad nos dicis, an ad omnes? non facile patet. et quidem in eo quod ait nos, et omnes, non alios quam apostolos apostolorumque similes et ceteros fideles; vel christianos et infideles, vel eos qui viritim, idest sigillatim morientes, sui iudicis adventum nolentes volentesque suscipiunt, et eos qui in universali iudicio vivi sunt in carne reperiendi, significare putandum est. mirum est autem si petrus dubitavit, vel omnibus sobrie et pie et iuste vivendum expectantibus beatam spem; vel inopinatum singulorum et omnium futurum esse iudicium. unde restat intelligi, his scilicet duobus iam bene cognitis, ea quae nescire poterat, quaesisse; videlicet si sublimia illa vitae caelestis instituta, quibus possessa vendere, sacculos qui non veterascerent facere, lumbis praecinctis lucernisque ardentibus vigilare praeceperat, ad apostolos solum similesque eorum, aut ad omnes qui salvandi sunt, pertineant. * cyrillus. ° validam autem mentem habentibus conveniunt ardua et excellentia mandatorum sanctorum; his vero qui nondum ad hanc virtutem attigerunt conveniunt ea a quibus difficultas excluditur: unde dominus exemplo manifestissimo utitur, ostendens mandatum praemissum convenire his qui admissi sunt in gradum discipulorum; sequitur enim dixit autem dominus: quis, putas, est fidelis dispensator? * ambrosius. ° vel aliter. superioris quidem in omnes praecepti forma est generalis; verum series sequentis exempli dispensatoribus, hoc est sacerdotibus, videtur esse proposita; unde sequitur dixit autem dominus: quis, putas, est fidelis dispensator et prudens quem constituit dominus super familiam suam, ut det illis in tempore tritici mensuram? * theophylactus. ° quasi dicat: praedicta parabola communiter omnes fideles attingit; sed quid vobis apostolis et doctoribus conveniat, audiatis. quaero enim quis dispensator inveniatur in se habens fidelitatem et prudentiam: sicut enim in dispensationibus facultatum, sive aliquis incautus sit fidelis domino existens, sive etiam prudens sit et infidelis, dispereunt res domini; sic et in rebus divinis opus est fidelitate et prudentia: novi enim multos deum colentes et fideles; quia vero non poterant prudenter ecclesiastica tractare negotia, non solum possessiones, sed etiam animas destruebant, utentes in peccatores indiscreta virtute per immoderata poenitentiae mandata, vel importunam mansuetudinem. * chrysostomus in matthaeum. ° quaerit autem hic dominus non quasi fidelem et prudentem dispensatorem ignorans, sed volens innuere raritatem rei, et huiusmodi praesulatus magnitudinem. * theophylactus. ° quisquis ergo fidelis fuerit inventus et prudens, praesideat familiae domini, ut singulis temporibus det tritici mensuram, vel sermonem doctrinae, quo pascantur animae, vel operum exemplum, quo vita informetur. * augustinus de quaest. evang.. ° mensuram autem dicit propter modum capacitatis quorumcumque audientium. * isidorus. ° additum est etiam in tempore, quod beneficium non suo tempore datum redditur cassum, et nomen beneficii perdit. idem panis esurienti quidem appetibilis est, satiato autem non multum. de huius autem servi dispensatoris praemio subdit, dicens beatus ille servus quem cum venerit dominus, invenerit sic facientem. * basilius. ° non dicit agentem a casu, sed sic facientem: non enim vincere solum convenit, sed etiam certare legitime: hoc autem est sic singula exequi sicut recipimus in mandatis. * cyrillus. ° sic ergo fidelis servus et prudens, opportuno tempore distribuens prudenter cibaria famulis, hoc est spirituales escas, beatus erit, iuxta dictum salvatoris: in hoc scilicet quod obtinebit adhuc maiora, et merebitur praemia familiaribus debita; unde sequitur vere dico vobis, quia super omnia quae possidet constituet illum. * beda. ° quanta enim inter bonos auditores et bonos doctores est meritorum distantia, tanta est etiam praemiorum: hos enim, adveniens, cum vigilantes invenerit, faciet discumbere; illos autem cum fideliter prudenterque dispensantes invenerit, super omnia quae possidet constituet, idest super omnia caelestis regni gaudia: non utique ut horum soli dominium teneant; sed ut eorum abundantius ceteris sanctis aeterna possessione fruantur. * theophylactus. ° vel super omnia bona sua constituet eum, non solum super suam familiam, sed ut tam terrena quam caelestia ei obediant; qualis fuit iesus nave et elias; alter soli, alter nubibus mandans: et omnes sancti, quasi dei amici, rebus dei utuntur. quicumque etiam vitam virtuose peragit, et servos suos, idest iram et concupiscentiam, recte disposuit, exhibens temporibus singulis mensuram frumenti, irae quidem, ut afficiatur in habentes odio deum, concupiscentiae vero ut necessaria utatur carnis provisione, ordinans eam in deum: talis, inquam, constituetur super omnia quae possidet dominus, dignus omnia per speculativum intellectum intueri. * chrysostomus in matthaeum. ° dominus autem non solum ex honore bonis reservato, sed ex minis poenae in malos corrigit auditorem; unde sequitur quod si dixerit servus ille in corde suo: moram facit dominus meus venire. * beda. ° nota, inter vitia servi mali ascriptum quod tardum domini sui reditum putaverit; non autem inter boni virtutes annumeratum, quod hunc citum speraverit, sed tantum fideliter ministraverit. nil ergo melius est quam ut patienter sustineamus ignorare quod sciri non potest; sed tantum laboremus ut idonei inveniamur. * theophylactus. ° ex eo autem quod non consideratur hora finis, multa peccata eveniunt: nam si cogitaremus dominum venire, et praesto esse terminum vitae nostrae, minus utique peccaremus; unde sequitur et coeperit percutere pueros et ancillas, et edere, et bibere, et inebriari. * beda. ° in hoc servo cunctorum praesulum malorum narratur damnatio: qui neglecto domini timore, non modo ipsi luxuriae vacant, sed etiam subditos iniuriis stimulant; quamvis et typice possit intelligi pueros et ancillas percutere, corda infirmorum pravo exemplo vitiare; edere autem, bibere et inebriari, facinoribus et saeculi illecebris, quae hominem dementant, occupari. de eius autem poena subditur veniet dominus servi illius die qua non sperat, scilicet iudicii vel mortis, et dividet eum. * basilius. ° non quidem dividitur corpus, ut hoc quidem exponatur tormentis, illud vero dimittatur: nam fabulosum est hoc, neque iusti iudicii, cum deliquerit totum, dimidium pati poenam: nec anima secatur, tota criminosam conscientiam possidens, et cum corpore mala cooperans; sed divisio eius est perpetua alienatio animae a spiritu. nunc enim etsi non sit gratia spiritus indignis, videtur tamen utcumque adesse, conversionem eorum expectans ad salutem; tunc vero totaliter amputabitur ab anima. spiritus ergo sanctus et bravium est iustorum, et prima condemnatio peccatorum, quoniam eum indigni amittent. * beda. ° vel dividet eum, a fidelium consortio segregando, et eis qui nunquam ad fidem pertinuerant sociando; unde sequitur partemque eius cum infidelibus ponet; quia qui suorum et domesticorum curam non habet, fidem negavit, et est infideli deterior, ut ait apostolus. * theophylactus. ° recte etiam infidelis dispensator cum infidelibus partem accipiet, quia vera caruit fide.

lc12 * Theophylactus. ° hic nobis dominus maius aliquid et terribilius ostendit; non enim solum dispensator infidelis accepta privabitur gratia, ut nihil eum iuvet ad vitandum supplicia; sed magis fiet ei damnationis causa dignitatis immensitas; unde dicitur ille autem servus, qui cognovit voluntatem domini sui, et non fecit secundum voluntatem eius, plagis vapulabit multis. * chrysostomus in matthaeum. ° non enim similiter in omnibus omnia iudicantur, sed maior cognitio fit maioris poenae materia: unde sacerdos eadem peccans cum populo, multo graviora patietur. * cyrillus. ° homo enim perspicax, qui turpioribus suam voluntatem inclinavit, inexcusabile peccatum commisit, quasi propter malitiam recedens a domini voluntate; sed homo rusticanus rationabilius implorabit veniam vindicantis; unde subditur qui autem non cognovit, et fecit digna, plagis vapulabit paucis. * theophylactus. ° hic obiciunt aliqui: merito punitur qui sciens voluntatem domini, non prosequitur; sed cur punitur ignorans? quia cum ipse scire potuisset, noluit; sed pigritans ipse fuit ignorantiae suae causa. * basilius. ° sed dices: si hic quidem multa sustinet verbera, hic autem pauca, qualiter dicunt quidam, quod non imponit finem suppliciis? sed sciendum est, quod hoc quod hic dicitur non numerum poenarum, sed differentiam indicat: potest enim aliquis esse dignus inextinguibili flamma, vel remissiori, vel intensiori; et indeficienti verme, vel mitius torquente, vel fortius. * theophylactus. ° ostenditur autem consequenter quare doctoribus et scientibus intensior poena debeatur, cum dicitur omni autem cui multum datum est, multum quaeretur ab eo, et cui commendaverunt multum, plus petent ab eo. datur quidem doctoribus gratia faciendi miracula; sed commendatur eis sermonis et doctrinae gratia. sed in dato quidem non dicit aliquid plus petendum, sed in commendato sive deposito: nam gratia verbi incremento eget, et a doctore requiritur amplius: non enim decet eum torpere, sed augere verbi talentum. * beda. ° vel aliter. multum saepe datur etiam quibusdam privatis, quibus etiam cognitio dominicae voluntatis et exequendi quae cognoscunt facultas impenditur; multum autem commendatur illi cui cum sua salute dominici quoque gregis pascendi cura committitur. maiori ergo gratia donatos, si deliquerint, maior vindicta sequetur; mitissima autem omnium poena erit eorum qui praeter peccatum quod originaliter traxerunt, nullum insuper addiderunt; et in ceteris qui addiderunt tanto quilibet ibi tolerabiliorem habebit damnationem, quanto hic minorem habuit iniquitatem.

lc13 * Ambrosius. ° dispensatoribus, idest sacerdotibus, praemissa videntur esse proposita, quo sciant sibi gravem in futurum poenam esse subeundam, si familiam domini gubernare neglexerint. sed quia exiguus est profectus metu supplicii ab errore revocari, ideo dominus ad quaerendam cupiditatem divinitatis inflammat, dicens ignem veni mittere in terram: non utique illum consumptorem bonorum, sed bonae voluntatis auctorem, qui aurea dominicae domus vasa meliorat, fenum vero consumit et stipulam. * cyrillus. ° mos est autem sacrae scripturae ignem quandoque dicere sacros et divinos sermones; sicut enim qui aurum et argentum purgare noverunt, per ignem consumunt eorum sorditiem; sic salvator per evangelica documenta in virtute spiritus abstergit intellectum eorum qui credunt in eum. hic est igitur ignis salubris et utilis, quo habitatores terrae, frigidi quodammodo et extincti propter peccatum, incalescunt ad pietatis vitam. * chrysostomus. ° terram enim ad praesens vocat, non eam quam pedibus terimus, sed plasmatam manibus eius, scilicet hominem, cui dominus ignem ingerit ad consumptionem peccatorum et innovationem animarum. * titus. ° est autem intelligendum eum de caelo venisse; non enim, si de terra venisset in terram, diceret ignem veni mittere in terram. * cyrillus. ° huius autem ignis dominus accelerabat incendium; unde sequitur et quid volo nisi ut accendatur? credebant enim iam quidam ex israel, quorum exordium fuerant venerandi discipuli; sed ignis semel in iudaea accensus totum orbem occupare debebat, consummata tamen passionis eius dispensatione; unde sequitur baptismo autem habeo baptizari. nam ante venerabilem crucem, et eius resurrectionem a mortuis, in sola iudaea fiebat mentio praedicationis et miraculorum ipsius: postquam autem principem vitae insanientes occiderunt, tunc apostolis praecepit dicens: euntes, docete omnes gentes. * gregorius super ezech.. ° vel aliter. ignis in terram mittitur cum per ardorem sancti spiritus afflata terrena mens a carnalibus suis desideriis crematur; succensa autem spirituali amore, malum quod fecit plangit, et sic terra ardet quando accusante se conscientia, cor peccatoris in dolore poenitentiae crematur. * beda. ° addit autem baptismo habeo baptizari; idest sanguinis proprii tinctione prius habeo perfundi; et sic corda credentium spiritus igne inflammare. * ambrosius. ° tanta autem est domini dignatio ut infundendae nobis devotionis, et consummandae perfectionis in nobis, et maturandae pro nobis passionis studium sibi inesse testetur; unde sequitur et quomodo coarctor usque dum perficiatur? quidam codices habent et coangor, idest contristor: cum enim in se nihil habuerit quod doleret, nostris tamen angebatur aerumnis, et tempore mortis moestitiam praetendebat, quam non ex metu mortis suae, sed ex mora nostrae redemptionis assumpserat. qui enim usque ad perfectionem angitur, de perfectione securus est: quia eum conditio corporalis affectus, non formido mortis offendit: nam qui corpus suscepit, omnia debuit subire quae corporis sunt, ut esuriret, sitiret, angeretur et contristaretur. divinitas autem per hos affectus nescit commutari. simul etiam ostendit quod in certamine passionis mors corporis, absolutio anxietudinis, non coacervativa sit doloris. * beda. ° quomodo autem post baptisma suae passionis, post ignis spiritualis adventum terra sit arsura, declarat subdens putatis quia pacem veni dare in terram? non, dico vobis, sed separationem. * cyrillus. ° quid dicis, domine? non venisti pacem daturus qui factus es nobis pax, pacificans per crucem caelestia et terrestria: qui dixisti: pacem meam do vobis. sed manifestum est quod utilis quidem est pax; quandoque autem damnosa, et separans ab amore divino, per quam scilicet consentitur his qui a deo dissident: et ob hoc foedera terrena docuit vitare fideles; unde sequitur erunt enim quinque ex hoc in domo una divisi; tres in duos, et duo in tres dividentur, pater in filium. * ambrosius. ° cum sex personarum videatur facta subiectio, patris et filii, matris et filiae, socrus et nurus; quinque tamen sunt, quia eadem mater quae socrus accipi potest: quae enim est mater filii, socrus eius uxoris est. * chrysostomus. ° per hoc autem futurum eventum protulit. contingebat enim in eadem domo aliquem esse fidelem, cuius pater vellet eum ad infidelitatem protrahere; sed intantum praevaluit virtus doctrinae christi, ut filii patres dimitterent, matresque filiae, et liberos parentes. libuit enim fideles christi non solum contemnere propria, sed et cuncta simul pati, dummodo cultu fidei non careant. si autem purus homo esset, unde suppeteret ei hoc posse meditari, quod a patribus plus amaretur quam filii, et a filiis plusquam patres, et a viris plusquam coniuges; et hoc non in una domo aut centum, sed ubique terrarum: et non solum hoc praedixit, sed etiam opere consummavit. * ambrosius. ° mystica autem interpretatione domus una, homo unus est. duos autem legimus frequenter, animam et corpus; quod si duobus convenerit, efficit utraque unum: aliud est quod servit; aliud cui subicitur. tres autem animae affectiones sunt: una rationabilis, alia concupiscibilis, tertia irascibilis. duo ergo in tres, et tres in duo dividuntur. etenim per adventum christi homo, qui erat irrationabilis, rationabilis factus est. eramus carnales, terreni; misit deus spiritum suum in corda nostra, facti sumus filii spirituales. possumus etiam dicere, quod in hac domo sunt alii quinque, idest odor, tactus, gustus, visus et auditus. si ergo secundum ea quae audimus, aut legimus sensu visus atque auditus, excludamus superfluas voluptates corporis, quae gustu tactuque et odore percipiuntur; duo in tres dividimus, eo quod mentis habitus vitiorum non capiatur illecebris. aut si quinque sensus acceperimus corporales, vitia iam corporis et peccata se separant. possunt etiam caro videri atque anima ab odore, tactu gustuque luxuriae separata: fortior enim rationis sexus velut in viriles fertur affectus, haec mollior studet tenere rationem. ex his itaque diversarum cupiditatum motus inolevit; sed ubi in se anima redit, degeneres abiurat heredes; caro quippe cupiditatibus suis, quas sibi ipsa generavit, tamquam sentibus mundi doluit esse confixam: sed velut corporis quaedam atque animae nurus, voluptas motui pravae cupiditatis innubit. ergo quamdiu mansit in una domo, conspirantibus vitiis, individua consensio, nulla videbatur esse divisio; ubi vero christus ignem, quo delicta cordis exureret, vel gladium, quo secreta penetrantur, misit in terras; tunc caro atque anima regenerationis innovata mysteriis, copulam posteritatis eliminat, ut dividantur parentes in filios, dum intemperans motus intemperantiam abdicat, et anima declinat consortium culpae. filii quoque in parentes dividuntur, dum renovati homines vitia vetusta declinant, voluptasque adolescentior seriosae domus refugit disciplinam. * beda. ° vel aliter. per tres significantur qui fidem trinitatis habent; per duo infideles, qui a fidei unitate dissentiunt. pater autem diabolus est, cuius filii imitando eramus; sed postquam venit ignis ille caelestis, nos ab invicem separavit, et ostendit alterum patrem, qui est in caelis. mater synagoga, filia est ecclesia primitiva, quae et eamdem, de qua genus ducit, synagogam fidei persecutricem sustinuit, et ipsa eidem synagogae fidei veritate contradixit. socrus synagoga, nurus ecclesia de gentibus: quia sponsus ecclesiae christus filius est synagogae secundum carnem. synagoga ergo in nurum et in filiam est divisa, quae credentes de utroque populo persequitur; sed et illae in socrum et in matrem sunt divisae, quia nolunt carnalem circumcisionem suscipere.

lc14 * Theophylactus. ° cum de praedicatione disceptasset, et eam nominasset gladium, poterant audientes turbari, nescientes quid diceret; et ideo dominus subdit, quod sicut aereas dispositiones per quaedam signa cognoscunt, sic deberent eius adventum cognoscere; et hoc est quod dicit cum videritis nubem orientem ab occasu, statim dicitis: nimbus venit, et ita fit; et cum austrum flantem, dicitis, quia aestus erit, et ita fit; quasi dicat: verba mea et opera mea me indicant contrarium vobis: potestis igitur coniectare quia non veni pacem dare, sed imbrem et turbinem. ego enim sum nubes, et venio ab occasu, idest ab humana natura pridem multa induta peccatorum caligine: veni etiam ponere ignem, idest aestum incitare: sum enim auster ventus calidus, et oppositus boreali frigiditati. * beda. ° vel qui ex elementorum immutatione flatum aurarum, quia voluerunt, facillime praenoscere potuerunt, possent etiam si vellent tempus adventus domini ex dictis intelligere prophetarum. * cyrillus. ° prophetae enim multifarie praenuntiaverunt christi mysterium. decebat ergo, si prudentes essent, ad futura prospectum intendere; nec ignorare futuras tempestates post vitam praesentem valerent: erit enim ventus et pluvia et supplicium futurum per ignem; et hoc significatur cum dicitur nimbus venit. decebat etiam salutis tempus non ignorare, scilicet adventum salvatoris, per quem perfecta pietas intravit mundum; et hoc significatur cum dicitur dicitis, quia aestus erit. unde in eorum reprehensionem subditur hypocritae, faciem caeli et terrae nostis probare; hoc autem tempus quomodo non probatis? * basilius in exameron. ° est autem notandum, quod necessariae sunt humanae vitae siderum coniecturae, dummodo quis ultra mensuram non perquirat eorum indicia. est enim nonnulla de pluviis futuris percipere; plura quoque de aestibus, et impetu ventorum, vel particularibus vel universalibus, vel violentis vel levibus. quanta vero commoditas ex eorum coniectura vitae praestetur, quis nescit? interest enim nautae pronosticari procellarum pericula, viatori mutationem aeris, colono fructuum copiam. * beda. ° sed ne aliqui de turba se propheticae lectionis ignaros, temporum cursus probare non posse causarentur, vigilanter adiungit quid autem et a vobis ipsis non iudicatis quod iustum est? ostendens eos, etsi litteras nesciant, naturali tamen ingenio posse dignoscere eum, qui opera fecit quae nullus alius fecisset, supra hominem et deum esse: unde post huius saeculi iniustitias, iustum creatoris iudicium esse venturum. * origenes in lucam. ° nisi autem esset nobis natura insitum id quod iustum est iudicare, nunquam salvator hoc diceret.

lc15 * Theophylactus. ° postquam ostendit dominus laudabilem discordiam, ex hinc docet laudabilem pacem, cum dicit cum autem vadis cum adversario tuo ad principem, in via da operam liberari ab illo; quasi dicat: cum trahit te adversarius ad iudicium, da operam, idest omnibus modis excogites, ut absolvaris ab illo. vel da operam; idest, etsi nihil habeas, mutuum accipe, ut absolvaris ab illo, ne te coram iudice conveniat; unde sequitur ne forte trahat te apud iudicem, et iudex tradat te exactori, et exactor mittat te in carcerem. * cyrillus. ° in quo angustias patieris donec etiam novissimum assem exigent: et hoc est quod subdit dico tibi, non exibis inde, donec etiam novissimum minutum reddas. * chrysostomus in matthaeum. ° videtur mihi de praesentibus iudicibus dicere, et de itinere ad praesens iudicium et de carcere huius mundi: per haec enim quae apparent et in promptu sunt, irrationabiles homines se corrigere consueverunt: frequenter enim non solum ex futuris bonis vel malis commonet, sed etiam ex praesentibus, propter grossiores auditores. * ambrosius. ° vel adversarius noster diabolus est, qui serit illecebras delictorum, ut habeat in supplicio participes quos habuit in errore consortes: adversarius etiam nobis est omnis vitiorum usus: denique adversaria est nobis mala conscientia, quae nos et hic afficit, et in futurum accusabit et prodet. demus igitur operam ut dum in hoc sumus vitae curriculo constituti, tamquam a malo adversario, ita ab improbo liberemur actu; ne dum imus cum adversario ad magistratum, in via nostrum condemnet errorem. quis autem est magistratus nisi penes quem omnis potestas est? hic autem magistratus tradit reum iudici, ei scilicet cui vivorum et mortuorum tribuit potestatem, scilicet iesu christo, per quem occulta redarguuntur, et improbi operis poena mandatur. ipse exactori tradit, et in carcerem mittit; dicit enim: tollite et mittite illum in tenebras exteriores. et exactores suos monstrat esse angelos, de quibus dicit: exibunt angeli, et separabunt malos de medio iustorum, et mittent eos in caminum ignis. sed subditur dico tibi: non exies inde donec etiam novissimum minutum reddas. si enim qui pecuniam solvunt, non prius evacuant fenoris nomen quam totius sortis usque ad minimum quocumque solutionis genere quantitas universa solvatur; sic compensatione caritatis actuumque reliquorum, vel satisfactione quacumque peccati poena dissolvitur. * origenes. ° vel aliter. quatuor personas hic ponit, adversarii, principis, exactoris, et iudicis; apud matthaeum vero persona praetermissa est principis, et pro exactore minister insertus. discrepant etiam, quod ille quadrantem, iste minutum posuit; uterque autem dixit novissimum. cunctis autem hominibus duos angelos adesse legimus; malum qui adversa exhortatur, bonum qui optima persuadet. ille autem adversarius noster, quotiescumque peccamus, exultat, sciens quoniam habet potestatem apud principem saeculi huius, qui se miserat, exultandi et gloriandi. in graeco autem cum articulo tu, qui singularitatis significator est, adversarium posuit, ut ostenderet singulis hominibus singulos adversarios esse, qui ubique eos sequantur; principem vero sine articulo posuit, ne certum videretur ostendere, sed unum de pluribus: non enim unusquisque nostrum habet proprium principem, sed suae genti communem. da ergo operam ut libereris ab adversario tuo, sive a principe, ad quem te adversarius trahit, habendo sapientiam, iustitiam, fortitudinem et temperantiam. si autem dederis operam, esto in eo qui dicit: ego sum via; alioquin trahet te adversarius ad iudicem. dicit autem trahit, ut ostendat nolentes ad condemnationem compelli. iudicem autem alium nescio nisi dominum nostrum iesum christum, qui tradit exactori. singuli exactores proprios habemus: dominantur exactores, si debuerimus aliquid: si omnibus universa reddidero, nemo exactor est, et intrepida mente respondeo: nihil tibi debeo. quod si debitor fuero, mittet me exactor in carcerem, nec patietur exire, nisi debitum omne persolvero: non enim habet exactor potestatem ut mihi saltem quadrantem concedat. qui donavit debitori quingentos denarios, et alii quinquaginta, dominus erat; iste qui exactor est, dominus non est; sed a domino ad exigenda debita praepositus. novissimum autem minutum dicit gracile et tenue: peccata enim nostra aut pinguia sunt, aut tenuia. beatus igitur est qui non peccat. secundo autem si tenue peccatum habeat, inter ipsa quoque tenuia diversitas est: alioquin non diceret donec novissimum redderet minutum. si enim parum debet, non egredietur nisi solvat minimum quadrantem; qui autem magno debito fuit obnoxius, infinita ei ad reddendum saecula numerabuntur. * beda. ° vel aliter. adversarius noster in via est sermo dei contrarius nostris carnalibus desideriis in praesenti vita: a quo liberatur qui praeceptis eius subditur: |125| alioquin tradetur iudici, quia sermone domini contempto, peccator reus tenebitur in examine iudicis: quem iudex exactori tradet, idest maligno spiritui, ad ultionem: qui mittetur in carcerem, idest in infernum; ubi quia semper solvere poenas patiendo, sed nunquam persolvendo, veniam consequi non poterit, numquam exinde exibit; sed cum terribilissimo serpente diabolo perpetuas poenas luet.

073 CLC cp13

lc1 * Glossa. ° quia de poenis peccantium fecerat mentionem, opportune nuntiatur quorumdam peccantium poena, ex cuius exemplo etiam aliis peccatoribus poenam comminatur; unde dicitur aderant quidam ipso in tempore nuntiantes illi de galilaeis, quorum sanguinem miscuit pilatus cum sacrificiis eorum. * cyrillus. ° erant enim sequaces dogmatum iudae galilaei, cuius mentionem lucas in actibus apostolorum fecit, qui dicebat: non oportet quemquam vocari dominum: unde quamplures eorum, quia caesarem non fatebantur dominum, a pilato puniti sunt. dicebant etiam non oportere alias a statutis victimis in lege moysi offerre deo; unde prohibebant statutas a populo victimas pro salute imperatoris et populi romani offerre. pilatus ergo indignatus in galilaeos, iussit inter ipsas victimas, quas ritu legis se offerre putabant, occidi, ita quod sanguis offerentium oblatis victimis misceretur. credente autem vulgo, iustissime praedictos talia passos esse, quasi |25| scandala seminantes in populo, incitantes principes in odium subditorum, narraverunt haec salvatori, volentes percipere quid ei super hoc videretur. ipse autem peccatores hos esse ponit; non tamen hic asserit talia passos esse, tamquam peiores non patientibus; unde sequitur et respondens dixit illis: putatis quod hi galilaei prae omnibus galilaeis peccatores fuerunt, quia talia passi sunt? non, dico vobis. * chrysostomus. ° punit enim deus quosdam peccatorum, amputans eorum nequitiam, et poenam illis statuens leviorem, et plene semovens eos ab aliis, et viventes in malitia corrigens per horum damnationem. rursus alios hic non punit, ut si sibi caverint poenitentes, praesentem poenam effugiant, et futurum supplicium: si vero perseveraverint, maius patiantur tormentum. * titus. ° manifestat et hic, quia quaecumque ex iudiciis accidunt in reorum supplicium, non solum iudicantium potestate, sed etiam nutu dei contingunt; unde sive iusta conscientia puniat iudex, sive aliud intendens condemnet, |50| commendandum est negotium divinae censurae. * cyrillus. ° removens ergo populares ab intestinis insidiis occasione religionis concitatis, subiungit sed nisi poenitentiam habueritis, et nisi cessaveritis conspirare contra principes, quod nutu divino non agitis, omnes simul, vel similiter, peribitis, et vester sanguis vestris victimis coniungetur. * chrysostomus. ° in hoc autem ostendit quod illos permisit talia pati, ut viventes alienis periculis territi fierent regni heredes. quid igitur, dices, ut melior ego fiam, ille punitur? non ideo; sed punitur quidem propter propria crimina; fit vero ex hoc videntibus salutis materia. * beda. ° sed quia poenitentiam non habuerunt, quadragesimo dominicae passionis anno venientes romani, quos designabat pilatus ad eorum gentes pertinens, et incipientes a galilaea, unde dominica praedicatio coeperat, radicitus impiam gentem deleverunt; et non solum atria templi, quo sacrificia deferri consueverant, sed interiora domus humano |75| sanguine foedarunt. * chrysostomus. ° iterum autem alii decem et octo obruti fuerant a quadam turre; de quibus eadem subdit, dicens sicut illi decem et octo super quos cecidit turris in siloa, et occidit eos, putatis quia et ipsi debitores fuerunt praeter omnes homines habitantes in ierusalem? non, dico vobis. non enim hic omnes punit, dans aliis inducias poenitendi; nec tamen cunctos futurae punitioni reservat, ne plures providentiam abnegarent. * titus. ° una autem turris comparatur toti civitati, ut pars totum perterreat; unde subditur sed si non poenitentiam egeritis, omnes similiter peribitis; quasi dicat: tota civitas paulo post occupabitur, si perseveraverint indigenae in infidelitate. * ambrosius. ° mystice autem in illis, quorum sanguinem pilatus miscuit cum sacrificiis eorum, figura quaedam videtur, eos tangens, qui coactu diabolico non pure offerunt sacrificium, quorum oratio est in peccatum, sicut de iuda scriptum est, qui proditionem sanguinis dominici inter sacrificia |100| positus cogitabat. * beda. ° pilatus enim, qui interpretatur os malleatoris, diabolum significat, semper caedere paratum; sanguis peccatum, sacrificia bonas actiones exprimunt. pilatus ergo sanguinem galilaeorum cum sacrificiis eorum miscet, quando diabolus eleemosynam et cetera bona fidelium, vel carnis delectatione, vel humanae laudis ambitione, vel qualibet alia peste commaculat. illi etiam hierosolimytae a ruina turris oppressi significant iudaeos, qui poenitere noluerunt, cum moenibus suis esse perituros. non frustra decem et octo, qui numerus apud graecos ex i et e, hoc est eisdem litteris quibus nomen iesu incipit, exprimitur: significat enim iudaeos hinc maxime perituros, quod nomen salvatoris recipere noluerunt. illa turris significat illum qui est turris fortitudinis, quae merito est in siloe, quae interpretatur missus; significat enim eum qui missus a patre venit in mundum, qui omnes super quos cecidit conteret.

lc2 * Titus. ° iactabant se iudaei ex eo quod decem et octo perierant; ipsi vero omnes remanserunt illaesi; unde proponit eis fici parabolam; dicit enim dicebat autem hanc similitudinem: arborem fici habebat quidam plantatam in vinea sua. * ambrosius. ° vinea domini sabaoth erat quam dedit in rapinam gentium. apta autem synagogae arboris istius comparatio est: quia sicut arbor ista redundans foliis fluentibus, spem possessoribus suis cassa speratorum proventuum expectatione destituit: ita etiam in synagoga dum doctores eius operibus infecundi, verbis tamen velut foliis redundantibus gloriantur, inanis umbra legis exuberat. haec etiam sola arbor ab initio germinat poma pro floribus, et poma decident ut poma succedant; manent tamen aliqua priorum perrara, nec decidunt. etenim primus synagogae populus velut inutilis decidit fructus ut de pinguedine religionis antiquae novus ecclesiae populus emergeret; primo tamen ex israel, grossi maturescentis exemplo, |25| pulcherrimorum gratia fructuum caeteris praestiterunt: quibus dicitur: sedebitis super duodecim thronos. nonnulli tamen ficum istam non synagogae, sed malitiae et improbitatis figuram putant: hi tamen in nullo distant, nisi quod pro specie genus eligunt. * beda. ° ipse autem dominus synagogam per moysen instituit, in carne natus apparuit, et crebrius in synagoga docens fructum fidei quaesivit, sed in pharisaeorum mente non invenit; unde sequitur et venit fructum quaerens in illa, et non invenit. * ambrosius. ° quaerebat autem dominus, non quia fructum ficulneae deesse nesciret; sed ut ostenderet in figura, quia fructum synagoga iam habere deberet. denique ex sequentibus docet non se ante tempus venisse, qui per triennium venit; sic enim habes: dixit autem ad cultorem vineae: ecce anni tres sunt ex quo venio quaerens fructum in ficulnea hac et non invenio. venit ad abraham, venit ad moysen, venit ad mariam, hoc est, venit in signaculo, venit in lege, venit |50| in corpore: adventum eius ex beneficiis recognoscimus: alibi purificatio, alibi sanctificatio, alibi iustificatio est; circumcisio purificavit, lex sanctificavit, gratia iustificavit. ergo populus iudaeorum neque purificari potuit, quia circumcisionem corporis, non animi habuit; neque sanctificari, quia virtutem legis ignorans, carnalia magis quam spiritualia sequebatur; neque iustificari, quia delictorum suorum poenitentiam non gerens, gratiam nesciebat. merito ergo nullus fructus in synagoga inventus est; et ideo iubetur excidi; sequitur enim succide ergo illam: ut quid etiam terram occupat? bonus autem cultor, et fortassis ille in quo ecclesiae fundamentum est, praesagiens, alterum ad gentes, se autem ad eos qui ex circumcisione sunt, esse mittendum, religiose ne excidatur intervenit, fretus vocatione sua etiam populum iudaeorum per ecclesiam posse salvari; unde sequitur at ille respondens, dixit illi: domine, dimitte illam et hoc anno. cito duritiam superbiamque iudaeorum causas esse sterilitatis agnovit. |75| itaque venit excolere qui novit vitia reprehendere; unde subdit usque dum fodiam circa illam. pollicetur dura cordis eorum apostolicis ligonibus esse fodienda, ne radicem sapientiae, terrarum acervus obruat et abscondat. subdit autem et mittam stercora, idest humilitatis affectum, per quem in evangelium christi etiam iudaeus fore existimatur fructuosus; unde subdit et si quidem fecerit fructum, bene scilicet erit; sin autem, in futurum succides illam. * beda. ° quod quidem per romanos factum est, a quibus gens iudaea succisa, et a terra promissionis expulsa est. * augustinus de verb. dom.. ° vel aliter totum. arbor ficulnea genus humanum est. primus enim homo qui peccavit, foliis ficulneae pudenda velavit, hoc est membra unde nati sumus. * theophylactus. ° sed et quisque nostrum ficus est in vinea dei, hoc est in ecclesia, vel in hoc mundo plantata. * gregorius in evang.. ° tertio autem dominus ad ficulneam venit: quia naturam |100| generis humani ante legem, sub lege, sub gratia, expectando, admonendo, visitando requisivit: sed tamen tribus annis fructum se non invenisse conqueritur: quia quorumdam pravorum mentes nec inspirata lex naturalis corrigit, nec praecepta erudiunt, nec incarnationis eius miracula convertunt. * theophylactus. ° tertio autem natura nostra fructum petita non tribuit: semel quidem cum in paradiso praevaricati sumus praeceptum, secundo cum in lege vitulum conflaverunt, tertio cum salvatorem renuerunt. sed id triennium intelligendum est pro tribus aetatibus, puerili, virili, et senili. * gregorius. ° sed cum magno timore audiendum est quod dicitur succide ergo illam: ut quid etiam terram occupat? unusquisque enim iuxta modum suum, inquantum locum vitae praesentis tenet, si fructum bonae operationis non exhibet, velut infructuosa arbor terram occupat: quia in eo loco in quo ipse est, aliis operandi occasionem negat. * basilius. ° proprium enim est divinae propitiationis non silenter poenas |125| infligere, sed praemittere minas, revocando ad poenitentiam; sicut ninivitis fecit, et nunc cultori dicens succide eam: provocans quidem ipsum ad curam eius, suscitans vero sterilem animam ad producendos debitos fructus. * gregorius nazianzenus. ° igitur nec nos feriamus subito, sed praevaleamus misericordia; ne secemus ficum potentem adhuc fructum facere, quam forsitan curabit periti custodis studium; unde et hic subditur at ille respondens dixit illi: dimitte illam hoc anno, usque dum fodiam circa illam. * gregorius. ° per cultorem vineae praepositorum ordo exprimitur, qui dum praesunt ecclesiae, dominicae vineae curam gerunt. * theophylactus. ° vel paterfamilias deus pater est, cultor vero christus, qui ficum amputari ut sterilem non permittit; quasi ad patrem diceret: si per legem et prophetas fructum poenitentiae non dederunt, meis eos irrigabo passionibus et doctrinis; et forsitan dabunt obedientiae fructum. * augustinus de verb. |150| dom.. ° vel colonus, qui intercedit, est omnis sanctus qui intra ecclesiam orat pro eis qui sunt extra ecclesiam, dicens domine, dimitte illam hoc anno, idest tempore isto sub gratia, usque dum fodiam circa illam. circumfodere est humilitatem et patientiam docere. fossa enim est humilis terra, stercus autem in bono intellige: sordes sunt, sed fructum dant: sordes cultoris dolor est peccatoris. qui autem agunt poenitentiam, in sordibus agant et veraciter agant. * gregorius. ° vel peccata carnis, stercora vocantur. ex stercore igitur ad fructum reviviscit arbor, quia de consideratione peccati, ad bona se opera resuscitat animus. sed sunt plerique qui increpationes audiunt, et tamen ad poenitentiam redire contemnunt; propter quod subditur et si quidem fecerit fructum. * augustinus de verb. dom.. ° bene scilicet erit; sin autem, in futurum succides eam, quando scilicet in iudicio venies iudicare vivos et mortuos. interim modo parcitur. * gregorius. ° qui autem nunc |175| non vult ad fecunditatem pinguescere per increpationem, illic cadit unde iam resurgere per poenitentiam non valet.

lc3 * Ambrosius. ° cito quod de synagoga dixerat indicavit; ad ipsam utique arborem venisse se monstrat qui in eadem praedicabat; unde dicitur erat autem docens in synagoga eorum sabbatis. * chrysostomus. ° docet quidem non seorsum, sed in synagogis secure, in nullo dubitans, nec aliquid contra legem moysi statuens; sabbato autem, quia tunc iudaei legi vacabant. * cyrillus. ° ad expugnationem autem corruptionis, et mortis, et invidiae diaboli contra nos, prodiit incarnatio verbi; et hoc apparet ex ipsis eventibus; sequitur enim et ecce mulier quae habebat spiritum infirmitatis annis decem et octo. dicit autem spiritum infirmitatis, quia mulier haec patiebatur atrocitate diaboli, derelicta a deo propter propria crimina, vel propter transgressionem adae, ob quam humana corpora infirmitatem et mortem incurrerunt. dat autem super hoc deus diabolo potestatem, ut homines mole adversitatis depressi, velint ad meliora transire. genus autem infirmitatis ostendit, |25| dicens et erat inclinata, nec omnino poterat sursum respicere. * basilius. ° brutorum siquidem caput humi deflexum est, terram cernit; caput hominis erectum est in caelum, oculi superna conspiciunt: convenit enim ei quaerere superna, transcendere terrena intuitu. * cyrillus. ° ostendens autem dominus adventum suum in hunc mundum dissolutivum esse humanarum passionum, mulierem sanavit; unde sequitur quam cum vidisset iesus, vocavit eam ad se, et ait illi: mulier, dimissa es ab infirmitate tua. vox aptissima deo, plena maiestate superna: fugat enim morbum imperatorio motu: qui etiam manus illi imponit; sequitur enim imposuit illi manus; et confestim erecta est, et glorificabat deum: in quo oportet perpendere sacram carnem induisse virtutem divinam: erat enim ipsius dei caro, non autem alicuius alterius, quasi separatim existente filio hominis a filio dei, sicut falso aliquibus visum est. sed ingratae synagogae praesul, postquam vidit feminam humi repentem solo tactu erectam, |50| et divina referentem magnalia, ardens domini gloria, irretitur invidia, arguitque miraculum, quasi videretur sollicitari pro sabbato; unde sequitur respondens autem archisynagogus indignans quia sabbato curasset hominem iesus, dicebat turbae: sex dies sunt in quibus oportet operari; in his venite et curamini, et non in die sabbati. hortatur ceteris diebus dispersos, et propriis vacantes operibus, non sabbato, videre et mirari prodigia domini, ne forte credant. sed dic, lex prohibuit ab opere manuali die sabbati abstinere; numquid ab eo quod verbo et ore fit? cesses ergo comedere et potare ac loqui et psallere in sabbato. et si nec legem legis, cur tibi sabbatum? ceterum, si manuale opus lex prohibuit, quomodo manuale opus est feminam verbo erigere? * ambrosius. ° denique et deus ab operibus mundi quievit, non operibus quibus sempiterna et iugis operatio est, sicut filius ait: pater meus usque modo operatur, et ego operor, ut ad similitudinem dei saecularia nostra opera, non |75| religiosa cessarent. unde dominus specialiter ei respondit; sequitur enim respondit autem ad illum dominus, et dixit: hypocritae, unusquisque vestrum in sabbato non solvit bovem suum aut asinum a praesepio, et ducit adaquare? * basilius. ° hypocrita est qui in theatro assumit alienam personam; sic et in vita praesenti quidam alia gerunt in corde, et alia superficialiter ostendunt hominibus. * chrysostomus. ° bene igitur dicit hypocritam principem synagogae: quia faciem habebat legis cultoris, mens vero eius erat versuti et invidi: non enim turbatur propter sabbatum, quia violatur, sed propter christum, quia glorificatur. tu tamen attende, quod ubi quidem opus fieri iussit, sicut cum paralytico iussit grabatum tollere, transtulit sermonem ad maius, convincens eos per dignitatem patris, cum dicit: pater meus usque modo operatur, et ego operor; hic autem ubi totum faciens verbo, nihil aliud adicit, ex his quae ipsi faciebant, calumniam solvit. * cyrillus. ° arguitur autem archisynagogus ut hypocrita, |100| dum bruta quidem adaquat in sabbato, mulierem vero non magis genere quam fide filiam abrahae, non dignam putat solvi ab aegritudinis vinculo; unde subdit hanc autem filiam abrahae, quam alligavit satanas ecce decem et octo annis, non oportuit solvi a vinculo isto die sabbati? malebat siquidem mulierem tamquam quadrupedia cernere terram, quam hominum staturam recipere, dummodo christus non magnificaretur. non autem erat eis quid responderent; sed ipsi sibi ipsis erant irrefragabilis reprehensio; unde sequitur et cum haec diceret, erubescebant omnes adversarii eius; sed populus, quasi commoda ex miraculis consequens, laetabatur de signis; unde sequitur et omnis populus gaudebat in universis quae gloriose fiebant ab eo. nam claritas operum omnem quaestionem solvebat apud eos qui non quaerebant mentibus perversis. * gregorius in evang.. ° mystice autem hoc significat ficulnea infructuosa quod mulier inclinata: humana enim natura |125| ad peccatum ex voluntate corruens, quia fructum obedientiae ferre noluit, statum rectitudinis amisit; et hoc significat ficulnea reservata quod mulier erecta. * ambrosius. ° vel ficus synagogam figurat. denique in muliere infirma quasi ecclesiae figura successit; quae cum mensuram legis et resurrectionis impleverit, in illa quiete perpetua in sublime erecta fastigium, inclinationem nostrae infirmitatis sentire non potuit. nec aliter curari potuisset haec mulier, nisi quia legem implevit et gratiam: nam in decem verbis legis perfectio est, in octavo numero resurrectionis plenitudo. * gregorius. ° vel aliter. sexto die homo factus est, atque eodem sexto die opera cuncta domini perfecta sunt. senarius autem numerus in trigonum ductus, decem et octo facit. quia ergo homo qui sexto die factus est, perfecta opera habere noluit, sed ante legem, sub lege, atque in exordio inchoantis gratiae infirmus extitit, decem et octo annis mulier curva fuit. * augustinus de verb. dom.. ° quod ergo significat |150| triennium in arbore, hoc decem et octo anni in illa muliere, quia ter seni decem et octo faciunt. curva autem erat, sursum aspicere non poterat, quia sursum corda sine causa audiebat. * gregorius. ° omnis enim peccator terrena cogitans, caelestia non requirens, sursum respicere non valet; quia dum desideria inferiora sequitur, a mentis suae rectitudine curvatur; et hoc semper videt, et sine intermissione cogitat. vocavit eam dominus et erexit: quia illuminavit et audivit. vocat enim quandoque, sed non erigit: quia plerumque videmus quae agenda sunt, sed opera non implemus: usitata enim culpa obligat mentem, ut nequaquam surgere possit ad rectitudinem. conatur, et labitur: quia ubi diu sponte perstitit, ibi cum noluerit cadit. * ambrosius. ° opus autem sabbati signum futuri est, quod unusquisque perfunctus lege et gratia, per misericordiam dei corporeae fragilitatis molestiis exuetur. cur autem aliud animal indicavit, nisi ut ostenderet futurum ut iudaicus et gentilis populus, |175| sitim corporis, aestusque mundi huius, dominici fontis ubertate deponat; et sic per vocationem duorum populorum ecclesiam salvam futuram? * beda. ° filia autem abrahae est anima quaecumque fidelis, vel ecclesia de utroque populo ad fidei unitatem collecta. idem ergo mystice est bovem vel asinum solutum a praesepio potum duci, quod est filiam abrahae a vinculo nostrae inclinationis erigi.

lc4 * Glossa. ° erubescentibus adversariis, et populo gaudente de his quae gloriose fiebant a christo, profectum evangelii consequenter sub quibusdam similitudinibus manifestat; unde dicitur dicebat ergo: cui simile est regnum dei, et cui simile aestimabo illud? simile est grano sinapis. * ambrosius. ° alio loco granum sinapis legitur, ubi confertur. ergo si regnum caelorum sicut granum sinapis est, et fides sicut granum sinapis, fides est utique regnum caelorum quod intra nos est. granum quidem sinapis res est vilis et simplex: si teri coeperit, vim suam fundit: et fides simplex primo videtur: sed si atteratur adversis, gratiam suae virtutis effundit. grana sinapis martyres sunt. habebant odorem fidei, sed latebat: venit persecutio, contriti sunt gladio, per totius mundi terminos grana sui sparsere martyrii. ipse etiam dominus granum est sinapis: teri voluit, ut diceremus: christi bonus odor sumus; seminari voluit velut granum sinapis, quod acceptum |25| homo misit in hortum suum: in horto enim christus captus et sepultus est, ubi etiam resurrexit et factus est arbor; unde sequitur et factum est in arborem magnam. dominus enim noster granum est cum sepelitur in terra, arbor cum elevatur in caelum. est etiam arbor mundum obumbrans; unde sequitur et requieverunt volucres caeli in ramis eius, idest potestates caelorum, et quicumque spiritualibus factis evolare meruerunt. ramus est petrus, ramus est paulus, in quorum sinus per quosdam disputationum recessus, qui eramus longe, assumptis virtutum remigiis advolamus. ergo semina in horto tuo christum. hortus utique locus est plenus florum, in quo gratia tui operis effloreat, et multiplex odor variae virtutis exhalet. ibi ergo christus ubi fructus est seminis. * cyrillus. ° vel aliter. regnum dei est evangelium, per quod acquirimus posse regnare cum christo. sicut igitur sinapis semen superatur quidem quantitate a seminibus olerum, crescit autem adeo ut plurium fiat |50| umbraculum avium; sic et salvatoris doctrina penes paucos erat in principio, sed postea recepit augmentum. * beda. ° homo autem christus est, hortus est ecclesia, eius disciplinis colenda; qui bene dicitur granum accepisse, quia dona quae nobis cum patre tribuit ex divinitate, nobiscum accipit ex humanitate. crevit autem evangelii praedicatio cunctum disseminata per orbem; crescit et in mente cuiusque credentis, quia nemo repente fit perfectus. crescendo autem non herbarum, quae velociter arescunt, sed arborum instar exurgit. rami huius arboris dogmatum sunt diversitates, in quibus animae castae virtutum pennis ad superna tendentes nidificant et requiescunt. * theophylactus. ° vel homo quilibet granum sinapis, idest evangelicum sermonem, accipiens, et in horto animae suae serens, arborem magnam facit, ut et ramos producat, et caeli volatilia, idest qui terrenis superemiment, in ramis praedicationis, idest in expansis considerationibus, requiescunt. paulus enim quasi granum modicum accepit ananiae |75| rudimentum; sed plantans illud in viridario suo, produxit multas et bonas doctrinas, in quibus habitant qui sunt intellectu excelsi, puta dionysius, hierotheus, et alii quamplures. deinde simile dicit fermento regnum dei; sequitur enim et dixit: cui simile aestimabo illud? simile est fermento. * ambrosius. ° plerique fermentum christum putant, quia fermentum ex farina virtute, non specie generi suo praestat: sic et christus patribus aequalis corpore, sed dignitate incomparabilis praeeminebat. igitur sancta ecclesia typum mulieris figurat, de qua subditur quod acceptum mulier abscondit in farinae sata tria, donec fermentaretur totum. * beda. ° satum est genus mensurae, iuxta morem provinciae palaestinae, unum et dimidium modium capiens. * ambrosius. ° farina huius mulieris nos sumus, quae dominum iesum in interioribus nostrae mentis abscondit, donec nostra secreta penetralia calor sapientiae caelestis abducat. et quia in tribus mensuris absconditum dicit esse fermentum, |100| congrue visum est ut dei filium crederemus absconditum in lege, ac opertum in prophetis, evangelicis praedicationibus adimpletum. me tamen sequi iuvat quod ipse dominus docuit, fermentum esse spiritualem doctrinam ecclesiae. ecclesia autem renatum hominem in corpore et anima et spiritu, fermento spirituali sanctificat, cum tria haec pari quadam cupiditatum lance consentiunt, et aequalis aspirat concordia voluptatum. itaque si in hac vita tres mensurae in eodem manserint donec fermententur et fiant unum, erit in futurum diligentibus christum incorrupta communio. * theophylactus. ° vel pro femina intelligas animam; tria vero sata trinam partem eius, rationabilem, irascibilem et concupiscibilem. si igitur aliquis in hac trina parte condiderit verbum dei, faciet hoc totum spirituale, ut nec rationale peccet in documentis, nec ira aut concupiscentia enormiter ferantur, sed conformentur verbo dei. * augustinus de verb. dom.. ° vel tria sata farinae, genus humanum est; quod de tribus |125| noe filiis est reparatum. mulier quae abscondit fermentum, dei sapientia est. * eusebius. ° vel aliter. fermentum dominus nominat spiritum sanctum, quasi virtutem procedentem ex semine, idest verbo dei. tria autem sata farinae significant notitiam patris et filii et spiritus sancti, quam mulier, idest divina sapientia, et spiritus sanctus largitur. * beda. ° vel fermentum dilectionem dicit, quae fervere facit, et excitat mentem. abscondit ergo mulier, idest ecclesia, fermentum dilectionis in sata tria: quia praecepit ut diligamus deum ex toto corde, ex tota anima et ex tota virtute. et hoc donec fermentetur totum, idest donec caritas totam mentem in sui perfectionem commutet; quod hic inchoatur, sed in futurum perficietur.

lc5 * Glossa. ° praemissis similitudinibus de multiplicatione evangelicae doctrinae, eius diffusioni ubique praedicando intendit; unde dicitur et ibat per civitates et castella, docens, et iter faciens in ierusalem. * theophylactus. ° non enim sola parva loca visitabat, sicut faciunt qui simplices fallere volunt, neque solas civitates, ut ostentatores faciunt et gloriam quaerentes; sed sicut communis dominus et pater omnibus providens, omnia circuibat. non autem visitabat municipia, vitans ierusalem, ac si timeret legisperitorum reprehensiones, aut mortem, quae poterat inde contingere; unde subdit et iter faciens in ierusalem. nam ubi plures erant aegroti, ibi se medicus magis ingerebat. sequitur ait autem quidam illi: domine, si pauci sunt qui salvantur? * glossa. ° quae quidem quaestio ad hoc pertinere videtur de quo supra agebatur: nam in praemissa similitudine dixerat, quod requieverunt volucres caeli in ramis eius; per quod intelligi potest multos esse qui |25| salutis requiem consequentur. et quia ille unus pro omnibus quaesierat, dominus non singulariter ei respondet; unde sequitur ipse autem dixit ad illos: contendite intrare per angustam portam. * basilius. ° sicut enim in via terrena exitus a recto multam latitudinem habet; sic qui egreditur a tramite ducente ad regnum caelorum, in multa latitudine erroris reperitur. rectum autem iter est angustum, qualibet declinatione periculosa existente, sive dextrorsum, sive sinistrorsum; sicut in ponte, a quo utrinque divertens flumini immergitur. * cyrillus. ° angusta etiam porta aerumnam et patientiam sanctorum significat. sicut enim pugnarum victoria attestatur militis strenuitati, sic praeclarum efficiet valida perpessio laborum et tentationum. * chrysostomus in matthaeum. ° quid est ergo quod dominus alibi dicit: iugum meum suave est, et onus meum leve? non quidem contradicit; sed hoc dictum est propter tentationum naturam, illud vero propter affectum transeuntium. est enim molestum |50| aliquid naturae, facile reputari quando id affectanter amplectimur. si etiam via salutis angusta erit in introitu, tamen per eam pervenitur ad latitudinem; e contrario vero lata deducit ad interitum. * gregorius moralium. ° dicturus autem angustae portae introitum, praemisit contendite: quia nisi mentis contentio ferveat, unda mundi non vincitur, per quam anima semper ad ima revocatur. * cyrillus. ° non videtur autem dominus satisfacere quaerenti utrum pauci sint qui salventur, dum declarat viam per quam quisque potest fieri iustus. sed dicendum, quod mos erat salvatoris non respondere interrogantibus secundum quod eis videbatur, quoties inutilia quaerebant, sed respiciendo quod utile audientibus foret. quid autem commodi proveniret audientibus scire an multi sint qui salventur, an pauci? necessarium autem magis erat scire modum quo aliquis pervenit ad salutem. dispensative ergo ad quaestionis vaniloquium nihil dicit, sed transfert suum sermonem ad rem magis |75| necessariam. * augustinus de verb. dom.. ° vel aliter. confirmavit dominus quod audivit, scilicet quod pauci sunt qui salvantur, quia per angustam portam pauci intrant. alio autem loco hoc idem ipse ait: arcta est via quae ducit ad vitam, et pauci sunt qui ingrediuntur per illam; unde subditur quia multi, dico vobis, quaerent intrare. * beda. ° salutis amore provocati; et non poterunt, itineris asperitate deterriti. * basilius. ° vacillat enim anima, quando quidem considerat aeterna, eligendo virtutem: quando praesentia respicit, praeferendo illecebras: hic intuetur otia carnis, illic subiectionem ipsius; hic ebrietatem, illic sobrietatem; hic dissolutos risus, illic copiam lacrymarum; hic choreas, illic orationes; hic fistulas, illic fletus; hic luxuriam, illic castimoniam. * augustinus de verb. dom.. ° non autem contrarius sibi est dominus, qui dixit, quod pauci sunt qui intrant per angustam portam; et alibi dicit: multi ab oriente et occidente venient. pauci sunt |100| in comparatione perditorum, multi in societate angelorum. vix videntur grana quando area trituratur; sed tanta massa processura est de area hac ut impleat horreum caeli. * cyrillus. ° quod autem detestabiles sint qui intrare non possunt, per evidens exemplum declaravit, subdens cum autem intraverit paterfamilias, et clauserit ostium, incipietis foris stare, et pulsare ostium, dicentes: domine, aperi nobis. sicut si patrefamilias, qui multos ad convivium vocavit, ingresso cum convivis, et ostio recluso, postmodum pulsantes adveniant. * beda. ° est autem paterfamilias christus, qui cum ubique ex divinitate sit, illis iam intus esse dicitur quos in caelo praesens sua visione laetificat; sed quasi foris est his quos in hac peregrinatione certantes occultus adiuvat. intrabit vero cum totam ecclesiam ad sui contemplationem perducet; claudet ostium, cum reprobis locum poenitentiae tollet; qui foris stantes pulsabunt, idest a iustis segregati misericordiam quam contempserunt, frustra implorabunt; |125| unde sequitur et respondens dicet vobis: nescio vos unde sitis. * gregorius moralium. ° nescire dei improbare est; sicut et nescire mentiri vir verax dicitur qui labi per mendacium dedignatur: non quod, si mentiri velit, nesciat, sed quod falsa loqui veritatis amore contemnat. veritatis igitur lumen tenebras, quas reprobat, ignorat. sequitur tunc incipietis dicere: manducavimus coram te, et bibimus, et in plateis nostris docuisti. * cyrillus. ° hoc israelitis convenit, qui secundum ritum legis offerentes deo victimas edebant et gaudebant. audiebant quoque in synagogis libros moysi, qui in suis scriptis non quae sua sunt, sed quae dei tradebat. * theophylactus. ° vel simpliciter ad israelitas dicitur: eo quod ex eis christus secundum carnem natus est, et cum eo comedebant et bibebant, et eum praedicantem audiebant. sed et christianis haec congruunt; nos enim comedimus corpus christi et bibimus sanguinem eius quotidie, ad mensam mysticam accedentes, |150| docetque in plateis animarum nostrarum. * beda. ° vel mystice manducat coram domino et bibit qui verbi pabulum avide suscipit; unde quasi exponendo subditur in plateis nostris docuisti. scriptura enim in obscurioribus cibus est, quia quasi exponendo frangitur, et manducando glutitur; potus est in apertioribus, ubi ita sorbetur sicut invenitur.

non autem festivitatum epulatio iuvat quem fidei pietas non commendat; non scientia scripturarum notum deo facit quem operum iniquitas indignum ostendit; unde subditur et dicet vobis: nescio vos unde sitis. discedite a me, operarii iniquitatis. * basilius. ° illis forsitan loquitur quos describit apostolus in propria persona, dicens: si linguis hominum loquar et angelorum, et habeam omnem scientiam, et distribuero omnes facultates meas in cibos pauperum, caritatem autem non habuero, nihil mihi prodest. quod enim non fit divini amoris intuitu, sed ad acquirendam ab hominibus laudem, non invenit laudem apud deum. * theophylactus. |175| ° attende etiam quod detestabiles sunt illi in quorum plateis dominus docet: unde si docentem eum audierimus, non in plateis sed in angustiis, et humilibus cordibus, non erimus detestabiles. * beda. ° duplex autem ostenditur gehennae poena; scilicet frigoris et fervoris; unde sequitur ibi erit fletus et stridor dentium: fletus enim de ardore, stridor dentium de frigore solet excitari. vel stridor dentium prodit indignantis affectum, quod qui sero poenitet, sero sibi irascatur. * glossa. ° vel stridebunt dentes qui hic de edacitate gaudebant, flebunt oculi qui hic per concupiscentias vagabantur. per utrumque autem veram impiorum resurrectionem designat. * theophylactus. ° pertinet etiam hoc ad israelitas, cum quibus loquebatur; qui ex hoc maxime percelluntur quod gentiles cum patribus requiescunt, ipsi vero excluduntur; unde addidit cum videritis abraham, isaac et iacob, et omnes prophetas in regno dei, vos autem expelli foras. et venient ab oriente et occidente, et ab |200| aquilone et austro, et accumbent in regno dei. * eusebius. ° praedicti enim patres ante tempora legis, secundum evangelicam formam errorem multorum deorum derelinquentes, assumpserunt sublimis dei notitiam, quibus pares facti sunt multi gentilium ob similem vitam; filii autem eorum alienationem sunt passi ab evangelica disciplina; unde sequitur et ecce sunt novissimi qui erant primi, et sunt primi qui erant novissimi. * cyrillus. ° iudaeis enim, qui primum locum tenebant, praelatae sunt gentes. * theophylactus. ° nos autem, ut videtur, primi sumus, qui ab ipsis cunabulis rudimenta accepimus; et forsitan erimus novissimi respectu gentilium, qui circa finem vitae crediderunt. * beda. ° multi etiam prius ferventes, postea torpent: multi prius frigidi, subito inardescunt; multi in saeculo despecti, in futuro sunt glorificandi; alii apud homines gloriosi, in fine sunt damnandi.

lc6 * Cyrillus. ° praedicta domini verba, pharisaeorum animos provocaverunt ad iram; videbant enim populos iam contritos fidem eius arripere. itaque quasi perdentes officium populis praesidendi et deficientes in lucro, simulantes se eum diligere, suadent illi ut inde discederet; unde dicitur in ipsa die accesserunt quidam pharisaeorum dicentes illi: exi et vade hinc, quia herodes vult occidere te. christus autem qui renes et corda scrutatur, eis leniter et figuraliter respondet; unde sequitur et ait illis: ite et dicite vulpi illi. * beda. ° propter dolos et insidias herodem vulpem appellat, quod plenum fraudis est animal, in fovea propter insidias latens, odore foetens, nunquam rectis itineribus incedens; quae omnia haereticis conveniunt, quorum typum herodes tenet, qui christum, idest humilitatem christianae fidei in credentibus, conantur extinguere. * cyrillus. ° vel aliter. videtur hic sermo mutatus esse, et non spectare ad personam herodis, ut aliqui putaverunt, sed magis ad |25| pharisaicas fictiones: pene enim ipsum pharisaeum ostendit prope manentem, dum dixit ite et dicite vulpi huic, sicut in graeco habetur; unde hoc praecepit dicendum, quod poterat urgere pharisaeorum turbam: ecce, inquit, eicio daemonia, et sanitates perficio hodie et cras, et tertia die consummor. hoc se promittit operaturum quod iudaeis displicebat: scilicet quod immundis imperaret spiritibus, et eriperet a morbis infirmantes, usque dum propria sponte sustineret crucis patibulum. quia vero pharisaei credebant quod manum trepidaret herodis qui dominus erat virtutum, hoc excludit dicens verumtamen oportet me hodie et cras et sequenti die ambulare. quod dicit oportet, nequaquam sibi necessitatem ingruentem ostendit, sed magis arbitrio propriae voluntatis pergere quo volebat, quousque finem venerandae crucis subiret, cuius iam christus imminere tempus ostendit cum dixit hodie et cras. * theophylactus. ° ac si dicat: quid de morte mea cogitatis? ecce fiet post modicum. quod autem dicitur |50| hodie et cras, hoc multos dies significat, sicut et nos in communi sermone soliti sumus dicere: hodie et cras fit hoc, quod fiat in tanta distantia temporis. et ut evangelicum sermonem evidentius exponamus, non intelligas quod oportet me hodie et cras ambulare, sed sistas in hodie et cras, deinde subiungas et sequenti die ambulare; sicut et pluries numerando consuevimus dicere: die dominica, et secunda feria, et tertia egrediar, quasi computando duas, ut tertia denotetur, sic et dominus quasi computando dicit oportet me hodie et cras, et postea tertia die ire ierusalem. * augustinus de cons. evang.. ° vel mystice ab illo haec dicta intelliguntur, ut referantur ad corpus eius, quod est ecclesia. expelluntur enim daemonia, cum relictis illis superstitionibus, credunt in eum gentes; et perficiuntur sanitates, cum secundum praecepta eius, posteaquam fuerit diabolo et huic saeculo renuntiatum, usque in finem resurrectionis, qua tamquam tertia consummabitur, ad plenitudinem angelicam per corporis |75| etiam immortalitatem perficietur ecclesia. * theophylactus. ° sed quia illi dicebant ei exeas hinc, quia herodes quaerit te occidere: in galilaea loquentes, ubi regnabat herodes, ostendit quod non in galilaea, sed in ierusalem praeordinatum fuerat ei pati; unde sequitur quia non capit prophetam perire extra ierusalem. cum audis non capit, idest non decet extra ierusalem prophetam interimi, non putes vim coactivam iudaeis inductam, sed quantum ad eorum affectum sanguinis avidum convenienter hoc dicit; velut si quis praedonem atrocissimum videns dicat: non oportet hanc viam, in qua praedo insidiatur viatoribus, immunem esse a sanguine: sic et non oportebat alibi quam ubi morabantur praedones perire dominum prophetarum: nam assueti prophetarum sanguinibus occident et dominum; unde sequitur ierusalem, ierusalem, quae occidis prophetas, et lapidas eos qui mittuntur ad te. * beda. ° ierusalem non saxa et aedificia civitatis, sed habitatores vocat, |100| quam patris plangit affectu. * chrysostomus. ° geminatio enim verbi, miserantis est, aut nimium diligentis: nam tamquam ad amicam negligentem amatorem, et ideo puniendam, dominus loquitur * graecus. ° sed et nominis geminatio vehementem reprehensionem ostendit: nam quae novit deum, quomodo dei ministros persequitur? * chrysostomus. ° quod autem essent immemores divinorum bonorum ostendit subdens quoties volui congregare filios tuos, quemadmodum avis nidum suum sub pennis, et noluisti? manuduxit eos per sapientissimum moysen, monuit per prophetas, voluit sub alis, idest sub tegmine suae virtutis, illos habere; at illi caruerunt tam desiderabilibus bonis ingrati existentes. * augustinus in enchir.. ° dicit autem: ego volui, et tu noluisti; quasi dicat: quotquot aggregavi mea voluntate semper efficaci, te nolente feci, quia ingrata semper fuisti. * beda. ° pulchre autem qui herodem de sua nece tractantem vulpem vocaverat, seipsum avi comparat: quia vulpes fraudulenter semper avibus insidias |125| intendunt. * basilius. ° filios etiam ierusalem pullis in nido comparavit; ac si dicat: aves quae in altum consueverunt volare, exceptae sunt a nocumentis insidiantium; tu tamen eris ut pullus egens alieno suffragio. matre igitur avolante aufereris a nido, quasi impotens ad tutelam et debilis ad fugam; unde sequitur ecce relinquetur domus vestra deserta. * beda. ° ipsam civitatem, quam nidum vocaverat, etiam nunc domum iudaeorum appellat. occiso enim domino venerunt romani, et quasi nidum vacuum diripientes, tulerunt eorum locum, gentem et regnum. * theophylactus. ° vel domus vestra, idest templum; ac si dicat: quamdiu virtus erat in vobis, templum erat meum; sed postquam fecistis ipsum speluncam latronum, non est de cetero domus mea, sed vestra. vel domum dicit totam gentem iudaeorum, iuxta illud: domus iacob, benedicite domino, per quod ostendit quod ipse erat qui gubernabat eos, et eripiebat ab hostium manibus. sequitur dico autem vobis, quia non |150| videbitis me donec veniat, cum dicetis: benedictus qui venit in nomine domini. * augustinus de cons. evang.. ° huic narrationi lucae non videtur adversari quod turbae dixerunt, veniente domino in ierusalem: benedictus qui venit in nomine domini: quia nondum illuc venerat, et nondum dictum erat. * cyrillus. ° discesserat enim dominus a hierosolymis, tamquam indignos existentes sui praesentia deserens; deinde multis miraculis factis, rursum hierosolymam redit, ubi ei turba occurrit dicens: hosanna filio david: benedictus qui venit in nomine domini. * augustinus. ° sed quia non dicit lucas quo inde tunc accessit dominus, ut non veniret nisi eo tempore quo iam illud diceretur (perseverat quippe in itinere suo donec veniat ierusalem); de illo suo adventu quo in claritate venturus est, hoc significat. * theophylactus. ° tunc enim et inviti confitebuntur eum salvatorem et dominum, quando nullus erit eis inde profectus. dicens autem non videbitis me donec veniat etc., non significat |175| illam horam, sed tempus crucis; quasi dicat: postquam crucifixeritis me, non amplius videbitis me, donec iterum veniam. * augustinus. ° intelligendus est ergo lucas velle praeoccupasse, antequam eius narratio dominum perduceret ierusalem, aut eidem civitati iam appropinquantem talia respondisse monentibus ut caveret herodem, qualia matthaeus dicit esse locutum cum iam pervenisset ierusalem. * beda. ° vel dicit non me videbitis, quasi dicat: nisi poenitentiam egeritis, et confessi fueritis me filium omnipotentis patris, in secundo adventu faciem meam non videbitis.

073 CLC cp14

lc1 * Cyrillus. ° quamvis dominus malitiam pharisaeorum cognosceret, tamen eorum fiebat conviva, ut prodesset praesentibus per verba et miracula; unde subditur et factum est cum introisset iesus in domum cuiusdam principis pharisaeorum sabbato manducare panem, et ipsi observabant eum: si scilicet reverentiam legis contemneret, et an quicquam prohibitorum faceret in die sabbati. itaque hydropico veniente in medium, interrogatione reprehendit insolentiam pharisaeorum, eum arguere volentium; unde dicitur et ecce homo quidam hydropicus erat ante illum. et respondens iesus dixit ad legisperitos et pharisaeos, si licet sabbato curare. * beda. ° quod dicitur respondisse iesus, ad hoc respicit quod praemissum est: et ipsi observabant eum: dominus enim novit cogitationes hominum. * theophylactus. ° in sua autem interrogatione deridet eos, sicut amentes: deo enim benedicente sabbatum, ipsi prohibent operari bona in eo; dies autem quae bonorum operam non admittit, |25| maledicta est. * beda. ° sed merito interrogati tacent, quia contra se dictum, quicquid dixerit, vident. nam si licet sabbato curare, quare salvatorem an curet observant? si non licet, quare ipsi sabbato pecora curant? unde sequitur at illi tacuerunt. * cyrillus. ° neglectis igitur iudaeorum insidiis, liberat a morbo hydropicum: qui metu pharisaeorum remedia non postulabat propter sabbatum, sed solum astabat, ut ex aspectu misertus eius salvaret eum: quod dominus cognoscens, non postulat ab eo si vellet salvus fieri; sed protinus eum sanavit; unde sequitur ipse vero apprehensum sanavit eum ac dimisit. * theophylactus. ° in quo non hoc prospexit dominus, ne scandalizaret pharisaeos; sed ut benefaciat egenti remediis: decet enim nos, cum magna resultat utilitas, non curare si stulti scandalizentur. * cyrillus. ° sed quia pharisaei inepte tacuerunt, solvit christus inflexibilem eorum impudentiam, considerationibus seriis ad hoc utens; unde sequitur et respondens ad illos dixit: cuius vestrum asinus aut |50| bos in puteum cadet, et non continuo extrahet illum die sabbati? * theophylactus. ° quasi dicat: si prohibuit lex misereri in sabbato, ne curam habeas filii tui periclitantis in sabbato; sed quid dico, filii, quando nec bovem praeteris, si periclitantem videris? * beda. ° in quo sic observatores suos pharisaeos convincit, ut eosdem etiam avaritiae condemnet, qui in liberatione animalis suae avaritiae consulebant. quanto ergo magis christus hominem, qui multo melior est pecore, debuit liberare? * augustinus de quaest. evang.. ° congruenter autem hydropicum animali quod cecidit in puteum comparavit, humore enim laborabat; sicut illam mulierem quam alligatam dixerat, et ipse solvebat, comparavit iumento, quod solvitur ut ad aquam ducatur. * beda. ° competenti ergo exemplo solvit quaestionem, ut ostendat eos violare sabbatum in opere cupiditatis qui eum violare arguerunt in opere caritatis; unde sequitur et non poterant ad haec respondere illi. mystice autem hydropicus comparatur |75| ei quem fluxus carnalium voluptatum exuberans aggravat: hydropicus enim morbus ab aquoso humore vocabulum trahit. * augustinus de quaest. evang.. ° vel hydropicum recte comparamus diviti avaro: sicut enim ille quanto magis abundat humore inordinato, tanto amplius sitit; sic et iste quanto est copiosior divitiis, quibus non bene utitur, tanto ardentius talia concupiscit. * gregorius moralium. ° recte ergo hydropicus ante pharisaeum curatur: quia per alterius aegritudinem corporis, in altero exprimitur languor, seu aegritudo cordis et mentis. * beda. ° bene autem in exemplo bovem et asinum nominat, ut vel sapientes et hebetes, vel utrumque populum significet, scilicet iudaeum iugo legis pressum, et gentilem nulla ratione domitum: omnes enim a puteo concupiscentiae demersos dominus extrahit.

lc2 * Ambrosius. ° prius curatus est hydropicus, in quo fluxus carnis exuberans, animae gravabat officia, spiritus extinguebat ardorem: deinde docetur humilitas, dum in convivio nuptiali appetentia loci superioris arcetur; unde dicitur dicebat autem ad invitatos parabolam, intendens quomodo primos accubitus eligerent, dicens ad illos: cum invitatus fueris ad nuptias, non discumbas in primo loco. * cyrillus. ° prosilire enim prompte ad honores qui nobis non conveniunt, indicat nos temerarios esse, et nostra facta vituperio replet; unde sequitur ne forte honoratio te sit invitatus ab illo, et veniens is qui te et illum vocavit, dicat tibi: da huic locum; et tunc incipias cum rubore novissimum locum tenere. * chrysostomus. ° et sic quod concupivit, nequaquam obtinuit ambitiosus honoris, sed passus est repulsam; et satagens qualiter abundet honoribus, non honoratur. et quia nihil est aequipollens modestiae, auditorem ad oppositum ducit. non solum prohibet ambire primatum, |25| sed et venari iubet ultima; unde sequitur sed cum vocatus fueris, vade, recumbe in novissimo loco. * cyrillus. ° si enim aliquis non vult aliis praelocari, nanciscitur hoc ex divina sententia; unde sequitur ut cum venerit qui te invitavit, dicat tibi: amice, ascende superius. haec dicens, non graviter obiurgat, sed leniter iniungit: sufficit enim monitio apud discretos; et sic pro humilitate aliquis coronatur honore; unde sequitur tunc erit tibi gloria coram simul discumbentibus. * basilius. ° occupare igitur locum ultimum in conviviis, iuxta mandatum dominicum, conveniens est, sed rursum in hunc contentiose irruere reprobatum tamquam interemptorium ordinis et causativum tumultus: et de eo mota contentio aequiparabit vos litigantibus de primatu. quapropter, sicut hic dominus dicit, expedit convivium facienti committere accubitus ordinem. sic et in patientia nos mutuo sustinebimus honeste, et secundum ordinem omnia prosequentes, non ad apparentiam plurium; |50| nec videbimur humilitatem pertractare per vehementem contradictionem; magis autem humilitatem per patientiam obtineremus: maius est enim ex repugnantia superbiae indicium quam ex primo accubitu, quando eum cum imperio obtinemus.

* theophylactus. ° nemo autem putet praemissam christi doctrinam modicam esse, et indignam culminis dei verbi; non enim pium dices esse medicum pollicitum sanare podagram, ictum vero digiti vel dentis dolorem nolentem curare. porro quomodo parva passio vanae gloriae, quae versabat primos perquirentes accubitus? decebat igitur humilitatis magistrum omnem ramum pravae radicis amputare. sed et illud considera, quia praesto coena, et passione primatus coram salvatore vexante miseros, opportunitatem habebat monitio. * cyrillus. ° ostenso igitur tam modico exemplo ambitiosorum contemptu, et non ambitiosorum exaltatione adicit magnum parvo, generalem sententiam proferens, cum subditur quia omnis qui se exaltat, humiliabitur; et qui se humiliat, exaltabitur: |75| quod dicitur secundum divinum iudicium, non secundum humanam consuetudinem, secundum quam plures concupiscentes honorem consequuntur, alii vero se humiliantes inglorii remanent. * theophylactus. ° porro non finaliter nec omnibus hominibus est reverendus qui se honoribus ingerit; sed dum a quibusdam honoratur, alii detrahunt ei, et quandoque etiam ipsi honorantes. * beda. ° sed quoniam hanc admonitionem evangelista parabolam vocat, breviter intuendum quid mystice significet. quisquis nuptias christi et ecclesiae invitatus adierit, membris ecclesiae per fidem coniunctus, non se extollat, quasi sublimior ceteris, de meritis gloriando: dabit enim locum honoratiori post invitato, cum illorum qui se in christo secuti sunt agilitate praeitur, et cum rubore novissimum locum tenet, quando de aliis meliora cognoscens, quicquid de sua operatione celsum sentiebat humiliat. sed recumbit aliquis in novissimo loco, secundum illud: quanto magnus es, humilia te in omnibus. veniens autem |100| dominus, quem humilem invenerit, amici nomine beatificans, ascendere superius praecipiet: quicumque enim humiliaverit se sicut parvulus, hic est maior in regno caelorum. pulchre autem dicitur tunc erit tibi gloria, ne nunc quaerere incipias quod tibi servatur in fine. potest etiam et hoc in hac vita intelligi; quia quotidie dominus suas nuptias intrat, superbos despiciens, et humilibus saepe tanta sui spiritus dona praestans, ut discumbentium, idest fidelium, coetus, eos admirando glorificet. ex conclusione vero generali, quae subditur, manifeste claret praecedentem domini sermonem typice intelligendum. neque enim omnis qui se coram hominibus exaltat, humiliatur; aut qui se in conspectu hominum humiliat, exaltatur ab eis: sed qui se de meritis elevat, humiliabitur a domino; et qui se de beneficiis humiliat, exaltabitur ab eo.

lc3 * Theophylactus. ° ex duabus partibus coena composita, scilicet ex vocantibus et vocatis, partem vocatorum ad humilitatem iam monuerat; consequenter vocantem monendo remunerat, retrahens eum ne gratia hominum convivaret; unde dicitur dicebat autem ei qui se invitaverat: cum facis prandium aut coenam, noli vocare amicos tuos neque fratres neque cognatos neque vicinos neque divites. * chrysostomus. ° multae causae sunt quibus amicitiae foedus contrahitur; et illicitas quidem praetermittimus, proponemus autem naturales et morales: naturales quidem, puta patris ad filium, fratris ad fratrem, et aliorum huiusmodi; quod significat dicens neque fratres neque cognatos; morales autem: puta conviva factus est, aut convicinus est; et quantum ad hos dicit neque vicinos. * beda. ° fratres igitur et amicos et divites alterutrum convivia celebrare non quasi scelus interdicit; sed, sicut cetera necessitatis humanae commercia, ad promerenda vitae |25| caelestis praemia, nil valere ostendit; unde subdit ne forte et ipsi te reinvitent, et fiat tibi retributio. non ait: et fiet tibi peccatum. cui simile est id quod alibi dicit: et si bene feceritis his qui vobis bene faciunt, quae vobis est gratia? sunt tamen quaedam mutua fratrum vicinorumque convivia, quae non solum in praesenti retributionem, sed et damnationem percipiunt in futuro; quae aut collatione omnium celebrantur; aut vicibus solent a contubernalibus exhiberi: in quibus ad hoc convenitur ut foeda gerantur, et ex copia incitetur libidinis diversa voluptas. * chrysostomus. ° non igitur hac spe aliis beneficia conferamus ut nobis retribuant; haec enim frigida est intentio: unde talis amicitia celerius evanescit. si vero pauperem vocaveris, deum numquam obliviscentem habebis debitorem; unde sequitur sed cum facis convivium, voca pauperes, debiles, claudos et caecos. quanto enim minor est frater, tanto magis per eum christus accedit et visitat. nam qui magnum |50| suscipit, saepe propter vanam gloriam facit: sed et utilitas pluries quaeritur, ut promoveatur per illum. possem quidem plures proponere ob hoc celeberrimos senatorum colentes, ut illis mediantibus ampliorem gratiam obtineant principum. non igitur illos quaeramus qui nobis retribuere possunt; sequitur enim et beatus eris, quia non habent retribuere tibi. non ergo turbemur cum non recipimus beneficii recompensationem, sed cum receperimus: quoniam si receperimus, non amplius recipiemus illic; sed si minime retribuat homo, tunc ibi deus retribuet; unde sequitur retribuetur enim in resurrectione iustorum. * beda. ° et si omnes resurgunt, iustorum tamen resurrectio dicitur, quia in hac resurrectione beatos se esse non dubitant; ergo qui pauperes ad convivium vocant, in futuro praemia recipient; qui autem amicos, fratres et divites vocat, recepit mercedem suam. sed si hoc propter deum facit in exemplum filiorum iob, sicut cetera fraternae dilectionis officia, ipse qui iussit remunerat. * chrysostomus. |75| ° sed dicitis: immundus est pauper et sordidus. lava eum, et fac tecum in mensa sedere. si vestes sordidas habet, mundum indumentum exhibeas. christus accedit per eum, et tu frivola loqueris? * gregorius nyssenus. ° non ergo negligas iacentes, quasi nullo sint digni; cogita qui sint, et pretiositatem eorum invenies. salvatoris induerunt imaginem, futurorum bonorum heredes, regni clavigeri, accusatores et excusatores idonei, non loquentes, sed inspecti a iudice. * chrysostomus. ° decet ergo eos sursum in solario suscipere; si non placet, saltem deorsum, ubi sunt subiugalia et famuli, christum suscipias: fiat saltem pauper aedituus: ubi enim est eleemosyna, non audet intrare diabolus: et si non secum consedeas, mitte saltem eis de mensa fercula. * origenes. ° mystice vero qui vanam gloriam vitat, vocat ad spirituale convivium pauperes, idest imperitos, ut ditet; debiles, hoc est laesam conscientiam habentes, ut sanet; claudos, idest declinantes a ratione, ut rectas semitas |100| faciant; caecos, idest qui carent contemplatione veritatis, ut veram lucem videant. quod autem dicitur non possunt retribuere tibi, idest non noverunt responsum proferre.

lc4 * Eusebius. ° docuerat supra dominus praeparare convivium rependere nequeuntibus, cum sit recompensandum in resurrectione iustorum: et ideo quidam intelligens unum et idem esse resurrectionem iustorum et regnum dei, recompensationem praedictam commendat; sequitur enim haec cum audisset quidam de simul discumbentibus, dixit illi: beatus qui manducabit panem in regno dei. * cyrillus. ° homo iste animalis erat, non diligenter percipiens ea quae christus protulerat: putavit enim corporeas esse remunerationes sanctorum. * augustinus de verb. dom.. ° vel quia in longinqua iste suspirabat, et panis iste quem desiderabat, ante illum discumbebat. quis enim est panis regni dei, nisi qui dicit: ego sum panis vivus, qui de caelo descendi? nolite parare fauces, sed cor. * beda. ° sed quia nonnulli hunc panem fidetenus odorando percipiunt, dulcedinem vero eius attingere veraciter gustando fastidiunt; subiecta parabola dominus talium |25| torporem caelestibus epulis dignum non esse redarguit; sequitur enim at ille dixit ei: homo quidam fecit coenam magnam, et vocavit multos. * cyrillus. ° homo iste deus pater est, secundum quod imagines ad similitudinem veritatis figurantur. * chrysostomus. ° quoties enim punitivam suam virtutem indicare vult deus, ursa, pardus, leo et huiusmodi nuncupatur, quando vero misericordiam exprimere vult, dicitur homo. * cyrillus. ° hic ergo conditor omnium, atque gloriae pater, paravit coenam magnam in christo peractam. in novissimis enim temporibus, et quasi in occasu nostri saeculi, illuxit nobis dei filius; et mortem pro nobis sustinens, dedit nobis proprium corpus comedere: unde et agnus in vespere immolabatur iuxta legem mosaicam. merito igitur in coena dictum est paratum in christo convivium. * gregorius in evang.. ° vel fecit coenam magnam, quia satietatem nobis dulcedinis aeternae praeparavit: qui vocavit multos, sed pauci veniunt: quia nonnunquam ipsi qui ei per fidem |50| subiecti sunt, aeterno eius convivio vivendo contradicunt. hoc autem distare inter delicias corporis et cordis solet, quod corporales deliciae cum non habentur, grave in se desiderium accedunt; cum vero habitae eduntur, comedentem protinus in fastidium per satietatem vertunt; at contra, spiritales deliciae cum non habentur, in fastidio sunt; cum vero habentur, in desiderio. sed superna pietas contemptas illas delicias ad memoriae nostrae oculos revocat, atque ut fastidium nostrum repellere debeamus invitat: unde sequitur et misit servum suum hora coenae dicere invitatis ut venirent. * cyrillus. ° iste servus qui missus est, ipse christus est, qui cum esset naturaliter deus, et verus dei filius, exinanivit seipsum formam servi accipiens. missus est autem hora coenae: non enim a principio verbum patris nostram naturam suscepit, sed in novissimo tempore. subdit autem quia parata sunt omnia; paravit enim pater in christo bona collata mundo per ipsum, peccatorum amotionem, |75| spiritus sancti participationem, adoptionis splendorem; ad hoc vocavit christus per evangelica documenta. * augustinus de verb. dom.. ° vel aliter. homo iste mediator est dei et hominis christus iesus. misit ut venirent invitati, idest per missos vocati prophetas. qui olim invitabant ad coenam christi, saepe missi sunt ad populum israel, saepe vocaverunt ut ad horam coenae venirent: illi invitantes acceperunt, coenam repudiarunt; prophetas legerunt, et christum occiderunt; et tunc nobis coenam nescientes paraverunt. parata iam coena, idest immolato christo, missi sunt apostoli ad quos missi fuerant ante prophetae. * gregorius. ° per hunc ergo servum qui a patrefamilias ad invitandum mittitur, praedicatorum ordo significatur. saepe autem solet evenire ut persona potens famulum habeat despectum; cumque per eum dominus aliquid mandat, non despicitur persona loquentis servi, quia servatur in corde mittentis reverentia domini. offert ergo deus quod |100| rogari debuit, non rogare: dare vult quod vix sperari poterat; et tamen simul omnes excusant; sequitur enim et coeperunt omnes simul excusare. ecce homo dives invitat, et pauperes occurrere festinant; ad dei invitamur convivium, et nos excusamus. * augustinus de verb. dom.. ° tres autem fuerunt excusationes, de quibus subditur primus dixit ei: villam emi, et necesse habeo exire, et videre illam. rogo te, habe me excusatum. in villa empta dominatio notatur: ergo superbia castigatur vitium primum: primus enim homo dominari voluit, qui dominium habere noluit. * gregorius. ° vel per villam terrena substantia designatur. exit ergo videre illam qui sola exteriora cogitat propter substantiam. * ambrosius. ° sic igitur emeritae militiae viro contemnendarum stipendium praescribitur facultatum, quod neque ille qui studiis intentus inferioribus possessiones sibi terrenas coemit, regnum caeli possit adipisci, cum dominus dicat: |125| vende omnia tua, et sequere me. sequitur et alter dixit: iuga boum emi quinque, et eo probare illa. * augustinus de verb. dom.. ° quinque iuga boum sensus carnis huius quinque numerantur. in oculis visus est, in auribus auditus, in naribus odoratus, in faucibus gustus, in omnibus membris tactus. sed quia iuga sunt, in tribus prioribus sensibus facilius apparet: duo sunt oculi, duae aures, geminae nares: ecce tria iuga: et in faucibus, idest sensu gustandi, geminatio quaedam invenitur, quia nihil gustando sapit nisi lingua et palato tangatur: voluptas carnis, quae ad tactum pertinet, occulte geminatur: est et forinsecus et intrinsecus. dicuntur autem iuga boum, quia per sensus istos carnis terrena requiruntur: boves enim terram versant; homines autem remoti a fide, terrenis dediti, nolunt credere aliquid nisi ad quod sensu corporis perveniunt quinquepartito. non, inquit, ego credo, nisi quod video. si talia cogitaremus, quinque illis iugis boum a coena impediremur. ut noveritis autem |150| istorum quinque sensuum, non delectationem quae mulcet et ingerit voluptatem, sed curiositatem quamdam notatam fuisse, non ait quinque iuga boum emi, eo pascere illa, sed eo probare illa. * gregorius in evang.. ° corporales etiam sensus, quia interna comprehendere nequeunt, sed sola exteriora agnoscunt, recte per eos curiositas designatur; quae dum alienam quaerit vitam discutere, semper sua intima nesciens studet exteriora cogitare. sed notandum, quod is qui propter villam, et is qui propter probanda iuga boum a coena sui invitatoris se excusat, humilitatis verba permiscet; dum enim dicit rogo, et venire contemnit, humilitas sonat in voce, superbia in actione. sequitur alius dixit: uxorem duxi, et ideo non possum venire. * augustinus de verb. dom.. ° ista est voluptas carnis, quae multos impedit: utinam foris, et non intus. qui enim dixit uxorem duxi, carnem amplexatur, carnis voluptatibus iucundatur, a coena excusatur: observet ne fame interna moriatur. * basilius. |175| ° dicit autem non possum venire, eo quod intellectus humanus vergens ad mundanas illecebras debilis est ad agendum. * gregorius. ° quamvis autem bonum sit coniugium, atque ad propagandam sobolem divina providentia constitutum, nonnulli tamen per hoc non fecunditatem prolis, sed desideria expetunt voluptatis: et idcirco per rem iustam significari potest non incongrue iniusta. * ambrosius. ° vel coniugium non reprehenditur, sed ad maiorem honorem vocatur integritas: quoniam mulier innupta cogitat quae sunt domini, ut sit sancta corpore et spiritu: quae autem nupta est, cogitat quae sunt mundi. * augustinus. ° ioannes autem dicens: omne quod est in mundo, concupiscentia carnis est, et concupiscentia oculorum, et ambitio saeculi, inde coepit ubi evangelium terminum posuit. concupiscentia carnis, uxorem duxi; concupiscentia oculorum, quinque iuga boum emi; ambitio saeculi, villam emi. a parte autem in totum commemorati sunt quinque sensus |200| per solos oculos, quorum est in quinque sensibus principatus: propterea cum proprie ad oculos pertineat visus, ipsum videre per omnes quinque sensus solemus appellare. * cyrillus. ° quos autem intelligemus fuisse eos qui renuerunt praedictorum causa venire, nisi praesides iudaeorum, quos per totam sacram paginam de his redargutos esse videmus? * origenes. ° vel aliter. hi qui villam emerunt, et refutant coenam sunt qui receperunt alia dogmata divinitatis, nec experti sunt verbum quod possidebant. is autem qui quinque paria boum emit, est qui naturam intellectualem contemnit, et sensibilia sequitur: unde incorpoream naturam comprehendere non potest. qui autem uxorem duxit, est qui coniunctus est carni, voluptatum magis amator quam dei. * ambrosius. ° vel tria genera hominum a consortio istius coenae aestimemus excludi, gentilium, iudaeorum et haereticorum. iudaei corporali ministerio iuga sibi legis imponunt. quinque autem iuga sunt verborum decem, |225| vel quinque libri veteris legis. at vero haeresis velut eva femineo rigore fidei tentat affectum. et apostolus dicit avaritiam esse fugiendam, ne impediti more gentili ad regnum christi pervenire nequeamus. ergo et ille qui villam emit, alienus a regno est, et ille qui iugum potius legis quam gratiae munus elegit, et ille qui se propter ducendam excusat uxorem. sequitur et reversus servus nuntiavit haec domino suo. * augustinus super gen.. ° non propter inferiorum scientiam deus nuntiis indiget, quasi per eos fiat scientior; sed novit omnia stabiliter atque incommutabiliter. habet autem nuntios propter nos, et propter ipsos; quia illo modo deo parere et assistere, ut eum de inferioribus consulant, eiusque supernis iussis obtemperent, bonum est eis in ordine propriae naturae. * cyrillus. ° iudaeorum autem primatibus vocationem renuentibus, sicut ipsi dicebant: numquid aliquis principum credidit in eum? indignatus est paterfamilias, quasi eis dignis |250| indignatione et ira; unde sequitur tunc iratus paterfamilias. * basilius. ° non quod irae passio divinae substantiae accidat; sed talis operatio, quae in nobis ab ira fit, dei ira et indignatio dicitur. * cyrillus. ° sic ergo indignatus dicitur paterfamilias in principes iudaeorum, et vocati sunt loco eorum, qui erant de multitudine iudaeorum, fragilem et impotentem mentem habentes. loquente enim petro, primo quidem tria millia, deinde quinque millia crediderunt, et postmodum plurimus populus; unde dicitur dixit servo suo: exi cito in plateas et vicos civitatis, et pauperes ac debiles, caecos et claudos introduc huc. * ambrosius. ° invitat autem pauperes, debiles et caecos, ut ostendatur quod nullum debilitas corporis excludit a regno, rariusque delinquat cui desit illecebra peccandi; vel quod infirmitas peccatorum per misericordiam domini remittatur; unde mittit ad plateas, ut de latioribus vicis ad angustam venirent viam. * gregorius in evang.. |275| ° quia ergo venire superbi renuunt, pauperes eliguntur: dicuntur enim debiles et pauperes qui iudicio suo apud semetipsos infirmi sunt: nam pauperes et quasi fortes sunt qui positi in paupertate superbiunt; caeci sunt qui nullius ingenii lumen habent; claudi sunt qui rectos gressus in operatione non habent. sed dum horum vitia in membrorum debilitate significantur, sicut illi peccatores fuerunt qui vocati venire noluerunt, ita hi quoque qui invitantur et veniunt; sed peccatores superbi respuuntur, humiles eliguntur. hos itaque elegit deus quos despicit mundus: quia plerumque ipsa despectio hominem revocat ad semetipsum; et tanto celerius vocem dei aliqui audiunt, quanto in hoc mundo non habent unde delectentur. cum ergo de vicis et plateis ad coenam quosdam dominus vocat, illum populum designat qui tenere legis urbanam conversationem noverat. sed multitudo quae ex israel populo credidit, locum superni convivii non implevit; unde sequitur et ait servus: |300| domine, factum est ut imperasti, et adhuc locus est. intravit enim iam frequentia iudaeorum; sed adhuc locus vacat in regno, ubi suscipi debeat numerositas gentium; unde subditur et ait dominus servo: exi in vias et sepes, et compelle intrare, ut impleatur domus mea. cum convivas suos colligi ex viis et sepibus praecipit, agrestem populum, idest gentilem, quaerit. * ambrosius. ° vel mittit ad vias et circa sepes, quia hi apti sunt regno caelorum qui nullis praesentium cupiditatibus occupati ad futura festinant, in quodam bono voluntatis tramite constituti; et qui modo sepis, quae ab incultis culta secernat, et incursus arceat bestiarum, norit bona malaque distinguere, et adversus tentamenta nequitiae spiritualis, fidei munimen praetendere. * augustinus de verb. dom.. ° venerunt de plateis et vicis gentes, veniunt de sepibus haeretici: nam sepes qui construunt, divisiones quaerunt. abstrahantur a sepibus, evellantur a spinis. sed cogi nolunt: voluntate, inquiunt, nostra intremus. non hoc |325| dominus imperavit: coge, inquit, intrare. foris inveniatur necessitas, nascitur inde voluntas. * gregorius. ° qui ergo huius mundi adversitatibus fracti ad dei amorem redeunt, compelluntur intrare. sed valde tremenda est sententia quae subinfertur dico autem vobis, quod nemo virorum illorum qui vocati sunt, gustabit coenam meam. nemo ergo contemnat; ne dum vocatus excusat, cum voluntatem habuerit, intrare non valeat.

lc5 * Gregorius in evang.. ° ad audita caelestia praemia inardescit animus, iamque illic cupit assistere ubi se sperat sine fine gaudere. sed ad magna praemia perveniri non potest nisi per magnos labores; unde dicitur ibant autem turbae multae cum eo, et conversus dixit ad illos: si quis venit ad me, et non odit patrem suum et matrem et uxorem et filios et fratres et sorores, adhuc autem et animam suam, non potest esse meus discipulus. * theophylactus. ° quia enim multi comitantium ipsum non ex toto affectu, sed tepide sequebantur, ostendit qualem deceat esse suum discipulum. * gregorius. ° sed percunctari libet: quomodo parentes et carnaliter propinquos praecipimur odisse, qui iubemur et inimicos diligere? sed si vim praecepti perpendimus, utrumque agere per discretionem valemus: ut eos qui nobis carnis cognatione coniuncti sunt, et quos proximos novimus, diligamus; et quos adversarios in via dei patimur, odiendo et |25| fugiendo nesciamus. quasi enim per odium diligitur qui carnaliter sapiens, dum prava nobis ingerit, non auditur. * ambrosius. ° etenim si propter te dominus suae renuntiat matri, dicens: quae est mater mea et qui fratres mei? cur tu domino tuo cupias anteferri? sed neque ignorare naturam, neque saevire dominus iubet; sed ita indulgere naturae ut venereris auctorem, nec a deo parentum amore desistas. * gregorius. ° ut autem dominus demonstraret hoc erga proximos odium non de affectione procedere, sed de caritate, addidit dicens adhuc autem et animam suam. constat ergo quia amando debet odisse proximum qui sic eum odit sicut seipsum: seipsum: enim bene animam nostram odimus, cum eius carnalibus desideriis non acquiescimus, cum eius appetitum frangimus, eius voluptatibus reluctamur. quae ergo contempta ad melius ducitur, quasi per odium amatur. * cyrillus. ° non est autem fugienda vita qua in corpore vivitur, sed servanda, sicut et paulus servavit, ut |50| christum adhuc vivens in corpore praedicaret; sed ubi oportebat vitam contemnere ut cursum consummaret, nec animam pretiosam sibi esse fatetur. * gregorius. ° hoc autem animae odium qualiter exhiberi debeat, manifestat subdens qui non baiulat crucem suam et venit post me, non potest meus esse discipulus. * chrysostomus. ° non autem hoc dicit ut trabem super humeros apponamus, sed ut semper mortem prae oculis nostris habeamus; sicut et paulus moriebatur quotidie, et mortem contemnebat. * basilius. ° crucem etiam tollens, mortem domini annuntiabat, dicens: mihi mundus crucifixus est, et ego mundo; quod etiam nos in ipso baptismate anticipamus, ubi vetus homo noster crucifixus est, ut destruatur corpus peccati. * gregorius. ° vel quia crux a cruciatu dicitur, duobus modis crucem domini baiulamus; cum aut per abstinentiam carnem affligimus, aut per compassionem proximi, necessitatem illius nostram putamus. sed quia nonnulli carnis abstinentiam non pro |75| deo, sed pro inani gloria exhibent, et compassionem non spiritualiter sed carnaliter impendunt, recte additur et venit post me. baiulare enim crucem, et post dominum ire est vel carnis abstinentiam, vel compassionem proximorum pro studio aeternae intentionis exhibere.

lc6 * Gregorius in evang.. ° quia sublimia praecepta data sunt, protinus comparatio aedificandae sublimitatis adiungitur cum dicitur quis enim ex vobis volens turrim aedificare, nonne prius sedens computat sumptus qui necessarii sunt, si habeat ad perficiendum? omne enim quod agimus, praevenire per studium considerationis debemus. si igitur humilitatis turrim construere cupimus, prius nos praeparare ad adversa huius saeculi debemus. * basilius. ° vel turris est alta speculatio ad custodiam civitatis et perceptionem hostilium occursuum apta: ad huius instar nobis datus est intellectus conservativus bonorum, praemeditativus contrariorum; ad huius aedificationem praecipit dominus sedentes ponere calculum, si suppetat facultas ad finem. * gregorius nyssenus. ° insistendum est enim ut cuiuslibet ardui propositi terminus attingatur variis augmentis mandatorum dei, consummando opus divinum; nam neque lapis unus est tota turris fabrica, neque unicum mandatum |25| ducit ad animae perfectionem; sed fundamentum oportet subsistere, et secundum apostolum insuper apparatus est auri, et argenti, et pretiosorum lapidum apponendus; unde subditur ne posteaquam posuerit fundamentum, et non potuerit perficere, omnes qui viderint, incipiant illudere ei dicentes, quia hic homo coepit aedificare, et non potuit consummare. * theophylactus. ° non enim debemus ponere fundamentum, idest sequi christi initium, et finem non imponere, sicut illi de quibus ioannes dicit quod multi ex discipulis eius abierunt retrorsum. vel fundamentum intellige doctrinalem sermonem, puta de abstinentia. opus est igitur praedicto fundamento operationis aedificium, ut perficiatur nobis turris fortitudinis a facie inimici. alioquin deridetur homo a videntibus eum, tam hominibus quam daemonibus. * gregorius. ° in bonis enim operationibus intenti, nisi contra malignos spiritus sollicite vigilemus, ipsos irrisores patimur, quos ad malum persuasores habemus. |50| sed ex minori ad maius similitudo subditur, ut ex rebus minimis maiora pensentur; nam sequitur aut quis rex iturus committere bellum adversus alium regem, nonne prius sedens cogitat si possit cum decem millibus occurrere ei qui cum viginti millibus venit ad se? * cyrillus. ° incumbit enim nobis praelium contra spiritalia nequitiae in caelestibus; urget autem nos et aliorum hostium multitudo, carnale flagitium, lex saeviens in membris nostris, et variae passiones, hoc est dira hostium multitudo. * augustinus de quaest. evang.. ° vel decem millia praeliaturi cum rege qui habet viginti millia, significant simplicitatem christiani hominis, dimicaturi cum duplicitate diaboli. * theophylactus. ° est autem rex peccatum regnans in nostro mortali corpore; sed et noster intellectus creatus est rex. ergo si repugnare velit peccato, toto animo cogitet secum: nam daemones sunt peccati satellites, qui videntur viginti millium numero praecellere decem millia nostra: quia cum incorporei sint, | 75 | nobis comparati corporeis, multo maiorem fortitudinem habere censentur. * augustinus. ° sicut autem de turri non perfecta per opprobrium deterruit dicentium quia hic homo coepit aedificare, et non potuit consummare; sic in rege cum quo dimicandum est, ipsam pacem accusavit, cum subdit alioquin, adhuc illo longe agente, legationem mittens, rogat ea quae pacis sunt: significans etiam minas imminentium tentationum a diabolo non sustinere eos qui non renuntiant omnibus quae possident, et pacem cum eo facere, consentiendo illi ad committendum peccata. * gregorius. ° vel aliter. in illo tremendo examine cum rege nostro ex aequo ad iudicium non venimus; decem millia quippe ad viginti millia, simplum ad duplum sunt. cum duplo ergo exercitu contra simplum venit, quia nos vix in solo opere praeparatos simul de opere et cogitatione discutit. dum ergo adhuc longe est, quia adhuc praesens per iudicium non videtur, mittamus ad eum legationem lacrymas nostras, |100| misericordiae opera, hostias placationis; haec est nostra legatio, quae regem venientem placat. * augustinus ad laetam. ° quomodo autem pertineant istae similitudines, ipsa conclusione satis aperuit, dicens sic ergo omnis ex vobis qui non renuntiat omnibus quae possidet, non potest meus esse discipulus. itaque sumptus ad turrim aedificandam, et valentia decem millium adversus regem qui viginti millia habet, nihil aliud est, quam ut renuntiet unusquisque omnibus quae sunt eius. praelocutio autem superior cum extrema locutione concordat: in eo enim quod aliquis renuntiat omnibus quae sunt eius, etiam illud continetur ut oderit patrem suum, et matrem, et uxorem, et filios, et fratres, et sorores, adhuc et animam suam. omnia enim haec propria alicuius sunt, quae plerumque implicant et impediunt ab obtinenda non ista propria temporaliter transitura, sed in aeternum mansura communia. * basilius. ° est autem intentio domini per exempla praedicta non utique praebere |125| potestatem eius discipulum fieri vel non fieri, sicut licet vel non inchoare fundamentum vel tractare pacem; sed ostendere impossibilitatem divini beneplaciti observandi inter distrahentia animam, inter quae periclitatur facta venalis ab astutiis daemonis. * beda. ° distat autem inter renuntiare omnibus et relinquere omnia: paucorum enim perfectorum est relinquere omnia, hoc est curas mundi postponere; cunctorum autem fidelium est renuntiare omnibus, hoc est sic tenere quae mundi sunt, ut tamen per ea non teneantur in mundo.

lc7 * Beda. ° dixerat superius turrim virtutum non solum inchoandam, sed etiam consummandam: ad quod pertinet quod dicitur bonum est sal. bonum est sal sapientiae spiritualis cordis arcana condire, immo cum apostolis sal terrae fieri. * eusebius. ° sal enim secundum substantiam quidem ex aqua constat et spiritu, modicum quid terrestreitatis participans. desiccat autem fluidam naturam corruptorum corporum, ut mortua corpora conservet. merito igitur discipulos suos comparat sali, eo quod ipsi regenerati sunt per aquam et spiritum. cumque toti spiritualiter viverent, et non secundum carnem, ad modum salis corruptam vitam hominum in terra degentium convertebant, et virtuosa vita suos sequaces oblectando condiebant. * theophylactus. ° non solum autem eos qui donati sunt magistrali gratia, sed etiam idiotas exposcit ad modum salis fieri utiles proximis. si vero qui futurus est utilis aliis, fiat reprobus, iuvari non poterit; unde sequitur si autem |25| sal evanuerit, in quo condietur? * beda. ° quasi dicat: si quis semel condimento veritatis illuminatus ad apostasiam redierit, quo alio doctore corrigetur? qui scilicet eam quam ipse gustavit sapientiae dulcedinem, vel adversis saeculi perterritus, vel illecebris illectus abiecit; unde sequitur neque in terram, neque in sterquilinium utile est; sed foras mittetur. sal enim cum ad condiendos cibos carnesque siccandas valere desierit, nulli iam usui aptum erit: neque enim in terram utile est, cuius iniectu germinare prohibetur, neque in sterquilinium agriculturae profuturum: sic qui post agnitionem veritatis retrocedit, neque ipse fructum boni operis ferre, nec alios excolere valet; sed foras mittendus est, hoc est ab ecclesiae unitate secernendus. * theophylactus. ° verum, quia sermo parabolicus et obscurus erat, excitans dominus auditores, ne qualitercumque acciperent quod dictum est de sale, subdit qui habet aures audiendi, audiat; hoc est, si cui sapientia inest, intelligat: aures enim hic cognoscitivam |50| vim animae et aptitudinem intelligendi accipere debemus. * beda. ° audiat etiam non contemnendo, sed obediendo, et faciendo quae dicit.

073 CLC cp15

lc1 * Ambrosius. ° didiceras in superioribus, saecularibus occupationibus non teneri, caduca non praeferre perpetuis. sed quia fragilitas humana firmum nequit in tanto saeculi lubrico tenere vestigium, etiam adversus errorem remedia tibi bonus medicus demonstravit, spem veniae iudex misericors non negavit; unde subditur erant autem appropinquantes ei publicani et peccatores ut audirent eum. * glossa. ° idest, qui publica exigunt vectigalia, vel conducunt, et qui lucra saeculi per negotia sectantur. * theophylactus. ° hoc enim exequebatur cuius causa carnem susceperat, admittens peccatores, sicut medicus aegrotantes. sed pharisaei vere criminosi huic pietati murmura recompensabant; unde sequitur et murmurabant pharisaei et scribae, dicentes, quia hic peccatores recipit et manducat cum illis. * gregorius in evang.. ° ex qua re colligitur quia vera iustitia compassionem habet, falsa dedignationem; quamvis et iusti soleant recte peccatoribus indignari. sed |25| aliud est quod agitur typo superbiae, aliud quod zelo disciplinae: quia iusti, etsi foris increpationes per disciplinam exaggerant, intus tamen dulcedinem per caritatem servant: praeponunt sibi in animo ipsos plerumque quos corrigunt: quod agentes per disciplinam subditos, et per humilitatem custodiunt semetipsos. at contra hi qui de falsa iustitia superbire solent, ceteros quosque despiciunt, nulla infirmantibus misericordia condescendunt; et quo se peccatores esse non credunt, eo deterius peccatores fiunt: de quorum numero pharisaei erant, qui diiudicantes dominum quod peccatores susciperet, arenti corde ipsum fontem misericordiae reprehendebant. sed quia aegri erant ita ut aegros se esse nescirent, quatenus quod erant agnoscerent, caelestis medicus blandis eos fomentis curat; sequitur enim et ait ad illos parabolam istam, dicens: quis ex vobis homo? similitudinem dedit quam in se homo recognosceret, et tamen ad auctorem hominum pertineret: quia enim centenarius perfectus est numerus, ipse |50| centum ovem habuit, cum sanctorum angelorum et hominum naturam possedit; unde subditur qui habet centum oves. * cyrillus. ° hinc percipe latitudinem regni salvatoris nostri. dicit enim oves esse centum, referens numerum subiectarum sibi rationalium naturarum ad integram multitudinem: est enim centenarius numerus perfectus ex decem decadibus constitutus. sed ex his una oberravit, scilicet genus humanum, quod terram colit. * ambrosius. ° dives pastor, cuius nos omnes centesima portio sumus; unde sequitur et si perdiderit unam ex illis. * gregorius. ° una ovis tunc periit quando peccando homo pascua vitae reliquit. in deserto autem nonagintanovem remanserant: quia rationalis creaturae numerus, angelorum videlicet et hominum, qui ad videndum deum conditus fuerat, pereunte homine, erat imminutus; unde sequitur nonne dimittit nonaginta novem in deserto? quia scilicet angelorum choros reliquit in caelo. tunc autem homo caelum deseruit, cum peccavit. et ut perfecta |75| summa ovium integraretur in caelo, homo perditus quaerebatur in terra; unde sequitur et vadit ad illam quae perierat, donec inveniat illam. * cyrillus. ° numquid autem saeviens in reliquas motus est pietate unius? nequaquam: sunt enim illae in tuto, circumsepiente illas potentissima dextera: sed magis oportebat misereri pereuntis, ne imperfecta videretur residua multitudo: una enim reducta, sortitur centenarius propriam speciem. * augustinus de quaest. evang.. ° vel illas nonaginta novem dixit quas reliquit in deserto, superbos significans, tamquam solitudinem gerentes in animo, dum solos se videri volunt; quibus ad perfectionem unitas deest: cum enim quisque a vera unitate divellitur, superbe divellitur: suae quippe potestatis esse cupiens, non sequitur unum, quod est deus. uni autem deputat omnes per poenitentiam reconciliatos, quae humilitate obtinetur. * gregorius nyssenus. ° cum autem pastor invenisset ovem, non punivit: non duxit ad gregem urgendo; sed superponens humero, |100| et portans, clementer annumeravit gregi; unde sequitur et cum invenerit ovem, imponit in humeros suos gaudens. * gregorius. ° ovem humeris suis imposuit, quia humanam naturam suscipiens, peccata nostra ipse portavit. inventa autem ove, ad domum redit, quia pastor noster, reparato homine, ad regnum caeleste rediit; unde sequitur et veniens domum, convocat amicos et vicinos, dicens illis: congratulamini mihi, quia inveni ovem meam quae perierat. amicos et vicinos vocat angelorum choros; quia amici eius sunt, quia voluntatem eius continue in sua stabilitate custodiunt; vicini quoque eius sunt, quia claritatem visionis illius sua assiduitate perfruuntur. * theophylactus. ° supernae igitur virtutes oves dicuntur in eo quod omnis natura creata aspectu dei bestialis est; in eo vero quod rationalis est, amici et vicini dicuntur. * gregorius. ° et notandum, quod non dicit congratulamini inventae ovi, sed mihi: quia videlicet eius est gaudium vita nostra; et cum nos ad caelum reducimur, |125| solemnitatem laetitiae illius implemus. * ambrosius. ° angeli autem, quoniam sunt rationales, non immerito hominum redemptione laetantur; unde sequitur dico vobis, quod ita gaudium erit in caelo super uno peccatore poenitentiam agente, quam supra nonaginta novem iustis, qui non indigent poenitentia. hoc proficiat ad incentiva probitatis, si unusquisque conversionem suam gratam fore credat coetibus angelorum, quorum aut affectare patrocinium, aut vereri debet offensam. * gregorius. ° plus autem de conversis peccatoribus quam de stantibus iustis in caelo gaudium esse fatetur; quia plerumque hi qui nullis se oppressos peccatorum molibus sciunt, stant quidem in via iustitiae, sed tamen ad caelestem patriam anxie non anhelant, et plerumque pigri remanent ad exercenda bona praecipua, quia securi sibi sunt quod nulla commiserint mala graviora: at contra nonnunquam hi qui se aliqua illicita egisse meminerunt, ex ipso suo dolore compuncti, |150| ad amorem dei inardescunt, et quia errasse se a deo considerant, damna praecedentia lucris sequentibus recompensant. maius ergo gaudium fit in caelo, quia et dux in praelio plus eum militem diligit qui post fugam reversus hostem fortiter premit, quam eum qui numquam terga praebuit, et numquam aliquid fortiter fecit. sic agricola illam amplius terram amat quae post spinas uberes fructus profert, quam eam quae numquam spinas habuit, et numquam fertilem messem produxit. sed inter haec sciendum est, quia sunt plerique iusti, in quorum vita tantum est gaudium, ut eis quaelibet peccatorum poenitentia praeponi nullatenus possit. hinc ergo colligendum quantum deo gaudium faciat quando humiliter plangit iustus, si facit in caelo gaudium quando hoc quod male gessit, per poenitentiam damnat iniustus.

lc2 * Cyrillus. ° per praecedentem parabolam, in qua genus humanum dicebatur ovis erratica, docebamur nos fore creatura sublimis dei, qui fecit nos, et non ipsi nos; cuius pascuae oves sumus: subiungitur secunda parabola, qua genus humanum comparatur drachmae quae periit; per quam ostendit nos ad similitudinem et imaginem regiam factos esse, scilicet summi dei: nam drachma nummus est impressam habens regiam figuram; unde dicitur aut quae mulier habens decem drachmas. * gregorius in evang.. ° qui significatur per pastorem, ipse per mulierem; ipse enim deus, ipse et dei sapientia. angelorum autem et hominum naturam ad cognoscendum se dominus condidit, et ad similitudinem suam creavit. decem ergo drachmas habuit, quia novem sunt chori angelorum; sed ut compleretur electorum numerus, homo decimus est creatus. * augustinus de quaest. evang.. ° vel in novem drachmis, sicut et in nonaginta novem ovibus, ponit |25| eorum significationem qui de se praesumentes peccatoribus ad salutem redeuntibus se praeponunt: unum enim deest a novem ut decem sint, et a nonaginta novem ut centum sint; cui uni deputat omnes per poenitentiam reconciliatos. * gregorius. ° et quia imago exprimitur in drachma, mulier drachmam perdiderat, quando homo, qui conditus ad imaginem dei fuerat, peccando a similitudine sui conditoris recessit; et hoc est quod subditur si perdiderit drachmam unam, nonne accendit lucernam? accendit mulier lucernam, quia dei sapientia apparuit in humanitate. lucerna quippe lumen in testa est; lumen vero in testa est divinitas in carne: accensa autem lucerna, sequitur et evertit domum: quia scilicet mox ut eius divinitas per carnem claruit, omnis se nostra conscientia concussit: quia eversionis sermo non discrepat in eo quod in aliis codicibus legitur emundat: quia prava mens si non prius prae timore evertitur, ab assuetis vitiis non mundatur. eversa autem domo, invenitur drachma; |50| sequitur enim et quaerit diligenter donec inveniat; quia scilicet cum perturbatur conscientia hominis, reparatur in homine similitudo conditoris. * gregorius nazianzenus. ° inventa autem drachma, caelestes virtutes facit participes gaudii, quas ministras dispensationis fecit; unde sequitur et cum invenerit, convocat amicas et vicinas dicens: congratulamini mihi, quia inveni drachmam quam perdideram. * gregorius. ° supernae enim virtutes tanto divinae sapientiae iuxta sunt, quanto ei per gratiam continuae visionis appropinquant. * theophylactus. ° vel amicae sunt, ut exequentes voluntatem ipsius: vicinae vero, ut incorporeae; vel forte amicae ipsius sunt omnes supernae virtutes, vicinae vero sunt propinquiores, scilicet throni, cherubim et seraphim. * gregorius nyssenus. ° vel aliter. hoc reor dominum nobis proponere in inquisitione perditae drachmae, quia nulla nobis a ceteris virtutibus utilitas provenit, quas drachmas vocat, quamvis praesto sint omnes, una sola deficiente animae viduatae, |75| qua scilicet divinae similitudinis nitorem sortitur: propter quod primo quidem iubet lucernam accendere, scilicet verbum divinum, quod abscondita patefacit. vel forsan poenitentiae lampadem, sed in domo propria, idest in seipso et in sua conscientia, oportet perquirere drachmam perditam, idest regis imaginem, quae non penitus deperiit, sed est tecta sub fimo, qui significat carnis contagia; quibus studiose abstersis, idest dilutis per solertiam vitae, elucescit quod quaeritur: unde oportet ipsam quae invenit gratulari; necnon ad participia gaudii vocare vicinas, idest contubernales virtutes, idest rationabilem et concupiscibilem et innatum iracundiae affectum, et si quae sint tales vires circa animam consideratae, quas docet gaudere in domino. deinde concludens parabolam, subdit ita dico vobis, gaudium erit angelis super uno peccatore poenitentiam agente. * gregorius. ° poenitentiam agere est praeterita mala plangere, et plangenda non perpetrare. nam qui sic alia deplorat |100| ut tamen alia committat, adhuc poenitentiam agere aut ignorat aut dissimulat. cogitandum est etiam ut per hoc conditori suo satisfaciat: ut qui commisit prohibita, sibi abscindere debeat etiam concessa; et se reprehendat in minimis qui se meminit in maximis deliquisse.

lc3 * Ambrosius. ° tres ex ordine lucas parabolas posuit: ovis quae perierat et inventa est; drachmae quae perierat, et inventa est; filii qui erat mortuus et revixit; ut triplici remedio provocati vulnera nostra curemus. christus ut pastor te suo corpore vehit, quaerit ut mater ecclesia, recipit deus pater: prima misericordia, secunda suffragatio, tertia reconciliatio. * chrysostomus. ° est etiam inter parabolas supradictas ratio distinctionis secundum personas vel mentes peccantium, ut pater filium recipiat poenitentem, qui arbitrii sui libertate utitur, ut cognoscat unde ceciderit; pastor vero ovem errantem et non sapientem reverti requirat, et humeris suis referat, irrationabili animali imprudentem hominem comparans, qui alieno dolo circumventus, erraverat sicut ovis. praesens ergo parabola proponitur cum dicitur ait autem: homo quidam habuit duos filios. sunt qui dicant de duobus filiis istis seniorem angelos esse, iuniorem vero hominem ponunt, qui in longinquam peregrinationem |25| abierit, quando in terram de caelis et paradiso cecidit: et aptant consequentia, respicientes ad casum vel statum adae. sed hic sensus pius quidem videtur, nescio tamen si verus sit: quia iunior filius ad poenitentiam venit sua sponte, recordatus praeteritae abundantiae patris sui; dominus autem veniens ad poenitentiam vocavit humanum genus, dum sponte sua regredi, unde ceciderat, non cogitaret. deinde senior filius in reditu et salute fratris sui tristatur; cum dominus dicat laetitiam esse apud angelos super uno peccatore poenitentiam agente. * cyrillus. ° quidam vero per seniorem filium dicunt significari israel secundum carnem; per alium vero qui discessit a patre describitur multitudo gentium. * augustinus de quaest. evang.. ° hic ergo homo habens duos filios, deus habens duos populos intelligitur, tamquam duas stirpes generis humani: unam eorum qui permanserunt in unius dei cultu, alteram eorum qui usque ad colendum idola deseruerunt deum. ab ipso ergo exordio |50| creaturae mortalium, maior filius ad cultum unius dei pertinet, minor autem petit ut sibi pars substantiae quae eum tangeret, daretur a patre; unde sequitur et dixit adolescentior ex illis patri: pater, da mihi portionem substantiae quae me contingit; tamquam anima potestate sua delectata, id quod illi est vivere, intelligere, meminisse, vel ingenio alacri excellere, petit, quae divina sunt munera. haec autem in potestate sua accepit per liberum arbitrium; unde sequitur et divisit illis substantiam. * theophylactus. ° hominis substantia rationalitas est, quam comitatur libertas arbitrii; et similiter quaecumque dominus dedit nobis, pro substantia nostra putabitur, ut caelum, terra et universa creatura, lex et prophetae. * ambrosius. ° vides autem, quod divinum patrimonium petentibus datur; nec putes culpa patris, quod adolescentiori dedit: nulla dei regno infirma aetas, nec fides gravatur annis. ipse certe se iudicavit idoneum qui poposcit: atque utinam non recessisset a patre; impedimentum |75| nescisset aetatis; sequitur enim et non post multos dies, congregatis omnibus, adolescentior filius peregre profectus est in regionem longinquam. * chrysostomus. ° minor filius in regionem longinquam profectus est, non localiter a deo decedens, qui ubique est, sed affectu: fugit enim deum peccator ut a longinquo stet. * augustinus de verb. dom.. ° quisquis enim ita vult esse similis deo ut fortitudinem suam ad illum custodiat, non ab illo recedat, ei cohaerendo, ut custodiat similitudinem et imaginem ad quam factus est. porro si perverse vult imitari deum, ut quomodo deus non habet a quo regatur, sic ipse velit sua potestate uti, ut nullo regente vivat; quid restat nisi ut recedens ab eius calore torpescat, recedens a veritate vanescat? * augustinus de quaest. evang.. ° quod autem non post multos dies dixit factum, ut congregatis omnibus peregre proficisceretur in regionem longinquam, quae est oblivio dei; hoc est quia non multo post institutionem humani generis placuit animae |100| per liberum arbitrium ferre secum velut quamdam potentiam naturae suae, et deserere eum a quo condita est, fidens de viribus suis; quas vires tanto consumit citius, quanto eum deseruit a quo datae sunt; unde sequitur et ibi dissipavit substantiam suam vivendo luxuriose. luxuriosam vero vel prodigam vitam vocat amantem fundere atque spatiari pompis exterioribus, intus inanescentem, cum ea quisque sequitur quae ad alia procedunt, et relinquit eum qui sibi est interior; unde sequitur et postquam consummasset omnia, facta est fames magna in regione illa. fames est indigentia verbi veritatis. sequitur et ipse coepit egere. * ambrosius. ° merito egere coepit qui thesauros sapientiae et scientiae dei, divitiarumque caelestium altitudinem dereliquit. sequitur et abiit, et adhaesit uni civium regionis illius. * augustinus. ° unus civium regionis illius aliquis aereus princeps est ad militiam diaboli pertinens, cuius villa est modus potestatis ipsius; de qua sequitur et misit illum in villam |125| suam, ut pasceret porcos. porci sunt immundi spiritus qui sub ipso erant. * beda. ° porcos autem pascere est ea quibus immundi spiritus gaudent, operari. sequitur et cupiebat implere ventrem suum de siliquis quas porci manducabant. * ambrosius. ° siliqua genus leguminis est, intus inanis, foris mollis, quo corpus non reficitur, sed impletur, ut sit magis oneri quam usui. * augustinus. ° siliquae ergo, quibus porcos pascebat, saeculares doctrinae sunt, steriles, vanitatem personantes, de quibus laudes idolorum fabularumque ad deos gentium pertinentium vario sermone atque carminibus percrepant; quibus daemonia delectantur: unde cum iste satiari cupiebat, aliquid solidum et rectum, quod ad beatam vitam pertineret, invenire volebat in talibus, et non poterat; unde sequitur et nemo illi dabat. * cyrillus. ° sed cum iudaei multipliciter arguantur in sacra scriptura de multis criminibus, quomodo populo illi convenient verba maioris filii dicentis ecce tot annis servio tibi, et numquam mandatum |150| tuum praeterivi? est ergo hic sensus parabolae. arguentibus eum pharisaeis et scribis quod reciperet peccatores, proponit praesentem parabolam, in qua hominem vocat deum, qui pater est duorum fratrum, iustorum scilicet et peccatorum; quorum primus gradus est iustorum ab initio iustitiam sequentium, secundus gradus est hominum per poenitentiam ad iustitiam reductorum. * basilius. ° facit etiam ad antiquioris consistentiam magis animus senilis et gravitas, quam canities capillorum; nec qui secundum aetatem est iuvenis increpatur, sed iuvenis moribus, qui secundum passiones vivit. * titus. ° abiit ergo adolescentior nondum adultus mente, petitque a patre id quod ei de hereditate contingit, ut scilicet non ex necessitate serviat: sumus enim animalia rationalia liberum arbitrium habentia. * chrysostomus. ° dicit autem scriptura dividere patrem ex aequo filiis duobus substantiam suam, idest scientiam boni et mali, quae verae et perpetuae sunt opes animae bene utentis. quae enim ex deo |175| est in prima nativitate hominibus substantia rationalis, aequaliter cunctis nascentibus datur. de subsequenti autem conversatione unusquisque plus aut minus huius substantiae possidere invenitur, dum unus ea quae sumpserit patris esse credens, quasi paterna custodit; alius sicut propriae possessionis licentia dissipandis abutitur. ostenditur autem libertas arbitrii: quia pater neque discedere volentem retinuit, ne liberi arbitrii auferat potestatem; neque manere cupientem cogit abscedere. abiit autem longe, non locorum translatione, sed mentis declinatione; unde sequitur peregre profectus est in regionem longinquam. * ambrosius. ° quid enim longinquius est quam a se recedere, nec regionibus, sed moribus separari? etenim qui se a christo separat, exul est patriae, et civis mundi. merito ergo prodegit patrimonium qui recessit ab ecclesia. * titus. ° unde et denominatus est prodigus, dissipans substantiam suam, idest intellectum rectum, castimoniam, documenta veritatis, notitiam genitoris, memoriam creationis, |200| sensum. * ambrosius. ° facta est autem in regione illa fames non epularum, sed bonorum operum atque virtutum, quae sunt miserabiliora ieiunia: etenim qui recedit a verbo dei, esurit, quia non in solo pane vivit homo, sed in omni verbo dei, et qui recedit a thesauro eget. egere ergo ideo coepit et famem pati, quia nihil prodigae satis est voluntati. abiit itaque, et adhaesit uni civium: qui enim haeret, in laqueo est; et videtur civis iste princeps esse istius mundi. denique ad villam eius mittitur, quam emit qui se excusat a regno. * beda. ° in villam enim mitti est substantiae mundialis cupiditate subiugari. * ambrosius. ° pascit autem porcos illos in quos petit diabolus introire, in sordibus ac foetore viventes. * theophylactus. ° hos igitur pascit qui alios praecellit in vitio, ut sunt lenones, archipraedones, archipublicani, qui aliis sunt doctores operationis malae. * chrysostomus. ° vel spiritualibus destitutus operibus, quasi prudentia et intellectu, porcos pascere dicitur, hoc est, sordidas et immundas |225| in anima sua cogitationes nutrire: et edit escas irrationabiles pravae conversationis, dulces quidem egenti bonorum: quia suave perversis videtur omne opus carneae voluptatis, quae virtutes animae penitus enervat et perimit. huiusmodi cibos quasi porcinos et male dulces, idest carnalium delectationum illecebras, siliquarum nomine scriptura designat. * ambrosius. ° cupiebat autem siliquis ventrem implere suum: nec enim alia est cura luxuriosis nisi ut ventrem suum impleant. * theophylactus. ° quibus nullus dat saturitatem malorum; distat enim a deo qui talibus vescitur. daemones autem ad hoc student, ne unquam saturitas malorum proveniat. * glossa. ° vel nemo illi dabat, quia cum diabolus aliquem suum facit, ultra ei abundantiam non procurat, sciens eum esse mortuum.

lc4 * Gregorius nyssenus. ° contempserat patrem in primo recessu adolescentior filius, et opes paternas profuderat: at ubi lapsu temporis est attritus laboribus, dum mercenarius fieret, et eodem cum porcis pabulo pasceretur, rediit in domum paternam castigatus; unde dicitur in se autem reversus dixit: quanti mercenarii in domo patris mei abundant panibus? ego autem hic fame pereo. * ambrosius. ° bene in se revertitur, quia a se recessit: etenim qui ad deum regreditur, se sibi reddit; et qui recedit a christo, se sibi abdicat. * augustinus de quaest. evang.. ° in se autem reversus est cum ab eis quae forinsecus frustra illiciunt et seducunt, in conscientiae suae interiora suam intentionem reduxit. * gregorius nazianzenus. ° est autem secundum tres differentias obedientiae discretio: aut enim metuentes supplicia declinamus a malo, et sumus in dispositione servili; aut mercedis lucra venantes exequimur quae mandantur, mercenariis assimilati; |25| aut ipsius gratia boni et dilectionis ad eum qui dedit legem servimus; et sic dispositionem redolemus filiorum. * ambrosius. ° filius enim, qui habet sancti spiritus pignus in corde, saecularis mercedis lucra non quaerit, sed ius servat heredis. sunt etiam mercenarii boni qui conducuntur ad vineam; isti non siliquis, sed panibus abundant. * augustinus. ° unde autem hoc scire poterat in quo tanta erat oblivio dei, sicut in omnibus idololatris fuit, nisi quia ista recogitatio resipiscentis est, cum evangelium praedicaretur? iam poterat talis animadvertere, multos praedicare veritatem; inter quos quidam essent non ipsius amore veritatis ducti, sed cupiditate comparandorum saecularium commodorum; qui tamen non aliud annuntiant, sicut haeretici: unde mercenarii recte appellantur: in eadem quippe domo sunt eumdem panem verbi tractantes, non tamen in hereditatem aeternam vocati, sed temporali mercede conducti. * chrysostomus. ° signanter autem subdit ego autem hic fame pereo: |50| quasi diceret: ego non alienus, sed filius boni patris, et frater filii obsequentis, ego liber et generosus, factus sum miserior mercenariis, a summa celsitudine primae nobilitatis ad infimam humilitatem delapsus. * gregorius nyssenus. ° non prius autem rediit ad pristinam felicitatem, quam in se rediens sentiret opprimentis aerumnae praesentiam, et meditaretur poenitentiae verba, quae subduntur: surgam. * augustinus. ° quia iacebat; et ibo, quia longe aberat; ad patrem meum, quia sub principe porcorum erat. cetera vero sunt poenitentiam meditantis in confessione peccati, nondum tamen agentis: non enim iam dicit patri, sed dicturum se esse promittit cum venerit. intelligas igitur, hoc nunc accipiendum esse venire ad patrem, in ecclesia constitui per fidem, ubi peccatorum legitima et fructuosa iam possit esse confessio. dicit ergo dicturum se esse patri: pater. * ambrosius. ° quam misericors qui offensus. nec paternum nomen dedignatur audire. peccavi. haec est |75| prima confessio apud auctorem naturae, praesulem misericordiae, arbitrum culpae. sed si deus novit omnia, vocem tamen tuae confessionis expectat: ore enim confessio fit ad salutem quia alleviat pondus erroris quisquis ipse se onerat; et accusationis excludit invidiam qui accusatorem praevenit confitendo. frustra velis occultare quem nihil fallit, et sine periculo prodas quod scias esse iam cognitum: confitere magis ut interveniat pro te christus, roget pro te ecclesia, illacrymet populus; nec verearis ne non impetres. advocatus spondet veniam, patronus promittit gratiam, reconciliationem tibi paternae pietatis pollicetur assertor. subdit autem in caelum et coram te. * chrysostomus. ° dicens coram te, ostendit hunc patrem deum debere intelligi: deus enim solus conspector est omnium, a quo nec in corde meditata peccata abscondi possunt. * augustinus. ° utrum autem hoc est peccatum in caelum quod est coram te, ut caelum appellaverit ipsam summitatem |100| patris; an potius peccavi in caelum coram sanctis animabus, coram te autem in ipso penetrali conscientiae? * chrysostomus. ° vel caelum hoc loco intelligatur christus: qui enim in caelum peccat, quod etsi supernum, tamen visibile elementum est, ipse est qui peccat in hominem quem suscepit filius dei pro salute nostra. * ambrosius. ° vel peccato animae caelestia significantur dona spiritus imminuta; vel quia ab illius gremio matris ierusalem quae est in caelo non oportuit deviari. deiectus autem se exaltare non debet; unde subdit iam non sum dignus vocari filius tuus. et ut merito suae humilitatis possit attolli, subdit fac me sicut unum de mercenariis tuis. * beda. ° ad filii affectum, qui omnia quae patris sunt, sua esse non ambigit, aspirare nequaquam praesumit; sed mercenarii statum iam pro mercede serviturus desiderat; verum nec hunc quidem nisi paterna dignatione se mereri posse testatur. * gregorius nyssenus. ° hunc autem filium |125| prodigum spiritus sanctus nobis descripsit, ut instruamur nos qualiter debeamus cordis deplorare peccamina. * chrysostomus. ° qui postquam dixit ibo ad patrem meum, quod ei cuncta attulit bona, non mansit, sed totum iter transivit; sequitur enim et surgens venit ad patrem suum. sic et nos faciamus, nec pigeat nos longitudinis viae: quia si voluerimus, fiet regressus celer et facilis, dummodo deseramus peccatum, quod nos a domo paterna eduxit. est autem pater redeuntibus clemens: nam subditur cum autem adhuc longe esset, vidit illum pater suus. * augustinus. ° ante enim quam intelligeret deum longe existens, cum tamen iam pie quaereret, vidit illum pater ipsius. impios enim, et superbos convenienter non videre dicitur tamquam ante oculos non habens: ante oculos enim haberi nonnisi qui diliguntur, dici solent. * chrysostomus. ° sensit autem pater poenitentiam; non expectavit recipere confessionis verba, sed praevenit petitionem, misericorditer agens: unde subditur et misericordia |150| motus est. * gregorius nyssenus. ° confessionis meditatio placavit ei patrem, ut obviam iret ei, et oscula collo conferret; sequitur enim et accurrens cecidit super collum eius, et osculatus est eum. quod significat rationale iugum hominis ori impositum per evangelicam traditionem, quae abiecit observantiam legis. * chrysostomus. ° quid enim est aliud quod occurrit, nisi quia nos, peccatis impedientibus, nostra virtute ad deum pervenire non poteramus? ipse autem potens ad invalidos pervenire descendit. osculatur autem os, per quod emissa de corde confessio poenitentis exierat, quam pater laetus excepit. * ambrosius. ° occurrit igitur tibi, quia audit te intra mentis secreta tractantem: et cum adhuc longe sis, occurrit, ne quis impediat: complectitur quoque: in occursu enim praescientia est, in complexu clementiae; et quasi quodam patrii amoris affectu supra collum cadit, ut iacentem erigat, et oneratum peccatis atque in terrena deflexum reflectat ad caelum. malo ergo |175| filius esse, quam ovis: ovis enim a pastore reperitur, a patre filius honoratur. * augustinus de quaest. evang.. ° vel accurrens cecidit super collum eius: non enim pater unigenitum filium suum deseruit, in quo usque in nostram longinquam peregrinationem cucurrit: quia deus erat in christo mundum reconcilians sibi. cadere autem super collum eius, est humiliare in amplexum eius brachium suum, quod est dominus iesus christus. consolari autem verbo gratiae dei ad spem indulgentiae peccatorum, hoc est post longa itinera remeantem mereri a patre osculum caritatis. incipit autem iam constitutis in ecclesia peccata confiteri, nec dicit omnia quae dicturum se esse promiserat; sequitur enim dixitque filius ei: pater, peccavi in caelum et coram te: iam non sum dignus vocari filius tuus. hoc enim vult fieri per gratiam, quo se indignum per merita fatetur. non addit quod in illa meditatione dixerat fac me sicut unum de mercenariis tuis: cum enim panem |200| non haberet, vel mercenarius esse cupiebat; quod post osculum patris generosissime iam dedignabatur. * chrysostomus. ° pater autem ad filium sermonem non dirigit, sed ministris loquitur: quia qui poenitet orat: sed responsum verbo vere non accipit, misericordiam vero efficaciter in effectu intuetur; sequitur enim dixit autem pater ad servos suos: cito proferte stolam primam, et induite illum. * theophylactus. ° servos vel angelos intelligas administratorios spiritus, vel sacerdotes, qui baptismate et verbo doctrinae animam vestiunt in ipso christo. quotquot enim in christo baptizati sumus, christum induimus. * augustinus. ° vel stola prima est dignitas quam perdidit adam; servi qui eam proferunt, sunt reconciliationis praedicatores. * ambrosius. ° vel stola est amictus sapientiae, quo nuda corporis apostoli tegunt. accepit autem sapientiam primam: est enim et alia quae mysterium nescit. annulus autem est sincerae fidei signaculum et expressio veritatis; de quo sequitur et |225| date annulum in manum eius. * beda. ° idest in operatione, ut per opera fides clarescat, et per fidem opera confirmentur. * augustinus. ° vel annulus in manu pignus est spiritus sancti, propter gratiae participationem, quae digito bene significatur. * chrysostomus. ° vel iubet annulum dari, sive signaculum salutaris symbolum, seu magis desponsationis insigne et nuptiarum pignus, quibus christus ecclesiam sponsat, cum anima resipiscens per annulum fidei iungitur. * augustinus. ° calceamenta autem in pedes praeparatio est evangelizandi ad non tangenda terrena; de quibus sequitur et calceamenta in pedes eius. * chrysostomus. ° vel mandat calceamenta pedibus imponi, aut propter cooperienda vestigia, ut per lubricum mundi istius iter fixus incedat; aut propter mortificationem membrorum: vitae enim nostrae cursus in scripturis pes appellatur; et mortificationis species calceamentis imponitur, quia de animalium mortuorum pellibus conficiuntur. |250| addit et vitulum illi saginatum, iugulandum in convivii exhibitione; sequitur enim et adducite vitulum saginatum, idest dominum iesum christum; quem vitulum nominat propter hostiam corporis immaculati: saginatum autem dixit, quia pinguis et opimus intantum est ut pro totius mundi salute sufficiat. non autem ipse pater vitulum immolavit, sed aliis immolandum tradidit; permittente enim patre consentiens filius ab hominibus crucifixus est. * augustinus. ° vel vitulus saginatus est ipse dominus, secundum carnem satiatus opprobriis. quod autem imperat ut adducant eum, quid aliud est nisi ut praedicent eum, et annuntiando faciant venire in exhausta fame viscera filii esurientis? nam etiam ut occidant eum iubet: hoc est, ut mortem eius insinuent: tunc enim cuique occiditur cum credit occisum: sequitur enim et manducemus. * ambrosius. ° bene carnem vituli, quia sacerdotalis est victima, quae pro peccatis fiebat. epulantem autem inducit, cum dicit epulemur, ut ostenderet |275| quoniam paternus est cibus, salus nostra; et patris est gaudium, nostrorum redemptio peccatorum. * chrysostomus. ° ipse enim pater gaudet in reditu filii, et convivatur in vitulo: quia misericordiae suae fructum in immolatione filii sui gaudens creator, in acquisitione populi credentis epulatur; unde sequitur quia hic filius meus mortuus erat et revixit; perierat, et inventus est. * ambrosius. ° ille periit qui fuit. itaque gentes non sunt, christianus est. potest tamen et hic una species accipi generis humani. fuit adam, et in illo fuimus omnes; periit adam, et in illo omnes perierunt. homo igitur in illo homine qui perierat reformatur. potest et de agente poenitentiam dictum videri, quia non moritur nisi qui aliquando vixerit. et gentes quidem cum crediderint, per gratiam vivificantur; qui vero lapsus fuerit, per poenitentiam reviviscit. * theophylactus. ° quantum ergo ad vitiorum conditionem mortuus fuerat desperatus; sed quantum ad humanam naturam, quae mutabilis est, et potest a |300| vitio ad virtutem converti, deperditus dicitur: nam minus est perdi quam mori. quilibet autem revocatus et mundatus a crimine, saginati vituli particeps causa laetitiae fit patri et famulis eius, idest angelis et sacerdotibus; unde sequitur et coeperunt omnes epulari. * augustinus. ° istae epulae atque festivitas nunc celebrantur, per orbem terrarum ecclesia dilatata atque diffusa: vitulus enim ille in corpore et sanguine dominico et offertur patri, et pascit totam domum.

lc5 * Beda. ° murmurantibus de peccatorum susceptione scribis et pharisaeis; tres per ordinem parabolas salvator posuit: duabus primis quantum ipse cum angelis de poenitentium salute gaudeat insinuat; in hac vero tertia non suum tantummodo suorumque gaudium demonstrat, sed et invidentium murmur reprehendit; dicitur enim erat autem filius eius senior in agro. * augustinus de quaest. evang.. ° maior filius populus israel est, non quidem profectus in longinquam regionem, sed tamen in domo non est: in agro autem est; idest, in ipsa hereditaria opulentia legis et prophetarum terrena potius operatur. veniens autem de agro domum appropinquare coepit; idest, labore servilis operis improbato, ex eisdem scripturis ecclesiae libertatem consideravit; unde sequitur et cum veniret, et appropinquaret domui, audivit symphoniam et chorum; idest, spiritu sancto plenos vocibus consonis evangelium praedicare; sequitur enim et vocavit unum de servis, et interrogavit quid hoc esset: idest, sumit ad legendum aliquem prophetarum, et in eo quaerens quodammodo interrogat unde ista festa in ecclesia celebrantur, in qua se esse non videt. respondet ei servus patris propheta; sequitur enim isque dixit illi: frater tuus venit et occidit pater tuus vitulum saginatum, quia salvum illum recepit; quasi dicat: in extremis terrae fuit frater tuus; sed inde maior exultatio cantantium domino canticum novum, quia laus eius ab extremis terrae, et propter eum qui absens erat, occisus est vir sciens ferre imbecillitatem: quia quibus non est narratum de eo viderunt. * ambrosius. ° adolescentiori autem filio, idest populo ex gentibus, israel, tamquam maior frater, beneficium paternae benedictionis invidit; quod faciebant iudaei, quia christus cum gentibus epularetur; unde sequitur indignatus est autem, et nolebat introire. * augustinus. ° indignatur etiam et nunc, et adhuc non vult intrare. cum ergo plenitudo gentium introierit, egredietur opportuno tempore pater eius, ut etiam omnis israel salvus fiat; unde sequitur pater ergo illius egressus coepit rogare eum. erit enim quandoque aperta vocatio iudaeorum in salutem evangelii; quam manifestationem vocationis tamquam egressum patris appellat ad rogandum maiorem filium. deinde quae respondit maior filius, quaestiones duas habent; sequitur enim at ille respondens dixit patri suo: ecce tot annis servio tibi, et nunquam mandatum tuum praeterivi. de mandato non praetergresso facile illud occurrit, non de omni mandato dictum, sed de uno maxime necessario, quod nullum alium deum praeter unum creatorem omnium colere visus est. neque iste filius in omnibus israelitis, sed in his intelligitur personam habere qui numquam ab uno deo ad simulacra conversi sunt. quamquam enim terrena desideraret, ab uno tamen deo iste desiderabat bona, quamvis communia cum pecoribus: unde et in psalmo 72, 23 dicitur: ut iumentum factus sum apud te, et ego semper tecum. sed quis est hoedus quem numquam accepit ad epulandum? sequitur enim et nunquam dedisti mihi hoedum, ut cum amicis meis epularer. peccator hoedi nomine significari valet. * ambrosius. ° iudaeus hoedum requirit, christianus agnum; et ideo illis barabbas solvitur, nobis agnus immolatur. quae res etiam in hoedo videtur, quia iudaei ritum veteris sacrificii perdiderunt. vel qui hoedum quaerunt, expectant antichristum. * augustinus. ° sed non invenio exitum huius sententiae. multum enim absurdum est eum cui post dicitur tu mecum es semper, hoc a patre optasse ut antichristo crederet. neque omnino aliquem iudaeorum, qui antichristo credituri sunt, istum filium fas est intelligi. quomodo autem epularetur ex illo hoedo, si ipse est antichristus, qui ei non crederet? at si hoc est epulari ex hoedi occisione, quod est de antichristi perditione laetari; quomodo dicit filius quem recepit pater, hoc sibi non fuisse concessum, cum omnes filii de eius perditione laetaturi sint? ipsum igitur sibi dominum negatum ad epulandum conqueritur, dum eum peccatorem putat: cum enim hoedus est illi genti, idest cum eum sabbati violatorem et profanatorem aestimat, iucundari epulis illius non meruit. * gregorius. ° quod autem dicit cum amicis meis, aut ex persona principum cum plebe intelligatur, aut ex persona populi hierosolymitani, cum ceteris populis iuda. * hieronymus. ° vel dicit nunquam dedisti mihi hoedum; idest, nullus sanguis prophetae vel sacerdotis a romano imperio nos liberavit. * ambrosius. ° impudens autem filius similis est publicano iustificanti se, quia legem servabat in littera: impie accusabat fratrem, quod cum meretricibus paternam substantiam prodegisset; sequitur enim sed postquam filius tuus hic, qui devoravit substantiam suam cum meretricibus, venit, occidisti illi vitulum saginatum. * augustinus. ° meretrices autem sunt superstitiones gentilium, cum quibus substantiam dissipat qui, relicto vero connubio veri dei, cum daemone foeda cupiditate fornicatur. * hieronymus. ° in hoc autem quod dicit occidisti illi vitulum saginatum, confitetur venisse christum, sed invidia non vult salvari. * augustinus. ° non autem pater eum quasi mentientem redarguit, sed secum perseverantiam eius approbans, ad perfectionem potioris atque iucundioris exultationis invitat; unde sequitur et ipse dixit illi: fili, tu semper mecum es. * hieronymus. ° vel quod dixerat, iactantia est, non veritas; cui pater non consentit, sed alia compescit ratione, dicens mecum es, lege qua stringeris: non quia non peccaverit, sed quia deus eum semper castigando retraxit. nec mirum si patri mentitur qui fratri invidet. * ambrosius. ° sed bonus pater etiam hunc salvare cupiebat, dicens tu mecum semper es, vel quasi iudaeus in lege, vel quasi iustus in communione. * augustinus. ° quid autem sibi vult quod addidit et omnia mea tua sunt, quasi non sint et fratris? sed sic a perfectis et immortalibus filiis habentur omnia, ut sint et omnium singula, et omnia singulorum: ut enim cupiditas nihil sine angustia, ita nihil cum angustia caritas tenet. sed quomodo omnia? nonne et angelos deus in possessionem tali filio subiecisse putandus est? si possessionem sic accipias ut eius possessor ipse sit dominus, non utique omnia: non enim domini erimus, sed consortes potius angelorum. si vero possessio sic intelligitur; quomodo recte dicimus possidere animas veritatem, non invenio cur non vere ac proprie id possimus accipere: non enim illud loquimur ut dominas veritatis dicamus animas. aut si nomine possessionis ab hoc sensu impedimur, illud quoque auferatur: non enim ait pater: omnia possides, sed omnia mea tua sunt; nec tamen ut ipsius domini. quod enim est in nostra pecunia, potest familiae nostrae vel alimentum esse, vel ornamentum, vel aliud huiusmodi. et certe cum ipsum patrem recte ille possit suum dicere, non video quomodo quae ipsius sunt, non etiam recte sua vocare possit, diversis dumtaxat modis. cum enim beatitudinem illam obtinuerimus, nostra erunt ad videndum superiora, ad convivendum aequalia, ad dominandum inferiora. congaudeat igitur securissimus maior frater. * ambrosius. ° si enim desinat invidere, omnia sua sunt, vel iudaeus sacramenta veteris testamenti, vel baptizatus nova etiam possidens. * theophylactus. ° vel aliter totum. persona filii, qui videtur murmurare, sumitur pro omnibus quicumque scandalizantur in subditis; sicut david introducit personam passam scandalum in peccatorum pace. * titus. ° maior igitur filius sicut agricola insistebat agriculturae, non terrestrem, sed animae agrum fodiens, et salutis arbores inserens, scilicet virtutes. * theophylactus. ° vel erat in agro, hoc est in mundo, colens propriam carnem, ut repleatur panibus, et seminans in lacrymis ut in gaudio metat: sed cognitis gestis nolebat intrare ad commune gaudium. * chrysostomus. ° quaeritur autem si afficitur passione livoris dolens in prosperis aliorum. dicendum est autem, quod nullus sanctorum dolet in talibus; immo bona aliorum sua existimat. non autem oportet omnia quaecumque parabola continet, ad litteram pertractare; sed sensum elicientes cuius causa componitur, nihil aliud perscrutari. haec ergo parabola ad hoc est composita ut peccatores non diffidant reverti, scientes quod magna consequentur: unde introducit alios turbatos in eorum bonis, ut indicet eos livore tabescentes, sed tanto decore honoratos redeuntes, ut etiam invidiosi possint aliis fieri. * theophylactus. ° vel pharisaeorum intentionem corrigit dominus per praesentem parabolam, quos ex hypothesi nominat iustos; quasi dicat: esto vere vos iustos esse, nec transgressos aliquod mandatorum: numquid igitur propter hoc non oportet admittere a flagitiis redeuntes? * hieronimus. ° vel aliter. omnis iustitia in comparatione dei est iniustitia; unde paulus: quis me liberabit de corpore mortis huius? unde apostoli indignati sunt pro petitione matris filiorum zebedaei. * cyrillus. ° quod et nos ipsi quandoque patimur; vivunt enim quidam praestantissimam et optimam vitam; alius autem in ipso senio multoties ad deum convertitur, vel forsitan extremum diem claudere debens, ac diluit reatus, domino miserante. hoc quidem aliquando respuunt ex importuna pusillanimitate, non attendentes mentem salvatoris, qui de salute pereuntium gaudet. * theophylactus. ° dicit ergo filius patri: gratis duxi in doloribus vitam, a peccatoribus molestatus; et numquam causa mei decrevisti mactandum esse hoedum, idest persequentem me peccatorem, ut paulullum recrearer; qualis hoedus fuit achab eliae qui dicebat: domine, prophetas tuos occiderunt. * ambrosius. ° vel aliter. notatur hic frater usque adeo ut de villa venire dicatur, hoc est terrenis operibus occupatus, ignorans quae sunt spiritus dei, ut denique numquam pro se vel hoedum quaeratur occisum: non enim pro invidia, sed pro venia mundi agnus est immolatus. invidus hoedum quaerit, innocens agnum pro se desiderat immolari. ideo et senior dicitur, eo quod cito quis per invidiam consenescat; ideo et foris stat, eo quod malevolentia eum excludat; ideo chorum et symphoniam audire non potest, hoc est nonnulla theatralis incentiva lasciviae, sed plebis concordiam concinentis quae de peccatore salvato dulcem laetitiae suavitatem resultat; qui enim sibi iusti videntur, indignantur quando alicui peccatum fatenti venia laxatur. quis tu es qui domino contradicas, ne videlicet culpam relaxaret, cum tu cui volueris ignoscas? sed remittendis post poenitentiam debemus favere peccatis; ne dum veniae alterius invidemus, ipsi eam non mereamur a domino. non invideamus de longinqua regione remeantibus, quia et nos fuimus in regione longinqua.

073 CLC cp16

lc1 * Beda. ° postquam murmurantes de poenitentium receptione tribus parabolis salvator redarguit, quartam mox quintamque de eleemosyna danda et parsimonia sequenda subiungit; quia et ordo praedicandi aptissimus est ut post poenitentiam eleemosyna subiungatur; unde dicitur dicebat autem ad discipulos suos: homo quidam erat dives, qui habebat villicum. * chrysostomus. ° opinio quaedam erronea aggravata mortalibus auget crimina, minuit bona: ea vero est opinari quod ea quaecumque possidemus in usu vitae, possideamus ut domini; et ideo etiam opportune ea apprehendimus tamquam bona praecipua. sed contrarium est: non enim nos ut domini in vita praesenti collocati sumus in propria domo, sed tamquam hospites et advenae quo nolimus ducimur, et quo tempore non putamus: qui nunc locuples est, in brevi fit mendicus. ergo quicumque sis, noveris te esse dispensatorem alienorum, et quod transitorii usus et brevis tibi iura concessa sunt. abiecto ergo ab anima dominii fastu, sumas humilitatem et modestiam villici. * beda. ° villicus quippe villae gubernator est, unde et a villa nomen accepit; oeconomus autem tam pecuniae quam frugum et omnium quae habet dominus, dispensator est. * ambrosius. ° ex hoc ergo discimus non ipsos esse dominos, sed potius villicos alienarum facultatum. * theophylactus. ° deinde quod cum non exercemus dispensationem opum ad libitum domini, sed ad proprias illecebras commissis abutimur, criminosi villici sumus; unde sequitur et hic diffamatus est apud illum, quasi dissipasset bona illius. * chrysostomus. ° interea evulsus a villicatione eripitur; sequitur enim et vocavit illum, et ait ei: quid hoc audio de te? redde rationem villicationis tuae: iam enim non poteris villicare. quotidie talia nobis per effectus exclamat dominus, ostendens nobis fruentem in meridie sospitate, priusquam vesperascat, exanimem, et alium inter prandia expirantem; et diversimode ab hac villicatione discedimus. sed fidelis dispensator, qui de propria dispensatione confidit, desiderat cum paulo dissolvi et esse cum christo; is autem cuius sunt vota terrena, anxiatur in exitu: unde de hoc villico subditur ait autem villicus intra se: quid faciam, quia dominus meus aufert a me villicationem? fodere non valeo, mendicare erubesco. impotentem esse in opere crimen est vitae inertis; non enim timeret, si consuevisset affectare labores. quod si secundum allegoriam accipiamus parabolam, post transmigrationem hinc factam non est tempus operandi. vita praesens habet exercitium mandatorum, futura vero solatium. si nihil operatus es hic, frustra in futurum curas; sed nec mendicando proficies. huius indicium sunt virgines fatuae: quae imprudenter a prudentibus mendicaverunt, sed reversae sunt vacuae; quilibet enim suam conversationem ut tunicam induit; non est autem eam exuere, nec ambire cum alio. sed debitorum remissionem ingeniatus est nequitiae villicus, statuens sibi malorum remedium in conservis; sequitur enim scio quid faciam, ut cum amotus fuero a villicatione, recipiant me in domos suas. quoties enim quis exitum suum percipiens, levat beneficio sarcinam peccatorum, vel relaxando debita debitori, vel tribuens inopibus copiam, ea quae sunt domini largiens: multos amicos conciliat praebituros sibi coram iudice testimonium veritatis non vocibus, sed bonorum operum ostensione; quin etiam paraturos per testimonium refrigerii mansionem. nihil autem est nostrum, sed omnia sunt ditionis dei; unde sequitur convocatis itaque debitoribus domini sui, dicebat primo: quantum debes domino meo? at ille dixit: centum cados olei. * beda. ° cados graece est amphora continens urnas tres. sequitur dixitque illi: accipe cautionem tuam, et sede cito, et scribe quinquaginta; dimidiam ei partem dimittens. sequitur deinde alii dixit: tu vero quantum debes? qui ait: centum coros tritici. corus modiis triginta completur. sequitur ait illi: accipe litteras tuas, et scribe octoginta; quintam partem ei dimittens. simpliciter ergo sic potest accipi. quisquis indigentiam pauperis vel ex dimidia, vel ex quinta alleviat parte, misericordiae suae mercede donandus est. * augustinus de quaest. evang.. ° vel quod de centum cadis olei quinquaginta fecit scribi a debitore, et de centum coris tritici octoginta, ad hoc valere arbitror, ut ea quae in sacerdotes atque levitas iudaeus quisque operatur, in ecclesia christi abundet, ut cum illis decimas darent, isti dimidias dent, sicut de bonis suis fecit zachaeus; aut certe duas decimas dando, idest unam quintam, superent impendia iudaeorum.

lc2 * Augustinus de quaest. evang.. ° villicum quem dominus eiciebat a villicatu, laudavit dominus, eo quod in futurum sibi prospexerit; unde dicitur et laudavit dominus villicum iniquitatis, quia prudenter egisset. non tamen omnia debemus ad imitandum sumere; non enim domino nostro facienda est in aliquo fraus, ut de ipsa fraude eleemosynas faciamus. * origenes. ° verum, quia gentiles dicunt prudentiam esse virtutem, et definiunt eam peritiam bonorum, malorum et neutrorum; vel cognitionem agendorum et non agendorum: considerandum est utrum haec dictio plura aut unum significet. dicitur enim quod deus paravit caelos prudentia: constat bonam esse prudentiam, qua dominus caelos paravit. dicitur etiam in genesis secundum lxx, quod serpens prudentissimus erat: ubi prudentiam non virtutem dicit, sed astutiam ad mala inclinationem habentem; et secundum hoc dicitur quod dominus laudavit villicum, quia prudenter egisset; hoc est callide et perperam. et forsitan quod dixit laudavit, non secundum veram commendationem, sed abusive dictum est; ut cum dicimus aliquem commendari in mediocribus et indifferentibus rebus, et quodammodo mirandos esse concursus et acumen, quibus vigor mentis elicitur. * augustinus. ° e contrario dicuntur istae similitudines, ut intelligamus, si laudari potuit ille a domino qui fraudem faciebat, quanto amplius placeant deo qui secundum eius praeceptum opera illa faciunt. * origenes. ° filii quoque huius saeculi non sapientiores, sed prudentiores dicuntur lucis filiis; et hoc non absolute et simpliciter, sed in genere suo; sequitur enim quia filii huius saeculi prudentiores filiis lucis in generatione sua sunt. * beda. ° filii lucis et filii huius saeculi vocantur, quomodo filii regni et filii perditionis; cuius enim unusquisque agit opera, eius cognominatur et filius. * theophylactus. ° filios ergo huius saeculi vocant cogitantes quae sibi commoda sunt in terra; filios vero lucis spirituales opes tractantes intuitu divini amoris. invenimur autem in humanis quidem administrationibus prudenter omnia disponentes et summopere satagentes, ut si desierimus ab administratione, habeamus vitae refugium; cum vero dispensare debemus divina, non praemeditamur quae nobis postmodum sunt profutura. * gregorius moralium. ° ut ergo in sua manu homines post mortem quidquam inveniant, ante mortem divitias suas in pauperum manibus ponant; unde sequitur et ego vobis dico: facite vobis amicos de mammona iniquitatis. * augustinus de verb. dom.. ° quod hebraei vocant mammona, latine divitiae vocantur; ac si diceret: facite vobis amicos de divitiis iniquitatis. hoc autem quidam male intelligendo rapiunt aliena, et inde aliquid pauperibus largiuntur; et putant se facere quod praeceptum est. intellectus iste corrigendus est. de iustis laboribus eleemosynas facite: non enim corrupturi estis iudicem christum. si de praeda inopis dares aliquid iudici ut pro te iudicaret, si iudex ille pro te iudicabit, tanta vis est iustitiae ut etiam tibi displiceat. noli tibi pingere talem deum; fons iustitiae est. noli ergo eleemosynas facere de fenore et usuris: fidelibus dico, quibus corpus christi erogamus: sed si pecunias tales habetis, de malo est quod habetis. iam nolite malum facere. zachaeus dixit: dimidium rerum mearum do pauperibus. ecce quomodo currit qui currit facere amicos de mammona iniquitatis: et ne reus aliunde teneretur: si cui aliquid tuli, quadruplum reddam. est et alius intellectus. mammona iniquitatis divitiae saeculi sunt omnes, undecumque sint. si enim veras divitias quaeris, aliae sunt, quibus iob nudus abundabat, quando in deum cor plenum habebat. istae autem ab iniquitate appellantur divitiae, quia verae non sunt: paupertate enim plenae sunt, et semper obnoxiae casibus: si enim verae divitiae essent, securitatem tibi darent. * augustinus de quaest. evang.. ° vel divitiae iniquitatis dicuntur, quia non sunt istae divitiae nisi iniquis, et qui in eis constituunt spem, atque copiam suae beatitudinis. a iustis vero cum hic possidentur, est quidem ista pecunia, sed non sunt illis divitiae nisi caelestes et spirituales. * ambrosius. ° vel iniquum mammona dixit, quia variis divitiarum illecebris nostras avaritias tentat affectus, ut velimus servire divitiis. * basilius. ° vel si successeris patrimonio, ab iniustis congregata cepisti: in pluribus enim praedecessoribus necesse est aliquem reperiri qui iniuste usurpaverit aliena. ponatur autem ut nec pater exegerit; sed aurum unde habes? si quidem dicis: a me, ignarus dei es, non habens notitiam creatoris; si vero a deo, dic nobis rationem propter quam eas accepisti: an non dei est terra et plenitudo eius? ergo si communis domini nostra sunt, erunt et conservorum nostrorum. * theophylactus. ° illae ergo dicuntur opes nequitiae quascumque dominus dedit ad impendia necessitatis fratrum ac conservorum nostrorum; nos vero tenemus nobis. decebat igitur a principio omnia pauperibus tradi; verum, quia iniquitatis fuimus villici, nequiter retinentes quod deputatum est ad aliorum opus, non est omnino manendum in hac crudelitate, sed impartiendum est pauperibus, ut recipiamur ab eis in caelestibus tabernaculis; sequitur enim ut cum defeceritis, recipiant vos in aeterna tabernacula. * gregorius moralium. ° si autem eorum amicitiis aeterna tabernacula acquirimus, dantes pensare debemus quia patronis potius munera offerimus quam egenis dona largimur. * augustinus de verb. dom.. ° qui sunt enim qui habebunt tabernacula aeterna nisi sancti dei? et qui sunt qui ab ipsis accipiendi sunt in tabernacula aeterna, nisi qui eorum indigentiae serviunt, et quod eis opus est hilariter subministrant? isti sunt minimi christi qui omnia sua dimiserunt, et secuti sunt eum: et quicquid habuerunt, pauperibus distribuerunt, ut deo sine saecularibus compede expediti servirent, et ab oneribus mundi liberatos, velut pennatos sursum humeros tollerent. * augustinus de quaest. evang.. ° non ergo eos a quibus recipi volumus in tabernacula aeterna, tamquam debitores dei fas est intelligi; cum iusti et sancti significentur hoc loco, qui eos introducant qui necessitatibus suis terrena bona communicaverunt. * ambrosius. ° vel aliter. facite vobis amicos de iniquo mammona, ut largiendo pauperibus, angelorum ceterorumque sanctorum gratiam comparemus. * chrysostomus. ° attende etiam, quod non dixit: ut suscipiant vos in suis mansionibus: non enim ipsi sunt qui suscipiunt; unde cum dixisset facite vobis amicos, addidit de mammona iniquitatis: ostendens quod non simpliciter eorum amicitia nobis patrocinabitur, nisi bona opera nos comitentur, nisi evacuemus iuste divitias congestas iniuste. ars igitur artium peritissima est eleemosyna: non enim nobis domos fabricat luteas; sed vitam perennem impendit. singularum artium alia alterius adminiculo indiget; cum autem misereri oportet, nullius alterius, sed solius voluntatis est opus. * cyrillus. ° sic igitur docebat christus, affluentes divitiis summopere diligere amicitiam pauperum et thesaurizare in caelis. noverat autem humanae mentis desidiam, quomodo ambientes divitias nullum caritativum opus impendunt egentibus. quod igitur talibus nullus spiritualium donorum fructus proveniat, manifestis exemplis ostendit, subdens qui fidelis est in minimo, et in maiori fidelis est; et qui in modico iniquus est, et in maiori iniquus est. aperit autem nobis dominus oculum cordis, exponens quod dixerat, cum subdit si ergo in iniquo mammona fideles non fuistis, quod verum est quis credet vobis? est igitur minimum iniquitatis mammona, idest terrenae divitiae; quae superna sapientibus nihil esse videntur. arbitror ergo aliquem esse in modico fidelem, cum de his minimis, oppressis aerumna subsidium impertitur. itaque si in modico fuerimus perfidi, quo pacto ab eo obtinebimus verum, idest divinorum charismatum, uber donum, animae humanae imprimens divinam speciem? quod autem ad hoc tendat intentio verborum domini, per sequentia patet; dicit enim et si in alieno non fuistis fideles, quod vestrum est quis dabit vobis? * ambrosius. ° alienae nobis divitiae sunt, quia praeter naturam sunt, neque nobiscum nascuntur, neque nobiscum transeunt: christus autem noster est; quia hominum vita est, denique in propria venit. * theophylactus. ° sic igitur hucusque docuit nos quam fideliter deceat dispensare divitias; sed quia opum dispensatio secundum deum non aliter obtinetur quam per impassibilitatem animi ad divitias non affecti, subiungit nemo servus potest duobus dominis servire. * ambrosius. ° non quia duo, sed unus est dominus: nam etsi sint qui mammonae serviant, tamen non ille novit aliqua iura dominatus, sed ipsi sibi iugum servitutis imponunt. unus est dominus, quia unus est deus: unde patet patris et filii unum esse dominatum: et huius rationem assignat subdens aut enim unum odio habebit, et alterum diliget; aut uni adhaerebit, et alterum contemnet. * augustinus de quaest. evang.. ° haec autem non passim aut quasi temere dicta sunt; nemo enim interrogatus utrum diligat diabolum, respondet se diligere, sed potius odisse; deum autem se diligere omnes fere proclamant. ergo aut unum odiet, scilicet diabolum, et alterum diliget, scilicet deum; aut alteri adhaerebit, scilicet diabolo, cum quasi eius praemia temporalia sectatur, et alterum contemnet, scilicet deum; sicut solent minas eius postponere cupiditatibus suis qui de bonitate eius ad impunitatem sibi blandiuntur. * cyrillus. ° conclusio autem est totius sermonis quod sequitur: non potestis deo servire et mammonae. totum igitur studium transferamus ad alterum, divitiis abrenuntiantes. * beda. ° audiat ergo hoc avarus non posse simul divitiis christoque serviri; et tamen non dixit: qui habet divitias, sed: qui servit divitiis; qui enim divitiarum servus est, divitias custodit ut servus; qui autem servitutis excussit iugum, distribuit eas ut dominus. sed qui servit mammonae, illi utique servit qui rebus istis terrenis merito suae perversitatis praepositus et princeps huius saeculi nominatur.

lc3 * Beda. ° monuerat christus scribas et pharisaeos de sua iustitia non praesumere, sed peccatores poenitentes recipere et eleemosynis sua peccata redimere; sed illi praeceptorem misericordiae, humilitatis, et parsimoniae deridebant: unde dicit audiebant autem omnia haec pharisaei, qui erant avari, et deridebant eum; duas ob causas: quia vel minus utilia imperaret, vel a se iam facta superflue ingereret. * theophylactus. ° at dominus detegens in eis occultam malitiam, ostendit eos simulare iustitiam; unde subditur et ait illis: vos estis qui iustificatis vos coram hominibus. iustificant se coram hominibus qui peccatores tamquam infirmos desperatosque contemnunt, se autem ipsos tamquam perfectos eleemosynarum remedio opus non habere credunt; sed noxii tumoris altitudo quam sit iuste damnanda videt ille qui illuminabit abscondita tenebrarum; unde sequitur deus autem novit corda vestra. * theophylactus. ° et ideo abominabiles ei estis ob arrogantiam et ambitum humani favoris; unde subditur quia quod hominibus altum est, abominatio est apud deum. * beda. ° disputantem autem contra avaritiam salvatorem pharisaei deridebant, quasi contraria legi prophetisque praeciperet, ubi multi ditissimi deo placuisse leguntur; sed et ipse moyses populum quem regebat, si legem sequeretur, omnibus terrenis bonis abundaturum praedixit: quibus dominus occurrens ostendit inter legem et evangelium, sicut promissionum, ita et praeceptorum non minimam esse differentiam; unde subditur lex et prophetae usque ad ioannem. * ambrosius. ° non quia lex defecit, sed quia incepit evangelii praedicatio: videntur enim minora compleri, cum potiora succedunt. * chrysostomus in matthaeum. ° per hoc autem reddit eos celeres ad sui fidem: quia si usque ad tempus ioannis consummata sunt omnia, ego sum qui veni: non enim destitissent prophetae, nisi venissem ego. sed dices: qualiter prophetae usque ad ioannem, cum multo plures prophetae in novo quam in veteri testamento fuerint? sed de illis prophetis dicit qui praenuntiaverunt christi adventum. * eusebius. ° noverant autem priores prophetae praedicationem regni caelorum; sed nullus eorum expresse annuntiaverat populo iudaeorum: eo quod puerilem mentem iudaei habentes, imbecilles erant circa praedicationis immensitatem. primus autem ioannes manifeste praedicavit appropinquasse regnum caelorum, necnon et peccatorum remissionem per lavacrum regenerationis; unde sequitur ex eo regnum dei evangelizatur, et omnis in illud vim facit. * ambrosius in lucam. ° lex enim multa secundum naturam tradidit, ut naturalibus indulgentior desideriis ad iustitiae studium nos vocaret; christus naturam incidit, quia naturales quoque amputat voluptates. sed ideo vim facimus naturae ut non ad terrena demergat, sed ad superna se erigat. * eusebius. ° magna enim pugna incumbit mortalibus in ascensu caelorum: quod enim homines carne mortali vestiti subiugent voluptatem et omnem illicitum appetitum, imitari volentes vitam angelicam, quomodo non fit violenter? quis autem videns divino insudantes cultui, et pene suam carnem mortificantes, non revera fatebitur illos vim inferre regno caelorum? sed et si quis indagaverit mirandum propositum venerandorum martyrum, fatebitur eos vim irrogare in regnum caelorum. * augustinus de quaest. evang.. ° vim etiam faciunt in regnum caelorum, ut non solum temporalia ista contemnant, sed etiam linguas deridentium se talia contemnentes: hoc enim subiungit evangelista, cum dixisset derisum fuisse iesum cum de contemnendis terrenis divitiis loqueretur. * beda. ° ne autem putarent in eo quod dixit lex et prophetae usque ad ioannem, legis vel prophetarum ab eo destructionem praedicari; hoc excludit subdens facilius autem est caelum et terram praeterire, quam de lege unum apicem cadere. praeterit enim figura huius mundi; de lege autem nec unius quidem litterae summitas, idest nec minima quaeque a sacramentis spiritualibus vacant: et tamen lex et prophetae usque ad ioannem; quia non potuit ultra venturum prophetizari qui ioannis praeconio iam venisse clarebat. quod autem de lege in perpetuum non violanda praedixerat, uno exempli gratia de illa sumpto confirmat testimonio, dicens omnis qui dimittit uxorem suam, et ducit alteram, moechatur; et qui dimissam a viro ducit, moechatur: ut ex hoc uno discerent etiam in ceteris eum non ad solvenda, sed implenda decreta legis venisse. * theophylactus. ° quod enim cum imperfectis lex imperfecte loqueretur, ex hoc patet quod duris praecordiis iudaeorum ait: si vir odio habuerit coniugem, dimittet eam; quia cum homicidae essent et gauderent in sanguine, nec astrictorum sibi miserebantur: adeo ut filios et filias mactarent daemonibus. nunc vero perfectioris doctrinae opus est; ob hoc igitur dico, quod si quis repudiat coniugem, non incumbente causa fornicationis, moechatur, et qui aliam duxerit, moechatur. * ambrosius. ° prius autem dicendum arbitror de lege coniugii, ut postea de prohibendo divortio disputemus. quidam putant omne coniugium a deo esse, quia scriptum est: quod deus coniunxit, homo non separet. quomodo ergo apostolus dixit: si infidelis discedit, discedat? in quo ostendit non a deo esse omne coniugium: neque enim christiani gentilibus dei iudicio coniunguntur. noli ergo uxorem dimittere, ne deum tuae culpae diffitearis auctorem. etenim si alienos, multo magis uxoris debes tolerare et emendare mores: quae cum parvulis feta dimittitur: durum si excludas parentem, pignora teneas, ut ad contumeliam parentis addas etiam pietatis iniuriam; durius si propter matrem etiam filios simul pellas. patierisne liberos tuos vivente te esse sub vitrico; ac incolumi matre, esse sub noverca? quam periculosum si fragilem adolescentiae aetatem errori offeras; quam impium, si eius destituas senectutem cuius defloraveris iuventutem. pone si repudiata non nubat; et hoc tibi debuit displicere, cui adultero fidem servat. pone si nubat; necessitas illius tuum crimen est; et quod coniugium putas, adulterium est. hoc moraliter tamen: quia supra proposuerat regnum dei evangelizari; et cum dixisset de lege unum apicem non posse cadere, subiecit omnis qui dimittit uxorem suam et ducit alteram, moechatur, etc.; vir christus est, uxor ecclesia, caritate uxor, integritate virgo. ergo quem deus traxit ad filium, non separet persecutio, non avertat luxuria, non philosophia depraedetur, haereticus non inficiat, iudaeus non separet. adulteri sunt omnes qui adulterare cupiunt fidei et sapientiae veritatem.

lc4 * Beda. ° admonuerat supra dominus facere amicos de mammona iniquitatis; quod audientes pharisaei deridebant: deinde illa quae proposuerat exemplis astruit, dicens homo quidam erat dives. * chrysostomus. ° erat, non est, quia praeteriit quasi umbra fugiens. non autem omnis sancta paupertas, aut divitiae criminosae; sed ut luxuria infamat divitias, ita paupertatem commendat sanctitas; sequitur enim et induebatur purpura et bysso. * ambrosius. ° purpura color regii habitus est, ex conchis marinis ferro circumcisis emissa; byssus vero genus lini candidi et mollissimi. * gregorius in evang.. ° si autem subtilium pretiosarumque vestium cultus culpa non esset, nequaquam sermo dei hoc tam vigilanter exprimeret. nemo quippe vestimenta pretiosa nisi ad inanem gloriam quaerit, ut honoratior ceteris esse videatur: nemo enim vult ibi pretiosis vestibus indui ubi ab aliis non possit videri. * chrysostomus. ° cinerem et pulverem et terram purpura et serico protegebat: secundum vestimenta eius, ita et epulae: ergo et nobis quales epulae, talia et vestimenta; unde sequitur et epulabatur quotidie splendide. * gregorius moralium. ° ubi solerter intuendum est, quia celebrari sine culpa convivia vix possunt: pene semper epulas comitatur voluptas. nam dum corpus in refectionis delectatione resolvitur, cor ad inane gaudium relaxatur. sequitur et erat quidam mendicus nomine lazarus. * ambrosius. ° narratio magis quam parabola videtur, quando etiam nomen exprimitur. * chrysostomus. ° parabola vero illa est ubi exemplum ponitur, et tacentur nomina. interpretatur autem lazarus, qui adiutus est: pauper enim erat, et illum dominus adiuvabat. * cyrillus. ° vel aliter. praesens sermo de divite et lazaro similitudinarie scriptus est in parabola, ut innotescat quod qui terrenis affluunt opibus, nisi velint opitulari necessitatibus pauperum, gravem incurrent sententiam. refert autem traditio iudaeorum, lazarum quemdam fuisse tunc temporis in hierosolymis extrema pressum inopia et infirmitate, cuius meminit dominus, introducens eum in exemplum ad maiorem sermonis manifestationem. * gregorius in evang.. ° notandum etiam est, quia in populo plus solent nomina divitum quam pauperum sciri. dominus autem nomen pauperis dicit, et nomen divitis non dicit: quia deus humiles novit atque approbat, superbos ignorat. ut autem amplius probaretur pauper, simul hunc et paupertas et aegritudo tabefecit; sequitur enim qui iacebat ad ianuam eius ulceribus plenus. * chrysostomus. ° ideo iacebat ad ianuam, ne dives diceret: non vidi, nemo mihi nuntiavit. videbat eum exiens et revertens. ideo ulceribus plenus, ut crudelitatem divitis suo corpore demonstraret. infelicissime hominum, mortem corporis tui vides iacere ante ianuam, et non misereris. si dei praecepta non consideras, saltem conditionis tuae miserere, et time ne ipse talis efficiaris. aegrotatio autem habet aliquod solatium, si opes habet; quanta ergo in isto poena est in quo inter tanta vulnera non meminit dolores plagarum, sed famem? sequitur enim cupiens saturari de micis quae cadebant de mensa divitis; quasi dicat: quod proicis de mensa, hoc praebe in eleemosynam; fac damna lucrum. * ambrosius. ° insolentia autem et tumor divitum indiciis competentibus subinfertur; sequitur enim et nemo illi dabat. ita enim sunt conditionis humanae immemores, ut tamquam supra naturam siti de miseriis pauperum incentiva suarum capiant voluptatum, rideant inopem, insultent egenti, et quorum misereri deceat, his auferant. * augustinus de verb. dom.. ° inexplebilis enim avaritia divitum nec timet deum, nec hominem veretur; non parcit patri, amico fidem non servat, viduam opprimit, rem pupilli invadit. * gregorius. ° insuper pauper videbat procedentem divitem ab obsequentibus circumfulciri, se in infirmitate et inopia a nullo visitari: nam quia nemo ei ad visitandum aderat, testantur canes, qui licenter vulnera eius lingebant; sequitur enim sed et canes veniebant, et lingebant ulcera eius. * chrysostomus. ° ulcera quae nullus hominum lavare dignabatur et contrectare, ferae mites lambunt. * gregorius. ° ex una ergo re omnipotens deus duo iudicia exhibuit, dum lazarum pauperem ante ianuam divitis iacere permisit: ut et dives impius damnationis sibi augeret ultionem, et tentatus pauper cresceret ad remunerationem: quia conspiciebat ille quotidie cui misereretur, videbat iste de quo probaretur.

lc5 * Chrysostomus. ° audivimus quid utrique in terra passi sunt; videamus quid utrique patiantur apud inferos. quod temporale fuit, praeteriit; quod sequitur, aeternum est. uterque mortuus est: illum angeli, hunc poenae susceperunt; dicitur enim factum est autem ut moreretur mendicus, et portaretur in sinum abrahae. tantae poenae repente deliciis commutantur. portatur post tantos labores, quia defecerat, ne saltem ambulans laboraret; et portabatur ab angelis. non suffecerat ad portandum pauperem unus angelus; sed propterea plures veniunt ut chorum laetitiae faciant. gaudet unusquisque angelus tantum onus tangere; libenter talibus oneribus praegravantur, ut ducant homines ad regna caelorum. portatus est autem in sinum abrahae, ut illum palparet et refocillaret. sinus abrahae, paradisus est. ideo autem angeli ministrantes tulerunt pauperem et locaverunt eum in sinu abrahae, quia licet despectus iaceret, non tamen desperavit, nec blasphemavit, dicens: hic dives in nequitia vivens gaudet, et tribulationem non patitur; ego vero nec obtinere valeo necessariam escam. * augustinus de orig. an.. ° quod autem abrahae sinum existimas esse corporeum, vereor ne in re tanta iocylariter, non serio agere credaris. neque enim usque adeo deciperis, ut arbitreris corporeum sinum hominis unius ferre tot animas; immo, ut secundum te loquar, tot corpora quot illuc angeli, sicut lazarum, perferunt: nisi opineris fortasse illam unam animam solam ad eumdem sinum pervenire meruisse. si errare pueriliter non vis, sinum abrahae intellige remotam sedem quietis atque secretam, ubi est abraham; et ideo abrahae dictam, non quod ipsius tantum sit, sed quod ipse multarum gentium pater sit, qui ad imitandum fidei principatum praepositus est. * gregorius in evang.. ° cum autem duo essent inferius corda, pauperis scilicet et divitis; unus desuper erat inspector, qui et pauperem tentando exercebat ad gloriam, et divitem tolerando expectabat ad poenam; unde sequitur mortuus est autem et dives. * chrysostomus. ° mortuus quidem est tunc corpore; sed erat illi ante anima mortua: nihil enim agebat ex operibus animae: nam totus fervor eius qui provenit ex dilectione proximi, expiraverat, et erat corpore defuncto defunctior. nullus autem est qui sepeliendo diviti ministrasse dicatur ut lazaro: eo namque quod in lato itinere delectatus multos habuit obsequentes adulatores, ut pervenit ad finem, privatus est omnibus; simpliciter enim sequitur et sepultus est in inferno. sed etiam anima eius dum viveret sepeliebatur, obruta corpore quasi sepulchro. * augustinus de quaest. evang.. ° sepultura autem inferni poenarum profunditas est, quae superbos et immisericordes post hanc vitam vorat. * basilius. ° est autem infernus quidam locus communis in intimo terrae, obumbratus undique, et opacus, cuius est quoddam orificium in profundum tendens, per quod patet descensus animabus ad mala damnatis. * chrysostomus. ° vel sicut regum carceres extra manent, sic et extra mundum foris alicubi est infernus, unde et exteriores tenebrae dictae sunt. * theophylactus. ° quidam vero dicunt infernum esse transitum ab apparenti ad disparens, et deformitatem animae: quamdiu enim anima peccatoris in corpore est, apparet per proprias operationes; ut autem evolat de corpore, fit deformis. * chrysostomus. ° sicut autem pauperi dum viveret graviorem poenam reddebat iacere ante ianuam divitis, et aliena bona prospicere; sic diviti mortuo augebat exitium accubitus in gehenna, et prospectus delectationis lazari; ne solum tormentorum natura, sed et collatione honoris illius intolerabilius sentiret supplicium; unde sequitur elevans autem oculos suos, cum esset in tormentis, vidit abraham a longe. elevavit quidem oculos ut inspiceret, non ut despiceret. lazarus enim sursum erat, ille deorsum; illum plures angeli portabant, istum infinita tormenta possidebant; unde non dicit cum esset in tormento, sed in tormentis: totus enim in tormentis erat, oculos solos liberos habebat, ut alterius laetitiam posset aspicere, ut magis torqueatur, quia non habet quod alius habet: aliorum divitias, eorum qui in paupertate sunt, tormenta sunt. * gregorius. ° si autem abraham adhuc in imis non esset, hunc dives in tormentis positus non videret. eos enim qui caelestis patriae vias secuti sunt, post egressum carnis, inferni claustra tenuerunt, non ut poena quasi peccatores plecteret, sed ut illos in locis remotioribus requiescentes, quia necdum intercessio mediatoris advenerat, ab ingressu regni reatus primae culpae retineret. * chrysostomus. ° multi autem erant pauperes iusti; sed qui iacuit ad limina eius, aspectui occurrit ad eius tristitiam; sequitur enim et lazarum in sinu eius. * chrysostomus. ° hinc innotescit quod omnes qui a nobis offenduntur, obiciuntur nostro conspectui. dives autem lazarum non penes alium iustum, sed in sinu abrahae videt: erat enim abraham caritativus, hic autem crudelitatis arguitur; ille sedens ante fores venabatur transeuntes, et in domum propriam ingerebat; hic vero et manentes intus avertebat. * gregorius in evang.. ° qui nimirum dives eum cuius in hac vita misereri non voluit, in suo iam supplicio positus patronum quaerit. * theophylactus. ° non tamen dirigit sermonem ad lazarum, sed ad abraham: quia forsan erubescebat, et putabat lazarum reminisci malorum, ex propriis iudicans de illo; unde sequitur et ipse clamans dixit. * chrysostomus. ° magnae enim poenae magnam vocem reddebant. pater abraham; quasi dicat: patrem te voco natura, quomodo filius qui perdidit suam substantiam, licet meo vitio te patrem perdiderim. miserere mei. frustra agis poenitentiam ubi non est poenitentiae locus. tormenta te cogunt, non mentis affectus. quicumque in regno caelorum est, nescio an eius qui in inferno est valeat misereri. creator creaturae miseretur suae. unus venit medicus qui sanaret morbos; alii sanare non poterant. mitte lazarum. erras, miser; abraham mittere non potest, sed suscipere potest. ut intingat extremum digiti sui in aquam. lazarum videre non dignabaris, et nunc digitum eius desideras: hoc quod petis, tu ei debebas facere cum adhuc viveret. aquam desideras, qui delicatos cibos ante fastidiebas. vide conscientiam peccatoris: non totum audet poscere digitum. instruimur autem quam sit utile in divitiis non confidere. ecce dives indiget paupere, qui quandoque esuriebat. mutantur res, et notificatur omnibus quis esset dives, quis esset pauper; sicut enim in theatris cum advesperascit, et astantes recedunt, exeuntes et amictum deponentes, qui reges et praetores visi fuerant, omnibus ulceribus pleni videntur ut sunt; sic et adveniente morte, et soluto spectaculo, universi, larvis egestatis et divitiarum depositis, ex solis operibus diiudicantur quinam vere sint divites, qui pauperes, qui gloriosi, qui inglorii. * gregorius. ° dives enim iste qui ulcerato pauperi mensae suae vel minuta dare noluit, in inferno positus usque ad minima quaerenda pervenit: nam guttam aquae petivit, qui micas panis negavit. * basilius. ° condignum autem praemium redditur diviti illi ignis et infernalis poena, lingua arefacta; vice lyrae sonantis, gemitus; vice potus, desiderium stillae; vice speculorum enormium, caligo profunda; vice ambitus incessantis, pervigil vermis; unde sequitur ut refrigeret linguam meam, quia crucior in hac flamma. * chrysostomus. ° non autem quia dives fuerat, torquebatur, sed quia misertus non fuit. * gregorius. ° hinc colligendum est qua poena mulctandus sit qui aliena diripit, si inferni damnatione percutitur qui propria non largitur. * ambrosius. ° cruciatur etiam, quia luxurioso carere deliciis poena est; aqua autem est refectio animae in doloribus constitutae. * gregorius. ° quid autem est quod in tormentis positus linguam suam refrigerari postulat, nisi quod is qui convivando de loquacitate peccaverat, per retributionis iustitiam in lingua atrocius ardebat? abundare enim in conviviis loquacitas solet. * chrysostomus. ° multa etiam lingua eius superba locuta est; ubi peccatum, ibi et poena; et quia plurimum lingua peccavit, amplius torquetur. * augustinus de quaest. evang.. ° vel quod linguam suam vult refrigerari cum in flamma totus arderet, significat quod scriptum est: mors et vita in manibus linguae, et quia ore confessio fit ad salutem, quod per superbiam ille non fecit. extremum autem digiti vel minimam operationem significat, qua per spiritum sanctum subvenitur. * augustinus de orig. an.. ° dicis autem: membra hic animae describuntur; et vis per oculum totum caput intelligi, quia dictus est elevare oculos suos, per linguam fauces, per digitum manum. quid autem causae est ut nomina ista membrorum in deo tibi corpus non faciant, in anima faciant? an vero quando de creatura dicuntur, proprie accipienda sunt; quando autem de creatore, tropice atque translate? pennas itaque corporeas daturus es nobis, quoniam non creator, sed creatura, idest homo, dicit: si assumpsero pennas meas diluculo. porro si propterea linguam habuit dives ille corpoream, quoniam dixit refrigeret linguam meam; in nobis quoque adhuc in carne viventibus manus habet ipsa lingua corporea: quia scriptum est: mors et vita in manibus linguae. * gregorius nyssenus. ° sicut autem praestantissima speculorum tales repraesentant facierum imagines quales et ipsae obiectae facies extant, laetas quidem laetantium, tristium vero tristes; sic et iustum dei iudicium simile fit dispositionibus nostris: unde quia dives non fuit misertus pauperis iacentis ad ianuam, cum misericordia egeat, non exauditur; sequitur enim et dixit illi abraham: fili, recordare quia recepisti bona in vita tua. * chrysostomus. ° aspice patriarchae bonitatem: vocat illum filium, quod mansuetudinem eius potest exprimere; nullum tamen praebet auxilium ei qui se remedio privaverat; unde dicit recordare; idest, animadvertas peccata: ne obliviscaris quod fueris oblectatus divitiis. recepisti bona in vita tua, idest illa quae vera bona esse putabas; non potes et in terra regnasse et hic regnare; divitiae non possunt esse verae et in terra et in inferis. sequitur et lazarus similiter mala. non quod lazarus ea mala putaverit; sed ex censura divitis hoc dicebat, qui inopiam et famem et duram aegritudinem aestimabat mala. quando igitur infirmitatis et aegrotationis magnitudo nos premit, lazarum cogitemus, et laetanter accipiamus mala in vita nostra. * augustinus de quaest. evang.. ° haec igitur ei dicuntur, quia felicitatem dilexit saeculi, nec aliam vitam praeter illam in qua superbus tumebat, adamavit. lazarum autem dicit mala recepisse: quia intellexit huius saeculi mortalitatem, labores, et dolores, et aerumnas poenam esse peccati: quia omnes in adam morimur qui factus est transgressione mortalis. * chrysostomus. ° dicit etiam recepisti bona in vita tua, quasi debita; quasi dicat: si quid boni fecisti unde praemium daretur, omnia accepisti in illo mundo, epulans, ditatus, oblectatus successibus prosperis; hic autem, si quid mali commisit, universa recepit paupertate, fame et extremis oppressus miseriis: et uterque vestrum huc nudus accessit: hic quidem a peccatis, propter quod et consolationem sortitur; tu vero a iustitia, propter quod immitigabilem perferes poenam; unde sequitur nunc autem hic consolatur, tu vero cruciaris. * gregorius in evang.. ° quaecumque ergo in hoc saeculo bene habetis, cum vos bona egisse recolitis, valde de ipsis pertimescite, ne concessa vobis prosperitas eorumdem remuneratio sit bonorum; et cum quoslibet pauperes nonnulla reprehensibilia perpetrare conspicitis; quia fortasse quos superfluitas tenuissimae pravitatis coinquinat, caminus paupertatis purgat. * chrysostomus. ° sed dices: nonne est aliquis qui et hic et illic venia perfruatur? hoc quidem difficile est, et de numero impossibilium: nam etsi paupertas non urgeat, urget tamen ambitio; si aegritudo non stimulet, ira inflammat; si tentationes non impetunt, emergunt saepius cogitationes iniquae. non est autem parvus labor iracundiam refrenare, compescere illicita desideria, ostentationes sedare, desperationem remittere, vitam asperam ducere. talia vero non agentem impossibile est salvari. * gregorius. ° responderi etiam potest, quod mali in hac vita bona recipiunt, quia omne suum gaudium felicitatem transitoriam putant. iusti autem habere hic quidem possunt bona, nec tamen in recompensatione recipere: quia dum meliora, idest aeterna, appetunt, eorum iudicio quaelibet bona affuerint, bona minime videntur. * chrysostomus. ° post misericordiam autem dei, in propriis studiis sperandum est de salute, non numerando patres aut proximos vel amicos: frater enim non liberat; et ideo subditur et in his omnibus magnum chaos firmatum est inter nos et vos. * theophylactus. ° chasma mega, hoc est hiatus ingens, significat iustorum a peccatoribus distantiam: nam sicut affectus eorum varii fuerant, sic etiam mansiones non modicum differunt. * chrysostomus. ° quod firmatum dicitur; quia non potest dissolvi, agitari, vel concuti. * ambrosius. ° inter divitem igitur et pauperem chaos magnum est, quia post mortem nequeunt merita mutari; unde sequitur ut hi qui volunt hinc ad nos transire non possint, neque inde huc transmeare. * chrysostomus. ° quasi dicat: videre possumus, transire non possumus; et nos videmus quid fugerimus, et vos videtis quid perdideritis; et nostra gaudia cumulant vestra tormenta, et vestra tormenta cumulant nostra gaudia. * gregorius. ° sicut enim transire reprobi ad electos cupiunt, idest a suppliciorum suorum afflictione migrare: ita ad afflictos atque in tormentis positos transire iustorum est mente ire per misericordiam, eosque velle liberare. sed iustorum animae, quamvis in suae naturae bonitate misericordiam habeant, |350| iam tamen auctoris sui iustitiae coniunctae, tanta rectitudine constringuntur ut nulla ad reprobos compassione moveantur. nec iniusti ergo ad beatorum sortem transeunt, quia damnatione perpetua constringuntur; nec iusti ad reprobos transire possunt, quia erecti iam per iustitiam iudicii, eis nullo modo ex aliqua compassione miserentur. * theophylactus. ° hinc elicias argumentum contra origenis sequaces, qui dicunt: cum terminus sit imponendus suppliciis, erit tempus quo aggregabuntur peccatores iustis et deo. * augustinus de quaest. evang.. ° ostenditur enim per incommutabilitatem divinae sententiae nullum auxilium misericordiae posse praeberi peccatoribus a iustis, etiam si velint praebere; quo admonet ut in hac vita homines subveniant quibus possunt; ne si postea etiam optime recepti fuerint, eis quos diligunt opitulari non valeant. illud enim quod scriptum est hoc capite: ut et ipsi recipiant vos in aeterna tabernacula, non de superbis et immisericordibus scriptum est, sed de his qui sibi |375| eos amicos de operibus misericordiae fecerunt, quod iusti non velut propria potestate, quasi gratificando recipiunt, sed permissione divina.

lc6 * Gregorius in evang.. ° postquam ardenti diviti de se spes tollitur, eius animus ad propinquos quos reliquerat, incurrit; unde dicitur et ait: rogo te, pater, ut mittas eum in domum patris mei. * augustinus de quaest. evang.. ° lazarum petit mitti, quia sensit se indignum qui testimonium perhibeat veritati: et quia non impetraverat paululum refrigerari, multo minus credit se relaxari posse ab inferis ad praedicationem veritatis. * chrysostomus. ° vide autem perversitatem: nec in ipsis poenis continet veritatem. si pater est abraham, quomodo dicis mitte eum in domum patris mei? sed non es oblitus patris tui, quia ille te perdidit. * gregorius. ° reproborum autem mentem poena sua quandoque inutiliter erudit ad caritatem, ut iam tunc etiam suos specialiter diligant, qui hic dum peccata diligerent, nec se amabant; unde sequitur habeo enim quinque fratres, ut testetur illis, ne et ipsi veniant in hunc locum tormentorum. |25| * ambrosius. ° serius autem dives iste magister esse incipit, cum iam nec discendi tempus habeatur vel docendi. * gregorius. ° qua in re notandum est ardenti diviti quanta supplicia cumulantur: ad poenam namque suam ei cognitio servatur et memoria: cognovit enim lazarum quem despexit, et fratrum suorum meminit, quos reliquit: ut enim peccatores in supplicio amplius puniantur, et eorum vident gloriam quos contempserunt, et de illorum poena torquentur quos inutiliter amaverunt. petenti autem diviti ut lazarus mitteretur, ab abraham protinus respondetur; unde sequitur et ait illi abraham: habent moysen et prophetas; audiant illos. * chrysostomus. ° quasi dicat: non sint tibi magis curae fratres tui quam deo, qui eos creavit, statuitque eis doctores, qui eos commonerent et sollicitarent. vocat autem hic moysen et prophetas scripta mosaica et prophetica. * ambrosius. ° quo loco evidentissime declarat dominus vetus testamentum esse fidei firmitatem, retundens perfidiam |50| iudaeorum, et excludens nequitias haereticorum. * gregorius. ° sed qui dei verba despexerat, hoc audire non posse suos sequaces aestimabat; unde sequitur at ille dixit: non, pater abraham; sed si quis ex mortuis ierit ad illos, poenitentiam agent. * chrysostomus. ° quia enim audiendo scripturas contemnebat, et fabulas esse putabat, ex his quae passus fuerat, ipse quoque diiudicabat de fratribus. * gregorius nyssenus. ° sed et aliud quoddam dogma docemur: quod lazari quidem anima non est erga praesentia sollicita, nec retorquet se ad aliquod relictorum; at dives quasi quodam visco, etiam post mortem a vita detinetur carnali; nam si quis omnino carnalis secundum mentem fiat, nec postquam corpus exuerit, removetur a passionibus eius. * gregorius in evang.. ° sed mox diviti veraci sententia respondetur; sequitur enim ait autem illi: si moysen et prophetas non audiunt, neque si quis ex mortuis resurrexerit, credent ei: quia qui verba legis despiciunt, redemptoris praecepta, |75| qui ex mortuis resurrexit, quanto subtiliora sunt, tanto hic difficilius implebunt. * chrysostomus. ° quod autem verum sit quod qui non auscultat scripturis, nec mortuis redivivis auscultat, ostenderunt iudaei, qui nunc quidem volebant occidere lazarum, nunc vero invadebant apostolos; cum tamen a mortuis nonnulli resurrexerint hora crucis. sed et illud considera, quod quisque mortuus servus est. quaecumque vero dicunt scripturae, dicit dominus: unde etsi resurgat mortuus, etsi caelitus descenderit angelus, omnibus magis sunt dignae fide scripturae: nam angelorum dominus, vivorum et mortuorum, eas instituit. si autem sciret hoc deus, quod mortui resurgentes prodessent viventibus, non hoc omisisset, qui pro utilitate nostra singula quaeque tractat. sed etsi crebro resurgerent mortui, hoc iterum tempore contemneretur; sed et diabolus facile introduceret perversa dogmata, id quoque per organa sua fingens, non quidem suscitans vere defunctos, sed quibusdam fallaciis |100| spectantium frustrans intuitum, vel ingenians quosdam mortem simulare. * augustinus de curis pro mortuis habendis. ° diceret autem aliquis: si nulla est mortuis cura de vivis, quomodo dives rogavit abraham ut mitteret lazarum ad quinque fratres suos? sed numquid, quia hoc dives ille dixit, ideo quid fratres agerent vel quid paterentur in illo tempore scivit? ita illi cura fuit de vivis, quamvis quid agerent omnino nesciret, sicut nobis est cura de mortuis, quamvis quid agant omnino nesciamus. sed rursus occurrit quaestio: quomodo hic abraham esse sciebat moysen et prophetas, idest libros eorum? ubi etiam noverat divitem illum in deliciis, lazarum vero in doloribus vixisse? verum non cum haec agerentur in vivis, sed eis mortuis potuit lazaro indicante cognoscere, ne falsum sit quod ait propheta: abraham nescivit nos. possunt et ab angelis, qui rebus quae aguntur hic, praesto sunt, audire aliquid mortui; possunt etiam aliqua quae necessarium est eos nosse, |125| non solum praeterita, verum etiam futura spiritu dei revelante cognoscere. * augustinus de quaest. evang.. ° per allegoriam autem haec sic accipi possunt, ut in divite intelligantur superbi iudaeorum ignorantes dei iustitiam, et suam volentes constituere. purpura et byssus dignitas regni est: et auferetur a vobis regnum dei. epulatio splendida, iactantia legis est, in qua gloriabantur, plus ad pompam elationis abutentes ea, quam ad necessitatem salutis utentes. mendicus autem nomine lazarus, qui interpretatur adiutus, significat indigentem, veluti gentilem aliquem, aut publicanum, qui tanto magis adiuvatur, quanto minus de suarum copia facultatum praesumit. * gregorius. ° lazarus igitur ulceribus plenus gentilem populum figuraliter exprimit, qui dum ad deum conversus peccata sua confiteri non erubuit, huic vulnus in cute fuit: quid enim est peccatorum confessio, nisi quaedam vulnerum ruptio? sed lazarus vulneratus cupiebat saturari de micis quae |150| cadebant de mensa divitis; et nemo illi dabat: quia gentilem quemque ad cognitionem legis admittere superbus ille populus despiciebat; et quia ei verba defluebant de scientia, quasi micae cadebant de mensa. * augustinus. ° canes autem, qui ulcera pauperis lingebant, nequissimi homines sunt, amantes peccata, qui lata lingua etiam laudare non cessant opera mala, quae in se alius gemens et confitens detestatur. * gregorius. ° nonnumquam etiam solent in sacro eloquio per canes praedicatores intelligi, secundum illud: lingua canum tuorum ex inimicis ab ipso. canum etiam lingua vulnus dum lingit curat: quia doctores sancti dum in confessione peccati nostri nos instruunt, quasi vulnus mentis per linguam tangunt. dives autem sepultus est in inferno, in sinum vero abrahae lazarus ab angelis ductus est, idest in secretam requiem, de qua veritas dicit: multi venient ab oriente et occidente, et recumbent cum abraham et isaac et iacob in regno caelorum: filii autem |175| regni eicientur in tenebras exteriores. de longinquo autem ad videndum lazarum oculos dives levat, quia dum per damnationis suae supplicia infideles in imo sunt, fideles quosque ante diem extremi iudicii super se in requie attendunt, quorum post gaudia contemplari nullatenus possunt. longe vero est quod conspiciunt, quia illuc per meritum non attingunt. in lingua autem amplius ardere ostenditur, quia infidelis populus verba legis in ore tenuit, quae opere servare contempsit. ibi ergo amplius ardebit ubi se amplius ostendit scire quod facere noluit. abraham autem filium eum vocat, quem tamen a tormento non liberat: quoniam huius infidelis populi patres, quia multos a sua fide deviasse considerant, eos nulla compassione a tormentis eripiunt, quos tamen per carnem filios recognoscunt. * augustinus. ° quinque autem fratres, quos habere dicit in domo patris sui, iudaeos significant qui appellati sunt quinque, quia sub lege detinebantur, quae per moysen data est, qui quinque libros conscripsit. |200| * chrysostomus. ° vel habuit quinque fratres, idest quinque sensus, quibus ante servierat: et ideo lazarum amare non poterat, quia illi fratres non amant paupertatem. illi te fratres in haec tormenta miserunt: salvari non possunt nisi moriantur; alioquin necesse est ut fratres habitent cum fratre suo. sed quid quaeris ut mittam lazarum? habent moysen et prophetas. moyses, lazarus pauper fuit, maiores divitias esse arbitratus paupertatem christi, quam divitias pharaonis. ieremias in lacum missus pane tribulationis vescebatur; et omnes prophetae istos fratres docent; sed isti fratres salvari non possunt nisi aliquis ab inferis resurrexerit. isti enim fratres antequam christus resurgeret, me ducebant in mortem: ille mortuus est, sed isti fratres resurrexerunt: nunc oculus meus christum videt, auris eum audit, tactus amplectitur. ex hoc autem quod diximus, locum determinamus marcioni et manichaeo, qui destruunt vetus testamentum. vide ergo quid dicat abraham: si moysen et prophetas |225| non audiunt; quasi dicat: bene facis eum qui resurrecturus est expectando: sed in illis christus loquitur: si illos audies, et illum auditurus es. * gregorius. ° iudaicus autem populus, quia moysi verba spiritualiter intelligere contempsit, ad eum de quo moyses locutus fuerat, non pervenit. * ambrosius. ° vel aliter. lazarus est pauper in saeculo, sed deo dives: neque enim omnis sancta paupertas, aut divitiae criminosae; sed sicut luxuria infamat divitias, ita paupertatem commendat sanctitas. sive apostolicus aliquis pauper in verbo, locuples in fide, qui veram teneat fidem, verborum infulas non requirit: cui similem illum puto qui caesus saepius a iudaeis, ulcera sui corporis lambenda quibusdam, velut canibus, offerebat. beati canes, in quos ulcerum talium distillat humor, ut impleat cor, quo custodire domum, servare gregem, cavere assuescat lupos. et quia panis verbum est, fides autem verbi est; micae velut quaedam dogmata fidei sunt, mysteria scilicet scripturarum. |250| ariani autem, qui societatem potentiae regalis affectant ut impugnent ecclesiae veritatem, nonne tibi videntur in quadam purpura et bysso iacere; qui cum pro veris fucata defendant, divitibus abundant sermonibus? dives haeresis evangelia multa composuit, et pauper fides hoc solum evangelium tenuit quod accepit. dives philosophia plures sibi deos fecit, pauper ecclesia unum deum novit: nonne illae videntur egere divitiae, et redundare paupertas? * augustinus de quaest. evang.. ° aliter etiam intelligi potest illa narratio, ut lazarum dominum significare accipiamus iacentem ad ianuam illius divitis, quia se ad aures superbissimas iudaeorum incarnationis humilitate deiecit, cupiens saturari de micis quae cadebant de mensa divitis, idest quaerens ab eis vel minima opera iustitiae, quae suae mensae, idest suae potestati, per superbiam non usurparent: quae opera quamvis minima, et sine disciplina perseverantiae vitae bonae, saltem interdum vel casu facerent, sicut |275| micae de mensa cadere solent. ulcera, passiones sunt domini; canes qui ea lingebant, gentes sunt, quos immundos iudaei dicebant; et tamen passiones domini in sacramentis corporis et sanguinis eius per totum iam orbem suavitate devotissima lambunt. sinus abrahae intelligitur secretum patris, quo post passionem resurgens assumptus est dominus, quo eum portatum ab angelis ideo dictum puto, quia ipsam receptionem, qua in secretum patris accessit, angeli annuntiaverunt discipulis. cetera secundum superiorem expositionem accipi possunt: quia secretum patris bene intelligitur ubi etiam ante resurrectionem iustorum animae vivunt cum deo.

073 CLC cp17

lc1 * Theophylactus. ° quia pharisaei existentes avari convitiabantur christo de paupertate praedicanti, induxit parabolam divitis et lazari. deinde cum discipulis confert de pharisaeis, indicans eos schismaticos et divinae viae impeditores esse; unde dicitur et ait ad discipulos suos: impossibile est ut non veniant scandala, idest impedimenta bonae et deo placitae conversationis. * chrysostomus. ° sunt autem duplicia scandala: quorum haec quidem divinae gloriae refragantur, haec vero prodeunt solum ad irrogandum fratribus impedimentum: nam excogitationes haeresum, et quicumque contra veritatem fit sermo, divinae gloriae refragatur. non tamen ad praesens memorari videntur huiusmodi scandala, sed magis ea quae contingunt inter amicos et fratres; sicut iurgia, detractiones et huiusmodi; unde postea subdit si peccaverit in te frater tuus. * theophylactus. ° vel dicit, quod necesse est emergere multa praedicationis |25| et veritatis obstacula, sicut pharisaei impediebant christi praedicationem. quaerunt autem aliqui: si necesse est ut veniant scandala, cur dominus arguit scandalorum auctorem? sequitur enim vae autem illi per quem veniunt: quidquid enim parit necessitas veniale est. sed attende, quod necessitas ista ex libero arbitrio sortitur originem. videns enim dominus qualiter homines innituntur malo, nec proponunt aliquid boni, dixit quod quantum est ex consequentia eorum quae videntur, necesse est contingere scandala: sicut si medicus videns quemquam mala dieta utentem, dicat: necesse est hunc aegrotare; et ideo inducenti scandala vae dicit, et poenam ei comminatur, dicens utilius est illi si lapis molaris imponatur circa collum eius, et proiciatur in mare, quam ut scandalizet unum de pusillis istis. * beda. ° secundum morem provinciae palaestinae loquitur; cum maiorum criminum apud veteres iudaeos fuerit poena, ut in profundum ligato saxo demergerentur. et revera utilius est innoxium |50| poena, quamvis atrocissima, temporali tamen, vitam finire corpoream, quam fratri nocentem mortem animae mereri perpetuam. recte autem qui scandalizari potest, pusillus appellatur: qui enim magnus est, quodcumque viderit, quodcumque passus fuerit, non declinat a fide. inquantum ergo sine peccato possumus, evitare proximorum scandalum debemus. si autem de veritate scandalum sumitur, utilius permittitur scandalum, quam veritas relinquatur. * chrysostomus. ° per scandalizantis autem poenam bravium salvantis addisce: nisi enim unius animae salus esset sibi nimium curae, non comminaretur scandalizantibus tantam poenam.

lc2 * Ambrosius. ° post divitem qui cruciatur in poenis subicit praeceptum veniae largiendae his qui se ab errore convertunt, ne quem desperatio non revocet a culpa; unde dicitur attendite vobis. * theophylactus. ° quasi dicat: necesse est scandala contingere; non tamen necessarium est vos perire, si peccaveritis; sicut non est necesse oves perire lupo veniente, si vigilet pastor. et quoniam multae sunt scandalizantium differentiae: quidam enim sunt insanabiles, quidam sanabiles; ideo subiungit si peccaverit in te frater tuus, increpa illum; et si poenitentiam egerit, dimitte illi. * ambrosius. ° ut neque difficilis venia, nec remissa sit indulgentia: neque austera percellat invectio, vel conniventia non invitet ad culpam; unde et alibi dicitur: corripe ipsum inter te et ipsum solum: plus enim proficit amica correctio quam accusatio turbulenta. illa pudorem incutit, haec indignationem movet. servetur potius quod prodi metuat qui monetur: bonum quippe est ut amicum magis te qui corripitur credat, quam inimicum: facilius enim consiliis acquiescitur quam iniuriae succumbitur. infirmus custos diuturnitatis est timor, pudor autem bonus magister officii: qui enim metuit reprimitur, non emendatur. pulchre autem posuit si peccaverit in te: non enim est aequa conditio in deum hominemque peccare. * beda. ° intuendum est autem, quia non passim peccanti dimittere iubet, sed poenitentiam agenti: hoc enim ordine scandala declinare possumus, si nullum laedamus, si peccantem zelo iustitiae corripimus, si poenitenti misericordiae viscera pandimus. * theophylactus. ° sed quaereret aliquis: si cum pluries indulserim fratri, iterum fit nocivus, quid agendum est secum? ideo quaestioni huic respondens subdit et si septies in die peccaverit in te, et septies in die conversus fuerit ad te dicens: poenitet me, dimitte illi. * beda. ° septenario numero non veniae dandae terminus ponitur, sed vel omnia peccata dimittenda, vel semper poenitenti dimittendum praecipitur: solet enim saepe per septem, cuiusque rei aut temporis universitas indicari. * ambrosius. ° vel quia septima die requievit deus ab operibus suis, post hebdomadam istius mundi requies nobis diuturna promittitur, ut quemadmodum mala istius mundi opera cessabunt, ita etiam vindictae severitas conquiescat.

lc3 * Theophylactus. ° audientes discipuli dominum de quibusdam arduis disserentem, puta de paupertate, et scandalis evitandis, petunt sibi fidem augeri, per quam possent paupertatem sequi: nihil enim adeo cultum suggerit paupertatis, sicut credere et sperare in domino: et ut per fidem scandalis valeant resistere; unde dicitur et dixerunt apostoli domino: adauge nobis fidem. * gregorius moralium. ° utque iam accepta per initium fuerat, quasi per augmentum graduum ad perfectionem veniret. * augustinus de quaest. evang.. ° potest quidem intelligi hanc fidem sibi augeri postulasse qua creduntur ea quae non videntur; sed tamen dicitur etiam fides rerum, quando non verbis, sed ipsis rebus praesentibus creditur quod futurum est, cum iam per speciem manifestam se contemplandam praebebit sanctis ipsa dei sapientia, per quam facta sunt omnia. * theophylactus. ° dominus autem ostendit eis quod bene peterent, et quod credere deberent constanter, ostendens eis quod fides multa potest; unde sequitur dixit autem dominus: si habueritis fidem sicut granum sinapis, dicetis huic arbori moro: eradicare et transplantare in mare, et obediet vobis. duo magna concurrunt in idem, transpositio radicati in terra, et plantatio in mari: quid enim in undis plantatur? per quae duo virtutem fidei manifestat. * chrysostomus in matthaeum. ° mentionem autem facit sinapis, quia eius granum, etsi sit parvum quantitate, est tamen potestate virtuosius omnibus. insinuat igitur quod minimum suae fidei magna potest. si autem morum non transposuerunt apostoli, non calumnieris: non enim dixit: transferetis, sed: transferre poteritis; sed noluerunt, quia opus non erat, cum maiora fecerint. * chrysostomus. ° quaeret autem aliquis: quomodo christus dicit minimam partem esse fidei, quae morum vel montem potest transponere, cum paulus dicat hanc esse omnem fidem quae montes transfert? dicendum igitur est, quod apostolus attribuit toti fidei montem transponere, non tamquam tota fides solum hoc possit, sed quia hoc carnalibus magnum videbatur propter eminentiam corporis. * beda. ° vel fidem perfectam dominus hic grano sinapis comparat, eo quod sit in facie humilis, et in pectore fervens. mystice autem per morum, cuius colore sanguineo fructus et virgulta rubent, evangelium crucis exprimitur, quae per fidem apostolorum de gente iudaeorum, in qua velut in stirpe generis tenebatur, verbis praedicationis eradicata, et in mare gentium plantata est. * ambrosius. ° vel hoc dicitur quando fides spiritum excludit immundum: nam fructus mori primo albet in flore, qui inde iam formatus erutilat, maturitate nigrescit. diabolus quoque, ex albenti angelicae flore naturae, et potestate rutilanti, praevaricatione deiectus, tetro inhorruit odore peccati. * chrysostomus. ° morum etiam diabolo aptabis: nam sicut mori frondibus vermes aluntur, sic diabolus per cogitationes exortas ab eo, alit nobis vermem perpetuum. sed hanc morum potest fides ab animabus nostris evellere, et in abyssum demergere.

lc4 * Theophylactus. ° quia fides proprium possessorem facit divinorum mandatorum observatorem, vivificis eum exornans operibus, exinde videbatur hominem incurrere posse superbiae vitium: unde praemonuit dominus apostolos ne superbiant in virtutibus suis, per exemplum conveniens, dicens quis autem vestrum habens servum arantem aut boves pascentem, qui regresso de agro dicat illi: statim transi et recumbe? * augustinus de quaest. evang.. ° vel aliter. hanc ergo fidem praestantissimae veritatis plerisque non intelligentibus, videri potest dominus discipulis suis non ad id quod petierant respondisse. difficile autem mihi apparet; nisi intelligamus ex fide in fidem, idest ex fide ista, qua ministratur deo, in eam significasse transferri ubi fruantur deo. augebitur enim fides cum primo verbis praedicantibus, deinde rebus apparentibus creditur: sed illa contemplatio summam quietem habet, quae in aeterno dei regno retribuitur. summa vero quies illa praemium est iustorum laborum, qui in ecclesiae administratione peraguntur: et ideo quamvis in agro aret servus aut pascat, hoc est in vita saeculari vel terrena verset negotia, vel stultis hominibus tamquam pecoribus serviat; opus est ut post illos labores domum veniat; hoc est ecclesiae societur. * beda. ° vel servus de agro egreditur, cum intermisso ad tempus opere praedicandi, ad conscientiam doctorem recurrit, sua secum acta vel dicta retractans; cui non statim dominus dicit transi, de hac vita mortali; recumbe, idest in aeterna sede beatae vitae refovere. * ambrosius. ° intelligitur enim quia nullus recumbit nisi ante transierit. denique et moyses ante transivit, ut magnum visum videret. sicut ergo tu non solum non dicis servo tuo recumbe, sed exigis ab eo aliud ministerium; ita nec in te patitur dominus unius usum esse operis et laboris: quia dum vivimus, debemus semper operari; unde sequitur et non dicat ei: para quod coenem, et praecinge te, et ministra mihi, donec manducem et bibam? * beda. ° iubet parari quod coenet, hoc est post laborem apertae locutionis humilitatem quoque considerationis propriae exhibere: tali coena dominus pasci desiderat. praecingi autem est mentem humiliatam ab omnibus fluctuantium cogitationem finibus, quibus operum gressus impediri solet, constringere: nam qui vestimenta praecingit, hoc agit ne incedens involvatur ad lapsum. ministrare vero deo, est absque gratiae eius auxilio nihil virium habere profiteri. * augustinus de quaest. evang.. ° ministrantibus etiam, hoc est evangelizantibus servis suis, manducat et bibit dominus confessionem et fidem gentium. sequitur et post haec tu manducabis et bibes. * beda. ° quasi dicat: postquam tuae praedicationis opere delectatus, tuaeque compunctionis epulis fuero refectus, tunc demum transies, et aeternis meae sapientiae dapibus in aeternum reficieris. * cyrillus. ° docet autem dominus quod ius potestatis dominicae quasi debitam subiectionem requirit a famulis, cum subdit numquid gratiam habet servo illi, quia fecit quae sibi imperaverat? non puto. per hoc morbus superbiae tollitur. quid superbis? ignoras quod si non persolvis debitum, periculum imminet; si vero persolvas, nullam gratiam facis? secundum illud pauli: si evangelizavero, non est mihi gloria; necessitas enim mihi est: vae mihi si non evangelizavero. considera ergo, quod qui apud nos dominantur, non referunt gratias, cum aliqui subditorum statuta sibi prosequuntur obsequia; sed ex benevolentia saepius suorum provocantes affectum, maiorem eis appetitum serviendi aggenerant. sic et deus petit quidem a nobis famulatum iure servitii; verum, quia clemens et bonus est, honores laborantibus pollicetur; et supereminet sudoribus subiectorum benevolentiae magnitudo. * ambrosius. ° non ergo te iactes, si bene servisti, quod facere debuisti. obsequitur sol, obtemperat luna, serviunt angeli; et nos ergo non a nobis laudem exigamus. unde concludens subdit sic et vos, cum omnia feceritis, dicite: quia servi inutiles sumus: quod debuimus facere, fecimus. * beda. ° servi quidem, quia pretio empti; inutiles, quia dominus bonorum nostrorum non indiget, vel quia non sunt condignae passiones huius temporis ad futuram gloriam. haec igitur est in hominibus fidei perfectio, si omnibus quae sunt praecepta impletis, imperfectos esse se noverint.

lc5 * Ambrosius. ° post praedictam parabolam reprehenduntur ingrati; dicitur enim et factum est, dum iret iesus in ierusalem, transibat per mediam samariam et galilaeam. * titus. ° ut ostendat quod samaritani quidem benevoli, iudaei vero praedictis beneficiis sunt ingrati: erat enim discordia inter samaritanos et iudaeos: quam ipse quasi pacificans inter utrosque transit, ut utrosque compingat in unum novum hominem. * cyrillus. ° deinde suam gloriam salvator manifestat, attrahens ad fidem israel; unde sequitur et cum ingrederetur quoddam castellum, occurrerunt ei decem viri leprosi, ab urbibus et oppidis expulsi, et quasi immundi ritu legis mosaicae. * titus. ° conversabantur autem ad invicem, quia fecerat eos unanimes communitas passionis; et praestolabantur transitum iesu, solliciti donec advenientem christum viderent; unde sequitur qui steterunt a longe: eo quod lex iudaeorum lepram immundam iudicat; lex autem evangelica non externam, sed internam asserit esse immundam. * theophylactus. ° a longe ergo stabant quasi verecundantes de immunditia quae eis imputabatur: putabant enim quod christus eos fastidiret ad modum aliorum. sic ergo astiterunt loco, sed facti sunt proximi deprecando: prope enim est dominus omnibus invocantibus eum in veritate; unde sequitur et levaverunt vocem, dicentes: iesu praeceptor, miserere nostri. * titus. ° dicunt nomen iesu, et lucrifaciunt rem; nam iesus interpretatur salvator: dicunt miserere nobis, propter experientiam virtutis eius; neque argentum petentes neque aurum, sed ut aspectum corporis sanum obtineant. * theophylactus. ° nec simpliciter obsecrant eum, nec rogant eum ut mortalem: vocat eum praeceptorem, idest dominum, quo pene videntur hunc opinari deum. at ipse iubet illis ut ostenderent se sacerdotibus; unde sequitur quos ut vidit, dixit: ite, ostendite vos sacerdotibus: ipsi enim experiebantur si mundati forent a lepra vel non. * cyrillus. ° lex etiam mundatos a lepra iubebat offerre sacrificium causa purgationis. * theophylactus. ° iubere ergo eis ut irent ad sacerdotes, nihil aliud innuebat nisi quod debebant curari; unde sequitur et factum est, dum irent, mundati sunt. * cyrillus. ° in quo iudaeorum pontifices aemuli gloriae eius cognoscere poterant quod inopinate et mirifice sanati sunt, concedente christo eis salutem. * theophylactus. ° cum autem decem essent, novem, qui israelitae erant, ingrati fuerunt; sed alienigena samaritanus reversus, voces emittebat benignas; unde sequitur unus autem ex illis ut vidit quia mundatus est, regressus est cum magna voce magnificans deum. * titus. ° dedit autem ei appropinquandi fiduciam suscepta purgatio; unde sequitur et cecidit in faciem suam ante pedes eius, gratias agens, ex procubitu et supplicatione fidem suam simul cum benevolentia pandens. sequitur et hic erat samaritanus. * theophylactus. ° hinc poterit quisquis conicere quod nihil impedit quemquam placere deo, etsi de genere profano processerit, dummodo bonum gerat propositum. nullus etiam natus ex sanctis superbiat; novem enim qui israelitae erant, ingrati fuerunt; unde sequitur respondens autem iesus dixit: nonne decem mundati sunt? et novem ubi sunt? non est inventus qui rediret, et daret gloriam deo, nisi hic alienigena. * titus. ° per hoc ostenditur quod promptiores ad fidem erant alienigenae: lentus enim erat ad fidem israel; unde subditur et ait illi: surge, vade, quia fides tua te salvum fecit. * augustinus de quaest. evang.. ° mystice autem leprosi intelligi possunt qui scientiam verae fidei non habentes, varias doctrinas profitentur erroris: non enim abscondunt imperitiam suam, sed pro summa peritia proferunt in lucem, et iactantiam sermonis ostendunt. coloris quippe vitium lepra est; vera ergo falsis inordinate permixta in una disputatione vel narratione hominis, tamquam in unius corporis colore apparentia, significant lepram, tamquam veris falsisque colorum fucis humana corpora variantem atque maculantem. hi autem tam vitandi sunt ecclesiae ut, si fieri potest, longius remoti magno clamore christum interpellent. quod autem praeceptorem eum invocaverunt, satis puto significari vere lepram falsam esse doctrinam, quam bonus praeceptor abstergat. nullum autem eorum quibus haec corporalia beneficia dominus praestitit, invenitur misisse ad sacerdotem nisi leprosos. sacerdotium enim iudaeorum figura fuit sacerdotii quod est in ecclesia. cetera autem vitia per seipsum interius in conscientia dominus sanat et corrigit; doctrina vero vel imbuendi per sacramenta, vel catechizandi per sermonem potestas ecclesiae tributa est. qui dum irent, mundati sunt: quia gentiles, ad quos venerat petrus, nondum accepto baptismatis sacramento, per quod spiritualiter ad sacerdotes pervenitur, infusione spiritus sancti mundati declarantur. quisquis ergo in ecclesiae societate doctrinam integram veramque assequitur, eo quod manifestetur, varietate mendaciorum tamquam lepra caruisse, et tamen ingratus deo mundatori suo gratiarum agendarum pia humilitate non prosternitur, similis est illis de quibus dicit apostolus quod cum deum cognovissent, non ut deum magnificaverunt, aut gratias egerunt. ideo tales in novenario numero tamquam imperfecti remanebunt: novem enim indigent uno ut quadam unitatis forma coagulentur, ut decem sint. ille autem qui gratias egit, unicae ecclesiae significatione approbatus est. et quia illi erant iudaei, amisisse per superbiam declarati sunt regnum caelorum, ubi maxime unitas custoditur. iste vero, qui erat samaritanus, quod interpretatur custos, illi a quo accepit tribuens quod accepit, secundum illud: fortitudinem meam ad te custodiam, unitatem regni humili devotione servavit. * beda. ° cecidit autem in faciem, quia ex malis quae se perpetrasse meminit, erubescit: qui surgere et ire praecipitur: quia qui infirmitatem suam cognoscens humiliter iacet, per divini verbi consolationem ad fortia opera proficere iubetur. si autem fides salvum fecit eum qui se ad agendas gratias inclinavit: ergo perfidia perdit eos qui de acceptis beneficiis deo dare gloriam neglexerunt, quapropter fidem per humilitatem augeri debere, sicut in parabola superiori decernitur, ita hic ipsis rebus ostenditur.

lc6 * Cyrillus. ° cum salvator in sermonibus quos ad alios dirigebat, frequenter regnum dei meminisset, ob hoc pharisaei eum deridebant; unde dicitur interrogatus autem a pharisaeis: quando venit regnum dei? quasi irrisorie dicerent: antequam veniat de quo loqueris, mors crucis te occupabit. dominus autem patientiam ostendens, increpatus non increpat; sed potius malos existentes suo non dedignatur responso; sequitur enim respondit eis, et dixit: non veniet regnum dei cum observatione; quasi dicat: non quaeratis de temporibus quibus iterum instabit tempus regni caelorum. * beda. ° illud enim tempus neque ab hominibus, neque ab angelis potest observari, sicut tempus incarnationis prophetarum vaticiniis et angelorum est manifestatum praeconiis; unde subdit neque dicent: ecce hic, aut: ecce illic. vel aliter. interrogant de tempore regni dei, quia, sicut infra dicitur, existimabant quod veniente hierosolymam domino, confestim regnum dei manifestaretur; unde dominus respondet, quod regnum dei non veniet cum observatione. * cyrillus. ° solum autem ad utilitatem cuiuslibet hominis esse fatetur illud quod subditur ecce enim regnum dei intra vos est, idest, in vestris affectibus et in potestate vestra id capere: potest enim quilibet homo iustificatus per fidem christi et virtutibus ornatus regnum obtinere caelorum. * gregorius nazianzenus. ° vel forsitan regnum nobis insitum dicit inditam animabus nostris laetitiam per spiritum sanctum: ea enim est velut imago et arrha perennis laetitiae, qua in futuro saeculo sanctorum animae gaudent. * beda. ° vel regnum dei seipsum dicit intra illos positum, hoc est in cordibus eorum per fidem regnantem.

lc7 * Cyrillus. ° quia dominus dixerat regnum dei intra vos est, voluit discipulos esse paratos ad patientiam, ut effecti strenui intrare valeant regnum dei. praedicit ergo eis, quod antequam de caelo veniat, in fine saeculi persecutio irruet super eos; unde dicitur et ait ad discipulos suos: venient dies quando desideretis videre unum diem filii hominis, et non videbitis; significans quod tanta erit persecutio, quod unum diem eius videre cupiant, illius scilicet temporis quo adhuc conversabantur cum christo. sane iudaei christum multis angustiaverunt improperiis et iniuriis; sed in comparatione malorum maiorum minora eligenda videntur. * theophylactus. ° tunc enim absque sollicitudine vivebant, christo eos procurante, et protegente; sed futurum erat quando christo absente traderentur periculis, ad reges et principes ducti; et tunc tempus primum cuperent quasi tranquillum. * beda. ° vel diem christi dicit regnum dei, quod speramus futurum; et bene dicit unum diem, quia in illa beatitudinis gloria tenebrarum interruptio nulla est. bonum ergo est diem christi desiderare. nec tamen magnitudine desiderii nobis somnia fingere debemus, quasi instet dies domini; unde sequitur et dicent vobis: ecce hic, ecce illic: nolite ire, neque sectemini. * eusebius. ° quasi dicat: si adveniente antichristo, fama de eo volet quasi apparuerit christus, non egrediamini, neque sequamini: nam impossibile est eum qui semel in terra visus est, iterum in angulis terrae conversari. erit igitur hic de quo dicitur, non verus christus; manifestum enim signum secundi adventus salvatoris nostri hoc est quod subito totum orbem claritas eius adventus replebit; unde sequitur nam sicut fulgur coruscans de sub caelo, in ea quae sub caelo sunt fulget; ita erit filius hominis in die sua. non enim apparebit super terram ambulans, sicut quidam homo communis, sed universaliter irradiabit, ostendens cunctis iubar propriae deitatis. * beda. ° et pulchre ait coruscans de sub caelo: quia iudicium sub caelo, hoc est in aeris medio, geretur, secundum illud apostoli: simul rapiemur cum illis in nubibus obviam christo in aera. si autem dominus in iudicio sicut fulgur apparebit, nullus tunc in sua mente latere permittitur: quia ipso iudicis fulgore penetratur. potest autem haec domini responsio et de illo eius adventu quo quotidie venit in ecclesiam accipi. intantum enim saepe haeretici turbaverunt ecclesiam, dicendo in suo dogmate fidem christi manere, ut fideles illorum temporum desiderarent dominum, vel uno die, si fieri posset, redire ad terras, ut per seipsum quomodo se habeat fidei veritas, intimaret. et non videbitis, inquit: quia non est opus corporali visione dominum redire: quia semel per universum mundum evangelii vigorem exhibuit. * cyrillus. ° opinabantur autem discipuli quod vadens hierosolymam statim ostenderet regnum dei. hanc igitur opinionem resecans, notum facit eis quod primo decebat eum salubrem passionem sufferre, deinde ad patrem ascendere, et desuper fulgere, ut per orbem terrarum in iustitia iudicet; unde subdit primum autem oportet illum multa pati, et reprobari a generatione hac. * beda. ° generationem non tantum iudaeorum, verum etiam omnium reproborum appellat; a quibus etiam nunc filius hominis in corpore suo, hoc est in ecclesia, multa patitur, et reprobatur. inserit autem de sua passione, loquens de gloria sui adventus, ut dolorem suae passionis spe promissae clarificationis mitigarent, simulque seipsos pararent, si gloriam regni diligerent, mortis non horrere periculum.

lc8 * Beda. ° adventum domini quem fulguri cito transvolanti comparaverat, nunc comparat diebus noe et lot, quando repentinus mortalibus supervenit interitus; unde dicitur et sicut factum est in diebus noe, ita erit in die filii hominis. * chrysostomus in matthaeum. ° quia enim tunc non crediderunt comminatoriis verbis, passi sunt repente reale iudicium. eorum autem incredulitas ex anima lenta procedebat: nam quaecumque vult aliquis et intendit, ea etiam expectat; unde sequitur edebant et bibebant, uxores ducebant et dabantur ad nuptias usque in diem qua intravit noe in arcam; et venit diluvium, et perdidit omnes. * ambrosius. ° bene causam diluvii de nostris asserit processisse peccatis: quia deus malum non creavit, sed nostra sibi merita reperierunt: non quia coniugia damnentur: neque enim alimenta damnantur, cum in istis successionis, in illis naturae subsidia sint; sed in omnibus modus quaeritur: quicquid enim abundantius est, a malo est. * beda. ° mystice autem noe arcam aedificat, cum dominus ecclesiam de christi fidelibus quasi lignis laevigatis adunando construit: quam perfecte consummatam ingreditur, cum hanc in die iudicii praesentia suae visionis aeternus habitator illustrat. sed cum arca aedificatur, iniqui luxuriantur: cum vero intratur, intereunt: quia qui sanctis hic certantibus insultant, eis illic coronatis aeterna damnatione plectentur. * eusebius. ° quia vero usus est dominus exemplo diluvii, ne putaret aliquis futurum diluvium ex aqua, utitur secundo exemplo lot, docens modum perditionis impiorum, quod igne dimisso caelitus superveniet impiis ira dei; unde subditur similiter sicut factum est in diebus lot: edebant et bibebant, emebant et vendebant, plantabant et aedificabant. * beda. ° praetermisso illo infando sodomorum scelere, sola ea quae levia vel nulla putari poterant delicta commemorat: ut intelligas illicita quali poena feriantur, si licita immoderatius acta igne et sulphure puniuntur; sequitur enim qua die autem exiit lot a sodoma, pluit ignem et sulphur de caelo, et omnes perdidit. * eusebius. ° non prius dixit ignem caelitus decurrisse super impios sodomorum quam lot exisset ab eis; sicut et diluvium non prius terrae incolas perdidit quam noe arcam intrasset: quia quamdiu noe vel lot conversabantur cum impiis, deus non irrogabat iram, ne una cum peccatoribus deperirent; volens autem eos perdere, subtraxit iustum. sic et in consummatione saeculi non prius erit finis quam omnes iusti sint semoti ab impiis; unde sequitur secundum hoc erit qua die filius hominis revelabitur. * beda. ° quia qui interim non apparens omnia videt, tunc apparens omnia iudicabit; apparebit autem iudicaturus eo maxime tempore quo cunctos iudiciorum eius oblitos, huic saeculo conspexerit esse mancipatos. * theophylactus. ° postquam enim venerit antichristus, homines fient lascivi, dediti enormibus vitiis, secundum illud apostoli: voluptatum amatores magis quam dei. si enim antichristus est cuiuslibet peccati habitaculum, quid aliud inferet misero tunc temporis hominum generi nisi sua? et hoc dominus innuit per exempla diluvii et sodomitarum. * beda. ° mystice autem lot, qui interpretatur declinans est populus electorum, qui dum in sodomis, idest inter reprobos, ut advena, moratur, quantum valet, eorum scelera declinat. exeunte autem lot, sodoma perit: quia in consummatione saeculi exibunt angeli, et separabunt malos de medio iustorum, et mittent eos in caminum ignis. ignis tamen et sulphur, quae de caelo pluisse commemorat, non ipsam perennis supplicii flammam, sed subitaneum diei illius significat adventum.

lc9 * Ambrosius. ° quia propter improbos necesse est ut probi in hoc saeculo contritionem cordis animique patiantur, quo uberiorem mercedem accipiant in futurum, quibusdam remediis instruuntur cum dicitur in illa hora qui fuerit in tecto, et vasa eius in domo, non descendat tollere illa; hoc est, si quis superiora iam domus suae eminentiumque virtutum culmen ascendit, ad terrena mundi huius opera non accedat. * augustinus de quaest. evang.. ° in tecto enim est qui excedens carnalia tamquam in aura libera spiritualiter vivit; vasa enim in domo sunt sensus carnales, quibus ad investigandum veritatem quae intellectu capitur, multi utentes, penitus erraverunt. caveat ergo spiritualis homo ne in die tribulationis rursus vita carnali, quae per sensus corporis pascitur, delectatus, ad vasa huius mundi tollenda descendat. sequitur et qui in agro similiter non redeat retro; idest, qui operatur in ecclesia, sicut paulus plantans, et sicut apollo rigans, non respiciat spem saecularem, cui renuntiavit. * theophylactus. ° haec autem omnia matthaeus pro captione hierosolymorum a domino dicta fatetur, ut, supervenientibus romanis, nec domi consistentes descendere deberent pro quocumque necessario, sed protinus arripere fugam, nec in agro manentes redire domum. et nimirum in captione hierosolymorum constat haec evenisse, et iterum fore ventura in antichristi adventu; magis autem in ipso tempore consummationis, cum et tunc intolerabilis sit futura calamitas. * eusebius. ° innuit ergo per hoc futuram esse persecutionem a filio perditionis in christi fideles. diem igitur illam vocat tempus praecedens finem mundi; in quo qui fugit, non revertatur, et amittens bona non curet, nec imitetur coniugem lot, qui post fugam in exitu de civitate sodomorum reversa mortua est, et columna salis effecta; unde sequitur memores estote uxoris lot. * ambrosius. ° quae ideo quia retrospexit, perdidit naturae suae munus: retro enim satanas, retro enim sodoma. quapropter fuge intemperantiam, declinato luxuriam, recordare quia ille qui se veteribus studiis non reflexit, ideo evasit quia pervenit ad montem; illa, quoniam ad posteriora respexit, nec mariti adiuta suffragio, ad montem pervenire potuit, sed remansit. * augustinus de quaest. evang.. ° significat igitur uxor lot eos qui in tribulatione retrospiciunt, et se a spe divinae promissionis avertunt: et ideo statua salis facta est ut admonendo homines ne hoc faciant, tamquam condiat cor eorum, ne sint fatui. * theophylactus. ° consequenter subiungit subsequentia praemissorum, dicens quicumque quaesierit salvare animam, perdet illam: quasi dicat: non quaerat aliquis in persecutionibus antichristi curare propriam animam; nam perdet eam; quisquis autem caedibus et periculis se dederit, salvus erit; unde sequitur et quicumque perdiderit illam, vivificabit eam; nequaquam se tyranno subiciens propter vitae amorem. * cyrillus. ° quomodo etiam aliquis perdat propriam animam ut salvam eam faciat, manifestat paulus dicens de quibusdam: qui carnem suam crucifixerunt cum vitiis et concupiscentiis, labore scilicet et pietate aggredientes agones.

lc10 * Beda. ° dixerat supra dominus, eum qui in agro sit, retro redire non debere; quod ne de his tantum qui aperte de agro redituri, hoc est palam dominum negaturi sunt, dictum putares, pergit ostendere nonnullos esse qui cum faciem habere in anteriora videantur, animo tamen retro respiciunt; unde dicitur dico autem vobis: in illa nocte erunt duo in lecto uno: unus assumetur, et alter relinquetur. * ambrosius. ° bene noctem dicit, quia antichristus hora tenebrarum est, eo quod pectoribus hominum tenebras antichristus infundat, cum dicat se esse christum; christus autem sicut fulgur coruscans fulget, ut in illa nocte resurrectionis gloriam videre possimus. * augustinus de quaest. evang.. ° vel in illa nocte dicit, hoc est in illa tribulatione. * theophylactus. ° vel inopinatum docet esse christi adventum, quem futurum esse noctu docemur. cum autem dixisset, divites vix salvari, ostendit quod nec omnes divites pereunt, nec omnes pauperes salvantur. * cyrillus. ° per duos enim existentes in uno lecto, videtur designare divites quiescentes in mundanis deliciis: lectus namque signum quietis est. non autem quicumque divitiis affluunt sunt impii, sed aliquis est probus et in fide electus; hic igitur assumetur, alter vero, qui talis non existit, dimittetur. descendens enim dominus ad iudicium, mittet angelos suos, qui ceteris in terra derelictis poenam passuris, sanctos et iustos ei adducent, secundum illud apostoli: rapiemur in nubibus obviam christo in aera. * ambrosius. ° vel ex uno strato infirmitatis humanae unus relinquitur, idest improbatur; alter vero assumitur, idest rapitur obviam christo in aera. sequitur duae erunt molentes in unum: una assumetur, et altera relinquetur. * cyrillus. ° per molentes innuere videtur pauperes et pressos laboribus; ad quod etiam pertinet quod subditur duo in agro: unus assumetur, et alter relinquetur. in his enim non modicum differt: nam hi sarcinam paupertatis viriliter sustinent, vitam agentes honestam et humilem, qui assumentur; hi vero sunt ad profana promptissimi, qui relinquentur. * ambrosius. ° vel per molentes significari videntur qui ex occultis alimenta quaerunt, et in apertum ex inferioribus proferunt. et fortasse mundus iste pistrinum est; anima autem nostra velut quodam carcere includitur corporali. in hoc ergo pistrino vel synagoga, vel anima obnoxia delictis, triticum molendo madefactum et gravi humore corruptum, non potest interiora ab exterioribus separare; et ideo relinquitur, quia eius similago displicuit. at vero sancta ecclesia, vel anima nullis maculata contagiis delictorum, quae tale triticum molit quod solis aeterni calore torridum sit, bonam similaginem de penetralibus hominum deo offert. qui sint autem agricolae, possumus reperire, si advertamus duas mentes esse in nobis: unam exterioris hominis, quae corrumpitur; aliam interioris, quae per sacramentum renovatur. istae igitur sunt operantes in agro nostro; quarum altera bonum fructum diligentia dat, altera amittit incuria. vel duos populos interpretemur in hoc mundo, qui agro comparatur: quorum alter, qui fidelis est, assumitur; alter, qui infidelis est, relinquitur. * augustinus de quaest. evang.. ° vel tria genera hominum hic videntur significari. unum eorum qui otium et quietem eligunt, neque negotiis saecularibus, neque ecclesiasticis occupati; quae illorum quies lecti nomine significata est. alterum eorum qui in plebibus constituti reguntur a doctoribus, agentes ea quae sunt huius saeculi; quos et feminarum nomine significavit, quia consiliis praelatorum regi his expedit; et molentes dixit, quia temporalium orbem negotiorum atque circuitum vertunt; quasi tamen in unum molentes dixit, inquantum de istis rebus et negotiis suis praebent usibus ecclesiae. tertium genus est eorum qui operantur in ecclesiae ministerio, tamquam in agro dei. in his ergo tribus generibus bina sunt rursus genera hominum in singulis: quorum aliqui in ecclesia permanent, qui assumuntur; aliqui cadunt, qui relinquuntur. * ambrosius. ° non enim iniquus est deus, ut pares studiis in societate vivendi atque indiscreta actuum qualitate, meritorum remuneratione discernat. non autem merita hominum copulae usus exaequat, quia non omnes quod adoriuntur efficiunt, sed qui perseveraverit usque in finem, hic salvus erit. * cyrillus. ° quia ergo dixit quod quidam assumerentur, utiliter et bene inquirunt discipuli quo assumerentur; unde sequitur respondentes dicunt illi: ubi, domine? * beda. ° duo autem salvator interrogatus, ubi scilicet sint boni assumendi, et ubi mali relinquendi, unum dixit, aliud subintelligendum reliquit; unde sequitur qui dixit eis: ubicumque fuerit corpus, illuc congregabuntur et aquilae. * cyrillus. ° quasi dicat: sicut deiecto cadavere, aves quarum pabulum sunt carnes, ad illud conveniunt; ita cum venerit filius hominis, tunc omnes aquilae, idest sancti, concurrent ad eum. * ambrosius. ° iustorum enim animae aquilis comparantur, eo quod alta petant, humilia derelinquant, et longaevam |125| ducere feruntur aetatem. de corpore autem dubitare non possumus, maxime si meminerimus quod a pilato ioseph corpus accepit. nonne tibi videntur aquilae circa corpus, mulieres apostolorumque conventus circa domini sepulturam? nonne tibi videntur aquilae circa corpus, quando veniet in nubibus, et videbit eum omnis oculus? est autem corpus, de quo dictum est: caro mea vere est cibus. circa hoc corpus aquilae sunt, quae circumvolant spiritualibus alis. sunt etiam circa corpus aquilae, quae credunt iesum christum in carne venisse. est etiam ecclesia, in qua per baptismi gratiam spiritu renovamur. * eusebius. ° vel per aquilas mortua animalia depascentes, principes huius saeculi denotavit, et eos qui tunc temporis sanctos dei persequentur, penes quos relinquuntur assumptionis indigni, qui corpus vel cadaver dicuntur: vel punitrices virtutes, quae facturae sunt impiorum, hic per aquilas denotantur. * augustinus de cons. evang.. ° haec autem quae lucas hic ponit |150| vel recordatur praeoccupando, ut prius commemoraret quae post a domino dicta sunt, vel bis a domino dicta facit intelligi.

073 CLC cp18

lc1 * Theophylactus. ° postquam aerumnarum et periculorum dominus meminit, subdit horum remedium, quod est oratio iugis et praemeditata; unde dicit dicebat autem et parabolam ad illos, quoniam oportet semper orare, et non deficere. * chrysostomus. ° qui te redemit, quid te facere voluit demonstravit. non vult te cessare a precibus; vult te beneficia meditari dum petis: vult te rogando accipere quod benignitas desiderat impertiri. nec unquam oranti beneficia denegat qui ut orantes non deficiant, sua pietate instigat. hortamenta domini libenter admitte: quod praecepit, velle debes; nolle, si ipse dominus prohiberet. denique considera quanta est tibi concessa felicitas, orationibus fabulari cum deo, quod desideras postulare; qui et si verbis silet, tamen beneficiis respondet; non aspernatur quod petis, non taedet nisi forte tacueris. * beda. ° dicendum est autem, eum semper orare et non deficere qui canonicis horis rogare non desistit; aut omnia quae iustus secundum |25| deum gerit et dicit, ad orationem sunt reputanda. * augustinus de quaest. evang.. ° parabolas autem dominus aut secundum similitudinem ponit, sicut de feneratore, qui cum duobus debitoribus donasset quod debebant, ab eo plus dilectus est cui plus donavit; aut de ipsa similitudine aliquid probat, veluti est illud, quod si fenum agri, quod hodie est, et cras in clibanum mittitur, deus sic vestit, quanto magis vos, modicae fidei? hic ergo iniquus iudex non ex similitudine, sed ex dissimilitudine adhibitus est, de quo subditur iudex quidam erat in quadam civitate, qui deum non timebat, et hominem non reverebatur. * theophylactus. ° vide quod impudentem erga homines esse, gravioris est mali indicium: deum enim quamplures non timent, attamen humano cohibentur pudore, et ideo minus peccant; cum vero fit aliquis impudens etiam quoad homines, tunc excrescit cumulus vitiorum. sequitur vidua autem quaedam erat in illa civitate. * augustinus. ° ista |50| vidua potest habere similitudinem ecclesiae, quae desolata videtur donec veniat dominus, qui nunc in secreto curam eius gerit. sed quia sequitur et veniebat ad eum dicens: vindica me de adversario meo. et nolebat per multum tempus, hic monet cur electi dei se vindicare deprecentur, quod etiam in apocalypsi ioannis de martyribus dicitur, cum apertissime moneamur ut pro nostris inimicis et persecutoribus oremus. intelligendum est autem eam vindictam esse iustorum ut omnes mali pereant. pereunt autem duobus modis: aut conversione ad iustitiam, aut amissa per supplicium potestate. itaque si omnes homines convertentur ad deum, diabolus tamen remaneret in saeculi fine damnandus; quem finem cum iusti videre desiderant, non absurde vindictam desiderare dicuntur. * cyrillus. ° vel aliter. quoties nobis ab aliquibus irrogantur offensae, tunc gloriosam esse putabimus oblivionem malorum: quoties vero aliquid ad ipsam dei gloriam peccant, contra dogmatis divini ministros bellantes, tunc deum adimus |75| postulantes subsidium, et exclamantes contra impugnantes gloriam eius. * augustinus. ° apud iniquissimum ergo iudicem usque ad effectum implendi desiderii valuit trahere perseverantia deprecantis; unde sequitur post haec autem dixit intra se: etsi deum non timeo, neque hominem revereor, tamen quia molesta est mihi haec vidua, vindicabo illam, ne in novissimo veniens sugillet me. multo igitur certiores esse debent qui deum perseveranter rogant, fontem iustitiae atque misericordiae; unde sequitur ait autem dominus: audite quid iudex iniquitatis dicat. deus autem non faciet vindictam electorum suorum clamantium ad se die ac nocte et patientiam habebit in illis? * theophylactus. ° quasi dicat: si iudicem imbutum quolibet scelere demulsit assiduitas, quanto magis patrem misericordiae deum flectemus ad pietatem orando? unde sequitur dico autem vobis, quia cito faciet vindictam illorum. tentaverunt autem quidam subtilius hanc indagare parabolam; |100| dicunt enim viduam esse quamlibet animam quae pristinum virum, scilicet diabolum, excludit, ob hoc ei adversantem quod accedit ad deum iustitiae iudicem; qui neque deum timet, nam ipse solus est deus; sed nec veretur hominem, non est enim apud deum personarum acceptio. huius igitur viduae, idest animae supplicantis, iugiter sibi contra diabolum miseretur deus, demulcente eum instantia eius. postquam autem dominus docuit quod utendum sit in tempore consummationis oratione pro tunc futuris periculis, subdit verumtamen filius hominis veniens, putas, inveniet fidem in terra? * augustinus de verb. dom.. ° dicit autem dominus de fide quae perfecta est: ipsa enim vix invenitur in terra. ecce plena est ecclesia dei: quis huc accederet, si nulla esset fides: quis non montes transferret, si plena esset fides? * beda. ° cum autem omnipotens conditor in forma filii hominis apparuerit, tanta erit raritas electorum, ut non tam ob clamorem fidelium, quam torporem aliorum, |125| totius mundi sit acceleranda ruina. quod autem dominus hic quasi dubitative dicit, non dubitat, sed arguit: nam et nos aliquando de rebus quas certas habemus, increpative verbum dubitationis promimus; ut si dicatur servo: considera, forsitan dominus tuus sum. * augustinus. ° hoc autem dominus adicit, ut ostendat quod si fides deficit, oratio perit. ergo ut oremus credamus, et ut ipsa fides non deficiat oremus. fides fundit orationem, fusa oratio fidei impetrat firmitatem.

lc2 * Augustinus de verb. dom.. ° quia fides non est superborum, sed humilium, praemissis subiecit parabolam de humilitate, et contra superbiam; unde dicitur dixit autem et ad quosdam qui in se confidebant tamquam iusti, et aspernabantur ceteros, parabolam istam. * theophylactus. ° quia enim superbia plus quam aliae passiones vexat hominum mentes, ideo crebrius de hac monet. est autem superbia dei contemptus: quoties enim aliquis non deo sed sibi ascribit bona quae facit, quid est aliud quam dei negatio? causa igitur confidentium in seipsis, non autem totum attribuentium deo, sed ob hoc etiam ceteros contemnentium, parabolam proponit, ostendens quod iustitia quamvis hominem approximet deo, si tamen assumat superbiam, ad infimum deicit hominem; unde sequitur duo homines ascenderunt in templum ut orarent: unus pharisaeus, et alter publicanus. * graecus. ° diligentiam quidem orationis docuit nos per viduam et iudicem; hic autem |25| per pharisaeum et publicanum docet nos quomodo sint ei dirigenda precamina, ne sit infructuosum orationis negotium. condemnatus est autem pharisaeus, cum incaute oraret; nam sequitur pharisaeus autem stans, haec apud se orabat. * theophylactus. ° per hoc quod dicit stans, elatum eius animum notat: ipso enim habitu superbissimus videbatur. * basilius. ° dicit autem apud se orabat; quasi non apud deum, quia ad seipsum redibat per peccatum superbiae; sequitur enim deus, gratias ago tibi. * augustinus. ° non reprehenditur quia deo gratias agebat, sed quia nihil sibi addi cupiebat. ergo iam plenus es, iam abundas; non est quare dicas: dimitte nobis debita nostra. quis est igitur qui impune oppugnat gratiam, si reprehenditur qui superbe agit gratias? audiant qui dicunt: deus me hominem fecit; ego me iustum facio. o peior et detestabilior pharisaeo, qui superbe iustum se dicebat, sed tamen inde gratias deo agebat. * theophylactus. ° attende autem seriem orationis |50| pharisaei. primo namque dixit quae ei aberant, deinde subiungit quae habebat; sequitur enim quia non sum sicut ceteri hominum, raptores, iniusti, adulteri. * augustinus. ° diceret saltem: sicut multi homines. quid est ceteri homines, nisi omnes praeter ipsum? ego, inquit, iustus sum, ceteri peccatores. * gregorius moralium. ° quatuor quippe sunt species quibus omnis tumor arrogantium demonstratur: cum bonum aut a semetipsis habere se aestimant; aut si sibi datum desuper credunt, pro suis se hoc accepisse meritis putant; aut certe cum iactant se habere quod non habent; aut despectis ceteris singulariter videri appetunt habere quod habent; unde et pharisaeus hic bonorum sibi operum merita singulariter tribuit. * augustinus. ° ecce autem ex vicino publicano maioris erat ei tumoris occasio; sequitur enim velut etiam hic publicanus; quasi dicat: ego solus sum, iste de ceteris est. * chrysostomus. ° non enim satiaverat contemptum eius tota humana natura, sed et publicanum |75| aggressus est. moderatius autem peccasset, si publicanum excepisset; nunc autem uno verbo et absentes invadit, et vulnera praesentis lacessit. non est autem gratiarum actio invectiva aliorum. si regratiaris deo, ipse tibi tantum sufficiat, nec te ad homines transferas, nec proximum condemnes. * basilius. ° discrepat autem elatus a conviciatore sola habitudine: is enim in alios utitur conviciis, hic autem se mentis temeritate extollit. * chrysostomus. ° qui autem aliis conviciatur, sibi et aliis multa mala facit. primo enim audientem reddit peiorem: quia si sit peccator, fit laetior, criminis invento collega; si sit iustus, extollitur, per aliena crimina inductus de se magna putare. secundo communitatem ecclesiae laedit: non enim omnes audientes vituperant eum solum qui peccavit, sed ritui christiano contumelias innectunt. tertio dei gloriam blasphemare facit: sicut enim nobis recte agentibus nomen dei glorificatur, sic nobis peccantibus blasphematur. quarto eum qui audivit opprobria, confundit, impudentiorem |100| eum et adversarium faciens. quinto statuit se poenae obnoxium, rebus prolatis quae sibi non conveniunt. * theophylactus. ° expedit autem non solum declinare a malo, sed etiam agere bonum; et ideo cum dixisset: non sum sicut adulteri, subiungit per oppositum ieiuno bis in sabbato. sabbatum hi dicebant hebdomadam ab ultima die quietis. ieiunabant enim pharisaei secunda et quinta feria. sic igitur ieiunia obiecit contra passionem adulterii: nam ex voluptate est lascivia. rapacibus vero et iniustis opposuit decimarum solutionem; sequitur enim decimas do omnium quae possideo; quasi dicat: adeo rapinas et nequitias refugio ut etiam mea contribuam. * gregorius moralium. ° ecce civitatem cordis sui insidiantibus hostibus per elationem aperuit, quam frustra per ieiunium et orationem clausit. incassum munita sunt cetera, cum locus unus, de quo hosti patet aditus, munitus non est. * augustinus. ° quaere autem |125| in verbis eius: nihil invenies quod deum rogaverit: ascendit quidem orare, noluit deum rogare, sed se laudare, et roganti insultare. publicanum autem cordis conscientia removebat, sed pietas applicabat; unde sequitur et publicanus a longe stans nolebat nec oculos ad caelum levare. * theophylactus. ° quamvis autem publicanus stetisse dicatur, distabat tamen a pharisaeo tam verbis quam habitu, nec non et corde contrito: nam verebatur oculos levare in caelum, censens indignos visionis supernae eos qui maluerunt bona terrena spectare et quaerere; necnon et pectus tundebat; unde sequitur sed percutiebat pectus suum, cor quodammodo pungens causa cogitationum pravarum, nec non et excitans ut dormitans: unde non aliud quam deum propitiatorem petebat; sequitur enim dicens: deus, propitius esto mihi peccatori. * chrysostomus. ° audivit quia non sum velut hic publicanus, nec indignatus est, sed compunctus: detexit ille vulnus, quaerit hic medicinam. nemo igitur illud frigidum |150| proferat verbum: non audeo, pudorosus sum, non possum aperire os. talis reverentia est diabolica: vult enim diabolus obserare tibi fores accessus ad deum. * augustinus. ° quid igitur miraris si deus ignoscit, quando ipse agnoscit? de longinquo stabat; deo tamen appropinquabat, et eum dominus de prope attendebat: excelsus enim dominus, et humilia respicit; nec oculos ad caelum levabat ut respiceret; tremebat conscientia, spes sublevabat; percutiebat pectus suum, poenas de seipso exigebat: propterea dominus confitenti parcebat. audisti superbum accusatorem, audisti humilem reum: audi nunc iudicem dicentem amen dico vobis: descendit hic iustificatus in domum suam ab illo. * chrysostomus. ° geminos aurigas et duas bigas in stadio positas sermo praesens proponit: in altera peccatum et humilitatem: et vides bigam peccati superare iustitiam, non propriis virtutibus, sed humilitatis coniunctae; illam vero devictam non fragilitate iustitiae, sed mole et tumore superbiae: |175| nam sicut humilitas per sui eminentiam peccati pondus superat, et saliens attingit deum; sic superbia ob sui molem de facili iustitiam deprimit. si ergo plura facta strenue geras, putas autem te posse praesumere, tota caruisti oratione; si vero mille feras in conscientia fasces reatuum, et hoc solum de te credas quod es infimus omnium, multam obtinebis ante deum fiduciam. et ideo suae sententiae causam assignans subdit quia omnis qui se exaltat, humiliabitur; et qui se humiliat, exaltabitur. humilitatis nomen multiplex est. est enim quaedam virtus humilitas, iuxta illud: cor contritum et humiliatum, deus, non despicies. est et humilitas ab aerumnis, iuxta illud: humiliavit in terra vitam meam. est et humilitas a peccatis et superbia et insatiabilitate divitiarum: quid enim humilius his qui se submittunt in divitiis et potentatu, et haec reputant magna? * basilius. ° similiter etiam et exaltari laudabiliter contingit, quando scilicet non humilia cogitas, sed mens tua est per magnanimitatem in |200| virtutem erecta. talis autem animi celsitudo est eminentia in tristitiis, terrenorum contemptus, conversatio in caelis: et videtur huiusmodi mentis sublimitas eamdem habere differentiam ad elationem quam arrogantia parit, quam habet corpulentia corporis bene dispositi ad inflationem carnis cum ex hydropisi tumet. * chrysostomus. ° haec igitur fastus inflatio ab ipsis caelis potest deprimere non caventem; humilitas vero et ab ipsa abysso reatuum hominem sublimare: haec enim prae pharisaeo publicanum salvavit, latronem ante apostolos in paradisum duxit; illa vero etiam incorpoream ingressa est potestatem. ceterum si iuncta delicto humilitas tam facile currit, ut superbiam iustitiae transeat; si iustitiae coniunxeris eam, quomodo non ibit? assistet ipsa tribunali divino in medio angelorum cum fiducia multa. rursus si fastus coniunctus iustitiae eam deprimere potuit, si coniunctus sit peccato, in quantam gehennam detrudet? hoc dico, non ut negligamus iustitiam, sed ut fastum vitemus. * theophylactus. ° sed forsitan |225| mirabitur aliquis, quomodo pharisaeus, cum pauca verba suae laudis protulerit, condemnatur; iob vero cum plurima fuderit, coronatur. eo scilicet quod pharisaeus talia dicebat criminando alios, nulla ratione cogente; iob vero, urgentibus eum amicis, et pressuris prementibus, coactus est proprias virtutes referre ad dei gloriam, ne homines desisterent a profectu virtutis. * beda. ° typice autem pharisaeus est populus iudaeorum, qui ex iustificationibus legis extollit merita sua; publicanus vero gentilis est, qui longe a deo positus, confitetur peccata sua; quorum unus superbiendo recessit humiliatus, alter lamentando appropinquare meruit exaltatus.

lc3 * Theophylactus. ° post praedicta, humilitatem dominus docet per ea quae fecit, non repellens, sed gratanter parvulos admittens; unde dicitur afferebant autem ad illum infantes, ut eos tangeret. * augustinus de verb. dom.. ° cui afferuntur tangendi nisi salvatori? sed si salvator est, salvandi offeruntur illi qui venit salvum facere quod perierat. ubi isti perierant, quantum ad ipsos pertinet innocentes? sed secundum apostolum, per unum hominem intravit peccatum in orbem terrarum. veniant ergo parvuli, ut languidi ad medicum, perditi ad redemptorem. * ambrosius. ° durum autem aliquibus videri potest quod discipuli dominum infantulos adire prohibebant; sequitur enim quod cum viderent discipuli, increpabant illos. ubi vel mysterium intelligas, vel affectum. neque enim hoc invidia aut in pueros mentis asperitate faciebant; sed sedulae servitutis obsequia domino deferebant, ne comprimeretur a turbis. respuenda |25| quippe est utilitas nostra ubi divinitatis iniuria est. in mysterio autem, quia prius salvari populum iudaeorum, ex quo secundum carnem nati fuerant, gestiebant. sciebant quidem mysterium quod utrisque populis vocatio deberetur: nam et pro chananaea muliere supplicarunt; sed fortasse adhuc ordinem nesciebant; unde sequitur iesus autem convocans eos dixit: sinite parvulos venire ad me, et nolite vetare eos: talium est enim regnum dei. non aetas praefertur aetati: alioquin obesset adolescere. cur ergo pueros dicit aptos esse regno caelorum? fortasse quia malitiam nesciant, fraudare non noverint, referire non audeant, scortari ignorent, opes, honorem, ambitionem non appetant. sed non ignorare ista, virtus est, sed contemnere: non enim virtus est non posse peccare, sed nolle. non igitur pueritia, sed aemula puerilis simplicitatis bonitas designatur. * beda. ° unde signanter dixit talium, non istorum, ut ostenderet non aetatem regnare, sed mores; et his qui similem haberent innocentiam et simplicitatem, |50| praemia repromitti. * ambrosius. ° denique hoc salvator expressit dicens amen dico vobis: quicumque non acceperit regnum dei sicut puer, non intrabit in illud. quis puer imitandus est apostolis christi, nisi de quo isaias dixit: puer natus est nobis, qui cum malediceretur, non maledicebat? itaque in pueritia est quaedam venerabilis morum senectus, et in senectute innocens pueritia. * basilius. ° suscipiemus autem regnum dei ut puer, si dispositi fuerimus erga doctrinam domini ut puer, in disciplina, nequaquam contradicens nec disputans cum magistris, sed credibiliter et obedienter imbibens documenta. * theophylactus. ° gentilium ergo sapientes quaerentes sapientiam in mysterio, quod est regnum dei, nec volentes hoc absque fide syllogisticae probationis admittere, merito exclusi sunt ab hoc regno.

lc4 * Beda. ° audierat princeps quidam a domino, tantum eos qui puerorum vellent esse similes, regnum dei intraturos; atque ideo poscit sibi non per parabolam, sed palam, quibus operum meritis vitam aeternam consequatur, exponi; unde dicitur et interrogavit eum quidam princeps, dicens: magister bone, quid faciendo vitam aeternam possidebo? * ambrosius. ° tentator princeps iste magistrum bonum dixit, qui deum bonum dicere debuisset: nam licet in divinitate bonitas sit, et in bonitate divinitas, tamen addendo magister bone, in portione bonum dixit, non in universitate: nam deus in universitate bonus, homo ex parte. * cyrillus. ° putavit autem se christum capere, dum vituperaret mosaicum praeceptum, introduceret vero sua statuta. accedit ergo ad magistrum, et bonum eum nuncupans, dicit se velle doceri. quia ergo tentative quaerebat, qui apprehendit sapientes in astutia sua, convenienter ei respondet; nam sequitur dixit autem ei iesus: quid me dicis bonum? |25| nemo bonus nisi solus deus. * ambrosius. ° non bonum se negat, sed deum designat. bonus quidem non est, nisi plenus bonitatis. quod si quem moveat quia nemo bonus, moveat et illud nisi deus. quod si a deo filius non excipitur, utique nec a bono christus excipitur: nam quomodo non bonus ex bono natus? arbor enim bona fructus bonos facit. quomodo non bonus, cum bonitatis suae substantia ex patre assumpta non degeneravit in filio, quae non degeneravit in spiritu? spiritus tuus bonus deducet me in terram rectam. quod si bonus spiritus qui accepit a filio, bonus utique et ille qui tradidit. itaque quia legisperitus est iste qui tentat, sicut in libro alio demonstratur, ei bene dixit nemo bonus nisi unus deus: ut admoneret, quia scriptum est: non tentabis dominum deum tuum; sed magis confiteretur domino, quoniam bonus. * chrysostomus in matthaeum. ° vel aliter. avarum quidem dicere hunc principem non verebor: nam hoc christus ei |50| improperat; tentatorem autem minime. * titus. ° ergo cum dicit magister bone, quid faciendo vitam aeternam possidebo? idem est ac si dicat: bonus es: dignare me responso in eo quod quaero: doctus sum vetus testamentum, te tamen praestantiorem video non promittentem terram, sed praedicantem regnum caelorum. dic ergo mihi, quid faciendo vitam aeternam potero possidere? intentionem igitur attendens salvator, quia fides est via ad opera, cum dixisset ille quid faciam? hac quaestione omissa, in notitiam fidei eum ducit: velut si quis interrogaret medicum: quid comedam? et ille ostenderet quae deberent cibum praecedere; et ideo eum ad patrem remittit, dicens quid me dicis bonum? non quod ipse bonus non esset: erat enim bonum ex bono patre germen, bonus boni filius. * augustinus de cons. evang.. ° potest autem videri distare aliquid quod secundum matthaeum dicitur: quid me interrogas de bono? quod ad illud magis referri potest quod ait ille quaerens: quid boni |75| faciam? ibi enim et bonum nominavit, et interrogatio est. commodissime ergo intelligitur utrumque dictum: quid me dicis bonum? et: quid me interrogas de bono? quod ad illud magis referri potest. * titus. ° denique postquam docuit cognitionem fidei, subiungit mandata nosti; quasi dicat: quando prius deum noveris, tunc optime quaeres quid facias. * chrysostomus. ° expectante autem principe audire christum dicentem: recedas a mandatis mosaicis, et meis attende, ad mosaica eum mittit; unde sequitur non occides, non moechaberis. * theophylactus. ° primo quidem lex ea corrigit ad quae facilius labimur, ut moechari, cuius incentivum est intrinsecum et naturale; et occidere, quia immanis bellua furor; sed furtum et falsi testimonii culpam raro contingit incurrere. sed et graviora illa existunt; et ideo secundario furtum et falsum testimonium ponit, ut rarius fallentia et leviora; sequitur enim non furtum facies, non falsum testimonium dices. * basilius. ° non est autem intelligendum fures esse |100| solum bursarum incisores, vel latrocinantes in balneis; sed et si qui duces legionum statuti, vel commisso sibi regimine civitatum aut gentium, hoc quidem furtim tollunt, hoc vero vi ac publice exigunt. * titus. ° sed videas in non agendo praecepta consistere: quoniam si moechatus non fueris, castus es; si non fureris, benevolus; si falso non testeris, veridicus. attende virtutem iam facilem per bonitatem statuentis: nam mali fugam ingerit, non boni exercitium; quaelibet autem quies quolibet est facilior opere. * theophylactus. ° sed quia in parentes committere quamquam magnum sit crimen, raro tamen accidit, post omnia ponit honora patrem tuum et matrem. * ambrosius. ° est autem honor non solum honorificentiae, sed etiam largitati. honor enim est deferre pro meritis. pasce patrem tuum, pasce matrem; et si paveris, adhuc non reddidisti dolores et cruciatus quos pro te mater passa est. illi debes quod habes, huic debes quod es. quantum iudicium, si pascat ecclesia quos tu pascere nolis? |125| sed dices: quod eram parentibus collaturus, ecclesiae mallem conferre. non quaerit deus donum de fame parentum; sed ut pascendos scriptura dicit parentes, ita propter deum relinquendos, si impediant devotae mentis affectum. sequitur qui ait: haec omnia custodivi a iuventute mea. * hieronymus. ° mentitur adolescens. si enim quod postpositum est in mandatis: diliges proximum tuum sicut teipsum, opere complesset, quomodo postea audiens: vade, et vende omnia quae habes, et da pauperibus, tristis abscessit? * beda. ° vel non est putandus esse mentitus, sed simpliciter ut vixerit, scilicet exterius, esse confessus: alioquin nequaquam marcus diceret quod iesus intuitus eum dilexit eum. * titus. ° ostendit autem consequenter dominus quod si aliquis vetus testamentum peregit, perfectus non est, sed deest ei sequi christum; unde subditur quo audito iesus ait ei: adhuc unum tibi deest: omnia quaecumque habes vende, et da |150| pauperibus, et habebis thesaurum in caelo; quasi dicat: quaeris quomodo sit possidenda vita aeterna: sparge facultates pauperibus, et obtinebis illam. parva sunt quae impendis, magna quae recipis. * athanasius. ° non enim mundum despicientes putemus grandia quidem abdicasse, quia tota terra est in comparatione caeli brevissima: quapropter si toti terrae dominaremur, ei abrenuntiantes, nihil dignum esset in comparatione regni caelorum. * beda. ° quicumque ergo perfectus esse voluerit, oportet vendere quae habet, non ex parte, sicut ananias fecit et saphira, sed totum. * theophylactus. ° unde dicens omnia quae habes, summam paupertatem suadet; si quid enim restiterit, illius servus est. * basilius. ° non tamen docet facultates vendere eo quod naturaliter sint pravae; alioquin creatura dei non essent: unde eas non tamquam malas abicere, sed dispensare monuit: et condemnatur aliquis, non quia eas possidet, sed quia eis abusus est: quo fit ut facultatum secundum mandata |175| dei dispensatio, et crimina deleat, et regnum conferat; unde subdit et da pauperibus. * chrysostomus. ° poterat quidem deus alere pauperes et sine hoc quod nos misereremur eorum; sed vult dantes dilectione astringi accipientibus. * basilius. ° dicente autem domino da pauperibus, puto non expedire cuiquam negligenter gerere, sed omnia diligenter disponere, praecipue per seipsum, si ex parte se habeat; sin autem, per eos de quibus constat quod fideliter et prudenter disponant: maledictus enim qui negligenter perficit opera domini. * chrysostomus. ° sed illud quaeritur quomodo christus erogare cuncta pauperibus perfectionis esse fatetur; paulus autem absque dilectione hoc asserit esse imperfectum. sed valde consonat quod subiunxit et veni, sequere me: quod ostenditur ex dilectione esse: in hoc enim cognoscent omnes quod mei estis discipuli, si dilectionem habueritis ad invicem. * theophylactus. ° cum paupertate enim ceteras quoque virtutes hominem habere oportet; ob |200| hoc ait et veni, sequere me: idest, in ceteris esto meus discipulus, iugiter me sequaris. * cyrillus. ° princeps autem ille vini recentis capax non fuit, vetus uter existens; sed tristitia ruptus est; unde sequitur his ille auditis, contristatus est, quia dives erat valde. * basilius. ° mercator non tristatur in nundinis paciscendo quae possidet, acquirendo sibi opportuna; tu vero tristaris pulverem dans, ut acquiras vitam beatam.

lc5 * Theophylactus. ° quoniam dives, audita opum abiectione, tristatus fuit, dominus admiranter locutus est; dicit enim videns autem iesus illum tristem factum, dixit: quam difficile qui pecunias habent in regnum dei intrabunt. non dicit: impossibile est eos intrare, sed difficile; possunt enim per divitias adipisci superna, sed difficile est: quia viscosiores sunt visco divitiae, et vix evellitur animus occupatus ab eis: sed subsequenter ut impossibile hoc indicat, cum dicit facilius est enim camelum per foramen acus transire, quam divitem intrare in regnum dei. nam sive per camelum animal intelligas, sive funem nauticum crassum; quocumque modo impossibile est quod foramen acus totum capiat camelum. si igitur facilius est camelum per foramen acus transire quam divitem salvari, et hoc quod facilius est, impossibile est; impossibilius ergo est salvari divitem. quid igitur dicendum? equidem quod vere sic habet, divitem servari non posse. neque mihi dicas, quod salvatus |25| sit dives quispiam, qui sua dederit: non enim dives salvatus est, sed quia pauper factus, vel dispensator existens servatus est, non dives. aliud est enim dispensator, aliud dives: dives est qui sibi divitias reservat, dispensator vero cui divitiae propter alios concreditae sunt. * chrysostomus in ioannem. ° abraham quidem possidebat opes pauperibus; et qui iuste eas possident, quasi suscipientes a deo dispensant in divinis mandatis; qui vero contra deum acquisierunt, et in expendendo faciunt illud idem, meretricibus et parasitis dantes, vel humi abscondentes, egenis vero nihil impendentes. non ergo prohibet ditari, sed opibus famulari: vult necessariis ut eis utamur, non ut custodiamus: nam famuli est custodire, sed domini dispensare. si conservari eas vellet, non tradidisset eas hominibus, sed sineret in terra iacere. * theophylactus. ° porro attendas illud quod divitem quidem impossibile dicit salvari, possidentem vero divitias difficile; quasi dicat: dives, qui captus est a divitiis, |50| et famulatur eis, non salvabitur; habens vero illas, scilicet qui eis dominatur, vix salvabitur causa humanae fragilitatis. conatur enim nos diabolus supplantare quoadusque possidemus divitias, et difficile est aufugere decipulas eius: ideoque bonum est paupertas, et quasi tentatione carens. * chrysostomus. ° nulla enim est divitiarum commoditas, anima patiente penuriam; nec laesio paupertatis, anima divitiis affluente. si autem ditescentis indicium est nullius egere, et pauperascentis indigere; palam est quod magis esse pauperem facit magis ditescere: facilius est enim quod quis in paupertate quam in divitiis opes contemnat: neque enim talis est ambitus ut per magis habere sedetur; sed per hoc consuevit magis accendi, sicut ignis quando maiorem suscipit escam. quae autem mala videntur esse inopiae, communia sunt; quae vero divitiarum, propria sunt earum. * augustinus de quaest. evang.. ° divitem ergo hic appellat cupidum rerum temporalium, et de talibus superbientem. his divitibus contrarii |75| sunt pauperes spiritu, quorum est regnum caelorum. mystice autem facilius est christum pati pro dilectoribus saeculi, quam dilectores saeculi ad christum posse converti. cameli enim nomine se intelligi voluit, quia sponte humiliatus infirmitatis nostrae onera sustulit. per acum autem punctiones significat, per punctiones dolores in passione susceptos; foramen autem acus dicit angustiam passionis. * chrysostomus in matthaeum. ° hic autem sermo quasi gravis transcendebat discipulorum virtutem; unde sequitur et dixerunt qui haec audiebant: et quis potest salvus fieri? hoc dixerunt discipuli, non de se, sed de toto mundo timentes. * augustinus. ° cum autem incomparabiliter maior sit turba pauperum, quae, divitibus perditis, potest salvari; intellexerunt, omnes qui divitias amant, etiam si adipisci nequeant, in divitum numero deputari. sequitur ait illis: quae impossibilia sunt apud homines, possibilia sunt apud deum: quod non ita intelligendum est, quasi dives |100| cum cupiditate et superbia in regnum dei sit intraturus; sed possibile est deo ut a cupiditate et superbia ad caritatem et humilitatem convertatur. * theophylactus. ° apud homines ergo, quorum serpit intentio ad terrena, impossibilis est salus, ut dictum est; apud deum vero possibilis est. cum enim homo consiliarium habet deum, et iustificationes et doctrinas paupertatis imbiberit, necnon eius auxilium invocet, hoc fiet possibile. * cyrillus. ° congrue autem dives cum multa contempserit, recompensationem expectabit; qui vero parva possidens ea abdicavit, quid ei sperandum esset, quaerere decebat; unde sequitur ait autem petrus: ecce dimisimus omnia. matthaeus addit: quid ergo erit nobis? * beda. ° quasi dicat: fecimus quod iussisti: quid igitur dabis nobis praemii? et quia non sufficit dimittere omnia, iungit quod perfectum est, dicens et secuti sumus te. * cyrillus. ° illud autem necesse est dicere, quod paucis abrenuntiantes, quantum spectat ad propositum et obedientiam, pari lance cum |125| opulentis penduntur, paribus utentes affectibus, dum rerum quas possident abiectionem ultro inferunt; unde sequitur amen dico vobis: nemo est qui reliquerit domum aut parentes aut fratres aut uxores aut filios aut agros propter regnum dei, et non recipiat multo plura in hoc tempore, et in saeculo futuro vitam aeternam. elevat ad acceptissimam spem omnes audientes, iureiurando promittens, dum apponit sermoni amen. doctrina enim divina mundum vocante ad fidem christi, forsitan aliqui respicientes parentes infideles, noluerunt eos turbare veniendo ad fidem; et similis est ratio aliorum germanorum. deserunt autem quidam patrem et matrem, et totius parentelae amorem despiciunt propter amorem christi. * beda. ° sensus igitur iste est: qui propter regnum dei inquirendum omnes affectus contempserit, omnes saeculi divitias, delicias risusque calcaverit, multo plura in praesenti recipiet. cuius sententiae occasione, quidam iudaicam mille annorum fabulam post resurrectionem iustorum aedificant, |150| quando omnia quae propter deum dimittimus, multiplici nobis sint fenore reddenda, et insuper vita aeterna donanda: nec vident inexperti, quod si in ceteris digna sit repromissio, in uxoribus tamen, iuxta alios evangelistas centenis, appareat turpitudo; praesertim cum dominus in resurrectione non esse nubendum testetur; et iuxta marcum, ea quae dimissa fuerint, in hoc tempore cum persecutionibus accipienda confirmet, quasi in illis mille annis abesse dogmatizant. * cyrillus. ° hoc ergo dicimus, quod omissis temporalibus et carnalibus, multo maiora sibi aliquis vindicabit: quoniam et apostoli, cum pauca dimiserint, obtinuerunt multiplicia dona charismatum, et celebres reputati sunt ubique. erimus ergo similes illis: si domum quis dimittat, recipiet mansiones supernas, si patrem, patrem habebit caelestem; si a germanis recesserit, in fratrem hunc recipiet christus; cum dimiserit coniugem, inveniet divinam sapientiam, a qua procreabit spiritales fructus, inveniet ierusalem caelestem, quae |175| est mater nostra; a fratribus etiam et a sororibus sui propositi glutino spirituali colligatis, multo in hac vita gratiosiorem recipiet caritatem.

lc6 * Gregorius in evang.. ° praevidens salvator ex passione sua discipulorum animos turbandos, eis longe ante et passionis suae poenam et resurrectionis suae gloriam praedicit; unde dicitur assumpsit autem iesus duodecim et ait illis: ecce ascendimus hierosolymam, et consummabuntur omnia quae scripta sunt per prophetas de filio hominis. * beda. ° praevidens enim quosdam haereticos futuros, qui christum dicerent legi prophetisque docuisse contraria, ostendit quod per prophetarum praesagia suae passionis et posterioris gloriae sit celebrata perfectio. * chrysostomus in matthaeum. ° seorsum autem de passione cum discipulis confert: non enim oportebat hunc sermonem pluribus divulgari, ne turbarentur. hoc autem praedicebat discipulis, ut exercitati per expectationem facilius sustinerent. * cyrillus. ° et ut sciant quoniam passionem praenovit, et spontaneus ad eam accessit; ne dicerent: qualiter in manus hostium incidit qui nos promittebat salvare? |25| unde seriatim ordinem passionis enarrat, subdens tradetur enim gentibus et illudetur et flagellabitur et conspuetur. * chrysostomus. ° hoc isaias praedixerat dicens: obtuli scapulas meas ad verbera, genas meas ad alapas, et faciem meam non diverti a sputorum dedecore. sed et crucis patibulum praedixit propheta cum ait: tradidit in mortem animam suam, et cum sceleratis reputatus est. unde et hic subditur et postquam flagellaverint, occident eum. sed et resurrectionem eius david praedixit dicens: non derelinques animam meam in inferno. unde hic subditur et tertia die resurget. * isidorus. ° admiror autem dementiam quaerentium cur christus ante triduum resurrexit: si enim resurgeret tardius quam praedixerat, impotentiae esset; celerius vero est summae virtutis indicium. si quem enim cum spoponderit suo creditori post triduum persolvere debitum, eadem die satisfacientem viderimus; non fallacem, sed potius ut veridicum eum mirabimur. dicam etiam quod non dixit se post tres |50| dies resurrecturum, sed die tertia. habes parasceven, habes sabbatum usque ad solis occasum; et post sabbatum resurrexit. * cyrillus. ° discipuli autem nondum noverant exquisite quod prophetae praedixerant; sed postquam resurrexit, aperuit eis sensum ut intelligerent scripturas; unde sequitur et ipsi nihil horum intellexerunt. * beda. ° quia enim discipuli, eius vitam maxime desiderabant, eius mortem audire non poterant: et quoniam non solum hominem innocentem, sed et deum verum sciebant, hunc nullatenus mori posse putabant; et quia parabolas eum saepe loquentem audire consueverant, quoties aliquid de sua passione dicebat, ad aliud allegorice referendum esse credebant; unde sequitur erat autem verbum istud absconditum ab eis, et non intelligebant quae dicebantur. iudaei vero, quia in eius necem conspiraverant, quod de passione sua loqueretur dicens: oportet exaltari filium hominis, intelligebant; unde dixerunt: nos audivimus ex lege, |75| quia christus manet in aeternum; et quomodo tu dicis: oportet exaltari filium hominis?

lc7 * Gregorius in evang.. ° quia carnales adhuc discipuli non valebant capere verba mysterii, venitur ad miraculum: ante eorum oculos caecus lumen recipit, ut eos ad fidem caelestia facta solidarent; unde dicitur factum est autem cum appropinquaret iericho, caecus quidam sedebat secus viam mendicans. * theophylactus. ° et ne incessus domini esset inutilis, in via fecit caeci miraculum, hoc documentum discipulis suis dans, ut in omnibus simus proficui, et nihil sit in nobis otiosum. * augustinus de quaest. evang.. ° possumus de appropinquantibus iericho sic intelligere, ut iam inde egressi, prope tamen adhuc essent ad eam civitatem: quod quidem minus usitate dicitur; sed tamen videri posset hoc dictum, quoniam matthaeus, egredientibus eis ab iericho dicit illuminatos duos caecos, qui iuxta viam sedebant. de numero quidem nulla esset quaestio, si alter evangelistarum de uno tacuisset, unius reminiscens: nam et marcus unum commemorat, |25| cum et egredientibus eis ab iericho dicit illuminatum; cuius et nomen dixit et patrem, ut intelligamus eum fuisse potissimum, alterum ignotum, ut merito ille notus etiam solus decenter commemoraretur. sed quoniam quae sequuntur in evangelio secundum lucam, aptissime ostendunt illud quod ipse narrat, adhuc venientibus ipsis iericho factum esse, nihil aliud restat intelligere, nisi bis esse factum hoc miraculum; semel in uno caeco, cum adhuc veniret in illam civitatem; iterum in duobus, cum inde egrederetur: ut illud unum lucas, alterum matthaeus enarret. * cyrillus. ° multus autem erat populus circa christum, et caecus eum quidem non noverat, sentiebat autem effectum, et rapiebat per affectum quod non hausit aspectus; unde subditur et cum audiret turbam praetereuntem, interrogabat quid hoc esset. et oculati quidem secundum opinionem loquebantur; sequitur enim dixerunt autem ei, quod iesus nazarenus transiret. caecus vero vera clamabat: alia docetur, et alia praedicat; nam sequitur |50| et clamavit dicens: iesu fili david, miserere mei. quis te docuit haec, o homo? num perlegisti libros privatus luminibus? unde igitur nosti luminare mundi? vere dominus illuminat caecos. * cyrillus. ° in iudaismo autem nutritus non ignoravit quod de progenie david deus secundum carnem nasceretur; et ideo ei ut deo loquitur, dicens miserere mei. hunc imitentur qui in duo dividunt christum: hic enim christum tamquam deum adit, et filium david eum nominat. mirentur autem instantiam confessionis eius: quidam enim eum confitentem fidem compescebant. sequitur et qui praeibant increpabant eum ut taceret. sed per inhibitiones huiusmodi non impediebatur eius audacia. novit enim fides omnibus repugnare et in omnia triumphare: utile enim est pro cultu divino pudorem deponere: nam si causa pecuniae sunt impudentes nonnulli, pro animae salute non decet bonam induere impudentiam? unde sequitur ipse vero multo magis clamabat: fili david, miserere |75| mei. sistit autem christum vox invocantis in fide, et invocantes in fide respicit; et ideo merito vocat caecum, et accedere iussit; unde sequitur stans autem iesus iussit illum adduci ad se, ut scilicet qui prius fide eum tetigerat, appropinquaret et corpore. appropinquantem caecum dominus interrogat; nam sequitur et cum appropinquasset, interrogavit illum, dicens: quid tibi vis faciam? dispensative interrogat, non quasi ignorans; sed ut scirent astantes quod non petebat pecuniam, sed divinam efficaciam, ut a deo; unde sequitur at ille dixit: domine, ut videam. * chrysostomus. ° vel quia calumniatores veritatis iudaei possent dicere, ut in caeco nato: non est hic, sed similis eius; voluit ut caecus prius ostenderet defectum naturae, et tunc cognoscat gratiae maiestatem. at ubi petitionis modum caecus explicuit, tunc cum summa maiestate praecepit ei ut videret: unde sequitur et dixit illi iesus: respice: quod redundabat in crimen perfidiae iudaeorum: quis enim prophetarum talia dixit? aspice tamen |100| quid assumat medicus ab eo cui collata est sanitas; sequitur enim fides tua te salvum fecit. pro fide enim venduntur beneficia; diffunditur enim gratia quam suscepit fides. et sicut ab aliquo fonte hi quidem parvis vasis modicum aquae hauriunt, hi vero maioribus multum, fonte non distinguente mensuras; et secundum fenestras quae aperiuntur magis vel minus, splendor solis infunditur; ita secundum capacitatem intentionis hauritur gratia. vertitur autem vox christi in lucem languentis; erat enim verbum verae lucis; unde sequitur et confestim vidit. at caecus et ante beneficium fidem ostendit fervidam, et post beneficium benevolentiam observavit; sequitur enim et sequebatur illum magnificans deum. * cyrillus. ° ex quo patet quod a duplici caecitate liberabatur, corporali scilicet et intellectuali: neque enim glorificasset ut deum nisi vere vidisset; sed et aliis factus est occasio glorificandi deum; sequitur enim et omnis plebs ut vidit, dedit laudem deo. * beda. ° non solum pro impetrato |125| munere lucis, sed et merito fidei impetrantis. * chrysostomus. ° hic autem necesse est quaerere cur christus daemoniacum quidem curatum sequi volentem prohibet, caecum autem illuminatum sequentem non prohibet? sed neutrum irrationale puto: illum enim mittit praeconem, ut ex sua consistentia benefactorem praedicet: erat enim excellens miraculum, videre furiosum sanae mentis effectum: caecum vero permittit sequi, quando hierosolymam ascendebat per crucem perfecturus altum mysterium, ut recentem habentes miraculi mentionem, non existimarent eum infirmitate potius quam misericordia pati. * ambrosius. ° in hoc autem caeco typus populi gentilis est, qui sacramento dominico recepit amissi luminis claritatem. nihil autem interest utrum in uno caeco medicinam, an in duobus accipiat; quoniam ex cham et iaphet, noe filiis, originem ducens, in duobus caecis, duos generis sui praetendebat auctores. * gregorius in evang.. ° vel caecum est genus humanum, |150| quod in parente primo claritatem supernae lucis ignorans, damnationis suae tenebras patitur. iericho autem interpretatur luna, quae dum menstruis momentis decrescit, defectum nostrae mortalitatis designat. dum igitur conditor noster appropinquat iericho, caecus ad lumen redit: quia dum divinitas defectum nostrae carnis suscepit, humanum genus lumen quod amiserat recepit. qui ergo aeternae lucis claritatem nescit, caecus est. si autem tantum redemptorem credidit, qui dixit: ego sum via, iuxta viam sedet: si vero credidit, et exorat ut aeternum lumen recipiat, iuxta viam sedet et mendicat. illi autem qui iesum venientem praecedunt, designant carnalium desideriorum turbas, tumultusque vitiorum, qui priusquam iesus ad cor nostrum perveniat, dissipant cogitationem nostram, et in ipsa nos nostra oratione conturbant. ipse vero magis clamabat: quia quanto graviori tumultu cogitationum premimur, tanto orationi insistere ardentius debemus. cum autem adhuc turbas phantasmatum |175| in oratione patimur, iesum aliquatenus transeuntem sentimus; cum vero orationi vehementer insistimus, deus in corde figitur, et lux amissa reparatur. vel transire humanitatis est, stare divinitatis. caecum igitur clamantem dominus transiens audivit, stans illuminavit: quia per humanitatem suam vocibus nostrae caecitatis compatiendo misertus est, sed lumen nobis gratiae per divinitatis potentiam infundit. ad hoc autem requirit quid velit, ut cor ad orationem excitet: peti enim hoc vult quod et nos petere et se concedere praenoscit. * ambrosius. ° vel interrogavit caecum, ut crederemus nisi confitentem non posse salvari. * gregorius. ° caecus autem a domino non aurum, sed lucem quaerit; et nos non falsas divitias, sed lucem quaeramus, quam videre cum solis angelis possimus; ad quam lucem via fides est; unde recte caeco dicitur respice: fides tua te salvum fecit. qui videt et sequitur, quia bonum quod intelligit operatur. * augustinus de quaest. evang.. ° si autem iericho lunam, et ob hoc mortalitatem |200| interpretamur, morti propinquans dominus iudaeis solis lumen evangelii iusserat praedicari; quos significavit ille unus caecus quem lucas commemorat: a morte autem resurgens, atque descendens, et iudaeis et gentibus; quos duos populos significare videntur duo caeci commemorati a matthaeo.

073 CLC cp 19

lc1 * Ambrosius. ° zachaeus in sicomoro, caecus in via: quorum alterum dominus miseraturus expectat, alterum suae mansionis claritate nobilitat; de quo dicitur et ingressus iesus perambulabat iericho: et ecce vir nomine zachaeus: et hic erat princeps publicanorum, et ipse dives. et bene princeps inducitur publicanorum: quis enim de se desperet, quando iste pervenit ad gratiam, cui census ex fraude? et ipse quidem dives, ut scias omnes divites avaros. * cyrillus. ° sed zachaeus in his moram non traxit; sed factus est dignus propitiatione dei, qui caecos illuminat, et longinquos vocat. * titus. ° pullulaverat autem in eo semen salutis, quia cupiebat iesum videre; unde sequitur et quaerebat videre iesum quis esset, utpote qui numquam eum viderat: quia si vidisset, dudum iam recessisset a nequitia publicana. si quis enim iesum videt, non potest nequitiis immorari. duo autem erant impedimenta huic visioni: nam retardabat eum populus, non tam virorum quam peccatorum; |25| erat autem parvus statura; unde sequitur et non poterat prae turba, quia statura pusillus erat. * ambrosius. ° quid sibi vult quod nullius alterius staturam quam huius expressit? vide ne forte malitia pusillus, aut adhuc pusillus fide: nondum enim pronus erat cum ascenderet, nondum viderat christum. * titus. ° sed ille bonum adinvenit ingenium: nam praecurrens in arborem sicomorum ascendit, et transeuntem iesum desideratum videbat; unde sequitur et praecurrens, ascendit in arborem sicomorum, ut videret illum, quia inde erat transiturus. hic ergo solam visionem desideravit; sed qui novit plus facere quam quaerimus, dedit ei supra id quod expectabat; unde sequitur et cum venisset ad locum, suspiciens iesus vidit illum. * cyrillus. ° vidit quidem hominis animam promptissime nitentem ad sancte vivendum, et eum ad pietatem convertit. * ambrosius. ° apud eum se non invitatus invitat; unde sequitur et dixit ad eum: zachaee, festinans descende, quia hodie in domo tua oportet me manere: sciebat |50| enim uberem hospitii sui esse mercedem; sed tamen etsi non vocem, invitantis audierat affectum. * beda. ° ecce autem camelus, deposita ibi sarcina, per foramen acus transit: hoc est, dives et publicanus, relicto amore divitiarum, contempto censu fraudum, benedictionem dominicae susceptionis accipit. sequitur et festinans descendit, et excepit illum gaudens. * ambrosius. ° discant divites non in facultatibus crimen haberi, sed in his qui uti nesciunt facultatibus: nam divitiae sicut impedimenta sunt improbis, ita bonis sunt adiumenta virtutis. * chrysostomus. ° sed considera nimiam salvatoris bonitatem. insons cum sontibus conversatur; fons iustitiae cum avaritia, quae est materia pravitatis: ingressus domum publicani, nullam ex avaritiae nebula iniuriam patitur, sed fulgore iustitiae avaritiam delet. sed mordaces et criminationis amatores invehi tentant in his quae ab eo fiebant; sequitur enim et cum viderent omnes, murmurabant, dicentes quod ad hominem peccatorem divertisset. |75| ipse vero incusatus ut epulo et publicanorum amicus, spernebat haec, ut consummaret propositum: quia et medicus nisi patiatur saniem aegrotorum, non liberat a morbo; quod et tunc contigit, quoniam conversus est publicanus, et factus est melior. sequitur stans autem zachaeus, dixit ad iesum: ecce dimidium bonorum meorum, domine, do pauperibus; et si quid aliquem defraudavi, reddo quadruplum. audi mirabile. nondum didicit, et obedit; et sicut sol per radios infusus in domum non illustrat verbo, sed opere; ita salvator radiis iustitiae, nequitiae fugavit caliginem: nam lux in tenebris lucet. quodlibet autem unitum est validum, divisum autem debile; et ideo bipartit substantiam. est autem diligentius attendendum, quod opes zachaei non solum erant iniustae, sed etiam ex patrimonio fuerunt congregatae; alioquin quomodo poterat extorta inique restituere in quadruplum? sciebat enim legem iubentem restituere in quadruplum male ablata, ut si lex non terreat, |100| damna mitigent. non ergo expectat zachaeus legis censuram, ipse sibi iudex effectus. * theophylactus. ° sed si subtilius indagare velimus, nihil de propriis restabat facultatibus. data enim medietate bonorum pauperibus, ex residuo reddebat laesis in quadruplo. nec solum hoc promittebat, sed faciebat: non enim ait: dabo medietatem et restituam quadruplum, sed do et reddo. at christus illi salutem annuntiat: sequitur enim ait iesus ad eum, quia hodie salus huic domui facta est; ipsum zachaeum significans assecutum fuisse salutem, per domum habitatorem significans; sequitur enim et quod et ipse filius sit abrahae: non enim vocasset abrahae filium inanimatam fabricam. * beda. ° filius autem abrahae zachaeus dicitur, non quia de eius stirpe genitus, sed quia eius et fidem imitatus: ut sicut ille terram domumque paternam deseruit, ita iste bona sua partiendo pauperibus relinqueret. pulchre autem dicit et ipse, ut non solum eos qui iuste vixerant, sed et eos qui ab iniustitia resipiscunt, ad filios |125| promissionis pertinere declaret. * theophylactus. ° non autem dixit quod filius erat abrahae, sed quoniam nunc est: nam prius quando erat publicanorum princeps, nullam similitudinem habens ad abraham iustum, non erat abrahae filius. sed quia murmurabant quidam eo quod moraretur cum viro peccatore, ad compescendos illos, subdit venit enim filius hominis quaerere et salvum facere quod perierat. * chrysostomus. ° quasi dicat: quid me criminamini, si rectifico peccatores? tam enim procul est a me odium peccatorum quod eorum causa advenerim: nam medicus veni, non iudex; ob hoc conviva fio languentium, patiorque foetorem, ut praestem remedia. quaeret autem aliquis: quomodo paulus iubet, si quis frater fuerit procax aut avarus, cum huiusmodi nec cibum esse sumendum? christus autem erat publicanorum conviva. sed nondum provecti erant isti ut fierent fratres. sed et tunc vitare praecepit paulus fratres, cum perstant in malo; hi vero erant mutati. |150| * beda. ° mystice autem zachaeus, qui interpretatur iustificatus, credentem ex gentibus populum significat, qui per occupationem temporalium depressus erat et minimus, sed a deo sanctificatus; qui intrantem iericho salvatorem videre voluit, dum fidem quam mundo attulit, participare quaesivit. * cyrillus. ° turba autem est imperitae confusio multitudinis, quae verticem nequivit videre sapientiae. ergo zachaeus quamdiu in turba est, non vidit christum; sed plebeiam transgressus inscitiam, meruit quem desiderabat aspicere. * beda. ° vel turba, idest vitiorum consuetudo quae caecum clamantem increpabat, etiam hunc suspicientem tardat; sed sicut amplius clamando caecus turbam vicit, ita pusillus terrena relinquendo, et arborem crucis ascendendo, turbam obstantem transcendit. sicomorus namque, quae est arbor foliis moro similis, sed altitudine praestans, unde et a latinis celsa nuncupatur, ficus fatua dicitur: et eadem dominica crux credentes alit ut ficus, ab incredulis irridetur ut fatua. quam arborem pusillus |175| statura zachaeus, ut coexaltari possit, ascendit, cum quilibet humilis et propriae conscius infirmitatis clamat: mihi absit gloriari, nisi in cruce domini nostri iesu christi. * ambrosius. ° pulchre autem addidit, quia illa parte erat transiturus dominus, vel ubi sicomorus, vel ubi crediturus, ut mysterium servaret, et gratiam seminaret: sic enim venerat ut per iudaeos veniret ad gentes. vidit itaque zachaeum sursum; iam enim sublimitas fidei inter fructus bonorum operum, inter fecundae altitudinem arboris eminebat. zachaeus autem supra arborem est, quia est supra legem. * beda. ° perambulans autem dominus venit ad locum ubi zachaeus sicomorum ascenderat: quia missis per mundum praedicatoribus, in quibus ipse loquebatur et ibat, venit ad populum nationum, qui passionis eius fide iam sublimis erat; quem suscipiens vidit, quia per gratiam elegit. manebat autem aliquando dominus in domo principis pharisaeorum; sed eum opera digna deo facientem lingua venenata carpebant: unde eorum perosus facinora discessit |200| dicens: relinquetur domus vestra deserta. hodie autem in domo pusilli zachaei oportet illum manere, idest novae legis gratia coruscante in humilium nationum corde quiescere. quod autem descendere de sicomoro, et sic mansionem in domo parare iubetur, hoc est quod ait apostolus: etsi cognovimus secundum carnem christum, sed iam nunc non novimus.... etsi enim mortuus est ex infirmitate, sed vivit ex virtute dei. manifestum est autem iudaeos gentium semper odisse salutem; sed salus, quae olim iudaeorum domos implebat, hodie populum nationum illuxit, eo quod et ipse populus filius sit abrahae, credendo in deum. * theophylactus. ° sed et facile est hoc ad moralem utilitatem retorquere. quisquis enim in malitia pluribus praeest, parvus est statura spirituali, et non potest videre iesum prae turba: nam perplexus a passionibus et saecularibus rebus non aspicit iesum ambulantem, idest in nobis operantem, nullum |225| opus eius cognoscens. ascendit autem super sicomorum, idest voluptatis dulcedinem, quae significatur per ficum, deprimens eam; et sic sublimior factus, videt, et videtur a christo. * gregorius moralium. ° vel quia sicomorus ficus fatua dicitur, pusillus zachaeus sicomorum subiit, et dominum vidit: quia qui mundi stultitiam humiliter eligunt, ipsi dei sapientiam subtiliter contemplantur. quid enim in hoc mundo stultius quam amissa non quaerere, possessa rapientibus relaxare, nullam pro acceptis iniuriis iniuriam reddere? per hanc autem sapientem stultitiam, et si nondum solide ut est, iam tamen per contemplationis lumen dei sapientia videtur. * theophylactus. ° dicit autem ei dominus festinans descende; hoc est, ascendisti per poenitentiam ad altiorem locum, descende per humilitatem, ne te supplantet elatio: oportet enim me in humilis domo manere. geminis autem bonis in nobis existentibus, corporalibus scilicet et spiritualibus, cuncta corporalia derelinquit iustus pauperibus, sed spiritualia |250| non deserit bona, sed si quid exegit ab aliquo, reddit quadruplum: significans per hoc quod si quis per poenitentiam pergit in contrario tramite priscae pravitatis, per multiplices virtutes sanat omnia pristina delicta; ac sic promeretur salutem, vocaturque filius abrahae, eo quod a propria cognatione exierit, scilicet ab antiqua nequitia.

lc2 * Eusebius. ° aestimabant quidam in primo salvatoris adventu regnum eius venire; et hoc putabant mox tunc fieri cum ascensurus erat hierosolymam: adeo obstupefecerant eos miracula divina quae fecerat. et ideo instruit eos non prius se recipere regnum a patre, quam ab hominibus iret ad patrem; et ideo dicitur haec illis audientibus, adiciens dixit parabolam, eo quod esset prope ierusalem, et quia aestimarent quod confestim regnum dei manifestaretur. * theophylactus. ° sed dominus ostendit eis quod vana quaedam aestimarent: non enim est sensibile regnum dei. ostendit etiam quod quasi deus novit cogitationes eorum, proponens eis subsequentem parabolam; unde sequitur dixit ergo: homo quidam nobilis abiit in regionem longinquam accipere sibi regnum, et reverti. * cyrillus. ° describit autem sensus huius parabolae mysteria christi a primo usque ad ultimum. homo enim factus est deus verbum existens: et quamvis servus factus sit, est tamen nobilis |25| secundum ineffabilem ortum a patre. * basilius. ° non solum secundum genus humanum, ex semine david secundum carnem exortus. abiit autem in regionem longinquam, non tam locali distantia separatam quam rerum conditione: ipse enim deus prope est unicuique nostrum, cum nostra bona opera nos ei astringunt; et distat quoties nos haerendo perditioni elongamur ab eo. ad hanc igitur terrenam regionem accessit longinquam a deo, ut gentium regnum acciperet, secundum illud: postula a me, et dabo tibi gentes hereditatem tuam. * augustinus de quaest. evang.. ° vel regio longinqua ecclesia gentium est, usque ad fines terrae: abiit enim ut plenitudo gentium intraret; revertetur ut omnis israel salvus fiat. * eusebius. ° vel per hoc quod profectus est ad regionem longinquam, ascensum proprium a terra in caelos designat; cum vero subdit accipere sibi regnum, et redire, secundam sui apparitionem gloriosam et regiam ostendit. et primo quidem hominem se vocat propter nativitatem in carne, |50| deinde nobilem; nondum autem se regem appellat, quia nondum in prima apparitione regia fungebatur maiestate. sed et bene dicitur obtinere sibi regnum; nam dante sibi patre illud obtinuit, secundum illud: ecce filius hominis veniebat in nubibus, et datum est ei regnum. * cyrillus. ° ascendens enim ad caelos, sedet ad dexteram maiestatis in excelsis; ascendens autem dispensavit credentibus in eum divinorum charismatum differentiam, sicut servis committuntur dominicae facultates, ut aliquid lucrantes, famulatus sui ferant praeconia; unde sequitur vocatis autem decem servis suis, dedit illis decem mnas. consuevit sacra scriptura in signum perfectionis uti numero denario: quem si quis numerando excedere velit, ab unitate iterum inchoabit, quasi denario perducto ad metam: et ideo in dispensatione talentorum eum qui metam attingit divini officii, decem ait mnas recepisse. * augustinus. ° vel per decem mnas legem significat propter decalogum; per decem autem servos, hos quibus sub illa |75| positis gratia praedicata est. sic enim intelligendum est eis datas mnas ad usum, cum intellexerunt, legem remoto velamine ad evangelium pertinere. * beda. ° mina namque, quam graeci mnam, vocant, centum drachmis appenditur: et omnis scripturae sermo, quia vitae caelestis perfectionem suggerit, quasi numeri centenarii pondere fulgescit. * eusebius. ° significat ergo per eos qui mnas recipiunt, suos discipulos, quibus mnas exhibens singulis, parem cunctis dispensationem committens negotiari iussit. sequitur et ait ad illos: negotiamini dum venio. nullum autem aliud negotium erat nisi dogma regni sui intentis mortalibus praedicandum per suos discipulos. idem autem est omnium documentum eademque fides, unum baptisma; et ob hoc mna una singulis datur. * cyrillus. ° multa autem est horum differentia ad illos qui inficiati sunt regnum dei; de quibus subditur cives autem eius oderant illum, et miserunt legationem post illum, dicentes: nolumus hunc regnare super nos. hoc est |100| quod christus improperavit iudaeis dicens: nunc vero viderunt et oderunt me et patrem. renuerunt autem regnum eius, dicentes pilato: non habemus regem nisi caesarem. * eusebius. ° per hoc enim quod dicit cives eius, iudaeos significat ortos ex eadem progenie secundum carnem, et quoniam ritu legis cum illis pariter utebatur. * augustinus de quaest. evang.. ° miserunt autem legationem post eum, quia etiam post resurrectionem eius immiserunt persecutiones apostolis, et praedicationem evangelii respuerunt. * eusebius. ° postquam autem salvator haec docuit pertinentia ad primum eius adventum, consequenter gloriosum et regium eius reditum ostendit, dicens et factum est ut rediret accepto regno, et iussit vocari servos, quibus dedit pecuniam, ut sciret quantum quisque negotiatus esset. * chrysostomus. ° duo regna dei novit sacra scriptura: alterum quidem ex creatione, secundum quod est rex omnium creationis iure: alterum autem ex approbatione, secundum quod iustis dominatur, propria |125| sponte ei subiectis; et hoc regnum hic dicitur accepisse. * augustinus de quaest. evang.. ° redit etiam accepto regno, quia in manifestissima claritate venturus est qui eis humilis apparuit, cum diceret: regnum meum non est de hoc mundo. * cyrillus. ° redeunte autem christo, sumpto regno, merebuntur praeconia, et delectabuntur verbi ministri in supernis honoribus, quia multiplicaverunt talentum pluribus acquisitis; unde subditur venit autem primus dicens: domine, mna tua decem mnas acquisivit. * beda. ° primus servus ordo doctorum est in circumcisione missorum; qui unam mnam negotiaturus accepit, quia unam fidem praedicare iussus est; sed haec mna decem mnas acquisivit, quia populum sub lege constitutum sibimet docendo sociavit. sequitur et ait illi: euge, serve bone: quia in modico fuisti fidelis, eris potestatem habens super decem civitates. in modico servus est fidelis, quia non adulterat verbum dei. quidquid enim in praesenti percipimus donorum, in comparatione futurorum |150| paucum est. * graecus. ° sed quia mercedem propriorum bonorum accipit, decem dicitur civitatibus praeesse. de his promissis quidam infime coniectantes existimant se praeturis et praefecturis donari in terrena ierusalem reparata lapidibus pretiosis, si honeste in christo fuerint conversati, ambitum potestatis et praelationis ab anima minime deponentes. * ambrosius. ° sed civitates decem sunt animae, quibus iure praeponitur qui pecuniam domini et eloquia casta probata sicut argentum mentibus hominum feneraverit: nam sicut ierusalem dicitur aedificata ut civitas, ita sunt animae pacificae; et sicut angeli praesunt, ita hi qui vitam meruerunt angelorum. sequitur et alter venit dicens: domine, mna tua fecit quinque mnas. * beda. ° servus ille coetus est eorum qui praeputio evangelizare missi sunt, cuius mna, idest evangelica fides, quinque mnas fecit: quia gentes corporis sensibus antea mancipatas ad fidei evangelicae gratiam convertit. |175| sequitur et huic ait: et tu esto super quinque civitates; hoc est, ex earum quas imbueras animarum fide et conversatione sublimis fulgeas. * ambrosius. ° vel aliter fortasse. iste qui quinque mnas acquisivit, moralia habet, quia quinque sunt corporis sensus; ille qui decem, duplicia; idest mystica legis, et moralia probitatis. possumus et hic decem mnas decem verba intelligere, idest legis doctrinam; quinque mnas magisteria disciplinae; sed legisperitum in omnibus volo esse perfectum. bene autem quia de iudaeis dicit, duo soli multiplicatam pecuniam deferunt, non utique aeris, sed disputationis usuris. * chrysostomus. ° alia est enim pecunia fenoris, alia doctrinae caelestis usura. in terrenis enim opibus non evenit unum fieri divitem, nisi alter depauperetur; sed in spiritualibus non evenit quemquam ditari, nisi faciat et alium locupletem: in corporeis enim participatio minuit, sed in spiritualibus auget. * augustinus de quaest. evang.. ° vel aliter. quod unus eorum qui bene usi sunt, decem acquisivit, |200| et alter quinque, significat eos esse acquisitos in gregem domini, a quibus iam lex per gratiam intellecta est, sive propter decem legis praecepta, sive quia ille per quem lex lata est, quinque libros conscripsit. ad hoc pertinent decem et quinque civitates, quibus eos praeponit: multiplicatio enim intelligentiae in ipsa varietate, quae de unoquoque praecepto vel de unoquolibet libro pullulat, ad unum reducta, quasi civitatem facit viventium rationum aeternarum: est enim civitas, non quorumlibet animantium, sed rationalium multitudo, legis unius societate devincta. quod ergo servi reddentes rationem ex eo quod acceperant, laudantur qui lucrati sunt, significat eos bonam reddere rationem qui bene usi sunt eo quod acceperunt ad augendas divitias domini per eos qui credunt in eum. quod qui facere nolunt, in illo signati sunt qui mnam suam in sudario servavit; de quo sequitur et tertius venit dicens: domine, ecce mna tua quam habui repositam in sudario. sunt enim homines hac sibi perversitate blandientes, ut dicant: sufficit ut de se unusquisque rationem reddat; quid opus est aliis praedicare et ministrare ut etiam rationem de ipsis quisque reddere cogatur? cum apud dominum etiam illi sint inexcusabiles quibus lex data non est, neque etiam qui audito evangelio non obediverunt: quia per creaturam poterant cognoscere creatorem; unde sequitur timui enim te, quia homo austerus es: tollis quod non posuisti, et metis quod non seminasti. hoc est enim quasi metere ubi non seminavit, idest eos impietatis reos tenere, quibus verbum aut legis, aut evangelii ministratum non est. hoc autem veluti iudicii periculum devitantes pigro labore a verbi ministratione conquiescunt: et hoc est quasi in sudario ligare quod acceperunt. * theophylactus. ° sudario enim mortuorum facies velatur: merito ergo hic piger dicitur mnam in sudario involvisse, quia eam mortificans, et otiosam dimittens, non tractavit nec auxit. * beda. ° vel pecuniam in sudario ligare, est percepta dona sub otio lenti corporis abscondere. quod autem putaverat se per excusationem dixisse, in culpam propriam vertitur; unde sequitur dicit ei: de ore tuo te iudico, serve nequam. servus nequam vocatur quasi piger ad exercendum negotium, et superbus ad accusandum domini iudicium. sciebas quod austerus homo ego sum, tollens quod non posui, et metens quod non seminavi; et quare non dedisti pecuniam meam ad mensam? quasi dicat: si durum me esse noveras, et aliena sectari; quare non tibi haec cogitatio incussit timorem, ut scires me mea diligentius quaesiturum? pecunia autem vel argentum praedicatio evangelii est, et sermo divinus, quia eloquia domini eloquia casta, argentum igne examinatum, qui sermo domini dari debuit ad mensam, hoc est promptis paratisque cordibus intimari. * augustinus. ° vel mensa ad quam danda erat pecunia, professionem ipsam religionis accipimus, quae tamquam publice proponitur ad usum necessarium saluti. * chrysostomus. ° in sensibilibus autem divitiis debitores solius observationis obnoxii sunt; quantum enim recipiunt, tantum eos reddere necesse est, et nihil plus ab eis quaeritur. in divinis autem eloquiis non solum ad custodiam obligamur, sed etiam multiplicare monemur; unde sequitur et ego veniens cum usuris utique exegissem illam. * beda. ° qui enim verbi pecuniam a doctore percipit credendo, necesse est ut eam cum usuris solvat operando; vel ut ex eo quod audivit, etiam alia studeat intelligere, quae necdum ex praedicatoris ore didicit. * cyrillus. ° doctorum enim est inserere auditoribus salutarem et proficuum sermonem; opus autem divinae virtutis est attrahere obedientes ad audientiam, et fertilem eorum reddere intellectum. non est autem hic servus laudatus, neque honorem promeruit; sed potius tamquam iners est condemnatus; unde sequitur et adstantibus dixit: auferte ab eo mnam, et date illi qui decem mnas habet. * augustinus. ° per quod significatur et illum posse amittere munus dei qui habens non habet, idest eo non utitur; et eo augeri qui habens habet, idest bene utitur. * beda. ° mystice autem hoc, ut reor, indicat, intrante plenitudine gentium, omnem israel salvum futurum, et tunc abundantiam gratiae spiritualis, quam modo nos tepide exercemus, illius populi doctoribus esse conferendam. * chrysostomus. ° ideo autem dicit adstantibus auferte ei mnam, quia non est prudentis animi punire; sed alio quodam, scilicet ministro, eget ad puniendum officio iudicis; nam et deus non ipsemet poenas irrogat, sed mediantibus angelis. * ambrosius. ° de aliis servis siletur, qui quasi prodigi debitores quod acceperant perdiderunt. in duobus servis illis qui lucrati sunt, pauci signati sunt qui per duas vices ad cultores vineae sunt destinati, in reliquis omnes iudaei. sequitur et dixerunt illi: domine, habet decem mnas. et ne hoc iniustum videretur, subdit dico autem vobis, quia omni habenti dabitur. * theophylactus. ° quia cum decem auxerit decuplando, palam est quod et plura decuplans pluris lucri fiet occasio domino. a deside vero et otioso, qui non satagit augere quod acceperat, ipsum quoque quod possidet auferetur; unde sequitur ab eo autem qui non habet, et quod habet auferetur ab eo: ne vacet census dominicus; cum posset dari aliis, et multiplicari. haec autem non solum ad sermonem et doctrinam referenda sunt, sed etiam ad morales virtutes: quoniam et in his dat nobis deus sua charismata, hunc dotans ieiunio, illum oratione, alium mansuetudine vel humilitate: quibus si invigilaverimus, multiplicabimus ea; si vero tepeamus, extinguemus. deinde de adversariis subdit verumtamen inimicos meos, illos qui noluerunt me regnare super se, adducite, et interficite ante me. * augustinus. ° per quod designat impietatem iudaeorum, quia ad eum noluerunt converti. * theophylactus. ° quos tradidit morti, mittens eos in ignem exteriorem; sed et in hoc mundo mactati sunt flebiliter ab exercitu romanorum. * chrysostomus. ° haec contra marcionistas competunt; nam et christus dicit adducite hostes meos, et occidite coram me: cum tamen illi bonum dicant christum, deum vero veteris testamenti malum. patet autem quod pater et filius eadem facit: nam pater ad vineam destinat exercitum; filius autem hostes coram se trucidari facit. haec autem quae in luca scribitur parabola alia est ab ea quae in matthaeo narratur de talentis: nam hic quidem ex uno capitali accepto, varii fuere proventus: quia ex una mna accepta, hic quinque talenta, ille obtulit decem; sed apud matthaeum contrarium: nam qui duo accepit, duo superaddidit: et qui quinque, tantumdem; unde et praemiis donantur imparibus.

lc3 * Titus. ° quia dominus dixerat: appropinquavit regnum dei, videntes illum in ierusalem ascendentem, putabant ideo ascendere ut regnum dei inchoaret. consummata ergo parabola, in qua errorem praedictum correxit, et ostenso quod nondum insidiantem sibi mortem devicerat, procedebat ad passionem, ascendens hierosolymam; unde dicitur et his dictis, praecedebat ascendens ierusalem. * beda. ° ostendens etiam de eiusdem civitatis eventu parabolam fuisse praemissam, quae et ipsum erat occisura, et hostili clade peritura. sequitur et factum est, cum appropinquasset ad bethphage et bethaniam, ad montem qui vocatur oliveti, misit duos discipulos suos. bethphage erat locus sacerdotum in monte oliveti; bethania quoque civitas, sive villula, ex latere montis eiusdem, quasi stadiis quindecim a ierusalem. * chrysostomus. ° et quidem in exordiis indifferenter se dominus ingerebat iudaeis; sed ubi sufficienter edidit suae potestatis experimentum, auctoritate multa singula quaeque pertractat. multa igitur fiunt miracula. praedixit quoniam invenietis pullum indomitum; et hoc est quod subditur dicens: ite in castellum quod contra vos est; quod introeuntes invenietis pullum asinae alligatum, cui nemo unquam hominum sedit. praedicit etiam quod nemo prohibebit, sed cum audierint, silebunt; unde sequitur solvite illum, et adducite. si quis vos interrogaverit: quare solvitis? sic dicetis ei: quia dominus operam eius desiderat. * titus. ° in hoc autem divinam fore vocationem patuit: non enim potest aliquis resistere deo quae sua sunt evocanti. discipuli autem iussi ducere pullum, non refutaverunt hoc officium ut parvum, sed abierunt ut adducerent eum; unde sequitur abierunt autem qui iussi erant, et invenerunt, sicut dixit, pullum stantem. * basilius. ° sic quoque docet nos et infima opera plurimo cum affectu et studio aggredi, scientes quod quicquid intuitu dei fit, non est parvum, sed dignum in regno caelorum. * titus. ° obmutescunt autem ob excellentiam fortis virtutis, nequeuntes resistere salvatoris eloquiis, qui ligaverunt asinum; sequitur enim solventibus autem illis, dixerunt domini eius ad illos: quid solvitis pullum? at illi dixerunt: quia dominus eum necessarium habet. maiestativum enim nomen est dominus: rex enim erat venturus in conspectu multitudinis. * augustinus de cons. evang.. ° nec moveat quod matthaeus asinam et pullum dicit, ceteri autem de asina tacent: ubi enim utrumque factum potest intelligi, nulla repugnantia est, nec si alius alia commemoraret; quanto minus ubi alius unum, et alius utrumque? * glossa. ° nec solum discipuli obsecuti sunt christo in pullo alieno, sed etiam in propriis vestimentis, quae partim asino imposuerunt, partim sternebant in via; unde sequitur et duxerunt illum ad iesum, et iacientes vestimenta sua supra pullum, imposuerunt iesum. euente autem illo, substernebant vestimenta sua in via. * beda. ° iuxta alios evangelistas, non discipuli tantum, sed etiam plurimi de turba vestimenta sternebant in via. * ambrosius in lucam. ° mystice autem dominus venit ad montem oliveti, ut novellas oleas in sublimi veritate plantaret; et fortasse ipse mons christus est: quis enim alius tales fructus ferret olearum spiritu sancto fecundarum? * beda. ° pulchre autem civitates positae in monte oliveti referuntur, hoc est in ipso domino, qui unctionem spiritualium charismatum scientiae pietatisque luce refovet. * origenes. ° bethania autem interpretatur domus obedientiae; bethphage vero domus maxillarum, sacerdotalis quidam locus: maxillae enim sacerdotibus dabantur, sicut in lege praecipitur: illuc vero ubi obedientia, et ubi locus sacerdotibus mancipatur, mittit salvator discipulos suos, ut solvant asinae pullum. * ambrosius. ° in castello enim erant, et erat ligatus pullus cum asina, nec poterat solvi nisi iussu domini. solvit eum manus apostolica. talis actus, talis vita, talis gratia. esto talis, ut ligatos possis solvere. in asina quidem matthaeus evangelista quasi matrem figuravit erroris; hic autem in pullo generalitatem populi gentilis expressit. et bene in quo nemo sedit, quia nullus ante quam christus nationum populos vocavit ad ecclesiam. alligatus autem perfidiae vinculis tenebatur, iniquo addictus domino erroris famulatu; sed dominatum vindicare sibi non poterat, quem dominum fecerat non natura, sed culpa; et ideo cum dominus dicitur, unus agnoscitur. misera servitus cui vagum ius est: plures enim habet dominos qui unum non habet. alieni alligant ut possideant; iste solvit, ut teneat: vehementiora enim dona novit esse quam vincula. * origenes. ° multi ergo erant domini huius pulli, antequam salvator eum haberet necessarium; postquam vero ille coepit esse dominus, plures esse domini cessaverunt: nemo enim potest deo servire et mammonae. quando malitiae servimus, multis sumus passionibus vitiisque subiecti. necessarium autem habet dominus pullum, quia cupit nos solvi vinculis peccatorum. * origenes super ioannem. ° ego autem opinor non frustra castellum esse hunc locum, ubi stabat asina ligata et pullus: quasi castellum enim respectu totius orbis caelestis tota terra despicitur absque adiectione alterius nominis nuncupatum. * ambrosius. ° nec illud est otiosum quod duo discipuli diriguntur, petrus ad cornelium, paulus ad reliquos: et ideo non personas destinavit, sed numerus definivit. tamen si quis est qui personas exigat, potest aestimare de philippo, quem spiritus sanctus misit in gazam, quando candacis reginae baptizavit eunuchum. * theophylactus. ° vel duo missi hoc innuunt, quod ad introductionem gentilis populi et subiectionem eius ad christum, duos faciunt gradus prophetae et apostoli. ducunt autem eum a quodam castello, ut innotescat nobis quod hic populus rusticanus erat et indoctus. * ambrosius. ° illi ergo directi cum solverent pullum, non suis verbis sunt usi, sed dixerunt sicut dixerat illis iesus; ut agnoscas quod non suo sermone, sed verbo dei, nec proprio, sed christi nomine fidem populis infudere gentilibus: atque adversariae potestates, quae sibi nationum obsequia vindicabant, mandato cessere divino. * origenes in lucam. ° deinde mittunt discipuli vestes suas super asinam, et sedere faciunt salvatorem, dum assumunt sermonem dei, et imponunt eum super animas audientium. vestibus exuuntur, et substernunt eas in via: quia vestimenta apostolorum, opera eorum bona sunt. et revera solutus a discipulis asinus, et portans iesum incedit super vestimenta apostolorum, quando doctrinam eorum imitatur et vitam. quis nostrum ita beatus est ut sedeat super illum iesus? * ambrosius. ° non enim mundi dominum gestari super dorsum asinae delectavit: sed ut latente mysterio in secretis animarum interiore consessu, mysticus rector insideret, regens mentis vestigia, lasciviam carnis infrenans, sermo eius habena est, stimulus est.

lc4 * Origenes in lucam. ° quamdiu in monte fuit dominus, cum solis apostolis morabatur; quando autem vicinus coepit esse descensui, tunc occurrit ei turba populorum; unde dicitur et cum iam appropinquarent ad descensum montis oliveti, coeperunt omnes turbae descendentium discipulorum gaudentes laudare deum voce magna. * theophylactus. ° discipulos vocat non solum duodecim, aut septuaginta, sed omnes qui christum sequebantur, seu causa miraculorum, seu ad aliquam delectationem doctrinae; quibus ingeri pueri potuerunt, ut narrant alii evangelistae; unde sequitur super omnibus quas viderant virtutibus. * beda. ° multas quidem virtutes domini viderant, sed maxime lazari resurrectionem stupebant: nam, ut ioannes ait: propterea obviam venit ei turba, quia audierunt eum fecisse hoc signum. notandum enim est, non tunc primum salvatorem ierusalem adiisse, sed multoties antea, sicut ioannes commemorat. * ambrosius. ° turba igitur agnoscens deum, regem appellat, prophetiam repetit, expectatum quoque secundum carnem david filium venisse declarat; unde sequitur dicentes: benedictus qui venit rex in nomine domini. * beda. ° idest in nomine dei patris, quamvis possit intelligi et in nomine suo, quia et ipse dominus est. sed melius verba eius nostrum dirigunt intellectum, quibus ait: ego veni in nomine patris mei; humilitatis enim magister est christus. non autem rex christus dicitur ad exigendum tributum, vel ferro exercitum armandum, hostesque visibiliter debellandos: sed quod mentes regat, et in regnum caelorum credentes perducat: quod enim rex esse voluit israel, miserationis indicium est, non potestatis augmentum. verum quia christus in carne totius mundi propitiatio illuxit, pulchre sibi invicem in laude eius caelestia simul et terrena concinunt: eo enim nascente, caelestium agmina cantant; eodem autem caelis se redditurо, mortales vicem laudis rependunt: unde sequitur pax in caelo. * theophylactus. ° hoc est, bellum antiquum, quo deo adversabamur, evanuit. et gloria in excelsis, laudantibus scilicet angelis deum in tali reconciliatione; nam hoc ipsum quod deus visibiliter ambulat in territorio inimicorum suorum, significat ipsum nobiscum habere concordiam. sed pharisaei hoc audientes murmurabant, eo quod turba eum regem vocabat, et laudabat ut deum; referentes nomen regis ad seditionem, nomen vero domini ad blasphemiam; unde sequitur et quidam pharisaeorum de turbis dixerunt ad illum: magister, increpa discipulos tuos. * beda. ° mira invidorum dementia; quem magistrum appellandum non dubitant, quia vera docentem noverant, huius discipulos, quasi melius edocti, redarguendos aestimant. * cyrillus. ° sed dominus non compescuit laudantes eum ut deum, sed magis reprehensores compescens, attestatur sibi super gloria deitatis; unde sequitur quibus ipse ait: dico vobis, quia si hi tacuerint, lapides clamabunt. * theophylactus. ° quasi dicat: non sine causa homines me taliter laudant, sed commoniti virtutibus quas viderunt. * beda. ° crucifixo etiam domino, notis eius tacentibus prae timore, lapides et saxa canebant, dum postquam emisit spiritum, terra mota est, et petrae scissae sunt, et monumenta aperta sunt. * ambrosius. ° neque etiam mirum est si laudes domini contra naturam suam saxa respondeant, quem scopulis duriores praedicant peremptores, scilicet turba post exiguum crucifixura deum, negans affectibus quem vocibus confitetur: aut fortasse, quia obmutescentibus iudaeis post domini passionem, vivi erant secundum petrum lapides clamaturi. * origenes in lucam. ° quando etiam nos tacemus, idest refrigescit caritas multorum, lapides clamant: potest enim deus suscitare de lapidibus filios abrahae. pulchre autem turbas laudantes deum ad descensionem montis occurrisse legimus, ut operatorem mysterii spiritualis significarent sibi venisse de caelo. * beda. ° descendente etiam domino de monte olivarum, turbae descendunt: quia humiliato misericordiae auctore, |100| necesse est eos qui misericordia indigent, eius vestigia imitari.

lc5 * Origenes in lucam. ° omnes beatitudines quas locutus est iesus in evangelio suo, firmat exemplo; sicut quod dixerat: beati mites, probat dicens: discite a me quia mitis sum; et quia dixerat: beati flentes, ipse quoque flevit super civitatem; unde dicitur et ut appropinquavit, videns civitatem, flevit super illam. * cyrillus. ° miserebatur enim eorum christus, qui omnes homines vult salvari: quod nobis non patuisset, nisi per aliquod humanum fieret evidens: effusae enim lacrymae sunt signa tristitiae. * gregorius in evang.. ° flevit igitur pius redemptor ruinam perfidae civitatis, quam ipsa civitas sibi non cognoscebat esse venturam; unde subditur dicens: quia si cognovisses et tu: subaudi: fleres, quae modo, quia nescis quod imminet, exultas; unde subditur et quidem in hac die tua, quae ad pacem tibi. cum enim carnis se voluptatibus daret in die sua, quae ad pacem ei esse poterant habebat. cur vero bona praesentia |25| ad pacem habuerit, manifestatur cum subditur nunc autem abscondita sunt ab oculis tuis. si enim a cordis eius oculis mala quae imminerent, abscondita non essent, laeta in praesentibus prosperis non fuisset; unde mox eius poena, quae imminebat, adiuncta est, cum sequitur quia venient dies in te. * cyrillus. ° vel aliter. quia si cognovisses et tu: non enim erant digni percipere divinitus inspiratas scripturas, quae narrant christi mysterium: quoties enim legitur moyses, velamen obnubilat cor eorum. et quia non sunt intuiti veritatem, indignos se fecerunt salute, quae manat a christo; unde sequitur et quidem in hac die tua quae ad pacem tibi. * eusebius. ° ubi notat, suum adventum ad pacem totius mundi factum fuisse; venit enim ad hoc ut pacem praedicaret propinquis et longinquis. sed quia annuntiatam sibi pacem recipere noluerunt, hoc eos latebat; unde subditur nunc autem abscondita sunt ab oculis tuis. et ideo obsidionem, quae in brevi erat ei superventura, expressissime praenuntiat subdens |50| quia venient dies in te, et circumdabunt te inimici tui vallo. * gregorius. ° ubi romani principes denuntiantur. illa enim hierosolymorum subversio describitur quae a vespasiano et tito romanis principibus facta est; unde subditur et circumdabunt te, et coangustabunt te undique, et ad terram prosternent te, et filios tuos qui in te sunt. * eusebius. ° quomodo autem haec completa sint, ex his quae tradita sunt a iosepho, colligere possumus, qui cum esset iudaeus, singula quoque gesta narravit consona his quae sunt a christo praedicta. * gregorius. ° hoc quoque quod additur: et non relinquent in te lapidem super lapidem, et ipsa iam eiusdem civitatis transmigratio testatur: quia dum nunc in eo loco constructa est ubi extra portam dominus fuerat crucifixus, prior illa, ut dicitur, ierusalem funditus est eversa. cui ex qua culpa eversionis poena fuerit illata, subiungitur eo quod non cognoveris tempus visitationis tuae. * theophylactus. ° idest, mei adventus: veni enim visurus et salvaturus |75| te. quod si cognosceres, et in me crederes, esses pacata romanis, et ex omnibus exempta periculis; sicut omnes qui crediderunt in christum evaserunt. * origenes in lucam. ° non nego igitur et illam ierusalem propter habitatorum scelera fuisse destructam; sed quaero ne forte ad hanc ierusalem fletus iste pertineat. si enim post mysteria veritatis aliquis peccaverit, plangetur: nemo enim gentilis fletur, sed ille qui fuit de ierusalem, et esse cessavit. * gregorius in evang.. ° redemptor enim noster per electos suos plangere non cessat, cum quosdam ex bona vita ad mores reprobos pervenisse considerat; qui si damnationem suam quae eis imminet, agnovissent, semetipsos cum lacrymis electorum plangerent. suam autem diem hic habet anima perversa, quae transitorio gaudet in tempore; cui ea quae adsunt, ad pacem sunt, dum ex rebus temporalibus laetatur. haec praevidere futura refugit, quae praesentem laetitiam perturbent; unde dicitur nunc autem abscondita sunt ab oculis tuis. * origenes. |100| ° fletur autem et nostra ierusalem, quod post peccata circumdant eam inimici, idest spiritus nequam, et immittunt in circuitu eius vallum, ut obsideant eam, et lapidem super lapidem non relinquant; maxime si post multam continentiam, si post aliquot annos castitatis victus quis fuerit, et blandimentis carnis illectus, patientiam pudicitiamque amiserit, si fuerit fornicatus; lapidem super lapidem non relinquent in eo, secundum illud: non recordabor primarum iustitiarum eius. * gregorius. ° vel aliter. maligni spiritus animam a corpore exeuntem obsident, quam in carnis amore positam deceptoriis delectationibus fovent; qui vallo circumdant, quia ante mentis eius oculos reductis iniquitatibus quas perpetravit, hanc societate suae damnationis coarctant, ut in ipsa extremitate vitae deprehensa, a quibus hostibus circumclusa sit videat, et tamen evadendi aditum invenire non possit: quia operari iam non licet bona, quae cum licuit agere contempsit. undique etiam animam |125| coangustant, quando ei non solum operis, verum etiam locutionis atque cogitationis iniquitates replicant: ut quae prius se per multa dilatavit in scelere, in extremum de omnibus angustetur in retributione. tunc autem anima per conditionem reatus sui ad terram consternitur, cum caro, quam vitam suam credidit, redire ad pulverem urgetur. tunc in morte filii illius cadunt, cum cogitationes illicitae, quae modo ex illa prodeunt, in extrema ultione dissipantur: quae etiam cogitationes per lapides significari valent: perversa enim mens, cum perversae cogitationi perversiorem adicit, quasi lapidem supra lapidem ponit; sed cum ad ultionem suam anima ducitur, omnis cogitationum constructio dissipatur. pravam autem animam deus assidue visitat praecepto, aliquando flagello, aliquando autem miraculo, ut vera quae nesciebat audiat; et ea contemnens, aut dolore compuncta redeat, aut beneficiis devicta, malum quod fecit erubescat. sed quia visitationis suae tempus non cognoscit, in extremo vitae traditur suis |150| inimicis.

lc6 * Gregorius in evang.. ° qui narraverat mala ventura, protinus templum ingressus est, ut de illo vendentes et ementes eiceret, ostendens quod ruina populi maxime ex culpa sacerdotum fuit; unde dicitur et ingressus in templum, coepit eicere vendentes in illo et ementes. * ambrosius. ° deus enim templum suum non mercatoris vult esse diversorium, sed domicilium sanctitatis; nec vendibili religionis officio, sed obsequio gratuito usum ministerii sacerdotalis informat. * cyrillus. ° erat autem in templo multitudo mercatorum, qui vendebant animalia ritu legis mactanda in hostiis. sed iam aderat tempus desinendi umbram, refulgendi vero christi veritatem: ob hoc christus, qui cum patre simul colebatur in templo, iussit ritus corrigi legis, fieri vero templum orationis domum; unde subditur dicens illis: scriptum est, quia domus mea domus orationis est; vos autem fecistis eam speluncam latronum. * gregorius. ° qui enim ad accipienda munera in |25| templo residebant, quia quibusdam non dantibus laesiones exquirerent, dubium non erat. * theophylactus. ° hoc etiam dominus fecit in principio praedicationis suae, ut narrat ioannes; et nunc iterum illud fecit: quod ad maius crimen iudaeorum redundat, qui non fuerunt ex priori admonitione castigati. * augustinus de quaest. evang.. ° mystice autem templum ipsum hominem christum intelligas, vel etiam adiuncto corpore eius quod est ecclesia. secundum autem id quod est caput ecclesiae, dictum est: solvite templum hoc, et in triduo suscitabo illud; secundum id vero quod est adiuncta ecclesia, intelligitur templum de quo videtur dixisse: auferte ista hinc. significavit enim futuros in ecclesia qui sua negotia potius agerent, vel receptacula ibi haberent ad occultanda scelera sua, quam ut caritatem christi sequerentur, et peccatorum confessione, accepta venia, corrigerentur. * gregorius in evang.. ° redemptor vero noster praedicationis verba |50| nec indignis, nec ingratis subtrahit; unde postquam rigorem disciplinae eiciendo perversos tenuit, donum his gratiae ostendit; nam subditur et erat docens quotidie in templo. * cyrillus. ° decebat autem ex his quae christus dixerat et fecerat, eum adorare ut deum; sed ipsi nequaquam hoc facientes quaerebant eum occidere; sequitur enim principes autem sacerdotum et scribae et principes plebis quaerebant illum perdere. * beda. ° vel quia quotidie docebat in templo, vel quia latrones eiecerat de templo, vel quia veniens illuc quasi rex et dominus a credentium turba laudem hymni caelestis accepit. * cyrillus. ° sed populus graviorem aestimationem accepit de christo quam scribae, et pharisaei, et principes iudaeorum, qui fidem christi non acceptantes, alios increpabant; unde sequitur et non inveniebant quid facerent illi; omnis enim populus suspensus erat audiens illum. * beda. ° quod duobus modis intelligi potest: quia vel timentes populi tumultum, non inveniebant quid facerent de iesu, quem perdere disposuerant; vel |75| ideo iesum perdere quaerebant, quia, suo magisterio neglecto, plures ad eum audiendum confluere cernebant. * gregorius. ° mystice autem sicut templum dei in civitate est, ita in plebe fideli vita religiosorum. et saepe nonnulli religionis habitum sumunt, et dum sacrorum ordinum locum percipiunt, sanctae religionis officium in commercium terrenae negotiationis trahunt. vendentes quippe in templo sunt qui hoc quod quibusdam iure competit, ad praemium largiuntur; iustitiam enim vendere est, hanc pro praemii acceptione servare. ementes vero in templo sunt qui dum hoc persolvere proximo quod iustum est nolunt, dumque rem iure debitam facere contemnunt, dato patronis praemio emunt peccatum. * origenes in lucam. ° si quis ergo vendit, eicietur; et praecipue si vendit columbas. si enim ea quae mihi a spiritu sancto sunt revelata et credita, aut in vulgus pretio vendidero, aut absque mercede non docuero; quid aliud facio nisi columbam, idest spiritum sanctum, |100| vendo? * ambrosius. ° generaliter itaque dominus docet saeculares a dei templo abesse debere contractus. spiritualiter autem nummularios repulit, qui de pecunia domini, idest scriptura divina, lucrum quaerunt, nec bona malaque discernunt. * gregorius. ° qui domum dei speluncam latronum faciunt, quia dum perversi homines locum religionis tenent, ibi malitiae suae gladiis occidunt ubi vivificare proximos orationis suae intercessione debuerunt. templum quoque est ipsa mens fidelium; quae si in laesione proximi perversas cogitationes profert, quasi in spelunca latrones resident; cum autem mentem fidelium ad cavenda mala subtiliter erudit, quotidie veritas in templo docet.

073 CLC cp20

lc1 * Augustinus de cons. evang.. ° cum memorasset lucas eiectos de templo ementes et vendentes, praetermisit quod exibat in bethaniam et regrediebatur in civitatem, et quod de ficulnea factum est, et quod mirantibus discipulis de fidei virtute responsum est. atque his praetermissis, non quasi ex ordine dies prosequens, sicut marcus intulit, dicens et factum est in una dierum, docente illo populum in templo, et evangelizante, convenerunt principes sacerdotum et scribae cum senioribus. quod dicit factum in una dierum, ea dies intelligitur in qua id gestum matthaeus et marcus retulerunt. * eusebius. ° cum autem principes mirari deberent docentem caelestia dogmata, et cognoscere per dicta et facta hunc esse christum quem prophetae praecinerant, incumbentes subversioni populi, christum prohibebant; sequitur enim et aiunt dicentes ad illum: dic nobis, in qua potestate haec facis? aut quis est qui dedit tibi hanc potestatem? * cyrillus. ° quasi dicat: secundum |25| legem mosaicam solis exorcistis ex levitico sanguine data est auctoritas docendi, necnon sacrorum atriorum potestas: at tu ortus ex iuda commissos nobis fasces usurpas. sed si novisses, o pharisaee, scripturas, recoleres quod hic est sacerdos, qui secundum ordinem melchisedech offert deo in se credentes per cultum qui legem transcendit. quid igitur anxiaris, eiectis ab atriis sacris quae opportuna videbantur legalibus victimis, eo vocante ad veram iustificationem per fidem? * beda. ° vel quando dicunt in qua potestate haec facis? de dei dubitant potestate, et subintelligi volunt diaboli esse quod facit. addentes quoque aut quis est qui dedit tibi hanc potestatem? manifestissime dei filium negant, quem putant non suis, sed alienis viribus signa facere. poterat autem dominus aperta responsione tentatorum calumniam confutare; sed prudenter interrogat, ut suo silentio vel sententia condemnentur; sequitur enim respondens autem dixit ad illos: interrogabo et ego vos unum verbum; respondete mihi: baptismus |50| ioannis de caelo erat, an ex hominibus? * theophylactus. ° ut enim ostenderet eos semper fuisse spiritui sancto rebelles, et nedum isaiae, cuius non erat memoria, sed nuper viso ioanni credere noluerunt, ob hoc versa vice opponit eis hanc quaestionem, ostendens quod si tanto prophetae ioanni, qui apud eos maior videbatur, minime crediderunt, perhibenti testimonium eius, qualiter ei crederent respondenti qua auctoritate hoc faceret? * eusebius. ° quaerit autem de ioanne baptista, non unde erat oriundus, sed unde legem suscepisset baptismatis. * cyrillus. ° sed illi fugere veritatem non horruerunt. deus enim misit ioannem sicut vocem clamantem: parate viam domino. timuerunt autem dicere veritatem, ne diceretur eis: cur non credidistis? et cavent reprehendere praecursorem, non metu divino, sed populi; unde sequitur at illi cogitabant intra se dicentes: quia si dixerimus: de caelo, dicet: quare ergo ei non credidistis? * beda. ° quasi dicat: quem confitemini de caelo habuisse prophetiam, mihi testimonium |75| perhibuit; et ab illo audistis in qua potestate haec faciam; sequitur enim si autem dixerimus: ex hominibus, plebs universa lapidabit nos: certi sunt enim ioannem prophetam esse. viderunt ergo, quomodolibet respondissent, in laqueum se casuros, timentes lapidationem, sed magis veritatis confessionem; unde sequitur et responderunt se nescire unde esset. quia ergo nolunt fateri hoc quod sciunt, repulsi sunt ut eis dominus non diceret quod sciebat; unde sequitur et ait illis iesus: neque ego dico vobis in qua potestate haec facio. ob duas enim causas maxime scientia veritatis est occultanda quaerentibus: cum scilicet is qui quaerit minus capax est ad intelligendum ea quae quaerit; aut odio vel contemptu veritatis indignus est cui debeat aperiri quod quaerit.

lc2 * Eusebius. ° congregatis in unum principibus populi iudaeorum in ipso templo, ea quae contra ipsum facturi erant, et superventurum eis exterminium figurate per parabolam protulit; dicitur enim coepit autem dicere ad plebem parabolam hanc. homo plantavit vineam. * augustinus de cons. evang.. ° tacuit matthaeus brevitatis causa quod lucas non tacet, parabolam istam non ad solos principes dictam, qui de potestate interrogaverunt, sed etiam ad plebem. * ambrosius. ° plerique autem varie significationes de vineae appellatione derivant; sed evidenter isaias vineam domini sabaoth domum israel esse memorat. hanc vineam quis alius nisi deus condidit?

* beda. ° homo ergo qui plantavit vineam ipse est, qui iuxta aliam parabolam conduxit operarios in vineam suam. * eusebius. ° sed parabola quam isaias dicit, vineam reprehendit; salvatoris vero parabola non est contra vineam dicta, sed de cultoribus vineae, de quibus subditur et locavit eam colonis, idest senioribus populi, et principibus sacerdotum, et doctoribus, et optimatibus cunctis. * theophylactus. ° vel quilibet de populo est vinea, idem est etiam cultor: quilibet enim nostrum seipsum colit. hac igitur vinea commissa cultoribus, abiit: idest, dimisit illos progredi suo arbitrio; unde sequitur et ipse peregre fuit multis temporibus. * ambrosius. ° non quia ex loco ad locum profectus est dominus, qui ubique semper praesens est; sed quia praesentior est diligentibus, negligentibus abest. multis autem temporibus abfuit, ne praepropera videretur exactio: nam quo indulgentior liberalitas eo inexcusabilior pervicacia. * cyrillus. ° vel deus absentavit se a vinea plurium annorum curriculis: quia postquam visus est in specie ignis descendisse in montem sina, non amplius visibiliter praebuit eis suam praesentiam. nulla tamen interpolatio contigit qua non mitteret deus prophetas et iustos commonentes; unde sequitur et in tempore vindemiae, ille misit ad cultores servum, ut de fructu vineae darent illi. * theophylactus. ° dicit autem de fructu vineae, quia non totum fructum, sed aliquid de fructu volebat accipere. nam quid lucratur deus a nobis nisi suam notitiam, quae etiam est nostra utilitas? * beda. ° bene autem fructum posuit, non proventum: nullus enim huius vineae proventus inventus est. servus ergo primus missus est moyses, qui per quadraginta annos fructum aliquem legis quam dederat, a cultoribus requirebat; sed vexatus est propter eos, quia exacerbaverunt spiritum eius; unde sequitur qui caesum dimiserunt eum inanem. * ambrosius. ° factum est autem ut plures alios destinaret, quos iudaei inhonoros et inanes sibi, de quibus nihil potuerunt proficere, dimiserunt; unde sequitur et addidit alterum servum mittere. * beda. ° servus alter david significatur, qui missus est, ut post edicta legalia cultores vineae psalmodiae modulamine ad exercitium boni operis excitaret; sed et contra hunc dixerunt: quae nobis pars in david, aut quae haereditas in filio isai? unde sequitur illi autem hunc caedentes et afficientes contumelia, dimiserunt inanem. sed nec sic destitit; sequitur enim et addidit tertium mittere: per quem prophetarum chorum intellige, qui continuis attestationibus populum convenerunt. sed quem prophetarum non sunt persecuti? unde sequitur qui et illum vulnerantes eiecerunt. his autem tribus servorum gradibus omnium sub lege doctorum figuram posse comprehendi, dominus alibi manifestat, dicens: quoniam necesse est impleri omnia quae sunt in lege moysi et prophetis et psalmis de me. * theophylactus. ° prophetis igitur talia mala passis, filius destinatur; sequitur enim dixit autem dominus vineae: quid faciam? * beda. ° quod dominus vineae dubitative loquitur, non de ignorantia venit: quid enim nesciat deus pater? sed ambigere dicitur, ut libera voluntas hominis servetur. * cyrillus. ° deliberat etiam secum dominus vineae quid agat, non quasi carens ministris, sed quia pertentato quolibet ingenio salutis humanae, populo vero nequaquam adiuto, aliud maius adiungit; unde consequenter dicit mittam filium meum dilectum: forsitan cum hunc viderint, verebuntur. * theophylactus. ° dixit autem hoc, non tamquam ignorans quod peius eum essent tractaturi quam prophetas: sed quia oportebat filium eis fieri reverendum. quod si contumaces fuerint occidendo, hoc cumulat eorum crimen. ne ergo dicerent aliqui divinam praescientiam necessario fuisse inobedientiae causam, ideo sic figurat sermonem. * ambrosius. ° filium igitur unigenitum sibi missum perfidi iudaei, quasi heredem removere cupientes, occiderunt crucifigendo, et eiecerunt negando; unde sequitur quem cum vidissent coloni, cogitaverunt intra se dicentes: hic est heres: occidamus eum, ut nostra fiat hereditas. heres christus est, idemque testator; heres, quia morti propriae supervivit, et testamentorum quae ipse contulit tamquam hereditaria in nostris profectibus emolumenta consequitur. * beda. ° manifestissime autem dominus probat, iudaeorum principes non per ignorantiam, sed per invidentiam crucifixisse filium dei. intellexerunt enim hunc esse cui dictum est: dabo tibi gentes haereditatem tuam; sequitur enim et eiectum extra vineam occiderunt; quia iesus, ut sanctificaret per suum sanguinem populum, extra portam passus est. * theophylactus. ° sed quia superius populum, non ierusalem, loco vineae sumpsimus; forsan magis proprie dici potest, quod occidit quidem eum populus extra vineam; idest, extra populi manus passus est dominus, quia scilicet populus ei non propriis manibus necem intulit, sed tradens hunc pilato et gentibus. quidam autem per vineam scripturam intellexerunt, cui non credentes, dominum necaverunt: unde extra vineam, idest extra scripturam, dicitur dominus passus. * beda. ° sive eiectus extra vineam et occisus est, quia prius est ab infidelium corde repulsus, ac deinde cruci addictus est. * chrysostomus. ° dispensationis autem, non negligentiae est post prophetas christum venisse: non enim deus omnia repente prosequitur, sed condescendit propter sui pietatem: quia si post servos venientem filium contempserunt, multo magis nec antea eum audirent: qui enim non audiebant minora praecepta, quomodo audivissent maiora? * ambrosius. ° pulchre autem interrogat, ut sua se ipsi damnent sententia; sequitur enim quid ergo faciet illis dominus vineae? * basilius. ° hoc autem fit, quasi his qui damnantur nihil habentibus opponere evidentiae iuris. proprium autem est divinae miserationis non infligere poenas silentio, sed praedicere minis, revocando eos ad poenitentiam; unde et hic sequitur veniet, et perdet colonos istos, et dabit vineam aliis. * ambrosius. ° venturum dominum dicit vineae, quod in filio adsit etiam paterna maiestas; vel quod ultimis temporibus praesentior humanis aspiret affectibus. * cyrillus. ° exclusi sunt igitur iudaeorum primates, quasi dominicae voluntati repugnantes, et sterilem reddentes vineam sibi commissam; est autem datus cultus vineae sacerdotibus novi testamenti. cum autem virtutem aenigmatis senserunt, recusant illud pati; unde sequitur quo audito, dixerunt illi: absit. nec tamen evaserunt ob sui pertinaciam et inobedientiam erga fidem christi. * theophylactus. ° aliter autem videtur matthaeus dicere, dominum scilicet quaesivisse: quid faciet illis cultoribus dominus vineae? iudaeos vero respondisse: malos male perdet. non est autem repugnantia: nam utrumque factum est: primo enim ipsi promulgaverunt illam sententiam; postea sentientes quo tendebat parabola, dixerunt absit, ut lucas hic narrat. * augustinus de cons. evang.. ° vel aliter. in illa de qua loquimur turba erant qui dolose dominum interrogaverant, in qua potestate faceret; erant etiam qui non dolose, sed fideliter acclamaverunt: benedictus qui venit in nomine domini, ac per hoc erant qui dicerent perdet illos, et vineam suam dabit aliis: quae vox recte etiam ipsius domini fuisse intelligitur, sive propter veritatem, sive propter membrorum eius cum suo capite unitatem. erant etiam qui talia respondentibus dicerent absit: quia intelligebant in seipsos hanc parabolam dictam; sequitur enim ille autem aspiciens eos ait: quid est ergo quod scriptum est: lapidem quem reprobaverunt aedificantes, hic factus est in caput anguli? * beda. ° quasi dicat: quomodo implebitur haec prophetia, nisi quia christus a vobis reprobatus et occisus, credituris est gentibus praedicandus, ut quasi lapis angularis ex utroque populo unum sibi templum aedificet? * eusebius. ° lapis autem dicitur christus propter terrestre corpus, abscissus sine manibus: secundum visionem danielis propter ortum ex virgine. lapis autem non argenteus aut aureus, quia non rex aliquis gloriosus, sed homo humilis et abiectus; propter quod aedificantes eum reprobaverunt. * theophylactus. ° reprobaverunt enim eum principes populi, cum dixerunt: hic a deo non est. ille vero tam utilis fuit, tam electus, ut in capite anguli poneretur. * cyrillus. ° angulo vero comparat sacra scriptura concursum utriusque populi, israelitici scilicet et gentilis, in unam fidem: compegit enim salvator utrumque populum in unum novum hominem, concilians eos in uno corpore patri. salubris ergo est lapis angulo facto ab eo; detrimentum autem infert iudaeis impugnantibus hunc spiritualem concursum. * theophylactus. ° duas autem condemnationes commemorat: unam quidem animarum suarum, quam passi sunt scandalizati in christo; et hoc tangit cum dicit omnis qui ceciderit super illum lapidem, conquassabitur; aliam vero captivitatis et exterminii, quam intulit eis lapis ab ipsis contemptus; et hoc tangit cum subdit supra quem autem ipse ceciderit, comminuet illum, vel ventilabit eum: sic enim ventilati sunt iudaei a iudaea per universum orbem, ut ab area paleae. et attende ordinem: nam praeambulum est scelus in eum commissum, sequitur autem iusta dei vindicta. * beda. ° vel aliter. qui peccator est, et tamen illi credit, cadit quidem super lapidem et conquassatur, reservatur enim per poenitentiam ad salutem; supra quem vero ille ceciderit, hoc est, cui lapis ipse irruerit, quia ipsum negavit, comminuet eum, ut nec testa quidem remaneat, in qua hauriatur aquae pusillum. sive de his dicit quod cadunt super eum, qui illum modo contemnunt; ideo nondum penitus intereunt, sed conquassantur, ut non recti ambulent: super quos autem cadit, veniet illis desuper in iudicio cum poena perditionis; ideo comminuet eos, ut sint tamquam pulvis, quem proicit ventus a facie terrae. * ambrosius. ° vinea etiam typus noster est: agricola quippe omnipotens pater, vitis christus; at vero nos palmites. recte vinea christi populus nominatur: vel quod crucis in fronte praetexat indicium; vel quod fructus ex postrema anni legatur aetate; vel quod omnibus, ut ordinibus vinearum, ita pauperibus atque divitibus, servis et dominis in ecclesia aequa dimensio, nulla discretio sit; et ut vitis maritatur arboribus, ita corpus animae. hanc vineam diligens agricola fodere et tondere consuevit, ne luxuriet umbra foliorum, verborumque infructuosa iactantia maturitatem indolis naturalis impediat. decet totius orbis hic esse vindemiam, ubi totius orbis est vinea. * beda. ° vel morali intellectu cuique fidelium vinea quam excolat locatur, dum mysterium baptismi quod exerceat sibi committitur. mittitur servus unus, alter, tertius, cum lex, psalmodia et prophetia legitur. sed missus servus contumeliis affectus vel caesus dicitur, cum sermo auditus contemnitur vel blasphematur. missum heredem quantum in se est occidit qui filium dei peccando conculcat. perdito malo cultore, vinea datur alteri, cum dono gratiae, quod superbus sprevit, humilis ditatur.

lc3 * Cyrillus. ° decebat quidem principes iudaeorum, intelligentes quod de ipsis parabola diceretur, a malo sic discedere, quasi de futuris instructos; sed hoc non considerantes, occasionem suorum colligunt criminum; unde dicitur et quaerebant principes sacerdotum et scribae mittere in illum manus in illa hora. nec refrenavit eos legis praeceptum, quod dicit: innocentem et iustum non occides; sed compescuit eorum nefandum propositum plebis timor; sequitur enim et timuerunt populum. praeferunt enim divinae reverentiae humanum timorem. quae autem huius propositi fuerit occasio, subditur cognoverunt enim quod ad ipsos dixerit similitudinem istam. * beda. ° et ita quaerendo ipsum occidere, docebant vera esse quae in parabola dixerat. ipse enim est heres, cuius iniustam necem dicebant esse vindicandam; illi nequam coloni, qui dei filium quaerebant occidere. hoc etiam quotidie geritur in ecclesia, cum quilibet solo nomine frater, eam quam non diligit ecclesiasticae fidei ac pacis unitatem, propter bonorum multitudinem, vel erubescit, vel timet impugnare. et quia principes quaerebant dominum comprehendere, quod per se non poterant, praesidis manibus efficere tentabant; unde sequitur et observantes miserunt insidiatores, qui se iustos simularent. * cyrillus. ° videbantur enim esse leves; erant autem graves, obliti dei dicentis: quis hic qui mihi abscondit consilium? adeunt enim christum omnium salvatorem quasi hominem communem; unde sequitur ut caperent eum in sermone, et traderent eum principatui, et potestati praesidis. * theophylactus. ° paraverunt autem domino laqueos; illaqueati sunt tamen in eis pedes eorum. audi namque astutiam. et interrogaverunt illum dicentes: magister, scimus quia recte dicis et doces. * beda. ° blanda et fraudulenta interrogatio illuc provocat respondentem ut magis deum quam caesarem timeat; sequitur enim et non accipis personam hominis, sed in veritate viam dei doces. et hoc dicunt ad hoc ut dicat non debere tributa solvi, ut statim audientes ministri praesidis, qui, iuxta alios evangelistas, affuisse leguntur, seditionis eum contra romanos auctorem teneant; unde consequenter quaerunt: licet nobis dare tributum caesari, an non? erat enim in populo magna seditio, dicentibus aliis, pro securitate, qua romani pro omnibus militabant, debere tributa persolvi; pharisaeis contra dicentibus non debere populum dei, qui decimas et primitias daret, humanis legibus subiacere. * theophylactus. ° intendebant ergo, quod si diceret oportere dari censum caesari, criminaretur a populo quasi servituti subiciens gentem; si vero prohiberet censum reddere, eum repraesentarent ut schismaticum praesidi. ipse vero laqueos eorum effugit; sequitur enim considerans autem dolum eorum, dixit ad eos: quid me tentatis? ostendite mihi denarium. cuius habet imaginem et superscriptionem? * ambrosius. ° docet hoc loco dominus circumspectos nos in respondendo adversus haereticos vel iudaeos esse debere; sicut alibi dixit: estote astuti sicut serpentes. * beda. ° qui autem putant interrogationem salvatoris ignorantiam esse, discant ex praesenti loco, quod potuerit scire iesus cuius imago esset in nummo; sed interrogat, ut ad sermonem eorum competenter respondeat; sequitur enim respondentes dixerunt: caesaris. non putemus caesarem augustum, sed tiberium significari. omnes enim romani reges a primo caio caesare, caesares appellati sunt. ex eorum autem responsione convenienter dominus quaestionem solvit; sequitur enim et ait illis: reddite ergo quae sunt caesaris caesari, et quae sunt dei deo. * titus. ° quasi dicat: verbis tentatis, operibus obedite: subiistis caesaris servitutem, suscepistis quae eius sunt: date ergo illi censum, deo timorem: non enim exigit deus denarium, sed fidem. * beda. ° reddite etiam deo quae dei sunt, decimas scilicet, primitias, oblationes et victimas. * theophylactus. ° et attende quod non dixit: date, sed reddite; debitum enim est: tuetur enim te princeps tuus ab hostibus, vitam tuam reddit tranquillam; pro his ergo teneris ei in censu. sed et hoc ipsum quod offers, numisma scilicet, ab eo habes. reddes ergo numisma regium regi. deus etiam tibi tradidit intellectum et rationem: restituas hoc ei non comparatus bestiis, sed in omnibus rationabiliter procedens. * ambrosius. ° tu ergo si vis non esse obnoxius caesari, noli habere quae mundi sunt. et bene prius quae caesaris sunt reddenda decernit: neque enim potest quis esse domini, nisi prius renuntiaverit mundo. quam gravia vincula promittere deo et non solvere. maior est contractus fidei quam pecuniae. * origenes. ° habet autem locus iste aliquid mystici. duae enim sunt imagines in homine: una quam accepit a deo, altera inimici. sicut enim denarius habet imaginem imperatorum mundi: sic qui facit opera tenebrarum, portat imaginem eius cuius habet opera. dicit ergo reddite quae sunt caesaris caesari, hoc est, abicite terrenam imaginem, ut possitis, vobis imaginem caelestem imponentes, reddere quae dei sunt deo, ut scilicet deum diligamus, etc. quae, ut moyses dicit, deus requirit a nobis. postulat autem a nobis deus, non quia necessarium habet ut ei aliquid tribuamus; sed ut postquam ei dederimus, hoc ipsum nobis tribuat in salutem. * beda. ° qui autem credere debuerant, ad tantam sapientiam mirati sunt, quod calliditas eorum insidiandi non invenisset locum; unde sequitur et non potuerunt verbum eius reprehendere coram plebe, et mirati in responso eius tacuerunt. * theophylactus. ° hoc enim erat quod praecipue intendebant, increpare eum coram populo; quod obtinere nequiverunt propter sapientissimam eius responsionem.

lc4 * Beda. ° duae erant haereses in iudaeis: una pharisaeorum, qui traditionum et observationum iustitiam praeferebant: unde et divisi vocabantur a populo; altera sadducaeorum, qui interpretantur iusti, vindicantes sibi quod non erant. illis ergo abeuntibus, hi ad tentandum accedunt; unde dicitur accesserunt autem quidam sadducaeorum qui negant esse resurrectionem. * origenes. ° sadducaeorum haeresis non solum resurrectionem mortuorum negat, sed etiam putat animam interire cum corpore. hi ergo verbis salvatoris insidiantes, eo tempore quaestionem proposuerunt quo eum viderunt de resurrectione docere discipulos; unde sequitur et interrogaverunt eum, dicentes: magister, scripsit nobis moyses, si frater alicuius mortuus fuerit habens uxorem, et hic sine filiis fuerit, ut accipiat eam frater eius in uxorem, et suscitet semen fratri suo. * ambrosius. ° secundum legis litteram, nubere cogitur etiam invita, ut defuncti semen excitet frater; spiritus autem magister est castitatis. * theophylactus. ° sadducaei autem fragile fundamentum substituentes, non credebant resurrectionis sermonem. opinantes enim carnalem esse futuram vitam, in resurrectione merito fallebantur; et ideo tamquam impossibile calumniantes dogma resurrectionis, fingunt hanc narrationem, dicentes septem ergo fratres erant: et primus accepit uxorem, et mortuus est sine filiis; et sequens accepit illam, et mortuus est sine filio; et tertius accepit illam; et similiter omnes septem, et non reliquerunt semen, et mortui sunt. novissime autem omnium mortua est et mulier. * beda. ° hanc fabulam confingunt, quae deliramenti arguat eos qui resurrectionem asserunt mortuorum. turpitudinem ergo fabulae opponunt, ut resurrectionis denegent veritatem; unde subditur in resurrectione ergo cuius eorum erit uxor? siquidem habuerunt septem eam uxorem. * ambrosius. ° mystice haec mulier synagoga est, quae septem viros habuit, sicut dicitur samaritanae: quinque viros habuisti, quia samaritana tantum quinque libros moysi, synagoga septem sequitur principaliter, et de nullo propter perfidiam suam hereditariae posteritatis semen accepit; et ideo partem cum viris suis in resurrectione habere non potuit, quia spirituale praeceptum secundum sensum carnis invertit: non enim frater carnalis aliquis denuntiatus est, qui semen fratris suscitaret defuncti, sed ille qui de mortuo populo iudaeorum, sapientiam sibi divini cultus ascisceret in uxorem, atque ex ea semen in apostolis suscitaret, qui quasi defunctorum reliquiae iudaeorum, informes adhuc in synagogae utero derelicti, secundum electionem gratiae reservari novi seminis admixtione meruerunt. * beda. ° sive septem hi fratres reprobis congruunt, qui per totam huius saeculi vitam, quae septem diebus volvitur, a bonis operibus steriles existunt: quibus viritim morte praereptis, ad ultimum et ipsa mundana conversatio quasi uxor infecunda transibit. * theophylactus. ° dominus autem ostendens in resurrectione non esse futuram conversationem carnalem, eorum dogma evulsit simul cum fragili fundamento; unde sequitur et ait illis iesus: filii huius saeculi nubunt et traduntur ad nuptias. * augustinus de quaest. evang.. ° quia connubia propter filios, filii propter successionem, successio propter mortem. ubi ergo mors non est, neque connubia; unde sequitur illi vero qui digni habebuntur saeculo illo et resurrectione ex mortuis, neque nubent, neque ducent uxores; neque enim ultra mori poterunt. * beda. ° quod non ita intelligendum est quasi soli digni vel resurrecturi, vel sine nuptiis futuri sint; sed omnes etiam peccatores resurrecturi, et absque nuptiis sunt in saeculo illo mansuri. dominus autem ut ad resurrectionis gloriam inquirendam animos incitaret, de electis tantum voluit facere sermonem. * augustinus de quaest. evang.. ° sicut autem nunc sermo noster decedentibus et succedentibus syllabis peragitur atque perficitur, ita et ipsi homines, quorum sermo est, decedendo et succedendo peragunt atque perficiunt ordinem huius saeculi, qui temporali rerum pulchritudine contexitur. in illa autem vita, quoniam verbum dei, quo fruemur, nulla decessione atque successione syllabarum completur, sed omnia quae habet, semper manendo, simul habet; ita participes eius, quibus ipsum solum erit vita, neque moriendo decedent, neque nascendo succedent; sicut nunc est in angelis; unde sequitur aequales enim angelis sunt. * cyrillus. ° sicut enim multitudo angelorum plurima quidem est, non autem propagata per generationem, sed ex creatione consistens; ita et his qui resurgunt non est opus ulterius nuptiis; unde sequitur et filii dei sunt, cum sint filii resurrectionis. * theophylactus. ° quasi dicat: quia deus est qui operatur in resurrectione, merito dicuntur dei filii qui per resurrectionem regenerantur: non enim aliquid carnale in resurgentium generatione conspicitur, non coitus, non matrix, non partus. * beda. ° vel aequales angelis, et filii sunt dei: quia gloria resurrectionis innovati, sine ullo mortis metu, sine ulla labe corruptionis, sine ullo terreni status actu, perpetua dei visione fruuntur. * origenes. ° sed quia dominus in matthaeo dicit quod hic praetermittitur: erratis nescientes scripturas, propono scripturam, ubi scriptum sit: neque nubent, neque nubentur. quantum enim ego aestimo, neque in veteri, neque in novo testamento quicquam tale reperitur. sed omnis eorum error de scripturae lectione, quam non intelligunt, subrepsit; dicitur enim in isaia: electi mei bibent; et putant haec et similia futura esse in resurrectione. paulus autem omnes has benedictiones spiritaliter interpretans, et sciens non esse carnales dicit: benedixisti nos in omni benedictione spirituali. * theophylactus. ° vel dominus rationi suprapositae scripturae testimonium addit, subdens quia vero resurgant mortui, et moyses ostendit secus rubum, sicut dicit dominum deum abraham et deum isaac et deum iacob; quasi dicat: si semel redierunt in nihilum patriarchae, ne viverent apud deum, in spe resurrectionis non dixisset: ego sum, sed: fueram; consuevimus enim de rebus corruptis et praeteritis dicere: eram dominus illius rei. nunc vero quoniam dixit: ego sum, ostendit quod viventium est deus et dominus; et hoc est quod subditur deus autem non est mortuorum, sed vivorum: omnes enim vivunt ei: quamvis enim exanimes sunt, vivunt tamen apud deum in spe resurgendi. * beda. ° vel hoc dicit, ut cum probaverit animas permanere post mortem, quod sadducaei negabant, consequens introduceretur et corporum resurrectio, quae cum animabus bona malave gesserunt. est autem vera vita qua iusti deo vivunt, etiam quando corpore moriuntur. ad comprobandam autem resurrectionis veritatem, multo manifestioribus exemplis ex prophetis uti valuit, sed sadducaei quinque tantum libros moysi recipiebant, prophetarum vaticinia respuentes. * chrysostomus. ° sicut autem sancti communem orbis dominum sibi appropriant, non derogantes eius dominio, sed proprium affectum pandentes, secundum morem amantium, qui non patiuntur cum multis diligere, sed volunt praecipuam et specialem quamdam dilectionem exprimere; sic et deus specialiter se horum deum dicebat, non coarctando suum dominium, sed ampliando. non enim sic multitudo subditorum sicut virtus famulantium pandit eius dominium; unde non sic gaudet dici deus caeli et terrae, sicut cum dicitur deus abraham, deus isaac et deus iacob. et apud mortales quidem a dominis denominantur famuli; dicimus enim: villicus talis ducis; e contrario autem deus dicitur abrahae. * theophylactus. ° confutatis autem sadducaeis, favent iesu scribae tamquam sadducaeorum oppositi; unde sequitur respondentes autem quidam scribarum dixerunt: magister, bene dixisti. * beda. ° et quia in sermonibus confutati sunt, ultra non interrogant; unde sequitur et amplius non audebant eum quidquam interrogare: sed comprehensum romanae tradunt potestati; ex quo intelligimus venena invidiae posse quidem superari, sed difficile conquiescere.

lc5 * Theophylactus. ° quamvis dominus ad passionem erat iturus in brevi, praedicat propriam deitatem: nec hoc tamen incaute aut arroganter; sed modeste quaerit; unde dicitur dixit autem ad illos: quomodo dicunt christum filium david esse? * ambrosius in lucam. ° non reprehenduntur hoc loco quia david filium confitentur, quia caecus ille, david filium confitendo, meruit sanitatem; et pueri dicentes: hosanna filio david, praecelsae praedicationis gloriam deo deferebant; sed reprehenduntur, quia non credunt filium dei; unde subditur et ipse david dicit in libro psalmorum: dixit dominus domino meo. et pater dominus, et filius dominus; sed non duo domini, sed unus est dominus: quia pater in filio, et filius in patre: ipse ad dexteram patris sedet, quia patri consors, nulli secundus est; sequitur enim sede a dextris meis. nec praefertur qui ad dexteram sedet, nec iniuriam patitur qui admittitur: gradus non quaeritur dignitatis, ubi plenitudo est divinitatis. * augustinus de symbolo. ° sessione autem ista non accipiamus humanis membris positum, tamquam pater sedeat in sinistra et filius sedeat ad dexteram; sed ipsam dexteram intelligamus potestatem quam accepit ille homo susceptus a deo, ut veniat iudicaturus qui primo venerat iudicandus. * cyrillus. ° vel quod sedet ad dexteram patris, supernam eius gloriam probat: nam quorum est thronus aequalis, et maiestas. sessio vero in deo significat regnum, et omnium potestatem. sedet ergo a dextris dei patris, quia verbum ex paterna substantia prodiens, factum caro, divinam non exuit dignitatem. * theophylactus. ° manifestat ergo quod adversarius patris non est, sed secum concordat; cum pater repugnet adversariis eius; sequitur enim donec ponam inimicos tuos scabellum pedum tuorum. * ambrosius. ° ergo et deum christum, et hominem esse credamus; cui a patre subiciuntur inimici, non per infirmitatem potestatis suae, sed per unitatem naturae, quia in altero alter operatur: nam et filius subicit inimicos patri, quia patrem clarificat super terram. * theophylactus. ° quaerit ergo ipse, et mota dubitatione sinit illos colligere quid sequatur; unde subdit david ergo dominum illum vocat, et quomodo filius eius est? * chrysostomus. ° david quidem pater christi et servus; hoc quidem secundum carnem, illud secundum spiritum. * cyrillus. ° et nos ergo novis pharisaeis, qui nec verum dei filium, neque deum esse fatentur natum ex sacra virgine, sed dividunt unum filium in duos, talem obicimus quaestionem: quo pacto filius david dominus eius est, et non humano dominio, sed divino?

lc6 * Chrysostomus. ° nihil autem est fortius quam ex prophetis disputare: hoc enim est et ipsis rebus validius: nam christo faciente miracula contradicebant multoties; cum vero allegavit prophetiam, tacuerunt, quia non habebant quid dicerent. eis autem tacentibus, contra eos invehitur; unde dicitur audiente autem omni populo, dixit discipulis suis. * theophylactus. ° quia enim eos orbis doctores mittebat, merito monet non esse eis imitandam pharisaeorum ambitionem; unde sequitur attendite a scribis, qui volunt ambulare in stolis. * beda. ° idest, cultioribus vestimentis induti ad publicum procedere; in quo inter cetera dives peccasse describitur. * cyrillus. ° passiones autem erant scribarum, amor gloriae inanis et lucri. ut igitur tam pessima crimina evitarent discipuli, commonet eos subdens et amant salutationes in foro. * theophylactus. ° quod est blandientium, et venantium opinionem famae; vel agunt hoc causa congregandae pecuniae; sequitur enim et primas cathedras in synagogis et primos discubitus in conviviis. * beda. ° non primos sedere, vel discumbere vetat eos quibus hoc officii ordine competit, sed eos qui hoc indebite amant, docet esse cavendos, animum, non gradum redarguens; quamvis et hoc culpa non careat, si iidem in foro litibus velint interesse qui in synagoga magistri desiderant appellari. duplici autem ratione a vanae gloriae cupidis attendere iubemur: ne vel eorum simulatione ducamur, aestimantes bona esse quae faciunt; vel aemulatione inflammemur, frustra gaudentes in bonis laudari quae simulant. non solum autem laudes ab hominibus, sed et pecunias quaerunt; sequitur enim qui devorant domos viduarum, simulantes longam orationem. iustos enim et magni meriti apud deum se simulantes, ab infirmis et peccatorum suorum conscientia turbatis, quasi patroni pro eis in iudicio futuri, pecunias accipere non dubitant. * chrysostomus. ° ingurgitantes etiam se viduarum bonis, paupertatem atterunt, non qualitercumque comedentes, sed devorantes, et ad pravitatem oratione utentes; quod graviori poenae facit eos obnoxios; unde sequitur hi accipient maiorem damnationem. * theophylactus. ° quia non solum mala faciunt, sed orationes praetendunt, et virtutem faciunt pravitatis excusationem. viduas etiam depauperant, quarum oportebat misereri, dum ob sui praesentiam eas cogunt exponere. * beda. ° vel quia laudes ab hominibus et pecunias quaerunt, maiori damnatione plectuntur.

073 CLC cp21

lc1 * Glossa. ° postquam dominus redarguit scribarum avaritiam qui domos viduarum devorabant, commendat viduae eleemosynam; unde dicitur respiciens autem vidit eos qui mittebant munera sua in gazophylacium divites. * beda. ° quia sermone graeco phylattin, servare dicitur, et gaza lingua persica divitiae vocantur, gazophylacium locus appellari solet quo divitiae servantur. erat autem arca foramen habens desuper posita iuxta altare ad dexteram ingredientibus domum domini, in quam mittebant sacerdotes, qui custodiebant hostias, omnem pecuniam quae deferebatur ad templum domini. dominus autem, sicut operantes in domo sua discutit, ita et dona ferentes respicit; et quem dignum viderit, laudat; quem reprobum, damnat; unde sequitur vidit autem et quamdam viduam pauperculam mittentem aera minuta duo. * cyrillus. ° duos obolos offerebat, quos cum sudoribus ad diurnum victum acquisierat; vel quae quotidie per aliena poscit suffragia, deo donat, ostendens ei suam paupertatem fructiferam. vincit igitur alios, et iusta censura coronatur a deo; unde sequitur et ait illis: vere dico vobis, quia vidua haec pauper plusquam omnes misit. * beda. ° acceptabile enim est deo quicquid bono animo obtulerimus, qui cor, et non substantiam pensat, nec perpendit quantum in eius sacrificio, sed ex quanto proferatur; unde sequitur nam omnes hi ex abundanti sibi miserunt in munera dei; haec autem ex eo quod illi deest, omnem victum quem habuit misit. * chrysostomus. ° non enim paucitatem oblati, sed copiam affectus intuitus est deus. non est eleemosyna ex pluribus pauca impendere; sed illud viduae, quae totam sibi evacuavit substantiam. quod si nequis tantum offerre sicut et vidua, offer saltem totum superfluum. * beda. ° mystice autem divites qui in gazophylacium munera mittebant, significant iudaeos de iustitia legis elatos; vidua pauper ecclesiae simplicitatem; quae paupercula vocatur, quia vel superbiae spiritum, vel peccata tamquam mundi divitias abiecit; vidua vero, quia vir eius pro ea mortem pertulit. haec in gazophylacium duo aera minuta mittit, quia in conspectu dei, apud quem nostri operis oblationes conservantur, munera sua defert, sive dilectionem dei et proximi, sive fidei et orationis: quae cunctis superborum iudaeorum operibus praestant: ex abundanti enim in munera dei immittunt iudaei, qui de iustitia sua praesumunt: ecclesia autem omnem victum suum mittit, quia omne quod vivit, dei esse muneris intelligit. * theophylactus. ° vel vidua potest intelligi quaelibet anima, orbata, quasi primo viro, pristina lege, et non digna copula verbi dei; quae loco arrhae offert deo fidem et conscientiam bonam; et ideo plus videtur offerre divitibus in sermone, et superfluentibus moralibus gentilium virtutibus.

lc2 * Eusebius. ° quod spectanda forent quae pertinebant ad templi structuram, manifestant historiae; et hucusque quaedam conservantur reliquiae, quibus percipiuntur quae dudum erant fabricarum vestigia. sed dominus mirantibus templi fabricas, promulgavit quod in eo lapis super lapidem non maneret; dicitur enim et quibusdam dicentibus de templo, quod lapidibus bonis et donis exornatum esset, dixit: haec quae videtis, venient dies in quibus non relinquetur lapis super lapidem qui non destruatur. decebat enim locum illum, propter cultorum audaciam, omnimodam desolationem pati. * beda. ° divina etiam dispensatio procuravit ut civitas ipsa et templum subverteretur, ne quis forte adhuc parvulus in fide, videns illa constare, dum sacrificiorum ritum attonitus stuperet, raperetur intuitu. * ambrosius. ° verum igitur dictum est de templo manufacto, quod esset subvertendum: nihil enim est manufactum quod non aut vetustas conficiat, aut vis subruat, aut ignis exurat. tamen |25| est et aliud templum, scilicet synagoga, cuius structura vetus, ecclesia surgente, dissolvitur. est etiam templum in unoquoque, quod deficiente fide labitur, et maxime si quis falso christi nomen obtendat, quo interiorem expugnet affectum. * cyrillus. ° nequaquam autem discipuli adverterant vim dictorum; sed arbitrabantur de consummatione saeculi dictum esse; et ideo quaerebant quo tempore deberent accidere; unde sequitur interrogaverunt autem illum, dicentes: praeceptor, quando haec erunt, et quod signum cum fieri incipient? * ambrosius. ° matthaeus tertiam interrogationem addidit, ut et templi tempora destruendi, et signum adventus et consummatio saeculi a discipulis quaereretur. interrogatus autem dominus quando templi futura esset destructio, et quod signum esset eius adventus, de signis docet, de tempore non curat intimandum; sequitur enim qui dixit: videte ne seducamini. * athanasius. ° cum enim sint nobis a deo charismata et dogmata quae sunt super hominem, tradita, scilicet caelestis |50| conversationis forma, virtus contra daemones, et adoptio, et notitia patris, et verbi et spiritus sancti donum; adversarius noster diabolus circuit, quaerens nobis surripere insita semina verbi; dominus autem tamquam sua pretiosa dona in nobis sua documenta concludens, monet ne seducamur. magnum autem quoddam donum tribuit nobis dei verbum, ut non solum ex apparentibus non decipiamur, sed etiam si qua latentia sint, diiudicemus per spiritus gratiam. cum enim sit odiosus diabolus inventor malitiae, hoc quod ipse est occultat, nomen vero cunctis cupitum simulat callide: puta, si quis subicere sibi volens filios alienos, parentibus absentibus fingat eorum vultus, et filios desiderantes seducat. ergo in unaquaque haeresum diabolus figuratus dicit: ego sum christus, et apud me veritas est; unde sequitur multi enim venient in nomine meo, dicentes: quia ego sum; et tempus appropinquabit. * cyrillus. ° ante suum enim descensum de caelo, provenient aliqui, quibus acquiescere non oportet: voluit enim |75| unigenitum verbum dei, cum venit ut mundum salvaret, latere, ut crucem sustineret pro nobis; sed secundus eius adventus non erit clanculo, ut ante, sed terribilis et manifestus: descendet enim in gloria dei patris, ministrantibus angelis, ut mundum in iustitia iudicet; unde concludit nolite ergo ire post illos. * titus. ° vel forsitan non dicit pseudochristos ante consummationem venientes, sed eos qui fuere tempore apostolorum. * beda. ° multi enim imminente hierosolymorum excidio principes extitere qui se dicerent esse christos, tempusque libertatis appropinquare. multi etiam in ecclesia haeresiarchae diem domini instare praedicaverunt; quos apostolus ad thessalonicenses damnat. multi etiam in nomine christi venere antichristi; quorum primus est simon magus, cui dicebant: hic est virtus dei, quae vocatur magna.

lc3 * Gregorius in evang.. ° perituri mundi praecurrentia mala denuntiat dominus, ut eo minus perturbent venientia, quo fuerint praescita: minus enim iacula feriunt quae praevidentur; unde dicit cum autem audieritis praelia et seditiones, nolite terreri. bella ad hostes pertinent, seditiones ad cives. ut ergo nos indicet exterius interiusque turbari, aliud nos fatetur ab hostibus, aliud a fratribus perpeti. * ambrosius. ° verborum autem caelestium nulli magis quam nos testes sumus, quos mundi finis invenit. quanta praelia et quas opiniones accepimus praeliorum? * gregorius. ° sed his malis praevenientibus, quia non statim finis sequatur, adiungitur oportet haec primum fieri; sed nondum statim finis. ultima enim tribulatio multis tribulationibus praevenitur: quia multa debent mala praecurrere, ut malum valeant sine fine nuntiare; unde sequitur tunc dicebat illis: surget gens contra gentem, et regnum adversus regnum: quia necesse est ut alia ex caelo, |25| alia ex terra, alia ab elementis, alia ab hominibus patiamur. hic ergo signatur perturbatio hominum; sequitur enim et terraemotus magni erunt per loca: ecce respectus irae desuper. * chrysostomus. ° terraemotus enim quandoque irae signum est, nam et quando crucifixus est dominus, mota est terra; quandoque vero provisionis indicium, sicut orantibus apostolis commotus est locus in quo erant congregati. sequitur et pestilentiae. * gregorius. ° ecce inaequalitas corporum; et fames: ecce sterilitas terrae; terroresque de caelo, et signa magna erunt: ecce inaequalitas aeris: quod ad eas tempestates referendum est, quae nequaquam ordinem temporum servant: quae enim ordinate veniunt, signum non sunt. omnia enim quae ad usum vitae accepimus, ad usum convertimus culpae; sed cuncta quae ad usum pravitatis infleximus, ad usum nobis vertuntur ultionis. * ambrosius. ° occasum ergo saeculi praecedent quaedam aegritudines mundi, scilicet fames, pestilentia et |50| persecutio. * theophylactus. ° quidam autem haec non solum in consummatione futura, sed et tempore captionis ierusalem fuisse impleta voluerunt. auctore namque pacis perempto, merito in eis seditiones et bella locum habuerunt. ex bellis autem pestis et fames consequitur: haec quidem aere cadaveribus infecto, illa incultis manentibus agris. sed et iosephus intolerabiles aerumnas evenisse recitat propter famem; et tempore claudii caesaris fames invaluit, ut in actibus legitur: et plurima terribilia contigerunt captionem ierusalem indicantia, ut iosephus narrat. * chrysostomus. ° dicit autem, quod non statim finis civitatis eveniet, ut scilicet hierosolyma capiatur, sed post praelia multa. * beda. ° admonentur etiam apostoli, ne terreantur his praecurrentibus, ne hierosolymam iudaeamque deserant. potest autem regnum contra regnum, et pestilentia eorum quorum sermo serpit ut cancer, et fames audiendi verbi dei, et commotio universae terrae, et a vera fide separatio, etiam in haereticis intelligi, qui |75| contra se invicem dimicantes, ecclesiae victoriam faciunt. * ambrosius. ° sunt autem et alia bella, quae vir sustinet christianus; diversarum quoque praelia cupiditatum, studiorumque conflictus. multo etiam graviores sunt domestici hostes quam extranei.

lc4 * Gregorius in evang.. ° quia cuncta quae praedicta sunt, non de iniustitia ferientis sunt, sed de meritis mundi patientis, facta pravorum hominum praenuntiantur, cum dicitur sed ante haec omnia inicient vobis manus suas, et persequentur, tradentes in synagogas et custodias, trahentes ad reges et praesides propter nomen meum; ac si dicat: prius corda hominum, post elementa turbabuntur, ut, cum rerum ordo confunditur, ex qua tribulatione veniat demonstretur. nam quamvis finis mundi ex ipso suo ordine pendeat, perversiores tamen quosque inveniens, quia digne ruinis illius opprimantur, innotescit. * cyrillus. ° vel hoc dicit, quia priusquam a romanis ierusalem caperetur, passi persecutiones a iudaeis discipuli incarcerati sunt, et praesentati principatibus. missus est paulus romam ad caesarem, astititque festo et agrippae. sequitur continget autem vobis in testimonium. * graecus. ° in martyrium, idest, in martyrii gloriam. * gregorius. |25| ° vel in testimonium, videlicet eorum: quia vos persequendo, mortes inferunt, aut videndo non imitantur: ut inde perversi sine excusatione pereant unde electi exemplum capiunt ut vivant. sed auditis tot terroribus, turbari poterant auditorum corda; unde ad eorum consolationem subdit ponite ergo in cordibus vestris non praemeditari quemadmodum respondeatis. * theophylactus. ° quia enim idiotae erant et imperiti, hoc eis dominus dicit, ne conturbarentur reddituri sapientibus rationem; et causam subdit ego enim dabo vobis os et sapientiam, cui non poterunt resistere et contradicere omnes adversarii vestri; quasi dicat: statim a me sortiemini facundiam et sapientiam, ut nec omnes adversarii vestri si in unum conveniant, resistere valeant vobis, nec in sapientia, idest speculationum vi, nec in eloquentia et sermonis lepore. saepe enim multi sapientiam quidem habent in mente; sed cum sint provocabiles ad turbationem, totum confundunt, cum tempus fuerit proponendi. non autem tales fuerunt apostoli; |50| sed utrinque gratiosi fuerunt. * gregorius. ° ac si dominus suis dicat: nolite terreri: vos ad certamen acceditis, ego praelior: vos verba editis, sed ego sum qui loquor. * ambrosius. ° alibi autem christus in discipulis, alibi pater, alibi spiritus loquitur patris. non discordant ista, sed congruunt: quod unus loquitur, tres loquuntur, quia vox est una trinitatis. * theophylactus. ° his autem dictis, et propulso imperitiae timore, subdit et aliud quiddam necessarium, quod eorum animos poterat commovere, ne subito irruens eos turbaret; sequitur enim trademini autem a parentibus et fratribus et cognatis, et morte afficient ex vobis. * gregorius. ° plus in nobis ea tormenta saeviunt quae ab illis patimur de quorum moribus praesumebamus: quia cum damno corporis mala nos cruciant amissae caritatis. * gregorius nyssenus. ° consideremus autem statum qui tunc temporis erat. omnibus suspectis, ad invicem dividebantur cognationes, invicem disgregatae per cultus; et filius gentilis proditor fiebat |75| parentum fidelium; et in filium qui crediderat, pater in infidelitate obstinatus accusator fiebat. omnis aetas erat exposita persequentibus fidem, nec mulieribus succurrebat naturalis sexus fragilitas. * theophylactus. ° his autem dictis, et de odio subiungit quod ab omnibus patientur; sequitur enim et eritis odio omnibus hominibus propter nomen meum. * gregorius. ° sed quia dura sunt quae praedicuntur de afflictione mortis, protinus consolatio subditur de gaudio resurrectionis, cum dicitur et capillus de capite vestro non peribit; quasi dicat martyribus suis: cur timetis ne pereat quod incisum dolet, quando et illud in vobis perire non potest quod incisum non dolet? * beda. ° vel aliter. capillus de capite discipulorum domini non peribit: quia non solum fortia facta vel dicta sanctorum, sed et tenuissima cogitatio digna mercede donabitur. * gregorius moralium. ° qui autem patientiam in adversis tenet, inde contra adversa omnia fortis efficitur: unde sibi et seipsum vincendo dominatur; |100| unde sequitur in patientia vestra possidebitis animas vestras. quid enim est animas possidere nisi perfecte in omnibus vivere, cunctisque mentis motibus quasi ex arce virtutis dominari? * gregorius. ° per patientiam igitur animas nostras possidemus; quia dum nobismetipsis dominari discimus, hoc ipsum incipimus possidere quod sumus. idcirco autem possessio animae in virtute patientiae ponitur, quia radix omnium custosque virtutum patientia est. patientia vero est aliena mala aequanimiter perpeti; contra eum quoque qui mala irrogat nullo dolore morderi.

lc5 * Beda. ° hactenus ea quae per quadraginta annos, necdum fine adveniente, futura erant, dicta sunt; hic ipse finis desolationis quae a romano exercitu facta est, domini verbis exponitur, cum dicitur cum autem videritis circumdari ab exercitu ierusalem, tunc scitote quia appropinquavit desolatio eius. * eusebius. ° desolationem ierusalem vocat non amplius eam a suis, nec secundum ritum legalem constitui, ita quod nullus expectet post futuram obsidionem aliam innovationem fieri, sicut accidit tempore regis persarum, et illustris antiochi, et iterum tempore pompeii. * augustinus ad hesychium. ° haec autem domini verba ideo lucas hoc loco commemoravit, ut ostendat tunc factam fuisse abominationem desolationis quae a daniele praedicta est, de qua matthaeus et marcus locuti sunt, quando expugnata est ierusalem. * ambrosius. ° iudaei enim putaverunt abominationem desolationis tunc factam, eo quod caput porci in templo iecerunt illudentes romani iudaicae ritum |25| observantiae. * eusebius. ° dominus autem futuram in civitate praevidens famem, monebat discipulos ne in futura obsidione in civitatem confugerent tamquam ad locum tutum et a deo protectum; sed magis inde discederent, et ad montes confugerent; unde sequitur tunc qui in iudaea sunt, fugiant in montes. * beda. ° ecclesiastica narrat historia, cunctos qui in iudaea erant christianos, imminente hierosolymorum excidio, commonitos a domino, loco discessisse, et trans iordanem habitasse in civitate quadam pella nomine, donec desolatio iudaeae compleretur. * augustinus ad hesychium. ° pro hoc autem matthaeus et marcus dixerunt: et qui supra tectum est, non descendat in domum; addit autem: nec introeat ut tollat aliquid de domo; pro quo lucas subdit et qui in medio eius sunt discedant. * beda. ° sed quomodo ab exercitu civitate iam circumdata, qui in medio eius sunt discedent? nisi forte quod promisit tunc, non ad ipsum tempus obsidionis |50| referatur, sed ad proximum ante obsidionem tempus, cum se primum miles romanus per galilaeae vel samariae fines coepit diffundere. * augustinus ad hesychium. ° pro eo autem quod matthaeus et marcus posuerunt: et qui in agro erit, non revertatur retro tollere vestimentum suum, apertius iste subdit et qui in regionibus, non intrent in eam; quia dies ultionis hi sunt, ut impleantur omnia quae scripta sunt. * beda. ° dies autem ultionis hi sunt, dies videlicet dominici sanguinis ultionem petentes. * augustinus. ° deinde similiter lucas prosequitur, sicut et alii duo vae autem praegnantibus et nutrientibus in illis diebus. et sic ergo lucas patefecit quod poterat esse incertum, scilicet id quod dictum est de abominatione desolationis, non ad saeculi finem, sed ad expugnationem ierusalem pertinere. * beda. ° dicit ergo vae praegnantibus, praesente captivitate, et nutrientibus sive mammantibus, ut quidam interpretantur, quarum vel uteri, vel manus filiorum sarcina praegravatae fugae | 75 | necessitatem non minimum impediunt. * theophylactus. ° quidam vero dicunt, dominum per hoc significare filiorum esum, quem et iosephus narrat. * chrysostomus. ° deinde praedictorum assignat causam, dicens erit enim pressura magna super terram, et ira populo huic. talia enim mala eos occupaverunt ut nulla deinceps aerumna possit eorum calamitatibus adaequari, ut iosephus narravit. * eusebius. ° qualiter scilicet advenientibus romanis, et urbem capientibus, multae catervae iudaici populi in ore gladii periere; unde sequitur et cadent in ore gladii. sed et plures necati sunt fame. haec vero accidebant primo quidem sub tito et vespasiano, post hos autem tempore hadriani principis romanorum, quando natale solum iudaeis inaccessibile est factum; unde sequitur et captivi ducentur in omnes gentes. totum enim orbem iudaei repleverunt, et usque ad fines terrae pervenerunt; et cum eorum terra ab alienigenis inhabitetur, solis ipsis est inaccessibilis facta; unde sequitur et ierusalem calcabitur a gentibus, |100| donec impleantur tempora nationum. * beda. ° quae scilicet apostolus commemorat dicens: caecitas ex parte facta est in israel... et sic omnis israel salvus fiet; qui cum promissa salute fuerit potitus, ad patrium solum rediturus non temere speratur. * ambrosius. ° mystice autem abominatio desolationis, adventus antichristi est: eo quod sacrilegiis infaustis mentium interiora contaminet, sedens iuxta historiam in templo, ut sibi vindicet divinae solium potestatis. iuxta interpretationem autem spiritualem pulchre inducitur, eo quod in affectibus singulorum vestigium perfidiae suae confirmare desideret, ex scripturis disputans se esse christum. tunc appropinquabit desolatio, quoniam a vera religione plerique lapsi desistent; tunc erit domini dies, quoniam sicut primus adventus domini fuit propter redimenda peccata, ita et secundus erit propter reprimenda delicta, ne plures perfidiae errore labantur. est et alius antichristus, idest diabolus, qui ierusalem, idest animam |125| pacificam, obsidere nitatur suae legis exercitu. ergo quando in medio templi est diabolus, desolatio abominationis est. cum autem unicuique laboranti, christi praesentia spiritualis illuxerit, tollitur iniquus ex medio, et incipit regnare iustitia. est etiam tertius antichristus, ut arius et sabellius et omnes qui nos prava intentione seducunt. hae autem sunt praegnantes quibus vae dicitur, quae arvinam suae carnis extendant, et quibus intimorum gressus pigrescat animorum, et effetae virtutum, fetaeque vitiorum. sed nec illae praegnantes condemnationis expertes sunt, quae in bonorum actuum molimine constitutae, necdum aliquos suscepti operis dedere processus. sunt quae dei timore concipiunt, sed non omnes pariunt: sunt enim quae abortivum excludunt verbum antequam pariant. sunt etiam quae in utero christum habeant, sed nondum formaverunt. ergo quae parit iustitiam, christum parit. nos etiam parvulos nostros ablactare properemus, ne nos quasi imperfectorum parentes, aut iudicii dies aut |150| mortis inveniat. quod ita fiet, si omnia dicta iustitiae in corde custodias, nec senectutis tempus expectes; sed in prima aetate sapientiam sine corruptela corporis tui cito concipias, cito nutrias. in fine autem iudaea omnis a nationibus credituris subicietur in ore gladii spiritalis, qui est sermo bis acutus.

lc6 * Beda. ° quid impletis nationum temporibus sequatur, ex ordine manifestat, dicens erunt signa in sole et luna et stellis. * ambrosius. ° quae quidem signa secundum matthaeum evidentius exprimuntur: tunc, inquit, sol obscurabitur, et luna non dabit lumen suum, et stellae cadent de caelo. * eusebius. ° tunc enim cum vitae corruptibilis consummatio agetur, et secundum apostolum species huius mundi transibit, et novum succedet saeculum, in quo vice sensibilium luminarium ipse christus fulgebit quasi iubar et rex novi saeculi: cuius erit tanta luminis virtus et gloria, ut sol, qui nunc radiat, atque luna et cetera sidera, adventu maioris luminis occultentur. * chrysostomus. ° sicut enim in hoc saeculo luna et sidera mox obfuscantur orto sole; sic in gloriosa christi apparitione sol obtenebrescet, et luna non dabit proprium iubar, et stellae cadent de caelo, priore spoliatae amictu, ut potioris lucis amictu potiantur. * eusebius. ° quae autem evenient orbi post luminarium obtenebrationem, |25| ex quibus fiet angustia gentium, consequenter exprimit, dicens et in terris pressura gentium prae confusione sonitus maris et fluctuum: ubi videtur docere principium transmutationis universi futurum ex defectu substantiae humidae. hac enim prima devorata, vel congelata, ut non amplius audiatur sonitus maris, nec contingant arenam fluctus eius, causa exuberantis siccitatis, ceterae mundi partes non amplius obtinentes vaporem solitum, emissum ex substantia humida, transmutationem patientur; et sic cum apparitio salvatoris confutare debeat repugnantia deo prodigia, exordium sument furoris prooemia ex siccitatibus, ut nec tempestas, nec fremitus maris ulterius audiatur. quo facto subsequetur angustia superstitum hominum; unde sequitur arescentibus, idest tabescentibus, hominibus prae timore et expectatione, eorum scilicet quae supervenient universo orbi. quae autem tunc ingruant mundo, consequenter ostendit, subdens nam virtutes caelorum movebuntur. * theophylactus. ° vel aliter. cum |50| alterabitur superior orbis, et elementa inferiora merito patientur iacturam; unde sequitur et in terris pressura gentium prae confusione sonitus maris et fluctuum; quasi dicat: mare terribiliter fremet, et littus maris agitabitur tempestate, ita ut sit populo terrae pressura, idest communis miseria, et tabescant timore et expectatione malorum irruentium mundo; unde sequitur arescentibus hominibus prae timore et expectatione, quae supervenient universo orbi. * augustinus ad hesychium. ° sed dices: confiteri vos poena vestra compellit adesse iam fines, dum impletur quod praenuntiatum est. nullam enim patriam, nullum locum, nostris temporibus non affligi aut tribulari certum est. sed si ista mala quae nunc patitur genus humanum, certa sunt indicia iam dominum esse venturum, quid est quod dicit apostolus: cum dixerint: pax et securitas? videamus ergo ne forte melius intelligatur non eo modo impleri quae praedicta sunt his verbis; sed tunc potius |75| esse ventura, quando sic erit tribulatio universo orbi ut ad ecclesiam pertineat, quae universo orbe tribulabitur, non ad eos qui tribulabunt eam: ipsi enim sunt dicturi: pax et securitas. nunc autem ista mala quae tamquam summa extremaque creduntur, utrique regno, christi scilicet et diaboli, videmus esse communia: pariter quippe his boni affliguntur et mali; interque tanta mala adhuc usquequaque frequentantur luxuriosa convivia. hoccine est arescere prae timore, an potius inardescere prae libidine? * theophylactus. ° non solum autem mortales fluctuabunt cum alterabitur mundus, sed etiam angeli stupebunt in tam terribilibus mutationibus universi; unde sequitur nam virtutes caelorum movebuntur. * gregorius in evang.. ° quid enim virtutes caelorum, nisi angelos, dominationes, et principatus, et potestates appellat? quae in adventu districti iudicis, nostris tunc oculis visibiliter apparebunt, ut districte tunc a nobis exigant hoc quod nos modo invisibilis conditor aequanimiter portat. * eusebius. ° cum etiam |100| dei filius sit venturus in gloria, et confutaturus elatam tyrannidem filii peccati, ministrantibus angelis, caeli fores a saeculo clausae patebunt, ut spectentur excelsa. * chrysostomus. ° vel virtutes caelicae movebuntur, quamvis sibi consciae non sint: videntes enim infinitas multitudines condemnari, non intrepide stabunt illic. * beda. ° unde et in iob dicitur: columnae caeli contremiscunt, et pavent ad nutum eius. quid ergo faciunt tabulae, quando tremunt columnae? quid virgula deserti patitur, cum cedrus paradisi concutitur? * eusebius. ° vel virtutes caelorum sunt quae praesunt sensibilibus partibus universi: quae quidem tunc movebuntur, ut potiorem statum attingant. absolventur enim in saeculo novo a ministerio, quo deo serviunt circa sensibilia corpora secundum corruptionis statum. * augustinus. ° sed ne dominus, propinquante secundo adventu suo, ea pro magno praedixisse videatur quae huic mundo etiam ante primum eius adventum fieri consueverant, et rideamur ab |125| eis qui plura in historia gentium et maiora legerunt, haec quae dicta sunt, melius in ecclesia existimo intelligi. ecclesia enim est sol, et luna, et stellae, cui dictum est: pulchra ut luna, electa ut sol; quae tunc non apparebit, persecutoribus ultra modum saevientibus. * ambrosius. ° plurimis etiam a religione deficientibus, clara fides obscurabitur nube perfidiae; quia sol caelestis in ea, fide minuitur vel augetur; et sicut menstruis, idest mensium, defectibus, luna vel terrae opposito, cum fuerit ex regione solis, vanescit; sic et sancta ecclesia, cum lumini caelesti vitia carnis obsistunt, fulgorem divini luminis de christi radiis non potest mutuari: nam in persecutionibus lucem divini solis plerumque amor vitae huius excludit. cadunt etiam stellae, idest gloria micantes viri, si persecutionis acerbitas convalescat, quae oportet fieri donec ecclesiae multitudo cumuletur: sic enim probantur boni, sic produntur infirmi. * augustinus. ° quod autem dictum est et in terris pressura gentium, gentes |150| voluit intelligi, non quae in semine abrahae benedicentur, sed quae ad sinistram stabunt. * ambrosius. ° ergo varii animorum aestus ita graves erunt ut delictorum multitudine male consciis futuri iudicii metu, sacri nobis ros fontis arescant. quemadmodum autem domini expectatur adventus, ut eius praesentia in toto fiat vel hominis orbe vel mundi, quae fit in singulis, cum omnibus affectibus receperint christum; sic virtutes caelorum in adventu domini augmentum gratiae consequentur, et plenitudine divinitatis propius se infundente movebuntur. sunt etiam virtutes caelorum, quae enarrant gloriam dei, quae pleniore christi infusione movebuntur, ut videant christum. * augustinus. ° vel virtutes caelorum movebuntur, quia impiis persequentibus, quidam fideles fortissimi turbabuntur. sequitur et tunc videbunt filium hominis. * theophylactus. ° tam fideles quam infideles: radiabit enim amplius sole tam ipse quam crux eius: unde ab omnibus cognoscetur. * augustinus ad hesychium. |175| ° quod autem dicit venientem in nube, duobus modis accipi potest: sive in ecclesia sua tamquam in nube venientem, sicut nunc venire non cessat; sed ideo tunc cum potestate magna et maiestate, quia maior maiestas et potestas illius apparebit sanctis, quibus magnam virtutem dabit, ne tanta persecutione vincantur; sive in corpore suo, in quo sedet ad dexteram patris, merito credendus est non solum in eodem corpore, verum etiam in nube venturus: quoniam sic veniet sicut abiit; nubes autem suscepit eum ab oculis eorum. * chrysostomus. ° semper enim deus in nube apparet, secundum illud: nubes et caligo in circuitu eius: unde et filius hominis in nubibus veniet, ut deus et dominus, non latenter, sed in gloria digna deo; et ideo subdit cum potestate magna et maiestate. * cyrillus. ° intelligendum est similiter magna. primam enim apparitionem prosecutus est cum infirmitate et humilitate nostra; sed secundam celebrabit cum propria potestate et magna maiestate. * gregorius |200| in evang.. ° in potestate enim et maiestate visuri sunt quem in humilitate positum audire noluerunt; ut virtutem eius tanto tunc districtius sentiant, quanto cervicem cordis ad eius patientiam non inclinant.

lc7 * Gregorius in evang.. ° quia praemissa contra reprobos dicta sunt, mox ad electorum consolationem verba vertuntur; nam subditur his autem fieri incipientibus, respicite et levate capita vestra, quoniam appropinquat redemptio vestra; ac si dicat: cum plagae mundi crebrescunt, levate capita, idest exhilarate corda: quia dum finitur mundus, cuius amici non estis, prope fit redemptio quam quaesistis. in scriptura enim sacra saepe caput pro mente ponitur: quia sicut capite reguntur membra, ita cogitationes mente disponuntur. capita itaque levare, est mentes nostras ad gaudia patriae caelestis erigere. * eusebius. ° vel aliter. transactis corporalibus aderunt intelligibilia et caelestia, scilicet regnum saeculi non amplius transituri; et tunc dignis salubria promissa tribuentur; unde dicitur his autem fieri incipientibus, respicite et levate capita vestra, quoniam appropinquat redemptio vestra. acceptis enim dei promissis quae speramus, erigemur qui ante curvi fueramus, |25| et elevabimus capita nostra, humiliati quondam, eo quod redemptio nostra quam sperabamus, aderit, illa scilicet quam tota creatura expectat. * theophylactus. ° idest, perfecta libertas corporis et animae. sicut enim primus adventus domini fuit ad reformationem animarum nostrarum, sic secundus ad reformationem corporum celebrabitur. * eusebius. ° dicit autem haec ad discipulos suos, non tamquam ad eos qui durare deberent in vita ista usque ad terminum mundi; sed quasi uno corpore existente ipsis, et nobis, et posteris usque ad consummationem mundi credituris in christum. * gregorius. ° quod autem calcari mundus atque despici debeat, provida comparatione manifestat cum subdit videte ficulneam, et omnes arbores: cum producunt ex se fructum, scitis quoniam prope est aestas: ita et vos, cum videritis haec fieri, scitote quoniam prope est regnum dei: quasi dicat: sicut ex fructu arboris vicina aestas agnoscitur, ita ex ruina mundi prope cognoscitur esse |50| regnum dei. et ex hoc ostenditur quia fructus mundi ruina est. ad hoc enim germinat, ut quaecumque germine aluit, cladibus consumat. bene autem regnum dei aestati comparatur, quia tunc moeroris nostri nebulae transeunt, et vitae dies aeterni solis claritate fulgescunt. * ambrosius. ° matthaeus autem de sola dixit ficulnea, hic de arboribus omnibus. duplicem autem habet figuram ficulnea; vel cum dura mitescunt, vel cum peccata luxuriant. sive ergo cum fructus in omnibus virescit arboribus et ficulnea fecunda iam floret; idest cum omnis lingua confitetur deo, confitente etiam populo iudaeorum, sperare domini debemus adventum, quo tamquam temporibus aestivis resurrectionis fructus metentur: sive cum levem fragilemque iactantiam, tamquam folia synagogae, homo iniquitatis induerit, conicere debemus appropinquare iudicium: nam remunerare fidem dominus et delinquendi finem afferre festinat. * augustinus ad hesychium. ° cum autem dicit cum videritis haec fieri, |75| quae intelligere poterimus nisi ea quae supra memorata sunt? in his autem est quod ait et tunc videbunt filium hominis venientem. proinde cum hoc visum fuerit, non iam erit regnum dei, sed prope erit. an dicendum est, non omnia quae supra commemorata sunt, esse intelligenda, ubi ait cum videritis haec fieri, sed aliqua eorum, hoc scilicet excepto quod dictum est, et tunc videbunt filium hominis? sed matthaeus aperuit, nullis exceptis esse accipiendum, dicens: ita et vos cum videritis haec omnia: inter quae est quod videbitur filius hominis veniens, ut intelligatur de adventu quo nunc venit in membris suis tamquam in nubibus, vel in ecclesia tamquam in nube magna. * titus. ° vel aliter. dicit prope est regnum dei, quia dum haec fient, nondum ultimus finis rerum eveniet, sed iam in finem tendent: nam et ipse adventus domini eliminans omnium principatum et potestatem praeparat regno dei. * eusebius. ° sicut enim in hac vita sol hieme recedente, ac succedente vere, radium calidum mittens |100| fovet ac vivificat humi condita semina, exuentia priscam figuram, pullulant autem nova varium virorem habentia; sic et gloriosus unigeniti dei adventus vivificativis radiis illustrans novum saeculum, dudum condita per totum mundum semina, scilicet dormientes in pulvere terrae, potioribus corporibus quam prius producet in lucem, ac confutata morte regnabit deinceps vita saeculi novi. * gregorius. ° omnia autem praedicta sub magna certitudine confirmantur, cum subditur amen dico vobis, quia non praeteribit generatio haec donec omnia fiant. * beda. ° multum commendat quod ita praenuntiat. et, si dicere fas est, iuratio eius est quod dicit amen dico vobis: amen quippe interpretatur verum. igitur veritas dicit: verum dico vobis: quod si non diceret, mentiri omnino non posset. generationem autem, aut omne genus humanum dicit, aut specialiter iudaeorum. * eusebius. ° vel generationem dicit novam generationem ecclesiae sanctae suae, ostendens duraturum populum fidelium usque |125| ad id tempus quo visurus sit omnia et eventus verborum salvatoris oculis apprehendet. * theophylactus. ° quia enim turbationes et bella et alterationes tam elementorum quam ceterarum rerum futurum esse praedixerat; ne quis suspicaretur quod et ipsa christianitas peritura foret, subiungit caelum et terra transibunt, verba autem mea non transibunt; quasi dicat: etsi cuncta commoveantur, fides tamen mea non deficiet: ex quo innuit ecclesiam praeferri toti creaturae: siquidem creatura patietur alterationem; fidelium vero ecclesia et sermones evangelii permanebunt. * gregorius. ° vel aliter caelum et terra transibunt etc., quasi dicat: omne quod apud nos durabile est, sine mutatione durabile ad aeternitatem non est; et omne quod apud me transire cernitur, fixum et sine transitu tenetur: quia sine mutabilitate manentes sententias exprimit sermo meus, qui transit. * beda. ° caelum autem quod transibit, non aethereum, sive sidereum, sive aereum, a quo aves caeli nominantur, intelligere debemus. si autem terra transibit, quomodo ecclesiastes dicit: terra in aeternum stat? sed aperta ratione caelum et terra per eam quam nunc habent, imaginem transeunt, attamen per essentiam sine fine subsistunt.

lc8 * Theophylactus. ° posuit supra dominus terribilia et sensibilia malorum indicia quae occupabunt peccatores, sed contra haec mala remedium est cautela et oratio; unde dicitur attendite autem vobis, ne forte graventur corda vestra in crapula et ebrietate. * basilius. ° singulum animalium a conditore omnium deo habet intrinsecus causas facientes ad tutelam consistentiae propriae: propter quod et christus nobis dedit hanc monitionem, ut quae illis a natura, haec nobis auxilio rationis et cautela contingant: fugientibus quidem peccatum, ut irrationabilia fugiunt mortifera pabula, inquirentibus vero iustitiam, sicut illa herbas nutritivas requirunt; et ideo dicit attendite vobis, ut scilicet discernere possitis a salubri nocivum. sed quoniam dupliciter contingit attendere, hinc quidem corporis oculis, illinc vero per intellectivam virtutem, oculus corporis virtutem non attingit: restat igitur dictum esse de opere intellectus, attendite; hoc est, undique circumspicite vos, pervigil habentes ad vestram custodiam animae lumen. neque autem dixit attendite vestris, aut eis quae circa vos sunt, sed vobis: vos enim estis intellectus et anima; vestrum autem corpus est sensus; circa vos autem opes, artes et reliqua vitae supellex; quibus non monet attendendum, sed animae, cuius praecipua cura habenda. eadem vero admonitio aegrotantes sanat, et sanos perficit; servatores praesentium, et provisores futurorum; non alienorum censores, sed suorum scrutatores; non dimittentes intellectum servum fieri passionum, sed irrationale animae subicientes rationali. cur autem sit attendendum, subiungit dicens ne forte graventur corda vestra in crapula et ebrietate et curis huius vitae. * titus. ° quasi dicat: cavete ne lumina mentis vestrae graventur: cura namque praesentis vitae, et crapula, et ebrietas fugant prudentiam, quassant fidem, operantur naufragia. * basilius. ° est autem ebrietas nimius usus vini; crapula vero anxietas et nausea quae est in ebrietate, a motione capitis graeco vocabulo dicta. sicut igitur cibis ne esuriamus, sic et potibus ne sitim patiamur, utendum est, vitando diligentius lapsum. fallax enim est vini ingestio. anima autem vino libera prudentissima erit et optima; sed humectata vini vaporibus quasi quadam nube velatur. curiositas autem huius vitae quamvis nihil inhibitorum continere videatur, si tamen ad cultum divinum non coadiuvet, vitanda est; et quare hoc dixerit, ostendit subdens et superveniat in vos repentina dies illa. * theophylactus. ° non enim cum deliberatione veniet dies illa, sed ex improviso et furtim capiens tamquam laqueus non caventes; unde sequitur tamquam laqueus enim superveniet in omnes qui sedent super faciem omnis terrae. quod diligentius discuti potest. capiet enim dies illa sedentes in superficie terrae quasi impraemeditatos et inertes. quotquot vero sunt solertes et agiles ad bonum, non sedentes, et otiantes in terrenis; sed surgentes ab eis, sibi dicentes: surge, vade, quoniam non est hic tibi requies; talibus non est illa dies, ut laqueus, in discrimen, sed ut dies festivus. * eusebius. ° praedicta igitur docuit esse attendenda ad cavendam gravedinem inde provenientem; unde sequitur vigilate itaque, omni tempore orantes, ut digni habeamini fugere ista omnia quae futura sunt. * theophylactus. ° scilicet famem, pestem, et cetera huiusmodi, quae temporaliter electis et aliis imminent, et ea quae postmodum accidunt reis perenniter: illa enim aliter cavere non possumus, nisi per vigilias et orationes. * augustinus de cons. evang.. ° haec intelligitur illa fuga quam matthaeus commemorat, quae non debet fieri in hieme vel sabbato. ad hiemem pertinent curae huius vitae, quae tristes sunt velut hiems: ad sabbatum vero crapula et ebrietas, quae carnali laetitia luxuriaque cor submergit atque obruit; quod malum sabbati nomine significatur, quia illo die iudaei deliciis affluunt, dum spirituale sabbatum ignorant. * theophylactus. ° et quia christianum decet non solum fugere mala, sed etiam niti ad gloriam assequendam, subdit et stare ante filium hominis: haec est enim angelica gloria stare ante filium hominis deum nostrum, et faciem eius iugiter cernere. * beda. ° et certe si quis sapiens medicus praeciperet attendere a succo alicuius herbae, ne repentinus interitus superveniat, magno studio medici mandata servaremus: nunc autem salvatore admonente ebrietatem, et crapulam, et curas saeculi esse cavendas, his sauciari et consumi non timent: quia fidem quam medici dictis praebent, domini verbis praebere contemnunt.

lc9 * Beda. ° quae verbis praeceperat dominus, suis confirmat exemplis: nam qui nos ante iudicis adventum, et incertum singulorum exitum, ad vigilandum hortatus est, et orandum, et ipse, imminente tempore passionis suae, doctrinae, vigiliis et precibus instat; unde dicitur erat autem diebus docens in templo: in quo suo exemplo insinuat hoc esse digne deo vigilare, vel dicto vel facto proximis viam veritatis ostendere. * cyrillus. ° quae autem erant quae docebat nisi transcendentia cultum legis? instabat enim tempus quo debebat umbra in veritatem transformari. * theophylactus. ° tacuerunt autem evangelistae pleraque documentorum christi, qui, cum per triennium fere praedicaverit, documenta eius quae conscripserunt, dicet aliquis vix ad unius diei sermonem sufficere. ex pluribus ergo pauca describentes, dederunt nobis quemdam gustum dulcedinis doctrinae ipsius. ostendit autem nobis dominus quod oporteat noctu et quiete alloqui deum, et in die prodesse hominibus; et colligere quidem in nocte, distribuere vero collecta in die; unde subditur noctibus vero exiens morabatur in monte qui vocatur oliveti; non quasi opus habens oratione, sed ad exemplum dandum hoc egit. * cyrillus. ° quia vero eloquium eius in potestate erat, et potestative transferebat in spiritualem cultum quae per moysen et prophetas tradita fuerant in figuris, populus eum avidius audiebat; unde sequitur et omnis populus manicabat, idest mane venire accelerabat, ad eum in templo, audire eum. populo autem ante lucanum venienti ad eum, congruum erat dicere: deus, deus meus, ad te de luce vigilo. * beda. ° mystice autem et nos, cum inter prospera sobrie et pie et iuste conversamur, diebus in templo docemus, quia formam boni operis fidelibus praebemus; noctibus vero in monte oliveti moramur, quia in tenebris angustiarum spiritali consolatione respiramus: et ad nos quoque populus manicat, cum vel discussis operibus tenebrarum vel cunctis nebulis pressurarum nos imitatur.

073 CLC cp22

lc1 * Chrysostomus. ° umbra nostrorum fuerunt festa iudaica; et ideo si quaesieris a iudaeo de pascha et azymis, nil magni proferet, commemorans liberationem ab aegypto. si quis autem a me quaesierit, non audiet aegyptum nec pharaonem, sed absolutionem erroris et tenebrarum diaboli, non per moysen, sed per filium dei. * glossa. ° ad cuius passionem enarrandam accedens evangelista praemittit de figura, dicens appropinquabat autem dies festus azymorum, qui dicitur pascha. * beda. ° pascha quidem, quod hebraice dicitur phase, non a passione, sed a transitu nominatur; eo quod exterminator videns sanguinem in foribus israelitarum pertransierit, nec percusserit primogenita eorum. vel ipse dominus praebens auxilium populo suo desuper ambulavit. hoc autem inter pascha et azyma distat, quod pascha ipse solus dies appellatur in quo agnus occidebatur ad vesperam, hoc est decima quarta luna primi mensis; decima quinta autem luna, quando egressus est de aegypto, succedebat festivitas azymorum septem diebus usque ad vigesimam primam diem eiusdem mensis; unde evangelii scriptura indifferenter unum pro alio ponere solet; unde hic dicitur dies azymorum, qui dicitur pascha. significatur autem per mysterium, quod christus semel pro nobis passus, per totum tempus huius saeculi, quod septem diebus agitur, in azymis sinceritatis et veritatis praecepit esse vivendum. * chrysostomus. ° principes autem sacerdotum nefarias res tractant in festo; unde sequitur et quaerebant principes sacerdotum et scribae quomodo iesum interficerent. moyses quidem unum praecepit esse principem sacerdotum, et illo defuncto creari alium. tunc vero, cum inciperent iudaici ritus dissolvi, multi erant principes sacerdotum annuatim creati. hi ergo volentes iesum occidere, non metuunt divina, ne scilicet ex tempore sacro maius incurrant peccati contagium: sed ubique timent humana; unde sequitur timebant vero plebem. * beda. ° non quidem seditionem metuentes, sed caventes ne auxilio populi de suis manibus tolleretur. haec autem ante biduum paschae congregatis eis in atrio caiphae matthaeus acta attestatur.

lc2 * Theophylactus. ° quia dictum est quod principes sacerdotum quaerebant modum quo interficientes iesum, nullum incurrerent periculum, consequenter modus qui eis occurrit, narratur cum dicitur intravit autem satanas in iudam. * titus. ° in iudam satanas intravit, non impellens, sed patulum inveniens ostium: nam oblitus omnium quae viderat, ad solam avaritiam dirigebat intuitum. * chrysostomus. ° ponit autem eius cognomen, subdens qui cognominabatur iscariotes: erat enim alius iudas. * titus. ° subdit autem unum de duodecim: nam numerum adimplebat, non autem vere fungebatur apostolica dignitate. * chrysostomus. ° vel hoc addit evangelista velut absonum quidem, ac si diceret: erat de primo choro diligentius electorum. * beda. ° non est autem huic contrarium quod ioannes dicit, post bucellam intrasse in eum satanam: quia nunc intravit ut quasi alienum tentaret, tunc autem quasi proprium ad quaecumque vellet agenda attraheret. * chrysostomus. ° attende autem magnam iudae nequitiam, tum quia per se proficiscitur, tum quia pro pretio hoc facit; sequitur enim et abiit, et locutus est cum principibus sacerdotum et magistratibus quemadmodum illum traderet eis. et gavisi sunt. * theophylactus. ° magistratus hic appellantur praepositi constructionum templi, vel etiam illi quos romani populo praefecerant ne proruerent in tumultus, erant enim seditiosi. * chrysostomus. ° propter avaritiam autem iudas factus est talis; sequitur enim et pacti sunt pecuniam illi dare. tales enim avaritia generat passiones: reddit impios, et deum ignorare compellit; et si millies benefactum sit eis, ad nocendum impellit; unde et hic sequitur et spopondit. * theophylactus. ° idest, pepigit et promisit. et quaerebat opportunitatem ut eum traderet sine turbis; idest, quaerebat eum tradere quando videret eum seorsum existentem sine turbis. * beda. ° multi autem iudae scelus exhorrent, nec tamen cavent: qui enim caritatis et veritatis iura spernit, christum, qui est veritas et caritas, prodit; maxime cum non infirmitate vel ignorantia peccet, sed ad similitudinem iudae quaerat opportunitatem, ut arbitris absentibus veritatem mendacio, virtutem crimine immutet.

lc3 * Titus. ° ut nobis dominus caeleste pascha dimitteret, typicum manducavit, figuram removens, ut veritas locum obtineret; unde dicitur venit autem dies azymorum, in qua necesse erat occidi pascha. * beda. ° dies azymorum paschae quartamdecimam primi mensis appellat, quando, fermento abiecto, pascha, idest agnus, occidi ad vesperam consueverat. * eusebius. ° si quis autem dicat: si prima die azymorum discipuli salvatori parant pascha, ergo et eadem die oportet nos pascha celebrare: dicemus, hoc non fuisse monitionem, sed historiam facti quod accidit tempore salutiferae passionis. aliud autem est narrare gesta vetera, et aliud sancire, ac posteris statuta relinquere. quin etiam salvator non egit pascha cum iudaeis, quando agnum immolabant: nam illi quidem hoc egerunt in parasceve, quando passus est dominus; unde non introierunt in atrium pilati, ut manducarent pascha: ex quo enim veritati insidiati sunt, verbum veritatis a se expulerunt, non primo die azymorum, quo die debebat immolari pascha, manducantes solitum sibi pascha (erant enim erga aliud attenti), sed die sequenti post illam, quae erat azymorum secunda. dominus vero prima die azymorum, hoc est quinta feria sabbati, pascha cum discipulis peregit. * theophylactus. ° eadem autem quinta feria mittit duos ex discipulis suis ad parandum pascha, petrum scilicet et ioannem, alterum scilicet ut diligentem, alterum ut dilectum; unde sequitur et misit petrum et ioannem, dicens: euntes parate nobis pascha, ut manducemus: per omnia manifestans quod usque ad extremum vitae non est adversatus legi. mittit autem eos ad alienam domum: nam nulla domus erat ei, neque discipulis suis; alioquin apud aliquem eorum pascha celebrasset; et ideo subditur at illi dixerunt: ubi vis paremus? * beda. ° quasi dicant: non habemus domicilium, non habemus tabernaculum. audiant quibus aedificandarum domorum cura est: cognoscant christum omnium dominum, locum ubi caput reclinaret non habuisse. * chrysostomus. ° cum autem ignorarent ad quem mitterentur, signum dedit eis, sicut et samuel sauli; unde subditur et dixit ad eos: ecce introeuntibus vobis in civitatem, occurret vobis homo amphoram aquae portans: sequimini eum in domum in quam intrat. * ambrosius. ° primum maiestatem divinitatis adverte: cum discipulis loquitur, et iam novit quid alibi sit futurum; deinde dignationem eius intuere: quia non persona divitis aut potentis eligitur, sed pauper ambitur, et angustum hospitium pauperis amplis nobilium aedibus antefertur. sciebat autem dominus nomen eius, cuius sciebat mysterium et occursum; sed ideo sine nomine designatur, ut ignobilis aestimetur. * theophylactus. ° vel ideo mittit eos ad hominem ignotum, ut ostendat quod passionem voluntarie subiit. qui enim mentem huius ignoti viri subegit ut eos susciperet, poterat quodcumque voluisset cum iudaeis tractare. dicunt autem quidam quod ideo non dixit nomen hominis, ne proditor cognito nomine domum panderet pharisaeis, qui venientes cepissent eum priusquam coena fieret, et spiritualia mysteria discipulis traderet: sed quibusdam indiciis in quamdam domum dirigit eos; unde sequitur et dicetis patrifamilias domus: dicit tibi magister: ubi est diversorium ubi pascha cum discipulis meis manducem? et ipse vobis ostendet coenaculum magnum stratum; et ibi parate. * glossa. ° quibus signis inventis, discipuli sollicite quae mandata eis fuerant, impleverunt; unde sequitur euntes autem invenerunt sicut praedixit illis iesus, et paraverunt pascha. * beda. ° hoc pascha exponens apostolus ait: pascha nostrum immolatus est christus; quod quidem pascha tunc necesse erat occidi, quasi paterno consilio ac definitione sancitum, qui licet die sequenti, hoc est decimaquinta luna sit crucifixus, hac tamen nocte, qua agnus immolabatur a iudaeis, tentus ac ligatus, immolationis, hoc est passionis suae, sacravit exordium. * theophylactus. ° intelligamus autem diem quidem azymorum totam conversationem quae est in luce spiritali, nullam redolentem vetustatem primae praevaricationis adae, in qua viventes non decet delectari in christi mysteriis. haec autem mysteria petrus et ioannes parant, idest actio et contemplatio, fervor zeli et mansuetudo pacifica. his autem paratoribus occurrit homo: quia per praedicta reperimus statum hominis qui creatus est ad imaginem dei: qui portat amphoram aquae, quae significat gratiam spiritus sancti: amphora autem est humilitas cordis: humilibus enim dat gratiam, qui se cognoscunt esse terram et pulverem. * ambrosius. ° vel amphora est mensura perfectior; aqua autem est quae sacramentum christi esse meruit; quae lavare meruit, non lavari. * beda. ° parant autem pascha ubi aquae infertur amphora; quia tempus adest quo veri paschae cultoribus typicus de limine auferatur cruor; et ad tollenda crimina vivifici fontis baptisma consecratur. * origenes super matth.. ° ego autem puto quod homo qui ingredientibus discipulis in civitatem occurrit amphoram aquae portans, erat quidam minister patrisfamilias, portans mundatoriam aut potabilem aquam in vase fictili; quem puto esse moysen, spiritalem doctrinam portantem in corporalibus historiis. qui autem non consequuntur spiritualiter eum, non celebrant pascha cum iesu. ascendamus ergo, ipso domino constituto nobiscum, ad superiorem locum in quo est diversorium, quod demonstratur ab intellectu, qui est in unoquoque homine paterfamilias, discipulis christi. haec autem domus superior sit nobis magna, ut capiat iesum verbum dei, quod non capitur, nisi a magnis sensu. et sit domus haec a patrefamilias, idest intellectu, praeparata filio dei, et sit mundata, nullo modo habens malitiae sordes. sit etiam domus illius princeps non qualibuscumque cognitum habens nomen: unde mystice dicit secundum matthaeum: ite ad quemdam. * ambrosius. ° in superioribus autem magnum habet stratum, ut magnum meritum eius advertas, in quo dominus cum discipulis sublimium virtutum eius delectatione requiesceret. * origenes super matth.. ° scire autem debemus quoniam qui in epulationibus et sollicitudinibus saecularibus sunt, non ascendunt in domum illam superiorem, et propterea non celebrant cum iesu pascha. post sermones enim discipulorum quibus catechizaverunt patremfamilias, idest intellectum, venit et divinitas coepulans discipulis in domo praedicta.

lc4 * Cyrillus. ° postquam discipuli pascha paraverant, agitur de paschae comestione; unde dicitur et cum facta esset hora, discubuit, et duodecim apostoli cum eo. * beda. ° hora manducandi paschae designat quartamdecimam diem primi mensis perductam ad vesperam, quintadecima luna iam terris apparente. * theophylactus. ° sed qualiter dominus discumbere dicitur, cum iudaei stantes pascha manducarent? dicunt ergo, quod cum manducavissent legale pascha, accubuerunt secundum communem usum, manducantes quosdam alios cibos. sequitur et ait illis: desiderio desideravi hoc pascha manducare vobiscum, antequam patiar. * cyrillus. ° quod ideo dicit, quia discipulus avarus proditionis tempus explorabat; sed ne traderet eum ante festum paschae, non explicaverat dominus domum, vel virum penes quem pascha perageret; cuius causam per haec verba ostendit. * theophylactus. ° vel dicit desiderio desideravi, quasi dicat: haec ultima mihi coena vobiscum est, propter quod et amabilis est mihi; sicut et qui peregre profecturi sunt, ultima verba suis dulcius proferunt. * chrysostomus. ° vel hoc dicit, quia post illud pascha crux imminebat. invenimus autem pluries eum praedicantem suam passionem, et eam cupientem evenire. * beda. ° desiderat ergo primo typicum pascha cum discipulis manducare, et sic passionis suae mundo mysteria declarare. * eusebius. ° vel aliter. cum dominus novum pascha celebraret, opportune dixit desiderio desideravi hoc pascha, idest, novum mysterium novi testamenti, quod tradebat discipulis, quod plures ante eum prophetae et iusti cupiverant; sed et ipse sitiens communem salutem, hoc tradebat mysterium quod toti mundo competeret. pascha vero moysi statutum erat in uno loco, scilicet in ierusalem celebrari: unde non congruebat omnibus gentibus; et ideo non erat desideratum. * epiphanius contra haeres.. ° ex hoc ebionitarum dementia de carnis esu redargui poterat, domino manducante pascha iudaeorum; unde signanter dixit hoc pascha, ne quis ad aliud invertere posset. * beda. ° sic ergo dominus legalis paschae approbator extitit; et hoc ad suae dispensationis figuram docendo pertinuisse, vetat ultra carnaliter exhiberi; unde subdit dico enim vobis, quia ex hoc non manducabo illud donec impleatur in regno dei; idest, nequaquam ultra mosaicum pascha celebrabo, donec in ecclesia spiritaliter intellectum compleatur: ipsa enim est regnum dei, secundum illud: regnum dei intra vos est. ad vetus autem illud pascha, cui finem desiderabat imponere, pertinet etiam illud quod subditur et accepto calice, gratias egit, et dixit: accipite, et dividite inter vos. ob hoc gratias egit, quia vetera transitura, et ventura fuerant omnia nova. * chrysostomus. ° memento ergo cum ad mensam sederis, quod post mensam oportet te orare; atque ideo ventrem impleas sobrie, ne gravatus nequeas genuflectere, ac supplicare deo. non igitur post escas ad lectum, sed ad orationem vertamur: evidenter enim hoc christus significavit, quod post escas non somnus, non cubile, sed oratio, et sacrarum lectio scripturarum succedere debeat. sequitur dico enim vobis, quod non bibam de generatione vitis, donec regnum dei veniat. * beda. ° potest quidem hoc et simpliciter accipi, quod ab hac hora coenae usque ad tempus resurrectionis, quo in regno dei erat venturus, vinum bibiturus non esset: postea namque cibum potumque sumpsisse eum testatur petrus dicens: qui manducavimus et bibimus cum illo postquam resurrexit a mortuis. * theophylactus. ° dicitur autem resurrectio regnum dei, quia mortem exterminavit: unde et david ait: dominus regnavit, decorem indutus est, scilicet formosi amictus, secundum isaiam, exuta corporis corruptela. resurrectione autem adveniente, iterum cum discipulis bibit, ut probaret quod resurrectio non erat phantastica. * beda. ° sed multo consequentius est, ut sicut supra typicum agni esum, sic et potum paschae neget se gustaturum, donec ostensa gloria regni dei fides mundi adveniat; ut per duo maxima legis edicta, escam scilicet et potum paschalem, spiritaliter immutata, disceres omnia legis sacramenta ad spiritalem observantiam fuisse transferenda.

lc5 * Beda. ° finitis paschae veteris solemniis, transiit ad novum, quod in suae redemptionis memoriam ecclesiam frequentare desiderat, pro carne agni et sanguine, suae carnis sanguinisque sacramentum in panis ac vini figura substituens, sacerdos in aeternum factus secundum ordinem melchisedech; unde dicitur et accepto pane, gratias egit; sicut et de veteribus terminandis gratias egerat, nobis exemplum tribuens in omni boni operis inchoatione et perfectione deum esse glorificandum. sequitur et fregit. frangit ipse panem quem porrigit, ut ostendat corporis sui fractionem non sine sua sponte futuram. et dedit eis dicens: hoc est corpus meum, quod pro vobis traditur. * gregorius nyssenus. ° panis enim ante consecrationem communis panis est; sed ubi consecratur mysterio, fit et dicitur corpus christi. * cyrillus. ° nec dubites an hoc verum sit, eo manifeste dicente hoc est corpus meum; sed potius suscipe verba salvatoris in fide. cum enim sit veritas, non mentitur. insaniunt igitur dicentes mysticam benedictionem a sanctificatione cessare, si quae reliquiae remanserint eius in diem subsequentem: non enim mutabitur sacrosanctum corpus christi; sed virtus benedictionis, et vivificativa gratia iugis in eo est. virtus enim vivificativa dei patris unigenitum verbum est, quod caro factum est, non desinens esse verbum, sed efficiens carnem vivificativam. si enim in aliquo liquore modicum panis immiseris, reperies hunc imbibitum qualitate illius. igitur vivificativum dei verbum uniens seipsum propriae carni, fecit eam vivificativam. numquid ergo et quoniam in nobis vita dei est, dei verbo existente in nobis, vivificativum erit nostrum corpus? sed aliud est secundum participationis habitudinem nos habere in nobis dei filium; aliud ipsum fuisse factum carnem, idest corpus sumptum ex alma virgine proprium corpus effecisse. decebat ergo eum nostris quodammodo uniri corporibus per sacram eius carnem et pretiosum sanguinem, quae accipimus in benedictionem vivificativam in pane et vino. ne enim horreremus carnem et sanguinem apposita sacris altaribus, condescendens deus nostris fragilitatibus, influit oblatis vim vitae convertens ea in veritatem propriae carnis, ut corpus vitae quasi quoddam semen vivificativum inveniatur in nobis; unde subditur hoc facite in meam commemorationem. * chrysostomus super ioannem. ° hoc fecit christus ducens nos ad maius amicitiae foedus, suamque caritatem declarans erga nos, praestans se non solum videri desiderantibus, sed et palpare, et comedere, et amplecti, et totum affectum explere. igitur ut leones flammam spirantes, sic ab illa mensa discedimus terribiles facti diabolo. * basilius. ° disce autem quo pacto decet edere corpus christi, in memoriam scilicet obedientiae christi usque ad mortem; ut qui vivunt, non amplius in se vivant, sed in eo qui pro eis mortuus est et resurrexit. * theophylactus. ° duos autem calices lucas commemorat; de altero quidem supra dixit: accipite et dividite inter vos; quem dicet aliquis esse typum veteris testamenti: alterum vero post panis fractionem et distributionem ipse partitur discipulis; unde subditur similiter et calicem postquam coenavit. * beda. ° subauditur dedit eis, ut sit plena constructio. * augustinus de cons. evang.. ° vel quod lucas bis de calice commemoravit, prius antequam panem daret, inde postquam panem dedit: illud quod superius dixit praeoccupavit, ut solet; illud vero quod ordine suo posuit, non commemoraverat superius. utrumque autem coniunctum eamdem sententiam facit quae illorum est, scilicet matthaei et marci. * theophylactus. ° nominat autem dominus hunc calicem novi testamenti; unde sequitur dicens: hic est calix novum testamentum in sanguine meo, qui pro vobis fundetur: significans novum testamentum in suo sanguine exordium sumere: nam in veteri testamento sanguis animalium affuit cum data fuit lex; nunc vero sanguis verbi dei significat nobis novum testamentum. cum autem dicit pro vobis, non significat pro solis apostolis corpus christi datum et sanguinem effusum fuisse; sed causa totius humanae naturae. et vetus quidem pascha ad removendam servitutem aegypti fiebat, sanguis autem agni ad primogenitorum custodiam: novum vero pascha ad peccatorum remissionem, sanguis autem christi ad conservationem eorum qui dedicati sunt deo. * chrysostomus. ° hic enim sanguis operatur in nobis imaginem regiam, nobilitatem animae non permittit marcescere, protinus irrigans animam, magnamque inspirans virtutem. hic sanguis fugat daemones, advocat angelos et dominum angelorum. hic sanguis effusus lavit orbem, et adibile fecit caelum. huius participes sanguinis, sunt supernis virtutibus amicti, regio pallio, magis autem ipso rege induti. et sicut si mundus accesseris, salubriter accessisti; sic si imbutus conscientia prava, damnose accedis in poenam et supplicia. nam si qui imperatoriam coinquinant purpuram, pari poena plectuntur cum eis qui divellunt; absurdum non est si et qui obscoena mente corpus christi recipiunt, pari poena plectuntur cum his qui illud clavis transfoderunt. * beda. ° quia vero panis confirmat, vinum vero sanguinem operatur in carne; hoc ad corpus christi, illud refertur ad sanguinem. verum, quia et nos in christo et in nobis christum manere oportet, vinum dominici calicis aqua miscetur; teste enim ioanne: aquae multae populi sunt. * theophylactus. ° primo autem datur panis, secundario calix: prior enim est in spiritualibus laboriosus actus velut panis, non solum quia in vultus sudore laboratur, sed etiam quia dum comeditur, non est facilis ad glutiendum; deinde post labores sequitur exultatio divinae gratiae, quae est calix. * beda. ° ideo autem tunc coenati communicarunt apostoli, quia necesse erat pascha typicum ante consummari, et sic ad veri paschae sacramenta transiri; nunc autem in honorem tanti sacramenti placuit magistris ecclesiae, prius nos spiritualibus epulis refici, ac deinde terrenis. * graecus. ° totum autem corpus et sanguinem domini suscipit communicans, etiam si mysteriorum partem accipiat. sicut enim unum sigillum diversis totam suam figuram impartitur, et integrum manet post distributionem, et sicut una vox penetrat ad multorum auditus; sic nulli dubium sit, corpus et sanguinem domini totum in omnibus reperiri. fractio autem panis venerandi passionem significat.

lc6 * Augustinus de cons. evang.. ° cum tradidisset dominus discipulis calicem, rursus de traditore suo locutus est, dicens verumtamen ecce manus tradentis me, mecum est in mensa. * theophylactus. ° quod dixit, non solum ut ostendat se scire futura, sed etiam ut ostendat nobis propriam bonitatem, secundum quam non praetermisit quin prosequeretur ea quae spectabant ad deum: dat enim nobis exemplum ut usque ad finem satagamus lucrari peccatores: et ut ostendat proditoris nequitiam, qui et conviva fieri non erubuit. * chrysostomus. ° et particeps existens mysteriorum, conversus non est: fit enim scelus eius utique immanius, tum quia tali proposito imbutus adiit mysteria, tum quia adiens melior factus non fuit nec metu, nec beneficio, nec honore. * beda. ° et tamen non designat specialiter, manifestius correptus impudentior fieret. mittit autem crimen in numero, ut agat conscius poenitentiam. praedicit autem et poenam, ut quem pudor non vicerat, corrigant denuntiata supplicia; unde sequitur et quidem filius hominis, secundum quod definitum est, vadit. * chrysostomus. ° sed quia iudas ea quae sunt scripta, prava intentione agebat, ne quis putet eum innoxium tamquam dispensationis ministrum, subdit verumtamen vae homini illi per quem tradetur. * beda. ° sed et vae homini illi qui ad mensam domini indignus accedens in exemplum iudae filium hominis tradit, non quidem iudaeis, sed peccatoribus membris suis. et quamvis scirent undecim apostoli quod nihil contra dominum cogitarent; quia tamen plus credunt magistro quam sibi timentes fragilitatem suam, quaerunt de peccato, cuius conscientiam non habebant; sequitur enim et ipsi coeperunt quaerere inter se quis esset ex eis qui hoc facturus esset. * basilius. ° sicut enim in corporalibus passionibus sunt multae quas non sentiunt patientes, porro magis adhibent fidem coniecturae medicorum quam propriam insensibilitatem attendant; sic et in animae passionibus si quis in se peccatum non sentiat, credere tamen debet his qui plus possunt cognoscere sua peccata.

lc7 * Theophylactus. ° cum inter se quaererent quis esset dominum traditurus, consequens erat ad invicem sibi dicere: tu proditurus es; et ex hoc coacti sunt dicere: ego potior, ego maior, et similia; unde dicitur: facta est autem et contentio inter eos, quis eorum videretur esse maior. * graecus. ° vel haec contentio videtur habuisse motivum, quod cum dominus ab hominibus transmigraret, oportebat aliquem eorum fieri aliorum principem, quasi domini vicem gerentem. * beda. ° sicut autem boni in scripturis exempla patrum, quibus proficiant et humilientur, requirunt; sic reprobi, si quid forte in electis reprehensibile reppererint, quasi suas ex eo nequitias obtecturi, libenter solent amplecti. ideo multi ardentius legunt quod facta est contentio inter discipulos christi. * ambrosius. ° si enim contendebant apostoli, non excusationi obtenditur, sed cautioni proponitur. caveamus ergo ne in perditionem aliqua inter nos de praelatione possit esse contentio. * beda. ° potius autem videamus, non quid carnales adhuc discipuli gesserint, sed quid iusserit spiritalis magister; sequitur enim dixit autem eis: reges gentium dominantur eorum. * chrysostomus. ° gentilium meminit, ut ex hoc rem vituperandam ostendat: gentilium enim est ambire primatum. * cyrillus. ° sed et blandi sermones eis offeruntur a subditis; unde sequitur et qui potestatem habent super eos, benefici vocantur. sed illi quidem quasi extorres a sacris legibus, huiusmodi subiacent morbis; vestrum autem culmen est in humilitate; unde sequitur vos autem non sic; sed qui maior est in vobis, fiat sicut minor. * basilius. ° non ergo extollat praesidentem dignitas, ne ab humilitatis beatitudine corruat. illud autem noverit quod humilitas vera ministerium plurium est. sicut enim qui pluribus ministrat vulneratis, et abstergit cuiuslibet vulneris saniem, non sumit ministerium in causam elationis; sic multo magis cui commissae sunt curae fraternorum languorum, ut omnium minister redditurus pro omnibus rationem, cogitare debet, et esse sollicitus; et sic qui maior est, fiat sicut minor. decet autem et corporale obsequium ab his qui praesident offerri, exemplo domini lavantis pedes discipulorum; unde sequitur et qui praecessor est, sicut ministrator. non est autem timendum ne in subdito solvatur humilitatis propositum dum ei a maiori servitur, sed imitatione panditur humilitas. * ambrosius. ° contuendum est autem, quia non omnis honorificentiae studio humilitas definitur: potes enim deferre alicui propter saeculi gratiam, potentiae metum, utilitatisque contuitum: tua aedificatio quaeritur, non alterius honor; et ideo una datur omnibus forma sententiae, ut non de praelatione iactantia sit, sed de humilitate contentio. * beda. ° in hac tamen forma a domino tradita maiores non minima discretione opus habent; ne scilicet, ad instar regum gentium, dominari subiectis, seque ab eis gaudeant laudibus attolli: et tamen contra delinquentium vitia per zelum iustitiae sint erecti. ad verba autem exhortationis, suimet adiungit exemplum; unde sequitur nam quis maior est: qui recumbit, an qui ministrat? nonne qui recumbit? ego autem in medio vestrum sum, sicut qui ministrat. * chrysostomus. ° quasi dicat: non putes discipulum tui egere, te vero non illius: ego enim, qui nullo egeo, quo universa egent caelestia et terrestria, ad ministerialem gradum condescendi. * theophylactus. ° ostendit autem se ministrantem eis, cum panem et calicem distribuit, cuius ministerii mentionem facit, rememorans eos quod si de eodem pane comederunt et de eodem calice biberunt, si ipse christus omnibus ministravit, unum debent omnes sentire. * beda. ° vel loquitur de ministerio quo secundum ioannem eorum pedes lavit dominus et magister: quamvis etiam verbo ministrandi possint omnia quae in carne gessit intelligi; sed et suum sanguinem se pro nobis effundere ministrando significat.

lc8 * Theophylactus. ° sicut dominus proditori praenuntiaverat vae, sic discipulis remanentibus e contrario bona praenuntiat, dicens vos autem estis qui permansistis mecum in tentationibus meis. * beda. ° non enim inchoatio patientis, sed perseverantia, caelestis regni gloria donatur: quia perseverantiam, quae constantia, seu fortitudo mentis vocatur, dicimus esse cunctarum columnam virtutum. filius ergo dei secum permanentes in tentationibus aeternum ducit ad regnum. si enim complantati facti sumus similitudini mortis eius, simul et resurrectionis erimus; unde sequitur et ego dispono vobis, sicut disposuit mihi pater meus regnum. * ambrosius. ° regnum dei non est de hoc mundo. non autem aequalitas ad dominum, sed similitudinis aemulatio est: solus enim christus plena imago dei est, propter expressam in se paternae claritudinis unitatem; iustus autem homo ad imaginem dei est, si propter imitandam divinae conversationis similitudinem, mundum hunc dei cognitione contemnat: unde et corpus christi edimus, ut vitae aeternae possimus esse participes; propter quod sequitur ut edatis et bibatis super mensam meam in regno meo. non enim victus et potus vobis praemii loco spondetur; sed communicatio gratiae caelestis et vitae. * beda. ° vel mensa proposita omnibus sanctis ad fruendum, caelestis est gloria vitae; qua, qui esuriunt et sitiunt iustitiam, saturabuntur, fruendo desiderato gaudio veri boni. * theophylactus. ° non autem hoc dixit quasi futuris illis corporalibus escis, et quasi regno suo sensibili futuro: erit enim illic angelica conversatio, sicut sadducaeis praedixit. sed et paulus dicit non esse regnum dei escam et potum. * cyrillus. ° sed ex his quae sunt apud nos, spiritualia designat: nam praerogativa quadam funguntur apud reges terrenos qui eis quasi convivae consident. ex humano ergo iudicio ostendit qui apud eum in primis honoribus statuentur. * beda. ° haec est enim immutatio dexterae excelsi, ut qui nunc humiles gaudent ministrare conservis, tunc super domini mensam sublimes, vitae perpetuae dapibus alantur; et qui hic in tentationibus iniuste iudicati, cum domino permanent, illic cum eo super tentatores suos iusti iudices veniant; unde sequitur et sedeatis super thronos duodecim, iudicantes duodecim tribus israel. * theophylactus. ° hoc est, condemnantes ex duodecim tribus infideles. * ambrosius. ° non autem duodecim throni tamquam aliqua corporalis sunt receptacula sessionis; sed quia secundum divinam similitudinem iudicat christus cognitione cordium, non interrogatione factorum, virtutem remunerans, impietatem condemnans; ita apostoli in iudicium spiritale formantur remuneratione fidei, execratione perfidiae, virtute errorem redarguentes, sacrilegos odio persequentes. * chrysostomus. ° numquid autem illic sedebit et iudas? sed considera, quod lex est data a deo per ieremiam: si quid boni promisero, si censearis indignus, mulctabo te. et ideo loquens cum discipulis, non simpliciter promisit, sed addidit qui permansistis mecum in tentationibus. * beda. ° ab eius ergo sublimitate promissi iudas excipitur: nam et antequam haec dominus diceret, exisse credendus est: excipiuntur et illi quicumque, auditis incomprehensibilis sacramenti verbis, abierunt retro.

lc9 * Beda. ° ne gloriarentur undecim apostoli, et suis viribus tribuerent quod soli pene inter tot millia iudaeorum dicerentur in tentationibus permansisse cum domino, ostendit, eos si non iuvantis se domini essent opitulatione protecti, eadem procella cum ceteris potuisse conteri; unde sequitur ait autem dominus simoni: simon, ecce satanas expetivit vos, ut cribraret sicut triticum; idest, expetivit vos tentare, et, velut qui triticum purgat, ventilando concutere: in quo docet nullius fidem a diabolo, nisi deo permittente tentari. * theophylactus. ° hoc autem petro dixit, eo quod fortior aliis erat, et superbire poterat in his quae promissa erant a christo. * cyrillus. ° vel ut ostendat quod homines nihil existentes, quantum pertinet ad humanam naturam et lubricum mentis nostrae, non decet ut praeesse ceteris velint; et ideo omissis ceteris, venit ad petrum ceteris praelatum; unde sequitur ego autem rogavi pro te, ut non deficiat fides tua. * chrysostomus. ° non autem dixit ego permisi, sed oravi: humiliter enim loquitur tendens ad passionem, ut humilitatem demonstret; nam qui non deprecatione, sed imperio dixerat: super hanc petram aedificabo ecclesiam meam; et: tibi dabo claves regni caelorum; quomodo opus habebat oratione, ut concitatam unius hominis animam coerceret? non autem dixit: rogavi, ut non neges, sed ne deseras fidem. * theophylactus. ° nam et si paululum agitandus sis, habes tamen reconditum semen fidei: quamvis deiecerit folia spiritus tentatoris, viget tamen radix. petit ergo satanas te laedere tamquam invidens tibi de mea dilectione; sed quamvis egomet pro te sim deprecatus, tu tamen delinques; unde sequitur et tu aliquando conversus confirma fratres tuos; quasi dicat: postquam me negato ploraveris, ac poenitueris, corrobora ceteros; cum te principem apostolorum deputaverim: hoc enim decet te qui mecum robur es et petra ecclesiae. hoc autem intelligendum est non solum de apostolis qui tunc erant, ut roborarentur a petro; sed et de omnibus qui usque ad finem mundi futuri sunt fidelibus: ne scilicet aliquis credentium diffidat, videns eum qui, cum esset apostolus, denegavit, ac iterum per poenitentiam obtinuit praerogativam, ut esset antistes mundi. admirare igitur exuberantiam divinae patientiae: ne diffidere discipulum faceret, nondum patrato crimine largitus est veniam, ac iterum ipsum in apostolico gradu restituit, dicens confirma fratres tuos. * beda. ° quasi dicat: sicut ego tuam fidem ne deficiat orando protexi, ita tu infirmiores fratres, ne de venia desperent, confortare memento. * ambrosius. ° cave ergo iactantiam, cave saeculum. ille iubetur confirmare fratres suos qui dixit: omnia reliquimus, et secuti sumus te. * beda. ° quia vero se dominus dixerat pro fide petri rogasse, conscius ille praesentis affectus, fideique ferventis, sed futuri casus nescius, non credit se ullatenus ab eo posse deficere; unde sequitur qui dixit ei: domine, tecum paratus sum et in carcerem et in mortem ire. * theophylactus. ° prae nimia quidem dilectione flammescit et impossibilia sibi pollicetur. decebat autem, audito semel a veritate quod tentandus esset, non amplius contendere. sed dominus videns eum praesumptuose loquentem, promit tentationis speciem, scilicet quod negaturus esset; unde sequitur et ille dixit: dico tibi, petre, non cantabit hodie gallus, donec ter abneges nosse me. * ambrosius. ° petrus quidem, etsi spiritu promptus, corporis tamen adhuc infirmus affectu, denuntiatur dominum negaturus: neque enim poterat divinae constantiam intentionis aequare. passio domini aemulos habet, pares non habet. * theophylactus. ° hinc autem magnam doctrinam haurimus: quod non sufficit humanum propositum absque divino subsidio. petrus enim, quamvis fervens esset, derelictus tamen a deo, supplantatus fuit ab hoste. * beda. ° sciendum autem, quod deo permittente, timorati lapsum patiuntur quandoque ad fastus praecedentis remedium. sed quamvis idem videatur esse delictum timorati et aliorum, refert non modicum: nam timoratus ex quibusdam insidiis et pene prout noluit, peccavit; alii vero nullam gerendo curam neque sui, neque dei, peccant, non distinguentes inter peccare et agere virtuose. unde reor et iussionis modum in eis debere fore diversum: nam timoratus quodam iuvamine indigens, circa eamdem rem erga quam peccavit, iussa debet perferre; alii vero cum totum bonum animae destruxerint, affligi et moneri, et praeceptis subici debent, quousque ratum sit illis deum iustum iudicem esse, et contremiscant. * augustinus de cons. evang.. ° hoc autem quod hic dicitur de petri negatione praedicta, omnes quidem evangelistae commemorant; sed non omnes ex una eademque occasione sermonis ad eam commemorandam veniunt: nam matthaeus et marcus eam subnectunt postea quam dominus egressus est ex illa domo ubi manducaverant pascha; lucas vero et ioannes antequam inde esset egressus. sed facile possemus intelligere aut illos duos ea recapitulando posuisse, aut istos praeoccupando; nisi magis moveret quod tam diversa non tantum verba, sed etiam sententias domini praemittunt, quibus permotus petrus illam praesumptionem praeferret, vel pro domino vel cum domino moriendi, ut magis cogant intelligi, ter eum expressisse praesumptionem suam diversis locis sermonis christi, et ter illi a domino responsum, quod eum ante galli cantum ter esset negaturus.

lc10 * Cyrillus. ° praedixerat autem dominus petro quod eum esset negaturus, tempore scilicet suae captionis; sed quia semel facta est mentio de captione eius, consequenter nuntiat supervenientem contra iudaeos conflictum; unde dicitur et dixit eis: quando misi vos sine sacculo, et pera, et calceamentis, numquid aliquid defuit vobis? miserat enim salvator sanctos apostolos praedicare civitatibus et oppidis regnum caelorum, praecipiens ut euntes nullius corporalium curam gererent, sed in eo totam spem viventi reponerent. * chrysostomus. ° sicut autem qui docent natare, circa principium quidem manus suas supponentes, attentius sustentant suos discipulos, postea vero plerumque manum abstrahentes iubent ut sibi opitulentur, quinimmo et paululum emergi permittunt; ita et christus fecit discipulis. in exordiis quidem praesto in cunctis eis aderat, parans eis uberrime affluentiam omnium; unde sequitur at illi dixerunt: nihil. at ubi oportebat et proprias vires ostendere, subtraxit eis aliquantulum gratiam, iubens eis ex se nonnulla peragere; unde sequitur dixit ergo eis: sed nunc qui habet sacculum, quo scilicet portatur pecunia, tollat similiter et peram, qua scilicet portantur cibaria. et quidem quando nec calceamenta, nec zonam habebant, nec baculum, nec aes, nullius passi sunt penuriam; ut autem marsupium concessit eis, et peram, esurire videntur, et sitire, et nuditatem pati; ac si eis diceret: hactenus cuncta vobis uberrime affluebant; nunc autem volo vos et inopiam experiri: ideoque non addico necessitati pristinae legis, sed mando et loculum habere et peram. poterat autem et deus usque in finem eos in tanta constituere copia; sed noluit ob multas causas: primo quidem ut nihil sibi tribuerent, sed recognoscerent totum emanasse divinitus; secundo ut moderari sibi sciant; tertio ne maiora de se opinentur. horum igitur causa permittens eos incurrere multa inopinatorum, relaxavit prioris legis rigorem, ne gravis et intolerabilis fieret eis vita. * beda. ° non enim eadem vivendi regula persecutionis qua pacis tempore discipulos informat. missis quidem discipulis ad praedicandum, ne quid tollerent in via, praecepit, ordinans scilicet ut qui evangelium nuntiat, de evangelio vivat. instante vero mortis articulo, et tota illa gente pastorem simul et gregem persequente, congruam tempori regulam decernit, permittens ut tollant victui necessaria, donec, sopita insania persecutorum, tempus evangelizandi redeat: ubi nobis quoque dat exemplum, iusta nonnunquam causa instante, quaedam de nostri propositi rigore posse sine culpa intermitti. * augustinus contra faustum. ° nulla ergo inconstantia praecipientis, sed ratione dispensantis, pro temporum diversitate praecepta, vel consilia, vel permissa mutantur. * ambrosius. ° qui autem ferire prohibet, cur emere gladium iubet, nisi forte ut sit parata defensio, non ultio necessaria, et videatur potuisse vindicari, sed noluisse? unde sequitur et qui non habet, scilicet sacculum, vendat tunicam suam, et emat gladium. * chrysostomus. ° quid est hoc? qui dixerat: si quis te percusserit in dextera gena, vertas ei et aliam; nunc armat discipulos, et solo gladio: nam si penitus armare decebat, non solum oportebat gladium possidere, sed et scuta et galeas. sed et si mille huiusmodi possiderent arma, pro tot insultibus et insidiis populorum, tyrannorum, urbium, nationum, qualiter undecim comparerent, et ex solo aspectu agminum non contremiscerent, nutriti in stagnis et fluviis? non ergo putemus eum iussisse ut gladios possiderent; sed per gladios innuit imminentes insidias iudaeorum; unde sequitur dico enim vobis, quoniam adhuc hoc quod scriptum est oportet impleri in me: et cum iniquis deputatus est. * theophylactus. ° cum enim ipsi inter se supra de praerogativis contenderint: non est, inquit, tempus praerogativarum, immo periculorum et caedium: nam ego magister vester ducor ad mortem non honorabilem, cum impiis deputandus; etenim ea quae sunt de me, scilicet praedicta, finem habent, idest impletionem. volens ergo violentum insultum innuere, meminit gladii: nec prorsus revelavit, ne tangerentur acedia; nec prorsus obticuit, ne repentinis aggressibus fluctuarent; sed postea recolentes mirarentur quomodo se ipsum pretium exhibuit passioni pro salute humana. * basilius. ° vel dominus non iubet portare marsupium et peram et emere gladium; sed praedicit futurum, quod scilicet apostoli obliti temporis passionis, donorum et legis domini, auderent sumere gladios: saepius enim scriptura utitur imperativa sermonis specie loco prophetiae. in pluribus tamen libris non invenitur accipiat, tollat, vel emat; sed tollet et emet. * theophylactus. ° vel per hoc praenuntiat eis quod incurrerent famem et sitim, quod innuit per peram; et adversitates nonnullas, quod innuit per gladium. vel aliter. quod dominus dicit qui habet sacculum, tollat similiter et peram, videtur sermo ad discipulos fieri; sed revera respicit quamlibet iudaei personam; quasi dicat: si quis iudaeorum abundat facultatibus, congestis omnibus fugiat; si autem quis ultima oppressus penuria colit regionem, hic etiam amictum vendat et gladium emat: invadet enim eos intolerabilis impetus pugnae, ut nihil ad resistendum sufficiat. deinde pandit horum malorum causam: quia scilicet passus est poenam profanis debitam, cum latronibus crucifixus. et cum ad hoc perventum fuerit, sumet finem verbum dispensationis; persecutoribus autem accident quae a prophetis sunt praedicta. haec igitur dominus praedixit de futuris regioni iudaeorum; sed discipuli non intelligebant profunditatem dictorum, putantes ob futurum proditoris insultum gladiis opus esse; unde sequitur at illi dixerunt: domine, ecce duo gladii hic. at ille dixit eis: satis est. * chrysostomus. ° et quidem si humano eos volebat uti auxilio, nec centum sufficerent gladii; quod si nolebat eos uti humano subsidio, etiam duo supervacui sunt. * theophylactus. ° noluit ergo dominus eos reprehendere quasi non intelligentes; sed dicens satis est, eos dimisit. |150| quidam autem dicunt, dominum ironice dixisse satis est; quasi dicat: ex quo duo sunt gladii, sufficiant nobis ad tantam multitudinem quanta nos debet invadere. * beda. ° vel duo gladii sufficiunt ad testimonium sponte passi salvatoris: unus qui et apostolis audaciam pro domino certandi et domino virtutem medicandi doceret inesse; alter qui nequaquam vagina exemptus, ostenderet eos nec totum quod potuere pro eius facere defensione permissos. * ambrosius. ° vel quia lex referire non vetat, fortasse petro duos gladios offerenti satis esse dicit, quasi licuerit usque ad evangelium; ut sit in lege aequitatis eruditio, in evangelio bonitatis perfectio. est etiam gladius spiritalis ut vendas patrimonium, et emas verbum quo mentis penetralia vestiuntur. est etiam gladius passionis ut exuas corpus, et immolatae carnis exuviis ematur tibi sacra corona martyrii. movet adhuc quod duos gladios discipuli protulerunt: ne forte unum novi, unum veteris testamenti sit, quibus adversus diaboli armamur insidias. deinde |175| dicit dominus satis est, quasi nil desit ei quem utriusque testamenti doctrina munierit.

lc11 * Beda. ° tradendus a discipulo dominus consueti secessus locum, quo facillime reperiri possit, adit; unde sequitur et egressus ibat secundum consuetudinem in montem oliveti. * cyrillus. ° de die namque conversabatur hierosolymis, obscura vero nocte succedente in montem olivarum cum suis conversabatur discipulis; unde subditur secuti sunt autem illum et discipuli. * beda. ° pulchre autem sui corporis mysteriis imbutos in montem olivarum discipulos educit, ut omnes in morte sua baptizatos sancti spiritus charismate confirmandos esse designet. * theophylactus. ° post coenam autem nequaquam inertia, et iocus, et somnus occupant dominum; sed oratio et doctrina; unde sequitur et cum pervenisset ad locum, dixit illis: orate ne intretis in tentationem. * beda. ° impossibile quidem est humanam animam non tentari; unde non ait: orate ne tentemini; sed orate ne intretis in tentationem; hoc est ne tentatio vos superet ultima. * cyrillus. ° sed ne solis verbis eis prodesset, |25| procedens paululum orabat; unde sequitur et ipse avulsus est ab eis quantum iactus est lapidis. ubique invenies eum semotum orantem, ut discas quod animo attento et corde quieto colloquendum est cum deo sublimi. non autem quasi egens alieni suffragii precibus insistebat qui est omnipotentissima virtus patris; sed ut discamus non esse in tentationibus dormitandum, sed magis orationibus insistendum. * beda. ° solus etiam orat pro omnibus qui solus erat passurus pro omnibus, significans tantum orationem suam quantum et passionem a nostra distare. * augustinus de quaest. evang.. ° avulsus est autem ab eis quantum iactus est lapidis, tamquam typice admonuerit ut in eum dirigerent lapidem: idest, usque ad ipsum perducerent intentionem legis, quae scripta erat in lapide. * gregorius nyssenus. ° quid autem sibi vult flexus genuum, de quo dicitur et positis genibus orabat? humanus quidem usus est pronos terrae supplicare maioribus, facto ostendentes fortiores esse qui |50| rogantur. palam est autem humanam naturam nihil habere deo condignum: et ideo honorifica signa quae invicem exhibemus, fatentes nos humiliores esse respectu excellentiae proximi, transumpsimus ad obsequia incomparabilis naturae: unde ille qui nostros languores portavit, ac pro nobis intercessit, per hominem quem sumpsit genuflectit orando, sanciens non esse superbiendum orationis tempore, sed per omnia humilitati conformandum: quia deus superbis resistit, dat autem humilibus gratiam. * chrysostomus. ° quaelibet autem ars verbis et operibus ostenditur ab eo qui docet. quia ergo dominus venerat docturus nos quamlibet virtutem, ob hoc eadem dicit et facit: unde, quia iusserat verbis orare ne intrarent in tentationem, hoc etiam opere docet; sequitur enim dicens: pater, si vis, transfer calicem istum a me. non dicit si vis, quasi ignorans an patri placeret: neque enim magis ardua cognitio est cognitione paternae substantiae, quam ipse solus perspicaciter novit, secundum illud: |75| sicut novit me pater, et ego novi patrem; neque hoc dicit quasi respuens passionem: qui enim comminatus est discipulo volenti eius passionem impedire, ut satanam eum vocaret post multa praeconia, qualiter crucifigi nolebat? cur igitur ita dictum est, consideres. quantum erat audire quod deus ineffabilis, qui quemlibet intellectum transcendit, voluit uterum subire virgineum, lac sugere, et humana quaeque pati. quoniam ergo fere incredibile erat quod erat futurum, primo quidem misit prophetas hoc nuntiantes, postea ipse indutus carne veniens, ut non phantasma putaretur, permittit carnem ferre naturales defectus, esurire, sitire et dormire, laborare, affici et anxiari; ob hoc et recusat mortem, veram humanitatem demonstrans. * ambrosius. ° dicit ergo si vis, transfer a me calicem istum; quasi homo mortem recusans, quasi deus sententiam suam servans. * beda. ° vel transferri a se calicem postulat, non quidem timore patiendi, sed misericordia prioris populi, ne ab illo bibat calicem propinatum; unde |100| et signanter non dicit transfer a me calicem, sed calicem istum, hoc est populi iudaeorum, qui excusationem ignorantiae habere non potest, qui me quotidie vaticinatur. * dionysius alexandrinus. ° vel quod dicit transfer calicem istum a me, non est hoc: non adveniat mihi; nisi enim advenerit, transferri non potest. igitur ut sensit iam praesentem, coepit affici et tristari, et quasi iam propinquante eo dicit transfer calicem hunc. sicut enim quod praeterit, nec intactum est, nec permanens; sic et salvator leviter invadentem tentationem flagitat pelli; et hoc est non intrare in tentationem, quod consulit esse orandum. perfectissimus autem modus tentationes evitandi manifestatur cum dicitur verumtamen non mea voluntas, sed tua fiat. deus enim inexpertus est malorum. vult autem nobis bona largiri supra id quod petimus vel intelligimus. ergo perfectam voluntatem patris, quam ipse noverat, petit sortiri effectum, quae eadem est et sua secundum deitatem. renuit autem impleri humanam voluntatem, quam |125| dicit suam, paterna voluntate minorem. * athanasius. ° geminum enim hic velle ostendit: alterum quidem humanum, quod est carnis; alterum vero divinum: humanitas enim ob carnis fragilitatem recusat passionem: sed divinus eius affectus affectanter eam subiit, eo quod non esset possibile eum detineri a morte. * gregorius nyssenus. ° apollinaris autem asserit quod christus non habuit secundum terrenam naturam propriam voluntatem; sed solum in christo est voluntas dei, qui de caelo descendit. dicat ergo: quam voluntatem vult dominus nequaquam evenire? neque enim deitas aufert propriam voluntatem. * beda. ° appropinquans etiam passioni salvator, infirmantium in se vocem sumpsit, ut cum hoc imminet quod fieri nolumus, sic per infirmitatem petamus ut non fiat, quatenus per fortitudinem parati simus ut voluntas conditoris nostri, etiam contra nostram voluntatem, fiat.

lc12 * Theophylactus. ° ut nobis innotesceret orationis virtus, quatenus eam in adversis praeponamus, orans dominus ab angelo confortatur; unde dicitur apparuit autem illi angelus de caelo confortans eum. * beda. ° alibi legimus quia angeli accesserunt et ministrabant ei. in documento ergo utriusque naturae, angeli et ei ministrasse, et eum confortasse dicuntur. creator enim creaturae suae non eguit praesidio; sed homo factus, sicut propter nos tristis est, ita propter nos confortatur. * theophylactus. ° quidam autem dicunt quoniam apparuit ei angelus glorificans eum, et dicens: domine, tua est virtus: tu namque potes contra mortem et infernum genus humanum liberare. * chrysostomus. ° et quia non phantastice, sed vere nostram carnem suscepit; ut approbet dispensationis veritatem, et oppilet haereticorum ora, quaeque humana sustinet; sequitur enim et factus in agonia prolixius orabat. * ambrosius. ° horrent plerique hoc loco, qui tristitiam salvatoris |25| ad argumentum inolitae potius a principio quam susceptae ad tempus infirmitatis inclinant. ego autem non solum excusandum non puto, sed nusquam magis pietatem eius maiestatemque demiror: minus enim contulerat mihi, nisi meum suscepisset affectum: suscepit enim tristitiam meam ut mihi suam laetitiam largiretur. confidenter tristitiam nomino, quia crucem praedico. debuit ergo dolorem suscipere, ut vinceret. neque enim habent fortitudinis laudem qui stuporem magis vulnerum tulerint quam dolorem. nos ergo voluit erudire, quemadmodum mortem, et quod est amplius, futurae mortis moestitiam vinceremus. doles ergo, domine, non mea, sed tua vulnera. infirmatus est enim propter delicta nostra: et fortasse tristis est ideo quia post adae lapsum, tali transitu nobis erat ex hoc saeculo recedendum ut mori esset necesse. nec illud distat a vero; sed tristis erat pro persecutoribus suis quos sciebat immanis sacrilegii poenas daturos. * gregorius moralium. ° appropinquante etiam morte, nostrae mentis |50| in se certamen expressit, qui vim quamdam terroris ac formidinis patimur, cum per solutionem carnis aeterno iudicio propinquamus; nec immerito, quoniam anima post pusillum hoc invenit quod in aeternum mutare non possit. * theophylactus. ° quod autem humanae naturae foret praemissa oratio, non autem divinae, ut dicunt ariani, patet etiam ex eo quod subdit; sequitur enim et factus est sudor eius sicut guttae sanguinis decurrentis in terram. * beda. ° nemo sudorem hunc infirmitati deputet, quia contra naturam est sudare sanguinem; sed potius intelligat, per hoc nobis declaratum quod effectum iam suae precis obtineret, ut scilicet fidem discipulorum, quam terrena adhuc fragilitas arguebat, suo sanguine purgaret. * prosper in libro sententiarum augustini. ° orans etiam cum sudore sanguineo dominus significabat de corpore suo toto, quod est ecclesia, manatura martyria. * theophylactus. ° vel hoc proverbialiter dicitur de eo qui vehementer sudavit, quod sudavit sanguinem. volens |75| igitur evangelista innuere, quod grossis sudorum guttis madebat, sumit guttas sanguinis ad exemplum. post hoc autem inveniens discipulos dormientes prae tristitia, improperat eis, simul admonens ut orarent; sequitur enim et cum surrexisset ab oratione, et venisset ad discipulos suos, invenit eos dormientes prae tristitia. * chrysostomus. ° erat enim intempestum noctis, et discipulorum oculi prae angustia premebantur, et erat somnus non torporis, sed moeroris. * augustinus de cons. evang.. ° non autem expressit hic lucas quota oratione dominus ad discipulos venerit; nihil tamen hoc matthaeo et marco repugnant. * beda. ° demonstrat autem dominus consequenter quia pro discipulis oraverit, quos monet orationum suarum vigilando et orando existere participes; sequitur enim et ait illis: quid dormitis? surgite et orate, ne intretis in tentationem. * theophylactus. ° hoc est, ne a tentatione superentur: hoc enim est non induci in tentationem, non demergi ab ea. vel simpliciter nos iubet orare, ut tranquilla |100| sit nostra vita, nec immergamur in aliquod molestorum. diabolicum enim est et superbum, quemquam se in tentationem praecipitare; unde et iacobus non dixit: inicite vos in tentationes, sed: cum incideritis, omne gaudium aestimate, de invito voluntarium facientes.

lc13 * Glossa. ° praemissa oratione christi, subicitur de eius proditione, qua a discipulo proditur; dicitur enim adhuc eo loquente, ecce turba, et qui vocabatur iudas, unus de duodecim, antecedebat eos. * cyrillus. ° dicit autem qui vocabatur iudas, quasi nomen eius habens exosum; addit autem unus de duodecim, ad significantiam nequitiae proditoris: nam qui honoratus fuerat aeque apostolis, factus est occisionis causa in christum. * chrysostomus. ° sicut enim insanabilia vulnera nec austeris medicamentis obediunt nec demulcentibus, sic anima, ubi semel est captivata, et seipsam dederit cuicumque peccato, nullum emolumentum ex admonitionibus consequetur; quod et iudae accidit a proditione non cessanti, quamvis omni modo doctrinae esset a christo cohibitus; unde sequitur et appropinquavit iesu, ut oscularetur eum. * cyrillus. ° immemor enim gloriae christi, putavit forsitan posse latenter agere, ausus praecipuum dilectionis signum organum efficere doli. * chrysostomus. |25| ° non autem discedendum est a fratrum admonitione, quamquam nihil propter nostra verba eveniat: nam et rivuli, etsi nullus hauriat, fluunt; et si forsan non persuaseris hodie, poteris forsan cras. piscator enim per totam diem vacua trahens retia, circa sero piscem capit; unde dominus, etsi sciret iudam non convertendum, non destitit facere quae sua intererat; sequitur enim iesus autem dixit illi: iuda, osculo filium hominis tradis? * ambrosius. ° per interrogationem pronuntiandum puto, quasi amantis affectu corripiat proditorem. * chrysostomus. ° proprium autem nomen ponit, quod magis dolentis erat et revocantis, quam provocati ad iram. * ambrosius. ° dicit autem osculo tradis? hoc est, amoris pignore vulnus infligis, et pacis instrumento mortem irrogas? servus dominum, discipulus prodit magistrum, electus auctorem. * chrysostomus. ° non autem dicit: tradis magistrum tuum, dominum tuum, benefactorem tuum, sed filium hominis; hoc est, mansuetum et mitem; qui si non esset magister et |50| dominus, quia tamen tam suaviter erga te gessit, non esset a te prodendus. * ambrosius. ° magna, o domine, significatio potestatis, magna disciplina virtutis. et consilium proditionis aperitur, et adhuc patientia non negatur. ostendit quem proderet, dum occulta manifestat; ostendit quem traderet, dum dicit filium hominis, quia caro, non divinitas comprehenditur. illud tamen plus confutat ingratum quod eum tradiderit qui, cum esset dei filius, propter nos filius hominis esse voluisset; quasi dicat: propter te suscepi, ingrate, quod tradis, hypocrita. * augustinus de cons. evang.. ° hoc ergo dominus, cum traderetur, primo dixit quod ait lucas: iuda, osculo filium hominis tradis? deinde quod matthaeus: amice, ad quid venisti? deinde id quod ioannes commemorat: quem quaeritis? * ambrosius. ° osculatus est autem eum dominus, non quo simulare nos doceat, sed ut neque proditorem refugere videretur, et plus afficeret proditorem, cui amoris officia non negaret. |75| * theophylactus. ° zelantur autem discipuli, et gladios evaginant; unde sequitur videntes autem hi qui circa ipsum erant quod futurum erat, dixerunt ei: domine, si percutimus in gladio? sed qualiter habent gladios? quia mactaverant agnum, et a mensa discesserant. alii autem discipuli quaerunt an percuterent; sed petrus ubique fervens pro domino, persuasionem non expectat, sed percutit servum pontificis; unde sequitur et percussit unus ex illis servum principis sacerdotum, et amputavit auriculam eius dexteram. * augustinus. ° qui percussit, secundum ioannem petrus erat; quem autem percussit, malchus vocabatur. * ambrosius. ° eruditus enim in lege petrus promptus affectu, qui sciret phinees reputatum ad iustitiam quod sacrilegos peremisset, percussit principis servum. * augustinus. ° deinde lucas dicit respondens autem iesus ait: sinite usque huc. et hoc est quod matthaeus commemorat: converte gladium tuum in locum suum. nec moveat quasi contrarium sit |100| quod lucas hic dicit dominum respondisse sinite usque huc; quasi post istam percussionem ita dictum fuerit ut placuerit ei usque huc factum, sed amplius fieri noluerit; cum in verbis quae matthaeus posuit, intelligatur potius, totum factum quo usus est gladio petrus, domino displicuisse. illud enim verum est quod cum interrogassent dicentes domine, si percutimus in gladio? tunc respondit sinite usque huc; idest, non vos moveat quod futurum est: permittendi sunt hucusque progredi, hoc est ut me apprehendant, et impleantur quae de me scripta sunt. non enim diceret respondens autem iesus, nisi ad interrogationem eorum responderet, non facto petri. sed inter moras verborum interrogantium dominum, et illius respondentis, petrus aviditate defensionis percussit. sed non potuerunt simul dici quae simul fieri potuerunt. tunc, sicut dicit lucas, sanavit eum qui percussus erat; sequitur enim et cum tetigisset auriculam eius, sanavit eum. * beda. ° numquam enim pietatis suae dominus obliviscitur. illi iusto |125| mortem inferunt, iste persequentium vulnera sanat. * ambrosius. ° sed cum dominus vulnere cruentum detersit, mysteria divina subiecit, ut servos principis mundi, non naturae conditione, sed culpae, auris vulnus exciperet, qui non audisset verba sapientiae. aut si petrus volens percussit aurem, docuit quod aurem in specie habere non deberet, quam in mysterio non haberet. sed quare petrus? quia ipse ligandi et solvendi adeptus est potestatem; et ideo tollit gladio spiritali aurem interiorem male intelligentis. sed dominus ipse refundit auditum, demonstrans, et ipsos, si convertantur, posse sanari qui in passione domini vulnerati sunt: eo quod omne peccatum, fidei mysteriis abluatur. * beda. ° vel servus iste populus est iudaeorum, principibus sacerdotum indebito mancipatus officio: qui in passione domini dexteram auriculam, idest spiritualem legis intelligentiam, perdidit; quae scilicet auris, petri gladio deciditur; non quod ille sensum intelligendi audientibus tollat, sed divino ablatum iudicio negligentibus pandat. |150| verum eadem dextera auris in his qui in eodem populo crediderunt, divina dignatione pristino est restituta officio. sequitur dixit autem iesus ad eos qui venerant ad se, principes sacerdotum et magistratus templi et seniores: quasi ad latronem existis cum gladiis et fustibus. * chrysostomus. ° accesserunt enim nocte, timentes multitudinis impetum; et ideo dicit: quid vobis opus erat his armis in eum qui vobiscum est semper? et hoc est quod sequitur: cum quotidie vobiscum fuerim in templo, non extendistis manus in me. * cyrillus. ° ubi non inculpat dominus praesides iudaeorum, quod non sibi mature paraverant insidias mortis, sed arguit eos qui temere opinabantur eum se invasisse ipso invito; ac si dicat: tunc non cepistis me, quia nolebam; et nec nunc possetis, nisi me sponte vestris subicerem manibus; unde sequitur sed haec est hora vestra; idest, parvum tempus concessum est vobis exercendae in me vestrae saevitiae, patre votis meis favente. dicit etiam quod haec potestas est tenebris |175| data, idest diabolo et iudaeis, insurgendi in christum, et hoc est quod subditur et potestas tenebrarum. * beda. ° quasi dicat: ideo adversum me in tenebris congregamini, quia potestas vestra, qua sic contra lucem mundi armamini, in tenebris est. quaeritur autem quomodo iesus principes sacerdotum, magistratus templi et seniores qui ad se venerunt, alloqui dicatur, cum apud alios evangelistas non ipsos venisse, verum in atrio caiphae expectantes, ministros misisse perhibeantur. sed huic contrarietati respondetur, quod illi non per seipsos, sed per eos quos miserunt ad apprehendendum christum in suae iussionis potestate venerunt.

lc14 * Ambrosius. ° non intellexerunt infelices mysterium, nec venerati sunt tam clementem pietatis affectum, quo etiam hostes suos non passus est vulnerari; dicitur enim comprehendentes autem eum duxerunt ad domum principis sacerdotum. cum legimus teneri iesum, caveamus ne putemus eum teneri secundum divinitatem et invitum quasi infirmum; tenetur enim et ligatur secundum corporis veritatem. * beda. ° princeps autem sacerdotum caipham significat, qui, secundum ioannem, erat pontifex anni illius. * augustinus de cons. evang.. ° sed primo ad annam ductus est socerum caiphae, sicut ioannes dicit, quam ad caipham, ut matthaeus dicit. marcus autem et lucas nomen non dicunt pontificis. * chrysostomus. ° ideo autem ducitur ad domum pontificis, ut de consensu principis sacerdotum singula quaeque facerent: illuc enim omnes convenerant christum praestolantes. magnus autem fervor petri ostenditur, qui non aufugit, cum alios fugientes vidisset; sequitur enim |25| petrus vero sequebatur eum a longe. * ambrosius. ° bene a longe sequebatur iam proximus negator: neque enim negare potuisset, si christo proximus adhaesisset. sed in hoc fit reverendus, quod dominum non reliquit etiam cum timeret: metus naturae est, cura pietatis. * beda. ° quod autem ad passionem euntem dominum a longe sequitur petrus, significat ecclesiam secuturam quidem, idest imitaturam passionem domini; sed longe differenter: ecclesia enim pro se patitur, at ille pro ecclesia. * ambrosius. ° iam autem in domo principis sacerdotum ignis ardebat; unde sequitur accenso autem igne in medio atrii, et circumsedentibus illis, erat petrus in medio eorum. accessit petrus ut calefaceret se, quia clauso domino, calor mentis iam in eo refriguerat. * chrysostomus. ° traditae enim erant petro claves regni caelorum: credenda erat ei populorum innumera multitudo, quae esset involuta peccatis. erat autem petrus paulo durior, |50| sicut truncata servi principis sacerdotum declarat auricula. hic igitur tam durus tamque severus, si donum non peccandi fuisset adeptus, quae venia commissis populis donaretur? quem divina providentia permisit, quod primo ipse laberetur in peccatum, quo erga peccantes duriorem sententiam proprii casus intuitu temperaret. et cum se calefacere vellet ad prunas, accessit ad eum puella, de qua sequitur quem cum vidisset ancilla quaedam sedentem ad lumen, et eum fuisset intuita, dixit: et hic cum illo erat. * ambrosius. ° quid sibi vult quod primo eum prodit ancilla, cum viri utique magis potuerint eum recognoscere, nisi ut iste sexus peccare in nece domini videretur, ut et iste sexus redimeretur per domini passionem? petrus autem proditus negat: malo enim negasse petrum quam dominum fefellisse; unde sequitur at ille negavit, dicens: mulier, non novi illum. * chrysostomus. ° quid ais, o petre? vox tua repente mutata est: os enim plenum fidei et amoris in odium perfidiamque conversum est: |75| non tibi flagella, nondum sunt admota tormenta; qui te interrogat, nullus est eorum qui auctoritate sua possit formidinem incutere confitenti: mulier te simplici voce interrogat, et forte nec proditura confessum; nec tamen mulier, sed puella ostiaria, vile mancipium. * ambrosius. ° sed ideo negavit petrus, quia promisit incaute: non negat in monte, non in templo, non in sua domo, sed in praetorio iudaeorum: ibi negat ubi iesus ligatus est, ubi veritas non est. negans autem dicit non novi illum: temerarium quippe erat ut diceret quia noverat eum quem mens humana non potest comprehendere: nemo enim novit filium nisi pater. rursum secunda vice negat christum; sequitur enim et post pusillum alius videns eum dixit: et tu de illis es. * augustinus de cons. evang.. ° intelligitur autem quod in hac secunda negatione a duobus est compellatus; ab ancilla scilicet, quam commemorant matthaeus et marcus, et ab alio quem commemorat lucas. hoc ergo quod hic lucas dicit et post |100| pusillum, iam egressus erat ianuam petrus, et primum gallus cantaverat, ut marcus dicit; iam redierat, ut, quemadmodum dicit ioannes, ad focum stans iterum negaret; de qua negatione sequitur petrus vero ait: o homo, non sum. * ambrosius. ° maluit enim se negare quam christum; aut quia videbatur negare christi societatem, utique se negavit. * beda. ° in hac autem negatione petri dicimus, non solum ab eo negari christum qui dicit eum non esse christum, sed ab illo etiam qui, cum sit, negat se esse christianum. * ambrosius. ° tertio quoque interrogatur; sequitur enim et intervallo facto quasi horae unius, alius quidam affirmabat dicens: vere et hic cum illo erat. * augustinus. ° quod matthaeus et marcus dicunt: post pusillum, quantum esset hoc temporis manifestat hic lucas dicendo et intervallo facto quasi horae unius: de hoc autem intervallo tacet ioannes. item quod matthaeus et marcus non singulari, sed plurali numero enuntiant eos qui cum petro agebant; cum |125| lucas et ioannes unum dicant: facile est intelligere, aut pluralem numerum pro singulari usitata locutione usurpasse matthaeum et marcum, aut quod unus maxime, tamquam qui eum viderat, affirmabat; ceteri autem secuti eius fidem petrum simul urgebant. iam vero illud quod matthaeus ipsi petro dictum asseverat: nonne te vidi in horto? marcus autem et lucas inter se illos de petro locutos: aut sententiam intelligimus tenuisse eos qui compellatum dicunt petrum: tantum enim valet quod de illo coram illo dicebatur, quantum si illis diceretur; aut utroque modo dictum, et alios hunc, alios illum modum commemorasse. * beda. ° subdit autem nam et galilaeus es: non quia alia lingua galilaei atque alia loquerentur hierosolymitae, qui utrique fuerunt hebraei; sed quod una quaeque provincia et regio suas habendo proprietates usitatum loquendi sonum vitare non possit. sequitur et ait petrus: o homo, nescio quid dicis. * ambrosius. ° hoc est, sacrilegia vestra nescio. sed nos excusamus, ipse |150| non excusavit; non enim satis est involuta responsio confitentis iesum, sed aperta confessio: et ideo petrus non de industria respondisse sic inducitur; quia postea recordatus est, et tamen flevit. * beda. ° solet autem sacra scriptura saepe meritum causarum per meritum designare temporum; unde petrus, qui media nocte peccavit, ad galli cantum poenituit; sequitur enim et continuo, illo adhuc loquente, gallus cantavit. quia quod in tenebris oblivionis erravit, verae lucis rememoratione correxit. * augustinus de cons. evang.. ° galli autem cantum post trinam negationem petri intelligimus, sicut marcus expressit. * beda. ° hunc gallum mystice opinor aliquem doctorum intelligendum, qui iacentes et somnolentos increpat, dicens: evigilate, iusti, et nolite peccare. * chrysostomus. ° admirare autem curam magistri, quia cum vinctus esset, multa utebatur provisione erga discipulum, quem nutu erigens ad lacrymas provocavit; sequitur enim et conversus dominus respexit petrum. * augustinus. |175| ° quod quomodo accipiendum sit, diligentius considerandum est. dicit enim matthaeus: petrus enim sedebat foris in atrio; quod non diceret, nisi illa cum domino intus agerentur. similiter et in eo quod dixit marcus: et cum esset petrus in atrio deorsum, ostendit non solum in interioribus, sed etiam in superioribus gesta quae dixerat. quomodo ergo respicit dominus petrum facie corporali? quapropter mihi videtur illa respectio divinitus facta: et sicut dictum est: respice, et exaudi me; et: convertere, domine, libera animam meam, ita dictum arbitror conversus dominus respexit petrum. * beda. ° respicere namque eius, misereri est: quia non solum cum agitur poenitentia, verum etiam ut agatur, dei misericordia necessaria est. * ambrosius. ° denique quos iesus respicit, plorant delictum; unde sequitur et recordatus est petrus verbi domini quod dixerat: quia prius quam gallus cantet, ter me negabis. et egressus foras petrus flevit amare. quare flevit? quia erravit ut homo: lacrymas |200| eius lego, satisfactionem non lego. lavant lacrymae delictum, quod voce pudor est confiteri. negavit primo et secundo, et non flevit, quia adhuc non respexerat dominus; negavit tertio, respexit eum iesus, et amarissime flevit. et tu si veniam vis mereri, dilue lacrymis culpam tuam. * chrysostomus. ° non autem audebat petrus palam flere, ne a lacrymis deprehenderetur; sed foras exiens lacrymabatur. flebat autem non propter poenam; sed quia dilectum negaverat, quod molestius erat ei quolibet supplicio.

lc15 * Augustinus de cons. evang.. ° de petri tentatione, quae inter domini contumelias facta est, non eodem ordine omnes narrant: nam illas primo commemorat matthaeus et marcus, deinde petri tentationem: lucas vero explicavit prius tentationem petri, deinde domini contumelias, dicens et viri qui tenebant eum, illudebant ei, caedentes. * chrysostomus. ° caeli et terrae dominus caesus sustinet, et patitur impiorum ridicula, formam nobis patientiae praebens. * theophylactus. ° nec non dominus prophetarum, ut pseudopropheta deluditur. sequitur et velaverunt eum, et percutiebant faciem eius; et interrogaverunt eum, dicentes: prophetiza nobis: quis est qui te percussit? * beda. ° haec quasi in contumeliam faciebant eius qui se a populis prophetam voluit haberi. sed qui tunc caesus est colaphis iudaeorum, caeditur etiam nunc blasphemiis falsorum christianorum. velaverunt autem eum, non ut eorum illa scelera non videat, sed ut |25| a seipsis faciem eius abscondant. haeretici autem et iudaei et mali catholici eum reprobis actibus exacerbantes, quasi illudentes, dicunt quis est qui te percussit? dum ab illo suas cogitationes et opera tenebrarum cognosci non aestimant. * augustinus. ° haec autem intelligitur passus dominus usque mane in domo principis sacerdotum, quo prius adductus est; unde sequitur et ut factus est dies, convenerunt seniores plebis et principes sacerdotum et scribae, et duxerunt illum in concilium suum, dicentes: si tu es christus, dic nobis. * beda. ° non veritatem desiderabant, sed calumniam praeparabant. siquidem christum hominem tantummodo de stirpe david venturum sperantes, hoc ab eo quaerebant, ut si diceret: ego sum christus, calumniarentur, quod sibi arrogaret regiam potestatem. * theophylactus. ° ipse vero sciebat eorum praecordia, quod qui non crediderant operibus, multo minus sermonibus crederent; unde sequitur et ait illis: si vobis dixero, non credetis mihi. * beda. ° saepe enim dixerat se christum |50| esse: puta cum dicebat: ego et pater unum sumus: et cetera talia. si autem interrogavero, non respondebitis mihi, neque dimittetis. interrogaverat enim eos, quomodo dicerent christum filium esse david, cum david in spiritu dominum num suum illum vocaverit; verum illi neque dicenti credere, neque interroganti respondere voluerunt. quia autem semen david calumniari quaerebant, plus est quod audiunt. sequitur ex hoc autem erit filius hominis sedens a dextris virtutis dei. * theophylactus. ° quasi dicat: non est vobis de cetero tempus sermonum et doctrinae: sed deinceps iudicii tempus erit, cum videbitis me filium hominis sedentem a dextris virtutis dei. * cyrillus. ° cum autem de deo sessio dicitur, atque thronus, regia et universis principans dignitas designatur. non enim putamus tribunal quoddam positum esse, cui credamus inniti dominum omnium; sed nec omnino dextrum, vel sinistrum esse penes divinam naturam: proprium enim est corporum figura, |75| et locus et sessio. qualiter autem paris honoris, paris quoque consessus filius videbitur esse, si non est secundum naturam filius, naturalem in se proprietatem habens patris? * theophylactus. ° hoc igitur audientes timere debebant; sed illi post haec verba magis insaniunt; unde sequitur dixerunt autem omnes: tu ergo es filius dei? * beda. ° quod se filium dei dixerat, acceperunt in eo quod ait erit filius hominis sedens a dextris virtutis dei. * ambrosius. ° dominus autem maluit se regem probare, quam diceret, ut condemnandi causam habere non possint qui quod obiciunt, hoc fatentur. sequitur qui ait: vos dicitis quia ego sum. * cyrillus. ° hoc autem dicente christo, succensuit pharisaeorum cohors, usurpans ignominiae vocem; unde sequitur at illi dixerunt: quid adhuc desideramus testimonium? ipsi enim audivimus de ore eius. * theophylactus. ° ex quo patet quod inobedientes nulla commoda ferunt, revelatis sibi secretioribus; sed maiorem poenam acquirunt, propter quod talia oportet eis |100| esse occulta.

073 CLC cp23

lc1 * Augustinus de cons. evang.. ° postquam complevit lucas narrando petri negationem, recapitulavit quae cum domino gesta sunt circa mane, commemorans quaedam quae alii tacuerunt; atque ita contexuit narrationem, similia aliis narrans, cum dicit et surgens multitudo eorum duxerunt illum ad pilatum. * beda. ° ut impleretur sermo iesu quem de sua morte praedixit: tradetur gentibus, scilicet romanis: nam pilatus romanus erat, eumque romani in iudaeam praesidem miserant. * augustinus de cons. evang.. ° deinde apud pilatum gesta sic narrat: coeperunt autem eum accusare, dicentes: hunc invenimus subvertentem gentem nostram, et prohibentem tributa dari caesari, et dicentem se christum regem esse. hoc matthaeus et marcus non dixerunt, cum tamen dicerent quod eum accusabant; sed iste etiam ipsa crimina quae falso obiecerunt, aperuit. * theophylactus. ° evidenter autem adversantur veritati: non enim dominus prohibuit dare |25| censum, sed magis dare iussit. qualiter autem populum subvertebat, an ut regnum aggrederetur? sed hoc est incredibile cunctis: quia volente multitudine tota eum in regem eligere, sciens fugit. * beda. ° duobus autem domino obiectis, scilicet quod et tributa caesari dari prohiberit, et se christum regem diceret, potuit fieri ut illud quod dominus ait: reddite quae sunt caesaris caesari, etiam pilatum audisse contigerit. ideoque causam hanc quasi apertum iudaeorum mendacium parvipendens, solum quod nesciebat, de regni verbo interrogandum putavit. sequitur pilatus autem interrogavit eum, dicens: tu es rex iudaeorum? * theophylactus. ° mihi videtur quod hoc a christo quaesierit contemptum obiecti criminis subsannando; quasi dicat: tu pauper, humilis, nudus, cui nullus adiutor, accusaris de regni ambitione, ad quod opus est multorum adiutorium et sumptus. * beda. ° eodem autem verbo praesidi, quo et principibus sacerdotum respondet, ut propria sententia condemnetur; sequitur enim at |50| ille respondens ait: tu dicis. * theophylactus. ° illi autem, cum nihil aliud faveret eorum calumniae, recurrunt ad clamorum subsidia; sequitur enim at illi invalescebant, dicentes: commovet populum, docens per universam iudaeam, incipiens a galilaea usque huc; quasi dicant: pervertit populum, nec in una parte tantum, sed a galilaea incepit, et hucusque pervenit, transiens per iudaeam. puto autem eos non absque causa meminisse galilaeae; sed volentes incutere timorem pilato. galilaei enim schismatici fuerunt, et nova tentantes, qualis fuit iudas galilaeus, cuius in actibus apostolorum fit mentio. * beda. ° his autem verbis non illum, sed se accusant. docuisse enim populum et a pristini temporis ignavia docendo commovisse, talique actu totam terram promissionis pertransisse, non criminis, sed indicium est virtutis. * ambrosius. ° accusatur autem dominus, et tacet, quia defensione non indiget: ambiant defendi qui timent vinci. non ergo accusationem tacendo confirmat, |75| sed despicit, non refellendo. quid ergo timeret qui non ambit salutem? salus omnium suam prodit, ut acquirat omnium.

lc2 * Beda. ° pilatus de praemissa accusatione non interrogandum dominum ratus, se ipsum magis nacta occasione cupit ab eo iudicando liberum reddere; unde dicitur pilatus autem audiens galilaeam, interrogavit si homo galilaeus esset. et ne contra eum quem insontem et propter invidiam traditum cognoverat, sententiam dare cogeretur, herodi eum misit audiendum, ut ipse potius eum, qui eius patriae tetrarcha existebat, vel absolveret vel puniret. sequitur et ut cognovit quod de herodis potestate esset, remisit eum ad herodem, qui et ipse hierosolymis erat illis diebus. * theophylactus. ° in hoc sequitur legem romanam, quae iubebat quemlibet a principe suae iurisdictionis condemnari. * gregorius moralium. ° christi autem famam herodes explorare voluit, cum eius miracula videre concupivit. sequitur herodes autem viso iesu, gavisus est valde: erat enim cupiens ex multo tempore videre illum. * theophylactus. | 25 | ° non tamquam lucraturus quidquam utilitatis ex eius aspectu; sed patiens novorum cupidinem, credebat videre quemdam extraneum hominem; de quo audierat quod sapiens et mirificus esset; unde sequitur eo quod audierat multa de illo et sperabat signum aliquod videre ab eo fieri. volebat etiam audire ab eo quid diceret; et ideo interrogat eum quasi derisorie se habens ad ipsum, et eum subsannans. sequitur interrogabat autem illum multis sermonibus. iesus, qui cuncta ratione peregit, et qui, teste david, suos sermones in iudicio disponit, pium esse iudicavit in talibus habere silentium: sermo enim prolatus ei cui nihil proficit, condemnationis fit causa; unde sequitur et ipse nihil ei respondebat. * ambrosius. ° tacuit et nihil fecit: quia nec illius credulitas merebatur videre divina; et dominus iactantiam declinabat; et forte typice in herode omnes impii significantur, qui si legi non crediderint et prophetis, mirabilia christi opera in evangelio videre |50| non possunt. * gregorius moralium. ° hoc etiam audientes nos oportet addiscere ut quoties auditores nostri nostra volunt quasi laudando cognoscere, non autem sua perversa mutare, omnino taceamus; ne si ostentationis studio verbum dei loquimur, et illorum quae erat culpa esse non desinat, et nostra quae non erat, fiat. multa autem sunt quae audientis animum produnt; maxime si auditores nostri et semper laudant quod audiunt, et nunquam quod laudant sequuntur. * gregorius moralium. ° inquisitus ergo redemptor tacuit, expectatus miracula adhibere contempsit, seseque apud se in occultis retinens, eos quos exteriora quaerere comperit, ingratos foris reliquit, magis eligens aperte a superbientibus despici quam a non credentibus vacua voce laudari; unde sequitur stabant autem principes sacerdotum et scribae constanter accusantes eum. sprevit autem illum herodes cum exercitu suo, et illusit indutum veste alba, et remisit ad pilatum. * ambrosius. ° non otiosum quod veste alba induitur ab herode, |75| immaculatae tribuens indicia passionis, quod agnus dei sine macula cum gloria mundi peccata susciperet. * theophylactus. ° tu autem considera, quod per ea quae facit diabolus, impeditur: congerit derisiones et opprobria in christum, ex quibus declaratur quod dominus seditiosus non sit; alioquin non derideretur plebe reddita suspecta, et novitatibus gaudente. missio autem christi a pilato ad herodem fit amicitiae communis exordium, quasi pilato non usurpante sibi subditos ditioni herodis; unde subditur et facti sunt amici herodes et pilatus in ipso die: nam antea inimici erant ad invicem. attende diabolum ubique coniungentem dissiuncta, ut christi peragat necem. erubescamus ergo nos, si causa nostrae salutis nec amicos in proprio foedere conservemus. * ambrosius. ° in typo etiam herodis atque pilati qui amici ex inimicis per iesum christum facti sunt, et plebis israelis et populi gentilis figura servatur, quod per domini passionem utriusque sit futura concordia; ita tamen ut prius populus |100| nationum capiat dei verbum, et ad populum iudaeorum fidei suae devotionem transmittat, ut illi quoque gloria maiestatis suae corpus vestiant christi quod ante despexerant. * beda. ° vel hoc herodis et pilati foedus significat, quod gentiles et iudaei genere et religione et mente dissidentes, in christianis persequendis consentiunt.

lc3 * Augustinus de cons. evang.. ° rediens lucas ad ea quae apud praesidem gerebantur, unde digressus erat ut narraret quod apud herodem actum est, ita dicit: pilatus autem convocatis principibus sacerdotum et magistratibus et plebe, dixit ad eos: obtulistis mihi hunc hominem quasi avertentem populum; et ecce ego coram vobis interrogans nullam causam invenio in homine isto ex his in quibus eum accusatis. hic intelligimus eum praetermisisse quemadmodum a domino quaesierit quid accusatoribus responderet. * ambrosius. ° hic pilatus christum absolvit iudicio, crucifigit ministerio. ad herodem mittitur, ad pilatum remittitur; unde sequitur sed neque herodes: nam remisi vos ad illum; et ecce nihil dignum morte actum est ei. etsi uterque reum non pronuntiat, ob metum tamen, alienae crudelitati studiis pilatus obsequitur. * theophylactus. ° duorum ergo virorum testimonio iesus insons ostenditur; iudaei vero, qui accusabant, nullum testem obtulerunt, |25| cui credere oporteret. vide ergo quomodo superet veritas. iesus tacet, et testantur inimici: proclamant iudaei, et nullus eorum attestatur clamoribus. * beda. ° pereant ergo scripta quae post tanto tempore contra christum composita, non illum apud pilatum magicae artis accusatum, sed componentes, apud dominum perfidiae et falsitatis accusandos esse demonstrant. * theophylactus. ° lentus ergo pilatus, nec satis pro veritate severus, quia timebat accusationes, subiungit emendatum ergo illum dimittam. * beda. ° quasi dicat: flagris illum et ludibriis quantum iubetis afficiam, dummodo innoxium sanguinem non sitiatis. sequitur necesse autem habebat dimittere eis per diem festum unum. necesse habebat non imperialis legis sanctione, sed annua gentis consuetudine devictus, cui per talia gaudebat placere. * theophylactus. ° romani enim iudaeis concesserant secundum leges et ritus proprios conversari. mos autem patrius erat iudaeis petere damnatos a principe, sicut a saule ionatham petiverunt; unde et de eorum petitione |50| nunc subditur exclamavit autem simul universa turba, dicens: tolle hunc, et dimitte nobis barabbam. qui erat propter seditionem quamdam factam in civitate, et homicidium, missus in carcerem. * ambrosius. ° non immerito homicidae absolutionem petunt qui flagitabant innocentis exitium. tales leges habet iniquitas, ut quod oderit innocentia, scelus diligat. in quo tamen nominis interpretatio speciem dat figurae: barabbas enim patris filius latine dicitur. illi ergo quibus dicitur: vos ex patre diabolo estis, vero dei filio, patris sui filium, idest antichristum, praelaturi esse produntur. * beda. ° haeret autem iudaeis usque hodie sua petitio: quia enim data sibi optione, pro iesu latronem, pro salvatore interfectorem elegerunt; merito salutem vitamque perdiderunt, et latrociniis se ac seditionibus intantum subiecerunt ut et patriam et regnum suum perdiderint. * theophylactus. ° sic ergo gens olim sancta furit ad caedendum; pilatus gentilis caedem prohibet; sequitur enim iterum |75| autem pilatus locutus est ad illos, volens dimittere iesum. at illi succlamabant dicentes: crucifige, crucifige eum. * beda. ° pessimo enim genere mortis occidere innocentem, hoc est crucifigere, desiderant. pendentes enim in ligno crucifixi, clavis ad lignum pedibus manibusque confixis, producta morte necabantur, ne dolor citius finiretur. verum a domino electa erat mors crucis, quam diabolo superato, tamquam trophaeum, in frontibus fidelium erat positurus. * theophylactus. ° tertio autem pilatus christum absolvit; sequitur enim ille autem tertio dixit ad illos: quid enim mali fecit iste? nullam causam mortis invenio in eo. corripiam ergo illum, et dimittam. * beda. ° hanc correptionem qua populo satisfacere, ne usque ad crucifigendum salvatorem saevirent, ne pilatus quaerebat, non solum obtulisse, sed etiam deridendo et flagellando exhibuisse, verba ioannis testantur. quia vero totam accusationem quam adversus dominum detulerunt, sollicita pilati |100| interrogatione videbant evacuatam, tandem ad solas se preces convertunt; unde sequitur at illi instabant vocibus magnis, postulantes ut crucifigeretur; et invalescebant voces eorum. * theophylactus. ° tertio clamant contra christum, ut per trinam hanc vocem, suam esse occisionem christi approbent, quam petendo extorserunt; sequitur enim et pilatus adiudicavit fieri petitionem eorum. dimisit autem illis eum qui propter homicidium et seditionem missus fuerat in carcerem; iesum vero tradidit voluntati eorum. * chrysostomus. ° putabant enim hoc se posse astruere, quod iesus deterior esset latrone, et adeo nequam ut neque pro pietate neque pro festi praerogativa deberet liberari.

lc4 * Glossa. ° posita condemnatione christi, convenienter agitur de crucifixione, cum dicitur et cum ducerent eum, apprehenderunt simonem quemdam cyrenensem venientem de villa, et imposuerunt ei crucem portare post iesum. * augustinus de cons. evang.. ° ioannes autem narrat quod iesus baiulabat sibi crucem: unde intelligitur quod ipse sibi portabat crucem cum exiret in eum qui dicitur calvariae locum. simon autem in itinere angariatus est, cui data est portanda crux usque ad locum: nullus enim aliorum acceptabat crucem baiulare, eo quod lignum detestabile putabatur; et ideo simoni cyrenaeo, quasi in quamdam iacturam imposuerunt crucem portare, quam alii recusabant. hic adimpletur illud: cuius principatus super humerum eius: principatus enim christi est crux eius, propter quam, secundum apostolum, deus eum exaltavit. et sicut in signum dignitatis alii balteum, alii mitram portant; sic et dominus crucem. et si inquiras, invenies |25| non aliter in nobis regnare iesum, nisi per asperitates: quo fit ut deliciosi inimici sint christi crucis. * ambrosius. ° christus ergo crucem baiulans, iam trophaeum suum victor attulit; crux super humeros imponitur, quia sive simon, sive ipse portaverit, et christus in homine et homo portavit in christo. nec discordant evangelistarum sententiae, quando concordat mysterium. et bonus ordo nostri profectus est, ut prius crucis suae trophaea ipse erigeret, deinde martyribus traderet erigendum. non iudaeus est qui crucem portat, sed alienigena atque peregrinus, nec praecedit, sed sequitur, iuxta hoc quod scriptum est: tollat crucem suam, et sequatur me. * beda. ° simon autem obediens, cyrene heres interpretatur; unde per eum populi gentium designantur, qui quondam peregrini et hospites testamentorum, nunc obediendo facti sunt dei heredes. de villa autem simon egrediens, crucem portat post iesum, cum paganis ritibus derelictis vestigia dominicae |50| passionis obedienter amplectitur. villa enim graece pagos vocatur, a qua pagani nomen trahunt. * theophylactus. ° vel ille tollit crucem christi, qui venit a villa, idest dimittit hunc mundum et opera eius, in ierusalem, idest in supernam libertatem, tendens. ex hoc etiam non modicum sumitur documentum. quia enim ad modum christi magister est, debet ipse prius tollere crucem, et timore dei propriam carnem configere; et sic subditis et obedientibus eam imponere. sequitur autem christum etiam multitudo plebis et mulierum; nam subditur sequebatur autem illum multa turba populi et mulierum, quae plangebant et lamentabantur eum. * beda. ° multa quidem turba crucem domini, sed non una eademque mente sequebatur: nam populus qui eius mortem impetraverat, ut morientem laetus aspiceret; mulieres vero, ut moriturum plorarent. non autem ideo solus mulierum planctus sequebatur, quia non etiam innumerus virorum coetus de eius erat passione moestissimus; sed quia femineus, quasi contemptibilior, |75| sexus liberius poterat quod senserat ostentare. * cyrillus. ° amans etiam lacrymarum est semper sexus femineus, et mentem habens flexibilem ad pietatem. * theophylactus. ° per hoc etiam significabatur quod multitudo magna iudaeorum esset post crucem itura, credens in iesum. sed et mens infirma, quae significatur per feminam, si sumpta cordis contritione per poenitentiam fleat, sequitur iesum propter nostram salutem afflictum. flebant igitur mulieres per compassionem. eum autem qui ultro patitur, flere non oportet, sed magis ei applaudere; et ideo eas flere vetat; sequitur enim conversus autem iesus ad illas dixit: filiae ierusalem, nolite flere super me. * beda. ° cuius scilicet cita resurrectio mortem solvere potest, cuius mors et omnem mortem et ipsum mortis destructura est auctorem. notandum autem, cum filias ierusalem appellat, quod non solae quae cum eo venerant a galilaea, sed et eiusdem urbis cives et mulieres adhaeserunt. * theophylactus. ° mandat deplorantibus eum in futura mala prospectum intendere, |100| et super illis flere; sequitur enim super vos ipsas flete, et super filios vestros. * cyrillus. ° significans in futuro mulieres liberis esse orbandas: nam irruente bello in terram iudaeorum, cuncti simul peribunt magni et parvi; unde sequitur quia ecce venient dies in quibus dicent: beatae steriles, et ventres qui non genuerunt, et ubera quae non lactaverunt. * theophylactus. ° cum scilicet feminae crudeliter suos assabunt filios, et venter qui produxerat, flebiliter iterato recipiet genitum. * beda. ° in quo die, venturae a romanis obsidionis et captivitatis tempus significat, de quibus supra dixerat: vae praegnantibus et nutrientibus in illis diebus. naturale est autem, imminente captivitate hostili, alta vel abdita, quibus abscondantur homines, refugia quaerere; unde sequitur tunc incipient montibus dicere: cadite super nos; et collibus: operite nos. refert enim iosephus, instantibus sibi romanis, certatim iudaeos cavernas montium colliumque petisse speluncas. potest autem et ex superfluo quod beatificandas |125| dicit steriles, de his intelligi qui utrolibet sexu se castraverunt propter regnum caelorum; montibus collibusque dici cadite super nos, et operite nos; cum quilibet suae fragilitatis memores, ingruente tentationum articulo, sublimium quorumcumque virorum quaesierint exemplis, monitis et precibus defendi. sequitur quia si in viridi ligno haec faciunt, in arido quid fiet? * gregorius moralium. ° se lignum viride, et nos lignum aridum dixit: quia ipse in se vim divinitatis habuit; nos vero, qui puri homines sumus, lignum aridum appellamur. * theophylactus. ° quasi dicat iudaeis: si ergo in me, lignum fructiferum, iugiter virens, taliter saevierunt romani, quid non attentabunt erga vos? populum dico, quasi lignum aridum, privatum qualibet vivificante virtute, nec ullum fructum ferentem. * beda. ° vel quasi omnibus diceret: si ego, qui peccatum non feci, lignum vitae appellatus, sine igne passionis a mundo non exeo; quid putas eis manere tormenti qui sunt fructibus vacui? * theophylactus. |150| ° malam autem opinionem de domino innuere volens diabolus, etiam latrones faciebat crucifigi cum eo; unde sequitur ducebantur autem et alii duo nequam cum eo ut interficerentur.

lc5 * Athanasius. ° ubi corruptum est genus humanum, ibi christus proprium corpus exposuit; ut ubi seminata est corruptio, ibidem incorruptio oriatur: propter quod in loco calvariae crucifigitur; dicitur enim et postquam venerunt in locum qui vocatur calvariae, ibi crucifixerunt eum: quem locum doctores iudaeorum aiunt esse sepulcrum adae. * beda. ° vel aliter. foris portam loca erant in quibus truncabantur capita damnatorum, et calvariae, idest decollatorum, sumpserunt nomen. et sic pro omnium salute quasi noxius inter noxios crucifigitur; ut ubi abundavit peccatum, superabundet et gratia. * cyrillus. ° non autem ipse unigenitus dei filius in propria natura qua deus est, passus est quae sunt corporis; sed magis in natura terrena. decet enim utrumque de uno et eodem filio dici: scilicet et non pati divine, et passum esse humanitus. * eusebius. ° si autem aliter post conversationem cum hominibus evanescens subito evolaret, fugiens mortem: ab hominibus |25| compararetur phantasmati: et quemadmodum si quis incombustibile quoddam nobis vas et praevalens ignis naturae vellet ostendere, flammae illud traderet, et consequenter a flamma illud illaesum extraheret, sic dei verbum volens ostendere instrumentum, quo usus est ad humanam salutem, esse praevalens morti; mortale morti exposuit ad demonstrandam eius naturam; deinde post modicum a morte illud eripuit in signum divinae virtutis. et prima quidem causa mortis christi haec est: secunda vero divinae potestatis ostensio, corpus christi inhabitantis: cum enim antiquitus deificarent homines, communem exitum mortis sortito, quos heroas et divos nominabant: docuit illum solum mortuum verum esse fatendum quem bravia victoriae, morte prostrata, decorant. tertia ratio est victima pro toto genere hominum mactanda; qua oblata, tota potestas daemonum periit, et error quilibet est sedatus. est et alia causa salutiferae mortis: ut discipuli occulta fide conspicerent resurrectionem post mortem; ad quam propriam |50| spem erigere docebantur; ut mortem contemnentes, agonem contra errores inirent alacriter. * chrysostomus. ° non autem sui mortem, quam non habebat, cum sit vita, sed hominum, venit consumpturus salvator: unde non propria morte corpus deposuit, sed ab hominibus illatam sustinuit. sed et si aegrotavisset corpus eius, et in conspectu omnium solveretur, inconveniens erat eum qui sanaret aliorum languores, habere proprium corpus affectum languoribus. sed et si absque aliquo morbo seorsum alicubi corpus deposuisset, ac deinde rursus se offerret, non crederetur ei de resurrectione disserenti: oportet enim mortem resurrectionem praecedere. cur ergo resurrectionem palam quidem praedicaret, clanculo vero moreretur? nimirum si latenter haec evenissent, quod excogitarent homines incredulitatis calumnias? quomodo pateret christi in mortem victoria, nisi coram omnibus eam patiens, per incorruptionem corporis probasset extinctam? sed dices: decebat saltem gloriosam mortem sibi excogitare, ut evitaret |75| ignominiam crucis. sed et si hoc fecisset, suspectum se reddidisset, quasi non habens virtutem contra quamlibet mortem. sicut ergo pugil prosternens illum quem hostes obtulerint, ostenditur excellentior omnibus; sic omnium vita ab hostibus illatam, quam putabant esse diram et infamem et detestabilem, mortem in cruce suscepit, ut hac interempta, dominium mortis totaliter destruatur. propter quod non caput ei amputatur ut ioanni; neque sectus est, ut isaias; ut corpus integrum et indivisibile morti servet, et non fiat occasio volentibus ecclesiam dividere. volebat etiam supportare quam incurreramus maledictionem; maledictam mortem, scilicet crucis, suscipiendo, secundum illud deut. 21: maledictus homo qui pendet in ligno. in cruce etiam expansis manibus moritur, ut altera quidem manu veterem populum, altera eos qui sunt ex gentibus trahat, utrosque sibi coniungens. moriens etiam in cruce a daemonibus expiat aerem, et ascensum nobis parat in caelum. * theophylactus. ° quia etiam per lignum mors intraverat, necesse erat |100| ut per lignum exterminaretur; et ut dominus per ligni dolores invictus transiens confutaret delectationem provenientem ex ligno. * gregorius nyssenus. ° sed et figura crucis a medio contactu in quatuor extrema partita, significat virtutem et providentiam eius qui in ea pependit, ubique diffusam. * augustinus de quaest. nov. et veter. testam.. ° non frustra etiam tale genus mortis elegit, ut latitudinis et altitudinis et longitudinis et profunditatis, de quibus apostolus loquitur, magister existeret. nam latitudo est in eo ligno quod transversum desuper figitur: hoc ad bona opera pertinet, quia ibi extenduntur manus. longitudo in eo quod ab ipso ligno usque ad terram conspicuum est: ibi enim quodammodo statur, idest persistitur et perseveratur; quod longanimitati tribuitur. altitudo est in ea ligni parte quae ab illo quod transversum figitur, sursum versus relinquitur: hoc est ad caput crucifixi, quia bene sperantium superna expectatio est. iam vero illud ex ligno quod fixum occultatur, unde totum illud exurgit, profunditatem significat gratuitae |125| gratiae. * chrysostomus. ° duos etiam latrones utrinque crucifixerunt, ut eorum suspicionis fieret particeps; unde sequitur et latrones, unum a dextris, alterum a sinistris. sed non ita evenit: nam de illis nihil dicitur; huius autem crux ubique honoratur. reges diademata deponentes, assumunt crucem: in purpuris, in diadematibus, in armis, in mensa sacrata, ubique terrarum crux emicat. non talia sunt humana: viventibus enim illis qui egerunt strenue, arrident propria gesta, his autem pereuntibus pereunt. sed in christo totum contrarium: nam ante crucem omnia moesta; ut autem crucifixus est, omnia clariora facta sunt; ut noscas non purum hominem esse crucifixum. * beda. ° duo autem latrones cum christo crucifixi significant eos qui sub fide christi, vel agonem martyrii vel continentiae arctioris instituta subeunt; sed qui haec pro aeterna gloria faciunt, dexteri latrones; qui autem humanae laudis intuitu, sinistri latronis actus imitantur.

lc6 * Chrysostomus. ° quia dominus dixerat: orate pro persequentibus vos, hoc etiam crucem ascendens fecit; unde sequitur iesus autem dicebat: pater, dimitte illis: non quia non posset ipse relaxare, sed ut nos pro persequentibus orare doceret, non solum verbo, sed et opere. dixit autem dimitte eis, si poenituerunt: favet enim poenitentibus, si velint post tantam nequitiam, reatus per fidem diluere. * beda. ° neque putandum est hic eum frustra orasse; sed in eis qui post eius passionem crediderunt, quod orabat, impetrasse. notandum sane, quod non pro eis oravit qui filium dei intellexerunt crucifigere, nec confiteri voluerunt; sed pro eis qui nesciebant quid facerent, zelum dei habentes, sed non secundum scientiam; unde subdit non enim sciunt quid faciunt. * graecus. ° permanentes vero post crucem in infidelitate nullus per ignorantiam iuvari putabit, signis, miraculis, sonora voce eum praedicantibus esse deum. * ambrosius. ° refert ergo considerare qualis |25| crucem ascendat: nudum enim video. talis ergo ascendat qui saeculum vincere parat, ut saeculi adiumenta non quaerat. victus est autem adam qui vestimenta quaesivit; vicit ille qui tegumenta deposuit, et talis ascendit quales nos auctore deo natura formavit; talis in paradiso primus homo habitaverat, talis in paradisum homo secundus intravit. pulchre autem ascensurus crucem regalia vestimenta deposuit, ut scias quasi hominem passum esse, non quasi deum regem, etsi utrumque christus. * athanasius. ° qui etiam cunctas conditiones nostras causa nostri suscepit, induit vestimenta nostra, signa mortificationis adae, ut exuat illa et horum vice induat nos vitam et incorruptionem. sequitur dividentes vero vestimenta eius, miserunt sortes. * theophylactus. ° forsitan enim plures eorum egebant; vel forte magis ad opprobrium hoc faciebant et ex quadam lascivia: quid enim pretiosum inveniebant in vestibus? * beda. ° in sorte autem gratia dei commendata est: quia |50| cum sors mittitur, non personae cuiusdam vel meritis, sed occulto dei iudicio ceditur. * augustinus de cons. evang.. ° hoc quidem breviter dictum est a tribus evangelistis; ioannes autem distinctius hic explicat quemadmodum hoc gestum sit. * theophylactus. ° deludentes igitur hoc agebant: nam ubi principes subsannabant, quid dicere oportet de vulgo? sequitur enim et stabat populus, qui scilicet petierat eum crucifigi, expectans, scilicet finem; et deridebant eum principes cum eis. * augustinus de cons. evang.. ° quia principes dixit, nec addidit sacerdotum, omnes primates generali nomine complexus est, ut ibi possent intelligi scribae et seniores. * beda. ° quia etiam nolentes confitentur quod alios salvos facit; sequitur enim dicentes: alios salvos fecit, seipsum salvum faciat, si hic est christus dei electus. * athanasius. ° dominus autem vere salvator non salvando seipsum, sed creaturam liberando, volebat cognosci salvator. neque enim medicus, quia sibi medetur, medicus esse |75| cognoscitur, nisi erga languidos artem probet: sic dominus salvator existens, non habebat opus salutis, neque descendendo de cruce volebat cognosci salvator, sed moriendo; multo namque maiorem salutem mors salvatoris affert hominibus quam descensus de cruce. * graecus. ° videns autem diabolus nullum esse sibi defensaculum, titubabat; et quasi aliud non valens, tentavit ulterius propinari salvatori acetum ad bibendum; sequitur enim illudebant autem ei et milites accedentes, et acetum offerentes illi: quod contra seipsum facere diabolus ignorabat: nam amaritudinem irae ex praevaricatione legis actam, qua cunctos detinebat, salvatori praebebat; quam illa sumens consumebat, ut vice aceti, vinum det nobis in potum, quod sapientia miscuit. * theophylactus. ° obtulerunt autem milites christo acetum, quasi regi subministrantes; sequitur enim dicentes: si tu es rex iudaeorum, salvum te fac. * beda. ° et notandum, quod iudaei vocabulum christi scripturae sibi auctoritate creditum blasphemantes irrident; milites |100| vero, utpote scripturarum nescii, non christo, sed regi iudaeorum insultant.

lc7 * Theophylactus. ° aliam attende sagacitatem daemonis agitatam in christum: triplici enim litterarum figura promulgabat accusationem iesu, ne scilicet quemquam transeuntium lateat quod ob hoc suspensus fuerat, quia se regem faciebat; dicitur enim erat autem et superscriptio scripta super illum litteris graecis, latinis et hebraicis: hic est rex iudaeorum: per quod significabatur, potentissimas gentium quales erant romani, prudentissimas, quales graeci, maxime deum colentes, quale fuit iudaeorum genus, subici debere imperio christi. * ambrosius. ° merito autem supra crucem ponitur titulus; quia non humani corporis, sed divinae potestatis est regnum quod habet christus. lego titulum regis iudaeorum, cum lego: regnum meum non est de hoc mundo; lego causam christi super caput eius scriptam, cum lego: et deus erat verbum: caput enim christi deus. * cyrillus. ° alter autem latronum eadem cum iudaeis eructabat; sequitur enim |25| unus autem de his qui pendebant latronibus blasphemabat eum, dicens: si tu es christus, salvum fac teipsum et nos. alter refrenabat voces ipsius; sequitur enim respondens autem alter increpabat eum, dicens: neque tu times deum, qui in eadem damnatione es? sed et proprium reatum confessus est, subdens et nos quidem iuste, nam digna factis recipimus. * chrysostomus. ° hic fungitur vice iudicis, condemnatus, et incipit de veritate censere qui coram pilato post multa tormenta confessus est scelera. quia aliud est homo censor, quem latent intima, et aliud deus, qui mentes penetrat: et ibi quidem post confessionem poena subsequitur, hic autem confessio fit ad salutem. sed et christum pronuntiat innocentem, cum subdit hic vero nihil mali fecit; quasi dicat: novam vide iniuriam; honestatem damnari cum scelere. nos viventes occidimus, hic mortuos suscitavit; nos aliena sumus furati, hic et sua iubet tribuere. beatus igitur latro astantes docebat, talia disserens, quibus alterum increpabat. sed ut videt extinctos |50| auditus astantium, redit consequenter ad eum qui novit praecordia; sequitur enim et dicebat ad iesum: domine, memento mei cum veneris in regnum tuum. crucifixum aspicis, at dominum profiteris: condemnati vides figuram, et regis praedicas dignitatem: mille malis imbutus, postulas iustitiae fontem reminisci tuae nequitiae. sed dices: video quidem apparens opprobrium, sed intueor latens regnum; et tu avertis mea publica scelera, et acceptas fidem intentionis occultae. discipulum veritatis usurpavit nequitia, discipulum nequitiae non commutabit veritas? * gregorius moralium. ° in cruce clavi manus eius pedesque ligaverant; nihilque a poenis in eo liberum nisi cor et lingua remanserunt. inspirante deo, totum illud ei obtulit quod in se liberum invenit; ut iuxta hoc quod scriptum est corde crederet ad iustitiam, ore confiteretur ad salutem. tres autem virtutes quas apostolus memorat, subito repletus gratia, et accepit latro, et servavit in cruce. fidem namque habuit, |75| qui regnaturum deum credidit, quem secum pariter morientem vidit: spem habuit, qui regni eius aditum postulavit: qui caritatem quoque in morte sua vivaciter tenuit, qui fratrem et collatronem pro simili scelere morientem de iniquitate sua redarguit. * ambrosius. ° pulcherrimum autem datur affectandae conversionis exemplum, quod tam cito latroni venia relaxatur. cito ignoscit dominus, quia cito ille convertitur, et uberior est gratia quam precatio: semper enim dominus plus tribuit quam rogatur. ille rogabat, ut memor sui esset; de domino autem sequitur et dixit illi iesus: amen dico tibi, hodie mecum eris in paradiso. vita est enim esse cum christo; et ubi christus, ibi regnum. * theophylactus. ° et quemadmodum quisque rex victoriosus rediens ex triumpho optima praedarum fert secum, sic et dominus praedatus portionem diabolicarum praedarum, scilicet latronem, ducit secum in paradisum. * chrysostomus. ° erat ergo videre salvatorem in medio latronum, trutinam iustitiae trutinantem fidem et infidelitatem. |100| expulit diabolus de paradiso adam, christus latronem impulit ante totum orbem et ante apostolos. nudo verbo, sola fide in paradisum introivit, ne quia post errores introitum desperaret. attende celeritatem a cruce in caelos, a condemnatione in paradisum, ut noveris non ad benevolentiam illius, sed ad clementiam dominum totum fecisse. si autem iam facta est bonorum retributio, numquid supervacua erit resurrectio? si enim introduxit latronem in paradisum, corpus autem eius corruptum remansit foris, liquet non esse resurrectionem corporum. haec dicunt illi: sed caro, quae fuit laborum particeps, numquid privabitur praemiis? audi paulum dicentem: oportet corruptibile hoc incorruptionem induere. sed si dominus pollicitus est regnum caelorum, introduxit autem latronem in paradisum, nondum ei retribuit praemia. sed dicunt: nomine paradisi regnum caelorum nominavit, usitato nomine utens dum alloqueretur latronem, qui nihil audierat de arduis documentis. |125| quidam autem non sic legunt hodie mecum eris in paradiso, sed sic: dico tibi hodie; et consequenter: mecum eris in paradiso. sed adhuc evidentiorem solutionem subiungemus: nam medici cum vident aliquem desperatum, dicunt: iam mortuus est; sic et latro, quoniam non amplius timebatur eius regressus ad perditionem, dicitur paradisum intrasse. * theophylactus. ° hoc tamen est verius omnibus, quod quamvis non omnia promissa sortiti sunt et latro et alii sancti, ne sine nobis consummarentur, ut dicitur in epistola ad hebraeos, sunt tamen in regno caelorum et in paradiso. * gregorius nyssenus. ° hoc iterum oportet discutere: quomodo latro censeatur dignus paradiso, cum sanctis flammea framea prohibeat introitum. sed attende quod sermo divinus eum versatilem dicit, ut indignis quidem obviet, dignis vero liberum ad vitam patefaciat aditum. * gregorius moralium. ° vel illa romphaea flammea versatilis dicitur, pro eo quod fuisset quandoque venire tempus ut etiam removeri |150| debuisset: quando scilicet veniret qui suae incarnationis mysterio paradisi nobis iter aperiret. * ambrosius. ° sed et illud solvendum est, quia alii, scilicet matthaeus et marcus, duos conviciantes inducunt latrones; iste unum conviciantem, unum repugnantem: fortasse et iste prius conviciatus est, sed repente conversus est. potuit etiam de uno pluraliter dici, sicut est illud: in caprinis pellibus ambulabant... secti sunt, cum solus elias melotidem habuisse, isaias sectus esse doceatur. mystice autem duo latrones duos populos peccatores significant per baptismum crucifigendos esse cum christo; quorum dissensio diversitatem pariter credentium significat. * beda. ° quicumque enim baptizati sumus in christo iesu, in morte ipsius baptizati sumus. per baptismum autem, cum peccatores essemus, abluimur: sed alii, dum deum in carne passum laudant, coronantur; alii, dum aut fidem aut opera baptismi habere renuerunt, dono quod accepere, privantur.

lc8 * Cyrillus. ° postquam cruci tradiderunt dominum omnium, mundi machina lugebat proprium dominum, et obtenebrata est lux in meridie, secundum amos, unde dicitur erat autem fere hora sexta, et tenebrae factae sunt in universa terra usque ad horam nonam: quod erat manifestum indicium, quod forent passurae caliginem crucifigentium animae. * augustinus de cons. evang.. ° hoc autem quod de tenebris dictum est, etiam alii duo, matthaeus et marcus, contestantur. addit autem lucas, unde factae sunt tenebrae, cum subdit et obscuratus est sol. * augustinus de civ. dei. ° quam solis obscurationem non canonico cursu siderum accidisse satis ostendit, quod tunc erat pascha iudaeorum, quod plena luna solemniter agitur; regularis autem solis defectio non nisi in fine lunae contingit. * dionysius ad polycarpum. ° cum ambo apud heliopolim essemus, ambo simul incidentem mirabiliter soli lunam notabamus (non enim eiusce coniunctionis |25| tunc aderat tempus), ipsamque rursus ab hora nona usque in vesperam ad solis diametrum, supra naturae vires restitutam. insuper et eam lunae incidentiam observavimus ab oriente coepisse, et usque ad solaris corporis finem pervenisse: ac tum demum resilisse, nec ex ea, ut assolet, parte luminis defectum et restitutionem contigisse, sed ex adverso diametri. * graecus. ° hoc igitur prodigium factum est ut pateret quod qui mortem susceperat, gubernator esset totius creaturae. * ambrosius. ° sol etiam occidit sacrilegis, ut funesti spectaculum sceleris obumbraret; tenebrae effusae sunt oculis perfidorum, ut fidei lumen resurgeret. * beda. ° volens autem lucas miraculum miraculo adiungere, subiungit et velum templi scissum est medium. hoc expirante domino factum est, sicut matthaeus et marcus contestantur, sed lucas praeoccupando narravit. * theophylactus. ° per hoc autem dominus ostendebat, quod non erunt ulterius sancta sanctorum inaccessibilia; sed tradita in manus romanorum |50| inquinarentur, et eorum aditus pateret. * ambrosius. ° velum etiam scinditur, quo duorum populorum divisio, et synagogae profanatio declaratur. scinditur velum vetus, ut ecclesia nova fidei suae vela suspendat. synagogae velamen suspenditur, ut religionis interna mysteria revelata, mentis cernamus intuitu. * theophylactus. ° per hoc etiam ostenditur quod velum, quod sequestrabat nos a sacris quae sunt in caelo, disrumpitur, idest dei inimicitia et peccatum. * ambrosius. ° deinde etiam ubi acetum bibit, assumptae mortalitatis impletum est omne mysterium, et immortalitas sola remansit; unde sequitur et clamans voce magna ait iesus: pater, in manus tuas commendo spiritum meum. * beda. ° patrem invocando, filium dei se esse declarat: spiritum vero commendando, non defectum suae virtutis, sed confidentiam eiusdem cum patre potestatis insinuat. * ambrosius. ° caro moritur, ut resurgat spiritus; patri commendatur, ut caelestia quoque ab iniquitatis vinculo solverentur, et pax fieret |75| in caelo, quam terrena sequerentur. * cyrillus. ° haec autem vox edocet quod animae sanctorum non deinceps in inferno clauduntur, ut prius; sed apud deum sunt, huius rei facto christo principio. * athanasius. ° commendat enim patri se per universos mortales in se vivificatos: nam sumus membra eius, secundum illud apostoli: omnes unum estis in christo. * gregorius nyssenus. ° decet autem quaerere qualiter in eodem tempore dominus tripartitur seipsum: in viscera terrae, ut dixerat pharisaeis; in paradisum dei, ut dixit latroni; in manus paternas, ut nunc dicitur. sed recte considerantibus, hoc nec quaestione dignum videtur: nam qui ubique est per divinam potentiam, quolibet loco adest. * ambrosius. ° commendatur ergo patri spiritus; sed cum sit in superioribus, illuminat et inferna, ut universa redimantur; etenim christus omnia, et in christo omnia. * gregorius nyssenus. ° alia solutio est, quod in tempore passionis neutram partem humanitatis semel unita divinitas dimisit, sed animam de |100| corpore sponte disiunxit, sed tamen in utroque permanentem ostendit: nam per corpus, in quo mortem suscepit, confutavit mortis potentiam; per animam vero latroni paravit introitum paradisi. dicit autem isaias de superna ierusalem, quae a paradiso non est alia: super manus meas depinxi moenia tua. unde palam est quod existens in paradiso manus patris inhabitabat. * damascenus. ° vel expressius loquendo, in sepulcro erat secundum corpus, in inferno secundum animam; sed sicut deus, in paradiso cum latrone, et in throno erat cum patre et spiritu sancto. * theophylactus. ° clamans vero alta voce expirat, quia inerat ei potestas ponendi animam suam, et eam resumendi; unde sequitur et haec dicens, expiravit. * ambrosius. ° quasi dicat: tradidit spiritum quia non invitus amisit: quod enim emittitur, voluntarium est; quod amittitur, necessarium.

lc9 * Augustinus de trin.. ° cum post illam vocem continuo tradidit spiritum, hoc maxime qui aderant, sunt mirati: longa enim morte cruciabantur ligno suspensi; unde dicitur videns autem centurio quod factum fuerat, glorificavit deum, dicens: vere hic homo iustus erat. * augustinus de cons. evang.. ° non est autem contrarium quod matthaeus, viso terraemotu, dicit admiratum centurionem, cum lucas dicat hoc eum admiratum fuisse quod emissa illa voce expirasset, ostendens quam potestatem habuit quando moreretur. in eo autem quod matthaeus dixit non solum viso terraemotu, sed addidit: et his quae fiebant, integrum locum fuisse demonstravit lucae, ut diceret ipsum domini mortem fuisse miratum. quod autem lucas etiam ipse dixit videns autem centurio quod factum erat, in eo genere inclusit omnia quae facta erant in illa hora mirabiliter, tamquam unum mirabile factum commemorans, cuius quasi membra et |25| partes erant omnia illa miracula. quod autem alius dixit, centurionem dixisse: vere filius dei erat iste, lucas autem ait, quod iustus erat, putari potest diversum; sed vel utrumque dictum a centurione debemus intelligere, et aliud illum, aliud istum commemorasse; vel fortasse lucam exprimere voluisse sententiam centurionis, quomodo dixerit iesum filium dei: forte enim non unigenitum aequalem patri centurio intellexerat; sed ideo filium dei dixerat, quia iustum crediderat, sicut multi iusti dicti sunt filii dei. iam vero quia matthaeus addidit eos qui cum centurione erant, lucas vero hoc tacuit; non est contrarium, cum alius dicit quod alius tacet: et matthaeus dixit: timuerunt valde; lucas autem non dixit: timuit, sed glorificavit deum: quis non intelligat deum timendo glorificasse? * theophylactus. ° nunc autem videtur effectum sortiri quod dominus dixerat: cum exaltatus fuero, omnia ad me traham. exaltatus namque in cruce attraxit latronem et centurionem, |50| sed et quosdam iudaeorum, de quibus sequitur et omnis turba eorum qui simul aderant ad spectaculum istud, et videbant quae fiebant, percutientes pectora sua revertebantur. * beda. ° quod percutiebant pectora, quia poenitentiae et luctus indicium est, potest dupliciter intelligi: sive enim eum cuius vitam dilexerunt, iniuste occisum dolebant; sive cuius mortem se impetrasse meminerant, hunc in morte amplius glorificatum tremebant. notandum autem, quod gentiles deum timentes, apertae confessionis voce glorificant; iudaei percutientes solum pectora, silentes domum redeunt. * ambrosius. ° o duriora saxis pectora iudaeorum. iudex arguit, credit minister, proditor scelus suum morte condemnat, elementa fugiunt, terra concutitur, monumenta reserantur: iudaeorum tamen immobilis duritia manet orbe concusso. * beda. ° unde merito per centurionem fides ecclesiae designatur, quae dei filium tacente synagoga confirmat. impletur autem quod dominus patri conqueritur dicens: |75| elongasti a me amicum et proximum, et notos meos a miseria; unde sequitur stabant autem omnes noti eius a longe. * theophylactus. ° sed feminarum genus olim maledictum, manet et videt haec omnia; sequitur enim et mulieres quae secutae erant eum a galilaea, haec videntes, et sic primae refocillantur iustificatione, aut benedictione a passione profluente, sicut et resurrectione.

lc10 * Graecus. ° fuerat quandoque ioseph occultus christi discipulus: denique vinculum timoris rumpens, ferventior factus, dominicum corpus turpiter pendens a ligno deposuit, comparans pretiosam margaritam verborum modestia; unde dicitur et ecce vir nomine ioseph, qui erat decurio. * beda. ° decurio vocatur, quod sit de ordine curiae, et officia curiae administret, qui etiam curialis a procurando munera civilia solet appellari. magnae ergo ioseph dignitatis apud saeculum, sed maioris apud deum meriti fuisse laudatur; unde sequitur vir bonus et iustus (hic non consenserat consilio et actibus eorum) ab arimathaea civitate iudaeae. arimathaea ipsa est ramatha civitas helcanae et samuelis. * augustinus de cons. evang.. ° dicit autem ioannes quod erat discipulus iesu; unde et hic subditur qui expectabat et ipse regnum dei. merito autem movet cur ille qui propter timorem occultus erat discipulus, ausus sit petere corpus eius, quod nullus eorum qui eum |25| palam sequebantur auderet; sequitur enim hic accessit ad pilatum, et petiit corpus iesu. sed intelligendum est istum fiducia dignitatis hoc fecisse, qua praeditus poterat familiariter intrare ad pilatum. in extremo autem illo officio funeris exhibendo minus videtur curasse de iudaeis, quamvis soleret in domino audiendo eorum inimicitias devitare. * beda. ° sic igitur pro iustitia meritorum sepeliendo corpori dominico aptus, dignus fuit per nobilitatem potentiae saecularis illud impetrare; unde sequitur et depositum involvit in sindone. ex simplici sepultura domini ambitio divitum condemnatur, qui nec in tumulis quidem possint carere divitiis. * athanasius. ° enormiter etiam agunt qui condiunt corpora mortuorum, et ea non sepeliunt, etiamsi sancta sint: quid enim sanctius aut maius domini corpore? quod tamen in monumento positum est; donec die tertia resurrexit; sequitur enim et posuit eum in monumento exciso. * beda. ° scilicet de petra; ne si ex multis lapidibus aedificatum esset, post resurrectionem suffossis |50| tumuli fundamentis, ablatus furto diceretur. in novo etiam ponitur monumento; nam sequitur in quo nondum quisquam positus fuerat: ne post resurrectionem ceteris corporibus remanentibus, surrexisse alius suspicaretur. quia vero sexta die homo factus est, recte dominus sexta die crucifixus humanae reparationis implevit arcanum; unde sequitur et erat dies parasceves, quod praeparatio interpretatur; quo nomine sextam feriam appellabant, quia ea die, quae in sabbatum forent necessaria, praeparabant. quia vero septimo die requievit conditor ab opere suo, sabbato dominus in sepulcro requievit; unde sequitur et sabbatum illucescebat. supra autem legimus, quia stabant omnes noti eius a longe, et mulieres quae secutae erant eum. his ergo notis iesu post depositum eius cadaver ad sua remeantibus, solae mulieres, quae arctius amabant, funus subsecutae, quo loco poneretur inspicere cupiebant; sequitur enim subsecutae autem mulieres, quae cum ipso venerant de galilaea, |75| viderunt monumentum, et quemadmodum positum erat corpus eius: ut scilicet ei tempore congruo munus possent suae devotionis offerre. * theophylactus. ° neque tamen fidem debitam adhuc habebant, sed quasi puro homini aromata et unguenta parabant more iudaeorum, qui talia exhibebant defunctis; unde sequitur et revertentes paraverunt aromata et unguenta. * beda. ° sepulto enim domino, quamdiu licebat operari, idest usque ad solis occasum, unguentis praeparandis erant occupatae. mandatum autem erat ut sabbati silentium, idest quies, a vespera usque ad vesperam servaretur; sequitur enim et sabbato quidem siluerunt secundum mandatum. * ambrosius. ° mystice autem iustus christi corpus sepelit: talis enim est christi sepultura, quae fraudem iniquitatemque non habeat. merito autem matthaeus hunc divitem dixit: suscipiendo enim divitem nescivit fidei paupertatem. iustus corpus christi operit sindone; vesti et tu domini corpus gloria sua, ut et ipse sis iustus; |100| et si mortuum credis, operi tamen divinitatis plenitudine suae; sed et vestitur ecclesia innocentiae gratia. * beda. ° ille etiam in sindone munda involvit iesum qui pura eum mente susceperit. * ambrosius. ° non otiose alius evangelista monumentum novum dixit, alius monumentum ioseph: etenim tumulus his paratur qui sub lege sunt mortis; victor mortis tumulum suum non habet. quae enim communicatio tumulo et deo? solus etiam tumulo includitur, quia mors christi, etsi sit communis secundum naturam, specialis est secundum virtutem. bene autem christus in monumento conditur iusti ut iustitiae habitatione requiescat: monumentum enim hoc in duritiae gentilis petra iustus excidit penetrali verbi, ut praetenderet in nationibus virtus christi. cui pulcherrime admotus est lapis. quicumque in se bene humaverit christum, diligenter custodiat, ne eum perdat, neve perfidiae sit ingressus. * beda. ° quod autem dominus sexta die crucifigitur, septima in sepulcro |125| quiescit, significat quod in sexta mundi aetate nos pro domino pati et velut mundo crucifigi necesse est; in septima vero, idest post mortem, corpora quidem in tumulis, animae vero cum domino requiescunt. usque huc et mulieres sanctae, idest animae humiles dilectione ferventes, passioni christi diligenter obsequuntur: et si forte valeant imitari, sedula curiositate, quo ordine sit eadem passio completa, perpendunt: qua lecta, audita, recordata, mox ad paranda se opera virtutum, quibus christus delectetur, convertunt, ut finita praesentis vitae parasceve, in requie beata tempore resurrectionis occurrere christo valeant cum aromatibus spiritualium actionum.

073 CLC cp24

lc1 * Beda. ° religiosae mulieres non solum in die parasceve, sed etiam sabbato transacto, idest sole occidente, mox ut operandi licentia remeavit, emerunt aromata, ut venientes ungerent corpus iesu, sicut marcus testatur; praeoccupante tamen iam noctis articulo, monumentum adire non valuerunt; et ideo dicitur una autem sabbati valde diluculo venerunt ad monumentum, portantes quae paraverant aromata. una sabbati, sive prima sabbati, prima est a sabbato, quam diem dominicam propter domini resurrectionem mos christianus appellat. quod autem valde diluculo mulieres venere ad monumentum, magnus quaerendi et inveniendi dominum fervor caritatis ostenditur. * ambrosius. ° sed magna oritur hoc loco plerisque dubitatio: siquidem hic valde diluculo, matthaeus vespere sabbati mulieres ad monumentum venisse dixerunt. sed evangelistas de diversis putes dixisse temporibus, ut personas alias mulierum, et alias conicias visiones. quod autem scriptum est |25| vespere sabbati, quae lucescit in prima sabbati, resurrexisse dominum, sic temperandum est: ut neque mane dominica, quae est prima post sabbatum, neque sabbato resurrectio facta credatur: nam quomodo triduum completur? non ergo vesperascente die, sed vespere noctis resurrexit. denique graecus sero dixit. sero autem horam significat in occasu diei, et rei cuiuslibet tarditatem; si dicas: sero mihi suggestum est. est ergo et sero tempus noctis profundum: unde et mulieres ad monumentum accedendi habent facultatem, custodibus quiescentibus. et ut scias nocte factum, mulieres aliae sciunt, aliae nesciunt: sciunt quae observant noctibus et diebus, nesciunt quae recesserunt. nescit una maria magdalene, secundum ioannem: nam eadem et ante scire et postea nescire non potuit. ergo si plures mariae, plures etiam fortasse mariae magdalenae; cum illud nomen personae sit, hoc sumatur a loco. * augustinus de cons. evang.. ° vel matthaeus a prima parte noctis, quod est |50| vespere, ipsam voluit noctem significare; cuius noctis fine venerunt ad monumentum: et hoc ea de causa, quia iam a vespere paraverant, et licebat afferre aromata transacto sabbato. * eusebius. ° iacebat autem organum verbi extinctum: magnus vero lapis claudebat sepulcrum, quasi mors eum duxisset captivum; sed nondum lapso triduo vita se promit iterum post sufficientem mortis convictionem; unde sequitur et invenerunt lapidem revolutum a monumento. * theophylactus. ° nam angelus revolverat eum, ut testatur matthaeus. * origenes. ° amotus est autem lapis post resurrectionem propter mulieres, ut credant resurrexisse dominum, videntes monumentum vacuum corpore; unde sequitur et ingressae non invenerunt corpus domini iesu. * cyrillus. ° cum igitur non invenissent corpus christi, quod resurrexerat, ducebantur diversis cogitationibus: et propter amorem christi et adhibitam sollicitudinem meruerunt visionem angelicam; sequitur enim et factum est dum mente consternatae essent de isto, ecce duo viri |75| steterunt iuxta illas in veste fulgenti. * eusebius. ° iucunditatis et gaudii indicia salutiferae resurrectionis nuntii, et fulgentes amictus praestant. moyses enim plagas aegyptiis praeparans in flamma ignis angelum perspexit. sed non tales visi sunt mulieribus in sepulcro: sed mites et hilares, quales decebat conspici in regno et gaudio domini. et sicut in passione eclipsatus est sol, moeroris et angustiae signa promens crucifigentibus filium dei, ita angeli vitae ac resurrectionis praecones habitum salutiferi festi candidati designabant. * ambrosius. ° sed quomodo marcus unum iuvenem in albis sedentem, matthaeus unum, ioannes et lucas duos angelos in albis sedentes visos esse memoraverunt? * augustinus. ° possumus intelligere unum angelum visum a mulieribus, et secundum marcum et secundum matthaeum; ut eas ingressas in monumentum accipiamus, scilicet in aliquod spatium quod erat aliqua maceria communitum ante illum saxei sepulcri locum; atque ibi vidisse angelum sedentem |100| a dextris, quod dicit marcus; deinde intus ab eis, dum inspicerent locum in quo iacebat corpus domini, visos duos alios angelos stantes, sicut dixit lucas, locutos ad earumdem exhortandum animum et aedificandam fidem; unde sequitur cum timerent autem, et declinarent vultum in terram. * beda. ° sanctae mulieres astantibus sibi angelis, non in terram cecidisse, sed vultum dicuntur in terram declinasse; nec quempiam sanctorum legimus tempore dominicae resurrectionis vel ipsi domino vel angelis sibi visis, terrae prostratum adorasse: unde mos obtinuit ecclesiasticus, ut vel in memoriam dominicae, vel in nostrae spem resurrectionis, omnibus dominicis diebus et toto quinquagesimo tempore non flexis genibus, sed declinatis in terram vultibus oremus. non erat autem in monumento, qui locus est mortuorum, quaerendus ille qui ad vitam resurrexit a mortuis; et ideo subditur dixerunt ad illas, scilicet angeli ad mulieres: quid quaeritis viventem cum mortuis? non est hic, sed resurrexit. die autem tertia, |125| sicut ipse inter discipulos tam viros quam feminas praedixit, resurrectionis suae triumphum celebravit; unde sequitur recordamini qualiter locutus est vobis, cum adhuc in galilaea esset, dicens: quia oportet filium hominis tradi in manus hominum peccatorum, et crucifigi, et tertia die resurgere. die namque parasceve hora nona spiritum tradens, vespere sepultus; mane prima sabbati resurrexit. * athanasius de human. verbi. ° poterat siquidem statim suscitare corpus a morte. sed dixisset aliquis eum nequaquam fuisse mortuum, vel non plene mortem ei inhaesisse. forsitan quoque si eodem momento mors et resurrectio contigissent, gloria incorruptibilitatis in incerto haesisset. quapropter ut corpus vere extinctum ostenderetur, ipsa meridie mortem sustinuit, et tertia die illud incorruptibile redhibuit. * beda. ° uno etiam die in sepulcro et duabus noctibus iacuit, quia lucem suae simplae mortis tenebris duplae nostrae mortis adiunxit. * cyrillus. ° instructae autem mulieres angelorum affatibus accelerantes ea retulerunt |150| discipulis; unde sequitur et recordatae sunt verborum eius; et egressae a monumento, nuntiaverunt haec omnia illis undecim, et ceteris omnibus. namque femina quae quondam mortis fuit ministra, venerandum resurrectionis mysterium prima percepit et nuntiat. adeptum est igitur femineum genus et ignominiae absolutionem et maledictionis repudium. * ambrosius. ° mulieribus autem docere in ecclesia non permittitur; sed domi viros suos interrogant. ad eos ergo femina mittitur qui domestici sunt. quae autem fuerint hae mulieres ostendit subdens erat autem maria magdalene. * beda. ° ipsa est soror lazari, et ioanna, uxor cusae procuratoris herodis; et maria iacobi, idest mater iacobi minoris et ioseph. et communiter de aliis subditur et ceterae, quae cum eis erant, quae dicebant ad apostolos haec. ut enim perpetui reatus apud viros mulier opprobrium non sustineret; quae culpam viro transfuderat, transfudit et gratiam. * theophylactus. ° est autem naturaliter incredibile mortalibus resurrectionis miraculum; |175| unde sequitur et visa sunt ante illos sicut deliramentum verba ista, et non credebant illis. * gregorius in evang.. ° quod non tam illorum infirmitas, quam nostra, ut ita dicam, futura firmitas fuit. ipsa namque resurrectio illis dubitantibus per multa argumenta monstrata est, quae dum nos legentes agnoscimus, de eorum dubitatione solidamur. * theophylactus. ° petrus autem hoc audiens tollit moras, et vadit ad monumentum: quia nec ignis novit moras ingestus materiae; unde sequitur petrus autem surgens cucurrit ad monumentum. * eusebius. ° solus enim ipse credit feminis dicentibus se angelos vidisse; et cum esset eximii affectus prae ceteris, sedulum se promebat, passim circumspiciens dominum; unde sequitur et procumbens vidit sola linteamina posita. * theophylactus. ° cum autem ad monumentum fuisset, hoc primo consecutus est ut miraretur quae prius ab ipso vel ab aliis deridebantur; unde sequitur et abiit, secum mirans quod factum fuerat: idest apud se mirans rei eventum, qualiter |200| sola linteamina derelicta fuere, corpore myrrha peruncto; vel quantam opportunitatem habuisset fur, ut haec semotim involuta dimittens, circumstantibus militibus corpus auferret. * augustinus de cons. evang.. ° intelligitur autem hoc lucas recapitulando posuisse de petro: tunc enim cucurrit petrus ad monumentum quando et ioannes, cum tantummodo a mulieribus, praecipue a maria magdalene, nuntiatum eis fuerat de corpore ablato. postea autem facta sunt haec de visione angelorum. ideo autem lucas petrum solum commemoravit, quia illi primitus maria nuntiaverat. item potest movere quod petrum non intrantem, sed procumbentem dicit. lucas sola linteamina vidisse, et discessisse mirantem; cum ioannes dicat intrasse, linteamina vidisse posita, et seipsum post petrum intrasse. sed intelligendum est, petrum primo procumbentem vidisse quod lucas commemorat, ioannes tacet: post autem ingressus est antequam ioannes intraret. * beda. ° iuxta intellectum vero mysticum, |225| per hoc quod mulieres valde diluculo veniunt ad monumentum, datur nobis exemplum, discussis vitiorum tenebris, ad domini corpus accedere: nam et sepulcrum illud figuram dominici habebat altaris, in quo corporis christi mysterio non in serico, non in panno tincto, sed instar sindonis, quo eum ioseph involvit, in linteo puro debent consecrari; ut sicut ipse veram terrenae naturae substantiam pro nobis morti obtulit, ita et nos in commemorationem ipsius purum de terrae germine, candidumque, et multimodo quasi mortificationis genere castigatum altari linum imponamus. aromata autem, quae mulieres deferunt, significant odorem virtutum et orationum suavitatem, quibus altari appropinquare debemus. revolutio autem lapidis insinuat reserationem sacramentorum, quae tegebantur velamine litterae legis, quae in lapide scripta est; cuius ablato tegmine, corpus domini mortuum non invenitur, sed vivum evangelizatur: quia etsi cognovimus secundum carnem christum, sed iam nunc non novimus. quomodo |250| autem posito in sepulcro corpore domini, angeli astitisse leguntur, ita etiam tempore consecrationis mysterii corporis christi assistere sunt credendi. nos ergo, exemplo devotarum mulierum, quoties mysteriis caelestibus appropinquamus, propter angelicam praesentiam, seu propter reverentiam sacrae oblationis, cum omni humilitate vultum declinemus in terram, nos cinerem et terram esse recolentes.

lc2 * Glossa. ° post manifestationem resurrectionis christi per angelos mulieribus factam, manifestatur ulterius eadem resurrectio per ipsius christi apparitionem discipulis; unde dicitur et ecce duo ex illis ibant ipsa die in castellum. * theophylactus. ° quidam alterum horum duorum lucam inquiunt esse, et ob hoc suum nomen occultasse. * ambrosius. ° vel duobus discipulis seorsum dominus iam se vespere demonstrat, scilicet ammaoni et cleophae. * augustinus de cons. evang.. ° castellum autem illud non absurde accipimus etiam villam secundum marcum potuisse appellari. deinde castellum describit, dicens quod erat in spatio stadiorum sexaginta ab ierusalem, nomine emmaus. * beda. ° ipsa est nicopolis, civitas insignis palaestinae, quae post expugnationem iudaeae sub marco aurelio antonino principe restaurata, cum statu mutavit et nomen. stadium autem, quo graeci, auctore ut dicunt, hercule, viarum spatia mensurant, octava est pars milliarii; et ideo |25| sexaginta stadia, septem millia passuum et quingenta significant: quod spatium itineris eis congruit qui de morte et sepultura domini certi gradiebantur, de resurrectione domini dubii: nam resurrectionem, quae post septimam sabbati facta est, octavo numero contineri nullus ambigit. discipuli ergo, qui de domino loquentes incedunt, sextum milliarium coepti itineris compleverant: quia illum sine querela viventem usque ad mortem, quam in sexta sabbati subiit, pervenisse dolebant. compleverant et septimum, quia hunc in sepulcro non dubitabant quievisse; sed de octavo dimidium tantum peregerant, quia gloriam iam celebratae resurrectionis non credebant perfecte. * theophylactus. ° praedicti autem discipuli loquebantur de his ad invicem quae acciderant; non quasi credentes, sed sicut stupentes in rebus extraneis; unde sequitur et ipsi loquebantur ad invicem de his omnibus quae acciderant. * beda. ° loquentes autem de se dominus appropinquans comitatur; ut et fidem resurrectionis mentibus |50| eorum incendat, et quod se facturum promiserat, impleat, scilicet ut ubi sunt duo vel tres in nomine meo congregati, ibi sum in medio eorum; unde sequitur et factum est dum fabularentur, et secum quaererent et ipse iesus appropinquans ibat cum illis. * theophylactus. ° obtento enim iam spirituali corpore, non obstat loci distantia quin adesset quibus volebat; nec ulterius naturalibus legibus corpus suum regebat, sed spiritualiter et supra naturam: unde, ut marcus dicit, sub alia forma eis videbatur, in qua non concedebatur eis eius cognitio; sequitur enim oculi autem eorum tenebantur ne illum agnoscerent; ut scilicet totam suam dubiam intentionem revelent, et vulnus detegentes, recipiant medicinam; et ut cognoscerent quod quamvis corpus ipsum quod passum fuerat, resurrexerit, non tamen amplius tale erat ut esset omnibus visibile, sed tantum his a quibus vellet videri; et ut non dubitent quare de cetero non conversatur inter plebem: quia scilicet post resurrectionem conversatio eius |75| non esset digna hominibus, sed divina magis: quod etiam est forma resurrectionis futurae, in qua sicut angeli conversabimur, et filii dei. * gregorius in evang.. ° convenienter etiam eis speciem quam recognoscerent, non ostendit; hoc agens foris in oculis corporis quod apud illos agebatur intus in oculis cordis: ipsi namque apud seipsos intus et amabant et dubitabant. de se ergo loquentibus, praesentiam exhibuit; sed de dubitantibus, cognitionis suae speciem abscondit: verba quidem eis contulit; nam sequitur et ait ad illos: qui sunt hi sermones quos confertis ad invicem ambulantes, et estis tristes? * graecus. ° conferebant quidem inter se, quasi non amplius exspectantes christum viventem; sed dolorosi, quasi perempto salvatore; unde sequitur et respondens unus cui nomen cleopha, dixit ei: tu solus peregrinus es in ierusalem, et non cognovisti quae facta sunt in illa his diebus? * theophylactus. ° quasi dicat: tu solus peregrinus es, et extra confinia ierusalem habitas, et expers es eorum |100| quae in medio eius contigerunt, et haec ignoras? * beda. ° vel hoc dicit, quia peregrinum putabant eum cuius vultum non agnoscebant. sed revera peregrinus erat eis, a quorum naturae fragilitate, percepta iam resurrectionis gloria, longe distabat, et quorum fide, utpote resurrectioni eius nescia, manebat extraneus. sed adhuc dominus interrogat; nam sequitur quibus ille dixit: quae? et ponitur eorum responsio, cum subditur et dixerunt ei: de iesu nazareno, qui fuit vir propheta. prophetam fatentur, filium dei tacent, vel nondum perfecte credentes, vel soliciti ne inciderent in manus iudaeorum persequentium, quia nesciebant quis esset, vel quod verum credebant celantes; ad cuius commendationem subditur potens in opere et sermone. * theophylactus. ° primo quidem est opus, secundo sermo: nullus enim doctrinae sermo approbatur, nisi prius is qui docet, se ostendat auctorem: praecedit enim opus aspectum. nam nisi mundaveris intellectus speculum per opera, non emicat decor optatus. adhuc autem |125| subditur coram deo et omni populo: nam primo complacendum est deo; deinde curandum, quantum possibile est, de innocentia apud homines, ut praecedente divino cultu vivamus sine scandalo plurimorum. * graecus. ° deinde assignatur causa tristitiae, traditio et passio christi, cum sequitur et quomodo tradiderunt eum summi sacerdotes et principes nostri in damnationem mortis, et crucifixerunt eum. subditur autem desperantium vox, cum dicitur nos autem sperabamus quod ipse esset redempturus israel. sperabamus, inquiunt, non speramus, ac si mors domini, similis esset mortibus aliorum. * theophylactus. ° expectabant enim christum salvaturum et redempturum populum israel ab ingruentibus malis, et a servitute romanorum; ipsum quoque credebant terrenum regem fieri, quem putabant promulgatam in se mortis sententiam cavere potuisse. * beda. ° merito ergo tristes incedebant: quia et seipsos quodammodo arguebant, quod in illo redemptionem speraverint, quem iam mortuum viderant, nec |150| resurrecturum credebant; et maxime dolebant eum sine causa occisum, quem noverant innocentem. * theophylactus. ° videntur tamen hi viri non omnino increduli esse, per hoc quod subditur et nunc super haec omnia tertia dies est hodie quod haec facta sunt: in quo videntur habere memoriam eius quod eis dominus dixerat, se tertia die resurrecturum. * graecus. ° porro relatam a mulieribus resurrectionis famam commemorant, cum subditur sed et mulieres quaedam ex nostris terruerunt nos, quae ante lucem fuerunt ad monumentum, et non invento corpore eius, venerunt dicentes, se etiam visionem angelorum vidisse, qui dicunt eum vivere. dicunt quidem hoc quasi non credentes; propter quod referunt se territos, idest stupefactos: non enim quod erat eis relatum firmum aestimabant, aut angelicam illuminationem fuisse; sed stuporis et turbationis causam inde sumebant. testimonium quoque petri non certum aestimabant, dum diceret, se non vidisse dominum, sed resurrectionem eius conicere |175| ex eo quod corpus ipsius in sepulcro non iacebat; unde sequitur et abierunt quidam ex nostris ad monumentum, et ita invenerunt sicut mulieres dixerunt, ipsum vero non invenerunt. * augustinus de cons. evang.. ° cum autem lucas dixerit petrum accurrisse ad monumentum, et cleopham dixisse ipse retulerit quod quidam eorum ierant ad monumentum; intelligitur attestari ioanni, quod duo ierint ad monumentum; sed petrum primo solum commemoravit, quia illi primitus maria nuntiaverat.

lc3 * Theophylactus. ° quia praedicti discipuli nimia dubietate laborabant dominus eos redarguit; unde dicitur et ipse dixit ad eos: o stulti. fere enim eadem dixerant quae et astantes cruci: alios salvos fecit, seipsum non potest salvum facere. et tardi corde ad credendum in omnibus quae locuti sunt prophetae. contingit enim credere quae locuti sunt prophetae, particulariter quaedam, et non universaliter omnia: puta, si aliquis credat quae de cruce christi dicuntur a prophetis, sicut est illud: foderunt manus meas et pedes meos; quae vero spectant ad resurrectionem non credat, sicut est illud: non dabis sanctum tuum videre corruptionem. decet autem in omnibus fidem adhibere prophetis; tam in gloriosis quae de christo praedixerunt, quam in ingloriis: quia ex passione malorum est ingressus in gloriam; unde sequitur nonne haec oportuit pati christum, et ita intrare in gloriam suam? scilicet secundum humanitatem. * isidorus. |25| ° sed et si oportebat christum pati, tamen qui crucifixerunt rei sunt poena: non enim satagebant perficere quod deus disponebat: unde et eorum executio fuit impia; dei vero dispensatio prudentissima, qui nequitiam eorum in beneficia generis humani convertit, quasi utens vipereis carnibus ad antidoti salutiferi confectionem. * chrysostomus. ° et ideo dominus ostendit consequenter, haec omnia non evenisse simpliciter, sed ex dei proposito ante praedestinato; unde sequitur et incipiens a moyse et omnibus prophetis, interpretabatur illis in omnibus scripturis quae de ipso erant: quasi diceret: postquam estis tardi, ego promptos vos reddam, mysteria scripturarum vobis exponendo: nam sacrificium abrahae, cum isaac dimisso immolatus est aries, hoc praefiguravit. sed in aliis scripturis propheticis sparsim iacent mysteria crucis et resurrectionis christi. * beda. ° si autem moyses et prophetae de christo locuti sunt, et eum per passionem in gloriam intraturum praedixerunt; quomodo gloriatur se esse christianum qui |50| neque qualiter scripturae ad christum pertineant investigat, neque ad gloriam quam cum christo habere cupit, per passionem attingere desiderat? * graecus. ° quia vero praedixit evangelista tenebantur oculi eorum ne eum agnoscerent, donec sermo domini mentem eorum moveret ad fidem; convenienter opportunum sui aspectum auditui subiungit; unde sequitur et appropinquaverunt castello quo ibant, et ipse finxit se longius ire. * augustinus de quaest. evang.. ° quod non ad mendacium pertinet: non enim omne quod fingimus, mendacium est; sed quando id fingimus quod nihil significat, tunc mendacium est; cum autem fictio nostra refertur ad aliquam significationem, non est mendacium, sed aliqua figura veritatis; alioquin omnia quae a sapientibus et sanctis viris, vel etiam ab ipso domino figurate dicta sunt, mendacia deputabuntur, quia secundum usitatum intellectum non consistit veritas in talibus dictis. sicut autem dicta, ita etiam finguntur facta sine mendacio ad aliquam |75| rem significandam. * gregorius in evang.. ° quia ergo adhuc in eorum cordibus peregrinus erat a fide, ire se longius finxit. fingere namque componere dicimus: unde et compositores luti, figulos vocamus. nihil ergo simplex veritas per duplicitatem fecit; sed talem se exhibuit in corpore, qualis apud illos erat in mente. sed quia esse extranei a caritate non poterant hi cum quibus caritas gradiebatur, eum ad hospitium quasi peregrinum vocant; unde sequitur et coegerunt illum: ex quo exemplo colligitur quia peregrini ad hospitium non solum invitandi sunt, sed etiam trahendi. * glossa. ° nec solum factis eum cogunt, sed etiam verbis inducunt; sequitur enim dicentes: mane nobiscum, quoniam advesperascit, et inclinata est iam dies, scilicet ad occasum. * gregorius. ° ecce autem cum per membra sua christus suscipitur, susceptores suos etiam per semetipsum requirit; sequitur enim et intravit cum illis. mensam ponunt, cibos afferunt, et deum quem in scripturae sacrae expositione non |100| cognoverant, in panis fractione cognoscunt; sequitur enim et factum est, dum recumberet cum illis, accepit panem et benedixit ac fregit, et porrigebat illis. et aperti sunt oculi eorum, et cognoverunt eum. * chrysostomus. ° quod non de sensibilibus oculis dictum est, sed de sensu mentali. * augustinus de cons. evang.. ° neque enim clausis oculis ambulabant, sed inerat aliquid, quo non sinerentur agnoscere quod videbant; quod scilicet caligo et aliquis humor efficere solet; non quia dominus non poterat transformare carnem suam, ut alia revera esset effigies quam solebant intueri; quandoquidem et ante passionem transformatus est in monte, ut facies eius claresceret sicut sol: sed non ita nunc factum est: non enim incongruenter accipimus hoc impedimentum in oculis eorum a satana factum fuisse, ne agnosceretur iesus. sed tantum a christo facta est permissio usque ad sacramentum panis, ut veritate corporis eius participata, removeri intelligatur impedimentum inimici, ut christus possit agnosci. |125| * theophylactus. ° sed et aliud innuit: quod scilicet sumentibus sacrum panem aperiuntur oculi, ut eum agnoscant: magnam enim et ineffabilem vim habebat domini caro. * augustinus de quaest. evang.. ° vel quod dominus se ire longius finxit cum comitaretur discipulos, exponens eis sacras scripturas, utrum ipse esset, ignorantibus, significat quia hospitalitatis officio ad suam cognitionem pervenire posse homines intimavit; ut, cum longius ipse ab hominibus abscesserit super omnes caelos, cum eis tamen sit qui haec exhibent servis eius. tenet ergo christum, ne longius ab eo eat, quisquis catechizatus verbo in omnibus bonis ei qui se catechizat communicat. etenim isti catechizati erant verbo, cum exponeret eis scripturas: et quia hospitalitatem sectati sunt, quem in ipsa expositione scripturarum non cognoverunt, in panis fractione cognoscunt: non enim auditores legis iusti sunt apud deum, sed factores legis iustificabuntur. * gregorius in evang.. ° quisquis ergo audita vult intelligere, festinet |150| ea quae iam intelligere potuit, opere implere. ecce dominus non est cognitus dum loqueretur, et dignatus est cognosci dum pascitur; sequitur enim et ipse evanuit ex oculis eorum. * theophylactus. ° non enim tale corpus habebat ut diutius cum eis commorari deberet, ut ex hoc pariter augeret affectum eorum; unde sequitur et dixerunt ad invicem: nonne cor nostrum ardens erat in nobis dum loqueretur in via, et aperiret nobis scripturas? * origenes. ° per quod innuit, quod prolati sermones a salvatore accendebant audientium cor ad amorem divinum. * gregorius in hom. pentec.. ° ex audito enim sermone inardescit animus, torporis frigus recedit, mens in superno desiderio fit anxia. audire libet praecepta caelestia, et quod mandatis instruitur, quasi tot facibus inflammatur. * theophylactus. ° ardebat ergo cor eorum vel igne verborum domini, quibus intendebant tamquam veris: vel quia eo disserente scripturas, percellebatur intrinsecus cor eorum, quod ille qui disserebat dominus esset. adeo ergo laetati sunt ut |175| nullam moram passi, mox reversi sint in ierusalem; et hoc est quod sequitur et surgentes eadem hora regressi sunt in ierusalem. surrexerunt quidem eadem hora, pervenerunt autem per plures horas, sicut oportebat sexaginta stadia transeuntes. * augustinus de cons. evang.. ° iam autem fama erat quod surrexerat iesus, a mulieribus facta, et a simone petro, cui iam apparuerat. etenim isti duo haec invenerunt loquentes illos ad quos in ierusalem venerunt; sequitur enim et invenerunt congregatos undecim, et eos qui cum ipsis erant, dicentes, quod surrexit dominus vere, et apparuit simoni. * beda. ° omnium enim virorum primo dominus apparuisse videtur petro ex his quos evangelistae quatuor et paulus apostolus commemoraverunt. * chrysostomus. ° non enim simul omnibus se manifestabat, ut sereret fidei semina: nam qui primo viderat et certus erat, aliis referebat; deinde sermo prodiens praeparabat animum auditoris visioni: et ideo primo digniori et fideliori omnibus apparuit: erat enim |200| opus animae fidelissimae, quae prius acciperet hunc aspectum, ut minime turbaretur inopinata visione: et ideo primo videtur a petro; ut qui primo confessus est eum christum, primo resurrectionem videre mereatur; et etiam, quia eum negaverat, prius ei voluit apparere, consolans eum ne desperaret. post petrum vero aliis apparuit, quandoque paucioribus, quandoque pluribus; quod duo discipuli confitentur; sequitur enim et ipsi narraverunt quae gesta erant in via, et quomodo cognoverunt eum in fractione panis. * augustinus. ° quod autem ait marcus: annuntiaverunt ceteris, nec illis crediderunt, cum lucas dicat quod iam inde loquebantur vere resurrexisse dominum, quid intelligendum est, nisi aliquos ibi fuisse qui hoc credere nollent?

lc4 * Cyrillus. ° undique resurrectionis fama per apostolos divulgata, et affectu discipulorum erecto ad christi visionem, venit desideratus; et quaerentibus, et expectantibus revelatur; nec disceptatur de alio, sed evidenter se offert; unde dicitur dum autem haec loquuntur, stetit iesus in medio eorum. * augustinus de cons. evang.. ° hanc ostensionem domini post resurrectionem, ioannes commemorat. sed quod dicit ioannes, non cum illis fuisse apostolum thomam, cum secundum lucam duo illi regressi in ierusalem, invenerunt congregatos undecim, proculdubio intelligendum est quod inde thomas exierit, antequam dominus haec loquentibus appareret. dat enim lucas locum in sua narratione quomodo possit intelligi, dum haec loquerentur, prius inde exisse thomam, et postea dominum intrasse; nisi quis dicat, non illos undecim qui iam tunc apostoli vocabantur, sed discipulos illos undecim fuisse ex multo numero discipulorum. sed cum adiunxit |25| lucas et eos qui cum ipsis erant, satis utique declaravit evidentius illos undecim appellatos qui vocabantur apostoli, cum quibus ceteri erant. sed videamus, cuius mysterii gratia, secundum matthaeum et marcum resurgens ita mandaverit: praecedam vos in galilaeam, ibi me videbitis; quod etsi completum est, tamen post multa completum est; cum sic mandatum sit, ut aut hoc solum, aut hoc primum expectaretur fieri debuisse. * ambrosius. ° unde hoc convenientius arbitror, quod dominus quidem mandaverit discipulis ut in galilaea eum viderent; sed illis ob metum intra conclave residentibus primum se obtulisse. * graecus. ° nec hoc est promissi transgressio; sed potius festinata ex benignitate impletio, propter pusillanimitatem discipulorum. * ambrosius. ° postea vero confirmatis animis, undecim illos galilaeam petiisse. vel nihil obstat si dicantur pauciores intra conclave, et in monte quamplures fuisse. * eusebius. ° duo enim evangelistae, scilicet lucas et ioannes, solis undecim hunc scribunt apparuisse |50| in ierusalem; ceteri vero duo in galilaeam properare, non solum undecim, sed etiam universis discipulis et fratribus dixerunt angelum et salvatorem iussisse; de quibus paulus meminit dicens: deinde apparuit plusquam quingentis fratribus simul. est autem verior solutio, quod prius quidem in ierusalem latitantibus, semel aut bis visus est ad eorum consolationem; in galilaea vero non in conclavi, aut semel aut bis, sed cum multa potestate ostensionem sui fecit, praebens se eis viventem post passionem in signis multis, ut lucas testatur in actibus. * augustinus de cons. evang.. ° vel quod ab angelo, hoc est a domino, dictum est, prophetiae accipiendum est: in galilaea enim, secundum transmigrationis significationem, intelligendum occurrit, quia de populo israel transmigraturi erant ad gentes; quibus apostoli praedicantes evangelium non crederent nisi ipse dominus viam in cordibus hominum praepararet; et hoc intelligitur: praecedet vos in galilaeam. secundum autem |75| illud quod galilaea interpretatur revelatio, non iam in forma servi intelligendum est, sed in qua est aequalis patri, quam promisit electis suis; illa erit revelatio tamquam vera galilaea, cum videbimus eum sicut est. ipsa etiam erit beatior transmigratio ex isto saeculo in illam aeternitatem, unde ad nos veniens non recessit, et quo nos praecedens non deserit. * theophylactus. ° primo igitur dominus in medio discipulorum stans, solito pacis affatu eorum turbinem sedat, ostendens quod ipse idem est magister eorum, qui hoc verbo gaudebat, quo etiam eos munivit cum ad praedicandum misit; unde sequitur et dixit eis: pax vobis: ego sum, nolite timere. * cyrillus. ° pudeat ergo nos pacis munus deserere, quam nobis hinc discedens christus reliquit. pax et res et nomen dulce, quam et dei esse accepimus, iuxta illud: pax dei, et eius esse deum, iuxta illud: deus pacis, et ipsam esse deum, iuxta illud: ipse est pax nostra. pax bonum commendatum ab omnibus, |100| observatum autem a paucis. quae autem est causa? fortassis ambitio dominii aut facultatum, aut livor, aut odium, aut contemptus, aut aliquid huiusmodi ex his quae dei ignaros videmus incurrere. dei quippe praecipue pax est, quae confoederat omnia; cuius nihil est adeo proprium sicut unitas naturae, et pacificus status. transmittur vero angelis et divinis potestatibus, quae ad deum et ad invicem pacifice se habent; diffunditur vero per totam creaturam, cuius est decor; tranquillitas in nobis autem manet secundum animam quidem per investigationem virtutum et communicationem, secundum corpus vero in membrorum et elementorum commensurationem: quorum alterum pulchritudo, alterum sanitas appellatur. * beda. ° discipuli autem noverant christum verum hominem, cum quo tanto tempore fuerant conversati; sed postquam mortuus est, non credunt tertia die potuisse veram carnem de sepulcro resurgere. putant ergo se videre spiritum, quem emisit in passione; unde sequitur conturbati |125| vero et conterriti, existimabant se spiritum videre. error ille apostolorum secta est manichaeorum. * ambrosius. ° adductis autem virtutum exemplis, petrum et ioannem non credimus potuisse dubitare. cur ergo lucas induci fuisse turbatos? primo omnium quia paucorum opinionem sententia maioris partis includit; deinde, quia, etsi petrus de resurrectione crediderat, turbari tamen potuit, quod se dominus cum corpore, vectibus obseratis improvisus infunderet. * theophylactus. ° verum, quia per verbum pacis non est sedatus turbo in animabus discipulorum, aliunde indicat eis se filium dei esse, qui mentis cognoscebat arcana; unde sequitur et dixit eis: quid turbati estis, et cogitationes ascendunt in corda vestra? * beda. ° quales utique cogitationes, nisi falsae et perniciosae? perdidit enim christus fructum passionis, si non esset veritas resurrectionis; tamquam si bonus agricola diceret: quod ibi plantavi, inveniam, idest fidem, quae in cor descendit, quia desuper est. cogitationes autem istae non |150| desuper descenderunt, sed de imo in cor, sicut herba mala, ascenderunt. * cyrillus. ° hoc autem fuit evidentissimum signum quod non alius est qui videtur, sed ille idem quem viderant in ligno mortuum et positum in sepulcro, quem non latebat aliquid eorum quae erant in homine. * ambrosius. ° consideremus autem qua gratia, secundum ioannem, apostoli crediderunt, et gavisi sunt, qui secundum lucam increduli redarguuntur. et videtur mihi ioannes quasi apostolus maiora et altiora tetigisse: his sequentia et humanis proxima; hic historico usus circuitu, ille compendio: quia et de illo dubitari non potest, quia testimonium perhibet de his quibus ipse interfuit; et ideo utrumque verum putamus; nam et si in primo lucas eos non credidisse dicat, postea tamen credidisse demonstrat. * cyrillus. ° comprobans autem dominus devictam esse mortem, et humanam naturam iam in christo corruptionem exuisse, primo ostendit eius manus et pedes, et clavorum foramina; unde subdit videte manus meas et pedes, |175| quia ego ipse sum. * theophylactus. ° sed et aliud subiungit: palpationem scilicet manuum atque pedum, cum dicit palpate, et videte quia spiritus carnem et ossa non habet, sicut me videtis habere; quasi diceret: vos putatis me esse spiritum, idest phantasma, sicut plures defunctorum circa sepulcra videri sunt soliti; sed scitote quod spiritus neque carnem habet neque ossa; ego autem carnem et ossa habeo. * ambrosius. ° hoc autem dominus ideo dixit, ut speciem nobis suae resurrectionis ostenderet: nam quod palpatur corpus est. in corpore autem resurgemus; sed illud subtilius, hoc crassius, utpote adhuc terrenae labis qualitate concretum. non ergo per incorpoream naturam, sed per resurrectionis corporeae qualitatem christus clausa penetravit. * gregorius moralium. ° non enim illa resurrectionis gloria corpus nostrum erit impalpabile, et ventis aereque subtilius, ut eutychius dixit; sed subtile quidem per effectum spiritualis potentiae, palpabile autem per veritatem naturae. |200| sequitur et cum haec dixisset, ostendit eis manus et pedes. * beda. ° quibus scilicet indicata clavorum vestigia claruere; sed secundum ioannem etiam latus eis ostendit, cum fuerit lancea perforatum; ut scilicet ostensa vulnerum cicatrice, dubietatis eorum vulnus sanaret. solent autem in hoc loco gentiles calumniam struere, quasi non valuerit dominus vulnera sibi inflicta curare: quibus respondendum est, quia non est consequens ut qui maiora fecisse probatur, minora facere nequiverit; sed certe dispensationis gratia, qui mortem destruxit, signa mortis delere noluit: primo quidem, ut per hoc discipulis fidem suae resurrectionis astrueret; deinde ut patri pro nobis supplicans, quale genus mortis pro homine pertulerit, semper ostendat; tertia ut sua morte redemptis quam misericorditer sint adiuti, propositis eiusdem mortis indiciis, insinuet: postremo ut in iudicio quam iuste damnentur impii, denuntiet.

lc5 * Cyrillus. ° ostenderat dominus discipulis manus et pedes, ut certificaret discipulos, quod corpus quod passum fuerat resurrexit. ut adhuc autem magis certificaret, aliquid manducabile petiit; unde dicitur adhuc autem illis non credentibus et mirantibus prae gaudio dixit: habetis hic aliquid quod manducetur? * gregorius nyssenus. ° et iussu quidem legis pascha cum amaricantibus edebatur; quia adhuc amaritudo manebat, post resurrectionem vero cibus favo mellis dulcoratur; unde sequitur at illi obtulerunt ei partem piscis assi, et favum mellis. * beda. ° ad insinuandum ergo resurrectionis suae veritatem, non solum tangi a discipulis, sed etiam convesci cum illis dignatur, ne arbitrentur eum non solide, sed imaginabiliter sibi apparere; unde sequitur et cum manducasset coram eis, sumens reliquias, dedit eis. manducavit quidem potestate, non ex necessitate: aliter absorbet aquam terra sitiens, aliter sol calens; illa indigentia, iste potentia. * graecus. ° si damus dominum |25| vere comedisse, demus et omnes homines post resurrectionem uti ciborum fomentis. sed quae ex quadam dispensatione fiunt a salvatore, non sunt regula et norma naturae; quoniam in quibusdam aliis dispensavit. resuscitabit enim nostra corpora incorrupta, qui tamen dereliquit proprii corporis foramina, quae clavi foraverant, et lateris cicatricem, ut ostendat quod mansit post resurrectionem natura corporis, nec est in aliam mutatus substantiam. * beda. ° manducavit ergo post resurrectionem, non quasi cibo indigens, nec quasi in resurrectione quam expectamus, cibis egere significans; sed ut eo modo naturam corporis resurgentis astrueret. mystice autem piscis assus, quem christus comedit, significat christum passum: ipse enim latere dignatus in aquis generis humani, capi voluit laqueo mortis nostrae; et quasi tribulatione assatus est tempore passionis suae: sed favus mellis nobis extitit in resurrectione. in favo quidem mellis utramque naturam exprimere voluit personae suae. favus quippe mellis |50| in cera est; mel vero in cera, est divinitas in humanitate. * theophylactus. ° videntur autem et comesta aliud habere mysterium: quod enim manducavit partem piscis assi, significavit quod naturam nostram in huius vitae mari natantem, assans eam igne propriae deitatis, et exsiccans eius humiditatem, quam a profundis undis contraxerat, escam fecit divinam; et eam quae prius erat abominabilis, praeparavit deo cibum suavem; quod significat favus mellis. vel per piscem assum significat vitam activam consumentem nostram humilitatem laborum prunis; contemplationem vero significat per favum mellis, propter dulcedinem eloquiorum dei. * beda. ° postquam autem visus est, tactus est et manducavit, ne in aliquo sensus humanos ludificasse videretur, misit manus ad scripturas; unde sequitur et dixit ad illos: haec sunt verba quae locutus sum ad vos cum adhuc essem vobiscum; idest, cum adhuc essem in carne mortali, in qua estis et vos: tunc quidem in eadem |75| carne resuscitatus erat, sed cum illis in eadem mortalitate non erat: et subdit quoniam necesse est impleri omnia quae scripta sunt in lege moysi et prophetis et psalmis de me. * augustinus de cons. evang.. ° illud attendant qui magicis artibus christum tanta potuisse, et nomen suum ad apostolos in se convertendos arte ipsa consecrasse delirant, utrum potuit magicis artibus prophetas divino spiritu antequam in terra nasceretur implere. neque enim si magicis artibus fecit ut coleretur et mortuus, magus erat antequam natus, cui prophetando venturo gens una deputata est.

lc6 * Beda. ° postquam praebuit se videndum oculis, manibus contrectandum, legis commemoravit scripturas, consequenter aperuit sensum, ut intelligatur quod legitur; unde dicitur tunc aperuit illis sensum ut intelligerent scripturas. * theophylactus. ° alioquin quomodo eorum anima turbata et vacillans, circa christi mysterium studuisset? sed et verbis eos docuit; sequitur enim et dixit eis, quoniam sic scriptum est, et sic oportebat christum pati, scilicet per lignum crucis. * beda. ° perdidit autem christus fructum passionis, si non esset veritas resurrectionis; unde subdit et resurgere a mortuis die tertia. deinde post commendatam sui corporis veritatem, commendat ecclesiae unitatem, cum subdit et praedicari in nomine eius poenitentiam et remissionem peccatorum in omnes gentes. * eusebius. ° dictum enim erat: postula a me, et dabo tibi gentes hereditatem tuam. oportebat autem conversus ex gentibus expiari a quolibet contagio et macula per ipsius virtutem, quasi |25| contaminatos ab errore daemonum idololatriae, et quasi nuper conversos a vita execrabili et impudica: et ideo dicit, quod oportet praedicari prius quidem poenitentiam, consequenter remissionem peccatorum in omnes gentes: eis enim qui prius quidem veram ostenderunt malorum poenitentiam, salubri gratia veniam commissorum donavit, pro quibus et mortem subiit. * theophylactus. ° in hoc vero quod dicit poenitentiam et remissionem peccatorum, etiam de baptismate meminit, in quo per depositionem priorum scelerum subsequitur venia peccatorum. sed quo pacto intelligetur in solo christi nomine baptisma fieri, cum alibi mandet hoc fieri in nomine patris et filii et spiritus sancti? et primo quidem dicimus, quod non intelligitur quod in solo christi nomine fiat baptisma, sed quod christi baptismate aliquis baptizetur, idest spiritualiter, non iudaice, nec tali quali ioannes baptizabat ad solam poenitentiam, sed ad spiritus almi participationem; sicut et christus in iordane baptizatus ostendit spiritum sanctum |50| in specie columbina. porro baptisma in christi nomine, idest morte christi, intelligas: sicut enim ipse post mortem triduo resurrexit, sic et nos ter in aquam mergimur, et consequenter emergimur, incorruptibilitatis spiritus arrham recipientes. hoc etiam christi nomen continet in se et patrem quasi unctorem, et spiritum quasi unctionem, et filium quasi unctum, scilicet secundum humanam naturam. non autem decebat amplius bipartitum esse humanum genus in iudaeos et gentiles: et ideo, ut omnes in unum uniret, mandavit incipere sermonem a ierusalem et ad gentes terminari; unde sequitur incipientibus ab ierusalem. * beda. ° non solum quia credita sunt illis eloquia dei, et eorum est adoptio filiorum et gloria; verum etiam ut gentes variis erroribus implicatae, hoc maxime indicio divinae pietatis ad spem veniae provocentur, quod eis qui filium dei crucifixerunt, venia concedatur. * chrysostomus. ° insuper ne dicerent aliqui, quod omissis notis iverunt se ostentaturos ad extraneos, ideo prius apud ipsos |75| occisores pandunt resurrectionis signa in eadem civitate in qua proruptit temerarius ausus. ubi enim crucifixores credere videntur, resurrectio plurimum demonstratur. * eusebius. ° quod si ea quae christus praedixit, iam sortiuntur effectum, et verbum eius vivax et efficax per universum mundum oculata fide perspicitur, tempus est non incredulos esse erga eum qui protulit verbum. eum enim necesse est divinam vitam ducere cuius opera vivida verbis consona ostenduntur; quae quidem ministerio apostolorum impleta sunt; unde subdit vos autem estis testes horum, mortis scilicet et resurrectionis. * theophylactus. ° consequenter ne turbati cogitarent: quomodo nos homines idiotae testimonium perhibebimus gentibus et iudaeis, qui te occiderunt? subiungit et ego mittam promissum patris mei in vos; quod scilicet per ioelem promiserat dicens: effundam spiritum meum super omnem carnem. * chrysostomus. ° sicut autem milites invasuros multos nemo dux exire sinit donec armati sint; sic et discipulos ante |100| spiritus descensum, ad conflictum egredi non permittit; unde subdit vos autem sedebitis in civitate quoadusque induamini virtute ex alto. * theophylactus. ° idest, virtute non humana, sed caelesti. nec dixit: suscipiatis, sed induamini, integram tutelam spiritualis velaminis indicans. * beda. ° de hac autem virtute, idest spiritu sancto, dicit etiam angelus mariae: et virtus altissimi obumbrabit tibi; et ipse dominus alibi: nam et ego novi virtutem de me exisse. * theophylactus. ° cur autem non christo praesente, vel eo discedente statim spiritus venit? decebat enim eos fieri cupidos rei, et demum recipere gratiam: tunc enim magis ad deum erigimur, cum incumbit necessitas. oportebat enim interim nostram comparere naturam in caelo, et foedera consummari, ac deinde spiritum advenire et gaudia celebrari serena. attende etiam quantam eis necessitatem imposuit hierosolymis esse, in eo quod illic spiritum promisit largiri. ne enim rursus post eius resurrectionem aufugerent, hac expectatione quasi quodam |125| vinculo omnes simul eos ibi detinuit. dicit autem donec induamini virtute ex alto; nec expressit quando, ut sint iugiter vigiles. quid ergo miraris, si diem nobis novissimum non pandit, cum diem hunc propinquum pandere noluit? * gregorius reg. pastor.. ° admonendi sunt ergo quos a praedicationis officio vel imperfectio vel aetas prohibet, et tamen praecipitatio impellit, ne dum sibi tantum onus officii praecipitatione arrogant, viam sibi subsequentis meliorationis abscindant. ipsa enim veritas, quae repente quos vellet roborare potuisset; ut exemplum sequentibus daret, ne imperfecti praedicare praesumerent; postquam plene discipulos de virtute praedicationis instruxit, mandavit eis ut in civitate sederent, donec induerentur virtute ex alto. in civitate quippe sedemus, si intra mentium nostrarum nos claustra constringimus, ne loquendo exterius evagemur; ut cum virtute divina perfecte induimur, tunc quasi a nobismetipsis foras etiam alios instruentes exeamus. * ambrosius. ° consideremus autem quomodo secundum |150| ioannem acceperint spiritum sanctum; hic autem in civitate iubentur sedere, quoadusque induantur virtute ex alto. sed spiritum sanctum vel illis undecim quasi perfectioribus insufflavit, et reliquis postea tribuendum promittit; vel eisdem ibi insufflavit, hic spopondit. nec videtur esse contrarium, cum divisiones sint gratiarum. ergo aliam insufflavit ibi operationem, hic aliam pollicetur: ibi enim remittendorum gratia tributa est peccatorum; quod videtur esse augustius: et ideo insufflatur a christo, ut credas de deo spiritum sanctum christi, et credas de deo spiritum: deus enim solus peccata dimittit. lucas autem linguarum gratiam describit effusam. * chrysostomus. ° vel dicit: accipite spiritum sanctum, ut eos idoneos faceret ad receptionem: aut quod futurum est, ut praesens indicavit. * augustinus de trin.. ° vel dominus post resurrectionem suam bis dedit spiritum sanctum: semel in terra propter dilectionem proximorum, et iterum de caelo propter dilectionem dei.

lc7 * Beda. ° praetermissis omnibus quae per quadraginta dies agi a domino cum discipulis potuerunt, primo diei resurrectionis eius coniungit tacite novissimum diem quo ascendit in caelum, dicens eduxit autem eos foras in bethaniam. primo quidem propter nomen civitatis, quae domus obedientiae dicitur: qui enim propter inobedientiam perversorum descendit, propter obedientiam conversorum ascendit. deinde propter situm eiusmodi villae, quae in latere montis olivarum posita esse narratur: quia videlicet obedientis ecclesiae domus in ipsius summi montis, idest in christi, latere, fidei, spei dilectionisque suae fundamenta locavit. eos autem benedicit, quibus praecepta docendi tradiderat; unde sequitur et elevatis manibus suis benedixit eis. * theophylactus. ° forsan vim conservativam influens eis usque ad adventum spiritus; et fortassis instruens nos, ut quoties recedimus, benedictionibus subditos dei commendemus. * origenes. ° quod autem elevatis manibus benedixit eos, significat |25| quod deceat benedicentem cuiquam ornatum esse variis operibus et arduis respectu aliorum: sic enim manus tolluntur in altum. * chrysostomus. ° attende autem, quod dominus bravia repromissa aspectui subicit. promiserat quidem corporum resurrectionem: a mortuis resurrexit, et per quadraginta dies discipulos certificat. promittitur etiam, quod in nubibus rapiemur in aera; et hoc ipse patefecit per opera; sequitur enim et factum est dum benediceret illis, recessit ab eis, et ferebatur in caelum. * theophylactus. ° et elias quidem videbatur quasi assumi in caelum; sed salvator ipse praecursor omnium ascendit in caelum, apparituros divino conspectui in sacro suo corpore: et iam nostra natura in christo honoratur a qualibet virtute angelica. * chrysostomus. ° sed dices: quid interest mea? quia et tu in nubibus suscipieris similiter: nam corpus tuum connaturale est illi corpori. erit igitur et corpus tuum tam agile ut possit transire per aera; nam sicut caput, sic et corpus; sicut principium, sic et finis. aspice autem quomodo honoratus es per hoc principium. infima pars rationalis creaturae homo erat; sed pedes effecti sunt caput, sublimati in regiam sedem in suo capite. * beda. ° ascendente autem in caelum domino, discipuli adorantes ubi steterunt novissime pedes eius, confestim hierosolymam redeunt, ubi promissionem patris sunt expectare praecepti; sequitur enim et ipsi adorantes regressi sunt in ierusalem cum gaudio magno. gaudia magna agunt, quia deum ac dominum suum post triumphum resurrectionis etiam caelos penetrasse laetantur. * graecus. ° et erant vigilantes: non degentes in propriis laribus, sed expectantes supernam gratiam conversantur in templo, inter cetera etiam loci honestatem adicientes; unde dicitur et erant semper in templo. * theophylactus. ° nondum aderat spiritus, et iam spiritualiter conversantur: prius erant reclusi, iam stant in medio principum sacerdotum, nec aliquo distrahuntur mundano, sed omnibus contemptis iugiter deum laudant; sequitur enim laudantes et benedicentes deum. * beda. ° et attende, quod lucas inter quatuor animalia caeli designatus accipitur per vitulum; cuius victima, qui in sacerdotium eligebantur, initiari sunt iussi, eo quod ipse sacerdotium christi ceteris amplius exponendum suscepit; et evangelium suum, quod a ministerio templi per sacerdotium zachariae coepit, in templi devotione complevit: et apostolos ibi ministros novi sacerdotii futuros, non in victimarum sanguine, sed in laude dei et in benedictione conclusit: ut in loco orationis et inter laudum devotiones promissum spiritus sancti adventum paratis cordibus expectent. * theophylactus. ° quos nos imitantes, in sacra vita semper degamus, laudantes et benedicentes deum, cui est gloria et benedictio et virtus in saecula. amen.

CATENA AUREA IN JOANNEM

---

074 CJO cp

lc ° Vidi dominum sedentem super solium excelsum et elevatum; et plena erat domus a maiestate eius; et ea quae sub ipso erant, replebant templum. * glossa. ° divinae visionis sublimitate illustratus isaias propheta dixit vidi dominum sedentem * etc.. hieronymus, super isaiam. ° quis sit iste dominus qui videtur, in evangelista ioanne plenius discimus, qui ait: haec dixit isaias, quando vidit gloriam dei, et locutus est de eo: haud dubium quin christum significet. * glossa. ° unde ex verbis istis materia huius evangelii, quod secundum ioannem describitur, designatur. * ex eccles. hist.. ° quia enim nativitatem salvatoris secundum carnem vel matthaeus, vel lucas descripserant, reticuit hic ioannes, et a theologia atque ab ipsa eius divinitate sumit exordium; quae pars sine dubio ipsi velut eximio per spiritum sanctum reservata est. * alcuinus. ° unde cum omnibus divinae scripturae paginis evangelium excellat, quia quod lex et prophetae futurum praedixerunt, hoc completum dicit evangelium; inter ipsos autem evangeliorum scriptores ioannes eminet in divinorum mysteriorum profunditate: qui a tempore dominicae ascensionis per annos sexaginta quinque verbum dei absque adminiculo scribendi usque ad ultima domitiani tempora praedicavit; sed post occisionem domitiani, cum, nerva permittente, de exilio rediisset ephesum, compulsus ab episcopis asiae, de coaeterna patri divinitate christi scripsit adversus haereticos, qui christum ante mariam fuisse negabant. unde merito in figura quattuor animalium aquilae volanti comparatur, quae volat altius cunctis avibus, et solis radios irreverberatis aspicit luminibus. * augustinus, in ioannem. ° transcendit enim ioannes omnia cacumina terrarum, transcendit omnes campos aeris, transcendit omnes altitudines siderum, transcendit omnes choros et legiones angelorum: nisi enim transcenderet ista omnia quae creata sunt, non perveniret ad eum per quem facta sunt omnia. * augustinus, de cons. evang.. ° ex quo intelligi datur, si diligenter advertas, tres evangelistas temporalia facta domini et dicta quae ad informandos mores vitae praesentis maxime valerent, prosecutos, circa activam virtutem fuisse versatos; ioannem vero facta domini multo pauciora narrantem, dicta vero eius, praesertim quae trinitatis unitatem et vitae aeternae felicitatem insinuarent, diligentius et uberius conscribentem, in virtute contemplativa commendanda suam intentionem praedicationemque tenuisse. unde animalia tria, per quae tres alii evangelistae designantur, sive leo, sive homo, sive vitulus, in terra gradiuntur: quia tres evangelistae in his maxime occupati sunt quae christus in carne operatus est, et quae praecepta mortalis vitae exercendae carnem portantibus tradidit; at vero ioannes supra nubila infirmitatis humanae velut aquila volat, et lucem incommutabilis veritatis acutissimis atque firmissimis oculis cordis intuetur: ipsam enim maxime divinitatem domini, qua patri est aequalis, intendit, eamque praecipue suo evangelio, quantum inter homines sufficere credidit, commendare curavit. * glossa. ° potest igitur evangelista ioannes cum isaia propheta dicere vidi dominum sedentem super solium excelsum et elevatum, inquantum acumine visus sui christum in divinitatis maiestate regnantem inspexit; quae quidem etiam sua natura excelsa est, et super omnia alia elevata. dicat etiam evangelista ioannes et plena erat domus a maiestate eius: quia per ipsum narrat omnia esse facta, et suo lumine omnes homines in hunc mundum venientes illustrari. dicat etiam quod ea quae sub ipso erant, replebant templum; quia dicit verbum caro factum est; et vidimus gloriam quasi unigeniti a patre, plenum gratiae et veritatis, secundum quod de plenitudine eius nos omnes accepimus. sic igitur praemissa verba materiam huius evangelii continent, in quo ipse ioannes dominum super solium excelsum sedentem insinuat, divinitatem christi ostendens; et terram ab eius maiestate impleri ostendit, dum omnia per eius virtutem in esse producta ostendit, et propriis perfectionibus repleta; et inferiora eius, idest humanitatis mysteria, templum, idest ecclesiam, replere docet, dum in sacramentis humanitatis christi et gratiam et gloriam fidelibus repromittit. * chrysostomus, in ioannem. ° quando igitur barbarus hic et indisciplinatus talia loquitur quae nullus eorum qui in terra sunt hominum novit unquam, si hic solus esset, miraculum magnum esset. nunc autem cum his et aliud isto maius tribuit argumentum, quod a deo inspirata sunt ei quae dicuntur hic, scilicet quod omnes audiunt, et suadet omnibus per omne tempus. quis ergo non admirabitur habitantem in eo virtutem? * origenes. ° ioannes interpretatur gratia dei, sive in quo est gratia, vel cui donatum est. cui autem theologorum donatum est ita abscondita summi boni penetrare mysteria, et sic humanis mentibus intimare?

074 CJO cp1

lc1 * Chrysostomus in ioannem. ° omnibus aliis evangelistis ab incarnatione incipientibus, ioannes transcurrens conceptionem, nativitatem, educationem, augmentationem, mox de aeterna nobis generatione narrat, dicens in principio erat verbum. * augustinus lib. 83 quaest.. ° quod graece logos dicitur, latine et rationem et verbum significat; sed hoc melius verbum interpretatur, ut significetur non solum ad patrem respectus, sed ad illa etiam quae per verbum facta sunt operativa potentia. ratio autem, etsi nihil per eam fiat, recte ratio dicitur. * augustinus in ioannem. ° quotidie autem dicendo verba viluerunt nobis, quia sonando et transeundo viluerunt. est verbum et in ipso homine quod manet intus: nam sonus procedit ex ore. est verbum quod vere specialiter dicitur illud quod intelligis de sono, non ipse sonus. * augustinus de trin.. ° quisquis autem potest intelligere verbum, non solum antequam sonet, verum etiam antequam sonorum eius imagines cogitatione volvantur, iam potest videre per hoc speculum atque in hoc aenigmate aliquam verbi similitudinem, de quo dictum est in principio erat verbum. necesse est enim cum id quod scimus loquimur, ut ex ipsa scientia quam memoria tenemus, nascatur verbum, quod eiusmodi sit omnino cuiusmodi est illa scientia de qua nascitur. formata quippe cogitatio ab ea re quam scimus, verbum est, quod in corde dicimus; quod nec graecum est, nec latinum, nec linguae alicuius. sed cum id opus est in eorum quibus loquimur proferre notitiam, aliquod signum quo significetur assumitur. proinde verbum quod foris sonat, signum est verbi quod intus latet, cui magis verbi competit nomen: nam illud quod profertur carnis ore, vox verbi est, verbumque et ipsum dicitur propter illud a quo ut foris appareat sumptum est. * basilius. ° hoc autem verbum non est humanum verbum. quomodo enim erat in principio humanum verbum, ultimo loco accipiente homine generationis principium? non igitur in principio verbum erat humanum, sed nec angelorum: omnis enim creatura infra saeculorum terminos est, a creatore essendi sumens principium. sed audi evangelium decenter: ipsum enim, unigenitum verbum dixit. * chrysostomus in ioannem. ° si autem quis dixerit: cur patrem dimittens, mox nobis de filio loquitur? quoniam ille quidem manifestus omnibus erat, etsi non ut pater, sed ut deus, unigenitus autem ignorabatur: ideo decenter eam, quae de isto est, cognitionem confestim initio studuit imponere his qui nesciebant eum; sed neque patrem in his quae de filio sunt sermonibus tacuit. propter hoc autem et verbum eum vocavit. quia enim docturus erat quod hoc verbum unigenitus est filius dei; ut non passibilem aestimet quis generationem, praeveniens verbi nuncupatione, destruit perniciosam suspicionem, esse ex deo filium impassibiliter ostendens. secunda vero ratio est, quia ea quae sunt patris nobis annuntiare debebat. non simpliciter vero eum verbum dixit, sed cum articuli adiectione, a reliquis ipsum separans. consuetudo enim est scripturae verba vocare leges dei et praecepta: hoc autem verbum substantia quaedam est, hypostasis, ens, ex ipso proveniens impassibiliter patre. * basilius. ° quare igitur verbum? quia impassibiliter natum est; quia est generantis imago, totum in seipso generantem demonstrans, nihil inde separans, sed in seipso perfectum existens. * augustinus de trin.. ° sicut enim scientia nostra illi scientiae dei, sic nostrum verbum quod nascitur de nostra scientia, dissimile est illi verbo dei, quod natum est de patris essentia. tale est autem, ac si dicerem de patris scientia, de patris sapientia; vel, quod est expressius, de patre scientia, de patre sapientia. verbum ergo dei patris unigenitus filius, per omnia patri similis et aequalis: hoc enim est omnino quod pater, non tamen pater: quia iste filius, ille pater: ac per hoc novit omnia quae novit pater; sed ei nosse de patre est, sicut esse: nosse enim et esse ibi unum est; et ideo patri, sicut esse non est a filio, ita nec nosse. proinde, tamquam seipsum dicens, pater genuit verbum sibi aequale per omnia: non enim seipsum integre perfecteque dixisset, si aliquid minus aut amplius esset in eius verbo quam in seipso. nostrum autem verbum interius, quod invenimus esse utcumque illi simile, quantum sit etiam dissimile, non pigeat intueri. est enim verbum mentis nostrae quandoque formabile, nondum formatum, quiddam mentis nostrae, quod hac atque hac volubili quadam motione iactamus, cum a nobis nunc id, nunc illud, sicut inventum fuerit vel occurrerit, cogitatur; et tunc fit verum verbum quando illud quod nos diximus volubili motione iactare, ad id quod scimus pervenit, atque inde formatur, eius omnimodam similitudinem capiens; ut quomodo res quaeque scitur, sic etiam cogitetur. quis non videat quanta sit hic dissimilitudo ab illo dei verbo, quod in forma dei sic est ut non ante fuerit formabile, postea formatum, non aliquando possit esse informe, sed sit forma simplex, et simpliciter aequalis ei de quo est? quapropter ita dicitur illud dei verbum, ut dei cogitatio non dicatur; ne aliquid esse quasi volubile dicatur in deo, quod nunc habeat, nunc accipiat formam ut verbum sit, eamque possit amittere, atque informiter quodammodo volutari. * augustinus de verb. dom.. ° est enim verbum dei forma quaedam non formata, sed forma omnium formarum, forma incommutabilis, sine lapsu, sine defectu, sine tempore, sine loco, superans omnia, existens in omnibus fundamentum quoddam, in quo sunt, et fastigium sub quo sunt. * basilius. ° habet autem et verbum nostrum exterius divini verbi similitudinem quamdam: nam nostrum verbum totam declarat mentis conceptionem: quae namque mente concepimus, ea verbo proferimus. et quidem cor nostrum quasi fons quidam est: verbum vero prolatum quasi quidam rivulus manans ex ipso. * chrysostomus in ioannem. ° considera etiam in evangelista prudentiam spiritualem. noverat homines id quod antiquius est et quod est ante omnia maxime honorantes et ponentes deum: propter hoc primum dicit principium: in principio, inquit, erat verbum. * origenes in ioannem. ° plura autem sunt signata ab hoc nomine principium. est enim principium, sicut itineris et longitudinis, secundum illud: initium boni itineris iustorum exercitium. est autem principium et generationis, iuxta illud: hoc est principium creaturae domini. sed etiam deum non enormiter asseret aliquis omnium principium. illud etiam ex quo sicut ex praeiacente materia alia fiunt, principium est penes eos qui credunt illam ingenitam. est enim principium secundum speciem; sicut christus principium eorum est qui secundum imaginem dei formati sunt. est etiam principium disciplinae, secundum illud: cum deberetis esse magistri propter tempus, rursus indigetis ut doceamini quae sunt elementa exordii sermonum dei. duplex enim est documenti principium: hoc quidem natura, hoc vero quoad nos; ut si dicatur, initium sapientiae fore natura quidem christum, inquantum sapientia et verbum dei est; quoad nos vero inquantum verbum caro factum est. tot igitur significatis ad praesens nobis de principio occurrentibus, potest accipi illud ex quo quid est agens. conditor enim christus est velut principium, secundum quod sapientia est; ut verbum in principio, quasi in sapientia sit. plura enim bona de salvatore dicuntur. velut igitur vita in verbo est, sic verbum in principio, idest in sapientia erat. considera vero si possibile est secundum hoc significatum accipere nos principium, prout secundum sapientiam, et exempla quae in ea sunt, fiunt omnia; vel quia principium filii pater est, et principium creaturarum, et omnium entium; per illud in principio erat verbum, verbum filium intelligas in principio, idest in patre, dictum fore. * augustinus de trin.. ° aut in principio sic dictum est ac si diceretur: ante omnia. * basilius. ° praevidit enim spiritus sanctus futuros quosdam invidentes gloriae unigeniti, qui praeferrent sophismata ad subversionem auditorum: quia si genitus est, non erat; et antequam genitus esset, non erat. ne igitur talia garrire praesumant, spiritus sanctus ait in principio erat verbum. * hilarius de trin.. ° transeunt tempora, transeunt saecula, tolluntur aetates: pone aliquid quod voles tuae opinionis principium: non tenes tempore: erat enim unde tractatur. * chrysostomus in ioannem. ° sicut autem quis cum stat in navi secus littus, videt civitates et portus, cum vero eum aliquis in medium pelagi duxerit, a prioribus quidem desistere facit, non tamen alicubi defigit ei oculum, ita evangelista hic super omnem nos ducens creaturam, suspensum dimittit oculum, non dans suspicere aliquem finem ad superiora: hoc enim in principio erat semper et infinite essendi significativum est. * augustinus de verb. dom.. ° sed dicunt: si filius est, natus est; hoc fatemur. adiungunt deinde: si natus est patri filius, erat pater antequam ei filius nasceretur; hoc respuit fides. ergo ait: rationem mihi redde quomodo et filius nasci potuit patri, ut coaevus esset ei a quo natus est. post patrem enim nascitur filius, utique patri moriturо successurus. similitudines adhibent de creaturis; et nobis laborandum est ut et nos inveniamus similitudines earum rerum quas astruimus. sed quomodo possumus in creatura invenire coaeternum, quando in creatura nil invenimus aeternum? sed si possunt inveniri haec duo coaeva, generans et generatum, ibi intelligimus coaeterna. ipsa quidem sapientia dicta est in scripturis candor lucis aeternae, dicta est imago patris. hinc capiamus similitudinem, ut inveniamus coaeva, ex quibus intelligamus coaeterna. nemo autem dubitat, quod splendor de igne exit. ponamus ergo ignem patrem illius splendoris: mox quidem ut lucernam accendo, simul cum igne et splendor existit. da mihi hic ignem sine |250| splendore, et credo tibi patrem sine filio fuisse. imago existit de speculo, hominis intuentis speculum; existit imago mox ut aspector extiterit: sed ille qui inspicit erat antequam accederet ad speculum. ponamus ergo aliquid natum super aquam, ut virgultum, aut herbam: nonne cum imagine sua nascitur? si ergo semper esset virgultum, semper esset et imago de virgulto. quod autem de alio est, utique natum est. potest ergo semper esse generans, et semper cum illo quod de eo natum est. sed dicet aliquis: ecce intellexi aeternum patrem, coaeternum filium; tamen sicut effusum splendorem minus igne lucentem, aut sicut effusam imaginem minus quam virgultum existentem dicimus. non, sed aequalitas omnimoda est. non credo, ait, quia non invenisti similitudinem. fortassis autem invenimus in creatura quomodo intelligamus filium et coaeternum patri, et nequaquam minorem; sed non illud possumus invenire in uno genere similitudinum. iungamus ergo ambo genera: unum unde ipsi dant similitudines, |275| et alterum unde nos dedimus. dederunt enim illi similitudinem ex his quae praeceduntur tempore ab his a quibus nascuntur, sicut homo de homine; sed tamen homo et homo sunt eiusdem substantiae. laudamus ergo in ista nativitate aequalitatem naturae: deest aequalitas temporis. in illo autem genere similitudinum quod nos dedimus de splendore ignis et de imagine virgulti, aequalitatem naturae non invenis, invenis coaevitatem. totum ergo ibi quod hic ex partibus singulis et rebus singulis invenitur; et non hoc solum quod in creaturis, totum invenio ibi sed tamquam in creatore. * ex gestis conc. ephes.. ° propterea alicubi quidem filium appellat patris, alicubi autem verbum nominat, alicubi autem splendorem vocat scriptura divina; singula horum nominum de ipso dicens, ut intelligas ea quae de christo dicuntur, esse contra blasphemiam: quia enim tuus filius eiusdem tibi naturae fit, volens sermo ostendere unam substantiam patris et filii, dicit filium patris, qui ex eo natus est unigenitus. deinde quoniam nativitas |300| et filius apud nos ostentationem praebent passionis; ideo hunc filium appellat et verbum, impassibilitatem nativitatis eius nomine isto demonstrans. sed quoniam pater quispiam factus ut homo, indubitanter senior filio suo demonstratur; ne hoc ipsum etiam de divina natura putares, splendorem vocat unigenitum patris: splendor enim nascitur quidem ex sole, non autem intelligitur sole posterior. coexistere ergo semper patri filium splendor tibi denuntiet; impassibilitatem nativitatis ostendat verbum; consubstantialitatem filii nomen insinuet. * chrysostomus in ioannem. ° sed dicunt illi, quoniam hoc, idest in principio, non aeternitatem ostendit simpliciter: etenim et de caelo istud et de terra dictum. in principio, inquit genesis, fecit deus caelum et terram. sed quid commune habet erat ad fecit? sicut enim quod est, cum de homine quidem dicitur, tempus praesens significat tantum; cum autem de deo, id quod est semper et aeternaliter; ita et erat de nostra quidem cum dicitur natura, praeteritum significat |325| tempus; cum autem de deo, aeternitatem ostendit. * origenes. ° sum enim verbum duplicem habet significationem: aliquando enim temporales motus secundum analogiam aliorum verborum declarat, aliquando substantiam uniuscuiusque rei, de qua praedicatur, sine temporali motu ullo designat; ideo et substantivum vocatur. * hilarius de trin.. ° respice igitur ad mundum, intellige quid de eo scriptum est: in principio fecit deus caelum et terram. fit ergo in principio quod creatur, et aetates continet quod in principio continetur ut fieret. piscator autem illitteratus, indoctus, liber a tempore, solutus a saeculis est, vicit omne principium: erat enim quod est, neque in tempore aliquo concluditur ut coeperit quod erat potius in principio quam fiebat. * alcuinus. ° contra eos ergo qui propter temporalem nativitatem dicebant christum non semper fuisse, incipit evangelista de aeternitate verbi, dicens in principio erat verbum.

lc2 * Chrysostomus in ioannem. ° quia maxime dei hoc est proprium, aeternum et sine principio esse; hoc primum posuit: deinde ne quis audiens in principio erat verbum, ingenitum verbum dicat, confestim hoc removit dicens et verbum erat apud deum. * hilarius de trin.. ° sine principio enim est apud deum, et qui abest a tempore, non abest ab auctore. * basilius. ° rursus hoc dicit propter blasphemantes quod non erat. ubi ergo erat verbum? non in loco incircumscriptibilia continentur. sed ubi erat? apud deum: neque pater loco, neque filius circumscriptione aliqua continentur. * origenes in ioannem. ° utile est etiam inducere, quod verbum dicitur ad aliquos fieri, puta ad osee, vel isaiam, aut ieremiam: ad deum autem non fit, quasi prius non ens apud ipsum: ex eo igitur quod iugiter est in eo, dicitur et verbum erat apud deum: quia nec a principio a patre separatus est. * chrysostomus in ioannem. |25| ° non etiam dixit: in deo erat, sed apud deum erat, eam quae secundum hypostasim eius est aeternitatem nobis ostendens. * theophylactus. ° videtur autem mihi quod sabellius ex hoc dicto subversus est. ipse enim dicebat, quod pater et filius et spiritus sanctus una est persona, quae aliquando ut pater apparuit, aliquando ut filius, aliquando ut spiritus sanctus. manifeste vero confunditur ex hoc verbo: et verbum erat apud deum. hic enim evangelista alium declarat esse filium, alium deum, scilicet patrem.

lc3 * Hilarius de trin.. ° dices: verbum sonus vocis est, enuntiatio negotiorum, et elocutio cogitationum: hoc verbum in principio apud deum erat, quia sermo cogitationis aeternus est, cum qui cogitat sit aeternus. sed quomodo in principio erat quod neque ante tempus, neque post tempus est? et nescio an ipsum possit esse in tempore. loquentium enim sermo neque est antequam loquantur, et cum locuti erunt, non erit: in eo enim ipso quod loquuntur, dum finiunt, iam non erit id unde coeperunt. sed si primam sententiam rudis auditor admiseras, in principio erat verbum, de sequenti quid quaeris: et verbum erat apud deum? numquid audieras de deo, ut sermonem reconditae cogitationis acciperes; aut fefellerat ioannem quid esset momenti inter inesse et adesse? id enim quod in principio erat, non in altero esse, sed cum altero praedicatur. statum igitur verbi et nomen expecta; dicit namque et deus erat verbum. cessat sonus vocis et cogitationis eloquium. |25| verbum hic res est, non sonus; natura, non sermo; deus, non inanitas est. * hilarius de trin.. ° simplex autem nuncupatio est, et caret offendiculo adiectionis alienae. ad moysen dictum est: dedi te deum pharaoni: sed numquid non adiecta nominis causa est, cum dicitur pharaoni? moyses enim pharaoni deus datus est, dum timetur, dum oratur, dum punit, dum medetur. et aliud est deum dari, et aliud deum esse. memini quoque et alterius nuncupationis, ubi dicitur: ego dixi: dii estis; sed in eo indulti nominis significatio est; et ubi refertur ego dixi, loquentis potius sermo est, quam rei nomen. cum autem audio et deus erat verbum, non dictum solum audio verbum, sed demonstratum esse intelligo quod deus est. * basilius. ° sic igitur excludens accusationem blasphemantium et quaerentium quid est verbum, respondet et deus erat verbum. * theophylactus. ° vel aliter continua. postquam verbum erat apud deum, manifestum est quod duae personae erant, quamvis una |50| natura in duabus existat; unde dicitur et deus erat verbum; ita ut una natura sit patri et filio, cum sit una deitas. * origenes. ° adiciendum etiam, quod verbum in eo quod fit ad prophetas, illustrat prophetas sapientiae lumine: apud deum vero est verbum obtinens ab eo quod sit deus; unde praelocavit hoc quod est verbum erat apud deum, ei quod est deus erat verbum. * chrysostomus in ioannem. ° et non ut plato, hoc quidem intellectum quemdam, hoc vero animam mundi esse dicens: haec enim procul sunt a divina natura. sed dicunt: pater cum articuli adiectione dictus est deus, filius autem sine hac. quid ergo, cum apostolus dicat: magni dei et salvatoris nostri iesu christi; et rursus: qui est super omnia deus; sed et romanis scribens dicit: gratia vobis, et pax a deo patre nostro sine adiectione articuli. sed et superfluum erat hic apponere superius continue adiectum. non igitur etsi non est adiectus filio articulus, propter |75| hoc filius minor est deus.

lc4 * Hilarius de trin.. ° quia dixerat deus erat verbum, trepido in dicto, et me insolens sermo commovet, cum unum deum prophetae nuntiaverunt. sed ne quo ultra trepidatio mea progredi possit, reddit sacramenti tanti piscator dispensationem, et refert ad unum omnia, sine contumelia, sine abolitione, sine tempore, dicens hoc erat in principio apud deum: apud unum ingenitum deum, ex quo ipse unius unigenitus deus est, praedicatur. * theophylactus. ° et rursus ne suspicio diabolica aliquos conturbaret, ne forte cum verbum deus sit, insurrexerit contra patrem, ut aliqui fabulantur gentilium, et separatus a patre fuerit ipsi patri contrarius, dicit hoc erat in principio apud deum; quasi dicat: hoc dei verbum nunquam a deo extitit separatum. * chrysostomus in ioannem. ° vel ne audiens in principio erat verbum, aeviternum quidem aestimes, seniorem vero spatio aliquo patris vitam suscipias, induxit hoc erat in principio apud deum: |25| non enim fuit unquam solitarius ab illo; sed semper deus apud deum erat. vel quia dixerat deus erat verbum, ut non aestimet quis minorem esse deitatem filii, confestim cognoscitiva propriae deitatis ponit, et aeternitatem assumens, cum dicit hoc erat in principio apud deum; et quod factum est adiciens omnia per ipsum facta sunt. * origenes. ° vel aliter. postquam praemiserat tres propositiones evangelista, resumit tria in unum, dicens hoc erat in principio apud deum. in primo enim trium didicimus in quo erat verbum, quia in principio erat; in secundo apud quem, quia apud deum; in tertio quid erat verbum, quia deus. velut ergo demonstrans verbum praedictum, deum, per hoc quod dicit hoc, et colligens in propositionem quartam hoc quod est in principio erat verbum, et verbum erat apud deum, et deus erat verbum, ait hoc erat in principio apud deum. quaerat autem aliquis, cur non est dictum: in principio erat verbum dei, et verbum dei erat apud deum, et deus |50| erat verbum dei. quisquis autem unicam veritatem fatebitur esse; palam est quoniam et demonstratio eius, quae est sapientia, una est. sed si veritas una, et sapientia una, verbum quoque quod veritatem enuntiat, et sapientiam expandit in his qui susceptibiles sunt, unum siquidem erit. nec hoc dicimus inficiantes verbum dei fore, sed ostendentes utilitatem omissionis huius vocabuli dei. ipse quoque ioannes in apocalypsi dicit: et nomen eius verbum dei. * alcuinus. ° qualiter autem ponit substantivum verbum erat? ut intelligeres omnia tempora praevenisse coaeternum deo patri verbum.

lc5 * Alcuinus. ° postquam dixit de natura filii, de operatione eius subiungit, dicens omnia per ipsum facta sunt; idest, quidquid est, sive in substantia, sive in aliqua proprietate. * hilarius de trin.. ° vel aliter. erat quidem verbum in principio, sed potuit non esse ante principium. sed quid ille? omnia per ipsum facta sunt. infinitum est per quod fit omne quod factum est; et cum ab eo sint omnia, et tempus ab eo est. * chrysostomus in ioannem. ° moyses quidem incipiens scripturam veteris testamenti, de sensibilibus nobis loquitur, et haec enumerat per multa: in principio enim fecit deus caelum et terram. deinde inducit, quoniam et lux facta est, et firmamentum et stellarum naturae, et genera animalium. evangelista vero haec omnia excedens uno verbo comprehendit, ut cognita auditoribus, ad altiorem festinans materiam, totum hunc librum instituens non de operibus, sed de conditore. * augustinus super genesim. ° cum enim |25| dicitur omnia per ipsum facta sunt, satis ostenditur et lux per ipsum facta, cum dixit deus: fiat lux; et similiter de aliis. quod si ita est, aeternum est, quod ait deus: fiat lux, quia verbum dei, deus apud deum, patri coaeternus est, quamvis creatura temporalis facta sit. cum enim verba sint temporis, cum dicimus: quando et aliquando; aeternum tamen est in verbo dei, quando aliquid fieri debeat; et tunc fit quando fieri debuisse in illo verbo est, in quo non est quando et aliquando: quoniam totum illud verbum aeternum est. * augustinus super ioannem. ° quomodo ergo potest fieri ut verbum dei factum sit, quando deus per verbum fecit omnia? si et verbum ipsum factum est, per quod aliud verbum factum est? si hoc dicis, quia est verbum verbi, per quod factum est illud; ipsum dico ego unigenitum filium dei. si autem non dicis verbum dei, concede non factum verbum per quod facta sunt omnia. * augustinus de trin.. ° et si factum non est, creatura non |50| est; si autem creatura non est, eiusdem cum patre substantiae est, omnis enim substantia quae deus non est, creatura est: et quae creatura non est, deus est. * theophylactus. ° solent autem ariani dicere, quod sicut per serram ostium fieri dicimus, quasi per organum, sic et per filium omnia facta fuisse dicuntur, non quod ipse sit factor, sed organum; et sic facturam aiunt filium, tamquam factum ad hoc ut per eum omnia fierent. nos autem ad huiusmodi fictores mendacii simpliciter respondemus. si enim, ut dicitis, pater creasset ad hoc filium ut eo tamquam organo uteretur, videretur quod inhonorabilior sit filius quam quae facta sunt; sicut ea quae per serram sunt facta, ipso organo nobiliora existunt; nam serra propter ipsa facta est. sic et propter ipsa quae facta sunt, ut aiunt, pater creavit filium; tamquam si non deberet deus cuncta creare, nequaquam filium produxisset. quid his verbis insanius? sed aiunt: quare non dixit quod omnia verbum fecit; sed usus est hac praepositione per? ne |75| filium ingenitum intelligeres, et sine principio, et dei conditorem. * chrysostomus in ioannem. ° sed si praepositio per conturbat te, et quaeris in scriptura quod ipsum verbum omnia faceret, audi david: initio tu, domine, terram fundasti, et opera manuum tuarum sunt caeli. quod autem hoc de unigenito dixerit, addisces ab apostolo utente hoc verbo in epistola ad hebraeos de filio. si vero de patre hoc prophetam dixisse dicis, paulum vero filio adaptasse; idem fit rursus. neque enim id filio convenire dixisset, nisi vehementer consideraret quoniam quae sunt dignitatis, cohonorabilia sunt utrique. si rursus per praepositio aliquam subiectionem tibi videtur inducere, cur paulus eam de patre ponit? fidelis dominus, per quem vocati sumus in societatem filii eius. et iterum: paulus apostolus per voluntatem dei. * origenes. ° erravit etiam in hoc valentinus, dicens verbum esse quod mundanae creationis praestitit causam creatori. sed si sic se |100| habet veritas rerum, prout ipse intelligit, oportebat scriptum fore per creatorem universa consistere a verbo, non autem e contra per verbum a creatore.

lc6 * Chrysostomus in ioannem. ° ut non aestimes, dum dicit omnia per ipsum facta sunt, illa omnia solum dicere eum quae a moyse dicta sunt, convenienter inducit et sine ipso factum est nihil, sive visibile quid, sive intelligibile. vel aliter. ne hoc quod dicit omnia per ipsum facta sunt, de signis suspiceris nunc dici, de quibus reliqui evangelistae locuti sunt, inducit et sine ipso factum est nihil. * hilarius de trin.. ° vel aliter. hoc quod dicitur, omnia per ipsum facta sunt, non habet modum: est ingenitus qui factus a nemine est, est et ipse genitus ab innato. reddidit auctorem cum socium professus est, dicens sine ipso factum est nihil; cum enim nihil sine eo, intelligo non esse solum: quia alius est per quem, alius sine quo non. * origenes. ° vel aliter. ne existimares ea quae per verbum facta sunt, per se existentia, non contenta a verbo, ait et sine ipso factum est nihil; hoc est, nihil factum est extra ipsum; quia ipse ambit omnia, |25| conservans ea. * augustinus de quaest. nov. et vet. testam.. ° vel dicens sine ipso factum est nihil, nullo modo ipsum facturam esse suspicari debere edocuit. quomodo enim potest dici: ipse est factura, cum nihil dicatur deus sine ipso fecisse? * origenes super ioannem. ° vel aliter. si omnia per verbum facta sunt: de numero vero omnium est malitia, et totus fluxus peccati; et haec per verbum facta sunt; et hoc est falsum. quantum igitur ad significata, nihil et non ens, unum sunt. videtur autem apostolus non entia prava dicere: vocat deus ea quae non sunt tamquam ea quae sunt. totaque pravitas nihil dicitur, dum absque verbo facta est. * augustinus in ioannem. ° peccatum enim non per ipsum factum est: et manifestum est quia peccatum nihil est, et nihil fiunt homines cum peccant. et idolum non per verbum factum est: habet quidem formam quamdam humanam, et ipse homo per verbum factus est; sed forma hominis in idolo non per verbum facta est: scriptum |50| est enim: scimus quod nihil est idolum. ergo ista non sunt facta per verbum; sed quaecumque facta sunt naturaliter, universa natura rerum, omnis omnino creatura ab angelo usque ad vermiculum. * origenes. ° valentinus autem exclusit ab omnibus per verbum factis quae sunt in saeculis facta, quae credit ante verbum extitisse, praeter evidentiam loquens; siquidem quae putantur ab eo divina, removentur ab omnibus, quae autem, velut ipse putat, penitus destruuntur, vere dicuntur omnia. quidam enim falso dicunt diabolum non esse creaturam dei: inquantum enim diabolus est, creatura dei non est: is autem cui accidit esse diabolum, divina est creatura; ac si diceremus, homicidam creaturam dei non esse, qui tamen in eo quod homo est, creatura dei est. * augustinus de natura boni. ° non autem sunt audienda deliramenta hominum, qui nihil hoc loco aliquid intelligendum esse putant, quia ipsum nihil in fine sententiae positum est; nec intelligunt nihil interesse |75| utrum dicatur: sine ipso nihil factum est, an sine ipso factum est nihil. * origenes. ° si accipiatur verbum pro eo quod in quolibet hominum est, quia et ipsum insitum est cuilibet ab eo quod in principio erat verbum, etiam sine hoc verbo nihil committimus, simpliciter accipiendo quod dicitur nihil. ait enim apostolus quod sine lege peccatum mortuum erat; adveniente vero mandato peccatum revixit: non enim reputatur peccatum, lege non existente; sed nec peccatum erat, non existente verbo: quia dominus dicit: si non venissem et essem illis locutus, peccatum non haberent. quaelibet enim excusatio deficit volenti dare responsum de crimine, dum verbo praesente ac iudicante quid est agendum, non obedit quis illi. nec propter hoc inculpandum est verbum, sicut nec magister, per cuius disciplinam non remanet locus excusationis discipulo delinquenti velut de ignorantia. omnia ergo per verbum facta sunt, non solum naturalia, sed etiam quae ab irrationabilibus fiunt.

lc7 * Beda in ioannem. ° quia evangelista dixit omnem creaturam factam esse per verbum, ne quis forte crederet mutabilem eius voluntatem, quasi qui subito vellet facere creaturam quam ab aeterno numquam ante fecisset, ideo docere curavit, factam quidem creaturam in tempore; sed in aeterna creatoris sapientia, quando et quos crearet semper fuisse dispositum; unde dicit quod factum est in ipso, vita erat. * augustinus in ioannem. ° potest autem sic punctari: quod factum est in ipso; et postea dicatur vita erat. ergo totum vita est, si sic pronuntiaverimus: quid enim non in illo factum est? ipse est enim sapientia dei, et dicitur in psalmo 103, 24: omnia in sapientia fecisti. omnia igitur sicut per illum, ita et in illo facta sunt. si ergo quod in illo factum est, vita est, ergo et terra vita est, et lapis vita est. inhonestum est sic intelligere, ne nobis subrepat secta manichaeorum, et dicat quia habet vitam lapis, et habet vitam paries: solent enim ista delirantes |25| dicere; et cum reprehensi fuerint ac repulsi, quasi de scripturis proferunt dicentes: ut quid dictum est: quod factum est in ipso, vita erat? pronuntia ergo sic quod factum est: hic subdistingue; et deinde infer in ipso vita erat. facta est enim terra; sed ipsa terra quae facta est non est vita. est autem in ipsa dei sapientia spiritualiter ratio quaedam qua terra facta est; haec vita est. sicut arca in omni opere non est vita; arca in arte vita est, quia vivit anima artificis. sic ergo quia sapientia dei, per quam facta sunt omnia, secundum artem continet omnia quae fiunt per ipsam artem, non haec continuo sunt vita; sed quidquid factum est, vita est in illo. * origenes. ° potest autem et sic distingui sine errore: quod factum est in ipso, et postea dicatur vita erat; ut sit sensus: omnia quae per ipsum et in ipso facta sunt, in ipso vita sunt, et unum sunt. erant enim, hoc est in ipso subsistunt causaliter, priusquam sint in seipsis effective. sed si quaeris, quomodo et qua |50| ratione omnia quae per verbum facta sunt, in ipso vitaliter et uniformiter et causaliter subsistunt, accipe exempla ex creaturarum natura. conspice quomodo omnium rerum quas mundi huius sensibilis globositas comprehendit, causae simul et uniformiter in isto sole, qui est maximum mundi luminare, subsistunt; quomodo numerositas herbarum et fructuum in singulis seminibus simul continetur; quomodo multiplices regulae in arte artificis unum sunt, et in animo disponentis vivunt; quomodo infinitus linearum numerus in uno puncto unum subsistit; et huiusmodi varia perspice exempla, ex quibus velut physicae theoriae pennis poteris arcana verbi mentis acie inspicere, et quantum datur humanis rationibus, videre quomodo omnia quae per verbum sunt facta, in ipso vivunt et facta sunt. * hilarius de trin.. ° vel aliter potest legi: in eo quod dixerat sine ipso factum est nihil, posset aliquis perturbatus dicere: est ergo aliquid per alterum factum, quod tamen non sit sine eo factum; et si aliquid per alterum, licet |75| non sine eo, iam non per eum omnia; quia aliud est fecisse, aliud est intervenisse facienti. enarrat ergo evangelista quid non sine eo factum sit, dicens quod factum est in eo. hoc igitur non sine eo quod in eo factum est: nam id quod in eo factum est, etiam per eum factum est: omnia enim per ipsum et in ipso creata sunt. in ipso autem creata, quia nascebatur creator deus; sed ex hoc sine eo nihil factum est, quod tamen in eo factum est, quia nascens deus vita erat, et qui vita erat, non posteaquam natus erat, factus est vita. nihil ergo sine eo fiebat ex his quae in eo fiebant, quia vita est in quo fiebant; et deus qui ab eo natus est, non posteaquam natus est, sed nascendo quoque extitit. * chrysostomus in ioannem. ° vel aliter. non apponemus finale punctum, ubi dicitur sine ipso factum est nihil, secundum haereticos. illi enim volentes spiritum sanctum creatum dicere, aiunt quod factum est in ipso, vita erat. sed ita non potest intelligi. primum quidem neque tempus erat hic spiritus sancti meminisse; |100| sed si de sancto spiritu hoc dictum est, age, secundum eorum interim legamus modum: ita enim nobis hoc inconveniens erit; cum enim dicitur quod factum est in ipso, vita erat, spiritum sanctum dicunt dictum esse vitam; sed vita haec et lux invenitur esse; inducit enim vita erat lux hominum. quocirca, secundum eos, lucem omnium hunc spiritum dicit. quod autem superius verbum dicit, hic consequenter et deum et vitam et lucem nominat. verbum autem caro factum est: erit igitur spiritus sanctus incarnatus, non filius. ideo dimittentes hunc modum legendi, ad decentem veniamus lectionem et expositionem; hoc autem est cum dicitur omnia per ipsum facta sunt, et sine ipso factum est nihil quod factum est; ibi quiescere fac sermonem; deinde ab ea quae deinceps est dictione incipe, quae dicit in ipso vita erat; ac si dicat sine eo factum est nihil quod factum est, idest factibilium. vides qualiter hac brevi adiectione omnia correxit supervenientia inconvenientia. inducens enim sine eo factum |125| est nihil, et adiciens quod factum est, et intelligibilia comprehendit, et spiritum sanctum excepit: spiritus enim sanctus factibilis non est. haec igitur quae dicta sunt, de conditione rerum dixit ioannes. inducit autem et eum qui est de providentia sermonem, dicens in ipso vita erat. quemadmodum in fonte qui generat abyssos, et in nullo minoratur fons; ita et in operatione unigeniti quaecumque credas per eum facta esse, non minor ipse factus est. nomen autem vitae hic non solum conditionis est, sed et providentiae rerum, quae est secundum permanentiam earum. cum autem audis quoniam in ipso vita erat, ne compositum aestimes: sicut enim pater habet vitam in seipso, ita dedit et filio vitam habere. ergo sicut patrem non utique dices compositum esse, ita nec filium. * origenes in ioannem. ° vel aliter. oportet scire, quod salvator quaedam dicit non sibi esse, sed aliis; quaedam vero et sibi et aliis. in hoc ergo quod dicitur quod factum est in verbo, vita erat, scrutandum |150| est an sibi et aliis vita est, vel aliis tantum; et si aliis, quibus aliis. idem autem est vita et lux; lux autem hominum est: fit itaque hominum vita, quorum est lux; et sic in eo quod dicitur vita, salvator dicitur non sibi, sed aliis. haec quidem vita verbo praeexistenti aderit, ex eo quod expiata a peccatis anima sit serena, et vita inseratur ei qui verbi dei se susceptibilem statuit. unde verbum quidem in principio non dixit factum: non enim erat quando principium verbo careret. vita autem hominum non semper erat in verbo; sed haec vita hominum facta est, eo quod vita est lux hominum: cum enim homo non erat, nec lux hominum erat, luce secundum habitudinem ad homines intellecta; et ideo dicit quod factum est in verbo, vita erat; non autem: quod erat in verbo, vita erat. invenitur autem alia littera non incongrue habens: quod factum est in eo, vita est. si autem intelligamus vitam hominum quae in verbo fit, eum esse qui dixit: ego sum vita, fatebimur neminem infidelium |175| christi vivere, sed cunctos esse mortuos qui non vivunt in deo.

lc8 * Theophylactus. ° dixerat in ipso vita erat, ne putares quod absque vita sit verbum; nunc ostendit quod vita sit spiritalis, et lux rationalibus cunctis; unde dicitur et vita erat lux hominum; quasi dicat: lux ista non est sensibilis, sed intellectualis, illuminans ipsam animam. * augustinus super ioannem. ° ex ipsa enim vita illuminantur homines, pecora non illuminantur, quia non habent rationales mentes, quae possint videre sapientiam; homo autem factus ad imaginem dei, habet rationalem mentem, per quam possit percipere sapientiam. ergo illa vita per quam facta sunt omnia, lux est, et non quorumcumque animalium, sed hominum. * theophylactus. ° non autem dixit: lux est solum iudaeis, sed omnium hominum; omnes enim homines, inquantum intellectum et rationem recepimus ab eo quod nos condidit verbo, intantum ab eo illuminari dicimur: nam ratio nobis tradita, per quam rationales dicimur, lux est ad operanda nos dirigens |25| et non operanda. * origenes in ioannem. ° non est autem praetermittendum quod vitam praemittit luci hominum: inconsequens enim erat illuminari non viventem, et advenire illuminationi vitam. si autem idem est vita erat lux hominum, quod solum hominum, erit christus lux atque vita solorum hominum. hoc autem opinari haereticum est. non igitur quidquid dicitur aliquorum, illorum solum est: scriptum est enim de deo, quod sit deus abraham, isaac et iacob; non tamen istorum tantum patrum dictus est deus. non ergo ex eo quod dicitur lux hominum, excluditur quin sit aliorum. alius vero contendit ex eo quod scriptum est: faciamus hominem ad imaginem nostram: quod quidquid ad imaginem ac similitudinem dei factum est, intelligi debet per hominem. sic igitur lux hominum lux cuiuslibet rationalis creaturae est.

lc9 * Augustinus in ioannem. ° quia vita illa est lux hominum, sed stulta corda capere istam lucem non possunt, quia peccatis suis aggravantur, ut eam videre non possint; ne ideo cogitent quasi absentem esse lucem, quia eam videre non possunt, sequitur et lux in tenebris lucet, et tenebrae eam non comprehenderunt. quomodo enim homo positus in sole caecus, praesens est illi sol, sed ipse soli absens est; sic omnis stultus caecus est, et praesens est illi sapientia. sed cum caeco praesens est, oculis eius absens est: non quia illa ipsi absens est, sed quia ipse absens est ab illa. * origenes in ioannem. ° tenebrae autem huiusmodi hominum non natura sunt, secundum illud pauli: eramus aliquando tenebrae, nunc autem lux in domino. * origenes. ° vel aliter. lux in tenebris fidelium animarum lucet, a fide inchoans, ad spem trahens. imperitorum vero cordium perfidia et ignorantia lucem verbi dei in carne fulgentis non comprehenderunt. |25| sed iste sensus moralis est. physica vero horum verborum theoria talis est. humana natura, etsi non peccaret, suis propriis viribus non lucere posset: non enim naturaliter lux est, sed particeps lucis: capax siquidem sapientiae est, non ipsa sapientia. sicut ergo aer per semetipsum non lucet, sed tenebrarum vocabulo nuncupatur; ita nostra natura dum per seipsam consideratur, quaedam tenebrosa substantia est, capax ac particeps lucis sapientiae: et sicut aer dum solares radios participat, non dicitur per se lucere, sed solis splendor in eo apparere; ita rationabilis nostrae naturae pars, dum praesentiam verbi dei possidet, non per se res intelligibiles et deum suum, sed per insitum sibi divinum lumen cognoscit. lux itaque in tenebris lucet: quia dei verbum vita et lux hominum in nostra natura, quae per se investigata et considerata, informis quaedam tenebrositas invenitur, lucere non desinit: et quoniam ipsa lux omni creaturae est incomprehensibilis, tenebrae eam non comprehenderunt. * chrysostomus |50| in ioannem. ° vel aliter totum ab illo loco et vita erat lux hominum. primum nos de conditione docuerat; deinde dicit et quae secundum animam bona praebuit nobis veniens verbum; unde dicit et vita erat lux hominum. non dicit: lux iudaeorum; sed universaliter hominum: non enim iudaei solum, sed et gentes ad hanc venerunt cognitionem. non autem adiecit: et angelorum; quoniam ei de natura humana sermo est, quibus verbum venit evangelizans bona. * origenes. ° quaerunt autem quare non verbum lux hominum dictum est, sed vita quae in verbo fit; quibus respondemus: quia vita quae ad praesens, non ea quae communis est rationalium et irrationalium dicitur, sed quae adiungitur verbo quod in nobis fit per participationem verbi primarii, ad discernendum apparentem vitam et non veram, et cupiendam veram vitam. prius ergo participamus vitam quae apud quosdam quidem est potentia, non actu lux; qui scilicet non sunt avidi perquirere quae ad scientiam pertinent; apud |75| quosdam vero et actu lux efficitur, qui, secundum apostolum, aemulantur dona meliora, scilicet verbum sapientiae. si tamen et tunc idem est vita et lux hominum, nullus manens in tenebris perfecte vivere comprobatur, nec quisquam viventium consistit in tenebris. * chrysostomus in ioannem. ° vita enim adveniente nobis, solutum est mortis imperium; et luce lucente nobis, non ultra sunt tenebrae; sed semper manet vita quam mors superare non potest, nec tenebrae lucem; unde sequitur et lux in tenebris lucet. tenebras mortem et errorem dicit: nam lux quidem sensibilis non in tenebris lucet, sed sine illis; praedicatio vero christi in medio erroris regnantis fulsit; et eum disparere fecit, et in vitam mortem fecit mortuus christus, ita eam superans ut eos qui detinebantur reduceret. quia igitur neque mors eam superavit, neque error; sed fulgida est eius praedicatio ubique, et lucet cum propria fortitudine;

propterea subdit et tenebrae eam non comprehenderunt. * origenes. ° est etiam |100| sciendum, quod sicut lux hominum nomen est duarum spiritualium rerum, sic et tenebrae: dicimus enim hominem lucem possidentem, opera lucis perficere, et etiam cognoscere quasi illustratum lumine scientiae; et e contrario tenebras dicimus illicitos actus, et eam quae videtur scientia, non est autem. sicut autem pater lux est, et in eo tenebrae non sunt ullae, sic et salvator. sed quia similitudinem carnis peccati subiit, non incongrue de eo dicitur, quod tenebrae in eo sunt aliquae, ipso in se suscipiente nostras tenebras ut eas dissiparet. haec igitur lux, quae facta est vita hominum, radiat in tenebris animarum nostrarum, et venit ubi princeps tenebrarum harum cum genere bellat humano. hanc lucem persecutae sunt tenebrae: quod patet ex his quae salvator et eius filii sustinent, pugnantibus tenebris contra filios lucis. verum quia deus patrocinatur, non invalescunt; unde non apprehendunt lucem, vel quia celeritatem cursus lucis subsequi non valent propter propriam tarditatem, vel quia si supervenientem expectant, |125| fugantur luce appropinquante. oportet autem id considerare, quod non semper tenebrae in sinistra parte sumuntur, sed quandoque in bona, posuit tenebras latibulum suum, dum ea quae sunt erga deum, ignota et imperceptibilia sunt. de hac ergo laudata caligine dicam, quoniam versus lucem pergit, illamque apprehendit: quia quod erat caligo, dum ignorabatur, in lucem cognitam vertitur ei qui didicit. * augustinus de civ. dei. ° hoc autem initium sancti evangelii quidam platonicus aureis litteris perscribendum, et per omnes ecclesias in locis eminentissimis proponendum esse dicebat. * beda in ioannem. ° nam alii evangelistae christum in tempore natum describunt, ioannes vero eumdem in principio testatur fuisse, dicens in principio erat verbum. alii inter homines eum subito apparuisse commemorant; ille ipsum apud deum semper fuisse testatur, dicens et verbum erat apud deum. alii eum verum hominem, ille verum confirmat deum, dicens et deus |150| erat verbum. alii hominem apud homines eum temporaliter conversatum; ille deum apud deum in principio manentem ostendit, dicens hoc erat in principio apud deum. alii magnalia quae in homine gessit perhibent; ille quod omnem creaturam per ipsum deus pater fecerit, docet, dicens omnia per ipsum facta sunt, et sine ipso factum est nihil.

lc10 * Augustinus in ioannem. ° ea quae dicta sunt superius, de divinitate christi dicta sunt, qui sic venit ad nos secundum quod apparuit homo. quia igitur sic erat homo ut lateret in illo deus, missus est ante illum magnus homo, per cuius testimonium inveniretur plusquam homo. et quis est hic? fuit homo. * theophylactus. ° non angelus, ut suspicionem multorum destrueret. * augustinus. ° et quomodo posset iste verum de deo dicere, nisi missus a deo? * chrysostomus in ioannem. ° nihil de reliquo humanum esse aestimo eorum quae dicuntur ab illo: non enim quae eius sunt, sed quae mittentis omnia loquitur: ideo et angelus nuncupatus est a propheta dicente: ego mitto angelum meum. angeli enim virtus est nihil proprium dicere. hoc autem quod dicit fuit missus, non eius qui ad esse processus ostensivum est. sicut autem isaias missus fuit non aliunde quam a mundo, sed a statu quo vidit dominum |25| sedentem super solium excelsum et elevatum, ad plebem; sic et ioannes a deserto ad baptizandum mittitur; ait enim: qui misit me baptizare, ille mihi dixit: super quem videris spiritum descendentem et manentem super eum, hic est qui baptizat in spiritu sancto. * augustinus. ° quid vocabatur? cui nomen erat ioannes. * alcuinus. ° idest gratia dei, vel in quo est gratia, qui gratiam novi testamenti, idest christum, suo testimonio primum mundo innotuit. vel ioannes interpretatur cui donatum est, quia per gratiam dei donatum est illi regem regum non solum praecurrere, sed etiam baptizare. * augustinus in ioannem. ° quare venit? hic venit in testimonium, ut testimonium perhiberet de lumine. * origenes in ioannem. ° quidam improbare nituntur edita de christo testimonia prophetarum, dicentes non egere testibus dei filium habentem credulitatis sufficientiam tum in his quae protulit salubribus verbis, tum in mirabilibus operibus suis. siquidem et moyses credi meruit per verbum et |50| virtutes, non egens praeviis testibus. ad hoc dicendum est, quod multis existentibus causis inducentibus ad credendum, plerumque quidam ex hac demonstratione non admirantur, ex alia vero habent causam ut credant. deus autem est qui pro cunctis hominibus homo factus est. constat igitur quosdam ex dictis propheticis ad christi admirationem coactos, mirantes tot prophetarum ante eius adventum voces, constituentes nativitatis eius locum, et alia huiusmodi. illud quoque advertendum, quod prodigiosae virtutes ad credendum provocare poterant eos qui tempore christi erant, non autem post longa tempora: nam fabulosa quaedam aestimata fuerunt: plus enim peractis virtutibus facit ad credulitatem quae cum virtutibus quaeritur prophetia. est autem et tale quid dicere, quod quidam in hoc quod testimonium perhibent deo, honorati sunt. privare vult ergo chorum prophetarum ingenti gratia qui dicit, illos non oportere de christo testimonium exhibere. accessit autem his ioannes, ut testimonium |75| de luce perhibeat. * chrysostomus in ioannem. ° non ea indigente testimonio, sed propter quid, ipse ioannes docet, dicens ut omnes crederent per illum. sicut enim carnem induit, ne omnes perderet; ita et praeconem hominem misit, ut cognatam audientes vocem, facilius advenirent. * beda. ° non autem ait: ut omnes crederent in illum: maledictus enim homo qui confidit in homine; sed ut omnes crederent per illum; hoc est, per illius testimonium crederent in lucem. * theophylactus. ° si vero aliqui non crediderint, excusabilis permanet ipse: nam sicut si aliquis includens se in domo caliginis, et ipsum solis radius non illustret, ipse causam tribuit, et non sol; sic ioannes, ut omnes crederent, missus fuit; sed si minime consecutum est, ipse huius rei causa non extitit. * chrysostomus. ° quia vero multum apud nos maior qui testatur, eo cui testimonium perhibet, et dignior fide esse videtur; ne quis et de ioanne hoc suspicetur, hanc suspicionem destruit, dicens non erat ille lux; sed ut |100| testimonium perhiberet de lumine. si vero non huic instans opinioni hoc resumpsit ut testimonium perhiberet de lumine, superfluum esset quod dicitur, et magis iteratio sermonis quam explanatio doctrinae. * theophylactus. ° sed dicet aliquis: ergo neque ioannem, neque sanctorum quempiam lucem esse vel fuisse dicemus. sed si sanctorum aliquem lucem velimus dicere, ponemus lucem absque articulo; ut si interrogatus fueris utrum ioannes est lux sine articulo, secure concedas; si vero cum articulo, non concedas. non enim est ipsa lux principalior; sed lux dicitur quia secundum participationem lucem habeat a vero lumine.

lc11 * Augustinus in ioannem. ° de quo lumine ioannes testimonium perhibeat, ostendit dicens erat lux vera. * chrysostomus in ioannem. ° vel aliter. quia superius de ioanne dixerat, quod venit et missus est ut testetur de luce, ne quis hoc audiens propter testantis recentem praesentiam, de eo cui testimonium perhibetur, talem quamdam suspicionem accipiat, reduxit mentem, et ad eam quae supra omne principium est, transmisit existentiam, dicens erat lux vera. * augustinus. ° quare additum est vera? quia et homo illuminatus dicitur lux; sed vera lux illa est quae illuminat; nam et oculi nostri dicuntur lumina, et tamen nisi aut per noctem lucerna accendatur, aut per diem sol exeat, lumina illa sine causa patent; unde subdit quae illuminat omnem hominem. si omnem hominem, ergo et ipsum ioannem. ipse ergo illuminabat, a quo se demonstrari volebat. quomodo enim plerumque fit ut in aliquo corpore radiato cognoscatur ortus esse sol |25| quem oculis videre non possumus; quia etiam qui saucios habet oculos, idonei sunt videre parietem illuminatum, aut aliquid huiusmodi; sic omnes ad quos venerat christus, minus erant idonei eum videre. radiavit ioannem, et per illum confitentem se illuminatum cognitus est ille qui illuminat. dicit autem venientem in hunc mundum, nam si illinc non recederet, non esset illuminandus; sed ideo hic illuminandus, quia illinc recessit ubi homo poterat esse illuminatus. * theophylactus. ° erubescat manichaeus, qui conditoris maligni et tenebrosi nos asserit creaturas: non enim illuminaremur, si veri luminis creaturae non essemus. * chrysostomus in ioannem. ° ubi sunt etiam qui non dicunt eum verum deum? hic enim lux vera dicitur. sed si illuminat omnem hominem venientem in hunc mundum, qualiter tot sine lumine permanserunt? non enim omnes cognoverunt christi culturam. illuminat igitur omnem hominem quantum ad eum pertinet; si autem quidam mentis oculos claudentes noluerunt |50| recipere lucis huius radios, non a lucis natura obtenebratio est eis, sed a malitia eorum, qui voluntarie privant seipsos gratiae dono: nam gratia quidem ad omnes effusa est; qui vero nolunt dono hoc frui, sibi ipsis hanc imputent caecitatem. * augustinus enchir.. ° vel quod dicitur illuminat omnem hominem, sic intelligimus: non quia nullus est hominum qui non illuminetur; sed quia nisi ab ipso nullus illuminatur. * beda. ° sive naturali ingenio, sive sapientia divina: sicut enim nemo a seipso esse, sic etiam nemo a seipso sapiens esse potest.·* origenes. ° vel aliter. non de his qui de occultis seminum causis in species corporales procedunt, debemus intelligere quod illuminat omnem hominem venientem in hunc mundum; sed de his qui spiritualiter per regenerationem gratiae, quae datur in baptismate, in mundum veniunt invisibilem. eos itaque vera lux illuminat qui in mundum virtutum veniunt, non eos qui in mundum vitiorum ruunt. * theophylactus. ° vel aliter. intellectus |75| nobis traditus, ac nos dirigens, qui et naturalis ratio nominatur, dicitur lux tradita nobis a deo. sed quidam male ratione utentes, seipsos obscuraverunt.

lc12 * Augustinus in ioannem. ° lux quae illuminat omnem hominem venientem in hunc mundum, huc venit per carnem: quia dum hic esset per divinitatem, a stultis, caecis et iniquis videri non poterat, de quibus supra dictum est tenebrae eam non comprehenderunt: et ideo dicitur in mundo erat. * origenes. ° ut enim qui loquitur, dum loqui cessat, vox eius esse desinit, et evanescit, sic caelestis pater, si verbum suum loqui cessaverit, effectus verbi, hoc est universitas verbo condita, non subsisteret. non autem putes quia sic erat in mundo quomodo in mundo est terra, pecora, et homines; sed quomodo artifex regens quod fecit; unde sequitur et mundus per ipsum factus est. non enim sic fecit quomodo facit faber: qui enim fabricat, extrinsecus est ad illud quod fabricat. deus autem infusus mundo, fabricat ubique positus, et non recedit ab aliquo: praesentia maiestatis facit quod facit, et gubernat quod facit. sic ergo erat in mundo, quomodo |25| per quem factus est mundus. * chrysostomus. ° et iterum, quia in mundo erat, sed non ut mundi contemporaneus, propter hoc induxit et mundus per ipsum factus est; per hoc et rursus te deducens ad aeternam existentiam unigeniti; qui enim audierit quoniam opus eius hoc totum, et si valde insensibilis fuerit, cogetur concedere ante opera esse factorem. * theophylactus. ° simul autem hic et manichaei subvertit rabiem, qui malignum conditorem cuncta produxisse dicebat; necnon et arii, qui filium dei dicebat creaturam. * augustinus. ° quid est autem mundus per ipsum factus est? caelum, terra, mare et omnia quae in eis sunt, mundus dicitur. iterum in alia significatione, dilectores mundi mundus dicuntur; de quo sequitur et mundus eum non cognovit. num enim caeli, aut angeli, aut sidera non cognoverunt creatorem, quem confitentur daemonia, omnia undique testimonium perhibuerunt? sed qui non cognoverunt eum? qui amando mundum, dicti sunt mundus: amando enim |50| mundum, habitamus corde in mundo: nam qui non diligunt mundum, carne versantur in mundo, sed corde inhabitant caelum; sicut apostolus dicit: nostra conversatio in caelis est. amando igitur mundum, hoc appellari meruerunt ubi habitant. quomodo enim cum dicimus: mala est illa domus aut bona, non parietes incusamus aut laudamus, sed inhabitantes, sic et mundum dicimus qui inhabitant mundum amando. * chrysostomus in ioannem. ° qui autem dei erant amici, eum cognoverunt, etiam ante corporalem praesentiam: unde et christus ait quoniam abraham pater vester exultavit ut videret diem meum. cum ergo nos interpellant gentiles, dicentes: quid est quod in ultimo tempore venit nostram operaturus salutem, tanto tempore negligens nos? dicimus, quoniam et ante hoc in mundo erat, et providebat operibus suis, et omnibus dignis cognitus erat: et si eum mundus non cognovit, hi tamen quibus mundus non erat dignus, eum cognoverunt. dicens autem mundus |75| eum non cognovit, breviter causam ignorantiae praebuit. mundum enim vocat homines qui soli mundo affixi sunt, et quae mundi sunt sapiunt. nihil autem ita turbat mentem, ut liquefieri amore praesentium.

lc13 * Chrysostomus in ioannem. ° dixit quod mundus eum non cognovit, de superioribus loquens temporibus; sed de reliquo sermonem induxit ad praedicationis tempora, et ait in propria venit. * augustinus in ioannem. ° quia scilicet omnia per ipsum facta sunt. * theophylactus. ° vel per propria mundum intelligas, sive iudaeam, quam pro hereditate elegerat. * chrysostomus in ioannem. ° in propria ergo venit, non gratia suae necessitatis, sed gratia beneficii suorum. sed unde venit qui omnia implet, et ubique adest? ea quidem quae ad nos condescensione hoc operatus est: quia enim in mundo existens, non putabatur adesse, eo quod nondum cognoscebatur, dignatus est induere carnem. manifestationem vero hanc et condescensionem adventum vocat. misericors autem existens deus omnia facit, ut nos secundum virtutem splendeamus; et propter hoc quidem nullum necessitate, suasione vero et beneficiis volentes ad se attrahit; et propterea venientem eum |25| hi quidem susceperunt, alii vero non receperunt. nullum enim vult invitum neque coactum habere famulatum: invitum enim trahi, par est cum eo qui totaliter non servit; unde sequitur et sui eum non receperunt. in ioannem. iudaeos nunc suos dicit, ut populum peculiarem; sed et omnes homines ut ab ipso factos: et sicut superius pro communi verecundatus natura dicebat, quoniam mundus per ipsum factus conditorem non cognovit, ita et hic rursus pro iudaeorum anxius indevotione gravius ponit accusationem, dicens et sui eum non receperunt. * augustinus. ° si autem omnino nullus recepit, nullus ergo salvus factus est. nemo enim salvus fiet, nisi qui christum receperit venientem; et ideo addit quotquot autem receperunt eum. * chrysostomus in ioannem. ° sive sint servi sive liberi, sive graeci sive barbari, sive insipientes sive sapientes, sive mulieres sive viri, sive pueri, sive senes, omnes eodem digni facti sunt honore, de quo sequitur dedit eis potestatem filios |50| dei fieri. * augustinus. ° magna benevolentia. unicus natus est, et noluit manere unus; non timuit habere coheredes, quia hereditas eius non fit angusta, si eam multi possederint. * chrysostomus. ° non autem dixit, quoniam fecit eos filios dei fieri; sed dedit eis potestatem filios dei fieri; ostendens quoniam multo opus est studio, ut eam, quae in baptismo adoptionis formata est, imaginem incontaminatam semper custodiamus: simul autem ostendens quoniam potestatem hanc nullus nobis auferre poterit, nisi nos ipsi auferamus. si enim qui ab hominibus dominium aliquarum rerum suscipiunt, tantum habent robur quantum fere hi qui dederunt; multo magis nos qui a deo potimur hoc honore. simul autem ostendere vult quoniam haec gratia advenit volentibus et studentibus: etenim in potestate est liberi arbitrii et gratiae operatione filios dei fieri. * theophylactus. ° vel quia in resurrectione filiationem perfectissimam consequemur, secundum quod apostolus dicit:

adoptionem filiorum dei expectantes |75| redemptionem corporis nostri. dedit ergo potestatem filios dei fieri, idest hanc gratiam in futura gratia consequendi. * chrysostomus. ° et quia in his ipsis ineffabilibus bonis, hoc quidem est dei, scilicet dare gratiam; illud vero hominis, idest praebere fidem, subiungit his qui credunt in nomine eius. quid igitur non dicis nobis, o ioannes, quod eorum sit supplicium qui eum non receperunt? quia numquid isto supplicio fiet maius quando praeiacente eis potestate filios dei fieri, non fiant, sed volentes seipsos tanto privant honore? sed etiam inextinguibilis eos suscipiet ignis, quod postea manifestius revelabit. * augustinus. ° credentes ergo quia filii dei fiunt et fratres christi, utique nascuntur; nam si non nascuntur, filii quomodo esse possunt? sed filii hominum nascuntur ex carne et sanguine, et ex voluntate viri, et complexu coniugii. illi autem quomodo nascuntur subdit qui non ex sanguinibus, tamquam maris et feminae. sanguina vel sanguines non est latinum; sed quia graece |100| positum est pluraliter, maluit ille qui interpretatur, sic ponere, et quasi minus latine loqui secundum grammaticos, et tamen explicare veritatem secundum auditum infirmorum. ex sanguinibus enim maris et feminae homines nascuntur. * beda. ° sciendum etiam est, quia in scripturis sanctis sanguis, cum dicitur pluraliter, peccatum significare solet; unde: libera me de sanguinibus. * augustinus in ioannem. ° in eo autem quod sequitur neque ex voluntate carnis, neque ex voluntate viri, carnem pro femina posuit: quia de costa facta cum esset, adam dixit: hoc nunc os de ossibus meis, et caro de carne mea. ponitur ergo caro pro uxore quomodo aliquando spiritus pro marito: quia ille imperare debet, ista servire. quid enim peius est domo ubi femina habet imperium super virum? hi ergo neque ex voluntate carnis, neque ex voluntate viri, sed ex deo nati sunt. * beda. ° carnalis enim singulorum generatio a complexu coniugii duxit originem: at vero spiritualis spiritus sancti |125| gratia ministratur. * chrysostomus. ° hoc autem narrat evangelista, ut vilitatem et humilitatem prioris partus, qui est per sanguinem et voluntatem carnis, addiscentes, et altitudinem secundi, qui per gratiam et nobilitatem est, cognoscentes, magnam quamdam hic suscipiamus intelligentiam et dignam dono ipsius qui genuit, et multum post hoc studium demonstremus.

lc14 * Augustinus in ioannem. ° cum dixisset ex deo nati sunt, quasi ne miraremur et horreremus tantam gratiam, et nobis incredibile videretur, quia homines ex deo nati sunt; quasi securitatem faciens, ait et verbum caro factum est. quid ergo miraris quia homines ex deo nascuntur? attende ipsum deum ex hominibus natum. * chrysostomus in ioannem. ° vel aliter. cum dixisset quoniam ex deo nati sunt qui susceperunt eum, huius honoris posuit causam, hoc scilicet verbum fieri carnem: factus est enim proprius filius dei hominis filius, ut filius hominum faciat filios dei. cum autem audieris quoniam verbum caro factum est, ne turberis: neque enim substantiam convertit in carnem; hoc enim vere impium est intelligere; sed manens quod est, servi formam assumpsit. quia enim sunt qui dicunt, quoniam phantasmata quaedam fuerint omnia quae incarnationis sunt; eorum blasphemiam destruens, hanc dictionem factum est posuit, non transmutationem |25| substantiae, sed carnis verae assumptionem repraesentare volens. si vero dixerint: quoniam deus omnipotens est, quare et in carnem transmutari non potuit? dicemus quod transmutari ab illa incommutabili natura omnino procul est. * augustinus de trin.. ° sicut autem verbum nostrum vox quodammodo corporis fit assumendo eam in qua manifestatur sensibus hominum, sic verbum dei caro factum est, assumendo eam in qua et ipsum manifestaretur sensibus hominum. et sicut verbum nostrum fit vox, nec mutatur in vocem, ita verbum dei caro quidem factum est; sed absit ut mutaretur in carnem: assumendo quippe illam, non in eam se consumendo, et hoc nostrum vox fit, et illud caro factum est. * ex gestis concilii ephesini. ° sermo etiam quem proferimus, quo in alterutris locutionibus utimur, sermo est incorporeus, non aspectui subiectus, non tactu tractabilis; sed cum sermo induerit litteras et elementa, visibilis fit, aspectu comprehenditur, tactu tractatur, sic et verbum dei, quod naturaliter invisibile |50| est, visibile fit; et quod natura incorporeum est, invenitur esse tractabile. * alcuinus. ° cum etiam credamus animam incorpoream corpori coniungi, ut ex his duobus fiat unus homo, facilius possumus credere divinam substantiam incorpoream animae in corpore coniungi in unionem personae; ita ut verbum in carnem non sit conversum, nec caro in verbum; cum nec corpus in animam, nec anima convertatur in corpus. * theophylactus. ° apollinarius autem laodicensis in hoc verbo haeresim statuit: dicebat enim, quod christus animam rationalem non habuit sed tantum carnem; habens divinitatem pro anima, quae corpus dirigit et gubernat. * augustinus contra serm. arian.. ° si autem moventur in eo quod scriptum est, quod verbum caro factum est, nec ibi anima nominatur; intelligant carnem pro homine positam, a parte totum, figuratae locutionis modo, sicuti est: ad te omnis caro veniet; item quod ex operibus legis non iustificabitur omnis caro; quod apertius alio loco |75| dicitur: non iustificabitur homo ex operibus legis. sic itaque dictum est verbum caro factum est; ac si diceret: verbum homo factum est. * theophylactus. ° evangelista volens ostendere inenarrabilem dei condescensum, carnem commemorat, ut illius admiremur misericordiam, quoniam propter nostram salutem quod omnino remotum et distans est ab eius natura, assumpsit, scilicet carnem; anima namque habet aliquam propinquitatem ad deum. si autem verbum incarnatum est, et humanam animam non assumpsit; sequeretur quod adhuc animae nostrae curatae non essent: quod enim non assumpsit, non sanctificavit. et qualis derisio, cum anima prius peccaverit, ut carnem assumendo sanctificaverit, id quod est principalius infirmum reliquerit? subvertitur ex hoc dicto nestorius, qui dicebat quod non deus verbum ipse idem factus est homo ex sacro conceptus sanguine virginis; sed virgo peperit hominem qui omnis virtutis dotatus erat specie, et dei verbum illi erat coniunctum: et |100| ex hoc duos filios asserebat: unum natum de virgine, scilicet hominem; alterum de deo, scilicet dei filium, homini illi coniunctum secundum gratiae habitudinem et amorem. contra quem evangelista dixit, quod ipsum verbum factum est homo, non quod verbum inveniens hominem virtuosum, se sibi coniunxerit. * cyrillus ad nestorium. ° carnem enim animatam anima rationali uniens verbum sibi secundum subsistentiam, ineffabiliter et inintelligibiliter factus est homo, et appellatus est filius hominis, non secundum voluntatem solam aut beneplacitum, sed neque in assumptione personae solius. diversae quidem quoad unionem collatae naturae; unus autem ex ambabus christus et filius; non quasi differentia naturarum interempta propter adunationem. * theophylactus. ° addiscimus ergo per hoc quod dicitur verbum caro factum est, quia ipsum verbum est homo, et filius dei existens factus est filius mulieris; quae principaliter dei genitrix nuncupatur, tamquam deum in carne genuerit. * hilarius de trin.. |125| ° quidam autem volentes unigenitum deum, qui in principio apud deum erat deus verbum, non substantivum deum esse, sed sermonem vocis emissae, ut quod loquentibus verbum suum, hoc sit patri deo filius, argute subrepere volunt, ne subsistens verbum deus, et manens in forma dei christus homo natus sit: ut cum hominem illum humanae potius originis causa quam spiritualis conceptionis sacramentum animaverit, non deus verbum hominem se ex partu virginis efficiens extiterit; sed, ut in prophetis spiritus prophetiae, ita in iesu verbum dei fuerit. et arguere nos solent, quod christum dicamus esse natum non nostri corporis atque animae hominem, cum nos verbum carnem factum, nostrae similitudinis natum hominem praedicemus, ut vere dei filius vere filius hominis natus sit; et ut per se sibi assumpsit ex virgine corpus, ita ex se sibi animam assumpsit; quae utique ab homine numquam gignentium originibus praebetur: et cum ipse ille filius hominis sit, quam ridicule praeter dei filium, qui |150| verbum caro factum est, alium nescio quem tamquam prophetam verbo dei animatum praedicabimus, cum dominus iesus christus et dei filius et hominis filius sit? * chrysostomus. ° ne autem ab eo quod dictum est verbum caro factum est, inconvenienter suspiceris versionem illius incorruptibilis naturae, subdit et habitavit in nobis. quod enim habitat, non idem est cum habitaculo, sed aliud: aliud autem dico secundum naturam: unione vero et copulatione unum est deus verbum caro, neque confusione facta, neque destructione substantiarum. * alcuinus. ° vel habitavit in nobis, idest inter homines conversatus est.

lc15 * Chrysostomus in ioannem. ° cum dixisset, quod filii dei facti sumus, et non aliter quam per hoc quod verbum caro factum est; rursus ipsius dicit et aliud lucrum et vidimus gloriam eius: quam utique non vidissemus, nisi per consortium humanitatis visus esset nobis. si enim moysi non sustinuerunt faciem glorificatam videre, sed velamine opus fuit; qualiter divinitatem nudam existentem, inaccessibilem etiam ipsis superioribus virtutibus, nos lutei et terrestres sufferre possemus? * augustinus in ioannem. ° vel aliter. verbum caro factum est, et habitavit in nobis, ista nativitate collyrium fecit, unde tergerentur oculi nostri, ut possimus videre maiestatem eius per eius humanitatem; et ideo dicitur et vidimus gloriam eius. gloriam eius nemo posset videre, nisi humilitate carnis sanaretur. irruerat enim homini quasi pulvis in oculum de terra: oculus iste sauciatus erat, et terra illuc mittitur ut sanetur: caro te obcaecaverat, caro te sanat. carnalis enim |25| anima facta erat, consentiendo carnalibus affectibus; inde fuerat oculus cordis caecatus: medicus fecit tibi collyrium, quoniam sic venit ut de carne vitia carnis extingueret. verbum enim caro factum est, ut possis dicere vidimus gloriam eius. * chrysostomus. ° subdit autem, quasi unigeniti a patre: quia multi prophetarum glorificati sunt, puta moyses, eliseus et alii multi quicumque miracula ostenderunt; sed et angeli hominibus apparentes, et eam quae est propriae naturae coruscantem lucem manifestantes, sed et cherubim et seraphim cum multa gloria visa sunt a propheta. ab omnibus his nos abducens evangelista, et supra omnem naturam et conservorum nostrorum claritatem erigens mentem, ad ipsum nos perducit verticem; quasi dicat: non ut prophetae aut alterius hominis, vel angeli, aut archangeli, aut alicuius superiorum virtutum, est gloria quam vidimus; sed quasi ipsius regis, ipsius naturalis filii unigeniti. * gregorius moralium. ° in sacro enim eloquio sicut et quasi aliquando |50| non pro similitudine ponitur, sed pro veritate; unde et istud, quasi unigeniti a patre. * chrysostomus. ° ac si diceret: vidimus gloriam qualem decebat, et conveniens est habere unigenitum et naturalem filium. consuetudo enim multorum, regem valde ornatum videntium, est ut cum aliis enarrantes non possunt universalem repraesentare claritatem, hoc inducunt: quid oportet multa dicere? quasi rex ibat. sic et ioannes dicit vidimus gloriam eius, gloriam quasi unigeniti a patre. angeli enim apparentes ut servi, et dominum habentes, omnia agebant; ipse vero ut dominus cum humili forma apparens. sed et creaturae dominum cognoverunt, stella magos vocans, angeli pastores, puer exultans in utero: sed et pater testatus est de caelis, et paraclytus super ipsum advenit; sed et ipsa rerum natura omni tuba clarius clamavit, quoniam rex caelorum advenerat: etenim daemones fugiebant, infirmitatis species solvebantur, mortuos dimittebant sepulchra, et animas a malitia ad virtutis verticem agebat. quid |75| utique quis dicat praeceptorum philosophiam, caelestium legum virtutem, angelicae urbanitatis bonam ordinationem? * origenes. ° eius autem quod sequitur, plenum gratiae et veritatis, duplex intellectus est. potest enim de humanitate ac divinitate incarnati verbi accipi; ita ut plenitudo gratiae referatur ad humanitatem, secundum quam christus caput est ecclesiae et primogenitus creaturae universae: quoniam maximum et principale gratiae exemplum, qua nullis praecedentibus meritis homo efficitur deus, in ipso primordialiter manifestatum est. potest etiam plenitudo gratiae christi de spiritu sancto intelligi, cuius septiformis operatio humanitatem christi implevit. plenitudo vero veritatis ad divinitatem refertur. * origenes in ioannem. ° si vero plenitudinem gratiae et veritatis de novo testamento mavis intelligere, non incongrue pronuntiabis plenitudinem gratiae novi testamenti esse per christum donatam, et legalium symbolorum veritatem in ipso esse impletam. * theophylactus. |100| ° vel plenum gratia, prout eius verbum gratiosum erat, dicente david: diffusa est gratia in labiis tuis; et veritate, secundum quod moyses et prophetae loquebantur aut operabantur in figura, christus autem cum veritate.

lc16 * Alcuinus. ° dixerat superius fuisse missum hominem ad perhibendum testimonium; hic determinat testimonium suum, quod manifeste praecursor pronuntiavit; unde dicitur ioannes perhibet testimonium de ipso. * chrysostomus in ioannem. ° vel aliter hoc inducit; ac si dicat: non aestimetis quod nos qui fuimus cum eo multo tempore et mensae ipsius communicavimus, propter gratiam hoc testemur; quia ioannes, qui antea eum non viderat, nec ei commoratus fuerat, ei testimonium perhibebat. multoties autem evangelista revolvit eius testimonium, quia multam admirationem huius viri habebant iudaei. et alii quidem evangelistae antiquorum meminerunt prophetarum, dicentes: hoc factum est ut impleatur quod dictum est per prophetam; hic autem altiorem et recentiorem testem inducit, non intendens a servo dominatorem facere fide dignum, sed auditorum imbecillitati condescendens. quemadmodum enim nisi servi formam assumpsisset, |25| non ita facile susceptibilis factus esset; ita nisi servi voce auditum conservorum praeexcitasset, nequaquam multi iudaeorum verbum christi suscepissent. sequitur et clamat; idest, cum propalatione, cum libertate, sine subtractione omnia praedicat. non autem a principio dixit, quoniam hic est filius dei unigenitus naturalis; sed clamat dicens hic erat quem dixi: qui post me venit, ante me factus est, quia prior me erat. quemadmodum enim matres avium, non confestim pullos suos volationem docent; sed primo quidem extra nidum educunt, postea vero aliam multo velociorem volationem apponunt; sic et ioannes non confestim iudaeos ad alta duxit, sed interim paulum a terra eos evolare docuit, dicens, quod christus melior eo erat; quod non parum interim erat. et vide qualiter sapienter inducit testimonium: non enim solum apparentem christum monstrat; sed et antequam apparuisset eum praedicat; quod significatur in hoc quod dicit hic erat de quo dixi. hoc autem fecit ut facile susceptibilis esset |50| christus, hominum mente iam praedetenta ab aliis quae de eo dicta erant, et nihil ad hoc humilitas habitus noceret. ita enim humili et communi omnibus forma christus utebatur, ut si simul et verba haec audissent de eo, et eum considerassent, ioannis testimonium derisissent. * theophylactus. ° dicit autem qui post me venit, videlicet secundum tempora nativitatis: sex enim mensibus prior christo ioannes erat secundum humanitatem. * chrysostomus. ° vel hoc non dicit de ea generatione quae est ex maria: iam enim natus erat christus quando haec a ioanne dicebantur; sed de adventu eius ad praedicationem. dicit autem ante me factus est; idest, clarior est et honorabilior; ac si dicat: non quia prior veni ad praedicandum, ex hoc maiorem me esse illo existimetis. * theophylactus. ° ariani vero hanc litteram sic exponunt, volentes ostendere quod dei filius non est a patre genitus, sed factus, sicut una alia creatura. * augustinus in ioannem. ° non ergo intelligitur: factus est antequam ego |75| essem factus; sed antepositus est mihi. * chrysostomus. ° si autem quod dicitur ante me factus est, de productione ad esse intelligeretur, superfluum esset quod additur quia prior me erat. quis enim est ita insipiens ut ignoret quoniam ex quo ante eum factus est, prior eo erat? aliter autem e contrario oporteret dicere, scilicet: prior me erat, quia ante me factus est. ergo quod dicit ante me factus est, de honore intelligitur: hoc enim quod futurum erat, factum dicit, quia consuetudo erat antiquorum prophetarum de futuris quasi de iam praeteritis loqui.

lc17 * Origenes. ° sermo iste in persona baptistae de christo testantis prolatus est; quod plurimos fallit, ex hic usque illuc ille enarravit, credentes in persona ioannis apostoli recitari, inconsequens autem est putare, subito et quasi intempestive interrumpi baptistae sermonem ex verbo discipuli; et cuique scienti percipere dictorum collationem, in propatulo constat series dicti; dixerat enim ob hoc ante me factus est, qui prior me erat. ex hoc autem coniecto priorem me fore, quod ex eius plenitudine ego quidem, et ante me prophetae accepimus gratiam secundam pro prima. pertigerunt enim et illi post figuras per spiritum ad veritatis speculationem. hinc etiam perpendimus ex plenitudine eius accipientes, legem quidem per moysen fore datam, gratiam autem et veritatem per iesum christum, nedum fore datam, sed factam; patre quidem legem dante per moysen, gratiam et veritatem faciente per iesum. sed si iesus est qui dicit: |25| ego sum veritas, quomodo veritas fit per iesum? sed intelligendum est, quod ipsa veritas substantialis (ex qua prima veritate et eius imagine sculptae sunt multae veritates in his qui veritatem tractant) nequaquam per iesum christum facta est, nec prorsus per aliquem; sed veritas, puta quae consistit in paulo et apostolis, per iesum christum facta est. * chrysostomus in ioannem. ° vel aliter. coniungit hic testimonio ioannis baptistae suum testimonium ioannes evangelista, dicens et de plenitudine eius nos omnes accepimus. non praecursoris est verbum, sed discipuli; quasi dicat: etiam nos omnes duodecim, et omnis plenitudo fidelium, et qui nunc sunt, et futurorum, de plenitudine eius accepimus. * augustinus in ioannem. ° quid autem accepistis? et gratiam pro gratia: ut nescio quid nos voluerit intelligere de plenitudine eius accepisse, et insuper gratiam pro gratia: accepimus enim de plenitudine eius primo gratiam, et rursus accepimus gratiam pro gratia. quam gratiam |50| primo accepimus? fidem. vocatur enim gratia, quia gratis datur. hanc ergo accepit gratiam primam peccator, ut eius peccata dimitterentur; et iterum gratiam pro gratia; idest, pro hac gratia in qua ex fide vivimus, recepturi sumus aliam, idest vitam aeternam: vita enim aeterna quasi merces est fidei: sed quia ipsa fides gratia est, vita aeterna gratia est pro gratia. non erat ista gratia in veteri testamento: quia lex minabatur, non opitulabatur; iubebat, non sanabat: languorem ostendebat, non auferebat, sed praeparabat medico venturo cum gratia et veritate; unde sequitur quia lex per moysen data est; gratia et veritas per iesum christum facta est. mortem enim temporalem et aeternam occidit mors domini tui: ipsa est gratia quae promissa et non habita erat in lege. * chrysostomus in ioannem. ° vel accepimus gratiam pro gratia; idest, pro veteri novam. sicut enim est iustitia et iustitia, adoptio et adoptio, circumcisio et circumcisio, ita gratia et gratia; sed illa quidem ut typus, haec vero ut |75| veritas. hoc autem induxit, ostendens quoniam et iudaei gratia salvabantur, sed et nos omnes gratia salvi sumus: misericordiae autem et gratiae fuit legem suscipere. propterea cum dixisset gratiam pro gratia, ostendens magnitudinem eorum quae data sunt, subdit quia lex per moysen data est, gratia et veritas per iesum christum facta est. et supra quidem ioannes ad seipsum comparans christum, ait ante me factus est: hic autem evangelista ad eum qui illo tempore magis in admiratione apud iudaeos erat quam ioannes, christi comparationem facit, scilicet ad moysen. et considera prudentiam. non personarum, sed rerum comparationem facit, gratiam et veritatem legi opponens; et huic addit data est, quod ministrantis erat; huic autem facta est, quod est regis cum potestate omnia operantis: cum gratia quidem, quia cum potestate omnia dimittebat peccata. et gratiam quidem eius baptismatis donum, et adoptio quae per spiritum nobis datur, et alia multa ostendunt: veritatem autem plenius sciemus si |100| figuras veteris legis didicerimus: ea enim quae in novo testamento perficienda erant, in veteri testamento figurae praescripserunt, quas christus veniens adimplevit. unde figura data est per moysen, veritas per christum facta est. * augustinus de trin.. ° vel gratiam referamus ad scientiam, veritatem ad sapientiam: in rebus enim per tempus ortis illa summa gratia est, quod homo in unitate personae coniunctus est deo: in rebus vero aeternis summa veritas recte tribuitur dei verbo.

lc18 * Origenes in ioannem. ° incongrue heracleon asserit hoc promulgatum fuisse non a baptista, sed a discipulo: nam si illud de plenitudine eius nos omnes accepimus, a baptista prolatum est, quomodo non est sequens, ipsum de gratia christi suscipientem, et secundam pro prima gratia, confitentemque, legem per moysen fore traditam, gratiam vero et veritatem per iesum christum prodiisse; intellexisse qualiter deum nemo vidit unquam, quodque unigenitus, cum in patris gremio requiescat, interpretationem ipsi ioanni, nec non omnibus his qui de perfectione gustaverint, concesserit? non enim nunc primitus annuntiavit: nam priusquam abraham fieret, docet nos abraham exultasse, ut videret eius gloriam. * chrysostomus in ioannem. ° vel aliter. evangelista ostendens multam eminentiam donorum christi ad ea quae per moysen dispensata sunt, vult de reliquo causam rationalem differentiae dicere: nam ille quidem famulus existens, minorum rerum factus est |25| minister; hic vero dominator et regis filius existens, multo maiora nobis attulit coexistens semper patri, et videns eum: propter hoc ita intulit, dicens deum nemo vidit unquam. * augustinus ad paulinam. ° quid ergo est quod iacob dicit: vidi dominum facie ad faciem; et quod de moyse scriptum: quia loquebatur cum deo facie ad faciem; et illud quod propheta isaias loquens de seipso ait: vidi dominum sabaoth sedentem in throno? * gregorius moralium. ° sed patenter datur intelligi quod quamdiu hic mortaliter vivitur, videri per quasdam imagines potest deus; sed per ipsam naturae suae speciem non potest; ut anima gratia spiritus afflata, per figuras quasdam deum videat; sed ad ipsam vim eius essentiae non pertingat. hinc est enim quod iacob, qui deum se vidisse testatur, nonnisi angelum vidit: hinc est quod moyses, qui cum deo facie ad faciem loquitur, dicit: ostende mihi temetipsum manifeste, ut videam te. ex qua eius petitione |50| colligitur, quia eum sitiebat per incircumscriptae naturae suae claritatem cernere, quem iam coeperat per quasdam imagines videre. * chrysostomus. ° si autem antiqui patres ipsam viderunt naturam, nequaquam differenter considerassent: simplex enim quaedam est et infigurabilis; non sedet, neque stat, neque ambulat; haec enim corporum sunt: unde et per prophetam dicit: ego visionem multiplicavi eis, et in manibus prophetarum assimilatus sum; hoc est, condescendi eis, non quod eram apparui: quia enim filius dei per veram carnem appariturus erat nobis, primo excitavit eos videre deum, sicut possibile erat eis videre. * augustinus ad paulinam. ° sed cum scriptum sit: beati mundo corde, quoniam ipsi deum videbunt, et iterum: cum apparuerit, similes ei erimus, quoniam videbimus eum sicuti est, quid est quod hic dicitur deum nemo vidit unquam? an fortasse respondetur, quod illa testimonia de videndo deo sunt, non de viso? ipsi enim |75| deum videbunt, dictum est, non viderunt; et non vidimus, sed: videbimus eum sicuti est: deum enim nemo vidit unquam: vel in hac vita sicuti ipse est, vel etiam in angelorum vita, sicut visibilia ista quae corporali visione cernuntur. * gregorius moralium. ° si vero a quibusdam potest in hac corruptibili carne viventibus, sed tamen inaestimabili virtute crescentibus, quodam contemplationis acumine aeterna claritas dei videri; hoc ab hac sententia non abhorret, quoniam quisquis sapientiam, quae deus est, videt, huic vitae funditus moritur, ne iam eius amore teneatur. * augustinus super genesim. ° nisi enim ab hac vita quisque quodammodo moriatur, sive omnino exiens de corpore, sive ita aversus et alienatus a carnalibus sensibus, ut merito nesciat, sicut apostolus ait utrum in corpore, an extra corpus sit, non in illam rapitur et subvertitur visionem. * gregorius. ° sciendum vero est, quod fuere nonnulli qui deum dicerent in illa regione beatitudinis in claritate |100| sua conspici, sed in natura minime videri. quos nimirum minor inquisitionis subtilitas fefellit: neque enim illi simplici et incommutabili essentiae aliud est claritas, aliud natura. * augustinus ad paulinam. ° si autem dicitur, in hoc quod scriptum est deum nemo vidit unquam, homines tantummodo intelligendos: nam hoc apostolus planius explicans: quem nemo, inquit, hominum vidit, sed nec videre potest, ut ita dictum sit deum nemo vidit unquam, ac si diceretur: nullus hominum, quaestio illa solvi videbitur, ut non sit huic sententiae contrarium quod dominus ait: angeli eorum semper vident faciem patris mei; ut scilicet angelos deum videre credamus, quem nemo vidit unquam, scilicet hominum. * gregorius. ° sunt tamen nonnulli qui nequaquam deum videre nec angelos suspicantur. * chrysostomus in ioannem. ° dicentes, quod ipsum quod deus est, non solum prophetae, sed nec angeli viderunt, neque archangeli. |125| sed si interrogaveris eos, audies de substantia nihil respondentes. gloria vero in excelsis deo non solum cantantes, sed et in terra pax hominibus bonae voluntatis. et si a cherubim et seraphim concupiveris aliquid discere, mysticam sanctimonii melodiam audies, et quoniam plenum est caelum et terra gloria eius. * augustinus ad paulinam. ° quod quidem intantum verum est, quia dei plenitudinem nullus non solum oculis corporis, sed vel ipsa mente aliquando comprehendit. aliud est enim videre, aliud totum videndo comprehendere: quandoquidem id videtur quod praesens utcumque sentitur; totum autem comprehenditur videndo quod ita videtur ut nihil eius lateat videntem, aut cuius fines circumspici possunt. * chrysostomus. ° sic igitur solus patrem videt filius et spiritus sanctus. quod enim creabilis est naturae, qualiter poterit videre quod increabile est? ita igitur nullus novit deum, ut filius; unde sequitur unigenitus filius, qui est |150| in sinu patris, ipse enarravit. ne propter nominis communionem unum quemdam eorum qui gratia facti sunt filiorum esse existimes eum, primo quidem adiectus est articulus. si vero hoc non sufficit tibi, audi aliud nomen unigenitus. * hilarius de trin.. ° naturae quidem fides non satis explicata videbatur ex nomine filii, nisi proprietatis virtus per exceptionis significantiam adderetur; praeter filium enim et unigenitum nihil cognominans, suspicionem penitus adoptionis exclusit, cum veritatem nominis unigeniti natura praestaret. * chrysostomus. ° sed et aliud posuit, dicens qui est in sinu patris. etenim in sinu conversari multo plus est quam simpliciter videre: nam qui simpliciter videt, non omnino eius quod videt cognitionem habet: qui vero in sinu conversatur, nihil ignorabit. cum igitur audieris quod nullus cognoscit patrem nisi filius, nequaquam dicas, quoniam etsi plus omnibus novit patrem, sed non quantus est novit eum: propterea evangelista in sinu patris eum morari dicit, ut non aestimemus |175| per id aliud significatum quam familiaritatem unigeniti, et coaeternitatem ad patrem. * augustinus in ioannem. ° in sinu enim patris, idest in secreto patris: non enim deus habet sinum, quemadmodum nos habemus in vestibus; aut cogitandus est sic sedere quomodo nos; aut forte cinctus est, ut sinum haberet: sed quia sinus noster intus est, secretum patris sinus patris vocatur. qui ergo in secreto patris novit patrem, ipse enarravit quod vidit. * chrysostomus in ioannem. ° sed quid enarravit? quoniam unus est deus. sed et hoc reliqui prophetae et moyses clamant: quid ergo plus didicimus a filio in sinibus paternalibus existente? primum quidem ipsa haec quae alii narraverunt, sunt enarrata ex operatione unigeniti; deinde quoniam multo maiorem suscepimus doctrinam per unigenitum, et cognovimus quoniam spiritus est deus, et quod eos qui adorant eum, in spiritu et veritate adorare oportet, et quoniam deus pater est unigeniti. * beda. ° praeterea sciendum, quia si ad praeteritum |200| referatur quod ait enarravit, homo factus enarravit quid de trinitatis unitate sentiendum, qualiter ad eius contemplationem properandum, quibus actibus sit perveniendum. si vero referatur ad futurum, tunc enarrabit cum electos suos ad visionem claritatis suae inducet. * augustinus. ° fuerunt autem homines qui dicerent, vanitate cordis sui decepti: pater invisibilis est, filius autem visibilis est. si ergo propter carnem filius visibilis dicitur, et nos concedimus, et est catholica fides; si autem, ut ipsi dicunt, antequam incarnaretur, multum delirant, si christus sapientia dei et virtus dei est: sapientia enim dei videri oculis non potest. si verbum hominis oculis non videtur, verbum dei sic videri potest? * chrysostomus. ° non igitur soli ipsi proprium est deum nemo vidit unquam, sed et filio: quia, ut paulus dicit, est imago dei invisibilis; qui vero invisibilis imago est, et ipse invisibilis est.

lc19 * Origenes. ° secundum legitur hoc testimonium a ioanne baptista de christo prolatum, incipiente primo illic: hic est de quo dixi, et desinente ibi: ipse enarravit. * theophylactus. ° vel aliter. postquam superius dixit evangelista, quod ioannes testabatur de christo: ante me factus est, nunc subiungit quando praemissum testimonium reddiderit christo ioannes; unde dicit et hoc est testimonium ioannis, quando miserunt iudaei ab hierosolymis sacerdotes et levitas ad ioannem. * origenes. ° iudaei quidem ab hierosolymis, ut cognati existentes baptistae de stirpe sacerdotali existentis, sacerdotes et levitas destinant, sciscitaturos quis esset ioannes; eos scilicet qui reputati sunt secundum electionem ab aliis differre; et ab electo hierosolymorum loco. ioannem itaque quaerunt cum tanta veneratione; erga christum autem nihil huiusmodi factum legitur a iudaeis. sed quod erga ioannem iudaei, hoc ioannes erga christum prosequitur, per proprios |25| discipulos interrogans: tu es qui venturus es, an alium expectamus? * chrysostomus in ioannem. ° sic autem fide dignum aestimaverunt esse ioannem, ut ei de seipso crederent; unde dicitur ut interrogarent eum: tu quis es? * augustinus in ioannem. ° non autem mitterent nisi moverentur excellentia auctoritatis eius, quia ausus est baptizare. * origenes. ° ioannes autem, ut videtur, discernebat ex quaestione, sacerdotum et levitarum dubitationem, ne forte christus esset baptizans; apertius tamen illud profiteri cavebant, ne temerarii putarentur. quapropter merito, ut eorum opinio fallax de eo primitus aboleretur, ac subinde veritas propalaretur, quod non sit christus ante omnia manifestat; unde sequitur et confessus est, et non negavit: et confessus est: quia non sum ego christus. hic etiam adiciamus, quia tempus adventus christi populum recreabat quodammodo iam praesens existens, legisperitis ex sacris scripturis illius tempus sperantum colligentibus: propter quod theodas |50| non modicam multitudinem quasi christus congregavit, et post illum iudas galilaeus in diebus professionis. cum ergo ferventius christi expectaretur adventus, iudaei transmittunt ad ioannem, per hoc quod est tu quis es? conicere volentes si ipse se christum fateretur. non autem ex eo quod dicit non sum ego christus, negavit: ex hoc enim ipso confessus est veritatem. * gregorius in evang.. ° negavit plane quod non erat, sed non negavit quod erat, ut veritatem loquens, eius membrum fieret cuius sibi nomen fallaciter non usurparet. * chrysostomus in ioannem. ° vel aliter. passi erant iudaei quamdam humanam passionem ad ioannem. indignum enim aestimabant, subici eum christo propter multa quae ioannis claritatem demonstrabant: quorum primum erat genus illustre, principis enim sacerdotum filius erat; deinde dura educatio, humanorum despectio. in christo autem contrarium videbatur: genus humile, quod ei exprobrabant dicentes: |75| nonne hic est fabri filius? dieta communis, et vestimenta nihil plus multis habentia. quia igitur ioannes continue ad christum mittebat, volentes magis ioannem habere magistrum, mittunt ad eum, opinantes per blanditias eum allicere ad confitendum se christum esse. non ergo quosdam contemptibiles mittunt, ut ad christum, ministros et herodianos, sed sacerdotes et levitas; et non quoscumque, sed eos qui erant ex hierosolymis, hoc est honorabiliores; et ad hoc mittunt ut interrogarent tu quis es? non quasi ignorantes, sed volentes eum inducere ad hoc quod dixi: unde ioannes ad mentem et non ad interrogationem eis respondit et confessus est, et non negavit; et confessus est: quia non sum ego christus. et vide sapientiam evangelistae. tertio quasi idem dicit, et virtutem baptistae indicans, et malitiam et amentiam iudaeorum. devoti enim famuli est, non solum non rapere gloriam domini, sed oblatam a multis respuere. turbae quidem ex ignorantia ad hanc venerunt suspicionem ut ioannem |100| christum aestimaret; hi vero a maligna mente, ex qua interrogabant eum, aestimantes per blanditias attrahere ad hoc quod volebant: nisi enim excogitassent hoc, respondenti non sum ego christus, dixissent: non hoc suspicati sumus, non hoc venimus interrogaturi. sed capti et manifesti effecti ad aliud veniunt; unde sequitur et interrogaverunt eum: quid ergo? elias es tu? * augustinus. ° noverant enim quod praecessurus erat elias christum: non enim alicui ignotum erat nomen christi apud hebraeos; sed non putabant illum esse christum; nec tamen omnino putaverunt christum non esse venturum; et cum sperarent futurum, offenderunt in praesentem. sequitur et dixit: non sum. * gregorius in evang.. ° ex his verbis nobis quaestio valde implexa generatur. alio quippe in loco inquisitus a discipulis dominus de eliae adventu, respondit: si vultis scire, ioannes ipse est elias. requisitus autem ioannes dicit non sum elias. quomodo ergo propheta |125| veritatis est si eiusdem veritatis sermonibus concors non est? * origenes. ° dicet aliquis quod se ignorabat ioannes esse eliam; et hoc nimirum utentur documento qui assistunt iteratae incorporationis rationi, tamquam anima denuo induente corpora. quaerunt enim iudaei per levitas ac sacerdotes, an esset elias, cum iteratae corporis assumptionis documentum verax arbitrantur, quasi paternum existens, nec alienum ab arcanorum suorum doctrina. ob hoc itaque dicit ioannes: elias non sum; nam nescit primaevam vitam propriam. qualiter autem videtur rationabile, si tamquam propheta spiritu illuminatus est, et de deo et unigenito tanta narravit, ignorasse de seipso an unquam eius anima fuerit in elia? * gregorius in evang.. ° sed si subtiliter veritas ipsa requiratur, hoc quidem quod inter se contrarium sonat, quomodo contrarium non sit invenitur. ad zachariam namque de ioanne angelus dixit: ipse praecedet ante illum in spiritu et virtute eliae, quia scilicet |150| sicut elias secundum domini adventum praeveniet, ita ioannes praevenit primum; sicut ille praecursor venturus est iudicis, ita iste praecursor factus est redemptoris. ioannes igitur in spiritu elias erat, in persona elias non erat. quod autem dominus fatetur de spiritu, hoc ioannes denegat de persona: quia et iustum sic erat ut discipulis dominus spiritalem de ioanne sententiam diceret, et ioannes turbis carnalibus non de suo spiritu, sed de corpore responderet. * origenes. ° respondit ergo levitis et sacerdotibus: non sum, coniectans propositum quaestionis eorum: non enim sapiebat praemissa examinatio, si idem spiritus esset in utroque; sed si ioannes esset ipse elias qui assumptus est, nunc apparens, secundum quod a iudaeis expectabatur, absque nativitate. primus autem arbitrans resumptionem corporum, dicet, quod inconsequens est filium zachariae tanti sacerdotis in senio natum, super omnem humanam expectationem, ignorari a sacerdotibus et levitis ipsum natum |175| fuisse; maxime luca testante quod factus est timor in omnibus habitantibus circa eos. sed forsan quoniam prope finem eliam expectabant ante christum, quasi tropice sciscitari videntur: an es tu qui praenuntias christum venturum? et caute respondit: non sum. sed nihil mirabile. sicut in salvatore, pluribus scientibus ex maria nativitatem eius, quidam fallebantur putantes eum ioannem baptistam vel eliam, aut aliquem prophetarum; sic et in ioanne quosdam ortus eius ex zacharia non latebat; et quidam dubitabant, si forsan qui expectabatur elias apparuit in ioanne. quoniam vero cum plures in israel editi fuerint prophetae, unus de quo moyses prophetaverat, praesertim expectabatur, iuxta illud: prophetam vobis suscitabit deus ex fratribus vestris: sicut mihi, illi parebitis; tertio sciscitantur, non si foret propheta simpliciter, sed cum articulo, ut in graeco ponitur; unde sequitur propheta es tu? per singulos enim prophetas noverat populus israel neminem eorum fore hunc quem |200| moyses prophetaverat, qui sicut moyses medius staret inter deum et homines, et accepto testamento a deo traderet discipulis. hoc autem illis nomen non christo attribuentibus, sed arbitrantibus alium a christo ipsum fore, ioannes scivit quoniam et christus ille propheta esset; unde subditur et respondit: non. * augustinus in ioannem. ° vel quia ioannes maior erat quam propheta: quia prophetae longe praenuntiaverunt, ioannes praesentem demonstrabat. sequitur dixerunt ergo ei: quis es, ut responsum demus his qui miserunt nos? quid dicis de teipso? * chrysostomus in ioannem. ° vides hic vehementius insistentes et interrogantes; hunc autem cum mansuetudine eas quae non erant verae suspiciones destruentem, et eam quae est vera ponentem: unde sequitur ait: ego vox clamantis in deserto. * augustinus. ° isaias illud dixit; in ioanne prophetia ista completa est. * gregorius in evang.. ° scitis autem quod unigenitus filius verbum patris vocatur. |225| ex ipsa autem nostra locutione cognoscimus, quia prius vox sonat, ut verbum possit audiri. ioannes ergo vocem se asserit esse, quia verbum praecedit, et per eius ministerium, patris verbum ab hominibus auditur. * origenes. ° ineleganter autem heracleon de ioanne et prophetis considerans, ait, quoniam verbum quidem salvator est, vox autem per ioannem intelligitur; solus enim sonus est omnis gradus propheticus. cui dicendum, quod si non significativam vocem dederit tuba, nemo se accinget ad praelium. si ergo nil aliud quam sonus est vox prophetica, quomodo transmittit nos ad illam salvator? scrutamini scripturas. dicit autem ioannes se esse vocem non clamantem in deserto, sed clamantis in deserto, eius scilicet qui stabat et clamabat: si quis sitit, veniat ad me, et bibat. clamat enim ut distantes auditu percipiant, et gravem habentes auditum sentiant immensitatem eorum quae dicuntur. * theophylactus. ° vel quia veritatem |250| manifeste annuntiat: omnes enim qui in lege erant, obscure loquebantur. * gregorius. ° vel in deserto ioannes clamat, quia quasi derelictae ac destitutae iudaeae solatium redemptoris annuntiat. * origenes. ° opus autem vocis in deserto clamantis est ut anima a deo destituta, ad rectam faciendam viam domini revocetur, nequaquam pravitatem serpentini gressus prosequendo: secundum contemplationem quidem sublimatam in veritate absque permixtione mendacii, et secundum actionem post congruam speculationem licitum opus referentem; unde sequitur dirigite viam domini, sicut dixit isaias propheta. * gregorius. ° via domini ad cor dirigitur, cum veritatis sermo humiliter auditur; via domini ad cor dirigitur, cum ad praeceptum vita praeparatur.

lc20 * Origenes. ° facta responsione versus sacerdotes et levitas, denuo missum est a pharisaeis; unde dicitur et qui missi fuerant erant ex pharisaeis. quantum enim ex ipso sermone coniecturari contingit, dico tertium hoc esse testimonium. vide tamen quomodo iuxta sacerdotalem et leviticam personam est cum mansuetudine prolatum illud tu quis es? nihil enim arrogans vel protervorum in eorum quaestione continetur, sed cuncta decentia veros dei ministros. sed pharisaei secundum suum nomen divisi et importuni ex discordia contumeliosas voces praetendunt baptistae; unde sequitur et dixerunt ei: quid ergo baptizas, si tu non es christus, neque elias, neque propheta? non quasi scire volentes, sed prohibere eum a baptismo. deinde vero nescio quo pacto proni ad baptismum iverunt ad ioannem. huius autem solutio est, quia pharisaei non credentes accedunt ad baptisma, sed ex hypocrisi, cum timerent populum. * chrysostomus in ioannem. ° vel ipsi |25| idem sacerdotes et levitae ex pharisaeis erant. et quia blanditiis eum non valuerunt supplantare, accusationem ei immittere tentant, cogentes eum dicere quod non erat; unde sequitur et interrogaverunt eum, et dixerunt: quid ergo baptizas, si tu non es christus, neque elias, neque propheta? quasi audaciae videbatur esse baptizare, si christus non erat, nec praecursor illius, nec praeco, idest propheta. * gregorius in evang.. ° sed sanctus quisque etiam cum perversa mente requiritur, a bonitatis suae studio non mutatur. unde ioannes quoque ad verba invidiae praedicamenta respondit vitae; unde sequitur respondit eis dicens: ego baptizo in aqua. * origenes. ° ad illud enim quid ergo baptizas? quid aliud afferri decebat, nisi proprium baptismum carnale praetendere? * gregorius. ° ioannes enim non spiritu, sed aqua baptizat: quia peccata solvere non valebat: baptizatorum corpora per aquam lavat, sed tamen animas per veniam non lavat. cur ergo baptizat qui peccata per baptismum |50| non relaxat? nisi ut praecursionis suae ordinem servans, scilicet qui nasciturum nascendo praevenerat, baptizaturum quoque dominum baptizando praeveniret; et qui praedicando factus est praecursor christi, baptizando etiam praecursor eius fieret imitatione sacramenti; qui inter haec mysterium redemptionis nostrae annuntians, hanc in medio hominum et stetisse asserit et nesciri; sequitur enim medius autem vestrum stetit quem vos nescitis: quia per carnem dominus apparens, et visibilis extitit corpore, et invisibilis maiestate. * chrysostomus. ° hoc autem dixit, quoniam decens erat christum commixtum esse populo, ut unum multorum, se ubique humilem esse docentem. cum autem dixit quem vos nescitis, scientiam hic cognitionem certissimam dicit; puta quis est, et unde. * augustinus in ioannem. ° humilis enim non videbatur, et propterea lucerna accensa est. * theophylactus. ° vel medius erat pharisaeorum dominus; sed ignorabant eum, quia ipsi scripturas se scire putabant: et |75| inquantum in illis praenuntiabatur dominus, medius eorum erat, scilicet in cordibus eorum; sed nesciebant eum, eo quod scripturas non intelligebant. vel aliter. medius quidem erat, inquantum mediator dei existens et hominum christus iesus medius pharisaeorum extitit, volens illos deo iungere; sed ipsi nesciebant eum. * origenes. ° vel aliter. hoc edito ego baptizo in aqua, ad illud quid ergo baptizas? ad secundum si tu non es christus? praeconium de praecedenti christi substantia proponit, quod tanta sit ei virtus quod invisibilis sit sua deitate, cum sit praesens cuilibet et totum per orbem diffusus: quod notatur ex illo medius vestrum stetit. hic enim per totam orbis machinam effluxit, sic ut quae creantur, per ipsum creentur; omnia enim per ipsum facta sunt: unde palam est quod inquirentibus a ioanne quid ergo baptizas? ipse medius erat. vel quod dicitur in medio vestrum stetit, intelligendum est de nobis hominibus. cum enim simus rationales, in |100| medio nostrum existit; ex eo quod principale, scilicet cor, in medio totius corporis insitum est. qui ergo verbum in medio gerunt, non autem cognoscunt de illius natura, nec de quo fonte manavit, nec quomodo consistit in eis; hi verbum in medio sui obtinentes ignorant, quod tamen ioannes agnovit: unde exprobrando dicit ad pharisaeos quem vos nescitis. quia expectantes pharisaei christi adventum, nihil tam arduum de eo contemplabantur, solum hominem sanctum existimantes eum esse. dicit autem stetit: nam stat pater invariabilis existens et impermutabilis: stat quoque verbum eius ad salvandum continuo, quamvis carnem suscipiat, quamvis medium hominum stet invisibile. ne vero putet aliquis alium esse invisibilem ad omnes homines venientem, vel ad universum orbem, ab eo qui humanatus est et in terra comparuit, subdit qui post me venit, hoc est qui post me apparituras est. non autem idem denotatur hic per hoc quod dicit post, et cum iesus nos post se invitat; illic enim sequi |125| post ipsum praecipitur nobis, ut eius indagando vestigia, perveniamus ad patrem: hic autem ut pateat quid sequatur ex ioannis dogmatibus: venit enim ut cuncti credant per eum, praeparati ad perfectum verbum per minora. dicit ergo ipse est qui post me venit. * chrysostomus in ioannem. ° ac si diceret: ne aestimetis totum in meo consistere baptismate; si enim meum baptisma perfectum esset, alius non veniret post me, aliud baptisma daturus. sed haec praeparatio est illius, et transibit in proximo, ut umbra et imago; sed oportet eum qui veritatem imponet, venire post me: si enim hoc esset perfectum, nequaquam secundi locus quaereretur; et ideo subdit qui ante me factus est, hic est honorabilior et clarior. * gregorius. ° sic namque dicitur ante me factus est, ac si dicatur: antepositus est mihi. post me ergo venit, quia postmodum natus; ante me autem factus est, quia mihi praelatus. * chrysostomus. ° ne autem existimes comparabilem esse excellentiam hanc, incomparabilitatem |150| ostendere volens, subiungit cuius ego non sum dignus ut solvam corrigiam calceamenti; quasi dicat: intantum est ante me ut ego neque in ultimis ministrorum vocari dignus sim: calceamentum enim solvere ultimi ministerii res est. * augustinus. ° unde et si dignum se diceret tantummodo corrigiam calceamenti solvere, multum se habuisset. * gregorius in evang.. ° vel aliter. mos apud veteres fuit ut si quis eam quae sibi competeret, accipere uxorem nollet, ille ei calceamentum solveret qui ad hanc sponsus iure propinquitatis veniret. quid igitur inter homines christus, nisi sanctae ecclesiae sponsus apparuit? recte ergo ioannes se indignum esse ad solvendam corrigiam eius calceamenti denuntiat; ac si aperte dicat: redemptoris vestigia non denudare valeo; quia sponsi nomen mihi immeritus non usurpo. quod tamen intelligi et aliter potest. quis enim nesciat quod calceamenta ex mortuis animalibus fiant? incarnatus vero dominus veniens, quasi calceatus apparuit, qui in divinitate sua morticina |175| nostrae corruptionis assumpsit. corrigia ergo calceamenti est ligatura mysterii. ioannes ergo solvere corrigiam calceamenti eius non valet: quia incarnationis mysterium nec ipse investigare sufficit; ac si patenter dicat: quid mirum si mihi ille praelatus est quem post me quidem natum considero, sed nativitatis eius mysterium non comprehendo? * origenes in ioannem. ° quidam vero non inepte dixit, hoc sic intelligendum. non sum ego tanti ut causa mei descendat a magnalibus, ac carnem quasi calceamentum suscipiat. * chrysostomus in ioannem. ° et quia ioannes cum decenti libertate ea quae de christo sunt, omnibus praedicabat, propterea evangelista et locum designat, dicens haec in bethania facta sunt trans iordanem, ubi erat ioannes baptizans. non enim in domo, neque in angulo christum praedicabat, sed iordanem transiens in media multitudine, praesentibus omnibus qui ab eo baptizabantur. quaedam vero exemplariorum certius habent in bethabora: bethania enim non ultra |200| iordanem, neque in deserto erat, sed prope hierosolymam. * glossa. ° vel duae sunt bethaniae: una trans iordanem, altera citra non longe a ierusalem, ubi lazarus fuit suscitatus. * chrysostomus. ° hoc autem et propter aliam causam designat: quia enim res non antiquas narrabat, sed ante parvum tempus contingentes, praesentes et videntes testes facit eorum quae dicuntur, demonstrationem a locis tribuens. * alcuinus. ° bethania vero domus obedientiae interpretatur; per quam innuitur quia per obedientiam fidei omnes ad baptisma debent pervenire. * origenes. ° bethabora vero interpretatur domus praeparationis, et convenit cum baptismo praeparantis domino plebem perfectam. iordanis autem interpretatur descensus eorum. quis autem erit hic fluvius nisi salvator noster, per quem ingredientem in hunc mundum mundari convenit, non suum descendentem descensum, sed humani generis? hic segregat donatas a moyse, ab his quae per iesum donantur, sortes; huius rivuli laetificant |225| civitatem dei. sicut autem draco latitat in aegyptiaco fluvio, ita deus in isto. pater enim est in filio; et qui proficiscuntur illuc ubi se lavent, opprobrium aegypti deponunt, ac apti ad perceptionem hereditatis parantur, necnon a lepra mundantur, et duplicis capaces sunt gratiae, ac prompti fiunt ad susceptionem spiritus almi, in aliud flumen nequaquam descendente spiritali columba. trans iordanem vero ioannes baptizat, ut praecursor venientis non innocentes sed peccatores vocaret.

lc21 * Origenes. ° post testimonium ioannis, iam videtur iesus veniens ad eum, non solum adhuc perseverantem, sed et potiorem effectum: quod per diem secundariam designatur; unde dicitur altera die vidit ioannes iesum venientem ad se. pridem autem iesu mater protinus ut illum concepit, ad matrem ioannis praegnantem proficiscitur, et per vocem pervenientem ad aures elisabeth ex mariae salutatione exultat ioannes conceptus in utero; hic autem post ioannis testimonium, ipse videtur a baptista, accedens ad eum. prius autem auditu aliorum instruitur aliquis, ac deinde oculate inspicit illa. per hoc autem quod maria ad elisabeth venit minorem, et filius dei ad baptistam, ad fervorem opitulandi minoribus, et ad modestiam admonemur. verum unde ad baptistam venit salvator, non hic dicitur; sed ex dictis matthaei colligimus dicentis: tunc venit iesus a galilaea ad iordanem ad ioannem, ut baptizaretur ab |25| eo. * chrysostomus in ioannem. ° vel aliter. matthaeus adventum christi ad baptismum praesentialiter dicit; ioannes autem, et rursus eum ivisse ad ioannem ostendit post baptisma; et hoc manifestat quod postea dicit quia vidi spiritum descendentem etc.. partiti enim sunt sibi evangelistae tempora narrationis: matthaeus enim ea quae antequam ligaretur ioannes baptista praeteriens, festinat ad ea quae deinceps sunt tempora; sed ioannes his maxime immoratur, quae scilicet ante incarcerationem ioannis fuerunt; unde hic dicitur altera die vidit ioannes iesum venientem ad se. cuius igitur gratia secundo post baptismum ad eum veniebat? quia ipsum baptizaverat cum multis; ut nullus suspicetur quoniam ex eadem causa ex qua et alii, ad ioannem veniret; puta peccata confessurus, aut in poenitentiam abluendus in flumine. propterea ergo accedit, dans ioanni occasionem corrigendi hanc suspicionem, quam ioannes per verba correxit; unde sequitur et ait: ecce agnus dei, ecce qui tollit peccatum mundi. qui |50| igitur ita purus erat ut aliorum peccata absolvere posset, manifestum est quoniam non ut confiteretur peccata accedit, sed ut occasionem det ioanni loquendi de ipso. venit etiam secundo, ut hi qui priora audierant, certius recipiant quae praedicta sunt, et alia rursus audiant. dicit autem ecce agnus dei, innuens quod hic est qui olim quaerebatur, rememorans prophetiae isaiae, et umbrae quae secundum moysen erat, ut a figura facilius eos ducat ad veritatem. * augustinus in ioannem. ° si autem agnus dei est innocens, et ioannes agnus; an non et ipse est innocens? sed omnes ex illa propagine veniunt de qua cantat gemens david: ego in iniquitatibus conceptus sum. solus ergo ille agnus qui non sic venit: non enim in iniquitate conceptus est, nec in peccatis mater eius eum in utero aluit, quem virgo concepit, virgo peperit, quia fide concepit, et fide suscepit. * origenes in ioannem. ° sed cum quinque offerantur animalia in templo: tria terrestria: vitulus, ovis et capra; volatilia |75| vero duo: turtur et columba; et de ovibus tria adducantur: aries, ovis, agnus; de genere ovium agnum memoravit: agnum enim in oblationibus quotidianis offerri videmus, unum quidem mane, alterum vero vespere. quaenam autem oblatio alia potest esse quotidiana a rationali natura comprehendenda, nisi verbum vigens, agnus typice nuncupatum? hoc nempe censebitur oblatio matutina ad frequentiam intellectus in divinis relatum: neque enim anima pati potest ut summis iugiter insistat, eo quod corporis terrestris et gravis coniugium est sortita. ex hoc etiam verbo quod christus est agnus, coniectare de pluribus poterimus: et quodammodo vespere pertingemus ad corporalia procedentes. qui autem hunc obtulit agnum ad immolandum, deus fuit in homine reconditus, magnus sacerdos, qui dixit: nemo tollit animam meam a me, sed ego pono eam; unde dicitur agnus dei: ipse enim nostros languores accipiens, totius mundi tollens peccata, mortem quasi baptismum suscepit. apud deum enim |100| non pertransit incorrectum quidquid agimus quod disciplina indigeat, quae per difficilia exercetur. * theophylactus. ° vel dicitur christus agnus dei, inquantum deus pater mortem christi acceptavit pro nostra salute, vel inquantum eum pro nobis tradidit morti: sicut enim dicere consuevimus: haec oblatio est talis hominis, idest quam talis homo obtulit; sic et christus dicitur agnus dei, dantis scilicet filium suum pro nostra salute in mortem. et ille quidem agnus typicus nullius omnino peccatum sustulit; hic vero peccatum universi orbis terrarum: periclitantem enim mundum eruit ab ira dei; unde subdit ecce qui tollit peccatum mundi. non autem dixit: qui tollet, sed qui tollit peccatum mundi, quasi semper hoc faciente ipso: non enim tunc solum tulit cum passus est, sed ex illo tempore usque ad praesens tollit, non semper crucifixus; unam enim pro peccatis obtulit oblationem, sed semper purgans per illam. * gregorius moralium. ° tunc autem ab humano genere plene peccatum tolletur, |125| cum per incorruptionis gloriam nostra corruptio permutabitur: esse namque a culpa liberi non possumus, quousque in corporis morte tenemur. * theophylactus. ° sed quare non dixit: peccata mundi, sed peccatum? ut videlicet per hoc quod dixit peccatum, universaliter peccatum videretur innuere; sicut consuevimus dicere, quod homo eiectus est de paradiso, idest omne genus humanum. * beda. ° vel peccatum mundi dicitur originale peccatum, quod est commune totius mundi; quod quidem peccatum originale et singulorum superaddita christus per gratiam relaxat. * augustinus. ° qui enim de nostra natura peccatum non assumpsit, ipse est qui tollit nostrum peccatum. nostis, quia quidam homines dicunt: nos tollimus peccata ab hominibus quia sancti sumus: si enim non fuerit sanctus qui baptizat, quomodo tollit peccatum alterius, cum sit ipse homo plenus peccato? contra istas disputationes hic legamus ecce qui tollit peccatum mundi, ut non sit praesumptio hominibus in homines. * origenes. |150| ° sicut tamen iugi oblationi agni cognatae sunt reliquae oblationes legales, sic huius agni oblationi cognatae oblationes videntur mihi effusiones sanguinis martyrum, quorum patientia et confessione et promptitudine ad bonum, obtunduntur machinationes impiorum. * theophylactus. ° quia vero superius illis qui ex pharisaeis venerant ioannes dixerat quod medius vestrum stat quem vos nescitis, hic ignorantibus demonstrat, dicens hic est de quo dixi: post me venit vir qui ante me factus est. vir dominus dicitur propter aetatis perfectionem: nam triginta annorum baptizatus est; vel quia spiritualis animae vir est, et ecclesiae sponsus; unde paulus: despondi vos uni viro virginem castam exhibere christo. * augustinus in ioannem. ° post me autem venit, quia posterior natus est; ante me factus est, quia praelatus est mihi. * gregorius in evang.. ° praelationis autem eius causas aperit, cum subiungit quia prior me erat; ac si aperte dicat: |175| inde me etiam post natus superat quo eum nativitatis suae tempora non angustant: nam qui per matrem in tempore nascitur, sine tempore est a patre generatus. * theophylactus. ° ausculta, o ari. non dixit: quia prior me creatus est, sed quia prior me erat. audiat hoc pauli samosateni abusio, quod non ex maria sumpsit primordium; quia si essendi principium sumpsit ex virgine, qualiter prior extitit praecursore? nam manifestum est quod praecursor christum in sex mensibus superabat secundum humanam generationem. * chrysostomus in ioannem. ° ut autem non videatur ex amicitia propter cognationem ei testimonium perhibere, quia cognatus eius erat secundum carnem, propterea dicit ego nesciebam eum. et secundum rationem hoc contingit: etenim in deserto conversatus est ioannes. miracula vero quaecumque christo puero existente facta sunt, puta quae circa magos, et quaecumque talia, ante multum contigerant tempus, ioanne et ipso valde puero |200| existente. in medio vero tempore ignotus omnibus existebat; propter quod subdit sed ut manifestetur in israel, propterea veni ego in aqua baptizans. hinc enim manifestum est quoniam et illa signa quae quidam dicunt a christo in pueritia facta, mendacia et fictiones sunt. si enim a prima aetate miracula fecisset iesus, nequaquam neque ioannes eum ignorasset, nec reliqua multitudo indiguisset magistro ad manifestandum eum. non igitur ipse christus baptismate indigebat, neque aliquam aliam causam habebat illud lavacrum quam praemonstrationem facere eius fidei quae est in christum. non enim dixit: ut mundem eos qui baptizantur, neque: ut liberem a peccatis, veni baptizans; sed ut manifestetur in israel. sed numquid sine baptismate non licebat praedicare et inducere turbas? sed facilius ita factum est: nequaquam enim cucurrissent omnes, si sine baptismate praedicatio facta esset. * augustinus in ioannem. ° ubi ergo cognitus est dominus, superfluo ei via parabatur, quia cognoscentibus se, ipse |225| factus est via. itaque non duravit diu baptisma ioannis, sed quoadusque demonstratus est dominus humilis. ergo ut daretur nobis a domino humilitatis exemplum ad percipiendam salutem baptismi, suscepit baptismum servi; et ne praeponeretur baptismus servi baptismo domini, baptizati sunt alii baptismo conservi. sed qui baptizati sunt baptismo conservi, oportebat ut baptizarentur baptismo domini; qui autem baptizantur baptismo domini, non opus habent baptismo conservi.

lc22 * Chrysostomus in ioannem. ° quia ioannes testatus est ita magnum quid quod sufficiens erat auditores omnes stupefacere, puta quod totius orbis terrarum solus ipse peccata tolleret, volens credibilius id facere, reduxit hoc ad deum et spiritum sanctum. posset enim aliquis dicere ioanni: qualiter igitur tu cognovisti eum? respondet quod per descensum spiritus sancti; unde sequitur et testimonium perhibuit ioannes, dicens: quia vidi spiritum descendentem quasi columbam de caelo, et mansit super eum. * augustinus de trin.. ° non autem tunc unctus est christus spiritu sancto quando super eum baptizatum velut columba descendit: tunc enim corpus suum, scilicet ecclesiam suam, praefigurare dignatus est, in qua praecipue baptizati accipiunt spiritum sanctum. absurdissimum enim est ut credamus eum cum iam triginta esset annorum (eius enim aetatis a ioanne baptizatus est) accepisse spiritum sanctum; sed venisse ad illud baptisma, sicut sine ullo |25| omnino peccato, ita non sine spiritu sancto. si enim de famulo eius et praecursore ipso ioanne scriptum est: spiritu sancto replebitur ab utero matris suae; qui quamvis seminatus a patre, tamen spiritum sanctum in utero formatus accepit: quid de homine christo intelligendum est vel credendum, cuius carnis ipsa conceptio non carnalis, sed spiritualis fuit? * augustinus de agone christiano. ° non autem dicimus solum christum verum corpus habuisse, spiritum autem sanctum fallaciter apparuisse oculis hominum: sicut enim non oportebat ut homines falleret filius dei, sic nec spiritus sanctus. sed omnipotenti deo, qui universam creaturam ex nihilo fabricavit, non erat difficile verum corpus columbae sine aliarum columbarum ministerio figurare; sicut ei non fuit difficile verum corpus in utero virginis sine virili semine fabricare. * augustinus in ioannem. ° duobus autem modis ostendit visibiliter dominus spiritum sanctum; per columbam super dominum baptizatum; |50| per ignem vero super discipulos congregatos: ibi simplicitas, hic fervor ostenditur. ergo ne spiritu sanctificati dolum habeant, in columba demonstratum est; et ne simplicitas frigida remaneat, in igne demonstratum est. nec movet, quia linguae divisae sunt: noli dissipationem timere, unitatem in columba cognosce. sic ergo oportebat demonstrari spiritum sanctum venientem super dominum, ut cognoscat unusquisque, si habeat spiritum sanctum, simplicem se esse debere sicut columbam, et habere cum fratribus veram pacem, quam significant oscula columbarum. osculantur et corvi, sed laniant; a laniatu innocens est natura columbarum: nam corvi de morte pascuntur, columba nonnisi de frugibus terrae vivit. si etiam gemunt columbae in amore, nolite mirari, quia in columbae specie voluit demonstrari spiritus sanctus; ipse enim interpellat pro nobis gemitibus inenarrabilibus. non autem spiritus sanctus in semetipso, sed in nobis gemit, quia gemere nos facit. qui enim novit in pressura se esse mortalitatis |75| huius, peregrinari se a domino, quamdiu propter hoc gemit, bene gemit: spiritus illum docuit gemere. multi autem gemunt, infelicitate terrena, vel quassati damnis, vel aegritudine corporis praegravati; sed non columbae gemitu gemunt. unde ergo debuit demonstrari spiritus sanctus unitatem quamdam designans, nisi per columbam, ut pacatae ecclesiae diceretur: una est columba mea? unde debuit humilitas figurari nisi per avem simplicem et gementem? apparuit ibi sancta et vera trinitas: pater in voce dicente: tu es filius meus dilectus; spiritus sanctus in columba. in ista trinitate missi sunt apostoli baptizare in nomine patris et filii et spiritus sancti. * gregorius moralium. ° dicit autem manentem super eum: in cunctis namque fidelibus spiritus sanctus venit, sed in solo mediatore semper singulariter permanet: quia eius humanitatem nunquam deseruit, ex cuius divinitate procedit. sed cum de eodem spiritu discipulis dicatur: |100| apud vos manebit, quomodo singulare signum erit quod in christo permanet? quod citius cognoscemus, si dona spiritus discernamus. in his enim donis, sine quibus ad vitam perveniri non potest, spiritus sanctus in electis omnibus semper permanet; ut sunt mansuetudo, humilitas, fides, spes, caritas; in illis autem quibus per ostensionem spiritus non nostra servatur vita, sed aliorum quaeritur, non semper manet, sed aliquando se a signorum ostensionibus subtrahit, ut humilius eius virtutes habeantur. christus autem in cunctis eum semper et continue habuit praesentem. * chrysostomus in ioannem. ° ne autem aliquis aestimet spiritus christum indiguisse sicut et nos, hanc etiam destruit suspicionem, ostendens quod spiritus sancti descensio solum pro manifestando christo facta est; unde sequitur et ego nesciebam eum; sed qui misit me baptizare in aqua, mihi dixit: super quem videris spiritum descendentem et manentem super eum, hic est qui baptizat in |125| spiritu sancto. * augustinus in ioannem. ° quis autem misit ioannem? si dicamus: pater, verum dicimus; si dicamus: filius, verum dicimus. manifestius autem est ut dicamus: pater et filius. quomodo ergo nesciebat eum a quo missus est? si enim non noverat eum a quo voluit baptizari, temere dicebat ego a te debeo baptizari. noverat ergo eum: quid ergo est quod dicit et ego nesciebam eum? * chrysostomus. ° sed cum dicit nesciebam eum, anterius tempus dicit, non tempus quod est prope baptismum, cum prohibebat eum, dicens ego a te debeo baptizari. * augustinus in ioannem. ° sed legantur alii evangelistae, qui planius illud dixerunt; et inveniemus apertissime tunc descendisse columbam cum dominus ab aqua ascendit. si ergo post baptisma descendit columba, et antequam baptizaretur dixit illi ioannes ego a te debeo baptizari; ante baptismum illum noverat: quomodo ergo dixit ego nesciebam eum; sed qui misit me baptizare? etc.. hoc audivit ioannes, ut |150| nosceret eum quem non noverat, an forte ut plenius nosset quem iam noverat? noverat quidem dominum, noverat filium dei, noverat quia ipse baptizaret in spiritu sancto. ante enim quam veniret ad fluvium christus, cum multi ad ioannem concurrerent, ait illis qui post me venit, maior me est: ipse vos baptizabit in spiritu sancto et igne. sed quid? non noverat, potestatem baptismi ipsum dominum habiturum et sibi retenturum (ne paulus aut petrus diceret: baptismus meus, sicut invenis dixisse: evangelium meum), sed ministerium plane transiturum in bonos et malos? quid tibi faciat malus minister, ubi bonus est dominus? ecce post ioannem baptizatum est, post homicidam non est baptizatum: quia ioannes dedit baptismum suum, homicida dedit baptismum christi; quod sacramentum tam sanctum est ut nec homicida ministrante polluatur. potuit autem dominus, si vellet, potestatem dare alicui servo suo ut daret baptismum suum tamquam vice sua, et constituere tantam vim in baptismate translato |175| in servum, quantam vim haberet baptisma datum a domino. hoc noluit ut in illo esset spes baptizatorum a quo baptizatos se agnoscerent; et noluit servum ponere spem in servo. si autem daret hanc potestatem servis, tot essent baptismata quot essent servi; et quomodo dictum est baptisma ioannis, sic diceretur baptisma petri vel pauli. per hanc ergo potestatem, quam solum sibi christus retinuit, stat unitas ecclesiae, de qua dictum est: una est columba mea. potest autem fieri ut aliquis habeat baptismum praeter columbam; ut prosit ei baptismus praeter columbam, non potest. * chrysostomus. ° et quia pater vocem emisit praedicans filium, superveniet spiritus sanctus vocem trahens super caput christi, ne quis praesentium existimaret dici de ioanne quod dictum est de christo. sed dicet aliquis: qualiter non crediderunt iudaei, si viderunt spiritum? sed talia non solum indigent oculis corporis, sed magis visione mentis. si namque miracula facientem videntes, intantum ebrii erant a livore ut |200| contraria his quae videbantur, enuntiarent; qualiter solo adventu spiritus sancti in specie columbae expulissent incredulitatem? quidam vero dicunt, non omnes vidisse spiritum, sed solum ioannem, et eos qui devotius dispositi erant. etsi enim sensibilibus oculis possibile erat videre in specie columbae spiritum descendentem; non tamen propter hoc necesse est omnibus hoc fuisse manifestum. etenim zacharias in specie sensibili multa consideravit, et daniel, et ezechiel; sed et moyses multa vidit, qualia aliorum nullus: unde subdit ioannes et ego vidi, et testimonium perhibui, quia hic est filius dei. agnum quidem eum vocaverat; et quoniam in spiritu baptizare debebat, dixit, filium autem ante hoc nusquam. * augustinus in ioannem. ° oportebat enim ut ille baptizaret qui est filius dei unicus, non adoptatus. adoptati filii ministri sunt unici; unicus autem habet potestatem, adoptati ministerium.

lc23 * Chrysostomus in ioannem. ° quia multi his quae a principio ioannes dicebat non attendebant, secunda rursus eos excitat voce; unde dicitur altera die iterum stabat ioannes, et ex discipulis eius duo. * beda. ° stabat quidem ioannes, quia illam virtutum arcem conscenderat, a qua nullis tentationum posset improbitatibus deici: stabant cum illo discipuli, quia magisterium illius corde sequebantur immobili. * chrysostomus. ° sed quare non totum mundum circuivit, in omni loco iudaeae praedicans eum; sed stabat circa flumen, expectans eum venire, ut ostenderet venientem? quia scilicet per opera christi hoc fieri volebat. vide etiam qualiter hoc maioris aedificationis fuit: quia enim parvam immisit scintillam, repente flamma in altum elevata est. alter autem etsi circumiens hoc dixisset, videretur ex studio quodam humano fieri quae fiebant, et suspicione plenum esset eius praeconium. igitur prophetae quidem et apostoli omnes |25| absentem christum praedicaverunt; hi quidem ante praesentiam secundum carnem, illi vero post assumptionem: unde ut ostendatur quod non voce solum, sed et oculis eum ostendebat, subditur et respiciens iesum ambulantem, dixit: ecce agnus dei. * theophylactus. ° respiciens, inquit, quasi oculis innuens gratiam et admirationem quam habebat in christo. * augustinus in ioannem. ° ioannes quidem amicus sponsi erat; non quaerebat gloriam suam, sed testimonium perhibebat veritati: non enim voluit apud se remanere discipulos suos, ut non sequerentur dominum; sed magis ostendit quem sequerentur, dicens ecce agnus dei. * chrysostomus. ° non longum facit sermonem: quoniam unum solum in studio habebat, adducere eos, et coniungere christo: sciebat enim quoniam de reliquo non indigerent eo testante. non autem singulariter discipulis loquitur de his ioannes, sed eis publice cum omnibus: quia ex communi doctrina suscipientes sequelam christi, firmi de reliquo permanserunt, non propter gratiam |50| christi sequentes eum, sed propter suum lucrum: et non facit sermonem suum deprecativum, sed admiratur solum praesentem, et demonstrat eis praeparationem propter quam venit, et modum praeparationis: agnus enim utrumque insinuat: et dicit agnus, cum articuli adiectione, excellentiam eius ostendens. * augustinus in ioannem. ° iste enim singulariter dicitur agnus solus sine macula, sine peccato; non cuius maculae abstersae sunt, sed cuius macula nulla fuerit: singulariter hic est agnus dei, quia singulariter huius agni sanguine solo homines redimi potuerunt. hic est agnus quem lupi timent, qui leonem occisus occidit. * beda. ° ideo etiam agnum vocat, quia dona sui velleris sponte largiturum, ex quo vestem nobis nuptialem facere possumus, idest exempla vivendi nobis relicturum, praevidit, quibus in dilectione calefieri deberemus. * alcuinus. ° mystice autem stat ioannes, cessat lex, et venit iesus, idest gratia evangelii, cui ipsa lex perhibet testimonium. ambulabat |75| iesus discipulos collecturus. * beda. ° ambulatio etiam iesu dispensationem incarnationis, qua ad nos venire ac nobis exempla vivendi praebere dignatus est, insinuat.

lc24 * Alcuinus. ° ioanne perhibente testimonium quia iesus esset agnus dei, discipuli qui prius erant cum ioanne, magistri imperium implentes, secuti sunt iesum; unde dicitur et audierunt eum duo discipuli loquentem, et secuti sunt iesum. * chrysostomus in ioannem. ° considera autem, quia quando dixit: post me veniens ante me factus est, et quoniam non sum dignus solvere corrigiam calceamenti eius, nullum cepit; sed quando de dispensatione locutus est, et ad humiliora sermonem duxit dicens ecce agnus dei, tunc secuti sunt eum discipuli. multi enim non ita adducuntur cum aliquid magnum et excelsum de deo dicatur, sicut cum benignum et amicum hominum audiunt, et aliquid ad salutem hominum pertinens. considerandum autem, quod ioannes dicit ecce agnus dei, et christus nihil loquitur: nam et sponsus cum silentio adest: alii eum inducunt, et sponsam in manu eius ponunt; quam cum acceperit, de ea disponit. ita christus venit |25| copulaturus sibi ecclesiam, nihil ipse dixit; sed accessit solum amicus eius ioannes, dexteram ei sponsae imposuit, per sermones suos animas hominum in manus ei ponens; quos accipiens ita disposuit ut ultra ad ioannem non redirent. sed aliud hic observandum est: sicut enim in nuptiis non puella ad sponsum vadit, sed ipse ad eam festinat, ita hic contingit: non enim in caelum ascendit hominum natura; sed ad eam filius dei accessit, et ad domum duxit paternam. et quidem alii discipuli ioannis erant qui non solum secuti non sunt, sed et zelotype ad christum dispositi erant; qui autem meliores erant, simul audierunt et secuti sunt, non quasi magistrum priorem contemnentes, sed ab eo persuasi, promittente quod baptizaret in spiritu sancto christus. et vide discipulorum studium cum verecundia fieri: neque enim mox ascendentes interrogaverunt iesum de necessariis et maximis rebus; neque publice, sed singulariter ei loqui studuerunt; unde sequitur conversus autem iesus, et videns eos sequentes se, dicit |50| eis: quid quaeritis? hinc erudimur quia cum nos bene velle inceperimus, tunc deus dat nobis multas salutis occasiones. interrogat autem, non ut discat, sed ut per interrogationem magis eos familiares faciat, et ampliorem fiduciam det, et ostendat eos auditione dignos. * theophylactus. ° vide autem quod sequentibus se dominus convertit faciem, et respexit: quia nisi per bonam operationem ipsum secutus fueris, ad visionem faciei eius numquam pertinges, neque ad domum eius poteris pervenire. * alcuinus. ° ergo illi discipuli tergum ipsius sequebantur ut viderent, et faciem domini videre non poterant; ideo convertit se, et quodammodo de sua maiestate descendit, ut possint discipuli faciem illius contemplari. * origenes. ° forte autem non frustra post sextum testimonium desinit ioannes eos contestari, et iesus secundum septimum dicit quid quaeritis? * chrysostomus in ioannem. ° sed illi non solum sequendo, sed interrogando amorem suum ad christum manifestaverunt; |75| unde sequitur qui dixerunt ei: rabbi (quod dicitur interpretatum magister), ubi habitas? nondum ab eo aliquid discentes, magistrum eum vocant, ad discipulatum se impellentes, et causam ostendentes propter quid sequebantur. * origenes. ° congrua vero provectis ex ioannis testimonio prolatio depromens christum doctorem, ac exprimens desiderare habitaculum filii dei contueri. * alcuinus. ° nolunt enim transitorie uti eius magisterio, sed inquirunt ubi maneat, ut et tunc in secreto verbis illius imbui, et exinde saepius possent eum visitare et plenius instrui. mystice autem volunt sibi ostendi in quibus christus habitet, ut eorum exemplo se tales exhibeant in quibus velit habitare. vel quod iesum ambulantem vident, et statim ubi maneat quaerunt, nos monet, ut cum incarnationem eius ad mentem reducimus, sollicito corde eum rogemus ut mansionem aeterni habitaculi nobis ostendat: unde quia videt bene petentes, libere eis sua reserat arcana; unde sequitur dicit eis: venite et videte; quasi dicat: |100| habitaculum meum explicari non potest sermone, sed opere demonstratur. venite ergo credendo et operando, et videte intelligendo. * origenes. ° vel per hoc quod dicit venite, ad actionem invitat; per hoc autem quod dicit videte, ad contemplationem. * chrysostomus. ° christus autem non dicit eis signa domus neque locum, sed attrahit eos ad sequendum. non dixit: non est tempus nunc, audietis cras, si quid vultis discere; sed ut ad amicos et familiares loquitur. qualiter ergo alibi ait: filius hominis non habet ubi caput reclinet, hic autem dicit venite et videte ubi habito? sed per hoc quod dixit: non habet ubi caput suum reclinet demonstravit quod habitaculum proprium non habebat, non quod in domo non maneret; sequitur enim venerunt, et viderunt ubi maneret, et manserunt ibi die illo. cuius autem gratia manserunt non adiungit evangelista, quia manifestum erat quod propter doctrinam. * augustinus. ° quam beatum autem diem duxerunt, quam beatam noctem. |125| aedificemus ergo et nosmetipsi in corde nostro, et faciamus domum, quo veniat ille et doceat nos. * theophylactus. ° non frustra autem et tempus notavit evangelista, cum subdit hora autem erat quasi decima; ut tam doctores quam discipulos erudiret, quod doctrina propter tempus non est praetermittenda. * chrysostomus. ° multum enim studium demonstrabant ad audiendum, in eo quia neque ab hora aversi sunt, cum sol esset ad occasum. et multis quidem carni servientibus tempus quod est post escas, non est aptum ad quippiam necessariorum, eo quod corpus escis gravatur. ioannes vero, cuius isti erant discipuli, non erat talis: sed cum multo maiori sobrietate vespere degens quam nos mane. * augustinus. ° numerus etiam iste legem significat, quia in decem praeceptis data est lex. venerat autem tempus ut impleretur lex per dilectionem, quae a iudaeis impleri non poterat per timorem; unde et decima hora dominus audivit rabbi: magister enim legis non est nisi dator legis. |150| sequitur erat autem andreas frater simonis petri unus ex duobus qui audierant a ioanne, et secuti fuerant eum. * chrysostomus in ioannem. ° cuius autem gratia alterius nomen non ponitur? quidam dicunt, propterea quia hic qui scribit est qui secutus est eum. quidam vero dicunt, quod ille alius non insignis erat: quae igitur utilitas si didicerimus nomen illius? neque enim septuaginta duorum discipulorum nomina evangelista posuit. * alcuinus. ° vel duo discipuli qui secuti sunt iesum, sunt andreas et philippus.

lc25 * Chrysostomus in ioannem. ° andreas quae a iesu didicit non detinuit apud seipsum; sed festinat, et currit cito ad fratrem, traditurus ei bona quae suscepit; unde dicitur invenit hic primum fratrem suum simonem, et dixit ei: invenimus messiam (quod est interpretatum christus). * beda. ° hoc est enim vere dominum invenire, vera illius dilectione fervere, fraternae quoque salutis curam gerere. * chrysostomus in ioannem. ° et quidem non dixerat evangelista quae christus fuerat sequentibus se locutus; sed ex his quae hic dicuntur licet addiscere. quaecumque enim andreas didicit, in brevi ostendit, magistri virtutem, qui persuaserat eis, et eorum desiderium quod prius habuerant, repraesentans: hoc enim verbum invenimus, et patientis pressuram propter absentiam et exultantis postquam apparuit quod expectabatur. * augustinus in ioannem. ° messias autem hebraice, graece christus, latine |25| unctus dicitur: chrisma enim unctio est: ille autem singulariter unctus est: unde omnes christiani unguntur, secundum quod in psal. 44 dicitur: unxit te deus deus tuus oleo exultationis prae participibus tuis: participes enim eius sunt omnes sancti; sed ille est singulariter sanctus, et singulariter unctus. * chrysostomus. ° et ideo non dixit messiam simpliciter, sed cum adiectione articuli. considera vero ex ipso principio obedientem petri mentem: confestim enim cucurrit nihil tardans; unde sequitur et adduxit eum ad iesum. sed nullus facilitatem ei imponat, si non prius multa perquirens ita sermonem suscepit; conveniens enim est, et fratrem diligentius ei dixisse hoc, et per longa verba; sed evangelistae ubique multa intermittunt, breviloquii curam habentes. aliter autem neque dictum est quoniam credidit simpliciter, sed quoniam duxit eum ad iesum, illum ei de quo dixerat traditurus, ut omnia ab illo discat. ipse autem dominus incipit revelare ea quae deitatis sunt, et paulatim ea aperire praedicationibus. |50| non enim minus quam signa, prophetiae adducunt: hoc enim est maxime opus dei, quod neque imitari daemones possunt: nam in miraculis quidem et phantasia fit utique; futura autem praedicere cum certitudine, illius solius incorruptibilis est naturae; unde sequitur intuitus autem eum iesus dixit: tu es simon filius ioanna; tu vocaberis cephas (quod interpretatur petrus). * beda. ° intuitus autem est eum non exterioribus oculis solum, sed et aeterno divinitatis intuitu vidit cordis eius simplicitatem, animi sublimitatem, cuius merito cunctae esset praeferendus ecclesiae. neque autem in petri vocabulo, quasi hebraeo vel syro, aliam interpretationem quaerere oportet: quia idem est graece et latine petrus, quod syriace cephas; et in utraque lingua nomen a petra derivatur. vocatur autem petrus ob firmitatem fidei, qua illi petrae adhaesit de qua apostolus ait: petra autem erat christus; qui sperantes in se ab hostis insidiis reddit tutos, et spiritualium |75| charismatum fluenta ministrat. * augustinus in ioannem. ° non est autem magnum quia dominus dixit cuius filius esset iste: omnia enim nomina sanctorum suorum sciebat, quos ante constitutionem mundi praedestinavit. illud autem magnum quia mutavit ei nomen, et fecit de simone petrum. petrus autem a petra; petra vero ecclesia: ergo in petri nomine figurata est ecclesia. et quis securus est, nisi qui aedificat supra petram? intentum autem te fecit dominus: nam si antea petrus vocaretur, non ita videres mysterium petrae, et putares casu eum sic vocari, non providentia dei. ideo eum voluit aliud prius vocari, ut ex ipsa commutatione nominis, sacramenti vivacitas commendaretur. * chrysostomus. ° ideo etiam nomen mutavit, ut ostendat quia ipse est qui vetus testamentum dedit et nomina transmutavit, qui abram abraham vocavit, et sarai saram, et iacob israelem. igitur multis quidem et a nativitate nomina imposuit, ut isaac et samson; aliis autem post eam quae a progenitoribus |100| est nuncupationem, ut petro et filiis zebedaei: nam quibus quidem a prima aetate debebat virtus clarescere, ex tunc nomina susceperunt; quibus autem postea debebat augeri, postea nuncupatio posita est. * augustinus de cons. evang.. ° non autem parva repugnantia potest putari si iuxta iordanem, antequam iesus isset in galilaeam, ad testimonium ioannis baptistae secuti sunt eum duo, quorum unus erat andreas, qui fratrem suum simonem adduxit ad iesum; quando et nomen ut petrus nominaretur accepit; cum ab aliis evangelistis dicatur, quod eos in galilaea piscantes invenerit, atque ad discipulatum vocaverit: nisi quia intelligendum est, non sic eos vidisse dominum iuxta iordanem ut ei iam inseparabiliter inhaererent; sed tantum cognovisse qui esset, eumque miratos ad propria remeasse. non autem quis arbitretur quod tunc petrus nomen accepit, ubi ait illi dominus: tu es petrus, et super hanc petram aedificabo ecclesiam meam; sed ubi commemoratur ei dictum |125| esse tu vocaberis cephas (quod interpretatur petrus). * alcuinus. ° vel aliter. nondum imponit ei nomen, sed praesignat quod postea fuit ei impositum, quando dixit ei iesus: tu es petrus, et super hanc petram aedificabo ecclesiam meam. mutaturus autem nomen christus, voluit ostendere etiam nomen illud quod a parentibus datum erat, non carere virtutis significatione. simon enim obediens interpretatur, ioanna gratia, iona columba; quasi dicat: tu es obediens, filius gratiae, vel filius columbae, idest spiritus sancti: quia humilitatem de spiritu sancto accepisti, ut vocante andrea, videre me desiderares. non enim dedignatus est maior minorem sequi: quia non est ordo aetatis ubi est meritum fidei.

lc26 * Chrysostomus in ioannem. ° postquam accepit christus hos discipulos, venit de reliquo ad alios convertendum, scilicet philippum et nathanaelem; unde dicitur in crastinum autem voluit exire in galilaeam. * alcuinus. ° a iudaea scilicet, ubi erat ioannes baptizans, deferens honorem baptistae, ne videatur magisterium eius minuere, dum adhuc statum habet. vocaturus etiam discipulum ad sequendum, voluit exire in galilaeam, idest in transmigrationem factam vel revelationem; ut sicut ipse proficiebat sapientia et aetate et gratia apud deum et homines, et sicut passus est et resurrexit, et ita intravit in gloriam suam; sic etiam suos sequaces ostenderet et exire et proficere in virtutibus, et per passiones ad gaudia transmigrare debere; unde sequitur et invenit philippum, et dicit ei iesus: sequere me. sequitur qui imitatur humilitatem et passionem eius, ut sit socius resurrectionis et ascensionis. * chrysostomus. ° et vide quod antequam aliquis ei adhaereret, |25| nullum vocavit: nam si quidem nullo iam sponte adveniente attraxisset, fortassis resiliissent: nunc autem a seipsis eligentes sequi dominum, firmi de reliquo permanserunt. philippum autem vocat, magis notum ei existentem, quia in galilaea nutritus erat. sed unde philippus secutus est christum? nam andreas quidem audiens a ioanne baptista, petrus autem ab andrea; hic autem a nullo aliquid discens, solum dicente christo ad eum sequere me, confestim persuasus est. conveniens est autem philippum a ioanne audientem sequi christum, vel etiam vocem christi hoc operatam esse. * theophylactus. ° non enim simpliciter omnibus vox christi dicebatur, sed fidelium interiora ad eius inflammabat amorem: deinde quia in corde philippi de christo cogitatio inerat, et in libris moysi assidua lectio, ut expectaret christum, statim cum vidit, credidit. forte autem ab andrea et petro de christo aliquid didicit, quia ex eadem patria erant; quod evangelista videtur innuere per hoc quod subdit erat autem philippus a bethsaida |50| civitate andreae et petri. * chrysostomus. ° christus etiam hinc suam virtutem ostendit, quod a terra nullum ferente fructum, nam a galilaea propheta non surgit, inclytos discipulos elegit. * alcuinus. ° bethsaida etiam domus venatorum interpretatur; quo nomine civitatis curavit evangelista ostendere quales tunc iam animo erant philippus, petrus et andreas, et quales officio erant futuri, idest capiendis ad vitam animabus intenti. * chrysostomus. ° non solum autem philippus a christo persuasus est, sed praeco aliis fit; unde sequitur invenit philippus nathanael, et dicit ei: quem scripsit moyses in lege et prophetae, invenimus iesum filium ioseph a nazareth. vide qualiter sollicitam mentem habebat, et continue meditabatur quae sunt moysi, et expectabat adventum christi. et quidem quod christus debebat venire, noverat prius; quoniam autem hic christus erat, ignorabat. dicit autem quem scripsit moyses et prophetae, credibilem faciens suam praedicationem, et ex hinc persuadens |75| auditorem quod circa legem et prophetas sollicitus erat, et omnia perscrutans cum veritate ut et christus testatus est. si vero dicit filium ioseph, ne turberis: eius enim filius aestimabatur esse. * augustinus in ioannem. ° cui scilicet desponsata erat mater eius: nam quod ea intacta conceptus et natus sit, bene noverunt ex evangelio omnes christiani. addit autem et locum: a nazareth. * theophylactus. ° non quia in ea natus erat, sed nutritus. generatio enim eius multis erat incognita; sed quod in nazareth esset nutritus, cognitum erat. et dixit ei nathanael: a nazareth potest aliquid boni esse? * augustinus. ° ambas pronuntiationes potest consequens vox philippi sequi: sive sic pronunties, tamquam confirmans: a nazareth potest aliquid boni esse: et ille dicat veni et vide; sive sicut dubitans, et totum interrogans: a nazareth potest aliquid boni esse? veni et vide. cum ergo sive illo modo, sive isto pronuntietur, non repugnent verba sequentia, nostrum est quaerere |100| quid potius intelligamus in his verbis. nathanael enim doctissimus legis, cum audisset philippum dicentem invenimus iesum, audito a nazareth, erectus est in spem, et dixit a nazareth potest aliquid boni esse. scrutatus enim erat scripturas, et sciebat, quod non facile alii scribae et pharisaei noverant, quia inde erat expectandus salvator. * alcuinus. ° qui singulariter sanctus est, innocens, impollutus; de quo propheta: exiet virga de radice iesse, et nazaraeus (idest flos) de radice eius ascendet. vel potest hic versiculus sub dubitatione interrogative proferri. * chrysostomus. ° audiverat enim nathanael a scripturis quod a bethlehem oportebat christum venire, secundum illud: et tu, bethlehem terra iuda, ex te exiet dux qui regat populum meum israel. cum igitur audivit a nazareth, dubitavit, non inveniens convenire enuntiationem philippi cum prophetica praedicatione. nazaraeum autem vocant prophetae ab educatione et conversatione. considera vero eius in inquirendo |125| prudentiam et mansuetudinem: non enim dixit: decipis me, philippe; sed interrogat dicens a nazareth potest aliquid boni esse? valde autem et philippus prudens erat; non enim interrogatus frangitur, sed immoratur, virum volens ducere ad christum; unde sequitur dicit ei philippus: veni et vide. trahit quidem eum ad christum, sciens de reliquo eum non contradicturum, si verba et doctrinam illius gustaverit.

lc27 * Chrysostomus in ioannem. ° nathanael non suscipiendo ex nazareth christum esse, eam quae illi erat circa scripturas diligentiam ostendit; in non respuendo vero eum qui annuntiaverat, multum desiderium quod habebat circa christi praesentiam monstravit. sciebat enim quod poterat philippus circa locum falli; unde sequitur vidit iesus nathanael venientem ad se, et dicit de eo: ecce vere israelita, in quo dolus non est: quia nihil ad gratiam vel odium loquebatur. * augustinus in ioannem. ° vel aliter. quid est in quo dolus non est? forte non habebat peccatum? forte illi medicus non erat necessarius? absit. nemo sic natus est ut medico illo non egeret. dolus enim est cum aliud agitur, et aliud fingitur: quo modo ergo in illo dolus non erat, si peccator est? fatetur se peccatorem; si enim peccator est et iustum se dicit, dolus est in ore ipsius. ergo in nathanaele confessionem peccati laudavit, non indicavit non esse peccatorem. |25| * theophylactus. ° sed nathanael laudatus non acquievit extemplo, sed expectavit, adhuc volens aliquid manifestius discere; et interrogat; sequitur enim dicit ei nathanael: unde me nosti? * chrysostomus. ° ipse quidem igitur ut homo investigabat, iesus autem ut deus respondebat: sequitur enim respondit iesus et dixit ei: priusquam te philippus vocaret, cum esses sub ficu, vidi te: non ut homo eum intuens, sed ut deus desuper cognoscens. vidi, inquit, te, idest morum tuorum mansuetudinem. dicit autem cum esses sub ficu: quoniam nullus ibi erat, sed soli philippus et nathanael singulariter loquebantur: propter hoc dictum est quod videns eum a longe dixit ecce vere israelita; ut scires quoniam antequam appropinquaret philippus, haec loquebatur christus, et insuspicabile fiat christi testimonium. noluit autem christus dicere: non sum ex nazareth, ut annuntiavit tibi philippus; sed ex bethlehem, ut non faceret altercabilem sermonem; neque etiam per hoc dedisset argumentum |50| sufficiens quod ipse esset christus; sed ostendit se christum per hoc quod praesens erat loquentibus illis. * augustinus. ° quaerendum est enim an aliquid significet arbor fici. invenimus arborem fici maledictam, quia sola folia habuit, et fructu caruit. in origine humani generis adam et eva, cum peccavissent, de foliis ficus subcinctoria sibi fecerunt. folia ergo ficulneae intelliguntur peccata. erat autem nathanael sub arbore fici, tamquam sub umbra mortis; ac si dominus ei dicat: o israel, sine dolo quisquis es, o popule iudaeus ex fide, antequam te per apostolos meos vocarem, et cum esses sub umbra mortis, et tu me non videres, ego te vidi. * gregorius moralium. ° vel cum esses sub ficu, vidi te; idest, positum te sub umbra legis elegi. * augustinus de verb. dom.. ° recordatus est autem nathanael se fuisse sub ficu ubi non erat christus praesentia corporali, sed scientia spirituali; et quia sciebat se solum fuisse sub ficu, agnovit in illo divinitatem. * chrysostomus |75| in ioannem. ° sic ergo ab hac praedicatione, et ab eo quod mentem scrutatus est eius, et quia cum adversus eum dicere videretur, non culpavit, sed laudavit, cognovit quoniam vere est christus; unde sequitur respondit ei nathanael, et ait: rabbi, tu es filius dei, tu es rex israel; quasi dicat: tu es qui expectabaris, tu es qui quaerebaris. quia enim argumentum inaltercabile suscepit, venit ad confessionem, et in mora priori diligentiam ostendens, et in posteriori confessione devotionem. multi autem legentium sermonem hunc anxiantur: petrus enim qui post miracula et doctrinam confessus est, quoniam filius est dei, beatificatur, ut a patre revelationem iam suscipiens; nathanael autem ante signa et doctrinam hoc dicens, nihil tale audivit. est igitur huius causa, quoniam verba quidem eadem locutus est petrus et nathanael, non autem eadem mente; sed petrus quidem confessus est filium dei ut deum verum; hic autem ut hominem nudum; dicens enim ei tu es filius dei, |100| induxit tu es rex israel; dei autem filius non israelis est rex solum, sed et orbis terrarum universi. hoc etiam manifestum est ex his quae consequuntur. nam petro nihil postea addidit christus: sed quasi perfecta eius existente fide, ecclesiam se dixit in confessione illius fabricaturum esse. nathanael autem, quasi multa parte et maiori confessionis deficiente, ad maiora educitur; nam sequitur et dixit ei: quia dixi tibi: vidi te sub ficu, credis: maius his videbis; quasi dicat: magnum tibi visum est hoc esse quod dixi, et propterea me regem israelis confessus es: quid igitur dices cum maius videbis? et quid sit istud maius, ostendit subdens et dicit eis: amen, amen dico vobis, videbitis caelum apertum, et angelos dei ascendentes et descendentes super filium hominis. vide qualiter paulatim eum a terra abducit, et facit quod non ultra aestimet christum esse hominem solum: cui enim angeli ministrant, qualiter hic homo purus esset? per hoc igitur suadet angelorum se esse dominatorem: sicut enim in proprium regis |125| filium descenderunt et ascenderunt in eum ministri regales; hoc quidem in tempore crucis, hoc vero in tempore resurrectionis et ascensionis; sed et ante hoc, quando accesserunt et ministrabant ei, et quando evangelizabant eius nativitatem. futurum vero a praeterito probavit; qui enim in praeteritis virtutem eius agnoverat, et de futuris audiens facilius suscepit. * augustinus de verb. dom.. ° recolamus autem veterem historiam, quando iacob in somniis vidit scalam a terra pertingentem usque in caelum, et dominus incumbebat super eam, et angeli ascendebant et descendebant per eam. denique ipse iacob quia intellexit quid viderit, posuit lapidem et fudit oleum: dum unxit lapidem iacob, numquid idolum fecit? significavit, non adoravit. agnoscitis chrisma, agnoscite et christum. ipse est lapis quem reprobaverunt aedificantes. si ergo iacob vidit scalam, qui est israel appellatus, et nathanael iste vere israelita erat; convenienter somnium iacob dominus dixit ei; quasi dicat: cuius nomine te appellavi, |150| ipsius somnium in te apparuit: videbis enim caelum apertum, et angelos dei ascendentes et descendentes super filium hominis. si autem ad illum descendunt, et ad illum ascendunt, et sursum est, et hic est: sursum in se, deorsum in suis. * augustinus in ioannem. ° sunt autem angeli dei boni praedicatores praedicantes christum; hoc est super filium hominis ascendunt et descendunt, sicut paulus, qui ascenderat usque ad tertium caelum, descendit usque ad lac potum parvulis dandum. dixit autem maius his videbis; quia plus est quod nos dominus vocatos iustificavit, quam quod vidit iacentes sub umbra mortis. quid enim nobis proderat, si ibi mansissemus ubi nos vidit? quaeritur autem quare nathanael, cui tantum testimonium perhibuit filius dei, inter duodecim apostolos non invenitur? intelligere autem debemus, ipsum eruditum fuisse et peritum legis: propterea noluit illum dominus inter discipulos ponere, quia idiotas elegit, unde confunderet mundum. volens enim superborum frangere |175| cervices, non quaesivit per oratorem piscatorem; sed de piscatore lucratus est imperatorem. magnus cyprianus orator; sed prius petrus piscator; per quem postea crederet non tantum orator, sed etiam imperator.

074 CJO cp2

lc1 * Chrysostomus in ioannem. ° quoniam in galilaea notus erat dominus, vocant eum ad nuptias; unde sequitur et die tertia nuptiae factae sunt in cana galilaeae. * alcuinus. ° galilaea est provincia, in qua est cana viculus. * chrysostomus. ° vocant autem ad nuptias dominum, non tamquam magnificum aliquem, sed simpliciter tamquam notum, et unum multorum: unde hoc evangelista declarans ait et erat mater iesu ibi: sicut enim matrem vocaverant, ita et filium; unde sequitur vocatus est autem iesus et discipuli eius ad nuptias: et accedit; neque enim ad dignitatem respiciebat suam, sed ad beneficium nostrum. qui enim non dedignatus est formam servi accipere, neque dedignatus est ad nuptias venire servorum. * augustinus de verb. dom.. ° erubescat igitur homo esse superbus, quoniam factus est humilis deus. ecce inter cetera filius virginis venit ad nuptias, qui cum apud patrem esset, instituit nuptias. * beda. ° quod |25| etiam ad nuptias venire dignatus est, iuxta litteram, fidem recte credentium confirmat. porro tatiani et marcionis, ceterorumque qui nuptiis detrahunt, perfidia quam sit damnabilis insinuat. si enim toro immaculato et nuptiis debita castitate celebratis culpa inesset, nequaquam dominus ad has venire voluisset. nunc autem quia bona est castitas coniugalis, melior continentia vidualis, optima perfectio virginalis, ad probandam omnium electionem graduum, discernendum tamen meritum singulorum, ex intemerato mariae virginis utero nasci dignatus est; e prophetico viduae annae ore mox natus benedicitur; a nuptiarum celebratoribus iam iuvenis invitatus, has praesentia suae virtutis honorat. * augustinus in ioannem. ° quid autem mirum, si in illam domum ad nuptias venit qui in hunc mundum ad nuptias venit? habet enim hic sponsam, quam redemit sanguine suo, et cui pignus dedit spiritum sanctum, quam sibi coniunxerat in utero virginis. verbum enim est sponsus, et sponsa caro humana; et utrumque |50| unus filius dei, et idem filius hominis. ille uterus virginis mariae thalamus eius est, unde processit tamquam sponsus de thalamo suo. * beda. ° nec vacat a mysterio quod die tertia nuptiae factae referuntur. primum quidem saeculi tempus ante legem, patriarcharum exemplo; secundum sub lege, prophetarum scriptis; tertium sub gratia, praeconiis evangelistarum, quasi tertiae diei luce, mundo refulsit, in quo dominus in carne natus apparuit. sed et hoc quod in cana galilaeae, idest in zelo transmigrationis, eaedem nuptiae factae perhibentur, typice denuntiat, eos maxime gratia christi dignos existere qui zelo fervere piae devotionis, ac de vitiis ad virtutes, de terrenis ad aeterna norunt transmigrare. discumbente autem ad nuptias domino, vinum defecit, ut vino meliore per ipsum facto manifestaretur gloria latentis in homine dei; unde sequitur et deficiente vino, dicit mater iesu ad eum: vinum non habent. * chrysostomus. ° dignum autem est quaerere, unde venit in mentem |75| matri magnum quid imaginari de filio: neque enim ante miraculum fecerat; sequitur enim hoc fecit initium signorum iesus. sed revelari incipiebat et a ioanne, et ab his quae ad discipulos dixerat; sed ante haec omnia ipsa conceptio, et ea quae post nativitatem facta sunt maximam ei de puero imposuerunt aestimationem; unde lucas dicit: maria conservabat omnia verba haec, conferens in corde suo. cuius igitur gratia non ante ad miraculum eum incitavit? nam antea ut unus multorum ita conversabatur; unde non praesumebat ei mater tale quid dicere; quia vero audivit quod ioannes ei testificatus est, et quod discipulos iam haberet, de reliquo confidenter rogat. * alcuinus. ° significat etiam in hoc loco synagogam quae christum provocat ad faciendum miraculum: familiare enim est iudaeis miracula inquirere. sequitur et dicit ei iesus: quid mihi et tibi, mulier? * augustinus in ioannem. ° quidam derogantes evangelio, et dicentes quod iesus non fuit |100| natus de maria virgine, hinc argumentum sumere conantur erroris sui, ut dicant: quomodo erat mater eius cui dixit quid mihi et tibi, mulier? sed quis hoc narravit, ut credamus quia hoc dominus dixit? nempe ioannes evangelista. at ipse dixit et erat ibi mater iesu. quare hoc, nisi quia utrumque verum est? sed numquid ideo venit ad nuptias, ut doceret matres contemni? * chrysostomus. ° sed quod valde venerabatur matrem, audi lucam enarrantem, qualiter subditus parentibus erat. nam ubi quidem parentes nihil impediunt eorum quae sunt secundum deum, debitum est subici eis; quando autem non tempore debito aliquid quaerunt, et abscindunt nos a spiritualibus, non ex hoc fallaris. * augustinus de symbolo. ° ut ergo distingueret inter deum et hominem, quia secundum hominem minor et subditus erat, secundum autem deum supra omnes erat, dixit quid mihi et tibi est, mulier? * chrysostomus in ioannem. ° sed et propter aliam causam, ut non suspecta essent miracula |125| quae fiebant (ab his enim qui indigebant, rogari oportuerat, non a matre), voluit ostendere quoniam omnia decenti tempore operatur, non simul omnia faciens: quia confusio quaedam esset; et ideo sequitur nondum venit hora mea; idest, nondum cognitus sum his qui adsunt. sed neque sciunt quoniam defecit vinum: sine eos primum hoc sentire: qui enim necessitatem non praesentit, neque beneficii grandem suscipiet sensum. * augustinus. ° vel ideo quia dominus noster, secundum quod deus erat, matrem non habebat; secundum quod homo erat, habebat matrem. miraculum autem quod facturus erat, secundum divinitatem facturus erat, non secundum infirmitatem humanam. miraculum tamen exigebat mater; at ille tamquam non agnoscens viscera humana, operaturus facta divina, dixit quid mihi et tibi est, mulier? tamquam dicat: quod in me facit miraculum, non tu genuisti, deitatem meam. dicitur autem mulier secundum femineum sexum, non secundum corruptionem integritatis. |150| sed quia genuisti infirmitatem meam, tunc te cognoscam cum ipsa infirmitas pendebit in cruce; unde subdit nondum venit hora mea; quasi dicat: ibi te agnoscam cum pendere in cruce infirmitas coeperit, cuius et mater es. commendavit enim matrem discipulo, prius matre moriturus, et ante mortem matris resurrecturus. videte autem ne forte quomodo invenerunt manichaei occasionem perfidiae suae, quia dixit dominus quid mihi et tibi est, mulier? sic inveniant mathematici occasionem fallaciae, quia dixit nondum venit hora mea. dicunt enim: vides quia sub fato erat christus, quia dixit nondum venit hora mea. credant autem deo dicenti: potestatem habeo ponendi animam meam, et iterum sumendi eam; et quaerant quare sit dictum nondum venit hora mea: nec ideo iam sub fato ponant conditorem caeli: quia si esset fatum de sideribus, non poterat esse sub necessitate siderum conditor siderum. adde quod non solum christus non habuit quod appellas fatum; sed nec tu, aut ille, aut quisquam hominum. |175| quare ergo dixit nondum venit hora mea? quia in potestate habebat quando moreretur; sed nondum videbat esse opportunum ut illa potestate uteretur. vocandi erant discipuli, annuntiandum erat regnum caelorum, faciendae erant virtutes, commendanda erat divinitas domini in miraculis, commendanda erat humanitas domini in ipsa compassione mortalitatis. at ubi tantum fecit quantum sufficere iudicavit, venit hora, non necessitatis, sed voluntatis; non conditionis, sed potestatis.

lc2 * Chrysostomus in ioannem. ° quamvis dixerit nondum venit hora mea, postmodum fecit quod mater dixerat; ut etiam ex hoc sufficiens esset demonstratio quod non subiectus est horae. si enim horae subiciebatur, qualiter debita hora nondum facta hoc fecit? deinde et propter honorem matris, ut non finaliter ei contradicere videretur: neque eam tot praesentibus erubescere faceret: adduxerat enim ad eum ministros, ut a pluribus fieret petitio; unde sequitur dicit mater eius ministris: quodcumque dixerit vobis, facite. * beda. ° quasi dicat: licet abnegare videatur, tamen faciet: noverat enim eum mater pium et misericordem. sequitur erant autem ibi lapideae hydriae sex positae secundum purificationem iudaeorum, capientes singulae metretas binas vel ternas. hydriae vocantur vasa aquarum receptui parata; graece enim aqua hydor dicitur. * alcuinus. ° vasa autem aquarum receptui parata erant secundum purificationem iudaeorum, quia inter alias |25| pharisaeorum traditiones etiam hoc observabant ut crebro se lavarent. * chrysostomus. ° quia vero inaquosa est palaestina, et non erat multis in locis fontes et puteos invenire, replebant hydrias aqua, ut non currerent ad flumina, si quando immundi fierent; sed de prope haberent purgationis modum. ne autem quidam infidelium suspicarentur quoniam, faece intus remanente, deinde aqua immissa, vinum subtilissimum factum esset, propterea ait secundum purificationem iudaeorum, ostendens quod illa vasa numquam vini receptacula facta erant. * augustinus in ioannem. ° metretas enim dicit mensuras quasdam, tamquam si diceret urnas, amphoras, vel aliud huiusmodi. metron enim mensuram dicunt graeci: inde appellatae metretae. quod autem ait binas vel ternas, non ita accipiendum est quod aliae binas, aliae ternas; sed eaedem ipsae caperent binas quae etiam ternas. sequitur dixit eis iesus: implete hydrias aqua. et impleverunt eas usque ad |50| summum. * chrysostomus. ° sed quare antequam implevissent hydrias aqua, non fecit signum? quod multo mirabilius esset: quia scilicet aliud est substantiam in aliam qualitatem transmutare, et ipsam substantiam ex nihilo facere. hoc quidem mirabilius est, sed non ita videtur credibile multis. propterea enim multoties a miraculorum magnitudine abstinet, volens magis credibile esse quod fiebat. cum hoc et perversa dogmata evertit. quia enim sunt quidam qui mundi conditorem alium esse dicunt, plura miraculorum ex subiectis substantiis facit; si enim contrarius ei esset qui conditor est mundi, non utique alienis uteretur ad propriae virtutis demonstrationem. non autem ipse aquam hausit, et tunc vinum ostendit, sed hoc iubet ministris, ut eos testes haberet eius quod fiebat; unde sequitur et dicit eis iesus: haurite nunc, et ferte architriclino. * alcuinus. ° triclinium ordo trium lectorum; clini enim lectum significat. architriclinus princeps triclinii, idest primus inter convivas, qui more antiquo in lectis discumbebant; |75| unde quidam architriclinum intelligunt aliquem ex sacerdotibus iudaeorum, qui nuptiis interesse poterant, ut illos instruerent qualiter nuptiis uti deberent. * chrysostomus in ioannem. ° vel aliter. quia aliqui possent dicere quod convivae ebrii erant, et sensus iudicantium corruptus, ut nescirent utrum aqua vel vinum esset; hi autem quibus ministratio conviviorum credita est, maxime vigiles sunt, unum opus habentes ut ornate et ordinate omnia disponantur; ideo in testimonium eorum quae fiebant dixit dominus ferte architriclino, propter evigilantem eius sensum: et non dixit: propinate discumbentibus. * hilarius de trin.. ° aqua igitur hydriis infunditur, vinum calicibus hauritur: infundentis scientiae sensus non convenit haurientis. qui infuderunt, hauriri aquam existimant: qui hauriunt vinum, infusum arbitrantur; unde sequitur ut autem gustavit architriclinus aquam vinum factam, et non sciebat unde esset (ministri autem sciebant, qui hauserant aquam), vocat sponsum architriclinus. |100| non autem aquae simplicitas defecit, et vini sapor natus est; non per transfusionem potioris obtinetur quod infirmius est; sed aboletur quod erat, et quod non erat coepit. * chrysostomus in ioannem. ° paulatim autem dominus volebat cognosci suorum signorum virtutem; et ideo neque ipse revelabat quod factum est, neque ministros architriclinus vocavit; non enim esset eis creditum de puro homine existimato tale testimonium reddentibus: sed vocat sponsum, qui maxime poterat conspicere quod fiebat. non simpliciter autem christus vinum, sed vinum optimum fecit; unde sequitur et dicit ei: omnis homo primum bonum vinum ponit, et cum inebriati fuerint, tunc id quod deterius est. talia enim sunt christi miracula, ut multo his quae per naturam fiunt, speciosiora et utiliora fiant. igitur aqua vinum facta ministros testes habuit; boni vero vini factio architriclinum et sponsum. probabile autem est et sponsum aliquid respondisse; sed evangelista hoc praetermittit, tangens solum id quod necessarium |125| est scire, scilicet quoniam vinum aquam fecit; unde statim subdit hoc fecit initium signorum iesus in cana galilaeae. tunc enim signa maxime necessarium erat facere, quando discipuli iam congregati erant devoti et attendentes his quae fiebant, manifeste aderant. si vero dixerit quis non esse argumentum sufficiens ut hoc sit principium signorum, quia additur in cana galilaeae, quasi contingat alibi prius esse facta, dicemus, quod et antea diximus, quia ioannes dicit: ut manifestetur israeli, propterea veni baptizans. si vero secundum primam aetatem miracula fecit, nequaquam indigebant israelitae alio manifestante eum. qui enim in brevi tempore ita per miraculorum multitudinem claruit, ut eius nomen manifestum fieret omnibus; multo magis si puer existens a prima aetate miracula fecisset: nam et ea quae fierent, inopinabiliora existimarentur ab infante facta, et tempus amplius esset. decenter autem non incepit signa facere ex prima aetate: existimassent enim phantasiam esse incarnationem, et ante opportunum |150| tempus cruci eum tradidissent livore liquefacti. * augustinus in ioannem. ° hoc autem miraculum domini quo de aqua vinum fecit, non est mirum eis qui noverunt quia deus fecit. ipse enim fecit vinum illo die in hydriis qui omni anno hoc facit in vitibus; sed hoc assiduitate amisit admirationem: itaque servavit sibi deus inusitata quaedam quae faceret, ut tamquam dormientes homines ad se colendum mirabiliter excitaret; propter quod sequitur et manifestavit gloriam suam. * alcuinus. ° quia ipse est rex gloriae, qui sicut dominus elementa mutabat. * chrysostomus. ° et hoc quantum ex parte sua: etsi vero tunc multi non cognoverunt, sed tamen omnes postea erant miraculum audituri. sequitur et crediderunt in eum discipuli eius: hi enim debebant credere et facilius, et cum diligentia attendere his quae fiebant. * augustinus de cons. evang.. ° sed si tunc in eum crediderunt, nondum erat discipuli cum ad nuptias vocati sunt; sed illo more locutionis hoc |175| dictum est quo loquimur cum dicimus apostolum paulum in tharso ciliciae natum: neque enim tunc iam erat apostolus. ita discipulos christi invitatos ad nuptias cum audimus, non iam discipulos, sed qui futuri erant discipuli intelligere debemus. * augustinus. ° illa autem mysteria quae in isto miraculo domini latent, videte. oportebat impleri in christo quae de illo scripta erant. illa erat aqua; fecit autem de aqua vinum, cum aperuit eis sensum, et exposuit scripturas: sic enim sapit quod non sapiebat, et inebriat quod non inebriabat. * beda. ° apparente enim domino in carne, vinosa legalis sensus suavitas paulatim coeperat ob carnalem pharisaeorum interpretationem a prisca sua virtute deficere. * augustinus. ° si autem iussisset aquam effundi, et ipse mitteret vinum ex occultis creaturae finibus, videretur scripturas veteres improbasse. cum autem ipsam aquam convertit in vinum, ostendit nobis quod et |200| scriptura vetus ab ipso est: nam iussu ipsius impletae sunt hydriae. sed nihil sapit illa scriptura, si non ibi christus intelligatur. novimus autem legem ex quibus temporibus narret, idest ab exordio mundi; inde usque ad hoc tempus quod nunc agimus, sexta aetas est: nam prima aetas computatur ab adam usque ad noe, secunda a noe usque ad abraham, tertia ab abraham usque ad david, quarta a david usque ad transmigrationem babylonis, quinta usque ad ioannem baptistam, sexta inde usque ad finem saeculi. sex ergo illae hydriae sex aetates significant, quibus non defuit prophetia. impletae sunt prophetiae, plenae sunt hydriae. quid est autem quod capiebant metretas binas vel trinas? si trinas tantum diceret, non curreret animus noster nisi ad mysterium trinitatis. sed forte nec sic debemus inde sensum avertere, quia dixit binas vel trinas: quia nominato patre et filio, consequenter et spiritus sanctus intelligendus est. oportet enim intelligi caritatem invicem patris et filii, quod est spiritus sanctus. |225| sed est et alius intellectus non praetermittendus: binae enim metretae intelliguntur in duobus generibus hominum, idest iudaeis et graecis; tres autem propter noe tres filios significandos. * alcuinus. ° ministri autem sunt doctores novi testamenti, qui scripturas aliis sacras spiritualiter interpretantur; architriclinus autem est aliquis legisperitus, ut nicodemus, gamaliel, saulus. dum ergo talibus evangelii verbum committitur, quod in littera legis occultabatur, quasi vinum de aqua factum architriclino propinatur. et bene in domo nuptiarum tres ordines discumbentium describuntur: quia ecclesia tribus ordinibus fidelium constat: coniugatorum, continentium et doctorum. optimum autem vinum christus usque adhuc servavit, idest evangelium usque ad sextam aetatem distulit.

lc3 * Chrysostomus in ioannem. ° quoniam autem paulo post dominus hierosolymam ascensurus erat, capharnaum adiit, ut non ubique fratres et matrem secum trahat; unde dicitur post haec descendit capharnaum ipse et mater eius et fratres eius et discipuli eius; et ibi manserunt non multis diebus. * augustinus in ioannem. ° hic est autem dominus deus noster excelsus, ut nos faceret; humilis, ut nos reficeret; ambulans inter homines, patiens humana, abscondens divina. ecce habet matrem, habet fratres, habet et discipulos. inde fratres unde matrem. fratres enim scriptura nostra appellare consuevit non eos solos qui nascuntur ex eodem utero aut ex eodem patre; sed ex eodem gradu, velut compatrueles aut consobrinos. unde ergo fratres domino? num enim maria iterum peperit? absit: inde coepit dignitas virginum. abraham patruus erat lot, et iacob laban syrum habebat avunculum; et utrique dicti sunt fratres. * alcuinus. ° fratres ergo domini dicuntur cognati mariae vel ioseph, non filii mariae vel ioseph: quia non solum beata virgo, sed etiam ioseph testis castitatis eius ab omni actione coniugali immunis permansit. * augustinus de cons. evang.. ° quod vero dicit et discipuli eius, incertum est utrum iam illi adhaeserant etiam petrus, et andreas, et filii zebedaei. matthaeus enim primo narrat quod venerit et habitaverit in capharnaum, et postea quod eos de navibus piscantes vocaverit. an forte matthaeus quod praetermiserat recapitulavit? quia sine ulla consequentis temporis differentia dixit: ambulans iuxta mare galilaeae, vidit duos fratres, an potius alii discipuli fuerunt? scriptura enim evangelica et apostolica non solum illos duodenos appellat discipulos eius, sed omnes qui in deum credentes ad regnum caelorum magisterio eius erudiebantur. illud etiam requirendum est, quomodo hic dicit, antequam ioannes baptista missus esset in carcerem, iesum venisse in galilaeam: cum matthaeus dicat: cum autem audisset quod ioannes traditus esset, secessit in galilaeam: similiter etiam et marcus. lucas etiam nihil quidem dicit de tradito ioanne: sed post baptismum et tentationem christi dicit eum iisse in galilaeam, sicut illi duo. unde intelligitur tres evangelistas non ioanni evangelistae contraria narrasse, sed praetermisisse primum domini adventum in galilaeam posteaquam baptizatus est, quando illic aquam convertit in vinum. * eusebius eccles. hist.. ° cum enim trium evangeliorum ad ioannem evangelistam notitia pervenisset, probasse quidem dicitur fidem et veritatem dictorum; deesse tamen vidit aliqua, et ea maxime quae primo praedicationis suae tempore dominus gesserat: certum est enim quod in superioribus tribus evangeliis haec videntur sola contineri quae in eo gesta sunt anno quo ioannes baptista vel inclusus est in carcere, vel punitus. et ideo rogatus dicitur ioannes apostolus ut ea quae praeterierant priores ante traditionem ioannis, salvatoris gesta conscriberet. unde si quis diligenter consideret, inveniet evangelia non dissonare; sed alterius temporis gesta esse quae scribit ioannes, alterius vero quae ceteri. * chrysostomus in ioannem. ° neque enim in capharnaum miraculum ullum tunc operatus est: qui enim civitatem habitabant illam, non sane se habebant ad christum, sed erant valde corrupti: ideo tamen accedit et parum ibi trahit tempus propter eum qui ad matrem erat honorem. * beda. ° ideo etiam non multis diebus ibi manserunt, propter festum paschae, quod iam appropinquabat; unde sequitur et prope erat pascha iudaeorum. * origenes in ioannem. ° sed quid intendit ibi appositio iudaeorum? non enim nationis alterius paschae solemnitas fuerat. forsan vero quia quoddam est pascha humanum eorum qui procul a proposito scripturae celebrant illud, quoddam vero divinum et verum, quod in spiritu et veritate perficitur. ad distinctionem ergo divini dicitur iudaeorum. sequitur et ascendit hierosolymam. * alcuinus. ° bis in evangeliis legitur iesum ascendisse hierosolymam: semel in primo anno praedicationis, dum adhuc ioannes non erat missus in carcerem; de hoc ascensu nunc agitur; et iterum illo anno quo erat passurus. dedit autem nobis exemplum dominus quanta cura divinis subdi debeamus imperiis. si enim ipsa dei filius decreta legis a se data implebat, celebrans solemnitates cum ceteris hominibus, quanto studio bonorum operum servi debent solemnitates et praevenire et celebrare? * origenes. ° mystice autem, cum facta est nuptiarum praeparatio in cana galilaeae, descendit una cum matre, fratribus et discipulis in capharnaum, quae interpretatur ager consolationis. oportebat enim post vini alacritatem, ad agrum consolationis, una cum matre et discipulis ascendere salvatorem, consolaturum in futuris fructibus et in agrorum multitudine suscipientes disciplinam eius, et animam quae illum spiritu sancto concepit, et iuvandos ibi. sunt enim quidam fructificantes, ad quos dominus ipse descendit una cum verbi ministris atque discipulis, adiuvans huiusmodi praesente matre sua. videntur autem qui capharnaum ducti sunt, non capere diuturnam apud se iesu praesentiam: quoniam illuminationem quae de pluribus dogmatibus est, inferioris consolationis agellus non capit, cum paucorum capax existat. * alcuinus. ° vel capharnaum villa pulcherrima est, et significat mundum, in quem verbum patris descendit. * beda. ° non multis autem diebus ibi mansit, quia parvo in hoc mundo tempore cum hominibus conversatus est. * origenes. ° est autem hierosolyma civitas regis magni, velut ipse salvator ait, ad quam nullus eorum qui manent in terris conscendit nec ingreditur: sed quaelibet anima quae naturalem obtinet celsitudinem et acumen intelligibilium perspicuum, eius civitatis est incola, ad quam solus iesus ascendisse dicitur. videntur tamen post discipuli fore praesentes dum recolunt zelus domus tuae comedit me; sed quasi in quolibet discipulorum iesus ascendit.

lc4 * Beda super matth.. ° dominus ierusalem adveniens, continuo templum oraturus addit, nobis dans exemplum ut quocumque properamus, domum dei primo ingrediamur, dominum deprecaturi; unde dicitur et invenit in templo vendentes boves et oves et columbas. * augustinus in ioannem. ° sacrificia enim illi populo pro eius carnalitate talia data sunt, quibus teneretur ne ad idola deflueret; et immolabant boves et oves et columbas. * beda. ° sed quia de longinquo properantes quae iussa sunt immolari domino, secum ferre non poterant, eorum pretia deferebant: unde nacta occasione, haec animalia in templo scribae et pharisaei vendi instituerunt, ut venientes emerent et offerrent, eademque oblata ipsi aliis venderent; et sic sua lucra accumularent. unde et nummularii ad hoc sedebant ad mensam, ut inter emptores venditoresque hostiarum prompta esset pecunia: unde subditur et nummularios sedentes. dominus autem nolens aliquid in domo sua terrenae esse negotiationis, neque eius quae honesta putaretur, negotiatores omnes expulit foras. * augustinus. ° et qui flagellandus erat ab eis, prior illos flagellavit; unde sequitur et cum fecisset quasi flagellum de funiculis, omnes eiecit de templo. * theophylactus. ° neque solum eos eiecit qui vendebant et emebant, sed etiam res eorum; unde subditur oves quoque et boves et nummulariorum effudit aes, et mensas evertit, scilicet nummularias, quae erant quasi vasa denariorum. * origenes. ° consideremus autem, ne forte enorme videatur quod dei filius captis funiculis parat sibi flagellum ad eiciendum de templo. unum tamen refugium ad horum responsionem relinquitur divina potestas iesu, ut cum volebat posset iracundiam hostium suffocare, quamvis essent innumeri, et sedare mentium turbines: dominus enim dissipat cogitationes gentium. praesens autem historia in nullo minorem potestatem praetendit his quae ab eo miraculosius edita sunt: quinimmo constat hanc maiorem demonstrare potentiam miraculo quo aqua conversa est in vinum: eo quod illic inanimata subsistit materia, hic vero tot millium hominum domantur ingenia. * augustinus de cons. evang.. ° manifestum est autem non semel, sed iterato hoc factum esse a domino. sed illud primum commemoratur hic a ioanne, istud ultimum a ceteris tribus. * origenes. ° et ioannes quidem hic dicit quod expulit vendentes de templo; matthaeus autem ait quoniam expulit vendentes et ementes. multo autem maior numerus erat ementium quam vendentium; quorum expulsio transcendebat dignitatem eius qui reputabatur filius carpentarii; nisi quod divina potestate sibi omnes subiecit, ut dictum est. * beda. ° commendatur autem in hac lectione utraque christi natura: humana quidem, in hoc quod matrem comitem habuisse perhibetur; divina vero, in hoc quod verus dei filius demonstratur; sequitur enim et his qui vendebant columbas dixit: auferte ista hinc, et nolite facere domum patris mei domum negotiationis. * chrysostomus in ioannem. ° ecce patrem vocat, et non irascuntur: aestimant enim simpliciter eum dicere; sed quia postea apertius loquebatur, ut solam repraesentaret parilitatis intelligentiam, propterea saeviebant. et matthaeus quidem dicit quod eiciens eos dicebat: nolite facere domum meam speluncam latronum: illud enim fecit ad passionem veniens, ideo durioribus sermonibus utebatur; hoc autem in principio signorum fecit; unde non ita aspera, sed remissa quodammodo increpatione utitur. * augustinus. ° ecce templum illud figura adhuc erat, et eiecit inde dominus omnes qui ad nundinas venerant. et quae ibi vendebant? quae opus habebant homines in sacrificio illius temporis. quid si ibi ebriosos inveniret? si negotiationis non debet fieri domus dei, potationis fieri debet? * chrysostomus. ° sed cuius gratia tali vehementia christus usus est? quia enim in sabbato curaturus erat, et multa facturus quae videbantur eis esse legis transgressio, ut non videatur deo contrarius, hoc cum periculo fecit, dans intelligere quod qui periculis se exponit pro bono ornatu domus, dominum domus non contemnit: et ideo, ut ostenderet sui consonantiam ad deum, non dixit: domum sanctam, sed domum patris mei. et propter hoc etiam subditur recordati vero sunt discipuli eius quia scriptum est: zelus domus tuae comedit me. * beda. ° discipuli enim videntes in eo hunc ferventissimum zelum, recordati sunt quia zelo domus patris salvator eiecit impios de templo. * alcuinus. ° zelus, cum in bono accipitur, est quidam fervor animi, quo mens relicto humano timore pro defensione veritatis accenditur. * augustinus. ° comeditur ergo zelus domus dei, qui omnia quae videt ibi perversa cupit emendare: et si emendare non potest, tolerat et gemit. si ergo in domo tua ne quid perversum fiat satagis, in domo dei, ubi salus proposita est, debes pati, quantum in te est, si quid perversi videris? amicus est? admoneatur leniter; uxor est? severissime frenetur; ancilla est? etiam verberibus compescatur. fac quicquid potes pro persona quam portas. * alcuinus. ° mystice autem quotidie deus spiritualiter suam ecclesiam intrat, et qualiter ibi unusquisque conversetur attendit. caveamus ergo ne in ecclesia dei fabulis, vel risibus, vel odiis, vel cupiditatibus vacemus, ne improvisus veniens nos flagellet, et de ecclesia sua eiciat. * origenes in ioannem. ° possibile enim est hierosolymitanum quoque delicto subiacere, et capacissimos deviare: quod nisi post delictum citissime convertantur, capacitatem amittunt. invenit igitur in templo, idest in sacris, vel in enuntiatione ecclesiastici sermonis, quosdam qui patris domum, domum negotiationis constituebant, qui scilicet venales exponunt boves, quos oportet servare ad aratrum, ne retrocedentes non disponantur ad regnum dei; qui etiam praeferunt mammonam iniquitatis ovibus, ex quibus habent ornatus materiam; qui etiam solertiam columbarum privata qualibet amaritudine vilipendunt. cum ergo hos invenerit salvator in domo sacrata, facto de funiculis flagello fugat illos una cum venalibus ovibus et bobus suis, et spargit aeris pondera velut indigna in domo dei retineri, subvertitque constitutas tabulas in animabus avarorum, et mandat ne ulterius in domo dei columbae vendantur. arbitror autem et exemplum ipsum statuisse per praedicta secretius, ut intelligamus per hoc, si quid agi debeat erga sacram illam oblationem a sacerdotibus, non debere ritu sensibilium oblationum agi, nec legem observari debere, ut carnales iudaei volebant: nam iesu propellente boves et oves, iubente auferri columbas, quae ut plurimum offerebantur iuxta consuetudinem iudaeorum, et subvertente mensas materialium nummorum non expresse, sed figuraliter continentium divinas impressiones, ea scilicet quae secundum legis scripturam videbantur honesta, et utente eo in plebem flagellis, dissolvenda et dispergenda haec erant, translato regno ad eos qui ex gentibus crediderunt. * augustinus. ° vel vendentes in ecclesia sunt qui quae sua sunt quaerunt, non quae iesu christi. venale habent totum, quia volunt redimi. simon ideo volebat emere spiritum sanctum, quia vendere volebat: erat enim de illis qui columbas vendunt: etenim in columba apparuit spiritus sanctus: columba autem non est venalis; gratis datur, quia gratis vocatur. * beda. ° vendunt igitur columbas qui acceptam spiritus sancti gratiam non gratis, ut praeceptum est, sed ad praemium dant; qui manuum impositionem, qua spiritus sanctus accipitur, etsi non in quaestum pecuniae, ad vulgi tamen favorem tribuunt; qui sacros ordines non ad vitae meritum, sed ad gratiam largiuntur. * augustinus. ° boves autem intelliguntur apostoli et prophetae, qui nobis scripturas sacras dispensaverunt. qui ergo ipsis scripturis fallunt populos a quibus quaerunt honores, vendunt boves, vendunt et oves, idest ipsas plebes, et cui vendunt, nisi diabolo? quidquid enim de unica ecclesia praeciditur, quis tollit nisi leo rugiens? * beda. ° vel oves sunt opera munditiae et pietatis. vendunt ergo oves qui humanae gratia laudis pietatis exercent. nummos mutuo dant in templo qui aperte terrenis rebus in ecclesia deserviunt. domum etiam domini faciunt domum negotiationis, non solum hi qui propter sacros ordines pretium pecuniae vel laudis vel honoris quaerunt; verum etiam hi qui gradum vel gratiam spiritualem, quam in ecclesia domino largiente perceperunt, non simplici intentione, sed cura humanae retributionis exercent. * augustinus. ° signum autem quoddam nobis ostendit dominus, quod fecit flagellum de resticulis, et inde negotiationem in templo facientes flagellavit. etenim unusquisque in peccatis suis restem sibi texit, dum peccata addit peccatis. quando ergo aliquid patiuntur homines propter iniquitates suas, agnoscant quia dominus facit flagellum de resticulis, et adhuc admonet eos ut mutent se: nam si se non mutaverint, audient in fine: ligate illi manus et pedes. * beda. ° facto igitur de funiculis flagello, illos eiecit de templo: quia de parte sortis sanctorum eiciuntur qui inter sanctos positi, vel ficte bona, vel aperte faciunt opera mala. oves quoque et boves eiecit: quia talium vitam pariter et doctrinam ostendit esse reprobam. nummulariorum quoque effudit aes, et mensas subvertit; quia damnatis in fine reprobis, etiam ipsarum quas dilexerunt rerum tollet figuram. venditionem columbarum de templo auferri praecepit: quia gratia spiritus, quae gratis accipitur, gratis dari debet. * origenes. ° potest etiam per templum intelligi anima studiosi, propter inhabitans verbum dei, in qua ante doctrinam iesu constiterant terrestres et bestiales motus. signum autem terrestrium motuum bos est, quoniam est agri cultor; insensatorum autem motuum ovis, quod est pluribus animalibus irrationalius; levium vero atque inconstantium mentium signum est columba; eorum vero qui boni videntur, signa sunt aera, quae christus verbo doctrinae expellit, ut non ultra domus patris eius sit forum.

lc5 * Theophylactus. ° quia iudaei videbant iesum talia facere cum potestate multa, et dicentem nolite facere domum patris mei, domum negotiationis: signum ab eo petunt; unde dicitur responderunt ergo iudaei, et dixerunt ei: quod signum ostendis nobis, quia haec facis? * chrysostomus in ioannem. ° sed numquid signa opus erant ut ea quae male fiebant cessare faceret? nonne zelum talem accipere pro domo dei maximum signum virtutis erat? non autem illius prophetiae meminerant; sed signum petebant, simul quidem de suo turpi lucro impedito dolentes, simul autem et per hoc prohibere eum volentes: opinantur enim eum aut provocare ad miracula, aut cessare ab his quae fiebant. propterea non dat eis signum, sicut et petentibus signum respondit dicens: generatio mala et adultera signum quaerit, et signum non dabitur ei, nisi signum ionae prophetae. sed tunc quidem manifestius, nunc autem obscurius respondet idem. non autem is utique qui non petentes praeoccupat, et signa dat, hic petentes avertisset, nisi mentem eorum cognovisset dolosam; sequitur enim et dixit eis: solvite templum hoc, et in tribus diebus excitabo illud. * beda. ° quia enim signum quaerebant a domino, quare solita commercia proicere debuerit ex templo; respondit: quia ipsum templum significabat templum corporis sui, in quo nulla prorsus esset alicuius macula peccati; quasi dicat: sicut inanimatum templum a vestris commerciis sceleribusque mea expio potestate, ita et hoc corporis mei templum, cuius istud gestat figuram, vestris manibus dissolutum, tertia die resuscitabo. * theophylactus. ° nequaquam tamen illos ad homicidium provocat dicens solvite; sed hoc eis affectantibus, non sibi esse absconditum demonstrat. audiant autem ariani, quomodo dominus mortis destructor dixit excitabo, virtute videlicet propria. * augustinus in ioannem. ° resuscitavit eum quidem et pater, cui dicit: excita me, et reddam illis. sed quid fecit pater sine verbo? quomodo ergo eum pater resuscitat, sic et filius resuscitavit: quia filius dixit: ego et pater unum sumus. * chrysostomus. ° propter quid autem signum resurrectionis dat eis? quoniam scilicet hoc maxime erat quod ostendebat eum non esse hominem purum, posse adversus mortem statuere triumphum, et tyrannidem eius longam velociter dissolvere. * origenes. ° utraque autem, scilicet et corpus iesu et templum, exemplar mihi fore videntur ecclesiae, eo quod ex vivis lapidibus construitur in domum spiritualem, in sacerdotium sanctum, et propter illud: vos estis corpus christi et membra de membro. quamvis autem dissolvi lapidum videatur structura ac dissipari omnia ossa christi adversitatibus tribulationum; instaurabitur tamen templum, ac resuscitabitur die tertia, quae in novo caelo et nova terra praesens erit. sicut enim illud christi corpus sensibile crucifixum est ac sepultum, et postea resurrexit; sic et totale sanctorum christi corpus concrucifixum est christo: quilibet enim eorum in nullo alio gloriatur nisi in cruce christi, per quam ipse crucifixus est mundo. sed et consepultus est christo et resurrexit cum eo, quia in quadam novitate vitae ambulat. sed secundum beatam resurrectionem nondum surrexit; unde non scriptum est: tertia die restaurabo illud, sed in tribus diebus: perficitur enim eius erectio in omnibus tribus diebus. * theophylactus. ° iudaei enim de inanimato templo putantes eum hoc dicere, deridebant eum; unde sequitur dixerunt ergo iudaei: quadraginta et sex annis aedificatum est templum hoc, et tu in tribus diebus excitabis illud? * alcuinus. ° et notandum, quod non de prima aedificatione, quae a salomone septem annis perfecta est, sed de reaedificatione, quae facta est sub zorobabel per quadraginta et sex annos impedientibus inimicis respondebant. * origenes. ° vel dicit aliquis, quadraginta et sex annorum exsurgere computum, ex quo david allocutus est nathan prophetam consulens de constructione templi, ex tunc satagens ad congregandam materiam templi. animadverte vero si possibile est quadragenarium numerum statui erga templum propter quatuor elementa mundi, ac senarium propter hoc quod homo sexto die creatus est. * augustinus de trin.. ° vel hic numerus perfectioni dominici corporis apte congruit; quadragies enim sexies seni fiunt ducenta septuaginta sex; qui numerus dierum complet novem menses et sex dies. ipsa autem perfectio corporis domini tot diebus ad partum producta comperitur, sicut a maioribus traditum suscipiens ecclesiae custodit auctoritas. octavo enim kalendas aprilis conceptus creditur, quo et passus; natus autem traditur octavo kalendas ianuarii. ab illo ergo die usque ad istum computati ducenti septuaginta sex reperiuntur dies, qui senarium numerum quadragies sexies habent. * augustinus lib. 83 quaest.. ° dicitur etiam conceptio humana sic procedere, et perfici primis sex diebus, quasi lactis habeat similitudinem, sequentibus novem diebus convertatur in sanguinem, deinde duodecim diebus solidetur, reliquis decem et octo diebus formetur usque ad perfecta lineamenta omnium membrorum; et in reliquo tempore usque ad tempus partus magnitudine augeatur. sex autem et novem et duodecim et decem et octo in unum coacti, fiunt quadraginta quinque: addito ergo uno fiunt quadraginta sex; qui si fuerint multiplicati per ipsum senarium numerum, qui huius ordinationis caput tenet, fiunt ducenti septuaginta sex, idest novem menses, et sex dies. non ergo absurde quadraginta sex annis dicitur fabricatum esse templum, quod corpus eius significabat; ut quot anni fuerint in fabricatione templi, tot dies fuerint in corporis dominici perfectione. * augustinus in ioannem. ° vel aliter. quia dominus noster de adam corpus accepit, non de adam peccatum traxit; templum corporeum inde sumpsit, non iniquitatem, quae de templo pellenda est. si autem facias quatuor nomina graeca, anatoli, quod est oriens, dysis, quod est occidens, arctos, quod est septemtrio, mesembria, quod est meridies, capita verborum adam habent. a quatuor enim ventis dominus collecturum se dicit electos suos cum venerit ad iudicium. habent autem litterae nominis adam numerum secundum graecos; et ibi invenitur quadragintasex annis aedificatum templum. habet enim adam alpha, quod est unum; et delta, quod quatuor; et alpha, quod est unum; et mi, quod est quadraginta: et sic habet quadragintasex. sed iudaei, quia caro erant, carnalia sapiebant; ille spiritualiter loquebatur, et de quo templo diceret, per evangelistam nobis aperuit; sequitur enim ille autem dicebat de templo corporis sui. * theophylactus. ° ex hoc autem apollinarius contradictionem sumit, volens ostendere, quod caro christi esset inanimata, eo quod templum sit inanimatum: ergo carnem christi et lapidem et lignum facies, quia ex his templum consistit. si autem quod dicitur: anima mea turbata est; et: potestatem habeo ponendi animam meam; nequaquam de anima rationali dici dixeris; ubi pones illud: in manus tuas, domine, commendo spiritum meum? non enim hoc de anima irrationali intelligere poteris: neque quod dicitur: non derelinques animam meam in inferno. * origenes. ° ideo autem corpus domini templum intelligitur, quia sicut templum gloriam dei continebat habitantem in ipso, sic corpus christi repraesentans ecclesiam, unigenitum continet, qui est imago dei et gloria. * chrysostomus in ioannem. ° duo autem erant quae obstabant discipulis ne interim intelligerent: unum ipsa resurrectio; alterum vero, quod maius erat, scilicet quod deus erat qui in illo corpore habitabat; quod dominus occulte ostenderat, dicens solvite templum hoc, et in tribus diebus excitabo illud. et ideo subditur cum ergo resurrexisset a mortuis, recordati sunt discipuli eius quia hoc dicebat de corpore suo, et crediderunt scripturae, et sermoni quem dixit iesus. * alcuinus. ° ante resurrectionem enim non intelligebant scripturas, quia nondum acceperant spiritum sanctum; sed in die resurrectionis apparens dominus aperuit discipulis sensum ut intelligerent quae de ipso scripta erant in lege et prophetis; et tunc crediderunt scripturae prophetarum, qui praedixerunt christum tertia die resurrecturum, et sermoni quem dixit iesus solvite templum hoc. * origenes in ioannem. ° secundum anagogem vero, complementum fidei attingemus in magna resurrectione totius corporis iesu, idest ecclesiae eius; cum fides quae est ex specie, multum differat ab ea quae est per speculum in aenigmate.

lc6 * Beda. ° superius evangelista narravit quid dominus ierusalem adveniens gesserit; nunc vero eodem hierosolymis commorante, quid ab aliis erga eum actum fuerit refert; unde dicitur cum autem esset hierosolymis in pascha in die festo, multi crediderunt in nomine eius, videntes signa quae faciebat. * origenes. ° respiciendum autem quomodo ex signis eius plerique videntes credebant in eum. non enim dicitur prodigia fecisse hierosolymis, nisi forte, cum facta sint, in scripturis non habeantur. animadverte vero si possibile est in miraculis deputari quod fecerit flagellum ex funiculis, et cunctos ex templo propulerit. * chrysostomus in ioannem. ° prudentiores autem fuerant discipuli, qui ad christum accesserant, non propter signa sed propter doctrinam; nam grossiores quidem per signa trahuntur, rationabiliores vero per prophetias seu doctrinam; unde subditur ipse autem iesus non credebat semetipsum eis. * augustinus in ioannem. ° quid sibi vult hoc illi credebant in nomine eius, et ipse iesus non credebat semetipsum eis? an forte non credebant ei, et fingebant se credidisse? sed non diceret evangelista multi crediderunt in nomine eius. magna ergo res et mira. credunt homines in christum, et christus non se credit hominibus, praesertim quia filius dei est, et utique volens passus est, et si nollet, nunquam pateretur. sed tales sunt omnes catechumeni. si dixerimus catechumeno: credis christo? respondet: credo, et signat se. si interrogemus eum: manducas carnem filii hominis? nescit quid dicimus, quia iesus non se credidit ei. * origenes in ioannem. ° vel dicendum, quod iesus non se credidit credentibus in nomine eius, et non in illum. in illum enim credunt qui angustam viam vadunt ducentem ad vitam: qui autem credunt signis, non in eum, sed in nomine eius credunt. * chrysostomus. ° vel hoc dicit, quia non confidebat in eis ut in discipulis perfectis, neque committebat eis omnia dogmata, ut iam firmiter fidelibus fratribus: non enim intendebat exterioribus verbis, ad mentem eorum intrans, et tempus opportunum manifeste sciens; unde sequitur eo quod ipse nosset omnes, et quia opus non erat ut quis testimonium perhiberet de homine: ipse enim sciebat quid esset in homine. scire enim ea quae sunt in corde hominum, est dei, qui solus corda plasmavit. non indiget ergo testibus, ut propriorum plasmatum mentem addiscat. * augustinus. ° plus etiam noverat artifex quid esset in opere suo, quam ipsum opus quid esset in semetipso. nam et petrus non noverat quid in ipso esset quando dixit: tecum ero usque ad mortem; sed dominus noverat quid esset in homine, dicens: priusquam gallus cantet, ter me negabis. * beda. ° quapropter monemur ut nunquam de conscientia nostra securi simus, sed semper solliciti formidemus: quia quod nos latet, aeternum arbitrum latere non valet.

074 CJO cp3

lc1 * Augustinus in ioannem. ° superius dixerat quod, cum esset hierosolymis... multi crediderunt in nomine eius, videntes signa et prodigia quae faciebat; ex his autem erat nicodemus, de quo dicitur erat autem homo ex pharisaeis nicodemus nomine. * beda. ° cuius etiam dignitatis officium ostendit, cum subditur princeps iudaeorum; deinde quid egerit, cum subiecit hic venit ad iesum nocte, cupiens scilicet secreta eius allocutione plenius discere mysteria fidei, cuius, aperta ostensione signorum, iam rudimenta perceperat. * chrysostomus in ioannem. ° adhuc tamen a iudaica detinebatur infirmitate: propterea et nocte venit, trepidans in die hoc facere; unde et evangelista alibi dicit: quoniam ex principibus multi crediderunt in eum; sed propter iudaeos non confitebantur, ut non extra synagogam fierent expulsi. * augustinus. ° nicodemus etiam ex illo numero erat qui crediderunt, sed nondum renati sunt: unde hoc ad rem pertinet quod in nocte venit. renati autem ex aqua et spiritu sancto, audiunt ab apostolo: fuistis aliquando tenebrae, nunc autem lux in domino. * haymo. ° vel pulchre in nocte venisse dicitur, quia tenebris ignorantiae obnubilatus, ad tantam lucem nondum pervenerat ut perfecte deum vere crederet: nox enim in sacro eloquio pro ignorantia ponitur; unde subditur et dixit ei: rabbi, scimus quia a deo venisti magister. quod autem hebraice rabbi, latine dicitur magister. magistrum ergo appellat, et deum tacet: quia credebat eum a deo missum, sed tamen, ut dictum est, deum non agnoscebat. * augustinus. ° unde autem iste crediderat, patet per id quod subdit nemo enim potest haec signa facere quae tu facis, nisi fuerit deus cum eo. sic ergo nicodemus de illis multis erat qui crediderant in nomine eius, videntes signa quae faciebat. * chrysostomus in ioannem. ° sed tamen neque a signis aliquid magnum existimabat de eo; sed adhuc humanam habens de eo mentem, ut de propheta loquitur, ad operationem eum missum dicens, et alieno auxilio indigentem haec agere quae agebat; cum tamen pater perfectum eum genuerit, et sufficientem sibi ipsi, et nihil habentem imperfectum. quia vero christi studium erat interim non ita dignitatem suam revelare, sicut persuadere quod nihil ex adverso agebat patri: propterea in verbis multoties humiliter loquens videtur, in rebus autem cum potestate omnia operatur. ideoque et nicodemo nunc manifeste quidem nihil excelsum loquitur de se ipso; occulte autem ab humili eum opinione reducit, docens quod sufficiens sibi ipse est in miraculorum operatione; unde subditur respondit iesus, et dixit ei: amen, amen dico tibi: nisi quis renatus fuerit denuo, non potest videre regnum dei. * augustinus. ° isti sunt ergo quibus se credit iesus qui nati fuerint denuo, qui non in nocte veniunt ad iesum, sicut nicodemus; tales enim iam etiam profitentur. dicit ergo nisi quis renatus fuerit denuo, non potest videre regnum dei; quasi dicat: quia nondum es natus denuo, idest ex deo, spirituali generatione, notitia quam habes de me, spiritualis non est, sed animalis et humana. ego autem dico tibi, quod sive tu, sive alius quicumque, nisi ex deo denuo natus fuerit, non poterit apprehendere gloriam quae circa me est; sed extra regnum erit; nam generatio quae per baptismum fit, illuminationem animae tribuit. * chrysostomus. ° vel littera talis est: amen, amen dico tibi: nisi quis renatus fuerit, etc.; hoc est, si tu non natus fueris desuper, et dogmatum susceperis certitudinem alicubi, extra erras, et longe es a regno caelorum; seipsum hic ostendens, et indicans quoniam non est hoc tantum quod videtur: sed aliis oculis opus est ad videndum eum. hoc autem quod dicit desuper, hi quidem, idest de caelo, exponunt; alii vero, a principio. igitur iudaei quidem si hoc audissent, deridentes utique discessissent; hic vero et in hoc amorem discipuli ostendit quod a christo ulterius interrogat.

lc2 * Chrysostomus in ioannem. ° veniens nicodemus ad iesum ut ad hominem, audiens maiora quam ab homine, erigitur ad altitudinem eorum quae dicuntur, non quidem excidens a fide; sed infert hanc impossibilitatem, ut in apertiorem provocet doctrinam. duo autem erant quae admirabatur: scilicet nativitas talis et regnum: neque enim audita erant apud iudaeos. sed interim circa prius instat, et quod maxime eius mentem concutiebat; unde dicitur dicit ad eum nicodemus: quomodo potest homo nasci, cum sit senex? numquid potest in ventrem matris suae iterato introire, et renasci? * beda. ° sic verba ista sonare videntur, quasi puer queat iterato in ventrem matris introire et renasci. sed sciendum, quod ipse senex erat; ideoque de se protulit exemplum; ac si diceret: ego sum senex et meam quaero salutem: quomodo possum in ventrem matris introire et renasci? * chrysostomus. ° rabbi eum vocas, et a deo venisse dicis; et non suscipis quae dicuntur, sed loqueris ad magistrum dictionem quae multam perturbationem inducit; hoc enim, scilicet quomodo quaerere, eorum est qui non valide credunt, et multi sic quaerentes, a fide deciderunt; hi quidem dicentes: quomodo deus est incarnatus? alii: quomodo mansit impassibilis? propterea et hic propter anxietatem modum exquirit. sed cum aliquis cogitationibus propriis spiritualia evertit, derisibilia loquitur. * augustinus in ioannem. ° spiritus enim loquitur, et ille carnem sapit: non noverat iste nisi unam nativitatem, scilicet ex adam et eva; et ex deo et ecclesia nondum noverat. sic tamen tu intellige nativitatem spiritus quomodo intellexit nicodemus nativitatem carnis: quomodo enim uterus non potest repeti, sic nec baptismus. * chrysostomus in ioannem. ° nicodemo autem decidenti ad eam quae hic est nativitatem, christus manifestius revelat spiritualis nativitatis modum; unde sequitur respondit iesus: amen, amen dico tibi: nisi quis renatus fuerit ex aqua et spiritu sancto, non potest introire in regnum dei. * augustinus in ioannem. ° ac si dicat: tu carnalem generationem intelligis; sed ex aqua et spiritu oportet quod nascatur homo propter regnum dei. si propter haereditatem patris hominis temporalem nascitur aliquis ex visceribus matris carnalis; et propter haereditatem patris dei sempiternam nascatur ex visceribus ecclesiae. cum autem ex duobus homo consistat, ex corpore videlicet et anima, duplicem habet et huiusmodi modum generationis; aqua enim quae visibilis est, ad emundationem corporis intelligitur: spiritus vero invisibiliter concurrens, ad emundationem invisibilis animae innuitur. * chrysostomus. ° si vero quis interrogat: qualiter ab aqua homo nascitur? interrogo et ego: qualiter natus est adam a terra? sicut enim in principio subiciebatur elementum terra, totum vero opus plasmantis erat; ita et nunc subicitur elementum aqua, totum vero est spiritus gratiae. tunc paradisum dedit in conversationem; nunc autem caelum nobis aperuit. sed quae est necessitas aquae his qui spiritum sanctum suscipiunt? divina enim in ea perficiuntur symbola, sepultura et mortificatio, resurrectio et vita. sicut enim in quodam sepulchro, in aqua nobis submergentibus capita, vetus homo sepelitur, et submersus deorsum occultatur, deinde novus rursus ascendit. hoc etiam fit, ut discas quoniam virtus patris et filii et spiritus sancti omnia complet, et quod christus tres dies ad resurgendum expectavit. quod igitur est matrix fetui, hoc est fideli aqua: in aqua enim plasmatur, et figuratur; sed quod in matrice plasmatur, tempore indiget: quod vero in aqua, non ita, sed in uno momento omnia fiunt. talis enim est natura corporum ut tempore assumant perfectionem; in spiritualibus vero non est ita; quoniam perfecta a principio constituuntur quae fiunt. ex quo igitur ascendit a iordane dominus, non adhuc reptilia animarum viventium, sed animas spirituales et rationabiles aqua reddit. * augustinus de bapt. parv.. ° sed quia non ait nisi quis renatus fuerit ex aqua et spiritu, non habebit salutem, vel vitam aeternam; sed non intrabit in regnum dei; ad hoc, inquiunt quidam, parvuli baptizandi sunt, ut sint cum christo in regno dei, ubi non erunt, si baptizati non fuerint; quamvis et sine baptismo si parvuli moriantur, salutem vitamque aeternam habituri sint, quoniam nullo peccati vinculo astricti sunt. sed cur nascatur denuo, nisi renovandus a vetustate? aut unde imago dei non intrat in regnum dei, nisi impedimento prohibente peccati? * haymo. ° talia autem ac tanta secreta mysteria nicodemo capere non valenti dominus ex carnali nativitate similitudinem dedit, dicens quod natum est ex carne, caro est; et quod natum est ex spiritu, spiritus est: sicut enim caro carnem procreat, ita quoque spiritus spiritum parit. * chrysostomus in ioannem. ° nihil igitur sensibilium inquiras, neque aestimes quod carnem generet spiritus: domini enim caro genita est non quidem a spiritu solum sed etiam a carne. quod autem natum est ex spiritu, spirituale est. nativitatem enim hic non eam quae secundum substantiam, dicit, sed eam quae secundum honorem et gratiam. si igitur et filius dei ita natus est, quid plus habebit omnibus qui ita nati sunt? invenietur autem et spiritu minor, cum eius nativitas gratia spiritus sit. et quomodo haec a iudaicis distant dogmatibus? vide autem et spiritus sancti dignitatem: dei enim opus videtur facere. supra enim dixit, quoniam ex deo nati sunt; hic autem quoniam spiritus eos generat. dicens autem christus, quoniam qui natus est ex spiritu, spiritus est, quia turbatum rursus vidit, ad sensibile exemplum ducit sermonem, dicens non mireris quia dixi tibi: oportet vos nasci denuo. dicendo enim ne mireris, ostendit animi eius turbationem. ponit autem exemplum quod neque communionem aliquam ad corporum grossitiem habet, neque ad incorporeorum perveniens naturam, quod est venti delatio, dicens spiritus ubi vult spirat, et vocem eius audis: sed nescis unde veniat aut quo vadat. sic est omnis qui natus est ex spiritu. quod dicit, tale est. si ventum nullus detinet, sed quo vult fertur: multo magis spiritus actionem, naturae leges detinere non poterunt, non terminus corporalis nativitatis, neque aliud quid talium. quoniam autem de vento hic dictum est, manifestat illud quod dicit vocem eius audis, idest sonitum percussionis; non enim loquens infideli et nescienti spiritus actionem hoc diceret. dicit autem ubi vult spirat, non quasi electionem quamdam vento habente, sed eam quae a natura est motionem, quae non prohibetur, et cum potestate fit. et nescis unde veniat, aut quo vadat; idest, si huius spiritus, cuius sensum suscipis auditu et tactu, interpretari nescis viam, qualiter divini spiritus operationem scrutaris? unde subdit sic est omnis qui natus est ex spiritu. * augustinus in ioannem. ° sed quis nostrum non videat verbi gratia austrum euntem a meridie ad aquilonem, aut alium ventum venientem ab oriente et occidente? quomodo ergo nescimus unde veniat aut quo eat? * beda. ° spiritus igitur sanctus est qui ubi vult spirat, quia ipse in potestate habet cuius cor gratia suae visitationis illustret. et vocem eius audis, cum te praesente loquitur is qui spiritu sancto repletus est. * augustinus. ° sonat psalmus, sonat evangelium, sonat sermo divinus, vox spiritus est. hoc igitur dicit, quia verbo et sacramento invisibiliter adest spiritus sanctus, ut nascamur. * alcuinus. ° ergo nescis unde veniat aut quo vadat; quia etsi te praesente spiritus ad horam quempiam repleverit, non potest videri quomodo in eum intraverit, vel quomodo redierit, quia natura est invisibilis. * haymo. ° sive nescis unde veniat, quia quomodo credentes ad fidem introducat ignoras; vel quo vadat, quia quomodo fideles ad spem perducat nescis; et sic est omnis qui natus est ex spiritu; ac si dicat: spiritus sanctus spiritus invisibilis est; ita et quisquis ex spiritu nascitur, invisibiliter nascitur. * augustinus. ° vel aliter. et si tu nascaris de spiritu, hoc eris, ut ille qui non est natus adhuc de spiritu, nesciat unde venias aut quo eas; hoc enim secutus ait sic est omnis qui natus est ex spiritu. * theophylactus. ° confundatur ergo macedonius impugnator spiritus, qui servum spiritum sanctum asseruit: spiritus enim sanctus propria potestate et ubi vult, et qualiter vult operatur.

lc3 * Haymo. ° mysteria divinae maiestatis nicodemus capere non valet quae a domino audiebat: et ideo rationem quaerens, factum non abnegans, non voto reprehendentis, sed affectu discentis dominum interrogat; unde dicitur respondit nicodemus, et dixit ei: quomodo possunt haec fieri? * chrysostomus in ioannem. ° quia igitur adhuc in iudaica vilitate manet, et exemplo ita manifesto dicto ei, adhuc interrogat, de reliquo asperius ad eum christus loquitur; unde sequitur respondit et dixit ei: tu es magister in israel, et haec ignoras? * augustinus in ioannem. ° quid putamus? dominum huic magistro iudaeorum quasi insultare voluisse? volebat quidem illum nasci de spiritu: nemo autem ex spiritu nascitur nisi humilis fuerit, quia ipsa humilitas facit nos nasci de spiritu. ille autem magisterio inflatus erat, et alicuius momenti sibi esse videbatur, quia doctor erat iudaeorum. deponit ergo dominus superbiam eius, ut possit nasci de spiritu. * chrysostomus. ° nequaquam tamen nequitiam accusat viri, sed insipientiam et ruditatem solum. sed dicet aliquis: quid commune habet haec nativitas, de qua scilicet christus locutus est, ad iudaica dogmata? habet quidem commune: nam qui primus homo factus est, et quae de costa facta est mulier, et quae steriles genuerunt, et quae per aquam miracula perfecta sunt: dico autem, quod elisaeus de aqua ferrum eduxit, et quod iudaei mare rubrum transierunt, et quod naaman syrus in iordane purgatus est: haec omnia nativitatem spiritualem et purgamentum in ea futurum figuraliter personabant; et ea quae a prophetis sunt dicta, occulte ostendunt hunc nativitatis modum; ut puta illud: renovabitur ut aquilae iuventus tua; et: beati quorum remissae sunt iniquitates. sed et isaac figura huius nativitatis erat. haec igitur rememorans dixit tu es magister in israel, et haec ignoras? rursus autem aliunde suum sermonem ei credibilem facit, ad imbecillitatem eius condescendens, cum subdit amen, amen dico tibi, quia quod scimus loquimur, et quod vidimus testamur, et testimonium nostrum non accipitis. apud nos visus aliis sensibus certior est; et si volumus aliquem facere credere, ita dicimus, quoniam oculis nostris vidimus. propterea christus humano loquens ad eum sermone, non visum sensibilem inducit; sed manifestum est quod de certissima cognitione et non aliter se habente loquitur. igitur hoc quidem, idest quod scimus, ait de seipso solo. * haymo. ° quaeritur autem quare pluraliter dicat quod scimus loquimur. ad quod dicendum, quod unigenitus dei filius erat qui hoc loquebatur; ostendens qualiter pater est in filio, et filius in patre, et spiritus sanctus ab utroque indivisibilis procedat. * alcuinus. ° vel dicit pluraliter, ac si dicat: ego et illi qui modo spiritu sunt renati, intelligimus illud quod loquimur; et quod vidimus apud patrem in abscondito, hoc testamur foris in mundo; et vos, qui carnales estis et superbi, non accipitis testimonium nostrum. * theophylactus. ° quod nequaquam de nicodemo dicit, sed de genere iudaeorum, qui usque ad finem in perfidia permanserunt. * chrysostomus in ioannem. ° quod quidem non turbati verbum est, sed mansuetudinem ostendentis. hinc enim erudit nos, cum ad aliquos locuti fuerimus et non persuaserimus, non tristari neque irasci, sed nostrum sermonem credibilem facere, non solum non irascendo, sed etiam non clamando; materia enim irae clamor est. iesus autem dogmata excelsa tangere debens, propter audientium infirmitatem se detinet multoties; et non continue dignis sua magnitudine dogmatibus immoratur, sed magis his quae condescensionem habent; unde hic subditur si terrena dixi vobis, et non creditis, quomodo si dixero vobis caelestia, credetis? * augustinus. ° hoc est, si non creditis quia templum possum suscitare deiectum a vobis, quomodo credetis quia per spiritum sanctum possunt homines regenerari? * chrysostomus in ioannem. ° vel aliter. si baptismum terrenum dicat, non mireris, quia in terra perficitur, et comparatione illius nativitatis stupendae quae est ex substantia patris, terrena est gratiae nativitas. et bene non dixit: non intelligitis; sed non creditis: nam cum quis aliqua per intellectum suscipere non valet, amentiae vel ignorantiae imputatur; cum autem hoc non suscipiat aliquis quod solum fide oportet suscipere, non amentiae sed infidelitatis est accusatio. dicebantur autem haec, etsi non credebantur, quia posteri erant ea suscepturi.

lc4 * Augustinus de peccat. mer. et remiss.. ° notata paululum eius imperitia qui se ceteris de magisterio praeferebat, et omnium talium incredulitate reprehensa, respondet quod alii credant, si illi non credunt ad illud quod interrogatus est quomodo possunt ista fieri? dicens et nemo ascendit in caelum, nisi qui descendit de caelo, filius hominis qui est in caelo; quasi dicat: sic fiet generatio spiritualis, ut sint caelestes homines ex terrenis; quod adipisci non poterunt nisi membra mea efficiantur, ut ipse ascendat qui descendit, non aliud deputans corpus suum, idest ecclesiam suam, quam seipsum. * gregorius moralium. ° quia enim nos unum cum illo iam facti sumus, unde solus venit in se, solus redit etiam in nobis; et is qui in caelo semper est, ad caelum quotidie ascendit. * augustinus. ° quamvis autem in terra factus sit filius hominis, divinitatem tamen suam, qua in caelo manens, descendit ad terram, non indignam censuit nomine filii hominis, sicut carnem suam dignatus est nomine filii dei. per unitatem enim personae, qua utraque substantia unus est christus; et filius dei ambulabat in terra, et idem ipse filius hominis manebat in caelo. fit ergo credibiliorum fides ex incredibilioribus creditis. si enim divina substantia longe distantior potuit propter nos ita suscipere humanam substantiam, ut una persona fieret; quanto credibilius alii sancti fiunt cum homine christo unus christus, ut omnibus per gratiam ascendentibus, ipse unus ascendat in caelum qui de caelo descendit? * chrysostomus in ioannem. ° vel aliter. quia dixerat nicodemus scimus quoniam a deo venisti magister, ne aestimetur ita esse magister ut multi prophetarum de terra existentes, subiungit et nemo ascendit in caelum nisi qui descendit de caelo, filius hominis qui est in caelo. * theophylactus. ° cum vero filium hominis descendisse de caelo audis, non putes quod de caelo caro descenderit: hoc enim haereticorum dogma est, qui docebant, quod christus de caelo corpus sumpserat, et per virginem transierat. * chrysostomus. ° filium enim hominis non carnem hic vocavit, sed a minori substantia se totum nominavit: est enim ei consuetudo multoties a divinitate, multoties ab humanitate totum vocare. * beda. ° si enim aliquis homo nudus de monte ad convallia descendat, et assumptis vestimentis et armis ad eumdem montem ascendat, recte ipse idem qui prius descendit ascendisse perhibetur. * hilarius de trin.. ° vel quia de caelo descendit, conceptae de spiritu originis causa est: non enim corpori maria originem dedit, licet ad incrementa partumque corporis omne quod sexus sui est naturale contulerit. quod vero hominis filius est, susceptae in virgine carnis est partus. quod autem in caelis est, naturae semper permanentis potestas est, quae non ex infinitatis suae virtute in regionem definiti corporis coarctavit verbi dei potestatem, et in forma servi manens ab omni intra extraque caeli mundique circulo, caeli ac mundi dominus non abfuit. per hoc ergo et de caelo descendit, quia filius hominis est; et in caelis est, quia verbum caro factum, non amiserat manere quod verbum est. * augustinus in ioannem. ° miraris autem quia hic erat, et in caelo. tales fecit discipulos suos. paulum audi dicentem: nostra conversatio in caelis est. si homo paulus ambulabat in terra et conversabatur in caelis, deus caeli et terrae non poterat esse in caelo et in terra? * chrysostomus. ° vide autem, quia quod valde videtur excelsum, indignum est sua magnitudine: non enim solum in caelo est, sed ubique, et omnia replet. sed adhuc ad imbecillitatem auditoris loquitur, paulatim eum reducere volens.

lc5 * Chrysostomus in ioannem. ° quia dixerat beneficium baptismi, inducit huius causam, scilicet crucem, dicens et sicut moyses exaltavit serpentem in deserto, ita exaltari oportet filium hominis. * beda. ° magistrum legis mosaicae ad spiritualem sensum eiusdem legis inducit, recordans veteris historiae, et hanc in figuram suae passionis atque humanae salvationis factam edisserens. * augustinus de peccat. mer. et remiss.. ° serpentum enim incursibus in deserto multi moriebantur; ac sic moyses ex praecepto domini exaltavit in deserto aeneum serpentem: hunc videntes sanabantur continuo. exaltatus serpens est mors christi, eo significandi modo quo per efficientem id quod efficitur significatur. a serpente quippe mors venit, qui peccatum, quo mori meretur, homini persuasit; dominus autem in carnem suam non peccatum transtulit tamquam venenum serpentis, sed mortem, ut esset in similitudine carnis peccati poena sine culpa; unde in carne peccati et poena solveretur et culpa. * theophylactus. ° videas ergo figuram ad veritatem: ibi enim serpentis similitudo speciem quidem bestiae habet, venenum autem non habet; sic et hic christus a peccato liber, in similitudinem carnis peccati venit. exaltari autem audiens, suspensionem intelligas in altum, ut sanctificaret aerem qui sanctificaverat terram ambulando in ea: intelligas etiam per exaltationem gloriam: nam illa crucis altitudo gloria christi facta est: in quo enim iudicari voluit, in hoc huius mundi principem iudicavit. adam enim iuste mortuus est, quia peccavit; dominus vero iniuste, quia peccatum non fecit. postquam ergo iniuste mortem sustinuit, superavit illum qui eum tradidit morti, et sic liberavit adam a morte. sed in hoc devictum se invenit: non enim potuit in cruce dominum contristare ut crucifigentes odiret; sed magis diligebat, et pro eis orabat. sic igitur crux christi eius exaltatio et gloria facta est. * chrysostomus. ° ideo etiam non dixit: pendere oportet filium hominis, |50| sed exaltari, quia honestius hoc videbatur: unde et propter audientem et propter figuram hoc posuit; ut discas quoniam cognata sunt vetera novis; deinde ut cognoscas quoniam non invitus ad passionem venit; et adhuc ut discas quoniam multis hinc nascitur salus. * augustinus. ° sicut ergo tunc qui conspiciebat exaltatum serpentem, a veneno sanabatur, et a morte liberabatur; sic nunc qui conformatur similitudini mortis christi per fidem baptismumque eius, et a peccato per iustificationem, et a morte per resurrectionem liberatur; hoc est enim quod ait: ut omnis qui credit in eum, non pereat, sed habeat vitam aeternam. quid ergo opus est ut morti christi per baptismum conformetur parvulus, si morsu serpentis non est omnino venenatus? * chrysostomus. ° attende autem, quod passionem obumbrate posuit, ne ex eius verbis fieret tristis auditor; fructum vero passionis posuit manifeste. si enim qui credunt in crucifixum, non pereunt; multo magis qui crucifixus est, non perit. * augustinus |75| in ioannem. ° hoc autem interest inter figuratam imaginem et rem ipsam, quod illi sanabantur a morte ad temporalem vitam; hi autem, ut habeant vitam aeternam.

lc6 * Chrysostomus in ioannem. ° quia dixerat oportet exaltari filium hominis, quo mortem occulte significavit, ne auditor tristis ab his fieret verbis, humanum quid de eo suspicans, et mortem eius aestimans non esse salutarem; hoc ad rectitudinem reducit, filium dei dicens eum qui datur ad mortem, et mortem eius causam esse vitae aeternae; unde dicit sic enim deus dilexit mundum, ut filium suum unigenitum daret; ut omnis qui credit in eum, non pereat, sed habeat vitam aeternam; quasi dicat: ne mireris quoniam ego debeo exaltari, ut vos salvemini: etenim et patri hoc videtur; qui ita nos dilexit, ut pro servis indevotis filium dederit. dicendo autem sic deus dilexit mundum, multam indicat amoris intensionem. multa enim est et infinita distantia: qui enim immortalis, qui sine principio, qui magnitudo infinita, eos qui sunt ex terra et cinere, infinitis plenos peccatis dilexit. sed et ea quae post hoc ponit, ostensiva sunt magni amoris: non |25| enim servum, non angelum, non archangelum dedit, sed filium suum. rursus, si filios plures habuisset et dedisset unum, hoc etiam esset maximum; nunc vero filium unicum dedit; unde subdit unigenitum. * hilarius de trin.. ° sed si dilectionis hinc fides est creaturam creaturae praestitisse, non facit magni meriti fidem vilis et spernenda iactura. pretiosa autem sunt quae commendant caritatem, et ingentia ingentibus aestimantur. deus diligens mundum, filium non adoptivum, sed suum et unigenitum dedit. hic proprietas est, nativitas est, veritas est; non creatio est, non adoptio est, non falsitas est: hic dilectionis et caritatis fides est, ut ad mundi salutem et filium suum et unigenitum praestitisset. * theophylactus. ° videtur autem mihi quod, sicut dixit superius, quod filius hominis descendit de caelo, cum caro de caelo non descenderit; sed propter unam personam in christo, quae dei sunt attribuit homini: sed et nunc e converso, quae sunt hominis, verbo dei appropriat: etenim deus dei filius |50| impassibilis mansit; sed quia unus erat secundum hypostasim dei filius et homo qui passionem sustinuit; filius dari dicitur in mortem, qui passibiliter patiebatur, non natura propria, sed carne propria. est autem maxima utilitas consecuta ex huiusmodi datione, mentem excedens humanam; sequitur enim ut omnis qui credit in eum, non pereat, sed habeat vitam aeternam. vetus namque testamentum his qui servabant illud, dierum longitudinem promittebat; evangelium vero aeternam et insolubilem vitam. * augustinus. ° notandum vero, quod eadem de filio dei unigenito replicat quae de filio hominis in cruce exaltato praemiserat, dicens ut omnis qui credit in eum; quia idem redemptor et conditor noster filius dei ante saecula existens, filius hominis factus est in fine saeculorum; ut qui per divinitatis suae potentiam nos creaverat ad perfruendam beatitudinem perennis vitae, ipse per fragilitatem humanitatis nostrae nos restauraret ad percipiendam quam perdidimus vitam. * alcuinus. ° vere autem per filium dei habebit |75| mundus vitam; quia non alia de causa venit in mundum nisi ut salvet mundum; unde sequitur non enim misit deus filium suum ut iudicet mundum, sed ut salvetur mundus per ipsum. * augustinus in ioannem. ° quare enim salvator mundi dictus est, nisi ut salvet mundum? ergo quantum in medico est, sanare venit aegrotum. ipse se interimit qui praecepta medici servare non vult, aut contemnit. * chrysostomus in ioannem. ° sed quia hoc dicit, multi pigrorum in peccatorum magnitudine, et negligentiae superabundantia, dei abutentes misericordia, dicunt: non est gehenna, non est supplicium; omnia nobis deus peccata dimittit. sed considerandum, quod duo sunt christi adventus: qui iam factus est, et qui futurus. et prior quidem factus est, non ut iudicet quae facta sunt a nobis, sed ut dimittat. secundus autem, non ut dimittat, sed ut iudicet. de priori igitur ait: non veni ut iudicem mundum; quia enim clemens est, non facit iudicium, sed |100| interim remissionem omnium peccatorum per baptismum primo, et postea per poenitentiam; quia si hoc modo non fecisset, universi simul perditi essent: omnes enim peccaverunt et egent gratia dei. ne igitur aliquis crederet se impune peccare, subdit de poena non credentis qui credit in eum, non iudicatur. qui credit, inquit, non qui investigat. quid igitur si immundam habeat vitam? maxime quidem paulus tales non fideles esse dicit: confitentur se nosse deum, factis autem negant. sed hoc illud significat: quia secundum hoc qui credit, non iudicatur; sed operum quidem graviorem sustinebit poenam; infidelitatis autem causa non torquebitur. * alcuinus. ° vel qui credit in eum et adhaeret ei ut membrum capiti, non iudicabitur. * augustinus. ° quid autem dicturum sperabas de eo qui non credit, nisi quod iudicatur? sed vide quid dicit: qui autem non credit, iam iudicatus est. nondum apparuit iudicium, sed iam factum est iudicium. novit enim dominus |125| qui sunt eius; novit qui permaneant ad coronam et qui permaneant ad flammam. * chrysostomus. ° aut hoc dicit, quia ipsum discredere impoenitentis supplicium est: esse enim extra lumen, etiam secundum se, maximum supplicium est. vel quod futurum est praenuntiat. sicut enim qui occidit hominem, etsi nondum sententia iudicantis condemnatus sit, rei tamen natura condemnatus est; ita et qui incredulus est; sicut et adam qua die comedit de ligno, mortuus est. * gregorius moralium. ° vel aliter. in extremo iudicio aliqui non iudicantur et pereunt, de quibus hic dicitur qui non credit, iam iudicatus est. non enim eorum tunc causa discutitur qui a conspectu districti iudicis iam cum damnatione suae infidelitatis abscedunt. professionem vero fidei retinentes, sed professionis opera non habentes, redarguuntur ut pereant. qui vero nec fidei sacramenta tenuerunt, increpationem iudicis in extrema examinatione non audiunt: quia praeiudicati in infidelitatis suae tenebris, eius quem despexerant |150| invectione argui non merentur. princeps namque terrenam rempublicam regens aliter punit civem interius delinquentem, atque aliter hostem exterius rebellantem. in isto iura sua consulit; contra hostem vero bella movet, dignaque eius malitiae tormenta retribuit; de malo vero eius quid lex habeat non requirit; neque enim lege necesse est perimi eum qui lege numquam potuit teneri. * alcuinus. ° quare autem iudicatus est qui non credit, causam assignat dicens quia non credit in nomine unigeniti filii dei. in hoc enim solo nomine est salus. non habet deus multos filios qui possint salvare; hunc habet unigenitum, per quem salvat. * augustinus de peccat. mer. et remiss.. ° ubi ergo parvulos ponimus baptizatos, nisi inter eos qui crediderunt? hoc enim eis acquiritur per virtutem sacramenti et offerentium responsionem; ac per hoc eos qui baptizati non sunt, inter eos qui non crediderunt, statuimus.

lc7 * Alcuinus. ° reddit causam quare non crediderunt, et quare iuste damnantur, dicens hoc est autem iudicium, quia lux venit in mundum. * chrysostomus in ioannem. ° quasi dicat: numquid ipsi eam quaesierunt vel laboraverunt ut invenirent? ipsa lux venit ad eos, nec ei occurrerunt; unde sequitur et dilexerunt homines magis tenebras quam lucem. hic de reliquo omni eos privat excusatione: venit enim eripere a tenebris, et ad lucem ducere. quis ergo eius qui non vult ad lucem accedere, miserebitur? * beda. ° lucem seipsum appellat, de qua evangelista dixit: erat lux vera. tenebras vero appellat peccata. deinde, quia videbatur multis esse incredibile quod dictum est (nullus enim tenebras praehonorat luci), subdit causam quare haec passi sunt, dicens erant enim eorum opera mala. et si quidem in iudicium venisset, haberet hoc aliquam rationem; qui enim malorum sibi conscius est, fugere iudicem consuevit; parcenti vero, |25| qui dereliquerunt occurrunt. decens igitur erat eos qui multorum sibi ipsis erant conscii peccatorum, maxime christo ad ignoscendum venienti occurrere; quod et in multis factum est; etenim publicani et peccatores venientes recumbebant cum iesu. quia vero quidam sunt ita molles ad eos qui pro virtute sunt labores, ut usque ad ultimum velint adhaerere malitiae; in horum iniuriam subdit omnis enim qui male agit, odit lucem: quod quidem dictum est de his qui eligunt in malitia manere. * alcuinus.. ° quia omnis qui male agit, odit lucem; idest, qui est in intentione peccandi, cui placet peccatum, odit lucem, quae detegit peccatum. * augustinus confess.. ° quia enim falli nolunt et fallere volunt, amant eam cum seipsam indicat, et oderunt eam cum eos ipsa lux indicat. inde retribuetur eis, ut eos nolentes manifestet, et eis ipsa non sit manifesta. amant ergo veritatem lucentem, oderunt eam redarguentem; unde sequitur et non venit ad lucem, ut non arguantur opera eius. * chrysostomus. ° eum |50| enim qui in paganismo vivit, nullus redarguit, quia deos tales habet, et digna dogmatibus opera demonstrat; qui vero christi sunt male viventes ab omnibus rectis accusantur. si autem gentiles sunt recte viventes, hoc manifeste non novi. non enim mihi dicas eos qui a natura sunt mites et honesti; non enim est hoc virtus; sed eum dic qui a passionibus sustinet violentiam, et sapienter vivit; sed non utique habes. si enim regni enuntiatio, et gehennae minae, et alia tanta documenta vix detinent homines in virtute, nullo horum persuasi pertransibunt virtutem. si vero hypocrisim fingunt, gloriae gratia hoc faciunt: unde cum potuerint latere, non omittent uti malis desideriis. quae etiam utilitas est cum aliquis sobrius sit et non rapit, fit vero vanae gloriae servus? hoc enim non est recte vivere. inanis enim gloriae servus fornicario non minor est: multo enim plura et graviora operatur. si autem quidam recte sunt viventes in gentilibus, non hoc adversatur huic sermoni: quia non frequenter contingit, |75| sed raro. * beda. ° moraliter etiam illi magis tenebras quam lucem diligunt, qui suos praedicatores bene docentes odiis et detractionibus insequuntur. sequitur qui autem facit veritatem, venit ad lucem, ut manifestentur opera eius, quia in deo sunt facta. * chrysostomus. ° non autem de his qui ab initio facti sunt christiani hoc dicit; sed tantum de his qui ex gentibus vel iudaeis ad rectam transponendi erant fidem. ostendit enim quoniam nullus utique eliget in errore vivens ad fidem venire, nisi prius inscribat sibi ipsi viam rectam. * augustinus de peccat. mer. et remiss.. ° in deo autem facta dicit opera eius qui venit ad lucem: quia intelligit iustificationem suam non ad sua merita, sed ad dei gratiam pertinere. * augustinus in ioannem. ° sed si omnia opera deus mala invenit, quomodo quidam fecerunt veritatem, et venerunt ad lucem, idest ad christum? sed dilexerunt tenebras magis quam lucem: ibi posuit vim. multi dilexerunt peccata sua, multi |100| ea confessi sunt. accusat deus peccata tua: si et tu accuses, adiungeris deo. oportet ut oderis in te opus tuum, et ames in te opus dei. initium operum bonorum confessio est operum malorum: et tunc facis veritatem, quia non te palpas, non tibi blandiris. venis autem ad lucem, quia hoc ipsum quod tibi displicuit peccatum tuum, non tibi displiceret nisi deus tibi luceret, et eius veritas tibi ostenderet. facit autem aliquis veritatem confessionis, et venit ad lucem in operibus bonis, etiam propter illa quae videntur minuta esse peccata linguae aut cogitationum, aut immorationis in rebus concessis; quoniam minuta plura peccata, si negligantur, occidunt. minutae sunt guttae quae flumen implent; minuta sunt grana arenae; sed si multa arena imponatur, arena premit atque opprimit. hoc facit sentina neglecta, quod facit fluctus irruens paulatim. per sentinam intrat; sed diu intrando et non exhauriendo mergit navem. quid est autem exhaurire, nisi bonis operibus agere ne obruant peccata, |125| gemendo, ieiunando, tribuendo, ignoscendo?

lc8 * Chrysostomus in ioannem. ° nihil veritate apertius neque fortius; quae neque latere vult, neque periculum formidat, neque insidiis tremit, neque gloriam quae a multis est desiderat, nulli humanorum obnoxia; unde et dominus in solemnitatibus ierusalem ascendebat; non se ostentans, neque honorem diligens, sed ut pluribus sua dogmata proponeret, et miraculorum utilitatem. postquam autem solemnitates solvebantur, ad iordanem frequenter veniebat, quia et illic etiam turbae concurrebant; unde dicitur post haec venit iesus et discipuli eius in iudaeam terram, et illic demorabatur cum eis. * beda. ° dicit autem post haec, non continuo post disputationem cum nicodemo, quae facta est in hierosolymis, sed peracto spatio temporis de galilaea in iudaeam rediit. * alcuinus. ° per iudaeam quidem significantur confitentes, quos visitat christus: ubi enim est peccatorum confessio vel divinarum laudum, illuc venit christus et discipuli eius, idest doctrina et illuminatio eius, |25| et ibi moratur purgando a vitiis; unde sequitur et illic demorabatur cum eis, et baptizabat. * chrysostomus. ° cum autem evangelista postmodum dicat quod iesus non baptizabat, sed discipuli eius, manifestum est quoniam et hic hoc dicit, quod soli discipuli baptizabant. * augustinus in ioannem. ° baptizatus autem dominus baptizabat non eo baptismate quo baptizatus est: baptizatus est enim a servo, ostendens humilitatis viam, et perducens ad baptismum domini, hoc est suum. baptizabat enim iesus quomodo dominus, quomodo dei filius. * beda. ° christo autem iam baptizante, adhuc baptizat ioannes; quia adhuc permanet umbra, nec debet praecursor cessare donec veritas manifestetur; unde sequitur erat autem ioannes baptizans in aennon iuxta salim. aennon hebraice aqua: unde quasi nominis interpretationem aperiens subdit quia aquae multae erant illic. salim oppidum est iuxta iordanem situm, ubi olim melchisedech regnavit. * hieronymus ad evagrium. ° nec refert utrum |50| salem aut salim nominetur, cum vocalibus in medio litteris perraro utantur hebraei, et pro voluntate lectorum ac regionum varietate, eadem verba diversis sonis atque accentibus proferantur. sequitur et veniebant, et baptizabantur. * beda. ° quantum catechumenis nondum baptizatis prodest doctrina fidei, tantum profuit baptisma ioannis ante baptismum christi: quia sicut ille praedicabat poenitentiam et baptismum christi nuntiabat, et in cognitionem veritatis quae mundo apparuit attrahebat: sic ministri ecclesiae primo erudiunt venientes ad fidem, post peccata eorum redarguunt, deinde in baptismo christi remissionem promittunt, et sic in cognitionem et dilectionem veritatis attrahunt. * chrysostomus. ° discipulis autem iesu baptizantibus, non cessavit ioannes baptizans usque ad incarcerationem; quod significat evangelista cum subdit nondum enim missus fuerat ioannes in carcerem. * beda. ° ecce aperte notat facta christi ante ioannem incarceratum; quae alii praeterierunt, incipientes ab his |75| quae post missum ioannem in carcerem facta sunt. * augustinus. ° quare autem baptizabat ioannes? quia oportebat ut dominus baptizaretur. non solum autem baptizatus est ab eo, ne baptismus ioannis melior baptismate domini videretur. * chrysostomus in ioannem. ° sed cuius gratia usque tunc baptizabat? si enim cessasset, aestimaretur zelo vel ira facere; sed persistens, non sibi ipsi gloriam acquirebat, sed christo auditores mittebat. et multo efficacius hoc faciebat quam discipuli christi, quia insuspicabile eius erat testimonium, et maiorem gloriam apud omnes habebat; ideo etiam adhuc baptizabat, ne discipulos suos in ampliorem zelum immitteret. aestimo autem et propter hoc permissam esse mortem ioannis, et eo sublato de medio, iesum maxime praedicare coepisse, ut omnis multitudinis affectio ad christum transiret, et non ultra his quae de utroque erant sententiis scinderetur. zelotype enim se habentes discipuli ioannis ad christi discipulos et ad ipsum christum, quia viderunt discipulos christi |100| baptizantes, coeperunt dicere ad eos qui baptizabantur, quasi aliquid maius haberet baptisma ioannis baptismate discipulorum christi; unde subditur facta est ergo quaestio ex discipulis ioannis cum iudaeis de purificatione. quoniam enim ipsi quaestionem moverunt, sed non iudaei, evangelista occulte monstrat, non dicens quod iudaeus quaesivit, sed quod quaestio facta est ex discipulis ioannis. * augustinus. ° intelligas ergo dixisse iudaeos maiorem esse christum, et ad eius baptisma debere concurri; illi autem nondum intelligentes defendebant baptismum ioannis. ventum est ergo ad ipsum ioannem, ut solveret quaestionem; unde sequitur et venerunt ad ioannem, et dixerunt ei: rabbi, qui erat tecum trans iordanem... ecce baptizat. * chrysostomus. ° hoc est: quem tu baptizasti. non autem dixerunt: quem tu baptizasti: quia coacti essent et vocis eius meminisse quae super eum est delata; sed dicunt qui erat tecum, quasi qui discipuli ordinem habebat, nihil plus habens nobis, nunc se a te separans |125| baptizat. addunt autem cui etiam testimonium perhibuisti; quasi dicant: quem tu clarum ostendisti, et circumspectum fecisti, eadem tibi audet: et hoc est quod dicunt ecce hic baptizat. non autem in hoc solum aestimabant se excitare eum, sed et in eo quod de reliquo ea quae ipsorum erant reprobabantur; unde subdunt et omnes veniunt ad eum. * alcuinus. ° quasi dicant: te dimisso omnes currunt ad baptismum illius quem tu baptizasti.

lc9 * Chrysostomus in ioannem. ° interrogatus ioannes, non vehementer discipulos increpat, timens ne ab eo separati, aliquid aliud operentur; sed remisse quodammodo eis loquitur; unde dicitur respondit ioannes, et dixit eis: non potest homo accipere quidquam, nisi fuerit ei datum de caelo: quasi dicat: etsi praeclara sunt quae christi sunt, etsi omnes ad eum currunt, mirari non oportet: deus enim est qui hoc facit. humana enim facile deprehensibilia sunt, et imbecillia, et velociter defluunt; haec autem non talia sunt: non ergo sunt humanitus adinventa, sed divinitus ordinata. si autem humilius loquitur de christo, non mireris: non enim erat conveniens quod praeassumptos a tali passione, scilicet invidiae, ab initio doceret omnia; sed interim vult eos terrere, ostendens quod ad impossibilia conantur, et quod deo rebelles inveniuntur. * augustinus in ioannem. ° vel aliter. hoc ioannes de seipso dicit: quasi homo de caelo accepi: ergo quia accepi ut aliquid |25| essem, inanem me vultis esse, ut loquar contra veritatem? * chrysostomus. ° et vide quia hoc quod aestimabant proponi in christi subversione, quando dixerunt cui testimonium perhibuisti, hoc in eos convertit, dicens ipsi vos mihi testimonium perhibetis, quod dixerim: non sum ego christus; quasi dicat: si verum meum testimonium aestimatis, dicite quoniam illum mihi praehonorare oportet; unde subdit sed quoniam missus sum ante illum; quasi dicat: minister sum, et ea quae sunt eius qui me misit dico, non humana gratia blandiens ei, sed patri eius qui me misit, ministrans. * alcuinus. ° sed si aliquis dicat: quandoquidem tu non es christus, quis ergo es tu? vel: quis est ille cui perhibes testimonium? ad hoc respondet: ille est sponsus; ego sum amicus sponsi, missus ut per me sponsa praeparetur suo sponso; unde subditur qui habet sponsam, sponsus est. sponsam dicit ecclesiam ex omnibus gentibus congregatam, quae virgo est integritate mentis, perfectione caritatis, unitate |50| catholicae fidei, concordia pacis, integritate animae et corporis; quae habet sponsum, de quo quotidie generat. * beda. ° ceterum frustra est virgo corpore quae virgo non manet in mente. hanc autem sponsam christus in thalamo uteri virginalis sibi sociavit, et eamdem pretio sui sanguinis redemit. * theophylactus. ° omnis etiam animae sponsus christus est; sponsalium vero locus, ubi coniunctio efficitur, locus est baptismatis, sive ecclesia. dat vero arrham sponsae, peccatorum remissionem, spiritus sancti communionem; perfectiora vero in futuro saeculo retribuet dignis. nullus autem alius est sponsus nisi solus christus: omnes namque doctores paranymphi existunt, sicut et praecursor. nullus enim bonorum largitor est nisi dominus: omnes alii ministri sunt bonorum, quae dantur a domino. * beda. ° sponsam igitur suam dominus amico suo, idest ordini praedicatorum, commendavit; qui eam non sibi, sed christo zelare debet; unde subditur amicus autem sponsi, qui stat et audit eum, gaudio gaudet propter |75| vocem sponsi. * augustinus. ° quasi dicat: non est mea sponsa. sed numquid non gaudes in nuptiis? immo gaudeo, ait, quia sum amicus sponsi. * chrysostomus. ° sed qualiter qui dixit: non sum dignus solvere corrigiam calceamenti, amicum nunc seipsum dicit? non quidem propter honoris aequalitatem, sed multitudinem gaudii repraesentare volens. non enim in talibus ita ministri sponsi laetantur sicut amici. simul autem et condescendens eorum imbecillitati amicum se dicit: quia enim aestimabant eum morderi ab his quae fiebant, ostendit quod non solum non mordetur, sed et valde gaudet, si sponsum sponsa cognoscit. * augustinus. ° sed quare stat? quia non cadit, quia humilis est. vide stantem in solido. non sum dignus corrigiam calceamenti ei solvere. stat autem, et audit eum. si ergo cadit, non audit eum: ergo stare debet amicus sponsi et audire, idest permanere in gratia quam accepit, et audire vocem ad quam gaudeat. non, inquit, gaudeo |100| propter vocem meam, sed propter vocem sponsi gaudeo: ego in audiendo, ille in dicendo; ego auris, ille verbum. qui enim custodit sponsam vel uxorem amici sui dat quidem operam ut nullus alius ametur; sed si amari se pro amico voluerit, et uti voluerit commendata sibi, quam detestandus universo generi humano apparet? multos autem adulteros video, qui sponsam tanto pretio emptam possidere volunt, et id agunt verbis suis ut pro sponso amentur. * chrysostomus. ° vel aliter. quod dicit qui stat, non sine causa posuit; sed indicans quod quae sua sunt, iam cessaverunt, et quoniam eum de reliquo stare oportet et audire: quod quidem dicit, a parabola sermonem transferens ad propositum: quia enim sponsi et sponsae mentionem fecerat, ostendit qualiter haec sponsalia fiant, quia per vocem et doctrinam: fides enim est ex auditu; auditus autem per verbum dei. et quoniam ea quae speraverat evenerunt, idcirco subdit in hoc autem gaudium meum impletum est; idest, perfectum |125| est a me opus quod fieri oportebat, et plus nihil operari possum de reliquo. * theophylactus. ° unde nunc gaudeo, quod scilicet omnes illum attendunt. si enim non accessisset ad sponsum sponsa, idest populus, tunc dolerem ego paranymphus. * augustinus in ioannem. ° vel aliter. in hoc gaudium meum impletum est, ut scilicet gaudeam ad vocem sponsi. habeo gratiam meam; plus non mihi assumo, ne quod accepi amittam. qui enim vult gaudere de se, tristis est; qui autem vult de deo gaudere, semper gaudebit, quia deus sempiternus est. * beda. ° gaudio autem gaudet homo propter vocem sponsi, cum intelligit non se debere gaudere de sapientia sua, sed de sapientia quam accepit a domino. quisquis enim in benefactis non gloriam suam vel laudem requirit, neque terrena lucra sed caelestia cupit, hic amicus est sponsi. * chrysostomus in ioannem. ° deinde non solum circa praesentia, sed etiam circa futura passionem invidiae a se removit, dicens illum oportet crescere, |150| me autem minui; quasi dicat: quae nostra sunt, steterunt, et cessaverunt de reliquo; crescunt autem quae sunt illius. * augustinus. ° sed quid est hoc illum oportet crescere? deus nec crescit, nec minuitur. sed ioannes et iesus, quod ad carnem attinet, coaevi erant: sex menses, qui intererant, nullam distinguunt aetatem. magnum est hoc sacramentum. antequam veniret dominus, homines gloriabantur de se: venit ille homo, ut minueretur hominis gloria et augeretur gloria dei. sic enim venit ille ut dimitteret peccata, et homo confiteretur: etenim confessio hominis, humilitas hominis, miseratio dei, altitudo dei. hanc autem veritatem etiam passionibus significaverunt christus et ioannes: nam ioannes capite minutus est, christus autem in cruce exaltatus. deinde natus est christus, cum iam inciperent crescere dies; natus est ioannes quando coeperant minui dies. crescat ergo in nobis gloria dei, et minuatur gloria nostra, ut in deo crescat et nostra. quanto autem magis intelligis deum, videtur in te crescere |175| deus; non autem in se crescit, sed semper perfectus est: sicut si curarentur alicuius oculi ex pristina caecitate, et inciperet videre paululum lucis, et alia die plus videret, videretur ei lux crescere; lux tamen perfecta est, sive ipse videat, sive non: sic enim et interior homo proficit quidem in deo, et deus in illo videtur crescere; ipse autem minuitur, ut a gloria sua decidat, et in gloria dei surgat. * theophylactus. ° vel aliter. sicut aliorum luminarium, adveniente sole, lumen extingui videtur, licet non sit secundum veritatem extinctum, sed a maiori occultatum; sic et praecursor tamquam stella a sole celatus, minui dicitur. crescit autem christus prout paulatim manifestat se per miracula: non quod in virtutibus cresceret aut proficeret (haec nempe nestorii est opinio), sed secundum ostensionem divinitatis eius.

lc10 * Chrysostomus in ioannem. ° sicut vermis ligna corrodit et aerugo ferrum, ita vana gloria nutrientem se perdit animam; ideo multo studio opus est ut hanc destruamus passionem: unde ioannes multis rationibus discipulos suos habentes passionem hanc, vix mitigat; post illa enim quae antea dixerat, rursus eos aliis disponit sermonibus, dicens qui desursum venit, super omnes est; quasi dicat: quia vos meum extollitis testimonium, et ex hoc dicitis me esse digniorem fide, eo scilicet cui testimonium perhibui; hoc necesse est vos scire, quod non est eum qui de caelis venit, fieri fide dignum ab eo qui terram habitat; et hoc est quod dicit super omnes est, quia ipse sibi sufficiens, et quod omnibus incomparabiliter maior est. * theophylactus. ° ipse enim christus desursum venit a patre descendens, et super omnes est, distinctus ab omnibus. * alcuinus. ° vel desursum venit, idest de altitudine humanae naturae, quam habuit ante peccatum primi hominis: de |25| illa enim altitudine assumpsit verbum dei humanam naturam: non assumpsit culpam cuius assumpsit poenam. sequitur qui est de terra, de terra est, idest terrenus est, et de terra loquitur, idest terrena loquitur. * chrysostomus. ° et nimirum non ex terra erant ei omnia: etenim animam habebat, et spiritum participabat non ex terra. qualiter igitur ipse de terra se esse dicit? nihil aliud per hoc ostendit occulte quam quod parvus est, utpote humi reptans, et in terra natus, et nulla comparatione dignus ad christum, qui nobis desuper venit. non autem dicit de terra loquitur, quoniam ex propria mente loquebatur; sed de terra se loqui dicit in comparatione ad christi doctrinam; quasi dicat: parva et humilia sunt quae mea sunt, comparata his quae christi sunt, qualia decens est suscipere terrestrem naturam in comparatione ad illum in quo sunt omnes thesauri sapientiae et scientiae del absconditi. * augustinus in ioannem. ° vel quod dicit de terra loquitur, |50| de homine dicebat quantum ad ipsum hominem pertinet. si enim aliqua loquitur divina, illuminatus est a deo; sicut apostolus dicit: non autem ego, sed gratia dei mecum. ergo ioannes, et quod ad ioannem pertinet, de terra est, et de terra loquitur: si quid divinum audivistis a ioanne, illuminantis est, non recipientis. * chrysostomus. ° extincta igitur discipulorum passione, de reliquo cum ampliori propalatione loquitur de christo: nam ante hoc superfluum erat ista praemittere, in mente audientium locum habere nondum valentia; unde sequitur qui de caelo venit. * augustinus. ° idest, de patre venit, duobus modis super omnes est: primo super omnem humanitatem, qui de ipsa, priusquam peccaret, venit: secundo iuxta altitudinem patris, cui est aequalis. * chrysostomus. ° magnum autem quid et excelsum dicens de christo, rursus ad humilius ducit sermonem, dicens et quod vidit et audivit, hoc testatur. quia scilicet per sensus hos omnia certissime discimus, |75| et digni fide aestimamur esse magistri de his quae visu suscepimus, vel auditu apprehendimus; hoc de christo astruere volens ioannes dixit quod vidit et audivit, hoc testatur: ostendens, quod nihil eorum quae ab ipso dicebantur, falsum est, sed omnia vera sunt; quasi dicat: ego indigeo audire ea quae ab illo dicuntur qui desuper venit, annuntians ea quae vidit et audivit; idest, quae solus ipse manifeste novit. * theophylactus. ° cum ergo audis quod christus ea quae audivit et vidit a patre, loquitur, non putes quod a patre indigeat addiscere; sed quia omnia quaecumque naturaliter novit, a patre habet, propter hoc a patre audire dicitur, quaecumque novit. sed quid est quod filius audivit a patre? forte filius, patris verbum audivit? immo filius patris verbum est. * augustinus. ° quando concipis verbum quod proferas, rem vis dicere, et ipsa rei conceptio in corde tuo iam verbum est. quomodo ergo tu verbum quod loqueris, in corde habes, et apud te est, sic deus edidit verbum; hoc est, genuit filium. cum |100| ergo verbum dei filius sit, filius autem locutus est nobis, non verbum suum, sed verbum patris se nobis loqui voluit, qui verbum patris loquebatur. hoc ergo quomodo decuit et oportuit, dixit ioannes.

lc11 * Chrysostomus in ioannem. ° dixerat quod vidit, et audivit, hoc testatur; quasi excusans, ne quia pauci interim credituri erant, falsa aestimarentur esse quae dicuntur; et propter hoc subdit et testimonium eius nemo accipit, idest pauci: habebat enim discipulos, qui accipiebant testimonium eius in his quae dicebantur. in hoc autem suos discipulos tangit nondum credentes in eum: simul etiam iudaicam ostendit insensibilitatem, sicut et in principio evangelii dictum est in propria venit, et sui eum non receperunt. * augustinus in ioannem. ° vel aliter. est quidam populus praeparatus ad iram dei damnandus cum diabolo. horum nemo accipit testimonium christi. attendit ergo in spiritu divisionem, in genere autem humano commixtionem; et quod nondum locis separatum est, separavit cordis aspectu; et vidit duos populos, infidelium et fidelium. attendit infideles, et ait et testimonium eius nemo accipit: deinde tulit se a sinistra, et aspexit ad dexteram, et |25| secutus ait qui autem acceperit eius testimonium, signavit. * chrysostomus. ° idest, monstravit; et adhuc augens timorem, addit quoniam deus verax est; ostendens quoniam non aliter quis discredet huic, nisi falsi arguerit deum, qui misit illum: quia nihil extra ea quae sunt patris loquitur; et hoc est quod subdit quem enim misit deus, verba dei loquitur. * alcuinus. ° vel aliter. signavit, idest signum posuit in corde suo, quasi singulare et speciale aliquid, hunc esse verum deum, qui passus est ad salutem humani generis. * augustinus. ° quid est quia deus verax est, nisi quia homo mendax est, et deus verax est? quia nemo hominum potest dicere quid veritas est, nisi illuminetur ab eo qui mentiri non potest. deus ergo verax, christus autem deus. vis probare? accipe testimonium eius, et invenies. sed si nondum intelligis deum, nondum accepisti testimonium eius. ipse ergo christus est deus verax, et misit illum deus. deus misit deum. iunge ambos, unus deus: |50| hoc enim quem misit deus, de christo dicebat, ut se ab ipso distingueret. quid autem? ipsum ioannem nonne deus misit? sed vide quid adiungat non enim ad mensuram dat deus spiritum. hominibus ad mensuram dat, unico filio non dat ad mensuram. alii quidem datur per spiritum sermo sapientiae, alii sermo scientiae; aliud habet ille, et aliud iste habet. mensura divisio quaedam donorum est, sed christus quae dat, non ad mensuram accepit. * chrysostomus. ° spiritum autem hic actionem spiritus sancti dicit: vult enim ostendere quoniam omnes quidem nos in mensura spiritus actiones suscipimus; christus autem omnem spiritus suscipit actionem. qualiter igitur erit dignus suspectus haberi? nihil enim dicit quod non dei est, neque quod non spiritus est; et interim de deo verbo nihil loquitur, sed a patre et spiritu dignam fide facit doctrinam. nam quoniam deus est, sciverant; et quoniam spiritus est, noverant, etsi non decentem de eo opinionem habebant: quoniam autem filius |75| est nesciverant. * augustinus. ° quia ergo de filio dixerat non ad mensuram dat deus spiritum, subiungit pater diligit filium; et adiecit et omnia dedit in manu eius: ut nosses et hic distincte, quoniam dictum est pater diligit filium. pater enim diligit ioannem aut paulum, et tamen non omnia dedit in manu eorum. pater diligit filium; sed quomodo filium, non quomodo dominus servum; quomodo unicum, non quomodo adoptatum. itaque omnia dedit in manu eius, ut tantus sit filius quantus est pater. ergo cum ad nos dignatus est mittere filium, non putemus nobis aliquid minus missum quam est pater. * theophylactus. ° sic ergo secundum divinitatem omnia dedit pater filio natura, non gratia. vel dedit omnia in manu eius, secundum humanitatem; dominatur enim omnium eorum et quae in caelo et quae in terra sunt. * alcuinus. ° et quia omnia sunt in manu eius, ergo et vita aeterna; unde subdit qui credit in filium, habet vitam aeternam. * beda. ° non debet hic intelligi |100| fides quae verbo tenus tenetur, sed quae operibus adimpletur. * chrysostomus. ° non enim hic dicit quod credere in filium sufficiat ad vitam habendam perpetuam, cum ipse alibi dicat: non omnis qui dicit mihi: domine, domine, intrabit in regnum caelorum. sed et quae in spiritum est blasphemia, sufficit sola mittere in gehennam. sed etsi in patrem et filium et spiritum sanctum quis recte crediderit, ne aestimemus sufficere ad salutem: opus est enim nobis vita et conversatione recta. deinde sciens non ita promissione bonorum multos adduci ut terribilium minis, in hoc sermonem concludit, dicens qui autem incredulus est filio, non videbit vitam, sed ira dei manet super eum. vide qualiter hic ad patrem reducit eum qui est supplicii sermonem: non enim dixit: ita filii, quamvis ipse sit iudex, sed patrem iudicem instituit, magis terrere volens. et non dicit manebit in eo, sed super eum, ostendens quoniam nunquam ab eo desistet: ut enim non aestimet quis mortem esse |125| temporaneam, dixit non videbit vitam. * augustinus. ° et non dixit ira dei venit ad eum, sed manet super eum; quia omnes qui nascuntur mortales, habent secum iram dei, quam accepit primus adam. venit filius dei, non habens peccatum, et indutus est mortalitate: mortuus est ut vivas. qui ergo non vult credere in filium, ira dei manet super eum, de qua dicit apostolus: eramus natura filii irae.

074 CJO cp4

lc1 * Glossa. ° postquam ostendit evangelista qualiter ioannes repressit discipulorum suorum invidiam, quam de profectu doctrinae christi conceperant; hic ostendit quomodo christus declinavit pharisaeorum malitiam, qui contra ipsum ex eadem causa zelo invidiae movebantur; unde dicitur ut ergo cognovit iesus quia audierunt pharisaei. * augustinus in ioannem. ° utique dominus, si sciret pharisaeos ita de se cognovisse quod plures discipulos faceret, et quod plures baptizaret, ut eis hoc ad salutem valeret sequendi eum, non relinqueret iudaeam terram, sed propter illos maneret ibi; quia vero cognovit eorum scientiam, simul et invidentiam, quia non hoc propterea didicerunt ut sequerentur, sed ut persequerentur, abiit inde. poterat quidem et praesens ab his non teneri, si nollet; sed in omni re quam gessit ut homo, hominibus in se credituris praebebat exemplum, quia unusquisque servus dei non peccat si secesserit in alium locum videns furorem se persequentium. fecit |25| ergo hoc ille magister bonus, ut doceret, non ut timeret. * chrysostomus in ioannem. ° hoc etiam fecit mitigans eorum invidiam. conveniens est etiam eum hoc fecisse, ut non discrederetur carnis dispensatio: si enim retentus effugisset, in suspicionem devenisset veritas carnis. * augustinus. ° fortassis autem hoc moveat quod dictum est baptizabat plures quam ioannes; et postea subiectum est quamquam iesus non baptizaret. quid ergo? falsum dictum erat, et correctum est? * chrysostomus. ° non autem ipse christus baptizabat; sed relatores volentes erigere eos qui audiebant, in invidiam, ita annuntiabant, scilicet quod christus plures baptizaret quam ioannes. sed cuius gratia ipse non baptizaret, ioannes praedixit dicens: ipse vos baptizabit in spiritu sancto et igne. nondum autem spiritum sanctum dabat: decenter igitur nec baptizabat. discipuli vero id agebant, volentes multos adducere ad salutarem doctrinam: ut enim non semper circumeuntes congregarent eos qui credituri |50| erant, ut in simone et fratre fecit, ideo baptizare instituerunt. nihil enim amplius habebat discipulorum baptisma, ioannis baptismate: utrumque enim expers erat ea quae ex spiritu est gratia; et utrique una causa erat, scilicet adducere ad christum eos qui baptizabantur. * augustinus. ° vel aliter. utrumque verum est: quia iesus et baptizabat et non baptizabat: baptizabat enim, quia ipse mundabat; non baptizabat, quia non ipse tingebat. praebebant discipuli ministerium corporis; praebebat ille adiutorium maiestatis, de quo dictum est: hic est qui baptizat. * alcuinus. ° solet autem quaeri si in baptismo discipulorum christi spiritus sanctus daretur, cum dicatur: spiritus sanctus nondum erat datus, quia iesus nondum erat glorificatus. sed sciendum, quia dabatur spiritus, licet non ea manifestatione qua post ascensionem in linguis igneis datus est; quia sicut ipse christus in homine quem ferebat, semper habebat spiritum, sed tamen postea super ipsum baptizatum visibiliter descendit spiritus |75| in specie columbae; sic ante manifestum et visibilem adventum spiritus sancti quicumque sancti eum latenter habere potuerunt. * augustinus ad seleucianum. ° intelligimus autem discipulos christi iam fuisse baptizatos sive baptismo ioannis, sicut nonnulli arbitrantur, sive, quod magis credibile est, baptismo christi: neque enim ministerio baptizandi defuit, ut haberet baptizatos servos per quos ceteros baptizaret, qui non defuit illius humilitatis ministerio, quando eis lavit pedes. * chrysostomus. ° secedens autem christus de iudaea, rursus eisdem adhaeret quibus et prius; unde subditur et abiit iterum in galilaeam. sicut autem apostoli expulsi a iudaeis ad gentes venerunt, ita et christus ad samaritanos accedit; sed tamen omnem auferens a iudaeis excusationem, non principaliter ad eos vadit, sed quasi transiens; quod evangelista occulte ostendit, dicens oportebat autem eum transire per mediam samariam. accepit autem hanc nominationem, quia |100| mons samariae somer dicebatur, ab eo qui possedit; sed qui ibi habitabant, olim non samaritani, sed israelitae vocabantur. tempore autem procedente offenderunt deum, et rex assyriorum ultra eos ibi manere non permisit; sed in babylonem et medos duxit; in samaria vero gentes ex diversis locis ductas habitare fecit. volens autem deus ostendere quod non propter imbecillitatem iudaeos tradidit, sed propter peccata eorum qui traditi sunt; immisit barbaris leones, qui eos laedebant. annuntiata sunt haec regi, et mittit sacerdotem quemdam, traditurum eis dei leges. sed tamen neque ita ex toto ab impietate destiterunt, sed ex media parte. etenim tempore procedente rursus ad idola quidam resilierunt; venerabantur tamen deum qui a monte samaritanos seipsos vocabant. * beda. ° ideo autem oportebat ipsum transire per samariam, quia sita est inter iudaeam et galilaeam. est autem samaria insignis provinciae palaestinae civitas, adeo ut tota regio ei sociata samaria dicatur. ad quem igitur ipsius regionis locum dominus |125| verterit, evangelista ostendit; unde dicitur venit ergo in civitatem samariae, quae dicitur sichar. * chrysostomus. ° locus ille erat ubi pro dina, levi et simeon gravem occisionem fecerunt. * theophylactus. ° postquam autem filii iacob illam civitatem desertam fecerunt, occidentes sichimitas, hanc civitatem desertam tempore procedente dedit iacob in sortem ioseph; unde dicitur: do tibi partem unam extra fratres tuos, quam tuli de manu amorrhaei, in gladio et arcu meo; et hoc est quod subditur iuxta praedium quod dedit iacob ioseph filio suo. sequitur erat autem ibi fons iacob. * augustinus in ioannem. ° puteus erat: sed omnis puteus fons, non omnis fons puteus: ubi enim aqua de terra manat, et usum praebet haurientibus, fons dicitur; sed si in promptu et superficie sit, fons tantum dicitur; si autem in alto et in profundo sit, ita puteus vocatur ut nomen fontis non amittat. * theophylactus. ° quare autem evangelista de |150| praedio et fonte facit mentionem? primo quidem ut, cum audieris mulierem dicentem quod pater noster iacob dedit nobis hunc fontem, non admireris; secundo ex commemoratione fontis et praedii edocemur quod ea quae patriarchae propter fidem quam in deo habebant, adepti sunt, iudaei propter eorum impietatem perdiderunt, et eorum loca gentibus tradita sunt: quare nihil novi nunc accidit quod gentiles pro iudaeis regnum caelorum consecuti sunt. * chrysostomus in ioannem. ° christus igitur in samariam accedens, facilem et deliciosam vitam abiciens, laboriosam vero sequens, non subiugalibus utitur, sed ita difficulter incedit ut ex itinere fatigetur; erudiens nos ita a superfluis alienos esse ut multa necessaria abscindamus a nobis; et hoc evangelista ostendit, dicens iesus ergo fatigatus ex itinere. * augustinus. ° invenimus iesum fortem et infirmum: fortem, quia in principio erat verbum; infirmum, quia verbum caro factum est. sic ergo infirmus iesus, ab itinere |175| fatigatus, sedebat super fontem. * chrysostomus. ° quasi dicat: non in throno aut pulvinari, sed simpliciter ut contingebat super terram. sessio autem propter laborem facta est, et ut expectaret discipulos, et propter aestum refrigeraret corpus apud fontem; unde sequitur hora autem erat quasi sexta. * theophylactus. ° et ne quis incusaret dominum quare ipse samariam venerit, cum hoc discipulis suis prohibuerit, propter hoc dicit, quod circa illum locum sedebat, scilicet ab itinere fessus. * alcuinus. ° mystice autem dominus reliquit iudaeam, idest infidelitatem eorum qui eum reprobaverunt, et per apostolos abiit in galilaeam, idest in volubilitatem huius mundi, docens suos transmigrare de vitiis ad virtutes. praedium autem non tam ioseph quam christo arbitror derelictum, cuius figuram ioseph portaverit; quem vere sol adorat et luna et omnes stellae. ad hoc praedium venit dominus, ut samaritani, qui hereditatem sibi patriarchae israel vindicare cupiebant, agnoscerent, et converterentur ad christum, |200| qui est patriarchae legitimus heres factus. * augustinus. ° iter autem ipsius est caro pro nobis assumpta: qui enim ubique est, quo it, nisi quia non ad nos veniret nisi formam visibilis carnis assumeret? ideo fatigatus ab itinere, quid est aliud quam fatigatus in carne? quare ergo hora sexta? quia aetate saeculi sexta. computa tamquam unam horam, unam aetatem ab adam usque ad noe; secundam a noe usque ad abraham; tertiam ab abraham usque ad david; quartam a david usque ad transmigrationem babylonis; quintam usque ad baptismum ioannis; inde sexta agitur. * augustinus lib. 83 quaest.. ° hora igitur sexta venit ad puteum dominus noster. video in puteo tenebrosam profunditatem. admoneor ergo intelligere mundi huius infimas partes, idest terrenas, quo venit dominus iesus hora sexta, idest sexta aetate generis humani, tamquam senectute veteris hominis, quo iubemur exui, ut induamur novo; nam sexta aetas senectus est: quoniam prima est infantia, secunda pueritia, |225| tertia adolescentia, quarta iuventus, quinta grandaevitas. hora etiam sexta venit dominus ad puteum, idest medio die; unde iam incipit sol iste visibilis declinare in occasum: quoniam nobis vocatis a christo, visibilium delectatio minuitur, ut invisibilium amore homo interior recreatus ad interiorem lucem, quae numquam excidit, revertatur. quod autem sedit, humilitatem significat: vel quoniam solent sedere doctores, magistri denuntiat personam.

lc2 * Chrysostomus in ioannem. ° ne quis dicat quoniam adversatur suo praecepto, samaritanis loquens, posuit evangelista multas causas eius quae ad mulierem est locutionis: non enim ad hoc venit antecedenter, ut samaritanis loqueretur: non tamen quia propter hoc non venit, advenientem ad se expellere oportebat; dicitur enim venit mulier de samaria haurire aquam. vide quod et mulierem ostendit propter aestum exeuntem ad aquam. * augustinus in ioannem. ° haec autem mulier forma est ecclesiae, non iustificatae, sed iam iustificandae. pertinet autem ad imaginem rei, quod ab alienigenis venit: samaritani enim alienigenae fuerunt, quamquam vicinas terras incolerent: ventura enim erat ecclesia de gentibus, et aliena a genere iudaeorum. * theophylactus. ° congrue autem disputatio ad mulierem a siti sumpsit occasionem; sequitur enim dicit ei iesus: da mihi bibere: quia secundum humanitatem sitiebat et propter laborem et propter |25| aestum. * augustinus lib. 83 quaest.. ° sitiebat etiam iesus mulieris illius fidem: eorum enim fidem sitit pro quibus sanguinem fudit. * chrysostomus. ° discimus autem domini non solum circa itinera validum robur, sed etiam circa cibaria negligentiam: non enim discipuli eius deferebant victualia; propter hoc enim subdit discipuli autem eius abierant in civitatem, ut cibos emerent. hinc etiam evangelista ostendit christum humilem in eo quod solus relinquebatur. et nimirum poterat, si vellet, aut non omnes emittere, aut abeuntibus illis alios ministros habere; sed noluit: etenim ita discipulos assuefecit omnem superbiam conculcare. sed fortasse dicet aliquis: quid magnum est si humiles erant discipuli, piscatores existentes et tabernaculorum factores? sed repente facti sunt omnibus regibus reverentiores, collocutores et secutores domini orbis terrarum. maxime autem qui ex humilibus sunt, quando dignitates quandoque assumpserint, facilius ad superbiam elevantur, velut inexperte se habentes ad |50| tantum honorem. detinens igitur discipulos dominus in eadem humilitate erudiebat eos ut per omnia se restringerent. mulier ergo audiens da mihi bibere, valde sapienter ad formandam interrogationem eum qui a christo accepit sermonem; unde sequitur dicit ergo illi mulier: quomodo tu cum iudaeus sis, a me bibere poscis, quae sum mulier samaritana? iudaeum quidem eum esse aestimavit a figura et a locutione. intuere vero qualiter mulier inquisitiva erat. etsi enim oportebat custodire iesum, ut non couteretur illi; non tamen oportebat illam custodire. non enim dixit evangelista quod samaritani iudaeis non couterentur, sed subdit non enim coutuntur iudaei samaritani. iudaei igitur a captivitate reverentes zelotype se ad samaritanos habebant, sicut ad alienigenas et impugnatores. neque etiam scripturis omnibus utebantur: solum enim ea quae moysi sunt suspicientes, prophetarum non multam curam habebant. contendebant etiam se in nobilitatem iudaicam immittere: unde et iudaei eos cum |75| omnibus gentibus abominabantur. * augustinus in ioannem.

° et omnino eorum vasculis non utebantur iudaei. et quia ferebat secum mulier vasculum, unde aquam hauriret, eo mirata est, quia iudaeus petebat ab ea bibere, quod non solebant facere iudaei. * chrysostomus. ° sed qualiter christus quaesivit ab ea bibere, lege non concedente? si autem quis dixerit, quia praesciebat eam non daturam; immo propter hoc neque petere oportebat. est igitur dicendum, quod ideo petiit, quia indifferens erat de reliquo tales observantias praeterire. * augustinus. ° ille autem qui bibere quaerebat, sitiebat fidem ipsius mulieris; unde sequitur respondit iesus, et dixit ei: si scires donum dei, et quis est qui dicit: da mihi bibere, tu forsitan petisses ab eo, et dedisset tibi aquam vivam. * origenes in ioannem. ° nam quasi dogma quoddam est, neminem accipere divinum donum ex non quaerentibus illud: ipsum autem salvatorem iubet pater poscere, ut det illi, secundum illud: postula a me, et dabo tibi gentes hereditatem tuam. et ipse salvator dicit: petite et dabitur vobis. et ideo signanter dicit petisses et dedisset tibi. * augustinus lib. 83 quaest.. ° hic autem ei ostendit non se talem aquam petisse qualem ipsa intellexerat; sed quia ipse sciebat fidem eius, eidem sitienti spiritum sanctum dare cupiebat. hanc enim recte intelligimus aquam vivam, quod est donum dei, sicut ipse ait si scires donum. * augustinus. ° dicitur enim vulgo aqua viva illa quae de fonte exit: illa enim quae colligitur de pluvia in lacunas aut cisternas, aqua viva non dicitur: et si de fonte manaverit, et in loco aliquo collecta steterit, nec ad se illud unde manabat admiserit, sed in rupto meatu tamquam a fontis tramite separata fuerit, non dicitur aqua viva. * chrysostomus in ioannem. ° spiritus enim sancti gratiam quandoque scriptura ignem, quandoque aquam vocat; ostendens quoniam non substantiae sunt haec nomina repraesentativa, sed actionis. per ignis quidem appellationem erectivum et calidum gratiae, et consumptivum peccatorum aenigmatice insinuat: per aquae vero nuncupationem purgamentum quod est ex spiritu, et multum refrigerium recipientibus eum mentibus ostendit. * theophylactus. ° gratiam ergo spiritus sancti dixit aquam vivam, idest vivificativam, refrigerativam et motivam. nam gratia spiritus sancti semper movet illum qui bona operatur, ascensiones in corde suo disponens. * chrysostomus. ° iterum autem dominus eam ab humili suspicione erexit, qua existimabat eum unum multorum esse: multum enim honorem tribuens, dominum vocat; sequitur enim dicit ei mulier: domine, neque in quo haurias habes, et puteus altus est: unde ergo habes aquam vivam? * augustinus in ioannem. ° videte quomodo intellexit aquam vivam, scilicet aquam quae erat in illo fonte; quasi dicat: tu mihi vis dare aquam vivam, et ego fero unde hauriam et tu non fers: de hac ergo aqua viva mihi dare non potes, quoniam hauritorium non habes. forte alium fontem promittis? sed numquid tu maior es patre nostro iacob, qui dedit nobis puteum, et ipse ex eo bibit, et filii eius, et pecora eius? * chrysostomus. ° quasi dicat: non potes dicere quod iacob dedit nobis hunc fontem, et alio ipse usus est: etenim ipse et sui ex eo bibebant: quod non esset, si meliorem alium habuissent. de hoc igitur fonte dare non potes: alium autem meliorem non est te habere, nisi confitearis te ipsum maiorem esse iacob. unde igitur habes aquam quam promittis te daturum nobis? * theophylactus. ° quod autem dicit et pecora eius, ostensivum est abundantiae aquarum; quasi dicat: non solum suavis est aqua, ut iacob ex ea biberet et filii eius; sed etiam intantum est abundans, ut tantae multitudini pecorum patriarchae sufficiat. * chrysostomus. ° vide autem qualiter seipsam impulit in nobilitatem iudaicam. samaritani enim abraham progenitorem suum dicebant, quasi a chaldaea existentem; sed et iacob patrem vocabant, quasi ipsius existentem nepotem. * beda. ° vel patrem suum iacob vocat, quia ipsa sub lege moysi vixerat, et praedium quod iacob filio suo ioseph dederat possidebat. * origenes in ioannem. ° mystice autem fons iacob scripturae sunt; siquidem instructi in scripturis bibunt ut iacob et filii eius; simplices autem et rudes bibunt more pecorum iacob.

lc3 * Chrysostomus in ioannem. ° cum mulier quaesivisset numquid maior es patre nostro iacob? non dixit: maior sum, ne videretur gloriari; sed per ea quae subdit, hoc ostendit; sequitur enim respondit iesus, et dixit ei: omnis qui biberit ex aqua hac, sitiet iterum; qui autem biberit ex aqua quam ego dabo ei, non sitiet in aeternum; quasi dicat: si mirabilis fuit iacob, quia hanc aquam dedit; si dabo tibi multo hac potiorem, quid dices? non autem ab accusatione, sed ex supereminentia comparationem facit: non enim dicit quoniam haec aqua vilis est et contemptibilis; sed id quod natura testatur, hoc ponit, scilicet omnis qui bibit ex aqua hac, sitiet iterum. * augustinus in ioannem. ° quod quidem verum est et de aqua sensibili, et de ea quam significat illa aqua: etenim aqua in puteo voluptas est saeculi in profunditate tenebrosa: hic eam hauriunt homines hydria cupiditatum: nam qui non praemiserit cupiditatem, pervenire non potest ad voluptatem. cum pervenerit quisque ad voluptatem saeculi huius, numquid non iterum sitiet? ergo de hac aqua qui biberit, sitiet iterum. si autem acceperit a me aquam, non sitiet in aeternum: nam quomodo sitient qui inebriabuntur ab ubertate domus dei? promittebat ergo venam quamdam in satietatem spiritus sancti. * chrysostomus. ° hanc autem excellentiam huius aquae, ut scilicet qui ex ea biberit, non sitiat in aeternum, per ea quae consequuntur ostendit; sequitur enim sed aqua quam ego dabo ei, fiet in eo fons aquae salientis in vitam aeternam; quasi dicat: sicut qui fontem habet intra se positum, nequaquam afficietur siti; ita et qui hanc aquam habet, scilicet quam ego ei dabo. * theophylactus. ° nam aqua quam ego tribuo, semper multiplicatur: semina enim et principium boni, sancti sumunt per gratiam; ipsi vero negotiantur et operantur ad eius augmentum. * chrysostomus. ° vide autem qualiter mulier paulatim ad dogmatum altitudinem ducitur: nam primum quidem aestimavit eum iniquum quemdam esse iudaeum: deinde audiens aquam vivam, suspicata est de sensibili hoc dici: postea discens quoniam spiritualia erant quae dicebantur, credidit quidem quoniam potest aqua sitis necessitatem tollere; nondum autem sciebat quae esset haec aqua, sed quaerebat eam, superiorem sensibilibus aestimans; unde subditur dicit ad eum mulier: domine, da mihi hanc aquam, ut non sitiam neque veniam huc haurire. et sic eum patriarchae iacob praeponit, de quo tam magnam opinionem habebat. * augustinus. ° vel aliter. adhuc illa mulier carnem sapit: delectata est non sitire, et putabat hoc secundum carnem sibi promissum esse a domino. dederat autem deus aliquando servo suo eliae ut per dies quadraginta nec esuriret, nec sitiret: qui hoc potuit dare per quadraginta dies, non poterat dare semper? delectata autem tali munere rogat ut ei aquam vivam daret; unde sequitur dicit ad eum mulier: domine, da mihi hanc aquam, ut non sitiam, neque veniam huc haurire. ad laborem enim indigentia cogebat, et laborem infirmitas recusabat: utinam audiret: venite ad me, omnes qui laboratis et onerati estis, et ego vos reficiam. hoc enim dicebat iesus, ut iam non laboraret; sed illa nondum intelligebat. denique voluit dominus ut intelligeret; unde sequitur dicit ei iesus: vade, voca virum tuum, et veni huc. quid est hoc? per virum suum ei volebat aquam illam dare. an quia non intelligebat, per virum suum eam volebat docere? forte sicut apostolus dicit de mulieribus: si quae volunt discere, domi viros suos interrogent. sed ibi dicitur, ubi non est iesus qui doceat; cum vero ipse dominus aderat, quid opus erat ut per virum ei loqueretur? numquid per virum loquebatur mariae, quae sedit ad pedes eius? * chrysostomus in ioannem. ° quia igitur instabat mulier, accipere aquam promissam quaerens, dicit ei iesus: voca virum tuum: quasi ostendens quoniam et illum oportet his communicare. haec autem festinans accipere, et rei turpitudinem occultans, adhuc aestimabat se ad hominem loqui; unde sequitur respondit mulier, et dixit: non habeo virum. hoc audiens christus opportune de reliquo redargutionem inducit; nam et priores viros enumerat, et eum qui nunc occultabatur redarguit; unde sequitur dicit ei iesus: bene dixisti, quia non habeo virum. * augustinus in ioannem. ° intelligas, revera istam mulierem non habuisse tunc virum; sed utebatur nescio quo non legitimo viro; unde ei convenienter mysteria loquitur, dicens quinque viros habuisti. * origenes in ioannem. ° vide autem si possibile est fontem iacob mystice totas esse scripturas, aquam vero iesu ea pro quibus editae sunt; quae non est licitum omnibus perscrutari; eo quod quae scripta sunt dictaverunt homines; quae vero oculus non vidit, nec auris audivit, nec in cor hominis ascenderunt, in scriptis non possunt redigi; sed ex fonte aquae salientis in vitam aeternam, idest ex spiritu sancto, disciplinae patefiunt his qui nondum humanum cor gestant, sed possunt dicere: nos sensum christi habemus. qui ergo non suscipit profunditatem verborum, etsi ad modicum quieverit, denuo insistens dubitavit; qui autem bibit de aqua christi, ad hoc promovetur ut fons omnium quaesitorum prorumpat in eo, sursum scaturizantibus aquis, et pervolante eius mente ad consequentiam huius aquae, ad vitam aeternam. volebat autem mulier sine aqua iacob, angelicam et super hominem discere veritatem: neque enim angeli indigent fonte iacob ut bibant; sed quilibet in se habet fontem aquae scaturientis in vitam aeternam ab ipso verbo; et hoc est quod subditur dicit ei mulier: domine, da mihi hanc aquam. sed impossibile est hic absque ea quae hauritur ex fonte iacob aquam capere quae datur a verbo: unde petenti samaritanae aquam videtur dicere iesus, se illam praebere non alibi quam in fonte iacob; unde sequitur dicit ei iesus: vade, voca virum tuum, et veni huc. si enim sitiamus, idoneum est primo pocula sumere ex fonte iacob; secundum autem apostolum, vir animae lex est. * augustinus lib. 83 quaest.. ° quinque autem viros, quinque libros qui per moysen ministrati sunt, nonnulli accipiunt. quod autem dictum est et hunc quem habes, non est tuus vir, de seipso dominum dixisse intelligunt, ut iste sit sensus: primo quinque libris moysi quasi quinque viris servisti: nunc autem quem habes, idest quem audis, non est tuus vir, quia nondum in eum credidisti. sed quoniam non credens christo, adhuc illorum quinque virorum, idest quinque librorum, copulatione tenebatur, potest movere quomodo dici potuerit quinque viros habuisti, quasi nunc eos iam non haberet. deinde quomodo potest intelligi a quinque illis libris recedere hominem ut ad christum transeat, cum ille qui credit in christum, non relinquendos illos quinque libros, sed spiritualiter intelligendos multo avidius amplectatur? est ergo alius intellectus. * augustinus in ioannem. ° videns enim iesus quia mulier non intelligebat, et volens eam intelligere, voca, inquit, virum tuum; idest, praesenta intellectum tuum: cum enim ordinata fuerit vita, intellectus animam regit, ad ipsam animam pertinens: non enim aliud aliquid quid est, quam anima, sed aliquid animae est intellectus. hoc ipsum animae quod intellectus et mens dicitur, illuminatur luce superiore. talis lux cum muliere loquebatur, et in illa intellectus non aderat: ergo dominus, tamquam diceret: illustrare volo, et non adest quem; voca, inquit, virum tuum; idest, adhibe intellectum, per quem docearis quo regaris: et adhuc illa nondum vocato illo viro, non intelligit. videtur autem mihi quinque viros priores animae nos posse accipere quinque sensus corporis: ante enim quam quisque possit uti ratione, non regitur nisi sensibus carnis; sed cum coeperit anima capax esse rationis, aut a sapiente mente regitur, aut ab errore; sed error non regit, sed perdit. post illos ergo quinque sensus mulier illa adhuc errabat: error ille non erat legitimus vir, sed adulter. dicit ergo dominus: tolle istum adulterum, qui te corrumpit, et voca virum tuum, ut intelligas me. * origenes in ioannem. ° ubi autem decebat confutari a iesu putatum samaritanae virum, non esse virum, nisi apud fontem iacob? potest etiam intelligi, si vir animae lex est, quod samaritana secundum congruam acceptionem verborum legis, ritui infidelium tamquam viro illegitimo se subiciebat. revocatur autem ad verbum veritatis, quod resurrecturum erat a mortuis, non deinceps moriturum.

lc4 * Chrysostomus in ioannem. ° mulier autem a christo reprehensa, non contristata est, neque dimittens fugit; sed admiratur magis, et immoratur; unde dicitur dicit ei mulier: domine, video quia propheta es tu; quasi dicat: in hoc quod mihi occulta dicis, ostenderis propheta esse. * augustinus in ioannem. ° etsi coepit ad eam venire vir, nondum plene venit: prophetam dominum putabat. erat quidem et propheta: nam de seipso ait: non est propheta sine honore nisi in patria sua. * chrysostomus. ° deinde quia hoc suspicata est, nihil mundanum eum interrogavit: non de corporis sanitate, non de vitiis; non molestatur sitiendo, pro doctrina sollicita. * augustinus. ° et incipit quaerere quod illam solet movere, dicens patres nostri in hoc monte adoraverunt; et vos dicitis, quia hierosolymis est locus ubi adorare oportet. contentio quippe fuerat inter samaritanos et iudaeos: quia iudaei in templo a salomone fabricato adorabant deum, et ideo meliores se esse iactabant; quibus samaritani dicebant: quomodo iactatis vos quia templum habetis quod nos non habemus? numquid patres nostri, qui deo placuerunt, in illo templo adoraverunt? melius ergo nos in hoc monte deum rogamus, ubi patres nostri deum adoraverunt. * chrysostomus. ° quod autem dicit patres nostri, eos qui circa abraham sunt intelligit: etenim illic aiunt filium suum obtulisse. * origenes in ioannem. ° vel samaritani montem, qui dicitur garizim, iuxta quem iacob habitavit, sanctum reputantes, in eo deum adorant; sed iudaei montem sion sacrum quid arbitrantes, illum locum putant esse electum a deo. verum, quia iudaei, a quibus salus processit, exemplum sunt opinantium sanos sermones, samaritani vero diversimode opinantium; congrue garizim quidem samaritani significant, quod vocatur distinctio, seu divisio; at iudaei sion, quod est specula. * chrysostomus. ° christus autem non solvit quaestionem confestim, sed ad altiora mulierem trahit; de quibus non prius ei locutus est, donec confessa est quoniam propheta est, ut cum multa certitudine audiat de cetero quae dicuntur; unde sequitur dicit ei iesus: mulier, crede mihi, quia venit hora quando neque in monte hoc, neque in hierosolymis adorabitis patrem. dicit autem crede mihi, quia ubique nobis opus est fide matre bonorum, quae salutis est medicamentum, sine qua nihil magnorum est possidere. sed qui tentant, assimilantur his qui sine navi pelagus tentant transire: qui parum quidem natare sufficiunt, ultra vero procedentes cito merguntur. * augustinus in ioannem. ° merito autem iam praesente viro audit mulier crede mihi. iam enim est in te qui credat: coepisti adesse intellectu, sed nisi credideritis non intelligetis. * alcuinus. ° quod autem dicit venit hora, tempus evangelicae doctrinae quod iam instabat dicit, quando ablata omni umbra figurarum, veritas pura luce mentes credentium illustratura erat. * chrysostomus in ioannem. ° supervacuum autem erat christo docere propter quid patres in monte et iudaei in hierosolymis adorabant: ideo hoc tacuit; verumtamen reverentiores iudaeos indicavit, non a loco, sed a cognitione; unde subdit vos adoratis quod nescitis, nos adoramus quod scimus, quia salus ex iudaeis est. * origenes in ioannem. ° quod dico vos quantum ad vocem, samaritani, quantum ad anagogem, qui erga scripturas alienae sunt opinionis. nos quoque quo ad verbum iudaei, quo ad allegoriam vero ego verbum, et qui vere secundum me formati sunt, obtinentes salutem ex dictis iudaicis. * chrysostomus. ° samaritani quidem quod nesciebant adorabant, quoniam localem et particularem deum aestimabant, nihil de eo plus imaginantes quam de idolis; et idcirco cultum dei cum cultu daemonum miscuerunt: iudaei vero ab hac eruti erant suspicione: etenim orbis terrarum eum noverant esse deum; propterea dixit nos adoramus quod scimus. iudaeis autem seipsum connumerat secundum opinionem mulieris, loquens |100| quasi propheta iudaeus existens: ideo dixit adoramus; cum tamen manifestum sit quod ipse est qui ab omnibus adoratur. per hoc autem quod dicit quia salus ex iudaeis est, nihil aliud ostendit quam quod orbi terrarum inde salutaria facta sunt. scire enim deum et idola detestari, illinc principium habuit et omnia alia dogmata; sed ipsum quod est apud nos, a iudaeis orationis principium habuit. praesentiam etiam suam salutem vocat: quam dicit ex iudaeis esse, secundum illud apostoli: ex quibus est christus secundum carnem. vide qualiter applaudit veteri testamento, quod radicem ostendit bonorum, per omnia semetipsum non esse contrarium legi demonstrans. * augustinus. ° multum igitur dedit iudaeis, ex quorum persona dixerat nos adoramus quod scimus; sed non ex persona iudaeorum reproborum, sed ex qualibus fuerant apostoli, quales fuerant prophetae, quales fuerant omnes illi sancti qui pretia rerum suarum ad pedes apostolorum posuerunt. * chrysostomus. |125| ° sic igitur superabundantius vobis habent iudaei, o mulier, in modo adorationis; verumtamen et hic adorationis modus de reliquo finem habebit; unde subdit sed venit hora, et nunc est, quando veri adoratores adorabunt patrem in spiritu et veritate. quia enim prophetae ante longa tempora multa praedixerunt, ideo dixit et nunc est: ne aestimes hanc talem esse prophetiam quae post multum temporis impleatur: res iam instat et in ianuis est. dixit autem veri adoratores, ad distinctionem falsorum: quoniam quidam sunt falsi adoratores, qui temporalia et caduca quaerunt in oratione; sive qui contra hoc quod orant, agere non cessant. * chrysostomus. ° vel dicens veros, excludit cum samaritanis iudaeos. etsi enim iudaei illis meliores essent, tamen futuris multo minores sunt, tamquam figura veritate. sunt igitur veri adoratores qui neque loco circumcludunt dei culturam, et deum in spiritu colunt; unde et paulus dicit: cui servio in spiritu meo. * origenes. ° bis autem scribitur venit hora; |150| et primo quidem non adest et nunc est; in secundo vero dicitur et nunc est. et puto primum quidem notare adorationem praeter corpus futuram in perfectione; secundum vero eam quae fit in vita praesenti, perfecta quantum licet humanam procedere naturam. cum ergo venerit hora quam dicit dominus, evitandus est mons samaritanorum, et in sion, ubi est hierosolyma, adorandus est deus, quae civitas esse dicitur a christo celsi principis: et haec est ecclesia, ubi sacra oblatio, spirituales victimae divinis aspectibus offeruntur ab his qui legem spiritualem intellexerunt. cum autem venerit temporis complementum, tunc nequaquam pensandum verum cultum hierosolymis, idest in praesenti ecclesia, amplius pertractari: neque enim angeli apud hierosolymam colunt patrem; sic et qui similitudinem nacti sunt iudaeorum, melius quam hi qui sunt hierosolymis, colunt patrem. cum autem haec hora evenerit, patri aliquis in filium deputatur. ea propter non dictum est: adorabitis deum, sed |175| adorabitis patrem. sed in praesenti colunt patrem in spiritu et veritate veri adoratores. * chrysostomus in ioannem. ° dicit ergo hoc de ecclesia, in qua est vera adoratio et deo congrua; unde subdit nam et pater tales quaerit qui adorent eum. et si olim volebat eos veteribus immorari, concessit eis figuram: hoc tamen fecit eis condescendens, ut per hoc ad veritatem inducantur. * origenes in ioannem. ° si autem pater quaerit, per iesum quaerit, qui venit quaerere et salvare quod perierat: quos erudiens veros cultores efficit. quod autem subditur spiritus est deus, inde abstractum esse suspicor quod ad vitam veram nos perducit: nam et corporali vita vivificamur a spiritu. * chrysostomus. ° vel indicat quod deus incorporeus est. oportet igitur et incorpoream eius culturam esse, hoc est per animam: et intellectus puritatem nos ei offerre; unde subdit et eos qui adorant eum, in spiritu et veritate oportet adorare. quia enim iudaei animam quidem negligebant, multum autem circa |200| corpus studium faciebant, id omnifariam purgantes; ideo ait, quia non corporis mundatione, sed incorporeo quod est in nobis, hoc est intellectu, quem dicit spiritum, deus incorporeus colitur. * hilarius de trin.. ° vel cum in spiritu deum spiritum docuit adorandum, et libertatem ac scientiam adorantium et adorandi infinitatem ostendit, secundum illud apostoli: ubi spiritus domini, ibi libertas. * chrysostomus. ° in veritate autem oportet adorare: quia priora figura erant, scilicet circumcisio, holocausta et thymiamata; nunc autem totum est veritas. * theophylactus. ° vel quia multi putant se deum secundum spiritum, idest animam, adorare, non rectam opinionem de eo habentes, ut haeretici: propter hoc addidit et veritate. forte etiam dicet aliquis, quia duas partes philosophiae, quae secundum nos sunt, insinuat in praedictis, actionem scilicet et contemplationem: per spiritum namque activum insinuat, secundum apostolum: qui spiritu dei aguntur, hi filii |225| sunt dei; per veritatem vero contemplativum. vel aliter. samaritanorum erat opinio quod deus loco concluderetur, et quia in hoc loco deum adorari oporteat: contra quos dicit, quia veri adoratores non localiter, sed spiritualiter adorant. iudaeis vero omnia sub figura et umbra erant; et ideo dicit, quia veri adoratores non in figura adorabunt, sed in veritate: quia enim deus spiritus est, spirituales adoratores quaerit: quia vero veritas, veros. * augustinus. ° quaerebas montem forte ad orandum, ut deo esses propinquior; sed ipse qui in altis habitat, humilibus appropinquat: ergo descende, ut ascendas. ascensiones in corde eius in convalle plorationis, quae humilitatem habet. in templo vis orare? in te ora; sed prius esto templum dei.

lc5 * Chrysostomus in ioannem. ° mulier eorum quae dicta sunt, altitudine fatigata obstupuit; unde sequitur dicit ei mulier: scio quia messias venit, qui dicitur christus. * augustinus in ioannem. ° unctus latine, graece christus est, hebraice messias est. sciebat ergo quis eam posset docere; sed iam docentem nondum agnoscebat; unde subdit cum ergo venerit ille, nobis annuntiabit omnia; quasi dicat: modo iudaei de templo contendunt, nos de monte: cum ergo ille venerit, et montem spernet, et templum evertet, et docebit nos, ut in spiritu et veritate noverimus adorare. * chrysostomus. ° sed unde erat samaritanis expectare christi adventum? moysi quidem suscipientes legem, ab ipsis moysi litteris hoc noverant: iacob enim de christo prophetizans dixit: non deficiet princeps de iuda, nec dux de femore eius, donec veniat qui mittendus est. sed et moyses dicit: prophetam vobis suscitabit deus de fratribus |25| vestris. * origenes in ioannem. ° siquidem non est ignorandum, quod sicut ex iudaeis surrexit iesus, christum se esse non solum dicens, sed ostendens; sic ex samaritanis quidam dositheus nomine, asserebat se fore christum qui praedicabatur. * augustinus lib. 83 quaest.. ° fortasse autem ut intelligentibus indicaret quinque corporis sensus, quinque virorum nomine significari, post quinque carnales responsiones, quae supra in littera patent, sexta responsione nominat christum. * chrysostomus. ° christus autem de reliquo mulieri revelat seipsum; unde sequitur dicit ei iesus: ego sum qui loquor tecum. et quidem si circa principium hoc mulieri dixisset, videretur ei ex vanitate loqui; nunc autem paulatim in memoriam christi eam reducens, opportune revelavit seipsum. et quidem iudaeis quaerentibus: si tu es christus, dic nobis palam, non manifeste seipsum revelavit: quia non pro discendo quaerebant, sed pro iniuriando; haec vero ex simplici mente loquebatur.

lc6 * Chrysostomus in ioannem. ° expleta doctrina, et convenienter ad tempus, discipuli occurrerunt; unde dicitur et continuo venerunt discipuli eius, et mirabantur, quia cum muliere loquebatur. admirabantur quidem superabundantem christi mansuetudinem et humilitatem, quoniam ita perspicuus existens, sustinuit loqui cum tanta humilitate mulieri inopi et samaritanae. * augustinus in ioannem. ° quia scilicet quaerebat perditam qui venerat quaerere quod perierat, hoc illi mirabantur: bonum enim mirabantur, et non malum suspicabantur. * chrysostomus. ° sed tamen admirantes non interrogaverunt causam; unde subditur nemo tamen dixit ei: quid quaeris, aut: quid loqueris cum ea? erant eruditi discipulorum ordinem observare; et eum timebant et venerabantur. et nimirum alibi videntur confidenter interrogare, quia ad eos pertinentia necesse habebant scrutari; hic autem nihil ad eos pertinebat quod fiebat. * origenes in ioannem. |25| ° et fere quidem quasi quodam apostolo ad cives utitur hac muliere, adeo eam inflammans per verba ut, amphora dimissa, iret in civitatem relatura concivibus; unde sequitur reliquit ergo mulier hydriam, non curans de corporeo ac viliori propter utilitatem plurium. interest quoque nostra, omissis corporeis et neglectis, satagere ad impartiendum aliis de commodis acquisitis. * augustinus. ° graeco nomine appellatur, tamquam si aquarium diceretur, quoniam graece aqua hydor vocatur. * chrysostomus in ioannem. ° et sicut apostoli vocati dimiserunt retia, ita haec dimittit hydriam, et evangelistarum opus fecit; et non unum tantum vocat, sed civitatem integram; unde sequitur et abiit in civitatem, et dicit illis hominibus: venite, et videte hominem, qui dixit mihi omnia quaecumque feci. * origenes. ° convocat quidem illos ad videndum hominem continentem verbum supra hominem. quaecumque autem fecit mulier, erat contubernium quinque coniugum, et |50| post illos conversatio cum sexto non proprio viro; quem deserens et septimo adhaerens, lagenam dereliquit iam pudica. * chrysostomus. ° non verecundata autem est hoc dicere. anima enim cum ignita fuerit igne divino, ad nihil eorum quae sunt in terra, de reliquo inspicit, neque ad gloriam, nec ad verecundiam, sed ad unam solam, quae detinet eam, flammam. volebat autem non ex propria annuntiatione eos inducere, sed ex auditu proprio eos facere communicatores doctrinae christi; unde dixit venite et videte hominem. non dixit: venite et credite, sed venite et videte, quod levius erat. noverat enim manifeste quoniam solum gustantes de illo fonte, eadem paterentur quae et ipsa. * alcuinus. ° paulatim autem venit ad praedicandum christum. primo vocat hominem, ne si diceret christum, auditores irascerentur et nollent exire. * chrysostomus. ° unde etiam neque manifeste annuntiavit christum, neque tamen totaliter siluit; sed dixit * numquid ipse est christus? ° et ideo |75| sermonem eius acceperunt; unde sequitur * exierunt de civitate, et veniebant ad eum. augustinus lib. 83 quaest.. ° quod autem relicta hydria discessit mulier, non negligenter praetereundum est: hydria enim amorem huius saeculi significat, idest cupiditatem qua homines de tenebrosa profunditate, cuius imaginem puteus gerit, hoc est de terrena conversatione, hauriunt voluptatem. oportebat autem ut christo credens, saeculo renuntiaret, et relicta hydria, cupiditatem saecularem se reliquisse demonstraret. * augustinus. ° proiecit ergo cupiditatem, et properavit annuntiare veritatem. discant qui volunt evangelizare, ut prius hydriam ad puteum proiciant. * origenes. ° facta etiam mulier receptaculum honestae disciplinae, ea quae primitus sapiebat, parvipendens deponit.

lc7 * Augustinus in ioannem. ° ierant discipuli eius emere cibos, et venerant; quos christo offerebant; unde dicitur interea rogabant eum discipuli eius dicentes: rabbi, manduca. * chrysostomus in ioannem. ° videntes enim eum fatigatum ex itinere et aestu qui erat, rogabant eum vulgari eorum voce: neque enim erat hoc temeritatis, sed amoris cura circa magistrum. * origenes in ioannem. ° arbitrantur aptum fore tempus ad prandium, quod erat inter recessum mulieris ad civitatem et adventum samaritanorum ad ipsum: non enim coram aliquo advena sibi propinabant escas. ob hoc bene positum est interea. * theophylactus. ° dominus vero sciens quod samaritana totam civitatem ad eum traheret, hoc discipulis significavit; unde sequitur ille autem dixit eis: ego cibum habeo manducare quem vos nescitis. * chrysostomus. ° hominum salutem hic cibum vocavit, ostendens quantum desiderium habet nostrae salutis: sicut enim |25| nobis concupiscibile est comedere, ita ei salvare nos. tu vero intuere, quod non statim revelat, sed ubique in quaestionem immittit auditorem, ut incipiens quaerere quod dicitur et laborans, cum ampliori suscipiat desiderio. * theophylactus. ° dicit autem quem vos nescitis; idest nescitis quod cibum voco salutem hominum; vel nescitis quia samaritani credituri sunt, et salvi fient. discipuli autem adhuc dubitabant; unde sequitur dicebant ergo discipuli ad invicem: numquid aliquis attulit ei manducare? * augustinus. ° quid mirum si mulier illa non intelligebat aquam? ecce discipuli non intelligunt escam. * chrysostomus. ° et quidem assuetam reverentiam et honorem magistro praebent, ad se invicem quidem loquentes, ipsum vero non praesumentes interrogare. * theophylactus. ° in hoc autem quod dicunt discipuli numquid aliquis attulit ei manducare? considerandum est, quod cibos ab aliis oblatos dominus suscipere solebat, non quod alieno ministerio indigeret qui dat escam omni carni, sed |50| ut deferentes meritum consequerentur, simulque formam tradens non erubescere paupertatem, neque grave putare ab aliis nutriri: proprium enim et necessarium est doctoribus, alios habere procuratores ciborum, ut ipsi de nullo curantes, verbi ministrationem procurent sollicite. * augustinus. ° audivit autem dominus cogitationes discipulorum, et instruit eos ut magister, non per circuitum sicut mulierem, sed aperte; unde sequitur dicit eis iesus: meus cibus est ut faciam voluntatem eius qui misit me. * origenes in ioannem. ° idoneus cibus filio dei, cum actor paternae voluntatis efficitur, hoc velle in semetipso protestans quod erat in patre. solus autem filius perfecti operis paternae voluntatis est capax; ceteri vero sancti nil praeter divinam peragunt voluntatem. plenam autem et integram facit dei voluntatem qui dixit meus cibus est ut faciam voluntatem eius qui misit me; proprius enim cibus eius ostenditur. quid autem sit velle patris, innuit sermo sequens ut perficiam opus eius. |75| siquidem simplicius quis asseret, quoniam opus est iussum mandantis; puta si dicant aedificantes vel fodientes se perficere opus eius qui conduxit eos. sed si per christum perficitur opus dei, restat ut priusquam perficeretur esset diminutum. qualiter autem diminutum erat opus, cum esset dei? perfectio quidem operis, rationalis naturae est perfectio; ad huius enim operis perfectionem, cum esset imperfectum, verbum caro factum accessit. cum enim quodammodo homo perfectus fuerit, ob transgressionem factus est imperfectus; et ideo missus est salvator, primo quidem ut perficiat voluntatem eius qui misit eum; secundo vero ut consummet opus dei, ut quilibet perfectus fiat ad solidi cibi usum. * theophylactus. ° opus etiam dei perfecit, scilicet hominem, dei filius, nostram naturam in seipso sine peccato ostendens in omni opere perfectam et incorruptam. opus etiam dei, scilicet legem, perfecit: quia finis legis christus eam cessare faciens, omnibus quae in ea erant perfectis, a corporali cultu in spiritualem reduxit. * origenes. |100| ° mystice autem post poculi negotium, ac disciplinam distinctionis aquarum, consequens erat et de cibo disceptare. samaritana quidem petita potum, non habebat praebere iesu dignum poculum; discipuli vero invenientes humilia pulmenta apud alienigenas, ei obtulerunt, rogantes eum ut manducaret. et attende si forsan verentur, ne verbum dei, propriis non vigoratum escis, in eis deficiat. quaecumque ergo reperiunt discipuli, his iugiter proponunt verbum alere, ut corroboratum atque roboratum perseveret penes eos qui nutriunt ipsum. quemadmodum autem corpora egentia cibo, neque eisdem aluntur, neque eadem quantitas ciborum cunctis sufficiens est; sic intelligendum est et in his quae sunt supra corpus: nam horum hoc quidem plurimi, hoc autem paucioris indiget nutrimenti, dissimilis capedinis entia. sed neque qualitas alentium verborum atque intentionum contemplativarum seu operationum eadem congruit omnibus: nam nuper geniti infantes, rationale appetunt lac; perfectorum autem est solidus cibus. veridicus est ergo iesus dicens ego cibum habeo manducare quem vos nescitis. semper enim qui praeest infirmis ac nequeuntibus eadem cum validis videre, hoc dicere potest.

lc8 * Chrysostomus in ioannem. ° quae sit voluntas patris, de cetero interpretatur, dicens nonne vos dicitis quod adhuc quatuor menses sunt et messis venit? * theophylactus. ° scilicet materialis. ego autem dico vobis, quod messis intelligibilis adest: hoc enim dicebat propter samaritanos venientes ad ipsum; unde subdit levate oculos vestros, et videte regiones, quia albae sunt iam ad messem. * chrysostomus. ° rursus consuetis nominibus ad maximorum eos contemplationem reducit. regio enim et messis hic indicat multitudinem animarum, quae paratae sunt ad praedicationis susceptionem. oculos autem hic dicit et eos qui mentis, et eos qui corporis: etenim videbant de reliquo multitudinem samaritanorum venientem. has autem praeparationes hominum decenter regiones albatas vocat; sicut enim spicae cum dealbatae fuerint, ad messem sunt paratae, ita et hi ad salutem sunt parati. sed propter quid non manifeste dicit, quod praeparati sunt homines ad susceptionem verbi? duarum quidem occasionum gratia: unius quidem ut manifestior fiat sermo, et magis ante oculos ponat quae dicuntur; alterius autem ut dulcior sit narratio et permanentior eorum quae dicuntur memoria. * augustinus in ioannem. ° in opus autem fervebat et operarios mittere festinabat; unde subditur et qui metit, mercedem accipit, et congregat fructum in vitam aeternam; ut et qui seminat simul gaudeat, et qui metit. * chrysostomus. ° per ea quae hic dicit, dividit terrena a caelestibus: sicut enim supra dixerat de aqua, quod qui bibit hanc aquam, non sitiet, ita hic dicit qui metit, congregat fructum in vitam aeternam: et iterum qui seminat, simul gaudeat, et qui metit. prophetae enim sunt qui seminant; sed non illi messuerunt, sed apostoli: quia enim infra dicet, quod alius seminat et alius metit, ne quis aestimet quod prophetae seminantes mercede priventur, extraneum quiddam inducit, et a sensibilibus alienum: nam in rebus quidem sensibilibus si contingat alium seminare et alium metere, non simul laetantur, sed dolent qui seminant, quasi aliis laborantes; laetantur autem soli qui metunt: hic autem non ita; sed et qui non metunt seminantes, simul cum metentibus laetantur, quoniam in mercede communicant. * augustinus. ° disparis enim temporis labores habuerunt apostoli et prophetae; sed gaudio pariter perfruentur, mercedem simul accepturi sunt vitam aeternam. * chrysostomus. ° ad hoc autem quod dixerat sermonem proverbialem inducit; unde subdit in hoc enim est verbum verum, quia alius est qui seminat, et alius qui metit. hoc quidem vulgariter dicebatur, si quando alii labores sustinebant, et alii fructus metebant. sed et hic sermo iste maxime habet veritatem: quia prophetae laboraverunt, sed vos fructus ex illorum laboribus metitis; unde subdit ego misi vos metere quod vos non laborastis. * augustinus. ° quid ergo? messores misit, non seminatores? ibi ergo messores mittendi ubi iam prophetae praedicaverant. legite labores illorum, et in omnibus eorum laboribus est prophetia christi: ergo iam in iudaea messis parata erat quando tot millia hominum pretia rerum suarum offerebant, et ad pedes apostolorum ponentes, expeditis humeris a sarcinis saecularibus, christum dominum sequebantur. de ipsa messe eiecta sunt pauca grana, et seminaverunt orbem terrarum: et surgit alia messis, quae in fine saeculi metenda est; ad quam metendam non apostoli, sed angeli mittentur. messores sunt angeli. * chrysostomus. ° dicit ergo ego misi vos metere quod vos non laborastis: quasi dicat: ubi minor labor est, maior autem delectatio, ad hoc vos reservavi; et quod laboriosius erat, hoc fuit prophetarum, scilicet mittere semina; unde subdit alii laboraverunt, et vos in labores eorum introistis. per haec omnia vult ostendere quod prophetarum voluntas erat ut homines ad eum accederent. et hoc lex ordinabat: et propterea illi seminaverunt, ut hunc facerent fructum. ostendit etiam quod ipse illos misit, et quod multa est cognatio novi ad vetus testamentum. * origenes. ° vel aliter totum. qualiter quidem non est inconveniens hoc quod est levate oculos vestros etc. allegorizare; quod autem dicitur nonne vos dicitis quoniam quatuor menses sunt et messis venit, non secundum allegoricam tractare? putamus ergo talia quaedam esse in hoc quod dicunt discipuli quatuor menses sunt, et messis venit. plerique enim discipulorum verbi animadvertentes veritatem incomprehensibilem fore humanae naturae, quando coniecerunt aliam esse vitam a praesente, quae corruptioni quatuor elementorum, quasi quatuor mensium subicitur, putant solum post hanc vitam cognitionem esse veritatis. dicunt igitur discipuli de messibus, quae sunt terminus operum ad veritatem conducentium, quia post instantem quaternitatem contingunt. huiusmodi autem opinionem arguens velut non sanam, inquit verbum incarnatum his qui talia suspicantur nonne vos dicitis, quia adhuc quatuor menses sunt et messis venit? ego autem hoc dico: levate oculos vestros. in pluribus locis scripturae divinae hoc legitur; iubente nobis verbo divino extollere ac sublimare considerationes et cogitationes deorsum consistentes nec valentes erigi, nisi elevante illas iesu: nemo enim consistens in passionibus et vivens carnaliter, hoc propositum servat mandatum. quapropter qui talis est, non videbit regiones, si albae sunt ad messem. albescunt quidem regiones ad messem, cum adest verbum dei illustrans singulas regiones scripturae, fecundans in eius adventu: et etiam omnia sensibilia sunt quasi regiones albae paratae ad messem, praesto existente levantibus oculos ratione, quae de quolibet est, ut quisquis fulgorem prospiciat profusae ubilibet veritatis. qui autem metit praedictas messes, duplex habet in metendo emolumentum: unum quidem dum accipit praemium; unde dicitur et qui metit, mercedem accipit: quod arbitror dictum causa futurarum remunerationum: alterum quod sequitur et congregat fructum in vitam aeternam, bonum habitum quemdam denotat intellectus, qui est fructus ex ipsa speculatione proveniens. arbitror autem quod in qualibet doctrina seminat quidem qui principia excogitat, quae suscipientes alii ac pertractantes, si quid novi potuerunt exprimere, coniungentes, fiunt suae inventionis gratia posteris causa ut metendo quasi maturos fructus aggregent. quanto autem magis hoc in arte artium expedit contemplari? siquidem seminantes sunt moyses et prophetae praevenientes adventum christi; metentes autem sunt apostoli, qui christum susceperunt et gloriam eius perspexerunt. semen autem erat tota ratio secundum revelationem mysterii temporibus praeteritis obfuscati silentio: regiones autem, idest legales et propheticae scripturae, nondum albuerant his qui adventus verbi nequaquam extiterunt capaces. quod autem simul serens et metens gaudeat, erit cum privatio moeroris et angustiae in futuro fiet saeculo. dum etiam iesus transfiguraretur in gloria, simul cum messoribus petro, iacobo et ioanne, moyses et elias satores pariter gaudent in videndo filii dei gloriam. attende tamen si hoc quod dico, alius et alius, intelligi potest propter aliam et aliam vitae conversationem, in qua homines iustificati sunt: ut liceat dicere alium quidem legis cultorem, alium vero evangelii: et tamen exultant simul, dum idem finis ab uno deo per unum christum in uno spiritu sancto reponitur. ad labores autem prophetarum et moysi advenerunt apostoli, instruente iesu, metentes, ac in horrea colligentes animae suae intellectum in scripturis illorum reconditum: et semper qui debite capiunt disciplinam, priorum labores ad maiorem evidentiam trahunt, non tantum laborantes sunt hi qui semina condiderunt.

lc9 * Origenes in ioannem. ° postquam dicta sunt discipulis quae tractata sunt, resumit scriptura de his qui venerant de civitate ad iesum, et crediderant per testimonium mulieris. * chrysostomus in ioannem. ° sicut autem in messe cum facilitate fructus congregantur, et in momento uno area manipulis repletur, ita et nunc fit; unde dicitur ex civitate autem illa multi crediderunt in eum samaritanorum, propter verbum mulieris testimonium perhibentis, quia dixit mihi omnia quaecumque feci. considerabant enim, quod nequaquam mulier gratanter eum admirata esset qui eius delicta redargueret, nisi magnus quis esset et excellens qui praedicabatur ab illa. sic ergo solo mulieris testimonio credentes, et nullum signum videntes, exierunt deprecantes christum ut apud eos maneret; et hoc est quod sequitur cum ergo venissent ad illum samaritani, rogaverunt eum ut ibi maneret. iudaei vero miracula videntes, non detinuerunt eum apud seipsos; sed omnia egerunt ut a regione eorum eum abicerent: nihil enim livore et invidia deterius, nihil inani gloria difficilius, quae infinita corrumpere consuevit bona. et quidem samaritani volebant eum semper secum detinere; ipse autem hoc non sustinuit, sed solum mansit ibi duobus diebus post haec; quod subditur et mansit ibi duos dies. * origenes. ° non incongrue autem aliquis illud obiciet, quomodo rogatus salvator cum samaritanis manet, qui iussit civitatem samaritanorum non ingredi. palam enim quoniam et discipuli eius cum eo ingressi sunt. ad quod dicendum, quod in viam gentium pergere est imbui gentili dogmate, et in illo ambulare. civitatem vero samaritanorum intrare est acceptare falsam doctrinam recipientium legales, propheticos, evangelicos, et apostolicos sermones. cum autem deseruerint propriam doctrinam et venerint ad iesum, licet cum eis manere. * chrysostomus in ioannem. ° et iudaei quidem etiam signis visis incorrecti manserunt; hi autem et sine signis multam circa eum fidem demonstraverunt; solum enim verba audierunt; unde sequitur et multo plures crediderunt propter sermonem eius. cuius igitur gratia haec verba non dicunt evangelistae? ut discas quoniam multa magnorum transcurrerunt, a fine vero totum ostenderunt: suasit enim toti civitati per ea quae dicta sunt. ubi autem auditores non persuadentur, tunc evangelistae coguntur dicere ea quae dicta sunt, ne quod est ex indevotione auditorum, imputet quis defectui praedicantis. ipsi autem discipuli christi iam facti, magistram repulerunt; unde sequitur et mulieri dicebant: quia iam non propter tuam loquelam credimus: ipsi enim audivimus, et scimus quia hic est vere salvator mundi. vide autem qualiter confestim intellexerunt quod orbem terrarum liberare venerat, et quod ad communem salutem veniens, non debebat in iudaeis suam concludere providentiam, sed ubique seminare sermonem. dicentes etiam, quod est salvator mundi, ostenderunt quod mundus perditus erat, in magnis malis existens. et quidem venerunt salvare prophetae et angeli; sed hic est vere salvator, qui salutem tribuit, non solum temporaneam, sed aeternam. vide etiam qualiter audientes mulierem dubitanter dicentem numquid hic est christus? non dixerunt hi: quoniam nos suspicamur, sed quoniam scimus; et non simpliciter, sed quoniam hic vere salvator mundi, non quasi unum ex multis christum confitentes. solum verba audierunt, et hoc dixerunt quod dicere habebant, si miracula multa et magna vidissent. * origenes. ° ceterum si meminimus praedictorum, non difficile est conicere quomodo cum repererint verbum sincerum, alias disciplinas relinquunt, quasi dogmatum civitatem, de qua egredientes salutifere credunt. et puto studiose protulisse ioannem, cum non dixit: rogabant eum samaritani intrare tantum samariam, vel ingredi civitatem, sed etiam ibi manere. manet namque iesus penes deprecantes; et praesertim quoties qui precantur exeunt civitatem, et versus eum veniunt. * augustinus in ioannem. ° manet apud eos biduo; hoc est, dat illis duo praecepta caritatis. * origenes. ° neque enim capaces erant tertiae diei eius; non enim erant avidi miraculorum quid cernere, quale qui fuerant in cana galilaeae post triduum cum iesu convivantes. initium autem credendi multis fuit mulieris verbum: non enim sic per seipsum verbum conspicitur illuminans capientem, velut cum alterius dicto sibi testimonium perhibetur. * augustinus. ° sic ergo christum cognoverunt primo per famam, postea per praesentiam; sicut agitur hodie cum eis qui foris sunt, et nondum sunt christiani: christus nuntiatur per christianos amicos: tamquam illa muliere, hoc est ecclesia, nuntiante ad christum veniunt: credunt per istam feminam; et multo plures et firmius in eum credunt, quoniam vere ipse est salvator mundi. * origenes. ° impossibile est namque eamdem circa intellectum fieri passionem videnti, et ei qui per videntem instruitur; magisque est per speciem ambulare quam per fidem; unde hi non solum testimonio hominis, sed ob ipsam quoque veritatem credunt.

lc10 * Alcuinus. ° post biduum quod fecit in samaria, abiit in galilaeam, ubi nutritus fuerat; unde dicitur post duos autem dies exiit inde, et abiit in galilaeam. * augustinus in ioannem. ° movet autem nos cur evangelista dixerit consequenter ipse enim iesus testimonium perhibuit, quia propheta in sua patria honorem non habet. magis enim videtur attestari potuisse, quod propheta in patria sua honorem non habet, si contemneret pergere in galilaeam, et in samaria remansisset. hoc ego sentio. in samaria biduum fecit, et crediderunt in eum samaritani: tot dies fecit in galilaea, et non crediderunt in eum galilaei; et propter hoc dixit, quod propheta in patria sua honorem non habet. * chrysostomus in ioannem. ° vel aliter. ideo hoc adiectum est, quia non in capharnaum abiit, sed in galilaeam, et in cana, ut infra dicetur. ego enim patriam eum hic aestimo dicere capharnaum. quoniam autem non potitus est illic honore, audi eum dicentem: et tu, capharnaum, quae usque ad caelum exaltata es, usque ad infernum descendes. dicit autem hic patriam propriam, in qua videtur plus conversatus. * theophylactus. ° vel aliter. quia dominus exiens de samaria, venit in galilaeam, ne aliquis dubitaret et quaereret qua de causa non semper in galilaea maneret, dicit, quod propter hoc non manebat in galilaea, quia nullum ibidem recipiebat honorem; quod ipse testatus est dicens quia propheta in sua patria non habet honorem. * origenes in ioannem. ° perscrutanda est autem huius dicti sententia. patria siquidem prophetarum in iudaea erat, et est non ignotum quod honorem a iudaeis nequaquam sunt consecuti, iuxta illud: quemnam prophetarum non persecuti sunt patres vestri? miranda etiam occurrit huius decreti veracitas, cum pervenerit non tantum ad sanctos prophetas vilipensos a propriis, et ipsum dominum nostrum; sed protensa sit etiam in quosdam prophetiae sequaces contemptos a suis civibus, et ad mortem deductos. * chrysostomus. ° quid igitur? nonne videmus et apud suos multos in admirationem deductos? ita quidem: sed ab his quae raro contingunt non oportet talia pronuntiari. sed et si in propria patria aliqui honorantur, multo magis in aliena. consuetudo enim facile homines contemptibiles facere consuevit. quando igitur venit in galilaeam, susceperunt eum galilaei; unde sequitur cum ergo venisset in galilaeam, exceperunt eum galilaei. vides quoniam qui mali dicebantur, hi maxime ad christum accedere inveniuntur. nam propter galilaeos dicitur: interroga, et vide, quoniam propheta ex galilaea non surrexit. propter samaritanos autem improperabant ei: samaritanus es et daemonium habes. sed ecce samaritani et galilaei credunt in confusionem iudaeorum. inveniuntur autem et galilaei samaritanis meliores: nam illi quidem mulieris crediderunt verbis; hi vero videntes signa quae fecerat; unde sequitur cum omnia vidissent quae fecerat hierosolymis in die festo. * origenes. ° quod enim dominus eicit de templo vendentes oves et boves, tam grande reperitur ut his moti galilaei reciperent dominum, considerantes mirantesque maiestatem eius: non enim minor potentia eius ostenditur in his quam ut caeci videant, audiantque surdi. aestimo vero nec haec sola ipsum tunc fecisse, sed et alia signa. * beda. ° sed unde data est eis videndi occasio, ostendit subdens et ipsi enim venerant ad diem festum. mystice autem intimatur quod gentibus in fide a duobus praeceptis caritatis consolidatis, christus circa fines mundi revertetur ad patriam, idest ad iudaeos. * origenes in ioannem. ° expedit autem galilaeum, idest transmigrantem, restare hierosolymis, ubi est templum dei, et videre singula quae peragit ibi iesus. hoc enim est principium, ut galilaei recipiant dei filium euntem ad ipsos; alioquin vel non recepissent illum, vel etiam ipse nondum ipsis praeparatis ad eius receptionem adeo prope venisset ad eos.

lc11 * Chrysostomus in ioannem. ° primo quidem dominus, ut supra dictum est, in cana galilaeae venerat vocatus ad nuptias; nunc autem ad eos vadit, ut magis eos attrahat, sponte ad eos veniens, propria patria dimissa, et ut fidem a priori miraculo in eis initiatam fortiorem faceret propter suam praesentiam. * augustinus in ioannem. ° ibi enim quando aquam in vinum convertit, crediderunt in eum discipuli eius: et utique plena domus erat turbis convivantium, et factum est tam magnum miraculum, et non crediderunt nisi discipuli eius: et ideo hanc civitatem modo repetivit, scilicet ut qui per priora non crediderant, modo credant. * theophylactus. ° rememorat autem nobis evangelista miraculum perpetratum in cana galilaeae de aqua conversa in vinum, ut augeret christi praeconium: quia galilaei non solum propter miracula hierosolymis facta, sed et propter ea quae apud ipsos facta erant, receperunt iesum; simulque ut ostenderet quod regulus credidit propter |25| miraculum in cana perpetratum, quamvis eius non perfecte cognoverit dignitatem; unde sequitur et erat quidam regulus, cuius filius infirmabatur capharnaum. * origenes in ioannem. ° putabit autem aliquis regis herodis hunc esse regulum: et aliquis asserit hunc esse de familia caesaris, exercentem tunc temporis aliquid in iudaea: neque enim dicitur quod iudaeus fuerit. * chrysostomus. ° regulus autem dicitur, aut quasi generis existens regalis, aut dignitatem aliquam principatus habens; aut quia sic vocabatur. igitur quidam hunc eumdem esse existimant centurionem, qui est apud matthaeum. ostenditur autem alius esse ab eo: nam ille quidem christum volentem ire ad suam domum, rogat remanere; hic autem et nihil tale promittentem ad domum trahit: et ille quidem ad iesum de monte descendentem capharnaum intravit; hic autem ad iesum in cana venientem accessit: et illius quidem puer a paralysi detinebatur; huius autem filius a febre. de hoc ergo regulo subditur hic cum |50| audisset quod iesus adveniret a iudaea in galilaeam, abiit ad eum, et rogabat eum ut descenderet, et sanaret filium eius: incipiebat enim mori. * augustinus. ° qui rogabat, nonne credebat? quid a me expectas audire? dominum interroga quid de illo senserit; sequitur enim dixit ergo iesus ad eum: nisi signa et prodigia videritis, non creditis. arguit hominem in fide tepidum aut frigidum, aut omnino nullius fidei; sed tentare cupientem de sanitate filii sui, qualis esset christus, quid esset, quantum posset. prodigium quidem appellatum est, quasi porrodicium, quod porro dicat, porro significet, et futurum aliquid portendat. * augustinus de cons. evang.. ° adeo autem dominus supra omnia mutabilia vult mentem credentis attollere, ut nec ipsa miracula, quae, quamvis divinitus, de mutabilitate corporum fiunt, a fidelibus quaeri velit. * gregorius in evang.. ° sed mementote etiam quae petiit; et aperte agnoscetis quia in fide dubitavit. poposcit namque ut descenderet, et sanaret |75| filium eius; unde sequitur dicit ad eum regulus: domine, descende priusquam moriatur filius meus. minus itaque in illum credidit quem non putavit posse salutem dare, nisi praesens esset et corpore. * chrysostomus. ° audi etiam qualiter adhuc terrene christum trahit, quasi non posset eum post mortem suscitare. si autem non credens venit et rogavit, nil mirabile. consueverunt enim patres ex multo amore non solum medicis loqui de quibus confidunt, sed de quibus non confidunt; nihil volentes praetermittere eorum quae ad salutem pertinent filiorum. si tamen valde crederet christi virtutem, non neglexisset etiam in iudaeam ire. * gregorius. ° sed dominus qui rogatur ut vadat, quia non desit ubi invitatur, indicat: solo iussu salutem reddidit qui voluntate omnia creavit; unde sequitur dicit ei iesus: vade, filius tuus vivit. hic superbia nostra retunditur, qui in hominibus non naturam, qua ad imaginem dei facti sunt, sed honores et divitias veneramur. redemptor vero noster, ut ostenderet |100| quoniam quae alta sunt hominibus, sanctis despicienda sunt, et quae despicienda sunt hominibus, despicienda non sunt sanctis, ad filium reguli ire noluit, ad servum centurionis ire paratus fuit. * chrysostomus. ° vel aliter. illic quidem fides confirmata erat; idcirco et promisit ire, ut discamus viri devotionem: hic autem adhuc imperfectus erat, et nondum noverat manifeste quod absens curare poterat: unde ex hoc quod non accedit iesus, hoc addiscit; sequitur enim credidit homo sermoni quem dixit ei iesus, et ibat; non tamen integre, neque sane. * origenes in ioannem. ° ostenditur autem eius dignitas et officium ex hoc quod servientes illi occurrunt; unde sequitur iam autem eo descendente, servi occurrerunt ei, et nuntiaverunt ei, dicentes, quia filius eius viveret. * chrysostomus. ° qui quidem obviaverunt, non ut annuntiarent solum, sed quasi aestimantes de reliquo superfluam esse christi praesentiam, quem credebant accedere. quod autem regulus non integre |125| credidit neque sane, ostenditur ex hoc quod sequitur interrogabat ergo horam ab eis in qua melius habuerat. volebat enim scire utrum casu, vel ex praecepto christi hoc factum esset. sequitur et dixerunt ei, quia heri hora septima reliquit eum febris. vide qualiter miraculum manifestum est: non enim simpliciter, neque ut contingit, a periculo liberatus est; sed repente et simul: ut appareat non esse ex naturae consequentia quod fiebat, sed ex actione christi; unde sequitur cognovit ergo pater quia illa hora erat in qua dixit ei iesus: filius tuus vivit: et credidit ipse, et domus eius tota. * augustinus in ioannem. ° si ergo propterea credidit quia nuntiatum est ei quod filius eius esset sanus, et comparavit horam nuntiantium horae praenuntiantis, quando rogabat, nondum credebat. * beda. ° unde datur intelligi, et in fide gradus esse, sicut et in aliis virtutibus, quibus est initium, incrementum atque perfectio. huius ergo fides initium habuit cum filii salutem petiit; incrementum dum credidit |150| sermoni domini dicentis filius tuus vivit; deinde perfectionem obtinuit nuntiantibus servis. * augustinus. ° ad solum sermonem crediderunt plures samaritani; ad illud miraculum sola illa domus credidit ubi est factum; unde subdit evangelista hoc iterum secundum signum fecit iesus, cum venisset a iudaea in galilaeam. * chrysostomus in ioannem. ° non sine causa adiecit; sed ostendens quoniam secundo signo facto, nondum ad perfectionem samaritanorum nullum signum videntium iudaei pervenerunt. * origenes in ioannem. ° amphibologiam autem continet praesens dictum; uno enim modo denotat quod iesus veniendo a iudaea in galilaeam, duo fecit miracula: quorum secundum est factum erga filium reguli: alio modo sic: duobus existentibus signis quae iesus in galilaea exercuit, secundum egit veniens a iudaea in galilaeam; et hic sensus verus est. mystice autem, per hoc quod iesus bis in galilaeam accedit, binus salvatoris adventus in mundum ostenditur: primus quidem |175| misericordiae, ut vino facto convivas exhilaret; secundus vero ut filium reguli ad mortem pene deductum suscitet, idest populum iudaeorum, qui post plenitudinem gentium accedet salvandus in fine. magnus autem rex regum est qui constitutus est a deo in monte sion sancto eius: huius qui viderunt diem, et gavisi sunt, reguli dignoscuntur. arbitramur igitur regulum esse abraham, aegrotum vero filium eius, israeliticum genus debilitatum erga cultum divinum; et ideo incaluit ignitis spiculis inimici, ut prope de febrire censeatur. apparet autem quod praecedentibus sanctis, postquam carnis exuerunt amictum, populus fuit curae: unde legitur in machab. post mortem ieremiae: hic est ieremias propheta dei, qui plurimum orat pro populo. abraham igitur obsecrat adiuvari a salvatore populum infirmum. et quidem potestatis verbum de cana prodit, ubi dictum est filius tuus vivit; sed verbi efficacia in capharnaum agitur, nam ibi filius reguli curatus est, quasi in agro consolationis morans; quod significat |200| genus quoddam debilium, non tamen omnino fructibus privatorum. illud autem nisi signa et prodigia videritis, non creditis, dictum illi, refertur ad multitudinem filiorum suorum, et ad ipsum quodammodo: sicut enim ioannes expectabat datum sibi signum, scilicet: super quem videris spiritum descendentem, sic et praemortui sancti adventum christi in carnem et signis et prodigiis manifestandum expectabant. habebat autem hic regulus non solum filium, sed etiam servos; per quos significatur materies quaedam minus bene et infirme credentium. nec a casu hora septima deserit filium febris: nam septenarius numerus est quietis. * alcuinus. ° vel quia per septiformem spiritum est omnis remissio peccatorum: septenarius enim in tria et quatuor divisus significat sanctam trinitatem, in quatuor anni temporibus, in quatuor mundi partibus, in quatuor elementis. * origenes. ° possunt quoque significari duo adventus christi verbi ad animam: primus quidem ex facto vino praebens animae gaudium |225| spiritualis convivii; secundus vero omnes languoris ac mortis reliquias amputans. * theophylactus. ° regulus autem est omnis homo: non solum quia regi universorum propinquus existit secundum animam, sed quia et ipse super omnia principatum sumpsit; cuius filius, idest mens, febricitat voluptatibus pravis et desideriis. accedit autem ad iesum, et deprecatur ut descendat; idest, ut condescensu misericordiae utatur, et parcat peccatis, priusquam a voluptatum infirmitate mortificetur. sed dominus dicit vade, idest, profectum continuum circa bonum ostendas, et tunc filius tuus vivet; si autem ambulare cessaveris, mortificabitur tibi intellectus circa boni operationem.

074 CJO cp5

lc1 * Augustinus de cons. evang.. ° post miraculum in galilaea factum, inde hierosolymam redit; unde dicitur post haec erat dies festus iudaeorum, et ascendit iesus hierosolymam. * chrysostomus in ioannem. ° mihi videtur quod erat dies festus pentecostes. ascendit autem iesus hierosolymam semper in diebus festis, ut cum eis dies festos faciens non videatur legi contrarius, et ob hoc multitudinem simplicem per signa et doctrinam attrahat: maxime enim in diebus festis qui iuxta positi erant, concurrebant. sequitur est autem hierosolymis probatica piscina, quae cognominatur hebraice bethsaida, quinque porticus habens. * alcuinus. ° probaton graece, ovis dicitur; probatica ergo piscina pecuaria dicitur, ubi sacerdotes cadavera hostiarum abluebant. * chrysostomus. ° decebat quidem baptisma dari peccata purgans, cuius imago praescripta fuit in piscina et in aliis pluribus. et primum quidem dedit deus |25| aquam expurgantem corporum sordes et inquinationes non existentes, sed opinatas, puta ea quae a funere, et quae a lepra, et quae ab aliis talibus; deinde infirmitates diversas per aquas facit solvi; unde sequitur in his iacebat multitudo magna languentium, caecorum, claudorum, aridorum expectantium aquae motum. volens enim deus propinquius adducere ad baptismi donum, non adhuc inquinamenta solum mundat, sed etiam aegritudines sanat: sicut enim ministri qui prope regem sunt, his qui sunt a longe clariores sunt; ita et in figuris fit. non autem simpliciter sanabat aquarum natura; semper enim hoc fieret; sed in angeli descensione; unde sequitur angelus autem domini descendebat secundum tempus in piscinam, et movebatur aqua. sic enim et in baptizatis non simpliciter aqua operatur; sed cum spiritus sancti acceperit gratiam, tunc omnia solvit peccata. angelus enim descendens turbabat aquam, et sanativam imponebat virtutem; ut discant iudaei quoniam multo magis angelorum |50| dominus omnes aegritudines animae sanare potest. sed tunc quidem infirmitas impedimentum volenti curari fiebat; subditur enim et qui prior descendisset in piscinam post motionem aquae, sanus fiebat a quacumque detinebatur infirmitate. nunc autem unusquisque accedere potest: non enim angelus est qui turbat aquam, sed angelorum dominus, qui omnia operatur. sed etsi orbis terrarum universus veniat, gratia non consumitur, sed similis manet: sicut enim solares radii per unamquamque illuminant diem, et non consumuntur, neque a multa largitione minor fit solis lux; ita et multo amplius spiritus sancti actio in nullo minuitur a multitudine eorum qui potiuntur ea. hoc autem fiebat, scilicet ut unus tantum post motionem aquae sanaretur; ut qui didicerant quoniam in aqua aegritudines corporis sanabantur, in hoc per multum tempus exercitati, facile crederent quod et aegritudines animae aqua sanare potest. * augustinus in ioannem. ° plus est autem quod christus vitia sanavit animarum, |75| quam quod sanavit languores corporum mortuorum. sed quia ipsa anima non eum noverat, a quo sananda erat, et oculos habebat in carne, unde facta corporalia videret, et nondum habebat in corde, unde deum latenter cognosceret, fecit quod videri poterat, ut sanaretur unde videri non poterat. ingressus est locum ubi iacebat multitudo languentium, de quibus elegit unum ut sanaret, de quo subditur erat autem quidam homo ibi triginta et octo annos habens in infirmitate sua. * chrysostomus in ioannem. ° non autem confestim eum a principio sanavit; sed primum eum familiarem sibi fecit, per interrogationem futurae fidei faciens viam. non autem expetit fidem, ut in caecis fecit, dicens: creditis quia possum hoc facere? quia hic nondum noverat eum manifeste quis esset. nam alii quidem ex aliis eius virtutem cognoscentes, convenienter haec audiebant; alii vero nondum eum cognoscentes, sed per signa eum cognituri, post miracula requiruntur de fide; unde sequitur hunc cum vidisset |100| iesus iacentem, et cognovisset quia multum iam tempus haberet, dicit ei: vis sanus fieri? non hoc quaerit ut discat (hoc enim superfluum esset), sed ut ostenderet illius patientiam, qui triginta et octo annos habens, per unumquemque annum eripi ab aegritudine expectans, assidebat, et non desistebat; et ut cognoscamus propter quam causam dimittens alios, ad hunc venit. et non dicit: vis, te curabo? nondum enim aliquid magnum imaginabatur ille de christo. non autem turbatus est ad interrogationem, neque dixit: iniuriari mihi venisti, quando interrogas si volo sanus fieri; sed mansuete respondet; sequitur enim respondit ei languidus: domine, hominem non habeo, ut cum turbata fuerit aqua, mittat me in piscinam; dum venio enim ego, alius ante me descendit. non noverat quis esset qui interrogabat, neque quod curaturus esset eum; opinabatur autem fortasse utilem sibi fore christum ad mittendum eum in aquam. sed christus ostendit quod verbo omnia potest facere; unde sequitur dicit ei iesus: |125| surge, tolle grabatum tuum, et ambula. * augustinus. ° tria dixit: sed surge, non operis imperium fuit, sed operatio sanitatis; sano autem duo imperavit: tolle grabatum tuum, et ambula. * chrysostomus. ° intuere divinae sapientiae superabundantiam. non solum sanat, sed et lectum portare iubet: ut et credibile faceret miraculum, et nullus existimet phantasiam esse quod factum est. non enim, nisi certissime et vehementer compacta essent membra, lectulum ferre possent. audiens autem languidus quoniam cum potestate et vel iubens dixit surge, tolle grabatum tuum, non derisit dicens: angelus descendit, et turbat aquam, et solum unum curat, tu autem homo existens ex solo praecepto speras te magis angelis posse? sed audivit et non discredidit ei qui iussit, et sanus factus est; unde sequitur et statim sanus factus est homo, et sustulit grabatum suum, et ambulabat. * beda. ° multum quippe inter sanationem domini, et quae a medicis infertur, distare probatur: haec videlicet voce iubentis, et mox impletur; illa vero per multa temporis intervalla aliquoties perficitur. * chrysostomus. ° igitur mirabile quidem est hoc; quae autem sequentur multo maiora erunt: nam in initio quidem nullo molestante suaderi non ita mirabile est, sicut quod post insanientibus iudaeis et accusantibus, christo obedivit, ut ostendit evangelista consequenter, dicens erat autem sabbatum in illo die. dicunt ergo iudaei illi qui sanatus fuerat: sabbatum est; non licet tibi tollere grabatum tuum. * augustinus in ioannem. ° non calumniabantur domino quia sanum fecerat sabbato, quia eis respondere posset, quia si cuiusquam iumentum in puteum cecidisset utique die sabbati erueret illud et salvaret; sed ei qui portabat grabatum suum; quasi dicant: si sanitas non erat differenda, numquid et opus fuerat imperandum? sed ille auctorem sanitatis suae obiciebat calumniatoribus; unde sequitur respondit eis: qui me sanum fecit, ille mihi dixit: tolle grabatum tuum, et ambula; quasi dicat: quare non acciperem iussionem a quo acceperam sanitatem? * chrysostomus. ° nimirum si malignari vellet, poterat dicere: si crimen est, accusate eum qui iussit, et deponam lectulum; sed et curationem utique occultasset; etenim sciebat non ita eos id reprehendere ex sabbati solutione, sicut ex infirmitatis sanatione. sed neque hoc occultavit, neque veniam petiit; sed clara voce beneficium confessus est. illi vero maligne interrogaverunt; unde subditur interrogaverunt ergo eum: quis est ille homo qui dixit tibi: tolle grabatum tuum, et ambula? non dicunt: quis est qui fecit te sanum? sed in medium inducunt id quod transgressio aestimabatur. sequitur is autem qui sanus fuerat effectus, nesciebat quis esset. iesus autem declinavit a turba constituta in loco. et primum quidem ut eo absente testimonium insuspicabile fieret; qui enim adeptus fuerat sanitatem, idoneus erat beneficii testis: demum ut non plus faceret furorem illorum accendi. solus enim visus eius cui invidetur, non parvam invidentibus immittit scintillam. propterea discedens permisit ab ipsis suum factum examinari. quidam aestimant hunc paralyticum esse eum qui in matthaeo positus est; sed non est: ille enim multos habebat sui curam habentes, et eum ferentes; hic autem nullum. sed et locus utrorumque diversus est. * augustinus. ° si quidem mediocri corde et humano ingenio consideremus hoc miraculum facientem, quod ad potestatem pertinet, non magnum aliquid fecit; et quod ad benignitatem, parum fecit. tot iacebant, et unus curatus est, cum posset uno verbo omnes erigere. quid ergo intelligendum est, nisi quia potestas illa et bonitas magis agebat quid animae in factis eius pro salute sempiterna intelligerent, quam quid pro temporali salute corpora mererentur? in illis enim factis quicquid temporaliter sanatum est, in membris mortalibus in fine defecit; anima quae credidit, ad vitam aeternam transitum fecit. piscina ista et aqua illa populum mihi videtur significasse iudaeorum: significari enim populus nomine aquarum, aperte nobis indicat apocalypsis ioannis. * beda. ° bene autem piscina probatica fuisse describitur. ille enim populus ovis nomine significatur, secundum illud: nos populus tuus, et oves gregis tui. * augustinus. ° aqua ergo illa, idest populus ille, quinque libris moysi tamquam quinque porticibus claudebatur; sed illi libri prodebant languidos, non sanabant: lex enim peccatores convincebat, non absolvebat. * beda. ° denique multa genera languentium in eadem iacuerunt: caeci scilicet qui scientiae lumine carent; claudi, qui ad ea quae iubentur implenda, vires non habent; aridi, qui supernae dilectionis pinguedine carent. * augustinus. ° venit autem christus ad populum iudaeorum, et faciendo magna, docendo utilia, turbavit peccatores, idest aquam, praesentia sua, et excitavit ad passionem suam. sed latens turbavit: si enim cognovissent, numquam gloriae dominum crucifixissent. subito enim videbatur aqua turbata, et a quo turbabatur non videbatur. descendere ergo in aquam turbatam, hoc est humiliter credere in domini passionem. ibi sanatur unus, significans ecclesiae unitatem; postea quisquis veniret non sanabatur; quia quisquis praeter unitatem fuerit, sanari non poterit. vae illis qui oderunt unitatem, et partem sibi faciunt in hominibus. habebat autem triginta et octo annos in infirmitate qui sanatus est: hic enim numerus ad languorem pertinet magis quam ad sanitatem. quadragenarius enim numerus sacratus nobis in quadam perfectione commendatur: quia lex in decem praeceptis data est, et praedicanda erat per totum mundum, qui quatuor partibus commendatur: denarius autem per quatuor multiplicatus ad quadragenarium pervenit. vel quia per evangelium, quod quatuor libros habet, impletur lex. si ergo quadragenarius numerus habet perfectionem legis, et lex non impletur nisi in gemino praecepto caritatis, quid miraris, quia languebat qui quadraginta, minus duos, habebat? necessarius erat illi homo ad sanitatem, sed homo ille qui et deus est; et quia illum iacentem duobus minus invenit, duo quaedam iubendo, quod minus erat implevit. in duobus enim domini iussis duo praecepta significata sunt caritatis. dei dilectio prior est ordine praecipiendi, proximi autem dilectio prior est ordine faciendi. dicit ergo tolle grabatum tuum; quasi diceret: cum esses languidus, portabat te proximus tuus: sanus factus es, porta proximum tuum. dicit etiam ambula. sed quo iter agis nisi ad dominum deum tuum? * beda. ° quid enim est dicere surge et ambula, nisi a torpore et ignavia, in quibus prius iacebas, erigere, et in bonis operibus proficere stude? tolle grabatum tuum, idest proximum tuum, a quo portaris, et ipse patienter tolera. * augustinus. ° porta ergo eum cum quo ambulas, ut ad eum pervenias cum quo manere desideras. ille autem nondum iesum noverat, quia et nos credimus in eum quem non videmus; et ut non videatur declinat a turba. quadam solitudine intentionis videtur deus; turba strepitum habet; visio ista secretum desiderat.

lc2 * Chrysostomus in ioannem. ° curatus homo non secessit ad nundinas, neque voluptati aut vanae gloriae dedit seipsum; sed in templo conversabatur, quod maximae religionis est signum; unde dicitur postea invenit eum iesus in templo. * augustinus in ioannem. ° dominus quidem iesus et in turba eum videbat, et in templo. ille autem languidus iesum in turba non agnoscit, in templo agnoscit, in loco sacrato. * alcuinus. ° quia si gratiam conditoris cognoscere volumus, et ad eius visionem venire, fugienda est turba cogitationum et affectuum pravorum; declinanda sunt pravorum conventicula, fugiendum est ad templum, ut nosipsos templum dei studeamus facere, quos deus invisere et in quibus manere dignetur. sequitur et dixit illi: ecce sanus factus es; iam noli amplius peccare, ne deterius tibi aliquid contingat. * chrysostomus. ° ubi prius discimus quod ex peccatis ei nata est haec aegritudo: quia enim saepius animam in nobis aegrotantem insensibiliter habemus, corpus autem, etsi parvam susceperit laesionem, omne facimus studium, ut ab infirmitate liberemur, propterea deus punit corpus pro his quae anima deliquit; secundo vero quod verus est gehennae sermo; tertio quod longum est et infinitum supplicium. dicunt enim quidam: numquid quia in brevi temporis momento adulteratus sum, immortaliter crucior? vide quod hic tanto tempore pro peccatis cruciabatur: non enim temporis mensura peccata iudicantur, sed ipsa delictorum natura. cum his autem et illud discimus, quod si gravem sustineamus poenam pro prioribus peccatis, deinde in eadem inciderimus, graviora patiemur; et hoc decenter: qui enim neque supplicio factus est melior, ut insensibilis de reliquo et contemptor, ad maius ducetur tormentum. si autem hic non omnes pro peccatis torquentur, non confidamus: nihil enim nos hic pati pro peccatis, signum est maioris illic futuri supplicii. non autem omnes aegritudines sunt ex peccatis, sed plures. quaedam enim et a pigritia fiunt, quaedam propter probationem, sicut in iob. sed propter quid paralytico huic christus de peccatis mentionem facit? quidam huic paralytico detrahentes, dicunt eum christi fuisse accusatorem, et propter hoc haec audisse: quid igitur dicent de paralytico qui est apud matthaeum? etenim et illi dictum est: dimittuntur tibi peccata tua. neque etiam christus hunc incusat de praeteritis, sed ad futurum eum munit solum. alios igitur curans, peccatorum non meminit: quia his paralyticis ex peccatis aegritudines sunt factae, aliis autem ex infirmitate naturali. vel per hos reliquos omnes admonet. cum his autem et illud est dicere, quoniam multam vidit inesse animae huius patientiam, et ut valentem suscipere admonitionem eum admonet. tribuit autem signum ei propriae deitatis: dicendo enim non amplius pecces, ostendit se scire omnia quae ab eo facta erant delicta. * augustinus. ° nunc autem ille, postea quam vidit iesum, et cognovit eum auctorem salutis suae, non fuit piger in evangelizando quem viderat; unde sequitur abiit ille homo, et nuntiavit iudaeis quia iesus erat qui fecit eum sanum. * chrysostomus. ° non ita insensibilis erat ut post tantum beneficium et admonitionem maligna mente hoc dicat. si enim detrahere vellet, sanitatem tacens, transgressionem dixisset; sed hoc non fecit: non enim dixit, quoniam iesus est qui dixit tolle grabatum tuum, quod videbatur iudaeis crimen esse; sed dixit: quoniam iesus est qui me sanum fecit. * augustinus in ioannem. ° sic igitur ille annuntiabat, et illi insaniebant; unde sequitur propterea persequebantur iudaei iesum, quia hoc faciebat in sabbato. manifestum enim opus corporale factum erat ante oculos iudaeorum, non sanitas corporis, sed deportatio grabati, quae non videbatur ita necessaria quemadmodum sanitas. aperte ergo dicit dominus, sacramentum sabbati, et signum observandi unius diei ad tempus datum esse iudaeis; impletionem vero ipsam sacramenti in illo venisse, cum sequitur iesus autem respondit eis: pater meus usque modo operatur, et ego operor; quasi dicat: nolite putare quia sabbato ita requievit pater meus ut ex illo non operetur; sed sicut ipse nunc operatur sine labore, operor et ego. sed ideo dictum est, deum requievisse, quia iam creaturam nullam condebat postquam perfecta sunt omnia. quietem vero propterea appellavit scriptura, ut nos admoneret post bona opera quieturos. et sicut deus postquam fecit hominem ad imaginem et similitudinem suam, et perfecit omnia opera sua bona valde, requievit septimo die; sic et tibi requiem non speres, nisi cum redieris ad similitudinem in qua factus es, quam peccato perdidisti; et nisi cum bona fueris operatus. * augustinus super genesim. ° dici ergo probabiliter potest, ad servandum sabbatum iudaeis fuisse praeceptum in umbra futuri, quae spiritualem requiem significaret; quam deus exemplo quietis suae fidelibus bona opera facientibus arcana significatione pollicebatur. * augustinus super ioannem. ° erit enim sabbatum huius saeculi cum transierint sex aetates, quasi sex dies saeculi: tunc enim ventura est requies, quae promittitur sanctis. * augustinus super genesim. ° cuius etiam quietis ipse dominus iesus mysterium sua sepultura confirmavit: ipso quippe die sabbati requievit in sepulchro, postquam sexto die consummavit opera sua, quando ait: consummatum est. quid ergo mirum si deus istum diem, quo erat christus in sepultura quieturus, volens etiam hoc modo praenuntiare, ab operibus suis in uno die requievit, deinceps operaturus ordinem saeculorum? potest etiam intelligi, deum requievisse a condendis generibus creaturae, quia ultra iam non condidit aliqua genere nova. deinceps autem usque nunc et ultra operatur eorumdem generum administrationem, quae tunc instituta sunt, non ut ipso saltem die septimo potentia eius a caeli et terrae omniumque rerum quas condiderat gubernatione cessaret; alioquin continuo dilaberentur: creatoris namque potentia causa est abstinendi omni creaturae, quae ab eis quae creata sunt regendis si aliquando cessaret, simul et eorum cessaret species, omnisque natura concideret. neque enim sicut structuram aedium cum fabricaverit quis abscedit, atque illo cessante stat opus eius; ita mundus vix ictu oculi stare potest, si ei deus regimen suum subtraxerit. proinde quod dominus ait pater meus usque modo operatur, continuationem quamdam operis eius, quae universam creaturam continet atque administrat, ostendit. aliter enim posset intelligi, si diceret: et nunc operatur; ubi non esset necesse ut operis continuationem acciperemus. aliter autem cogit intelligi, cum ait usque nunc, ex illo scilicet quo cuncta cum conderet operatus est. * augustinus in ioannem. ° ergo tamquam diceret iudaeis: quid expectatis ut non operer sabbato? sabbati dies vobis ad significationem meam praeceptus est. opera dei attenditis, per me facta sunt omnia. operatus est pater lucem; sed dixit ut fieret. si dixit: verbo operatus est, et verbum eius ego sum. pater meus et tunc operatus est cum fecit mundum, et usque nunc operatur cum regit mundum: ergo et per me fecit cum fecit, et per me regit cum regit. * chrysostomus. ° et quidem christus, cum discipulos excusare oportebat, david conservum eorum in medium ferebat; quando vero de seipso erat accusatio, ad patrem refugit. considerandum etiam, quod neque ut homo solum excusat, sed neque ut deus solum: sed quandoque hoc, quandoque illo modo. volebat enim utrumque credi, et condescensionis dispensationem et deitatis dignitatem. unde hic aequalitatem sui ad patrem ostendit, et in dicendo eum patrem singulariter (dicit enim pater meus) et in agendo eadem illi (dicit enim et ego operor); unde sequitur propterea ergo magis quaerebant eum iudaei interficere, quia non solum solvebat sabbatum, sed et patrem suum dicebat deum. * augustinus. ° non quomodocumque, sed quia aequalem se fecit deo: nam omnes dicimus deo: pater noster, qui es in caelis. legimus et iudaeos dixisse: cum tu sis pater noster. ergo non hic irascebantur quia patrem suum dicebat deum, sed quod longe alio modo quam homines. * augustinus de cons. evang.. ° dicendo enim pater meus usque modo operatur, et ego operor; quod ei esset aequalis voluit intelligi; consequens esse ostendens ut quoniam pater operatur, et filius operetur: quia pater sine filio non operatur. * chrysostomus. ° si vero non naturalis esset filius, nec eiusdem substantiae, haec excusatio maior accusatione esset. non enim praefectus regalem legem transgrediens poterit effugere, si accusatus se excuset dicens, quoniam et rex solvit legem. sed quia par est dignitas filii ad patrem, propterea perfecta excusatio est. sicut igitur pater operans sabbato, absolutus est a crimine, ita et filius. * augustinus in ioannem. ° ecce intelligunt iudaei quod non intelligunt ariani: ariani quippe inaequalem dicunt filium patri, et inde haeresis pulsat ecclesiam. * chrysostomus in ioannem. ° qui vero nolunt cum bona mente hoc suscipere, dicunt quod christus non fecit se aequalem deo, sed iudaei hoc suspicabantur; sed ad hoc per ea quae supra dicta sunt superveniamus. manifestum enim est quod iudaei persequebantur christum, et quod solvebat sabbatum, et quod dicebat patrem suum deum: unde et quod consequenter additur aequalem se faciens deo, adhaeret praemissis in veritate. * hilarius de trin.. ° expositio enim est evangelistae causam demonstrantis cur dominum iudaei interficere vellent. * chrysostomus. ° et iterum, si ipse hoc ipsum volebat astruere, sed iudaei hoc inaniter suspicabantur; non dimisisset dominus eorum mentem in errore, sed correxisset: neque enim evangelista hoc tacuisset; sicut supra de eo quod dictum est: solvite templum hoc. * augustinus. ° non tamen iudaei intellexerunt christum esse filium dei; sed intellexerunt in verbis christi, quia talis commendaretur filius dei quod aequalis esset deo.

quia ergo |250| nesciebant, talem tamen praedicari agnoscebant; ideo dicit aequalem se faciens deo. non autem ipse se faciebat aequalem, sed ille illum genuerat aequalem.

lc3 * Hilarius de trin.. ° ad violati sabbati obiectum sibi reatum dixerat: pater meus usque modo operatur, et ego operor, ut usurpasse hoc ex auctoritate intelligeretur exempli; significans tamen hoc quod ipse ageret, patris opus esse intelligendum, quia ipse in se operaretur operante: et rursum adversum eam invidiam, quod se deo aequasset paterni nominis usurpatione, volens et nativitatem confirmare, et naturae virtutem profiteri, respondit; unde dicitur respondit itaque iesus, et dixit eis: amen, amen dico vobis: non potest filius a se facere quidquam, nisi quod viderit patrem facientem. * augustinus in ioannem. ° quidam qui christianos se haberi volunt, ariani haeretici dicentes ipsum filium dei qui suscepit carnem, minorem esse quam pater est, capiunt ex his verbis causam calumniae, et respondent nobis: videtis quia dominus iesus cum adverteret iudaeos ex hoc moveri, quia patri deo aequalem se faceret, talia verba subiunxit, |25| ut se aequalem non esse monstraret: qui enim non potest, inquiunt, a se facere quidquam nisi quod viderit patrem facientem, utique minor est, non aequalis. sed si deus erat verbum, et est deus maior et deus minor, duos deos colimus, non unum deum. * hilarius. ° ne igitur exaequatio illa per nomen naturamque filii fidem nativitatis auferret, ait filium a se nihil facere posse. * augustinus in ioannem. ° tamquam diceret: quid scandalizati estis, quia patrem meum dixi deum, et quia aequalem me feci deo? ita sum aequalis, ut ille me genuerit, non ut ille a me, sed ego ab illo sim. filio hoc est esse quod posse. quia ergo substantia filii de patre est, ideo potentia filii de patre est; quia ergo filius non est a se, ideo non potest a se. sic ergo non potest filius a se facere quidquam, nisi quod viderit patrem facientem: quia videre filii hoc est natum esse de patre; non alia visio est eius et alia substantia eius: totum quod est, de patre est. * hilarius. ° ut autem |50| maneret salutaris in patre et filio confessionis nostrae ordo, naturam nativitatis ostendit, quae potestatem efficiendi non per incrementa indultarum ad unumquodque opus virium sumeret, sed de cognitione praesumeret; praesumeret autem non de aliquo operis corporalis exemplo ut quod prius pater faceret, id postea filius facturus esset; sed cum ex patre filius esset natus per virtutis ac naturae in se paternae conscientiam, nihil nisi quod patrem facientem vidisset, filium facere posse testatus est. non enim corporalibus modis deus videt; sed visus ei omnis in virtute naturae est. * augustinus de trin.. ° hoc autem si propterea dictum acceperimus quia in forma accepta ex creatura minor est filius; consequens erit ut prior pater super aquas ambulaverit, et cetera quae filius in carne apparens inter homines fecit, ut possit filius ea facere. quis autem vel delirus ista sentiat? * augustinus super ioan.. ° ambulatio tamen illa carnis supra mare a patre fiebat per filium. quando enim caro ambulabat, |75| et divinitas filii gubernabat, pater absens non erat, cum filius dicat: pater in me manens ipse facit opera. cum ergo dixisset non potest filius a se facere quidquam, ne forte carnalis subreperet intellectus, ut faceret sibi homo quasi duos fabros, unum magistrum, alterum discipulum, ut quomodo ille fecit arcam, iste faciat alteram, secutus ait quaecumque enim ille fecerit, haec et filius similiter facit. non ait: quaecumque pater facit, et filius alia similia facit; sed: haec eadem. mundum pater, mundum filius, mundum spiritus sanctus. si unus deus pater, et filius, et spiritus sanctus, unus mundus factus a patre per filium in spiritu sancto. haec ergo eadem facit. addit autem similiter, ne alius error in animo nasceretur. videtur enim corpus hoc idem facere quod animus, sed non similiter: animus enim imperat corpori: corpus visibile est, animus invisibilis. ut faceret aliquid servus, iubente domino fecit: idem ab utroque factum est; sed numquid similiter? non ergo sic pater, et filius; sed haec eadem |100| facit, et similiter facit; ut intelligamus simili potentia facere filium eadem ipsa quae facit pater. aequalis igitur est patri filius. * hilarius de trin.. ° vel aliter. omnia et eadem ad ostendendam naturae virtutem locutus est. est igitur natura eadem, cum eadem omnia posse naturae sit. ubi vero similiter per filium omnia eadem fiunt, similitudo operum solitudinem operantis exclusit. haec igitur est verae nativitatis et fidei nostrae intelligentia, quia sub una hac significatione testantur et similiter facta nativitatem, et eadem facta naturam. * chrysostomus in ioannem. ° vel aliter. totum quod dicitur a semetipso non potest filius facere quidquam, intelligendum est quia nihil contrarium patri, nihil alienum ab eo facere potest. ideo autem non dicit quoniam nihil contrarium facit, sed quoniam non potest facere, ut hinc ostendat indissimilitudinem et certitudinem parilitatis. non enim imbecillitatem filii, sed multam eius virtutem ostendit hoc verbum. sicut enim cum dicimus: impossibile est |125| deum peccare, non imbecillitatem eius accusamus, sed ineffabilem quamdam virtutem eius testamur; ita cum dicit filius: non possum a meipso facere quidquam, hoc dicit, quoniam impossibile est eum facere aliquid contrarium patri. * augustinus contra serm. arian.. ° hoc autem non deficientis est, sed in eo quod de patre natus est, permanentis; tamque laudabile est omnipotentem non posse mutari, quam laudabile est quod omnipotens non potest mori. posset enim filius facere quod non vidisset patrem facientem, si posset facere quod per illum non facit pater; hoc est, si posset peccare: neque naturae immutabiliter bonae quae a patre est genita conveniret. hoc autem quia non potest, non deficienter non potest, sed potenter. * chrysostomus. ° his autem quae dicta sunt attestatur quod sequitur quaecumque enim ille fecerit, haec similiter et filius facit. si enim per seipsum pater omnia facit, et filius per seipsum facit, ut hoc quod dicit similiter, maneat; vides qualiter intelligentia est excelsa, |150| humilitatis autem verba. si enim humilius producit verba quaedam, non mireris: quia enim persequebantur eum excelsa audientes, et contrarium deo esse aestimabant, parum per verba remisit. * augustinus in ioannem. ° cum ergo dixisset et se eadem facere, et similiter quae facit pater, subdit pater enim diligit filium, et omnia demonstrat ei quaecumque ipse facit. ad hoc quod supra dixit nisi quod viderit patrem facere, videtur pertinere et quod omnia demonstrat ei quae ipse facit. sed rursus mortalis cogitatio perturbatur: dicet enim aliquis: seorsum facit pater, ut possit filius videre quod facit; velut si faber doceat filium artem suam, et demonstret ei quicquid facit, ut possit et ipse facere quod viderit patrem facientem. cum ergo pater facit, filius non facit, ut possit videre filius quod pater facit. porro si fixum atque inconcussum tenemus, quia per filium omnia pater facit, antequam faciat demonstrat filio. ubi etiam demonstrat filio pater quod facit, nisi in ipso filio, |175| per quem facit? si enim pater exemplo faciat, et filius attendat manus patris quemadmodum faciat, ubi est illa inseparabilitas trinitatis? non ergo faciendo demonstrat pater filio, sed demonstrando facit per filium. videt enim patrem filius demonstrantem antequam aliquid fiat, et ex demonstratione patris, et visione filii fit quod fit a patre per filium. sed dices: ostendo filio meo quod volo facere, et facit ipse, atque ego per ipsum. sed verba dicturus es filio tuo. sed ipse filius est verbum patris. numquid ergo per verbum loqueretur ad verbum? an quia filius magnum est verbum, minora verba transitura erant inter patrem et filium, et sonus aliquis, et quasi creatura quaedam temporalis exitura erat ex ore patris, et percussura aurem filii? remove omnia corporalia: simplicitatem vide, si simplex es; si non potes comprehendere quid sit deus, vel hoc comprehendere quid non deus sit. multum proficies, si non aliud quam est senseris de deo. in mente tua vide quod volo dicere: in qua video memoriam |200| et cogitationem. demonstrat memoria tua cogitationi tuae carthaginem, et quod in illa erat antequam intenderes, conversae ad se cogitationi ostendit. ecce facta est a memoria demonstratio, facta est in cogitatione visio, et nulla verba in medio cucurrerunt, nullum ex corpore signum datum est; sed tamen omnia quae in memoria tenes, forinsecus accepisti. pater quae demonstrat filio, non accepit extrinsecus: intus totum agitur; quia nihil creaturarum esset extrinsecus, nisi pater hoc fecisset per filium; et eam pater demonstrando fecit, quia per filium videntem fecit. sic ergo demonstrans pater filii visionem gignit, quemadmodum pater filium gignit. demonstratio quippe generat visionem, non visio demonstrationem. quod si purius et perfectius intueri valeremus, fortassis inveniremus nec aliud esse patrem, aliud eius demonstrationem, nec aliud filium, aliud eius visionem. * hilarius de trin.. ° non igitur per ignorationem credendus est unigenitus deus doctrina demonstrationis eguisse. demonstratio enim |225| operum nihil aliud hic nobis praeterquam nativitatis fidem ingerit, ut subsistentem filium ex subsistente deo patre credamus. * augustinus. ° videre enim patrem hoc est illi esse filium. sic ergo demonstrat pater omnia quae facit filio, ut a patre videat omnia filius. videndo enim natus est, et ab eo est illi videre a quo est illi esse, et natum esse, et permanere. * hilarius. ° neque autem incircumspectum se caelestis sermo egit, ne forte diversae naturae significatio sub occasione dicti ambigui subreperet. demonstrata enim potius opera patris esse ait domino, quam ad operationem eorum naturam virtutis adiectam, ut demonstratio ipsa nativitas esse doceretur, cui per dilectionem patris operum paternorum, quae per eum effici vellet, esset cognata cognitio. * augustinus. ° sed ecce quem diximus patri coaeternum, videntem patrem, et videndo existentem, rursus nobis tempora nominat; nam sequitur et maiora his demonstrabit ei opera. si autem demonstrabit, hoc est demonstraturus |250| est, nondum demonstravit; et tunc filio demonstraturus est quando et istis; sequitur enim ut vos miremini. et hoc difficile est videre, quomodo tamquam temporaliter filio coaeterno aliquando monstret aeternus pater omnia scienti quae sunt apud patrem. quae sint autem illa maiora, facile est intelligere ex hoc quod subditur sicut enim pater suscitat mortuos et vivificat, sic et filius quos vult vivificat. maiora enim opera sunt mortuos suscitare, quam languidos sanare. sed qui paulo ante loquebatur ut deus, coepit loqui ut homo. demonstrabit enim quasi temporaliter homini facto in tempore opera maiora, idest resurrectionem corporum. corpora enim resurgent per dispensationem humanam; sed animae resurgent per substantiam dei: participatione enim dei fit anima beata, non participatione beatae animae. quomodo enim anima, quae inferior deo est, id quod ipsa inferius est, hoc est corpus, vivere facit, sic eamdem animam non facit beate vivere, nisi quod ipsa anima superius est, scilicet deus. |275| unde et prius dictum est quod pater diligit filium, et demonstrat ei quae ipse facit. demonstrat enim pater filio ut animae suscitentur, quia per patrem et filium suscitantur, nec possunt vivere nisi earum vita sit deus. vel nobis pater demonstraturus est, non illi; propterea subiungit ut vos miremini: in quo exposuit quid voluit dicere: et maiora his demonstrabit ei opera. sed quare non dixit: demonstrabit vobis, sed filio? quia et nos membra sumus filii, et ipse discit quodammodo in membris suis, quomodo et patitur in nobis: sicut enim dixit: quod uni ex minimis meis dedistis, mihi dedistis, ita si interrogetur a nobis: quando eris discens, cum tu doceas omnia? respondet: cum unus ex minimis meis discit, ego disco.

lc4 * Augustinus in ioannem. ° quia dixerat quod maiora his opera pater demonstraturus est filio, quae sint maiora prosequitur, et dicit sicut enim pater suscitat mortuos et vivificat, sic et filius quos vult vivificat. plane maiora sunt ista: valde enim plus est ut resurgat mortuus quam ut convalescat aegrotus. non autem sic hoc intelligamus ut alios a patre suscitari, alios a filio aestimemus; sed eosdem quos pater suscitat et vivificat, ipsos et filius suscitat et vivificat. et ne quis diceret: suscitat pater mortuos per filium, ille tamquam potens, iste tamquam ex aliena potestate, tamquam minister facit aliquid; potestatem filii signavit dicens filius quos vult vivificat. tenete hic non solum potestatem filii, verum etiam et voluntatem. eadem enim patris et filii potestas est, et voluntas: non enim vult pater aliud quam filius; sed sicut illis una substantia, sic una voluntas est. * hilarius de trin.. ° velle quidem naturae libertas est, quae ad perfectae virtutis |25| beatitudinem cum arbitrii voluntate in libertate subsistat. * augustinus. ° sed qui sunt isti mortui, quos vivificat pater et filius? vult nobis insinuare resurrectionem mortuorum quam omnes expectamus, non illam quam quidam habuerunt, ut ceteri crederent; resurrexit enim lazarus moriturus. cum ergo dixisset sicut enim pater suscitat mortuos et vivificat, ne intelligeremus illam mortuorum resurrectionem quam fecit ad miraculum, non ad vitam aeternam, secutus ait neque enim pater iudicat quemquam, etc.: ut ostendat quia de illa resurrectione mortuorum dixerat quae futura est in iudicio. vel aliter de resurrectione animarum dictum est sicut pater suscitat mortuos, etc.. resurrectione autem corporum sic dicit: neque enim pater iudicat quemquam, etc.. resurrectio enim animarum fit per substantiam patris et filii, et ideo id simul operantur pater et filius: resurrectio vero corporum fit per dispensationem humanitatis non patri coaeternam. sed vide quomodo verbum |50| christi mentem nostram huc atque illuc ducit, et uno carnis loco remanere non sinit; ut versando exerceat, exercendo mundet, mundando capaces reddat, capaces factos impleat. paulo enim ante dicebat, quia demonstrat pater filio quidquid facit. videbam quasi patrem facientem, et filium expectantem: modo rursus video filium facientem, patrem vacantem. * augustinus de trin.. ° non enim quod dicitur omne iudicium dedit filio, secundum illam locutionem dictum est qua dicitur sic dedit filio vitam habere in semetipso; ut significaret quia sic filium genuit. si enim sic diceretur, non utique diceretur pater non iudicat quemquam; secundum hoc enim quod pater aequalem genuit filium, iudicat cum illo. secundum hoc ergo dictum est, quod in iudicio non forma dei, sed forma filii hominis apparebit; non quia non iudicabit qui dedit omne iudicium filio, cum de illo dicat filius: est qui quaerat et iudicet; sed ita dictum est pater non iudicat quemquam, ac si diceretur: patrem |75| nemo videbit in iudicio, sed omnes filium, quia filius hominis est, ut possit et ab impiis videri, cum et illi videbunt in quem pupugerunt. * hilarius de trin.. ° vel aliter. quia dixerat et filius quos vult vivificat, ne non nativitatis videretur in se habere naturam, sed non natae potius potestatis iure subsistere, continuo subiecit neque enim pater iudicat quemquam, sed omne iudicium dedit filio. et in eo quod omne iudicium datum est, naturae nativitas demonstratur: quia et omnia habere sola natura possit indifferens, neque nativitas aliquid possit habere nisi datum sit. * chrysostomus in ioannem. ° sicut enim dedit vitam, idest genuit eum viventem, ita dedit iudicium, idest genuit eum iudicem. dedit enim hic positum est, ne hunc ingenitum suspiceris, neque duos patres aestimes. dicit autem omne iudicium, quia dominus est et puniendi et honorandi, ut voluerit. * hilarius. ° datum est enim ei omne iudicium, quia vivificat quos vult. neque ademptum patri |100| iudicium potest videri, cum ipse non iudicet, quia filii iudicium ex iudicio est paterno. ab eo enim datum omne iudicium est: sed dati iudicii causa non tacita est; sequitur enim ut omnes honorificent filium, sicut honorificant patrem. * chrysostomus. ° ne enim audiens quoniam patrem habet auctorem, dissimilitudinem substantiae aestimes, et honoris minorationem, complicat honorem filii patris honori, eumdem ostendens esse honorem patris et filii. sed numquid patrem eum dicemus? absit: qui enim patrem eum dicit, non adhuc filium ut patrem honorat, sed totum confundit. * augustinus. ° et prius quidem filius videbatur ut servus, pater honorabatur ut deus. apparebit filius aequalis patri ut omnes honorificent filium, sicut honorificant patrem. sed quid, si inveniuntur qui patrem honorificant, et non honorificant filium? non potest fieri; unde sequitur qui non honorificat filium, non honorificat patrem qui misit illum. aliud est enim cum tibi commendatur deus, quia deus est, et aliud cum tibi commendatur deus, quia pater est. cum tibi commendatur deus creator, tibi commendatur omnipotens, spiritus quidam summus, aeternus, invisibilis, incommutabilis; cum vero tibi, quia pater est, commendatur, nihil tibi aliud quam filius commendatur; quia pater dici non potest, si filium non habet. sed si forte patrem quidem honorificas tamquam maiorem, filium tamquam minorem, ibi tollis honorem patris, ubi minorem das filio. quid enim tibi aliud videtur ita sentienti, nisi quia pater aequalem sibi filium generare aut noluit, aut non potuit? si noluit, invidit; si non potuit, defecit. vel aliter. quod dicitur ut omnes honorificent filium sicut honorificant patrem, redditum est resurrectioni animarum, quam sic operatur filius sicut pater; sed propter resurrectionem corporum subditur qui non honorificat filium, non honorificat patrem qui misit illum. non dixit sic: honoratur enim homo christus, sed non sicut pater deus. sed dicit aliquis: missus est filius, et maior est pater, quia misit. recede a carne: missionem audi, non separationem. res humanae fallunt homines, res divinae purgant; quamquam et ipsae res humanae dicant contra se testimonium; velut si quis uxorem velit petere, et per se non possit, amicum maiorem mittit qui eam petat. et tamen attende quam sit aliud in rebus humanis: numquid enim homo pergit cum eo quem mittit? pater autem qui misit filium, non recessit a filio, cum dicat: non sum solus, quia pater mecum est. * augustinus de trin.. ° non autem eo ipso quod de patre natus est, missus dicitur filius; sed vel eo quod apparuit huic mundo, verbum caro factum; unde dicit: a patre exivi, et veni in hunc mundum: vel eo quod ex tempore cuiusdam mente percipitur, sicut dictum est. mitte illam, ut mecum sit, et mecum laboret. * hilarius. ° conclusa igitur sunt omnia adversum haeretici furoris ingenia. filius est, quia a se nil facit: deus est, quia quaecumque pater facit, et ipse eadem facit; unum sunt, quia exaequantur in honore: non est pater ipse, quia missus est.

lc5 * Glossa. ° quia dixerat quod filius quos vult vivificat, consequenter ostendit qualiter per filium perveniatur ad vitam, dicens amen dico vobis, quia qui verbum meum audit, et credit ei qui misit me, habet vitam aeternam. * augustinus in ioannem. ° quandoquidem in audiendo et credendo vita aeterna est, multo magis in intelligendo. sed gradus pietatis est fides, fidei fructus intellectus. et non dixit: mihi; sed credit ei qui misit me. quare verbum audit tuum, et credit alteri? quid voluit dicere nisi quia verbum eius est in me? et quid est audit verbum meum, nisi audit me? credit autem ei qui misit me: quia cum illi credit, verbo eius credit, mihi credit, quia verbum patris ego sum. * chrysostomus in ioannem. ° vel non dixit: qui audit sermones meos, et credit mihi: aestimassent enim hoc esse tumorem et gloriationem verborum superfluam. dicens autem credit ei qui misit me, susceptibilem faciebat suum sermonem. ex duobus enim suum sermonem susceptibilem facit: et in hoc quod patri creditur ab eo qui ipsum audit, et in hoc quod multis bonis potietur; unde sequitur et in iudicium non venit. * augustinus in ioannem. ° sed quis est hic? erit quisquam paulo apostolo melior, qui ait: oportet nos exhiberi omnes ante tribunal christi? aliquando ergo iudicium poena dicitur, aliquando iudicium discretio dicitur. ergo secundum iudicium discretionis oportet nos omnes exhiberi ante tribunal christi; secundum iudicium damnationis hic dicitur in iudicium non venit; idest, non venit in damnationem. sequitur sed transit a morte in vitam. non nunc transit, sed iam transiit a morte infidelitatis ad vitam fidei, a morte iniquitatis ad vitam iustitiae. vel aliter. ne putares credendo te non moriturum secundum carnem, scias te mortem, quam debes supplicio adam, persoluturum. accepit enim ille, in quo tunc omnes fuimus: morte morieris nec potes evadere divinam sententiam. sed cum persolveris mortem veteris hominis, suscipies vitam novi hominis, et transitum facies de morte ad vitam. ad quam vitam? ad aeternam: resurrecturi enim in fine saeculi, mortui in vitam aeternam transibunt: vita enim ista nec vita nominanda est, quia non est vera vita nisi quae est aeterna. * augustinus de verb. dom.. ° videmus autem homines amatores praesentis vitae temporalis ac finiendae, sic pro illa laborare ut quando veniat mortis metus, quidquid possunt faciant, non ut auferant, sed ut differant mortem. si ergo tanto labore, tanta cura agitur ut aliquantulum plus vivatur, quomodo agendum est ut semper vivatur? et si prudentes dicuntur qui omnibus modis agunt ut differant mortem et vivant paucos dies, quam stulti sunt qui sic vivunt ut perdant aeternum diem?

lc6 * Augustinus in ioannem. ° posset aliquis dicere: ex patre aliquis vivificatur cui credit. quid tu? non vivificas? vide quia et filius quos vult vivificat; unde dicit amen, amen dico vobis, quia venit hora, et nunc est, quando mortui audient vocem filii dei, et qui audierint vivent. * chrysostomus in ioannem. ° cum autem dicat venit hora, ne forte longum suspiceris tempus, addidit et nunc est. sicut enim in resurrectione futura vocem audientes praecipientem suscitabimur, ita et nunc fit. * theophylactus. ° hoc enim dixit pro his quos a mortuis suscitaturus fuit, scilicet filia archisynagogi, filio viduae et lazaro. * augustinus in ioannem. ° vel aliter. ne forte quia dixit transit de morte ad vitam, intelligamus hoc in futura resurrectione, ostendere volens quomodo transit qui credit, subiungit amen, amen dico vobis, quia venit hora. quae hora? et nunc est, quando mortui audient vocem filii dei, et qui audierint vivent. non inquit: quia vivunt, audiunt; sed audiendo reviviscunt. quid est enim audient, nisi obedient? qui enim credunt, et secundum veram fidem agunt, vivunt, et mortui non sunt; qui autem vel non credunt, vel credunt male viventes et caritatem non habentes, mortui potius deputandi sunt. et tamen adhuc agitur hora ista, et usque ad finem saeculi ipsa hora una agitur, ut ioannes dicit: novissima hora est. * augustinus de verb. dom.. ° quando mortui, idest infideles, audient vocem filii dei, idest evangelium, et qui audierint, idest qui obedierint, vivent, idest iustificabuntur, et infideles iam non erunt. * augustinus in ioannem. ° sed quaeret aliquis: habet filius vitam unde vivant credentes? audi ipsum dicentem sicut enim habet pater vitam in semetipso, sic dedit et filio habere vitam in semetipso. vivere quippe suum in illo est, non aliunde, non alienum est; non quasi particeps sit vitae, quae non est quod ipse; sed habet vitam in semetipso, ut ipsa vita sibi sit ipse. quid tu? anima mortua eras. audi patrem per filium: surge, ut in eo recipias vitam, quam non habes in te, qui habet vitam in semetipso; et sic agitur prima resurrectio. haec enim vita, quod pater et filius est, ad animam pertinet. non enim vitam illam sapientiae sentit corpus, sed mens rationalis. * hilarius de synodis. ° conclusi quidem haeretici scripturarum auctoritatibus, hoc solum tribuere solent filio, ut patri tantum virtute similis sit; tollunt autem ei similitudinem naturae; non intelligentes, non nisi ex naturae similitudine similitudinem esse virtutis: neque enim aliquando inferior natura superioris a se potiorisque naturae virtutem consequitur. non autem potest negari quin filius dei idem possit, cum dixerit quaecumque pater facit, eadem et filius facit similiter. sed similitudini virtutis, naturae similitudo succedit, cum dixit sicut habet pater vitam in semetipso, ita et filio dedit habere vitam in semetipso. in vita, naturae et essentiae significatio est; quae sicut habetur, ita data esse docetur ad habendum. quod enim in utroque vita est, id in utroque significatur essentia; et vita quae gignitur ex vita, idest essentia quae de essentia nascitur, dum non dissimilis nascitur, scilicet quia vita ex vita est, tenet in se originis suae indissimilem naturam. * augustinus de trin.. ° intelligitur autem pater non sine vita existenti iam filio vitam dedisse; sed ita eum sine tempore genuisse ut vita quam pater filio gignendo dedit, coaeterna sit vitae eius qui dedit. * hilarius de trin.. ° quod enim ex vivo vivum natum est, habet nativitatis perfectionem sine novitate naturae: non enim novum est quod ex vivo generatur in vivum, quia nec ex nihilo ad nativitatem vita quaesita est; et vita quae nativitatem sumit ex vita, necesse est per naturae unitatem, et perfectae nativitatis sacramentum, ut in vivente vivat, et in se habeat vitam viventem. et quidem naturae humanae infirmitas ex disparibus comparatur, et ex inanimatis continetur ad vitam, nec statim in ea quod gignitur vivit, neque totum vivit ex vita, cum in ea multa sint quae sine naturae sensu, cum excreverint, desiccentur. in deo vero totum quod est vivit: deus enim vita est, et ex vita non potest quidquam esse nisi vivum. * augustinus in ioannem. ° ergo quod dicitur dedit filio, tale est ac si diceretur: genuit filium: generando enim dedit. quomodo dedit ut esset, sic dedit ut vita esset in semetipso, ut non aliunde vita indigeret; sed ipse esset plenitudo vitae unde credentes alii viverent, dum viverent. quid interest? quia ille dedit, iste accepit. * chrysostomus in ioannem. ° vides indissimilitudinem, in uno solo differentiam ostendentem; in essendo hunc quidem patrem, illum vero filium. * hilarius de synodis. ° discernitur enim persona accipientis et dantis: non enim potest intelligi ipse atque unus a se accepisse qui dederit: quia alius est sibi vivens, alius profitens se esse auctorem.

lc7 * Theophylactus. ° non solum pater dedit filio quod vivificet, sed etiam quod iudicium faciat; unde dicit et potestatem dedit ei iudicium facere. * chrysostomus in ioannem. ° cuius autem gratia circa hoc continue vertitur iudicium, dico et resurrectionem et vitam? quoniam haec maxime omnium sunt quae possunt difficilem etiam auditorem ad credendum adducere. qui enim persuasus est quoniam resurget, et filio dabit noxas eorum quae deliquit, etsi nihil aliud viderit, signum hoc suscipiens curret, benignum sibi iudicem faciens. sequitur quia filius hominis est, nolite mirari hoc. paulus quidem samosatenus non ita ait; sed sic dedit ei potestatem iudicium facere, quia filius hominis est. sed nullam convenientiam habet hoc dictum ita: non enim propterea suscepit iudicium quia homo est: quia quis prohibet omnes homines esse iudices? sed quia ineffabilis dei filius est, propterea et iudex est. ita igitur legendum: quia filius hominis est, nolite mirari hoc: quia enim videbatur audientibus obstare his quae dicebantur: quoniam nihil plus aestimabant esse christum quam purum hominem; quae vero dicebantur erant maiora quam secundum hominem, et etiam quam secundum angelum, et erant solius dei: ideo hanc opinionem solvens, dixit: ne miremini quia filius hominis est: et subdit causam quare non sit mirandum, dicens quia venit hora in qua omnes qui in monumentis sunt, audient vocem filii dei. et cuius gratia non dixit: ne miremini, quia filius hominis est: etenim et ipse filius dei est? si resurrectionem posuit, quasi scilicet opus dicens quod dei proprium erat, dat audientibus ex eo syllogizare de reliquo, quoniam deus erat, et dei filius. etenim qui argumenta complicant, cum partes ponentes nobiliter demonstraverint quod quaeritur, multoties non inducunt ipsi conclusionem, sed clariorem facientes victoriam, dimittunt illi qui contradicit, ut pro eis sententiam ferat. igitur eius quidem quae secundum lazarum resurrectionis supra reminiscens, de iudicio tacuit: non enim propter iudicium surrexit lazarus: universalem vero resurrectionem inducens, iudicium posuit; unde sequitur et procedent qui bona fecerunt, in resurrectionem vitae; qui vero mala egerunt, in resurrectionem iudicii. quia enim supra dixerat: qui audit sermonem meum et credit ei qui misit me, in iudicium non venit, ut non aestimet quis quod credere sufficit ad salutem, adiecit haec et de vita, dum dicit et qui bona egerunt... et qui mala egerunt. * augustinus. ° vel aliter. inquantum erat verbum in principio apud deum, dedit ei vitam habere in semetipso; sed quia verbum caro factum est ex virgine maria, homo factus filius hominis est; et quia filius hominis est, accepit potestatem iudicium facere, quod scilicet erit in fine saeculi, et ibi erit resurrectio corporum mortuorum. animas ergo suscitat deus per christum filium dei, corpora suscitat per eumdem filium hominis; unde additur quia filius hominis est: nam secundum quod dei filius est, semper habuit. * augustinus de verb. dom.. ° ad iudicium enim forma hominis ventura est; forma illa iudicabit quae iudicata est: sedebit iudex qui stabat sub iudice, damnabit vero reos qui factus est falso reus. rectum enim erat ut iudicandi viderent iudicem: iudicandi autem erant boni et mali: restabat ut in iudicio forma servi et bonis et malis ostenderetur, forma dei solis bonis servaretur. beati enim mundo corde, quoniam ipsi deum videbunt. * augustinus in ioannem. ° omnes autem qui instituerunt alicuius etiam falsae religionis sectam, negare resurrectionem mentium non potuerunt; sed multi carnis resurrectionem negaverunt; et nisi tu, domine iesu, dixeris eam, quid opponemus contradictoribus? ad ipsam igitur ostendendam subdit nolite mirari hoc, scilicet quod dedit potestatem filio hominis iudicium faciendi, quia venit hora. * augustinus de verb. dom.. ° hic non addit et nunc est, quia ista hora in fine saeculi erit. nolite, inquam, mirari, quia dixit: oportet homines ab homine iudicari; sed quos homines? non solum quos inveniet vivos; unde sequitur quia venit hora in qua omnes qui in monumentis sunt. * augustinus in ioannem. ° quid evidentius? corpora sunt in monumentis, non animae. superius etiam cum diceret venit hora, et adderet et nunc est, subiecit quando mortui audient vocem filii dei. non dixit: omnes mortui: mortuos enim iniquos voluit intelligi; sed non omnes iniqui obediunt evangelio; at vero in fine omnes qui sunt in monumentis audient vocem eius, et procedent. noluit dicere: et vivent, quod supra dixit, ubi vitam aeternam intelligi voluit et beatam, quam non omnes habebunt qui de monumentis procedent. accepisti certe potestatem iudicandi, quia filius hominis es. resurgent corpora; de ipso iudicio dic aliquid, et hoc audite qui bona fecerunt, in resurrectionem vitae, vivere scilicet cum angelis dei; qui male egerunt, in resurrectionem iudicii. hic iudicium pro poena posuit.

lc8 * Augustinus in ioannem. ° dicturi eramus christo: tu iudicabis, et pater non iudicabit; nonne ergo secundum patrem iudicabis? et ideo adiecit non possum ego a me facere quidquam. * chrysostomus in ioannem. ° hoc est, non extraneum neque dissimile his quae vult pater, a me fieri videbitis; sed sicut audio, iudico: in quo nihil aliud ostendit quam quoniam impossibile est eum aliquid aliud velle quam quod pater vult: hoc est, ita iudico ac si ipse pater esset qui iudicaret. * augustinus in ioannem. ° cum ageretur de resurrectione animarum, non dicebat audio, sed video. audio enim nunc dicit, tamquam praecipientis patris imperium. iam ergo sicut homo loquitur, quo maior est pater. * augustinus contra arianos. ° vel aliter. dicit filius sicut audio iudico, sive ex humana subiectione, quia filius hominis est, sive secundum illam incommutabilem simplicemque naturam quae sic est filii, ut tamen ei de patre sit: in qua natura non est aliud audire, aliud videre, aliud esse. unde ab illo est ei audire, et videre a quo illi est ipsum esse. et ideo sicut audit iudicat: quia sicut genitum est verbum, ut idem verbum sit veritas, ita secundum veritatem iudicat. sequitur et iudicium meum iustum est: quia non quaero voluntatem meam, sed voluntatem eius qui misit me patris. hoc enim dicens, ad illum hominem voluit referre intentionem nostram qui voluntatem suam quaerendo, non eius a quo factus est, non habuit iustum iudicium de seipso: sed iustum iudicium habitum est de ipso. ipse quippe faciens voluntatem suam, non dei, moriturum se esse non credidit; sed hoc iudicium eius iustum non fuit. denique fecit, et mortuus est: quia iudicium dei iustum est, quod iudicium facit dei filius, non quaerendo voluntatem suam, cum sit etiam hominis filius: non quia ipsius in iudicando nulla voluntas est, sed quia non ita est voluntas eius propria ut sit a voluntate patris aliena. * augustinus in ioannem. ° non |50| ego quaero voluntatem meam propriam, idest filii hominis, quae resistat deo: faciunt enim homines voluntatem suam, non dei, quando faciunt quod volunt, non quod iubet deus. quando autem ita faciunt quod volunt, ut tamen sequantur voluntatem dei, non faciunt voluntatem suam. vel ideo dicit filius non quaero voluntatem meam: quia christus non est de se, sed de patre suo est. * chrysostomus. ° ostendit enim non aliam esse patris voluntatem praeter suam, sed unam utriusque. si vero humanius hoc loquitur, ne mireris: hominem enim purum adhuc eum aestimabant. inde igitur suum iudicium iustum esse dixit, unde quilibet alius excusans dixisset; qui enim sua vult statuere, in suspicionem deveniet de corruptione iustitiae; qui vero non suis innititur, quam occasionem habebit ut iniusta iudicet? * augustinus in ioannem. ° filius unicus dicit non quaero voluntatem meam: et homines volunt facere voluntatem suam. faciamus ergo voluntatem patris, christi, et spiritus sancti: |75| quia horum una voluntas, una potestas, una maiestas est.

lc9 * Chrysostomus in ioannem. ° quia christus magna de se enuntiaverat, quorum demonstratio non erat dicta, ad confirmationem eorum quae dicta sunt, oppositionem eorum inducit, dicens si ego testimonium perhibeo de me, testimonium meum non est verum. quis autem non statim turbabitur, christum audiens hoc dicentem? etenim in multis locis apparet sibi ipsi testatus. si igitur omnia haec falsa sunt, quae nobis erit spes salutis? unde veritatem inveniemus, cum ipsa veritas dicat testimonium meum non est verum? hoc igitur quod dicit non est verum, non quantum ad dignitatem suam, sed quantum ad illorum suspicionem loquebatur. poterant enim ei iudaei subinferre: quoniam tibi non credimus: nullus enim unquam sibi testans dignus est fide. deinde post oppositionem alias dat responsiones manifestas et irrefragabiles, tres inducens testes eorum quae dicta sunt: opera quae ab ipso sunt facta, patris testimonium, et ioannis praedicationem: et ponit |25| priorem minorem, eam scilicet quae ioannis; unde dicit alius est qui testimonium perhibet de me; et scio quoniam verum est testimonium eius quod perhibet de me. * augustinus de verb. dom.. ° noverat enim ipse verum esse de se testimonium suum; sed propter infirmos et propter incredulos quaerebat sol lucernas: fulgorem quippe solis lippitudo eorum ferre non poterat; ideo quaesitus est ioannes qui testimonium perhiberet veritati. martyres nonne testes sunt christi, ut testimonium perhibeant veritati? sed si diligentius inspicimus, quando martyres perhibent illi testimonium, ipse sibi perhibet testimonium; ipse enim habitat in martyribus, ut perhibeant testimonium veritati. * alcuinus. ° vel aliter. quia christus deus erat et homo, utriusque naturae proprietatem ostendit: aliquando loquens secundum hoc quod ex hominibus assumpsit, aliquando secundum maiestatem divinitatis. quod ergo ait si ego testimonium perhibeo de me ipso, testimonium meum non est verum, ex parte humanitatis est |50| accipiendum; et est sensus: si ego homo de me perhibeo testimonium, scilicet absque deo, testimonium meum non est verum; unde sequitur alius est qui testimonium perhibet de me. pater enim testimonium perhibet de christo, quia in baptismo vox patris audita est, et in monte transfigurato christo. sequitur et scio quia verum est testimonium eius. deus enim veritas est: ergo testimonium veritatis quid aliud potest esse quam verum? * chrysostomus. ° sed secundum priorem intellectum possent illi dicere: si non est verum testimonium tuum, quomodo dicis: quoniam novi quod est verum testimonium ioannis? unde ad eorum suspicionem respondet dicens vos misistis ad ioannem, et testimonium perhibuit veritati; quasi dicat: non misissetis ad ioannem, si eum dignum fide non opinaremini. et, quod utique maius est, non miserunt ad eum interrogandum de christo, sed de seipso. qui enim missi sunt, non dixerunt: quid dicis de christo? sed: tu quis es?... quid |75| dicis de teipso?. ita magnam de homine admirationem habebant. * alcuinus. ° ille autem testimonium perhibuit, non sibi, sed veritati; sicut amicus veritatis veritati christo testimonium perhibuit. non autem dominus refellit testimonium ioannis, quod vere necessarium fuit; sed ostendit non ita debere homines in ioannem intendere ut iam non putent solum christum sibi esse necessarium; unde subdit ego autem non ab homine testimonium accipi. * beda. ° quia non indigeo. ioannes autem etsi testimonium perhibuit, non tamen ut christus cresceret, sed ut homines ad ipsius cognitionem promoveret. * chrysostomus. ° testimonium etiam ioannis dei testimonium erat: ab illo enim discens dixit quod dixit. sed ne dicant: unde manifestum est quod a deo didicit quod didicit? eorum suspicionem correxit, dicens sed hoc dico ut vos salvi sitis, quasi dicat: ego quidem deus existens, non indigebam huiusmodi testimonio humano: quia vero ei magis attenditis, et eum magis omnibus fide dignum |100| putatis, mihi autem neque miracula facienti credidistis; propter hoc vobis commemoro testimonium illius: ut enim non dicant: quid igitur si ille dixit, nos autem non suscepimus? ostendit quoniam non acceptaverunt quae ab eo dicta sunt; unde sequitur ille erat lucerna ardens et lucens: vos autem voluistis ad horam exultare in luce eius. hoc autem quod dicit ad horam, facilitatem credendi ostendit, et quam cito ab eo resilierunt: quod si non fecissent, cito eos ad iesum manuduxisset. vocando autem eum lucernam, ostendit quoniam non ex se habebat lumen, sed a spiritus sancti gratia. * alcuinus. ° ioannes enim erat lucerna illuminatus a christo luce, ardens fide et dilectione, lucens verbo et actione: qui praemissus est, ut inimicos christi confunderet, secundum illud: paravi lucernam christo meo: inimicos eius induam confusione. * chrysostomus. ° ad ioannem igitur vos duco, non quasi illius indigens testimonio, sed ut vos salvemini: nam habeo maius testimonium |125| ioanne; et hoc est quod sequitur ego autem habeo testimonium maius ioanne. hoc autem est quod est ab operibus; unde sequitur opera enim quae dedit mihi pater ut perficiam ea, ipsa opera quae ego facio, testimonium perhibent de me, quia misit me pater. * alcuinus. ° quod enim caecos illuminat, aures aperit, ora mutorum resolvit, daemonia fugat, mortuos suscitat: opera haec testimonium perhibent de christo. * hilarius de trin.. ° unigenitus enim deus, non hominis testimonio tantum, sed etiam virtutis, docet esse se filium: opera enim eius quae facit, testantur eum a patre missum. itaque filii obedientia et paterna auctoritas docentur in misso. sed quia opera non sufficiunt in credibilibus ad testimonium, sequitur et qui misit me pater, ipse testimonium perhibet de me. revolvite evangelica volumina, et omne eorum opus recensete: nullum aliud patris de filio testimonium extat in libris, quam quod hic sit filius suus. quid infertur hodie calumniae, ut adoptio nominis |150| sit, ut mendax deus sit, ut nomina inania sint? * beda in ioannem. ° missio autem incarnatio eius debet intelligi. denique ostendit quod deus incorporeus sit, et quod corporalibus et visibilibus oculis videri non possit; unde sequitur neque vocem eius unquam audistis, neque speciem eius vidistis. * alcuinus. ° possent enim iudaei dicere: nos soliti sumus vocem domini audire in sina, et eum vidimus in specie ignis. si ergo deus perhibet testimonium de te, nos intelligeremus vocem domini. contra hoc dicit: ego habeo testimonium a patre, quamvis non intelligatis: quia vos nunquam audistis vocem eius, neque speciem eius vidistis. * chrysostomus. ° quomodo ergo moyses dicit: si facta est aliquando huiusmodi res, ut audiret populus vocem dei loquentis de medio ignis, sicut tu audisti et vidisti? vidisse etiam eum dicuntur isaias et alii plures. quid ergo est quod nunc ait christus? in philosophicum eos inducit dogma, paulatim ostendens quoniam neque vox circa |175| deum est neque species; sed superior et figuris est et loquelis talibus. sicut enim dixit neque vocem eius audistis, propter hoc non indicat quod vocem emittat, sed non audibilem; ita dicens neque speciem eius vidistis, non hoc dicit quod speciem sensibilem habeat et visibilem, sed quoniam nihil horum est circa deum. * alcuinus. ° non enim carnalibus auribus, sed spirituali intelligentia per gratiam spiritus sancti audiri potest. non ergo vocem spiritalem audierant, quoniam eum amare et praeceptis eius obedire nolebant; neque speciem eius viderunt, quia non exterioribus oculis videri potest, sed fide et dilectione. * chrysostomus. ° sed neque possibile erat eis dicere quod praecepta eius suscepissent et servarent; ideoque subiungit et verbum eius non habetis in vobis manens, idest praecepta dei, legem et prophetas: etsi enim ea deus constituit, sed apud vos non sunt: et si scripturae ubique docent ut mihi credatis, vos autem non creditis, manifestum est quod sermo eius deficit a vobis. et |200| propter hoc subdit quia quem misit ille, huic vos non creditis. * alcuinus. ° vel aliter verbum quod in principio erat, non habent in se manens qui verbum dei quod audiunt, et memoria tenere et opere implere contemnunt. dixerat igitur se habere testimonium a ioanne, ab operibus, a patre; addit et testimonium a lege quae data est per moysen, dicens scrutamini scripturas, in quibus putatis vitam aeternam habere; et illae sunt quae testimonium perhibent de me: quasi dicat: vos in scripturis putatis vitam aeternam habere, et me quasi contrarium moysi repudiatis: testimonio ipsius moysi me esse deum intelligere potestis, si ipsas scripturas diligenter investigatis. omnis enim scriptura testimonium perhibet de christo, sive per figuras, sive per prophetas, sive per angelorum ministeria. sed his iudaei de christo non crediderunt; et ideo vitam aeternam habere non possunt; unde sequitur et non vultis venire ad me, ut vitam habeatis; quasi dicat: scripturae perhibent testimonium; et tamen per tot |225| testimonia non vultis venire ad me; idest, non vultis mihi credere, et a me quaerere veram salutem. * chrysostomus in ioannem. ° vel aliter potest continuari. possent illi dicere: qualiter si vocem eius non audivimus, deus tibi testatus est? et ideo dicit scrutamini scripturas, ostendens quod per has testatus est deus de eo: etenim in iordane testatus est, et in monte. sed vocem quidem factam in monte non audierunt, factam autem in iordane audierunt, sed non attenderunt. propterea mittit eos ad scripturas, ostendens quoniam et patris testimonium illic est. non autem ad lectionem simplicem scripturarum, sed ad scrutationem exquisitam eos mittebat: quia ea quae de eo dicebantur in scripturis, desuper obumbrabantur; neque in superficie exprimebantur, sed velut quidam thesaurus recondebantur. non dicit autem: in quibus habetis vitam aeternam; sed in quibus aestimatis vos habere; ostendens quoniam non capiebant magnum fructum et nobilem ex scripturis, sola lectione aestimantes |250| se salvari, cum fide essent privati; propter quod subdit et non vultis venire ad me: quia ei credere nolebant. * beda. ° quod autem venire pro credere ponatur, psalmista ostendit dicens: accedite ad eum, et illuminamini. subdit autem ut vitam habeatis: si enim anima quae peccat moritur, ipsi anima et mente mortui erant. promittebat ergo illis vitam animae, vel felicitatis aeternae.

lc10 * Chrysostomus in ioannem. ° quia dominus supra meminit et ioannis, et testimonii dei, et operum suorum, ut eos ad seipsum attraheret, probabile erat multos suspicari quod haec diceret, gloriam hominum amans; et ideo contra hoc dicit claritatem ab homine non accipio; hoc est, non indigeo. non enim est mea natura talis ut indigeat quae ab hominibus est gloria. si enim sol a lucernae lumine non recipit adiectionem, multo magis ego humana gloria non indigeo. * alcuinus. ° vel claritatem ab hominibus non accipio; idest, laudem humanam non quaero: non enim veni ut honorem ab hominibus acciperem carnalem, sed honorem hominibus darem spiritualem. non ergo ideo hoc loquor ut gloriam meam quaeram, sed condoleo vobis errantibus, et volo vos reducere ad viam veritatis; unde dicit sed cognovi vos, quia dilectionem dei non habetis in vobis. * chrysostomus. ° quasi dicat: ideo hoc dixi, ut convincam vos quoniam propter amorem dei me non |25| persequimini: etenim ipse testatur mihi et per opera et per scripturas. oportebat igitur ut sicut me abiciebatis, aestimantes esse deo contrarium, ita nunc ad me veniretis, si deum amaretis; sed non amatis. non autem ab his solum, sed etiam a futuris hoc ostendit, dicens ego veni in nomine patris mei, et non accepistis me. si alius venerit in nomine suo, illum accipietis. ideo dicit se in nomine patris venisse, ut omnem abscindat occasionem indevotionis. * alcuinus. ° ac si dicat: ideo veni in mundum ut per me glorificetur nomen patris, quia patri omnia attribuo. dilectionem ergo dei non habebant, quia nolebant eum recipere qui patris venerat facere voluntatem. antichristus autem veniet in nomine non patris, sed suo, ut non gloriam patris, sed suam quaerat. quia enim iudaei noluerunt recipere christum, poena peccati huius congruet ut recipiant antichristum; ut qui noluntcredere veritati, credant mendacio. * augustinus de verb. dom.. ° sed audiamus et ioannem: audisti quia antichristus |50| venit, et nunc antichristi multi facti sunt. quid autem expavescit in antichristo, nisi quia nomen suum honoraturus est et nomen domini contempturus? quid aliud facit qui dicit: ego iustifico, nisi boni fuerimus, peristis? ergo vita mea ex te pendebit, et salus mea ex te religabitur. ita ne oblitus sim fundamentum meum? nonne petra erat christus? * chrysostomus. ° sic igitur irrefragabilem indevotionis eorum ponit demonstrationem; quasi dicat: si ut amantes deum me persequeremini, multo magis in antichristo hoc vos facere oporteret: ille enim non dicit se a patre missum, neque secundum voluntatem illius venire; sed e contrario ea quae sibi non congruunt rapiens, super omnia deum se esse dicet. manifestum est igitur quod livoris persecutio erat qua christum persequebantur, et odii in deum. deinde causam eorum infidelitatis ponit, dicens quomodo vos potestis credere qui gloriam ab invicem accipitis, et gloriam quae a solo deo |75| est non quaeritis? hinc enim rursus ostendit quoniam non quae dei sunt intendebant, sed propriam volebant passionem defendere. * alcuinus. ° magnum igitur vitium est iactantia, et humanae laudis ambitio, quae de se vult aestimari quod de se non habet. ideo enim non possunt credere, quia superba mens eorum laudari desiderat, et se super alios efferre. * beda. ° hoc autem vitium melius caveri non potest, quam ut ad conscientias nostras redeamus, nosque pulverem esse consideremus; et si quid nobis boni inesse deprehendimus, non nobis, sed deo ascribamus. instruimur etiam ut semper nos tales exhibeamus quales ab aliis videri desideramus. denique possent ipsi respondere: ergo accusabis nos apud patrem? et ideo eorum quaestionem praeveniens subdit nolite putare quia ego accusaturus sim vos apud patrem. * chrysostomus. ° quia scilicet non veni damnare, sed salvare. est qui accusat vos, moyses, in quo vos speratis. sicut enim de scripturis supra dixit in quibus putatis vitam aeternam |100| habere, ita et de moyse ait in quo vos speratis, ex propriis eos ubique capiens. sed dicent: qualiter nos ille accusabit? quid tibi et moysi commune, qui sabbatum solvisti? et ideo subdit si enim crederetis moysi, crederetis forsitan et mihi; de me enim ille scripsit. haec ex superioribus constitutionem habent: cum enim in confessionem deductum sit quod a deo veni, ab operibus, a voce ioannis, a patris testimonio, manifestum est quod moyses eos accusabit; etenim dixit: si quis venerit signa faciens et ad deum ducens, et futura praedicens cum veritate, oportet ei obedire. christus autem haec omnia fecit; nec ei crediderunt. * alcuinus ° forsitan autem more nostro posuit, non quia dubitatio sit in deo. scripsit autem de christo moyses dicens: prophetam vobis suscitabit deus de fratribus vestris: tamquam me ipsum audietis. * augustinus contra faustum. ° sed et omne quod scripsit moyses, de christo est, idest, ad christum omnino pertinet, sive quod eum figuris rerum vel gestarum vel dictarum praenuntiet, sive quod eius gratiam, gloriamque commendet. sequitur si autem illius litteris non creditis, quomodo verbis meis credetis? * theophylactus. ° quasi dicat: ipse etiam scripsit, et apud vos libros reliquit, ut si forte oblivisceremini, de facili recordari possitis; et cum scriptis non credidistis, quomodo verbis meis non scriptis credetis? * alcuinus. ° ex hoc etiam colligitur, quia qui legis praecepta, quae rapinam et alia mala prohibent, implere negligunt, et dicta evangelii, quae perfectiora et subtiliora sunt, implere non valent. * chrysostomus. ° et quidem si attenderent his quae dicebantur, oportebat quaerere, et ab eo discere quae sunt illa quae moyses de eo scripsit; sed silent: talis enim est nequitia, ut quicquid dicat aliquis vel faciat, maneat proprium venenum conservans.

074 CJO cp6

lc1 * Chrysostomus in ioannem. ° sicut iacula cum in durum aliquid inciderint, magno impetu huc illuc disperguntur; mollius vero assecuta figuntur et desinunt: ita et si cum audacibus hominibus impetuose incesserimus, saeviunt magis; si autem cesserimus, facile mollimus eorum insaniam. propterea christus furorem ex praemissis sermonibus natum, secedendo mitigavit, in galilaeam vadens; non tamen ad eadem loca unde ierusalem ascenderat: non enim in cana galilaeae, sed ultra mare ivit; unde ait post haec abiit trans mare galilaeae, quod est tiberiadis. * alcuinus. ° hoc mare pro diversitate locorum diversis nominibus vocatur; sed quantum ad praesentem locum, mare galilaeae propter provinciam, tiberiadis autem a civitate dicitur. mare autem dicitur, non quia sit amara aqua; sed iuxta hebraicum modum, omnium congregationes aquarum maria vocantur: quod mare dominus etiam frequenter transit, ut populis ibi manentibus verbum praedicationis impendat. * theophylactus. ° transit enim de loco ad locum probando populi voluntatem, et avidiores homines uniuscuiusque civitatis et sollicitiores reddens; unde sequitur et sequebatur eum multitudo magna quia videbant signa quae faciebat super his qui infirmabantur. * alcuinus. ° scilicet quod caecos illuminabat, et alia huiusmodi. et sciendum est, quod quoscumque in corpore sanabat, eos pariter reformabat in anima. * chrysostomus in ioannem. ° tanta autem doctrina potientes, a signis magis movebantur, quod grossioris mentis erant. signa enim, ut ait paulus, non sunt data fidelibus, sed infidelibus. sapientiores autem erant illi de quibus dicitur quod stupebant in doctrina eius. sed quare non dicit quae signa videbant eum facientem? quoniam hic evangelista maiorem partem libri in sermonibus domini consumere studuit. sequitur subiit in montem iesus, et ibi sedebat cum discipulis suis. in montem quidem ascendit propter signum quod fieri debebat. sed quod discipulos secum ascendere fecit, accusatio multitudinis erat non sequentis eum. ascendit etiam in montem erudiens nos a tumultibus et ab ea quae in mundo est turbatione requiescere; apta enim ad philosophiam solitudo est. sequitur erat autem proximum pascha dies festus iudaeorum. vide qualiter in anno integro nihil plus evangelista nos docuit de signis christi quam quod paralyticum sanavit, et filium reguli: non enim studuit universa annuntiare, sed ex multis magna et pauca. qualiter igitur non ascendit ad diem festum? paulatim enim solvebat legem, occasionem capiens a iudaica nequitia. * theophylactus. ° quia enim iudaei eum persequebantur, occasionem recessus accipiens, legem exclusit, innuens observantibus quod, veritate adveniente, omnis cessat figura; et quod legibus non subicitur, ut legalia festa perficeret. et vide hoc quod non erat festum christi, sed iudaeorum. * beda. ° si quis verba evangelistarum diligenter consideraverit, facile cognoscet quia unius anni spatium fuit inter decollationem ioannis et passionem domini. cum enim matthaeus dicat, quia dominus audita nece ioannis secessit in desertum locum, et ibi turbas pavit; et ioannes dicit quod proximum erat pascha iudaeorum quando turbas pavit, aperte demonstratur quia imminente paschali festivitate decollatus est ioannes. evoluto autem unius anni spatio, passus est christus in eadem festivitate. sequitur cum sublevasset ergo oculos iesus, et vidisset quia multitudo maxima venit ad eum, dixit ad philippum: unde ememus panes ut manducent hi? dixit cum sublevasset oculos iesus, ut disceremus quia oculos non erigebat huc atque illuc; sed pudice sedebat attentus cum discipulis suis. * chrysostomus in ioannem. ° neque etiam simpliciter sedebat cum discipulis suis, sed diligenter loquens aliquid eis, et eos ad seipsum convertens. deinde respiciens vidit turbam ad se venientem. cuius igitur gratia philippum interrogat? sciebat enim quod discipulorum eius congregatio ampliori indigebat doctrina. talis autem erat philippus, qui postea dixit: ostende nobis patrem, et sufficit nobis. propterea igitur prius eum erudiebat. nam si simpliciter factum esset, miraculum non tantum appareret; nunc autem prius cogit confiteri inopiam, ut certius discat miraculi magnitudinem; unde sequitur hoc autem dicebat tentans eum. non quidem ignorans id quod debebat ab ipso dici; sed humano more hoc dictum est. sicut enim quod dicitur: qui scrutatur corda hominum, non ostendit ignorantiae scrutationem, sed certissimae cognitionis: ita cum hic dicit quod tentavit eum, nihil aliud dicit quam quoniam sciebat certissime. sed aliud est dicere, quoniam probationem eum faciebat, per talem interrogationem inducens in certissimam signi cognitionem. propter hoc et evangelista, ne infirmitate locutionis minorationem aliquam suspiceris, subiungit ipse enim sciebat quid esset facturus. * alcuinus. ° interrogat igitur, non ut ignorata discat, sed ut discipulo adhuc rudi propriam tarditatem ostendat, quam ipse in se perpendere non valebat. * theophylactus. ° vel etiam ut aliis ipsum ostenderet, non tamquam cor eius ignorans. * augustinus de cons. evang.. ° sed si dominus, secundum narrationem ioannis, prospectis turbis quaesivit a philippo, tentans eum, unde illis escae dari possent; potest movere quomodo sit verum, quod alii narraverunt, prius dixisse domino discipulos, ut dimitteret turbas. quibus ille respondit, secundum matthaeum: non habent necesse ire: date eis vos manducare. intelligitur igitur, post haec verba dominum inspexisse multitudinem, et dixisse philippo quod ioannes commemorat, alii autem praetermiserunt. * chrysostomus. ° vel aliter. alia quidem sunt illa, alia autem sunt haec, non eisdem facta temporibus. * theophylactus. ° philippum igitur dominus tentans utrum fidem haberet, invenit eum adhuc humanis passionibus subiacentem; quod patet ex hoc quod sequitur respondit ei philippus: ducentorum denariorum panes non sufficiunt eis, ut unusquisque modicum quid accipiat. * alcuinus. ° in quo tarditatem suam ostendit: nam si perfecte de creatore intelligeret, de eius potentiae largitate non diffideret. * augustinus. ° quod autem philippus hic apud ioannem respondet, hoc marcus a discipulis responsum esse commemorat, volens intelligi, hoc ex ore ceterorum philippum respondisse; quamquam et pluralem numerum pro singulari usitatissime ponere potuerit. * theophylactus. ° sed et andream dominus similem philippo invenit, quamvis altius de illo contemplantem; sequitur enim dicit ei unus ex discipulis eius, andreas frater simonis petri: est puer unus hic qui habet quinque panes hordeaceos et duos pisces. * chrysostomus. ° aestimo quidem non sine causa id eum dicere; sed quia audiverat signum quod eliseus de panibus hordeaceis fecerat: pavit enim de viginti panibus centum homines. ascendit igitur mente in aliquod excelsum; sed ad summum non potuit pervenire; quod patet per hoc quod subdit sed haec quid sunt inter tantos? aestimabat enim quod de paucioribus pauciora, et de pluribus plura facturus esset qui miracula faciebat; sed hoc non erat verum: similiter enim ei facile erat et de pluribus et de paucioribus pascere turbas: non enim materia subiecta indigebat; sed ne viderentur creaturae alienae esse ab eius sapientia, ipsis creaturis utitur ad materiam miraculorum. * theophylactus. ° confundantur manichaei, qui dicunt, quod panes et omnia huiusmodi creata sunt a malo deo: quia boni dei filius iesus christus panes multiplicavit: nam si creaturae malae fuissent, nequaquam bonus mala multiplicasset. * augustinus de cons. evang.. ° quod autem andreas apud ioannem de quinque panibus et duobus piscibus suggessit, hoc ceteri, pluralem numerum pro singulari ponentes, ex discipulorum persona retulerunt. * chrysostomus in ioannem. ° discamus autem hic qui voluptati attendimus quae comedebant mirabiles viri illi et magni, et quantitatem eorum quae inferebantur, et vilitatem mensae eorum. nondum autem apparentibus panibus iussit eos discumbere, ut discas quoniam non entia ut entia ei subsistunt, sicut paulus ait: qui vocat ea quae non sunt, tamquam ea quae sunt. sequitur enim dicit eis iesus: facite homines discumbere. * alcuinus. ° ad litteram homines discumbere dicimus iacendo comedere more antiquo; unde sequitur erat autem fenum multum in loco. * theophylactus. ° idest herba viridis: erat enim pascha, quod in primo mense veris perficiebatur. sequitur discubuerunt ergo viri numero quasi quinque millia. soli viri numerantur ab evangelista, quia legalem consuetudinem sequebatur. etenim moyses a viginti annis et supra, populum connumeravit, nulla mentione de mulieribus facta: innuens quod omne quod virile est et iuvenile, dignum et honorabile est apud deum. sequitur accepit ergo iesus panem, et cum gratias egisset, distribuit discumbentibus similiter et ex piscibus quantum volebant. * chrysostomus. ° sed quare paralyticum debens sanare non orat, neque suscitans mortuos, neque mare quietans; hic autem orat gratias agens? ut scilicet ostendat, eos qui comestionem incipiunt, gratias agere oportere deo. sed et aliter in minoribus maxime orat, ut discas quod non propter indigentiam orat. si enim indigeret orare, multo magis in maioribus hoc fecisset; quia vero illa ex auctoritate facit, manifestum est quod hic condescendendo nobis, orat: et adhuc quoniam turba multa erat praesens, oportebat eis suaderi quod secundum voluntatem dei advenerat: et ideo cum occulte aliquod miraculum faciebat, non orabat; sed coram multis orabat, ne crederent quod esset deo contrarius. * hilarius de trin.. ° quinque igitur panes offeruntur turbae, et franguntur: subrepunt in frangentium manus quaedam fragmentorum procreationes, non imminuitur unde praefringitur; et tamen praefringentis manum fragmenta occupant: non sensus, non visus profectum tam conspicabilis operationis assequitur; est quod non erat, videtur quod non intelligitur: solum superest ut deus omnia posse credatur. * augustinus in ioannem. ° unde enim multiplicat de paucis granis segetes, inde in manibus suis multiplicavit quinque panes: potestas enim erat in manibus christi; panes autem illi quinque quasi semina erant, non quidem terrae mandata, sed ab eo qui terram fecit, multiplicata. * chrysostomus. ° vide autem quanta est servi et domini differentia: nam prophetae quasi ex mensura habentes gratiam, ita miracula faciebant; christus autem absoluta virtute faciens, cum multa superabundantia omnia operabatur. sequitur ut autem impleti sunt, dixit discipulis suis: colligite quae superaverunt fragmenta, ne pereant. collegerunt ergo et impleverunt duodecim cophinos fragmentorum. non quidem haec ostentatio superflua fuit, sed ne phantasiam aestimarent quod factum est; propter quod etiam ex subiecta materia miraculum fecit. sed quare non turbis dedit fragmenta portanda, sed discipulis? quoniam hos maxime erudire volebat, qui orbis terrarum debebant esse magistri. ego autem non solum admiror multitudinem panum quae facta est, sed et certitudinem superfluorum: quia neque plus neque minus fecit superfluum esse, sed tantum quantum volebat; scilicet duodecim cophinos, secundum numerum duodecim apostolorum. * theophylactus. ° addiscimus autem ex miraculo perpetrato, non fieri pusillanimes in coarctationibus paupertatis. * beda. ° turbae autem cum vidissent signum quod fecit dominus, mirabantur, quia nondum eum deum esse cognoverant; ideoque evangelista subdit illi ergo homines, quia carnales erant et carnaliter intelligebant, cum vidissent quod fecerat signum, dicebant quia hic est vere propheta qui venturus est in mundum. * alcuinus. ° nondum pleni fide dominum vocant prophetam, qui nondum deum dicere noverant; sed iam multum profecerant ex virtute miraculi, qui eum secernentes ab aliis, prophetam vocabant, sicut sciebant in populo illo prophetas aliquando miracula fecisse: nec falluntur si dicunt eum prophetam, cum ipse dominus vocaverit se prophetam, dicens: non capit prophetam perire extra ierusalem. * augustinus in ioannem. ° sic autem propheta est christus et dominus prophetarum, sicut angelus et dominus angelorum: ex eo enim quod praesens annuntiavit, angelus erat; ex eo quod futura praedixit, propheta erat; ex eo quod verbum caro factum est, et angelorum et prophetarum dominus erat: nullus enim propheta sine verbo dei. * chrysostomus in ioannem. ° ex hoc autem quod dicunt qui venturus est in mundum, manifestum est quod prophetam quemdam principalem expectabant; et ideo quod dicitur hic est vere propheta, in graeco cum adiectione articuli ponitur, ad ostendendum scilicet, eum esse discretum ab aliis prophetis. * augustinus. ° considerandum autem quod dicitur: quia enim deus non est talis substantia quae oculis videri possit, et miracula eius quibus totum mundum regit, universamque creaturam administrat, assiduitate viluerunt; servavit sibi quaedam quae faceret opportuno tempore praeter usitatum cursum ordinemque naturae, ut non maiora, sed insolita videndo stuperent, quibus quotidiana viluerunt. maius enim miraculum est gubernatio totius mundi quam saturatio quinque millium hominum de quinque panibus: et tamen hoc nemo miratur; illud mirantur homines, non quia maius, sed quia rarum est. nec tamen sufficit hoc intueri in miraculis christi: quia enim dominus est in monte, verbum dei est in alto: proinde non quasi humiliter iacet, nec transeunter praetereundum est. * alcuinus. ° mystice enim nomine maris turbidum saeculum designatur. mox autem ut christus mare mortalitatis nostrae adiit nascendo, calcavit moriendo, transiit resurgendo, secutae sunt eum credendo et imitando turbae credentium ex utroque populo collectorum. * beda. ° tunc autem dominus subiit montem quando caelum ascendit, quod designatur per montem. * alcuinus. ° quod enim turbis inferius relictis, ad altiora cum discipulis ascendit, ostendit quod simplicibus minora praecepta sunt committenda, perfectioribus altiora: quod imminente pascha illos reficit, significat quia quisque pane divini verbi, et corpore et sanguine domini desiderat refici, debet spirituale pascha facere, idest, de vitiis ad virtutes transire. oculi vero domini sunt dona spiritualia, quae cum dominus electis suis misericorditer concedit, tunc in eos oculos suos dirigit: idest respectum pietatis impendit. * augustinus lib. 83 quaest.. ° quinque autem panes hordeacei significant veterem legem: sive quia nondum spiritualibus, sed adhuc carnalibus data est lex, idest quinque corporis sensibus deditis: nam ipse et turbae quinque millia hominum fuerunt: sive quia per moysen lex ipsa data est: moyses enim quinque libros scripsit. et quod hordeacei erant panes, bene significavit vel ipsam legem, quae ita data erat ut in ea vitale animae alimentum corporalibus sacramentis obtegeretur: hordei enim medulla tenacissima palea tegitur: vel ipsum populum |375| nondum expoliatum carnali desiderio, quod tamquam palea cordi eius inhaerebat. * beda. ° hordeum etiam pabulum est iumentorum, et cibus servorum: et lex vetus data est servis et iumentis, idest carnalibus. * augustinus. ° duo autem pisces, qui saporem suavem pani dabant, duas illas personas videntur significare quibus populus ille regebatur, regiam scilicet, et sacerdotalem; quae tamen duae personae dominum nostrum praefigurabant, ambas enim ille sustinuit. * alcuinus. ° vel duo pisces dicta vel scripta prophetarum et psalmistarum significant; et cum quinarius ad quinque sensus corporis referatur, mille ad perfectionem refertur. qui vero quinque sensus corporis perfecte regere student, viri dicuntur a viribus; quos feminea mollities non corrumpit; sed sobrie et caste vivunt, et caelestis sapientiae dulcedine merentur recreari. * augustinus in ioannem. ° puer autem qui ista habebat, forte populus israel erat, qui sensu puerili ea portabat, nec manducabat. illa enim quae portabat, clausa onerabant, |400| aperta pascebant. * beda. ° pulchre autem dicit haec quid sunt inter tantos? quia lex vetus parum proficiebat, quousque eam suis manibus suscepit: idest, opere implevit, et eamdem spiritualiter intelligendam esse docuit, quia lex neminem ducebat ad perfectum. * augustinus. ° frangendo autem panes multiplicati sunt. quinque enim libri moysi multos libros, cum exponuntur tamquam frangendo, idest disserendo, fecerunt. * augustinus lib. 83 quaest.. ° dominus etiam tamquam frangendo et aperiendo quod durum erat et clausum in lege, per discipulos implevit, cum eis post resurrectionem aperuit scripturas. * augustinus in ioannem. ° quia autem ignorantia populi erat in lege, propterea tentatio domini ignorantiam discipuli demonstrabat. super fenum autem discumbebant, quia carnaliter sapiebant, et in carnalibus quiescebant; omnis enim caro fenum. illi autem de panibus domini implentur qui quod auribus audiunt, operibus implent. * augustinus. |425| ° quae sunt autem fragmenta, nisi quae populus non poterat manducare? quid ergo restat, nisi ut secretiora intelligentiae, quae non potest capere multitudo, illis credantur qui idonei sunt et alios docere valent, sicut erant apostoli? unde et duodecim cophini impleti sunt. * alcuinus. ° cophinis enim servilia implentur officia. cophini igitur sunt apostoli et eorum imitatores, qui licet in praesenti sint despectibiles, spiritualium sacramentorum divitiis sunt interius referti. dicuntur autem apostoli fuisse cophini, quia per apostolos fides sanctae trinitatis erat praedicanda in quattuor partibus mundi. quod autem novos panes noluit facere, sed allatos cumulavit, significat quia veterem scripturam non reprobavit, sed aperiendo patefecit.

lc2 * Beda. ° turbae, viso tanto miraculo, intellexerunt pium atque potentem; et idcirco voluerunt ipsum facere regem: homines namque volunt habere regem pium ad regendum et potentem ad tuendum. dominus igitur hoc cognoscens fugit in montem; idest, ascendit celeriter; unde dicitur iesus ergo cum cognovisset quia venturi essent ut raperent eum et facerent eum regem, fugit in montem ipse solus. datur ergo intelligi quod dominus cum sederet in monte cum discipulis suis et videret turbas ad se venientes, descenderat de monte, et circa inferiora loca turbas paverat. nam quomodo fieri potest ut rursus ille fugeret in montem, nisi ante de monte descenderet? * augustinus de cons. evang.. ° non autem repugnat quod matthaeus dixit: ascendit in montem solus orare; neque enim causae orandi contraria est causa fugiendi: quandoquidem et hinc dominus doceat hanc esse nobis magnam causam orandi, quando est causa fugiendi. * augustinus in ioannem. |25| ° erat autem rex qui timebat fieri rex; nec talis rex qui ab hominibus fieret, sed talis qui hominibus regnum daret: semper quidem ille cum patre regnat secundum quod est filius dei. praedixerunt autem prophetae regnum eius et secundum id quod homo factus est christus, et fecit fideles suos christianos, qui sunt regnum eius; quod modo colligitur, modo emitur sanguine christi. erit autem aliquando manifestum regnum eius, quando erit aperta claritas sanctorum eius, post iudicium ab eo factum. discipuli autem et turbae credentes in eum, putaverunt illum sic venisse ut iam regnaret. hoc est velle rapere et facere eum regem. * chrysostomus in ioannem. ° vide autem quanta est gulae virtus. non ultra eis sabbati transgressionis cura, non ultra zelant pro deo; sed omnia remota sunt, ventre repleto; et propheta iam erat apud eos, et regem eum inthronizare volebant. christus autem fugit, erudiens nos mundanas contemnere dignitates. sic igitur iesus dimittit discipulos et ascendit in montem. |50| hi vero a magistro relicti, ut sero factum est, descenderunt ad mare. et hoc est quod subditur ut autem sero factum est, descenderunt discipuli eius ad mare. et quidem usque ad vesperam expectaverunt eum, venturum esse putantes ad se; facta vero vespera non ultra sustinent eum non inquirere (tantus eos detinebat amor), sed ab amore igniti ascenderunt in navem; unde sequitur et cum ascendissent navim, venerunt trans mare in capharnaum. veniebant quidem ad capharnaum aestimantes se illic eum inventuros. * augustinus. ° sic ergo dixit finem, et redit ut exponat quomodo venerunt: quia per stagnum navigantes transierunt: et dum navigarent recapitulando exponit quid accidetrit, dicens et tenebrae iam factae erant, et non venerat ad eos iesus. * chrysostomus. ° non sine causa evangelista tempus designat, sed ut per hoc validum eorum amorem ostendat. non enim dixerunt: vespera nunc est, nox advenit; sed ab amore igniti ascenderunt in navim. multa |75| autem erant ex quibus impediebantur. a tempore, unde dicitur et tenebrae iam factae erant; a tempestate, unde sequitur mare autem, vento magno flante, exurgebat a longe: non enim erat prope terram; unde dicitur cum remigassent ergo quasi stadia viginti quinque aut triginta. * beda in ioannem. ° eo genere locutionis, quo cum dubitando loquimur, solemus dicere, ferme viginti-quinque aut prope triginta. * chrysostomus. ° et ultimo ab inopinabili; unde sequitur vident iesum ambulantem supra mare, et proximum fieri. apparet quidem eis postquam illos dimiserat; illic quidem docens eos quid est derelictio, et amorem excitans maiorem; hic vero suam virtutem ostendens: propter hoc igitur illi turbabantur; unde sequitur et timuerunt. quibus turbatis dominus confortationem adhibet; unde sequitur ille autem dicit eis: ego sum: nolite timere. * beda. ° non autem dixit: ego sum iesus, sed tantum ego sum: quia familiares eius erant, ideoque audita voce, facile potuerunt cognoscere magistrum: sive, quod verius |100| est, ut ostenderet se illum esse qui moysi dixit: ego sum qui sum. * chrysostomus in ioannem. ° ideo autem eis apparuit, ut ostendat quoniam ipse est qui tempestatem solvet. hoc enim ostendit evangelista subdens voluerunt ergo accipere eum in navi, et statim fuit navis ad terram ad quam ibant; tranquillam enim praebuit eis navigationem. non autem navim ascendit, volens maius miraculum operari, et deitatem eius revelare apertius. * theophylactus. ° vide namque tria miracula. primum est quod ambulabat supra mare; secundum est quod fluctus mitigat; tertium est quod statim fecit navim ad terram ire, ad quam ibant: nam multum distabant a terra cum eis dominus apparuit. * chrysostomus. ° turbae autem non ostendit se iesus supra mare ambulantem, quia hoc signum imbecillitatem eorum excedebat; sed neque discipulis diu visus est hoc faciens, sed statim disparuit ab eis. * augustinus de cons. evang.. ° non est autem adversum quod matthaeus |125| prius eum dixit iussisse discipulos ascendere in naviculam, et praecedere eum trans fretum, donec dimitteret turbas: ac deinde dimissis turbis, ascendisse in montem solus orare; ioannes vero prius eum fugisse commemorat solum in montem, ac deinde inquit ut autem sero factum est, descenderunt discipuli eius ad mare, et cum ascendissent navim, etc.. quis enim non hoc videat recapitulando ioannem postea dixisse factum a discipulis, quod iam iesus iusserat antequam fugisset in montem? * chrysostomus. ° vel aliter. mihi videtur hoc signum aliud ab eo quod apud matthaeum positum est: tunc enim non statim eum susceperunt, nunc autem persuasi sunt statim suscipere; et tunc quidem adhuc tempestas permanebat concutiens navim, nunc autem cum voce tranquillitas advenit. multoties enim eadem facit signa, ut facile susceptibilia fiant. * augustinus in ioannem. ° mystice autem pavit dominus turbas et ascendit in montem: sic enim de illo praedictum est: congregatio populorum circumdabit |150| te; et propter hanc in altum regredere; idest, ut circumdet te congregatio populorum, regredere in altum. quare autem dictum est fugit? neque enim si nollet teneretur. aliquid ergo significavit fugiendo: quia scilicet non potuit intelligi altitudo eius; quidquid enim non intellexeris fugit me dicis. ergo fugit in montem ipse solus, quia ascendit super omnes caelos. illo autem sursum posito discipuli in navicula tempestatem patiebantur: navicula illa ecclesiam praesignabat. tenebrae iam factae erant, et merito, quia lux non erat; non enim venerat ad illos iesus. quantum accedit finis mundi, crescunt errores, crescit iniquitas. lux denique caritas est, secundum illud: qui odit fratrem suum, in tenebris est. ipsi fluctus navem turbantes, et tempestates, et venti, clamores sunt maledicorum: inde caritas refrigescit, inde fluctus augentur, et turbatur navis. nec tamen venti illi, et tempestas, et fluctus, et tenebrae id agebant ut vel navis non promoveretur, vel soluta mergeretur: qui enim |175| perseveraverit usque in finem, hic salvus erit. quinarius autem numerus ad legem pertinet; ipsi sunt quinque libri moysi: ergo legem signat numerus vigesimus quintus: quoniam quinquies quini fiunt vigintiquinque. sed huic legi, antequam evangelium veniret, deerat perfectio, quae in senario numero comprehenditur. ipsa ergo quinque per sex multiplicentur, ut lex per evangelium impleatur, ut fiant sexies quini triginta. ad eos ergo qui legem implent, venit iesus calcans fluctus; idest, omnes tumores mundi sub pedibus habens, omnes altitudines saeculi premens; et tamen tantae sunt tribulationes ut etiam ipsi qui credunt in iesum, expavescant ne deficiant. * theophylactus. ° cum autem homines vel daemones nos per timorem nituntur movere, audiamus christum dicentem ego sum, nolite timere; idest, ego semper assisto, et sicut deus permaneo, et numquam pertranseo: non perdatis in me fidem pro falsis terroribus. vide etiam quomodo non in principio periculi dominus astitit, sed in fine. permittit namque |200| nos esse in medio periculorum, ut certantes in tribulationibus probabiliores fiamus, et ut ad ipsum solum recurramus qui potens est ex insperatis nos liberare. cum enim intellectus humanus sibi providere non poterit, tunc salus divina advenit. si voluerimus etiam christum in naviculam nostram suscipere, idest in cordibus nostris habitare, statim inveniemur in terra ad quam ire volumus, idest in caelum. * beda. ° quia vero haec navicula non torpentes vehit, sed fortiter remigantes, significatur quod in ecclesia non desidiosi et molles, sed fortes et in bonis operibus perseverantes perveniunt ad portum salutis aeternae.

lc3 * Chrysostomus in ioannem. ° dominus, etsi turbis non manifeste ostenderit quomodo supra mare ambulaverit, dedit tamen eis latenter suspicari quod factum erat; et hoc evangelista ostendit, dicens altera die turba quae stabat trans mare, vidit quia navicula alia non erat ibi nisi una, et quia non introisset cum discipulis suis iesus in navim, sed soli discipuli eius abiissent. quid enim hoc erat aliud quam suspicari quod mare pede transiens, recesserat? neque enim est dicere quod in alia navicula pertransivit, quia una erat ibi tantum, in quam ascenderunt discipuli eius, cum quibus ipse non intraverat. * augustinus in ioannem. ° insinuatum autem est illis tam magnum miraculum. venerunt ergo et aliae naves iuxta locum illum ubi manducaverant panem, in quibus turbae eum secutae sunt; et hoc est quod subditur aliae vero naves supervenerunt quaerentes eum. * chrysostomus in ioannem. ° sed tamen post miraculum tam magnum venientes, |25| non interrogaverunt eum qualiter pertransiit, neque curaverunt tantum miraculum addiscere; sequitur enim et cum invenissent eum trans mare, dixerunt ei: rabbi, quando huc venisti? nisi quis dicat hic quando pro qualiter dictum esse ab eis. dignum autem est et hinc conspicere facilem eorum mentem: qui enim dicebant: hic est propheta; qui studebant rapere et facere eum regem, invenientes eum, nihil tale consiliantur. * augustinus. ° ecce enim ille qui in montem fugerat, turbatus cum ipsis turbis loquitur. modo teneant, modo regem faciant. sed ille post miraculi sacramentum et sermonem infert, et quorum satiavit panibus ventrem, satiat sermonibus mentem. * alcuinus. ° qui enim dedit exemplum fugiendae laudis et terreni imperii, dat exemplum doctoribus qualiter debeant insistere praedicationi. * chrysostomus in ioannem. ° mansuetudo autem et lenitas non ubique est utilis; cum enim deses fuerit discipulus et grossus, stimulo uti ad eum oportet; hoc et hic filius dei |50| facit: venientibus enim turbis et blandientibus ei dicendo rabbi, quando huc venisti? ut ostendat quod eum, qui ab hominibus est, honorem non concupiscit, sed solum inspicit eorum salutem, redarguendo eis respondet, non solum corrigere volens, sed et mentem eorum revelare; unde sequitur respondit eis iesus, et dixit: amen, amen dico vobis: quaeritis me, non quia vidistis signa, sed quia manducastis ex panibus, et saturati estis. * augustinus. ° quasi dicat: propter carnem me quaeritis, non propter spiritum. * chrysostomus. ° post reprehensionem autem doctrinam eis adiungit, dicens operamini, non cibum qui perit, sed qui permanet in vitam aeternam; quasi dicat: vos escam exquiritis temporalem; ego autem corpora vestra nutrivi, ut per hoc exquireretis illam escam quae non temporaneam, sed aeternam tribuit vitam. * alcuinus. ° corporeus cibus carnem tantum reficit exterioris hominis; et semel acceptus non sufficit, nisi quotidie accipiatur; spiritualis autem cibus permanet |75| in aeternum, et satietatem perpetuam immortalitatemque largitur. * augustinus. ° seipsum autem insinuat istum cibum, ut in sequentibus illucescit; ac si dicat: quaeritis me propter aliud: quaerite me propter me. * chrysostomus. ° sed quia quidam, eo quod volunt pigre nutriri, abutuntur hoc verbo, necessarium est inducere id quod est pauli: qui furabatur, iam non furetur; magis autem laboret operando manibus suis, ut habeat unde tribuat necessitatem patienti. sed et ipse corinthum veniens morabatur apud aquilam et priscillam, et operabatur. dicendo autem ne operemini cibum qui perit, non insinuat quod oporteat pigritari, sed quod oporteat operari et dare: hic enim est cibus qui non perit; operari autem cibum qui perit, est affici saecularibus rebus. hoc igitur dixit, quia illi nullam fidei curam habuerunt, sed solum volebant ventrem implere, nihil laborantes: et hoc decenter cibum qui perit vocavit. * augustinus. ° sicut autem samaritanae dixerat: |100| si scires qui petit a te bibere, postulasses ab eo, et daret tibi aquam vivam, ita et hic subdit quem filius hominis vobis dabit. * alcuinus. ° quando autem per manum sacerdotis corpus christi accipis, non sacerdotem quem vides, sed illum quem non vides attende. sacerdos est dispensator huius cibi, non actor. filius hominis seipsum dat nobis, ut nos in ipso et ipse in nobis maneat. istum filium hominis nolite sic accipere quasi alios filios hominum: sequestratus est enim quadam gratia, et exceptus a numero omnium: iste enim filius hominis et dei filius est; et hoc est quod subdit hunc enim pater signavit deus. signare est signum ponere; quasi dicat: nolite me contemnere, quia filius hominis sum: sic enim sum filius hominis ut deus pater me signaret, idest proprium aliquid mihi daret, quo non confunderer cum genere humano, sed per me liberaretur genus humanum. * hilarius de trin.. ° signaculorum autem natura est ut omnem impressae in se speciei explicent formam, et nihil minus ex eo in se habeant unde signantur; et dum totum accipiunt quod imprimitur, totum ex se praeferunt quidquid impressum est. verbum igitur hoc ad divinae nativitatis non proficit exemplum: quia in signaculis et materies fit, et diversitas, et impressio, per quam mollioribus naturis, validiorum generum species imprimuntur. unigenitus vero deus et per sacramentum salutis nostrae hominis filius, volens proprietatis nobis paternae in se signare speciem, signatum se a deo ait, ut per hoc potestas in eo dandae ad aeternitatem escae intelligi possit, quia omnem in se paternae formae plenitudinem signantis se dei contineret. * chrysostomus in ioannem. ° vel signavit, idest in hoc misit hanc nobis afferentem escam; vel signavit, idest revelavit per suum testimonium. * alcuinus. ° mystice autem altera die, idest post ascensionem christi, turba, stans in bonis operibus, non iacens in terrenis voluptatibus, expectat ut veniat ad eos iesus. una autem navis est una ecclesia: sed et aliae naves quae superveniunt, sunt conventicula haereticorum, qui quae sua sunt quaerunt, non quae iesu christi; unde convenienter eis dicitur quaeritis me, quia manducastis ex panibus. * augustinus. ° quam multi etiam non quaerunt iesum, nisi ut illis benefaciat secundum tempus. alius negotium habet, quaerit intercessionem clericorum: alius premitur a potentiore, fugit ad ecclesiam: vix quaeritur iesus propter iesum. * gregorius moralium. ° per eorum etiam personam, dominus illos intra sanctam ecclesiam detestatur qui per sacros ordines ad dominum propinquantes, non in eisdem ordinibus virtutum merita, sed subsidia praesentis vitae exquirunt. satiatos quippe de panibus dominum sequi, est de sancta ecclesia temporalia alimenta sumpsisse; et non pro signis dominum, sed pro panibus quaerere, est ad religionis officium non pro augendis virtutibus, sed pro requirendis subsidiis inhiare. * beda. ° illi etiam qui in oratione quaerunt non aeterna, sed temporalia, quaerunt iesum non propter iesum, sed propter aliquid aliud. significatur autem mystice quoniam haereticorum conventicula carent hospitio christi ac discipulorum eius; et dicuntur aliae supervenisse naves, quia haereses repentinae fuerunt. per turbam autem, quae cognovit quod iesus non erat ibi, neque discipuli eius, illi designantur qui cognoscentes errores haereticorum, relinquunt eos, et ad veram fidem veniunt.

lc4 * Alcuinus. ° intellexerant escam istam quae permanet in vitam aeternam, esse opus dei; et ideo interrogant quid facerent, ut istum cibum, idest opus dei, operari possint; et hoc est quod dicitur dixerunt ergo ad eum: quid faciemus ut operemur opera dei? * beda. ° idest, quae praecepta servando, poterimus implere opera dei? * chrysostomus in ioannem. ° hoc autem dicebant, non ut discant et faciant; sed ad cibi exhibitionem eum inducere volentes. * theophylactus. ° christus vero, quamvis cognosceret quod eis nihil proderat, tamen propter communem utilitatem respondit, et ostendit eis, immo omnibus hominibus, quod sit opus dei; unde sequitur respondit iesus, et dixit eis: hoc est opus dei, ut credatis in eum quem misit ille. * augustinus in ioannem. ° non autem dicit: ut credatis ei, sed ut credatis in eum: non enim continuo qui credit ei, credit in eum, nam et daemones credebant ei, et non credebant in eum; et nos credimus paulo, sed non in paulum. credere ergo in eum, est credendo amare, credendo diligere, credendo in eum ire, et eius membris incorporari. ipsa est fides quam de nobis exigit deus, quae per dilectionem operatur. discernitur tamen ab operibus fides, sicut dicit apostolus: iustificari hominem per fidem sine operibus legis. et sunt opera quae videntur bona sine fide christi, et non sunt bona, quia non referuntur ad eum finem ex quo sunt bona; finis enim legis christus ad iustitiam omni credenti; et ideo noluit discernere ab opere fidem; sed ipsam fidem dixit esse opus dei; ipsa est enim fides quae per dilectionem operatur. nec dixit: hoc est opus vestrum; sed hoc est opus dei, ut credatis in eum, ut qui gloriatur, in domino glorietur. credere ergo in eum, est manducare cibum qui permanet in vitam aeternam. ut quid paras dentem et ventrem? crede, et manducasti. quia ergo invitabat eos ad fidem, illi adhuc quaerebant signa quibus crederent; iudaei enim signa quaerunt; et hoc est quod sequitur dixerunt ergo ei: quod ergo tu facis signum, ut videamus et credamus tibi? quid operaris? * chrysostomus. ° nihil irrationabilius quam ut, signo prae manibus existente, quasi nullo iam signo facto, hoc dicant. neque electionem signi fiendi domino permittunt; sed in necessitatem eum aestimant ducere, ut nullum aliud faciat signum quam tale quale factum est in eorum parentibus; unde subditur patres nostri manducaverunt manna in deserto. * alcuinus. ° et ne videatur manna aliquo modo contemnendum, auctoritate psalmi illud extollunt, dicentes sicut scriptum est: panem de caelo dedit eis manducare. * chrysostomus. ° multis quidem factis signis et in aegypto, et in mari rubro, et in deserto, huius maxime meminerunt, quod valde concupiscebant propter ventris tyrannidem. neque autem dicunt quod deus hoc fecit, ne videantur eum exaequare deo; neque moysen inducunt, ut non videantur christum deprimere; sed medium ponunt dicentes patres nostri manducaverunt manna. vel aliter. * augustinus in ioannem. ° dominus iesus talem se dicebat ut se moysi praeponeret: non enim est ausus moyses de se dicere, quod daret cibum qui non perit. attendebant itaque quanta fecisset moyses; adhuc aliqua maiora volebant fieri; quasi dicant: tu promittis cibum qui non perit, et non talia operaris qualia moyses. panes hordeaceos ille non dedit, sed manna de caelo. * chrysostomus in ioannem. ° licebat autem domino dicere, quoniam moyse maiora miracula fecit; sed non erat tempus horum verborum nunc; sed unum erat ad quod studebat, scilicet ducere eos ad escam spiritualem; unde sequitur dicit ergo eis iesus: amen, amen, dico vobis: non moyses dedit vobis panem de caelo, sed pater meus dat vobis panem de caelo verum. an non ex caelo erat manna? qualiter igitur ex caelo dicitur? sicut et volucres caeli dicuntur, et sicut dicitur: intonuit de caelo dominus. panem autem non verum vocavit illum, non quia falsum erat miraculum de manna; sed quia figura erat, non veritas. non dixit: non moyses dedit, sed ego; sed pro moyse quidem deum, pro manna vero seipsum posuit. * augustinus. ° quasi diceret: illud manna hoc significabat, scilicet cibum de quo paulo ante locutus sum; et omnia signa mea erant. signa mea dilexistis; quod significatur, contemnitis. deus enim dat panem quem significavit manna ipsum, scilicet dominum iesum christum; unde sequitur panis enim verus est qui de caelo descendit, et dat vitam mundo. * beda. ° non quidem elementis, sed hominibus habitatoribus mundi. * theophylactus. ° seipsum dicit panem verum, quia principale significatum per manna est unigenitus dei filius, homo factus. manna namque interpretatur quid est hoc? nam iudaei videntes, stupefacti, unus ad alium dicebant: quid est hoc? filius autem dei factus homo ipse est potissimum admirativum manna, ita ut cuilibet contingat quaerere: quid est hoc? quomodo filius dei, filius hominis est? quomodo ex duabus naturis una fit persona? * alcuinus. ° qui per assumptam humanitatem descendit de caelo, et per assumentem divinitatem dat vitam mundo. * theophylactus. ° hic autem panis vita secundum naturam existens, tamquam vivi patris filius, proprium opus facit, quia vivificat cuncta. sicut enim panis ex terra infirmam naturam carnis conservat, sic et christus per spiritus operationes vivificat animam, et etiam corpus incorruptibile facit, nam per eius resurrectionem corporalis confertur incorruptio; et ideo dicit quod dat vitam mundo. * chrysostomus. ° non iudaeis solum, sed orbi terrarum. illi vero inferius adhuc inspiciebant; unde sequitur dixerunt ergo ad eum: domine, semper da nobis hunc panem. dicente autem eo, quoniam pater meus dat vobis panem, non dixerunt: roga ut det, sed da nobis. * augustinus. ° sicut enim samaritana, cui dictum est: qui biberit de hac aqua, non sitiet unquam, secundum corpus accipiens, et carere indigentia volens, da mihi, inquit, domine, de hac aqua, sic et isti dicunt da nobis panem qui reficiat et non deficiat.

lc5 * Chrysostomus in ioannem. ° de reliquo dominus in mysteriorum traditionem eos inducturus est; et primo de deitate sua loquitur; unde dicitur dixit autem eis iesus: ego sum panis vitae. non enim hoc de corpore eius dictum est; de illo enim in fine dicit: panis quem ego dabo caro mea est. sed interim de divinitate loquitur: etenim caro propter domini verbum panis est, quod spiritum ipsum suscipienti panis caelestis fit. * theophylactus. ° non autem dixit ego sum panis nutrimenti, sed vitae: quia enim cuncta mortifera erant, vivificavit nos christus per seipsum. est autem panis non consuetae vitae, sed illius quae morte non resecatur; unde subditur qui venit ad me, non esuriet; et qui credit in me, non sitiet in aeternum. * augustinus in ioannem. ° qui venit ad me, hoc est qui credit in me; et quod dixit non esuriet, hoc intelligendum est: et non sitiet unquam; utroque enim significatur aeterna illa satietas, ubi nulla est egestas. * theophylactus. ° vel non sitiet neque esuriet; idest, ad verbum dei audiendum neque taediosus efficietur, neque sitiet siti intellectuali: quasi non habeat aquam baptismi et sanctificationem per spiritum factam. * augustinus. ° panem igitur de caelo desideratis: ante vos habetis, sed non manducatis; unde sequitur sed dixi vobis quia vidistis me et non credidistis. * alcuinus. ° quasi dicat: non ideo hoc dixi quod vos sciam hoc pane satiandos, sed potius ad improperium vestrae incredulitatis dico, quia videtis et non creditis. * chrysostomus. ° vel per hoc quod dicit dixi vobis, insinuat testimonium scripturarum, de quo dixerat: illae sunt quae testimonium perhibent de me. et iterum dixerat: quoniam veni in nomine patris mei, et non suscepistis me. hoc autem quod dicit quia vidistis me, signa occulte insinuat. * augustinus. ° sed non ideo ego populum dei perdidi, quia vos vidistis et non credidistis; unde sequitur omne quod dat mihi pater, ad me veniet, et eum qui venit ad me, non eiiciam foras. * beda. ° absolute dicit omne, ut ostenderet plenitudinem fidelium. hi autem sunt quos pater dat filio, quando per occultam inspirationem facit eos credere in filium. * alcuinus. ° quemcumque ergo pater traxerit ad hoc ut credat in me, veniet per fidem ad me, ut mihi iungatur; et eum qui passibus fidei et bonae operationis veniet ad me, non eiiciam foras; idest, in secreto purae conscientiae mecum morabitur, et tandem recipiam eum in aeterna beatitudine. * augustinus. ° illud enim intus, unde non exitur foras, est magnum penetrale et dulce secretum, sine taedio, sine amaritudine malarum cogitationum, sine interpellatione tentationum et dolorum; de quo dicitur: intra in gaudium domini tui. * chrysostomus. ° per hoc autem quod dicit quod dat mihi pater, ostendit quoniam non contingens res est credere in christum, neque cogitationibus humanis perficitur; sed ea quae desuper revelatione indiget, et anima devota suscipiente revelationem: unde non sunt ab accusatione eruti quibus non dat pater; indigemus enim et ea quae ex nobis est voluntate ad credendum. per hoc autem tangit incredulitatem eorum, ostendens quoniam qui non credit ei, voluntatem transgreditur patris. paulus autem ait quod ipse eos tradiderit patri: cum tradiderit regnum deo et patri. sicut igitur pater dans non privat seipsum, sic nec filius tradens. dicitur autem filius tradere, quoniam per eum ad patrem adducimur. et de patre dictum est: per quem vocati estis in societatem filii eius. sic igitur qui venit ad me salvabitur, quia pro his veni et carnem assumpsi; unde sequitur quia descendi de caelo, non ut faciam voluntatem meam, sed voluntatem eius qui misit me. quid dicis? alia sunt tua, et quae illius? ne igitur hoc aliquis suspicetur, subiunxit haec est autem voluntas eius qui misit me, ut omnis qui videt filium et credit in eum, habeat vitam aeternam. per hoc autem et filius vult, quia filius quos vult vivificat. quid est igitur quod dicit? non aliud acturus veni quam quod pater vult, quasi non habens divisam voluntatem a patre: omnia enim quae patris sunt, mea sunt. sed hoc non dixit; sed in fine reservat; excelsa enim interim occultat. * augustinus in ioannem. ° vel aliter. quare non eiciat foras, subiungit dicens quia descendi de caelo, non ut faciam voluntatem meam, sed voluntatem eius qui misit me. propterea enim anima a deo exiit, quia superba erat. superbia enim eiecti sumus, humilitate regredimur. medicus enim quando aegritudinem discutit, si curet quod per aliquam causam factum est, et ipsam causam non curet, ad tempus videtur mederi, sed causa manente, morbus repetitur. ut ergo causa omnium morborum curaretur, idest superbia, descendit, et humilis factus est filius dei. quid superbis, homo? filius dei propter te humilis factus est. puderet te fortasse imitari humilem hominem; saltem imitare humilem deum: haec est enim commendatio humilitatis. non veni facere voluntatem meam, sed voluntatem eius qui misit me: superbia quippe facit voluntatem suam, humilitas voluntatem dei. * hilarius de trin.. ° non igitur hoc dicit quia faciat quod non velit; sed obedientiam suam sub effectu paternae voluntatis ostendit, volens ipse voluntatem patris explere. * augustinus. ° ideo ergo qui ad me venerit, non eiciam eum foras, quia non veni facere voluntatem meam. humilis veni humilitatem docere: qui ad me venit incorporatur mihi et humilis fit, quia non faciet voluntatem suam, sed dei; et ideo non eicitur foras, quia cum superbus esset, proiectus est foras, ad me enim venire non potest nisi humilis: non mittitur foras nisi superbia; qui servat humilitatem, non labitur a veritate. quare autem ideo non eiciat foras qui venit ad illum, quia non venit facere voluntatem suam, ostendit cum subdit haec est enim voluntas eius qui misit me patris, ut omne quod dedit mihi pater non perdam ex eo. ipse illi datus est qui servat humilitatem. non est voluntas in conspectu patris, ut pereat unus de pusillis. de tumentibus potest perire, de pusillis nihil perit: quia nisi fueritis sicut pusillus iste, non intrabitis in regnum caelorum. * augustinus de correptione et gratia. ° qui ergo in dei providentissima dispositione praesciti, praedestinati, vocati, iustificati, glorificati sunt, etiam nondum renati, sed et nondum nati, iam filii dei sunt et omnino perire non possunt: hi enim vere veniunt ad christum. ab illo ergo datur etiam perseverantia in bono usque in finem: neque enim datur nisi eis qui non peribunt: quoniam qui non perseverant peribunt. * chrysostomus in ioannem. ° per hoc autem quod dicit non perdam ex eo, non ostendit se indigere eorum cura; sed hoc dicit propter eorum salutem. postquam autem dixerat: non perdam ex eo et non eiiciam foras, subiungit sed resuscitem eum in novissimo die: quia in resurrectione communi mali eicientur, secundum illud: tollite eum, et eiicite eum in tenebras exteriores. ipsi etiam perdentur, secundum illud: qui potest animam et corpus perdere in gehennam. ideo autem multoties resurrectionem inducit, ut non ex solis rebus praesentibus iudicent dei providentiam, sed aliam expectent vitam. * augustinus in ioannem. ° videte autem quemadmodum et hic geminam illam resurrectionem designet. qui venit ad me, modo resurget humilis factus in membris meis. sequitur autem sed resuscitabo illum in novissimo die. ad exponendum autem quod dixerat: omne quod dedit mihi pater, et iterum quod dixerat: non perdam ex eo, subiungit haec est enim voluntas patris mei qui misit me, ut omnis qui videt filium et credit in eum, habeat vitam aeternam. superius dixit: qui audit verbum meum, et credit ei qui misit me; modo autem: qui videt filium et credit in eum. non dixit: et credit in patrem: hoc est enim credere in filium, quod et in patrem: quia sicut pater habet vitam in semetipso, sic dedit et filio vitam habere in semetipso |200| ut sic omnis qui videt filium et credit in eum, habeat vitam aeternam, credendo et transeundo ad vitam, tamquam prima illa resurrectione; et quia ipsa non est sola, subiungit de secunda et ego resuscitabo eum in novissimo die.

lc6 * Chrysostomus in ioannem. ° iudaei existimantes se comestione carnali potiri, non turbabantur, usquequo postea diffisi sunt; unde dicitur murmurabant ergo iudaei de illo, quia dixisset: ego sum panis vivus, qui de caelo descendi. videbantur quidem turbari in hoc quod dixerat eum de caelo descendisse; sed non hoc erat quod turbationem faciebat, sed hoc quod non expectabant potiri mensa corporali. adhuc tamen eum venerabantur, quia recens erat signum; et propterea non manifeste ei contradicebant, sed murmurando suam turbationem ostendebant. quid autem murmurando dixerint subditur et dicebant: nonne hic est iesus filius ioseph, cuius novimus patrem et matrem? quomodo ergo dicit hic: quia descendi de caelo? * augustinus in ioannem. ° longe autem isti erant a pane de caelo, nec eum esurire noverant: panis enim iste interioris hominis quaerit esuriem. * chrysostomus. ° manifestum est enim quoniam mirabilem eius nondum sciverant |25| generationem; propterea eum adhuc filium ioseph dicunt. sed non increpantur: non enim respondit eis: non sum filius ioseph, quia non poterant illum mirabilem partum audire. si vero eum qui secundum carnem, non poterant manifeste audire, multo magis nec superiorem ineffabilem. * augustinus. ° ab hominibus enim carnem assumpsit, sed non more hominum: nam patrem habens in caelo, matrem elegit in terra, et illic natus sine matre, et hic sine patre. quid ergo talibus murmurantibus respondit subditur respondit ergo iesus, et dixit eis: nolite murmurare invicem; quasi dicat: scio quare non esuritis sic, ut istum panem non intelligatis neque quaeratis. nemo potest venire ad me, nisi pater qui misit me traxerit illum. magna gratiae commendatio: nemo venit nisi tractus. quem trahat et quem non trahat, quare illum trahat et illum non trahat, noli velle iudicare, si non vis errare. semel accipe, et intellige; si non traheris, ora ut traharis. * chrysostomus. ° hic autem insiliunt |50| manichaei dicentes, quoniam nihil in nobis est positum. sed hoc non quod in nobis est destruit, sed ostendit nos divino auxilio indigentes: ostendit enim hic non eum qui invitus venit, sed eum qui multam patitur oppugnationem. * augustinus. ° sed si inviti trahimur ad christum, inviti credimus; ergo violentia adhibetur, non voluntas excitatur. sed intrare quisquam ecclesiam potest nolens; credere non potest nisi volens; corde enim creditur ad iustitiam. si ergo invitus venit qui trahitur, non credit; si non credit, non venit: non enim ad christum ambulando currimus, sed credendo; nec motu corporis, sed voluntate cordis accedimus: ergo voluntate traheris. quid est autem trahi voluntate? delectare in domino, et dabit tibi petitiones cordis tui. est quaedam voluptas cordis, cui dulcis est panis ille caelestis. porro si poetae dicere licuit: trahit sua quemque voluptas, quanto fortius nos dicere debemus trahi hominem ad christum, qui delectatur |75| veritate, beatitudine, iustitia, sempiterna vita, quod totum christus est? an vero habent corporis sensus voluptates suas, et animus deseritur a voluptatibus suis? da amantem, desiderantem, ferventem, fonti aeternae patriae suspirantem; et scit quid dicam. sed quare voluit dicere quem traxerit pater? si trahendi sumus, ab illo trahamur cui dicit quaedam quae diligit: trahe me post te. sed quid intelligi voluit advertamus. trahit pater ad filium eos qui propterea credunt in filium, quia eum cogitant patrem habere deum. deus enim pater aequalem sibi genuit filium: et qui cogitat, atque in fide sua sentit, ac ruminat aequalem esse patri eum in quem credit, ipsum trahit pater ad filium. arius credidit creaturam: non eum traxit pater. photinus dicit: homo solum est christus. qui sic credit, non eum pater trahit. traxit petrum qui dixit: tu es christus filius dei vivi; unde ei dictum est: non tibi revelavit caro et sanguis, sed pater meus qui in caelis est. ista revelatio ipsa |100| attractio est. si enim qui inter delicias terrenas revelantur amantibus, trahunt, non trahet revelatus christus a patre? quid enim fortius desiderat anima quam veritatem? sed hic homines esuriunt, ibi saturabuntur; ideo subiecit et ego resuscitabo eum in novissimo die: quasi dicat: saturabitur eo quod et hic sitit, in resurrectione mortuorum, quoniam ego resuscitabo eum. * augustinus de quaest. nov. et vet. testam.. ° vel attrahit pater ad filium per opera quae faciebat per illum. * chrysostomus in ioannem. ° non parva dignitas filii, si pater adducit; et ipse suscitat, non dividens ad patrem opera, sed ostendens parilitatem virtutis. deinde ostendit modum secundum quem pater trahit, dicens scriptum est in prophetis: et erunt omnes docibiles dei. vides fidei dignitatem; quoniam non ab hominibus, neque per homines, sed ab ipso deo eam debeant addiscere. magister enim praesidet omnibus paratus existens sua tribuere, ad omnes suam doctrinam effundens. si autem erunt omnes |125| docibiles dei, qualiter quidam non credunt? quia hoc de pluribus dictum est, sive quoniam omnes qui volunt. * augustinus de praedest. sanct.. ° vel aliter. sicut integre loquimur cum de aliquo litterarum magistro qui in civitate solus est, dicimus: omnes iste hic litteras docet: non quia omnes discunt, sed quia nemo nisi ab illo discit quicumque ibi litteras discit; ita recte dicimus: omnes deus docet venire ad christum, non quia omnes veniunt, sed quia nemo aliter venit. * augustinus in ioannem. ° vel aliter. omnes regni illius homines docibiles erunt dei, non ab hominibus audient: et si hic ab hominibus audiunt, tamen quod intelligunt, intus datur. strepitum verborum ingero auribus vestris, nisi revelet ille qui intus est. quomodo ergo, o iudaei, me potestis agnoscere, quos pater non docuit? * beda. ° dicit autem pluraliter in prophetis, quia omnes prophetae uno eodemque spiritu repleti, licet diversa prophetarent, tamen ad idem tendebant: quapropter cum quovis eorum omnes alii concordabant, |150| sicut cum ioele propheta, qui dicit: erunt omnes docibiles dei. * glossa. ° hoc in ioele non invenitur, sed aliquid simile: dicitur enim ibi: filii sion, exultate et laetamini in domino deo nostro: quia dedit nobis doctorem. expressius tamen est in isaia, ubi dicitur: ponam universos filios tuos doctos a domino. * chrysostomus. ° quod quidem praecipuum est, quia ante per homines discebant quae dei sunt, nunc autem per unicum filium dei et spiritum sanctum. * augustinus de praedest. sanct.. ° omnes autem docibiles dei veniunt ad filium, quoniam audierunt et didicerunt a patre per filium; unde subditur omnis qui audivit a patre, et didicit, venit ad me. si autem omnis qui audivit a patre et didicit, venit, profecto omnis qui non venit, non audit a patre, nec didicit. valde remota est a sensibus carnis haec schola, in qua pater auditur et docet, ut veniatur ad filium; nec agit hoc cum carnis aure, sed cordis, ubi est et ipse |175| filius; quia ipse est verbum eius per quod pater sic docet: simul est et spiritus sanctus: inseparabilia enim didicimus esse opera trinitatis. sed patri hoc potissimum est attributum, quia de ipso procedit et filius et spiritus sanctus. itaque gratia quae occulte et humanis cordibus divina largitate tribuitur, a nullo corde duro respuitur: ideo quippe tribuitur, ut cordis duritia primitus auferatur. cur ergo non omnes docet ut veniant ad christum, nisi quia eos quos docet, misericordia docet; quos autem non docet, iudicio non docet? si autem dixerimus, quod volunt discere, quos non docet, respondebitur nobis: et ubi est quod ei dicitur: deus, tu convertens vivificabis nos? aut si non faciat volentes ex nolentibus deus, ut quid orat ecclesia secundum praeceptum domini pro persecutoribus suis? non enim quisquam dicere potest: credidi, ut sic vocarer; praevenit quippe eum misericordia dei, quia sic est vocatus ut crederet. * augustinus in ioannem. ° ecce ergo quomodo trahit pater docendo de |200| veritate, non necessitatem imponendo; trahere enim dei est. omnis qui audivit a patre, et didicit, venit ad me. quid igitur? christus nihil docuit? quid quod? patrem magistrum homines non viderunt, filium viderunt? filius ergo dicebat, sed pater docebat. si enim ego homo cum sim, illum doceo qui audivit verbum meum, illum docet et pater qui audivit verbum eius. exponit autem hoc ipse, et ostendit nobis quid dixerat, continuo subiungens non quia patrem vidit quisquam; nisi qui a deo est, hic vidit patrem; quasi dicat: ne forte cum dico vobis omnis qui audivit a patre, et didicit, dicatis apud vos: nunquam vidimus patrem: quomodo ab eo discere poterimus? a meipso audite. ego novi patrem, ab illo sum, quomodo verbum est ab illo cuius est verbum: non quod sonat et transit, sed quod manet cum dicente, et trahit audientem. * chrysostomus. ° omnes quidem a deo sumus. id vero quod est praecipuum filii et proprium, hic non posuit propter auditorum imbecillitatem.

lc7 * Augustinus in ioannem. ° revelare voluit se dominus quid esset; unde dicit amen, amen, dico vobis: qui credit in me, habet vitam aeternam; quasi dicat: qui credit in me, habet me. quid est autem habere me? habere vitam aeternam: vita enim aeterna est verbum, quod in principio erat apud deum, et vita erat lux hominum. assumpsit vita mortem, ut vita occideret mortem. * chrysostomus in ioannem. ° quia vero turbae instabant, cibum corporalem petentes, et eius cibi qui patribus eorum datus erat reminiscentes, ut ostendat quod omnia illa figura erant huius veritatis praesentis, mentionem de cibo spirituali facit, dicens ego sum panis vitae. panem quidem vitae se ipsum vocat, quoniam vitam nostram continet, et hanc, et futuram. * augustinus. ° sed quia illi de manna superbiebant, subiungit patres vestri manducaverunt manna in deserto, et mortui sunt. ideo patres vestri, quia similes estis illorum: murmuratores patres murmuratorum |25| filiorum: nam de nulla re magis deum offendisse ille populus dictus est, quam contra deum murmurando. ideo autem mortui sunt, quia quod videbant credebant; quod non videbant non credebant, neque intelligebant. * chrysostomus. ° non autem sine causa addit in deserto; sed occulte insinuans quoniam non longum tempus fuit, quo scilicet manna datum est; neque simul cum eis venit in terram promissionis. sed quia videbant panem datum a christo minus quid esse illo quod patribus datum erat, in eo quod illud desuper descendebat, miraculum vero panum inferius gerebatur; propterea subiungitur hic est panis de caelo descendens. * augustinus. ° hunc panem significavit manna; hunc panem significabat altare dei. sacramenta haec sunt, et illa fuerunt: in signis diversa sunt; in re quae significatur, paria sunt. apostolum audi: omnes eamdem escam spiritalem manducaverunt. * chrysostomus. ° deinde ostendit quod maxime eos poterat persuadere, quoniam ipsi patribus |50| suis multo digniores effecti sunt, qui manna manducantes sunt mortui; et ideo subdit ut si quis ex ipso manducaverit, non moriatur. a fine utriusque cibi ostendit differentiam. panem autem hic dogmata salutaria dicit, et fidem quae in ipsum est, aut corpus suum: haec enim conservant animam. * augustinus. ° sed numquid nos non morimur, qui manducamus panem descendentem de caelo? sic illi sunt mortui quemadmodum et nos sumus morituri, quantum attinet ad mortem huius corporis visibilem, atque carnalem; quantum autem pertinet ad mortem spiritalem, qua patres istorum mortui sunt, manducavit manna moyses et multi qui domino placuerunt, et mortui non sunt; quia visibilem cibum spiritualiter intellexerunt, spiritualiter gustaverunt, ut spiritualiter satiarentur. nam et nos hodie accipimus visibilem cibum; sed aliud est sacramentum, aliud virtus sacramenti: quoniam multi de altari accipiunt, et accipiendo moriuntur: unde apostolus: iudicium sibi manducat et bibit. panem ergo |75| caelestem spiritualiter manducare, est innocentiam ad altare apportare; peccata, etsi sint quotidiana, non sint mortifera; antequam ad altare accedatis attendite quid dicatis: dimitte nobis debita nostra, sicut et nos dimittimus debitoribus nostris. si dimittis, dimittentur tibi; securus accede: panis est, non venenum. si quis ergo ex hoc pane manducaverit, non morietur; sed quod pertinet ad virtutem sacramenti, non quod pertinet ad visibile sacramentum; qui manducat scilicet intus, non foris. * alcuinus. ° ideo, inquam, non moritur qui comedit hunc panem: quia ego sum panis vivus, qui de caelo descendi. * theophylactus. ° per hoc scilicet quod incarnatus est. non ergo prius solum fuit homo, et postmodum assumpsit divinitatem, ut nestorius fabulatur. * augustinus. ° de caelo descendit et manna; sed manna umbra erat, iste veritas est. * alcuinus. ° est autem mea vita vivificans; unde sequitur si quis manducaverit ex hoc pane, vivet, non tantum in praesenti per fidem et iustitiam, sed |100| in aeternum. * augustinus. ° determinat consequenter dominus quomodo se panem dicat, non tantum secundum divinitatem quae pascit omnia, sed etiam secundum humanam naturam quae est assumpta a verbo dei, cum subdit et panis quem ego dabo, caro mea est pro mundi vita. * beda. ° hunc panem tunc dominus dedit, quando mysterium corporis et sanguinis sui discipulis tradidit, et quando semetipsum deo patri obtulit in ara crucis. quod vero dicit pro mundi vita, non debemus intelligere pro elementis, sed pro hominibus, qui mundi nomine designantur. * theophylactus. ° in hoc quod dicit quem ego dabo, potestatem suam demonstrat, quod non sicut servus minor patre crucifixus est, sed voluntarie: nam etsi a patre dari dicatur, tamen seipsum tradidit ipse. attende autem, quod panis qui in mysteriis a nobis assumitur, non solum figuram gerit carnis christi, sed ipse est vera caro christi; non enim dixit panis quem ego dabo, figuram carnis meae gerit, sed caro mea |125| est. transmutatur inenarrabilibus verbis iste panis per mysticam benedictionem et habitationem spiritus sancti in carnem christi. sed quare non videmus carnem? quia si caro videretur, horror nos in eius assumptione invaderet; unde ut nostrae infirmitati condescendatur, talis nobis videtur mysticus cibus secundum quod nostrae consuetudini competebat. pro mundi autem vita carnem suam tradidit, quia moriendo, mortem solvit. ego etiam intelligo pro mundi vita resurrectionem: nam domini mors universalem resurrectionem toti generi humano ministravit. forte autem et vitam quae in sanctificatione et beatificatione consistit, et spiritu, mundi vitam dixit: quamvis enim non omnes susceperint vitam quae est in sanctificatione et spiritu; tamen dominus seipsum pro mundo tradidit; et quantum in eo est, totus mundus sanctificatur. * augustinus in ioannem. ° quando autem caperet caro quod dixit panem carnem? norunt autem fideles corpus christi, si corpus christi esse non negligant: fiant corpus christi, |150| si volunt vivere de spiritu christi: de spiritu enim christi non vivit nisi corpus christi. numquid enim corpus meum vivit de spiritu tuo? hunc panem exponit apostolus dicens: unum corpus multi sumus. o sacramentum pietatis, o signum unitatis, o vinculum caritatis. qui vult vivere, accedat, credat, incorporetur ut vivificetur.

lc8 * Augustinus in ioannem. ° quia iudaei panem concordiae non intelligebant, ad invicem litigabant; unde dicitur litigabant ergo iudaei ad invicem, dicentes: quomodo potest hic nobis dare carnem suam ad manducandum? qui autem manducant talem panem, non litigant ad invicem, quoniam per hunc deus habitare facit unanimes in domo. * beda. ° putabant ergo iudaei quod dominus particulatim carnem suam divideret et eis ad manducandum daret; et ideo litigabant, quia non intelligebant. * chrysostomus in ioannem. ° quia igitur dicebant hoc esse impossibile, ut scilicet carnem suam ad manducandum daret, ostendit quoniam non solum non est impossibile, sed valde necessarium; unde sequitur dicit ergo eis iesus: amen, amen, dico vobis: nisi manducaveritis carnem filii hominis, et biberitis eius sanguinem, non habebitis vitam in vobis. * augustinus. ° quasi dicat: quomodo quidem edatur, et quisnam sit modus manducandi illum panem |25| ignoratis; verumtamen nisi manducaveritis carnem filii hominis, et biberitis eius sanguinem, non habebitis vitam in vobis. * beda. ° et ne crederetur illis solis haec dixisse, mox generalem sententiam intulit, dicens qui manducat meam carnem et bibit meum sanguinem. * augustinus. ° et ne istam vitam intelligentes, de hac re litigarent, secutus adiunxit habet vitam aeternam. hanc ergo non habet qui istam carnem non manducat, nec istum sanguinem bibit. nam temporalem vitam sine illo habere homines possunt; aeternam vero omnino non possunt. non ita est haec esca, quam sustentandae huius temporalis vitae causa sumimus: nam qui eam non sumpserit, non vivet; nec tamen qui eam sumpserit, vivet. fieri enim potest ut morbo, vel senio, vel aliquo casu plurimi qui eam sumpserint, moriantur. in hoc vero cibo et potu, idest corporis et sanguinis domini, non ita est; nam et qui eum non sumit, non habet vitam; et qui eum sumit, habet vitam, et hanc utique aeternam. * theophylactus. ° non enim puri |50| hominis caro est, sed dei, et hominem divinum facere valens, tamquam divinitate inebrians. * augustinus de civ. dei. ° sunt autem quidam liberationem ab aeterno supplicio hominibus promittentes christi baptismate ablutis, qui participes sunt corporis eius, quomodolibet vixerint, propter illud quod dicitur hic. sed contradicit eis apostolus dicens: manifesta sunt opera carnis, quae sunt fornicatio, immunditia, impudicitia, luxuria, idolorum servitus, veneficia, inimicitiae, contentiones, aemulationes, irae, rixae, dissensiones, sectae, invidiae, homicidia, ebrietates, comessationes, et his similia; quae praedico, sicut praedixi, quoniam qui talia agunt, regnum dei non possidebunt. quamobrem quomodo sit accipiendum quod hic dicitur, merito quaeritur. qui enim in eius est corporis unitate, idest in christianorum compage membrorum, cuius corporis sacramentum fideles communicantes de altari sumere consueverunt, ipse vere dicendus est manducare corpus et bibere sanguinem christi; ac per hoc haeretici |75| et schismatici ab unitate corporis separati, possunt idem percipere sacramentum, sed non sibi utile, immo vero etiam noxium, quo iudicentur gravius quam vel tardius liberentur. nec illi etiam in perditis et damnabilibus moribus debent esse securi, qui per vitae iniquitatem, ipsam vitae iustitiam, quae est christus, deserunt, sive fornicando, sive aliquid huiusmodi faciendo: non enim isti dicendi sunt manducare corpus christi, quoniam nec in membris computandi sunt christi. ut enim alia taceam, non possunt simul esse membra christi et membra meretricis. * augustinus in ioannem. ° hunc itaque cibum et potum societatem vult intelligi corporis et membrorum suorum, quod est ecclesia in praedestinatis et vocatis et iustificatis et glorificatis sanctis et fidelibus eius. huius rei sacramentum, idest unitas corporis et sanguinis christi, alicubi quotidie, alicubi certis intervallis dierum in dominica mensa praeparatur, et de dominica mensa sumitur: quibusdam ad vitam, quibusdam ad exitium. |100| res vero ipsa, cuius sacramentum est, omni homini est ad vitam, nulli ad exitium, quicumque eius particeps fuerit. ne autem putarent sic in isto cibo et potu promitti vitam aeternam, ut qui eum sumerent, iam nec corpore morerentur, huic cogitationi occurrens subiungit dicens et ego resuscitabo eum in novissimo die: ut scilicet habeant interim vitam aeternam secundum spiritum in requie, quae sanctorum spiritus suscipit; quod autem ad corpus attinet, nec corpus etiam vita aeterna fraudetur, sed in resurrectione mortuorum in novissimo die eam habeat.

lc9 * Beda. ° dixerat superius: qui manducat meam carnem et bibit meum sanguinem, habet vitam aeternam; et ut ostenderet quanta distantia sit inter corporalem cibum et potum, et spirituale mysterium corporis et sanguinis sui, adiecit caro enim mea vere est cibus, et sanguis meus vere est potus. * chrysostomus in ioannem. ° hoc autem dicit, aut ut credant his quae dicta sunt, ut non aestiment aenigma et parabolam esse, sed sciant quoniam omnino oportet manducare corpus christi; aut vult dicere, quod verus cibus est hic qui animam salvat. * augustinus in ioannem. ° vel aliter. cum cibo et potu id appetant homines ut non esuriant neque sitiant; hoc veraciter non praestat nisi iste cibus et potus, qui eos a quibus sumitur immortales et incorruptibiles facit; idest societas ipsa sanctorum, ubi pax erit, et unitas plena atque perfecta. propterea dominus noster corpus et sanguinem suum in eis rebus commendavit quae ad unum aliquid rediguntur ex multis: namque aliud, |25| scilicet panis, ex multis granis in unum constat; aliud, scilicet vinum, ex multis acinis confluit. deinde iam exponit quid sit manducare corpus eius et sanguinem bibere, dicens qui manducat meam carnem et bibit meum sanguinem, in me manet et ego in illo. hoc est ergo manducare illam escam et illum bibere potum, in christo manere, et christum in se habere. at per hoc qui non manet in christo, et in quo non manet christus, proculdubio nec manducat eius carnem, nec bibit eius sanguinem; sed magis tantae rei sacramentum ad iudicium sibi manducat et bibit. * chrysostomus. ° vel aliter continuatur. quia promiserat se manducantibus vitam aeternam, ut hoc confirmet, induxit qui manducat meam carnem et bibit meum sanguinem, in me manet et ego in illo. * augustinus de verb. dom.. ° multi quidem, qui vel corde ficto carnem illam manducant et sanguinem bibunt, vel cum manducaverint apostatae fiunt, numquid manent in christo, et christus in eis? sed est profecto |50| quidam modus manducandi illam carnem et bibendi illum sanguinem, quo modo qui manducaverit et biberit, in christo manet, et christus in eo. * augustinus de civ. dei. ° hoc est, illi qui non sacramento tenus tantum, sed revera corpus christi manducant, et sanguinem bibunt. * chrysostomus. ° et quia ego vivo, manifestum est quod ipse vivet: et ad hoc ostendendum subiungit sicut misit me vivens pater, et ego vivo propter patrem, et qui manducat me, et ipse vivet propter me; ac si dicat: vivo ego sicut pater; et ne ingenitum aestimes, adiecit propter patrem, patrem sibi esse principium occulte insinuans. quod autem dicit qui manducat me, et ipse vivet propter me, non de vita simpliciter hoc dicit, sed de approbata: etenim etiam infideles vivunt non manducantes de carne illa. sed neque de resurrectione communi hoc dicit (etenim omnes suscitabuntur), sed de gloriosa et mercedem habente. * augustinus in ioannem. ° non autem ait: sicut manduco patrem, et ego vivo |75| propter patrem, et qui manducat me, et ipse vivet propter me: non enim filius participatione patris fit melior, sicut participatione filii per unitatem corporis eius et sanguinis, quod illa manducatio et potatio significat, nos efficimur meliores. si ergo ita dictum est vivo propter patrem, quia ipse de illo est, sine detrimento aequalitatis dictum est. nec tamen eamdem nostram et suam aequalitatem significavit, sed gratiam mediatoris ostendit. si autem secundum id accipimus vivo propter patrem, quod alibi ait: pater maior me est; haec verba ita dixit, sicut misit me pater, ac si diceret: ut ego vivam propter patrem, idest ad illum tamquam ad maiorem referam vitam meam, exinanitio mea fecit, in qua me misit; ut autem quisque vivat propter me, participatio facit qua manducat me. * hilarius de trin.. ° de veritate igitur carnis et sanguinis christi non relictus est ambigendi locus; nunc enim ex ipsius domini professione, et fide nostra, vere caro est et vere sanguis est. hoc |100| ergo vitae nostrae causa est, quod in nobis carnalibus manentem per carnem christum habemus, victuris nobis per eum ea conditione qua vivit ille per patrem. si ergo nos naturaliter secundum carnem per eum vivimus, idest naturam carnis suae adepti; quomodo non naturaliter secundum spiritum in se patrem habeat, cum vivat ipse per patrem? per patrem autem vivit, dum nativitas non alienam ei intulit diversamque naturam. * augustinus in ioannem. ° ut autem illum panem manducando vivamus, qui aeternam vitam ex nobis habere non possumus, de caelo descendit; unde sequitur hic est panis qui de caelo descendit. * hilarius de trin.. ° se panem hic dicit; ipse enim origo sui corporis est. ac ne verbi virtus atque natura defecisse a se existimaretur in carne, panem carnem suam esse dixit; ut per hoc quod descendens de caelis panis est, non ex humana conceptione origo esse corporis eius existimaretur, dum caeleste esse corpus ostenditur. at vero cum panis est, assumpti per verbum corporis est |125| professio. * theophylactus. ° non enim purum deum comedimus, nam et impalpabilis et incorporeus est; neque etiam hominis puri carnem comedimus, quae nil posset proficere. sed quia deus carnem sibi univit, caro eius vivificativa existit; non quod in dei naturam transierit; sed secundum quamdam igniti ferri consuetudinem, quod et ferrum manet, et ignis actum ostendit; sic et caro domini vivificativa est tamquam caro verbi dei. * beda. ° ut ostenderet distantiam umbrae et lucis, typi et veritatis, subiunxit non sicut manducaverunt patres vestri manna, et mortui sunt. qui manducat hunc panem, vivet in aeternum. * augustinus. ° quod autem illi mortui sunt, ita vult intelligi, ut non vivant in aeternum. nam temporaliter et hi profecto morientur qui christum manducant; sed vivunt in aeternum, quia christus est vita aeterna. * chrysostomus. ° si enim possibile fuit sine messe et frumento et aliis huiusmodi, quadraginta annis illorum vitam conservare; multo magis nunc cibo spirituali |150| hoc facere poterit, cuius illa erant figurae. frequenter autem vitam repromittit, quia nihil est ita delectabile hominibus: unde et in veteri testamento longitudo vitae promittebatur; hic autem vita finem non habens. simul etiam per hoc ostendere vult quoniam sententiam morti tradentem pro peccato nunc solvit, vitam aeternam e contrario promittens. sequitur haec dixit in synagoga, docens in capharnaum: ubi scilicet primae virtutes eius sunt factae. docebat autem in synagoga et in templo, multitudinem attrahere volens, et ostendens quoniam non est contrarius patri. * beda. ° mystice autem capharnaum, quae interpretatur villa pulcherrima, significat mundum; synagoga vero iudaicum populum. per hoc ergo ostenditur quod dominus per mysterium incarnationis mundo apparens, iudaicum populum multa docuit, quae ipse intellexit.

lc10 * Augustinus in ioannem. ° talia loquente iesu, non crediderunt aliquid magnum dicentem, et verbis illis aliquam gratiam cooperientem; sed prout voluerunt intellexerunt, et more hominum, quia poterat aut disponebat iesus carnem, qua indutum erat verbum, veluti conscissam distribuere credentibus in se; unde dicitur multi ergo audientes, non ex inimicis, sed ex discipulis eius dixerunt: durus est hic sermo. * chrysostomus in ioannem. ° idest, difficile susceptibilis, superexcedens eorum imbecillitatem: putabant enim eum supra seipsum loqui maiora propria dignitate, et dixerunt quis potest eum audire? quasi pro seipsis respondentes, quia non debebant. * augustinus. ° si autem discipuli durum habuerunt istum sermonem, quid inimici? et tamen sic oportebat ut diceretur quod non ab hominibus intelligeretur; secretum dei intentos debet facere, non adversos. * theophylactus. ° cum autem audis quod discipuli eius murmurabant, non intelligas hos |25| qui actu sunt discipuli, sed hos qui in habitu et figura videbantur ab eo instrui. nam inter discipulos erant quidam ex plebe, qui dicebantur eius discipuli, quia multo cum discipulis manebant tempore. * augustinus. ° sic autem apud se ista dixerunt ut ab illo non audirentur; sed ille, qui noverat in seipsis, apud seipsum audiebat; unde sequitur sciens autem iesus apud seipsum, quia murmurarent de hoc discipuli eius, dixit eis: hoc vos scandalizat? * alcuinus. ° quod scilicet dixi vobis, manducare carnem meam, et bibere sanguinem meum. * chrysostomus in ioannem. ° erat autem hoc suae deitatis signum, occulta in medium ferre; unde sequitur si ergo videritis filium hominis ascendentem ubi erat prius: supple: quid dicetis? hoc et in nathanaele fecit dicens: quoniam dixi tibi: vidi te sub ficu, credis; maiora his videbis. non igitur quaestiones quaestionibus copulat; sed magnitudine dogmatum et multitudine eos inducere vult. non igitur discipulos in scandalum mittere volens hoc |50| dicit, sed eorum scandalum solvere volens: nam dum aestimant eum de ioseph natum, non suscipiunt ea quae dicebantur. qui vero credituri erant quoniam de caelo descendit et illuc ascendit, facilius attendunt his quae dicebantur. * augustinus. ° vel aliter. hinc solvit quod illos commoverat: illum enim putabant erogaturum corpus suum; ille autem dixit se ascensurum in caelum, utique integrum. cum videritis, inquiens, filium hominis ascendentem ubi erat prius. certe vel tunc videbitis quia non eo modo quo putatis erogat corpus suum, et quia gratia eius non consumitur morsibus. filius autem hominis christus ex virgine maria hic esse coepit in terra, ubi carnem assumpsit ex terra: quid ergo vult quod ait cum videritis filium hominis ascendentem ubi erat prius, nisi ut intelligamus unam personam esse christum deum et hominem, non duas? ne fides nostra sit quaternitas, sed trinitas. sic ergo erat filius hominis in caelo, quemadmodum filius dei erat in terra: filius dei in terra in suscepta |75| carne; filius hominis in caelo in unitate personae. * theophylactus. ° non ergo propter hoc putes quod de caelo corpus christi descenderit: hoc enim marciani haeretici et apollinaris est dictum, sed quia unus et idem erat filius dei et hominis. * chrysostomus. ° propter hoc autem et aliam solutionem inducit, dicens spiritus est qui vivificat; caro non prodest quidquam. quod autem dicit, tale est. spiritualiter oportet ea quae de me sunt audire; qui autem carnaliter audit, nihil proficit. est autem carnaliter intelligere, simpliciter ea quae proposita sunt videre, et nihil plus imaginari. oportet autem non ita iudicare; sed omnia mysteria interioribus oculis inspicere, quod semper est spiritualiter audire. carnale vero erat dubitare qualiter potest nobis carnem dare manducare. quid igitur? non est vera caro? immo utique; quod igitur ait caro non prodest quidquam, non de sua carne dicit, sed de eius carne qui carnaliter accipiebat quae dicebantur. * augustinus in ioannem. ° vel aliter. caro non |100| prodest quidquam. sed quomodo illi intellexerunt? carnem quippe sic intellexerunt quomodo in cadavere dilaniatur, aut in macello venditur, non quomodo spiritu vegetatur. accedat spiritus ad carnem, et prodest plurimum: nam si caro nihil prodesset, verbum caro non fieret, ut habitaret in nobis; sed spiritus per carnem aliquid operatus est in nobis pro salute nostra. * augustinus de civ. dei. ° non enim caro per seipsam mundat, sed per verbum a quo suscepta est; quod cum sit principium omnium, suscepta anima et carne, et animam credentium mundat et carnem. spiritus ergo est qui vivificat; caro non prodest quidquam; sicut illi intellexerunt carnem. non sic ego do ad manducandum carnem meam. nec carnem debemus sapere secundum carnem; proinde dicit verba quae ego locutus sum vobis, spiritus et vita sunt. * chrysostomus. ° idest, spiritualia sunt, nihil habentia carnale, neque consequentiam naturalem; sed eruta sunt ab omni tali necessitate quae in terra, et a legibus |125| quae hic positae sunt. * augustinus in ioannem. ° si ergo intellexisti spiritualiter, spiritus et vita tibi sunt; si intellexisti carnaliter, etiam sic spiritus et vita sunt, sed tibi non sunt. diximus enim hic dominum commendasse in manducatione carnis suae et potatione sanguinis sui, ut in illo maneamus, et ipse in nobis. hoc autem quid facit nisi caritas? caritas autem dei diffusa est in cordibus nostris per spiritum sanctum qui datus est nobis; ergo spiritus est qui vivificat. * chrysostomus. ° et quia de carnali audientia supra locutus est, subiungit sed sunt quidam ex vobis qui non credunt. dicens quidam, discipulos excepit; suam autem dignitatem ostendit, occulta revelans. * augustinus. ° non dixit: sunt quidam in vobis qui non intelligunt; sed causam dixit quare non intelligant. propheta enim dixit: nisi credideritis, non intelligetis; nam qui resistit, quomodo vivificatur? adversarius enim radio lucis quo penetrandus est, non avertit faciem, sed claudit mentem. credant et aperiant, et illuminabuntur. * chrysostomus. ° et ut discas quoniam ante haec verba, et non postquam murmuraverunt et scandalizati sunt, haec christus cognoverat, subiungit evangelista dicens sciebat enim ab initio iesus qui essent credituri, et qui traditurus eum esset. * theophylactus. ° volens per hoc nobis evangelista ostendere quod ante constitutionem mundi omnia cognoscebat; quod divinitatis erat indicium. * augustinus. ° sed postquam distinxit credentes dominus a non credentibus, expressit causam quare non credunt; unde sequitur et dicebat: propterea dixi vobis, quia nemo potest venire ad me, nisi fuerit ei datum a patre meo. * chrysostomus. ° quasi dicat: non turbant me neque stuporem inferunt qui non credunt. novi quibus dedit pater. dixit autem hoc, ut ostendat quoniam non illorum gloriam concupiscens hoc dicebat; et ut suadeat eis quod patrem eius existiment deum, et non ioseph. * augustinus in ioannem. ° ergo et credere datur nobis: non enim nihil est credere. si autem magnum quid est, gaude quia credidisti, sed noli extolli: quid enim habes quod non accepisti? hoc autem donum quibusdam dari et quibusdam non dari, omnino non dubitat qui non vult manifestissimis sacris litteris repugnare. cur autem non omnibus detur, fidelem movere non debet, qui credit ex uno omnes esse in condemnationem iustissimam; ita ut nulla dei esset iusta reprehensio, etsi nullus inde liberaretur; unde constat magnam esse gratiam quod plurimi liberantur. cur autem istum potius quam illum liberet, inscrutabilia sunt iudicia eius, et investigabiles viae eius. sequitur ex hoc multi discipuli eius abierunt retro, et iam cum illo non ambulabant. * chrysostomus. ° non dixit: recesserunt, sed abierunt retro, ab ea quae secundum virtutem est auditione, et quam habebant olim fidem, perdiderunt. * augustinus. ° ecce praecisi a corpore vitam perdiderunt: quia in corpore nec fuerunt: inter non credentes et ipsi reputati sunt. abierunt retro non pauci, sed multi post satanam, non post christum, quomodo de quibusdam feminis dicit apostolus: quaedam conversae sunt retro post satanam. petrum autem non repulit dominus retro ire post satanam, sed fecit post se ire. * chrysostomus. ° quaeret autem aliquis: quod tempus erat verba dispensandi his quae constructa erant nocentia? multa quidem utilitas et necessitas. quia enim instabant cibum corporalem petentes, et eius qui sub patribus datus est reminiscentes, ostendens quoniam omnia illa typus erant, meminit cibi spiritualis. non igitur scandalizari oportebat, sed interrogare congruum erat: quare illorum amentiae scandalum fuit, non indissolubilitatis eorum quae dicebantur. * augustinus. ° et hoc etiam forte factum est ad consolationem nostram: quoniam aliquando contingit ut homo dicat verum, et quod dicit non capiatur, atque illi qui audiunt scandalizentur et discedant. poenitet autem hominem dixisse quod verum est: dicit enim apud se homo: non debui sic dicere; et sic domino contingit. dixit, et perdidit multos: sed non turbatur ipse, quia ab initio noverat qui non essent credentes. nos, si nobis contingat, conturbamur: solatium in domino inveniamus, et tamen caute verba dicamus. * beda. ° sciebat autem dominus de aliis discipulis qui remanserunt an vellent abire; sed tamen eos interrogavit, ut fides eorum monstraretur, et aliis imitanda proponeretur; unde sequitur dixit ergo iesus ad duodecim: numquid et vos vultis abire? * chrysostomus in ioannem. ° per hunc autem modum oportebat eos trahi: nam si eos laudasset, passi essent aliquid humanum, existimantes se gratiam christo facere, eum non relinquendo: ostendens vero se non indigere eorum sequela, magis eos detinuit. non autem eis dixit: abite; hoc enim esset eos expellere; sed interrogavit eos an vellent abire, auferens eis vim et necessitatem, et nolens eos verecundia coarctari: ex necessitate enim detineri par esset ac si abirent. petrus autem fratrum amator, amicitiae conservator, pro toto respondet collegio; unde sequitur respondit ergo ei simon petrus: domine, ad quem ibimus? * augustinus in ioannem. ° quasi dicat: repellis nos a te: da nobis alterum ad quem ibimus, si te relinquimus. * chrysostomus. ° hoc autem verbum multae est amicitiae ostensivum: quia scilicet christus eis honorabilior erat quam patres et matres. deinde ut non videatur hoc propterea dicere, quia non essent qui eos reciperent, subiungit verba vitae aeternae habes. audiens enim magistrum dicentem quoniam resuscitabo eum et habebit vitam aeternam, ostendit se recordari eorum quae dicta sunt verborum. et iudaei quidem dicebant: hic est filius ioseph; hic vero dicit et nos credimus, et cognovimus, quia tu es christus filius dei. * augustinus. ° credidimus enim, ut cognosceremus: nam si prius cognoscere, deinde credere vellemus, nec cognosceremus, nec credere valeremus. hoc credimus et cognovimus, quia tu es christus filius dei; idest quia ipsa vita aeterna tu es, et non das in carne et sanguine tuo nisi quod es. * chrysostomus. ° quia vero petrus dixerat et nos credimus, dominus de collegio credentium excipit iudam; unde sequitur respondit eis iesus: nonne ego vos duodecim elegi, et unus ex vobis diabolus est? quod autem dicit, tale est. ne aestimetis quod quia secuti estis me, non redarguam malos. dignum autem est hic quaerere, quare nunc nihil dicunt discipuli; sed postea formidantes dicunt: numquid ego sum, domine? sed nondum petrus audierat: vade retro me, satana, et propter hoc timorem non habuit. nunc etiam non dicit unus ex vobis me tradet, sed diabolus est: ideo nesciebant quod dicebatur; sed malitiam aestimabant vituperari solum. accusant autem hic christum gentiles insipienter: non enim electio eius vim infert his quae futura sunt; sed in voluntate situm est salvari et perire. * beda. ° vel dicendum, quod ad aliud elegit undecim, et ad aliud unum; undecim elegit, ut in apostolica dignitate perseverarent; unum elegit, ut per proditionis eius officium salutem operaretur humani generis. * augustinus. ° electus enim est iste, de quo nolente et nesciente magnum aliquid boni fieret. sicut enim iniqui male utuntur bonis operibus dei, sic e contra deus bene utitur malis operibus hominum. quid iuda peius? sed malo eius bene usus est dominus: tradi se pertulit, ut nos redimeret. potest etiam sic intelligi quod ait duodecim elegi: quia consecratus est duodenarius numerus eorum, qui per quatuor cardines mundi trinitatem fuerant denuntiaturi. non autem quia periit inde unus, ideo illius numeri honor ademptus est: nam in locum pereuntis alius subrogatus est. * gregorius moralium. ° capitis autem nomine censetur corpus, cum de perverso homine dicitur unus ex vobis diabolus est; unde evangelista exponens subdit dicebat autem de iuda simonis iscariotis: hic enim erat traditurus eum, cum esset unus de duodecim. * chrysostomus. ° considera christi sapientiam: neque enim christus eum manifestum fecit, ne inverecundum faciat, et sic litigiosior fiat; neque eum latere permisit, ne aestimans se latere, sine timore operaretur.

074 CJO cp7

lc1 * Augustinus in ioannem. ° futurum erat ut aliquis fidelis christi absconderet se, ne a persecutoribus inveniretur; et ne illi pro crimine obiceretur latibulum, praecessit in capite quod in membro confirmaretur; unde dicitur post haec autem ambulabat iesus in galilaeam: non enim volebat in iudaeam ambulare, quia quaerebant eum iudaei interficere. * beda. ° haec verborum connexio talis est, ut intelligamus quoniam in medio multa geri et fieri potuerunt. iudaea autem et galilaea regiones sunt palaestinae provinciae, sed iudaea dicta est a tribu iuda: non tamen solum illa regio quam tribus iuda, sed et illa quam tribus beniamin possidebat, iudaea dicta est, quia ex tribu iuda reges oriebantur. galilaea vero dicitur, eo quod lacteum populum, idest candidum, gignat: galilaea enim graece, latine lac dicitur. * augustinus. ° sic autem hoc dominus dixit, quasi non posset ambulare inter iudaeos, et non occidi a iudaeis; hanc enim potentiam quando voluit demonstravit; sed infirmitati nostrae praebebat exemplum: non ipse perdiderat potestatem, sed nostram consolabatur fragilitatem. * chrysostomus in ioannem. ° sed et illud est dicere, quoniam quae deitatis erant ostendebat, et quae humanitatis: etenim fugiebat persecutores ut homo, et apparebat eis ut deus, utrumque vere existens. * theophylactus. ° secessit etiam nunc in galilaeam, quia nondum passionis aderat tempus: unde vanum reputabat in medio inimicorum manere, et magis ipsos ad odium incitare; unde et consequenter tempus describitur, cum subditur erat autem in proximo dies festus iudaeorum, scenopegia. * augustinus. ° quid sit scenopegia, qui scripturas legerunt noverunt. faciebant tabernacula in die festo ad similitudinem tabernaculorum, in quibus habitaverunt, cum ex aegypto educti peregrinarentur in eremo. celebrabant ex hoc diem festum, reminiscentes beneficiorum domini, qui tamen occisuri erant dominum. appellabatur autem apud iudaeos dies festus, cum tamen non esset unus, sed plures. * chrysostomus. ° ostendit igitur per hoc evangelista, quoniam multum tempus praetermisit. cum enim dominus sedit in monte, erat prope dies festus paschae. hic autem scenopegiae meminit, et in quinque intermediis mensibus nihil aliud nobis enarravit, nisi miraculum panum et allocutionem factam ad eos qui comederunt. quia enim indeficienter signa faciebat et disputabat, non poterant evangelistae omnia enumerare; sed ista praecipue studuerunt dicere pro quibus aut querela aut contradictio quaedam a iudaeis subsequebatur; quod et hic apparet. * theophylactus. ° quia enim fratres eius viderant ipsum non esse paratum ad descendendum, subditur dixerunt autem fratres eius ad eum: transi hinc et vade in iudaeam. * beda. ° ac si dicant: tu signa facis, et pauci ea vident; transi ergo ad regiam urbem, ubi sunt principes, ut, visis signis, laudem consequaris ab eis. sed quia non omnes discipuli semper dominum sequebantur, sed eorum multi in iudaea erant, ideo subdunt ut et discipuli tui videant opera tua quae facis. * theophylactus. ° idest, turbae quae sequuntur te: non enim de duodecim dicunt discipulis, sed de aliis qui conversabantur cum illo. * augustinus in ioannem. ° cum autem auditis fratres domini, mariae cogitate consanguinitatem non iterum parientis ullam propaginem. sicut enim in sepulchro, ubi positum est corpus domini, nec ante, nec postea mortuus iacuit, sic uterus mariae nec ante, nec postea quidquam mortale concepit. opera quidem domini discipulos non latebant, sed istos latebant; et ideo dicebant ut discipuli tui videant opera tua quae facis. loquebantur autem prudentiam carnis, verbo quod caro factum est; unde et subdunt nemo quippe in occulto aliquid facit, et quaerit ipse in palam esse. si hoc facis, manifesta teipsum mundo; quasi dicant: facis miracula: appare hominibus, ut laudari possis ab hominibus: nam qui eum videntur monere, gloriae ipsius consulunt: et quia humanam gloriam requirebant, in eum non credebant; unde sequitur neque enim fratres eius credebant in eum; christum enim consanguineum potuerunt habere; credere autem in eum ipsa propinquitate fastidierunt. * chrysostomus. ° dignum est autem mirari evangelistarum morem veritatis amicum, qualiter non verecundantur dicere ea quae magistro videntur inferre iniuriam, sed hoc maxime studuerunt enuntiare. non enim parvam habet detractionem quod fratres eius discredebant. et videtur initium verborum quasi amicorum esse; multae autem amaritudinis erant quae dicebantur: quia de formidine et de amore gloriae eum notant; nam dicunt nemo in occulto aliquid facit: quod erat formidinem incusantium, et simul suspicantium quae fiebant non vere facta esse. per hoc autem quod dicunt et quaerit ipse in palam esse, amorem gloriae in eo notant. christus autem mansuete eis respondit, docens nos non indigne ferre, si aliqui etiam viles nobis consilientur; sequitur enim dicit eis iesus: tempus meum nondum advenit; tempus autem vestrum semper est paratum. * beda. ° ne autem videatur hoc contrarium ei quod apostolus dicit: at ubi venit plenitudo temporis, misit deus filium suum, referendum est quod hic dicitur, non ad tempus nativitatis, sed ad tempus glorificationis. * augustinus. ° dabant enim illi consilium consequendae gloriae, veluti saeculariter, et terreno affectu monentes, ne esset ignobilis et latitaret. sed dominus voluit ad ipsam celsitudinem per humilitatem viam sternere; dicit ergo tempus meum, idest gloriae meae, qua veniam in altitudine iudicaturus, nondum venit; tempus autem vestrum, idest, mundi gloria, semper est paratum. et quoniam nos domini corpus sumus, quando nobis insultant amatores huius saeculi, dicamus eis: tempus vestrum adest paratum, tempus nostrum nondum advenit: excelsa enim patria, humilis via. qui recusat viam, quid quaerit patriam? * chrysostomus. ° vel aliter. videtur mihi aliud occulte insinuare: fortassis enim eum prodere volebant, et tradere iudaeis; ideo dicit tempus meum nondum advenit, hoc est tempus crucis et mortis; tempus autem vestrum semper est paratum: quia etsi vos semper sitis cum iudaeis, non interficient vos, eadem cum illis zelantes; unde sequitur non potest vos odisse mundus; me autem odit, quia ego testimonium perhibeo de illo, quia opera eius mala sunt; quasi dicat: qualiter mundus eos odit qui eadem cum ipso volunt, et pro eisdem student? me autem odit, quoniam redarguo eum. intantum ergo gloriam hominum non quaero, quod non praetermitto eos redarguere; licet sciam ex hoc odium nasci et mortem intentari. per hoc etiam ostendit quod odium iudaeorum contra eum concitabat publica redargutio, non autem sabbati solutio. * theophylactus. ° vel dominus contra duo de quibus illi eum arguebant, alia duo inducit. contra formidinem quidem dicit, quod opera mundi redarguit, idest opera eorum qui mundana sapiunt: quod non faceret, si formidolosus esset; sed contra inanem gloriam misit illos ad festum; unde sequitur vos ascendite ad diem festum hunc: nam si vanae gloriae passione detineretur, retinuisset eos secum: nam gloriae cupidi consueverunt multos habere qui sequantur eos. * chrysostomus. ° hoc etiam dicit ostendens quod eis blandiri non vult, sed concedit eis iudaica facere. * augustinus. ° vel aliter. vos ascendite ad diem festum hunc, ubi gloriam humanam quaeritis, ubi extendere vultis carnalia gaudia, non cogitare caelestia. sequitur ego autem non ascendam ad diem festum istum. * chrysostomus. ° scilicet modo vobiscum; quia meum tempus nondum impletum est: in futuro enim pascha crucifigendus erat. * augustinus in ioannem. ° vel meum tempus, idest gloriae meae, nondum advenit: ipse erit dies festus meus, non diebus istis percurrens, et transiens; sed permanens in aeternum. ipsa erit festivitas et gaudium sine fine, aeternitas sine labore, serenitas sine nube.

lc2 * Theophylactus. ° quia dixerat dominus: non ascendam vobiscum, in principio denegavit ascensum, vitans iram frementium iudaeorum; unde dicitur haec cum dixisset, ipse mansit in galilaea. postea vero ascendit; unde sequitur ut autem ascenderunt fratres eius, tunc et ipse ascendit. * augustinus in ioannem. ° ascendit autem non gloriari temporaliter, sed aliquid docere salubriter, et de festo aeterno admonere. * chrysostomus in ioannem. ° vel ascendit, non ut patiatur, sed ut alios erudiat. latenter autem ascendit: poterat enim manifeste ascendere et detinere eorum inordinatum impetum, quod multoties fecit; at nolebat hoc continuo facere, ne magis suam divinitatem denudaret, et ut incarnatio eius certior esset, et ut nos erudiret ad virtutem. ut igitur disceremus quid nos oporteat facere, qui non possumus persecutores detinere, voluit latenter ascendere. non autem dixit: in occulto, sed quasi in occulto, ut ostendat dispensative hoc esse |25| factum. si enim omnia ut deus ageret, quomodo possemus nos scire, incidentes humanis periculis, quid oporteat facere? * alcuinus. ° vel occulte ascendit, quia favorem hominum non quaerit, non pompis stipantium se turbarum delectatur. * beda. ° mystice autem designatur quia singulis quibusque carnalibus humanam gloriam quaerentibus, dominus manet in galilaea, quae interpretatur transmigratio sancta, idest in membris suis, qui transmigrant de vitiis ad virtutes, et in eis proficiunt. postmodum vero dominus ascendit, quia membra christi non huius vitae, sed aeternae gloriam quaerunt. occulte autem dominus ascendit, quia omnis gloria eius est ab intus, idest de corde puro et conscientia bona, et fide non ficta. * augustinus. ° vel quod quasi latenter ascendit, aliquid significare voluit: omnia enim quae dicta sunt antiquo populo israel, umbrae fuerunt futurorum, et scenopegia umbra erat futurorum. omnia ergo quae fiebant in figura, manifestantur in nobis. ascendit ergo in occulto; figura |50| enim erat ipsum esse in occulto. in ipso die festo christus latebat, quia ipse dies festus christi membra peregrinatura significabat. ille enim est in tabernaculis qui se in mundo esse intelligit peregrinum: scenopegia autem erat celebratio tabernaculorum. sequitur iudaei autem quaerebant eum in die festo, et dicebant: ubi est ille? * chrysostomus in ioannem. ° ex multo odio et inimicitia; neque enim eum nominatim vocare volebant. non autem multa erat eis in festivitate reverentia, nec multa religio; quia a festivitate credebant christum fraudulenter detinere. sequitur et murmur multum erat de eo in turba. * augustinus. ° murmur erat de contentione, quam convenienter exponit dicens quidam enim dicebant, quia bonus est; alii autem dicebant: non, sed seducit turbas. quicumque emicuerit in aliqua gratia, alii dicunt bonus est; alii: non, sed seducit turbas. quod autem dictum est de eo, valet ad consolationem de quocumque hoc dictum fuerit christiano. |75| et quidem si seducere decipere est, nec christus seductor, nec quisquam debet seductor esse christianus. si autem seducere, aliunde aliquem ad aliud persuadendo ducere est, quaerendum est unde, et quo. si a bono ad malum, malus seductor est; si a malo ad bonum, bonus est: et utinam sic omnes seductores vocemur et simus. * chrysostomus. ° igitur illam quidem aestimo opinionem multitudinis esse, qua scilicet dicebatur bonus esse: hanc vero principum et sacerdotum; quod ostenditur per hoc quod dicunt seducit turbas: non dicunt: seducit nos. sequitur nemo tamen palam loquebatur de illo propter metum iudaeorum. * augustinus. ° eorum scilicet qui dicebant bonus est, non qui dicebant seducit turbas: haec enim clarius sonabant, sed bonus est pressius susurrabant. * chrysostomus. ° vide autem eorum qui principantur corruptionem; hi autem qui principatibus subiciuntur, sani quidem erant iudicio, sed non habebant libertatem |100| dicendi: quod maxime multitudinis est.

lc3 * Chrysostomus in ioannem. ° dominus tardatione sua auditores attentiores facere volens, non in primis diebus ascendit, sed circa solemnitatis medium; unde dicitur iam autem die festo mediante, ascendit iesus in templum et docebat. qui enim primis diebus eum quaesierunt, repente eum praesentem videntes, magis intendebant docenti, et qui bonum eum dicebant et qui malum: illi quidem, ut aliquid lucrarentur et admirarentur; hi vero ut comprehenderent. * theophylactus. ° nam in principio festi his quae festi erant magis attendebant: unde postea christum attentius audierunt. * augustinus in ioannem. ° quantum enim datur intelligi, ipsam festivitatem diebus pluribus celebrabant; et ideo dicit iam die festo mediante; idest, cum illius diei festi tot dies remansissent quot praeterissent; ut etiam hoc impleretur quod ait: non ascendam ad diem festum hunc, id est, ad quem vos vultis, primum vel secundum diem; ascendit autem postea die festo |25| mediante. * augustinus de quaest. nov. et vet. testam.. ° tunc etiam ascendit, non quasi ad diem festum, sed quasi ad lucem. illi vero ascenderunt quasi ad perfruendum deliciis diei festi. christo vero ille fuit dies festus, quo passione sua redemit mundum. * augustinus in ioannem. ° ille autem qui prius latebat, docebat, et palam loquebatur, et non tenebatur. illud enim quod latebat, erat causa exempli, hoc potestatis. * chrysostomus. ° quid autem docebat, non dixit evangelista; sed quod mirabiliter docebat, hoc solum ostendit: tanta enim erat virtus docentis ut qui dixerant: seducit turbas, transmutati mirarentur; unde sequitur et mirabantur iudaei, dicentes: quomodo hic litteras scit, cum non didicerit? vide admirationem nequitia plenam: non enim dicit quod in doctrina admirarentur; sed in aliam admirationem inciderunt. * augustinus. ° omnes quidem, quantum arbitror, admirabantur, sed non omnes convertebantur. et unde admiratio? quia multi noverant ubi natus, |50| quemadmodum fuerat educatus: numquam eum viderant litteras discentem; audiebant tamen de lege disputantem, legis testimonia proferentem; quae nemo posset proferre, nisi legisset; nemo legeret, nisi litteras didicisset; et ideo mirabantur. * chrysostomus. ° ab hac autem admiratione cognoscere debebant quoniam haec scientia humanitus non erat in eo, sed divinitus; sed quia hoc ipsi nolebant confiteri, sed in sola admiratione stabant, dominus haec revelavit; sequitur enim respondit eis iesus, et dixit: mea doctrina non est mea, sed eius qui misit me. * augustinus. ° videtur autem hoc esse contrarium quod dicit mea, et non est mea; nam si dixisset: ista doctrina non est mea, nulla esset quaestio. quae est ergo doctrina patris, nisi verbum patris? ipse ergo christus est doctrina patris, si verbum patris est. sed quia verbum non potest esse nullius, sed est alicuius; et suam doctrinam dixit seipsum, et non suam: quia patris est verbum. quid est tam tuum quam tu; et quid tam non |75| tuum quam tu, si alicuius es quod es? breviter ergo hoc mihi dixisse videtur mea doctrina non est mea; ac si diceret: ego non sum a meipso. sabellianam haeresim sententia ista dissolvit, qui dicere ausi sunt, ipsum esse filium qui est et pater: duo esse nomina, sed unam rem. * chrysostomus in ioannem. ° vel suam dicit, quoniam eam docuerat: non suam autem, quoniam patris erat doctrina. sed si omnia quae sunt patris, eius sunt; ex hoc ipso quod patris est, deberet esse et sua. sed hoc quod dicit non est mea, vehementer ostendit et sui et patris unam esse doctrinam; ac si diceret: nihil habeo permutatum aut diversum; sed ita ago, ut non aestimetur aliud quid praeter patrem dicere vel agere. * augustinus de trin.. ° vel aliter. secundum aliud suam dixit, secundum aliud non suam: secundum formam dei suam, secundum formam servi, non suam. * augustinus in ioannem. ° si quis autem hoc parum intellexerit, audiat consilium quod dominus consequenter dat, dicens si quis |100| voluerit voluntatem eius facere, cognoscet de doctrina utrum ex deo sit, an ego ex meipso loquar. quid est si quis voluerit voluntatem eius facere? hoc est credere in eum: ipse enim dixit: hoc est opus dei ut credatis in eum quem ipse misit. quis autem hoc nesciat, hoc esse facere voluntatem dei, operari opus eius? cognoscere autem, hoc est intelligere. ergo noli quaerere intelligere ut credas, sed crede ut intelligas: quia nisi credideritis, non intelligetis. * chrysostomus. ° vel hoc ita dicit, ac si dicat: auferte iram et invidiam et odium quod sine causa in me habetis; et nihil erit quod prohibeat vos cognoscere quoniam dei verba sunt quae loquor. deinde aliud inducit argumentum insolubile, ab his quae sunt in consuetudine hominum, nos erudiens; unde sequitur qui a semetipso loquitur, gloriam propriam quaerit; quasi dicat: qui aliquam propriam vult instituere doctrinam, propter nihil aliud hoc vult quam ut gloriam acquirat. si vero ego gloriam eius qui misit me quaero, cuius gratia |125| aliena vellem vos docere? et hoc est quod subdit qui autem quaerit gloriam eius qui misit illum, hic verax est, et iniustitia in illo non est. * theophylactus. ° quasi dicat: verax sum, quia doctrina mea continet veritatem: iniustitia in me non est, quia alterius gloriam non usurpo. * augustinus. ° qui quaerit gloriam propriam, antichristus est. dominus autem noster magnum nobis exemplum praebuit humilitatis, dum habitu inventus ut homo, quaerit gloriam patris, non suam. sed tu quando aliquid boni facis, gloriam tuam quaeris: quando aliquid mali facis, deo calumniam meditaris. * chrysostomus. ° vide ergo quoniam causa quaedam propter quam humilia de se dicit, haec est, ut credant quoniam non desiderat gloriam neque principatum, et etiam propter imbecillitatem audientium, et ut doceat homines moderata sapere, et nihil de se dicere magnum, sed semper humile.

lc4 * Chrysostomus in ioannem. ° duas criminationes iudaei contra christum inducebant: unam quod sabbatum solveret, aliam quod patrem suum dicebat deum, aequalem seipsum faciens deo. hoc igitur prius confirmavit dum ostendit quod non est deo contrarius, sed eadem ille docet. de reliquo ad sabbati solutionem instat, dicens nonne moyses dedit vobis legem, et nemo ex vobis facit legem? ac si diceret: lex dicit: non occides; vos autem occiditis; et hoc est quod subditur quid me quaeritis interficere? ac si diceret: et si ego dissolvi legem hominem sanans, transgressio fuit, sed in salutem; vos autem transgredimini in malum: unde non debeo a vobis de solutione legis diiudicari. in duobus ergo eos corripuit: et dicendo quid me quaeritis interficere? et ostendendo quoniam occisionem meditantes non sunt digni alium diiudicare. * augustinus in ioannem. ° vel hoc dicit quia si legem facerent, in ipsis litteris christum agnoscerent, et praesentem |25| non occiderent. respondit autem ei turba, non pertinentia ad ordinem, sed ad perturbationem; sequitur enim respondit turba, et dixit: daemonium habes: quis te quaerit interficere? ei dictum est quod daemonium haberet, qui daemones expellebat. dominus autem non turbatus, sed in sua veritate tranquillus, non reddidit maledictum pro maledicto, sed respondit tranquille. * beda. ° in quo nobis patientiae reliquit exemplum: ut quoties nobis ab aliquibus falsa obiciuntur convicia, patienter toleremus, et vera quae possumus non obiiciamus, sed salutaria monita praedicemus; sequitur enim respondit iesus et dixit eis: unum opus feci, et omnes miramini. * augustinus. ° ac si diceret: quid si omnia opera mea videretis? ipsius enim opera erant quae in mundo videbant, et ipsum qui fecit omnia non videbant. fecit unam rem et turbati sunt, quia salvum fecit hominem in sabbato; quasi si quisquam eorum aegrotus sabbato sinceraret, alius illum sanum fecisset quam iste qui eos scandalizavit, |50| quia unum hominem sabbato salvum fecit. * chrysostomus in ioannem. ° hoc enim quod dicit miramini, hoc est turbamini et tumultuatis. vide autem quomodo prudenter a lege eos syllogizat. vult enim ostendere quod facere hoc opus non erat legem solvere: sunt enim multa principaliora quam lex de observatione sabbati, per quorum observationem lex non solvitur, sed impletur; et ideo subdit propterea moyses dedit vobis circumcisionem, non quia ex moyse est, sed ex patribus; et in sabbato circumciditis hominem. * augustinus. ° quasi dicat: bene factum est ut acciperetis circumcisionem a moyse, non quia ex moyse est, sed ex patribus: abraham enim primus accepit circumcisionem a domino. et in sabbato circumciditis. convicit vos moyses: accepistis in lege ut circumcidatis octavo die; accepistis in lege ut vacetis septimo die. si octavus dies illius qui natus est, occurrit ad diem septimum sabbati, circumciditis hominem; quae circumcisio pertinet ad aliquod signaculum salutis, et non debent |75| homines sabbato vacare a salute. * alcuinus. ° propter tres enim causas data fuit circumcisio: primo ut signum esset magnae fidei abrahae; secundo ut per eam a ceteris nationibus discernerentur; tertio ut illam in virili membro suscipientes castitatem mentis et corporis observare deberent. et tantum conferebat tunc circumcisio quantum nunc baptisma; nisi quia ianua nondum aperta erat. concludit ergo ex praemissis si circumcisionem accipit homo in sabbato, ut non solvatur lex moysi, indignamini mihi, quia totum hominem sanum feci in sabbato? * chrysostomus. ° quasi dicat: sabbati solutio in circumcisione, legis est observatio: sic et ego hominem curans sabbato, legem servavi. vos, qui non estis legislatores, ultra modum legem defenditis; sed moyses iubet legem solvi propter mandatum quod non erat ex lege, sed ex patribus. per hoc autem quod dici totum hominem sanum feci in sabbato, ostendit circumcisionem esse particularem sanitatem. * augustinus. ° forte autem |100| illa circumcisio ipsum dominum significabat. quid enim est circumcisio, nisi carnis expoliatio? significavit ergo expoliationem a corde cupiditatum carnalium. non ergo sine causa data est in eo membro per quod procreatur creatura mortalium: quia per unum hominem peccatum intravit in mundum. ideo autem quisquis cum praeputio nascitur, quia omnis cum vitio propaginis nascitur; et non mundat deus sive a vitio cum quo nascimur, sive a vitiis quae male vivendo addimus, nisi per christum: cultellis enim petrinis circumcidebant, et petrae nomine christum figurabant. ideo autem octavo die, quia post septimum sabbati dominus die dominico resurrexit. ipsa autem resurrectio nos circumcidit; idest, abstulit desideria carnalia. intelligite hoc significari opus bonum quo ego feci totum hominem salvum in sabbato: quia et curatus est ut sanus esset in corpore, et credidit ut sanus esset in anima. estis autem prohibiti servilia opera facere sabbato: numquid servile opus est hominem sanare in |125| sabbato? manducatis siquidem et bibitis sabbato, quia pertinet ad salutem; per quod ostenditis, opera salutis nullo modo esse die sabbati omittenda. * chrysostomus. ° non autem dixit: ego maius circumcisione operatus sum; sed solum factum narrans, iudicium eis concessit; unde subditur nolite iudicare secundum faciem, sed iustum iudicium iudicate; quasi dicat: non quia moyses apud vos habet maiorem gloriam quam ego, ex personarum dignitate feratis sententiam, sed a rerum natura: hoc enim est iuste iudicare. nullus autem incusavit moysen de hoc quod iussit sabbatum solvi propter mandatum circumcisionis, quod erat aliunde quam ex lege inductum. ergo fide dignior vobis est moyses, qui iubet solvi legem a mandato non legali. * augustinus. ° hoc autem quod dominus notavit hoc loco, evadere in hoc saeculo, magni laboris est: non personaliter iudicare. admonuit quidem dominus iudaeos, admonuit et nos: quod enim pretiosum sonabat de ore domini, et propter nos scriptum est, et nobis |150| servatum, et propter nos recitatum. sursum est dominus, sed etiam hic est veritas dominus. corpus enim domini, in quo surrexit, uno loco esse potest; veritas eius ubique diffusa est. quis ergo est qui non iudicat personaliter? qui aequaliter diligit. non enim cum homines diverso modo pro suis gradibus honoramus, timendum est ne personas accipiamus: nonnunquam enim est iudicium inter patrem et filium; non aequamus filium patri in honore, sed praeponimus, si bonam causam habet, filium patri in veritate; et sic tribuimus honorem debitum, ut non perdat aequitas meritum.

lc5 * Augustinus in ioannem. ° supra dictum est, quod dominus ideo velut occulte ascendit ad diem festum, non quia timebat ne teneretur, cui potestas erat ut non teneretur, sed ut significaret, etiam in ipso die festo, qui celebrabatur a iudaeis, se occultari, et suum esse mysterium: nunc autem apparet potestas quae putabatur timiditas: loquebatur enim palam in die festo, ita ut mirarentur turbae; unde dicitur dicebant ergo quidam ex ierosolymis: nonne hic est quem iudaei quaerebant interficere? ecce palam loquitur, et nihil ei dicunt. noverant enim qua saevitia quaerebatur; mirabantur qua potentia non tenebatur. * chrysostomus in ioannem. ° addit autem evangelista ex ierosolymis, quoniam qui magis potiti erant signis, hi omnibus erant miserabiliores; qui deitatis eius signum videntes maximum, omnia iudicio corruptorum principum permittebant. an non magnum, insanientes et quaerentes interficere, habere eum in manibus, et repente quiescere? |25| * augustinus. ° igitur non plene intelligentes christi potentiam, putaverunt esse principum scientiam, quod ei pepercerunt; unde subdunt numquid vere cognoverunt principes quia hic est christus? * chrysostomus. ° sed ipsi neque principum sequuntur sententiam: sed aliam proferunt corruptam et propria amentia dignam; unde subditur sed hunc scimus unde sit: christus autem cum venerit, nemo scit unde sit. * augustinus. ° haec opinio apud iudaeos non inaniter nata est. invenimus tamen quod scripturae dixerunt de christo, quoniam nazaraeus vocabitur; ergo praedixerunt unde sit. iudaei etiam dixerunt herodi quaerenti, quod christus in bethlehem iudae nasceretur, et testimonium etiam propheticum attulerunt. unde ergo nata est haec opinio apud iudaeos, quod christus cum venerit, nemo sciat unde sit, nisi quia utrumque pronuntiaverunt scripturae? secundum hominem praedixerunt unde esset; secundum deum latebat impios, et quaerebat pios. hanc igitur |50| opinionem in eis generaverat quod per isaiam dictum est: generationem eius quis enarrabit? denique dominus ad utrumque respondit, et quia noverant eum unde esset, et quia non noverant; unde sequitur clamabat ergo iesus docens in templo, et dicens: et me scitis, et unde sim scitis; hoc est dicere: et unde sim scitis, et unde sim nescitis; unde sim scitis, iesus a nazareth, cuius etiam parentes nostis. solus enim in hac causa latebat virginis partus, quo excepto, totum noverunt in iesu quod ad hominem pertinet. recte ergo dixit et me nostis, et unde sim scitis, secundum carnem et effigiem hominis quam gerebat; secundum divinitatem autem a meipso non veni; sed est verus qui misit me. * chrysostomus. ° per quod ea quae in mente habebant revelat; ac si diceret: non sum de numero eorum qui sine causa venerunt; sed est verax qui misit me; et si verax est, in veritate misit; et qui missus est, congruum est veracem esse. rursus autem ex propriis sermonibus eos capit; |75| quia enim dicebant cum venerit christus, nullus cognoscet unde sit: ostendit etiam inde se christum esse; quoniam a patre venit, quem ipsi nesciebant: et ideo subdit quem vos nescitis. * hilarius de trin.. ° numquid autem non omnis homo, licet in carne ex deo natus, secundum sensum communis opinionis ex deo est? et quomodo negat ab his vel seipsum vel unde ipse sit sciri, nisi id unde est ad naturae suae referret auctorem? nam id quod unde sit ignoratur, naturam ex qua est, dum unde sit nescitur, ostendit. ignorari enim unde sit non potest quidquid subsistit ex nihilo; quia hoc ipsum quod non ignoratur ex nihilo, ignorationem eius unde sit, non habet. ob hoc autem quid sit ipse, nescitur, dum ignoratur a quo sit: non enim confitetur filium qui negat natum; nec natum intelligit, qui putat eum esse ex nihilo. * chrysostomus. ° vel ignorantiam hic dicit quae est per opera, sicut paulus ait: confitentur se nosse deum, factis autem negant. dupliciter autem eos redarguit. et primum |100| quidem quae occulte loquebantur, haec in medium inducit, clamans, ut eos verecundari faciat. * augustinus. ° denique ut ostenderet eis unde possent scire, subiecit ego scio eum. ergo a me quaerite, ut sciatis eum. patrem enim non cognoscit nisi filius, et cui voluerit filius revelare. et si dixero quia nescio eum, ero similis vobis mendax. * chrysostomus. ° quod est impossibile: quia enim verax est qui misit, congruum est et eum qui missus est, veracem esse. ubique autem cognitionem patris soli sibi attribuit, quia a patre est; unde sequitur et ego scio eum, quia ab ipso sum. * hilarius de trin.. ° quaero autem utrum id quod ab eo est, opus in eo creationis, aut naturam generationis ostendat. si opus in eo creationis est, universa quoque quae creantur a deo sunt. et quomodo patrem non universa noverunt, cum filius eum, idcirco quia ab eo est, non nesciat? si vero idcirco ei, quia ab eo sit, eum nosse sit proprium; quomodo non hoc ei qui ab |125| eo est, erit proprium, scilicet ut verus filius ex natura dei sit? habes igitur proprietatem cognitionis de proprietate generationis. tamen, ne forte id quod ab eo est, ad adventus sui tempus haeresis invaderet, continuo subiecit et ipse me misit. tenuit ordinem evangelici sacramenti, natum se professus et missum. * augustinus. ° ab ipso, inquit, sum, quia filius de patre: quod autem videtis me in carne, ipse me misit. ubi noli intelligere naturae dissimilitudinem, sed generantis auctoritatem. * chrysostomus. ° irritaverunt autem iudaeos ea quae dicebantur, propter hoc quod dixerat quem vos nescitis, quia profitebantur se scire; unde sequitur quaerebant ergo eum apprehendere, et nemo misit in eum manus. vide furorem eorum invisibiliter refrenatum. evangelista vero humanius et humilius loqui volens, ut ex hoc christus homo putaretur, non dixit quod eos invisibiliter detinuit; sed subiecit quia nondum venerat hora eius. * augustinus. ° hoc est, quia nolebat, non enim dominus |150| sub fato natus est. hoc nec de te credendum est, quanto minus de illo per quem factus es? si tua hora voluntas est illius, illius hora quae est nisi voluntas sua? non ergo horam dixit qua cogeretur mori, sed qua dignaretur occidi.

lc6 * Augustinus in ioannem. ° humiles et pauperes salvos faciebat dominus; unde dicitur de turba autem multi crediderunt in eum. turba enim, quae suam aegritudinem cito vidit, etiam illius medicinam sine dilatione cognovit. * chrysostomus in ioannem. ° verumtamen neque in his erat sana fides; sed more multitudinis vulgaria loquebantur; sequitur enim et dicebant: christus cum venerit, numquid signa plura faciet quam quae hic facit? dicere enim christus cum venerit, erat non firmiter credentium hunc esse christum. vel etiam hoc dicere, est ostendere eum non esse christum; ac si dicant: nonne ille cum venerit melior erit et plura signa faciet? grossiores enim non a doctrina, sed a signis inducuntur. * augustinus. ° vel intelligunt: si duo non erunt, hic est christus. principes autem insaniebant: et ideo medicum non solum non agnoscebant, sed etiam occidere cupiebant; unde sequitur audierunt pharisaei turbam murmurantem de illo |25| haec, et miserunt principes et pharisaei ministros ut apprehenderent eum. * chrysostomus. ° multa quidem locutus est supra, sed nihil tale fecerunt; quod maxime enim eos mordebat, hoc erat, quod turbae scilicet christum glorificabant. sabbati autem solutio, apparens causa erat, quam scilicet praetendebant. et ipsi quidem non audebant christum capere, periculum timentes; ministros autem mittunt tamquam periculis expositos. * augustinus. ° quia ergo non poterant apprehendere nolentem, missi sunt ut audirent docentem; sequitur enim dixit ergo iesus: adhuc modicum tempus vobiscum sum. * chrysostomus. ° verba loquitur humilitatis plena; ac si diceret: quid festinatis me interficere? parvum expectate tempus. * augustinus. ° quod modo ergo vultis facere, facturi estis, sed non modo, quia modo nolo: implere enim debeo dispensationem meam, et sic pervenire ad passionem. * chrysostomus. ° per hoc igitur audaciorem turbam terruit, studiosiorem vero |50| magis avidam faciebat ad audiendum, quasi parvo tempore derelicto, in quo possent hac doctrina potiri. non autem dixit simpliciter: hic sum, sed vobiscum sum, quasi dicat: et si persequamini me, non tamen cessabo, quae sunt pro vobis dispensans, et ea quae sunt ad salutem docens et monens vos. quod autem subdit et vado ad eum qui me misit, sufficiens erat eos terrere. * theophylactus. ° tamquam patri sit de ipsis conquesturus: quia si missum opprobriis affecerunt, non est dubium quod et mittenti fecerunt iniuriam. * beda. ° dicit autem vado ad eum qui misit me, ac si diceret: revertens ascendo ad patrem, qui me incarnari praecepit. illuc se dixit ire a quo nunquam recessit. * chrysostomus. ° quod vero eo indigebant, manifestat per hoc quod dicit quaeretis me, et non invenietis. sed ubi quaesierunt eum iudaei? dicit lucas quoniam plangebant mulieres super eum. probabile autem est et multos alios hoc passos esse; et praecipue dum civitas caperetur, eos meminisse christi et miraculorum eius, |75| et praesentiam eius quaesivisse. * augustinus in ioannem. ° vel hic iam resurrectionem suam praedixit: quia quaesituri illum erant post resurrectionem compuncti. noluerunt enim eum agnoscere praesentem, et postea quaesierunt cum viderent in eum multitudinem credentem: unde multi compuncti dixerunt: quid faciemus? viderunt enim christum suo scelere morientem, et crediderunt in christum suis sceleribus ignoscentem, et quousque biberent sanguinem quem fuderunt, de sua salute desperaverunt. * chrysostomus in ioannem. ° deinde ne quis eum per mortem communi modo abire aestimet, subiungit et ubi ego sum, vos non potestis venire. si vero in morte maneret, possent ad eum ire: illuc enim omnes abimus. * augustinus. ° non autem dixit: ubi ero, sed ubi sum: semper enim ibi erat christus quo fuerat rediturus; sic rediit, ut nos non derelinqueret. erat enim christus secundum visibilem carnem in terra, secundum invisibilem maiestatem in caelo |100| et in terra. non autem dixit: non poteritis, sed non potestis venire: tales enim tunc erant qui non possent. nam ut sciatis non hoc ad desperationem dictum, et discipulis suis dixit tale aliquid quo ego vado, vos non potestis venire. denique hoc petro exposuit, dicens: quo ego vado, non potes me sequi modo, sequeris autem postea. * chrysostomus. ° haec autem omnia induxit volens eos attrahere; etenim modicum tempus quod relinquebatur, et post recessum ipsum desiderabilem esse, et eum non posse de cetero inveniri, sufficientia erant ad suadendum ut ad eum accederent. per hoc autem quod dicit vado ad eum qui misit me, ostendit nullam sibi fieri laesionem ab insidiis eorum, et passionem suam voluntariam sibi esse. passi sunt autem aliquid ipsi iudaei ad ea quae dicta sunt, et quaerunt ad seipsos quo debeat ire; quod non erat eorum qui desiderarent ab eo liberari. sequitur enim dixerunt ergo iudaei ad semetipsos: quo hic iturus est, quia non |125| inveniemus eum? numquid in dispersionem gentium iturus est, et docturus gentes? sic enim gentes vocabant quasi exprobrantes et magna in semetipsis gloriantes: quia gentes ubique disseminatae erant, et imperfecte ad invicem permixtae. sed hoc opprobrium postea ipsi sustinuerunt, quia ubique dispersi sunt. antiquitus autem tota gens in unum collecta erat; sed cum iudaei ubique terrarum iam gentibus permixti essent, non diceret: quo ego vado, vos non potestis venire: si per hoc gentes intellexisset. * augustinus. ° dixerat autem dominus quo ego vado, de sinu patris. hoc ergo illi nullo modo intellexerunt; et tamen ex hac occasione salutem nostram praedixerunt, quod dominus iturus esset ad gentes, non praesentia corporis, sed tamen pedibus suis; misit enim ad nos membra sua, et fecit nos membra sua. * chrysostomus. ° non autem dixerunt quod iturus esset ad gentes laedere eas, sed docere. iam enim iram submiserant, et his quae dicta erant, crediderant. nequaquam autem nisi credidissent, |150| quaesiissent ad seipsos: quis est hic sermo quem dixit: quaeretis me, et non invenietis, et: ubi ego sum, vos non potestis venire?

lc7 * Chrysostomus in ioannem. ° cum recessuri essent domum, celebrata festivitate, dominus dat eis viatica ad salutem; unde dicitur in novissimo autem die magno festivitatis stabat iesus, et clamabat dicens: si quis sitit, veniat ad me et bibat. * augustinus in ioannem. ° tunc enim agebatur festivitas quae appellatur scenopegia, idest tabernaculorum constructio. * chrysostomus. ° quae per septem dies agebatur: prima autem dies et ultima erat celeberrima secundum legem; et hoc significavit evangelista, cum dixit in novissimo die magno festivitatis. medios autem dies magis ad voluptatem consumebant. ideo ergo prima die hoc eis non dixit, sed neque secunda aut tertia, ne ea quae dicebantur deperirent, eis voluptati vacantibus. clamabat autem propter turbae multitudinem. * theophylactus. ° simul quidem, ut audibilis fieret, atque ut confidentiam largiretur, et quia neminem formidabat. * chrysostomus. ° dicit autem si quis sitit; ac |25| si diceret: neminem necessitate et violentia attraho; sed si quis habet desiderium multum, hunc ego voco. * augustinus. ° est enim sitis interior, quia est homo interior. constat autem plus amare hominem interiorem, quam exteriorem. si ergo sitimus, veniamus, non pedibus, sed affectibus, nec migrando, sed amando. * chrysostomus. ° quia enim de intellectuali loquitur potu, ostendit per hoc quod post inducit qui credit in me, sicut dicit scriptura, flumina de ventre eius fluent aquae vivae. sed ubi hoc dicit scriptura? nusquam. quid igitur? qui credit in me, sicut dicit scriptura; hic subdistinguere oportet, ut postea subsequatur flumina de ventre eius fluent aquae vivae: ostendens quoniam rectam oportet habere cognitionem, et non ita a signis sicut a scriptura credere in ipsum; etenim superius dixit: scrutamini scripturas. * hieronymus in prologo genes.. ° vel hoc testimonium de proverbiis sumptum est, ubi scilicet dicitur: deriventur fontes tui foris, et in plateis aquas |50| tuas divide. * augustinus. ° venter autem interioris hominis est conscientia cordis eius. bibito autem isto liquore, vivescit purgata conscientia, et hauriens fontem habebit, et ipsa fons erit. quis est fons, vel quis est fluvius qui manat de ventre interioris hominis? benevolentia, qua vult consulere proximo. bibunt ergo qui credunt in domino. si autem putat qui bibit quod soli ipsi debet sufficere, non fluit aqua viva de ventre eius; si autem proximo festinat consulere, ideo non siccatur, quia manat. * gregorius super ezechielem. ° cum enim a mente fidelium sanctae praedicationis verba defluunt, quasi de mente credentium aquae vivae flumina decurrunt. ventris autem viscera quid sunt aliud nisi mentis interna, idest recta intentio, sanctum desiderium, humilis ad deum, pia ad proximum voluntas? * chrysostomus. ° dicit autem flumina, et non flumen, copiositatem et ubertatem gratiae occulte insinuans. viventem autem aquam dicit, agentem semper. spiritus enim gratia cum |75| in mentem intraverit, et firmata fuerit, omni fonte magis manat, et neque deficit, neque evacuatur, neque stat: videbit quis utique hoc ad sapientiam stephani, ad petri linguam, ad pauli fluxum inspiciens. nihil enim eos detinebat, sed sicut flumina, multo impetu delati, omnia secum trahentes abibant. * augustinus in ioannem. ° ad qualem autem potum dominus invitasset, exposuit evangelista, et dixit hoc autem dixit de spiritu quem accepturi erant credentes in eum. quem dicit spiritum, nisi spiritum sanctum? nam unusquisque homo habet in se proprium spiritum. * alcuinus. ° spiritum autem sanctum ante ascensionem apostolis promisit; post ascensionem linguis igneis dedit; inde dicit quem accepturi erant credentes in eum. * augustinus. ° erat ergo spiritus dei; sed nondum in eis erat qui crediderant in iesum. ita enim disposuit non eis dare spiritum istum, nisi post resurrectionem suam; unde sequitur nondum enim erat spiritus datus quia nondum iesus erat |100| glorificatus. * chrysostomus in ioannem. ° apostoli quidem prius spiritu eiciebant daemonia, sed ea quae a christo est potestate; quando enim mittebat eos, non dicitur: dedit eis spiritum sanctum, sed: dedit eis potestatem. de prophetis autem ab omnibus confessum est quod spiritus sanctus eis dabatur: sed haec gratia a terra defecerat. * augustinus de trin.. ° sed quomodo et de ioanne baptista dictum est: spiritu sancto replebitur ab utero matris suae; et spiritu sancto repletus zacharias invenitur, ut de illo talia diceret; et spiritu sancto maria, ut talia de domino praedicaret; spiritu sancto simeon et anna, ut magnitudinem christi parvuli agnoscerent? quomodo ergo intelligitur, nisi quia certa illa spiritus sancti datio post clarificationem christi futura erat qualis nunquam antea fuerat? habitura enim erat quamdam proprietatem in ipso adventu, qualis antea nunquam fuit. nusquam enim legimus, linguis quas non noverant, homines locutos veniente in se |125| spiritu sancto, sicut tunc factum est, cum oportet eius adventum signis sensibilibus demonstrari. * augustinus in ioannem. ° cum ergo et modo accipiatur spiritus sanctus, quare nemo loquitur linguis omnium gentium? quia iam ipsa ecclesia linguis gentium loquitur: in hac qui non est, nec modo accipit spiritum sanctum. si amas unitatem, etiam tibi habet quisquis in illa aliquid habet. tolle invidiam, et tuum est quod habeo. livor separat, caritas iungit: ipsam habeto, et cuncta habebis: quia sine ipsa nihil proderit quidquid habere potueris. caritas autem dei diffusa est in cordibus nostris per spiritum sanctum, qui datus est nobis. quare ergo dominus post resurrectionem suam spiritum sanctum dare voluit? ut scilicet in resurrectionem nostram caritas flagraret, ab amore saeculi separaretur, et tota curreret in deum. qui enim dixit qui credit in me, veniat et bibat, et flumina de ventre eius fluent aquae vivae, vitam aeternam promisit, ubi nihil timeamus, ubi |150| non moriamur. quia ergo tale est quod promisit spiritus sancti caritate ferventibus; ideo ipsum spiritum noluit dare nisi cum esset glorificatus, ut in suo corpore ostenderet vitam, quam modo non habemus, sed in resurrectione speramus. * augustinus contra faustum. ° si itaque haec causa erat ut nondum daretur spiritus sanctus, quia nondum erat iesus glorificatus; proculdubio clarificatio iesu iam causa erat ut statim daretur. cataphryges autem se promissum paraclitum suscepisse dixerunt, et hinc a fide catholica deviarunt. manichaei etiam quae de promissione spiritus sancti dicuntur, de manichaeo asserunt esse praedicta, tamquam scilicet antea non fuerit spiritus datus. * chrysostomus. ° vel aliter. gloriam christi crucem vocat: quia enim inimici eramus, donum autem non inimicis, sed amicis datur; oportebat prius offerri hostiam, et inimicitiam in carne dissolvi, et tunc factos dei amicos suscipere donum.

lc8 * Augustinus in ioannem. ° cum dominus invitasset credentes in se ad potandum spiritum sanctum, nata est de illo in turba dissensio; unde dicitur ex illa ergo turba, cum audissent hos sermones eius, dicebant: hic est vere propheta. * theophylactus. ° qui scilicet expectabatur. alii, scilicet populus, dicebant: hic est christus. * alcuinus. ° iam isti sitim illam spiritualiter haurire coeperant, iam sitim infidelitatis deposuerant; alii in suae infidelitatis ariditate permanebant; de quibus subditur quidam autem dicebant: numquid a galilaea venit christus? nonne scriptura dicit quia ex semine david, et de bethlehem castello, ubi erat david, venit christus? noverant enim quid de christo praedixissent prophetae; sed ignorabant omnia in ipso impleta fuisse; et qui noverant in nazareth nutritum, nativitatis locum non attendebant, nec prophetiam, quam legerant, in eo completam credebant. * chrysostomus in ioannem. ° sed esto, locum nativitatis ignorabant; |25| num etiam genus ignorabant? quoniam ex domo et familia david natus erat. quare igitur dicebant nonne ex semine david venit christus? sed et hoc obumbrare volebant per educationem in nazareth, omnia malitiose loquentes: unde non accedunt ad christum quaerentes quomodo scripturae dicunt, quod a bethlehem oportet venire christum; tu autem ex galilaea venisti; sed omnia malitiose loquuntur. et quia non diligenter attendebant his quae dicebantur, neque discendi gratia; propter hoc nihil eis christus respondit. nathanaelem autem dicentem: a nazareth potest aliquid boni esse? laudavit ut vere israelitam, quia veritatis erat inquisitor, et omnia vetera diligenter edoctus. sequitur dissensio itaque facta est propter eum in turba. * theophylactus. ° non in principibus: nam principes unius voluntatis erant, ut videlicet non eum reciperent sicut christum. qui ergo magis moderati erant in malitia, verbis tantum gloriae christi adversabantur; qui vero peiores |50| erant, manus etiam appetebant imponere; de quibus subditur quidam autem ex eis volebant apprehendere eum. * chrysostomus. ° hoc autem induxit evangelista, ostendens quoniam loquebantur neque quaerentes veritatem, neque discere volentes. sequitur sed nemo misit super illum manus. * alcuinus. ° quia scilicet ipse non permisit, qui conatus illorum in sua potestate habebat. * chrysostomus. ° hoc autem sufficiens erat eos in compunctionem deducere; sed non sunt compuncti: talis enim nequitia nulli vult credere; ad unum aspicit solum, ut eum cui insidiatur interficiat. * augustinus. ° qui vero missi fuerant ut eum tenerent, redierunt immunes a crimine, et pleni admiratione; de quibus subditur venerunt ergo ministri ad pontifices et pharisaeos; et dixerunt eis illi: quare non adduxistis eum? * alcuinus. ° qui eum lapidare volentes, tenere non potuerunt, arguunt ministros quia eum non adduxerant. * chrysostomus. ° ecce pharisaei et scribae miracula |75| videntes et scripturas legentes, nihil profecerunt; ministri autem nihil horum habentes, ab una sola allocutione sunt capti, et abeuntes, ut eum ligarent, redierunt ligati miraculo. et non dixerunt: non potuimus propter turbam; sed praecones efficiuntur christi sapientiae; nam sequitur responderunt ministri: numquam sic locutus est homo, sicut hic homo loquitur. * augustinus. ° ille autem sic locutus est, quia deus erat et homo. * chrysostomus. ° non est autem solum eorum prudentia admiranda, quia signis non eguerunt, sed a sola doctrina sunt capti; non enim dixerunt: nunquam talia miracula fecit homo; sed nunquam sic locutus est homo; sed etiam admiranda est eorum securitas: quoniam ad pharisaeos, qui contra christum adversabantur, venerunt, et eis talia locuti sunt. nec tamen longum sermonem audiebant, sed brevem; cum enim mens fuerit incorrupta, non longis sermonibus opus est. * augustinus. ° pharisaei tamen eorum testimonium repulerunt; nam sequitur responderunt |100| ergo eis pharisaei: numquid et vos seducti estis? quasi dicant: videmus vos delectatos esse in sermonibus suis. * alcuinus. ° et revera laudabiliter seducti erant, quia dimisso malo infidelitatis, transierunt ad fidem. * chrysostomus in ioannem. ° ab argumento autem insipienti contra eos syllogizant; nam sequitur numquid ex principibus aliquis credidit in eum, aut ex pharisaeis? sed turba haec quae non novit legem, maledicti sunt. haec autem est ipsorum accusatio, quoniam turba quidem credidit, ipsi autem non crediderunt. * augustinus in ioannem. ° qui enim non noverant legem, ipsi credebant in eum qui miserat legem, et eum qui miserat legem, condemnabant illi qui docebant legem; ut impleretur quod dominus dixerat: ego veni, ut non videntes videant, et videntes caeci fiant. * chrysostomus. ° qualiter igitur maledicti sunt illi qui a lege suadentur? vos potius maledicti estis, qui non observastis legem. * theophylactus. ° ideo autem suaviter |125| et blande pharisaei ministris respondent, quia dubitaverunt ne forte ab eis prorsus segregentur, et christo adiciantur. * chrysostomus. ° quia vero dixerant quod nullus principum credidit in eum, ad hoc excludendum subiungitur dicit nicodemus ad eos (ille qui venit ad iesum nocte), qui unus erat ex illis. * augustinus. ° ipse non quidem incredulus, sed timidus: nam ideo nocte venerat ad lucem, quia illuminari volebat, et sciri timebat. hic ergo respondit iudaeis numquid lex nostra iudicat hominem, nisi prius audierit ab ipso, et cognoverit quid faciat? credebat enim quia si eum tantummodo patienter vellent audire, forte similes fierent illis qui missi sunt tenere et maluerunt credere. volebant autem illi perversi ante esse damnatores quam cognitores. * augustinus de civ. dei. ° dicit autem lex nostra, de lege quae dei est, eo quod est ab illo data hominibus. * chrysostomus. ° ostendit autem nicodemus eos neque cognoscentes legem, neque facientes quae sunt legis. cum autem |150| congruum esset ostendere quod non indiscrete miserunt vocaturi eum, rudius et iracundius utuntur contradictione; nam sequitur responderunt et dixerunt ei: numquid et tu galilaeus es? * augustinus in ioannem. ° idest quasi a galilaeo seductus. dominus enim galilaeus dicebatur, quoniam de nazareth civitate erant parentes eius; secundum mariam dixi parentes, non secundum virile semen. * chrysostomus. ° deinde iniuriose, quasi eo nesciente, scripturas induxerunt scrutare scripturas, et vide quia propheta a galilaea non surgit; ac si dicerent: vade, et disce. * alcuinus. ° non enim locum ubi natus est, sed ubi conversabatur attendebant; et ideo non solum messiam, sed nec prophetam eum credebant. * augustinus. ° propheta quidem a galilaea non surgit, sed dominus prophetarum inde surrexit. sequitur et reversi sunt unusquisque in domum suam. * alcuinus. ° nullo perfecto negotio, vacui fide, et ideo fraudati utilitate, sunt reversi in domum infidelitatis |175| et impietatis suae.

074 CJO cp8

lc1 * Alcuinus. ° dominus maxime circa suam passionem, hanc sibi effecerat consuetudinem, ut in die quidem in templo, quod erat hierosolymis, verbum dei praedicaret, signa et miracula ostenderet; sero autem revertebatur in bethaniam, ubi apud sorores lazari hospitabatur; et mane iterum ad simile opus revertebatur. igitur secundum hunc morem, cum in ultimo die scenopegiae tota die in templo praedicasset, vespere perrexit in montem oliveti; et hoc est quod dicitur iesus autem perrexit in montem oliveti. * augustinus in ioannem. ° ubi enim decebat docere christum nisi in monte oliveti, in monte unguenti, in monte chrismatis? christi enim nomen a chrismate dictum est. chrisma autem graece, latine unctio nominatur. ideo autem nos unxit, quia luctatores contra diabolum fecit. * alcuinus. ° unctio enim olei fessis et dolentibus membris solet afferre levamen. mons etiam olivarum sublimitatem dominicae pietatis designat: quia oleos graece, latine misericordia. |25| natura quoque olei mysterio aptissime congruit: superfertur enim omnibus liquoribus; et sicut ait psalmista: miserationes eius super omnia opera eius. sequitur et diluculo iterum venit in templum, ut scilicet misericordiam cum incipiente novi testamenti lumine fidelibus, in templo videlicet suo, pandendam praebendamque signaret. quod enim diluculo redibat, exortum novae gratiae designat. * beda. ° significatur autem quod postquam per gratiam coepit inhabitare in templo suo, idest in ecclesia, ex omnibus gentibus crediderunt in eum; unde sequitur et omnis populus veniebat ad eum: et sedens docebat eos. * alcuinus. ° sessio humilitatem incarnationis insinuat. sedente ergo domino, ad eum venit populus: quia postquam per susceptam humanitatem visibilis apparuit, coeperunt eum multi audire, et in eum credere, quem per humanitatem sibi proximum meminerant. mansuetis autem et simplicibus sermonem domini admirantibus, scribae et pharisaei interrogant, non ut discant, sed ut veritati |50| laqueos nectant; unde sequitur adducunt autem scribae et pharisaei mulierem in adulterio deprehensam; et statuerunt eam in medio, et dixerunt ei: magister, haec mulier deprehensa est modo in adulterio. * augustinus. ° animadverterant enim eum nimium esse mitem: de illo quippe fuerat ante praedictum: procede et regna, propter veritatem et mansuetudinem et iustitiam. ergo attulit veritatem ut doctor, mansuetudinem ut liberator, iustitiam ut cognitor. cum loqueretur, veritas agnoscebatur; cum adversus inimicos non moveretur, mansuetudo laudabatur; in tertio ergo, iustitia scilicet, scandalum posuerunt: dixerunt enim apud seipsos: si eam dimitti censuerit, iustitiam non tenebit: lex enim quod iniustum erat, iubere non poterat; et ideo legem inducunt, dicentes in lege autem moyses mandavit nobis huiusmodi lapidare. ut autem mansuetudinem non perdat, in qua iam populis amabilis factus est, eam dimitti debere dicturus est. unde eius sententiam requirunt dicentes tu ergo |75| quid dicis? hinc nos inveniemus ad accusandum occasionem, et reum faciemus tamquam legis praevaricatorem; unde evangelista subdit haec autem dicebant tentantes eum, ut possent accusare. sed dominus in respondendo et iustitiam servaturus est, et a mansuetudine non recessurus; sequitur enim iesus autem inclinans se deorsum, digito scribebat in terra. * augustinus de cons. evang.. ° tamquam illos tales in terra scribendos significaret, non in caelo, ubi monuit discipulos ut se scriptos esse gauderent; aut quod se humiliando, quod capitis inclinatione monstrabat, signa in terra faceret; aut quod iam tempus esset ut in terra quae fructum daret, non in lapide sterili, sicut antea, lex eius conscriberetur. * alcuinus. ° per terram enim cor humanum ostenditur, quod bonarum vel malarum actionum solet reddere fructus; per digitum autem, qui articulorum compositione flexibilis est, sublimitas discretionis exprimitur. nos ergo instruit, ut cum qualibet mala proximorum conspicimus, non statim ea temere |100| damnemus; sed prius ad conscientiam cordis humiliter reversi, digito discretionis ea sollicite disquiramus. * beda. ° quantum etiam ad historiam pertinet, per hoc quod digito scripsit in terra, illum se fore monstravit qui quondam legem in lapide scripsit. sequitur cum autem perseverarent interrogantes eum, erexit se. * augustinus in ioannem. ° non dixit: non lapidetur, ne contra legem dicere videretur. absit autem ut diceret: lapidetur; venit enim non perdere quod invenerat, sed quaerere quod perierat. quid ergo respondit? qui sine peccato est vestrum, primus in illam lapidem mittat. haec vox iustitiae est. puniatur peccatrix, sed non a peccatoribus; impleatur lex, sed non a praevaricatoribus legis. * gregorius moralium. ° qui enim prius semetipsum non iudicat, quid in alio rectum iudicet ignorat. et si novit etiam per auditum recte tamen aliena merita iudicare non valet, cui conscientia innocentiae propriae nullam iudicii regulam praebet. * augustinus. |125| ° cum ergo eos telo iustitiae percussisset, nec dignatus est cadentes attendere; sed avertit ab eis obtutum; unde sequitur et iterum se inclinans scribebat in terra. * alcuinus. ° potest etiam intelligi fecisse hoc dominus iuxta consuetudinem, ut quasi aliquid agens, vultu intendens in aliud, liberam eis exeundi facultatem daret. in hoc etiam figurate admonet, ut et priusquam peccantem fratrem corripiamus, et post adhibitam correctionem, diligenter perpendamus utrum ipsis peccatis, de quibus alium castigamus, aut aliis obnoxii simus. * augustinus. ° sic igitur illi voce iustitiae tamquam telo percussi sese inspicientes, et reos invenientes, unus post unum omnes recesserunt; et hoc est quod subditur audientes autem haec, unus post alium exibant, incipientes a senioribus. * glossa. ° qui forte magis rei erant, vel magis culpas suas cognoscebant. * augustinus. ° relicti sunt autem duo: miseria, et misericordia; nam sequitur et remansit solus iesus, et mulier in medio stans. credo, territa illa mulier, ab illo |150| se puniendam sperabat in quo peccatum inveniri non poterat. ille autem, qui adversarios eius repulerat lingua iustitiae, levans in illam oculos mansuetudinis, interrogavit eam; unde sequitur erigens se autem iesus, dixit ei: mulier, ubi sunt qui te accusabant? nemo te condemnavit? quae dixit: nemo, domine. audivimus supra vocem iustitiae: audiamus nunc mansuetudinis; nam sequitur dixit ei iesus: nec ego te condemno, a quo te forte condemnari timuisti, quia in me peccatum non invenisti. quid est, domine? faves ergo peccatis? non plane; attende quod sequitur: vade, et amplius noli peccare. ergo et dominus damnavit, sed peccatum, non hominem: nam si peccatorum auctor esset, diceret: vade, et vive ut vis; de mea liberatione esto secura: ego te quantumcumque peccaveris, etiam a gehenna et inferni tortoribus liberabo. non hoc dixit. intendant ergo qui amant in domino mansuetudinem, et timeant veritatem: etenim dulcis et rectus dominus.

lc2 * Alcuinus. ° quia mulierem absolvit a crimine, ne aliqui dubitarent an ille quem videbant verum hominem, posset peccata dimittere, dignatur ipse apertius suae divinitatis potentiam demonstrare; unde dicitur iterum ergo locutus est eis dicens: ego sum lux mundi. * beda. ° ubi advertendum est, quia non ait ego sum lux angelorum vel caeli, sed lux mundi, idest hominum in tenebris commorantium: secundum illud: illuminare his qui in tenebris et in umbra mortis sedent. * chrysostomus in ioannem. ° vel aliter. quia superius galilaeam ei afferebant, et quasi de quodam prophetarum, de eo dubitabant, voluit ostendere quoniam non unus prophetarum est, sed dominator orbis terrarum; unde dicitur iterum locutus est eis iesus, dicens: ego sum lux mundi, non galilaeae, neque palaestinae, neque iudaeae. * augustinus in ioannem. ° manichaei solem istum oculis carnis visibilem christum dominum esse putaverunt; sed ecclesia catholica improbat |25| tale commentum: non est enim dominus christus sol factus, sed per quem sol factus est: omnia enim per ipsum facta sunt, et propter nos sub sole factum est lumen quod fecit solem: carnis nube tegitur, non ut obscuretur, sed ut temperetur. loquens ergo per nubem carnis lumen indeficiens, lumen sapientiae ait hominibus ego sum lux mundi. * theophylactus. ° uteris autem adversus nestorium hoc praesenti sermone: non enim ait quoniam in me est lux mundi, sed ego sum lux mundi; ipse namque qui homo videbatur, idem et filius dei et lux mundi erat; non, sicut nugabatur nestorius, in simplici homine dei filius habitabat. * augustinus. ° abstulit autem te ab oculis carnis, et revocavit ad oculos cordis in hoc quod subdit qui sequitur me, non ambulat in tenebris, sed habebit lumen vitae. non enim sufficit dicere habebit lumen, sed addidit vitae. haec verba domini cum verbis psalmi concordant: in lumine tuo videbimus lumen, quoniam apud te est fons vitae. in istis usibus |50| corporalibus aliud est lumen, et aliud fons: fontem fauces quaerunt, lumen oculi. apud deum, quod lumen est, hoc est fons. qui tibi lucet ut videas, ipse tibi manat ut bibas. quod promisit, futuri temporis verbo posuit; in eo quod facere debemus, praesens tempus posuit. qui sequitur, inquit, habebit modo per fidem, post habebit per speciem. sequere istum solem visibilem si ipse tendis ad occidentem, quo et ille tendit; et si nolueris tu illum deserere, ipse te deseret in occasu. deus tuus ubique est totus: si non ab illo facies casum, numquam a te ille faciet occasum. tenebrae satis metuendae sunt morum, non oculorum: et si oculorum, non exteriorum, sed interiorum, unde discernitur non album et nigrum, sed iustum et iniustum. * chrysostomus. ° intellectualiter enim dixit non ambulat in tenebris; idest, non manet in errore. hinc et nicodemum laudat et ministros; et ipsos occulte insinuat dolos complicantes, qui in tenebris et errore sunt, sed lucem non superabunt.

lc3 * Chrysostomus in ioannem. ° quia dominus dixerat: ego sum lux mundi, et qui sequitur me, non ambulat in tenebris, iudaei hoc evertere voluerunt; unde dicitur dixerunt ergo ei pharisaei: tu de te ipso testimonium perhibes, et testimonium tuum non est verum. * alcuinus. ° sic responderunt tamquam ipse dominus solus sibi testimonium perhiberet, cum constet quod antequam in carne appareret, multos testes praemisit, qui eius sacramenta praedixerunt. * chrysostomus. ° dominus autem evertit quod dixerant; unde sequitur respondit iesus, et dixit eis: et si ego testimonium perhibeo de meipso, verum est testimonium meum. hoc iuxta eorum suspicionem locutus est, hominem eum nudum aestimantium; et causam subiungit: quia scio unde venio et quo vado; idest: ex deo sum, et deus, et dei filius. non autem hoc dicit manifeste, quia semper humilia miscet altis. deus autem ipse sibi fide dignus est. * augustinus in ioannem. |25| ° verum est enim testimonium luminis, sive se ostendat, sive alia. locutus est propheta verum; sed unde haberet, nisi de fonte veritatis hauriret? ergo idoneus est iesus qui sibi testimonium perhibeat. dicens autem quia scio unde venio et quo vado, patrem volebat intelligi: patri enim gloriam dabat filius, a quo est missus. quantum ergo debet homo glorificare eum a quo est creatus? non autem veniendo inde discessit, aut redeundo nos dereliquit. non potest hoc fieri ab isto sole, qui quando pergit ad occidentem, deserit orientem. sicut autem sol iste et videntis faciem illustrat, et caeci; sed videt ille, ille non videt: sic et sapientia dei, verbum dei, ubique praesens est etiam infidelibus; sed quibus eam videant oculos non habent cordis. ut ergo dominus inter fideles suos, et inimicos suos iudaeos, tamquam inter tenebras et lucem distingueret, subiungit vos autem nescitis unde venio aut quo vado. isti ergo iudaei videbant hominem, nec credebant deum; et ideo dominus subdit vos secundum carnem |50| iudicatis, dum scilicet dicitis tu de teipso testimonium perhibes, et testimonium tuum non est verum. * theophylactus. ° ac si dicat: vos quoniam in carne sum, carnem me solum esse putantes, non autem deum, secundum carnem fallibiliter iudicatis. * augustinus in ioannem. ° quia enim deum non intelligitis, et hominem videtis; ideo vobis arrogans videor, quia ego de me testimonium perhibeo. omnis enim homo quando de se perhibere vult laudabile testimonium, superbus et arrogans videtur: homines enim infirmi sumus, verum dicere et mentiri possumus; lux mentiri non potest. * chrysostomus. ° vel aliter. sicut secundum carnem vivere, male vivere est, ita secundum carnem iudicare, iudicare iniustum est. et quia possent dicere: si iniuste iudicamus, propter quid non convincis, propter quid non condemnas? subiungit ego non iudico quemquam. * augustinus. ° quod duobus modis intelligi potest: ut aut hoc intelligamus non iudico quemquam, idest modo, sicut dicit alio loco: ego |75| non veni ut iudicem mundum, sed ut salvum faciam mundum, non iudicium suum negando, sed differendo; aut certe quia dixerat vos secundum carnem iudicatis, ita coniunxit ego non iudico quemquam, ut subaudias: secundum carnem christum non iudicare, sicut ab hominibus iudicatus est; nam ut agnoscas iam iudicem christum, subditur et si iudico ego, iudicium meum verum est. * chrysostomus. ° quasi dicat: propter hoc dixi non iudico, quasi non praesumens iudicare: quia si iudicarem iuste, vos condemnarem; sed nunc tempus iudicii non est; sed de futuro iudicio insinuat, cum subdit quia solus non sum, sed ego, et qui misit me pater: ostendens quia non ipse solus eos condemnabit, sed et pater. hoc autem ad suspicionem illorum loquitur: non enim aestimabant dignum fide esse filium, nisi patris testimonium assumpsisset. * augustinus. ° si autem tecum est pater, quomodo te misit? ergo, domine, missio tua, incarnatio tua est. hic ergo christus erat secundum carnem, et a patre non |100| recesserat: quia pater et filius ubique erant. erubesce, sabelliane: non enim dixit: ego sum pater, et ego ipse sum filius; sed solus non sum, inquit, quia mecum est pater. distingue ergo personas, distingue intelligentiam; agnosce quia pater pater est, et filius filius est; sed noli dicere: pater maior est, filius minor. una substantia est, una coaeternitas, perfecta aequalitas. ergo verum est, inquit, iudicium meum, quia filius dei sum. ut tamen intelligas quia mecum est pater, non sic sum filius ut ipsum deseruerim: formam servi accepi; sed formam dei non amisi. de iudicio dixerat; de testimonio vult dicere; nam sequitur et in lege vestra scriptum est, quia duorum hominum testimonium verum est. * augustinus contra faustum. ° an forte manichaei calumniantur, quia non ait: in lege dei, sed in lege vestra scriptum est? ubi usitatam locutionem scripturarum quis non cognoscat? lege enim vestra dixit vobis data, sicut apostolus dicit evangelium suum, quod se tamen accepisse testatur, |125| non ab homine, sed per revelationem iesu christi. * augustinus in ioannem. ° magnam autem habet quaestionem, et valde videtur in mysterio res esse constituta, ubi deus dixit: in ore duorum vel trium testium stat omne verbum: fieri enim potest ut duo mentiantur. susanna casta duobus falsis testibus urgebatur; universus populus mentitus est contra christum: quomodo ergo accipiendum est in ore duorum vel trium stabit omne verbum, nisi quia hoc modo per mysterium trinitas commendata est, in qua est perpetua stabilitas veritatis? accipite ergo nostrum testimonium, ne sentiatis iudicium: differo iudicium, non differo testimonium; unde sequitur ego sum qui testimonium perhibeo de meipso, et testimonium perhibet de me qui misit me, pater. * beda. ° in multis enim locis pater filio suo perhibet testimonium, ut est illud: ego hodie genui te; item: hic est filius meus dilectus. * chrysostomus. ° vel aliter. si quod dictum est, simpliciter accipiatur, |150| quaestionem habet; nam in hominibus quidem propter hoc determinatum est quod in ore duorum vel trium testium stat omne verbum, quia unus solus non est fide dignus; in deo autem qualiter utique hoc habebit rationem? sed et aliter non staret quod dictum est; nam in hominibus cum duo de aliena re testantur, tunc testimonium est verum; hoc enim est duo testari: si vero unus eorum sibi ipsi testetur, non adhuc sunt duo testes. ad nihil ergo aliud hoc dixit quam ut ostendat se nihil minus patre habentem; alioquin non dixisset ego, et qui misit me, pater. considera etiam potestatem nihil habentem diminutum a patre: homo enim cum a seipso dignus fuerit fide, testimonio non indiget; sed hoc in aliena re: in propria vero cum testimonio alieno indigeat, non adhuc dignus est fide. hic vero totum contrarium: etenim in propria re testans, et ab alio testimonium habens, dixit se fide dignum esse. * alcuinus. ° vel potest sic intelligi quod dicitur, quasi dicat: si vestra lex approbat testimonium duorum |175| hominum qui possent decipi et plura testari; qua ratione meum et patris mei testimonium, quod summa stabilitate firmum est, verum esse non dicitis?

lc4 * Augustinus in ioannem. ° illi qui audierant a domino: vos secundum carnem iudicatis, manifestaverunt quod audierunt: patrem enim christi carnaliter acceperunt; unde dicitur dicebant ergo ei: ubi est pater tuus? quasi dicant: audivimus te dicere: solus non sum; sed ego, et qui misit me, pater: nos solum te videmus: ostende ergo nobis tecum esse patrem tuum. * theophylactus. ° quidam vero notant hoc prolatum esse a iudaeis quasi ad contumeliam et contemptum. improperabant enim ei tamquam ex fornicatione genito et proprium genitorem ignoranti, vel tamquam vili existente eo qui pater eius putabatur, scilicet ioseph; quasi dicant: ignotus et ignobilis est pater tuus: quid frequenter patrem nobis inducis? quia ergo non ut scire volentes, sed ut tentantes quaerebant, ad praemissam quaestionem non respondet; unde sequitur respondet iesus: neque me scitis, neque patrem meum. * augustinus. ° quasi dicat: quaeritis: ubi est pater tuus? quasi me |25| iam sciatis, quasi totum hoc sit quod videtis: ergo quia me non nostis, ideo patrem meum vobis non ostendo. me quippe hominem putatis; ideo patrem meum hominem quaeritis. quia vero secundum quod videtis, aliud sum, et aliud secundum quod non videtis; patrem autem meum loquor occultus occultum: prius est ut me noveritis, et tunc patrem scietis; et hoc est quod subdit si me sciretis, forsitan et patrem meum sciretis. * chrysostomus in ioannem. ° dicit autem hoc, ut ostendat quod nihil eis prodest dicere quod sciant patrem, filium nescientes. * origenes in ioannem. ° contrariari autem videtur ad invicem quod hic dicitur: neque me scitis, neque patrem meum, et quod supra dictum est: et me scitis, et unde sim scitis. sed tamen quod dicitur: et me scitis, ad quosdam dicit hierosolymitarum dicentium numquid vere intellexerunt principes quia hic est christus? hoc vero quod dicit: neque me scitis, ad pharisaeos dicitur. hierosolymitis tamen in prioribus ait: |50| verax est qui me misit, quem vos nescitis. quaeret itaque aliquis: quomodo verum est quod dicitur si me sciretis, et patrem meum sciretis: cum hierosolymitae, quibus dicitur: et me scitis, patrem nescivերunt? dicendum autem est ad hoc, quod salvator quandoque quidem de seipso ut de homine loquitur, quandoque autem secundum divinam naturam: hoc ergo quod dicit: et me scitis, de ipso homine dicit; hoc vero neque me scitis, de divinitate. * augustinus in ioannem. ° quid est enim si me sciretis, et patrem meum sciretis, nisi ego et pater unum sumus? quando vides aliquem alicui similem, quotidiana locutio est: si hunc vidisti, illum vidisti. propter similitudinem tale dedisti responsum. hinc et dominus si me, inquit, sciretis, et patrem meum sciretis: non quia pater est filius, sed quia patri similis est filius. * theophylactus. ° erubescat arianus: nam si iuxta eum creatura filius sit, qualiter qui novit creaturam, et deum novit? neque enim qui substantiam novit angeli, |75| novit et divinam. cum itaque qui filium novit, et patrem novit; igitur consubstantialis patri est filius. * augustinus. ° hoc autem verbum forsitan increpative dicitur, quod videtur esse verbum dubitationis: homines enim de rebus quas certas habent, aliquando verbum dubitationis ponunt; velut si indigneris servo tuo, et dicas: contemnis me? considera, forsan dominus tuus sum: sic et dominus dubitando increpat infideles, cum dicit et patrem meum forsitan sciretis. * origenes. ° oportet autem videre quoniam qui alterius sectae sunt, opinantur ex hoc probari manifeste, deum quem iudaei colebant, patrem non esse christi. si enim, inquiunt, hoc pharisaeis deum provisorem mundi colentibus dicebat salvator, manifestum est, quod patrem iesu, alterum a conditore mundi existentem, nequaquam pharisaei noverunt. hoc vero dicunt, non observantes consuetudinem locutionis in scripturis. si enim aliquis vellet inducere ea quae de deo sunt, a parentibus eruditus, non autem |100| bene vivat; hunc dicimus de deo notitiam non habere: unde et filii heli propter eorum malitiam deum ignorasse dicuntur. sic igitur et pharisaei patrem ignoraverunt: non enim vivebant secundum conditoris edictum. est autem et aliud significatum cognoscendi deum, altero existente cognoscere dominum quam simpliciter credere. dicitur enim in psalmo: studete et videte, quoniam ego sum deus quis non confitetur hoc scribi populo in conditorem credenti? multum enim differt credendo cognoscere, et credere tantum. sed pharisaeis, quibus ait neque me scitis, neque patrem meum, rationabiliter diceret: neque creditis patri meo: qui enim negat filium, minime patrem habet, scilicet neque secundum fidem, neque secundum cognitionem. sed et aliter dicit scriptura, illos qui adiuncti sunt alicui, cognoscere illud. tunc enim adam cognovit uxorem suam cum ei coniunctus est. si ergo qui adhaeret mulieri, mulierem cognoscit; et qui adhaeret domino, unus spiritus est et deum cognoscit. si |125| vero sic se habet, pharisaei nec patrem noverunt nec filium. post hoc est quidem aliquem cognoscere deum, non autem cognoscere patrem. infinitis ergo orationibus editis in lege non invenimus aliquem orando dicentem deum patrem: tamen orant eum tamquam deum et dominum: ne praeveniret gratiam per iesum toti mundo effusam, vocantem cunctos ad filiationem, iuxta illud: narrabo nomen tuum fratribus meis. sequitur haec verba locutus est iesus in gazophylacio, docens in templo. * alcuinus. ° gaza persica lingua divitiae, philatin servare. erat autem locus in templo ubi servabantur divitiae. * chrysostomus. ° in templo loquebatur more magistri; et hic loquebatur super quibus mordebant et accusabant, quoniam seipsum facit parem patri. * augustinus. ° magna igitur fiducia sine timore: non enim pateretur quod nollet; unde sequitur et nemo apprehendit eum, quia nondum venerat hora eius. nonnulli cum hoc audiunt, sub fato fuisse christum credunt; |150| sed si fatum, sicut nonnulli intellexerunt, a fando dictum est, idest a loquendo, verbum dei quomodo habet fatum? ubi sunt fata? in caelo, inquis, in ordine et conversionibus siderum. quomodo ergo fatum habet per quem factum est caelum et sidera, cum tua voluntas, si recte sapias, transcendat et sidera? an quia nosti christi carnem fuisse sub caelo, ideo putas et potestatem christi subditam caelo? igitur nondum venerat hora eius, non qua cogeretur mori, sed qua dignaretur occidi. * origenes. ° ubicumque autem additur: haec verba locutus est iesus in tali loco, si bene attendas, invenies additionis opportunitatem. est autem gazophylacium locus numismatum in honorem dei et dispensationem pauperum oblatorum. numismata autem sunt divina verba, imaginem regis magni impressam habentia. unusquisque autem conferat in aedificationem ecclesiae, portans ad intellectuale gazophylacium quidquid potest ad honorem dei et utilitatem communem. omnibus autem offerentibus in gazophylacio templi, |175| magis oportebat iesum munera portare, quae erant verba vitae aeternae. loquente ergo iesu in gazophylacio, a nemine detentus est: quia sermones eius fortiores erant his qui eum capere volebant, cum non sit infirmitas in quibus verbum dei loquitur. * beda. ° vel aliter. in gazophylacio christus loquitur, quoniam in parabolis ad iudaeos sermones proferebat; tunc autem quasi gazophylacium aperiri coepit, quando discipulis suis caelestia reseravit: unde etiam gazophylacium templo inhaerebat: quia quae lex et prophetae figuraliter praedixerant, ad dominum pertinebant.

lc5 * Augustinus in ioannem. ° quia supra dictum est quod nemo apprehendit eum, quia nondum venerat hora eius, modo de ipsa sua passione, quae posita erat, non in eius necessitate, sed potestate, locutus est iudaeis; unde dicitur dixit ergo iterum eis iesus: ego vado. christo enim domino mors profectio fuit illuc unde venerat et unde discesserat. * beda. ° haec autem verborum connexio talis esse videtur, ut haec uno tempore, uno quoque in loco, vel certe alio tempore alioque in loco geri potuissent: quoniam nihil interponi et quaedam vel multa potuerunt. * origenes in ioannem. ° sed obiciet aliquis sic: si his qui manebant in incredulitate, ista dicebat: quomodo eis dicit et quaeretis me? quaerere enim iesum, est quaerere veritatem et sapientiam. sed dices, quia et de persequentibus aliquando dicitur, quod quaerebant eum capere. differentiae enim sunt eorum qui quaerunt iesum: non omnes enim pro eorum salute et utilitate quaerunt |25| eum. propter hoc solum hi qui recte quaerunt eum, inveniunt pacem. recte autem quaerere dicuntur qui verbum quod est in principio apud deum quaerunt, ut illos patri adducat. * augustinus. ° quaeretis ergo, inquit, me, non pio desiderio, sed odio: nam illum, posteaquam abscessit ab oculis hominum, inquisierunt, et qui oderunt et qui amabant: illi persequendo, isti habere cupiendo. et ne putetis quia me bene quaeretis, in peccato vestro moriemini. hoc est christum male quaerere, in peccato suo mori; hoc est illum odisse, per quem solum posset salus esse. dixit sententiam praescius quod in peccatis suis morientur. * beda. ° sed nota, quod peccato in singulari numero utitur, sed vestro in plurali, ut idem omnium scelus ostenderet. * origenes. ° quaero autem propter hoc quod infra dicitur, quod hoc ipso loquente multi crediderunt in eum; numquid ad omnes praesentes dicit in peccato vestro moriemini? sed ad illos dicebat quos sciebat non esse credituros, et propter hoc |50| in eorum peccatis esse morituros, et non valentes post ipsum sequi; nam sequitur quo ego vado, vos non potestis venire, ubi scilicet veritas et sapientia est: hoc est enim ubi est iesus. non possunt, ait, quia non volunt; si enim voluissent et non potuissent, non rationabiliter eis diceretur in peccato vestro moriemini. * augustinus in ioannem. ° hoc autem et discipulis alio loco dicit; nec tamen dixit eis in peccato vestro moriemini, sed quo ego vado, vos non potestis venire modo. non abstulit spem, sed praedixit dilationem. * origenes in ioannem. ° praesens autem verbum minatur christi recessum; sed quamdiu salvamus ea quae animae nostrae sunt insita veritatis semina, nequaquam recedit a nobis verbum dei: si vero a lapsu in malitiam corrumpamur, tunc dicitur nobis ego vado: et cum quaeremus eum, nequaquam inveniemus, sed in peccatis nostris moriemur, ab ipsa morte occupati. non oportet autem pertransire inexquisite quod dicitur in peccatis vestris moriemini. si enim communiter |75| accipiatur, manifestum est quod peccatores in peccatis eorum moriuntur, iusti vero in iustitia; si vero dicitur moriemini, sicut qui ad mortem peccat moritur, manifestum est quod hi quibus talia dicebantur, nequaquam mortui erant, sed vivebant in infirmitate animae; sed infirmitas illa ad mortem erat: propter hoc medicus videns eos graviter infirmantes, dicebat et in peccatis vestris moriemini: et sic manifestum erat illud quo ego vado, vos non potestis venire. cum enim aliquis in suo peccato moritur, quo vadit iesus, non potest ire: nullus enim mortuus potest sequi iesum: non enim mortui laudabunt te, domine. * augustinus. ° his autem verbis auditis, quomodo solent, carnalia cogitantes interrogaverunt; nam sequitur dicebant ergo iudaei: numquid interficiet semetipsum, quia dicit: quo ego vado, vos non potestis venire? stulta verba. quid enim? non poterant illi venire quo ille perrexisset, si interficeret semetipsum? numquid ipsi non erant morituri? ergo quo ego vado, dixit; non |100| quo itur ad mortem, sed quo ipse ibat post mortem. * theophylactus. ° per hoc enim manifestavit quod resurget in gloria, et sedebit ad dexteram dei. * origenes. ° quaeramus tamen si hoc ab eis de salvatore dicitur altius aliquid cernentibus. multa enim aut ex traditione, aut ex apocryphis ipsos contingebat videre prae multis. forte igitur in his quae tradita sunt de christo, erat iuxta sanas traditiones propheticorum sermonum, sicut generari eum in bethlehem, sic et de morte eius, ut hoc modo transire deberet ab hac vita quomodo ipse dicit: nemo tollit animam meam a me; sed ego pono eam. quare quod hic dicitur numquid interficiet se? non secundum simplicem sensum dicitur, sed secundum aliquam iudaeorum de christo traditionem. multum enim ex hoc quod dixerat ego vado, apparet potestas voluntarie morientis, corpore derelicto. aestimo autem quod ignominiose proferentes hoc, quod secundum traditiones suas de morte christi ad ipsos devenerat, et non gloriam dantes, |125| dixerunt numquid interficiet semetipsum? oportebat enim eos cum demonstratione gloriae sic dicere: numquid anima eius, cum ipsi placuerit, egredietur relicto corpore? dominus autem ad eos qui terrena sapiebant, tamquam ad terrenos loquitur; unde subditur et dicebat eis: vos de deorsum estis; idest, terram sapitis, sursum cor non habetis. * chrysostomus in ioannem. ° quasi dicat: non est mirum vos talia cogitare homines carnales, et nihil intelligentes spirituale. ego de supernis sum. * augustinus. ° de quibus supernis? ab ipso patre, quo nihil superius. vos de hoc mundo estis, ego non sum de hoc mundo: quomodo enim erat de mundo, per quem factus est mundus? * beda. ° et qui ante mundum fuit; illi autem de mundo erant, quia postquam mundus esse coepit, fuerant creati. * chrysostomus. ° vel propter mundanas et vanas cogitationes hoc dicit ego non sum de hoc mundo. * theophylactus. ° nihil mundanum, sive terrenum affectans: unde nullatenus ad tantam insaniam devenirem |150| ut meipsum occiderem. sed apollinarius male suscipiens hunc sermonem, ait, quod corpus domini non fuit de hoc mundo, sed de sursum caelitus descendit. numquid igitur et apostoli, quibus a domino dictum est: vos non estis de hoc mundo, omnia corpora sunt caelitus obtinentes? sic igitur intelligendum est cum dicitur ego non sum de hoc mundo, hoc est, non sum de numero vestrum, qui mundana curatis. * origenes. ° alius autem sensus est eorum qui sunt de sursum, et eorum qui sunt de hoc mundo. deorsum enim sicut de loco aliquo intelligitur; sed mundus materialis locis quidem diversis continetur, quae omnia quantum ad immaterialia et invisibilia deorsum sunt; quo ad mundum vero comparando mundi loca, erunt utique quaedam deorsum et quaedam sursum. ubi autem est thesaurus uniuscuiusque, ibi est et cor eius. si itaque aliquis thesaurizet in terra, deorsum efficitur; si vero aliquis thesaurizet in caelis, fit desuper; sed et transcendens omnes |175| caelos, in fine beatissimo invenietur. et iterum qui circa hunc mundum est amor, facit eum qui de hoc mundo est; qui autem non diligit mundum, nec ea quae sunt in hoc mundo, non est de mundo hoc. tamen est et aliquis alius mundus praeter hunc sensibilem mundum, in quo sunt invisibilia, cuius visum et decorem videbunt hi qui mundo sunt corde. sed et ipse primogenitus omnis creaturae potest dici mundus, prout est summa sapientia: omnia enim in sapientia sunt facta. in ipso itaque erat totus mundus, intantum differens a mundo materiali, inquantum differt ratio totius mundi ab omni materia denudata a materiali mundo. anima ergo christi dicit ego non sum de hoc mundo: quia non conversatur in isto mundo. * augustinus in ioannem. ° exposuit autem dominus quid intelligi voluerit, cum dixit vos de hoc mundo estis; quia scilicet peccatores erant. omnes autem cum peccato nati sumus, omnes vivendo ad id quod nati eramus addidimus. tota ergo infelicitas iudaeorum ipsa |200| erat, non peccatum habere, sed in peccatis mori; unde subdit dixi ergo vobis, quia moriemini in peccatis vestris. credo autem in illa multitudine quae dominum audiebat, et eos fuisse qui credituri erant; quasi in omnes autem processerat illa severissima sententia in peccato vestro moriemini; ac per hoc et illis qui credituri erant, spes erat ablata. revocavit ergo eos ad spem, adiungens si enim non credideritis quia ego sum, moriemini in peccato vestro. ergo si credideritis quia ego sum, non moriemini in peccato vestro. * chrysostomus. ° si enim propter hoc venit ut peccatum tollat, et aliter non contingit illud exuere nisi per lavacrum; nec continget eum qui non credit, baptizari, necesse est eum qui non credit, ex hac vita abire, veterem hominem, idest peccatum, habentem: non solum quia non credit, sed etiam quia priora peccata habens, hinc recedit. * augustinus. ° cum autem dixit si non credideritis quia ego sum, quia nihil addidit, multum est quod commendavit: quia sic etiam et |225| deus moysi dixerat: ego sum qui sum. sed quomodo audio: ego sum qui sum, et si non credideritis quia ego sum, quasi alia non sint? sed prorsus qualiscumque excellentia, si mutabilis est, vera non est: non enim est ibi verum esse ubi est et non esse. discute rerum mutationem: invenies fuit et erit; cogita deum, invenies est, ubi tempus praeteritum esse non possit. ut ergo tu sis, transcende tempus. haec itaque promittens, ne moriamur in peccatis nostris, nihil aliud mihi videtur his verbis dixisse nisi credideritis quia ego sum, quam: nisi credideritis quia deus sum. deo gratias, quia dicit nisi credideritis; non dixit: nisi ceperitis: quis enim hoc capiat? * origenes in ioannem. ° manifestum est autem quod qui moritur in peccatis suis, quamvis dicat se christo credere, tamen in veritate non credit: qui enim credit iustitiae, non iniustum facit; et credens in sapientiam, nil stultum dicit aut facit: et sic si scrutatus fueris ceteros intellectus christi, invenies quomodo qui non |250| credit christo, moritur in peccatis suis. accedens autem ad contraria eorum quae considerantur in christo, in peccatis suis moritur.

lc6 * Augustinus in ioannem. ° quia dixerat supra dominus: nisi credideritis quia ego sum, moriemini in peccatis vestris, interrogant illi velut quaerentes nosse in quem deberent credere, ne in suo peccato morerentur; unde dicitur dicebant ergo ei: tu quis es? non enim cum dixisti nisi credideritis quia ego sum, addidisti quis esses. sciebat autem ibi quosdam esse credituros; et ideo cum dixissent tu quis es? ut scirent quid illum credere deberent, dixit eis iesus principium, qui et loquor vobis; non tamquam diceret: principium sum; sed tamquam diceret: principium me credite: quod in sermone graeco evidenter apparet, ubi principium feminini generis est. principium ergo me credite, ne moriamini in peccatis vestris: principium enim mutari non potest, in se manet, et innovat omnia. absurdum est autem ut filium dicamus principium, et patrem principium non dicamus; non tamen duo principia, sicut nec duos deos: spiritus autem sanctus patris |25| et filii est spiritus, nec pater est, nec filius. pater tamen et filius et spiritus sanctus sunt unus deus, unum lumen, unum principium. addidit autem qui et loquor vobis: quia humilis propter vos factus ad ista verba descendi. ergo credite me esse principium: quia ut hoc credatis non solum sum principium, sed et loquor vobis. nam si principium sicuti est, ita maneret apud patrem, ut non acciperet formam servi, quomodo ei crederent, cum infirma corda intelligibile verbum sine voce sensibili audire non possent? * beda. ° sane in quibusdam exemplaribus invenitur qui et loquor vobis; sed congruentius esse probatur, si quia legatur, ut iste sit sensus: principium me esse credite, quia propter vos ad haec verba descendi. * chrysostomus in ioannem. ° vel aliter. consideranda est amentia iudaeorum, qui post tempus tantum et signa et doctrinam interrogant tu quis es? quid igitur christus? a principio loquor vobis, quasi dicat: sermones meos indigni estis audire, non solum ut |50| dicam vobis quis ego sum: vos enim omnia tentantes loquimini; et haec omnia possem arguere, et vos punire; unde sequitur multa habeo de vobis loqui et iudicare. * augustinus in ioannem. ° supra dixit: ego non iudico quemquam; sed aliud est non iudico, et aliud habeo iudicare. non iudico, dixit, ad praesens. quod autem dicit multa habeo de vobis loqui et iudicare, iudicium futurum dicit. ideo autem verus in iudicio ero, quia filius veracis veritas sum; unde sequitur sed qui misit me verax est. verax est pater, non participando, sed generando veritatem. numquid enim dicturi sumus: plus veritas quam verax? si hoc dixerimus, filium incipiemus dicere patre maiorem. * chrysostomus. ° dicit autem hoc, ut non aestiment quoniam tot audiens ex imbecillitate, non punit; aut quia eorum cogitationes et contumelias non novit. * theophylactus. ° vel quia dixerat multa habeo de vobis loqui et iudicare, iudicium futuro saeculo reservans subiungit sed qui me misit, verax est; |75| quasi dicat: etsi vos infideles estis, pater meus verax est, qui diem stabilivit in quo vobis retributio fiet. * chrysostomus. ° vel aliter. si in hoc me misit pater, non ut iudicem mundum, sed ut salvem mundum, verax autem est pater; convenienter nullum ego nunc iudico; sed haec loquor quae sunt ad salutem, non quae ad iudicium; unde sequitur et ego quae audivi ab eo, haec loquor in mundo. * alcuinus. ° audisse autem a patre idem est et esse a patre: quia ab illo habet audientiam a quo habet essentiam. * augustinus. ° dat gloriam patri aequalis filius; tamquam dicat: do gloriam ei cuius sum filius; quomodo tu superbus es adversus eum cuius es servus? * alcuinus. ° cum autem audissent verax est qui misit me, non intellexerunt de quo diceret; unde subditur et non cognoverunt quia patrem eis dicebat deum. nondum enim oculos cordis apertos habebant, quibus patris et filii aequalitatem intelligerent.

lc7 * Augustinus in ioannem. ° cum dixisset dominus: verax est qui misit me, non intellexerunt iudaei quod de patre illis diceret. videbat autem ibi aliquos quos ipse noverat post passionem suam esse credituros; et ideo sequitur dixit ergo eis iesus: cum exaltaveritis filium hominis, tunc cognoscetis quia ego sum. recolite illud: ego sum qui sum, et cognoscetis quid sit dictum ego sum. differo cognitionem vestram, ut impleam passionem meam. ordine vestro cognoscetis qui sum, cum scilicet exaltaveritis filium hominis. exaltationem autem crucis dicit, quia et ibi exaltatus est quando pependit in ligno. hoc oportebat impleri per manus eorum qui postea fuerant credituri, quibus dicit hoc. quare nisi ut nemo in quocumque scelere et male sibi conscius desperaret, quando videat eis donari homicidium qui occiderant christum? * chrysostomus in ioannem. ° vel aliter continua: quia multa signa faciens et docens eos non converterat, de cruce |25| de reliquo loquitur, dicens cum exaltaveritis filium hominis, tunc cognoscetis quia ego sum; quasi dicat: vos aestimatis quod tunc maxime a me separati eritis quando me occideritis; ego autem dico quoniam tunc maxime scietis et gratia signorum et resurrectionis et captivitatis vestrae, quoniam ego sum christus filius dei, et quod non contrarior illi; propter quod subdit et a meipso nihil facio; sed sicut docuit me pater, sic loquor: per hoc enim indifferentiam substantiae manifestat, et quod nihil extra paternales intelligentias loquitur; si enim deo contrarius essem, non tantam iram movissem contra eos qui me non audierunt. * augustinus. ° vel aliter. quia dixerat tunc cognoscetis quia ego sum, et ad ipsum esse pertinet tota trinitas; ne forte subintraret error sabellianorum, continuo subiunxit et a meipso facio nihil; quasi dicat: a meipso non sum: filius enim de patre est deus. quod ergo addidit sicut docuit me pater, haec loquor, nemini vestrum obrepat cogitatio carnalis. nolite vobis quasi duos homines |50| ante oculos ponere, et loquentem patrem ad filium, sicut facis tu quando aliqua verba dicis filio tuo. quae enim verba fierent unico verbo? si autem loquitur in cordibus vestris sine sono, quomodo loquitur filio suo? incorporaliter pater locutus est filio, quia incorporaliter pater genuit filium; nec eum sic docuit quasi indoctum genuerit; sed hoc est eum docuisse, quod est scientem genuisse. si enim simplex est natura veritatis, hoc est filio esse quod nosse. quemadmodum ergo pater illi gignendo dedit ut esset, sic gignendo dedit ut nosset. * chrysostomus. ° rursus ad humilius sermonem reduxit. sequitur et qui me misit. ne autem aestiment hoc quod dicit misit me, minorationis esse, dicit mecum est; nam hoc quidem dispensationis, hoc autem deitatis est. * augustinus. ° et cum ambo simul sint, unus tamen est missus, alter misit: quoniam missio incarnatio est, et ipsa incarnatio filii tantum est, non et patris. ergo inquit qui me misit; idest cuius auctoritate |75| tamquam paterna incarnatus sum. misit itaque pater filium, sed non recessit a filio; unde sequitur et non reliquit me solum: non enim quo misit filium, non ibi erat pater, qui dixit: caelum et terram ego impleo. sed quare eum non dereliquit, subdit quia quae placita sunt ei facio semper; non ex quodam initio, sed sine initio, sine fine: dei enim generatio non habet initium temporis. * chrysostomus. ° vel aliter. quia continuo dicebant, quoniam non ex deo est, et quia sabbatum non custodit; contra est, quod ait quoniam quae placita sunt ei facio semper: ostendens quoniam et solvere sabbatum, placitum est ei. multipliciter enim studet ut ostendat quod nihil facit patri contrarium. et quia hoc humanius locutus est, subditur haec illo loquente multi crediderunt in eum: ac si diceret evangelista: ne turberis si quid humile a christo audieris; qui enim post tantam doctrinam nondum suasi erant, humiliora audiunt, et suadentur. igitur crediderunt quidem, sed non ut oportebat; |100| sed simpliciter quasi laetantes et requiescentes in verborum humilitate: et hoc ostendit evangelista in subsequentibus sermonibus, in quibus narratur quod rursus ei iniuriabantur.

lc8 * Augustinus in ioannem. ° voluit dominus in profundum fundare fidem eorum qui crediderant, ut non superficie tenus crederent; et ideo dicitur dicebat ergo iesus ad eos qui crediderunt ei iudaeos: si vos manseritis in sermone meo, vere discipuli mei eritis. per hoc quod dicit si manseritis, ostendit ea quae in eorum corde erant: sciebat enim quoniam crediderunt quidam, sed non manserunt: et magnum quid eis promittit, scilicet vere discipulos eius fieri: in quo occulte tangit quosdam qui prius ab ipso recesserant: et illi eum audierunt et crediderunt, et recesserunt, quia non permanserunt. * augustinus de verb. dom.. ° omnes autem nos unum magistrum habemus, et sub illo condiscipuli sumus. nec ideo magistri sumus, quia de loco superiore loquimur: sed magister est omnium qui habitat in omnibus nobis. ad discipulum autem parum est accedere; sed oportet manere nos in illo: et si in illo non manserimus, cademus. breve opus, |25| breve verbo, magnum opere, si manseritis. quid enim est in verbis dei manere, nisi nullis tentationibus cedere? si labor non est, gratis accipis praemium; si labor est, attende magnum praemium. et cognoscetis veritatem. * augustinus in ioannem. ° quasi dicat: quia nunc credentes estis, manendo, videntes eritis. non enim quia cognoverunt crediderunt; sed ut cognoscerent crediderunt. quid enim est fides, nisi credere quod non vides; veritas quod credidisti, videre? si ergo permaneatur in eo quod creditur, pervenitur ad id quod videtur, ut scilicet contemplemur ipsam veritatem sicuti est, non per verba sonantia, sed per lucem splendentem. veritas incommutabilis est, panis est mentis; reficit, nec deficit; mutat vescentem, non ipsa in vescentem mutatur. ipsa autem veritas verbum dei est: haec veritas carne induta est propter nos: latebat in carne, non ut negaretur, sed ut differretur; ut in carne pateretur, ut caro peccati redimeretur. * chrysostomus in ioannem. ° vel cognoscetis veritatem, |50| hoc est me: ego enim sum veritas. iudaica quidem omnia typus erant, veritatem autem a me scitis. * augustinus de verb. dom.. ° forte aliquis dicet: et quid mihi prodest cognoscere veritatem? et ideo subiungit et veritas liberabit vos; quasi dicat: si non delectat veritas, delectet libertas. liberari enim proprie dicitur liberum fieri, quomodo sanari sanum fieri. hoc in verbo graeco planius est: nam in consuetudine latina maxime in eo consuevimus audire hoc verbum, ut quicumque liberatur intelligatur pericula evadere, molestiis carere. * theophylactus. ° sicut autem supra infidelibus ait: in peccatis vestris moriemini, sic manentibus in fide, absolutionem annuntiat peccatorum. * augustinus de trin.. ° unde etiam veritas liberabit, nisi a morte, a corruptione, a mutabilitate? veritas quippe immortalis, incorrupta, incommutabilis permanet. vera autem incommutabilitas est ipsa aeternitas. * chrysostomus. ° eorum autem qui crediderant, erat etiam increpationes sufferre; sed hi statim saeviunt. |75| si autem oportebat eos turbari in priori, convenientius erat ut turbarentur in hoc, scilicet quod dixit cognoscetis veritatem, ut dicerent: nunc ergo veritatem nescimus; lex igitur mendacium est, et cognitio nostra? sed nullius horum eis cura erat; sed de mundanis rebus dolent: non enim aliam servitutem noverant nisi mundanam; unde sequitur responderunt ei iudaei: semen abrahae sumus, et nemini servivimus unquam; quomodo tu dicis: liberi eritis? quasi dicant: eos qui de genere sunt abrahae, qui sunt ingenui, non oportebat servos vocare: nunquam enim servivimus. * augustinus in ioannem. ° vel hoc responderunt, non illi qui iam crediderant, sed qui in turba erant nondum credentes. hoc autem ipsum nemini servivimus unquam, secundum huius temporis libertatem, quomodo verum dixisti? ioseph non est venumdatus? prophetae sancti in captivitatem non sunt ducti? o ingrati, quid est quod vobis assidue imputat deus, quod vos de domo servitutis liberavit, si nemini servistis? vos |100| autem qui loquimini, quomodo solvebatis tributa romanis, si nemini unquam servistis? * chrysostomus. ° quia vero non ad vanam gloriam erant quae dicebantur a christo, sed ad salutem, non voluit ostendere eos servos esse hominum, sed peccati: quae difficillima servitus est, a qua solus deus eripere potest; unde sequitur respondit eis iesus: amen, amen, dico vobis, quia omnis qui facit peccatum, servus est peccati. * augustinus. ° multum commendat quod sic pronuntiat: quodammodo, si dici fas est, iuratio eius est: amen quippe interpretatur verum, et tamen non est interpretatum, nec graecus hoc interpres ausus est facere, vel latinus. nam hoc verbum amen hebraeum est: non est autem interpretatum, ut honorem haberet velamento secreti: non ut esset ligatum, sed ne vilesceret nudatum. iam quantum hoc commendatum sit, ex ipsa geminatione cognoscite. verum dico vobis. veritas dicit; quae utique etsi non diceret: verum dico, mentiri omnino non |125| posset; tamen inculcat, dormientes quodammodo excitat: contemni non vult quod dicit. omnis, inquit, iudaeus, graecus, dives, pauper, imperator et mendicus, si facit peccatum, servus est peccati. * gregorius moralium. ° quia quisquis se pravo desiderio subicit, iniquitatis domino dudum libera mentis colla supponit. sed huic domino contradicimus, cum iniquitati, quae nos ceperat, reluctamur: cum consuetudini violenter resistimus; cum culpam poenitendo percutimus et maculas sordium lacrymis lavamus. * gregorius moralium. ° quanto autem aliqui liberius peragunt perversa quae volunt, tanto eius servitio obnoxius obligantur. * augustinus. ° o miserabilis servitus. servus hominis aliquando sui domini duris imperiis fatigatus, fugiendo requiescit: servus peccati quo fugit? secum trahit quocumque fugerit: peccatum enim quod facit intus est; voluptas transit, peccatum non transit: praeteriit quod delectabat, remansit quod pungat. solus de peccato liberare potest qui venit sine peccato, et factus |150| est sacrificium pro peccato; nam sequitur servus autem non manet in domo in aeternum. ecclesia est domus, servus peccator est: multi intrant in ecclesiam peccatores. non ergo dixit servus non est in domo, sed non manet in domo in aeternum. si ergo nullus ibi servus erit, quis ibi erit? quis gloriabitur mundum se esse a peccato? multum nos terruit; sed adiungit filius autem manet in aeternum. ergo solus in domo sua erit christus. an forte in hoc quod dicit filius, caput et corpus est? non enim sine causa terruit et spem dedit; terruit, ne peccatum amaremus; spem dedit, ne de peccati absolutione diffideremus. haec est ergo spes nostra ut a libero liberemur: ipse enim pretium dedit, non argentum, sed sanguinem suum; et propter hoc subditur si ergo filius vos liberaverit, vere liberi eritis. * augustinus de verb. dom.. ° non a barbaris, sed a diabolo; non a corporis captivitate, sed ab animae iniquitate. * augustinus in ioannem. ° prima libertas est carere criminibus; sed |175| ista inchoata est, non perfecta libertas: quia caro concupiscit adversus spiritum, ut non ea quae vultis faciatis. libertas autem plena atque perfecta est quando nullae erunt inimicitiae, quando novissima inimica mors destruetur. * chrysostomus in ioannem. ° vel aliter. quia dixerat qui facit peccatum, servus est peccati, ne praecurrant et dicant: immolationes habemus, illae nos eripere possunt; propterea induxit servus non manet in domo in aeternum. filius manet in aeternum. domus mentionem facit, patris principatum domum nominans, ostendens ex translatione humanorum, quoniam sicut dominus in domo, ita ipse omnium potestatem habet: hoc enim quod dicit non manet, significat: non habet potestatem donandi; sed filius, qui est dominus domus, habet. et ideo sacerdotes veteris legis non habebant potestatem per sacramenta legalia peccata dimittere: omnes enim peccaverunt, etiam sacerdotes, qui pro seipsis, ut dicit apostolus, necesse habebant sacrificia offerre; sed filius hanc habet potestatem; |200| unde concludit si ergo filius vos liberaverit, vere liberi eritis: ostendens quod mundana libertas, de qua gloriabantur, non est vera libertas. * augustinus. ° noli ergo libertate abuti ad libere peccandum; sed utere ad non peccandum: erit enim voluntas tua libera, si fuerit pia; eris liber, si fueris servus iustitiae.

lc9 * Augustinus in ioannem. ° iudaei se liberos dixerant, quia semen erant abrahae. quid ergo dominus ad hoc responderit subditur scio quia filii abrahae estis; quasi dicat: agnosco vos quia filii estis abrahae carnis origine, non cordis fide; et ideo subdit sed quaeritis me interficere. * chrysostomus in ioannem. ° hoc enim addidit ut non dicant: peccatum non habemus. dimittens enim omnem eorum vitam redarguere, hoc quod prae manibus erat, quod adhuc agere volebant, ducit in medium. paulatim enim eos a cognatione illa removit, erudiens in hoc non magna sapere. sicut enim libertas et servitus est ab operibus, ita et cognatio. sed ne dicerent: hoc iuste agimus, subiungit causam, dicens quia sermo meus non capit in vobis. * augustinus. ° idest, non capit cor vestrum, quia non recipitur a corde vestro. sic est enim sermo dei fidelibus tamquam pisci hamus: tunc capit quando capitur; nec fit iniuria illis qui capiuntur: ad salutem quippe, non ad |25| perniciem capiuntur. * chrysostomus. ° et non dixit: non capitis meum sermonem; sed non capit meus sermo in vobis, altitudinem suorum dogmatum ostendens. sed possent dicere: quid si a teipso loqueris? propter hoc inducit subdens ego quod vidi apud patrem meum, loquor: non enim solum eamdem substantiam, sed eamdem veritatem habeo patris. * augustinus. ° dominus autem patrem suum deum vult intelligi; quasi dicat: veritatem vidi, veritatem loquor, quia veritas sum. si ergo dominus veritatem loquitur quam vidit apud patrem, se vidit, se loquitur, quia ipse est veritas patris. * origenes in ioannem. ° manifestat autem haec auctoritas salvatorem fuisse visorem eorum quae sunt apud patrem; cum tamen homines, quibus revelatio fit, visores non sint. * theophylactus. ° cum vero audis quod vidi loquor, nequaquam corporalem visionem intelligas, sed naturalem notitiam veram et approbatam. sicut enim oculi videntes, integre aliquid et vere prospiciunt, nec falluntur; |50| sic ego veraciter ea loquor quae cognovi a patre meo. sequitur et vos quod vidistis apud patrem vestrum facitis. * origenes. ° adhuc non nominat patrem ipsorum. paulo superius abraham commemoravit; sed dicturus est alterum patrem eorum, scilicet diabolum, cuius filii erant, inquantum mali erant, non inquantum homines erant. malum ergo quod faciunt, dominus eis obiurgat et corripit. * chrysostomus. ° alia littera habet: et vos quae vidistis apud patrem vestrum, facite; quasi dicat: sicut ego verbis et veritate ostendo patrem, ita et vos a rebus ostendite abraham. * origenes. ° item alia littera habet: et vos quae audistis a patre, facite. audierant enim a patre ea quae in lege et prophetis scripta sunt. qui autem hoc verbo contra eos qui alterius opinionis sunt, fuerit usus, ostendit quod non alius deus est qui legem dedit et prophetas, et christi pater. quaeramus etiam ab inferentibus duas naturas, dicentes: a patre quidem audivisse alienos, inconveniens |75| est. si autem proprii salvatoris erant, et beatae naturae, qualiter quaerebant illum occidere, et salvatoris sermonem non capiebant? illi autem longe molestius acceperunt quam protulerit dominus, quis eorum esset pater: nam eum qui multarum gentium pater est, fatentur sui fore patrem; unde sequitur responderunt et dixerunt: pater noster abraham est. * augustinus. ° quasi dicant: quid tu dicturus es contra abraham? videbantur enim eum provocare ut aliquid mali diceret de abraham, et esset eis occasio faciendi quod cogitabant. * origenes. ° sed et hoc ipsum salvator interimit tamquam falso dictum; unde subditur dicit eis iesus: si filii abrahae estis, opera abrahae facite. * augustinus. ° et tamen superius ait: scio quia filii abrahae estis; unde non negavit eorum originem, sed facta condemnat. caro eorum ex illo erat, sed vita non erat. * origenes. ° vel dicendum, quod supra in graeco habetur: scio quod semen abrahae estis. ut ergo haec pateant, videamus primo |100| corporalis seminis et filii differentiam. manifestum enim est quod semen in seipso habet rationes eius cuius est semen, adhuc manentes et pausantes; filius vero, transmutato semine, et agente in appositam sibi materiam a muliere, per superinducta nutrimenta similitudinem accipit generantis: et quantum ad corporalia si aliquis est filius alicuius, subsistit ex semine; si vero aliquod est semen, non omnino filius efficitur. quoniam autem ex operibus iudicantur aliqui semen abrahae, videndum est ne forte ex aliquibus seminalibus rationibus, infusis quibusdam animabus, oporteat imaginari eos qui semen sunt abrahae. non omnes igitur homines semen sunt abrahae: neque enim omnes habent huiusmodi rationes consitas in eorum animabus. oportet igitur eum qui abrahae semen est, eius fieri per similitudinem et filium. possibile vero est ex negligentia et otio destruere hoc quod est eius semen. hi autem ad quos sermo erat, adhuc in spe erant: unde sciebat iesus quod adhuc semen erant abrahae, et nondum peremerant |125| possibilitatem fiendi filii abrahae: propter quod eis dicit si filii abrahae estis, opera abrahae facite. si autem super hoc quod erant semen abrahae, ad augmentum magnitudinis adolevissent, verbum iesu caperent. sed quia non accesserant ad hoc quod essent filii, verbum non capiunt, sed interficere volunt verbum, et quasi confringere, non capientes magnitudinem eius. si igitur aliquis vestrum semen est abrahae, et adhuc verbum dei non capit, non quaerat interficere verbum; sed transmutet se ad hoc quod sit filius abrahae, et tunc poterit capere filium dei. quidam autem unum ex operibus eligunt abrahae, illud scilicet: credidit abraham deo, et reputatum est illi ad iustitiam. ut autem concedatur eis quod fides sit opus, cur non dictum est singulariter: opus abrahae facite, sed pluraliter? puto enim quod hoc dictum aequipollet ei quod est: cuncta opera abrahae facite; ut tamen ex historia abrahae allegorice sumpta opera eius spiritualiter prosequamur. neque enim oportet eum qui |150| vult esse filius abrahae, adire ancillarum coniugia, nec post obitum coniugis in senectute aliam ducere coniugem. sequitur nunc autem quaeritis me interficere, hominem qui veritatem locutus sum vobis. * chrysostomus. ° hanc scilicet veritatem, quod est patri aequalis; propter hoc enim iudaei quaerebant eum interficere. et ut ostendat quod hoc non est contrarium patri, subdit quam audivi a deo. * alcuinus. ° quia ipse qui est veritas, a deo patre genitus erat: audire enim nihil aliud est quam esse a patre. * origenes. ° occidere me, inquit, hominem. interim non dico filium dei; non dico verbum, quia non moritur verbum; hoc dico, quod videtis, quia quod videtis potestis occidere, et quem non videtis, offendere. sequitur hoc abraham non fecit. * alcuinus. ° quasi dicat: in hoc probatis vos non esse filios abrahae, quia facitis opera contraria operibus abrahae. * origenes. ° sed diceret ad hoc quidam, quoniam superflue dictum est hoc, quod non |175| fecerit abraham quod suis temporibus non contingebat fieri: non enim in suis diebus natus erat christus. sed dicendum, quod in temporibus abrahae natus fuerat homo, qui quam audierat a domino veritatem, dicebat; non tamen quaesitus est ab abraham, ut eum occideret. et scias quod spiritualis adventus iesu nullo tempore defuit sanctis. ex hoc igitur comprehendo, omnem hominem, qui post regenerationem et ceteras apud se factas divinitus gratias, peccat, denuo crucifigere dei filium propriis reatibus, in quos rediit; sed hoc abraham non fecit. sequitur vos facitis opera patris vestri. * augustinus. ° adhuc non dicit quis est iste pater eorum. * chrysostomus. ° dicit autem hoc dominus, volens eis auferre superfluam gloriam de cognatione, et suadere eis ut non ultra spem salutis habeant in cognatione naturali, sed in ea quae est secundum adoptionem: hoc enim eos prohibebat venire ad christum, quia aestimabant cognationem abrahae sibi sufficere ad salutem.

lc10 * Augustinus in ioannem. ° coeperant iudaei utrumque cognoscere: quia non de carnis generatione loqueretur dominus, sed de vitae institutione. consuetudo autem scripturarum est fornicationem spiritualiter appellare, cum diis multis et falsis anima tamquam prostituta subicitur; unde dicitur dixerunt itaque ei: nos ex fornicatione non sumus nati, unum patrem habemus deum. * theophylactus. ° quasi responderent, quod dei quaererent ultionem; et ideo adversus eum consiliarentur. * origenes in ioannem. ° vel aliter. quia redarguti sunt non esse filii abrahae, atrocius respondent, latenter designantes, ex adulterio productum fore salvatorem. sed magis mihi videtur quod conrixando responderunt. cum enim prius dixissent: pater noster abraham est, et audissent: si filii abrahae estis, opera abrahae facite, fatentur se habere maiorem patrem quam abraham, scilicet deum, et non ex fornicatione sumpsisse exordium. non enim ex sponsa, |25| sed ex meretrice, seu materia, daemon, qui nihil facit ex se, producit eos qui carnalibus usi inhaerent materiae. * chrysostomus in ioannem. ° sed quid dicitis vos? patrem habetis deum, et christum incusatis haec dicentem? et nimirum ex fornicatione multi eorum nati erant; etenim illicitas commixtiones faciebant; non tamen hoc redarguit; sed instat, ut ostendat quod non sunt ex deo; unde sequitur dixit ergo eis iesus: si deus pater vester esset, diligeretis utique me: ego enim ex deo processi et veni. * hilarius de trin.. ° religiosi nominis assumptionem dei filius in his qui se dei filios confitentes, patrem sibi deum dicerent, non improbavit; sed temerariam iudaeorum usurpationem patrem sibi deum praesumentium, per id quod se non diligerent, obiurgat. non utique dici potest idipsum esse ex deo exire, quod venisse. sed cum ab his qui sibi deum patrem dicerent, idcirco se diligendum ait, quia ex deo exiisset; causam dilectionis ex causa docuit esse nascendi. exiisse enim ad incorporalis |50| nativitatis retulit nomen: quia religio profitendi sibi patrem deum, ex dilectione christi, qui ex eo genitus est, merenda sit. nec enim in deum patrem fit religiosus qui non diligit filium, cum diligendi filii non alia causa sit quam quod ex deo sit. ex deo igitur filius est, non adventu, sed nativitate. dilectio autem in patrem hinc erit omnis, si filius ex eo esse credatur. * augustinus. ° sic ergo, quod de deo processit verbum, aeterna processio est: ab illo enim processit ut verbum patris, et venit ad nos, quia verbum caro factum est. adventus eius, humanitas eius; mansio eius, divinitas eius. dicitis deum patrem, cognoscite me vel fratrem. * hilarius. ° non esse autem a se sibi originem docuit, cum subdit neque enim a meipso veni, sed ille me misit. * origenes. ° haec arbitror dici propter quosdam per se venientes, et non missos a patre, de quibus in ieremia dicitur: non mittebam eos, et ipsi currebant. quoniam autem qui duas |75| naturas ingerunt, utuntur hoc verbo, obiciendum est contra illos. paulus enim odiebat iesum cum persequeretur ecclesiam dei; unde dominus ad eum: quare me persequeris? si ergo verum est quod hic dicitur si deus pater vester esset, diligeretis me, palam est quoniam et recte convertitur: si non diligeretis, nequaquam deus pater vester esset. paulus autem aliquo tempore non diligebat iesum: fuit ergo tempus quo deus pater pauli non extitit. non igitur natura paulus dei filius fuit, sed postmodum dei filius factus est. quando vero deus alicuius fit pater, nisi quando mandata eius custodit? * chrysostomus. ° quia vero semper quaerebant dicentes: quid est hoc quod dicit: quo ego vado, vos non potestis venire? propterea subdit quare loquelam meam non cognoscitis? quia non potestis audire sermonem meum. * augustinus in ioannem. ° ideo autem audire non poterant, quia corrigi credendo nolebant. * chrysostomus. ° primo igitur captanda est virtus quae verbum |100| divinum exaudiat, ut deinceps validi sistamus ad percipiendam totam locutionem iesu: quoniam quamdiu quis curatus non est in auditu proprio, a verbo quod dicit surdo: aperiaris, auditu percipere nequit.

lc11 * Chrysostomus in ioannem. ° exclusit iudaeos dominus a cognatione abraham; et quia maiora ausi sunt, ut scilicet patrem suum deum dicerent, de reliquo percutit eos, dicens vos ex patre diabolo estis. * augustinus in ioannem. ° hic iam cavenda est haeresis manichaeorum, quae dicit esse quamdam naturam mali, et gentem quamdam tenebrarum cum principibus suis, unde diabolus originem ducit; et hinc dicunt ducere originem carnem nostram; et secundum hoc putant dictum a domino vos ex patre diabolo estis: quod essent illi velut natura mali, ducentes originem de gente contraria tenebrarum. * origenes in ioannem. ° in hoc autem simile videntur incurrisse ei qui diceret alteram esse oculi videntis substantiam et alteram caligantis vel se avertentis: quemadmodum enim in his non differt substantia, sed quaedam contingit causa quae facit caligare; sic substantia eadem est, sive recipiat rationem, sive non. * augustinus. |25| ° iudaei ergo filii erant diaboli imitando, non nascendo; unde sequitur et desideria patris vestri vultis facere. ecce unde filii estis, quia talia desideratis, non quia de illo nati estis: quaeritis enim me occidere, hominem qui veritatem vobis dico: et ille invidit homini et occidit; unde sequitur ille homicida erat ab initio: utique in primo homine, in quo potuit fieri homicidium: non enim posset occidi homo, nisi prius fieret homo. non ferro accinctus diabolus ad hominem venit; verbum malum seminavit et occidit. noli ergo putare non esse homicidium quando fratri tuo mala persuades. vos autem ideo saevitis in carnem, quia non potestis in mentem. * origenes in ioannem. ° perpende autem, quod non propter aliquem singulariter tantum, sed pro toto genere quod peremit, inquantum in adam cuncti moriuntur, et vere, dictus est ab initio homicida. * chrysostomus. ° et non dixit: opera, sed desideria eius facitis, ostendens quoniam vehementer et ille et ipsi ab occisionibus possidentur: |50| et quia continue eum accusabant quod non est a deo, insinuat occulte quod hoc etiam eis ex diabolo est; unde sequitur et in veritate non stetit. * augustinus de civ. dei. ° forte autem aliquis dicet, quod ab initio suae conditionis in veritate non steterit; et ideo numquam beatus cum sanctis angelis fuerit, suo recusans esse subditus creatori, ac per hoc falsus et fallax, quia pia subiectione noluit tenere quod naturae est, affectans per superbam elationem simulare quod non est. huic sententiae quisquis acquiescit, non cum manichaeis sapit, ut suam quamdam propriam, tamquam ex adverso quodam principio, diabolus habeat naturam mali; qui tanta vanitate desipiunt, ut non attendant non dixisse dominum: a veritate alienus fuit; sed in veritate non stetit; ubi a veritate lapsum intelligi voluit. illud etiam quod ait ioannes: ab initio diabolus peccat, hoc intelligunt, si naturale est, nullo modo esse peccatum. sed quid respondetur propheticis testimoniis? |75| sive quod ait isaias sub figurata persona principis babyloniae diabolum notans: quomodo cecidit lucifer, qui mane oriebatur? sive quod ezechiel: in deliciis paradisi dei fuisti: quae si aliter convenientius intelligi nequeunt, oportet ut quod dictum est, in veritate non stetit, sic accipiamus, quod in veritate fuerit, sed non permanserit; et illud quod ab initio diabolus peccat, non ab initio ex quo creatus est, peccare putandus est, sed ab initio peccati: coepit enim in ipso peccatum, et ipse initium peccati fuit. * origenes. ° est autem uniforme quidem in veritate morari: varium autem ac multiforme, non morari in ea: quibusdam, ut ita dicam, trementibus gressibus et nitentibus sistere in eo, non tamen obtinere valentibus; quibusdam vero non passis illud, sed in periculo consistentibus, secundum illud: mihi autem paulisper commoti sunt pedes, et ceteris ab ea cadentibus. causa igitur cur diabolus veritatem non colat, subditur quia veritas non est in eo: scilicet quod vana suspicatur |100| et seductus est ipse a seipso: in hoc deterior, quod illi quidem ab eo falluntur, is autem sibi ipsi deceptionis auctor existit. sed oportet investigare quomodo dicitur, quod veritas in ipso non est: utrum quia nullam unquam veram habet doctrinam, sed cuncta quae opinatur, falsa sunt; vel quia christi particeps non est, qui dixit: ego sum veritas. impossibile autem est aliquam rationalem substantiam de cunctis opinari falso, et de nullo vel exiliter rectitudinem conspicere. diabolus igitur saltem id vere capit dogma, considerando de se quod rationalis est. non igitur eius natura consistit ex contrario veritatis, idest ex errore et ignavia: nunquam enim veritatem cognoscere posset. * augustinus de civ. dei. ° vel cum dicit quia veritas in eo non est, subiecit indicium, quasi quaesissemus unde ostendatur quod in veritate non steterit, atque quia veritas non est in eo. esset autem in eo, si in ipsa stetisset. sequitur cum loquitur mendacium, ex propriis loquitur, quia mendax est et pater |125| eius. * augustinus in ioannem. ° in his verbis quidam diabolum putaverunt patrem habere, et quaesierunt quis esset diaboli pater. hic est error manichaeorum. diabolum autem dominus dixit patrem mendacii: non enim omnis qui mentitur, pater mendacii sui est: si enim ab alio mendacium accepisti et dixisti, tu quidem mentitus es, sed pater mendacii non es. ille vero, quia non aliunde accepit mendacium, quo mendacio tamquam veneno serpens hominem occideret, pater est mendacii, sicut deus pater est veritatis. * theophylactus. ° is enim et deum apud homines criminatus est, ad evam dicens: quoniam invidens vobis, lignum inhibuit: et apud deum quondam criminatus est homines, ut cum dixit: an gratis colit iob dominum? * origenes. ° attende tamen, quod hoc nomen mendax dicitur tam de diabolo, qui mendacium genuit, sicut hic dicitur quia mendax est, quam de homine, secundum illud: omnis homo mendax. nam si quis mendax non est, huiusmodi |150| non est homo tantum; ita quod ei et similibus dici potest: ego dixi: dii estis. unde, cum aliquis loquitur mendacium, de propriis loquitur. spiritus autem sanctus loquitur a verbo veritatis et sapientiae, secundum illud: de meo accipiet, et annuntiabit vobis. * augustinus de quaest. nov. et vet. testam.. ° vel aliter. diabolus non speciale nomen est, sed commune. in quocumque enim opera diaboli fuerint inventa, diabolus est appellandus: operis enim nomen est, non naturae. itaque hoc in loco patrem iudaeorum cain significat, cuius imitatores volentes esse iudaei, salvatorem peremerunt; ab ipso enim forma data est fratricidii, quem dixit mendacium de propriis loqui, ut ostenderet unumquemque non nisi propria voluntate peccare. sed quia cain imitator diaboli est, patrem eius diabolum dixit, cuius opera secutus est. * alcuinus. ° sed quia dominus veritas est et filius veracis dei, veritatem dicit; sed iudaei, qui filii erant diaboli, aversi erant a veritate; et hoc est quod sequitur |175| ego autem quia veritatem dico vobis, non creditis mihi. * origenes in ioannem. ° sed quomodo hoc dicitur iudaeis, qui in eum crediderant? sed considera, quod potest aliquis secundum aliquam intentionem credere, secundum aliam vero non credere: sicut qui credunt in unum qui sub pontio pilato crucifixus est, non autem credunt in natum de maria virgine, in eumdem credunt et non credunt. sic igitur hi ad quos loquebatur credebant in eum, secundum quod videbatur signorum factor, non credebant autem his quae profunde ab eo dicebantur. * chrysostomus in ioannem. ° quia igitur inimici estis veritatis, in nullo me incusantes vultis me interficere; et ideo subditur quis ex vobis arguet me de peccato? * theophylactus. ° quasi dicat: si dei filii estis, utique peccantes debetis habere odio. si ergo me quoque, quem exosum habetis, non potestis arguere de peccato; manifestum est quod propter veritatem me odio habetis; quoniam scilicet dicebat se filium dei. * origenes in ioannem. |200| ° habet autem hoc verbum christi magnam fiduciam; cum nullus hominum fiducialiter hoc dicere potuerit nisi solus dominus noster, qui peccatum non fecit. * gregorius in evang.. ° pensate autem mansuetudinem dei. non dedignatur ex ratione ostendere se peccatorem non esse, qui ex virtute divinitatis poterat peccatores iustificare; unde subdit qui est ex deo, verba dei audit: propterea vos non audistis, quia ex deo non estis. * augustinus in ioannem. ° noli attendere naturam, sed vitium. sunt isti ex deo, et non sunt ex deo: natura ex deo, vitium non ex deo. eis autem hoc dictum est qui non solum peccato vitiosi erant, nam hoc commune erat omnibus, sed etiam praecogniti quod non erant credituri ea fide qua possent a peccatorum obligatione liberari. * gregorius. ° interroget se ergo unusquisque, si verba dei aure cordis percipit, et intelliget unde sit. nam sunt nonnulli qui praecepta dei nec aure corporis percipere dignantur; et sunt nonnulli qui haec quidem corporis |225| aure percipiunt, sed nullo ea mentis desiderio complectuntur; et sunt nonnulli qui libenter verba dei suscipiunt, ita ut etiam in fletibus compungantur; sed post lacrymarum tempus ad iniquitatem redeunt; hi profecto verba dei non audiunt, quia haec exercere in opere contemnunt.

lc12 * Chrysostomus in ioannem. ° cum aliquid altum dominus diceret, hoc apud iudaeos, qui valde insensibiles erant, insania videbatur, ut ex eorum responsione colligitur; dicitur enim responderunt ergo iudaei, et dixerunt ei: nonne bene dicimus nos, quia samaritanus es tu, et daemonium habes? * origenes in ioannem. ° sed dignum est quaerere quomodo, cum samaritani saecula futura denegent, nec animae durabilitatem acceptent, ausi sunt samaritanum dicere salvatorem, qui de resurrectione et iudicio tot et tanta edocuit. sed forsan velut improperantes illi hoc dicunt, dum quae sentiunt ipsi non docet. * alcuinus. ° samaritani enim gens odiosa israelitico populo, decem tribubus in captivitatem ductis, terram eorum possidebant. * origenes. ° convenit quoque quod aliqui de eo arbitrentur quod secundum samaritanos sentiret, ut nihil post obitum reservetur hominibus, sed ficte ad placendum iudaeis, de resurrectione et aeterna vita tractaret. daemonium vero illum habere dicebant propter eius sermones transcendentes capacitatem humanam, quibus deum patrem suum asserebat, et se de caelo descendisse, et cetera huiusmodi; vel propter suspicionem eorum, quia plures in beelzebub principe daemoniorum opinabantur ipsum eicere daemones. * theophylactus. ° vel samaritanum illum dicebant, tamquam ritus hebraicos dissolventem, utpote sabbati; samaritani enim non perfecte iudaizabant. ex hoc vero quod eorum cogitationes revelabat, daemonium ipsum habere suspicabantur. quando vero eum samaritanum dixerunt, nusquam evangelista dicit: ex quo palam est quod multa praetermiserunt evangelistae. * gregorius in evang.. ° ecce iniuriam suspiciens deus, non contumeliosa verba respondet; sequitur enim respondit iesus, et dixit: ego daemonium non habeo. ex qua re quid nobis innuitur, nisi ut eo tempore cum a proximis ex falsitate contumelias accipimus, eorum etiam vera taceamus mala, ne ministerium iustae correptionis in arma vertatur furoris? * chrysostomus. ° et attendendum, quod ubi eos docere oportebat et eorum superbiam subtrahere, asper erat: ubi vero exprobratum eum oportebat sufferre, multa mansuetudine utebatur; erudiens nos, quae quidem ad deum vindicare, quae vero ad nos despicere. * augustinus in ioannem. ° et ut homo prius eius imitetur patientiam, ut perveniat ad potentiam. sed quamvis maledictus maledicta non redderet, pertinuit tamen ad eum negare. duo autem sibi fuerant obiecta: samaritanus es, et daemonium habes. non dixit: non sum samaritanus; samaritanus enim interpretatur custos; noverat autem ille se nostrum esse custodem; non enim pertinuit ad eum ut redimeremur, et non pertinet ut servemur. denique ipse est samaritanus, qui accessit ad saucium, et misericordiam impendit. * origenes. ° aliter quoque dominus magis quam paulus omnibus omnia fieri voluit, ut omnes nanciscatur; et ideo se non negavit esse samaritanum. aestimo autem solius iesu fore vocem ego daemonium non habeo etc., sicut et illud: venit princeps mundi huius, et in me non habet quidquam; quia etiam quae delictorum reputata sunt minima, daemonibus adaptantur. * augustinus. ° deinde post tale convicium hoc solum dixit de gloria sua: sed honorifico patrem meum; quasi dicat: ne vobis arrogans videar, habeo quem honorificem. * theophylactus. ° honorificavit autem patrem, ulciscens eum, et non tolerans homicidas et mendaces se dei veraces filios appellare. * origenes. ° solus autem christus verissime veneratus est patrem: nullus enim honorans quidquam ex his quae non honorantur a deo, honorat deum. * gregorius. ° sed quia quisquis dei zelo utitur, a pravis hominibus dehonestatur, in semetipso nobis dominus patientiae praebuit exemplum, qui ait et vos inhonorastis me. * augustinus. ° quasi dicat: ego facio quod debeo, vos non facitis quod debetis. * origenes. ° non autem illis solum hoc dictum est, sed et omnibus iniuste agentibus qui iniuriam inferunt christo, qui est iustitia; et inferentibus contumeliam sapientiae, eo quod christus est sapientia, et similiter de aliis huiusmodi. * gregorius. ° sed quid nobis contra iniurias faciendum sit, suo exemplo nos admonet, cum subiungit ego autem gloriam meam non quaero: est qui quaerat et iudicet. * chrysostomus in ioannem. ° quasi dicat: ex honore quem ad patrem habeo, haec locutus sum vobis, et propter hoc dehonoratis me; sed nulla est mihi cura huius contumeliae: illi enim noxas debetis propter quem haec audio. * origenes in ioannem. ° quaerit autem deus gloriam christi in quolibet suscipientium illum, quam quidem reperiret in operantibus secundum insitas virtutis causas. cum autem non repererit, punit illos in quibus non reperit gloriam filii sui; unde dicit est qui quaerat, et iudicet. * augustinus in ioannem. ° quem autem vult intelligi nisi patrem? quomodo ergo alio loco dicit: pater non iudicat quemquam; sed omne iudicium dedit filio? sed videte, quod iudicium quandoque pro damnatione accipitur: hic autem secundum discretionem positum est; quasi dicat: est pater qui gloriam meam a vestra discernat: vos enim secundum hoc saeculum gloriamini, ego non secundum hoc saeculum. discernit etiam gloriam filii sui a gloria omnium hominum: non enim quia homo factus est, iam comparandus est nobis. nos homines cum peccato, ille sine peccato, et hoc secundum ipsam formam servi; nam illud quis digne loquatur: in principio erat verbum? * augustinus. ° vel aliter. si vere dictum est a salvatore: omnia mea tua sunt, palam est quoniam et ipsum iudicium filii, patris est. * gregorius in evang.. ° cum vero malorum perversitas crescit, non solum frangi praedicatio non debet, sed etiam augeri; unde dominus postquam daemonium habere dictus est, praedicationis suae beneficia largius impendit, dicens: amen, amen, dico vobis: si quis sermonem meum servaverit, mortem non videbit in aeternum. * augustinus. ° videbit dictum est pro eo quod est experietur. cum ergo morituris moriturus loqueretur, quid sibi vult quod ait qui sermonem meum servaverit, mortem non videbit in aeternum, nisi quia videbit aliam mortem, de qua nos liberare venerat, mortem aeternam, mortem damnationis cum diabolo et angelis eius? ipsa est vera mors, nam ista migratio est. * origenes. ° sic igitur intelligendum est si quis sermonem meum servaverit, mortem non videbit in aeternum, ac si diceret: si quis lucem meam custodierit, tenebras non videbit. quod autem dicit in aeternum, communiter est sumendum, ut sit talis intellectus: si quis sermonem meum servaverit in aeternum, mortem non videbit in aeternum: quia eousque non videt aliquis mortem, quousque iesu verbum custodit. cum vero quis torpens in observantia sermonis, et circa sui custodiam negligens factus, eum cessat custodire, subinde mortem videt, non apud alium quam apud seipsum. sic igitur a salvatore instructi, prophetae quaerenti: quis est homo qui vivet, et non videbit mortem? respondere possumus: qui custodit verbum christi. * chrysostomus. ° servaverit autem dicit non solum fide, sed etiam per vitam puram. simul autem et occulte insinuat quoniam nihil possunt ei facere. si enim qui sermonem eius servabit, non morietur in aeternum, multo magis et ipse non potest mori.

lc13 * Gregorius in evang.. ° sicut bonis necesse est ut meliores etiam per contumelias existant, ita semper reprobi de beneficio peiores fiunt: nam accepta praedicatione, iterum iudaei blasphemant; dicitur enim dixerunt ergo iudaei: nunc cognovimus quia daemonium habes. * origenes in ioannem. ° hi qui sacris scripturis credunt, comprehendunt quod quae praeter rectam rationem ab hominibus exercentur, non praeter daemones fiunt. sic igitur iudaei virtute daemonis putabant iesum dixisse: si quis sermonem meum servaverit, mortem non videbit in aeternum. hoc autem passi sunt quia dei virtutem non perspexerunt: nam hic de morte quadam inimica rationi, qua pereunt delinquentes, hoc fassus est; hi vero de communi morte coniectantes esse quod dicitur, increpant dicentem, quasi defuncto abraham et prophetis; unde subditur abraham mortuus est et prophetae, et tu dicis: si quis sermonem meum servaverit, mortem non gustabit in aeternum. cum aliqua differentia sit inter mortem gustare et videre, pro eo quod mortem non videbit, mortem non gustabit protulerunt, velut incauti auditores confundentes dominicum sermonem. sicut enim dominus inquantum panis vivus est, gustabilis est; in eo vero quod est sapientia, est visibilis pulchritudinis: sic etiam adversaria eius mors et gustabilis est et visibilis. cum ergo quis steterit per iesum in intellectuali loco, mortem non gustabit, si statum servat, secundum illud matth. 16, 28: sunt de hic stantibus qui non gustabunt mortem. cum autem aliquis sermonem christi acceperit et custodierit, mortem non videbit. * chrysostomus in ioannem. ° rursus autem ex inani gloria ad cognationem confugiunt; unde sequitur numquid tu maior es patre nostro abraham, qui mortuus est? poterant etiam dicere: numquid tu maior es deo, cuius sermonem qui audierunt mortui sunt? sed non dicunt hoc, quia etiam quam abraham minorem eum aestimabant. * origenes. ° non enim discernunt, quia non solum abraham, sed etiam quolibet nato ex muliere, qui natus est ex virgine maior est. nec verum dicebant iudaei abraham mortuus est: audivit enim verbum christi, atque servavit. et huiusmodi simile dices de prophetis, de quibus subdunt et prophetae mortui sunt: nam et verbum filii dei custodierunt, cum verbum domini factum fuerit ad osee, vel isaiam, vel ieremiam; quod si quis alius custodivit, ipsi prophetae custodierunt. mendacium ergo dicunt et in hoc: scimus quia daemonium habes, et in hoc: abraham mortuus est et prophetae. * gregorius. ° quia enim aeternae morti inhaeserant, et eamdem mortem cui inhaeserant, non videbant, cum solam mortem carnis aspicerent, in veritatis sermone caligabant. subdunt autem quem teipsum facis? * theophylactus. ° quasi dicant: tu, qui nulla cura dignus es, carpentarii filius de galilaea, tibi subripis gloriam. * beda. ° quem teipsum facis? hoc est, cuius meriti cuiusve dignitatis vis credi? abraham tamen mortuus erat corpore, anima autem vivebat. maior autem est mors animae in aeternum victurae, quam corporis quandoque morituri. * origenes. ° caecutientium autem fuit haec prolatio: quoniam non se fecit iesus id quod est, sed ex patre recepit; unde sequitur respondit iesus: si ego glorifico meipsum, gloria mea nihil est. * chrysostomus in ioannem. ° hoc quantum ad eorum suspicionem dixit, sicut et supra: testimonium meum non est verum, si testimonium perhibeo de meipso. * beda. ° his autem verbis nihil esse ostendit gloriam vitae praesentis. * augustinus in ioannem. ° dixit autem hoc propter illud quod dixerant quem teipsum facis? refert enim gloriam suam ad patrem, de quo est; unde subdit est pater meus qui glorificat me. de isto verbo calumniantur ariani fidei nostrae, et dicunt: ecce maior est pater, quia glorificat filium. haeretici, non legistis et ipsum filium dicentem, quod glorificet patrem suum? * alcuinus. ° glorificavit autem pater filium, cum tempore baptismi et in monte, et tempore passionis coram turbis vox facta est ad eum, et post passionem eum resuscitavit, et collocavit eum ad dexteram suae maiestatis. * chrysostomus. ° addidit autem quem vos dicitis quia deus vester est: volebat enim ostendere quoniam non solum patrem eum nesciebant, sed neque deum. * theophylactus. ° nam si vere patrem cognoscerent, filium eius venerarentur. deum etiam contemnunt, qui homicidium in lege prohibuit, adversus christum clamantes; unde subdit et non cognovistis eum. * alcuinus. ° quasi dicat: vos carnaliter illum deum vestrum vocatis; pro temporalibus ei servitis: et non cognovistis eum, sicut intelligendus est; spiritualiter ei servire nescitis. * augustinus. ° quidam haeretici dicunt deum annuntiatum in veteri testamento non esse patrem christi, sed nescio quem principem malorum angelorum. contra ipsos ergo dicit patrem suum quem illi dicebant deum suum, et non cognoverunt: si enim ipsum cognovissent, eius filium recepissent. de se autem subdit ego autem novi eum. secundum carnem iudicantibus potuit et hic arrogans videri; sed arrogantia non ita caveatur ut veritas relinquatur; propter quod subdit et si dixero quia non scio eum, ero similis vobis mendax. * chrysostomus. ° quasi dicat: sicut vos dicentes scire eum, mentimini, ita ego si dixero me nescire. sed maxima demonstratio est, quod ab illo sit missus, hoc quod sequitur sed scio eum. * theophylactus. ° naturaliter ipsius cognitionem obtinens; qualis enim ego sum, talis et pater, quoniam ego meipsum cognosco, et illum cognosco. praebet autem indicium quod ipsum cognoscat cum subdit et sermonem eius servo, sermonem mandata nuncupans. quidam autem sic intelligunt hoc quod dicitur sermonem eius servo: idest rationem substantiae eius: eadem enim est ratio substantiae patris et filii: ideoque patrem cognosco: nam et pro quoniam sumitur, ut sit sensus: quoniam eius sermonem servo. * augustinus. ° sermonem etiam patris tamquam filius loquebatur; et ipse erat verbum patris, quod hominibus loquebatur. * chrysostomus. ° et quia dixerant: numquid tu maior es patre nostro abraham? nihil de morte exponens, se maiorem quam abraham esse ostendit consequenter, cum subdit abraham pater vester exultavit ut videret diem meum: vidit et gavisus est, scilicet propter beneficium quod a me habet, ut a maiore. * theophylactus. ° quasi dicat: diem meum desiderabilem habuit et laetitiae plenum, non quasi alicuius minimi aut fortuiti. * augustinus. ° non timuit, sed exultavit ut videret: credens utique exultavit sperando, ut videret intelligendo diem meum. incertum autem potest esse utrum dixerit temporalem diem domini, quo erat venturus in carne, an diem domini qui nescit ortum, nescit occasum. sed ego non dubito patrem abraham totum scisse: ait enim servo suo quem mittebat: pone manum sub femore meo, et iura mihi per deum caeli. ergo quae fuit illa iuratio, nisi quia significabatur de genere abrahae venturum in carne deum caeli? * gregorius in evang.. ° tunc etiam diem domini abraham vidit, cum in figura summae trinitatis tres angelos hospitio suscepit. * chrysostomus in ioannem. ° vel diem suum dicit diem crucis, quem abraham in oblatione arietis et isaac praefiguravit; per hoc ostendens quod non invitus ad passionem venit, et ostendens eos esse alienos ab abraham, si in quibus ille exultavit, hi dolent. * augustinus. ° quale autem gaudium fuit cordis videntis verbum manens, splendorem piis mentibus refulgentem, apud patrem manentem deum, et aliquando in carne venturum, non de patris gremio recessurum.

lc14 * Gregorius in evang.. ° carnales mentes iudaeorum audientium verba christi, oculos a carne non sublevant, dum in eo solam carnis aetatem pensant; unde dicitur dixerunt ergo iudaei ad eum: quinquaginta annos nondum habes, et abraham vidisti? quasi dicerent: multa sunt annorum curricula, ex quo abraham mortuus est, et quomodo vidit diem tuum? carnaliter enim hoc intellexerunt. * theophylactus. ° tunc autem triginta trium annorum christus erat: quare ergo non dixerunt: quadraginta annos nondum habes, sed quinquaginta? supervacua est huiusmodi quaestio: simpliciter enim prout eis occurrit dixerunt. respondent tamen quidam quod per quinquagesimum annum ex reverentia iubilaeum nominant, in quo et captivos manumittebant et emptitiis possessionibus cedebant. * gregorius. ° quos benigne redemptor noster a carnis suae intuitu submovet, et ad divinitatis contemplationem trahit; unde sequitur dixit ergo eis iesus: amen, amen, dico vobis: antequam abraham fieret, ego sum. ante enim praeteriti temporis est, sum vero praesentis; et quia praeteritum et futurum tempus divinitas non habet, sed semper esse habet, non ait: ante abraham ego fui, sed ante abraham ego sum: secundum illud: ego sum qui sum. ante ergo vel post abraham habuit esse, qui et accedere potuit per exhibitionem praesentiae, et recedere per cursum vitae. * augustinus in ioannem. ° quia vero creatura est abraham, non dixit: antequam abraham esset, sed antequam fieret; neque dixit: ego factus sum: nam in principio erat verbum. * gregorius. ° sed sustinere ista aeternitatis verba mentes infidelium non valentes, quem intelligere non poterant, obruere quaerebant; unde sequitur tulerunt ergo lapides iudaei, ut iacerent in eum. * augustinus. ° tanta duritia quo curreret, nisi ad similes, scilicet lapides? quia vero postquam cuncta quae ad eum spectabant, docendo perfecerat, hi lapides iniciunt, deserit eos quasi correctionem non suscipientes; unde subditur iesus autem abscondit se, et exivit de templo. non autem abscondit se in angulo templi quasi timens, aut in domunculam fugiens, vel post murum aut columnam divertens; sed caelica potestate invisibilem insidiantibus se constituens, per medium illorum exivit. iesus autem abscondit se, et exivit de templo. * gregorius. ° qui si divinitatis suae potentiam exercere voluisset, tacito nutu mentis suae in suis eos actibus ligaret, aut in poenas subitae mortis obrueret. sed qui pati venerat, exercere iudicium nolebat. * augustinus. ° magis enim erat commendanda sapientia, quam exercenda potentia. * alcuinus. ° ideo etiam fugit quia nondum venerat hora passionis, et quia ipse non elegerat hoc genus mortis. * augustinus. ° ergo tamquam homo a lapidibus fugit; sed vae illis a quorum lapideis cordibus fugit deus. * beda. ° mystice autem quot malas cogitationes quis assumit, quasi tot lapides in iesum mittit; ac deinde quantum ad se pertinet, si ad deliberationem transit, iesum extinguit. * gregorius. ° quid autem abscondendo se dominus significat, nisi quod eis ipsa veritas absconditur qui eius verba sequi contemnunt? eam quippe quam non invenit humilem, veritas fugit mentem. quid autem nobis hoc exemplo loquitur, nisi ut etiam cum resistere possumus, iram superbientium humiliter declinemus?

074 CJO cp9

lc1 * Chrysostomus in ioannem. ° quia iudaei sermonum christi altitudinem non susceperant, exiens de templo curavit caecum, sui absentia eorum furorem mitigans, et per operationem signi, eorum duritiam molliens, et de his quae dicta sunt a se, faciens fidem; unde dicitur et praeteriens iesus, vidit hominem caecum a nativitate. ubi considerandum, quod egrediens de templo, studiose venit ad opus sui manifestativum: ipse enim vidit caecum, non caecus ad eum accessit; et ita studiose respexit ut discipuli eius videntes eum studiose aspicientem interrogarent; sequitur enim et interrogaverunt eum discipuli eius: rabbi, quis peccavit, hic, an parentes eius, ut caecus nasceretur? * augustinus in ioannem. ° rabbi magister est. magistrum appellant, quia discere cupiebant: quaestionem quippe proposuerant domino tamquam magistro. * theophylactus. ° videtur tamen haec quaestio peccare: neque enim susceperant apostoli nugas gentilium, quoniam anima in alio saeculo vivens peccavit: sed diligenter intuenti non apparet simplex haec quaestio. * chrysostomus. ° venerunt enim ad hanc interrogationem, quia prius paralyticum curans dixit: ecce sanus factus es: non ultra pecces. illi igitur cogitantes quia propter peccata fuerat ille paralysi resolutus, quaerunt de isto si hic peccavit; quod non est dicere: a nativitate enim caecus est; aut parentes eius; sed neque hoc: filius enim pro patre non sustinet poenam. sequitur respondit iesus: neque hic peccavit, neque parentes eius. * augustinus. ° numquid vel ipse sine originali peccato natus erat, vel vivendo nihil addiderat? habebant ergo peccatum et ipse et parentes eius, sed non ipso peccato factum est ut caecus nasceretur. ipse autem causam dicit quare caecus sit natus, cum subdit sed ut manifestentur opera dei in illo. * chrysostomus. ° non autem ex hoc ostendit quod alii caeci facti sunt propter peccata parentum: neque enim contingit uno peccante alium puniri. quod autem dicit ut manifestetur gloria dei, de seipso dicit, non de patre: illius enim gloria iam manifesta erat. sed numquid iste iniuste passus est? sed ego eum beneficium accepisse dico per caecitatem: per hanc enim interioribus respexit oculis. qui vero ex non ente ad esse eum deduxit, potestatem habebat absque iniuria et ita eum dimittere. dicunt autem quidam, quoniam ut hic non est causativum, sed significat eventum, sicut et illud: lex subintravit, ut abundaret delictum; sic et hoc consecutum est, ut dominus oculos clausos aperiens, et alia naturalis infirmitatis nocumenta corrigens, suam demonstravit virtutem. * gregorius moralium. ° alia itaque est percussio qua peccator percutitur, ut sine retractatione puniatur; alia qua peccator percutitur ut corrigatur; alia qua quisque percutitur non ut praeterita corrigat, sed ne ventura committat; alia per quam nec praeterita culpa corrigitur, nec futura prohibetur. sed dum inopinata salus percussionem sequitur, salvantis virtus cognita ardentius amatur. * chrysostomus. ° et quia de seipso dixit ut manifestetur gloria dei, subiungit me oportet operari opera eius qui misit me; idest me oportet manifestare meipsum, et facere ea quae manifestent me patri eadem facientem. * beda. ° cum enim filius se operari opera patris asseruit, sua et patris opera eadem esse monstravit; quae sunt infirma salvare, debilia roborare, homines illuminare. * augustinus. ° per hoc autem quod dicit qui misit me, universam gloriam dat illi de quo est, quia ille habet filium qui de illo sit; ipse non habet de quo sit. * chrysostomus. ° addidit autem donec dies est, idest, donec licet credere hominibus in me, donec vita haec consistit, oportet me operari; et hoc ostendit subdens venit nox, quando nemo potest operari. nox dicta est, secundum illud: proicite eum in tenebras exteriores. ibi ergo erit nox, ubi nemo potest operari, sed recipere quod operatus est. cum vivis, fac si quid facturus es: ultra enim neque fides est, neque labores, neque poenitentia. * augustinus. ° si autem modo operamur, hic est dies, hic est christus; unde subdit quamdiu sum in mundo, lux sum mundi. ecce ipse est dies. dies iste qui circuitu solis impletur, paucas horas habet; dies praesentiae christi usque in consummationem saeculi extendetur: ipse enim dixit: ecce ego vobiscum sum usque in consummationem saeculi. * chrysostomus in ioannem. ° quia vero sermonem quem dixerat, per opera credi fecit, subiungit evangelista haec cum dixisset, expuit in terram, et fecit lutum ex sputo, et linivit lutum super oculos caeci. qui autem maiores substantias de nihilo ad esse perduxit, multo magis oculos sine materia fecisset; sed voluit docere seipsum esse creatorem, qui in principio usus est luto ad hominis formationem. ideo autem non aqua utitur ad lutum faciendum, sed sputo, ut nihil ascribatur fonti; sed discas quoniam virtus oris oculos aperuit et plasmavit: et deinde ut non videatur eis ex virtute terrae esse curatio, iussit lavari; unde sequitur et dixit ei: vade, et lava ad natatoria siloe, quod interpretatur missus: ut discas quoniam non indigeo luto ad faciendos oculos. et quia in siloe erat virtus christi, quae omnia operabatur, propter hoc et interpretationem nobis evangelista adiecit, dicens quod interpretatur missus: ut discas quoniam et illic christus eum curavit. sicut enim apostolus dicit quod petra erat christus, ita et siloe spiritualis erat, cuius repentinus aquae defluxus occulte insinuat nobis christi manifestationem praeter omnem spem. sed quare non statim eum fecit lavari, sed ad siloe misit? ut destruatur iudaeorum indevotio: conveniens enim erat omnes eum videre euntem, et lutum super oculos habentem. et etiam volens ostendere quoniam non alienus est a lege et veteri testamento, mittit eum ad siloe. non autem erat timendum ne siloe sumeret hanc gloriam: multi enim lavantes ibi oculos, nullo tali beneficio sunt potiti. et iterum ut discas caeci fidem, qui non contradixit, neque cogitavit apud seipsum: lutum solet magis excaecare: multoties lavi in siloe, et in nullo sum adiutus: si quam virtutem haberet, praesens utique curasset. sed simpliciter obedivit; unde sequitur abiit ergo, et lavit, et venit videns. sic igitur manifestavit suam gloriam: non enim parva gloria est ut aestimetur auctor creationis: ea enim quae de maiori est fides, quod minus est certificat. in universa autem creatione honorabilior est homo, eorum autem quae in nobis sunt membrorum honorabilior est oculus: hic enim corpus gubernat, hic ornat visum; et quod sol est in orbe terrarum, hoc est oculus in corpore: unde superiorem locum sortitur, sicut in quodam regali loco collocatus. * theophylactus. ° quidam tamen dicunt quod lutum non fuit depositum, sed in oculos est conversum. * beda. ° mystice autem postquam expulsus est de cordibus iudaeorum, mox transivit ad gentilium populum. praeterire autem eius, vel iter facere, est de caelis in terram descendere. itaque videt caecum, cum misericorditer respexit genus humanum. * augustinus. ° genus enim humanum est iste caecus: haec enim caecitas contigit in primo homine per peccatum, de quo omnes originem duximus: caecus est ergo a nativitate. spuit dominus in terram, de saliva sua lutum fecit, quia verbum caro factum est, et inunxit oculos caeci. inunctus erat et nondum videbat: quando enim inunxit, forte eum catechumenum fecit. mittit illum ad piscinam, quae vocatur siloe, quia baptizatus est in christo, et tunc eum illuminavit. pertinuit autem ad evangelistam ut commendaret nobis nomen huius piscinae; et ait quod interpretatur missus: nisi enim ille fuisset missus, nemo nostrum esset ab iniquitate dimissus. * gregorius moralium. ° vel aliter. per salivam sapor intimae contemplationis accipitur, quae ad os a capite defluit, quia de claritate conditoris adhuc in hac vita nos positos gustu revelationis tangit; unde dominus salivam luto miscuit, et caeci nati oculos reparavit, quia superna gratia carnalem cognitionem nostram per admixtionem suae contemplationis irradiat, et ab originali caecitate hominem ad intellectum reformat.

lc2 * Chrysostomus in ioannem. ° inopinabilitas facti miraculi incredulitatem inducebat, et ideo dicitur itaque vicini, et qui viderant eum prius quia mendicus erat, dicebant: nonne hic est qui sedebat et mendicabat? mirabilis dei clementia quo descendebat? eos qui mendicabant, cum multa devotione curabat, et hinc iudaeorum os obstruens, quoniam non praeclaros, non insignes, neque principes, sed ignobiles sua dignos ducebat providentia: etenim in salutem omnium venerat. sequitur alii dicebant, quia hic est. caeco enim per longam viam eunte diligentes inspectores facti ex inopinabilitate eius quod viderant, non ultra poterant dicere: non est hic. sequitur alii autem: nequaquam, sed similis eius est. * augustinus in ioannem. ° aperti enim oculi vultum mutaverunt. sequitur ille autem dicebat: quia ego sum. vox grata, ne damnetur ingrata. * chrysostomus. ° non enim verecundatus est de priori caecitate, neque formidavit furorem plebis, neque renuit ostendere seipsum, ut praedicet benefactorem. sequitur dicebant ergo ei: quomodo aperti sunt oculi tui? hunc modum neque nos scimus, neque ipse qui curatus est novit: sed quod quidem factum est, noverat, modum autem comprehendere non poterat; unde sequitur respondit: ille homo qui dicitur iesus, lutum fecit, et linivit oculos meos. vide quomodo verax est. non dixit unde fecit: quod enim non noverat, non dicit: neque enim scivit quoniam in terra expuit. quoniam autem superunxit, per sensum tactus didicit. sequitur et dixit: vade ad natatoria siloe, et lava. et hoc etiam ex auditu testatus est: recognovit enim eius vocem ex disputatione cum discipulis. et quia ad unum se praeparaverat, scilicet omnia sibi suaderi a iubente, subiungit et abii et lavi et vidi. * augustinus. ° ecce annuntiator factus est gratiae, ecce evangelizat et confitetur iudaeis. caecus ille confitebatur, et cor impiorum stringebatur, quia non habebant in corde quod iam ille habebat in facie; unde sequitur et dixerunt: ubi est ille? * chrysostomus. ° dicebant autem hoc, occisionem meditantes; iam enim adversus ipsum conspiraverant. christus autem non aderat his qui curabantur; non enim quaerebat gloriam, neque se ostentare. recedebat etiam semper curans iesus, ut omnis suspicio tolleretur signorum. qui enim non cognoscebant eum, qualiter ob gratiam eius se curatos confiterentur? unde sequitur: ait: nescio. * augustinus. ° in his verbis inuncto similis erat, nondum videnti: praedicat, et nescit quid praedicat. * beda. ° unde figuram tenet catechumenorum, qui etsi credunt in iesum, adhuc tamen eum quasi nesciunt, quia nondum loti existunt. pharisaeorum autem erat approbare opus vel improbare. * chrysostomus. ° iudaei igitur quaerentes ubi est ille? volebant eum invenire ut eum ducerent ad eos; quia vero non habuerunt eum, ducunt caecum; unde sequitur adducunt eum ad pharisaeos qui caecus fuerat, ut scilicet vehementius eum interrogarent. propterea autem et evangelista subdit erat autem sabbatum quando lutum fecit iesus, et aperuit oculos eius: ut scilicet eorum malam mentem demonstraret, et causam propter quam eum quaerebant; ut scilicet occasionem contra eum invenirent, et ut detraherent miraculo per aestimatam legis praevaricationem: quod etiam manifestum est ex his quae sequuntur; sequitur enim iterum ergo interrogabant eum pharisaei quomodo vidisset. vide autem qualiter non turbatur caecus: nam quandoquidem turbis dicebat sine periculo interrogatus, non ita magnum erat veritatem dicere; mirabile autem est nunc, quod in ampliori periculo constitutus, neque negat, neque contraria dicit prioribus; sequitur enim ille autem dixit eis: lutum posuit mihi super oculos meos, et lavi, et video. hoc autem ad eos qui iam audierant succinctius loquitur: non enim dixit nomen dicentis, neque quoniam dixit mihi vade et lava; sed confestim lutum mihi posuit super oculos, et lavi, et video; et sic contrarium passi sunt eius quod volebant: duxerunt enim eum ut negaturum, sed ab eo certius didicerunt. sequitur dicebant ergo ex pharisaeis. * augustinus. ° non omnes, sed quidam: iam enim inungebantur quidam. dicebant ergo nec videntes nec inuncti non est hic homo a deo, qui sabbatum non custodit. ipse potius custodiebat qui sine peccato erat: sabbatum enim observare spiritualiter, est non habere peccatum; et hoc admonet deus quando commendat sabbatum: omne opus servile non facietis. quid sit opus servile a domino audite: omnis qui facit peccatum servus est peccati. sed isti sabbatum carnaliter observabant, spiritualiter violabant. * chrysostomus in ioannem. ° malitiose autem quod factum est silentes, aestimatam praevaricationem in medium ferebant: non enim dicebant quoniam sabbato curat, sed quoniam sabbatum non servat. sequitur alii dicebant: quomodo potest homo peccator haec signa facere? a signis enim inducebantur, sed imbecilliter erant dispositi: congruum enim erat ostendere qualiter sabbatum non solvitur; sed nondum hanc habebant mentem quod deus esset, ut possent respondere quoniam dominus sabbati haec fecit. nullus denique eorum audebat ea quae volebat, manifeste dicere, sed in ambiguitate: hi quidem propter improbabilitatem, alii vero propter amorem principatus. sequitur et schisma erat inter eos. * augustinus. ° dies enim erat christus, qui inter lucem et tenebras dividit. * chrysostomus in ioannem. ° volentes autem qui dixerant homo peccator non potest talia signa facere, os aliorum obstruere, eum qui suscepit virtutis experientiam, in medium ducunt, ut non videantur ipsi advocatione uti; unde sequitur dicunt ergo caeco iterum: tu quid dicis de illo qui aperuit tibi oculos? * theophylactus. ° vide quomodo benevole quaerunt: non enim dixerunt: tu quid dicis de illo qui sabbatum non observat? sed miraculum commemorant: quomodo aperuit tibi oculos? pene ipsum sanatum concitantes; quasi dicerent: benefecit tibi, unde debes eum praedicare. * augustinus. ° vel quaerebant quemadmodum hominem calumniarentur, ut eum ex synagoga eicerent. sed ille constanter quod sentiebat expressit; unde sequitur ille autem dixit, quia propheta est. adhuc quidem inunctus in corde, nondum dei filium confitebatur; non mentitur tamen: ipse enim dominus de seipso ait: non est propheta sine honore nisi in patria sua.

lc3 * Chrysostomus in ioannem. ° quia pharisaei caecum attonitum facere non valuerunt, sed videbant eum cum omni propalatione benefactorem suum praedicantem, per parentes putabant christi miraculum annihilare; unde dicitur non crediderunt ergo iudaei de illo quia caecus fuisset et vidisset, donec vocaverunt parentes eius qui viderat. * augustinus in ioannem. ° idest, caecus fuerat et viderat. * chrysostomus. ° sed haec est veritatis natura: per quae putatur insidias pati, per haec fortior fit: mendacium enim sibi ipsi quidem obviat, et per ea per quae laedere veritatem videtur, per ea clariorem eam ostendit, quod et nunc factum est. ne enim aliquis diceret quod vicini nihil certum dixerunt, sed per quamdam assimilationem locuti sunt, parentes in medium ducuntur, qui maxime suum filium cognoscebant. statuentes autem eos in medium, cum multo furore interrogant; unde sequitur et interrogaverunt eos, dicentes: hic est filius vester? et non dicunt: qui quandoque fuit caecus, sed quem dicitis quia natus est caecus. o iniqui. quis pater eligeret talia mentiri de filio? solum non dicunt: quem vos fecistis caecum. duobus autem his ad negationem eos inducere conantur: et in hoc quod dicunt quem dicitis quia natus est caecus, et in hoc quod subdunt quomodo ergo nunc videt? * theophylactus. ° quasi dicant: aut hoc falsum est quod nunc videat, aut primum quod caecus fuerit; sed constat hoc esse verum quod videt: falsum ergo fuit quod caecum eum dicebatis. * chrysostomus. ° tribus ergo interrogationibus factis: si filius eorum est, si caecus fuit, et qualiter vidit, duas confitentur; unde sequitur responderunt ergo eis parentes eius, et dixerunt: scimus quia hic est filius noster, et quia caecus natus est. tertiam autem abiciunt; unde subdunt quomodo autem nunc videat nescimus, aut quis eius aperuit oculos nos nescimus. et hoc etiam pro veritate factum est, ut nullus alius, sed is qui curatus est, et qui dignus fide erat, hoc confiteretur; unde sequitur ipsum interrogate: aetatem habet, ipse de se loquatur. * augustinus. ° quasi dicant: iuste cogeremur loqui pro infante, quia ipse pro se loqui non posset. caecum a nativitate novimus, sed loquentem. * chrysostomus. ° qualiter ergo grati fuerint parentes, qui eorum quae sciebant quaedam tacuerunt propter timorem iudaeorum? sequitur enim haec dicebant parentes eius, quia timebant iudaeos. rursus et hic opinionem iudaeorum et mentem evangelista inducit; unde sequitur iam enim conspiraverant iudaei ut si quis eum confiteretur esse christum, extra synagogam fieret. * augustinus. ° iam non erat malum fieri extra synagogam: illi expellebant, christus suscipiebat. sequitur propterea parentes eius dixerunt: quia aetatem habet, ipsum interrogate. * alcuinus. ° in quo ostendit evangelista, illos non per ignorantiam, sed propter metum talia respondisse. * theophylactus. ° imbecilliores enim filio erant, qui testis aderat intrepidus veritatis, illuminatos habens oculos intellectus a deo.

lc4 * Chrysostomus in ioannem. ° quia parentes miserunt pharisaeos ad illum qui curatus est, rursus vocaverunt eum secundo; unde dicitur vocaverunt ergo rursus hominem qui caecus fuerat. non autem manifeste dicunt: nega quoniam christus te curavit; sed sub praetextu religionis ad hoc eum inducere volunt; unde sequitur da gloriam deo: quasi dicant: confitere quia hic nihil est operatus. * augustinus in ioannem. ° nega quod accepisti. hoc plane non est deo gloriam dare, sed deum potius blasphemare. * alcuinus. ° sic autem volebant illum dare gloriam deo, ut, sicut et ipsi, christum diceret peccatorem; unde sequitur nos scimus quia hic homo peccator est. * chrysostomus in ioannem. ° qualiter ergo non arguistis eum dicentem: quis ex vobis arguet me de peccato? * alcuinus. ° sed ille ut neque pateret calumniae, neque veritatem celaret, non dixit: scio eum iustum; nam sequitur dicit ergo ille: si peccator est, nescio. * chrysostomus in ioannem. ° qualiter qui dixit: quoniam propheta est, nunc dicit si peccator est, nescio? numquid modo timuit caecus? absit; sed voluit christum a rei testimonio, et non a sua voce ab incusatione eripere, et suam responsionem facere fide dignam ab accepto beneficio; unde subdit unum scio, quia caecus cum essem, modo video; quasi dicat: nihil modo de hoc dico utrum sit peccator, sed iterum dico quod manifeste novi. quia igitur nequiverant evertere quod factum est, ad priores redeunt sermones, rursus modum curationis inquirentes; sicut canes quidem venationem nunc huc, nunc illuc investigantes; unde sequitur dixerunt ergo illi: quid fecit tibi? quomodo aperuit tibi oculos? hoc est, numquid praestigio aliquo? non enim dixerunt: qualiter vidisti? sed: qualiter aperuit oculos tibi? dantes occasionem detrahendi contra eius operationem. donec igitur res inquisitione indigebat, caecus remisse loquebatur; quia vero iam vicerat, audacter de reliquo eis loquitur; unde sequitur respondit eis: dixi vobis iam, et audistis; quid iterum vultis audire? quasi dicat: non attenditis ad ea quae dicuntur: unde ultra non respondebo vobis inaniter interrogantibus, et non volentibus addiscere, sed cavillari quae dicuntur; unde sequitur numquid et vos vultis discipuli eius fieri? * augustinus in ioannem. ° quid est numquid et vos, nisi quia iam ego sum, numquid et vos vultis? iam video, sed non invideo. haec loquebatur iam stomachans adversus duritiam iudaeorum, et ex caeco videns, non ferens caecos. * chrysostomus. ° ita forte quid est veritas, ita imbecille mendacium; nam veritas quidem et si despectos assumpserit, claros eos facit vel ostendit; mendacium autem et si cum fortibus fuerit, imbecilles eos monstrat. sequitur maledixerunt ergo ei, et dixerunt: tu discipulus eius sis. * augustinus. ° maledictum est, si cor discutias, non si verba perpendas. tale maledictum super nos et super filios nostros. sequitur nos autem moysi discipuli sumus; nos scimus quia moysi locutus est deus. sed tunc sciretis, quia per moysen praedictus est deus: habetis enim dominum dicentem: si crederetis moysi, crederetis et mihi: de me enim ille scripsit. itane sequimini servum et dorsum ponitis contra dominum? nam subditis hunc autem nescimus unde sit. * chrysostomus. ° ea quae per visum cognoscitis, auditu minora aestimatis: illa enim quae nosse vos dicitis, a progenitoribus audistis. sed nonne fide dignior est qui certificavit quod a deo venit per miracula, quae non solum audistis, sed vidistis? unde sequitur respondit ille homo, et dixit eis: in hoc enim mirabile est, quia vos nescitis unde sit, et aperuit oculos meos. ubique signum inducit, quia hoc depravare non poterant, sed ab eo convincebantur: et quia dixerant quod homo peccator non potest talia signa facere, de cetero illorum assumit iudicium, propria verba eis in memoriam reducens; unde subdit scimus autem quia peccatores deus non audit; quasi dicat: opinio haec mea et vestra communis est. * augustinus. ° adhuc tamen unctus loquitur: nam et peccatores exaudit deus. si enim non exaudiret, frustra publicanus diceret: deus, propitius esto mihi peccatori; ex illa confessione meruit iustificationem, quomodo ipse caecus illuminationem. * theophylactus. ° vel dicendum est, quoniam quod dictum est, deum non exaudire peccatores, hoc significat quod facere miracula deus peccatoribus non concedit. cum vero veniam implorant de commissis, translati sunt de gradu peccantium ad statum poenitentium. * chrysostomus. ° et vide quod cum supra dixit si peccator est, nescio, non dubitans dixit: hic enim non solum a peccatis eum excusat; sed valde deo placentem ostendit: nam subdit si quis dei cultor est, et voluntatem eius facit, hunc exaudit. non enim sufficit deum cognoscere, sed voluntatem eius facere. deinde extollit quod factum est, dicens a saeculo non est auditum quia quis aperuit oculos caeci nati; quasi dicat: si confitemini quoniam deus peccatores non audit, hic autem miraculum fecit, et tale quale nullus hominum fecit, manifestum est virtutem qua hoc fecit, maiorem esse quam quae est secundum hominem virtus; unde subdit nisi esset hic a deo, non posset facere quidquam. * augustinus. ° libere, constanter, veraciter. haec enim quae facta sunt a domino, a quo fierent nisi a deo? aut quando a discipulis talia fierent, nisi in eis dominus habitaret? * chrysostomus. ° quia ergo veritatem locutus, in nullo confusus est; quando maxime admirari eum oportebat, tunc eum condemnant; sequitur enim responderunt et dixerunt ei: in peccatis natus es totus, et tu doces nos? * augustinus. ° quid est totus? cum oculis clausis. sed qui aperuit oculos, salvat et totum. * chrysostomus. ° vel dicunt totus ac si dicant: a prima aetate in peccatis es. hic igitur eius caecitatem exprobrant, ostendentes quod propter peccata factus est caecus; quod rationem non habebat. donec ergo expectabant eum negaturum esse, fide dignum esse putabant; sed nunc eum eiciunt; unde sequitur et eiecerunt eum foras. * augustinus. ° ipsi illum magistrum fecerant, ipsi ut discerent toties interrogaverunt, et ingrati docentem proiecerunt. * beda. ° solet enim maiorum consuetudo a minoribus aliquid discere dedignari.

lc5 * Chrysostomus in ioannem. ° qui propter veritatem et christi confessionem iniuria opprimuntur, hi maxime honorantur; quod in caeco factum est: eiecerunt enim eum ex templo iudaei, et invenit eum dominus templi, et eum suscepit sicut agonotheta athletam multum laborantem, et coronavit; unde dicitur audivit iesus quia eiecerunt eum foras, et cum invenisset eum, dixit ei: tu credis in filium dei? ostendit autem evangelista quoniam propter hoc venit iesus ut ei loqueretur. interrogat autem non ignorans, sed volens seipsum notum facere, et ostendens quoniam multum appretiatur eius fidem; quasi dicat: plebs conviciata est mihi, sed nulla mihi est cura illorum: unius cura est: ut tu credas. melior est faciens voluntatem dei, quam decies mille iniqui. * hilarius de trin.. ° si autem sola christi qualiscumque confessio fidei esset consummatio, dictum fuisset: tu credis in christum? sed quia haereticis pene omnibus hoc nomen in ore esset futurum ut christum confiterentur, et filium tamen negarent, id quod proprium christo est, ad fidem poscitur, idest ut credatur in dei filium. credidisse autem in dei filium quid proficit, si credatur in creaturam, cum a nobis fides in christo non creaturae dei, sed filii dei postuletur? * chrysostomus. ° nondum autem caecus christum noverat: caecus enim erat antequam veniret ad christum, et post curationem a iudaeis circum trahebatur; unde sequitur respondit ille, et dixit: quis est, domine, ut credam in eum? desiderantis et valde inquirentis animae verbum est. pro quo tot disputavit, hunc ignorat, ut discas in eo veritatis amorem. non autem dixit ei dominus: ego sum qui curavi te; sed medie adhuc loquitur; unde sequitur et vidisti eum. * theophylactus. ° hoc autem dicit, ut reducat ei in memoriam sanitatem, et quia ab ipso virtutem videndi acceperat. attende autem, quoniam qui loquebatur, ex maria natus est, et ipse idem est dei filius, non alius et alius secundum errorem nestorii; unde sequitur et qui loquitur tecum, ipse est. * augustinus in ioannem. ° modo lavat faciem cordis eius. denique iam facie lota cordis, et mundata conscientia, agnoscit illum non filium hominis tantum, quod ante crediderat, sed iam filium dei, qui carnem susceperat; unde sequitur at ille ait: credo, domine. parum est credere; vis videre qualem credat? et procidens adoravit eum. * beda. ° in quo possunt sumere exemplum, ut non erecta cervice quis dominum roget; sed supplex in terram prostratus eius misericordiam imploret. * chrysostomus. ° per hoc igitur eius divinam virtutem ostendit, verbo opus adiungens. dominus autem illum ferventiorem circa fidem fecit, et eos qui eum sequebantur, erexit; unde sequitur et dixit eis iesus: in iudicium ego in hunc mundum veni. * augustinus. ° dies enim erat inter lucem et tenebras discurrens. recte autem subditur ut qui non vident, videant: quia de tenebris liberat. sed quid est quod sequitur: et qui vident, caeci fiant? audi quod sequitur: commoti sunt enim pharisaei quidam ex verbis istis; unde sequitur et audierunt quidam ex pharisaeis qui cum ipso erant, et dixerunt ei: numquid et nos caeci sumus? hoc enim eos movebat et qui vident, caeci fiant. sequitur dixit ergo eis iesus: si caeci essetis, non haberetis peccatum; id est, si vos caecos diceretis, et ad medicum recurreretis. nunc vero quia dicitis: videmus, peccatum vestrum manet: quia enim dicendo videmus, medicum non quaeritis, in caecitate vestra manebitis. hoc ergo quod paulo ante dixit ego veni ut qui non vident, videant, id est, qui se non videre confitentur, et medicum quaerunt, ut videant; et qui vident, caeci fiant, id est, qui se putant videre, et medicum non quaerunt, in sua caecitate permaneant. ergo istam discretionem vocavit iudicium, cum ait in iudicium veni in hunc mundum. non illud iudicium iam intulit mundo quo de vivis et mortuis in fine saeculi iudicabit. * chrysostomus. ° vel aliter. in iudicium dixit, id est in maius supplicium, ostendens quoniam qui condemnaverunt eum, ipsi sunt qui condemnati sunt. quod autem dicit ut qui non vident, videant, et qui vident caeci fiant, idem est quod paulus dicit quod gentes quae non quaerebant iustitiam, invenerunt iustitiam quae est ex fide christi; israel autem persequens legem iustitiae, in legem iustitiae non pervenit. * theophylactus. ° quasi dicat: ecce qui a nativitate non viderat, iam videt anima et corpore; qui vero videre videntur, excaecati sunt intellectu. * chrysostomus. ° sunt enim duae visiones et duae caecitates, scilicet sensibilis et intellectualis. illi autem ad sensibilia inhiabant solum, et de sensibili solum verecundabantur caecitate; unde ostendit eis quod melius esset eos esse caecos quam sic videntes; propter quod dicit si caeci essetis, non haberetis peccatum, quia tolerabilius fieret vobis supplicium. sed nunc dicitis, quia videtis. * theophylactus. ° non considerantes factum in caeco miraculum, non estis digni venia, quasi ex visis miraculis ad fidem non attracti. * chrysostomus. ° hoc igitur quod aestimabant esse magnam laudem, ostendit quod eis fert supplicium: et simul consolatus est eum qui a nativitate fuerat caecus de corporali caecitate. non autem sine causa evangelista dicit, quod audierunt hoc quidam ex pharisaeis qui cum ipso erant; sed ut rememoretur quoniam isti illi erant qui prius restiterant christo, deinde eum lapidare voluerunt. erant enim quidam superficie tenus sequentes, et facile in contrarium transmutabantur. * theophylactus. ° vel aliter. si caeci essetis, idest inscii scripturarum, nequaquam tam grande vobis peccatum incumberet, tamquam ignorantia peccantibus: nunc vero quia prudentes vos atque legisperitos asseritis, per vos ipsos condemnabiles estis.

074 CJO cp10

lc1 * Chrysostomus in ioannem. ° quia dominus de caecitate iudaeorum disputaverat, ne dicant: non est ex nostra caecitate quod ad te non accedimus, sed a te avertimur, ut erroneum fugientes, vult ostendere quod non est erroneus, sed pastor, ponens signa latronis et pastoris. et primo ostendit quis est erroneus et fur, dicens amen, amen, dico vobis: qui non intrat per ostium in ovile ovium, sed ascendit aliunde, ille fur est et latro. hic autem et eos qui ante eum fuerunt, occulte insinuat, et eos qui post eum futuri sunt, antichristum et pseudochristos. ostium autem scripturas vocavit; hae enim dei cognitionem aperiunt, hae oves custodiunt, et lupos supervenire non permittunt, haereticis introitum praecludentes. qui ergo non scripturis utitur, sed aliunde ascendit, hoc est aliam sibi et non legitimam viam facit, hic fur est. dicit autem ascendit, et non intrat, ad similitudinem furis maceriam transcendere volentis, et periculose omnia agentis. dicens autem aliunde, etiam scribas occulte insinuavit, qui docebant mandata et doctrinas hominum, et legem praevaricabantur. si autem infra seipsum ostium dicit, non oportet turbari: etenim pastorem seipsum et ovem differenter praedicat: quia enim adducit nos patri, ostium se dicit; quia vero procurat, pastorem. * augustinus in ioannem. ° vel aliter. multi sunt qui secundum quamdam vitae huius consuetudinem dicuntur boni homines, qui ea quae in lege mandata sunt quasi observant, et christiani non sunt, et plerumque se iactant sicut pharisaei: numquid et nos caeci sumus? quia vero omnia ista quae faciunt, et nesciunt ad quem finem referant, inaniter faciunt, dominus de grege suo et ostio quo intratur ad ovile, similitudinem posuit, dicens amen, amen, dico vobis: qui non intrat per ostium in ovile ovium, sed ascendit aliunde, ille fur est et latro. dicant ergo pagani vel iudaei vel haeretici: bene vivimus: si per ostium non intrant, quid eis prodest? ad hoc enim debet unicuique prodesse bene vivere, |50| ut detur illi semper vivere: quia nec bene vivere dicendi sunt qui finem bene vivendi vel caecitate nesciunt, vel inflatione contemnunt. non est autem cuiquam spes vera semper vivendi, nisi cognoscat vitam, quod est christus, et per hanc ianuam intret in ovile. quicumque ergo vult intrare ad ovile, per ostium intret: non solum christum praedicet, sed christi gloriam quaerat, non suam. humilis autem ianua est christus: qui intrat per hanc ianuam, oportet humilem esse, ut sano capite possit intrare. qui autem se non humiliat, sed extollit, per maceriam vult ascendere; ideo exaltatur ut cadat. quaerunt ergo plerumque tales homines etiam persuadere hominibus ut bene vivant et christiani non sint: per aliam partem volunt ascendere et rapere et occidere. tales ergo fures sunt, quia quod alienum est, suum dicunt; latrones, quia quod furantur occidunt. * chrysostomus. ° vidisti qualiter descripsit latronem: intuere et pastoris definitionem; sequitur enim qui autem intrat per ostium, pastor |75| est ovium. * augustinus de verb. dom.. ° intrat per ostium qui intrat per christum, qui imitatur passionem christi, qui cognoscit humilitatem christi; ut cum deus factus sit homo pro nobis, cognoscat se homo non esse deum, sed hominem. qui enim vult deus videri cum sit homo, non imitatur illum qui cum deus esset, homo factus est. tibi autem non dicitur: esto aliquid minus quam es; sed: agnosce quid es. sequitur huic ostiarius aperit. * chrysostomus. ° nihil prohibet ostiarium vocare moysen: ille enim est cui eloquia dei credita sunt. * theophylactus. ° vel spiritus sanctus est ostiarius, per quem scripturae reseratae nobis indicant christum. * augustinus in ioannem. ° vel aliter. ostiarium ipsum dominum debemus accipere: multo sunt enim magis inter se diversa in rebus humanis pastor et ostium, quam ostiarius et ostium; et tamen dominus et pastorem se dixit et ostium. cur ergo non intelligamus ipsum et ostiarium? ipse enim se aperit, qui seipsum |100| exponit. si aliam personam quaeris ostiarii, vide ostiarium forte spiritum sanctum, de quo dominus dicit: ipse vos docebit omnem veritatem. ostium est christus qui est veritas. quis aperit ostium nisi qui docet veritatem? cavendum tamen est ne maior aestimetur ostiarius esse quam ostium, quia in domibus hominum ostiarius ostio, non ostium praeponitur ostiario. * chrysostomus. ° quia vero dicebant eum esse deceptorem, et hoc ex infidelitate sui ipsorum certificabant dicentes: quis principum credit in eum? ostendit nunc quod ex hoc quod non attendunt ei, ex ordine ovium excluduntur; unde sequitur oves vocem eius audiunt. si enim pastoris est per legitimum intrare ostium, per quod ipse intravit, ab ovium congregatione se abstrahunt qui ipsum non audiunt. sequitur et proprias oves vocat nominatim. * augustinus in ioannem. ° novit enim nomina praedestinatorum; unde discipulis ait: gaudete quoniam nomina vestra scripta sunt in caelo. |125| sequitur et educit eas. * chrysostomus in ioannem. ° oves educebat quando eas mittebat, non extra lupos, sed in medio luporum. videtur autem et de caeco occulte insinuare: etenim illum eduxit vocans ex medio iudaeorum, et vocem eius audivit. * augustinus. ° sed et quis alius oves emittit, nisi qui earum peccata dimittit, ut eum sequi duris liberatae vinculis possint? sequitur enim et cum proprias oves emiserit, ante eas vadit. * glossa. ° emittit siquidem eas de tenebris ignorantiae ad lucem, dum ante eas vadit, quasi in columna nubis et ignis. * chrysostomus. ° nimirum pastores contrarium faciunt oves sequentes; sed ipse ostendit se contrarium facere, quoniam oves deducit ad veritatem. * augustinus. ° et quis est qui oves praecessit nisi qui surgens a mortuis iam non moritur, et patri dixit: quos dedisti mihi, volo ut ubi ego sum et ipsi sint mecum? sequitur et oves illum sequuntur, quia sciunt vocem eius; alienum autem non |150| sequuntur, sed fugiunt ab eo, quia non noverunt vocem alienorum. * chrysostomus. ° alienos dicit eos qui circa theodam et iudam, aut eos qui post haec alios debent decipere, pseudoapostolos: ut enim non dicatur unus illorum esse, per multa se ab eis separat. primo quidem per doctrinam scripturarum, per quas christus ad se homines adducebat; illi vero ab eis homines abstrahebant. secundo per ovium obedientiam: nam in eum quidem non solum viventem, sed etiam mortuum homines crediderunt; illos autem confestim reliquerunt. * theophylactus. ° significat etiam antichristum, qui paululum decipiens, non obtinebit sequaces post eius mortem. * augustinus. ° sed quomodo solvetur ista quaestio? audiunt vocem christi quandoque non oves: audivit enim iudas, sed lupus erat; et non audiunt oves: aliqui enim eorum qui christum crucifixerunt, non audierunt, sed oves erant. sed dicet aliquis: quando non audiebant, oves non erant; vox audita eos mutavit, et ex lupis oves |175| fecit. me autem adhuc movet quod per ezechielem obiurgat dominus pastores, et dicit inter cetera de ovibus: errantem non revocastis: et errantem dicit, et ovem appellat. non erraret, si vocem pastoris audiret; sed ideo erravit, quia vocem alieni audivit. dico ergo: novit dominus qui sunt eius: novit praescitos, novit praedestinatos. ipsi sunt oves, aliquando se ipsi nesciunt; sed pastor novit eas: multae enim oves foris sunt, et multi lupi intus. de praedestinatis ergo loquitur. est autem aliqua vox pastoris in qua oves non audiunt alienos, in qua non oves non audiunt christum. quae est ista vox? qui perseveraverit usque in finem, hic salvus erit. hanc vocem non negligit proprius, non audit alienus. sequitur hoc proverbium dixit eis iesus; illi autem non cognoverunt quid loqueretur eis. pascit enim dominus manifestis, exercet obscuris. cum autem duo audiunt verba evangelii, unus impius, alter pius, et talia forte sunt ut ambo non intelligant: |200| unus dicit: verum est quod dixit, et bonum est quod dixit, sed nos non intelligimus; iste, quia credit, iam pulsat; dignus est cui aperiatur, si pulsare persistat. alius dicit: nihil dixit; quia adhuc audiet: nisi credideritis, non intelligetis.

lc2 * Chrysostomus in ioannem. ° dominus attentiores volens iudaeos facere, manifestat quod supra dixerat; unde dicitur dixit ergo iterum eis iesus: amen, amen, dico vobis: ego sum ostium ovium. * augustinus in ioannem. ° ecce quod clausum posuerat, aperuit: ipse est ostium: intremus, et nos intrasse gaudeamus. sequitur omnes quotquot venerunt, fures sunt et latrones. * chrysostomus. ° non de prophetis hoc dicit, sicut haeretici dicunt, sed de seditiosis; unde et laudans oves, subiungit sed non audierunt eos oves. nusquam autem videtur laudare eos qui non obedierunt prophetis; sed eis detrahit vehementer. * augustinus. ° intellige ergo: quotquot venerunt praeter me; non autem praeter illum prophetae venerunt, quia cum illo venerunt qui cum verbo dei venerunt, qui veraces fuerunt: quia ipse verbum et veritas venturus praecones mittebat: sed eorum corda quos miserat possidebat: carnem |25| quippe ipse accepit ex tempore qui est semper: in principio enim erat verbum. ante adventum autem eius, quo humilis venit in carne, praecesserunt iusti, sic eum credentes venturum, quomodo nos credimus in eum qui venit: tempora variata sunt, non fides: eadem enim fides utrosque coniungit, et eos qui venturum esse, et eos qui venisse crediderunt. quotquot ergo praeter illum venerunt, fures fuerunt et latrones; idest ad furandum et occidendum venerunt. sed non audierunt eos oves; illi scilicet de quibus dictum est: novit dominus qui sunt eius. eos ergo non audierunt oves in quibus non erat vox christi, errantes, vana fingentes, miseros seducentes. quare autem se ostium dixerit, aperit subdens ego sum ostium: per me si quis introierit, salvabitur. * alcuinus. ° quasi dicat: illos non audiunt oves, sed me audiunt: quia ego sum ostium: et qui per me non fictus, sed verus introierit, perseverando salvabitur. * theophylactus. ° educit autem ad pascua |50| dominus oves per ostium; unde sequitur et ingredietur et egredietur, et pascua inveniet. quae sunt autem haec pascua nisi delectatio futura, et requies in quam nos dominus introducit? * augustinus. ° sed quid est quod dicit ingredietur et egredietur? ingredi quippe in ecclesiam per ostium christum, valde bonum est: exire autem de ecclesia non est bonum. potest ergo dici ingredi nos, quando interius aliquid cogitamus; egredi autem, quando exterius aliquid operamur, secundum illud: exibit homo ad opus suum. * theophylactus. ° vel ingredi dicitur cui est curae homo interior; egredi vero qui hominem exteriorem, id est membra quae sunt supra terram, in christo mortificat: hic enim pascua in futuro reperiet saeculo. * chrysostomus. ° vel hoc dicitur propter apostolos, qui cum audacia introierunt, et exierunt, ut totius orbis terrarum facti domini, et nullus eos eicere valuit: et nutrimentum habuerunt. * augustinus. ° sed plus me delectat quod ipse quodammodo nos |75| admonuit cum secutus adiungit fur non venit nisi ut furetur. * alcuinus. ° quasi dicat: merito oves non audiunt vocem furis, quia non venit fur nisi ut furetur, alienam rem sibi usurpando, non de praeceptis christi suos sectatores instruens, sed suis exemplis eos vivere suadens; unde subditur et mactet, mala doctrina retrahendo a fide, et perdat, in aeterna damnatione. illi ergo furantur et occidunt. ego veni, ut vitam habeant, et abundantius habeant. * augustinus. ° videtur mihi dixisse ut vitam habeant ingredientes, hoc est per fidem quae per dilectionem operatur, per quam fidem in ovile ingrediuntur ut vivant, quia iustus ex fide vivit. et abundantius habeant, scilicet egredientes, scilicet quando veri fideles moriuntur, et abundantius habent vitam, ubi numquam deinde moriuntur. quamvis ergo et hic in ipso ovili non desint pascua, invenient tamen pascua ubi saturentur, qualia invenit cui dictum est: hodie mecum eris in paradiso. * gregorius super ezech.. |100| ° ingredietur ergo ad fidem, egredietur ad speciem; pascua vero inveniet in aeterna satietate. * chrysostomus. ° quod autem dicit fur non venit nisi ut furetur et mactet et perdat, de seditiosis dicit: quod ad litteram est factum, omnibus occisis et perditis qui eos sequebantur; et sic etiam praesenti vita eos privaverunt. ego autem veni pro salute ovium ut vitam habeant, et abundantius habeant in regno caelorum: et haec est tertia differentia, qua se discernit a pseudoprophetis. * theophylactus. ° mystice autem fur diabolus est, qui venit tentando ut furetur per cogitationes illicitas, et mactet per consensum, et deinde per opera destruat.

lc3 * Augustinus in ioannem. ° aperuit dominus duas res quas quodammodo clausas proposuerat. primo quidem scimus quia ostium ipse est; nunc autem ostendit quia pastor est, dicens ego sum pastor bonus. supra autem dixerat pastorem intrare per ostium. si ergo ipse est ostium, quomodo per seipsum intrat? sicut ergo ipse per seipsum novit patrem, nos autem per illum; sic intrat in ovile per seipsum, nos autem per ipsum: nos, quia christum praedicamus, per ostium intramus; christus autem seipsum praedicat: lumen enim et alia demonstrat et seipsum. si autem praepositi ecclesiae, qui filii sunt, pastores sunt; quomodo unus pastor est, nisi quia sunt illi omnes unius membra pastoris? et quidem quod pastor est dedit et membris suis: nam et petrus pastor, et ceteri apostoli pastores, et omnes boni episcopi: ostium vero nemo nostrum se dicit: hoc sibi ipse proprie tenuit. non autem adderet bonus, nisi essent et pastores mali: |25| ipsi sunt fures et latrones, aut certe ut multum mercenarii. * gregorius in evang.. ° atque eius bonitatis formam, quam nos imitemur, adiungit, dicens bonus pastor animam suam ponit pro ovibus suis. fecit quod monuit, ostendit quod iussit: pro ovibus suis animam suam posuit, ut in sacramento nostro corpus suum et sanguinem verteret, et oves quas redemerat carnis suae alimento satiaret. ostensa est nobis de contemptu mortis via quam sequamur, apposita forma cui imprimamur. primum nobis est exteriora nostra misericorditer ovibus eius impendere; postremum vero, si necesse sit, etiam in mortem animam nostram pro eisdem ovibus ministrare. qui autem non dat pro ovibus substantiam suam, quando pro his daturus est animam suam? * augustinus in ioannem. ° non autem solus christus hoc fecit, et tamen si illi qui fecerunt, membra eius sunt, idem ipse unus hoc fecit: ipse enim potuit facere sine illis, illi sine illo non poterant. * augustinus de verb. dom.. ° omnes |50| tamen pastores boni fuerunt, non solum quia sanguinem fuderunt, sed quia pro ovibus fuderunt: non enim fuderunt elatione, sed caritate. nam et apud haereticos, qui propter iniquitates et errores suos aliquid molestiarum perpessi fuerunt, nomine martyrii se iactant, ut hoc pallio dealbati facilius furentur, quia lupi sunt. non autem omnes qui corpora sua in passione etiam ignibus tradunt, aestimandi sunt sanguinem fudisse pro ovibus, sed potius contra oves; dicit enim apostolus: si tradidero corpus meum ita ut ardeam, caritatem autem non habeam, nihil mihi prodest. quomodo autem habet vel exiguam caritatem, qui etiam convictus non amat unitatem? quam dominus commendans, noluit multos appellare pastores, sed pastorem unum, dicens ego sum pastor bonus. * chrysostomus in ioannem. ° sic igitur de cetero dominus de passione sua disputabat, ostendens quoniam pro salute fieret mundi, et non invitus in hanc venit. |75| deinde rursus ostendit signa pastoris et mercenarii, cum dicit mercenarius autem, et qui non est pastor, cuius non sunt oves propriae, videt lupum venientem, et dimittit oves et fugit. * gregorius. ° sunt enim nonnulli qui dum plus terrenam substantiam quam oves diligunt, merito nomen pastoris perdunt: non enim pastor, sed mercenarius vocatur qui non pro amore intimo oves dominicas, sed ad temporales mercedes pascit. mercenarius quippe est qui pastoris locum tenet, sed lucrum animarum non quaerit, terrenis commodis inhiat, honore praelationis gaudet. * augustinus de verb. dom.. ° aliud ergo quaerit in ecclesia, non deum quaerit: si deum quaereret, castus esset, quia legitimum maritum anima deum habet: quisquis a deo praeter deum aliquid quaerit, non caste deum quaerit. * gregorius. ° utrum vero pastor sit, vel mercenarius, cognosci veraciter non potest, si occasio necessitatis deest: tranquillitatis enim tempore plerumque ad gregis custodiam sicut verus pastor, sic etiam |100| mercenarius stat; sed lupus veniens indicat quo quisque animo super gregis custodiam stabat. * augustinus. ° lupus autem diabolus est, et qui illum sequuntur: nam dictum est quod induti quidam pellibus ovium, intus sunt lupi rapaces. * augustinus in ioannem. ° ecce lupus ovis guttur apprehendit, diabolus fideli adulterium persuasit, excommunicandus est: sed excommunicatus inimicus erit, insidiabitur, nocebit cum potuerit: unde taces, non increpas: lupum venientem vidisti, et fugisti: corpore stetisti, animo fugisti; affectiones enim nostrae motus animorum sunt: laetitia animi diffusio est, tristitia autem contractio, cupiditas animi progressio, timor animi fuga est. * gregorius. ° lupus etiam super oves venit cum quilibet iniustus et raptor fideles quosque atque humiles opprimit. sed is qui pastor esse videbatur et non erat, reliquit oves et fugit: quia dum sibi ab eo periculum metuit, resistere eius iniustitiae non praesumit. fugit autem non mutando locum, sed subtrahendo solatium. sed contra haec mercenarius nullo zelo accenditur: quia dum solum exteriora commoda requirit, interiora gregis damna negligenter patitur; unde subditur mercenarius autem fugit, quia mercenarius est, et non pertinet ad eum de ovibus. sola ergo causa est ut mercenarius fugiat quia mercenarius est, ac si dicat: stare in periculo ovium non potest qui in eo quod ovibus praeest, non oves diligit, sed lucrum terrenum quaerit; et ideo opponere se contra periculum trepidat, ne hoc quod diligit amittat. * augustinus. ° si autem apostoli pastores fuerunt, non mercenarii, quare fugiebant quando persecutionem patiebantur? et hoc domino dicente: si vos persecuti fuerint, fugite. pulsemus, aderit qui aperiet. * augustinus ad honoratum. ° fugiant ergo omnino de civitate in civitatem servi christi, ministri verbi et sacramenti eius, quando eorum quisquam specialiter a persecutoribus quaeritur, ut ab aliis qui non ita requiruntur non deseratur ecclesia. cum autem omnium, idest episcoporum, et clericorum, et laicorum est commune periculum, hi qui aliis indigent, non deserantur ab his quibus indigent. aut igitur ad loca munita omnes transeant; aut qui habent remanendi necessitatem, non relinquantur ab eis, per quos eorum ecclesiastica est implenda necessitas. tunc ergo de locis in quibus sumus, premente persecutione, fugiendum est christi ministris, quando ibi aut plebs christi non fuerit cui ministretur, aut potest impleri per alios necessarium ministerium, quibus eadem non est causa fugiendi. cum autem plebs manet et ministri fugiunt, ministeriumque subtrahitur, quid erit nisi mercenariorum illa fuga damnabilis, quibus non est cura de ovibus? * augustinus in ioannem. ° in bonis ergo nominantur ostium, ostiarius, pastor et oves; in malis fures et latrones, mercenarii, lupus. * augustinus de verb. dom.. ° diligendus est pastor, cavendus latro, tolerandus mercenarius. tamdiu enim est utilis mercenarius, quamdiu non videt lupum, furem vel latronem; cum autem viderit, fugit. * augustinus in ioannem. ° nec enim mercenarius diceretur, nisi acciperet a conducente mercedem. filii aeternam hereditatem patris patienter expectant, mercenarius temporalem mercedem conducentis festinanter exoptat; et tamen per linguas utrorumque divina christi gloria diffamatur. inde ergo laedit unde mala facit, non unde bona dicit: botrum carpe, spinam cave: quia botrus aliquando de radice vitis exortus, pendet in spinis: multi quippe in ecclesia commoda terrena sectantes, christum praedicant, et per eos vox christi auditur; et sequuntur oves, non mercenarium, sed vocem pastoris per mercenarium.

lc4 * Chrysostomus in ioannem. ° duos superius malos praemisit dominus: unum qui furatur et mactat et rapit; alterum qui non prohibet: per illum seditiosos insinuans, per hunc iudaeorum magistros confundens, et non procurantes creditas oves. sed ab utrisque seipsum christus distinxit: ab illis quidem qui ad laedendum venerunt, in hoc quod dixit: veni ut vitam habeant; ab his qui contemnunt luporum rapinas, ex eo quod pro ovibus animam ponit; et ideo quasi concludens subdit: ego sum pastor bonus. sed quia superius dixerat, quod oves pastoris vocem audiunt, et sequuntur eum, ne quis dicat: quid ergo dicis de his qui tibi non credunt? consequenter subdit et cognosco oves meas, et cognoscunt me meae; quod et paulus ostendit, dicens: non repellit dominus plebem suam, quam praescivit. * gregorius in evang.. ° ac si aperte dicat: diligo oves meas, et ipsae me diligentes obsequuntur: qui enim veritatem non diligit, adhuc minime cognovit. * theophylactus. ° hinc autem differentiam mercenarii et pastoris elicias: nam mercenarius ignorat oves, quia raro visitat eas; pastor vero cognoscit oves proprias tamquam erga eas sollicitus. * chrysostomus. ° deinde ut non aestimes parem mensuram cognitionis christi et ovium, consequenter subdit sicut novit me pater, et ego cognosco patrem; quasi dicat: ita certissime ipsum scio, sicut ipse me. hic ergo est par cognitio, ibi non; nam sequitur et animam meam pono pro ovibus meis. * gregorius. ° ac si aperte dicat: in hoc constat quia cognosco patrem et cognoscor a patre, quia animam meam pono pro ovibus meis; idest, ea caritate qua pro ovibus meis morior, quantum patrem diligam ostendo. * chrysostomus. ° hoc etiam dicit ostendens quod non est erroneus: quia et apostolus quando seipsum voluit ostendere verum esse magistrum, contra pseudoapostolos induxit rationem a periculis et mortibus. * theophylactus. ° seductores enim non exposuerunt animam suam pro ovibus, sed sicut mercenarii deseruerunt illos qui eos sequebantur. dominus autem, ut non caperentur, dixit: sinite hos abire. * gregorius. ° quia vero non solum iudaeam, sed etiam gentilitatem redimere venerat, adiungit et alias oves habeo quae non sunt ex hoc ovili. * augustinus de verb. dom.. ° loquebatur enim primo de ovili de genere carnis israel: erant autem alii de genere fidei ipsius israel: extra erant, adhuc in gentibus erant, praedestinati, nondum congregati. non ergo sunt de hoc ovili, quia non sunt de genere carnis israel; sed erunt de hoc ovili; nam sequitur et illas oportet me adducere. * chrysostomus. ° ostendit utrosque dispersos, et pastores non habentes. sequitur et vocem meam audient; ac si dicat: quid miramini si hi me sunt secuturi et vocem meam audituri, quando alios videbitis me sequentes, et vocem meam audientes? deinde et futuram eorum praenuntiat unionem; unde subdit et fiet unum ovile et unus pastor. * gregorius. ° quasi ex duobus gregibus unum ovile efficit, quia iudaicum et gentilem populum in sua fide coniungit. * theophylactus. ° idem namque omnibus est baptismi signaculum, unus pastor verbum dei. attendant ergo manichaei, quoniam unum ovile et unus pastor est novi et veteris testamenti. * augustinus in ioannem. ° quid ergo est: non sum missus nisi ad oves quae perierunt domus israel, nisi quia praesentiam suam corporalem non exhibuit nisi populo israel, ad gentes autem non perrexit ipse, sed misit? * chrysostomus. ° hoc autem verbum oportet, quod hic positum est, non necessitatis est demonstrativum, sed eius quod omnino fiet. quia autem alienum dicebant eum a patre, subiungit propterea me pater diligit, quia ego pono animam meam, ut iterum sumam eam. * augustinus in ioannem. ° idest, quia morior, ut resurgam: cum magno enim pondere dictum est ego pono. non glorientur iudaei: saevire poterunt: si ego noluero ponere animam meam, quid saeviendo facturi sunt? * theophylactus. ° dilexit autem pater filium, non tamquam stipendia mortis pro nobis sustinendae, dilectionem suam ei tribuens; sed quasi suae quidditatis proprietatem in genito intuens, dum ex eadem caritate pro nobis voluit mortem subire. * chrysostomus in ioannem. ° vel utitur hic condescensione; quasi dicat: etsi nihil aliud esset, hoc suasit mihi amare vos, quod vos ita amamini a patre, ut ego etiam propter hoc diligar ab eo, quia pro vobis morior. non autem a patre antea non amabatur, et nos sumus facti amoris eius causa. similiter autem et hoc ostendere vult, quoniam non invitus ad passionem venit; unde sequitur nemo tollit eam a me, sed ego pono eam a meipso. * augustinus de trin.. ° in quo demonstravit quod nulla causa peccati usque ad mortem carnis accesserit, sed quia voluit, quando voluit, et quomodo voluit; unde sequitur potestatem habeo ponendi animam meam. * chrysostomus. ° quia enim multoties consiliabatur eum interficere, dicit quoniam nolente eo inutilis erat hic labor. ita enim habeo potestatem animam meam ponere, ut nullus possit me invito facere: quod in hominibus non est: nos enim non habemus potestatem aliter ponere, nisi interficiendo nosmetipsos; ipse autem solus dominus est ponendi eam. hoc autem existente vero et illud constat, quod quandocumque voluerit, eam suscipere possit; unde sequitur et potestatem habeo iterum sumendi eam: in quo et resurrectionem demonstravit indubitabilem. ut autem non aestiment, cum eum interfecerint, derelictum a patre, subiungit hoc mandatum accepi a patre meo, scilicet ponendi animam et sumendi. ex quo non est intelligendum quod prius expectaverit audire, et opus ei fuerit discere; sed voluntarium monstravit processum, et contrarietatis ad patrem suspicionem destruxit. * theophylactus. ° nihil enim aliud mandatum hic dicitur quam ea quae ad patrem concordia. * alcuinus. ° verbum enim non verbo accepit mandatum, sed in verbo unigenito patris est omne mandatum. cum autem dicitur filius accipere quod substantialiter habet, non potestas minuitur, sed generatio eius ostenditur: pater enim filio, quem perfectum genuit, omnia gignendo dedit. * theophylactus. ° postquam autem de se sublimia ostenderat, mortis et vitae se principem exprimens, rursum inducit humilia, sic mira dispositione utraque connectens ut nec minor aut subditus patri reputetur, nec dei adversarius, sed eiusdem potestatis et consilii. * augustinus in ioannem. ° per hoc autem quod dixit de anima sua, instruimur contra apollinaristas, qui dicunt christum non habuisse animam humanam, idest rationalem. quaeramus autem quomodo dominus animam suam ponit. christus enim est verbum et homo, idest verbum et anima et caro. christus ergo ex eo quod verbum est, ponit animam, et iterum sumit eam; an ex eo quod anima humana est, ipsa se ponit, et iterum ipsa se sumit; an iterum ex eo quod caro est, caro animam ponit, et iterum sumit? si autem dixerimus quia verbum dei posuit animam suam et iterum sumpsit eam: ergo aliquando anima illa separata est a dei verbo. mors enim corpus ab anima separavit; a verbo autem animam separatam non dico. si autem dixerimus quia ipsa se anima posuit, absurdissimus sensus est: si enim a verbo separata non erat, a seipsa poterat separari? caro ergo ponit animam suam, et iterum sumit eam, non tamen potestate sua, sed potestate inhabitantis carnem, scilicet verbi. * alcuinus. ° et quia lux in tenebris lucebat, et tenebrae eam non comprehenderunt, subiungitur dissensio itaque facta est inter iudaeos propter sermones hos. dicebant autem multi ex ipsis: daemonium habet et insanit. * chrysostomus. ° quia enim maiora erant quam secundum hominem ea quae dicebantur, daemonium eum habere dicebant. sed quod daemonium non habebat ostendunt alii ab his quae fecit; unde sequitur alii autem dicebant: haec verba non sunt daemonium habentis. numquid daemonium potest caecorum oculos aperire? quasi dicant: nec ipsa verba daemonium habentis videntur. si vero non suademini a verbis, ab operibus moveamini. quia ergo dominus eam quae per res est tribuerat demonstrationem, silebat de reliquo: neque enim responsione erant digni. sed et nos erudivit mansuetudinem et longanimitatem omnem. ipsi etiam seipsos compescebant, quando ab invicem divisi altercabantur.

lc5 * Alcuinus. ° audivimus patientiam dei et inter opprobria praedicationem salutis; sed ipsi obdurati magis eum tentare quam ipsi obedire volebant; unde dicitur facta sunt autem encaenia in hierosolymis. * augustinus in ioannem. ° encaenia festivitas erat dedicationis templi: graece enim chenon, dicitur novum: quandocumque novum quid fuerit dedicatum, encaenia vocantur. * chrysostomus in ioannem. ° dicit enim diem secundum quam templum dedicatum est, redeuntibus eis a captivitate babylonis. * theophylactus. ° splendide ergo prosequebantur solemnitatem, veluti proprium decorem recuperante civitate post tam longam captivitatem. * alcuinus. ° vel haec dedicatio in memoriam illius erat dedicationis quam iudas machabaeus fecit. prima enim dedicatio a salomone facta est tempore autumni; secunda a zorobabel et iesu sacerdote, tempore veris; haec autem tempore hiemali; unde sequitur et hiems erat. * beda. ° sub iuda enim machabaeo statutum legitur ut eadem dedicatio per omnes annos in memoriam solemnibus renovaretur officiis. * theophylactus. ° tempus autem hiemis evangelista exprimit, ad ostendendum quod proximum esset tempus passionis: nam in vere sequenti passus est dominus; et ideo hierosolymis conversabatur. * gregorius moralium. ° vel idcirco hiemis curavit tempus exprimere, ut inesse iudaeorum cordibus malitiae frigus indicaret. * chrysostomus. ° in hac autem solemnitate christus cum multo studio aderat: de reliquo enim iudaeam frequentabat, quia passio erat in ianuis; unde sequitur et ambulabat iesus in templo in porticu salomonis. * alcuinus. ° porticus salomonis dicitur ubi rex ille ad orandum stare consueverat: et ideo ex eius nomine cognominabatur. solent autem porticus quibus templum cingebatur, ex nomine templi vocari. si autem filius dei in templo in quo caro brutorum animalium offerebatur, ambulare voluit; quanto magis nostram orationis domum, in qua caro et sanguis eius consecratur, visitare gaudebit? * theophylactus. ° satagas tu quoque, dum hiems imminet, idest vita praesens turbinibus iniquitatis concussa, spirituales encaenias tui templi celebrare, semper renovando teipsum, et ascensiones in corde tuo disponens: tunc iesus erit praesto tibi in porticu salomonis, pacificum statum tibi tribuens sub tegmine proprio. in saeculo autem futuro nemo renovationis solemnia perficere poterit. * augustinus in ioannem. ° quia ergo iudaei friguerant a diligendi caritate, et ardebant nocendi cupiditate, non accedebant prosequendo, sed premebant persequendo; unde sequitur circumdederunt ergo eum iudaei, et dixerunt ei: quousque animam nostram tollis? si tu es christus, dic nobis palam. non veritatem desiderabant, sed calumniam praeparabant. * chrysostomus. ° opera enim eius in nullo incusare valentes, captionem quamdam ex verbis cupiebant invenire. et intuere perversitatem illorum: nam cum per sermonem erudit, dicunt ei quod signum ostendis? cum autem per opera demonstrat, dicunt ei si tu es christus, dic nobis palam: quasi semper ad contrarium stantes. sed et plenum odio erat quod dicunt dic nobis palam. et nimirum ipse palam omnia dicebat, in festivitatibus semper assistens, et nihil occulte loquebatur. sed et adulationis verba praemittunt, dicentes quousque animam nostram tollis? ut scilicet eum provocantes, aliquam captionem inveniant. * alcuinus. ° causantur enim quod animos eorum incertos et suspensos dimittendo tolleret, qui venerat ut animas salvaret. * augustinus. ° quaerebant autem audire a domino: ego sum christus; et fortasse de christo secundum hominem sapiebant, sed divinitatem christi in prophetis non intelligebant, et sic si diceret: ego sum christus, secundum quod illi sapiebant, de semine david, calumniarentur quod sibi arrogaret regiam potestatem. * alcuinus. ° et sic cogitabant eum tradere potestati praesidis ad puniendum, quasi contra augustum imperium usurparet; quare dominus ita temperavit responsionem ut etiam calumniatorum ora concluderet, et quia christus est, fidelibus panderet: et de homine quaerentibus divinitatis mysteria narrat; unde sequitur respondit eis iesus: loquor vobis, et non creditis. opera quae ego facio in nomine patris mei, haec testimonium perhibent de me. * chrysostomus. ° quia enim simulabant a solo verbo se suaderi, qui a tot operibus non sunt suasi, arguit malitiam eorum, quasi dicat: si operibus non creditis, qualiter verbis credetis? et quare non credant, ostendit subdens sed vos non creditis, quia non estis ex ovibus meis. * augustinus. ° hoc autem dixit, quia videbat eos ad sempiternum interitum praedestinatos, non ad vitam aeternam sui sanguinis pretio comparatos: oves enim sunt credendo, pastorem sequendo. * theophylactus. ° postquam vero dixerat: non estis ex ovibus meis, consequenter induxit eos ut oves eius efficiantur, dicens oves meae vocem meam audiunt. * alcuinus. ° idest, praeceptis meis ex animo obediunt. et ego cognosco eas, idest eligo: et sequuntur me, hic mansuetudinis et innocentiae viam incedendo, et post ad gaudia aeternae vitae intrando; unde sequitur ego vitam aeternam do eis. * augustinus. ° ista sunt pascua de quibus supra dixerat: et pascua inveniet. bona pascua vita aeterna dicitur, ubi nulla herba arescit, totum viret. vos autem calumniam propterea quaeritis, quia de vita praesenti cogitatis. sequitur et non peribunt in aeternum: subaudi tamquam eis dixerit: vos peribitis in aeternum, quia non estis ex ovibus meis. * theophylactus. ° sed quomodo videmus iudam periisse? quia non permansit usque ad finem. christus autem de perseverantibus hoc dixit; nam si quis separatur ab ovium grege, desinens sequi pastorem, confestim incurrit periculum. * augustinus. ° quare autem non pereant, subdit et non rapiet eas quisquam de manu mea: de illis enim ovibus de quibus dicitur: novit dominus qui sunt eius, nec lupus rapit, nec fur tollit, nec latro interficit. securus est de numero illorum qui pro eis novit quid dedit. * hilarius de trin.. ° consciae potestatis haec vox est: at vero ut in natura licet dei, tamen ex deo intelligenda sit eius nativitas, subiecit pater meus quod dedit mihi, maius omnibus est. non occultat ex patre esse se natum: quod enim a patre accepit, accepit nascendo, non postea; tamen ex alio est dum accepit. * augustinus in ioannem. ° non enim crescendo, sed nascendo aequalis est qui semper natus est de patre filius, de deo deus. hoc est ergo quod dedit mihi pater, quod maius omnibus est, ut scilicet sim verbum eius, ut sim unigenitus filius eius, ut sim splendor lucis eius. ideo ergo nemo rapit oves meas de manu mea, quia nec de manu patris mei; unde sequitur et nemo potest rapere de manu patris mei. si manum intelligamus potestatem, una est patris et filii potestas, quia una divinitas: si autem manum intelligamus filium, manus patris est ipse filius: quod non ita dictum est tamquam deus pater habeat corporis membra; sed quod per ipsum facta sunt omnia. nam solent et homines dicere manus suas esse alios homines per quos faciunt quod volunt. aliquando et ipsum opus hominis manus hominis dicitur, quod fit per manum; sicut dicitur quisque agnoscere manum suam, cum id quod scriptum sit, agnoscit. hoc autem loco manum patris, et filii intelligimus potestatem: ne forte cum hic manum patris ipsum filium dictum acceperimus, incipiat carnalis cogitatio etiam filii quaerere filium. * hilarius. ° ut enim per corporalem significationem, virtutem possis eiusdem nosse naturae, commemorata est filii manus, manus patris, quia natura et virtus patris est etiam in filio. * chrysostomus in ioannem. ° deinde ut non aestimes quia ipse quidem imbecillis est, propter patris autem virtutem in tuto sunt oves, subdit ego et pater unum sumus. * augustinus. ° utrumque audi, et unum et sumus, et a charybdi et a scilla liberaberis. quod dixit unum, liberat te a sabellio. si unum, non ergo diversum; si sumus, ergo pater et filius. * augustinus de trin.. ° unum enim sumus dictum est: quod ille hoc et ego secundum essentiam, non secundum relativum. * hilarius de trin.. ° haec igitur quia haeretici negare non possunt, impietatis suae mendacio neganda corrumpunt: tentant enim id ad unanimitatis referre consensum, ut voluntatis in his unitas sit, non naturae; idest, ut non per id quod sunt idem, sed per id quod idem volunt, unum sint. sed per naturae nativitatem, dum nihil deus in ea ex se gignendo eum degenerat, unum sunt. dumque de manu eius non rapiuntur, non rapiuntur de manu patris; dum in operante se operatur pater, dum ipse in patre, et in eo pater est. hoc non praestat creatura, sed nativitas; non efficit voluntas, sed potestas; non loquitur unanimitas, sed natura. non negamus igitur unanimitatem inter patrem et filium: nam hoc solent haeretici mentiri, ut cum solam concordiam ad unitatem non recipimus, discordes eos a nobis affirmari loquantur. sed audiant quam a nobis unanimitas non negetur. unum sunt pater et filius natura, honore et virtute; nec natura eadem potest velle diversa.

lc6 * Augustinus in ioannem. ° audierunt ergo iudaei: ego et pater unum sumus, et non pertulerunt, et more suo duri ad lapides cucurrerunt; unde dicitur sustulerunt lapides iudaei, ut lapidarent eum. * hilarius de trin.. ° nunc haereticorum furor iam domino in caelis sedente pari infidelitate dictis non obedientes, odium impietatis exercent, verborum lapides iniciunt, et, si possent, de throno eum suo in crucem retraherent. * theophylactus. ° dominus autem ostendens quod nullam iustam habebant occasionem furendi adversus eum, commemorat signa quae fecerat; nam sequitur respondit eis iesus: multa bona opera ostendi vobis ex patre meo. * alcuinus. ° scilicet in sanitatibus infirmorum, in exhibitione doctrinae et miraculorum; quae ex patre ostendi, quia eius gloriam per omnia quaesivi. propter quod eorum opus me lapidatis? quamvis inviti, confitentur multa beneficia sibi impensa a christo; sed quod de sua patrisque aequalitate dixerat, pro blasphemia deputabant; unde sequitur responderunt ei iudaei: de bono opere non lapidamus te, sed de blasphemia, et quia, homo cum sis, facis teipsum deum. * augustinus. ° ad hoc responderunt quod dixerat: ego et pater unum sumus. ecce iudaei intellexerunt quod ariani non intelligunt; ideo enim irati sunt, quoniam senserunt non posse dici: ego et pater unum sumus, nisi ubi aequalitas est patris et filii. * hilarius. ° iudaeus dicit cum sis homo; arianus: cum sis creatura; utrique autem dicunt facis te deum. subicit enim arianus substantiae novae et alienae deum, ut aut alterius generis deus sit, aut omnino nec deus; dicit enim: non est filius ex nativitate, non est deus ex veritate; creatura est praestantior cunctis. * chrysostomus in ioannem. ° dominus autem non destruxit opinionem iudaeorum aestimantium quod se deo parem diceret; sed magis contrarium facit; nam sequitur respondit eis iesus: nonne scriptum est in lege vestra? * augustinus in ioannem. ° idest, vobis data: quia ego dixi: dii estis. deus hoc dicit per prophetam in psalmo, hominibus. et legem appellavit dominus generaliter omnes illas scripturas, quamvis alicubi specialiter dicat legem, a prophetis distinguens, sicuti est: in his duobus praeceptis tota lex pendet et prophetae. aliquando autem in tria distribuit easdem scripturas, ubi ait: oportebat impleri omnia quae scripta sunt in lege et prophetis et psalmis de me. nunc vero etiam psalmos legis nomine nuncupavit: ex quibus sic argumentatur: si illos dixit deos ad quos sermo dei factus est, et non potest solvi scriptura, quem pater sanctificavit, et misit in mundum, vos dicitis: quia blasphemas, quia dixi: filius dei sum? * hilarius. ° demonstraturus quidem quod ipse et pater unum essent, in eo primo ineptia ridiculi opprobrii confutatur, cur in reatum vocaretur, quod se, cum homo esset, deum faceret. cum enim lex huius nominis appellationem sanctis hominibus decerneret, et sermo dei indissolubilis confirmaret hanc impartiti nominis professionem; iam ergo non est criminis, quod se deum, cum homo sit, faciat, cum eos qui homines sunt, deos lex dixerit. et si a ceteris hominibus non irreligiosa huius nominis usurpatio est: ab eo homine quem sanctificavit pater, non impudenter usurpari videtur, quia dei filium se dixerit, cum praecellat ceteros per id quod sanctificatus in filium est, beato paulo dicente quod praedestinatus est filius in virtute secundum spiritum sanctificationis: omnis enim haec de homine responsio est, quod dei filius etiam hominis filius est. * augustinus. ° vel aliter. sanctificavit; idest, ut sanctus esset, gignendo ei dedit, quia sanctum eum genuit. si autem sermo dei factus est ad homines ut dicerentur dii, ipsum verbum dei quomodo non est deus? si per sermonem dei homines participando fiunt dii, verbum unde participatur non est deus? * theophylactus. ° vel sanctificavit eum, hoc est sanxit sacrificari pro mundo. in quo ostendit se non esse deum sicut ceteri: nam salvum facere mundum, divinum opus est, non autem hominis deificati per gratiam. * chrysostomus in ioannem. ° vel interim quidem, ut susciperetur sermo, humilius locutus est; postea autem ad maius eos reduxit, dicens si non facio opera patris mei, nolite credere mihi; per hoc ostendens quod in nullo minor est patre: quia enim substantiam eius impossibile erat eis videre, ab operum parilitate et identitate demonstrationem eius quae secundum virtutem indissimilitudinis est, tribuit. * hilarius. ° quid hic adoptio, quid indulgentia nominis loci invenit, ne ex natura dei filius sit, cum dei filius ex naturae paternae operibus credendus sit? non exaequatur ac similis est deo creatura, neque ei naturae alienae potestas comparatur. gerere autem se, non sua, sed quae patris sunt, testatur, ne per magnificentiam gestorum naturae nativitas auferatur. et quia sub sacramento assumpti corporis nati ex maria hominis, dei filius non intelligebatur, fides nobis intimatur ex gestis, cum ait si autem facio, et si mihi non vultis credere, operibus credite. cur enim sacramentum nati hominis intelligentiam divinae nativitatis impediat, cum divina nativitas omne opus suum sub mysterio assumpti hominis exequatur? faciens igitur opera patris, demonstrare debuit quid esset operibus credendum; nam sequitur ut cognoscatis et credatis quia pater in me est, et ego in patre. hoc est illud dei filius sum; hoc est illud ego et pater unum sumus. * augustinus in ioannem. ° non enim filius sic dicit in me est pater et ego in illo, quomodo possunt dicere homines: si enim bene cogitemus et bene vivamus, in deo sumus, et deus in nobis est, quasi participantes eius gratiam et illuminati ab ipso: unigenitus autem dei filius in patre est, et pater in illo tamquam aequalis.

lc7 * Beda. ° adhuc iudaeos in coepta dementia persistere evangelista ostendit, dicens quaerebant ergo eum apprehendere. * augustinus in ioannem. ° non credendo et intelligendo, sed saeviendo et occidendo. tu apprehendas ut habeas; illi apprehendere volebant ut non haberent; unde sequitur et exivit de manibus eorum. non eum apprehenderunt, quia manus fidei non habuerunt. sed non erat magnum verbo eicere carnem suam de manibus carnis. * chrysostomus in ioannem. ° cum autem christus aliquid magnum locutus fuerit, recedit velociter, ut sedetur eorum furor per absentiam eius; quod utique et nunc fecit; unde sequitur et abiit iterum trans iordanem in eum locum ubi erat ioannes baptizans primum, et mansit illic. ideo hunc locum evangelista commemorat, ut discas quoniam proprie abiit, ut recordetur eorum quae illic facta sunt et dicta a ioanne, et testimonii illius. * beda. ° dicit autem ubi erat primum, idest a primaeva aetate. demorante autem eo ibi, narrat quia multi venerunt ad eum; unde sequitur et multi venerunt ad eum, et dicebant quia ioannes quidem fecit signum nullum. * augustinus. ° idest, nullum miraculum ostendit: non daemonia fugavit, non caecos illuminavit, non mortuos suscitavit. * chrysostomus. ° vide autem qualiter syllogismos componunt indubitabiles. ioannes quidem, dicunt, nullum signum fecit; hic autem facit: quare huius praeeminentia ostenditur. deinde ne putetur ioannes, quia nullum signum fecit, indignus testimonio, subdunt omnia autem quaecumque dixit ioannes de hoc, vera erant; quasi dicant: etsi nullum signum fecerit, tamen de hoc omnia veraciter dixit. ergo dicunt: si ioanni credere oportebat, multo magis huic, cum illius testimonio etiam demonstrationem signorum habenti; unde sequitur et multi crediderunt in eum. * augustinus. ° ecce qui apprehenderunt permanentem, non quomodo iudaei volebant apprehendere discedentem. et nos ergo per lucernam veniamus ad diem, quia ioannes lucerna erat, et diei testimonium perhibebat. * theophylactus. ° notandum autem, quod crebro dominus educit populus ad solitaria loca, de perfidorum societate eripiens, ut magis fructificent; sicut legem veterem daturus, eduxit populum in desertum. mystice autem recedens a hierosolymis dominus, hoc est a plebe iudaica, ad loca fontes habentia se transfert, idest ad ecclesiam ex gentibus, quae habet fontem baptismi, per quem multi ad christum accedunt, quasi transeuntes iordanem.

074 CJO cp11

lc1 * Beda. ° dixerat evangelista, dominum trans iordanem abiisse, tuncque lazarum contigit infirmari; unde dicitur erat quidam languens lazarus a bethania. hinc est quod in quibusdam exemplaribus copulativa coniunctio et posita invenitur, ut sequentia verba superioribus connexa videantur. interpretatur autem lazarus adiutus. inter omnes enim mortuos quos dominus suscitavit, hic magis ab eo adiuvatur, quem non solum mortuum, sed quatriduanum suscitavit. * augustinus in ioannem. ° inter omnia enim miracula quae fecit dominus, lazari resurrectio praecipue praedicatur. sed si attendamus quis fecerit, delectari debemus potius quam mirari. ille suscitavit hominem qui fecit hominem: plus enim est hominem creare quam resuscitare. infirmabatur autem in bethania lazarus; unde dicitur a bethania de castello mariae et marthae sororum eius; quod castellum erat proximum hierosolymis. * alcuinus. ° et quia plures feminae huius nominis erant, ne erraremus in nomine, ostenditur ex notissima actione; nam sequitur maria autem erat quae unxit dominum unguento, et extersit pedes eius capillis suis, cuius frater lazarus infirmabatur. * chrysostomus in ioannem. ° igitur primum quidem illud necessarium discere, quoniam haec non fuit illa meretrix quae in luca legitur: haec enim honesta fuit, et studiosa circa christi susceptionem. * augustinus de cons. evang.. ° vel aliter. hoc dicens ioannes attestatur lucae, qui hoc in domo pharisaei cuiusdam simonis factum esse narravit: iam itaque hoc maria fecerat. quod autem in bethania rursus fecit, aliud est, quod ad lucae narrationem non pertinet, sed pariter narratur a tribus. * augustinus de verb. dom.. ° invaserat igitur lazarum pernicies inimica languoris; miserandi hominis corpus quotidie edax febris incendium consumebat. aderant autem duae sorores languenti, et casum dolentes, iuvenis aegrotantis lectulo iugiter inhaerebant; unde de eis mox subditur miserunt ergo sorores eius ad eum, dicentes: domine, ecce quem amas infirmatur. * augustinus in ioannem. ° non dixerunt: veni et sana; non ausae sunt dicere: ibi iube, et hic fiet; sed tantummodo ecce quem amas infirmatur. * chrysostomus. ° per hoc enim ad miserendum volunt attrahere christum; adhuc enim ei quasi homini intendebant. ideo autem non iverunt ad christum, sicut centurio et regulus, sed mittunt, quia vehementer confidebant de christo, propter multam familiaritatem quam habebant ad eum, et quia a luctu detinebantur. * theophylactus. ° et quia mulieres erant, quas non decet de facili domo exire. multam autem devotionem et fidei magnitudinem exprimunt, dicentes ecce quem amas infirmatur: tantam enim potentiam in domino esse credebant, quod mirum videretur qualiter virum sibi dilectum infirmitas potuerit occupare. sequitur audiens autem iesus dixit eis: infirmitas haec non est ad mortem: quia ipsa mors non erat ad mortem, sed potius ad miraculum: quo facto crederent homines in christum et vitarent veram mortem; unde sequitur sed pro gloria dei. ubi ex obliquo dominus deum se dixit, contra haereticos qui dicunt, quod filius dei non sit deus. pro gloria ergo cuius dei? audi quod sequitur: ut glorificetur filius dei per eam, scilicet infirmitatem. * chrysostomus. ° hoc autem ut non est causale, sed eventus; nam evenit quidem aliunde infirmitas, usus est autem ea in gloriam dei. sequitur diligebat autem iesus martham et sororem eius mariam et lazarum. * augustinus. ° ille languens, illae tristes, omnes dilecti. habebant ergo spem, quoniam diligebantur ab eo qui est dolentium consolator, languentiumque sanator. * chrysostomus. ° per hoc etiam erudit nos evangelista non tristari, si qua infirmitas facta fuerit circa bonos viros et dei amicos.

lc2 * Alcuinus. ° dominus, nuntiata infirmitate lazari, quousque quatriduum compleretur sanare distulit, ut mirabilius suscitaret; unde dicitur ut autem audivit quia infirmabatur, tunc quidem mansit in eodem loco duobus diebus. * chrysostomus. ° ut scilicet expiraret et sepeliretur et dicerent quoniam foetet, ut nullus posset dicere, quoniam nondum defunctum eum suscitavit, sed stupor fuit, et non mors. sequitur deinde post haec dicit discipulis suis: eamus in iudaeam iterum. * augustinus. ° ubi pene fuerat lapidatus, quia propterea inde discessisse videbatur ne lapidaretur. discessit enim ut homo; sed in redeundo, quasi oblitus infirmitatem, ostendit potestatem. * chrysostomus. ° nusquam autem alibi dominus praedixit discipulis quo iturus esset; sed hic praedicit, quia formidabant vehementer, ut non repente eos conturbet; nam sequitur dicunt ei discipuli: rabbi, nunc quaerebant te iudaei lapidare, et tu iterum vadis illuc? formidabant enim et pro eo et pro seipsis: nondum enim erant in fide firmati. * augustinus. ° cum autem vellent dare consilium homines deo, discipuli magistro, corripuit eos; unde sequitur respondit iesus: nonne duodecim horae sunt diei? ut enim diem se ostenderet, duodecim discipulos elegit. in hoc autem verbo non ipsum iudam, sed successorem eius praevidebat. iuda enim cadente, successit mathias, et duodenarius numerus mansit. horae ergo illustrantur a die, ut per horarum praedicationem credat mundus in diem. me ergo sequimini, si non vultis offendere; unde subdit si quis ambulaverit in die, non offendit, quia lucem huius mundi videt; si autem ambulaverit in nocte, offendit, quia lux non est in eo. * chrysostomus. ° quasi dicat: qui sibi nihil conscius est nequitiae, nihil patietur versutiae; qui vero mala agit, patietur. itaque non oportet formidare: nihil enim dignum morte gessimus. vel aliter. si quis lucem huius mundi videt, securus est; multo magis qui mecum est, nisi amoverit se a me. * theophylactus. ° quidam vero hunc diem intelligunt tempus praecedens passionem, noctem vero ipsam passionem. dicit ergo eis: dum dies est, idest dum nondum imminet tempus passionis, non offendetis: non enim vos persequentur iudaei: cum autem nox venerit, passionem propriam dico, ex tunc noctem possidebitis angustiarum.

lc3 * Chrysostomus in ioannem. ° posita una confortatione discipulorum, hic alio modo eos confortat, ostendens quoniam non hierosolymam debent ire, sed in bethaniam; unde dicitur haec ait, et post haec dicit illis: lazarus amicus noster dormit; sed vado ut a somno excitem eum; quasi dicat: non eo rursus disputaturus contra iudaeos, sed amicum nostrum excitaturus: propter hoc ergo dicit amicus noster, ut ostendat necessarium suum adventum. * augustinus in ioannem. ° quod autem dixit dormit, verum dixit. domino dormiebat, hominibus mortuus erat, qui eum suscitare non poterant: nam dominus tanta facilitate excitabat de sepulchro, quanta tu excitas dormientem de lecto. ergo secundum potentiam suam dixit dormientem, sicut et apostolus dicit: de dormientibus autem nolo vos ignorare. dormientes appellavit, quia resurrecturos praenuntiavit. sed quomodo interest in ipsis qui quotidie dormiunt et exurgunt, quid quisque videat in somnis; alii sentiunt laeta somnia, alii torquentia: sic unusquisque cum causa sua dormit, cum causa sua surgit. * chrysostomus. ° discipuli autem impedire voluerunt eius adventum in iudaeam; unde sequitur dixerunt ergo discipuli eius: domine, si dormit, salvus erit: solet enim esse somnus aegrotantium salutis indicium; quasi dicant: si dormit, non igitur utile est quod tu vadas ad excitandum eum. * augustinus. ° quomodo ergo intellexerunt discipuli, sic responderunt; unde sequitur dixerat autem iesus de morte eius; illi vero putaverunt quod de dormitione somni diceret. * chrysostomus. ° si vero quis dicat: quomodo non cognoverunt discipuli mortuum esse, ab eo quod dixit vado ut excitem illum? stultum enim erat eum ire per tot stadia ut lazarum a somno excitaret: istud dicemus, quoniam aestimabant hoc aenigma esse, qualia multa loquebatur. * augustinus. ° quia ergo obscure dixerat dormit, manifestat quod dixerat; unde sequitur tunc ergo dixit eis manifeste: lazarus mortuus est. * chrysostomus. ° non autem hic adiecit: vado ut resuscitem eum; non enim volebat verbis praedicere quod per opera debebat certificare, vanam gloriam ubique nos fugere docens; et quod non oportet simpliciter promittere. sequitur et gaudeo propter vos, ut credatis, quoniam non eram ibi. * augustinus. ° aeger enim, non mortuus fuerat nuntiatus; sed quomodo lateret eum qui creaverat, ad cuius manus anima morientis exierat? ait ergo gaudeo propter vos, ut credatis, quoniam non eram ibi: ut iam inciperent admirari, quia dominus poterat dicere mortuum, quod nec viderat nec audiverat. ubi meminisse debemus quod adhuc etiam ipsorum discipulorum miraculis aedificabatur fides, non ut esse inciperet, sed ut quae coeperat cresceret. quod ergo dicit ut credatis, intelligendum est ut amplius robustiusque credatis. * theophylactus. ° intellexerunt autem quidam hoc sic. gaudeo, inquit, pro vobis: nam cum illic non extiterim, confert ad maioritatem fidei vestrae; quoniam si astitissem, aegrotantem curassem, quod esset modicum signum ad meae virtutis indicium. quia vero me absente supervenit mors, potius in fide mea corroboramini, cum videbitis me posse etiam defunctum putrescentem resuscitare. * chrysostomus. ° igitur omnes discipuli quidem timebant iudaeos, super alios vero thomas; unde sequitur dicit ergo thomas, qui dicitur dydimus, ad condiscipulos: eamus et nos, et moriamur cum eo: infirmior enim erat aliis et infidelior, postea omnibus fortior factus est et irreprehensibilis, qui solus orbem terrarum percurrit, et in mediis plebibus volvebatur volentibus eum interficere. * beda. ° vel castigati discipuli superioribus domini verbis non ausi sunt ultra contradicere; sed thomas prae omnibus socios hortatur, ut irent et morerentur cum eo: in quo magna eius videtur esse constantia: sic enim loquebatur, quasi facere posset quae alios hortabatur, immemor suae fragilitatis, sicut et petrus.

lc4 * Alcuinus. ° dominus ad hoc venire distulerat ut quatriduum impleretur, ut lazarus gloriosius resuscitaretur; unde dicitur venit itaque iesus, et invenit eum quatuor dies iam in monumento habentem. * chrysostomus in ioannem. ° manserat enim dominus duobus diebus, et ante duos dies venerat nuntius, in qua die lazarus est defunctus: ipse autem quarta die accessit. * augustinus in ioannem. ° de quatuor autem diebus multa dici possunt. diversis enim modis una res significari potest. est enim unus dies mortis quem homo trahit de mortis propagine. sed et legem naturalem transgrediuntur homines: ecce alter dies mortis. lex etiam scripturae data est divinitus per moysen, et ipsa contemnitur: adde tertium diem mortis. venit evangelium, et ipsum transgrediuntur homines: ecce quartus dies mortis. et ad tales excitandos dominus non dedignatur accedere. * alcuinus. ° aliter. primum peccatum extitit elatio in corde, secundum consensus, tertium factum, quartum consuetudo. sequitur erat autem bethania iuxta hierosolymam quasi stadiis quindecim. * chrysostomus. ° quod erat milliaria duo. hoc autem inducitur ad ostendendum quod congruum fuit multos iudaeorum a hierosolymis adesse; unde subditur multi autem ex iudaeis venerant ad martham et mariam, ut consolarentur eas de fratre suo. sed quomodo iudaei consolabantur dilectas a christo, cum iam statuissent quod si quis christum confiteretur, extra synagogam fieret? sed propter calamitatis necessitatem, aut quasi nobiles has mulieres reverentes, eas consolabantur; aut quia hi aderant qui non mali erant: multi enim ex ipsis credebant. hoc autem dicebat evangelista ad ostendendum quod lazarus vere mortuus erat. * beda. ° nondum autem dominus castellum introierat; unde adhuc extra castellum positus occurrit martha; unde sequitur martha ergo, ut audivit quia iesus veniret, occurrit illi; maria autem domi sedebat. * chrysostomus. ° non autem assumit sororem obviam christo vadens; vult enim singulariter christo loqui, et quod factum est ei annuntiare; cum vero eam in bonam spem duxit, tunc abiit et vocavit mariam. * theophylactus. ° primo itaque non pandit sorori, volens astantes hoc latere; quoniam si percepisset maria christum accedere, obviam iret, et comitarentur eam praesentes iudaei, quibus notum fore adventum iesu martha nolebat. sequitur dixit autem martha ad iesum: domine, si fuisses hic, frater meus non fuisset mortuus. * chrysostomus. ° credebat enim in christum, sed non ut oportebat: nondum enim cognoscebat quoniam deus erat; et ideo dicebat si fuisses hic, frater meus non fuisset mortuus. * theophylactus. ° quasi diffidens quoniam etiam absens, si vellet, posset prohibere mortem fratris sui. * chrysostomus. ° nondum etiam cognoscebat quod propria virtute hoc faceret; quod apparet ex hoc quod subditur: sed nunc scio quia quaecumque poposceris a deo, dabit tibi deus: ut de virtuoso quodam et approbato viro loquens. * augustinus in ioannem. ° non autem dicit ei: rogo te ut resuscites fratrem meum; unde enim sciebat, si fratri eius resurgere utile fuerat? hoc tamen dixit: scio quia potes, si vis, facere: utrum facias, iudicii tui est, non praesumptionis meae. * chrysostomus. ° dominus autem vera quae non cognoscebat eam docuit; unde sequitur dixit ei iesus: resurget frater tuus. non dixit: petam ut resurgat. sed si diceret: non indigeo adiutorio, a me ipso omnia facio, valde fuisset grave mulieri; sed hoc dicere: resurget, medium erat. * augustinus. ° ambiguum autem fuit quod dixit resurget: non enim ait: modo; et ideo sequitur dicit ei martha: scio quia resurget in resurrectione in novissimo die. de illa resurrectione secura sum, de hac incerta sum. * chrysostomus in ioannem. ° audierat autem mulier multa a christo de resurrectione loquente; dominus autem manifestius suam ostendit auctoritatem: nam subditur dicit ei iesus: ego sum resurrectio et vita: ostendens quoniam non indiget alio adiutorio: si enim alio adiutorio indigeret, qualiter erit resurrectio? si vero ipse est vita, non loco circumcluditur, sed ubique existens potest sanare. * alcuinus. ° ideo ego sum resurrectio, quia vita: per quem tunc cum aliis resurget, per eumdem potest et modo resurgere. * chrysostomus. ° illa ergo dicente: quaecumque petieris, ipse dicit qui credit in me, etiam si mortuus fuerit, vivet: ostendens quoniam ipse est tributor bonorum, et ab ipso oportet petere. per hoc autem eius intellectum elevat: non enim hoc erat solum quod quaerebatur, ut solum lazarum suscitaret; sed etiam oportebat eam et qui praesentes erant discere resurrectionem. * augustinus. ° dicit ergo qui credit in me, etiam si mortuus fuerit in carne, vivet in anima, donec resurget caro, nunquam postea moritura: nam vita animae fides est. sequitur et omnis qui vivit in carne, et credit in me, etiam si moriatur ad tempus propter mortem carnis, non morietur in aeternum. * alcuinus. ° propter vitam spiritus, et immortalitatem resurrectionis. sciebat autem dominus, quem nihil latet, quod hoc credebat; sed confessionem qua salvaretur quaerit; unde sequitur credis hoc? ait illi: utique, domine, ego credidi quia tu es christus filius dei vivi, qui in hunc mundum venisti. * chrysostomus. ° videtur mihi non intellexisse mulier quod dictum est; sed quoniam magnum quid erat intellexit, non tamen cognovit quid est: propterea aliud interrogata, aliud respondit. * augustinus. ° vel aliter. quando hoc credidi quod filius es dei, credidi quia tu es vita: quia et qui credit in te, etiam si moriatur, vivet.

lc5 * Chrysostomus in ioannem. ° ex virtute sermonum christi interim martha lucrata est luctus dissolutionem: ea enim quae ad magistrum erat devotio non permittebat eam sentire praesentia, quae luctum inducere poterant; unde dicitur et cum haec dixisset, abiit, et vocavit mariam sororem suam silentio. * augustinus in ioannem. ° advertendum, quod suppressam vocem silentium nuncupavit: nam quomodo siluit, cum subdatur dicens: magister adest, et vocat te? * chrysostomus in ioannem. ° ideo autem occulte sororem vocat: si enim scivissent iudaei christum advenire, recessissent, et non fuissent testes miraculi. * augustinus. ° advertendum etiam, quemadmodum evangelista non dixerit ubi, vel quando, vel quomodo mariam dominus vocaverit, ut hoc in verbis marthae potius intelligeretur, narrationis brevitate servata. * theophylactus. ° sive etiam ipsam christi praesentiam vocationem reputavit, quasi dicat: inexcusabile est ut eo praesente tu non exeas obviam ipsi. * chrysostomus. ° omnibus autem assidentibus, illa lugens et plangens non expectavit ad se venire magistrum, neque dignitatem servavit, neque a luctu detenta est; sed surgens confestim obviavit; unde sequitur illa ut audivit, surrexit cito, et venit ad eum. * augustinus. ° ex quo patet quod non illam praevenisset martha, si ei notus fuisset adventus iesu. sequitur nondum enim venerat iesus in castellum: sed erat adhuc in illo loco ubi occurrerat ei martha. * chrysostomus. ° vacantius enim ibat, ut non videatur inicere seipsum miraculo, sed rogari ab aliis. hoc igitur vult occulte evangelista insinuare: aut quia cito currebat, ut anticiparet eum venientem. venit autem non sola, sed omnes trahens iudaeos; unde sequitur iudaei igitur qui erant in domo cum ea, et consolabantur eam, cum vidissent mariam quia cito surrexit et exiit, secuti sunt eam, dicentes, quia vadit ad monumentum ut ploret ibi. * augustinus. ° hoc pertinuit ad evangelistam narrare, ut videamus quae occasio fuerit quod plures ibi essent quando lazarus resuscitatus est; ut tam grande miraculum quatriduani mortui resurgentis testes plures inveniret. sequitur maria ergo cum venisset ubi erat iesus, videns eum, cecidit ad pedes eius. * chrysostomus. ° ferventior haec sorore erat: non enim turbam verecundata est, nec suspicionem timuit quam de christo iudaei habebant, cum aliqui inimicorum christi interessent; sed omnia contempsit humana praesente magistro, et soli se dabat ei qui ad magistrum honori. * theophylactus. ° quamvis etiam se diminute videbatur habere, dicens domine, si fuisses hic, frater meus non fuisset mortuus. * alcuinus. ° quasi dicat: dum nobiscum praesens fuisti, non morbus, non infirmitas aliqua apparere ausa est, apud quas vita noverat habitare sive hospitari. * augustinus de verb. dom.. ° o infidelis conventio. te adhuc posito in saeculo lazarus amicus moritur. si amicus moritur, inimicus quid patietur? parum est si non tibi soli superi serviunt; ecce tuum dilectum inferi rapuerunt. * beda. ° non autem omnia dixit maria quae martha protulerat: quia consueto hominum more lacrymis non omnia quae voluit et in animo habuit, proferre potuit.

lc6 * Chrysostomus in ioannem. ° mariae loquenti nihil christus loquitur; neque ea dicit quae sorori dixerat: turba enim aderat multa, et non erat tempus illorum verborum. sed condescendit, et humiliatur, humanam naturam denudans: quia enim miraculum magnum erat futurum, et multos per id lucraturus, sua condescensione attrahit testes, et humanam monstrat naturam; unde dicitur iesus ergo ut vidit eam plorantem, et iudaeos qui venerant cum ea plorantes, infremuit spiritu, et turbavit semetipsum. * augustinus in ioannem. ° quis enim eum posset nisi ipse turbare? turbatus est christus, quia voluit; esurivit, quia voluit; in illius potestate erat sic vel sic affici, vel non affici. verbum enim animam suscepit et carnem, totius hominis sibi coaptans in personae unitate naturam; ac per hoc ubi summa potestas est, secundum voluntatis nutum turbatur infirmitas. * theophylactus. ° ad approbandam enim conditionem humanam iubet ei quod suum est prosequi, nec non iniungit ei virtute spiritus sancti, illamque compescit. haec autem cuncta naturam pati dominus connivet, cum approbando quod homo verus et non apparens fuerat, tum etiam nos monendo, ac metam moestitiae et iucunditati imponendo. nam ex toto nec compati nec moerere ferinum, ac horum exuberantia muliebre. sequitur et dixit: ubi posuistis eum? * augustinus de verb. dom.. ° non locum sepulti ignorare credi debuerat, sed fidem populi approbare volebat. * chrysostomus. ° non enim vult ipse se inicere, sed omnia ab aliis discere, et rogatus facere, ut ab omni suspicione eripiat signum. * augustinus lib. 83 quaest.. ° quod et interrogat, vocationem nostram, quae fit in occulto, arbitror significare. praedestinatio enim nostrae vocationis occulta est, cuius secreti signum est interrogatio domini quasi nescientis, cum ipsi nesciamus: vel quod ignorare se peccatores alio loco dominus ostendit, dicens: non novi vos; quia |50| in disciplina et praeceptis eius non sunt peccata. sequitur dicunt ei: domine, veni et vide. * chrysostomus. ° nondum enim aliquod signum resurrectionis monstraverat: unde ita videbatur iturus ut lacrymaturus, non ut resuscitaturus, propter hoc ei dicunt veni et vide. * augustinus. ° videt autem dominus quando miseretur; unde illi dicit: vide humilitatem meam et laborem meum, et dimitte omnia peccata mea. sequitur et lacrymatus est iesus. * alcuinus. ° quia fons pietatis erat, flebat pro parte humanitatis quem resuscitare poterat per potentiam divinitatis. * augustinus. ° quare autem flevit christus, nisi quia homines flere docuit? * beda. ° est autem hominum consuetudo caros suos mortuos lugere: secundum hanc consuetudinem iudaei dominum flere putabant; unde subditur dixerunt ergo iudaei: ecce quomodo amabat eum. * augustinus. ° quid est amabat eum? non veni vocare iustos, sed peccatores ad poenitentiam. |75| sequitur quidam autem ex ipsis dixerunt: non poterat hic, qui aperuit oculos caeci nati, facere ut hic non moreretur? plus est quod facturus est, ut mortuus suscitetur. * chrysostomus. ° erant autem ex inimicis eius qui hoc dixerunt. ex quibus igitur oportebat eius admirari virtutem, ex his ei detrahunt, scilicet ex illuminatione caeci nati, quasi nec illo miraculo facto. in hoc etiam se ostendunt esse corruptos, quia nondum christo adveniente ad monumentum, praeassumunt accusationes, non exspectantes rei finem. sequitur iesus ergo rursum fremens in semetipso venit ad monumentum. studiose evangelista frequenter dicit quod lacrymatus est, et quod fremuit, ut discas quod vere nostram naturam induit. quia enim hic magis aliis evangelistis magna de eo loquitur, etiam in rebus corporalibus humiliora dicit. * augustinus in ioannem. ° fremas autem et in te, si disponis reviviscere; omni homini dicitur qui premitur pessima consuetudine. sequitur erat autem spelunca, et lapis |100| superpositus ei. mortuus sub lapide, reus sub lege: lex enim quae data est iudaeis, in lapide scripta est. omnes autem rei sub lege sunt, iusto autem non est lex posita. * beda. ° est autem spelunca rupes cavata. porro monumentum dicitur eo quod mentem moneat; hoc est, mortuos ad memoriam revocat. sequitur ait iesus: tollite lapidem. * chrysostomus. ° sed quare non lapide iacente fecit resuscitari? nonne poterat qui corpus movit mortuum voce, etiam multo magis lapidem movere? non autem hoc fecit, ut eos testes faciat miraculi, ut non dicant quod in caeco dixerant: non est hic. manus enim, et accessus ad monumentum testabantur quod ipse est. * augustinus. ° mystice autem dicit removete lapidem, removete legis pondus, gratiam praedicate. * augustinus lib. 83 quaest.. ° in quo puto illos significari qui venientibus ad ecclesiam ex gentibus, onus circumcisionis imponere volebant; vel eos qui in ecclesia corrupte vivunt, et offensioni sunt credere volentibus. |125| * augustinus de verb. dom.. ° iam autem maria et martha sorores lazari, quae christum frequenter mortuos resuscitasse viderant, fratrem suum posse resuscitare penitus non credebant; nam sequitur dicit ei martha soror eius qui mortuus fuerat: domine, iam foetet, quatriduanus enim est. * theophylactus. ° hoc autem martha tamquam diffidens dicit, veluti impossibile credens posse fratrem suscitari, ob dierum diuturnitatem. * beda. ° vel haec verba non sunt desperationis, sed potius admirationis. * chrysostomus in ioannem. ° sed hoc etiam quod dicit, valet ad obstruendum indevotos, ut et miraculum testentur manus tollentes lapidem, et auditus vocem audiens christi, et visus videntium lazarum exire, et odoratus foetorem recipiens. * theophylactus. ° christus autem rememorat mulieri ea de quibus secum contulerat, et pene ut obliviscenti loquitur; unde sequitur dicit ei iesus: nonne dixi tibi, quoniam si credideris, videbis gloriam dei? * chrysostomus. ° non enim memor erat mulier |150| eius quod christus dixerat supra: qui credit in me, etiam si mortuus fuerit, vivet. et discipulis quidem dixit: ut glorificetur filius dei in ea: hic autem gloriam dei de patre dicit. infirmitates enim eorum qui audiebant, causa erant differentiae eorum quae dicebantur. nolebat dominus interim turbare adstantes; et ideo dicit videbis gloriam dei. * augustinus. ° in hoc autem est gloria dei, quia et foetentem et quatriduanum resuscitat. sequitur tulerunt ergo lapidem. * origenes in ioannem. ° mora tollendi lapidem adiacentem ex sorore defuncti causata est: nisi enim dixisset iam foetet, est enim quatriduanus, non diceretur dixit iesus: tollite lapidem. sustulerunt ergo lapidem: nunc ergo longe tardius ablatus est. commodum est igitur nihil interponere inter iussa iesu et ipsorum executionem.

lc7 * Alcuinus. ° quia christus secundum hominem minor erat patre, ab illo petit suscitationem lazari; atque ideo se exauditum esse dicitur: iesus autem elevatis sursum oculis dixit: pater, gratias ago tibi, quoniam audisti me. * origenes in ioannem. ° elevavit quidem sursum oculos, quoniam intelligentiam humanam erexit, adducens illam per orationem ad excelsum patrem. sed et necesse est volentem ad exemplar orationis christi orare, elevare oculos cordis sursum, ac erigere illos a praesentibus rebus memoria, cogitationibus, atque intentionibus. si autem digne orantibus huiusmodi quaedam exprimitur a deo de propria oratione promissio: adhuc loquente dicam: ecce adsum, quid expedit arbitrari de domino et salvatore? erat enim oraturus pro resurrectione lazari. sed praeveniens illius orationem qui solus bonus pater est, exaudivit dicenda. pro impletione igitur orationis subdit gratiarum actiones, dicens pater, gratias ago tibi, quoniam audisti |25| me. * chrysostomus in ioannem. ° hoc est, nihil est contrarium mei ad te. non autem ostendit quod ipse non potuit, vel quod minor sit patre; quia hoc et amicis dicitur, et honore aequalibus. ut autem ostendat quoniam non indiget oratione, subiungit ego autem sciebam quoniam semper me audis; quasi dicat: ad hoc quod fiat voluntas mea, non indigeo oratione ut tibi suadeam: una enim est nostra voluntas. hoc autem obumbrate dicit, propter auditorum imbecillitatem. deus enim non ita dignitatem suam respicit, ut ad salutem nostram: propterea excelsa quidem et magna, pauca, et ipsa occultata, humilia vero multa circumfluunt eius sermonibus. * hilarius de trin.. ° non igitur prece eguit: nobis oravit, ne filius ignoraretur; unde subditur sed propter populum qui circumstat dixi, ut credant quia tu me misisti. cum enim sibi non proficeret deprecationis sermo, ad profectum tamen nostrae fidei loquebatur. non inops ergo auxilii est, sed nos sumus inopes doctrinae. * chrysostomus. ° non |50| autem dixit ut credant quoniam minor sum, quoniam sine oratione non possum facere; sed quoniam tu me misisti. non dixit: misisti me imbecillem, servitutem recognoscentem, a meipso nihil facientem; sed me misisti, ut non deo contrarium aestiment, nec dicant: non est ex deo; et ut ostendam, secundum tuam voluntatem opus hoc fieri. * augustinus de verb. dom.. ° venit autem christus ad monumentum in quo lazarus dormiebat, et non tamquam mortuum, sed tamquam sanum, tamquam audire paratum, de sepulchro protinus vocavit; unde sequitur haec cum dixisset, voce magna clamavit: lazare, veni foras. ideo dicit nomen, ne omnes mortui cogerentur exire. * chrysostomus. ° non autem dixit: surge tu; sed veni foras, ut viventi loquens ei qui mortuus fuerat: propter quod non dixit: in nomine patris mei veni foras; aut: resuscita eum, pater; sed haec omnia dimittens, postquam orantis formam acceperat, per res auctoritatem ostendit: quoniam et hoc sapientiae |75| suae est, per verba quidem condescensionem, per res vero ostendere potestatem. * theophylactus. ° alta vero salvatoris vox, quae lazarum suscitavit, indicium est tubae magnae sonaturae in communi resurrectione. altius etiam clamavit, ut gentilium ora refrenet fabulantium, in tumulis esse animas defunctorum: nam quasi foras manentem eam advocat per clamorem. sicut autem universalis resurrectio in ictu oculorum proveniet, sic et haec resurrectio singularis; et ideo sequitur et statim prodiit qui mortuus fuerat, ligatus manus et pedes institis, et facies eius sudario erat ligata. iam mancipatur effectui quod dicitur: venit hora cum audient defuncti vocem filii dei, et qui audierint vivent. * origenes in ioannem. ° nam vox elata et clamor non inconvenienter dicitur excitasse illum; et sic adimpletum est quod dixerat: vado ut excitem eum. sed et pater, qui filium orantem exaudivit, suscitavit lazarum, ut sic resurrectio lazari commune opus sit filii orantis et patris exaudientis. sicut enim |100| pater suscitat mortuos et vivificat, sic et filius quos vult vivificat. * chrysostomus. ° exiit autem ligatus, ut non putaretur esse phantasma. sed et hoc quod exibat ligatus, non minus videbatur esse quam resuscitare. sequitur dicit eis iesus: solvite eum, ut videlicet tangentes, et ei appropinquantes, videant quia vere est ille. sequitur et sinite abire; et hoc propter humilitatem; non enim ducit eum, neque iubet secum ambulare ad sui demonstrationem. * origenes. ° dixerat autem supra dominus: propter populum qui circumstat, dixi, ut credant quia tu me misisti: nullo autem eorum credente hoc dixisset, velut aliquis hominum inscius futurorum; unde ad hoc removendum subditur multi ergo ex iudaeis qui venerant ad mariam et martham, et viderant quae fecit crediderunt in eum. quidam autem ex ipsis abierunt ad pharisaeos et dixerunt eis quae fecit iesus. continet quid ambiguum sermo praesens: verum qui iverunt |125| ad pharisaeos, fuerint ex illis multis qui crediderant, proponentes conciliare christo hostiliter se habentes ad eum; vel alii a credentibus, irritare volentes invidum pharisaeorum zelum in ipsum. et videtur mihi hoc magis evangelistam exprimere velle: multos enim dixit qui per hoc quod viderunt crediderunt, veluti paucis existentibus aliis, de quibus subdit quidam autem ex ipsis abierunt ad pharisaeos, et dixerunt eis quae fecit iesus. * augustinus lib. 83 quaest.. ° quamquam autem secundum evangelistae historiam resuscitatum lazarum plena fide teneamus, tamen in allegoria aliquid significare non dubito; neque cum res factae allegorizantur, gestae rei fidem amittunt. * augustinus in ioannem. ° omnis quidem qui peccat moritur; sed deus magna misericordia animas suscitat, ne moriantur in aeternum. intelligimus ergo tres mortuos, quos in corporibus suscitavit, aliquid significare de resurrectionibus animarum. * gregorius moralium. ° puellam enim in domo, adolescentem extra |150| portam, in sepulchro autem lazarum suscitat. adhuc quippe in domo mortuus iacet qui iacet in peccato: iam quasi extra portam ducitur cuius iniquitas usque ad inverecundiam publicae perpetrationis operatur. * augustinus. ° vel intus est mors, quia cogitatum malum nondum processit in factum. si autem ipsum malum fecisti, quasi mortuum extra portam extulisti. * gregorius. ° sepulturae vero aggere premitur qui in perpetratione nequitiae etiam usu consuetudinis pressus gravatur; sed hos plerumque divina gratia respectus sui lumine illustrat. * augustinus lib. 83 quaest.. ° vel accipiamus lazarum in monumento animam terrenis peccatis obrutam. * augustinus in ioannem. ° et tamen lazarum dominus amabat: si enim peccatores non amaret, de caelo ad terras non descenderet. bene autem de illo qui peccare consueverat, dicitur foetet: incipit enim habere pessimam famam tamquam odorem teterrimum. * augustinus liber 83 quaest.. ° recte etiam dicit quatriduanus est: ultimum |175| enim elementorum terra est: significat enim puteum terrenorum peccatorum, idest cupiditatum carnalium. * augustinus in ioannem. ° fremuit autem dominus, lacrymavit, voce magna clamavit: quia difficile surgit quem moles consuetudinis premit. turbat semetipsum christus, ut tibi significet quomodo tu turbari debeas, cum tanta mole peccati gravaris et premeris. fides enim hominis sibi displicentis fremere debet in accusatione malorum operum, ut violentiae poenitentis cedat consuetudo peccandi. quando dicis: illud feci et pepercit mihi deus: evangelium audivi et contempsi: quid facio? iam fremit christus, quia fides fremit; in voce frementis apparet spes resurgentis. * gregorius moralium. ° dicitur autem lazaro veni foras, ut ab excusatione et occultatione peccati ad accusationem suam ore proprio exire provocetur; ut qui intra conscientiam suam absconsus iacet per nequitiam, a semetipso foras exeat per confessionem. * augustinus lib. 83 quaest.. ° quod autem lazarus |200| exiit de monumento, animam significat recedentem a carnalibus vitiis; quod vero institis obvolutus, hoc est quod etiam a carnalibus recedentes, et mente servientes legi dei, adhuc tamen in corpore constituti, alieni a molestiis carnis esse non possumus; quod autem facies eius sudario tecta erat, hoc est quod in hac vita plenam cognitionem habere non possumus; quod autem dicit solvite eum et sinite abire, hoc est quod post hanc vitam auferuntur omnia velamina, ut facie ad faciem videamus. * augustinus in ioannem. ° vel aliter. quando contemnis, mortuus iaces; quando confiteris, procedis. quid est enim procedere nisi ab occultis velut exeundo manifestari? sed ut confitearis deus facit, magna voce clamando, idest magna gratia vocando. mortuus autem procedens adhuc ligatus est, confitens adhuc reus; ut autem solverentur peccata eius, ministris hoc dixit: solvite eum, et sinite abire; quod est: quae solveritis super terram, erunt soluta et in caelis. * alcuinus. ° christus ergo suscitat, |225| quia interius per seipsum vivificat: solvunt discipuli, quia per ministerium sacerdotum absolvuntur vivificati. * beda. ° per eos autem qui pharisaeis annuntiaverunt, significantur nonnulli, qui videntes bona servorum dei opera, odiis insequuntur et infamare conantur.

lc8 * Theophylactus. ° decebat admirari ac extollere eum qui talia peragebat miracula: ipsi vero potius consiliantur illum occidere; unde dicitur collegerunt ergo pontifices et pharisaei concilium adversus iesum, et dicebant: quid facimus? * augustinus in ioannem. ° nec tamen dicebant: credemus; plus enim perditi homines cogitabant quomodo nocerent et perderent, quam quomodo sibi consulerent ne perirent; et tamen timebant, et quasi consulebant: dicebant enim quid facimus, quia hic homo multa signa facit? * chrysostomus in ioannem. ° hominem eum adhuc vocant qui tantam susceperunt eius deitatis demonstrationem. * origenes in ioannem. ° est autem per ea quae dicuntur ab ipsis, considerare eorum insipientiam et caecitatem: insipientiam quippe, quia testificabantur illum et multa peregisse miracula, et tamen aestimabant se posse adversus eum aemulari, velut non posset pro se adversus eorum aemulationes. caecitatis autem hoc ipsum |25| erat: ad facientem enim tot miracula pertinebat ut se ab eorum insidiis eximeret: nisi forte crederent quod signa fecit, et putabant ea non fieri divina virtute. hi quidem igitur deliberabant non dimittere ipsum, opinantes se per hoc esse impedimento volentibus credere in eum, et romanis, ne eis auferrent terram et gentem; unde sequitur si dimittimus eum sic, omnes credent in eum, et venient romani et tollent locum nostrum et gentem. * chrysostomus. ° hoc dicentes, populum volunt concutere, ut periclitandum ex suspicione tyrannidis; quasi dicant: si romani viderint eum turbas ducentem, suspicabuntur nos in tyrannidem velle consurgere, et destruent nostram civitatem. sed fictio erat quae dicebatur: quid enim demonstrabat tale? armigeros circumferebat, et equitaturas trahebat? nonne deserta persequebatur? sed ut non putentur ob passionem suam hoc dicere, totam civitatem periclitari dicunt. * augustinus. ° vel timuerunt ne si omnes in christum crederent, nemo remaneret qui adversus |50| romanos civitatem dei templumque defenderent: quoniam contra ipsum templum et contra suas paternas leges doctrinam christi esse sentiebant. temporalia ergo perdere timuerunt, et vitam aeternam non cogitaverunt: nam et romani post domini passionem et glorificationem tulerunt eis et locum et gentem, expugnando et transferendo. * origenes. ° sed et secundum anagogem, locum eorum qui ex circumcisione sunt gentes occupaverunt, quia per eorum casum salus gentibus evenit: loco enim gentium romani ponuntur, ex regnantibus qui regno suberant nuncupati. gens etiam ab eis sublata est: quia qui fuit populus dei, factus est non populus. * chrysostomus. ° cum autem illi haesitabant, et in ordine consilii proponebant, dicentes quid facimus? unus inverecunde et cum crudelitate clamavit: unde sequitur unus autem ex ipsis, caiphas nomine, cum esset pontifex anni illius. * augustinus. ° movere potest quomodo dicatur pontifex anni illius, cum dominus constituerit unum |75| summum sacerdotem, cui mortuo unus succederet. sed intelligendum est, per ambitiones et contentiones inter iudaeos, postea constitutum esse plures fore pontifices, qui per annos singulos vicibus ministrarent; et forte etiam in unum annum plures administrabant, quibus alio anno alii succedebant. * alcuinus. ° nam de hoc caipha iosephus refert, quod pretio sibi sacerdotium unius anni redemerit. * origenes in ioannem. ° increpatur autem caiphae pravitas in hoc quod dicitur pontifex anni illius, quo scilicet noster salvator exercuit ministerium passionis; et tamen cum esset pontifex anni illius, dixit eis vos nescitis quidquam, neque cogitatis, quia expedit vobis ut unus moriatur homo pro populo, et non tota gens pereat; quasi dicat: vos sedetis, et adhuc segnius rem attenditis; sed attendatis, unius hominis salutem pro communi republica oportere contemnere. * theophylactus. ° hoc autem ipse quidem prava dixit intentione: tamen spiritus sancti gratia ore eius usa est ad futuri |100| praesagium; unde subditur hoc autem a semetipso non dixit; sed cum esset pontifex anni illius, prophetavit quia iesus moriturus erat pro gente. * origenes. ° non quicumque prophetizat, propheta est; sicut non quicumque ius prosequitur, iustus est, sicut qui facit aliquod opus propter humanam gloriam. caiphas ergo prophetavit quidem, nec tamen erat propheta, sicut et balaam. audebit autem quis dicere quod non per spiritum sanctum caiphas prophetaverit, quia etiam spiritus maligni est attestari iesu et prophetare pro eo, iuxta illud quod dicitur: novimus te quod sis sanctus dei: nam eius intentionis est non fideles auditores efficere, sed incitare in praetorio considentes adversus iesum, ut eum perimerent. deinde quod dicit expedit vobis, quod pars eius prophetiae fuit, dicit verum, vel mentitur? nam si verum dicit, salvantur hi qui in praetorio adversus iesum nituntur, mortuo iesu pro populo, et pertingunt ad id quod expedit. quod si inconveniens est, manifestum est quod |125| non fuit spiritus sanctus qui dedit haec proferri, quia spiritus sanctus non mentitur. si autem quis velit veridicum et in hoc esse caipham, concederetur illi quod gratia dei pro omnibus gustet mortem, et quod est salvator omnium hominum, maxime fidelium. fatebitur etiam cuncta quae sunt in hoc loco prophetiam esse veridicam, incipiendo ab illo vos nihil scitis; nihil enim noverant qui iesum ignorabant esse veritatem, sapientiam, iustitiam et pacem, et quod ipsis quoque erat expediens ut hic unus inquantum est homo moriatur pro populo; non enim inquantum est imago invisibilis dei, est susceptibilis mortis. pro populo autem obiit, velut potens totius orbis culpam, in seipsum retorquens, dissipare ac delere. ex hoc vero quod dicitur hoc autem a semetipso non dixit, docemur quod aliqua nos homines per nos dicimus, nulla inducente virtute ad proferendum; quaedam vero suadente nobis quadam virtute, etsi non integre exprimamus, et sic inconsequenter disponamur ad ea, insectantes ea quae dicimus, |150| sed non intentionem dictorum; velut caiphas ex se nihil protulit, nec dixit intentionem, quia prophetiam dicti non accipiebat. sed etiam apud paulum quidam legisperiti sunt non intelligentes nec ea quae proferunt. * augustinus. ° hic docemur, etiam homines malos prophetiae spiritu futura praedicere; quod tamen evangelista divino attribuit sacramento, quia pontifex fuit, idest summus sacerdos. * chrysostomus. ° vide autem quanta spiritus sancti virtus est: a mente enim mala valuit verba proferre prophetiae. vide etiam quanta est pontificalis virtus potestatis: pontifex enim effectus, etsi indignus existens, tamen prophetavit nesciens quid diceret: ore enim solum usa est gratia, contaminatum autem cor non tetigit. * augustinus. ° caiphas igitur de sola gente iudaeorum prophetavit, in qua erant oves, de quibus ait ipse dominus: non sum missus nisi ad oves quae perierunt domus israel. sed noverat evangelista alias esse oves, quae non erant de hoc ovili, quas oportebat |175| adduci; et ideo addidit et non tantum pro gente, sed ut filios dei, qui erant dispersi, congregaret in unum. haec autem secundum praedestinationem dicta sunt: nam neque oves eius, neque filii dei adhuc erant. * gregorius moralium. ° persecutores igitur peregerunt hoc quod perniciose moliti sunt; intulerunt mortem, ut ab eo abscinderent fidelium devotionem; sed fides inde crevit unde se hanc extinguere infidelium crudelitas credidit. ille enim ad pietatis suae obsequium redegit quod contra illum humana crudelitas extorsit. * origenes. ° concitati autem ad iram ex verbis caiphae, taxaverunt ut occiderent dominum; unde sequitur ab illo ergo die cogitaverunt ut interficerent eum. et quidem si non spiritu sancto caiphas prophetaverat, alius spiritus fuit qui valuit et per impium loqui, et sibi compares adversum christum incitare. qui autem vult respondere pro spiritu sancto, dicet quod sicut sacrarum intentionem scripturarum ad utilitatem prolatam aliqui prave suscipiunt ad constituendam enormem |200| disciplinam, sic edita pro salvatore prophetiam veridicam non debito modo percipientes, consiliati sunt ut interficerent christum. * chrysostomus. ° quaerebant quidem et prius eum interficere, nunc et sententiam firmaverunt.

lc9 * Origenes in ioannem. ° cum concilium congregaverunt pontifices et pharisaei ut occiderent iesum, ipse cautius se observans non ultra cum fiducia conversabatur cum iudaeis; sed neque ad aliam civitatem abiit populatam, sed ad quamdam remotam: unde dicitur iesus ergo iam non in palam ambulabat apud iudaeos; sed abiit in regionem iuxta desertum, in civitatem quae dicitur ephrem. * augustinus in ioannem. ° non quia potentia eius defecerat, in qua, si vellet, palam cum iudaeis conversaretur, et nihil ei facerent; sed exemplum discipulis demonstravit, quo appareret non esse peccatum, si fideles eius oculis persequentium se subtraherent, et furorem sceleratorum latendo potius evitarent, quam se ostendendo magis accenderent. * origenes. ° honestum namque est imminente agone confiteri iesum non evitare confessionem, nec recusare subire mortem gratia veritatis; nec minus honestum est non tradere occasionem tantae tentationi, |25| non solum propter incertitudinem eventus proprii, sed ne nos occasionem praestemus ut alii magis impii ac noxii fiant: nam si quis factus erga quemquam materia criminis luet poenas, quo modo persecutorem non declinans, non etiam et persequentis delicto dabit responsum? non solus autem dominus illuc ivit, immo, ut nullam daret causam perquirentibus eum, discipulos etiam secum duxit; unde sequitur et ibi morabatur cum discipulis suis. * chrysostomus in ioannem. ° qualiter putas turbatos discipulos humane videntes eum salvatum? ipsi autem, quando omnes laetabantur et festa celebrabant, tunc occultantur, et in periculis sunt; sed tamen permanebant cum eo, secundum illud: vos estis qui permansistis mecum in tentationibus meis. * origenes. ° quo ad anagogiam vero dicatur, quod iesus dudum cum fiducia ambulabat inter iudaeos, cum verbum divinum per prophetas in ipsis conversabatur; sed abiit illinc, nec est verbum dei inter iudaeos. accessit autem ad villam quae est prope |50| desertum, de qua dicitur: multi filii desertae magis quam coniugatae. villa autem dicitur ephrem, qui interpretatur fertilitas. fuit autem ephraim frater manasse senioris populi oblivioni traditi: post populum enim oblivioni datum et praetermissum prodiit ex gentibus abundantia. discedens ergo a iudaeis dominus, venit in terram totius orbis prope desertam ecclesiam, quae dicitur civitas fecunda; et ibi moratur cum discipulis usque nunc. * augustinus in ioannem. ° ille autem qui de caelo venerat pati, propinquare voluit loco passionis, quia imminebat hora passionis; unde sequitur proximum autem erat pascha iudaeorum. habebant iudaei pascha in umbra, nos in luce: sanguine occisi pecoris iudaeorum postes signati sunt; sanguine christi frontes nostrae signantur. illum diem festum iudaei cruentum habere domini sanguine voluerunt; illo die festo occisus est agnus, qui eumdem diem festum suo sanguine consecravit. mandatum autem erat in lege iudaeis ut die festo, quo pascha erat, omnes undique |75| convenirent, et illius diei celebratione sanctificarentur; unde sequitur et ascenderunt multi hierosolymam de regione ante pascha ut sanctificarent seipsos. * theophylactus. ° ascenderunt autem ante pascha ut purgarentur: quoniam quicumque peccaverant inviti vel spontanei, pascha non celebrabant, nisi prius expiarentur, ut moris erat, balneationibus et ieiuniis, ac rasura, quin etiam quasdam deputatas oblationes offerendo. hi ergo expiationem celebrantes, insidiantur domino; unde sequitur quaerebant ergo iesum, et colloquebantur ad invicem in templo stantes: quid putatis quia non venit ad diem festum? * chrysostomus. ° insidiabantur ei, et tempus festi tempus faciebant occisionis. * origenes. ° et propter hoc non dixit pascha domini, sed iudaeorum: nam salvator in illo patiebatur insidias. * alcuinus. ° illi ergo quaerebant iesum non bene; nos autem quaerimus eum stantes in templo dei, mutuo nos consolando et exorando ut veniat ad diem festum nostrum, et sua praesentia |100| nos sanctificet. * theophylactus. ° sed si talia solum vulgus perageret, videretur utique passio ex imperitia progredi; sed etiam pharisaei praecipiunt ut capiatur; unde sequitur dederant autem pontifices et pharisaei mandatum ut si quis cognoverit ubi sit, indicet ut apprehendant eum. * origenes. ° et attende, quod ignorabant ubi est: ostensum est enim eum discessisse. dices etiam quoniam insidiantes iesu ignorabant ubi sit: propter quod dederunt alia quam divina mandata, docente disciplinas et mandata hominum. * augustinus. ° nos autem indicemus modo iudaeis ubi sit. utinam velint audire et apprehendere.

074 CJO cp12

lc1 * Alcuinus. ° appropinquante tempore in quo dominus pati disposuit, appropinquavit ipse loco in quo eiusdem passionis dispensationem perficere voluit; unde dicitur iesus ergo ante sex dies paschae venit in bethaniam. primo venit in bethaniam, deinde hierosolyma. in hierosolymam quidem ut ibi pateretur; in bethaniam vero ut resuscitatio lazari memoriae omnium arctius imprimeretur; unde subditur ubi fuerat lazarus mortuus, quem suscitavit iesus. * theophylactus. ° decima autem die mensis agnum iudaei capiunt immolandum in festo paschae, ex tunc enim festivitatis praelibant solemnia: quapropter in die quae est nona mensis, et praecedit sextum diem ante pascha, epulantur splendide, et exordium festi hanc diem constituunt: quo fit ut iesus quoque pergens bethaniam convivaretur; unde sequitur fecerunt autem ei coenam ibi, et martha ministrabat. per hoc autem quod dixit quod martha ministrabat, insinuat quod in illius domo erat convivium. sed attende |25| mulieris fidelitatem: non enim famulabus imponit ministerium, sed ipsamet suscepit. innuere autem volens evangelista verae resurrectionis lazari signum, subdit lazarus vero unus erat ex discumbentibus cum eo. * augustinus in ioannem. ° vivebat, loquebatur, epulabatur, veritas ostendebatur, infidelitas iudaeorum confundebatur. * chrysostomus in ioannem. ° maria autem non faciebat communem famulatum, sed ad solum dominum constituit honorem, et non ut ad hominem accedit, sed ut ad deum; unde sequitur maria ergo accepit libram unguenti nardi pistici pretiosi, et unxit pedes iesu, et extersit capillis suis pedes eius. * augustinus. ° quod ait pistici, locum aliquem credere debemus, unde erat hoc unguentum pretiosum. * alcuinus. ° vel pistici, idest fidelis, nec extraneis speciebus adulterati. haec est illa mulier quae quondam peccatrix in domo simonis venit ad dominum cum alabastro unguenti. * augustinus de cons. evang.. ° quod autem hoc in |50| bethania rursus fecit, aliud est quod ad lucae narrationem non pertinet, sed pariter narratur a tribus, ioanne scilicet, matthaeo et marco. quod ergo matthaeus et marcus caput domini unguento illo perfusum dicunt, ioannes autem pedes; non solum caput, sed et pedes domini accipiamus perfudisse mulierem. matthaeus et marcus recapitulando ad illum diem redeunt in bethaniam, qui erat ante sex dies paschae, et narrant quod ioannes de coena et unguento. sequitur et domus impleta est ex odore unguenti. * augustinus in ioannem. ° ad apostolum revoca intentionem, qui dicit: aliis sumus odor vitae ad vitam, aliis sumus odor mortis ad mortem; denique audies hinc ex unguento isto, quomodo erat aliis odor bonus in vitam, aliis odor malus in mortem; unde sequitur dixit ergo unus ex discipulis suis, iudas iscariotes, qui erat eum traditurus. * augustinus de cons. evang.. ° quod alii dicunt discipulos murmurasse de unguenti pretiosi effusione, ioannes autem |75| iudam commemorat, puto discipulorum nomine iudam significatum, plurali numero pro singulari usurpato. potest etiam intelligi quod alii discipuli aut senserint hoc, aut dixerint, aut eis iuda dicente persuasum sit: atque omnium voluntatem matthaeus et marcus verbis etiam expresserint; sed iudas propterea dixerit quia fur erat, ceteri propter pauperum curam; ioannem vero de solo illo id commemorare voluisse, cuius ex hac occasione furandi consuetudinem credidit intimandam; nam sequitur dixit autem hoc, non quia de egenis pertinebat ad eum; sed quia fur erat, et loculos habens, ea quae mittebantur portabat. * alcuinus. ° portabat ministerio, exportabat furto. * augustinus in ioannem. ° non tunc periit iudas quando accepit a iudaeis pecuniam, ut dominum traderet: iam fur erat, dominum perditus sequebatur non corde, sed corpore. voluit autem per hoc dominus nos admonere ut malos toleremus, ne corpus christi dividamus. qui aliquid de ecclesia furatur, iudae perdito comparatur. tolera |100| malum bonus, ut venias ad praemium bonorum, ne immittaris in poenam malorum. exemplum domini accipite conversantis in terra. quare habuit loculos cui angeli ministrabant, nisi quia ecclesia ipsius loculos habitura erat? quare fures admisit, nisi ut eius ecclesia fures dum patitur toleraret? sed ille, qui consueverat de loculis pecuniam tollere, non dubitavit accepta pecunia ipsum dominum vendere. * chrysostomus in ioannem. ° ideo etiam ei furi existenti loculos commisit pauperum, ut omnem abscinderet occasionem: non enim habuit dicere quoniam propter pecuniarum desiderium hoc fecit; etenim sufficientem habebat ex loculo concupiscentiae mitigationem. * theophylactus. ° quidam vero administrationem pecuniae suscepisse iudam fatentur, tamquam minimum omnium. nam pecuniae administratio, doctrinae administratione inferior est, secundum quod dicunt apostoli: non est aequum nos derelinquere verbum dei, et ministrare mensis. * chrysostomus. ° christus autem multa condescensione |125| ad iudam utens, non increpavit eum surripientem, sed commonem intulit excusationem; nam sequitur dixit ergo iesus: sinite illam, ut in diem sepulturae meae servet illud. * alcuinus. ° significat se moriturum, et ad sepeliendum aromatibus esse ungendum; ideo mariae, cui ad unctionem mortui corporis multum desideranti pervenire non liceret, donatum sit viventi adhuc impendere obsequium, quod post mortem celeri resurrectione praeventa nequiret. * chrysostomus. ° rursus etiam propter proditorem rememoratus est sepulturae; ac si dicat: gravis sum tibi et onerosus; sed expecta parum, et abibo; et hoc ostendit, cum subdit pauperes enim semper habebitis vobiscum, me autem non semper habebitis. * augustinus in ioannem. ° loquebatur de praesentia corporis sui: nam secundum maiestatem suam, secundum providentiam, secundum ineffabilem et invisibilem gratiam, impletur quod ab eo dictum est: ecce ego vobiscum sum usque ad consummationem saeculi. vel aliter. |150| in iudae persona significati sunt in ecclesia mali: si enim bonus homo es, habes christum et in praesenti per fidem et sacramentum, et habebis semper: quia cum hinc exieris, ad illum venies, qui dixit latroni: hodie mecum eris in paradiso. si autem male versaris, videris habere in praesenti christum, quia baptizaris baptismo christi, accedis ad altare christi; sed male vivendo non semper habebis. non autem dixit: habes, sed habebis, quia unus malus corpus malorum significat. sequitur cognovit ergo turba multa ex iudaeis quia illic esset, et venerunt, non propter iesum tantum, sed ut lazarum viderent, quem suscitavit a mortuis. curiositas eos adduxit, non caritas. * theophylactus. ° visores enim suscitati fieri cupiebant, expectantes etiam de inferis aliquid lazaro referente perpendere. * augustinus. ° quia vero tantum miraculum domini tanta erat evidentia diffamatum, ut non possent vel occultare quod factum est, vel negare, cogitaverunt ut lazarum |175| interficerent; unde sequitur cogitaverunt autem principes sacerdotum ut et lazarum interficerent. o caeca saevitia. quasi dominus suscitare potuerit mortuum, et non possit occisum. ecce utrumque dominus fecit: et lazarum mortuum, et seipsum suscitavit occisum. * chrysostomus in ioannem. ° nullum autem miraculum christi eos ita furere fecit: hoc enim mirabilius erat, et coram multis factum est; et erat inopinabile, mortuum quatriduanum videre ambulantem et loquentem. aliter etiam isti in aliis putabant criminari sabbati solutionem, et hac via abducere turbas; hic autem quia a nullo habebant conqueri contra iesum, adversum lazarum faciunt conatum: itaque et in caeco hoc fecissent, nisi haberent accusationem de sabbato. aliter autem. ille quidem ignobilis erat, et eiecerunt eum de templo: hic vero clarus. hoc etiam eos mordebat quod festivitatem instantem omnes dimittentes, bethaniam veniebant. * alcuinus. ° mystice autem quod ante sex dies venerat bethaniam, significat quod ille qui |200| sex diebus omnia fecerat, et sexto die hominem creaverat, ipsa sexta mundi aetate, sexta feria, sexta hora redimere mundum venerat. coena autem dominica, fides est ecclesiae, quae per dilectionem operatur. martha ministrat, cum fidelis anima opera suae devotionis domino impendit. lazarus unus erat ex discumbentibus, cum ii qui post peccatorum mortem resuscitati sunt ad iustitiam, una cum eis qui in sua permanserunt iustitia, de praesentia veritatis exsultant, et caelestis gratiae muneribus aluntur. et bene in bethania celebratur, quae interpretatur domus obedientiae: nam ecclesia est obedientiae domus. * augustinus. ° unguentum autem quo maria unxit pedes iesu, iustitia fuit, ideo libra fuit. erat autem unguentum nardi pistici pretiosi. pistis graece, latine fides dicitur. quaerebas operari iustitiam? iustus ex fide vivit. unge pedes iesu bene vivendo, dominica sectare vestigia, capillis terge; si habes superflua, da pauperibus, et domini pedes tersisti: capilli enim superflua corporis videntur. * alcuinus. ° et |225| notandum, quod primo tantum pedes unxerat, hic autem pedes et caput unxit; ibi rudimenta poenitentium, hic iustitia perfectarum designatur animarum. per caput enim domini sublimitas divinitatis, per pedes humilitas incarnationis exprimitur; vel per caput ipse christus, per pedes pauperes, qui sunt membra eius. * augustinus. ° domus autem repleta est odore, mundus impletus est bona fama.

lc2 * Chrysostomus in ioannem. ° praeceptum legis erat ut decima luna primi mensis agnus sive hoedus in domo recluderetur usque ad quartam decimam lunam eiusdem mensis, quando ad vesperam immolabatur: unde et verus agnus ex omni grege sine macula electus, pro populi sanctificatione immolandus, ante quinque dies, idest decima luna, hierosolymam ascendit. * augustinus in ioannem. ° quantus autem fructus apparuerit praedicationis eius, et quantus grex ovium ex his quae perierant domus israel, vocem pastoris audierit intuendum ex eo quod dicitur in crastinum autem turba multa, quae convenerat ad diem festum, cum audissent quia venit iesus hierosolymam, acceperunt ramos palmarum etc.. rami palmarum laudes sunt, significantes victoriam qua erat dominus mortem moriendo superaturus, et trophaeo crucis de diabolo mortis principe triumphaturus. * chrysostomus in ioannem. ° ostendebant autem quoniam de reliquo maiorem |25| quam de propheta opinionem habebant de eo; unde sequitur et processerunt obviam ei, et clamabant: hosanna, benedictus qui venit in nomine domini, rex israel. * augustinus. ° hosanna vox est obsecrantis, magis affectum indicans quam rem aliquam significans, sicut sunt in lingua latina quas interiectiones vocant. * beda. ° est autem compositum ex corrupto et integro: hosi enim, salva, anna obsecrantis est interiectio. hosi corruptum, anna est integrum. benedictus autem qui venit in nomine domini, sic potius accipiendum est ut in nomine domini, in nomine dei patris intelligatur; quamvis possit intelligi etiam in nomine suo, quia et ipse dominus est: sed verba eius melius nostrum dirigunt intellectum, qui ait: ego veni in nomine patris mei. non utique amittit divinitatem, quando nos docet humilitatem. * chrysostomus. ° hoc est etiam quod maxime coegit credere in christum omnes, quoniam non est deo contrarius: et hoc maxime erigebat plebem quod ipse dicebat se a patre venisse. ex |50| his ergo verbis colligimus quod deus est: nam hosanna salvos fac interpretatur; salutem autem soli deo scriptura attribuit. deinde quia vere est deus, qui venit, inquiunt, non: qui ducitur; hoc enim servile est quodammodo, illud vero dominicum. quod etiam dicunt in nomine domini, illud idem erga ipsum protendit: non enim in nomine servi, sed domini dicunt illum venire. * augustinus. ° quid autem magnum fuit regi saeculorum regem fieri hominum? non enim rex israel christus ad exigendum tributum vel ferro exercitum armandum; sed rex israel, quod mentes regat, quod in regnum caelorum perducat. quod ergo rex esse voluit israel, dignatio est, non promotio; miserationis indicium, non potestatis augmentum: qui enim appellatus est in terra rex iudaeorum, in caelis est dominus angelorum. * theophylactus. ° iudaei autem regem israel ipsum nuncupabant, quasi sensibilem regem somniantes: expectabant namque exurgere quemdam in regem maiorem quam secundum humanam naturam, salvaturum |75| eos a romanorum iurisdictione. quomodo autem dominus venerit, ostendit evangelista subdens et invenit iesus asellum, et sedit super eum. * augustinus. ° hoc breviter dictum est: nam quemadmodum sit factum, apud alios evangelistas plenissime legitur. pullum autem asinae in quo nemo sederat (hoc enim apud alios evangelistas invenitur), intelligimus populum gentium, qui legem domini non acceperat; asinam vero (quia utrumque domino adductum est), plebem eius quae veniebat ex populo israel. * chrysostomus. ° fecit ergo hoc, prophetice aliquid figurans: quoniam videlicet immundum gentium populum debebat subiectum habere; et prophetiam quamdam implens. * augustinus. ° adhibetur autem huic facto propheticum testimonium, ut appareat quoniam maligni principes iudaeorum eum non intelligebant in quo implebantur quae legebant; unde sequitur sicut scriptum est: noli timere, filia sion: ecce rex tuus venit tibi sedens super pullum |100| asinae. in illo populo erat filia sion: ipsa est ierusalem, quae est sion, cui dicitur: noli timere illum, agnosce qui a te laudatur; et noli trepidare cum patitur, quia ille sanguis funditur per quem tuum delictum deleatur, et vita redimatur. * chrysostomus. ° vel aliter. quia reges eorum iniusti fuerant, et eos obnoxios bellis faciebant, confide, ait, hic non talis, sed mitis et mansuetus; quod ostendit ab asino: non enim exercitum habens intrabat, sed asinum habens solum. vide autem evangelistae sapientiam: non verecundatur priorem ignorantiam divulgare; nam sequitur haec non cognoverunt discipuli eius primum, sed quando glorificatus est iesus. * augustinus. ° idest, quando virtutem suae resurrectionis ostendit, tunc recordati sunt quod haec erant scripta de eo, et haec fecerunt ei, idest non alia quam quae scripta erant de eo. * chrysostomus. ° hoc autem ignorabant, quoniam ipse non revelavit eis: scandalizasset enim eos, si rex existens talia passurus erat; et etiam non suscepissent statim cognitionem |125| regni de quo hic dicebatur: de regno enim temporali hoc dici putassent. * theophylactus. ° aspice autem consequentiam passionis. suscitavit lazarum, hoc omnium novissime reservans miraculum, et ob hoc plurimi concurrebant et credebant; unde sequitur testimonium ergo perhibebat turba, quae cum eo erat quando vocavit lazarum de monumento, et suscitavit eum a mortuis: propterea et obviam venit ei turba, quia audierunt eum fecisse hoc signum. exinde livor et insidiae; unde sequitur pharisaei autem dicebant ad semetipsos: videtis quia nihil proficimus: ecce mundus totus post eum abiit. * augustinus. ° turba turbavit turbam. quid autem invidet caeca turba, quia post eum abiit mundus per quem factus est mundus? * chrysostomus. ° mundum enim hic turbam dicunt. videtur autem mihi hoc dictum esse eorum qui sani quidem erant, non audebant autem propalari: demum ab eventu deterrebant alios, quasi inconsummabilia tentantes. * theophylactus. ° ac si dicerent: quantumcumque |150| insidiemini, tanto hic augetur, et gloria eius intenditur: quis ergo profectus de tantis insidiis?

lc3 * Beda. ° templum domini hierosolymis situm adeo erat famosum ut diebus festis non solum vicini, sed etiam multae ex longinquis regionibus gentes illuc advenirent, sicut de eunucho candacis reginae aethiopum actus apostolorum declarant. hac ergo consuetudine hi gentiles venerant adorare, de quibus dicitur erant autem quidam gentiles ex his qui ascenderant ut adorarent in die festo. * chrysostomus in ioannem. ° prope existentes ut de cetero proselyti fierent. fama itaque audita de christo, volunt eum videre; unde sequitur hi ergo accesserunt ad philippum, qui erat a bethsaida galilaeae, et rogaverunt eum dicentes: domine, volumus iesum videre. * augustinus in ioannem. ° ecce volunt eum iudaei occidere, gentiles videre; sed etiam illi ex iudaeis erant qui clamabant: benedictus qui venit in nomine domini. ecce illi ex circumcisione, illi ex praeputio, velut duo parietes de diverso venientes, et in unam fidem christi pacis osculo concurrentes. |25| sequitur venit philippus, et dicit andreae. * chrysostomus. ° quasi priori existenti: audiverat enim: in viam gentium ne abieritis; propterea cum condiscipulo communicans magistro refert; unde sequitur andreas rursum et philippus dicunt iesu. * augustinus in ioannem. ° audiamus ergo vocem lapidis angularis; unde sequitur iesus autem respondit eis, dicens: venit hora ut clarificetur filius hominis. forsitan aliquis putat ideo se dixisse glorificatum, quia gentiles volebant eum videre. non ita est; sed videbat gentiles post passionem et resurrectionem suam in omnibus gentibus credituros. ex occasione igitur istorum gentilium qui eum videre cupiebant, annuntiat futuram plenitudinem gentium, et promittit iam adesse horam glorificationis suae, qua facta in caelis gentes fuerant crediturae, secundum illud: exaltare super caelos, deus, et super omnem terram gloria tua. sed altitudinem glorificationis oportuit ut praecederet humilitas passionis; unde adiunxit |50| amen, amen, dico vobis: nisi granum frumenti cadens in terram mortuum fuerit, ipsum solum manet; si autem mortuum fuerit, multum fructum affert. se autem dicebat granum mortificandum in infidelitate iudaeorum, multiplicandum in fide populorum. * beda. ° ipse enim ex semine patriarcharum in agro huius mundi seminatus est ut moriendo cum multiplicatione resurgeret: solus mortuus est, cum multis surrexit. * chrysostomus. ° et quia per sermones non ita suadebat, utitur experimento, quia frumentum magis facit fructum cum mortuum fuerit. si autem in seminibus hoc accidit, multo magis in me. quia igitur de reliquo debebat mittere discipulos ad gentes, videt autem gentiles praesilientes ad fidem, ostendit quod tempus erat ut ad crucem veniret. non enim prius eos ad gentes misit donec iudaei offenderunt, donec crucifixerunt. et quia de morte sua praevidit discipulos contristandos, superabundantiam facit sermonis, dicens: non solum si non mortem meam patienter sustinueritis, sed etiam si |75| vos ipsi non moriamini, nullum vobis erit lucrum; et hoc est quod subdit qui amat animam suam, perdet eam. * augustinus. ° hoc duobus modis intelligi potest: qui amat, perdet; id est: si amas, perdes: si cupis vitam tenere in christo, noli mortem timere pro christo. item alio modo: qui amat animam suam, perdet eam. noli amare in hac vita, ne perdas in aeterna vita. hoc autem quod posterius dixi, magis habere videtur evangelicum sensum; sequitur enim et qui odit animam suam in hoc mundo, in vitam aeternam custodit eam. ergo quod supra dictum est, qui amat, subintelligitur in hoc mundo. * chrysostomus in ioannem. ° amat autem animam suam in hoc mundo qui desideria eius inconvenientia facit; odit autem eam qui non cedit ei noxia concupiscenti. et non dixit: qui non cedit ei, sed qui odit eam: quemadmodum enim eorum qui odio habentur, nec vocem audire sustinemus nec vultum videre delectamus, ita et animam cum contraria iniungit quae deo non placent, cum vehementia |100| avertere oportet. * theophylactus. ° quia enim valde onerosum erat audire quod oportet odire animam, consolatur per hoc quod addit in hoc mundo, temporis indicans particularitatem: non enim in perpetuum iubet animam odio haberi; et emolumentum ponit cum dicit in vitam aeternam custodit eam. * augustinus in ioannem. ° sed vide ne tibi subrepat ut teipsum interimere velis: sic intelligendo quod debes in hoc mundo odisse animam tuam; hinc enim quidam maligni atque perversi homicidae flammis se donant, aquis praefocant, praecipitatione collidunt et pereunt. hoc christus non docuit: immo et diabolo praecipitium suggerenti respondit: vade, satana. cum ergo causae articulus venerit, ut haec conditio proponatur aut faciendum esse contra dei praeceptum, aut ab hac vita migrandum, comminante mortem persecutore, ibi oderis in hoc mundo animam tuam, ut in vitam aeternam custodias eam. * chrysostomus. ° dulcis quidem est praesens vita his qui affixi sunt ei: si vero quis ad |125| caelum respexerit, videns quae ibi sunt bona, cito contemnet vitam praesentem. cum enim apparuerit melior, contemnitur peior. in hoc ergo nos inducens christus, subdit qui mihi ministrat, me sequatur; idest, me imitetur. de morte hoc dicit, et de ea quae per opera assecutione; oportet enim eum qui ministrat, eum cui ministrat sequi. * augustinus. ° quid ergo sit ministrare christo, in ipsis verbis agnoscimus, cum dicit si quis mihi ministrat. ministrant ergo iesu qui non quae sua sunt quaerunt, sed quae iesu christi; hoc est enim me sequatur: vias ambulet meas, non suas: non ea tantum quae ad misericordiam pertinent corporalem, sed omnia opera bona propter christum faciens, usque ad illud opus magnae caritatis, quod est animam pro fratribus ponere. sed quo fructu, qua mercede? sequitur et ubi ego sum, illic et minister meus erit. gratis ametur, ut operi quo ministratur illi, pretium sit esse cum illo. * chrysostomus. ° ostendit autem per hoc, quod resurrectio morti succedet. ubi autem sum, |150| ait, quia in caelis ante resurrectionem christus erat. igitur illuc transmigremus animo et mente. sequitur si quis mihi ministraverit, honorificabit eum pater meus. * augustinus. ° per hoc intelligitur exposuisse quod supra dixerat illic et minister meus erit: nam quem maiorem honorem accipere poterit adoptatus quam ut sit ubi est unicus? * chrysostomus. ° non autem dixit: ego honorificabo eum, sed pater meus: nondum enim de eo decentem opinionem habebant, sed maiorem de patre.

lc4 * Chrysostomus in ioannem. ° quia dominus ad passionem discipulos exhortatus fuerat, ne dicant, quod ipse extra dolores existens humanos facile de morte philosophatur, et nos admonet, propter hoc quod ipse est sine periculo, ostendit quod et ipse in agonia sit, et tamen propter utilitatem mortem non renuit; unde dicit nunc anima mea turbata est. * augustinus in ioannem. ° audio qui in hoc mundo odit animam suam, in vitam aeternam custodit eam: et mundum contemnere accendor, et in conspectu meo nihil est vitae huius totus, quantumlibet fuerit prolixus, vapor; pro amore aeternorum temporalia mihi cuncta vilescunt; et rursum dominum audio dicentem nunc anima mea turbata est. sequi iubes animam meam; sed turbari video animam tuam: quale fundamentum quaeram si petra succumbit? agnosco, domine, misericordiam tuam: nam qui caritatis voluntate turbaris, multos in corpore tuo, qui suae infirmitatis necessitate turbantur, ne desperando pereant, consolaris. in se ergo caput nostrum suscepit membrorum suorum affectum; et ideo non est ab aliquo turbatus; sed, sicut de illo dictum est: turbavit semetipsum. * chrysostomus. ° appropinquans enim de reliquo cruci, quod humanum est ostendit, et naturam non volentem mori, sed praesenti adhaerentem vitae, ostendens quoniam non extra humanas passiones erat: sicut enim esurire non crimen est, ita neque praesentem vitam appetere. christus autem corpus a peccato mundum habebat, non a naturalibus necessitatibus erutum. hoc igitur dispensationis est, non deitatis. * augustinus. ° denique homo qui sequi vult, audiat qua hora sequatur. accessit forte hora terribilis: proponitur optio aut faciendae iniquitatis, aut subeundae passionis: turbatur anima infirma; audi ergo quid subiungit: et quid dicam? * beda. ° hoc est, quid aliud nisi ut membra mea instruantur? pater, salvifica me ex hac hora. * augustinus. ° docuit te quem invoces, cuius voluntatem tuae voluntati praeponas. non ideo tibi videatur ex alto diffidere, quia te vult ab initio proficere. hominis suscepit infirmitatem ut doceat contristatum dicere: non quod ego volo, sed quod tu vis; unde subditur sed propterea veni in horam hanc. pater, glorifica nomen tuum, in sua scilicet passione et resurrectione. * chrysostomus. ° quasi dicat: non habeo quid dicam, ereptionem quaerens: propterea enim veni in horam hanc; ac si dicat: etsi turbemur et tumultum patiamur, non fugiamus mortem: quia ego nunc turbatus, non dico ut effugiam; oportet enim ferre quod supervenit; non dico: eripe me ex hac hora; sed contrarium dico, scilicet clarifica nomen tuum. ostendit enim quoniam pro veritate moritur, gloriam dei hoc vocans; et hoc evenit: futurum enim erat ut post crucem converteretur orbis terrarum, et cognosceret nomen dei, et coleret, non solum patris, sed etiam filii. sed tamen hoc silet. sequitur venit ergo vox de caelo dicens: et clarificavi, et iterum clarificabo. * gregorius moralium. ° huiusmodi verbis per angelum loquitur deus, cum nil in imagine ostenditur, sed supernae vocis verba audiuntur: et nimirum de caelestibus loquens, verba sua quae audiri ab hominibus voluit, rationali creatura administrante formavit. * augustinus in ioannem. ° clarificavi autem dicit, antequam facerem mundum, et iterum clarificabo, cum resurget a mortuis. vel aliter. clarificavi, cum de virgine natus est, cum miracula multa fecit, cum descendente spiritu sancto in specie columbae monstratus est; et iterum clarificabo, cum resurget a mortuis, cum exaltabitur super caelos deus et super omnem terram gloria eius. sequitur turba ergo quae stabat et audierat, dicebat tonitruum factum esse. * chrysostomus in ioannem. ° aperta quidem et bene significativa erat vox: sed cito ab eis evolavit quasi a grossioribus, et carnalibus, et desidiosis. et hi quidem sonitum tantum retinuerunt; alii vero quoniam articulata erat vox noverant; quid autem significavit non adhuc; de quibus subditur: alii dicebant: angelus ei locutus est. sequitur respondit iesus, et dixit: non propter me haec vox venit, sed propter vos. * augustinus. ° hic ostendit, illa voce non sibi indicatum quod iam sciebat, sed eis quibus indicari oportebat. sicut autem vox illa non propter eum facta est, sed propter eos; sic anima eius, non propter ipsum, sed propter eos turbata est. * chrysostomus. ° ad illud enim instat vox patris quod semper dicebant, quoniam non est ex deo: qui enim a deo glorificatur, qualiter non est ex deo? ubi vide quod humilia propter eos facta sunt, non quasi filio auxilio indigente. quia ergo dixit clarificabo, ostendit consequenter et modum gloriae; nam sequitur nunc iudicium est mundi. * augustinus. ° iudicium enim quod in fine expectant, erit praemiorum poenarumque aeternarum. dicitur etiam iudicium, non damnationis, sed discretionis: hoc vocabat hic iudicium, discretionem scilicet, et a suis redemptis diaboli expulsionem; unde sequitur nunc princeps mundi huius eicietur foras. absit ut diabolum principem mundi ita dictum existimemus ut eum caeli et terrae dominari posse credamus; sed mundus appellatur in malis hominibus, qui toto orbe terrarum diffusi sunt. sic ergo dictum est princeps huius mundi, idest princeps malorum hominum, qui habitant in mundo. appellatur etiam mundus in bonis, qui similiter per totum orbem terrarum diffusi sunt; ideo dicit apostolus: deus erat in christo, mundum reconcilians sibi. hi sunt ex quorum cordibus princeps mundi eicietur foras. praevidebat enim dominus, post passionem et glorificationem suam, per universum mundum multos populos credituros, in quorum cordibus diabolus intus erat, cui quando ex fide renuntiant, eicitur foras. sed numquid de cordibus veterum iustorum non est eiectus foras? quomodo ergo dictum est nunc eicietur foras, nisi quia tunc quod in hominibus paucissimis factum est, nunc in multis magnisque populis iam mox futurum esse praedictum est? quid ergo ait quispiam: quia diabolus eicitur foras, iam fidelium neminem tentat? immo tentare non cessat; sed aliud est intrinsecus regnare, aliud forinsecus oppugnare. * chrysostomus. ° sed quale est istud iudicium quo diabolus foras eicitur, exemplo id faciam manifestum. sit aliquis debitores expetens, et feriat, et in vincula mittat: deinde ex eadem dementia et eum qui nihil debet sub eumdem carcerem ducat: hic et eorum quae in alios fecit, dabit vindictam. ita et in christo factum est: eorum enim quae diabolus in nos fecit, per ea quae in christum ausus est, sustinebit vindictam. et ne quis dicat: qualiter mittetur foras, si te superabit? subiungit et ego si exaltatus fuero a terra, omnia traham ad meipsum. qualiter enim superatur qui et alios trahit? hoc autem, plus fuit dicere, quam: resurgam. si enim hoc dixisset, nondum manifestum esset quod traheret; dicendo vero traham, utrumque demonstrat. * augustinus. ° sed quae omnia trahit, nisi ex quibus diabolus eicitur foras? non autem dixit: omnes, sed omnia: non enim omnium est fides. non itaque hoc ad universitatem hominum retulit, sed ad creaturae integritatem, idest spiritum, et animam, et corpus; ad illud scilicet quod intelligimus, quod vivimus, quod visibiles sumus: aut si omnia ipsi homines intelligendi sunt, omnia praedestinata ad salutem possumus dicere; aut certe omnia hominum genera secundum innumerabiles differentias, quibus inter se praeter sola peccata homines distant. * chrysostomus. ° qualiter igitur supra dixit, quoniam pater trahit? quia scilicet filio trahente, pater trahit. dicit autem traham, quasi a tyranno detentos, et per seipsos nequeuntes accedere, et illius manus effugere. * augustinus. ° sed si exaltatus, inquit, fuero a terra; hoc est, cum exaltatus fuero; non enim dubitat futurum esse quod venit implere: nam exaltationem suam dixit in cruce passionem; unde evangelista subdit hoc autem dixit significans qua morte esset moriturus.

lc5 * Augustinus in ioannem. ° cum intellexissent iudaei quod dominus de sua morte dixisset, proponunt ei quaestionem, quomodo se diceret moriturum; unde dicitur respondit ei turba: nos audivimus ex lege quia christus manet in aeternum; quomodo tu dicis: oportet exaltari filium hominis? memoriter tenuerunt quod dominus assidue dicebat se esse filium hominis: nam hoc loco non dixit: si exaltatus fuerit filius hominis; sed superius dixerat: venit hora ut clarificetur filius hominis. hoc ergo in animo retinentes, inquiunt: si christus manet in aeternum, quomodo exaltabitur a terra; idest, quomodo crucis passione morietur? * chrysostomus in ioannem. ° hinc est videre quoniam multa eorum quae parabolice dicebantur, intelligebant: quia enim praevenit de morte disputans, audientes hic exaltationem, suspicati sunt hoc. * augustinus. ° vel hoc eum dixisse intelligebant quod facere cogitabant. non ergo eis verborum istorum obscuritatem aperuit infusa sapientia, sed stimulata conscientia. * chrysostomus. ° et vide qualiter malitiose interrogant; non enim dixerunt nos audivimus ex lege quia christus nihil patitur; in multis enim scripturarum locis et passio et resurrectio simul ponitur; sed quoniam manet in aeternum: et nimirum hoc non erat contrarium, immortalitati enim per passionem non est factum impedimentum. sed aestimaverunt per hoc ostendere eum non esse christum, quoniam christus manet in aeternum. deinde subdunt: quis est filius hominis? et hoc malitiose; quasi dicant: non dicas quod propter odium tuum hoc dicamus: ecce enim non novimus de quo dicis. sed christus respondit, ostendens quoniam passio non prohibet manere eum in aeternum; unde subditur dixit ergo eis iesus: adhuc modicum lumen in vobis est: quasi dicat: adhuc parvo tempore ego lux vobiscum sum; per hoc ostendens quod mors eius transmigratio est: etenim lux solaris non interimitur, sed parum recedens rursus apparet. * augustinus. ° vel aliter. modicum lumen in vobis est, per hoc quod intelligitis quia christus manet in aeternum; ergo ambulate, accedite, totum intelligite, et moriturum christum, et victurum in aeternum, dum lucem habetis. * chrysostomus. ° hic dicit tempus totum praesentis vitae et ante crucem et post crucem: multi enim post crucem crediderunt in eum. ut non tenebrae vos comprehendant. * augustinus. ° si scilicet eo modo credideritis christi aeternitatem ut negetis in eo mortis humilitatem. sequitur et qui ambulat in tenebris, nescit quo vadat. * chrysostomus. ° quanta denique iudaei nunc agunt, et nesciunt quid agunt; sed ut in tenebris ambulantes, putant rectam quidem incedere viam, contrariam autem vadunt; propterea subdit dum lucem habetis, credite in lucem. * augustinus. ° idest, dum aliquid veri habetis, credite in veritatem, ut renascamini veritati; unde sequitur ut filii lucis sitis. * chrysostomus. ° quod est filii mei. in principio autem evangelista dicit quod ex deo nati sunt, hoc est ex patre; hic autem ipse dicitur hos generare, ut discas quoniam una est actio patris et filii. sequitur haec locutus est iesus, et abiit, et abscondit se ab eis. * augustinus. ° non ab eis qui credere et diligere coeperunt, sed ab eis qui videbant et invidebant. cum autem se abscondit, nostrae infirmitati consuluit, non suae potestati derogavit. * chrysostomus. ° sed cum nec lapides levarent, nec blasphemarent, cuius gratia occultatus est? corda enim rimatus noverat furorem in eis saevientem, et non expectavit ut in opus exirent; sed occultatur, mitigans eorum invidiam.

lc6 * Chrysostomus in ioannem. ° noverat dominus ferventem animum iudaeorum, et occisionem meditantem; et ideo occultatus est: et hoc occulte insinuavit evangelista subdens cum autem tanta signa fecisset coram eis, non crediderunt in eum. * theophylactus. ° non autem modicae iniquitatis fuit tantis signis non credere: ea vero signa commemorat quae supra sunt posita. * chrysostomus. ° ne quis autem dicat: cuius gratia venit christus, non noverant, quod non ei intenderent; ideo ad hoc excludendum inducit etiam prophetas hoc scientes; propter quod sequitur ut sermo isaiae impleretur, quem dixit: domine, quis credidit auditui nostro, et brachium domini cui revelatum est? * alcuinus. ° quis pro raritate posuit: quia quod sancti prophetae a deo audierunt et populo praedicaverunt, paucissimi crediderunt. * augustinus in ioannem. ° satis autem ostendit brachium domini ipsum dei filium nuncupatum: non quod deus pater figura detinetur carnis humanae: sed quia omnia per ipsum facta sunt, ideo brachium domini dictum est. si enim aliquis homo tanta potestate praevaleret ut sine ullo motu corporis sui, quod diceret fieret, verbum eius, brachium eius esset. non autem patet occasio erroris his qui dicunt quia solus pater est, si brachium eius est filius (non enim duae, sed una persona est homo et brachium eius), non intelligentes quomodo verba de rebus aliis ad res alias propter aliquam similitudinem transferantur. quidam autem inter se mussitant: quae culpa fuit iudaeorum, si necesse erat ut sermo isaiae impleretur? quibus respondemus, deum praescium futurorum per prophetam praedixisse infidelitatem iudaeorum, non fecisse: non enim propterea quemquam deus ad peccandum cogit, quia futura hominum peccata iam novit: ipsorum enim praescivit peccata, non sua. fecerunt ergo peccatum iudaei quod facturos esse praedixit quem nihil latet. * chrysostomus. ° quod ergo dixit ut sermo isaiae prophetae impleretur, ly ut non causale est, sed eventus: non enim quia dixit isaias, non crediderunt; sed quia non erant credituri, propterea isaias dixit. * augustinus. ° sed ea quae sequuntur, profundiorem faciunt quaestionem; adiungit enim et dicit propterea non poterant credere, quia iterum dixit isaias: excaecavit oculos eorum, et induravit cor eorum, ut non videant oculis, et non intelligant corde, et convertantur, et sanem eos. si enim credere non poterant, quod peccatum est hominis non facientis quod non potest facere? et, quod est gravius, ad deum causa refertur, quandoquidem ipse excaecavit oculos eorum et induravit eorum cor: non enim hoc saltem de diabolo dicitur, sed de deo. sed quare non poterant credere? respondeo: quia nolebant. sicut enim quod dominus negare seipsum non potest, laus est voluntatis divinae, ita quod illi non poterant credere, culpa est voluntatis humanae. * chrysostomus. ° hoc autem et in communi consuetudine custoditur, ut cum quis dicit: non possum amare illum: vehementiam voluntatis impotentiam dicit. sed evangelista dicit non poterant, ut ostendat quoniam impossibile est mentiri prophetam: non tamen propterea impossibile erat eos credere; non enim haec praedixisset, si credituri essent. * augustinus. ° sed aliam causam, inquis, dicit propheta, non voluntates eorum: quia scilicet excaecavit oculos eorum, et induravit cor eorum. sed hoc etiam eorum voluntatem meruisse respondeo. sic enim excaecat et obdurat deus deserendo et non adiuvando; quod occulto iudicio facere potest, iniquo non potest. * chrysostomus. ° neque enim derelinquit nos nisi voluerimus nos, secundum illud: oblitus es legis dei tui; obliviscar et ego tui. haec dicit ostendens nos incipere derelictionem et causam fieri perditionis. sicut enim sol infirmum offendit visum non ex propria natura; ita fit in his qui non attendunt dei sermones. terrens autem auditores scriptura dicit excaecavit et induravit. * augustinus. ° quod autem addidit et convertantur, et sanem eos, utrum subaudiendum sit non, idest non convertantur, etenim conversio de illius gratia est; an forte et hoc de supernae medicinae misericordia factum intelligendum, ut quoniam superbe suam iustitiam constituere volebant, adhuc desererentur et excaecarentur, ut offenderent in lapidem offensionis, et impleretur facies eorum ignominia, atque humiliati quaererent non suam, qua inflatur superbus, sed iustitiam dei, qua iustificatur impius? hoc enim multis eorum profecit in bonum, qui de suo scelere compuncti, in christum postea crediderunt. sequitur haec dixit isaias quando vidit gloriam eius, et locutus est de eo. vidit autem non sicuti est, sed modo quodam significativo, sicut prophetae visio fuerat informanda. nemo ergo vos fallat eorum qui dicunt invisibilem patrem et visibilem filium, qui putant eum esse creaturam: in forma enim dei, in qua aequalis est patri, etiam filius invisibilis est: ut autem ab hominibus videretur, formam servi accepit. ostendit etiam se, antequam susciperet carnem, oculis hominum, sicut voluit in subiecta creatura, non sicuti est. * chrysostomus. ° gloriam autem hic dicit visionem sedentis in throno excelso, et alia quae ibi dicuntur; unde sequitur et locutus est de eo, hoc scilicet: vidi deum sedentem, et quod audivit vocem dicentem: quem mittam, et quis ibit nobis? sequitur verumtamen ex principibus multi crediderunt in eum; sed propter pharisaeos non confitebantur, ut de synagoga non eicerentur. dilexerunt enim magis gloriam hominum, quam gloriam dei. * alcuinus. ° gloria dei est publice confiteri christum; gloria hominum est in mundanis gloriari. * augustinus. ° hos ergo improbavit evangelista qui in hoc gressu fidei si proficerent per amorem, quae humanae gloriae sunt proficiendo superarent.

lc7 * Chrysostomus in ioannem. ° quia amor humanae gloriae principes credentes confiteri prohibebat, dominus contra hoc eis loquitur; unde dicitur iesus autem clamavit, et dixit: qui credit in me, non credit in me, sed in eum qui me misit; quasi dicat: quid formidatis credere in me? in deum fides pervenit per me. * augustinus in ioannem. ° quia enim homo apparebat hominibus, cum lateret deus, ne putarent eum hoc esse tantum quod videbant, talem ac tantum se volens credi qualis et quantus est pater, qui credit in me, inquit, non credit in me, idest in hoc quod videt, sed in eum qui me misit, idest in patrem. nam si putaverit eum habere filios secundum gratiam, non autem habere filium aequalem sibi atque coaeternum, nec credit in patrem qui eum misit, quia non est hoc pater qui eum misit. ne autem putarent sic voluisse intelligi patrem tamquam multorum filiorum per gratiam generatorem, non unici verbi aequalis sibi, continuo subiecit qui videt me, videt eum qui misit me; quasi dicat: usque adeo nihil distat inter eum et me, ut qui me videt, videat eum qui misit me. apostolos suos certe ipse dominus misit; numquam tamen aliquis eorum dicere auderet: qui credit in me. credimus enim apostolo, sed non credimus in apostolum. filius autem recte unigenitus dicit qui credit in me, non credit in me, sed credit in eum qui me misit; ubi non a se abstulit credentis fidem, sed noluit in forma servi remanere credentem. * chrysostomus. ° vel dicit qui credit in me, non credit in me, sed in eum qui misit me, quasi dicat: qui fluminis accipit aquam, non eam quae est fluminis accipit sed eam quae est fontis. volens autem ostendere quoniam non est credere in patrem, non credentem in eum, subiungit qui videt me, videt eum qui me misit. quid igitur? corpus est deus? nequaquam; sed consideratio veri, quae est per intellectum, hic visio dicitur. deinde ostendit eam quae est ad patrem cognitionem, in hoc quod subdit ego lux in mundum veni: quia enim pater lux vocatur, ubique eo hic utitur nomine. lucem autem se hic vocavit, eo quod ab errore eripit, et intellectuales tenebras solvit; unde subdit ut omnis qui credit in me, in tenebris non maneat. * augustinus. ° in quo satis manifestat, omnes se in tenebris invenisse. sed ne in eis tenebris maneant in quibus inventi sunt, debent credere in lucem, quae venit in mundum. dixit quodam loco discipulis suis: vos estis lux mundi; non tamen eis dixit: vos lux venistis in mundum, ut omnis qui credit in vos, in tenebris non maneat. lumina ergo sunt omnes sancti; sed credendo illuminantur ab eo a quo si quis recesserit, tenebratur. * chrysostomus. ° ut autem non existiment quod propter imbecillitatem eos qui ipsum contemnunt illaesos dimittat, subiungit et si quis audierit verba mea et non custodierit, ego non iudico eum. * augustinus. ° intelligendum est: modo non iudico eum; cum alio loco dicat: pater omne iudicium dedit filio. quare autem modo non iudicat, ostendit subdens non enim veni ut iudicem mundum, sed ut salvificem mundum; idest, ut salvum faciam mundum. nunc ergo est tempus misericordiae, post erit iudicii. * chrysostomus. ° deinde ut non pigriores ex hoc fiant, terribile subdit iudicium qui spernit me et non accipit verba mea, habet qui iudicet eum. * augustinus in ioannem. ° non dicit: ego non iudico eum in novissimo die: hoc enim esset contrarium illi sententiae: omne iudicium dedit filio. expectantibus autem quisnam esset ille, secutus adiungit sermo quem locutus sum, ille iudicabit eum in novissimo die. satis manifestavit seipsum in novissimo die iudicaturum: seipsum quippe locutus est, seipsum annuntiavit. aliter itaque iudicabuntur qui non audierunt, aliter qui audierunt et contempserunt. * augustinus de trin.. ° ideo autem iudicat verbum quod locutus est filius, quia non ex se locutus est filius; unde sequitur quia ego ex meipso non sum locutus; per quod intelligi voluit: ego non ex me natus sum. quaero itaque quomodo intelligamus: ego non iudicabo, sed verbum quod locutus sum iudicabit; cum ipse sit verbum patris quod loquitur. vel ita. ego non iudicabo ex potestate humana, quia filius hominis sum, sed ego iudicabo ex potestate verbi dei, quia filius dei sum. * chrysostomus in ioannem. ° vel aliter. ego non iudico eum; idest, non sum causa perditionis eius; sed ipse qui verba mea spernit. verba enim quae modo locutus sum, in ordine stabunt accusatoris omnem tollentia excusationem; et hoc est quod subdit sermo quem locutus sum, ille iudicabit eum. et quis sermo? quia ego ex meipso non sum locutus; sed qui misit me pater, ipse mihi mandatum dedit quid dicam, et quid loquar. omnia igitur haec propter eos dicebantur, ut nullam habeant excusationem. * augustinus in ioannem. ° mandatum autem, non quod filius non habeat, pater dedit; sed in sapientia patris, quod est verbum patris, omnia mandata sunt patris. dicitur autem mandatum datum, quia non est a seipso, cui dicitur datum; et hoc est dare filio id sine quo numquam filius fuit, quod est gignere filium qui numquam non fuit. * theophylactus. ° cum enim verbum patris existat filius, et quae sunt in mente patris revelet in integrum, mandatum accepisse dicit quid sit dicturus, et quid loquatur. sicut etiam nostrum verbum, si verum fateri volumus, ea profert quae suggerit mens. sequitur et scio quia mandatum eius vita aeterna est. * augustinus. ° si ergo vita aeterna est ipse filius, et vita aeterna est mandatum patris, quid aliud dictum est nisi quia ego sum mandatum patris? proinde et id quod adiungit, quae ergo loquor, sicut dixit mihi pater, sic loquor, non accipiamus dixit mihi quasi per verba locutus sit unico verbo. dixit ergo pater filio id sine quo numquam filius fuit, sicut dedit vitam filio: non quod nesciebat vel non habebat, sed quod ipse filius erat. quid est autem sicut dixit mihi, sic loquor, nisi verbum loquor? ita ille dixit ut verax, ita iste loquitur ut veritas; verax autem genuit veritatem: quid ergo iam diceret veritati? non enim imperfecta erat veritas, cui verum aliquod adderetur.

074 CJO cp13

lc1 * Theophylactus. ° quia dominus transmigraturus erat de praesenti saeculo, explicat qualem erga suos amicitiam gereret; unde dicitur ante diem festum paschae, sciens iesus quia venit hora eius ut transeat ex hoc mundo ad patrem, cum dilexisset suos qui erant in mundo, in finem dilexit eos. * beda. ° plurimas siquidem festivitates iudaei habebant; sed apud eos insignior atque celebrior erat paschae festivitas; propter quod signanter dicit ante diem festum paschae. * augustinus in ioannem. ° pascha, non sicut quidam existimant, graecum nomen est, sed hebraeum; opportunissime tamen occurrit in hoc nomine quaedam congruentia utrarumque linguarum: quia enim pati graece paschin dicitur, ideo pascha passio putata est, ut hoc nomen a passione sit appellatum: in sua vero lingua, hoc est in hebraea, pascha transitus dicitur, propterea quia tunc primum pascha celebravit populus dei quando ex aegypto fugientes, rubrum mare transierunt. nunc ergo figura illa prophetica in veritate completa est, cum sicut ovis ad immolandum ducitur christus, cuius sanguine illinitis postibus nostris, idest cuius signo crucis signatis frontibus nostris, a perditione huius saeculi, tamquam a captivitate aegyptiaca, liberamur, et agimus saluberrimum transitum, cum de diabolo transimus ad christum, et ab isto instabili saeculo ad eius fundatissimum regnum. hoc itaque nomen, idest pascha, velut interpretans nobis evangelista, dicit sciens quia venit hora eius ut transeat ex hoc mundo ad patrem. ecce pascha, ecce transitus. * chrysostomus in ioannem. ° non solum autem tunc sciens, sed olim. transitum autem eius mortem vocat. relicturus autem discipulos maiorem eis demonstravit amorem; et hoc est quod dicit cum dilexisset suos qui erant in mundo, in finem dilexit eos; hoc est, nihil dereliquit, eorum quae eum qui valde amat, decens est facere. non autem a principio hoc fecit, sed maiora postea adiecit ut eorum augeat familiaritatem, et multam eis praeparet consolationem ad ea quae superventura erant; suos autem eos vocat secundum familiaritatis rationem, quia et alios suos dicit secundum conditionis rationem, ut cum dicitur: sui eum non receperunt. addit autem qui erant in mundo: quia sui erant etiam defuncti, ut abraham, isaac et iacob; sed in mundo non erant. hos ergo suos qui erant in mundo, mansit amans continue, et tandem perfectam amicitiam circa eos ostendit; et hoc est in finem dilexit eos. * augustinus. ° vel aliter in finem dilexit eos, ut et ipsi de hoc mundo ad suum caput dilectione transirent. quid est enim in finem, nisi in christum? finis enim legis christus ad iustitiam omni credenti, finis perficiens, non interficiens. video autem posse ista verba quodam humano modo etiam sic accipi tamquam usque ad mortem christus dilexerit suos. sed absit ut dilectionem morte finierit qui non est morte finitus: nisi forte sit ita intelligendum: usque ad mortem dilexit eos: idest, usque ad mortem illum dilectio ipsa perduxit. sequitur et coena facta, idest iam peracta, et ad convivantium mensam usumque perducta. non enim ita debemus intelligere coenam factam, veluti iam consumptam atque transactam: adhuc enim coenabatur cum surrexit, et pedes lavit discipulis: nam postea recubuit, et buccellam traditori dedit. quod autem ait cum iam diabolus misisset in cor ut traderet eum iudas simonis iscariotis, missio ista spiritualis suggestio est, et non fit per aurem, sed per cogitationem: diabolicae enim suggestiones immittuntur, et humanis cogitationibus immiscentur. factum ergo iam fuerat in corde iudae per immissionem diabolicam ut traderet discipulus magistrum. * chrysostomus. ° hoc autem quasi stupens interseruit evangelista, quoniam eum qui iam prodere statuerat, dominus lavit: ostendit etiam proditoris multam nequitiam, quoniam neque talis eum communicatio detinuit, quod maxime consuevit nequitiam detinere. * augustinus. ° locuturus autem evangelista de tanta domini humilitate, prius eius celsitudinem voluit commendare; ad quod pertinet quod dicit sciens quia omnia dedit ei pater in manus: ergo et ipsum traditorem. * gregorius moralium. ° sciebat enim quod in manu sua ipsos etiam persecutores acceperat, ut ipse in se ad usum pietatis intorqueret quidquid eorum contra se malitia permissa saeviret. * origenes in ioannem. ° omnia enim tradidit ei pater in manus, hoc est in opere eius et potestate. pater enim meus usque huc, inquit, operatur et ego operor. vel omnia tradidit ei pater in manus cuncta capientes, ut quaelibet ei famulentur. * chrysostomus. ° traditionem enim hic salutem fidelium vocat. cum autem audieris traditionem, nihil humanum suspiceris; eum enim qui ad patrem est ostendit honorem et concordiam. sicut enim pater ei tradidit, ita ipse patri: unde paulus: cum tradiderit, inquit, regnum deo et patri. * augustinus. ° sciens etiam quia a deo exivit, et ad deum vadit, nec deum cum inde exiret, nec nos deserens cum rediret. * theophylactus. ° quia ergo pater omnia ei commisit in manus; idest, salutem ei commisit fidelium; decens reputabat quaecumque spectant ad salutem, illis ostendere. sciens etiam quod a deo exivit et ad deum vadit, nullatenus eius gloria minui poterat dum pedes discipulorum ablueret: neque enim gloriam usurpavit: qui enim dignitatem usurpant, minime condescendunt, ne dissipent quod incongrue sibi diripuerunt. * augustinus. ° cum ergo illi pater omnia dedisset in manus, ille discipulorum non manus, sed pedes lavit; et cum se sciret a deo exisse et pergere ad deum, non dei domini, sed hominis servi implevit officium. * chrysostomus. ° hoc autem dignum erat, eo quod a deo exivit et ad deum vadit, ut universum conculcaret tumorem; unde sequitur surgit a coena, et ponit vestimenta sua, et cum accepisset linteum, praecinxit se. deinde misit aquam in pelvim, et coepit lavare pedes discipulorum, et extergere linteo quo erat praecinctus. vide qualiter humilitatem ostendit non solum in lavando pedes, sed etiam aliter. non enim antequam recumberet, sed postquam resederunt omnes, tunc surrexit: deinde non solum lavit, sed vestimenta deposuit, linteum praecinxit, et pelvim implevit, et non alii impleri iussit; sed omnia operatur, ostendens quod cum omni studio oportet talia facere. * origenes. ° mystice autem prandium primus cibus esse dignoscitur; et ante terminum diei spiritualis, qui in vita praesenti consideratur, et his qui introducuntur, conveniens existit: coena vero finalis; et his qui iam ultra progressi sunt apponitur. aliter quoque poterit quis asserere prandium fore intellectionem scripturarum antiquarum, coenam vero recondita in novo testamento mysteria. puto autem quod qui una cum iesu coenant, et in finali vitae praesentis die secum convivantur, egent lavacro quodam, non utique erga quod primorum, ut ita loquar, corporis et animae, sed quod ad ultima et postrema, quae terrae necessario haerent. dicit autem, quod coepit lavare pedes; nam postmodum lavit, et finivit loturam: quia pedes apostolorum fuerunt contaminati, iuxta illud: omnes vos scandalizabimini ista nocte in me. postea autem perfecit eos lavare, purgans eos, ut ultra non foedentur. * augustinus. ° posuit autem vestimenta sua, qui cum in forma dei esset, semetipsum exinanivit; praecinxit se linteo, qui formam servi accepit; misit aquam in pelvim unde lavaret pedes discipulorum, qui in terram sanguinem fudit, quo immunditiam dilueret peccatorum: linteo autem quo erat praecinctus, pedes quos laverat tersit, qui carne qua erat indutus, evangelistarum vestigia confortavit; et linteo quidem ut se praecingeret, posuit vestimenta quae habebat; ut autem formam servi acciperet, quando semetipsum exinanivit, non quod habebat deposuit, sed quod non habebat accepit; crucifigendus sane, suis expoliatus est vestimentis, et mortuus involutus est linteis, et tota eius passio nostra purgatio est.

lc2 * Origenes in ioannem. ° sicut medicus plurium aegrotorum intentus curae, ab his qui magis indigent, propriam curam incipit; sic et christus, qui foedos abluit pedes discipulorum, exorditur ab his qui magis erant foedi, et sic ultimo venit ad petrum, quasi minus aliis indigentem lotura pedum; unde dicitur venit ergo ad simonem petrum; cui quodammodo ad resistendum pene munda pedum conscientia persuadebat; unde sequitur et dixit ei petrus: domine, tu mihi lavas pedes? * augustinus in ioannem. ° quid est tu? quid est mihi? cogitanda sunt potius quam dicenda; ne forte quod ex his verbis aliquatenus quidem digne concepit anima, non explicet lingua. * chrysostomus in ioannem. ° vel petrus primus erat, sed credibile est proditorem stultum existentem ante eum recubuisse; quod evangelista significavit cum dixit coepit lavare; deinde venit ad petrum. * theophylactus. ° ex quo patet quod non primitus lavit petrum; ex ceteris vero discipulis |25| nullus tentavisset ante petrum lavari. * chrysostomus. ° quaereret autem utique quis quare nullus eum aliorum prohibuit, sed solus petrus; quod non parvi amoris et verecundiae erat. ex hoc igitur mihi videtur prius solum proditorem lavisse; deinde ad petrum venisse, et alios discipulos per eum de reliquo castigatos. si enim quemquam ex ceteris lavare coepisset, prohibuisset dominum, et dixisset quae petrus dixit. vel aliter. omnes porrigebant pedes, decernentes quod tantus non irrationabiliter eorum lavaret pedes: solus autem petrus nullam aliam considerationem conferens, tamquam reverens iesum, non praebebat pedes suos ad lavandum: saepe enim scriptura designavit petrum fervidum ad insinuandum quae sibi visa sunt utiliora et meliora. * augustinus. ° vel aliter. non debemus putare hoc petrum inter ceteros formidasse atque recusasse, cum et id alii ante ipsum libenter vel aequanimiter fieri permisissent; non enim ita intelligendum est quasi aliquibus iam lavisset, et post eos |50| venisset ad primum: quis enim nesciat primum apostolorum esse beatissimum petrum? sed quod ab illo coeperit. quando ergo pedes discipulorum lavare coepit, venit ad eum a quo coepit, idest ad petrum; et tunc petrus expavit; quod etiam quilibet eorum expavesceret. sequitur respondit iesus, et dixit ei: quod ego facio, tu nescis modo, scies autem postea. * chrysostomus. ° idest humilitatem huius doctrinae, et quomodo humilitas sufficit in deum perducere. * origenes. ° vel insinuat dominus quod hoc erat mysterium. lavando enim et exsiccando pedes eorum, faciebat eos decoros, debentes evangelizare honesta, ut ostendere valeant iter sanctum, ac pergere per eum qui dixit: ego sum via. oportebat autem lavari pedes discipulorum a iesu deponente vestimenta, ut mundos pedes mundiores efficiat, vel ut immunditiam pedum discipulorum suscipiat in proprium corpus per linteum, quo solo praecinctus manebat: ipse namque languores nostros portavit. attende etiam, |75| quod cum debeat pedes discipulorum abluere, non aliud tempus elegit quam cum diabolus iam intraverat in cor iudae ut eum proderet, et futura pro hominibus dispensatio imminebat: nam ante hoc non erat opportunum pedes discipulorum lavari a iesu. quis enim pedum eorum sorditiem intermedii temporis usque ad passionem lavasset? sed neque tempore passionis; alter enim iesus non aderat qui pedes eorum lavaret; sed neque post dispensationem; illo namque tempore spiritu sancto superveniente, eorum loti sunt pedes. huius ergo mysterii, dicit dominus petro, tu non es capax; sed post haec nosces, cum illud perceperis illustratus. * augustinus. ° nec tamen ille dominici facti altitudine exterritus permittit fieri, quod cur fieret ignorabat; sed usque ad suos pedes humilem christum videre non potest sustinere; nam sequitur dicit ei petrus: non lavabis mihi pedes in aeternum; hoc est, nunquam hoc patiar. hoc quippe in aeternum non fit quod nunquam fit. * origenes in ioannem. |100| ° ex hoc autem accipimus exemplum, quoniam possibile est quemquam secundum purum propositum dicere propter ignorantiam quod sibi non prodest. petrus enim ignorans hoc esse conveniens, primo quidem quasi dubitans suaviter dixit: domine, tu mihi lavas pedes? secundo: non lavabis mihi pedes in aeternum: quod erat prohibitivum operis perducentis eum ad habendum partem cum iesu: in quo etiam non tantum iesum arguit inconvenienter lavantem pedes discipulorum, sed etiam condiscipulos indecenter suos pedes porrigentes. cum ergo non esset expediens petro proprium responsum, non permisit illud dominus verificari; nam subditur respondit ei iesus: si non lavero te, non habebis partem mecum. * augustinus. ° ita dictum est: si non lavero te, cum de solis pedibus ageretur, quomodo dici solet: calcas me, quando sola planta calcatur. * origenes. ° qui autem recusant haec et similia tropologizare, dicant quomodo probabile est eum qui ob reverentiam iesu dixit non lavabis mihi |125| pedes in aeternum, non habiturum partem cum dei filio, propter non lavari pedes ab eo, sicut propter immane scelus: et ideo praestandi sunt pedes, idest mentis affectus, lavandi a iesu, ut sint pedes nostri decori, et praesertim cum aemulantes potiora dona, volumus adnumerari eis qui evangelizant bona. * chrysostomus. ° ideo autem non dixit cuius gratia hoc faciebat, sed minas imposuit, quia ille nequaquam persuasus esset; audiens enim scies autem postea, non dixit: doce igitur me ut permittam; sed quando comminatus est id quod maxime timebat, scilicet separari ab eo, tunc permisit. * origenes. ° hoc dicto utemur contra eos qui indiscretius se facere statuerunt quod eis non prodest: nam ostendendo illis quod non sunt habituri partem cum iesu, dum praesumptuosum decretum observant, admonebimus illos ne immorentur male decretis, etiam si iureiurando ex multo impetu illud firmaverunt. * augustinus. ° at ille amore et timore perturbatus plus expavit christum |150| sibi negari quam usque ad suos pedes humiliari; unde sequitur dicit ei simon petrus: domine, non tantum pedes, sed et manus et caput. * origenes. ° manus autem lavare nolebat iesus, contemnens quae dicebantur quoniam discipuli tui non lavant manus, cum panem manducant, caput autem submergi nolebat, in quo imago et gloria patris extiterat: satis est autem ei ut pedes lavandos porrigeret; unde sequitur dicit ei iesus: qui lotus est, non indiget nisi ut pedes lavet, sed est mundus totus. * augustinus. ° totus utique praeter pedes, vel nisi pedes, quos habet opus lavare: homo enim in baptismo totus abluitur, non praeter pedes, sed totus omnino; verumtamen cum in rebus humanis postea vivitur, utique terra calcatur. ipsi igitur humani affectus, sine quibus in hac mortalitate non vivitur, quasi pedes sunt, ubi ex humanis rebus afficimur, ut si dixerimus quia peccatum non habemus, nos ipsos decipiamus. si autem confitemur peccata nostra, qui pedes discipulorum lavit, nobis peccata |175| dimittit usque ad pedes, quibus conversamur in terra. * origenes. ° impossibile autem puto non contaminari extrema animae et infima eius, quamquam quo ad homines perfectus quis esse putetur; plurimi autem et post baptismum implentur pulvere scelerum usque ad verticem; qui vero legitime discipuli christi sunt, erga solos pedes indigent lavatione. * augustinus ad seleucianum. ° ex hoc autem quod hic dicitur, intelligitur quod iam petrus baptizatus fuerat: intelligimus enim eius discipulos, per quos baptizabat, iam fuisse baptizatos, sive baptismo ioannis, sicut nonnulli arbitrantur, sive, quod magis credibile est, baptismo christi. neque enim renuit ministerium baptizandi, ut haberet baptizatos servos per quos ceteros baptizaret, qui non defuit humilitatis ministerio, quando eis pedes lavit; unde sequitur et vos mundi estis, sed non omnes. * augustinus in ioannem. ° hoc quid sit ne quaeramus, ipse evangelista patefecit adiungens sciebat enim quisnam esset qui traderet eum: |200| propterea dixit: non estis mundi omnes. * origenes. ° quod ergo dicit vos mundi estis, refertur ad undecim; quod vero subditur sed non omnes, dicitur propter iudam existentem immundum: primo quidem quia pauperes non erant sibi curae, sed fur erat; demum diabolo ingresso in cor eius, ut proderet christum. lavat autem pedes postquam mundi erant: quoniam gratia transcendit necessitatem; et, sicut dicit ioannes: mundus mundificetur adhuc. * augustinus. ° vel ipsi discipuli, cum loti essent, non opus habebant nisi pedes lavare; quia dum in isto saeculo vivit homo, humanis affectibus terram velut pedibus calcans contrahit. * chrysostomus. ° vel aliter. non dicit eos mundos, ut a peccatis erutos aestimes, victima nondum oblata; sed eam quae cognitionis est mundationem dicit: iam enim ab errore iudaico eruti erant.

lc3 * Augustinus. ° memor dominus se promisisse scientiam facti sui petro, dicens: scies autem postea, quid sit quod fecit, docere nunc incipit; unde dicitur postquam ergo lavit pedes eorum, accepit vestimenta sua: et cum recubuisset iterum, dixit eis: scitis quid fecerim vobis? * origenes in ioannem. ° quid vel interrogative proferatur, ut ostendat facti magnitudinem, vel imperative, ut eorum erigat intellectum. * alcuinus. ° mystice autem, impleta redemptionis nostrae purgatione per sanguinis sui effusionem, accepit vestimenta sua, tertia die de sepulchro resurgens, et eodem corpore iam immortali vestitus; et cum recubuisset ascendens in caelum in dextera paterna divinitatis recumbens, inde venturus est ad iudicandum. * chrysostomus in ioannem. ° non autem adhuc ad solum petrum, sed ad omnes loquitur dicens vos vocatis me magister et domine: in quo eorum iudicium assumit; deinde ut non illorum gratiae esse putentur haec verba, |25| subiungit et bene dicitis, sum etenim. * augustinus. ° homini praeceptum est: non te laudet os tuum, sed laudet te os proximi tui: periculosum est enim sibi placere, cui cavendum est superbire. ille autem qui super omnia est, quantumcumque se laudet, non se extollit excelsius. nec potest recte dici arrogans deus: nobis namque expedit deum nosse, non illi; nec eum quisque cognoscit, si non se indicet ipse qui novit. si ergo se laudando quasi arrogantiam vitare voluerit, nobis sapientiam denegabit. quomodo autem arrogantiam veritas timet? et quidem quod magistrum se dicit, nemo reprehenderet, etiam qui eum nihil aliud quam hominem crederet; quoniam id profitetur quod et ipsi homines in quibuslibet artibus usque adeo sine arrogantia profitentur, ut professores vocentur; quod vero dominum discipulorum se dicit, cum sint secundum saeculum ingenui, quis ferat in homine? sed cum deus loquitur, nulla est elatio tantae celsitudinis, nullum mendacium veritatis: nobis subiacere utile est illi |50| celsitudini, servire veritati. ideo bene ergo dicitis, vocando me magistrum et dominum, quia sum: nam si non essem quod dicitis, male diceretis. * origenes. ° et illi quidem non bene dicunt domine, quibus dicetur: discedite a me qui operamini iniquitatem; sed apostoli bene dicunt: magister et domine: non enim eis nequitia dominabatur, sed verbum dei. sequitur si ergo lavi pedes vestros dominus et magister, et vos debetis alter alterius lavare pedes. * chrysostomus. ° a maioribus rebus accipit exemplum, ut quod minus est operemur: nam ipse quidem dominus est; nos autem ad conservos facimus, si fecerimus; et ideo subdit exemplum enim dedi vobis, ut quemadmodum ego feci vobis, ita et vos faciatis. * beda. ° primum dominus egit factis quod postmodum docuit verbis, secundum illud: coepit iesus facere et docere. * augustinus in ioannem. ° hoc est, beate petre, quod nesciebas; hoc tibi postea sciendum promisit. * origenes. |75| ° considerandum vero est si necessarium est quemlibet volentem disciplinam iesu perficere, velut debitum opus prosequi lavacrum sensibilium pedum; propter hoc quod dicit debetis ad invicem lavare pedes. sed hic mos vel non fit, vel admodum raro. * augustinus. ° est enim apud plerosque consuetudo huius humilitatis, cum se invicem hospitio suscipiunt, et faciunt hoc sibi invicem fratres, etiam opere ipso visibili. multo enim melius est et sine controversia verius, ut etiam manibus fiat, ne dedignetur quod fecit christus, facere christianus. cum enim ad pedes fratrum inclinatur corpus, etiam in corde ipso excitatur, vel, si iam inerat, confirmatur humilitatis affectus. sed excepto hoc morali intellectu, numquid etiam frater fratrem a delicti poterit contagione mundare? sed confiteamur invicem delicta nostra, invicem nos delicta donemus, et pro nostris delictis invicem oremus; atque ita quodammodo invicem pedes nostros lavemus. * origenes. ° vel aliter. hoc lavacrum spirituale pedum, de quo |100| dictum est, principaliter quidem a nullo nisi a solo iesu potest effici: secundario vero a discipulis eius quibus dixit vos debetis ad invicem lavare pedes. iesus enim lavit pedes discipulorum inquantum magister, et servorum in eo quod dominus. hic autem est finis magistri, ut discipulum faciat sicut se: quod de salvatore apparet, qui, prae ceteris magistris et dominis, vult ut fiant eius discipuli quasi magister et dominus, non habentes spiritum servitutis, sed spiritum filiationis, in quo clamant: abba, pater. prius ergo quam fiant et magister et dominus, egent lavacro pedum, velut insufficientes discipuli, et adhuc sapientes spiritum servitutis; cum autem aliquis eorum statum magistri attingit et domini, tunc imitari poterit eum qui lavit discipulorum pedes, ac lavare pedes per doctrinam quasi magister. * chrysostomus. ° adhuc autem provocans eos ad lavandum pedes, subiungit amen, amen dico vobis: non est servus maior domino suo, neque apostolus maior eo qui misit illum; quasi dicat: si ergo |125| haec a me facta sunt, multo magis a vobis oportet haec fieri. * theophylactus. ° necessario etiam hic apostolos admonet: quia enim ad dignitates habebant attingere, et hic quidem maiores, hic minores, ne insurgant ad invicem, serenat conscientiam omnium. * beda. ° quia vero scire bonum, et non facere, non pertinet ad beatitudinem, sed ad condemnationem, secundum illud: scienti bonum et non facienti, peccatum est illi, subiungit si haec scitis, beati eritis, si feceritis ea. * chrysostomus. ° nam scire quidem omnium est, facere vero non omnium. deinde proditorem non manifeste redarguit, sed obumbrate, cum subditur non de omnibus vobis dico. * augustinus in ioannem. ° quasi dicat: est inter vos qui non erit beatus, neque facit ea. ego scio quos elegerim. quos, nisi eos qui beati erunt, faciendo quae praecepit? non est igitur iudas electus. quid est ergo quod alio loco dicit: nonne ego vos duodecim elegi? an ipse ad aliquid est electus, ad quod erat |150| utique necessarius, non autem ad beatitudinem, de qua dicit beati eritis, si feceritis ea. * origenes in ioannem. ° vel aliter. non recte existimo posse referri quod dicitur non de omnibus vobis dico, ad hoc quod dictum est beati eritis, si feceritis ea: totum enim hoc et de iuda et de quolibet alio verum est dicere: beatus talis, si fecerit hoc. reducemus autem haec ad illud dictum: non est servus maior domino suo, nec apostolus maior eo qui misit illum. iudas enim, cum esset servus peccati, non erat servus divini verbi, nec apostolus, diabolo ingresso in cor eius. cum ergo dominus novisset qui sunt sui, alienos a se non novit: propter quod non ait: ego scio cunctos praesentes; sed ego scio quos elegerim; quasi dicat: electos meos novi. * chrysostomus in ioannem. ° deinde ut non multos contristet suo sermone, subiungit sed ut impleatur scriptura: qui manducat mecum panem, levabit calcaneum suum contra me; ostendens quod non ignorans traditur; quod |175| maxime sufficiens erat iudam retinere. et non dixit: tradet me; sed levabit contra me calcaneum suum, dolum et occultationem insidiarum repraesentare volens. * augustinus. ° quid est enim levabit calcaneum suum super me, nisi conculcabit me? in quo iudas traditor eius attingitur. * chrysostomus. ° dicit autem qui manducat mecum panem; idest, qui a me nutritus est, qui mea mensa communicavit: ut si quando a famulis aut aliquibus vilioribus patiamur aliquod malum, non scandalizemur, respicientes iudae exemplum, qui infinitis potitus bonis, in contrarium remuneravit benefactorem. * augustinus. ° illi ergo qui electi erant, manducabant dominum; ille manducabat panem domini contra dominum: illi vitam, ille poenam. qui enim manducat indigne, ait apostolus, iudicium sibi manducat. sequitur amodo dico vobis priusquam fiat, ut cum factum fuerit credatis quia ego sum, de quo scilicet illa scriptura praecessit. * origenes. ° non autem |200| dictum est apostolis ut credatis, quasi non credentibus; sed dictum est tamquam aequipolleat ei quod est: ut credentes operemini, perseverantes in credulitate, nec aliquam occasionem ad repulsam captantes: super ea enim quae obtinebant discipuli ad fidem facientia, hoc etiam adepti sunt, videre perfici scripturam praedictam. * chrysostomus in ioannem. ° quia ergo discipuli exituri erant ad praedicandum et multa passuri, duobus modis eos consolatur: uno modo a seipso, cum dicit: beati eritis, si feceritis ea; alio vero modo consolatus est eos ab aliis, eo scilicet quod ab hominibus multa potientur procuratione; unde subdit amen, amen, dico vobis: qui accipit si quem misero, me accipit: qui autem me accipit, accipit eum qui me misit. * origenes. ° qui enim recipit quem mittit iesus, iesum, qui in misso consistit, recipit; qui autem iesum recipit, patrem recipit. igitur qui recipit quem mittit iesus, mittentem recipit patrem. potest etiam et hic sermo fore: qui recipit quem ego misero, usque ad mei receptionem attingit; qui vero non per aliquem apostolorum meorum me recipit, sed recipit me venientem ad animas, patrem recipit, ut non tantum ego in eo maneam, sed et pater. * augustinus in ioannem. ° ariani autem cum hoc audiunt, statim ad gradus sui dogmatis currunt, dicentes: quantum apostolus distat a domino, tantum filius a patre. sed ubi dominus dixit: ego et pater unum sumus, nullam distantiae suspicionem reliquit. quoniam ergo nos accepturi sumus haec verba dominica qui me accipit, accipit eum qui me misit, quod unius naturae sunt pater et filius, consequens videbitur, quia dixit qui accipit si quem misero, me accipit, ut unius naturae sint filius et apostolus. ita dixisse possit videri: qui accipit si quem misero, me secundum hominem accipit; qui autem me secundum deum accipit, accipit eum qui me misit. sed cum ista dicebat, non ab illo naturae unitas, sed in eo qui mittitur, mittentis commendabatur auctoritas. si ergo attendas christum in petro, discipuli praeceptorem; si autem patrem in filio, invenies unigeniti genitorem.

lc4 * Chrysostomus in ioannem. ° quia dominus apostolis debentibus orbem terrarum universum percurrere, exhibuerat duplicem consolationem praedictam, cogitans quod utraque proditor privatus est, turbatur; et hoc significat evangelista dicens cum haec dixisset iesus, turbatus est spiritu, et protestatus est, et dixit: amen, amen, dico vobis, quia unus ex vobis me tradet. * augustinus in ioannem. ° non illi hoc tunc primum venit in mentem; sed quia proditorem iam fuerat expressurus, ut non lateret in ceteris, ideo turbatus est spiritu: et quia ipse traditor iam fuerat exiturus, ut iudaeos, quibus dominus ab eo traderetur, adduceret. turbavit eum imminens passio, et periculum proximorum, et traditoris impendentes manus, cuius fuerat praecognitus animus. hoc etiam dominus significare sua turbatione dignatus est, quod quando ex falsis fratribus aliquos separari, etiam ante messem, urgens causa compellit, fieri sine ecclesiae turbatione non possit. turbatus est autem non carne, sed spiritu: spiritus enim in huiusmodi scandalis non perversitate, sed caritate turbatur; ne forte in separatione aliquorum zizaniorum, simul aliquod eradicetur et triticum. sive ergo ipsum iudam pereuntem miserando, sive sua morte appropinquante, turbatus est; non animi infirmitate, sed potestate turbatur: non enim aliquo cogente turbatur, sed turbavit semetipsum, ut supra dictum est. quod autem turbatur, infirmos in suo corpore, hoc est in sua ecclesia, consolatur, ut si qui suorum morte imminente turbantur, non se reprobos putent. * origenes in ioannem. ° in eo enim quod dicit turbatus est spiritu, quod humanum est, scilicet passio, proveniebat ab exuberantia spiritus: si enim sanctus quilibet in spiritu vivit, et agit, et patitur, quanto magis haec dicenda sunt de iesu sanctorum praemiatore? * augustinus. ° pereant igitur argumenta stoicorum, qui negant in sapientem cadere perturbationem animorum; qui profecto, sicut vanitatem aestimant veritatem, sic stuporem deputant sanitatem. turbetur plane animus christiani, non miseria, sed misericordia. dicit autem unus ex vobis, numero, non merito; specie, non virtute. * chrysostomus in ioannem. ° quia vero non nominatim dixit, rursum in omnes inducit timorem; unde sequitur aspiciebant ergo discipuli ad invicem, haesitantes de quo diceret. et nimirum nullius sibi ipsis conscii mali, tamen enuntiationem christi propriis cogitationibus credibiliorem putabant. * augustinus in ioannem. ° sic etiam in eis erat erga magistrum suum pia caritas, ut tamen eos humana, alterum de altero, stimularet infirmitas. * origenes. ° reminiscebantur etiam, ut homines existentes, quoniam alterabilis est affectus adhuc provectorum, ac susceptibilis appetitus contrariorum his quae prius voluerant. * chrysostomus. ° omnibus autem trementibus, et ipso vertice, scilicet petro, formidante, ioannes velut dilectus recubuit in sinu iesu; unde sequitur erat ergo recumbens unus ex discipulis eius in sinu iesu, quem diligebat iesus. * augustinus. ° ipse est ioannes, cuius est hoc evangelium, sicut postea manifestat. erat enim haec eorum consuetudo qui sacras nobis litteras ministrarunt, ut quando ab aliquo eorum divina narrabatur historia, cum ad seipsum veniret, tamquam de alio loqueretur. quid enim deperit veritati, quando et res ipsa dicitur, et quodammodo dicentis iactantia devitatur? * chrysostomus. ° si autem huiusmodi familiaritatis causam quaeris discere, amoris res erat: propterea dicit quem diligebat iesus: quamvis enim et alii amarentur, tamen iste plus aliis. * origenes. ° aestimo autem quod etiam hoc protendit, quod ioannes recumbens verbo, ac in secretioribus pausans, incumbebat gremio verbi. * chrysostomus. ° volebat etiam ostendere seipsum esse alienum a crimine; et hoc etiam dicit, ne aestimes quod petrus ei ut maiori existenti innueret; nam sequitur innuit ergo huic simon petrus, et dicit ei: quis est de quo dicit? ubique enim invenitur petrus ab amore impetum faciens; et quia primo increpatus est non locutus est, sed mediante ioanne vult discere. ubique enim scriptura ostendit petrum fervidum, et familiaritatem habentem ad ioannem. * augustinus. ° notanda autem locutio est, dicere aliquid non sonando, sed tantummodo innuendo: innuit, inquit, et dicit; idest, innuendo dicit. si enim cogitando aliquid dicitur, sicut illud: dixerunt apud semetipsos, quanto magis innuendo, ubi iam foris qualibuscumque signis promitur quod fuerit corde conceptum? * origenes in ioannem. ° vel primo innuit, et deinde non contentus nutu, dixit illi: dic quis sit de quo dicit. sequitur itaque cum recubuisset ille super pectus iesu, dicit ei: domine, quis est? * augustinus in ioannem. ° quod autem nunc supra pectus dicit, paulo supra dixerat in sinu. vel aliter. primo quidem iacens in sinu iesu, superascendit, et incubuit supra pectus; quasi si non incubuisset in pectore, sed remansisset iacens in sinu, nequaquam dominus ei tradidisset verbum quod petrus scire cupierat. per hoc ergo quod ultimo supra pectus incubuit, exprimitur tamquam per maiorem et abundantiorem gratiam, specialis iesu discipulus esse. * beda. ° quod autem in sinu et supra pectus recubuit, non solum fuit praesentis amoris indicium, sed etiam futurae rei signum: quod scilicet inde vocem sumeret, quam postmodum cunctis saeculis inauditam emitteret. * augustinus. ° per sinum enim quid aliud significatur quam secretum? hic est utique pectoris sinus, sapientiae secretum. * chrysostomus. ° neque autem tunc nominatim proditorem dominus manifestavit; nam sequitur respondit iesus: ille est cui intinctum panem porrexero. et modus ipse manifestationis conversurus erat: quia enim ob mensationem verecundatus non est, eodem pane communicans verecundari debuit. sequitur et cum intinxisset panem, dedit iudae simonis iscariotis. non, ut putant quidam negligenter legentes, tunc iudas solus christi corpus accepit: intelligendum est enim quod iam eis omnibus distribuerat dominus sacramenta corporis et sanguinis sui, ubi et ipse iudas erat, sicut lucas narrat; at demum ad hoc ventum est, ubi secundum narrationem ioannis dominus per buccellam tinctam atque porrectam suum exprimit traditorem; fortassis per panis tinctionem illius significans fictionem: non enim omnia quae tinguntur abluuntur: sed ut inficiantur, nonnulla tinguntur. si autem bonum aliquid haec significat tinctio, eidem bono ingratum merito est secuta damnatio; sequitur enim et post buccellam, tunc introivit in eum satanas. * origenes in ioannem. ° attende quod primo quidem non introivit satanas in iudam, sed immisit in cor eius solum ut proderet praeceptorem, post panem autem in eum ingressus est. quamobrem nobis cavendum est ne diabolus intrudat in cor nostrum aliquid ignitorum telorum suorum: nam si intruserit, insidiatur deinde ut et ipse introeat. * chrysostomus. ° donec enim fuit in collegio, non audebat insilire, sed extrorsum immittebat; quando vero eum manifestum fecit et expulit, libere in eum de cetero exilivit. * augustinus. ° vel intravit in eum, ut sibi iam traditum plenius possideret: neque enim non in illo erat quando ad iudaeos de pretio tradendi dominum pactus est, cum lucas dicat: intravit autem satanas in iudam; et abiit, et locutus est cum principibus sacerdotum. talis iam venerat ad coenandum; sed post panem introivit in eum, non ut adhuc alienum tentaret, sed ut proprium possideret. * origenes. ° decebat enim, ut aestimo, propter panis exhibitionem auferri ab indigno bonum quod se habere credebat; quo privatus, factus est capax ingressus satanae in ipsum. * augustinus in ioannem. ° dicunt autem aliqui: ita ne hoc meruit panis porrectus de mensa christi, ut post illum intraret in discipulum satanas? quibus respondemus, hinc potius nos doceri quam sit cavendum male accipere bonum: si enim corripitur qui non diiudicat, hoc est non discernit a ceteris cibis domini corpus, quomodo damnatus qui ad eius mensam fingens se amicum, accedit inimicus? sequitur et dicit ei iesus: quod facis, fac citius. * origenes. ° cui autem id ambiguum est quoniam potuit vel iudae vel satanae dominus dixisse quod facis, citius, provocans adversarium ad pugnam, vel proditorem ad subministrandum dispensationi quae erat futura salubris saeculo? quam non amplius tardari nec protrahi, sed pro posse maturari volebat. * augustinus. ° non tamen praecepit facinus, sed praedixit: non tam in perniciem perfidi saeviendo, quam ad salutem fidelium festinando. * chrysostomus. ° hoc enim quod dicit quod facis, fac citius, non praecipientis est neque consiliantis, sed exprobrantis, et ostendentis quoniam ipse nolebat suam proditionem impedire. sequitur hoc autem nemo scivit discumbentium ad quid dixerit ei. multam utique quis hic dubitationem inveniet, si interrogantibus discipulis: quis est? dixit: cui ego intingens panem dabo, et tamen non intellexerunt: nisi dicatur, quod latenter dixit, ut nullus audiret; et propterea supra pectus ioannes residens interrogat, quasi ad aurem, ut non fieret proditor manifestus. fortasse enim si christus eum manifestum fecisset, petrus utique eum interfecisset. propterea dicit, quod nullus cognovit recumbentium, sed neque ioannes: nequaquam enim putavit quod discipulus in tantum iniquitatis prodiret: quia enim procul a tali iniquitate erat, non de aliis hoc suspicabatur. veram igitur causam eorum quae a christo dicta sunt ignoraverunt. quid autem aestimarent, ostendit evangelista, cum subdit quidam putabant, quia loculos habebat iudas, quod dixisset ei iesus: eme ea quae opus sunt nobis ad diem festum; aut ut egenis aliquid daret. * augustinus. ° habebat ergo dominus loculos, et a fidelibus oblata conservans, et suorum necessitatibus, et aliis indigentibus tribuebat. tunc primum ecclesiasticae pecuniae forma est instituta, ut intelligeremus, quod praecepit non cogitandum esse de crastino, non ad hoc esse praeceptum ut nihil pecuniae servetur a sanctis; sed ne deo propter ista serviatur, et propter inopiae timorem iustitia deseratur. * chrysostomus in ioannem. ° et nimirum nullus discipulorum pecunias afferebat; sed per hoc quod dicit hic, occulte insinuat quod quaedam mulieres eum de suis facultatibus nutriebant. qui autem non peram, non virgam, non aes iubet deferre, loculos ferebat ad inopum ministerium; ut discas quoniam valde pauperem et mundo crucifixum, huius oportet partis multam facere procurationem; multa enim ad nostram dispensans doctrinam agebat. * origenes. ° sic igitur iudae salvator dicebat quod facis, fac citius; ac proditor in hoc tantum ad praesens obedivit magistro: accepto namque pane, nullam traxit moram; unde sequitur cum ergo accepisset ille buccellam, exivit continuo. et revera exiit, non solum recedendo de domo in qua tenebatur; sed omnino egressus est a iesu. ego autem opinor, quod post panem ingressus satanas in iudam, non tolerabat in eodem loco cum iesu esse: nulla namque conformitas est iesu ad satanam. non frustra autem requiram, quare super hoc quod est et accipiens panem, non adicitur: et manducans. numquid igitur accepto pane non manducavit iudas? post panem enim forsan acceptum a iuda, non esum, qui semel in cor eius immiserat ut magistrum prodat, timore ductus ne quod immissum fuerat evanesceret usu panis, quam cito panem iudas recepit, introivit in eum, et statim domum excessit. aliter quoque non inepte dicetur, quod sicut qui indigne manducat panem domini, aut bibit eius calicem, in praeiudicium sibi comedit atque bibit; sic panis iesu datus aliis fuit ad salutem, iudae in damnum, ut post panem intraret in eum satanas. * chrysostomus. ° subdit autem erat autem nox, ut discas iudae temeritatem, quoniam neque tempus eum tenuit ab impetu. * origenes in ioannem. ° nox etiam sensibilis instar extitit obductae noctis in anima iudae. * gregorius moralium. ° a qualitate enim temporis, finis exprimitur actionis: dum non rediturus ad veniam, ad traditionis perfidiam nocte iudas exisse perhibetur.

lc5 * Origenes in ioannem. ° post evenientia ex prodigiis, nec non ex transfiguratione praeconia, initium glorificandi filii hominis fuit exitus iudae a loco ubi morabatur iesus, cum satana, qui eum ingressus est; unde dicitur cum ergo exisset, dixit iesus: nunc clarificatus est filius hominis. non enim immortalis unigeniti verbi, sed hominis qui factus est ex semine david, gloria hic narratur. si enim in morte christi glorificantis deum illud verum est: exuens principatus et potestates, traduxit confidenter triumphans in ligno, et illud: concilians per sanguinem crucis suae sive quae in terris sive quae in caelis sunt, in his omnibus glorificatus est filius hominis, deo etiam glorificato in eo; unde sequitur et deus clarificatus est in eo; quia non est christum glorificari, nisi cum eo quoque glorificetur et pater. at quoniam quicumque glorificatur, ab aliquo glorificatur; si quaeras de eo quod clarificatus est filius hominis, a quo, respondens subdit si deus clarificatus est in eo, et deus clarificabit eum in semetipso. * chrysostomus in ioannem. ° hoc est per seipsum, non per alium. sequitur et continuo clarificabit eum: quasi dicat: non post longum tempus, sed confestim in ipsa cruce ea quae clara sunt apparebunt. sol namque aversus est, petrae scissae sunt, multa corpora eorum qui dormierant surrexerunt. hac autem via eas quae ceciderant, cogitationes discipulorum restituit, et suadet non solum non tristari, sed etiam laetari. * augustinus in ioannem. ° vel aliter. exeunte immundo, omnes mundi cum suo mundatore manserunt. tale aliquid erit cum zizaniis a tritico separatis, iusti fulgebunt sicut sol in regno patris sui. hoc futurum praevidens dominus discedente iuda, tamquam zizaniis separatis, remanentibus tamquam tritico apostolis sanctis, dixit nunc clarificatus est filius hominis: tamquam diceret: ecce in illa mea clarificatione quid erit, ubi malorum nullus erit, ubi bonorum nullus peribit. sic autem non est dictum: nunc significata est clarificatio filii hominis; sed nunc clarificatus est filius hominis: sicut non est dictum: petra significat christum; sed petra erat christus. solet enim loqui scriptura, res significantes, tamquam illa quae significantur appellans. est autem clarificatio filii hominis, ut deus clarificetur in eo; unde adiungit et deus clarificatus est in eo. denique tamquam ista exponens, adiungit et dicit si filius clarificatus est in eo, quia non venit facere voluntatem suam, sed voluntatem eius qui eum misit et deus clarificabit eum in semetipso, ut natura humana, quae ab aeterno verbo suscepta est, etiam immortali aeternitati donetur. sequitur et continuo clarificabit eum; resurrectionem scilicet suam, non sicut nostram in fine saeculi, sed continuo futuram, hac attestatione praedicens. potest et de ista clarificatione dictum videri nunc clarificatus est filius hominis; ut quod ait nunc, non ad imminentem passionem, sed ad vicinam resurrectionem pertinere credatur; |75| tamquam fuerit factum quod erat tam proxime iam futurum. * hilarius de trin.. ° quod autem deus in eo glorificatus est, ad corporis gloriam spectat, per quam dei intellecta est gloria, quasi corpus ex naturae divinae consociatione gloriam mutuaret. quod vero quia glorificatus in eo deus est, ideo glorificavit eum in se, ut qui regnat in gloria quae ex dei gloria est, ipse exinde in dei gloriam transeat, toto iam in deo ex ea qua homo est dispensatione mansuro. nec sane de tempore tacuit, dicens et continuo clarificabit eum: ut quia prodeunte ad proditionem iuda, gloriam quae sibi post passionem, consecuta resurrectione, futura esset, significasset in praesens, eam qua in se deus eum clarificaturus esset, in posterum reservaret, dei in eo gloria per virtutem resurrectionis ostensa; ipso vero in dei gloria ex subiectionis dispensatione mansuro. * hilarius de trin.. ° primam autem significationem huius dicti non ambiguam existimo, cum ait nunc clarificatus est filius hominis: gloria enim non verbo, |100| sed carni acquirebatur. hoc vero quod sequitur, et deus clarificatus est in eo, quid significet interrogo; et cum non alius sit filius hominis, neque alius filius dei: verbum enim caro factum est, requiro quis in hoc filio hominis, qui et filius dei est, glorificatus sit deus. et videamus quid sit hoc quod tertio dicitur si deus clarificatus est in eo, et deus clarificabit eum in semetipso. homo utique non per se glorificatur, neque rursum qui in homine glorificatur deus, licet gloriam accipiat, non tamen aliud ipse quam deus est. utique aut christum necesse est esse qui glorificatur in carne, aut patrem qui glorificatur in christo. si christus est deus, certe christus est qui glorificatur in carne: si pater, sacramentum est unitatis, cum pater glorificatur in filio. de eo vero quod glorificatum in filio hominis deum deus glorificat in seipso, in quo relicta facultas exerendae impietatis existimatur, ne secundum naturae veritatem verus deus christus sit? numquid enim extra se est quod glorificat in seipso? quem enim in |125| seipso pater glorificat, in eius gloria confitendus est; et qui in patris gloria glorificandus est, in his intelligendus est esse in quibus est pater. * origenes in ioannem. ° vel aliter. nomen gloriae non hic accipitur iuxta quosdam paganorum, qui definiunt gloriam esse a pluribus collata praeconia. palam est enim quod hoc aliud est ab eo quod in exodo dicitur, quod gloria dei repletum est tabernaculum, et quod aspectus moysi glorificatus erat: quantum enim ad corporalia divinior quaedam apparitio contigit in tabernaculo, necnon in facie moysi cum deo locuti; quantum ad anagogiam vero gloria dei dicitur esse quae apparuit: quoniam deificatus ac transcendens cuncta materialia intellectus, ut scrutetur divinam visionem in his quae cernit, deificatur: ut hoc sit tropice quod glorificata est facies moysi, eo facto divino secundum intellectum. nulla autem comparatio fuit excellentiae christi ad cognitionem moysi glorificantem faciem animae eius: totius enim divinae gloriae fulgorem esse filium aestimo, dicente |150| paulo: qui cum sit splendor gloriae et figura substantiae eius; quinimmo proveniunt ab hac totius gloriae luce singulares splendores ad totam rationalem creaturam: non enim arbitror quempiam totum posse capere totius divinae gloriae fulgorem, nisi filium eius. inquantum igitur non erat notus filius mundo, nondum in mundo glorificatus erat; cum autem pater aliquibus de mundo existentibus tradidit iesu notitiam, tunc glorificatus est filius hominis in his qui cognoverunt eum; et hoc dedit gloriam cognoscentibus: nam qui libera facie divinam gloriam intuentur, secundum eamdem transfigurantur imaginem a gloria glorificati in glorificantium gloriam. cum igitur appropinquavit ad eam dispensationem, qua mundo notus debebat gloriam promereri in gloria glorificantium ipsum, ait nunc clarificatus est filius hominis. et quia nullus novit patrem nisi filius, et cui revelaverit filius, debebat autem ex dispensatione depromere patrem filius, ob hoc etiam deus glorificatus in illo dignoscitur. |175| vel hoc quod est et deus clarificatus est in eo, cum illo perscrutaberis: qui me videt, et patrem meum videt: nam videbitur in verbo, cum deus existat, et imago invisibilis dei, qui genuit eum pater. amplius autem sic quoque clarius quae sunt in hoc loco capientur. velut enim per quosdam nomen dei blasphematur in gentibus, sic per sanctos, quorum bona gesta coram hominibus plenissime discernuntur, celsi patris nomen extollitur. in quo vero adeo glorificatus est, ut in iesu, dum peccatum non fecit, nec dolus inventus est in ore eius? cum ergo talis est filius, glorificatus est, et deus glorificatus est in eo. at si deus in eo glorificatus est, recompensat ei pater maius illo quod filius hominis exercuit. longe enim superstans est gloria in filio hominis cum glorificat eum pater, quam in patre cum in illo glorificatus est: et decebat praepotentem maiorem rependere gloriam. deinceps quoniam statim haec erant futura (dico autem filium hominis in deo glorificari), ob hoc subiecit et continuo glorificabit eum.

lc6 * Augustinus in ioannem. ° cum dixisset superius: et continuo clarificabit eum, ne putarent quod sic eum clarificaturus esset deus ut non eis coniungeretur ulterius ea conversatione quae in terra est, adiecit, atque ait filioli, adhuc modicum vobiscum sum; tamquam diceret: continuo quidem resurrectione clarificabor, non tamen continuo ascensurus in coelum. sicut enim scriptum est in actibus apostolorum, fuit cum eis post resurrectionem quadraginta dies. hos igitur quadraginta dies significavit dicendo adhuc modicum vobiscum sum. * origenes in ioannem. ° per hoc autem quod dicit filioli, ostendit adhuc imminentem animabus eorum parvitatem. hi autem quibus nunc dicit filioli, post resurrectionem fiunt fratres: sicut et antequam essent filioli, fuerunt servi. * augustinus. ° potest etiam et sic intelligi: adhuc sicut vos in hac infirmitate carnis etiam ipse sum, donec scilicet moreretur atque resurgeret. cum illis quidem fuit postquam resurrexit, exhibitione |25| praesentiae corporalis; sed non cum illis fuit consortio infirmitatis humanae. apud alium enim evangelistam post resurrectionem ait: haec locutus sum vobis, dum adhuc essem vobiscum; idest, in carne mortali cum essem sicut et vos. tunc enim in eadem quidem carne erat, sed cum illis in eadem mortalitate iam non erat. est et alia divina praesentia sensibus ignota mortalibus, de qua idem dicit: ecce ego vobiscum sum usque ad consummationem saeculi. hoc non est adhuc modicum sum vobiscum: non enim modicum est usque ad consummationem saeculi; aut si et hoc modicum est, quia in oculis dei mille anni sunt dies unus, non tamen hoc significare voluisse credendus est nunc, quando secutus adiunxit quo ego vado, vos non potestis venire. numquid enim post consummationem saeculi, quo ipse vadit, venire non poterant? de quibus postea dicturus est: pater, volo ut ubi ego sum, et ipsi sint mecum. * origenes in ioannem. ° intrinsecus autem sciscitaberis, an post multum |50| non fuit cum eis: non ideo quod non aderat illis secundum carnem; sed eo modico consummato, vos scandalizabimini in me in ista nocte, et sic non erit cum eis qui cum dignis tantummodo conversatur. sed si cum eis non erat, nihilominus ipsi quaesituri erant iesum; velut petrus post negationem graviter plorabat quaerens puto iesum; et ideo sequitur quaeritis me, et, sicut dixi iudaeis, quo ego vado vos non potestis venire. quaerere iesum, est verbum quaerere, sapientiam, iustitiam, veritatem, divinam virtutem, quae omnia christus est. volentibus ergo discipulis sequi iesum: non quippe velut rudiores arbitrantur corporaliter, sed ut significat illud: qui non tollit crucem suam et sequitur me, non potest meus esse discipulus, ait nunc dominus quo ego vado vos non potestis venire; nam etsi vellent sequi verbum et illud confiteri, tamen nondum erant validi circa hoc: cum nondum esset spiritus datus, eo quod iesus non erat glorificatus. * augustinus. ° vel hoc dicit, quia |75| adhuc minus idonei erant sequi moriturum dominum pro iustitia: quomodo enim iam fuerant secuturi martyrio non maturi? aut iturum dominum ad immortalitatem carnis, quomodo iam fuerant secuturi, non quandolibet morituri, sed in fine saeculi resurrecturi? aut iturum dominum ad sinum patris quomodo iam erant secuturi, cum esse nemo possit in illa felicitate nisi perfectus in caritate? iudaeis autem cum hoc diceret, non addidit modo. ipsi autem non poterant venire tunc quo ille ibat, sed poterant postea; et ideo subdit et vobis dico: modo. * origenes. ° quasi dicat: et vobis dico non absque additione huius adverbii modo. iudaei namque, quos praevidebat in suis facinoribus morituros, in brevi tempore non valebant pergere quo iesus ibat: sed discipuli post breve tempus poterant sequi verbum. * chrysostomus in ioannem. ° ne autem audientes discipuli: sicut dixi iudaeis, aestiment similiter et in eos dictum esse, adiecit filioli. * origenes in ioannem. ° quod est exprimentis |100| imminentem adhuc animae discipulorum modicitatem. fiunt autem post resurrectionem hi quibus dixit filioli, fratres; sicut et prius servi fuerant antequam essent filioli. * chrysostomus. ° hoc autem dicit eum qui in seipsum est, erigens discipulorum amorem. cum enim viderimus aliquos dilectissimorum discedentes, exardescimus, et maxime cum viderimus eos in locum abeuntes in quem non est possibile nobis abire. simul etiam ostendit quoniam mors eius quaedam translatio est et transpositio melior ad loca mortalia corpora non suscipientia. * augustinus in ioannem. ° docens autem quomodo idonei esse possint pergere quo ille antecedebat, subiungit mandatum novum do vobis, ut diligatis invicem. nonne iam hoc erat mandatum in antiqua lege dei, ubi scriptum est: diliges proximum tuum tamquam teipsum? cur ergo novum mandatum appellatur a domino? an quia exuto vetere induit nos hominem novum? innovat quippe audientem, vel potius obedientem, |125| non omnis, sed ista dilectio, quam dominus, ut a carnali dilectione distingueret, addidit sicut dilexi vos, ut et vos diligatis invicem: non sicut se diligunt qui corrumpunt, nec sicut se diligunt homines, quia homines sunt; sed sicut se diligunt qui dei sunt et filii altissimi omnes, ut sint filio eius unico fratres, ea dilectione invicem diligentes qua ipse dilexit eos, perducturus eos ad illum finem ubi satiabitur in bonis desiderium eorum. * chrysostomus. ° vel dicit sicut dilexi vos: non enim praeexistentibus vestris iustitiis debitum vobis reddidi, sed ipse incepi: ita et vos benefacere oportet, etiam nihil debentes. * augustinus. ° noli autem putare illud maius praetermissum esse mandatum, quo praecipitur ut diligamus dominum deum nostrum; sed bene intelligentibus utrumque invenitur in singulis: nam et qui diligit deum, non eum potest contemnere praecipientem ut diligat proximum; et qui superne ac spiritualiter diligit proximum, quid in eo diligit nisi deum? ipsa est dilectio, quam |150| ab omni mundana dilectione distinguendo addidit dominus sicut dilexi vos. quid enim nisi deum dilexit in nobis, non quem habebamus, sed ut haberemus? sic ergo et nos invicem diligamus, ut quantum possumus, invicem ad habendum in nobis deum cura dilectionis attrahamus. * chrysostomus. ° praetermittens autem miracula quae erant facturi, ab amore eos designat, subdens in hoc cognoscent omnes quia mei estis discipuli, si dilectionem habueritis ad invicem: hoc enim est quod maxime homines sanctos ostendit; hos enim dicit esse discipulos. * augustinus. ° tamquam diceret: alia munera mea habent vobiscum etiam non mei, non solum naturam, vitam, sensum, rationem, et eam salutem quae hominibus pecoribusque communis est; verum etiam linguam, sacramenta, prophetiam, scientiam, fidem, distributionem rerum suarum pauperibus, et traditionem corporis sui, ut ardeant; sed quoniam caritatem non habent, ut cymbala concrepant, nihil sunt, nihil eis prodest.

lc7 * Chrysostomus in ioannem. ° magnus amor, et ipso igne vehementior; et nulla est prohibitio quae eius promptum impetum detinere possit. ardentissimus itaque petrus audiens: quo ego vado vos non potestis venire, eum interrogavit; unde sequitur dicit ei simon petrus: domine, quo vadis? * augustinus in ioannem. ° sic utique hoc dixit magistro discipulus tamquam sequi paratus: propterea dominus, qui eius animum vidit, sic ei respondit; nam sequitur respondit ei iesus: quo ego vado, non potes me modo sequi. dilationem intulit, non spem abstulit, sed eam sequenti voce firmavit, dicens sequeris autem postea. quid festinas, petre? nondum te suo spiritu solidaverat petra: noli extolli praesumendo, non potes modo: noli deici desperando; sequeris enim postea. * chrysostomus. ° audiens autem hoc petrus, neque ita desiderium detinuit, sed benignam spem accipiens properat: et quia timorem excussit proditionis, cum securitate per |25| seipsum de reliquo interrogat, aliis silentibus; unde sequitur dicit ei petrus: quare non possum te modo sequi? animam meam pro te ponam. quid dicis, petre? dixi quoniam non potes, et tu dicis quoniam possum; quocirca scies per experientiam quoniam nihil est tuus amor, nisi praesente superna liberatione; unde sequitur respondit iesus: animam tuam pro me pones? * beda. ° quae sententia duobus modis potest pronuntiari: uno modo affirmando, ac si dicat: animam tuam pro me pones; sed nunc timendo mortem carnis, animae mortem incurres; alio modo insultando, quasi diceret: * augustinus. ° ita ne facies pro me, quod nondum ego pro te? praeire potes, qui sequi non potes? quid tantum praesumis? audi quis sis: amen, amen, dico tibi: non cantabit gallus, donec ter me neges. qui mihi promittis mortem tuam, ter negabis vitam tuam. quid in animo eius esset cupiditatis videbat, quid virium non videbat: voluntatem suam iactabat infirmus; sed inspiciebat valetudinem medicus. an apostolus |50| petrus, sicuti cum favore perverso excusare quidam nituntur, christum non negavit, quia interrogatus ab ancilla hominem se nescire respondit, sicut alii evangelistae testantur expressius? quasi qui hominem christum negat, non christum neget; et hoc in eo neget quod factus est propter nos, ne periret quod fecerat nos. per quid autem caput est ecclesiae, nisi per hominem? quomodo est igitur in corpore christi qui negat hominem christum? sed quid multis immorer? non enim dominus ait non cantabit gallus, donec hominem aut filium hominis neges; sed donec me neges. quid est me, nisi quod erat? quicquid eius negavit, christum negavit. siquidem dubitare nefas est. christus hoc dixit, verumque praedixit; proculdubio petrus christum negavit. non accusemus christum, cum defendimus petrum. agnovit plane peccatum suum infirmitas petri. et quantum mali christum negando commiserit, plorando monstravit. neque nos cum ita dicimus, primum apostolorum accusare delectat; sed hunc intuendo admoneri nos |75| oportet, ne homo quisquam de humanis viribus fidat. * beda. ° resipiscendi nihilominus unusquisque, si in lapsum corruerit, exemplum capiat ne desperet, sed incunctanter veniam se posse promereri credat. * chrysostomus in ioannem. ° unde manifestum est quoniam et casum petri dominus concessit: nam poterat quidem et a principio revocare; sed quia permanebat in vehementia, ipse quidem non impulit ad negationem, sed dimisit desertum, ut discat propriam imbecillitatem, et ut post haec talia non patiatur, cum orbis terrarum dispensationem susceperit; sed reminiscens eorum quae passus est, cognoscat seipsum. * augustinus. ° in anima itaque contigit petri quod offerebat in corpore; sed aliter quam putabat: nam ante mortem et resurrectionem domini, et mortuus est negando et revixit plorando. * augustinus de cons. evang.. ° hoc autem de praedicta negatione sua petro non solum ioannes, sed et ceteri tres commemorant;

non sane omnes ex una eademque occasione sermonis ad eam commemorandam |100| veniunt: nam matthaeus et marcus eam subnectunt postquam dominus egressus est ex illa domo ubi manducaverat pascha; lucas vero et ioannes antequam inde esset egressus. sed facile possumus intelligere, aut illos duos eam recapitulando posuisse, aut istis praeoccupando; nisi magis moveret quod tam diversa non tantum verba, sed etiam sententias domini praemittunt, quibus permotus petrus illam praesumptionem proferret pro domino vel cum domino moriendi, ut magis cogant intelligi ter eum expressisse praesumptionem suam diversis locis sermonis christi, et ter illi a domino responsum, quod eum esset ante galli cantum ter negaturus.

074 CJO cp14

lc1 * Augustinus in ioannem. ° ne discipuli mortem christi tamquam homines timerent, et ideo turbarentur, consolatur eos, etiam deum se esse contestans; unde dicitur et ait discipulis suis: non turbetur cor vestrum. creditis in deum, et in me credite, quasi dicat: consequens est, si in deum creditis, ut in me credere debeatis: quod non esset consequens, si christus non esset deus. mortem metuitis huic formae servi: non turbetur cor vestrum; suscitabit illam forma dei. * chrysostomus in ioannem. ° ea etiam quae in me est fides et in patrem qui genuit, potentior est his quae supervenient; et nihil contra eam potest praevalere difficilium. hoc etiam modo divinitatis virtutem ostendit, quia ea quae in mente habebant ducit in medium dicens non turbetur cor vestrum. * augustinus. ° quia igitur etiam sibi metuebant discipuli, cum petro dictum esset fidentiori atque promptiori: non cantabit gallus, donec ter me neges, subiunxit in domo patris mei mansiones |25| multae sunt: per quod a turbatione recreantur, certi ac fidentes etiam post pericula tentationum, se apud deum cum christo esse mansuros: quia etsi alius est alio fortior, sapientior, iustior, sanctior, nullus alienabitur ab illa domo ubi mansionem pro suo quisque accepturus est merito. denarius quidem ille aequalis est omnibus quem paterfamilias eis qui operati sunt in vinea, iubet dari: quo utique denario vita significatur aeterna, ubi amplius alio nemo vivit, quoniam vivendi non est diversitas in aeternitate mansura; sed multae mansiones diversas meritorum in una vita aeterna significant dignitates. * gregorius super ezech.. ° vel hac ratione conveniunt mansiones multae cum uno denario, quia etsi alter minus atque alius amplius exultat, omnes tamen unum gaudium conditoris sui visione laetificat. * augustinus. ° atque ita deus erit omnia in omnibus, ut quoniam deus caritas est, per caritatem fiat ut quod habent singuli, commune sit omnibus. sic enim quisque etiam ipse habet, cum amat in |50| altero quod ipse non habet: non enim erit ita aliqua invidia imparis claritatis, quoniam regnabit in omnibus unitas caritatis. * gregorius moralium. ° eiusdem etiam disparilitatis damna non sentiunt: quia tantum sibi unusquisque percipit quantum sufficit. * augustinus. ° respuendi autem sunt a corde christiano qui putant ideo dictum multas esse mansiones, quia extra regnum caelorum erit aliquid ubi maneant beati innocentes, cum sine baptismo ex hac vita emigraverint, sine quo in regnum caelorum intrare non possunt. absit autem ut cum omnis domus regnantium filiorum non sit alibi nisi in regno, ipsius regiae domus pars aliqua non sit in regno; non enim ait dominus: in beatitudine sempiterna mansiones multae sunt, sed in domo patris mei. * chrysostomus in ioannem. ° vel aliter continua. quia dominus supra dixerat petro: quo ego vado, non potes me sequi modo, sequeris autem postea, ne aestiment soli petro hanc promissionem esse datam, dixit in domo patris mei mansiones multae |75| sunt; hoc est, et vos regio illa suscipiet quae et petrum: copia enim est ibi multa mansionum, et non est dicere quoniam praeparatione indigent; et propter hoc subdit si quo minus, dixissem vobis quia vado parare vobis locum. * augustinus in ioannem. ° ubi satis ostendit, ideo se hoc illis dixisse, quia iam ibi mansiones multae sunt, et non est opus illi aliquam praeparare. * chrysostomus. ° quia vero dixerat: non potes me modo sequi, ut non aestiment se ab eo finaliter abscissos esse, subiungit et si abiero et praeparavero vobis locum, iterum veniam et accipiam vos ad meipsum, ut ubi ego sum, et vos sitis: ex quo ostendit quod oportet eos vehementer confidere. * theophylactus. ° ac si dicat utrumque. vos turbari non oportet, sive paratae sint, sive non. nam etsi paratae non sint, ego cum omni solertia praeparabo vobis illas. * augustinus. ° sed quomodo vadit et parat locum, si iam mansiones multae sunt? sed nondum sunt sicut parandae sunt; easdem enim mansiones quas praedestinando |100| praeparavit, praeparat operando. iam ergo sunt in praedestinatione: si quo minus, dixisset: ibo et praeparabo, hoc est praedestinabo; sed quia nondum sunt in operatione, dicit et si abiero et praeparavero vobis locum. parat autem modo mansiones, mansionibus praeparando mansores. quippe cum dixit in domo patris mei mansiones multae sunt, quid putamus esse domum dei, nisi templum dei? de quo apostolus dicit: templum dei sanctum est, quod estis vos. haec ergo domus dei adhuc aedificatur, adhuc praeparatur. sed quid est quod ut praeparet abiit, cum nosipsos praeparet; quod non faciet, si reliquerit? sed illud significat, quia ut parentur istae mansiones, vivere debet iustus ex fide: si autem vides, non est fides. eat ergo ne videatur, lateat ut credatur. tunc enim locus paratur, si ex fide vivatur: creditus desideretur, ut desideratus habeatur. si bene intelligis, nec unde vadit, nec unde venit recedit. vadit ergo latente eo, venit apparendo. sed nisi maneat regendo, ut proficiamus bene vivendo, |125| non parabitur locus ubi possimus manere perfruendo. * alcuinus. ° dicit ergo si abiero, per carnis absentiam, iterum veniam, per divinitatis praesentiam; vel iterum veniam iudicare vivos et mortuos. et quia sciebat eos interrogaturos quo iret, vel per quam viam iret, subiungit et quo ego vado scitis, scilicet ad patrem, et viam scitis, scilicet per meipsum. * chrysostomus. ° hoc autem dicens, desiderium quod in eorum mente erat, ostendit, et dat eis desiderium interrogandi.

lc2 * Chrysostomus in ioannem. ° si iudaei volentes a christo separari, quaerebant quo iturus esset, multo magis discipuli numquam ab eo separari volentes, hoc discere cupiebant, et interrogant eum ex multa dilectione et timore; et ideo dicitur dicit ei thomas: domine, nescimus quo vadis; et quomodo possumus viam scire? * augustinus in ioannem. ° utrumque illos dominus dixerat scire, utrumque dicit iste nescire; sed nescit ille mentiri; ergo isti sciebant, et se scire nesciebant. convincit ergo eos hoc scire; unde subditur dicit ei iesus: ego sum via, veritas et vita. * augustinus de verb. dom.. ° quasi dicat: qua vis ire, ego sum via; quo vis ire, ego sum veritas; ubi vis permanere, ego sum vita. veritatem et vitam omnis homo capit; sed viam non omnis invenit. deum esse quamdam vitam aeternam, veritatem scibilem, etiam huius saeculi philosophi viderunt. verbum ergo dei, quod apud patrem est veritas et vita, assumendo hominem, factum |25| est via. ambula per hominem, et pervenies ad deum. melius enim est in via claudicare, quam praeter viam fortiter ambulare. * hilarius de trin.. ° non enim vos in erratica atque in invia deducit ille qui via est; neque illudit per falsa qui veritas est; neque in mortis relinquit errore qui vita est. * theophylactus. ° cum itaque activam exerces, fit tibi christus via; cum autem in contemplativa perseveras, efficitur tibi veritas. adiecta autem vita est activo et contemplativo: decet enim ire et praedicare pro futuro saeculo. * augustinus. ° sciebant ergo viam, quia sciebant ipsum qui est via. quid autem opus erat ut adderet veritas et vita, cum restaret nosse quo iret? quia ad veritatem ibat et ad vitam. ibat ergo ad seipsum per seipsum. sed numquid, o domine, ut venires ad nos, reliqueras te? scio quidem quod formam servi accepisti et in carne venisti, manens ubi eras: et per hanc rediisti, non relinquens quo veneras. si ergo per hanc et venisti et rediisti; per hanc nobis non solum qua veniremus ad |50| te, verum etiam tibi qua venires et redires via fuisti. cum vero ad vitam, quod es ipse, ivisti, eamdem carnem tuam de morte ad vitam duxisti. itaque dum caro de morte venit ad vitam, christus venit ad vitam. et quia verbum est vita, christus venit ad seipsum; quoniam utrumque est christus, una persona, scilicet verbum caro. venerat etiam per carnem deus ad homines, veritas ad mendaces: est enim deus verax, omnis autem homo mendax. cum itaque se ab hominibus abstulit, atque illuc ubi nemo mentitur, carnem suam levavit, idem ipse, qua verbum caro factum est, per seipsum, idest per carnem suam, ad veritatem, quod est ipse, remeavit: quam quidem veritatem, quamvis inter mendaces, etiam in morte servavit. ecce ego ipse, si loquor vobis quod intelligatis, quodammodo ad vos procedo, nec me relinquo. cum autem tacuero, quodammodo ad me redeo, et vobiscum maneo, si tenueritis quod audistis. si hoc potest imago quam fecit deus, quid potest ex deo nata imago? ac per hoc et ipse per seipsum, et ad |75| seipsum, et ad patrem, et nos per ipsum, et ad ipsum, et ad patrem imus. * chrysostomus. ° si enim ego sum dominus ducendi ad patrem, omnino venietis illuc: neque enim est possibile alia venire via. cum autem supra dixerit: nemo potest venire ad me, nisi pater traxerit illum, nunc dicens quoniam nullus potest venire ad patrem nisi per me, exaequat seipsum ei qui genuit. qualiter autem dixerit: quo vado scitis, et viam scitis, ostendit subdens si cognovissetis me, et patrem meum utique cognovissetis; quasi dicat: si sciretis meam substantiam et dignitatem, et eam quae patris est sciretis. noverant quidem eum, sed non ita ut oportebat: postea autem spiritus veniens perfectam in eis construxit cognitionem: et propter hoc subditur amodo cognoscetis eum: dicit autem eam quae secundum mentem cognitionem. et vidistis eum: scilicet per me: ostendens quoniam qui videt eum, et patrem videt. viderunt autem eum, non in nuda substantia, sed carne indutum. * beda. ° sed quaerendum est quomodo |100| nunc dicat dominus si cognovissetis me, et patrem meum utique cognovissetis: cum praemiserit supra: quo ego vado scitis, et viam scitis. datur ergo intelligi quia quidam eorum sciebant, quidam vero nesciebant, quorum unus erat thomas. * hilarius de trin.. ° vel aliter continua. cum iter ad patrem per filium sit, quaerendum est utrum hoc per doctrinae admonitionem, an per naturae fidem sit. intelligentiae igitur sensum in consequentibus requiramus; nam sequitur si cognovissetis me, et patrem meum utique cognovissetis. in sacramento enim assumpti corporis divinitatis paternae naturam confirmans, hunc ordinem tenuit; tempus autem visionis separavit a tempore cognitionis: nam quem cognoscendum ait, eumdem iam dixit et visum, ut naturae iam pridem in se conspectae scientiam ex tempore nunc huius revelationis acciperent.

lc3 * Hilarius de trin.. ° commovit apostolum philippum novitas dictorum. homo cernitur, dei se filium confitetur, cognito se cognoscendum patrem fatetur, patrem visum esse dicit. prorupit igitur apostolica familiaritas dominum interrogans; unde dicitur * dicit ei philippus: domine, ostende nobis patrem, et sufficit nobis. ° non visum negavit, sed ostendi sibi rogavit; neque ostensionem veluti corporalis contemplationis intuitum desideravit, sed demonstrationem intelligendi eius qui visus est postulavit. filium enim in habitu hominis viderat, sed quomodo per id patrem viderit, nescit: nam ut ostensio illa intelligendi potius esset demonstratio quam videndi, subiecit et sufficit nobis. * augustinus de trin.. ° illa enim laetitia qua nos adimplebit cum vultu suo, nihil amplius requiretur: quod bene intellexerat philippus, ut diceret domine, ostende nobis patrem, et sufficit nobis. sed nondum intellexerat eo quoque modo ad ipsum se potuisse dicere: domine, ostende nobis te, |25| et sufficit nobis. ut enim hoc intelligeret, responsum est ei a domino; unde sequitur dixit ei iesus: tanto tempore vobiscum sum, et non cognovistis me? * augustinus in ioannem. ° sed quomodo hoc dicit, cum et quo iret scirent et viam scirent, non ob aliud nisi quod ipsum scirent? sed facile ista quaestio solvitur, si dicamus, quod eum aliqui eorum sciebant, aliqui nesciebant, de quibus erat philippus. * hilarius. ° arguit ergo apostolum in cognoscendo se ignorantem: cum enim ea quae gereret, propria deo essent, calcare undas, iubere ventis, peccata dimittere, mortuis vitam reddere; hinc querelae omnis orta conquaestio est, quod in homine assumpto dei non intellecta natura est. et ideo postulanti ut sibi patrem ostenderet, ait philippe, qui videt me, videt et patrem. * augustinus. ° solemus enim de simillimis duobus ita loqui: vidistis illum? vidistis istum. sic ergo dictum est qui videt me, videt et patrem: non quod ipse sit pater et filius; sed quod a patris similitudine in nullo prorsus discrepet |50| filius. * hilarius. ° non autem ille hic visum oculorum carnalium significat: non enim hoc quod ex partu virginis carnale est, ad contemplandum in eo dei formam et imaginem proficit; sed intellectus dei filius id praestat ut intellectus et pater sit, dum ita imago est ut non differat genere, sed significet auctorem; non enim solitarium sermo significat et indifferentem; tamen naturam professio docet: cum enim dicitur et patrem, exclusa est singularis atque unici intelligentia; et quid reliquum est, nisi ut per naturae unicam similitudinem pater per filium visus sit? * augustinus. ° sed numquid obiurgandus est qui cum similem viderat, etiam illum cui est similis, vult videre? sed ideo discipulum dominus arguebat, quoniam cor postulantis videbat. tamquam enim melior esset pater quam filius, ita philippus patrem nosse cupiebat; et ideo nec filium sciebat, quo alium meliorem esse credebat. ad hunc ergo sensum corrigendum dictum est non credis quia ego in patre, et pater in me est? quasi dicat: |75| si ad te multum est hoc videre, saltem quod non vides crede. * hilarius. ° quae enim ignorandi patrem aut ostendendi ignorantibus necessitas relinquebatur, cum pater in filio visus esset ex proprietate naturae, dum ex indifferentia unitatis unum sint natus et generans, ut hic sermo domini sequeretur: non credis quia ego in patre, et pater in me est? * augustinus de trin.. ° volebat enim eum ex fide vivere, antequam illud posset videre; et ideo dicit non credis? contemplatio quippe merces est fidei; cui mercedi per fidem corda mundantur. * hilarius de trin.. ° pater autem in filio est et filius in patre, non per duplicem convenientium generum coniunctionem, neque per insitam capacioris substantiae naturam; quia per corporalem necessitatem exteriora fieri his quibus continentur interiora non possunt, sed per nativitatem viventis naturae ex vivente, dum non aliud ex deo quam deus nascitur. * hilarius de trin.. ° naturam enim suam, ut ita dicam, sequitur indemutabilis |100| deus, indemutabilem gignens deum. nec naturam suam deserit ex indemutabili deo indemutabilis dei perfecta nativitas. subsistentem igitur in eo dei naturam intelligimus, cum in deo deus sit; nec praeter eum qui est deus, quisquam alius deus sit. * chrysostomus in ioannem. ° vel aliter totum. philippus hic corporeis oculis patrem volebat videre, quia et ipsum filium ita se existimabat vidisse, fortassis a prophetis audiens, quoniam vidi dominum, et ideo dixit ostende nobis patrem. etenim iudaei interrogaverunt: quis est pater tuus? et petrus et thomas, quo iret: et nullus didicit manifeste. ut ergo non videatur onerosus esse philippus, et ipse interrogans ostende nobis patrem, adiungit et sufficit nobis; idest, nihil plus quaerimus. dominus autem non dixit ei: impossibile petis; sed ostendit quoniam neque ipsum filium vidit: nam si hunc potuisset videre, et illum vidisset; et ideo dicit tanto tempore vobiscum sum, et non cognovistis me? non dixit: non vidistis |125| me, sed non cognovistis me, quantum ad hoc scilicet quod filius hoc manens quod pater, decenter in seipso ostendit eum qui genuit. deinde dividens hypostases, ait qui videt me, videt et patrem: ne quis dicat, quod ipse est pater, ipse filius. ostendit autem per hoc quoniam neque filium visu corporeo vidit. si autem aliquis hic visum cognitionem dicere velit, non contradico; quasi dicat: qui cognovit me, cognovit et patrem. sed non dixit hoc; sed consubstantialitatem repraesentare volens, dixit: qui meam substantiam vidit, vidit et eam quae patris. unde patet quod non est creatura: creaturam enim videntes, deum nesciunt omnes: philippus etiam substantiam patris videre quaerebat. si ergo alterius substantiae esset, non diceret qui videt me, videt et patrem. sed nec aliquis in argento auri substantiam videre potest: non enim alia per aliam apparet naturam. * augustinus. ° deinde non ad solum philippum, sed ad omnes pluraliter loquitur, dicens verba quae ego loquor |150| vobis, a meipso non loquor. quid est a meipso non loquor, nisi: a meipso non sum, qui loquor? ei quippe tribuit quod facit de quo est ipse qui facit. * hilarius de trin.. ° unde neque se filium negavit, nec naturam in se paternae virtutis abscondit: nam dum loquitur, ipse in substantia manens loquitur; dum autem non a se loquitur, nativitatem in se dei a deo testatur. * chrysostomus. ° vide autem superabundantem unius substantiae demonstrationem: nam subditur pater autem in me manens, ipse facit opera; quasi dicat: nequaquam aliter facit pater et aliter ego; sicut et alibi ait: si non facio opera patris mei, non credatis mihi. sed quomodo a verbis incipiens, ad opera venit? conveniens enim erat dicere: ipse loquitur verba; sed duo ponit de doctrina et signis; aut quia et verba opera erant. * augustinus in ioannem. ° nam qui proximum loquendo aedificat, bonum opus operatur. in his duabus sententiis diversi nobis adversantur haeretici. ariani dicunt: ecce |175| inaequalis est patri filius: non a seipso loquitur. dicunt sabelliani: ecce qui pater est, ipse est filius. quid est pater in me manens ipse facit, nisi in me maneo ego qui facio? * hilarius. ° sed manere in filio patrem, non est singularis atque unici; operari vero per filium patrem, non est differentis aut exteri; sicut non unius est, non a se loqui qui loquitur, neque rursus alieni ac separabilis loqui per loquentem. et quia in se patrem loqui et operari docuerat, perfecte huius unitatis fidem statuit, dicens credite mihi quia ego in patre et pater in me est: ne scilicet per virtutis efficientiam, et non per naturae, quae secundum nativitatem est, proprietatem, pater in filio et operari crederetur et loqui: sic enim habetur in graeco. nostra littera habet non creditis quia ego in patre, et pater in me est? * augustinus in ioannem. ° antea solus philippus arguebatur. * chrysostomus. ° si vero non sufficit hoc ad ostendendum consubstantialitatem, saltem ab operibus discite; unde subditur alioquin propter |200| opera ipsa credite. vidistis enim signa cum auctoritate, et omnia quae deitatis erant propria, et quae solus pater operatur: peccata soluta, mortem recedentem, et huiusmodi. * augustinus. ° hoc ergo propter opera credite quia ego in patre et pater in me est: neque enim, si separati essemus, inseparabiliter operari ulla ratione possemus.

lc4 * Chrysostomus in ioannem. ° quia dominus dixerat: propter opera credite, ostendens quoniam non hoc solum potest, sed multo maiora, et, quod est mirabilius, aliis potest dare, adiunxit amen, amen, dico vobis: qui credit in me, opera quae ego facio, et ipse faciet, et maiora horum faciet. * augustinus in ioannem. ° sed quae sunt ista maiora? an forte quod aegros ipsis transeuntibus etiam eorum umbra sanabat? maius est enim quod sanet umbra quam fimbria. verumtamen quando ista dicebat, verborum suorum facta et opera commendabat. cum enim dixit: pater in me manens, ipse facit opera, quae opera tunc dicebat nisi verba quae loquebatur? et eorum verborum fructus erat fides illorum. verumtamen evangelizantibus discipulis non tam pauci quam illi erant, sed gentes etiam crediderunt. nonne ab ore ipsius dives ille tristis abscessit? et tamen postea quod ab illo auditum non fecit unus, fecerunt multi, cum per discipulos |25| loqueretur. ecce maiora fecit praedicatus a credentibus, quam locutus audientibus. verum, hoc adhuc movet quod hic maiora per apostolos fecit. non autem ipsos tantum significans ait qui credit in me. numquid inter credentes in christum non est computandus qui non fecerit opera maiora quam christus? durum est nisi intelligatur. apostolus dicit: * credenti ° in eum qui iustificat impium, reputatur fides ad iustitiam. in hoc opere faciemus opera christi, quia et ipsum credere in christum, opus est christi: hoc operatur in nobis, non utique sine nobis. audi ergo: qui credit in me, opera quae ego facio et ipse faciet. prius ego facio, deinde et ipse faciet: quia facio ut faciat. quae opera, nisi ut ex impio iustus fiat? quod utique in illo, sed non sine illo christus operatur. prorsus hoc maius esse dixerim quam creare coelum et terram: caelum enim et terra transibunt: praedestinatorum autem salus et iustificatio permanebit. sed in caelis angeli opera sunt christi: numquid etiam his operibus maiora facit qui cooperatur |50| christo ad suam iustificationem? iudicet qui potest utrum maius sit iustos creare quam impios iustificare. certe si aequalis sit utrumque potentiae, hoc maioris est misericordiae. sed omnia opera intelligere christi, ubi ait maiora horum faciet, nulla necessitas cogit: horum enim forsitan dixit quae illa hora faciebat; tunc autem verba fidei faciebat; et utique minus est verba iustitiae praedicare, quod fecit praeter nos, quam impios iustificare, quod ita facit in nobis ut faciamus et nos. magnam autem spem dominus suis promisit orantibus, dicens quia ego ad patrem vado. * chrysostomus. ° hoc est, non pereo, sed in propria manebo dignitate, et in caelis ero. vel hoc dicit, ac si diceret: vestrum est de cetero miracula facere; ego enim vado. * augustinus. ° et ne quisquam hoc sibi tribueret ut etiam illa opera maiora seipsum facere ostenderet, adiecit et quodcumque petieritis patrem in nomine meo, hoc faciam. qui dixerat: faciet post ait faciam: tamquam diceret: non vobis hoc impossibile |75| videatur: non enim poterit esse maior me qui credit in me; sed ego sum facturus et tunc maiora quam nunc; maiora per eum qui credit in me, quam nunc per me; quod non est defectio, sed dignatio. * chrysostomus in ioannem. ° dicit autem in nomine meo, quia et apostoli dicebant: in nomine christi iesu surge et ambula. omnia enim signa quae fecerunt, ipse faciebat, et manus domini erat cum illis. * theophylactus. ° exponit autem nobis per hoc miraculorum doctrinam: nam per orationem ac invocationem sui nominis potest quis exercere prodigia. * augustinus. ° sed quid est quodcumque petieritis, cum videamus plerumque fideles eius petere et non accipere? an forte propterea quia male petunt? male enim usurus eo quod vult accipere, deo potius miserante non accipit. quomodo ergo intelligendum est quodcumque petieritis, hoc faciam, si deus aliqua petentibus fidelibus etiam consulendo non facit? an forte solis apostolis hoc dictum debemus accipere? absit: superius enim |100| dixerat: qui credit in me, opera quae ego facio, et ipse faciet. ipsos quoque si cogitemus apostolos, inveniemus eum qui plus omnibus laboravit rogasse ut ab eo discederet angelus satanae, nec tamen quod rogaverat accepisse. sed audi quod illic positum est in nomine meo, quod est christus iesus. christus regem, iesus salvatorem significat: et per hoc quodcumque petimus adversus utilitatem salutis, non petimus in nomine salvatoris: et tamen ipse salvator est, non solum quando facit quod petimus, verum etiam quando non facit: quoniam quod videt peti contra salutem, non faciendo se exhibet salvatorem. novit enim medicus quid pro sua, quid contra suam salutem poscat aegrotus; et ideo contraria poscentis non facit voluntatem, ut faciat sanitatem. sane quaedam quamvis in nomine eius petamus, non tunc quando petimus facit, sed tamen facit: differtur enim quod petimus, non negatur. continuo autem subiecit ut glorificetur pater in filio, si quid petieritis in nomine meo, hoc faciam. nullo modo igitur sine |125| patre filius facit, quandoquidem, ut in illo pater glorificetur, propterea facit. * chrysostomus. ° cum enim filius ostenditur magna potens, glorificabitur ille qui genuit. ideo autem secundo id ponit, ut certificet sui ipsius sermonem. * theophylactus. ° attende etiam seriem paternae glorificationis. in nomine iesu facta sunt signa per quae credebant apostolorum sermonibus: et sic dum ad notitiam patris pervenirent, glorificabatur pater in filio.

lc5 * Chrysostomus in ioannem. ° quia dominus dixerat: quodcumque petieritis, hoc faciam, ut non aestiment omnem simpliciter petitionem valere, induxit si diligitis me, mandata mea servate: quasi dicat: tunc faciam quod petitis. vel quia audientes quoniam ad patrem vado consequens erat eos turbari, dicit: non est hoc me amare ut turbemini, sed ut faciatis mandata mea: hoc est enim amor, obedire et credere ei qui diligitur. quia vero consequens erat eos vehementer inquirere carnis praesentiam, et illam habere consolationem quam prius habuerunt, subiungit et ego rogabo patrem, et alium paraclitum dabit vobis. * augustinus in ioannem. ° in quo ostendit et seipsum esse paraclitum. paraclitus autem latine dicitur advocatus: et dictum est de christo: advocatum habemus apud patrem iesum christum iustum. * alcuinus. ° vel paraclitum, idest consolatorem: habebant enim et tunc unum consolatorem, qui miraculorum |25| dulcedine et praedicatione eos erigere et confortare solebat. * didymus de spiritu sancto. ° sed spiritum sanctum alium paraclitum nominavit, non iuxta naturae differentiam, sed iuxta operationis diversitatem. cum enim salvator mediatoris et legati personam habebat, ex qua pontifex deprecaretur pro peccatis nostris, spiritus sanctus secundum aliam significationem paraclitus, ab eo quod consolatur in tristitia positos, nuncupatus est. verum noli ex filii et spiritus sancti operatione diversa varias aestimare naturas: siquidem in alio loco reperitur paraclitus spiritus legati apud patrem persona fungi, ut ibi: ipse spiritus interpellat pro nobis. salvator quoque consolationem operatur in cordibus eorum qui indigent; scriptum est enim: et humiles populi sui consolatus est. * chrysostomus. ° ait autem rogabo patrem, ut fide dignum faciat eis sermonem: quoniam si dixisset: ego mittam, non simpliciter credidissent. * augustinus contra arianos. ° qui tamen ut inseparabilia sua et patris opera |50| demonstraret, alibi ait: cum abiero, mittam eum ad vos. * chrysostomus. ° quid autem apostolis plus haberet, si patrem solum rogaret ut spiritum aliis daret? quoniam illi multoties et sine oratione ostenduntur hoc facientes. * alcuinus. ° rogabo igitur dicit, ut inferior secundum humanitatem, patrem meum, cui sum aequalis et consubstantialis secundum divinam naturam. * chrysostomus. ° dicit autem ut maneat vobiscum in aeternum, quoniam neque post mortem recedit. per hoc etiam occulte insinuat, quod spiritus sanctus non patietur mortem ut ipse, neque abibit. ne autem paraclitum audientes, rursus incarnationem aliam suspicentur, et oculis putent eum videre, subiungit spiritum veritatis, quem mundus non potest accipere, quia non videt eum nec scit eum. * augustinus. ° hic est utique in trinitate spiritus sanctus, quem patri et filio consubstantialem et coaeternum fides catholica profitetur. * chrysostomus in ioannem. ° spiritum autem veritatis eum vocat per hoc |75| quod figuras veteris testamenti manifestat. mundum autem hic malos dicit; visionem autem certissimam cognitionem dicit, quia visus est apertior sensus. * beda. ° nota etiam, quod cum spiritum sanctum, spiritum veritatis dicit, spiritum sanctum esse spiritum suum ostendit: deinde cum a patre eum dari narrat, patris etiam eum spiritum esse declarat; ac per hoc spiritus sanctus a patre procedit et filio. * gregorius moralium. ° spiritus autem sanctus omnem quem repleverit, ad desideranda invisibilia accendit; et quoniam mundana corda solum visibilia diligunt, hunc mundus non accipit, quia ad diligenda invisibilia non assurgit. saeculares etenim mentes quanto se foras per desideria dilatant, tanto ad receptionem illius, sinum cordis angustant. * augustinus in ioannem. ° sic autem mundum, idest mundi dilectores, dicit non posse accipere spiritum sanctum, velut si dicamus: iniustitia iusta esse non potest. mundus ergo, idest mundi dilectores, non potest eum accipere, quia non videt eum. non |100| enim habet invisibiles oculos mundana dilectio, per quos videri spiritus sanctus nisi invisibiliter non potest. sequitur vos autem cognoscetis eum, quia apud vos manebit. sed ne putarent quod dictum est, apud vos manebit, ita dictum quemadmodum apud hospes visibiliter manere consuevit, adiecit in vobis erit. * chrysostomus. ° quasi dicat: non ita apud vos manebit sicut ego, sed in vestris habitabit animabus. * augustinus. ° prius autem est esse alicubi, post manere. sed exposuit quod dixerat apud vos, cum adiunxit in vobis. si enim non sit in vobis, non potest esse in vobis eius scientia: sic enim a vobis videtur in vobis et vestra conscientia. * gregorius moralium. ° si autem spiritus sanctus in discipulis manet, quomodo iam singulare signum erit quod in mediatore permanet? secundum illud: supra quem videris spiritum descendentem et manentem, hic est qui baptizat. quod tamen citius cognoscimus, si dona eiusdem spiritus discernamus. in his enim donis |125| sine quibus ad vitam perveniri non potest, spiritus sanctus in electis omnibus semper manet; in illis autem quibus non nostra vita servatur, sed aliorum quaeritur, nequaquam semper manet: aliquando enim se a signorum ostensionibus subtrahit, ut eo humilius virtutes eius habeamus: christus autem in cunctis eum et semper habet praesentem. * chrysostomus. ° hic autem sermo oppositas haereses velut uno ictu sustulit: nam dicere alium ostendit eius, idest spiritus, hypostaseos differentiam; dicere vero paraclitum, substantiae cognitionem. * augustinus contra arianos. ° consolatorem enim (quod officium tamquam personae infimae in trinitate spiritui sancto deputant) deum dicit apostolus, secundum illud: is qui consolatur humiles, consolatus est nos deus. deus est itaque spiritus sanctus qui consolatur humiles. aut si hoc de patre vel filio dictum ab apostolo volunt accipi, desinant consolationis tamquam munere proprio separare a patre et filio spiritum sanctum. |150| * augustinus in ioannem. ° sed cum caritas dei diffusa sit in cordibus nostris per spiritum sanctum, qui datus est nobis, quomodo diligemus et mandata christi servabimus, ut eum accipiamus quem nisi habuerimus, diligere et mandata servare non possumus? an forte praecedit in nobis caritas qua diligamus christum, ut diligendo christum eiusque faciendo mandata, mereamur accipere spiritum sanctum, ut caritas dei patris diffundatur in cordibus nostris? perversa est ista sententia. qui enim se filium dei diligere credit, et patrem non diligit, profecto nec filium diligit; sed quod sibi ipsi videtur confinxit. restat ergo ut intelligamus, spiritum sanctum habere qui diligit, et habendo mereri ut plus habeat, et plus habendo plus diligat. iam itaque habebant spiritum discipuli, quem dominus promittebat; sed dandus eis erat amplius; habebant occulte, accepturi erant manifeste. proinde non solum non habenti, verum etiam habenti non incassum promittitur; non habenti quidem, ut habeatur; |175| habenti autem, ut amplius habeatur. * chrysostomus. ° quando igitur discipulos purgaverat per sacrificium passionis, et peccatum solutum erat, et ipsi ad pericula et agones mittebantur, oportebat spiritum sanctum venire abundanter. non autem statim post resurrectionem, ut in multo eius constituti desiderio, cum multa eum susciperent gratia.

lc6 * Augustinus in ioannem. ° ne quisquam putaret quod ita spiritum sanctum dominus daturus fuerat, velut per seipsum non et ipse esset futurus cum eis, adiecit, et ait non relinquam vos orphanos. orphani pupilli sunt: illud enim est graecum, hoc latinum. quamvis ergo nos filius dei suo patri adoptavit filios, tamen in hoc etiam ipse erga nos paternum ostendit affectum. * chrysostomus in ioannem. ° et quidem a principio dixerat: venietis quo ego vado; sed quia hoc longum tempus erat, promisit spiritum. et quia nesciebant quid est hoc, promittit eis suam praesentiam, quam maxime quaerebant, cum dicit veniam ad vos. ne tamen rursus eamdem quaerant praesentiam, qualem et prius habuerunt, occulte hoc excludit, cum subdit adhuc modicum, et mundus me iam non videt; vos autem videtis me; ac si diceret: veniam quidem ad vos, non tamen ut prius vobiscum per unamquamque diem consistens. et ne dicant: qualiter igitur iudaeis dixisti: amodo non |25| videbitis me? solvit opinionem dicens ad vos solos veniam. * augustinus in ioannem. ° videbat enim tunc eum mundus carneis oculis in carne conspicuum; non autem videbat quod in carne verbum latebat. sed quoniam post resurrectionem etiam carnem suam, quam non solum videndam, verum etiam contrectandam demonstravit suis, noluit demonstrare non suis; hinc dictum est adhuc modicum, et mundus iam me non videt; vos autem videbitis me. sed quoniam in iudicio eum mundus videbit, quo nomine significati sunt a regno eius alieni; melius intelligitur illud etiam tempus significare voluisse quando in fine saeculi auferetur ab oculis damnatorum, ut eum de cetero videant diligentes. modicum autem dixit, quia id quod prolixum videtur hominibus, brevissimum est ante oculos dei. sequitur quia ego vivo, et vos vivetis. * theophylactus. ° quasi dicat: et si mortem subiero, tamen resurgo. vos quoque vivetis; hoc est, cum videritis me, laetabimini, et tamquam mortui reviviscetis in |50| apparitione mea. * chrysostomus. ° mihi autem videtur vitam non praesentem dicere, sed futuram; ac si dicat: mors crucis non distare faciet vos a me in finem, sed momento parvo occultabit me a vobis. * augustinus. ° cur autem de praesenti se dixerit vivere, illos autem de futuro esse victuros, nisi quia et vitam carnis resurgentis qualis in ipso praecedebat, et illis est pollicitus secuturam? et quia ipsius mox futura erat resurrectio, praesentis temporis ponit verum, propter significandam celeritatem; illorum autem, quoniam saeculi differtur in finem, non ait: vivitis, sed vivetis. quia vero vivit ille, ideo et nos vivemus: per hominem quippe mors, et per hominem resurrectio mortuorum. sequitur in illo die, de quo scilicet ait, et vos vivetis, vos cognoscetis, contemplando, quamvis et nunc credendo noverimus, quia ego sum in patre, et vos in me, et ego in vobis: quia quando vivemus ea vita qua mors absorbetur, tunc perficietur hoc ipsum quod nunc inchoatum est iam per ipsum, ut sit in nobis, et nos in |75| ipso. * chrysostomus. ° vel in illo die cum resurgam, cognoscetis; quia cum viderunt eum resurrexisse et esse cum eis, tunc certissimam fidem didicerunt. magna enim erat virtus spiritus sancti, quae omnia eos docebat. quod autem dictum est ego sum in patre, humilitatis est; quod autem dicit et vos in me et ego in vobis, humanitatis est, et auxilii quod est a deo. consuevit enim scriptura multoties eisdem verbis in deo et hominibus positis non similiter uti. * hilarius de trin.. ° vel hoc dicit, ut cum ille in patre per naturam divinitatis esset, nos autem in eo per corporalem eius nativitatem; et ille rursus in nobis per sacramenti mysterium inesse crederetur: ipse enim testatus est: qui edit carnem meam et bibit sanguinem meum, in me manet, et ego in eo. * alcuinus. ° per dilectionem autem et observantiam mandatorum eius, tunc perficietur hoc ipsum quod nunc inchoatum est per ipsum, ut sit in nobis, et nos in ipso. et ut omnibus, non tantum apostolis, hanc beatitudinem promisisse videatur, adiungit |100| qui habet mandata mea et servat ea, ille est qui diligit me. * augustinus. ° qui habet in memoria et servat in vita; qui habet in sermonibus et servat in operibus; qui habet audiendo et servat faciendo; qui habet faciendo et servat perseverando, ipse est qui diligit me. opere est demonstranda dilectio, ne sit infructuosa nominis appellatio. * theophylactus. ° ac si dicat: vos putatis quod ex affectione quadam tristamini de morte mea; sed ego signum dilectionis reputo mandata mea servari. qualem autem praerogativam obtineat qui diligit, ostendit subdens qui autem diligit me, diligetur a patre meo, et ego diligam eum. * augustinus. ° sed quid est diligam, tamquam nunc non diligat? exponit per id quod sequitur: et manifestabo ei meipsum; idest, ad hoc diligam ut manifestem, et ipsam visionem mercedem fidei capiamus. nunc enim ad hoc nos dilexit ut credamus; tunc ad hoc ut videamus; quia et nos nunc diligimus credendo quod videbimus; tunc autem diligemus videndo quod credidimus. * augustinus |125| ad paulinam de videndo deo. ° sic autem promisit ostensurum seipsum dilectoribus suis cum patre deum unum, non quomodo in hoc saeculo visus est in corpore et a malis. * theophylactus. ° vel quia post resurrectionem appariturus illis erat in corpore magis repraesentante divinitatem, ne credant ipsum spiritum fore, seu phantasma, ob hoc praedixit illis; ut tunc videntes illum non diffidant, sed reminiscantur quia propter mandatorum suorum custodiam apparet eis: atque ideo tenentur semper custodire illa, ut perpetuo eis appareat.

lc7 * Augustinus in ioannem. ° quia dominus dixerat: adhuc modicum, et mundus me iam non videt; vos autem videbitis me, interrogavit eum de hoc ipse iudas, non ille traditor eius qui iscariotis cognominatus est, sed cuius epistola inter scripturas canonicas legitur; unde dicitur dicit ei iudas non ille iscariotis: domine, quid factum est, quia nobis manifestaturus es teipsum, et non mundo? causam quaesivit quare non se mundo, sed suis manifestaturus esset. dominus autem exponit quare suis se manifestaturus est, non alienis: quia scilicet hi diligunt, illi vero non diligunt; unde sequitur respondit iesus, et dixit ei: si quis diligit me, sermonem meum servabit. * gregorius in evang.. ° probatio enim dilectionis, exhibitio est operis: nunquam amor dei est otiosus: operatur enim magna, si est; si vero operari renuerit, amor non est. * augustinus. ° dilectio autem sanctos discernit a mundo, quae facit unanimes habitare in domo in qua |25| facit pater et filius mansionem; qui donant et ipsam dilectionem, quibus in fine donabunt suam manifestationem. est enim quaedam dei manifestatio interior, quam prorsus impii non noverunt: quibus dei patris et spiritus sancti manifestatio nulla est: filii vero esse potuit, sed in carne; quae nec talis est qualis illa, nec semper illis adesse potest, sed ad modicum tempus; et hoc ad iudicium, non ad gaudium; ad supplicium, non ad praemium; unde sequitur et ad eum veniemus. veniunt quidem ad nos dum venimus ad eos; veniunt subveniendo, venimus obediendo; veniunt illuminando, venimus intuendo; veniunt implendo, venimus capiendo; ut sit nobis eorum non extranea visio, sed interna; et in nobis eorum non transitoria mansio, sed aeterna; unde sequitur et mansionem apud eum faciemus. * gregorius. ° in quorumdam etenim corda venit, et mansionem non facit: quia per compunctionem quidem respectum dei percipiunt, sed tentationis tempore hoc ipsum quod compuncti fuerant obliviscuntur, sicque ad perpetranda |50| peccata redeunt ac si haec minime planxissent. qui ergo deum vere diligit, in eius corde dominus et venit et mansionem facit: quia sic eum divinitatis amor penetrat ut ab hoc amore tentationis tempore non recedat: ille enim vere amat cuius mentem delectatio prava ex consensu non superat. * augustinus. ° an forte putabitur, mansionem in dilectore suo facientibus patre et filio, exclusus esse ab hac mansione spiritus sanctus? quid est ergo quod superius ait de spiritu sancto: apud vos manebit, et in vobis erit? nisi forte quisquam sic absurdus est ut arbitretur, cum pater et filius venerint, discessurum inde spiritum sanctum, tamquam locum daturum maioribus. sed et huic carnali cogitationi occurrit scriptura, cum dicit: ut maneat vobiscum in aeternum. in eadem ergo mansione cum ipsis erit in aeternum: quia nec ille sine ipsis venit, nec illi sine eo: sed propter insinuationem trinitatis, personis singulis nominatis dicuntur quaedam, non tamen aliis separatis intelliguntur, propter |75| eiusdem trinitatis substantiam. * gregorius. ° tanto autem quisque a superno amore disiungitur, quanto inferius delectatur; unde subditur qui non diligit me, sermones meos non servat. de dilectione ergo conditoris, lingua, mens et vita requiratur. * chrysostomus in ioannem. ° vel aliter totum. aestimavit iudas sicut mortuos videmus in somno, ita et se eum esse visuros; unde quaerit quid est quod debes te manifestare nobis, et non mundo? quasi dicat: vae nobis, quoniam morieris, et ut mortuus debes nobis assistere. ne igitur hoc suspicentur, dicit ego et pater ad eum veniemus; quasi dicat: sicut pater manifestat seipsum, ita et ego: et mansionem apud eum faciemus; quod somniorum non est. sequitur et sermo quem audistis non est meus, sed eius qui misit me patris; quasi dicat: non me solum, sed neque patrem amat qui hunc non audit sermonem. dicit autem hoc, quoniam nihil extra patrem loquitur, neque praeter id quod illi videtur. * augustinus. ° et fortasse propter |100| aliquam distinctionem, ubi suos dixit, pluraliter sermones dixit, dicens qui non diligit me, sermones meos non servat. ubi autem sermonem, hoc est verbum, non suum esse dixit, sed patris, seipsum intelligi voluit; non enim suum, sed patris est verbum; quomodo nec sua imago, sed patris; nec suus filius, sed patris. recte igitur auctori tribuit quod facit aequalis, a quo habet hoc ipsum quod illi est indifferens et aequalis. * chrysostomus. ° quia vero eorum quae dixerat, quaedam manifesta erant et quaedam non intellexerunt, ut non turbarentur, subiungit haec locutus sum vobis apud vos manens. * augustinus in ioannem. ° alia est illa mansio quam promisit futuram, alia vero haec quam praesentem esse testatur: illa spiritualis est, atque intrinsecus mentibus redditur; haec corporalis forinsecus oculis atque auribus adhibetur. * chrysostomus in ioannem. ° ut autem eius corporalem recessum facilius sustinerent, praeparat eos, promittens quod eius recessus magnorum eis esset futura |125| causa bonorum: quia donec ipse apud eos corporaliter manebat et spiritus non venerat, nihil magnum poterant scire; unde sequitur paraclitus autem spiritus sanctus quem mittet pater in nomine meo, ille vos docebit omnia, et suggeret vobis omnia quaecumque dixero vobis. * gregorius in evang.. ° graeca locutione paraclitus, latina advocatus dicitur, vel consolator. qui idcirco advocatus dicitur, quia pro errore delinquentium apud iustitiam patris intervenit, dum eos quos repleverit, exorantes facit. consolator autem idem spiritus vocatur, quia de peccati perpetratione moerentibus, dum spem veniae praeparat, ab afflictione tristitiae mentem levat. * chrysostomus. ° continue autem eum paraclitum vocat propter continentes eos tribulationes. * didymus de spiritu sancto. ° spiritum autem sanctum a patre in suo mitti nomine salvator affirmat, cum proprie nomen salvatoris sit filius; siquidem naturae consortium, et, ut ita dicam, proprietas personarum ex ista voce significatur. filii quippe tantummodo |150| est in nomine patris venire, salva proprietate filii ad patrem, et patris ad filium. nullus autem alius venit in nomine patris; sed verbi gratia, in nomine domini, dei, et omnipotentis. quomodo igitur servi qui in nomine domini veniunt, per hoc ipsum quod subiecti sunt et serviunt, indicant dominum, servi quippe sunt domini; sic et filius qui venit in nomine patris, portat eius nomen per hoc quod unigenitus dei filius approbatur. quia ergo spiritus sanctus in nomine filii a patre mittitur, ostendit quia unitate sit iunctus ad filium; unde et filii dictus est spiritus, per adoptionem suam filios faciens eos qui se recipere voluissent. iste autem spiritus sanctus, qui venit in nomine filii missus a patre, docebit omnia eos qui in fide christi perfecti sunt: omnia autem illa quae spiritualia sunt et intellectualia veritatis et sapientiae sacramenta. docebit vero, non sicut qui artes aliquas et sapientiam studio industriaque didicere; sed quasi ipsa ars atque doctrina et sapientia, veritatis spiritus invisibiliter menti insinuat scientiam divinorum. |175| * gregorius. ° nisi autem idem spiritus cordi adsit audientis, otiosus est sermo doctoris. nemo ergo docenti homini tribuat quod ex ore docentis intelligitur: quia nisi intus sit qui doceat, doctoris lingua exterius in vacuum laborat. sed et ipse conditor non ad eruditionem hominis loquitur, si eidem homini per unctionem spiritus non loquatur. * augustinus. ° numquid autem dicit filius et docet spiritus sanctus, ut dicente filio verba capiamus, docente autem spiritu sancto, eadem verba intelligamus? omnis igitur et dicit et docet trinitas; sed nisi etiam sigillatim commendaretur, eam nullo modo humana capere utcumque posset infirmitas. * gregorius. ° requirendum vero nobis est cur de eodem spiritu dicatur suggeret vobis omnia, cum suggerere soleat esse minoris. sed quia suggerere aliquando dicimus subministrare, invisibilis spiritus suggerere dicitur, non quod nobis scientiam ab imo inferat, sed ab occulto. * augustinus. ° vel quod addit suggeret, idest commemorabit |200| vos, intelligere debemus etiam, quod iubemur non oblivisci, saluberrima monita ad gratiam pertinere, quae nos commemorat christus. * theophylactus. ° spiritus itaque sanctus et docuit et commemoravit: docuit quidem quaecumque non dixerat eis christus, tamquam non valentibus portare; commemoravit vero quaecumque dominus dixerat; sed obscuritatis causa vel intellectus tarditate, commendare memoriae nequiverunt. * chrysostomus. ° quia vero et haec audientes turbantur, excogitantes odia et praelia sibi imminere post eius recessum, rursus eos consolatur, dicens pacem relinquo vobis, pacem meam do vobis. * augustinus. ° pacem nobis reliquit in hoc saeculo, in qua manentes hostem vincimus, et ut etiam hic invicem diligamus; pacem suam nobis dabit in futuro saeculo, quando sine hoste regnabimus, ubi nunquam dissentire possimus. pax autem nobis ipse est, et cum credimus quia est, et cum videbimus eum sicuti est. sed quid est quod ubi dicit pacem relinquo vobis, non |225| addit meam; ubi vero ait do vobis, ibi dixit meam? utrum subaudiendum est meam et ubi dictum non est; an forte et hic aliquid latet? pacem enim suam eam voluit intelligi qualem habet ipse; pax vero ista quam nobis reliquit in hoc saeculo, nostra potius dicenda est quam ipsius. illi quippe nihil repugnat in seipso, quia nullum habet omnino peccatum; nos autem talem pacem nunc habemus in qua adhuc dicamus: dimitte nobis debita nostra. itemque inter nos ipsos est nobis pax, quia invicem nobis credimus quod invicem diligamus. sed nec ipsa plena est, quia cogitationes cordis nostri invicem non videmus. nec ignoro ista domini verba etiam sic accipi posse, ut eiusdem sententiae repetitio videatur. quod vero dominus adiunxit non quomodo mundus dat, ego do vobis, quid est aliud, nisi non quomodo homines dant qui diligunt mundum? qui propterea sibi dant pacem, ut sine molestia mundo perfruantur: et quando iustis dant pacem ut non eos persequantur, pax esse non potest vera ubi non est |250| vera concordia, quia disiuncta sunt corda. * chrysostomus. ° pax etiam exterior ad malum fit multoties, et eis qui habent eam nihil prodest. * augustinus de verb. dom.. ° est autem pax serenitas mentis, tranquillitas animi, simplicitas cordis, amoris vinculum, consortium caritatis. nec poterit ad hereditatem domini pervenire qui testamentum pacis noluerit observare; nec potest concordiam habere cum christo qui discors voluerit esse cum christiano.

lc8 * Chrysostomus in ioannem. ° quia dixerat: pacem relinquo vobis, quod erat recedentis, hoc poterat eos conturbare, ideo dicit non turbetur cor vestrum, neque formidet: quoniam haec quidem ex dilectione, illa vero ex formidine patiebantur. * augustinus in ioannem. ° hinc autem turbari et formidare poterat cor illorum, quod ibat ab eis, quamvis venturus ad eos, ne forsitan gregem lupus hoc intervallo invaderet pastoris absentia; unde sequitur audistis quia ego dixi vobis: vado, et venio ad vos. ibat autem per id quod homo erat, et manebat per id quod deus erat. cur itaque turbaretur et formidaret cor, quando sic deserebat oculos ut non desereret cor? ut autem intelligerent secundum id quod homo erat, eum dixisse vado, et venio ad vos, subiecit atque ait si diligeretis me, gauderetis utique quia vado ad patrem, quia pater maior est. per quod ergo filius non est aequalis patri, per hoc erat iturus ad patrem, a quo et venturus est, iudicaturus vivos et mortuos; per illud autem in quo est aequalis gignenti, numquam recedit a patre, sed cum illo est ubique totus pari divinitate, quam nullus continet locus. ipse ergo filius dei aequalis patri in forma dei, quia semetipsum exinanivit, non formam dei amittens, sed formam servi accipiens, maior est etiam seipso: quia maior est forma dei, quae amissa non est, quam forma servi, quae accepta est. haec igitur est forma servi, in qua dei filius minor est non patre solo, sed etiam spiritu sancto: secundum hanc formam servi puer christus etiam parentibus minor erat, quando parvus maioribus, sicut scriptum est, subditus erat. agnoscamus igitur geminam substantiam christi; divinam scilicet, qua aequalis est patri; et humanam, qua maior est pater. utrumque autem simul, non duo, sed unus est christus, ne sit quaternitas sed trinitas deus. ideo ergo dixit si diligeretis me, gauderetis utique, quia vado ad patrem: quia naturae humanae gratulandum est, eo quod sic assumpta est a verbo unigenito ut immortalis constitueretur in caelo, atque ita fieret terra sublimis, ut incorruptibilis pulvis sederet ad dexteram patris. quis non hinc gaudeat, qui sic diligit christum, ut suam naturam iam immortalem gratuletur in christo, atque ipsum speret futurum esse per christum? * hilarius de trin.. ° vel aliter. si donantis auctoritate pater maior est, numquid per doni confessionem minor filius est? maior itaque donans est, sed minor iam non est cui unum esse donatur. * chrysostomus. ° vel aliter. nondum noverant apostoli quid sit resurrectio, quam praedixerat dicens vado, et venio ad vos; neque qualem oportebat de eo opinionem, habebant; patrem vero magnum esse aestimabant. dicit igitur eis: etsi de me formidatis quod me defendere nequeam, nec confiditis quod post crucem rursus vos videam; tamen audientes quoniam ad patrem vado, laetandum vobis est, quoniam ad maiorem vado, et potentem omnia versuta dissolvere. haec autem omnia ad imbecillitatem discipulorum dicebantur: et ideo subdidit et nunc dixi vobis priusquam fiat, ut cum factum fuerit, credatis. * augustinus in ioannem. ° quid est hoc, cum magis credere homo debeat antequam fiat id quod credendum est? haec est enim laus fidei, si quod creditur non videtur: nam et ille cui dictum est: quia vidisti, credidisti, aliud vidit, aliud credidit: vidit hominem, credidit deum. sed si dicuntur credi quae videntur, sicut dicit unusquisque oculis suis se credidisse, non tamen ipsa est quae in nobis aedificatur fides; sed ex rebus quae videntur, acquiritur in nobis, ut ea credantur quae non videntur. illud itaque dicit cum factum fuerit, quod eum post mortem visuri erant viventem et ad patrem ascendentem; quo viso, fuerant credituri quod ipse esset christus filius dei, qui hoc potuit facere, et praedicere antequam faceret; credituri autem hoc, non fide nova, sed aucta; aut certe cum mortuus esset, defecta; cum resurrexisset, refecta. * hilarius. ° gloriae autem resumendae meritum continuo subiecit dicens iam non multa loquar vobiscum. * beda. ° ideo hoc dicebat, quoniam iam instabat tempus ut comprehenderetur, et ad mortem traderetur. venit enim princeps mundi huius. * augustinus. ° quis nisi diabolus? non autem creaturarum, sed peccatorum princeps est diabolus. unde apostolus cum dixisset: adversus rectores mundi sequenti verbo exposuit quid dixisset mundi, cum subiungit: tenebrarum harum, idest hominum impiorum. et in me non habet quidquam. quia neque cum peccato deus venerat, nec eius carnem de peccati propagine virgo pepererat. et tamquam ei diceretur: cur ergo morieris, si non habes peccatum, cui debetur mortis supplicium? continuo subiungit sed ut cognoscat mundus quia diligo patrem, et sicut mandatum dedit pater, sic facio; surgite, eamus hinc. discumbens enim discumbentibus loquebatur. eamus autem dixit ad illum locum unde fuerat tradendus ad mortem qui nullum habebat meritum mortis, sed habebat, ut moreretur, mandatum patris. * augustinus contra arianos. ° quod autem voluntati et praecepto patris obediens est filius nec in hominibus demonstrat diversam imparemque naturam patris praecipientis et filii obedientis. huc accedit quod christus non tantum deus est, qua natura aequalis est patri, sed etiam homo, qua natura minor est patre. * chrysostomus. ° vel hoc quod dicit surgite, eamus hinc, principium est alterius sententiae: consequens enim erat eos formidare et a tempore et a loco, in villa manifeste existentes: etenim nox profunda erat; et erat consequens eos non attendere his quae dicebantur; sed semper circumvolvere oculos, et imaginari eos qui aggressuri eos erant, et maxime audientes: adhuc modicum vobiscum sum, et: venit princeps mundi huius. quia igitur haec et huiusmodi audientes, turbabantur, ut mox capienti, ducit eos in locum alium, ut aestimantes se in cautela esse, cum otio de reliquo audiant: magna enim dogmata erant audituri.

074 CJO cp15

lc1 * Hilarius de trin.. ° ad consummandae corporeae passionis sacramentum per dilectionem efficiendi mandati paterni festinat exurgens; corporeae tamen assumptionis statim mysterium pandens, per quam ei tamquam in vite modo palmitis inessemus, adiecit ego sum vitis vera. * augustinus in ioannem. ° quod secundum hoc dicit quod est caput ecclesiae, nosque membra eius, homo christus iesus. unius quippe naturae sunt vitis et palmites. sed cum dicit ego sum vitis vera, numquid ut adderet vera, ad eam vitem retulit, unde ista similitudo translata est? sic autem dicitur vitis per similitudinem, non per proprietatem: sicut agnus, ovis et cetera huiusmodi: ut magis ipsa sint vera, ex quibus ducuntur istae similitudines. sed dicendo ego sum vitis vera, ab illa se discernit cui dicitur: quomodo conversa es in amaritudinem, vitis aliena? nam quo pacto est vitis vera quae expectata est ut faceret uvam, fecit autem spinas? * hilarius. ° sed a corporeae huius humilitatis assumptione formam paternae maiestatis alienans, agricolam patrem curiosum huius vitis ostendit, dicens et pater meus agricola est. * augustinus de verb. dom.. ° colimus enim deum, et colit nos deus; sed sic deum colimus, ut non meliorem eum faciamus; colimus enim eum adorando, non arando; quod autem ille nos colit, meliores nos reddit. cultura ipsius est in nos, quod non cessat verbo suo extirpare mala semina de cordibus nostris, aperire cor nostrum tamquam aratro sermonis, plantare semina praeceptorum expectare fructum pietatis. * chrysostomus in ioannem. ° et quia christus sibi sufficit, discipuli vero multo indigent agricolae auxilio; propterea de vite nihil dicit, sed de palmitibus, cum subdit omnem palmitem in me non ferentem fructum, tollet eum. fructum autem hic vitam occulte insinuat, ostendens quod sine operibus non potest aliquid esse in eo. * hilarius. ° inutiles autem et inveraces palmites desecans, deputabit arsuros. * chrysostomus. ° et quia etiam qui valde virtuosi sunt, indigent agricolae opere, adiungit et omnem qui fert fructum, purgabit eum, ut fructum plus afferat. hoc dixit propter tribulationes eorum quae tunc inducebantur, ostendens quod tentationes fortiores eos faciebant; sicut et purgare, hoc est circumcidere palmitem, eum magis germinare facit. * augustinus. ° quis autem est in hac vita sic mundus ut non sit magis magisque mundandus? ubi si dixerimus quia peccatum non habemus, nosmetipsos seducimus. mundat itaque mundos, idest fructuosos, ut tanto sint fructuosiores quanto sunt mundiores. secundum hoc ergo vitis est christus quod ait: pater maior me est; secundum illud autem quod ait supra: ego et pater unum sumus, et ipse agricola est; nec talis quales sunt qui extrinsecus operando exhibent ministerium, sed talis ut det intrinsecus incrementum: unde continuo etiam seipsum mundatorem palmitum ostendit, dicens iam vos mundi estis propter sermonem quem locutus sum vobis. ecce ipse mundator est palmitum: quod est agricolae, non vitis officium. sed quare non ait: mundi estis propter baptismum quo abluti estis, nisi quia et in aqua verbum mundat? detrahe verbum: et quid est aqua nisi aqua? accedit verbum ad elementum, et fit sacramentum. unde ista tanta virtus aquae ut corpus tangat et cor abluatur, nisi faciente verbo, non quia dicitur, sed quia creditur? nam in ipso verbo aliud est sonus transiens, aliud virtus immanens. hoc verbum fidei tantum valet in ecclesia dei ut per ipsum credentem, offerentem, benedicentem, tingentem mundet infantem, quamvis credere non valentem. * chrysostomus. ° vel dicit mundi estis, propter sermonem quem locutus sum vobis; idest, interim lumen doctrinae iam suscepistis, et a iudaico errore eruti estis.

lc2 * Chrysostomus in ioannem. ° quia iam mundos eos dixerat propter sermonem quem locutus fuerat eis, docet quod oportet de reliquo incipere ea quae ab eis sunt; et ideo dicit manete in me et ego in vobis. * augustinus in ioannem. ° non eo modo illi in ipso, sicut ipse in illis: utrumque enim prodest, non ipsi, sed illis: ita sunt quippe in vite palmites ut viti non conferant, sed inde accipiant unde vivant; ita vero vitis est in palmitibus ut vitale alimentum subministret eis, non sumat ab eis; ac per hoc, ut manentem in se haberent christum, et manerent in christo, discipulis prodest utrumque, non christo; unde subdit sicut palmes non potest ferre fructum a semetipso nisi manserit in vite, sic nec vos nisi in me manseritis. magna gratiae commendatio. corda instruit humilium, ora obstruit superborum. nonne huic resistunt veritati, ad bona opera facienda deum sibi necessarium non putantes, non assertores, sed praecipitatores liberi arbitrii? qui enim a semetipso se fructum aestimat ferre, in vite non est; qui in vite non est, in christo non est; qui in christo non est, christianus non est. * alcuinus. ° omnis enim fructus boni operis ab illa radice procedit, qui nos sua gratia liberavit, et suo auxilio provehit, ut fructum plus afferre valeamus: unde cum repetitione et superiorum explanatione subdit ego sum vitis et vos palmites. qui manet in me, credendo, obediendo, perseverando, et ego in eo, illuminando, subveniendo, perseverantiam donando, hic, et non alius, fert fructum multum. * augustinus. ° sed ne quisquam putaret saltem parvum aliquem fructum posse a semetipso palmitem ferre, subdit quia sine me nihil potestis facere. non ait: parum potestis facere: quia nisi palmes in vite manserit et vixerit de radice, quantumlibet fructum a semetipso non potest ferre. quamvis autem christus vitis non esset nisi homo esset; tamen istam gratiam palmitibus non praeberet, nisi etiam deus esset. * chrysostomus. ° vide ergo filium non minus patre conferentem ad discipulorum procurationem: nam pater quidem purgat; ipse vero in se tenet quod facit palmites fructificare. sed tamen et purgare filii monstratum est esse, et manere in radice est patris, qui radicem genuit. igitur magnum quidem damnum est nihil posse facere; verum non usque ad hoc sistit, sed ulterius producit sermonem, dicens si quis in me non manserit, mittetur foras sicut palmes, id est agricolae non potietur manus, et arescet, hoc est, si quid habebat a radice, amittet, denudatus eius auxilio et vita: et colligent eum; * alcuinus: ° messores angeli, et in ignem, aeternum scilicet, mittent et ardet. * augustinus. ° ligna enim vitis tanto sunt contemptibiliora si in vite non manserint, quanto gloriosiora si manserint. unum ex duobus palmiti congruit, aut vitis, aut ignis: si in vite non est, in igne erit. * chrysostomus. ° deinde ostendens quid est manere in eo, subdit si manseritis in me et verba mea in vobis manserint, quodcumque volueritis petetis, et fiet vobis. eam enim quae per opera ostensionem quaerit. * augustinus. ° tunc enim sunt dicenda verba eius in nobis manere, quando facimus quae praecepit et diligimus quae promisit. quando autem verba eius manent in memoria nec inveniuntur in vita, non computatur palmes in vite, quia vitam non attrahit ex radice. quid autem velle possunt manendo in salvatore nisi quod non alienum est a salute? aliud quippe volumus quia sumus in christo, et aliud volumus quia sumus adhuc in hoc saeculo. de mansione autem huius saeculi nobis aliquando subrepit ut hoc petamus quod nobis non expedire nescimus. sed absit ut faciat nobis, si maneamus in christo, qui non facit quando petimus nisi quod expedit nobis. ad verba autem eius pertinet oratio pater noster, ab huius orationis verbis et sensibus non recedamus in petitionibus nostris; et quidquid petimus, fiet nobis.

lc3 * Chrysostomus in ioannem. ° ostendit supra dominus quoniam qui eis insidiabantur, ardebunt, non manentes in christo; deinde ostendens quoniam ipsi inexpugnabiles erunt, ita scilicet ut multum fructificent, ait in hoc clarificatus est pater meus ut plurimum fructum afferatis; quasi dicat: si ad gloriam patris pertinet quod vos fructificetis, non contemnet gloriam suam. qui autem fructum facit, ille est discipulus christi; unde subdit et efficiamini mei discipuli. * theophylactus. ° fructus autem apostolorum sunt gentes, quae per eorum doctrinam astrictae sunt fidei, nec non ad dei redactae sunt gloriam. * augustinus in ioannem. ° sive enim clarificatus, sive glorificatus dicatur, ex uno verbo graeco utrumque translatum est. doxa enim graece dicitur, latine gloria est. quod ideo commemorandum putavi, ne hoc nostrae gloriae tribuamus, tamquam ex nobis ipsis habeamus: eius est enim haec gratia; et ideo in hoc non nostra, sed eius est gloria. a quo enim faciemus fructum nisi ab illo cuius misericordia praevenit nos? unde subditur sicut dilexit me pater, et ego dilexi vos. ecce unde sunt nobis opera bona; nam unde nobis essent, nisi quia fides per dilectionem operatur? unde autem diligeremus, nisi prius diligeremur? quod autem ait sicut dilexit me pater, et ego dilexi vos, non aequalitatem naturae ostendit nostrae et suae, sicut est patris et ipsius; sed gratiam, qua mediator est dei et hominum, homo christus iesus. mediator quippe monstratur, cum dicit pater dilexit me, et ego dilexi vos: nam pater utique diligit et nos, sed in ipso. * chrysostomus. ° si igitur pater amat nos, confidite: si patris est gloria, fructificate. deinde ut non pigros eos faciat, subdit manete in dilectione mea. qualiter autem hoc erit, ostendit subdens si praecepta mea servaveritis, manebitis in dilectione mea. * augustinus. ° quis ambigat quod dilectio praecedat observantiam praeceptorum? unde enim praecepta servet, non habet qui non diligit. quod ergo hic ait, ostendit non unde dilectio generetur, sed unde monstretur; ut nemo se fallat dicendo quod eum diligat, si eius praecepta non servat. quamvis quod dicit manete in dilectione mea, non apparet quam dixerit dilectionem: utrum qua eum diligimus, an qua ipse nos diligit; sed ex verbo superiori dignoscitur; dixerat quippe ego dilexi vos, et continuo subiecit manete in dilectione mea, illa utique qua dilexit eos. quid est ergo manete in dilectione mea, nisi manete in gratia mea? et quid est si praecepta mea servaveritis, manebitis in dilectione mea, nisi ex hoc scietis quod in dilectione mea, qua vos diligo, manetis, si mea praecepta servatis. non ergo ut nos diligat, prius praecepta eius servamus; sed nisi nos diligat, praecepta eius servare non possumus. haec est gratia quae humilibus patet, superbos latet. sed quid illud est quod adiungit sicut et ego praecepta patris mei servavi et maneo in eius dilectione? utique eam hic dilectionem patris intelligi voluit, qua eum diligit pater. sed numquid et haec gratia intelligenda est qua pater diligit filium, sicut gratia est qua nos diligit filius; cum simus nos filii gratia, non natura, unigenitus autem natura, non gratia? an hoc etiam in ipso filio ad hominem referendum est? ita sane: nam dicendo sicut dilexit me pater, et ego dilexi vos, gratiam mediatoris ostendit; mediator autem dei et hominum, non inquantum deus, sed inquantum homo, est christus. igitur hoc recte possumus dicere, quod cum ad naturam dei non pertineat humana natura, ad personam tamen filii dei per gratiam pertinet, qua nulla est maior, nulla prorsus aequalis. neque enim illam susceptionem ulla hominis merita praecesserunt, sed ab illa susceptione merita eius cuncta coeperunt. * alcuinus. ° quae autem praecepta dixerit, exponit apostolus dicens: christus factus est obediens patri usque ad mortem, mortem autem crucis. * chrysostomus in ioannem. ° deinde quia futura passio et tristia verba interruptura erant eorum laetitiam, subiungit haec locutus sum vobis, ut gaudium meum in vobis sit, et gaudium vestrum impleatur; quasi dicat: et si incidat tristitia, hanc auferam, ut ad finem veniat gaudium. * augustinus in ioannem. ° quod est autem gaudium christi in nobis, nisi quod dignatur gaudere de nobis? et quod est gaudium nostrum, quod dicit implendum, nisi eius habere consortium? gaudium autem iam ipse perfectum de nobis habebat, quando nos praesciendo et praedestinando gaudebat; sed illud gaudium in nobis non erat, quia nec nos, in quibus esse posset, eramus; coepit autem esse in nobis quando vocavit nos. et hoc gaudium nostrum merito dicimus, quo nos beati futuri sumus; quod inchoatur in fide renascentium, implebitur in praemio resurgentium.

lc4 * Theophylactus. ° quia praedixerat, quod si mandata mea custodieritis, tunc in me permanebitis; hic ostendit quae mandata observare oporteat, dicens hoc est praeceptum meum, ut diligatis invicem. * gregorius in evang.. ° cum autem cuncta sacra eloquia dominicis sint plena praeceptis, quid est quod de dilectione quasi de speciali mandato hic dicit, nisi quia omne mandatum de sola dilectione est, et omnia praecepta unum sunt? quia quidquid praecipitur, in sola caritate solidatur. ut enim multi arboris rami ex una radice prodeunt, sic multae virtutes ex una caritate generantur; nec habet aliquid viriditatis ramus boni operis, si non manet in radice caritatis. * augustinus in ioannem. ° ubi ergo caritas est, quid est quod possit deesse? ubi autem non est, quid est quod possit prodesse? discernitur autem ita dilectio ab ea qua se invicem diligunt homines sicut homines: unde adiunctum est sicut dilexi vos. ut quid enim nos dilexit christus, nisi ut possimus regnare cum christo? ad hoc ergo et nos invicem diligamus, ut dilectionem nostram discernamus a ceteris, qui non ad hoc se invicem diligunt ut deus diligatur, quia nec vere diligunt. qui autem se propter habendum deum diligunt, ipsi se diligunt. * gregorius. ° una autem et summa est probatio caritatis, si et ipse diligatur qui adversatur: nam et ipsa veritas et crucis patibulum sustinet, et tamen ipsis suis persecutoribus affectum dilectionis impendit, dicens: pater, ignosce illis, quia nesciunt quid faciunt. cuius dilectionis summam exprimit cum subiungit maiorem hac dilectionem nemo habet, quam ut animam suam ponat quis pro amicis suis. mori pro inimicis dominus venerat: et tamen positurum se animam pro amicis dicebat, ut nobis ostenderet quia, cum diligendo lucrum facere de inimicis possumus, etiam ipsi amici sunt qui persequuntur. * augustinus in ioannem. ° quia ergo superius dixerat: hoc est praeceptum meum ut diligatis invicem sicut dilexi vos, fit ex hoc consequens quod idem ioannes dicit, ut quemadmodum christus pro nobis animam suam posuit, sic et nos debemus animas pro fratribus ponere. hoc martyres ardenti dilectione fecerunt; ideo ad mensam christi non sic eos commemoramus quemadmodum alios, ut etiam pro eis oremus; sed magis ut eorum vestigiis haereamus. talia enim suis fratribus exhibuerunt qualia de domini mensa pariter acceperunt. * gregorius. ° qui vero tranquillitatis tempore non dat pro deo tunicam suam, qualiter in persecutione daturus est animam suam? virtus ergo caritatis ut invicta sit in perturbatione, nutriatur per misericordiam in tranquillitate. * augustinus de trin.. ° ex una autem eademque caritate deum proximumque diligimus; sed deum propter deum, nos autem et proximum propter deum. cum ergo duo sint praecepta caritatis, in quibus tota lex pendet et prophetae, dilectio dei et proximi; non immerito plerumque scriptura pro utroque unum ponit: quia qui diligit deum, consequens est ut faciat quae praecepit deus; consequens ergo est ut proximum diligat, quia et hoc praecepit deus; unde et hic sequitur vos amici mei estis, si feceritis quae ego praecipio vobis. * gregorius moralium. ° amicus quippe quasi animae custos dicitur: unde non immerito qui voluntatem dei custodire in praeceptis illius dicitur, eius amicus vocatur. * augustinus in ioannem. ° magna dignatio. cum servus bonus esse non possit, si praecepta domini sui non fecerit; hinc amicos suos voluit intelligi, unde boni servi possunt probari. potest igitur esse et servus et amicus qui servus est bonus. quomodo autem intellecturi sumus et servum et amicum esse servum bonum, declarat cum subdit iam non dicam vos servos, quia servus nescit quid faciat dominus eius. itaque tunc servi non erimus quando boni servi fuerimus. numquid servo bono et probato dominus eius non etiam sua secreta committit? sed sicut sunt duo timores, sic sunt duae servitutes. est timor quem perfecta caritas mittit foras, in quo etiam est servitus simul foras cum ipso timore mittenda; et est alius timor castus, permanens in saeculum saeculi. ad primam ergo servitutem servos pertinentes intuebatur dominus dicens iam non dicam vos servos, quia servus nescit quid faciat dominus eius: non ille utique servus ad timorem pertinens castum, cui dicitur: euge, serve bone... intra in gaudium domini tui; sed ille servus pertinens ad timorem foras a caritate mittendum, de quo alibi dicitur: servus non manet in domo in aeternum: filius autem manet in aeternum. quoniam itaque dedit nobis potestatem filios dei fieri, ut miro modo servi, non servi esse possimus, hoc dominum facere scimus. hoc servus ille nescit, qui nescit quid faciat dominus eius; et cum aliquid boni facit, sic extollitur quasi hoc ipse faciat, et non dominus eius; et in se, et non in domino gloriatur. sequitur vos autem dixi amicos, quia omnia quaecumque audivi a patre meo, nota feci vobis. * theophylactus. ° quasi dicat: servus non novit consilia sui domini; vos autem cum amicos reputem, secreta mea vobis communicavi. * augustinus in ioannem. ° quo autem pacto intellecturi sumus, omnia eum nota fecisse discipulis quaecumque audivit a patre, cum propterea multa non dicat eis quia scit eos modo portare non posse? sed omnia se nota fecisse discipulis dicit, quae se novit nota esse facturum in illa plenitudine, de qua dicit apostolus: tunc cognoscam sicut et cognitus sum. sicut enim mortalitatem carnis et salutem animarum futuram expectamus, ita omnium notitiam quaecumque unigenitus audivit a patre, futuram expectare debemus. * gregorius in evang.. ° vel omnia quae audivit a patre, quae nota fieri voluit servis suis, sunt gaudia internae caritatis et festa supernae patriae, quae nostris quotidie mentibus per aspirationem sui amoris imprimit: dum enim audita superna caelestia amamus, amata iam novimus, quia amor ipse notitia est. omnia ergo nota eis fecerat, quia a terrenis desideriis immutati, amoris summi facibus ardebant. * chrysostomus in ioannem. ° vel omnia dicit quaecumque eos audire oportebat. per hoc autem quod dicit se audisse, ostendit quod nihil alienum loquitur, sed quae patris. * gregorius. ° sed quisque ad hanc pervenit dignitatem ut amicus dei vocetur, dona quae percipit super se, non suis meritis tribuat; unde subditur non vos me elegistis, sed ego elegi vos. * augustinus in ioannem. ° haec est ineffabilis gratia: quid enim eramus quando christum nondum elegeramus, nisi iniqui et perditi? neque enim crederamus in eum, ut eligeret nos: nam si credentes elegit, eligentes elegit. hic certe vacat vana illorum ratio qui ideo nos dicunt electos ante mundi constitutionem, quia praescivit nos deus futuros bonos, non seipsum nos facturum bonos: quoniam si propterea nos elegisset quia bonos futuros esse praescierat, simul etiam praescisset quod eum nos fuissemus prius electuri: non enim aliter possumus esse boni; nisi forte dicendus est bonus qui non elegit bonum. quid ergo elegit in non bonis? non est ut dicas: ideo electus sum quia iam credebam; si enim credebas in eum, iam elegeras eum. nec est ut dicas: antequam crederem iam bona operabar, ideo electus sum. quid enim est boni operis ante fidem? quid ergo dicturi sumus, nisi quia mali eramus, et electi sumus ut boni per gratiam nos eligentis essemus? * augustinus de praedest. sanct.. ° electi sunt itaque ante mundi constitutionem ea praedestinatione in qua deus sua futura facta praescivit; electi autem de mundo ea vocatione qua deus id quod praedestinavit implevit: quos enim praedestinavit, hos et vocavit. * augustinus in ioannem. ° et videte quemadmodum non eligat bonos, sed quos elegit, faciat bonos; nam sequitur et posui vos ut eatis et fructum afferatis. iste est fructus de quo iam dixerat: sine me nihil potestis facere. ipse est via, in qua nos posuit, ut eamus. * gregorius. ° posui ergo vos, scilicet ad gratiam plantavi, ut eatis volendo, quia velle iam mente ire est; et fructum afferatis operando. qualem vero fructum afferre debeant significat cum addit et fructus vester maneat: omne enim quod secundum praesens saeculum laboramus, vix usque ad mortem sufficit: mors namque interveniens fructum nostri laboris abscindit. quod vero pro aeterna vita agitur, etiam post mortem servatur; et tunc apparere incipit, cum laborum carnalium fructus coeperit non videri. tales ergo fructus operemur qui maneant, qui, cum mors cuncta interimat, ipsi exordium a morte sumant. * augustinus. ° dilectio ergo est fructus noster; quae nunc est in desiderio, nondum in saturitate. et ipso desiderio quodcumque petierimus in nomine unigeniti filii, dat nobis pater; unde sequitur ut quodcumque petieritis patrem in nomine meo, det vobis. hoc petimus in nomine salvatoris quod pertinet ad rationem salutis.

lc5 * Augustinus in ioannem. ° dixerat dominus: posui vos ut eatis et fructum afferatis: caritas autem fructus noster est: de hoc itaque fructu mandans nobis, dicit haec mando vobis ut diligatis invicem. unde et apostolus: fructus, inquit, spiritus caritas, ac deinde cetera tamquam ex isto capite exorta et religata contexuit. merito itaque sic dilectionem saepe commendat tamquam sola praecipienda sit, sine qua non possunt prodesse cetera bona, et quae non potest haberi sine ceteris bonis, quibus homo efficitur bonus. * chrysostomus in ioannem. ° vel aliter continua. dixi quoniam animam meam pro vobis pono, et quia primum vos elegi. haec autem omnia non exprobrans dixi, sed ad dilectionem vos inducens ut diligatis invicem. deinde, quia persecutionem pati et a multis exprobrari difficile erat, ostendit consequenter quod non dolere, sed laetari oportet; unde sequitur si mundus vos odit, scitote quia me priorem vobis odio habuit; quasi dicat: scio hoc esse durum, sed propter me patiemini. * augustinus in ioannem. ° cur enim se membra supra verticem extollunt? recusas esse in corpore, si non vis mundi odium sustinere cum capite. pro dilectione autem patienter debemus etiam mundi odium sustinere: necesse est enim ut nos oderit, quos cernit nolle quod diligit; unde sequitur si de mundo fuissetis, mundus quod suum erat diligeret. * chrysostomus. ° quia enim propter christum pati nondum erat eis sufficiens mitigationis causa; illa causa dimissa, hanc adiecit, ostendens quod hoc est virtutis argumentum a mundo odio haberi; unde dolere oporteret si a mundo diligeremini: hoc enim esset malitiae vestrae ostensivum. * augustinus. ° universae autem hoc dicit ecclesiae, quam plurimum mundi nomine appellat, sicut est illud: deus erat in christo, mundum reconcilians sibi. totus ergo mundus ecclesia est, et totus mundus odit ecclesiam. mundus igitur odit mundum, inimicus reconciliatum, inquinatus mundatum. quaeri ergo potest: si etiam mali faciunt persecutionem malis, sicut impii reges et iudices cum essent persecutores piorum, utique et homicidas et adulteros puniebant; quomodo intelligendum est quod dominus ait si de mundo essetis, mundus quod suum erat diligeret? nisi quia mundus est in eis a quibus talia scelera puniuntur, et mundus est in eis a quibus diliguntur. mundus ergo odit quod suum est ex ea parte hominum qua sceleratis nocet, et diligit quod suum est ex ea parte qua ipsis favet. si etiam quaeratur quomodo se diligat mundus qui odit modum redemptionis; diligit utique falsa dilectione, non vera: quoniam quod ei nocet hoc diligit: odit naturam, diligit vitium: unde et nos prohibemur diligere in illo quod ipse diligit, et iubemur diligere quod ipse odit in seipso. vitium quippe in illo diligere prohibemur, iubemurque naturam. ut autem de hoc mundo damnato non essent, electi sunt inde non meritis suis, quorum nulla bona praecesserant opera; non natura, quae tota fuerat in ipsa radice vitiata, sed gratia; unde sequitur quia vero de mundo non estis, sed ego elegi vos de mundo, propterea odit vos mundus. * gregorius super ezech.. ° nam perversorum derogatio vitae nostrae approbatio est: quia iam ostenditur nos aliquid iustitiae habere, si illis displicere incipimus qui non placent deo: nemo enim potest in una eademque re omnipotenti domino atque eius hostibus gratus existere: nam se deo amicum denegat qui eius placet inimico; et inimicis veritatis adversabitur qui eidem veritati in mente subiugabitur. * augustinus. ° exhortans autem dominus suos servos ad mundi odia perferenda patienter, nullum eis maius et melius quam de seipso proponit exemplum; unde sequitur mementote sermonis mei quem ego dixi vobis: non est servus maior domino suo. si me persecuti sunt, et vos persequentur; si sermonem meum servaverunt, et vestrum servabunt. * glossa. ° idem observaverunt ut calumniarentur, iuxta illud: observabit peccator iustum. * theophylactus. ° vel aliter. si dominum, inquit, persecuti sunt, vos etiam servos multo magis; si non persecuti fuissent, sed sermonem custodivissent, vestrum etiam custodirent. * chrysostomus in ioannem. ° quasi dicat: non vos turbari oportet, si communicabitis meis passionibus: quia vos non estis me potiores. * augustinus. ° hic autem ubi dicitur non est servus maior domino, illum significat servum pertinentem ad timorem castum, qui permanet in saeculum saeculi. * chrysostomus. ° deinde et aliam mitigationem ponit, quoniam et pater cum eis contumeliam patitur, cui iniuriantur; unde sequitur sed haec omnia facient vobis propter nomen meum. * augustinus. ° quae omnia nisi quae dixit, quod odio habebunt, et persequentur, sermonemque contemnent? quid est autem aliud dicere propter nomen meum, quam me in vobis odio habebunt, me in vobis persequentur, et sermonem vestrum, quia meus est, ideo non servabunt? tanto igitur miseriores qui propter hoc nomen ista faciunt, quanto beatiores qui propter hoc nomen ista patiuntur. faciunt autem et ista malis; sed utique miseri, et qui faciunt, et qui patiuntur. quomodo autem hoc erit verum haec omnia facient vobis propter nomen meum, cum illi non propter nomen christi faciant, hoc est propter iustitiam, sed propter iniquitatem suam? haec quaestio ita solvitur, si totum referatur ad iustos, tamquam dictum sit: haec patiemini ab eis propter nomen meum. si autem propter nomen meum sic accipitur, idest quod in vobis oderunt, et propter iustitiam quam in vobis oderunt: similiter recte dici possunt et boni, cum persecutionem faciunt malis, et propter iustitiam facere, quam diligendo persequuntur malos; et propter iniquitatem, quam oderunt in ipsis malis. quod autem addit quia nesciunt eum qui misit me, secundum eam scientiam dictum est qua dicitur: scire te, sensus est consummatus.

lc6 * Chrysostomus in ioannem. ° ponit iterum dominus aliam discipulorum mitigationem, ostendens quoniam iniuste et in ipsum, et in discipulos talia operabuntur; unde dicitur si non venissem et locutus eis non fuissem, peccatum non haberent. * augustinus in ioannem. ° iudaeis locutus est christus, non aliis gentibus. in eis ergo voluit intelligi mundum, qui odit christum et discipulos eius; immo vero non eos solos, sed nos quoque ad eundem mundum pertinere monstravit. numquid ergo sine peccato erant iudaei, quibus christus locutus est, antequam christus in carne venisset? sed magnum quoddam peccatum, non omne peccatum sub generali nomine vult intelligi: hoc est enim peccatum quo tenentur cuncta peccata, quod unusquisque si non habeat, dimittuntur ei cuncta peccata; hoc autem est, quia non crediderunt in christum, qui propterea venit ut credatur in eum. hoc ergo peccatum, si non venisset, non utique haberent: adventus enim eius quantum credentibus salutaris, tantum non credentibus exitialis factus est. sequitur nunc autem excusationem non habent de peccato suo. si autem hi ad quos non venit christus, nec locutus est eis, excusationem non habent de peccato suo; cur hic dictum est, propterea istos non habere, quia venit et locutus est eis? si autem habent, utrum ad hoc habent ut a poenis alienentur, aut ut mitius puniantur? ad haec inquisita respondeo, eos habere excusationem, non de omni peccato suo, sed de hoc peccato suo, quo in christum non crediderunt. sed non in eo sunt numero illi ad quos per discipulos venit: non sunt enim in poena leviori ponendi qui omnino legem christi accipere noluerunt, et eam, quantum ad ipsos attinet, omnino nullam esse voluerunt. hanc etiam excusationem possunt habere qui priusquam evangelium christi audirent, vitae huius fine praeventi sunt; sed non ideo possunt effugere damnationem. quicumque enim homines, nisi in eo salvatore salventur qui venit quaerere quod perierat, ad perditionem sine dubio pertinebunt. quamvis dici possit, alios leviores, alios graviores poenas passuros. ille enim perire deo dicitur, qui ab illa beatitudine quam dat sanctis suis, per supplicium separatur. tanta est autem diversitas suppliciorum, quanta est diversitas peccatorum: quae quomodo se habeat, altius iudicat sapientia divina, quam coniectura scrutatur aut effatur humana. * chrysostomus. ° quia vero hinc inde causabantur, quoniam propter patrem eum persequebantur, destruens eorum excusationem, dicit qui me odit, et patrem meum odit. * alcuinus. ° sicut enim qui diligit filium, diligit et patrem, quia una est dilectio patris et filii, sicut una natura; ita et qui odit filium, odit patrem. * augustinus in ioannem. ° sed cum superius dixerit: nesciunt eum qui me misit, quomodo possunt odisse quem nesciunt? si enim deum, non quod est ipse, sed nescio quid aliud eum suspicantur aut credunt, non utique ipsum oderunt. et de hominibus quidem fieri potest ut eos saepe quos numquam vidimus oderimus vel diligamus, fama de aliquo sermocinante vel bene vel male. sed quomodo de quo natura nobis intimatur, dicendus est ignotus? non enim eius facie corporali nobis intimatur; sed tunc nobis ad cognitionem patet quando eius mores et vita non latent: alioquin nec seipsum nosse quisquam potest, qui videre faciem suam non potest. sed plerumque in eis nostra credulitas fallitur: quia nonnunquam et historia, et multo magis fama mentitur. pertinet autem ad nos ut, quia non possumus hominum indagare conscientiam, de ipsis rebus habeamus veram certamque sententiam. quando ergo non erratur in rebus, ut recta sit improbatio vitiorum, virtutumque approbatio; si erratur in hominibus, venialis est humana tentatio. proinde, sicut fieri potest ut homo bonus hominem bonum oderit, nesciens, non ipsum, sed quod putat esse ipsum; vel potius diligat nesciens, cum bonum diligit, quod est ille; ita fieri potest ut homo iniustus hominem oderit iustum; et tamen dum eum credit iniustum, diligat non ipsum, sed quod putat esse ipsum; quemadmodum autem homines, sic et deum. deinde, si interrogarentur iudaei utrum diligerent deum, se diligere responderent, non ex animo mentientes, sed errando potius opinantes: quomodo enim diligerent patrem veritatis qui habent odio veritatem? nolunt enim sua facta damnari; et hoc habet veritas. tantum igitur oderunt veritatem quantum oderunt suas poenas, quas talibus irrogat. nesciunt autem illam esse veritatem, quae tales quales ipsi sunt damnat; ac per hoc quia veritatem, qua iudicante damnantur, de patre deo natam nesciunt, etiam ipsum et nesciunt et oderunt. * chrysostomus. ° sic igitur non habent, inquit, excusationem, per hoc quod eam quae a sermonibus doctrinam tribuebam, sed et eam quae ab operibus adieci, secundum moysi legem, qui ab eo qui hoc facit, persuaderi universos iussit; cum ad pietatem ducat, et miracula tribuat. unde subdit si opera non fecissem in eis quae nemo alius fecit, peccatum non haberent. * augustinus in ioannem. ° hoc scilicet peccatum quo in eum loquentem et operantem non crediderunt. sed quid est quod addidit quae nemo alius fecit? nulla quippe in operibus christi videntur esse maiora quam suscitatio mortuorum, quod scimus etiam antiquos fecisse prophetas. fecit tamen aliqua christus quae nemo alius fecit. sed respondetur nobis, et alios fecisse quae nec ipse nec alius fecit. sed quod tam multa vitia et malas valetudines vexationesque mortalium tanta potestate sanaret, nullus omnino legitur antiquorum. ut enim taceatur quod iubendo, sicut occurrebant, salvos singulos fecit: marcus dicit quod quocumque introibat in vicos vel in villas aut in civitates, in plateis ponebant infirmos, et deprecabantur, ut vel fimbriam vestimenti eius tangerent; et quotquot tangebant eum, salvi fiebant. haec nemo alius fecit in eis. sic enim intelligendum est quod ait in eis, non inter eos vel coram eis, sed prorsus in eis: quia sanavit eos. nemo tamen alius fecit quicumque talia opera in eis fecit: quoniam quisquis alius homo aliquid eorum fecit, ipso faciente facit; haec autem ipse non illis facientibus fecit. sed haec etsi pater aut spiritus sanctus fecit, nemo alius fecit, quia totius trinitatis una substantia est. his ergo beneficiis amorem, non odium retribuere debuerunt; et hoc eis exprobrans, adiungit dicens nunc autem viderunt et oderunt me et patrem meum. * chrysostomus. ° hoc autem dicit, ne discipuli dicant: cur igitur intra tot nos induxisti mala? nonne praelia et odium praevidisti? sed et prophetiam inducit, cum subdit sed ut adimpleatur sermo qui in lege eorum scriptus est: quia odio habuerunt me gratis. * augustinus de trin.. ° legis nomine aliquando simul omnia veteris testamenti sanctarum scripturarum significantur eloquia: et ita dominus hic dicit in lege eorum scriptus est, cum legatur in psalmis. * augustinus in ioannem. ° eorum autem legem dicit, non ab ipsis inventam, sed ipsis datam. gratis odit qui nullum ex odio commodum quaerit, vel incommodum fugit: sic oderunt deum impii, sic diligunt iusti, ut alia praeter illum bona non expectent: quoniam ipse erit in omnibus omnia. * gregorius moralium. ° aliud est autem bona non facere, aliud bonorum odisse doctorem: sicut aliud est ex praecipitatione, aliud ex deliberatione peccare. ex infirmitate enim plerumque solet accidere amare bonum, sed implere non posse. ex studio autem peccare, est bonum nec facere nec amare. sicut ergo nonnumquam gravius est peccatum diligere quam perpetrare, ita nequius est odisse iustitiam quam non fecisse. sunt ergo nonnulli in ecclesia, qui non solum bona non faciunt, sed etiam persequuntur; et quae ipsi facere negligunt, etiam in aliis detestantur. horum peccatum non ex infirmitate aut ignorantia, sed ex solo studio perpetratur.

lc7 * Chrysostomus in ioannem. ° possent discipuli domino dicere: si verba a te audierunt quae nullus dixit; si opera viderunt quae nullus alius fecit, et tamen non profuerunt; si oderunt et patrem tuum et te cum eo, cuius gratia nos mittis, qualiter digni fide erimus? ne igitur haec cogitantes turbentur, consolationem inducit, dicens cum autem venerit paraclitus, quem ego mittam vobis a patre, spiritum veritatis, qui a patre procedit, ille testimonium perhibebit de me. * augustinus in ioannem. ° tamquam diceret: odio me habuerunt et occiderunt videntes: sed tale de me testimonium paraclitus perhibebit, ut eos faciat in me credere non videntes: et quia ille perhibebit, et vos perhibebitis; unde sequitur et vos testimonium perhibebitis. ille cordibus vestris inspirando, vos vocibus vestris sonando; unde poteritis praedicare quod nostis quia ab initio mecum estis: quod modo non facitis, quia illius spiritus plenitudo nondum adest vobis. dabit enim vobis fiduciam testimonium perhibendi caritas dei diffusa in cordibus vestris per spiritum sanctum qui dabitur vobis. ille quippe testimonium perhibens, et testes fortissimos faciens, abstulit amicis christi timorem, et inimicorum odium convertit in amorem. * didymus de spiritu sancto. ° spiritum autem sanctum venientem consolatorem dicit, ab operatione ei nomen imponens: quia non solum eos quos se dignos esse reperit, ab omni perturbatione reddit alienos, verum incredibile quoddam gaudium eis tribuit: sempiterna quippe laetitia in eorum corde versatur quorum spiritus sanctus habitator est. iste spiritus consolator a filio mittitur, non secundum angelorum aut prophetarum aut apostolorum ministerium, sed ut mitti decet a sapientia et virtute spiritum dei indivisam habentem cum eadem sapientia et virtute naturam. etenim filius missus a patre non separatur atque disiungitur ab eo, manens in illo, et habens illum in semetipso. qui spiritus sanctus supradicto modo missus a filio, de patre egreditur, non aliunde ad alia transmigrans. quomodo enim pater non consistit in loco, cum ultra omnem corporum sit naturam; ita et spiritus veritatis nequaquam locorum fine clauditur, cum sit incorporalis, et excedens universam creaturarum essentiam. * chrysostomus. ° propterea vero non spiritum sanctum, sed spiritum veritatis eum vocavit, ut ostendat quod erit fide dignus. dicit autem quod a patre procedit, quia omnia certissime novit, quemadmodum ipse ait de seipso: quoniam novi unde venio et quo vado. * didymus. ° sed cum posset dicere: a deo, sive: omnipotente, potente, nihil horum tetigit; sed ait a patre, non quod pater a deo omnipotente sit alius; sed secundum proprietatem patris intellectum parientis, egredi ab eo dicitur spiritus veritatis. mittente autem filio spiritum veritatis, simul mittit et pater, cum eadem voluntate patris et filii, spiritus veniat. * theophylactus. ° et alias quidem patrem dicit mittere spiritum; nunc autem cum se missurum dixit, aequipollentiam denotat. ne autem censeretur reniti contra patrem, velut ab alia potestate transmittens spiritum, addidit a patre; quasi acceptante patre, et pariter destinante. cum autem audis quod procedit, ne intelligas processum missionem esse illam extrinsecus, qua mittuntur administratorii spiritus; sed quoddam differens, et exceptae actionis proprium processum appellat uni principali spiritui attributum: originalis enim consistentia spiritus est processus. non ergo procedere pro mittere sumendum est, sed ex patre naturalem essentiam obtinere. * augustinus in ioannem. ° hic aliquis forsitan quaerit utrum et a filio procedat spiritus sanctus: filius enim solius patris est filius, et pater solius filii est pater: spiritus autem sanctus non est unius eorum spiritus, sed amborum, quandoquidem dicit ipse christus: spiritus patris vestri qui loquitur in vobis; et dicit apostolus: misit deus spiritum filii sui in corda vestra. nec ob aliud aestimo ipsum proprie vocari spiritum, cum etiam si de singulis interrogemur, non possimus nisi et patrem et filium spiritum dicere. quod ergo communiter vocantur et singuli, hoc proprie vocari oportuit eum qui non est unus eorum, sed in quo communitas apparet eorum amborum. cur ergo non credamus quod etiam de filio procedat spiritus sanctus, cum filii quoque ipse sit spiritus? si enim ab eo non procederet, non post resurrectionem discipulis suis insufflasset, dicens: accipite spiritum sanctum. de hac quoque virtute credendus est dicere evangelista: virtus de illo exibat, et sanabat omnes. si ergo et de patre et de filio procedat spiritus sanctus, cur filius dixit de patre procedit, nisi quemadmodum solet ad eum referre et quod ipsius est de quo ipse est? unde illud est quod ait: mea doctrina non est mea, sed eius qui me misit. si igitur haec intelligatur eius doctrina, quam tamen dixit non suam, sed patris: quanto magis intelligendus est et de ipso procedere spiritus sanctus, ubi sic ait de patre procedit, ut non diceret: de me non procedit. a quo autem habet filius ut sit deus, ab illo habet utique ut procedat ab eo spiritus sanctus. hinc utcumque et illud intelligitur, cur non dicatur natus esse, sed potius procedere spiritus sanctus: quoniam si et ipse filius diceretur, amborum utique filius diceretur, quod absurdissimum est: filius quippe nullus est duorum, nisi patris et matris. absit autem ut inter deum patrem et deum filium tale aliquid suspicemur, quia nec filius hominum simul ex patre et ex matre procedit; sed cum in matrem procedit ex patre, non tunc procedit et ex matre. spiritus autem sanctus non de patre procedit in filium et de filio procedit ad sanctificandam creaturam; sed simul de utroque procedit. neque enim possumus dicere quod non sit vita spiritus sanctus, cum vita pater, vita sit filius; ac per hoc sicut pater, cum habeat vitam in semetipso, dedit et filio vitam habere in semetipso, sic ei dedit vitam procedere de illo, sicut procedit et de seipso.

074 CJO cp16

lc1 * Augustinus in ioannem. ° merito promisso spiritu sancto, quo in eis operante fierent testes eius, subiunxit haec locutus sum vobis, ut non scandalizemini. cum enim caritas dei diffunditur in cordibus nostris per spiritum sanctum qui datus est nobis, fit pax multa diligentibus legem dei ut non sit illis scandalum. deinde quae passuri essent exprimens, ait absque synagogis facient vos. * chrysostomus in ioannem. ° iam enim composuerant, ut si quis confessus fuerit christum, extra synagogam fieret. * augustinus. ° quid autem mali erat apostolis expelli de iudaicis synagogis, quasi non fuerint inde exituri, etiam si eos nullus expelleret? sed voluit denuntiare, quia iudaei christum non fuerant recepturi, a quo isti non fuerant recessuri. nam quia non erat ullus alius populus dei quam illud semen abrahae; si cognoscerent christum, non aliae fierent ecclesiae christi, aliae synagogae iudaeorum. quod quia noluerunt, quid restabat nisi ut remanentes extra christum, extra synagogam facerent eos qui non reliquerunt christum? deinde cum hoc eis dixisset, adiecit sed venit hora ut omnis qui interficit vos, arbitretur obsequium se praestare deo. quae verba ita subiecit tamquam ex hoc consolaretur eos qui de synagogis iudaicis pellerentur. an forte de synagogis illa separatio sic eos fuerat turbatura ut mori vellent potius quam in hac vita sine iudaeorum congregationibus morari? absit ut sic turbarentur qui dei, non hominum, gloriam requirebant. iste itaque sensus est in his verbis. extra synagogam facient vos; sed nolite solitudinem formidare. separati quippe a congregationibus eorum, tam multos in nomine meo congregabitis, ut illi metuentes ne templum quod erat apud eos, et omnia legis veteris sacramenta deserantur, sic interficient vos ut deo arbitrentur se praestare obsequium, zelum dei habentes, sed non secundum scientiam. hoc enim de iudaeis dictum debemus accipere, de quibus dixerat: extra synagogam facient vos. nam testes, idest martyres christi, etiam si occisi sunt a gentilibus, non tamen illi arbitrati sunt deo, sed diis suis falsis obsequium se praestare; iudaeorum autem omnis qui occidit praedicatores christi, deo se putavit praestare obsequium, credens quod desererent deum israel quicumque converterentur ad christum. hinc ergo accensi et zelum dei habentes, sed non secundum scientiam, obsequium se deo praestare credentes, occidebant eos. * chrysostomus. ° deinde consolationem inducit, dicens et haec omnia facient vobis, quia non noverunt patrem neque me; quasi dicat: sufficit vobis in consolationem, propter me et patrem haec pati. * augustinus. ° ne autem ignaros atque imparatos animos mala improvisa, quamvis cito transitura, turbarent, hanc fuisse causam ut haec eis praenuntiaret, ostendit subdens haec locutus sum vobis, ut cum venerit hora eorum, reminiscamini quia dixi vobis. hora eorum, hora tenebrosa, hora nocturna; sed nox iudaeorum separatum a se diem christianorum nulla confusione fuscavit. * chrysostomus in ioannem. ° sed et propter aliam causam hoc praedixit, ut non dicerent, quoniam non praevidit futura; et hoc significat cum dicit reminiscamini quia ego dixi vobis. et ut non possent dicere, quoniam blandiens nobis, ea quae ad gratiam dicebat solum. cuius autem gratia hoc a principio non dixit, ostendit dicens haec autem ab initio vobis non dixi, quia vobiscum eram: quia scilicet in custodia mea eratis, et licitum erat interrogare quando volebatis, et super me totum praelium vertebatur: unde superfluum erat hoc a principio vobis dicere; non quia haec tunc non noveram, propterea non dixi. * augustinus in ioannem. ° sed alii tres evangelistae eum praedixisse ista demonstrant, antequam ventum esset ad coenam, qua peracta, secundum ioannem, ista locutus est. an forte hinc ista solvitur quaestio, quia et illi eum narrant proximum fuisse passioni cum hoc diceret? non ergo ab initio quando cum illis erat. sed matthaeus non solum imminente passione, verum etiam ab initio haec denuntiata esse commemorat. quid sibi ergo vult quod hic dicit haec autem ab initio non dixi, nisi quia ea quae hic dicit de spiritu sancto, quod sit venturus ad eos, et testimonium perhibiturus quando mala passuri sunt, haec eis ab initio non dixit, quoniam cum ipsis erat et eius praesentia consolabantur? abscessurus autem, oportebat ut diceret illum esse venturum, per quem caritate diffusa in cordibus suis verbum dei cum fiducia praedicarent. * chrysostomus. ° vel praedixit quidem quoniam flagella patientur; non autem quod mors eorum reputaretur ut dei cultura: quod maxime poterat eos attonitos facere. vel quia illic ea quae a gentibus debebant pati dixit; hic autem et quae a iudaeis dicit.

lc2 * Chrysostomus in ioannem. ° quia discipulos nondum perfectos tristitia impugnabat, eos dominus increpando dirigit, dicens et nunc vado ad eum qui me misit; et nemo ex vobis interrogat me: quo vadis? audientes enim quoniam qui interficiet vos, opinabitur se obsequium praestare deo, ita ceciderunt ut nihil ei loquerentur; et ideo subditur sed quia haec locutus sum vobis, tristitia implevit cor vestrum. non parva autem est haec mitigatio, scire eos quoniam sciverat dominus tristitiae eorum superabundantiam, et propter desertionem eius, et propter mala quae didicerant se passuros, et nesciebant si possent viriliter ferre. * augustinus in ioannem. ° vel quia superius interrogaverant eum quo esset iturus; et responderat se iturum quo ipsi tunc venire non possent: nunc ita se promittit iturum ut nullus eorum quo vadat interroget; et hoc est quod dicit et nemo ex vobis interrogat me: quo vadis? euntem enim in caelum non verbis quaesierunt, sed oculis deduxerunt. videbat autem dominus quid sua verba in eorum cordibus agerent: spiritualem quippe nondum interius habentes consolationem quam per spiritum sanctum fuerant habituri, id quod exterius in christo videbant, amittere metuebant; et quia se amissuros esse, illo vera denuntiante, dubitare non poterant, contristabatur humanus affectus, quia carnalis desolabatur aspectus; unde sequitur sed quia haec locutus sum vobis, tristitia implevit cor vestrum. noverat autem ille quid eis potius expediret: quia visus interior ipse est melior, quo eos consolaturus erat spiritus sanctus; unde subdit sed ego veritatem dico vobis: expedit vobis ut ego vadam. * chrysostomus. ° quasi dicat: et si millies contristemini, oportet vos audire, quia me recedere vobis confert. quid autem conferat, ostendit subdens si enim non abiero, paraclitus non veniet ad vos. * augustinus de trin.. ° haec autem dixit non propter inaequalitatem verbi dei et spiritus sancti; sed tamquam impedimento esset praesentia filii hominis apud eos quominus veniret ille qui minor non esset: quia non semetipsum exinanivit sicut filius formam servi accipiens. oportebat ergo ut auferretur ab eorum oculis forma servi, quam intuentes hoc solum christum esse putabant quod videbant; unde sequitur si autem abiero, mittam eum ad vos. * augustinus in ioannem. ° numquid autem hic positus, eum non poterat mittere quem scimus super eum baptizatum venisse atque mansisse; immo vero a quo scimus eum numquam separabilem fuisse? quid est ergo si non abiero, paraclitus non veniet ad vos, nisi: non potestis capere spiritum quamdiu secundum carnem nosse persistitis christum? christo autem discedente corporaliter, non solum spiritus sanctus, sed et pater et filius illis affuit spiritualiter. * gregorius moralium. ° ac si aperte diceret: si ab intentionis vestrae oculis corpus non subtraho, ad intellectum vos invisibilem per consolatorium spiritum non perduco. * augustinus de verb. dom.. ° hanc autem habitudinem spiritus sanctus paraclitus attulit, ut, ab oculis carnis forma servi remota, quam de virginis utero accepit, in ipsa dei forma, in qua patri aequalis, etiam cum in carne dignatus est apparere, permansit, purgata mentis acie ostenderetur. * chrysostomus. ° quid autem hic dicunt qui non convenientem de spiritu sancto habent opinionem? numquid expedit dominatorem abire, et servum accedere? quae autem sit utilitas advenientis spiritus, ostendit cum subditur et cum venerit ille, arguet mundum de peccato et de iustitia et de iudicio. * augustinus in ioannem. ° numquid autem christus non arguit mundum? an forte quia christus in iudaeorum tantum gente locutus est, mundum non videtur arguisse? spiritus autem sanctus in discipulis eius toto orbe diffusis, non unam gentem intelligitur arguisse, sed mundum. sed quis audeat dicere quod per discipulos christi arguat mundum spiritus sanctus, et non arguat christus, cum clamet apostolus: an experimentum quaeritis eius qui in me loquitur christus? quos itaque arguit spiritus sanctus, utique et christus. sed dixit ille arguet mundum, quasi dicat: ille diffundet in cordibus vestris caritatem; sic enim timore depulso, arguendi habebitis libertatem. exponit deinde quid dixerit, dicens de peccato quidem, quia non crediderunt in me; hoc enim peccatum solum prae ceteris posuit, quia hoc manente, cetera detinentur, et hoc discedente, cetera dimittuntur. * augustinus de verb. dom.. ° sed multum interest utrum quisque credat ipsum esse christum et utrum credat in christum; nam ipsum esse christum, et daemones crediderunt: ille vero credit in christum qui et sperat in christum et diligit christum. * augustinus in ioannem. ° arguitur ergo mundus de peccato, quia in christum non credit; et arguitur de iustitia eorum qui credunt. ipsa quippe fidelium comparatio, infidelium est vituperatio. de iustitia vero, quia ad patrem vado. et quoniam ista vox infidelium esse consuevit: quomodo credimus quod non videmus? ideo credentium iustitiam sic oportuit definiri: quia ad patrem vado, et iam non videbitis me. beati enim qui non vident et credunt. nam et qui viderunt christum, non in eo laudata est fides eorum quia credebant quod videbant, idest filium hominis; sed quia credebant quod non videbant, idest filium dei. cum vero et ipsa forma servi subtracta eorum esset aspectibus, tunc ex omni parte impletum est: iustus ex fide vivit. erit itaque vestra iustitia, de qua mundus arguetur, quoniam in me, quem non videbitis, credetis; et quandoque me videbitis: quoniam tunc sicut ero videbitis me, non quod sum vobiscum modo; idest, non videbitis mortalem, sed sempiternum; dicendo enim iam non videbitis me, velut nunquam eos de cetero visuros christum praenuntiavit. * augustinus de verb. dom.. ° vel aliter. illi non crediderunt: ipse ad patrem vadit. illorum ergo peccatum, ipsius autem iustitia. quod enim a patre ad nos venit, misericordia est; iustitia vero quod ad patrem vadit; secundum illud apostoli: propter quod et deus exaltavit illum. sed si solus vadit ad patrem, quid nobis prodest? an ideo solus, quia christus unus est cum omnibus membris suis, tamquam caput cum corpore suo? arguitur ergo mundus de peccato in eis qui non credunt in christum, et de iustitia in eis qui resurgunt in membris christi. sequitur de iudicio autem, quia princeps mundi huius iam iudicatus est, idest diabolus princeps iniquorum, qui corde non habitant nisi in hoc mundo quem diligunt. hoc autem ipso quo foris missus est, iudicatus est; et de hoc iudicio mundus arguitur: quia frustra de diabolo queritur qui non vult credere in christum, quem iudicatum, idest foras missum, et propter nostram exercitationem forinsecus expugnare permissum, non solum viri, sed etiam mulieres et pueri et puellae martyres vicerunt. * augustinus in ioannem. ° vel iudicatus est, quoniam iudicio ignis aeterni irrevocabiliter destinatus est; et de hoc iudicio mundus arguitur, quoniam cum suo principe iudicatur, quem superbum atque impium imitatur. credant itaque homines in christum, ne arguantur de peccato infidelitatis suae, quo peccata omnia detinentur; transeant in numerum fidelium, ne arguantur de iustitia eorum quos iustificatos non imitantur; caveant futurum iudicium, ne cum mundi principe iudicentur, quem iudicatum imitantur. * chrysostomus in ioannem. ° vel aliter. arguet mundum de peccato: idest, omnem eorum excusationem abscindet, et ostendet eos sine venia peccasse, non credentes in me, dum videbunt spiritus sancti donationem ineffabilem invocato me fieri. * augustinus de quaest. nov. et vet. testam.. ° hoc etiam modo spiritus sanctus de peccato arguit mundum, quia in nomine salvatoris, qui reprobatus est a mundo, virtutes operatus est. salvator autem, servata iustitia, non trepidavit reverti ad eum qui se miserat, et per id quod regressus est probavit se inde venisse; unde sequitur et de iustitia, quia ad patrem vado. * chrysostomus. ° idest, ire ad patrem erit argumentum quod irreprehensibilem agebam vitam, ut non possint adhuc dicere, quoniam hic homo peccator est, et non est ex deo. rursus quoniam expugnavi adversarium (nequaquam autem peccator existens expugnasset), non possunt dicere quod daemonium habeo, et quod seductor sum. quoniam autem condemnatus est propter me, scient quod conculcabunt eum postea; et resurrectionem meam manifeste scient: non enim me valuit detinere. * augustinus de quaest. nov. et vet. testam.. ° videntes daemones animas de inferis ire ad caelos, cognoverunt iudicatum esse principem huius mundi, ut reus factus in causa salvatoris, quae tenebat iure amitteret. haec quidem ascendente salvatore visa sunt; sed superveniente in discipulis spiritu sancto, palam aperteque manifestata sunt.

lc3 * Theophylactus. ° quia supra dixerat dominus: expedit vobis ut ego vadam, iam hoc amplificat dicens adhuc multa habeo vobis dicere; sed non potestis portare modo. * augustinus in ioannem. ° omnes haeretici audacias figmentorum suorum, quas maxime exhorret sensus humanus, hac occasione evangelicae sententiae colorare conantur; quasi haec ipsa sint quae tunc discipuli portare non poterant, et ea docuerit spiritus sanctus, quae palam docere atque praedicare spiritus erubescit immundus. sed alia sunt mala quae portare non potest qualiscumque pudor humanus, et alia sunt bona quae portare non potest parvus sensus humanus. ista sunt in corporibus impudicis, illa remota sunt a corporibus universis. quis autem nostrum audeat eorum se dicere iam capacem quae illi capere non valebant? ac per hoc nec a me expetenda sunt ut dicantur. sed dicet aliquis: sic multi possunt quod tunc non poterat petrus, sicut multi possunt martyrio coronari, quod tunc non poterat petrus, praesertim iam misso spiritu sancto, qui tunc nondum erat missus. sed numquid ideo scimus quae sunt quae dicere voluit? absurdissime enim mihi videtur dici, tunc non potuisse portare discipulos quae de altissimis rebus invenimus in apostolicis litteris quae postmodum scriptae sunt, nec ea dominum dixisse narratur. perversarum quidem sectarum homines ferre non possunt quod in scripturis sanctis de fide catholica reperitur, sicut nos ferre non possumus sacrilegas eorum vanitates: quid enim est ferre non posse, nisi aequo animo non habere? quis autem fidelis, vel etiam catechumenus, antequam spiritum sanctum baptizatus accipiat, non aequo animo legit atque audit, etiam si non intelligit ea quae post ascensionem domini scripta sunt? dicet autem aliquis: nihil ne spirituales viri habent in doctrina quod carnalibus taceant, et spiritualibus eloquantur? nulla quidem necessitas est ut aliqua secreta doctrinae taceantur fidelibus parvulis, seorsum dicenda maioribus; sed spirituales spiritualia carnalibus non omnino taceant propter catholicam fidem, quae omnibus praedicanda est: nec tamen sic edisserant ut volentes ea perducere ad intelligentiam non capacium, facilius fastidire faciant in veritate sermonem, quam in sermone percipi veritatem. non ergo in his domini verbis nescio quae secreta suscipimus quae cum dici a docente possint, portari a discente non possint. sed ea ipsa quae in doctrina religionis in quorumlibet hominum notitia dicimus, si vellet nobis christus dicere, sicut ea dicit angelis suis; quinam homines portare possent, etiam si essent spiritales, quales adhuc apostoli non erant? nam utique quidquid de creatura sciri potest, minus est ipso creatore: et quis eum tacet? quis autem vivens in hoc corpore posset omnem cognoscere veritatem, cum dicat apostolus: ex parte scimus? sed quia per spiritum sanctum fit ut ad ipsam quoque plenitudinem veniamus, de qua idem dicit apostolus: tunc autem facie ad faciem; non quod est in hac tantum vita dominus nobis promisit dicens cum autem venerit ille spiritus veritatis, docebit vos omnem veritatem; vel deducet vos in omnem veritatem: quo verbo intelligimus eius nobis plenitudinem in vita alia reservari. ipse autem spiritus sanctus et nunc docet fideles, quanta quisque potest capere spiritalia, et in eorum cordibus desiderium maius accendit. * didymus. ° vel hoc dicit, quod auditores verborum eius nondum fuerant omnia consecuti quae postea pro nomine eius sufferre poterant: sed aliqua tradens eis, illa quae maiora erant, in posterum distulit; quae tunc non poterant, nisi primitus in capite nostro magisterium et forma crucis praeiret. adhuc etiam typo legis, et umbrae et imaginibus servientes non poterant veritatem, cuius umbram lex portabat, inspicere. cum autem venerit spiritus veritatis, diriget vos in omnem veritatem sua doctrina et institutione, vos transferens a morte litterae ad spiritum vivificantem, in quo solo omnis scripturae veritas posita est. * chrysostomus. ° quia ergo dixerat nunc non potestis portare, tunc autem poteritis; et quoniam spiritus sanctus ducet vos in omnem veritatem, ne hoc audientes, maiorem spiritum sanctum existiment, subiungit non enim loquetur a semetipso, sed quaecumque audiet loquetur. * augustinus in ioannem. ° simile est hoc ei quod de seipso dixit: non possum a me ipso facere quidquam, sed sicut audio iudico; sed illud secundum hominem posse accipi dicimus. cum igitur spiritus sanctus nulla susceptione cuiusquam creaturae creatura sit factus, quomodo de illo hoc intelligendum est? sic itaque debemus accipere, ut intelligamus non eum esse a se ipso: nam filius de patre natus est, et spiritus sanctus de patre procedit. quid autem illic intersit inter procedere et nasci, et longum est disserere, et temerarium definire. audire autem illi scire est, scire vero esse. quia ergo non est a semetipso, sed ab illo a quo procedit; a quo illi est essentia, ab illo scientia: ab illo igitur audientia. semper itaque audit spiritus sanctus, quia semper scit: ab illo ergo audivit, audit et audiet a quo est. * didymus. ° ait ergo non loquetur a semetipso; hoc est, non sine me et sine meo et patris arbitrio: quia non ex se est, sed ex patre et me est. hoc enim ipsum quod subsistit et loquitur, a patre et a me illi est. ego veritatem loquor; idest, inspiro quae loquor, siquidem spiritus veritatis est. dicere autem et loqui in trinitate, non secundum consuetudinem nostram accipiendum est, sed iuxta formam incorporalium naturarum, et maxime trinitatis, quae voluntatem suam inserit cordibus credentium, et eorum qui audire eum sunt digni. loqui ergo patrem et audire filium, eiusdem naturae in patre et filio consensusque significatio est. spiritus vero sanctus, qui est spiritus veritatis spiritusque sapientiae, non potest filio loquente audire quae nescit, cum hoc ipsum sit quod profertur a filio, idest procedens veritas a veritate, consolator manans a consolatore, deus de deo spiritus veritatis |150| procedens. denique ne quis illum a patris et filii voluntate et societate discerneret, scriptum est sed quae audiet loquetur. * augustinus de trin.. ° non autem hinc efficitur ut minor sit spiritus sanctus; secundum hoc enim dictum est quod de patre procedit. * augustinus in ioannem. ° nec moveat quod verbum futuri temporis positum est: illa quippe audientia sempiterna est, quia est sempiterna scientia. in eo autem quod sempiternum est, sine initio et sine fine, cuiuslibet temporis verbum ponatur: quamvis enim natura illa immutabilis non recipiat fuit et erit, sed tantum est; non tamen mendaciter dicimus: fuit et est et erit; fuit, quia nunquam defuit; erit, quia nunquam deerit; est, quia semper est. * didymus. ° per spiritum etiam veritatis futurorum sanctis viris scientia certa conceditur: unde et prophetae hoc eodem repleti spiritu praenuntiabant, et quasi praesentia intuebantur quae erant deinceps secutura; unde sequitur et quae ventura sunt annuntiabit vobis. * beda. ° constat |175| quia multi spiritus sancti gratia repleti, quae ventura erant agnoverunt; sed quia multi variis coruscant virtutibus, nec tamen quae ventura sunt agnoscunt, potest hic sermo sic accipi: quae ventura sunt, vobis annuntiabit, idest, gaudia vobis caelestis patriae ad memoriam reducet. ventura vero apostolis nuntiavit, mala scilicet quae pro confessione christi erant passuri, et bona quae pro eisdem malis erant percepturi. * chrysostomus in ioannem. ° elevavit igitur per hoc eorum mentem, cum ad nihil ita avidum sit humanum genus ut ad sciendum futura. ab hac igitur eos eruit sollicitudine, ostendens, quoniam futura eis pericula praedicat ut non incidant non observantes. deinde ostendens quoniam dixerit omnem veritatem in quam spiritus sanctus adducet, subiungit ille me clarificabit. * augustinus in ioannem. ° quia scilicet diffundendo in credentium cordibus caritatem, spiritualesque faciendo, declaravit eis qualiter patri filius esset aequalis, quem secundum carnem prius tantummodo noverant, et hominem |200| sicut homines cogitabant. vel certe, quia per ipsam caritatem fiducia repleti, et timore depulso, annuntiaverunt hominibus christum; ac sic fama eius diffusa est toto orbe terrarum. quod enim facturi erant in spiritu sancto, hoc eumdem spiritum dixit esse facturum. * chrysostomus. ° et quia dominus dixerat: magister vester unus est christus; ut et spiritus sanctus suscipiatur ab eis, subiunxit quia de meo accipiet, et annuntiabit vobis. * didymus. ° accipere hic ut divinae naturae conveniat intelligendum est: quomodo enim filius dans non privatur his quae tribuit, neque eum damno suo impartitur aliis, sic et spiritus sanctus non accipit quod ante non habuit: si enim prius quod non habebat accepit, translato in alium munere vacuus largitor effectus est. sic igitur spiritum sanctum a filio accipere id quod suae naturae fuerat, cognoscendum est; et non aliam dantem et accipientem, sed unam significare substantiam. siquidem et filius eadem a patre suscipere dicitur in quibus |225| ipse subsistit: neque enim quid aliud est filius, exceptis his quae ei dantur a patre; neque alia est spiritus sancti substantia praeter id quod datur a filio. * augustinus. ° non autem propterea, sicut quidam haeretici putaverunt, minor est filio spiritus sanctus, quia filius accipiat a patre, spiritus sanctus a filio, quasi quibusdam gradibus, naturam. unde ipse quaestionem solvens, cur hoc dixerit, explanat dicens omnia quae habet pater, mea sunt: propterea: dixi vobis, quia de meo accipiet, et annuntiabit vobis. * didymus. ° quasi dicat: licet a patre procedat spiritus veritatis, tamen quia omnia quae habet pater, mea sunt, et ipse patris spiritus meus est, et de meo accipiet. cave autem ne cum ista dicuntur, putes rem esse aliquam et possessionem quae a patre habeatur, ac a filio; verum quae habet pater iuxta substantiam, idest aeternitatem, immutabilitatem, bonitatem, haec eadem habet et filius. procul hinc absint dialecticorum tendiculae; dicunt enim: ergo et pater est filius. si autem |250| dixisset: omnia quaecumque habet deus, mea sunt, haberet occasionem impietas consurgendi; cum vero dixerit omnia quae habet mea sunt, patris nomine se filium declaravit, paternitatem qui filius erat non usurpavit; quamvis et ipse per adoptionis gratiam multorum sanctorum sit pater. * hilarius de trin.. ° non ergo in incerto dominus reliquit, utrum ex patre an ex filio spiritus paraclitus esse putetur: a filio enim accepit quod ab illo mittitur, et a patre procedit. et interrogo utrum idipsum sit a filio accipere quod a patre procedere. certe idipsum atque unum esse existimabitur a filio accipere, quod si acciperet a patre; cum enim ait omnia quaecumque habet pater, sua esse, et idcirco dixisse, de suo accipiendum esse, docet etiam a patre accipienda, a se tamen accipi, quia omnia quae patris sunt, sua sunt. non habet haec unitas diversitatem; nec differt a quo acceptum sit, quod datum a patre, datum referatur a filio.

lc4 * Chrysostomus in ioannem. ° postquam dominus discipulos relevavit per ea quae de spiritu sancto promisit, rursus eorum oppressit sensum dicens modicum et iam non videbitis me. hoc autem facit, ut assuefaciat eos per tristium auditionem, bene ferre suam separationem: eam enim quae dolet animam, et a tristitia multa detinetur, nihil ita consuevit quietare, ut quae tristitiam pariunt verba revoluta continue. * beda. ° dicit enim modicum et iam non videbitis me; quia tentus est nocte illa a iudaeis, et in mane crucifixus et vespere sepultus ab humanis est seclusus obtutibus. * chrysostomus. ° si vero quis diligenter scrutabitur, hoc consolationis est dicere quoniam ad patrem vado: hoc enim est ostendere quod non periit, sed mors eius translatio sit; et aliam consolationem eis imposuit cum adiecit et iterum modicum, et videbitis me: ostendens quoniam et redibit, et in pauco erit separatio, et continua quae cum eis coexistentia. * augustinus in ioannem. ° haec autem |25| verba domini obscura erant discipulis, antequam id quod dicit esset impletum; unde sequitur dixerunt ergo ex discipulis eius ad invicem: quid est hoc quod dicit nobis: modicum et non videbitis me, et iterum modicum et videbitis me quia vado ad patrem? * chrysostomus. ° hoc autem non intelligebant, aut propter tristitiam, quae amovebat a mente eorum ea quae dicebantur, aut propter immanifestationem eorum quae dicebantur: idcirco videbatur eis duo contraria ponere, non existentia contraria. si enim videbimus te, aiunt, quomodo vadis? si vero vadis, qualiter et videbimus? propterea dicunt quid est hoc quod dicit nobis: modicum? nescimus quid loquitur. * augustinus. ° nam in praecedentibus, quia non dixerat modicum, sed dixerat ad patrem vado, aperte illis visus est loqui. nunc ergo quod illis tunc obscurum fuit, et mox manifestatum est, iam nobis utique manifestum est. post paululum enim passus est, et non viderunt eum; rursus post paululum resurrexit, et viderunt eum. dicit autem |50| et iam non videbitis me; quia scilicet mortalem christum ulterius non viderunt. * alcuinus. ° vel aliter. modicum tempus est futurum quo non videbitis me, idest illud triduum quo in sepulchro quievit; et iterum est modicum futurum tempus quo videbitis me, idest illi quadraginta dies, in quibus eis saepius post passionem suam usque ad tempus ascensionis suae apparuit; et ideo illo modico tempore videbitis me, quia vado ad patrem: quia non semper in terra corporaliter sum mansurus, sed per humanitatem quam assumpsi, ascensurus in caelum. sequitur cognovit autem iesus quia volebant eum interrogare, et dixit eis: de hoc quaeritis inter vos, quia dixi vobis: modicum et non videbitis me. amen, amen, dico vobis, quia plorabitis et flebitis vos. ignorantiam ipsorum pius magister intelligens, secundum illorum dubitationem respondit, quasi expositurus quid esset quod dixit. * augustinus. ° quod sic accipi potest, quia contristati sunt discipuli de morte domini, et confestim de |75| resurrectione laetati. mundus autem (quo nomine significati sunt inimici, a quibus christus occisus est) tunc utique laetatus est occiso christo, quando sunt discipuli contristati; unde sequitur mundus autem gaudebit, vos autem contristabimini; sed tristitia vestra vertetur in gaudium. * alcuinus. ° sed et cunctis fidelibus convenit hic sermo domini, qui per lacrymas pressurasque praesentes ad gaudia aeterna contendunt. flentibus autem iustis, mundus gaudet, quia in praesenti delectantur, alterius vitae nulla gaudia sperantes. * chrysostomus. ° deinde ostendens quoniam tristitia parit gaudium, et quoniam tristitia brevis, laetitia vero infinita est, ad exemplum venit mundanum, dicens mulier cum parit, tristitiam habet, quia venit hora eius; cum autem pepererit puerum, iam non meminit pressurae propter gaudium, quia natus est homo in mundum. * augustinus. ° ista similitudo ad intelligendum non videtur esse difficilis; quoniam comparatio eius in promptu est, eodem ipso exponente cur dicta |100| sit; nam sequitur et vos igitur nunc quidem tristitiam habetis. iterum autem videbo vos, et gaudebit cor vestrum. parturitio quippe tristitiae, partus autem gaudio comparatur; quod tunc magis esse consuevit quando non puella, sed puer nascitur. quod vero subdit et gaudium vestrum nemo tollet a vobis, quia gaudium ipsorum ipse iesus est, significat quod ait apostolus: christus resurgens ex mortuis iam non moritur. * chrysostomus. ° significat etiam praedicto exemplo quoniam solvit ipse mortis pressuras, et novum hominem regenerans esse fecit. et non dixit quoniam non erit ei tribulatio, sed neque meminit eius: tantum est quod succedit gaudium; ita erit et sanctis. et non dixit: quoniam natus est puer, sed: quoniam homo, occulte suam resurrectionem insinuans. * augustinus. ° vel de futuris visione et gaudio, quae superius dicta sunt, melius existimo intelligi modicum et iam non videbitis me: modicum enim est hoc totum spatium quo praesens pervolat saeculum; |125| ideo namque addidit quia vado ad patrem: quod ad superiorem sententiam referendum est, ubi ait modicum et iam non videbitis me; non ad posteriorem ubi ait modicum et videbitis me. eundo quippe ad patrem, facturus erat ut eum non viderent. illis ergo ait modicum et iam non videbitis me, qui eum tunc corporaliter videbant: quia iturus erat ad patrem et eum deinceps mortales visuri non erant qualem cum ista loquebatur videbant. quod vero addidit et iterum modicum et videbitis me, universae promisit ecclesiae. hoc autem modicum longum nobis videtur, quoniam adhuc agitur; cum finitum fuerit, tunc sentiemus quam modicum fuerit. * alcuinus. ° mulier autem sancta ecclesia est, propter fecunditatem bonorum operum, et quia spiritales deo filios generat. haec mulier dum parit, idest dum in mundo virtutum profectibus insistit, dum undique tentatur et affligitur, tristitiam habet de hoc, quia venit hora eius ut patiatur: quia nemo carnem suam odio habuit. * augustinus in ioannem. ° nec tamen in huius |150| gaudii parturitione sine gaudio tristes sumus; sed, sicut apostolus ait: spe gaudentes; quia et ipsa mulier parturiens, cui comparati sumus, plus gaudet de mox futura prole quam tristis est de praesenti dolore. * alcuinus. ° sed cum peperit, idest cum devicto laborum certamine ad palmam pervenerit, iam non meminit pressurae praecedentis, propter gaudium perceptae retributionis, quia natus est homo in mundum. sicut enim mulier nato in hoc mundo homine laetatur, ita ecclesia, nato in vitam aeternam fidelium populo, exultatione repletur. * beda. ° nec novum debet videri si natus dicatur qui ex hac vita migraverit: sicut enim consuete nasci dicitur cum quis de utero matris procedens in hanc lucem ingreditur, ita potest natus appellari qui solutus a vinculis carnis, ad lucem aeternam sublimatur: unde sanctorum solemnia, non funebria, sed natalitia vocantur. * alcuinus. ° quod autem dicit iterum videbo vos, idest assumam vos ad meipsum. vel iterum videbo vos; idest, iterum videndus apparebo; et gaudebit cor |175| vestrum. * augustinus. ° hunc enim totius laboris sui fructum ecclesia nunc parturit desiderando, tunc est paritura cernendo. et ideo masculum, quoniam ad istum fructum contemplationis, cuncta officia referuntur actionis; solus enim liber est qui propter se appetitur, et non refertur ad aliud: huic servit actio. ad hoc enim refertur quidquid bene agitur: ibi est finis qui sufficit nobis: aeternus igitur erit. neque enim finis nobis sufficit nisi cuius nullus est finis. de hoc igitur quod sufficit nobis rectissime audivimus gaudium vestrum nemo tollet a vobis.

lc5 * Chrysostomus in ioannem. ° rursus ostendit dominus quod expedit eum abire, cum dicit et in illo die me non rogabitis quidquam. * augustinus in ioannem. ° hoc verbum quod est rogare non solum petere, verum et interrogare significat; et graecum evangelium, unde hoc translatum est, tale habet verbum quod utrumque possit intelligi. * chrysostomus. ° dicit ergo et in illo die, scilicet cum resurrexero, me non rogabitis quidquam, idest non dicetis: ostende nobis patrem, et: quo vadis? quoniam scietis per spiritum sanctum. vel non rogabitis me, idest, non indigebitis mediatore ad impetrandum; sed sufficiet nomen meum, quod invocantes, omnia accipietis; unde sequitur amen, amen, dico vobis, si quid petieritis patrem in nomine meo, dabit vobis. ostendit autem nominis virtutem, si non visus neque rogatus, sed nominatus solum apud patrem facit mirabilia. non ergo, ait, existimetis, quia de reliquo non ero vobiscum, |25| vos derelictos esse; nomen enim meum maiorem dabit vobis securitatem; unde sequitur usque modo non petistis quidquam in nomine meo. petite et accipietis, ut gaudium vestrum sit plenum. * theophylactus. ° alacritas enim vestra tunc erit integerrima, cum ad vota vobis petita succedent. * chrysostomus. ° quia obumbrata erant quae dicta sunt, subiunxit haec in proverbiis locutus sum vobis. venit hora cum iam non in proverbiis loquar vobis: idest erit tempus quando scietis omnia manifeste; dicit autem resurrectionis tempus: sed palam de patre meo annuntiabo vobis: etenim quadraginta diebus disputavit cum eis congregatis, loquens de regno dei. et nunc, inquit, in timore existentes non attenditis his quae dicuntur; tunc autem resuscitatum videntes, poteritis palam omnia dicere. * theophylactus. ° adhuc praebet illis fiduciam, quoniam recipient in tentationibus auxilium desuper, cum subdit in illo die in nomine meo petetis: adeo assero vobis patrem favere quod neque interventu meo ulterius indigebitis; |50| unde subdit et non dico vobis quia ego rogabo patrem pro vobis: ipse enim pater amat vos. porro ne resiliant a domino, velut eo ulterius non egentes subiungit quia vos me amastis; quasi dicat: ob hoc diligit vos pater, quia vos me dilexistis. cum itaque excideritis ab amore meo, confestim et a paterno decidetis. * augustinus in ioannem. ° sed numquid ideo amat ille quia nos amamus, an potius quia ille amat, ideo nos amamus? hoc ipse evangelista dicit: nos diligamus, quia ipse prior dilexit nos. amat ergo nos pater, quia nos amamus filium, cum a patre et filio accepimus, ut patrem amemus et filium. amavit ipse quod fecit; sed non in nobis faceret quod amaret, nisi antequam id faceret, nos amaret. * hilarius de trin.. ° caret etiam apud patrem intercessionis necessitate perfecta de filio fides, quae quod a deo exierit, credit, atque amat, et per seipsam iam et audiri meretur et amari, natum ex deo filium missumque confessa; unde sequitur et credidistis quia a deo exivi. nativitas |75| itaque eius, et adventus ostenditur, cum subdit exivi a patre et veni in mundum. alterum in dispensatione, alterum in natura est. a patre enim venisse et a deo exisse, non est significationis eiusdem; cum aliud sit a deo in substantiam nativitatis exisse, aliud a patre in hunc mundum ad consummanda salutis nostrae sacramenta venisse. cum autem exire a deo sit ex nativitate subsistere, quid aliud quam deus esse posset? * chrysostomus in ioannem. ° quia vero resurrectionis sermo non modicum eos mitigabat, et cum hoc audire quod a deo exivit et illuc vadit, continue ea circumvolvit; unde sequitur iterum relinquo mundum et vado ad patrem. nam hoc quidem certificabat quoniam recte in ipsum credebant: hoc vero quoniam sub munitione eius futuri erant. * augustinus. ° exiit enim a patre, quia de patre est; in mundum venit, quia mundo suum corpus ostendit. mundum reliquit corporali discessione, perrexit ad patrem hominis ascensione, nec mundum deseruit praesentiae gubernatione: quia sic |100| in mundum venit exiens a patre ut non desereret patrem. sed dominum iesum christum posteaquam resurrexit, et interrogatum legimus et rogatum: nam interrogatus est a discipulis ascensurus in caelum, quando regnum restitueret israel; rogatus est a stephano cum esset in caelo, ut spiritum eius susciperet. et quis audeat dicere rogandum non esse immortalem, rogari debuisse mortalem? puto ergo, quod dicit in illa die me non rogabitis quidquam, non ad illud tempus referendum esse quo resurrexit, sed ad illud quando videbimus eum sicuti est; quae visio non temporalis vitae est, sed aeternae, ubi iam nihil rogemus, nihil interrogemus, quia nihil desiderandum remanebit, nihil quaerendum latebit. * alcuinus. ° sic ergo dicit: in futuro me non rogabitis quidquam; sed interim, dum in peregrinatione huius miseriae conversamini, si petieritis patrem, dabit vobis; unde subdit amen, amen, dico vobis: si quid petieritis patrem in nomine meo, dabit vobis. * augustinus. ° hoc quod ait si quid, non quodlibet |125| intelligitur, sed aliquid quod non in beatae vitae comparatione sit nihil. non autem petitur in nomine salvatoris quidquid petitur contra rationem salutis: non enim sonum litterarum aut syllabarum, sed quod sono recte ac veraciter intelligitur, hic accipiendum est, cum dicit in nomine meo. unde qui hoc sentit de christo quod non est de unico filio dei sentiendum, non petit in eius nomine. qui vero quod est de illo sentiendum sentit, ipse in eius nomine petit, et accipit quod petit, si non contra suam salutem sempiternam petit; accipit autem quando debet accipere: quaedam enim non negantur, sed ut congruo dentur tempore differuntur. ita sane intelligendum est, quod ait dabit vobis, ut ea beneficia significata sciantur his verbis quae ad eos qui petunt proprie pertinent. exaudiuntur quippe omnes sancti pro seipsis, non autem pro omnibus, quia non utcumque dictum est dabit; sed dabit vobis. quod autem sequitur, usque modo non petistis quidquam in nomine meo, duobus modis intelligi potest: vel quia in nomine |150| meo non petistis, quod nomen non sicut cognoscendum est cognovistis; vel non petistis quidquam, quoniam in comparatione rei quam petere debuistis, pro nihilo habendum est quod petistis. ut igitur in nomine eius non nihil, sed gaudium plenum petant, subdit petite, et accipietis, ut gaudium vestrum sit plenum. hoc quod dicit gaudium plenum, non carnale, sed spirituale gaudium est; et quando tantum erit ut aliquid ei iam non sit addendum, tunc erit plenum. * augustinus de trin.. ° hoc est autem plenum gaudium vestrum quo amplius non est, frui deo, trinitate, ad cuius imaginem facti sumus. * augustinus in ioannem. ° quidquid ergo petitur quod pertinet ad hoc gaudium consequendum, hoc est in nomine christi petendum. isto enim bono in petendo perseverantes sanctos suos nequaquam misericordia divina fraudabit. quidquid autem aliud petitur, nihil petitur: non quia nulla res est, sed quia in tantae rei comparatione quidquid aliud concupiscitur, nihil est. sequitur haec in proverbiis locutus sum |175| vobis: venit hora cum iam non in proverbiis loquar vobis, sed palam de patre meo annuntiabo vobis. possem dicere hanc de qua loquitur horam futurum saeculum intelligi, ubi videbimus palam quod apostolus dicit: facie ad faciem; ut quod ait haec in proverbiis locutus sum vobis, hoc sit quod ab apostolo dictum est: videmus nunc per speculum in aenigmate. annuntiabo autem vobis quia per filium pater videbitur: neque enim patrem quis cognoscit nisi filius, et cui voluerit filius revelare. * gregorius moralium. ° palam quippe de patre annuntiare se asserit; quia per patefactam tunc maiestatis suae speciem, et quomodo ipse gignenti non impar oriatur, et quomodo utrorumque spiritus utrique coaeternus procedat ostendet. * augustinus. ° sed istum sensum videtur impedire quod sequitur: in illo die in nomine meo petetis: in futuro enim saeculo quid petituri sumus, quando satiabitur in bonis desiderium nostrum? petitio namque alicuius est indigentiae. relinquitur |200| itaque ut intelligatur iesus discipulos suos de carnalibus vel animalibus spirituales esse facturus. homo autem animalis sic audit quaecumque audit de dei natura ut aliud quam corpus cogitare non possit. ideo proverbia illi sunt quaecumque dicta sapientiae de incorporea immutabilique substantia; non quod tamquam proverbia deputet, sed quia sic cogitat quomodo qui proverbia solent audire, neque intelligere. cum vero spiritalis coeperit omnia diiudicare, etiam si in hac vita velut per speculum et ex parte perspicit, tamen nullo corporis sensu, nulla imaginaria cogitatione, sed mentis certissima intelligentia, capit deum non corpus esse, sed spiritum. ita palam de patre annuntiante filio ut eiusdem substantiae conspiciatur et ipse qui annuntiat, nunc in eius nomine petunt qui petunt: quia in sono eius nominis non aliud quam res ipsa est quae hoc nomine vocatur, intelligunt. hi possunt cogitare dominum nostrum iesum christum, inquantum homo est, pro nobis interpellare patrem; inquantum deus est, |225| nos exaudire cum patre: quod eum significasse arbitror, ubi ait et non dico vobis quia ego rogabo patrem pro vobis. ad hoc quippe intuendum, quomodo non roget patrem filius, sed simul exaudiant rogantes pater et filius, non nisi spiritualis oculus mentis ascendit.

lc6 * Chrysostomus in ioannem. ° quia discipulos hoc maxime respirare fecit quod erant patris amici, propterea dicunt se cognoscere quod omnia nosset; unde sequitur dicunt ei discipuli eius: ecce nunc palam loqueris, et proverbium nullum dicis. * augustinus in ioannem. ° cum autem adhuc promittatur futura illa hora in qua sine proverbiis locuturus est; cur isti hoc dicunt, nisi quia illa quae scit ipsis non intelligentibus esse proverbia, usque adeo non intelligunt, ut nec saltem non se intelligere intelligant? * chrysostomus. ° quoniam autem ad id quod in eorum mente erat respondit, subdunt nunc scimus quoniam scis omnia. vides qualiter imperfecte se habebant, qui post tot et tanta demonstrata dicunt nunc scimus; et hoc dicunt tamquam ei quamdam gratiam tribuentes. et non est opus tibi ut quis te interroget; hoc est, antequam audias, nosti ea quae scandalizant nos, et quiescere nos fecisti dicens quoniam pater vos amat. * augustinus. |25| ° quid ergo vult sibi quod ei quem sciebant nosse omnia, cum dicere debuisse videantur: non est opus tibi ut quidquam interroges, dicendum potius putaverunt non est opus tibi ut quis te interroget? quod utrumque legimus factum: et interrogasse scilicet dominum, et interrogatum fuisse. sed hoc cito solvitur: quia hoc non ei, sed illis potius opus erat quos interrogabat, vel a quibus interrogabatur. neque enim aliquos ille interrogabat ut ab eis aliquid disceret, sed eos potius ut doceret: et qui interrogabant eum, volentes ab eo aliquid discere, illis profecto id opus erat ut scirent ab eo aliqua qui noverat omnia. ille autem non opus habebat ut quod ab eo scire quisque vellet, per ipsius cognosceret interrogationem: quia priusquam interrogaretur, interrogatorum noverat voluntatem. praevidere autem cogitationes hominum, magnum domino non erat, sed magnum parvulis erat, qui subdunt in hoc credimus quia a deo existi. * hilarius de trin.. ° per id enim credunt quod a deo exiit, quia ea quae dei sunt agit. |50| nam cum dominus utrumque dixisset, a deo exivi, et a patre veni in hunc mundum, nihil admirationis in eo habuerunt quod frequenter audierunt: unde non addunt: a patre venisti in hunc mundum: sciebant enim a deo missum, exisse tamen a deo nesciebant. inenarrabilem vero illam filii nativitatem per virtutem dicti istius intelligentes, tunc primum coeperunt advertere, cum illum sine proverbiis profiterentur esse locutum. non enim per consuetudinem humani partus deus ex deo nascitur, cuius a deo exitio potius quam partus est. est enim unus ex uno: non est portio, non est defectio, non est diminutio, non derivatio; non est protensio, non passio, sed viventis naturae ex vivente nativitas est. deus ex deo exiens est, non creatura in dei nomine electa, non ut esset coepit ex nihilo; sed exiit a manente, et exiisse significationem habet nativitatis, non inchoationis. * augustinus. ° denique de ipsa eorum aetate adhuc secundum interiorem hominem parva et infirma eos admonet; unde subditur respondit eis iesus: modo |75| creditis. * beda. ° quod duobus modis pronuntiari potest; affirmando scilicet et insultando: si insultando, hic est sensus: tardius ad credendum evigilastis: ecce enim venit hora ut dispergamini unusquisque in propria etc.. si affirmando, sensus est: verum est quod creditis; sed ecce venit hora ut dispergamini unusquisque in propria, et me solum relinquatis. * augustinus in ioannem. ° non enim quando comprehensus est, tantummodo carne sua eius carnem, verum etiam mente reliquerunt fidem. * chrysostomus in ioannem. ° dicit autem dispergamini, scilicet quando tradar: tantum enim vobis dominabitur timor ut neque simul possitis recedere. sed ego ex hoc nullum patiar malum; unde subdit et non sum solus, quia pater mecum est. * augustinus. ° ad hoc intelligendum eos volebat extendi et crescere ne sic a patre filium cogitarent exisse ut putarent etiam recessisse. deinde sermonem concludit dicens haec locutus sum vobis, ut in me pacem habeatis. * chrysostomus. |100| ° idest, ut non abiciatis me a mente vestra. non enim nunc solum quando comprehendar, fient vobis adversa, sed donec eritis in mundo pressuram habebitis, idest tribulationem; et hoc est quod subdit in mundo pressuram habebitis. * gregorius moralium. ° quasi dicat: sit vobis de me interius quod consolando reficiat, quia erit de mundo exterius, quod saeviendo graviter premat. * augustinus. ° illud initium habitura fuerat ista pressura de quo dicit venit hora ut dispergamini unusquisque in propria; sed non eo modo erat perseveratura: quod enim adiunxit, et me solum relinquatis, non vult eos tales esse in consequenti pressura, quam post eius ascensionem fuerant in mundo habituri, ut relinquant eum, sed ut in illo pacem habeant permanentes in eo; unde sequitur sed confidite. * chrysostomus. ° idest, resurgite mente: magistro enim superante inimicos, non oportet discipulos anxiari; unde subdit quia ego vici mundum. * augustinus. ° dato autem spiritu sancto confiderunt, |125| et vicerunt, non nisi in illo: non enim vicisset ille mundum, si membra eius vinceret mundus. cum autem dicitur haec locutus sum vobis, ut in me pacem habeatis, non recentiora paulo ante ab eo dicta, sed omnia debemus accipere: sive quaecumque illis locutus est ex quo eos coepit habere discipulos, sive ex quo post coenam exorsus est hunc mirabilem prolixumque sermonem. hanc enim causam commendavit sermonis sui, ut in illo pacem haberent. haec pax finem temporis non habebit; sed omnis piae nostrae intentionis actionisque finis ipsa erit.

074 CJO cp17

lc1 * Chrysostomus in ioannem. ° quia dixerat dominus: in mundo pressuram habebitis, post admonitionem in orationem convertitur, erudiens nos in tribulationibus, omnia dimittentes, ad deum refugere; unde dicitur haec locutus est iesus. * beda. ° illa intelligi debent quae in coena locutus est, quaedam quidem sedendo usque ibi: surgite, eamus hinc; deinde stando usque ad hymni finem, cuius hoc est initium: et sublevatis oculis in caelum dixit: pater, venit hora: clarifica filium tuum. * chrysostomus. ° propter hoc in caelum oculos elevavit ut nos doceret extensionem quae est in orationibus, ut stantes sursum aspiciamus, non oculis carnis solum, sed et mentis. * augustinus in ioannem. ° poterat autem dominus in forma servi, si hoc opus esset, orare silentio; sed ita se patri exhiberi voluit precatorem ut meminisset nostrum se esse doctorem. proinde non solum ad ipsos sermocinatio, sed etiam pro ipsis ad patrem oratio, discipulorum est aedificatio: | 25 | profecto et nostrum, qui fueramus conscripta lecturi. hoc autem quod ait pater, venit hora, ostendit omne tempus, et quid et quando faceret, vel fieri sineret, ab illo dispositum qui tempori subditus non est. non autem credatur haec hora fato urgente venisse, sed deo potius ordinante: absit enim ut sidera mori cogerent siderum conditorem. * hilarius de trin.. ° non diem autem, non tempus, sed horam venisse dicit. in hora diei portio est: et quae erat haec hora? iam nunc conspuendus, flagellandus, crucifigendus erat: sed clarificat pater filium. sol de cursu operis defecit, et interitum suum cum eo reliqua mundi elementa senserunt; ad onus domini in cruce pendentis terra tremuit, et eum qui moriturus erat se contestata est non capere. proclamat centurio: vere filius dei erat iste; praedictioni consentit effectus. dominus dixerat clarifica filium tuum. non solum nomine contestatus est esse se filium, sed et proprietate qua dicitur tuum: multi enim nos filii dei, sed non talis hic filius: hic |50| enim proprius et verus est filius origine, non adoptione; veritate, non nuncupatione; nativitate, non creatione. ergo post clarificationem eius, veritatem confessio secuta est: nam verum dei filium centurio confitetur, ne quis credentium ambigeret quod aliquis persequentium non negasset. * augustinus in ioannem. ° sed si passione clarificatus dicitur, quanto magis resurrectione? nam in passione magis eius humilitas quam claritas commendatur. quod ergo ait: pater, venit hora, clarifica filium tuum, sic intelligendum est tamquam dixerit: venit hora seminandae humilitatis: fructum non differas claritatis. * hilarius de trin.. ° sed forte infirmus reperietur filius dum clarificationem potioris expectat. et quis non patrem potiorem confitebitur, cum ipse dicat: pater maior me est? sed cavendum est ne apud imperitos gloriam filii honor patris infirmet; nam sequitur ut filius tuus clarificet te. non ergo infirmus est filius, vicem clarificationis ipse, cum clarificandus sit, redditurus. ergo expostulatio |75| clarificationis dandae vicissimque reddendae, eamdem in utroque ostendit divinitatis virtutem. * augustinus. ° merito autem quaeritur quomodo patrem clarificaverit filius, cum sempiterna claritas patris nec diminuta fuerit in forma humana, nec augeri potuerit in sua perfectione divina. sed apud homines minor erat, quando in iudaea tantummodo deus notus erat; quia vero per evangelium christi factum est ut pater innotesceret gentibus, patrem clarificavit et filius. dicit ergo clarifica filium tuum, ut filius tuus clarificet te; ac si dicat: resuscita me, ut innotescas toti orbi per me. deinde magis pandens quomodo clarificet patrem filius, subiungit sicut dedisti ei potestatem omnis carnis, ut omne quod dedisti ei, det eis vitam aeternam. omnem carnem dixit omnem hominem, a parte totum significans. hoc autem quod potestas christo a patre data est omnis carnis, secundum hominem intelligendum est. * hilarius de trin.. ° caro enim factus ipse vitae aeternitatem erat caducis et corporeis et |100| mortalibus redditurus. vel acceptio potestatis sola est significatio nativitatis, in qua accepit id quod est. non est infirmitati datio deputanda, cum in eo significetur pater esse quod dederit, et in eo filius deus maneat quod vitae aeternae dandae sumpserit potestatem. * chrysostomus in ioannem. ° dicit autem dedisti ei potestatem omnis carnis: ut ostendat quod non ad iudaeos solos sua praedicatio, sed ad totum orbem terrarum extenditur. sed quid est quod dicit omnis carnis? non enim utique omnes crediderunt. et quidem quantum ex eo est, omnes crediderunt; si vero non attendebant his quae dicebantur, non eius qui dicebat, est criminatio, sed eorum qui non susceperunt. * augustinus in ioannem. ° dicit ergo sicut dedisti ei potestatem omnis carnis, ita te glorificet filius, idest notum te faciat omni carni quam dedisti ei; sic enim dedisti, ut omne quod dedisti ei, det eis vitam aeternam. * hilarius de trin.. ° sed in quo tandem aeternitatis vita est, ostendit cum |125| subdit haec est autem vita aeterna, ut cognoscant te solum verum deum. vita est verum deum nosse; sed solum hoc non facit vitam: quid ergo connectitur? et quem misisti iesum christum. * hilarius de trin.. ° dum autem ariani intelligunt solum patrem verum deum, solum iustum, solum sapientem, a communione horum, secundum hos, filius separatur. soli enim, ut aiunt, propria non participantur ab altero; quae si in patre solo, et non in filio existimabuntur, necesse est ut filius deus falsus et insipiens esse credatur. nulli autem dubium est veritatem ex natura et ex virtute naturae esse: verum enim triticum est quod spica structum, et aristis vallatum, et folliculis excussum, et in far comminutum, et in panem coctum, et in cibum sumptum reddit ex se et naturam panis et munus. quaero ergo in quo filio veritas dei desit, cui non desit dei nec natura nec virtus. naturae enim suae virtute usus est, ut essent quae non erant, et fierent quae placerent. an forte quod ait te solum, communionem |150| atque unitatem suam a deo separat? separat sane, si non ad id quod ait te solum verum deum, continue subiecit et quem misisti iesum christum. per id enim ecclesiae fides christum verum deum confessa est, quod solum verum deum confessa patrem sit: non enim unigenito deo naturae demutationem naturalis nativitas intulit. * augustinus de trin.. ° videndum est ergo an intelligere cogamur, cum dictum est patri ut cognoscant te solum verum deum, tamquam hoc insinuare voluerit, quia et solus pater deus verus est, ne non nisi ipsa tria simul, patrem et filium et spiritum sanctum, intelligeremus esse deum. nunc ergo ex domini testimonio et patrem solum verum deum dicimus, et filium solum deum verum, et spiritum sanctum solum verum deum; et simul patrem et filium et spiritum, idest simul ipsam trinitatem, non tres veros deos, sed unum verum deum. * augustinus. ° vel ordo verborum est: ut te, et quem misisti iesum christum, cognoscant solum verum deum; consequenter |175| enim et spiritus sanctus intelligitur, quia spiritus est patris et filii, tamquam caritas consubstantialis amborum. sic igitur filius glorificat te, ut omnibus quos dedisti ei, te cognitum faciat. porro si cognitio mei est vita aeterna, tanto magis in vita aeterna, quanto magis in hac cognitione proficimus. non autem moriemur in vita aeterna. tunc ergo dei cognitio perfecta erit quando nulla mors erit: summa tunc dei clarificatio, quia summa gloria. a veteribus autem gloria definita est frequens de aliquo fama cum laude. at si homo laudatur cum famae creditur, quomodo deus laudabitur quando ipse videbitur? propter quod scriptum est: beati qui habitant in domo tua, in saecula saeculorum laudabunt te. ibi erit dei sine fine laudatio, ubi erit dei plena cognitio, et ideo clarificatio. * augustinus de trin.. ° quod dixerit famulo suo moysi: ego sum qui sum, hoc contemplabimur cum vivemus in aeternum. * augustinus de trin.. ° cum enim fides nostra videndo fiat veritas, tunc mortalitatem |200| nostram commutatam tenebit aeternitas. * augustinus in ioannem. ° sed prius hic clarificatur deus cum annuntiatus hominibus innotescit, et per fidem credentibus praedicatur; propter quod dicit ego te clarificavi super terram. * hilarius de trin.. ° haec quidem clarificationis vicissitudo non pertinet ad divinitatis profectum, sed ad honorem qui ex cognitione ignorantium suscipiebatur. * chrysostomus. ° unde bene dixit super terram: in caelo enim glorificatus fuerat, et in natura gloriam habens, et ab angelis adoratus. non igitur de illa gloria ait quae substantiae eius est, sed de ea quae ad culturam hominum pertinet; unde subdit opus consummavi quod dedisti mihi ut facerem. * augustinus. ° non ait: iussisti, sed dedisti: ubi commendatur evidens gratia: quid enim habet quod non accepit, etiam in unigenito, humana natura? sed quomodo consummavit opus quod accepit ut faciat, cum restet adhuc passionis experimentum, nisi consummasse se dicat quod se consummaturum certissime |225| novit? * chrysostomus. ° vel dicit consummavi; quasi, ea quae ex parte mea sunt omnia feci; aut quia, cum id quod maximum est factum est, dici potest totum iam factum esse. radix enim bonorum submissa erat, quam omnino debebat sequi fructus: et quia his quae futura erant, ipse iam aderat et copulabatur. * hilarius de trin.. ° post quae, ut meritum obedientiae et sacramentum totius dispensationis intelligeremus, adiecit et nunc clarifica me tu, pater, apud temetipsum. * augustinus. ° supra dixerat: pater, venit hora, clarifica filium tuum, ut filius tuus clarificet te; in quo verborum ordine ostenderat, prius a patre clarificandum filium, ut patrem clarificaret filius; modo autem dixit ego te clarificavi, et nunc clarifica me; tamquam prior ipse patrem clarificaverit, a quo deinde ut clarificetur exposcit. ergo intelligendum est utroque verbo superius usum eo ordine quo futurum erat; modo vero usum fuisse verbo praeteriti temporis de re futura, velut si dixisset: ego te clarificabo |250| super terram, opus consummando quod dedisti mihi ut faciam, et nunc clarifica me tu, pater: quae est omnino eadem sententia, nisi quod hic additur clarificationis modus, cum subdit clarifica te quam habui, priusquam mundus fieret, apud te. ordo verborum est: quam habui apud te, priusquam mundus esset. hoc quidam sic intelligendum putaverunt tamquam natura humana quae suscepta est a verbo, converteretur in verbum, et homo mutaretur in deum; immo, si diligentius cogitemus, homo periret in deo. non enim quisquam ex ista mutatione hominis, vel duplicari dei verbum dicturus est, vel augeri; sed quisquis dei filium praedestinatum negat, hunc eumdem filium hominis negat. cum ergo videret illius praedestinatae suae glorificationis venisse tempus, ut et nunc fieret in redditione quod fuerat in praedestinatione iam factum, oravit dicens et nunc clarifica me tu, pater, etc.: idest, illam claritatem quam habui apud te praedestinatione tua, tempus est ut apud te habeam etiam vivens in dextera tua. |275| * hilarius de trin.. ° vel orabat ut id quod ex tempore erat, gloriam eius quae sine tempore est claritatis acciperet, ut in dei virtutem et spiritus incorruptionem transformata carnis corruptio absorberetur.

lc2 * Chrysostomus in ioannem. ° quia dixerat opus consummavi, manifestat quale opus: ut scilicet nomen dei manifestaret; unde dicitur manifestavi nomen tuum hominibus quos dedisti mihi de mundo. * augustinus in ioannem. ° quod si de his tantum dicit discipulis cum quibus coenavit, non pertinet hoc ad illam clarificationem de qua superius loquebatur, qua filius clarificat patrem: quanta est enim gloria duodecim vel undecim innotescere potuisse mortalibus? si autem quod ait manifestavi nomen tuum hominibus quos dedisti mihi de mundo, omnes intelligi voluit qui in eum fuerant credituri, est plane ista clarificatio qua filius clarificat patrem: et tale est quod ait manifestavi nomen tuum, quale illud quod supra dixerat: ego te clarificavi, pro tempore futuro et illic et hic praeteritum ponens. sed de his qui iam erant discipuli, non de omnibus qui in illum fuerant credituri, eum hoc dixisse, ea quae sequuntur credibilius demonstrant. |25| ab ipso ergo orationis suae exordio omnes suos dominus volebat intelligi, quibus notum faciendo patrem, clarificat eum. cum enim dixisset: filius tuus clarificet te, mox quemadmodum id fieret demonstravit dicens: sicut dedisti ei potestatem omnis carnis. iam nunc quid de illis a quibus tunc audiebatur discipulis suis dicat, audiamus: manifestavi nomen tuum hominibus quos dedisti mihi de mundo. non ergo dei nomen noverant, cum essent iudaei; et ubi est quod legitur: notus in iudaea deus, et in israel magnum nomen eius? ergo intelligendum est: manifestavi nomen tuum hominibus istis, quos dedisti mihi de mundo, qui me audiunt haec dicentem, non illud nomen tuum quod vocaris deus, sed illud quod vocaris pater meus; quod nomen manifestari sine ipsius filii manifestatione non possit: nam quod deus dicitur universae creaturae, etiam omnibus gentibus antequam in christum crederent non omnimode esse potuit hoc nomen incognitum. in hoc ergo quod fecit hunc mundum, et |50| antequam imbuerentur in fide christi, notus in omnibus gentibus deus; in hoc autem quod non est cum diis falsis colendus, notus in iudaea deus; in hoc vero quod pater est huius christi, per quem tollit peccatum mundi, hoc nomen eius prius occultum, nunc manifestavit eis quos dedit ei pater ipse de mundo. sed quomodo manifestavit, si nondum venit hora de qua superius dixerat, quod veniet hora cum iam non in proverbiis loquar vobis? proinde intelligendum est pro tempore futuro praeteritum positum. * chrysostomus. ° vel quod ipsum christum filium habeat, manifestaverat eis iam et verbis et rebus. * augustinus. ° per hoc autem quod dicit dedisti mihi de mundo, dictum est de illis quod non essent de mundo; sed hoc eis regeneratio praestitit, non generatio. quid est autem quod sequitur: tui erant, et mihi eos dedisti? an aliquando habuit pater aliquid sine filio? absit. verumtamen habuit aliquid aliquando dei filius, quod nondum habuit |75| idem ipse hominis filius, qui nondum erat homo factus ex matre: quapropter quod dixit tui erant, non inde se separavit dei filius; sed solet ei tribuere omne quod potest a quo est ipse qui potest. quod itaque ait et mihi eos dedisti, secundum hominem se accepisse hanc potestatem ut eos haberet ostendit; et etiam ipse sibi eos dedit, hoc est cum patre deus christus homini christo; quod cum patre non est. hoc autem dixit, ut ostendat eam quam ad patrem unanimitatem, et quoniam placet patri ut filio credant; unde sequitur et sermonem tuum servaverunt. * beda. ° sermonem patris semetipsum appellat, quia per ipsum pater omnia condidit, et in se continet omnes sermones; ac si diceret: memoriae me commendaverunt, ut nunquam obliviscantur. vel dicit: et sermonem tuum servaverunt, in eo scilicet quod mihi crediderunt; unde sequitur et nunc cognoverunt quia omnia quae dedisti mihi, abs te sunt. quidam autem dicunt hanc esse litteram: nunc cognovi quia omnia quae dedisti mihi, abs te sunt: sed hi non |100| habent rationem. quomodo enim poterat ignorare filius quae sunt patris? sed de discipulis dictum est; quasi dicat: didicerunt quod nihil est in me alienum extra te, et quod quaecumque doceo, tua sunt. * augustinus. ° simul autem pater dedit ei omnia cum genuit qui habet omnia. * chrysostomus. ° et unde didicerunt? ex verbis meis, quibus docebam eos quoniam a te exivi: hoc enim per totum studebat ostendere evangelium; unde sequitur quia verba quae dedisti mihi, dedi eis; et ipsi acceperunt. * augustinus. ° idest, intellexerunt, atque tenuerunt. tunc enim verbum accipitur quando mente percipitur; unde sequitur et cognoverunt vere quia a te exivi. et ne quisquam putaret istam cognitionem iam per speciem factam, non per fidem, exponendo addidit et crediderunt, ut subaudiamus vere quia tu me misisti. hoc itaque crediderunt vere, quod cognoverunt vere. idem enim est a te exivi quod est tu me misisti. quod autem dicit crediderunt, vere intelligendum est, non eo quo supra |125| dixit modo crediderunt, sed vere, idest quomodo credendum est, inconcusse, firme, stabiliter; non iam ad propria redituri, et christum relicturi. adhuc ergo discipuli non erant tales quales eos dicit verbis praeteriti temporis, quasi iam esset praenuntians quales futuri essent accepto spiritu sancto. quomodo autem pater ea verba filio dederit, facilior quaestio videtur, si secundum quod est filius hominis accepisse a patre credatur; si vero secundum id quod est a patre genitus, accepisse a patre ista verba cogitatur, nihil ibi temporis cogitetur, quasi prius fuerit, et ea non habuerit; quoniam quidquid deus pater deo filio dedit, gignendo dedit.

lc3 * Chrysostomus in ioannem. ° quia multas a domino consolationes discipuli audientes nondum persuasi erant, de reliquo patri loquitur, dilectionem quam ad eos habebat ostendens; unde sequitur ego pro eis rogo; quasi dicat: non solum quae a me sunt tribuo eis, sed et alium pro hoc rogo; ut ampliorem ostendat amorem. * augustinus in ioannem. ° cum ergo addit non pro mundo, mundum vult intelligi eos qui vivunt secundum concupiscentiam mundi, et non sunt in ea sorte gratiae ut ab illo eligantur ex mundo; quam sortem significat cum subdit sed pro his quos dedisti mihi. per hoc enim quod eos illi pater iam dedit, factum est ut non pertineant ad mundum pro quo non rogat. neque autem quia pater eos filio dedit, amisit ipse quos dedit; unde subdit quia tui sunt. * chrysostomus. ° frequenter autem hoc ponit dedisti mihi, ut discant quoniam patri hoc placet, et quoniam non ut alienus veniens eos seduxit, sed ut proprios accepit. deinde ne quis |25| aestimet novum esse eius principatum et nuper eos suscepisse a patre, subiungit et omnia mea tua sunt, et tua mea sunt; ac si dicat: neque audiens aliquis quoniam mihi eos dedisti, aestimet eos alienos esse a patre; mea enim eius sunt: nec audiens quoniam tui erant, aestimet alienos eos fuisse a me: quae enim sunt eius, mea sunt. * augustinus. ° satis autem hic apparet, quoniam unigeniti filii sunt omnia quae sunt patris; per hoc utique quod etiam ipse deus est, et de patre natus, patri aequalis: non quomodo dictum est maiori ex duobus filiis: omnia mea tua sunt; illud enim de omnibus dictum est creaturis quae infra creaturam sanctam rationalem sunt; hoc autem ita dictum est, ut sit haec etiam ipsa creatura rationalis quae non nisi deo subditur. hoc ergo cum sit dei patris, non simul esset et filii, nisi patri esset aequalis. nefas est enim ut sancti de quibus haec locutus est, cuiusquam sint nisi eius a quo creati et sanctificati sunt. hoc autem quod ait, cum de spiritu sancto loqueretur: |50| omnia quae habet pater, mea sunt, de his dicit quae ad ipsam patris pertinent divinitatem: neque enim spiritus sanctus de creatura quae patri est subdita et filio, fuerat accepturus, cum dicat: de meo accipiet. * chrysostomus. ° deinde demonstrationem praedictorum ponit, dicens et clarificatus sum in eis. ex quo patet quoniam potestatem super eos habeo, quoniam glorificant me, tibi credentes et mihi: nullus enim in quibus non habet potestatem glorificatus est. * augustinus in ioannem. ° dicendo autem iam esse factum, ostendit iam fuisse praedestinatum, et certum haberi voluit quod esset futurum. sed utrum ipsa sit clarificatio de qua dixerat: et nunc clarifica me tu, pater, apud temetipsum (si enim apud te, quomodo in eis?), an cum hoc ipsum innotescit eis, et per eos omnibus qui credunt eis, quasi testibus suis; unde subdit et iam non sum in mundo, et hi in mundo sunt. * chrysostomus. ° hoc est: et si non appaream secundum carnem, per |75| hos glorificor qui pro me moriuntur sicut et pro patre, et praedicant me sicut et patrem. * augustinus. ° sed si horam illam qua loquebatur attendas, utrique in mundo adhuc erant. non enim secundum profectum cordis et vitae id accipere possumus, cum dicat iam non sum in mundo. numquid ergo fas est ut eum credamus aliquando mundana sapuisse? restat igitur ut secundum illud quod etiam ipse in mundo prius erat, in mundo se dixit iam non esse praesentia corporali. an non quotidie dicimus: iam non est hic de aliquo quantocius abituro, et maxime morituro? unde exponens cur hoc dixerit, adiecit et ego ad te venio. commendat igitur patri eos quos corporali absentia relicturus est, dicens pater sancte, serva eos in nomine tuo quos dedisti mihi. sicut homo deum rogat pro discipulis suis, quos accepit a deo. sed attende quod sequitur: ut sint unum sicut et nos. non ait: ut simus unum ipsi et nos, sicut et nos unum sumus: ipsi utique in natura sua unum sunt, sicut nos in nostra unum sumus: |100| quia enim una eademque persona est deus et homo, intelligimus hominem in eo quod rogat, et deum in eo quod unum sunt et ille et ipse quem rogat. poterat quidem dicere per id quod ecclesiae caput est, et corpus eius ecclesia: ego et ipsi, non unum sed unus sumus, quia caput et corpus unus est christus; sed divinitatem suam consubstantialem patri ostendens, vult esse suos unum, sed in christo; non tantum per eamdem naturam qua omnes ex hominibus mortalibus aequales angelis fiunt, sed etiam per eamdem in eamdem habitudinem conspirantem concordissimam voluntatem, in unum spiritum quodammodo caritatis igne conflati. ad hoc enim valet quod ait ut sint unum, sicut et nos unum sumus: ut quemadmodum pater et filius non tantum aequalitate substantiae, sed etiam voluntate unum sunt, ita et hi inter quos et deum mediator est filius, non tantum per hoc quod eiusdem naturae sunt, sed etiam per eamdem dilectionis societatem unum sint. * chrysostomus. ° rursus ut homo loquitur subdens |125| cum essem cum eis, ego servabam eos in nomine tuo, hoc est per tuum adiutorium; humane enim loquitur, et ad eorum mentem aestimantium quod maiorem quamdam haberent utilitatem ab eius praesentia. * augustinus in ioannem. ° in nomine enim patris servabat discipulos suos filius homo, cum eis humana praesentia constitutus; sed et pater in nomine filii servabat quos in nomine filii petentes exaudiebat. neque hoc tam carnaliter debemus accipere velut vicissim nos servent pater et filius: simul enim nos custodiunt et pater et filius et spiritus sanctus; sed scriptura nos non levat nisi descendat ad nos. intelligamus ergo cum ita dominus loquitur, personas eum distinguere, non separare naturam. quando ergo servabat discipulos suos filius praesentia corporali, non expectabat pater ad custodiendum succedere filio discedenti; sed eos ambo servabant potentia spiritali; et quando ab eis abstulit filius praesentiam corporalem, tenuit cum patre custodiam spiritalem; quia et custodiendos quando filius homo accepit, |150| custodiae paternae non abstulit; et cum pater filio custodiendos dedit, non dedit sine ipso cui dedit; sed dedit homini filio, non sine deo eodem ipso filio; sequitur enim quos dedisti mihi, ego custodivi, et nemo ex ipsis periit, nisi filius perditionis, idest traditor christi, perditioni praedestinatus, ut scriptura impleatur, qua scilicet de illo, maxime in psalmo 108, prophetatur. * chrysostomus. ° et nimirum solus ille tunc periit, sed multi postea. dicit autem nemo ex eis periit, idest, quantum ex mea parte non perdam: quod manifestius alibi dicit: non eiciam foras. si vero per seipsos exilient, non ex necessitate ad me traho. sequitur nunc autem ad te venio. sed quia posset aliquis quaerere: numquid non potes eos conservare recedens? potest quidem, sed cuius gratia hoc dicat, ostendit subdens et haec loquor in mundo, ut habeant gaudium meum impletum in semetipsum; idest, ut non tumultuentur imperfectiores existentes per id quod indicavit quod propter eorum gaudium et requiem |175| omnia haec infirma loquebatur. * augustinus. ° vel aliter. quod sit hoc gaudium, iam superius expressum est ubi ait ut sint unum, sicut et nos unum sumus. hoc gaudium suum, idest a se in eos collatum, in eis dicit implendum; propter quod se locutum dixit in mundo. haec est pax et beatitudo futuri saeculi. in mundo autem loqui se dicit, qui paulo ante dixerat iam non sum in mundo; quia enim nondum abierat, hic adhuc erat; et quia mox fuerat abiturus, hic quodammodo iam non erat.

lc4 * Chrysostomus in ioannem. ° rursus dominus assignat causam propter quam digni sunt discipuli multa diligentia potiri a patre, dicens ego dedi eis sermonem tuum, et mundus eos odio habuit; quasi dicat: propter te odio habiti sunt et propter sermonem tuum. * augustinus in ioannem. ° nondum autem id experti fuerant passionibus suis, quae illos postea sunt secutae; sed more suo dicit ista, verbis praeteriti temporis futura praenuntians. deinde causam subicit cur eos oderit mundus, dicens quia non sunt de mundo. hoc eis regeneratione collatum est: nam generatione de mundo erant. donatum est ergo eis ut sicut nec ipse, ita nec ipsi de mundo essent; unde sequitur sicut et ego non sum de mundo. ipse de mundo nunquam fuit; quia etiam secundum formam servi de spiritu sancto natus est, de quo illi renati. quamvis autem iam non essent de mundo, adhuc tamen necessarium erat eos esse in mundo; unde subdit non rogo ut tollas eos de mundo. * beda. |25| ° quasi dicat: iam imminet tempus ut tollar ego de mundo, ideoque necesse est ut illi nunc non tollantur de mundo, ut me et te primum annuntient mundo. quod vero subdit, sed ut serves eos a malo, licet omne malum intelligi possit, maxime vult intelligi malum secessionis. * augustinus. ° repetit autem eamdem sententiam, dicens de mundo non sunt, sicut et ego non sum de mundo. * chrysostomus. ° supra autem dixit: quos dedisti mihi de mundo; illic naturam dicens, hic autem de actibus malis. dicit autem non sunt de mundo: quia nihil commune cum terra est eis, sed caelestium facti sunt cives: in quo amorem suum eis ostendit, dum patri eos laudat. hoc autem quod dicit sicut, cum in ipso et patre ponitur, parilitas ostenditur propter naturae unitatem; sed cum de nobis et christo dicitur, multa distantia intermedia inter utrumque existit. cum autem prius dixit: serva eos a malo, non de periculorum ereptione ait solum, sed de permanentia in fide; unde subdit sanctifica eos |50| in veritate. * augustinus. ° sic enim servantur a malo; quod superius oravit ut fieret. quaeri autem potest quomodo de mundo iam non erant, si sanctificati in veritate nondum erant. an quia et sanctificati in eadem proficiunt sanctitate, neque hoc sine adiutorio gratiae dei? sanctificantur autem in veritate heredes testamenti novi, cuius veritatis umbrae fuerunt sanctificationes veteris testamenti; et cum sanctificantur in veritate, sanctificantur in christo, qui dixit: ego sum via, veritas et vita; unde sequitur sermo tuus veritas est. graecum evangelium logos habet, idest verbum. sanctificavit ergo pater in veritate, idest in verbo suo unigenito, suos heredes, eiusque coheredes. * chrysostomus. ° vel aliter. sanctifica eos in veritate; idest, sanctos fac per sancti spiritus donationem et recta dogmata: recta enim dogmata de deo docent, et sanctificant animam: et quia hic de dogmatibus ait, subiunxit sermo tuus veritas est; hoc est: nullum mendacium est in eo, et nihil typicum ostendit neque corporeum. |75| videtur autem mihi et aliud ostendere hoc quod dicit sanctifica eos in veritate; idest, segrega eos sermoni et praedicationi; unde subdit sicut tu me misisti in mundum. * glossa. ° pro quo enim christus missus est, pro hoc et hi; unde paulus: deus erat in christo, mundum reconcilians sibi, et posuit in nobis verbum reconciliationis. hoc autem quod dicit sicut, non similiter de eo et de apostolis ponitur, sed ut erat possibile hominibus. dicit autem se eos misisse in mundum, secundum quod erat ei consuetudo, futurum ut factum dicere. * augustinus. ° manifestum est autem per hoc quod nunc adhuc de apostolis loquitur: nam ipsum nomen apostolorum quoniam graecum est, missos significat in latino; sed quoniam per hoc quod christus factus est caput ecclesiae, illi membra sunt eius, ideo ait et pro eis ego sanctifico meipsum; idest, eos in meipso sanctifico, cum et ipsi sint ego. et ut intelligeremus, cum dixit pro eis sanctifico meipsum, hoc eum dixisse quod eos ipse sanctificaret, mox addidit |100| ut sint et ipsi sanctificati in veritate, idest in me, secundum quod verbum veritas est, in quo et ipse filius hominis sanctificatus est ab initio, quando verbum caro factum est. tunc enim sanctificavit se in se, idest hominem se in verbo se: quia unus christus verbum et homo; propter sua vero membra dicit et pro eis ego sanctifico meipsum; hoc est, ipsos in me, quoniam in me etiam ipsi sunt, et ego. ut sint et ipsi sanctificati in veritate. quid est et ipsi, nisi quemadmodum ego, et in veritate, quod sum ego? * chrysostomus. ° vel aliter. pro eis sanctifico meipsum; idest, meipsum offero tibi hostiam: hostiae enim omnes sanctae dicuntur, et quaecumque deo dicantur. quia vero antiquitus in figura sanctificatio erat, utpote in ove, nunc autem est in ipsa veritate, ideo subdit ut sint et ipsi sanctificati in veritate: quia et eos tibi facio oblationem; quod propterea dicit, quia ipse qui offertur est caput eorum, aut quia et ipsi immolantur. exhibete enim, ait apostolus, membra vestra hostiam |125| viventem sanctam.

lc5 * Augustinus in ioannem. ° cum orasset dominus pro discipulis suis, quos et apostolos nominavit, adiunxit et ceteros qui in eum fuerant credituri, dicens non pro eis autem rogo tantum, sed et pro eis qui credituri sunt per verbum eorum in me. * chrysostomus in ioannem. ° hinc rursus consolatur eos, ostendens aliorum salutis causam futuros, cum dicit qui credituri sunt per verbum eorum in me. * augustinus. ° ubi omnes suos intelligi voluit, non solum qui tunc erant in carne, sed etiam qui futuri erant; neque hi tantum qui ipsos, cum in carne viverent, apostolos audierunt, sed et post obitum eorum, et nos longe post nati, per verbum eorum credidimus in christum: quoniam ipsi qui cum illo tunc fuerunt, quod ab illo audierunt, ceteris praedicaverunt, atque ita verbum eorum ad nos usque pervenit, et perventurum est ad posteros, quicumque credituri sunt. potest autem videri in hac oratione non orasse pro quibusdam suis, pro illis scilicet |25| qui neque tunc erant cum illo, neque per verbum eorum postea, sed in eum ante crediderunt. numquid etiam cum illo erat tunc nathanael, ioseph ab arimathaea, et multi alii, de quibus ioannes dicit quod crediderunt in eum? omitto dicere de simeone sene, de anna prophetissa, zacharia, elisabeth, ioanne praecursore: quoniam responderi potest, orandum pro talibus mortuis non fuisse, qui cum magnis suis meritis hinc abierant: hoc enim et de antiquis iustis similiter respondetur. intelligendum est igitur quod nondum ei sic crediderant quomodo ipse in se credi volebat; sed post eius resurrectionem spiritu sancto impartito edoctis et confirmatis apostolis, sic alios credidisse quemadmodum christo credi oportebat. sed restat ad quaestionem paulus apostolus non ab hominibus, neque per hominem, et latro qui tunc credidit quando in ipsis doctoribus fides quae fuerat qualiscumque defecit. proinde relinquitur ut sic intelligamus quod dictum est, per verbum eorum, ut ipsum verbum fidei quod praedicaverunt |50| in mundo, sic significatum esse credamus. dictum autem est verbum eorum, quoniam ab ipsis est primitus ac praecipue praedicatum: nam quidem ab ipsis praedicabatur in terra, quando per revelationem iesu christi ipsum verbum eorum paulus accepit; ac per hoc et ille latro in fide sua verbum eorum habebat. ergo illa oratione pro omnibus quos redemit, sive tunc in carne viventes, sive postea futuros, redemptor noster oravit. quid autem, vel quare pro eis rogaret, continuo subiunxit dicens ut omnes unum sint. hic pro omnibus rogavit quod est supra pro illis; ut omnes, hoc est ut nos et illi unum simus. * chrysostomus in ioannem. ° et sic in unanimitate sermonem concludit, unde incepit ibi finiens: nam incipiens dixit: mandatum novum do vobis, ut diligatis invicem. * hilarius de trin.. ° tum demum unitatis profectus exemplo unitatis ostenditur cum ait sicut tu, pater, in me, et ego in te, ut et ipsi in nobis unum sint: ut scilicet sicut pater in filio, et filius in |75| patre est, ita per huius unitatis formam in patre et filio unum omnes essent. * chrysostomus. ° rursus autem et hoc quod dicit sicut, non certissimae parilitatis in eis est, sed ut hominibus possibile est; sicut cum dicit: estote misericordes sicut et pater vester caelestis perfectus est. * augustinus in ioannem. ° est autem hic diligenter advertendum, non dixisse dominum: ut omnes unum simus; sed ut omnes unum sint, sicut tu, pater, in me, et ego in te; subintelligitur: unum sumus. ita est enim pater in filio ut unum sint, quia unius substantiae sunt; nos vero esse quidem possumus in eis unum; unum tamen cum eis esse non possumus, quia unius substantiae nos et ipsi non sumus. sic autem sunt in nobis, vel nos in illis, ut illi unum sint in natura sua, nos unum in nostra. sunt quippe et ipsi in nobis sicut deus in templo; sumus autem nos in illis, sicut creatura in creatore suo. ideo ergo addidit in nobis, ut quod unum efficimur fidelissima caritate, gratiae dei tribuendum esset, non nobis. |100| * augustinus de trin.. ° vel quia in seipsis unum esse non possunt, dissociati ab invicem per diversas voluptates et cupiditates et immunditiam peccatorum: unde mundentur per mediatorem, ut sint in illo unum. * hilarius de trin.. ° laborantes autem haeretici fallere, ne per id quod dictum est: ego et pater unum sumus, naturae in his unitas, et indifferens divinitatis subsistentia crederetur; sed ex dilectione mutua et voluntatum concordia unum essent: exemplum unitatis istius ex his dictis dominicis protulerunt ut omnes unum sint, sicut tu, pater, in me, et ego in te. sed licet ipsum intelligentiae suae sensum impietas demutet, non tamen potest intelligentia non extare dictorum: si enim regenerati in unius vitae atque aeternitatis natura sunt, cessat in his solus unitatis assensus qui unum sunt in eiusdem regeneratione naturae; soli autem patri et filio ex natura proprium est ut unum sint, quia deus ex deo unigenitus, non potest nisi in originis suae esse natura. * augustinus. ° quid est autem |125| hoc quod subdit ut mundus credat quia tu me misisti? numquid tunc crediturus est mundus, quando in patre et filio omnes unum erimus? nonne ista est pax illa perpetua, potius fidei merces quam fides? sed etsi in hac vita propter ipsam communem fidem omnes qui unum credimus, unum sumus; etiam sic non ut credamus, sed quia credimus, unum sumus. quid est ergo omnes unum sint ut mundus credat? ipsi quippe omnis mundus est credens, cum de his dicat de quibus dixerat: non pro his rogo tantum, sed pro his qui credituri sunt per verba eorum in me. quomodo ergo intellecturi sumus? nisi quia non in eo causam posuit ut credat mundus, quia illi unum sunt: sed orando dixit ut mundus credat, sicut orando dixerat ut unum sint. denique si verbum quod ait rogo, ubique ponamus, erit huius expositio sententiae manifestior. rogo ut omnes unum sint; rogo ut et ipsi in nobis unum sint; rogo ut mundus credat quia tu me misisti. * hilarius de trin.. ° vel per id mundus crediturus est filium a patre |150| missum esse, quod omnes qui credituri in illum sunt, unum in patre et filio erunt. * chrysostomus in ioannem. ° nihil enim ita scandalizat omnes ut ab invicem dividi; sed quod credentes fiant unum, hoc aedificat ad fidem, et hoc etiam a principio dixit: in hoc cognoscent omnes quia mei estis discipuli, si dilectionem habueritis ad invicem. si enim altercantur, non dicentur pacifici magistri esse discipuli. me vero, inquit, non existente pacifico, non confitebuntur a te missum. * augustinus. ° deinde salvator noster, qui rogando patrem se hominem demonstrabat, nunc demonstrat, se ipsum, quoniam cum patre deus est, facere quod rogat; unde subdit et ego claritatem quam dedisti mihi, dedi illis. quam claritatem, nisi immortalitatem, quam natura humana in illo fuerat acceptura? propter immutabilitatem enim praedestinationis praeteriti temporis verbis futura significat. immortalitatis autem claritatem, quam sibi a patre datam dicit, etiam se sibi dedisse intelligendum est. cum enim tacet filius in |175| opere patris operationem suam, humilitatem commendat; cum vero in opere suo tacet operationem patris, parilitatem commendat. isto igitur modo et hoc loco, nec se facit alienum a patris opere, quamvis dixerat claritatem quam dedisti mihi; nec patrem fecit alienum ab opere suo, quamvis dixerat dedi eis. sicut autem ex eo quod patrem pro suis omnibus rogavit, hoc fieri voluit ut omnes unum sint; ita etiam suo beneficio id fieri voluit; unde adiunxit ut unum sint in nobis, sicut et nos unum sumus. * chrysostomus. ° vel claritatem dicit gloriam quae est per signa et dogmata, et ut unanimes sint; unde subdit ut unum sint in nobis, sicut et nos unum sumus. haec enim gloria, ut sint unum; etiam signis maior est. universi enim qui per apostolos crediderunt, unum sunt; et si quidam ex ipsis divisi sunt, hoc eorum desidiae fuit; quod tamen eum non latuit. * hilarius. ° per acceptum igitur et datum honorem omnes unum sunt. sed nondum apprehendo ratione, quoniam datus honor unum omnes |200| esse perficiat. sed dominus gradum quemdam atque ordinem consummandae unitatis exposuit cum subdit ut unum sint in nobis: ut cum ille in patre per naturam divinitatis esset, nos contra in eo per corporalem eius nativitatem, et ille iterum in nobis per sacramenti esse mysterium crederetur, perfecta per mediatorem unitas docetur. * chrysostomus. ° alibi vero ait de se et patre: veniemus, et mansionem apud eum faciemus: illic quidem sabellianorum obstruens ora, dum scilicet ponit duas personas; hic vero arii suspicionem destruens, cum patrem per se dicit discipulis advenire. * augustinus in ioannem. ° neque tamen hoc ita dictum est tamquam pater non in nobis aut nos in patre non simus, sed per mediatorem inter deum et hominem se breviter intimavit. quod vero addidit ut sint consummati in unum, ostendit eo perduci reconciliationem quae fit per mediatorem ut perfecta beatitudine perfruamur. unde id quod sequitur, ut cognoscat mundus quia |225| tu me misisti, non sic accipiendum puto tamquam iterum dixerit ut credat mundus. quamdiu enim credimus quod non videmus, nondum sumus consummati, sicut erimus cum meruerimus videre quod credimus. quando ergo de consummatione loquitur, talis est intelligenda cognitio qualis erit per speciem, non qualis nunc est per fidem. ipsi quippe credentes sunt mundus, non permanens inimicus, sed ex inimico amicus effectus; propterea sequitur et dilexisti eos sicut me dilexisti. in filio quippe nos pater diligit, quia in eo nos elegit: nec ideo pares sumus unigenito filio: neque enim semper aequalitatem significat quod dicitur: sicut illud, ita et istud; sed aliquando tantum: quod illud est, est et illud. ita in hoc loco nihil est aliud dilexisti eos sicut me dilexisti, quam dilexisti eos, quoniam et me dilexisti: non enim alia causa est diligendi membra eius, nisi quia diligit eum. cum igitur eorum quae fecerit nihil oderit, quis digne possit eloqui quantum diligat membra unigeniti filii sui, et quanto amplius ipsum unigenitum?

lc6 * Chrysostomus in ioannem. ° postquam dixerat quia multi credent per eos, et multa gloria potientur, loquitur de reliquo de coronis eis repositis, dicens pater, quos dedisti mihi, volo ut ubi ego sum et illi sint mecum. * augustinus in ioannem. ° ipsi sunt quos a patre accepit, quos et ipse de mundo elegit: sicut enim ait in huius orationis exordio: dedit ei potestatem omnis carnis, idest omnis hominis, ut det eis vitam aeternam: ubi ostendit potestatem se omnis hominis accepisse, ut liberaret quos voluerit et damnaret quos voluerit. quapropter omnibus membris suis promisit hoc praemium, ut ubi est ipse, et nos cum illo simus; nec poterat non fieri quod omnipotenti patri se velle dixerit omnipotens filius: una vero est patris et filii voluntas; et si intelligere nondum permittit infirmitas, credat pietas. quantum ergo attinet ad creaturam, in qua factus est ex semine david secundum carnem, eo modo dicere potuit ubi ego sum, ut iam ibi se esse |25| diceret ubi fuerat mox futurus. in caelo ergo nos futuros esse promisit: illo enim forma servi levata est quam sumpsit ex virgine et ad dexteram patris collocata. * gregorius moralium. ° ubi est ergo quod rursus veritas dicit: nemo ascendit in caelum nisi qui de caelo descendit? quae sibi in verbis suis non discrepat: quia enim membrorum suorum caput dominus factus est, repulsa reproborum multitudine, solus etiam est nobiscum; et sic, dum nos cum illo unum iam facti sumus, unde solus venit in se, illuc etiam solus redit in nobis. * augustinus in ioannem. ° quod vero attinet ad formam dei, in qua aequalis est patri, si secundum eam velimus intelligere quod dictum est ubi ego sum, et illi sint mecum, abscedat ab animo omnis imaginum corporalium cogitatio, et non inquiratur aequalis patri filius ubi sit; quoniam nemo invenit ubi non sit: propterea non ei satis fuit dicere volo ut ubi ego sum, et ipsi sint, sed addidit mecum. esse enim cum illo magnum bonum est: nam et miseri possunt esse ubi |50| est ille; sed beati soli sunt cum illo. et ut de visibili, quamvis longe dissimili, qualecumque sumamus exemplum; sicut caecus etiam si ibi sit ubi lux est, non est tamen ipse cum luce, sed absens est a praesente, ita non solum infidelis, sed etiam fidelis, etsi esse numquam possit ubi non sit christus, non est tamen ipse cum christo per speciem; nam fidelem non est dubitandum esse cum christo per fidem. sed hic de specie illa dicebat in qua videbimus eum sicuti est; unde adiunxit ut videant claritatem meam quam dedisti mihi. ut videant dixit, non: ut credant: fidei merces est ista, non fides. * chrysostomus in ioannem. ° non autem dixit: ut participent gloriam meam, sed ut videant, hoc occulte insinuans quoniam omnis requies ibi est filium dei videre. dedit autem ei pater claritatem quando eum genuit. * augustinus. ° cum ergo viderimus claritatem quam dedit pater filio, etiam si eam dici hoc loco intelligamus, non quam pater aequali filio, gignens eum, dedit, sed quam facto homini |75| filio dedit post mortem crucis, tunc fiet iudicium, tunc tolletur impius ne videat claritatem domini: quam, nisi illam qua deus est? si ergo secundum id quod filius deus est, accipiamus hoc dictum, volo ut ubi ego sum, et ipsi sint mecum, in patre cum christo erimus: qui cum dixisset ut videant claritatem quam dedisti mihi, continuo subiunxit quia dilexisti me ante constitutionem mundi. in illo enim dilexit et nos ante constitutionem mundi, et tunc praedestinavit quod in fine facturus est mundi. * beda. ° claritatem igitur vocat dilectionem qua ipse dilectus est a patre ante mundi constitutionem: in illa claritate et nos dilexit ante constitutionem mundi. * theophylactus. ° postquam ergo pro fidelibus oravit, et tot illis prospera promisit, ponit quoddam pium et propria mansuetudine dignum, dicens pater iuste, mundus te non cognovit: quasi dicat: ego cuperem cunctos homines consequi dicta bona, quae quidem pro fidelibus imploravi; sed quia ignoraverunt te, ideo non contingent gloriam et coronas. * chrysostomus. |100| ° videtur autem mihi hoc et anxius dicere, quoniam eum qui ita bonus et iustus est cognoscere noluerunt. non igitur hoc est quod iudaei dicunt, quoniam ipsi quidem te cognoscunt, ego vero ignoro; sed e contrario est; unde subdit ego autem cognovi te, et hi cognoverunt quia tu me misisti: et notum feci eis nomen tuum, et notum faciam, per spiritum sanctum eis perfectam cognitionem dando. si autem dicerint quis es tu, scient quia ego non sum separatus a te, sed valde amatus, et proprius filius et coniunctus. hoc vero suasi eis, ut ego maneam in eis; et sic fidem quae est in me et amorem servabunt certissime; et hoc est quod subditur ut dilectio qua dilexisti me, in ipsis sit, et ego in ipsis; quasi dicat: ipsis me amantibus, ego manebo in eis. * augustinus. ° vel aliter. quid est eum cognoscere, nisi vita aeterna, quam mundo damnato non dedit, reconciliato dedit? propterea itaque mundus non cognovit quia iustus es. hoc meritis eius, ut non cognosceret, retributi; et propterea mundus reconciliatus |125| cognovit quia misericors es; et ut cognosceret, non ei merito, sed gratia subvenisti. denique sequitur ego autem cognovi te. ipse fons gratiae est deus natura, homo autem de spiritu sancto et virgine ineffabili gratia. denique quia gratia dei per iesum christum est, dicitur et hi cognoverunt: ipse est mundus reconciliatus; sed ideo quia tu me misisti: ergo gratia cognoverunt. et notum feci eis nomen tuum per fidem, et notum faciam per speciem, ut dilectio qua dilexisti me, in ipsis sit. qualis est ista locutio, tali et apostolus usus est: bonum certamen certavi; non ait: bono certamine, quod usitatius dicetur. quomodo autem dilectio qua pater dilexit filium, esset in nobis, nisi quia membra eius sumus, et in illo diligimus, cum ipse diligitur totus, idest caput et corpus? et ideo subiunxit et ego in ipsis: est enim in nobis tamquam in templo suo, nos autem in illo secundum quod caput nostrum est.

074 CJO cp18

lc1 * Augustinus in ioannem. ° terminato sermone quem post coenam dominus ad discipulos habuit, adiuncta oratione quam dixerat ad patrem, eius passionem ioannes evangelista sic exorsus est haec cum dixisset iesus, egressus est cum discipulis suis trans torrentem cedron, ubi erat hortus, in quem introivit ipse, et discipuli eius. non autem continuo hoc factum est cum eius illa finita esset oratio; sed alia quaedam sunt interposita, quae ab isto praetermissa, apud alios evangelistas leguntur. * augustinus de cons. evang.. ° facta est enim contentio inter eos, quis eorum videretur esse maior, sicut lucas commemorat. dixit etiam ipse petro, sicut ipse lucas subiungit: ecce satanas expetivit vos, ut cribraret sicut triticum et cetera quae ibi sequuntur. et hymno dicto, sicut matthaeus et marcus commemorant, exierunt in montem oliveti. contexit ergo narrationem matthaeus, et dixit: tunc venit iesus cum illis in villam quae dicitur gethsemani. |25| iste locus est quem commemorat hic ioannes: ubi erat hortus, in quem introivit ipse, et discipuli eius. * augustinus. ° ad hoc ergo valet quod dictum est, haec cum dixisset, ut non eum ante opinemur ingressum quam illa verba finiret. * chrysostomus in ioannem. ° sed propter quid non dixit: cessans ab oratione venit illuc? quoniam oratio illa fuit loquela propter discipulos facta. de nocte autem vadit, et flumen pertransit, et properat ad locum proditori cognitum, auferens his qui insidiabantur, laborem, et ostendens discipulis quoniam volens ad mortem venit. * alcuinus. ° dicit autem trans torrentem cedron, idest cedrorum: genitivus enim est graecus. transit torrentem, quia de torrente passionis bibit. ubi erat hortus, ut peccatum quod in horto commissum fuerat, in horto deleret: paradisus enim hortus deliciarum interpretatur. * chrysostomus. ° ne autem audiens hortum, eum occultari aestimes, subiungit sciebat autem et iudas, qui tradebat eum, locum: quia frequenter |50| iesus convenerat illuc cum discipulis suis. * augustinus. ° ibi ergo lupus ovina pelle contectus, et inter oves alto patrisfamilias consilio toleratus didicit, ubi ad tempus exiguum dispergeret gregem, insidiis appetendo pastorem. * chrysostomus. ° multoties autem ibi cum discipulis iesus singulariter convenerat, de necessariis loquens, et quae non erat fas alios audire. facit autem hoc in montibus et in hortis, maxime purum a tumultibus inquirens semper locum, ne mens impediatur ab auditione. ideo autem iudas illuc venit, quoniam multoties christus extra pernoctabat. ivisset autem ad domum, si putasset eum ibi invenire dormientem. * theophylactus. ° noverat etiam iudas dominum festo tempore consuevisse semper docere discipulos aliquod sublime: erat autem solitus docere huiusmodi mystica in talibus locis: ac quoniam tunc dies erat solemnis, arbitratus est illum esse illic, et discipulos docere quae ad celebritatem spectabant.

lc2 * Glossa. ° ostenderat evangelista quomodo iudas ad locum ubi christus erat, pervenire potuerit; nunc ostendit quomodo illuc pervenit, dicens iudas ergo cum accepisset cohortem, et a pontificibus et pharisaeis ministros, venit illuc cum laternis et facibus et armis. * augustinus in ioannem. ° cohors non iudaeorum, sed militum fuit. a praeside itaque intelligatur accepta, tamquam ad tenendum reum servato ordine legitimae potestatis, ut nullus tenentibus auderet obsistere; quamquam et manus tanta fuerat congregata, et sic armata veniebat, ut vel terreret, vel etiam repugnaret, si quisquam christum defendere auderet. * chrysostomus in ioannem. ° sed qualiter cohorti suaserunt? quia milites erant, pecuniarum gratia omnia facere meditantes. * theophylactus. ° faces autem afferunt et laternas, ne christus latens in tenebris fugeret. * chrysostomus. ° multoties autem alias miserunt comprehendere eum, sed non valuerunt: unde manifestum est quod tunc |25| sponte seipsum dedit; propter quod subditur iesus autem sciens omnia quae ventura erant super eum, processit, et dixit ad eos: quem quaeritis? * theophylactus. ° quaerit autem non ut volens scire: nam utique noverat omnia quae ventura erant super eum: sed ostendere volens quoniam cum praesens esset, ab eis videri non poterat vel discerni; nam sequitur dicit ei iesus: ego sum. * chrysostomus. ° in medio enim eorum existens, excaecavit eorum oculos: quoniam enim non tenebrae causa erant, indicavit evangelista dicens, quoniam habuerunt lampades. si vero lampades non essent, a voce saltem debebant eum agnoscere. si vero et illi ignorabant, qualiter iudas ignoravit, qui cum eo fuerat continue? et ideo subdit stabat autem et iudas, qui tradebat eum, cum ipsis. fecit autem hoc iesus, ostendens quoniam non solum comprehendere eum non possent, sed nec videre in medio existentem, nisi ipse concederet; unde subditur ut ergo dixit eis: ego sum, abierunt retrorsum, et ceciderunt in terram. |50| * augustinus. ° ubi nunc militum cohors, ubi terror, et munimen armorum? una vox turbam odiis ferocem armisque terribilem sine telo ullo percussit, repulit, stravit. deus enim latebat in carne, et sempiternus dies ita membris occultabatur humanis, ut cum laternis et facibus quaereretur occidendus a tenebris. quid iudicaturus faciet qui iudicandus hoc fecit? et nunc utique per evangelium, ego sum, dicit christus, et a iudaeis expectatur antichristus, ut retro redeant, et in terram cadant: quoniam deserentes caelestia, terrena desiderant. * gregorius super ezech.. ° quid autem hoc est quod electi in faciem, et reprobi retrorsum cadunt, nisi quod omnis qui post se cadit, ibi cadit ubi non videt; qui vero ante se ceciderit, ibi cadit ubi videt? iniqui ergo quia in invisibilibus cadunt, post se cadere dicuntur, quia ibi corruunt ubi quod tunc eos sequitur, modo videre non possunt: iusti vero, quia in istis visibilibus semetipsos sponte deiciunt ut in invisibilibus erigantur, quasi in faciem cadunt, quia timore |75| compuncti videntes humiliantur. * chrysostomus in ioannem. ° demum ne quis dicat quoniam ipse iudaeos ad hoc induxit ut eum occiderent, seipsum in manibus eorum tradens, manifeste ostendit eis omnia quae sufficiebant eos revocare. sed quia permanebant in malitia et nullam habebant excusationem, tunc seipsum in manibus eorum tradidit; unde sequitur iterum ergo interrogavit eos: quem quaeritis? illi ergo dixerunt: iesum nazarenum. respondit iesus: dixi vobis quia ego sum. * augustinus in ioannem. ° audierant primo ego sum; sed non comprehenderant: quia hoc noluit qui potuit quidquid voluit. verum si nunquam se ab eis permitteret apprehendi; non quidem illi facerent propter quod venerant, sed nec ipse faceret propter quod venerat: proinde quia tenere volentibus et non valentibus ostendit potestatem suam, iam tenebunt eum, ut faciat de nescientibus voluntatem suam; unde subditur si ergo me quaeritis, sinite hos abire. * chrysostomus. ° quasi dicat: si |100| me quaeritis, nihil vobis ad hos commune est: ecce meipsum trado: usque ad ultimam horam ad suos dilectionis conservantiam demonstrans. * augustinus. ° inimicos iubet, et hoc faciunt quod iubet: sinunt scilicet nunc eos abire quos non vult perire. * chrysostomus. ° unde evangelista ostendens quod hoc non fuit eorum propositi, sed virtus eius qui comprehensus fuerat, subiungit ut impleretur sermo quem dixit: quia quos dedisti mihi, non perdidi ex eis quemquam. perditionem autem non hanc dixerat quae est mortis, sed illam aeternam: evangelista vero et de praesenti morte id accepit. * augustinus. ° numquid autem non erant postea morituri? cur ergo si tunc morerentur, perderet eos, nisi quia nondum in eum sic credebant quomodo credunt quicumque non pereunt?

lc3 * Chrysostomus in ioannem. ° petrus confidens

in praedicta voce domini et in his quae iam facta erant, armatur adversus eos qui supervenerant; unde dicitur simon ergo petrus habens gladium, eduxit eum, et percussit pontificis servum. sed qualiter iussus non peram habere neque duo vestimenta, gladium habet? mihi videtur hunc formidans praeparasse dudum. * theophylactus. ° vel ad opus agni illo indigens, ferebat hunc etiam post coenam. * chrysostomus. ° sed qualiter qui iussus erat non alapam dare, homicida fit? quia maxime non se ulcisci iussus est; hic autem non se ulciscebatur, sed magistrum. demum nondum perfecti adhuc erant, sed videbis postea petrum verberatum, et humiliter ferentem. non sine causa autem subdit et abscidit eius auriculam dexteram. videtur mihi enim impetum apostoli significare quoniam ad ipsum caput impetum fecit. * augustinus in ioannem. ° solus autem hic evangelista etiam nomen servi huius expressit, cum dixit erat autem nomen servo malchus: sicut lucas solus quod eius auriculam dominus tetigerit, et sanaverit eum. * chrysostomus. ° tunc enim miraculum fecit, et erudiens nos, quoniam eis qui male faciunt benefacere oportet, et virtutem revelans suam. nomen autem propterea posuit evangelista, ut his qui tunc legerent, liceret quaerere si vere factum sit. servum autem eum summi pontificis dicit: quia magnum est quod factum est, non solum quia curavit, sed quia curavit eum qui super eum venerat, et paulo post alapam daturus erat. * augustinus. ° malchus autem interpretatur regnaturus. quid ergo auris pro domino amputata et a domino sanata significat, nisi auditum amputata vetustate renovatum, ut sit in novitate spiritus, et non in vetustate litterae: quod cui praestitum fuerit a christo, quis dubitet regnaturum esse cum christo? quod autem servus inventus est, et hoc ad illam pertinet vetustatem, quae in servitutem generat; sed cum accessit sanitas, figurata est et libertas. * theophylactus. ° vel caesio auris dexterae servi principis sacerdotum signum erat surditatis eorum, quae praecipue in principibus sacerdotum inoleverat; quod autem denuo restituta sit auris, significat ultimam reparationem intellectus in israeliticis veniente elia. * augustinus. ° factum autem petri dominus improbavit, et progredi ultra prohibuit; unde sequitur dixit ergo iesus petro: mitte gladium tuum in vaginam. etenim ille ad patientiam commonendus fuit, et hoc ad intelligentiam conscribendum. * chrysostomus. ° non solum autem minis eum cohibuit, ut matthaeus refert; sed et aliter consolatur eum, dicens calicem quem dedit mihi pater, non vis ut bibam illum? ostendens quoniam non illorum virtutis quae fiebant erant, sed suae concessionis; et quod non est deo contrarius, sed obediens usque ad mortem. * theophylactus. ° in eo autem quod ipsam calicem dicit, quam sibi grata et acceptabilis pro salute mortalium mors videatur, edisserit. * augustinus. ° quod autem a patre traditum sibi dicit calicem passionis, illud est quod ait apostolus: filio proprio non pepercit, sed pro nobis omnibus tradidit eum. verum auctor calicis huius est etiam ipse qui bibit: unde idem apostolus dicit: christus dilexit nos, et tradidit seipsum pro nobis.

lc4 * Theophylactus. ° peractis cunctis quae sufficienter se habebant ad prohibendum iudaeos, cum illi hoc nequaquam discernerent, tunc duci se permisit; unde dicitur cohors ergo et tribunus et ministri iudaeorum comprehenderunt iesum. * augustinus in ioannem. ° comprehenderunt ad quem non accesserunt: nec audierunt illud: accedite ad eum, et illuminamini. si enim sic accederent, non eum manibus occidendum, sed recipiendum corde comprehenderent. nunc autem quando eum illo modo comprehenderunt, ab eo longius recesserunt. sequitur et ligaverunt eum; a quo solvi potius velle debuerunt: et erant forte in eis qui postea liberati ab eo, dixerunt: dirupisti vincula mea. postea vero quam persecutores tradente iuda dominum ligaverunt, ut intelligatur iudas non laudabilis utilitate traditionis huius, sed sceleris voluntate damnabilis, subditur et adduxerunt eum ad annam primum. * chrysostomus in ioannem. ° prae delectatione enim gloriabantur in his quae fiebant, quasi trophaeum statuentes. * augustinus in ioannem. ° nec tacet causam cur ita factum sit, subdens erat enim socer caiphae, qui erat pontifex anni illius. merito et matthaeus, cum id brevius narrare voluisset, eum ad caipham ductum fuisse commemorat: quia et ad annam prius ideo ductus est, quod socer eius fuerit; ut intelligendum sit hoc eumdem caipham fieri voluisse. * beda. ° quatenus dum a consimili pontifice damnaretur, ipse quoque minoris criminis reus haberetur. vel fortassis sic domus eius sita erat ut praeterire eam non possent. sive divinitus actum est, ut qui erant affines sanguine, sociarentur in scelere. sed quod dicitur, quod esset pontifex anni illius, sonat contrarium legi, in qua praeceptum erat ut unus esset pontifex summus, quo mortuo succederet ei filius suus; sed iam pontificatus ambitione erat infectus. * alcuinus. ° refert enim iosephus, istum caipham, unius anni sacerdotium redemisse. non ergo mirum si iniquus pontifex inique iudicaverit: saepe qui per avaritiam ad sacerdotium accedit, per iniustitiam in eo servatur. * chrysostomus. ° ne autem audiens vincula auditor tumultuetur, recoluit prophetiae, quoniam mors eius salus fuit orbis terrarum; unde sequitur erat autem caiphas qui consilium dederat iudaeis, quia expedit unum hominem mori pro populo: tanta enim est veritatis superabundantia, ut et inimici eam personent.

lc5 * Augustinus de cons. evang.. ° de petri tentatione, quae inter domini contumelias facta est, non eodem ordine omnes narrant: nam ipsas primo commemorant matthaeus et marcus, deinde petri tentationem; lucas vero explicat prius tentationes petri, demum domini contumelias. ioannes autem incipit petri tentationem dicere, cum dicit sequebatur autem iesum simon petrus, et alius discipulus. * alcuinus. ° ex devotione sequebatur magistrum, quamvis a longe propter timorem. * augustinus in ioannem. ° quis sit autem ille alius discipulus, non temere affirmandum est, quia tacetur. solet autem se idem ioannes ita significare et addere: quem diligebat iesus: fortassis ergo et hic ipse est. * chrysostomus in ioannem. ° se autem occultat humilitatis gratia; etenim magnam rectitudinem enarrat, quomodo omnibus fugientibus ipse sequitur. sed praeponit sibi petrum, et sui ipsius coactus est meminisse, ut discas quoniam certius aliis enarrat ea quae facta sunt in atrio, quasi intus existens. succidit autem propriam laudem, subdens discipulus autem ille erat notus pontifici, et introivit cum iesu in atrium pontificis; non enim hoc ut magnum quid de seipso ponit; sed quia dixit quod intravit cum iesu solus, ut non aestimes hoc excelsae mentis esse, addit causam. igitur petrum venisse illuc, amoris fuit; non intrasse autem intro, timoris; unde sequitur petrus autem stabat ad ostium foris. * alcuinus. ° foris stabat qui negaturus erat dominum, nec erat in christo qui christum confiteri non erat ausus. * chrysostomus. ° sed quoniam et petrus intrasset utique domum, si ei concessum esset, indicavit subdens exivit ergo discipulus alius, qui erat notus pontifici, et dixit ostiariae, et introduxit petrum. ideo autem ipse eum non introduxit, quia christo adhaerebat, et sequebatur eum. sequitur dixit ergo ancilla ostiaria: numquid et tu ex discipulis es hominis istius? dicit ille: non sum. quid dicis, o petre? nonne prius dixisti: et si oportuerit, animam meam pro te ponam? quid ergo factum est, quoniam nec ostiariae fers interrogationem? non erat miles qui interrogabat, sed ostiaria vilis; neque dixit: seductoris discipulus es, sed hominis illius; quod miserentis erat. dicit autem numquid et tu? quia ioannes intus erat. * augustinus. ° sed quid mirum si deus vera praedixit, homo autem falsa praesumpsit? sane in ista quae iam coepta est negatione petri debemus advertere, non solum ab eo negari christum qui dicit eum non esse christum, sed ab illo etiam qui negat se esse christianum. dominus enim non ait petro: discipulum meum te negabis; sed: me negabis. negavit ergo ipsum cum se negavit esse discipulum. quid autem aliud isto modo quam se negavit esse christianum? quam multi postea, etiam pueri et puellae, potuerunt mortem pro christi confessione contemnere, et regnum caelorum fortiter introire, quod tunc iste non potuit, qui claves regni eius accepit. ecce unde dictum est sinite hos abire: quia quos dedisti mihi, non perdidi ex eis quemquam. utique enim petrus, si negato christo hinc iret, quid aliud quam periret? * chrysostomus. ° idcirco autem divinae providentiae secretum permisit ut primus ipse laberetur petrus, quo erga peccantes duriorem sententiam proprii casus intuitu temperaret. petrus enim orbis terrarum doctor et magister peccavit, et veniam impetravit, ut haec indulgentiae norma et regula iudicantibus praeberetur. idcirco enim non angelis arbitror commissam sacerdotii potestatem, ne cum ipsi minime peccarent, in peccatoribus sine misericordia vindicarent. homo passibilis supra homines ordinatur, ut dum ipse in aliis suas recolit passiones, mitem apud eos se praebeat et benignum. * theophylactus. ° quidam tamen inanem quamdam gratiam appropriantes petro, dicunt, quod ideo negavit petrus, quoniam volebat semper esse cum christo, et sequi continue. novit enim quod si fateretur se esse de christi discipulis, divideretur ab eo, et non haberet ultra spatium sequendi videndique dilectum: unde simulabat se officium gerere ministrorum, ne vultus moestitia cognitus excluderetur; unde sequitur stabant autem servi et ministri ad prunas, quia frigus erat, et calefaciebant se. erat autem et petrus stans cum eis, et calefaciens se. * augustinus. ° non hiems erat, et tamen frigus erat, quale solet etiam aequinoctio verno accidere. * gregorius moralium. ° iam autem intus a caritatis calore petrus torpuerat, et ad amorem praesentis vitae, quasi ad persecutorum prunas, infirmitate aestuante recalebat.

lc6 * Chrysostomus in ioannem. ° quia christo nullum crimen inferre poterant, de discipulis interrogabant; unde dicitur pontifex ergo interrogavit iesum de discipulis suis: fortassis ubi erant, vel cuius gratia eos collegit. hoc autem dicebat quasi seditiosum et novarum rerum factorem eum redarguere volens, quasi nullo alio attendente ei quam eius discipulis. * theophylactus. ° explorat insuper de doctrina; unde sequitur et de doctrina eius, cuiusmodi scilicet foret, utrum a lege discrepans et adversa moysi, ut exinde occasione concepta ut dei aemulum perdat. * alcuinus. ° non enim cognoscendae veritatis amore interrogat, sed ut causam inveniret qua eum accusare potuisset, et tradere romano praesidi ad damnandum. sed dominus ita temperavit responsionem ut nec veritatem taceret, nec se defendere videretur; sequitur enim respondit ei iesus: ego palam locutus sum mundo; ego semper docui in synagoga et in templo quo omnes iudaei conveniunt, et in occulto locutus sum nihil. * augustinus in ioannem. ° non praetereunda nascitur hic quaestio: si enim ipsis discipulis non loquebatur palam, sed horam promittebat quando palam fuerat locuturus, quomodo palam locutus est mundo? deinde ipsis discipulis suis multo manifestius loquebatur quando cum eis erat remotus a turbis; tunc enim et parabolas aperiebat, quas clausas proferebat ad alios. sed intelligendum est ita eum dixisse palam locutus sum mundo, ac si dixisset: multi me audierunt. et rursus non erat palam, quia non intelligebant; et quod seorsum discipulis loquebatur, non in occulto utique loquebatur; quis namque in occulto loquitur qui coram tot hominibus loquitur? praesertim si hoc loquitur paucis, quod per eos velit innotescere multis. * theophylactus. ° reminiscitur autem hic prophetiae quae dicit: non in occulto locutus sum, nec in loco terrae tenebroso. * chrysostomus in ioannem. ° vel locutus est quidem in occulto, sed non, ut hi aestimabant, trepidans et seditionem faciens; sed ubi multorum auditione superiora erant quae dicebantur. volens autem ex superabundantia fide dignum constituere suum testimonium, subdit quid me interrogas? interroga eos qui audierunt quid locutus sim ipsis: ecce hi sciunt quae dixerim ego; quasi dicat: tu me de meis interrogas; interroga inimicos meos, qui insidiantur mihi. sunt autem haec verba confidentis in eorum quae dicta erant veritate: haec est enim veritatis inaltercabilis demonstratio, cum inimicos quis invocat teste. * augustinus. ° ipsa enim quae audierant et non intellexerant, talia erant ut non possent iuste ac veraciter criminari: et quotiescumque interrogando tentarunt ut invenirent unde accusarent eum, sic eis respondit ut omnes eorum retunderentur doli, et calumniae eorum frustrarentur.

lc7 * Theophylactus. ° cum iesus astantium interpellasset testimonium, volens se minister excusare quod non esset de his qui admirabantur iesum, percussit eum; unde dicitur haec autem cum dixisset, unus assistens ministrorum dedit alapam iesu, dicens: sic respondes pontifici? * augustinus de cons. evang.. ° hic sane ostenditur quod annas pontifex erat, nondum enim erat missus ad caipham cum hoc diceretur; et hos duos annam et caipham pontifices commemorat etiam lucas in initio evangelii sui. * alcuinus. ° hic impletur prophetia threnorum: dedi maxillam meam percutientibus. sed iesus iniuste percussus mansuete respondit; unde sequitur respondit ei iesus: si male locutus sum, testimonium perhibe de malo; si autem bene, quid me caedis? * theophylactus. ° quasi dicat: si habes ex his quae nunc a me prolata sunt reprehendere, ostende quod male dixerim; quod si nequis, quid furis? vel etiam sic: si perperam docui cum in synagogis docebam, certifica principem sacerdotum; quod si recte docui, ita ut etiam vos ministri miraremini, quid me nunc caedis, quem prius admirabaris? * augustinus in ioannem. ° quid ista responsione verius, mansuetius, iustius? qui enim accepit alapam, numquid vellet eum qui percussit aut caelesti igne consumi, aut terra dehiscente sorberi, aut correptum daemonio volutari, aut etiam alia huiusmodi qualibet poena, vel etiam graviori puniri? quid horum per potentiam iubere non potuisset per quem factus est mundus, nisi patientiam nos docere maluisset, qua vincitur mundus? hic dicet aliquis: cur non fecit quod ipse praecepit? percutienti scilicet non sic respondere, sed maxillam debuit alteram praebere. quid quod et mansuete respondit, et non solum maxillam alteram iterum percussuro, sed totum corpus figendum praeparavit in ligno? et hinc potius demonstravit sua illa praecepta patientiae non ostentatione corporis, sed cordis praeparatione fienda: fieri enim potest ut alteram maxillam visibiliter homo praebeat iratus. quanto ergo melius et respondet vera placatus, et ad perferenda graviora tranquillo animo fit paratus? * chrysostomus in ioannem. ° quid igitur consequens erat, nisi aut redarguere, aut acceptare quod dictum est? sed hoc non fit: ea enim quae fiebant non erant iudicium, sed seditio et tyrannis. non invenientes autem quid plus facerent, mittunt eum ligatum ad caipham; unde sequitur et misit eum annas ligatum ad caipham pontificem. * theophylactus. ° suspicantes hunc, cum astutior esset, excogitare aliquid posse adversum iesum dignum morte. * augustinus. ° ad illum autem, sicut matthaeus dicit, ab initio ducebatur, quoniam ipse erat illius anni princeps sacerdotum. alternis quippe intelligendi sunt solere annis agere pontificatum, et credendum est secundum voluntatem caiphae id esse factum ut iesum primo ad annam ducerent; vel etiam domos eorum ita fuisse positas ut non deberet annas a transeuntibus praeteriri. * beda. ° quod autem dicit ligatum, non sic intelligendum quod tunc tantum fuerit ligatus; sed tunc ligatus est cum est captus: itaque ligatum ad caipham misit sicut sibi fuerat praesentatus. sive fieri potuit ut ad horam solveretur, quatenus discuteretur, post hoc discussus iterum ligaretur, et sic ad caipham mitteretur.

lc8 * Augustinus in ioannem. ° cum dixisset evangelista, quod iesum ligatum miserat annas ad caipham, reversus est ad locum narrationis, ubi reliquerat petrum, ut explicaret quod in domo annae de trina eius negatione contigerat; unde dicitur erat autem simon petrus stans, et calefaciens se. hic recapitulat quod ante iam dixerat. * chrysostomus in ioannem. ° vel multo stupore detinebatur qui fervidus erat, ut deducto iesu de cetero non moveretur. sed hoc fit, ut discas quanta naturae sit imbecillitas, cum deus hominem dereliquerit. et interrogatus rursus etiam negat; unde sequitur dixerunt ergo ei: numquid et tu ex discipulis eius es? negavit ille, et dixit: non sum. * augustinus de cons. evang.. ° hoc loco invenimus non ante ianuam, sed ad focum stantem, secundo negasse petrum; quod fieri non posset nisi iam rediisset postea quam foras exierat, ut matthaeus dicit. neque enim iam exierat, et foris vidit eum altera ancilla; sed cum exiret, eum vidit; idest, cum surgeret et exiret, animadvertit eum et dixit his qui erant ibi, idest qui simul erant ad ignem intus in atrio: et hic cum iesu nazareno erat. ille autem qui foras exierat, hoc audito, rediens, iuravit illis contra nitentibus: quia non novi hominem. deinde in eo quod ioannes hic ait dixerunt: numquid et tu ex discipulis eius es? quod redeunti et stanti dictum intelligimus, hoc quoque confirmatur, non illam tantum alteram ancillam, quam commemorant in hac secunda negatione matthaeus et marcus, sed alium quemdam, quem commemorat lucas, cum petro illud egisse; unde ioannes dicit dixerunt ergo ei. ioannes autem secutus de tertia petri negatione, ita explicat dicit ei unus ex servis pontificis, cognatus eius cuius abscidit petrus auriculam: nonne ego vidi te in horto cum illo? quod matthaeus et marcus non singulari, sed plurali numero enuntiant eos qui cum petro agebant, cum lucas unum dicat; ioannes quoque unum eumdemque cognatum eius cuius abscidit petrus auriculam: facile est intelligere aut pluralem numerum pro singulari usitata locutione usurpasse matthaeum et marcum; aut quod unus maxime tamquam sciens, et qui eum viderat, affirmabat; ceteri autem secuti eius fidem petrum simul urgebant. * chrysostomus. ° sed neque hortus in memoriam eius reduxit ea quae ibi dicta sunt, neque multa dilectio quam illic per verba multa ostendit; unde sequitur iterum ergo negavit petrus, et statim gallus cantavit. * augustinus. ° ecce medici completa est praedictio, aegroti convicta praesumptio: non enim factum est quod ille dixerat: animam meam pro te ponam; sed factum est quod ille praedixerat: ter me negabis. * chrysostomus. ° evangelistae vero concorditer negationem petri scripserunt, non discipulum accusantes, sed nos erudire volentes quantum malum sit non deo totum concedere, sed in semetipso confidere. * beda. ° mystice autem per primam petri negationem illi designantur qui ante passionem ipsius negaverunt eum esse deum; per secundam vero illi qui post resurrectionem eius in divinitate pariter et humanitate offenderunt. item per primum galli cantum ipsius designatur capitis resurrectio, per secundum illa quae in fine celebrabitur totius corporis. per primam autem ancillam, quae petrum negare coegit, designatur cupiditas; per secundam carnalis delectatio; per unum seu plures servos, daemones, qui suadent christum negare.

lc9 * Augustinus in ioannem. ° redit evangelista ad locum narrationis suae, ubi eam reliquerat ut explicaret petri negationem; unde dicitur adducunt ergo iesum ad caipham in praetorium: ad caipham quippe ab anna collega et socero eius dixerat missum. sed si ad caipham, cur ad praetorium, quod nihil aliud vult intelligi quam ubi praeses pilatus habitavit? * beda. ° praetorium enim dicitur sedes praetoris; praetores vero dicuntur praefecti, sive praeceptores, eo quod civibus praecepta donent. * augustinus. ° aut igitur aliqua urgente causa de domo annae, quo ad audiendum ambo convenerant, caiphas perrexerat ad praetorium praesidis, et socero suo iesum reliquerat audiendum; aut in domo caiphae praetorium pilatus acceperat, et tanta domus erat ut seorsum habitantem dominum suum, seorsum iudicem ferret. * augustinus de cons. evang.. ° tamen ad ipsum caipham ab initio ducebatur, ad quem in extremo perductus est; sed quia iam tamquam convictum reum adducebant, caiphae autem antea visum fuerat ut iesus moreretur, nulla mora interposita est quin occidendus pilato traderetur. sequitur erat autem mane. * chrysostomus in ioannem. ° antequam gallus cantaret, ad caipham ducitur; mane vero ad pilatum: per quae demonstrat evangelista quoniam per totum intermedium noctis a caipha interrogatus in nullo redarguitur; et idcirco misit eum pilato. sed illa aliis dimittens enarranda, ipse quaesivit quod deinceps est; sequitur enim et ipsi non introierunt in praetorium. * augustinus in ioannem. ° hoc est in eam partem domus quam pilatus tenebat, si ipsa erat domus caiphae. cur autem non introierunt, exponit subdens ut non contaminarentur, sed manducarent pascha. * chrysostomus. ° quoniam tunc iudaei faciebant pascha; ipse vero ante unam diem tradidit pascha, reservans suam occisionem sextae feriae quando vetus pascha fiebat: vel pascha dicit totum festum. * augustinus. ° dies enim agere coeperant azymorum, quibus diebus contaminatio illis erat in alienigenae habitaculum intrare. * alcuinus. ° pascha enim proprie dicebatur dies illa qua agnus ad vesperam quartadecima luna occidebatur; septem vero dies sequentes dies azymorum dicebantur, in quibus nihil fermentatum in domibus eorum debuit inveniri. sed tamen dies paschalis invenitur inter dies azymorum, ut apud matthaeum: prima autem die azymorum accesserunt discipuli ad iesum, dicentes: ubi vis paremus tibi comedere pascha? pascha etiam dies azymorum inveniuntur nominati, sicut hic: ut manducarent pascha: pascha enim non immolationem agni hic notat, quae fiebat quartadecima luna ad vesperam; sed magnam solemnitatem, quae quintadecima luna celebrabatur post agni immolationem; quartadecima enim luna dominus, sicut et alii iudaei, pascha celebravit; quintadecima luna, quando magna solemnitas celebrabatur, est crucifixus; quartadecima vero luna coepit esse immolatio ex quo captus est in horto. * augustinus. ° o impia caecitas. alienigenae iudicis praetorio contaminari timebant, et fratris innocentis sanguinem fundere non timebant. nam quod etiam dominus erat et vitae dator qui occidebatur, non eorum conscientiae, sed nescientiae deputetur. * theophylactus. ° sed pilatus utcumque procedens mitius, ipse idem egreditur; unde sequitur exivit ergo pilatus ad eos foras. * beda. ° haec autem erat consuetudo iudaeorum, ut quem mortis reum iudicarent, vinctum praesidi traderent, ut dum praeses vinctum cerneret, intelligeret morti addictum. * chrysostomus. ° sed videns eum ligatum et a tot ductum, non aestimavit hoc argumentum esse inaltercabile accusationis, sed interrogat; unde sequitur et dixit eis: quam accusationem affertis adversus hominem hunc? inconveniens enim dicit esse, iudicium eos rapuisse, supplicium autem illi concedere. sed illi renuentes ex directo accusationem, coniecturis quibusdam utuntur; unde sequitur responderunt, et dixerunt: si non esset hic malefactor, non tibi tradidissemus eum. * augustinus. ° interrogentur atque respondeant ab immundis spiritibus liberati, caeci videntes, mortui resurgentes, et, quod omnia superat, stulti sapientes, utrum sit malefactor iesus. sed ista dicebant, de quibus per prophetam iam ipse praedixerat: retribuebant mihi mala pro bonis. * augustinus de cons. evang.. ° sed videndum est ne contra sit quod lucas dicit, certa in eum dicta esse crimina: coeperunt autem illum, inquit, accusare, dicentes: hunc invenimus subvertentem gentem nostram, et prohibentem tributa dari caesari, et dicentem se christum regem esse. sed secundum ioannem videntur iudaei noluisse dicere crimina ut eorum auctoritatem secutus pilatus, quid ei obicerent desineret quaerere; sed ob hoc tantum nocentem crederet, quod sibi ab eis tradi meruisset. ergo intelligere debemus et hoc dictum esse, et illud quod lucas commemoravit: multa enim dicta et multa responsa sunt. unde in narratione sua quisque posuit quod satis esse iudicavit: nam et ipse ioannes dicit quaedam quae obiecta sunt, quae suis locis videbimus. itaque sequitur dicit ergo eis pilatus: accipite eum vos, et secundum legem vestram iudicate eum. * theophylactus. ° quasi dicat: quoniam ad votum iudicium poscitis, et superbitis, ac si nihil unquam profanum egeritis, accipite vos et damnate; ego nequaquam talis iudex efficiar. * alcuinus. ° vel hoc dicit, quasi dicat: vos qui legem habetis, scitis quid lex de talibus iudicet; secundum quod iustum esse scitis, ita facite. sequitur dixerunt ergo iudaei: nobis non licet interficere quemquam. * augustinus in ioannem. ° sed nonne lex praecepit, ne malefactoribus, praesertim seductoribus adeo qualem istum putabant, parcant? sed intelligendum est eos dixisse non sibi licere interficere quemquam propter festi diei sanctitatem quam celebrare iam coeperant. ita ne omnem sensum nimia malitia perdidistis, ut ideo vos a sanguine innocentis impollutos esse credatis, quia eum fundendum alteri traditis? * chrysostomus in ioannem. ° vel ideo ipsi eum non interfecerunt, quia multum de potestate eorum abscissum erat eis romanis regibus subiacentibus. vel aliter. quia dixerat eis secundum legem vestram interficite eum, volentes ostendere quod peccatum eius non est iudaicum, dicunt non licet nobis: non enim secundum legem nostram peccavit; sed crimen eius est publicum, quia se regem dixit. vel quia eum crucifigi cupiebant, ut etiam modo mortis eum diffament. non autem licebat eis crucifigere. sed quod alio modo interficiebant, monstrat stephanus ab eis lapidatus; et ideo subditur ut sermo iesu impleretur quem dixit significans qua morte esset moriturus: quoniam scilicet iudaeis crucifigere non licebat. aut dicit hoc evangelista, quoniam non ab eis solum, sed et a gentibus debebat interfici. * augustinus. ° sic enim legimus apud marcum, ubi ait: ecce ascendimus ierosolymam, et filius hominis tradetur principibus sacerdotum et scribis, et tradent eum gentibus. pilatus autem romanus erat, eumque in iudaeam romani praesidem miserant. ut ergo iste sermo iesu impleretur, idest ut eum sibi traditum gentes interficerent, noluerunt eum accipere, dicentes nobis non licet interficere quemquam.

lc10 * Chrysostomus in ioannem. ° pilatus ab odio iudaeorum eripi volens, iudicium non protraxit in longum; unde dicitur introivit ergo iterum in praetorium pilatus, et vocavit iesum. * theophylactus. ° seorsum, eo quod magnam habebat de eo suspicionem. proponebat autem omnia exquisite rimari amoto strepitu iudaeorum; unde sequitur et dixit ei: tu es rex iudaeorum? * alcuinus. ° his verbis ostendit pilatus iudaeos obiecisse hoc criminis, ut diceret se esse regem iudaeorum. * chrysostomus. ° vel hoc pilatus a multis audierat. quia vero nihil illi habebat dicere, ut non multa fieret investigatio, quod communiter dicebatur, hoc in medium ducere vult. sequitur et respondit iesus: a temetipso hoc dicis, an alii tibi dixerunt de me? * theophylactus. ° innuit ex hoc, pilatum esse vecordem, ac indiscrete iudicantem; ac si diceret: si hoc ex te ipso loqueris, pande signa meae rebellionis; at si ab aliis percepisti, inquisitionem fac ordinariam. * augustinus in ioannem. ° sciebat utique dominus et quod ipse interrogavit, et quod ille responsurus fuit; sed tamen dici voluit, non ut ipse sciret, sed ut conscriberetur quod voluit ut sciretur. * chrysostomus. ° non ergo ignorans interrogat, sed ab ipso accusari iudaeos volens; unde sequitur respondit pilatus: numquid ego iudaeus sum? * augustinus. ° abstulit a se suspicionem qua posset putari a semetipso dixisse, id se a iudaeis audisse demonstrans; unde subdit gens tua et pontifices tui tradiderunt te mihi. deinde dicendo quid fecisti? satis ostendit illud ei pro crimine obiectum; tamquam diceret: si te regem negas, quid fecisti, ut tradereris mihi? quasi mirum non esset, si puniendus iudici traderetur qui se diceret regem. * chrysostomus. ° reducit autem pilatum non valde malum existentem, et vult ostendere quod non est homo nudus, sed deus et dei filius: et quod formidaverit pilatus, dissolvit tyrannidis suspicionem; unde sequitur respondit iesus: regnum meum non est de hoc mundo. * augustinus. ° hoc est quod bonus magister scire nos voluit. sed prius nobis demonstranda fuerat vana hominum de regno eius opinio, sive gentium, sive iudaeorum, a quibus id pilatus audierat; quasi propterea fuisset morte plectendus, quod illicitum affectaverit regnum, vel quoniam solent regnaturi invidere regnanti: et videlicet cavendum erat ne huius regnum sive romanis sive iudaeis esset adversum. quod si interrogante pilato continue respondisset, non etiam iudaeis, sed solis gentibus hoc de se opinantibus respondisse videretur. sed post responsionem pilati, iam iudaeis et gentibus opportunius aptiusque respondit; quasi dicat: audite, iudaei et gentes, non impedio dominationem vestram in hoc mundo. quid vultis amplius? venite credendo ad regnum quod non est de hoc mundo. quid est enim eius regnum, nisi credentes in eum? quibus dicit: de hoc mundo non estis; quamvis eos esse vellet in mundo. unde et hic non ait regnum meum non est in hoc mundo; sed non est de hoc mundo. de mundo enim est quidquid hominum a deo quidem creatum, sed ex adam vitiata stirpe generatum est; factum est autem regnum non iam de mundo quidquid inde in christo regeneratum est. sic enim nos deus eruit de potestate tenebrarum, et transtulit in regnum filii caritatis suae. * chrysostomus. ° vel hoc dicit, quoniam non tenet regnum ut hic reges terreni tenent; sed quoniam desuper habet principatum, qui non est humanus, sed multo maior et clarior; unde subdit si ex hoc mundo esset regnum meum, ministri mei utique decertarent ut non traderer iudaeis. ostendit hic regni eius quod apud nos est imbecillitatem, quoniam a ministris habet fortitudinem; superius vero regnum sufficiens est sibi ipsi, nullo indigens. si igitur maius est illud regnum, volens captus est, seipsum tradens. * augustinus. ° cum autem probasset regnum suum non esse de hoc mundo, subdit nunc autem regnum meum non est hinc. non dixit: non est hic: hic enim est regnum eius usque ad finem saeculi, habens intra se commixta zizania usque ad messem; sed tamen non est hinc, quia peregrinatur in mundo. * theophylactus. ° vel ideo non dicit: non est hic, sed non est hinc: nam regnat in mundo, et utitur eius provisione, et iuxta votum cuncta disponit; non est autem ab infimis constitutum regnum eius, sed caelitus et ante saecula. * chrysostomus. ° hinc autem haeretici accipientes occasionem, alienum eum esse a mundi conditione dicunt. sed cum dicit regnum meum non est hinc, non privat mundum a sua providentia et praelatione; sed ostendit regnum suum non esse humanum neque corruptibile. sequitur dicit itaque ei pilatus: ergo rex es tu? respondit iesus: tu dicis quia rex sum ego. * augustinus. ° non quia regem se timuit confiteri: sed ita dictum est, ut neque regem se neget, neque regem se talem esse fateatur cuius regnum putetur esse de hoc mundo. dictum est enim tu dicis, ac si diceretur: carnalis carnaliter dicis. deinde subiungit ego in hoc natus sum, et ad hoc veni in mundum, ut testimonium perhibeam veritati. non est producenda huius pronominis syllaba quod ait in hoc natus sum, tamquam dixerit: in hac re natus sum; sed corripienda, tamquam dixerit: ad hoc natus sum; sicut et ait ad hoc veni in mundum. unde manifestum est eum temporalem nativitatem suam hic commemorasse, qua incarnatus venit in mundum; non illam sine initio qua deus erat. * theophylactus. ° vel aliter. quaesito per pilatum si dominus esset rex, ego, inquit, in hoc natus sum, idest ad hoc quia rex sum; hoc enim ipso quod a rege productus sum, me quoque testor fore regem. * chrysostomus in ioannem. ° si igitur rex natus est, nihil nisi accipiens habet. ad hoc, inquit, veni, ut testimonium perhibeam veritati, hoc est, ut hoc ipsum suadeam omnibus. et notandum est, quod suam humilitatem ostendit, dum dicentibus quoniam malefactor est, ferebat silens; quando vero interrogatus est de |150| regno, tunc locutus est ad pilatum, erudiens eum et reducens ad altiora: et ostendit se nihil versutum operatum esse, per hoc quod dicit ut testimonium perhibeam veritati. * augustinus. ° cum autem christus testimonium perhibeat veritati, testimonium perhibet sibi: eius quippe est vox: ego sum veritas. sed quia non omnium est fides, adiungit, atque ait omnis qui est ex veritate, audit vocem meam. audit utique interioribus auribus; idest, obedit meae voci; ac si diceret: credit mihi. quod vero ait omnis qui est ex veritate, gratiam commendavit, qua secundum propositum vocat. nam si naturam cogitemus in qua creati sumus, cum omnes veritas creaverit, quis non est ex veritate? sed non omnes sunt, quibus ut obediant veritati, ex ipsa veritate praestatur. si enim dixisset: omnis qui audit vocem meam, ex veritate est, ideo dictus ex veritate putaretur, quia obtemperat veritati. non autem hoc dicit, sed ait omnis qui est ex veritate, audit vocem meam. audit utique, ac per hoc non ideo est ex |175| veritate quia eius audit vocem, sed ideo audit quia ex veritate est: quia hoc illi donum ex veritate collatum est. * chrysostomus. ° haec autem dicens, attrahit, et suadet fieri eorum quae dicuntur, auditorem: ita denique et eum cepit his brevibus verbis, ut quaereret quid est veritas; sequitur enim dixit ei pilatus: quid est veritas? * theophylactus. ° nam fere ab hominibus evanuerat, et cunctis erat incognita, dum essent increduli.

lc11 * Augustinus in ioannem. ° cum dixisset pilatus quid est veritas? credo in mentem illi venisse continuo consuetudinem iudaeorum, qua solet eis dimitti unus in pascha; et ideo non expectavit ut responderet ei iesus, ne mora fieret, cum recoluisset morem quo posset eis in pascha dimitti; quod eum valde voluisse manifestum est; unde dicit et cum hoc dixisset, iterum exivit ad iudaeos. * chrysostomus in ioannem. ° sciebat enim quidem quoniam haec indigebat tempore interrogatio; oportebat autem eum eripere ab impetu iudaeorum; idcirco et exivit. * alcuinus. ° vel non expectabat audire responsum, quia forte indignus fuit audire. sequitur et dixit eis: ego nullam in eo invenio causam. * chrysostomus. ° non dixit: quia peccavit, et dignus est morte, donate eum festo; sed primum eum excusans, tum rogat ex abundanti, ut si nollent eum ut innocentem dimittere, saltem obnoxium donarent tempori, ideoque induxit est autem consuetudo vobis |25| ut unum dimittam vobis in pascha. * beda. ° haec consuetudo non erat legis praeceptum, sed ex antiqua patrum traditione descendit, ut ob recordationem liberationis ex aegypto unum etiam in die paschae dimitteret vinctum. deinde exhortative dicit. vultis ergo dimittam vobis regem iudaeorum? * augustinus. ° avelli enim ex eius corde non potuit iesum regem iudaeorum esse, tamquam hoc ibi sicut in titulo ipsa veritas fixerit, de qua quid esset interrogavit. * theophylactus. ° pulchre autem pilatus respondet per hoc quod in nullo iesus erraverit; sed frustra inquietetur ab eis velut regnum desiderans. non enim eum qui se regem assereret ac aemulum romanae potestatis, romanorum vicarius absolvisset. quamobrem in hoc quod dixit regem iudaeorum absolvam, prorsus innoxium iesum prodit, illuditque iudaeos; quasi dicat: quem vos criminamini ut regem se putantem, hunc ego absolvi iubeo quasi talem non existentem. * augustinus. ° sed hoc audito clamaverunt; unde sequitur clamaverunt omnes rursum |50| dicentes: non hunc, sed barabbam. erat autem barabbas latro. non reprehendimus, o iudaei, quod per pascha liberastis nocentem, sed quod occidistis innocentem; quod tamen nisi fieret, verum pascha non fieret * beda. ° quia ergo reliquerunt salvatorem et petiverunt latronem, usque hodie diabolus sua latrocinia exercet in ipsos. * alcuinus. ° barabbas autem interpretatur iste filius magistri eorum, idest diaboli, qui huic latroni in suo scelere, iudaeis in sua perfidia magister fuit.

074 CJO cp19

lc1 * Augustinus in ioannem. ° cum iudaei clamassent, non iesum sibi dimitti a pilato velle propter pascha, sed barabbam latronem, subditur tunc ergo apprehendit pilatus iesum, et flagellavit. hoc pilatus non ob aliud fecisse credendus est nisi ut eius iniuriis iudaei satiati, sufficere sibi aestimarent, et usque ad eius mortem saevire desisterent. ad hoc pertinet quod idem praeses etiam cohortem suam permisit facere quae sequuntur; aut fortassis et iussit: dixit enim quid deinde fecerint milites, pilatum tamen id iussisse non dixit; sequitur enim et milites plectentes coronam de spinis imposuerunt capiti eius, et veste purpurea circumdederunt eum: et veniebant ad eum, et dicebant: ave, rex iudaeorum, et dabant ei alapas. * chrysostomus in ioannem. ° quia enim pilatus dixit eum regem iudaeorum, schema ei contumeliae de reliquo apponunt. * beda. ° nam pro diademate spineam illi imposuerunt coronam, et pro purpureo vestimento, quo reges veteres |25| utebantur, vestem purpuream ei circumdant: ubi non debet videri contrarium quod matthaeus dicit circumdedisse chlamydem coccineam, quia, ut origenes refert, unius sunt materiae coccus et purpura: cocculae enim inciduntur, et ex his guttae sanguinis fluunt, ex quibus utriusque generis tingitur vestimentum. et quamvis hoc milites illudendo facerent, nobis tamen operabantur mysteria. nam per spineam coronam nostrorum designatur peccatorum susceptio, quae sicut spinas terra nostri corporis germinat. in vestimento purpureo caro passionibus subiecta significatur. purpura etiam vestitur, cum de triumphis sanctorum martyrum gloriatur. * chrysostomus. ° non autem iniunctio principis erat quod faciebant, sed ad gratiam iudaicam hoc faciebant; quia neque circa initium ab illo iussi iverunt nocte; sed iudaeis pecuniarum gratia gratificantes omnia audebant: tot autem et talibus factis ipse stabat silens. tu vero audiens haec, in mente habe continue: et regem orbis terrarum et angelorum dominum videns |50| contumeliam patientem et omnia ferentem silentio imitare. * augustinus. ° sic enim implebantur quae de se dixerat christus; sic martyres informabantur ad omnia quae persecutores libuit facere, perferenda; sic regnum quod de hoc mundo non erat, superbum mundum non atrocitate pugnandi, sed patiendi humilitate vincebat. * chrysostomus. ° ut autem convicium quod a militibus factum erat in eum, videntes respirent a passione, coronatum iesum adduxit ad eos; unde sequitur exivit iterum pilatus foras, et dixit eis: ecce adduco vobis eum foras, ut cognoscatis quia nullam in eo causam invenio. * augustinus. ° hinc apparet non ignorante pilato haec a militibus facta, sive iusserit ea, sive permiserit illa, scilicet causa quam supra diximus, ut haec eius ludibria inimici libentissime viderent, et ulterius sanguinem non sitirent; unde sequitur exivit ergo iesus portans spineam coronam et purpureum vestimentum: non clarus imperio, sed plenus opprobrio. sequitur et dicit eis: ecce homo; quasi |75| dicat: si regi invidetis, iam parcite, quia abiectum videtis: fervet ignominia, frigescat invidia.

lc2 * Augustinus in ioannem. ° iudaeorum invidia pro christi ignominia non frigescit: inardescit potius et increscit; unde dicitur cum ergo vidissent eum pontifices et ministri, clamabant dicentes: crucifige, crucifige eum. * chrysostomus in ioannem. ° vidit ergo pilatus omnia inaniter fieri; unde sequitur dicit eis pilatus: accipite eum vos, et crucifigite. execrantis est hoc verbum, et ad rem non concessam eos impellentis: ipsi enim ducebant eum, ut cum praesidis iudicio hoc fieret. contigit autem contrarium, iudicio praesidis eum magis absolvi; unde sequitur ego enim non invenio in eo causam: continue enim eum ab accusationibus eruit: unde manifestum est quoniam et priora propter illorum concessit insaniam. sed iudaeos canes nil horum in verecundiam convertit; nam sequitur responderunt iudaei: nos legem habemus, et secundum legem debet mori, quia filium dei se fecit. * augustinus. ° ecce alia maior invidia: parva quidem illa videbatur velut affectatae illicito |25| ausu regiae potestatis: et tamen neutrum sibi iesus mendaciter usurpavit; sed utrumque verum est: et unigenitus est dei filius, et rex a deo constitutus super sion montem sanctum eius: et utrumque nunc demonstraret, nisi quanto erat potentior, tanto mallet esse patientior. * chrysostomus. ° ad invicem enim ipsis disputantibus silebat, implens propheticum illud quod non aperuit os suum; in humilitate sua iudicium ei sublatum est. * augustinus de cons. evang.. ° hoc autem potest congruere ei quod lucas commemorat in accusatione iudaeorum dictum: hunc invenimus subvertentem gentem nostram, ut adiungatur quia filium dei se fecit. * chrysostomus. ° deinde pilatus quidem timet ab ipsis auditis, et formidavit ne forte verum esset quod dicebatur, et videretur inique agere; unde sequitur cum ergo audisset pilatus hunc sermonem, magis timuit. * beda. ° non timuit quia legem audivit, quia alienigena erat; sed magis timuit, ne filium dei occideret. * chrysostomus. ° illi |50| vero hoc dicentes non horruerunt; sed interficiunt eum pro quibus oportuerat adorare.

lc3 * Chrysostomus in ioannem. ° pilatus timore concussus, rursus inquisitionem facit; unde dicitur et ingressus est praetorium iterum, et dicit ad iesum: unde es tu? non autem ultra interrogat: quid fecisti? sequitur iesus autem responsum non dedit ei. qui enim audivit, quoniam in hoc natus sum et ad hoc veni, et quoniam regnum meum non est hinc, cum debuisset resistere et eripere eum, hoc quidem non fecit, sed secutus est iudaicum impetum. propterea ergo nihil ei respondit, quoniam inaniter omnia interrogabat. sed et aliter operibus testantibus ei, nolebat per sermones vincere, et excusationes componere, ostendens quoniam ad hoc venit. * augustinus in ioannem. ° hoc autem silentium domini nostri iesu christi non semel factum, collatis omnium evangelistarum narrationibus, reperitur: et apud principem sacerdotum, et apud herodem, et apud ipsum pilatum, ut non frustra de illo prophetia processerit: |25| sicut agnus coram tondente fuit sine voce, sic non aperuit os suum, tunc utique quando interrogantibus non respondit; quamvis enim quibusdam interrogantibus saepe responderit, tamen propter illa in quibus noluit respondere, ad hoc data est de agno similitudo, ut in suo silentio non reus, sed innocens haberetur; idest, non sicut male sibi conscius, qui de peccatis convincebatur suis, sed sicut mansuetus qui pro peccatis immolabatur alienis. * chrysostomus. ° quia igitur siluit, sequitur dicit ergo ei pilatus: mihi non loqueris? nescis quia potestatem habeo crucifigere te, et potestatem habeo dimittere te? vide qualiter seipsum condemnavit. si enim in te totum positum est, cuius gratia nullam causam inveniens, non absolvis? quia igitur adversus seipsum protulit, respondit iesus: non haberes potestatem adversum me ullam, nisi datum esset tibi desuper, ostendens quoniam non simpliciter et secundum aliorum consequentiam hoc fit, sed mystice consummatur. ne igitur hoc audiens aestimes eum ab omni |50| erutum crimine, subdit propterea qui tradidit me tibi, peccatum maius habet. et nimirum si datum erat, neque hic neque illi obnoxii sunt criminibus; inaniter dicis. hoc enim datum est, idest concessum; ac si diceret: permisit hoc fieri; neque tamen propterea extra nequitiam sunt. * augustinus. ° ecce respondit. proinde ubi non respondebat, non sicut reus, sive dolosus, sed sicut ovis silebat; ubi respondebat, sicut pastor docebat. discamus ergo quod dixit, quod et per apostolum docuit quia non est potestas nisi a deo; et quia plus peccat qui potestati innocentem occidendum livore tradit, quam potestas ipsa si eum timore alicuius maioris potestatis occidit. talem quippe deus dederat illi potestatem ut esset etiam sub caesaris potestate: quapropter inquit non haberes adversum me potestatem ullam, idest quantulamcumque habes, nisi hoc ipsum, quidquid est, tibi esset datum desuper. sed quia scio quantum sit, non enim tantum est ut tibi omni modo liberum sit, propterea qui tradidit me tibi, |75| maius peccatum habet. ille quippe me tuae potestati tradidit invidendo; tu vero eamdem potestatem in me exerciturus es metuendo. nec timendo quidem, praesertim innocentem hominem, homo debet occidere; sed id zelando facere multo maius malum est quam timendo; et ideo non ait qui me tibi tradidit, ipse habet peccatum, tamquam ille non haberet; sed ait maius peccatum habet, ut etiam se habere intelligeret. * theophylactus. ° dicit autem qui tradidit me tibi, idest iudas, vel etiam turba. cum ergo patens responsum iesus ediderit, quod nisi ego memetipsum praeberem, et pater concederet, non haberes potestatem in me; ex hoc potius ipsum absolvere pilatus satagebat; unde sequitur et exinde quaerebat pilatus dimittere eum. * augustinus. ° lege superiora, et invenies iam dudum eum quaerere dimittere iesum. exinde itaque intelligendum est, propter hoc, idest ex hac causa, ne haberet peccatum occidendo innocentem sibi traditum.

lc4 * Augustinus in ioannem. ° maiorem timorem se ingerere putaverunt iudaei pilato terrendo de caesare ut occideret christum, quam superius ubi dixerunt nos legem habemus, et secundum legem debet mori, quia filium dei se fecit; unde dicitur iudaei autem clamabant dicentes: si hunc dimittis, non es amicus caesaris: omnis enim qui se regem facit, contradicit caesari. * chrysostomus in ioannem. ° sed unde habetis hoc demonstrare? a purpura, a diademate, a curru, a militibus? nonne solus semper cum duodecim discipulis incedebat, per omnia vilia transiens, et cibum et stolam et habitationem? * augustinus. ° pilatus autem eorum legem non timuit ut occideret; sed magis filium dei timuit, ne occideret. nunc vero non sic potuit contemnere caesarem auctorem potestatis suae, quemadmodum legem gentis alienae; unde subditur pilatus autem cum audisset hos sermones, adduxit foras iesum, et sedit pro tribunali in loco qui dicitur lithostratos, |25| hebraice autem gabbatha. * chrysostomus. ° exiit quidem, ut scrutaturus rem: sedere enim pro tribunali, hoc ostendebat. * glossa. ° sicut enim tribunal est iudicum, sic thronus vel solium regum, et cathedra doctorum. * beda. ° lithostratos autem dicitur pavimentum quasi lapide stratum; et erat locus sublimis. sequitur erat autem parasceve paschae, hora quasi sexta. * alcuinus. ° parasceve, idest praeparatio; hoc nomine dicebatur sexta sabbati, in qua praeparabant necessaria sabbato, ut de manna dictum est: sexta die colligetis duplum. quia enim sexta die homo est factus, et in septima requievit deus, ideo sexta die pro homine patitur, sabbato quiescit in sepulchro. hora autem erat quasi sexta. * augustinus in ioannem. ° quid est ergo quod marcus dicit: erat hora tertia quando crucifixerunt eum, nisi quia hora tertia crucifixus est dominus linguis iudaeorum, hora sexta manibus militum? ut intelligamus horam quintam iam fuisse |50| transactam, et aliquid de sexta coeptum, quando sedit pro tribunali pilatus, quae dicta est a ioanne hora quasi sexta; et cum duceretur et crucifigeretur, et iuxta eius crucem gererentur quae gesta narrantur, hora sexta integra compleretur: ex qua hora usque ad nonam sole obscurato, tenebras factas, trium evangelistarum, matthaei, marci et lucae contestatur auctoritas. sed quoniam iudaei facinus interfecti christi a se in romanos, idest pilatum et eius milites, transferre conati sunt, propterea marcus ea hora qua christus a militibus crucifixus est praetermissa, tertiam potius horam recordatus expressit, ut non tantum milites repe- riantur crucifixisse iesum, verum etiam iudaei, qui ut crucifigeretur, hora tertia clamaverunt. est et alia huius solutio quaestionis, ut non hic accipiatur hora sexta diei; quia neque ioannes ait: erat hora diei quasi sexta; sed ait erat parasceve hora quasi sexta. parasceve autem latine praeparatio est pascha enim nostrum, ut dicit apostolus, immolatus est christus: cuius paschae |75| praeparationem si ab hora noctis nona computemus, quando videntur principes sacerdotum pronuntiasse domini immolationem, dicentes: reus est mortis, usque ad horam diei tertiam, qua crucifixum esse christum marcus evangelista testatur, sex horae sunt: tres nocturnae et tres diurnae. * theophylactus. ° solvunt autem quidam, quod ex peccato scriptoris contigerit apud graecos: nam quaedam littera graeca nomine gamma, cuius talis est figura g, tertiam horam importat: quaedam autem figura, quae ab eis vocatur episemon, quae talis est s, sextam horam importat. ex negligentia ergo scriptorum, praecedens figura cedere potuit in sequentem. * chrysostomus in ioannem. ° pilatus ergo, ut scrutaturus exiens, nullam tamen scrutationem faciens, tradit eum, aestimans movendos esse eos; unde sequitur et dixit iudaeis: ecce rex vester. * theophylactus. ° quasi dicat: ecce qualem hominem fatemini quod imperium vestrum capesseret, humilis, ut nihil tale |100| possit tentare. * chrysostomus. ° et nimirum quae dicta sunt erant sufficientia ut facerent eos de cetero ab ira cessare; sed trepidabant, ne dimissus, rursus turbam ducat. amor etenim principatus versutum quid est, et animum sufficiens perdere: propterea magis insistunt; unde sequitur illi autem clamabant: tolle, tolle. interficere enim eum conantur exprobratissima morte; unde subdunt crucifige eum, formidantes, ne aliqua eius post ipsum fiat memoria. * augustinus. ° adhuc autem pilatus terrorem, quem de caesare ingesserant, superare conatur; unde subditur dixit eis pilatus: regem vestrum crucifigam? de ignominia eorum volens eos frangere, quos de ignominia christi mitigare non potuit. sequitur responderunt pontifices: non habemus regem, nisi caesarem. * chrysostomus. ° volentes seipsos submiserunt supplicio; propterea et deus tradidit eos; quia enim concorditer negaverunt regnum dei, dimisit eos in suum iudicium incidere: regnum enim christi refutantes, |125| id quod caesaris est super seipsos vocabant. * augustinus. ° sed pilatus timore mox vincitur; unde sequitur tunc ergo tradidit eis illum, ut crucifigeretur. apertissime enim contra caesarem venire videretur, si regem se non habere nisi caesarem profitentibus, alium regem vellet ingerere, dimittendo impunitum quem propter hos ausus ei tradiderunt occidendum. non autem dictum est tradidit eis illum ut crucifigerent illum, sed ut crucifigeretur, scilicet iudicio ac potestate praesidis. sed ideo illis traditum dixit evangelista, ut eos crimine implicatos, a quo alieni esse conabantur, ostenderet; non enim faceret hoc pilatus, nisi ut id quod eos cupere cernebat, impleret.

lc5 * Glossa. ° ad mandatum praesidis, milites christum susceperunt crucifigendum; unde dicitur susceperunt autem iesum, et eduxerunt. * augustinus in ioannem. ° potest enim hoc iam referri ad milites apparitores praesidis: nam postea evidentius dicitur: milites ergo cum crucifixissent eum quamvis evangelista, etiam si totum iudaeis tribuit, merito facit: ipsi enim fecerunt quidquid ut fieret extorserunt. * chrysostomus in ioannem. ° sed quia lignum ut profanum putabant et vitabant, et neque tangere ipsum sustinebant; crucem iesu ut condemnato imponunt; unde sequitur et baiulans sibi crucem, exivit in eum qui dicitur calvariae locum, hebraice autem golgotha, ubi eum crucifixerunt. ita et in typo factum est: isaac etenim ligna portavit; sed tunc quidem usque ad patris beneplacitum res processit; nunc autem in rebus effectum obtinuit, veritas enim erat. * theophylactus. ° sed quodammodo, ut illic isaac dimissus est, et mactatus est aries, sic et hic divina |25| natura manet impassibilis; sed humanitas, secundum quam aries dicitur, tamquam errantis arietis adae filius, hic mactata est. sed qualiter alius evangelista dicit, quod angariaverunt simonem, ut crucem portaret? * augustinus de cons. evang.. ° utrumque factum invenimus: primo id quod ioannes dicit, deinde quod ceteri tres; unde intelligitur quod ipse sibi portabat crucem, cum exiret in locum memoratum. * augustinus in ioannem. ° grande spectaculum; sed si spectet impietas, grande ludibrium; si pietas, grande mysterium. videt impietas regem pro virga regni lignum sui portare supplicii: videt pietas regem baiulantem lignum ad seipsum figendum, quod fixurus fuerat etiam in frontibus regum, spernendum oculis impiorum, in quo erant gloriatura corda sanctorum: ipsam crucem suam gestans humero commendabat, et lucernae arsurae, quae sub modio ponenda non erat, candelabrum ferebat. * chrysostomus. ° et sicut victores, ita et ipse in humeris portabat victoriae signum. quidam |50| autem dicunt, quod in illo loco qui calvariae dicebatur, adam mortuus est et sepultus; ut in loco ubi mors regnavit, illic et iesus trophaeum statuerit. * hieronymus super matth.. ° favorabilis interpretatio et mulcens aurem populi, nec tamen vera. extra urbem enim et foris portam loca sunt in quibus truncantur capita damnatorum, et calvariae, quasi decollatorum, sumpsere nomen. adam vero sepultum iuxta ebron et arbee in iesu filii nave volumine legimus. * chrysostomus. ° crucifigebant autem eum cum latronibus; unde sequitur et cum eo alios duos hinc et inde: medium autem iesum: in hoc prophetiam implentes, quoniam cum iniquis reputatus est. quae enim conviciantes faciebant, haec veritati conferebant: volebat enim daemon quod fiebat obumbrare, sed non valuit: tribus enim in cruce affixis, miracula quae fiebant, nulli ascripsit, nisi soli iesu. ita inanes diaboli artes factae sunt. nec solum non obfuit gloriae eius; sed contulit non parum: nam latronem in |75| cruce convertere, et in paradisum inducere, non minus fuit quam concutere petras. * augustinus. ° tamen et ipsa crux, si attendas, tribunal fuit: in medio enim iudice constituto, unus latro, qui credidit, liberatus; alter, qui insultavit, damnatus est: iam significabat quod facturus est de vivis et mortuis, alios positurus ad dexteram, alios vero ad sinistram.

lc6 * Chrysostomus in ioannem. ° sicut in trophaeo litterae ponuntur victoriam ostendentes, ita pilatus titulum cruci christi inscripsit; unde dicitur scripsit autem et titulum pilatus, et posuit super crucem: simul quidem pro christo respondens, ut eum a communione latronum discerneret; simul autem et de iudaeis ulciscens, ostendens scilicet ipsorum malitiam, dum in suum regem insurrexerunt; unde sequitur erat autem scriptum: iesus nazarenus rex iudaeorum. * beda. ° in quo monstrabatur iam tum regnum ipsius, non, ut ipsi putabant, destructum, sed potius augmentatum. * augustinus in ioannem. ° sed iudaeorum tantum rex christus est, an etiam gentium? immo et gentium; cum enim dixisset: ego autem sum constitutus rex ab eo super sion montem sanctum eius, subiecit: postula a me, et dabo tibi gentes hereditatem tuam. magnum ergo volumus intelligi in hoc titulo sacramentum: quia scilicet oleaster factus est particeps pinguedinis |25| oleae, non olea particeps facta est amaritudinis oleastri. rex ergo iudaeorum christus, secundum iudaeorum circumcisionem, non carnis, sed cordis; non littera, sed spiritu. sequitur hunc ergo titulum multi legebant iudaeorum: quia prope civitatem erat locus ubi crucifixus est iesus. * chrysostomus. ° credibile autem est multos gentiles simul cum iudaeis propter festum convenisse; et ideo ut nullus ignoraret, non in una lingua, sed in tribus scripsit; unde subditur et erat scriptum hebraice, graece et latine. * augustinus. ° hae quippe tres linguae ibi prae ceteris eminebant: hebraea propter iudaeos in lege dei gloriantes; graeca propter gentium sapientes; latina propter romanos multis et pene omnibus tunc gentibus imperantes. * theophylactus. ° significat autem superscriptio triplici sermone figurata, dominum esse regem practicae, physicae, nec non theologiae. nam per latinas litteras figuratur practica, eo quod romanorum imperium potentissimum, satisque |50| officiosum in expeditionibus fuerit. per graecas vero litteras physica figuratur: graeci namque erga naturalium speculationem insudaverunt. demum per hebraicas theologia praetenditur, dum iudaeis est credita rerum divinarum agnitio. * chrysostomus. ° iudaei autem crucifixo invidebant; unde sequitur dicebant ergo pilato pontifices iudaeorum: noli scribere: rex iudaeorum; sed: quia ipse dixit: rex sum iudaeorum. nam haec quidem enuntiatio est, et communis sententia. si vero adiciatur quoniam ipse dixit, ipsius petulantiae et extollentiae ostenderetur crimen esse. sed pilatus in priori stetit mente; unde sequitur respondit pilatus: quod scripsi scripsi. o ineffabilem vim divinae operationis etiam in cordibus ignorantium. nonne occulta vox quaedam pilato intus quodam, si dici potest, clamoso silentio personabat quod tanto ante in psalmorum litteris prophetatum est: ne corrumpas tituli inscriptionem? sed quid loquimini, insani pontifices? numquid enim propterea non erit verum, |75| quia iesus ait: rex sum iudaeorum? si corrumpi non potest quod pilatus scripsit, corrumpi potest quod veritas dixit? ideo enim pilatus quod scripsit scripsit, quia dominus quod dixit dixit.

lc7 * Augustinus in ioannem. ° iudicante pilato, milites qui ei parebant crucifixerunt iesum; unde dicitur milites ergo, cum crucifixissent eum, acceperunt vestimenta eius: et tamen si voluntates, si clamores eorum cogitemus, iudaei magis crucifixerunt. sed de partitione sortitioneque vestimentorum eius, ceteri evangelistae brevius et clause; iste vero apertissime locutus est; nam sequitur et fecerunt quatuor partes, unicuique militi partem: unde apparet quatuor fuisse milites qui in eo crucifigendo praesidi paruerunt. sequitur et tunicam: subaudiendum est: acceperunt; ut iste sit sensus: acceperunt autem et tunicam; et sic locutus est, ut de ceteris vestimentis nullam sortem missam esse videamus; sed de tunica, quam simul cum ceteris acceperunt, sed non similiter diviserunt; de hac enim sequitur exponens erat autem tunica inconsutilis, desuper contexta per totum. * chrysostomus in ioannem. ° ipsam speciem tunicae evangelista historice designat: quia |25| enim in palaestina duos pannos connectentes subtexunt indumenta, ostendit ioannes quod talis erat tunica iesu; occulte vilitatem vestimentorum insinuans. * theophylactus. ° alii vero dicunt, quod apud palaestinam telas contexunt, non velut apud nos texuntur, existente superius stamine, inferius vero texentibus; ut sic non versus partem supremam textura protendat, sed e contra. * augustinus. ° cur autem de illa sortem miserint narrat, dicens dixerunt ergo ad invicem: non scindamus eam, sed sortiamur de illa, cuius sit. apparet itaque in aliis vestimentis aequales se habuisse partes, ut sortiri necesse non fuerit; in illa vero una non eos habere potuisse singulas partes nisi scinderetur, ut pannos eius inutiliter tollerent: quod ne facerent, ad unum eam pervenire sortitione maluerunt. huius evangelistae narrationi consonat et propheticum testimonium; unde subiungit ut scriptura impleretur dicens: partiti sunt vestimenta mea sibi, et in vestem meam miserunt sortem. * chrysostomus. |50| ° intuere prophetiae certitudinem: non enim quae partiti sunt solum, sed et quae non partiti sunt, dixit propheta: nam vestimenta quidem diviserunt, sed vestem sorti concesserunt. * augustinus. ° matthaeus dicendo: diviserunt vestimenta eius, sortem mittentes, totam divisionem vestimentorum voluit intelligi, et ad illam tunicam pertinere, de qua sortem miserunt. tale est quod etiam ait lucas: dividentes vestimenta eius, miserunt sortes. dividentes enim venerunt ad tunicam, de qua est sortitio. dicendo autem sortes, pluralem numerum pro singulari posuit. marcus autem solus videtur intulisse aliquam quaestionem: dicendo enim: mittentes sortem super eis, quis quid tolleret, tamquam super omnibus vestimentis, non super sola tunica sors missa sit, locutus videatur. sed haec brevitas obscuritatem facit. sic enim dictum est: mittentes sortem super eis, ac si diceretur: mittentes sortem cum dividerentur. cum autem dicit: quis quid tolleret, idest quis tunicam tolleret, |75| tamquam si totum ita diceretur: mittentes sortem super eis, quis tunicam, quae partibus aequalibus superfuerat, tolleret. quadripartita autem vestis domini nostri iesu christi, quadripartitam figuravit eius ecclesiam, quatuor scilicet partibus in orbe diffusam, et in eisdem aequaliter, idest concorditer, distributam. tunica vero illa sortita, omnium partium significat unitatem, quae caritatis vinculo continetur. si autem caritas et supereminentiorem habet viam, et supereminet scientiae, et super omnia praecepta est, secundum illud: super omnia autem haec caritatem habete; merito vestis, qua significatur, desuper contexta perhibetur. et addidit per totum: quia nemo eius est expers qui pertinere invenitur ad totum, a quo toto catholica vocatur ecclesia. inconsutilis autem, ne aliquando dissuatur; et ad unum provenit, quia in unum omnes colligit. in sorte autem, dei gratia commendata est: cum enim sors mittitur, non personae cuiusque, vel meritis, sed occulto iudicio dei ceditur. * chrysostomus. ° vel, |100| sicut quidam dicunt, tunica inconsutilis desuper contexta per totum, secundum allegoriam ostendit quoniam non simpliciter homo erat qui crucifixus est, sed et desuper deitatem habebat. * theophylactus. ° vel aliter. vestis inconsutilis denotat corpus christi, quod a superiori parte contextum est: spiritus enim sanctus supervenit, et virtus altissimi virgini obumbravit. hoc ergo sacrosanctum christi corpus indivisibile constat: nam et si dividatur per singulos, sanctificans uniuscuiusque animam simul et corpus, integre tamen et indivisibiliter consistit in omnibus. at quoniam ex quatuor elementis mundus consistit, intelligenda est per christi vestimenta visibilis creatura, quam inter se dividunt daemones, quoties morti tradunt verbum dei quod habitat in nobis, ac satagunt nos suae partis efficere per mundanas illecebras. * augustinus. ° nec ideo ista non aliquid boni significasse quis dixerit, quia per malos facta sunt: quid enim de ipsa cruce dicturi sumus, quae similiter ab impiis facta est? et tamen ea significari |125| recte intelligitur quod ait apostolus: quae sit latitudo, longitudo, altitudo et profundum. lata est quippe in transverso ligno, quo extenduntur pendentes manus, et significat opera bona in latitudine caritatis: longa est a transverso ligno usque ad terram, et significat perseverantiam in longitudine temporis: alta est in cacumine, quo transversum lignum sursum versus excedit, et significat supernum finem, quo cuncta opera referuntur: profunda est in ea parte quae in terra figitur; ibi quippe occulta est, sed cuncta eius apparentia inde consurgunt, sicut bona nostra de profunditate gratiae dei, quae comprehendi non potest, universa procedunt. sed etsi crux christi hoc solum significet quod ait apostolus: qui christi sunt, carnem suam crucifixerunt cum passionibus et concupiscentiis, quam magnum bonum est. postremo quid est signum christi nisi crux christi? quod signum nisi adhibeatur sive frontibus credentium, sive ipsi aquae, ex qua regenerantur, sive oleo, quo chrismate unguntur, sive sacrificio quo aluntur, nihil |150| eorum vitae proficitur.

lc8 * Theophylactus. ° cum milites quae ad propriam spectabant socordiam prosequebantur, ipse de genitricis cura sollicitus est; unde dicitur et milites quidem haec fecerunt: stabant autem iuxta crucem iesu mater eius, et soror matris eius, maria cleophae et maria magdalene. * ambrosius. ° maria mater domini ante crucem stabat filii. nullus me hoc docuit nisi sanctus ioannes evangelista. mundum alii concussum in passione domini conscripserunt, caelum tenebris obductum, refugisse solem, in paradisum latronem, sed post piam confessionem, receptum. ioannes docuit quod alii non docuerunt, quemadmodum in cruce positus matrem appellaverit. pluris putavit quod victor suppliciorum, pietatis officia matri exhibebat, quam quod regnum caeleste donabatur vitae aeternae. nam si religiosum est quod latroni donatur vita, multo uberioris pietatis est quod a filio mater tanto affectu honoratur: ecce, inquit, filius tuus. ecce mater tua. testabatur de cruce christus, |25| et inter matrem atque discipulum dividebat pietatis officia. condebat dominus non solum publicum, sed etiam domesticum testamentum. et hoc eius testamentum signabat ioannes, dignus tanto testatore testis. bonum testamentum non pecuniae, sed vitae aeternae, quod non atramento scriptum est, sed spiritu dei vivi: lingua mea calamus scribae velociter scribentis. sed nec maria minor quam matrem christi decebat, fugientibus apostolis, ante crucem stabat, et piis spectabat oculis filii vulnera, quia spectabat non in pignoris mortem, sed in mundi salutem; aut fortasse quia cognoverat per filii mortem mundi redemptionem, aula regalis etiam sua morte putabat se aliquid publico addituram muneri; sed iesus non egebat adiutore ad redemptionem omnium, qui omnes sine adiutore servavit; unde et dicit: factus sum homo sine adiutorio inter mortuos liber. suscepit quidem affectum parentis, sed non quaesivit alterius auxilium. hanc imitamini, matres sanctae, quae in unico filio dilectissimo tantum maternae virtutis exemplum dedit: neque enim vos dulciores liberos habetis, neque illud virgo quaerebat solatium, ut alium posset generare filium. * hieronymus contra helvidium. ° maria ista, quae in marco et matthaeo, iacobi et ioseph mater dicitur, fuit uxor alphaei, et soror mariae matris domini quam mariam cleophae nunc ioannes cognominat, a patre, sive a gentilitate familiae, aut quacumque alia causa ei nomen imponens. si autem inde tibi alia atque alia videtur, quod alibi dicatur maria iacobi minoris mater, et hic maria cleophae, disce scripturae consuetudinem, eumdem hominem diversis nominibus appellari. * chrysostomus in ioannem. ° et considera, quod imbecillius genus, scilicet mulierum, virilius apparuit iuxta crucem stando, fugientibus discipulis. * augustinus de cons. evang.. ° nisi autem matthaeus et lucas mariam magdalene nominassent, potuissemus dicere alias a longe, alias iuxta crucem fuisse: nullus enim eorum praeter ioannem matrem domini commemoravit. nunc ergo quomodo intelligitur eadem maria magdalene, et a longe stetisse cum aliis mulieribus, sicut matthaeus et lucas dicunt, et iuxta crucem fuisse, sicut ioannes dicit, nisi quia in tanto intervallo erant ut iuxta dici possent, quia in conspectu eius praesto aderant, et a longe in conspectu turbae propinquius circumstantis cum centurione et militibus? possumus etiam intelligere quod illae quae simul aderant cum matre domini, postquam eam discipulo commendavit, abire iam coeperant, ut a densitate turbae se eruerent, et cetera quae facta sunt, longius intuerentur; ut ceteri evangelistae, qui post mortem domini eas commemoraverunt, iam longe stantes commemorarent. quid autem interest ad veritatem quod quasdam mulieres pariter omnes, quasdam singuli nominaverunt? * chrysostomus. ° et cum aliae mulieres astarent, nullius alterius meminit nisi matris, docens nos plus aliquid matribus praebere. sicut enim parentes circa spiritualia adversantes neque nosse oportet, ita quando nihil impediunt, omnia decet eis praebere, et aliis praeferre; unde subditur cum vidisset ergo iesus matrem, et discipulum stantem quem diligebat, dicit matri suae: mulier, ecce filius tuus. * beda. ° dilectionis indicio evangelista suam demonstrat personam: non quod exceptis ceteris solus, sed prae ceteris familiarius propter privilegium castitatis a domino amabatur, quoniam virgo ab eo vocatus, virgo permansit in aevum. * chrysostomus. ° papae. quanto discipulum honoravit honore. sed ipse seipsum occultat, moderate sapiens: si enim vellet gloriari, et causam utique adiecisset propter quam amabatur: etenim conveniens est magnam quamdam et mirabilem esse causam. ideo autem nihil aliud ioanni loquitur, neque consolatur tristantem, quoniam tempus non erat verborum consolatione. sed neque parum erat honorari eum tali honore. quia vero conveniens erat matrem existentem dolore oppressam procurationem quaerere, quia ipse aberat, discipulo qui diligebatur tradidit diligentiam habituro; unde sequitur deinde dicit discipulo: ecce mater tua. * augustinus in ioannem. ° haec nimirum est illa hora de qua iesus aquam conversurus in vinum dixerat matri: quid mihi et tibi est, mulier? nondum venit hora mea. tunc enim divina facturus, non divinitatis, sed humanitatis vel infirmitatis matrem velut incognitam repellebat; nunc autem humana iam patiens, ex qua factus fuerat homo, affectu commendabat humano. moralis igitur insinuatur locus, et exemplo suo instruit praeceptor bonus, ut a filiis piis impendatur cura parentibus: tamquam lignum illud ubi erant fixa membra morientis, etiam cathedra fuerit magistri docentis. * chrysostomus in ioannem. ° itaque etiam marcionis obstruit inverecundiam: si enim non genitus est secundum carnem, neque matrem habuit; cuius gratia tantam circa eam solam facit providentiam? intuere autem qualiter cum crucifigeretur, universa imperturbate agebat, discipulo loquens de matre, prophetias implens, latroni bonam spem tribuens; antequam autem crucifigeretur, trepidans videtur; nam illic quidem naturae imbecillitas demonstrata est, hic autem virtutis superabundantia ostendebatur. sed et nos per hoc erudit, si ante adversa conturbamur, non propterea desistere; cum vero agonem ingressi fuerimus, omnia sustinere ut facilia et levia. * augustinus. ° quia ergo matri, quam relinquebat, alterum pro se filium quodammodo providebat, cur hoc fecerit ostendit in hoc quod subditur et ex illa hora accepit eam discipulus in sua. sed in quae sua ioannes matrem domini accepit? neque enim non ex eis erat qui dixerant ei: ecce nos dimisimus omnia, et secuti sumus te. suscepit ergo eam in sua, non praedia, quae nulla propria possidebat, sed officia, quae propria dispensatione exequenda curabat. * beda. ° alia littera habet: accepit eam discipulus in suam, quidam volunt in suam matrem; sed congruentius subauditur in suam curam.

lc9 * Augustinus in ioannem. ° patiebatur haec omnia qui apparebat homo, et ipse idem disponebat haec omnia qui latebat deus; unde dicitur postea, sciens quoniam omnia consummata sunt, ut consummaretur scriptura, idest quod scriptura praedixerat: et in siti mea potaverunt me aceto, dixit: sitio, tamquam diceret: hoc minus fecistis: date quod estis. iudaei quippe ipsi erant acetum, degenerantes a vino patriarcharum et prophetarum. vas ergo positum erat aceto plenum: tamquam enim de pleno vase, de iniquitate mundi huius impletum cor habentes, velut spongia, cavernosis quodammodo atque tortuosis latibulis fraudulentum; unde sequitur illi autem spongiam plenam aceto, hyssopo circumponentes, obtulerunt ori eius. * chrysostomus in ioannem. ° neque enim ex his quae videbant facti sunt mansueti, sed saeviebant magis, et eum potabant, condemnatorum pocula offerentes: propterea enim hyssopus appositus erat. * augustinus. ° hyssopum autem, cui circumposuerunt spongiam aceto plenam, quoniam herba est humilis et pectus purgat, christi humilitatem congruenter accipimus; quam circumdederunt, et se circumvenisse putaverunt: christi namque humilitate mundamur. ne moveat quomodo spongiam ori eius potuerunt admovere qui in cruce fuerat exaltatus a terra: sicut enim apud alios evangelistas legitur, quod hic praetermisit, in arundine factum est, ut in spongia talis potus ad crucis sublimia levaretur. * theophylactus. ° quidam vero hyssopum dicunt vocari arundinem: nam frondes habet arundini consimiles. sequitur cum ergo accepisset iesus acetum, dixit: consummatum est. * augustinus. ° quid nisi quod prophetia tanto ante praedixerat? * beda. ° hic quaeri potest quomodo hic dicitur cum accepisset acetum, cum alius evangelista dicat: noluit bibere. sed hoc facile solvitur: quoniam non accepit ut biberet, sed ut quod scriptum erat impleret. * augustinus. ° deinde, quia nihil remanserat quod antequam moreretur fieri adhuc oporteret, sequitur et inclinato capite tradidit spiritum, peractis omnibus quae ut peragerentur expectabat, tamquam ille qui potestatem habebat ponendi animam suam, et iterum sumendi eam. * gregorius moralium. ° spiritus autem hic pro anima ponitur: si enim aliud spiritum quam animam evangelista diceret, exeunte spiritu anima remansisset. * chrysostomus. ° non autem quoniam expiravit, inclinavit caput, sed quia inclinavit caput, tunc expiravit; per quae omnia indicavit evangelista quoniam omnium dominus ipse erat. * augustinus. ° quis enim ita dormit quando voluerit, sicut iesus mortuus est quando voluit? quanta speranda vel timenda potestas est iudicantis, si apparuit tanta morientis? * theophylactus. ° tradidit autem dominus spiritum deo patri, ostendens quod nequaquam sanctorum animae conversantur in tumulis, immo deveniunt ad manus patris omnium, peccatoribus ad locum poenarum delatis, videlicet ad infernum.

lc10 * Chrysostomus in ioannem. ° iudaei qui camelum transglutiebant, culicem autem colabant, cum tantam fuissent operati audaciam, de die diligenter ratiocinantur; unde dicitur iudaei ergo, quoniam parasceve erat, ut non remanerent in cruce corpora sabbato. * beda. ° parasceve, idest praeparatio, dicta est sexta feria, quia eo die duplices sibi cibos filii israel praeparabant. erat enim magnus dies ille sabbati; scilicet propter solemnitatem paschalem. rogaverunt pilatum, ut frangerentur crura eorum. * augustinus in ioannem. ° non crura tollerentur, sed hi quibus ideo frangebantur ut morerentur, auferrentur ex ligno, ne pendentes in crucibus magnum diem festum sui diurni cruciatus horrore foedarent. * theophylactus. ° sic enim iubebatur in lege, non occidere solem in hominis supplicio: vel quia noluerunt in die festo tortores aut homicidae censeri. * chrysostomus. ° vide autem qualiter valida est veritas: per eorum enim studia prophetia completur; unde subditur venerunt ergo milites, et primi quidem fregerunt crura, et alterius qui crucifixus est cum eo; ad iesum autem cum venissent, ut viderunt eum iam mortuum, non fregerunt eius crura; sed unus militum lancea latus eius aperuit. * theophylactus. ° ut iudaeis complaceant, lanceant christum, circa corpus exanime contumelias inferentes; sed contumelia in signum prodiit: sanguinem enim de corpore extincto manare miraculosum est. * augustinus. ° vigilanti verbo evangelista usus est, ut non diceret latus eius percussit, aut vulneravit, sed aperuit, ut illic quodammodo vitae ostium panderetur, unde sacramenta ecclesiae manaverunt, sine quibus ad vitam quae vere vita est, non intratur; unde sequitur et continuo exivit sanguis et aqua. ille sanguis in remissionem fusus est peccatorum: aqua illa salutare temperat poculum: hoc et lavacrum praestat et potum. hoc praenuntiabat quod noe in latere arcae ostium facere iussus est, quo intrarent animalia quae non erant diluvio peritura, quibus praefigurabatur ecclesia. propter hoc prima mulier facta est de viri latere dormientis; et hic secundus adam inclinato capite in cruce dormivit, ut inde formaretur ei coniux per id quod de latere dormientis effluxit. o mors, unde mortui reviviscunt. quid isto sanguine mundius, quid isto vulnere salubrius? * chrysostomus. ° et quia hinc suscipiunt principium sacra mysteria, cum accesseris ad tremendum calicem, ut ab ipsa bibiturus christi costa, ita accedas. * theophylactus. ° erubescant igitur qui vinum in sacris non limphant mysteriis: videntur enim non credere quod aqua de latere fluxerit. potest tamen quis calumniose dicere, quod aliqua virtus vitalis erat in corpore, et ideo sanguis effluxit; aqua vero manans inexpugnabile signum fuit; et ideo evangelista subiungit et qui vidit, testimonium perhibuit. * chrysostomus. ° quasi dicat: non ab aliis audivit, sed ipse praesens vidit. et verum est testimonium eius: quod convenienter subiungit, convicium christi enarrans, non magnum aliquod et admirabile signum, ut sic suspectus sermo redderetur; sed ipse hoc dixit, haereticorum ora praecludens, et futura personans mysteria, et eum qui latebat in eis inspiciens thesaurum. sequitur et ille scit quia vera dicit, ut et vos credatis. * augustinus. ° scit enim qui vidit, cuius credat testimonio qui non vidit. duo autem testimonia de scripturis reddidit singulis rebus quas factas fuisse narravit. nam quia dixerat: non fregerunt crura iesu, subdidit facta sunt enim haec ut scriptura impleretur: os non comminuetis ex eo: quod praeceptum est eis qui celebrare pascha iussi sunt ovis immolatione in veteri lege, quae dominicae passionis umbra praecesserat. item quia subiunxerat: unus militum lancea latus eius aperuit, ad hoc pertinet alterum testimonium quod subdit dicens et iterum alia scriptura dicit: videbunt in quem transfixerunt: ubi promissus est christus in ea qua crucifixus est carne futurus. * hieronymus. ° hoc autem testimonium sumptum est de zacharia.

lc11 * Chrysostomus in ioannem. ° aestimans ioseph extinctum esse iudaeorum furorem christo crucifixo, cum fiducia accessit, ut deponendum funus procuraret; unde dicitur post haec autem rogavit pilatum ioseph ab arimathaea. * beda. ° arimathaea, ipsa est ramatha civitas helcanae et samuelis. caelitus autem provisum est ut esset dives, ut ad praesidem posset accedere; et ut esset iustus, ut corpus domini acciperе mereretur; unde sequitur ut tolleret corpus iesu, eo quod esset discipulus iesu. * chrysostomus. ° non ex duodecim, sed ex septuaginta: quoniam nullus ex duodecim accesserit. et si timorem iudaeorum quis pro causa assumpserit, hic eodem detinebatur timore; unde dicitur occultus autem propter metum iudaeorum. sed valde insignis erat, et pilato notus; unde et gratiam accepit; et hoc est quod subditur et permisit pilatus. et sepelit de reliquo, non ut condemnatum, sed ut magnum quemdam et mirabilem; unde subditur venit ergo, et tulit corpus iesu. * augustinus de cons. evang.. ° in extremo enim illo officio funeri exhibendo, minus curavit de iudaeis, quamvis soleret in domino audiendo eorum inimicitias devitare. * beda. ° sedata enim utcumque eorum saevitia, eo quod se adversus christum praevaluisse gaudebant, corpus christi petiit, quoniam non videbatur causa discipulatus sed pietatis venisse, ut funeri officium impenderet; quod homines non solum bonis, sed etiam malis solent impendere. adiungitur autem ei et nicodemus; unde sequitur venit autem et nicodemus, qui venerat ad iesum nocte primum, ferens mixturam myrrhae et aloes quasi libras centum. * augustinus in ioannem. ° non ita distinguendum est, ut dicamus: primum ferens mixturam myrrhae, sed ut quod dictum est primum, ad superiorem sensum pertineat. venerat enim ad iesum nicodemus nocte primum, quod idem ioannes narravit in prioribus evangelii sui partibus. hic ergo intelligendum est, ad iesum non tunc solum, sed tunc primum venisse nicodemum; venisse autem postea, ut fieret audiendo discipulus christi. ferunt autem pigmenta, quae maxime corpus apta sunt quamplurimum conservare, et non permittere cito subici corruptioni: adhuc enim ut de nudo homine disponebant, sed tamen multam dilectionem demonstrabant. * beda. ° notandum est autem, quod simplex unguentum fuerit: quia ex diversis aromatibus licentiam conficiendi non haberent. sequitur acceperunt ergo corpus iesu, et ligaverunt eum linteis cum aromatibus, sicut mos est iudaeis sepelire. * augustinus. ° in quo evangelista admonuit in huiusmodi officiis quae mortuis exhibentur, morem cuiusque gentis esse servandum. erat autem illius gentis consuetudo, ut mortuorum corpora variis aromatibus condirentur, ut diutius servarentur illaesa. * augustinus de cons. evang.. ° neque autem hic ioannes aliis repugnat: neque enim illi qui nicodemum tacuerunt, affirmaverunt a solo ioseph dominum sepultum, quamvis solius commemorationem fecerint: aut quia illi una sindone a ioseph involutum dixerunt, propterea prohibuerunt intelligi, et alia lintea potuisse afferri a nicodemo, et superaddi; ut verum narret ioannes, quod non uno linteo, sed linteis involutus sit: quamvis et propter sudarium quod capiti adhibeatur, et institas quibus corpus totum alligatum est, quia omnia de lino erant, etiam si una sindon ibi fuit, veracissime dici potuit ligaverunt eum linteis: lintea quippe generaliter dicuntur quae lino texuntur. * beda. ° hinc ecclesiae consuetudo descendit, ut corpus domini non in sericis et auro textis consecretur, sed in sindone munda. * chrysostomus in ioannem. ° quia vero brevitate temporis urgebantur: nona enim hora mortuo christo, deinde accedentibus ad pilatum et deponentibus christi corpus, vespera imminebat; ideo ponunt eum in proximo monumento; unde subditur erat autem in loco ubi crucifixus est, hortus, et in horto monumentum novum, in quo nondum quisquam positus fuerat: quod dispensatione factum est, ne alterius alicuius, qui cum eo iaceret, aestimaretur |100| resurrectio facta esse. * augustinus in ioannem. ° sicut etiam in mariae virginis utero nemo ante illum, nemo post illum conceptus est, ita in hoc monumento nemo ante illum, nemo post illum sepultus est. * theophylactus. ° per hoc etiam quod novum fuit sepulchrum, mystice datur intelligi quod per christi sepulturam omnes innovamur, morte et corruptione destructa. attende etiam abundantiam pro nobis susceptae paupertatis: nam qui domum in vita non habuit, post mortem quoque in alieno sepulchro reconditur, et nudus existens, a ioseph operitur. sequitur ibi ergo propter parasceven iudaeorum, quia iuxta erat monumentum, posuerunt iesum. * augustinus. ° acceleratam vult intelligi sepulturam, ne advesperasceret, quando iam propter parasceven, quam coenam puram iudaei latine usitatius apud nos vocant, facere tale aliquid non licebat. * chrysostomus. ° propinquum autem fuit sepulchrum, ut discipuli possent cum facilitate accedere, et consideratores fieri eorum quae eveniebant, |125| prope existente loco; et ut sepulturae testes essent etiam inimici custodientes sepulchrum, et ut falsus ostenderetur is qui de furto sermo. * beda. ° mystice autem ioseph interpretatur aptus pro acceptione boni operis; ad quod monemur ut corpus domini digne percipere mereamur. * theophylactus. ° nunc etiam quodammodo christus apud avaros mortificatur in paupere famem patiente. esto ergo ioseph, et tege christi nuditatem non semel, sed iugiter in tuo tumulo spirituali considerando reconde, cooperi, et misce myrrham et aloem amaricantia, considerando vocem illam: ite, maledicti, in ignem aeternum, qua nihil amarius aestimo.

074 CJO cp20

lc1 * Chrysostomus in ioannem. ° quia iam transierat sabbatum in quo impediebatur a lege, non potuit maria magdalene quiescere, sed venit profundo diluculo, consolationem quamdam a loco sepulturae invenire volens; unde dicitur una autem sabbati maria magdalene venit mane, cum adhuc tenebrae essent, ad monumentum. * augustinus de cons. evang.. ° venit quidem maria magdalene, sine dubio ceteris mulieribus quae domino ministraverant plurimum dilectione ferventior, ut non immerito ioannes solam commemoraret, tacitis eis qui cum illa fuerant, sicut alii testantur. * augustinus in ioannem. ° una autem sabbati est, quem iam diem dominicum propter domini resurrectionem mos christianus appellat, quem matthaeus primam sabbati nominavit. * beda. ° dicitur ergo una sabbati, hoc est altera sive prima die post sabbatum. * theophylactus. ° vel aliter. hebdomadae dies iudaei sabbatum nominabant, unam autem ex sabbati diebus primam. futuri autem saeculi |25| exemplar est haec dies, quoniam futuri saeculi una dies est nequaquam nocte interpolata: deus enim ibi sol est, qui numquam occidit. in hac igitur die dominus resurrexit, incorruptibilitatem corporis assumens, sicut nos in futuro saeculo incorruptione induemur. * augustinus de cons. evang.. ° quod autem marcus dicit: valde mane oriente iam sole, non repugnat ei quod hic dicitur: cum adhuc tenebrae essent: die quippe surgente aliquae reliquiae tenebrarum tanto magis extenuantur, quanto magis oritur lux. nec sic accipiendum est quod ait marcus: valde mane orto iam sole, tamquam sol ipse iam videretur super terram; sed potius, sicut dicere solemus eis quibus volumus significare temporius aliquid faciendum, orto iam sole dicitur, idest de proximo adveniente in has partes. * gregorius in evang.. ° congrue autem dicitur cum adhuc tenebrae essent. maria enim auctorem omnium quem carne viderat, mortuum quaerebat in monumento: et quia hunc minime invenit, furatum credidit. |50| adhuc ergo erant tenebrae cum venit ad monumentum. sequitur et vidit lapidem revolutum a monumento. * augustinus. ° iam ergo factum erat quod solus matthaeus commemorat de terraemotu et lapide revoluto, conterritisque custodibus. * chrysostomus. ° surrexit quidem dominus, lapide et signaculis sepulchro iniacentibus. quia vero oportebat et alios certificari, aperitur monumentum post resurrectionem, et ita creditur quod factum est. hoc denique et mariam movit: videns enim lapidem sublatum, non intravit neque prospexit, sed ad discipulos ex multo amore cum velocitate cucurrit. nondum autem de resurrectione noverat aliquid manifestum, sed putabat translationem corporis esse factam. * glossa. ° et ideo cucurrit nuntiare discipulis, ut aut secum quaererent, aut secum dolerent; et hoc est quod sequitur cucurrit ergo, et venit ad simonem petrum, et ad alium discipulum quem diligebat iesus. * augustinus in ioannem. ° ita se commemorare solet quod |75| eum diligebat iesus, qui utique omnes, sed ipsum prae ceteris et familiarius diligebat. sequitur et dixit eis: tulerunt dominum de monumento, et nescimus ubi posuerunt eum. * gregorius moralium. ° hoc autem dicens, totum pro parte insinuat; solum quippe corpus domini quaesitura venerat: et quasi totum dominum sublatum deplorat. * augustinus. ° nonnulli autem codices graeci habent tulerunt dominum meum; quod videri dictum potest propensiore caritatis vel famulatus affectu. sed hoc in pluribus codicibus quos in promptu habemus, non invenimus. * chrysostomus. ° evangelista vero non privavit mulierem hac laude, nec verecundum existimavit quod ab ea prius addiscerent. audientes ergo illi, cum multo studio monumento insistunt. * gregorius in evang.. ° illi autem prae ceteris cucurrerunt, qui prae ceteris amaverunt, videlicet petrus et ioannes; unde sequitur exiit ergo petrus et ille alius discipulus, et venerunt ad monumentum. * theophylactus. ° sed si quaeras |100| quomodo astantibus custodibus venerunt ad monumentum, rudis questio: quoniam postquam dominus resurrexit, et una cum terraemotu affuit angelus in sepulchro, recesserunt custodes, annuntiantes pharisaeis. * augustinus. ° cum autem iam dixisset venerunt ad monumentum, regressus est, ut narraret quomodo venerunt, atque ait currebant autem duo simul: et ille alius discipulus praecucurrit citius petro, et venit prior ad monumentum, ubi ostendit quod ipse prior venerit, sed tamquam de alio cuncta narrat. * chrysostomus in ioannem. ° veniens autem considerat linteamina posita; unde sequitur et cum se inclinasset, vidit posita linteamina. nihil tamen ipse plus perscrutatur, sed desistit; et hoc est quod subditur non tamen introivit. petrus vero ut fervidus introiens universa inspexit diligenter, et amplius vidit; unde sequitur venit ergo simon petrus sequens eum, et introivit in monumentum, et vidit linteamina posita, et sudarium quod fuerat super caput eius, non cum linteaminibus positum, sed separatim |125| involutum in unum locum: quod erat resurrectionis signum. neque enim, si quidem eum transtulissent, corpus eius denudassent; neque si furati essent, huius rei fuissent solliciti, ut levarent sudarium et involverent et ponerent in unum locum seorsum a linteaminibus, sed simpliciter ut se habebat suscepissent corpus. ideo enim ioannes praemiserat quoniam sepultus est cum myrrha, quae conglutinat corpori linteamina, ut non decipiaris ab his qui dicunt eum furto sublatum esse. non enim ita insensatus esset qui furaretur, ut circa rem superfluam tantum studium consumeret. post petrum autem et ioannes introivit; unde sequitur tunc ergo introivit et ille discipulus qui venerat primus ad monumentum, et vidit et credidit. * augustinus in ioannem. ° nonnulli putant hoc ioannem credidisse quod iesus resurrexerit; sed quod sequitur, hoc non indicat. vidit ergo inane monumentum, et credidit quod dixerat mulier; nam sequitur nondum enim sciebant scripturam quia oportebat eum a mortuis resurgere. non |150| ergo eum credidit resurrexisse quem nesciebat oportere resurgere. quando autem ab ipso domino audiebant, quamvis apertissime diceretur, consuetudine tamen audiendi ab illo parabolas, non intelligebant, et aliquid aliud eum significare credebant. * gregorius in evang.. ° haec autem tam subtilis evangelistae descriptio a mysteriis vacare credenda non est. per ioannem iuniorem synagoga, per seniorem vero petrum ecclesia gentium designatur: quia etsi ad dei cultum est prior synagoga quam ecclesia gentium, ad usum tamen saeculi prior est multitudo gentium quam synagoga. cucurrerunt autem simul, quia ab ortus sui tempore usque ad occasum pari et communi via, etsi non pari et communi sensu, gentilitas cum synagoga decucurrit. venit synagoga prior ad monumentum, sed minime intravit: quia legis quidem mandata percepit, prophetias de incarnatione ac passione dominica audivit; sed credere in mortuum noluit; venit autem simon petrus, et introivit in monumentum: |175| quia secuta posterior ecclesia gentium, christum iesum et cognovit carne mortuum, et viventem credidit deum. sudarium autem capitis domini cum linteaminibus non invenitur: quia caput christi deus, et divinitatis incomprehensibilia sacramenta ab infirmitatis nostrae cognitione disiuncta sunt, eiusque potentia creaturae transcendit naturam. non solum autem separatim, sed involutum inveniri dicitur: quia lintei quo involvitur, nec initium nec finis aspicitur. celsitudo autem divinitatis nec coepit esse nec desinit. bene autem additur in unum locum: quia in scissura mentium deus non est: et illi eius gratiam habere merentur qui se ab invicem per sectarum scandala non dividunt. sed quia solet per sudarium laborantium sudor detergi, potest et sudarii nomine intelligi labor dei. sudarium ergo quod super caput eius fuerat, seorsum invenitur, quia ipsa redemptoris nostri passio longe a nostra passione disiuncta est: quoniam ipse sine culpa pertulit quod nos cum culpa toleramus; ipse sponte morti |200| succumbere voluit, ad quam nos venimus inviti. postquam autem intravit petrus, ingressus est et ioannes: quia in fine mundi ad redemptoris fidem etiam iudaea colligetur. * theophylactus. ° vel aliter. intellige petrum activum et promptum; ioannem vero contemplativum et docilem rerum divinarum habuisse peritiam. plerumque autem praevenit contemplativus notitia et docilitate; sed activus instantia fervoris et sedulitate praecedit illius acumen, et prius inspicit divinum mysterium.

lc2 * Gregorius in evang.. ° maria autem magdalene, quae fuerat in civitate peccatrix, amando veritatem laverat lacrymis maculas criminis, cuius mentem magna vis amoris accenderat, quae a monumento domini, etiam discipulis recedentibus, non recedebat; dicitur enim abierunt ergo iterum discipuli ad semetipsos. * augustinus in ioannem. ° idest, ubi habitabant, et unde ad monumentum cucurrerant. viris autem redeuntibus, infirmiorem sexum in eodem loco fortior figebat affectus; unde sequitur maria autem stabat ad monumentum foris plorans. * augustinus de cons. evang.. ° idest, ante illum saxei sepulchri locum; sed tamen intra illud spatium quo iam ingressae fuerant: hortus quippe illic erat. * chrysostomus in ioannem. ° ne mireris autem quod maria amare flebat ad sepulchrum, petrus vero nihil tale passus est: compassibile enim est muliebre genus et natura flebile. * augustinus in ioannem. ° oculi igitur qui dominum quaesierant et non |25| invenerant, lacrymis vacabant, amplius dolentes, quod fuerat ablatus de monumento quam quod fuerat occisus in ligno: quoniam magistri tanti, cuius vita subtracta fuerat, nec memoria remanebat. * augustinus de cons. evang.. ° viderat autem cum aliis mulieribus angelum sedentem a dextris super lapidem revolutum a monumento, ad cuius verba cum fleret, prospexit in monumentum. * chrysostomus. ° magnum enim ad mitigationem est monumentum apparens. vide denique eam, ut plus requiesceret, et inclinantem se, et volentem locum videre ubi iacuit corpus; unde sequitur dum ergo fleret, inclinavit se, et prospexit in monumentum. * gregorius in evang.. ° amanti enim semel aspexisse non sufficit, quia vis amoris intentionem multiplicat inquisitionis. * augustinus in ioannem. ° nimium enim dolebat, nec suis nec discipulorum oculis facile putabat esse credendum: an potius divino instinctu in animo eius effectum est ut prospiceret? * gregorius. ° quaesivit enim corpus, et minime |50| invenit; perseveravit ut quaereret: unde et contingit ut inveniret, actumque est ut desideria dilata crescerent, et crescentia caperent quod invenissent. sancta enim desideria dilatione crescunt; si autem dilatione deficiunt, desideria non fuerunt. ista itaque, quae sic amat, quae se ad monumentum quod prospexerat, iterum inclinat: videamus quo fructu vis amoris in ea ingeminat opus inquisitionis; sequitur enim et vidit duos angelos in albis sedentes, unum ad caput, et unum ad pedes, ubi positum fuerat corpus iesu. * chrysostomus. ° quia enim non erat excelsa mulieris mens ut ex sudariis perciperet resurrectionem, angelos videt in laeto habitu, ut et ipsa a passione mitigetur. * augustinus. ° quid est autem quod unus ad caput, et alter ad pedes sedebat? an, quoniam qui graece angeli dicuntur, latine sunt nuntii, isto modo christi evangelium, velut a capite usque ad pedes, ab initio usque in finem signabant esse nuntiandum? * gregorius. ° vel ad caput sedet angelus cum per apostolos |75| praedicatur, quia in principio erat verbum; et quasi ad pedes sedet, cum dicitur: verbum caro factum est. possumus etiam per duos angelos duo testamenta agnoscere, quae dum pari sensu incarnatum et mortuum ac resurrexisse dominum nuntiant quasi testamentum prius ad caput et testamentum posterius ad pedes sedet. * chrysostomus. ° angeli autem apparentes nihil de resurrectione dicunt; sed paulatim in eum qui de resurrectione est intrant sermonem. quia enim mulier ultra consuetudinem praeclarum habitum viderat, ne turbetur, audivit compassionis vocem; unde sequitur dicunt ei illi: mulier, quid ploras? angeli lacrymas prohibebant, et futurum quodammodo gaudium nuntiabant: ita enim dixerunt quid ploras? ac si dicerent: plorare noli. * gregorius. ° ipsa enim sacra eloquia, quae nos in lacrymas amoris excitant, easdem lacrymas consolantur, dum nobis redemptoris nostri speciem repromittunt. * augustinus. ° at illa eos putans interrogasse nescientes, causas prodit |100| lacrymarum; unde sequitur dicit eis: quia tulerunt dominum meum. dominum suum vocat domini sui corpus exanime, a toto partem significans; sicut omnes confitemur iesum christum filium dei sepultum, cum sola eius sepulta sit caro. sequitur et nescio ubi posuerunt. haec erat causa maioris doloris, quia nesciebat quo iret ad consolandum dolorem. * chrysostomus in ioannem. ° nondum autem de resurrectione aliquid noverat, sed adhuc translationem imaginabatur. * augustinus de cons. evang.. ° hic intelligendi sunt surrexisse angeli, ut etiam stantes viderentur, sicut lucas eos visos esse commemorat. * augustinus in ioannem. ° sed hora iam venerat qua id quod nuntiatum quodammodo fuerat ab angelis flere prohibentibus, gaudium succederet flentibus; unde sequitur haec cum dixisset, conversa est retrorsum. * chrysostomus. ° sed quare ad angelos loquens, et nondum ab eis aliquid audiens, convertitur retrorsum? mihi videtur quod haec ea dicente, |125| christus post eam apparuit, et angeli considerantes dominatorem, et figura et inspectione et motu confestim ostenderunt quoniam dominum viderunt; et hoc est quod mulierem converti retrorsum fecit. * gregorius. ° notandum etiam quod maria, quae adhuc de domini resurrectione dubitabat, conversa retrorsum est ut videret iesum, quia videlicet per eamdem dubitationem suam quasi tergum in domini faciem miserat, quem resurrexisse minime credebat. sed quia amabat et dubitabat, videbat et non agnoscebat eum; unde sequitur et vidit iesum stantem, et non sciebat quia iesus esset. * chrysostomus. ° angelis enim ut dominator apparuit, mulieri vero non ita, ne eam ex prima visione stupefaceret: non enim oportebat eam repente ad excelsa reducere, sed paulatim. sequitur dicit ei iesus: mulier, quid ploras? quem quaeris? * gregorius. ° interrogatur doloris causa, ut augeatur desiderium; quatenus cum nominaret quem quaereret, in amorem eius ardentius aestuaret. * chrysostomus. ° et quia in communi figura apparuit, aestimavit eum hortulanum esse; unde sequitur illa aestimans quia hortulanus esset, dicit ei: domine, si tu sustulisti eum, dicito mihi ubi posuisti eum, et ego eum tollam; hoc est: si propter timorem iudaeorum levasti eum, dicito mihi, et ego eum accipiam. * theophylactus. ° timebat enim ne iudaei etiam in corpus saevirent exanime; et ideo volebat in alio loco incognito illud transponere. * gregorius. ° forsitan autem nec errando haec mulier erravit, quae iesum hortulanum credidit. an non ei spiritualiter hortulanus erat, qui in eius pectore per amoris sui vim semina virtutum virentia plantabat? sed quid est quod viso eo quem hortulanum credidit, cui necdum dixerat quem quaerebat, ait: domine, si tu sustulisti eum? sed vis amoris hoc agere solet in animo, ut quem ipse semper cogitat, nullum alium credat ignorare. postquam autem eam dominus communi vocabulo appellavit ex sexu, et agnitus non est, vocat ex nomine; unde sequitur dicit ei iesus: maria; ac si dicat: recognosce eum a quo recognosceris. maria ergo, quia vocatur ex nomine, recognoscit auctorem: quia et ipse erat qui quaerebatur exterius, et ipse qui eam interius, ut quaereret, docebat; unde sequitur conversa illa dicit ei: rabboni (quod dicitur magister). * chrysostomus in ioannem. ° sicut enim iudaeis quandoque immanifestus erat et praesens; ita et loquens cum volebat, seipsum notum faciebat. qualiter autem conversam dicit, cum christus ad eam loqueretur? mihi videtur quod dicente ea ubi posuisti eum, conversa est ad angelos, ut interrogaret cur stupefacti essent. deinde christus vocans eam, convertit eam ad seipsum, et per vocem manifestum seipsum fecit. * augustinus in ioannem. ° vel quia prius conversa corpore, quod non erat putavit, nunc corde conversa quod erat agnovit. nemo autem calumnietur mulierem, quod hortulanum dixerit dominum, et iesum magistrum: ibi enim honorabat hominem a quo beneficium postulabat; hic recolebat doctorem, a quo discernere humana et divina discebat. aliter ergo dominum dixit: sustulerunt dominum meum; aliter autem: domine, si tu sustulisti eum. * gregorius. ° iam vero ab evangelista non subditur quid mulier fecit, sed ex eo innuitur quod audivit; sequitur enim dicit ei iesus: noli me tangere: in his namque verbis ostenditur, quod maria amplecti voluit eius vestigia quem recognovit. sed cur tangi non debeat, ratio quoque additur cum subiungitur nondum enim ascendi ad patrem meum. * augustinus. ° sed si stans in terra non tangitur, sedens in caelo quomodo ab homine tangetur? qui certe antequam ascenderet, discipulis suis se obtulit tangendum, dicens: palpate, et videte, quia spiritus carnem et ossa non habet, ut lucas testatur. quis autem tam sit absurdus ut dicat, eum a discipulis quidem, antequam ascendisset ad patrem, se voluisse tangi, a mulieribus autem noluisse, nisi cum ascendisset ad patrem? sed leguntur etiam feminae post resurrectionem, antequam ad patrem ascenderet, tetigisse iesum, in quibus erat etiam ipsa maria magdalena, narrante matthaeo. aut ergo hoc sic dictum est ut in illa femina figuraretur ecclesia de gentibus, quae in christum non credidit nisi cum ascendisset ad patrem; aut sic in se credi voluit iesus, hoc est sic se spiritualiter tangi, quod ipse et pater unum sunt. eius quippe intimis sensibus quodammodo ascendit ad patrem qui sic in eo profecerit ut patri agnoscat aequalem. quomodo autem haec non carnaliter adhuc in eum credebat quem sicut hominem fiebat? * augustinus de trin.. ° tactus autem tamquam finem facit notionis; ideoque nolebat in eo esse finem intenti cordis in se, ut hoc quod videbatur tantummodo putaretur. * chrysostomus. ° vel aliter. volebat haec mulier adhuc cum christo esse, sicut et ante passionem; et prae gaudio nihil magnum excogitabat; quamvis caro christi multo melior facta fuerit resurgendo. ab hac ergo intelligentia eam abducens, dixit noli me tangere, ut cum multa reverentia ei loquatur: unde nec discipulis apparet de reliquo cum eis conversans, ut reverentius ei attendant. dicens autem nondum enim ascendi, ostendit quoniam illuc properat et festinat. eum autem qui illuc debet abire, et non ultra cum hominibus conversari, non oportebat cum eadem videre mente qua et ante; et hoc manifestat consequenter dicens vade autem ad fratres meos; et dic eis: ascendo ad patrem meum et patrem vestrum, deum meum et deum vestrum. * hilarius de trin.. ° inter ceteras impietates suas etiam hoc dicto domini uti solent haeretici, ut per id quod pater eius pater eorum est, et deus eius, deus eorum est, in natura dei non sit. sed in forma dei manens formam servi assumpsit: et cum hoc ad homines in servi forma christus iesus loquatur, non ambigitur quin pater sibi ut ceteris sit ex ea parte qua homo est, et deus sibi ut cunctis sit ex ea natura qua servus est. denique hunc eumdem sermonem coepit dicens vade ad fratres meos. fratres autem ex carne sunt deo; ceterum unigenitus deus in unigeniti exceptione sine fratribus est. * augustinus in ioannem. ° vel aliter. non ait: patrem nostrum, sed patrem meum et patrem vestrum. aliter ergo meum, aliter vestrum; natura meum, gratia vestrum. neque dixit: deum nostrum, sed deum meum, sub quo ego homo, et deum vestrum, inter quos et ipsum mediator sum. * augustinus de cons. evang.. ° tunc ergo egressa est a monumento, hoc est ab illo loco ubi erat horti spatium ante lapidem effossum, et cum illa aliae quas secundum marcum invaserat tremor et pavor, et nemini, scilicet aliorum, quidquam dicebant; unde et hic dicitur venit maria magdalene annuntians discipulis: quia vidi dominum, et haec dixit mihi. * gregorius. ° ecce humani generis culpa ibi absconditur unde processit: quia enim in paradiso mulier viro propinavit mortem, a sepulchro mulier viris annuntiavit vitam; et dicta sui vivificatoris narrat quae mortiferi serpentis verba narraverat. * augustinus. ° dum autem cum aliis veniret, tunc secundum matthaeum occurrit illis iesus dicens: avete. sic ergo colligamus angelorum collocutionem bis numero eas habuisse venientes ad monumentum, et etiam ipsius domini: semel scilicet quando maria hortulanum putavit; et iterum cum eis occurrit in via, ut eas repetitione firmaret: et sic venit maria magdalene annuntians discipulis, non solum ipsa, sed et aliae quas lucas commemorat. * beda. ° mystice autem maria, quae interpretatur domina, illuminata, illuminatrix, seu stella maris, significat ecclesiam, quae magdalena, idest turrensis dicitur: nam magdalon graece, latine turris dicitur, propter illud quod dicitur in psalmo 60, 4: factus est mihi turris fortitudinis. in eo autem quod haec mulier discipulis christum resurrexisse nuntiavit, omnes monentur, maxime quibus est commissum praedicandi officium, ut si quid ei caelitus revelatum fuit, studiose proximis propinent.

lc3 * Chrysostomus in ioannem. ° audientes discipuli quod maria annuntiavit, consequens erat ut aut discrederent, aut credentes dolerent, quoniam eos non reputavit dignos sua visione. haec igitur recogitantes neque per unam diem dimisit pertransire; sed ex eo quod sciebant iam suscitatum esse, videre sitientibus et timidis existentibus, cum sero factum esset, ipsis astitit; unde dicitur cum ergo sero esset die illo, una sabbatorum, et fores essent clausae ubi erant discipuli congregati propter metum iudaeorum. * beda. ° in hoc infirmitas apostolorum monstratur, qui foribus clausis intus congregati resident propter timorem iudaeorum, quorum metu fuerant prius dispersi. venit iesus, et stetit in medio. ideo autem sero apparuit, quia consequens erat tunc maxime eos timidos esse. * theophylactus. ° vel quia praestolabatur ut omnes convenirent. ostiis vero clausis, ut ostendat quia eodem modo resurrexit adiacente lapide super monumentum. * augustinus. ° nonnulli autem de hac re ita moventur, ut pene periclitentur afferentes contra miracula divina, praeiudicia ratiocinationum suarum; sic enim disputant: si corpus erat, si hoc surrexit de sepulchro quod pependit in ligno, quomodo per ostia clausa intrare potuit? si comprehendis modum, non est miraculum; ubi deficit ratio, ibi est fidei aedificatio. * augustinus in ioannem. ° moli quidem corporis, ubi divinitas erat, ostia clausa non obstiterunt: ille quippe non eis apertis intrare potuit quo nascente virginitas matris inviolata permansit. * chrysostomus. ° sed mirabile est qualiter phantasma eum non aestimarunt. sed hoc fuit quia mulier praeveniens, in eis multam fidem operata est. sed et ipse per visum manifestum se eis ostendit, et voce eorum fluctuantem mentem firmavit; unde sequitur et dixit eis: pax vobis; idest, ne tumultuemini: in quo etiam commemorat verbum quod ante crucem dixerat: pacem meam do vobis; et rursus: in me pacem habebitis. * gregorius. ° et quia ad illud corpus, quod videri poterat, fides intuentium dubitabat, ostendit eis protinus manus et latus; unde sequitur et cum hoc dixisset, ostendit eis manus et latus. clavi enim manus fixerant, lancea latus aperuerat: ibi ad dubitantium corda sananda vulnerum sunt servata vestigia. * chrysostomus in ioannem. ° et quia ante crucem eis dixerat: iterum videbo vos, et gaudebit cor vestrum, hoc opere impletur; unde sequitur gavisi sunt discipuli viso domino. * augustinus de civ. dei. ° claritas, qua iusti fulgebunt sicut sol in regno patris sui, in christi corpore, cum resurrexit, ab oculis discipulorum potius abscondita fuisse quam defuisse credenda est (non enim eam ferret humanus atque infirmus aspectus), quando ille a suis ita deberet attendi ut posset agnosci. * chrysostomus. ° universa autem haec eos ad fidem certissimam inducebant. quia vero praelium inexpugnabile habebant ad iudaeos, rursus eis pacem annuntiat; unde sequitur dixit eis ergo iterum: pax vobis. * beda. ° iteratio confirmatio est; sive ideo repetit, quia gemina est virtus caritatis; vel quia ipse est qui fecit utraque unum. * chrysostomus. ° simul quoque demonstrat crucis efficaciam, per quam solvit omnia tristia, et contulit omnia bona; et hoc est pax. mulieribus autem supra annuntiatum est gaudium, quia in tristitiis illud genus erat, et hanc suscepit maledictionem, dicente domino: in dolore paries. quia ergo universa prohibentia sunt destructa, et directa sunt omnia, de reliquo subdit sicut misit me pater, et ego mitto vos. * gregorius. ° pater quidem filium misit, qui hunc pro redemptione generis humani incarnari constituit. itaque dicitur sicut misit me pater, et ego mitto vos; idest, ea caritate vos diligo, cum inter scandalum persecutorum mitto, qua me caritate pater diligit, quem venire ad tolerandas passiones fecit. * augustinus in ioannem. ° aequalem autem patri filium novimus; sed hic verba mediatoris agnoscimus. medium quippe se ostendit dicendo: ille me, et ego vos. * chrysostomus. ° sic igitur elevavit eorum animum et ab his quae facta sunt et a dignitate mittentis; et non adhuc deprecatio ad patrem fit, sed sua auctoritate dat eis virtutem; unde sequitur haec cum dixisset, insufflavit, et dixit eis: accipite spiritum sanctum. * augustinus de trin.. ° flatus ergo ille corporeus substantia spiritus sancti non fuit, sed demonstratio per congruam significationem non tantum a patre, sed etiam a filio procedere spiritum sanctum. quis enim dementissimus diceret alium fuisse spiritum quem sufflans dedit, et alium quem post ascensionem suam misit? * gregorius in evang.. ° cur autem prius in terra discipulis datur, postmodum de caelo mittitur, nisi quod duo sunt praecepta caritatis, dilectio videlicet dei et dilectio proximi? in terra datur spiritus, ut diligatur proximus; ex caelo datur spiritus, ut diligatur deus. sicut ergo una est caritas et duo praecepta; ita unus est spiritus et duo data; prius a consistente domino in terra, postmodum datur ex caelo, quia proximi amore discitur qualiter perveniri debeat ad amorem dei. * chrysostomus. ° quidam autem dicunt quoniam non spiritum dedit, sed aptos eos ad susceptionem spiritus per insufflationem construxit. si enim angelum videns daniel excessum mentis passus est, quid ineffabilem illam gratiam suscipientes passi essent, nisi discipulos suos primitus instruxisset? nequaquam autem quis peccabit, dicens, tunc suscepisse eos quamdam potestatem spiritualis gratiae non ut mortuos suscitent et miracula faciant, sed ut dimittant peccata; unde sequitur quorum remiseritis peccata, remittuntur eis; et quorum retinueritis, retenta sunt eis. * augustinus in ioannem. ° ecclesiae caritas, quae per spiritum sanctum diffunditur in cordibus nostris, participum suorum peccata dimittit; eorum autem qui non sunt eius participes, tenet; ideo postquam dixit accipite spiritum sanctum, continuo de peccatorum remissione et retentione subiecit. * gregorius. ° sciendum vero est, quod hi qui prius spiritum sanctum habuerunt, ut et ipsi innocenter viverent, et in praedicatione quibusdam prodessent, idcirco hunc post resurrectionem domini patenter acceperunt, ut prodesse non paucis, sed pluribus possent. libet ergo intueri, illi discipuli ad tanta onera humilitatis vocati, ad quantum culmen gloriae sint perducti. ecce non solum de seipsis securi fiunt, sed etiam principatum superni iudicii sortiuntur, ut vice dei quibusdam peccata retineant, quibusdam vero relaxent. horum nunc in ecclesia episcopi locum tenent, et solvendi ac ligandi auctoritatem suscipiunt qui gradum regiminis sortiuntur. grandis honor, sed grave pondus istius est honoris. durum quippe est ut qui nescit tenere moderamina vitae suae, iudex fiat vitae alienae. * chrysostomus in ioannem. ° sacerdos enim etsi propriam bene dispensaverit vitam, aliorum vero non cum diligentia curam habuerit, cum perniciosis in gehennam vadit. scientes igitur periculi magnitudinem, multam tribuite eis devotionem, etiam si non valde nobiles fuerint. non autem iustum est ab his qui in principatu subiciuntur iudicari. et si vita eorum fuerit valde detrectabilis, in nullo laederis in his quae sunt eis commissa a deo: non enim sacerdos, sed neque angelus aut archangelus operari aliquid potest in his quae sunt data a deo, sed pater et filius et spiritus sanctus omnia dispensant; sacerdos autem suam linguam et manum tribuit: non enim iustum esset, propter alterius malitiam circa symbola nostrae salutis laedi eos qui ad fidem veniunt. omnibus autem discipulis congregatis, solus thomas deficiebat a dispersione quae iam facta erat; unde dicitur thomas autem unus ex duodecim, qui dicitur didymus, non erat cum eis, quando venit iesus. * alcuinus. ° didymus graece, latine geminus vel dubius, propter dubium cor in credendo: thomas abyssus quia altitudinem divinitatis certa fide penetravit. * gregorius. ° non autem casu gestum est ut electus ille discipulus tunc deesset: egit namque miro modo superna clementia ut discipulus dubitans, dum in magistro suo vulnera palparet carnis, in nobis vulnera sanaret infidelitatis. plus enim nobis infidelitas thomae ad fidem quam fides credentium discipulorum profuit: quia dum ille ad fidem palpando reducitur, nostra mens omni dubitatione postposita in fide solidatur. * beda. ° quaeri autem potest quare hic evangelista tunc thomam defuisse dicat, cum lucas scribat quod duo discipuli euntes in emmaus, reversi in ierusalem invenerunt undecim congregatos. sed datur intelligi quoddam fuisse intervallum, quo ad horam thomas egressus sit, et iesus veniens in medio eorum stetit. * chrysostomus in ioannem. ° sicut autem simpliciter et qualitercumque credere, facilitatis est, ita multum investigare est crassissimae mentis: et propter hoc thomas accusatur: apostolis enim dicentibus, quoniam vidimus dominum, non credidit, non tantum illis discredens, quantum rem putans impossibilem esse; unde sequitur dixerunt ergo ei alii discipuli: vidimus dominum. ille autem dixit eis: nisi videro in manibus eius fixuram clavorum, et mittam digitum meum in locum clavorum, et mittam manum meam in |225| latus eius, non credam. aliis enim crassior existens, eam quae est per sensum crassissimum, scilicet tactum, quaerebat fidem, et neque oculis credebat: unde non suffecit ei dicere nisi videro, sed addidit et mittam digitum meum in locum clavorum, et mittam manum meam in latus eius, non credam.

lc4 * Chrysostomus in ioannem. ° considera dominatoris clementiam: qualiter et pro una anima ostendit seipsum vulnera habentem, et accedit ut salvet unum. et nimirum discipuli annuntiantes, digni erant fide, et ipse promittens; sed tamen, quia solus thomas quaesivit, neque hoc eum privavit christus. non autem statim ei apparet, sed post dies octo, ut in medio a discipulis admonitus accendatur in maius desiderium, et fidelior fieret in futurum; unde dicitur et post dies octo iterum erant discipuli eius intus, et thomas cum eis. venit iesus ianuis clausis, et stetit in medio, et dixit: pax vobis. * augustinus. ° quaeris a me, et dicis: si per ostia clausa intravit, ubi est corporis modus? et ego respondeo: si super mare ambulavit, ubi est corporis pondus? sed fecit illud dominus tamquam dominus: numquid igitur, quia resurrexit, destitit esse dominus? * chrysostomus. ° stat itaque iesus et non expectat a thoma interrogari; sed ut ostendat quoniam cum |25| loquebatur ad condiscipulos, aderat, eisdem verbis usus est. et primo quidem increpat, vel improperat; unde sequitur deinde dicit thomae: infer digitum tuum huc, et vide manus meas, et affer manum tuam, et mitte in latus meum. secundo autem erudit dicens et noli esse incredulus, sed fidelis. vide quoniam infidelitatis erat ambiguitas, antequam spiritum sanctum acciperent; postea autem non, sed firmi erant de reliquo. dignum autem est quaerere qualiter corpus incorruptibile typos habebat clavorum. sed ne tumultueris: condescensionis enim erat ut discerent quoniam ipse erat qui crucifixus fuerat. * augustinus de symbolo. ° posset autem, si vellet, de corpore suscitato et clarificato omnem maculam cuiuslibet cicatricis abstergere; sed sciebat quare cicatrices in suo corpore reservaret. sicut enim demonstravit thomae non credenti, nisi tangeret et videret, ita etiam inimicis suis vulnera demonstraturus est sua: non quod eis dicat sicut thomae: quia vidisti, credidisti, sed ut convincens eos veritas dicat: ecce hominem |50| quem crucifixistis; videtis vulnera quae infixistis, agnoscitis latus quod pupugistis, quoniam per vos et propter vos apertum est, nec tamen intrare voluistis. * augustinus de civ. dei. ° nescio autem quomodo etiam sic afficimur amore martyrum beatorum, ut velimus in illo regno in eorum corporibus videre vulnerum cicatrices, quae pro christi nomine pertulerunt; et fortasse videbimus; non enim deformitas in eis, sed dignitas erit; et quaedam quamvis in corpore, non corporis, sed virtutis pulchritudo fulgebit. nec ideo tamen si aliqua martyribus amputata et ablata sunt membra; sine ipsis membris in resurrectione erunt mortuorum, quibus dictum est: capillus capitis vestri non peribit. sed si hoc decebit in illo novo saeculo, ut indicia gloriosorum vulnerum in illa immortali carne cernantur, ubi membra, ut praeciderentur, percussa vel secta sunt, ibi cicatrices, sed tamen eisdem membris redditis, non perditis, apparebunt. quamvis igitur omnia quae acciderant corpori vitia, tunc non erunt, non |75| sunt tamen appellanda vitia, sed virtutis indicia. * gregorius in evang.. ° palpandam autem carnem dominus praebuit, quam clausis ianuis introduxit: qua in re duo mira, et iuxta humanam rationem valde sibi contraria ostendit, dum post resurrectionem corpus suum incorruptibile, et tamen palpabile demonstravit. nam et corrumpi necesse est quod palpatur, et palpari non potest quod non corrumpitur. et incorruptibilem se ergo et palpabilem demonstravit, ut profecto post resurrectionem esse ostenderetur corpus suum et eiusdem naturae et alterius gloriae. * gregorius moralium. ° corpus etiam nostrum in illa resurrectionis gloria erit quidem subtile per effectum spiritualis potentiae, sed palpabile per veritatem naturae: non autem sicut eutychius scripsit, impalpabile, et ventis aereque subtilius. * augustinus in ioannem. ° videbat autem thomas tangebatque hominem, et confitebatur deum, quem non videbat neque tangebat; per hoc quod videbat atque tangebat, illud |100| iam remota dubitatione credebat; unde sequitur respondit thomas, et dixit ei: dominus meus et deus meus. * theophylactus. ° qui prius infidelis fuerat, post lateris tactum, optimum se theologum ostendit: nam duplicem naturam unicamque hypostasim christi edisseruit: dicendo enim dominus meus, humanam naturam; dicendo vero deus meus, divinam confessus est, et unum et eumdem deum et dominum. sequitur dicit ei iesus: quia vidisti me, credidisti. * augustinus. ° non ait: tetigisti me, sed vidisti me: quoniam generalis quodammodo est sensus visus: nam et per quatuor alios sensus nominari solet, velut cum dicimus: audi, et vide quam bene sonet; olfac, et vide quam bene oleat; gusta, et vide quam bene sapiat; tange, et vide quam bene caleat. unde et hic dominus dicit infer digitum tuum huc, et vide manus meas. quid aliud ait quam tange et vide? nec tamen ille oculos habebat in digito. ergo sive intuendo, sive etiam tangendo, hoc ait: quia vidisti me, |125| credidisti. quamvis dici possit non ausum fuisse discipulum tangere, cum se offerret ille tangendum. * gregorius in evang.. ° sed cum apostolus dicat: fides est substantia sperandarum rerum, argumentum non apparentium, profecto liquet quia quae apparent, iam fidem non habent, sed agnitionem. dum ergo vidit thomas, dum palpavit, cur ei dicitur quia vidisti me, credidisti? sed aliud vidit, aliud credidit: hominem vidit et deum confessus est. laetificat autem valde quod sequitur: beati qui non viderunt et crediderunt: in qua sententia nos specialiter significati sumus, qui eum quem carne non vidimus, mente retinemus; si tamen fidem nostram operibus sequimur, ille enim vere credit qui exercet operando quod credit. * augustinus. ° praeteriti autem temporis usus est verbis, tamquam ille qui id quod erat futurum in sua noverat praedestinatione iam factum. * chrysostomus in ioannem. ° cum ergo aliquis nunc dixerit: utinam in temporibus illis fuissem, et vidissem christum miracula facientem; |150| excogitet: beati qui non viderunt et crediderunt. * theophylactus. ° exprimit autem et hic discipulos qui nec plagas clavorum nec latus palpantes crediderunt. * chrysostomus. ° quia vero ioannes pauciora aliis evangelistis dixerat, subiungit multa quidem et alia signa fecit iesus in conspectu discipulorum suorum, quae non sunt scripta in libro hoc. sed nec alii omnia dixerunt, sed quae erant sufficientia attrahere ad fidem audientes. mihi autem videtur hic dicere ea quae post resurrectionem sunt signa; et ideo dicit in conspectu discipulorum suorum, cum quibus solis post resurrectionem conversatus est. deinde ut discas quoniam non solum discipulorum gratia signa fiebant, induxit haec autem scripta sunt, ut credatis quia iesus est christus filius dei: communiter ad humanam naturam loquens. et ut ostendat quoniam non illi cui creditur, sed nobisipsis utile est credere, subdit et ut credentes vitam habeatis in nomine eius, idest per iesum; ipse autem est vita.

074 CJO cp21

lc1 * Augustinus in ioannem. ° quod immediate evangelista praemiserat, veluti huius libri indicat finem; sed narratur hic deinde quemadmodum se manifestaverit dominus ad mare tiberiadis; unde dicitur postea manifestavit se iesus iterum ad mare tiberiadis. * chrysostomus in ioannem. ° dicit autem postea, quia non continue cum eis ambulabat, ut antea. dicit etiam manifestavit se, quia non videretur nisi condescenderet: quia incorruptibile erat corpus. loci autem meminit, ostendens quoniam plurimum timoris eis dominus abstulerat, ut de reliquo ipsi longe a domo procedant, non ultra in domo conclusi; sed in galilaeam ierant, periculum declinantes iudaicum. * beda. ° more autem solito evangelista prius retulit causam, deinde quemadmodum res gesta sit enarrat; unde sequitur manifestavit autem sic. * chrysostomus. ° quia vero neque dominus cum eis continue erat, neque spiritus datus erat, neque aliquid tunc erat eis commissum, neque |25| aliquid habebant agere, artem piscatoriam tractabant; unde sequitur manifestavit autem sic: erant simul simon petrus, et thomas, qui dicitur didymus, et nathanael, qui erat a cana galilaeae, qui scilicet vocatus est a philippo, et filii zebedaei, scilicet iacobus et ioannes, et alii ex discipulis eius duo. dicit eis simon petrus: vado piscari. * gregorius in evang.. ° quaeri potest cur petrus, qui piscator ante conversionem fuit, post conversionem ad piscationem rediit, cum veritas dicat: neque mittens manum ad aratrum, et respiciens retro, aptus est regno dei. * augustinus. ° quod si fecissent discipuli, defuncto iesu, priusquam resurrexisset a mortuis, putaremus eos illa quae animos eorum occupaverat desperatione fecisse. nunc vero post eum sibi de sepulchro redditum vivum, post inspecta vulnerum loca, post acceptum eius insufflatione spiritum sanctum, subito fiunt sicut fuerant, non hominum, sed piscium piscatores. respondendum est ergo, non eos fuisse prohibitos ex arte sua licita |50| victum necessarium quaerere, sui apostolatus integritate servata, si quando unde viverent aliud non haberent. si enim beatus paulus ea potestate, quam profecto cum ceteris evangelii praedicatoribus habebat, non cum ceteris uteretur, sed stipendio suo militaret, ne gentes a nomine christi penitus alienas, doctrina eius quasi venalis offenderet, aliter educatus, artem quam non noverat didicit, ut dum suis manibus transigitur doctor, nullus gravaretur auditor, quanto magis beatus petrus, qui iam piscator fuerat, quod noverat fecit, si ad praesens illud tempus, aliud unde viveret non invenit. sed respondebit quispiam: et cur non invenit, cum dominus promiserit dicens: quaerite primum regnum dei et iustitiam eius, et haec omnia apponentur vobis? prorsus etiam dominus quod promisit implevit: nam quis alius pisces qui caperentur apposuit, qui non ob aliud credendus est eis ingessisse penuriam, qua cogerentur ire piscatum, nisi dispositum volens exhibere miraculum? * gregorius. ° negotium ergo |75| quod ante conversionem sine peccato extitit, hoc etiam post conversionem repetere culpa non fuit: unde post conversionem suam ad piscationem petrus rediit; matthaeus vero ad telonii negotium non resedit. sunt enim pleraque negotia quae sine peccatis exhiberi aut vix aut nullatenus possunt. quae ergo ad peccatum implicant, ad haec necesse est ut post conversionem animus non recurrat. * chrysostomus in ioannem. ° alii autem discipuli sequebantur petrum; unde dicitur dicunt ei: venimus et nos tecum: colligati enim de reliquo sibi invicem erant. simul volebant piscationem videre. sequitur et exierunt, et ascenderunt in navim. in nocte autem piscabantur, quia adhuc formidolosi erant. * gregorius. ° facta est autem discipulis piscationis magna difficultas, ut veniente magistro fieret admirationis magna sublimitas; unde sequitur et illa nocte nihil prendiderunt. * chrysostomus. ° laborantibus |100| autem et afflictis discipulis assistit iesus; unde sequitur mane facto stetit iesus in littore; non tamen cognoverunt discipuli quia iesus est. non enim seipsum mox eis ostendit, sed voluit et allocutionem cum eis inire; et primo loquitur eis humanius; nam sequitur dicit eis iesus: pueri, numquid pulmentarium habetis? hoc autem dicit, quasi ab eis aliquid emere vellet. ut autem timuerunt, eis signum ostendit, per quod cognoscerent; sequitur enim dixit eis: mittite in dexteram navigii rete, et invenietis. multa autem consequenter facta sunt: quorum primum est, multos pisces esse comprehensos; unde sequitur miserunt ergo, et iam non valebant illud trahere prae multitudine piscium. sed in christi cognitione petrus et ioannes suos proprios modos ostenderunt. ioannes enim perspicacior erat; et ideo primo cognovit christum; unde sequitur dicit ergo discipulus ille quem diligebat iesus, petro: dominus est. * beda. ° hoc indicio sicut saepe, ita et hic suam demonstrat personam. cognovit autem primus dominum sive miraculo |125| istius piscationis, sive sono praecognitae vocis, sive primae reminiscens piscationis. * chrysostomus. ° petrus autem ferventior erat, et ideo promptius venit ad christum; sequitur enim simon petrus cum audisset quia dominus est, tunica succinxit se (erat enim nudus). * beda. ° dicitur autem petrus nudus fuisse ad comparationem ceterorum vestimentorum quibus uti solebat; sicut solemus dicere cum aliquem simplici vestimento videmus indutum: quare nudus incedis? sive potest intelligi quod more piscatorum studio piscandi nudus incesserit. * theophylactus. ° quod vero se praecinxit petrus, pudoris est signum; praecinxit autem se lineo amictu, quem phoenices et tyrii piscatores circumvolvunt sibi, cum nudi sunt, sive etiam ceteris indumentis apponunt. * beda. ° eodem autem ardore quo et multa alia fecerat, venit ad iesum; unde sequitur et misit se in mare; alii autem discipuli navigio venerunt. non tamen intelligendum est petrum super fluctus venisse, sed aut natando, aut pedibus propriis, quia erant |150| prope terram; sequitur enim non longe enim erant a terra, sed quasi cubitis ducentis. * glossa. ° interpositio est; sequitur enim trahentes rete piscium: ut sit ordo litterae: alii discipuli navigio venerunt trahentes rete piscium: non longe enim * etc.. chrysostomus. ° deinde aliud signum ponitur cum subditur ut ergo descenderunt in terram, viderunt prunas positas, et piscem superpositum, et panem. non enim adhuc ex materia superposita operatur, sed ad id quod est mirabilius ducit signa, ostendens quoniam et ex subiecta materia ante crucem miracula faciebat propter quamdam dispensationem. * augustinus in ioannem. ° non autem hic est intelligendum, et panem fuisse prunis superpositum; sed quasi diceret: viderunt prunas positas, et piscem superpositum prunis, et viderunt panem. * chrysostomus. ° ut autem ostenderet non esse phantasma quod factum est, iubet ex piscibus ab eis captis afferri; sequitur enim dicit eis iesus: afferte ex piscibus, quos prendidistis nunc. |175| deinde et aliud signum fuit quod ex multitudine piscium rete non est scissum; unde sequitur ascendit simon petrus, et traxit rete ad terram plenum magnis piscibus centum quinquaginta tribus: et cum tanti essent, non est scissum rete. * augustinus. ° mystice autem in captura piscium commendavit ecclesiae sacramentum, qualis futura est in ultima resurrectione mortuorum. et ad hoc commendandum valet quod tamquam finis est interpositus libri, quod esset etiam secuturae narrationis quasi prooemium. quod autem septem discipuli fuerunt in illa piscatione, suo septenario numero finem significat temporis: universum quippe septem diebus volvitur tempus. * theophylactus. ° cum autem nox erat, ante solis christi praesentiam prophetae nihil ceperunt: quia etsi unam nationem israel corrigere conarentur, illa tamen frequenter in idololatriam labebatur. * gregorius in evang.. ° quaeri autem potest cur discipulis in mare laborantibus, post resurrectionem suam in littore stetit qui ante |200| resurrectionem suam coram discipulis in fluctibus maris ambulavit. sed mare praesens saeculum significat, quod se causarum tumultibus et undis vitae corruptibilis illidit; per soliditatem autem littoris perpetuitas quietis aeternae figuratur. quia igitur discipuli adhuc fluctibus mortalis vitae inerant, in mari laborabant; quia autem redemptor noster iam corruptionem carnis excesserat, post resurrectionem suam in littore stabat. * augustinus. ° littus etiam finis est maris; et ideo finem significat saeculi. sicut enim in hoc loco qualiter in fine saeculi futura sit, ita dominus alia piscatione significavit ecclesiam qualiter nunc sit: unde ibi iesus non stabat in littore, sed ascendens in unam navim, quae erat simonis, rogavit eum a terra reducere pusillum. in alia piscatione non mittuntur retia in dexteram, ne solos significent bonos; nec in sinistram, ne solos malos; sed indifferenter: laxate, inquit, retia vestra in capturam, ut permixtos intelligamus bonos et malos; hic autem mittite, inquit, in dexteram navigii rete, ut significaret eos qui stabant ad dexteram solos bonos. illud fecit initio praedicationis suae, hoc post resurrectionem suam: hinc ostendens illam capturam piscium bonos et malos significare, quos nunc habet ecclesia; istam vero tantummodo bonos, quos habebit in aeternum, completa in fine huius saeculi resurrectione mortuorum. illi autem qui pertinent ad resurrectionem vitae, idest ad dexteram, et inter christiani nominis retia defiguntur, nonnisi in littore, idest in fine saeculi, cum resurrexerint apparebunt; ideo non valuerunt sic trahere retia ut in navem refunderent quos ceperant pisces, sicut de aliis factum est. habet autem istos dexteros ecclesia post finem vitae huius in somno pacis velut in profundo latentes, donec ad littus rete perveniat. quod autem in prima piscatione duabus naviculis, hoc isto loco ducentis cubitis, tamquam centum et centum, existimo figuratum, propter utriusque generis electos, et circumcisionis et praeputii. * beda. ° vel per ducentos cubitos gemina caritatis virtus exprimitur: per dilectionem enim dei et proximi christo appropinquamus. piscis autem assus, est christus passus: ipse latere dignatus est in aquis generis humani, capi voluit laqueo nostrae noctis; et qui nobis factus est piscis humanitate, extitit nobis panis, nos reficiens sua divinitate. * gregorius. ° petro autem sancta ecclesia est commissa; ipsi specialiter dicitur: pasce oves meas. quod ergo postmodum aperitur in voce, nunc significatur in opere. ipse enim pisces ad soliditatem littoris pertrahit, quia stabilitatem aeternae patriae fidelibus ostendit. hoc egit verbis, hoc epistolis, hoc agit quotidie miraculorum signis. sed cum rete magnis piscibus plenum dicitur, additur et quantis; et hoc est quod subditur plenum magnis piscibus centum quinquaginta tribus. * augustinus. ° in alia piscatione numerus piscium non exprimitur, tamquam illud ibi fiat quod praedictum est per prophetam: annuntiavi, et locutus sum; multiplicati sunt super numerum; hic vero certus est numerus, cuius reddenda est ratio. numerus enim qui legem significat decem est propter decalogum. cum autem accedit ad legem gratiae, idest ad litteram spiritus, quodammodo denario numero additur septenarius, septenario quippe numero significatur spiritus sanctus, ad quem sanctificatio proprie pertinet. primum enim in lege sonuit sanctificatio in die septima. isaias etiam propheta eum commendat opere, vel munere septenario. cum itaque legis denario spiritus sanctus per septenarium numerum accedit, fiunt decem et septem, qui numerus ab uno usque ad seipsum, computatis omnibus crescens ad centum quinquaginta tres pervenit. * gregorius. ° ducamus etiam per trigonum decem et septem, veniunt quinquaginta unum. in quinquagesimo autem anno cunctus populus ab omni operatione quiescebat. sed vera requies in unitate est: ubi enim scissura divisionis est, vera requies non est. * augustinus. ° non ergo tantummodo centum quinquaginta tres sancti ad vitam resurrecturi significantur aeternam, sed omnes ad gratiam spiritus pertinentes hoc numero figurantur: qui etiam numerus ter habet quinquagenarium numerum, et insuper ipsa tria propter mysterium trinitatis. quinquagenarius autem multiplicatis septem per septem, et unius adiectione completur. unus autem additur, ut eos significet esse unum. non autem frustra dictum est quod erant magni. cum enim dixisset dominus: non veni solvere legem, sed implere, daturus spiritum, utique per quem lex posset impleri, paucis verbis interpositis ait: qui fecerit et docuerit, magnus vocabitur in regno caelorum. in prima autem piscatione rete propter significanda schismata rumpebatur; hic vero, quoniam in illa summa pace sanctorum nulla erunt schismata, pertinuit ad evangelistam consequenter dicere et cum tanti essent, idest tam magni, non est scissum rete, tamquam illud respiceret ubi scissum est, et in illius mali comparatione commendaret hoc bonum.

lc2 * Augustinus in ioannem. ° peracta piscatione dominus eos ad prandium vocat; unde dicitur dicit eis iesus: venite, prandete. * chrysostomus in ioannem. ° hic quidem non dicit quod comedit cum eis; sed lucas hoc dicit. hoc autem fiebat, non ut natura indigente cibis de reliquo, sed condescensione ad demonstrationem resurrectionis facta. * augustinus de civ. dei. ° corpora autem iustorum quae in resurrectione futura sunt, neque ligno vitae indigebunt, quo fiat ut nullo morbo, vel senectute inveterata moriantur, neque ullis aliis corporalibus nutrimentis, quibus esuriendi atque sitiendi qualiscumque molestia devitetur; quoniam certo et inviolabili munere immortalitatis induentur, ut non nisi velint, possibilitate, non necessitate vescantur: non enim potestas, sed egestas edendi et bibendi talibus corporibus auferetur; sicut et salvator noster post resurrectionem iam quidem in spirituali carne, sed tamen vera, cibum ac potum cum discipulis sumpsit, non alimentorum indigentia, sed ea qua et hoc poterat potestate. sequitur et nemo audebat discumbentium interrogare eum: tu quis es? scientes quia dominus est; ac si diceretur: * augustinus in ioannem. ° nemo audebat dubitare quod ipse esset: tanta enim erat evidentia veritatis ut eorum non solum negare, sed nec dubitare quidem ullus auderet: quoniam si quisquam dubitaret, utique interrogaret. * chrysostomus. ° vel hoc dicit, quia de reliquo non similiter confidebant ei loqui ut prius; sed cum silentio et reverentia multa sedebant attendentes in eum: et formam quidem alteratam videntes, et multa admiratione plenam, valde stupefacti nolebant interrogare. sed formido in hoc quod sciebant quod dominus est, detinebat interrogationem; et solum comedebant quae eis dabat cum priori potestate. hic autem non respicit in caelum, neque humana illa facit, ostendens quoniam condescensionis gratia fiebant; unde subditur et venit iesus, et accepit panem, et dabat eis: et pisces similiter. * augustinus. ° mystice autem piscis assus christus est passus; ipse est et panis qui de caelo descendit; huic incorporatur ecclesia ad participandum beatitudinem sempiternam; propter hoc dictum est afferte de piscibus quos prendidistis nunc: ut omnes qui hanc spem gerimus, per illum septenarium numerum discipulorum, per quem potest in hoc loco nostra universitas intelligi figurata, tanto sacramento nos communicare nossemus, et eidem beatitudini sociari. * gregorius. ° per hoc etiam quod cum septem discipulis ultimum convivium celebrat, eos tantummodo qui septiformi gratia sancti spiritus pleni sunt, futuros secum in aeterna refectione denuntiat; septem quoque diebus omne hoc tempus evolvitur, et saepe septenario numero perfectio designatur. illi ergo ultimo convivio de praesentia veritatis epulantur qui nunc perfectionis studio terreno transcendunt. * chrysostomus. ° quia vero non continuo cum eis conversabatur, neque similiter ut prius, subdit evangelista dicens hoc iam tertio manifestatus est iesus discipulis suis cum resurrexisset a mortuis. * augustinus. ° quod non ad ipsas demonstrationes, sed ad dies referre debemus; idest, primo die cum resurrexisset, et post octo, quando thomas vidit et credidit, et hoc die quando hoc de piscibus fecit, et deinde de quoties voluit, usque ad diem quadragesimum quo ascendit in caelum. * augustinus de cons. evang.. ° invenimus autem apud quatuor evangelistas decies commemoratum dominum visum esse post resurrectionem. semel ad monumentum a mulieribus; iterum eisdem regredientibus a monumento in itinere; tertio petro; quarto duobus euntibus in castellum; quinto pluribus in ierusalem, ubi non erat thomas; sexto ubi vidit eum thomas; septimo ad mare tiberiadis; octavo omnibus undecim in monte galilaeae secundum matthaeum; nono, ut dicit marcus, novissime recumbentibus, quia iam non erant in terra cum illo convivaturi; decimo ipso die ascensionis, non iam in terra, sed elevatum in nube.

lc3 * Theophylactus. ° finito prandio, commissionem ovium mundi petro commendat, non aliis; unde dicitur cum ergo prandissent, dicit simoni petro iesus: simon ioannis, diligis me plus his? * augustinus in ioannem. ° sciens dominus interrogat: sciebat enim dominus quod non solum eum diligeret, verum etiam quod plus omnibus eum diligeret petrus. * alcuinus. ° dicitur autem simon ioannis, idest filius ioannis carnalis patris. mystice autem simon obediens, ioannes gratia; et merito hoc nomine vocatur, idest obediens gratiae dei, ut ostendatur, quod ardentiori eum caritate amplectitur, non meriti humani, sed divini esse muneris. * augustinus in serm. pass.. ° dum autem dominus moreretur, timuit et negavit; resurgens autem dominus amorem inseruit, timorem fugavit: nam quando negavit, mori timuit; resurgente domino quid timeret, in quo mortem mortuam reperiret? unde sequitur ait illi: etiam, domine, tu scis quia amo te. confitenti autem amorem suum, oves suas commendavit; unde sequitur dicit ei: pasce agnos meos: tamquam non esset ubi ostenderet petrus amorem suum in christum, nisi esset pastor fidelis sub principe omnium pastorum. * chrysostomus in ioannem. ° quod enim maxime omnium tribuit nobis eam quae desuper est benevolentiam, est proximorum procuratio. praeteriens autem dominus alios, petro de talibus loquitur: eximius enim apostolorum erat petrus et os discipulorum, et vertex collegii; unde et negatione deleta, committit ei praelationem fratrum. et negationem quidem ei non exprobrat, sed dicit: si diligis me, praeside fratribus, et ferventem amorem quem per omnia demonstrasti, nunc ostende; et animam quam dixisti te esse positurum pro me, hanc da pro ovibus meis. sequitur dicit ei iterum: simon ioannis, diligis me? ait illi: etiam, domine, tu scis quia amo te. * augustinus. ° merito dicitur petro diligis me? et respondet amo te, eique dicitur pasce agnos meos: ubi etiam demonstratur unum atque idem esse amorem et dilectionem: nam etiam dominus novissime non ait: diligis me, sed amas me. sequitur dicit ei tertio: simon ioannis, amas me? tertio, utrum petrus eum diligat, dominus interrogat. redditur enim negationi trinae trina confessio; ne minus amori lingua serviat quam timori; et plus vocis elicuisse videatur mors imminens quam vita praesens. * chrysostomus. ° tertio etiam interrogat, et tertio iniungit eadem, ostendens quantum appretiat praelationem propriarum ovium, et quoniam hoc est maxime eius amoris signum. * theophylactus. ° ex tunc etiam inolevit consuetudo, ut ter confiteantur qui veniunt ad baptismum. * chrysostomus. ° deinde tertio interrogatus conturbatus est; unde sequitur contristatus est petrus, quia dixit ei tertio: amas me? rursus formidans priora, ne forte aestimans se diligere, si non diligat, corripiatur, sicut et prius correptus est, multum se aestimans fortem; unde ad ipsum christum refugit; unde sequitur et dicit ei: domine, tu omnia scis, idest ineffabilia cordis, praesentia et futura. * augustinus de verbis dom.. ° inde ergo contristatus est quod saepe interrogatus esset ab eo qui sciverat quod interrogabat, et donaverat quod audiebat. veraciter ergo respondit, et de intimo cordis protulit amantis vocem, dicens tu scis quia amo te. * augustinus in ioannem. ° non autem addit plus his; hoc enim respondit quod de seipso sciebat; non enim quantum ab alio quolibet diligeretur scire poterat qui cor alterius videre non poterat. sequitur dicit ei: pasce oves meas; quasi dicat: sit amoris officium pascere dominicum gregem, sicut fuit timoris indicium negare pastorem. * theophylactus. ° potest autem quis assignare differentiam inter agnos et oves: agni sunt qui introducuntur, oves vero perfecti. * alcuinus. ° pascere autem oves est credentes in christo, ne a fide deficiant, confortare, terrena subsidia, si necesse est, subditis providere, et exempla virtutum cum verbo praedicationis impendere, adversariis obsistere, errantes subditos corrigere. * augustinus. ° qui hoc autem animo pascunt oves christi ut suas velint esse, non christi, se convincuntur amare, non christum, vel gloriandi vel dominandi vel acquirendi cupiditate, non obediendi et subveniendi et deo placendi caritate. non ergo nos, sed ipsum amemus, et in pascendis ovibus eius ea quae sunt eius, non quae nostra sunt, quaeramus: quisquis enim seipsum, non deum amat, non amat se: qui enim non potest vivere de se, moritur utique amando se: non ergo se amat qui ne vivat se amat. cum vero ille diligitur de quo vivitur, non se diligendo magis se diligit, qui propterea non se diligit ut eum diligat de quo vivit. * augustinus. ° exiterunt autem quidam servi infideles, qui diviserunt gregem christi, et furtis suis peculia sibi fecerunt; et audis eos dicere: oves meae sunt illae: quid quaeris ad oves meas? non te inveniam ad oves meas. si sic et nos dicamus meas, et illi dicant suas; perdidit christus oves suas.

lc4 * Chrysostomus in ioannem. ° cum dixisset petro dominus de amore quem habebat ad ipsum, praenuntiat ei martyrium quod pro ipso debebat sustinere; erudire nos volens quomodo eum amare oportet; unde dicit amen, amen, dico tibi: cum esses iunior, cingebas te, et ambulabas ubi volebas. meminit prioris vitae, quia in saecularibus iuvenis quidem utilis est, qui vero senuerit, inutilis. in divinis autem non ita est; sed cum supervenerit senectus, tunc virtus clarior, tunc virilitas industrior, in nullo ab aetate prohibita. quia ergo petrus semper volebat in periculis esse cum christo, dicit ei: confide: ita implebo tuum desiderium, ut quae passus non es iuvenis existens, oporteat te pati senem; unde sequitur cum autem senueris: per quod ostenditur quod neque tunc iuvenis erat neque senex, sed vir perfectus. * origenes super matth.. ° et attende quod non facile inveniuntur quis ex eis qui apti fuerint ad hoc opus, ut cito transeat de hac vita; unde nunc petro dicitur cum senueris, extendes manus tuas. * augustinus in ioannem. ° hoc est, crucifigeris. ad hoc autem ut venias, alius te cinget, et ducet quo non vis. prius dixit quod fieret, et deinde quomodo fieret: non enim crucifixus, sed crucifigendus quo nollet est ductus. solutus quippe a corpore esse volebat cum christo: sed si fieri posset, praeter mortis molestiam vitam concupiscebat aeternam; ad quam molestiam nolens venit sed volens eam vicit, et reliquit hunc infirmitatis affectum, quo nemo vult mori, usque adeo naturalem ut eum beato petro nec senectus auferre potuerit. sed molestia quantacumque sit mortis, debet eam vincere vis amoris quo amatur ille qui, cum sit vita nostra, etiam mortem voluit ferre pro nobis. nam si nulla esset mortis, vel parva molestia, non esset tam magna martyrii gloria. * chrysostomus. ° dicit ergo quo non vis, propter naturalem compassionem animae, quae invita separatur a corpore, deo hoc utiliter dispensante, ut non multi sibi mortem inferant violentam. deinde erigens auditorem evangelista induxit hoc autem dixit significans qua morte clarificaturus esset deum. non dixit: moriturus esset, ut discas quoniam pati pro christo, gloria est patientis et honor. nisi autem certificaretur animus quia verus deus est, minime eius intuitu mortem toleraret: quo fit ut sanctorum mors divinae sit gloriae certitudo. * augustinus. ° hunc invenit exitum ille negator et amator, ut pro eius nomine perfecta dilectione moreretur cum quo se moriturum perversa festinatione promiserat. hoc enim oportebat, ut prius christus pro petri salute, deinde petrus pro christi praedicatione moreretur.

lc5 * Augustinus in ioannem. ° cum praenuntiasset dominus petro qua morte clarificaturus esset deum, invitat eum ad sui sequelam; unde dicitur et cum hoc dixisset, dicit ei: sequere me. cur dicitur petro sequere me, nec dicitur ceteris qui simul aderant, qui eum sicut magistrum discipuli sequebantur? sed si ad passionem intelligendum est, numquid solus pro christiana veritate passus est petrus? nonne ibi erat iacobus, qui ab herode manifestatur occisus? verum aliquis dixerit, quoniam non est iacobus crucifixus, merito dictum esse petro sequere me, qui non solum mortem, sed et mortem crucis sicut christus expertus est. * theophylactus. ° audiens autem petrus quia mortem pro christo passurus est, quaerit de ioanne an moriatur; unde sequitur conversus petrus, vidit illum discipulum quem diligebat iesus sequentem, qui et recubuit in coena super pectus eius, et dixit: domine, quis est qui tradet te? * augustinus. ° seipsum dicit discipulum |25| quem diligebat iesus, quia ipsum prae ceteris et familiarius diligebat, ita ut in convivio super pectus suum discumbere faceret. credo ut istius evangelii quod per eum fuerat praedicaturus, divinam excellentiam hoc modo altius commendaret. sunt qui senserint, et hi non contemptibiles sacri eloquii tractatores, a christo ioannem propterea plus amatum, quia ab ineunte pueritia castissimus vixerit. sequitur hunc ergo cum vidisset petrus, dixit iesu: domine, hic autem quid? * theophylactus. ° idest, numquid non morietur et ipse? ut quidam exponunt. sequitur dicit ei iesus: sic eum volo manere donec veniam, quid ad te? * augustinus. ° et repetitum est tu me sequere, tamquam ille ideo non sequeretur, quoniam eum manere voluit donec veniat. quis facile aliud esse credat quam quod fratres crediderunt qui tunc erant? sequitur exiit ergo sermo iste inter fratres, quia discipulus ille non moritur. sed hanc opinionem ioannes ipse abstulit subdens et non dixit iesus: non moritur; sed: sic |50| eum volo manere donec veniam; quid ad te? sed cui placet adhuc resistat et dicat, verum esse quod ait ioannes, non dixisse dominum quod discipulus ille non moritur; sed hoc tamen significatum esse talibus verbis qualia eum dixisse narravit. * theophylactus. ° vel dicat: christus non negavit ioannem moriturum, nam quidquid oritur moritur; sed dixit volo eum manere, idest vivere usque ad mundi finem, et tunc pro me patietur martyrium; et ideo fatentur adhuc illum vivere, ab antichristo vero debere occidi, et una cum elia praedicaturum nomen christi. sed et si assignetur eius sepulchrum, vivens quidem illud intravit, postea discessit. * augustinus. ° vel forte aliquis in illo sepulchro eius, quod est apud ephesum, dormire potius eum quam mortuum iacere contendet: assumens argumentum, quod illic terra sensim scaturire, et quasi ebullire perhibetur; atque hoc eius anhelitu fieri pertinaciter asseverans. sed cur eius discipulo quem prae ceteris diligebat, pro magno munere longum in corpore donaverit |75| somnum, cum beatum petrum per ingentem martyrii gloriam ab onere corporis absolverit, eique concesserit quod paulus se concupiscere dixit: cupio dissolvi, et esse cum christo? si autem vere ibi fit quod semper sparsit fama, aut ideo fit ut eo modo commendetur pretiosa eius mors, quoniam non eam commendat martyrium, aut propter aliquid aliud quod nos latet. manet tamen quaestio cur dixerit dominus de homine morituro sic eum volo manere donec veniam. illud etiam movet ad quaerendum, cur ioannem plus dilexerit dominus, cum ipsum dominum plus dilexerit petrus. quantum ipse sapio, meliorem qui plus diligit christum, feliciorem vero quem plus diligit christus, facile responderem, si iustitiam liberatoris nostri, quemadmodum defenderem providerem. aggrediar igitur de solvenda quaestione tam ingenti. duas vitas sibi divinitus praedicatas novit ecclesia: quarum una est in fide, altera in specie. ista significata est per apostolum petrum propter apostolatus sui primatum, illa per ioannem; |100| ideo huic dicitur sequere me, per imitationem scilicet perferendi temporalia mala; de illo vero dicitur sic eum volo manere donec veniam; quasi dicat: tu me sequere per imitationem perferendi temporalia mala; ille maneat donec sempiterna venio redditurus bona; quod apertius dici potest: perfecta me sequatur actio informata meae passionis exemplo; inchoata vero contemplatio maneat donec venio, perficienda cum venero: quod non sic intelligendum est, quasi dixerit remanere vel permanere, sed expectare: quoniam quod per eum significatur, cum venerit christus implebitur. in hac autem activa vita quanto magis christum diligimus, tanto facilius liberamur a malo; at ipse nos minus diligit quales nos sumus, et hinc ideo liberat, ne semper tales simus; ibi vero amplius nos diligit, quoniam quod ei displiceat et quod a nobis auferat non habebimus. amet ergo eum petrus, ut ab ista mortalitate liberemur; ametur ab eo ioannes, ut in illa immortalitate servemur. cur ergo ioannes minus eum diligebat quam petrus, si eam |125| vitam significabat in qua est multo amplius diligendus, nisi quia propterea dictum est volo eum manere, idest expectare, donec veniam; quando et ipsum amorem qui tunc multo amplior erit, nondum habemus, sed expectamus futurum, ut dum ipse venerit, habeamus. hoc ergo per petrum significatum est plus amantem, sed minus amatum, quia minus nos amat christus miseros quam beatos: veritatis autem contemplationem qualis tunc futura est, minus amamus, quia nunc nondum novimus nec habemus. nemo tamen istos insignes apostolos separet: et in eo quod significabat petrus ambo erant, et in eo quod significabat ioannes ambo futuri erant. * glossa. ° vel aliter sic eum volo manere; idest, nolo eum per martyrium consummare, sed expectare eum in placidam absolutionem carnis suae, quando ego veniens recipiam eum in aeterna beatitudine. * theophylactus. ° vel aliter totum hoc. quando dicit dominus petro sequere me, cunctorum fidelium praelaturam ei instituit. simul autem et sequi intelligas hic imitationem |150| in cunctis et verbis et operibus. ostendit etiam affectionem ad ipsum: quia qui nobis astrictiores sunt, hos sequi nos volumus. * chrysostomus in ioannem. ° si vero dixerit quis: qualiter igitur iacobus thronum assumpsit hierosolymorum? illud utique dicam, quoniam petrus orbis terrarum inthronizavit magistrum. sequitur conversus petrus vidit illum discipulum quem diligebat iesus, sequentem, qui et recubuit in coena super pectus eius. non sine causa recolit illam accubationem, sed ut ostendat quantam petrus habebat fiduciam post negationem. qui enim in coena non audebat interrogare, sed ioanni interrogationem commisit, huic et praepositura fratrum credita est, et non solum non committit alteri interrogare quae ad ipsum pertinent, sed de reliquo ipse pro aliis magistrum interrogat. quia igitur magna ei praedixerat dominus, et orbem terrarum commiserat, et martyrium praenuntiaverat, et amorem protestatus est ampliorem; volens et ioannem communicatorem accipere dixit hic autem quid? quasi diceret: |175| nonne eadem nobiscum veniet via? valde enim ioannem amabat petrus; et per evangelium ostenditur eorum colligatio, et in actibus apostolorum. sic igitur nunc vicem reddit petrus ioanni. aestimans autem eum velle interrogare de seipso, nec audere, ipse pro eo suscipit interrogationem. quia vero debebant orbis terrarum procurationem accipere, nec oportebat eos de reliquo sibi invicem esse coniunctos, quod esset damnum orbi terrarum, propterea dominus dicit secundum litteram graecam: si eum volo manere donec veniam, quid ad te? tu me sequere; quasi dicat: opus tibi commissum attende et perfice, hunc vero si voluero manere hic, quid ad te? * theophylactus. ° quod vero dicitur dum venero, quidam sic intellexerunt ac si diceret: quousque contra iudaeos, qui me crucifixerunt, veniam percutiens illos baculo romanorum. aiunt enim, hunc apostolum usque ad vespasiani tempus, cum ierusalem capienda erat, in locis illis conversatum. vel dicit dum venero, idest, dum hunc volens dirigam |200| ad praedicandum, te namque nunc dirigo ad orbis pontificatum; et in hoc sequere me: ipse vero maneat hic donec et eum educam sicut te. * chrysostomus. ° deinde evangelista discipulorum opinionem ponit et corrigit, ut supra dictum est.

lc6 * Chrysostomus in ioannem. ° quia ex multa certitudine scripsit ioannes, non refutat sui ipsius testimonium in medium ferre; unde dicit hic est discipulus ille qui testimonium perhibet de his. consuetudo enim est, cum valde vera dicamus, nostrum testimonium non denegare, et multo magis ille qui spiritu sancto scribebat: unde et alii apostoli dicebant: nos sumus testes horum. sequitur et scripsit haec; quod ipse solus dicit, quia posterior ad scribendum venit christo monente; unde et frequenter ostendit christi ad se amorem, occulte insinuans causam ex qua ad scribendum processit, et fide dignum faciens hunc sermonem ex sua dignitate. sequitur et scimus quia verum est testimonium eius. omnibus enim aderat, et neque cum crucifigeretur defuit et mater ei commissa est; quae sunt signa amoris, et quod cum certitudine sciat omnia. et si aliqui non credant, inducantur ad credendum ex hoc quod subditur: sunt autem et |25| alia multa quae fecit iesus. unde manifestum est quod nequaquam scripsi ut christo gratiam praestarem, cum tot existentibus non tot scripserim quot ceteri; sed horum plura reliqui, contumelias et convicia in medium proponens. eum autem qui ad gloriam alterius scribit oportet e contrario, ea quae sunt exprobrabiliora tacere, quae vero sunt clara proponere. * augustinus in ioannem. ° quod autem subdit: quae si scribantur per singula, nec ipsum arbitror mundum capere posse eos qui scribendi sunt libros, non spatio locorum credendum est mundum capere non posse, sed capacitate legentium comprehendi non posse; quamvis salva rerum fide plerumque verba excedere videantur fidem: quod non fit quando aliquid quod erat obscurum vel dubium, exponitur, sed quando id quod apertum est vel augetur vel extenuatur; nec tamen a tramite significandae veritatis erratur: quoniam sic verba rem quae indicatur excedunt, ut voluntas loquentis nec fallentis appareat. hunc loquendi modum graeco nomine |50| hyperbolem vocant, qui modus sicut in hoc loco, ita in nonnullis aliis divinis litteris invenitur. * chrysostomus. ° vel hoc referendum est ad eius potentiam qui faciebat virtutem: sicut enim nobis facile est loqui, ita et illi, et multo facilius, facere quae volebat: quia ipse est super omnia deus benedictus in saecula saeculorum. amen.

SUPER AD ROMANOS

---

075 CRO cp

lc ° Vas electionis est mihi iste, * etc.. act. ix, v. 15. ‘ homines in sacra scriptura inveniuntur vasis comparati propter quatuor, scilicet: propter constitutionem, repletionem, usum et fructum. primo enim quantum ad constitutionem. vas enim artificis arbitrio subiacet. * ier. c. xviii, 4: ° fecit illud vas alterum, sicut placuerat ei. ‘ sic et constitutio hominum subiacet dei arbitrio, * de quo in ps. xcix, 3: ° ipse fecit nos et non ipsi nos. * unde isaias c. xlv, 9 dicit: ° numquid dicit lutum figulo suo: quid facis? * et infra ix, 20: ° numquid dicit figmentum ei, qui se finxit: quid me fecisti sic? ‘ et inde est quod secundum voluntatem dei artificis diversa invenitur vasorum constitutio. * i tim. ii, 20: ° in magna autem domo non solum sunt vasa aurea et argentea, sed etiam lignea et fictilia. ‘ beatus autem paulus, quia vas electionis nominatur in verbis propositis, quale vas fuerit, patet per id * quod dicitur eccli. l, 10: ° quasi vas auri solidum ornatum omni lapide |25| pretioso. ‘ aureum quidem vas fuit propter fulgorem sapientiae, * de qua potest intelligi quod dicitur gen. ii, 12: ° et aurum terrae illius optimum est, * quia, ut dicitur prov. iii, 15, ° pretiosior est cunctis opibus. * unde et beatus petrus testimonium perhibet ei dicens. i petr. c. iii, 15: ° sicut et charissimus frater noster paulus secundum datam sibi sapientiam scripsit vobis. ‘ solidum quidem fuit virtute charitatis, * de qua dicitur cant. ultimo: ° fortis est ut mors dilectio. * unde et ipse dicit rom. c. viii, 38 s.: ° certus sum enim quia neque mors neque vita, ‘ etc. ° poterunt nos separare a charitate dei. ‘ ornatum autem fuit omni lapide pretioso, scilicet omnibus virtutibus, * de quibus dicitur i cor. iii, 12: ° si quis superaedificat supra fundamentum hoc, aurum, argentum, lapides pretiosos, * etc.. unde et ipse dicit ii cor. i, v. 12: ° gloria nostra haec est, testimonium conscientiae nostrae, quod in simplicitate cordis et in sinceritate dei et non in sapientia carnali, sed in gratia dei conversati sumus |50| in hoc mundo. ‘ quale autem fuerit istud vas patet ex hoc quod talia propinavit: docuit enim excellentissimae divinitatis mysteria, quae ad sapientiam pertinent, * ut patet i cor. ii, 6: ° sapientiam loquimur inter perfectos, ‘ commendavit etiam excellentissime charitatem, * i cor. xiii, ‘ instruxit homines de diversis virtutibus, * ut patet col. iii, 12: ° induite vos sicut electi dei, sancti et dilecti, viscera misericordiae ‘ etc.. secundo etiam ad vasa pertinere videtur ut liquore aliquo impleantur, * secundum illud iv reg. iv, 5: ° illi offerebant vasa et illa infundebat. ‘ invenitur etiam inter vasa diversitas quantum ad huiusmodi plenitudinem. nam quaedam inveniuntur vasa vini, quaedam olei, et diversa diversi generis. sic etiam et homines diversis gratiis, quasi diversis liquoribus, replentur divinitus, * i cor. xii, 8: ° alii datur per spiritum sermo sapientiae, alii, ‘ etc.. hoc autem vas, de quo nunc agitur, plenum fuit pretioso liquore, scilicet nomine christi, * de quo dicitur cant. i, 2: ° oleum effusum |75| nomen tuum. * unde dicitur ° ut portet nomen meum. ‘ totus enim videtur fuisse hoc nomine plenus, * secundum illud apoc. iii, 12: ° scribam super eum nomen meum. ‘ habuit enim hoc nomen in cognitione intellectus, * secundum illud i cor. ii, 2: ° non enim iudicavi me scire aliquid inter vos nisi christum. ‘ habuit etiam hoc nomen in dilectione affectus, * secundum illud rom. viii, 35: ° quis nos separabit a charitate christi. * i cor. c. ultimo: ° si quis non amat dominum nostrum iesum christum, sit anathema. ‘ habuit etiam ipsum in tota vitae suae conversatione. * unde dicebat gal. ii, 20: ° vivo autem iam non ego vivit vero in me christus. ‘ tertio, quantum ad usum considerandum est quod omnia vasa alicui usui deputantur, sed quaedam ad honorabiliorem, quaedam ad viliorem, * secundum illud rom. ix, 21: ° an non habet potestatem figulus luti ex eadem massa facere aliud quidem vas in honorem, aliud vero in contumeliam? ‘ sic etiam homines, secundum divinam ordinationem, |100| diversis usibus deputantur, * secundum illud eccli. xxxiii, 10-11: ° omnes homines de solo et ex terra, unde et creatus est adam. in multitudine disciplinae dominus separavit eos et immutavit vias eorum. ex ipsis benedixit et exaltavit, maledixit et humiliavit. ‘ hoc autem vas ad nobilem usum est deputatum, est enim vas portatorium divini nominis, * dicitur enim ° ut portet nomen meum, ‘ quod quidem nomen necessarium erat portari quia longe erat ab hominibus, * secundum illud is. xxx, 27: ° ecce nomen domini venit de longinquo. ‘ est autem nobis longinquum propter peccatum, * secundum illud ps. cxviii, 155: ° longe a peccatoribus salus. ‘ est etiam nobis longinquum propter intellectus obscuritatem, * unde et de quibusdam dicitur, hebr. xi, 13, quod erant ° a longe aspicientes, * et num. xxiv, v. 17, dicitur: ° videbo eum, sed non modo; intuebor illum, sed non prope. ‘ et ideo sicut angeli divinas illuminationes ad nos deferunt, tamquam a deo distantes, ita apostoli evangelicam doctrinam a christo ad nos detulerunt. et sicut in veteri testamento post |125| legem moysi leguntur prophetae, qui legis doctrinam populo tradebant * secundum illud mal. iv, 4: ° mementote moysi servi mei ‘ ita etiam in novo testamento, post evangelium, legitur apostolorum doctrina, qui, ea quae a domino audierunt, tradiderunt fidelibus, * secundum illud i cor. xi, 23: ° accepi a domino quod et tradidi vobis. ‘ portavit autem beatus paulus nomen christi: primo quidem in corpore, conversationem et passionem eius imitando, * secundum illud gal. ultimo: ° ego enim stigmata christi iesu in corpore meo porto. ‘ secundo in ore, quod patet in hoc quod in epistolis suis frequentissime christum nominat: ° ex abundantia enim cordis os loquitur, * ut dicitur matth. xii, 34. ‘ unde potest significari per columbam, de qua dicitur,

* gen. viii, 11, ‘ quod venit ad arcam portans ramum olivae in ore suo. quia enim oliva misericordiam significat, congrue per ramum olivae accipitur nomen iesu christi, quod etiam misericordiam significat, * secundum illud matth. i, 21: ° vocabis nomen eius iesum; ipse enim salvum faciet populum |150| suum a peccatis eorum. ‘ hunc autem ramum, virentibus foliis, detulit ad arcam, scilicet ecclesiam, quando eius virtutem et significationem multipliciter expressit, christi gratiam et misericordiam ostendendo. * unde iste dicit i tim. i, 16: ° ideo misericordiam consecutus sum, ut in me primo ostenderet iesus christus omnem patientiam. ‘ et inde est quod sicut inter scripturas veteris testamenti maxime frequentantur in ecclesia psalmi david, qui post peccatum veniam obtinuit, ita in novo testamento frequentantur epistolae pauli, qui misericordiam consecutus est, ut ex hoc peccatores ad spem erigantur; quamvis possit et alia ratio esse, quia in utraque scriptura fere tota theologiae continetur doctrina. tertio portavit non solum ad praesentes sed etiam ad absentes et futuros, sensum scripturae tradendo, * secundum illud is. c. viii, 1: ° sume tibi librum grandem et scribe in eo stilo hominis. ‘ in hoc autem officio portandi nomen dei ostenditur eius excellentia quantum ad |175| tria. primo quidem, quantum ad electionis gratiam, * unde dicitur ° vas electionis. * eph. c. i, 4: ° elegit nos in christo ante mundi constitutionem. ‘ secundo quantum ad fidelitatem quia nihil sui quaesivit sed christi, * secundum illud ii cor. iv, 5: ° non enim nosmetipsos praedicamus, sed christum iesum. * unde dicit: ° vas electionis est mihi. ‘ tertio quantum ad singularem excellentiam, * unde ipse dicit, i cor. xv, 10: ° abundantius illis omnibus laboravi. * unde signanter dicit ° vas electionis est mihi, ‘ quasi prae aliis singulariter. quantum ad fructum considerandum est quod quidam sunt quasi vasa inutilia, vel propter peccatum vel propter errorem, * secundum illud ier. li, 34: ° reddidit me quasi vas inane. ‘ sed beatus paulus fuit purus a peccato et errore, unde fuit vas electionis utile, * secundum illud ii tim. ii, 21: ° si quis emundaverit se ab istis, ‘ scilicet erroribus et peccatis, ° erit vas in honorem sanctificatum utile domino. ‘ unde utilitas sive fructus huius vasis exprimitur * cum dicitur ° coram gentibus, ‘ quarum |200| doctor fuit * secundum illud i tim. ii, 7: ° doctor gentium in fide et veritate; et regibus, ‘ quibus fidem christi annuntiavit sicut agrippae, * ut habetur act. xvi, 38, ‘ et etiam neroni et eius principibus; * unde dicitur phil. c. i, 12-13: ° quae circa me sunt magis ad profectum venerunt evangelii, ita ut vincula mea manifesta fierent in christo in omni praetorio; * is. xlix, 7: ° reges videbunt et consurgent principes. et filiis israel, ‘ contra quos de christo disputabat, * act. ix, 22: ° saulus autem magis convalescebat et confundebat iudaeos, qui habitabant damasci, affirmans quoniam hic est christus. ‘ sic igitur ex verbis praemissis possumus accipere quatuor causas huius operis, scilicet epistolarum pauli, quas prae manibus habemus. primo quidem auctorem in vase. secundo materiam in nomine christi, quae est plenitudo vasis, quia tota doctrina haec est de doctrina christi. tertio modum in usu portationis; traditur enim haec doctrina per modum epistolarum, quae per nuntios portari consueverunt, * secundum illud ii par. |225| c. xxx, 6: ° perrexerunt cursores cum epistulis ex regio imperio, ‘ etc.. quarto distinctionem operis in utilitate praedicta. scripsit enim quatuordecim epistolas quarum novem instruunt ecclesiam gentium; quatuor praelatos et principes ecclesiae, id est reges; una populum israel, scilicet quae est ad hebraeos. est enim haec doctrina tota de gratia christi, quae quidem potest tripliciter considerari. uno modo secundum quod est in ipso capite, scilicet christo, et sic commendatur in epistola ad hebraeos. alio modo secundum quod est in membris principalibus corporis mystici, et sic commendatur in epistolis quae sunt ad praelatos. tertio modo secundum quod in ipso corpore mystico, quod est ecclesia, et sic commendatur in epistolis quae mittuntur ad gentiles, quarum haec est distinctio: nam ipsa gratia christi tripliciter potest considerari. uno modo secundum se, et sic commendatur in epistola ad romanos; alio modo secundum |250| quod est in sacramentis gratiae et sic commendatur in duabus epistolis ad corinthios, in quarum prima agitur de ipsis sacramentis, in secunda de dignitate ministrorum, et in epistola ad galatas in qua excluduntur superflua sacramenta contra illos qui volebant vetera sacramenta novis adiungere; tertio consideratur gratia christi secundum effectum unitatis quem in ecclesia fecit. agit ergo apostolus, primo quidem, de institutione ecclesiasticae unitatis in epistola ad ephesios; secundo, de eius confirmatione et profectu in epistola ad philippenses; tertio, de eius defensione, contra errores quidem, in epistola ad colossenses, contra persecutiones vero praesentes, in i ad thessalonicenses, contra futuras vero et praecipue tempore antichristi, in secunda. praelatos vero ecclesiarum instruit et spirituales et temporales. spirituales quidem de institutione, instructione et gubernatione ecclesiasticae unitatis in prima ad timotheum, de firmitate contra persecutores in secunda, tertio de defensione contra haereticos in epistola |275| ad titum. dominos vero temporales instruit in epistola ad philemonem. et sic patet ratio distinctionis et ordinis omnium epistolarum. * sed videtur quod “ epistola ad romanos non sit prima. prius enim videtur scripsisse ad corinthios * secundum illud rom. c. ultimo: ° commendo autem vobis phoeben, sororem nostram, quae est in ministerio ecclesiae quae est cenchris, “ ubi est portus corinthiorum. ‘ sed dicendum quod epistola ad corinthios prior est in tempore scripturae. sed epistola ad romanos praemittitur, tum propter dignitatem romanorum qui aliis gentibus dominabantur quia hic confutabatur superbia quae est ° initium omnis peccati; * ut dicitur eccli. x, 14; ‘ tum quia etiam hoc exigit ordo doctrinae ut prius gratia consideretur in se quam ut est in sacramentis. * item quaeritur “ unde apostolus hanc epistolam scripsit. * augustinus dicit quod “ de athenis; * hieronymus quod “ de corintho. ‘ nec est contradictio, quia forte athenis incepit eam scribere sed corinthi |300| consummavit. * item obiicitur contra id quod in glossa dicitur quod “ aliqui fideles, antequam petrus, romanis praedicaverunt. * in ecclesiastica vero historia dicitur quod “ petrus primus praedicavit eis. ‘ sed intelligendum est primus inter apostolos et cum sequela magni fructus. “ ante vero praedicaverat romae barnabas * ut habetur in itinerario clementis.

075 CRO cp1

lc1 ‘ Haec epistola in duas partes dividitur scilicet: in salutationem et epistolarem tractatum, qui incipit * ibi ° primum quidem, ‘ etc.. circa primum tria facit. primo describitur persona salutans; secundo personae salutatae, * ibi ° omnibus qui sunt romae; ‘ tertio salus optata, * ibi ° gratia vobis, ‘ etc.. circa primum duo facit. primo describitur persona auctoris; secundo commendatur eius officium, * ibi ° quod ante promiserat, ‘ etc.. persona autem scribens describitur a quatuor. primo quidem ex nomine, * cum dicit ° paulus. ‘ circa quod tria consideranda sunt. primo proprietas eius. hoc enim nomen, secundum quod his litteris describitur, non potest hebraicum esse quia apud hebraeos non invenitur hoc elementum p, sed potest esse graecum vel latinum. si tamen aliquod elementum ei propinquum sumatur, id quod |25| est p potest esse hebraeum. secundo, consideranda est eius significatio. secundum enim quod potest hebraeum esse idem est quod mirabilis vel electus; secundum autem quod est graecum idem est quod quietus; secundum vero quod est latinum idem est quod modicus. et haec quidem ei conveniunt. electus quidem fuit quantum ad gratiam, unde * act. ix, v. 15: ° vas electionis est mihi iste. ‘ mirabilis fuit in opere, * eccli. xliii, 2: ° vas admirabile opus excelsi. ‘ quietus in contemplatione, * sap. c. viii, 16: ° intrans in domum meam conquiescam cum illa. ‘ modicus per humilitatem, * i cor. x, 9: ° ego autem sum minimus apostolorum. ‘ tertio, considerandum est quando sit hoc nomen apostolo impositum cum tamen ante saulus vocaretur, * ut habetur actibus ix. circa hoc triplex est opinio. hieronymus dicit quod “ cum prius vocaretur saulus postmodum voluit vocari paulus, propter quoddam insigne suum quod fecit, |50| scilicet quia convertit sergium paulum proconsulem, * ut habetur act. xiii, 7, “ sicut scipio dictus est africanus quia devicit africam. * alii vero dicunt quod “ hoc nomen impositum est sibi propter profectum virtutum qui ex hoc nomine signatur, * ut dictum est. “ imponuntur enim divinitus quibusdam nomina a principio nativitatis ad designandum gratiam quam a principio consequuntur, sicut patet de ioanne baptista, * lc. i, 13; “ quibusdam vero mutantur nomina ad designandum profectum virtutis eorum, * ut chrysostomus dicit, “ sicut patet de abraham et de petro. * alii vero dicunt, et melius, quod “ paulus fuit a principio binomius. ‘ consuetum enim erat apud iudaeos ut simul cum nominibus hebraicis assumerent sibi nomina illarum gentium quibus serviebant, sicut graecis servientes nominabantur nominibus graecorum, ut patet de iasone et menelao. hoc autem nomen paulus ab antiquo celebre fuit apud romanos, et ideo, cum diceretur saulus secundum hebraeos, |75| vocatus est etiam paulus secundum romanos, quo nomine non videtur usus nisi postquam coepit gentibus praedicare. * unde, act. c. xiii, 9, dicitur: ° saulus qui et paulus. * et hoc magis approbat augustinus. ‘ secundo describitur persona scribentis ex conditione, * cum dicit ° servus christi. ‘ videtur autem esse abiecta conditio servitutis si absolute consideretur. unde et sub maledicto pro peccato infligitur, * gen. ix, 25: ° maledictus chanaan puer, servus servorum erit fratrum suorum. ‘ sed redditur commendabilis ex eo quod additur ° iesu christi. iesus ‘ enim interpretatur salvator, * matth. c. i, 21: ° ipse salvum faciet ‘ etc.. ° christus ‘ interpretatur unctus, * secundum illud ps. xliv, 8: ° unxit te deus, deus tuus, ‘ etc., per quod designatur dignitas christi et quantum ad sanctitatem, quia sacerdotes ungebantur * ut patet ex. xxix, 7; ‘ et quantum ad potestatem, quia etiam reges ungebantur ut patet de david et de salomone; et quantum ad cognitionem, quia etiam prophetae ungebantur ut patet |100| de eliseo. quod autem aliquid subiiciatur suae saluti et spirituali unctioni gratiae, laudabile est, quia tanto aliquid est perfectius quanto magis suae perfectioni subiicitur, sicut corpus animae et aer luci, * ps. cxv, 16: ° o domine, quia ego servus tuus sum. * sed contra est quod dicitur io. xv, v. 15: ° iam non dicam vos servos sed amicos. ‘ sed dicendum quod duplex est servitus. una timoris, quae non competit sanctis, * rom. viii, 15: ° non accepistis spiritum servitutis iterum in timore, ‘ etc., alia humilitatis et amoris, quae sanctis convenit * secundum illud lc. xvii, 10: ° dicite: servi inutiles sumus. ‘ cum enim liber est qui est causa sui, servus autem qui est causa alterius, sicut ab alio movente motus: si quis sic agat causa alterius, sicut ab alio motus, sic est servitus timoris, quae cogit hominem operari contra suam voluntatem; si vero aliquis agat causa alterius, sicut propter finem, sic est servitus amoris, “ quia amicorum est bene facere et obsequi amico propter ipsum, * ut philosophus dicit in ix ethic.. |125| ‘ tertio commendatur a dignitate * cum dicitur ° vocatus apostolus. ‘ dignitas apostolatus est praecipua in ecclesia, * secundum illud i cor. xii, 28: ° quosdam quidem posuit deus in ecclesia primum apostolos. ‘ apostolus enim idem est quod missus, * secundum illud io. xx, 21: ° sicut misit me pater et ego mitto vos, ‘ scilicet ex eadem dilectione et cum eadem auctoritate. * dicit autem ° vocatus apostolus ‘ ad designandum gratiam, id est vocatus ad hoc quod sit apostolus; * hebr. v, 4: ° nemo assumit sibi honorem, ‘ etc.; vel ad designandum excellentiam, ut sicut urbs antonomastice vocatur ipsa roma, ita apostolus vocatur paulus, * secundum illud i cor. xv, 10: ° abundantius illis omnibus laboravi; ‘ vel ad designandum humilitatem, ut sit sensus: non audeo me dicere apostolum sed homines me ita vocant. * sic, i cor. xv, 9, ° non sum dignus vocari apostolus. ‘ quarto describitur persona scribentis ex officio * cum dicit ° segregatus in evangelium dei. |150| ‘ segregatus, inquam, vel per conversionem ab infidelibus, * secundum illud gal. i, 15: ° cum autem placuit ei qui me segregavit ex utero matris meae, “ scilicet synagogae; ‘ vel segregatus per electionem ab aliis discipulis, * secundum illud act. xiii, 2: ° segregate mihi saulum, ‘ etc.. evangelium autem idem est quod bona annuntiatio. annuntiatur enim in ipso coniunctio hominis ad deum, quae est bonum hominis, * secundum illud ps. lxxii, 28: ° mihi autem deo adhaerere bonum est. ‘ triplex autem coniunctio hominis ad deum annuntiatur in evangelio. prima quidem per gratiam unionis, * secundum illud io. i, 14: ° verbum caro factum est. ‘ secunda per gratiam adoptionis, * prout inducitur in ps. lxxxix, 6: ° ego dixi: dii estis et filii excelsi omnes. ‘ tertia per gloriam fruitionis, * io. xvii, 3: ° haec est vita aeterna. * is. lii, 7: ° quam pulchri super montes pedes annuntiantis. ‘ haec autem annuntiatio non humanitus sed a deo facta est, * is. xxi, 10: ° quae audivi a domino exercituum, deo israel, annuntiavi |175| vobis. * unde dicit ° in evangelium dei.

lc2 ‘ Descripta persona scribentis, hic commendatur negotium sibi commissum scilicet evangelium, cuius, in praemissis, duplex commendatio posita est, quarum una pertinet ad utilitatem quam habet ex materia, quae significatur ex ipso evangelii nomine, ex quo datur intelligi quod in eo bona annuntientur; alia vero ex auctoritate quam habet ex parte auctoris quae est expressa in eo quod dictum est ° dei. ‘ utramque ergo commendationem prosequitur apostolus: primo quidem illam quae est ex parte auctoris, secundo illam quae est ex parte materiae, * ibi ° de filio suo. ‘ circa primum commendatur evangelium quadrupliciter. primo quidem ex antiquitate * quod fuit necessarium contra paganos qui evangelio detrahebant ‘ quasi post longa tempora subito eius praedicatio esset exorta. * et ad hoc excludendum dicit ° quod ante, ‘ quia licet ex tempore certo praedicari inceperit, ante tamen |25| pronuntiatum fuit divinitus. * is. lxviii, v. 5: ° antequam venirent indicavi tibi. ‘ secundo, ex eius firmitate quae designatur in hoc quod dicit ° promiserat, ‘ quia ipse ante promisit qui non mentitur. * act. xiii, 32: ° nos vobis annuntiamus eam quae ad patres nostros repromissio facta est. ‘ tertio, ex dignitate ministrorum sive testium * cum dicit ° per prophetas, ‘ quibus ante fuerat revelata quae sunt completa circa verbum incarnatum. * amos iii, 7: ° non faciet dominus deus verbum, ‘ scilicet incarnari, ° nisi revelaverit secretum ad servos suos prophetas. * act. x, 43: ° huic omnes prophetae, * etc.. signanter autem dicit ° suos. ‘ sunt enim aliqui prophetae spiritu humano loquentes, * secundum illud ier. xxiii, 16: ° visionem cordis sui loquuntur non de ore domini. * unde dicit ad titum i, 12: ° dixit quidam ex illis proprius illorum propheta. ‘ sunt etiam quidam prophetae daemonum qui immundo spiritu inspirantur, sicut prophetae quos interfecit elias, * ut dicitur iii reg. xviii, 40. ‘ sed prophetae dei dicuntur qui divino spiritu |50| inspirantur. * ioel ii, 28: ° effundam de spiritu meo, ‘ etc.. quarto, ex modo tradendi quia non solum sunt huiusmodi promissa verbo edicta, sed litteris scripta, * unde dicit ° in scripturis. * hab. ii, 2: ° scribe visum et explana illum. ‘ non autem consueverunt scribi nisi magna quae sunt digna memoria et quae oportet ad posteros devenire. et ideo * ut augustinus dicit, xviii de civitate dei, ‘ tunc inceperunt scribi prophetiae de christo per isaiam et oseam, quando roma est edita sub cuius imperio christus erat nasciturus et fides eius gentibus praedicanda. * io. v, 39: ° scrutamini scripturas, * etc.. addit autem ° sanctis, ‘ ad differentiam scripturarum gentilium. dicuntur autem sanctae, primo quidem, quia, * ut dicitur ii petr. i, 21: ° spiritu sancto inspirati, ii tim. iii, 16: omnis scriptura divinitus inspirata; ‘ secundo quia sancta continent, * ps.: ° confitemini memoriae sanctificationis eius; ‘ tertio quia sanctificant; * unde io. xvii, 17: ° sanctifica eos in veritate. sermo tuus veritas est. * unde dicitur i mach. |75| c. xii, 9: ° habentes solatio sanctos libros qui in manibus, ‘ etc.. secundo, prosequitur commendationem quae sumitur ex bonis in evangelio denuntiatis, quae pertinent ad materiam evangelii, quae est christus, quem quidem commendat tripliciter: primo quidem ex origine, secundo ex dignitate sive virtute, * ibi ° qui praedestinatus. ‘ tertio ex liberalitate, * ibi ° per quem accepimus. ‘ originem autem christi describit dupliciter. primo quidem aeternam * cum dicit ° de filio suo, ‘ in quo excellentiam evangelii designavit. nam mysterium generationis aeternae ante erat valde absconditum * unde salomon dicit quod ° nomen eius et nomen filii eius si nosti? ‘ sed in evangelio patris testimonio est declaratum. * matth. c. xvii, 5: ° hic est filius meus dilectus. ‘ convenienter autem filius dei materia sanctarum scripturarum esse dicitur, quae divinam sapientiam exponunt * secundum illud |100| deut. iv, 6: ° haec est sapientia vestra et intellectus coram populis. ‘ filius autem dicitur esse verbum et sapientia genita, * i cor. i, 24: ° christum dei virtutem et dei sapientiam. * sed circa hanc filiationem tripliciter aliqui erraverunt. quidam enim dixerunt “ eum filiationem habere adoptivam, * sicut photinus qui posuit “ christum initium sumpsisse ex maria virgine quasi hominem purum, qui, per vitae meritum, ad hanc celsitudinem pervenit ut, prae ceteris sanctis, filius dei diceretur. * sed secundum hoc “ christo non competeret descensus ad humanitatem sed magis ascensus ad divinitatem * contra id quod dicitur io. c. vi, 51: ° descendi de caelo. * quidam vero posuerunt “ huiusmodi filiationem solummodo nuncupativam * sicut sabellius dixit “ ipsum patrem incarnatum et ex hoc filium nominari, ita quod eadem sit persona et solum nomina sint diversa. * sed secundum hoc “ non competeret filio mitti a patre * quod falsum est “ cum ipse dicat, * io. vi, 38, “ se descendisse ut faciat voluntatem |125| eius qui misit eum. * alii vero posuerunt, sicut arius, “ huiusmodi filiationem esse creatam ita quod filius dei sit excellentissima creatura ex nihilo tamen producta postquam prius non fuerat. * sed secundum hoc “ omnia non essent per ipsum facta, * contra id quod dicitur io. i, 3. “ oportet enim esse non factum per quem facta sunt omnia. ‘ et haec tria excluduntur per hoc quod * signanter addit ° suo, ‘ id est proprio et naturali. * dicit enim hilarius: “ hic verus et proprius est filius origine et non adoptione, veritate, non nuncupatione, nativitate, non creatione; procedit enim a patre sicut verbum a corde, quod pertinet ad eandem naturam praesertim in deo, in quo non potest aliquid accidentaliter advenire. * unde ipse dicit io. x, 30: ° ego et pater unum sumus. “ quod dicit unum liberat te ab ario; quod dicit sumus liberat a sabellio, * ut augustinus dicit. ‘ secundo tangit temporalem originem * cum dicit ° qui factus est. * ubi statim videntur patrocinium sui erroris |150| assumere tres praedicti errores per hoc quod dicit ° qui factus est ei. “ non enim confitentur aeternum sed factum. * sed per ea quae adduntur tollitur eorum intentio. quia enim dicit ° qui factus est ei, * excludit dictum sabellii. ‘ non enim potest esse filius factus patri si sit eadem persona cum ipso, sed per incarnationem erit filius virginis. * quod vero subdit ° ex semine david, * tollit intentionem photini. ‘ si enim per adoptionem esset factus dei filius non diceretur factus esse ex semine david sed magis ex spiritu, scilicet qui est ° spiritus adoptionis filiorum, * ut dicitur rom. viii, 15, ‘ et ex semine dei, * ut dicitur i io. iii, 9. quod vero sequitur ° secundum carnem, * tollit intentionem arii qui posuit “ eum factum non solum secundum carnem sed etiam secundum divinam naturam. ‘ est etiam considerandum ulterius quod * circa ipsum incarnationis mysterium multipliciter aliqui erraverunt. nestorius enim posuit “ unionem verbi ad hominem esse factam solum secundum inhabitationem, |175| scilicet prout filius dei hominem illum inhabitavit excellentius caeteris. ‘ manifestum est enim quod alia est substantia inhabitantis et inhabitati, sicut hominis et domus; * secundum hoc ponebat “ aliam esse personam vel hypostasim verbi et hominis, ita quod alius esset, secundum personam, filius dei et alius filius hominis. * sed hoc manifeste apparet falsum esse, per hoc quod apostolus, phil. ii, 7, ‘ unionem huiusmodi vocat exinanitionem. pater autem et spiritus sanctus inhabitant homines * secundum illud, io. xiv, 23: ° ad eum veniemus et apud eum mansionem faciemus. ‘ sequeretur igitur quod pater et spiritus sanctus essent exinaniti, * quod est absurdum. ‘ hoc ergo excluditur per hoc quod * apostolus dicit ° de filio suo, ‘ qui, scilicet filius dei, est factus secundum carnem, id est habens carnem, ex semine david. qui modus loquendi locum non haberet si haec unio facta esset solum secundum inhabitationem. de aliis enim, quos verbum inhabitat, non dicitur quod verbum factum est hic vel ille, sed quod factum est ad ieremiam vel isaiam. |200| in hoc ergo quod * apostolus cum dixit: ° de filio suo, * addidit ° qui factus est ei ex semine david, * manifeste excludit errorem praedictum. rursus aliqui alii, “ licet duas personas non concedant in christo, concedunt tamen duas hypostases vel duo supposita * quod in idem redit, ‘ quia nihil aliud est persona quam hypostasis et suppositum rationalis naturae. cum ergo sit una solum hypostasis et unum suppositum in christo, quod est suppositum vel hypostasis verbi aeterni, non potest dici quod illa hypostasis sit facta filius dei, quia non incepit esse filius dei. et ideo non proprie dicitur quod homo sit factus deus vel filius dei. * sed tamen, si inveniatur ab aliquo doctore dictum exponendum est sic: ‘ factum est, ut homo esset deus. secundum hoc proprie dicitur dei filius factus est homo quia semper non fuit homo. et ideo legendum est quod hic dicitur ut ly ° qui ‘ accipiatur ex parte subiecti, ut sit sensus: qui, filius dei, factus est ex semine david; non autem ex parte praedicati, quia sensus esset quod aliquis existens ex semine david, factus est filius dei: quod non dicitur |225| vere et proprie, * sicut dictum est. * fuerunt autem alii qui posuerunt “ unionem esse factam secundum conversionem verbi in carnem, sicut dicitur aer fieri ignis. * unde eutyches dixit quod “ etiam ante incarnationem fuerunt duae naturae, post incarnationem vero una. * sed hoc est expresse falsum quia, ‘ cum deus sit immutabilis, * secundum illud mal. c. iii, 6: ° ego deus et non mutor, ‘ non potest in aliquid aliud converti. unde cum dicitur ° factus est ‘ non intelligitur secundum conversionem sed secundum unionem, absque divina mutatione. potest enim aliquid de novo dici relative de aliquo absque eius immutatione, puta: aliquis, immobiliter sedens, fit dexter, per mutationem eius qui transfertur. et sic deus dicitur ex tempore dominus vel creator per mutationem creaturae; et eadem ratione dicitur de novo factus, * secundum illud psalmi: ° domine refugium factus es nobis. ‘ quia igitur unio relatio quaedam est, per mutationem creaturae deus dicitur de novo factus homo, scilicet unitum in persona |250| humanae naturae. * fuerunt enim et alii qui dixerunt “ animam christum non habuisse sed ibi fuisse verbum loco animae: * scilicet arius et apollinaris. contra quos est illud io. x, 18: ° nemo tollit animam meam. * quod vero dicitur ° secundum carnem ‘ non excluditur a christo anima, sed caro ponitur pro toto homine, * secundum illud is. xl, 5: ° videbit omnis caro, * etc.. quaeritur autem, “ cum nos confitemur christum natum ex virgine, quare apostolus dicat eum esse factum ex muliere. ‘ et dicendum quod illud nascitur quod naturali ordine producitur, sicut fructus ex arbore vel proles a parente. quod autem ex voluntate agentis producitur, non secundum naturae ordinem, sicut domus ab artifice, non potest dici nasci, sed factum. quia igitur christus ex virgine processit naturali ordine quantum ad aliquid, scilicet quod conceptus est ex foemina, spatio novem mensium, dicitur natus; quia vero quantum ad aliquid, non naturali ordine, sed sola virtute divina processit, absque virili semine, |275| dicitur factus. eva autem dicitur ex adam facta non nata, isaac autem ex abraham natus non factus. “ item, quare specialiter dicitur ex semine david et non ex semine abrahae, cui promissio facta fuit de christo, * secundum illud gal. iii, 16: ° abrahae factae sunt promissiones. ‘ et dicendum est quod factum est ad dandam spem veniae peccatoribus, quia david peccator fuit ex cuius semine nascitur christus, abraham vero iustus; ad commendandam etiam dignitatem regiam christi romanis, regnum gentium tenentibus. * excluditur etiam per verba ista triplex error manichaeorum. primo quidem, quod dicunt “ non eumdem esse deum veteris testamenti et qui est pater domini nostri iesu christi, * quod excluditur per hoc quod dicit apostolus: ° quod deus ante promiserat per prophetas suos de filio suo in scripturis sanctis, ‘ scilicet: veteris testamenti. * secundo vero, quod “ damnant scripturas veteris testamenti, * quas apostolus hic dicit |300| sanctas. ‘ non enim aliae scripturae fuerunt sanctae ante evangelium. * tertio, quod dicunt “ christum habuisse carnem phantasticam, * quod excluditur per hoc quod dicit ‘ christum factum ex semine david secundum carnem ei, id est ad gloriam patris, * secundum illud io. viii, 50: ° ego gloriam meam non quaero ‘ sed ° gloriam eius qui misit me.

lc3 ‘ Commendata origine christi, hic commendat virtutem ipsius et ponit tria: primo, praedestinationem, * cum dicit: ° qui praedestinatus est; ‘ secundo, dignitatem seu virtutem, * cum dicit ° filius dei in virtute; ‘ tertio, signum sive effectum, * cum dicit ° secundum spiritum sanctificationis. ‘ circa primum considerandum est quod nomen praedestinationis a destinatione sumitur. dicitur enim praedestinatus quasi ante destinatus. destinatio autem dupliciter sumitur. quandoque pro missione: dicuntur enim destinati qui ad aliquid mittuntur, * secundum illud i mach. i, 14: ° destinaverunt aliqui ex populo, et abierunt ad regem. ‘ quandoque vero destinare idem est quod proponere, * secundum illud ii mach. vi, 20: ° destinavit, ‘ eleazarus, ° non admittere illicita. ‘ haec autem secunda significatio a prima derivari videtur. sicut enim nuntius, qui mittitur, ad aliquid dirigitur, ita, quod proponimus, ad finem aliquem ordinamus. secundum hoc igitur praedestinare nihil aliud est quam |25| ante in corde disponere quid sit de re aliqua faciendum. potest tamen aliquis de futura re, seu operatione, disponere: uno modo, quantum ad ipsam rei constitutionem, sicut artifex disponit qualiter debeat facere domum; secundo modo, quantum ad ipsum usum vel gubernationem rei, sicut aliquis disponit qualiter debeat uti suo equo: et ad hanc secundam praedispositionem pertinet praedestinatio, non ad primam. id enim quo aliquis utitur refert in finem quia, * ut augustinus dicit in libro de doctrina christiana: ° uti est referre aliquid in finem quo fruendum est. ‘ sed cum res in seipsa constituitur, non dirigitur ex hoc ipso in aliud. unde praedispositio constitutionis rei, proprie praedestinatio dici non potest. ergo idem est negare praedestinationem quod negare praeordinationem divinam ab aeterno de iis quae sunt fienda in tempore. sed quia omnia naturalia pertinent ad constitutionem rei ipsius, quia vel sunt principia ex quibus res constituitur, vel ex huiusmodi principiis consequuntur, consequens |50| est quod naturalia proprie sub praedestinatione non cadant; sicut non dicimus proprie quod homo est praedestinatus habere manus. relinquitur ergo quod praedestinatio dicatur proprie eorum solum quae sunt supra naturam, in quae rationalis creatura ordinatur. supra autem naturam rationalis creaturae est deus solus, cui unitur rationalis creatura per gratiam. uno modo, quantum ad actum ipsius dei, puta cum per gratiam prophetiae communicatur homini praecognitio futurorum, quae est propria deo: et huiusmodi dicitur gratia gratis data; alio modo quantum ad ipsum deum, cui unitur rationalis creatura, communiter quidem, secundum effectum dilectionis, * secundum illud i io. iv, 16: ° qui manet in charitate in deo manet et deus in eo, ‘ quod quidem fit per gratiam gratum facientem, quae est gratia adoptionis; alio modo, quae est singularis christo, per unionem in esse personali: et haec dicitur gratia unionis. sicut ergo hominem esse unitum deo, per gratiam adoptionis, cadit sub praedestinatione, ita etiam esse unitum deo, per gratiam |75| unionis in persona, sub praedestinatione cadit. et quantum ad hoc * dicit ° qui praedestinatus est filius dei. ‘ et ne hoc referatur ad filiationem adoptionis, * additur ° in virtute, ‘ quasi diceret: praedestinatus est ut sit talis filius, ut habeat aequalem, imo eamdem virtutem cum deo patre. * quia, ut dicitur apoc. v, 12, ° dignus est agnus qui occisus est accipere virtutem et divinitatem. ‘ quinimmo ipse christus est dei virtus, * secundum illud i cor. i, 24: ° christum dei virtutem et dei sapientiam. * unde, io. v, 19: ° quaecumque pater facit haec et filius similiter facit. ‘ respectu vero gratiae gratis datae, non dicitur aliquis praedestinari simpliciter, quia gratia gratis data non ordinatur directe ad hoc quod ille, qui eam recipit, ad finem ultimum dirigatur, sed ut per eam alii dirigantur, * secundum illud i cor. xii, 7: ° unicuique datur manifestatio spiritus ad utilitatem. ‘ manifestum est autem quod id quod est per se est mensura et regula eorum quae dicuntur per aliud et per participationem. unde praedestinatio christi, qui est praedestinatus |100| ut sit filius dei per naturam, est mensura et regula vitae et ita praedestinationis nostrae, quia praedestinamur in filiationem adoptivam, quae est quaedam participatio et imago naturalis filiationis, * secundum illud rom. viii, 30: ° quos praescivit et praedestinavit conformes fieri imagini filii sui. ‘ sicut igitur homo christus praedestinatus non est propter merita praecedentia, sed ex sola gratia, ut sit filius dei naturalis, ita et nos ex sola gratia, non ex meritis, praedestinamur ut simus filii adoptivi, * secundum illud deut. ix, 14: ° ne dicas in corde tuo, cum deleverit eos dominus deus tuus in conspectu tuo: propter iustitiam meam introduxit me deus ut terram hanc possiderem. ‘ est igitur manifestum ad quid sit ista praedestinatio, scilicet ad hoc quod aliquis sit dei filius in virtute. sed restat inquirendum quis est iste qui est ad hoc praedestinatus. cum autem praedestinatio antecessionem importet, * videtur quod “ ille, qui est praedestinatus ut sit filius dei in virtute, non semper fuerit filius dei in virtute. non enim videtur |125| esse praedestinatio de eo quod semper fuit, quia hoc non potest antecessionem habere. si igitur poneremus, * secundum nestorium, “ quod persona filii hominis esset alia a persona filii dei, * nulla esset dubitatio quia possemus dicere quod “ persona creata filii hominis non fuit ab aeterno, sed ex tempore incoepit esse filius dei in virtute. * et simile est si quis dicat quod “ est alia hypostasis, vel suppositum, filii dei et filii hominis. * sed haec aliena sunt a fide * ut supra dictum est. ‘ cum igitur non solum sit eadem persona filii dei et filii hominis, sed etiam hypostasis et idem suppositum, ratione cuius non potest dici vere et proprie quod filius hominis est factus filius dei, ne aliquod suppositum creatum intelligatur esse, de quo, de novo, praedicatur filius dei. pari ratione videtur quod non possit dici filius hominis esse praedestinatus filius dei quia filius hominis supponit suppositum aeternum quod fuit semper filius dei. unde antecessio, quam importat praedestinatio, |150| locum non habet. * propter hoc igitur origenes dicit quod “ littera non debet esse: ° qui praedestinatus est, “ sed: ° qui destinatus est filius dei in virtute, “ ut nulla antecessio designetur. ‘ et secundum hoc planus est sensus; quia christus destinatus, id est, missus est a deo patre in mundum, tamquam verus filius dei in virtute divina. * sed quia communiter omnes libri latini habent ° qui praedestinatus * aliter alii hoc exponere voluerunt secundum consuetudinem scripturae in qua dicitur “ aliquid fieri quando innotescit, * sicut dominus post resurrectionem dicit, matth. ultimo: ° data est mihi omnis potestas, ‘ quia post resurrectionem innotuit talem potestatem sibi esse datam ab aeterno. * sed secundum hoc quod dicit ° praedestinatus ‘ non proprie accipitur, quia praedestinatio est de eo quod pertinet ad gratiam; non autem in hoc gratia christo facta est quod eius virtus divina innotuit, sed potius nobis. * et ideo etiam in glossa dicitur quod “ secundum hunc sensum praedestinatus large ponitur, pro praescito, ut sit sensus: christus praedestinatus est, scilicet ab aeterno praescitus, ut innotesceret ex tempore esse filius dei in virtute. * unde quidam alii “ praedestinationem ad ipsam unionem referentes, non attribuerunt eam personae sed naturae, ut sit sensus: qui praedestinatus est filius dei in virtute, id est, cuius natura praedestinata est ut sit ei unita, qui est filius dei in virtute. * sed haec etiam expositio impropria est et extorta. ‘ cum enim praedestinatio importet ordinem in finem, eius est praedestinari cuius est per suam operationem ordinari in finem. agere autem propter finem non est naturae sed personae. ideo, si proprie accipiatur, oportet quod praedestinatio attribuatur ipsi personae christi. sed quia persona christi subsistit in duabus naturis, humana scilicet et divina, secundum utramque potest aliquid dici de eo. sicut enim de homine potest aliquid dici secundum corpus, ut tangi et vulnerari, aliquid autem secundum animam, ut intelligere et velle, ita et de christo potest aliquid dici et secundum divinam naturam * sicut ipse de se dicit io. x, 30: ° ego et pater unum sumus ‘ aliquid secundum humanam naturam, sicut cum dicimus eum crucifixum et mortuum. et hoc modo dicitur esse praedestinatus secundum humanam naturam. quamvis enim ipsa persona christi semper fuerit filius dei, tamen non semper fuit, ut existens in humana natura, esset filius dei, sed hoc fuit ineffabilis gratiae. est autem alia ratio de hoc participio ° factus, ‘ quod designat actum realem, et de hoc participio ° praedestinatus, ‘ quod designat actum animae. anima enim, secundum suum intellectum et rationem, potest distinguere ea quae sunt secundum rem coniuncta. potest enim aliquis de pariete albo cogitare et loqui seorsum quidem quantum ad hoc quod est paries, seorsum autem ex hoc quod est albus. ita etiam in praedestinatione. nam praedestinatio potest attribui personae christi secundum quod subsistit in humana natura, licet non attribuatur ei secundum quod subsistit in divina. unde et apostolus prius filium dei incarnatum esse praemiserat, et postea ei praedestinationem attribuit, ut intelligatur praedestinatus esse secundum quod factus est ex semine david secundum carnem. et sic a filio dei, explicando incarnationis mysterium, descendit ad carnem, et a carne, secundum praedestinationem, ascendit ad filium dei, ut ostendatur quod neque gloria divinitatis impedivit infirmitatem carnis, neque infirmitas carnis diminuit maiestatem dei. * quaeritur autem in glossa, primo quidem, utrum “ christus, secundum quod homo, sit filius dei. * et videtur quod sic. quia “ hic est christus, qui praedestinatus est ut sit, sed secundum quod homo est praedestinatus ut sit; ergo, secundum quod homo est filius dei. ‘ et dicendum quod si ly secundum quod denotat unitatem suppositi: verum est quod secundum quod homo est filius dei, quia unum est suppositum dei et hominis. si autem designat conditionem naturae vel causam, falsum est; non enim ex natura humana habet ut sit filius dei. * in argumento autem est fallacia compositionis et divisionis. ‘ ex eo quod ly secundum quod potest determinare participium praedestinatus, et sic verum est quod, secundum quod homo, est praedestinatus; vel potest determinare ipsum esse filium dei ad quod ordinatur praedestinatio, et sic falsum est. non enim praedestinatus est ut secundum quod homo sit filius dei: et in hoc sensu procedit ratio. * secundo quaeritur utrum “ christus, secundum quod homo, sit persona. ‘ et dicendum quod si ly secundum quod referatur ad ipsum suppositum hominis, concedendum est quod ipsum suppositum hominis est persona divina. si vero designet naturae conditionem vel causam, sic christus secundum quod homo non est persona, quia humana natura non causat novam personalitatem in christo. adiungitur enim digniori in cuius personalitatem transit. * item obiicitur de hoc, quod glossa dicit, quod “ qui suscepit et quod suscepit est una persona. id autem quod suscepit filius dei est humana natura, ergo humana natura est persona. ‘ et dicendum est quod huiusmodi locutiones sunt exponendae, ut sit sensus: quod ille qui suscepit et natura quam suscepit, uniuntur in una persona. * quarto quaeritur utrum “ hoc sit verum: homo est assumptus a verbo. * et videtur quod sic, secundum illud ps. lxiv, 5: ° beatus quem elegisti et assumpsisti. ‘ et dicendum est quod cum homo supponat suppositum aeternum, non potest proprie dici quod homo sit assumptus a verbo. non enim assumitur idem a seipso sed exponendum est, sicubi inveniatur, homo assumptus, id est, humana natura. * quinto quaeritur utrum haec sit vera: “ iste homo semper fuit. ‘ et dicendum est hanc esse veram propter hoc quod homo supponit aeternum suppositum, * unde hebr. ultimo dicitur: ° iesus christus heri et hodie, ipse et in saecula. ‘ non tamen cum reduplicatione est vera huiusmodi propositio. non enim ille homo, secundum quod homo est, semper fuit, sed secundum quod est filius dei. sic igitur patet et de praeordinatione et de virtute filii dei. restat tertium, scilicet de signo, quod tangitur in eo quod * subditur ° secundum spiritum, ‘ etc.. est enim proprium virtutis divinae per collationem spiritus sancti sanctificare homines, * lev. xx, 8: ° ego dominus qui sanctifico vos. ‘ ipse etiam spiritum sanctum solus dare potest * secundum illud is. xlii, 5: ° haec dicit dominus deus creans caelos, * et infra: ° dans flatum populo qui est super terram et spiritum calcantibus eam. ‘ ex hoc igitur apparet christum habere virtutem divinam, quia ipse dat spiritum sanctum, * secundum illud: io. xv, 26: ° cum venerit paraclitus quem ego mittam. ‘ eius etiam virtute sanctificamur, * secundum illud i cor. vi, v. 11: ° sed sanctificati estis, sed iustificati estis in nomine domini nostri iesu christi et spiritu dei nostri. ‘ dicit ergo quod christus sit filius dei in virtute, apparet ° secundum spiritum sanctificationis, ‘ id est secundum quod dat spiritum sanctificantem, quae quidem sanctificatio incoepit ° ex resurrectione mortuorum iesu christi domini nostri, ‘ id est ex mortuis * secundum illud io. vii, 30: ° nondum erat spiritus datus quia nondum iesus fuerat glorificatus: ‘ quod non est sic intelligendum quod nullus, ante christi resurrectionem, spiritum sanctificantem acceperit, sed quia ex illo tempore, quo christus resurrexit, incoepit copiosius et communius spiritus sanctificationis dari. potest etiam intelligi quod hic designentur duo signa virtutis divinae in christo. primum quidem ex hoc quod * dicit ° secundum spiritum sanctificationis, ‘ sive intelligatur secundum sanctificantem spiritum, * sicut dictum est, ‘ sive intelligatur secundum hoc quod ipse, per spiritum sanctum, est in utero virginali conceptus, quod est signum divinae virtutis in ipso, * secundum illud lc. c. i, 35: ° spiritus sanctus superveniet in te, * et postea sequitur: ° ideoque et quod ex te nascetur sanctum, vocabitur filius dei. ‘ secundum autem signum virtutis divinae est resuscitatio mortuorum, * secundum illud io. v, 21: ° sicut pater suscitat mortuos et vivificat, sic et filius. ‘ est ergo sensus quod apparet christum esse filium dei in virtute ex resurrectione mortuorum, id est ex hoc quod mortuos fecit secum resurgere, * secundum illud matth. c. xxvii, 52: ° multa corpora sanctorum qui dormierant surrexerunt, ‘ et tandem faciet omnes resurgere * secundum illud io. v, 25: ° omnes qui in monumentis sunt audient vocem filii dei, et, qui audierint, vivent. ‘ vel potest intelligi de spirituali resurrectione mortuorum, quae est a peccatis, * secundum illud eph. v, 14: ° surge qui dormis et exurge a mortuis. ‘ dicuntur autem mortui iesu christi qui ab ipso resuscitantur, sicut et infirmi alicuius medici a quo sanantur. possunt autem haec duo signa ad duas praecedentes clausulas referri hoc modo: qui factus est ei ex semine david secundum carnem, et hoc secundum spiritum sanctificationis ex quo, scilicet caro eius, concepta est; qui praedestinatus est filius dei in virtute, et haec apparent in resurrectione mortuorum, etc.. * sed prima expositio est melior.

lc4 ‘ Postquam commendavit christum ab origine et virtute, hic commendat ipsum ex liberalitate, quae ostenditur ex muneribus quae fidelibus contulit. ponitur autem duplex munus. unum quidem commune omnibus fidelibus, scilicet gratia per quam reparamur, quam quidem a deo per christum accepimus, * unde dicit ° per quem accepimus, ‘ omnes fideles, ° gratiam. * io. i, 17: ° gratia et veritas per iesum christum facta est, * et infra: ° per quem accessum habemus in gratiam istam in qua stamus. ‘ conveniens est enim ut sicut per verbum dei omnia ista facta sunt, * ut habetur io. i, v. 3, ‘ ita et per ipsum, sicut per artem omnipotentis dei, omnia instaurentur: sicut et artifex eadem arte reparat domum qua condidit. * col. i, 20: ° per eum placuit deo reconciliare omnia sive quae in caelo sive quae in terra sunt. ‘ aliud autem est munus spirituale collatum apostolis * quod tangit subdens ° et apostolatum, ‘ quod est praecipuum inter ecclesiasticos gradus. * i cor. xii, 28: ° et quosdam quidem posuit deus in ecclesia primum quidem apostolos. ‘ apostolus autem idem est quod missus. sunt enim a christo missi quasi eius auctoritatem et vicem gerentes, * io. xx, 21: ° sicut misit me pater et ego mitto vos, ‘ id est cum plenitudine auctoritatis. unde ipse christus apostolus nominatur * hebr. iii, 1: ° considerate apostolum et pontificem iesum christum. ‘ unde et per ipsum, tamquam principalem apostolum sive missum, alii sunt secundario apostolatum consecuti. * lc. vi, 13: ° elegit duodecim quos et apostolos nominavit. ‘ praemittit autem gratiam apostolatui tum quia non ex meritis sed ex gratia apostolatum sunt consecuti, * i cor. xv, 9: ° ego sum minimus apostolorum qui non sum dignus vocari apostolus; gratia autem dei sum id quod sum; ‘ tum etiam quia apostolatus digne haberi non potest nisi praehabita gratia sanctificante, * eph. iv, 7: ° unicuique nostrum data est gratia, ‘ etc.. describit autem hunc apostolatum, primo quidem, ex utilitate * cum subdit ° ad obediendum fidei, ‘ quasi diceret: ad hoc sumus missi ut faciamus homines fidei obedire. in his obedientia locum habet quae voluntarie facere possumus. his autem quae sunt fidei voluntate consentimus, non ex rationis necessitate, cum sint supra rationem, “ nullus enim credit nisi volens, * ut dicit augustinus, ‘ et ideo circa fidem locum habet, * infra vi, 17: ° obedistis ex corde in eam formam doctrinae in quam traditi estis. * de hoc fructu dicitur io. xv, 16: ° posui vos ut eatis, ‘ etc.. secundo, describitur ex amplitudine * cum subditur ° in omnibus gentibus, ‘ quia non tantum in una gente iudaeorum, sed ad instructionem omnium gentium sunt directi. * matth. ultimo: ° euntes docete omnes gentes. ‘ specialiter paulus in omnes gentes apostolatum acceperat, ut ei competere possit * quod dicitur is. xlix, 6: ° parum est ut sis mihi servus ad suscitandum tribus iacob et faeces israel convertendas; dedi te in lucem gentium. ‘ tamen ab eius apostolatu exclusi non erant iudaei, praesertim qui inter gentes habitabant; * infra xi, 13 s.: ° quamdiu quidem ego sum gentium apostolus, ministerium meum honorificabo, si quomodo ad aemulandum provocem carnem meam et salvos faciam aliquos ex ipsis. ‘ tertio, ex plenitudine potestatis, * cum subdit ° pro nomine eius, ‘ scilicet vice et auctoritate ipsius. sicut enim christus in nomine patris venisse dicitur, * io. xx, 21, ‘ quasi plenam patris potestatem habens, ita et apostoli in nomine christi venisse dicuntur, quasi in persona christi. * ii cor. ii, 10: ° nam et ego quod donavi, si quid donavi, propter vos in persona christi. ‘ vel per hoc describitur ex fine, ut sit sensus: pro nomine eius dilatando, non pro aliquo terreno fructu sibi quaerendo. * act. c. ix, 15: ° vas electionis est mihi iste ut portet nomen meum, ‘ etc., unde ad hoc fideles hortabatur * dicens: ° omnia in nomine iesu christi agite. ‘ quarto ex potestate super illos quibus scribebat qui praedicto apostolatui erant subiecti * unde subdit ° in quibus, ‘ id est inter quas gentes, nostro apostolatui subiectas, ° estis et vos, ‘ scilicet romani, quamvis sublimes. * is. xxvi, 5 s.: ° civitatem sublimem humiliabit, conculcabit eam pes pauperis, ‘ scilicet christi, ° gressus egenorum, ‘ id est apostolorum, specialiter petri et pauli, * ii cor. c. x, 14: ° usque ad vos pervenimus in evangelio christi. * subdit ° vocati iesu christi, * secundum illud os. i, 9: ° vocabo non populum meum; ‘ vel: vocati ut sitis iesu christi, * infra viii, v. 30: ° quos praedestinavit hos et vocavit; ‘ vel: vocati iesu christi, id est dicti a iesu christo, christiani, * act. xi, 26: ° ita ut cognominarentur primum antiochiae discipuli christiani. ‘ consequenter describuntur personae salutatae, et primo, ex loco * cum dicit ° omnibus qui sunt romae. ‘ signanter autem omnibus scribit quia omnium salutem cupiebat; * i cor. vii, 7: ° volo omnes homines esse sicut meipsum; * act. xxiii, v. 11, dictum est ei: ° oportet te et romae testificari. ‘ secundo, describuntur personae salutatae ex gratiae dono, * ibi ° dilectis dei. ‘ circa quod primo ponitur gratiae origo, quod est dei dilectio. * deut. xxxiii, v. 3: ° dilexit populos, omnes sancti in manu illius sunt. * i io. iv, 10: ° non quasi nos dilexerimus deum, ‘ scilicet prius, ° sed quoniam ipse prior dilexit nos. ‘ dei enim dilectio non provocatur ex bono creaturae, sicut dilectio humana, sed magis ipsum bonum creaturae causat, quia diligere est bonum velle dilecto: voluntas autem dei est causa rerum, * secundum illud ps.: ° omnia quaecumque voluit fecit. ‘ secundo, ponitur vocatio * cum subdit ° vocatis. ‘ quae quidem est duplex. una exterior, secundum quam vocavit petrum et andream, * matth. iv, 18. ‘ alia autem est vocatio interior, quae est secundum interiorem inspirationem, * prov. i, 24: ° vocavi et renuistis. ‘ tertio, ponit gratiam iustificationis * cum dicit ° sanctis, ‘ id est per gratiam et sacramenta gratiae, sanctificatis. * i cor. vi, 11: ° sed abluti estis, sed sanctificati estis, ‘ ut sitis dilecti a deo, vocati ad hoc quod sitis sancti. deinde ponuntur bona quae eis optat, quae sunt ° gratia et pax. ‘ quorum unum, scilicet gratia, est primum inter dei bona, quia per eam iustificatur impius, * infra iii, 24: ° iustificati gratis per gratiam ipsius. ‘ aliud autem, scilicet pax, est ultimum quod in beatitudine perficitur. * ps.: ° qui posuit fines tuos pacem. ‘ tunc enim erit perfecta pax, quando voluntas requiescet in plenitudine omnis boni, consequens immunitatem ab omni malo. * is. xxxii, v. 18: ° sedebit populus meus in pulchritudine pacis. ‘ et sic per haec duo bona, alia media intelliguntur. ostendit etiam consequenter unde sint huiusmodi bona expectanda, * cum subdit ° a deo patre nostro. * iac. i, 17: ° omne datum optimum et omne donum perfectum desursum est, descendens a patre luminum. * ps. lxxxiii, 12: ° gratiam et gloriam dabit dominus. * addit autem ° et domino iesu christo * quia, ut dicitur io. i, 17, ° gratia et veritas per iesum christum facta est. * ipse etiam dicit, io. xiv, 7, ° pacem meam do vobis. * quod autem dicit ° deo patre nostro, ‘ potest teneri essentialiter pro tota trinitate, quae dicitur pater, quia nomina importantia relationem ad creaturam, communia sunt toti trinitati, sicut creator et dominus. * addit autem ° et domino iesu christo, ‘ non quod sit alia persona a tribus, sed propter humanam naturam, per cuius mysterium ad nos dona gratiarum perveniunt. * ii petr. c. i, 4: ° per quem maxima et pretiosa nobis promissa donavit. ‘ vel potest dici quod * hoc quod dicit ° deo patre nostro, ‘ tenetur pro persona patris, quae secundum proprietatem dicitur pater christi, sed secundum appropriationem pater noster. * io. xx, 17: ° ascendo ad patrem meum et patrem vestrum. ‘ tangitur autem persona filii * cum dicitur ° et domino iesu christo. ‘ persona autem spiritus sancti expresse non ponitur, quia intelligitur in donis eius, quae sunt gratia et pax; vel etiam quia intelligitur in duabus personis patris et filii,

quarum est unio et nexus.
lc5 ' Praemissa salutatione, hic apostolus epistolarem tractatum incipit, in quo: primo ostendit affectum suum ad eos quibus scribebat ut reddat auditores benevolos, secundo, instruit eos de veritate gratiae christi, * ibi ° virtus enim dei est. ' ostendit autem affectum ad eos tripliciter: primo quidem ex gratiarum actione, qua de eorum bonis gratias agit, secundo ex oratione, quam pro eis ad deum fundit, * ibi ° testis enim est mihi deus, ' tertio ex desiderio visitationis eorum, * ibi ° obsecrans si quo modo. ' circa primum tria oportet considerare. primo quidem gratiarum actionis ordinem, * cum dicit ° primum quidem gratias ago deo meo. ' necesse enim est ut in omnibus gratiarum actionem praemittamus, * secundum illud i thess. ultim.: ° in omnibus gratias |25| agite. ' non enim est dignus beneficium consequi qui de acceptis beneficiis gratias non agit. * sap. xvi, 29: ° ingrati spes tamquam hybernalis glacies tabescet, * et eccle. i, 7: ° ad locum unde exeunt flumina revertuntur, ' quia ad principium unde proveniunt beneficia revertuntur, scilicet per gratiarum actiones, ut iterum fluant, scilicet per iteratam beneficiorum exhibitionem. in omnibus autem, quae petimus vel agimus, divino beneficio indigemus, et ideo, ante omnia, debet gratiarum actio praemitti. secundo, designat personas tres, quarum una est persona cui fit gratiarum actio, * quam designat dicens ° deo meo, ' scilicet cui debetur gratiarum actio de omnibus bonis, quia ab eo fluunt. * iac. i, 17: ° omne datum optimum et omne donum perfectum desursum est, ' etc.. et quamvis sit deus omnium per creationem et gubernationem, * secundum illud, infra x, 12 ° dominus omnium, ' specialiter tamen dicitur esse deus iustorum tripliciter: primo quidem secundum specialem curam quam de eis gerit, * ps. xxxiii, 16: ° oculi domini super iustos, * et alibi |50| dicit: ° dominus illuminatio mea. ' secundo per specialem cultum, * ex. xv, 2: ° iste deus meus, et glorificabo eum. ' tertio quia eorum praemium, * gen. xv, 1: ° ego ' dominus ° merces tua magna nimis. ' secunda persona est mediatoris, * quam tangit dicens ° per iesum christum. ' eodem enim ordine debet gratiarum actio in deum recurrere quo gratiae a deo in nos deveniunt, quod quidem est per iesum christum, * infra v, 2: ° per quem accessum habemus per fidem in gratiam istam in qua stamus. ' tertia est persona illorum pro quibus gratias agit, * quam designat subdens ° pro omnibus vobis, ' quia scilicet eorum gratias quasi suas reputat, propter vinculum charitatis, quasi diceret: maiorem horum non habeo gratiam quam ut audiam, etc.. * signanter autem dicit ° pro omnibus vobis, ' quia scilicet omnibus placere desiderat, * i cor. c. x, 33: ° sicut et ego per omnia omnibus placeo, ' et omnium salutem cupit, * secundum illud i cor. vii, 7: ° volo omnes homines esse sicut meipsum. ' tertio, ponit materiam gratiarum |75| actionis * cum subdit ° quia fides vestra annuntiatur in universo mundo. ' agit quidem gratias de fide eo quod est bonorum omnium spiritualium fundamentum. * hebr. xi, 1: ° est autem fides sperandarum substantia rerum. ' commendantur autem romani de fide, quia " fidem de facili susceperant, et in eadem firmiter permanebant, unde et usque hodie apud eos plurima fidei signa ostenduntur in visitatione sanctorum locorum, * ut hieronymus dicit super epistolam ad galatas. ' nondum tamen perfectam fidem habebant, quia aliqui eorum praeventi erant a pseudo apostolis ut crederent legis caeremonias evangelio iungendas. gaudet autem et gratias agit de eorum fide non solum propter eos, sed propter utilitatem inde consequentem, quia scilicet eorum exemplo, qui erant domini gentium, aliae gentes provocabantur ad fidem, quia, * ut dicit glossa, ' prompte facit inferior quod videt fieri a superiori: ' propter quod admonentur praelati ut fiant ° forma gregis ex animo. * i petr. ultim.. |100| ' consequenter * cum dicit ° testis enim, ' etc. ostendit affectum suum ad eos ex oratione quam pro eis fundit. et quia orationis negotium in secreto agitur coram deo, * secundum illud matth. vi, 6: ° tu autem cum oraveris intra in cubiculum tuum et clauso ostio ora patrem tuum, ' dei testimonio probat se pro eis orare. primo ergo inducit testem, secundo manifestat supra quod testimonium inducat, quod ° sine intermissione. ' testem autem inducit * cum dicit ° testis est mihi deus ' sub cuius testimonio omnia aguntur. * ier. xxix, 23: ° ego sum iudex et testis. ' et ut iustum testem non frustra se invocare ostendat ponit consequenter quomodo sit ei coniunctus. primo quidem quantum ad servitium * cum dicit ° cui servio, " scilicet per latriae cultum. * deut. vi, 13: ° dominum deum tuum adorabis et illi soli servies. ' secundo quantum ad modum serviendi * cum dicit ° in spiritu meo, ' quasi dicat: non solum in exteriori servitio corporali, sed praecipue interius secundum spiritum. * io. iv, 24: ° spiritus |125| est deus et eos qui adorant eum in spiritu et veritate adorare oportet. ' vel ° in spiritu ' scilicet in spiritualibus observantiis non in carnalibus sicut iudaei. * phil. iii, 3: ° nos sumus circumcisio qui spiritu servimus deo. ' tertio quantum ad officium in quo servit scilicet ° in evangelio filii eius, * secundum illud, supra eodem: ° segregatus in evangelium. ' quod quidem est filii dei tripliciter: uno modo quia est de ipso, * lc. ii, 10: ° evangelizo vobis gaudium magnum, ' alio modo quia est ab ipso praedicatum ex proprio officio, * lc. iv, v. 43: ° quia et aliis civitatibus oportet me evangelizare regnum dei, quia ideo missus sum, ' tertio quia est ab eo iniunctum, * mc. ultim.: ° praedicate evangelium omni creaturae. * sed, secundum augustinum, " cum idem sit testis enim est mihi deus quod iuro per deum, videtur apostolus facere contra id quod dominus dicit * matth. v, 34: ° ego dico vobis non iurare omnino; * iac. ultim.: ° ante omnia autem fratres mei nolite iurare. * sed, sicut dicit augustinus, " intellectus sacrae |150| scripturae ex actibus sanctorum intelligitur. ' idem enim spiritus quo sacrae scripturae sunt editae, * secundum illud ii petr. i, 21: ° spiritu sancto inspirati locuti sunt sancti dei, ' sanctos viros ad operandum inducit; * infra c. viii, 14: ° qui spiritu dei aguntur hi sunt filii dei. ' ex hoc ergo quod paulus iurasse invenitur, ostenditur verbum domini et apostoli iacobi non sic esse intelligendum quasi iuramentum sit omnino illicitum, sed quia ad hoc homo niti debeat ut, quantum ex ipso est, iuramento non utatur, tamquam quodam bono et per se appetibili, tum propter periculum quod imminet ex frequenti iuratione ne homo labatur in periurium propter labilitatem humanae linguae, * secundum illud eccli. xxiii, 9: ° iurationi non assuescat os tuum, nam multi, ' etc., tum etiam quia contra reverentiam dei facere videtur qui ipsum, absque necessaria causa, testem inducit. * unde eccli. xxiii, 10: ° nominatio dei non sit assidua in ore tuo. ' unde nec apostolus iurasse invenitur nisi scribendo, quando homo cum maiori deliberatione et cautela loquitur. |175| est autem quandoque necessarium iuramentum ut fides verbo dicentis adhibeatur, quod quandoque utile est etiam ei qui audit. et sic apostolus iurat propter utilitatem auditorum quibus erat utile ut ei crederent, quasi non quaerens quod sibi utile est sed multis, ut salvi fierent. unde de quo dominus dicit, * matth. v, 37: ° quod amplius est, ' scilicet quam simplex verbum, ° a malo est, ' non est intelligendum a malo eius qui iurat sed eius qui exigit iuramentum; non quidem a malo culpae nisi in casu quando existimat quis eum a quo exigit iuramentum esse falsum iuraturum: tunc enim est grave peccatum, * ut dicit augustinus; ' sed intelligit esse a malo poenae, scilicet ignorantia, qua nescimus an sit verum quod dicitur nobis. est autem duplex modus iurandi: unus quidem per simplicem attestationem, sicut cum dicimus per deum vel testis est mihi deus et hoc modo apostolus iurat hic; alius autem per execrationem, quando scilicet aliquis implorat divinum testimonium secundum aliquam poenam sibi infligendam si |200| mentitur, * secundum illud ps. vii, 5: ° si reddidi retribuentibus mihi mala, ' etc.. et hoc etiam modo apostolus iurat, * ii cor. i, 23: ° testem deum invoco in animam meam. ' consequenter hic ponit id supra quod eum testem invocat * dicens ° quod memoriam vestri facio semper in orationibus meis, ' quae sunt ° sine intermissione, ' scilicet quia semper in orationibus suis pro eis orabat, propter utilitatem communem quae ex eorum conversione proveniebat. * i reg. c. xii, 23: ° absit hoc peccatum a me in domino ut cessem orare pro vobis. * quod autem dicit ° memoriam vestri facio, ' dupliciter potest intelligi. uno modo sic: memoriam vestri habeo, * secundum illud ps. cxxxvi, 6: ° adhaereat lingua mea faucibus meis si non meminero tui. ' alio modo ° memoriam vestri facio, ' scilicet orationem deo, qui respicit orationes humilium. et sic dum sancti pro aliquibus orant, quodammodo divino aspectui proponuntur, sicut et cetera sanctorum facta. * unde, iii reg. xvii, 18 dixit mulier ad eliam: ° ingressus es ad me ut rememorarentur iniquitates meae, ' quasi illud |225| sit in memoria et in oculis dei quod contra iustos agitur. quod autem dicit orationes ° sine intermissione ' se habere, congruit ei * quod dicit ii thess. ultim.: ° sine intermissione orate, * et, lc. xviii, 1: ° oportet semper orare et numquam deficere. ' quae quidem possunt intelligi tribus modis. uno modo quantum ad ipsum actum orandi: et sic semper vel sine intermissione orat qui statutis temporibus et horis orat. * act. iii, 1: ° petrus et ioannes ascendebant in templum ad horam orationis nonam. ' alio modo quantum ad finem orationis, qui est ut intellectus noster ascendat in deum; et sic tamdiu homo orat quamdiu totam vitam suam in deum ordinat. * i cor. x, 31: ° sive manducatis sive bibitis, ' etc.. tertio quantum ad causam: dum enim aliquis agit unde alii pro eo orent, ipse orare videtur, ut patet in his qui dant eleemosynas pauperibus, qui pro eis orant. * eccli. xxix, 15: ° conclude eleemosynam in sinu pauperis, ' etc.. sic ergo continuanda est littera: gratias ago pro vobis, quia bona vestra reputo quasi |250| mea, quod patet ex hoc quod pro vobis oro, sicut pro meipso. * deinde cum dicit ° obsecrans, ' etc. probat affectum suum ex desiderio visitationis. et primo ponit desiderium, secundum propositum exequendi, * ibi ° nolo autem vos ignorare, ' etc.. circa primum duo facit: primo ponit desiderii signum, secundo desiderii causam, * ibi ° desidero enim. ' signum autem desiderii est oratio quam pro hoc faciebat. ex hoc autem signum ostenditur desiderii huiusmodi primo quidem intensum, per hoc quod dicit ° obsecrans, ' quasi ob sacra contestans, sicut pro aliquo magno quod mea merita excedit. * prov. xviii, 23: ° cum obsecrationibus loquitur pauper et dives effabitur rigide. ' quod autem intense desideratur magnum desiderandi videtur. secundo, ostenditur esse anxium * cum dicit ° si quo modo. ' quae enim anxie aliquis desiderat quaerit adipisci quocumque modo, |275| sive facili sive laborioso, * phil. i, 18: ° quid enim? dum omni modo, sive per occasionem sive per veritatem, christus adnuntietur: et in hoc gaudeo sed et gaudebo. ' tertio, ostenditur esse diuturnum * in hoc quod dicit ° tandem aliquando, ' scilicet post longa desideria. iusti enim non ad horam sed perseveranter afficiuntur. * prov. xvii, 17: ° omni tempore diligit qui amicus est. ' quarto, ostenditur esse rectum ex hoc quod est divinae voluntati conforme, * unde subdit ° prosperum iter habeam, ' et hoc ° in voluntate dei, ' id est secundum voluntatem eius, secundum quam solum aliquid reputo prosperum, * sicut et dominus dicit lc. xxii, v. 42: ° non mea voluntas sed tua fiat. * deinde cum dicit ° desidero enim, ' etc., ostendit desiderii causam, quae quidem est duplex. una, utilitas eorum qui erant visitandi, * unde dicit ° desidero enim videre vos. * phil. c. i, 8: ° cupio omnes vos esse in visceribus iesu christi. ' et hoc non in vanum, sicut est in amicitia saeculari, sed ° ut impartiar, ' id est tradam, ° vobis aliquid gratiae spiritualis, |300| ' non tamquam auctor gratiae sed sicut minister, * i cor. iv, 1: ° sic nos existimet homo ut ministros christi. ' et hoc ° ad confirmandum vos, ' scilicet in fide quam suscepistis, * lc. xxii, 23: ° et tu aliquando conversus, confirma fratres tuos. ' impartitur autem gratiam minister multipliciter, tum per administrationem sacramentorum gratiae, * i petr. iv, 10: ° unusquisque sicut accepit gratiam in alterutrum illam administrantes, ' etc., tum per exhortationem sermonum, * eph. iv, 29: ° omnis sermo malus ex ore vestro non procedat, sed si quis bonus est ad aedificationem fidei, ut det gratiam audientibus. ' secunda causa est mutua consolatio, quae consideratur in convictu amicorum, * unde subdit ° id, ' scilicet me videre vos et impartiri gratiam, et ° me simul consolari ' cum ° vobis per eam quae invicem est fidem vestram atque meam. ' ad mutuam enim consolationem redit, si unanimes in fide reddamur. * ii cor. vii, 6-7: ° qui consolatur humiles consolatus est nos deus in adventu titi. non solum, ' etc.. |325| deinde * cum dicit ° nolo autem vos ignorare, ' ne videatur esse vanum desiderium, subdit propositum prosequendi. et primo proponit propositum, secundo ostendit causam propositi, * ibi ° ut aliquem fructum, ' tertio concludit propositi promptitudinem, * ibi ° ita quod in me. ' circa primum duo facit: primo ponit propositum, secundum impedimentum, * ibi ° et prohibitus sum, ' etc.. dicit ergo primo. non solum desidero vos videre sed etiam proposui ad hoc operam dare, et hoc, ° fratres, nolo vos ignorare quia saepe proposui venire ad vos, ' ut dilectionem meam ostenderem, ° non solum verbo et lingua sed etiam opere et veritate, * ut dicitur i io. c. iii, 18. ' secundo tangit obstaculum impediens eum ab isto proposito exequendo, * dicens ° prohibitus usque adhuc, ' etc., et hoc vel a diabolo qui nititur impedire praedicationem ex qua provenit salus hominum, * prov. xxv, v. 23: ° ventus aquilo dissipat pluviam, ' id est |350| doctrinas praedicatorum, vel ab ipso deo secundum cuius nutum dispensantur praedicatorum itinera et verba, * iob xxxvii, 11 s.: ° nubes, ' id est praedicatores ° spargunt lumen suum, quae lustrant cuncta per circuitum, quocumque voluntas gubernantis duxerit. * unde et act. xvi, 6 dicitur: ° transeuntes autem phrygiam et galatiae regionem, vetati sunt a spiritu sancto loqui, * et iterum: ° tentabant ire in bithyniam, et non permisit eos spiritus iesu. ' utrumque autem horum vult apostolus eos non ignorare propter eorum utilitatem, ut scilicet cognoscentes affectum apostoli devotius eius verba suscipiant et impedimentum visitationis eius imputent suae culpae et sic corrigantur. nam in poenam culpae * dicitur is. v, v. 6: ° mandabo nubibus meis ne pluant super eam imbrem. ' deinde ponit causam duplicem propositi, quarum prima est utilitas, * unde dicit ° ut aliquem fructum habeam in vobis sicut in ceteris gentibus quibus, ' scilicet, praedicavi. quod potest dupliciter intelligi. uno modo quasi dicat: ut faciam aliquem fructum in vobis per meam praedicationem. * io. xv, |375| v. 16: ° ut eatis et fructum afferatis. ' alio modo quasi ex eorum conversione ei fructus accrescat, * secundum illud io. iv, 36: ° qui metit mercedem accipit et fructum congregat in vitam aeternam. ' alia autem causa est debitum quod sibi imminebat ex suscepto officio. * i cor. ix, v. 16: ° si non evangelizavero vae mihi, ' etc.. et quia universalem gentium apostolatum susceperat, omnibus se asserit debitorem, * secundum illud i cor. ix, 19: ° cum essem liber ex omnibus omnium me servum feci. ' et ideo duplicem diversitatem ponit. una quidem secundum diversitatem gentium * cum dicit ° graecis ac barbaris. ' dicitur autem aliquis barbarus dupliciter. uno modo secundum quid, qui scilicet est extraneus quoad aliquem, * secundum illud i cor. xiv, 11: ° si ergo nesciero virtutem vocis, ero ei cui loquar barbarus. ' alio modo simpliciter, qui scilicet est quasi extraneus a communitate hominum, in quantum ratione non regitur. unde proprie barbari dicuntur qui ratione non reguntur, * secundum quod dictum est ii mach. xv, 2: ° ne ita ferociter ac |400| barbare feceris, ' id est inhumane. et quia graeci fuerunt primi legum inventores, omnes gentiles, qui humanis legibus reguntur, nominat graecos. de iudaeis au-

tem, qui divinis legibus regebantur, mentionem non facit, quia non erat institutus apostolus iudaeorum sed gentilium. * gal. ii, 9: ° ita ut illi in circumcisis, nos autem in gentibus. ‘ ex utraque autem causa concludit promptitudinem voluntatis * cum subdit ° ita quod in me, ‘ id est quantum ad me pertinet dummodo aliunde non impediar, ° promptum est ‘ etiam vobis, ° qui romae estis, evangelizare. * ex. xxxv, 20: ° egressaque omnis multitudo filiorum israel de conspectu moysi obtulit mente promptissima atque devota. ‘ et excludit impedimentum promptitudinis, scilicet erubescentiam, propter quam multi ea praetermittunt quae alias facerent prompte. * et hoc est quod subdit ° non enim erubesco evangelium, ‘ quod quidem infidelibus apud quosdam erubescibile videbatur, * propter id quod dicit i cor. i, 23: ° nos autem praedicamus christum crucifixum iudaeis |425| quidem scandalum, gentibus autem stultitiam. ‘ non est autem secundum rei veritatem erubescendum * propter id quod sequitur: ° ipsis autem vocatis iudaeis atque graecis, christum dei virtutem et dei sapientiam. * unde dicitur lc. ix, 26: ° qui erubuerit me et meos sermones, hunc filius hominis erubescet. ‘ et inde est quod baptizati liniuntur chrismate in fronte signo crucis, ubi est sedes verecundiae, ne scilicet evangelium erubescant.

lc6 ‘ Postquam apostolus romanos fideles, quibus scribebat, sibi benevolos reddidit ostendendo affectum suum ad eos, hic incipit instruere eos de his quae pertinent ad evangelicam doctrinam in quam se segregatum praedixerat. et primo ostendit virtutem evangelicae gratiae, secundo exhortatur ad executionem operum huius gratiae, * xii cap., ibi ° obsecro itaque. ‘ circa primum duo facit: primo proponit quod intendit, secundo manifestat propositum, * ibi ° revelatur enim. ‘ circa primum tria facit: primo proponit virtutem evangelicae gratiae, secundo exponit * ibi ° iustitia enim, ‘ tertio expositionem confirmat * ibi ° sicut scriptum est. ‘ dicit ergo primo: ideo evangelium non erubesco, quia, quamvis * ut dicitur i cor. |25| c. i, 18, ° verbum crucis pereuntibus quidem stultitia sit, nobis tamen virtus dei est. virtus enim dei est. ‘ quod potest intelligi dupliciter: uno modo, quia virtus dei in evangelio manifestatur * secundum illud ps. cx, 6: ° virtutem operum suorum adnuntiavit populo suo; ‘ alio modo, quia ipsum evangelium in se dei virtutem continet, * secundum illud ps. lxviii, v. 34: ° dabit voci suae vocem virtutis. ‘ circa quam virtutem tria sunt consideranda. primo quidem ad quid se ista virtus extendat, et hoc designatur * cum subditur ° in salutem. * iac. i, 21: ° in mansuetudine suscipite insitum verbum quod potest salvare animas vestras. ‘ quod quidem fit tripliciter: uno modo, in quantum per verbum evangelii remittuntur peccata; * io. xv, 3: ° iam mundi estis propter sermonem quem locutus sum vobis. ‘ secundo, in quantum per evangelium homo consequitur gratiam sanctificantem; * io. c. xvii, 17: ° sanctifica eos in veritate. sermo tuus veritas est. ‘ tertio, in quantum perducit ad vitam aeternam; * io. vi, 69: ° verba vitae |50| aeternae habes. ‘ secundo, per quem modum evangelium salutem conferat, quia per fidem, quod designatur * cum dicitur ° omni credenti. ‘ quod fit tripliciter: primo per praedicationem; * mc. ultim.: ° praedicate evangelium omni creaturae; qui crediderit et baptizatus fuerit salvus erit. ‘ secundo per confessionem; * infra x, 10: ° oris confessio fit ad salutem. ‘ tertio per scripturam, unde etiam verba evangelii scripta virtutem salutiferam habent, sicut beatus barnabas infirmos curabat, evangelium superponendo. cavendae sunt tamen superstitiones characterum, quia hoc est superstitiosum. * unde, ez. ix, 6, ‘ illi salvati sunt in quorum frontibus est scriptum thau, quod est signum crucis. tertio, quibus evangelium fit in salutem, quia tam iudaeis quam gentibus. non enim iudaeorum tantum deus est sed et gentium, * infra iii, 29, et ideo subdit ° iudaeo primum et graeco. ‘ per graecum omnem gentilem intelligens, eo quod a graecis gentilium sapientia est exorta. |75| * sed, cum infra x, 10 dicatur ° non est distinctio iudaei et graeci, “ quomodo hic ° iudaeo primum? ‘ dicendum est ergo quod quantum ad salutis finem consequendum non est distinctio inter eos, aequalem enim consequuntur mercedem utrique, sicut pro labore etiam in vinea, priores et posteriores, eundem denarium acceperunt, * ut dicitur matth. xx, 1-16. ‘ sed quantum ad ordinem salutis iudaei sunt primi, quia eis promissiones sunt factae, * ut infra iii, 2, ‘ et in eorum gratiam sunt gentiles assumpti, ac si ramus oleastri inseratur in bonam olivam, * ut infra xi, 24. ‘ ex his etiam salvator noster natus est. * io. iv, 22: ° salus ex iudaeis est. ‘ exponit autem consequenter quomodo evangelium sit in salutem * cum dicit ° iustitia enim dei revelatur in eo ex fide in fidem. ‘ quod quidem dupliciter potest intelligi. uno modo de iustitia qua deus iustus est, * secundum illud ps. x, 8: ° iustus dominus et iustitias dilexit. ‘ et secundum hoc, sensus est quod ° iustitia dei, ‘ qua scilicet iustus est |100| servando promissa, ° in eo revelatur, ‘ scilicet in homine credente evangelio, quia credit deum implesse quod promisit de christo mittendo; et hoc ° ex fide, ‘ scilicet dei promittentis * ps. cxliv, 13: ° fidelis dominus in omnibus verbis suis. in fidem ‘ scilicet hominis credentis. vel, alio modo, ut intelligatur de iustitia dei, qua deus homines iustificat. nam iustitia hominum dicitur qua se homines, propriis viribus, iustificare praesumunt, * infra c. x, 3: ° ignorantes dei iustitiam et suam quaerentes statuere, iustitiae dei non sunt subiecti. ‘ quae quidem iustitia revelatur in evangelio, in quantum per fidem evangelii homines iustificantur secundum quodcumque tempus, * unde subdit ° ex fide in fidem, ‘ id est ex fide veteris testamenti procedendo in fidem novi testamenti, quia ab utroque homines iustificantur et salvantur per fidem christi, quia eadem fide crediderunt venturum qua nos venisse credimus; * et ideo dicitur ii cor. c. iv, 13: ° habentes eamdem speciem fidei credimus propter quod loquimur. ‘ vel potest intelligi ° ex fide ‘ praedicatorum |125| ° in fidem ‘ auditorum, * infra x, 14: ° quomodo credent ei quem non audierunt? ‘ vel ° ex fide ‘ unius articuli, ° in fidem ‘ alterius, quia ad iustificationem requiritur omnium articulorum fides. * apoc. i, 3: ° beatus qui legit et audit verba prophetiae huius. ‘ alio modo potest intelligi ° ex fide ‘ praesenti ° in fidem ‘ futuram, id est in plenam visionem dei, quae quidem dicitur fides ratione certae et firmae cognitionis, haec autem ratione evangelicae cognitionis. * i cor. xiii, v. 12: ° videmus nunc per speculum in aenigmate tunc autem facie ad faciem. ‘ probat autem hanc expositionem * cum subdit ° sicut scriptum est iustus autem meus ex fide vivit. * quod quidem accipitur secundum litteram lxx. nam in littera nostra, quae est secundum hebraicam veritatem, dicitur ° iustus ex fide sua vivit. * dicitur autem ° iustus meus, ‘ scilicet a me iustificatus et apud me iustus reputatus, * infra iv, 2 s.: ° si autem abraham ex operibus “ legis ° iustificatus est, habet gloriam sed non apud deum. quid enim scriptura dicit? credidit abraham deo, et reputatum est ei |150| ad iustitiam. * unde ex hoc subditur ° ex fide vivit, “ scilicet vita gratiae. * gal. ii, 20: ° quod autem nunc vivo in carne, in fide vivo filii dei. ‘ quatuor autem hic considerare oportet circa fidem. primum quidem quid sit fides. importat enim assensum quemdam cum certitudine, ad id quod non videtur, ex voluntate, “ quia nullus credit nisi volens, * ut augustinus dicit. ‘ et secundum hoc differt credens a dubitante, qui in neutram partem assentit; differt etiam ab opinante qui assentit in unam partem, non cum certitudine sed cum formidine alterius; differt etiam a sciente qui per certitudinem assentit ex necessitate rationis. et secundum hoc fides est media inter scientiam et opinionem. secundo considerandum est an fides sit virtus. et manifestum est quod non est virtus si accipiatur pro eo quod creditur * secundum illud ° fides catholica haec est ut unum deum in trinitate. ‘ si autem accipiatur pro habitu quo credimus, sic quandoque est virtus, quandoque |175| non. est enim virtus principium actus perfecti. actus autem, ex duobus principiis dependens, non potest esse perfectus si alteri principiorum desit sua perfectio: sicut equitatio non potest esse perfecta si vel equus bene non vadat, vel sessor equum ducere nesciat. actus autem fidei, qui est credere, dependet ex intellectu et voluntate movente intellectum ad assensum; unde actus fidei erit perfectus si voluntas perficiatur per habitum charitatis et intellectus per habitum fidei, non autem si habitus charitatis desit; et ideo fides formata charitate est virtus, non autem fides informis. tertio considerandum est quod idem numero habitus fidei, qui sine charitate erat informis, adveniente charitate fit virtus; quia, cum charitas sit extra essentiam fidei, per eius adventum et recessum non mutatur substantia eius. quarto considerandum est quod sicut corpus vivit per animam naturali vita, ita anima vivit per deum vita gratiae. primo autem deus animam inhabitat per fidem, * eph. iii, 17: ° habitare christum per fidem |200| in cordibus vestris. ‘ nec tamen est perfecta habitatio nisi fides per charitatem sit formata, quae per vinculum perfectionis nos unit deo, * ut dicitur col. iii, 14. ‘ et ideo, quod hic dicit ° ex fide vivit ‘ intelligendum est de fide formata. * deinde cum dicit ° revelatur enim ira dei, ‘ probat quod dixerat, scilicet virtutem evangelicae gratiae esse omnibus hominibus in salutem. et primo ostendit quod est necessaria ad salutem; secundo quod est efficax sive sufficiens, * v cap., ibi ° iustificati ergo ex fide. ‘ circa primum duo facit. primo ostendit virtutem evangelicae gratiae esse necessariam ad salutem gentibus, quia scilicet sapientia, de qua confidebant, salvare eos non potuit; secundo ostendit quod fuit necessaria iudaeis, quia scilicet circumcisio et lex et alia in quibus confidebant, eis salutem non attulerunt. * ii cap. ibi ° propter quod inexcusabilis es. ‘ circa primum duo facit. |225| primo proponit quod intendit; secundo manifestat propositum, * ibi ° quia quod notum est dei. ‘ proponit autem tria. primo quidem poenam dicens: recte dico quod in eo iustitia dei revelatur, ° revelatur enim ‘ in eo ° ira dei, ‘ id est vindicta ipsius, quae dicitur ira dei secundum similitudinem hominum irascentium, qui vindictam quaerunt extra. tamen deus vindictam infert ex animi tranquillitate. * sap. xii, 18: ° tu autem dominator noster cum tranquillitate iudicas. * et de hac ira dei dicitur io. iii, 36: ° qui incredulus est filio non videbit vitam, sed ira dei manet super eum. ‘ hoc autem dicitur quia * quidam philosophi dicebant “ a deo non esse poenas peccatorum, * contra id quod dicitur in ps. xciii, 10: ° qui corripit gentes non arguet? * unde additur ° de caelo, ‘ quia credebant circa caelestia eius providentiam occupari, ita quod ad res terrenas non se extenderet. * iob xxii, 14: ° circa cardines caeli perambulat, nec nostra considerat. * sed, sicut in ps. ci, 20 dicitur, ° dominus de caelo in terram |250| prospexit. ; vel dicitur ° de caelo ‘ eorum iniquitatem demonstrare, quia maxime ex magnitudine caeli creatoris virtutem intelligere debuerunt. * iob xx, 27: ° revelabunt caeli iniquitatem eius. ‘ vel ° de caelo ‘ venturi ad iudicium. * act. c. i, 11: ° quemadmodum vidistis eum ascendentem in caelum, ita veniet. ‘ secundo ponit culpam pro qua poena infligitur. et primo quidem culpam, quae contra deum committitur * cum subdit ° super omnem impietatem. ‘ sicut enim pietas dicitur cultus qui deo exhibetur, tamquam summo parenti, sic impietas dicitur peccatum quod est contra cultum divinum. * ez. xviii, 28: ° impietas impii super eum erit. ‘ secundo, ponit culpam quae committitur in homine * cum dicit ° et iniustitiam. ‘ nam iustitia est per quam homines sibi invicem ratione conveniunt et communicant. * iob c. xxxv, 8: ° filium hominis adiuvabit iustitia tua. ‘ tertio ponit cognitionem quam de |275| eo habuerunt, * cum subdit ° hominum eorum qui veritatem dei, ‘ id est veram de deo cognitionem, ° detinent in iniustitia, ‘ quasi captivatam. nam vera dei cognitio quantum est de se inducit homines ad bonum, sed ligatur, quasi captivitate detenta, per iniustitiae affectum, per quam, * ut ps. xi, 1, ° diminutae sunt veritates a filiis hominum. ‘ deinde * cum dicit ° quia quod notum est, ‘ manifestat propositum, ordine tamen retrogrado. primo enim consentit quod sapientes gentilium de deo cognoverunt veritatem; secundo, ostendit quod in eis impietas et iniustitia fuerit, * ibi ° ita ut sint inexcusabiles; ‘ tertio quod iram dei incurrerunt, * ibi ° qui cum iustitiam dei. ‘ circa primum tria facit. primo, quid de deo cognoverunt; secundo, ostendit a quo huiusmodi cognitionem acceperunt, * ibi ° deus enim illis; ‘ tertio, ostendit per quem modum, * ibi ° invisibilia enim. |300| ‘ dicit ergo primo. recte dico quod veritatem dei detinuerunt, fuit enim in eis, quantum ad aliquid, vera dei cognitio, quia ° quod notum est dei, ‘ id est quod cognoscibile est de deo ab homine per rationem, ° manifestum est in illis, ‘ id est manifestum est eis ex eo quod in illis est, id est ex lumine intrinseco. sciendum est ergo quod aliquid circa deum est omnino ignotum homini in hac vita, scilicet quid est deus. unde et paulus invenit athenis aram inscriptam: ° ignoto deo. ‘ et hoc ideo quia cognitio hominis incipit ab his quae sunt ei connaturalia, scilicet sensibilibus creaturis, quae non sunt proportionata ad repraesentandam divinam essentiam. potest tamen homo, ex huiusmodi creaturis, deum tripliciter cognoscere, * ut dionysius dicit in libro de divinis nominibus. ‘ uno quidem modo per causalitatem. quia enim huiusmodi creaturae sunt defectibiles et mutabiles, necesse est eas reducere ad aliquod principium immobile et perfectum. et secundum hoc cognoscitur de deo an est. |325| secundo per viam excellentiae. non enim reducuntur omnia in primum principium, sicut in propriam causam et univocam, prout homo hominem generat, sed sicut in causam communem et excedentem. et ex hoc cognoscitur quod est super omnia. tertio per viam negationis. quia si est causa excedens, nihil eorum quae sunt in creaturis potest ei competere, sicut etiam neque corpus caeleste proprie dicitur grave vel leve aut calidum aut frigidum. et secundum hoc dicimus deum immobilem et infinitum et si quid aliud huiusmodi dicitur. huiusmodi autem cognitionem habuerunt per lumen rationis inditum. * ps. iv, 6: ° multi dicunt quis ostendit nobis bona? signatum est super nos lumen vultus tui domine. ‘ deinde * cum dicit ° deus illis manifestavit, ‘ ostendit a quo auctore huiusmodi cognitio eis fuerit manifestata, et dicit quod ° deus illis manifestavit, * secundum illud iob c. xxxv, 11: ° docet nos super iumenta terrae. ‘ ubi considerandum est quod unus homo alteri manifestat explicando conceptum suum |350| per aliqua signa exteriora, puta per vocem vel scripturam, deus autem dupliciter aliquid homini manifestat. uno modo, infundendo lumen interius, per quod homo cognoscit, * ps. xlii, 3: ° emitte lucem tuam et veritatem tuam. ‘ alio modo, proponendo suae sapientiae signa exteriora, scilicet sensibiles creaturas. * eccli. i, 10: ° effudit illam, ‘ scilicet sapientiam, ° super omnia opera sua. ‘ sic ergo deus illis manifestavit vel interius infundendo lumen, vel exterius proponendo visibiles creaturas, in quibus, sicut in quodam libro, dei cognitio legeretur. deinde * cum dicit ° invisibilia enim ipsius a creatura mundi, ‘ etc., ostendit per quem modum huiusmodi cognitionem acceperunt. ubi, primo considerandum est quae sunt ista, quae de deo cognoverunt. et ponit tria. primo quidem ° invisibilia ipsius, ‘ per quae intelligitur dei essentia, quae, * sicut dictum est ‘ a nobis videri non potest. * io. i, 18: ° deum nemo vidit unquam, ‘ scilicet per essentiam, vita mortali vivens. * i tim. c. i, 17: ° regi saeculorum immortali, |375| invisibili. * dicit autem pluraliter ° invisibilia ‘ quia dei essentia non est nobis cognita secundum illud quod est, scilicet prout in se est una. sic erit nobis in patria cognita, et tunc ° erit dominus unus et nomen eius unum, * ut dicitur zac. ult.. ‘ est autem manifesta nobis per quasdam similitudines in creaturis repertas, quae id quod in deo unum est, multipliciter participant, et secundum hoc intellectus noster considerat unitatem divinae essentiae sub ratione bonitatis, sapientiae, virtutis et huiusmodi, quae in deo unum sunt. haec ergo ° invisibilia dei * dixit, ‘ quia illud unum quod his nominibus, seu rationibus, in deo respondet, non videtur a nobis. * hebr. xi, 3: ° ut ex invisibilibus invisibilia fierent. ‘ aliud autem quod de deo cognoscitur est ° virtus ‘ ipsius, secundum quam res ab eo procedunt, sicut a principio; * ps. cxlvi, 5: ° magnus dominus et magna virtus eius. ‘ hanc autem virtutem philosophi perpetuam esse cognoverunt, * unde dicitur ° sempiterna quoque |400| virtus eius. ‘ tertium cognitum est * quod dicit ° et divinitas, ‘ ad quod pertinet quod cognoverunt deum sicut ultimum finem, in quem omnia tendunt. divinum enim bonum dicitur bonum commune quod ab omnibus participatur; * propter hoc potius dixit ° divinitatem, ‘ quae participationem significat, quam deitatem, quae significat essentiam dei. * col. ii, 9: ° et in ipso habitat omnis plenitudo divinitatis. ‘ haec autem tria referuntur ad tres modos cognoscendi supradictos. nam invisibilia dei cognoscuntur per viam negationis; sempiterna virtus, per viam causalitatis; divinitas, per viam excellentiae. secundo, considerandum est per quod medium illa cognoverunt, quod designatur * cum dicit ° per ea quae facta sunt. ‘ sicut enim ars manifestatur per artificis opera, ita et dei sapientia manifestatur per creaturas. * sap. xiii, 5: ° a magnitudine enim speciei et creaturae cognoscibiliter poterit creator horum videri. ‘ tertio, ostendit quomodo per ista |425| cognoscatur deus, * cum dicit ° intellecta conspiciuntur. ‘ intellectu enim cognosci potest deus, non sensu vel imaginatione, quae corporalia non transcendunt; ° deus autem spiritus est, * ut io. c. iv, 24 dicitur; is. lii, 13: ° ecce intelliget servus meus. ‘ quarto, potest designari a qua, per hunc modum, deus cognoscatur, * cum dicitur ° a creatura mundi. ‘ per quod, uno modo, potest intelligi homo, * mc. ult.: ° praedicate evangelium omni creaturae, ‘ vel propter excellentiam hominis, qui ordine naturae minor est angelis sed excellit inter inferiores creaturas, * secundum illud ps. viii, 6: ° minuisti eum paulo minus ab angelis, omnia subiecisti sub pedibus eius, oves et boves, ‘ etc., vel quia communicat cum omni creatura: “ habet enim esse cum lapidibus, vivere cum arboribus, sentire cum animalibus, intelligere cum angelis, * ut gregorius dicit. ‘ alio modo potest intelligi de universali creatura. nulla enim creatura, ex propriis naturalibus, potest dei essentiam in seipsa videre. * unde et de seraphim dicitur is. vi, 2 | 450 | quod ° duabus ‘ alis ° velabant caput. ‘ sed, sicut homo intelligit deum per creaturas visibiles, ita angelus per hoc quod intelligit propriam essentiam. potest autem aliter intelligi per ° creaturam mundi, ‘ non ipsa res creata sed rerum creatio, ac si diceretur: a creatione mundi. et tunc potest dupliciter ordinari. uno modo quod intelligatur quod invisibilia dei intelliguntur per ea quae facta sunt a creatione mundi, non solum per ea quae facta sunt tempore gratiae. alio modo quod intelligatur quod a creatione mundi homines incoeperunt deum cognoscere per ea quae facta sunt. * iob xxxvi, 25: ° omnes homines vident eum. * glossa autem dicit quod “ per invisibilia dei intelligitur persona patris. * i tim. c. ult.: ° quem nullus hominum vidit, “ etc.. per sempiternam virtutem, persona filii * secundum illud i cor. i, 24: ° christum dei virtutem. “ per divinitatem, persona spiritus sancti cui appropriatur bonitas. non quod philosophi, ductu rationis, potuerint pervenire, per ea quae facta sunt, in cognitionem |475| personarum quantum ad propria, quae non significant habitudinem causae ad creaturas, sed secundum appropriata. dicuntur tamen defecisse in tertio signo, id est in spiritu sancto quia non posuerunt aliquid respondere spiritui sancto, sicut posuerunt aliquid respondere patri, scilicet ipsum primum principium, et aliquid respondere filio, scilicet primam mentem creatam, quam vocabant paternum intellectum * ut macrobius dicit in libro super somnium scipionis.

lc7 ‘ Postquam apostolus ostendit veritatem dei fuisse a gentibus cognitam, hic ostendit eos obnoxios culpae impietatis et iniustitiae. et primo ostendit hoc quantum ad culpam impietatis, secundo quantum ad culpam iniustitiae, * ibi ° et sicut non probaverunt, * etc.. posset autem aliquis credere “ eos a culpa impietatis excusari propter ignorantiam, * sicut apostolus de se dicit infra i tim. i, 13: ° misericordiam consecutus sum, quia ignorans feci, ‘ primo ergo ostendit gentiles non esse excusabiles, secundo ponit eorum culpam, * ibi ° et mutaverunt gloriam. ‘ circa primum considerandum est quod tunc ignorantia culpam excusat quando sic procedit et causat culpam, quod non causatur a culpa. sicut cum aliquis, adhibita diligentia debita, dum credit percutere hostem, percutit patrem. si vero ignorantia causetur ex culpa, non potest subsequentem culpam ignorantia excusare. unde si quis per ebrietatem |25| homicidium committit, non excusatur a culpa, quia peccavit se inebriando, unde * secundum philosophum ‘ meretur duplices mulctationes. primo igitur proponit quod intendit, * dicens ° ita, ‘ quod est dei, notum est eis, ° ut sint inexcusabiles, ‘ id est ut per ignorantiam excusari non possint * iac. iv, 17: ° scienti bonum et non operanti peccatum est illi. * infra c. ii, 1: ° propter quod inexcusabilis est. ‘ secundo * ibi ° quia cum cognovissent, ‘ etc., probat quod dixerat. et primo, ostendit quod prima eorum culpa ex ignorantia non processit, secundo quod ex hac culpa est ignorantia subsecuta, * ibi ° sed evanuerunt. ‘ quod autem prima eorum culpa non fuerit ex ignorantia, ostenditur per hoc quod dei cognitionem habentes ea non sunt usi ad bonum. dupliciter autem deum cognoverunt. uno modo sicut omnibus super eminentem, et sic ei debebant gloriam et honorem quae superexcellentibus debetur. isti ideo dicuntur inexcusabiles ° quia cum cognovissent deum, non sicut deum glorificaverunt, ‘ vel |50| quia ei debitum cultum non impenderunt, vel quia virtuti eius et scientiae terminum imposuerunt, aliqua eius potentiae et scientiae subtrahentes, * contra id quod dicitur eccli. xliii, v. 37: ° glorificantes dominum quantumcumque potueritis. ‘ secundo, cognoverunt eum sicut omnium bonorum causam. unde ei in omnibus gratiarum actio debebatur, quam tamen ipsi non impendebant, sed potius suo ingenio et virtuti suae bona sua adscribebant; * unde subdit ° gratias non egerunt, ‘ scilicet domino, * i thess. ult.: ° in omnibus gratias agite. * deinde cum dicit ° sed evanuerunt, ‘ ostendit quod in eis ex culpa est ignorantia subsecuta. et primo ponit intentum, secundo manifestat propositum, * ibi ° dicentes. ‘ primo ergo proponit culpam quae est ignorantiae causa * cum dicit ° evanuerunt. ‘ vanum enim dicitur quod non habet stabilitatem seu firmitatem. solus autem deus de se est immutabilis. * mal. iii, 6: ° ego | 75 | deus et non mutor. ‘ et ideo tunc solum mens humana est a vanitate libera quando deo innititur. cum autem, praetermisso deo, innititur cuicumque creaturae, incurrit vanitatem. * sap. xiii, 1: ° vani sunt omnes homines in quibus non subest scientia dei, * etc.; ps. xciii, v. 11: ° dominus scit cogitationes hominum quoniam vanae sunt. in cogitationibus suis ‘ evanuerunt, in quantum in seipsis, et non in deo, fiduciam habebant, sibi et non deo bona sua adscribentes, * secundum illud ps. xi, v. 5: ° labia nostra, ‘ etc.. secundo ponit ignorantiam subsecutam * dicens ° et obscuratum est; ‘ id est, per hoc quod obscuratum est, factum est ° cor eorum insipiens, ‘ id est lumine sapientiae privatum, per quam homo vere deum cognoscit. sicut enim qui oculos corporales a sole materiali avertit, obscuritatem corporalem incurrit, ita ille qui a deo avertitur, de seipso praesumens et non de deo, spiritualiter obscuratur. * prov. xi, 2: ° ubi humilitas, ‘ per quam scilicet homo se deo subiicit, ° ibi sapientia; ubi superbia, ibi contumelia. * matth. c. xi, 25: ° abscondisti haec a sapientibus, ‘ secundum |100| quod scilicet eis videbatur, ° et revelasti ea parvulis, ‘ id est humilibus. * et de his habetur eph. iv, 17 s.: ° gentes ambulant in vanitate sensus sui, tenebris obscuratum habentes intellectum. ‘ deinde * cum dicit ° dicentes, ‘ exponit quod dixerat. et, primo, qualiter in cogitationibus suis evanuerunt, * cum dicit ° dicentes se esse sapientes, stulti facti sunt. dicentes, ‘ id est sapientiam sibi a seipsis adscribentes. * is. v, v. 21: ° vae qui sapientes estis in oculis vestris. * is. xix, 11: ° quomodo dicetis pharaoni: filius sapientium ego, filius regum antiquorum? ‘ etc.. secundo, exponit * quod dixerat ° et obscuratum est insipiens cor, * cum dicit ° stulti facti sunt, ‘ quasi contra divinam sapientiam agentes. * ier. x, 14: ° stultus factus est omnis homo a scientia ‘ sua, de qua scilicet praesumebat. * deinde cum dicit ° et mutaverunt gloriam, ‘ ponit peccatum impietatis gentilium. et primo quanto ad hoc quod peccaverunt |125| contra dei gloriam, secundo quomodo contra veritatem naturae ipsius, * ibi ° qui commutaverunt veritatem. ‘ circa primum duo facit: primo ponit impietatis culpam, secundo poenam, * ibi ° propter quod tradidit. ‘ culpa quidem eorum fuit quod, quantum in ipsis erat, honorem divinum in alium transtulerunt, * secundum illud ier. ii, v. 11: ° populus meus mutavit gloriam suam in idolum. ‘ primo ergo ponit id quod mutaverunt, secundo id in quod mutaverunt, * ibi ° in similitudinem. ‘ circa primum, tria sunt attendenda ex parte dei. primo, quidem ipsius gloriam, quam tangit * dicens ° et mutaverunt gloriam, ‘ quod potest intelligi dupliciter. uno modo de gloria qua homo deum glorificat, ei cultum latriae exhibendo. * i tim. i, 17: ° soli deo honor. ‘ hanc igitur mutaverunt, cum cultum deo debitum exhibuerunt aliis. alio modo potest intelligi |150| de gloria qua deus in se gloriosus est, quae est incomprehensibilis et infinita. * prov. c. xxv, 27: ° perscrutator maiestatis opprimetur a gloria. ‘ quae quidem gloria, nihil est aliud quam ipsa claritas divinae naturae; ° lucem enim inhabitat inaccessibilem, * i tim. ult.. ‘ hanc autem mutaverunt, dum eam aliis attribuerunt. ° incommunicabile ‘ enim ° nomen lignis et lapidibus imposuerunt, * ut dicitur sap. c. xiv, 21. ‘ secundo, notatur incorruptibilitas, * cum dicit ° incorruptibilis. ‘ ipse enim solus perfecte incorruptibilis est, qui est omnino immutabilis; omnis enim mutatio quaedam corruptio est. * unde dicitur i tim. ult.: ° solus habet immortalitatem. ‘ tertio, notatur naturae sublimitas, * cum dicitur ° dei, * ut enim in ps. xlvii, 2 dicitur: ° deus magnus dominus. ‘ ex parte vero eius in quod mutaverunt, tria correspondentia ponuntur. nam, contra ° gloriam * dicit ° in similitudinem imaginis, ‘ id est in similitudinem alicuius rei per modum imaginis ab aliquo expressae. manifestum enim est quod similitudo imaginis |175| est posterior illa re cuius est imago. gloria autem, sive claritas dei, est principium omnis speciei et formae; et sic dum dei gloriam in similitudinem imaginis mutaverunt, converterunt primum in ultimum. * sap. xiv, 15: ° acerbo luctu dolens pater, cito sibi rapti filii fecit imaginem. * contra id quod dixerat ° incorruptibilis, * dicit ° corruptibilis. * ps. xxix, 10: ° quae utilitas in sanguine meo dum descendo in corruptionem? ‘ scilicet quod est amplius iam corruptum sive mortuum? * sap. xv, 17: ° cum sit mortalis, mortuum fingit, manibus iniquis. * contra id quod dixit ° dei, * ponit ° hominis. * iob xxxii, 21: ° non accipiam personam viri et deum homini non aequabo. ‘ et, quod est abominabilius, homo gloriam dei transtulit non solum in hominem, qui est ad imaginem dei sed etiam ad ea quae sunt infra hominem, * unde subdit ° et volucrum ‘ quantum ad volatilia, ° et quadrupedum ‘ quantum ad gressibilia, ° et serpentium ‘ quantum ad reptilia. praetermittit autem pisces tamquam magis ab humana conversatione seiunctos. haec autem omnia sunt a deo homini |200| supposita. * ps. viii, 8: ° omnia subiecisti sub pedibus eius. * ez. viii, 9: ° ingredere et vide abominationes pessimas quas isti faciunt hic. et ingressus vidi; et ecce omnis similitudo reptilium et animalium ‘ etc.. est autem notandum quod, * sicut dicit glossa, “ ab adventu aeneae consueverunt in italia imagines hominum coli, puta iovis, herculis et similium. sed tempore caesaris augusti, devicta aegypto, eorum cultum romani assumpserunt qui imagines animalium colebant, propter figuras animalium, quae notantur in caelo, quibus aegypti, tamquam astrologiae dediti, cultum divinitatis impendebant. unde et dominus filios israel in aegypto nutritos ab huiusmodi cultu removet * dicens deut. iv, 19: ° ne forte elevatis oculis ad coelum videas solem et lunam et omnia astra caeli, * etc.. deinde cum dicit ° propter quod tradidit, ‘ ponit poenam huiusmodi culpae respondentem. circa quod considerandum est quod homo medium locum obtinet inter deum et animalia bruta, et cum utroque extremorum communicat: |225| cum deo quidem, secundum intellectualitatem; cum animalibus vero brutis, secundum sensualitatem. sicut igitur homo, id quod est dei, mutavit usque ad bestias, ita deus, id quod est divinum in homine secundum rationem, subdidit ei quod est brutale in ipso, scilicet desiderio sensualitatis, * secundum illud ps. xlviii, 21: ° homo cum in honore esset non intellexit, ‘ similitudinem scilicet divinae imaginis propter rationem, ° comparatus est iumentis insipientibus. * hoc est ergo quod dicit ° propter quod tradidit illos deus in desideria cordis, ‘ ut eorum ratio subderetur desideriis cordis, scilicet sensualis affectus, * de quibus dicitur infra xiii, 14: ° carnis curam ne feceritis in desideriis. ‘ quod quidem est contra naturalem ordinem hominis, secundum quem ratio appetitui sensibili dominatur. * gen. iv, 7: ° sub te erit appetitus eius, et tu dominaberis illius. ‘ inducit ergo homines in desideria cordis eorum sicut in manu dominorum crudelium. * is. xix, 4: ° tradam aegyptum in manu dominorum crudelium. ‘ praecipue tamen circa appetitum | 250 | sensitivum bestialis quaedam deordinatio pertinet ad peccata carnalia. nam delectationes tactus, circa quas sunt gula et luxuria, manifeste sunt communes nobis et brutis. “ et ideo sunt magis exprobrabiles quasi magis brutales, * ut dicit philosophus in iii ethicorum. ‘ et hoc designatur * cum subdit ° in immunditiam ‘ quae ad peccata carnalia pertinet, * secundum illud eph. v, 5: ° omnis fornicator aut immundus, ‘ quia scilicet homo, per huiusmodi peccata, maxime convertitur et trahitur ad id quod est infra ipsum. unumquodque enim dicitur esse impurum sive immundum ex commixtione vilioris, sicut argentum ex commixtione plumbi. * unde exponens subdit ° ut contumeliis, ‘ id est turpibus et immundis actibus, ° afficiant, ‘ id est inficiant, ° corpora sua in semetipsis, ‘ id est non quasi ab aliis coacti, puta a barbaris, sed a semetipsis hoc agunt, propria sponte. * infra ix, 21: ° an non habet potestatem figulus luti ex eodem luto facere aliud vas in honorem, aliud in contumeliam? ‘ scilicet in turpem usum. “ sed cum huiusmodi immunditia sit peccatum, * videtur quod “ deus in eam homines |275| non tradat, quia, * ut dicitur iac. i, 13: ° deus intentator malorum est. ‘ dicendum est quod deus non dicitur tradere homines in immunditiam directe, inclinando affectum hominis ad malum, quia deus omnia ordinat in seipsum, * prov. xvi, v. 4: ° universa propter se operatus est dominus, ‘ peccatum autem est aliquid per aversionem ab eo. sed indirecte tradit homines in peccatum, in quantum iuste subtrahit gratiam per quam homines continebantur ne peccarent; sicut si aliquis alicuius substentaculum tolleret, diceretur facere casum eius. et per hunc modum primum peccatum est causa sequentis peccati, sequens vero est poena prioris. ad cuius evidentiam sciendum est quod unum peccatum potest esse causa alterius indirecte et directe. directe quidem, in quantum ex uno peccato inclinatur ad aliud, quod fit tripliciter. uno modo secundum rationem causae finalis; sicut cum quis ex avaritia vel invidia incitatur ad homicidium committendum. secundo, secundum rationem causae materialis; sicut gula inducit ad luxuriam, | 300 | ministrando materiam. tertio, secundum rationem causae moventis; sicut cum ex multis actibus alicuius peccati generatur habitus ad simile peccatum inducens. indirecte autem, sicut primum peccatum meretur exclusionem gratiae, qua subtracta, homo ruit in aliud peccatum. et sic primum peccatum est causa secundi indirecte sive per accidens, sicut removens prohibens. sed notandum est quod peccatum, in quantum huiusmodi, non potest esse poena, quia “ poenam contra voluntatem patimur, peccatum autem est voluntarium, * ut augustinus dicit. ‘ sed quia peccatum habet quaedam adiuncta, quae sunt contra voluntatem peccantis, ratione eorum peccatum dicitur poena praecedentis peccati. hoc autem est, uno modo, aliquid praecedens peccatum, sicut subtractio gratiae ex qua sequitur ut homo peccet. alio modo, est aliquid adiunctum ipsi peccato, vel interius sicut est inordinatio animi, * unde augustinus dicit in i confessionum: ° iussisti domine, ‘ et sic est ut poena sibi sit omnis inordinatus animus; sive |325| quantum ad exteriores actus, quibus difficultates ac labores adiunguntur, * secundum illud quod dicunt impii sap. v, 7: ° ambulavimus vias difficiles, ‘ etc.. tertio, quantum ad id quod sequitur peccatum sicut est remorsus conscientiae, infamia et similia. * deinde cum dicit ° commutaverunt, ‘ ponit culpam impietatis quam commiserunt contra veritatem divinae naturae. et primo ponit culpam, secundo poenam, * ibi ° propterea tradidit. ‘ divina autem natura potest considerari dupliciter. uno modo secundum quod est ratio cognoscendi, ut veritas prima, * et quantum ad hoc dicit ° quia commutaverunt veritatem dei in mendacium. ‘ quod quidem potest intelligi dupliciter. uno modo quia veram cognitionem quam a deo acceperunt, perversa ratione ad falsa dogmata converterunt, sicut cum dixerunt idola esse deos, vel deum non esse omnipotentem, vel omniscientem. * ier. ix, 5: ° docuerunt linguas suas loqui mendacium. ‘ alio modo veritatem dei in mendacium mutaverunt |350| quia divinitatis naturam, quae est ipsa veritas, attribuerunt idolo, quod est mendacium inquantum non est deus, * ut dicitur ier. xvi, 19 s.: ° vere mendacium possederunt patres nostri, vanitatem quae eis non profuit. numquid faciet homo sibi deos, et ipsi non sunt dii? ‘ alio modo potest considerari divina natura secundum quod est principium essendi omnibus per creationem: et sic debetur ei ab homine, interius quidem, cultus secundum pium affectum, * io. ix, 31: ° si quis cultor dei est, ‘ etc., exterius vero, debetur ei servitus latriae, * secundum illud deut. vi, 13: ° dominum deum tuum adorabis, et illi soli servies. ‘ unde subdit, contra eos scilicet, ° coluerunt et servierunt creaturae potius, ‘ etc.. colebant enim caelestia corpora et aerem et aquam et alia huiusmodi, * secundum illud sap. xiii, 2: ° aut ignem, aut spiritum, aut citatum aerem, ‘ etc.. et in hoc improbat sapientes gentilium qui, quamvis numquam in imaginibus aliquid numinis esse crederent, * sicut sectatores hermetis |375| credebant, ‘ neque ea quae a poetis fabulose dicebantur de diis crederent esse vera, creaturis tamen aliquibus cultum divinitatis impendebant ex quibus rationem fabularum assignabant. * sicut varro posuit “ totum mundum esse deum propter animam eius, dicens quod toti mundo, et omnibus partibus eius, divinitatis cultus impendi potest, scilicet aeri quem vocabant iunonem, et aquae quam vocabant liaeum, et sic de aliis. * platonici etiam posuerunt quod “ omnibus substantiis rationalibus, quae sunt supra nos, cultus divinitatis debetur; puta daemonibus, animabus caelestium corporum, intelligentiis, id est substantiis separatis. ‘ quamvis autem iis, quae supra nos sunt, aliquam reverentiam exhibere debeamus, non tamen cultum latriae, quae potissime in sacrificiis et oblatione consistit, per quam homo profitetur omnium bonorum deum esse auctorem, sicut in quolibet regno aliquis honor supremo domino exhibetur quem non licet transferre in alium. * et ideo subdit ° qui est benedictus, ‘ idest cuius bonitas est manifesta, sicut enim |400| dicimus benedicere deum in quantum eius bonitatem corde recognoscimus et ore confitemur. * eccli. xliii, 33: ° benedicentes deum exaltate illum quantum potestis. * addit autem ° in saecula, ‘ quia eius bonitas est sempiterna ab alio non dependens, sed omnis boni principium. et ex hoc sibi debetur omnis latriae cultus. * addit autem ° amen ‘ ad omnimodam certitudinem asserendam. * is. lxv, 16: ° qui benedictus est super terram benedicetur in deo. amen, ‘ quod idem est quod verum, vel fiat. videtur autem apostolus triplicem theologiam tangere gentilium. primo quidem civilem, quae observabatur a pontificibus in adoratione idolorum in templo; * et quantum ad hoc dicit: ° et mutaverunt gloriam incorruptibilis dei. ‘ secundo theologiam fabularem, quam poetae tradebant in theatris; * et quantum ad hoc dicit: ° qui commutaverunt veritatem dei in mendacium. ‘ tertio theologiam naturalem, quam observaverunt philosophi in mundo, partes mundi colentes; * et quantum ad hoc dicit: ° et coluerunt |425| et servierunt creaturae potius quam creatori.

lc8 ‘ Posita culpa impietatis, secundum quam contra naturam divinam peccaverunt, ponit poenam, qua scilicet ad hoc reducti sunt ut contra suam naturam peccarent. et primo ponit poenam, secundo exponit, * ibi ° nam feminae, ‘ tertio eius convenientiam ostendit, * ibi ° et mercedem. * dicit ergo primo ° propterea, ‘ scilicet quia dei veritatem in mendacium mutaverunt, ° tradidit illos deus, ‘ non quidem impellendo in malum sed deserendo, ° in passiones ignominiae, ‘ id est peccata contra naturam, quae dicuntur passiones, secundum quod proprie passio dicitur ex eo quod aliquid trahitur extra ordinem suae naturae, puta cum aqua calefit aut cum homo infirmatur. unde quia per huiusmodi peccata homo recedit ab ordine naturali, convenienter dicuntur passiones, * infra vii, 5: ° passiones peccatorum. ‘ dicuntur autem ° passiones ignominiae ‘ quia non sunt nomine digna, * secundum illud eph. c. v, 15: ° quae aguntur in occulto ab eis turpe |25| est dicere. ‘ si enim peccata carnis communiter exprobrabilia sunt quia per ea homo deducitur ad id quod est bestiale in homine, multo magis peccatum contra naturam, per quod etiam homo a natura bestiali decidit. * os. iv, 7: ° gloriam eorum in ignominiam commutabo. * deinde cum dicit ° nam feminae eorum, ‘ etc., exponit quod dixerat, et primo quantum ad feminas, secundo quantum ad masculos, * ibi ° similiter autem masculi. ‘ dicit ergo primo. ideo illos dico in passiones ignominiae traditos, ° nam feminae eorum mutaverunt naturalem usum in eum usum qui est contra naturam. * i cor. c. xi, 14: ° nec ipsa natura docet vos. * is. xxiv, v. 5: ° mutaverunt ius, dissipaverunt foedus sempiternum, ‘ id est ius naturale. est autem considerandum quod dupliciter est aliquid contra naturam hominis. uno modo contra naturam differentiae constitutivae hominis, quae est rationale; et sic omne peccatum dicitur esse contra naturam hominis, inquantum est contra rationem rectam. |50| * unde et damascenus dicit in ii lib. quod “ angelus peccans versus est ex eo quod est secundum naturam in id quod est praeter naturam. ‘ alio modo dicitur esse aliquid contra naturam hominis ratione generis, quod est animal. manifestum est autem quod, secundum naturae intentionem, commixtio sexuum in animalibus ordinatur ad actum generationis, unde omnis commixtionis modus, ex quo generatio sequi non potest, est contra naturam hominis inquantum est animal. * et secundum hoc dicitur in glossa ° naturalis usus est ut vir et mulier in uno concubitu coeant, contra naturam vero ut masculus masculum polluat et mulier mulierem. ‘ et eadem ratio est de omni actu coitus ex quo generatio sequi non potest. * deinde cum dicit ° similiter autem, ‘ exponit quantum ad mares, qui, scilicet, ° relicto naturali usu feminae exarserunt, ‘ id est, extra terminos naturae arserunt, * secundum illud ps. cxvii, 12: ° exarserunt sicut ignis in spinis: ‘ et hoc ° in desideriis suis, ‘ scilicet carnalibus, ° invicem masculi in masculos turpitudinem |75| operantes. * ez. xvi, 37: ° nudabo ignominiam tuam coram eis, * etc.. deinde cum dicit ° et mercedem, ‘ ostendit hanc poenam convenientem esse culpae, dicens ° recipientes in semetipsis, ‘ id est in deformatione suae naturae, ° mercedem erroris sui, ‘ scilicet quo dei veritatem in mendacium commutaverunt, ° mercedem, ‘ id est retributionem, ° quam oportuit ‘ scilicet eos recipere, secundum iustitiae ordinem, ex qua debitum erat ut qui in dei naturam iniuriosi fuerant, id quod est proprium sibi, creaturis attribuendo, in sui natura contumeliosi existerent. et quamvis merces proprie videatur in bonum sonare, tamen hic sumitur pro quacumque retributione, etiam in malis, * secundum modum quo dicitur infra vi, 23: ° stipendia peccati mors. * mich. i, 7: ° mercedes eorum igni comburentur. ‘ est autem notandum quod satis rationabiliter apostolus vitia contra naturam, quae sunt gravissima inter peccata carnalia, ponit idololatriae poenam, quia simul cum idololatria incepisse videntur, scilicet tempore abrahae, |100| quando creditur idololatria incoepisse. unde et tunc primo leguntur in sodomitis punita fuisse, * ut gen. xix. ‘ simul etiam idololatria crescente, huiusmodi vitia creverunt. * unde dicitur ii mach. iv, 12 s., quod ‘ iason ° ausus est sub ipsa arce optimos quosque ephebos in lupanaribus ponere. erat autem hoc non initium sed incrementum quoddam et profectus gentilis et alienigenae conversationis. * deinde cum dicit ° et sicut non probaverunt, ‘ ostendit eos iustitiae fuisse subiectos. et primo ostendit ex qua priori culpa in haec peccata devenerunt, secundo enumerat horum peccatorum differentias, * ibi ° repletos omni iniquitate. ‘ culpam autem praecedentem ponit, * cum dicit ° et sicut non probaverunt deum habere in notitia. ‘ quod potest dupliciter intelligi. uno modo, quia quamvis lumine rationis per creaturas visibiles veram dei cognitionem habere potuerunt, tamen ut liberius possent peccare, ° non probaverunt, ‘ id |125| est non approbaverunt, ut ipsi haberent deum in sui notitia. * iob xxi, 14: ° recede a nobis: scientiam viarum tuarum nolumus. ‘ alio modo, potest intelligi quod ipsi non probaverunt quod deus in sui notitia haberet facta humana, * secundum illud ps. xciii, 7: ° dixerunt: non videbit dominus, nec intelliget deus. ‘ et secundum hunc sensum convenienter huic culpae respondet poena * cum subditur ° tradidit illos deus in reprobum sensum. ‘ dicitur autem hic sensus hominis non exterior, quo sensibilia cognoscuntur, sed interior, secundum quem iudicat de agendis, * secundum illud sap. vi, 16: ° cogitare de illa sensus est consummatus. ‘ dicitur autem sensus reprobus quo aliquis reprobandum iudicium habet de agendis, * secundum illud ii tim. iii, 8: ° homines mente corrupti, reprobi circa fidem. * ier. vi, 30: ° argentum reprobum vocate eos. * et ideo subdit ° ut faciant ea quae non conveniunt, ‘ id est ea quae a recta ratione discordant. * sap. iii, 11: ° inutilia opera eorum ‘ sunt. |150| est autem conveniens ut qui contra dei notitiam peccaverunt, vel eum cognoscere nolentes, vel eum cognoscere non arbitrantes, in perversitatem sensus traderentur. * unde et sap. xiv, 31 dicitur: ° peccantium poena perambulat semper in iustorum praevaricationem. * deinde cum dicit ° repletos, ‘ etc., enumerat huiusmodi inconvenientia opera. et primo, ponit id quod est generale, * dicens ° repletos omni iniquitate, * quia ut dicitur i io. iii, 4, ° omne peccatum est iniquitas. ‘ sicut enim omnis virtus, inquantum exequitur praeceptum legis, habet rationem iustitiae, ita etiam omne peccatum, inquantum a regula legis divinae discordat, habet rationem iniquitatis. et sic in sacra scriptura praecipue peccata arguuntur. dupliciter autem eorum culpam exaggerat. primo quidem intensive * per hoc quod dicit ° repletos. ‘ ille enim videtur repleri iniquitate cuius affectus est totaliter ad peccandum dispositus, * secundum illud ps. xiii, 3: ° quorum os maledictione et amaritudine plenum est. ‘ secundo extensive quia scilicet non |175| tantum in uno peccaverunt sed in omnibus. * sap. xiv, 27: ° infandorum idolorum cultura omnis mali causa est. ‘ consequenter * cum dicit ° malitia, ‘ enumerat peccata in speciali. et primo quantum ad transgressionem, quae opponitur praeceptis negativis, secundo quantum ad omissionem, quae opponitur praeceptis affirmativis, * ibi ° superbos. ‘ circa primum duo facit: primo ponit peccata quibus aliquis deterioratur in seipso, secundo peccata quibus aliquis fit nocivus proximo, * ibi ° nequitia. ‘ circa primum, ponit quidem id primo quod est generale * cum dicit ° malitia, ‘ quae est habitus vitiosus, virtuti oppositus. unde ex malitia peccare dicuntur qui ex habitu peccant. * ps. li, 3: ° quid gloriaris in malitia? ‘ in speciali ponit peccatum quo quis deordinatur circa appetitum corporalium delectationum, * cum dicit ° fornicatione. ‘ quamvis enim fornicatio proprie sit cum meretricibus, |200| quae iuxta fornices, id est arcus triumphales, se publice prostituebant, tamen hic sumitur pro omni illicito concubitu. * tob. iv, 13: ° attende tibi fili mi ab omni fornicatione. ‘ secundo, ponit vitium per quod quis deordinatur circa appetitum rerum exteriorum * cum dicit ° avaritia, ‘ quae est immoderatus appetitus habendi. * hebr. ult.: ° sint mores sine avaritia, contenti praesentibus. ‘ deinde ponuntur peccata quae tendunt ad nocumentum proximi. et primo ponit id quod est generale * cum dicit ° nequitia, ‘ dum scilicet attentat aliquis quod nequit implere; quod maxime contingit circa nocumenta proximorum, quibus non potest aliquis aliquando pro voto nocere. * ps. vii, 10: ° consumetur nequitia peccatorum. ‘ consequenter ponit radicem horum peccatorum * dicens ° plenos invidia, ‘ quae est dolor de alieno bono, ex quo aliquis incitatur ad nocendum alteri. * sap. ii, 24: ° invidia diaboli mors introivit in orbem terrarum. ‘ postea ponuntur nocumenta et primo manifesta, et quantum ad facta, * cum dicit ° homicidiis, ‘ quae sunt praecipua nocumenta. |225| * os. iv, 2: ° maledictum, mendacium et homicidium, furtum et adulterium inundaverunt. * dicit autem pluraliter ° homicidiis, ‘ quia homicidium non solum consistit in opere sed etiam in voluntate. * i io. iii, 5: ° qui odit fratrem suum homicida est, ‘ qui scilicet odit ad occidendum. et quantum ad verba, * cum dicit ° contentione. ‘ est autem contentio impugnatio veritatis cum confidentia clamoris. * prov. xx, v. 3: ° honor est homini qui se separat a contentionibus. ‘ deinde ponit nocumenta occulta et, primo, illud quod est generale, * cum dicit ° dolo, ‘ quando scilicet aliud simulatur et aliud agitur. * ier. ix, 8: ° sagitta vulnerans lingua eorum, dolum locuta est; in ore suo pacem cum amico suo loquitur et occulte ei ponit insidias. ‘ post haec ponit radicem interiorem horum nocumentorum, * cum dicit ° malignitate, ‘ quae importat malum ignem, id est malum affectum in corde * secundum illud ps. xxvii, 3: ° loquuntur pacem cum proximo suo mala autem in cordibus. * ps. v, 6: ° non habitabit |250| iuxta te malignus. ‘ consequenter ponit nocumenta occulta, quae praecipue fiunt verbis, * cum dicit ° susurrones, ‘ qui scilicet occulte susurrant in auribus hominum ad seminandas inter eos discordias. * eccli. xviii, 15: ° susurro et bilinguis maledictus ‘ in populo; ° multos enim turbavit pacem habentes. detractores, ‘ qui scilicet detrahunt famae alicuius occulte, id est eo ignorante mala dicentes de eo. * eccle. x, 11: ° si mordeat serpens in silentio nihil eo minus habet qui occulte detrahit. ‘ et ne putentur ista peccata esse levia, quia solo ore committuntur, * subdit ° deo odibiles. ‘ impugnant enim id maxime quod deus in hominibus amat, scilicet mutuum amorem. * io. xv, 12: ° hoc est praeceptum meum ut diligatis invicem. * unde dicitur prov. vi, 16: ° sex sunt quae odit deus et septimum detestatur anima eius, ‘ scilicet qui seminat inter fratres discordias. * addit autem ° contumeliosos, ‘ qui scilicet mala in faciem inferunt. * i tim. i, 13: ° qui prius fuit blasphemus et persecutor et |275| contumeliosus. ‘ sic ergo haec tria vitia in materia conveniunt, quia omnes mala dicunt de proximo. differunt autem in fine, nam susurro intendit discordiam, detractor infamiam, contumeliosus iniuriam. consequenter ponit peccata quae pertinent ad omissionem, et primo ponit radicem horum peccatorum

* cum dicit ° superbos. ‘ dicuntur enim superbi quasi super se euntes per inordinatum appetitum excellentiae, volunt enim praeesse, non subesse alienae regulae, et ideo praecepta omittunt. * eccli. c. x, 15: ° initium omnis peccati superbia, ‘ quod verum est quantum ad aversionem a deo, non quantum ad conversionem ad bonum commutabile. * dicitur enim i tim. ult. quod ° radix omnium malorum est cupiditas. ‘ secundo ponit processum superbiae, ex quo primo in corde nascitur elatio, ut scilicet homo se super alios efferat. * lc. c. xviii, 11: ° non sum sicut ceteri hominum. * unde dicitur contra elatos illud ps. cxxx, v. 1: ° neque elati sunt oculi mei. |300| ‘ secundo ex superbia in opere nascitur novitatum praesumptio, * et quantum ad hoc subdit ° inventores malorum; ‘ quia enim bona iam a deo et ab hominibus sunt instituta, consequens est ut ipsi de novo adinveniant mala. * is. iii, 8: ° adinventiones eorum contra dominum. ‘ consequenter ponuntur ipsae omissiones. et primo respectu superiorum; unde, quantum ad parentes, * dicit ° parentibus non obedientes. ‘ contra id * quod dicitur eph. c. vi, 1: ° filii obedite parentibus vestris in domino. ‘ quantum autem ad deum * dicit ° insipientes, ‘ id est contra divinam reverentiam agentes. * iob xxviii, 28: ° ecce timor domini ipsa est sapientia et recedere a malo intelligentia. ‘ secundo, ponit omissionem quantum ad seipsum. * cum dicit ° incompositos, ‘ in habitu et in incessu. * eccli. xix, 27: ° amictus corporis et risus dentium et ingressus hominis, enuntiant de illo. ‘ quidam tamen inculpantur * is. iii, 16 ‘ de hoc quod composito gradu incedebant, quia illa compositio excedebat modum communem hominum, inter quos |325| conversabantur. tertio, ponit omissionem quantum ad pares ad quos debemus habere, primo, affectum in corde; * contra quod dicit ° sine affectione. * prov. xii, 10: ° viscera impiorum crudelia. * ii tim. iii, 2: ° erunt homines seipsos amantes, ‘ scilicet et non alios. secundo, debet homo eis exhibere socialem conversationem; * contra quod subdit ° absque foedere, ‘ quo scilicet aliis socialiter non convivunt. * iud. xviii, 27 s.. ° percusserunt eos in ore gladii eo quod cum nullo hominum haberent quicquam societatis et negotii. * eccle. iv, 10: ° vae soli quoniam cum ceciderit, ‘ etc.. quarto, quantum ad inferiores, * subdit ° sine misericordia, ‘ quam debemus miseris exhibere. * iac. ii, 13: ° iudicium sine misericordia fiet illi qui non facit misericordiam, * etc.. deinde cum dicit ° qui cum iustitiam, ‘ ostendit eos esse obnoxios irae, sive vindictae divinae. circa quod tria consideranda sunt primo naturalis eorum affectus quia, cum cognoscerent deum iustum et omnes alias |350| perfectiones habentem, non crediderunt quod pro peccatis poenam inferret. * soph. i, 12: ° dicunt in cordibus suis: non faciet dominus male. * et hoc est quod dicit ° qui cum iustitiam dei cognovissent, non intellexerunt. ‘ secundo poena peccatis eorum debita, * cum dicit ° digni sunt morte. * infra c. vi, 23: ° stipendia peccati mors est. ‘ dignum est enim quod anima, quae deserit deum, a corpore suo deseratur per mortem corporalem, et finaliter deseratur a deo per mortem aeternam, * de qua dicitur in ps. xxxiii, 22: ° mors peccatorum pessima, * et, apoc. xx, 6: ° in his mors secunda non habebit potestatem. ‘ tertio considerandum est quibus talis poena debetur. et, primo, his ° qui talia agunt, ‘ scilicet praedicta peccata, * secundum illud ps. v, 7: ° odisti omnes qui operantur iniquitatem, perdes omnes qui loquuntur mendacium. et non solum ‘ illis ° qui faciunt sed etiam ‘ his ° qui consentiunt facientibus. ‘ et hoc dupliciter. uno modo directe, vel laudando peccatum, * secundum illud ps. ix, 24: ° laudatur |375| peccator in desideriis animae suae, ‘ vel etiam praebendo consilium et favorem, * secundum illud ii par. xix, 2: ° impio praebes auxilium. ‘ alio modo indirecte, quando non reprehendit aut impedit quocumque modo, si potest, et praecipue si ex officio incumbat, sicut peccata filiorum imputantur heli, * sicut patet i reg. iii, 13. ‘ haec autem specialiter apostolus dicit propter quosdam sapientes gentilium, qui, et si idola non colebant, tamen colentibus non resistebant.

075 CRO cp2

lc1 ‘ Postquam apostolus ostendit quod gentiles iustificati non sunt ex veritatis cognitione quam habuerunt, hic ostendit quod neque etiam iudaei iustificati sunt ex his in quibus gloriabantur. et sic utrisque est necessaria ad salutem virtus evangelicae gratiae. primo ergo dicit quod iudaei non sunt iustificati ex lege. secundo, quod non sunt iustificati ex genere, de quo gloriabantur, * cap. iii ° quid ergo est amplius? ‘ tertio, quod non sunt iustificati ex circumcisione, * cap. iv ° quid ergo dicemus? ‘ circa primum considerandum est quod iudaei et gentiles, ad fidem conversi, se invicem iudicabant de priori vita. iudaei enim gentibus obiiciebant, quod sine dei lege viventes, idolis immolabant. gentes autem obiiciebant iudaeis quod, lege dei accepta, eam non servabant. primo ergo utrosque arguit de inordinato iudicio; secundo specialiter ostendit quod iudaei |25| non erant digni praemio, quia ea in quibus gloriabantur non sufficiebant ad salutem, * ibi ° non enim auditores legis. ‘ circa primum duo facit. primo confutat humanum iudicium; secundo astruit et commendat divinum, * ibi ° scimus enim. ‘ circa primum duo facit. primo ponit mutuo se iudicantes inexcusabiles esse; secundo assignat rationem, * ibi ° in quo enim. ‘ primo ergo concludit ex praemissis, * dicens: ° propter quod ‘ gentiles veritatem de deo cognitam in iniustitia detinuerunt, ° o homo, qui iudicas ‘ alium hominem, ° inexcusabilis es, * sicut supra dixit: ° ita ut sint inexcusabiles. * addit autem ° omnis, ‘ quasi dicat, quicumque sis, sive gentilis sive iudaeus, quia etiam gentilis de quo magis videbatur, non potest excusari per ignorantiam, * sicut supra ostensum est. * i cor. iv, 5: ° nolite ante tempus iudicare. * deinde cum dicit ° in quo enim |50| ‘ assignat rationem, excludendo causam excusationis. primo, quidem ignorantiam; secundo, innocentiam, * ibi ° eadem enim. ‘ ignorantia quidem excluditur per iudicium. quicumque enim iudicat aliquem quasi male agentem, demonstrat se cognoscere illud esse malum, et ex hoc ostendit esse condemnabilem. * et hoc est quod dicit: ° ideo ‘ (inquam) ° es inexcusabilis, in quo enim iudicas alterum ‘ quasi male agentem, ° teipsum condemnas, ‘ id est, ostendis te esse condemnabilem. * matth. vii, 1: ° nolite iudicare, et non iudicabimini. ‘ non tamen credendum est, quod omne iudicium sit condemnationis causa. est enim triplex iudicium. unum quidem iustum, quod scilicet fit secundum regulam iustitiae. * sap. i, 1: ° diligite iustitiam, qui iudicatis terram. ‘ aliud est iudicium non iustum, quod scilicet fit contra regulam iustitiae. * sap. vi, 5: ° cum essetis ministri regni eius, non recte iudicastis. ‘ est autem tertium iudicium temerarium, * contra quod dicitur |75| eccle. v, 1: ° ne temere quid loquaris. ‘ quod quidem dupliciter committitur. uno modo, quando aliquis procedit circa id quod est sibi commissum iudicium absque debita veritatis cognitione; * contra id quod dicitur iob xxix, 6: ° causam quam ignorabam diligentissime investigabam. ‘ alio modo, quando aliquis usurpat sibi iudicium de occultis, de quibus solus deus iudicare habet; * contra id quod dicitur i cor. iv, 5: ° nolite ante tempus iudicare, quoadusque veniat dominus, qui illuminabit, ‘ etc.. est autem aliquid occultum, non solum quoad nos, sed secundum sui naturam, ad solam dei cognitionem pertinens. primo quidem cogitatio cordis, * secundum illud ier. c. xvii, 9 s.: ° pravum est cor hominis et inscrutabile, quis cognoscet illud? ego dominus scrutans corda, et probans renes. ‘ secundo, contingens futurum, * secundum illud is. xli, v. 23: ° annuntiate quae ventura sunt in futurum, et dicemus quia dii estis vos. * et ideo, sicut dicit augustinus, de sermone domini in monte: ° duo sunt in quibus temerarium iudicium cavere debemus: |100| cum incertum est quo animo quidque factum fuerit, vel cum incertum est qualis quisque futurus est, qui nunc vel bonus vel malus apparet. ‘ primum ergo iudicium non est condemnationis causa, sed secundum et tertium. * deinde cum dicit ° eadem enim, ‘ excludit aliam excusationis causam, scilicet innocentiam. quasi dicat: ideo tu qui iudicas alios, teipsum condemnas, quia tu ° eadem agis quae iudicas, ‘ id est de quibus alios condemnas, et ita videtur quod contra conscientiam agis. * matth. vii, 3: ° quid autem vides festucam in oculo, ‘ etc.. est tamen sciendum quod non semper cum aliquis aliquem iudicat de peccato quod ipse committit per hoc ipsum semper sibi condemnationem acquirit, quia non semper mortaliter peccat sic iudicando, semper tamen suam damnationem manifestat. si enim publice sit in peccato de quo alium iudicat, videtur scandalizare iudicando, nisi forte humiliter se simul cum illo reprehendat pro suo peccato ingemiscens. si vero sit in eodem peccato occulte, |125| non peccat iudicando alium de peccato eodem, maxime cum humilitate et conatu ad resurgendum, * ut augustinus dicit in libro de sermone domini in monte: ° primum cogitemus cum aliquem reprehendere necessitas nos cogit, utrum tale sit vitium, quod nunquam habuimus: et tunc cogitemus nos etiam habere potuisse, vel tale quod habuimus, et iam non habemus: et tunc tangat memoriam fragilitas communis, ut illam correctionem non odium, sed misericordia praecedat. si autem invenimus nos in eodem vitio esse, non obiurgemus, sed congemiscamus et ad pariter condolendum invitemus. * deinde cum dicit ° scimus enim, ‘ astruit et commendat divinum iudicium. et circa hoc tria facit. primo ponit divini iudicii veritatem; secundo excludit contrariam opinionem, * ibi ° existimas; ‘ tertio manifestat veritatem, * ibi ° qui reddet unicuique. ‘ dicit ergo primo. ideo dico quod teipsum condemnas cum eadem agis quae iudicas, |150| ° scimus enim, ‘ id est pro certo tenemus, ° quoniam iudicium dei est in eos qui talia agunt, ‘ id est imminet eis divinum iudicium. * iob xix, 29: ° ultor iniquitatis est gladius, et scitote esse iudicium. * eccle. ult.: ° cuncta quae fiunt adducet deus in iudicium. ‘ item scimus quod hoc iudicium est secundum veritatem. * ps. xcv, 13: ° iudicabit orbem terrae in aequitate. ‘ hominis autem iudicium, etiam si iuste iudicet, non semper est secundum veritatem negotii sed secundum dicta testium, quae quandoque dissonant a veritate. sed hoc non est in divino iudicio, * quia, ut ipse dicit, ier. xxix, 23: ° ego sum iudex et testis. ‘ non etiam fallitur falsis allegationibus, * secundum illud iob xli, 3: ° non parcam ei quasi verbis potentibus et ad deprecandum compositis. * deinde cum dicit ° existimas autem, ‘ excludit opinionem contrariam, et primo ponit eam; secundo assignat causam, * ibi ° an divitias; ‘ tertio improbat, * ibi ° ignoras. ‘ dicit ergo primo. ita dixi quod |175| iudicium dei est secundum veritatem in eos qui talia agunt, sed numquid, ° o homo, ‘ quicumque es, ° qui iudicas eos qui talia agunt, et ‘ tamen ° facis ea, ‘ superioris iudicium non times? existimas quia ° tu effugies iudicium dei? ‘ quasi dicat: si hoc existimas, falsa est aestimatio tua. * ps. cxxxviii, 7: ° quo ibo a spiritu tuo? et quo a facie tua fugiam? * iob c. xi 20: ° effugium peribit ab eis. * deinde cum dicit ° an divitias, ‘ ostendit causam huius falsae aestimationis. quia enim homo non statim punitur a deo pro peccato, aestimat se non esse puniendum, * contra id quod dicitur eccli. v, 4: ° ne dixeris ‘ in corde tuo: ° peccavi, et quid accidit triste? altissimus enim est patiens redditor. * et eccle. viii, 11: ° etenim, quia non profertur cito contra malos sententia, absque ullo timore filii hominum perpetrant mala. ‘ attamen peccator ex eo quod centies facit malum, et per patientiam sustentatur, non debet contemnere, sed advertere quod est bonum timentibus eum. * et ideo hic dicit ° an contemnis, * secundum illud prov. xviii, 3: ° impius, cum in profundum peccatorum venerit, |200| contemnit. divitias, ‘ id est abundantiam. * eph. ii, 3: ° deus qui dives est in misericordia. bonitatis eius, ‘ per quam scilicet in nos diffundit bona, * secundum illud ps. cxliv, v. 16: ° aperis tu manum tuam et omnia imples bonitate. “ nam bonum diffusionis rationem importat * secundum dionysium. thren. iii, 25: ° bonus est dominus sperantibus in eum. et patientiae, ‘ per quam, scilicet, sustinet graviter et ex malitia peccantes. * ps. vii, 12: ° deus iudex iustus, et patiens, numquid irascitur per singulos dies? et longanimitatis, ‘ per quam scilicet diu sustinet homines ex infirmitate peccantes, diu tamen in peccato permanentes. * ii petr. ult.: ° longanimitatem domini nostri iesu christi, salutem arbitramini. * deinde cum dicit ° ignoras, ‘ improbat praedictam causam, scilicet contemptum divinae patientiae, et primo fructum divinae patientiae demonstrat; secundo, periculum contemptus, * ibi ° secundum duritiam autem. ‘ dicit ergo primo, mirum est quod |225| contemnis, numquid igitur ° ignoras quoniam benignitas dei ‘ differentis poenam ° ad poenitentiam te adducit? * ii petr. c. iii, 9: ° non tardat dominus promissis, sed patienter agit propter vos, nolens aliquos perire, sed ad poenitentiam reverti. * is. xxx, 18: ° expectat vos deus ut misereatur vestri. “ videtur autem apostolus, * ut in glossa dicitur, “ tres gradus peccatorum tetigisse. primo quidem impunitatem sibi promittentium; secundo, contemnentium dei bonitatem; tertio vero, ignorantium. * unde dicit glossa: ° peccas, o homo, dum tibi impunitatem promittis; gravius peccas, quia contemnis, et gravissime peccas, quia ignoras. * sed videtur hoc esse falsum, ‘ nam ignorantia alleviat peccatum magis quam aggravet. * est igitur secundum quosdam intelligendum ° gravissime, “ id est periculosissime, quia qui ignorat peccatum, non quaerit remedium. ‘ vel gravissime propter ignorantiae speciem, quae ad infidelitatem pertinet, quae est gravissimum peccatum. * unde dicitur i cor. xiv, v. 38: ° si quis ignorat, ignorabitur. ‘ vel gravissime in genere ingratitudinis. * augustinus: ° magis enim est ingratus qui beneficium |250| non cognoscit, quam qui diminuit, quod est contemnere. * deinde cum dicit ° secundum duritiam, ‘ ostendit periculum contemptus, * dicens ° secundum autem duritiam, ‘ quia scilicet ob beneficia divinae bonitatis non emollitur. * eccli. iii, 27: ° cor durum male habebit in novissimo, ‘ etc., ° cor impoenitens, ‘ quod scilicet ad poenitentiam non flectitur ex dei patientia et longanimitate. * ier. viii, 6: ° nullus est qui agat poenitentiam super peccato suo. thesaurizas tibi iram, ‘ id est multiplicas tibi reatum poenae. * iac. v, 3: ° thesaurizastis vobis iram in novissimis diebus. * unde et hic sequitur ° in die irae, ‘ id est in die iudicii, * de qua dicitur sophon. i, 15: ° dies illa dies irae, ‘ quia scilicet nunc deus vindictam non infert, quam tunc inferet, * secundum illud ps. lxxiv, 3: ° cum accepero tempus, ego iustitias iudicabo. et revelationis iusti iudicii dei, ‘ quia tunc revelabitur iustitia divini iudicii, quod nunc non creditur esse, aut non videtur esse iustum. * is. lvi, 1: ° iuxta est salus mea ut veniat, et iustitia mea ut reveletur. |275| * et quia glossa hic dicit, quod “ per duritiam et cor impoenitens significatur peccatum in spiritum sanctum, quod est irremissibile, ‘ ideo oportet videre quid sit peccatum in spiritum sanctum, et quomodo sit irremissibile. * est igitur sciendum, quod secundum antiquos doctores ecclesiae qui fuerunt ante augustinum, scilicet athanasium, hilarium, ambrosium, hieronymum et chrysostomum, “ peccatum in spiritum sanctum dicitur blasphemia, qua opera spiritus sancti spiritui immundo attribuuntur, * ut patet matth. xii, 31. “ quod quidem dicitur irremissibile et in hoc saeculo et in futuro, quia pro hoc peccato puniti sunt iudaei, etiam in hoc saeculo per romanos et in futuro per daemones. vel quia non habet aliquam rationem excusationis, sicut habebat blasphemia, quam dicebant in christum, inquantum erat filius hominis: * secundum illud matth. xi, 19: ° ecce homo vorax et potator vini. “ ad quod poterant induci per infirmitatem carnis, sicut et in veteri testamento, quia filii israel murmuraverunt pro defectu panis et aquae, * ut legitur ex. xvi, |300| 2 s., “ quasi humanum fuit et facile remissibile, sed quod postea dixerunt coram idolo, * ut ex.

xxxii, 4: ° isti sunt dii tui, israel, qui te eduxerunt de terra aegypti, " peccaverunt in spiritum sanctum, scilicet, opus dei daemonibus attribuentes. unde et eorum peccatum dicitur irremissibile, * cum dominus subdit: ° ego autem in die ultionis visitabo peccatum eorum. * augustinus autem dicit " peccatum in spiritum sanctum esse verbum vel blasphemiam, quam quis dicit contra spiritum sanctum, per quem fit remissio peccatorum, secundum illud * io. xx, 22 ss.: ° accipite spiritum sanctum, quorum remiseritis peccata, " etc.. et hoc quidem corde scilicet ore et opere, dum aliquis perseverat in peccato usque in finem ultimum. et sic finalis impoenitentia est peccatum in spiritum, de qua manifestum est esse irremissibile. * magistri vero sequentes dicunt " peccatum in spiritum sanctum, scilicet quod committitur ex certa malitia, quae contrariatur appropriato spiritui sancto, scilicet bonitati, sicut et peccatum in filium dei, quod est ex |325| ignorantia, quae opponitur sapientiae, quae appropriatur filio. ' et similiter peccatum in patrem potest dici quod sit ex infirmitate, quae contrariatur potentiae, quae est appropriata patri. sic ergo peccatum quod est in patrem vel in filium, dicitur remissibile, quia ex hoc ipso peccatum videtur aliquam excusationem habere, quia ex ignorantia vel ex infirmitate committitur. quod autem ex certa malitia committitur, nullam in se habet excusationis causam: et ideo dicitur irremissibile, quia non habet in se unde remittatur, licet quandoque deus illud ex sua bonitate remittat, sicut quandoque ex sua virtute curat morbum qui est de se incurabilis. et secundum hoc assignantur sex species peccati in spiritum sanctum, excludentes ea per quae peccatum remittitur. quorum prima duo accipiuntur per respectum ad ea quae se tenent ex parte dei, scilicet spes divinae misericordiae, cui opponitur desperatio, et timor divinae iustitiae, cui opponitur praesumptio. alia vero duo accipiuntur ex parte hominis, |350| scilicet, contemptus boni commutabilis, cui opponitur obstinatio, quae hic duritia dicitur, per quam scilicet aliquis firmat animum suum ad peccatum; et destinatio aversionis a deo, cui opponitur cor impoenitens, quod scilicet numquam proponit per poenitentiam reverti ad deum. alia vero accipiuntur ex parte donorum dei, quorum unum est fides, * secundum illud prov. xv, 27: ° per fidem purgantur peccata, ' et huic opponitur impugnatio veritatis agnitae. aliud autem est charitas, * secundum illud prov. x, 12: ° universa delicta operit charitas, ' et huic opponitur invidentia fraternae gratiae.

lc2 ' Postquam, apostolus proposuit veritatem divini iudicii, exclusa contraria opinione, hic manifestat divini iudicii veritatem, et primo proponit quod intendit; secundo manifestat propositum, * ibi ° his quidem qui secundum patientiam. ' proponit autem primo veritatem divini iudicii quantum ad duo, scilicet, quantum ad opera et quantum ad personas. quantum ad opera quidem, quia in praesenti non reddit secundum opera, sed quandoque male agentibus gratiam largitur, sicut ipsi paulo apostolo, qui prius blasphemus et persecutor misericordiam consecutus est, * ut dicitur i tim. i, 13. ' sed hoc non erit in die iudicii, quando erit tempus secundum iustitiam iudicandi. * ps. lxxiv, 3: ° cum accepero tempus, ego iustitias iudicabo. * et ideo alibi dicitur: ° secundum opera manuum eorum tribue illis. ' quantum ad personas attenditur veritas divini iudicii, quia retributionis aequalitas servabitur quantum ad omnes. * ii cor. v, |25| v. 10: ° omnes nos manifestari oportet. * videtur autem quod " non sit secundum opera retributio futura, quia peccato temporali poena aeterna retribuetur. ' sed dicendum est quod, * sicut augustinus dicit, xxi de civit. dei: " in retributione iustitiae non consideratur aequalitas temporis inter culpam et poenam, ' quia etiam secundum humanum iudicium pro culpa adulterii, quae brevi hora committitur, infligitur poena mortis; in qua non attendit legislator moram occisionis, sed potius quod per mortem perpetuo excluditur a societate viventium. et sic etiam suo modo homo pro culpa temporali punitur poena aeterna. et ideo non est mirum si peccata commissa contra charitatem, per quam scilicet est societas inter deum et homines, aeternaliter divino iudicio puniuntur. et hoc quidem esse iustum ex tribus apparet. primo ex infinita dignitate dei in quem peccatur. tanto enim quis gravius peccat, quanto maior est dignitas personae in quam peccatur, sicut plus peccat qui percutit principem, |50| quam qui percutit privatam personam. et sic cum culpa peccati mortalis sit quodammodo infinita, oportet quod ei infinita poena respondeat. et sic cum non possit esse infinita secundum intentionem, relinquitur quod sit infinita secundum durationem. secundo apparet ex voluntate per quam peccatur. quicumque enim mortaliter peccat aversus ab incommutabili bono, finem constituit in bono commutabili, sicut fornicator in dilectione carnis, avarus in pecunia. et quia finis per se appetitur, quicumque appetit finem, fertur in illud, volens illud semper obtinere, si aliquid aliud non obsistat. unde ille qui peccat mortaliter, voluntatem habet perpetuo in peccato manendi, nisi forte per accidens, sicut quando timet poenam, vel aliquod aliud impedimentum. unde conveniens est, ut ex quo homo secundum suam voluntatem peccatum perpetuo obtinendum appetit, quod aeternaliter pro illo puniatur. deus enim qui est inspector cordis, praecipue ad voluntatem peccantis attendit. tertio ex parte effectus peccati, |75| qui est subtractio gratiae, ex qua sequitur quod homo, quantum est de se, perpetuo maneat in peccato, a quo exire non potest nisi per auxilium gratiae. non est autem conveniens ut durante culpa cesset poena, et ideo in perpetuum durat poena. * quod autem dicitur ° reddere unicuique secundum opera sua, ' non est intelligendum secundum aequalitatem operum, quia praemium excedit meritum, sed secundum proportionem, quia bonis retribuet bona et melioribus meliora. et eadem ratio est de malis. deinde * cum dicit ° his quidem qui secundum patientiam, ' manifestat propositum, et primo quantum ad opera, secundo quantum ad personas, * ibi ° in omnem animam. ' quantum autem ad opera ostendit veritatem divini iudicii, primo quidem in bonis, secundo in malis, * ibi ° his autem qui ex contentione. ' circa primum duo consideranda sunt, scilicet meritum et praemium. |100| ad meritum tria concurrunt. primo quidem patientia. quod potest intelligi, uno modo, de patientia dei, * de qua supra dictum est: ° an divitias bonitatis et patientiae ' ut intelligantur illi esse secundum patientiam boni operis, scilicet dispositi, qui bene patientia dei utuntur bene operando. alio modo potest intelligi de patientia hominis, quod etiam intelligi potest dupliciter. uno modo, secundum quod patientia importat tolerantiam adversorum cum aequanimitate cordis. hoc autem necessarium est, quod aliquis a bono opere non desistat propter mala quae patitur, * et hoc est quod dicit ° secundum patientiam boni operis. * iac. c. i, 4: ° patientia opus perfectum habet. * lc. c. xxi, 19: ° in patientia vestra possidebitis animas vestras. ' secundo, potest intelligi patientia pro longanimitate, sive pro perseverantia, ut scilicet aliquis a bono opere propter taedium non recedat. * iac. ult.: ° patientes estote, fratres, usque ad adventum domini. * hebr. x, 36: ° patientia vobis necessaria est. ' secundum est bonitas operis, quod quidem |125| dicitur bonum secundum ordinem ad debitum finem et secundum quod convenit regulae debitae, quae est lex dei et ratio humana. * gal. ult.: ° bonum facientes non deficiamus. ' tertio tangitur rectitudo intentionis quaerentibus vitam aeternam, ut scilicet in malis quae homo patitur, vel in bonis quae agit, non quaerat aliquid temporale, sed aeternum. * matth. vi, 33: ° primum quaerite regnum dei. ' ex parte etiam praemii tangit tria, quorum primum est ° gloria, ' quae significat claritatem sanctorum, etiam intrinsecam, qua replebuntur in mente, * secundum illud is. c. lviii, 11: ° implebit splendoribus animam tuam: ' et exteriorem, qua splendebunt in corpore. * matth. xiii, 43: ° fulgebunt iusti sicut sol in regno patris eorum. * ps. cxlix, 5: ° exultabunt sancti in gloria. ' secundo tangitur ° honor, ' per quem significatur sanctorum dignitas, et reverentia quae eis exhibetur ab omni creatura. erunt enim reges et sacerdotes. * apoc. v, 10: ° fecisti nos deo nostro regnum et sacerdotes. ' et ulterius |150| computabuntur inter filios dei, * secundum illud sap. v, 5: ° ecce quomodo computati sunt inter filios dei. * ps. cxxxviii, 17: ° nimis honorati sunt amici tui, deus. ' tertio tangitur ° incorruptio, ' quia scilicet illa gloria et honor non erunt transitoria, sicut ea quae sunt in hoc mundo. * i cor. c. ix, 25: ° illi quidem ut corruptibilem coronam accipiant, nos autem incorruptam. * deinde cum dicit ° his autem, ' ostendit veritatem divini iudicii in malis, in quibus etiam tangitur culpa et poena. et quantum ad culpam tanguntur tria, quorum primum est contentionis pertinacia. quae quidem, primo, potest intelligi hominis ad deum, beneficiis ad se vocantem, contra quem homo contendere videtur divinis beneficiis resistendo. * deut. xxxi, 27: ° adhuc vivente me et ingrediente vobiscum, semper contentiose egistis contra dominum. ' secundo potest intelligi de contentione hominis contra fidem. * ii tim. ii, 14: ° noli verbis contendere. ' tertio potest intelligi de contentione hominum ad invicem, quae contrariatur charitati, quae est mater virtutum. |175| * iac. iii, 16: ° ubi zelus et contentio, ibi inconstantia et omne opus pravum. ' secundo ponitur duritia eorum, scilicet, ° qui non acquiescunt veritati. ' quod potest, uno modo, intelligi de veritate fidei. * io. viii, 45: ° si veritatem dico, quare non creditis mihi? ' alio modo de veritate divinae iustitiae, cui non acquiescunt, veritatem divini iudicii non credentes. * ez. xviii, v. 29: ° dixistis: non est aequa via domini. ' tertio potest intelligi de veritate vitae, cui non acquiescunt, qui perverse vivunt. * io. iii, 21: ° qui facit veritatem, venit ad lucem. ' tertio autem tangitur malitia * in hoc quod dicit ° credunt autem iniquitati, ' vel quia consentiunt persuadentibus iniquitatem. * prov. c. xvii, 4: ° malus obedit linguae iniquae. ' vel quia credunt impunitatem peccatorum, quae in divinam iniquitatem redundaret. * eccli. v, 4: ° ne dixeris, peccavi, et quid mihi accidit triste? ' vel credunt iniquitati, id est infidelitati, scilicet doctrinae quae est contra fidem. * ii thess. ii, 11: ° iudicentur omnes qui non crediderunt veritati, sed consenserunt |200| iniquitati. ' ex parte autem poenae quatuor ponuntur, quae quidem dupliciter distingui possunt. uno modo ut ira, id est poena et vindicta corporalis, intelligatur esse post iudicium. * soph. i, 15: ° dies illa, dies irae. ' indignatio autem in iudicio, quando impii sibi ipsis indignabuntur, fit ex peccatis quae commiserunt * sap. v, 6: ° erravimus a via veritatis. ' tribulatio autem et angustia pertinent ad animam separatam a corpore ante resurrectionem. * prov. i, 27: ° quando venerit super vos tribulatio et angustia. ' vel alio modo possunt distingui, ut prima duo accipiantur ex parte dei, cuius ira dicitur dispositio ad puniendum, quae est malis horribilis. * apoc. vi, 16: ° dicent montibus et petris: cadite super nos, ' etc.. indignatio eius refertur ad hoc quod peccatores indignos reputabit vita aeterna. * ps. xciv, 11: ° quibus iuravi in ira mea, si introibunt. ' alia vero accipiuntur ex parte hominis. et tribulatio quidem dicitur a tribulo, qui pungit, unde ad tribulationem potest pertinere |225| omne quod dolorem infert. * soph. i, 14: ° vox diei domini amara, tribulabitur ibi fortis. ' angustia autem dicitur ex hoc, quod animus hominis angustiatur non valens invenire remedium contra mala quae timet, vel iam patitur. * dan. xiii, 22: ° angustiae mihi sunt undique, et quid eligam ignoro. * iob xxvii, v. 9: ° numquid clamorem illius audiet deus cum venerit super illum angustia? * deinde cum dicit ° in omnem animam, ' ostendit veritatem divini iudicii quantum ad personas. et primo proponit huius aequitatem; secundo rationem assignat, * ibi ° non est enim personarum; ' tertio rationem manifestat, * ibi ° quicumque enim. ' veritatem quidem divini iudicii quantum ad personas ostendit primo in malis, * cum dicit ° in omnem animam hominis operantis ' id est contra omnem animam, quia sicut gloria sanctorum ab anima ad corpus devenit, ita reproborum poena primo et principaliter est in anima et secundo in corpore, quod propter defectum vel culpam animae |250| resurget passibile. * ez. xviii, 4: ° anima quae peccaverit, ipsa morietur. * dicit autem ° iudaei primum et graeci, ' quia iudaeis maior poena debebatur tamquam cognoscentibus dei voluntatem per legem. * lc. xii, 47: ° servus sciens voluntatem domini sui, et non fecit, ' etc., ° digne plagis vapulabit multis. ' et similiter christiani quantum ad idem peccatum, puta adulterium vel furtum, graviori poena puniuntur quam infideles. * hebr. x, 29: ° quanto magis putatis maiora mereri supplicia, qui filium dei, ' etc.. sed quantum ad totam poenam, gravior est poena infidelium propter peccatum infidelitatis, quod est gravissimum. * unde dicitur i petr. iii, quod " super incredulos ira dei manet. ' secundo manifestat in bonis, et ponit primo duo, * quae supra dixit ' gloriam et honorem, tertium vero, scilicet pacem, ponit loco incorruptionis, quam includit pax, et multa alia comprehendit. non enim potest esse pax hominis perfecta quamdiu aliquis timet se amissurum bona quae habet, sed tunc aliquis habet veram pacem |275| cordis, quando habet omnia quae concupiscit et ea perdere non timet. * is. xxxii, v. 18: ° sedebit populus meus in pulchritudine pacis. ' et in his etiam primatum iudaeis attribuit, quia eis sunt primo promissa, et in eorum promissiones gentes introierunt. * io. iv, v. 38: ° alii laboraverunt et vos in labores eorum introistis. * deinde cum dicit ° non enim est acceptio, ' assignat rationem dictorum, quia scilicet non est personarum acceptio apud deum. * act. x, 34: ° non est personarum acceptor deus. ' opponitur autem personarum acceptio iustitiae distributivae, per quam aliquis distribuit unicuique secundum dignitatem personarum; ergo acceptio est quando praeter dignitatem datur alicui plus vel minus. tunc autem hoc fit praeter dignitatem, quando hoc fit non propter conditionem, sed propter personam quae facit ad causam. hoc est enim causam accipere, scilicet quasi regulam operandi, sed propter personam, quasi ipsa persona accipiatur ut causa aliquid faciendi. |300| puta si aliquis det alicui propter consanguinitatem plus de bonis patrimonialibus, non est acceptio personarum, quia consanguinitas est conveniens causa propter quam de talibus bonis debeat habere. si autem propter consanguinitatem aliquis praelatus det alicui plus de bonis ecclesiasticis, potest hoc ad acceptionem personarum pertinere, si alia idoneitas non concurrat. non enim consanguinitas est ratio conveniens distributionis bonorum spiritualium. quia igitur deus omnia convenientissima ratione facit, non cadit in ipsum personarum acceptio. * dicitur enim sap. viii, 1, quod ° disponit omnia suaviter. * sed videtur " acceptor personarum, quia peccatorum quosdam in suis peccatis relinquit, quosdam ad se vocat. ' sed dicendum quod personarum acceptio opponitur iustitiae, unde locum habet in his quae dantur ex debito, quod attendit iustitia. deus autem non ex debito, sed gratis, peccatores ad poenitentiam vocat. ° si enim ex operibus, iam non ex gratia, * ut dicitur infra c. xi, 6, et tit. iii, 5: ° non ex operibus iustitiae |325| quae fecimus nos, sed secundum suam misericordiam salvos nos fecit. ' in talibus autem beneficiis gratis datis non solum deo, sed etiam homini, liberum est dare cui voluerit. * matth. xx, 15: ° an non licet mihi quod volo facere? * deinde cum dicit ° quicumque enim, ' exponit praedictam rationem. quod enim non sit personarum acceptio apud deum, patet per hoc quod omnes qui peccant puniuntur. unde primo loquitur quantum ad illos qui legem non susceperunt, * dicens, quod ° quicumque peccaverit sine lege, ' scilicet moysi, accepta a deo, ° sine lege peribit, ' id est condemnabitur, non propter legis transgressionem. * iob iv, 20: ° quia nullus intelligit, in aeternum peribunt. ' secundo loquitur quantum ad illos qui legem scriptam acceperunt, * et dicit quod ° quicumque peccaverunt in lege, ‘ id est, post legem scriptam, ° iudicabuntur per legem, ‘ id est, propter hoc quod transgressi sunt praeceptum legis. * io. xii, 48: ° sermo quem locutus sum “ vobis ° ille iudicabit eum in novissimo die. |350| * quidam autem ex hoc modo loquendi occasionem erroris sumpserunt. “ quia enim apostolus non dicit, quicumque in lege peccaverit per legem peribit, sicut dixerat de his qui sunt sine lege quod sine lege peribunt, * crediderunt quod “ illi qui post legem susceptam peccant, iudicentur aliqualiter, scilicet in praesenti, non tamen pereunt. * sed, sicut dicit glossa ° quis christianus dicat non perire iudaeum si non credat in christum, cum dominus dicat quod tolerabilius erit sodomae in die iudicii quam eis? * ut habetur matth. x, 15. unde ez. c. xviii, 32: ° nolo mortem peccatoris. ‘ utitur autem tali diversitate in loquendo, quia, * ut gregorius dicit in moralibus super illud iob xxxvi, 6: ° iudicium pauperibus tribuit, ‘ quidam in futuro iudicio peribunt, sed non iudicabuntur, id est impii, qui sunt sine fide et lege dei. * ps. i, 5: ° non resurgent impii in iudicio, ‘ quia scilicet non est locus disceptandi contra eum, qui totaliter alienus est a deo. * io. iii, 18: ° qui non credit, iam iudicatus est. ‘ alii vero, qui lege dei et fide suscepta peccant, |375| ita peribunt, quod etiam iudicabuntur, quasi quadam disceptatione cum eis facta. * unde ez. xxxiv, 17 dicitur: ° ecce ego iudico inter pecus et pecus, arietum et hircorum. “ sicut et rex, * ut gregorius dicit, “ hostes condemnat absque audientia, cives autem cum diligenti audientia.

lc3 ‘ Postquam apostolus confutavit humanum iudicium, quo se gentiles et iudaei mutuo iudicabant et divinum iudicium commendavit, hic procedit ad ostendendum ea, quibus iudaei gloriabantur, eis non sufficere ad salutem et primo ostendit propositum, secundo solvit ea quae in contrarium dici possent * iii cap., ibi ° quid ergo amplius, ‘ etc.. de duobus iudaei gloriabantur, scilicet de lege et circumcisione, quae non erat ex lege moysi, sed ex patribus, * ut dicitur io. vii, 22. ‘ primo ergo ostendit quod lex audita sive recepta, non sufficiebat ad salutem. secundo ostendit idem de circumcisione, * ibi ° circumcisio quidem, ‘ etc.. circa primum duo facit. primo proponit quod intendit, secundo manifestat propositum, * ibi ° cum enim gentes. ‘ circa primum proponit duo, unum excludendo, alterum asserendo. excludit enim quod iudaei opinabantur se |25| per solum legis auditum iustificari. unde dicit: ita dictum est, peccantes in lege iudicentur per legem; ° non enim auditores legis, ‘ ex hoc ipso quod legem audiunt, ° iusti sunt apud deum ‘ et si apud homines iusti reputantur. * matth. vii, 26: ° qui audit verba mea et non facit ea, similis est viro stulto. * iac. i, 23: ° si quis auditor est verbi, et non factor, ‘ etc.. secundo astruit quod factores legis sunt iusti, * cum dicit ° sed factores legis iustificabuntur. * matth. vii, 24: ° omnis qui audit verba mea et facit ea, assimilabitur viro, * etc.. iac. i, 22: ° estote factores verbi, et non auditores tantum * et ps. cx, 10: ° intellectus bonus omnibus facientibus eum. * sed circa secundum videtur esse quod infra iii, 20, dicitur: ° ex operibus legis non iustificabitur omnis caro coram eo. “ non ergo aliqui ex hoc quod opera legis faciunt, iustificantur. ‘ sed dicendum est quod iustificari tripliciter accipi potest. uno modo potest accipi quantum ad reputationem, ut tunc aliquis iustificari dicatur, quando iustus reputatur. * ez. | 50 | c. xvi, 51: ° iustificasti sorores tuas, ‘ scilicet per reputationem. et secundum hoc potest intelligi ° factores legis iustificabuntur, ‘ id est, iusti apud deum et homines reputabuntur. secundo, per executionem iustitiae, inquantum scilicet opera iustitiae exequuntur. * lc. c. xviii, 14: ° descendit hic iustificatus in domum suam, ‘ quia scilicet publicamus opus iustitiae fecerat confitendo peccatum. et hoc modo verificatur * quod hic dicitur ° factores legis iustificabuntur, ‘ scilicet legis iustitiam exequendo. tertio modo potest accipi iustificatio quantum ad causam iustitiae, ut scilicet ille dicatur iustificari qui iustitiam de novo accipit, * sicut infra v, 1: ° iustificati igitur ex fide, ‘ etc.. sic autem non intelligitur hic quod factores legis iustificentur, quasi per opera legis iustitiam acquirant. hoc quidem esse non potest neque quantum ad opera caeremonialia, quae gratiam iustificantem non conferebant; neque etiam quantum ad moralia, ex quibus habitus iustitiae non acquiritur, sed potius per habitum iustitiae infusum huiusmodi opera facimus. | 75 | * deinde cum dicit ° cum enim gentes, ‘ manifestat propositum. et primo ostendit quod factores legis, etiam si non sint auditores, iustificantur; secundo, quod auditores legis sine legis observantia non iustificantur, * ibi ° si autem iudaeus. ‘ circa primum tria facit. primo proponit dignitatem eorum qui legem absque auditu observant; secundo manifestat quod dixerat, * ibi ° qui, ostendunt opus legis; ‘ tertio probat * ibi ° testimonium reddente illis. ‘ circa primum tria tangit quantum ad gentiles. primo, carentiam legis, * dicens ° cum enim gentes quae legem non habent, ‘ scilicet divinam, quam non acceperunt. non enim gentibus data est lex, sed iudaeis, * secundum illud eccli. xxiv, 33: ° legem mandavit moyses in praeceptis iustitiarum, et haereditatem domui iacob et israel promissiones. * et ps. cxlvii, 20: ° non fecit taliter omni nationi. * deut. xxxiii, 4: ° legem praecepit nobis moyses, |100| haereditatem multitudinis iacob. ‘ ex quo patet quod gentiles non peccabant non observando caeremonialia legis. secundo commendat in eis legis observantiam, * cum dicit ° naturaliter faciunt quae sunt legis, ‘ id est, quae lex mandat, scilicet quantum ad praecepta moralia, quae sunt de dictamine rationis naturalis, * sicut et de iob dicitur, quod “ erat iustus et rectus ac timens deum et recedens a malo. * unde ipse dicit: ° vestigia eius secutus est pes meus, vias eius custodivi. * sed quod dicit ° naturaliter, * dubitationem habet. videtur enim patrocinari pelagianis, qui dicebant quod “ homo per sua naturalia poterat omnia praecepta legis servare. ‘ unde exponendum est ° naturaliter, ‘ id est per naturam gratia reformatam. loquitur enim de gentilibus ad fidem conversis, qui auxilio gratiae christi coeperant moralia legis servare. vel potest dici ° naturaliter, ‘ id est per legem naturalem ostendentem eis quid sit agendum, * secundum illud ps. iv, 7 s.: ° multi dicunt: quis ostendit nobis bona? signatum, |125| ‘ etc., quod est lumen rationis naturalis, in qua est imago dei. et tamen non excluditur quin necessaria sit gratia ad movendum affectum, sicut etiam ° per legem est cognitio peccati, * ut dicitur infra iii, 20, ‘ et tamen ulterius requiritur gratia ad movendum affectum. tertio ostendit eorum dignitatem, in hoc scilicet quod huiusmodi ° legem non habentes, ipsi sibi sunt lex, ‘ inquantum scilicet funguntur officio legis ad seipsos, instruendo se et inducendo ad bonum, quia, * ut philosophus dicit ethic., ° lex est sermo coactionem habens ab aliqua prudentia et intellectu procedens. * et ideo dicitur i tim. i, 9, quod ° iusto lex non est posita, ‘ id est, exteriori lege non cogitur, ° sed posita est iniustis, ‘ qui indigent exterius cogi. et iste est supremus gradus dignitatis in hominibus, ut scilicet non ab aliis, sed a seipsis inducantur ad bonum. secundus vero gradus est eorum qui inducuntur ab alio, sed sine coactione. tertius autem est eorum qui coactione indigent ad hoc quod fiant boni. quartus est eorum qui nec coactione ad bonum |150| dirigi possunt. * ier. ii, 30: ° frustra percussi filios vestros, disciplinam non receperunt. * deinde, cum dicit ° qui ostendunt, ‘ ostendit quomodo ipsi sunt sibi lex, quod quidem accipere possumus ad similitudinem legis quae ab exteriori homine proponitur, quae scilicet consuevit ad infirmitatem et memoriam scripto tradi; et similiter illi qui legem observant absque exteriori auditu legis, ° ostendunt opus legis scriptum, ‘ non quidem ° atramento, sed, ‘ primo quidem et principaliter ° spiritu dei vivi, * ut dicitur i cor. iii, 3. ‘ secundo, etiam humano studio, * prov. iii, 3: ° describe ea in tabulis cordis tui, ‘ scilicet praecepta sapientiae. * unde et hic sequitur ° in cordibus suis, ‘ non pergameno, aut tabulis lapideis, sive aereis. * ier. xxxi, 33: ° dabo legem meam in visceribus eorum et in corde eorum superscribam eam. * deinde, cum dicit ° testimonium reddente, ‘ probat quod dixerat, scilicet quod opus legis sit in cordibus eorum inscriptum per quaedam opera quae huiusmodi scriptum annuntiant. |175| et, primo, ponit illa opera, quorum unum est testimonium conscientiae, * quod tangit dicens ° testimonium reddente illis conscientia, ‘ quae quidem nihil aliud est quam applicatio cognitionis habitae ad iudicandum de aliquo opere, utrum sit bene vel male factum. unde huiusmodi conscientia quandoque testimonium perhibet de bono, * secundum illud ii cor. i, 12: ° gloria nostra haec est, testimonium conscientiae nostrae ‘ quandoque autem de malo * eccle. vii, 23: ° scit conscientia tua, quia et tu crebro maledixisti aliis. ‘ non autem potest aliquis perhibere testimonium de aliquo opere, quod sit bonum vel malum, nisi per hoc quod habet legis notitiam. unde hoc ipsum quod conscientia testimonium reddit de bono vel malo, est evidens signum quod in corde hominis sit opus legis descriptum. aliud autem opus est accusatio et defensio, quae sine notitia legis esse non possunt. * et quantum ad hoc dicit ° et cogitationum, ‘ id est, cogitationibus, ° accusantium aut etiam |200| defendentium, ‘ id est, accusantibus vel defendentibus, more graecorum, qui genitivis loco ablativorum utuntur. et hoc ° inter se invicem. ‘ insurgit enim homini circa aliquod factum aliqua cognitio accusans, dum propter rationem aliquam cogitat se male fecisse. * ps. xlix, 21: ° arguam te, et statuam contra faciem tuam. * is. iii, 9: ° agnitio vultus eorum respondebit eis. ‘ quandoque etiam insurgit aliqua cognitio defendens, dum per aliquam rationem cogitat se fecisse bene, * secundum illud iob xxvii, v. 6: ° non reprehendet me cor omni vita mea. ‘ et inter hanc accusationem et defensionem locum habet testimonium conscientiae, cui statur. potest et aliter legi, ut dicatur ° testimonium reddente illis conscientia ipsorum, ‘ quae scilicet conscientia non solum est operum, sed etiam cogitationum, de quibus scilicet homo conscientiam habet, sed primum melius est. sed quia testimonium, accusatio et defensio in iudicio locum habent, agit, secundo, |225| de huiusmodi iudicio, ostendens tempus * cum dicit ° in die, ‘ quod dicit non ad designandum temporis qualitatem, sed absconditorum manifestationem. * i cor. iv, 5: ° illuminabit abscondita tenebrarum. ‘ quandoque tamen dicitur nox propter incertitudinem horae illius. * matth. xxv, 6: ° media nocte clamor factus est. “ dicuntur autem cogitationes accusantes vel defendentes in die iudicii, non illae quae tunc erunt, quia tunc unicuique manifesta erit salus vel damnatio, sed defensio vel accusatio cogitationum quae nunc sunt et testimonium conscientiae quod nunc est, repraesentabitur homini in illa die, virtute divina faciente, * ut dicit augustinus, ii de civit. dei. “ notitia autem illarum cogitationum quae remanent in anima, nihil esse aliud videtur, * ut dicit glossa, “ quam reatus poenae vel meritum ex eis consequens. ‘ ostendit etiam auctorem iudicii, * dicens ° cum iudicabit deus. * ps. xcv, 13: ° iudicabit orbem terrarum in aequitate. ‘ determinat etiam de quibus erit iudicium, * cum dicit ° occulta hominum, ‘ de quibus nunc |250| homines iudicare non possunt. * i cor. iv, 5: ° illuminabit abscondita tenebrarum. ‘ ostendit etiam doctrinam ex qua habetur fides de hoc iudicio, * cum dicit ° secundum evangelium meum, ‘ id est a me praedicatum. * matth. xii, 36: ° omne verbum otiosum, * etc.. dicit autem ° evangelium meum, ‘ quamvis non possit dicere baptismum suum et sit utriusque minister, quia in baptismo nihil operatur industria hominis, sed in evangelio praedicando industria praedicatoris operatur, * eph. iii, 4: ° prout potestis legentes intelligere prudentiam meam in ministerio. ‘ postea ponit cui datum est iudicium, * cum subdit ° per iesum christum, ‘ qui scilicet est constitutus a deo ° iudex vivorum et mortuorum, * ut dicitur act. x, 42, et io. v, 21 s.: ° pater omne iudicium dedit filio, ‘ qui scilicet in iudicio apparebit bonis et malis: sed bonis secundum gloriam divinitatis, * is. xxxiii, v. 17: ° regem in decore suo videbunt, ‘ malis autem secundum naturam humanitatis, * apoc. c. i, 7: ° videbit eum omnis caro.

lc4 ‘ Ostenso quod factores legis iustificantur etiam sine hoc quod sint auditores, quod pertinebat ad gentiles, hic ostendit quod auditores non iustificantur, nisi sint factores, quod pertinet ad iudaeos. primo ergo ostendit praerogativam iudaeorum quantum ad legis susceptionem; secundo ponit eorum defectum quantum ad legis transgressionem, * ibi ° qui ergo alium. ‘ ponit autem eorum praerogativam tripliciter. primo, quantum ad gentem cui data est lex; secundo, quantum ad legem, * ibi ° et requiescis in lege; ‘ tertio, quantum ad legis effectum sive factum, * ibi ° et nosti voluntatem eius. ‘ quantum autem ad gentem * dicit ° si autem tu iudaeus cognominaris, ‘ quod est nomen honorabile, * secundum illud ps. cxiii, v. 2: ° facta est iudaea sanctificatio eius. * io. c. iv, 22: ° salus ex iudaeis est. ‘ dicuntur autem iudaei non a iuda machabaeo, |25| * ut quidam dicunt, ‘ forte propter hoc quod iudas machabaeus gentem illam in dispersione existentem congregavit et protexit, * secundum illud i mach. iii, 2 s.: ° proeliabatur proelia israel cum laetitia, et dilatavit gloriam populo suo. ‘ invenitur enim nomen iudaeorum ante iudam machabaeum, * secundum illud esther viii, 16: ° iudaeis nova lux oriri visa est. ‘ et ideo dicendum est quod iudaei denominantur a iuda patriarcha, * gen. xlix, 8: ° iuda, te laudabunt fratres tui. ‘ cum enim tempore roboam decem tribus, ab eius regno se segregantes, vitulum aureum adorarent, in transmigrationem sunt ductae ab assyriis, * ut habetur i reg. xvii. ‘ nec de eorum reversione facit mentionem scriptura, sed potius terra remansit occupata ab alienigenis, qui postmodum samaritani sunt dicti. duae autem tribus, scilicet iudae et beniamin, adhaerentes regno roboam, perseveraverunt in cultu dei. et quamvis in captivitatem babylonis fuerint ductae, postmodum tamen per cyrum regem persarum sunt reducti in terram suam, * ut dicitur i esdrae i. ‘ et quia tribus iudae maior |50| erat, ab ea gens tota illa denominabatur. et non solum illi qui erant ex tribu beniamin, sed etiam de aliis tribubus revertentibus qui se illis adiunxerunt. * consequenter cum dicit ° et requiescis in lege, ‘ ponit eorum praerogativam quantum ad legem. et primo quidem, quantum ad ipsam legem, * cum dicit ° et requiescis in lege, ‘ quasi per eam certificatus in credendis et in agendis. dubitans enim intellectu non quiescit, sed utrinque sollicitatur: qui autem sapientiae certitudinem accipit, mente quiescit. * sap. c. viii, 16: ° intrans in domum meam conquiescam eum illa. ‘ secundo, quantum ad legislatorem, * cum subdit ° et gloriaris in deo, ‘ id est, in cultu et notitia unius dei. * ier. ix, 24: ° in hoc glorietur qui gloriatur, scire et nosse me. * i cor. c. i, 31 et ii cor. x, 17: ° qui gloriatur, in domino glorietur. * deinde, cum subdit ° et nosti, ‘ ponit praerogativam eorum quantum ad fructum legis: primo, quantum ad hominem respectu sui |75| ipsius; secundo, respectu aliorum, * ibi ° confidis. ‘ ponit autem duplicem fructum. primum quidem respondentem gloriae, quam de deo habebant, * cum dicit ° nosti voluntatem eius, ‘ quid scilicet deus velit nos facere. * infra xii, 2: ° ut probetis quae sit voluntas dei. ‘ secundum fructum ponit, qui respondet quiescenti in lege dei, * cum dicit ° et probas utiliora, ‘ id est, scis approbare eligendo non solum mala a bonis, sed etiam meliora a minus bonis. unde quaerebat quidam, * matth. c. xxii, 36: ° quod est mandatum magnum? ‘ et hoc ° instructus per legem. * ps. xxxiii, v. 12: ° beatus homo quem tu erudieris, domine, et de lege tua docueris eum. ‘ consequenter ponit fructus per respectum ad alios, qui quidem tripliciter se habent ad notitiam legis. quidam enim sunt omnino in legis ignorantia constituti. uno quidem modo per defectum naturalis ingenii, sicut et homo corporaliter dicitur caecus per defectum interioris potentiae visivae. * is. lix, 10: ° palpavimus ut caeci parietem. ' huiusmodi autem hominibus non potest homo lumen scientiae praebere, ut ipsi per se videre possint quid sit agendum, sed praebet eis homo ducatum ut caecis, mandando eis quid facere debeant, quamvis mandatorum rationem non cognoscant, * iob xxix, 15: ° oculus fui caeco * de quibus tamen dicitur matth. xv, 14: ° caeci sunt, et duces caecorum. ' alio modo sunt in ignorantia per defectum disciplinae, qui sunt quasi in tenebris exterioribus non illuminati per doctrinam, quibus sapiens praebere potest lumen disciplinae, ut intelligant quae mandantur, * et hoc est quod dicit ° lumen eorum qui in tenebris sunt. * lc. i, 79: ° illuminare his qui in tenebris. ' secundo autem tangit illos qui sunt in via perveniendi ad scientiam, quam nondum attigerunt. et hoc, uno modo, per defectum plenae instructionis. * et hoc est quod dicit ° eruditorem insipientium, ' id est, eorum qui nondum sapientiam acceperunt, qui dicuntur erudiri, quasi erui a ruditate, quae a principio inest omnibus, cum primo instruuntur. * eccli. vii, 25: ° filii tibi sunt? erudi eos. ' alio modo per defectum aetatis, sicut sunt pueri. * et quantum ad hoc dicit ° magistrum infantium. * is. xxxiii, 18: ° ubi est doctor parvulorum? ' tertii vero sunt qui iam sunt in scientia provecti. et isti indigent a sapientibus informari, ut habeant sapientium dicta in auctoritate quasi quamdam regulam seu formam. * et quantum ad hoc dicit ° habentem formam scientiae. * ii tim. i, 13: ° formam habe bonorum verborum quae a me audisti. * et, phil. iii, 17: ° observate eos qui ita ambulant, sicut habetis formam nostram. ' oportet autem eos qui sic informantur, auctoritate maiorum instrui, ut sciant quid sit in lege traditum, * et ideo dicit ° scientiae. * sap. x, 10: ° dedit illi scientiam sanctorum. ' et etiam ut sciant quid sit verus intellectus eorum quae traduntur in lege. * et quantum ad hoc dicit ° veritatis. * ps. xliii, 3: ° emitte lucem tuam et veritatem tuam. * deinde, cum dicit ° qui ergo alium doces, ' ostendit defectum eorum secundum transgressionem legis. et, primo, hominis ad seipsum, * cum dicit ° qui ergo alium doces, ' dirigendo ipsum ad bonum, ° teipsum non doces, ' dirigendo. et potest legi vel interrogative, quasi cum quadam indignatione, vel remisse, quasi asserendo eorum malitiam et simile est in sequentibus. * iob iv, 3: ° ecce docuisti plurimos, * et infra: ° nunc tetigit plaga, et defecisti. ' secundo tangit defectum quantum ad proximum. primo quidem quantum ad res quae furto subtrahuntur, * cum dicit ° qui praedicas non furandum, furaris? * is. i, 23: ° principes tui infideles, socii furum. ' secundo, quantum ad personam coniunctam, quae per adulterium polluitur. * et quantum ad hoc dicit ° qui doces non moechandum, moecharis? * os. vii, 4: ° omnes adulterantes quasi clibanus. * ier. v, 8: ° unusquisque ad uxorem proximi sui. ' tertio autem ostendit eorum defectum per comparationem eorum ad deum, et, primo quidem, quantum ad hoc quod peccabant contra ipsius cultum. * et quantum ad hoc dicit ° qui abominaris idola, ' cognoscens scilicet ex praecepto legis ea non esse colenda, ° sacrilegium facis, ' abutendo scilicet his quae pertinent ad divinum cultum. quod quidem primo fecerunt in statu legis, * mal. i, 12: ° dicitis: mensa domini contaminata est, ' et postmodum blasphemando christum. * matth. xii, 24: ° in beelzebub principe, ' etc.. secundo, quantum ad ipsam gloriam, * cum dicit ° qui in lege gloriaris, per praevaricationem legis deum inhonoras. ' sicut enim legis observantia in bonis operibus est occasio videntibus, ut honorent deum, ita etiam transgressio legis per mala opera occasio est videntibus blasphemandi. * i petr. ii, 12: ° ex bonis operibus vos considerantes, glorificent deum. * e contra autem dicitur i tim. vi, 1: ° quicumque sunt sub iugo servitutis, dominos suos omni honore dignos arbitrentur, ne nomen domini et doctrina fidei blasphemetur. * et ideo in ps. cxviii, 158 dicitur: ° vidi praevaricantes, et tabescebam. ' et ad hoc inducit auctoritatem, * subdens ° nomen enim dei per vos blasphematur inter gentes ' quia scilicet gentes videntes iudaeorum malam conversationem, reputabant hoc provenire ex mala instructione legis a deo traditae. * dicit autem ° sicut scriptum est, * scilicet is. lii, 5: ° dominatores eius inique agunt, et iugiter tota die nomen meum blasphematur, * et ez. xxxvi, 22, secundum aliam litteram, ubi nostra sic habet: ° non propter vos faciam, domus israel, sed propter nomen sanctum meum, quod polluistis in gentibus. * deinde cum dicit ° circumcisio, ' ostendit quod nec circumcisio sufficit ad salutem eadem ratione qua nec lex, quia scilicet observantia legis sine circumcisione valet, sine qua tamen circumcisio non prodest, * sicut superius dictum est. ' et circa hoc tria facit. primo comparat circumcisionem ad iudaeos circumcisos; secundo, ad gentes incircumcisas, * ibi ° si igitur praeputium; ' tertio manifestat quod dixerat, * ibi ° non enim qui in manifesto. ' circa primum duo facit. primo ostendit qualiter circumcisio prosit; secundo, qualiter non prosit, * ibi ° si autem praevaricator, * etc.. dicit ergo primo ° circumcisio quidem prodest ' quantum ad remissionem peccati originalis, * unde dicitur gen. xvii, 14: ° masculus cuius praeputii caro circumcisa, ' etc.. sed tibi adulto tunc finaliter prodest, ° si legem observes, ' sicut religiosis prodest professio, si regulam observent. circumcisio enim erat quasi quaedam professio, obligans homines ad observantiam legis. * gal. v, 3: ° testificor omni circumcidenti se, quoniam debitor, * etc.. quod autem apostolus dixit: ° si circumcidamini, christus nihil vobis proderit, ' loquitur quantum ad tempus post gratiam evangelii divulgatum; hic autem loquitur quantum ad tempus ante passionem christi, in quo circumcisio statum habebat. * secundo, ibi ° si autem praevaricator, ' ostendit quomodo circumcisio non prosit, dicens: si tu iudaee adulte, ° praevaricator es legis, circumcisio tua praeputium facta est, ' id est, non plus valet tibi quam praeputium, quia non servas quod per circumcisionem profiteris, * ier. ix, 26: ° omnes gentes praeputium habent, domus autem israel incircumcisi sunt corde ' quinimmo ex hoc sunt magis rei, quia non servant quod promiserunt. ° displicet enim stulta et infidelis promissio, * ut dicitur eccle. v, 3. deinde cum dicit ° si ergo praeputium, ' comparat circumcisionem ad gentiles, et hoc dupliciter. primo quidem quantum ad hoc quod eius fructum habent gentiles observando legem. unde dicit: si circumcisio prodest cum observatione legis, non autem sine ea, ° igitur, si praeputium, ' id est gentilis incircumcisus, ° custodiat iustitias legis, ' id est iusta praecepta legis, * ps. cxviii, 86: ° omnia mandata tua veritas, nonne praeputium illius in circumcisionem reputabitur? ' quasi dicat: fructum verae circumcisionis habebit. ad hoc enim homo exterius circumciditur in carne, ut scilicet se circumcidat in corde. * ier. iv, 4: ° circumcidimini domino, et auferte praeputia cordium vestrorum. * secundo, ibi ° et iudicabit, ' etc., comparat circumcisionem gentili, eum ostendens propter observantiam legis iudaeo praeferri. * unde dicit ° et praeputium, ' id est gentilis incircumcisus, ° consummans, ' id est implens mandata legis, ° ex natura, ' id est per naturalem rationem, * ut supra dictum est * quod ' naturaliter quae sunt legis faciunt, ° iudicabit, ' per comparationem, ° te, ' scilicet iudaeum circumcisum, ° qui es praevaricator legis, ' transgrediendo praecepta eius, ° per litteram, ' id est habentem legem litteris descriptam, ° et circumcisionem, ' scilicet carnis. unde de hoc comparationis iudicio * dicitur matth. xii, 41: ° viri ninivitae, * etc.. deinde, cum dicit ° non enim qui in manifesto, ' etc. assignat rationem dictorum. et primo ponit rationem; secundo probat eam, * ibi ° cuius laus. ' circa primum duo facit. primo assignat rationem quare circumcisio vel iudaismus sine legis observatione non prosit; secundo assignat rationem quare observantia legis prosit sine iudaismo et circumcisione, * ibi ° sed qui in abscondito. ' dicit ergo quod ideo circumcisio praevaricantis legem sit praeputium et iudicatur a praeputio custodiente legem, ° non enim est ' verus iudaeus ille ° qui in manifesto est iudaeus, ' secundum carnalem generationem. * infra ix, 6: ° non enim omnes qui ex ' circumcisione sunt ° israel, hi sunt israelitae, sed qui filii sunt promissionis. ' et similiter etiam non est vera circumcisio illa, quae est manifesta in carne. illa enim est signum, * ut dicitur gen. xvii, 11: ° circumcidetis carnem praeputii vestri, ut sit in signum foederis. ' non autem est signum verum, nisi ei respondeat signatum. unde si quis iudaeus esset transgressor foederis, non esset eius vera circumcisio, et ideo reputatur in praeputium. * deinde, cum dicit ° sed qui in abscondito, ' assignat rationem quare praeputium custodientis legem reputetur in circumcisionem et iudicet circumcisionem carnalem; quia scilicet ille vere est iudaeus qui est in abscondito, id est, qui habet in affectu cordis mandata legis, quam iudaei profitentur. * matth. vi, 6: ° pater tuus qui videt in abscondito, ' etc.. et similiter ° circumcisio ' vera est, quae est ° cordis in spiritu, ' id est, per spiritum facta, per quam superfluae cogitationes a corde praeciduntur. vel ° in spiritu, ' id est per spiritualem intellectum legis, non litteralem. * phil. iii, 3: ° nos sumus circumcisio, qui spiritu deo servimus. * deinde cum dicit ° cuius laus ' etc., probat praemissam rationem. manifestum est enim quod in omnibus iudicium divinum praeferendum est humano. ea vero quae exterius apparent, sive sit iudaismus, sive circumcisio, laudantur ab hominibus, sed ea quae sunt in abscondito laudantur secundum iudicium divinum, * quia, ut dicitur i regum xvi, 7: ° homines vident quae apparent, deus autem intuetur cor, ' etc.. unde relinquitur quod interior iudaismus et circumcisio praevalet exteriori. * et hoc est quod dicit ° cuius, ' scilicet interioris circumcisionis, ° laus non est ex hominibus, sed ex deo. * ii cor. x, 18: ° non enim qui seipsum commendat, ' etc..

075 CRO cp3

lc1 ' Postquam apostolus ostendit quod iudaismus, ad quem pertinet legis susceptio, et circumcisio non sufficiunt ad salutem sine legis custodia, per quam gentilis, sine exteriori iudaismo et circumcisione, fructum utriusque consequitur, hic obiicit contra praemissa; et primo quidem proponit obiectionem, secundo solvit, * ibi ° multum quidem. * obiicit ergo primo sic: ' si ita esset, * sicut dictum est, ' quod non est verus iudaeus, nec vera circumcisio in manifesto, sed in occulto cordis, ° quid ergo amplius est iudaeo? ' id est, quid amplius datum est quam caeteris? videtur quod nihil. et hoc est inconveniens, * cum dominus dixerit deut. c. vii, 6: ° te elegit dominus deus tuus, ut sis ei populus peculiaris. aut quae utilitas circumcisionis, ' scilicet exterioris? videtur ex praemissis quod nulla, quod est inconveniens, cum sit a deo tradita, * qui dicit is. xlviii, 17: ° ego dominus docens te utilia. * deinde cum dicit ° multum quidem, ' solvit praemissam obiectionem. et primo quantum ad praerogativam iudaismi, secundo quantum ad utilitatem circumcisionis, * iv cap. ibi ° quid ergo dicemus? ' circa primum duo facit. primo ostendit iudaeorum praerogativam; secundo excludit eorum gloriam, qua se gentibus superbe praeferebant, * ibi ° quid ergo? praecellimus. ' circa primum tria facit. primo proponit quod intendit; secundo manifestat, * ibi ° primum quidem, ' tertio excludit obiectionem, * ibi ° quid enim si quidam. ' dicit ergo primo. quaesitum est quid amplius sit iudaeo, est autem ei amplius et quantum ad quantitatem, * quae significatur cum dicit ° multum, ' et quantum ad numerum, * qui significatur cum dicit ° per omnem modum. ' habent enim amplius aliquid et in contemplatione divinorum, * secundum illud ps. lxxv, v. 1: ° notus in iudaea, ' et secundum dispositionem temporalium, * ps. cxlvii, 20: ° non fecit taliter omni nationi. ' habent etiam amplius quantum ad patres, quantum ad promissiones, et quantum ad prolem. * infra ix, 4: ° quorum est adoptio filiorum dei et gloria, et testamentum. ' et in quolibet eorum non est parva excellentia sed magna et praecipua, quod pertinet ad id * quod dicit ° multum. ' maximum enim bonum hominis est in dei cognitione, in hoc quod deo adhaereat et a deo instruatur, * ps. xciii, 12: ° beatus homo quem tu erudieris, domine. * deinde, cum dicit ° primum quidem, ' etc., manifestat quod dixerat, * dicens: ° primum quidem, ' id est praecipue amplius est iudaeis ° quia eloquia dei sunt tradita illis, ' quasi amicis, * io. xv, 15: ° vos dixi amicos. ' et hoc est multum, quia eloquia dei sunt honesta, * ps. xviii, 10: ° eloquia domini vera iustificata in semetipsa, ' sunt delectabilia, * ps. cxviii, 113: ° quam dulcia faucibus meis eloquia tua, ' sunt etiam utilia ad non peccandum, * ps. eodem: ° in corde meo abscondi eloquia tua, ut non peccem tibi. * deinde cum dicit. ° quid enim si quidam, ' excludit obiectionem. et primo ponit eam; secundo excludit ipsam ducendo ad inconveniens, * ibi ° numquid incredulitas; ' tertio ostendit esse inconveniens id ad quod inducitur, * ibi ° est autem deus verax. * posset aliquis praerogativae iudaeorum derogare, " opponendo ingratitudinem eorum, per quam viderentur dignitatem eloquiorum dei amisisse. * unde dicit ° quid autem si quidam illorum non crediderunt; ' numquid per hoc excluditur quod nihil amplius sit iudaeo? * secundum illud ii petr. ii, 21: ° melius erat eis non cognoscere viam iustitiae, quam post cognitam retrorsum converti. ' non crediderunt autem, primo quidem, legislatori. * ps. cv, 24: ° non crediderunt in verbo eius. ' secundo non crediderunt prophetis. * ez. ii, 6: ° increduli et subversores sunt tecum. ' tertio non crediderunt ipsi filio. * io. c. viii, 45: ° si veritatem dico vobis, quare non creditis mihi? * deinde cum dicit ° numquid incredulitas, ' excludit dictam obiectionem ducendo ad inconveniens, quia si propter incredulitatem aliquorum praerogativa iudaeorum tolleretur, sequeretur quod incredulitas hominis fidem dei evacuaret, * quod est inconveniens. et hoc est quod dicit ° numquid incredulitas eorum, ' scilicet qui non crediderunt, ° evacuavit fidem dei? ' quod potest dupliciter intelligi. uno modo de fide qua creditur in deum. non enim per hoc quod quidam non crediderunt, evacuatur fides illorum qui crediderunt. malum enim quorumdam in societate existentium, non evacuat bonum aliorum. * eccli. xxxiii, 12: ° ex ipsis benedixit et exaltavit, sanctificavit et ad se applicavit, * etc.. quod est contra illos, contra quos augustinus dicit in epistola ad plebem hipponensem: ° ad quid aliud sedent isti, et quid aliud tractant, nisi ut cum episcopus, vel clericus, vel monachus, vel sanctimonialis ceciderit, omnes tales esse credant, sed non omnes posse manifestari? ' alio modo potest intelligi de fide qua deus fidelis est implens promissa. * hebr. x, 23: ° fidelis enim est qui repromisit. ' haec autem fidelitas evacuaretur, si propter quorumdam incredulitatem accideret quod nihil amplius esset iudaeo. promisit enim deus populum illum multiplicare et magnificare, * ut patet gen. xxii 16: ° multiplicabo semen tuum. * deinde cum dicit ° absit, est autem, ' ostendit hoc esse inconveniens, quod fides dei evacuaretur propter hominum incredulitatem. et primo quidem ad hoc inducit rationem; secundo, auctoritatem, * ibi ° sicut scriptum est; ' tertio, excludit falsum sensum auctoris, * ibi ° si autem iniquitas. ' ratio autem sumitur ex hoc quod ° deus ' secundum se ° verax est. * ier. x, 10: ° dominus autem deus verax est; * i io. ult.: ° hic est verus deus et vita aeterna. ' et tamen ° omnis homo est mendax. * ps. cxv, v. 10: ° ego dixi in excessu meo, omnis homo mendax. ' unde patet quod mendacium hominis sive infidelitas veritati non adhaerens, dei veritatem sive fidem non evacuat. ad horum evidentiam sciendum est, quod veritas importat adaequationem rei ad intellectum. aliter autem adaequatur res ad intellectum nostrum, aliter ad intellectum divinum. noster enim intellectus cognitionem accipit a rebus, et ideo causa et mensura veritatis ipsius est esse rei: " ex eo enim quod res est, vel non est, oratio dicitur vel vera vel falsa, * secundum philosophum. ‘ unde intellectus noster potest esse verus vel falsus, inquantum potest adaequari vel non adaequari. quod autem potest esse et non esse, indiget alio agente ad hoc quod sit, sine quo remanet non ens. sicut enim aer, sine illuminante, remanet tenebrosus, ita et intellectus noster, nisi a prima veritate illuminetur, de se in mendacio remanet. unde, quantum est de se, omnis homo est mendax secundum intellectum, sed solum est verus inquantum veritatem divinam participat. * ps. xlii, 3: ° emitte lucem tuam et veritatem tuam. ‘ intellectus autem divinus est causa et mensura rerum et propter hoc, secundum seipsum, est indeficienter verax, et unaquaeque res est vera, inquantum ei conformatur. similiter, secundum quod accipitur veritas ex parte rei, homo de se non habet veritatem, quia natura sua vertibilis est in nihilum; |175| sed solum natura divina, quae nec est ex nihilo, nec vertibilis in nihilum, de se veritatem habet. * deinde cum dicit ° sicut scriptum est, ‘ probat idem per auctoritatem * ps. l, 6, in quo sic legitur ° ut iustificeris in sermonibus tuis, et vincas cum iudicaris. ‘ quod qualiter ad propositum faciat videri potest, * si praecedentia psalmi considerentur. praemittitur enim, ° tibi soli peccavi, * et tunc sequitur, ° ut iustificeris in sermonibus tuis, et vincas cum iudicaris. ‘ promiserat enim deus per nathan prophetam david, quod eius regnum in aeternum stabiliret in semine suo, * ut habetur ii reg. vii, 12. ‘ postea vero cum in grave peccatum incideret, adulterii scilicet et homicidii, * ut legitur ii reg. xi, 2 ss., ‘ propter huiusmodi peccatum dicebatur a quibusdam quod deus non esset ei promissum observaturus. * intentio ergo psalmistae, est duo dicere. primo quidem, quod ‘ propter peccatum eius non mutatur iustitia dei, ad quam pertinet ut suos sermones impleret. * et quantum ad |200| hoc dicit ° ut iustificeris in sermonibus tuis, ‘ id est, ut ex hoc appareas in sermonibus tuis iustus, quia propter mea peccata eos non praeteris. * prov. viii, 8: ° recti sunt omnes sermones mei. * ps. cxliv, 13: ° fidelis dominus in omnibus verbis suis. ‘ secundo, quod divina promissio imitetur humanum iudicium. * et hoc est quod dicit, ° vincas, ‘ scilicet promissionem tuam servando, ° cum iudicaris, ‘ scilicet ab hominibus: quod eam propter mea peccata non sis impleturus. * infra xii, 21: ° noli vinci a malo, sed vince in bono malum. ‘ hoc dicitur homini quod multo magis competit deo. est autem considerandum, quod promissio facta david a deo, erat implenda de christi incarnatione. unde pertinebat ad prophetiam praedestinationis, secundum quam aliquid promittitur, quasi omnibus modis implendum: quod vero promittitur vel praenunciatur secundum prophetiam comminationis, non praedicitur, quasi omnibus modis implendum, sed secundum quod exigunt humana merita quae possunt mutari. et ideo si non factum fuisset quod promissum |225| est david, praeiudicaret divinae iustitiae. si vero non fiat quod promittitur per prophetiam comminationis, non praeiudicat divinae iustitiae, sed designat mutationem meritorum humanorum. * unde dicit: ier. xviii, v. 7: ° repente loquar adversus gentem et adversus regnum, ut eradicem, et destruam, et disperdam, et dissipem. si egerit poenitentiam gens illa, ‘ etc., ° poenitentiam agam et ego super malo, ‘ etc.. sic ergo patet secundum hunc sensum, quod peccatum hominis divinam fidelitatem non excludit. * ponuntur autem et alii sensus auctoritatis huius in glossa, qui non ita pertinent ad intentionem apostoli, quorum primus est, ut “ haec verba, quae hic ponuntur, continuentur cum his quae ante psalmista praemiserat: ° amplius lava me ab iniquitate mea, “ ad hoc scilicet ° ut iustificeris, “ id est iustus appareas, ° in sermonibus tuis, “ in quibus veniam peccatoribus promisisti non solum ez., quia haec verba ps. prius fuerunt dicta * sed etiam levit. xxiv, 41 s.: ° orabunt pro impietatibus suis, et recordabor |250| foederis mei, etc.. * deut. xxx, 1 s.: ° si ductus poenitudine cordis reversus fueris ad deum, reducet te dominus deus tuus, et miserebitur tibi. “ et sic ° vincas cum iudicaris, “ ab hominibus, quod mihi veniam dare non debeas. * secundo, “ continuantur haec verba cum eo, quod dictum est ° tibi soli peccavi, “ id est, per comparationem ad te qui solus es iustus. * et hoc est, quod dicit ° ut iustificeris, “ id est, ex comparatione mei et aliorum peccatorum iustus appareas, * ps. x, 8: ° iustus dominus, et iustitias dilexit, “ et hoc non solum in factis, sed etiam ° in sermonibus, “ quod est maximum, * secundum illud iac. iii, 2: ° si quis in verbo non offendit et vincas cum iudicaris, “ id est, dum cuicumque alii in iudicio compararis. * is. v, 3: ° iudicate inter me et vineam meam, * etc.. tertio, “ referuntur haec verba ad christum, qui solus est sine peccato, * secundum illud i petr. ii, 22: ° qui peccatum non fecit, nec inventus est in ore eius dolus, “ et sic iustificatur in sermonibus in comparatione ad omnes homines. ° et vincas, “ scilicet peccatum, mortem et diabolum. * apoc. v, 5: ° ecce | 275 | vicit leo. “ et hoc ° dum iudicaris, “ scilicet iniuste a pilato. * iob xxxvi, 17: ° causa tua quasi impii iudicata est. * deinde cum dicit ° si autem iniquitas nostra, ‘ excludit falsum intellectum auctoritatis inductae. * posset enim aliquis intelligere praemissa verba secundum hunc sensum, ut “ haec dictio ° ut, “ poneretur causaliter et non solum consecutive. * et sic sequeretur, quod “ peccatum hominis directe ordinaretur ad commendandum dei iustitiam. * sed apostolus ostendit hoc esse falsum, ut sic det intelligere quod ‘ ly ° ut ‘ ponitur consecutive, quia, scilicet, david peccante, consecutum est quod divina iustitia manifestetur; non autem causaliter, quasi peccatum hominis commendet dei iustitiam. quod quidem probat ducendo ad inconveniens. et hoc dupliciter. primo quidem ex parte iudicii divini, secundo ex parte iudicii humani. circa primum tria facit. primo ponit sensum falsum; secundo ostendit inconveniens, quod ex |300| hoc sequitur, * ibi ° quid dicemus? numquid iniquus; ‘ tertio ostendit hoc esse inconveniens, * ibi ° absit. ‘ est considerandum quod supra apostolus duas comparationes fecerat, unam quidem veritatis divinae ad humanum mendacium, * cum dixerat: ° est autem deus verax, omnis autem homo mendax. ‘ alia iustitiae dei ad peccatum humanum, * secundum verba ps. l, 6, quibus dicit: ° tibi soli peccavi, ut iustificeris. ‘ et quantum ad comparationem primam, dicit: si haec verba sunt intelligenda quod iniquitas nostra directe commendat dei iustitiam, ° quid dicemus? ‘ id est, non poterimus sustinere inconvenientia quae sequuntur. non enim peccatum est deo necessarium ad eius iustitiam commendandam. * eccli. xv, 22: ° non concupiscit multitudinem infidelium filiorum et inutilium. ‘ exprimit autem inconveniens quod sequitur, * dicens ° numquid deus qui infert iram, ‘ id est vindictam pro peccato, ° est iniquus? ‘ hoc enim sequitur * ex eo quod dictum |325| est. ‘ si enim peccatum directe ordinaretur ad commendandam iustitiam, non esset dignum poena sed praemio. et sic deus puniens homines pro peccato, esset iniquus, * contra illud deut. xxxii, 4: ° deus autem fidelis et absque ulla iniquitate. ‘ excludit autem consequenter hoc inconveniens, * cum subdit ° absit, ‘ scilicet quod deus sit iniquus. ° secundum hominem dico, ‘ id est, quod haec verba protuli, non ex meo sensu, sed ex hominis errantis sensu protuli, * sicut dicitur i cor. iii, 3: ° cum sint inter vos zelus et contentio, nonne carnales estis? ‘ hoc autem non esse dicendum ostendit * subdens ° alioquin, ‘ scilicet, si deus est iniquus, ° quomodo iudicabit hunc mundum, ‘ id est, quomodo conveniet quod ipse sit universalis et supremus mundi iudex? oportet enim, quod est primum et supremum in quolibet genere esse infallibile: sicut primum movens est immutabile. * unde in psalmo xcv, 13 dicitur: ° iudicabit orbem terrae in aequitate. * et simile argumentum ponitur iob xxxiv, |350| v. 12 s., ubi dicitur: ° vere deus non condemnat frustra; nec omnipotens subvertit iudicium; quem constituit alium super terram? ‘ etc., scilicet quia si ipse non iuste iudicaret, oporteret dicere alium esse iudicem mundi. * deinde cum dicit ° si enim veritas, ‘ ostendit idem per humanum iudicium. et circa hoc etiam tria facit. primo proponit falsum intellectum praedictorum verborum; secundo ponit inconveniens, quod sequitur, * ibi ° quid adhuc; ‘ tertio ostendit illud esse inconveniens, * ibi ° quorum damnatio. ‘ exprimit autem falsum sensum secundum illam comparationem, quae est divinae veritatis ad humanum mendacium, * cum dicit ° si enim in meo mendacio, ‘ id est propter meum mendacium, ° veritas dei, ‘ manifesta scilicet, ° abundavit in gloria ipsius, ‘ ita quod mendacium hominis directe pertineat ad augmentum gloriae, * contra id quod dicitur iob xiii, 7: ° numquid deus indiget vestro mendacio? |375| * subdit autem consequenter duo inconvenientia, quae sequuntur. quorum unum est quod “ homo non deberet reputari peccator propter mendacium, ex quo in dei gloriam directe ordinatur. * et hoc est quod dicit ° quid adhuc, ‘ id est cur etiam nunc, ° et ego iudicor, ‘ scilicet ab hominibus, ° tamquam peccator, ‘ pro mendacio. * sap. xvii, 10: ° cum sit timida nequitia, data est in omnium condemnationem, ‘ quia scilicet peccatores ab omnibus iudicio condemnantur. * aliud autem inconveniens est, quod “ locum habeat verbum falsum, quod apostolis imponebatur. ‘ quia enim praedicabant quod per abundantiam gratiae christi solvebatur abundantia peccatorum, * secundum illud infra v, v. 20: ° ubi abundavit delictum, superabundavit et gratia, ‘ blasphemabant apostolos, quasi dicerent quod homines deberent facere mala ut consequerentur bona, quod sequeretur si mendacium hominis directe commendaret dei gratiam et veritatem. * hoc est quod dicit ° non faciamus mala, ‘ peccando scilicet, et mendacium docendo, ° ut veniant bona, ‘ scilicet ut dei veritas et iustitia commendetur, ° sicut |400| blasphemamur, ‘ id est, sicut quidam blasphemando nobis imponunt. * infra i cor. iv, v. 5: ° blasphemamur et obsecramus ‘ et ° sicut quidam aiunt nos dicere, ‘ verba nostra depravando. * ii petr. ult.: ° quae indocti et instabiles depravant. ‘ haec autem excludit * subdens ° quorum condemnatio iusta est, ‘ idest eorum qui faciunt mala ut eveniant bona. sicut enim non est verum syllogizandum ex falsis, ita non est perveniendum ad bonum finem per mala. * ier. xii, 1: ° bene est omnibus qui praevaricantur et inique agunt, ‘ quod dicitur ex persona impiorum. vel ° quorum, ‘ scilicet haec nobis false imponentium, ° damnatio iusta est. ‘ iuste enim condemnantur perversores sacrae doctrinae. * apoc. ult.: ° si quis apposuerit ad haec apponet deus plagas scriptas in libro isto.

lc2 ‘ Postquam apostolus ostendit praerogativam iudaeorum supra gentiles quantum ad divina beneficia, hic excludit eorum inanem gloriam, qua se gentibus ad fidem conversis praeferebant. et primo proponit quod intendit; secundo probat propositum, * ibi ° causati enim sumus. * dicit ergo primo. ita dictum est: ° quid amplius est iudaeo? primum quidem, quia tradita sunt illis eloquia dei. quid igitur, ‘ dicemus nos iudaei ad fidem conversi? numquid ° praecellimus eos, ‘ scilicet gentiles ad fidem conversos? de quo erat inter eos contentio. * lc. xxii, 24: ° facta est contentio inter discipulos iesu quis esset maior. * et respondens subdit ° nequaquam. * sed hoc videtur contra praemissa in quibus dictum est, ° multum per omnem modum ‘ amplius est iudaeo. * sed ad hoc respondetur in glossa quod “ illud fuit dictum quantum ad esse quod habebant iudaei tempore legis: hoc autem nunc dicit apostolus secundum |25| statum gratiae, * quia, ut dicitur col. iii, 11: ° in christo non est gentilis et iudaeus, circumcisio et praeputium, ‘ quia scilicet non faciunt differentiam quantum ad statum gratiae. * sed haec responsio non videtur esse omnino secundum intentionem apostoli, quia infra ostendet quod ‘ etiam dum sub lege erant peccatis subiacebant, sicut et gentiles, vel amplius. * ez. v, 5 s.: ° ista est ierusalem, in medio gentium posui eam, et in circuitu eius terras, contempsit iudicia mea ut magis esset impia quam gentes? ‘ sic igitur dicendum est quod supra ostendit praerogativam divinorum beneficiorum, unde non dixit quod iudaeus esset excellentior, sed quod aliquid esset iudaeo amplius donatum; hic autem excludit excellentiam personarum, quia illi qui divina beneficia acceperunt, non sunt illis debite usi. * deinde cum dicit ° causati enim sumus, ‘ ostendit propositum, et primo quod iudaei non excedunt gentiles quantum ad statum peccati; secundo quod non excedunt quantum ad statum iustitiae, * ibi ° nunc autem sine |50| lege. ‘ primum ostendit dupliciter. primo quidem ex his quae supra dicta sunt; secundo per auctoritatem, * ibi ° sicut scriptum est. * dicit ergo ° causati enim sumus, ‘ id est causando rationibus ostendimus, ° iudaeos atque graecos, ‘ id est gentiles, ° omnes sub peccato esse. * is. i, 6: ° a planta pedis usque ad verticem non est, ‘ etc.. ostendit enim primo quod gentiles veritatem dei cognitam in impietate et in iniustitia detinebant; secundo, quod iudaei lege suscepta per praevaricationem legis deum inhonorabant. * deinde cum dicit ° sicut scriptum est, ‘ ostendit propositum per auctoritatem psalmistae, et primo inducit auctoritatem, secundo manifestat eam, * ibi ° scimus autem. ‘ circa primum duo facit. primo ponit peccata omissionis; secundo, peccata commissionis, * ibi |75| ° sepulchrum patens. ‘ peccata autem omissionis tangit dupliciter. primo quidem removendo principia bonorum operum; secundo, removendo ipsa bona opera, * ibi ° omnes declinaverunt. ‘ sunt autem tria bonorum operum principia, quorum unum pertinet ad ipsam operis rectitudinem et hoc est iustitia, quam excludit * dicens ° sicut scriptum est, * scilicet in ps. xiii, 3, ° quia non est iustus quisquam. * mich. vii, 2: ° periit sanctus de terra, et rectus in hominibus non est. ‘ quod quidem dupliciter potest intelligi. uno modo quod intelligatur: nullus est iustus in se ex seipso, sed ex se quilibet est peccator, ex solo autem deo habet iustitiam. * ex. xxxiv, 6 s.: ° dominator domine deus, misericors et clemens, qui aufers iniquitatem atque peccata, nullusque apud te per se innocens est. ‘ alio modo quod nullus est quantum ad omnia iustus, quin aliquod peccatum habeat, * secundum illud prov. xx, 9: ° quis potest dicere, mundum est cor meum? * eccle. vii, 21: |100| ° non est homo iustus in terra quia facit bonum, et non peccet. ‘ tertio etiam potest intelligi, ut referatur ad populum malorum, inter quos nullus est iustus. est enim consuetudo scripturae, ut quandoque loquatur de toto populo ratione malorum, quandoque ratione bonorum, * ut patet ier. xxvi, 8 s., ubi dicitur quod ‘ cum complesset ieremias loqui omnia quae praeceperat ei dominus ut loqueretur ad universum populum, apprehenderunt eum sacerdotes et prophetae, et omnis populus, dicentes, morte moriatur. * et postea subditur: ° dixerunt principes et omnis populus, non est viro huic iudicium mortis. * sed primi duo sensus magis sunt secundum intentionem apostoli. et hoc idem dicendum est in sequentibus. ‘ secundum autem principium boni operis est discretio rationis. et hoc excludit * subdens ° non est intelligens. * ps.: ° nescierunt neque intellexerunt, * et alibi: ° noluit intelligere. ‘ tertium principium est rectitudo intentionis quam excludit * subdens ° non est requirens |125| deum, ‘ intentionem suam scilicet dirigendo ad ipsum. * os. x, 12: ° tempus inquirendi dominum, qui cum venerit docebit iustitiam. ‘ consequenter excludit ipsa bona opera. et primo quidem quantum ad offensionem divinae legis, * cum dicit, ° omnes declinaverunt, ‘ scilicet a regula divinae legis. * is. lvi, 11: ° omnes in viam suam declinaverunt. ‘ secundo, quantum ad ostensionem finis; * unde subdit ° simul inutiles facti sunt. ‘ hoc enim inutile dicimus, quod non sequitur finem suum. et ideo cum homines a deo declinant propter quem facti sunt, redduntur inutiles. * sap. iv, 3: ° impiorum multitudo non est utilis. ‘ tertio excludit ipsa bona opera, * cum subdit ° non est qui faciat bonum. * ier. iv, 22: ° sapientes sunt ut faciant mala, bene autem facere nescierunt. * subdit autem ° usque ad unum, ‘ quod potest uno modo intelligi exclusive, quasi diceret, praeter unum qui scilicet solus fecit bonum redimendo humanum genus. * eccle. vii, v. 29: ° virum de mille unum reperi, mulierem non inveni. |150| ‘ vel potest intelligi inclusive, quasi dicat, nec etiam unus est purus homo qui faciat bonum, scilicet perfectum. * ier. v, 1: ° quaerite in plateis eius an inveniatis virum facientem iudicium et quaerentem fidem. * deinde cum dicit ° sepulchrum patens, ‘ ponit peccata commissionis, et primo peccata oris; secundo, peccata operis, * ibi ° veloces pedes eorum. ‘ peccata vero cordis ex his peccatis deprehenduntur. circa peccatum oris quatuor ponit. primo promptitudinem, seu turpitudinem * cum dicit ° sepulchrum patens est guttur eorum. ‘ sepulchrum enim patens duo habet. est enim paratum ad recipiendum mortuum, et secundum hoc guttur hominis dicitur esse sepulchrum patens, quando est paratum ad dicendum mortifera, * per quem modum dicitur ier. v, 16: ° pharetra eius quasi sepulchrum patens. ‘ secundo exhalat foetorem. * matth. xxiii, 27: ° similes sunt sepulchris dealbatis, quae a foris parent hominibus speciosa, intus sunt plena ossibus mortuorum et omni spurcitia. ‘ eorum ergo guttur |175| est sepulchrum patens, ex quorum ore procedit turpiloquii foetor. * apoc. ix, 17: ° et de ore ipsorum procedit ignis et fumus et sulphur. ‘ secundo tangit, circa peccatum oris, fraudem, * cum dicit ° linguis suis dolose agebant, ‘ aliud scilicet habendo in corde, aliud in ore. * ier. ix, 8: ° sagitta vulnerans lingua eorum, dolum locuta est. ‘ tertio ponit verborum noxietatem, * cum dicit ° venenum aspidum sub labiis eorum, ‘ quia scilicet talia verba eveniunt, quae insanabiliter proximos occidunt vel spiritualiter vel corporaliter. * deut. xxxii, 33: ° fel draconum vinum eorum, et venenum, ‘ etc.. quarto designat abundantiam horum peccatorum, * cum dicit ° quorum os maledictione plenum est et amaritudine, ‘ quia scilicet in talibus semper abundat maledictio, quia scilicet maledicunt de aliis detrahendo, * contra id quod dicitur infra xii, 14: ° benedicite et nolite maledicere. et amaritudine, ‘ in quantum scilicet non verentur in faciem proximi dicere iniuriosa verba, quibus ad amaritudinem provocantur, * contra id quod dicitur eph. iv, 31: ° omnis amaritudo |200| tollatur a vobis. * deinde cum dicit ° veloces pedes eorum, ‘ tangit peccata operis, circa quae tria tangit. primo quidem promptitudinem ad male agendum. * unde dicit ° veloces pedes eorum, ‘ prompti sunt pedes, id est affectus eorum, ° ad effundendum sanguinem, ‘ id est ad faciendum quaecumque gravia peccata, quia inter caetera quae committimus in proximum, homicidium est gravius. * prov. i, 16: ° pedes eorum in malum currunt, et festinant ut effundant sanguinem. ‘ secundo tangit multitudinem nocumentorum, quae aliis inferunt, * cum subdit ° in viis eorum, ‘ id est in operibus eorum, est ° contritio, ‘ quia scilicet alios conterunt opprimendo eos. * is. x, 7: ° ad conterendum cor eius. et infelicitas, ‘ inquantum scilicet privant homines bonis suis, ad miseriam eos deducendo. * iob xxiv, 7: ° nudos dimittunt homines indumenta tollentes, ‘ etc.. possunt tamen haec duo intelligi esse posita ad designandum poenam potius quam culpam, ut sit sensus: ° in viis eorum ‘ est ° contritio et |225| infelicitas, ‘ id est opera eorum, quae per vias designantur, ducunt eos ad contritionem et infelicitatem. ita quod contritio referatur ad oppressionem poenae, qua pro peccatis puniuntur, * is. xxx, 14: ° comminuentur sicut conteritur lagena figuli; ‘ infelicitas autem referenda est ad poenam damni, quia felicitate aeterna privabuntur. * sap. xiii, 10: ° infelices autem sunt, et inter mortuos spes eorum. ‘ tertio ostendit eorum culpae obstinationem ad malum, a qua quidem aliqui revocantur dupliciter. uno modo per hoc, quod volunt ab hominibus pacem habere. * sed contra dicitur ° et viam pacis non cognoverunt, ‘ id est, non acceptaverunt. * ps. cxix, 7: ° cum his qui oderunt pacem. ‘ alio modo intuitu divini timoris, sed isti nec deum timent, nec hominem reverentur, * ut dicitur lc. xviii, 7. unde subditur ° non est timor dei ante oculos eorum, ‘ id est, ante ipsorum considerationem. * eccli. c. i, 27: ° timor domini expellit peccatum. ‘ nam qui sine timore est non poterit iustificari. potest autem et hoc specialiter dici contra iudaeos, christo non credentes, quod non cognoverunt |250| viam pacis, id est christum, * de quo dicitur eph. ii, 14: ° ipse est pax nostra. * deinde cum dicit ° scimus autem quia quaecumque, ‘ manifestat auctoritatem inductam tripliciter. primo quidem exponendo sensum eius; secundo exponendo intentionem ipsius, * ibi ° ut omne os; ‘ tertio, assignando rationem dictorum in ipsa, * ibi ° quoniam ex operibus. ‘ circa primum considerandum est quod iudaei, * contra quos apostolus hic loquebatur, ‘ poterant ad sui excusationem pervertere sensum auctoritatis inductae dicendo quod praedicta praemissa verba sunt intelligenda de gentibus, non de iudaeis. sed hoc excludit apostolus * dicens ° scimus quod quaecumque lex loquitur, his qui in lege sunt loquitur, ‘ id est, ad quos lex datur, et qui legem profitentur. * deut. xxxiii, 4: ° legem praecipit nobis moyses. ‘ gentiles autem non erant sub lege, et secundum hoc praedicta verba pertinent ad iudaeos. * est hic autem duplex obiectio. prima quidem, quia “ verba supra inducta non |275| sunt assumpta de lege, sed de psalmo. ‘ sed ad hoc dicendum est, quod quandoque nomen legis sumitur pro toto veteri testamento, non pro quinque libris moysi tantum, * secundum illud io. xv, 25: ° ut impleatur sermo qui in lege eorum scriptus est quia odio habuerunt me gratis, ‘ quod scriptum est in veteri testamento, non in quinque libris moysi, qui proprie lex dicuntur. et sic etiam lex accipitur hic. quandoque autem totum vetus testamentum dividitur in tria, scilicet in legem, psalmos, et prophetas, * secundum illud lc. ult.: ° necesse est impleri omnia quae scripta sunt in lege moysi, psalmis et prophetis de me. ‘ aliquando vero totum vetus testamentum dividitur in duo, scilicet in legem et prophetas, * secundum illud matth. xxii, 40: ° in his duobus mandatis pendet omnis lex et prophetae. ‘ et secundum hunc modum psalterium sub prophetis continetur. * secunda obiectio est, quia “ in lege, id est in veteri testamento, multa dicuntur pertinentia ad alias gentes, * sicut patet in pluribus locis isaiae et ieremiae, ubi dicuntur “ multa |300| contra babylonem, et similiter contra alias nationes. non ergo quaecumque loquitur lex, loquitur his et de his qui in lege sunt. ‘ sed dicendum quod quaecumque indeterminate loquitur ad eos pertinere videntur, quibus lex datur; quando vero scriptura de aliis loquitur, speciali titulo designat alios, * sicut cum dicitur ° onus babylonis, et onus tyri, ‘ etc.. quae contra alias gentes in veteri testamento dicuntur, aliquo modo ad iudaeos pertinebant, inquantum eorum infortunia ad eorum consolationem vel terrorem praenunciabantur, sicut etiam praedicator ea debet dicere quae pertinent ad eos quibus praedicat, non autem quae pertinent ad alios. * is. lviii, 1: ° annuntia populo meo peccata eorum, ‘ quasi diceret, non quae sunt aliorum. * deinde cum dicit ° ut omne os, ‘ etc., assignat intentionem praedictae auctoritatis: propter duo enim sacra scriptura omnes de iniustitia arguit. primo quidem ad reprimendum eorum iactantiam, qua se iustos arbitrabantur, * secundum illud lc. xviii, 12: ° ieiuno bis in sabbato. * et quantum ad hoc dicit ° ut omne os obstruatur, |325| ‘ quod scilicet sibi iustitiam praesumptuose adscribebat. * ps. lxii, 12: ° obstructum est os loquentium iniqua. * i reg. ii, 3: ° nolite multiplicare loqui sublimia gloriantes. ‘ secundo, ut suam culpam recognoscentes, se deo subiiciant, sicut infirmus medico. * unde subdit ° et subditus fiat omnis mundus deo, ‘ id est, non solum gentilis, sed etiam iudaeus, culpam suam recognoscentes. * ps. lxi, 2: ° nonne deo subiecta erit anima mea? * deinde cum dicit ° quoniam ex operibus legis, ‘ assignat rationem praemissorum verborum. et primo ponit rationem; secundo manifestat eam, * ibi ° per legem * etc.. dicit ergo primo. ‘ ideo ° non est iustus quisquam, ‘ quoniam ° omnis caro, ‘ id est omnis homo, ° non iustificatur coram illo, ‘ id est secundum eius iudicium, ° ex operibus legis, ‘ quia, * ut dicitur gal. ii, 21: ° si ex lege est iustitia, christus gratis mortuus est, * et ad tit. iii, 5: ° non ex operibus iustitiae quae fecimus nos, sed secundum misericordiam suam salvos nos fecit. |350| ‘ est autem duplex opus legis. quoddam quidem est proprium legis mosaicae, sicut observatio caeremonialium praeceptorum; quoddam est opus legis naturae, quia pertinet ad legem naturalem, sicut: ° non occidas, non furtum facias, * etc.. quidam ergo hoc intelligunt dictum esse “ de primis legis operibus, scilicet quod caeremonialia gratiam non conferebant per quam homines iustificantur. * non tamen ista videtur esse intentio apostoli, quod patet ex hoc quod statim subdit ° per legem enim cognitio peccati. ‘ manifestum est autem quod peccata cognoscuntur per prohibitionem moralium praeceptorum, et ita apostolus intendit, quod ex omnibus operibus legis, etiam quae per praecepta moralia mandantur, non iustificatur homo, ita quod ex operibus in eo causetur iustitia, * quia, ut dicitur infra xi, 3: ° si enim per gratiam, iam non ex operibus. * deinde cum dicit ° per legem, * probat quod dixerat, scilicet quod ‘ opera legis non iustificent. lex enim datur ut homo cognoscat quid |375| debeat agere, quid vitare. * ps. cxlvii, 20: ° non fecit taliter omni nationi, et iudicia sua non manifestavit eis. * prov. vi, 23: ° mandatum lucerna est, et lex lux et via vitae. ‘ ex hoc autem quod homo cognoscit peccatum, quod vitare debet tamquam prohibitum, non statim sequitur quod illud vitet, quod pertinet ad rationem iustitiae, quia concupiscentia subvertit iudicium rationis in particulari operabili. et ideo lex non sufficit ad iustificandum, sed est necessarium aliud remedium per quod concupiscentia reprimatur.

lc3 ‘ Postquam ostendit apostolus iudaeos et gentiles aequales esse quantum ad statum culpae praecedentis, hic ostendit eos aequales quantum ad statum gratiae subsequentis. et circa hoc tria facit. primo ostendit propositum; secundo ostendit quoddam quod supposuerat, * ibi ° an iudaeorum deus tantum? ‘ tertio respondet obiectioni, * ibi ° legem ergo destruimus? ‘ circa primum tria facit. primo proponit quod intendit; secundo manifestat propositum, * ibi ° non est distinctio; ‘ tertio infert conclusionem intentam, * ibi ° ubi est ergo gloriatio tua? ‘ circa primum tria facit. primo proponit habitudinem iustitiae ad legem; secundo assignat causam iustitiae, * ibi ° iustitia autem dei; ‘ tertio assignat huiusmodi iustitiae communitatem, |25| * ibi ° in omnes, ‘ etc.. ponit autem primo duplicem comparationem seu habitudinem iustitiae ad legem. primo quidem quia non est ex lege causata. * et hoc est quod dicit: * dictum est quod ‘ olim per opera legis non poterat esse iustitia dei, vel quia ipse iustus est adimplens promissa de iustificatione hominum. * infra c. xv, 8: ° dico enim christum ministrum fuisse circumcisionis propter veritatem dei. ‘ vel potius iustitia dei, qua aliquis iustificatur a deo, * de qua dicitur infra x, 3: ° ignorantes dei iustitiam. ‘ haec, inquam, ° dei iustitia, nunc, ‘ id est tempore gratiae, ° manifestata est, ‘ tum per christi doctrinam, tum per eius miracula, tum etiam per facti evidentiam, inquantum evidens est multos esse divinitus iustificatos. et hoc ° sine lege, ‘ scilicet causante iustitiam. * gal. v, 4: ° evacuati estis a christo, qui in lege iustificamini, a gratia excidistis. * is. c. lvi, 1: ° prope est salus mea ut veniat, et iustitia mea ut reveletur. ‘ et ne aliquis credat hanc iustitiam |50| legi esse contrariam, secundo, ponit aliam habitudinem iustitiae ad legem * cum dicit ° testificata a lege et prophetis. ‘ lex quidem christi iustitiam testificata est praenunciando et praefigurando: * io. v, 46: ° si crederetis moysi, forsitan et mihi crederetis, de me enim ille scripsit, ‘ et etiam per effectum, quia, cum ipsa iustificare non posset, testimonium perhibebat aliunde quaerendam esse iustitiam. prophetae autem testificati sunt eam praenunciando. * act. x, 43: ° huic omnes prophetae testimonium perhibent. ‘ consequenter autem assignat causam huius iustitiae, * et dicit ° iustitia autem dei est per fidem iesu christi, ‘ id est quam ipse tradidit. * hebr. xii, 2: ° aspicientes in auctorem fidei, ‘ etc.. vel etiam quae de ipso habetur. * infra x, 9: ° quia si confitearis in ore tuo dominum iesum, et in corde tuo credideris quod deus illum suscitavit a mortuis, salvus eris. ‘ dicitur autem iustitia dei esse per fidem iesu christi, “ non ut quasi per fidem mereamur iustificari, quasi ipsa fides ex nobis existat |75| et per eam mereamur dei iustitiam, * sicut pelagiani dixerunt, ‘ sed quia in ipsa iustificatione qua iustificamur a deo, primus motus mentis in deum est per fidem. ° accedentem enim ad deum oportet credere, * ut dicitur hebr. xi, 6. ‘ unde et ipsa fides quasi prima pars iustitiae est nobis a deo. * eph. ii, 8: ° gratia estis salvati per fidem, ‘ etc.. haec autem fides ex qua est iustitia, non est fides informis, * de qua dicitur iac. ii, 26: ° fides sine operibus mortua est, ‘ sed est fides per charitatem formata, * de qua dicitur gal. v, 6: ° nam in christo iesu neque circumcisio aliquid valet sine fide, per quam in nobis habitat christus. * eph. iii, 17: ° habitare christum per fidem in cordibus vestris, ‘ quod sine charitate non fit. * i io. iv, 16: ° qui manet in charitate, in deo manet, et deus in eo. ‘ haec est etiam fides * de qua dicitur act. xv, 9: ° fide purificans corda eorum, ‘ quae quidem purificatio non fit sine charitate. * prov. x, 12: ° universa delicta operit charitas. ‘ et ne aliquis dicere per hanc fidem solos iudaeos iustificari, tertio, ostendit communitatem huius iustitiae, * cum subdit |100| ° in omnes, ‘ scilicet ista iustitia est in corde, non carnalibus observantiis, * de quibus dicitur hebr. ix, 10, quod ‘ carnales observantiae erant ad iustificationem carnis, usque ad tempus correctionis impositae. ° et super omnes, ‘ quia videlicet facultatem humanam ac merita excedit. * ii cor. iii, 5: ° non quod sufficientes simus cogitare. * addit autem ° qui credunt in eum, ‘ quod pertinet ad fidem formatam, per quam homo iustificatur, * ut dictum est. * deinde cum dicit ° non est enim distinctio, ‘ manifestat quod dixerat, et primo quantum ad communitatem iustitiae; secundo, quantum ad causam eius, * ibi ° iustificati gratis; ‘ tertio, quantum ad manifestationem ipsius, * ibi ° ad ostensionem. * dicit ergo primo: * dictum est, ‘ iustificatio dei est in omnes et super omnes qui credunt in christum, ° non enim est, ‘ quantum ad hoc, ° distinctio ‘ inter iudaeum et gentilem. * col. iii, 11: ° in christo iesu non est gentilis et iudaeus, ‘ scilicet distinctionem |125| aliquam habens, quasi iudaeus non indigeat iustificari a deo sicut gentilis. ° omnes enim peccaverunt, * sicut supra ostensum est. * is. c. liii, 6: ° omnes nos quasi oves erravimus, ‘ et per hoc ° egent gloria dei, ‘ id est, iustificatione quae in gloriam dei cedit. non autem sibi debet homo hanc gloriam adscribere. * ps. cxiii, 1: ° non nobis, domine, non nobis, sed nomini tuo da gloriam. * ps. lxv, 2: ° date gloriam deo. ‘ sic igitur quia omnes peccaverunt, et ex se iustificari non possunt, restat ut per aliam causam iustificentur, quam consequenter ostendit * subdens ° iustificati. ‘ ubi primo ostendit, quod huiusmodi iustificatio est sine lege, id est, quod non est ex operibus legis, * cum dicit ° iustificati gratis, ‘ id est, absque merito praecedentium operum. * is. lii, 3: ° gratis venumdati estis, et sine argento redimemini. ‘ et hoc ° per gratiam ipsius, ‘ scilicet dei, cui ex hoc debetur gloria. * i cor. xv, 10: ° gratia dei sum id quod sum. ‘ secundo ostendit quae sit causa iustificationis. et primo ponit |150| ipsam causam, * cum dicit, ° per redemptionem * ut enim dicitur io. viii, 34: ° qui facit peccatum, servus est peccati: ‘ ex qua quidem servitute homo redimitur si pro peccato satisfaciat. sicut si aliquis ob culpam commissam obnoxius esset regi ad solvendam pecuniam, ille eum redimere diceretur a noxa, qui pro eo pecuniam solveret. haec autem noxa ad totum humanum genus pertinebat, quod erat infectum per peccatum primi parentis. unde nullus alius pro peccato totius humani generis satisfacere poterat, nisi solus christus qui ab omni peccato erat immunis.

* unde subdit ° quae est in christo iesu. ‘ quasi dicat: in alio non poterat nobis esse redemptio. * i petr. i, 18: ° non corruptibilibus auro vel argento. ‘ secundo, ostendit unde ista redemptio efficaciam habuit * cum dicit ° quem proposuit deus propitiatorem. ‘ ex hoc enim christi satisfactio efficaciam ad iustificandum habuit, et ad redimendum, quia eum deus ad hoc ordinaverat secundum suum propositum, quod designat * cum dicit ° quem proposuit deus propitiatorem. * eph. |175| c. i, 11: ° qui operatur omnia secundum consilium voluntatis suae. vel proposuit. ‘ id est pro omnibus posuit, ut quia humanum genus non habebat unde satisfacere posset, nisi ipse deus eis redemptorem et satisfactorem daret. * ps. cx, 9: ° redemptionem misit dominus populo suo. ‘ et sic, dum satisfaciendo, nos redimit a noxa peccati, deum peccatis nostris propitium facit, * quod petebat psalmista dicens: ° propitius esto peccatis nostris: * et ideo dicit eum ° propitiatorem. * i io. c. ii, 2: ° propitiatio. ‘ in cuius figura, * ex. xxv, v. 17, mandatur quod “ fiat propitiatorium, id est quod christus ponatur super arcam, id est, ecclesiam. ‘ tertio, ostendit per quos redemptionis effectus ad nos perveniat, * cum dicit ° per fidem in sanguine eius, ‘ id est, quae est de sanguine eius pro nobis effuso. ut enim pro nobis satisfaceret, congruebat ut poenam mortis pro nobis subiret, quam homo per peccatum incurrerat, * secundum illud gen. ii, 17: ° quacumque die, * etc.. unde dicitur i petr. iii, 18: ° christus semel |200| pro peccatis nostris mortuus est. ‘ haec autem mors christi nobis applicatur per fidem, qua credimus per suam mortem mundum redemisse. * gal. ii, 20: ° in fide vivo filii dei, qui dilexit me, ‘ etc.. nam et apud homines satisfactio unius alteri non valeret, nisi eam ratam haberet. et sic patet quomodo sit iustitia per fidem iesu christi, * ut supra dictum est. ‘ sed quia etiam supra dixit iustitiam dei esse nunc manifestatam, agit consequenter de hac manifestatione, et, primo, tangit modum manifestationis, * dicens ° ad ostensionem ‘ quasi dicat: hoc inquam factum est, ut iustificaremur per redemptionem christi et per fidem sanguinis eius, ° ad ostensionem iustitiae suae, ‘ id est ad hoc quod suam iustitiam deus ostenderet, et hoc ° propter remissionem praecedentium delictorum. ‘ in hoc enim quod praecedentia delicta deus remisit, quae lex remittere non poterat, nec homines propria virtute ab eis se praecavere poterant, ostendit quod necessaria est hominibus iustitia, qua iustificentur a deo. solum |225| autem per sanguinem christi potuerunt remitti peccata non solum praesentia, sed praeterita, quia virtus sanguinis christi operatur per fidem hominis, quam quidem fidem habuerunt illi qui praecesserunt christi passionem, sicut et nos habemus. * ii cor. iv, 13: ° habentes eumdem spiritum fidei credimus. ‘ unde et legitur aliter, ut dicatur propter remissionem delictorum quae sunt hominum praecedentium christi passionem. * unde dicitur mich. ult.: ° deponet iniquitates nostras et proiiciet, ‘ etc.. secundo, ostendit tempus manifestationis eius, * cum subdit ° in sustentatione dei ad ostensionem iustitiae eius in hoc tempore. ‘ quasi diceret: praecedentia delicta erant ante christi passionem in sustentatione dei quasi in quadam divina dei sustinentia: quia nec pro eis credentes et poenitentes damnat, nec ab eis totaliter reddit absolutos, ut scilicet, eis non obstantibus, possint introire in gloriam. * vel, secundum aliam litteram, ‘ potest intelligi quod ipsi sancti patres erant in sustentatione dei, quia detinebantur in limbo, non quidem patientes poenam sensibilem, |250| sed expectantes introire in gloriam per christi passionem. * eccli. ii, 3: ° sustine sustentationes dei. ‘ ad hoc, inquam, praecedentia delicta vel praecedentes patres erant ° in sustentatione dei, ad ostensionem scilicet iustitiae eius ‘ in hoc tempore, id est, ut in hoc tempore gratiae suam iustitiam perfecte ostenderet, plenam remissionem peccatorum tribuendo. * ps. ci, 14: ° venit tempus, * etc.. et ii cor. vi, 2: ° ecce nunc tempus acceptabile, ‘ etc.. et hoc est quod supra dixerat nunc esse iustitiam dei manifestatam. oportuit autem ut praecedentia peccata usque ad hoc tempus essent in dei sustentatione, ut primo convinceretur homo de defectu scientiae, quia tempore legis naturae in errores et turpia peccata incidit, et etiam defectu potentiae, quia post legem scriptam, quae fecit cognitionem peccati, adhuc homo per infirmitatem peccavit. tertio, ostendit quod per remissionem peccatorum dei iustitia ostendatur, sive accipiatur dei iustitia, qua ipse est iustus, sive qua alios iustificat. * unde subdit ° ut sit ipse iustus, ‘ id est ut |275| per remissionem peccatorum deus appareat esse iustus in se ipso, tum quia remittit peccata sicut promiserat, tum quia ad iustitiam dei pertinet quod peccata destruat, homines ad iustitiam dei reducendo. * ps. x, 8: ° iustus dominus et iustitias dilexit. ‘ et etiam ° ut sit iustificans eum, qui est ex fide iesu christi, ‘ id est, qui per fidem iesu christi accedit ad deum. * hebr. xi, 6: ° accedentem enim ad deum oportet credere.

lc4 ‘ Postquam apostolus ostendit quod iudaei non praecedunt gentiles, neque quantum ad statum culpae, neque quantum ad statum iustitiae, hic concludit conclusionem intentam, excludendo scilicet eorum gloriam qua gentibus se praeferebant. et circa hoc tria facit primo proponit huius gloriae exclusionem; secundo exclusionis causam, * ibi ° per quam legem; ‘ tertio ostendit modum quo excludit, * ibi ° arbitramur enim, ‘ etc.. circa primum duo facit. primo proponit quaestionem dicens: ex quo communiter es sub peccato, tu, iudaeus, sicut et gentilis, et ex quo gentilis iustificatur per fidem sicut et tu, ° ubi est gloriatio tua? ‘ qua scilicet in lege gloriaris, * ut supra dictum est, ‘ et per hoc te gentili vis praeferre. * i cor. v, v. 6: ° non est bona gloriatio vestra. * gal. c. v, 26: ° non efficiamur inanis gloriae cupidi, ‘ etc.. secundo, huic quaestioni respondet * dicens, |25| ° exclusa est, ‘ id est sublata est. * i reg. iv, v. 21: ° et ablata est gloria de israel. * os. iv, v. 7: ° gloriam eorum in ignominiam commutabo. ‘ vel ° exclusa, ‘ id est, expresse manifestata est. gloriabantur enim iudaei in gloria et cultu unius dei, et hanc eorum gloriam dicit exclusam, id est expressam per christum, sicut artifices qui aliquam imaginem in argento exprimunt, exclusores vocantur, * secundum illud ps. lxvii, 31: ° ut excludant eos qui probati sunt argento. * sed primus sensus est magis litteralis. cum autem dicit ° per quam legem, ‘ ostendit causam huius exclusionis. quia autem iudaeorum gloriatio erat in lege, * ut supra dictum est, ‘ ideo oportere videbatur quod per aliquid eiusdem generis, id est per aliquam legem, eorum gloriatio excluderetur. * et ideo interrogando quaerens subdit ° per quam, ‘ scilicet est eorum gloriatio exclusa? * posset autem aliquis credere, quod “ eorum gloriationem exclusam apostolus diceret per aliqua praecepta legalia, quibus quaedam maiora |50| opera mandarentur. * et ideo interrogando subdit ° factorum? ‘ quasi dicat: numquid per aliquam legem factorum, eorum gloriationem exclusam dico? * et respondet quod “ non ° sed per legem fidei. ‘ et sic patet quod duplicem legem hic inducit apostolus, scilicet factorum et fidei. et in promptu esse videtur quod per legem factorum intelligitur lex vetus, et per legem fidei lex nova, per quam gentilis aequiparatur iudaeo. * sed dubitatur de hac distinctione. “ nam et in veteri lege necessaria erat fides, sicut et in nova. * eccli. ii, 8: ° qui timetis dominum, credite illi, * et ps. cxv, 10: ° credidi propter quod locutus sum. “ immo etiam in nova lege facta quaedam requiruntur et quorumdam sacramentorum, * secundum illud lc. c. xxii, 19: ° hoc facite in meam commemorationem; “ et etiam moralium observationum, * iac. i, 22: ° estote factores verbi, et non auditores tantum. ‘ dicendum est igitur quod legem factorum dicit legem exterius propositam et descriptam, per quam exteriora facta hominum ordinantur, |75| dum praecipitur quid fieri debeat, et per prohibitionem ostenditur a quo debeat abstineri. legem autem fidei vocat legem interius descriptam, per quam non solum exteriora facta, sed etiam ipsi motus cordium disponuntur, inter quos primus est motus fidei. ° corde enim creditur ad iustitiam, * ut dicitur hic et cap. v. et de hac lege loquitur infra: viii, 2: ° lex spiritus vitae quae est in christo iesu. * deinde cum dicit ° arbitramur enim, ‘ ostendit modum quo per legem fidei gloria iudaeorum excluditur, * dicens: ° arbitramur enim ‘ nos apostoli, veritatem a christo edocti, ° hominem ‘ quemcumque, sive iudaeum sive gentilem, ° iustificari per fidem. * act. xv, 9: ° fide purificans corda eorum. ‘ et hoc ° sine operibus legis. ‘ non autem solum sine operibus caeremonialibus, quae gratiam non conferebant, sed solum significabant, sed etiam sine operibus moralium praeceptorum, * secundum illud ad tit. iii, 5: ° non ex operibus iustitiae quae fecimus nos, ‘ etc.. ita tamen quod hoc intelligat sine operibus praecedentibus iustitiam, |100| non autem sine operibus consequentibus, * quia, ut dicitur iac. ii, 26: ° fides sine operibus, ‘ scilicet subsequentibus, ° mortua est. ‘ et ideo iustificare non potest. * deinde cum dicit ° an iudaeorum, ‘ ostendit quoddam quod praesupposuerat, scilicet quod iustitia fidei communiter se haberet ad omnes. et prius quidem hoc manifestaverat ratione accepta ex parte causae materialis, cum * supra dixerat: ° omnes peccaverunt et egent gratia dei, ‘ id est, peccatores sunt, quos oportet per gratiam fidei iustificari. sed probatio quae est ex sola causa materiali non sufficit, quia materia non movetur per se ad formam sine causa agente. et ideo hic subiungit rationem acceptam ex parte causae agentis, id est iustificantis, qui est deus. * infra c. vii, 33: ° deus qui iustificat. ‘ manifestum est autem quod deus noster illos iustificando salvat, quorum est deus, * secundum illud ps. lxvii, 21: ° deus noster, deus salvos faciendi. ‘ non est autem iudaeorum tantum deus, sed et gentium, ergo utrosque iustificat. |125| circa hoc ergo tria facit. primo proponit quaestionem de iudaeis, * cum dicit ° an iudaeorum tantum est deus? * quod quidem videri posset alicui per hoc quod dicitur exodi v, 3: ° deus hebraeorum vocavit nos. ‘ dicendum est ergo, quod iudaeorum deus tantum erat per specialem cultum ab eis deo exhibitum, * unde in ps. lxxv, 2 dicitur: ° notus in iudaea deus; ‘ erat tamen deus omnium per commune regimen universorum, * secundum illud ps. xlvi, 8: ° rex omnis terrae deus. ‘ secundo, proponit quaestionem ex parte gentilium * dicens: ° nonne et gentium, ‘ scilicet est deus? * et respondet ° immo et gentium, ‘ quas scilicet gubernat et regit, * secundum illud ier. x, 7: ° quis non timebit te, o rex gentium? ‘ tertio, * ibi ° quoniam quidem, ‘ manifestat per signum quod dixerat, quasi dicat: ex hoc manifestum est quod deus est non solum iudaeorum, sed et gentilium, ° quoniam quidem unus est deus qui iustificat circumcisionem, ‘ idest iudaeos, ° ex fide, * ut enim dicitur gal. v, 6: ° in christo iesu neque circumcisio, |150| neque praeputium. * quod autem dicit ° ex fide * et ° per fidem, * secundum glossam ‘ est omnino idem; potest tamen aliqua differentia attendi. nam haec praepositio ex, designat aliquando causam remotam; haec praepositio per, propinquam. iudaei ergo iustificari dicuntur ex fide, quia fides fuit prima causa ex qua processit circumcisio et caetera sacramenta legalia: et ita iudaeos iustificat fides, sicut quaedam causa primaria per quasdam medias causas. sed gentiles per ipsam fidem immediate iustificantur. * deinde cum dicit ° legem ergo, ‘ excludit quamdam obiectionem. * posset enim aliquis dicere quod “ praedictam legem destrueret, et ideo quaerit dicens ° legem ergo destruimus per fidem, “ ex hoc scilicet quod dicimus homines iustificari sine operibus legis. * et respondet ° absit, * secundum illud matth. c. v, 18: ° non praeteribit iota unum, aut unus apex, * etc.. subdit autem ° sed legem statuimus, ‘ id est per fidem legem perficimus et adimplemus, |175| * secundum illud matth. v, 17: ° non veni solvere legem, sed adimplere. ‘ et hoc quantum ad praecepta caeremonialia, quae cum essent figuralia, per hoc statuuntur et adimplentur, quod veritas significata per ea, in fide christi exhibetur; et etiam quantum ad moralia, quia fides christi auxilium gratiae confert ad implenda moralia praecepta legis, addit etiam quaedam consilia per quae praecepta moralia tutius et firmius conservantur.

075 CRO cp4

lc1 ‘ Postquam apostolus exclusit iudaeorum gloriam quam habebant in lege, per eam se gentibus praeferentes, hic excludit eorum gloriam quantum ad circumcisionem. et circa hoc duo facit. primo resumit quaestionem quam supra posuerat, * dicens ° quae est utilitas circumcisionis? ‘ et quia abraham primus mandatum de circumcisione accepit, * ut dicitur gen. xvii, 10, ‘ ideo quaestionem iterat in persona ipsius abrahae dicens: si ita est quod deus iustificat praeputium, sicut et circumcisionem, ° quid ergo dicemus invenisse ‘ utilitatis ° abraham patrem nostrum secundum carnem? ‘ id est secundum circumcisionem carnalem et secundum alias observantias carnales? * videtur esse inconveniens si dicatur quod “ nihil utilitatis invenerit, * cum dicatur is. xlvii, v. 17: ° ego dominus docens te utilia. ‘ secundo, * ibi ° si enim abraham, ‘ etc., respondet propositae quaestioni. et duo facit. primo ostendit quod abraham non hoc |25| invenerit per circumcisionem, et caetera legis opera, quod per eam iustificaretur, sed magis per fidem. secundo commendat fidem ipsius, * ibi ° qui contra spem, ‘ etc.. circa primum duo facit. primo ostendit propositum, ratione accepta ex parte divinae acceptationis; secundo, ratione divinae promissionis, * ibi ° non enim per legem, ‘ etc.. circa primum tria facit. primo proponit quamdam conditionalem; secundo probat destructionem consequentis, * ibi ° quid enim dicit scriptura, ‘ etc.. tertio, probat ipsam conditionalem, * ibi ° sicut et david, ‘ etc.. circa primum intendit apostolus sic argumentari: si abraham iustificatus esset ex operibus legis, non haberet gloriam apud deum; ergo non ex operibus iustificatus est. proponit ergo conditionalem dicens: quaesitum est quid abraham invenit secundum carnalem circumcisionem, et manifestum est quod hoc non invenit ut iustificatus sit ° ex operibus |50| legis, ‘ ita scilicet quod eius iustitia in operibus legis consistat; ° habet quidem gloriam, ‘ scilicet apud homines, qui exteriora facta vident, ° sed non apud deum ‘ qui videt in occulto, * secundum illud i reg. xvi, 7: ° deus autem intuetur cor. * i cor. iii, 21: ° nemo vestrum glorietur in hominibus, * etc.. unde contra quosdam dicitur io. xii, 43: ° dilexerunt magis gloriam hominum quam dei. * sed contra hoc potest obiici, quia “ ex consuetudine operum exteriorum generatur interior habitus, secundum quem etiam cor hominis bene disponitur, ut sit promptum ad bene operandum et in bonis operibus delectetur, * sicut philosophus docet in ii ethicorum. ‘ sed dicendum est quod hoc habet locum in iustitia humana, per quam scilicet homo ordinatur ad bonum humanum. huius enim iustitiae habitus per opera humana potest acquiri, sed iustitia quae habet gloriam apud deum, ordinatur ad bonum divinum, scilicet futurae gloriae, quae facultatem humanam excedit, * secundum illud i cor. ii, 9: ° in cor hominis non ascendit quae praeparavit deus |75| diligentibus se. ‘ et ideo opera hominis non sunt proportionata ad huius iustitiae habitum causandum, sed oportet prius iustificari interius cor hominis a deo, ut opera faciat proportionata divinae gloriae. * deinde cum dicit ° quid enim, ‘ etc., destruit consequens quod fuit negativum, probando affirmationem oppositam, scilicet quod abraham habebat gloriam apud deum. et hoc probat per auctoritatem scripturae, quam primo apostolus ponit; secundo exponit, * ibi ° ei autem ‘ etc.. dicit ergo primo. dico abraham sic iustificatum esse quod habet gloriam apud deum, ° quid enim scriptura dicit? * gen. xv, v. 6: ° credidit abraham deo ‘ promittenti sibi seminis multiplicationem. * eccli. ii, 6: ° crede deo, et recuperabit te. et reputatum est illi, ‘ scilicet a deo, ° ad iustitiam. * i mach. ii, 52: ° abraham in tentatione inventus est fidelis. ‘ et sic patet quod apud deum, a quo est ei reputatum ad iustitiam quod credidit, gloriam habet. est autem considerandum quod iustitiam quam deus reputat scriptam expressit non in aliquo exteriori opere, sed in interiori fide cordis, quam solus deus intuetur. cum autem dicatur triplex esse actus fidei, scilicet credere deum, deo, et in deum, posuit hunc actum qui est credere deo, qui est proprius actus fidei, eius speciem demonstrans. nam credere in deum, demonstrat ordinem fidei ad finem, qui est per charitatem; nam credere in deum, est credendo in deum ire, quod charitas facit. et sic sequitur speciem fidei. credere autem deum, demonstrat fidei materiam, secundum quod est virtus theologica, habens deum pro obiecto. et ideo hic actus nondum attingit ad speciem fidei, quia si aliquis credat deum esse per aliquas rationes humanas et naturalia signa, nondum dicitur fidem habere, de qua loquimur, sed solum quando ex hac ratione credit quod est a deo dictum, quod designatur per hoc quod dicitur credere deo; et ex hoc fides specificatur, sicut et quilibet cognoscitivus habitus speciem habet ex ratione, per quam assentit in aliquid. alia enim ratione inclinatur ad assentiendum habens habitum scientiae, scilicet per demonstrationem, et alia ratione habens habitum opinionis, scilicet per syllogismum dialecticum. * deinde cum dicit ° ei autem qui operatur, ‘ etc., exponit praedictam auctoritatem quantum ad hoc * quod dicit ° reputatum est illi ad iustitiam, * etc.. et tangitur in glossa duplex horum verborum expositio. “ prima est secundum quod referentur ad finalem mercedem, ‘ de qua primo ostenditur qualiter se habeat ad opera, secundo qualiter ad fidem, * ibi ° ei vero qui non * etc.. dicit ergo primo, quod ° ei, qui operatur, ‘ scilicet opera iustitiae, ° merces, ‘ aeternae retributionis, * de qua dicitur is. xl, 10: ° ecce merces eius cum eo, non reputatur secundum gratiam ‘ tantum, ° sed secundum debitum, * secundum illud matth. xx, 13: ° nonne ex denario convenisti mecum? * sed contra est quod dicitur infra vi, 23: ° gratia dei vita aeterna. * et infra viii, 18: ° non sunt condignae passiones huius temporis ad futuram gloriam. * sic igitur “ illa retributio non fit secundum debitum, sed secundum gratiam. ‘ sed dicendum est quod opera humana possunt considerari dupliciter. uno modo secundum substantiam operum, et sic non habent aliquid condignum, ut eis merces aeternae gloriae reddatur. alio modo possunt considerari secundum suum principium, prout scilicet ex impulsu dei aguntur secundum propositum dei praedestinantis; et secundum hoc eis debetur merces praedicta secundum debitum, * quia, ut infra viii, 14 dicitur: ° qui spiritu dei aguntur, hi sunt filii dei; si autem filii, et haeredes. * deinde cum dicit ° ei vero, ‘ etc., ostendit qualiter se habeat merces aeterna ad fidem, dicens ° ei vero qui non operatur, ‘ scilicet exteriora opera, puta quia non habet tempus operandi, sicut patet in baptizato statim mortuo, ° credenti in eum qui iustificat impium, ‘ scilicet in deum, * de quo dicitur infra, viii, 18. ° deus qui iustificat, reputabitur fides eius, ‘ scilicet sola sine operibus exterioribus, ° ad iustitiam, ‘ id est, ut per eam iustus dicatur, et iustitiae praemium accipiat, sicut si opera iustitiae fecisset, * secundum illud infra, x, 10 ° corde creditur ad iustitiam, ‘ et hoc ° secundum propositum gratiae dei, ‘ id est, secundum quod deus proponit ex gratia sua homines salvare. * infra viii, 28: ° his qui secundum propositum vocati sunt sancti. * eph. i, 11: ° qui operatur omnia secundum consilium voluntatis suae. ‘ alia expositio est ut hoc referatur ad hominis iustificationem. dicit ergo ° ei autem qui operatur, ‘ id est, si aliquis per opera iustificetur, ipsa iustitia imputaretur quasi ° merces non secundum gratiam, sed secundum debitum. * infra xi, 6: ° si autem gratia, iam non ex operibus, alioquin gratia iam non est gratia. ei vero, qui non operatur, ‘ ut scilicet per sua opera iustificetur, ° credenti autem in eum qui iustificat impium, ‘ computabitur haec eius ° fides ad iustitiam secundum propositum gratiae dei, ‘ non quidem ita quod per fidem iustitiam mereatur, sed quia ipsum credere est primus actus iustitiae quam deus in eo operatur. ex eo enim quod credit in deum iustificantem, iustificationi eius subiicit se, et sic recipit eius effectum. * et haec expositio est litteralis, et secundum intentionem apostoli, qui facit vim in hoc quod in gen. xv, 6 dictum est ° reputatum est illi ad iustitiam, ‘ quod consuevit dici, quando id, quod minus est ex parte alicuius, reputatur ei gratis, ac si totum fecisset. * et ideo apostolus dicit quod ‘ haec reputatio locum non haberet, si iustitia esset ex operibus, sed solum habet locum secundum quod est ex fide. * deinde cum dicit ° sicut et david, ‘ probat conditionalem praemissam * ex auctoritate psalmi. ‘ cuius primo praemittit sensum; secundo ponit verba eius, * ibi ° beati quorum; ‘ tertio excludit falsum intellectum, * ibi ° beatitudo, * etc.. dicit ergo: ° sicut et david dicit, ‘ id est asserit, ° beatitudinem hominis ‘ esse illius, scilicet, ° cui deus fert, “ id est dat, ° iustitiam; accepto, “ id est gratis, sine operibus praecedentibus. * tit. iii, 5: ° non enim ex operibus iustitiae quae fecimus nos. ‘ beatitudo autem hominis est a deo, * secundum illud ps. xxxix, 5: ° beatus vir cuius est dominus deus spes eius. ‘ sic igitur manifestum est illum habere gloriam apud deum, qui non ex operibus legis iustificatur, * ut dictum est. * deinde cum dicit ° beati quorum, ‘ etc., ponit verba david praedictam sententiam continentia, et dicit eos esse beatos quorum remittuntur peccata. et sic patet quod non habuerunt prius bona opera ex quibus iustitiam seu beatitudinem consequerentur. est autem triplex peccatum, scilicet originale, actuale mortale et actuale veniale. primo ergo quantum ad originale * dicit ° beati quorum remissae sunt iniquitates. ‘ ubi considerandum est quod peccatum originale iniquitas dicitur, quia est carentia originalis iustitiae, per quam secundum aequitatem ratio hominis subiiciebatur deo, inferiores vires rationi, et corpus animae; sed per peccatum originale haec aequitas tollitur, quia postquam ratio desiit esse subiecta deo, inferiores vires rationi rebellant et corpus ab obedientia animae subducitur per corruptionem et mortem. * unde in ps. l, 7: ° ecce enim in iniquitatibus conceptus sum. ‘ utrobique autem peccatum originale pluraliter significatur. vel propter plures homines, in quibus multiplicatur originale peccatum, vel potius quia virtute continet in se quodammodo omnia peccata. huiusmodi autem peccatum originale remitti dicitur, quia transit reatus superveniente gratia, sed remanet actu, remanente fomite sive concupiscentia, quae non tollitur totaliter in hac vita, sed remittitur, sive mitigatur. secundo, quantum ad actuale mortale, * dicit ° et quorum tecta sunt peccata. ‘ dicuntur autem peccata tegi divino conspectui, inquantum non inspicit ad ea punienda. * ps. lxxxiv, 3: ° operuisti omnia peccata eorum. ‘ tertio, quantum ad veniale, * dicit ° beatus vir cui non imputavit dominus peccatum, ‘ ut scilicet per peccatum intelligantur peccata venialia, quae, licet levia sint, tamen per multa homo separatur et elongatur a deo. * ii paral. xxx, 18 s.: ° dominus bonus propitiabitur cunctis, qui in toto corde requirunt illum, et non imputabitur illis quod minus sancti sunt. ‘ possunt autem et haec tria aliter distingui. sunt enim in peccato tria, quorum unum est offensa dei, * et quantum ad hoc dicit ° beati quorum remissae sunt iniquitates, ‘ secundum quod homo dicitur remittere offensam sibi factam. * is. xl, 2: ° dimissa est iniquitas illius. ‘ aliud autem est ipse actus inordinatus culpae, qui non potest non fuisse factus ex quo semel perpetratus est, sed tegitur manu misericordiae divinae, ut quasi pro non facto habeatur. tertio vero est reatus poenae * et quantum ad hoc dicit ° beatus vir cui non imputavit dominus peccatum, ‘ scilicet ad poenam. * deinde cum dicit ° beatitudo ergo ‘ etc., excludit falsum intellectum auctoritatis praedictae. * posset enim iudaeus sic intelligere quod “ praedicta gratia remissionis peccatorum non fieret nisi circumcisis. ‘ ad hoc ergo excludendum, primo apostolus quaestionem movet * dicens ° beatitudo haec, ‘ qua scilicet deus dat iustitiam sine operibus, ° manet tantum in circumcisione, ‘ id est habet locum solum in circumcisis, ° an etiam in praeputio, ‘ id est in gentibus? manifestum est quod in utrisque, * secundum illud quod dicit infra x, 10: ° idem dominus dives in omnes, ‘ etc.. secundo, * ibi ° dicimus enim, ‘ ad hoc ostendendum assumit auctoritatem scripturae, * quasi dicat, ‘ hoc ideo quaero: ° dicimus enim, ‘ etc., ° quod reputatur fides abrahae ad iustitiam, * gen. xv, 6. ‘ tertio ex hac auctoritate concludit solutionem praemissae quaestionis, sub interrogatione tamen, * dicens ° quomodo ergo reputata est? ‘ scilicet fides abrahae ad iustitiam, ° in circumcisione, ‘ id est, quando erat circumcisus, ° an in praeputio, ‘ id est quando erat incircumcisus? * et respondet ° non in circumcisione, sed in praeputio. ‘ et hoc manifestum est * ex serie narrationis scripturae. nam gen. c. xv, 6 legitur, quod ‘ fides reputata est abrahae ad iustitiam, circumcisionem autem accepisse * legitur gen. xvii, 23 s.. ‘ si igitur abraham, adhuc incircumcisus existens iustificatus est per fidem, manifestum est quod iustitia fidei, per quam gratis remittuntur peccata, non est solum in circumcisione, sed etiam in praeputio, id est, in gentilitate.

lc2 ‘ Ostenso quod beatitudo remissionis peccatorum non solum est in circumcisione, sed etiam in praeputio, exemplo abrahae qui tempore praeputii est iustificatus, hic respondet cuidam obiectioni. * posset enim aliquis dicere: “ si abraham iustificatus est ante circumcisionem, ergo sine causa et frustra circumcisus est. ‘ ad hanc ergo obiectionem excludendam primo proponit, quod circumcisio non erat causa iustitiae, sed signum; secundo ostendit quid ex hoc signo consequatur, * ibi ° ut sit pater, ‘ etc.; tertio ostendit modum quo consequatur ° non his tantum, ‘ etc.. circa primum duo facit. primo proponit circumcisionem esse signum. * gen. c. xvii, 11: ° circumcidetis carnem praeputii vestri, ut sit in signum foederis inter me et vos. ‘ secundo ostendit cuius rei sit signum, * dicens, quod sit ° signaculum iustitiae fidei, ‘ id est quae est per fidem, ° quae, ‘ quidem fides, ° est in praeputio, ‘ id est quam abraham habuit adhuc incircumcisus existens. dicitur autem signaculum dupliciter. uno modo quasi expressum signum habens similitudinem rei signatae, * secundum illud ezech. xxviii, 12: ° tu signaculum similitudinis, ‘ etc.. habet autem circumcisio expressam similitudinem cum fide abrahae, primo quidem, quantum ad rem creditam. credidit enim multiplicationem sui seminis, et ideo congruenter accepit signum in membro generationis. secundo, quantum ad effectum huius fidei, quae est remotio culpae, quae signatur per remotionem superfluae pelliculae. alio modo signaculum dicitur signum aliquid occultans quod revelandum est amicis, sicut patet de sigillo; * et secundum hoc dicitur apoc. v, 9: ° dignus est agnus qui occisus est accipere librum et aperire signacula eius. ‘ claudebatur ergo sub signaculo circumcisionis secretum incarnationis christi ex semine abrahae. consequenter ostendit quid consequatur ex dictis. consequitur enim ex hoc quod abraham in praeputio iustificatus per fidem, postea circumcisionem accepit, ut sit pater non solum circumcisorum, sed etiam credentium in praeputio. * et hoc est quod dicit ° ut sit pater, ‘ id est ex praedictis consequitur, quod abraham sit pater ° omnium credentium per praeputium, ‘ id est qui sunt in statu praeputii. vel abraham sit pater per praeputium, id est per id quod habuit in praeputio, ut reputetur et illis ad iustitiam, hoc scilicet quod credunt, sicut reputatum est abrahae. et de hac paternitate * dicitur matth. iii, 9: ° potens est deus de lapidibus istis, ‘ etc.. ° et sit pater circumcisionis, ‘ id est circumcisorum, qui ex eo originem ducunt. * unde io. viii, 39: ° pater noster abraham est. ‘ deinde ostendit per quem modum sit pater etiam incircumcisorum, quia per imitationem. et hoc est * quod dicit ° ut sit, inquam, pater non his tantum qui sunt in circumcisione, ‘ id est qui sunt circumcisi, ° sed etiam his qui sectantur vestigia fidei patris nostri abrahae, qui est in praeputio, ‘ id est, quam abraham habuit adhuc incircumcisus. * io. viii, 39: ° si filii abrahae estis, opera eius facite. ‘ et quia hic de circumcisione fit mentio, oportet circa ipsam tria considerare, scilicet quare sit instituta, quam vim habuit et quare sit mutata. circa primum considerandum quod circumcisio, sicut et aliae legis caeremoniae, est propter duo instituta. primo quidem propter cultum divinum, ad quem homines secundum huiusmodi caeremonialia disponebantur. et secundum hoc circumcisio habet triplicem institutionis causam, quarum prima est ad significandum fidem et obedientiam qua abraham se deo subiecit, ut scilicet illi qui circumcisionem acciperent abrahae traditam, fidem et obedientiam ipsius observarent. * dicitur enim hebr. iv, 11: ° fide abraham circumcisus est; ‘ et ideo facta est circumcisio in membro generationis ad significandum fidem ipsius circa prolem futuram, * ut dictum est. ‘ secunda est ad exprimendum in signo corporali id quod spiritualiter erat faciendum, ut scilicet sicut a membro generationis, quod principaliter concupiscentiae deservit, abscindebatur superflua pellicula, ita etiam a corde hominis omnis superflua concupiscentia tolleretur, * secundum illud ier. iv, 4: ° circumcidimini domino, et auferte praeputium cordium vestrorum, ‘ etc.. tertia est ut per hoc signum populus ille deum colens, ab omnibus aliis populis distingueretur. et inde est quod mandavit dominus circumcidi filios israel, qui inter alias nationes erant habitaturi, qui prius in deserto solitarii manentes circumcisi non erant. alia autem ratio circumcisionis et omnium caeremonialium accipitur per comparationem ad christum, ad quem comparatur, sicut figura ad veritatem et membra ad corpus, * secundum illud col. ii, 17: ° quae sunt umbra futurorum, corpus autem christi. ‘ sic igitur per circumcisionem corporalem significatur circumcisio spiritualis fienda per christum. primo quidem in animam, quantum per ipsum peccatorum reatus et concupiscentiae praescinduntur. * col. ii, 11: ° in quo, ‘ christo, ° circumcisi estis circumcisione non manufacta, in expoliatione corporis carnis, sed in circumcisione domini nostri iesu christi. ‘ secundo vero quantum ad corpus, quando scilicet etiam in resurrectione ab electorum corporibus omnis passibilitas et mortalitas auferetur; et ideo circumcisio fiebat octavo die, quia significat octavam aetatem resurgentium: nam septima est quiescentium in christo. sex autem aetates sunt quibus saeculum currit. unde et circumcisio facta legitur cultellis petrinis * ios. v, 2 et ex. iv, 25, ‘ ad significandum quod spiritualis circumcisio fienda erat per petram, ° qui est christus, * ut dicitur i cor. x, 4. ‘ non tamen hoc generaliter observabatur, quod necesse esset circumcisionem fieri cum petra. circa secundum vero est sciendum, quod * sicut hic glossa dicit, et est bedae, ° idem salutare curationis auxilium circumcisio in lege contra originalis peccati vulnus praebebat, quod baptismus agere tempore revelatae gratiae consuevit. * ex quo patet quod “ virtus circumcisionis se extendebat ad deletionem originalis peccati. * quidam tamen dicunt quod “ gratia in circumcisione non conferebatur: non enim potest esse dei gratia sine iustitia. * argumentatur autem apost. gal. ii, 21: ° si iustitia est per legem, ergo christus gratis mortuus est, ‘ id est sine causa. et eodem modo argumentari possumus: si ex circumcisione est gratia iustificans, christus gratis mortuus est; sed hoc non potest esse, nam remissio peccati numquam fit sine gratia. * tit. iii, 7: ° iustificati igitur gratia ipsius, * etc.. et ideo alii dicunt quod “ in circumcisione dabatur gratia, quantum ad effectus privativos, scilicet remotionis culpae, non autem quantum ad effectus positivos, puta operationem iustitiae. * sed hoc etiam conveniens non videtur; ‘ effectus enim positivi alicuius formae ordine naturae praecedunt effectus privativos. non enim lumen pellit tenebras nisi per hoc quod illuminat. et ita gratia per hoc culpam pellit, quod iustificat. remoto autem priori, removetur posterius. et ideo melius dicendum est quod circumcisio ex ipso opere operato non habebat virtutem effectivam, neque quantum ad remotionem culpae, neque quantum ad operationem iustitiae: sed erat solum iustitiae signum, * ut |175| hic apostolus dicit, ' sed per fidem christi, cuius circumcisio signum erat, auferebatur peccatum originale et conferebatur auxilium gratiae ad recte agendum. circa tertium vero manifestum est iam * ex dictis, ' quare oportuit circumcisionem mutari. nam circumcisio erat signum futuri. non autem idem signum convenit praesenti, sive praeterito et futuro: et ideo baptismus est signum praesentis gratiae qui copiosiorem et utiliorem effectum habet gratiae, quia quanto agens est propinquius et praesentius, tanto efficacius operatur. * deinde, cum dicit ° non enim per legem, ' etc., ostendit propositum, scilicet quod circumcisio sive quodcumque opus legis non iustificet ex divina promissione. et circa hoc duo facit. primo proponit quod intendit; secundo probat propositum, * ibi ° si enim qui ex lege, ' etc.. supponit ergo apostolus, primo, * ex auctoritate genes. ' promissionem factam abrahae et semini eius, ° ut haeres esset mundi, ' id est, ut omnes gentes mundi in ipso benedicerentur, |200| * secundum illud gen. xii, 3: ° in te benedicentur, * etc.. dicit autem ° ac semini eius; ' quia huiusmodi promissio et si in ipso non est completa, complenda tamen erat in semine eius. * dicitur enim gen. xxii, 18: ° benedicentur in semine tuo omnes gentes terrae. ' hoc autem semen principaliter intelligitur christus, * secundum illud gal. iii, 16: ° abrahae dictae sunt promissiones et semini eius. non dicit, in seminibus, quasi in multis: sed in semine, quasi in uno, ' etc.. quia scilicet in uno in quo completur, ostenditur, ut sit ° haeres mundi, * secundum illud ps. ii, 8: ° postula a me, et dabo tibi gentes haereditatem tuam. ' secundario autem completur in illis, qui per gratiam christi sunt spiritualiter semen abrahae. * infra ix, 8: ° qui filii sunt promissionis aestimantur in semine. ' qui etiam per christum sunt haeredes mundi, inquantum omnia in gloria electorum cedunt. * i cor. iii, 22: ° omnia vestra sunt, ' etc.. circa hanc promissionem unum negat, et unum asserit. negat huiusmodi promissionem esse factam | 225 | per legem. quod quidem non dicitur propter ipsam promissionem, quia tempore promissionis lex data non erat, sed propter promissionis impletionem, ut sit sensus, quod talis promissio facta erat abrahae, non quasi implenda per legem, * quia, ut dicitur hebr. c. vii, 19: ° nihil ad perfectum adduxit lex. ' aliud autem astruit, quod scilicet huiusmodi promissio sit implenda ° per iustitiam fidei, ' quia, ° sancti per fidem vicerunt regna * hebr. xi, 33. deinde cum dicit ° si enim, ' etc., ostendit propositum. et primo quantum ad hoc, quod promissio non sit implenda per legem; secundo quantum ad hoc, quod sit implenda per iustitiam fidei, * ibi ° ideo ex fide, ' etc.. circa primum ponit talem rationem: si promissio facta abrahae esset implenda per legem, fides abrahae credentis promissioni, esset inanis, quia promissio ei facta aboleretur; sed hoc est inconveniens, ergo et primum. circa hoc duo facit. |250| primo proponit conditionalem; secundo probat eam, * ibi ° lex enim, ' etc.. destructio autem consequentis est manifesta. dicit ergo primo quod promissio non est facta per legem. ° si enim qui ex lege ' sunt, hi ° sunt haeredes, ' id est, si ad hoc quod aliqui haereditatem promissam participent, requiritur quod ex legis observantia hoc consequantur, ° exinanita est fides, ' id est, vacua facta est fides qua abraham credidit deo promittenti, * ut dicitur genesis xv, 6. et hoc est inconveniens, secundum quod dicitur i cor. xv, v. 14: ° si christus non resurrexit, inanis est praedicatio nostra, ' etc.. et quare sit inanis, ostendit * subdens ° abolita, ' id est cassata, ° est promissio, ' quia non consequitur suum effectum. * contra id quod dicitur hebr. xi, 11: ° fidelem credidit eum esse qui repromiserat, * et hic infra in praesenti cap. dicitur: ° quaecumque promisit deus, potens est, * etc.. deinde cum dicit ° lex enim, ' probat |275| conditionalem praemissam per effectum sive eventum legis. et primo proponit legis effectum sive eventum; secundo, probat, * ibi ° ubi enim non est lex, ' etc.. probat autem conditionalem sic: si aliqua promissio sit implenda per id quod impletionem promissionis impedit, talis promissio aboletur et fides credentis exinanitur; sed lex impedit consecutionem haereditatis, ° lex enim iram operatur: ' ergo si per legem sit adimplenda promissio, exinanita est fides, abolita est promissio. dicitur autem lex operari iram, id est vindictam, quia per legem facti sunt homines digni dei vindicta. * iv reg. xxii, 13: ° magna ira domini succensa est contra nos, quia non audierunt patres nostri verba libri huius, ' scilicet legis, * etc.. posset autem aliquis intelligere quod " lex iram operatur quantum ad caeremonialia tempore gratiae observata, * secundum illud gal. v, 2: ° si circumcidamini, christus nihil vobis proderit. * sed quod hic dicitur, ' intelligendum |300| est etiam quantum ad moralia, non quidem quod legis praecepta moralia praecipiant aliquid, quod qui observant dignos ira dei efficiat, sed occasionaliter, quia praecipit et gratiam adimplendi non praebet, * secundum illud ii cor. iii, 6: ° littera occidit, spiritus autem vivificat, ' quia scilicet interius ° adiuvat infirmitatem nostram, * ut dicitur infra viii, 26. deinde cum dicit ° ubi enim non est lex, ' etc., ostendit qualiter iram operatur, * dicens ° ubi non est lex, non est praevaricatio, ' quia et si aliquis, lege non data, peccare possit contra id quod naturaliter iustum est faciendo, non tamen praevaricator dicitur, nisi legem transgrediens. * ps. cxviii, 158: ° vidi praevaricantes et tabescebam, ' etc.. et tamen omnis peccator potest dici praevaricator, inquantum legem naturalem transgreditur. * ps. cxviii, 119: ° praevaricantes reputavi omnes peccatores terrae. ' gravius est tamen transgredi simul legem naturae et legem scriptam, quam solam legem naturae. et ideo lege data sine gratia adiuvante, praevaricatio crevit, et maiorem |325| iram promeruit.

lc3 ' Ostenso quod promissio facta abrahae et semini eius non sit implenda per legem, hic ostendit quod sit implenda per fidem. et circa hoc tria facit. primo ostendit per quid sit huiusmodi promissio adimplenda; secundo ostendit in quibus sit adimplenda, * ibi ° omni semini, ' etc.; tertio a quo sit implenda, * ibi ° qui vivificat mortuos, ' etc.. primo ergo concludit propositum quasi ex divisione. videtur enim necessarium esse quod promissio adimpleatur vel per fidem, vel per legem: non autem per legem, quia promissio aboleretur, * unde concludit ° ideo ex fide, ' scilicet consequimur promissionem, ut haeredes simus mundi. * io. v, 4: ° haec est victoria quae vincit mundum, ' etc.. et hoc confirmat per contrarium medium ei quod supra assumpserat. * dictum est enim quod ' si iustitia ex lege esset, promissio aboleretur; sed si sit ex fide, remanet firma promissio |25| propter virtutem divinae gratiae iustificantis hominem per fidem. et hoc est * quod dicit ° ut promissio dei sit firma, ' non quidem per operationes hominum quae possunt deficere, sed ° secundum gratiam ' quae infallibilis est. * ii cor. xii, 9: ° sufficit tibi gratia mea, * etc.. ii cor. i, 20: ° quotquot sunt promissiones, in illo, ' scilicet christo, ° sunt, ' id est, veritatem habent. * deinde cum dicit ° omni semini, ' etc., ostendit in quibus impleatur praedicta promissio. et primo proponit quod intendit, et dicit quod praedicta promissio sic implenda per fidem, est firma per gratiam. ° omni semini, ' id est, omni homini qui fuerit qualitercumque semen abrahae. * eccli. xliv, 11 s.: ° cum semine eorum permanent bona, haereditas sancta nepotes eorum. ' secundo, * ibi ° non ei, ' etc., * exponit quod dixerat ° omni semini. ' est enim quoddam semen carnale, * secundum illud io. viii, 33: ° semen abrahae sumus. ' est aliud semen spirituale, * secundum illud matth. iii, 9: ° potens est deus de lapidibus |50| his, ' id est de gentibus, ° suscitare filios abrahae; ' solum autem semen abrahae carnale legem servavit, sed fidem eius etiam imitatur semen spirituale. et sic, si per solam legem esset promissio, non impleretur in omni semine sed solum in carnali. quia vero impletur per fidem quae est omnibus communis, planum est, quod impletur in omni semine. tertio, * ibi ° qui est pater, ' etc., probat quod supposuerat, scilicet quod semen abrahae sit non solum quod est ex lege sed etiam quod est ex fide, per auctoritatem scripturae, cuius, primo, ponit sensum, * dicens, ° qui, ' scilicet abraham, ° est pater omnium nostrum, ' id est, omnium credentium, sive iudaeorum, sive gentilium. * supra, eodem: ° ut sit pater omnium credentium. * is. li, 2: ° attendite ad abraham patrem vestrum. ' secundo inducit auctoritatem, * dicens ° sicut scriptum est, * gen. xvii, 4, ° quia patrem multarum gentium posui te. * littera alia habet, ° constitui te, ' quod sensum non variat. * eccli. xliv, 20: ° abraham magnus pater multitudinis |75| gentium. ' tertio, * ibi ° ante deum, ' etc., exponit quod dixerat. sic enim * dictum est ° posui te ' quasi iam esset impletum quod longe postea erat implendum: sed quae sunt futura in seipsis, in dei providentia sunt praesentia, * secundum illud eccli. xxiii, 29: ° domino deo nostro, antequam crearentur, omnia sunt agnita, sic et post perfectum respicit omnia. * et ideo apostolus dicit quod hoc quod dictum est, ° posui te, ' intelligendum est ° ante deum, ' id est, in eius praesentia, ° cui credidisti. ' crediderat enim abraham deo futura praenuncianti, ac si videret praesentia, * quia, ut dicitur hebr. xi, 1: ° fides est sperandarum substantia rerum, argumentum non apparentium. * deinde cum dicit ° qui vivificat mortuos, ' etc., ostendit a quo sit implenda huiusmodi promissio, * dicens ° qui, ' scilicet deus, ° vivificat mortuos, ' id est, iudaeos, qui erant mortui in peccatis, contra legem agentes, vivificat per fidem et gratiam, ut promissionem abrahae consequantur. * io. v, 21: ° sicut pater suscitat mortuos et vivificat, ' etc.. |100| ° et vocat ea quae non sunt, ' id est, gentiles vocat, scilicet ad gratiam, ° tamquam ea quae sunt, ' id est, tamquam iudaeos. * infra c. ix, 25: ° vocabo non plebem meam, ' etc.. significat autem gentiles per ° ea quae non sunt, ' quia erant omnino alienati a deo. * sicut i cor. xiii, 2 dicitur: ° si charitatem non habuero, nihil sum. ' et sic per huiusmodi vocationem implebitur promissio abrahae etiam in gentilibus. * vel quod dicit ° et vocat ea quae non sunt, ' non intelligitur de vocatione temporali, sed de vocatione praedestinationis aeternae, quia vocantur et eliguntur etiam qui non sunt ac si essent. * eph. i, 4: ° eligit nos in ipso ante mundi constitutionem. * et de hac vocatione dicitur infra ix, 12: ° non ex operibus, sed ex vocante dictum est, quia maior serviet minori. ' vel, ° vocationem ' hic dicit simplicem dei notitiam vel cognitionem, qua cognoscit futura, quae non sunt in actu sicut praesentia. * et hoc modo vocatio in ps. cxlvii, 4 accipitur, cum dicitur: ° qui numerat multitudinem stellarum, ' etc.. et secundum hunc sensum |125| quod hic dicitur, inducitur propter id * quod supra dictum est ° ante deum cui credidisti. * duo enim videbantur obstare ei quod dictum est ° patrem multarum gentium posui te. * quorum unum erat, quia " ipse idem abraham erat quasi emortuus prae senectute, * ut infra dicetur. * et contra hoc dicit ° qui vivificat mortuos. * aliud autem est, quia " illae multae gentes nondum erant. * et contra hoc subdit ° et vocat ea quae non sunt tamquam ea quae sunt. * deinde cum dicit ° qui contra spem, ' commendat fidem abrahae. et primo ostendit magnitudinem fidei eius; secundo, efficaciam vel fructum eius, * ibi ° ideo et reputatum est, ' etc.. circa primum duo facit. primo ostendit magnitudinem fidei abrahae quantum ad promissionem seminis multiplicandi; secundo, quantum ad repromissionem seminis exaltandi, * ibi ° in repromissione, ' etc.. circa primum duo facit. primo ostendit fidem eius fuisse magnam; | 150 | secundo ostendit eam fuisse firmam, * ibi ° et non infirmatus est in fide, ' etc.. circa primum duo facit. primo proponit magnitudinem fidei abrahae, * dicens ° qui, ' scilicet abraham, in hanc ° spem credidit, ut fieret pater multarum gentium, ' sed contra aliam spem. circa quod considerandum est quod spes importat certam expectationem boni futuri, quae quidem certitudo est quandoque ex causa humana sive naturali, * secundum illud i cor. ix, 10: ° debet in spe qui arat, arare. ' quandoque vero certitudo expectantis est ex causa divina, * secundum illud ps. xxx, 2: ° in te, domine, speravi, ' etc.. hoc ergo bonum, quod abraham fieret pater multarum gentium, certitudinem habebat ex parte dei promittentis, sed contrarium apparebat ex causa naturali sive humana. * ideo dicit ° qui contra spem, ' causae naturalis vel humanae, ° credidit in spem, ' scilicet divinae promissionis. quam quidem secundo ponit * dicens ° secundum quod dictum est ei, " scilicet * gen. xxii, 17: ° sic erit semen tuum sicut |175| stellae caeli et sicut arena maris. ' utrumque autem horum inducitur propter similitudinem innumerabilis multitudinis. nam, quantum ad stellas, * dicitur deut. i, 10: ° dominus deus vester multiplicavit vos, et estis hodie sicut stellae caeli. ' quantum ad arenam, * dicitur iii reg. iv, 20: ° iuda et israel innumerabiles sicut arena maris sunt. ' potest tamen aliqua differentia inter utrumque attendi, ut stellis comparentur iusti, qui fuerunt ex semine abrahae, * dan. xii, 3: ° qui ad iustitiam erudiunt plurimos, quasi stellae in perpetuas aeternitates. ' arenae autem comparantur peccatores, quia fluctibus mundi quasi cuiusdam maris opprimuntur, * ier. v, v. 22: ° posui arenam terminum maris. * deinde cum dicit ° et non infirmatus est, ' ostendit firmitatem abrahae, quam primo proponit * dicens ° et non infirmatus est. ' sicut enim temperantia ostenditur non esse infirma, quae magnis concupiscibilibus non vincitur, ita fides ostenditur non esse infirma, sed fortis quae a magnis difficultatibus non superatur. * i petr. v, 9: ° cui resistite fortes in fide. |200| ' secundo, * ibi ° nec consideravit, ' etc., ponit difficultates ex quibus ostenditur fides eius non fuisse infirma. et primo quidem ex parte ipsius abrahae, * cum dicit ° non consideravit, ' scilicet ad discernendum promissionem, ° corpus suum emortuum, ' scilicet quia iam mortificata erat in eo vis generativa propter senectutem, * unde dicit ° cum iam fere centum annorum esset. ' abrahae enim centenario existenti natus est isaac, * ut habetur gen. xxi, 5. ' per annum autem ante fuerat sibi filius promissus, * secundum illud gen. xviii, 10: ° revertens veniam ad te tempore isto, et erit sarae filius. * sed videtur quod " non fuit corpus eius emortuum quantum ad vim generativam, quia etiam post mortem sarae duxit cethuram uxorem, quae genuit ei filios, * ut dicitur gen. xxv, 1. dicunt ergo quidam quod " mortua erat in eo vis generativa quantum ad hoc, quod ex muliere antiqua generaret, non quantum ad hoc quod generaret filium ex iuvencula. solent enim senes ex iuvenculis mulieribus prolem gignere, non autem ex antiquis, quae | 225 | sunt minus aptae ad concipiendum. ' sed melius dicendum videtur quod abrahae miraculose restituta erat vis generandi et quantum ad saram et quantum ad omnes mulieres. secundo ponit difficultatem ex parte uxoris, * cum dicit ° et emortuam vulvam sarae, ' scilicet non consideravit ut discrederet. dicit autem emortuam quantum ad actum generandi, tum propter sterilitatem, tum propter senectutem. " iam enim desierant ei fieri muliebria, * ut dicitur gen. xviii, 11. et ideo is. li, 2 ubi dicitur: ° attendite ad abraham patrem vestrum et ad saram quae vos peperit, ' ut ostenderet utriusque mortificationem et frigiditatem, * praemisit dicens: ° attendite ad petram unde excisi estis, et ad cavernam laci de qua praecisi estis. ' deinde * cum dicit ° in repromissione etiam dei, ' etc., commendat fidem abrahae quantum ad iteratam promissionem de seminis exaltatione. et primo ponit fidei firmitatem; secundo, firmitatis causam, * ibi ° dans gloriam deo. |250| * dicit ergo primo ° in repromissione etiam dei, ' id est, in iterata eius promissione, vel de seminis multitudine quam promisit, primo quidem * gen. xv, 5, dicens: ° suspice caelum et numera stellas si potes, * et infra c. xvii, 4: ° eris pater multarum gentium,

* et iterum infra xxii, 17: ° multiplicabo semen tuum sicut stellas caeli. ‘ vel intelligendum est ° in repromissione dei, ‘ id est, in iterata promissione de exaltatione seminis eius, * quia cum dixisset: ° multiplicabo semen tuum, * statim subdit: ° possidebit semen tuum portas inimicorum tuorum, et benedicentur in semine tuo omnes gentes terrae. ‘ in hac quidem dei promissione ° non haesitavit, ‘ id est, non dubitavit ° diffidentia, ‘ scilicet, quod diffideret de veritate divinae repromissionis. * iac. i, 6: ° qui haesitat similis est fluctui maris, ‘ etc.. ° sed confortatus est fide, “ id est, fortiter fidei adhaesit. * i petr. ult.: ° cui resistite fortes in fide. ‘ consequenter * cum dicit ° dans gloriam deo, ‘ assignat rationem firmitatis fidei eius * dicens: ° confortatus est, ‘ inquam, ° fide, dans gloriam deo, ‘ in quantum scilicet consideravit |275| omnipotentiam eius. * ps. cxlvi, 5: ° magna virtus eius, * etc.. unde et hic subditur ° plenissime sciens quia quaecumque promisit deus, potens est et facere. * sap. xii, 18: ° subest tibi enim cum volueris posse. ‘ ex quo patet quod quicumque non est firmus in fide dei, quantum est in se divinae gloriae derogat vel quantum ad eius veritatem, vel quantum ad eius potentiam. * deinde cum dicit ° et reputatum est ei, ‘ commendat fidem abrahae quantum ad eius effectum. et primo ponit effectum quem in ipso habuit, * dicens: ° ideo, ‘ scilicet quia abraham tam perfecte hoc ipsum credidit, ° reputatum est illi ad iustitiam. * mach. ii, 52: ° et reputatum est ei ad iustitiam. ‘ secundo ostendit effectum, quem fides eius habet etiam in aliis. et circa hoc tria facit. primo ponit similitudinem effectus, * dicens ° non autem scriptum est tantum propter ipsum, quia reputatum est illi ad iustitiam, ‘ ut scilicet reputemus quod soli abrahae fides |300| ad iustitiam reputata sit, ° sed, ‘ scriptum est, ° propter nos, quibus reputabitur, ‘ scilicet “ fides, ° ad iustitiam. * infra xv, 4: ° quaecumque scripta sunt, ad nostram doctrinam scripta sunt. ‘ sic ergo scriptum est propter eum ut sit nobis in exemplum, et propter nos ut sit nobis in iustificationis spem. secundo, * ibi ° credentibus in eum, ‘ ostendit similitudinem fidei. reputata est enim ad iustitiam fides abrahae credenti, quod corpus suum emortuum, et emortua vulva sarae posset vivificari ad filiorum procreationem. ° reputabitur, ‘ et nobis, ° credentibus in eum, qui suscitavit dominum nostrum iesum christum a mortuis: ‘ et in deum patrem, cui ipse * dicit in ps. xl, v. 11: ° tu autem, domine, miserere mei et resuscita me. ‘ et quia eadem est virtus patris et filii, ipse etiam in propria virtute surrexit. quod autem haec fides iustificet, * habetur infra x, 9: ° si confitearis in ore tuo dominum iesum, et in corde tuo credideris quod deus illum suscitavit a mortuis, salvus eris. ‘ tertio, * ibi ° qui traditus est, ‘ etc., |325| assignat causam quare fides resurrectionis christi iustificet, * dicens ° qui, ‘ scilicet christus, ° traditus est, ‘ scilicet in mortem, a deo patre, * infra viii, 31: ° proprio filio suo non pepercit deus, sed pro nobis omnibus tradidit illum; ‘ et a seipso, * eph. v, 25: ° tradidit semetipsum pro nobis; ‘ et a iuda, * io. xix, v. 11: ° qui me tradidit tibi maius peccatum habet; ‘ et a iudaeis, * matth. xx, 19: ° tradent eum gentibus ad illudendum. et resurrexit propter iustificationem nostram, ‘ id est, ut nos resurgendo iustificaret. * infra vi, 4: ° quomodo christus resurrexit a mortuis per gloriam patris, ita et nos in novitate vitae ambulemus. ‘ et quod propter delicta nostra sit traditus in mortem, manifestum videtur ex hoc quod sua morte meruit nobis deletionem peccatorum, sed resurgendo non meruit, quia in statu resurrectionis non fuit viator, sed comprehensor. et ideo dicendum est quod mors christi fuit nobis salutaris, non solum per modum meriti sed etiam per modum cuiusdam efficientiae. cum enim “ humanitas christi esset |350| quodammodo instrumentum divinitatis eius, * ut damascenus dicit, ‘ omnes passiones et actiones humanitatis christi fuerunt nobis salutiferae, utpote ex virtute divinitatis provenientes. sed quia effectus habet aliqualiter similitudinem causae, mortem christi, qua extincta est in eo mortalis vita, dicit esse causam extinctionis peccatorum nostrorum: resurrectionem autem eius qua redit ad novam vitam gloriae, dicit esse causam iustificationis nostrae, per quam redimus ad novitatem iustitiae.

075 CRO cp5

lc1 ‘ Postquam apostolus ostendit necessitatem gratiae christi, quia sine ea nec cognitio veritatis gentibus, nec circumcisio et lex iudaeis profuerunt ad salutem, hic incipit commendare virtutem gratiae. et circa hoc duo facit. primo ostendit quae bona per gratiam consequamur; secundo, a quibus malis per eam liberemur, * ibi ° propterea sicut per unum hominem, ‘ etc.. circa primum duo facit. primo proponit modum perveniendi, seu viam qua venimus ad gratiam; secundo ostendit bona quae per gratiam consequimur, * ibi ° et gloriamur in spe gloriae, ‘ etc.. circa primum duo facit. primo exhortatur ad debitum gratiae usum; secundo ostendit nobis gratiae aditum, * ibi ° per quem accessum, ‘ etc.. dicit ergo primo. dictum est quod fides reputabitur omnibus ad iustitiam |25| credentibus resurrectionem christi, quae est causa nostrae iustificationis. ° iustificati igitur ex fide, ‘ inquantum scilicet per fidem resurrectionis effectum eius participamus, ° habeamus pacem ad deum, ‘ scilicet subiiciendo nos et obediendo ei. * iob xxii, 21: ° acquiesce igitur ei et habeto pacem. * iob ix, 4: ° quis restitit ei, et pacem habuit? ‘ et hoc per iesum christum dominum nostrum, qui nos ad istam pacem perduxit. * eph. ii, 14: ° ipse est pax nostra. * unde subdit ° per quem, ‘ christum ° accessum habemus, ‘ scilicet tamquam per mediatorem. * tim. ii, 5: ° mediator dei et hominum, * etc.. eph. ii, 18: ° per ipsum accessum habemus ambo in uno spiritu ad patrem. ‘ accessum, inquam, ° in gratiam istam, ‘ id est, in statum gratiae. * io. i, 17: ° gratia et veritas per iesum christum facta est. in qua, ‘ id est, per quam gratiam, non solum resureximus a peccatis, sed etiam ° stamus, ‘ fixi et erecti per affectum in caelestibus. * ps. cxx, 21: ° stantes erant pedes nostri. * et iterum: ° nos autem surreximus, et erecti sumus. |50| ‘ et hoc ° per fidem, ‘ per quam, scilicet, gratiam consequamur, non quia fides praecedat gratiam, cum potius per gratiam sit fides. * eph. ii, 8: ° gratia estis salvati per fidem, ‘ scilicet, quia primus effectus gratiae in nobis est fides. * deinde cum dicit ° gloriamur in spe gloriae, ‘ etc. ostendit quae bona nobis per gratiam provenerunt. primo dicit quod per gratiam habemus gloriam spei; secundo, quod per gratiam habemus gloriam dei, * ibi ° non solum autem, ‘ etc.. circa primum tria facit. primo ostendit magnitudinem spei, in qua gloriamur; secundo, eius vehementiam, * ibi ° non solum autem, ‘ etc.. tertio, eius firmitatem, * ibi ° spes autem non confundit, ‘ etc.. magnitudo autem spei consideratur ex magnitudine rei speratae, * quam ponit dicens ° et gloriamur in spe gloriae filiorum dei, ‘ id est ex hoc quod speramus nos adepturos gloriam filiorum dei. |75| per gratiam enim christi adepti sumus ° spiritum adoptionis filiorum dei, * ut dicitur infra c. viii, 15, et sap. v, 5: ° ecce quomodo computati sunt inter filios dei. ‘ filiis autem debetur haereditas patris, * infra viii, 17: ° si autem filii et haeredes. ‘ haec autem haereditas est gloria quam deus habet in seipso. * iob xl, v. 4: ° si habes brachium ut deus, ‘ etc.. et huiusmodi spes indita est nobis per christum. * i petr. i, 3 s.: ° regeneravit nos in spem vivam, per resurrectionem iesu christi ex mortuis in haereditatem incorruptibilem, ‘ etc.. et haec gloria, quae in futuro in nobis complebitur, interim nunc in nobis inchoatur per spem. * infra viii, 24: ° spe salvi facti sumus. * ps. v, 12: ° gloriabuntur in te omnes qui diligunt nomen tuum. * deinde cum dicit ° non solum autem, ‘ etc., ostendit vehementiam huius spei. qui enim vehementer aliquid sperat, libenter sustinet propter illud etiam difficilia et amara, sicut infirmus si vehementer sperat sanitatem, libenter bibit potionem amaram ut sanetur per ipsam. signum ergo vehementis spei quam habemus propter christum est |100| quod non solum gloriamur ex spe futurae gloriae, sed etiam de malis quae pro ipsa patimur, * unde dicit ° non solum autem gloriamur, ‘ scilicet in spe gloriae, ° sed etiam gloriamur in tribulationibus, ‘ per quas ad gloriam pervenimus. * act. xiv, 21: ° per multas tribulationes oportet nos introire in regnum caelorum. * iac. i, 2: ° omne gaudium existimate, fratres mei, cum in tentationes varias incideritis. ‘ et causam ostendit consequenter, * dicens ° scientes, ‘ etc.. ubi quatuor per ordinem ponit, quorum primum est tribulatio, * de qua dicitur quod ° tribulatio patientiam operatur; ‘ non quidem sic quod tribulatio sit eius causa effectiva, sed quia tribulatio est materia et occasio exercendi patientiae actum. * infra xii, 12: ° in tribulatione patientes. ‘ secundo ponit patientiae effectum, * cum dicit ° patientia probationem. * eccli. ii, 5: ° in igne probatur aurum et argentum: homines vero receptibiles in camino humiliationis. ‘ manifestum est enim quod detrimentum |125| alicuius rei de facili sustinemus, propter rem quam magis amamus. unde si aliquis in rebus corporalibus et temporalibus patienter sustinet propter bona consequenda aeterna, sufficienter ex hoc probatur quod talis plus amet bona aeterna quam temporalia. * sed contra id quod hic dicitur est illud iac. i, 3: ° probatio fidei vestrae patientiam operatur. ‘ dicendum est autem quod probatio dupliciter potest intelligi. uno modo secundum quod est in probato, et sic probatio est ipsa tribulatio per quam homo probatur. unde idem est dictu quod tribulatio patientiam operatur, et quod tribulatio probat patientiam. alio modo accipitur probatio pro probatum esse. et ita accipitur hic quod patientia probationem operatur, quia ex hoc quod homo patienter tribulationem sustinet, redditur iam probatus. tertio, subdit tertium, * dicens ° probatio vero spem, ‘ scilicet operatur, quia scilicet, per hoc quod aliquis iam probatus est, potest de eo spes haberi et ab ipso et ab aliis quod ad haereditatem dei admittatur. |150| * sap. iii, 5: ° deus probavit illos et invenit illos dignos se. ‘ sic igitur de primo ad ultimum patet, quod tribulatio viam parat ad spem. unde si aliquis vehementer gloriatur de spe, consequens est, ut de ipsis tribulationibus glorietur. * deinde cum dicit ° spes autem non confundit, ‘ ostendit huiusmodi spei firmitatem. et primo ponit eam, * dicens ° spes autem, ‘ scilicet haec qua speramus gloriam filiorum dei, ° non confundit, ‘ id est, non deficit, nisi homo ei deficiat. ille enim dicitur a spe sua confundi, qui deficit ab eo quod sperat, * ps. xxx, 2: ° in te, domine, speravi, non confundar in aeternum. * eccle. ii, 11: ° nullus speravit in domino, et confusus est. ‘ secundo, * ibi ° quia charitas dei, ‘ etc., ponit certitudinis spei duplex argumentum, quorum primum est ex dono spiritus sancti, secundum ex morte christi, * ibi ° ut quid enim christus, ‘ etc.. dicit ergo primo: ex hoc possumus scire quod spes non confundit ° quia |175| charitas dei diffusa est in cordibus nostris, per spiritum sanctum qui datus est nobis. ‘ charitas dei autem dupliciter accipi potest. uno modo pro charitate qua diligit nos deus, * ier. xxxi, 3: ° charitate perpetua dilexi te, ‘ alio modo potest dici charitas dei, qua nos deum diligimus, * infra viii, 38 s.: ° certus sum quod neque mors neque vita separabit nos a charitate dei. ‘ utraque autem charitas dei in cordibus nostris diffunditur per spiritum sanctum qui datus est nobis. spiritum enim sanctum, qui est amor patris et filii, dari nobis, est nos adduci ad participationem amoris, qui est spiritus sanctus, a qua quidem participatione efficimur dei amatores. et hoc quod ipsum amamus, signum est, quod ipse nos amet. * prov. viii, 17: ° ego diligentes me diligo. non quasi nos ‘ primo ° dilexerimus deum, sed quoniam ipse prior dilexit nos, * ut dicitur i io. iv, 10. ‘ dicitur autem charitas, qua nos diligit, in cordibus nostris diffusa esse, quia est in cordibus nostris patenter ostensa per donum sancti spiritus nobis impressum. * io. iii, v. 24: ° in hoc scimus, quoniam manet in nobis |200| deus, ‘ etc.. charitas autem qua nos deum diligimus, dicitur in cordibus nostris diffusa, id est quia ad omnes mores et actus animae perficiendos se extendit; * nam, ut dicitur i cor. xiii, 4: ° charitas patiens est, benigna est, ‘ etc.. ex utroque autem intellectu horum verborum * concluditur, quod ° spes non confundit. ‘ si enim accipiatur charitas dei qua nos diligit deus, manifestum est quod his quos diligit seipsum non negabit. * deut. xxxiii, 3: ° dilexit populos, omnes sancti in manu illius sunt. ‘ similiter etiam si charitas dei accipiatur qua nos deum diligimus, manifestum est, quod se diligentibus bona aeterna praeparavit. * io. xiv, 21: ° si quis diligit me, diligetur a patre meo, ‘ etc..

lc2 ‘ Postquam apostolus ostendit firmitatem spei per donum spiritus sancti, hic ostendit idem per mortem christi. et primo proponit quaestionem; secundo ostendit difficultatem, * ibi ° vix enim pro iusto, ‘ etc.; tertio determinat quaestionis veritatem, * ibi ° commendat autem suam charitatem, ‘ etc.. dicit ergo primo. dictum est quod spes non confundit, quod quidem apparet hoc consideranti ° ut quid enim christus cum adhuc infirmi essemus, ‘ scilicet infirmitate peccati. * ps. vi, 3: ° miserere mei, domine, quoniam infirmus sum. ‘ nam sicut per corporalem infirmitatem dissolvitur humorum debita harmonia, ita etiam per peccatum debitus ordo affectionum excluditur. cum ergo adhuc infirmi essemus, ° christus mortuus est pro impiis. * i petr. c. iii, 18: ° christus semel pro peccatis nostris mortuus est, iustus pro iniustis. ‘ et hoc ° secundum tempus, ‘ id est ut certo |25| tempore in morte moraretur, die scilicet tertia surrecturus. * matth. xii, 40: ° sicut fuit iona in ventre ceti tribus diebus et tribus noctibus, sic erit filius hominis in corde terrae. ‘ hoc ergo magnum est, si consideremus quis mortuus sit. magnum etiam est si consideremus pro quibus est mortuus. non potest autem esse tam magnum quid, nisi fiat propter aliquem certum fructum, * secundum illud ps. xxix, 10: ° quae utilitas in sanguine meo, dum descendo in corruptionem? ‘ quasi dicat: nulla, si non sequatur humani generis salus. * deinde cum dicit ° vix enim pro iusto, ‘ etc., ostendit praedictae quaestionis difficultatem ex parte eorum, pro quibus christus mortuus est, scilicet pro impiis, * dicens ° vix enim quis, ‘ id est, aliquis, ° moritur ‘ pro homine ° iusto ‘ liberando; quin immo, * ut dicitur is. lvii, 1: ° iustus perit et non est qui recogitet in corde suo, * etc.. ideo dico ° vix moritur, nam forsitan quis, ‘ id est aliquis rarus ex zelo virtutis, ° audeat mori pro bono ‘ homine. |50| rarum enim est propter hoc quod est maximum, * ut enim dicitur io. xv, 13: ° maiorem hac dilectionem nemo habet, ‘ etc.. illud autem quod christus fecit, ut quis moriatur pro impiis et iniustis, nunquam invenitur. et ideo merito admirandum est, quare christus hoc fecerit. potest autem et aliter legi, ut pro iusto intelligamus aliquem in virtute exercitatum; per bonum autem, hominem innocentem. et quamvis secundum hoc iustus sit praestantior bono, tamen pro iusto vix aliquis moritur. cuius ratio est, quia innocens, qui per bonum intelligitur, magis miserandus videtur propter defectum aetatis vel alicuius huiusmodi. iustus autem, quia perfectus est et absque defectu, non habet in se misericordiae malitiam. quod ergo aliquis moriatur pro innocente, potest ex compassione misericordiae provenire; sed quod aliquis moriatur pro iusto, provenit ex zelo virtutis, qui in paucioribus invenitur quam misericordiae passio. * deinde cum dicit ° commendat autem, ‘ etc., respondet praemissae quaestioni. |75| et primo ponit responsionem; secundo ex hoc arguit ad propositum, * ibi ° multo ergo magis, ‘ etc.; tertio ostendit necessitatem consequentiae, * ibi ° si enim cum inimici, ‘ etc.. dicit ergo primo. quaesitum est quare christus pro impiis mortuus est; et ad hoc est responsio, quia per hoc ° deus suam charitatem commendat in nobis, ‘ id est per hoc ostendit se nos maxime diligere, quoniam si ° cum adhuc peccatores essemus, christus mortuus est pro nobis, ‘ et hoc secundum tempus, * sicut supra expositum est. ‘ ipsa autem mors christi pro nobis charitatem ostendit dei, quia dedit filium suum, ut pro nobis satisfaciens moreretur. * io. c. iii, 16: ° sic deus dilexit mundum, ut filium suum unigenitum daret, ‘ etc.. et ita sicut charitas dei patris ad nos ostenditur per hoc quod spiritum suum dedit nobis, * ut supra dictum est, ‘ ita et per hoc quod dedit filium suum, ut hic dicitur. sed in hoc * quod dicit ° commendat, ‘ immensitatem quamdam divinae charitatis assignat, quae quidem ostenditur, tum ex ipso facto, quia scilicet dedit filium suum, ut moreretur pro nobis, tum ex parte nostrae conditionis, quia hoc non fecit provocatus nostris meritis, cum adhuc peccatores essemus. * eph. ii, 4 s.: ° deus qui dives est in misericordia propter nimiam charitatem qua dilexit nos, cum essemus mortui peccatis, convivificavit nos christo, ‘ etc.. consequenter * cum dixit ° multo ergo magis, ‘ etc., concludit propositum ex praemissis, dicens: si christus pro nobis mortuus est, cum adhuc peccatores essemus, ° multo magis vivificati nunc in sanguine ipsius, * sicut supra iii, 25 habitum est, ° quem proposuit deus propitiatorem per fidem, ‘ per sanguinem ipsius, ° salvi erimus ab ira, ‘ id est a vindicta damnationis aeternae, quam propter peccata homines incurrunt. * matth. iii, 7: ° genimina viperarum, quis demonstravit, * etc.. deinde cum dicit ° si enim cum inimici, ‘ etc., ostendit necessitatem praedictae consequentiae, quae procedit a minori ad maius affirmando. et est ibi observanda duplex comparatio minoris ad maius: una quidem ex parte nostra, alia ex parte christi. ex parte quidem nostra comparat inimicos reconciliatis. minus enim videtur quod aliquis bene faciat inimicis, quam iam reconciliatis. ex parte christi comparat mortem vitae. potentior enim vita eius videtur quam mors, * quia, ut dicitur ii cor. ult.: ° mortuus est ex infirmitate, ‘ scilicet carnis nostrae, ° sed vivit ex virtute dei. ‘ et ideo dicit: ratione conclusum est, quod ° multo magis vivificati salvi erimus per ipsum. si enim cum inimici essemus, reconciliati sumus deo, ‘ et hoc ° per mortem filii eius: multo magis ‘ iam nos ° reconciliati, salvi erimus, ‘ et hoc ° in vita ipsius. ‘ est autem considerandum, quod homo dicitur inimicus deo dupliciter. uno modo, quia contra deum inimicitiam exercet, dum eius mandatis renititur. * iob xv, v. 26: ° cucurrit adversus deum erecto collo. ‘ alio modo per hoc quod deus homines odio habet, non quidem secundum ipsum quod fecit, quia * quantum ad hoc dicitur sap. c. xi, 25: ° dilexisti omnia, et nihil odisti eorum quae fecisti, ‘ etc.; sed quantum ad hoc quod in homine inimicus homo, id est diabolus, fecit, id est quantum ad peccatum. * sap. xiv, 9: ° similiter odio sunt deo impius, * etc.. et eccli. xii, 7: ° altissimus odio habet peccatores. ‘ subtracta inimicitiae causa, scilicet peccato, per christum, sequitur reconciliatio per ipsum. * ii cor. v, 19: ° deus erat in ipso mundum reconcilians sibi. ‘ peccatum autem nostrum sublatum est per mortem filii eius. circa quod considerandum est quod mors christi tripliciter considerari potest. uno modo secundum ipsam rationem mortis. et sic dicitur * sap. i, 13: ° deus mortem non fecit ‘ in humana natura, sed est per peccatum inducta. et ideo mors christi, ex communi mortis ratione, non fuit sic deo accepta, ut per ipsam reconciliaretur, quia ° deus non laetatur in perditione vivorum, * ut dicitur sap. i, 13. ‘ alio modo potest mors christi considerari secundum quod est in actione occidentium, quae maxime deo displicuit. * unde contra eos petrus dicit act. iii, 14: ° vos sanctum et iustum negastis et petistis homicidam, ‘ etc.. unde mors christi sic considerata, non potuit esse reconciliationis causa, sed magis indignationis. tertio modo potest considerari secundum quod processit ex voluntate christi patientis, quae quidem voluntas informata fuit ad mortem sustinendam, cum ex obedientia ad patrem, * phil. ii, 8: ° factus est obediens ‘ patri ° usque ad mortem, ‘ tum etiam ex charitate ad homines, * eph. v, 2: ° dilexit nos et tradidit se pro nobis. ‘ et ex hoc mors christi fuit meritoria et satisfactoria pro peccatis nostris, et intantum deo accepta, quod sufficit ad reconciliationem omnium hominum, etiam occidentium christum, ex quibus aliqui sunt salvati ipso orante, * quando dixit lc. xxiii, v. 34: ° ignosce illis quia nesciunt quid faciunt. * deinde cum dicit ° non solum autem, ‘ etc., ostendit quae bona iam in re consequimur per gratiam, * dicens ° non solum autem gloriamur, ‘ in spe gloriae quam in futuro expectamus, ° sed in deo, ‘ id est in hoc quod sumus etiam nunc deo coniuncti per fidem et charitatem, * i cor. i, 31, et ii cor. | 200 | c. x, 17: ° qui gloriatur, in domino, ‘ etc.. et hoc quidem ° per dominum nostrum iesum christum, per quem, etiam nunc ‘ in praesenti tempore, ° reconciliationem accepimus, ‘ ut de inimicis facti simus amici. * col. i, v. 20: ° per eum placuit reconciliari omnia, ‘ etc.. posset autem et continuari cum eo * quod dictum est: ‘ salvi erimus in vita ipsius a peccato et a poena, et non solum salvi erimus a malis, sed etiam gloriamur in deo, id est per hoc quod erimus idem in futuro cum ipso. * io. xvii, 22: ° ut sint unum in nobis, sicut et nos unum sumus.

lc3 ‘ Postquam apostolus ostendit quae bona per gratiam christi consecuti sumus, hic consequenter ostendit a quibus malis per eam liberemur. et circa hoc tria facit. primo enim ostendit quod per gratiam christi liberati sumus a servitute peccati. secundo ostendit quod per gratiam eius sumus liberati a servitute legis; * cap. vii, ibi ° an ignoratis, fratres, ‘ etc.. tertio ostendit quod per gratiam christi liberamur a damnatione; * cap. viii, ibi ° nihil nunc damnationis, ‘ etc.. circa primum duo facit. primo ostendit quod per gratiam christi liberamur ab originali peccato praeterito; secundo ostendit quod ea tuti, regimur contra peccata futura, * ibi ° quid ergo dicemus, ‘ etc.. circa primum duo facit. primo agit de processu peccati; secundo, de processu gratiae destruentis peccatum, * ibi ° sed non sicut delictum, ‘ etc.. circa primum duo facit. primo proponit processum peccati; secundo manifestat, * ibi ° usque ad legem, ‘ etc.. circa primum duo facit. primo proponit processum peccati; secundo ostendit eius universalitatem, * ibi ° et ita in omnes, ‘ etc.. circa primum duo facit. primo ostendit peccati originem; secundo, originem mortis, * ibi ° et per peccatum mors, ‘ etc.. dicit ergo primo quod per christum reconciliationem accepimus. ita enim a christo reconciliatio procedit in mundum, ° sicut per unum hominem, ‘ scilicet per adam, ° peccatum intravit in hunc mundum. * i cor. xv, 22: ° sicut in adam omnes moriuntur, ita et in christo omnes vivificabuntur. ‘ est autem hic considerandum quod * haeretici pelagiani “ peccatum originale in parvulis esse negantes, haec verba apostoli dicebant esse intelligenda de peccato actuali. quod quidem * secundum eos “ in hunc mundum intravit per adam, in quantum omnes peccantes peccatum adae imitantur, * secundum illud osee vi, 7: ° ipsi autem sicut adam transgressi sunt pactum, * etc.. sed, sicut dicit augustinus contra eos, “ si de introitu peccati actualis, qui est per imitationem, hic apostolus loqueretur, non diceret peccatum per hominem in hunc mundum intrasse, sed magis per diabolum quem peccantes imitantur; * secundum illud sap. ii, v. 24: ° invidia diaboli mors introivit, ‘ etc.. est ergo intelligendum quod per adam peccatum in hunc mundum intravit, non solum imitatione sed etiam propagatione, id est per carnis originem vitiatam, * secundum illud eph. ii, 3: ° eramus natura filii irae, * et in ps. l, 7: ° ecce enim in iniquitatibus conceptus sum, * etc.. sed videtur “ hoc esse impossibile, quod per originem carnis peccatum ab uno in alium traducatur. peccatum enim est in anima rationali, quae non traducitur per originem carnis, tum quia intellectus non est alicuius corporis actus, et ita non potest per virtutem corporalis seminis causari, * ut philosophus dicit in libro de generatione animalium. “ tum etiam quia cum anima rationalis sit quaedam res subsistens, ut puta per se operationem habens et corpore corrupto non corrumpatur, consequens est, quod non generetur, corpore generato, sicut aliae formae, quae non possunt per se subsistere, sed potius causatur a deo. * consequens igitur videtur quod “ nec peccatum, quod est accidens animae, possit per carnis originem traduci. ‘ ad hoc autem rationabiliter respondetur, quod licet in semine non sit anima, est tamen in semine virtus dispositiva corporis ad animae receptionem, quae cum corpori infunditur, etiam ei suo modo conformatur, eo quod omne receptum est in recipiente per modum recipientis. et exinde videmus quod filii similantur parentibus, non solum in defectibus corporalibus, sicut leprosus generat leprosum et podagricus podagricum, sed etiam in defectibus animae, sicut iracundus iracundum et amentes ex amentibus nascuntur. quamvis enim pes, qui est subiectum podagrae, non sit in semine, nec anima quae est subiectum irae vel amentiae, est tamen in semine virtus formativa corporalium membrorum et dispositiva ad animam. * sed adhuc remanet dubitatio, quia “ defectus, qui ex vitiata origine trahuntur, non habent rationem culpae. non enim merentur poenam, sed magis misericordiam, * sicut philosophus dicit de eo qui nascitur caecus, vel quocumque alio modo aliter orbatus. et hoc ideo, quia “ de ratione culpae est quod sit voluntaria et in potestate hominis cui culpa imputatur. sic igitur si aliquis defectus in nos pervenit per originem primi parentis, non videtur in nobis habere rationem culpae, sed poenae. ‘ et ideo dicendum est, quod sicut peccatum actuale est peccatum personae, quia per voluntatem personae peccantis committitur, ita peccatum originale est peccatum naturae, quod per voluntatem principii humanae naturae commissum est. est enim considerandum quod sicut diversa corporis membra partes sunt personae unius hominis, ita omnes homines sunt partes et quasi quaedam membra humanae naturae. * unde et porphyrius dicit quod “ participatione speciei plures homines sunt unus homo. ‘ videmus autem quod actus peccati exercitus per aliquod membrum, puta per manum vel pedem, non habet rationem culpae ex voluntate manus vel pedis, sed ex voluntate totius hominis, a qua sicut a quodam principio derivatur motus peccati ad singula membra. et similiter a voluntate adae, qui fuit principium humanae naturae, tota inordinatio naturae habet culpae rationem in omnibus, ad quos pervenit quantum ad hoc quod susceptivi sunt culpae. et sicut peccatum actuale, quod est peccatum personae, trahitur ad singula membra per aliquem actum personalem, ita peccatum originale trahitur ad singulos homines per actum naturae, qui est generatio. et ita sicut per generationem humana natura trahitur, ita etiam per generationem traducitur defectus humanae naturae, qui est consecutus ex peccato primi parentis. est autem hic defectus carentia originalis iustitiae, quae erat primo homini divinitus collata, non solum ut erat persona quaedam singularis, sed etiam ut erat principium humanae naturae, ut scilicet eam simul cum natura in posteros traduceret. et ideo simili modo amissionem huius originalis iustitiae per peccatum ad posteros transmittit, habentem in eis rationem culpae, * ratione iam dicta. ‘ et ideo dicitur quod in processu originalis peccati persona infecit naturam, scilicet adam peccans vitiavit humanam naturam, sed postmodum in aliis natura vitiata inficit personam, dum scilicet genito imputatur ad culpam naturae vitium propter voluntatem primi parentis, * ut dictum est. ‘ ex hoc autem patet quod licet primum peccatum primi parentis per originem traducatur in posteros, alia tamen eius peccata, vel etiam aliorum hominum, in filios non traducuntur, quia per solum primum peccatum sublatum est bonum naturae, quod erat per originem naturae traducendum. per alia vero peccata subtrahitur bonum gratiae personalis, quod non transit ad alios posteros. et inde etiam est quod quamvis peccatum adae deletum fuerit per suam poenitentiam, * iuxta illud sap. x, 2: ° eduxit illum a delicto suo, ‘ non tamen eius poenitentia delere potuit peccatum per actum posterorum, quia eius poenitentia fuit per actum personalem, quia ultra eius personam non se extendebat. et propter hoc est unum tantum originale peccatum, quia solus defectus consequens primum peccatum originaliter derivatur ad posteros. * et ideo apostolus singulariter dicit ° per unum hominem peccatum in hunc mundum intravit, ‘ non autem dixit pluraliter peccata: quod fuisset dicendum si de actualibus loqueretur. dicitur autem quandoque pluraliter peccata originalia, * sicut in ps. l, 7: ° in peccatis concepit me mater mea, ‘ quia continet virtualiter multa peccata, inquantum ex corruptione fomitis inclinamur ad multa peccata. * sed videtur quod “ peccatum originale non intraverit in hunc mundum per unum hominem, scilicet adam, sed magis per unam mulierem, scilicet evam, quae primo peccavit, * secundum illud eccli. xxv, 33: ° a muliere factum est initium peccati, et per illam omnes morimur. * ad hoc respondetur in glossa dupliciter. uno modo, quia “ consuetudo scripturae est ut genealogiae non per mulieres, sed per viros texantur, * sicut patet matth. i, 1 ss. et lc. c. iii, 23 ss.. ‘ et ideo apostolus hic volens quasi genealogiam quamdam peccati ostendere, non fecit mentionem de muliere, sed solum de viro. * alio modo, quia “ etiam mulier de viro sumpta est, et ideo quod est mulieris attribuitur viro. ‘ potest etiam alio modo dici, et melius, quod cum peccatum originale traducatur simul cum natura, * sicut dictum est, ‘ sicut per virtutem activam viri, muliere materiam ministrante, natura traducitur, ita et peccatum originale. unde si adam non peccasset, eva peccante, non per hoc fuisset peccatum traductum ad posteros. illa enim est causa quare christus peccatum originale non traxit, quia ex sola foemina sine virili semine carnem accepit. * per hoc verbum apostoli augustinus respondet iuliano haeretico in hunc modum quaerenti: ° non peccat iste qui nascitur, non peccat iste qui genuit, non peccat ille qui condidit: per quas igitur rimas, inter tot praesidia innocentiae peccatum fingis ingressum? * sed augustinus respondet: ° quid quaeris latentem rimam, cum habeas apertissimam ianuam? * nam secundum apostolum ° per unum hominem peccatum in hunc mundum intravit. ‘ consequenter tangit ingressum mortis in mundum, * cum dicit ° et per peccatum mors, ‘ scilicet in hunc mundum intravit, * secundum illud sap. i: ° iniustitia mortis est acquisitio. * videtur autem quod “ mors non sit ex peccato, sed magis ex natura, utpote proveniens ex necessitate materiae. est enim corpus humanum ex contrariis compositum. unde est naturaliter corruptibile. ‘ dicendum est autem quod natura humana dupliciter potest considerari. uno modo secundum principia intrinseca, et sic mors est ei naturalis. * unde seneca dicit in libro de remediis fortuitorum, quod “ mors natura est hominis, non poena. ‘ alio modo potest considerari natura hominis secundum quod per divinam providentiam fuit ei per iustitiam originalem provisum. quae quidem iustitia erat quaedam rectitudo, ut mens hominis esset sub deo, et inferiores vires essent sub mente, et corpus sub anima, et omnia exteriora sub homine: ita scilicet, quod quamdiu mens hominis deo subderetur, vires inferiores subderentur rationi, et corpus animae, indeficienter ab ea vitam recipiens, et exteriora homini, ut scilicet omnia servirent, et nullum ex eis nocumentum sentiret. hoc autem providentia divina disposuit propter dignitatem animae rationalis, quae cum naturaliter sit incorruptibilis, debebatur sibi incorruptibile corpus. sed quia corpus quod est ex contrariis compositum, oportebat esse organum sensus, et tale corpus secundum naturam suam incorruptibile esse non potest, supplevit potentia divina quod deerat naturae humanae, dans animae virtutem continendi corpus incorruptibiliter, sicut faber, si posset, daret ferro, ex quo cultellum fabricat, virtutem ut rubiginem nullam contraheret. sic ergo postquam mens hominis per peccatum est a deo aversa, amisit virtutem continendi inferiores vires, et etiam corpus et exteriora, et sic incurrit mortem naturalem a causis intrinsecis, et violentam ab exterioribus nocumentis. * deinde cum dicit ° et ita in omnes, ' etc., ostendit universalitatem huius processus et quantum ad mortem et quantum ad peccatum, ordine tamen retrogrado. * nam supra ' prius egit de ingressu peccati, qui est causa ingressus mortis, nunc autem prius agit de universalitate mortis, tamquam de manifestiori; * et hoc est quod dicit: ° et ita mors, ' scilicet, vel peccatum primi parentis, ° pertransiit in omnes, ' quia scilicet per originem vitiatam contrahunt homines necessitatem moriendi. * ii reg. xiv, 14: ° omnes morimur. * ps. lxxxviii, 49: ° quis est homo qui vivit, ' etc.. deinde tangit universalitatem processus peccati, * cum dicit ° in quo omnes peccaverunt, * quod, sicut augustinus dicit in glossa, " potest dupliciter intelligi. uno modo in quo, scilicet primo homine, vel |300| in quo, scilicet peccato: ' quia scilicet eo peccante quodammodo omnes peccaverunt, inquantum in eo erant sicut in prima sua origine. " sed cum christus etiam originem ex adam traxerit, * ut patet lc. iii, 23 ss., videtur quod " etiam ipse, eo peccante, peccaverit. * ad hoc respondet augustinus super genesim ad litteram, quod " christus non omnimodo fuit in adam, quo nos fuimus: nos enim fuimus et secundum corpulentam substantiam, et secundum seminalem rationem. christus autem fuit in eo solum secundum corpulentam substantiam. * quod quidam male intelligentes, putaverunt quod " tota substantia corporum humanorum, quae pertinet ad veritatem humanae naturae, fuerit actu in adam, et per quamdam multiplicationem divina virtute factam, id est, quod sumptum est ab adam, est in tanta corporum quantitate ampliatum. ' sed hoc est inconveniens opera naturae miraculo attribuere, praesertim quia videmus quod corpus humanum quantumcumque sit |325| de veritate humanae naturae, corrumpitur et accipit aliam formam. unde quia omne generabile est corruptibile, et e converso, oportet dicere quod materia quae ante generationem hominis sub alia forma quam humana fuit, formam humanae carnis assumpserit, et sic non totum quod est in corporibus nostris ad veritatem naturae pertinens fuit actu in eodem, sed solum secundum originem, prout scilicet effectus est in principio activo. secundum hoc ergo intelligendum est quod cum in nostra generatione sit et materia corporalis quam foemina ministrat, et vis activa quae est in semine maris; utrumque per originem ducitur ab adam, sicut a primo principio. et ideo dicitur in eo fuisse et secundum rationem seminalem, et secundum corpulentam substantiam: quia scilicet utrumque ab eo processit. in generatione autem christi fuit corpulenta substantia quam traxit de virgine: loco autem rationis seminalis fuit virtus activa spiritus sancti, quae non derivatur ab adam, et ideo non fuit in adam secundum seminalem rationem, sed tantum |350| secundum substantiam corpulentam. sic igitur nos accipimus peccatum ab adam et trahimus: atque naturam humanam ab eo accipimus; sicut a principio activo, quod est esse in eo secundum seminalem rationem, quod quidem non competit christo, * ut dictum est. * videtur ulterius quod " peccatum originale non transeat in omnes, quia baptizati a peccato originali purgantur per baptismum: et ita videtur quod non possint in posteros peccatum transmittere quod non habent. ' dicendum est autem quod per baptismum homo liberatur a peccato originali quantum ad mentem, sed remanet peccati infectio quantum ad carnem; * unde, infra vii, 25 dicit apostolus: ° ego ipse mente servio legi dei, carne autem legi peccati. ' homo autem non generat mente carnales filios, sed carne: et ideo non transmittit novitatem christi, sed vetustatem adae.

lc4 ' Postquam apostolus ostendit originem peccati et mortis, sive ingressum utriusque in mundum, hic manifestat quod dixerat. et primo manifestat ipsum dictum; secundo manifestat similitudinem quam innuebat dicens, * ibi ° propterea sicut, ' etc.; tertio exponit similitudinem, * ibi ° qui est forma futuri, ' etc.. dixerat autem quod peccatum et mors in omnes transierunt, et hoc quidem, * secundum expositionem augustini, ' manifestare intendit per hoc quod etiam sub lege peccatum remansit, quasi lege illud excludere non valente. circa quod duo facit. primo manifestat propositum quantum ad peccatum; secundo, quantum ad mortem, * ibi ° sed regnavit, ' etc.. circa primum duo facit. primo ostendit peccatum fuisse etiam sub lege; |25| secundo quid circa peccatum lex facit, * ibi ° peccatum autem, ' etc.. dicit ergo primo: dictum est quod omnes peccaverunt in adam, quia nec etiam lex peccatum abstulit. ° usque ad legem, ' id est etiam sub lege, ut ly ° usque ' teneatur inclusive, ° peccatum erat in mundo, ' quod quidem potest intelligi de lege naturae et de lege moysi: similiter et de peccato actuali et de peccato originali. peccatum enim originale erat in parvulo usque ad legem naturae, id est usque ad usum rationis per quem homo huiusmodi leges advertit. * ps. l, 6: ° in peccatis concepit me mater mea. ' nec tamen cessat hoc peccatum lege naturali adveniente in homine, sed magis excrescit per additionem peccati actualis, quia, * ut dicitur eccle. vii, 21: ° non est homo iustus in terra qui faciat bonum, ' etc.. sed si intelligamus de lege moysi, tunc quod dicitur peccatum fuisse in mundo usque ad legem, potest intelligi non solum de originali, sed etiam de actuali; quia et ante legem et sub lege peccatum utrumque permansit, * prov. xx, 9: ° quis potest dicere: mundum |50| est cor meum? ' quamvis autem lex peccatum non auferret, peccati tamen cognitionem fecit, quod antea non cognoscebatur. * unde subdit ° peccatum autem non imputabatur. ' quod quidem planum est, si intelligatur de lege naturali. quamvis enim peccatum originale sit in parvulo ante legem naturalem, et reputetur ei a deo, non tamen imputatur ei apud homines. si autem intelligatur de lege moysi, planum est quantum ad aliqua peccata actualia, quod non imputabantur ante legem, sicut illa quae specialiter sunt per legem prohibita, quae homines peccata non reputabant, * sicut quod dicitur exod. xx, 17: ° non concupisces, ' etc.. imputabantur tamen quaedam peccata prout erant contra legem naturae. * unde et gen. xxxix, 11 s. ' joseph legitur in carcerem missus propter adulterium sibi impositum. consequenter agit de morte, dicens: quamvis peccata ante legem non imputarentur, tamen ° mors, ' scilicet spiritualiter, id est peccatum vel aeterna damnatio, * de qua dicitur in ps. xxxiii, 21: ° mors peccatorum pessima, |75| regnavit, ' id est potestatem suam exercuit in homines, ducendo eos in damnationem, ° ab adam, ' per quem peccatum intravit in mundum, ° usque ad moysen, ' sub quo data est lex, * io. i, 17: ° lex per moysen data est. ' non solum in eos qui peccaverunt actualiter, sed ° etiam in eos qui non peccaverunt in similitudinem praevaricationis adae, ' qui actualiter peccavit. * os. vi, 7: ° ipsi autem sicut adam transgressi sunt pactum, ibi praevaricati sunt in me, ' quia etiam pueri damnationem incurrebant. potest etiam et sub hoc sensu intelligi de morte corporali, per quam manifestatur peccatum fuisse etiam cum non imputabatur, quasi dicat ° peccatum autem non imputabatur, ' ante legem, sed ex hoc deprehenditur fuisse ° quia regnavit mors, ' scilicet corporalis, primo quidem aliquas passiones inducendo, puta famem, et sitim et aegritudinem, et tandem totaliter dissolvendo, ° etiam in eos, qui non peccaverunt in similitudinem praevaricationis adae, ' id est in pueros, qui non peccaverunt actualiter: quoniam etiam isti mortem corporalem antea et postea |100| patiuntur, * secundum illud ps. lxxxviii, 47: ° quis est homo qui, * etc.. ambrosius autem aliter ista verba exposuit, scilicet " de peccato actuali tantum et de lege moysi. * et secundum eum " inducuntur haec verba ad manifestandum, quod per primum parentem peccatum in hunc mundum intravit et in omnes transivit. ° usque enim ad legem, ' id est, ante legem moysi, ° peccatum erat in mundo, ' scilicet peccatum actuale. homines enim multipliciter peccabant contra legem naturae. * unde dicitur gen. xiii, 13: ° homines sodomitae pessimi erant. peccatum autem non imputabatur cum lex non esset, ' quod est intelligendum, non quin imputaretur quasi puniendum apud homines, cum quidam legantur ante legem puniti ab hominibus pro peccatis, * ut patet gen. xxxix et xl, ' sed non imputabatur quasi a deo puniendum. tunc enim non credebant homines quod deus humana facta vel puniret vel praemiaret, * secundum illud iob c. xxii, 14: ° circa cardines caeli perambulat, nec nostra considerat. ' sed postea lege divinitus data innotuit quod peccata imputantur |125| a deo ad poenam, et non solum ab hominibus. et ideo quia homines non credebant se puniendos a deo pro peccatis, libere et absque fraeno peccabant ubi humanum iudicium non timebant. * et ideo subdit: ° sed mors, ' id est peccatum, ° regnavit, ' id est, omnimodam suam potestatem exercuit, ° ab adam usque ad moysen, ' exclusive. nam per moysen data est lex, quae incepit regnum peccati diminuere, incutiens timorem divini iudicii, * secundum illud deut. v, 29: ° quis det eos talem habere mentem, ut timeant me, et custodiant universa mandata mea? ' regnavit, inquam, peccatum usque ad moysen, non tamen in omnes, sed ° in eos qui peccaverunt in similitudinem praevaricationis adae. * dicit enim ambrosius " in libris antiquis non inveniri hanc negationem non, unde credit a corruptoribus appositam. ' adam quippe magis credidit promissioni diaboli quam comminationi divinae, * ut patet gen. iii, ' et ita quodammodo diabolum praetulit deo. sic igitur in similitudinem praevaricationis adae praevaricantur idololatrae, qui, relicto dei cultu, diabolum colunt. in tales ergo mors, id |150| est peccatum, totaliter regnavit, quia eos omnino possedit. fuerunt autem ante legem moysi veri dei cultores, qui et si peccarent, non tamen peccatum in eis regnabat, quia non totaliter eos a deo separabat: sed peccabant sub deo, id est, sub fide unius dei, etiam si peccarent mortaliter: vel sub charitate dei, cum peccabant venialiter. ex utraque harum expositionum potest conflari tertia, * quae magis videtur ad intentionem apostoli pertinere. dixerat enim quod ° per unum hominem peccatum in hunc mundum intravit, ' et quia peccatum est transgressio legis divinae, * posset alicui videri, quod " hoc non esset verum quantum ad tempus ante legem, * praesertim cum supra iv, 15 dixerit: ° ubi non est lex, nec praevaricatio. * et ideo posset aliquis credere, quod " non per unum hominem peccatum in mundum intravit, sed magis per legem. ' et ideo * ad hoc excludendum dicit, quod ° usque ad legem, ' id est, tempus ante legem, ° peccatum erat in mundo, ' et originale et actuale, non tamen erat peccatum cognitum; praesertim quasi a deo puniendum. * et hoc est |175| quod subdit ° peccatum autem non imputabatur, ' scilicet quasi contra deum existens, ° cum lex, ' scilicet divinitus data, ° non esset. * fuerunt enim aliqui, ut dicit philosophus in v ethicorum, qui crediderunt quod " nihil est iustum naturaliter, et per consequens nec iniustum, sed per solam positionem legis humanae. * et secundum hoc " non imputabatur aliquod peccatum, quasi contra deum existens, et praecipue peccatum originale, id est non cognoscebatur. * sed quod ista reputatio hominum esset falsa, ' ostenditur per effectum, quia mors corporalis regnavit ab adam, per quem intravit originale peccatum in mundum usque ad moysen, sub quo data fuit lex; et ita cum mors sit effectus peccati praecipue originalis, manifestum est quod ante legem fuit peccatum originale in mundo. * et ne aliquis dicat quod " moriebantur propter peccata actualia, ' ad hoc excludendum * dicit quod ° regnavit etiam in eos qui non peccaverunt ' proprio actu, scilicet pueros, et etiam in iustos qui non peccaverunt mortaliter, qui tamen peccaverunt in primo homine, |200| * ut supra dictum est. * et ideo subdit ° in similitudinem praevaricationis adae, ' inquantum similitudinem illius peccati traxerunt per originem simul cum similitudine naturae; quasi dicat, quod moriebantur absque proprio peccato, demonstrat quod in eis erat diffusa similitudo peccati adae per originem. * et hoc est quod apostolus manifestare intendit, ' scilicet, quod per adam peccatum originale in mundum intravit. * deinde, cum dicit ° qui est forma futuri, ' etc., exponit similitudinem, quae intelligebatur in adverbio ° sicut. * unde dicit ° qui, ' scilicet adam, ° est forma, ' id est, figura quaedam, ° futuri, ' id est christi, tamen per contrarium. nam sicut per adam peccatum et mors in mundum intravit, ita per christum intravit iustitia et vita. * i cor. xv, 47: ° primus homo de terra terrenus: secundus de caelo caelestis. ' sunt autem et aliae similitudines inter christum et adam, quod scilicet sicut corpus adae formatum fuit sine coitu, ita et corpus christi de virgine. et sicut de latere |225| adae dormientis sumpta est mulier, ita ex latere christi dormientis in cruce fluxit sanguis et aqua, * ut dicitur io. xix, 34, ' quae significant sacramenta quibus est formata ecclesia.

lc5 ' Postquam apostolus posuit ingressum peccati in hunc mundum, hic agit de progressu gratiae abolentis peccatum. et circa hoc duo facit. primo ostendit quomodo per christi gratiam remotum est peccatum, quod per unum hominem in mundum intravit; secundo ostendit quomodo per gratiam christi peccatum est remotum, quod lege adveniente superabundaverat, * ibi ° lex autem subintravit, ' etc.. ostendit autem quod per gratiam christi removetur peccatum per adam introductum in mundum, comparando gratiam christi peccato adae, quia scilicet plus potest gratia christi in bono, quam peccatum adae in malo. et circa hoc duo facit. primo comparat ipsas causas, scilicet gratiam christi peccato adae: secundo ponit comparationem earum quantum ad effectus, * ibi ° et non sicut per unum, ' etc.. |25| circa primum duo facit. primo proponit comparationem; secundo, manifestat eam, * ibi ° si enim unius, ' etc.. dicit ergo primo. dictum est quod adam est forma futuri, ° sed non sicut delictum, ' etc., quasi dicat: non est aestimandum quod tantae efficaciae sit delictum adae, quantae est efficaciae donum christi. cuius ratio est ista: quia peccatum procedit ex infirmitate voluntatis humanae, gratia autem procedit ex immensitate bonitatis divinae, quam manifestum est voluntati humanae, praesertim infirmae, praeferri. et ideo virtus gratiae excedit omne peccatum. * et idcirco dicebat david: ° miserere mei, deus, secundum magnam misericordiam tuam. ' et propter hoc iuste reprobatur * verbum cain, gen. iv, 13: dicentis: ° maior est iniquitas mea, quam ut veniam merear. * deinde cum dicit ° si enim unius, ' etc., manifestat quod dixerat, scilicet quod donum gratiae excedit delictum adae, * dicens ° si enim delicto unius, ' scilicet adae, ° multi mortui sunt, ' id est, si ex delicto adae peccatum |50| et mors transivit in multos alios, quia in omnes qui in eo peccaverunt, ° multo magis gratia dei et donum, ' id est, gratuitum dei donum, ut ly et expositive teneatur. vel gratia dei refertur ad remissionem peccati. * supra eodem: ° iustificati gratis per gratiam ipsius, ' etc.. donum autem refertur ad bona superaddita ultra remissionem peccatorum, * ut dicit ps. lxvii, 19, secundum aliam litteram, ° dedit dominus dona hominibus. multo magis, ' inquam, huiusmodi gratia et dona, ° abundavit in plures, ' idest in multos. quanto enim aliquid est potentius, tanto magis se potest ad multa extendere. peccatum autem adae ad multos se extendit, quod probatur per mortem. * unde signanter dicit quod ' unius delicto multi mortui sunt. mors enim argumentum est peccati originalis, * ut supra dictum est. * adae dixit deus: ° quacumque die comederis, ' etc.. gratia dei quae est fortior, multo amplius ad multos extenditur. * hebr. ii, 10: ° qui multos filios in gloriam adduxit. ' notandum est autem * quod dicit |75| ° abundavit, ' quia non solum gratia dei processit in multos ad deletionem peccati per adam inducti, sed etiam ad peccata actualia delenda, et multa alia bona consequenda. * ii cor. ix, 8: ° potens est autem deus omnem gratiam abundare facere in vobis. ' sicut enim peccatum ex uno homine abundavit in multos ex prima suggestione diaboli, ita et gratia dei per unum hominem processit ad multos. * unde signanter addit ° in gratia, ' id est, per gratiam ° unius hominis iesu christi. ' sic enim a deo gratia in multos effunditur, ut eam per christum accipiant, in quo omnis plenitudo gratiarum invenitur, * secundum illud io. i, 16: ° de plenitudine eius omnes accepimus, gratiam pro gratia. * sic autem legenda est littera secundum expositionem augustini, ut hoc quod dicitur ° plures, " non accipiatur comparative, sed absolute: * et ita vult quod " attendatur comparatio quantum ad hoc, quod si delictum unius adae processit in multos, multo magis gratia unius christi in multos. * sed secundum ambrosium " ly ° plures " accipitur comparative, ut sit sensus, quod ° delicto, |100| " id est peccato actuali, ° unius, " scilicet adae, ° multi, " non omnes, ° mortui sunt, " scilicet morte peccati, imitando scilicet peccatum ipsius adae per idololatriam, * ut supra expositum est. * sap. xiii, 10 dicitur de idololatris: ° infelices autem sunt, et inter mortuos spes eorum. ' et ° multo magis gratia dei abundavit in plures, " scilicet quam in idololatris qui peccaverunt in similitudinem adae, quia non solum eorum peccata tolluntur per gratiam christi, sed etiam peccata eorum qui in fide unius dei permanserunt. * mich. ult.: ° deponet iniquitates nostras, et proiiciet omnia peccata nostra. * deinde, cum dicit ° et non sicut, ' etc., comparat christi gratiam peccato adae, quantum ad effectum, quia non solum utrumque in multos redundat, sed etiam maiorem effectum habet gratia christi quam peccatum adae. et circa hoc tria facit. primo proponit quod intendit; secundo manifestat propositum, * ibi ° nam iudicium ' etc.; tertio probat, * ibi ° si enim unius, |125| ' etc.. dicit ergo primo. non solum * dictum est, scilicet quod ' christi gratia magis abundat in multos, quam peccatum adae, sed etiam in eis maiorem effectum facit. * et hoc est quod dicit ° et non sicut per unum peccatum, ita et donum, ' quasi dicat: non tantus effectus sequitur per unum peccatum adae in multis, quantus consequitur in multis per donum gratiae christi. potentioris enim causae potentior est effectus. unde cum dictum sit gratiam esse potentiorem quam peccatum adae, consequens est quod maiorem effectum efficiat. * deinde cum dicit ° nam iudicium, * etc., manifestat quod dixerat, dicens: ° nam iudicium, ' id est divina punitio, procedit ° quidem ex uno, ' scilicet peccato primi parentis, ° in condemnationem, ' scilicet omnium hominum, quia in illo peccante peccaverunt, * secundum illud quod supra dictum est, quod ' mors in omnes pertransiit, in quo omnes peccaverunt. ° gratia autem dei, ' quae datur per christum, procedit ° ex multis delictis, ' id est, non solum ex illo uno originali sed |150| etiam ex multis actualibus, ° in iustificationem, ' id est, perfectam emundationem. * i cor. c. vi, 11: ° et haec quidem fuistis aliquando, sed abluti estis, sed sanctificati estis, sed iustificati estis. * deinde, cum dicit ° si enim unius, ' etc., probat quod dixerat, scilicet quod gratia christi procedit ex multis delictis in iustificationem. et primo quidem hoc probat ex posteriori; secundo ex priori, * ibi: ° sicut enim ' etc.. circa primum considerandum est quod apostolus in praemissa comparatione non ponit sibi respondentia, scilicet res eiusdem generis. nam ex parte peccati ponit condemnationem, quae pertinet ad poenam, ex parte autem gratiae ponit iustificationem, quae non pertinet ad praemium, sed magis ad statum meriti. sic igitur apostolus intendit, per hoc quod dicit quod peccatum inducit condemnationem, ostendere quod gratia inducat iustificationem. et utitur tali ratione: sicut condemnatio mortis procedit ex peccato primi parentis, ita regnum vitae procedit ex gratia |175| christi. haec enim duo uniformiter sibi correspondent, sed ad regnum vitae nullus potest pervenire, nisi per iustitiam, ergo per gratiam christi homines iustificantur. primo ergo ponit praemissas; secundo infert conclusionem intentam, * ibi ° igitur sicut per unius, ' etc.. primam autem propositionem proponit * dicens ° si enim ex delicto unius hominis mors regnavit per unum ' hominem, quia, * sicut supra eodem dictum est, ° per unum hominem peccatum intravit et per peccatum mors, multo magis, ' homines, ° regnabunt in vita, ' scilicet aeterna, ° per unum iesum christum, * qui dicit io. x, 10: ° ego veni ut vitam habeant, et abundantius habeant, ' participando scilicet aeternitatem vitae, quae quidem abundantia hic per regnum designatur. * unde dicitur apoc. xx, 4, quod ' regnabunt cum christo annis mille, id est, aeterno tempore. minorem autem designat, * interponendo ° abundantiam gratiae christi et donationis, et iustitiae accipientes, ' quasi diceret: ad regnum |200| vitae homines pervenire non possunt, nisi hoc accipiendo. ita quod gratia christi referatur ad dimissionem peccati, quam nulla merita praecedere possunt, et ideo omnino gratiae deputatur; ° si enim ex operibus, iam non ex gratia, * ut dicitur infra xi, 6. ' quod autem dicitur ° donationis, ' referendum est ad dona gratiarum, quibus homines promoventur in bona. * esther ii, 18: ° largitus est dona iuxta magnificentiam principalem, ' etc.. quod autem dicitur ° iustitiae, ' referendum est ad rectitudinem operum. * i cor. i, 30: ° qui factus est nobis a deo iustitia. * deinde cum dicit ° igitur sicut, ' etc., infert conclusionem intentam, quae idem continet * cum eo quod supra praemissum est, ' videlicet quod sicut per unius delictum adae divinum iudicium processit in omnes homines qui carnaliter ex eo nascuntur in condemnationem mortis, sic et per unius scilicet iustitiam christi, divina gratia processit in omnes homines, in iustificationem vitae, id est, quae ducit ad vitam. * sed videtur " hoc esse falsum. non enim omnes homines iustificantur per christum, |225| sicut omnes homines moriuntur per adam. ' sed dicendum quod intelligendum est quod, sicut omnes homines qui nascuntur carnaliter ex adam, incurrunt condemnationem per eius peccatum, ita omnes qui renascuntur spiritualiter per christum, adipiscuntur iustificationem vitae, * quia, ut dicitur io. iii, 5, ° nisi quis renatus fuerit denuo ex aqua et spiritu sancto, non potest introire in regnum dei, ' etc.. quamvis possit dici quod iustificatio christi transit in iustificationem omnium hominum, quantum ad sufficientiam, licet quantum ad efficientiam procedat in solos fideles. * unde dicitur i tim. iv, 10: ° qui est salvator omnium hominum, maxime autem fidelium. ' ex hoc autem quod hic dicitur, accipere debemus, quod sicut nullus moritur, nisi per peccatum adae, ita nullus iustificatur, nisi per iustitiam christi, quae quidem est per fidem ipsius, * secundum illud quod supra iii, 22 dictum est: ° iustitia dei per fidem iesu christi in omnes, qui credunt in eum. ' in eum autem crediderunt homines, non |250| solum qui sunt post eius incarnationem, sed etiam qui eius incarnationem praecesserunt. sicut enim nos credimus eum natum et passum, ita ipsi crediderunt nasciturum et passurum. unde eadem est fides nostra et eorum. * ii cor. iv, 13: ° habentes eumdem fidei spiritum, ' etc.. sic igitur probatum est quod gratia christi procedat ad multorum iustificationem ex posteriori, scilicet ex regno vitae. * consequenter cum dicit ° sicut enim, ' etc., probat idem ex priori. causae enim similes sunt suis effectibus. inobedientia autem primi parentis, quae habet rationem iniustitiae, constituit peccatores et iniustos. igitur obedientia christi quae habet rationem iustitiae, constituit iustos. * et hoc est quod supra dictum est, quod ' gratia procedit in omnes homines in iustificationem. * sed videtur esse dubium quod dicitur, quod ° per inobedientiam unius hominis peccatores constituti sunt multi, " id est omnes qui ab eo nascuntur secundum rationem seminalem. primum enim eius peccatum |275| videtur fuisse superbia, magis quam inobedientia, * secundum illud eccli. x, 15: ° initium omnis peccati superbia. ' sed dicendum est quod, * sicut ibidem dicitur ° initium superbiae facit homines apostatare a deo, ' quia scilicet prima pars superbiae consistit in hoc quod homo non vult subiici praeceptis divinis, quod ad inobedientiam pertinet. unde primum hominis peccatum fuisse videtur inobedientia, non secundum actum exteriorem, sed secundum interiorem motum superbiae, quo voluit divino praecepto contraire. unde eius inobedientiam dominus arguit * gen. iii, 17: ° quia audisti vocem uxoris tuae, et comedisti de ligno de quo praeceperam tibi ne comederes, ' etc.. obedientia autem christi hic dicitur secundum quam, praecepto patris obediens, mortem sustinuit pro salute nostra, * secundum illud phil. ii, 8: ° factus est obediens usque ad mortem, * etc.. nec est contrarium quod alibi dicitur, " christus ex charitate mortuus est, * ut patet eph. v, 2; ' quia hoc ipsum quod obedivit, processit ex dilectione quam habuit ad patrem |300| et ad nos. et est attendendum quod per obedientiam et inobedientiam probat nos per unum peccatores effici, et per unum iustificari: quia iustitia legalis, quae est omnis virtus, attenditur in observatione praeceptorum legis, quod pertinet ad rationem obedientiae. iniustitia autem legalis, quae est omnis malitia * ut dicitur v ethicorum, ' attenditur in transgressione mandatorum legis, quae pertinet ad rationem inobedientiae. sic ergo convenienter dicitur quod per obedientiam constituuntur homines iusti, et per inobedientiam peccatores.

lc6 ' Postquam apostolus ostendit quod per donum gratiae subtrahitur peccatum, quod per adam in hunc mundum intraverat, hic ostendit quod per gratiam christi tollitur peccatum, quod lege superveniente abundaverat. circa hoc duo facit. primo ponit abundantiam peccati, quae fuit per legem; secundo, absolutionem peccati, quae est per gratiam christi, * ibi ° ubi abundavit, ' etc.. dicit ergo primo. dictum est quod per obedientiam unius hominis iusti constituuntur multi, non autem lex hoc facere potuit, sed potius ° lex subintravit, ut superabundaret delictum. * circa quod apostoli dictum, duplex occurrit dubitatio. primo quidem " de hoc quod dicit legem subintrasse, id est latenter intrasse ° post culpam originalem et actualem, vel post naturalem legem, * ut glossa dicit. " non enim lex occulte intravit sed manifeste data fuit, * secundum |25| illud io. xviii, 20: ° non in abscondito locutus sum. ' dicendum est ergo quod licet ipsa legislatio fuerit data in manifesto, tamen mysteria legis erant in occulto, et praecipue quoad intentionem dei circa legem ferendam, quae peccatum ostenderet, non sanaret, * secundum illud infra xi, 34: ° quis cognovit sensum domini, ' etc.. potest etiam dici quod lex subintravit, id est quasi media intravit, inter peccatum hominis et donum gratiae christi, quorum utrumque supra dixerat per unum ad plures transisse. * secunda autem dubitatio est ' de hoc quod dicit " legem subintrasse ° ut abundaret delictum. * sic enim videtur quod " abundantia delicti sit finis legis, et ita sequitur quod lex sit mala, quia cuius finis malus est, ipsum quoque malum est; * et hoc est contra illud i tim. c. i, 8: ° scimus quidem quod lex bona est, * etc.. ad hoc autem respondetur in glossa tripliciter. |50| primo quidem ut dicamus quod " ly ut, non ponitur causaliter, sed consecutive. ' non enim ad hoc fuit data lex ut peccatum abundaret, quin potius lex, quantum in se fuit, peccatum prohibuit, * secundum illud ps. cxviii, 11: ° in corde meo abscondi eloquia tua, ut non peccem tibi. ' sed, lege data, consecuta est abundantia delictorum dupliciter. uno quidem modo, quantum ad peccatorum multitudinem. lex enim licet peccatum demonstraret, peccati tamen concupiscentiam non auferebat. cum autem alicui prohibetur id quod concupiscit, vehementius in concupiscentiam illius exardescit, et sicut fluvius apposito obice fortius fluit et obicem frangit. cuius ratio potest esse triplex. una quidem, quia illud quod subiacet hominis potestati, non reputat aliquis pro magno, sed illud quod est extra hominis potestatem, apprehenditur ab homine quasi magnum. prohibitio autem eius quod concupiscitur ponit illud quod prohibetur quasi extra hominis potestatem, et ideo concupiscentia magis exardescit in rem concupitam dum |75| prohibetur. secunda ratio est quia interiores affectiones quando interius retinentur, ita quod exterius non deriventur, ex hoc ipso magis interius incenduntur; sicut patet in dolore et ira, quae dum interius clausa tenentur, magis augentur; si autem exterius quoquo modo procedant eorum virtus diminuitur. prohibitio autem propter timorem poenae cogit hominem ut concupiscentiam suam ad exteriora non perducat et ideo ipsa concupiscentia, interius retenta, magis inflammatur. tertia ratio est, quia illud quod non est nobis prohibitum, apprehendimus quasi possibile fieri quandocumque nobis placuerit: et ideo multoties, opportunitate existente, illud vitamus; sed quando aliquid est prohibitum, apprehenditur a nobis, ut non semper a nobis haberi possit: et ideo quando opportunitas datur sine timore poenae illud consequendi, promptiores ad hoc sumus. et inde est quod, data lege, quae concupiscentiae usum prohibebat, et tamen ipsam concupiscentiam non mitigabat, concupiscentia ipsa magis ferventer homines ad |100| peccata ducebat. * unde dicitur ez. v, 5 s.: ° ista est ierusalem, in medio gentium posui eam, et in circuitu eius terras, et contempsit iudicia mea, ut plus esset impia, quam gentes. * sed secundum hoc videtur quod " omnis lex humana, quae gratiam non confert diminuentem concupiscentiam, faciat abundare peccata: quod est contra intentiones legislatorum, quia ad hoc tendunt, ut cives faciant bonos, * ut patet per philosophum, ii ethicorum. ' sed dicendum, quod alia est intentio legis humanae, et alia legis divinae. lex enim humana refertur ad humanum iudicium, quod est de exterioribus actibus; sed lex divina refertur ad divinum iudicium, quod est de interioribus motibus cordis, * secundum illud i reg. xvi, 7: ° homo videt ea quae patent, sed deus intuetur cor. ' sic igitur lex humana suam intentionem consequitur, dum per prohibitionem et poenae comminationem impedit ne multiplicentur exteriores actus peccati, licet concupiscentia interior magis augeatur: sed quantum ad legem divinam etiam interiores |125| concupiscentiae malae imputantur ad peccatum, quae abundant lege prohibente, et non auferente concupiscentiam. sciendum tamen, quod, * sicut philosophus dicit in x ethic., " prohibitio legis, licet illos qui sunt male dispositi cohibeat ab exterioribus peccatis solo poenae timore; quosdam tamen bene dispositos inducit per amorem virtutis. ' sed ista bona dispositio quantum ad aliquid potest esse a natura, sed eius perfectio non est nisi per gratiam; ex qua contingit, quod etiam lege veteri data, non in omnibus peccatum abundat, sed in pluribus. quidam vero, lege prohibente et gratia ulterius adiuvante, ad perfectionem virtutum tandem pervenerunt, * secundum illud eccl. xliv, 1: ° laudemus viros gloriosos, * etc., et infra: ° homines magnos virtute. ' secundo superabundavit delictum lege superveniente quantum ad gravitatem reatus. gravius enim fuit peccatum ubi accessit praevaricatio, non tantum legis naturae, sed etiam legis scriptae. * unde supra iv, 15 dictum est quod ° ubi non est lex, nec praevaricatio. |150| * secundo, autem potest responderi ut dicitur, quod " ly ut teneatur causaliter, ita tamen quod loquatur apostolus de abundantia delicti secundum quod est in nostra cognitione, ' ut sit sensus: ° lex subintravit ut abundaret delictum, ' id est ut abundantius delictum cognosceretur, secundum modum loquendi quo dicitur aliquid fieri cum innotescit. * unde supra dictum est, quod ° per legem est cognitio peccati. * tertio modo potest exponi ita quod " ly ut teneatur causaliter, ita tamen quod abundantia delicti non intelligatur finis legis subintrantis, sed id quod ex abundantia delicti sequitur, scilicet humiliatio hominis. ' lege enim subintrante abundavit delictum, * ut dictum est in prima expositione. ' ex qua quidem delicti abundantia consecutum est, quod homo infirmitatem suam recognoscens humilietur. dicebat enim homo superbus, de viribus suis praesumens: non deest qui impleat, sed deest qui iubeat, * secundum illud ex. xxiv, 7: ° omnia quae locutus est dominus, facimus, et ei obediemus. ‘ sed quando, lege data, consecuta est multitudo delictorum, homo suam infirmitatem cognovit ad observantiam legis, * secundum illud sap. ix, 5: ° infirmus homo et exigui temporis, ‘ etc.. intentio ergo dei legem dantis non terminatur ad abundantiam peccatorum, sed ad humilitatem hominis, propter quam permisit abundare delicta. sic ergo quia hoc erat occultum, * signanter quantum ad hoc dicit quod ° lex subintravit. ‘ quia vero hic agitur de lege et fine legis, duo consideranda occurrunt. primo quidem quot modis lex dicatur; secundo, quis sit finis legis. circa primum sciendum est, quod lex, uno modo, dicitur tota scriptura veteris testamenti, * secundum illud io. xv, 25: ° ut impleatur sermo eorum, qui in lege eorum scriptus est, quia odio habuerunt me gratis, * cum tamen hoc scriptum sit in psalmo. ‘ quandoque vero dicitur lex scriptura quinque librorum moysis, * secundum illud deut. xxxiii, 4: ° legem praecepit nobis moyses. ‘ tertio dicitur decalogus praeceptorum, * secundum illud exodi xxiv, 12: ° dabo tibi duas tabulas lapideas, et legem ac mandata quae scripsi ut doceas. ‘ quarto dicitur lex tota continentia caeremonialium, * secundum illud hebr. x, 1: ° umbram habens lex futurorum bonorum. ‘ quinto dicitur lex aliquod speciale praeceptum caeremoniale, * secundum illud lev. vii, 11: ° haec est lex hostiae pacificorum. ‘ sumitur autem hic lex communiter ab apostolo, quantum ad totam doctrinam legis moysi, id est, quantum ad moralia et caeremonialia praecepta, quia scilicet per caeremonias legis non dabatur gratia, per quam homo adiuvaretur ad implenda praecepta moralia concupiscentia diminuta. circa finem autem legis sciendum est quod in populo iudaeorum tria fuerunt hominum genera, sicut et in quolibet alio populo, scilicet duri, id est peccatores et rebelles, proficientes et perfecti. quantum igitur ad duros, lex fuit data in flagellum, et quantum ad praecepta moralia, ad quorum observantiam cogebantur per poenae comminationem, * ut patet lev. ii, ‘ et quantum ad caeremonialia, quae ideo sunt multiplicata, ne liceret eis diis alienis alium cultum superaddere. * ex. xx, 34: ° in manu valida et brachio extento, et in furore effuso regnabo super vos. ‘ sed proficientibus, qui dicuntur mediocres, lex fuit in paedagogum, * secundum illud gal. c. iii, 24: ° lex paedagogus noster fuit in christo. ‘ et hoc quantum ad caeremonialia, quibus continebantur in divino cultu: et quantum ad moralia, quibus ad iustitiam promovebantur. perfectis autem fuit quantum ad caeremonialia quidem in signum, * secundum illud ezech. xx, 12: ° sabbata mea dedi eis, ut essent signum inter me, ‘ etc.. quantum ad moralia vero in solatium, * secundum illud infra c. vii, 22: ° condelector legi dei secundum interiorem hominem. * deinde cum dicit ° ubi abundavit, ‘ etc., ostendit quomodo per gratiam tollitur abundantia delictorum. et primo ponit gratiae abundantiam; secundo ostendit abundantis gratiae effectum, * ibi ° ut sicut regnavit, ‘ etc.. dicit ergo primo: dictum est quod lege subintrante ° abundavit delictum: ‘ nec tamen propter hoc impeditur divinum propositum de salute iudaeorum et totius humani generis, quia ° ubi abundavit delictum, ‘ scilicet in humano genere et specialiter in iudaeis, ° superabundavit et gratia, ‘ scilicet christi condonantis peccata. * ii cor. ix, 8: ° potens est deus omnem gratiam abundare facere in vobis. ‘ eius autem quod hic dicitur, duplex ratio assignari potest. una quidem ex effectu gratiae. sicut enim magnitudinem morbi non sanat nisi fortis et efficax medicina, ita requirebatur abundans gratia ad hoc ut sanaret abundantiam delictorum. * lc. vii, 47: ° dimissa sunt ei peccata multa, quoniam dilexit multum, ‘ etc.. alia ratio sumi potest ex dispositione peccantis, qui, dum magnitudinem peccatorum suorum recognoscit, quandoque quidem desperat et contemnit, * secundum illud prov. c. xviii, 3: ° impius cum in profundum venerit peccatorum, contemnit, ‘ etc., quandoque vero per auxilium divinum ex consideratione suorum peccatorum magis humiliatur, et maiorem consequitur gratiam, * secundum illud ps. xv, 4: ° multiplicatae sunt infirmitates eorum, postea acceleraverunt. * deinde cum dicit ° ut, sicut regnavit peccatum in mortem, ‘ etc. ostendit effectum gratiae abundantis, qui quidem est per oppositum respondens effectui peccati. ° ut, ‘ scilicet ° sicut peccatum, ‘ introductum per primum hominem, et abundans per legem, ° regnavit, ‘ id est plenum dominium in homines obtinuit, et hoc quousque duceret eos ° in mortem ‘ temporalem et aeternam, * infra vi, 23: ° stipendia peccati mors ita et gratia ‘ dei ° regnet, ‘ id est plene dominetur in nobis, ° per iustitiam, ‘ quam scilicet in nobis facit; * supra eodem: ° iustificati gratis per gratiam ipsius. ‘ et hoc quousque nos ducat ° in vitam aeternam, * secundum illud infra c. vi, 23: ° gratia dei vita aeterna. ‘ et hoc totum est ° per iesum christum dominum nostrum, ‘ qui est dator gratiae, * secundum illud io. i, 17: ° gratia et veritas per iesum christum facta est, ‘ et etiam iustitia, * i cor. i, 30: ° qui factus est nobis iustitia a deo, ‘ et dator vitae aeternae, * io. x, 28: ° ego vitam aeternam do eis.

075 CRO cp6

lc1 ‘ Postquam apostolus ostendit quod per gratiam christi liberamur a peccato praeterito, tam introducto per primum hominem, quam etiam abundante per legem, hic ostendit quod per gratiam christi datur nobis facultas ad resistendum peccatis futuris. et circa hoc duo facit. primo ponit quaestionem ex praemissis ortam; secundo solvit eam, * ibi ° absit. si enim, ‘ etc.. dixerat autem supra, quod ubi abundavit delictum, superabundavit et gratia; * quod quidem aliquis posset male intelligere, quasi “ abundantia delicti esset causa superabundantiae gratiarum. * et ideo inducit quaestionem dicens: ° quid ergo dicemus, ‘ numquid ° permanebimus in peccato, ut gratia abundet? ‘ quod quidem oporteret dicere, si abundantia delicti esset causa gratiae abundantis, et non sola occasio, * ut supra dictum est. * unde et supra iii, 8, apostolus dicit: ° sicut blasphemamur, et sicut aiunt quidam nos dicere, faciamus mala ut eveniant bona. * ier. xii, 1: ° bene est omnibus qui praevaricantur et inique agunt. ‘ deinde * cum dicit ° absit, ‘ etc., solvit inductam quaestionem. et primo assignat rationem, quare non est nobis permanendum sub peccato; secundo concludit exhortationem intentam, * ibi ° non ergo regnet, ‘ etc.. circa primum duo facit. primo assignat rationem, quare non sit in peccato permanendum; secundo ostendit nobis inesse facultatem, ad hoc quod non sub peccato maneamus, * ibi ° hoc scientes, ‘ etc.. circa primum ponit talem rationem: si sumus mortui peccato, non debemus vivere in illo; sed mortui sumus peccato, ergo non debemus vivere in peccato. circa hoc ergo quatuor facit. primo ponit conditionalem; secundo probat antecedens, * ibi ° an ignoratis, ‘ etc.; tertio concludit consequens, * ibi ° ut quomodo christus, ‘ etc.; quarto probat necessitatem consequentiae, * ibi ° si enim complantati, * etc.. dicit ergo primo ° absit, ‘ scilicet quod hac intentione permanendum sit in peccato, ° ut gratia abundet, * quia, ut dicitur eccli. c. xv, 21, ° nemini mandavit deus impie agere. ‘ et huius ratio est: ° si enim mortui sumus peccato ‘ per hoc scilicet quod peccatum est mortificatum in nobis, ° quomodo adhuc in illo vivemus? ‘ non enim naturalis ordo rerum habet, ut a morte redeatur ad vitam. * is. xxiv, 14: ° morientes non vivant, * etc.. cant. v, 3: ° lavi pedes meos, quomodo inquinabo illos? * deinde cum dicit ° an ignoratis, ‘ etc., probat antecedens, scilicet, quod fideles sunt mortui peccato. et primo proponit medium ad propositum ostendendum; secundo manifestat medium inductum, * ibi ° consepulti enim sumus, * etc.. dicit ergo primo ° an ignoratis, ‘ quasi dicat: quod vobis proponendum est, est adeo manifestum quod illud vobis ignorare non licet, * i cor. xiv, 38: ° si quis ignorat, ignorabitur, quia quicumque baptizati sumus in christo iesu: ‘ quod intelligitur tripliciter. uno modo secundum institutionem iesu christi, * matth. ult.: ° docete omnes gentes, baptizantes eos, ‘ etc.. secundo, per invocationem iesu christi, * act. c. viii, 12: ° in nomine iesu christi baptizabantur viri ac mulieres. ‘ tertio, in christo iesu, id est in quadam conformitate ad christum iesum, * gal. iii, 27: ° quicumque in christo iesu baptizati estis, christum induistis. ‘ sicut igitur eius morti configuramur, in similitudinem mortis eius, quasi ipsam mortem christi in nobis repraesentantes. * ii cor. c. iv, 10: ° semper mortificationem iesu christi in corpore nostro circumferentes. * gal. ult.: ° stigmata iesu in corpore meo porto. ‘ vel ° in morte ipsius, ‘ id est, per virtutem mortis eius. * apoc. i, 5: ° lavit nos a peccatis nostris. ‘ unde de latere christi pendentis in cruce post mortem fluxit sanguis et aqua, * ut dicitur io. xix, 34. ‘ sicut igitur eius morti configuramur, inquantum peccato morimur, sic ipse mortuus est vitae mortali, in qua erat similitudo peccati, licet non esset ibi peccatum. ergo omnes qui baptizati sumus, mortui sumus peccato. * deinde cum dicit ° consepulti enim, ‘ etc., probat propositum medium, scilicet quod omnes baptizemur in conformitate ad mortem christi, * dicens: ° consepulti enim sumus cum illo per baptismum in morte. ‘ quasi dicat: sepultura non nisi mortuis debetur. * matth. viii, 22: ° sinite mortuos sepelire mortuos suos. ‘ per baptismum autem homines sepeliuntur christo, id est conformantur sepulturae ipsius. sicut enim ille qui sepelitur ponitur sub terra, ita ille qui baptizatur immergitur sub aqua. unde et in baptismo fit trina immersio, non solum propter fidem trinitatis, sed etiam ad repraesentandum triduum sepulturae christi. et sicut triduum sepulturae non facit nisi unam sepulturam, ita trina immersio non facit nisi unum baptisma. et inde etiam est, quod in sabbato sancto solemnis baptismus in ecclesia celebratur quando commemoratur sepultura christi, sicut et in vigilia pentecostes quando solemnizatur de spiritu sancto, ex cuius virtute aqua baptismi accipit vim purgandi, * ut dicitur io. iii, 5: ° nisi quis renatus fuerit ex aqua et spiritu sancto, ‘ etc.. est tamen considerandum, quod corporaliter aliquis prius moritur et postea sepelitur; sed spiritualiter sepultura baptismi causat mortem peccati, quia sacramentum novae legis efficit quod signat. unde cum sepultura, quae fit per baptismum, sit signum mortis peccati, mortem efficit in baptizato. * et hoc est, quod dicit, quod ° sumus sepulti in mortem, ‘ ut per hoc ipsum, quod signum sepulturae christi in nobis accipimus, consequimur mortem peccati. * deinde cum dicit ° ut quomodo christus, ‘ infert consequens, scilicet quod non debeamus vivere in peccato. ad hoc quidem inducit similitudinem ex resurrectione christi, * dicens ° ut quomodo christus resurrexit a mortuis per gloriam patris, ‘ id est, per virtutem patris, ex qua ipse pater glorificatur, * secundum illud ps. lvi, 8: ° exurge, gloria mea, ita et nos in novitate vitae ambulemus, ‘ id est, per bona opera vitae procedamus. vita enim peccati vetustatem habet, quia in corruptionem nos ducit. * hebr. viii, 13: ° quod antiquatur et senescit prope interitum est. * unde et dicitur bar. iii, 10: ° quid est quod in terra inimicorum es, inveterasti in terra aliena? ‘ etc.. unde et novitas vitae dicitur per quam aliquis redit ad integritatem, ut scilicet sit sine peccato. * ps. cii, 5: ° renovabitur ut aquilae iuventus tua. * eph. iv, 23: ° renovamini spiritu mentis vestrae. * deinde cum dicit ° si enim, ‘ probat necessitatem consequentiae. christus enim postquam fuit mortuus resurrexit; unde conveniens est, ut illi, qui conformantur christo quantum ad mortem in baptismo, conformentur etiam resurrectioni eius per innocentiam vitae. * et hoc est quod dicit ° si enim complantati facti sumus similitudini mortis eius, ‘ id est, si in nobis assumamus similitudinem mortis eius, ut ei incorporemur sicut ramus qui inseritur plantae: ut quasi nos in ipsa passione christi inseramur, ° simul et resurrectionis erimus, ‘ scilicet, similitudini eius complantati, ut scilicet in praesenti innocenter vivamus, et in futuro ad similem gloriam perveniamus. * phil. iii, v. 21: ° reformabit corpus humilitatis nostrae configuratum corpori claritatis suae. * ii tim. c. ii, 11: ° si commortui sumus, et convivemus. ‘ sic igitur, sicut apostolus per similitudinem mortis christi probavit quod sumus mortui peccato, quod praemiserat quasi antecedens, sic, per similitudinem resurrectionis eius, probavit quod non debemus vivere in peccato; quod quasi consequens superius introduxit.

lc2 ‘ Postquam apostolus ostendit, quod non est nobis in peccato permanendum, ex eo quod per baptismum mortui sumus peccato, hic ulterius ostendit adesse nobis facultatem ad hoc observandum. et circa hoc duo facit. primo proponit quod intendit; secundo manifestat propositum, * ibi ° qui enim mortuus, ‘ etc.. circa primum duo facit. primo proponit beneficium, quod consecuti sumus; secundo, huius beneficii effectum, * ibi ° ut destruatur, ‘ etc.. dicit ergo primo. dictum est quod debemus in novitate ambulare, scilicet desistendo a peccato. et ne hoc aliquis forte impossibile diceret, * dicit quod ‘ sumus ° hoc scientes, quia vetus homo noster, ‘ id est vetustas hominis per peccatum inducta, ° simul, ‘ scilicet cum christo, ° crucifixus est, ‘ id est per crucem christi est mortificatus. * sicut enim supra dictum est, ‘ vetustas hominis per peccatum inducta est, inquantum per peccatum bonum naturae corrumpitur; quae quidem vetustas in homine principatur quamdiu homo peccato subiacet. et quia id quod est principale in homine dicitur esse ipse homo, inde est quod in eo qui peccato subiicitur, ipsa vetustas peccati dicitur esse vetus homo. vetustas autem peccati potest intelligi vel ipse reatus, seu macula actualium peccatorum, vel etiam consuetudo peccandi, quae quamdam necessitatem ingerit ad peccandum, vel etiam ipse fomes peccati proveniens ex peccato primi parentis. sic igitur vetus homo noster dicitur esse simul crucifixus cum christo, inquantum praedicta vetustas virtute christi sublata est. vel quia totaliter est amota, sicut totaliter amovetur in baptismo reatus et macula peccati. vel quia diminuitur virtus eius, sicut virtus fomitis vel etiam consuetudinis peccandi. * col. ii, 14: ° delens quod adversum nos erat chirographum decreti, quod erat contrarium nobis: et ipsum tulit de medio, affigens illud cruci. * deinde cum dicit ° ut destruatur, ‘ etc., ponit effectum praedicti beneficii duplicem; quorum primus est remotio praecedentium delictorum. * et hoc est quod dicit ° ut destruatur corpus peccati. ‘ dicitur enim corpus peccati ipsa congeries malorum operum, sicut ipsa congeries membrorum facit unum corpus naturale. * iob xli, 6: ° corpus eius quasi scuta fusilia, ‘ etc.. secundus autem effectus est ut caveamus a peccatis in futurum: * et hoc est quod subdit dicens ut ° ultra non serviamus peccato. ‘ tunc enim homo peccato servit, quando concupiscentiae peccati obedit per consensum et corporis executionem. * io. viii, 34: ° qui facit peccatum, servus est peccati. * deinde cum dicit ° qui enim mortuus est, ‘ etc., manifestat quod dixerat. et primo quantum ad primum effectum; secundo quantum ad secundum, * ibi ° si autem mortui, ‘ etc.. circa primum considerandum est, quod congeries peccatorum destruitur quando peccata homini remittuntur. sic igitur destructionem corporis peccati manifestat * dicens: ° qui enim mortuus est, ‘ peccato scilicet per baptismum, quo christo commorimur, ° iustificatus est a peccato, ‘ id est, remissis peccatis, translatus est in statum iustitiae. * i cor. vi, 11: ° et haec quidem fuistis aliquando, sed abluti estis, ‘ etc.. quia igitur per crucem christi homo peccato moritur, consequens est quod a peccato iustificetur, et ita quod corpus peccati destruatur. * deinde cum dicit ° si autem mortui, ‘ etc., manifestat secundum effectum per conformitatem ad vitam christi tali ratione: ille qui christo morienti commoritur, simul convivit et resurgenti. christus autem sic resurrexit a mortuis tamquam numquam de caetero moriturus; ergo ille qui mortificatus est peccato, sic christo resurgenti convivit, quod habet facultatem numquam de caetero ad peccatum redeundi. circa hoc ergo tria facit. primo ostendit conformitatem hominis fidelis ad vitam christi resurgentis; secundo ponit conditionem vitae resurgentis, * ibi ° scientes quod christus, ' etc.; |100| tertio infert conclusionem intentam, * ibi ° ita et vos, * etc.. dicit ergo primo, ° si autem mortui sumus cum christo, ' id est, si virtute mortis christi sumus mortui peccato, ° credimus quia simul etiam vivemus cum illo, ' id est, ad similitudinem vitae eius. vivemus, inquam, hic vita gratiae et in futuro vita gloriae. * eph. ii, 5: ° cum essemus mortui peccatis, convivificavit nos, ' etc.. deinde * cum dicit ° scientes, ' ponit conditionem vitae christi resurgenti. et primo ponit eam; secundo probat, * ibi ° quod enim mortuus est, ' etc.. dicit ergo primo. hoc, inquam, * quod dictum est ' credimus ° scientes quod christus resurgens ex mortuis, iam non moritur, ' sed vivit vita perpetua. * apoc. i, 18: ° fui mortuus, et sum vivens in saecula saeculorum. ' et, quod plus est, ° mors illi ultra non dominabitur, ' quae scilicet in homine dominatur non solum dum moritur per separationem animae a corpore, sed etiam ante mortem |125| dum patitur aegritudinem, famem et sitim, et alia huiusmodi, per quae pervenitur ad mortem: sed ab his libera est vita christi resurgentis. et ideo non subiicitur dominio mortis, sed potius ipse habet dominium super mortem. * apoc. i, 18: ° habet clavem mortis et inferni. * deinde cum dicit ° quod enim mortuus, ' etc., probat propositum scilicet quod christus resurgens ulterius non moriatur, et hoc dupliciter. primo quidem ratione accepta ex parte mortis quam sustinuit, * dicens ° quod enim mortuus est peccato, mortuus est semel. ' non autem intelligitur, quod ipse mortuus est peccato, quod ipse commisit vel contraxit, quia in eo nullo modo peccatum locum habuit. * i petr. ii, 22: ° qui peccatum non fecit, ' etc.. sed dicitur mortuus esse peccato dupliciter. uno modo, quia mortuus est pro peccato tollendo, * ii cor. v, 21: ° eum qui non novit peccatum pro nobis deus fecit peccatum, ' id est hostiam pro peccato. alio modo, quia mortuus est similitudini carnis peccati, id est, vitae passibili et mortali. |150| * infra viii, 3: ° deus misit filium suum in similitudinem carnis peccati. ' utroque autem modo concludi potest, quod christus mortuus sit ° semel, ' ex hoc quod mortuus est peccato. quantum enim ad primum, manifestum est quod per unam mortem omnia peccata delevit, * secundum illud hebr. x, 14: ° una oblatione consummavit in sempiternum sanctificandos. ' ideo non restat ut adhuc pro peccato moreretur. * i petr. c. iii, 18: ° christus semel pro peccatis nostris mortuus est, ' etc.. quantum ad secundum autem idem potest concludi. si enim christus mortem sustinuit, ut deficeret in eo similitudo carnis peccati, debuit eius mors conformari aliis gerentibus carnem peccati, qui semel moriuntur. * unde dicitur ad hebr. ix, v. 27 s.: ° quemadmodum statutum est hominibus semel mori, sic et christus semel oblatus est, ' etc.. secundo ostendit idem ex conditione vitae, quam resurgendo adeptus est, * dicens ° quod autem vivit, vivit deo, ' id est, ad conformitatem dei. * dicitur enim ii cor. ult. quod ° si crucifixus est ex infirmitate, |175| vivit ex virtute dei. ' effectus autem conformatur causae; unde et vita quam christus resurgens acquisivit, est deiformis. sicut ergo vita dei est sempiterna et absque corruptione, * secundum illud i tim. ult.: ° qui solus habet immortalitatem, ' ita et vita christi est immortalis. * deinde cum dicit ° ita et vos, ' etc., infert conclusionem intentam ut conformemur vitae christi resurgentis, et quantum ad hoc quod mortuus est peccato, id est mortali vitae, quae habet similitudinem peccati, numquam ad eam rediturus, et quantum ad hoc quod vivit ad conformitatem dei. * et quantum ad primum dicit ° ita et vos existimate vos quidem mortuos esse peccato, ' scilicet tamquam ad peccatum numquam sitis redituri. * is. xxvi, 14: ° morientes non vivant. * et quantum ad secundum dicit ° viventes deo, ' id est, ad honorem vel similitudinem dei, ut scilicet numquam per peccatum moriamur. * gal. ii, 20: ° quod autem nunc vivo in carne, in fide vivo filii dei. |200| * et ideo subdit ° in christo iesu domino nostro, ' id est, per iesum christum, per quem et peccatis morimur et deo vivimus. vel: ° in christo iesu, ' id est, tamquam incorporati christo iesu, ut per eius mortem moriamur peccato et per eius resurrectionem vivamus deo. * eph. ii, 5: ° convivificavit nos in christo, cuius gratia salvati estis per christum.

lc3 ' Postquam apostolus ostendit, quod non est nobis permanendum in peccato, et quod huius rei facultatem habemus, hic concludit moralem exhortationem. et circa hoc tria facit. primo proponit admonitionem; secundo rationem assignat, * ibi ° peccatum enim, ' etc.; tertio movet quaestionem et solvit, * ibi ° quid ergo? peccabimus, ' etc.. circa primum duo facit. primo proponit admonitionem; secundo exponit eam, * ibi ° ut obediatis, ' etc.. dicit ergo primo. dictum est quod vetus homo noster simul crucifixus est, ut destruatur corpus peccati, per quod datur intelligi, quod virtus peccati in tantum diminuta est, ut nobis dominari non possit. ergo ° peccatum, ' de caetero, ° non regnet in vestro mortali corpore. ' non autem dicit: non sit peccatum in vestro mortali corpore, quia quamdiu corpus |25| nostrum est mortale, id est necessitati mortis addictum, non potest esse quin in corpore nostro sit peccatum, id est fomes peccati. sed ex quo a deo liberati sumus a regno peccati debemus conari, quod peccatum in corpore nostro dominium iam amissum in nobis non recuperet. * et hoc est quod dicit ° non regnet peccatum in vestro mortali corpore. ' et hoc quidem necessarium est cavere, dum corpus mortale gerimus, * quia dicitur sap. ix, 15: ° corpus quod corrumpitur aggravat animam, * etc.. deinde, cum dicit ° ut obediatis, ' etc., exponit admonitionem praemissam. circa quod considerandum est, quod dupliciter peccatum regnat in homine. uno modo per interiorem consensum mentis. * et hoc removendo dicit ° ut obediatis concupiscentiis eius. ' obedire enim per consensum mentis concupiscentiis peccati est peccatum regnare in nobis. * eccli. xviii, 30: ° post concupiscentias tuas non eas. ' secundo modo regnat in nobis peccatum per operis executionem. * et ad hoc excludendum subdit ° sed neque exhibeatis membra |50| vestra peccato, ' id est fomiti peccati, ° arma iniquitatis, ' id est instrumenta ad iniquitatem exequendam. homo enim cum per membra sua peccatum exequitur, ad iniquitatem exequitur: et hoc ipso impugnare videtur ad restituendum dominium peccati, quod per consuetudinem peccati in nobis convalescit. * ez. xxxii, 27: ° cum armis suis ad inferos descenderunt. ' deinde, * cum dicit ° sed exhibete vos deo, ' etc., exhortatur ad contrarium, ut scilicet exhibeamus nos deo. et primo quantum ad interiorem affectum, cum dicit ° sed exhibeatis vos deo, ' ut scilicet mens vestra ei subdatur. * deut. x, v. 12: ° et nunc, israel, quid dominus deus tuus requirit a te, nisi ut timeas dominum deum tuum, et ambules in viis eius? ' et hoc facere debetis ° tamquam ex mortuis viventes, ' id est tamquam reducti ad vitam gratiae de morte culpae. nam et ideo iustum est ut ° qui vivit, iam non sibi vivat, sed ei qui pro omnibus mortuus est, * ii cor. v, 15. ' secundo, quantum ad exteriorem actum, unde dicit: exhibete ° membra vestra deo, |75| ' id est ad eius obsequium, ° arma iustitiae, ' id est instrumenta quaedam ad iustitiam exequendam, quibus scilicet pugnetis contra inimicos dei. * eph. ult.: ° induite vos armaturam dei, ut possitis stare adversus insidias diaboli. * deinde, cum dicit ° peccatum enim, ' etc., assignat rationem admonitionis praedictae. * posset, enim aliquis seipsum excusare, allegans peccati dominium, per quod assereret " se ab observatione admonitionis praedictae impediri. * hoc ergo apost. primo excludit dicens ° peccatum enim vobis non dominabitur, ' scilicet si coeperitis peccato resistere et vos deo exhibere, * secundum illud iac. vi, 8: ° appropinquate deo, et appropinquabit vobis: resistite diabolo, et fugiet a vobis. ' quasi dicat: ideo potestis praedicta observare, quia non invenitis peccatum in vos dominari, per quod retrahi possitis; sumus enim liberati a christo, * secundum illud io. viii, 36: ° si filius vos liberaverit, vere liberi eritis. ' secundo manifestat quod dixerat, * dicens ° non enim estis sub lege, sed sub |100| gratia. ' ubi considerandum est, quod non loquitur hic de lege solum quantum ad caeremonialia, sed etiam quantum ad moralia, sub qua quidem aliquis dicitur esse dupliciter. uno modo quasi legis observantiae voluntarie subiectus. et hoc modo etiam christus fuit sub lege, * secundum illud gal. iv, 4: ° factum sub lege: ' quia scilicet legem observavit, non solum quantum ad moralia, sed etiam quantum ad caeremonialia. fideles autem christi sunt quidem hoc modo sub lege, quantum ad moralia, non autem quantum ad caeremonialia. alio modo dicitur aliquis esse sub lege, quasi a lege coactus; et sic dicitur esse sub lege, qui non voluntarie ex amore, sed timore cogitur legem observare. talis autem caret gratia, quae si adesset, inclinaret voluntatem ad observantiam legis, ut ex amore moralia eius praecepta impleret. sic igitur quamdiu aliquis sic est sub lege, ut non impleat voluntarie legem, peccatum in eo dominatur, ex quo voluntas hominis inclinatur ut velit id quod est contrarium legi, sed per |125| gratiam tale dominium tollitur, ut scilicet homo servet legem, non quasi sub lege existens, sed sicut liber. * gal. iv, 31: ° non sumus ancillae filii, sed liberae: qua libertate christus nos liberavit. ' hanc autem gratiam facientem homines libere legem implere, non conferebant legalia sacramenta, sed conferunt eam sacramenta christi; et ideo illi qui se caeremoniis legis subiiciebant, quantum pertinet ad virtutem ipsorum sacramentorum legalium, non erant sub gratia, sed sub lege, nisi forte per fidem christi gratiam adipiscerentur. illi vero qui se sacramentis christi subiiciunt, ex eorum virtute gratiam consequuntur, ut non sint sub lege, sed sub gratia, nisi forte per suam culpam se subiiciant servituti peccati. * deinde cum dicit ° quid ergo, ' etc., movet quaestionem contra id quod dictum est. et circa hoc tria facit. primo proponit quaestionem; secundo solvit eam ducendo ad inconveniens, * ibi ° absit. an nescitis, ' etc.; |150| tertio ostendit esse inconveniens id ad quod duxerat, * ibi ° gratias ago deo, ' etc.. circa primum considerandum est, quod * verbum praemissum poterat male intelligi ab aliquibus, ut scilicet " fideles christi non sint sub lege, quantum ad debitum observandi praecepta moralia, * ex quo sequeretur, quod " fidelibus christi licitum esset peccare, scilicet contra praecepta moralia faciendo. ' et ideo sub hoc sensu quaestionem movet, * dicens: ° quid ergo, ' dicemus, numquid ° peccabimus, ' scilicet contra praecepta moralia legis faciendo? ° quoniam ' dictum est, quod ° non sumus sub lege, sed sub gratia? * et hunc sensum apostolus improbat ad gal. v, 13 dicens: ° vos in libertatem vocati estis, fratres mei, tantum ne libertatem in occasionem detis carnis. ' et ideo hic etiam respondens, * subdit, ° absit, ' scilicet ut peccemus, quia sumus a lege liberati: quia si peccaremus, sequeretur hoc inconveniens, quod iterum redigeremur in servitutem peccati. |175| * et hoc est quod dicit ° an nescitis, quoniam cui vos exhibetis ' propria voluntate ° servos ad obediendum ' spontanee servi estis, cui obedistis. obedire enim debitum est, quod servi dominis debent. * eph. vi, 5: ° servi, obedite dominis carnalibus. ' unde cum aliquis obedit alicui, se servum profitetur eius, obediendo. diverso tamen stipendio, diversis dominis obeditur. qui enim obedit peccato, per servitutem peccati ducitur in mortem. * et hoc est quod dicit ° sive peccati, ' scilicet servi estis ei obediendo. et hoc est in ° mortem, ' id est aeternam damnationem praecipitandi, * de qua dicitur apoc. ii, 11: ° in his mors secunda non habet locum. ' qui vero obedit deo, efficitur huius obedientiae servus: quia per assuetudinem obediendi, mens eius magis ac magis ad obediendum inclinatur et ex hoc iustitiam perficit. * et hoc est quod dicit ° sive obeditionis, ' scilicet divinorum praeceptorum, servi estis ° ad iustitiam " implendam, * secundum illud supra ii, v. 13: ° factores legis iustificabuntur. ' et satis convenienter obeditionem peccato opponit, eo quod, * sicut ambrosius dicit, |200| " peccatum est transgressio legis divinae et caelestium inobedientia mandatorum. * deinde, cum dicit ° gratias autem deo, ' ostendit hoc esse inconveniens, scilicet quod obediendo peccato, iterum reducamur in servitutem peccati. primo quidem ratione accepta ex beneficio, quod consecuti sumus. si enim aliquis per gratiam alicuius a servitute liberatur, inconveniens est quod se spontaneum subiiciat servituti; unde cum nos per gratiam dei simus liberati a peccato, inconveniens est, quod iterum nos sponte retrudamus in servitutem peccati. secundo, ex conditione in quam ducti sumus post libertatem peccati, ut scilicet simus servi iustitiae. non licet autem servo alicuius, se contrarii domini servituti subiicere; unde nobis non licet, ex quo sumus facti servi iustitiae, iterum redire ad servitutem peccati. utramque rationem apostolus simul tangit * dicens ° gratias ago deo, ' sic et vos gratia agere debetis, quod, ° cum essetis servi peccati, ' quia ° qui facit peccatum, servus est peccati, * io. viii, 34, ° obedistis, ' scilicet |225| credendo, * supra i, 5: ° ad obediendum fidei in omnibus gentibus; ' et hoc non coacti, sed ex corde, * infra x, 10: ° corde creditur ad iustitiam, in eam formam doctrinae, ' idest in doctrina catholicae fidei, * ii tim. i, 13: ° formam habens sanorum verborum, quae a me audistis; in quam traditi estis, * ii cor. c. viii, 5: ° semetipsos dederunt primum deo, deinde, nobis per voluntatem dei. ' et per hoc ° liberati ' estis ° a peccato, ' et ita non convenit quod iustitiam deseratis. * i cor. vii, 23: ° pretio empti estis, ' et non estis vestri.

lc4 ' Postquam apostolus ostendit, ratione accepta ex beneficio divino, quod non est nobis in peccato permanendum sed deo serviendum, hic ostendit idem ratione accepta ex prioris vitae consuetudine. et circa hoc tria facit. primo proponit suppositi documenti conditionem, quod subdit; secundo ponit documenti expressionem * ibi ° sicut enim exhibuistis, ' etc.; tertio documenti rationem assignat, * ibi ° cum enim servi. ' dicit ergo primo. monui quod exhibeatis vos deo; adhuc dico vobis quoddam ° humanum, ' id est, congruens imbecillitati humanae. sic enim quandoque homo accipitur in scriptura, prout scilicet significat conditionem infirmitatis humanae; * sap. ix, 5: ° homo infirmus et exigui temporis et minor ad intellectum iudicii et legum. * i cor. iii, 3: ° cum sit inter vos zelus et contentio, nonne carnales estis, et secundum hominem ambulatis? ' causam autem assignat, * subdens ° propter |25| infirmitatem; ' perfectis enim sunt perfectiora praecepta tradenda. * i cor. ii, 6: ° sapientiam loquimur inter perfectos. * hebr. v, 14: ° perfectorum est solidus cibus. ' infirmioribus sunt danda leviora praecepta. * i cor. iii, 1 s.: ° tamquam parvulis in christo, lac potum dedi vobis, non escam. * hebr. v, 12: ° facti estis quibus lac opus est. ' haec autem infirmitas non ex spiritu sed ex carne venit, quia ° corpus quod corrumpitur aggravat animam, * ut dicitur sap. ix, 15. et ideo subdit ° carnis vestrae. * matth. xxvi, v. 41: ° spiritus quidem promptus est, caro autem infirma. * deinde, cum dicit ° sicut enim exhibuistis, ' etc., ponit documentum quod dicit esse humanum, in quo docet corpus esse aequaliter exhibendum ad serviendum iustitiae, secundum quod nos exhibuimus ipsum ad serviendum peccato. * et hoc est quod dicit ° sicut enim exhibuistis membra vestra servire, ' scilicet per executionem mali operis, ° immunditiae et iniquitati ' corde conceptae: ut immunditia referatur ad peccata carnalia, * eph. v, 3: ° omnis fornicatio, aut |50| immunditia nec nominetur in vobis, ' etc.; iniquitas autem refertur ad peccata spiritualia et praecipue quibus laeditur proximus. * ps.: ° iniquitatem meditatus est in cubili suo. ' quibus in corde conceptis membra serviunt ° ad iniquitatem, ' scilicet opere exequendam. et ponit iniquitatem hic pro immunditia et iniquitate, * i io. iii, 4, ‘ secundum quod omne peccatum est iniquitas. et hoc in quantum discordat ab aequitate legis divinae. ° ita nunc, ‘ scilicet liberati a peccato, ° exhibete membra vestra, ‘ scilicet per executionem bonorum operum, ° servire iustitiae, ‘ in lege divina nobis propositae: et hoc ° in sanctificationem, ‘ id est in executionem et augmentum sanctitatis. * apoc. ult.: ° sanctus sanctificetur adhuc. ‘ dicit autem hoc esse humanum, quia secundum rectum iudicium exigeretur ut homo multo plus serviret iustitiae, quam ante servierit peccato. * bar. iv, 28: ° sicut fuit sensus vester, ut erraretis a deo decies tantum, iterum convertentes requiretis eum. ‘ huius documenti rationem consequenter |75| assignat * dicens ° cum enim servi, ‘ etc.. et circa hoc duo facit. primo proponit rationem praedictorum; secundo probat quod supposuerat, * ibi ° stipendia peccati mors, ‘ etc.. ostendit autem rationem praemissorum, praeferendo statum gratiae statui culpae. si enim plura nobis bona ex iustitia proveniunt quam ex culpa, magis debemus insistere ad serviendum iustitiae, quam studuerimus ad serviendum peccato. primo ergo ponit conditionem status peccati; secundo conditionem status iustitiae, * ibi ° nunc vero liberati, ‘ etc.. circa primum tria facit. primo ponit conditionem peccati; secundo, effectum peccati, * ibi ° quem ergo fructum, ‘ etc.. tertio, finem, * ibi ° nam finis illorum, ‘ etc.. circa primum considerandum est, quod homo naturaliter est liberi arbitrii, propter rationem et voluntatem, quae cogi non potest, inclinari tamen ab aliquibus potest. |100| semper ergo homo, quantum ad arbitrium rationis, remanet liber a coactione, non tamen est liber ab inclinatione. quandoque enim liberum arbitrium inclinatur ad bonum per habitum gratiae vel iustitiae: et tunc habet servitutem iustitiae et est liber a peccato. quandoque autem arbitrium inclinatur ad malum per habitum peccati: et tunc habet servitutem peccati et libertatem iustitiae. servitutem quidem peccati qua trahitur ad consentiendum peccato, contra iudicium rationis. * io. viii, 34: ° qui facit peccatum, servus est peccati. * et quantum ad hoc dicit: ° cum enim servi essetis peccati. ‘ libertatem vero a iustitia, quantum ad hoc quod homo absque freno iustitiae praecipitat se in peccatum. * et quantum ad hoc dicit ° liberi fuistis iustitiae, ‘ quod praecipue contingit his qui ex certo proposito peccant. nam illi qui ex infirmitate vel passione peccant, aliquo freno iustitiae retinentur, ut non videantur a iustitia omnino liberi. * ier. ii, 20: ° a saeculo fregisti iugum, rupisti vincula, dixisti, non serviam. * iob xi, 12: ° vir vanus in superbiam erigitur; |125| et tamquam pullum onagri, liberum se putat. ‘ sciendum est tamen, quod iste status habet veram servitutem, libertatem autem non veram, sed apparentem. cum enim homo sit id quod est secundum rationem, tunc homo vere est servus, quando ab aliquo extraneo abducitur ab eo quod est rationis. sed quod aliquis freno rationis non cohibeatur a sequela concupiscentiae, est libertas quantum ad opinionem illius, qui summum bonum putat concupita sequi. * deinde cum dicit ° quem ergo fructum, ‘ etc., ostendit effectum peccati. et unum quidem effectum excludit, scilicet effectum fructuosum, * cum dicit ° quem ergo fructum, ‘ scilicet cum peccabatis in illis, scilicet peccatis. sunt enim infructuosa peccati opera, quia non adiuvant hominem ad beatitudinem consequendam. * is. lix, 6: ° opera eorum, opera inutilia. * mich. ii, 1: ° vae qui cogitatis inutile, et operamini malum in cubilibus vestris. ‘ adstruit autem effectum confusibilem, * dicens ° in quibus, ‘ scilicet peccatis, id est de quibus ° nunc, ‘ scilicet in statu poenitentiae, |150| ° erubescitis, ‘ propter eorum turpitudinem. * ier. xxxi, 19: ° postquam ostendisti mihi, percussi femur meum confusione, et erubui. * is. i, 29: ° erubescitis super hortis, ‘ scilicet voluptatis, quos elegeratis. * deinde cum dicit ° nam finis, ‘ etc., ponit finem peccati, * dicens ° nam finis illorum, ‘ scilicet peccatorum, ° mors est. ‘ quae quidem et si non sit finis operantis peccatum, quia peccando non intendit mortem incurrere, est tamen finis ipsorum peccatorum, quia de se nata sunt mortem inducere temporalem quia cum anima a se deum separat, dignum est ut ab ea corpus suum separetur, et aeternam, quia cum aliquis ad tempus vult separari a deo, propter concupiscentiam peccati, dignum est ut ab eo aeternaliter separetur, quod est mors aeterna. * supra i, 32: ° qui talia agunt, digni sunt morte. * deinde cum dicit ° nunc vero, ‘ etc., ostendit qualitatem status iustitiae. et primo ponit conditionem status iustitiae; secundo, effectum, * ibi ° habetis fructum vestrum, ‘ etc.; |175| tertio ponit finem, * ibi ° finem vero, ‘ etc.. circa primum considerandum est, quod sicut quando aliquis a peccato inclinatur ad malum, est liber a iustitia; ita cum aliquis ex habitu iustitiae et gratiae inclinatur ad bonum, est liber a peccato; ut scilicet ab eo non superetur usque ad consensum. * unde dicit ° nunc vero, ‘ scilicet in statu iustitiae, ° liberati a peccato. * io. viii, 36: ° si filius vos liberaverit, tunc vere liberi eritis. ‘ similiter, e contra, sicut in statu peccati est aliquis servus peccati, cui obedit, ita in statu iustitiae est aliquis servus dei voluntarie obediens, * secundum illud ps. xcix, 2: ° servite domino in laetitia. * et hoc est quod subdit ° servi autem facti deo. * ps. cxv, v. 16: ° o domine, quia ego servus tuus, ‘ etc.. haec autem vera est libertas, et optima servitus; quia per iustitiam homo inclinatur ad id quod convenit ipsi, quod est proprium hominis, et avertitur ab eo quod convenit concupiscentiae, quod est maxime bestiale. * deinde cum dicit ° habetis fructum, ‘ etc., ponit effectum iustitiae, * dicens |200| ° habetis fructum vestrum in sanctificatione, ‘ id est, ipsa sanctificatio, hoc est executio sanctitatis per bona opera, est fructus vester, in quantum scilicet hoc spiritualiter et sancte vos delectat. * eccli. xxiv, 23: ° flores mei fructus honoris et honestatis, * etc.. gal. v, 22: ° fructus spiritus est gaudium, pax, ‘ etc.. consequenter ponit finem, * dicens ° finem vero ‘ habetis ° vitam aeternam. ‘ quae quidem est finis ipsorum iustorum, qui propter vitam aeternam habendam omnia operantur. * matth. vi, 33: ° primum quaerite regnum dei, ‘ etc.. et etiam ipsorum operum, quae cum ex obedientia dei fiant et ad dei imitationem, vitam aeternam merentur. * io. x, 27 s.: ° oves meae vocem meam audiunt, et sequuntur me, et vitam aeternam do eis. * deinde cum dicit ° stipendia enim peccati, ‘ etc., manifestat quod dixerat de finibus malorum et bonorum. et primo quantum ad mala. dicit: dictum est quod finis peccatorum est mors, ° stipendia enim peccati, mors. ‘ dicuntur autem stipendia mercedes militum, a stipe pendenda, |225| id est ponderanda: quia pecunia distribuenda militibus ponderabatur. quia ergo peccatores peccato militant, membra sua exhibentes arma peccato, * ut supra dictum est, ‘ mors dicitur esse stipendium peccati, id est retributio, quam retribuit sibi servientibus. et ex hoc manifestum est, quod mors sit finis peccatorum, non quem peccantes quaerunt, sed qui eis retribuitur. * ps. x, 6: ° ignis, sulphur, spiritus procellarum, pars calicis eorum. ‘ quantum vero ad bona, * dicit ° gratia dei vita aeterna. ‘ quia enim dixerat iustos homines habere vitam aeternam, quam certum est non posse haberi, nisi per gratiam: ideo hoc ipsum quod bona operamur, et quod opus nostrum est dignum vita aeterna, est a gratia dei. * unde et in ps. lxxxiii, 12, dicitur: ° gratiam et gloriam dabit dominus. ‘ sic igitur opera nostra si considerentur in sui natura et secundum quod procedunt ex libero arbitrio hominis, non merentur ex condigno vitam aeternam, sed solum secundum |250| quod procedunt ex gratia spiritus sancti. * unde dicitur io. iv, 14: quod ° fiet in eo fons aquae salientis in vitam aeternam. ‘ et hoc fit ° in christo iesu domino nostro, ‘ id est, per christum, vel in quantum in ipso sumus per fidem et charitatem. * io. vi, 40: ° omnis qui videt filium, et credit in eum, habet vitam aeternam.

075 CRO cp7

lc1 ‘ Postquam apostolus ostendit quod per gratiam christi liberamur a peccato, hic ostendit quod per eamdem gratiam christi, liberamur a servitute legis. et circa hoc duo facit. primo proponit propositum; secundo excludit obiectionem, * ibi ° quid ergo dicemus, ‘ etc.. circa primum duo facit. primo ostendit, quod per gratiam christi liberamur a servitute legis; secundo ostendit utilitatem huius liberationis, * ibi ° ut fructificemus deo, ‘ etc.. circa primum tria facit. primo proponit documentum, ex quo arguitur ad propositum ostendendum; secundo manifestat ipsum, * ibi ° nam quae sub viro est, ‘ etc.; tertio concludit, * ibi ° itaque, fratres mei, ‘ etc.. documentum autem proponit eis quasi notum. * unde dicit ° an ignoratis, fratres, ‘ quasi diceret: hoc ignorare non debetis. * i cor. |25| c. xiv, 38: ° si quis ignorat, ignorabitur. ‘ et causam quare non debent ignorare, ostendit * subdens ° scientibus enim legem loquor. “ sed cum romani gentiles essent et legem moysi ignorarent, * videtur “ eis non competere quod hic dicitur. * et ideo quidam exposuerunt hoc “ de lege naturali, quae gentibus non erat incognita, * secundum illud, supra ii, 14: ° cum gentes quae legem non habent, naturaliter ea quae legis sunt, faciunt, * etc.. unde et subditur ° quia lex in homine dominatur, ‘ scilicet naturalis, ° quanto tempore vivit, ‘ scilicet lex in homine. quae quidem vivit, quamdiu ratio naturalis efficaciter in homine viget. moritur autem lex naturalis in homine quamdiu ratio naturalis passionibus succumbit. * is. xxiv, 5: ° dissipaverunt foedus sempiternum, ‘ scilicet legis naturalis. * sed hoc non videtur esse secundum intentionem apostoli qui, absolute et indeterminate de lege loquens, semper loquitur de lege moysi. ‘ et ideo dicendum est quod romani fideles |50| non erant solum gentes sed inter eos erant multi iudaei. * unde habetur act. xviii, v. 2, ‘ paulus corinthi invenit ° quemdam iudaeum, nomine aquilam, qui nuper venerat ab italia, et priscillam uxorem eius, eo quod praecepisset claudius discedere omnes iudaeos a roma. ‘ lex ergo hoc modo dominatur in homine, quanto tempore vivit, scilicet homo. data est enim lex ad dirigendum homines in via huius vitae, * secundum ps. xxiv, 12: ° legem statuit ei in via quam elegit. ‘ ideo legis obligatio morte solvitur. * deinde, cum dicit ° nam quae sub viro, ‘ etc., manifestat quod dixerat per exemplum in lege matrimonii. et primo ponit exemplum; secundo manifestat per signum, * ibi ° ergo vivente, ‘ etc.. circa primum duo facit. primo in exemplo ponit quomodo obligatio legis durat, vita durante, * dicens ° nam mulier quae sub viro, ‘ id est sub viri potestate, ° est, ‘ ex lege divina, * qua dictum est gen. iii, v. 16: ° sub viri potestate eris. alligata est |75| legi, ‘ scilicet qua tenetur convivere viro, * secundum illud matthaei xix, 6: ° quos deus coniunxit, homo non separet. ‘ et haec quidem inseparabilitas matrimonii praecipue causatur in quantum est sacramentum coniunctionis indissolubilis christi et ecclesiae, vel verbi et humanae naturae in persona christi. * eph. v, 32: ° sacramentum hoc magnum est in christo et ecclesia, ‘ etc.. secundo, * ibi ° si autem mortuus, ‘ etc., manifestat in exemplo quomodo obligatio legis solvitur post mortem, * dicens: ° si autem vir, ‘ scilicet mulieris, ° fuerit mortuus, ‘ mulier, post mortem viri, ° soluta est a lege ‘ mariti, id est a lege matrimonii, qua obligabatur viro. “ cum enim, * ut augustinus ait in libro de nuptiis et concupiscentia: “ nuptiae sint bona mortalium, non se extendit obligatio nuptiarum post vitam mortalem. et propter hoc in resurrectione, quando erit vita immortalis, ° neque nubent, neque nubentur, * ut dicitur matth. xxii, 30. ‘ ex quo patet quod si aliquis moriatur, et |100| resurgat, sicut in lazaro accidit, non erit uxor, quae fuerat, nisi de novo cum ipso contrahat. * sed contra hoc inducitur quod habetur hebr. xi, 35: ° acceperunt mulieres de resurrectione mortuos suos. ‘ sed sciendum est quod mulieres non receperunt maritos suos, sed filios suos: sicut mulier quaedam per eliam, * ut habetur iii reg. xvii, 17 ss., ‘ et alia per eliseum, * ut habetur iv reg. iv, 18 ss.. ‘ aliter autem se habet in sacramentis quae imprimunt characterem, qui est quaedam consecratio animae immortalis. omnis autem consecratio manet quamdiu manet res consecrata: sicut patet in consecratione ecclesiae vel altaris. et ideo si baptizatus, vel confirmatus, vel ordinatus moriatur et resurgat, non debet iterum eadem sacramenta accipere. * deinde cum dicit ° ergo vivente, ‘ etc., manifestat quod dixerat per signum. et primo quantum ad obligationem matrimonii, quae durat in muliere, ° vivente viro, ‘ cuius signum est quod vocatur ° adultera si fuerit cum alio viro, ‘ scilicet ei carnaliter |125| commixta, vivente viro. * ier. iii, 1: ° si dimiserit vir uxorem suam, et recedens ab eo, duxerit virum alterum, numquid non polluta et contaminata est mulier illa? ‘ secundo, * ibi ° si autem mortuus, ‘ etc., inducit signum quantum ad hoc quod obligatio legis matrimonii solvitur per mortem, * dicens quod ° si vir eius, ‘ scilicet mulieris, ° mortuus fuerit, liberata est ‘ mulier ° a lege viri, ‘ qua obligatur viro, ° ut non sit adultera, si fuerit cum alio viro ‘ carnaliter ei commixta, praesertim si ei matrimonialiter coniungatur. * i cor. vii, 39: ° si dormierit vir eius, ‘ scilicet mulieris, ° liberata est: cui vult nubat. ‘ ex quo patet quod secundae nuptiae vel tertiae vel quartae sunt secundum se licitae et non solum per dispensationem, * ut videtur dicere chrysostomus, qui super matthaeum dicit quod “ sicut moyses permisit libellum repudii, ita apostolus permisit secundas nuptias. ‘ nulla est enim ratio, si lex matrimonialis solvitur per mortem, quare non liceat coniugi remanenti ad secunda vota transire. * quod autem apostolus dicit i tim. iii, 2, quod |150| ° oportet episcopum esse unius uxoris virum, ‘ non hoc dicitur quia secundae nuptiae sint illicitae, sed propter defectum sacramenti, quia non esset unus unius, sicut christus est sponsus unius ecclesiae. * deinde, cum dicit ° itaque, fratres mei, ‘ etc., concludit principale propositum, * dicens ° itaque, ‘ etc., id est per hoc quod estis facti membra corporis christi, simul cum eo mortui et sepulti, * ut supra est habitum; ° mortificati estis legi, ‘ id est quantum ad hoc quod cessat in vobis obligatio legis, ita scilicet ° ut iam sitis alterius, ‘ scilicet christi, eius legi subiecti, ° qui ex mortuis resurrexit, ‘ in quo et vos resurgentes novam vitam assumpsistis. et ita non lege prioris vitae, sed lege novae vitae tenemini obligati. * videtur autem “ esse dissimilitudo quantum ad hoc, quod in praecedenti exemplo vir moriebatur et remanebat mulier absque obligatione legis. hic autem ille qui solvitur ab obligatione, dicitur mori. ‘ sed si recte consideremus utrumque est eiusdem rationis, quia cum matrimonium sit inter duos, sicut quaedam relatio, non refert, |175| quicumque eorum moriatur, ad hoc quod tollatur lex matrimonii: utrumlibet enim contingat, manifestum est, quod per mortem, qua commorimur christo, cessat obligatio veteris legis. deinde * cum dicit ° ut fructificemus, ‘ ostendit utilitatem praedictae liberationis. et circa hoc tria facit. primo ponit utilitatem, * dicens ° ut fructificemus deo. ‘ per hoc enim quod sumus facti membra christi, in christo manentes, possumus fructum boni operis facere ad honorem dei. * io. xv, 4: ° sicut palmes non potest ferre fructum, ‘ etc.. secundo, * ibi ° cum enim essemus. ‘ ostendit quod iste fructus impediebatur, quando eramus sub servitute legis, * dicens: ° cum essemus in carne, ‘ id est subditi concupiscentiis carnis. * infra viii, 9: ° vos autem non estis in carne, sed in spiritu. passiones ‘ autem et affectiones ° peccatorum, quae quidem erant per legem, ‘ vel notificatae vel augmentatae occasionaliter * ut supra patuit, ° operabantur in membris nostris, ‘ id est movebant |200| membra nostra. * iac. iv, 1: ° unde bella et lites, nonne ex concupiscentiis? ‘ et hoc, ° ut fructificarent morti, ‘ id est, ut fructum facerent mortis. * iac. i, 15: ° peccatum cum consummatum fuerit, generat mortem. ‘ tertio, * ibi ° nunc autem soluti. ‘ ostendit quod praedicta utilitas acquiritur ab his qui sunt liberati a servitute legis, * dicens ° nunc autem soluti sumus ‘ per gratiam christi ° a lege mortis, ‘ id est a servitute legis moysi, quae dicitur ° lex mortis, ‘ vel quia corporaliter occidebat absque misericordia. * hebr. c. x, 28: ° irritam quis faciens legem moysi, ‘ etc.. vel potius dicitur lex mortis, quia spiritualiter occidebat per occasionem, * secundum illud ii cor. iii, 6: ° littera occidit, ‘ etc.. ° in qua ‘ lege, nos ° tenebamur, ‘ quasi servi sub lege. * gal. iii, 23: ° prius autem quam veniret fides, sub lege custodiebamur. ita, ‘ scilicet sumus soluti, ° ut serviamus in novitate spiritus, ‘ in spiritu renovati per gratiam christi. * ez. xxxvi, 27: ° dabo vobis cor novum, et spiritum novum ponam in medio vestri non in vetustate litterae, ‘ id est non secundum |225| veterem legem. vel non in vetustate peccati, quam littera legis auferre non potuit. * ps. vi, 8: ° inveteravi inter omnes inimicos meos.

lc2 ‘ Postquam apostolus ostendit quod per gratiam christi liberamur a servitute legis, et quod ista liberatio est utilis, hic respondet cuidam obiectioni, quae ex praemissis occasionem habet, per quam * videtur quod “ lex vetus non sit bona. ‘ et circa hoc duo facit. primo solvit obiectionem per quam videtur legem non esse bonam; secundo ostendit legem esse bonam, * ibi ° scimus enim, ‘ etc.. circa primum duo facit. primo ponit obiectionem quantum ad ipsam legem; secundo solvit, * ibi ° itaque lex quidem sancta, ‘ etc.. dicit ergo primo. * dictum est quod ‘ passiones peccatorum erant per legem et quod est lex mortis, ° quid ergo dicemus ‘ ex his sequi? numquid dicemus, quod ° lex est peccatum? ‘ quod quidem potest intelligi dupliciter. uno modo quod lex peccatum doceat, * sicut dicitur ier. x, 3: ° leges populorum vanae |25| sunt, ‘ quia scilicet vanitatem docent. alio modo, ut lex dicatur peccatum, quia ille qui legem dedit, peccaverit, talem legem ferendo. et haec duo invicem se consequuntur, quia si lex peccatum docet, legislator legem ferendo peccat. * is. x, 1: ° vae qui condunt leges iniquas. * videtur autem quod “ lex peccatum doceat, si passiones peccatorum sunt per legem, et si lex ducit ad mortem. ‘ deinde * cum dicit ° absit, ‘ solvit praedictam obiectionem. circa quod sciendum est, quod si lex per se et directe causaret passiones peccatorum vel mortem, sequeretur quod lex esset peccatum altero modorum dictorum, non autem si lex est occasio passionum peccati et mortis. circa hoc ergo duo facit. primo ostendit quid lex per se facit; secundo ostendit quid ex ea occasionaliter sequatur, * ibi ° occasione autem accepta, ‘ etc.. circa primum tria facit. primo respondet ad quaestionem * dicens ° absit, ‘ scilicet, quod lex sit peccatum. neque enim ipsa docet peccatum, * secundum |50| illud ps. xviii, 8: ° lex domini immaculata, ‘ neque legislator peccavit, quasi iniustam legem ferens, * secundum illud prov. viii, v. 15: ° per me reges regnant, ‘ etc.. secundo, * ibi ° sed peccatum, ‘ etc.. ponit id quod per se pertinet ad legem, scilicet notificare peccatum et non auferre. * et hoc est, quod dicit ° sed peccatum non cognovi nisi per legem. * supra iii, 20: ° per legem enim dei cognitio peccati. ‘ et siquidem hoc intelligitur de lege naturali manifestum est quod dicitur, quia per legem naturalem homo diiudicat inter bonum et malum. * eccli. xvii, 6: ° sensu implevit corda illorum, et bona et mala ostendit. * sed apostolus hic videtur loqui de lege veteri, quam significavit supra, dicens ° non in vetustate litterae. ‘ dicendum est ergo, quod sine lege poterat quidem peccatum cognosci, secundum quod habet rationem inhonesti, id est contra rationem existens, non autem secundum quod importat offensam divinam; quia per legem divinitus datam manifestatur homini quod deo displicent peccata humana, in hoc quod ea |75| prohibet et mandat puniri. tertio, * ibi ° nam concupiscentiam, ‘ etc.. probat quod dixerat, * dicens ° nam concupiscentiam nesciebam, nisi lex diceret: non concupisces. ‘ circa quod considerandum est quod hoc quod dixerat, peccatum non cognosci nisi per legem, * posset aliquis referre “ ad ipsum actum peccati, quem lex in notitiam hominis ducit dum prohibet. * et hoc quidem verum est quantum ad aliqua peccata; dicitur enim lev. c. xviii, 23: ° mulier non succumbet iumento. * sed quod hic non sit intellectus apostoli, * patet ex his quae hic dicuntur. ‘ nullus enim est qui ipsum actum concupiscentiae ignoret, cum omnes ipsum experiantur. est ergo intelligendum, * sicut supra diximus, ‘ quod peccatum non cognoscitur nisi per legem, quantum ad reatum poenae et offensam dei. ideo autem hoc probat per concupiscentiam, quia concupiscentia prava communiter se habet ad omnia peccata. * unde glossa, dicit et augustinus: ° hoc elegit apostolus quod est generale peccatum, ‘ scilicet ° concupiscentiam. ‘ bona est ergo lex, |100| quae dum concupiscentias prohibet, omnia mala prohibet. potest autem intelligi, quod concupiscentia sit generale peccatum, secundum quod sumitur pro concupiscentia rei illicitae, quae est de essentia cuiuslibet peccati. “ non autem sic * appellavit augustinus “ concupiscentiam generale peccatum, sed quia est radix et causa omnis peccati aliqua concupiscentia specialis. * unde et glossa dicit quod “ concupiscentia est generale peccatum, unde omnia mala veniunt. * inducit enim apostolus praeceptum legis, quod habetur ex. xx, 17, ubi specialiter prohibetur: ° non concupisces rem proximi tui, ‘ quae est concupiscentia avaritiae, * de qua loquitur i tim. vi, 10: ° radix omnium malorum est cupiditas. ‘ et hoc ideo quia ° pecuniae obediunt omnia, * ut dicitur eccle. x, 19. ‘ et ideo concupiscentia, * de qua hic loquitur, ‘ est generale malum, non communitate generis vel speciei, sed communitate causalitatis. * nec est contrarium quod habetur eccli. x, v. 15: ° initium omnis peccati, superbia. ‘ nam superbia est initium peccati ex parte aversionis. |125| cupiditas autem est principium peccatorum ex parte conversionis ad bonum commutabile. potest autem dici, quod apostolus specialiter assumit concupiscentiam ad propositi manifestationem, quia vult ostendere quod sine lege peccatum non cognoscebatur, in quantum scilicet pertinet ad offensam dei: et hoc maxime patet in hoc quod lex dei prohibet concupiscentiam quae ab homine non prohibetur. nam solus deus hominem reum reputat propter concupiscentiam cordis, * secundum illud i reg. xvi, 17: ° homines vident quae patent, deus autem intuetur cor. ‘ ideo autem lex dei potius prohibuit concupiscentiam rei alienae, quae furto aufertur, et uxoris alienae, quae per adulterium violatur, quam concupiscentiam aliorum peccatorum, quia ista peccata etiam in ipsa concupiscentia habent quamdam delectationem, quod non contingit de aliis peccatis. * deinde cum dicit ° occasione autem, ‘ etc., ostendit quid ex lege occasionaliter consequatur. et primo proponit quod intendit; |150| secundo manifestat propositum, * ibi ° sine lege, * etc.. dicit ergo primo, quod ° peccatum occasione accepta per mandatum, ‘ scilicet legis prohibentis peccatum, ° operatum est in me omnem concupiscentiam. ‘ per peccatum autem potest hic intelligi diabolus secundum emphaticam locutionem, quia ipse est peccati initium. et secundum hoc in homine operatur omnem concupiscentiam peccati. * i io. iii, 8: ° qui facit peccatum, ex diabolo est, quia ab initio diabolus peccat. ‘ sed quia apostolus hic de diabolo mentionem non fecerat, potest dici quod peccatum actuale quodcumque, prout est cogitatione apprehensum, operatur in homine sui concupiscentiam, * secundum illud iac. i, 14: ° unusquisque tentatur a concupiscentia sua: deinde concupiscentia parit peccatum. * sed melius est quod hoc referamus ad peccatum, quod supra dixerat c. v, v. 12 ‘ per unum hominem in hunc mundum ingressum, scilicet ad peccatum originale, quod scilicet ante gratiam christi est in homine |175| secundum culpam et poenam, sed, veniente gratia, transit reatu et remanet actu quantum ad fomitem peccati; vel concupiscentiam habitualem, quae operatur in homine omnem concupiscentiam actualem, sive hoc referatur ad concupiscentias diversorum peccatorum: alia enim est concupiscentia furti, alia adulterii, et sic de aliis; sive referatur ad diversos concupiscentiae gradus, prout consistit in cogitatione, delectatione, consensu et opere. sed ad hunc effectum in homine operandum peccatum accipit occasionem ex lege. * et hoc est quod dicit ° occasione accepta. ‘ vel quia adveniente mandato additur ratio praevaricationis, quia ° ubi non est lex, nec praevaricatio, * ut supra iv, 15 dictum est, ‘ vel quia crescit desiderium peccati prohibiti, * rationibus supra positis. ‘ et est notandum quod non dicit quod lex dederit occasionem peccandi, sed quia ipsum peccatum occasionem acceperit ex lege. ille enim qui dat occasionem, scandalizat et per consequens peccat: quod quidem fit, |200| quando aliquis facit aliquod opus minus rectum, unde proximus offenditur aut scandalizatur, puta si quis loca inhonesta frequentaret, licet non mala intentione. * unde dicitur infra xiv, 18: ° hoc iudicate magis ne ponatis offendiculum fratribus vel scandalum. ‘ sed si quis rectum opus faciat, puta si det eleemosynam et alius inde scandalizatur, ipse non dat occasionem scandalizandi; unde nec scandalizat, nec peccat, sed alius accipit occasionem qui scandalizatur et ille peccat. sic igitur lex rectum aliquid fecit quia peccatum prohibuit, unde occasionem non dedit peccandi; sed homo occasionem ex lege accipit, et propter hoc sequitur, quod lex non sit peccatum, sed magis quod peccatum sit ex parte hominis. sic igitur intelligendum est quod passiones peccatorum quae pertinent ad concupiscentiam peccati, non sunt per legem, quasi lex illas operetur, sed peccatum illas operatur, accepta occasione ex lege. et eadem ratione dicitur lex mortis, non quia lex mortem operetur, sed quia peccatum mortem operatur, occasione accepta ex lege. |225| potest autem eodem sensu littera aliter ordinari ut dicatur quod peccatum operatum est per mandatum legis omnem concupiscentiam et hoc occasione accepta ab ipso mandato; * sed prima expositio simplicior et melior est. deinde cum dicit ° sine lege enim ‘ manifestat quod dixerat et hoc per experientiam effectus. et primo proponit effectum; secundo resumit causam, * ibi ° nam peccatum, ‘ etc.. circa primum tria facit. primo describit statum ante legem; secundo statum sub lege, * ibi ° sed cum venisset, ‘ etc.; tertio, ex comparatione utriusque status, concludit eventum legis, * ibi ° et inventum est mihi, * etc.. dicit ergo primo, quod ° peccatum occasione accepta per mandatum, operatum est in me omnem concupiscentiam, ‘ quod ex hoc apparet: ° sine lege enim peccatum erat mortuum, ‘ non quidem sic quod peccatum non esset, quia ° per unum hominem peccatum |250| in hunc mundum intravit ‘ ante legem, * ut supra v, 12 dictum est. ‘ sed intelligitur quod erat mortuum, vel quantum ad cognitionem hominis, qui quaedam lege prohibita nesciebat esse peccata, puta concupiscentiam, vel quia erat mortuum, quantum ad efficaciam moriendi, per comparationem ad id quod postea fuit. non enim habebat tantam virtutem inducendi hominem ad mortem, quantam postea habuit occasione accepta sub lege. habetur enim quasi mortuum, quod est debilitatum virtute. * col. iii, 5: ° mortificate membra vestra quae sunt super terram. ‘ talis ergo erat status ante legem quantum ad peccatum. sed qualis esset quantum ad hominem, * ostendit subdens ° ego autem vivebam sine lege aliquando. ‘ quod etiam dupliciter potest intelligi. uno modo quantum ad id quod homini videbatur ex seipso quod viveret, dum ignorabat peccatum esse id per quod mortuus erat. * apoc. iii, 1: ° nomen habes quod vivas, sed mortuus es. ‘ vel hoc dicitur per comparationem ad mortem, quae consecuta est |275| occasione legis. dicuntur enim minus peccantes vivere, in comparatione ad eos qui magis peccant. * deinde cum dicit ° sed cum venisset, ‘ etc. describit statum sub lege. et primo quantum ad peccatum * cum dicit ° sed cum venisset mandatum, ‘ data scilicet lege, ° revixit peccatum, ‘ quod potest dupliciter intelligi. uno modo quantum ad cognitionem hominis, qui incepit cognoscere peccatum in se esse, quod prius non cognoverat. * ier. xxxi, v. 19: ° postquam ostendisti mihi, percussi femur meum, confusus sum et erubui. * et signanter dixit ° revixit, ‘ quia in paradiso plenam notitiam homo habuerat de peccato, licet non habuerit per experientiam. vel ° revixit, ‘ quantum ad virtutem, quia data lege occasionaliter augmentata est virtus peccati. * i cor. xv, 56: ° virtus peccati, lex. ‘ secundo quantum ad ipsum hominem, * cum dicit ° ego autem mortuus sum. ‘ quod etiam dupliciter potest intelligi. uno modo secundum cognitionem, ut sit sensus ° mortuus sum, ‘ id est, cognovi me mortuum. alio modo per comparationem ad statum |300| priorem, ut sit sensus ° mortuus sum, ‘ id est magis morti obligatus sum, quam ante. unde aliqualiter verum est quod dictum est moysi et aaron * num. xiv, 41: ° vos interfecistis populum domini. * deinde cum dicit ° et inventum, ‘ etc. concludit ex comparatione utriusque status eventum legis, * dicens: ° et inventum est, * secundum praedicta, ° mandatum quod erat ad vitam. ‘ primo quidem secundum intentionem dantis legem; secundo quantum ad ipsam mandati honestatem et devotionem obedientis. * ez. xx, 11: ° dedi eis praecepta bona et iudicia, quae faciens homo, vivet in eis. ‘ hoc est mihi ad mortem occasionaliter, scilicet per peccatum quod in homine erat. * iob xx, 14: ° panis eius in utero eius vertetur in fel aspidum intrinsecus, * etc.. deinde cum dicit ° nam peccatum, ‘ etc., resumit causam quasi manifestans per eventum praemissum, dicens: hoc ideo contingit, scilicet quod mandatum praemissum, quod erat ad vitam, inveniretur ad mortem esse, ° nam peccatum, occasione accepta per mandatum, seduxit me, ‘ scilicet per concupiscentiam |325| quam in me operatum est, * ut dictum est dan. xiii, 56: ° species decepit te, et concupiscentia subvertit cor tuum, et per illud, ‘ scilicet mandatum, occasionaliter peccatum me ° occidit. * ii cor. iii, 6: ° littera occidit. * deinde cum dicit ° itaque lex, ‘ etc., concludit conclusionem intentam, scilicet quod lex non solum non sit peccatum, sed ulterius quod sit bona, tamquam faciens cognoscere peccatum et prohibens ipsum. et primo concludit quantum ad totam legem, dicens: sicut ex praemissis patet ° lex quidem ‘ est ° sancta. * ps. xviii, 8: ° lex domini immaculata. * i tim. i, 8: ° scimus quia bona est lex. ‘ secundo quantum ad particulare legis mandatum, dicens ° et mandatum ‘ legis est ° sanctum, ‘ quantum ad praecepta caeremonialia, quibus homines ordinantur ad dei cultum. * lev. xx, 7: ° sancti estote, quia ego sanctus sum. et iustum ‘ quantum ad praecepta iudicialia, quibus homo debito modo ordinatur ad proximum. * ps. xviii, 10: ° iudicia domini vera, iustificata, ‘ etc.. ° et bonum, ‘ id est honestum, |350| quantum ad praecepta moralia. * ps. cxviii, 72: ° bonum est mihi lex oris tui super millia, ‘ etc.. quia tamen omnia praecepta ordinant nos in deum, ideo totam legem sanctam nominavit. * deinde cum dicit ° quod ergo bonum est, ‘ etc., movet quaestionem quantum ad legis effectum. et primo quaestionem, * dicens ° quod ergo bonum est, ‘ scilicet in se, ° factum est mihi mors, ‘ id est per se causa mortis. * quod quidem aliquis poterat falso intelligere ex eo quod supra dictum est: ° inventum est mihi mandatum, quod erat ad vitam, hoc esse ad mortem. ‘ secundo solvit per interemptionem, * dicens ° absit. ‘ non potest id quod est secundum se bonum et vivificum, esse causa mali et mortis, * secundum illud matth. vii, v. 18: ° non potest arbor bona fructus malos facere. ‘ tertio, * ibi ° sed peccatum, * etc., concordat id quod nunc dicitur, cum eo quod supra dictum est. ‘ non enim mandatum sic invenitur esse ad mortem, quod ipsum |375| mortem operetur sed quia, occasione accepta ab ipso peccato, mortem operatur. * et hoc est quod dicit ° sed peccatum, ut appareat peccatum, ‘ id est ex hoc appareret esse peccatum ° per “ legis ° bonum ‘ id est per mandatum legis: quia ex hoc ipsum bonum est, quod facit cognitionem peccati. et hoc occasionaliter in quantum manifestat peccatum. non autem sic intelligitur peccatum per legem operatum esse mortem, quasi sine lege mors non fuisset. * dictum est enim supra quod ° regnavit mors ab adam usque ad moysen, ' scilicet cum lex non esset. sed intelligitur quod peccatum per legem operatur mortem, quia damnatio mortis est augmentata lege adveniente. et hoc est quod subditur: ita dico quod peccatum operatum est mortem per bonum, ° ut peccatum fiat peccans, ' id est peccare faciens per mandatum legis occasionaliter. " et hoc ° supra modum ' quo antea peccabant, vel quia accessit reatus praevaricationis, vel quia crevit concupiscentia peccati, * ut supra dictum est, ' veniente prohibitione legis. |400| peccatum autem hic intelligitur, * sicut supra diximus, ' vel diabolus vel potius fomes peccati.

lc3 ' Postquam apostolus exclusit illa ex quibus lex videbatur esse mala et mali effectus, hic probat legem esse bonam. et circa hoc duo facit. primo probat bonitatem legis ex ipsa repugnantia, quae in homine invenitur ad bonum, quam lex tollere non potest; secundo ostendit per quod huiusmodi legis repugnantia tolli potest, * ibi ° infelix, ' etc.. circa primum tria facit. primo proponit quod intendit; secundo probat propositum, * ibi ° quod enim operor, ' etc.; tertio infert conclusionem intentam, * ibi ° invenio igitur, ' etc.. circa primum duo facit. primo proponit legis bonitatem; secundo, hominis conditionem, * ibi ° ego autem, ' etc.. dicit ergo primo. dictum est quod lex est sancta. * et hoc dicit ° scimus enim, ' nos qui sumus in divinis sapientes, quod ° lex, ' scilicet vetus, ° spiritualis est, ' scilicet |25| spiritui homines concordans. * ps.: ° lex domini immaculata. ' vel ° spiritualis est, ' id est a spiritu sancto data, qui digitus dei dicitur in scripturis. * lc. xi, 20: ° si in digito dei eiicio daemonia. * unde dicitur ex. xxxi, 18: ° dedit dominus moysi duas tabulas lapideas scriptas digito dei. ' lex tamen nova non solum dicitur lex spiritualis, sed lex spiritus, * ut patet infra viii, 2, ' quia non solum a spiritu sancto, est, sed spiritus sanctus eam imprimit cordi quod inhabitat. * deinde cum dicit ° ego autem carnalis sum, ' etc. ostendit conditionem hominis. et potest hoc verbum dupliciter exponi. uno quidem modo, ut " apostolus loquatur in persona hominis in peccato existentis. * et ita hoc augustinus exponit in libro lxxxiii quaestionum. postea vero in libro contra iulianum, exponit hoc ut " apostolus intelligatur loqui in persona sua, id est, hominis sub gratia constituti. ' prosequamur ergo declarando qualiter * haec verba et sequentia diversimode possunt utroque modo exponi, quamvis secunda expositio |50| melior sit. quod ergo dicitur primo ° ego autem ' etc., sic intelligendum est, ut ly ego pro ratione hominis intelligatur, quae est principale in homine; unde videtur unusquisque homo esse sua ratio vel suus intellectus, sicut civitas videtur esse rector civitatis, ita ut quod ille facit, civitas facere videatur. dicitur autem homo carnalis, quia eius ratio carnalis est, quae dicitur carnalis dupliciter. uno modo ex eo quod subditur carni, consentiens his, ad quae caro instigat, * secundum illud i cor. iii, 3: ° cum sit inter vos zelus et contentio, nonne carnales estis, ' etc.. et hoc modo intelligitur de homine nondum per gratiam reparato. alio modo dicitur ratio esse carnalis, ex eo quod a carne impugnatur, * secundum illud gal. v, 17: ° caro concupiscit adversus spiritum. ' et hoc modo intelligitur esse carnalis ratio etiam hominis sub gratia constituti. utraque enim carnalitas provenit ex peccato, * unde subdit ° venumdatus sub peccato. ' sed tamen notandum quod carnalitas quae importat rebellionem carnis ad spiritum, |75| provenit ex peccato primi parentis, quia hoc pertinet ad fomitem, cuius corruptio ex illo peccato derivatur. carnalitas autem quae importat subiectionem ad carnem, provenit non solum ex peccato originali, sed etiam actuali, per quod homo obediendo concupiscentiis carnis, servum se carnis constituit; * unde subdit ° venumdatus sub peccato, ' scilicet vel primi parentis, vel proprio. * et dicit ° venumdatus, ' quia peccator seipsum vendit in servum peccati, pretio propriae voluntatis implendae. * is. l, 1: ° ecce in iniquitatibus vestris venditi estis. * deinde cum dicit ° quod enim operor, ' etc., ostendit quod proposuerat. et primo quod lex sit spiritualis; secundo, quod homo sit carnalis, venumdatus sub peccato, * ibi ° nunc autem iam non ego, ' etc.. circa primum duo facit. primo proponit probationem; secundo inducit conclusionem, * ibi ° si autem quod nolo, ' etc.. sumitur autem probatio ex hominis infirmitate, quam primo proponit; |100| secundo adducit probationem, * ibi ° non autem, ' etc.. infirmitas autem hominis est manifesta et ex hoc quod operatur id quod intelligit non esse operandum; * unde dicitur ° quod enim operor, non intelligo, ' scilicet esse operandum. quod quidem potest intelligi dupliciter. uno modo de eo qui est subiectus peccato, qui quidem in universali intelligit non esse operandum peccatum, tamen victus suggestione daemonis vel passione vel inclinatione perversi habitus, operatur illud. et ideo dicitur operari quod intelligit non esse operandum contra conscientiam faciens; * sicut, lc. xii, v. 47 s.: ° servus sciens voluntatem domini sui et non faciens, digne plagis vapulabit multis. ' alio modo potest intelligi de eo qui est in gratia constitutus. qui quidem operatur malum, non quidem exequendo in opere vel consentiente mente, sed solum concupiscendo secundum passionem sensibilis appetitus, et illa concupiscentia est praeter rationem et intellectum, quia praevenit eius iudicium, quo |125| adveniente talis operatio impeditur. * et ideo signanter non dicit " intelligo non esse faciendum, * sed ° non intelligo, ' quia scilicet intellectu nondum deliberato, aut praecipiente, talis operatio concupiscentiae insurgit. * gal. v, 17: ° caro concupiscit adversus spiritum, et spiritus adversus carnem. * deinde cum dicit ° non enim quod volo, ' etc., probat quod dixerat et per divisionem et per effectum. per divisionem quidem eius, * quod dixit ° quod enim operor, ' etc., sub quo duo continentur, scilicet non agere bonum et agere malum, quia etiam ille qui non agit bonum, dicitur operari peccatum, peccato omissionis. ex parte autem eius * quod dixit ° non intelligo, ' probat per effectum; quia enim intellectus movet voluntatem, velle est effectus eius, quod est intelligere. dicit ergo primo quantum ad omissionem boni ° non enim ago hoc bonum, quod volo agere. ' quod quidem uno modo potest intelligi de homine sub peccato constituto: et sic hoc quod dicit ° ago ' est accipiendum secundum |150| actionem completam, quae exterius opere exercetur per rationis consensum. quod autem dicit ° volo ' est intelligendum non quidem de voluntate completa, quae est operis praeceptiva, sed de voluntate quadam incompleta, qua homines in universali bonum volunt, sicut et in universali habent rectum iudicium de bono, tamen per habitum vel passionem perversam pervertitur hoc iudicium et depravatur talis voluntas in particulari, ut non agat quod in universali intelligit agendum et agere vellet. secundum autem quod intelligitur de homine per gratiam reparato, e converso oportet intelligere per hoc quod dicit ° volo ' voluntate completa perdurante in electione particularis operationis, ut per hoc quod dicit ° ago ' intelligatur actio incompleta, quae consistit tantum in appetitu sensitivo non perveniens usque ad rationis consensum. homo enim sub gratia constitutus, vult quidem mentem suam a pravis concupiscentiis conservare, sed hoc bonum non agit propter motus inordinatos concupiscentiae insurgentes in appetitu sensitivo. * et simile est quod dicit gal. v, 17: ° ut |175| non quaecumque vultis, illa faciatis. ' secundo quantum ad perpetrationem mali, * subdit: ° sed quod odi malum, illud facio. ' quod quidem si intelligatur de homine peccatore, per hoc quod dicit ° odi ' intelligatur quoddam odium imperfectum, secundum quod omnis homo naturaliter odit malum. per hoc autem quod dicit ° facio ' intelligatur actio perfecta per operis executionem secundum rationis consensum. nam illud odium mali in universali, tollitur in particulari eligibili per inclinationem habitus vel passionis. si vero intelligitur de homine sub gratia constituto, per hoc quod dicit ° facio ' intelligitur e converso actio imperfecta, quae consistit in sola concupiscentia appetitus sensitivi. per hoc quod dicit ° odi ' intelligitur odium perfectum quo quis perseverat in detestationem mali usque ad finalem reprobationem ipsius, * de quo dicitur in ps. cxxxviii, 22: ° perfecto odio oderam illos, ' scilicet malos, inquantum sunt peccatores. * ii mach. iii, 1: ° cum leges adhuc optime custodirentur propter oniae pontificis pietatem, et alios odio |200| habentes malum. * deinde cum dicit ° si autem quod nolo ' etc., concludit ex praemissa dispositione hominis, quod lex sit bona, * dicens ° si autem quod nolo, illud facio, ' quocumque dictorum modorum intelligatur, hoc ipso quod nolo malum, ° consentio legi, quoniam bona est, ' in hoc quod prohibet malum, quod ego naturaliter nolo. manifestum est enim quod inclinatio hominis secundum rationem ad volendum bonum et fugiendum malum est secundum naturam vel gratiam, et utraque est bona. unde et lex, quae huic inclinationi consentit praecipiendo bonum et prohibendo malum, eadem ratione est bona. * prov. iv, 2: ° donum bonum tribuam vobis, legem meam ne derelinquatis, * etc.. deinde cum dicit ° nunc autem ego, ' etc., probat quod dixerat de conditione hominis, scilicet quod sit carnalis venumdatus sub peccato. et circa hoc tria facit. primo proponit quod intendit; secundo probat propositum, * ibi |225| ° scio enim, ' etc.; tertio concludit intentum, * ibi ° si autem quod nolo, ' etc.. quod autem homo carnalis venumdatus sub peccato, quasi aliqualiter sit servus peccati, ex hoc apparet quod ipse non agit sed agitur a peccato. ille enim qui est liber, ipse per seipsum agit et non ab alio agitur. et ideo dicit: dictum est quod per intellectum et voluntatem ° consentio legi, nunc autem, ' dum contra legem facio, ° ego iam non operor illud ' quod facio contra legem, ° sed peccatum, quod in me habitat, ' et sic patet me esse servum peccati, in quantum peccatum, in me quasi dominium habens, operatur. et hoc quidem recte ac faciliter potest intelligi de homine sub gratia constituto, quod enim concupiscit malum secundum appetitum sensitivum ad carnem pertinentem, non procedit ex opere rationis, sed ex inclinatione fomitis. illud autem homo dicitur operari quod ratio operatur, quia homo est id quod est secundum rationem: unde motus concupiscentiae, qui non sunt a |250| ratione sed a fomite, non operatur homo sed fomes peccati, * qui hic peccatum nominatur. iac. iv, 1: ° unde bella et lites in vobis? nonne ex concupiscentiis vestris quae militant in membris vestris? ' sed de homine sub peccato constituto hoc proprie intelligi non potest, quia eius ratio peccato consentit, et ideo ipsemet operatur. * unde dicit augustinus, et habetur in glossa: ° multum fallitur homo, qui consentiens est concupiscentiae carnis suae: et quod illa desiderat decernens facere, et statuens putat sibi adhuc esse dicendum: non ego operor illud. ' potest tamen, licet extorte, exponi etiam de homine peccatore. actio enim maxime attribuitur principali agenti, quod secundum proprietatem suam movet, non autem agenti quod movet vel agit secundum proprietatem alterius a quo movetur. manifestum est autem quod ratio hominis, secundum illud quod est proprium sibi, non inclinatur ad malum sed secundum quod movetur a concupiscentia. et ideo operatio mali quam ratio facit, prout est a concupiscentia |275| victa, non attribuitur principaliter rationi, * quae hic per hominem intelligitur, ' sed potius ipsi concupiscentiae vel habitui, ex quo ratio inclinatur ad malum. dicitur autem peccatum habitare in homine, non quasi peccatum sit res aliqua, cum sit privatio boni, sed designatur permanentia huiusmodi defectus in homine. * deinde cum dicit ° scio enim ' probat quod peccatum habitans in homine, operetur malum quod homo facit. et primo ponit medium ad probandum propositum; secundo illud medium manifestat, * ibi ° nam velle, ' etc.. probat ergo primo quod peccatum habitans in homine operetur malum quod homo facit. quae quidem probatio manifesta est secundum quod verba referuntur ad hominem sub gratia constitutum, qui est liberatus a peccato per gratiam christi, * ut supra vi, 22 habitum est. ' quantum ergo ad eum in quo christi gratia non habitat, nondum est liberatus a peccato. in carne autem gratia christi non habitat sed habitat in |300| mente, * unde infra viii, 10 dicitur, quod ° si christus in nobis est, corpus quidem mortuum est propter peccatum, spiritus autem vivit propter iustificationem. ' igitur adhuc in carne dominatur peccatum quod operatur concupiscentia carnis. carnem enim hic accipit simul cum viribus sensitivis. sic enim caro distinguitur contra spiritum et ei repugnat, in quantum appetitus sensitivus tendit in contrarium eius quod ratio appetit, * secundum illud gal. v, v. 17: ° caro concupiscit adversus spiritum. ' dicit ergo: dictum est quod ° in me, ' etiam per gratiam reparato, ° peccatum operatur; ' sed intelligendum est in me, secundum carnem simul cum appetitu sensitivo. ° scio enim, ' per rationem et experimentum, ° quod bonum, ' scilicet gratiae, quo reformatus sum, ° non habitat in me. ' sed ne intelligatur secundum rationem, * secundum modum superius positum, * exponit: ° hoc est in carne mea. ' nam in me, id est, in corde meo, hoc bonum habitat, * secundum illud eph. iii, 17: ° habitare christum per fidem in cordibus vestris. |325| ' et per hoc patet, quod hoc verbum non patrocinatur * manichaeis, qui volunt " carnem non esse bonam secundum naturam, et ita non esse creaturam dei bonam, * cum scriptum sit i tim. iv, 4: ° omnis creatura dei bona est. ' non enim hic apostolus agit de bono naturae, sed de bono gratiae, quo a peccato liberamur. si vero hoc referatur ad hominem sub peccato existentem, superflue additur * quod dicit ° hoc est in carne mea. ' quia in homine peccatore bonum gratiae non habitat nec quantum ad carnem, nec quantum ad mentem; * nisi forte quis extorte velit exponere " hoc esse dictum quia peccatum, quod est privatio gratiae, quodammodo a carne derivatur ad mentem. * deinde cum dicit ° nam velle, ' etc., manifestat quod dixerat. et primo ex hominis facultate; secundo, ex hominis actione, quae facultatem demonstrat, * ibi ° non enim quod volo, ' etc.. facultas autem hominis primo describitur quantum ad voluntatem, quae videtur |350| in hominis esse potestate. * unde dicit ° nam velle adiacet mihi, ' id est propinquum est mihi, quasi sub mea potestate existens. " nihil enim est tam in hominis voluntate constitutum, quam hominis voluntas, * ut augustinus dicit. ' secundo ponit facultatem hominis, vel potius difficultatem, quantum ad consummationem effectus, * cum subdit ° perficere autem bonum non invenio, ' scilicet in mea potestate existens, * secundum illud prov. xvi, 1: ° hominis est praeparare animum; * et iterum: ° cor hominis disponit viam suam, sed domini est dirigere gressus eius. ' hoc autem verbum patrocinari videtur * pelagianis, qui dicebant quod " initium boni operis est ex nobis in quantum bonum volumus. * et hoc est quod videtur apostolus dicere: ° perficere autem bonum non invenio. * sed hunc sensum excludit apostolus phil. c. ii, 13 dicens: ° deus est qui operatur in nobis velle et perficere. * quod ergo dicit ° velle adiacet mihi, ' scilicet per gratiam iam reparato, est ex operatione divinae gratiae, per quam quidem |375| gratiam non solum volo bonum, sed etiam aliquid boni facio, quia repugno concupiscentiae et contra eam ago ductus spiritu, sed non invenio in mea potestate quomodo istud bonum perficiam, ut scilicet totaliter concupiscentiam excludam. et per hoc manifestatur, quod bonum gratiae non habitat in carne, quia si in carne habitaret, sicut habeo facultatem volendi bonum per gratiam habitantem in mente, ita haberem facultatem perficiendi bonum per gratiam habitantem in carne. si vero referatur ad hominem sub peccato constitutum, sic exponi poterit, ut ° velle ' accipiatur pro voluntate incompleta, quae ex instinctu naturae in quibuscumque peccantibus est ad bonum. sed illud velle adiacet homini, id est iuxta hominem iacet, quasi infirmum, nisi gratia voluntati tribuat efficaciam ad perficiendum. * deinde cum dicit ° non enim quod volo, ‘ etc., manifestat quod dixerat ex actione hominis, quae est signum et effectus facultatis humanae. ex hoc enim apparet, quod homo non invenit perficere bonum, quia non |400| agit bonum quod vult, sed facit malum quod non vult, * et hoc quidem supra expositum est. * deinde cum dicit ° si autem quod nolo, ‘ etc., concludit illud quod supra proposuerat, * dicens ° si autem quod nolo illud facio, non ego operor illud, sed quod habitat in me peccatum; * et hoc etiam supra expositum est. ‘ sed notandum est quod ex uno et eodem medio, scilicet ° quod nolo illud facio, ‘ apostolus duo concludit quae supra posuerat, scilicet legis bonitatem, * cum dicit: ° si autem quod nolo illud facio, consentio legi dei quoniam bona est, ‘ et iterum dominium peccati in homine, * cum dicit hic ° si autem quod nolo illud facio, non ego operor illud, sed quod habitat in me peccatum. ‘ quarum duarum conclusionum prima pertinet ad hoc * quod dixerat ° lex spiritualis est, ‘ secunda ad hoc * quod dixerat ° ego autem carnalis sum, venumdatus sub peccato. ‘ sed primam conclusionem, quae est de bonitate legis, elicit ex illo medio, ratione eius quod dicit ° nolo, ‘ quia eius ratio non vult illud quod |425| lex prohibet, et ex hoc patet legem esse bonam. sed ex parte eius quod dicit ° illud facio, ‘ concludit in homine dominari peccatum, quod contra voluntatem rationis operatur.

lc4 ‘ Postquam apostolus ostendit legem esse bonam ex eo quod rationi concordat, hic infert duas conclusiones secundum duo quae posuerat; secunda ponitur, * ibi ° video autem aliam legem, ‘ etc.. circa primum duo facit. primo infert conclusionem ex dictis; secundo ponit signum ad maiorem manifestationem, * ibi ° condelector, ‘ etc.. duo autem supra posuerat. primum quidem quod lex spiritualis est, quo iam probato, * concludit sic: ° invenio igitur, ‘ scilicet per experimentum, ° legem ‘ moysi consonam esse ° mihi volenti facere bonum, ‘ id est rationi meae, per quam bonum approbo et malum detestor, dum et ipsa lex bonum mandat et malum prohibet. * deut. xxx, 14: ° iuxta te est verbum valde in ore tuo et in corde tuo ut facias illud. ‘ et hoc modo necessarium fuit quod, id est ° quia malum, ‘ id est peccatum vel fomes peccati, ° mihi adiacet, ‘ id est iuxta rationem meam iacet, quasi carnem meam inhabitans. |25| * mich. viii, 5: ° ab ea quae dormit in sinu tuo, custodi claustra oris tui, ‘ id est a carne. deinde * cum dicit ° condelector enim, ‘ etc., ponit signum per quod ostenditur quod lex rationi consentiat. nullus enim delectatur nisi in eo quod est sibi conveniens. homo autem secundum rationem delectatur in lege dei; ergo lex dei est conveniens rationi. et hoc est * quod dicit ° condelector legi dei secundum interiorem hominem, ‘ id est secundum rationem et mentem, quae interior homo dicitur, non quod “ anima sit effigiata secundum formam hominis, * ut tertullianus posuit, “ vel quod ipsa sola sit homo, * ut plato posuit, “ quod homo est anima utens corpore; ‘ sed quia id quod est principalius in homine dicitur homo, * ut supra dictum est. ‘ est autem in homine principalius, secundum apparentiam quidem, id quod est exterius, scilicet corpus sic effigiatum, quod dicitur homo exterior; secundum veritatem autem id quod est intrinsecum, scilicet mens vel ratio, quae hic dicitur homo interior. * ps. cxviii, 103: ° quam dulcia faucibus meis eloquia | 50 | tua. * i mach. xii, 9: ° habentes solatio libros sanctos, qui in manibus nostris sunt. * deinde cum dicit ° video autem, ‘ etc., ponit aliam conclusionem quae respondet * ei quod supra posuerat dicens ° ego autem carnalis sum, * etc.. dicens ° video aliam legem in membris meis, ‘ quae est fomes peccati, quae quidem potest dici lex duplici ratione. uno modo propter similes effectus, quia sicut lex inducit ad bonum faciendum, ita fomes inducit ad peccandum. alio modo per comparationem ad causam. cum autem fomes sit quaedam poena peccati, duplicem causam habet: unam quidem ipsum peccatum, quod in peccante dominium accepit, et ei legem imposuit, quae est fomes, sicut dominus servo victo legem imposuit. alia causa fomitis est deus qui hanc poenam homini peccanti indidit, ut rationi eius inferiores vires non obedirent. et secundum hoc ipsa inobedientia inferiorum virium, quae dicitur fomes, lex dicitur inquantum est per legem divinae iustitiae introducta, sicut iusti iudicis sententia quae legem |75| habet, * secundum illud i reg. xxx, 25: ° et factum est hoc ex die illa, et deinceps constitutum et praefinitum, et quasi lex in israel usque ad diem hanc. ‘ haec autem lex originaliter quidem consistit in appetitu sensitivo, sed diffusive invenitur in omnibus membris, quae deserviunt concupiscentiae ad peccandum. * supra vi, 19: ° sicut exhibuistis membra vestra servire immunditiae, * etc.. et ideo dicit ° in membris meis. ‘ haec autem lex duos effectus in homine habet. primo namque resistit rationi, * et quantum ad hoc dicit ° repugnantem legi mentis meae, ‘ id est legi moysi, quae dicitur lex mentis inquantum consonat menti, vel legi naturali, quae dicitur lex mentis quia naturaliter menti indita est. * supra ii, 15: ° qui ostendunt opus legis scriptum in cordibus suis. * et de hac repugnantia dicitur gal. v, v. 17: ° caro concupiscit adversus spiritum. ‘ secundus effectus est quod hominem in servitutem redigit. * et quantum ad hoc subdit ° et captivantem me, ‘ vel ° captivum me ducentem, * secundum aliam litteram, ° in lege peccati, |100| quae est in membris meis, ‘ id est in meipso, more hebraicae locutionis, secundum quam ponuntur nomina loco pronominum. lex autem peccati captivat hominem dupliciter. uno modo hominem peccatorem per consensum et operationem; alio modo hominem sub gratia constitutum quantum ad concupiscentiae motum. * de hac captivitate dicitur in ps. cxxv, 1: ° in convertendo dominus captivitatem sion. * deinde cum dicit ° infelix ego homo, ‘ etc., agit de liberatione a lege peccati, et tria circa hoc facit. primo quidem ponit quaestionem; secundo ponit responsionem, * ibi ° gratia dei, ‘ etc.; tertio infert conclusionem, * ibi ° igitur ego ipse, ‘ etc.. circa primum duo facit. unum quidem confitetur, scilicet suam miseriam, * cum dicit ° infelix ego homo; ‘ quod quidem est per peccatum quod in homine habitat, sive quantum ad carnem tantum sicut in iusto, sive etiam quantum ad mentem sicut in peccatore. * prov. xiv, 34: |125| ° miseros facit populos peccatum. * ps. xxxvii, v. 7: ° miser factus sum et curvatus sum usque in finem. ‘ aliud autem quaerit * dicens ° quis me liberabit de corpore mortis huius? ‘ quae quidem videtur quaestio esse desiderantis, * secundum illud ps. cxli, 10: ° educ de carcere animam meam. ‘ sciendum est tamen, quod in corpore hominis considerari potest natura ipsa corporis quae est conveniens animae, unde ab ea non vult separari, * ii cor. v, 4: ° nolumus expoliari, sed supervestiri, ‘ et iterum corruptio corporis, quae aggravat animam, * secundum illud sap. ix, 15: ° corpus quod corrumpitur, aggravat animam, * etc.. et ideo signanter dicit ° de corpore mortis huius. * deinde cum dicit ° gratia dei, ‘ etc., respondet quaestioni. non enim homo propriis viribus potest liberari a corporis corruptione, nec etiam animae, quamvis consentiat rationi contra peccatum, sed solum per gratiam christi, * secundum illud io. viii, 36: ° si filius vos liberaverit, |150| vere liberi eritis. * et ideo sequitur ° gratia dei, ‘ scilicet me liberabit, quae datur ° per iesum christum. * io. i, 17: ° gratia et veritas per iesum christum facta est. ‘ haec autem liberat a corpore mortis huius dupliciter. uno modo ut corruptio corporis menti non dominetur, trahens eam ad peccandum; alio modo ut corruptio corporis totaliter tollatur. quantum ergo ad primum convenit dicere peccatori: ° gratia liberavit me de corpore mortis huius, ‘ id est liberavit me a peccato, in quo est anima inducta ex corporis corruptione. sed ad hoc iam iustus liberatus est, unde ei competit dicere, quantum ad secundum, ° gratia dei liberavit me de corpore mortis huius, ‘ ut scilicet in corpore meo non sit corruptio peccati, aut mortis; quod erit in resurrectione. * deinde cum dicit ° igitur ego ipse, ‘ etc., infert conclusionem quae * secundum duas praemissas expositiones ‘ diversimode ex praemissis infertur. secundum enim quod praemissa verba exponuntur |175| in persona peccatoris, sic inferenda est conclusio: dictum est quod gratia dei liberavit me a corpore mortis huius, ut scilicet ab ea non deducar in peccatum, ergo quando ero iam liberatus, ° mente servio legi dei, ‘ secundum carnem autem ° legi peccati, ‘ quae quidem in carne remanet quantum ad fomitem, per quem caro concupiscit adversus spiritum. si autem praemissa verba intelligantur ex persona iusti, sic est inferendum: ° gratia dei per iesum christum ‘ liberavit me ° de corpore mortis huius, ‘ ita scilicet ut in me non sit corruptio peccati et mortis. igitur, ° ego ipse, ‘ unus et idem antequam liberer, ° mente servio legi dei, ‘ ei consentiens, ° carne autem servio legi peccati, ‘ inquantum caro mea, secundum legem carnis, movetur ad concupiscendum.

075 CRO cp8

lc1 ‘ Postquam apostolus ostendit, quod per gratiam christi liberamur a peccato et lege, hic ostendit quod per eamdem gratiam liberamur a damnatione. et primo, ostendit quod per gratiam christi liberamur a damnatione culpae; secundo, quod per eamdem gratiam liberamur a damnatione poenae, * ibi ° si autem christus, ‘ etc.. circa primum duo facit. primo proponit quod intendit; secundo probat propositum, * ibi ° lex enim spiritus vitae, ‘ etc.. circa primum duo facit. primo proponit beneficium quod gratia confert, concludens ex praemissis ita: gratia dei per iesum christum liberavit me de corpore mortis huius, in qua existit nostra redemptio, ° ergo ‘ nunc, ex quo sumus per gratiam liberati, ° nihil damnationis est ‘ residuum, quia tollitur damnatio et quantum ad culpam et quantum ad poenam, * iob xxxiv, 29: ° ipso concedente pacem, quis est qui condemnet? ‘ secundo ostendit quibus hoc beneficium |25| concedatur. et ponit duas conditiones, quae ad hoc requiruntur. quarum primam ponit * dicens ° iis qui sunt in christo iesu, ‘ id est qui sunt ei incorporati per fidem, et dilectionem, et fidei sacramentum. * gal. iii, 17: ° omnes quotquot in christo baptizati estis, christum induistis. * io. xv, 4: ° sicut palmes non potest ferre fructum, nisi manserit in vite, sic nec vos nisi in me manseritis. ‘ illis vero qui non sunt in christo iesu, damnatio debetur, * unde, ibidem subditur: ° si quis in me non manserit, mittetur foras, sicut palmes, et arescet, et colligent eum, et in ignem mittent, et ardet. ‘ secundam conditionem ponit * dicens ° qui non secundum carnem ambulant, ‘ id est concupiscentiam carnis non sequuntur. * ii cor. c. x, 3: ° in carne ambulantes, non secundum carnem militamus. * ex his autem verbis aliqui volunt accipere, quod “ in infidelibus, qui non sunt in christo iesu, etiam primi motus sint peccata mortalia, quamvis eis non consentiant, quod est secundum carnem ambulare. si enim illi qui non secundum carnem ambulant, ex |50| hoc non eis damnabile est, quod carne serviunt legi peccati secundum primos concupiscentiae motus, quia sunt in christo iesu, sequitur, a contrario sensu, quod illis, qui non sunt in christo iesu, hoc sit damnabile. * ad hoc etiam rationem inducunt. dicunt enim quod “ necesse est actum damnabilem esse, qui procedit ex habitu damnabilis peccati. peccatum autem originale est damnabile, quia privat hominem aeterna vita, cuius habitus manet in infideli, cui non est originalis culpa dimissa. quilibet ergo motus concupiscentiae, ex originali peccato proveniens, est in eis peccatum damnabile. * primo autem ostendendum est hanc positionem esse falsam. ‘ primus enim motus habet quod non sit peccatum mortale ex eo quod rationem non attingit, in qua completur ratio peccati. ista autem causa etiam in infidelibus manet; unde in infidelibus primi motus non possunt esse peccata mortalia. praeterea, in eadem specie peccati, gravius peccat fidelis quam infidelis, * secundum illud hebr. x, 29: ° quanto magis putatis deteriora |75| mereri supplicia, ‘ etc.. si ergo primi motus in infidelibus essent peccata mortalia, multo magis in fidelibus. * secundo respondendum est ad eorum rationes. nam primo quidem ex littera apostoli hoc habere non possunt. ‘ non enim dicit apostolus quod hoc solum non sit damnabile his qui sunt in christo iesu quod carne serviunt legi peccati, secundum concupiscentiae motus, sed quod omnino nihil est eis damnationis. illis autem, qui non sunt in christo iesu, est hoc ipsum damnabile. praeterea, si hoc ad primos motus referatur his qui non sunt in christo iesu, sunt damnabiles huiusmodi motus secundum damnationem originalis peccati, quae adhuc in eis manet, a qua sunt liberati hi, qui sunt in christo iesu. non autem sic quod per huiusmodi motus nova addatur eis damnatio. * quod etiam secundo obiiciunt non ex necessitate concludit quod intendunt. non enim verum est, quod “ actus quilibet procedens ex habitu peccati damnabilis sit etiam et ipse damnabilis, sed solum quando est actus perfectus |100| per consensum rationis. ‘ si enim in aliquo sit habitus adulterii, motus concupiscentiae adulterii, qui est actus imperfectus, non est in eo peccatum mortale, sed solum motus perfectus qui est per consensum rationis. et praeterea actus, ex tali habitu procedens, non habet aliam rationem damnationis ab ea, quae est secundum rationem habitus. et secundum hoc primi motus in infidelibus ex eo quod procedunt a peccato originali, non afferunt damnationem peccati mortalis, sed solum originalis. * deinde, cum dicit ° lex, ‘ etc., probat quod dixerat. et primo quantum ad primam conditionem * qua dixerat ° nihil esse damnationis his qui sunt in christo iesu; ‘ secundo, quantum ad secundam conditionem, * qua dixerat ° qui non secundum carnem ambulant, * ibi ° qui non secundum carnem ambulamus, ‘ etc.. circa primum duo facit. primo ponit probationem; secundo manifestat quod supposuerat per causam, * ibi ° nam quod impossibile |125| erat legi, ‘ etc.. circa primum ponit talem rationem. lex spiritus liberat hominem a peccato et morte; sed lex spiritus est in iesu christo: ergo, per hoc quod aliquis est in christo iesu, liberatur a peccato et morte. quod autem lex spiritus liberet a peccato et morte, sic probat: lex spiritus est causa vitae, sed per vitam excluditur peccatum et mors, quae est effectus peccati, nam et ipsum peccatum est spiritualis mors animae: ergo lex spiritus liberat hominem a peccato et morte. damnatio autem non est nisi per peccatum et mortem: ergo his qui sunt in christo iesu nihil damnationis existit. * hoc est ergo quod dicit ° lex enim spiritus, ‘ etc.. quae quidem lex potest dici, uno modo, spiritus sanctus, ut sit sensus: lex spiritus, id est lex quae est spiritus. lex enim ad hoc datur, ut per eam homines inducantur ad bonum; * unde et philosophus in ii ethic. dicit quod “ intentio legislatoris est cives facere bonos. ‘ quod quidem |150| lex humana facit, solum notificando quid fieri debeat; sed spiritus sanctus, mentem inhabitans, non solum docet quid oporteat fieri, intellectum illuminando de agendis, sed etiam affectum inclinat ad recte agendum. * io. xiv, 26: ° paracletus autem spiritus sanctus, quem mittet pater in nomine meo, ille vos docebit omnia, ‘ quantum ad primum, ° et suggeret vobis omnia, ‘ quantum ad secundum, ° quaecumque dixero vobis. ‘ alio modo lex spiritus potest dici proprius effectus spiritus sancti, scilicet fides per dilectionem operans. quae quidem et docet interius de agendis, * secundum illud infra: ° unctio docebit vos de omnibus, ‘ et inclinat affectum ad agendum, * secundum illud ii cor. v, 14: ° charitas christi urget nos. ‘ et haec quidem lex spiritus dicitur lex nova, quae vel est ipse spiritus sanctus, vel eam in cordibus nostris spiritus sanctus facit. * ier. xxxi, 33: ° dabo legem meam in visceribus eorum, et in corde eorum superscribam eam. * de lege autem veteri supra dixit solum quod ‘ erat spiritualis, |175| id est a spiritu sancto data. et sic praedicta considerantes, inveniemus quatuor leges ab apostolo esse inductas. primo, legem moysi, * de qua dicit: ° condelector legi dei secundum interiorem hominem, ‘ secundo, legem fomitis, * de qua dicit: ° video aliam legem in membris meis, ‘ tertio, legem naturalem secundum unum sensum, * de qua subdit: ° repugnantem legi mentis meae, ‘ quarto tradit legem novam, * cum dicit: ° lex spiritus. * et addit ° vitae; ‘ quia sicut spiritus naturalis facit vitam naturae, sic spiritus divinus facit vitam gratiae. * io. vi, 64: ° spiritus est qui vivificat; * ez. i, 20: ° spiritus vitae erat in rotis. * addit autem ° in christo iesu, ‘ quia scilicet iste spiritus non datur nisi his qui sunt in christo iesu. sicut enim spiritus naturalis non pervenit ad membrum quod non habet connexionem ad caput, ita spiritus sanctus non pervenit ad hominem qui non est capiti christo coniunctus. * i io. iii, 24: ° in hoc scimus quod ipse manet in nobis, quia de spiritu suo ipse dedit nobis. * act. v, 2: ° spiritus sanctus quem dedit deus omnibus obedientibus sibi. ‘ haec, inquam, lex eo quod est in christo iesu, ° liberavit me. * io. viii, 36: ° si filius vos liberaverit, vere liberi estis. ‘ et hoc ° a lege peccati, ‘ id est a lege fomitis quae inclinat ad peccatum. vel ° a lege peccati ‘ id est a consensu et operatione peccati, quod hominem tenet ligatum per modum legis. per spiritum enim sanctum remittitur peccatum. * io. xx, v. 22: ° accipite spiritum sanctum, quorum remiseritis peccata, remittuntur eis. et mortis, ‘ non solum spiritualis sed etiam corporalis, * ut infra probabitur. ‘ et hoc ideo quia est spiritus vitae. * ez. xxxvii, 9: ° a quatuor ventis veni, spiritus, et insuffla super interfectos istos et reviviscant. ‘ deinde * cum dicit ° nam quod impossibile, ‘ etc. manifestat quod dixerat scilicet quod lex vitae, quae est in christo iesu, liberat a peccato: nam quod liberet a morte * infra probabitur. ‘ et hoc probat per causam quae sumitur ex incarnatione christi. circa quam tria ponit. primo, necessitatem incarnationis, secundo, modum incarnationis * ibi ° deus filium suum, ‘ tertio, incarnationis fructum * ibi ° et de peccato. ‘ et ut planior fiat expositio accipiemus primo secundum, secundo tertium, tertio primum, hoc modo. recte dico quod ° lex spiritus vitae in christo iesu liberat a peccato, ‘ nam ° deus, ‘ pater, ° filium suum, ‘ id est proprium consubstantialem sibi et coaeternum, * ps. ii, 7: ° dominus dixit ad me: filius meus es tu, ‘ etc.. ° mittens, ‘ non de novo creans vel faciens, sed quasi praeexistentem misit. * matth. xxi, 37: ° novissime misit ad eos filium suum, ‘ non quidem ut esset ubi non erat, * quia, ut dicitur io. i, 10, ° in mundo erat, ‘ sed ut esset modo quo non erat in mundo, id est, visibiliter per carnem assumptam; * unde ibidem sequitur: ° verbum caro factum est, et vidimus gloriam eius. * bar. c. iii, 38: ° post hoc in terris visus est. * et ideo hic subditur ° in similitudinem carnis peccati. ‘ quod non est sic intelligendum, “ quasi veram carnem non habuerit sed solum carnis similitudinem, quasi phantasticam, * sicut manichaei dicunt, cum ipse dominus dicat lc. ult.: ° spiritus carnem et ossa non habet, sicut me videtis habere. * unde non subdit solum, ° in similitudinem carnis, * sed ° in similitudinem carnis peccati. ‘ non enim habuit carnem peccati, id est, cum peccato conceptam, quia caro eius fuit concepta per spiritum sanctum qui tollit peccatum. * matth. i, 20: ° quod enim in ea natum est, de spiritu sancto est. * unde ps. xxv, 11 dicit: ° ego in innocentia mea ingressus sum, ‘ scilicet in mundum. sed habuit similitudinem carnis peccati, id est, similem carni peccatrici in hoc quod erat passibilis. nam caro hominis, ante peccatum, passioni subiecta non erat. * hebr. ii, 17: ° debuit per omnia fratribus assimilari, ut misericors fieret. ‘ subdit autem duplicem effectum incarnationis, quorum primus est remotio peccati, * quam ponit dicens ° de peccato damnavit peccatum in carne. ‘ quod quidem potest legi: ° de peccato, ‘ id est, pro peccato commisso in carne christi, diabolo instigante, ab occisoribus eius. ° damnavit, ‘ id est destruxit ° peccatum, ‘ quia cum diabolus innocentem, in quo nihil iuris habebat, attentavit morti tradere, iustum fuit ut potestatem amitteret. et ideo per suam passionem et mortem dicitur peccatum destruxisse. * col. ii, 15: ° expolians, ‘ scilicet in cruce, ° principatus et potestates. ‘ sed melius est ut dicatur ° damnavit peccatum in carne, ‘ id est debilitavit fomitem peccati in carne nostra, ° de peccato, ‘ id est ex virtute passionis suae et mortis, quae dicitur peccatum propter similitudinem peccati, * ut dictum est, ‘ vel quia per hoc factus est hostia pro peccato, quae in sacra scriptura dicitur peccatum. * os. iv, 8: ° peccata populi mei comedent. * unde dicit ii cor. v, 21: ° eum qui non noverat peccatum pro nobis deus fecit peccatum, ‘ idest hostiam pro peccato. et ita, satisfaciendo pro peccato nostro, abstulit peccata mundi. * io. i, 29: ° ecce agnus dei, ecce qui tollit peccata mundi. ‘ secundum effectum ponit consequenter * dicens ° ut iustificatio legis, ‘ id est iustitia quam lex promittebat, et quam ex lege aliqui sperabant, ° impleretur, ‘ id est perficeretur, ° in nobis, ‘ existentibus scilicet in christo iesu. * infra ix, 30: ° gentes quae non sectabantur iustitiam, apprehenderunt iustitiam quae est ex fide. * et ii cor. v, 21, cum dixisset: ° eum qui non noverat peccatum deus pro nobis fecit peccatum, * subdit: ° ut nos efficeremur iustitia dei in ipso. ‘ hoc aliter fieri non poterat quam per christum * et ideo praemisit quod scilicet ‘ damnare potest peccatum in carne et implere iustificationem, ° quod erat impossibile legi ‘ moysi. * hebr. vii, 19: ° nihil ad perfectum adduxit lex. ‘ et hoc quidem erat legi impossibile, non propter defectum legis, sed ° in quo, ‘ id est inquantum, ° infirmabatur per carnem, ‘ id est propter infirmitatem carnis, quae erat in homine ex corruptione fomitis, ex qua proveniebat quod etiam lege data, homo a concupiscentia vincebatur. * matth. xxvi, 41: ° spiritus quidem promptus est, caro autem infirma. * et supra vi, 19: ° humanum dico propter infirmitatem carnis vestrae. ‘ et ex hoc patet quod necesse fuit christum incarnari, * unde et gal. ii, 21 dicitur: ° si per legem est iustitia, christus gratis mortuus est, ‘ id est sine causa. ideo ergo necessarius fuit christum incarnari, quia lex iustificare non poterat. * deinde, cum dicit ° qui non secundum carnem, ‘ etc., probat propositum quantum ad secundam conditionem, ostendens quod ad hoc quod aliqui damnationem evadant requiritur quod non secundum carnem ambulent. et circa hoc tria facit. primo proponit quod intendit; secundo probat propositum, * ibi ° qui enim secundum carnem, ‘ etc.; tertio manifestat quoddam quod in probatione supposuerat, * ibi ° quoniam sapientia, ‘ etc.. dicit ergo primo. dictum est, quod iustificatio legis impletur in nobis, qui scilicet non solum sumus in christo iesu, sed etiam ° non ambulamus secundum carnem, sed secundum spiritum, ‘ id est, qui non sequimur concupiscentias carnis, sed instinctum spiritus sancti. * gal. v, 16: ° spiritu ambulate. * deinde, cum dicit ° qui enim secundum carnem, ‘ etc., probat quod dixerat. et inducit duos syllogismos. unum quidem ex parte carnis, qui est talis: quicumque sequuntur prudentiam carnis, ducuntur ad mortem; sed quicumque sunt secundum carnem, sequuntur prudentiam carnis: ergo, quicumque sunt secundum carnem, ducuntur ad mortem. alium syllogismum ponit ex parte spiritus, qui est talis: quicumque sequuntur prudentiam spiritus, consequuntur vitam et pacem; sed quicumque sunt secundum spiritum, sequuntur prudentiam spiritus: ergo, quicumque sunt secundum spiritum, sequuntur vitam et pacem. et sic patet quod illi, qui non ambulant secundum carnem, sed secundum spiritum, liberantur a lege peccati et mortis. primo, ergo ponit minorem primi syllogismi, * dicens ° qui enim secundum carnem, ‘ id est, qui carni subduntur quasi ei subiecti, * rom. xvi, 18, ‘ huiusmodi domino ° non serviunt, sed suo ventri, sapiunt ea quae sunt carnis ‘ ac si dicat, habent sapientiam carnis. sapere enim quae sunt carnis est approbare et iudicare bona esse quae sunt secundum carnem. * matth. xvi, 23: ° non sapis quae dei sunt, sed quae hominis. * ier. iv, 22: ° sapientes sunt, ut faciant mala. ‘ secundo, ponit minorem secundi syllogismi, * dicens ° qui vero sunt secundum spiritum, ‘ id est, qui spiritum sanctum sequuntur, et secundum eum ducuntur * secundum illud gal. v, 18: ° si spiritu ducimini, non estis sub lege, sentiunt ea quae sunt spiritus, ‘ id est, habent rectum sensum in rebus spiritualibus, * secundum illud sap. i, 1: ° sentite de domino in bonitate. ‘ et horum ratio est, quia, * sicut philosophus dicit in iii ethic., “ qualis est unusquisque, talis finis videtur ei. ‘ unde ille cuius est animus informatus per habitum bonum vel malum, existimat de fine secundum exigentiam illius habitus. tertio, ponit maiorem primi syllogismi, * dicens ° nam prudentia carnis, ‘ etc.. ad cuius intellectum oportet scire, quod “ prudentia est recta ratio agibilium, * ut dicit philosophus vi ethic.. ‘ recta autem ratio agendorum unum praesupponit, et tria facit. praesupponit enim finem qui est sicut principium in agendis, sicut et ratio speculativa praesupponit principia ex quibus demonstrat. facit autem recta ratio agibilium tria. nam primo, recte consiliatur; secundo, recte iudicat de consiliatis; tertio, recte et constanter praecipit quod consiliatum est. sic ergo ad prudentiam carnis requiritur quod aliquis praesupponat pro fine delectabile carnis et quod consilietur et iudicet et praecipiat ea quae conveniunt ad hunc finem. unde talis prudentia ° est mors, ‘ id est, causa mortis aeternae. * gal. ult.: ° qui seminat in carne, de carne et metet corruptionem. ‘ quarto, ponit maiorem secundi syllogismi, * dicens ° prudentia autem spiritus vita et pax. ‘ dicitur autem * secundum praedicta ‘ prudentia spiritus, quando aliquis, praesupposito fine spiritualis boni, consiliatur et iudicat et praecipit quae ordinantur convenienter ad hunc finem. unde talis prudentia est ° vita, ‘ id est, causa vitae gratiae et gloriae. * gal. ult.: ° qui seminat in spiritu, de spiritu et metet vitam aeternam. ‘ et est ° pax, ‘ id est causa pacis, nam pax causatur a spiritu sancto. * ps. cxviii, 165: ° pax multa diligentibus legem tuam, domine. * gal. v, 22: ° fructus spiritus charitas, gaudium et pax.

lc2 ‘ Supposuerat apostolus in praecedentibus quod prudentia carnis mors est, et hoc quidem nunc probare intendit. et primo probat propositum; secundo ostendit fideles quibus scribit a tali prudentia esse alienos, * ibi ° vos autem, ‘ etc.. circa primum duo facit. primo propositum probat de prudentia carnis in abstracto; secundo id quod de prudentia carnis dixerat, adaptat eis qui prudentiam carnis sequuntur, * ibi ° qui autem in carne, ‘ etc.. circa primum ponit tria media, quorum posterius probat prius. per primum autem probat id quod supra positum est, scilicet quod prudentia carnis sit mors, hoc modo: qui inimicatur deo, incurrit mortem. * lc. xix, 27: ° verum tamen inimicos illos qui noluerunt me regnare supra se, adducite huc, et interficite ante me. ‘ et hoc quia deus vita nostra est. * deut. xxx, 20: ° ipse est enim vita tua. ‘ et ideo ille qui inimicatur deo, incurrit mortem; sed prudentia ° carnis inimica est deo: ‘ ergo prudentia carnis est causa mortis. ubi notandum est, quod * id quod supra dixerat ° prudentiam carnis, * nunc nominat ° carnis sapientiam, ‘ non quod idem sit sapientia simpliciter et prudentia, sed quia in rebus humanis est prudentia. * prov. x, 23: ° sapientia est viro prudentia. ‘ ad cuius intellectum sciendum quod sapiens simpliciter dicitur qui cognoscit causam altissimam ex qua omnia dependent. causa autem suprema simpliciter omnium deus est. “ unde sapientia simpliciter est cognitio divinarum rerum, * ut augustinus dicit in libro de trinitate. i cor. ii, 6: ° sapientiam loquimur inter perfectos. ‘ dicitur autem sapiens in unoquoque genere qui cognoscit altissimam causam illius generis: sicut in arte aedificatoria dicitur sapiens, non ille qui scit dolare ligna et lapides, sed ille qui concipit et disponit convenientem formam domus: ex hoc enim totum artificium dependet; * unde et apostolus dicit i cor. iii, 10: ° ut sapiens architectus fundamentum posui. ‘ sic igitur sapiens in rebus humanis dicitur qui bonam aestimationem habens de fine humanae vitae, secundum hoc ordinat totam humanam vitam, quod pertinet ad prudentiam. et ita sapientia carnis est idem quod carnis prudentia. * de hac sapientia dicitur iac. c. iii, 15: ° non est desursum descendens, ‘ sed terrena, animalis, diabolica. dicitur autem haec sapientia deo inimica, quia contra legem dei hominem inclinat. * iob xv, 26: ° currit adversus deum collo erecto et pingui cervice. ‘ et ideo ad hoc probandum inducit aliud medium, * subdens ° legi enim dei non est subiecta. ‘ non enim potest aliquis deum odire secundum quod in se est, cum deus sit ipsa essentia bonitatis: sed secundum hoc aliquis peccator deum odit, quod praeceptum divinae legis est contrarium suae voluntati, sicut adulter odit deum, inquantum odit hoc praeceptum: ° non moechaberis. ‘ et sic omnes peccatores inquantum nolunt subiici legi dei, sunt inimici dei. * ii par. xix, 2: ° his qui oderunt deum amicitia iungeris. ‘ unde convenienter probat quod prudentia, vel sapientia carnis sit inimica deo, quia non est subiecta legi dei. probat autem hoc per tertium medium, * dicens ° nec enim potest. ‘ prudentia enim carnis vitium est quoddam, * ut ex praedictis patet. ‘ quamquam autem ille qui subiectus est vitio possit liberari a vitio et subiici deo, * secundum illud supra vi, 18: ° liberati a peccato, servi facti deo, ‘ tamen ipsum vitium deo subiici non potest, cum ipsum vitium sit aversio a deo vel a lege dei, sicut ille qui est niger potest fieri albus, sed ipsa nigredo numquam potest fieri alba. * et secundum hoc dicitur matth. vii, v. 18: ° non potest arbor mala fructus bonos facere. ‘ ex quo patet quod * non recte manichaei ad confirmationem sui erroris haec verba assumunt, volentes per haec verba ostendere “ naturam carnis non esse a deo, cum sit inimica deo, nec possit deo subiici. ‘ non enim agit apostolus hic de carne ista quae est vitium hominis, * ut dictum est. * deinde cum dicit ° qui autem in carne, ‘ etc., adaptat quod dixerat de prudentia carnis, ad homines, quibus prudentia carnis dominatur, * dicens ° qui autem in carne sunt, ‘ id est qui concupiscentias carnis sequuntur per prudentiam carnis, quamdiu tales sunt ° deo placere non possunt, * quia, ut in ps. cxlvi, 11 dicitur, ° beneplacitum est deo super timentes eum. ‘ unde illi qui ei non subiiciuntur, non possunt ei placere, quamdiu tales sunt. possunt autem desinere esse in carne secundum modum praedictum, et tunc deo placebunt. * deinde, cum dicit ° vos autem, ‘ etc., ostendit eos, quibus loquitur, esse immunes a prudentia carnis. et circa hoc tria facit. primo ponit fidelium statum, * dicens ° vos autem non estis in carne. ‘ et sic patet non esse intelligendum de carnis natura. romani enim, quibus loquebatur, mortales erant carne induti. sed carnem accipit pro vitiis carnis, * secundum illud i cor. xv, 50: ° caro et sanguis regnum dei non possidebunt. * unde dicit ° vos non estis in carne, ‘ id est, non estis in vitiis carnis, quasi secundum carnem viventes, * ii cor. x, 3: ° in carne viventes, non secundum carnem militamus, sed in spiritu, ‘ id est, spiritum sequimini. * apoc. i, 10: ° fui in spiritu dominica die. ‘ secundo apponit conditionem, * dicens ° si tamen spiritus dei habitat in vobis, ‘ scilicet per charitatem * i cor. iii, 16: ° templum dei estis, et spiritus dei habitat in vobis. ‘ apponit autem hanc conditionem, quia quamvis in baptismo spiritum sanctum receperint, potuisset tamen contingere, quod per peccatum superveniens spiritum sanctum amisissent, * de quo dicitur sap. i, 5, quod ° corripitur a superveniente iniquitate. ‘ tertio ostendit conditionem hanc oportere in eis exstare, * dicens ° si quis spiritum christi non habet, hic non est eius. ‘ sicut non est membrum corporis quod per spiritum corporis non vivificatur, ita non est membrum christi, qui spiritum christi non habet. * i io. iv, 13: ° in hoc scimus quoniam manet in nobis, quoniam de spiritu suo dedit nobis. ‘ est autem notandum, quod idem est spiritus christi et dei patris; sed dicitur dei patris inquantum a patre procedit; dicitur spiritus christi, inquantum procedit a filio. unde etiam dominus ubique attribuit eum simul sibi et patri, * sicut io. xiv, 26: ° paracletus spiritus sanctus, quem mittet pater in nomine meo. * item: ° cum venerit paracletus, quem ego mittam vobis a patre, ‘ etc.. deinde * cum dicit ° si autem christus, ‘ etc. ostendit, quod per gratiam christi sive per spiritum sanctum liberamur a poena. et primo ostendit quod liberamur per spiritum sanctum in futuro a morte corporali; secundo, quod interim in hac vita adiuvamur a spiritu sancto contra infirmitates praesentis vitae, * ibi ° similiter autem, ‘ etc.. circa primum tria facit. primo proponit quod intendit; secundo ex hoc infert quoddam corollarium, * ibi ° ergo, fratres, ‘ etc.; tertio probat propositum, * ibi ° quicumque enim, ‘ etc.. circa primum considerandum est, quod supra mentionem fecerat de spiritu dei, et |175| de spiritu christi, quamvis sit unus et idem spiritus. primo ergo ostendit quid consequamur ex spiritu, ex hoc quod est christi; secundo ostendit quid consequamur ex eo, inquantum est spiritus dei patris, * ibi ° quod si spiritus eius, ‘ etc.. dicit ergo: dictum est, quod si quis spiritum christi non habet, hic non est eius, unde, cum vos sitis christi, spiritum christi habetis, et ipsum christum in vobis habitantem per fidem, * secundum illud eph. c. iii, 17: ° habitare christum per fidem in cordibus vestris. si autem christus ‘ sic ° in vobis est, ‘ oportet vos christo esse conformes. christus autem sic venit in mundum, ut quantum ad spiritum esset plenus gratia et veritate, et tamen, quantum ad corpus, habet similitudinem carnis peccati, * ut supra dictum est. ‘ unde et hoc oportet esse in vobis, quod ° corpus quidem ‘ vestrum ° propter peccatum, ‘ quod adhuc manet in carne vestra, ° mortuum est, ‘ id est, necessitati mortis addictum, * sicut gen. ii, 17 dicitur: ° quacumque die comederitis, |200| morte moriemini, ‘ id est necessitati mortis addicti eritis; ° spiritus vero vivit, ‘ qui iam revocatus est a peccato, * secundum illud eph. iv, 23: ° renovamini spiritu mentis vestrae: ‘ vivit vita gratiae, ° propter iustificationem, ‘ per quam iustificatur a deo. * gal. ii, v. 3: ° quod autem nunc vivo in carne, in fide vivo filii dei. * supra i, 17: ° iustus ex fide vivit. * deinde, cum dicit ° quod si spiritus, ‘ etc., ostendit quid consequamur in spiritu sancto, inquantum est spiritus patris, * dicens ° quod si habitat in vobis spiritus eius, ‘ scilicet dei patris, ° qui suscitavit iesum christum a mortuis. * ps. xl, 11: ° tu autem, domine, miserere mei, et resuscita me. * act. c. iii, 15: ° hunc deus suscitavit, ‘ etc., et tamen ipse christus propria virtute resurrexit, quia eadem est virtus patris et filii, consequens est, quod id quod deus pater fecit in christo, faciat etiam in nobis. * et hoc est quod subdit ° qui suscitavit iesum christum a mortuis, vivificabit et mortalia corpora vestra. ‘ non dicit mortua, sed mortalia, quia in resurrectione non solum a |225| corporibus vestris auferetur quod sint mortua, id est necessitatem mortis habentia, sed etiam quod sint mortalia, id est potentia mori, quale fuit corpus adam ante peccatum. nam post resurrectionem corpora nostra erunt penitus immortalia. * is. xxv, v. 19: ° vivent mortui tui, interfecti mei resurgent, * etc.. os. vi, 3: ° vivificabit nos post duos dies. ‘ et hoc ° propter inhabitantem spiritum eius ‘ in nobis, id est in virtute spiritus sancti in nobis habitantis. * ez. xxxvii, 5: ° haec dicit dominus deus ossibus his: ecce ego intromittam in vobis spiritum, et vivetis. ‘ et hoc propter ° inhabitantem spiritum, ‘ id est propter dignitatem quam corpora nostra habent eo quod fuerunt receptacula spiritus sancti. * i cor. vi, 19: ° nescitis quod membra vestra templum sunt spiritus sancti. ‘ illi vero, quorum membra non fuerunt templum spiritus, resurgent, sed habebunt corpora passibilia. * deinde, cum dicit ° ergo debitores, ‘ etc., concludit corollarium ex dictis. et primo ponit conclusionem; |250| secundo rationem assignat, * ibi ° si enim, * etc.. dicit ergo primo. ‘ dictum est, quod per spiritum sanctum multa bona nobis proveniunt et quod ex prudentia carnis sequitur mors: ° ergo debitores sumus ‘ spiritui sancto propter beneficia ab eo recepta, ut vivamus secundum spiritum et non secundum carnem. * gal. v, 25: ° si spiritu vivimus, spiritu et ambulemus. * deinde, cum dicit ° si enim secundum carnem, ‘ assignat rationem conclusionis praemissae. et primo quantum ad carnem dicens ° si enim secundum carnem vixeritis, ‘ scilicet sequendo concupiscentias carnis, ° moriemini, ‘ scilicet morte culpae in praesenti et morte damnationis in futuro, * i tim. v, 6: ° quae in deliciis vivens mortua est. ‘ secundo assignat rationem quantum ad spiritum, dicens ° si autem spiritu, ‘ id est per spiritum, scilicet ° mortificaveritis facta carnis, ‘ id est opera quae ex concupiscentia carnis proveniunt, ° vivetis, ‘ vita gratiae in praesenti et vita gloriae in futuro. * col. iii, 5: ° mortificate |275| membra vestra quae sunt super terram. * gal. v, 24: ° qui christi sunt, carnem suam crucifixerunt cum vitiis et concupiscentiis.

lc3 ‘ Postquam apostolus proposuit, quod per spiritum sanctum dabitur nobis vita gloriosa quae omnem mortalitatem a corporibus nostris excludet, hic probationem inducit. et primo ostendit, quod per spiritum sanctum huiusmodi gloriosa vita datur; secundo ostendit causam quare differtur, * ibi ° si tamen compatimur, ‘ etc.. circa primum ponit talem rationem: quicumque sunt filii dei consequuntur aeternitatem gloriosae vitae: sed quicumque reguntur spiritu sancto sunt filii dei; ergo quicumque reguntur spiritu sancto, consequuntur haereditatem gloriosae vitae. primo ergo ponit minorem praedictae rationis; secundo maiorem, * ibi ° si autem, ‘ etc.. circa primum duo facit. primo proponit quod intendit; secundo probat propositum, * ibi ° non enim accepistis, ‘ etc.. circa primum duo consideranda |25| sunt. primo quidem quomodo aliqui aguntur a spiritu dei. et potest sic intelligi: ° quicumque spiritu dei aguntur, ‘ id est reguntur sicut a quodam ductore et directore, quod quidem in nobis facit spiritus, scilicet inquantum illuminat nos interius quid facere debeamus. * ps. cxlii, 10: ° spiritus tuus bonus deducet me, ‘ etc.. sed quia ille qui ducitur, ex seipso non operatur, homo autem spiritualis non tantum instruitur a spiritu sancto quid agere debeat, sed etiam cor eius a spiritu sancto movetur, ideo plus intelligendum est in hoc, * quod dicitur ° quicumque spiritu dei aguntur. ‘ illa enim agi dicuntur, quae quodam superiori instinctu moventur. unde de brutis dicimus quod non agunt sed aguntur, quia a natura moventur et non ex proprio motu ad suas actiones agendas. similiter autem homo spiritualis non quasi ex motu propriae voluntatis principaliter sed ex instinctu spiritus sancti inclinatur ad aliquid agendum, * secundum illud is. lix, 19: ° cum venerit quasi fluvius violentus quem spiritus dei cogit; |50| * et lc. iv, 1, quod ‘ christus agebatur a spiritu in deserto. non tamen per hoc excluditur quin viri spirituales per voluntatem et liberum arbitrium operentur, quia ipsum motum voluntatis et liberi arbitrii spiritus sanctus in eis causat, * secundum illud phil. ii, 13: ° deus est qui operatur in nobis velle et perficere. ‘ secundo considerandum est quomodo illi, qui ° spiritu dei aguntur, sunt filii dei. ‘ et hoc est manifestum ex similitudine filiorum carnalium, qui per semen carnale a patre procedentes generantur. semen autem spirituale a patre procedens, est spiritus sanctus. et ideo per hoc semen aliqui homines in filios dei generantur. * i io. iii, 9: ° omnis qui natus est ex deo peccatum non facit, quoniam semen dei manet in eo. * deinde cum dicit ° non enim accepistis, ‘ etc., probat propositum scilicet quod spiritum sanctum accipientes sint homines filii dei, et hoc tripliciter. primo quidem ex distinctione donorum spiritus sancti; |75| secundo, ex confessione nostra, * ibi ° in quo clamamus, ‘ etc.; tertio, ex testimonio spiritus, * ibi ° ipse enim spiritus. ‘ circa primum considerandum est, quod spiritus sanctus duos effectus facit in nobis: unum quidem timoris, * is. xi, 3: ° replebit eum spiritus timoris domini, ‘ alium amoris, * supra v, 5: ° charitas dei diffusa est per spiritum sanctum in cordibus nostris, qui datus est nobis. ‘ timor autem facit servos, non autem amor. ad cuius evidentiam considerari oportet, quod timor habet duo obiecta, scilicet malum quod quis timendo refugit, et illud a quo sibi hoc malum imminere videt. dicitur enim homo timere et occisionem et regem qui potest occidere. contingit autem quandoque quod malum quod quis refugit, est contrarium bono corporali vel temporali quod quis interdum inordinate amat et refugit pati ab aliquo homine temporali. et hic est timor humanus vel mundanus; et hic non est a spiritu sancto. et hunc prohibet dominus. * matth. x, 28: ° nolite timere eos qui corpus |100| occidunt. ‘ alius autem est timor qui refugit malum quod contrariatur naturae creatae, scilicet malum poenae, sed tamen refugit hoc pati a causa spirituali, scilicet a deo: et hic timor est laudabilis quantum ad hoc saltem, quod deum timet. * deut. v, 29: ° quis det eos talem habere mentem ut timeant me? ‘ et secundum hoc a spiritu sancto est. sed inquantum talis timor non refugit malum quod opponitur bono spirituali, scilicet peccatum, sed solum poenam, non est laudabilis. et istum defectum non habet a spiritu sancto sed ex culpa hominis: sicut et fides informis quantum ad id quod est fidei, est a spiritu sancto, non autem eius informitas. unde et si per huiusmodi timorem aliquis bonum faciat, non tamen bene facit, quia non facit sponte, sed coactus metu poenae, quod proprie est servorum. et ideo timor iste proprie dicitur servilis, quia serviliter facit hominem operari. est autem tertius timor qui refugit malum quod opponitur bono spirituali, scilicet peccata vel separationem a deo, et |125| hoc quidem timet incurrere ex iusta dei vindicta. et sic quantum ad utrumque obiectum respicit rem spiritualem, sed tamen cum hoc habet oculum ad poenam. et iste timor dicitur esse initialis, quia solet esse in hominibus in initio suae conversionis. timent enim poenam propter peccata praeterita et timent separari a deo per peccatum propter gratiam charitati infusam. * et de hoc dicitur in ps. cx, 10: ° initium sapientiae timor domini. ‘ est autem quartus timor, qui ex utraque parte oculum habet solum ad rem spiritualem, quia nihil timet nisi a deo separari. et iste timor est sanctus ° qui permanet in saeculum saeculi, * ut in psalmo dicitur. ‘ sicut autem timor initialis causatur ex charitate imperfecta: ita hic timor causatur ex charitate perfecta. * i io. iv, 18: ° perfecta charitas foras mittit timorem. ‘ et ideo timor initialis et timor castus non distinguuntur contra amorem charitatis, qui est causa utriusque, sed solum timor poenae; quia sicut hic timor facit servitutem, ita amor charitatis facit libertatem filiorum. facit enim |150| hominem voluntaria ad honorem dei operari, quod est proprie filiorum. lex igitur vetus data est in timore, quod significabant tonitrua et alia huiusmodi, quae facta sunt in datione veteris legis, * ut dicitur ex. xix, 16 s.. et ideo dicitur hebr. xii, 21: ° et ita terribile erat quod videbatur. ‘ et ideo lex vetus per inflictionem poenarum inducens ad mandata dei servanda, data est in spiritu servitutis. * unde dicitur gal. iv, 24: ° unum quidem in monte sina in servitutem generans. ‘ et ideo hic dicit: recte dictum est quod ° qui spiritu dei aguntur, ‘ etc., ° non enim iterum, ‘ in nova lege sicut in veteri lege fuit, ° accepistis spiritum servitutis in timore, ‘ scilicet poenarum, quem timorem spiritus sanctus faciebat; ° sed accepistis spiritum, ‘ scilicet charitatis, qui est ° adoptionis filiorum, ‘ id est, per quem adoptamur in filios dei. * gal. iv, 5: ° ut adoptionem filiorum reciperemus. ‘ non autem hoc dicitur quasi sit alius et alius spiritus, sed quia idem est spiritus, scilicet qui in quibusdam facit timorem servilem |175| quasi imperfectum, in aliis facit amorem quasi quoddam perfectum. * deinde cum dicit ° in quo clamamus, ‘ etc., manifestat idem per nostram confessionem. profitemur enim nos patrem habere deum instructi a domino, cum dicimus orantes ° pater noster qui es in caelis, * ut habetur matth. vi, 9. ‘ hoc autem convenit dicere non solum iudaeis, sed etiam gentibus. et ideo duo ponit idem significantia, scilicet ° abba, ‘ quod est hebraeum, et ° pater, ‘ quod est latinum vel graecum, ut ostendat hoc ad utrumque populum pertinere. * unde et dominus, mc. xiv, 36: ° abba pater, omnia possibilia sunt tibi. * ier. iii, 19: ° patrem vocabis me. ‘ hoc autem dicimus non tantum sono vocis, quantum intentione cordis, quae quidem propter sui magnitudinem clamor dicitur, * sicut et ad moysen tacentem dicitur, ex. xiv, v. 15: ° quid clamas ad me, ‘ scilicet intentione cordis? sed ista magnitudo intentionis ex affectu filialis amoris procedit, quem in nobis spiritus facit. * et ideo dicit ° in quo, ‘ scilicet |200| spiritu sancto, ° clamamus: abba, pater. * unde is. vi, 3 dicitur quod ‘ seraphim qui interpretantur ardentes, quasi igne spiritus sancti, ° clamabant alter ad alterum. * deinde cum dicit ° ipse enim spiritus, ‘ etc., ostendit idem ex testimonio spiritus sancti, ne forte aliquis dicat, quod in nostra confessione decipimur; * unde dicit: ‘ ideo dico, quod in spiritu sancto ° clamamus: abba, pater, ipse enim spiritus testimonium reddit quod sumus filii dei. ‘ hic autem testimonium reddit non quidem exteriore voce ad aures hominum; sicut pater protestatus est de filio suo, * matth. iii, 17, ‘ sed reddit testimonium per effectum amoris filialis, quem in nobis facit. * et ideo dicit quod ° testimonium reddit, ‘ non auribus, ° sed spiritui nostro, * etc.. act. iii, 15: ° nos testes sumus horum verborum. * deinde cum dicit ° si autem filii, ‘ etc., ponit maiorem. et, primo, ostendit quod filiis debetur haereditas, dicens: si autem aliqui filii, per spiritum scilicet, sequitur etiam quod sint haeredes, quia non solum filio naturali, sed etiam |225| adoptivo debetur haereditas. * i petr. i, v. 3 s.: ° regeneravit nos in spem vivam in haereditatem, * etc.. ps. xv, 6: ° haereditas mea praeclara est mihi. ‘ secundo ostendit quae sit ista haereditas. et primo describit eam quantum ad deum patrem, * dicens ° haeredes quidem dei. ‘ dicitur autem aliquis haeres alicuius existere, qui principalia eius bona percipit seu adipiscitur, non autem qui aliqua munuscula recipit, * sicut legitur gen. xxv, 5 quod ‘ abraham dedit cuncta quae possedit isaac, filiis autem concubinarum largitus est munera. bonum autem principale quo deus dives est, est ipsemet. est enim dives per seipsum, et non per aliquid aliud, quia extrinsecorum bonorum non indiget, * ut dicitur in ps. xv, 2. ‘ unde ipsum deum adipiscuntur filii dei pro haereditate. * unde ps. xv, 5: ° dominus pars haereditatis meae. * thren. iii, 24: ° pars mea dominus, dixit anima mea. ‘ sed cum filius haereditatem non adipiscatur nisi patre defuncto, * videtur quod “ homo non possit esse haeres dei, qui numquam |250| decidit. ‘ dicendum est autem, quod illud habet locum in bonis temporalibus, quae simul a multis possideri non possunt, et ideo necesse est unum decedere ut alius succedat: sed bona spiritualia simul a multis haberi possunt, et ideo non oportet patrem decedere ut filii sint haeredes. potest tamen dici quod deus decedit nobis inquantum est in nobis per fidem: erit autem nostra haereditas, inquantum videbimus eum per speciem. secundo describit hanc haereditatem ex parte christi, * dicens ° cohaeredes autem christi, ‘ quia ipse cum sit principalis filius a quo nos filiationem participamus, ita est principalis haeres, cui in haereditate coniungimur. * matth. xxi, 38: ° hic est haeres, * etc.. mich. i, 15: ° adhuc haeredem adducam tibi. * deinde cum dicit ° si tamen compatimur, ‘ etc., ostendit causam dilationis huius vitae gloriosae. et primo ponit causam ex parte passionum; secundo, praeeminentiam gloriae ad passiones, |275| ibi ° existimo enim, ‘ etc.. circa primum considerandum est quod christus, qui est principalis haeres, ad haereditatem gloriae pervenit per passiones. * lc. ult.: ° nonne oportuit christum pati, et ita intrare in gloriam suam? ‘ non autem nos faciliori modo debemus haereditatem adipisci. et ideo nos etiam oportet per passiones ad illam haereditatem pervenire. * act. xiv, 21: ° per multas tribulationes oportet nos introire in regnum dei. ‘ non enim statim immortale et impassibile corpus accipimus, ut simul cum christo pati possimus. * unde dicit ° si tamen compatimur, ' id est simul cum christo patienter sustinemus tribulationes huius mundi, ° ut et ' cum christo ° glorificemur. * ii tim. ii, 11: ° si commortui sumus, et conregnabimus.

lc4 ' Postquam apostolus demonstravit et dixit quod per gratiam christi liberamur, nunc assignat causam dilationis immortalis vitae, quae est haereditas filiorum dei, ex eo quod oportet nos christo compati, ut ad eius gloriae societatem perveniamus. * et quia posset aliquis dicere " onerosam esse haereditatem huiusmodi, ad quam non potest nisi per tolerantiam passionum perveniri, ' ideo hic ostendit excellentiam futurae gloriae ad passiones praesentis temporis. et primo ponit quod intendit; secundo probat propositum, * ibi ° nam expectatio, ' etc.. dicit ergo primo. dictum est quod oportet nos pati ut et glorificemur, nec debemus refugere passiones, ut gloriam habeamus. ° existimo enim, ' ego, qui utrumque expertus sum, * eccli. xxxiv, 9: ° vir in multis expertus, cogitabit multa. ' ipse abundanter passiones sustinuit, * secundum illud ii cor. c. xi, 23: ° in laboribus et carceribus abundantius. ' ipse etiam futurae gloriae contemplator fuit, * secundum illud ii cor. xii, 4: |25| ° raptus in paradisum, et audivit arcana verba, ' etc.. hoc, inquam, existimo ° quod passiones huius temporis non sunt passiones condignae ad futuram gloriam quae revelabitur in nobis. ' ubi quatuor ponit ad ostendendum excellentiam illius gloriae. primo quidem designat eius aeternitatem, * cum dicit ° ad futuram, ' scilicet post hoc tempus; nihil autem est post hoc tempus nisi aeternitas. unde illa gloria excedit passiones huius temporis, sicut aeternum temporale. * ii cor. iv, v. 17: ° id enim quod in praesenti est momentaneum, et leve tribulationis nostrae, supra modum in sublimitate aeternum gloriae pondus operatur in nobis. ' secundo designat eius dignitatem, * cum dicit ° gloriam, ' quae claritatem quamdam dignitatis insinuat. * ps. cxlix, 5: ° exultabunt sancti in gloria. ' tertio designat manifestationem * cum dicit ° quae revelabitur. ' nunc enim gloriam quidem habent sancti, sed occultatam in conscientia. * ii cor. i, 12: ° gloria nostra haec est: testimonium |50| conscientiae nostrae. ' tunc autem gloria illa in conspectu omnium revelabitur, et bonorum et malorum, * de quibus dicitur sap. v, 2: ° mirabuntur in subitatione insperatae salutis. ' quarto designat eius veritatem, * cum dicit ° in nobis. ' gloria enim huius mundi vana est, quia est in his quae sunt extra hominem, puta in apparatu divitiarum et in opinione hominum. * ps. xlviii, 7: ° in multitudine divitiarum suarum gloriantur. ' sed illa gloria erit de eo quod est intra hominem, * secundum illud lc. xvii, 21: ° regnum dei intra vos est. ' sic igitur passiones huius temporis, si secundum se considerentur, multum deficiunt a quantitate huius gloriae. * is. liv, v. 7: ° ad punctum in modico dereliqui te, et in miserationibus magnis congregabo te. ' sed si considerentur huiusmodi passiones inquantum eas aliquis voluntarie sustinet propter deum ex charitate, quam in nobis spiritus facit, sic ex condigno per huiusmodi passiones homo meretur vitam aeternam. nam spiritus sanctus est fons cuius aquae, id est effectus, saliunt in vitam aeternam, * ut dicitur |75| io. iv, 14. deinde cum dicit ° nam expectatio creaturae, ' etc. ostendit propositum per excellentiam illius gloriae. et primo ex expectatione creaturae; secundo ex expectatione apostolorum, * ibi ° non solum autem, ' etc.. circa primum duo facit. primo ponit expectationem creaturae; secundo manifestat eam, * ibi ° vanitati enim, ' etc.. dicit ergo primo: dictum est quod eius futura gloria excedit passiones praesentes. et tamen hoc manifestum est; ° nam expectatio creaturae, ' id est ipsa creatura expectans, ° expectat revelationem filiorum dei: * quia, ut dicitur i io. iii, 2: ° nunc filii dei sumus, et nondum apparuit quid erimus. ' occultatur enim dignitas divinae filiationis in sanctis propter exteriores passiones sed postmodum revelabitur illa dignitas, quando immortalem et gloriosam vitam suscipient, * ita quod ex persona impiorum dicitur sap. v, 5: ° ecce quomodo computati sunt inter filios dei. * dicit autem ° expectatio expectat, ' ut talis |100| geminatio intensionem expectationis designet, * secundum illud ps. xxxix, 1: ° expectans expectavi dominum. ' sciendum est autem quod creatura hic tripliciter accipi potest. uno modo homines iusti, qui specialiter creatura dei dicuntur, vel quia permanent in bono, in quo creati sunt; vel propter excellentiam, quia omnis creatura quodammodo eis deservit. * iac. i, 18: ° voluntarie genuit nos verbo veritatis, ut simus initium aliquod creaturae eius. ' haec autem creatura, id est homo iustus, ° expectat revelationem gloriae filiorum dei, ' tamquam praemium sibi repromissum. * tit. c. ii, 13: ° expectantes beatam spem et adventum gloriae magni dei. ' secundo, potest dici creatura ipsa humana natura, quae subiicitur bonis gratiae, quae quidem in hominibus iniustis nondum iustificata est sed est sicut informis. in hominibus autem iam iustificatis, est quidem partim formata per gratiam sed tamen est adhuc informis respectu illius formae, quam est acceptura per gloriam. |125| sic igitur ipsa creatura, id est nos ipsi, secundum quod consideramur in bonis naturae, ° expectat revelationem gloriae filiorum dei. ' quod etiam nobis competit per gratiam, sicut si dicamus quod materia expectat formam, vel colores expectant completionem imaginis, * sicut dicit glossa. iob xiv, 14: ° cunctis diebus quibus nunc milito, expecto, donec veniat immutatio mea. ' tertio modo potest intelligi de ipsa creatura sensibili, sicut sunt elementa huius mundi, * secundum illud sap. xiii, 5: ° a magnitudine speciei et creaturae cognoscibiliter poterit eorum creator videri. ' huiusmodi autem creatura dupliciter aliquid expectat: nam expectatio creaturae sensibilis, secundum quod est a deo, ordinatur ad aliquem finem, quod quidem contingit dupliciter. uno modo secundum quod deus imprimit aliquam formam et virtutem naturalem huiusmodi creaturae, ex qua inclinatur ad aliquem finem naturalem, puta si dicamus quod arbor expectat fructificationem et ignis expectat locum sursum. |150| alio modo creatura sensibilis ordinatur a deo ad aliquem finem qui superexcedit formam naturalem ipsius. sicut enim humanum corpus induetur quadam forma gloriae supernaturali, ita tota creatura sensibilis, in illa gloria filiorum dei, quamdam novitatem gloriae consequetur, * secundum illud apoc. xxi, 1: ° vidi caelum novum et terram novam. ' et per hunc modum creatura sensibilis expectat revelationem gloriae filiorum dei. * deinde cum dicit ° vanitati enim, ' etc., manifestat praedictam expectationem. et primo ponit necessitatem expectandi; secundo, expectationis terminum, * ibi ° quia ipsa creatura, ' etc.; tertio, expectationis signum, * ibi ° scimus enim quod omnis creatura, ' etc.. necessitas autem expectandi est ex defectu cui subiacet creatura. cui enim nihil deficit non habet necesse aliquid expectare. defectum autem creaturae ostendit, * dicens ° vanitati enim creatura subiecta est. ' et siquidem per creaturam intelligatur homo iustus, sic intelligitur subiici vanitati, id est istis rebus corporalibus, quae |175| sunt mutabilia et caduca. unde dicitur vana, * secundum illud eccle. i, 2: ° vanitas vanitatum et omnia vanitas. ' subiicitur autem eis propter necessitatem praesentis vitae, circa ea occupationem habens, ° non tamen volens, ' quia huiusmodi temporalia non amat, sicut illi * contra quos dicitur in ps. iv, 3: ° ut quid diligitis vanitatem et quaeritis mendacium? ' sed tamen huiusmodi vanitati subiicitur talis creatura ° propter eum, ' id est propter ordinationem dei, ° qui subiecit eam, ' id est hominem iustum, huiusmodi sensibilibus creaturis, et tamen ° in spe, ' ut scilicet quandoque a tali occupatione homo liberetur, ° in resurrectione ' scilicet quando ° neque nubent, neque nubentur, sed erunt sicut angeli in caelo, * matth. xxii, 30. ' si vero intelligatur creatura ipsa humana natura, sic ° est subiecta vanitati, ' id est passibilitati * secundum illud ps. xxxviii, 6: ° verumtamen universa vanitas omnis homo vivens. non tamen volens, ' quia talis vanitas est humanae naturae in poenam inflicta. poena autem est involuntaria, sicut et culpa voluntaria. sed tamen huiusmodi |200| passionibus humana natura subiicitur ° propter eum, ' id est propter sententiam dei, ° qui subiecit eam, ' scilicet humanam naturam, defectibus, sed tamen ° in spe, ' quandoque evadendi huiusmodi passiones. * is. xxviii, 28: ° non in perpetuum triturans triturabit. ' si autem intelligatur de creatura sensibili, sic talis creatura ° subiecta est vanitati, ' id est mutabilitati, ° non volens. ' huiusmodi enim defectus, qui consequuntur mutabilitatem, sicut corruptio et senium et alia huiusmodi, sunt contra naturam particularem huius vel illius rei, cuius appetitus est ad conservationem, licet sint secundum naturam universalem. sed nihilominus huiusmodi vanitati creatura sensibilis subiicitur ° propter eum, ' id est propter ordinationem dei, ° qui subiecit eam in spe, ' id est in expectatione gloriosae novitatis, * ut supra dictum est. * deinde cum dicit ° quia et ipsa creatura, ' etc., ostendit terminum praedictae expectationis. non enim est vana eius expectatio vel spes, ° quia ipsa creatura liberabitur a servitute corruptionis |225| in libertatem gloriae filiorum dei. ' et si quidem per creaturam intelligatur homo iustus, per servitutem corruptionis intelligitur cura quaerendi victum et vestitum et alia quibus servitur nostrae mortalitati, quae est quaedam servitus, a qua liberabuntur sancti tendentes in libertatem gloriae filiorum dei. qui, quamvis nunc habeant libertatem iustitiae, quae est a servitute peccati, nondum tamen habent libertatem gloriae, quae est a servitute miseriae. * iob xxxix, 5: ° quis dimisit onagrum liberum? ' si vero per creaturam intelligatur humana natura, ipsa ° liberabitur a servitute corruptionis, ' id est ad litteram a passibilitate et corruptione, et hoc tendens ° in libertatem gloriae filiorum dei, ' quae est non solum a culpa, sed etiam a morte, * secundum illud i cor. xv, 54: ° absorpta est mors in victoria. ' si vero intelligatur de creatura sensibili, sic ipsa creatura ° liberabitur a servitute corruptionis, ' id est, mutabilitatis: quia in qualibet mutatione est aliqua corruptio, * ut augustinus dicit et etiam philosophus in |250| viii physic.. ' et hoc ° in libertatem gloriae filiorum dei, ' quia hoc etiam libertati gloriae filiorum dei congruit ut sicut ipsi sunt innovati ita etiam eorum habitatio innovetur. * is. lxv, 17: ° ego creo caelos novos et terram novam, et non erunt in memoria priora, ' id est, prior mutabilitas creaturae. * dicit autem, quia ° et ipsa, ' etc. secundum primum sensum. ac si dicat: non solum nos apostoli sed etiam alii iusti. in sensu autem secundo: non solum iusti, sed etiam ipsa humana natura, quae in quibusdam nondum est renovata per gratiam. in tertio autem sensu intelligendum est ac si dicatur: non solum homines sed alia creatura. * deinde cum dicit ° scimus enim, ' etc., ponit signum expectationis, * dicens ° scimus enim, ' nos apostoli, per spiritum sanctum instructi et etiam per experimentum, ° quod omnis creatura ingemiscit et parturit usque adhuc. ' quod quidem si intelligatur de creatura sensibili, * habet difficultatem. primo quidem quantum ad hoc quod dicit |275| ° ingemiscit et parturit, " hoc enim convenire videtur non nisi creaturae rationali. ' sed potest sic exponi, ut * hoc quod dicit ° ingemiscit * idem sit ei quod dixit ° non volens. ' in illis enim ingemiscimus, quae nostrae voluntati repugnant. sic ergo inquantum defectus creaturae sensibilis sunt contra naturalem appetitum particularis naturae, dicitur ipsa creatura sensibilis ingemiscere. * quod autem dicit ° parturit, * idem est ei quod supra dixerat ° expectat. ' nam parturitio est via ad prolem producendam. * secundum autem dubium est in hoc quod dicit ° omnis creatura, " quia sic etiam includerentur corpora caelestia; * unde et glossa dicit quod " sol et luna non sine labore statuta sibi implent spatia. ' sed exponendum est ut labor accipiatur pro motu, sicut et requies quandoque accipitur pro cessatione ab opere, sicut deus die septima requievisse dicitur * gen. ii, 3. ' et, secundum hoc, per gemitum intelligitur corruptio, quae ammiscetur motui locali, prout scilicet desinit esse in hoc ubi et incipit esse in alio. per parturitionem autem intelligitur |300| ordinatio caelestium corporum ad eorum innovationem. si vero exponatur de hominibus, sic dicitur humana natura ° omnis creatura, ' quia participat cum omni creatura: cum spirituali quidem quantum ad intellectum, cum animali quantum ad corporis animationem, cum corporali quantum ad corpus. haec ergo creatura, id est homo, ° ingemiscit, ' partim propter mala quae patitur, partim propter bona sperata quae differuntur * thren. i, 22: ° multi gemitus mei. parturit ' autem, quia cum quadam afflictione animi sustinet dilationem gloriae expectatae. * prov. xiii, 12: ° spes quae differtur, affligit animam. * io. xvi, 21: ° mulier cum parit, tristitiam habet. * ps. xlvii, v. 6: ° ibi dolores ut parturientis. * dicit autem ° usque adhuc, ' quia iste gemitus non est ablatus per nostram iustificationem, sed manet ° usque adhuc, ' id est usque ad mortem. vel ° usque adhuc, ' quia et si aliqui iam sint liberati qui sunt in gloria, adhuc tamen nos sumus residui. vel ° usque adhuc, ' quia non solum antiqui patres, qui fuerunt ante christum, sed etiam adhuc tempore |325| gratiae eadem patimur. * ii petr. iii, 9 dicitur ex persona impiorum: ° ubi est nunc promissio aut adventus eius? ex quo patres dormierunt, omnia sic perseverant ab initio creaturae. ' est autem sciendum quod creatura dei potest dici omne illud, quod sub deo est. * aliqui voluerunt praedicta verba exponere " de qualibet creatura, etiam de angelis sanctis: * sed valde inconveniens est, ut ipsi dicantur " vanitati subiecti, aut ingemiscere et parturire, ' cum ipsi iam habeant gloriam eius cuius similitudinem expectamus, * secundum illud matthaei xxii, 30: ° erunt sicut angeli dei in caelis: ' et ideo convenientius secundum praedicta exponitur.

lc5 ' Supra ostendit apostolus excellentiam futurae gloriae ex expectatione creaturae, nunc ostendit idem ex expectatione apostolorum. non autem potest esse parvum quod a magnis viris expectatur tam anxie. et circa hoc duo facit. primo proponit quod intendit; secundo probat propositum, * ibi ° spe enim, ' etc.. circa primum tria facit. primo proponit dignitatem expectantium * cum dicit ° non solum autem illa, ' scilicet creatura, expectat gloriam filiorum dei, ° sed et nos ipsi, ' scilicet apostoli, ° habentes primitias spiritus sancti, ' quia scilicet spiritum sanctum et tempore prius, et caeteris abundantius apostoli habuerunt, sicut et in fructibus terrae illud quod primo ad maturitatem pervenit, est pinguius et magis acceptum. * ier. ii, 3: ° sanctus israel domino primitiae frugum eius. * hebr. xii, 23: ° accessistis ad ecclesiam primitivorum qui conscripti sunt in caelestibus. |25| ' ex quo patet quod apostoli sunt omnibus aliis sanctis, quacumque praerogativa praefulgeant, sive virginitatis, sive doctrinae, sive martyrii, praeferendi, tamquam abundantius spiritum sanctum habentes. * sed potest aliquis dicere, quod " quidam alii sancti maiora tormenta sustinuerunt, et maiores austeritates propter christum, quam apostoli. ' sed sciendum est quod magnitudo meriti principaliter et respectu essentialis praemii, attenditur secundum charitatem. consistit enim praemium essentiale in gaudio quod habetur de deo. manifestum est autem, quod de deo plus gaudebunt qui plus amant. unde et illam visionem beatam dominus suo dilecto promittit, * dicens io. xiv, 21: ° si quis diligit me, diligetur a patre meo: et ego diligam eum, et manifestabo ei meipsum. ' sed secundum quantitatem operum, meretur homo praemium accidentale, quod est gaudium de talibus operibus. apostoli ergo, illa opera quae fecerunt, ex maiori charitate fecerunt, ex qua habebant cor ad multa maiora facienda si fuisset opportunum. |50| * si autem dicat aliquis: " potest tantum quis conari quod habebit aequalem charitatem cum apostolis, ' dicendum, quod charitas hominis non est a seipso, sed ex gratia dei, quae datur unicuique ° secundum mensuram donationis christi, * ut dicitur eph. iv, 7. ' unicuique autem dat gratiam proportionatam ei ad quod eligitur, sicut homini christo data est excellentissima gratia, quia ad hoc est electus, ut eius natura in unitatem personae divinae assumeretur, et post eum habuit maximam plenitudinem gratiae beata maria, quae ad hoc est electa ut esset mater christi. inter caeteros autem ad maiorem dignitatem sunt electi apostoli, ut scilicet immediate ab ipso christo accipientes, aliis traderent ea, quae pertinent ad salutem, et sic in eis ecclesia quodammodo fundaretur, * secundum illud apoc. xxi, 14: ° murus habebat fundamenta duodecim, et nomina apostolorum erant in eis scripta: * et ideo dicitur i cor. xii, 28: ° deus posuit in ecclesiam primum quidem apostolos. ‘ et ideo deus eis abundantiorem gratiam prae caeteris tribuit. secundo ponit anxietatem expectationis * cum dicit ° et ipsi intra nos gemimus. ‘ qui quidem gemitus designat afflictionem ex dilatione rei cum magno desiderio expectatae, * secundum illud prov. xiii, 12: ° spes quae differtur, affligit animam. * ps. vi, 6: ° laboravi in gemitu meo. ‘ iste autem gemitus non est tam exterius, quam interius, tum quia ex interiori cordis affectu procedit, tum quia est propter interiora bona. * unde signanter dicit ° intra nos. * thren. i, 22: ° multi gemitus mei. ‘ tertio ponit rem expectatam * dicens ° adoptionem filiorum dei expectantes, ‘ id est completionem huius adoptionis. inchoata enim est huiusmodi adoptio per spiritum sanctum iustificantem animam. * supra eodem: ° accepistis spiritum adoptionis filiorum. ‘ consummabitur autem per ipsius corporis glorificationem. * unde supra v, 2: ° gloriamur in spe gloriae filiorum dei. * et hoc est quod subdit ° redemptionem corporis nostri, ‘ ut scilicet sicut spiritus noster redemptus est a peccato, ita corpus nostrum redimatur a corruptione et morte. * os. xiii, 41: ° de morte redimam eos. * phil. iii, 21: ° reformabit corpus humilitatis nostrae. * deinde cum dicit ° spe enim, ‘ etc., probat quod dixerat tali ratione: spes est de his quae non praesentialiter videntur, sed in futuro expectantur. sed nos sumus salvi facti per spem, ergo expectamus in futurum complementum salutis. primo ergo ponit minorem, * dicens: ‘ nos enim, apostoli et caeteri fideles, ° spe salvi facti sumus, ‘ quia scilicet spem nostrae salutis habemus. * i petr. i, 3: ° regeneravit nos in spem vivam. * ps. lxi, 9: ° sperate in eum omnis congregatio populi. ‘ secundo ponit maiorem, * dicens ° spes autem, ‘ id est, res sperata, ° quae videtur, ‘ quasi praesentialiter habita, ° non est spes, ‘ id est, non est res sperata, sed habita. spes enim est expectatio futuri. * soph. iii, 8: ° expecta me in die resurrectionis meae in futurum. ‘ tertio ponit probationem maioris, * dicens ° nam quod videt quis, quid, ‘ id est cur, ° sperat? ‘ quasi dicat: spes importat motum animae in aliquid non habitum tendentem. cum autem aliquid iam habetur, non est necessarium ut in id aliquis moveatur. et est notandum, quod quia spes ex fide quodammodo oritur, attribuit spei opus illud quod est fidei, scilicet esse de non visis, * secundum illud hebr. xi, 1: ° fides est argumentum non apparentium. ‘ quarto ponit conclusionem, * dicens ° si autem quod non videmus speramus, ‘ sequitur, quod ° per patientiam expectamus. ‘ unde notandum est, quod proprie patientia importat tolerantiam tribulationum cum quadam aequanimitate. * infra xii, 12: ° in tribulatione patientes. ‘ quia vero dilatio boni habet quandam rationem mali, inde est quod etiam diutina expectatio bonorum absentium, cum tranquillitate animi, attribuitur patientiae, sed haec maxime ad longanimitatem pertinent, * secundum illud iac. v, 7: ° patientes estote, fratres, usque ad adventum domini. ‘ utroque autem modo patientia hic accipitur: quia apostoli expectabant aequanimiter gloriam, et cum dilatione et tribulatione. * deinde cum dicit ° similiter autem, ‘ etc., ostendit quomodo per spiritum sanctum adiuvamur in defectibus vitae praesentis. et primo quantum ad completionem desideriorum; secundo, quantum ad directionem exteriorum eventuum, * ibi ° scimus autem, ‘ etc.. circa primum duo facit. primo proponit quod intendit; secundo manifestat propositum, * ibi ° nam quid oremus, ‘ etc.. dicit ergo primo: dictum est quod per spiritum sanctum vivificabuntur nostra mortalia corpora, quando auferetur a nobis nostra infirmitas, ° similiter autem, ‘ et in statu huius vitae, in quo adhuc infirmitati subiicimur, ° spiritus adiuvat infirmitatem nostram, ‘ et si non totaliter eam tollat. * ez. iii, v. 14: ° spiritus quoque elevavit me, et assumpsit me: et abii amarus in indignatione spiritus mei, ‘ quasi infirmitate nondum totaliter cessante, ° manus enim domini erat mecum confortans me. ‘ et in hoc spiritus me assumpsit. * matth. xxvi, 41: ° spiritus quidem promptus est, caro autem infirma. * deinde cum dicit ° nam quid oremus, ‘ etc., manifestat quod dixerat. et primo ostendit necessitatem auxilii spiritus, quod pertinet ad infirmitatem praesentis vitae; secundo ostendit modum auxilii, * ibi ° sed ipse spiritus, ‘ etc.; tertio ostendit efficaciam auxilii, * ibi ° qui autem scrutatur. ‘ dicit ergo primo: recte dico quod ° spiritus adiuvat infirmitatem nostram; nam ‘ in hoc patimur infirmitatem quod ° nescimus quid oremus, sicut oportet. * iob iii, v. 23: ° viro cuius abscondita est via, et circumdedit eum deus tenebris. ‘ et est considerandum quod duo dicit nos apostolus nescire, scilicet quid orando petamus, et modum quo petere oporteat; * sed utrumque videtur “ esse falsum. nam primum scimus quid oremus: quia hoc nos dominus docuit * matth. vi, 9: ° sanctificetur nomen tuum, ‘ etc.. sed dicendum quod in generali quidem possumus scire quid convenienter oremus, sed in speciali hoc non possumus scire. primo quidem, quia si desideramus aliquod opus virtutis facere, quod est implere voluntatem dei, sicut in caelo et in terra, potest contingere quod illud opus virtutis non est huic vel illi congruum: “ sicut alicui qui utiliter potest in actione proficere, non expedit contemplationis quies, et e converso, * ut gregorius dicit in moralibus super illud iob v, v. 26: ° ingrediens in abundantia sepulchrum. * unde dicitur prov. xiv, 12: ° est via quae videtur homini iusta, novissima autem illius ducunt ad mortem. ‘ secundo aliquis desiderat aliquod temporale bonum ad sustentationem vitae, quod est petere panem quotidianum, quod tamen sibi vertitur in periculum mortis. multi enim propter divitias perierunt. * eccle. v, 12: ° divitiae conservatae in malum domini sui. ‘ tertio aliquis desiderat liberari ab aliqua molestia tentationis, quae tamen est sibi ad custodiam humilitatis: sicut paulus petiit amoveri a se stimulum, qui tamen erat ei datus ne eum magnitudo revelationum extolleret, * ut dicitur ii cor. xii, 7. similiter etiam videtur quod “ sciamus sicut nos oportet orare: * secundum illud iac. i, 6: ° postulet in fide nihil haesitans. ‘ et ad hoc dicendum, quod in generali hoc scire possumus, sed speciali motu cordis nostri usquequaque discernere non possumus, utputa utrum petamus aliquid ex ira, vel ex zelo iustitiae. * unde et matth. xx, 20, ‘ reprobata est petitio filiorum zebedaei, quia licet viderentur participationem divinae gloriae postulare, tamen ex quadam vana gloria seu elatione procedebat eorum petitio. * deinde, cum dicit ° sed ipse, ‘ etc., ponit modum auxilii spiritus sancti, * dicens quod ° ipse spiritus postulat pro nobis gemitibus inenarrabilibus. * quod quidem videtur suffragari errori arii et macedonii, qui posuerunt “ spiritum sanctum esse creaturam et minorem patre et filio; postulare enim est minoris, * sed si ex eo, quod dicit eum postulare, intelligamus “ eum esse passibilem creaturam et patre minorem, * consequens est etiam quod ex eo quod dicit gemitibus postulare, intelligamus “ eum esse passibilem creaturam beatitudine carentem, * quod nullus umquam haereticus dixit. ‘ nam gemitus ex dolore est qui ad miseriam pertinet. et ideo exponendum est ° postulat, ‘ id est postulantes nos facit, * sicut et gen. xxii, 12: ° nunc cognovi quod timeas dominum, ‘ id est, cognoscere feci. facit autem spiritus sanctus nos postulare, inquantum in nobis recta desideria causat. nam postulatio est quaedam desideriorum explicatio. desideria autem recta ex amore charitatis proveniunt, quam in nobis scilicet facit. * supra v, 5: ° charitas dei diffusa est in cordibus nostris per spiritum sanctum, qui datus est nobis. ‘ spiritu autem sancto dirigente et instigante cor nostrum, et nostra desideria non possunt esse nisi nobis utilia * is. xlviii, 17: ° ego dominus docens te utilia; * et ideo subdit ° pro nobis. ‘ eius autem quod multum desideramus et desideranter petimus, dilationem cum dolore et gemitibus patimur, * et ideo subdit ° gemitibus, ‘ quos scilicet in corde nostro causat, inquantum scilicet nos facit caelestia desiderare, quae differuntur animae. iste est gemitus columbae, quem spiritus sanctus in nobis facit. * nah. ii, 7: ° minabantur gementes ut columbae. * dicit autem ° inenarrabilibus: ‘ aut quia sunt propter rem inenarrabilem, scilicet caelestem gloriam * ii cor. xii, 4: ° audivit arcana verba quae non licet homini loqui, ‘ aut quia ipsi motus cordis sufficienter enarrari non possunt, secundum quod a spiritu sancto procedunt. * iob xxxviii, 37: ° quis enarrabit caelorum rationem? * deinde, cum dicit ° qui autem scrutatur, ‘ etc., ostendit efficaciam auxilii, quo spiritus sanctus nos adiuvat, * dicens ° qui autem scrutatur corda, ‘ id est, deus cui proprium est corda scrutari. * ps. vii, 10: ° scrutans corda et renes deus. ‘ dicitur autem deus scrutari corda, non quod inquirendo occulta cordis cognoscat, sed quia manifeste scit ea quae in corde latent. * soph. i, 12: ° scrutabor ierusalem in lucernis. ‘ deus, inquam, scrutans corda, ° scit, ‘ id est approbat * secundum illud ii tim. ii, 19: ° novit dominus qui sunt eius, quid desideret spiritus, ‘ id est, quid desiderare nos faciat. * ps. xxxvii, 9: ° domine, ante te omne desiderium meum. ‘ ideo autem desideria spiritus quae in sanctis facit spiritus sanctus, sunt deo accepta: quia ° postulat pro sanctis, ‘ id est postulare eos facit, secundum deum, id est, quod convenit divino beneplacito * prov. xi, 23: ° desiderium iustorum omne bonum, ‘ in cuius exemplum * dominus patri dicebat, matth. xxvi, v. 39: ° non sicut ego volo, sed sicut tu vis.

lc6 ‘ Ostendit supra apostolus quod spiritus sanctus adiuvat nos in infirmitatibus praesentis vitae, quantum ad impletionem nostrorum desideriorum, hic ostendit qualiter nos iuvat quantum ad exteriores eventus, dirigendo in bonum nostrum. et primo proponit quod intendit; secundo probat propositum, * ibi ° nam quos praescivit, ‘ etc.; tertio infert quandam conclusionem ex dictis, * ibi ° quis ergo separabit nos, ‘ etc.. circa primum duo consideranda occurrunt. primo quidem magnitudo beneficii quod nobis a spiritu sancto confertur, ut scilicet omnia nobis cooperentur in bonum. ad cuius evidentiam considerandum est, quod quidquid fit in mundo, etiamsi malum sit, cedit in bonum universi: * quia, ut augustinus dicit in enchiridion: ° deus est adeo bonus, quod nihil mali esse permitteret, nisi esset adeo potens quod ex quolibet malo posset elicere aliquod bonum. ‘ non autem semper cedit malum in bonum eius in quo est, quod sicut corruptio unius animalis cedit quidem in bonum universi, inquantum per corruptionem unius generatur aliud, non tamen in bonum eius quod corrumpitur: quia bonum universi est a deo volitum secundum se, et ad ipsum ordinantur omnes partes universi. et eadem ratio esse videtur circa ordinem nobilissimarum partium ad alias partes, quia malum aliarum partium ordinatur in bonum nobilissimarum. sed quicquid fit circa nobilissimas partes, non ordinatur nisi in bonum ipsarum, quia de eis propter se cura habetur, de aliis autem propter ipsas: sicut medicus infirmitatem pedis sustinet, ut curet caput. inter omnes autem partes universi excellunt sancti dei, ad quorum quemlibet pertinet * quod dicitur matth. xxv, 23: ° super omnia bona sua constituet eum. ‘ et ideo quicquid accidit, vel circa ipsos vel alias res, totum in bonum eorum cedit: * ita quod verificatur quod dicitur prov. xi, 29: ° qui stultus est, serviet sapienti, ‘ quia scilicet etiam mala peccatorum in bonum iustorum cedunt. unde et deus specialem curam de iustis habere dicitur, * secundum illud ps. xxxiii, 16: ° oculi domini super iustos, ‘ inquantum scilicet sic de eis curat, quod nihil mali circa eos esse permittit, quod non in eorum bonum convertat. et hoc quidem manifestum est quantum ad mala poenalia quae patiuntur, * unde in glossa dicitur quod ° ipsorum infirmitate exercetur humilitas, afflictione patientia, contradictione sapientia, odio benevolentia; * unde i petr. iii, 14: ° si quid patimini propter iustitiam, beati. ‘ sed numquid etiam eis peccata cooperantur in bonum? * quidam dicunt quod “ peccata non continentur sub hoc quod dicit ° omnia, * quia secundum augustinum, ° peccatum nihil est, et nihil fiunt homines, cum peccant. * sed contra hoc est quod in glossa sequitur: ° usque adeo talibus deus omnia cooperatur in bonum, ut si qui horum deviant et exorbitant, etiam hoc ipsum eis faciat proficere in bonum. * unde et in ps. xxxvi, 24 dicitur: ° cum ceciderit iustus, non collidetur, quia dominus supponit manum suam. * sed secundum hoc videtur, quod “ semper tales in maiori charitate resurgant, quia bonum hominis in charitate consistit, quam si non habeat apostolus se nihil esse recognoscit * i cor. xiii, 2. ‘ sed dicendum est, quod bonum hominis non solum consistit in quantitate charitatis, sed praecipue in ipsius perseverantia usque ad mortem, * secundum illud matth. xxiv, 13: ° qui perseveraverit usque in finem, hic salvus erit. ‘ ex hoc autem quod iustus cadit, resurgit cautior et humilior: * unde in glossa subditur, postquam dixerat quod “ hoc ipsum faciat eis in bonum proficere, ° quia sibi humiliores redeunt atque doctiores. ‘ discunt enim cum tremore se exultare debere: non quasi arrogando sibi tamquam de sua virtute fiduciam permanendi. secundo oportet considerare quibus hoc beneficium competat. circa quod, primo, attenditur aliquid ex parte hominis, * cum dicit ° diligentibus deum. ‘ dei enim dilectio est in nobis per inhabitantem spiritum, * ut habitum est supra. ‘ ipse autem spiritus sanctus est qui nos dirigit in viam rectam, * ut dicitur in ps. xxvi, v. 11. unde dicitur i petr. iii, 13: ° quis est qui vobis noceat, si boni aemulatores fueritis? * et ps. cxviii, 165: ° pax multa diligentibus legem tuam, et non est illis scandalum. ‘ et hoc rationabiliter: quia, * ut dicitur prov. viii, 17: ° ego diligentes me diligo; ‘ diligere est bonum velle dilecto; dei autem velle est operari. ° omnia enim quaecumque voluit fecit, * ut in ps. cxxxiv, 6 dicitur. ‘ et ideo deus omnia convertit in bonum his qui eum diligunt. secundo attenditur id quod est ex parte dei, qui primo fideles ab aeterno praedestinavit; secundo ex tempore vocat; tertio sanctificat: et haec tria tangit, * cum dicit ° his qui secundum propositum vocati sunt sancti, ‘ id est, praedestinatis, vocatis, et sanctificatis: ut ° propositum ‘ referatur ad praedestinationem, “ quae, * secundum augustinum, “ est propositum miserendi, * eph. i, 11: ° praedestinati secundum propositum eius. * quod dicit, ° vocati, ‘ ad vocationem pertinet. * is. xli, 2: ° vocavit eum, ut sequeretur se. * quod dicit ° sancti, ‘ ad sanctificationem, * secundum illud lev. xxi, 8: ° ego dominus qui sanctifico. ‘ hoc autem apostolus se scire dicit ex persona sanctorum, * dicens ° scimus. * sap. x, 10: ° dedit illi scientiam sanctorum. ‘ procedit autem haec scientia tum ex experimento, tum etiam ex consideratione efficaciae charitatis, * cant. viii, 6: ° fortis est ut mors dilectio, ‘ et etiam praedestinationis aeternae, * is. xlvi, 10: ° omnis voluntas mea implebitur, et omne consilium meum fiet. * deinde, cum dicit ° nam quos praescivit, ‘ etc., probat quod dixerat tali ratione: nullus potest nocere his quos deus promovet, sed praedestinatos diligentes deum, deus promovet; ergo nihil potest eis nocere, sed omnia cedunt eis in bonum. primo ergo probat minorem, scilicet quod eos deus promoveat; secundo, maiorem, scilicet quod promotis a deo nihil potest esse nocivum, * ibi ° quid ergo dicemus, ‘ etc.. circa primum duo facit. primo proponit ea quae sunt ad promotionem sanctorum ab aeterno; secundo, ea quae sunt ex tempore, * ibi ° quos autem praedestinavit, ‘ etc.. ponit autem duo circa primum, scilicet praescientiam et praedestinationem, * cum dicit ° nam quos praescivit et praedestinavit. * dicunt autem quidam quod “ praedestinatio hic accipitur pro praeparatione quae est in tempore, qua scilicet deus praeparat sanctos ad gratiam, et hoc dicunt ad distinguendum praescientiam a praedestinatione. ‘ sed si recte consideretur, utrumque est aeternum, et differunt ratione. * nam sicut dictum est supra, super illud: ° qui praedestinatus est, ‘ praedestinatio importat praeordinationem quamdam in animo eorum quae quis est facturus. ab aeterno autem deus praedestinavit beneficia quae sanctis suis erat daturus. unde praedestinatio est aeterna. differt autem a praescientia secundum rationem, quia praescientia importat solam notitiam futurorum: sed praedestinatio importat causalitatem quamdam respectu eorum. et |175| ideo deus habet praescientiam etiam de peccatis, sed praedestinatio est de bonis salutaribus. * unde apost. eph. i, 5 s. dicit: ° praedestinati secundum propositum eius, ut simus in laudem, ‘ etc.. circa ordinem autem praescientiae et praedestinationis * dicunt quidam quod “ praescientia meritorum bonorum et malorum est ratio praedestinationis et reprobationis, ut scilicet intelligatur quod deus praedestinet aliquos, quia praescit eos bene operaturos, et in christum crediturus. * et secundum hoc littera sic legitur: “ quos praescivit conformes fieri imaginis filii eius, hos praedestinavit. * et hoc quidem rationabiliter diceretur, ‘ si praedestinatio respiceret tantum vitam aeternam, quae datur meritis; sed sub praedestinatione cadit omne beneficium salutare, quod est homini ab aeterno divinitus praeparatum; unde eadem ratione omnia beneficia quae nobis confert ex tempore, praeparavit nobis ab aeterno. unde ponere quod aliquod meritum ex parte nostra praesupponatur, cuius praescientia sit ratio praedestinationis, nihil est aliud quam gratiam ponere dari ex meritis |200| nostris, et quod principium bonorum operum est ex nobis, et consummatio est ex deo. * unde convenientius sic ordinatur littera: ‘ quos praescivit, hos et praedestinavit fieri conformes imaginis filii sui. ut ista conformitas non sit ratio praedestinationis, sed terminus vel effectus. * dicit enim apostolus eph. i, 5: ° praedestinavit nos in adoptionem filiorum dei. ‘ nihil enim aliud est adoptio filiorum quam illa conformitas. ille enim qui adoptatur in filium dei, conformatur vero filio eius. primo quidem in iure participandae haereditatis, * sicut supra dictum est v. 17: ° si filii et haeredes, haeredes quidem dei, cohaeredes autem christi. ‘ secundo, in participatione splendoris ipsius. ipse enim est genitus a patre tamquam splendor gloriae eius, * hebr. i, v. 3. ‘ unde per hoc quod sanctos illuminat de lumine sapientiae et gratiae, facit eos fieri conformes sibi. * unde in ps. cix, 3 dicitur: ° in splendoribus sanctorum ex utero ante luciferum genui te, ‘ id est, profundentem omnem |225| splendorem sanctorum. * quod autem dicit ° imaginis filii eius, ‘ potest intelligi dupliciter. uno modo ut sit constructio appositiva, ut sit sensus: conformes imaginis filii eius, qui est imago. * col. c. i, 15: ° est imago invisibilis dei. ‘ alio modo potest intelligi, ut sit constructio transitiva, ut sit sensus: praedestinavit nos fieri conformes filio suo in hoc quod portemus eius imaginem. * i cor. xv, 49: ° sicut portavimus imaginem terreni, sic portemus imaginem caelestis. * dicit autem ° quos praescivit et praedestinavit, ‘ non quia omnes praescitos praedestinet, sed quia eos praedestinare non poterat, nisi praesciret. * ier. i, 5: ° priusquam te formarem in utero, novi te. ‘ quid autem ex hac praedestinatione sequatur, * subiungit ° ut sit ipse primogenitus in multis fratribus. ‘ sicut enim deus suam naturalem bonitatem voluit aliis communicare, participando eis similitudinem suae bonitatis, ut non solum sit bonus, sed etiam auctor bonorum, ita filius dei voluit conformitatem suae filiationis |250| aliis communicare, ut non solum sit ipse filius, sed etiam primogenitus filiorum. et sic qui per generationem aeternam est unigenitus, * secundum illud io. i, 18: ° unigenitus qui est in sinu patris, ‘ secundum collationem gratiae, ° sit primogenitus in multis fratribus. * apoc. i, 5: ° qui est primogenitus mortuorum et princeps regum terrae. ‘ habet igitur christus nos fratres, tum quia nobis similitudinem filiationis communicavit, * sicut hic dicitur, ‘ tum quia similitudinem nostrae naturae assumpsit, * secundum illud hebr. c. ii, 17: ° debuit per omnia fratribus assimilari. * deinde, cum dicit ° quos autem praedestinavit, ‘ etc., ponit ea quae ex parte sancti divinitus consequuntur. et primo ponit vocationem, * cum dicit: ° quos praedestinavit, hos et vocavit. ‘ praedestinatio autem eius irrita esse non potest, * secundum illud is. xiv, 24 s.: ° iuravit dominus exercituum, dicens: si non, ut putavi, ita erit, et quomodo mente tractavi, sic eveniet. ‘ primum autem in quo incipit praedestinatio impleri, est vocatio hominis, quae quidem |275| est duplex, una exterior, quae fit ore praedicatoris. * prov. ix, 3: ° misit ancillas suas, ut vocarent ad arcem. ‘ hoc modo deus vocavit petrum et andream, * ut dicitur matth. iv, 18. ‘ alia vero vocatio est interior, quae nihil aliud est quam quidam mentis instinctus, quo cor hominis movetur a deo ad assentiendum his quae sunt fidei vel virtutis. * is. xli, 2: ° quis suscitavit ab oriente iustum, et vocavit eum ut sequeretur se? ‘ et haec vocatio necessaria est, quia cor nostrum non se ad deum converteret, nisi ipse deus nos ad se traheret. * io. vi, 44: ° nemo potest venire ad me, nisi pater qui misit me traxerit eum. * thr. v, 21: ° converte nos, domine, ad te, et convertemur. ‘ et etiam haec vocatio est efficax in praedestinatis, quia huiusmodi vocationi assentiunt. * io. c. vi, 45: ° omnis qui audivit a patre meo et didicit, venit ad me. ‘ unde, secundo, ponit iustificationem, * cum dicit ° quos vocavit, hos et iustificavit, ‘ scilicet gratiam infundendo. * supra iii, v. 24: ° iustificati gratis per gratiam ipsius. ‘ haec autem iustificatio et si in aliquibus |300| frustretur, quia non perseverant usque ad finem, in praedestinatis tamen nunquam frustratur. unde, tertio, ponit magnificationem, * cum subdit ° hos et magnificavit. ‘ et hoc dupliciter, scilicet uno quidem modo per profectum virtutis et gratiae; alio autem modo per exaltationem gloriae. * sap. ult.: ° in omnibus, domine, magnificasti populum tuum et honorasti. ‘ ponit autem praeteritum pro futuro, si intelligatur de magnificatione gloriae, vel propter certitudinem futuri, vel quia quod in quibusdam est futurum, in aliis est completum. * deinde, cum dicit ° quid ergo dicemus ‘ etc., manifestat maiorem, scilicet quod promotis a deo nullus potest nocere. et primo ostendit quod non possint pati detrimentum per malum poenae; secundo quod nec per malum culpae, * ibi ° quis accusabit, * etc.. ‘ malum poenae est duplex. unum quidem consistit in illatione malorum, aliud in subtractione bonorum. |325| primo ostendit quod illi, qui promoventur a deo, non patiuntur detrimentum per conatum alicuius persequentis, * dicens: ° quid ergo dicemus? ‘ quasi dicat: cum tot bona deus suis electis praestet, quid potest dici contra haec, ut scilicet praedicta dei beneficia annullentur? quasi diceret: nihil. * prov. c. xxi, 30: ° non est sapientia, et non est prudentia, et non est consilium contra dominum. ‘ vel: ° quid dicemus? ‘ ad haec scilicet aspicientes, oportet nos obstupescere. * habac. 3, secundum aliam litteram: ° consideravi opera tua, et expavi. ‘ vel: ° quid dicemus ad haec? ‘ id est, quid poterimus deo retribuere tot beneficiis dignum? * ps. cxv, 3: ° quid retribuam domino pro omnibus quae retribuit mihi? * et subiungit ° si deus pro nobis est, ‘ scilicet praedestinando, vocando, iustificando et magnificando, ° quis contra nos, ‘ scilicet esse poterit efficaciter? * is. l, 8: ° stemus simul, quis est adversarius meus? * iob xvii, 3: ° pone me iuxta te, et cuiusvis manus pugnet contra me. ‘ secundo ostendit quod sancti dei non possunt pati detrimentum ex subtractione |350| bonorum, * dicens ° qui etiam proprio filio non pepercit. ‘ cum autem supra de multis filiis mentionem fecisset, * dicens: ° accepistis spiritum adoptionis filiorum, ‘ ab omnibus illis hunc filium separat, * dicens ° proprio filio suo, “ id est non adoptato, * ut haeretici mentiuntur, ‘ sed naturali et coaeterno. * i io. ult.: ° ut simus in vero filio eius iesu christo, * de quo pater dicit matth. iii, 17: ° hic est filius meus dilectus. * quod autem dicit ° non pepercit, ‘ intelligendum est quod eum a poena non exemit. nam culpa in eo non fuit, cui parci potuisset. * prov. xiii, 24: ° qui parcit virgae, odit filium suum. ‘ non tamen deus pater filio suo non pepercit, ut ei aliquid accresceret, qui est per omnia deus perfectus, sed propter nostram utilitatem eum passioni subiecit. * et hoc est quod subdit ° sed pro nobis omnibus tradidit illum, ‘ id est, exposuit eum passioni pro expiatione peccatorum nostrorum. * supra iv, v. 25: ° traditus est propter delicta nostra. * is. c. liii, 6: ° dominus posuit in eo iniquitatem |375| omnium nostrum. ‘ tradidit eum deus pater in mortem, eum incarnari et pati statuendo, et humanae eius voluntati inspirando charitatis affectum, qua passionem spontaneus subiret. unde ipse seipsum tradidisse dicitur * eph. v, 2: ° tradidit semetipsum pro nobis; ‘ tradidit etiam iudas, et iudaei exterius aliquid operando, * ut supra habitum est. ‘ est autem notandum quod * dicit ° qui etiam proprio, ‘ etc., quasi dicat. non solum alios sanctos pro salute hominum tribulationi exposuit, * secundum illud osee vi, v. 5: ° propter hoc dolavi in prophetis, * ii cor. c. i, 6: ° cum tribulamur pro vestra exhortatione et salute, ‘ sed etiam proprium filium suum. in ipso autem filio dei omnia existunt, sicut in primordiali et praeoperativa causa. * col. i, 17: ° ipse est ante omnia, ‘ etc.. unde, eo tradito nobis, omnia sunt data nobis; * unde subdit ° quomodo non etiam cum illo, ‘ scilicet dato nobis, ° omnia donavit ‘ nobis, ut scilicet omnia cedant in bonum nostrum; superiora quidem, scilicet divinae personae ad |400| fruendum, rationales spiritus ad convivendum, omnia inferiora ad utendum, non solum prospera sed etiam adversa. * i cor. c. iii, 22 s.: ° omnia vestra sunt, vos autem christi, christus autem dei. * unde patet quod, sicut in psalmo dicitur, ° nihil deest timentibus eum.

lc7 ‘ Postquam apostolus ostendit quod sancti, quos deus promovet, nullum detrimentum pati possunt, quasi a malo poenae, hic ostendit quod nullum detrimentum pati possunt quasi a malo culpae. et primo ostendit propositum; secundo excludit quamdam obviationem, * ibi ° christus iesus, ‘ etc.. circa primum considerandum est quod aliquis propter culpam laeditur a duobus. primo quidem ab accusatione; secundo a iudice condemnante. primo ergo ostendit quod nulla accusatio possit esse sanctis dei nociva: et hoc ratione divinae electionis. qui enim aliquem elegit, ex hoc ipso eum approbare videtur. sancti autem sunt electi a deo. * eph. c. i, 4: ° elegit nos in ipso ante mundi constitutionem, ut essemus sancti. ‘ qui autem accusat, improbat eum quem accusat. non autem valet alicuius accusatio contra dei approbationem. * et ideo dicit ° quis accusabit, ‘ scilicet efficaciter, ° adversus electos, ‘ id est adversus quos deus elegit ut sint sancti? * unde |25| dicitur apoc. xii, 10: ° proiectus est accusator fratrum nostrorum. ‘ secundo ostendit quod nullius accusatio potest esse sanctis nociva. et hoc etiam ostendit ex alio dei beneficio, quo scilicet deus nos iustificat; quod quidem beneficium praemittit * dicens ° deus, ‘ scilicet est, ° qui iustificat, * secundum illud quod supra dictum est: ° quos vocavit, hos et iustificavit. * i cor. vi, 11: ° sed iustificati estis. ‘ condemnatio autem contra iniustos locum habet. ° quis est ergo qui condemnet ‘ iustificatos a deo? * iob xxxiv, 29: ° ipso concedente pacem, quis est qui condemnet? * deinde, cum dicit ° christus iesus, ‘ excludit obviationem. posset aliquis timere ne a christo iesu aliquis accusaretur et condemnaretur tamquam transgressor mandati ipsius christi, * sicut et de moyse dominus dicit io. v, 45: ° est qui accusat vos moyses, in quo speratis. ‘ et quod etiam ab ipso condemnaretur, eo quod ° ipse est constitutus a deo iudex vivorum et mortuorum, * ut dicitur act. x, 42. ‘ ipse etiam est immunis a peccato, |50| * i petr. ii, 22: ° qui peccatum non fecit, ‘ et ideo idoneus videtur ad accusandum et condemnandum, * secundum illud io. viii, 7: ° qui sine peccato est vestrum, primus in illam lapidem mittat. * et ideo dicit ° christus iesus, ‘ quasi diceret: numquid christus iesus accusabit adversus electos dei vel etiam eos condemnabit? et ostendit quod non, quia etiam ipse secundum humanitatem suam magna beneficia sanctis confert sicut et secundum suam divinitatem. et ponit quatuor humanitatis ipsius beneficia. primo quidem mortem, * cum dicit ° qui mortuus est, ‘ scilicet pro nostra salute, * i petr. c. iii, 18: ° christus semel pro peccatis nostris mortuus est. ‘ secundo, resurrectionem, per quam scilicet nos vivificat, et nunc vita spirituali, et tandem vita corporali. * unde subdit ° qui et resurrexit, * ut supra iv, 25: ° resurrexit propter iustificationem nostram. * addit autem ° imo, ‘ quia potius est nunc commemorandus ex virtute resurrectionis, quam ex infirmitate passionis. |75| * ii cor. ult.: ° nam si crucifixus est ex infirmitate nostra, vivit ex virtute dei. ‘ tertio, ipsam patris confessionem, * cum dicit ° qui est a dextris dei, ‘ id est in aequalitate dei patris secundum naturam divinam, et in potioribus bonis eius secundum naturam humanam. et hoc etiam est ad gloriam nostram, quia, * ut dicitur eph. ii, 6, ° consedere nos fecit in caelestibus in christo iesu. ‘ inquantum enim nos membra eius sumus, nos in ipso deo patri consedemus. * apoc. c. iii, 21: ° qui vicerit, dabo ei sedere mecum in throno meo, sicut ego vici et sedi cum patre meo in throno eius. ‘ quarto, interpellationem eius, * cum dicit ° qui etiam interpellat pro nobis, ‘ quasi advocatus noster existens. * i io. ii, 1: ° advocatum habemus apud patrem iesum christum. ‘ ad officium advocati pertinet, non quod accuset vel condemnet, sed magis accusatorem repellat et condemnationem impediat. dicitur autem pro nobis interpellare dupliciter. |100| uno modo pro nobis orando, * secundum illud io. xvii, 20: ° non pro his rogo tantum, ‘ scilicet apostolis, ° sed et pro his qui credituri sunt per verbum eorum in me. ‘ nunc autem eius interpellatio pro nobis est voluntas ipsius de nostra salute. * io. xvii, 24: ° volo ut ubi sum ego, et illi sint mecum. ‘ alio modo interpellat pro nobis humanitatem pro nobis assumptam et mysteria in ea celebrata conspectui paterno repraesentando. * hebr. ix, 24: ° introivit in ipsum caelum, ut appareat nunc vultui dei pro nobis. * deinde cum dicit ° quis ergo nos separabit, ‘ etc., infert conclusionem ex dictis. et quia haec conclusio quasi incredibilis videtur inexpertis, proponit eam per modum quaestionis; unde tria facit. primo proponit quaestionem; secundo ostendit necessitatem quaestionis propositae, * ibi ° sicut scriptum est, ‘ etc.; tertio ponit solutionem, * ibi ° in his omnibus, ‘ etc.. potest autem haec quaestio ex praemissis duplici ratione concludi. |125| primo quidem sic: tot beneficia sunt nobis divinitus collata, et tam efficacia, ut nullus contra ea possit. omnia autem praedicta beneficia ad hoc tendunt, ut nos simus ° in charitate radicati et fundati, * ut dicitur eph. c. iii, 17. ° quis ergo nos separabit a charitate christi? ‘ qua scilicet christum diligimus et proximum, secundum quod ipse praecepit, * io. xiii, 34: ° mandatum novum do vobis, ‘ etc.. alio modo sic: dictum est, quod magna beneficia deus sanctis suis confert, ex quorum consideratione adeo charitas christi in cordibus nostris fervet, quod nihil eam extinguere potest. * cant. ult.: ° aquae multae non potuerunt extinguere charitatem. ‘ proponit autem mala, per quorum passionem aliquis cogi posset, ut charitatem christi desereret. et primo ponit ea quae pertinent ad vitam; secundo, id quod pertinet ad mortem. circa vero ea quae in vita imminent sustinenda, primo ponit mala praesentia; secundo, futura. circa praesentia vero primo ponit ea quae |150| pertinent ad tolerantiam malorum; secundo, ea quae pertinent ad defectum bonorum. mala autem perpessa considerari possunt dupliciter. uno modo secundum quod sunt in patiente, qui dupliciter ab eis affligitur, scilicet exterius secundum corpus. et ad hoc pertinet

° tribulatio. ‘ dicitur enim a tribulis, quae sunt herbae pungitivae. * gen. iii, 18: ° spinas et tribulos germinabit tibi. ‘ unde aliquis tribulari dicitur, cum exterius pungitur. nec tamen propter hoc iusti vincuntur. * ps. xxxiii, v. 19: ° multae tribulationes iustorum, et de his omnibus liberabit eos dominus. ‘ affligitur etiam homo ab eis per interiorem anxietatem cordis, dum scilicet aliquis non videt quo divertat, vel quomodo evadat. * et quantum ad hoc subdit ° an angustia? * dan. xiii, v. 22: ° angustiae mihi sunt undique, et quid eligam ignoro. ‘ alio modo huiusmodi mala considerari possunt secundum quod sunt in agente. * et quantum ad hoc subdit ° an persecutio? ‘ quamvis enim persecutio ad hoc proprie pertinere videatur, quod aliquis alium persequitur |175| effugando, * secundum illud matth. x, 23: ° si vos persecuti fuerint in una civitate, fugite in aliam, ‘ tamen communiter persecutio accipi potest pro inflictione cuiuslibet nocumenti. * ps. cxviii, 157: ° multi qui persequuntur me et tribulant me. ‘ deinde ponit mala quae pertinent ad subtractionem bonorum, quae sunt necessaria vitae, scilicet cibus et vestimenta, * secundum illud i tim. vi, 8: ° habentes alimenta et quibus tegamur, his contenti simus. ‘ ad subtractionem autem cibi pertinet fames, * unde subdit ° an fames? ‘ ad subtractionem autem vestitus pertinet nuditas. * unde subdit ° an nuditas? * i cor. iv, 11: ° usque in hanc horam esurimus, et sitimus, et nudi sumus. ‘ quantum ad mala futura * subdit ° an periculum, ‘ scilicet imminens in futurum? * ii cor. c. xi, 26: ° periculis fluminum, periculis latronum. ‘ quantum autem ad mortem * subdit ° an gladius? * hebr. xi, 37: ° in occisione gladii mortui sunt. * deinde cum dicit ° sicut scriptum est, ‘ etc., ostendit huius quaestionis necessitatem |200| per hoc quod dicit, quod sanctis omnia ista imminebant patienda propter christi charitatem. et inducit verba psalmistae, quasi in persona martyrum proposita, in quibus, primo, ponit causam passionis. ° martyrem enim non facit poena, sed causa, * ut dicit augustinus. unde dicit ° propter te. * matth. x, 39: ° qui perdiderit animam suam, ‘ id est vitam, ° propter me, inveniet eam. * i petr. iv, 15 s.: ° nemo vestrum patiatur ut fur, aut homicida; si autem ut christianus, non erubescat. ‘ patitur etiam propter christum, non solum qui patitur propter fidem christi, sed etiam qui patitur pro quocumque iustitiae opere, pro amore christi. * matth. v, 10: ° beati qui persecutionem patiuntur propter iustitiam. ‘ secundo ponit gravitatem passionis, * cum dicit ° mortificamur, ‘ id est morti tradimur. * esth. vii, 4: ° traditi sumus ego et populus meus, ut conteramur et pereamus. ‘ tertio continuitatem persecutionis, * cum dicit ° tota die, ‘ id est, per totum tempus vitae. * ii cor. iv, 11: ° semper nos qui vivimus, in mortem tradimur propter iesum. |225| ‘ quarto promptitudinem persequentium ad occidendum, * cum dicit ° aestimati sumus ut oves occisionis, ‘ id est deputatae ut occidantur in macello, quae cum studio occiduntur. ita et sancti ex proposito et cum studio occidebantur. * io. xvi, 2: ° venit hora, ut omnis qui interficit vos, arbitretur obsequium se praestare deo. * zac. xi, 4: ° pasce pecora occisionis, quae qui possidebant, occidebantur. * deinde cum dicit ° sed in his omnibus, ‘ solvit quaestionem. et, primo, proponit solutionem * dicens ° sed in his omnibus, ‘ scilicet malis quae supra posui, ° superamus, ‘ dum scilicet circa omnia illibatam charitatem servamus. * sap. c. x, 12: ° certamen forte dedit illi ut vinceret. ‘ et hoc non nostra virtute, sed per auxilium christi, * unde subdit ° propter eum qui dilexit nos, ‘ id est propter eius auxilium, vel propter affectum quem ad eum habemus, non quasi nos primo dilexerimus eum sed quoniam ° ipse prior dilexit nos, * ut dicitur io. iv, v. 19; et i cor. xv, 57: ° gratias deo qui dedit nobis victoriam per iesum christum. ‘ secundo, * ibi ° certus sum, ‘ manifestat |250| solutionem, ostendens inseparabilem esse sanctorum charitatem. et primo ostendit quod non potest separari a creaturis quae sunt; secundo, quod nec etiam a creaturis quae non sunt, sed esse possent, * ibi ° neque creatura alia. ‘ circa primum duo facit. primo ponit ea quae sunt in homine, * dicens ° certus sum enim, quia neque mors, ‘ quae est praecipuum inter terribilia, ° neque vita, ‘ quae est praecipuum inter appetibilia, scilicet ° poterit nos separare a charitate dei. * infra c. xiv, 8: ° sive vivimus, domino vivimus: sive morimur, domino morimur. ‘ in his autem duobus includuntur omnia quae supra posuit. nam sex praecedentia pertinent ad vitam; unum autem, scilicet gladius, pertinet ad mortem, * ut supra dictum est. ‘ deinde ponit ea quae sunt exterius, inter quae, primo, ponit spirituales creaturas, * dicens ° neque angeli, ‘ qui scilicet sunt minores deputati ad custodiam hominum singulorum. * ps. xc, 11: ° angelis suis mandavit |275| de te. neque principatus, ‘ scilicet qui sunt deputati ad custodiam gentium. * dan. x, v. 20 s.: ° nunc revertar ut praelier adversus principem persarum. cum enim egrederer, apparuit princeps graecorum veniens, et nemo est adiutor meus, nisi michael noster princeps. * addit autem ° neque virtutes, ‘ qui est supremus ordo ministrantium. * lc. xxi, 26: ° virtutes caelorum movebuntur. ‘ potest autem hoc intelligi dupliciter. uno modo de malis angelis, qui contra sanctos decertant. * eph. vi, 12: ° non est nobis colluctatio adversus carnem et sanguinem, sed adversus principes et potestates. ‘ alio modo potest intelligi de bonis. et secundum hoc, * ut chrysostomus dicit in libro de compunctione cordis, “ hoc dicebat, non quod angeli affectare possent aliquando eum a christo separare, sed etiam ea quae sunt impossibilia, verbi gratia, fieri posse dixit magis quam se ab amore christi seiungi: ut per hoc quanta in eo vis esset divinae charitatis ostenderet, atque omnibus ante oculos poneret. ‘ hic enim amantium mos est, ut amorem suum silentio tegere nequeant: sed necessariis suis |300| et charis asserunt et produnt, et flammas suas infra pectus cohibere non possunt. enarrant ea frequentius, ut ipsa assiduitate narrandi amoris sui solatium capiant, et refrigeria immensi ardoris assumant. sic ergo facit beatus hic eximius amator christi, omnia quae sunt et quae erunt, quaeque accidere possunt, et quae omnino non possunt, simul uno sermone complectitur. * et simile est quod dicitur gal. c. i, 8: ° sed licet nos, aut angelus de caelo evangelizet vobis, praeter quam quod evangelizavi vobis, anathema sit. ‘ deinde posuit etiam creaturas sensibiles, quarum duplicem diversitatem ponit. primo quidem secundum tempus, quo diversificantur secundum praesens et futurum. * unde dicit ° neque instantia, ‘ id est praesentia sive dolorem sive delectationem inferant. * ii cor. iv, 18: ° non contemplantibus nobis ea quae videntur. * addit autem ° neque futura, ‘ quorum nec timor, nec desiderium potest nos separare a christo. * unde dicebat act. c. xxi, 13: ° ego non solum alligari, sed et mori in ierusalem paratus sum propter nomen |325| domini iesu. ‘ deinde ponit diversitatem sensibilium creaturarum ex parte magnitudinis: et, primo, tangit magnitudinem virtutis, * cum dicit ° neque fortitudo, ‘ id est neque quaecumque creatura fortis, potest me separare a christo, puta fortis ignis, aut fortis aqua: * quia, ut cant. viii, 6 dicitur, ° fortis est ut mors dilectio. ‘ deinde ponit magnitudinem dilectionis, describens eam secundum ea quae proprie conveniunt corporibus, scilicet altum et profundum. * unde dicit ° neque altitudo, ‘ ex qua, scilicet aliquis mihi minaretur praecipitium, * sicut dicitur lc. iv, 29 quod ° duxerunt iesum usque ad supercilium montis ut praecipitarent eum. neque profundum, ‘ in quo aliquis submersionem minaretur. * ps. lxviii, 2: ° infixus sum in limo profundi. ‘ possunt etiam haec tria ad res humanas referri. tripliciter enim aliquis homo posset a deo aliquem avertere. uno quidem modo cogendo per fortitudinem; * sed sicut dicitur i reg. ii, 2: ° non est fortis sicut deus noster. |350| ‘ secundo, stupefaciendo per altitudinem auctoritatis; * sed de eo dicitur in ps. lxxxii, 19: ° tu solus altissimus super omnem terram. ‘ tertio, seducendo per profundum sapientiae; * sed de eo dicitur iob xi, 8: ° profundior inferno et unde cognosces? ‘ possunt etiam haec duo, ° altitudo ‘ et ° profundum, ‘ ad prospera et adversa referri, * secundum illud ii cor. vi, 7: ° per arma iustitiae a dextris et a sinistris. * vel secundum chrysostomum, in libro de compunctione cordis, qui ait: ° altitudo et profundum non mihi aliud indicare videntur, quam regnum caelorum et gehennam. ‘ quasi dicat: nec si a regno decidere me necesse sit, aut etiam in gehennam trahi pro christo, nec hoc mihi quidem metuendum est. quantum autem ad ea quae non sunt sed possunt esse, * subdit ° neque creatura alia, * quod utique secundum chrysostomum “ de his dicitur quae non sunt, quasi illi non sufficiant omnia quae sunt, sed illa quae non sunt provocat quodammodo ad certamen. ‘ nihil, inquit, istorum ° poterit nos separare a charitate dei. * i cor. xiii, 8: ° charitas nunquam |375| excidit. ‘ quae quidem charitas dei ° est in christo iesu domino nostro, ‘ quia scilicet per eum data est nobis, inquantum per spiritum sanctum nobis dedit. * lc. xii, 49: ° ignem veni mittere in terram et quid volo nisi ut accendatur? * sed cum scriptum sit eccle. ix, 1: ° nescit homo utrum amore vel odio dignus sit, sed omnia in futurum servantur incerta: ‘ quid est hoc quod dicit se esse certum quod nihil possit eum a charitate separare? ad quod dici potest quod apostolus non loquitur singulariter de seipso, sed loquitur in persona omnium praedestinatorum, de quibus propter certitudinem praedestinationis annuntiat quod nihil eos a charitate possit separare. potest etiam ista certitudo causari ex virtute charitatis quae, quantum in se est, ab aliquibus non potest separari, cum deum super omnia diligant. quod autem aliquis interdum a charitate recedat, non est propter defectum charitatis, sed propter defectum liberi arbitrii. si autem paulus hoc dicit de seipso, de hoc certus esse non poterat, nisi forte per revelationem, |400| quia dictum est ei, * ii cor. xii, 9: ° sufficit tibi gratia mea. ‘ nam quantum ad possibilitatem liberi arbitrii, * ipse alibi dicit i cor. ix, 27: ° ne forte cum aliis praedicaverim, ipse reprobus efficiar.

075 CRO cp9

lc1 ‘ Apostolus supra necessitatem et virtutem gratiae demonstravit, hic incipit agere de origine gratiae, utrum ex sola dei electione detur aut detur ex meritis praecedentium operum, occasione accepta ex eo quod iudaei, qui videbantur divinis obsequiis mancipati, exciderant a gratia, gentiles autem ad eam erant admissi, qui prius fuerant a deo alieni. primo igitur agit de electione gentium; secundo de casu iudaeorum * cap. x ° fratres voluntas quidem cordis mei, ‘ etc.. circa primum duo facit. primo commemorat dignitatem iudaeorum; secundo ostendit quomodo gentiles ad illam dignitatem sunt assumpti, * ibi ° non autem quod exciderit. ‘ circa primum duo facit. primo apostolus ostendit affectum suum ad gentem iudaeorum, ne ea quae contra eos dixit vel dicturus est, ex odio dicere videatur; |25| secundo eorum dignitatem ostendit, * ibi ° qui sunt israelitae, ‘ etc.. circa primum duo facit. primo confirmat ea quae dicturus est; secundo demonstrat suum affectum, ibi ° quoniam mihi tristitia. ‘ circa primum duo facit. primo confirmat dicenda per simplicem assertionem, * dicens ° veritatem dico, ‘ quod maxime convenit praedicatori, qui est testis veritatis. * prov. viii, 7: ° veritatem meditabitur guttur meum. * zach. viii, 19: ° pacem et veritatem diligite. ‘ et quia quandoque aliquis veritati quam loquitur aliquod mendacium interserit, ad hoc excludendum * subdit ° non mentior. * eph. c. iv, 25: ° deponentes mendacium loquimini veritatem. ‘ secundo confirmat quae dicenda sunt per iuramentum, quod est quaedam confirmatio per testimonium infallibilis veritatis. tales autem sunt testes sanctorum. primo quidem deus, * secundum iob xvi, 20: ° ecce in caelo testis meus. * et ideo dicit ° in christo iesu, ‘ id est, per christum iesum, qui est veritas absque |50| mendacio. * ii cor. i, 19: ° dei enim filius qui praedicatus est in vobis, non fuit in illo est, et non. ‘ secundo testis infallibilis sanctorum est eorum conscientia, * unde subdit ° testimonium perhibente mihi conscientia mea. * ii cor. i, 12: ° gloria nostra haec est, testimonium conscientiae nostrae. ‘ et quia interdum conscientia errat, nisi per spiritum sanctum rectificetur, * subdit ° in spiritu sancto. * supra viii, 16: ° ipse spiritus testimonium reddit spiritui nostro. * deinde cum dicit ° quoniam tristitia, ‘ etc., ostendit suum affectum ad iudaeos per dolorem, quem de eorum casu patiebatur, quem quidem primo exponit; secundo eius signum ponit * cum dicit ° optabam, ‘ etc.. exaggerat autem suum dolorem tripliciter. primo quidem ex eius magnitudine: ° quoniam mihi tristitia est magna, ‘ quia scilicet est de magno malo, id est de excidio tantae gentis. * thr. ii, 13: ° magna est velut mare contritio tua. |75| * sed contra hoc videtur esse quod dicitur eccli. xxx, 22: ° tristitiam non des animae tuae, * quod videtur sententiae stoicorum consonare, qui “ tristitiam omnino ab animo sapientis propellebant. cum enim tristitia sit de malo praesenti, non potest sapienti competere, cui nullum malum est praesens. non enim aestimabant aliquid esse bonum nisi honestum, et malum nisi peccatum. * sed haec opinio refellitur dupliciter. ‘ primo quidem quia corporales defectus licet non sint simpliciter mala, quibus scilicet homines fiant mali, sunt tamen quaedam mala, quae natura abhorret. unde et dominus pro his tristatus legitur * matth. xxvi, 38: ° tristis est anima mea usque ad mortem. ‘ secundo cum ex charitate homo debet suum diligere proximum sicut seipsum, imminet sapienti tristitia laudabilis de peccato proximi, sicut de peccato sui ipsius; * unde apostolus dicit i cor. xii, 21: ° et lugeam multos ex eis qui peccaverunt. ‘ sic igitur reprobatur saeculi tristitia quae mortem operatur, procedens ex amore saeculi: sed ° tristitia quae est secundum deum, |100| ‘ utpote ex divina charitate procedens, ° salutem operatur, * ut dicitur ii cor. vii, 10. ‘ et talis fuit ista tristitia. secundo exaggerat eam ex continuitate; * unde subdit ° et continuus dolor. ‘ non quod continuo actu doleret, sed secundum habitum. * ier. ix, 1: ° ut plorem die ac nocte interfectos populi mei. ‘ tertio exaggerat eam ex sui veritate, * et dicit ° cordi meo; ‘ non enim erat superficialis, sed in corde radicata. * thr. i, 22: ° multi gemitus mei et cor meum moerens. * deinde cum dicit ° optabam enim, ‘ etc., ponit signum doloris * dicens: ° optabam enim ego ipse, ‘ qui tam fervens sum in charitate christi, * ut supra ostensum est, ° anathema esse a christo pro fratribus meis. ‘ ubi, primo, sciendum est quod anathema est graecum et componitur ab ana quod est sursum, et thesis quod est positio, ut dicatur anathema quasi sursum positum: quia scilicet cum capiebatur aliquid in praeda quod nolebant esse in usu hominum, suspendebant illud in templo. et inolevit usque adhuc ut ea quae sunt separata ab hominum communi |125| usu, anathemata vocarentur; * unde ios. vi, v. 17 dicitur: ° sit civitas haec anathema, et omnia quae in ea sunt, domino. * dicit ergo ° optabam ego ipse anathema esse a christo, ‘ id est separatus ab eo, quod quidem fit dupliciter. uno modo per culpam, per quam aliquis a charitate christi separatur, eius praeceptum non servans. * io. xiv, 15: ° si diligitis me, mandata mea servate. ‘ sic autem apostolus non poterat optare esse anathema a christo pro quacumque causa, * ut ex supra dictis in viii, 35, patet. ‘ est enim hoc contra ordinem charitatis, quo quis tenetur deum super omnia diligere et salutem suam plusquam salutem aliorum. * et ideo non dicit, “ opto * sed ° optabam, ‘ scilicet, tempore infidelitatis. sed secundum hoc nihil magnum dicit apostolus, quia tunc etiam propter se volebat esse separatus a christo. * unde et quaedam glossa exponit quod dicit, ° tristitia magna est mihi, “ de tristitia qua dolebat de praeterito statu peccati, in quo a christo voluerat esse separatus. ‘ alio modo potest aliquis esse separatus a |150| christo, id est a fruitione christi quae habetur in gloria. sic autem separari a christo volebat apostolus pro salute gentilium, nedum pro conversione iudaeorum, * secundum illud philipp. c. i, 23 s.: ° desiderium habens dissolvi et cum christo esse, multo melius; permanere in carne necessarium propter vos. * et hoc modo dicebat ° optabam, ‘ scilicet si fieri posset, ° anathema esse, ‘ id est separatus a gloria, vel simpliciter vel ad tempus, propter honorem christi, qui est ex conversione iudaeorum, * secundum illud prov. xiv, 28: ° in multitudine populi dignitas regis. * unde chrysostomus dicit in libro de compunctione cordis: “ ita totam eius mentem devicit amor, ut etiam eo quod prae caeteris omnibus amabilius erat esse cum christo, rursum idipsum, quia ita placeret christo contemneret, sed et caelorum regna, quod videbatur laborum esse remuneratio pro christo, nihilominus cedere pateretur. ‘ et causam tanti affectus ostendit * subdens ° pro fratribus meis. * unde eccli. xxv, v. 1 s. dicitur, quod ° tria sunt probata coram |175| deo et hominibus: concordia fratrum, ‘ etc.. et ne hoc intelligeretur de his qui erant spiritualiter in christo fratres, * secundum illud matth. xxiii, 8: ° omnes vos fratres estis, * subiungit ° qui sunt cognati mei secundum carnem. * ii cor. xi, 22: ° semen abrahae sunt, et ego. * deinde cum dicit ° qui sunt israelitae ‘ ostendit dignitatem iudaeorum, ut eius tristitia videretur esse rationabilis propter pristinam dignitatem populi pereuntis ° propensius enim est malum dignitatem perdidisse, quam numquam habuisse, * ut dicit glossa ‘ et non solum ex affectu carnali procedens. ostendit autem eorum dignitatem tripliciter. primo quidem quantum ad suam gentem, * cum dicit ° qui sunt israelitae, ‘ id est, a genere iacob descendentes, qui est dictus israel, * gen. xxxii, 28, et ii cor. xi, 22: ° israelitae sunt, et ego. ‘ et hoc ad dignitatem pertinet. * dicitur enim deut. iv, 7: ° non est alia natio tam grandis, ‘ etc.. secundo ostendit dignitatem illius gentis ex dei beneficiis, inter quae primo ponit |200| spiritualia beneficia, quorum unum respicit praesens; * et quantum ad hoc dicit ° quorum est adoptio filiorum dei; * unde dicitur exod. c. iv, 22: ° primogenitus meus israel. ‘ et hoc quidem dicitur quantum ad spirituales viros qui fuerunt in illo populo. quantum ad carnales vero * supra viii, 15 innuit, quod ‘ acceperunt spiritum servitutis in timore. aliud vero beneficium ponit quod respicit futurum, * cum dicit ° et gloria, ‘ scilicet filiorum dei eis repromissa. in cuius signum * legitur ex. ult. quod ° gloria domini implevit tabernaculum. ‘ deinde ponit alia beneficia figuralia, quorum tria sunt figura praesentis spiritualis beneficii. et horum primum est ° testamentum, ‘ id est, pactum circumcisionis abrahae datum, * ut dicitur gen. xvii, 2. ‘ quamvis hoc possit referri ad testamentum novum, quod primo iudaeis est praedicatum. * unde et dominus dicebat, matth. xv, 24: ° non sum missus nisi ad oves quae perierunt domus israel. * et ier. c. xxxi, 31 dicitur: ° feriam domui israel foedus novum. ‘ secundum est lex data moysi. * unde et subdit ° legislatio. * eccli. xxiv, 33: |225| ° legem mandavit nobis moyses. ‘ tertium est cultus divinus, * cum dicit ° et obsequium, ‘ quo scilicet deo serviebant, omnibus aliis gentibus servientibus idolis. * is. xliv, 1: ° et nunc audi, serve meus iacob, et israel quem elegi. ‘ deinde ponit id quod pertinet ad futuram gloriam, * cum dicit ° et promissa. ‘ promissiones enim factae in veteri testamento impletae per christum, iudaeis praecipue factae videntur. * unde dicitur infra xv, 8: ° dico iesum christum ministrum fuisse circumcisionis ad confirmandas promissiones patrum, ‘ etc.. fuerunt autem eis multae promissiones factae de bonis terrenis, * ut patet lev. xxvi, v. 3 s., et deut. xxviii, 1-14. ‘ sed per illa temporalia bona spiritualia figurabantur. tertio autem describit dignitatem iudaeorum ex origine, * cum dicit ° quorum patres, ‘ quia scilicet secundum carnem sunt progeniti ab illis patribus qui fuerunt maxime deo accepti. * deut. iv, 37: ° dilexi patres tuos, et elegi semen eorum. * os. ix, 10: ° quasi prima poma ficulneae eius vidi patres eorum. |250| ‘ quarto ostendit dignitatem eorum ex prole * cum dicit ° ex quibus est christus secundum carnem, * sicut ipse dicit. io. iv, v. 22: ° salus ex iudaeis est. ‘ et ne hoc parum videatur, ostendit christi dignitatem, * dicens: ° qui est super omnia deus benedictus in saecula, amen. * i io. ult.: ° hic est verus deus et vita aeterna. * in quibus verbis quatuor haereses destruuntur. primo quidem manichaei, qui dicebat “ christum habuisse corpus phantasticum et non verum, * quod removet per hoc quod dicit ° secundum carnem. ‘ habet enim veram carnem, * secundum illud lc. ult.: ° spiritus carnem et ossa non habet, sicut me videtis habere. * secundo, haeresis valentini qui dicit “ christum non de massa humani generis, sed de caelo corpus attulisse. * quod quidem excludit in hoc quod dicit ‘ christum ex iudaeis secundum carnem esse, * secundum illud matth. i, v. 1: ° liber generationis iesu christi filii david. * tertio, haeresis nestorii qui posuit “ alium |275| esse filium hominis alium dei: * contra quem apostolus hic dicit, quod ° ille est ex patribus secundum carnem qui est deus super omnia. * quarto, excluditur haeresis arii qui dicebat “ christum esse minorem patre et quod est creatus ex nihilo. * contra quorum, primum dicit quod ° est super omnia; * contra secundum, quod ° est benedictus per omnia saecula. ‘ hoc enim de solo deo dicendum est, quod eius bonitas duret in saecula.

lc2 ‘ Postquam apostolus posuit dignitatem iudaeorum, nunc ostendit quod ista dignitas non pertineat ad eos qui carnaliter processerunt ab antiquis patribus sed ad spirituale semen quod est a deo electum. et primo ostendit, quod huiusmodi dignitas proveniat ex electione divina; secundo ostendit, quod haec electio communiter pertinet ad iudaeos et ad gentiles, * ibi ° quos etiam vocavit non solum, ‘ etc.. circa primum duo facit. primo ostendit quomodo ex electione divina homines spiritualem dignitatem consequuntur; secundo movet quaestionem de iustitia divinae electionis, * ibi ° quid ergo dicemus? ‘ circa primum duo facit. primo proponit quod intendit; secundo ostendit propositum, * ibi ° sed in isaac, ‘ etc.. circa primum duo facit. primo ponit firmitatem divinae electionis; |25| secundo ostendit in quibus impleatur, * ibi ° non enim omnes, ‘ etc.. dicit ergo primo: ita dictum est quod eorum sunt promissa et adoptio filiorum et gloria, pro quorum casu est mihi magna tristitia et continuus dolor. non autem est hoc sic intelligendum, quod ° verbum dei exciderit, ‘ id est frustratum sit, quia et si non habet locum in quibusdam qui exciderunt, habet tamen locum in aliis. * is. lv, 11: ° verbum quod egreditur ex ore meo, non revertetur ad me vacuum, * etc.. ps. cxviii, 89: ° in aeternum, domine, permanet verbum tuum. * deinde cum dicit ° non enim, ‘ etc., ostendit quomodo et in quibus verbum dei exciderit. circa quod considerandum est quod iudaei de duobus praecipue gloriabantur, videlicet de abraham qui primo accepit pactum circumcisionis a domino, * ut dicitur gen. c. xvii, 10, ‘ et de iacob sive israel, cuius tota posteritas in populo dei connumerabatur. non autem ita fuit de isaac; nam posteritas filii eius esau ad populum dei non |50| pertinebat. unde apostolus ostendit propositum, primo quidem per comparationem ad iacob, dicens ° non enim omnes qui sunt ex israel, ‘ id est ex iacob secundum carnem progeniti, ° hi sunt veri israelitae ‘ ad quos pertinent dei promissa, sed illi qui sunt recti et videntes deum per fidem. * is. xliv, 2: ° rectissime quem elegi. * unde et dominus dixit nathanaeli io. i, 47: ° ecce verus israelita, in quo dolus non est. ‘ hoc autem nomen israel impositum fuit iacob ab angelo, * ut patet gen. c. xxxii, 28. ‘ secundo ostendit idem propter comparationem ad abraham, dicens ° neque omnes qui sunt ‘ carnale ° semen abrahae, ‘ sunt spirituales abrahae filii, quibus deus benedictionem repromisit, sed solum illi qui eius fidem et opera imitantur. * io. viii, 39: ° si filii abrahae estis, opera abrahae facite. ‘ deinde, * cum dicit ° sed in isaac, ‘ etc., manifestat propositum. et primo quantum ad abraham; secundo quantum ad iacob, * ibi ° non solum autem illa, ‘ etc.. |75| circa primum tria facit. primo proponit auctoritatem scripturae, * dicens ° sed in isaac vocabitur tibi semen. ‘ hoc dominus dixit abrahae, * ut habetur gen. xxi, 12, ubi agebatur ‘ de expulsione ismaelis. quasi dicat: non omnes qui nati sunt carnaliter ab abraham pertinent ad illud semen, cui facta est repromissio, * secundum illud gal. iii, 16: ° abrahae dictae sunt promissiones et semini eius, ‘ sed illi qui similes sunt isaac. * deinde, cum dicit ° id est, non qui filii, ‘ etc., exponit auctoritatem inductam secundum quod facit ad propositum. ad cuius evidentiam accipiendum est quod * apostolus dicit gal. iv, 22 s.: ° abraham duos filios habuit, unum de ancilla, et unum de libera: sed qui de ancilla, ‘ scilicet ismael, ° secundum carnem natus est, ‘ quia scilicet secundum legem et consuetudinem carnis ex iuvencula natus est; ° qui autem ex libera, ‘ scilicet isaac, ° per repromissionem, ‘ et non secundum carnem, id est non secundum carnis legem et consuetudinem, quia natus est ex sterili et vetula, * ut habetur gen. xviii, 10, |100| ‘ quamvis sit natus secundum carnem, id est secundum substantiam carnis quam accepit a parentibus. ex quo apostolus hic accipit quod illi non adoptantur in filios dei, ° qui sunt filii carnis, ‘ id est ex hoc ipso quod secundum carnem progeniti sunt ab abraham, sed illi ° aestimantur in semine, ‘ quibus facta est repromissio, ° qui sunt filii promissionis, ‘ id est illi qui ex gratia promissionis divinae facti sunt filii abrahae secundum imitationem fidei, * secundum illud matth. iii, 9: ° potens est deus de lapidibus his suscitare filios abrahae. ‘ sicut etiam ismael, secundum carnem natus, non est computatus in semine, sed isaac per repromissionem natus. tertio, * ibi ° promissionis enim, ‘ etc., probat convenientem fuisse suam expositionem, qua per isaac significari dixit eos qui sunt filii repromissionis, quia scilicet isaac per promissionem natus est. * unde dicit ° promissionis enim, hoc verbum est ‘ quod angelus, imo dominus in angelo, dixit ad abraham * gen. xviii, 10: ° secundum hoc tempus veniam, ‘ quo significatur |125| tempus gratiae. * gal. iv, 4: ° cum venit plenitudo temporis, misit deus filium suum. et erit sarae filius, ‘ scilicet per gratiam repromissionis. * unde et gal. iv, 5 dicitur: ° ut adoptionem filiorum reciperemus. * deinde, cum dicit ° non solum autem illa, ‘ etc., manifestat propositum quantum ad iacob. et primo ponit quod intendit; secundo manifestat propositum, * ibi ° cum enim nondum nati, * etc.. dicit ergo primo: ° non solum illa, ‘ scilicet sara, habuit filium de quo facta est promissio, ° sed et rebecca habens ‘ in utero duos filios, quorum unus pertinebat ad promissionem, alius ad carnem solum, et hoc ° ex uno concubitu isaac patris nostri. * dicitur enim gen. xxv, 21 ss. quod ° isaac rogavit pro uxore sua eo quod sterilis esset, et dedit dominus conceptum rebeccae, sed collidebantur in ventre eius parvuli. * et est notandum quod hoc apostolus inducit contra iudaeos, qui reputabant “ se dei iustitiam adepturos propter merita patrum, * contra quos dicit de viris iustis ez. xiv, 16, |150| quod ° filium et filiam non liberabunt, sed ipsi in iustitia sua liberabuntur. * unde et ioannes iudaeis dicebat matth. iii, 9: ° ne coeperitis dicere: patrem habemus abraham, * etc.. contra horum opinionem ‘ ergo primo induxerat quod de filiis abrahae unus erat electus, et alius reprobatus. * possent autem hoc adscribere “ vel diversitati matrum, quia ismael natus est de ancilla et isaac de libera; vel diversitati meritorum patris, quia ismaelem genuit incircumcisus. * ut igitur omne subterfugium excludatur, inducit exempla, ‘ ubi unus eligitur et alius reprobatur eorum, qui non solum ab uno patre sed etiam ab una matre sunt geniti et eodem tempore, imo ex uno concubitu. * deinde, cum dicit ° cum nondum, ‘ etc., ostendit propositum, et primo per auctoritatem * gen. xxv, 24; ‘ secundo per auctoritatem prophetae, * ibi ° sicut scriptum est, ‘ etc.. circa primum tria facit. primo designat tempus promissionis, et dicit quod per repromissionem est unus filiorum rebeccae alii praelatus, ° cum nondum nati |175| fuissent. * et sicut per superiora exclusit opinionem iudaeorum “ de meritis patris confidentium, * ita etiam per hoc excludit errorem manichaeorum, qui “ diversitatem eorum quae hominibus accidunt, nativitati adscribunt, ut scilicet uniuscuiusque vita et mors disponatur secundum constellationem sub qua natus est, * contra quod dicitur ier. x, 2: ° a signis caeli nolite metuere quae gentes timent. * subdit autem ° aut aliquid egissent boni aut mali, * ubi excluditur error pelagianorum, qui dicunt “ secundum merita praecedentia gratiam dari, * cum tamen scriptum sit tit. iii, v. 5: ° non ex operibus iustitiae quae fecimus nos, sed secundum suam misericordiam salvos nos fecit. * utrumque autem horum ostenditur falsum ‘ per hoc quod ante nativitatem et ante opera unus filiorum rebeccae alteri est praelatus. * excluditur per hoc etiam error origenis, qui posuit “ animas hominum simul cum angelis esse creatas et quod pro meritis eorum, quae ibi egerunt bene vel male, diversitatem vitae sortiuntur, * secundum quem non posset |200| esse verum quod hic dicitur: ° cum nondum aliquid mali vel boni egissent. * contra hoc autem est quod dicitur iob xxxviii, 7: ° ubi eras, cum me laudarent astra matutina, et iubilarent omnes filii dei? * posset enim secundum origenis errorem responderi: “ eram inter ipsos dei filios iubilantes. ‘ secundo ostendit quid accipi posset ex ipsa promissione, quia unus geminorum in utero existentium alteri est praelatus, * dicens ° ut propositum dei, ‘ scilicet volentis unum prae alio magnificare, ° maneret, ‘ id est firmum esset, et hoc non secundum merita sed ° secundum electionem, ‘ id est inquantum ipse deus spontanea voluntate unum alteri praelegit, non quia sanctus erat, sed ut sanctus esset, * secundum illud eph. i, 4: ° elegit nos in ipso ante mundi constitutionem, ut essemus sancti. ‘ hoc autem est propositum praedestinationis, * de quo ibidem dicitur: ° praedestinati secundum propositum voluntatis eius. ‘ tertio ponit promissionem, * dicens ° non ex operibus, ‘ quae nulla praecesserunt, * ut dictum est, ° sed ex vocante, ‘ id est ex ipsa |225| gratia vocantis * de quo supra dictum est: ° quos praedestinavit, hos et vocavit, dictum est ei, ‘ scilicet rebeccae, ° quia maior, ‘ scilicet esau, ° serviet minori, ‘ scilicet iacob. quod quidem tripliciter potest intelligi. uno modo secundum eorum personas, et sic intelligitur esau servisse iacob, non directe sed occasionaliter, inquantum persecutio quam ei intulit, in eius bonum cessit, * secundum illud prov. xi, 29: ° qui stultus est serviet sapienti. ‘ secundo potest referri ad populos ex utroque progenitos: quia idumaei aliquando fuerunt subiecti israelitis, * secundum illud ps. lix, 8: ° in idumaeam extendam calceamentum meum. * et hoc videtur competere his quae praemittuntur in gen. xxv, 23. praemittuntur enim: ° duo populi ex ventre tuo dividentur: populus populum superabit, et maior minori serviet. ‘ tertio potest intelligi figuraliter dictum ut per maiorem intelligatur populus iudaeorum, qui primo adoptionem filiationis accepit, * secundum illud ex. iv, 22: ° primogenitus meus israel, ‘ per minorem autem figuratur populus |250| gentilium, qui posterius est ad fidem vocatus, qui etiam figuratur per filium prodigum. maior ergo populus serviet minori, inquantum iudaei sunt nostri capsarii, custodientes libros ex quibus nostrae fidei testimonium perhibetur. * io. v, 39: ° scrutamini scripturas. * deinde, cum dicit ° sicut scriptum est, ‘ etc., probat propositum ex auctoritate prophetae, * dicens ° sicut scriptum est, * scilicet c. i, 2 malachiae prophetae, ex persona dei dicentis ° iacob dilexi, esau autem odio habui. * dicit autem hic quaedam glossa quod “ id quod supra dictum est ° maior serviet minori, “ dictum est secundum praescientiam; quod autem hic dicit, est intelligendum secundum iudicium, quia scilicet deus propter bona opera dilexit iacob, sicut et omnes sanctos diligit. * prov. viii, 17: ° ego diligentes me diligo. “ esau vero odio habuit propter peccata, * sicut scriptum est eccli. xii, 7: ° altissimus odio peccatores habet. ‘ sed quia dilectio hominis praevenitur a dilectione dei, * secundum illud i io. iv, 10: ° non quasi nos dilexerimus deum, sed quoniam ipse prior dilexit nos, ‘ oportet dicere |275| quod ante iacob dilectus sit a deo, quam ipse deum dilexerit. nec potest dici quod deus ex tempore eum diligere inceperit, alioquin eius affectus esset mutabilis. et ideo oportet dicere quod deus ab aeterno iacob dilexit, * ut dicitur ier. xxxi, 3: ° in charitate perpetua dilexi te. ‘ est autem in his verbis apostoli considerandum, quod tria ponit in deo pertinentia ad sanctos, videlicet electionem, per quam intelligitur praedestinatio, et electio dei, quae quidem realiter sunt idem in deo, sed differunt ratione. nam ipsa dei dilectio dicitur secundum quod vult bonum alicui absolute; electio autem dicitur secundum quod per bonum quod alicui vult, eum alteri praefert; praedestinatio autem est secundum quod hominem dirigit in id bonum quod ei vult, diligendo et eligendo. et ideo secundum rationem praedestinatio sequitur dilectionem, sicut et voluntas de fine naturaliter praecedit directionem aliquorum in finem. electio autem et dilectio aliter ordinantur in deo et in homine. in homine enim electio praecedit dilectionem, voluntas enim |300| hominis movetur ad amandum ex bono quod in re amata considerat, ratione cuius ipsam praeelegit alteri et praeelectae suum amorem impendit. sed voluntas dei est causa omnis boni quod est in creatura et ideo bonum per quod una creatura praefertur alteri per modum electionis, consequitur voluntatem dei, quae est de bono illius, quae pertinet ad rationem dilectionis. unde non propter aliquod bonum quod in homine eligat deus eum diligit, sed potius eo quod ipsum diligit, praefert eum aliis eligendo. sicut autem dilectio * de qua hic loquitur, ‘ pertinet ad aeternam dei praedestinationem, ita etiam odium, * de quo hic loquitur, ‘ pertinet ad reprobationem qua deus reprobat peccatores. nec est dicendum quod ista reprobatio sit temporalis, quia nihil temporale est in voluntate divina, sed est ab aeterno: quae quidem quantum ad aliquid convenit cum dilectione vel praedestinatione, quantum autem ad aliquid differt. convenit quidem quantum ad hoc quod sicut praedestinatio est praeparatio gloriae, |325| ita reprobatio est praeparatio poenae. * is. c. xxx, 33: ° praeparata est ab heri thopheth a rege praeparata. ‘ differt autem quantum ad hoc quod praedestinatio importat praeparationem meritorum quibus pervenitur ad gloriam, sed reprobatio importat praeparationem peccatorum quibus pervenitur ad poenam. et ideo praescientia meritorum non potest esse aliqua ratio praedestinationis, quia merita praescita cadunt sub praedestinatione; sed praescientia peccatorum potest esse aliqua ratio reprobationis ex parte poenae, quae praeparatur reprobatis, inquantum scilicet deus proponit se puniturum malos propter peccata quae a seipsis habent, non a deo; iustos autem proponit se praemiaturum propter merita quae a seipsis non habent. * os. xiii, 9: ° perditio tua ex te, israel, tantum in me auxilium tuum.

lc3 ‘ Postquam praemisit apostolus quod secundum dei electionem unus alteri praefertur non ex operibus, sed ex gratia vocantis hic inquirit de iustitia huius electionis. et primo proponit dubitationem; secundo solvit, * ibi ° absit. moysi, ‘ etc.. tertio obiicit contra solutionem, * ibi ° dicis itaque mihi: quid adhuc, ‘ etc.. dicit ergo primo: dictum est quod deus sine merito praecedente unum eligit, et alterum reprobat. ° quid ergo dicemus? numquid ‘ per hoc probari potest quod sit ° iniquitas apud deum? * videtur quod “ sic. pertinet enim ad iustitiam in distributionibus, ut aequaliter aequalibus distribuatur. homines autem, remota differentia meritorum, sunt aequales. si ergo absque consideratione meritorum deus inaequaliter distribuit, unum eligens et alium reprobans, videtur quod sit in eo iniquitas, * quod est contra illud quod dicitur deut. xxxii, 4: ° deus fidelis et absque ulla iniquitate; * ps. |25| cxviii, 137: ° iustus es, domine, et rectum iudicium tuum. ‘ est autem sciendum quod * origenes hanc obiectionem solvere volens incidit in errorem. ponit enim in suo periarchon, “ deum ab initio solum creaturas spirituales fecisse, et omnes aequales, ne ex eorum inaequalitate posset secundum rationem praedictam iniquitas deo adscribi, sed postea creaturarum diversitas subsecuta est ex diversitate meritorum. nam illarum creaturarum spiritualium quaedam per amorem conversae sunt ad deum plus vel minus, et secundum hoc distincti sunt diversi ordines angelorum: quaedam vero aversae sunt a deo plus vel minus, et secundum hoc alligatae sunt corporibus vel nobilibus vel ignobilibus, quaedam quidem caelestibus corporibus, quaedam autem corporibus daemonum, quaedam autem corporibus hominum. * et secundum hoc “ ratio condendi et distinguendi creaturas corporeas, est peccatum spiritualis creaturae. * quod est contra id quod gen. i, 31 dicitur: ° vidit deus cuncta quae fecerat, et erant valde bona, ‘ per |50| quod datur intelligi quod “ causa producendi creaturas corporales, est bonitas, * ut dicit augustinus, de civitate dei. ‘ et ideo, hac opinione reiecta, videndum est qualiter apostolus dubitationem solvat, * cum dicit ° absit. moysi enim dicit, ‘ etc.. et circa hoc duo facit. primo solvit obiectionem praedictam quantum ad dilectionem sanctorum; secundo quantum ad odium seu reprobationem malorum, * ibi ° dicit enim scriptura, ‘ etc.. circa primum duo facit. primo proponit auctoritatem scripturae ex qua procedit solutio; secundo ex ea conclusionem inducit, * ibi ° igitur non volentis, * etc.. inducit autem auctoritatem quae habetur ex. od. xxxiii, 19, ubi dixit dominus moysi, secundum litteram nostram: ° miserebor cui voluero, et clemens ero in quem placuero, ‘ sed apostolus inducit eam * secundum litteram lxx, dicens ° moysi enim dicit, ‘ dominus, ° miserebor cui misereor, et misericordiam |75| praestabo cui miserebor, ‘ ubi secundum superficiem litterae omnia bona nostra dei misericordiae adscribuntur * secundum illud is. c. lxiii, 7: ° miserationum domini recordabor, laudem domini super omnibus quae reddidit nobis. * et thren. iii, 22: ° misericordiae domini quod non sumus consumpti, multae enim sunt miserationes eius. * exponitur autem haec auctoritas in glossa dupliciter, et secundum hoc ex auctoritate hac dupliciter solvitur quaestio et obiectio. uno modo sic: ° miserebor cui misereor, “ id est illi qui est dignus misericordia; et, ad maiorem expressionem, iterat dicens ° misericordiam praestabo cui misereor, “ id est cui dignum iudico misereri: * sicut et in ps. cii, 13 dicitur: ° misertus est dominus timentibus se. * et secundum hoc “ licet misericorditer sua impendat, tamen ab iniustitia excusatur, quia dat quibus dandum est, et quia non dat cui dandum non est, secundum rectitudinem sui iudicii. ‘ sed misereri cui dignum est, potest intelligi dupliciter. uno modo ut intelligatur |100| aliquis dignus misericordia propter opera praeexistentia in hac vita, licet non in alia, * ut posuit origenes, quod pertinet ad haeresim pelagianorum, qui posuerunt “ gratiam dei hominibus secundum merita dari. * sed hoc stare non potest, quia, * sicut dictum est, ‘ ipsa etiam bona merita sunt homini a deo, et sunt praedestinationis effectus. alio modo potest intelligi ut aliquis dicatur dignus misericordia, non propter aliqua merita praecedentia gratiam sed propter merita subsequentia, puta ut dicamus quod deus dat alicui gratiam et proposuit eam ab aeterno illi se daturum, quem praescivit ea bene fore usurum. * et secundum hoc intelligit glossa quod “ miseretur cui miserendum est. * unde dicit ° miserebor cui misertus ero, “ id est, illi miserebor vocando et gratiam apponendo, cui praescius ero quod misericordiam daturus essem, ° sciens illum convertendum et apud me permansurum. * sed videtur quod nec hoc convenienter dici possit. |125| ‘ manifestum est enim quod nihil potest poni ut ratio praedestinationis, quod est praedestinationis effectus, etiam si accipiatur prout est in dei praescientia, quia ratio praedestinationis praeintelligitur praedestinationi, effectus autem in ipsa includitur. manifestum est autem quod omne dei beneficium quod homini confert ad salutem, est divinae praedestinationis effectus. divinum autem beneficium non solum extendit se ad infusionem gratiae, qua homo iustificatur, sed etiam ad gratiae usum: sicut etiam in rebus naturalibus non solum deus causat ipsas formas in rebus, sed etiam ipsos motus et operationes formarum, eo quod deus est principium omnis motus, cuius operatione cessante a movendo, ex formis nullus motus vel operatio sequitur. sicut autem se habet habitus gratiae vel virtutis in anima ad usum ipsius, sic se habet forma naturalis ad suam operationem. * et ideo dicitur is. xxvi, 12: ° omnia opera nostra operatus es in nobis, domine. * probat autem hoc speciali ratione aristoteles de operibus voluntatis humanae. |150| “ cum enim homo habeat potentiam ad opposita, puta ad sedendum vel non sedendum, oportet quod reducatur in actum per aliquid aliud. reducitur autem in actum alterius horum per consilium, ex quo unum oppositorum praeelegit alteri. sed cum iterum homo habet potentiam consiliandi vel non consiliandi, oportebit esse aliquid per quod reducatur in actum consilii. et cum in hoc non sit procedere in infinitum, oportet esse aliquod principium extrinsecum superius homine, quod ipsum moveat ad consiliandum, et hoc non est aliud quam deus. ‘ sic igitur ipse usus gratiae est a deo, nec propter hoc superfluit habitus gratiae, sicut nec superfluunt formae naturales, quamvis deus in omnibus operetur, * quia, sicut dicitur sap. viii, 1, ° ipse disponit omnia suaviter, ‘ quia scilicet per suas formas omnia inclinantur quasi sponte in id ad quod ordinantur a deo. * sic igitur non potest esse quod “ merita consequentia gratiam sint ratio miserendi aut praedestinandi, ‘ sed sola dei voluntas, secundum quam misericorditer aliquos liberat. |175| manifestum est enim quod iustitia distributiva locum habet in his quae dantur ex debito, puta si aliqui meruerunt mercedem, ut plus laborantibus maior merces donetur, non autem habet locum in his quae sponte et misericorditer aliquis dat; puta si aliquis duos pauperes in via inveniens det uni quod potest, vel disponit in eleemosynam dare, non est iniquus sed misericors. similiter si aliquis, duobus aeque ipsum offendentibus, uni dimittat offensam et non alteri, est misericors uni, et iustus ad alterum, neutri vero iniquus. cum enim omnes homines propter peccatum primi parentis damnationi nascantur obnoxii, quos deus per suam gratiam liberat, sola misericordia liberat: et sic quibusdam est misericors, quos liberat, quibusdam autem iustus, quos non liberat, neutris autem iniquus. et ideo apostolus quaestionem solvit * per auctoritatem, quae “ omnia divinae misericordiae adscribit. ‘ sciendum est tamen quod dei misericordia secundum tria attenditur. primo quidem secundum praedestinationem, qua ab |200| aeterno proposuit aliquos liberare. * ps. cii, 16: ° misericordia eius ab aeterno et usque in aeternum. ‘ secundo, secundum vocationem et iustificationem quibus homines salvat ex tempore. * tit. iii, 5: ° secundum suam misericordiam salvos nos fecit. ‘ tertio, magnificando per gloriam, quando liberat ab omni miseria. * ps. cii, 4: ° qui coronat te in misericordia et miserationibus. ‘ et ideo dicit ° miserebor, ‘ scilicet vocando et iustificando, ° cui misereor, ‘ praedestinando et misericordiam praestando, finaliter glorificando eum cui misereor vocando et iustificando. * et hic sensus magis concordat cum nostra littera, quae dicit: ° miserebor cui voluero, et clemens ero cui mihi placet. ‘ ubi manifeste non meritis, sed soli divinae voluntati adscribitur divina misericordia. * deinde, cum dicit ° igitur non volentis, ‘ etc., concludit propositum ex praemissa auctoritate. et potest haec conclusio multipliciter intelligi; uno modo sic: ° igitur, ‘ ipsa salus hominis, ° non est volentis neque currentis, ‘ id |225| est non debetur alicui per aliquam eius voluntatem, vel exteriorem operationem, quae dicitur cursus * secundum illud i cor. ix, 24: ° sic currite ut comprehendatis, sed est miserentis dei, ‘ id est, procedit ex sola dei misericordia, * et maxime sequitur ex auctoritate inducta deut. ix, 4: ° nec dicas in corde tuo: propter iustitiam meam introduxit me dominus, ut terram hanc possiderem. ‘ potest autem et aliter intelligi ut sit sensus: omnia procedunt ex dei misericordia, ° igitur non est volentis, ‘ scilicet velle, ° neque currentis, ‘ scilicet currere, sed utrumque ° est miserentis dei, * secundum illud i cor. c. xv, 10: ° non autem ego, sed gratia dei mecum. * et io. xv, 5: ° sine me nihil potestis facere. ‘ sed si hoc solum in hoc verbo intellexisset apostolus, cum etiam gratia sine libero arbitrio hominis non velit neque currat, potuisset e converso dicere: non est miserentis dei, sed volentis et currentis, * quod aures piae non ferunt. ‘ unde plus aliquid est ex his verbis intelligendum, ut scilicet principalitas gratiae dei |250| attribuatur. semper enim actio magis attribuitur principali agenti, quam secundario, puta si dicamus quod securis non facit arcam, sed artifex per securim. voluntas autem hominis movetur a deo ad bonum. * unde supra viii, v. 14 dictum est: ° qui spiritu dei aguntur, hi sunt filii dei. ‘ et ideo hominis operatio interior non est homini principaliter, sed deo attribuenda. * phil. ii, 13: ° deus est qui operatur in nobis velle et perficere pro bona voluntate. “ sed si non est volentis velle, neque currentis currere, sed dei moventis ad hoc hominem, * videtur quod “ homo non sit dominus sui actus, quod pertinet ad libertatem arbitrii. ‘ et ideo dicendum est, quod deus omnia movet, sed diversimode, inquantum scilicet unumquodque movetur ab eo secundum modum naturae suae. et sic homo movetur a deo ad volendum et currendum per modum liberae voluntatis. sic ergo velle et currere est hominis, ut libere agentis: non autem est hominis ut principaliter moventis, sed dei. |275| * deinde, cum dicit ° dicit enim scriptura, ‘ etc., solvit quaestionem praemissam quantum ad reprobationem malorum. et primo inducit auctoritatem; secundo infert conclusionem, * ibi ° ergo cui vult miseretur, ‘ etc.. dicit ergo: ita ostensum est quod non est iniquitas apud deum, quantum ad hoc quod ab aeterno diligit iustos. sed etiam nec quantum ad hoc quod ab aeterno reprobat malos. ° dicit enim scriptura ‘ ex ore dei, * ex. ix, 16: ° quia in hoc ipsum excitavi te, * vel ° servavi te, * secundum aliam litteram, ° ut ostendam in te virtutem meam ut annuntietur nomen meum in universa terra. * nostra autem littera sic habet: ° et idcirco posui te, ut ostendam in te fortitudinem meam, ut enarretur nomen meum in omni terra. ‘ ubi primo, consideratum est quid deus circa reprobos faciat, * quod ostendit dicens ° in hoc ipsum servavi te, ‘ id est dignus eras mori propter mala quae feceras, * supra c. i, 32: ° qui talia agunt, digni sunt morte, ‘ sed tamen non statim tibi mortem induxi sed servavi te in vita * eo fine quo sequitur, ° ut | 300 | ‘ scilicet ° ostendam, ‘ etc.. et in hoc etiam sensu potest legi * quod dicitur ° excitavi te, ‘ id est, cum apud me pro tuis meritis mortuus esses, concessi tibi vitam, quasi te excitarem. in quo apparet quod deus iniquitatem reprobis non facit, cum ipsi ex suis meritis essent digni statim consumi, sed hoc ipsum quod eos servat in vita, procedit ex nimia sua bonitate. * ier. x, 24: ° corripe me, domine verumtamen in iudicio et non in furore tuo, ne forte ad nihilum redigas me. ‘ alio modo potest intelligi ° excitavi te, ‘ in peccatum, ut deterior fias. quod quidem non est intelligendum hoc modo quod deus in homine causet malitiam, sed est intelligendum permissive, quia scilicet ex iusto suo iudicio permittit aliquos ruere in peccatum propter praecedentes iniquitates, * sicut supra i, 24 dictum est: ° tradidit eos deus in reprobum sensum. ‘ sed aliquid amplius videtur mihi in hoc esse intelligendum, quia, videlicet, instinctu quodam interiori moventur homines a deo ad bonum et ad malum. * unde augustinus |325| dicit in libro de gratia et libero arbitrio, quod “ deus operatur in cordibus hominum ad inclinandas eorum voluntates quocumque voluerit, sive ad bona pro sua misericordia, sive ad mala pro meritis eorum. ‘ unde et deus dicitur saepius suscitare aliquos ad bonum, * secundum illud dan. xiii, 45: ° suscitavit deus spiritum pueri iunioris. ' dicitur etiam suscitare aliquos ad malum faciendum, * secundum illud is. xiii, 17: ° suscitabo medos qui sagittis parvulos interficiant. ' aliter tamen ad bona, aliter ad mala: nam ad bona inclinat hominum voluntates directe et per se, tamquam actor bonorum; ad malum autem dicitur inclinare vel suscitare homines occasionaliter, inquantum scilicet deus homini aliquid proponit vel interius, vel exterius, quod, quantum est de se, est inductivum ad bonum; sed homo propter suam malitiam perverse utitur ad malum. * supra ii, 4: ° ignoras quoniam benignitas dei ad poenitentiam te adducit: secundum autem duritiam tuam et cor impoenitens thesaurizas tibi iram in die irae. * et iob xxiv, 23: ° dedit ei deus locum poenitentiae, et ille abutitur |350| eo in superbia. ' et similiter deus quantum est de se, interius instigat hominem ad bonum, puta regem ad defendendum iura regni sui, vel ad puniendum rebelles. sed hoc instinctu bono malus homo abutitur secundum malitiam cordis sui. * et hoc patet is. x, 6, ubi dicitur de assur: ° ad gentem fallacem mittam eum, contra populum furoris mei mandabo illi ut auferat spolia, * etc.. et post: ° ipse autem non sic arbitrabitur, et cor eius non ita aestimabit, sed ad conterendum erit cor eius. ' et hoc modo circa pharaonem accidit, qui cum a deo excitaretur ad regni sui tutelam, abusus est hac excitatione in crudelitatem. secundo, oportet considerare quo fine deus ista partim faciat et partim permittat. est enim considerandum, quod deus operatur in creaturis ad suam manifestationem, * secundum illud supra i, 20: ° invisibilia dei per ea quae facta sunt intellecta conspiciuntur. ' unde et huiusmodi excitatio in hoc ipsum ordinatur, et quantum ad praesentes, ° ut ostendam in te virtutem meam, * ex. xiv, 31: |375| ° viderunt filii israel manum magnam, quam exercuerat dominus contra aegyptios, ' et quantum ad absentes, ° ut annuntietur nomen meum in universa terra. * ps. xcv, 3: ° annuntiate inter gentes gloriam eius. ' sic igitur patet quod quantum ad hoc, non est iniquitas apud deum, quia utitur creatura sua secundum eius merita ad gloriam suam. et in hoc eodem sensu potest exponi * si dicatur, ° posui te, ' id est ordinavi malitiam tuam ad gloriam meam; deus enim malitiam ordinat, sed non causat. deinde * cum dicit ° ergo cui vult miseretur, ' etc.; infert conclusionem quamdam * ex utraque auctoritate supra inducta. * nam ex eo quod dictum est ° miserebor cui misereor, * concludit ° ergo cui vult miseretur. * ps. cii, 13: ° misertus est dominus timentibus se. * ex eo vero quod dictum est: ° in hoc ipsum excitavit te, * concludit ° et quem vult indurat. * is. lxiii, 17: ° indurasti cor nostrum, ne timeremus te. * eccli. xxxiii, 12: ° ex ipsis benedixit et exaltavit, et ex ipsis maledixit et humiliavit. ' et quidem quod dicitur de dei misericordia, |400| dubitationem non habet, * suppositis his quae praemissa sunt. * sed circa indurationem videtur esse duplex dubitatio. primo quidem quia " duritia cordis ad culpam pertinere * videtur, secundum illud eccli. c. iii, 27: ° cor durum male habebit in novissimo. " si ergo deus indurat, sequitur quod sit auctor culpae. * contra quod dicitur iac. i, 13: ° deus intentator malorum est. ' ad quod dicendum quod deus non dicitur indurare aliquos directe, quasi in eis causet malitiam, sed indirecte, inquantum scilicet ex his quae facit in homine intus vel extra, homo sumit occasionem peccati, et hoc ipse deus permittit. unde non dicitur indurare quasi immittendo malitiam, sed non apponendo gratiam. * secunda dubitatio est, quia " ipsa obduratio non videtur divinae voluntati posse adscribi, * cum scriptum sit i thess. iv, 3: ° haec est voluntas dei sanctificatio vestra. * et i tim. ii, 4: ° qui vult omnes homines salvos fieri. ' ad quod dicendum est, quod tam misericordia |425| quam iustitia dispositionem voluntatis important. unde sicut miseratio attribuitur divinae voluntati, ita et id quod est iustitiae. sic ergo intelligendum est ° cui vult miseretur, ' scilicet per suam misericordiam, et ° quem vult indurat, ' per suam iustitiam; quia illi, quos indurat, hoc merentur ut indurentur ab ipso, * ut supra cap. 1 dictum est.

lc4 ' Posita solutione praemissae quaestionis, hic apostolus contra ipsam solutionem obiicit, et praecipue contra ultimam conclusionem * qua dictum est: ° cuius vult miseretur, et quem vult indurat. ' primo ergo ponit obiectionem; secundo solutionem, * ibi ° o homo, tu quis es, ' etc.. dicit ergo primo: dictum est quod deus cuius vult miseretur, et quem vult indurat, ° dicis itaque mihi: quid adhuc quaeritur? ' id est, quid oportet ulterius quaerere de causa bonorum et malorum quae hic aguntur, cum omnia voluntati divinae attribuantur, quae est causa sufficiens, eo quod nullus potest ei resistere? * unde sequitur ° voluntati eius quis resistit? * eccle. i, 13: ° proposui in animo meo quaerere et investigare sapienter de omnibus quae fiunt sub sole. ' vel aliter ° quid adhuc quaeritur, ' id est conqueritur deus de hominibus quando peccant, * sicut is. i, 2: ° filios enutrivi et exaltavi, ipsi autem spreverunt me, ' etc.. ideo autem videtur iustam querimoniam non habere, quia |25| ex voluntate eius totum procedit, cui nullus potest resistere. * unde subdit ° voluntati eius quis resistit? ' vel aliter ° quid adhuc quaeritur, ' scilicet ab homine ut faciat bonum vel vitet malum. * mich. vi, 8: ° indicabo tibi, o homo, quid sit bonum, et quid deus requirat a te, ' etc.. frustra autem requiritur ab aliquo quod non est in eius potestate. nihil autem in hominis potestate esse videtur * secundum praedicta, quibus ' omnia divinae voluntati videntur adscribi, cui resisti non potest. * sequitur ° voluntati enim eius quis resistit? ' quasi diceret: nullus. * esth. xiii, 9: ° non est qui tuae possit resistere voluntati. ' et haec videtur esse intentio apostoli. * deinde cum dicit ° o homo, tu quis es, ' etc. respondet praemissae quaestioni. ad cuius responsionis intellectum considerandum est, quod circa electionem bonorum et reprobationem malorum duplex quaestio potest moveri. una quidem in generali, quare deus velit quosdam indurare, et quorumdam misereri. alia vero in speciali, quare velit huius misereri et hunc vel illum |50| indurare. et potest quidem ratio huius quaestionis assignari; secundae autem quaestionis non potest assignari ratio, nisi simplex dei voluntas, cuius exemplum patet in rebus humanis. si enim aliquis aedificare volens, haberet multos lapides similes et aequales congregatos, posset ratio assignari quare quosdam ponat in summo et quosdam in imo ex parte finis, quia ad perfectionem domus quam facere intendit, requiritur et fundamentum quod habet lapides in imo, et cacumen parietis quod habet lapides in summo. sed quare ponat hos lapides in summo et hos in imo, non habet aliquam rationem, nisi quia artifex voluit. primo igitur apostolus respondet dubitationi quantum ad quaestionem secundam, quare scilicet huius hominis misereatur et illum induret; secundo quantum ad quaestionem primam, quare scilicet quibusdam misereatur, et quosdam induret, * ibi ° quod si volens deus, ' etc.. circa primum tria facit. |75| primo arguit praesumptionem quaerentis; secundo inducit auctoritatem quae quaestionem solvit, * ibi ° numquid dicit figmentum, ' etc.; tertio exponit auctoritatem, * ibi ° an non habet potestatem, * etc.. dicit ergo primo: ° o homo, ' qui es fragilis et ignorans, ° tu quis es qui respondeas deo? ' unde sufficis ad respondendum ei, si voluerit tecum iudicio contendere? * iob ix, 3: ° si voluerit contendere iudicio cum illo, non poterit ei respondere unum pro mille. * et, sicut dicitur iob xxxix, 32, ° qui arguit deum, debet ei respondere. ' in quo datur intelligi quod homo non debet scrutari rationem divinorum iudiciorum cum intentione comprehendendi, eo quod excedant rationem humanam. * eccli. iii, 22: ° altiora te ne quaesieris. * prov. xxv, 27: ° perscrutator maiestatis opprimetur a gloria. * deinde cum dicit ° numquid dicit figmentum, * etc., inducit auctoritatem, quae habetur is. xlv, 9: ° numquid dicit lutum figulo suo: quid facis? et opus tuum sine manibus est. |100| ' ubi considerandum est quod si aliquis artifex ex materia vili faciat vas pulchrum et nobilibus actibus accommodatum, totum adscribitur bonitati artificis, puta si ex luto faciat scutellas et urceos ad nobilem mensam decentes. si vero ex vili materia, puta ex luto, faciat vas accommodatum vilibus usibus, puta coquinae vel huiusmodi officiis, non posset vas conqueri si rationem haberet. posset enim conqueri si ex materia pretiosa quae praeiacet artificis operationi, puta ex auro et lapidibus pretiosis faceret vas ad vilia officia deputatum. humana autem natura vilitatem habet ex sua materia, * quia, ut dicitur gen. ii, 7: ° fecit deus hominem de limo terrae, ' sed maiorem vilitatem habet ex corruptione peccati, quae per unum hominem in hunc mundum intravit. et ideo homo luto merito comparatur * iob xxx, 19: ° comparatus sum luto, et assimilatus sum favillae et cineri. ' unde quicquid boni habet homo debet bonitati divinae quasi principali agenti adscribere. * is. lxiv, v. 8: ° nunc, domine, pater es tu, nos vero lutum, et fictor noster tu, et opus manuum |125| tuarum omnes nos. ' si vero deus hominem ad meliora non promoveat, sed in sua infirmitate eum dimittens, deputat eum ad infimum usum, nullam ei facit iniuriam: ut possit iuste de deo conqueri. * deinde cum dicit ° an non habet potestatem, ' etc., exponit apostolus verba prophetae. quasi dicat: hoc est dictum figmentum, id est vas fictile, non posset dicere fictori quid me fecisti sic? quia figulus liberam potestatem habet ex materia luti opus facere quodcumque sibi placuerit. * unde dicit ° an non habet potestatem, ' scilicet liberam, ° figulus luti, ' qui scilicet operatur in vili materia, ° ex eadem massa, ' scilicet vilis materiae, ° facere, ' absque alicuius iniuria, ° aliud quidem vas in honorem, ' id est in honorabiles usus, ° aliud vero in contumeliam, ' id est in usus viliores. * ii tim. ii, 20: ° in magna enim domo non solum sunt vasa aurea et argentea, sed etiam lignea et fictilia: et quaedam quidem in honorem, quaedam autem in contumeliam. ' et similiter deus liberam potestatem habet |150| facere ex eadem corrupta materia humani generis, sicut ex quodam luto, nulli faciendo iniuriam, quosdam homines praeparatos in gloriam, quosdam autem in miseria derelictos. * ier. xviii, 6: ° sicut lutum in manu figuli, ita in manu mea vos, domus israel. * deinde cum dicit ° quod si volens deus, ' etc., solvit primam quaestionem, scilicet quare deus velit quibusdam misereri, et quosdam in miseria derelinquere, sive quosdam eligere et quosdam reprobare. circa quod considerandum est, quod finis omnium divinorum operum est manifestatio divinae bonitatis. * prov. xvi, 4: ° universa propter semetipsum operatus est dominus. * unde supra i, 20 dictum est quod ° invisibilia dei per ea quae facta sunt intellecta conspiciuntur. ' tanta est autem divinae bonitatis excellentia, quod non potest uno modo nec in una creatura sufficienter manifestari. et ideo diversas creaturas condidit, in quibus diversimode manifestatur. praecipue autem in creaturis rationalibus, in quibus eius iustitia manifestatur quantum ad illos quos pro eorum |175| meritis punit, misericordia vero in illis quos ex sua gratia liberat. et ideo ut utrumque in hominibus manifestaretur, quosdam misericorditer liberavit, sed non omnes. primo ergo ponit rationem reprobationis malorum; secundo ponit rationem electionis bonorum, * ibi ° ut ostenderet divitias, ' etc.. est autem in utrisque triplex differentia attendenda. prima quidem secundum finem; secunda, secundum usum; tertia, secundum divinum actum. finis autem reprobationis vel obdurationis malorum est manifestatio divinae iustitiae et virtutis. * et quantum ad hoc dicit ° quod, ' id est sed, ° si deus volens ostendere iram suam, ' id est iustitiam vindicativam. non enim dicitur ira in deo secundum affectus commotionem, sed secundum effectus vindictae. * supra i, 18: ° revelatur ira dei, * etc.. addit autem ° et notam facere potentiam suam, ' quia deus contra malos non solum utitur ira, id est vindicta, puniendo eos sibi subiectos, sed etiam sua potentia subiiciendo sibi. * phil. |200| c. iii, 21: ° secundum operationem qua potest etiam sibi subiicere omnia. * ex. xiv, 31: ° viderant aegyptios mortuos super littus maris, et manum magnam quam exercuerat dominus contra eos. ' usus autem malorum ad quem utitur eis deus est ira, id est poena. * et ideo vocat eos ° vasa irae, ' id est, iustitiae instrumenta, quibus deus utitur ad ostendendam iram, id est iustitiam vindicativam. * eph. ii, 3: ° eramus natura filii irae. ' actus vero quem deus erga eos exercet, non est quod disponat eos ad malum, quia ipsi de se habent dispositionem ad malum ex corruptione primi peccati. * unde dicit ° vasa apta in interitum, ' id est, in se habentia aptitudinem ad aeternam damnationem. * gen. vi, v. 5: ° videns deus quod multa malitia hominum esset in terra, et cuncta cogitatio humani cordis intenta esset ad malum omni tempore. ' hoc autem solum deus circa eos agit, quod eos permittit agere quae concupiscunt. * unde signanter dicit ° sustinuit. ' et hoc eius patientiam demonstrat, quod non statim vindictam infert. * unde addit ° in multa |225| patientia. * eccli. v, 4: ° altissimus est patiens redditor. ' deinde ex parte bonorum similiter tria ponit. primo quidem finem, * cum dicit ° ut ostenderet divitias gloriae suae. ' finis enim electionis et miserationis bonorum est, ut manifestaret in eis abundantiam bonitatis suae, revocando eos a malo, et ad iustitiam eos trahendo, et finaliter eos perducendo in gloriam. * et hoc est quod dicit ° ut ostenderet divitias gloriae suae, * de quibus divitiis supra ii, 4: ° an divitias bonitatis eius contemnis? * eph. ii, v. 4: ° deus autem qui dives est in misericordia. * signanter autem dicit ° ut ostenderet divitias gloriae suae, ' quia ipsa condemnatio et reprobatio malorum, quae est secundum dei iustitiam, manifestat et commendat sanctorum gloriam, qui ab ipsa tali miseria liberantur. secundo describit usum eorum, * cum dicit ° in vasa misericordiae. * nominat autem bonos ° vasa misericordiae, ' quia utitur eis deus quasi instrumentis ad suam misericordiam |250| manifestandam. * eccli. xliv, 10: ° isti sunt viri misericordiae. ' tertio ponit actum quem circa eos deus exercet. non enim deus eos solum sustinet, quasi de se aptos existentes ad bonum, sed eos praeparat et disponit vocando ad gloriam. * unde dicit ° quae praeparavit in gloriam. * ps. lxiv, 7: ° praeparans montes in virtute tua. ' est autem constructio defectiva et suspensiva usque huc, ut sit sensus: si volens deus hoc facere, quibusdam miseretur et quosdam indurat, quid contra hoc iuste poterit dici? quasi dicat: nihil. non enim sic quos vult indurat, ut eos peccare compellat, sed sustinet eos ut secundum suam inclinationem tendant in malum.

lc5 ' Postquam apostolus ostendit quod dei gratia datur hominibus ex divina electione, per quam homines ad gratiam vocantur, hic ostendit quod praedicta electio sive vocatio non solum pertinet ad iudaeos (ut ipsi poterant gloriari, * propter hoc quod dicitur deut. iv, 37: ° dilexi patres tuos), ' sed etiam ad gentes. et primo proponit quod intendit; secundo probat propositum, * ibi ° sicut in osea dicit, ' etc.; tertio ex dictis infert conclusionem, * ibi ° quid ergo dicemus, ' etc.. dicit ergo primo, dictum est quod sanctos praeparavit in gloriam, ° quos et vocavit, ' scilicet per gratiam suam, ° non solum ex iudaeis, sed etiam ex gentibus. * supra iii, 29: ° an iudaeorum deus tantum? nonne et gentium? * soph. ii, 11: ° adorabunt eum viri de loco suo omnes insulae gentium. * deinde cum dicit ° sicut in osea dicit, ' etc., probat propositum. et primo quantum ad gentiles; secundo quantum ad iudaeos, * ibi |25| ° isaias autem clamat, ' etc.. circa primum ponit duas auctoritates oseae loquentis pro gentibus, quarum prima promittit eis dona dei; secunda ipsam divinam filiationem, * ibi ° et erit in loco ubi dictum, * etc.. dicit ergo primo: ° sicut, ' dominus, ° dicit in osea, ' quia ipse erat qui loquebatur in prophetis. * ii reg. xxiii, 2: ° spiritus domini locutus est per me, et sermo eius per linguam meam. * unde et oseae i, 2 dicitur: ° principium loquendi domino in osea. ' est autem considerandum quod a tribus bonis quae in iudaeis eminebant, gentiles erant alieni, quorum primum erat divinus cultus, ratione cuius dicebantur populus dei, quasi ei servientes et eius praeceptis obedientes. * unde in ps. xciv, 7 dicitur: ° nos autem populus eius et oves pascuae eius. ‘ sed ab huius populi societate gentiles erant alieni, * secundum illud ephes. ii, 12: ° alienati a conversatione israel et hospites testamentorum. ‘ sed per christum facti sunt populus dei. * tit. ii, 14: ° dedit semetipsum pro nobis, ut |50| emundaret sibi populum acceptabilem. * et hoc est quod dicit ° vocabo non plebem meam, ‘ id est, gentilitatem quae non erat plebs mea, ° plebem meam, ‘ id est, ad hoc ut sit plebs mea. secundum est privilegium dilectionis. * os. c. iii, 1: ° diligit dominus filios israel, ‘ in eo scilicet quod eis multa beneficia inducentia ad specialem gratiam praestabat, a qua quidem dilectione gentiles olim erant exclusi. * eph. iv, 18: ° alienati a veritate dei propter ignorantiam quae est in illis. * et ideo dicit ° et non dilectam, ‘ meam, scilicet gentilitatem, ° vocabo dilectam, ‘ meam. * eph. ii, 13: ° vos qui aliquando eratis longe, facti estis prope in sanguine christi. * supra v, 10: ° cum inimici essemus, reconciliati sumus deo per mortem filii eius. ‘ tertium est libertas a peccato originali, quae iudaeis in circumcisione conferebatur. * is. xiv, 1: ° miserebitur dominus iacob. ‘ sed huius miserationis gentiles non erant participes. * ez. xvi, 4: ° quando nata es, in die ortus tui non est praecisus umbilicus tuus; * et infra: ° non pepercit super te oculus ut faceret tibi unum de his, misertus tui. ‘ sed postea |75| per christum sunt misericordiam consecuti. * ideo sequitur ° et non misericordiam consecutam, misericordiam consecutam. * tit. iii, v. 5: ° secundum suam misericordiam salvos nos fecit, * etc.. haec autem auctoritas habetur oseae ii, 24 secundum lxx, loco cuius littera nostra habet: ° miserebor eius quae fuit absque misericordia, et dicam non populo meo, populus meus es tu. * deinde cum dicit ° et erit in loco, * etc., inducit aliam auctoritatem quae habetur oseae i, 10: in qua ‘ eis repromittitur dignitas filiorum dei, de qua iudaei gloriabantur * propter id quod dicitur is. i, 2: ° filios enutrivi et exaltavi, ipsi autem spreverunt me. * et deut. xxxii, 6: ° nonne ipse est pater tuus? ‘ gentiles etiam non solum non dicebantur filii, quod pertinet ad eos qui ex amore deo serviunt et spiritu dei aguntur, * ut supra cap. viii, 14 dictum est, ‘ sed nec etiam digni erant ut populi dei dicerentur, quod pertinere poterat etiam ad eos qui spiritum servitutis acceperant in timore. * unde dicit ° et erit in loco, ‘ id est, in iudaea, |100| ° ubi dictum est eis, ‘ scilicet gentilibus a iudaeis quasi ex persona dei loquentibus, ° non plebs mea vos, ‘ quia non reputabant eos populum dei, ° ibi, ‘ id est etiam apud iudaeos credentes, ° vocabuntur filii dei. ‘ vel ° in loco, ‘ id est toto mundo in quo convertentur ad fidem, ut detur intelligi quod non hoc modo convertentur sicut proselyti, quos iudaei faciebant, qui suis locis derelictis in iudaeam pergebant; hoc autem non ita futurum esse in his qui ad christum convertendi erant * ostenditur soph. ii, 11: ° adorabunt eum viri de loco suo. ‘ unicuique ergo in loco suo habitanti, ° ubi dictum est eis, ‘ olim ex divina sententia, ° non plebs mea vos, ibi vocabuntur filii dei ‘ per divinam adoptionem. * io. i, 12: ° dedit eis potestatem filios dei fieri his qui credunt in nomine eius. * deinde cum dicit ° isaias autem clamat, ‘ etc., probat propositum quantum ad iudaeos per auctoritatem isaiae. et ponit duas auctoritates, quarum prima videtur pertinere ad omnes credentes ex iudaeis, secunda specialiter ad apostolos, * ibi |125| ° et sicut praedixit, ‘ etc.. dicit ergo primo: dictum est per oseam pro gentibus, ° isaias autem clamat, ‘ id est aperte loquitur pro conversione israel. * is. lviii, 1: ° clama, ne cesses, quasi tuba exalta vocem tuam. ‘ in hac autem prima auctoritate, primo, ponit paucitatem conversorum israel, * dicens ° si fuerit numerus filiorum israel quasi arena maris, ‘ id est innumerabiles prae multitudine gentium. * gen. xxii, 17: ° multiplicabo semen tuum velut arenam maris * etc.. iii reg. iv, 20: ° iuda et israel innumerabiles quasi arena maris. reliquiae salvae fient, ‘ id est non omnes, nec maior pars, sed aliqui pauci qui relinquentur ex excidio aliorum. * mich. vii, v. 1: ° factus sum sicut qui colligit in autumno racemos vindemiae. * infra xi, 5: ° reliquiae secundum electionem gratiae salvae factae sunt. ‘ secundo, * ibi ° verbum enim consummans, ‘ etc., assignat causam salutis, et, primo, ponit efficaciam evangelici verbi, * dicens ° verbum enim consummans et abbrevians in aequitate. |150| ‘ ubi notatur duplex efficacia evangelici verbi. prima est, quia ° consummans, ‘ id est, perficiens; * ut enim dicitur hebr. vii, 19: ° nihil ad perfectum adduxit lex. * dominus autem dicit, matth. v, 17: ° non veni solvere legem, sed adimplere: ‘ tum quia figuris legis veritatem adhibuit, tum quia praecepta legis moralia debito modo exposuit, et occasiones transgrediendi abstulit, et etiam eis consilia perfectionis adiunxit. unde et iuveni diviti * matth. c. xix, 21, ‘ qui omnia mandata legis servaverat, * dixit: ° unum tibi deest, si vis perfectus esse, vade et vende omnia quae habes, ‘ etc.. et propter hoc discipulis suis * dicebat matth. c. v, 49: ° estote perfecti sicut et pater vester caelestis perfectus est. ‘ secunda efficacia est abbreviandi, et haec convenienter primae adiungitur, quia quanto aliquod verbum est magis perfectum, tanto est altius, et per consequens magis simplex et breve. est autem verbum evangelii abbrevians verba legis, quia omnia sacrificia figuralia legis in uno vero sacrificio comprehendit, quo ° christus obtulit seipsum pro nobis hostiam, * ut dicitur ephes. v, 2. ‘ omnia vero |175| praecepta legis moralia in duobus praeceptis charitatis concludit * matth. xxii, 40: ° in his duobus mandatis universa lex pendet et prophetae. * unde dicit ° abbrevians in aequitate, ‘ vel quia nihil est praetermissum de multitudine figurarum et praeceptorum legis, quin sub brevitate evangelii comprehenderetur; vel quia nihil ipsorum remanet observandum quod est aequum secundum dictamen rationis naturalis * ps. cxviii, 72: ° omnia mandata tua aequitas. ‘ subaudiendum est autem erit ut sit sensus: verbum evangelii erit abbrevians et consummans in aequitate. * secundo cum dicit ° quod verbum, ‘ etc., assignat rationem praedictae efficaciae, * dicens ° quia dominus super terram, ‘ existens, id est in terris tamquam homo inhabitans * (secundum illud baruch iii, 38: ° post haec in terris visus est, et cum hominibus conversatus est) faciet verbum breviatum. ‘ perfectius enim debet esse verbum et maioris virtutis quod ipse dominus deus carnem indutus locutus est per semetipsum, quam verba quae locutus est per prophetas, * secundum |200| illud hebr. i: ° multifarie multisque modis olim deus loquens patribus in prophetis, ‘ etc.. vel aliter: ° quia dominus, ‘ scilicet deus pater, ° faciet super terram verbum breviatum, ‘ id est incarnatum, quia filius dei exinanivit semetipsum, formam servi accipiens. dicitur autem exinanitum vel breviatum, non quia aliquid subtractum sit plenitudini vel magnitudini divinitatis ipsius, sed quia nostram exilitatem et parvitatem suscepit. * habetur autem haec auctoritas is. x, 22, ubi secundum litteram nostram sic dicitur: ° si fuerit populus tuus israel quasi arena maris, reliquiae convertentur ex eo. consummatio abbreviata inundabit iustitiam. consummationem enim et abbreviationem dominus deus exercituum faciet in medio omnis terrae. * deinde cum dicit ° et sicut praedixit isaias, ‘ etc., inducit auctoritatem pertinentem specialiter ad apostolos, * dicens ° et sicut praedixit isaias * i, 9: ° nisi dominus sabaoth, ‘ id est, exercituum vel virtutum, ° reliquisset nobis, ‘ scilicet ex sua misericordia, |225| ° semen, ‘ id est, verbum evangelii; * lc. viii, 11: ° semen est verbum dei. ‘ vel, ° semen, ‘ id est christum, * gal. iii, 16: ° et semini tuo qui est christus. ‘ vel, ° semen, ‘ id est, apostolos, * is. vi, 13: ° semen sanctum erit id quod steterit in ea. sicut sodoma facti essemus, et sicut gomorrha similes fuissemus. ‘ gravius enim fuit peccatum iudaeorum quam sodomorum. * thr. iv, 6: ° maior effecta est iniquitas populi mei peccato sodomorum. * et ez. xvi, 48: ° non fecit sodoma ipsa et filiae eius sicut fecisti tu et filiae tuae. ‘ et ideo quod iudaei non sunt totaliter exterminati sicut sodomitae, est divinae misericordiae imputandum. * thr. iii, 22: ° misericordiae domini quia non sumus consumpti. * deinde cum dicit ° quid ergo dicemus? ‘ infert conclusionem ex dictis. et primo quantum ad gentes; secundo, quantum ad iudaeos, * ibi ° israel vero, ‘ etc.. circa primum duo facit. primo concludit quod intendit, * dicens: ° quid ergo dicemus, ‘ ex consideratione praedictorum? hoc, inquam, ° quod gentes apprehenderunt, |250| ‘ id est, consecutae sunt, ° iustitiam, ‘ scilicet qua vocantur filii. * i cor. vi, 11: ° et hoc quidem fuistis, sed iustificati estis. ‘ et hoc quidem ex vocatione divinae electionis, non ex meritis, * quod patet per hoc quod dicit ° quae non sectabantur iustitiam, * secundum illud ephes. ii, 12: ° eratis in illo tempore sine christo alienati a conversatione israel. ‘ secundo, exponit quod dixerat. ° iustitiam autem quae ex fide est, ‘ non eam quae in operibus consistit. non enim ad hoc gentes conversae sunt, ut iustitiam legalem observent, sed ut iustificentur per christi fidem. * supra iii, 22: ° iustitia autem dei per fidem iesu christi. * deinde cum dicit ° israel vero, ‘ etc., inducit conclusionem quantum ad iudaeos. et primo concludit quod intendit, * dicens: ° israel vero, ‘ id est, populus iudaeorum, ° sectando legem iustitiae, in legem iustitiae non pervenit. ‘ dicitur lex iustitiae lex spiritus vitae, per quam homines iustificantur, ad quam iudaeorum |275| populus non pervenit: quam tamen sectabatur observando umbram huius spiritualis legis, quae consistit in observationibus legalibus. * hebr. x, 1: ° umbram habens lex futurorum bonorum. ‘ vel ° sectando legem iustitiae, ‘ id est legem moysi, quae est lex iustitiae si sit bene intellecta: quia docet iustitiam. vel dicitur lex iustitiae, quia facit homines iustos non vere, sed exterius dum peccata vitantur, non ex amore sed timore poenae quam lex infligebat. * is. li, 1: ° audite me, qui sequimini quod iustum est, et quaeritis dominum. * et in eodem: ° audite me qui scitis iustum, populus meus, lex mea in cordibus eorum. ‘ secundo assignat causam, * dicens ° quare, ‘ scilicet dum sectarentur legem ad legem iustitiae non pervenerunt? quia scilicet non per debitam viam sectabantur. * et hoc est quod subdit ° quia non ex fide, ‘ scilicet christi quaerebant iustificari, ° sed quasi ex operibus ‘ legis. sequebantur enim figuram et repudiaverunt veritatem. * supra c. iii, 20: ° ex operibus legis non iustificabitur |300| omnis caro coram illo. ‘ tertio manifestat causam propositam, et primo proponit manifestationem, * dicens: ° offenderunt enim in lapidem offensionis, ‘ id est ad christum qui assimilatur lapidi offensionis, in hoc quod sicut lapis in quem homo offendit non cavetur propter suam parvitatem, ita iudaei videntes christum infirmitate nostra contentum, non caverunt in eum offendere. * is. liii, 3: ° quasi absconditus vultus eius, et despectus, unde non reputavimus eum. * ier. xiii, 16: ° antequam offendant pedes vestri ad montes caliginosos, ‘ id est ad christum et eius apostolos qui dicuntur montes caliginosi, propter hoc quod eorum dignitas et magnitudo latebat. secundo ad hoc inducit auctoritatem, * dicens ° sicut scriptum est, ‘ in isaia scilicet. * componit autem apostolus verba isaiae in diversis locis scripturae. nam is. xxviii, v. 16 dicitur: ° ecce ego mittam in fundamentis sion lapidem. lapidem angularem, probatum, pretiosum, in fundamento fundatum. qui crediderit, non festinet. * et hinc sumitur principium auctoritatis: ° ecce ponam in |325| sion lapidem, ‘ scilicet quasi fundamentum, in quo designatur quod christus divina ordinatione constitutus erat ecclesiae fundamentum. * i cor. iii, 11: ° fundamentum aliud nemo potest ponere praeter id quod positum est, quod est christus iesus. * legitur etiam is. viii, 14: ° in lapidem autem offensionis et petram scandali duabus domibus israel. * et hinc sumitur medium auctoritatis quo dicit ° lapidem offensionis et petram scandali, ‘ ut offensio referatur ad ignorantiam, * quia, ut dicitur i cor. ii, 8, ° si cognovissent, numquam dominum gloriae crucifixissent. ‘ scandalum autem referendum est ad impactionem et casum, quo per infidelitatem ceciderunt, christum et eius apostolos persequentes. * i cor. i, 23: ° nos praedicamus christum crucifixum, iudaeis quidem scandalum. * lc. ii, 34: ° ecce hic positus est in ruinam, * etc.. finis autem auctoritatis sumitur isaiae c. xxviii, 16: ° qui crediderit, non festinet, * loco cuius hic dicitur: ° omnis qui credit in eum non confundetur, ‘ quia scilicet consequetur mercedem ab eo. * eccli. ii, 8: ° qui |350| timetis deum, credite illi, et non evacuabitur merces vestra. ‘ ponit autem apostolus haec verba * secundum litteram lxx. et ad hunc sensum pertinet quod in littera nostra dicitur: ° qui crediderit, non festinet. ‘ ille enim festinare videtur, qui delusum se reputat, quia cito non adipiscitur quod sperabat.

075 CRO cp10

lc1 ‘ Postquam apostolus ostendit quomodo per electionem gratiae dei gentiles sunt ad fidem vocati et etiam aliqui ex iudaeis de maiori parte populi iudaici offendentibus et scandalizatis, hic agit specialiter de casu iudaeorum. et circa hoc tria facit. primo manifestat causam casus eorum quem supra tetigerat; ex qua ostenditur casus eorum esse miserandus; secundo, ostendit casum eorum non esse universalem, * ibi cap. xi ° dico ergo: numquid, ‘ etc.; tertio ostendit casum eorum non esse inutilem neque irreparabilem, * ibi ° dico ergo: numquid, ‘ etc.. circa primum duo facit. primo ostendit casum eorum esse miserandum ex sua causa; secundo ostendit quod non est totaliter excusabilis, * ibi ° sed dico: numquid non audierunt, ‘ etc.. circa primum duo facit. primo ostendit se ad iudaeos habere miserationis |25| affectum; secundo ostendit causam miserationis, * ibi ° testimonium enim illis, perhibeo, ‘ etc.. dicit ergo primo: dictum est quod iudaei in legem iustitiae non pervenerunt propter hoc quod offenderunt in lapidem offensionis, nec tamen contra eos indignor sed eorum misereor. et ideo dico vobis, ° o fratres, ‘ qui conversi estis tam ex gentibus quam ex iudaeis. * matth. xxiii, 8: ° omnes vos fratres estis, voluntas quidem cordis mei, ‘ id est ex intimo cordis affectu procedens est ad salutem eorum, ut scilicet ipsi salventur sicut et ego salvatus sum. * i cor. vii, 7: ° volo omnes homines esse sicut meipsum. * act. xxvi, 29: ° opto apud deum omnes qui audiunt tales fieri, qualis et ego sum. ‘ et in hoc deo conformabatur, qui, * ut dicitur i tim. ii, 4, ° vult omnes homines salvos fieri. ‘ nec sola voluntas est in salutem eorum, sed etiam voluntatis effectus; * unde subdit ° et obsecratio, ‘ scilicet mea, ° fit ad deum pro illis in salutem. * i reg. xii, 23: ° absit a |50| me hoc peccatum in domino, ut cessem orare pro vobis. * iac. ult.: ° orate pro invicem ut salvemini. ‘ et ex hoc patet, quod orandum est pro infidelibus ut salventur, quia et ipsa fides est donum dei. * eph. ii, 8: ° gratia salvati estis per fidem, et non ex vobis, dei enim donum est. * deinde, cum dicit ° testimonium, ‘ etc., assignat causam suae miserationis, quia scilicet non ex certa malitia, sed ex ignorantia peccabant. et circa hoc tria facit. primo enim proponit eorum ignorantiam; secundo ostendit quid ignorabant, * ibi ° ignorantes enim dei, ‘ etc.; tertio ostendit veritatem eorum quae ignorabant, * ibi ° moyses enim dicit, * etc.. ‘ dicit ergo primo: ideo salutem eorum volo, et propter hoc oro, misertus eorum, quia ° testimonium perhibeo de illis quod aemulationem quidem dei habent, ‘ scilicet quia zelo dei christum et eius membra persequuntur. * io. xvi, 2: ° veniet hora, |75| in qua omnis qui interficit vos, arbitretur obsequium se praestare deo. ‘ et huius rei testis esse poterat, quia et ipse aliquando fuerat in simili causa. * phil. iii, 6: ° secundum aemulationem persecutus sum ecclesiam dei. sed non secundum scientiam, ‘ quia scilicet eorum zelus per rectam scientiam non ordinatur dum ignorant veritatem. * is. v, 13: ° propterea captivus ductus est populus meus, quia non habuit scientiam. * i cor. xiv, 38: ° si quis autem ignorat, ignorabitur. * deinde, cum dicit ° ignorantes enim, ‘ etc., ostendit cuius rei scientiam non haberent. et primo proponit quod intendit; secundo manifestat propositum, * ibi ° finis enim legis christus, ‘ etc.. dicit ergo primo: recte dico quod non secundum scientiam, ° ignorantes enim dei iustitiam, ‘ scilicet qua deus per fidem iustificat, * supra iii, 22: ° iustitia autem dei per fidem iesu christi et quaerentes statuere, ‘ id est, firmare, ° suam, ‘ scilicet iustitiam, quae consistit in operibus legis, quae secundum eorum opinionem non expectabat |100| aliquid a deo, sed solum ex arbitrio operantium erat. et ideo dicit eorum esse iustitiam, quasi humanam et non divinam, * secundum illud supra iv, 2: ° si abraham ex operibus legis iustificatus est, habet gloriam, ‘ scilicet apud homines, ° sed non apud deum. iustitiae enim dei non sunt subiecti, ‘ id est, nolunt subiici christo, per cuius fidem iustificantur homines a deo. * ps. lxi, 1: ° nonne deo subiecta erit anima mea? * supra c. iii, 19: ° ut subditus fiat omnis mundus deo. * ex. x, 3: ° usquequo non vis subiici mihi? * deinde cum dicit ° finis legis christus, ‘ etc., manifestat quod dixerat, scilicet eos dei iustitiam ignorare et quod ei subiici nolunt, cum tamen iustitiam legalem statuere velint. circa quod considerandum est, quod * sicut etiam philosophi dicunt, “ intentio cuiuslibet legislatoris est facere homines iustos: ‘ unde multo magis lex vetus hominibus divinitus data ordinabatur ad faciendum homines iustos. |125| hanc tamen iustitiam lex per semetipsam facere non poterat, quia neminem ° ad perfectum adduxit lex, * ut dicitur hebr. vii, 19, ‘ sed ordinat homines in christum quem promittebat, et praefigurabat. * gal. iii, 24: ° lex paedagogus noster fuit in christo, ut ex fide iustificemur. * et hoc est quod dicit ° christus enim est finis legis, ‘ ad quem scilicet tota lex ordinatur. * ps. cxviii, 96: ° omnis consummationis vidi finem. ‘ finis, inquam, ° ad iustitiam, ‘ ut scilicet homines per christum iustitiam consequantur, quam lex intendebat. * supra c. viii, 3: ° quod impossibile erat legi, mittens deus filium suum, damnavit peccatum in carne, ut iustificatio legis impleretur in nobis. ‘ et hoc dico ° omni credenti, ‘ quia per fidem suos iustificat. * io. i, 12: ° dedit eis potestatem filios dei fieri his qui credunt in nomine eius. * deinde, cum dicit ° moyses enim, ‘ etc., probat veritatem eorum quae iudaei ignorabant, scilicet quod iustitia dei sit perfectior quam iustitia legalis et hoc auctoritate ipsius moysi veteris legislatoris. primo ergo per eius verba ostendit conditionem |150| iustitiae legalis; secundo, conditionem iustitiae fidei, * ibi ° quae autem ex fide est, ‘ etc.. dicit ergo primo: recte distinxi iustitiam humanam a iustitia dei, ° moyses enim scripsit, * lev. xviii, 5: ° quoniam homo qui fecerit iustitiam quae ex lege est, vivet in ea. * ubi sic littera nostra habet: ° custodite leges meas atque iudicia, quae faciens homo, vivet in eis. * et ez. xx, 13: ° iudicia mea proiecerunt, quae faciens homo, vivet in eis, ‘ quia scilicet hoc commoditatis consequebatur homo per legis observantiam, ne occideretur tamquam legis transgressor. * hebr. x, v. 28: ° irritam quis faciens legem moysi, absque ulla misericordia moritur. * lev. xx, 9: ° qui maledixerit patri vel matri, morte moriatur, ‘ et sic de aliis. possumus ulterius dicere quod per legis observationem homo ordinatur in vita praesenti: promittebat enim lex temporalia bona, et quaedam mandabat, quae ad ordinationem carnalis vitae pertinebant, * hebr. c. ix, 10: ° iustitiis carnis usque ad tempus correctionis impositis. |175| * sed contra videtur esse quod dominus dicit, matth. xix, 16 ss., quaerenti: ° quid boni faciam ut habeam vitam aeternam? * respondit: ° si vis ad vitam ingredi, serva mandata. * unde et supra v, 20 super illud: ° lex autem subintravit, * dicit quaedam glossa: ° iustitia legis suo tempore custodita, non solum bona temporalia, sed et vitam conferebat aeternam. ‘ sed haec intelligenda sunt secundum spiritualem sensum legis, qui pertinet ad fidem christi. * sed quod hic dicitur, ‘ refertur ad interiorem legis sensum, secundum quem lex de vita aeterna mentionem non faciebat. * deinde cum dicit ° quae autem ex fide est iustitia, ‘ etc., inducit auctoritatem moysi de iustitia fidei. et primo moyses ostendit certitudinem fidei, quae debet esse in corde hominis; secundo fidei effectum, * ibi ° sed quid dicit scriptura, ‘ etc.. dicit ergo primo: non solum loquitur moyses de iustitia legis, sed etiam ipse sic dicit de iustitia quae est ex fide. ° quae autem est ex fide iustitia, sic dicit, |200| ‘ id est sic loquitur in corde hominis: ° ne dixeris in corde tuo, ‘ scilicet dubitando, ° quis ascendit in caelum? ‘ quasi hoc impossibile reputans, * sicut et prov. xxx, 4 quaeritur: ° quis ascendit in caelum atque descendit? ‘ quia scilicet hoc tenere quasi impossibile, est deducere christum a caelo, id est, asserere quod christus non sit in caelo, * contra id quod dicitur io. iii, 13: ° nemo ascendit in caelum, nisi qui descendit de caelo, filius hominis qui est in caelo. * eph. iv, 9: ° qui descendit, ipse est qui et ascendit super omnes caelos. ‘ aut etiam ° ne dixeris: quis descendit in abyssum, ‘ id est, in infernum, quasi reputans hoc esse impossibile; hoc enim negare, ° est revocare christum ex mortuis, ‘ scilicet negare eum non esse mortuum. ipse enim moriens in abyssum descendit. * eccli. xxiv, 45: ° penetrabo inferiores partes terrae. ‘ et secundum hoc prohibet dubitari de duobus articulis fidei christi, scilicet de eius ascensione, et de eius morte et descensu ad inferos, quorum primum pertinet ad maximam christi exaltationem; secundum ad maximam eius humiliationem. |225| potest autem et aliter exponi, ut dicatur nobis certitudo duorum articulorum; primo quidem incarnationis, qua de caelis ad terram descendit; ut sit sensus ° ne dixeris in corde tuo, quis ascendit in caelum? ‘ et exponitur supplendo, ° id est, christum deducere; ‘ quasi dicat: quis ascendit in caelum ad deducendum christum ad nos? quod quidem non fuit necessarium, quia ipse propria virtute descendit. secundo autem, resurrectionis, * cum subdit ° aut ‘ etiam ne dixeris ° quis descendet in abyssum? ‘ et supplendo additur ° hoc est christum a mortuis revocare, ‘ quasi dicat: illuc descendit, ut inde posset christum revocare, sicut ex persona insipientium * dicitur sap. ii, v. 1: ° non est qui agnitus sit reversus ab inferis. * et hic sensus congruit verbis moysi; dicitur enim deut. xxx, 11 s. secundum litteram nostram: ° mandatum quod ego praecipio tibi hodie, non supra te est, neque procul positum, neque in caelo situm, ut possitis dicere: quis nostrum valet ad caelum conscendere, ut deferat illud ad nos? |250| ‘ nec est inconveniens si quod moyses dixit de mandato legis, hoc apostolus attribuit christo: quia christus est verbum dei, in quo sunt omnia dei mandata. sic ergo intelligendum est quod dixit: quis ascendit in caelum, id est, christum deducere? ac si dicat: quis potest in caelum conscendere, ut verbum dei inde deferat ad nos? et idem est dicendum in alio quod sequitur. * deinde cum dicit ° sed quid dicit scriptura, ‘ etc., ostendit fructum fidei per eiusdem auctoritatem. et primo proponit auctoritatem; secundo exponit eam, * ibi ° hoc est verbum fidei, ‘ etc.; tertio probat expositionem esse convenientem, * ibi ° corde enim creditur, * etc.. dicit ergo primo: ° sed quid dicit scriptura? ‘ hoc, inquam, ° prope est verbum in ore tuo et in corde tuo. * sic enim post praemissa verba deut. sequitur: ° iuxta te est sermo valde in ore tuo et in corde tuo. |275| ‘ quasi dicat: non solliciteris quod tibi desit verbum fidei iustificantis, propter hoc quod christus est in caelo secundum naturam divinam, aut quod descendit in infernum propter mortem humanitatis, quia ipse descendens de caelo et resurgens ab inferis, impressit verbum fidei in ore tuo et in corde tuo. * unde quod dicit ° prope est, ‘ potest referri ad hoc quod verbum dei sumus adepti per christum incarnatum et resurgentem. * hebr. ii, 3: ° quae cum initium accepisset enarrari per dominum. * ier. i, 9: ° ecce dedi verba mea in ore tuo. * vel, secundum glossam, “ quod dicit, ° prope, “ referendum est ad utilitatem, secundum quod dicimus, prope apud nos esse quod nobis est commodum et utile. ‘ verbo enim dei cor nostrum mundatur. * io. xv, 3: ° iam vos mundi estis propter sermonem quem locutus sum vobis. ‘ vel potest referri ad hoc quod verba fidei etsi sint supra rationem, * eccli. iii, 25: ° plurima supra sensum hominis monstrata sunt tibi, ‘ non tamen sunt contra rationem, quia |300| veritas non potest esse veritati contraria. * ps. xcii, 7: ° testimonia tua credibilia facta sunt nimis. * deinde cum dicit ° hoc est verbum, ‘ etc., exponit auctoritatem praedictam. et primo ostendit quid sit illud verbum de quo moyses loquitur, * dicens ° hoc est verbum fidei quod praedicamus. * ii tim. iv, v. 2: ° praedica verbum. * ier. xxiii, 28: ° qui habet sermonem meum, loquatur sermonem vere. ‘ secundo exponit quomodo hoc verbum est in ore per confessionem, et in corde per fidem. * et hoc est quod subdit ° quia si confitearis in ore tuo dominum iesum christum ‘ scilicet recognoscens eum dominum, subiiciendo sibi tuum affectum, * secundum quod dicitur i cor. xii, 3: ° nemo potest dicere, dominus iesus, nisi in spiritu sancto; * et iterum ° si credideris in corde tuo, ‘ scilicet fide formata, quae per dilectionem operatur, * ut dicitur gal. v, 6, ° quod deus illum suscitavit a mortuis, * ps. xl, 10: ° tu autem, domine, miserere mei, et resuscita me, * quia, ut dicitur ii cor. ult.: ° resurrexit ex virtute |325| dei, ‘ quae est communis sibi et patri; ° salvus eris, ‘ scilicet salute aeterna, * de qua dicitur is. xlv, 17: ° salvatus est israel in domino salute aeterna. * quod autem dicit ° dominum iesum, ‘ ad mysterium incarnationis refertur. * quod autem sequitur ° christum, ‘ manifeste ad resurrectionem refertur. de quibus duobus articulis * supra fecerat mentionem.

lc2 ‘ Postquam praemiserat apostolus exponendo verbum moysi, quod confessio oris et fides cordis operantur salutem, proponens hoc causa exempli in duobus articulis, de quibus videbatur moyses fecisse mentionem, hic probat quod dixerat in universali. et circa hoc tria facit. primo ostendit quod per fidem et confessionem homo consequitur salutem; secundo ponit salutis ordinem, * ibi ° quomodo ergo invocabunt, ‘ etc.; tertio infert quamdam conclusionem ex dictis, * ibi ° ergo fides ex auditu, ‘ etc.. circa primum tria facit. primo proponit quod intendit, * dicens: ‘ recte dico, quod si confitearis ore et credas corde, salvus eris; ° corde enim creditur, ‘ ab homine, ° ad iustitiam, ‘ id est ad hoc ut iustitiam per fidem consequatur. * supra v, 1: ° iustificati igitur ex fide. * signanter autem dicit ° corde creditur, ‘ id est voluntate. nam caetera, quae ad exteriorem dei cultum pertinent, potest homo nolens |25| sed credere non potest nisi volens. intellectus enim credentis non determinatur ad assentiendum veritati ex necessitate rationis, sicut intellectus scientis, sed ex voluntate: et ideo scire non pertinet ad iustitiam hominis, quae est in voluntate, sed credere. * gen. xv, v. 6: ° credidit abraham deo, et reputatum est illi ad iustitiam. ‘ postquam autem homo est iustificatus per fidem, oportet quod eius fides per dilectionem operetur ad consequendam salutem. * unde subdit ° ore autem confessio fit ad salutem, ‘ scilicet aeternam consequendam. * is. li, 8: ° salus autem mea in sempiternum erit. ‘ est autem triplex confessio necessaria ad salutem. primo quidem confessio propriae iniquitatis, * secundum illud ps. xxxi, 5: ° dixi: confitebor adversum me iniustitiam meam domino, ‘ quae est confessio poenitentis. secunda confessio est per quam homo confitetur dei bonitatem misericorditer beneficia praestantis * ps. cxvii, 1: ° confitemini domino quoniam bonus, ‘ et haec est confessio gratias |50| agentis. tertia est confessio divinae veritatis * matth. x, 32: ° omnis qui confitebitur me coram hominibus, confitebor et ego eum coram patre meo; “ et haec confessio est credentis, * de qua nunc apostolus loquitur. ‘ haec autem est necessaria ad salutem pro loco et tempore, quando scilicet exposcitur fides alicuius, scilicet a persecutore fidei, vel quando periclitatur fides aliena: sicut praecipue praelati debent praedicare fidem subditis suis. et ideo baptizati liniuntur chrismate in fronte signo crucis, ut ipsum crucifixum confiteri non erubescant. * supra i, 16: ° non enim erubesco evangelium. ‘ ita est autem et de omnibus virtutum actibus, qui pro loco et tempore sunt necessarii ad salutem. nam praecepta affirmativa quae de his dantur, obligant semper, sed non ad semper. secundo, * ibi: ° dicit enim scriptura, ‘ etc., probat per auctoritatem, * dicens: ° dicit enim scriptura, * scilicet is. xxviii, 16, ° omnis qui credit in illum, ‘ fide scilicet formata, ° non confundetur, ‘ scilicet quasi deficiens a salute. * eccli. ii 8: ° qui timetis dominum, credite illi, et non evacuabitur merces |75| vestra. * littera vero nostra habet: ° qui crediderit, non festinet, * ut supra dictum est. ‘ tertio, * ibi ° non enim est distinctio, ‘ etc., probat hoc esse universaliter intelligendum, * cum isaias indefinite hoc proponat. ‘ et, primo, proponit quod intendit, dicens: ideo dictum est ° omnis qui credit, ‘ etc., ° non enim est distinctio ‘ quantum ad hoc ° iudaei et graeci. * col. iii, 11: ° ubi non est gentilis et iudaeus, circumcisio et praeputium, ‘ etc.. secundo probat per rationem quae duplici modo innititur, quorum primum tangit, * dicens ° nam idem dominus omnium. * supra iii, v. 29: ° an iudaeorum deus tantum? nonne et gentium? * ps. xlvi, 7: ° rex omnis terrae deus. ‘ et ideo ad ipsum pertinet providere omnium saluti. secundum medium tangit, * dicens ° dives est in omnes qui invocant illum. ‘ si enim non esset tantae bonitatis quod sufficeret ad satisfactionem utriusque, posset putari quod non omnibus credentibus provideret, sed divitiae bonitatis eius et misericordiae indeficientes sunt. * supra ii, 4: ° an divitias bonitatis eius contemnis? * eph. ii, 4: |100| ° deus autem qui dives est in misericordia, ‘ etc.. tertio probat idem per auctoritatem * quae habetur ioel. ii, 32: ° omnis quicumque invocaverit nomen domini, salvus erit. ‘ est autem invocare, in se vocare per affectum et devotum cultum. * ps. xc, 15: ° invocabit me, et ego exaudiam eum. * deinde cum dicit ° quomodo ergo invocabunt, ‘ etc. ponit ordinem quo quis vocatur in salutem, quae est ex fide. et circa hoc duo facit. primo ostendit quod ea quae sunt posteriora in hoc ordine, sine prioribus esse non possunt; secundo ostendit quod, positis prioribus, non est necessarium posteriora poni, * ibi ° sed non omnes obediunt evangelio. ‘ circa primum duo facit. primo ponit ordinem eorum quae requiruntur ad salutem; secundo confirmat quod supposuerat per auctoritatem, * ibi ° sicut scriptum est. ‘ ponit autem primo quinque per ordinem, incipiens ab invocatione ad quam, secundum auctoritatem prophetae, sequitur |125| salus. * dicit ergo ° quomodo ergo invocabunt in quem non crediderunt? ‘ quasi dicat: sine dubio invocatio salutem facere non potest, nisi fide praecedente. pertinet autem invocatio ad confessionem oris quae ex fide cordis procedit. * ps. cxv, 10: ° credidi, propter quod locutus sum. * ii cor. iv, 13: ° nos credidimus, propter quod et loquimur. ‘ secundo a fide ascendit vel procedit ad auditum, * dicens ° aut quomodo credent ei quem non audierunt? ‘ illa enim homo credere dicitur quae sibi ab aliis dicuntur quae ipse non videt. * io. iv, 42: ° iam non propter tuam loquelam credimus; ipsi enim audivimus et scimus quia hic est vere salvator mundi, ‘ etc.. est autem duplex auditus: unus quidem interior, quo quis audit a deo revelante, * ps. lxxxiv, 8: ° audiam quid loquatur in me dominus deus; ‘ alius autem auditus est, quo aliquis audit ab homine exterius loquente. * act. c. x, 44: ° adhuc loquente petro verba haec, cecidit spiritus sanctus super omnes qui audiebant verbum. |150| ‘ primus autem auditus non communiter pertinet ad omnes, sed proprie pertinet ad gratiam prophetiae, quae est gratia gratis data distincte aliquibus, sed non omnibus, * secundum illud i cor. xii, 4: ° divisiones gratiarum sunt. ‘ sed quia nunc loquitur de eo quod indistincte ad omnes pertinere potest, * secundum illud quod supra dixit ° non enim est distinctio, ‘ ideo relinquitur quod hoc sit intelligendum de secundo auditu. * et ideo subdit: ° quomodo ergo audient sine praedicante? ‘ auditus enim exterior est passio quaedam audientis, quae absque actione loquentis esse non potest. * unde et dominus mandavit discipulis, matth. ult.: ° euntes in mundum universum, praedicate evangelium omni creaturae. ‘ ea vero quae fidei sunt, praedicatores a semetipsis non habent, sed a deo. * is. xxi, v. 10: ° quae audivi a domino deo exercituum annuntiavi vobis. * i cor. xi, 23: ° ego enim accepi a domino quod et tradidi vobis. * et ideo apostolus quarto subdit ° quomodo vero praedicabunt, nisi mittantur? |175| ‘ quasi dicat, non digne. * ier. xxiii, 21: ° non mittebam eos, et ipsi currebant. ‘ mittuntur autem aliqui a domino dupliciter. uno modo immediate ab ipso deo per inspirationem internam. * is. xlviii, 16: ° et nunc dominus deus misit me, et spiritus eius. ‘ huius autem missionis signum quandoque quidem est sacrae scripturae auctoritas, unde ioannes baptista cum quaereretur ab eo quis esset, auctoritatem prophetae induxit, dicens: ° ego vox clamantis in deserto, dirigite viam domini, sicut dixit isaias propheta, * ut legitur io. i, 23. ‘ quandoque autem signum huius missionis est veritas eorum quae annuntiantur. * unde per contrarium dicitur deut. xviii, 22, quod ° hoc habebit signum: quod in nomine domini propheta praedixerit et non evenerit, hoc dominus non est locutus. ‘ quandoque vero signum huius missionis est operatio miraculi. * unde dicitur ex. iv, 1, quod ‘ cum dixisset moyses domino: ° non credent mihi, nec audient vocem, ‘ scilicet illi ad quos mittor, dominus dedit ei potestatem signa faciendi. |200| nec tamen ista duo ultima sufficienter demonstrant dei missionem, praesertim cum aliquis annuntiat aliquid contra fidem. * dicitur enim deut. xiii, 1 s.: ° si surrexerit in medio tui propheta, et praedixerit signum atque portentum, et evenerit quod locutus est, et dixerit tibi, eamus et sequamur deos alienos, non audies verba illius. ‘ alio modo mittuntur aliqui a deo mediante auctoritate praelatorum, qui gerunt vicem dei. * ii cor. viii, 18: ° misimus cum illo fratrem nostrum, cuius laus est in evangelio per omnes ecclesias. * deinde, cum dicit ° sicut scriptum est, ‘ inducit auctoritatem ad probandum hoc ultimum, quod dixerat de missione praedicatorum, * dicens ° sicut scriptum est, * scilicet is. c. lii, 7: ° quam speciosi pedes evangelizantium pacem, evangelizantium bona * ubi littera nostra sic habet: ° quam pulchri supra montes pedes praedicantis et annuntiantis pacem, annuntiantis bonum. * et similiter habetur nahum i, 15: ° ecce super montes pedes evangelizantis et annuntiantis pacem. ‘ in his autem verbis, primo, commendatur |225| processus praedicatorum, * cum dicit ° quam speciosi pedes, ‘ quod dupliciter potest intelligi. uno modo ut per pedes intelligantur eorum processus, quia scilicet ordinate procedunt, non usurpantes sibi praedicationis officium. * cant. vii, 1: ° quam pulchri sunt gressus tui in calceamentis, filia principis. ‘ alio modo possunt intelligi per pedes affectus qui rectitudinem habent, dum non intentione laudis aut lucri verbum dei annuntiant, sed propter hominum salutem et dei gloriam. * ez. i, 7: ° pedes eorum, pedes recti. ‘ secundo tangit praedicationis materiam, quae quidem est duplex. praedicant enim ea quae sunt utilia ad vitam praesentem, quod designat * cum dicit: ° evangelizantium pacem, ‘ scilicet triplicem. primo quidem annuntiant pacem quam christus fecit inter homines et deum. * ii cor. v, v. 19: ° deus erat in christo mundum reconcilians sibi. et posuit in nobis verbum reconciliationis. * supra v, 1: ° pacem habeamus per iesum christum ad dominum. ‘ secundo annuntiant pacem habendam cum omnibus hominibus. |250| * infra xii, 18: ° si fieri potest quod ex vobis est, cum omnibus hominibus pacem habentes. ‘ tertio annuntiant ea per quae homo potest habere pacem in semetipso. * ps. cxviii, v. 165: ° pax multa diligentibus legem tuam, domine. ‘ et sub his tribus continentur omnia quae in hac vita sunt utilia ad salutem, vel quantum ad deum, vel quantum ad proximum, vel quantum ad semetipsum. praedicant etiam ea quae speramus habere in alia vita. * et quantum ad hoc dicit ° evangelizantium bona. * lc. xii, 44: ° super omnia bona sua constituet eum. * deinde, cum dicit ° sed non omnes obediunt evangelio, ‘ etc., ostendit ex prioribus non semper sequi posteriora. licet namque non possit esse quod quis credat nisi audiat a praedicante, non tamen quicumque audit a praedicante credit, * et hoc est quod subdit ° sed non omnes obediunt evangelio. * ii thes. iii, 2: ° non enim omnium est fides. ‘ hoc autem dicit ideo ut ostendatur quod verbum exterius loquentis non est causa sufficiens fidei, nisi cor hominis attrahatur interius |275| virtute dei loquentis, * io. vi, 45: ° omnis qui audivit a patre meo et didicit, venit ad me. ‘ et sic quod homines credunt, non est attribuendum praedicatoris industriae. per hoc etiam ostenditur quod omnes increduli non excusantur a peccato sed illi qui non audiunt et non credunt. * io. xv, 22: ° si non venissem et locutus eis non fuissem, peccatum non haberent; nunc autem excusationem non habent de peccato suo. ‘ et hoc etiam magis consonat his * quae apostolus posterius dicet. ‘ secundo, ad hoc inducit auctoritatem, * cum subdit ° isaias enim dicit: domine, quis credidit auditui nostro? ‘ quasi diceret: rarus. * ez. ii, 6: ° increduli et subversores sunt tecum. * mich. vii, 1: ° factus sum sicut qui colligit in autumno racemos vindemiae. ‘ quod quidem isaias dixit praevidens iudaeorum infidelitatem futuram. * eccli. c. xlviii, 27: ° spiritu magno vidit ultima, ‘ etc.. dicit autem ° auditui nostro, ‘ vel propter id quod a deo audierunt; * sicut dicitur in abdia v. 1: ° auditum audivimus a domino, et legatos ad gentes misit; ‘ vel propter id quod |300| homines ab apostolis audiebant. * ez. xxxiii, v. 32: ° audiunt verba tua, et non faciunt ea. * deinde, cum dicit ° ergo fides ex auditu, ‘ etc., infert conclusionem ex dictis, * dicens: ° ergo “ ex quo aliqui non credunt nisi audierint, ° fides est ex auditu. * ps. xvii, 45: ° in auditu auris obedivit mihi. * sed contra videtur esse quod “ fides est virtus infusa divinitus. * phil. i, 29: ° vobis datum est, ut in ipsum credatis. ‘ dicendum est ergo, quod ad fidem duo requiruntur: quorum unum est cordis inclinatio ad credendum et hoc non est ex auditu, sed ex dono gratiae; aliud autem est determinatio de credibili et istud est ex auditu. et ideo cornelius qui habebat cor inclinatum ad credendum, necesse habuit ut ad eum mitteretur petrus, qui sibi determinaret quid esset credendum. * ex eo vero quod dixerat: ° quomodo audient sine praedicante? et quomodo praedicabunt, nisi mittantur? * concludit ° auditus autem, ‘ scilicet credentium, est ° per verbum ‘ praedicatorum quod est ° verbum christi, ‘ vel quia est de christo, * i cor. i, 23: ° nos |325| praedicamus christum iesum, ‘ vel quia a christo habent quod mittantur * i cor. xi, 23: ° ego enim accepi a domino quod et tradidi vobis.

lc3 ‘ Postquam apostolus ostendit casum iudaeorum esse miserandum, quia ex ignorantia peccaverunt, hic ostendit quod eorum talis casus non est excusabilis ex toto, quia eorum ignorantia non fuit invincibilis vel ex necessitate existens, sed quodammodo voluntaria. et hoc quidem ostendit dupliciter. primo quidem per hoc quod audierunt ex doctrina apostolorum; secundo, per hoc quod cognoverunt ex doctrina legis et prophetarum, * ibi ° sed dico, numquid israel non cognovit? ‘ circa primum duo facit. primo proponit quaestionem, dicens: dictum est quod fides est ex auditu et non possunt homines credere ei quem non audierunt, dico ergo ° numquid non audierunt? ‘ ut scilicet per hoc possint excusari totaliter ab incredulitate, * secundum illud io. xv, 22: ° si non venissem, et locutus eis non fuissem, peccatum non haberent. ‘ secundo ad quaestionem respondet interveniendo per auctoritatem * ps. xviii, |25| v. 5 dicentis ° in omnes terram exivit sonus eorum, ‘ scilicet apostolorum, id est fama eorum exivit in omnem terram, non solum iudaeorum sed etiam omnium gentium. * iob c. xxviii, 22: ° perditio et mors dixerunt: auribus nostris audivimus famam eius, ‘ scilicet sapientiam per apostolos praedicatam. * et dominus eis praeceperat matth. ult. xxviii, v. 19: ° euntes in universum mundum, praedicate evangelium omni creaturae. et verba eorum, ‘ scilicet distincta eorum doctrina, exierunt in fines orbis terrae. ad litteram: usque ad fines mundi. * is. xxiv, 16: ° a finibus terrae laudes audivimus gloriam iusti. * et xlix, 6: ° dedi te in lucem gentium, ut sis salus mea usque ad extremum terrae. ‘ et est notandum quod * secundum augustinum “ haec verba nondum erant completa, quando apostolus talia loquebatur sed praevidebat ea esse complenda. et ideo utitur praeterito pro futuro, propter certitudinem divinae praeordinationis: sicut etiam david, cuius verba assumit apostolus, manifeste utebatur praeterito pro futuro. * et ideo hoc dicit augustinus, “ quia adhuc tempore |50| suo dicit fuisse quasdam gentes in africae partibus, quibus non erat fides christi praedicata. * chrysostomus autem super matth. e contrario dicit “ hoc quod hic dicitur, completum fuisse tempore apostolorum, exponens sic * quod habetur matth. xxiv, 14: “ et oportet hoc evangelium praedicari in universo orbe et tunc veniet consummatio, idest, destructio ierusalem. * utrumque autem est aliqualiter verum. ‘ tempore enim apostolorum, ad omnes gentes etiam usque ad fines mundi pervenit aliqua fama de praedicatione apostolorum per ipsos apostolos vel discipulos eorum. matthaeus namque praedicavit in aethiopia, thomas in india, petrus et paulus in occidente. * et hoc est quod chrysostomus dicere intendit. ‘ non tamen sic fuit impletum tempore apostolorum, quod in omnibus gentibus ecclesia aedificaretur, “ quod tamen est implendum ante finem mundi, * ut dicit augustinus in epistola ad hesychium. magis tamen praesenti intentioni apostoli congruit expositio chrysostomi quam augustini. ‘ nulla enim ratio esset auferendi excusationem |75| infidelibus per hoc quod in futurum erant audituri. per hoc tamen non habetur quod ad singulos homines fama praedicationis apostolicae pervenerit, licet pervenerit ad omnes gentes. numquid ergo illi ad quos non pervenit, utpote si fuerunt nutriti in sylvis, excusationem habent de peccato infidelitatis? ad hoc dicendum est quod, * secundum sententiam domini, quae habetur io. xv, 22, ‘ illi qui loquentem dominum per se vel per eius discipulos non audierunt, excusationem habent de peccato infidelitatis, non tamen beneficium dei consequentur, ut scilicet iustificentur ab aliis peccatis, vel quae nascendo contraxerunt, vel male vivendo addiderunt, et pro his merito damnantur. si qui tamen eorum fecissent quod in se est, dominus eis secundum suam misericordiam providisset, mittendo eis praedicatorem fidei, sicut petrum cornelio, * act. x, 5 s., ‘ et paulum macedonibus, * ut habetur act. xvi, 9 s.. ‘ sed tamen hoc ipsum quod aliqui faciunt quod in se est, convertendo se scilicet ad deum, ex deo est movente corda ipsorum ad bonum. * thr. v, |100| v. 21: ° converte nos, domine, ad te, et convertemur. * deinde, cum dicit ° sed dico: numquid israel, ‘ etc., ostendit eos esse inexcusabiles propter notitiam, quam habuerunt ex lege et prophetis. et primo movet quaestionem, * dicens ° sed dico, ‘ adhuc inquirendo, ° numquid israel, ‘ id est populus iudaeorum, non cognovit ea quae pertinent ad mysterium christi, et ad vocationem gentium, et casum iudaeorum? plane cognovit. * infra ii, 18: ° instructus per legem; * ps. cxlvii, 20: ° non fecit taliter omni nationi; * bar. iv, 4: ° beati sumus, o israel, quoniam quae placita sunt deo, manifesta sunt nobis. * secundo, cum dicit, ibi ° primus moyses, ‘ solvit quaestionem et ostendit eos cognovisse, primo quidem, per doctrinam legis, * dicens ° primus moyses, ‘ qui est legislator. quod non est sic intelligendum per hoc * quod inducit ° primus, ‘ quasi fuerint duo moyses, quorum primus hoc dixit; sed quia moyses fuit primus, id est, praecipuus inter doctores iudaeorum; * deut. ult.: |125| ° non surrexit ultra propheta in israel sicut moyses; ‘ vel primus fuit in ordine talia dicendi, quia ipse primus inter alios hoc dixit. ° ego ad aemulationem vos adducam in non gentem, in gentem insipientem, in iram vos mittam. * ubi littera nostra sic habet: ° ego provocabo eos in eo qui non est populus et in gente stulta irritabo eos. ‘ ubi duplex est distinctio attendenda. prima quidem ex parte gentilitatis, quam vocat non gentem, quasi non dignam vocari gentem, eo quod non erat adunata in cultu unius dei. * eccli. l, 27: ° secunda non est gens quam oderim. ‘ eamdem autem gentem vocat gentem insipientem, et si aliqualiter gens dici posset secundum quod adunatur et gubernatur lege humana, dicitur tamen insipiens, quasi privata vera sapientia, quae in cognitione et cultu dei consistit. * eph. iv, 17 s.: ° sicut et gentes ambulant in vanitate sensus sui, tenebris obscuratum habentes intellectum, alienati a via dei. ‘ et sic refertur ad gentilitatem, secundum statum ante conversionem. |150| possunt etiam haec duo attribui gentilitati post conversionem, quae dicitur non gens, id est non gentiliter vivens, * sicut apostolus dicit ibidem: ° iam non amplius ambuletis sicut et gentes. ‘ dicitur etiam gentilitas conversa gens insipiens, * secundum opinionem infidelium. i cor. iii, 18: ° si quis inter vos sapiens videtur esse in hoc saeculo, stultus fiat ut sit sapiens. ‘ secunda differentia attenditur quantum ad hoc quod, primo, ponit aemulationem, scilicet invidiae, qua iudaei invidebant gentilibus conversis, * gal. iv, 17: ° aemulantur vos non bene. ‘ secundo ponit iram, qua contra eos irascuntur. * ps. xxxvi, v. 12: ° observabit peccator iustum, et stridebit, ‘ etc.. et haec duo congrue coniunguntur, quia ex invidia causatur ira. * unde iob v, 2 dicitur: ° virum stultum interficit iracundia, et parvulum occidit invidia. ‘ dicitur autem deus in aemulationem inducere et in iram mittere, non quidem in eis causando malitiam sed subtrahendo gratiam, vel potius faciendo conversionem gentium, |175| unde iudaei occasionem irae et invidiae sumunt. secundo ostendit eos cognovisse per doctrinam prophetarum, et inducit isaiam, primo quidem praenuntiantem conversionem gentium, * dicens ° isaias autem audet et dicit, ‘ id est audacter iudaeis annuntiat veritatem, quamvis ei periculum mortis immineret, * iob xxxix, 12: ° audacter in occursum pergit armatis; et dicit, * is. lxiv, 1: ° inventus sum a gentibus non quaerentibus me, palam apparui his qui me non interrogabant, * ubi littera nostra sic habet: ° quaesierunt me qui ante non interrogabant, invenerunt qui non inquisierunt me. ‘ in his autem verbis primo designat conversionem gentium, * dicens ° inventus sum a gentibus non quaerentibus me. ‘ et ideo praeter merita et intentionem gentilium ostenditur fuisse eorum conversio. * infra xv, v. 9: ° gentes autem super misericordia honorare deum. * de hac autem inventione dicitur matth. xiii, 44: ° simile est regnum caelorum thesauro abscondito in agro, quem qui invenit homo abscondit, ‘ etc.. |200| secundo ostendit causam et modum conversionis eorum. causam quidem, quia non casu factum est ut invenirent quod non quaerebant sed ex gratia eius qui eis voluit apparere; quod designatur in hoc * quod dicit ° apparui. * tit. ii, v. 11: ° apparuit gratia salvatoris nostri dei omnibus hominibus. ‘ modum autem, quia non apparuit christus gentilibus in aenigmatibus et figuris legis sed in manifesta veritate. * unde dicit ° palam. * io. c. xvi, 29: ° ecce palam loqueris, et proverbium nullum dicis. palam, * inquit, ° apparui eis, ‘ scilicet gentilibus, ° qui me non interrogabant, ‘ id est qui meam doctrinam non quaerebant. * is. xlv, 20: ° rogant deum non salvantem. ‘ secundo * ostendit quod ‘ isaias praenuntiavit incredulitatem iudaeorum, * dicens ° ad israel autem, ‘ id est contra israel, ° dicit, * is. lxv, 2: ° tota die expandi manus meas ad populum non credentem, sed contradicentem mihi. * ubi nostra littera sic habet: ° expandi manus meas tota die ad populum incredulum, qui graditur in via non |225| bona post cogitationes suas, populus qui ad iracundiam provocat me. * quod autem dicit ° expandi manus meas, ‘ potest uno modo intelligi de expansione manuum christi in cruce, quae quidem dicitur fuisse in cruce tota die, id est principali parte totius diei, scilicet ab hora sexta usque ad vesperas, * matth. xxvii, 45. ‘ et quamvis eo expandente manus in cruce, sol sit obscuratus, petrae scissae, monumenta aperta, iudaei tamen in sua incredulitate permanserunt, eum blasphemantes, * ut dicitur matth. xxviii, 39 s.. unde subdit ° ad populum non credentem, sed contradicentem mihi. * hebr. xii, 3: ° recogitate eum qui talem sustinuit a peccatoribus adversus semetipsum contradictionem. ‘ alio modo potest referri ad extensionem manus dei in miraculis faciendis, * act. iv, 30: ° in eo quod manum tuam extendis ad sanitates, et signa et prodigia fieri per nomen sancti filii tui iesu; ‘ ut sit sensus: ° tota die, ‘ id est toto tempore praedicationis meae, ° expandi manus meas, ‘ miracula faciendo, ° ad populum non credentem, ‘ etiam miraculis |250| visis, * io. xv, 24: ° si opera non fecissem, quae nemo alius fecit, peccatum non haberent, sed contradicentem mihi, ‘ id est meis miraculis detrahentem, * secundum illud matth. xii, 24: ° in beelzebub, principe daemoniorum, eiicit daemonia. * osee iv, 4: ° populus tuus sicut hi qui contradicunt sacerdoti. ‘ tertio potest intelligi de extensione manus dei ad beneficia illi populo exhibita, * secundum illud prov. i, 24: ° extendi manum meam, et non fuit qui aspiceret; ‘ ut sit sensus ° tota die, ‘ id est toto tempore legis et prophetarum, ° expandi manus meas ‘ ad dandum beneficia ° ad populum non credentem, sed contradicentem mihi. * deut. xxxi, 27: ° semper contentiose egistis contra dominum.

075 CRO cp11

lc1 ‘ Postquam apostolus ostendit iudaeorum casum esse miserandum, non tamen totaliter excusabilem, hic ostendit casum iudaeorum non esse universalem. et primo movet quaestionem; secundo solvit, * ibi ° absit, ‘ etc.; tertio infert conclusionem, * ibi ° quid ergo, ‘ etc.. dicit ergo primo: ° dico, ‘ ad haec inquirendo, ° numquid deus repulit, ‘ totaliter, ° populum suum? ‘ scilicet iudaeorum, quia vocat eum non credentem sed contradicentem. * et hoc psalmista etiam inquirit dicens: ° ut quid deus, repulisti in finem? * thr. ii, 7: ° repulit dominus altare suum. * deinde, cum dicit ° absit, ‘ etc., solvit quaestionem ostendens quod deus non totaliter repulit populum iudaeorum. * et hoc est quod dicit ° absit, ‘ ut scilicet populus iudaeorum sit totaliter repulsus. et hoc quidem, primo, probat quantum ad personam suam, * dicens: ° nam et ego, ‘ scilicet in fide christi existens, ° israelita sum, ‘ scilicet gente; * ii cor. xi, 22: ° israelitae sunt et ego. |25| ‘ et quia in populo israel erant aliqui proselyti, qui non descenderunt secundum carnem ex patriarchis, secundo, hoc de se excludit, * subdens ° ex semine abrahae. * ii cor. c. xi, 22: ° semen abrahae sunt, et ego. ‘ erant autem in populo iudaeorum tribus distinctae secundum filios iacob, quorum quidam fuerunt filii ancillarum, quidam uxorum. ioseph autem et beniamin filii rachel, praedilectae uxoris. unde, tertio, suam excellentiam in populo iudaeorum ostendens * dicit ° ex tribu beniamin. * phil. iii, 5: ° ex genere israel, de tribu beniamin. * unde et de eo exponitur a quibusdam quod legitur gen. penult.: ° beniamin, lupus rapax mane comedet praedam, et vespere dividet spolia. ‘ secundo, * ibi: ° non repulit, ‘ etc., ostendit populum illum non esse repulsum a deo etiam quantum ad multos electos suos. et primo proponit quod intendit; secundo inducit similitudinem, * dicens ° an nescitis; ‘ tertio adaptat eam, * ibi ° sic ergo et in hoc tempore, ‘ etc.. |50| dicit ergo primo: non solum ego non sum repulsus sed ° deus non repulit plebem suam, ‘ totam, ° quam praescivit, ‘ id est praedestinavit. * supra viii, 8: ° quos praescivit, hos et praedestinavit. * ps. xciii, 14: ° non repellet dominus plebem suam. ‘ quod apostolus hic exponit quantum ad praedestinatos. * deinde, cum dicit ° an nescitis, ‘ etc., inducit similitudinem de his quae contigerunt tempore eliae, quando etiam totus populus videbatur a cultu unius dei aberrasse. ubi primo ponit interpellationem eliae; secundo responsionem domini, * ibi ° sed quid dicit scriptura divina, * etc.. dicit ergo primo ° an nescitis quid scriptura ‘ sacra ° dicat in elia, ‘ id est de elia * iii reg. xix, 10. “ vel, ° in elia ‘ id est in libro de elia scripto. totus enim liber regum est principaliter scriptus ad notificandum dicta et facta prophetarum. “ unde et inter libros propheticos computatur, * ut hieron. dicit in prologo libri regum. ° quemadmodum, ‘ scilicet ipse elias, ° interpellat deum adversus israel. * contra quod videtur esse verbum |75| samuelis dicentis i reg. xii, 23: ° absit hoc peccatum a me in domino, ut cessem orare pro vobis. “ multo ergo minus est contra populum interpellandum. ‘ sed intelligendum est quod prophetae contra populum aliquem interpellant tripliciter. uno modo conformando voluntatem suam voluntati divinae eis revelatae, * sicut et in ps. lvii, 11 dicitur: ° laetabitur iustus, cum viderit vindictam. ‘ alio modo interpellando contra regnum peccati, ut scilicet non homines, sed peccata hominum destruantur. tertio modo ut interpellatio, vel oratio est interpretanda per modum denuntiationis, * secundum illud ier. xvii, 18: ° confundantur qui me persequuntur, ‘ id est confundentur. duo autem in hac sua interpellatione contra eos allegat. primo quidem impietatem quam commiserant contra cultum dei, uno quidem modo persequendo ministros eius, * quod tangit dicens ° domine, prophetas tuos occiderunt. * iii reg. xviii, 13: ° numquid non indicatum est tibi domino meo quid fecerim, cum interficeret iezabel prophetas domini? * act. vii, |100| v. 52: ° quem prophetarum non sunt persecuti patres vestri? ‘ alio modo quantum ad loca deo sanctificata, * secundum illud ps. lxxiii, 7: ° incenderunt igni sanctuarium tuum. * et quantum ad hoc dicit: ° altaria tua suffoderunt. ‘ unde notandum est quod, * deut. c. xii, 5, dominus mandavit dicens: ° ad locum quem elegerit dominus deus vester de cunctis tribubus vestris, ut ponat nomen suum ibi et habitet in eo, venietis et offeretis in illo loco holocausta et victimas vestras. ‘ tamen ante aedificationem templi permittebatur populo, ut in diversis locis altaria construeret ad cultum divinum; quod quia erat contra legem, aedificato iam templo, ezechias rex piissimus omnia huiusmodi altaria destrui fecit. * et hoc est quod dicitur iv reg. c. xviii, 22: ° nonne iste est ezechias, qui abstulit excelsa et altaria, et praecepit iudae et ierusalem: ante altare hoc adorabitis in ierusalem? ‘ quod ergo ezechias fecit ex pietate, hoc fecit achab et iezabel ex impietate, volentes cultum dei totaliter extirpare. tertio, allegat contra |125| eos impietatem quam facere intendebant, dicens ° et relictus sum ego solus, ‘ scilicet in cultu unius dei; quod quidem dixit elias, eo quod alii non ita aperte manifestabant se esse dei cultores. * dicitur enim de eo eccli. c. xlviii, 1: ° surrexit elias propheta quasi ignis, et verbum illius quasi facula ardebat. et quaerunt animam meam, ‘ scilicet ut auferant eam. * miserat enim iezabel ad eliam, iv reg. xix, 2, dicens: ° haec mihi faciant dii, et haec addant, nisi hac hora cras posuero animam tuam sicut animam unius ex illis, ‘ scilicet prophetis baal, quos occiderat elias. * deinde, cum dicit ° sed quid dicit, ‘ etc., ponit divinum responsum, * dicens: ° sed quid dicit scriptura * ibidem, ‘ scilicet dixisse, ° illi, ‘ scilicet eliae, ° responsum divinum? ‘ hoc inquam, * quod sequitur: ° reliqui mihi, ‘ id est in cultu meo non permittendo eos cadere in peccatum, ° septem millia virorum, ‘ ponitur certum pro incerto propter perfectionem septenarii et miliarii, ° qui non curvaverunt genua ante baal ‘ id est qui cultum dei non deseruerunt. * is. xlvii, |150| v. 7: ° omnem qui invocat nomen meum, in gloriam meam creavi, * etc.. deinde, cum dicit ° sic ergo, ‘ etc., adaptat quod dixerat ad propositum. et primo ponit adaptationem, * dicens ° sic ergo et in hoc tempore, ‘ in quo videtur multitudo populi deviasse, ° reliquiae, ‘ id est multi qui sunt relicti ab illo excidio, ° salvae fient, ‘ vel salvae factae sunt ° secundum electionem gratiae dei, ‘ id est secundum gratuitam electionem dei. * io. xv, 16: ° non me elegistis, sed ego elegi vos. ‘ secundo ex hoc infert conclusionem, * dicens ° si autem gratia, ‘ salvi facti sunt, ° iam non ex operibus ‘ eorum. * tit. iii, 5: ° non ex operibus iustitiae quae fecimus nos, sed secundum suam misericordiam salvos nos fecit. ‘ tertio ostendit sequi conclusionem ex praemissis, * dicens ° alioquin, ‘ scilicet si ° gratia ‘ est ex operibus, ° iam non est gratia, ‘ quae dicitur ex eo quod gratis datur. * supra iii, 24: ° iustificati gratis per gratiam ipsius. * deinde, cum dicit ° quid ergo, ‘ etc., infert conclusionem intentam. |175| et, primo ponit eam, * dicens ° quid ergo ‘ secundum praemissa dicemus? “ hoc scilicet, quod ° israel, ‘ quantum ad maiorem multitudinem populi, ° non est consecutus quod quaerebat, ‘ scilicet iustitiam. * et hoc modo intelligendum est quod supra ix, 31 dictum est ° israel sectando legem iustitiae, in legem iustitiae non pervenit. * io. vii, 34: ° quaeretis me, et non invenietis. ‘ ita tamen quod ° electio, ‘ id est electi ex iudaeis, ° consecuta est ‘ iustitiam, * eph. i, 4: ° elegit nos in ipso, ut essemus sancti, caeteri vero, ‘ id est alia pars populi, ° excaecati sunt ‘ propter suam malitiam. * sap. ii, 21: ° excaecavit eos malitia eorum. ‘ secundo, * ibi ° sicut scriptum est, ‘ etc., manifestat conclusionem quantum ad ultimam partem. et primo per auctoritatem isaiae; secundo, per auctoritatem david, * ibi ° et david dicit. ‘ circa primum notandum quod apostolus componit auctoritatem ex duabus. * legitur enim is. xix, 10: ° miscui vobis spiritum soporis. * et quantum ad hoc dicit ° dedit |200| deus illis spiritum compunctionis, ‘ quod pertinet ad perversitatem affectus. compunctio enim importat quamdam cordis punctionem sive dolorem. est ergo quaedam bona compunctio qua quis dolet de propriis peccatis, * secundum illud ps. lix, 5: ° potasti nos vino compunctionis. ‘ est autem et mala compunctio, scilicet invidiae, qua quis dolet de bonis aliorum. hunc ergo compunctionis, id est invidiae, spiritum eis dedit deus, non quidem immittendo malitiam sed subtrahendo gratiam, * sicut supra dictum est x, 10: ° ego ad aemulationem adducam vos in non gentem. * item legitur is. vi, 10: ° excaeca cor populi huius, et aures eius aggrava, et oculos eius claude: ne forte videat oculis suis, et auribus suis audiat. ‘ et quantum ad hoc designans defectum cognitivae virtutis, * subdit ° oculos, ut non videant, ‘ scilicet per seipsos quantum ad miracula, quae christus, eis videntibus, fecit, ° et aures, ut non audiant, ‘ scilicet fructuose doctrinam christi et apostolorum. * is. xlii, 20: ° qui vides multa, nonne custodies? qui apertas aures habes, |225| nonne audies? * addit autem apostolus de suo ° usque in hodiernum diem, ‘ quia in fine mundi videbunt et audient, quando convertentur corda filiorum ad patres eorum, * ut dicitur malach. ult.. deinde cum dicit ° et david dicit, ‘ etc., ponit ad idem auctoritatem david. in qua, primo, tangit occasionem defectus iudaeorum, * dicens ° fiat mensa eorum, ‘ id est malitia qua peccatores reficiuntur. * iob xx, v. 12: ° cum dulce fuerit in ore eius malum, abscondet illud sub lingua sua. ‘ quae quidem mensa est coram ipsis quando ex certa malitia peccant. hoc quidem fit ° in laqueum ‘ quando ex ea paratur tentatio ad peccandum, * is. xxiv, 18: ° qui explicaverit se de fovea, tenebitur laqueo, et in captionem, ‘ quando delectationi succumbit per consensum, * is. c. viii, 15: ° capientur et irretientur, et in scandalum, ‘ id est in pactionem casus quando ruunt de peccato in peccatum, * ps. cxviii, v. 165: ° pax multa diligentibus legem tuam, et non est illis scandalum, et in retributionem illis ‘ quando scilicet punientur pro suis peccatis. vel quia hoc ipsum est retributio |250| delictorum, quia iste eos permittit sic cadere. * ps. xciii, 2: ° redde retributionem superbis. ‘ vel ° mensa ‘ est sacra scriptura iudaeis apposita. * prov. ix, 2: ° proposuit mensam suam. ‘ quae quidem fit ° in laqueum, ‘ quando occurrit aliquod ambiguum, ° in captionem, ‘ quando male intelligitur, ° in scandalum, ‘ quando ruit in pertinaciam erroris, et ° retributionem, * ut supra. ‘ secundo ponit ipsum defectum quantum ad cognitivam virtutem, * cum dicit ° obscurentur oculi eorum ne videant, ‘ quod magis praenuntiando quam optando dicitur. * eph. iv, 18: ° tenebris obscuratum habentes intellectum. ‘ et quantum ad effectum * cum dicit ° et dorsum eorum, ‘ id est liberum arbitrium quod portat ad bona et ad mala, ° semper incurva, ‘ id est incurvari permitte ab aeternis ad temporalia, a rectitudine iustitiae ad iniquitatem. * is. li, 23: ° incurvare ut transeamus.

lc2 ‘ Postquam apostolus ostendit quod casus iudaeorum non est universalis, hic incipit ostendere quod casus eorum non est inutilis neque irreparabilis. et circa hoc duo facit. primo ostendit casum iudaeorum esse utilem et reparabilem; secundo excludit gloriam gentilium iudaeis insultantium, * ibi ° quod si aliqui ex ramis, ‘ etc.. circa primum duo facit. primo proponit quaestionem; secundo solvit, * ibi ° absit, ‘ etc.. dicit ergo primo: dictum est et probatum, quod caeteri iudaei praeter electos sunt excaecati. * dicit ergo, quaestionem movens, ° numquid sic offenderunt ut caderent? ‘ quod potest dupliciter intelligi. uno modo sic: numquid deus permisit eos offendere solum ° ut caderent, ‘ id est propter nullam aliam utilitatem inde consequentem, sed solum volens eos cadere? ‘ quod quidem esset contra bonitatem divinam, quae tanta est, * ut augustinus dicit in enchiridion, “ quod numquam |25| permitteret aliquid mali fieri nisi propter bonum, quod ex malo elicit. * unde et iob xxxiv, 24 dicitur: ° conteret multos et innumerabiles, et stare faciet alios pro eis. * et apoc. iii, 11 dicitur: ° tene quod habes, ne alter accipiat coronam tuam, ‘ quia scilicet deus aliquos sic permittit cadere, ut quorumdam casus sit aliorum salutis occasio. alio modo potest intelligi sic: ° numquid sic offenderunt ut caderent? ‘ id est perpetuo in casu remanerent? * ps. xl, 9: ° numquid qui dormit non adiiciet ut resurgat? ‘ deinde * cum dicit ° absit, ‘ etc., solvit quaestionem. et primo secundum primum intellectum ostendens casum iudaeorum fuisse utilem; secundo solvit quaestionem quantum ad secundum intellectum, ostendens casum iudaeorum esse reparabilem, * ibi ° quod si delictum illorum, * etc.. dicit ergo primo ° absit, ‘ ut scilicet inutiliter caderent. ° sed, ‘ magis, ° illorum, ‘ scilicet iudaeorum, ° delicto, salus gentibus ‘ facta est occasionaliter. * unde et dominus dicit io. iv, 22: ° salus ex iudaeis est. |50| ‘ quod quidem potest intelligi tripliciter. primo modo, quia per delictum quod in occisione christi commiserunt, est subsecuta salus gentium per redemptionem sanguinis christi. * i petr. i, 18: ° non enim corruptibilibus auro vel argento redempti estis de vana vestra conversatione paternae traditionis, sed pretioso sanguine agni immaculati. ‘ secundo modo potest intelligi de delicto quo doctrinam apostolorum repulerunt, ex quo confectum est ut apostoli gentibus praedicarent, * secundum illud act. xiii, 46: ° vobis oportebat primum loqui verbum dei, sed quoniam repulistis illud, ecce convertimur ad gentes, ‘ etc.. tertio modo potest intelligi de hoc quod propter suam impoenitentiam sunt in omnes gentes dispersi. et sic christus et ecclesia ubique a libris iudaeorum testimonium habuit fidei christianae, ad convertendos gentiles qui suspicari potuissent prophetias de christo, quas praedicatores fidei inducebant, esse confictas, nisi probarentur testimonio iudaeorum; * unde in ps. lviii, 12 dicitur: ° ostendit mihi super inimicos meos, “ scilicet |75| iudaeos, ° ne occidas eos, ne quando obliviscantur populi mei: disperge illos in virtute tua. * sequitur ° ut illos aemulentur. ‘ et quia non dicit qui vel quos, cum etiam sit duplex aemulatio, scilicet indignationis et imitationis, potest hoc quatuor modis exponi. primo modo ut intelligatur sic ° ut, ‘ gentiles, ° illos, ‘ scilicet iudaeos, ° aemulentur, ‘ id est imitentur in cultu unius dei. * eph. ii, 12: ° eratis in illo tempore sine christo alienati a conversatione israel, * et postea subdit: ° nunc autem vos, qui aliquando eratis longe, facti estis prope in sanguine christi. * i thess. ii, v. 14: ° vos imitatores facti estis ecclesiarum dei, ‘ quae sunt in iudaea. vel ut gentiles aemulentur iudaeos, id est indignentur contra eos propter incredulitatem eorum. * ps. cxviii, 158: ° vidi praevaricantes et tabescebam, quia eloquia tua non custodierunt. ‘ tertio modo potest intelligi sic: ut iudaei aemulentur, id est imitentur gentiles quando ubique et nunc aliqui eorum particulariter convertuntur ad fidem, imitantes fidem |100| gentium et finaliter omnis israel salvus fiet cum plenitudo gentium intraverit et sic impleatur * quod dicitur deut. xxviii, 44: ° ille erit in caput, et tu eris in caudam. ‘ quarto modo potest exponi sic: ut iudaei aemulentur gentiles, id est contra eos ex invidia turbentur dum vident ad eos eorum gloriam translatam. * deut. xxxii, 21: ° ego provocabo eos in eo qui non est populus. * deinde cum dicit ° quod si delictum eorum, ‘ etc., solvit quaestionem quantum ad secundum intellectum, ostendens casum iudaeorum esse reparabilem, quod quidem ostendit tripliciter. primo ex utilitate; secundo ex apostoli intentione, * ibi ° vobis enim dico, ‘ etc., tertio ex conditione illius populi, * ibi ° quod si delibatio sancta, ‘ etc.. circa primum ponit talem rationem: bonum est potentius ad utilitatem inferendam quam malum; sed malum iudaeorum magnam utilitatem gentibus contulit, ergo multo maiorem confert mundo eorum bonum. hoc est ergo quod dicit: dictum est |125| quod eorum delicto salus gentibus facta est, ° quod, ‘ pro sed, ° illorum, ‘ scilicet iudaeorum, ° delictum divitiae sunt mundi, ‘ id est, gentilium, quia scilicet delictum iudaeorum redundavit in spirituales divitias gentilium, * de quibus dicitur is. xxxiii, 6: ° divitiae salutis sapientia et scientia, ‘ quod quidem refert ad eorum culpam. ° et diminutio eorum, ‘ qua scilicet decreverunt ab illa celsitudine gloriae quam habebant, quod pertinet ad poenam. * dan. iii, 37: ° imminuti sumus plusquam omnes gentes, sumusque humiles in universa terra hodie propter peccata nostra. ‘ sunt autem divitiae gentium per occasionem, * ut dictum est. ‘ vel ° diminutio eorum, ‘ id est, aliqui minimi et abiecti ex iudaeis gentes spiritualiter ditaverunt, scilicet apostoli, * de quibus i cor. i, 27: ° infirma mundi elegit deus, ut confundat fortia. quanto magis plenitudo eorum, ‘ id est abundantia eorum spiritualis, vel multitudo eorum ad deum conversa in divitias gentium redundabit? * eccli. c. xxiv, 16: ° in plenitudine sanctorum detentio mea. ‘ et sic, si deus propter utilitatem totius |150| mundi permisit iudaeos delinquere et diminui, multo magis implebit ruinas eorum propter totius mundi utilitatem. * deinde cum dicit ° vobis enim dico gentilibus, ‘ etc., ostendit idem ex sua intentione quam primo proponit; secundo eius rationem assignat, * ibi ° si enim amissio, ‘ etc.. circa primum considerandum est, quod cum in superioribus huius epistolae partibus locutus fuerit omnibus fidelibus existentibus romae, sive fuerint ex gentibus, sive ex iudaeis, nunc specialiter sermonem suum dirigit ad gentiles conversos. dicit ergo: dixi quod plenitudo eorum divitiae mundi essent. in huius enim signum ° dico vobis gentibus, ‘ scilicet gentibus ad fidem conversis. * is. lxv, 1: ° dixi, ecce ego ad gentes, ‘ etc.. hoc, inquam, vobis dico ° quamdiu ego sum gentium apostolus, ‘ quarum cura specialiter mihi incumbit ex iniuncto officio. * gal. ii, 9: ° dextras dederunt mihi et barnabae societatis, ut nos in gentes, ipsi autem in circumcisionem. * i tim. i, 7: ° in quo positus sum ego praedicator et apostolus, |175| veritatem enim dico in christo iesu, non mentior, doctor gentium in fide et veritate. ministerium meum honorificabo, ‘ non quidem his quae ad saecularem honorem pertinent sed primo quidem ornando ipsum bonis moribus. * ii cor. vi, 4: ° in omnibus exhibeamus nosmetipsos sicut dei ministros in multa patientia. ‘ secundo per supererogationem operum, ad quae non tenebatur. * i cor. ix, 18: ° quae est ergo merces mea ut evangelium christi praedicans sine sumptu, ‘ etc.. tertio ampliando sollicitudinem ad omnium salutem. * ii cor. xi, 28: ° praeter illa quae extrinsecus sunt instantia mea quotidiana sollicitudo omnium ecclesiarum. * unde et hic subdit ° si quo modo ad aemulandum provocem carnem meam, ‘ id est iudaeos, qui sunt mihi cognati secundum carnem, * ut supra ix, 3 dictum est. is. lviii, v. 7: ° carnem tuam ne despexeris. ‘ et hoc ad aemulandum bona aemulatione, * secundum illud i cor. xii, 31: ° aemulamini charismata meliora. ‘ et per hunc modum ° ut salvos faciam aliquos ex illis, ‘ scilicet ex iudaeis * i cor. x, 33: ° non quaerens quod mihi utile |200| est, sed quod multis, ut salvi fiant. * sed contra est quod ipse dicit ii cor. x, 13: ° nos autem non in immensum gloriamur, sed secundum mensuram regulae, qua mensus est nobis deus, mensuram pertingendi usque ad vos. “ non autem acceperat mensuram sui ministerii, nisi super gentes. non ergo debebat se intromittere de iudaeis. * dicunt autem quidam quod “ iudaei in iudaea habitantes non pertinebant ad eius apostolatum, sed petri, iacobi et ioannis, * ut dicitur gal. ii, 7. “ sed iudaei inter gentes habitantes, ad eius apostolatum pertinebant, et eorum saluti insistebat. * sed hoc videtur contra intentionem litterae. ‘ si enim illi iudaei ad eius apostolatum pertinebant in hoc quod eorum conversioni intendebat, non honorificasset suum ministerium. et ideo dicendum est quod sic erat sibi commissa praedicatio gentilium, ut ad eam ex necessitate teneretur, * sicut ipse dicit i cor. c. ix, 16: ° si non evangelizavero, vae mihi; necessitas enim mihi incumbit; ‘ nec tamen erat ei prohibitum iudaeis praedicare, quamvis ad |225| hoc non teneretur. et secundum hoc eorum saluti insistendo, ministerium suum honorificabat; quod quidem non faceret, si casum eorum irreparabilem reputaret. unde ipsum apostoli studium quod adhibebat ad conversionem iudaeorum, inducit pro signo quod casus iudaeorum sit reparabilis. * deinde cum dicit ° si enim, ‘ etc. assignat rationem suae intentionis, quia scilicet videbat quod conversio iudaeorum proveniebat in salutem gentium. * unde dicit ° si enim amissio eorum, ‘ id est incredulitas et inobedientia eorum, sicut dicitur servus amissus quando sub cura et obedientia domini refugit esse. * ier. l, 6: ° grex perditus factus est populus meus. ‘ si, inquam, ista iudaeorum amissio est occasionaliter ° reconciliatio mundi, ‘ inquantum per mortem christi sumus reconciliati deo, ° quae assumptio nisi vita ex mortuis? ‘ id est, quod iudaei reassumantur a deo, * secundum illud zach. xi, 7: ° sumpsi mihi duas virgas. ‘ quid, inquam, faciet talis assumptio, nisi quod gentiles resurgere faciat ad vitam? |250| gentiles enim sunt fideles qui tepescent. * matth. xxiv, 12: ° quoniam abundavit iniquitas refrigescet charitas multorum. ‘ vel etiam qui totaliter cadent decepti ab antichristo, iudaeis conversis in pristinum fervorem restituentur. et etiam sicut iudaeis cadentibus, gentiles post inimicitias sunt reconciliati, ita post conversionem iudaeorum, imminente iam fine mundi, erit resurrectio generalis, per quam homines ex mortuis ad vitam immortalem redibunt. * deinde cum dicit ° quod si delibatio, ‘ etc. ostendit idem ex conditione ipsius gentis iudaeorum. et hoc quidem dupliciter. primo, ex parte apostolorum * cum dicit ° quod si delibatio sancta est, et massa. ‘ dicitur autem delibatio id quod ex massa pastae sumitur, quasi ad probandum. sunt autem apostoli ex gente iudaeorum assumpti a deo, sicut delibatio ex massa. et ideo si apostoli sunt sancti, consequens est quod gens iudaeorum sit sancta. * i petr. ii, 9: ° gens sancta, populus acquisitionis ‘ etc.. secundo probat idem ex parte patriarcharum, |275| qui comparantur ad iudaeos, sicut radix ad ramos, * unde et is. xi, 1 dicitur: ° egredietur virga de radice iesse. ‘ si ergo patriarchae, qui sunt radix, sunt sancti, et iudaei, qui ex eis processerunt sicut rami, sunt sancti. * os. xiv, 6: ° erumpet radix eius, ut libani, ibunt rami, * etc.. sed contra est quod dicitur ezech. c. xviii, 5 s.: ° vir si fuerit iustus, vita vivet. “ sic ergo non sequitur quod si radix est sancta, et rami. * ibidem etiam subditur quod ° si filius videns peccata patris sui timuerit et non fecerit simile, non morietur, sed vita vivet; * unde etiam videtur “ non sequi quod si delibatio sancta est et massa. ‘ sed dicendum quod apostolus hic non loquitur de actuali sanctitate; non enim intendit ostendere iudaeos incredulos esse sanctos sed de sanctitate potentiali. nihil enim prohibet eos reparari in sanctitate, quorum patres et quorum filii sunt sancti. vel potest dici quod illi sunt specialiter rami patriarcharum, qui eos imitantur, * secundum illud io. viii, 39: ° si filii estis abrahae, opera abrahae facite.

lc3 ‘ Postquam apostolus ostendit casum iudaeorum fuisse utilem et reparabilem, hic excludit gloriationem gentilium contra iudaeos. et circa hoc duo facit. primo ostendit gentilibus conversis, non esse gloriandum contra iudaeos; secundo respondet obiectioni gentilium, * ibi ° dices ergo: fracti sunt, ‘ etc.. circa primum duo facit. primo prohibet gentiles contra iudaeos gloriari; secundo rationem prohibitionis assignat, * ibi ° quod si gloriaris, ‘ etc.. videbatur autem ex duabus partibus imminere gentilibus gloriandi occasio contra iudaeos. primo quidem ex defectu iudaeorum, dicens: dictum est, quod si radix est sancta, et rami, sed ° si aliqui ex ramis, ‘ id est iudaeis, non omnes tamen, ° sunt fracti, ‘ id est, divisi a fide patrum qui comparantur radici, ° noli ‘ scilicet ° gloriari. * iob xv, 30: ° ramos eius arefacit flamma. * sap. iv, 5: ° confringentur |25| rami inconsumpti. ‘ secundo videtur eis imminere materia gloriandi ex parte promotionis eorum. promotio autem alicuius tanto magis consuevit eum extollere in vanam gloriam, quanto ex viliori statu elevatur, * secundum illud prov. xxx, 21: ° propter tria movetur terra, et quartum non poterit sustinere. per servum cum regnaverit, ‘ etc.. et ideo praemittit abiectum statum, de quo assumpti erant, * dicens ° tu autem ‘ gentilis, ° cum ‘ in statu gentilitatis ° oleaster esses, ‘ id est arbor infructuosa. * ier. xvii, 6: ° erunt quasi myricae in deserto. * matth. iii, 10: ° omnis arbor quae non facit fructum bonum, excidetur, ‘ etc.. deinde ponit eorum promotionem. et primo quidem quantum ad hoc quod sunt assumpti in dignitatem illius gentis, * unde dicit ° insertus es in illis, ‘ id est loco illorum. * iob xxxiv, 24: ° conteret multos et innumerabiles, et stare faciet alios pro eis. ‘ secundo per hoc quod sunt consociati patriarchis, quos supra radici comparaverat * unde dicit ° et socius radicis factus es, ‘ id est, consociatus es patriarchis et prophetis. |50| * matth. viii, 11: ° multi venient ab oriente, et recumbent cum abraham, isaac et iacob in regno caelorum. ‘ tertio per comparationem ad gloriam apostolorum, * cum dicit ° et socius pinguedinis olivae factus es. ‘ oliva quidem dicitur ipsa gens iudaeorum propter uberes fructus spirituales, quos attulit. * ier. xi, 6: ° olivam uberêm, pulchram, fructiferam, speciosam vocavit deus nomen tuum; * ps. li, 10: ° ego autem sicut oliva fructifera in domo dei. “ sicut autem huius olivae radix sunt patriarchae et prophetae, ita etiam pinguedo huius olivae est abundantia gratiae spiritus sancti, quam prae omnibus apostoli habuerunt, * ut glossa dicit. unde iud. ix, 9 oliva dixisse inducitur: ° numquid possum deserere pinguedinem meam? * ps. lxii, 6: ° sicut adipe et pinguedine repleatur anima mea. ‘ sic ergo promoti sunt gentiles ad societatem illius populi, scilicet patriarcharum et apostolorum et prophetarum. * eph. ii, 19 s.: ° estis cives sanctorum et domestici dei, superaedificati super fundamentum apostolorum et prophetarum. |75| ‘ et licet has occasiones gloriandi habere videaris, gentilis, ° noli tamen gloriari adversus ramos, ‘ id est adversus iudaeos. * i cor. c. v, 6: ° non est bona gloriatio vestra. * deinde cum dicit ° quod si gloriaris, ‘ etc., assignat rationem suae admonitionis, dicens, ° quod si, ‘ non obstante hac admonitione, ° gloriaris, ‘ insultando iudaeis stantibus vel excisis, hoc consideres, ad repressionem gloriae tuae, quod ° tu radicem non portas, sed radix te, ‘ id est iudaea non accepit a gentilitate salutem sed potius e converso. * io. iv, 22: ° salus ex iudaeis est. * unde et abrahae promissum est gen. xxii, 18, quod ‘ in ipso benedicentur omnes cognationes terrae. * deinde cum dicit ° dicis ergo, ‘ etc., excludit obiectionem gentilium. et primo proponit obiectionem; secundo excludit eam ex consideratione divini iudicii, * ibi ° bene, ‘ etc.; tertio inducit eos in diligentem considerationem divinorum iudiciorum, * ibi ° vide ergo bonitatem, ‘ etc.. dicit ergo primo: ergo tu gentilis, qui gloriaris contra iudaeos, forte dicis: |100| ° fracti sunt rami ut ego inserar, ‘ id est ad hoc deus permisit iudaeos a fide excidere, ut ego ad fidem intrarem. nullus autem sustinet detrimentum unius rei, nisi propter rem pretiosiorem et magis dilectam, sicut medicus permittit infirmitatem esse in pede ut sanet oculum. sic igitur ex hoc ipso videtur gentilitas esse pretiosior et magis deo accepta, quam iudaea. * unde mal. i, 10 s. dicitur: ° non est mihi voluntas in vobis, dicit dominus deus, et munus non accipiam de manu vestra. ab ortu autem solis usque ad occasum, magnum est nomen meum in gentibus. * et is. xlix, 6: ° parum est ut sis mihi servus ad suscitandas tribus iacob. dedi te in lucem gentium. * deinde cum dicit ° bene, ‘ etc., excludit obiectionem. et primo assignat causam defectus iudaeorum et promotionis gentilium, dicens: bene in hoc dicis quod deus permisit frangi ramos ut tu insereris, sed considera causam fractionis ramorum: ° propter incredulitatem, ‘ inquam, ° fracti sunt, ‘ quia scilicet in christum credere noluerunt. * ez. ii, 6: ° increduli |125| et subversores sunt tecum. * io. viii, 46: ° si veritatem dico vobis, quare non creditis mihi? tu autem, ‘ scilicet gentilis, ° stas in fide, ‘ id est credendo in christum, in quo gratiam consecutus es. * ii cor. i, 23: ° nam fide statis. * i cor. xv, 1: ° notum facio vobis evangelium, in quo statis, per quod et salvamini. ‘ secundo inducit admonitionem, * dicens ° noli altum sapere, ‘ id est noli de te ultra teipsum praesumere. * infra xii, 16: ° non alta sapientes, sed humilibus consentientes. * ps. cxxx, 1: ° domine, non est exaltatum cor meum, neque elati sunt oculi mei. sed time, ‘ ne scilicet etiam tu frangaris per incredulitatem, quod pertinet ad timorem castum. * prov. c. xxviii, 14: ° beatus homo qui semper est pavidus, qui vero mentis est durae, corruet in malum. * eccli. i, 27: ° timor domini expellit peccatum. ‘ tertio assignat rationem suae admonitionis, * dicens ° si enim naturalibus ramis, ‘ id est iudaeis, qui ex naturali origine ex patriarchis descenderunt, ° non pepercit deus, ‘ quin eos frangi permitteret, ° time ne forte nec tibi parcat, ‘ quin, scilicet te permittat | 150 | per incredulitatem excidere. * prov. vi, v. 34: ° zelus et furor viri non parcet in die vindictae. * ier. xiii, 14: ° non parcam, neque miserebor, ut non dispergam eos. ‘ in hoc ergo consistit solutio apostoli quod cum aliquis videt se gratiam adeptum, alio cadente, non debet extolli contra cadentem, sed magis timere sibi ipsi, quia ipsa superbia est causa praecipitii et timor est causa custodiae et cautelae. * deinde cum dicit ° vide ergo bonitatem et severitatem, ‘ etc., inducit eos in diligentem considerationem divinorum iudiciorum. et primo inducit eos ad considerandum; secundo instruit eos quasi per se considerare non valentes, * ibi ° nolo enim vos ignorare, fratres, ‘ etc.; tertio quasi nec ipse perfecte sufficeret ad istorum investigationem, exclamat admirando divinam sapientiam * ibi ° o altitudo divitiarum, ‘ etc.. circa primum tria facit. primo ostendit quid considerari oporteat * dicens ° vide ergo, ‘ idest diligenter considera, ° bonitatem dei, ‘ miserentis; * ps. lxxii, 1: ° quam |175| bonus israel deus, his qui recto sunt corde; * supra ii, 4: ° an divitias bonitatis eius contemnis? et severitatem, ‘ ipsius punientis; * ps. xciii, 1: ° deus ultionum dominus. * nah. c. i, 2: ° deus aemulator et ulciscens dominus. ‘ prima enim consideratio tribuit spem; secunda timorem, ut vitetur desperatio et praesumptio. secundo ostendit in quibus utrumque dictorum sit considerandum quantum ad praedicta, * dicens ° in eos quidem, ‘ scilicet iudaeos, ° qui ceciderunt severitatem * thr. ii 2, ° praecipitavit dominus, nec pepercit, omnia speciosa iacob destruxit, in te autem, ‘ scilicet gentilem qui insertus es, ° bonitatem. * ps. cxviii, 65: ° bonitatem fecisti cum servo tuo, domine. ' tertio ostendit quo tenore possint in praedictis haec considerari, quia non immobiliter sicut quod potest mutari in futurum. et primo ostendit quantum ad gentiles, * dicens: ° in te, ' dico, vide ° bonitatem dei ' operantem, eo tamen tenore, ° si permanseris ' in bonitate. * io. xv, 9: ° manete in dilectione |200| mea. alioquin, ' si tu non dederis operam ad permanendum per timorem et humilitatem, ° et tu excideris. * matth. iii, 10: ° omnis arbor quae non facit fructum bonum, excidetur. ' secundo ostendit idem quantum ad iudaeos, et, primo, proponit quod intendit, * dicens ° sed et illi, ' scilicet iudaei, ° si non permanserint in incredulitate, inserentur, ' id est, in suum statum restituentur. * ier. iii, 1: ° fornicata es cum amatoribus multis, tamen revertere ad me, dicit dominus. ' secundo probat quod dixerat, et primo, ex divina potentia, * dicens ° potens est enim dominus deus iterum inserere illos; ' et ideo non est de eorum salute desperandum. * is. lix, 1: ° ecce non est abbreviata manus domini, ut salvare non possit. ' secundo probat idem per locum a minori, * dicens ° nam si tu, ' gentilis, ° excisus es ex naturali oleastro, ' id est ex gentilitate quae naturaliter erat infructuosa, non quidem, prout dominus fecit naturam, sed secundum quod corrupta est per peccatum. * sap. xii, 10: ° iniqua est natio eorum, et naturalis |225| malitia ipsorum. * eph. ii, 3: ° eramus natura filii irae. et insertus in bonam olivam ' id est, in fide iudaeorum, ° contra naturam, ' id est contra communem cursum naturae. non enim consuevit ramus arboris malae inseri in bonam arborem, sed potius e converso. id autem quod deus facit, non est contra naturam, sed simpliciter est naturale. dicimus enim esse naturale, quod fit ab agente, cui naturaliter subditur patiens, quamvis etiam non sit secundum propriam naturam patientis; sicut enim fluxus et refluxus maris est naturalis, propter hoc quod causatur ex motu lunae, cui naturaliter subditur aqua, quamvis non sit naturalis secundum formam aquae. ita etiam cum omnis creatura sit naturaliter deo subiecta, quicquid deus facit in creatura, est simpliciter naturale, licet forte non sit naturale secundum propriam et particularem naturam rei in qua fit, puta cum caecus illuminatur et mortuus resuscitatur. si, inquam, hoc factum est contra naturam, ° quanto magis hi qui sunt secundum |250| naturam, ' id est qui naturali origine pertinent ad gentem iudaeorum, ° inserentur suae olivae, ' id est reducentur ad dignitatem gentis suae, * mal. ult.: ° convertet corda patrum ad filios, et corda filiorum ad patres eorum.

lc4 ' Postquam apostolus induxit gentiles in cognitionem divinorum iudiciorum, in quibus divina bonitas et severitas manifestatur, hic quasi eis adhuc non sufficientibus considerare praedicta, exponit quid sibi circa haec videatur. et primo proponit factum; secundo probat, * ibi ° sicut scriptum est, ' etc.; tertio rationem assignat, * ibi ° si enim, ' etc.. circa primum tria facit. primo proponit suam intentionem, dicens: ideo induxi vos ad considerandum bonitatem et severitatem dei, ° nolo enim, ' o fratres, ° ignorare vos mysterium hoc, ' non enim omnia mysteria capere potestis. hoc est enim perfectorum, * quibus dominus dicit lc. viii, v. 10: ° vobis datum est nosse mysterium regni dei. * sap. vi, 24: ° non abscondam a vobis sacramenta dei. ' sed ignorantia huius mysterii esset vobis damnosa. * i cor. xiv, v. 38: ° si quis ignorat, ignorabitur. ' secundo assignat suae intentionis |25| rationem, ° ut non sitis vobismetipsis sapientes, ' id est non de sensu vestro praesumatis et ex vestro sensu alios condemnantes, vos eis praeferatis. * infra xii, 16: ° nolite esse prudentes apud vosmetipsos. * is. v, 21: ° vae qui sapientes estis in oculis vestris, et coram vobismetipsis prudentes. ' tertio proponit quod intendit. primo quidem quantum ad casum particularium iudaeorum, * cum dicit ° quia caecitas contingit in israel, ' non universaliter sed ex aliqua parte * ut supra ostensum est. * is. vi, v. 10: ° excaeca cor populi huius. ' secundo ponit terminum huius caecitatis, * dicens ° donec intraret, ' ad fidem, ° plenitudo gentium, ' id est non solum aliqui particulariter ex gentibus, sicut tunc convertebantur sed, vel pro toto vel pro maiori parte, in omnibus gentibus ecclesia fundaretur. * ps. xxiii, 1: ° domini est terra et plenitudo eius. ' dicuntur autem gentiles ad fidem conversi intrare, quasi ex exterioribus et visibilibus rebus quae venerabantur, in spirituali et voluntate divina. * ps. xcix, 2: ° introite in conspectu eius in exultatione. |50| ' et est notandum quod hoc adverbium donec potest designare causam excaecationis iudaeorum. propter hoc enim permisit deus eos excaecari, ut plenitudo gentium intraret, * sicut patet ex supradictis. ' potest etiam designare terminum, quia videlicet usque tunc caecitas iudaeorum durabit, quousque plenitudo gentium ad fidem intrabit. et huic concordat * quod infra subdit de futuro remedio iudaeorum, cum dicit ° et tunc, ' scilicet cum plenitudo gentium intraverit, ° omnis israel salvus fiet, ' non particulariter sicut modo, sed universaliter omnes. * os. i, 7: ° salvabo eos in domino deo suo. * mich. ult.: ° revertetur et miserebitur nostri. * deinde cum dicit ° sicut scriptum est, ' etc., probat quod dixerat de futura salute iudaeorum. et primo probat hoc per auctoritatem; secundo per rationem, * ibi ° secundum evangelium meum, ' etc.. dicit ergo primo: dico quod ° omnis israel salvus fiet, sicut scriptum est * is. lvi, 20 ubi nostra littera sic habet: ° veniet |75| ex sion redemptor, et eis qui redeunt ad iacob, hoc foedus meum cum eis, dicit dominus. ' sed apostolus hoc inducit * secundum litteram lxx et tangit tria verba hic posita. ' primo salvatoris adventum, * cum dicit ° veniet, ' deus scilicet humanatus ad salvandum nos, ° ex sion, ' id est ex populo iudaeorum, qui significatur per sion, quae erat arx ierusalem, quae est metropolis iudaeae. * unde dicitur zachariae ix, 9: ° exulta satis, filia sion, iubila, filia ierusalem, ecce rex tuus venit tibi, * etc.. io. iv, 22: ° salus ex iudaeis est. ' vel dicit, ex sion eum venire, non quia sit ibi natus sed quia inde doctrina eius exivit in universum mundum, per hoc quod apostoli in coenaculo sion spiritum sanctum receperunt. * is. ii, 3: ° de sion exibit lex. ' secundo ponit salutem per christum iudaeis oblatam, * dicens ° qui eripiat, et avertat impietatem a iacob. ' et potest ereptio referri ad liberationem a poena. * ps. cxiv, 8: ° eripiet animam meam de morte. * quod vero dicit ° avertet impietatem a iacob, ' potest referri ad liberationem a culpa. * ps. |100| xiii, 7: ° avertet dominus captivitatem plebi suae. ' vel utrumque refertur ad liberationem a culpa * sed dicit ° qui eripiat, ' propter paucos, qui nunc difficulter quasi cum quadam violentia convertuntur. * amos iii 12: ° quomodo si eruat pastor de ore leonis duo crura, aut extremum auriculae, sic eruentur filii israel. * dicit autem ° avertet impietatem a iacob, ' ad ostendendum facilitatem conversionis iudaeorum in fine mundi. * mich. ult.: ° quis deus similis tui, qui aufers iniquitatem, et transfers peccatum reliquiarum haereditatis tuae? ' tertio ostendit modum salutis, * cum dicit ° et hoc testamentum, ' scilicet novum, erit ° illis a me cum abstulero peccata eorum. ' vetus enim testamentum peccata non auferebat, * quia, ut dicitur hebr. x, 4: ° impossibile est sanguine taurorum et hircorum auferri peccata. ' et ideo propter imperfectionem veteris testamenti promittitur eis novum testamentum. * ier. xxxi, 31: ° feriam domui israel, et domui iuda foedus novum. ' quod quidem habebit efficaciam ad remissionem |125| peccati per sanguinem christi. * matth. c. xxvi, 28: ° hic sanguis meus novi testamenti, qui pro multis effundetur in remissionem peccatorum. * mich. ult.: ° deponet iniquitates nostras, et proiiciet in profundum maris omnia peccata nostra. * deinde, cum dicit ° secundum evangelium meum, ' etc., probat propositum per rationem. et primo inducit probationem; secundo removet obiectionem, * ibi ° sine poenitentia enim. ' dicit ergo primo quod eorum peccata auferentur et quod postquam peccata habent, manifestum est quod sunt inimici christi. ° secundum evangelium quidem inimici, ' id est quantum ad doctrinam evangelii pertinet, quam impugnant, ° propter vos, ' id est ad utilitatem vestri cedit, * ut supra dictum est. * unde dicitur lc. xix, 27: ° verumtamen inimicos meos illos qui noluerunt me regnare super se, adducite huc, et interficite ante me. * io. xv, 24: ° nunc autem et viderunt, et oderunt me, et patrem meum. ' vel ° secundum evangelium ' dicit, quod eorum |150| inimicitia ad utilitatem evangelii pertinet, cuius praedicatio, occasione talis inimicitiae, ubique diffunditur. * col. i, 5 s.: ° in verbo veritatis evangelii, quod pervenit ad vos, sicut et in universo mundo est, fructificat et crescit. ' sed sunt ° charissimi deo propter patres, ' et hoc ° secundum electionem, ' quia scilicet ob gratiam patrum eorum semen elegit. * deut. iv, 37: ° dilexit patres tuos, et elegit semen eorum post eos. * quod non est sic intelligendum " quasi merita praestita patribus fuerint causa aeternae electionis filiorum ' sed quia deus ab aeterno elegit gratis et patres et filios, hoc tamen ordine ut filii propter patres consequerentur salutem, non quasi merita patrum sufficerent ad filiorum salutem, sed per quamdam abundantiam divinae gratiae et misericordiae hoc dicit, quae intantum patribus est exhibita, ut propter promissiones eis factas, etiam filii salvarentur. vel intelligendum est ° secundum electionem, ' id est quantum ad electos ex illo populo, * sicut supra dictum est, ' electio consecuta |175| est. si autem sunt domino charissimi, rationabile est quod a deo salventur, * secundum illud is. lxiv, 4: ° oculus non vidit, deus, absque te quae praeparasti, * etc.. deinde cum dicit ° sine poenitentia enim sunt, ' etc., excludit obviationem. * posset enim aliquis obviando dicere quod " iudaei, et si olim fuerint charissimi propter patres, tamen inimicitia, quam contra evangelium exercent, prohibet ne in futurum salventur. * sed hoc apostolus falsum esse asserit, dicens ° sine poenitentia enim sunt, ' scilicet ° dona et vocatio dei, ' quasi dicat: quod deus aliquid aliquibus donet, vel aliquos vocet, hoc est sine poenitentia, quia de hoc deum non poenitet, * secundum illud i reg. c. xv, 29: ° triumphator in israel non parcet, nec poenitudine flectetur. * ps. cix, 5: ° iuravit dominus, et non poenitebit eum. * sed videtur falsum. dicit enim dominus gen. vi, 6: ° poenitet me fecisse hominem. * et ier. xviii, 9 s.: ° loquar de gente et de regno, ut aedificem et plantem illud. si fecerit malum in oculis meis, poenitentiam agam super bonum quod locutus sum ut facerem |200| ei. ' sed dicendum est quod sicut dominus irasci dicitur, non propter hoc quod in eo sit commotio irae sed quia ad modum irati se habet quantum ad punitionis effectum, ita quandoque poenitere dicitur, non quasi in eo sit poenitentiae commutatio sed quia ad modum poenitentis se habet dum mutat quod fecerat. * sed adhuc videtur hoc quod " dona et vocatio non sint sine poenitentia, quia dona divinitus concessa, frequenter amittuntur, * secundum illud matth. xxv, 28: ° tollite itaque ab eo talentum, et date ei qui habet decem talenta. " vocatio enim dei etiam quandoque mutari videtur, * cum scriptum sit matth. xxii, 14: ° multi sunt vocati, pauci vero electi. ' sed dicendum est quod donum hic accipitur pro promissione, quae fit secundum dei praescientiam vel praedestinationem. vocatio autem hic accipitur pro electione, quia propter certitudinem utriusque, quod deus promittit, iam quodammodo dat: et quos elegit, iam quodammodo vocat. et tamen ipsum |225| temporale dei donum et temporalis vocatio, non irritatur per mutationem dei quasi poenitentis sed per mutationem hominis, qui gratiam dei abiicit, * secundum illud hebr. xii, v. 15: ° contemplantes ne quis desit gratiae dei. ' potest etiam quod hic dicitur aliter intelligi, ut dicamus quod dona dei quae dantur in baptismo et vocatio qua baptizatus vocatur ad gratiam, sunt sine poenitentia hominis baptizati, quod quidem hic inducitur, ne aliquis desperet de futura iudaeorum salute, propter hoc quod non videntur de peccato suo poenitere. * sed contra hoc quod dicitur, est quod petrus dicit act. ii, 38: ° poenitentiam agite, et baptizetur unusquisque vestrum. ' sed dicendum est quod duplex est poenitentia: interior et exterior. interior quidem consistit in contritione cordis, qua quis dolet de peccatis praeteritis, et talis poenitentia requiritur a baptizato, * quia, ut augustinus dicit in libro de poenitentia: " nemo suae voluntatis arbiter constitutus, potest novam vitam inchoare, nisi poeniteat eum veteris |250| vitae, alioquin fictus ad baptismum accedit. ' exterior vero poenitentia consistit in exteriori satisfactione quae a baptizato non requiritur, quia per gratiam baptismalem liberatur homo non solum a culpa sed etiam a tota poena per virtutem passionis christi, qui pro peccatis omnium satisfecit, * sicut supra vi, 3 dictum est: ° quicumque baptizati sumus in christo iesu, in morte ipsius baptizati sumus. * unde dicitur tit. iii, 5 s.: ° per lavacrum regenerationis et renovationis spiritus sancti, quem effudit in nos abunde. ' sed cum claves ecclesiae et omnia alia sacramenta in virtute passionis christi operentur, * videtur quod " pari ratione omnia alia sacramenta liberent hominem a culpa et a tota poena. ' sed dicendum est, quod passio christi operatur in baptismo per modum cuiusdam generationis, quae requirit ut homo totaliter priori vitae moriatur, ad hoc ut novam vitam accipiat. et ideo tollitur in baptismo totus reatus poenae, qui pertinet ad vetustatem prioris vitae. sed in aliis sacramentis operatur virtus passionis christi per modum |275| sanationis ut in poenitentia. sanatio autem non requirit, ut statim omnes infirmitatis reliquiae auferantur. et eadem ratio est in aliis sacramentis. sed cum confessio peccatorum pertineat ad exteriorem poenitentiam, * quaeri potest utrum " a baptizato confessio peccatorum requiratur: et videtur quod sic. * dicitur enim matth. iii, 6, quod ' baptizabantur homines a ioanne, confitentes peccata sua. sed dicendum est quod baptismus ioannis erat baptismus poenitentiae, quia scilicet accipiendo illum baptismum quodammodo se profitebantur poenitentiam accepturos de peccato suo et ideo conveniens erat ut confiterentur, ut secundum modum peccati eis poenitentia statueretur. sed baptismus christi est baptismus remissionis omnium peccatorum, ita quod non restat baptizato aliqua satisfactio pro peccatis praeteritis, propter quod nulla est confessionis vocalis necessitas. ad hoc enim necessaria est confessio in sacramento poenitentiae, ut sacerdos per potestatem clavium convenienter poenitentem solvat vel liget. |300| * deinde cum dicit ° sicut enim aliquando, ' etc., assignat rationem futurae salutis iudaeorum post eorum incredulitatem. et primo ponit similitudinem inter utriusque populi salutem; secundo huius similitudinis causam ostendit, * ibi ° conclusit enim deus, ' etc.. dicit ergo primo: ita dico quod omnis israel salvus fiet, quamvis nunc sint inimici. ° sicut enim et vos, ' gentiles, ° aliquando non credidistis deo. * eph. ii, 12: ° eratis illo tempore sine deo in hoc mundo; nunc autem misericordiam consecuti estis, * infra c. xv, 9: ° gentes autem super misericordia honorare deum. * os. ii, 23: ° miserebor eius quae fuit absque misericordia. " et hoc ° propter eorum incredulitatem, ' quae scilicet fuit occasio vestrae salutis, * ut supra dictum est. ° ita et isti, ' scilicet iudaei, ° nunc, ' scilicet tempore gratiae, ° non crediderunt, ' scilicet christo. * io. viii, 43: ° quare non creditis mihi? * et hoc est quod subdit ° in vestram misericordiam, ' id est in gratiam christi, per quam misericordiam consecuti estis. * tit. iii, v. 5: ° secundum suam misericordiam salvos |325| nos fecit. ' vel ° non crediderunt ' ut per hoc pervenirent in vestram misericordiam. vel ° non crediderunt, ' quod in vestram misericordiam occasionaliter cessit, ° ut et ipsi " quandoque ° misericordiam consequantur. * is. xiv, v. 1: ° miserebitur dominus iacob. * deinde, cum dicit ° conclusit enim, ' etc., assignat rationem huius similitudinis, quia scilicet deus voluit, ut sua misericordia in omnibus locum haberet. * et hoc est quod subdit ° conclusit enim deus, ' id est concludi permisit, ° omnia, ' id est omne hominum genus, tam iudaeos quam gentiles, ° in incredulitate, ‘ sicut in quadam catena erroris. * sap. xvii, 7: ° una catena tenebrarum omnes erant colligati. ut omnium misereatur, ‘ id est ut in omni genere hominum sua misericordia locum habeat. * sap. xi, 24: ° misereris omnium, domine. ‘ quod quidem non est extendendum ad daemones * secundum errorem origenis, ‘ nec etiam quantum ad omnes homines singillatim, sed ad omnia genera hominum. fit enim hic distributio pro generibus singulorum et non pro singulis generum. ideo autem deus vult omnes per suam misericordiam salvari, ut ex hoc humilientur et suam salutem non sibi, sed deo adscribant. * os. c. xiii, 9: ° perditio tua in te, israel, tantummodo ex me auxilium tuum. * supra iii, 19: ° ut omne os obstruatur, et subditus fiat omnis mundus deo.

lc5 ‘ Supra apostolus conatus fuit assignare rationem divinorum iudiciorum quibus tam gentes, quam iudaei post incredulitatem misericordiam consequuntur, nunc, quasi ad haec investiganda se insufficientem recognoscens, exclamando divinam excellentiam admiratur. et primo admiratur divinam excellentiam; secundo probat quod dixerat, * ibi ° quis enim cognovit, ‘ etc.. circa primum duo facit. primo admiratur excellentiam divinae sapientiae secundum se consideratae; secundo per comparationem ad nos, * ibi ° quam incomprehensibilia, ‘ etc.. excellentiam divinae cognitionis admiratur. primo quantum ad altitudinem, * dicens ° o altitudo. * eccle. vii, 25: ° alta profunditas, quis inveniet eam? * ier. xvii, 12: ° solium gloriae altitudinis a principio. ‘ haec autem altitudo attenditur quantum ad tria. uno quidem modo quantum ad rem cognitam, inquantum scilicet deus seipsum perfecte cognoscit. * eccli. xxiv, 5: ° ego in altissimis habito. ‘ alio modo quantum ad modum cognoscendi, inquantum scilicet per seipsum omnia cognoscit. * ps. ci, 20: ° prospexit de excelso sancto suo, dominus de caelo in terram aspexit. ‘ tertio quantum ad certitudinem cognitionis. * eccli. xxiii, 28: ° oculi domini multo plus lucidiores sunt super solem. ‘ secundo admiratur excellentiam divinae cognitionis quantum ad eius plenitudinem, * cum dicit ° divitiarum. * is. xxxiii, 6: ° divitiae salutis sapientia et scientia. ‘ quae quidem plenitudo attenditur in tribus. uno modo in multitudine cognitorum, quia scilicet omnia novit. * ioan. ult.: ° domine, tu omnia scis. * col. ii, 3: ° in ipso sunt omnes thesauri sapientiae dei absconditi. ‘ alio modo quantum ad facilitatem cognoscendi, quia statim omnia intuetur sine inquisitione et difficultate. * hebr. iv, 13: ° omnia nuda et aperta sunt oculis eius. ‘ tertio quantum ad copiam cognitionis, quia eam omnibus communicat affluenter. * iac. i, 5: ° si quis vestrum indiget sapientia, postulet a deo, qui dat omnibus affluenter. ‘ tertio admiratur divinam excellentiam quantum ad perfectionem, * cum dicit ° sapientiae et scientiae dei. ‘ habet enim sapientiam de divinis, * iob xii, 16: ° apud ipsum est fortitudo et sapientia, ‘ et scientiam de rebus creatis, * bar. iii, 32: ° qui scit universa, novit eam. * deinde cum dicit ° quam incomprehensibilia, ‘ etc., ostendit excellentiam divinae sapientiae per comparationem ad nostrum intellectum. et primo quantum ad sapientiam, ad quam pertinet iudicare et ordinare. * unde dicit ° quam incomprehensibilia sunt iudicia eius, ‘ quia scilicet homo non potest comprehendere rationem divinorum iudiciorum, quia in sapientia dei latent. * ps. xxxv, 7: ° iudicia tua abyssus multa. * iob xi, 7: ° forsitan vestigia dei comprehendes, et omnipotentem usque ad perfectum reperies. ‘ secundo quantum ad scientiam, per quam in rebus operatur. * unde subdit ° et investigabiles, ‘ id est non perfecte ab homine vestigabiles, ° viae eius, ‘ id est processus eius, quibus in creaturis operatur. et si ipsae creaturae sint homini notae, tamen modi quibus deus in creaturis operatur ab homine comprehendi non possunt. * ps. lxxvi, 19: ° in mari via tua et semitae tuae in aquis multis, et vestigia tua non cognoscentur. * iob xxxviii, v. 24: ° per quam viam spargitur lux, * etc.. deinde cum dicit ° quis enim, ‘ etc., probat quod dixerat, ad quod inducit * duas auctoritates, quarum una habetur isaiae xl, v. 13 ubi secundum litteram nostram sic legitur: ° quis adiuvit spiritum domini, aut quis consiliarius eius fuit? * loco cuius hic dicitur ° quis enim cognovit sensum domini, aut quis consiliarius eius fuit? * alia auctoritas habetur iob xli, 2: ° quis ante dedit mihi ut, reddam ei? * ex loco cuius hic dicitur ° aut quis prior dedit illi, et retribuetur ei? ‘ in his autem verbis et sequentibus apostolus tria facit. primo ostendit excellentiam divinae sapientiae per comparationem ad intellectum nostrum, dicens: dictum est quod ° incomprehensibilia sunt iudicia eius et investigabiles viae eius, quis enim cognovit sensum domini, ‘ per quem scilicet iudicat et operando procedit; quasi dicat: nullus, nisi eo revelante. * sap. ix: ° sensum tuum quis scire poterit, nisi tu dederis sapientiam, et miseris spiritum sanctum tuum de altissimis? * et i cor. ii, 11: ° quae sunt dei nemo novit, nisi spiritus dei, nobis autem revelavit deus per spiritum suum. ‘ secundo ostendit excellentiam divinae sapientiae, secundum quod in se habet altitudinem, quae quidem est altitudo, quae est supremi principii, ad quod duo pertinent: primo quod non sit ab alio; secundo quod alia sint ab eo, et haec ostendit, * ibi ° quoniam ex ipso. ‘ quod autem sapientia dei non dependeat ab altiori principio, ostendit dupliciter. primo quidem per hoc quod non est instructa alieno consilio. * unde dicit ° aut quis consiliarius eius fuit? ‘ quasi diceret: nullus. ille enim consilio indiget, qui non plene cognoscit qualiter sit agendum, quod deo non competit. * iob xxvi, 3: ° cui dedisti consilium? forsitan illi qui non habet sapientiam. * ier. c. xxiii, 18: ° quis affuit in consilio domini? ‘ secundo per hoc quod non est adiuta alieno dono. * unde subdit ° aut quis prior dedit illi, et ‘ per hoc ° retribuetur ei? ‘ quasi prius danti. quasi dicat: nullus. non enim potest homo dare deo, nisi quae a deo accepit. * par. ult.: ° tua sunt omnia, et quae de manu tua accepimus, dedimus tibi. * iob xxxv, 7: ° porro si iuste egeris, quid donabis ei, aut quid de manu tua accipiet? * deinde cum dicit ° quoniam ex ipso, ‘ etc., ostendit altitudinem dei, quantum ad hoc quod in ipso sunt omnia. et primo ostendit eius causalitatem; secundo eius dignitatem, * ibi ° ipsi honor et gloria; ‘ tertio eius perpetuitatem, * ibi ° in saecula saeculorum, amen. ‘ dicit ergo primo: recte dixi quod nullus prior dedit illi, ° quia ex ipso, et per ipsum, et in ipso sunt omnia. ‘ et ita nihil potest esse nisi a deo acceptum. ad designandum autem dei causalitatem utitur tribus praepositionibus, quae sunt, ex, per et in. haec autem praepositio, ex, denotat principium motus; et hoc tripliciter: primo quidem ipsum principium agens, vel movens; alio modo, ipsam materiam; tertio modo, ipsum contrarium oppositorum, quod est terminus a quo incipit motus. dicimus enim cultellum fieri ex fabro et ferro et ex infigurato. universitas autem creaturarum non est facta ex praeexistenti materia, quia et ipsa materia est effectus dei. et secundum hoc omnia creata non dicuntur ex aliquo esse sed, sicut ex opposito, dicuntur esse ex nullo, quia nihil erant antequam crearentur ut essent. * sap. ii, 2: ° ex nihilo nati sumus. ‘ ex deo autem sunt omnia, sicut ex primo agente. * i cor. xi, 12: ° omnia autem ex deo. ‘ notandum tamen quod haec praepositio de, easdem habitudines designare videtur, hoc tamen superaddit, quia semper designat causam consubstantialem. dicimus enim cultellum esse de ferro, non autem de artifice; quia igitur filius procedit a patre ut ei consubstantialis, dicimus filium esse de patre. creaturae vero non procedunt a deo tamquam ei consubstantiales; unde non dicuntur esse de ipso, sed solum ex ipso. haec autem praepositio per, designat causam operationis, sed quia operatio est medium inter faciens et factum, dupliciter haec praepositio per, potest operationis causam designare. uno modo secundum quod operatio exit ab operante: sicut aliquid dicitur per se operari, quod est sibi causa ut operetur. hoc autem est uno quidem modo forma, sicut dicimus quod ignis calefacit per calorem. alio modo aliquid superius agens, puta si dicamus quod homo generat per virtutem solis, vel potius dei. sic igitur omnia dicuntur dupliciter esse per ipsum. uno modo, sicut per primum agens, cuius virtute omnia alia agunt. * prov. c. viii, 15: ° per me reges regnant. ‘ alio modo, inquantum eius sapientia, quae est eius essentia, est forma per quam deus omnia fecit, * secundum illud prov. iii, 19: ° dominus sapientiae fundavit terram. ‘ alio vero modo haec praepositio per, designat causam operationis, non quidem secundum quod exit ab operante sed secundum quod terminatur ad opera, sicut dicimus quod faber facit cultellum per martellum, quod non est sic intelligendum, quod martellus sic cum fabro operetur, sicut in prioribus intelligebatur, sed quia cultellus fit ex operatione fabri per martellum. et ideo dicitur quod haec praepositio per, quandoque designat auctoritatem in recto, sicut cum dicimus: rex operatur per balivum; quod pertinet ad hoc quod nunc dicitur. quandoque autem in causali, sicut cum dicitur: balivus per regem operatur; quod pertinet ad praecedentem modum. hoc autem modo de quo nunc loquimur, dicuntur omnia esse facta a patre per filium, * secundum illud io. i, 3: ° omnia per ipsum facta sunt: ‘ non ita quod pater habeat a filio hoc quod facit res, sed potius, quia virtutem faciendi filius accipit a patre, non tamen instrumentalem, aut diminutam, aut aliam, sed principalem et aequalem, et eamdem. * io. v, v. 19: ° quaecumque pater facit, haec et filius similiter facit. ‘ unde licet omnia sint facta a patre per filium, non tamen filius est instrumentum vel minister patris. haec autem praepositio in, designat etiam triplicem habitudinem causae: uno quidem modo designat materiam, sicut dicimus animam esse in corpore et formam in materia, hoc autem modo non dicitur quod omnia sint in deo, quia ipse non est causa materialis rerum. alio modo designat habitudinem causae efficientis, in cuius potestate est effectus suos disponere, et secundum hoc dicuntur omnia esse in ipso, secundum quod omnia in eius potestate et dispositione consistunt, * secundum illud ps. xciv, 4: ° in manu eius sunt omnes fines terrae. * et act. xvii, 28: ° in ipso vivimus, movemur et sumus. ‘ tertio modo designat habitudinem causae finalis, secundum quod totum bonum rei et conservatio ipsius consistit in suo optimo, et secundum hoc dicuntur omnia esse in deo, sicut in bonitate conservante. * col. i, 17: ° et omnia in ipso constant. * quod autem dicit ° omnia, ‘ est absolute accipiendum pro omnibus, quae habent verum esse; peccata autem non habent verum esse, sed in quantum sunt peccata, dicuntur per defectum alicuius entis, eo quod malum nihil est nisi privatio boni. * et ideo cum dicitur ° ex ipso, et per ipsum, et in ipso sunt omnia, ‘ non est intelligendum de peccatis quia, * secundum augustinum, ° peccatum nihil est, et nihil fiunt homines cum peccant. ‘ quicquid tamen entitatis est in peccato, totum est a deo. sic igitur, * secundum praemissa, ‘ omnia sunt ° ex ipso, ‘ scilicet deo, sicut ex prima operatrice potentia. omnia autem sunt ° per ipsum, ‘ inquantum omnia facit per suam sapientiam. omnia sunt ° in ipso, ‘ sicut in bonitate conservante. haec autem tria, scilicet potentia, sapientia et bonitas, communia sunt tribus personis. * unde hoc quod dicitur ° ex ipso, et per ipsum, et in ipso, ‘ potest attribui cuilibet trium personarum, sed tamen potentia, quae habet rationem principii, appropriatur patri, qui est principium totius divinitatis; sapientia filio, qui procedit ut verbum, quod nihil aliud est quam sapientia genita; bonitas appropriatur spiritui sancto, qui procedit ut amor, cuius obiectum est bonitas. et ideo appropriando dicere possumus: ° ex ipso, ‘ scilicet ex patre, ° per ipsum, ‘ scilicet per filium, ° in ipso, ‘ scilicet in spiritu sancto, omnia sunt. * deinde cum dicit ° ipsi honor et gloria, ‘ ostendit dei dignitatem, quae consistit in duobus * quae praemissa sunt. ‘ nam ex eo quod ° ex ipso et per ipsum, et in ipso sunt omnia, ‘ debetur ei honor et reverentia et subiectio a tota creatura. * mal. i, 6: ° si ego pater, ubi est honor meus? ‘ ex eo vero quod ab alio non accipitur nec consilium, nec donum, debetur ei gloria, sicut e contrario dicitur homini * i cor. iv, 7: ° si accepisti, quid gloriaris, quasi non acceperis? ‘ et quia hoc est proprium dei * dicitur is. xlii, 8: ° gloriam meam alteri non dabo. ‘ ultimo ponit eius aeternitatem, * cum dicit ° in saecula saeculorum, ‘ quia eius gloria non est transitoria, sicut gloria hominis, * de qua dicitur is. xl, 6: ° omnis gloria eius quasi flos agri, ‘ sed durat in saecula saeculorum, id est per omnia saecula succedentia saeculis, prout saeculum dicitur duratio uniuscuiusque rei. vel ° saecula saeculorum ‘ dicuntur saecula, id est durationes rerum incorruptibilium, quae continent saecula corruptibilium rerum, et praecipue ipsa dei aeternitas, quae tamen pluraliter dici potest, licet in se sit una et simplex, propter multitudinem et diversitatem contentorum, ut sit sensus: in saecula contentiva saeculorum. * ps. cxliv, 13: ° regnum tuum, regnum omnium saeculorum. * addit autem ad confirmationem ° amen, ‘ quasi dicat vere, ita est. * et sic accipitur in evangeliis, ubi dicitur ° amen dico vobis. ‘ quandoque tamen accipitur pro fiat. * unde in psalterio hieronymi dicitur ° dicet omnis populus: amen, amen, * ubi nos habemus ° fiat, fiat.

075 CRO cp12

lc1 ‘ Postquam apostolus ostendit necessitatem virtutum et originem gratiae, hic docet gratiae usum, quod pertinet ad instructionem moralem. et circa hoc duo facit. primo ponit doctrinam moralem in generali; secundo specialiter descendit ad quaedam particularia pertinentia ad eos quibus scribit, * circa medium xv cap., ibi ° certus sum autem, ‘ etc.. circa primum duo facit. primo docet usum gratiae, quantum ad hoc quod sit homo perfectus; secundo quantum ad hoc quod perfectus imperfectum sustineat, * xiv cap., ibi ° infirmum autem, ‘ etc.. circa primum tria facit. primo inducit ad perfectionem vitae quantum ad sanctitatem quam homo servat deo; secundo quantum ad iustitiam quam quis exhibet proximo, * xiii cap., ibi ° omnis anima, ‘ etc.; tertio quantum ad puritatem quam homo conservat in seipso, * circa finem xiii capituli, ibi ° et hoc scientes, ‘ etc.. circa primum duo facit. primo monet ut homo se exhibeat deo sanctum; secundo docet qualiter aliquis uti debeat donis gratiae dei, quibus sanctificatur, * ibi ° dico enim per gratiam, ‘ etc.. circa primum duo facit. primo docet qualiter aliquis se debeat exhibere deo quantum ad corpus; secundo quantum ad animam, * ibi ° et nolite conformari, ‘ etc.. circa primum duo facit. primo inducit observantiam eorum quae docentur: et hoc dupliciter. uno quidem modo ex parte sui ipsius, * cum dicit ° obsecro itaque vos, fratres, ‘ quasi dicat: dictum est incomprehensibilia esse iudicia dei, et investigabiles vias eius, itaque ° obsecro vos, fratres, ‘ ut scilicet observetis ea quae dicentur. utitur autem obsecratione propter tria. primo quidem ad demonstrandum suam humilitatem. * prov. xviii, 23: ° cum obsecrationibus loquitur pauper, ‘ qui scilicet de sua abundantia non confidit, et ideo non ex eo quod suum est, sed ex eo quod dei est, homines conatur inducere ad bonum. nam obsecrare est ob sacra contestari. secundo ut magis ex amore moveat rogando, quam ex timore, auctoritative imperando. * unde dicitur ad philem. 8 s.: ° multam fiduciam habens in christo iesu imperandi tibi quod ad rem pertinet, propter charitatem magis obsecro. * gal. ult.: ° vos qui spirituales estis, huiusmodi instruite in spiritu lenitatis. ‘ tertio propter reverentiam romanorum quibus scribebat. * i tim. v, 1: ° seniorem ne increpaveris, sed obsecra ut patrem. ‘ alio modo inducit eos ex parte dei, * cum dicit ° per misericordiam dei, ‘ per quam scilicet salvati estis. * tit. ii, 5: ° secundum misericordiam suam salvos nos fecit. ‘ et ideo ex consideratione divinae misericordiae debemus facere quod monemur. * matth. c.

xviii, 33: ° nonne oportuit et te misereri |75| conservi tui, sicut et ego tui misertus sum? ' vel potest dici ° per misericordiam dei, ' id est auctoritate apostolatus mihi misericorditer commissi. * i cor. vii, 25: ° misericordiam consecutus sum a domino, ut sim fidelis. ' secundo ponit admonitionem, * cum dicit ° ut exhibeatis corpora vestra, ' etc.. circa quod sciendum est quod, * sicut augustinus dicit x de civit. dei, " visibile sacrificium, quod exterius deo offertur, signum est invisibilis sacrificii, quo quis se et sua in dei obsequium exhibet. ' habet autem homo triplex bonum. primo quidem bonum animae, quod exhibet deo per devotionis et contritionis humilitatem, * secundum illud ps. l, 19: ° sacrificium deo spiritus contribulatus. ' secundo habet homo exteriora bona, quae exhibet deo per eleemosynarum largitionem. * unde dicitur hebr. ult.: ° beneficentiae et communionis nolite oblivisci, talibus enim hostiis promeretur deus. ' tertio habet homo bonum proprii corporis: * et quantum ad hoc dicit, ibi ° ut exhibeatis, |100| ' scilicet deo, ° corpora vestra, ' sicut quamdam spiritualem hostiam. dicebatur autem animal deo immolatum hostia, vel quia pro victoria hostium offerebatur, seu pro securitate ab hostibus, vel quia ad ostium tabernaculi immolabatur. exhibet autem homo deo corpus suum ut hostiam tripliciter. uno quidem modo, quando aliquis corpus suum exponit passioni et morti propter deum, * sicut dicitur de christo eph. v, 2: ° tradidit semetipsum oblationem et hostiam deo. * et apostolus dicit de se phil. ii, 17: ° si immolor supra sacrificium et obsequium fidei vestrae, gaudeo. ' secundo per hoc quod homo corpus suum ieiuniis et vigiliis macerat ad serviendum deo, * secundum illud i cor. ix, 27: ° castigo corpus meum, et in servitutem redigo. ' tertio per hoc quod homo corpus suum exhibet ad opera iustitiae et divini cultus exequenda. * supra vi, 19: ° exhibete membra vestra servire iustitiae in sanctificationem. ' est autem considerandum, quod hostia quae deo immolabatur, quatuor |125| habebat. primo namque ipsa oblatio debebat esse integra et incorrupta. * unde dicitur mal. i, v. 14: ° maledictus dolosus, qui habet in grege suo masculum, et votum faciens immolat debile domino. * et propter hoc dicit ° viventem, ' ut scilicet hostia nostri corporis quam deo offerimus, sit vivens per fidem formatam charitate. * gal. ii, 20: ° quod nunc vivo in carne, in fide vivo filii dei. ' est autem attendendum quod naturalis hostia quae prius viva erat, occidebatur, ut immolaretur, ad ostendendum quod adhuc mors regnabat in homine regnante peccato, * ut supra v, 12 ss. dictum est. ' sed haec hostia spiritualis semper vivit et in vita proficit, * secundum illud io. x, 10: ° ego veni ut vitam habeant, et abundantius habeant, ' quia iam peccatum ablatum est per christum: nisi dicamus quod hostia corporis nostri vivit quidem deo per iustitiam fidei, sed mortificatur concupiscentiis carnis. * col. iii, 5: ° mortificate membra vestra quae sunt super terram. ' secundo vero hostia deo oblata |150| in ipsa immolatione sanctificabatur. * unde dicitur lev. xxii, 3: ° omnis homo qui accesserit de stirpe vestra ad ea quae consecrata sunt, et quae obtulerunt filii israel domino, in quo est immunditia, peribit coram domino. * et ideo subdit ° sanctam, ' scilicet per devotionem, qua corpus nostrum dei servitio mancipatur. * lev. xx, 7: ° sanctificamini et estote sancti, quia ego sanctus dominus deus vester. ' proprie autem sanctitas dicitur per respectum ad deum, inquantum scilicet homo servat ea quae sunt iusta, quoad deum. tertio quantum ad ipsam sacrificii consumptionem dicebatur sacrificium suave et acceptum domino, * secundum illud lev. i, v. 9: ° oblata omnia adolebit sacerdos super altare in holocaustum, et in odorem suavissimum domino. * unde hic dicit ° deo placentem, ' scilicet per rectitudinem intentionis. * ps. lv, 13: ° ut placeam coram deo in lumine viventium. ' quarto in ipsa sacrificii praeparatione apponebatur sal. * unde lev. ii, 13: ° quicquid obtuleris sacrificii, sale condies. * et |175| mc. ix, 48 dicitur: ° omnis victima sale salietur. ' sal autem discretionem sapientiae significat. * unde dicitur col. ult.: ° in sapientia ambulate ad eos qui foris sunt, sermo vester semper in gratia sit sale conditus. * unde et hic sequitur ° rationabile obsequium vestrum, ' scilicet cum discretione corpora vestra deo exhibeatis hostiam, vel per martyrium vel per abstinentiam vel per quodcumque opus iustitiae. * i cor. xiv, 40: ° omnia honeste et secundum ordinem fiant in vobis. * et in ps. xcviii, 4: ° honor regis iudicium diligit. ' aliter se habet homo iustus ad interiores actus, quibus deo obsequitur, et ad exteriores. nam bonum hominis et iustitia eius principaliter in interioribus actibus consistit, quibus scilicet homo credit, sperat et diligit. * unde dicitur lc. xvii, 21: ° regnum dei intra vos est. ' non autem principaliter consistit in exterioribus actibus. * infra xiv, v. 17: ° non est regnum dei esca et potus. ' unde interiores actus se habent per modum finis, qui secundum se quaeritur: exteriores |200| vero actus per quos deo corpora exhibentur, se habent sicut ea quae sunt ad finem. in eo autem quod quaeritur tamquam finis nulla mensura adhibetur, sed quanto maius fuerit, tanto melius se habet. in eo autem quod quaeritur propter finem, adhibetur mensura secundum proportionem ad finem, sicut medicus sanitatem facit tantum quantum potest, medicinam autem non tantum dat quantum potest, sed quantum videt expedire ad sanitatem consequendam. et similiter homo in fide, et spe, et in charitate nullam mensuram debet adhibere, sed quanto plus credit, sperat, et diligit, tanto melius est; * propter quod dicitur deut. iv, 5: ° diliges dominum deum tuum, ' etc.. sed in exterioribus actibus est adhibenda discretionis mensura per comparationem ad charitatem. * unde dicit hieronymus: ° nonne rationalis homo dignitatem amittit, qui ieiunium vel vigilias praefert sensu integritati, ut propter psalmorum atque officiorum decantationem, amentiae vel tristitiae quis notam incurrat? * deinde cum dicit ° et nolite conformari, |225| ' etc., ostendit qualiter se debeat homo exhibere deo quantum ad animam. et primo prohibet saeculi conformitatem, * cum dicit ° et nolite conformari huic saeculo, ' id est, rebus quae temporaliter transeunt. nam saeculum praesens est quaedam mensura eorum quae temporaliter labuntur. rebus autem temporalibus homo conformatur per affectum, eis amore inhaerendo. * os. ix, v. 10: ° facti sunt abominabiles, sicut ea quae dilexerunt. * iac. i, 27: ° religio munda et immaculata apud deum et patrem haec est, immaculatum se custodire ab hoc saeculo. ' conformatur etiam huic saeculo qui vitam saeculariter viventium imitatur. * eph. iv, 17: ° testificor in domino, ut iam non amplius ambuletis, sicut et gentes ambulant. ' secundo mandat interiorem mentis reformationem, * cum dicit ° sed reformamini in novitate sensus vestri. ' sensus autem hominis hic dicitur ratio, secundum quod per eam homo iudicat de agendis. hunc autem sensum homo in sua creatione habuit integrum et vigentem, * unde dicitur eccli. xvii, 6: ° sensus implevit corda |250| illorum, et bona, et mala ostendit illis. ' sed per peccatum hic sensus est corruptus, et quasi inveteratus, * bar. iii, 11: ° inveterasti in terra aliena, ' et per consequens pulchritudinem et decorem suum amisit. * thren. i, 6: ° egressus est a filia sion omnis decor eius. ' monet ergo apostolus ut reformemur, id est, iterato formam et decorem mentis assumamus, quem nostra mens habuit, quod quidem fit per gratiam spiritus sancti, ad quam participando homo studium habere debet, ita scilicet ut qui eam nondum perceperunt, eam percipiant, et qui illam perceperunt, in ea proficiant. * eph. iv, 23: ° renovamini spiritu mentis vestrae. * ps. cii, 5: ° renovabitur ut aquilae iuventus tua. ' vel aliter ° renovamini, ' scilicet in exterioribus actibus, ° in novitate sensus vestri, id est secundum novitatem gratiae, quam mente percepistis. tertio assignat rationem admonitionis praedictae, * cum dicit ° ut probetis quae sit voluntas. ' circa quod considerandum est, quod, sicut homo qui habet gustum infectum, non habet |275| rectum iudicium de saporibus sed ea quae sunt suavia interdum abominatur, ea vero quae sunt abominabilia appetit, qui autem habet gustum sanum, rectum iudicium de saporibus habet; ita homo qui habet corruptum affectum quasi conformatum rebus saecularibus, non habet rectum iudicium de bono; sed ille qui habet rectum et sanum affectum, sensu eius innovato per gratiam, rectum iudicium habet de bono. * ideo ergo dixit: ° nolite conformari huic saeculo, sed renovamini in novitate sensus vestri, ut probetis, ' id est, experimento cognoscatis. * ps. xxxiii, 9: ° gustate et videte, quoniam suavis est dominus, quae sit voluntas dei, ' qua scilicet vult vos esse salvos. * i thess. iv, 3: ° haec est voluntas dei, sanctificatio vestra, bona, ' id est, vult bonum honestum nos velle, et ad hoc suis praeceptis nos inducit. * mich. vi, 8: ° indicabo tibi, o homo, quid sit bonum, et quid deus requirat a te, et beneplacens, ' inquantum scilicet bene disposito est delectabile id, quod deus vult nos velle. * ps. xviii, v. 9: ° iustitiae domini rectae laetificantes |300| corda. ' et non tantum utilis ad finem consequendum, sed etiam ° perfecta, ' quasi coniungens nos fini. * matth. v, 48: ° estote perfecti, sicut et pater vester caelestis perfectus est. * gen. xvii, 1: ° ambula coram me, et esto perfectus. ' talem ergo experiuntur dei voluntatem illi, qui non conformantur huic saeculo, sed reformantur in novitate sensus sui. illi autem qui in vetustate permanent, saeculo conformati, iudicant dei voluntatem non esse bonam, sed gravem et inutilem. * eccli. vi, 21: ° quam aspera est sapientia indoctis hominibus. * deinde, cum dicit ° dico enim per gratiam, ' etc., docet qualiter donis dei homo debeat uti. et primo docet hoc quantum ad dona quae non sunt omnibus communia, sicut sunt gratiae gratis datae; secundo, quantum ad donum charitatis, quod est omnibus commune, * ibi ° dilectio sine simulatione, ' etc.. circa primum duo facit. primo docet in generali, quomodo debeat |325| homo uti gratiis gratis datis; secundo exequitur hoc per partes * ibi ° habentes autem donationes. ' circa primum duo facit. primo proponit documentum; secundo rationem assignat, * ibi ° sicut enim in uno corpore, ' etc.. circa primum tria facit. primo excludit superfluum, dicens: monui quod reformemini in novitate sensus vestri, quod quidem moderate facere debetis, ° dico enim, ' id est, mando, ° per gratiam, ' apostolatus et auctoritate apostolica, ° quae data est mihi. * gal. ii, 9: ° cum cognovissent gratiam quae data est mihi inter gentes. * eph. iii, 8: ° mihi omnium sanctorum minimo data est gratia haec, ' etc., ° omnibus qui sunt inter vos, ' quia omnibus est hoc utile. * i cor. c. vii, 7: ° volo omnes homines esse sicut meipsum. ' hoc, inquam, mando, ° non plus sapere, quam oportet sapere, ' id est, nullus praesumat, de sensu aut sapientia sua confidens supra suam mensuram. * eccle. vii, 17: ° non plus sapias quam necesse est. * ps. cxxx, 1: |350| ° neque ambulavi in magnis, neque in mirabilibus super me. ' secundo hortatur ad id quod est medium * dicens ° sed sapere ad sobrietatem, ' scilicet mando vobis ut mensurate sapiatis secundum gratiam vobis datam. sobrietas enim mensuram importat. et quamvis proprie dicatur circa potum vini, potest tamen accipi circa quamlibet materiam, in qua homo debitam mensuram observat. * tit. ii, v. 12: ° sobrie et iuste et pie vivamus in hoc saeculo. ' tertio docet secundum quid accipienda sit mensuram medii, * dicens ° et hoc, ' inquam, ° sicut deus unicuique divisit, ' id est distribuit, ° mensuram fidei, ' id est mensuram donorum suorum, quae ordinatur ad fidei aedificationem. * i cor. xii, 7: ° unicuique datur manifestatio spiritus ad utilitatem. ' dat enim deus huiusmodi dona, non eadem omnibus, sed diversa diversis distribuit, * secundum illud i cor. xii, 4: ° divisiones gratiarum sunt. ' nec omnibus aequaliter dat sed unicuique secundum certam mensuram. * eph. iv, 7: ° unicuique nostrum data est |375| gratia secundum mensuram donationis christi. ' et ideo apostolus sobrie sapiens secundum hanc mensuram * dicebat ii cor. x, 13: ° non autem in immensum gloriamur, sed secundum mensuram regulae, qua mensus est nobis deus. ' soli autem christo datus est spiritus non ad mensuram, * ut dicitur io. iii, 34. ' non solum autem alias gratias gratis datas dat deus mensurate sed etiam ipsam fidem quae per dilectionem operatur. * unde lc. xvii, v. 5 discipuli christo dixerunt: ° domine, adauge nobis fidem.

lc2 ' Praemissa admonitione, hic apostolus rationem assignat sumptam ex similitudine corporis mystici ad corpus naturale. et primo in corpore naturali tangit tria. primo quidem corporis unitatem, * cum dicit ° sicut enim in uno corpore; ' secundo, membrorum pluralitatem, * cum dicit ° multa membra habemus: ' est enim corpus humanum organicum ex diversitate membrorum constitutum; tertio officiorum diversitatem, * cum dicit ° omnia autem membra non eumdem actum habent. ' frustra enim esset membrorum diversitas, nisi ad diversos actus ordinarentur. deinde aptat haec tria ad corpus christi mysticum, quod est ecclesia. * eph. i, v. 22: ° ipsum dedit caput super omnem ecclesiam, quae est corpus eius. ' circa quod etiam tria tangit. primo quidem fidelium quasi membrorum multitudinem, * cum dicit ° ita multi. * lc. xiv, v. 16: ° homo quidam fecit coenam magnam, et vocavit multos. * is. liv, 1: ° multi filii desertae. |25| ' quamvis enim sint pauci per comparationem ad infructuosam multitudinem damnatorum, * secundum illud matth. vii, 14: ° arcta est via quae ducit ad vitam, et pauci inveniunt eam, ' tamen absolute loquendo sunt multi. * apoc. vii, 9: ° post haec vidi turbam magnam, quam dinumerare nemo poterat. ' secundo tangit corporis mystici unitatem, * cum dicit ° unum corpus sumus. * eph. ii, 16: ° ut reconciliet ambos in uno corpore, ' etc.. huius autem corporis mystici est unitas spiritualis, per quam fide et affectu charitatis invicem unimur deo, * secundum illud eph. iv, 4: ° unum corpus, et unus spiritus. ' et quia spiritus unitatis a christo in nos derivatur, * supra viii, 9: ° si quis spiritum christi non habet, hic non est eius * ideo subdit ° in christo, ' qui per spiritum suum, quem dat nobis, nos invicem unit et deo. * io. xvii, 2 s.: ° ut sint unum in nobis, sicut et nos unum sumus. ' tertio tangit officiorum diversitatem ad utilitatem communem reductam, * dicens ° singuli autem alter alterius membra. |50| ' membrum enim quodlibet proprium actum habet et virtutem; inquantum ergo unum membrum sua virtute et actu alteri prodest, dicitur membrum alterius, sicut pes dicitur membrum oculi, inquantum oculum defert, et oculus dicitur membrum pedis, inquantum dirigit pedem. * i cor. xii, 2: ° non potest dicere oculus manui: opera tua non indigeo. ' ita etiam in corpore mystico ille qui accepit gratiam prophetiae, indiget illo qui accepit gratiam sanitatum, et ita est in omnibus aliis. unde dum unusquisque fidelis secundum gratiam sibi datam alteri servit, efficitur alterius membrum. * gal. ult.: ° alter alterius onera portate. * i petr. iv, 10: ° unusquisque sicut accepit gratiam in alterutrum illam administrantes. ' deinde, * cum dicit ° habentes autem donationes, ' exequitur per partes monitionem, * quam supra posuerat ' de sobrio et moderato gratiae usu. et primo ponit gratiarum diversitatem, * dicens: ° sumus, ' inquam, ° alter alterius membra, ' non secundum eamdem gratiam, sed ° habentes ' diversas ° donationes differentes, ' non ex diversitate meritorum, |75| sed ° secundum gratiam ' quae data est nobis. * i cor. vii, 7: ° unusquisque proprium donum habet ex deo, unus quidem sic, alius vero sic. * matth. xxv, 14 s.: ° vocavit servos suos, et tradidit illis bona sua, et uni dedit quinque talenta, alii autem duo, alii vero unum. ' secundo docet diversarum gratiarum usum, et, primo, in rebus divinis, quantum ad cognitionem quidem, * dicens: ° sive prophetia, ' quam habentes, utamur ea secundum rationem fidei. dicitur autem prophetia quaedam apparitio ex revelatione divina eorum quae sunt procul. * unde i reg. ix, 9 dicitur: ° qui propheta hodie dicitur, vocabatur olim videns. ' sunt autem procul a cognitione nostra, secundum se quidem futura contingentia, quae propter defectum sui esse cognoscibilia non sunt; sed res divinae sunt procul a nostra cognitione, non secundum se, cum sint maxime cognoscibiles, * quia, ut dicitur i io. i, 5: ° deus lux est, et tenebrae in eo non sunt ullae, ' sed propter defectum intellectus nostri, qui se habet ad ea, quae sunt in seipsis manifestissima, |100| sicut oculus noctuae ad lucem solis. et quia unumquodque magis proprie dicitur tale, quod est secundum se tale, quam quod est est tale secundum aliud; inde est quod magis proprie dicuntur esse procul a cognitione nostra futura contingentia. et propter hoc horum proprie est prophetia. * amos c. iii, 7: ° non faciet dominus deus verbum, nisi revelaverit secretum suum. ' dicitur tamen prophetia communiter etiam revelatio quorumcumque occultorum. hoc autem donum prophetiae, non solum fuit in veteri testamento, sed etiam in novo * ioel ii, 28: ° effundam de spiritu meo super omnem carnem, et prophetabunt filii vestri. ' dicuntur etiam prophetae in novo testamento, qui prophetica dicta exponunt, quia sacra scriptura eodem spiritu interpretatur quo est condita. * eccli. xxiv, 46: ° adhuc doctrinam quasi prophetiam effundam. ' ordinatur autem prophetiae donum, sicut et aliae gratiae gratis datae, ad fidei aedificationem. * i cor. xii, 7: ° unicuique datur manifestatio spiritus ad utilitatem. * hebr. ii, 3 s.: ° confirmata est, ' scilicet doctrina |125| fidei, ° contestante deo signis et prodigiis, et variis virtutibus, et spiritus sancti distributionibus. ' et ideo prophetia est utendum ° secundum rationem fidei, ' id est non in vanum sed ut per hoc fides confirmetur, non autem contra fidem. * unde dicitur deut. xiii, v. 1: ° si surrexerit in medio tui propheta, et dixerit tibi: eamus, et sequamur deos alienos; non audies verba prophetiae illius, ' quia scilicet prophetizat contra rationem fidei. quantum ad sacramenta ministranda * subdit ° sive ministerium in ministrando, ' id est, si quis accepit gratiam vel officium ministerii, puta ut sit episcopus vel sacerdos, qui dicuntur ministri dei. * is. c. lxi, 6: ° vos sacerdotes domini vocabimini, ministri dei nostri: dicetur vobis, ' exequatur illud diligenter exequendo ° in ministrando, * ii tim. iv, 5: ° ministerium tuum imple. ' secundo tangit ea quae pertinent ad res humanas, in quibus potest aliquis alteri subvenire. primo quidem quantum ad cognitionem vel speculativam vel practicam. quantum ergo ad speculativam primo * dicit ° sive qui docet, ' id est qui habet officium |150| vel gratiam docendi, utatur ° doctrina, ' id est ut studiose et fideliter doceat. * iob iv, 3: ° ecce docuisti plurimos. * matth. ult.: ° euntes docete omnes gentes. ' quantum autem ad cognitionem practicam * subdit ° qui exhortatur, ' id est qui habet officium vel gratiam exhortandi homines ad bonum, utatur illo ° in exhortando. * thess. ii, v. 3: ° exhortatio nostra non fuit de errore, neque de immunditia, neque in dolo. * tit. ii, v. 15: ° haec loquere et exhortare. ' deinde ponit ea quae pertinent ad exteriora opera, in quibus quandoque aliquis subvenit alicui aliquod donum dando, * et quantum ad hoc dicit ° qui tribuit, ' id est qui habet facultatem tribuendi et gratiam, exequatur hoc ° in simplicitate, ' ut scilicet nihil mali ex illo intendat, quasi donis homines ad malum alliciens. vel etiam cum aliquis ex modico dato intendit multo maiora acquirere. * eccli. xx, 14 s.: ° datus insipientis non erit tibi utilis, oculi enim illius septemplices sunt. exigua dabit, et multa improperabit. * et prov. c. xi, 28: ° simplicitas iustorum dirigit eos. ' quandoque autem aliquis subvenit alteri, |175| eius curam habendo, * et quantum ad hoc dicit ° qui praeest, ' id est qui est in praelationis officio constitutus, utatur illo officio ° in sollicitudine. * hebr. ult.: ° obedite praepositis vestris, et subiacete eis. ipsi enim pervigilant quasi rationem reddituri pro animabus vestris. * ii cor. xi, 28: ° sollicitudo omnium ecclesiarum. ' quandoque autem subvenit aliquis alicui relevando eius miseriam, * et quantum ad hoc dicit ° qui miseretur, ' id est qui habet facultatem et affectum miserendi, exequatur hoc ° in hilaritate, ' quasi libenter hoc faciens. * ii cor. ix, 7: ° non ex tristitia, aut ex necessitate. hilarem enim datorem diligit deus. * eccli. xxxv, 11: ° in omni dato hilarem fac vultum tuum. * deinde cum dicit ° dilectio sine simulatione, ' etc., docet usum doni gratuiti, quod est omnibus commune, scilicet charitatis. et primo ponit ea quae pertinent ad charitatem in generali; secundo ponit quaedam specialiter pertinentia ad dilectionem quorumdam, * ibi |200| ° necessitatibus sanctorum, * etc.. ' circa primum tria facit. primo ostendit qualis debeat esse dilectio charitatis ex parte diligentis; secundo, qualiter se debeat habere ad proximum, * ibi ° charitatem fraternitatis, ' etc.; tertio, qualiter se debeat habere ad deum, * ibi ° sollicitudine non pigri. ' circa qualitatem autem charitatis tria docet. primo quidem, quod dilectio debet esse vera. * unde dicit ° dilectio sine simulatione, ' ut scilicet non tantum in verbo, aut in exteriori apparentia, sed sit in vero cordis affectu, et efficacia operis. * i io. iii, 18: ° non diligamus verbo, neque lingua, sed opere et veritate. * eccli. vi, 15: ° amico fideli nulla est comparatio. ' secundo docet quod dilectio debet esse pura, * cum dicit ° odientes malum. ' tunc etiam est pura dilectio, quando homo non consentit amico suo in malum, sed ita diligit hominem, ut eius vitium odiat. * unde dicitur i cor. xiii, 6: ° non gaudet super iniquitate, |225| congaudet autem veritati. * ps. cxviii, 113: ° iniquos odio habui. ' tertio docet quod dilectio debet esse honesta, * cum dicit ° adhaerentes bono, ' ut scilicet aliquis adhaereat alteri propter bonum virtutis. * gal. iv, 18: ° bonum autem aemulamini in bono semper. ' haec est pulchra dilectio, * de qua dicitur eccli. xxiv, 24: ° ego mater pulchrae dilectionis. * deinde, cum dicit ° charitatem fraternitatis, ' ostendit qualiter charitas se debeat habere ad proximum. et primo quantum ad interiorem affectum, * cum dicit ° charitatem fraternitatis invicem diligentes; ' ut scilicet non solum fratres diligamus per charitatem sed etiam diligamus ipsam charitatem, qua eos diligimus et ab eis diligimur. sic enim si charam habemus charitatem, non de facili eam dissolvi faciemus. * hebr. ult.: ° charitas fraternitatis maneat in vobis. * cant. ult.: ° si dederit homo omnem substantiam domus suae pro dilectione, tamquam nihil despiciet illam. ' secundo, quantum ad exteriorem effectum, * cum dicit ° honore invicem praevenientes. |250| ' in quo tria designantur. primo quidem quod homo proximum in reverentia debet habere, quod pertinet ad rationem honoris. nullus enim potest vere diligere eum quem despicit. * phil. ii, 3: ° in humilitate, superiores invicem arbitrantes. ' quod quidem fit dum aliquis suum defectum considerat et bonum proximi. in honore autem non solum reverentia intelligitur, sed etiam necessariorum subventio, * sicut, cum dicitur ex. xx, 12: ° honora patrem tuum, et matrem tuam, ' praecipitur necessariorum subventio, sicut patet per hoc quod dominus, * matth. xv, v. 3 ss., ' arguit pharisaeos contra hoc praeceptum impedientes filios a subventione parentum. secundo designatur quod effectus dilectionis debet mutuo exhiberi, ut scilicet homo non solum velit beneficia recipere, sed etiam exhibere. * eccli. iv, 36: ° non sit porrecta manus tua ad accipiendum, et ad dandum collecta. * et xiv, 15 s.: ° in divisione sortis da et accipe. ' et hoc designat, * cum dicit ° invicem. ' tertio designatur quod effectus dilectionis debet esse promptus et velox, quod designatur, |275| * cum dicit ° praevenientes, ' ut scilicet aliquis praeveniat amicum in beneficiis. * eccli. c. xxxvii, 1: ° omnis amicus dicet: et ego amicitiam copulavi. * deinde, cum dicit ° sollicitudine, ' etc., ostendit qualiter se debeat habere dilectio charitatis ad deum. et primo incipit ab ipsa rationis attentione, * cum dicit ° sollicitudine " sitis ° non pigri, ' scilicet ad serviendum deo. * mich. vi, 8: ° indicabo tibi, o homo, quid sit bonum, et quid deus requirat a te; * postea subdit: ° sollicite ambulare cum deo tuo. * ii tim. ii, 15: ° sollicite cura teipsum probabilem exhibere deo. ' secundo, quantum ad effectum, * cum dicit ° spiritu " sitis ° ferventes, ' scilicet in dei dilectione. procedit autem fervor ex abundantia caloris, unde fervor spiritus dicitur, quia propter abundantiam divinae dilectionis totus homo fervet in deum, * act. xviii, 25 dicitur quod ' apollo fervens spiritu loquebatur. * i thes. ult.: ° spiritum nolite extinguere. ' tertio, quantum ad exterius obsequium, * cum dicit ° domino servientes, ' scilicet |300| servitute latriae, quae soli deo debetur. * deut. vi, 13: ° dominum deum tuum adorabis, et illi soli servies. * ps. ii, 11: ° servite domino in timore. * vel, secundum aliam litteram: ° tempori servientes, ' ut scilicet dei servitium congruo tempore faciamus. * eccle. viii, 6: ° omni negotio tempus est, et opportunitas. ' quarto, quantum ad mercedem servitutis, * cum dicit ° spe gaudentes, ' scilicet mercedis, quae est dei fruitio. * gen. xv, 2: ° ego dominus merces tua magna nimis. * supra v, 2: ° gloriamur in spe gloriae filiorum dei. ' facit autem spes hominem gaudentem ratione certitudinis, sed tamen affligit ratione dilationis. * prov. xiii, 12: ° spes quae differtur affligit animam. ' quinto, quantum ad difficultatem quam homo patitur in dei servitio. * unde subdit ° in tribulatione, ' scilicet quam propter deum sustinetis, sitis ° patientes. * supra v, v. 3: ° tribulatio patientiam operatur. ' sexto quantum ad omnia praedicta * dicit ° orationi instantes, ' in quo orationis assiduitas designatur. * lc. xviii, 1: |325| ° oportet semper orare, et numquam deficere. * ii thess. v, 17: ° sine intermissione orate. ' per orationem enim in nobis sollicitudo excitatur, fervor accenditur, ad dei servitium incitamur, gaudium spei in nobis augetur et auxilium in tribulatione promeremur. * ps. cxix, 1: ° ad dominum, cum tribularer, clamavi, et exaudivit me. * deinde, cum dicit ° necessitatibus sanctorum, ' etc., determinat de charitate quantum ad speciales quasdam personas. et primo quidem quantum ad indigentes; secundo quantum ad inimicos, * ibi ° benedicite persequentibus vos. ' circa primum duo facit. primo inducit ad exhibenda beneficia charitatis indigentibus in universali, * cum dicit ° necessitatibus sanctorum communicantes. ' ubi tria sunt notanda. primo quidem quod eleemosynae ex charitate sunt impendendae indigentibus, sive necessitatem patientibus. * eph. iv, 28: ° laboret operando manibus suis quod bonum est, ut habeat unde tribuat necessitatem patienti. ' secundo, quod potius est subveniendum |350| iustis et sanctis quam aliis. * unde dicit ° necessitatibus sanctorum. * eccli. xii, 5: ° da iusto, et non recipias peccatorem. ' quod quidem non sic est intelligendum, quin etiam in necessitatibus sit peccatoribus subveniendum, sed quia non est eis subveniendum ad fomentum peccati. utilius tamen est subvenire iustis, quia talis eleemosyna fructuosa est, non solum ex parte dantis sed etiam ex suffragio recipientis. * lc. xvi, 9: ° facite vobis amicos de mammona iniquitatis, ut cum defeceritis, recipiant vos in aeterna tabernacula, ' scilicet suis suffragiis. secundo in speciali admonet ad hospitalitatem, * dicens ° hospitalitatem sectantes, ' quia scilicet in hoc misericordiae opere alia misericordiae opera includuntur. nam hospes non solum domum exhibet ad manendum sed etiam alia necessaria subministrat. * hebr. ult.: ° hospitalitatem nolite oblivisci. * i petr. iv, 9: ° hospitales invicem sine murmuratione.

lc3 ' Supra apostolus ostendit qualiter charitas sit exhibenda indigentibus, nunc ostendit qualiter sit exhibenda etiam inimicis. et primo ponit admonitionem; secundo probat quod dixit, * ibi ° scriptum est enim, ' etc.. circa primum considerandum est, quod ad charitatem tria pertinent. primo quidem benevolentia, quae consistit in hoc quod aliquis velit bonum alteri et malum eius nolit; secundo concordia, quae consistit in hoc quod amicorum sit idem nolle et velle; tertio beneficentia, quae consistit in hoc quod aliquis benefaciat ei quem amat et eum non laedat. primo ergo ponit ea quae pertinent ad benevolentiam; secundo ea quae pertinent ad concordiam, * ibi ° gaudere cum gaudentibus; ' tertio ea quae pertinent ad beneficentiam, * ibi ° nulli malum, ' etc.. circa primum duo facit. |25| primo monet ut benevolentia sit ampla, quae se extendat etiam ad inimicos, * cum dicit ° benedicite persequentibus vos. ' circa quod notandum est, quod benedicere est bonum dicere. contingit autem bonum dicere tripliciter. uno modo enuntiando, puta cum quis bonum alterius laudat. * eccli. c. xxxi, 28: ° splendidum in panibus benedicent labia multorum et testimonium veritatis illius fidele. ' alio modo imperando, et sic benedicere per auctoritatem, est proprium dei, cuius imperio bonum ad creaturas derivatur: ministerium autem pertinet ad ministros dei, qui nomen domini super populum invocant. * num. vi, 22-26: ° sic benedicetis filiis israel, et dicetis eis: benedicat tibi dominus, et custodiat te. ostendat dominus faciem suam tibi, et misereatur tui. convertat dominus vultum suum ad te, et det tibi pacem. * et post: ° invocabunt nomen meum super filios israel, et ego benedicam eis. ' tertio benedicit aliquis optando. * ps. cxxviii, 8: ° et non dixerunt qui praeteribant, benedictio domini super vos. ' et secundum |50| hoc benedicere est bonum alicui velle, et quasi bonum pro aliquo precari. et hoc modo accipitur hic. unde in hoc * quod dicitur ° benedicite persequentibus vos, ' datur intelligi quod etiam ad inimicos et persecutores debemus esse benevoli, eis bona optando et pro eis orando. * matth. v, 44: ° diligite inimicos vestros, et orate pro persequentibus et calumniantibus vos. ' quod autem hic dicitur, quodam quidem modo est in praecepto, quodam autem modo est in consilio. quod enim aliquis in generali dilectionis affectum impendat inimicis, non excludendo eos a communi dilectione proximorum et a communi oratione, quam quis pro fidelibus facit, pertinet ad necessitatem praecepti. similiter etiam quod aliquis in articulo necessitatis inimico dilectionis effectum particulariter impendat, pertinet ad necessitatem praecepti. * unde dicitur ex. c. xxiii, 4: ° si occurreris bovi inimici tui, aut asino erranti, reducas eum. ' sed quod aliquis in speciali dilectionis affectum et orationis suffragium, aut qualecumque |75| subventionis beneficium exhibeat inimico, interdum etiam extra articulum manifestae necessitatis, pertinet ad perfectionem consiliorum: quia per hoc ostenditur tam perfecta charitas hominis ad deum quod omne humanum odium superet. ille autem qui poenitet et misericordiam petit, iam non est inter inimicos aut persecutores computandus. unde ei absque omni difficultate sunt charitatis indicia ostendenda. * eccli. xxviii, 2: ° relinque proximo tuo nocenti te, et tunc deprecanti tibi peccata solventur. ' secundo docet quod benevolentia sive benedictio sit pura, id est absque permixtione contrarii. * unde dicit ° benedicite, et nolite maledicere, ' id est ita benedicatis quod nullo modo maledicatis. quod est contra quosdam qui ore benedicunt et corde maledicunt, * secundum illud ps. xxvii, 3: ° qui loquuntur pacem cum proximo suo, mala autem in cordibus eorum. ' et etiam contra illos qui quandoque benedicunt, quandoque maledicunt, vel quibusdam benedicunt, quibusdam maledicunt. * iac. iii, 10: ° ex ipso ore procedit benedictio et maledictio. non oportet, |100| fratres mei, haec ita fieri. * i petr. iii, 9: ° non reddentes maledictum pro maledicto. * sed contra hoc videtur esse quod " in sacra scriptura plures maledictiones inveniuntur. * dicit enim deut. xxvii, 26: ° maledictus qui non permanserit in sermonibus legis huius, nec eos opere perficit. ' ad quod dicendum est quod maledicere est malum dicere: quod quidem tripliciter contingit, sicut et benedicere, scilicet enuntiando, imperando et optando; et secundum quodlibet horum modorum potest bene et male fieri. si enim id quod est materialiter malum, dicatur malum quolibet praedictorum modorum, sub ratione boni non est illicitum, quia hoc est magis benedicere, quam maledicere: unumquodque enim magis iudicatur secundum suam formam, quam secundum suam materiam. si vero aliquis dicat malum sub ratione mali, formaliter maledicit; unde est omnino illicitum. utrumque autem horum contingit in hoc, quod aliquis enuntiando malum profert. quandoque enim aliquis enuntiat malum alicuius ad notificandum necessariam veritatem et sic dicit malum sub ratione veri necessarii, quod est bonum, unde est licitum. * et hoc modo iob iii, 1 s. dicitur, quod ‘ iob maledixit diei suae, enuntians malitiam praesentis vitae, * sicut apostolus dicit eph. v, 16: ° redimentes tempus, quoniam dies mali sunt. ‘ quandoque autem aliquis enuntiat malum alterius sub ratione mali, scilicet intentione detrahendi. et hoc est illicitum. * dicitur enim i cor. vi, 10: ° neque maledici, neque rapaces regnum dei possidebunt. ‘ similiter etiam in eo quod quis dicit malum imperando; contingit autem quandoque quod aliquis dicit id quod est materialiter malum sub ratione boni, puta cum ex imperio alicuius provenit alicui malum poenae propter iustitiam, quod quidem est licitum. et hoc modo transgressores legis maledicuntur, id est, poenae secundum iustitiam deputantur. quandoque vero aliquis imperando dicit malum alterius iniuste, puta propter odium et vindictam. et talis maledictio est illicita. * ex. xxi, 17: ° qui maledixerit patri vel matri, morte moriatur. ‘ et idem est etiam, circa id quod aliquis dicit malum optando. si enim hoc optet sub ratione boni, puta ut per adversitatem alicuius perveniat ad spiritualem profectum, hoc licitum est. * iob v, 3: ° vidi stultum firma radice, et maledixi pulchritudini eius statim. ‘ si vero hoc homo faciat propter odium vel vindictam, est omnino illicitum. * i reg. xvii, v. 43: ° maledixit philisthaeus david in diis suis. * deinde cum dicit ° gaudere cum gaudentibus, ‘ etc., ponit ea quae pertinent ad concordiam. et primo ponit concordiae documenta; secundo removet impedimenta, * ibi ° non alta sapientes, ‘ etc.. concordia autem potest dupliciter attendi. uno modo quantum ad effectum in bonis et in malis. in bonis quidem, ut aliquis bonis aliorum congaudeat; * unde dicit ° gaudere, ‘ scilicet debetis, ° cum gaudentibus. * phil. ii, v. 17: ° gaudeo et congratulor omnibus vobis. ‘ sed hoc est intelligendum, quando quis gaudet de bono. sunt autem quidam qui gaudent de malo, * secundum illud prov. ii, 14: ° laetantur cum malefecerint, et exultant in rebus pessimis. ‘ et in istis non est congaudendum. * i cor. xiii, 6 dicitur de charitate, quod ° non gaudet super iniquitate, congaudet autem veritati. ‘ in malis autem, ut aliquis tristetur de malis alterius. * unde subdit, ° flere, ‘ scilicet debetis, ° cum flentibus. * iob xxx, 25: ° flebam quondam super eo, qui afflictus erat. * eccli. c. vii, 38: ° non desis plorantibus in consolatione, et cum lugentibus ambula. ‘ ipsa enim compassio amici condolentis consolationem in tristitiis affert dupliciter: primo quidem, quia ex hoc colligitur efficax amicitiae argumentum. * eccli. xii, 9: ° in malitia illius, “ id est in infortunio, ° amicus cognitus est. ‘ et hoc ipsum est delectabile cognoscere aliquem sibi esse verum amicum. alio modo, quia ex hoc ipso quod amicus condolet, videtur se offerre ad simul portandum onus adversitatis, quod tristitiam causat. et quidem levius portatur quod portatur a pluribus, quam ab uno solo. secundo, concordia consistit in unitate sententiae, * et quantum ad hoc dicit ° idipsum, ‘ id est idem sitis, ° invicem sentientes, ‘ ut scilicet in eadem sententia conveniatis. * i cor. i, 10: ° sitis perfecti in eodem sensu, et in eadem sententia. * phil. ii, 2: ° eamdem charitatem habentes unanimes, idipsum sentientes. ‘ sciendum est tamen, quod duplex est sententia. una quidem quae pertinet ad iudicium intellectus circa speculabilia, puta circa considerationes geometricas vel naturales: dissentire autem in talibus non repugnat amicitiae vel charitati, quia charitas in voluntate est. huiusmodi autem iudicia non proveniunt ex voluntate, sed ex necessitate rationis. alia vero sententia pertinet ad iudicium rationis circa agenda, et in talibus dissensio amicitiae contrariatur: quia talis dissensio habet contrarietatem voluntatis. et quia fides non solum est speculativa sed etiam practica, inquantum per dilectionem operatur, * ut dicitur gal. v, 6, ‘ ideo etiam dissentire a recta fide, est contrarium charitati. * deinde cum dicit ° non alta sapientes, ‘ etc., excludit impedimenta concordiae, quae quidem sunt duo. primum est superbia, ex qua contingit quod dum aliquis inordinate suam excellentiam quaerit et subiectionem refugit, vult alium subiici et eius excellentiam impedire. et ex hoc sequitur discordia. * prov. xiii, 10: ° inter superbos semper iurgia sunt. ‘ et ideo ad hoc removendum * dicit ° non ‘ sitis ° alta sapientes, ‘ ut scilicet inordinate vestram excellentiam appetatis. * supra xi, 20: ° noli altum sapere, sed time. * eccli. iii, 22: ° altiora te ne quaesieris. sed ‘ sitis ° consentientes humilibus, ‘ id est his quae sunt humilia, id est quae abiecta videntur non recusetis cum oportuerit. * ps. lxxxiii, 11: ° elegi abiectus esse in domo dei mei. * i petr. ult.: ° humiliamini sub potenti manu dei, ‘ etc.. secundum impedimentum concordiae est praesumptio sapientiae, vel etiam prudentiae, ex qua contingit quod aliquis aliorum sententiae non credit. ad quod removendum * dicit ° nolite esse prudentes apud vosmetipsos, ‘ ut scilicet iudicetis solum id esse prudentiae quod vobis videtur. * is. v, 21: ° vae qui sapientes estis in oculis vestris, et coram vobismetipsis prudentes. * supra xi, 25: ° ut non sitis vobismetipsis sapientes. * deinde, cum dicit ° nulli malum pro malo, ‘ etc., docet illa quae pertinent ad beneficentiam, excludendo contrarium. et primo docet quod non sit alicui malefaciendum ratione vindictae; secundo docet quod non sit alicui malefaciendum ratione defensionis, * ibi ° non vosmetipsos defendentes. ‘ circa primum tria facit. primo prohibet vindictam * dicens ° nulli malum pro malo reddentes, ‘ scilicet sitis. * ps. vii, 5: ° si reddidi retribuentibus mihi mala. * i petr. iii, v. 9: ° non reddentes malum pro malo. ‘ sed hoc est intelligendum formaliter, * sicut supra dictum est de maledicto: ‘ prohibemur enim affectu odii vel invidiae reddere malum pro malo, ita quod in malo alterius delectemur. sed si pro malo culpae quod quis facit, reddat iudex malum poenae secundum iustitiam ad compensandam malitiam, materialiter quidem infert malum, sed formaliter et per se infert bonum. unde cum iudex suspendit latronem pro homicidio, non reddit malum pro malo sed magis bonum pro malo. et hoc modo apostolus quemdam pro peccato incestus tradidit ° satanae in interitum carnis, ut spiritus salvus fieret, * ut habetur i cor. v, 5. ‘ secundo docet quod etiam bona sint proximis exhibenda, * dicens ° providentes, ‘ scilicet sitis, ° bona non tantum coram deo, ‘ ut scilicet curetis satisfacere conscientiae vestrae coram deo, ° sed etiam coram omnibus hominibus, ‘ ut scilicet ea faciatis quae hominibus placeant. * i cor. x, 32 s.: ° sine offensione estote iudaeis, et gentibus, et ecclesiae dei, sicut et ego per omnia omnibus placeo. * ii cor. viii, 21: ° providentes bona non solum coram deo, sed etiam coram omnibus hominibus. ‘ hoc tamen contingit et bene et male fieri. si enim hoc fiat propter favorem humanum, non bene agitur. * matth. vi, 1: ° attendite ne iustitiam vestram faciatis coram hominibus, ut videamini ab eis. ‘ si autem hoc fiat ad gloriam dei, bene agitur, * secundum illud matth. c. v, 6: ° sic luceat lux vestra coram hominibus, ut videant opera vestra bona, et glorificent patrem vestrum qui in caelis est. ‘ tertio assignat rationem utriusque dictorum. ad hoc enim debemus abstinere a retributione malorum, et coram hominibus bona providere, ut cum hominibus pacem habeamus, * et ideo subdit ° cum omnibus hominibus pacem habentes, * hebr. ult.: ° pacem sequimini cum omnibus. ‘ sed hic addit duo, quorum primum est * quod dicit ° si fieri potest. ‘ quandoque enim malitia aliorum impedit ne cum eis pacem habere possimus, quia scilicet cum eis pax haberi non potest, nisi eorum malitiae consentiatur, quam quidem pacem constat esse illicitam. * unde dominus dicit matth. x, 34: ° non veni pacem mittere, sed gladium. ‘ aliud autem addit * dicens ° quod ex vobis est, ‘ scilicet et si ipsi contra pacem agant, tamen quod in nobis est facere non debemus, ut eorum pacem quaeramus. * ps. cxix, 7: ° cum his qui oderunt pacem eram pacificus. * et alibi: ° inquire pacem et persequere eam. * deinde, cum dicit ° non vosmetipsos defendentes, ‘ etc., ostendit quod non sunt mala proximis inferenda per modum defensionis. et primo ponit documentum, * dicens ° non “ sitis ° vosmetipsos defendentes, ‘ o charissimi, * sicut de christo dicitur is. l, 6: ° dedi corpus meum percutientibus, et genas meas vellentibus. * et is. liii, 7: ° quasi agnus coram tondente se obmutuit, * etc.. unde et ipse dominus mandavit matth. v, 39: ° si quis te percusserit in una maxilla, praebe ei etiam alteram. * sed, sicut augustinus dicit in libro contra mendacium, “ ea quae in novo testamento a sanctis facta sunt, valent ad exempla intelligendarum scripturarum, quae in praeceptis data sunt. ‘ ipse autem dominus cum alapa percussus esset, non ait: ecce altera maxilla; sed: ° si male locutus sum, testimonium perhibe de malo; si autem bene, quid me caedis? ‘ ubi ostendit praeparationem alterius maxillae in corde esse faciendam. paratus enim fuit dominus non solum in altera caedi pro salute hominis, sed in toto corpore crucifigi. * et sicut augustinus dicit ad marcellinum, “ tunc quidem hoc mandatum recte fit cum ei creditur profuturum esse propter quem fit, ad operandam in eo correctionem atque concordiam, etiam si alius exitus consequatur. ‘ sunt igitur ista praecepta patientiae semper in cordis praeparatione retinenda et ipsa benevolentia, ne reddatur malum pro malo, semper in voluntate complenda est. agenda sunt autem et multa etiam cum invitis benigna quadam asperitate plectendis. secundo assignat rationem, * cum dicit ° sed date locum irae, ‘ id est divino iudicio. quasi diceret: committatis vos deo, qui suo iudicio potest vos defendere et vindicare, * secundum illud i petr. ult.: ° omnem sollicitudinem vestram proiicientes in eum, quoniam ipsi cura est de vobis. ‘ sed haec intelligenda sunt in casu in quo nobis non adest facultas aliter faciendi secundum iustitiam; sed quia, * ut dicitur deut. i, v. 17: ° domini est iudicium, ‘ cum aliquis auctoritate iudicis, vel vindictam quaerit ad comprimendam malitiam et non propter odium, vel etiam cum auctoritate alicuius superioris suam defensionem procurat, intelligitur locum dare irae, id est divino iudicio, cuius ministri sunt principes, * ut dicitur infra xiii, 4. ‘ unde etiam paulus procuravit se per armatos defendi contra insidias iudaeorum, * ut patet act. xxiii, 12 ss.. deinde, cum dicit ° sicut scriptum est, ‘ etc., probat quod dixerat. et primo per auctoritatem; secundo per rationem, * ibi ° noli vinci a malo, ‘ etc.. circa primum duo facit. primo probat quod dictum est de prohibitione vindictae, * dicens ‘ dictum est: ° date locum irae, ‘ id est divino iudicio, ° scriptum est enim, * deut. xxxii, 35, ° mihi vindictam, ‘ scilicet servate, et ° ego retribuam, dicit dominus. * nostra littera sic habet: ° mea est ultio, et ego retribuam eis in tempore. * ps. xciii, 1: ° deus ultionum dominus. * nahum i, 2: ° deus aemulator et ulciscens dominus. ‘ secundo probat per auctoritatem, quod dictum est de benevolentia exhibenda inimicis. in qua quidem auctoritate, primo, ponit documentum ut subveniamus inimicis in articulo necessitatis, quia hoc est de necessitate praecepti, * ut supra dictum est. * et hoc est quod dicit ° sed, si esurierit inimicus tuus, ciba illum; si sitit, potum da illi. * matth. v, v. 44: ° benefacite his qui oderunt vos. ‘ secundo rationem assignat, * dicens ° hoc enim faciens, carbones ignis congeres super caput eius. * quod quidem uno modo potest intelligi in malum, ut sit sensus: “ si tu ei benefacias, bonum tuum vertetur ei in malum, quia ex hoc incurret combustionem ignis aeterni per suam ingratitudinem. * sed iste sensus repugnat charitati, ‘ contra quam ageret, qui alicui subveniret ut ei proveniret in malum. et ideo est exponendum in bonum, ut sit sensus ° hoc enim faciens ‘ id est, in necessitate ei subveniens, ° carbones ignis, ‘ id est amorem charitatis * de qua dicitur cant. viii, v. 6: ° lampades eius, ut lampades ignis atque flammarum congeres, ‘ id est, congregabis, ° super caput, ‘ id est, super mentem ° eius. * quia, ut augustinus dicit in libro de catechizandis rudibus, ° nulla est maior provocatio ad amandum, quam praevenire amando. nimis enim durus animus qui dilectionem: et si nolebat impendere, nolit rependere. * deinde, cum dicit ° noli vinci a malo, ‘ etc., probat quod dixit per rationem. naturale est enim homini ut velit adversarium vincere et non vinci ab eo. illud autem ab aliquo vincitur, quod ad illud trahitur, sicut aqua vincitur ab igne quando trahitur ad calorem ignis. si ergo bonus aliquis homo, propter malum quod sibi ab aliquo infertur, trahatur ad hoc quod ei male faciat, bonus a malo vincitur. si autem e contrario propter beneficium quod bonus persecutori exhibet, eum ad suum amorem trahat, bonus malum vincit. * dicit ergo ° noli vinci a malo, ‘ scilicet eius qui te persequitur, ut tu eum persequaris, ° sed in bono tuo vince malum ‘ illius, ut scilicet ei benefaciendo, eum a malo trahas. * i io. ult.: ° haec est victoria quae vincit mundum, fides nostra. * ier. xv, 19: ° ipsi convertentur ad te, et tu non converteris ad eos.

075 CRO cp13

lc1 ‘ Postquam apostolus ostendit qualiter se debeat homo exhibere deo, utendo donis gratiae eius hic ostendit quomodo debeat se exhibere proximo: et primo quantum ad superiores; secundo quantum ad omnes, * ibi ° nemini quicquam debeatis, ‘ etc.. circa primum duo facit. primo inducit homines ad subiectionem quam debent superioribus; secundo ad exhibendum subiectionis signum, * ibi ° ideo et tributa praestatis, ‘ etc.. circa primum tria facit. primo proponit documentum; secundo rationem assignat, * ibi ° non enim est potestas, ‘ etc.; tertio infert conclusionem intentam, * ibi ° ideoque, ‘ etc.. circa primum considerandum est quod quidam fideles in primitiva ecclesia dicebant terrenis potestatibus se subiici non debere propter libertatem, quam consecuti erant a christo, * secundum illud io. viii, v. 36: ° si filius vos liberaverit, vere liberi eritis. ‘ sed libertas per christum concessa, est libertas spiritus qua liberamur a peccato et morte, * sicut supra viii, 2 dictum est: ° lex spiritus in christo iesu liberavit me a lege peccati et mortis. ‘ caro autem adhuc remanet servituti obnoxia, * sicut supra dictum est. ‘ et ideo tunc nulli subiectioni homo, per christum liberatus, erit obnoxius, nec spirituali scilicet, nec carnali. * unde dicitur i cor. xv, 24: ° cum tradiderit christus regnum deo patri, et evacuaverit omnem principatum et potestatem. ‘ interim autem dum corruptibilem carnem gerimus, oportet nos dominis carnalibus subiacere. * unde dicitur eph. vi, 5: ° servi, obedite dominis carnalibus. * et hoc est etiam quod hic apostolus dicit ° omnis anima potestatibus sublimioribus subdita sit. ‘ potestates autem sublimiores hic dicuntur homines in potestatibus constituti, quibus secundum iustitiae ordinem subiici debemus. * i petr. ii, 23: ° subditi estote omni humanae creaturae propter deum, sive regi quasi praecellenti, sive ducibus, tamquam ab eo missis, * etc.. dicit autem indefinite ° potestatibus sublimioribus, ‘ ut ratione sublimitatis officii eis subiiciamur, etiam si sint mali. * unde i petr. ii, 18 subditur: ° subiecti estote non tantum bonis et modestis, sed etiam dyscolis. * quod autem dicitur ° omnis anima, ‘ per synecdochen intelligitur omnis homo, * sicut et gen. xvii, 14: ° delebitur anima illa de populo suo. ‘ utitur autem hoc modo loquendi, quia subiectionem superioribus debemus ex animo, id est ex pura voluntate, * secundum illud eph. c. vi, 6 s.: ° non ad oculum servientes, quasi hominibus placentes, sed ex animo cum bona voluntate. * deinde cum dicit ° non est enim potestas, ‘ etc., ponit rationem admonitionis praemissae. primo quidem ex parte honesti; secundo ex parte necessarii, * ibi ° qui autem resistunt, ‘ etc.. circa primum duo facit. primo praemittit duo principia; secundo ex eis concludit, * ibi ° itaque qui resistit, ‘ etc.. primo enim praemittit originem potestatis, * dicens ° non est enim potestas nisi a deo. ' quicquid enim communiter de deo et creaturis dicitur, a deo in creaturas derivatur, sicut patet de sapientia, * eccli. i, 1: ° omnis sapientia a domino deo est. ' potestas autem de deo et de hominibus dicitur. * iob c. xxxvi, 5: ° deus potestates non abiicit, cum ipse sit potens. ' unde consequens est, quod omnis humana potestas sit a deo. * dan. c. iv, 14: ° dominabitur excelsus in regno hominum, et cuicumque voluerit, dabit illud. * io. xix, 11: ° non haberes potestatem adversum me ullam, nisi tibi datum esset desuper. * sed contra hoc esse videtur, quod dicitur osee viii, 4: ° ipsi regnaverunt, et non ex me: principes extiterunt, et non cognovi. ' ad hoc dicendum est, quod regia potestas, vel cuiuscumque alterius dignitatis potest considerari quantum ad tria. uno quidem modo quantum ad ipsam potestatem, et sic |100| est a deo, per quem reges regnant, * ut dicitur prov. viii, 15. ' alio modo potest considerari quantum ad modum adipiscendi potestatem, et sic quandoque potestas est a deo: quando scilicet aliquis ordinate potestatem adipiscitur, * secundum illud hebr. v, 4: ° nemo sibi honorem assumit, sed qui vocatur a deo tamquam aaron. ' quandoque vero non est a deo sed ex perverso hominis appetitu, qui per ambitionem, vel quocumque alio illicito modo potestatem adipiscitur. * amos vi, 14: ° numquid non in fortitudine nostra assumpsimus nobis cornua? ' tertio modo potest considerari quantum ad usum ipsius: et sic quandoque est a deo, puta cum aliquis secundum praecepta divinae iustitiae utitur concessa sibi potestate, * secundum illud prov. viii, 15: ° per me reges regnant, ' etc.. quandoque autem non est a deo, puta cum aliqui potestate sibi data utuntur contra divinam iustitiam, * secundum illud ps. ii, 2: ° astiterunt reges terrae, et principes convenerunt in unum adversus dominum, * etc.. |125| dubitatur etiam " de potestate peccandi, utrum sit a deo. ' ad quod dicendum est quod ipsa potentia qua peccatur, a deo est. eadem enim potentia est qua peccatur et qua recte agitur: sed quod in bonum ordinetur, a deo est; quod autem ordinetur ad peccandum, est ex defectu creaturae, inquantum est ex nihilo. * secundo ponit, quod ° ea quae sunt, a deo ordinata sunt, ' cuius ratio est quia deus omnia per suam sapientiam fecit, * secundum illud ps. ciii, 24: ° omnia in sapientia fecisti. ' est autem proprium sapientiae ordinate omnia disponere. * sap. viii, 1: ° attingit a fine usque ad finem fortiter, et disponit omnia suaviter. ' et ideo oportet effectus divinos ordinatos esse. * iob xxxviii, 33: ° numquid nosti ordinem caeli, et pones rationem eius in terra? ' duplicem autem ordinem deus in suis effectibus instituit: unum quidem quo omnia ordinantur in ipsum, * prov. xvi, 4: ° universa propter semetipsum operatus est deus, ' alium vero quo effectus divini ordinantur ad invicem, * sicut dicitur deut. iv, 19 de sole et |150| luna et stellis, quod fecit ea ° in ministerium cunctis gentibus. * deinde cum dicit ° itaque qui resistit, ' etc., ex duabus praemissis concludit propositum. si enim potestas principum, inquantum talis est, a deo est, et nihil est a deo sine ordine, consequens est, quod etiam ordo, quo inferiores potestatibus superioribus subiiciuntur, sit a deo. ° itaque qui ' contra hunc ordinem ° resistit potestati, dei ordinationi resistit. * i reg. viii, 7: ° non te abiecerunt, sed me, ne regnem super eos. * lc. x, 16: ° qui vos spernit, me spernit. ' resistere autem divinae ordinationi contrariatur honestati virtutis. unde contra virtutem agit quicumque potestati resistit, in eo quod pertinet ad ordinem suae potestatis. * deinde cum dicit ° qui autem resistunt, ' etc., ostendit huiusmodi subiectionem non solum esse honestam, sed necessariam. et primo proponit quod intendit; secundo probat propositum, * ibi ° nam principes, * etc.. dicit ergo primo: ' dictum est, |175| quod ° qui resistit potestati, dei ordinationi resistit, ' quod quidem secundum se est vitandum, tamquam contrarium virtuti. multi tamen sunt, qui amorem virtutis non habentes, ea quae sunt contraria virtuti non detestantur. unde tales cogendi sunt ad vitationem malorum per poenas, * et quantum ad hoc subdit ° qui autem resistunt, ' scilicet divinae ordinationi, ° sibi damnationem acquirunt, ' contra potestatis ordinem agendo. quod quidem potest intelligi, uno modo, de damnatione aeterna, quam merentur qui potestatibus subiici nolunt in eo quod debent. in cuius exemplum dathan et abiron, qui moysi et aaron restiterunt, sunt a terra absorpti, * ut habetur num. xvi, 20 ss.. ' alio modo potest intelligi de damnatione poenae, quae per ipsos principes infertur. * prov. xx, 2: ° sicut rugitus leonis, ita et terror regis: qui provocant eum, peccant in animam suam. * sed contra hoc videtur esse quod " apostoli et martyres principibus et potestatibus restiterunt et ex hoc non damnationem a deo sed praemium acquisiverunt. |200| ' sed dicendum est quod apostolus hic loquitur de eo qui resistit potestati inferiori, secundum quod est a deo ordinata. habet autem hoc divina ordinatio ut potestati inferiori non obediatur contra superiorem, sicut etiam in rebus humanis ut proconsuli non obediatur contra imperatorem, nec balivo contra regem. et omnis potestas humana sub potestate dei ordinatur et nulli potestati humanae est contra deum obediendum, * secundum illud act. v, 29: ° oportet obedire magis deo quam hominibus. * deinde cum dicit ° nam principes, ' etc., assignat rationem eius quod dixerat. et primo proponit rationem; secundo ex ratione posita quoddam utile documentum trahit, * ibi ° vis autem non timere potestatem, ' etc.. tertio huius documenti necessitatem assignat, * ibi ° si autem malefeceris, * etc.. dicit ergo primo: ' dictum est quod ° qui resistunt potestati, sibi damnationem acquirunt, nam principes, ' qui hic potestates dicuntur, ° non sunt timori, ' id est in timorem, ° boni operis, ' id est propter bonum |225| opus, ° sed mali, ' id est propter malum. quod quidem videtur esse intelligendum secundum causam instituendi principes. ad hoc enim sunt instituendi principes, ut illi qui amore virtutis non provocantur ad vitandum malum et faciendum bonum, cogantur ad hoc timore poenae. * prov. xx, 8: ° rex qui sedet in solio iudicii, dissipat omne malum intuitu suo. * et secundum hoc dicitur quod ° principes non sunt timori boni operis sed mali, ' quantum ad id quod principi ex officio competit, * sicut et is. xxxii, 8 dicitur: ° princeps ea quae sunt digna principe cogitabit. ' potest autem hoc referri etiam ad malos principes, qui non sunt timori boni operis sed mali: quia et si interdum iniuste persequuntur bene operantes, non tamen illi qui bene operantur, causam habent timendi, quia hoc ipsum, si patienter sustinent, in eorum bonum cedit, * secundum illud i petr. iii, 14: ° si quid patimini propter iustitiam, beati: timorem autem eorum ne timueritis, ut non conturbemini. ' ex hoc autem quod hic dicitur, assignari |250| potest ratio quare qui potestati resistunt, sibi damnationem acquirant: sive intelligatur de damnatione punitionis, qua principes rebelles puniunt, sive de damnatione qua homines puniuntur a deo. si enim principes sunt timori mali operis, consequens est quod si aliquis potestati resistat, male operetur; et ita ipse homo, male agendo, est sibi causa punitionis temporalis et aeternae. * deinde cum dicit ° vis autem non timere, ' etc., ex eo quod dixerat quoddam utile documentum tradit, scilicet vitandi timorem principum. et primo insinuat sua interrogatione hoc esse desiderabile, * dicens ° vis non timere potestatem? ' quasi dicat: hoc debet homini esse placitum. * prov. xx, 2: ° sicut rugitus leonis, ita et terror regis. ' secundo docet medium ad hoc perveniendi, * dicens ° bonum fac; ' quia, * ut dicitur prov. xvi, 13: ° voluntas regum, labia iusta; * et in ps. c, 6: ° ambulans in via immaculata, hic mihi ministrabat. ' tertio ostendit huius effectum, * dicens: ' et si benefeceris, non solum timorem |275| vitabis, sed etiam ° habebis laudem ex illa, ' scilicet potestate; quod planum est si accipiatur secundum finem, ad quem institutae sunt potestates. ad hoc enim institutae sunt ut non solum a malis timore poenarum retrahant sed etiam ut ad bonum per praemia alliciant, * secundum illud i petr. ii, 14: ° sive ducibus tamquam ab eo missis ad vindictam malorum, laudem vero bonorum. ' verificatur hoc etiam de malis principibus, quorum iniustam persecutionem, dum boni patienter sustinent, laudantur. * iac. v, 11: ° ecce beatificamus eos qui sustinuerunt. ' quarto rationem assignat, * dicens ° dei enim minister est tibi in bonum. ' quod quidem manifeste patet, quantum ad debitum ordinem principum. sunt enim sub regimine dei, quasi supremi principis, tamquam ministri ordinati. * sap. vi, 3: ° cum essetis ministri regis illius, ' etc.. ad idem autem tendit minister et dominus. * eccli. x, 2: ° secundum iudicem populi, sic et ministri eius. ' et ideo sicut deus operatur in bonum his qui bonum agunt, ita et principes si recte ministerium suum impleant. |300| sed et mali principes ministri dei sunt, secundum ordinationem dei ad inferendas poenas, licet hoc sit praeter intentum eorum; * secundum illud is. x, 5: ° assur virga furoris mei, et baculus ipse in manu mea est. ipse autem non sic arbitrabitur. * et ier. xxv, 9: ° assumam universam cognationem aquilonis, et nabuchodonosor regem babylonis servum meum, et adducam eos super terram istam, et super habitatores eius, ' etc.. et quia tales mali principes, interdum, deo permittente, bonos affligunt, quod in bonum eorum cedit, * secundum illud supra viii, 28: ° diligentibus deum, * etc.. deinde cum dicit ° si autem male, ' etc., ostendit necessitatem praemissi documenti. * dictum est enim quod ' benefaciendo non timebis potestatem, ° si autem malefeceris, time: ' quia causam timoris habes. * prov. c. x, 29: ° pavor his qui operantur malum. * sap. xvii, 10: ° cum sit timida nequitia, data est in omnium condemnationem. ' secundo assignat rationem * dicens ° non enim sine causa gladium portat. ' loquitur autem |325| secundum consuetudinem principum, qui quasi insignia suae potestatis deferebant instrumenta puniendi, puta fasces virgarum ad verberandum, et secures vel gladios ad occidendum. * iob xix, 29: ° fugite a facie gladii, quoniam ultor iniquitatum est gladius. ' tertio rationem exponit * dicens ° portat, ' inquam, ° gladium, quia est minister dei, vindex, ' id est vindictam exercens, ° in iram, ' id est, ad exequendam iram dei, id est iustum iudicium eius, ° ei qui malum agit, ' id est, contra malefactorem. * ez. xvii, 37 ss.: ° ecce ego congregabo omnes amatores tuos, et iudicabo te in iudiciis adulterorum, et dabo te in manus eorum, * etc.. prov. xvi, 12: ° abominabiles regi qui impie agunt, quoniam iustitia firmatur solium. ' ex quo patet quod non solum est licitum sed etiam meritorium principibus, qui zelo iustitiae vindictam exercent in malos. * unde dicitur ez. xxix, 19 s.: ° erit merces exercitui illius, et operi quo servivit mihi adversus eam. * deinde cum dicit ° ideoque necessitate, ' etc., infert conclusionem principaliter |350| intentam, * dicens: ° ideoque, ' propter praedictas rationes, ° subditi estote ' principibus ex necessitate, quia scilicet hoc est ex necessitate salutis, vel subditi estote voluntarie necessitati, quae vobis imminet potentia principum, ut faciatis de necessitate virtutem; ° non solum propter iram, ' id est vindictam vitandam, quod pertinet ad secundam rationem, ° sed etiam propter conscientiam ' bonam conservandam, quod pertinet ad primam rationem, quia ° qui potestati resistit dei ordinationi resistit. * tit. iii, 1: ° admone illos principibus et potestatibus subditos esse. * deinde cum dicit ° ideo enim et tributa praestatis, ' etc. inducit homines ad exhibendum suis superioribus signum subiectionis. et primo ponit signum subiectionis; secundo inducit ad eius exhibitionem, * ibi ° reddite ergo, ' etc.. circa primum duo facit. primo ponit subiectionis signum, * dicens ° ideo enim, ' scilicet quia debetis esse subiecti, ° et tributa praestatis, ' id est, praestare debetis, in signum scilicet subiectionis. * et ideo conquerendo dicitur thren. i, 1: ° princeps provinciarum |375| facta est sub tributo. ' dicuntur autem tributa, eo quod subditi dominis ea tribuunt. secundo assignat rationem, * dicens ° ministri enim dei sunt, in hoc ipsum, ' id est, pro ipso, scilicet tributa recipiendo, ° servientes, ' scilicet deo, et populo. quasi dicat: unusquisque de suo ministerio vivere debet, * secundum illud i cor. ix, v. 7: ° quis, pascit gregem et de lacte eius non edit? ' et ideo cum principes nostri suo regimine deo ministrent, a populo debent tributa suscipere, quasi stipendia sui ministerii, non autem ita quod hoc debeant sibi computare pro praemio. " proprium enim praemium principis est laus et honor, * ut philosophus dicit in v ethic.. " et cum hoc non sufficit, tyrannus fit. ' sed hoc non est intelligendum de laude humana solum vel honore, quia tale praemium esset vanum, sed de laude et honore divino, qui principibus bene gubernantibus exhibetur. * sap. vi, 22: ° o reges populi, diligite sapientiam, ut in perpetuum regnetis. ' huiusmodi autem tributa recipiunt ad sustentationem, laborant autem principes ad omnium pacem. * unde dicitur i tim. ii, 1 s.: |400| ° obsecro primum omnium fieri obsecrationes pro regibus, et omnibus qui in sublimitate sunt constituti, ut quietam ac tranquillam vitam agamus. * baruch i, 11 s.: ° orate pro vita nabuchodonosor regis babylonis, ut vivamus sub umbra eius. ' ab hoc tamen debito liberi sunt clerici ex privilegio principum, quod quidem aequitatem naturalem habet. unde etiam apud gentiles liberi erant a tributis illi qui vacabant rebus divinis. * legitur enim gen. xlvii, v. 20-22, quod ' ioseph subiecit pharaoni totam terram aegypti praeter terram sacerdotum, quae a rege tradita fuerat eis, quibus et statuta cibaria ex horreis publicis praebebantur. * et infra dicitur quod ' in universa terra aegypti, quinta pars solvitur absque terra sacerdotali, quae libera erat ab hac conditione. hoc autem ideo aequum est, quia sicut reges sollicitudinem habent de bono publico in bonis temporalibus, ita ministri dei in spiritualibus, et sic per hoc quod deo in spiritualibus ministrant, recompensant regi quod pro eorum pace laborat. |425| sed attendendum est: cum tributa dicat regibus esse debita quasi laboris stipendium, dupliciter peccare possunt principes accipiendo tributa. primo quidem si utilitatem populi non procurent sed solum ad diripiendum eorum bona intendant. * unde dicitur ez. xxxiv, 3: ° lac comedebatis et lanis operiebamini, et quod crassum erat, occidebatis, gregem autem meum non pascebatis. ' alio modo ex eo quod violenter diripiunt supra statutam legem, quae est quasi quoddam pactum inter regem et populum, et supra populi facultatem. * unde dicitur mich. iii, 1: ° audite principes iacob, et duces domus israel. * et postea subdit: ° qui violenter tollitis pelles eorum desuper eis, et carnes eorum desuper ossibus eorum. * deinde cum dicit ° reddite ergo, ' etc., monet ad reddendum praedictum subiectionis signum. et primo quidem in generali, * dicens: ' ex quo tributum debetur principibus, tamquam dei ministris, ° reddite ergo omnibus debita. ' ex quo patet quod ex necessitate iustitiae tenentur |450| subditi sua iura principibus exhibere. * matth. xviii, 24: ° oblatus est regi unus qui debebat decem millia talenta. * et matth. xxii, v. 21: ° reddite quae sunt caesaris, caesari, ' etc.. secundo specificat, et, primo, ea quae sunt exteriora, dicens ° cui tributum, ' scilicet debetis, reddite ° tributum, ' quia scilicet principi tribuitur pro generali regimine, quo patriam in pace et quiete gubernat. * gen. c. xlix, 15: ° vidit requiem quod esset bona, factusque est tributis serviens. cui vectigal, ' scilicet debetis, reddite ° vectigal, ' quod scilicet redditur principi in aliquibus certis locis de mercimoniis, quae deferuntur pro reparatione viarum et custodia. vel vectigal dicitur, quod datur principi, quando per patriam devehitur, sicut sunt procurationes et alia huiusmodi. secundo ponit ea quae sunt interius exhibenda. est autem considerandum quod principi debetur et timor et honor: timor quidem, inquantum est dominus, sua potestate malos coercens a malis. * mal. i, 6: ° si ego dominus, ubi est timor meus? * et ideo dicit |475| ° cui timorem, ' scilicet debetis, reddite ° timorem. * prov. xxiv, 21: ° deum time, fili mi. ' inquantum autem quasi pater providet bonis quae sunt in laudem eorum, debetur illi honor. * mal. i, 6: ° si ego pater, ubi honor meus? * et ideo subdit, ° cui honorem, ' scilicet debetis, reddite ° honorem. * i petr. ii, 17: ° regem honorificate. * sed contra est quod dicitur lev. xix, 15: ° non honores vultum potentis. ' sed hoc est intelligendum quantum ad hoc ut pro eo a iustitia non declines. * unde subditur: ° iuste iudica proximo tuo.

lc2 ' Supra apostolus ostendit qualiter debeant fideles ad superiores iustitiam observare, hic ostendit quid debeant omnibus communiter exhibere. et circa hoc duo facit. primo ponit quod intendit; secundo reddit rationem, * ibi ° qui enim diligit, ' etc.. dicit ergo primo: dictum est reddite omnibus debita, non quidem particulariter, sed integraliter, * et hoc est quod subdit ° nemini quidquam debeatis. ' quasi dicat: ita plene omnibus omnia debita persolvatis, ut nihil remaneat, quod solvere debeatis. et hoc quidem propter duo. primo quia in ipsa mora reddendi peccatum committitur, dum homo iniuste detinet rem alienam. * unde dicitur lev. xix, 13: ° non morabitur opus mercenarii tui apud te usque mane. ' et eadem est ratio de aliis debitis. secundo quia quamdiu aliquis debet, est quodammodo servus et, cui debet, obligatur. * prov. xxii, 7: ° qui accipit mutuum, servus est foenerantis. |25| ' sunt tamen quaedam debita, a quibus homo numquam potest se absolvere. et hoc contingit dupliciter. uno quidem modo propter excellentiam beneficii, cui aequivalens recompensari non potest: * sicut philosophus dicit de honore qui exhibetur deo vel parentibus, secundum illud ps. cxv, 12: ° quid retribuam domino pro omnibus quae retribuit mihi? ' alio modo propter causam debendi, quae semper manet; vel etiam propter hoc quod illud quod redditur, numquam exhauritur sed semper in reddendo crescit. et propter has causas debitum dilectionis fraternae ita solvitur, quod semper debetur. primo quidem quia dilectionem proximo debemus propter deum, cui sufficienter recompensare non possumus. * dicitur enim i io. iv, 21: ° hoc mandatum habemus a deo, ut qui diligit deum, diligat et fratrem suum. ' secundo quia causa dilectionis semper manet, quae est similitudo naturae et gratiae. * eccli. xiii, 19: ° omne animal diligit sibi simile, sic et omnis homo proximum sibi. ' tertio quia charitas in diligendo non deficit |50| sed proficit. * phil. i, 9: ° hoc oro, ut charitas vestra magis ac magis abundet. * ideo dicit ° nisi ut invicem diligatis, ' quia scilicet dilectionis debitum ita semel redditur, ut tamen semper maneat sub debito praecepti. * io. xv, 12: ° hoc est praeceptum meum, ut diligatis invicem. * deinde cum dicit ° qui enim diligit, ' etc., assignat causam eius quod dixerat, debito dilectionis nos numquam absolvi, quia scilicet in dilectione tota legis impletio consistit. unde circa hoc tria facit. primo proponit quod intendit; secundo manifestat propositum, * ibi ° nam non adulterabis, ' etc.; tertio infert conclusionem intentam, * ibi ° plenitudo ergo legis, * etc.. dicit ergo primo: ' ideo dictum est quod non intendamus nos expedire a debito dilectionis, sicut ab aliis debitis, ° qui enim diligit proximum, legem implevit, ' id est tota impletio legis ex proximi dilectione dependet. * sed hoc non videtur verum. dicitur enim |75| i tim. i, 5: quod ° finis praecepti charitas est. ' unumquodque enim perficitur cum ad finem pervenit: et ideo tota legis perfectio in charitate consistit. sed charitas duos habet actus, scilicet dilectionem dei et dilectionem proximi; * unde et dominus dixit matth. xxii, v. 40 quod ' tota lex et prophetae pendet in duobus mandatis charitatis: quorum unum est de dilectione dei, aliud de dilectione proximi. * non ergo videtur quod " qui proximum diligit, impleat totam legem. ' sed dicendum est quod illa dilectio proximi ad charitatem pertinet, et legem implet, qua proximus diligitur propter deum; et ita in dilectione proximi includitur dilectio dei, sicut causa includitur in effectu. * dicitur enim i io. iv, 21: ° et hoc mandatum habemus a deo, ut qui diligit deum, diligat et fratrem suum. ' et, e converso, dilectio proximi includitur in dilectione dei, sicut effectus in causa; * unde ibidem dicitur: ° si quis dixerit quoniam diligo deum, et fratrem suum odit, mendax est. ' et inde est quod in sacra scriptura quandoque fit mentio solum de dilectione dei, |100| quasi sufficiat ad salutem, * secundum illud deut. x, 12: ° et nunc, israel, audi, quid dominus deus tuus petit a te, nisi ut timeas dominum deum tuum, et ambules in viis eius, et diligas eum. ' quandoque autem fit mentio solum de dilectione proximi. * io. xv, v. 12: ° haec vobis mando, ut diligatis invicem. * deinde cum dicit ° nam non adulterabis, ' etc., probat propositum. primo quidem per inductionem; secundo vero per medium syllogismi, * ibi ° dilectio proximi, ' etc.. circa primum, more inducentium, enumerat quaedam praecepta, quae dilectionem proximi implent. et quia praecepta tria primae tabulae immediatius ordinantur ad dilectionem dei, non facit mentionem hic de eis, quamvis et ipsa impleantur in dilectione proximi, prout dilectio dei includitur in dilectione proximi. enumerat autem mandata secundae tabulae, praetermittit tamen praeceptum affirmativum tantum quod est de honore parentum, in quo etiam intelligitur, ut omnibus reddamus quae debemus. |125| enumerat autem praecepta negativa, per quae aliquis prohibetur malum proximis inferre. et hoc duplici ratione. primo quidem, quia praecepta negativa sunt magis universalia, et quantum ad tempora et quantum ad personas. quantum ad tempora quidem, quia praecepta negativa obligant semper et ad semper. nullo enim tempore est furandum et adulterandum. praecepta autem affirmativa obligant quidem semper, sed non ad semper, sed pro loco et tempore; non enim tenetur homo, ut omni tempore honoret parentes, sed pro loco et tempore. quantum ad personas autem, quia nulli hominum est nocendum, non autem sufficientes sumus, ut unus homo possit omnibus hominibus servire. secundo quia magis manifestum est quod per dilectionem proximi implentur praecepta negativa quam affirmativa. qui enim diligit aliquem, magis abstinet a nocumento illius, quam ei beneficia impendat, a quo quandoque homo impeditur per impotentiam. tripliciter autem aliquis nocumentum proximo inferre potest. uno modo, |150| facto; alio modo, verbo; tertio, desiderio. facto quidem tripliciter. uno modo quantum ad personam ipsius proximi, et hoc prohibetur cum dicitur ° non occides. ' in quo etiam intelligitur prohiberi omnis iniuria in personam proximi illata. * i io. iii, 15: ° omnis homicida non habet vitam aeternam in seipso. ' secundo quantum ad personam coniunctam, scilicet uxorem, et hoc prohibetur cum dicitur ° non adulterabis. ' in quo etiam intelligitur prohiberi fornicatio et omnis illicitus usus genitalium membrorum. * hebr. ult.: ° fornicatores et adulteros iudicabit deus. ' tertio quantum ad res exteriores, quod prohibetur, cum dicitur ° non furaberis. ' in quo etiam prohibetur omnis iniusta subtractio rei alienae, sive per vim, sive per dolum. * zach. v, 3: ° omnis fur, sicut ibi scriptum est, iudicabitur. ' nocumentum autem, quod quis proximo infert verbo, prohibetur, cum dicitur ° non falsum testimonium dices. ' quod non solum prohibetur in iudicio sed etiam |175| extra iudicium, sive per modum detractionis, sive per modum contumeliae. * prov. xix, 5: ° testis falsus non erit impunitus, et qui mendacia loquitur, non effugiet. ' nocumentum autem quod quis infert proximo, solo desiderio, prohibetur cum dicitur ° non concupisces ' rem proximi tui. ubi etiam intelligitur prohiberi concupiscentia uxoris; * supra vii, 7: ° nam concupiscentiam nesciebam, ' scilicet esse peccatum, ° nisi lex diceret: non concupisces. ' ponuntur autem haec mandata * ex. xx, 17 ss.. ' enumeratis autem pluribus praeceptis, colligit omnia alia in communi * dicens ° et si quod est aliud mandatum, ' affirmativum vel negativum, vel ad deum, vel ad proximum pertinens, per modum supra dictum, ° instauratur, ' id est perficitur et impletur, ° in hoc verbo: diliges proximum tuum sicut teipsum. * quod quidem ponitur lev. c. xix, 18; ubi nos habemus: ° diliges amicum tuum sicut teipsum. * quod autem dicit ° proximum tuum, " referendum est ad omnem hominem et etiam ad sanctos angelos, * ut augustinus |200| probat in i de doctrina christiana. ' nomine enim proximi intelligitur quicumque facit alicui misericordiam, * secundum illud lc. x, 36: ° quis tibi videtur illi proximus fuisse, qui incidit in latrones? et ille dixit: qui fecit misericordiam, ' etc.. et quia proximus est proximo proximus, consequens est quod etiam ille, qui ab aliquo misericordiam recipit, proximus ei dicatur. sancti autem angeli nobis misericordiam impendunt, et nos omnibus hominibus misericordiam debemus impendere et ab eis, cum necesse fuerit, recipere. unde patet quod et sancti angeli et omnes homines proximi nobis dicuntur, quia beatitudinem, ad quam nos tendimus, vel iam habent, vel ad eam nobiscum tendunt. ex quo patet quod daemones non sunt secundum hanc rationem proximi nobis, nec sub hoc praecepto eorum dilectio nobis iniungitur, quia sunt totaliter a dilectione dei exclusi et non sunt computandi in numero proximorum, sed in numero hostium. * quod autem dicit ° sicut teipsum, ' non est referendum ad aequalitatem dilectionis, |225| ut scilicet aliquis teneatur diligere proximum aequaliter sibi: hoc enim esset contra ordinem charitatis, quo quilibet plus tenetur suam, quam aliorum salutem curare. * cant. ii, 4: ° ordinavit in me charitatem. ' sed est referendum ad similitudinem dilectionis, ut scilicet similiter diligamus proximum sicut nosipsos. et hoc tripliciter. primo quidem quantum ad finem dilectionis, ut scilicet nos et proximum diligamus propter deum. secundo quantum ad formam dilectionis, ut scilicet sicut aliquis seipsum diligit, quasi sibi volens bonum, ita aliquis proximum diligat, quasi ei bona volens. qui autem diligit proximum ad hoc solum ut eius utilitate vel dilectione potiatur, non vult bonum proximo, sed ex proximo vult sibi bonum. quo quidem modo homo amare dicitur res irrationales, puta vinum vel aquam, ut scilicet eis utatur. tertio quantum ad effectum dilectionis, ut scilicet aliquis necessitati proximi subveniat, sicut sibi, et quod nihil illicitum, propter amorem proximi, committat sicut nec propter suum amorem. |250| * deinde, cum dicit ° dilectio proximi, ' etc., manifestat propositum medio syllogismi per hunc modum: qui diligit proximum, nullum malum operatur ad ipsum. sed ad hoc tendit omne legis praeceptum, ut abstineatur a malo. qui ergo diligit proximum, legem implevit. quod autem dilectio proximi malum non operetur, * habetur i cor. xiii, 4: ° charitas non agit perperam, ' etc.. quocumque autem modo accipiatur hic malum, vel pro malo transgressionis, vel etiam omissionis, poterit hoc referri non solum ad praecepta negativa sed etiam ad affirmativa. inquantum vero dilectio proximi includit dilectionem dei, intelligitur quod dilectio proximi excludit malum, non solum quod est contra proximum, sed etiam quod est contra deum. et sic includuntur etiam praecepta tabulae primae. ultimo autem infert conclusionem principaliter intentam, * dicens ° plenitudo ergo legis est dilectio, ' id est, per dilectionem lex impletur et perficitur. * eccli. xxiv, 16: ° in plenitudine sanctorum detentio mea. * col. c. iii, 14: ° charitatem habete, quod est vinculum |275| perfectionis.

lc3 ' Postquam apostolus ostendit quomodo homo debet se deo exhibere pium, convenienter eius donis utendo, et proximo iuste ei debita reddendo, hic ostendit quomodo in seipso debeat honestatem conservare. et circa hoc duo facit. primo proponit temporis congruitatem; secundo exhortatur ad honestatem operum, * ibi ° abiiciamus ergo, ' etc.. circa primum tria facit. primo ponit temporis congruitatem; secundo assignat rationem, * ibi ° nunc enim propior est, ' etc.; tertio adhibet similitudinem, * ibi ° nox praecessit, ' etc.. dicit ergo primo: dictum est quae debetis observare et hoc, non solum propter ea quae dicta sunt, sed etiam ° scientes hoc tempus, ' id est per hoc quod debetis considerare huius temporis conditionem, * quia ut dicitur eccle. viii, 6: ° omni negotio tempus est et opportunitas. * ier. viii, 7: ° milvus in caelo cognovit tempus suum, turtur, et |25| hirundo, et ciconia custodierunt tempus adventus sui, populus autem meus, ' etc.. ad quid autem congruum sit hoc tempus ostendit, * subdens ° quia hora est iam nos de somno surgere. ' quod quidem intelligendum est non de somno naturae, qui quandoque dicitur mors, * secundum illud i thess. iv, 12: ° nolumus vos ignorare de dormientibus, ' quandoque autem est quies animalium virtutum, * secundum illud io. xi, v. 12: ° si dormit, salvus erit. ' nec enim intelligendum est de somno gratiae, qui quandoque dicitur quies aeternae gloriae, * secundum illud ps. iv, 9: ° in pace in idipsum, ' etc., quandoque autem est quies contemplationis etiam in hac vita. * cant. v, 2: ° ego dormio, et cor meum vigilat. ' sed intelligitur de somno culpae, * secundum illud eph. v, 14: ° exurge, qui dormis, et exurge a mortuis, ' etc., vel etiam negligentiae, * secundum illud prov. c. vi, 9: ° usquequo, piger, dormies? ' tempus ergo est surgendi a somno culpae per poenitentiam * ps. cxxvi, 2: ° surgite, postquam sederitis, ' etc., a somno vero negligentiae per sollicitudinem bene operandi |50| * is. xxi, 5: ° surgite, principes, accipite clypeum. * eccli. xxxii, 15: ° hora surgendi non te tristet. * deinde, cum dicit ° nunc enim, ' etc., assignat rationem eius quod dixerat, * dicens ° nunc enim propior est salus nostra, quam cum credidimus. ' quod quidem secundum intentionem apostoli intelligitur de salute vitae aeternae, * de qua dicitur is. li, 8: ° salus autem mea in sempiternum erit. ' ad hanc autem salutem homo ordinatur, primo quidem, per fidem. * mc. ult.: ° qui crediderit et baptizatus fuerit, salvus erit. ' sed semper magis ac magis homo accedit ad eam per bona opera et charitatis augmentum. * unde dicitur iac. iv, 8: ° appropinquate deo, et appropinquabit vobis. * hoc est ergo quod apostolus dicit: " ideo ° hora est iam nos de somno surgere, nunc enim, ' quando scilicet per opera bona et per charitatis augmentum profecimus, ° propior, ' id est propinquior, ° est, ' scilicet nobis, ° nostra salus, ' scilicet vitae aeternae * de qua dicitur is. li, 8: ° salus autem mea in sempiternum erit; quam cum credidimus, ' id est quam |75| cum a principio fidem accepimus. et potest hic intelligi duplex propinquitas. una quidem secundum tempus, qua viri sancti, in operibus iustitiae proficientes, magis appropinquant ad terminum vitae huius, in quo mercedem accipiunt. alia vero est propinquitas dispositionis vel praeparationis, quia per augmentum charitatis et operationem iustitiae homo praeparatur ad illam salutem. * matth. xxv, 10: ° quae paratae erant, intraverunt cum eo ad nuptias. ' sed secundum quod ecclesia haec verba adventus tempore legit, videntur haec verba esse referenda ad salutem quam christus fecit in suo primo adventu, ut intelligamus apostolum loquentem quasi ex persona omnium fidelium qui fuerunt ab initio mundi. appropinquante enim iam tempore incarnationis christi, quo vaticinia prophetarum crebrescebant, quod tempus repraesentat ecclesia, poterit dici: ° nunc propior est nostra salus ' scilicet christus, ° quam cum credidimus, ' id est cum homines a principio credere coeperunt christi adventum futurum. |100| * is. lvi, 1: ° iuxta est salus mea, ut veniat, et iustitia mea, ut reveletur. ' posset etiam assumi ad tempus misericordiae, quo quis incipit velle a praeteritis peccatis discedere. tunc enim magis appropinquat suae saluti, quam a principio, dum haberet fidem informem. * iac. iv, 7 s.; ° resistite diabolo, et fugiet a vobis; appropinquate deo, et appropinquabit vobis, * etc.. deinde, cum dicit ° nox praecessit, dies autem appropinquavit, ' etc., ponit ad propositum similitudinem. quod quidem secundum intentionem apostoli sic videtur esse intelligendum ut totum tempus vitae praesentis nocti comparetur propter ignorantiae tenebras, quibus praesens vita gravatur. * iob xxxi, 1: ° omnes quippe involvimur tenebris, * etc.. et de hac nocte dicitur is. xxvi,

v. 9: ° anima mea desideravit te in nocte. ‘ diei autem comparatur status futurae beatitudinis propter claritatem dei, qua sancti illustrantur. * is. lx, 19: ° non erit tibi amplius sol ad lucendum per diem, nec splendor lunae illuminabit te, sed erit tibi dominus in lucem sempiternam. * ad quem diem refertur |125| quod dicitur in ps. cxvii, 24: ° haec dies, quam fecit dominus, exultemus et laetemur in ea. ‘ alio modo potest intelligi quod status culpae nocti comparetur propter tenebras culpae, * de quibus dicitur in ps. lxxxi, v. 5: ° nescierunt, neque intellexerunt, in tenebris ambulant. * et de hac nocte dicitur sap. c. xvii, 20: ° solis autem illis superposita erat gravis nox, imago tenebrarum, quae superventurae erant illis. ‘ dies autem dicitur status gratiae propter lumen spiritualis intelligentiae, quod iusti habent sed impiis deest. * ps. xcvi, 11: ° lux orta est iusto. * sap. v, 6: ° sol intelligentiae non est ortus nobis. ‘ tertio modo potest intelligi quod comparetur nocti tempus praecedens christi incarnationem, quia nondum erat manifestata, sed sub quadam caligine. * ii petr. i, v. 19: ° habetis propheticum sermonem, cui benefacitis attendentes quasi lucernae lucenti in caliginoso loco. * et de hac nocte dicitur is. xxi, 11: ° custos, quid de nocte? ‘ unde, sicut in nocte apparent umbrae ita etiam illo |150| tempore eminebant legalia, ° quae sunt umbra futurorum, * ut dicitur col. ii, 17. ‘ tempus autem ab incarnatione christi comparatur diei propter potentiam spiritualis solis in mundo, * de quo dicitur mal. ult.: ° vobis timentibus nomen meum orietur sol iustitiae. * unde et ipse dominus dicit io. ix, 4: ° me oportet operari opera eius qui misit me, donec dies est. * et postea subdit: ° quamdiu in mundo sum, lux sum mundi. * quod ergo dicitur ° nox praecessit, ‘ indifferenter accipi potest pro qualibet praedictarum trium noctium. iam enim praecesserat eos quibus scribebat, et magna pars temporis huius vitae, et, quod verius est, praecesserat nox culpae; praecesserat etiam tempus legis, quod fuit ante christum. * quod autem subdit ° dies autem appropinquavit, ‘ videtur secundum intentionem apostoli referendum esse ad diem futurae gloriae, qui licet nondum advenisset fidelibus christi quibus scribebat, tamen in propinquo erat eis. * secundum praedicta ‘ posset etiam intelligi tempus gratiae christi, quod etsi iam advenerit |175| secundum temporum cursum, appropinquare tamen nobis dicitur per fidem et devotionem, * sicut et phil. iv, 5 dicitur: ° dominus prope est, * et in ps. cxliv, 18: ° prope est dominus omnibus invocantibus eum. ‘ potest etiam hoc congruere his qui de peccatis poenitere incipiunt, quibus dies gratiae appropinquat. * deinde, cum dicit ° abiiciamus, ‘ etc., concludit exhortationem de honestate vitae. et primo ponit exhortationem; secundo exponit eam, * ibi ° non in comessationibus, ‘ etc.. circa honestatem vitae tria tangit. primo quidem remotionem vitiorum concludens ex praemissis: si ° nox praecessit, ‘ ut dictum est, ° abiiciamus opera tenebrarum, ‘ quia, * ut dicitur eccle. viii, 6, ° omni negotio tempus est et opportunitas. ‘ unde, recedente nocte, cessare debent opera noctis. dicuntur autem opera tenebrarum opera peccatorum: primo quidem, quia in seipsis privata sunt lumine rationis, quo illustrari |200| debent humana opera, * eccle. ii, 14: ° sapientis oculi in capite eius, stultus in tenebris ambulat, ‘ secundo, quia in tenebris aguntur, * iob xxiv, v. 15: ° oculus adulteri observat caliginem, ‘ tertio, quia per ea homo ad tenebras ducitur, * secundum illud matth. xxii, 13: ° mittite eum in tenebras exteriores. ‘ secundo inducit ad assumendas virtutes, quasi dicat: ex quo dies appropinquavit, assumentes ea quae congruunt diei, ° induamur arma lucis, ‘ id est virtutes, quae et arma dicuntur, inquantum nos muniunt. * eph. ult.: ° induite vos armaturam dei, ut possitis stare adversus insidias diaboli. ‘ et dicuntur lucis arma, tum quia lumine rationis decorantur et perficiuntur, * unde dicitur prov. iv, 18: ° iustorum semita quasi lux splendens procedit, ‘ tum quia lucis examen requirunt, * io. iii, 21: ° qui facit veritatem, venit ad lucem, ‘ tum quia per opera virtutum alii illuminantur, * matth. v, 16: ° sic luceat lux vestra coram hominibus, ‘ etc.. tertio exhortatur ad usum virtutum et profectum, * cum dicit ° sicut in die |225| honeste ambulemus. ‘ haec enim duo videntur diei congruere. primo quidem honestas. nam in die unusquisque seipsum studet componere, ut coram aliis honestus appareat. in nocte autem non sic. * unde dicitur i thess. c. v, 7: ° qui dormiunt, nocte dormiunt: et qui ebrii sunt, nocte ebrii sunt: nos autem qui diei sumus, sobrii simus. * unde i cor. c. xiv, 40 dicitur: ° omnia honeste et secundum ordinem fiant in vobis. ‘ secundo homo in die ambulat, non in nocte. * unde dicitur io. xi, 10: ° qui ambulat in nocte offendit. ‘ et ideo, quia dies est, oportet quod ambulemus, id est de bono in melius procedamus. * unde dicitur io. xii, 35: ° ambulate, dum lucem habetis. * deinde, cum dicit ° non in comessationibus, ‘ etc., exponit quod dixerat. et, primo, exponit quomodo sunt abiicienda opera tenebrarum, quae sunt opera peccatorum, de quibus quaedam enumerat. primo ponens ea quae pertinent ad corruptionem concupiscibilis, cuius corruptio est intemperantia, quae est circa delectationes tactus et circa cibos. unde, primo, excludit intemperantiam |250| ciborum, * cum dicit ° non in comessationibus. ‘ dicuntur comessationes superfluae et nimis accuratae comestiones. * prov. c. xxiii, 20: ° noli esse in conviviis peccatorum, nec in comessationibus eorum qui carnes ad vescendum conferunt. ‘ quod quidem potest esse peccatum mortale ex hoc quod secundum legem pro hac culpa aliquis damnatur ad mortem. * dicitur enim de filio protervo deut. xxi, 22: ° comessationibus vacat, et luxuriae atque conviviis; lapidibus eum obruet populus, ‘ etc.. dicitur autem aliquis vacare comessationibus atque conviviis, non quidem si comedat magnifice secundum statum suae dignitatis, sicut dicitur, * esther ii, 18, ‘ quod assuerus iussit praeparari convivium magnificum propter coniunctionem esther, iuxta magnificentiam principalem; sed quando aliquis hoc facit praeter decentiam sui status, et praecipue si ad hoc principalis eius cura existat, * sicut illi de quibus dicitur infra ult.: ° huiusmodi christo domino non serviunt, sed suo ventri; * et phil. iii, 9: ° quorum deus venter est. |275| ‘ secundo excludit intemperantiam circa potum, * cum subdit ° et ebrietatibus, ‘ quae pertinent ad superfluitatem potus extra mensuram rationis hominem ponentis. * eccli. xxxi, 35: ° vinum in iucunditate creatum, et non in ebrietate. ‘ et est considerandum quod ebrietas ex suo genere est peccatum mortale, cum scilicet homo ex proposito inebriatur, quia videtur praeferre delectationem vini integritati rationis. * unde dicitur is. v, 22: ° vae qui potentes estis ad bibendum vinum, et viri fortes ad miscendam ebrietatem. ‘ si vero aliquis inebrietur praeter intentionem, non ex proposito, puta quia ignorat virtutem vini, vel quia non aestimat se tanto potu inebriandum, non est peccatum mortale, quia non per se inebriatur sed per accidens, id est praeter intentionem, quod quidem non potest contingere in his, qui frequenter inebriantur. * et ideo dicit augustinus in sermone de purgatorio, quod “ ebrietas est peccatum mortale, si assidua fuerit. * unde signanter hic apostolus in plurali numero dicit: ° non in comessationibus et ebrietatibus. |300| ‘ tertio excludit intemperantiam circa corporalem quietem, * cum dicit ° non in cubilibus ‘ id est non in superflua dormitione, quam convenienter post comessationem et ebrietatem prohibet, quia sequitur ex illis. et potest esse in hoc peccatum mortale, quando propter quietem corporalem et somnum omittit homo quae facere debet et inclinatur ad aliqua mala facienda. * mich. ii, 1: ° vae qui cogitatis inutile, et operamini malum in cubilibus vestris. ‘ potest etiam * quod dicit ° non in cubilibus ‘ vestris, referri ad apparatum luxuriae. * unde dicitur in persona meretricis prov. vii, 17: ° aspersi cubile meum myrrha, * etc.. gen. xlix, v. 4: ° ascendisti cubile patris tui. ‘ et ideo convenienter, quarto, excludit intemperantiam circa venerea, * cum subdit ° et impudicitiis, ‘ id est quibuscumque venereis actibus, qui dicuntur impudici, quia non cavent id quod est maxime pudore vel confusione dignum: tum quia omnes delectationes tactus, gulae et luxuriae sunt communes nobis et brutis. unde qui eis inordinate insistit, brutalis efficitur. * ps. xxxi, 9: ° nolite |325| fieri sicut equus et mulus, quibus non est intellectus, ‘ etc.. tum etiam quia specialiter in actibus venereis ratio hominis totaliter absorbetur a delectatione, ut non possit homo tunc aliquid intelligere, * sicut aristoteles dicit in libro ethicorum. unde et osee iv, 11 dicitur: ° fornicatio, et ebrietas, et vinum auferunt cor. * apoc. ix, 21: ° non egerunt poenitentiam super immunditia et fornicatione et impudicitia, quam gesserunt. ‘ deinde excludit ea quae pertinent ad corruptionem irascibilis, * cum dicit ° non in contentione. “ quae quidem, * ut ambrosius dicit, “ est impugnatio veritatis cum confidentia clamoris. ‘ potest autem intelligi quod per hoc prohibetur omnis rixa, non solum verborum, sed et factorum, quae ut plurimum a verbis incipit. * prov. xx, 3: ° honor est homini qui separat se a contentionibus. ‘ solet autem contentio ex invidia generari, * et ideo subdit ° et aemulatione. * unde iac. iii, v. 16 dicitur: ° ubi zelus et contentio, ibi inconstantia et omne opus pravum. ‘ secundo exponit quomodo debeamus induere arma lucis, * dicens ° sed induimini |350| dominum iesum christum, ‘ in quo scilicet abundantissime fuerunt omnes virtutes, * secundum illud is. iv, 1: ° apprehendent septem mulieres virum unum. ‘ induimus autem iesum christum, primo quidem, per sacramenti susceptionem. * gal. c. iii, 27: ° quicumque in christo baptizati estis, christum induistis. ‘ secundo, per imitationem. * col. iii, 9: ° expoliantes vos veterem hominem cum actibus suis, et induentes novum, * etc.. et eph. iv, 24: ° induite novum hominem, qui secundum deum creatus est in iustitia, ‘ etc.. dicitur autem induere christum qui christum imitatur, quia, sicut homo continetur vestimento et sub eius colore videtur, ita in eo, qui christum imitatur, opera christi apparent. per hoc ergo induimur arma lucis, quando induimur christum. tertio exponit * quod dixerat ° sicut in die honeste ambulemus, * per hoc quod subdit ° et carnis curam ne feceritis in desideriis. ‘ in hoc enim pulchritudo honestatis consistit ut homo non carnem spiritui sed spiritum praeferat carni. * supra viii, 12: ° debitores |375| sumus non carni, ut secundum carnem vivamus. ‘ sed notandum quod * non dicit simpliciter ° carnis curam ne feceritis, ‘ quia quilibet tenetur ut carnis curam gerat ad sustentandam naturam, * secundum illud eph. v, 29: ° nemo umquam carnem suam odio habuit, sed nutrit et fovet, * etc.. sed addit ° in desideriis, ‘ ut scilicet inordinata carnis desideria, id est concupiscentias, non sequamur. * unde dicitur gal. v, 16: ° spiritu ambulate, et desideria carnis non perficietis.

075 CRO cp14

lc1 ‘ Postquam apostolus ostendit quomodo aliquis debeat perfectus fieri, hic ostendit quomodo perfecti debeant se habere ad imperfectos. et primo ostendit quod non debeant eos scandalizare vel iudicare; secundo ostendit quod debent eos sustentare, * cap. xv ibi ° debemus autem nos firmiores, ‘ etc.. circa primum duo facit. primo prohibet inordinata iudicia; secundo prohibet infirmorum scandala, * ibi ° sed hoc iudicate magis, ‘ etc.. circa primum tria facit. primo proponit admonitionem; secundo exponit eam, * ibi ° alius enim ‘ etc.; tertio rationem assignat, * ibi ° deus enim illum ‘ etc.. circa primum considerandum est quod in primitiva ecclesia aliqui ex iudaeis conversi ad christum, credebant legalia cum evangelio esse servanda, * ut patet act. xv, 1 s.. ‘ et hos apostolus vocat infirmos in fide |25| christi, quasi nondum perfecte credentes quod fides christi sufficiat ad salutem. perfectos autem vel firmos in fide vocat eos qui fidem christi sine legalibus credebant esse servandam. de utrisque tamen erant aliqui romae inter fideles christi. alloquitur ergo apostolus perfectos in fide, dicens: dictum est quod sic debetis induere dominum iesum christum, ° assumite autem, ‘ id est affectu charitatis vobis coniungite ad supportandum, ° infirmum in fide, * sicut expositum est, * de quo potest intelligi illud sap. c. ix, 5: ° infirmus homo et exigui temporis, et minor ad intellectum iudicii et legum. * infra xv, 7: ° suscipite invicem, sicut et christus suscepit vos. * eccli. xxix, 12: ° propter mandatum assume pauperem. ‘ et hoc ° non in disceptationibus cogitationum, ‘ id est non disceptando propter hoc quod unus contra alium cogitat, dum scilicet illi qui legalia servabant, iudicabant tamquam transgressores eos qui non servabant. et illi qui non servabant, contemnebant tamquam errantes et ignorantes qui servabant. * supra ii, 15: ° cogitationum invicem accusantium aut defendentium, * etc.. |50| deinde, cum dicit ° alius enim, ‘ etc., exponit quod dixerat. et primo ostendit qui sunt infirmi in fide; secundo ostendit qualiter sint disceptationes cogitationum vitandae, * ibi ° is qui manducat, ‘ etc.. circa primum considerandum est quod inter caeteras legales observantias una erat discretio ciborum propter aliquos cibos in lege prohibitos, * ut patet lev. xi, 2 ss.; ‘ et hac quidem observantia quotidie erat utendum vel non utendum. et ideo de hoc mentionem fecit specialiter apostolus, * dicens ° alius enim, ‘ inter vos, qui scilicet est perfectus in fide, ° credit se ‘ posse licite ° manducare omnia, ‘ eo quod non reputat se astrictum ad legales observantias. * matth. xv, 11: ° quod intrat in os non coinquinat hominem. * i tim. iv, 4: ° omnis creatura dei bona est, et nihil reiiciendum, quod cum gratiarum actione accipitur, ‘ etc.. in veteri autem lege prohibebantur aliqui cibi, non quia naturaliter essent immundi. sicut enim in verbis hoc nomen stultus significat aliquod malum, quamvis |75| hoc nomen sit bonum, ita in rebus quoddam animal bonum est secundum naturam, sed significatione est malum, sicut porcus, qui significat immunditiam. et ideo prohibitus est antiquis esus illarum carnium, ut significaretur in eorum vitatione vitatio immunditiae. “ tota enim illius veteris populi vita figuralis erat, * ut augustinus dicit in libro contra faustum. ‘ veniente autem christo qui est veritas, cessaverunt figurae. * subdit autem quantum ad infirmum ° qui autem infirmus est, olus manducet, ‘ quasi dicat: illis cibis utatur quibus non occurit aliquod immundum in lege prohibitum. in singulis enim generibus animalium, puta terrestribus, volatilibus et aquaticis, quaedam genera erant concessa et quaedam prohibita; sed in herbis et arboribus nihil erat prohibitum, * ut patet levit. xi, t.. ‘ et huius potest esse ratio duplex. una est quia terrae nascentia fuerunt a principio concessa homini ad edendum, * secundum illud gen. i, 29: ° ecce dedi vobis omnem herbam afferentem semen super terram, et universa ligna quae habent in semetipsis sementem generis |100| sui, ut sint vobis in escam. ‘ sed post diluvium primo legitur homini concessus carnium esus. * unde dicitur gen. ix, 3: ° quasi olera virentia tradidi vobis omnia, ‘ scilicet animalium genera. alia ratio est, quia primam prohibitionem de abstinendo a quibusdam terrae nascentibus homo in paradiso transgressus fuerat, * ut patet gen. iii, t.; ‘ et propter hoc non erat ei similis prohibitio iteranda. sed cum legalia cessaverunt in christi passione, * videtur quod “ inconvenienter apostolus infirmis in fide permittat quod a cibis prohibitis in lege abstineant, quod nunc in christianis non sustinetur ab ecclesia. sed distinguendum est triplex tempus, * secundum augustinum, “ quantum ad legalia. quorum primum est tempus ante passionem christi, in quo legalia suum robur obtinebant quasi adhuc viventia. secundum autem tempus est post passionem christi ante divulgationem evangelii, in quo quidem tempore legalia mortua erant, quia nullus ad ea tenebatur, nec observata aliquid conferebant alicui, nondum tamen erant mortifera, quia sine peccato |125| poterant iudaei ad christum conversi legalia observare: et pro illo tempore loquitur hic apostolus. tertium autem tempus est post divulgationem evangelii, in quo legalia non solum sunt mortua sed mortifera, ut quisquis ea observet, peccet mortaliter. * exponitur autem et aliter in glossa, " ut dicatur infirmus qui est ad lapsus vitiorum carnalium pronus, et huic consulendum est quod comedat olus, id est, tenues et aridos cibos qui non sunt fomentum vitiorum, et abstineat ab illis quibus excitatur libido. sed alius qui est fortior credit se absque periculo posse omnia manducare. et haec differentia apparet inter discipulos christi qui non ieiunabant, tamquam confortati praesentia christi et discipulos ioannis baptistae qui ieiunabant. unde et poenitentiam agentes a quibusdam cibis abstinent non propter eorum immunditiam, sed ad libidinem refrenandam. * deinde, cum dicit ° is qui manducat, ' etc., exponit quomodo sunt vitandae disceptationes cogitationum. et primo quantum ad perfectos, * dicens |150| ° is qui manducat, ' scilicet cum secura conscientia omnia vel etiam sine periculo libidinis, ° non spernat non manducantem, ' scilicet indifferenter omnia, tamquam infirmum in fide, vel quasi pronum ad vitia. * is. xxxiii, v. 1: ° vae qui spernis, nonne et ipse sperneris? * lc. x, 16: ° qui vos spernit, me spernit. ' secundo loquitur quantum ad infirmos, * dicens ° et qui non manducat, ' scilicet indifferenter omnia, vel quia est infirmus in fide, * de quo loquitur apostolus, ' vel etiam quia pronus est ad libidinem, ° non iudicet manducantem, ' scilicet indifferenter omnia, quasi transgressorem legis, vel quasi in libidinem praecipitem. * matth. vii, 1: ° nolite iudicare, et non iudicabimini. * supra ii, 1: ° inexcusabilis es, o homo omnis qui iudicas. * deinde cum dicit ° deus enim illum assumpsit, ' etc., assignat tres rationes propter quas debemus a falso iudicio abstinere. secunda ponitur, * ibi ° suo domino, ' etc.; tertia, * ibi ° tu autem qui iudicas, ' etc.. |175| prima ratio sumitur ex auctoritate iudicantis. unde primo ostendit hanc charitatem deo competere; secundo concludit quod iudicium ad homines non pertinet, * ibi ° tu quis es, ' etc.. dicit ergo primo: recte dictum est quod qui non manducat manducantem non iudicet, ° deus enim assumpsit illum, ' scilicet in servum a se iudicandum. * zac. xi, 7: ° assumpsi mihi duas virgas, ' id est duos populos. * ps. xvii, 17: ° assumpsit me de aquis multis. ' ille autem qui assumitur ad superioris iudicium, non debet ab inferiori iudicari. * et ideo concludit ° tu quis es, ' id est, cuius auctoritatis vel virtutis es, ° qui iudicas alienum servum? ' id est proximum tuum, qui est servus dei? requiritur enim in iudicante auctoritas, * secundum illud ex. ii, v. 14: ° quis constituit te principem et iudicem super nos? * et, lc. xii, 14: ° quis me constituit iudicem aut divisorem super vos? ' sed ex hac ratione * sequi videtur " hominis iudicium de alio homine esse |200| illicitum. ' sed dicendum est quod intantum hominis iudicium licitum est, inquantum agitur auctoritate concessa divinitus. * unde dicitur deut. c. i, 16: ° audite illos, et quod iustum est iudicate, * et postea sequitur ° quia dei est iudicium, ' id est auctoritate divina agitur. si quis vero velit sibi usurpare iudicium super ea quae non sunt ei divinitus concessa ad iudicandum, est iudicium temerarium, sicut si quis iudex delegatus a papa vellet in iudicando transgredi mandati fines. deus autem soli sibi reservavit iudicare occulta, quae praecipue sunt cogitationes cordium et futura. et ideo si quis de his iudicare praesumpserit, est temerarium iudicium. * unde augustinus dicit in libro de sermone domini in monte: ° in his duobus temerarium est iudicium, cum videlicet incertum sit quo animo quid factum sit; vel incertum qualis futurus sit qui nunc vel bonus vel malus apparet. * deinde cum dicit ° suo domino stat, aut cadit, ' etc., ponit secundam rationem, quae quidem sumitur ex fine meriti vel demeriti. |225| * posset aliquis dicere quod " licet homo non habeat iudiciariam auctoritatem, tamen intromittere se debet iudicio alterius propter damnum vel fructum qui inde provenit; ' sed apostolus ostendit hoc ad deum magis quam ad homines pertinere. et sic etiam propter hoc debemus deo proximorum iudicia relinquere, nisi inquantum vice ipsius fungimur in iudicando per auctoritatem nobis commissam: circa hoc tria facit. primo proponit quod intendit; secundo exemplificat, * ibi ° nam alius iudicat, ' etc.; tertio probat propositum, * ibi ° qui sapit diem, ' etc.. circa primum duo proponit. primo quod quidquid circa hominem accidit, ad deum pertinet, * cum dicit ° suo domino stat, ' scilicet recte agendo * ps. cxxi, 2: ° stantes erant pedes nostri in atriis tuis, ierusalem; aut cadit, ' scilicet peccando * amos v, 1: ° domus israel cecidit, et non adiiciet ut resurgat. ' ponit autem sub disiunctione ° stat aut |250| cadit, ' propter incertitudinem, quia multi videntur cadere qui stant, et e converso, * secundum illud eccle. viii, 10: ° vidi impios sepultos, qui cum adhuc viverent, in loco sancto erant, et laudabantur in civitate quasi iustorum operum. ' loquitur autem hic apostolus secundum similitudinem hominis servi, ad cuius dominum pertinet omne quod circa servum agitur. nec intelligendum est quod deo aliquid proficiat vel noceat, si homo stet aut cadat. * dicitur enim iob xxxv, 6: ° si peccaveris, quid ei nocebis? porro si iuste egeris, quid ei donabis? ' sed quantum ad homines, id quod iuste agimus, ad gloriam dei spectat. * matth. v, 16: ° ut videant opera vestra bona, et glorificent patrem vestrum qui in caelis est. ' quod autem cadimus peccando, est hominibus occasio blasphemandi deum. * supra ii, v. 24: ° nomen dei propter vos blasphematur inter gentes. * vel quod dicit ° suo domino stat, aut cadit, ' exponendum est in iudicio domini sui. * i cor. c. iv, 4: ° qui iudicat me, dominus est. ' secundo ostendit quod hominis |275| statum iudicare ad deum pertinet, * dicens ° stabit autem. ' quasi dicat: et si aliquis nunc cadat per peccatum, tamen potest esse quod iterum stabit. et hoc omnino implebitur, si est praedestinatus. * ps. xl, 9: ° numquid qui dormit non adiiciet ut resurgat? * mich. vii, 8: ° ne laeteris, inimica mea, quia cecidi, resurgam. ' et propter hoc si videmus aliquem manifeste cadentem, non debemus eum despicere, temerarie iudicando de eo quod numquam resurget, sed magis debemus praesumere quod iterum stabit, non ex consideratione conditionis humanae, sed considerando virtutem divinam. * unde cum dicit ° potens est deus statuere illum, ' propter eius bonitatem praesumere debemus, quod iterum statuet eum, * ez. iii, 24: ° ingressus est in me spiritus, et statuit me supra pedes meos, * sicut et supra dictum est: ° si non permanserint in incredulitate, inserentur; potens enim est deus iterum inserere illos. * deinde, cum dicit ° nam alius iudicat, ' etc., exemplificat quod dictum est. et, primo, proponit diversitatem humanae |300| sententiae, dicens: ideo dico quod ° suo domino stat, aut cadit, nam alius iudicat inter diem et diem, ' id est iudicat inter unum diem et alium, ut scilicet uno die abstineat et non alio. quod quidem videtur pertinere ad infirmum in fide, qui reputat adhuc legalia esse observanda. * dicitur enim lev. c. xxiii, 27: ° decimo die mensis septimi dies expiationum erit, affligetisque animas vestras in eo. * et iudith viii, 6 dicitur quod ' iudith ieiunabat omnibus diebus vitae suae praeter sabbata et neomenias et festa domus israel. ° alius autem iudicat omnem diem ' indifferenter esse observandum quantum ad caeremonialia legis, quae iam cessaverunt. unde hoc videtur pertinere ad eum qui est perfectus in fide. * ps. cxliv, 2: ° per singulos dies benedicam tibi. ' potest hoc etiam referri ad abstinentias quae fiunt causa cohibendae libidinis, quibus omni die aliqui vacant, puta qui perpetuo a carnibus vel vino abstinent vel ieiunant, quidam autem interpositis diebus abstinent et ab abstinentia cessant, * secundum illud eccle. c. iii, 1: ° omnia tempus habent. |325| ' secundo ostendit haec omnia posse ad dei gloriam pertinere, * dicens ° unusquisque in sensu suo abundet, ' id est suo sensui dimittatur. abundare enim in sensu suo est sensum suum sequi. * eccli. xv, 14: ° deus ab initio constituit hominem, et reliquit illum in manu consilii sui. ' vel ° in sensu suo, ' id est secundum sensum suum studeat abundare ad gloriam dei, * secundum illud i cor. xiv, 12: ° ad aedificationem ecclesiae quaerite ut abundetis. * sed hoc videtur " locum habere in his quae non sunt secundum se mala. in his autem quae sunt secundum se mala, non est homo suo sensui relinquendus. quod autem aliquis iudicet diem inter et diem, videtur esse secundum se malum, secundum primam expositionem. * dicitur enim gal. iv, 10 s.: ° dies observatis, et menses, et tempora, et annos, timeo ne sine causa laboraverim in vobis. " et loquitur ibi ad litteram de his qui dixerunt dies observandos secundum caeremonias legis. ' sed dicendum, quod apostolus hic loquitur secundum tempus illud in quo, iudaeis ad fidem conversis, licitum erat legalia observare, |350| * ut dictum est. * sed quantum ad secundam expositionem videtur " esse illicitum, quod dicit: ° alius iudicat omnem diem. " sunt enim quidam dies in quibus non est licitum ieiunare. * dicit enim augustinus in epistola ad casulanum: ° quisquis diem dominicum ieiunio decernendum esse putarit, non parvo scandalo esset ecclesiae, nec immerito. illis enim diebus quibus nihil certi statuit ecclesia vel scriptura divina, mos populi dei et instituta maiorum, pro lege tenenda sunt. * et in decretis dicitur d. 30: ° si quis presbyter propter publicam poenitentiam a sacerdote acceptam absque alia necessitate die dominica pro quadam religione ieiunaverit, sicut manichaei, anathema sit. ' sed intelligendum est quod hic apostolus loquitur quantum ad illas abstinentias, quae quolibet die licite fieri possunt absque dissonantia communis consuetudinis, vel eorum quae sunt a maioribus instituta. * deinde, cum dicit ° qui sapit diem, ' etc., probat propositum, quod scilicet unusquisque suo domino stet aut cadat: et |375| hoc tripliciter. primo per actum fidelium; secundo per intentionem eorum, * ibi ° nemo enim vestrum, * etc.; ' tertio per eorum conditionem, * ibi ° sive ergo vivimus, sive morimur, * etc.. ' probat ergo primo quomodo unusquisque fidelium suo domino stat aut cadit, per hoc quod de omnibus quae fecit secundum suam conscientiam gratias agit deo. * unde dicit ° qui sapit diem, ' ut scilicet uno die abstineat et alio die ab abstinentia cesset, ° domino sapit, ' id est ad reverentiam dei cibos discernit, sicut etiam nos discernimus vigilias festorum in quibus ieiunamus, a diebus festis quibus ieiunium solvimus propter reverentiam dei. * eccli. xxxiii, 7: ° quare dies diem superat, et iterum lux lucem. ' deinde loquitur quantum ad illos qui iudicant omnem diem, quorum quidam omni die a ieiunio cessabant, * sicut dicitur matth. c. ix, 14 quod ' discipuli christi non ieiunabant. unde dicit ° et qui manducat, ' scilicet omni die, ° domino manducat, ' id est ad gloriam |400| domini, quod per hoc patet, ° gratias enim agit deo, ' scilicet de cibo assumpto. * i tim. iv, 3: ° abstinere a cibis quos deus creavit ad percipiendum cum gratiarum actione fidelibus. * ps. xxi, 27: ° edent pauperes et saturabuntur, ' etc.. ulterius quantum ad eum qui sic iudicat omnem diem, ut scilicet omni die abstineat, subdit ° et qui non manducat, ' id est abstinet omni die, ° domino, ' id est, ad honorem domini, ° non manducat. ' et hoc patet per hoc quod ° gratias agit deo ' qui sibi dedit voluntatem, et virtutem abstinendi. * i thess. ult.: ° in omnibus gratias agite. ' sed quod hic dicit apostolus de his qui omni die vel abstinebant vel ab abstinentia cessabant, debet intelligi quantum ad illud tempus in quo hoc non erat contrarium statutis maiorum, nec communi consuetudini populi dei. * deinde cum dicit ° nemo enim vestrum sibi vivit, ' etc., probat idem ex intentione fidelium. et, primo, excludit inordinatam intentionem, dicens: recte dico quod unusquisque |425| domino suo stat aut cadit, ° nemo nostrum sibi vivit ' vel naturali vita vel spirituali, * de qua dicitur hab. ii, 4: ° iustus autem meus ex fide vivit. sibi, ' id est propter seipsum, quia hoc esset frui seipso. * i cor. x, 33: ° non quaerens quod mihi utile est. * ps. cxiii, 9: ° non nobis, domine, non nobis, ' etc.; vel ° sibi, ' id est, secundum suam regulam, * sicut qui dicunt sap. ii, 11: ° sit fortitudo nostra lex iniustitiae; ' vel ° sibi, ' id est suo iudicio, * i cor. c. iv, 3: ° sed neque meipsum iudico. et nemo moritur, ' scilicet morte corporali vel morte spirituali peccando, vel etiam morte spirituali qua quis moritur vitiis, puta in baptismo, * secundum illud supra vi, 7: ° qui mortuus est iustificatus est a peccato; ' vel ° sibi, ' id est suo iudicio, vel propter seipsum aut suo exemplo; sed exemplo christi moritur aliquis a vitiis. * rom. vi, 10: ° quod enim mortuus est peccato, mortuus est semel; * et infra: ° ita et vos existimate vos mortuos esse peccato. ' secundo ostendit qualis sit recta intentio fidelium, dicens ° sive enim vivimus, ' vita corporali, ° domino vivimus, ' id |450| est ad gloriam domini; ° sive morimur, ' morte corporali, ° domino morimur, ' id est ad honorem domini. * phil. i, 20: ° magnificabitur christus in corpore meo sive per mortem sive per vitam. ' vel sic exponatur * quod dicit ° vivimus ' et ° morimur ' de vita et morte spirituali, exponendum est * quod dicit ° domino, ' id est iudicio domini ° qui constitutus est a deo iudex vivorum et mortuorum, * ut dicitur act. x, 42. deinde cum dicit ° sive ergo vivimus, ' etc., ostendit propositum ex conditione fidelium. et, primo, concludit ex praemissis conditionem fidelium, scilicet quod non sunt sui, sed alterius. illi enim qui sui sunt, sicut liberi homines, sibi vivunt et sibi moriuntur. quia ergo dictum est quod fideles non sibi vivunt aut moriuntur sed domino, * concludit sic ° sive ergo vivimus, sive morimur, domini sumus, ' quasi servi eius qui habet potestatem vitae et mortis. * i cor. vii, 23: ° pretio empti estis, nolite fieri servi. * i cor. vi, 20: ° empti enim estis pretio magno. * i par. xii, 18: ° tui sumus, o david, et tecum, fili isai. |475| ' secundo assignat causam huius conditionis, * dicens ° in hoc enim christus mortuus est, et resurrexit, ' id est hoc adeptus est sua morte et resurrectione, ° ut vivorum dominaretur, ' quia resurrexit, vitam novam et perpetuam inchoando, ° et mortuorum, ' quia mortem nostram moriendo destruxit. * ii cor. c. v, 15: ° pro quibus mortuus est christus, ut qui vivunt, iam non sibi vivant, sed ei qui pro eis mortuus est, et resurrexit. ' sic igitur per omnia praedicta apostolus probavit, quod unusquisque domino suo stat aut cadit, per hoc scilicet quod fideles gratias agunt deo, et quod domino vivunt et moriuntur, et quod domini sunt et in morte et in vita. * deinde cum dicit ° tu autem quid iudicas, ' etc., ponit tertiam rationem quae sumitur ex futuro iudicio. et circa hoc tria facit. primo proponit superfluitatem praesentis iudicii, * dicens ° tu autem quid iudicas? ' id est qua utilitate vel necessitate iudicas, ° fratrem tuum, ' temere de occultis, quae tuo iudicio non sunt commissa? ° aut tu, ' alius qui iudicaris, ° quare |500| spernis fratrem tuum, ' pro nullo reputans ab eo iudicari? * mal. ii, 10: ° quare despicit unusquisque fratrem suum? ' secundo praenuntiat futurum christi iudicium, quasi dicat: recte dico cur iudicas, quia non debes timere quod absque iudicio remaneat, ° omnes enim stabimus ante tribunal christi. ' dicitur enim tribunal christi eius iudiciaria potestas, * sicut et matth. c. xxv, 21 dicitur: ° cum venerit filius hominis in maiestate sua, tunc sedebit super sedem maiestatis suae. * dicit autem ° omnes stabimus, ' quasi iudicandi, tam boni quam mali, quantum ad remunerationem vel punitionem. * ii cor. v, v. 10: ° omnes nos manifestari oportet ante tribunal christi, ut referat unusquisque propria corporis prout gessit, sive bonum sive malum. ' sed quantum ad discussionem non omnes stabunt ut iudicandi, sed quidam consedebunt, ut iudices. * matth. xix, 28: ° sedebitis super sedes, iudicantes duodecim tribus israel. ' tertio, * ibi ° scriptum est enim, ' etc., probat quod dixerat. et |525| primo inducit auctoritatem; secundo infert conclusionem, * ibi ° itaque unusquisque, ' etc.. dicit ergo primo: dictum est quod omnes stabimus ante tribunal christi, et hoc patet per auctoritatem sacrae scripturae. ° scriptum est enim, * is. xlv, 23, ° vivo ego, dicit dominus: quoniam mihi flectetur omne genu, et omnis lingua confitebitur deo. * littera nostra sic habet: ° in memetipso iuravi, quia mihi curvabitur omne genu et iurabit omnis lingua. ‘ tria autem in his verbis ponuntur. primo quidem iuramentum, quod interdum in verbis dei ponitur ad ostendendum id, quod dicitur, firmum esse immutabilitate divini consilii, non autem esse mutabile sicut ea quae praenuntiantur secundum causas inferiores, ut prophetia comminationis. * unde dicitur in ps. cix, 4: ° iuravit dominus, et non poenitebit eum. homines autem, * ut apostolus dicit hebr. vi, 16: ° per maiorem sui iurant. ‘ quia vero deus non habet maiorem in quo maior firmitas consistat veritatis, per seipsum iurat. ipse autem est ipsa vita et fons vitae, * secundum illud deut. xxx, 20: ° ipse est enim vita tua, et longitudo dierum tuorum, * etc., ps. xxxv, 10: ° apud te est fons vitae, ‘ etc.; et ideo forma iuramenti domini est ° vivo ego, ‘ quasi dicat: iuro per vitam qua ego singulariter vivo. secundo praenuntiatur subiectio communis creaturae ad christum, * cum dicitur ° quoniam mihi, ‘ scilicet christo, ° flectetur omne genu. ‘ in quo designatur perfecta subiectio rationalis creaturae ad christum. solent enim homines in signum subiectionis maioribus flectere genua. * unde phil. ii, 10 dicitur: ° in nomine iesu omne genu flectatur caelestium, terrestrium et infernorum. ‘ tertio praenuntiat fidei confessionem qua omnes gloriam christi confitebuntur. * unde sequitur ° et omnis lingua confitebitur deo, ‘ id est confitebitur christum esse dominum, * secundum illud phil. ii, 11: ° omnis lingua confiteatur, quia dominus noster iesus christus in gloria est dei patris. ‘ omnis enim lingua intelligi potest expressio cognitionis sive hominum, sive angelorum, * secundum illud i cor. xiii, 1: ° si linguis hominum loquar et angelorum, ‘ etc.. hoc autem impletur nunc in hac vita, non quantum ad singulos homines sed quantum ad genera singulorum. de quolibet enim genere hominum nunc aliqui christo subiiciuntur et ei confitentur per fidem, sed in futuro iudicio omnes et singuli ei subiicientur: boni quidem voluntarie, mali autem inviti. * unde dicitur hebr. ii, 8: ° in eo quod ei omnia subiecit, nihil dimisit non subiectum ei: nunc autem necdum videmus omnia subiecta ei. * deinde, cum dicit ° itaque unusquisque, ‘ etc., infert conclusionem ex dictis. et primo conclusionem intentam ex eo quod immediate dixerat, * dicens ° itaque, ‘ ex quo christo flectitur omne genu, ° unusquisque nostrum per se reddet rationem deo, ‘ scilicet ante tribunal christi. * matth. xii, v. 36: ° de omni verbo otioso quod locuti fuerint homines, reddent deo rationem in die iudicii. * et xviii, 23: ° assimilatum est regnum caelorum homini regi qui voluit rationem ponere cum servis suis. * sed videtur quod “ non quilibet per se rationem reddet, sed unus pro alio. * hebr. ult.: ° obedite praepositis vestris et subiacete eis. ipsi enim pervigilant quasi rationem reddituri pro animabus vestris. ‘ sed dicendum quod in hoc ipso quod praelati pro aliis rationem reddent, reddent rationem pro suis actibus quos circa subditos agere debuerunt. si enim fecerunt quod competebat eorum officio, non eis imputabitur si subditi pereant. imputaretur autem eis si negligerent facere quod eorum officium requirebat. * unde dicitur ezech. iii, 18 s.: ° si dicente me ad impium, morte morieris, non annuntiaveris ei, ipse in iniquitate sua morietur, sanguinem autem eius de manu tua requiram. si autem tu annuntiaveris impio, et ille non fuerit conversus, ipse quidem in iniquitate sua morietur, tu autem animam tuam liberasti. ‘ secundo infert conclusionem principaliter intentam in tota praecedenti parte, * dicens ° non ergo amplius invicem iudicemus, ‘ scilicet temerario iudicio, quod includitur * rationibus supradictis. * i cor. iv, 5: ° nolite ante tempus iudicare, ‘ etc..

lc2 ‘ Postquam apostolus prohibuit humana iudicia, hic prohibet scandalum proximorum, et circa hoc duo facit. primo proponit quod intendit; secundo manifestat propositum, * ibi ° si enim propter cibum, ‘ etc.. circa primum proponit tria. primo enim docet scandala esse vitanda, dicens: dixi quod non iudicetis invicem sed unusquisque de suis actibus iudicare debet, ne sint in scandalum aliorum. * et hoc est quod dicit ° sed hoc iudicate magis ne ponatis fratribus offendiculum, vel scandalum. “ scandalum autem, * sicut dicit hier. super matthaeum, “ notat offendiculum vel ruinam, quam impactionem pedis possumus dicere. ‘ unde scandalum est factum vel dictum minus rectum, praebens alicui occasionem ruinae, ad similitudinem lapidis ad quem in via positum homo impingit, et cadit. maius autem aliquid videtur esse scandalum quam offendiculum. nam offendiculum potest esse quicquid retinet seu retardat motum procedentis: scandalum autem, id est, impactio, videtur esse cum aliquis disponitur ad casum. non ergo debemus fratri ponere offendiculum ut aliquid faciamus, unde impediatur proximus a via iustitiae. * is. lvi, 14: ° auferte offendiculum de via populi mei. ‘ neque etiam debemus fratri ponere scandalum, aliquid faciendo, unde ipse inclinetur ad peccatum. * matth. xviii, 7: ° vae homini illi per quem scandalum venit. ‘ secundo docet id ex quo scandalum putabatur esse, secundum suam naturam, sive secundum se licitum. circa quod sciendum est quod, * sicut supra dictum est, ‘ apud romanos erant quidam ex iudaeis ad fidem christi conversi, qui cibos secundum legem discernebant; alii vero habentes fidem perfectam indifferenter omnibus cibis utebantur, quod quidem secundum se licitum erat. * unde dicit ° scio et confido in domino iesu, quia nihil est commune per ipsum. ‘ circa quod notandum est, * sicut dicit hier. super matth., quod “ populus iudaeorum partem dei se esse iactans, communes cibos vocat quibus omnes utuntur homines, verbi gratia suillam carnem, lepores et huiusmodi; et caeterae gentes, quae talibus utebantur cibis, non erant de parte dei, ideo talis cibus immundus appellatur. * quod ergo dicit ° nihil commune ‘ est, idem est ac si diceret: nihil immundum est. et hoc quidem apostolus, primum, dicit se scire, quia ita est secundum rerum naturam, * secundum illud i tim. iv, 4: ° omnis creatura dei bona, et nihil reiiciendum quod cum gratiarum actione percipitur. ‘ secundo dicit se confidere in christo iesu, quia per seipsum nihil est commune, quia scilicet cibi secundum suam naturam nunquam fuerunt immundi, vitabantur tamen aliquo tempore ut immundi, secundum legis praeceptum propter figuram, sed hoc christus removit implendo omnes figuras. et ideo apostolus per fiduciam quam habet in domino iesu, asserit nihil esse commune vel immundum per ipsum, id est, ipso hoc faciente. * act. x, v. 15: ° quod deus purificavit, tu ne commune dixeris. ‘ tertio ostendit quomodo hoc posset esse per accidens illicitum, inquantum scilicet est contra conscientiam manducantis. unde dicit: dictum est quod nihil est commune, sed hoc intelligendum est ° nisi ei qui, ‘ erronea conscientia, ° aestimat quid, ‘ id est aliquid ciborum, ° commune esse, ‘ id est immundum, ° illi commune est, ‘ id est ita est illicitum sibi, ac si esset secundum se immundum. * tit. i, 15: ° omnia munda mundis, coinquinatis autem et infidelibus nihil mundum est, sed inquinata est eorum mens, et conscientia. ‘ et sic apparet quod aliquid, quod est secundum se licitum, efficitur illicitum ei qui id contra suam conscientiam agit, licet conscientia sua sit erronea, quod rationabiliter accidit. nam actus iudicantur secundum voluntatem agentium, voluntas autem movetur a re apprehensa. unde in id voluntas tendit quod ei vis apprehensiva repraesentat, et secundum hoc qualificatur, vel specificatur actio. si igitur ratio alicuius iudicet aliquid esse peccatum et voluntas feratur in id faciendum, manifestum est quod homo habet voluntatem faciendi peccatum; et ita actio eius exterior, quae informatur ex voluntate, est peccatum. et eadem ratione si aliquis aestimet id quod est veniale peccatum, esse mortale peccatum, si hac conscientia durante illud faciat, manifestum est quod elegit peccare mortaliter, et ita actio eius propter suam electionem est peccatum mortale. si tamen aliquis post factum habeat conscientiam erroneam, per quam credat id quod est licitum a se factum fuisse peccatum, vel quod est veniale fuisse mortale, non propter hoc efficitur id quod est prius, vel peccatum, vel mortale, quia voluntas et actio non informantur ex apprehensione sequenti, sed ex praecedenti. haec autem quae dicta sunt dubitationem non habent, sed * dubium potest esse, “ utrum si aliquis habeat erroneam conscientiam ut credat esse necessarium ad salutem quod est peccatum mortale, puta si aliquis aestimet se peccare mortaliter nisi furetur vel fornicetur, utrum talis conscientia eum liget, ita scilicet si contra conscientiam agat, mortaliter peccet. * et videtur quod non. primo quidem quia “ lex dei quae prohibet fornicationem et furtum, fortius ligat, quam conscientia. * secundo quia “ hoc posito esset perplexus, peccaret enim et fornicando et non fornicando. ‘ sed dicendum est quod etiam in per se malis conscientia erronea ligat. in tantum enim conscientia ligat, * ut dictum est, ‘ inquantum ex hoc quod aliquis contra conscientiam agit, sequitur quod habeat voluntatem peccandi; et ita si aliquis credat non fornicari esse peccatum mortale, dum eligit non fornicari, eligit peccare mortaliter, et ita mortaliter peccat. et ad hoc etiam facit * quod hic dicit apostolus. ‘ manifestum est enim quod discernere cibos quasi necessarium ad salutem erat illicitum, quia “ nec iudaeis conversis etiam ante divulgationem evangelii licebat servare legalia, spem ponendo in eis, quasi essent necessaria ad salutem, * ut augustinus dicit. et tamen apostolus hic dicit quod ‘ si quis habens conscientiam cogentem discernere cibos, quod est aestimare aliquid esse commune, et non discernit eos, scilicet abstinendo ab eis, peccat ac si manducaret immundum. et ita etiam in per se illicitis conscientia erronea ligat. * nec obstat quod primo obiicitur de lege dei, ‘ quia idem est ligamen conscientiae etiam erroneae et legis dei. non enim conscientia dictat aliquid esse faciendum vel vitandum, nisi quia credit hoc esse contra vel secundum legem dei. non enim lex nostris actibus applicatur, nisi mediante conscientia nostra. similiter etiam * nec obstat quod secundo obiicitur. ‘ nihil enim prohibet aliquem esse perplexum aliquo supposito, licet nullus sit perplexus simpliciter, sicut sacerdos fornicarius, sive celebret missam, sive non celebret quando debet ex officio, peccat mortaliter; non tamen est perplexus simpliciter, quia potest peccatum dimittere et celebrare. et similiter potest aliquis conscientiam erroneam dimittere, et a peccato abstinere. * est autem adhuc alia dubitatio. “ non enim dicitur scandalizare qui facit opus rectum, licet etiam ex eo aliquis sumat materiam scandali, * legitur enim matth. xv, v. 12 quod “ pharisaei audito verbo christi, scandalizati sunt. sed non discernere cibos est opus rectum: ergo non est dimittendum propter scandalum eius qui perversam conscientiam habet errans in fide. nam secundum hoc catholici deberent abstinere a carnibus et matrimonio, ne inde haeretici scandalizarentur secundum erroneam conscientiam. ‘ sed dicendum est quod aliquis scandalizare alium potest, non solum faciendo aliquod malum, sed etiam aliquid faciendo quod habet speciem mali, * secundum illud i thess. c. ult.: ° ab omni specie mali abstinete vos. ‘ dicitur autem aliquid habere speciem mali dupliciter. primo videlicet secundum opinionem eorum qui sunt ab ecclesia praecisi; secundo, secundum opinionem eorum qui adhuc ab ecclesia tolerantur. infirmi autem in fide, aestimantes legalia esse observanda, adhuc tolerabantur ab ecclesia ante evangelii divulgationem. et ideo non erat comedendum cum eorum scandalo de cibis in lege prohibitis. haeretici autem non tolerantur ab ecclesia, et ideo de eis non est similis ratio. * deinde cum dicit ° si enim propter cibum, ‘ etc., manifestat quod dixerat. et primo primum, scilicet quod non sit ponendum scandalum fratribus; secundo, secundum et tertium, quomodo scilicet sit aliquid commune, * ibi ° omnia quidem munda sunt, ‘ etc.. circa primum ponit quatuor rationes quarum prima sumitur ex parte charitatis, dicens ° si enim frater tuus contristatur, ‘ de hoc quod reputat te peccare, ° propter cibum ‘ quem tu comedis, quem ipse reputat immundum, ° iam non secundum charitatem ambulas, ‘ secundum quam aliquis proximum suum diligit sicut seipsum. et ita vitat eius contristationem et non praefert cibum quieti fratris, * quia, ut dicitur i cor. c. xiii, 5: ° charitas non quaerit quae sua sunt. ‘ secundam rationem ponit, * ibi ° noli cibo tuo, ‘ etc., quae sumitur ex parte mortis christi. videtur enim parum appretiare mortem christi, qui pro cibo fructum eius evacuare non recusat. * unde dicit ° noli cibo tuo, ‘ quem tu scilicet indifferenter comedis non discernendo cibos, ° illum perdere, ‘ id est scandalizare, ° pro quo, ‘ id est pro cuius salute, ° christus mortuus est. * i petr. iii, 18: ° christus semel mortuus est pro peccatis nostris, iustus pro iniustis. ‘ dicit autem illum perdi qui scandalizatur, quia scandalum passivum sine peccato scandalizati esse non potest. ille enim scandalizatur qui occasionem sumit ruinae. * i cor. c. viii, 11: ° peribit infirmus in tua conscientia frater, pro quo christus mortuus est. ‘ tertiam rationem ponit, * ibi ° non ergo blasphemetur, * etc.. ‘ quae sumitur ex donis spiritualis gratiae. et primo ostendit inconveniens quod sequitur contra huiusmodi dona ex eo quod alios scandalizamus; secundo manifestat quod dixerat, * ibi ° non enim, ‘ etc.; tertio infert conclusionem intentam, * ibi ° itaque quae pacis sunt sectemur, ‘ etc.. circa primum considerandum est, quod ex hoc quod aliqui indifferenter cibis utebantur in primitiva ecclesia cum scandalo infirmorum, hoc inconveniens sequebatur, quod infirmi fidem christi blasphemabant, dicentes eam voracitatem ciborum inducere contra legis mandatum. et ideo apostolus dicit: ex quo per dominum iesum factum est quod nihil est commune, ° non ergo bonum nostrum, ‘ id est fides vel gratia christi, per quam libertatem a caeremoniis consecuti estis, ° blasphemetur ‘ ab infirmis dicentibus eam gulae hominum indulgere. * iac. c. ii, 7: ° ipsi blasphemant nomen bonum quod invocatum est super vos; * de hoc bono dicitur in ps. lxxii, 28: ° mihi adhaerere deo, bonum est. * deinde cum dicit ° non enim, ‘ etc., manifestat quod dixerat, scilicet in quo bonum nostrum consistat. et primo ostendit in quo non consistat, * dicens ° non enim est regnum dei esca et potus. ‘ regnum autem dei dicitur hic id per quod deus regnat in nobis et per quod ad regnum ipsius pervenimus; * de quo dicitur matth. vi, 10: ° adveniat regnum tuum; * et mich. iv, 7: ° regnabit dominus super omnes in monte sion. ‘ deo autem coniungimur et subdimur per interiorem intellectum, et affectum, * ut dicitur io. iv, 24: ° spiritus est deus, et eos qui adorant eum, in spiritu et veritate adorare oportet. ‘ et inde est quod regnum dei principaliter consideratur secundum interiora hominis, non secundum exteriora. * unde dicitur lc. xvii, 21: ° regnum dei intra vos est. ‘ ea vero quae sunt exteriora ad corpus pertinentia, intantum ad regnum dei pertinent, inquantum per ea ordinatur, vel deordinatur interior affectus, secundum ea in quibus principaliter consistit regnum dei. et ideo cum esca et potus ad corpus pertineant, ipsa secundum se non pertinent ad regnum dei, nisi secundum quod eis utimur, vel ab eis abstinemus. * unde dicitur i cor. viii, 8: ° esca autem nos non commendat deo. neque enim si non manducaverimus, deficiemus, neque si manducaverimus, abundabimus. ‘ pertinet tamen usus, vel abstinentia escae et potus ad regnum dei, inquantum affectus hominis circa hoc ordinatur, vel deordinatur. * unde augustinus dicit in libro de quaestionibus evangelii, et habetur hic in glossa: ° iustificatur sapientia a filiis suis qui intelligunt non in abstinendo, nec in manducando esse iustitiam, sed in aequanimitate tolerandi inopiam, et in temperantia non se corrumpendi per abundantiam atque importunitatem sumendi. non enim interest quomodo, * ut in glossa dicitur, ° quid alimentorum, vel quantum quis accipiat, dummodo id faciat pro congruentia hominum cum quibus vivit, et personae suae et pro valetudinis suae necessitate; sed quanta facultate et severitate animi careat his, vel cum oportet vel cum necesse est his carere. ‘ secundo ostendit in quo consistat bonum nostrum, quod regnum dei vocat, * dicens ° sed regnum dei est iustitia, et pax, et gaudium in spiritu sancto. ‘ ut ° iustitia ‘ referatur ad exteriora opera, quibus homo unicuique reddit quod suum est et ad voluntatem huiusmodi opera faciendi, * ut dicitur matth. vi, 33: ° primum quaerite regnum dei et iustitiam eius. pax ‘ autem referatur ad effectum iustitiae. per hoc enim pax maxime perturbatur, quod unus homo non exhibet alteri quod ei debet. * unde dicitur is. c. xxxii, 17: ° opus iustitiae pax. gaudium ‘ autem referendum est ad modum quo sunt iustitiae opera perficienda; * ut enim dicit philosophus |325| in i ethic.: ° non est iustus qui non gaudet iusta operatione. * unde et in ps. xcix, v. 2 dicitur: ° servite domino in laetitia. ‘ causam autem huius gaudii exprimit * dicens ° in spiritu sancto. ‘ est enim spiritus sanctus quo charitas dei diffunditur in nobis, * ut dicitur supra v, 6. ‘ illud enim est ° gaudium in spiritu sancto, ‘ quod charitas parit, puta cum aliquis gaudet de bonis dei et proximorum. * unde i cor. xiii, 6 dicitur, quod ° charitas non gaudet super iniquitate, congaudet autem veritati. * et gal. v, 22 dicitur: ° fructus autem spiritus est charitas, gaudium, pax. ‘ haec autem tria quae hic tanguntur, imperfecte quidem in hac vita habentur, perfecte autem quando sancti possidebunt regnum dei sibi paratum, * ut dicitur matth. xxv, 34. ‘ ibi erit perfecta iustitia absque omni peccato. * is. lx, 21: ° populus tuus omnes iusti. ‘ ibi erit pax absque omni perturbatione timoris. * is. c. xxxii, 18: ° sedebit populus meus in pulchritudine pacis, in tabernaculis fiduciae. ‘ ibi erit gaudium. * is. xxxv, 10: ° gaudium et laetitiam obtinebunt, et fugiet dolor et gemitus. |350| ‘ tertio probat quod dixerat, scilicet quod in his regnum dei consistit. ille enim homo videtur ad regnum dei pertinere, qui placet deo et a sanctis hominibus approbatur; sed hoc illi contingit in quo invenitur iustitia, pax et gaudium: ergo in his est regnum dei. dicit ergo: dictum est quod ° regnum dei est iustitia, pax et gaudium in spiritu sancto, qui ergo in hoc servit christo, ‘ qui est rex huius regni, * secundum illud col. i, 13: ° transtulit nos in regnum filii dilectionis suae, ‘ ut scilicet vivat in iustitia, pace et spirituali gaudio, ° placet deo, ‘ qui est huius regni auctor, * sap. iv, 10: ° placens deo factus dilectus et probatus est hominibus, ‘ id est ab eis approbatur, qui sunt huius regni participes. * eccli. xxxi, 10: ° qui probatus est in illo, et perfectus inventus est. * deinde cum dicit ° itaque, ‘ etc., infert admonitionem intentam, dicens: ex quo regnum dei consistit in iustitia, pace et spirituali gaudio, “ itaque, ‘ ut ad regnum dei pervenire possimus, “ sectemur ‘ ea quae pacis sunt, id est ea studeamus adimplere per quae christianorum pacem conservemus, * hebr. xii, |375| v. 14: ° pacem sequimini et sanctimoniam, ‘ etc.. ° custodiamus invicem ea quae sunt aedificationis, ‘ id est ea per quae invicem nos aedificemus, id est bonum conservemus, et in melius provocemur. * i cor. xiv, 12: ° ad aedificationem ecclesiae quaerite ut abundetis. ‘ quod quidem fiet si in iustitia et spirituali gaudio vixerimus. quartam rationem ponit, * ibi ° noli propter escam, ‘ etc.. quae sumitur ex reverentia divinorum operum, quibus hoc reverentiae debemus, ut ea quae deus operatur non debeamus destruere propter aliquod commodum corporale. * et hoc est quod dicit ° noli propter escam, ‘ quae ad corporis utilitatem pertinet, ° destruere opus dei. ‘ quod quidem non intelligitur de quocumque dei opere. nam omnia quae in cibum hominis veniunt, dei opera sunt, sicut terrae nascentia et animalium carnes, quae sunt hominibus in cibum a deo concessa, * ut patet gen. c. i, 29 et ix, 3. ‘ sed intelligitur de opere gratiae, quod in nobis ipsis specialiter operatur. * phil. ii, 13: ° deus enim est qui operatur in nobis velle et perficere pro bona voluntate. |400| ‘ hoc igitur opus dei non debemus in proximo destruere propter escam nostram, sicut facere videbantur illi qui, turbatione et scandalo proximorum, indifferentibus utebantur.

lc3 ‘ Postquam apostolus posuit rationem ad ostendendum, quod non debemus cum scandalo proximorum indifferenter sumere omnia, hic ostendit qualiter aliqui cibi possunt esse mundi et immundi. et circa hoc duo facit. primo proponit quae sunt munda ex sua natura, dicens ° omnia quidem, ‘ quae scilicet ad escam hominis pertinere possunt, ° munda sunt, ‘ scilicet ex sui natura, quia ex sui natura non habent quod animam hominis inquinent, * secundum illud matth. xv, 11: ° non enim omne quod intrat in os inquinat hominem. * i tim. iv, 4: ° omnis creatura dei bona. ‘ dicebantur autem in lege quaedam immunda, non natura, sed significatione, * ut patet lev. xi, 2 ss.. ‘ sed et hanc immunditiam christus removit, implendo veteris legis figuras. * unde dictum est petro, act. x, 15: ° quod deus purificavit, tu ne commune dixeris, ‘ id est immundum. secundo, * ibi ° sed malum est homini, * etc., ‘ ostendit qualiter aliquis cibus homini possit fieri immundus, ut scilicet ex eius |25| esu secundum animam inquinetur, quod quidem ostendit fieri dupliciter. primo ex eo quod aliquis cibum quemcumque cum scandalo proximorum manducat; secundo ex eo quod contra conscientiam manducat, * ibi ° beatus qui non iudicat, ‘ etc.. circa primum tria facit. primo ostendit quid circa esum ciborum sit malum, dicens: licet omnia ex sui natura sint munda, sed tamen ° malum est homini qui manducat, ‘ quemcumque cibum, ° per offendiculum, ‘ id est, cum confusione et scandalo proximorum. * matth. xviii, 7: ° vae homini illi per quem scandalum venit. ‘ secundo ostendit quid circa huiusmodi usum ciborum sit bonum, * dicens ° bonum est non manducare carnem et non bibere vinum; ‘ quorum primum praecipuum esse videtur inter cibos, secundum inter potus. et ab his quidem abstinere ponit bonum esse, vel propter carnis concupiscentiam edomandam, * secundum illud eph. v, 18: ° nolite |50| inebriari vino in quo est luxuria; ‘ vel etiam ut homo reddatur habilior ad spiritualia contemplanda, * secundum illud eccle. ii, 3: ° cogitavi a vino abstrahere carnem meam, ut animum meum transferrem ad sapientiam. ‘ sed hoc non intendit hic apostolus dicere, sed quod bonum est his non uti cum scandalo proximorum, quod quidem apparet * ex hoc quod subditur ° neque in quo frater tuus offenditur, ‘ etc.. quod dico, non solum dico de vino et carnibus quod bonum est eis non uti, sed quocumque alio cibo; ° frater tuus offenditur, ‘ id est turbatur contra te, quasi illicite agentem, per quod pax eius perturbatur, ° aut scandalizatur, ‘ id est, ad casum peccati provocatur, propter quod laeditur eius iustitia, ° aut infirmatur, ‘ id est saltem in dubitationem venit, utrum hoc quod agitur sit licitum, per quod eius spirituale gaudium diminuitur. * unde et ipse apostolus dicit i cor. viii, 13: ° si esca scandalizat fratrem meum, non manducabo carnem in aeternum, ne fratrem meum scandalizem. ‘ sed cum licitum sit his cibis uti, si est ab his abstinendum propter hoc quod |75| vitetur scandalum proximorum, * videtur pari ratione quod “ ab omnibus licitis quae non sunt necessaria ad salutem, sicut sunt necessaria iustitia, pax et spirituale gaudium, sit propter proximorum scandalum abstinendum. * et ita videtur quod “ homini non liceat sua repetere cum scandalo proximi. ‘ sed dicendum est quod si scandalum ex infirmitate vel ex ignorantia proveniat eorum qui propter hoc scandalizantur, ad vitandum hoc scandalum, debet homo a licitis abstinere, si non sunt necessaria ad salutem. hoc enim est scandalum pusillorum, quod dominus vitari iubet, * matth. xviii, 10: ° videte ne contemnatis unum ex his pusillis. ‘ si vero huiusmodi scandalum ex malitia proveniat eorum qui scandalizantur, tale scandalum est quasi pharisaeorum, quod dominus, * matth. c. xv, 12 ss., ‘ docuit esse contemnendum. unde ad vitandum huiusmodi scandalum non oportet a licitis abstinere. sed tamen circa scandalum pusillorum attendendum est, quod propter illud vitandum tenetur homo usum licitorum differre, quousque reddita ratione hoc scandalum amoveri |100| possit. si vero ratione reddita, adhuc scandalum maneat, iam non videtur ex ignorantia vel ex infirmitate procedere sed ex malitia: et sic iam pertinebit ad scandalum pharisaeorum. tertio excludit quamdam excusationem. * posset enim aliquis dicere: “ licet proximus scandalizetur de hoc quod indifferenter ego cibis utor, tamen ad ostensionem meae fidei, per quam certum est hoc mihi licere, volo indifferenter cibis uti. * sed hanc rationem excludens apostolus dicit ° tu, ‘ qui scilicet indifferenter cibis uteris, ° fidem habes, ‘ rectam apud temetipsum, per quam constat licitum esse his cibis uti. bona quidem et laudabilis est fides ista, sed habe eam in occulto, ° coram deo, ‘ cui talis fides placet, * eccli. i, 34 s.: ° beneplacitum est deo fides et mansuetudo. ‘ quasi dicat: non oportet quod fidem istam manifestes per operis executionem, ubi hoc fit cum scandalo proximorum. * sed contra videtur esse quod dicitur supra x, 10: ° corde creditur ad iustitiam, ore autem confessio fit ad salutem. |125| * non ergo videtur quod “ sufficiat corde solum coram deo fidem habere, sed oportet huiusmodi fidem proximo manifestare, confitendo. ‘ dicendum est autem quod eorum quae sunt fidei, quaedam sunt quae non sunt perfecte per ecclesiam manifestata, sicut in primitiva ecclesia nondum erat perfecte declaratum apud homines quod illi qui erant ex iudaeis conversi non tenerentur legalia observare, et sicut tempore augustini nondum erat per ecclesiam declaratum quod anima non esset ex traduce. unde in huiusmodi sufficit homini quod fidem habeat coram deo, nec oportet quod fidem suam propalet cum scandalo proximorum, nisi forte apud eos qui habent de fide determinare. quaedam vero sunt ad fidem pertinentia iam per ecclesiam determinata, et in talibus non sufficit fidem habere coram deo, sed oportet quod coram proximo fidem quis confiteatur, quantumcumque ex hoc aliquis scandalizetur, quia veritas doctrinae non est dimittenda propter scandalum, sicut nec christus veritatem suae doctrinae propter scandalum pharisaeorum dimisit, * ut habetur matth. |150| c. xv, 12 ss.. ‘ sciendum etiam quod licet circa talia oporteat quod homo fidem suam manifestet confessione verborum, non tamen oportet quod eam manifestet executione operis, sicut si aliquis tenet fide uti matrimonio esse licitum, non requiritur ab eo quod matrimonio utatur ad fidei suae manifestationem. et sic etiam non requirebatur ab eis, qui rectam fidem habebant, quod fidem suam usu ciborum manifestarent. poterant enim manifestare verbotenus confitendo. * deinde cum dicit ° beatus qui non iudicat, ‘ etc., ostendit quomodo ciborum usus efficitur aliquibus immundus, ex eo quod est contra conscientiam. et circa hoc tria facit. primo ostendit quid circa hoc sit bonum, ut scilicet de eo quod homo non facit non habeat conscientiam remordentem. * unde dicit ° beatus qui non iudicat semetipsum, ‘ id est cuius conscientia eum non reprehendit vel condemnat, ° in eo quod probat, ‘ id est approbat esse faciendum. sed hoc est intelligendum, si recta fide approbet |175| esse aliquid faciendum. si autem falsa opinione approbat aliquid esse faciendum, puta si arbitratur obsequium se praestare deo, de eo quod discipulos christi interficit, * ut dicitur io. xvi, 2, ‘ non excusatur ex eo quod circa hoc non iudicat semetipsum; imo beatior esset si circa hoc eum conscientia reprehenderet, inquantum per hoc a peccato magis prohiberetur. sed in his quae sunt licita, est intelligendum quod hic apostolus dicit. hoc enim ad gloriam hominis pertinet quod eum sua conscientia non reprehendat. * ii cor. i, 12: ° gloria nostra haec est, testimonium conscientiae nostrae. * iob xxvii, 6: ° neque enim reprehendit me cor meum in omni vita mea. ‘ secundo ostendit quid circa hoc sit malum, ut scilicet contra conscientiam agat. * unde dicit ° qui autem discernit, ‘ id est, qui habet opinionem falsam quod oportuit cibos discernere, ° si manducaverit, ‘ scilicet cibos quos reputat esse illicitos, ° damnatus est, ‘ ex hoc quod quantum in ipso est, habet voluntatem faciendi quod est illicitum, et sic ° delinquit proprio iudicio condemnatus, * ut dicitur |200| tit. iii, 11. ‘ tertio assignat causam eius quod dixerat * dicens ° quia non ex fide; ‘ ideo scilicet condemnatus est. potest autem hic fides dupliciter accipi: uno modo de fide quae est virtus, alio modo secundum quod fides dicitur conscientia. et hae duae acceptiones non differunt nisi secundum differentiam particularis et universalis. id enim quod universaliter fide tenemus, putа usum ciborum esse licitum vel illicitum, conscientia applicat ad opus quod est factum vel faciendum. dicitur ergo, ideo eum qui manducat et discernit, esse condemnatum, quia hoc non est ex fide, imo est contra fidem, id est contra veritatem fidei et contra conscientiam facientis. * hebr. xi, 6: ° sine fide impossibile est placere deo. ‘ et quod haec sit sufficiens causa condemnationis, ostendit * subdens ° omne autem quod non est ex fide peccatum est. * ex quo videtur quod, sicut dicitur in glossa “ omnis vita infidelium peccatum sit, ‘ sicut omnis vita fidelium est meritoria, inquantum ad dei gloriam ordinatur, * secundum illud i cor. |225| c. x, 31: ° sive manducatis, sive bibitis, sive aliquid aliud facitis, omnia in gloriam dei facite. ‘ sed dicendum est quod aliter se habet fidelis ad bonum, et infidelis ad malum. nam in homine qui habet fidem formatam nihil est damnationis, * ut supra viii, 1 dictum est. ‘ sed in homine infideli cum infidelitate est bonum naturae. et ideo cum aliquis infidelis ex dictamine rationis aliquod bonum facit, non referendo ad malum finem, non peccat. non tamen opus eius est meritorium, quia non est gratia informatum. * et hoc est quod in glossa dicitur: ° nihil bonum est sine summo bono, ‘ id est, nullum bonum meritorium est sine gratia dei, et ° ubi deest agnitio vitae aeternae et incommutabilis veritatis, ‘ quae scilicet est per fidem, ° falsa virtus est in optimis moribus, ‘ inquantum scilicet non refertur ad finem beatitudinis aeternae. cum vero homo infidelis aliquid agit ex eo quod infidelis est, manifestum est quod peccat. * unde in glossa cum dicitur: ° opus omne quod non est ex fide, peccatum est, ‘ sic est intelligendum: omne quod est contra fidem |250| vel contra conscientiam, peccatum est, et si ex genere suo bonum esse videatur, puta si paganus ad honorem suorum deorum virginitatem servet, vel eleemosynam det, hoc ipso peccat. * tit. i, 15: ° coinquinatis et infidelibus nihil mundum est, sed inquinatae sunt eorum et mens, et conscientia.

075 CRO cp15

lc1 ‘ Supra apostolus docuit quod maiores debent scandala infirmorum vitare, hic docet quod maiores debent etiam infirmitates minorum sustinere. et circa hoc duo facit. primo proponit admonitionem; secundo manifestat eam, * ibi ° unusquisque vestrum, ‘ etc.. ista admonitio duo continet, quorum primum pertinet ad exteriorem exhibitionem. unde dicit: non solum debemus scandala infirmorum vitare, sed etiam nos qui sumus ° firmiores ‘ in fide, ° debemus sustinere imbecillitates infirmorum. ‘ sicut enim in materiali aedificio eliguntur aliqua firmiora ad sustinendum totum aedificii pondus quod ex fragiliori materia superponitur, sicut sunt fundamenta et columnae; ita etiam in spirituali ecclesiae aedificio, non solum eliguntur, sed efficiuntur aliqui firmiores, ut sustineant pondus aliorum. * unde in ps. lxxvi, 4 dicitur: ° ego confirmavi columnas eius. * et gal. vi, 2: ° alter alterius onera portate. ‘ sustinent autem firmiores imbecillitates infirmorum, dum eorum |25| defectus patienter ferunt, et pro posse sublevare nituntur. secundum autem pertinet ad interiorem intentionem. unde dicitur: et non debemus ° nobis placere, ‘ ita scilicet ut semper illud velimus impleri quod nobis placet, sed debemus condescendere voluntatibus aliorum, ut faciamus ea quae aliis placent et quae eis sunt utilia. * i cor. x, 33: ° sicut et ego per omnia omnibus placeo. * deinde cum dicit ° unusquisque vestrum, ' etc., manifestat propositam admonitionem, et primo quantum ad secundam partem; secundo quantum ad primam, * ibi ° propter quod suscipite invicem, ' etc.. circa primum duo facit. primo exponit quod dixerat; secundo rationem inducit, * ibi ° etenim christus non sibi, ' etc.. dicit ergo primo: ita dictum est quod nos non debemus nobis placere, et hoc quidem est, quia ° unusquisque nostrum, ' qui sumus firmiores, debet placere ° proximo suo ' infirmo, id est, condescendere ei in his |50| quae ei placent, non tamen in his quae mala sunt, * sicut is. xxx, 10 quidam requirunt: ° loquimini nobis placentia, * etc.. et ideo subdit ° in bonum. ' similiter etiam non debemus intendere ut hominibus placeamus propter humanum favorem vel gloriam, * cum in ps. lii, 6 dicatur: ° deus dissipavit ossa eorum qui hominibus placent, ' sed ad honorem dei, et utilitatem proximorum. * unde subdit ° ad aedificationem, ' id est propter hoc quod aliorum voluntati condescendentes, ipsi aedificentur in fide et dilectione christi. * supra xiv, 19: ° quae aedificationis sunt, invicem custodiamus. * deinde, cum dicit ° etenim christus, ' assignat rationem eius quod dixerat exemplo christi. et primo proponit exemplum christi; secundo ostendit eius exemplum esse a nobis imitandum, * ibi ° quaecumque scripta sunt; ' tertio subiungit rationem, ut id implere possimus, * ibi ° deus autem pacis ' etc.. circa primum duo facit. primo |75| proponit exemplum, dicens: dictum est quod non debemus nobis placere, scilicet secundum nostram privatam voluntatem, ° etenim christus, ' qui est caput nostrum, ° non sibi placuit, ' dum elegit pati pro nostra salute, et ea quae suae propriae voluntati erant contraria, scilicet naturali voluntati humanae, ut impleret divinam, quae sibi et patri erat communis, * secundum illud matth. xxvi, 42: ° non mea voluntas, sed tua fiat. ' secundo ad hoc auctoritatem inducit, * dicens ° sed sicut scriptum est * in psalmo ' ex persona christi dicentis ad patrem: o pater, ° improperia ' iudaeorum ° improperantium tibi, ' id est, te blasphemantium per sua mala opera et per hoc quod veritati tuae doctrinae contradicunt, ° ceciderunt super me, ' quia videlicet opprimere me voluerunt, quia voluntatem tuam eis proponebam, et eorum mala opera redarguebam. * io. xv, 24: ° sed oderunt me et patrem meum. ' potest et hoc referri ad peccata totius humani generis, quia omnia peccata quodammodo sunt improperia dei, inquantum per ea lex dei contemnitur. * is. i, 4: ° dereliquerunt |100| dominum, blasphemaverunt sanctum israel. ' sic ergo improperia improperantium deo ceciderunt super christum, inquantum ipse pro peccatis omnium mortuus est. * is. c. liii, 6: ° deus posuit in eo iniquitates omnium nostrum. * i petr. ii, 24: ° peccata nostra pertulit in corpore suo super lignum. * deinde, cum dicit ° quaecumque enim scripta sunt, ' etc., ostendit quod hoc exemplum christi sit nobis imitandum, * dicens ° quaecumque enim scripta sunt ' in sacra scriptura, vel de christo vel de membris eius, ° scripta sunt ad nostram doctrinam. ' nulla enim necessitas fuit haec scribere, nisi propter nos, ut ex his instruamur. * ii tim. iii, v. 16: ° omnis scriptura divinitus inspirata, utilis est ad docendum et erudiendum, ' etc.. quid autem in scripturis ad nostram doctrinam contineatur, ostendit * subdens ° ut per patientiam et consolationem scripturarum, ' id est quas scripturae continent. continetur enim in sacra scriptura patientia sanctorum in malis sustinendis. * iac. ult.: ° patientiam iob audistis. ' continetur etiam in eis consolatio, quam deus eis exhibuit, * secundum |125| illud ps. xciii, 19: ° secundum multitudinem dolorum meorum in corde meo, consolationes tuae laetificaverunt animam meam. * unde et i petr. i, 11 dicitur: ° praenuntians eas, quae in christo sunt, passiones, ' quod pertinet ad patientiam, ° et posteriores glorias, ' quod pertinet ad consolationem. quem autem fructum ex hac doctrina suscipiamus, ostendit * subdens ° spem habeamus. ' per hoc enim quod ex sacra scriptura instruimur eos, qui patienter propter deum tribulationes sustinuerunt, divinitus consolatos fuisse, spem accipimus, ut et ipsi consolemur, si in ipsis fuerimus patientes. * iob xiii, 15: ° et si occiderit me, in ipso sperabo. ' deinde * cum dicit ° deus autem patientiae, ' etc., quia videbatur nimis arduum ut purus homo possit exemplum christi imitari, * secundum illud eccle. ii, 12: ° quid est homo ut sequi possit regem, factorem suum? ' ideo adhibet orationis suffragium, * dicens ° deus autem patientiae, ' scilicet dator, * ps. lxx, v. 5: ° tu es patientia mea, et solatii, ' idest qui spiritualem consolationem largitur, * ii cor. c. i, 3: ° pater misericordiarum et deus totius |150| consolationis, det vobis, a quo est omne datum optimum, * ut dicitur iac. i, 17, ° idipsum sapere in alterutrum, ' idest ut invicem idem sapiatis, * ii cor. ult.: ° idem sapite, pacem habete, ' non quidem secundum consensum in peccatum, sed ° secundum iesum christum, * de quo dicitur eph. ii, 14: ° ipse est pax nostra, qui fecit utraque unum. ut, ' per hoc quod idem sapiatis, ° unanimes, ' existentes per fidem et charitatis consensum, * secundum illud ps. secundum aliam litteram: ° qui habitare facit unanimes in domo, uno ore, ' idest una oris confessione, quae ex unitate fidei procedit, * i cor. i, 10: ° idipsum dicatis omnes; ' ut, pro conformitate cordis, ° honorificetis deum, ' omnium creatorem, idipsum etiam existentem ° patrem domini nostri iesu christi, ' per quem nos sibi in filios adoptavit. * i reg. ii, 30: ° qui honorificaverit me, honorificabo eum. * mal. i, 6: ° si ego pater, ubi est honor meus? * deinde, cum dicit ° propter quod suscipite invicem, ' manifestat primam partem admonitionis, in qua dixerat quod firmiores debent imbecillitatem infirmorum |175| sustinere. et circa hoc duo facit. primo resumit admonitionem; secundo inducit rationem exemplo christi, * ibi ° sicut et christus, ' etc.; tertio subiungit rationem, * ibi ° deus autem spei, * etc.. dicit ergo primo ° propter quod, ' id est, quia ea quae scripta sunt ad nostram doctrinam ordinantur, scilicet exempla christi et aliorum sanctorum, consequenter, ° suscipite invicem, ' secundum charitatis affectum, ut scilicet unus sustineat ea quae sunt alterius, sicut vult se sustineri quantum charitas permittit: et unus alium etiam suscipiat ad adiuvandum et promovendum. * supra c. xiv, 1: ° infirmum in fide suscipite. * deinde, cum dicit ° sicut et christus suscepit vos, ' etc., assignat rationem exemplo christi. et, primo, ponit eius exemplum, * dicens ° sicut et christus suscepit vos, ' scilicet in sua protectione et cura. * is. xlii, 1: ° ecce servus meus, suscipiam eum. * lc. i, 54: ° suscepit israel puerum suum, recordatus misericordiae |200| suae. ' et hoc ° in honorem dei, ' in quem omnia referebat. * io. viii, 49: ° honorifico patrem meum, et vos inhonorastis me. ' ex quo datur intelligi, quod nos invicem debemus suscipere in his quae pertinent ad honorem dei. secundo, * ibi ° dico enim christum, ' etc., manifestat quod dixerat. et primo quidem quantum ad iudaeos; secundo, quantum ad gentiles, * ibi ° gentes autem, ' etc.. dicit ergo primo: dictum est quod christus vos suscepit, qui estis congregati in unitate fidei ex iudaeis et gentibus. et hoc patet quantum ad utrosque. ° dico, ' ergo, ° christum ministrum fuisse circumcisionis. ' est enim ipse auctor fidei quantum ad omnes, * secundum illud hebr. xii, 2: ° aspicientes in auctorem fidei, ' etc.. sed in propria persona non exhibuit seipsum nisi iudaeis, * secundum illud matth. xv, 24: ° non sum missus nisi ad oves quae perierunt domus israel. * is. xlii, 2: ° non audietur vox eius foris. ' et hoc quidem ° propter veritatem dei, ' ut scilicet veritas dei promittentis comprobaretur. |225| * supra iii, 4: ° est autem deus verax. * unde subdit ° ad confirmandas promissiones patrum, ' id est, ut per hoc implerentur promissiones patribus factae. * lc. i, v. 69: ° erexit cornu salutis nobis in domo david pueri sui; sicut locutus est per os sanctorum. * ii cor. i, 20: ° quotquot sunt promissiones dei, in illo est. * deinde, cum dicit ° gentes autem, ' etc., ostendit etiam gentes susceptas a christo. et primo proponit quod intendit; secundo confirmat per auctoritatem, * ibi ° sicut scriptum est, ' etc.. dicit ergo: ita dictum est quod christus suscepit iudaeos propter veritatem dei, ut promissiones patrum implerentur, gentibus autem non erant promissiones factae. unde hoc non habet locum quantum ad gentiles, sed sunt propter misericordiam suscepti. * et hoc est quod dicit ° gentes autem ' debent ° honorare deum super misericordia ' eis exhibita per christum, quia licet eis personaliter non praedicaverit, ad eos tamen discipulos suos misit, qui in gentibus ministerium exercuerunt, sicut ipse exercuerat in |250| iudaeis, * secundum illud matth. ult.: ° euntes docete omnes gentes. * et de hac misericordia dicitur in ps. xxxii, 5: ° misericordia domini plena est terra. * lc. i, 50: ° misericordia eius a progenie in progenies timentibus eum, ' etc.. sic ergo apostolus conversionem iudaeorum attribuit veritati divinae, conversionem gentilium divinae misericordiae. * contra quod videtur esse quod dicitur in ps. xxiv, 10: ° universae viae domini misericordia et veritas. ' sed dicendum est quod per hoc quod ascribit vocationem iudaeorum divinae veritati, non excludit misericordiam, quia et apostolus ex iudaeis natus * dicit i tim. i, 13: ° misericordiam consecutus sum. ' et hoc ipsum misericordiae fuit quod deus patribus promissiones facit de posterorum salute. similiter etiam per hoc quod vocationem gentium ascribit divinae misericordiae, non excludit totaliter divinam veritatem, quia hoc ipsum ad divinam veritatem pertinebat, quod propositum suum de salvatione gentium implevit, * quod dicit apostolus ad eph. iii, 9 esse |275| ° sacramentum absconditum a saeculis in deo. ' sed aliquis modus veritatis, scilicet pro impletione promissorum, consideratur in vocatione iudaeorum, qui non consideratur in vocatione gentium, quibus promissiones non sunt factae. * deinde, cum dicit ° sicut scriptum est, ' etc., confirmat quod dixerat de conversione gentium, per auctoritatem. licet enim gentibus non fuerit repromissa vocatio ad fidem christi, non tamen ex improviso accidit, sed fuit praenuntiata vaticiniis prophetarum. inducit autem quatuor auctoritates, quarum prima continet gratiarum actiones christi ad patrem, pro conversione gentium per ipsum facta. * unde dicit ° sicut scriptum est, * in ps. xvii, 50 ' ex persona christi: ° constitues me in caput gentium, ' et ab insurgentibus in me ' iudaeis ° exaltabis me. ' o deus pater, ego christus ° confitebor tibi, ' confessione gratiarum actionis, ° in gentibus, ' id est pro gentium conversione per me facta, ° et cantabo ' nova quadam mentis exultatione ° nomini tuo, ' quod eis manifestum est, * secundum illud io. xvii, |300| v. 6: ° manifestavi nomen tuum hominibus quos dedisti mihi. ' vel aliter: ° confitebor tibi in gentibus, ' id est, faciam quod tibi gentes confiteantur confessione fidei, * ps. lxvi, 4: ° confiteantur tibi populi, deus, confiteantur tibi populi omnes, et nomini tuo cantabo, ' id est faciam quod gentes cantent tibi canticum quod consistit in exultatione spiritus renovati. * ps. xcv, 1: ° cantate domino canticum novum, cantate domino, omnis terra. ' secunda auctoritas continet adunationem gentium et iudaeorum. * unde subdit ° et iterum dicit, ' scriptura, ° o gentes quae eratis alienae, a conversatione israel, * ut dicitur eph. ii, 12, ° laetamini, gentes, cum plebe eius, ' idest simul communem exultationem assumatis cum iudaeis, qui olim erant plebs eius. * is. ix, 3: ° laetabuntur coram te, sicut qui laetantur in messe. * io. x, 16: ° fiet unum ovile et unus pastor. * nostra autem littera habet: ° laetamini cum ierusalem et exultate in ea, omnis qui diligitis eam. ' tertia autem auctoritas continet devotionem gentium ad deum. * unde subdit |325| ° et iterum ' scriptum est * in psalmis ° laudate, omnes gentes, dominum, ' scilicet eius bonitatem confitentes, * ps.: ° a solis ortu usque ad occasum laudabile nomen domini; et omnes populi, ' non solum populus iudaeorum, ° magnificate eum, ' id est credite esse magnum, id est quod sua magnitudine omnem laudem excedat. * eccli. xliii, v. 33: ° benedicentes dominum, exaltate illum quantum potestis: maior enim est omni laude. * matth. i, 11: ° ab ortu solis usque ad occasum magnum est nomen meum in gentibus. ' quarta auctoritas continet reverentiam gentium ad christum. * unde subditur ° et rursus isaias ait erit radix iesse. ' in quo praenuntiat christi originem, ex david semine nasciturum. iesse namque fuit pater david. * dicit ergo ° erit radix iesse, ' ex cuius semine christus nascetur. * is. xi, 10: ° egredietur virga de radice iesse, et flos, ' etc.. vel christus erit radix iesse, quia licet ex iesse processerit secundum carnis originem, tamen sua virtute iesse sustentavit et gratiam ei influxit. * supra xi, 18: ° non tu |350| radicem portas, sed radix te. ' deinde tangit christi officium, * subdens ° et qui exurget ' in tantam gratiae excellentiam, ut possit ° regere gentes, ' eos divino cultui subiugando, quod nullus ante eum facere potuit. * ps. ii, 8: ° dabo tibi gentes haereditatem tuam. reges eos in virga ferrea. ' ultimo ponit devotionem gentium ad christum, * dicens ° in eum gentes sperabunt, ' ut scilicet per eum haereditatem caelestis gloriae consequantur. * i petr. i, 3: ° regeneravit nos in spem vivam per resurrectionem iesu christi ex mortuis. * deinde, cum dicit ° deus autem spei, ' etc., subiungit orationem, dicens: dictum est quod in christum gentes sperabunt. ° deus autem spei, ' id est, qui nobis hanc spem infundit, * secundum illud ps. lxx, 5: ° spes mea, domine. ' vel ° deus spei, ' i. e., in quo sperandum est, ° repleat vos omni gaudio, ' scilicet spirituali, quod est de deo, * nehem. c. viii, 10: ° gaudium enim domini est fortitudo vestra, et pace ' per quam homo in seipso et ad deum et proximum est pacatus, * ps. cxviii, 165: ° pax multa diligentibus |375| legem tuam, domine; in credendo, ' quasi dicat: ut cum hoc quod creditis, etiam pacem et gaudium habeatis, quae quidem sunt charitatis effectus, * secundum illud gal. v, 22: ° fructus autem spiritus sunt charitas, gaudium, pax. ' unde patet quod a deo, qui est dator spei, optat eis ut cum fide habeant charitatem, per quam fides operatur, * ut habetur gal. v, 6, ' ne fides eorum sit informis et mortua: ° quia fides sine operibus mortua est, * ut dicitur iac. ii, 26. ° et ut ' sic per plenitudinem harum virtutum ° abundetis, ' proficiendo de bono in melius, non solum ° in spe, ' sed etiam ° in virtute spiritus sancti, ' id est in charitate, quae in cordibus nostris diffunditur per spiritum sanctum, * ut supra v, 5 dictum est. ii cor. ix, 8: ° potens est autem deus omnem gratiam abundare facere in nobis.

lc2 ' Postquam apostolus generalibus admonitionibus romanos instruxerat, hic incipit eis quaedam familiaria scribere. et primo quaedam pertinentia ad seipsum; secundo, quaedam pertinentia ad alios * ibi cap. xvi ° commendo autem vobis phoeben, ' etc.. circa primum tria facit. primo excusat praesumptionem de hoc quod eos instruxerat et reprehenderat; secundo excusat suam tarditatem circa visitationem eorum, * ibi ° propter quod plurimum impediar; ' tertio petit suffragia orationum ipsorum, * ibi ° obsecro autem vos, fratres, ' etc.. et circa primum duo facit. primo excludit oppositam causam instruendi et arguendi eos; secundo assignat veram causam, * ibi ° audacius enim scripsi vobis, fratres, ex parte, ' etc.. circa primum considerandum est, quod * aliquis posset credere " apostolum ideo scripsisse romanis, quia aestimaret illum |25| esse apud romanos qui posset instruere et corrigere. * sed hoc ipse excludit, dicens ° certus sum enim, fratres mei, ' per ea quae de vobis audivi, quoniam idonei estis ad admonendum eos qui inter vos admonitione indigent. ad hoc autem ut aliquis recte admoneat duo requiruntur, quorum primum est ut non ex odio vel ira, sed ex dilectione moneat * secundum illud ps. cxl, 6: ° corripiet me iustus in misericordia. * et gal. vi, 1: ° vos qui spirituales estis, instruite huiusmodi in spiritu lenitatis. * et quantum ad hoc dicit ° quoniam et ipsi pleni estis dilectione. * ez. x, 2: ° imple manum tuam prunis ignis quae sunt inter cherubim, ' qui est ignis charitatis. secundo requiritur scientia veritatis, eo quod quidam habent zelum dei in corrigendo, sed non secundum scientiam, * ut supra c. x, 2 dictum est. * et ideo subdit ° repleti omni scientia, ' scilicet humana et divina: et veteris et novae legis. * i cor. i, 5: ° in omnibus divites facti estis in illo, in omni verbo et in omni scientia. * et ex hoc concludit sic ° ita ut possitis ' convenienter |50| propter dilectionem et scientiam ° alterutrum monere. ' quia enim ° in multis offendimus omnes, * ut dicitur iac. iii, 2, ' oportet ut invicem moneamus; * quia, ut dicitur eccli. xvii, 12, ° unicuique mandavit deus de proximo suo. * deinde, cum dicit ° audacius, ' etc., assignat veram causam quare eos admonuerat et correxerat. et circa hoc duo facit. primo ostendit quod hoc pertinebat ad auctoritatem apostolatus sibi commissam; secundo ostendit qualiter hac potestate usus fuerit, * ibi ° habeo igitur gloriam, * etc.. dicit ergo ° audacius autem, ' id est securius, ° scripsi vobis, ' errores et defectus vestros arguendo, quod quidem ad audaciae praesumptionem posset ascribi propter hoc quod offensionem vestram non timui. * iob xxxix, 21: ° audacter in occursum pergit armatis. ' sed haec praesumptio excusatur ex tribus. primo quidem ex conditione eorum quibus scribebat, quia etsi inter romanos essent aliqui |75| respectu quorum talis reprehensio audax et praesumptuosa videretur, erant tamen aliqui, qui indigebant dura reprehensione propter contentionum insolentiam. * tit. i, 13: ° increpa illos dure. * et hoc est quod dicit ° ex parte, ' quasi dicat: non videtur mea scriptura esse audax quantum ad omnes vos, sed quantum ad partem aliquam vestrum. vel potest intelligi ° ex parte ' epistolae, in qua eos reprehendit. potest intelligi etiam ° ex parte ' ecclesiae, quae, scilicet, mecum est. secundo excusatur praedicta audacia ex intentione apostoli. non enim scripsit eis tamquam reputans eos ignorantes, sed in memoriam eos reducens cognitorum. * et hoc est quod subdit ° tamquam in memoriam vos reducens, ' quasi oblitos eorum quae sciebatis, * sicut et phil. iv, 10 dicitur: ° occupati autem eratis. * hebr. x, 32: ° rememoramini pristinos dies, in quibus illuminati magnum certamen sustinuistis passionum. ' tertio excusatur ex auctoritate apostoli, quae hoc requirebat. * unde subdit ° per gratiam, ' scilicet apostolatus mihi commissi. * i cor. xv, 10: ° gratia dei sum id quod sum. |100| ' huius autem gratiae, primo, describit auctoritatem, * cum dicit ° quae data est mihi a deo, ' quasi diceret: non ab hominibus. * ad gal. i, 1: ° paulus apostolus non ab hominibus, neque per hominem. ' secundo specificat istam gratiam, * cum dicit ° ut sim minister christi iesu in gentibus, ' id est ut serviam christo in gentium conversione. * i cor. iv, 1: ° sic nos existimet homo ut ministros christi. * supra xi, 3: ° quamdiu sum gentium apostolus, ministerium meum honorificabo. ' tertio ostendit huius gratiae actum, * cum dicit ° sanctificans evangelium dei, ' id est sanctum esse ostendens et verbo veritatis et opere bonae conversationis et miraculorum. * col. i, 5 s.: ° in verbo veritatis evangelii quod pervenit ad vos, sicut et in universo mundo est, et fructificat, et crescit. * prov. viii, 8: ° recti sunt sermones mei. ' quarto ponit finem huius gratiae, * cum dicit ° ut fiat oblatio gentium, ' id est, gentes per meum ministerium conversae. in quo quasi quoddam sacrificium et oblationem deo obtuli, * secundum illud phil. ii, 17: ° et si immolor |125| super sacrificium et obsequium fidei vestrae, gaudeo et congratulor omnibus vobis. fiat accepta, ' scilicet deo per rectitudinem intentionis. * ps. l, 20: ° tunc acceptabis sacrificium iustitiae, oblationes et holocausta; et sanctificata in spiritu sancto, ' id est per charitatem et alia spiritus sancti dona. * i cor. vi, 11: ° sanctificati estis in nomine domini nostri iesu christi, et in spiritu dei nostri. * deinde, cum dicit ° habeo igitur gloriam, ' etc., ostendit quomodo auctoritate apostolica fuerat usus. et primo ponit fructum quem fecit; secundo ostendit huius fructus magnitudinem, * ibi ° ita ut, ' etc.. tertio ostendit difficultatem, * ibi ° sic autem praedicavi, ' etc.. circa primum tria facit. primo dat gloriam deo de fructu quem fecit, * dicens ° igitur, ' quia talem gratiam accepi et diligenter executus sum id ad quod mihi haec gratia data est, ° habeo gloriam, ' id est meritum dignum gloriae, sicut fidelis minister. * i cor. ix, 15: ° melius est mihi mori, quam |150| ut gloriam meam quis evacuet. ' sed hanc gloriam non mihi principaliter attribuo sed eam habeo ° in christo iesu, ' id est per iesum christum, cuius virtute fructificare potui. * io. xv, v. 5: ° sine me nihil potestis facere. ' et quia ipsi omnia tradita sunt a patre, * ut dicitur matth. xi, 27, ' et pater in eo manens, ipse facit opera, * io. xiv, 10, ' ideo ulterius hanc gloriam refert ad patrem, * dicens ° ad deum, ' scilicet patrem. * ps. cxiii, 9: ° non nobis, domine, non nobis, sed nomini tuo da gloriam. ' assignat autem rationem eius quod dixerat, * subdens ° non enim audeo loqui aliquid eorum quae per me non effecit christus, ' quasi dicat: nihil referam de fructu per me facto, quod per me factum non sit. alioquin gloriam non haberem apud deum, et si apud homines. quae quidem refero non tamquam per me principaliter facta, sed sicut quae per me christus fecit. et ideo hanc gloriam dixi me habere in christo iesu. * is. c. xxvi, 12: ° omnia opera nostra operatus es in nobis. ' secundo ponit ipsum fructum, * dicens ° in obedientiam gentium, ' quasi dicat: |175| gloria mea haec est pro eo quod feci gentes fidei obedire. * supra i, 5: ° ad obediendum fidei in omnibus gentibus. * ps. xvii, 44: ° in auditu auris obedivit mihi. ' tertio ostendit quomodo gentes ad hanc obedientiam adduxerit. * quia autem supra x, 17 dictum est ° fides ex auditu, auditus autem per verbum christi, * ideo dicit ° in verbo, ' id est per verbum praedicationis fidei. argumenta autem fidei praedicatae sunt bona conversatio praedicantis, * et quantum ad hoc subdit ° et factis, ' quasi scilicet per recta opera vos ad fidem allexi, * matth. v, 16: ° videant opera vestra, ' etc., et opera miraculorum, quibus deus dat testimonium doctrinae praedicatae, * secundum illud mc. ult.: ° domino cooperante et sermonem confirmante sequentibus signis. * unde subdit ° in virtute signorum, ' id est miraculorum minorum, puta sanationes aegritudinum; ° et prodigiorum, ' id est maiorum miraculorum, quae ex sua magnitudine aliquid magni portendunt, id est ostendunt. sed hoc totum non sufficeret nisi spiritus |200| sanctus intus corda audientium ad fidem commoveret. * unde dicitur act. x, 44 quod, ' loquente petro verba fidei, cecidit spiritus sanctus super omnes qui audiebant verbum. * et ideo subdit ° in virtute spiritus sancti. * hebr. ii, 4: ° contestante deo signis et prodigiis et variis spiritus sancti distributionibus. * deinde, cum dicit ° ita ut ab ierusalem, ' ostendit magnitudinem fructus ex multitudine locorum, in quibus praedicavit, * dicens ° ita ut ' incipiens ° ab ierusalem, ' ubi in principio suae conversionis praedicavit in synagogis iudaeorum, * ut dicitur act. ix, 28. ' ut sic impleret * quod dicitur is. ii, 4: ° de sion exibit lex, et verbum domini de ierusalem. usque ad illyricum, ' quod est mare adriaticum ex parte opposita italiae, ° repleverim evangelium christi, ' id est omnia illa loca replevi praedicatione evangelii. * et ne aliquis intelligat quod " solum vadens per rectam viam ab ierusalem in illyricum praedicaverit evangelium, * addit ° per circuitum, ' quia scilicet gentibus circumquaque praedicavit et eas ad fidem convertit. unde sibi potest competere * quod dicitur iob |225| c. xxxviii, 25: ° quis dedit vehementissimo imbri cursum? * deinde, cum dicit ° sic autem praedicavi, ' etc., ostendit difficultatem hunc fructum faciendi: difficile enim est omnino ignaros ad fidem convertere. primo igitur difficultatem sepassum ostendit, * dicens ° sic autem praedicavi evangelium, non ' quidem ° ubi nominatus est christus, ' idest non apud illos qui nomen christi audiverant. * ps. xvii, 44: ° populus, quem non cognovi, servivit mihi. * is. lv, 5: ° ecce gentes, quas nesciebas, vocabis, et gentes, quae te non cognoverunt, ad te current. ' subdit autem rationem, * dicens: ° ne super alienum fundamentum aedificarem. ' potest autem ° alienum fundamentum ' dupliciter intelligi. uno modo doctrina haeretica, quae est aliena a verae fidei fundamento: et sic, * hoc quod dicit ° ne, ' ponitur causaliter. ea enim intentione apostolus voluit praedicare illis, qui nomen christi non audierant, ne si praeventi essent a doctrina pseudoapostolorum, difficilius esset eos ad veritatem reducere. * unde matth. vii, 27 dicitur |250| ° stultus est qui aedificat domum suam super arenam, ' cui comparatur falsa doctrina. alio modo per ° alienum fundamentum ' potest intelligi doctrina verae fidei ab aliis praedicata: et sic potest sumi ° ne, ' consecutive. non enim vitavit apostolus praedicare illis quibus ante fuerat ab aliis praedicatum, sicut ipsis romanis specialiter praedicavit, quos prius petrus instruxerat, sed, eo praedicante illis qui nihil de christo audierant, consecutum est, ut non aedificaret super alienum fundamentum, sed ipse iaceret prima fidei fundamenta, * secundum illud i cor. iii, 10: ° ut sapiens architectus fundamentum posui. ' secundo, ad hoc quod dixerat, auctoritatem inducit * dicens ° sicut scriptum est, * is. lii, 15, ° quoniam quibus non est annuntiatum de eo, videbunt, et qui non audierunt, contemplati sunt. ' in quibus verbis propheta videtur praedicere, quoniam gentiles excellentiori modo ad cognitionem dei essent perventuri quam iudaei, qui ante cognoverant. ostendit ergo, primo, excellentiam quantum ad causam cognitionis, quae |275| scilicet duplex est: scilicet verba audita et res visae. hi enim duo sensus sunt disciplinabiles. iudaei ergo in notitiam mysteriorum christi pervenerunt per verba annuntiata eis a prophetis. * i petr. i, 10 s.: ° prophetae, quae de futura in vobis gratia prophetaverunt, scrutantes in quod vel quale tempus significaret in eis spiritus christi, praenuntians eas, quae in christo sunt, passiones et posteriores glorias. ' sed gentiles huiusmodi christi mysteria iam realiter impleta vident, * ideo dicitur ° quoniam gentes, quibus non est annuntiatum ' per prophetas ° de eo, ' id est de christo, sicut fuit annuntiatum iudaeis, ° videbunt ' res iam impletas. * lc. x, 24: ° multi reges et prophetae voluerunt videre quae vos videtis, et non viderunt. ' secundo ostendit excellentiam quantum ad modum cognoscendi, quia iudaei ex annuntiatione prophetarum solum auditum habebant. * abd. v. 1: ° auditum audivimus a domino, et legatos ad gentes misit. ' sed gentiles ex visione intellectum perceperunt. |300| * unde dicitur ° et, ' gentes scilicet, ° qui, ' ante, ° non audierunt, ' praenuntiari christum per prophetas, ° intelligent, ' scilicet fidei veritatem. * ps. ii, 10: ° et nunc, reges, intelligite, ' etc..

lc3 ' Postquam apostolus se excusavit de praesumptione quae ei potuisset adscribi, ex hoc quod romanos instruxerat et correxerat, hic se excusat de eo quod eos visitare distulerat. et circa hoc tria facit. primo ponit impedimentum visitationis praeteritum; secundo ponit visitandi propositum, * ibi ° nunc vero ulterius, ' etc.; tertio promittit visitationis fructum, * ibi ° scio autem, ' etc.. dicit ergo primo. dictum est: praedicavi evangelium per multa loca, in quibus christus non fuerat nominatus, ° propter quod, ' hactenus, ° impediebar plurimum, ' ex huiusmodi occupatione, ° venire ad vos. ' et istud impedimentum usque nunc duravit, * unde subdit ° et prohibitus sum usque adhuc. ' quod quidem potest referri ad multitudinem occupationum quas in aliis locis habuerat, vel etiam ad divinam providentiam per quam apostoli impediebantur ne pervenirent ad quosdam et dirigebantur in |25| salutem aliorum, * secundum illud act. xvi, 6: ° transeuntes phrygiam et galatiae regionem, vetati sumus a spiritu sancto loqui verbum in asia. * unde et supra i, 13 dictum est: ° saepe proposui venire ad vos, et prohibitus sum usque adhuc. * et hoc est quod dicitur iob xxxvii, 12 ' de nubibus, per quas praedicatores intelliguntur: ° lustrant cuncta per circuitum quocumque eos voluntas gubernantis duxerit. * deinde cum dicit ° nunc vero ulterius, ' etc., manifestat propositum suum de eorum visitatione. et primo promittit eis suam visitationem; secundo assignat causam quare oportet eam differre, * ibi ° nunc igitur proficiscar, ' etc.; tertio assignat eis visitationis terminum, * ibi ° hoc igitur cum consummavero, ' etc.. dicit ergo primo ita: usque modo sum prohibitus, ° nunc vero, ' iam peragratis omnibus his locis, ° ulterius non habens locum, ' id est necessitatem permanendi ° in his regionibus, ' in quibus iam per me fundata |50| est fides, ° cupiditatem habens veniendi ad vos ex multis iam praecedentibus annis * secundum illud supra i, 11: ° desidero enim videre vos, ut aliquid impartiar vobis gratiae spiritualis, cum in hispaniam proficisci coepero, ' quo scilicet ire intendebat ut etiam in extremis terrae fundamenta fidei collocaret, * secundum illud is. xlix, 6: ° dedi te in lucem gentium, ut sis salus mea usque ad extremum terrae, spero quod praeteriens videbo vos. ' per quod dat intelligere quod non intendebat ad eos principaliter ire, quia reputabat eis sufficere doctrinam petri, qui primus inter apostolos romanis fidem praedicavit. et quia tunc romani dominabantur in toto occidente, eorum auxilio et ducatu se sperabat in hispaniam proficisci, * unde subdit ° et a vobis deducar illuc. ' intendebat tamen aliquam moram apud eos contrahere; * unde subdit ° si vobis fruitus fuero, ' id est consolatus * secundum illud quod supra i, 12 dictum est: ° simul consolari in vobis. ' et hoc ° ex parte, ' scilicet temporis, quia per aliquod tempus intendebat cum eis consolari. |75| * sed contra est quod augustinus dicit in libro de doctrina christiana, quod " illis solis rebus fruendum est, quae nos beatos faciunt, scilicet patre, filio et spiritu sancto. inconvenienter ergo dicit, se fruiturum esse romanis. ' sed dicendum est quod * sicut augustinus dicit ibidem, " hominem in se non esse fruendum, sed in deo, * secundum illud ad philemonem, 20: ° ita, frater, ego te fruar in domino, ' quod est delectari in homine propter deum. et sic intelligendum est * quod dicit ° si fuero fruitus vobis, ' scilicet in deo. * vel quod dicit ° ex parte, ' potest referri ad bonos, quibus poterat frui in deo. nam alia parte, scilicet malis, non poterat frui, sed magis de eis dolere, * sicut dicitur ii cor. xii, v. 21: ° ne cum venero, humiliet me deus apud vos, et lugeam multos ex his qui ante peccaverunt. * deinde cum dicit ° nunc igitur proficiscar, ' assignat rationem quare differebat visitationem. et circa hoc tria facit. primo ponit causam, * dicens ° nunc igitur proficiscar, ' id est |100| ideo non statim venio ad vos, quia proficiscor ° ierusalem ministrare sanctis. ' circa quod sciendum est * quod legitur act. c. iv, 34 s., ' illi qui ex iudaeis a principio convertebantur ad fidem, venditis possessionibus suis, de pretio communiter vivebant, quod cum defecisset, maxime quadam magna fame imminente, * ut legitur act. xi, 27 ss., ' discipuli, scilicet christiani, ex diversis partibus mundi, prout quisque habebat, proposuerunt singuli in ministerium mittere habitantibus in iudaea fratribus, quod et fecerunt, mittentes ad seniores per manus barnabae et sauli. ministerium igitur sanctorum hic dicit eleemosynam, quam fidelibus christi attulit in ierusalem, * secundum illud i cor. ult.: ° quos probaveritis, hos mittam perferre gratiam vestram in ierusalem, quod si dignum fuerit, ut et ego eam, mecum ibunt. ' secundo exponit quod dixerat de ministerio sanctorum, * dicens ° probaverunt enim, ' id est approbaverunt, ° macedonia et achaia, ' id est fideles utriusque regionis, per eum conversi, ° collectionem aliquam facere, |125| ' id est aliquam collectam, ° in pauperes ' christi, id est ad usum pauperum, qui sunt de numero sanctorum, * secundum illud eccli. c. xii, 4: ° da iusto, et non recipias peccatorem. qui sunt in ierusalem, ' in paupertate viventes. * ii cor. ix, 1: ° de ministerio quod fit in sanctos ex abundanti est mihi scribere vobis. scio enim promptum animum vestrum, pro quo de vobis glorior apud macedones. ' tertio assignat rationes dictorum, quarum prima est beneplacitum. * unde dicit ° placuit enim illis, * ii cor. ix, 7: ° unusquisque prout destinavit in corde suo, non ex tristitia aut necessitate. ' secunda causa est debitum. * unde subdit ° et debitores sunt eorum. * supra xiii,

7: ° reddite omnibus debita. ‘ rationem autem debiti assignat, * dicens ° nam si ‘ gentiles ° facti sunt participes ‘ bonorum ° spiritualium, ‘ quae erant specialiter ° eorum, ‘ id est iudaeorum, scilicet notitiae divinae, et promissionum et gratiae, * secundum illud supra ix, 4: ° quorum adoptio est filiorum et gloria, * etc.; et supra xi, 17: ° socius radicis et pinguedinis olivae factus es. ‘ sunt etiam facti participes spiritualium eorum, per hoc quod illi praedicatores eis miserunt. ° debent et in carnalibus ministrare illis, * secundum illud eccli. c. xiv, 15: ° in divisione sortis da et accipe. * et ps. ° sumite psalmum, ‘ id est spiritualia, ° et date tympanum, ‘ id est temporalia. et ex hoc sumitur argumentum quod debentur sumptus non solum illis qui praedicant, sed etiam qui praedicatores mittunt. * deinde cum dicit ° hoc igitur cum, ‘ etc., praefigit terminum quo ad eos sit venturus, * dicens ° hoc igitur cum consummavero, ‘ scilicet ministerium sanctorum, ° et assignavero eis fructum hunc, ‘ id est eleemosynam gentilium, quae est quidam fructus conversionis eorum, * os. x, 1: ° vitis frondosa israel fructus est ei adaequatus; proficiscar per vos in hispaniam. * sed videtur “ hic apostolus falsum dicere: nunquam enim in hispania fuisse legitur. in ierusalem enim captus fuit, et exinde romam perlatus est in vinculis, * ut habetur act. ult., “ ubi est occisus simul cum petro. * dicunt ergo quidam quod, sicut dicitur act. ult., ° cum venisset romam paulus, permissum est ei manere sibimet cum custodiente se milite; * et postea dicitur, quod ° mansit biennio toto in suo conductu, “ et in illo spatio dicunt eum in hispaniam ivisse. ‘ sed quia hoc certum non est, potest melius dici, quod apostolus falsum non dixit, quia proponebat se facturum quod dicebat. et sic verba eius erant intelligenda quasi insinuantia eius propositum, non autem futurum eventum qui ei erat incertus; unde non poterat hoc praedicere, nisi forte sub conditione * quam iacobus dicit apponendam iac. c. iv, 15: ° pro eo ut dicatis: si dominus voluerit, et: si vixerimus, faciemus hoc aut illud. ‘ et sic etiam apostolus se excusat * ii cor. c. i, 17, ‘ de hoc quod ad eos non iverat, sicut promiserat; * dicens: ° cum ergo volui, numquid levitate usus sum? aut quae cogito, secundum carnem cogito, ut sit apud me est et non? ‘ et sic ex hoc quod ex iusta causa praetermisit facere quod promiserat, se immunem dicit a levitate, carnalitate et falsitate. * et sic etiam solvit hoc gelasius papa, et habetur in decretis: ° beatus, * inquit, ° paulus apostolus non ideo, quod absit, fefellisse credendus est, aut sibi extitisse contrarius, quoniam cum ad hispaniam se promisisset iturum, dispositione divina, maioribus occupatus causis, implere non potuit quod promisit. quantum enim ipsius voluntatis interfuit, hoc pronuntiavit quod re vera voluisset efficere. quantum vero ad divini secreta consilii (quae ut homo non potuit, licet spiritu dei plenus, agnoscere) superna praetermisit dispositione praeventus. ‘ licet enim propheticum spiritum habuerit, tamen prophetis non omnia revelantur, * ut patet iv reg. iv, 27, ubi eliseus dixit: ° anima eius in amaritudine est, et dominus celavit a me, et non indicavit mihi. * deinde cum dicit ° scio autem, ‘ etc., praenuntiat eis fructum suae visitationis, * dicens ° scio autem, ‘ scilicet ex fiducia divinae gratiae, ° quoniam veniens ad vos, in abundantia benedictionis christi veniam, ‘ id est, christus abundantius suam benedictionem dabit vobis in meo adventu, * de qua dicitur in ps. lxxxiii, 7: ° etenim benedictionem dabit legislator, ibunt de virtute in virtutem. * et sic laban dixit ad iacob, gen. iii, v. 27: ° experimento didici quod benedixerit mihi deus propter te. * deinde cum dicit ° obsecro, ergo, ‘ etc., petit ab eis orationis suffragia, et primo petit eorum orationes, secundo ipse pro eis rogat, * ibi ° deus pacis, ‘ etc.. circa primum tria facit. primo inducit eos ad orandum pro se ex tribus. primo quidem ex superna charitate, * cum dicit ° obsecro ergo vos, fratres. * ad philemonem ° propter charitatem autem magis obsecro. ‘ secundo ex reverentia christi, cuius ipse erat minister, * dicens ° per dominum nostrum iesum christum; ‘ in quo omnes unum sumus, * ut supra xii, 5 dictum est. ‘ tertio ex dono spiritus sancti, quod eius ministerio tradebatur, * unde subdit ° per charitatem spiritus sancti, ‘ quam spiritus sanctus in cordibus nostris diffundit, * ut supra c. v, 5 dictum est. ‘ secundo petit auxilium orationis eorum, * dicens ° ut adiuvetis me in orationibus vestris pro me ad deum, ‘ scilicet pro me fusis. * prov. xviii, 19: ° frater qui iuvatur a fratre, quasi civitas firma. ‘ hoc autem, * ut glossa dicit, ° non ideo dicit apostolus quia ipse minus mereatur quam alii minores, sed ordinem sequitur. ‘ primo quidem ut ab ecclesia pro rectore suo fiat oratio, * secundum illud i tim. ii, 1 s.: ° obsecro igitur primum omnium fieri obsecrationes, orationes, postulationes, gratiarum actiones pro omnibus hominibus, pro regibus et omnibus qui sunt in sublimitate constituti, ‘ etc.. secundo, quia multi minimi dum congregantur unanimes, magis merentur. et ideo impossibile est, ut multorum preces non impetrent. * matth. xviii, v. 19: ° si duo ex vobis consenserint super terram, de omni re quamcumque petierint, fiet illis a patre meo qui est in caelis. ‘ tertio, ut dum multi orant, multi etiam gratias agant exauditi, * secundum illud ii cor. i, 11: ° adiuvantibus vobis in oratione pro nobis, ut per multos gratiae agantur deo. ‘ tertio ponit ea quae vult sibi impetrari, quorum primum pertinet ad hostes quos habebat in iudaea. * unde dicit ° ut liberer ab infidelibus qui sunt in iudaea, ‘ qui praecipue paulum impugnabant et odiebant, quia fiducialiter praedicabat cessationem legalium. * act. xxi, 21: ° audierunt de te quod discessionem doces a moyse, ‘ etc.. secundum pertinebat ad eos in quorum ministerium ibat. * et hoc est quod subdit ° et oblatio obsequii mei, ‘ id est ecclesia in qua eis ministro, ° fiat accepta sanctis qui sunt in ierusalem, ‘ scilicet ut ex hac provocentur ad gratias agendum deo et ad orandum pro ipsis gentibus a quibus recipiunt. * eccli. xxxi, v. 28: ° splendidum in panibus benedicent labia multorum. ‘ tertium pertinet ad ipsos quibus scribebat. * unde subdit ° ut veniam ad vos in gaudio, ‘ et hoc ° per voluntatem dei, ‘ contra quam nihil agere volebat. * supra i, 10: ° obsecrans si quomodo prosperum iter habeam in voluntate dei veniendi ad vos. et refrigerer vobiscum, ‘ id est ut ex vestra praesentia refrigerium tribulationum mearum accipiam. * deinde cum dicit ° deus autem pacis, ‘ etc., ostendit quod pro eis orat, * dicens: ° deus autem, ‘ dator ° pacis, sit cum omnibus vobis, ‘ per hoc scilicet quod vos ad invicem pacem habeatis. * ii cor. ult. v. 11: ° idipsum sapite, et deus pacis et dilectionis erit vobiscum. * subdit ° amen, ‘ id est fiat. * psalmista: ° et dicet omnis populus, fiat, fiat.

075 CRO cp16

lc1 ‘ Postquam apostolus proposuit fidelibus romanis quibus scribebat quaedam familiaria pertinentia ad suam personam, hic ponit quaedam familiaria pertinentia ad alios. et circa hoc tria facit. primo monet quid ad alios debeant facere; secundo ostendit quid alii ad eos agant, * ibi ° salutat vos, ‘ etc.; tertio epistolam finit in gratiarum actione, * ibi ° ei autem qui potens, ‘ etc.. circa primum duo facit. primo ostendit quos debeant salutare; secundo ostendit quos debeant vitare, * ibi ° rogo autem vos, fratres. ‘ circa primum mandat quasdam personas salutari in speciali; secundo ponit in generali modum salutationis, * ibi ° salutate invicem, ‘ etc.. tertio salutat eos in communi ex parte fidelium, * ibi ° salutant vos, ‘ etc.. circa primum loquitur de quadam muliere corinthia quae romam ibat, quam eis recommendat, describens eam, primo, ex nomine, * dicens ° commendo autem vobis phoeben, ‘ quae licet esset deo devota, non tamen erat tantae auctoritatis ut commendatitiis litteris non egeret, * sicut ipse de se dicit ii cor. iii, 1: ° aut numquid egemus, sicut quidam, commendatitiis litteris? ‘ secundo describit eam ex fidei religione, * dicens ° sororem nostram. ‘ omnes enim mulieres fideles, sorores vocantur, sicut et omnes viri fratres. * matth. xxiii, 8: ° omnes vos fratres estis. ‘ tertio ex officio pietatis, * cum dicit ° quae est in ministerio ecclesiae, quae est in cenchris, ‘ portu corinthiorum, ubi aliqui christiani erant congregati, quibus dicta mulier serviebat, sicut et de ipso christo * lc. c. viii, 3 dicitur quod ‘ quaedam mulieres ministrabant ei de facultatibus suis. et de vidua eligenda * dicitur i tim. v, 10: ° si hospitio recepit, si pedes sanctorum lavit. ‘ deinde dicit duo in quibus vult eam commendatam haberi, quorum primum est ut honeste recipiatur. * et hoc est quod dicit ° ut suscipiatis eam in domino, ‘ id est propter amorem dei. ° digne sanctis, ‘ id est secundum quod dignum est recipi sanctos, * secundum illud matth. x, 41: ° qui recipit iustum in nomine iusti, mercedem iusti recipiet. * quidam libri habent, ° digne satis, ‘ id est, convenienter; * tamen littera non concordat cum graeco. ‘ secundum est ut eam sollicite adiuvent. * unde subdit ° ut assistatis ei, ‘ scilicet consilium et auxilium ferendo in quocumque negotio vestri indiguerit. habebat enim forte aliquid expedire in curia caesaris. * sed contra hoc videtur esse quod dicitur i thess. iv, 11: ° vestrum negotium agatis, “ quasi dicat: non intromittatis vos de negotiis alienis. ‘ sed dicendum est quod assistere negotiis alienis contingit dupliciter. uno modo saeculariter, id est propter favorem hominum vel lucra, et hoc non convenit servis dei. * ii tim. c. ii, 4: ° nemo militans deo implicat se negotiis saecularibus. ‘ alio modo assistit aliquis negotiis alienis ex pietate, puta in auxilium indigentium et miserorum et hoc est religiosum, * secundum illud iac. i, 27: ° religio munda et immaculata apud deum et patrem haec est: visitare pupillos et viduas in tribulatione eorum. ‘ et hoc modo apostolus hic loquitur. ultimo autem ostendit apostolus meritum eius, quare hoc sibi debeatur, * dicens ° etenim ipsa quoque multis astitit et mihi ipsi. * is. iii, 10: ° dicite iusto quoniam bene, retributio enim manuum eius fiet ei. * matth. v, 7: ° beati misericordes, quoniam ipsi misericordiam consequentur. ‘ deinde mandat salutari quasdam alias personas sibi coniunctas, dicens ° salutate priscam et aquilam, ‘ qui erat vir priscae, sed mulierem praeponit, forte propter maiorem fidei devotionem, ° adiutores meos in christo iesu, ‘ id est in fide christi praedicanda. apud enim eos corinthi hospitabatur, * ut habetur act. xviii, 2 s.. ° qui pro anima mea suas cervices supposuerunt, ‘ id est seipsos mortis periculo exposuerunt pro vita mea conservanda, quod est indicium maximae charitatis. * io. xv, 13: ° maiorem hac dilectionem nemo habet, ut animam suam ponat quis pro amicis suis. ‘ hoc autem videtur factum fuisse corinthi, ubi paulus persecutionem est passus, * sicut habetur act. xviii, 6. ‘ vel forte melius dicendum est quod alii se periculo pro apostolo exposuerunt. nam illud quod legitur * act. xviii, 2, ‘ factum fuit quando prisca et aquila de roma recedentes corinthum venerunt, * ut ibidem dicitur. ‘ sed hoc scribebat apostolus quando adhuc aestimabat eos esse romae. vita autem apostoli, non tam sibi quam aliis necessaria erat, * secundum illud phil. i, v. 24: ° permanere autem in carne necessarium propter vos. * et ideo subdit ° quibus non solum ego gratias ago, sed et cunctae ecclesiae gentium: ‘ quarum sum apostolus et doctor * i tim. ii, 7: ° doctor gentium in fide et veritate. et ‘ etiam salutate ° domesticam eorum ecclesiam. ‘ habebant enim in domo sua multos fideles congregatos. deinde vult alium salutari sibi dilectione coniunctum, * dicens ° salutate ephenetum dilectum mihi, qui est primitivus asiae in christo. ‘ primus enim in tota asia fuit ad fidem christi conversus, quod erat ei ad magnam dignitatem, * hebr. xii, 22 s.: ° accessistis ad ecclesiam primitivorum, qui conscripti sunt in caelis. ‘ tunc autem erat romae. * deinde dicit ° salutate mariam, quae multum laboravit in vobis, ‘ ad hoc ut eos ad concordiam revocaret, quae cum hoc facere non posset, significavit apostolo. * sap. c. iii, 15: ° bonorum laborum gloriosus est fructus. * deinde dicit ° salutate andronicum et iuniam, ‘ quos, primo, describit ex genere, cum dicit ° cognatos meos. ‘ in quo ostendit eos fuisse iudaeos, * de quibus supra c. ix, 3: ° qui sunt cognati mei secundum carnem. ‘ secundo ex passione pro christo suscepta, * dicens ° et concaptivos meos. ‘ fuerant enim aliquando cum apostolo christi incarcerati. * ii cor. xi, 23: ° in carceribus abundantius. ‘ tertio ex auctoritate, * cum dicit ° qui sunt nobiles in apostolis, ‘ id est nobiles inter praedicatores, * secundum illud prov. ult.: ° nobilis in portis vir eius. ‘ quarto ex tempore, * cum dicit ° et ante me fuerunt in christo iesu. ‘ prius enim fuerunt conversi quam ipse apostolus et ex hoc eis maior reverentia debebatur. * i tim. v, 1: ° seniorem te ne increpaveris, sed obsecra ut patrem. * deinde dicit ° salutate ampliatum dilectum meum in domino, ‘ scilicet dilectione charitatis, quae est in christo. * phil. i, 8: ° testis est mihi deus, quomodo cupiam omnes vos esse in visceribus christi. * deinde dicit ° salutate urbanum adiutorem nostrum in christo, ‘ scilicet in praedicatione fidei, * prov. xviii, 19: ° frater qui adiuvatur a fratre, ‘ etc.. ° et stachyn dilectum meum, ‘ quos coniungit, quia forte simul habitabant, vel aliqua alia necessitudine erant coniuncti. * deinde dicit ° salutate apellen, probum in christo, ‘ id est approbatum in christo forte per aliquas tribulationes. * iob c. xxiii, 10: ° probavit me quasi aurum quod per ignem transit. * deinde dicit ° salutate omnes qui sunt ex domo, ‘ id est ex familia ° aristoboli, ‘ in cuius domo multi fideles erant congregati, quem non salutat, quia forte ex aliqua causa erat absens. * deinde dicit ° salutate herodionem cognatum meum, ‘ qui ex hoc ipso dicitur fuisse iudaeus. * deinde dicit ° salutate omnes qui sunt ex domo narcissi, ‘ qui dicitur fuisse presbyter et peregrinabatur per deserta loca ut fideles christi confortaret. unde quia tunc eum absentem noverat esse apostolus non mandat eum salutari, sed familiam eius. erant tamen in eius familia aliqui infideles, et ideo ad discretionem * subdit ° qui sunt in domino, ‘ quia solos fideles salutari mandat. * ii io. v, 10: ° si quis venit ad vos, et hanc doctrinam non affert, nolite recipere eum in domum, nec ave dixeritis ei. * deinde dicit ° salutate tryphaenam et tryphosam quae laboraverunt in domino, ‘ id est in ministerio sanctorum, quod dominus sibi reputat fieri, * secundum illud matth. xxv, 40: ° quod uni ex minimis meis fecistis, mihi fecistis. * deinde dicit ° salutate persidem charissimam ‘ meam, quam scilicet apostolus propter eius devotionem specialiter diligebat. * unde subdit ° quae multum laboravit in domino, ‘ scilicet exhortando alios et ministrando sanctis, et etiam in paupertate et aliis spiritualibus laboribus. * ii cor. xi, 27: ° in laboribus, in ieiuniis, in vigiliis, * etc.. deinde dicit ° salutate rufum electum in domino, ‘ id est, in gratia christi, * eph. i, 4: ° elegit nos in ipso ante mundi constitutionem, et matrem eius, ‘ scilicet carne, ° et meam, ‘ quia fuit eius mater beneficio. aliquando enim servierat apostolo, licet tunc romae non esset. * i tim. v, 2: ° anus ut matres, iuvenculas ut sorores in omni castitate. * deinde dicit ° salutate asyncritum, hermem, patrobam, hermam et qui cum eis sunt fratres, ‘ quos simul salutat, quia simul concorditer habitabant. * ps. lxvii, v. 6: ° qui habitare facit unius moris in domo. * deinde dicit ° salutate philologum et iuliam, nereum et sororem eius olympiadem, et omnes qui cum eis sunt sanctos, ‘ id est in fide christi sanctificatos. * i cor. vi, 11: ° abluti estis et sanctificati estis. ‘ deinde ostendit modum quo se generaliter salutent, * dicens ° salutate invicem in osculo sancto, ‘ quod dicitur ad differentiam osculi libidinosi, * de quo dicitur prov. c. vii, 13: ° apprehensum deosculatur iuvenem. ‘ et etiam dolosi, * de quo dicitur prov. c. xxvii, 6: ° meliora sunt vulnera diligentis, quam fraudulenta oscula inimici. ‘ osculum autem sanctum est quod in signum sanctae trinitatis datur. * cant. i, 1: ° osculetur me osculo oris sui. ‘ exinde autem mos in ecclesia inolevit ut fideles inter missarum solemnia invicem dent oscula pacis. deinde salutat eos ex parte aliarum ecclesiarum, * dicens ° salutant vos omnes ecclesiae christi, ' id est, in nomine et fide christi congregatae quia omnes vestram salutem optant et pro vobis orant. * iac. ult.: ° orate pro invicem ut salvemini.

lc2 ' Postquam apostolus mandavit quos salutarent hic ostendit eis quos debeant vitare. et circa hoc tria facit. primo docet quos debeant vitare; secundo rationem assignat, * ibi ° huiusmodi enim, ' etc.; tertio promittit eis divinum auxilium ad hoc implendum, * ibi ° deus autem pacis, ' etc.. et quia illi quos vitari volebat fraudulenter incedebant decipientes sub specie pietatis, * secundum illud matth. vii, 15: ° veniunt ad vos in vestimentis ovium, intrinsecus autem sunt lupi rapaces; ' ideo, primo, inducit eos ad cautelam habendam, * dicens ° rogo autem vos, fratres, ut observetis eos qui dissensiones et offendicula praeter doctrinam quam vos didicistis, faciunt. ' ubi, primo, considerandum est quod observare, nihil aliud est quam diligenter considerare, quod quidem quandoque in bono sumitur, quandoque in malo. in malo quidem sumitur, quando aliquis |25| diligenter considerat conditionem et processum alicuius ad nocendum, * secundum illud ps. xxxvi, 12: ° observabit peccator iustum et stridebit super eum dentibus suis. * et lc. xiv, v. 1 dicitur: ° et ipsi observabant eum. ' in bono autem accipitur, uno modo, quando quis considerat praecepta dei ad faciendum. * ex. xxiii, 21: ° observa igitur et audi vocem eius. ' alio modo quando diligenter considerat bonos ad imitandum, * secundum illud phil. iii, 17: ° imitatores mei estote, fratres, et observate eos qui ita ambulant, sicut habetis formam nostram. ' tertio observantur mali ad cavendum, et ita accipitur hic. erant enim quidam ad fidem conversi ex iudaeis, qui praedicabant legalia esse observanda, et ex hoc, primo, quidem in ecclesia sequebantur dissensiones et sectae, dum quidam eorum errori adhaererent, alii vero in vera fide persisterent. * gal. v, 20: ° dissensiones, sectae, ' etc.. secundo sequebantur offendicula et scandala, * de quibus supra xiv actum est, ' dum quidam alios iudicarent, et alii alios spernerent, |50| qui dissensiones et offendicula faciunt. * is. c. lvii, 14: ° auferte offendicula de medio populi mei. * dicit autem ° praeter doctrinam quam vos didicistis ' a veris christi apostolis, ut ostendat quod huiusmodi dissensiones et scandala ex falsitate doctrinae proveniebant. * gal. i, 9: ° si quis vobis evangelizaverit praeter id quod accepistis, anathema sit. ' secundo, monet ut cogniti vitentur, * dicens ° et declinate ab illis, ' id est eorum doctrinam et consortia fugiatis. * ps. cxviii, v. 115: ° declinate a me, maligni, et scrutabor mandata dei mei. * deinde cum dicit ° huiusmodi enim, ' etc., assignat eius quod dixerat duas rationes, quarum prima sumitur ex parte eorum quos vult vitari. et primo describit eorum intentionem, * dicens ° huiusmodi enim ' homines ° non serviunt christo domino, sed suo ventri. ' non enim praedicabant propter gloriam christi, sed propter quaestum, ut suum ventrem implerent. * phil. iii, 18: ° multi ambulant quos saepe dicebam vobis, nunc autem et flens dico, inimicos crucis christi, quorum deus venter |75| est. ' secundo describit eorum deceptionem, * dicens ° et per dulces sermones seducunt corda innocentium, ' id est, simplicium et imperitorum. * prov. xiv, 15: ° innocens credit omni verbo. ' per dulces sermones in quibus sanctitatem praetendunt, * secundum illud ps. xxvii, v. 3: ° qui loquuntur pacem cum proximo suo, mala autem in cordibus eorum. et benedictiones, ' quibus scilicet benedicunt et adulantur illis qui eos sequuntur. * is. iii, v. 12: ° popule meus, qui beatum te dicunt, ipsi te decipiunt. * mal. ii, 2: ° maledicam benedictionibus vestris. ' secundam rationem assignat ex conditione romanorum, qui faciles se exhibebant ad sequendum bonum et malum. unde primo commendat eos de facilitate ad bonum, * dicens ° vestra enim obedientia, ' qua de facili fidei obedistis, ° in omni loco divulgata est, ' propter dominium quod tunc romani obtinebant super alias nationes. unde quod a romanis fiebat, de facili divulgabatur ad alios. * supra i, 8: ° fides vestra in universo mundo annuntiatur. gaudeo igitur |100| in vobis, ' quia scilicet fidei obedistis, et hoc in charitate, * de qua dicitur i cor. xiii, 6 quod ° non gaudet super iniquitate, congaudet autem veritati. ' secundo reddit eos cautos contra malum, * dicens ° sed volo vos esse sapientes in bono, ' ut scilicet ei quod bonum est inhaereatis, * i thess. ult.: ° quod bonum est tenete; et simplices in malo, ' ne scilicet per aliquam simplicitatem declinetis ad malum, ut talis sit vobis simplicitas, quod nullum decipiatis in malum. * matth. x, 16: ° estote prudentes sicut serpentes, et simplices sicut columbae. * e converso de quibusdam dicitur ier. iv, 22: ° sapientes sunt ut faciant mala, bene autem facere nesciunt. * deinde cum dicit ° deus autem pacis, ' etc., promittit eis divinum auxilium contra huiusmodi deceptores. et primo ponitur promissio, * cum dicit ° deus autem pacis, ' scilicet auctor, qui dissensiones odit quas isti faciunt, ° conteret satanam, ' id est, diabolum qui per istos pseudoapostolos vos decipere conatur, ° sub pedibus vestris, ' quia scilicet per vestram sapientiam |125| eum vincetis. et hoc fiet ° velociter, ' scilicet in adventu meo. * lc. x, 19: ° ecce dedi vobis potestatem calcandi supra serpentes et scorpiones et omnem virtutem inimici. * mal. ult.: ° calcabitis impios, cum fuerint sicut cinis sub planta pedum vestrorum. ' secundo ponitur oratio ad hoc obtinendum, * cum dicit ° gratia domini nostri iesu christi sit vobiscum, ' quae scilicet sufficit ad vos tuendos. * ii cor. xii, 9: ° sufficit tibi gratia mea. * deinde cum dicit ° salutat vos, ' etc., salutat eos ex parte aliorum, * dicens ° salutat vos timotheus adiutor meus, ' scilicet in praedicatione evangelii. * i cor. iv, 17: ° misi ad vos timotheum, qui est filius meus charissimus et fidelis, * etc.. addit autem ° et lucius et iason et sosipater, cognati mei, ' qui iudaei erant, scilicet vos salutant. erat autem quidam notarius pauli nomine tertius, cui paulus concessit ut ex sua persona romanos salutaret. * unde subditur ° ego tertius qui scripsi hanc epistolam, saluto vos in domino. * deinde dicit ° salutat vos caius hospes, |150| ' cui scribitur ioannis tertia canonica, in qua commendatur de charitate, quam exhibebat sanctis. ° et universa ecclesia, ' scilicet quae erat in domo eius congregata, vel quae erat in illa provincia. * deinde dicit ° salutat vos erastus, arcarius civitatis, ' qui scilicet custodiebat arcam communem, id est communes redditus civitatis, ° et ' quidam ° frater, ' id est, fidelis, nomine ° quartus. ' deinde salutat eos ex parte sua, * dicens ° gratia domini nostri iesu christi sit cum omnibus vobis. amen. ' et finit epistolam cum gratiarum actione, * dicens ° ei autem, ' scilicet deo qui est trinitas, ° qui potens est vos confirmare, * i petr. ult.: ° modicum passos ipse perficiet, confirmabit solidabitque. ' et hoc in fide quae est ° iuxta evangelium ' meum id est secundum evangelium quod ego praedico. * i cor. c. xv, 11: ° sive ego, sive illi sic praedicavimus et sic credidistis. ' et etiam secundum ° praedicationem iesu christi, ' qui primo evangelium praedicavit, * secundum illud hebr. c. ii, 3: ° quae cum initium accepisset enarrari per dominum. * unde matth. iv, 23 dicitur, |175| quod ° circuibat iesus praedicans evangelium regni. * subditur autem, ° in revelatione mysterii, ' id est, secreti, * quod quidem potest referri ad id quod dixerat ° iuxta evangelium meum; ' vel quia in ipso evangelio revelatur secretum incarnationis divinae, * secundum illud supra i, 17: ° iustitia dei revelatur in eo; ' vel quia ipsi apostolo est evangelium revelatum. * i cor. ii, 10: ° nobis autem revelavit deus per spiritum suum. ' de hoc autem secreto * dicitur is. xxiv, 16: ° secretum meum mihi. ' vel potest melius hoc referri ad hoc * quod dixerat ° confirmare, ' quasi dicat: deus potest vos confirmare in evangelio meo et praedicatione, et hoc secundum revelationem mysterii, id est, secreti, scilicet de conversione gentium, * sicut habetur eph. iii, 8 s.: ° mihi autem omnium sanctorum minimo data est gratia haec in gentibus, illuminare omnes quae sit dispensatio sacramenti, ' etc.. unde * et ipse subdit ° temporibus aeternis, ' quia videlicet occultum erat apud homines quod gentes essent convertendae |200| ad fidem. vocat autem haec ° tempora aeterna ' quasi diu durantia, quia a principio mundi hoc fuit occultum, * sicut et in ps. lxxv, 4 dicitur: ° illuminans tu mirabiliter a montibus aeternis. ' et potest dici quod tempora aeterna dicuntur ipsa aeternitas, * de qua dicitur is. lvii, v. 15: ° excelsus et sublimis habitans aeternitatem, ' ut sicut simplex dei essentia per quamdam similitudinem dimensionibus corporalibus describitur, * secundum illud iob c. xi, 9: ° longior terra mensura eius et latior mari, ' ita et simplex eius aeternitas per tempora aeterna designatur, inquantum omnia tempora continet. * subdit autem ° quod, ' scilicet mysterium, ° nunc patefactum est, ' de conversione gentium, ° per scripturas prophetarum, ' id est, secundum quod prophetae praedixerunt, ' ut patuit supra xv. * unde ad eph. c. iii, 5 s. dicitur: ° aliis generationibus non est agnitum filiis hominum, sicut nunc manifestum est sanctis apostolis eius et prophetis in spiritu esse gentes cohaeredes, ' etc.. est autem patefactum per operis impletionem | 225 | ex praecepto dei. unde ° secundum praeceptum aeterni dei, ' qui scilicet aeterno proposito ea quae vult temporaliter facit, quod quidem praeceptum dei ° ad obeditionem fidei est in cunctis gentibus, ' id est, ut omnes gentes obediant fidei. * supra i, 5: ° ad obedientiam fidei in omnibus gentibus. ' si autem loquamur de mysterio incarnationis, * sic construenda est littera: ° mysterii, ' inquam, temporibus ° aeternis taciti, ' quia antea non erat ita manifestum. ° quod, ' inquam, mysterium ° nunc patefactum est per scripturas prophetarum, ' qui hoc praedixerunt ° secundum praeceptum aeterni dei, ' qui voluit mysterium incarnationis patefieri, et hoc ad obedientiam ° fidei in cunctis gentibus. ' mysterii, inquam, licet taciti apud homines, tamen cogniti ° soli deo sapienti, ' quia ipse solus hoc cognovit et quibus hoc voluit revelare, quia, * ut dicitur i cor. ii, 11: ° quae sunt dei, nemo novit nisi spiritus dei. ' vel potest intelligi de eo qui solus est sapiens, scilicet per essentiam, * sicut dicitur matth. c. xix, 17, et mc. x, 18: ° nemo bonus, nisi solus deus. ' nec excluditur per hoc filius, |250| quia eadem est perfectio totius trinitatis, * sicut e converso dicitur: ° nemo novit patrem nisi filius, * matth. xi, 27. ' non excluditur pater a notitia sui ipsius. * subdit autem ° per iesum christum; ' quod non sic intelligendum, quod deus pater sit sapiens per iesum christum; quia cum deo sit idem sapere quod esse, sequeretur quod pater esset per filium, quod est inconveniens; sed hoc referendum est ad hoc * quod supra dixerat: ° nunc patefactum est, ' scilicet per iesum christum. ° cui, ' iesu christo, est ° honor et gloria, ' per reverentiam totius creaturae, * secundum illud phil. ii, 10: ° in nomine iesu omne genu flectatur. ' et gloria, scilicet quantum ad plenam divinitatem, * sicut ibi subditur: ° et omnis lingua confiteatur quia dominus iesus christus in gloria est dei patris. ' et hoc non ad tempus, sed ° in saecula saeculorum. * hebr. c. ult.: ° iesus christus heri et hodie, ipse in saecula. ' addit autem ad confirmationem veritatis: ° amen. ' vel potest sic construi: cogniti |275| soli sapienti deo, cui per iesum christum est gloria, qui deum glorificavit, * secundum illud io. xvii, 4: ° ego clarificavi te super terram. ' est autem advertendum quod haec constructio est defectiva, et est sic supplenda: ei qui potest, etc., sit honor et gloria per iesum christum, cui est honor et gloria. si autem non sit ibi ly cui, erit constructio plana.

SUPER I AD CORINTHIOS I - VII L. II

---

076 C1C cp

lc ° Non abscondam a vobis sacramenta dei, * etc., sap. vi, 24. ' sacramenti nomen dupliciter accipi consuevit. nam quandoque sacramentum dicitur quodcumque secretum, et praecipue de rebus sacris; quandoque sacramentum dicitur sacrae rei signum, ita quod et eius imaginem gerat, et causa existat, secundum quod nos dicimus septem sacramenta ecclesiae, scilicet baptismus, confirmatio, eucharistia, poenitentia, extrema unctio, ordo et matrimonium. in qua quidem significatione sacramenti etiam prima significatio continetur; nam " in his ecclesiae sacramentis, divina virtus secretius operatur salutem, * ut augustinus dicit. ' haec igitur sacramenta dei praelatus, seu doctor ecclesiae, fidelibus christi non debet abscondere sed manifestare, propter tria. primo quidem, quia hoc pertinet ad honorem dei, * secundum illud tob. xii, 7: ° sacramentum regis abscondere bonum est, opera autem dei revelare et confiteri honorificum est. |25| ' secundo, quia hoc pertinet ad salutem hominum, qui per horum ignorantiam in desperationem labi possent, * sicut de quibusdam dicitur sap. ii, 22 quod ° nescierunt sacramenta dei, nec speraverunt mercedem iustitiae, ' quia per sacramenta homines purificantur, ut sint praeparati ad recipiendum mercedem iustitiae. tertio quia hoc pertinet ad debitum officium praelati vel doctoris, * secundum illud eph. iii, 8: ° mihi omnium sanctorum minimo data est gratia haec, illuminare omnes quae sit dispensatio sacramenti absconditi a saeculis in deo. ' sic ergo praedicta verba demonstrant nobis materiam huius epistolae, in qua apostolus agit de sacramentis ecclesiae. cum enim in epistola ad romanos gratiam dei commendasset, quae in sacramentis ecclesiae operatur: hic, scilicet in prima epistola ad corinthios, de ipsis ecclesiae sacramentis agit; in secunda vero de ministris sacramentorum. videamus ergo primo textum.

076 C1C cp1

lc1 ' Dividitur ergo haec epistola in partes duas. in prima parte ponit epistolarem salutationem; in secunda prosequitur suam intentionem, * ibi ° gratias ago deo meo. ' circa primum tria facit. primo ponit personas salutantes; secundo, personas salutatas ° ecclesiae dei, ' etc.; tertio bona salutifera optat, * ibi ° gratia vobis et pax. ' circa primum duo facit. primo ponit personam principalem quam describit ex nomine, * dicens ° paulus, * de quo quidem nomine satis dictum est in epistola ad romanos. ' hic autem sufficiat dicere quod hoc nomen praemittit in signum humilitatis; nam paulus idem est quod modicus, quod ad humilitatem pertinet. * i reg. c. xv, 17: ° cum esses parvulus in oculis tuis, caput in tribubus israel factus es. * matth. xi, v. 25: ° abscondisti haec a sapientibus et prudentibus, et revelasti ea parvulis. |25| ' consequenter describit eam a dignitate. et primo ponit modum adipiscendae dignitatis, * cum dicit ° vocatus, * secundum illud hebr. v, 4: ° nemo sumit sibi honorem, sed qui vocatur a deo tamquam aaron. ' secundo ponit ipsam dignitatem, * dicens ° apostolus iesu christi, ' quae quidem est prima dignitas in ecclesia, et interpretatur missus, quia fuerunt missi a deo, ut vice eius fungerentur in terris. * unde dicitur lc. c. vi, 13, ° quod elegit duodecim, quos et apostolos nominavit, * et infra xii, 28: ° deus posuit in ecclesia quosdam, primum quidem apostolos, ' etc.. tertio ponit originem sive causam huius dignitatis, * cum dicit ° per voluntatem dei. ' quod est intelligendum de voluntate beneplaciti, ex qua perficiuntur illi qui multipliciter praesunt ecclesiis. * eccli. x, 4: ° in manibus dei potestas terrae, et utilem rectorem in tempore suscitabit super illam. * et de praedicta voluntate sub figura nobis dicitur, iob xxxvii, 12, quod ° lustrant cuncta per circuitum quocumque voluntas gubernantis |50| perduxerit. ' dimittit autem deus aliquos praefici propter subditorum peccata, * secundum illud iob xxxiv, 30: ° regnare facit hominem hypocritam propter peccata populi. ' talis autem rector non dicitur esse secundum voluntatem dei, sed secundum eius indignationem, * secundum illud osee xiii, 11: ° dabo tibi regem in furore meo, et auferam in indignatione mea. ‘ secundo ponit personam adiunctam, * cum dicit ° et sosthenes frater, ‘ quem sibi salutando adiungit, quia ad apostolum detulerat contentiones et alios corinthiorum defectus, ne hoc videretur ex odio fecisse; et ideo nominat eum fratrem, ut ostendat quod ex zelo charitatis hoc fecerat. * prov. ix, 8: ° argue sapientem, et diliget te. ‘ deinde ponit personas salutatas, * cum dicit ° ecclesiae dei quae est corinthi. ‘ et, primo, ponit principales personas, quas describit tripliciter. primo quidem ex loco, * cum dicit ° ecclesiae dei quae est corinthi, ‘ id est, fidelibus christi corinthi congregatis. * ps. xxxiv, 18: ° confitebor tibi in ecclesia |75| magna. ‘ secundo ex munere gratiae, * cum dicit ° sanctificatis in christo iesu, ‘ id est, in fide, passione et sacramento christi iesu. * infra vi, 11: ° sed abluti estis, sed sanctificati estis. * hebr. ult.: ° iesus ut sanctificaret per suum sanguinem populum, extra portam passus est. ‘ tertio ponit originem gratiae, * cum dicit ° vocatis sanctis; ‘ quia scilicet ad sanctitatem per gratiam vocationis pervenerunt. * rom. viii, 30: ° quos praedestinavit, hos et vocavit. * i petr. ii, 9: ° de tenebris vos vocavit in admirabile lumen suum. ‘ secundo ponit personas secundarias, fideles scilicet, quae non erant in ipsa civitate sed habitabant in dioecesi civitatis vel districtu. unde subdit vobis, inquam, qui estis corinthi scribo, ° cum omnibus qui invocant nomen domini nostri iesu christi, ‘ scilicet per veram fidei confessionem. * ioel. c. ii, 32: ° omnis qui invocaverit nomen domini salvus erit. ‘ et hoc ° in omni loco ipsorum, ‘ id est eorum iurisdictioni subiecto, ° et nostro, ‘ quia per hoc quod subiiciebantur episcopo civitatis, non eximebantur a potestate |100| apostoli, quinimo magis erant ipsi apostolo subiecti, quam his quibus ipse eos subiecerat. * ps. cii, 22: ° in omni loco dominationis eius, benedic, anima mea, domino. ‘ ultimo autem in salutatione ponit bona salutifera quae eis optat, quorum primum est ° gratia, ‘ per quam iustificamur a peccatis, * rom. iii, 24: ° iustificati gratis per gratiam ipsius; ‘ ultimum autem est ° pax, ‘ quae perficitur in felicitate aeterna. * ps. cxlvii, 14: ° qui posuit fines tuos pacem. * is. xxxii, 18: ° sedebit populus meus in pulchritudine pacis. ‘ per haec autem duo, omnia alia includit. * unde dicit ° gratia et pax. ‘ causam eorum ostendit, * subdens ° a deo patre nostro, * secundum illud iac. i, 17: ° omne datum optimum et omne donum perfectum desursum est, descendens a patre luminum. * addit autem ° et domino iesu christo, per quem, * ut dicitur ii petr. i, 4, ° maxima et pretiosa promissa donavit nobis deus. * io. i, v. 17: ° gratia et veritas per iesum christum facta est. * quod autem dicit ° a deo patre |125| nostro. ‘ potest intelligi de tota trinitate, a qua creati sumus et in filios adoptati. * additur autem ° et domino iesu christo, ‘ non quia sit persona alia vel hypostasis praeter tres personas, sed propter aliam naturam. * vel quod dicitur ° deo patre nostro, ‘ per quamdam appropriationem accipitur pro persona patris, * sicut io. xx, 17: ° ascendo ad patrem meum, deum meum et deum vestrum. * in hoc autem quod subdit ° et domino iesu christo, ‘ manifestatur persona filii. tacetur autem de spiritu sancto, quia est nexus patris et filii, et intellectus ex ambobus, vel quia est donum utriusque, intelligitur in donis, * de quibus dicit ° gratia et pax, ‘ quae per spiritum sanctum dantur. * infra xii, v. 11: ° haec omnia operatur unus atque idem spiritus. * deinde cum dicit ° gratias ago deo meo, ‘ incipit epistolarem tractatum. et primo gratias agit de bonis eorum, ut correctionem suorum defectuum tolerabilius ferant; secundo ponit eorum instructionem, * ibi ° obsecro vos autem, fratres. |150| ‘ circa primum duo facit. primo gratias agit de bonis quae iam acceperant; secundo de bonis quae in futurum expectabant, * ibi ° expectantibus revelationem. ‘ circa primum duo facit. primo ponit gratiarum actionem, * cum dicit ° gratias ago deo meo, ‘ qui scilicet etsi sit deus omnium per creationem et gubernationem, tamen est eius et cuiuslibet iusti per fidem et devotionem. * ps. cxvii, 28: ° deus meus es tu, et confitebor tibi. ‘ ostendit etiam quando gratias agit, * cum dicit ° semper, ‘ quia haec gratiarum actio ex charitatis affectu procedit, qui in eius corde assiduus erat. * prov. xvii, 17: ° omni tempore diligit qui amicus est. ‘ et quamvis omni tempore eos diligeret, et pro eorum bonis gratias ageret actualiter, tamen etiam pro eis gratias agebat omnibus horis quas habebat orationi deputatas. ostendit etiam pro quibus gratias agit, * cum dicit ° pro vobis, ‘ de quorum scilicet bonis propter charitatis unionem gaudebat, |175| sicut de suis. * iii io. v. 4: ° maiorem horum non habeo gratiam, quam ut audiam filios meos in veritate ambulare. ‘ secundo ostendit materiam gratiarum actionis, et primo in generali, * cum dicit ° in gratia dei, ‘ id est, per gratiam dei, ° quae data est vobis in christo iesu, ‘ id est per christum iesum. * io. i, 16: ° de plenitudine eius omnes nos accepimus gratiam pro gratia. ‘ secundo in speciali, ubi primo ostendit gratiae abundantiam * cum dicit ° quia in omnibus, ‘ scilicet quae pertinent ad salutem, ° divites, ‘ id est abundantes, ° facti estis in illo, ‘ id est per christum, * secundum illud ii cor. viii, 9: ° propter vos egenus factus est, ut illius inopia divites essetis. ‘ et exponit in quibus sint divites facti, * cum dicit ° in omni verbo, ‘ vel quia omnibus generibus linguarum loquebantur, vel quia in verbo doctrinae abundabant. verbum autem non proferretur ordinate, nisi ex scientia procederet, * et ideo subdit ° in omni scientia, ‘ id est, intelligentia omnium scripturarum, et universaliter omnium quae pertinent ad salutem. |200| * sap. x, 10: ° dedit illi scientiam sanctorum. ‘ hoc autem quod dicit apostolus referendum est ad eos qui erant in ecclesia perfectiores, in quibus etiam alii minores has divitias possidebant, * sicut augustinus dicit super ioannem: ° si amas unitatem cui haeres, habes quicquid in illa alter habet: tolle invidiam, et tuum est quod alius habet; quos enim cupiditas et invidia separat, charitas iungit. ‘ secundo ostendit rectitudinem, * dicens ° sicut testimonium christi confirmatum est in vobis; ‘ non esset rectum verbum doctrinae, neque recta scientia, si a testimonio christi discordaret, vel si etiam christi testimonium non firmiter per fidem cordibus inhaereret; * quia, ut dicitur iac. i, 6: ° qui haesitat similis est fluctui maris, qui a vento movetur et circumfertur. ‘ testimonium autem christi dicit, vel quia de ipso prophetae praenuntiaverunt, * secundum illud act. x, 43: ° huic omnes prophetae testimonium perhibent; ‘ vel quia ipse christus testimonium perhibuit, * secundum illud io. c. viii, 14: ° si ego testimonium perhibeo de |225| meipso, verum est testimonium meum; ‘ vel etiam quia apostolus in sua praedicatione christo testimonium dedit. * act. xxii, 18: ° non recipient testimonium tuum de me. ‘ tertio tangit gratiae perfectionem, * cum dicit ° ita ut nihil vobis desit in ulla gratia, ‘ quia scilicet in diversis personis omnes gratias gratis datas habebant. ad divinam enim providentiam pertinet, ut absque defectu necessaria largiatur. * ps. xxxiii, 10: ° nihil deest timentibus eum; * et iterum: ° inquirentes autem dominum non minuentur omni bono. ‘ deinde ponit bona in futurum expectanda. et circa hoc tria facit. primo ponit futuri boni expectationem, * dicens ° vobis, ‘ inquam, non solum habentibus gratiam in praesenti, sed etiam ° expectantibus, ‘ in futurum, ° revelationem domini nostri iesu christi, ‘ qua scilicet sanctis suis revelabitur, non solum per gloriam humanitatis, * secundum illud is. xxxiii, 17: ° regem in decore suo videbunt, ‘ sed etiam per gloriam divinitatis, * secundum illud is. xl, 5: ° revelabitur gloria domini; ‘ quae quidem revelatio |250| homines beatos facit. * i io. iii, 2: ° cum autem apparuerit, similes ei erimus: et videbimus eum sicuti est. ‘ et in hoc vita aeterna consistit, * secundum illud io. xvii, 3: ° haec est vita aeterna, ut cognoscant te solum verum deum, et quem misisti iesum christum. ‘ sicut autem illi quibus christus revelatur, sunt beati in re, ita illi qui hoc expectant, sunt beati in spe. * is. xxx, 18: ° beati omnes qui expectant eum. ‘ et ideo de ipsa expectatione gratias agit. secundo ostendit quod haec expectatio non est vana ex auxilio divinae gratiae. * unde subdit: ° qui, ‘ scilicet christus, qui spem dedit vobis huiusmodi revelationis, etiam ° confirmabit vos ‘ in gratia accepta. * i petr. ult.: ° modicum passos ipse perficiet, confirmabit solidabitque. ‘ et hoc ° usque in finem, ‘ scilicet vitae vestrae. * matth. c. x, 22: ° qui perseveraverit usque in finem, hic salvus erit. ‘ non autem ut sitis sine peccato: quia, ° si dixerimus quoniam peccatum non habemus, ipsi nosmetipsos seducimus, et veritas in nobis non est, * ut dicitur i io. i, 8, ‘ sed ut sitis ° sine crimine, ‘ id est, sine peccato |275| mortali. * i tim. iii, 10: ° ministrent nullum crimen habentes. ‘ et hoc, inquam, erit ° in die adventus domini nostri iesu christi, ‘ quia scilicet qui sine crimine invenitur in die mortis, sine crimine perveniet ad diem iudicii, * secundum illud eccle. xi, 3: ° si ceciderit lignum ad austrum, sive ad aquilonem, in quocumque loco ceciderit, ibi erit. ‘ nisi autem sine crimine nunc inveniatur, frustra illam revelationem expectaret. tertio rationem suae promissionis assignat, dicens quod deus vos confirmabit, quod debetis sperare, quia ° deus est fidelis * (deut. xxxii, 4: ° deus fidelis et absque ulla iniquitate), per quem vocati estis in societatem filii eius iesu christi domini nostri, ‘ ut scilicet habeatis societatem ad christum, et in praesenti per similitudinem gratiae, * secundum illud i io. i, 7: ° si in luce ambulamus, sicut et ipse in luce est, societatem habemus cum eo ad invicem, ‘ et in futuro per participationem gloriae, * rom. viii, 17: ° si compatimur, ut et simul glorificemur. ‘ non autem videretur esse fidelis deus, si nos vocaret ad societatem filii et nobis |300| denegaret, quantum in ipso est, ea, per quae pervenire ad eum possemus. * unde iosue i, v. 5 dicit: ° non te deseram, neque derelinquam.

lc2 ‘ Praemissa salutatione et gratiarum actione, hic incipit eos instruere. et primo ponitur instructio de his quae ad omnes communiter pertinent, scilicet de his quae pertinent ad ecclesiastica sacramenta. secundo instruit eos de his quae ad quosdam pertinebant, * xvi cap. ° de collectis autem quae fiunt in sanctos, ‘ etc.. in sacramentis autem tria sunt consideranda. primo quidem ipsum sacramentum, sicut baptismus; secundo id quod est res significata et contenta, scilicet gratia; tertio id quod est res significata et non contenta, scilicet gloria resurrectionis. primo ergo agit de ipsis sacramentis; secundo de ipsis gratiis, * xii cap. ° de spiritualibus autem nolo vos, ‘ etc., tertio, de gloria resurrectionis, * infra xv ° notum autem vobis facio. ‘ circa primum tria facit. primo determinat ea quae pertinent ad sacramentum baptismi; secundo ea quae pertinent ad sacramentum |25| matrimonii, * v cap., ibi ° omnino auditur inter vos, ‘ etc.; tertio ea quae pertinent ad sacramentum eucharistiae, * viii cap., ibi ° de his autem quae idolis sacrificantur. ‘ dominus autem, * matth. ult., ‘ discipulis praeceptum dedit de doctrina simul et baptismo, * dicens ° euntes docete omnes gentes, baptizantes, ‘ etc.. et ideo apostolus in prima parte simul cum baptismo agit de doctrina. est autem sciendum quod inter corinthios fideles erat quaedam dissensio propter baptistas et doctores; illi enim qui erant instructi contemnebant alios, quasi qui meliorem doctrinam acceperint, et meliorem baptismum. unde circa primum duo facit. primo removet contentionem; secundo contentionis causam quae erat in hoc, quod gloriabantur de quibusdam, et alios christi ministros contemnebant, * infra iii capite ° et ego, fratres, non potui vobis loqui. ‘ circa primum tria facit. primo proponit admonitionem; |50| secundo admonitionis necessitatem ostendit, * ibi ° significatum est enim mihi, ‘ etc.; tertio rationem admonitionis assignat, * ibi ° divisus est christus? ‘ etc.. circa primum duo consideranda sunt. primum quidem quod eos inducit ad admonitionem servandam. uno modo per propriam humilitatem, * cum dicit ° obsecro autem vos, * etc.. prov. xviii, 23: ° cum obsecrationibus loquitur pauper. ‘ alio modo per fraternam charitatem, * cum dicit ° fratres, ‘ quia scilicet ex affectu fraternae charitatis hoc dicebat. * prov. xviii, 19: ° frater qui iuvatur a fratre, quasi civitas firma. ‘ tertio per reverentiam christi, * cum dicit ° per nomen domini nostri iesu christi, ‘ quod est ab omnibus honorandum, et cui oportet omnes esse subiectos. * phil. ii, 10: ° in nomine iesu omne genu flectatur. ‘ secundo considerandum est quod inducit eos ad tria. primo quidem ad concordiam, * cum dicit ° ut idipsum dicatis omnes, ‘ id est, omnes |75| eamdem fidem confiteamini, et eamdem sententiam proferatis de his quae sunt communiter agenda. * rom. xv, 6: ° ut unanimes uno ore honorificetis deum. ‘ secundo prohibet vitium contrarium virtuti, * cum dicit ° et non sint in vobis schismata, ‘ quia unitas ecclesiastica dividi non debet, “ in cuius signum milites de tunica inconsutili, * io. xix, 24 “ dixerunt: ° non scindamus eam, sed sortiamur de ea cuius sit. ‘ sunt autem proprie schismata, quando, vel propter diversam fidei confessionem, vel propter diversas sententias de agendis, homines unius collegii in diversas separantur partes. * is. xxii, v. 9: ° scissuras civitatis david videbitis, quia multiplicatae sunt. ‘ tertio inducit eos ad id per quod possunt schismata vitare, scilicet ad perfectionem. est enim divisionis causa, dum unusquisque partiale bonum quaerit, praetermisso perfecto bono, quod est bonum totius. * et ideo dicit ° sitis autem perfecti in eodem sensu, ‘ scilicet quo iudicatur de agendis, ° et in eadem scientia, ‘ qua iudicatur de cognoscendis, quasi dicat: per haec perfecti esse poteritis, si in unitate |100| persistatis. * col. iii, 14: ° super omnia charitatem habete, quod est vinculum perfectionis. * matth. v, 48: ° estote perfecti sicut pater vester caelestis perfectus est. ‘ deinde, * cum dicit ° significatum est mihi, ‘ ostendit necessitatem praedictae admonitionis, quia scilicet contentionis vitio laborabant, quasi dicat: ideo necesse est vos ad hoc inducere, quia ° significatum est mihi, fratres mei, ab his qui sunt cloes, ‘ id est, in quadam villa corinthiorum iurisdictioni subiecta, vel cloes potest esse nomen matronae, in cuius domo erant multi fideles congregati, ° quia contentiones sunt inter vos, * contra id quod dicitur prov. xx, 3: ° honor est homini qui separat se a contentionibus. ‘ et modum contentionis exponit, * subdens ° hoc autem dico, ‘ id est, contentionem nomino, ° quod unusquisque vestrum ‘ nominat se ab eo a quo est baptizatus et instructus, et ° dicit: ego quidem sum pauli, ‘ quia erat a paulo baptizatus et instructus; alius ° ego autem apollo, ‘ qui scilicet corinthiis praedicaverat, * ut habetur act. xix, 1; ‘ alius ° ego vero cephae, ‘ scilicet petri, * cui dictum est io. i, |125| v. 42: ° tu vocaberis cephas, quod interpretatur petrus. ‘ quod quidem ideo dicebant, quod putabant a meliori baptista meliorem baptismum dari, quasi virtus baptistae in baptizatis operaretur. et de hoc pseudoapostoli gloriabantur, * secundum illud ps. xlviii, 12: ° vocaverunt nomina sua in terris suis. ‘ alius autem dicit ° ego autem sum christi, ‘ qui solus benedixit, quia solius christi virtus operatur in baptismo christi. * io. i, 33: ° super quem videris spiritum descendere et manere, ipse est qui baptizat. ‘ et ideo baptizati a solo christo denominantur christiani, non autem a paulo paulini. * is. iv, 1: ° tantummodo invocetur nomen tuum super nos. ‘ ad huius autem erroris vitationem, * dicuntur graeci hac forma in baptizando uti ° baptizetur servus christi nicolaus in nomine patris, et filii, et spiritus sancti, ‘ ut detur intelligi quod homo non baptizat interius, sed baptizatur a christo. quia tamen etiam homo baptizat ministerio, ut membrum et minister christi, ideo ecclesia utitur hac forma in baptizando ° ego te baptizo in nomine patris, et filii, et spiritus sancti, ‘ quod |150| quidem est expressius secundum formam a christo traditam, * qui dixit discipulis: ° docete omnes gentes, baptizantes eos in nomine patris, et filii, et spiritus sancti, ‘ etc., ubi ipsos apostolos dicit baptizantes, secundum quem modum sacramenti minister dicit: ° ego te baptizo. * deinde cum dicit ° divisus est christus? ‘ etc., ponit rationem praedictae admonitionis, quare inter eos scissurae et contentiones esse non debebant, et primo ex parte baptismi; secundo ex parte doctrinae, * ibi ° non in sapientia verbi, ‘ etc.. circa primum tria facit. primo ponit inconveniens quod ex praedicta contentione sequitur; secundo manifestat quare illud inconveniens sequatur, * ibi ° numquid paulus crucifixus est, ‘ etc.; tertio excludit quamdam falsam suspicionem, * ibi ° gratias ago deo meo, ‘ etc.. dicit ergo primo: dixi quod unusquisque vestrum dicit ° ego sum pauli, ego |175| apollo, ‘ et ex hoc sequitur quod christus est divisus. nec refert utrum interrogative vel remissive legatur. hoc autem potest intelligi, uno modo, quasi diceret: per hoc quod inter vos contenditur, christus est divisus a vobis, qui non nisi in pace habitat, * secundum illud ps. lxxv, 3: ° in pace factus est locus eius. * is. lix, 2: ° iniquitates vestrae diviserunt inter vos et deum vestrum. ‘ sed melius aliter hoc potest intelligi, ut sit sensus: per hoc quod creditis baptismum esse meliorem, qui a meliori baptista datur, sequitur quod christus, qui principaliter et interius baptizat, sit divisus, id est, differens in sua virtute et effectu, secundum differentiam ministrorum: quod patet esse falsum * per id quod dicitur eph. iv, 5: ° unus dominus, una fides, unum baptisma. ‘ sed adhuc melius hoc intelligitur quod apostolus dicit: ex hoc quod ea quae sunt propria christi aliis attribuitis, quodammodo christum dividitis, plures christos facientes, * contra id quod dicitur matth. xxiii, 10: ° magister vester unus est christus. * is. xlv, |200| v. 22: ° convertimini ad me, et salvi eritis, omnes fines terrae, quia ego dominus, et non est alius. ‘ est autem sciendum quod christus in sacramento baptismi duplicem habet virtutem sibi propriam. unam quidem divinam, qua simul cum patre et spiritu sancto interius mundat a peccato, et hoc nulli creaturae potuit communicari. alia autem est propria virtus secundum humanam naturam, quae est potestas excellentiae in sacramentis, et consistit in quatuor. quorum unum est, quod ipse sacramenta instituit; secundum est quod potuit effectum sacramentorum sine sacramento conferre; tertium est quod meritum passionis eius operatur in baptismo et aliis sacramentis; quartum est quod ad invocationem nominis eius sacramenta conferuntur. hanc autem potestatem excellentiae, et maxime quantum ad ultimum, conferre potuit ministris baptismi, ut scilicet eorum nominibus consecraretur baptismus, sed noluit, ne schisma ex hoc in ecclesia fieret, dum tot reputarentur baptismi, quot essent baptistae. |225| et hoc est quod, * secundum expositionem augustini, “ ioannes baptista de christo nescisse fatetur, utrum scilicet hanc potestatem sibi retineret. * deinde, cum dicit ° numquid paulus, ‘ etc., ostendit praedictum inconveniens sequi ex eorum errore quod diversum baptisma esse aestimabant secundum differentiam baptistarum; hoc enim esset, si a baptistis baptismus efficaciam haberet, quod quidem solius est christi. hoc autem ostendit dupliciter. primo quidem ex parte passionis christi, in cuius virtute baptismus operatur, * secundum illud rom. vi, 3: ° quicumque baptizati sumus in christo iesu, in morte ipsius baptizati sumus. * et ideo dicit ° numquid paulus crucifixus est pro vobis? ‘ quasi dicat: numquid passio pauli causa est nostrae salutis, ut secundum ipsum baptismus habeat virtutem salvandi? quasi dicat: non. hoc enim proprium est christo, ut sua passione et morte nostram salutem operatus fuerit. * io. xi, 50: ° expedit ut unus homo moriatur pro populo, et non tota gens pereat. * ii cor. |250| c. v, 14: ° unus pro omnibus mortuus est. * sed contra videtur esse quod apostolus dicit col. i, 24: ° gaudeo in passionibus meis pro vobis, et adimpleo ea quae desunt passionum christi in carne mea pro corpore eius, quod est ecclesia. ‘ sed dicendum quod passio christi fuit nobis salutifera non solum per modum exempli, * secundum illud i petr. ii, 21: ° christus passus est pro nobis, vobis relinquens exemplum, ut sequamini vestigia eius, ‘ sed etiam per modum meriti, et per modum efficaciae, inquantum eius sanguine redempti et iustificati sumus, * secundum illud hebr. ultimo: ° ut sanctificaret per suum sanguinem populum, extra portam passus est. ‘ sed passio aliorum nobis est salutifera solum per modum exempli, * secundum illud ii cor. i, 6: ° sive tribulamur, pro vestra exhortatione et salute. ‘ secundo ostendit idem ex virtute nominis christi, qui in baptismo invocatur. * unde subdit ° aut in nomine pauli baptizati estis? ‘ quasi dicat: non. * ut enim dicitur act. iv, 12, ° non est aliud nomen datum hominibus, |275| per quod oporteat nos salvos fieri. * unde et is. xxvi, 8 dicitur: ° nomen tuum et memoriale tuum in desiderio animae. * sed videtur quod “ in nomine christi homines non baptizentur. * dicit enim matth. ult.: ° docete omnes gentes, baptizantes eos in nomine patris, et filii, et spiritus sancti. ‘ dicendum est autem quod in primitiva ecclesia, quia nomen christi multum erat odiosum, ut venerabile redderetur, apostoli in nomine christi baptizabant ex speciali ordinatione spiritus sancti. * unde dicitur act. c. viii, 12, quod ° in nomine christi baptizati sunt viri et mulieres. * et tamen, ut ambrosius dicit ° in nomine christi tota trinitas intelligitur. ‘ christus enim interpretatur unctus, in quo intelligitur non solum ille qui ungitur, qui est filius dei, sed etiam ipsa unctio, quae est spiritus sanctus, et ipse ungens, qui est pater, * secundum ps. xliv, 8: ° unxit te deus, deus tuus, oleo laetitiae prae consortibus tuis. ‘ nunc autem quia nomen christi iam est ° magnum in gentibus ab ortu solis usque ad |300| occasum, * ut dicitur mal. i, 11, ‘ ecclesia utitur forma prius instituta a christo, baptizans ° in nomine patris, et filii, et spiritus sancti. ‘ et tamen quicumque in hac forma baptizantur, in nomine eius, qui est vere filius dei, baptizantur, * secundum illud i io. c. ult.: ° ut simus in vero filio eius, iesu christo. ‘ baptizantur etiam omnes fideles in nomine christi, id est, fide et confessione nominis christi, * secundum illud ioel. c. ii, 32: ° omnis quicumque invocaverit nomen domini, salvus erit. ‘ unde baptizati a christo christiani nominantur, * quia, ut dicitur gal. iii, 27: ° quotquot in christo baptizati estis, christum induistis. ‘ sic ergo, si solius christi passio, si solius christi nomen virtutem confert baptismo ad salvandum, verum est proprium esse christo, ut ex eo baptismus habeat sanctificandi virtutem. unde qui hoc aliis attribuit, dividit christum in plures. * deinde, cum dicit ° gratias ago deo meo, ‘ excludit quamdam suspicionem. * quia ibi dixerat: ° numquid enim paulus crucifixus est pro vobis? * posset aliquis |325| credere quod “ et si non auctoritate, ministerio tamen plures baptizaverit. ‘ et circa hoc tria facit. primo gratias agit de hoc quod paucos baptizavit; secundo, quibusdam paucis nominatis, quosdam alios addit, * ibi ° baptizavi autem; ‘ tertio assignat rationem quare non multos baptizaverit, * ibi ° non enim misit me deus. * dicit ergo primo ° gratias ago deo meo, quod neminem vestrum baptizavi, nisi crispum, * de quo act. xviii, 8: ° crispus archisynagogus credidit domino cum omni domo sua, et caium, * ad quem scribitur tertia canonica ioannis. ‘ et quia gratiarum actio locum non habet, nisi in beneficiis perceptis, consequenter apostolus ostendit qualiter de hoc gratias agat, * cum subdit ° ne quis dicat quod in nomine meo baptizati estis. ‘ est enim optabile sanctis viris, ne ex bonis quae ipsi faciunt, alii sumant occasionem erroris sui, sive peccati. |350| et quia corinthii in eum errorem devenerant, ut se a suis baptistis nominarent, dicentes ego sum pauli et apollo, ac si in eorum nominibus essent baptizati, ideo gratias agit de hoc quod de suo ministerio talis error consecutus non fuerit. et ideo signanter dicit se baptizasse illos qui ab hoc errore immunes erant. * deinde, cum dicit ° baptizavi autem, ‘ etc., ponit quosdam alios a se baptizatos, ne in eius verbis aliquid veritatis minus appareret. * unde dicit ° baptizavi et domum, ‘ id est familiam, ° stephanae, ‘ scilicet cuiusdam matronae. et quia circa particularia facta memoria hominum labilis est, * subdit ° caeterum nescio, ‘ id est in memoria non habeo, ° si quem alium baptizaverim, ‘ in propria persona. * deinde, cum dicit ° non enim misit, ‘ etc., assignat rationem quare paucos baptizaverit, * dicens ° non enim misit me deus baptizare, sed evangelizare. * contra quod videtur esse quod dicitur matth. ult.: ° euntes docete omnes gentes, baptizantes eos in nomine patris, |375| et filii, et spiritus sancti. ‘ sed dicendum est quod christus apostolos misit ad utrumque, ita tamen quod ipsi per seipsos praedicarent, * secundum quod ipsi dicebant act. vi, 2: ° non est aequum relinquere nos verbum dei, et ministrare mensis. ‘ baptizarent autem per inferiores ministros, et hoc ideo quia in baptismo nihil operatur industria vel virtus baptizantis: nam indifferens est utrum per maiorem vel minorem ministrum detur baptismus, sed in praedicatione evangelii multum operatur sapientia et virtus praedicantis, et ideo praedicationis officium per seipsos apostoli tamquam maiores ministri exercebant, * sicut et de ipso christo dicitur io. iv, 2 quod ‘ ipse non baptizabat, sed discipuli eius, * qui tamen de seipso dicit lc. iv, 43: ° quia et aliis civitatibus oportet me evangelizare regnum dei, quia ideo missus sum. * is. lxi, 1: ° ad annuntiandum mansuetis misit me.

lc3 ‘ Postquam apostolus improbavit corinthiorum contentionem, ratione sumpta ex parte baptismi, hic excludit eorum contentionem, ratione sumpta ex parte doctrinae. quidam enim eorum gloriabantur de doctrina pseudo-apostolorum, qui ornatis verbis et humanae sapientiae rationibus veritatem fidei corrumpebant. et ideo apostolus primo ostendit hunc modum convenientem non esse doctrinae fidei; secundo ostendit hoc modo docendi se usum apud eos non fuisse, * ii cap., ibi ° et ego, cum venissem ad ‘ etc.. circa primum duo facit. primo proponit quod intendit; secundo manifestat propositum, * ibi ° ut non evacuetur. ‘ dicit ergo primo: dixi quod misit me christus evangelizare, non tamen ita quod ego ° in sapientia verbi ‘ evangelizem, id est, in sapientia mundana, quae verbosos facit, inquantum per eam multis vanis rationibus homines utuntur. * eccle. vi, 11: ° ubi verba sunt plurima, multam in disputando |25| habentia vanitatem. * prov. xiv, 23: ° ubi verba sunt plurima, ibi frequenter egestas. ‘ vel sapientiam verbi nominat rhetoricam, quae docet ornate loqui, ex quo alliciuntur interdum homines ad assentiendum erroribus et falsitatibus. * unde rom. xvi, 18: ° per dulces sermones seducunt corda innocentium. * et de meretrice dicitur prov. ii, 16, in figura haereticae doctrinae: ° ut eruaris a muliere aliena et extranea, quae mollit sermones suos. * sed contra dicitur is. xxxiii, 19: ° populum impudentem non videbis, ‘ scilicet in catholica ecclesia, ° et populum alti sermonis, ita ut non possis intelligere disertitudinem linguae eius, in quo nulla est sapientia. * sed quia in graeco ponitur ° logos, ‘ quod rationem et sermonem significat, posset convenientius intelligi sapientia verbi, id est humanae rationis, quia illa quae sunt fidei, humanam rationem excedunt, * secundum illud eccli. iii, 25: ° plurima supra sensum hominis ostensa sunt tibi. * sed contra hoc videtur esse quod “ multi doctores ecclesiae in doctrina fidei sapientia et rationibus humanis et ornatu verborum |50| sunt usi. * dicit enim hieronymus in epistola ad magnum oratorem urbis romae, quod “ omnes doctores fidei in ornatu philosophiae doctrinis atque scientiis suos referserunt libros, ut nescias quid in illis primum admirari debeas, eruditionem saeculi, an scientiam scripturarum. * et augustinus dicit in quarto de doctrina christiana: ° sunt viri ecclesiastici qui divina eloquia non solum sapienter, sed etiam suaviter tractaverunt. ‘ dicendum est ergo quod aliud est docere in sapientia verbi quocumque modo intelligatur, et aliud uti sapientia verbi in docendo. ille in sapientia verbi docet qui sapientiam verbi accipit pro principali radice suae doctrinae, ita scilicet quod ea solum approbet, quae verbi sapientiam continent: reprobet autem ea quae sapientiam verbi non habent, et hoc fidei est corruptivum. utitur autem sapientia verbi, qui supposítis verae fidei fundamentis, si qua vera in doctrinis philosophorum inveniat, in obsequium fidei assumit. * unde augustinus dicit in secundo de doctrina christiana, quod ° si qua |75| philosophi dixerunt fidei nostrae accommoda, non solum formidanda non sunt, sed ab eis tamquam ab iniustis possessoribus in usum nostrum vindicanda. * et in iv de doctrina christiana dicit: ° cum posita sit in medio facultas eloquii, quae ad persuadendum seu prava seu recta valent pluribus, cur non bonorum studio comparetur ut militet veritati, si eam mali in usum iniquitatis et erroris usurpant. * deinde, cum dicit ° ut non evacuetur crux christi, ‘ probat quod dixerat, et primo quidem ex parte materiae, secundo ex parte ipsorum docentium, * ibi ° videte enim vocationem vestram, ‘ etc.. circa primum tria facit. primo ostendit modum docendi qui est in sapientia verbi, non esse congruum fidei christianae; secundo probat quod supposuerat, * ibi ° verbum enim crucis; ‘ tertio probationem manifestat, * ibi ° quoniam iudaei signa petunt. ‘ circa primum considerandum est, |100| quod etiam in philosophicis doctrinis non est idem modus conveniens cuilibet doctrinae. unde “ sermones secundum materiam sunt accipiendi, * ut dicitur in primo ethicorum. ‘ tunc autem maxime modus aliquis docendi est materiae incongruus, quando per talem modum destruitur id quod est principale in materia illa, puta si quis in rebus intellectualibus velit metaphoricis demonstrationibus uti, quae non transcendunt res imaginatas, “ ad quas non oportet intelligentem adduci, * ut boetius ostendit in libro de trinitate. ‘ principale autem in doctrina fidei christianae est salus per crucem christi facta. * unde, cap. ii, 2, dicit ° non iudicavi me scire aliquid inter vos, nisi iesum christum et hunc crucifixum. ‘ qui autem principaliter innititur in docendo sapientiam verbi, quantum in se est, evacuat crucem christi. ergo docere in sapientia verbi non est modus conveniens fidei christianae. * hoc est ergo quod dicit ° ut non evacuetur crux christi, ‘ id est, ne si in sapientia verbi praedicare voluero, tollatur fides de virtute crucis christi. * gal. v, 11: ° ergo |125| evacuatum est scandalum crucis. * ps. cxxxvi, v. 7: ° qui dicunt, exinanite usque ad fundamentum in ea. * deinde, cum dicit ° verbum crucis, ‘ etc., probat quod per doctrinam, quae est in sapientia verbi, crux christi evacuetur. et circa hoc duo facit primo inducit probationem; secundo assignat causam dictorum, * ibi ° scriptum est enim, ‘ etc.. dicit ergo primo: ideo dixi quod si per sapientiam verbi doctrina fidei proponeretur, evacuaretur crux christi, ° verbum ‘ enim ° crucis, ‘ id est annuntiatio crucis christi, ° stultitia est, ‘ id est stultum aliquid videtur, ° pereuntibus quidem, ‘ id est, infidelibus qui se secundum mundum existimant sapientes, eo quod praedicatio crucis christi aliquid continet, quod secundum humanam sapientiam impossibile videtur, puta quod deus moriatur, quod omnipotens violentorum manibus subiiciatur. continet etiam quaedam quae prudentiae huius mundi contraria videntur, puta quod aliquis non refugiat confusiones, cum possit, et aliqua huiusmodi. * et ideo |150| paulo huiusmodi annuntianti dixit festus, ut legitur act. xxvi, 24: ° insanis, paule, multae litterae ad insaniam te adducunt. * et ipse paulus dicit infra iv, 10: ° nos stulti propter christum. ‘ et ne credatur revera verbum crucis stultitiam continere, * subdit ° his autem qui salvi fiunt, id est nobis, ‘ scilicet christi fidelibus qui ab eo salvamur, * secundum illud matth. c. i, 21: ° ipse enim salvum faciet populum suum a peccatis eorum, virtus dei est, ‘ quia ipsi in cruce christi mortem dei cognoscunt, qua diabolum vicit et mundum. * apoc. v, 5: ° ecce vicit leo de tribu iuda. ‘ item virtutem quam in seipsis experiuntur, dum simul cum christo vitiis et concupiscentiis moriuntur, * secundum illud gal. v, 24: ° qui christi sunt, carnem suam crucifixerunt cum vitiis et concupiscentiis. * unde in ps. cix, 2 dicitur ° virgam virtutis tuae emittit dominus ex sion. * lc. vi, 19: ° virtus de illo exibat et sanabat omnes. * deinde cum dicit ° scriptum est enim, ‘ ostendit praedictorum causam, et ponit primo quare verbum crucis sit hominibus |175| stultitia; secundo ostendit quare ista stultitia sit virtus dei his, qui salvantur, * ibi ° nam quia in dei sapientia, ' etc.. circa primum duo facit. primo inducit auctoritatem praenuntiantem quod quaeritur; secundo ostendit hoc esse impletum, * ibi ° ubi sapiens? ' circa primum considerandum quod id quod est in se bonum, non potest alicui stultum videri, nisi propter defectum sapientiae. haec est ergo causa quare verbum crucis quod est salutiferum credentibus, quibusdam videtur stultitia, quia sunt ipsi sapientia privati. * et hoc est quod dicit ° scriptum est enim: perdam sapientiam sapientium, et prudentiam prudentium reprobabo. * potest autem hoc sumi ex duobus locis. nam in abdia dicitur: ° perdam sapientiam de idumaea, et prudentiam de monte esau. * expressius autem habetur is. xxix, v. 14: ° peribit sapientia a sapientibus, et intellectus prudentium eius abscondetur. ' differunt autem sapientia et prudentia. |200| nam sapientia est cognitio divinarum rerum; unde pertinet ad contemplationem, * iob xxviii, v. 28: ° timor dei ipsa est sapientia; ' prudentia vero proprie est cognitio rerum humanarum, * unde dicitur prov. x, 23: ° sapientia est viro prudentia, ' quia scilicet scientia humanarum rerum prudentia dicitur. * unde et philosophus vi ethicorum dicit quod "prudentia est recta ratio agibilium, ' et sic prudentia ad rationem pertinet. est autem considerandum quod homines quantumcumque mali non totaliter donis dei privantur, nec in eis dona dei reprobantur, sed in eis reprobatur et perditur quod ex eorum malitia procedit. * et ideo non dicit simpliciter ° perdam sapientiam, ' quia omnis sapientia a domino deo est, * ut dicitur is. xxix, 14 ss., ' sed ° perdam sapientiam sapientium, ' id est, quam sapientes huius mundi adinvenerunt sibi contra veram sapientiam dei, quia, * ut dicitur iac. iii, 15, ° non est ista sapientia desursum descendens, sed terrena, animalis, diabolica. * similiter non dicit ° reprobabo prudentiam, ' nam veram prudentiam sapientia dei docet, * sed dicit ° prudentiam |225| prudentium, ' id est, quam illi qui se prudentes aestimant in rebus mundanis prudentiam reputant ut scilicet bonis huius mundi inhaereant. * vel quia, ut dicitur rom. viii, v. 6, ° prudentia carnis mors est. ' et sic propter defectum sapientiae reputant impossibile deum hominem fieri, mortem pati secundum humanam naturam; propter defectum autem prudentiae reputant inconveniens fuisse quod homo sustineret crucem, confusione contempta, * ut dicitur hebr. xii, 2. deinde cum dicit ° ubi sapiens, ' etc., ostendit esse impletum quod de reprobatione humanae sapientiae et prudentiae fuerat probatum. et primo ponit medium sub interrogatione; secundo conclusionem infert, * ibi ° nonne stultam deus fecit sapientiam huius mundi, * etc.. dicit ergo primo ° ubi sapiens? ' quasi diceret: non invenitur in congregatione fidelium qui salvatur. per sapientem intelligit illum qui secretas naturae causas scrutatur. * is. xix, 11: ° quomodo dicetis pharaoni: filius sapientium ego? ' et hoc refertur ad gentiles, |250| qui huius mundi sapientiae studebant. ° ubi scriba? ' id est peritus in lege, et hoc refertur ad iudaeos; quasi diceret: non est in coetu fidelium. * io. vii, 48: ° numquid ex principibus aliquis credidit in eum? ubi inquisitor huius saeculi? ' qui scilicet per prudentiam exquirit quae sit convenientia vitae humanae in rebus huius saeculi; quasi dicat: non invenitur inter fideles, et hoc refertur ad utrosque, scilicet iudaeos et gentiles. * baruch c. iii, 23: ° filii agar, qui exquisierunt prudentiam quae de terra est. ' videtur autem apostolus hanc interrogationem sumere * ab eo, quod dicitur is. xxxiii, v. 18: ° ubi est litteratus? * pro quo ponit ° sapientem. ubi est verba legis ponderans? * pro quo ponit ° scribam. ubi est doctor parvulorum? * pro quo ponit ° inquisitorem huius saeculi, ' quia parvuli maxime solent instrui de his, quae pertinent ad disciplinam moralis vitae. * deinde cum dicit ° nonne stultam fecit, ' etc., infert conclusionem sub interrogatione, quasi dicat: cum illi qui sapientes mundi reputantur a via salutis defecerint, |275| ° nonne deus sapientiam huius mundi fecit stultam? ' id est, demonstravit esse stultam, dum illi qui hac sapientia pollebant tam stulti inventi sunt ut viam salutis non acciperent. * ier. x, 14 et li, 17: ° stultus factus est omnis homo a scientia sua. * is. xlvii, 10: ° sapientia tua et scientia tua haec decepit te. ' potest autem et aliter intelligi quod dictum est, ac si diceret: ° perdam sapientiam sapientium et prudentiam prudentium reprobabo, ' id est eligam eam in primis meis praedicatoribus, * secundum illud prov. xxx, 1: ° visio quam locutus est vir cum quo est deus; * et infra: ° stultissimus sum virorum, et sapientia hominum non est mecum. ubi sapiens? ' quasi dicat: inter praedicatores fidei non invenitur. * matth. xi, 25: ° abscondisti haec a sapientibus et prudentibus, et revelasti ea parvulis. nonne deus stultam fecit, ' id est demonstravit, ° sapientiam huius mundi? ' faciendo quod ipsis impossibile reputabatur, scilicet dictum esse hominem mortuum resurgere, et alia huiusmodi. * deinde cum dicit ° nam quia in dei sapientia, ' etc., assignat rationem quare |300| per praedicationis stultitiam salventur fideles. * et hoc est quod dictum est, ' quod verbum crucis pereuntibus quidem stultitia est, virtus vero salvationis credentibus; ° nam placuit deo per stultitiam praedicationis, ' id est per praedicationem, quam humana sapientia stultam reputat, ° salvos facere credentes; ' et hoc ideo, quia mundus, id est mundani, non cognoverunt deum per sapientiam ex rebus mundi acceptam, et hoc in dei sapientia. divina enim sapientia faciens mundum, sua iudicia in rebus mundi instruit, * secundum illud eccli. i, 10: ° effudit illam super omnia opera sua; ' ita quod ipsae creaturae, per sapientiam dei factae, se habent ad dei sapientiam, cuius iudicia gerunt, sicut verba hominis ad sapientiam eius quam significant. et sicut discipulus pervenit ad cognoscendum magistri sapientiam per verba quae ab ipso audit, ita homo poterat ad cognoscendum dei sapientiam per creaturas ab ipso factas inspiciendo pervenire, * secundum illud rom. c. i, 20: ° invisibilia dei per ea quae facta sunt, intellecta conspiciuntur. ' sed homo propter sui cordis vanitatem a |325| rectitudine divinae cognitionis deviavit. * unde dicitur io. i, 10: ° in mundo erat, et mundus per ipsum factus est, et mundus eum non cognovit. ' et ideo deus per quaedam alia ad sui cognitionem salutiferam fideles adduxit, quae in ipsis rationibus creaturarum non inveniuntur, propter quod a mundanis hominibus, qui solas humanarum rerum considerant rationes, reputantur stulta. et huiusmodi sunt fidei documenta. et est simile, sicut si aliquis magister considerans sensum suum ab auditoribus non accipi, per verba quae protulit, studet aliis verbis uti, per quae possit manifestare quae habet in corde. * deinde cum dicit ° quoniam et iudaei, ' etc., manifestat probationem praemissorum, et primo quantum ad id, * quod dixerat: ° verbum crucis pereuntibus stultitia est. ' secundo quantum ad id * quod dixerat: ° his qui salvi fiunt, virtus dei est ipsis autem vocatis, ' etc.. circa primum duo facit. primo ponit pereuntium differens studium et intentionem; secundo ex hoc rationem assignat eius |350| quod dixerat, * ibi ° nos autem praedicamus christum. ' pereuntium autem, id est infidelium, quidam erant iudaei, quidam gentiles. dicit ergo: dictum est quod verbum crucis pereuntibus est stultitia, et hoc ideo ° quoniam iudaei signa petunt. ' erant enim iudaei consueti divinitus instrui, * secundum illud deut. c. viii, 5: ° erudivit eum et docuit. ' quae quidem doctrina cum esset a deo per multa mirabilia manifestata, * secundum illud ps. lxxvii, 12: ° fecit mirabilia in terra aegypti, ' et ideo ab afferentibus quamcumque doctrinam signa quaerebant, * secundum illud matth. c. xii, 38: ° magister, volumus a te signum aliquod videre. * et in ps. lxxiii, 9 dicitur: ° signa nostra non vidimus. ' sed ° graeci sapientiam quaerunt, ' utpote in studio sapientiae exercitati, sapientiam dico quae per rationes rerum mundanarum accipitur, * de qua dicitur ier. ix, 23: ° non glorietur sapiens in sapientia. ' per graecos autem omnes gentiles dat intelligere qui a graecis mundanam sapientiam acceperunt. quaerebant igitur sapientiam, volentes omnem doctrinam |375| eis propositam secundum regulam humanae sapientiae iudicare. deinde concludit quare verbum crucis sit eis stultitia, * dicens ° nos autem praedicamus christum crucifixum, * secundum illud infra cap. xi, 26: ° mortem domini annuntiabitis donec veniat. iudaeis scandalum, ' quia scilicet desiderabant virtutem miracula facientem et videbant infirmitatem crucem patientem; * nam, ut dicitur ii cor. ultimo: ° crucifixus est ex infirmitate. gentibus autem stultitiam, ' quia contra rationem humanae sapientiae videtur quod deus moriatur et quod homo iustus et sapiens se voluntarie turpissimae morti exponat. * deinde, cum dicit ° ipsis autem vocatis, * manifestat quod dixerat: ° his autem qui salvi fiunt, virtus dei est. ' et primo manifestat hoc; secundo rationem assignat; * ibi ° quia quod stultum, ' etc.. dicit ergo primo: dictum est quod praedicamus christum crucifixum, iudaeis scandalum et gentibus stultitiam, sed praedicamus |400| christum dei virtutem et dei sapientiam ° ipsis vocatis iudaeis et graecis, ' id est his qui ex iudaeis et gentibus ad fidem christi vocati sunt, qui in cruce christi recognoscunt dei virtutem, per quam et daemones superantur et peccata remittuntur et homines salvantur. * ps. xx, 14: ° exaltare, domine, in virtute tua. ' et hoc dicit contra scandalum iudaeorum, qui de infirmitate christi scandalizabantur et recognoscunt in cruce dei sapientiam, inquantum per crucem convenientissimo modo humanum genus liberat. * sap. ix, 19: ° per sapientiam sanati sunt quicumque placuerunt tibi a principio. ' dicitur autem dei virtus et dei sapientia per quamdam appropriationem. virtus quidem, inquantum per eum pater omnia operatur, * io. i, 3: ° omnia per ipsum facta sunt, ' sapientia vero, inquantum ipsum verbum, quod est filius, nihil est aliud quam sapientia genita vel concepta. * eccli. c. xxiv, 5: ° ego ex ore altissimi prodii primogenita ante omnem creaturam. ' non autem sic est intelligendum, quod |425| deus pater sit fortis et sapiens virtute aut sapientia genita, quia, * ut augustinus probat vi de trinitate, ' sequeretur, quod pater haberet esse a filio, quia hoc est deo esse, quod fortem et sapientem esse. * deinde cum dicit ° quia quod stultum est dei, ' assignat rationem eius quod dixerat, dicens quomodo id, quod est infirmum et stultum possit esse virtus vel sapientia dei, quia ° quod stultum est dei sapientius est hominibus, ' quasi dicat: iam aliquod divinum videtur esse stultum, non quia deficiat a sapientia, sed quia superexcedit sapientiam humanam. homines enim quidam consueverunt stultum reputare quod eorum sensum excedit. * eccli. iii, 25: ° plurima super sensum hominis ostensa sunt tibi. et quod infirmum est dei, fortius est hominibus, ' quia scilicet non dicitur aliquid infirmum in deo per defectum virtutis, sed per excessum humanae virtutis, sicut etiam dicitur invisibilis, inquantum excedit sensum humanum. * sap. xii, 17: ° virtutem ostendis tu qui non crederis esse in virtute consummatus. |450| ' quamvis hoc possit referri ad incarnationis mysterium: quia id quod reputatur stultum et infirmum in deo ex parte naturae assumptae, transcendit omnem sapientiam et virtutem. * ex. xv, 11: ° quis similis tui in fortibus, domine?

lc4 ' Supra ostendit apostolus quod modus docendi, qui est in sapientia verbi, non convenit doctrinae christianae, ratione materiae quae est ipsa crux christi, hic ostendit quod praedictus docendi modus non convenit doctrinae christianae, ratione doctorum, * secundum illud prov. xxvi, 7: ° in derisum est in ore stulti parabola; * et eccli. c. xx, 22: ° ex ore fatui reprobabitur parabola. ' quia igitur primi doctores fidei non fuerunt sapientes sapientia carnali, non erat eis conveniens ut in sapientia verbi docerent. circa hoc ergo duo facit. primo ostendit quomodo primi doctores fidei non fuerunt sapientes sapientia carnali et in rebus humanis defectum patiebantur; secundo ostendit quomodo talis defectus est in eis per christum suppletus, * ibi ° ex ipso autem vos estis. ' circa primum tria facit. primo excludit a fidei primis doctoribus excellentiam saecularem; secundo astruit eorum subiectionem quantum ad saeculum, * ibi ° sed quae |25| stulta sunt mundi; ' tertio rationem assignat, * ibi ° ut non glorietur. ' dicit ergo primo: dictum est ° quod stultum est dei, sapientius est hominibus, ' et hoc considerare potestis in ipsa vestra conversione. ° videte enim, ' id est diligenter considerate, ° vocationem vestram, ' quomodo scilicet vocati estis: non enim per vos ipsos accessistis, sed ab eo vocati estis. * rom. viii, v. 30: ° quos praedestinavit, hos et vocavit. * i petr. ii, 9: ° de tenebris vos vocavit in admirabile lumen suum. ' inducit autem eos ut considerent modum suae vocationis, quantum ad eos per quos vocati sunt, * sicut is. li, 2 dicitur: ° attendite ad abraham patrem vestrum, et ad saram quae genuit vos. ' a quibus vocationis ministris primo excludit sapientiam, * cum dicit ° quia non multi, ' eorum per quos vocati estis, ° sapientes secundum carnem, ' id est in carnali sapientia et terrena. * iac. iii, 15: ° non est ista sapientia desursum descendens, sed terrena, animalis, diabolica. * baruch iii, 23: ° filii agar exquisierunt |50| sapientiam, quae de terra est. * dicit ° non multi, ' quia aliqui pauci erant etiam in sapientia mundana instructi, sicut ipse, et ut barnabas, vel moyses in veteri testamento, * de quo dicitur act. vii, 22, quod ° eruditus erat moyses in omni sapientia aegyptiorum. ' secundo excludit saecularem potentiam, * cum dicit ° non multi potentes, ' scilicet secundum saeculum. * unde et io. vii, 48 dicitur: ° numquid aliquis ex principibus credidit in eum? * et bar. iii, 16 dicitur: ° ubi sunt principes gentium? exterminati sunt, et ad inferos descenderunt. ' tertio excludit excellentiam generis, * cum dicit ° non multi nobiles. ' et aliqui inter eos nobiles fuerunt, sicut ipse paulus, qui in civitate romana se natum dicit, * act. xxii, 25, et rom. ult. de quibusdam dicit ° qui sunt nobiles in apostolis. * deinde, cum dicit ° sed quae stulta sunt, ' etc., ponit e converso eorum abiectionem quantum ad mundum, et primo defectum contrarium sapientiae, * cum dicit ° quae stulta sunt mundi, ' id est, eos qui secundum mundum stulti videbantur, ° elegit deus ' ad |75| praedicationis officium, scilicet piscatores illiteratos, * secundum illud act. iv, 13: ° comperto quod homines essent sine litteris et idiotae, admirabantur. * is. xxxiii, 18: ° ubi est litteratus, ubi verba legis ponderans? ' et hoc ° ut confundat sapientes, ' id est eos qui de sapientia mundi confidunt, dum ipsi non cognoverunt quae sunt simplicibus revelata. * matth. xi, 25: ° abscondisti haec a sapientibus et prudentibus, et revelasti ea parvulis. * is. xix, 12: ° ubi sunt nunc sapientes tui? annuntient tibi. ' secundo ponit defectum contrarium potentiae, * dicens ° et infirma mundi, ' id est homines impotentes secundum mundum, puta rusticos et plebeios, ° elegit deus ' ad praedicationis officium. * in cuius figura dicitur iii reg. xx, 14: ° ego tradens eos in manu tua per pedissequos principum provinciarum; * et prov. ix, 3 dicitur quod " sapientia ° misit ancillas ut vocarent ad arcem. ' in utrisque autem primorum praedicatorum infirmitas designatur. et hoc ideo ° ut confundat fortia, ' id est potentes huius mundi. * is. ii, 17: ° incurvabitur omnis sublimitas hominum, et humiliabitur |100| altitudo virorum. ' tertio ponit defectum contrarium nobilitati, in quo possunt tria considerari. primo quidem claritas generis, quam ipsum nomen nobilitatis designat. * et contra hoc dicit ° et ignobilia mundi, ' id est qui secundum mundum sunt ignobiles. * infra iv, 10: ° vos nobiles, nos autem ignobiles. ' secundo, circa nobilitatem considerantur honor et reverentia quae talibus exhibentur, * et contra hoc dicit ° et contemptibilia, ' id est homines contemptibiles in hoc mundo elegit deus ad praedicationis officium, * secundum illud ps. lxxviii, 4: ° facti sumus opprobrium vicinis nostris, et his qui in circuitu nostro sunt. ' tertio, in nobilitate consideratur magna opinio quam homines de eis habent. * et contra hoc dicit ° et ea quae non sunt, ‘ id est quae non videntur esse in saeculo, elegit deus ad praedicationis officium. * iob xxx, 2: ° quorum virtus manuum erat mihi pro nihilo, et vita ipsa putabantur indigni. ‘ et hoc ideo ° ut destrueret ea quae sunt, ‘ id est eos qui in hoc mundo aliquid esse videntur. * is. xxiii, |125| v. 9: ° dominus exercituum cogitavit hoc, ut detraheret superbiam omnis gloriae, et ad ignominiam deduceret universos inclytos terrae. ‘ deinde assignat causam dictorum dicens: ideo non elegit in saeculo excellentes sed abiectos, ° ut non glorietur omnis caro, ‘ etc., id est ut nullus pro quacumque carnis excellentia glorietur per comparationem ad dominum. * ier. ix, 23: ° non glorietur sapiens in sapientia sua, et non glorietur fortis in fortitudine sua et non glorietur dives in divitiis suis. ‘ ex hoc enim quod deus mundum suae fidei subiecit, non per sublimes in mundo, sive in saeculo, sed per abiectos, non potest gloriari homo quod per aliquam carnalem excellentiam salvatus sit mundus. videretur autem non esse a deo excellentia mundana, si deus ea non uteretur ad suum obsequium. et ideo in principio quidem paucos, postremo vero plures saeculariter excellentes deus elegit ad praedicationis officium. * unde in glossa dicitur, quod ° nisi fideliter praecederet piscator, non humiliter sequeretur orator. ‘ et |150| etiam ad gloriam dei pertinet, dum per abiectos sublimes in saeculo ad se trahit. * deinde cum dicit ° ex ipso autem vos estis, ‘ ne praedicatores fidei tamquam non excellentes, sed abiecti in saeculo contemnerentur, ostendit quomodo deus praedictum defectum in eis supplet. et circa hoc tria facit. primo ostendit cui sit attribuenda salus mundi, quae praedicatorum ministerio facta est, dicens: * dictum est quod ‘ vocati estis non per excellentes sed per abiectos in saeculo, ex quo patet quod vestra conversio non est homini attribuenda sed deo. * et hoc est quod dicit ° ex ipso autem, ‘ id est ex virtute dei, ° vocati estis in christo iesu, ‘ id est ei iuncti et incorporati per gratiam. * eph. ii, v. 10: ° ipsius enim factura sumus, creati in christo iesu in operibus bonis. ‘ deinde ostendit quomodo deus praedictos defectus in praedicatoribus suis supplet per christum. et primo quantum ad defectum sapientiae, * cum dicit ° qui, ‘ scilicet christus, ° factus est nobis ‘ praedicantibus fidem, et, per nos, omnibus fidelibus, ° sapientia, |175| ‘ quia ei inhaerendo, qui est dei sapientia, et participando ipsum per gratiam, sapientes facti sumus. et hoc a deo, qui nobis christum dedit et nos ad ipsum traxit, * secundum illud io. vi, 44: ° nemo potest venire ad me, nisi pater, qui me misit, traxerit eum. * deut. c. iv, 6: ° haec est vestra sapientia et intellectus coram populis. ‘ secundo quantum ad defectum potentiae, * dicit ° et iustitia, ‘ quae propter sui fortitudinem thoraci comparatur * sap. v, 19: ° induet pro thorace iustitiam. ‘ dicitur autem christus nobis factus iustitia, inquantum per eius fidem iustificamur, * secundum illud rom. iii, v. 22: ° iustitia autem dei per fidem christi iesu. ‘ tertio quantum ad defectum nobilitatis * subdit ° et sanctificatio, et redemptio. ‘ sanctificamur enim per christum, inquantum per eum deo coniungimur, in quo consistit vera nobilitas, * secundum illud i reg. ii, 30: ° quicumque honorificaverit me, glorificabo eum, qui autem contemnunt me, erunt ignobiles. * unde dicitur hebr. ult.: ° iesus ut sanctificaret per suum sanguinem populum, |200| extra portam passus est. ‘ factus est autem nobis ° redemptio, ‘ inquantum per ipsum redempti sumus de servitute peccati, in quo vere ignobilitas consistit. * unde in ps. xxx, 6 dicitur: ° redemisti me, deus veritatis. ‘ tertio assignat dictorum causam, * cum dicit ° ut quemadmodum scriptum est, * ier. ix, 23 s., ° qui autem gloriatur, in domino glorietur; * ubi nostra littera habet: ° in hoc glorietur scire et nosse me. ‘ dicit enim: si salus hominis non provenit ex aliqua excellentia humana, sed ex sola virtute divina, non debetur homini gloria, sed deo, * secundum illud ps. cxiii, 1: ° non nobis, domine, non nobis, sed nomini tuo da gloriam. * eccli. ult.: ° danti mihi sapientiam, dabo gloriam.

076 C1C cp2

lc1 ‘ Postquam apostolus ostendit quis sit conveniens modus doctrinae christianae, hic ostendit se illum modum observasse. et circa hoc tria facit: primo ostendit se non fuisse usum apud eos aliqua excellentia saeculari; secundo ostendit apud quos excellentia spirituali utatur, * ibi ° sapientiam autem loquimur inter perfectos, ‘ etc., tertio rationem assignat, * ibi ° quae etiam loquimur, ‘ etc.. circa primum tria facit. primo dicit quod non ostendit apud eos excellentiam saecularis sapientiae; secundo quod non praetendit excellentiam potentiae saecularis, * ibi ° et ego in infirmitate; ‘ tertio non praetendit excellentiam eloquentiae, * ibi ° et sermo meus. ‘ circa primum duo facit. primo proponit quod intendit; secundo rationem assignat, * ibi ° non enim iudicavi. |25| ‘ dicit ergo primo: quia dictum est quod christus misit me evangelizare non in sapientia verbi, et quod non sunt multi sapientes, ° et ego, fratres, ‘ quamvis sapientiam saecularem habeam, * secundum illud ii cor. xi, 6: ° et si imperitus sermone, sed non scientia, cum venissem ad vos, ‘ convertendos ad christum, * ut habetur act. xviii, 1, ° veni annuntians vobis testimonium christi, * secundum illud act. iv, 33: ° virtute magna reddebant apostoli testimonium resurrectionis domini nostri iesu christi, ‘ et hoc ° non in sublimitate sermonis aut sapientiae. ‘ attenditur autem sublimitas sapientiae in consideratione aliquorum sublimium et elevatorum supra rationem et sensum hominum. * eccli. xxiv, 7: ° ego in altissimis habitavi. ‘ sublimitas autem sermonis potest referri vel ad verba significantia sapientiae conceptiones, * secundum illud eccle. ult.: ° verba sapientium quasi stimuli, et quasi clavi in altum defixi, ‘ vel ad modum ratiocinandi per aliquas subtiles vias. nam in graeco habetur logos, quod et verbum et rationem significat, * ut hieronymus dicit. ‘ hoc autem dicit apostolus, |50| quia fidem christi per huiusmodi sublimitates sermonis aut sapientiae confirmare nolebat. * i reg. ii, 3: ° nolite multiplicare sublimia. ‘ deinde huius rationem assignat, * dicens ° non enim iudicavi me scire aliquid, nisi christum iesum. ‘ non enim ad hoc opus erat ut sapientiam ostentaret sed ut demonstraret virtutem, * secundum illud ii cor. iv, 5: ° non enim praedicamus nosmetipsos, sed iesum christum. ‘ et ideo solum utebatur his quae ad demonstrandam virtutem christi pertinebant, existimans se ac si nihil sciret quam iesum christum. * ier. ix, 24: ° in hoc glorietur qui gloriatur, scire et nosse me. ‘ in christo autem iesu, * ut dicitur col. ii, 3, ‘ sunt ° omnes thesauri sapientiae et scientiae ‘ dei ° absconditi, ‘ et quantum ad plenitudinem deitatis et quantum ad plenitudinem sapientiae et gratiae, et etiam quantum ad profundas incarnationis rationes, quae tamen apostolus eis non annuntiavit sed solum ea quae erant manifestiora et inferiora in christo iesu. * et ideo subdit ° et hunc crucifixum, ‘ quasi dicat: sic vobis me exhibui ac si nihil aliud scirem quam crucem christi. * unde gal. ult. dicit: |75| ° mihi absit gloriari, nisi in cruce domini nostri iesu christi. ‘ quia igitur per sapientiam verbi evacuatur crux christi, * ut dictum est ‘ ideo ipse apostolus non venerat in sublimitate sermonis aut sapientiae. * deinde cum dicit ° et ego in infirmitate, ‘ etc., ostendit quod non praetenderit apud eos potentiam, sed potius contrarium et foris et intus. unde quantum ad id quod foris est * dicit ° et ego fui apud vos in infirmitate, ‘ id est tribulationes apud vos patiens. * gal. iv, 11: ° scitis quia per infirmitatem carnis evangelizavi vobis iampridem. * ps. xv, 4: ° multiplicatae sunt infirmitates eorum. ‘ quantum vero ad id quod intus est, * dicit ° et timore, ‘ scilicet de malis imminentibus, ° et tremore, ‘ inquantum scilicet timor interior redundat ad corpus. * ii cor. vii, 5: ° foris pugnae, intus timores. * deinde cum dicit ° et sermo meus, ‘ ostendit quod non praetenderit apud eos excellentiam eloquentiae: et circa hoc tria facit. primo excludit indebitum modum praedicandi, |100| * dicens ° et sermo meus, ‘ quo scilicet privatim et singulariter aliquos instruebam, * eph. iv, v. 29: ° omnis sermo malus ex ore vestro non procedat, sed si quis bonus est ad aedificationem fidei; et praedicatio mea, ‘ qua scilicet publice docebam, ° non fuit in verbis persuasibilibus humanae sapientiae, ‘ id est per rhetoricam, quae componit ad persuadendum. * ut scilicet supra dixit quod ‘ non fuit intentionis quod sua praedicatio niteretur philosophicis rationibus, ita nunc dicit non fuisse suae intentionis niti rhetoricis persuasionibus. * is. c. xxxiii, 19: ° populum impudentem non videbis, populum alti sermonis, ita ut non possis intelligere disertitudinem linguae eius, in quo nulla est sapientia. ‘ secundo ostendit debitum modum quo usus fuit in praedicando, dicens: sermo meus fuit ° in ostensione spiritus et virtutis, ‘ quod quidem potest intelligi dupliciter. uno modo quantum ad hoc quod credentibus praedicationi eius dabatur spiritus sanctus, * secundum illud act. x, 44: ° adhuc loquente petro verba haec, cecidit spiritus sanctus super omnes qui audiebant verbum. ‘ similiter etiam |125| suam praedicationem confirmabat, faciendo virtutes, id est miracula, * secundum illud marc. c. ultimo: ° sermonem confirmante sequentibus signis. * unde gal. iii, 5: ° qui tribuit vobis spiritum, et operatur in vobis. ‘ alio modo potest intelligi quantum ad hoc quod ipse per spiritum loquebatur, quod sublimitas et affluentia doctrinae ostendit. * ii reg. c. xxiii, 2: ° spiritus domini locutus est per me. * et ii cor. iv, 13: ° habentes eumdem spiritum fidei credimus, propter quod et loquimur. ‘ confirmat etiam suam praedicationem, ostendendo in sua conversatione multa opera virtuosa. * i thess. ii, 10: ° vos enim testes estis, et deus, quam sancte et iuste sine querela vobis qui credidistis, affuimus. ‘ tertio assignat rationem dictorum, * dicens ° ut fides vestra non sit in sapientia hominum, ‘ id est non innitatur sapientiae humanae, quae plerumque decipit homines, * secundum illud is. xlvii, 10: ° sapientia tua et scientia tua haec decepit te. sed in virtute dei, ‘ ut scilicet virtuti divinae fides innitatur, et sic non possit deficere. * rom. i, 16: ° non erubesco evangelium, virtus enim dei est in salutem omni |150| credenti. * deinde cum dicit ° sapientiam loquimur, ‘ etc., ostendit apud quos excellentia spiritualis sapientiae utatur. et primo proponit quod intendit; secundo manifestat propositum, * ibi ° sapientiam vero. ‘ dicit ergo: apud vos solum christum crucifixum praedicavi, ° sapientiam autem, ‘ id est profundam doctrinam, ° loquimur inter perfectos. ‘ dicuntur autem aliqui perfecti dupliciter: uno modo, secundum intellectum; alio modo secundum voluntatem. haec enim inter potentias animae sunt propria hominis, et ideo secundum eas oportet hominis perfectionem considerari. dicuntur autem perfecti intellectu illi, quorum mens elevata est super omnia carnalia et sensibilia, qui spiritualia et intelligibilia capere possunt, * de quibus dicitur hebr. c. v, 14: ° perfectorum est solidus cibus, eorum qui per consuetudinem exercitatos habent sensus ad discretionem mali et boni. ‘ perfecti autem secundum voluntatem sunt, quorum voluntas super omnia temporalia elevata soli deo |175| inhaeret et eius praeceptis. * unde matth. v, 48, praepositis dilectionis mandatis, subditur: ° estote perfecti sicut et pater vester caelestis perfectus est. ‘ quia igitur doctrina fidei ad hoc ordinatur, ut fides per dilectionem operetur, * ut habetur gal. v, 6, ‘ necesse est eum qui in doctrina fidei instruitur, non solum secundum intellectum bene disponi ad capiendum et credendum sed etiam secundum voluntatem et affectum bene disponi ad diligendum et operandum. * deinde cum dicit ° sapientiam vero, ‘ etc., exponit qualis sit sapientia de qua mentionem fecit. et primo ponit expositionem; secundo rationem expositionis confirmat, * ibi ° quam nemo principum, ‘ etc.. circa primum duo facit. primo exponit qualis sit ista sapientia per comparationem ad infideles; secundo, per comparationem ad fideles, * ibi ° sed loquimur dei sapientiam, ‘ etc.. dicit ergo primo: dictum est quod sapientiam loquimur inter perfectos. ° sapientiam |200| ‘ vero dico, ° non huius saeculi, ‘ id est de rebus saecularibus, vel quae est per rationes humanas; ° neque ‘ eam ° principum huius saeculi. ‘ et sic separat eam a sapientia mundana, et quantum ad modum et materiam inquirendi, et quantum ad auctores, qui sunt principes huius saeculi; quod potest intelligi de triplici genere principum, secundum triplicem sapientiam humanam. primo possunt dici principes huius saeculi reges et potentes saeculares, * secundum illud ps. ii, 2: ° principes convenerunt in unum adversus dominum et adversus christum eius. ‘ a quibus principibus venit sapientia humanarum legum, per quas res huius mundi in vita humana dispensantur. secundo possunt dici principes daemones. * io. xiv, 30: ° venit princeps mundi huius, et in me non habet quicquam, ‘ etc.. et ab his principibus venit sapientia culturae daemonum, scilicet necromantia, et magicae artes, et huiusmodi. tertio possunt intelligi principes huius saeculi philosophi, qui quasi principes se exhibuerunt hominibus in docendo, * de quibus dicitur is. xix, |225| v. 11: ° stulti principes thaneos, sapientes consiliarii pharaonis. ‘ et ab his principibus processit tota humana philosophia. horum autem principum homines destruuntur per mortem et per amissionem potestatis et auctoritatis: daemones vero non per mortem, sed per amissionem potestatis et auctoritatis, * secundum illud io. xii, 31: ° nunc princeps huius mundi eicietur foras; * de hominibus autem dicitur bar. iii, 16: ° ubi sunt principes gentium? * et postea subdit: ° exterminati sunt et ad inferos descenderunt. ‘ sicut ipsi non sunt stabiles, ita et eorum sapientia non potest esse firma: et ideo non ei innitendum est. * deinde cum dicit ° sed loquimur, ‘ etc., exponit qualis sit sapientia per comparationem ad fideles. et primo describit eam quantum ad materiam vel auctoritatem, * cum dicit ° sed loquimur dei sapientiam, ‘ id est quae est deus et a deo. quamvis enim omnis sapientia a deo sit, * ut dicitur eccli. i, 1, ‘ tamen speciali quodam modo haec sapientia, quae est de deo, est etiam a deo per revelationem, * secundum illud sap. ix, 17: ° sensum autem tuum quis |250| sciet, nisi tu dederis sapientiam et miseris spiritum tuum de altissimis? ‘ secundo ostendit qualitatem eius, * dicens ° in mysterio, quae abscondita est; ‘ haec enim sapientia abscondita est ab hominibus, inquantum hominis intellectum excedit, * secundum illud eccli. iii, 25: ° plurima supra sensum hominis ostensa sunt tibi. * unde dicitur iob c. xxviii, 21: ° abscondita est ab oculis omnium viventium. ‘ et quia modus docendi et doctrinae debet esse conveniens, ideo dicitur quod loquitur eam in ° mysterio, ‘ id est in aliquo occulto, vel verbo vel signo. * infra xiv, 2: ° spiritus loquitur mysteria. ‘ tertio ostendit fructum huius sapientiae, * dicens ° quam deus praedestinavit, ‘ id est praeparavit, ° in gloriam nostram, ‘ id est praedicatorum fidei, quibus ex praedicatione tam altae sapientiae gloria magna debetur, et apud deum, et apud homines. * prov. iii, 35: ° gloriam sapientes possidebunt. * et quod dicit ° in gloriam nostram, ‘ exponendum est omnium fidelium, quorum gloria haec est ut in plena luce cognoscant ea quae nunc |275| in mysterio praedicantur, * secundum illud io. c. xvii, 3: ° haec est vita aeterna ut cognoscant te solum deum verum, et quem misisti iesum christum.

lc2 ‘ Posita expositione de sapientia quam apostolus loquitur inter perfectos, hic rationem assignat expositionis praedictae, et primo quantum ad hoc, quod eam descripserat per comparationem ad infideles; secundo, quantum ad hoc quod eam descripserat per comparationem ad fideles, * ibi ° nobis autem revelavit deus. ‘ circa primum duo facit. primo proponit quod intendit; secundo probat propositum, * ibi ° si enim cognovissent. ‘ dicit ergo primo: dictum est quod sapientia quam loquimur non est ° principum huius saeculi, ‘ haec enim sapientia est, ° quam nemo principum huius saeculi cognovit, ‘ quod verum est, de quibuscumque principibus intelligatur. saeculares enim principes hanc sapientiam non cognoverunt, quia excedit rationem humani regiminis. * iob xii, 24: ° qui immutat cor principum populi terrae, et decipit eos, ut frustra incedant per invium. ‘ philosophi etiam eam non cognoverunt, quia excedit rationem humanam. * unde dicitur bar. c. iii, 23: ° exquisitores prudentiae et scientiae viam sapientiae nescierunt. ‘ daemones etiam eam non cognoscunt, quia excedit omnem creatam sapientiam. * unde dicitur iob xxviii, 21: ° volucres caeli quoque latent. perditio et mors dixerunt: auribus nostris audivimus famam eius. * deinde cum dicit ° si enim cognovissent, ‘ etc., probat quod dixerat, et primo quidem probat per signum quod non cognoverunt principes dei sapientiam, secundum quod est in se abscondita. secundo probat per auctoritatem, quod non cognoverunt eam, secundum quod praeparata est in gloriam nostram, * ibi ° sicut scriptum est. ‘ dicit ergo primo: recte dico, quod principes huius saeculi dei sapientiam non cognoverunt, ° si enim cognovissent ‘ dei sapientiam, cognovissent utique christum esse deum, qui in hac sapientia continetur, quo cognito, ° numquam crucifixissent deum gloriae, ‘ id est, ipsum christum dominum dantem gloriam suis, * secundum illud ps. xxiii, v. 10: ° dominus virtutum ipse est rex gloriae; * et hebr. ii, 10: ° qui multos filios in gloriam adduxerat. ‘ cum enim creaturae rationali sit naturaliter appetibilis gloria, non potest in voluntatem humanam cadere, quod auctorem gloriae interimat. quod autem principes crucifixerunt iesum christum, certum est, si intelligatur de principibus qui potestatem habent inter homines. * dicitur enim in ps. ii, 2: ° astiterunt reges terrae, et principes convenerunt in unum adversus dominum, et adversus christum eius, * quod act. iv, 27 exponitur ‘ de herode et pilato, et principibus iudaeorum qui consenserunt in mortem christi. sed etiam daemones operati sunt in mortem christi, persuadendo, * secundum illud io. xiii, 2: ° cum diabolus iam misisset in cor ut eum traderet, ‘ etc.. sed et pharisaei, et scribae in lege periti, qui studium sapientiae dabant, operati sunt ad mortem christi instigando et approbando. * sed circa hoc duplex oritur dubitatio, quarum prima est de hoc quod dicit “ deum gloriae crucifixum. non enim divinitas christi aliquid pati potuit, secundum quam dicitur christus dominus gloriae. ‘ sed dicendum quod christus est una persona et hypostasis in utraque natura consistens, divina scilicet et humana. unde potest utriusque naturae nomine designari, et quocumque nomine significetur, potest praedicari de eo id quod est utriusque naturae, quia utrique non supponitur nisi una hypostasis. et per hunc modum possumus dicere quod homo creavit stellas, et quod dominus gloriae est crucifixus, et tamen non creavit stellas secundum quod homo, sed secundum quod deus, nec est crucifixus secundum quod est deus, sed inquantum homo. * unde ex hoc verbo destruitur error nestorii, qui dixerat “ unam naturam esse in christo, dei et hominis, ‘ quia secundum hoc nullo modo posset verificari quod dominus gloriae sit crucifixus. * secunda dubitatio est de hoc quod videtur supponere, quod “ principes iudaeorum vel daemones non cognoverunt christum esse deum. et quidem, quantum ad principes iudaeorum, videtur hoc astrui per hoc quod dicit petrus, * act. iii, 17: ° scio quia per ignorantiam hoc feceritis, sicut et principes vestri. * videtur autem esse contrarium quod dicitur matth. xxi, 38: ° agricolae videntes filium, dixerunt intra se: hic est haeres, venite, occidamus eum; * quod exponens chrysostomus dicit: ° manifeste dominus probat his verbis iudaeorum principes non per ignorantiam, sed per invidiam dei filium crucifixisse. * solvitur in glossa quod ° sciebant, ‘ principes iudaeorum, ° eum esse qui promissus erat in lege, non tamen mysterium eius quod filius dei erat, neque sciebant sacramentum incarnationis et redemptionis. * sed contra hoc esse videtur quod chrysostomus dicit quod ° cognoverunt eum esse filium dei. ‘ dicendum est ergo quod principes iudaeorum pro certo sciebant eum esse christum promissum in lege, quod populus ignorabat. ipsum autem esse verum filium dei non pro certo sciebant, sed aliqualiter coniecturabant; sed haec coniecturalis cognitio obscurabatur in eis ex invidia et ex cupiditate propriae gloriae, quam per excellentiam christi minui videbant. * similiter etiam videtur esse de daemonibus dubitatio. dicitur enim mc. i, 23 ss. et lc. iv, 34, quod “ daemonium clamavit, dicens: scio quod sis sanctus dei. et ne hoc praesumptioni daemonum ascribatur, qui se iactabant scire quod nesciebant, eorum notitia quam habebant de christo per ipsos evangelistas asseritur. * in marco quidem sic scribitur: ° non sinebat ea loqui, ‘ scilicet daemonia, ° quoniam sciebant eum christum esse. * et lucas dicit: ° increpans non sinebat ea loqui quia sciebant eum esse christum. * et ad hoc respondetur in libro de quaestionibus novi et veteris testamenti, quod “ daemonia sciebant ipsum esse, qui per legem fuit repromissus, quia omnia signa videbant in eo quae dixerunt prophetae, mysterium autem divinitatis eius ignorabant. * sed contra hoc videtur esse quod athanasius dicit, quod “ daemonia dicebant christum esse sanctum dei, quasi singulariter sanctum: ipse enim naturaliter est sanctus cuius participatione omnes alii sancti vocantur. ‘ dicendum est autem quod, * sicut chrysostomus dicit, “ non habebant adventus dei firmam et certam notitiam, sed quasdam coniecturas. * unde augustinus dicit in ix de civitate dei quod “ innotuit daemonibus, ° non per id quod est vita aeterna, sed per quaedam temporalia sua virtute effecta. * deinde cum dicit ° sed sicut scriptum est, ‘ probat per auctoritatem quod principes huius saeculi dei sapientiam non cognoverunt, quantum ad hoc quod praedestinata est in gloriam fidelium, * dicens: ° sed sicut scriptum est * is. lxiv, 4, ubi littera nostra habet: ° oculus non vidit, deus, absque te, quae praeparasti his qui diligunt te. ‘ ostenditur autem illa gloria visionis aperte ab hominibus ignorari dupliciter. primo quidem quod non subiacet humanis sensibus, a quibus omnis humana cognitio initium sumit. et ponit duos sensus. primo visionis quae deservit inventioni, * cum dicit ° oculus non vidit, * iob xxviii, 7: ° semitam eius ignoravit avis, nec intuitus est eam oculus vulturis. ‘ et hoc ideo, quia non est aliquid coloratum et visibile. secundo ponit sensum auditus, qui deservit disciplinae, * dicens ° nec auris audivit, ‘ scilicet ipsam gloriam, quia non est sonus aut vox sensibilis. * io. v, v. 37: ° neque speciem eius vidistis, neque vocem eius audistis. ‘ deinde excludit notitiam eius intellectualem, * cum dicit ° neque in cor hominis ascendit. ‘ quod quidem potest intelligi: uno modo ut ascendere in cor hominis dicatur quidquid quocumque modo cognoscitur ab homine, * secundum illud ier. ii, v. 50: ° ierusalem ascendat super cor vestrum: ‘ et sic oporteat, quod cor hominis accipiatur pro corde hominis carnalis, * secundum illud quod dicitur infra iii, 3: ° cum sint inter vos zelus et contentio, nonne carnales estis, et secundum hominem ambulatis? ‘ est ergo sensus quod illa gloria non solum sensu non percipitur, sed nec corde hominis carnalis, * secundum illud io. xiv, 17: ° quem mundus non potest accipere, quia non videt eum, nec scit eum. ‘ alio modo potest exponi secundum quod proprie dicitur in cor hominis ascendere id quod ab inferiori pervenit ad hominis intellectum, puta a sensibilibus, * de quibus prius fecerat mentionem. ‘ res enim sunt in intellectu secundum modum eius; res igitur inferiores sunt in intellectu altiori modo quam in seipsis. et ideo quando ab intellectu capiuntur, quodammodo in cor ascendunt. * unde dicitur is. lxv, 17: ° non erunt in memoria priora, nec ascendent super cor. ‘ illa vero quae sunt in intellectu superiora, altiori modo sunt in seipsis quam in intellectu. et ideo quando ab intellectu capiuntur, quodammodo descendunt. * iac. i, v. 17: ° omne donum perfectum desursum est descendens a patre luminum. ‘ quia igitur illius gloriae notitia non accipitur a sensibilibus, sed ex revelatione divina, * ideo signanter dicit ° nec in cor hominis ascendit, ‘ sed descendit, id scilicet quod ° praeparavit deus, ‘ id est, praedestinavit, ° diligentibus se, ‘ quia essentiale praemium aeternae gloriae charitati debetur, * secundum illud io. c. xiv, 21: ° si quis diligit me diligetur a patre meo, et ego diligam eum et manifestabo ei meipsum, ‘ in quo perfectio aeternae gloriae consistit; * et iob xxxvi, 33: ° annuntiat de ea, ‘ id est de luce gloriae, ° amico suo quod possessio eius sit. ‘ caeterae autem virtutes accipiunt efficaciam merendi vitam aeternam, inquantum informantur charitate. * deinde cum dicit ° nobis autem, ‘ etc., probat praedictam expositionem de sapientia divina per comparationem ad fideles. et primo proponit quod intendit; secundo probat propositum, * ibi ° spiritus enim. ‘ dicit ergo primo: dictum est quod sapientiam dei nemo principum huius saeculi cognovit, ° nobis autem deus revelavit per spiritum suum, ‘ quem scilicet nobis misit, * secundum illud io. xiv, 26: ° paracletus autem spiritus sanctus, quem mittet pater in nomine meo, ille vos docebit omnia, * iob c. xxxii, 8: ° inspiratio omnipotentis dat intelligentiam. ‘ quia enim spiritus sanctus est spiritus veritatis, utpote a filio procedens, qui est veritas patris, his quibus mittitur inspirat veritatem, sicut et filius a patre missus notificat patrem, * secundum illud matth. xi, 27: ° nemo novit patrem nisi filius, et cui voluerit filius revelare. * deinde cum dicit ° spiritus enim, ‘ probat quod dixerat, scilicet quod per spiritum sanctum sit sapientia fidelibus revelata. et primo ostendit quod spiritus sanctus ad hoc sit efficax; secundo probat quod hoc in discipulis christi fecerat, * ibi ° nos autem. ‘ circa primum duo facit. primo proponit quod intendit; secundo manifestat propositum, * ibi ° quis enim scit hominum, ‘ etc.. dicit ergo primo: dictum est quod per spiritum sanctum revelavit nobis deus suam sapientiam, et hoc fieri potuit: ° spiritus enim ‘ sanctus ° omnia scrutatur. ‘ quod non est sic intelligendum, quasi inquirendo quomodo fiant, sed quia perfecte et etiam intima quarumlibet rerum novit, sicut homo quod aliquando diligenter scrutatur. * unde dicitur sap. vii, 22 s. quod ° spiritus intelligentiae sanctus est, omnia prospiciens, et qui capiat omnes spiritus intelligibiles, mundos, subtiles, ‘ et non solum res creatas, sed ° etiam profunda dei ‘ perfecte cognoscit. dicuntur autem profunda ea quae in ipso latent, et non ea quae de ipso per creaturas cognoscuntur, quae quasi superficie tenus videntur esse, * secundum illud sap. xiii, 5: ° a magnitudine speciei et creaturae cognoscibiliter poterit creator eorum videri. * deinde, cum dicit ° quis enim scit hominum, ‘ probat quod dixerat de spiritu dei per similitudinem humani spiritus, * dicens ° quis enim scit hominum ea quae sunt hominis, ‘ id est, ea quae latent in corde, ° nisi spiritus hominis, qui in eo est, ‘ id est, intellectus? et ideo quae interius latent, videri non possunt. * signanter autem dicit ° quis hominum, ‘ ne ab horum cognitione etiam deus videatur excludi; * dicitur enim ier. xvii, 9: ° pravum est cor hominis, et quis cognoscet illud? ego deus probans corda et scrutans renes, ‘ quia scilicet secretorum cordis solus deus est cognitor. manifesta autem est ratio quare homo ea quae in corde alterius latent scire non potest, quia cognitio hominis a sensu accipitur, et ideo ea quae sunt in corde alterius, homo cognoscere non potest, nisi quatenus per signa sensibilia manifestantur, * secundum illud i reg. xvi, 7: ° homo videt quae foris patent, deus autem intuetur cor. ‘ sed nec angelus bonus, nec malus ea quae in corde hominis latent scire potest, nisi inquantum per aliquos effectus manifestantur, cuius ratio accipi potest * ex ipso verbo apostoli, qui dicit ‘ ea ratione spiritum hominis cognoscere quae in corde hominis latent quia in ipso homine est; angelus autem, neque bonus neque malus, illabitur menti humanae, ut in ipso corde hominis sit et intrinsecus operetur, sed hoc solius dei proprium est. unde solus deus est conscius secretorum cordis hominis, * secundum illud iob xvi, 20: ° ecce in caelo testis meus, et in excelsis conscius meus. ‘ secundo similitudinem adaptat ad spiritum dei, * dicens ° ita et quae dei sunt, ‘ id est, quae in ipso deo latent, ° nemo cognoscit, nisi spiritus dei, * secundum illud iob c. xxxvi, 26: ° ecce deus magnus vincens scientiam nostram. ‘ sed sicut ea quae sunt in corde unius hominis alteri manifestantur per sensibilia signa, ita ea quae sunt dei possunt esse nota homini per sensibiles effectus, * secundum illud sap. xiii, 5: ° a magnitudine speciei et creaturae, ‘ etc.. sed spiritus sanctus, qui est in ipso deo, utpote patri et filio consubstantialis, secreta divinitatis per seipsum videt, * secundum illud sap. vii, 22: ° est enim in illa, ‘ scilicet dei sapientia, ° et spiritus intelligentiae ‘ sanctus, omnem habens virtutem, omnia prospiciens. * deinde, cum dicit ° nos autem, ‘ etc., ostendit quomodo cognitio spiritus sancti percipiatur, dicens: licet nullus hominum per se possit scire quae sunt dei, ° nos autem, ‘ spiritu sancto scilicet repleti, ° non accepimus spiritum huius mundi, sed spiritum qui a deo est. ‘ nomine autem spiritus vis quaedam vitalis et cognitiva et motiva intelligitur. spiritus ergo huius mundi potest dici sapientia huius mundi, et amor mundi, quo impellitur homo ad agendum ea quae mundi sunt; hunc autem spiritum sancti apostoli non receperunt, mundum abiicientes et contemnentes, sed receperunt spiritum sanctum, quo corda eorum illuminata sunt et inflammata ad amorem dei, * secundum illud io. xiv, 26: ° paracletus autem spiritus sanctus, quem mittet pater in nomine meo, * etc., et num. xiv, 24: ° servum meum caleb, qui plenus est alio spiritu, et secutus est me, introducam in terram hanc. ‘ spiritus autem huius mundi errare facit, * secundum illud is. xix, 3: ° dirumpetur spiritus aegypti in visceribus eius, et consilium eius praecipitabo. ‘ ex divino autem spiritu eius consecuti sumus, ° ut sciamus quae a deo data sunt nobis, ‘ ut sciamus de rebus divinis quantum unicuique deus donavit: * quia, sicut dicitur eph. iv, 7, ° unicuique data est gratia secundum mensuram donationis christi. ‘ vel potest intelligi spiritum dei donatum sanctis, ut dona spiritualia cognoscant, quae, non habentes, eumdem spiritum ignorant, * secundum illud apoc. ii, 17: ° vincenti dabo manna absconditum, quod nemo scit, nisi qui accipit. ‘ ex hoc autem accipi potest, quod sicut ° nemo novit patrem nisi filius, et cui voluerit filius revelare, * ut dicitur matth. xi, 27: ‘ ita nemo novit quae sunt dei patris et filii, nisi spiritus sanctus et qui ipsum acceperunt: et hoc ideo, quia sicut filius consubstantialis est patri, ita spiritus sanctus patri et filio.

lc3 * Dixerat supra apostolus ° sapientiam loquimur inter perfectos. ‘ postquam ergo manifestavit qualis sit haec sapientia, quia mundanis hominibus incognita, cognita autem sanctis, hic manifestat qua ratione hanc sapientiam sancti inter perfectos loquuntur. et primo proponit quod intendit; secundo assignat rationem, * ibi ° animalis autem homo, ‘ etc.. circa primum, primo proponit revelatorum manifestationem, dicens: dictum est quod spiritum dei accepimus, ut sciamus quae a deo donata sunt nobis, ° quae ‘ scilicet nobis per spiritum revelata sunt, ° loquimur. ‘ sunt enim eis revelata ad utilitatem. * unde et act. ii, 4: ° repleti sunt omnes spiritu sancto, et coeperunt loqui. ‘ secundo tangit modum enarrandi, excludens modum inconvenientem, * dicens ° non in doctis humanae sapientiae verbis, ‘ id est, non nitimur ad probandam nostram doctrinam per verba composita ex humana sapientia, sive quantum ad ornatum verborum, sive quantum ad subtilitatem rationum. * is. xxxiii, v. 19: ° populum alti sermonis non videbis. ‘ astruit enim modum convenientem, * cum dicit ° sed in doctrina spiritus, ‘ id est, prout spiritus sanctus nos loquentes interius docet, et auditorum corda ad capiendum illustrat. * io. xvi, 13: ° cum venerit ille spiritus veritatis, docebit vos omnem veritatem. ‘ tertio determinat auditores, * dicens ° spiritualibus spiritualia comparantes, ‘ quasi dicat: recta comparatione spiritualia documenta tradimus spiritualibus viris, quibus sunt convenientia. * ii tim. ii, 2: ° haec commenda fidelibus viris, qui idonei erunt et alios docere. ‘ eosdem autem hic nominat spirituales, quos supra perfectos, quia per spiritum sanctum homines perficiuntur in virtute, * secundum illud ps. xxxii, 6: ° spiritu oris eius omnis virtus eorum. * deinde, cum dicit ° animalis, ‘ etc., assignat rationem dictorum, et primo ostendit quare spiritualia non sunt tradenda animalibus hominibus; secundo quare sunt tradenda spiritualibus, * ibi ° spiritualis, ‘ etc.. |50| circa primum duo facit. primo ponit rationem; secundo manifestat eam, * ibi ° stultitia enim, ‘ etc.. ratio ergo talis est: nulli sunt tradenda documenta quae capere non potest, sed homines animales non possunt capere spiritualia documenta; ergo non sunt eis tradenda. * hoc est ergo quod dicit ° animalis homo, ‘ etc.. et ideo recta ratione non possunt tradi eis. ubi primo considerandum est quis homo dicatur animalis. est ergo considerandum quod anima est forma corporis. unde propriae animae intelliguntur illae vires quae sunt actus corporalium organorum, scilicet vires sensitivae. dicuntur ergo homines animales qui huiusmodi vires sequuntur, inter quas est vis apprehensiva, et appetitiva, et ideo potest dici homo dupliciter animalis. uno modo quantum ad vim apprehensivam, et hic dicitur animalis sensu, “ qui, * sicut dicitur in glossa, “ de deo iuxta corporum phantasiam vel legis litteram, vel rationem philosophicam iudicat, quae secundum |75| vires sensitivas accipiuntur. ‘ alio modo dicitur quis animalis quantum ad vim appetitivam, qui scilicet afficitur solum ad ea quae sunt secundum appetitum sensitivum, et talis dicitur animalis vita, qui, * sicut dicitur in glossa, “ sequitur dissolutam lasciviam animae suae, quam intra naturalis ordinis metas spiritus rector non continet. * unde dicitur in canonica iudae v. 19: ° hi sunt qui segregant semetipsos, animales spiritum non habentes. ‘ secundo autem videndum quare tales ° non possunt percipere ea quae sunt spiritus dei: ‘ quod quidem manifestum est, et quantum ad animalem sensum, et quantum ad animalem vitam. ea enim de quibus spiritus sanctus illustrat mentem, sunt supra sensum et rationem humanam, * secundum illud eccli. iii, 25: ° plura supra sensum hominis ostensa sunt tibi, ‘ et ideo ab eo capi non possunt, qui soli cognitioni sensitivae innititur. spiritus etiam sanctus accendit affectum ad diligendum spiritualia bona, sensibilibus bonis contemptis, et ideo ille qui est animalis vitae, non potest capere huiusmodi |100| spiritualia bona, * quia philosophus dicit in iv ethic. quod “ qualis unusquisque est, talis finis videtur ei. * prov. xviii, 2: ° non recipit stultus verba prudentiae, nisi ei dixeris quae versantur in corde eius. * eccli. xxii, 9: ° cum dormiente loquitur, qui narrat sapientiam stulto. * deinde, cum dicit ° stultitia enim, ‘ etc., manifestat quod dixerat per signum; cum enim aliquis aliqua sapienter dicta reprobat quasi stulta, signum est quod ea non capiat. quia igitur animalis homo ea quae sunt spiritus dei reputat stulta, ex hoc manifestatur quod ea non capit. * et hoc est quod dicit ° stultitia enim est illi, ‘ scilicet animali. iudicat enim esse stulta quae secundum spiritum dei aguntur. * eccle. x, 3: ° in via stultus ambulans, cum ipse sit insipiens, omnes stultos aestimat. ‘ quod autem homini animali quae secundum spiritum sunt videantur stulta, non procedit ex rectitudine sensus: sicut sapientes aliqua iudicant esse stulta quae stultis videntur sapientia propter defectum intellectus; quia homo sensui deditus non potest intelligere |125| ea quae supra sensum sunt, et homo carnalibus affectus non intelligit esse bonum, nisi quod est delectabile secundum carnem. * et hoc est quod sequitur ° et non potest intelligere, * ps. lxxxi, 5: ° nescierunt neque intellexerunt, in tenebris ambulant. ‘ quare autem non possit intelligere, * ostendit subdens ° quia spiritualiter examinatur, ‘ id est, spiritualium examinatio fit spiritualiter. numquam enim inferior potest examinare et iudicare ea quae sunt superioris, sicut sensus non potest examinare ea quae sunt intellectus. et similiter, neque sensus, neque ratio humana potest iudicare ea quae sunt spiritus dei. et ita relinquitur quod huiusmodi solo spiritu sancto examinantur, * secundum illud ps. xvii, 31: ° eloquia domini igne examinata, ‘ probata scilicet a spiritu sancto. quia ergo animalis homo caret spiritu sancto, non potest spiritualia examinare, et per consequens nec ea intelligere. * deinde, cum dicit ° spiritualis autem iudicat omnia, ‘ etc., assignat rationem quare spiritualibus spiritualia tradantur, et |150| primo ponit rationem; secundo manifestat causam, * ibi ° quis enim novit. ‘ assignat autem talem rationem: illi tradenda sunt spiritualia qui potest iudicare, * secundum illud iob xii, 11: ° auris verba diiudicat; ‘ sed spiritualis est huiusmodi, ergo ei spiritualia sunt tradenda. * et hoc est quod dicit ° spiritualis autem diiudicat omnia, et ipse a nemine iudicatur. ‘ ubi primo videndum est quis homo dicatur spiritualis. est autem notandum quod spiritus nominare consuevimus substantias incorporeas; quia igitur aliqua pars animae est quae non est alicuius organi corporei actus, scilicet pars intellectiva comprehendens intellectum et voluntatem, huiusmodi pars animae spiritus hominis dicitur, quae tamen a spiritu dei et illuminatur secundum intellectum, et inflammatur secundum affectum et voluntatem. dupliciter ergo dicitur homo spiritualis. uno modo ex parte intellectus, spiritu dei illustrante. * et secundum hoc in glossa dicitur quod “ homo spiritualis est, |175| qui, spiritui dei subiectus, certissime ac fideliter spiritualia cognoscit. ‘ alio modo ex parte voluntatis, spiritu dei inflammante: * et hoc modo dicitur in glossa quod “ spiritualis vita est, qua spiritum dei habens rectorem animam regit, id est animales vires. * gal. ult.: ° vos qui spirituales estis, instruite huiusmodi, ‘ etc.. secundo considerandum est quare spiritualis diiudicat omnia, et ipse a nemine iudicatur. ubi notandum est quod in omnibus ille qui recte se habet, rectum iudicium habet circa singula. ille autem qui in se rectitudinis defectum patitur, deficit etiam in iudicando: vigilans enim recte iudicat et se vigilare et alium dormire; sed dormiens non habet rectum iudicium de se, nec de vigilante. unde non sunt res tales quales videntur dormienti, sed quales videntur vigilanti. et eadem ratio est de sano et infirmo circa iudicium saporum, et de debili et forti circa iudicium ponderum, et virtuoso et vitioso circa agibilia. * unde et philosophus dicit in v ethicorum quod “ virtuosus est regula et |200| mensura omnium humanorum, quia scilicet in rebus humanis talia sunt singularia, qualia virtuosus iudicat ea esse. ‘ et secundum hunc modum apostolus hic * dicit quod ° spiritualis iudicat omnia, ‘ quia scilicet homo habens intellectum illustratum et affectum ordinatum per spiritum sanctum, de singulis quae pertinent ad salutem, rectum iudicium habet. ille autem qui non est spiritualis habet etiam intellectum obscuratum et affectum inordinatum circa spiritualia bona, et ideo ab homine non spirituali, spiritualis homo iudicari non potest, sicut nec vigilans a dormiente. * quantum ergo ad primum horum dicitur sap. iii, 8 quod ° iudicabunt iusti nationes. * quantum ad secundum dicitur infra iv, 3: ° mihi pro minimo est, ut a vobis iudicer, aut ab humano die. * deinde cum dicit ° quis enim novit, ‘ etc., manifestat rationem inductam. et primo inducit auctoritatem; secundo adaptat ad propositum, * ibi ° nos autem, ‘ etc.. |225| est autem considerandum quod ad hoc quod aliquis possit de aliquo homine iudicare, duo requiruntur. primo ut iudicans cognoscat ea quae sunt iudicati, * quia, ut dicitur i ethic.: ° unusquisque bene iudicat quae cognoscit, et horum est optimus iudex. ‘ ex quo patet quod sensum, id est sapientiam dei omnia iudicantem, nullus possit diiudicare. * ideo dicit ° quis enim novit sensum domini? ‘ quasi dicat: nullus: quia sapientia dei excedit omnem cupiditatem hominis. * eccli. i, 3: ° sapientiam dei praecedentem omnia quis investigavit? * sap. ix, 17: ° sensum autem tuum quis scire poterit, nisi tu dederis sapientiam? ‘ secundo requiritur quod iudicans sit superior iudicato. unde dominus habet iudicium de servo, magister de discipulo. ex quo etiam patet quod nullus potest sensum dei iudicare. * propter quod sequitur ° aut quis instruxit eum? ‘ quasi dicat: nullus. non enim habet scientiam ab aliquo acceptam, sed potius fontem omnis scientiae. * iob xxvi, 3: ° cui dedisti consilium? forsitan ei qui non habet |250| sapientiam? * videntur autem verba haec assumpta ex eo quod dicitur is. xl, 13: ° quis adiuvit spiritum domini, aut quis consiliarius eius fuit et ostendit illi? cum quo iniit consilium et instruxit eum? ‘ deinde adaptat quod dixerat ad propositum, * dicens ° nos autem, ‘ scilicet spirituales viri, ° sensum christi habemus, ‘ idest, recipimus in nobis sapientiam christi ad iudicandum. * eccli. xvii, 6: ° creavit illis scientiam spiritus, sensu adimplevit corda illorum. * lc. ult. dicitur quod ‘ aperuit illis sensum, ut intelligerent scripturas, et ita, quia sensus christi diiudicari non potest, conveniens est quod spiritualis, qui sensum christi habet, a nemine iudicetur.

076 C1C cp3

lc1 ‘ Supra apostolus ostenderat contentionem et divisionem corinthiorum, qui propter ministros christi, a quibus baptizati et docti erant, ad invicem disceptabant; hic incipit eorum iudicium quod habebant de ministris improbare, ex quo iudicio contentiones in eis procedebant. et circa hoc duo facit. primo improbat eorum iudicium quantum ad hoc quod quibusdam ministrorum, de quibus gloriabantur, plus attribuebant quam deberent; secundo, quantum ad hoc quod alios christi ministros contemnebant, * iv cap., ibi ° sic nos existimet homo. ‘ circa primum duo facit. primo ostendit detrimentum quod patiebantur propter contentiones ex perverso iudicio provenientes; secundo improbat eorum perversum iudicium, * ibi ° quid igitur est apollo? ‘ circa primum duo facit. primo ponit detrimentum quod hactenus passi erant propter eorum defectum; |25| secundo ostendit quod adhuc idem patiuntur, * ibi ° sed nec nunc quidem. ‘ circa primum tria facit. primo ponit detrimentum quod hactenus passi erant propter eorum defectum. * dixerat enim supra quod ‘ apostoli quidem spiritualia documenta spiritualibus tradebant, quae animales homines percipere non poterant: quod eis adaptat, * dicens ° et ego, fratres, ‘ qui scilicet inter alios apostolos spiritualibus spiritualia loquor, ° non potui, ‘ scilicet convenienter, ° vobis loqui quasi spiritualibus, ‘ ut scilicet traderem vobis spiritualia documenta, ° sed quasi carnalibus, ‘ scilicet locutus sum vobis. eosdem enim carnales dicit quos supra animales, quibus oportet tradi ea quae sunt infirmitati eorum accommoda. * is. xxviii, 9: ° quem docebit scientiam, et quem intelligere faciet auditum? ablactatos a lacte, avulsos ab uberibus, ‘ id est, carnali conversatione et sensu. secundo adhibet similitudinem, dicens ° tamquam parvulis in christo, ‘ id est, parum adhuc introductis in perfectam doctrinam fidei, quae spiritualibus debetur. * hebr. |50| c. v, 13: ° omnis qui lactis est particeps, expers est sermonis iustitiae; parvulus enim est: perfectorum autem est solidus cibus. ‘ tertio rationem assignat, ne credatur ex invidia eis spiritualem doctrinam subtraxisse, * contra quod dicitur sap. vii, 13: ° quam sine fictione didici, et sine invidia communico. * unde subditur ° nondum enim poteratis, ‘ quasi dicat: non subtraxi vobis escam propter meam invidiam, sed propter vestram impotentiam, quia verba spiritualia ° nondum ‘ bene ° poteratis ‘ capere, * secundum illud io. xvi, v. 12: ° adhuc multa habeo vobis dicere, sed non potestis portare modo. * deinde, cum dicit ° sed nec nunc quidem potestis, ‘ ostendit quod adhuc idem detrimentum patiuntur. et primo quidem ponit impotentiam cui adhuc subiacebant, * dicens ° sed nec nunc quidem potestis, ‘ quasi dicat: quod a principio perfectam doctrinam capere non poteratis, non mirum fuit, quia hoc nescire vestrae novitati competebat, * secundum illud i petr. c. ii, 2: ° sicut modo geniti infantes lac concupiscite. ‘ sed hoc videtur esse culpabile, |75| quod post tantum tempus in quo proficere debuistis, eamdem impotentiam retinetis, * secundum illud hebr. v, 12: ° cum deberetis magistri esse propter tempus, rursus indigetis doceri, quae sunt elementa sermonum dei. ‘ secundo assignat praedictae impotentiae rationem, * dicens ° adhuc enim carnales estis, ‘ scilicet vita et sensu. et ideo ea quae sunt spiritus capere non potestis, sed sapitis ea quae sunt carnis, * secundum illud rom. viii, 5: ° qui secundum carnem sunt, quae carnis sunt sapiunt. ‘ tertio ponit rationem probationis inductae, * dicens ° cum enim inter vos sit zelus et contentio, nonne carnales estis, et secundum hominem ambulatis? ‘ ubi considerandum est quod recte coniungit zelum et contentionem, quia zelus, id est invidia, est contentionis materia. invidus enim tristatur de bono alterius, quod ille nititur promovere, et ex hoc sequitur contentio. * unde iac. iii, 16: ° ubi zelus et contentio, ibi inconstantia et omne opus pravum. ‘ et similiter e converso charitas, per |100| quam quis diligit bonum alterius, est materia pacis. secundo considerandum est quod zelus et contentio non habent locum nisi in carnalibus hominibus, quia ipsi circa bona corporalia afficiuntur, quae simul a pluribus integre possideri non possunt. et ideo, propter hoc quod aliquis aliquod bonum corporale possidet, alius impeditur a plena possessione illius, et ex hoc sequitur invidia, et per consequens contentio. sed spiritualia bona, quibus spirituales afficiuntur, simul a pluribus possideri possunt, et ideo bonum unius non est alterius impedimentum, et propter hoc in talibus nec invidia, nec contentio locum habet. * unde sap. vii, 13: ° sine invidia communico. ‘ tertio considerandum est quare homines carnales dicit secundum hominem ambulare, cum tamen homo ex spiritu et carne componatur, quia naturae humanae consonum est, ut spiritus cognitionem a sensibus carnis accipiat. unde consequenter affectus rationis humanae secundum ea quae sunt carnis movetur, nisi spiritus hominis per |125| spiritum dei supra hominem elevetur. * unde dicitur eccli. xxxiv, 6: ° sicut parturientis, cor tuum phantasias patitur, nisi ab altissimo fuerit emissa visitatio. ‘ est ergo sensus ° secundum hominem, ‘ id est, secundum naturam humanam sibi a dei spiritu derelictam, * sicut et in ps. iv, 3 dicitur: ° filii hominum, usquequo gravi corde, ut quid diligitis vanitatem et quaeritis mendacium? ‘ quarto manifestat probationem inductam, * dicens ° cum enim quis, ‘ id est, aliquis vestrum, ° dicat: ego quidem sum pauli, ‘ quia a paulo baptizatus et doctus, ° alius autem: ego apollo ‘ (genitivi casus), per quod denotatur in vobis esse zelus et contentio, ° nonne homines estis, ‘ scilicet carnales et non spirituales, utpote zelum et contentionem habentes pro rebus humanis? qualis enim homo est, talibus rebus afficitur et per affectum inhaeret, * secundum illud osee ix, 10: ° facti sunt abominabiles, sicut et ea quae dilexerunt. * deinde, cum dicit ° quid igitur est apollo? ‘ improbat eorum iudicium, quantum ad hoc quod plus ministris attribuebant |150| quam deberent. et primo ostendit veritatem; secundo excludit errorem, * ibi ° nemo vos seducat; ‘ tertio infert conclusionem intentam, * ibi ° itaque nemo glorietur in hominibus. ‘ circa primum duo facit. primo ostendit conditionem ministrorum; secundo agit de eorum mercede, * ibi ° unusquisque propriam mercedem. ‘ circa primum tria facit. primo ponit ministrorum conditionem; secundo ponit similitudinem, * ibi ° ego plantavi, apollo rigavit; ‘ tertio ostendit intentum, * ibi ° itaque neque qui plantat. ‘ circa conditionem autem ministrorum duo tangit. primo quod non sunt domini, sed ministri, dicens: vos de paulo et apollo gloriamini, igitur quaero a vobis: ° quid est apollo, et quid paulus? ‘ id est, cuius dignitatis vel potestatis, ut digne de eis gloriari possitis? et respondet: ° ministri eius, ‘ scilicet dei sunt. quasi dicat: quod agunt |175| in baptismo et in doctrina, non principaliter agunt sicut domini, sed sicut ministri eius, * secundum illud is. lxi, 6: ° ministri dei, dicetur vobis. * posset autem alicui videri “ magnum esse, ministrum dei esse, et gloriandum esse in hominibus de ministeriis dei. * et vere esset, ‘si sine hominibus non pateret accessus ad deum, sicut illi qui solent gloriari de ministris regis, sine quibus non patet aditus ad regem. sed hoc hic locum non habet, quia fideles christi per fidem habent accessum ad deum, * secundum illud rom. v, 2: ° per quem accessum habemus “ ad deum ° per fidem et gratiam istam, in qua stamus, et gloriamur in spe gloriae filiorum dei. * ideo signanter addit ° cui credidistis, ‘ quasi dicat: per fidem iam estis coniuncti deo, non hominibus. * unde supra ii, 5 dictum est: ° ut fides vestra non sit in sapientia hominum, sed in virtute dei. ‘ et ideo primo de deo est vobis gaudendum, quam de hominibus. contingit autem quod ministri hominum, vel dominorum, vel artificum primo habeant a seipsis aliquam dignitatem, vel |200| virtutem, ex qua idonei ad ministerium fiunt, sed hoc non est de ministris dei. et ideo, secundo, ostendit quod tota dignitas et virtus ministrorum est a deo, * dicens ° et unicuique sicut deus divisit, ‘ quasi dicat: in tantum aliquis, et unusquisque nostrum habet de virtute ministrandi, inquantum ei deus dedit, unde nec sic nobis est gloriandum. * ii cor. c. iii, 5 s.: ° sufficientia nostra a deo, qui idoneos nos fecit ministros novi testamenti. * deinde, cum dicit ° ego plantavi, ‘ponit similitudinem ministrorum ex similitudine agricolarum, ubi duplex differentia operationum intelligitur. una, operationis unius ministri ad operationem alterius. * et quantum ad hoc dicit ° ego plantavi, ‘ id est, in praedicatione ad modum plantantis me habui, quia scilicet primo vobis praedicavi fidem, * is. li, v. 16: ° posui verba mea in ore tuo, ut plantes caelos; apollo rigavit, ‘id est, ad modum rigantis se habuit, qui aquam plantis exhibet ad hoc ut nutriantur et crescant. * et similiter legitur act. xviii, 1 s. quod, ‘ cum paulus multos corinthiorum convertisset, supervenit apollo, qui multum contulit |225| his qui crediderunt, publice ostendens per scripturam esse iesum christum. * eccli. c. xxiv, 42 dicitur: ° rigabo hortum meum plantationum. ‘secunda differentia est operationis ministrorum, qui exterius operantur plantando et rigando, ad operationem dei, qui interius operatur. * unde subdit ° sed deus incrementum dedit, ‘ interius scilicet operando. * ii cor. ix, 10: ° augebit incrementa frugum iustitiae vestrae. ‘ sic etiam in rebus corporalibus plantantes et rigantes exterius operantur, sed deus operatur interius per operationem naturae ad incrementa plantarum. * deinde cum dicit ° itaque neque qui plantat, neque qui rigat, ‘ etc., infert ex praemissis duas conclusiones, quarum prima infertur secundum comparationem ministrorum ad deum, dicens: ex quo paulus plantavit, et apollo rigavit, non sunt nisi ministri dei, et non habent aliquid nisi a deo, et non operantur nisi exterius, deo interius operante. ° itaque neque qui plantat est aliquid, ‘scilicet principaliter et magnum de quo sit gloriandum, ° neque qui rigat, sed qui incrementum |250| dat, deus. ‘ipse enim per se est aliquid principale et magnum, de quo est gloriandum. actio enim non attribuitur instrumento, cui comparatur minister, sed principali agenti. * unde is. xl, v. 17 dicitur: ° omnes gentes quasi non sint, sic sunt coram eo. ‘secundam conclusionem infert pertinentem ad comparationem ministrorum ad invicem, dicens ° qui plantat autem, et qui rigat, ‘cum sint ministri dei, et nihil nisi a deo habentes, et solum exterius operantes, ° unum sunt, ‘ex conditione naturae et ministerii ratione: quare scilicet non potest unus alteri praeferri, nisi secundum donum dei, et ita quantum in seipsis est, unum sunt. et quia, consequenter, in intentione ministrandi deo unum sunt per concordiam voluntatis, ideo stultum est de his qui unum sunt, dissentire. * ps. cxxxii, 1: ° ecce quam bonum et quam iucundum habitare fratres in unum. * rom. xii, 5: ° multi unum corpus sumus in christo.

lc2 ‘Supra apostolus ostendit qualis sit conditio ministrorum, hic agit de remuneratione eorum. et primo ponit de mercede bonorum ministrorum; secundo agit de punitione malorum, * ibi ° nescitis quia templum dei estis, ‘ etc.. circa primum tria facit. primo promittit ministris mercedem propriam; secundo assignat rationem, * ibi ° dei enim sumus; ‘ tertio agit de diversitate mercedis, * ibi ° secundum gratiam dei. ‘ dicit ergo primo: dictum est, quod neque qui plantat est aliquid, neque qui rigat, non tamen inutiliter plantat vel rigat, sed ° unusquisque suam propriam mercedem accipiet, secundum suum laborem. ‘quamvis enim qui incrementum dat, sit deus, et ipse solus interius operetur, exterius tamen laborantibus mercedem tribuit, * secundum illud ier. xxxi, 16: ° quiescat vox tua a ploratu, et oculi tui a lacrymis; quia |25| merces est operi tuo. ‘ quae quidem merces est ipse deus, * secundum illud gen. xv, 1: ° ego protector tuus sum, et merces tua multa nimis. ‘pro qua mercede laborantes mercenarii laudantur, * secundum illud lc. xv, 17: ° quanti mercenarii in domo patris mei abundant panibus? ‘alioquin si pro alia mercede in opere dei aliquis laboret, laudandus non est, * secundum illud io. x, 12: ° mercenarius autem, cuius non sunt oves propriae, videt lupum venientem, et fugit. ‘ haec autem merces et communis est omnibus, et propria singulorum: communis quidem, quia idem est quod omnes videbunt, et quo omnes fruentur, scilicet deus, * secundum illud iob xxii, 26: ° super omnipotentem deliciis afflues, et levabis ad deum faciem tuam; * is. xxviii, 5: ° in illa die erit dominus exercituum corona gloriae et sertum exultationis populo suo. * et ideo matth. c. xx, 9 s. ‘ omnibus laborantibus in vinea datur unus denarius. propria vero merces erit singulorum: quia unus alio clarius videbit, et plenius fruetur secundum determinatam sibi mensuram. * unde |50| et dan. xii, 3 ‘ illi qui docti sunt, comparantur splendori firmamenti, qui ad iustitiam erudiunt plurimos quasi stellae. * hinc est quod io. xiv, 2 dicitur: ° in domo patris mei mansiones multae sunt, * propter quod etiam hic dicitur ° unusquisque propriam mercedem accipiet. ‘ ostendit autem secundum quid attendatur mensura propriae mercedis, * cum subdit ° secundum suum laborem. * unde et in ps. cxxvii, 2 dicitur: ° labores manuum tuarum, quia manducabis, beatus es et bene tibi erit. ‘non tamen propter hoc designatur aequalitas secundum quantitatem laboris ad mercedem, * quia, ut dicitur ii cor. iv, 17: ° quod in praesenti est momentaneum et leve tribulationis nostrae, supra modum in sublimitate aeternum gloriae pondus operabitur in nobis. ‘ sed aequalitatem designat proportionis, ut scilicet ubi est potior labor, ibi sit potior merces. potest autem intelligi labor esse potior tripliciter. primo quidem secundum formam charitatis, cui respondet merces essentialis |75| praemii, scilicet fruitionis et visionis divinae. * unde dicitur io. xiv, 21: ° qui diligit me, diligetur a patre meo, et ego diligam eum, et manifestabo ei meipsum. ‘ unde qui ex maiori charitate laborat, licet minorem laborem patiatur, plus de praemio essentiali accipiet. secundo ex specie operis; sicut enim in rebus humanis ille magis praemiatur qui in digniori opere laborat, sicut architector quam artifex manualis, licet minus laboret corporaliter: ita etiam in rebus divinis ille qui in nobiliori opere occupatur, maius praemium accipiet quantum ad aliquam praerogativam praemii accidentalis, licet forte minus corporaliter laboret. unde aureola datur doctoribus, virginibus et martyribus. tertio ex quantitate laboris, quod quidem contingit dupliciter. nam quandoque maior labor maiorem mercedem meretur, praecipue quantum ad remissionem poenae, puta quod diutius ieiunat vel longius peregrinatur, et etiam quantum ad gaudium quod percipiet de maiori labore. * unde sap. x, 17 dicitur: ° reddidit, ‘ deus scilicet, ° iustis mercedem laborum |100| suorum. ‘quandoque vero est maior labor ex defectu voluntatis. in his enim quae propria voluntate facimus, minorem laborem sentimus. et talis magnitudo laboris non augebit, sed minuet mercedem. * unde dicitur is. xl, 31: ° assument pennas ut aquilae, current et non laborabunt, volabunt et non deficient; * et ibi praemittitur: ° deficient pueri et laborabunt. * deinde, cum dicit ° dei enim sumus, ‘ assignat rationem eius quod dixerat. et primo ponit rationem; secundo adhibet similitudinem, * ibi ° dei agricultura estis. ‘ dicit ergo primo: recte quilibet nostrum mercedem accipiet, ° dei enim sumus adiutores, ‘ scilicet secundum nostros labores. * contra quod videtur esse quod dicitur iob c. xxvi, 2: ° cuius adiutor es, numquid imbecillis? * et is. xl, 13: ° quis adiuvit spiritum domini? ‘ dicendum est autem, quod dupliciter aliquis alium adiuvat. uno modo augendo eius virtutem, et sic nullus potest esse dei adiutor. |125| * unde et post praemissa verba iob subditur: ° et sustentas brachium eius qui non est fortis. ‘ alio modo obsequendo operationi alterius, sicut si minister dicatur domini adiutor, in quantum exequitur opus eius aut ministerium artificis, et hoc modo ministri dei sunt eius adiutores, * secundum illud ii cor. vi, 1: ° adiuvantes autem exhortamur. ‘sicut ergo ministri hominum exequentes eorum opera, mercedem ab eis accipiunt secundum suum laborem, ita et minister dei. secundo adhibet similitudinem simplicis operis, scilicet agriculturae et aedificationis. populus quidem fidelis ager est a deo cultus, in quantum per operationem divinam fructum boni operis deo acceptum producit, * secundum illud rom. vii, 4: ° sitis alterius qui ex mortuis resurrexit, ut fructificetis deo, * et io. xv, 1 dicitur: ° pater meus agricola est. * et hoc est quod primo dicitur ° dei agricultura estis, ‘ id est, quasi ager a deo cultus, et fructum ferens eius opere, et populus fidelis est quasi domus a deo aedificata, inquantum |150| scilicet deus in eis habitat, * secundum illud eph. ii, 22: ° et vos coaedificamini in habitaculum dei. * et ideo secundo dicitur ° dei aedificatio estis, ‘ id est aedificium a deo constructum, * secundum illud ps. cxxvi, 1: ° nisi dominus aedificaverit domum, ‘ etc.. sic igitur ministri dei sunt adiutores, inquantum laborant in agricultura et aedificatione fidelis populi. * deinde, cum dicit ° secundum gratiam dei, ‘ etc., agit de diversitate mercedis, et quia merces distinguitur secundum distinctionem laboris, * ut dictum est, ‘ideo primo agit de diversitate laboris; secundo de diversitate mercedis, * ibi ° si quis superaedificat. ‘ circa primum duo facit. primo ponit distinctionem laborum; secundo subiungit admonitionem, * ibi ° unusquisque autem videat, ‘etc.. circa primum duo facit. primo, relicta similitudine agriculturae quam supra prosecutus fuerat, sub similitudine aedificationis suum proprium laborem describit, * dicens ° secundum gratiam dei quae data est |175| mihi, ut sapiens architectus fundamentum posui. ‘ ubi considerandum est quod architectus dicitur principalis artifex, et maxime aedificii, ad quem pertinet comprehendere summam dispositionem totius operis, quae perficitur per operationem manualium artificum. et ideo dicitur sapiens in aedificio, quia simpliciter sapiens est qui summam causam cognoscit, scilicet deum, et alios secundum deum ordinat. ita sapiens in aedificio dicitur qui principalem causam aedificii, scilicet finem, considerat, et ordinat inferioribus artificibus quid sit propter finem agendum. manifestum est autem quod tota structura aedificii ex fundamento dependet, et ideo ad sapientem architectum pertinet idoneum fundamentum collocare. ipse autem paulus fundamentum spiritualis aedificii collocavit corinthiis, * unde supra dixit: ° ego plantavi. ‘sicut enim se habet fundamentum in aedificio, sic plantatio in plantis. per utrumque enim significatur spiritualiter prima praedicatio fidei. * unde et ipse dicit rom. xv, 20: ° sic autem praedicavi evangelium, |200| non ubi nominatus est christus, ne super alienum fundamentum aedificarem, ‘ et ideo se comparat sapienti architecto. hoc autem non suae virtuti attribuit, sed gratiae dei. * et hoc est quod dicit ° secundum gratiam dei quae data est mihi, ‘ qui scilicet me aptum et idoneum ad hoc ministerium fecit. * infra xv, 10: ° abundantius omnibus laboravi, non autem ego, sed gratia dei mecum. ‘ secundo describit laborem aliorum, * dicens ° alius autem, ‘ id est, quicumque inter vos laborat, ° superaedificat, ‘ fundamento a me posito. quod quidem potest ad duo referri. uno quidem modo inquantum aliquis superaedificat fidei in seipso fundatae profectum charitatis et bonorum operum. * i petr. ii, 5: ° et ipsi tamquam lapides vivi superaedificamini. ‘ alio modo ad doctrinam, per quam quis fundatam fidem in aliis perfectius manifestat. * unde ier. i, 10 dicitur: ° ut aedifices et plantes. ‘et secundum hoc idem significat haec superaedificatio, quod supra rigatio. * deinde, cum dicit ° unusquisque |225| autem, ‘etc., subiungit monitionem, dicens: dictum est quod ad alios pertinet superaedificare, ° unusquisque autem videat, ‘ id est, diligenter attendat, ° quomodo superaedificet, ‘ id est, qualem doctrinam fidei fundatam in aliis superaddat, vel qualia opera fidei in se fundatae habeat. * prov. iv, 25: ° oculi tui videant recta, et palpebrae tuae praecedant gressus tuos. ‘ secundo respondet tacite quaestioni, quare scilicet admoneat alios de superaedificatione et non de fundatione, vel potius assignat rationem quare dixerit quod ad alios pertinet superaedificare, * dicens ° fundamentum aliud nemo potest ponere, praeter id quod positum est, ‘ scilicet a me, ° quod est iesus christus, ‘ qui habitat in cordibus vestris per fidem, * ut dicitur eph. iii, 17. et de fundamento dicitur is. xxviii, 16: ° ecce ego mittam in fundamentis sion lapidem angularem, probatum, pretiosum, ‘ id est, in fundamento fundatum. * sed contra videtur esse quod dicitur apoc. xxi, 14: ° murus civitatis habens fundamenta duodecim, et in ipsis duodecim |250| nomina apostolorum. “ non ergo solus christus est fundamentum. ‘ dicendum est autem, quod duplex est fundamentum. unum quidem quod per se habet soliditatem, sicut rupes aliqua supra quam aedificium construitur, et huic fundamento christus comparatur. ipse enim est petra * de qua dicitur matth. vii, 25: ° fundata enim erat supra firmam petram. ‘ aliud est fundamentum, quod habet soliditatem non ex se, sed ex alio solido subiecto, sicut lapides qui primo supponuntur petrae solidae. et hoc modo dicuntur apostoli esse fundamentum ecclesiae, quia ipsi primo superaedificati sunt christo per fidem et charitatem. * unde dicitur eph. ii, 20: ° superaedificati supra fundamentum apostolorum. * deinde cum dicit ° si quis superaedificat, ‘ etc., agit de mercedis differentia quantum ad hoc, quod quidam eam accipiunt sine detrimento, quidam cum detrimento. et circa hoc tria facit. primo docet quod diversitas operationum manifestatur ex retributione; |275| secundo ostendit quando manifestatur, * ibi ° dies enim domini; ‘ tertio ostendit quomodo manifestatur, * ibi ° si cuius opus, ‘etc.. circa primum considerandum est quod apostolus intendens ostendere diversitatem superaedificationis, sex ponit, videlicet tria contra tria. ex una quidem parte aurum, argentum, et lapides pretiosos; et ex alia parte lignum, foenum et stipulam, quorum tria, scilicet aurum, argentum, et lapides pretiosi habent quamdam inclytam claritatem simul et inconsumptibilitatem et pretiositatem. alia vero tria obscura sunt, et facile ab igne consumuntur, et vilia sunt. unde per aurum, argentum et lapides pretiosos intelligitur aliquid praeclarum et stabile; per lignum vero, foenum et stipulam aliquid materiale et transitorium. * dictum est autem supra quod ‘ superaedificatio potest intelligi, et quantum ad opera quae unusquisque superaedificat fidei fundamento, et quantum ad doctrinam quam aliquis doctor vel praedicator superaedificat in fundamento fidei ab apostolis fundatae. |300| unde ista diversitas * quam hic apostolus tangit, ‘ ad utramque superaedificationem referri potest. * quidam ergo referentes haec ad superaedificationem operum, dixerunt quod “ per aurum, et argentum, et lapides pretiosos intelliguntur bona, quae quis fidei superaddit. sed per lignum, foenum, et stipulam debent intelligi peccata mortalia quae quis facit post fidem susceptam. * sed ista expositio penitus stare non potest. ‘ primo quidem quia peccata mortalia sunt opera mortua, * secundum illud hebr. ix, 14: ° mundabit conscientias nostras ab operibus mortuis. ' in hoc autem aedificio nihil aedificatur nisi vivum, * secundum illud i petr. ii, v. 5: ° et ipsi tamquam lapides vivi superaedificamini. ' unde qui cum fide habet peccata mortalia, non superaedificat, sed magis destruit vel violat, * contra quem dicitur infra: ° si quis templum dei violaverit, disperdet illum deus. ' secundo, quia peccata mortalia magis comparantur ferro, vel plumbo, vel lapidi, tum propter gravitatem, tum quia etiam non renovantur |325| per ignem, sed semper in eo manent in quo sunt: peccata vero venialia comparantur ligno, foeno et stipulae, tum propter levitatem, tum etiam quia ab eis aliquis de facili expurgatur per ignem. * tertio, quia secundum hanc expositionem videtur sequi, quod " ille qui moritur in peccato mortali, dummodo fidem retineat, finaliter salutem consequatur, licet primo aliquas poenas sustineat. * sic enim sequitur: ° si cuius opus arserit, detrimentum patietur, ipse autem salvus erit, sic tamen quasi per ignem. * quod quidem contrariatur manifeste sententiae apostoli qua dicitur infra vi, 9 s.: ° neque fornicarii, neque idolis servientes, ' etc. ° regnum dei possidebunt; * et gal. v, 21: ° qui talia agunt, regnum dei non possidebunt. ' non est autem alicui salus nisi in regno dei. nam qui ab eo excluduntur, mittuntur in ignem aeternum, * ut dicitur matth. xxv, 41. ' quarto quia fides non potest dici fundamentum, nisi quia per eam christus habitat in nobis, * cum supra dictum sit quod ' fundamentum est ipse christus iesus. non enim habitat christus in nobis per fidem informem, |350| alioquin habitaret in daemonibus, * de quibus scriptum est iac. ii, 19: ° et daemones credunt et contremiscunt. * unde quod dicitur eph. iii, 17, ' habitare christum per fidem in cordibus nostris, oportet intelligi de fide per charitatem formata, * cum scriptum sit i io. iv, 16: ° qui manet in charitate in deo manet, et deus in eo. ' haec est fides quae per dilectionem operatur, * ut dicitur infra xiii, 4: ° charitas non agit perperam. ' unde manifestum est quod illi qui operantur peccata mortalia, non habent fidem formatam, et ita non habent fundamentum. oportet ergo intelligere quod tam ille qui superaedificat fundamento aurum, argentum, lapides pretiosos, quam etiam ille qui superaedificat lignum, foenum, stipulam, vitet peccata mortalia. ad horum ergo distinctionem intelligendum est, quod actus humani ex obiectis speciem habent. duplex est autem obiectum humani actus, scilicet res spiritualis et res corporalis, quae quidem obiecta differunt tripliciter. primo quidem quantum ad hoc quod res spirituales |375| sunt perpetuae, res autem corporales sunt transitoriae. * unde ii cor. iv, 18: ° quae videntur, temporalia sunt; quae autem non videntur, aeterna. ' secundo, quantum ad hoc quod res spirituales in seipsis claritatem habent, * secundum illud sap. vi, 13: ° clara est et quae numquam marcescit sapientia. ' res corporales obscuritatem habent ex materia. * unde dicitur sap. ii, 5: ° umbrae transitus est tempus nostrum. ' tertio, quantum ad hoc quod res spirituales sunt pretiosiores et nobiliores rebus corporalibus; * unde prov. iii, 15 dicitur de sapientia: ° pretiosior est cunctis opibus; * et sap. vii, 9: ° omne aurum in comparationem illius, arena est exigua, et tamquam lutum aestimabitur argentum in conspectu illius. ' et ideo opera quibus homo innititur rebus spiritualibus et divinis comparantur auro, argento et lapidi pretioso, quae sunt solida, clara et pretiosa. ita tamen quod per aurum designentur ea quibus homo tendit in ipsum deum per contemplationem et amorem; * unde dicitur cant. v, 11: ° caput eius aurum optimum. ' caput enim christi est |400| deus, * ut dicitur i cor. xi, 3. de quo auro dicitur apoc. iii, 18: ° suadeo tibi emere a me aurum ignitum, ' id est sapientiam cum charitate. per argentum significantur actus, quibus homo adhaeret spiritualibus credendis, et amandis, et contemplandis; * unde in glossa " refertur argentum ad dilectionem proximi, * propter quod et in psalmo lxvii, 14 ' pennae columbae describuntur deargentatae, cuius superior pars, id est, posteriora describuntur esse in pallore auri. sed per lapides pretiosos designantur opera diversarum virtutum, quibus anima humana ornatur; * unde dicitur eccli. l, 10: ° quasi vas auri solidum ornatum omni lapide pretioso. ' vel etiam mandata legis dei, * secundum illud ps. cxviii, 127: ° dilexi mandata tua super aurum et topazion. ' opera vero humana quibus homo intendit rebus corporalibus procurandis, comparantur stipulae, quae vilia sunt, namque fulgent et facile comburuntur; habent tamen quosdam gradus, prout quaedam sunt aliis stabiliora, quaedam vero facilius consumptibilia; nam ipsi homines inter creaturas carnales et digniores sunt, et per successionem conservantur. |425| unde comparantur lignis, * secundum illud iudic. ix, 8: ° ierunt ligna sylvarum ut eligerent super se regem. ' caro autem hominis facilius corrumpitur per infirmitatem et mortem; unde comparatur foeno, * secundum illud is. xl, 6: ° omnis caro foenum. ' ea vero quae pertinent ad gloriam huius mundi facillime transeunt, unde stipulae comparantur; * unde in ps. lxxxii, 14 sequitur: ° pone illos ut rotam et ut stipulam ante faciem venti. ' sic ergo superaedificare aurum, et argentum et lapides pretiosos, est superaedificare fidei fundamento ea quae pertinent ad contemplationem sapientiae divinorum, et amorem dei, et devotionem sanctorum, et obsequium proximorum, et ad exercitium virtutum. superaedificare vero lignum, foenum et stipulam, est superaddere fidei fundamento ea quae pertinent ad dispositionem humanarum rerum, et ad curam carnis, et ad exteriorem gloriam. sciendum tamen quod contingit aliquem hominem id intendere tripliciter. uno modo ita quod in his finem constituat; |450| et cum hoc sit peccatum mortale, per hoc homo non superaedificat sed, everso fundamento, aliud fundamentum collocat. nam finis est fundamentum in rebus appetibilibus quae quaeruntur propter finem. alio modo aliquis intendit uti praedictis rebus totaliter ordinans eas in dei gloriam; et quia opera specificantur ex fine intento, hoc iam non erit aedificare lignum, foenum et stipulam, sed aurum, argentum et lapides pretiosos. tertio modo aliquis licet in his finem non constituat, nec vellet propter ista contra deum facere, afficitur tamen istis magis quam deberet, ita quod per haec retardatur ab his quae dei sunt, quod est peccare venialiter: et hoc proprie est superaedificare lignum, foenum, stipulam, non quia ipsa superaedificentur proprie loquendo, sed quia opera ad temporalium curam pertinentia habent venialia adiuncta propter vehementiorem affectum ad ipsa, quae quidem affectio, secundum quod magis et minus inhaeret, ligno, foeno et stipulae comparatur. et dupliciter potest distingui. uno modo secundum permanentiam |475| rerum spiritualium, * ut prius dictum est, ' alio modo secundum vehementiam adhaesionis. sciendum tamen quod et illi qui spiritualibus rebus intendunt, non omnino possunt absolvi a cura rerum temporalium, nec etiam qui in charitate rebus temporalibus intendunt, sunt omnino a rebus spiritualibus vacui, sed studio diversificantur. nam quidam studium vitae suae ordinant ad spiritualia, temporalibus vero non intendunt, nisi inquantum requirit necessitas corporalis vitae. quidam vero studium vitae suae applicant ad temporalia procuranda, utuntur tamen spiritualibus rebus ad directionem vitae suae. primi igitur superaedificant aurum, argentum et lapides pretiosos; secundi vero superaedificant foenum, lignum et stipulam. ex quo patet, quod illi qui superaedificant aurum, argentum et lapides pretiosos, habent aliquid de peccatis venialibus, sed non in quantitate notabili, propter hoc quod modicum attingunt de cura temporalium rerum. illi etiam qui superaedificant lignum, foenum, stipulam, habent aliquid stabile, pretiosum et praeclarum, sed in minori quantitate, scilicet |500| inquantum diriguntur per bona spiritualia. potest autem et haec diversitas referri ad superaedificationem doctrinae. nam illi qui fidei ab apostolis fundatae per suam doctrinam superaedificant solidam veritatem et claram, sive manifestam, et ad ornamentum ecclesiae pertinentem, superaedificant aurum, argentum, lapides pretiosos. * unde prov. x, 20: ° argentum electum labia iusti. ' illi vero qui fidei ab apostolis fundatae superaddunt in doctrina sua aliqua inutilia, et quae non sunt manifesta, nec veritatis ratione firmantur, sed sunt vana et inania, superaedificant lignum, foenum, stipulam. * unde dicitur ier. xxiii, 28: ° qui habet somnium, narret somnium, et qui habet sermonem meum, loquatur sermonem meum vere. quid paleis ad triticum? ' qui vero falsitatem doceret, non superaedificaret, sed magis subverteret fundamentum. * dicit ergo ° si quis superaedificat, ' vel operando, vel docendo, ° super fundamentum hoc, ' id est, super fidem formatam in corde, vel super fidem fundatam ab apostolis et praedicatam, ° aurum, argentum aut lapides |525| pretiosos, ' id est spiritualia opera vel praeclaram doctrinam, ° vel lignum, foenum, stipulam, ' id est corporalia opera, vel frivolam doctrinam, ° uniuscuiusque opus manifestum erit, ' scilicet in divino iudicio, ° quale sit. ' non enim latet per humanam ignorantiam. nam quidam videntur superaedificare aurum, argentum, lapidem pretiosum, qui tamen superaedificant lignum, foenum, stipulam, in rebus spiritualibus corporalia meditantes, puta lucrum vel favorem humanum; quidam vero videntur superaedificare lignum, foenum, stipulam, qui tamen aedificant aurum, argentum et lapidem pretiosum, quia in administratione temporalium nihil nisi spiritualia cogitant. * unde et sophon. i, 12 dicitur: ° scrutabor ierusalem in lucernis, * et lc. xii, v. 2: ° nihil opertum quod non reveletur. * deinde, cum dicit ° dies enim domini, ' ostendit quando haec manifestatur. et primo ponit tempus manifestationis, * cum dicit ° dies enim domini declarabit. ' circa quod sciendum est quod tunc dicitur esse tempus et dies alicuius rei, quando est in optimo statu et maximo sui posse. * unde eccle. |550| iii, 1 dicitur: ° omnia tempus habent. ' quando ergo homo suam voluntatem implet, etiam contra deum, tunc est dies hominis. * unde dicitur ier. xvii, 16: ° diem hominis non desideravi, tu scis. ' dies vero domini dicitur quando voluntas domini completur de hominibus, qui per eius iustitiam vel praemiabuntur vel damnabuntur, * secundum illud ps. lxxiv, 3: ° cum accepero tempus, ego iustitias iudicabo. ' unde secundum triplex dei iudicium tripliciter potest intelligi dies domini. erit nempe quoddam iudicium generale omnium, * secundum illud matth. xii, v. 41: ° viri ninivitae surgent in iudicio. ' et secundum hoc dies domini dicitur novissimus dies iudicii, * de quo ii thess. ii, 2: ° non terreamini quasi instet dies domini. ' et secundum hoc intelligitur ° dies domini declarabit, ' quia in die iudicii manifestabitur differentia humanorum meritorum. * rom. ii, 16: ° in die quando iudicabit dominus occulta hominum. ' aliud autem est particulare iudicium quod fit de unoquoque in morte ipsius, * de quo |575| habetur lc. xvi, 23: ° mortuus est dives, et sepultus est in inferno, mortuus est autem mendicus, et portatus est ab angelis in sinum abrahae. ' et secundum hoc dies domini potest intelligi dies mortis, * secundum illud i thess. v, 2: ° dies domini sicut fur in nocte veniet. ' sic ergo ° dies domini declarabit, ' quia in morte uniuscuiusque eius merita patent. * unde dicitur prov. xi, 7: ° mortuo homine impio, nulla erit ultra spes; * et eiusdem xiv, v. 32: ° sperat autem iustus in morte sua. ' tertium autem est iudicium in hac vita, inquantum deus per tribulationes huius vitae interdum homines probat. * unde dicitur infra xi, 32: ° cum iudicamur, a domino corripimur, ut non cum hoc mundo damnemur. ' et secundum hoc dicitur dies domini, dies temporalis tribulationis, * de quo dicitur sophon. i, 14: ° vox diei domini amara, tribulabitur ibi fortis. dies ' ergo ° domini declarabit, ' quia in tempore tribulationis affectus hominis probatur. * eccli. xxvii, 6: ° vasa figuli probat fornax, et homines iustos tentatio tribulationis. ' secundo ostendit per quod fiet |600| ista declaratio, quia per ignem, * unde sequitur ° quia in igne revelabitur, ' scilicet dies domini. nam dies iudicii revelabitur in igne, qui praecedet faciem iudicis, exurens faciem mundi, et involvens reprobos, et iustos purgans: * de quo dicitur in ps. xcvi, 3: ° ignis ante ipsum praecedet, et inflammabit in circuitu inimicos eius. ' dies autem domini, qui est dies mortis, revelabitur in igne purgatorii, per quem purgabitur si quid in elementis invenietur purgandum, * de quo potest intelligi quod dicitur iob xxiii, 10: ° probabit me quasi aurum quod per ignem transit. ' dies vero qui est dies tribulationis divino iudicio permissae, revelabitur in igne tribulationis, * de quo dicitur eccli. ii, 5: ° in igne probatur aurum et argentum, homines vero acceptabiles in camino tribulationis. ' tertio ponit effectum manifestationis, * cum subdit ° et uniuscuiusque opus quale sit, ignis probabit, ' quia scilicet per quemlibet ignium praedictorum probantur merita hominis vel demerita: * unde in ps. xvi, 3 dicitur: ° igne me examinasti, et non est inventa in me iniquitas. |625| ' in his tribus quae hic apostolus ponit, primum est conclusio duorum sequentium. si enim dies domini revelatur in igne, et ignis probat quale sit uniuscuiusque opus, consequens est quod dies domini declaret differentiam operum humanorum. * deinde cum dicit ° si cuius opus, ' ostendit modum praedictae manifestationis. et primo quantum ad bona opera, * cum dicit ° si cuius, ' id est, alicuius ° opus, ' quod ipse superaedificavit, ° manserit, ' scilicet in igne, ille, scilicet qui superaedificavit, ° mercedem accipiet. * ier. xxxi, 16: ° est merces operi tuo. * et is. xl, 10: ° ecce merces eius cum eo. ' dicitur autem aliquod opus in igne permanere illaesum dupliciter. uno modo ex parte ipsius operantis, quia scilicet ille qui hoc facit opus, scilicet bonae doctrinae, vel quodcumque bonorum operum, propter huiusmodi opus non punitur, inquantum scilicet nec torquebitur igne purgatorii, nec igne qui praecedit faciem iudicis, nec etiam aestuat igne tribulationis. qui enim non immoderate temporalia dilexit, consequens est quod non nimis doleat de eorum amissione. |650| dolor enim causatur ex amore rei quae amittitur. unde superfluus amor superfluum generat dolorem. alio modo potest intelligi ex parte ipsius operis: quolibet enim praedictorum iudiciorum superveniente homini, permanet et opus bonae doctrinae, vel quodcumque aliud bonum opus. nam igne tribulationis superveniente, non cessat homo neque a vera doctrina, neque a bono opere virtutis; utrumque autem horum permanet homini quantum ad meritum et in igne purgatorii et in igne qui praecedit faciem iudicis. secundo ostendit diem quantum ad mala opera, * dicens ° si cuius, ' id est, alicuius, ° opus arserit, ' scilicet per aliquem ignium praedictorum, ° detrimentum patietur, ' scilicet qui hoc operatus est, non tamen usque ad damnationem. * unde subdit: ° ipse autem salvus erit, ' scilicet salute aeterna, * secundum illud is. xlv, 17: ° salvatus est israel in domino salute aeterna. sic tamen quasi per ignem, ' quem scilicet prius sustinuit, vel in hac vita, vel in fine huius vitae, vel in fine mundi. * unde dicitur in ps. lxv, 12: ° transivimus |675| per ignem et aquam, et eduxisti nos in refrigerium. * et is. xliii, 2 s.: ° cum transieris per ignem, non combureris, et flamma non comburet te, quia ego dominus deus salvator tuus. ' dicitur autem opus alicuius ardere dupliciter. uno modo ex parte operantis, inquantum scilicet aliquis affligitur igne tribulationis propter immoderatum affectum quo superflue terrena diligit, et punitur igne purgatorii, vel igne qui praecedet faciem iudicis propter peccata venialia, quae circa curam temporalium commisit, sive etiam per frivola et vana quae docuit. alio modo ardet opus in igne ex parte ipsius operis, quia scilicet tribulatione superveniente, homo non potest vacare nec doctrinae vanae, nec terrenis operibus, * secundum illud ps. cxlv, 4: ° in illa die peribunt omnes cogitationes eorum. ' nec etiam igne purgatorii vel praecedente faciem iudicis remanebit ei aliquid praedictorum vel ad remedium vel ad meritum. et similiter dupliciter patitur detrimentum, vel inquantum ipse punitur, vel inquantum perdit id quod fecit, * et quantum |700| ad hoc dicitur eccli. xiv, 20 s.: ° omne opus corruptibile in fine deficiet, et qui operatur illud ibit cum illo, et omne opus electum in fine iustificabitur, et qui operatur illud honorificabitur in illo. ' quorum primum pertinet ad eum qui superaedificat lignum, foenum et stipulam, quod est opus in igne ardens; secundum autem pertinet ad eum qui superaedificat aurum, argentum et lapides pretiosos, quod est opus manens in igne absque detrimento.

lc3 ' Supra ostendit apostolus, quae sit merces bene laborantium, hic agit de poena male laborantium sive destruentium. et circa hoc duo facit. primo demonstrat poenam; secundo excludit errorem contrarium, * ibi ° nemo vos seducat. ' ostendit autem poenam operantium ad destructionem, prosequens similitudinem aedificii spiritualis, et circa hoc tria facit. primo ostendit dignitatem spiritualis aedificii; secundo determinat poenam destruentium, * ibi ° si quis; ' tertio assignat rationem poenae, * ibi ° templum enim dei, ' etc.. dicit ergo primo: dictum est quod ille qui superaedificat, mercedem salutis accipiet, vel sine detrimento vel cum detrimento; sed ut possitis agnoscere, quae sit poena male in vobis laborantium, oportet vos vestram dignitatem agnoscere; quam primo ponit, * dicens: ' an vos ° nescitis quia, ' vos |25| fideles christi, ° estis templum dei? * eph. c. ii, 21 s.: ° in quo omnis aedificatio constructa crescit in templum sanctum in domino, in quo et vos coaedificamini in habitaculum dei. ' secundo probat quod fideles sint templum dei. est enim de ratione templi quod sit habitaculum dei, * secundum illud ps. x, 5: ° deus in templo sancto suo. ' unde omne illud in quo deus habitat, potest dici templum. habitat autem deus principaliter in seipso, quia ipse solus se comprehendit. * unde et ipse deus templum dei dicitur apoc. xxi, 22: ° dominus deus omnipotens templum illius est. ' habitat etiam deus in domo sacrata per spiritualem cultum, qui in ea sibi exhibetur; et ideo domus sacrata dicitur templum, * secundum illud ps. v, 8: ° adorabo ad templum sanctum tuum, ' etc.. habitat etiam deus in hominibus per fidem, quae per dilectionem operatur, * secundum illud eph. iii, 17: ° habitare christum per fidem in cordibus vestris. ' unde et ad probandum quod fideles sint templum dei, subiungit quod inhabitantur a |50| deo, * cum dicit ° et spiritus dei habitat in vobis. * et rom. viii, 11 dictum est: ° spiritus, qui suscitavit iesum christum habitabit in vobis. * ez. xxxvi, 27: ° spiritum meum ponam in medio vestri. ' ex quo patet quod spiritus sanctus est deus, per cuius inhabitationem fideles dicuntur templum dei. sola enim inhabitatio dei templum dei facit, * ut dictum est. ' est autem considerandum quod deus est in omnibus creaturis, in quibus est per essentiam, potentiam et praesentiam, implens omnia bonitatibus suis, * secundum illud ier. xxiii, 24: ° caelum et terram ego impleo. ' sed spiritualiter dicitur deus inhabitare tamquam in familiari domo in sanctis, quorum mens capax est dei per cognitionem et amorem, etiam si ipsi in actu non cognoscant et diligant, dummodo habeant per gratiam habitum fidei et charitatis, sicut patet de pueris baptizatis. et cognitio sine dilectione non sufficit ad inhabitationem dei, * secundum illud i io. iv, 16: ° qui manet in charitate, in deo manet, et deus in eo. ' inde est quod multi cognoscunt deum, vel per naturalem |75| cognitionem, vel per fidem informem, quos tamen non inhabitat spiritus dei. * deinde cum dicit ° si quis autem templum, ' etc., subiungit poenam male operantium secundum convenientiam praedictorum, * dicens ° si quis autem, ' etc.. violatur autem templum dei dupliciter. uno modo per falsam doctrinam, quae non superaedificatur fundamento, sed magis subruit fundamentum et destruit aedificium. * unde dicitur ez. xiii, 19 de falsis prophetis: ° violabant me ac populum meum propter pugillum hordei et fragmentum panis. ' alio modo violat aliquis templum dei per peccatum mortale, per quod aliquis vel seipsum corrumpit vel alium, opere vel exemplo. * unde dicitur malac. ii, 11: ° contaminavit iudas sanctificationem domini quam dilexit. ' sic autem dignum est, ut disperdatur ille a deo per damnationem aeternam qui violat spirituale templum dei, vel qualitercumque polluit. * unde dicitur malac. ii, 12: ° disperdet dominus virum qui fecerit hoc, magistrum et discipulum. * et in ps. xi, 4: ° disperdet dominus universa labia dolosa, * etc.. |100| deinde cum dicit ° templum dei, ' etc., assignat rationem eius quod dixerat de sanctitate templi. qui enim aliquam rem sacram violat, sacrilegium committit, unde dignum est ut disperdatur. ° templum enim dei sanctum est quod estis vos, * sicut supra dictum est, * et in ps. lxiv, 5 dicitur: ° sanctum est templum tuum, mirabile in aequitate; * et alibi ° domum tuam, domine, decet sanctitudo. ' et quidem in materiali templo est quaedam sacramentalis sanctitas, prout templum divino cultui dedicatur, sed in fidelibus christi est sanctitas gratiae, quam consecuti sunt per baptismum, * secundum illud infra iv, 11: ° abluti estis, sanctificati estis. * deinde cum dicit ° nemo vos seducat, ' excludit errorem contrarium. et primo monet fideles ut sibi caveant a seductione errorum; secundo docet modum cavendi, * ibi ° si quis inter vos; ' tertio assignat rationem, * ibi ° sapientia enim huius mundi, ' etc.. circa primum sciendum quod |125| * quidam dixerunt quod " deus neque punit, neque remunerat hominum facta; * ex quorum persona dicitur sophon. i, 12: ° qui dicunt in cordibus suis: non faciet bene dominus, et non faciet male. * et thren. iii, 37 s.: ° quis est iste qui dixit, ut fieret, domino non iubente? ex ore altissimi non egredietur bonum neque malum. * ad hunc ergo errorem excludendum dicit ° nemo vos seducat, * asserens scilicet quod " ille qui templum dei violat, non disperdatur a deo, * sicut eph. v, 6 dicitur: ° nemo vos seducat inanibus verbis, propter hoc enim venit ira dei in filios diffidentiae. * deinde cum dicit ° si quis inter vos, ' etc., docet modum cavendi huiusmodi seductionem. ubi sciendum est quod * quidam dixerunt " deum non punire peccata hominum, * innitentes rationibus humanae sapientiae, puta quod " deus non cognoscat singularia, quae fiunt hic, * ex quorum persona dicitur iob xxii, v. 14: ° circa cardines caeli perambulat, nec nostra considerat. * ad hoc ergo vitandum dicit ° si quis inter vos videtur esse sapiens in |150| hoc saeculo, ' id est, sapientia saeculari, quae in eo quod contrariatur veritati fidei, non est sapientia, licet videatur esse, ° stultus fiat, ' abiiciendo istam sapientiam apparentem, ° ut sit sapiens, ' scilicet secundum sapientiam divinam, quae est vera sapientia. et hoc etiam observandum est non solum in his in quibus saecularis sapientia contrariatur veritati fidei, sed etiam in omnibus in quibus contrariatur honestati morum. * unde prov. xxx, 1 dicitur: ° deo secum morante confortatus est, * etc.. deinde cum dicit ° sapientia huius mundi, ' etc., assignat rationem eius quod dixerat. et primo ponit rationem. * videbatur enim " ineptam monitionem fecisse, ut aliquis fieret stultus, ' et vere inepta esset si stultitia illa, * de qua loquebatur, ' esset per abnegationem verae sapientiae, sed non est ita. ° sapientia enim huius mundi stultitia est apud deum. ' dicitur autem sapientia huius mundi, quae principaliter mundo innititur. nam illa, quae per res huius mundi ad deum attingit, non est sapientia mundi, sed sapientia dei, * secundum |175| illud rom. i, 19 s.: ° deus enim illis revelavit. invisibilia enim ipsius a creatura mundi per ea quae facta sunt, intellecta conspiciuntur. ' sapientia ergo mundi, quae sic rebus intendit, ut ad divinam veritatem non pertingat, ° stultitia est apud deum, ' id est, stultitia reputatur secundum divinum iudicium. * is. xix, 11: ° stulti principes thaneos, sapientes consiliarii pharaonis dederunt consilium insipiens. ' secundo probat quod dixerat * per duas auctoritates, quarum prima scribitur iob v, 13. unde dicit ° scriptum est: comprehendam sapientes in astutia eorum. ' comprehendit autem sapientes dominus in astutia eorum, quia per hoc ipsum quod astute cogitant contra deum, impedit deus eorum conatum, et implet suum propositum; sicut per malitiam fratrum ioseph volentium impedire eius principatum, impletum est per divinam ordinationem, quod ioseph in aegypto venditus principaretur. * unde et ante praemissa verba dicit iob: ° qui dissipat cogitationes eorum, ' scilicet malignorum, ° ne possint implere manus eorum, quod coeperant; |200| * quia, ut dicitur prov. xxi, 30, ° non est sapientia, non est scientia, non est consilium contra dominum. * secunda auctoritas sumitur ex ps., unde dicit ° et iterum scriptum est: dominus novit cogitationes sapientium, ' id est, secundum sapientiam mundi, ° quoniam vanae sunt; ' quia scilicet non pertingunt ad finem cognitionis humanae, quae est cognitio veritatis divinae. * unde dicitur sap. xiii, v. 1: ° vani sunt homines, in quibus non subest sapientia dei. * deinde cum dicit ° itaque nemo glorietur in hominibus, ' infert conclusionem principaliter intentam, scilicet quod non debeant gloriari de ministris dei. et primo concludit propositum ex praedictis * dicens ° itaque, ' ex quo ministri nihil sunt, sed laborant pro mercede, ° nemo glorietur in hominibus; * sicut et in ps. cxlv, 2 s. dicitur: ° nolite confidere in principibus, neque in filiis hominum, in quibus non est salus. * et ier. xvii, 5: ° maledictus vir qui confidit in homine, ' etc.. secundo rationem assignat ex dignitate |225| fidelium christi, assignans ordinem fidelium in rebus. et primo ponit ordinem rerum ad fideles christi, * dicens ° omnia vestra sunt, ' quasi dicat: sicut homo non gloriatur de rebus sibi subiectis, ita et vos gloriari non debetis de rebus huius mundi, quae omnia sunt vobis data a deo, * secundum illud ps. viii, 8: ° omnia subiecisti sub pedibus eius. ' exponit autem, quae ° omnia, ' inter quae primo ponit ministros christi, qui sunt divinitus ordinati ad ministerium fidelium, * secundum illud ii cor. iv, 5: ° nos autem servos vestros per iesum. * et hoc est, quod dicit ° sive paulus, ' qui plantavit, ° sive apollo, ' qui rigavit, ° sive cephas, ' id est, petrus, qui est universalis pastor ovium christi, * ut dicitur io. ult.. ' post haec ponit res exteriores, * cum dicit ° sive mundus, ' qui est continentia omnium creaturarum, qui quidem est fidelium christi, eo quod homo per res huius mundi iuvatur, vel quantum ad necessitatem corporalem, vel quantum ad cognitionem dei, * secundum illud sap. xiii, 5: ° a magnitudine speciei et creaturae, ' etc.. |250| consequenter ponit ea quae pertinent ad ipsam hominis dispositionem, * dicens ° sive vita, sive mors, ' quia scilicet fidelibus christi et vita est utilis in qua merentur, et mors per quam ad praemia perveniunt, * secundum illud rom. xiv, 8: ° sive vivimus, sive morimur, * etc.. et phil. i, 21: ° mihi vivere christus est, et mori lucrum. ' ad haec autem duo reducuntur omnia bona vel mala huius mundi, quia per bona conservatur vita, per mala pervenitur ad mortem. ultimo ponit quae pertinent ad statum hominis praesentem vel futurum, * dicens ° sive praesentia, ' id est, res huius vitae, quibus iuvamur ad merendum; ° sive futura, ' quae nobis reservantur ad praemium. non enim habemus hic civitatem permanentem, sed futuram inquirimus, * ut dicitur hebr. ult.. ° omnia, * inquit, ° vestra sunt, ' id est, vestrae utilitati deservientia, * secundum illud rom. viii, 28: ° diligentibus deum omnia cooperantur in bonum. ' sic ergo primus ordo est rerum christi ad fideles; secundus vero fidelium |275| christi ad christum, * quos ponit subdens ° vos autem christi ' estis, quia scilicet sua morte vos redemit. * rom. xiv, 8: ° sive vivimus, sive morimur, domini sumus. ' tertius ordo est christi, secundum quod homo ad deum; * ideo addit ° christus autem, ' secundum quod homo, ° dei est. * unde eum deum et dominum in ps. vii, 2 nominat, dicens: ° domine deus meus, in te speravi, ' ut nomine dei tota trinitas intelligatur. quia ergo nullus debet gloriari de eo quod infra ipsum est, sed de eo quod est supra ipsum, ideo non debent fideles christi gloriari de ministris, sed magis ministri de ipsis. * ii cor. vii, 4: ° multa mihi fiducia est apud vos, multa mihi gloriatio pro vobis. ' sed fideles christi debent gloriari de christo, * secundum illud gal. ult.: ° mihi absit gloriari, nisi in cruce domini nostri iesu christi, ' sicut christus de patre, * secundum illud sap. ii, 16: ° gloriatur se patrem habere deum.

076 C1C cp4

lc1 ' Superius redarguit apostolus corinthios de hoc, quod de quibusdam ministris gloriabantur, hic autem arguit eos quod alios ministros contemnebant. et circa hoc duo facit. primo arguit eorum culpam; secundo instat ad eorum correctionem, * ibi ° non ut confundam vos. ' circa primum duo facit. primo arguit eorum temeritatem, qua male de ministris iudicabant; secundo arguit eorum elationem, qua christi ministros contemnebant, * ibi ° hoc autem, fratres. ' circa primum duo facit. primo ostendit, quid sit de ministris christi firmiter sentiendum; secundo quod non sit de eis temere iudicandum, * ibi ° hic iam quaeritur inter dispensatores. ' dicit ergo primo: dixi quod nullus vestrum debet gloriari de hominibus, tamen quilibet vestrum debet cognoscere auctoritatem officii nostri, ad quod pertinet |25| quod sumus mediatores inter christum cui servimus, * ad quos pertinet quod dicit ° sic nos existimet homo ut ministros christi, * is. lxi, v. 6: ° sacerdotes dei vocabimini ministri dei nostri, dicetur vobis, ' et inter membra eius, quae sunt fideles ecclesiae, quibus dona christi dispensant, * ad quos pertinet quod subditur ° et dispensatores mysteriorum dei, ' id est, secretorum eius, quae quidem sunt spiritualia eius documenta, * secundum illud infra xiv, 2: ° spiritus est, qui loquitur mysteria; ' vel etiam ecclesiastica sacramenta, in quibus divina virtus secretius operatur salutem. unde et in forma consecrationis eucharistiae dicitur: ° mysterium fidei. ' pertinet ergo ad officium praelatorum ecclesiae, quod in gubernatione subditorum soli christo servire desiderent, cuius amore oves eius pascunt, * secundum illud io. ult.: ° si diligis me, pasce oves meas. ' pertinet etiam ad eos, ut divina populo dispensent, * secundum illud infra ix, 17: ° dispensatio mihi credita est, ' et secundum hoc sunt mediatores inter christum et populum, * secundum illud deut. v, 5: ° ego sequester |50| fui, et medius illo tempore inter deum et vos. ' haec autem aestimatio de praelatis ecclesiae necessaria est ad salutem fidelium; nisi enim eos recognoscerent ministros christi, non eis obedirent, tamquam christo, * secundum illud gal. iv, 14: ° sicut angelum dei excepistis me, sicut iesum christum. ' rursum, si eos non cognoscerent dispensatores, recusarent ab eis dona recipere, * contra illud quod idem apostolus dicit ii cor. ii, 10: ° quod donavi, si quid donavi, propter vos in persona christi donavi. * deinde cum dicit ° hic iam quaeritur inter dispensatores, ' ostendit circa ministros christi, temere iudicari non debere. et circa hoc tria facit. primo, ponit quoddam per quod iudicare satagunt de fidelitate ministrorum; secundo, ostendit de hoc iudicio se non curare, sed deo reservare, * ibi ° mihi autem pro minimo est; ' tertio, concludit prohibitionem temerarii iudicii, * ibi ° itaque nolite. ' circa primum considerandum est, quod ministrorum et dispensatorum christi, |75| quidam sunt fideles, quidam infideles. infideles dispensatores sunt, qui in dispensandis divinis ministeriis non intendunt utilitatem populi, et honorem christi, et utilitatem membrorum eius, * secundum illud lc. xvi, v. 11: ° in iniquo mammona fideles non fuistis. ' fideles autem, qui in omnibus intendunt honorem dei, et utilitatem membrorum eius, * secundum illud lc. xii, 42: ° quis, putas, est fidelis servus et prudens, quem constituit dominus super familiam suam? ' qui autem sunt fideles divino iudicio manifestabuntur in futuro. sed corinthii temere volebant discutere, qui dispensatores essent fideles vel infideles. * et hoc est quod dicit ° hic, ' hoc est, inter vos, ° iam, ' id est, praesenti tempore, ° quaeritur, ' id est, discutitur, ° ut quis,

‘ id est aliquis, ° inter dispensatores fidelis inveniatur. ‘ iudicabant enim plures esse infideles, vix aliquem virum putantes esse fidelem, * secundum illud prov. xx, 6: ° multi viri misericordes vocantur, virum autem fidelem quis inveniet? * deinde cum dicit ° mihi autem pro minimo est, ‘ ostendit se hoc iudicium |100| reputare nihil, et circa hoc tria facit. primo ponit, quod non curat circa hoc ab aliis iudicari, * dicens ° mihi autem, ‘ qui sum minimus inter dispensatores, ° pro minimo est, ‘ id est, minima bona reputo, ° ut a vobis iudicer, ‘ scilicet esse fidelis, vel infidelis. et ne putarent ab apostolo haec dici in eorum contemptum, ac si eorum iudicium despiceret, quasi vilium personarum, * subiungit ° aut ab humano ‘ intellectu, qui est dies hominis, * secundum illud io. xi, 9: ° qui ambulat in die, non offendit, quia lucem huius mundi videt. ‘ vel ad litteram ° aut ab humano die, ‘ id est, ab intellectu in hoc tempore iudicantibus, quasi dicat: vestrum, vel quorumcumque hominum iudicium parum curo. * ier. xvii, 16: ° diem hominis non desideravi, tu scis. ‘ est autem sciendum, quod de iudicio hominum dupliciter debet curari. uno modo, quantum ad alios, qui ex eorum bono, vel aedificantur, vel scandalizantur, et sic sancti non pro minimo, sed pro magno habent ab hominibus iudicari, * cum dominus dicat matth. v, 16: ° videant opera vestra bona, |125| et glorificent patrem vestrum, qui in caelis est. ‘ alio modo quantum ad seipsos, et sic non curant multum, quia nec gloriam humanam concupiscunt, * secundum illud i thess. ii, 6: ° neque gloriam ab hominibus quaerentes, neque aliquid a vobis, neque ab aliis. ‘ neque opprobrium hominis timent, * secundum illud is. li, 7: ° nolite timere opprobrium hominum, et blasphemias eorum ne timeatis. * unde apostolus signanter dicit ° mihi autem, ‘ etc., id est, quantum ad me pertinet, non autem id pro nullo est, sed pro minimo, “ quia bona temporalia, inter quae bona fama computatur, non sunt nulla bona, sed minima, * ut augustinus dicit in libro de libero arbitrio. unde et sap. vii, 9: ° omne aurum in comparatione illius arena est exigua. ‘ secundo ostendit, quod neque seipsum iudicare praesumit, * dicens ° sed neque meipsum iudico. * videtur autem hoc esse contra id quod infra xi, 31 dicitur: ° si nosmetipsos diiudicaremus, non utique iudicaremur. “ debet ergo quilibet iudicare seipsum. |150| ‘ sed sciendum est, quod iudicio discussionis, * de quo apostolus hic loquitur, ‘ quilibet debet iudicare seipsum, * secundum illud ps. lxxvi, 7: ° exercitabar et scopebam spiritum meum, ‘ et similiter iudicio condemnationis et reprehensionis in manifestis malis, * secundum illud iob xiii, 15: ° arguam coram eo vias meas; ‘ sed iudicio absolutionis non debet aliquis praesumere se iudicare ut innocentem; * unde dicitur iob ix, 20: ° si iustificare me voluero, os meum condemnabit me; si innocentem considero, pravum me comprobabit. ‘ cuius rationem assignat, * dicens ° nihil mihi conscius sum, ‘ id est, non habeo alicuius peccati mortalis conscientiam, * secundum illud iob xxvii, 6: ° neque reprehendit me cor meum in omni vita mea. sed non in hoc iustificatus sum, ‘ id est, non sufficit ad hoc, quod me iustum pronunciem, quia possunt aliqua peccata in me latere, quae ignoro, * secundum illud ps.: ° delicta quis intelligit? * et iob c. ix, 21 dicitur: ° et si simplex fuero, hoc ipsum ignorabit anima mea. ‘ tertio concludit cui hoc iudicium reservetur, * dicens ° qui autem iudicat me dominus |175| est, ‘ id est, ad solum deum pertinet iudicare utrum sim fidelis minister an non; hoc enim pertinet ad intentionem cordis, quam solus deus ponderare potest, * secundum illud prov. xvi, 2: ° spirituum ponderator est dominus. * et ier. xvii, 9: ° pravum est cor hominis et inscrutabile, quis cognoscet illud? ego dominus probans renes et scrutans corda. * deinde cum dicit ° itaque nolite, ‘ etc., concludit prohibitionem temerarii iudicii, et circa hoc tria facit. primo prohibet praevenire divinum iudicium, dicens: itaque exemplo meo qui neque meipsum iudico, neque ab aliis iudicari curo, sed iudicium meum deo reservo, ° nolite ante tempus iudicare, * quia, ut dicitur eccle. c. viii, 6, ° omni negotio tempus est et opportunitas. quoadusque veniat dominus, ‘ scilicet ad iudicandum, * secundum illud is. iii, v. 14: ° dominus ad iudicium veniet cum senatoribus populi sui. * unde et dominus dixit matth. vii, 1: ° nolite iudicare. ‘ sed hoc intelligendum est de occultis; de manifestis autem iudicare commissum est a deo hominibus, |200| * secundum illud deut. i, 16: ° audite illos, et quod iustum est iudicate. ‘ sunt enim aliqua manifesta non solum per evidentiam facti, sicut notoria, sed et propter confessionem, aut testium probationem. occulta vero deus suo reservat iudicio. sunt autem occulta nobis, quae latent in corde, vel etiam in abscondito fiunt, * et de his dicitur in ps. iv, 5: ° quae dicitis in cordibus vestris, et in cubilibus vestris compungimini. ‘ unde homo quidem de his est temerarius iudex, sicut iudex delegatus, qui excedit formam mandati iudicii de causa non sibi commissa. est ergo temerarium iudicium, quando aliquis de dubiis iudicat. perversum autem, quando falsum iudicium profert. et quamvis non sit iudicandum circa personas, puta ut aliquis iudicet malum hominem, qui bonus est, tamen multo gravius est, ut iudicium pervertatur de rebus ipsis, puta si quis diceret virginitatem esse malam, et fornicationem bonam. * contra quod dicitur is. v, 20: ° vae qui dicitis bonum malum, et malum bonum. ‘ secundo describit perfectionem |225| futuri divini iudicii, * dicens ° qui, ‘ scilicet dominus ad iudicandum veniens, ° illuminabit abscondita tenebrarum, ‘ id est faciet esse lucida et manifesta ea quae occulte in tenebris facta sunt. ° et manifestabit consilia cordium, ‘ id est omnia cordis occulta, * secundum illud iob xii, 22: ° qui revelat occulta de tenebris, et producit in lucem umbram mortis. * et sophon. i, 12: ° scrutabor ierusalem in lucernis. ‘ quod quidem est intelligendum tam de bonis, quam de malis, quae non sunt per poenitentiam tecta, * secundum illud ps. xxxi, v. 1: ° beati quorum remissae sunt iniquitates, et quorum tecta sunt peccata. ‘ tertio ponit fructum, quem boni reportabunt de divino iudicio, dicens ° et tunc laus erit unicuique, ‘ scilicet bonorum ° a deo. ‘ quae quidem laus vera erit, quia deus nec decipi, nec decipere potest. * rom. ii, 29: ° cuius laus non ex hominibus, sed ex deo est. * ii cor. x, 18: ° non enim qui seipsum commendat ille probatus est, sed quem deus commendat.

lc2 ‘ Postquam apostolus reprehendit in corinthiis temeritatem, qua ministros christi iudicabant, hic arguit eorum elationem, qua ministros christi contemnebant. et circa hoc tria facit. primo proponit quod intendit; secundo rationem assignat, * ibi ° quis enim te discernit? ‘ tertio eorum contemptum ironice loquens irridet, * ibi ° iam saturati estis. ‘ circa primum considerandum est, quod apostolus supra volens reprimere contentiones corinthiorum, quas habebant ratione ministrorum, usus fuerat nominibus bonorum ministrorum christi, * sicut supra i, 12 dixit: ° unusquisque vestrum dicit: ego quidem sum pauli, ego autem apollo, ego vero cephae; * et supra iii, 22 ubi dixit: ° sive paulus, sive apollo, sive cephas, ‘ et tamen non gloriabantur de bonis ministris christi, nec propter eos dissidebant, sed propter pseudo-apostolos, quos nominare noluit, ne videretur ex odio, vel invidia contra eos loqui; sed |25| loco eorum posuerat nomen suum et aliorum bonorum praedicatorum, * et hoc est quod dicit ° haec autem, fratres, ‘ scilicet quae dixi de ministris, de quibus gloriamini, et pro quibus contenditis, ° transfiguravi ‘ id est, figuraliter loquens, transtuli, ° in me et apollo. * dicit enim prov. i, 6: ° animadvertent parabolam et interpretationem verba sapientium et aenigmata eorum. ‘ et hoc ° propter vos, ‘ id est, vestram utilitatem, * ii cor. iv, 15: ° omnia propter vos; ut in vobis discatis, ne unus vestrum infletur, ‘ id est, superbiat, ° adversus alium ‘ proximum suum, ° pro alio, ‘ scilicet pro quocumque ministro christi, ° ne supra quam scriptum est, ‘ id est, ultra formam vobis in praemissis descriptam. * dicitur enim sap. iv, v. 19: ° disrumpens illos inflatos sine voce. * deinde cum dicit ° quis enim te discernit? ‘ assignat rationem quare unus non debeat contra alium inflari. et primo ponit rationem, * dicens ° quis enim te discernit? ‘ quod potest intelligi dupliciter: uno modo sic: quis enim te discernit a massa perditorum? tu teipsum discernere non potes: unde non habes in te unde contra |50| alium superbias. * et de hac discretione dicitur in ps. xlii, 1: ° iudica me, deus, et discerne causam meam de gente non sancta. ‘ alio modo potest intelligi ° quis te discernit, ‘ scilicet superiorem faciens proximo tuo? hoc quod tu facere non potes, unde contra eum superbire non debes. * et de hac discretione dicitur eccli. xxxiii, 11: ° in multitudine disciplinae domini separavit eos, et immutavit vias illorum. ‘ sed inter homines, inquantum sunt fideles christi, non est discretio, * quia, ut dicitur rom. xii, 5, ° multi unum corpus sumus in christo. * et dicit petrus: ° nihil discernit inter nos et illos, fide purificans corda eorum. ‘ secundo excludit * quamdam rationem. “ posset enim aliquis discerni a bonis vel a malis, melior eis existens, propter bona quae habet, puta fidem, sapientiam, et huiusmodi. * sed hoc excludit apostolus, dicens ° quid autem habes, quod non accepisti? ‘ quasi dicat: nihil. omnia enim bona sunt a deo, * secundum illud ps. ciii, 28: ° aperiente te manum tuam, omnia implebuntur bonitate; * et |75| par. xxix, 14: ° tua sunt omnia, et quae de manu tua accepimus, dedimus tibi. ‘ et ex hoc concludit propositum, * dicens ° si autem accepisti, quid gloriaris, quasi non acceperis? ‘ ille igitur gloriatur quasi non accipiens, qui de seipso gloriatur, et non de deo, * sicut de quibusdam dicitur in ps. xlviii, v. 7: ° qui confidunt in virtute sua, et in multitudine divitiarum suarum gloriantur. ‘ et ad hoc pertinet prima species superbiae, qua scilicet aliquis superbiendo, quod habet, dicit a seipso habere, * iuxta illud ps. xi, 5: ° labia nostra a nobis sunt, quis noster dominus est? ‘ ille autem gloriatur quasi accipiens, qui omnia deo adscribens, gloriatur de ipso, * sicut supra dictum est: ° qui gloriatur, in domino glorietur. ‘ sic autem gloriari non est superbire, sed humiliari sub deo, cui homo dat gloriam, * secundum illud eccli. ult.: ° danti mihi sapientiam, dabo gloriam. * deinde, cum dicit ° iam saturati estis, ‘ irridet eorum superbiam, qui apostolos christi contemnebant. et primo in generali, |100| secundo in speciali, * ibi ° nos stulti sumus, ‘ etc.. circa primum duo facit. primo irridet in eis quod de se nimis praesumebant; secundo deridet in eis, quod apostolos contemnebant, * ibi ° puto enim quod deus, ‘ etc.. circa primum duo facit. primo irridet eos de praesumptione, qua sibi attribuebant quod non habebant; secundo irridet eos de hoc, quod sibi singulariter attribuebant, quod singulariter non habebant, * ibi ° sine nobis regnatis. ‘ attribuebant autem sibi abundantiam bonorum, quorum quaedam sunt interiora; * et quantum ad hoc dicit ° iam saturati estis, ‘ id est, vobis videtur quod saturati estis, id est, abundanter refecti spirituali dulcedine, * de qua dicitur in ps. xvi, 15: ° satiabor dum manifestabitur gloria tua. ‘ poterat autem eis secundum veritatem dici, quod iam saturati estis, non plenitudine, sed fastidio, * secundum illud prov. xxvii, 7: ° anima satiata calcabit favum. ‘ quaedam vero sunt bona |125| exteriora, * et quantum ad hoc dicit ° iam divites facti estis, ‘ sicut vobis videtur, scilicet divitiis spiritualibus, * de quibus dicitur is. c. xxxiii, 6: ° divitiae salutis sapientia et scientia. * simile est, quod dicitur apoc. iii, v. 17: ° dicis, quia dives sum, et locuples valde, et nullius egeo. * sed contra hoc videtur illud quod supra dixit in principio, dicens quia ° in omnibus divites facti estis in illo, in omni verbo, et in omni scientia, ‘ etc.. sed dicendum est, quod supra dixit quantum ad bonos, qui inter eos erant; hic autem dicit quantum ad praesumptuosos, qui superbiebant de eo quod non habebant. potest et aliter distingui satietas et divitiae, ut saturitas referatur ad usum gratiae, quo quis spiritualibus fruitur; divitiae autem ad ipsos habitus gratiarum. * secundo cum dicit ° sine nobis regnatis, ‘ irridet eos, quod sibi singulariter attribuebant quod non habebant. * unde dicit ° sine nobis regnatis, ‘ id est, ita vobis videtur, quod regnum ad vos pertineat, non ad nos. sic enim erant decepti a pseudo-apostolis, |150| ut crederent se solos habere fidei veritatem, quae in regno dei consistit, apostolum autem et sequaces eius errare. * contra quos dicitur is. v, 8: ° numquid habitabitis vos soli in medio terrae? ‘ et ne videatur apostolus ex invidia hoc dicere, * subiungit ° utinam regnetis. ‘ optat enim ut veram fidem habeant, * secundum illud act. xxvi, 29: ° opto omnes qui audiunt, tales fieri, qualis et ego sum, exceptis vinculis his. ‘ et ut eis exempla humilitatis praebeat, * subiungit ° ut et nos regnemus vobiscum, ‘ quasi dicat: si aliquam excellentiam habetis, non dedignamur vos sequi, sicut vos dedignamini sequi nos, * contra illud quod dicitur gal. iv, v. 18: ° quod bonum est, aemulamini in bono semper. ‘ et est advertendum, quod apostolus hic quatuor species superbiae tangit, quarum prima est, quando aliquis reputat se non habere a deo quod habet, * quam tangit dicens ° quid gloriaris quasi non acceperis? ‘ et hoc etiam potest reduci ad secundam speciem qua aliquis existimat propriis meritis |175| accepisse. tertia species est, qua quis iactat se habere quod non habet, * et quantum ad hoc dicit ° iam saturati estis, iam divites facti estis. ‘ quarta species, quando aliquis, despectis caeteris, singulariter vult videri, * et quantum ad hoc pertinet quod dicit ° sine nobis regnatis. * deinde, cum dicit ° puto quod deus, ‘ etc., irridet eos de hoc quod apostolos christi contemnebant, et primo irrisorie ponit contemptum; secundo causam contemptus, * ibi ° quia spectaculum facti sumus. ‘ dicit ergo primo: prius dixi, quod ° sine nobis regnatis, puto enim, ‘ id est, vos putare videmini, ° quod deus nos apostolos ostendit novissimos, * cum tamen infra c. xii, 28 dicatur, quod ‘ deus in ecclesia posuit primum apostolos. * sic enim impletur quod dicitur matth. xx, 16: ° erunt primi novissimi, et novissimi primi. ‘ et ponit exemplum: ° tamquam morti destinatos. ‘ illi enim, qui sunt condemnati ad mortem, novissimi habentur inter homines, utpote quos indignum sit vivere, et tales apostoli |200| reputantur a mundanis hominibus, * secundum illud ps. xliii, 22: ° aestimati sumus sicut oves occisionis. * deinde, cum dicit ° quia spectaculum, ‘ assignat causam contemptus. circa quod considerandum est, quod quando aliqui sunt condemnati ad mortem, convocantur homines ad eorum occisionem, quasi ad spectaculum, et hoc maxime fiebat circa eos, qui damnabantur ad bestias. quia apostoli erant quasi morti destinati, * subiungit ° quia spectaculum facti sumus mundo, ‘ quasi totus mundus concurrat ad spectandum nostram occisionem, * secundum illud ps. xliii, v. 14: ° posuisti nos opprobrium vicinis nostris. ‘ exponit autem quid nomine mundi intelligat, * cum subdit ° et angelis, et hominibus, ‘ scilicet bonis et malis. concurrebant enim ad eorum spectaculum boni angeli ad confortandum, mali autem ad impugnandum; boni homines ad compatiendum, et exemplum patientiae sumendum, mali homines ad persequendum, et irridendum. * deinde cum dicit ° nos stulti, |225| ‘ etc., irridet eos in speciali, quod apostolos contemnebant. et circa hoc duo facit. primo ponit contemptum; secundo causam contemptus, * ibi ° usque in hanc horam, ‘ etc.. circa primum irridet eorum contemptum quantum ad hoc, quod sibi excellentiam, apostolis defectum attribuebant. et primo quantum ad perfectionem intellectus. * et quantum ad hoc dicit ° nos stulti sumus propter christum, ‘ id est stulti reputamur, quia crucem christi praedicamus, * supra i, 18: ° verbum crucis pereuntibus stultitia est, ‘ et etiam quia propter christum opprobria et contentiones sustinemus, * secundum illud sap. v, 4: ° nos insensati vitam illorum aestimabamus insaniam. * item, ut legitur act. c. xxvi, 24, festus dixit paulo: ° insanis, paule, multae te litterae ad insaniam adducunt. vos, ‘ secundum vestram reputationem, estis ° prudentes in christo, ‘ quia scilicet nec crucem eius publice confiteri audetis, nec persecutionem pro eo sustinetis. * prov. xxvi, 16: ° sapientior sibi videtur piger septem viris sequentibus |250| sententias. ‘ secundo quantum ad potestatem actionis, * cum dicit ° nos infirmi, ‘ reputamur scilicet in exterioribus, propter afflictiones quas sustinemus. * ii cor. xii, 9: ° libenter gloriabor in infirmitatibus meis. vos autem, ‘ scilicet secundum vestram reputationem, estis ° fortes, ‘ scilicet in rebus corporalibus, quia secure vivitis sine tribulatione. * is. v, 22: ° vae qui potentes estis ad bibendum vinum, et viri fortes ad miscendam ebrietatem. vos nobiles, ‘ scilicet estis, secundum vestram aestimationem, id est, honore digni, qui exterius contumelias non patimini. * is. xix, 11: ° filius sapientium, ego filius regum antiquorum. nos autem ignobiles ‘ sumus, secundum vestram et aliorum reputationem, quia contemptibiles habemur. * supra i, 27: ° quae contemptibilia sunt mundi et ignobilia elegit deus. ‘ et tamen secundum rei veritatem est e converso. soli enim contemptibiles illi sunt, qui deum contemnunt, * secundum illud i reg. c. ii, 30: ° qui autem contemnunt me, erunt ignobiles. * deinde, cum dicit ° usque in |275| hanc horam, ‘ etc., assignat causam contemptus. et primo ponit pro causa defectum bonorum temporalium; secundo mala quae in eis intelligebantur, * ibi ° maledicimur et benedicimus; ‘ tertio concludit intentum, * ibi ° tamquam purgamenta. ‘ circa primum duo facit. primo ponit defectum quem patiebantur in rebus necessariis. unde quantum ad ea, quae pertinent ad victum, * dicit ° usque in hanc horam, ‘ id est, continue a conversione nostra usque in praesens tempus, ° esurimus et sitimus. * ii cor. xi, 27: ° in fame et siti. ‘ quantum vero ad vestitum, * subdit ° et nudi sumus, ‘ id est, propter vestimentorum inopiam, quia etiam interdum expoliabantur. * iob xxiv, 7: ° nudos dimittunt homines vestimenta tollentes, quibus non est operimentum in frigore. * sed contra est quod dicitur in ps. xxxvi, v. 25: ° non vidi iustum derelictum, nec semen eius quaerens panem. ‘ sed dicendum est, quod ita patiebantur apostoli, quod non derelinquebantur, quia |300| divina providentia moderabatur in eis et abundantiam et inopiam, quantum eis expediebat ad virtutis exercitium. * unde et apostolus phil. iv, 11 ss.: ° ubique et in omnibus institutus sum, et saturari, et esurire, et abundare, et penuriam pati; omnia possum in eo, qui me confortat. ‘ secundo ponit defectum eorum, quae pertinent ad bene esse humanae vitae, quorum primum est reverentia ab hominibus exhibita, contra quod * dicit ° et colaphis caedimur, ‘ quod quidem fit magis ad opprobrium, quam ad poenam. * unde de christo legimus matth. xxvi, 67 quod ° expuerunt in faciem suam, et colaphis eum caeciderunt. ‘ secundo requiritur quies in loco, contra quod * dicitur ° et instabiles sumus, ‘ tum quia expellebantur a persecutoribus de loco in locum, * secundum illud matth. x, 23: ° si vos persecuti fuerint in una civitate, fugite in aliam, ‘ tum etiam quia pro executione sui officii discurrebant ubique, * secundum illud io. c. xv, 16: ° posui vos ut eatis. ‘ tertio requiritur ministrantium auxilium, contra quod * dicitur ° et laboramus operantes |325| manibus nostris, ‘ tum quia aliquando nullus dabat eis unde possent sustentari; tum etiam, quia labore manuum suarum victum acquirebant vel ad vitandum fidelium gravamen, vel ad repellendum pseudo-apostolos, qui propter quaestum praedicabant, * ut habetur ii cor. xii, 16 ss.; ‘ tum etiam, ut darent otiosis laborandi exemplum, * ut habetur ii thess. iii, 9. unde dicit paulus act. xx, v. 34: ° ad ea quae mihi opus erant, et his qui mecum sunt, ministraverunt manus istae. * deinde, cum dicit ° maledicimur, ‘ etc., ponit mala quae apostoli patiebantur. et primo in verbis, * cum dicit ° maledicimur, ‘ id est, male de nobis dicunt homines, vel ad detrahendum, vel ad contumelias inferendum, vel etiam mala imprecando. * ier. xv, v. 10: ° omnes maledicunt mihi. et benedicimus, ‘ id est, reddimus bonum pro malo, * secundum illud i petr. iii, 9: ° non reddentes maledictum pro maledicto, sed e contrario benedicentes. ‘ secundo in factis, et quantum ad hoc * dicit ° persecutionem patimur, ‘ non solum quantum |350| ad hoc, quod fugamur de loco ad locum, quod proprie persecutio dicitur, sed quantum ad hoc quod multipliciter tribulamur, * secundum illud ps. cxviii, 157: ° multi qui persequuntur me, et tribulant me. et sustinemus, ‘ in christo scilicet omnia patienter. * eccli. i, 29: ° usque ad tempus sustinebit patiens. ‘ tertio tangit causam utriusque, * cum dicit ° blasphemamur, ‘ id est, blasphemia imponuntur nobis, dum dicimur magi vel malefici, et reputamur dei inimici, * secundum illud io. c. xvi, 2: ° venit hora, ut omnis qui interficit vos, arbitretur obsequium se praestare deo; * et rom. iii, 8: ° sicut blasphemamur, et sicut aiunt quidam nos dicere, faciamus mala, ut veniant bona. ‘ tamen, ° obsecramus ‘ deum pro his qui nos persequuntur et blasphemant, * secundum illud matth. v, 44: ° orate pro persequentibus et calumniantibus vos. * deinde cum dicit ° tamquam purgamenta, ‘ etc., concludit ex omnibus praemissis eorum contemptum, dicens: et propter omnia praedicta ° facti sumus tamquam purgamenta huius mundi, ‘ id est, reputati sumus |375| et a iudaeis et a gentilibus, ut per nos mundus inquinetur: et propter nostram occisionem mundus purgetur, et tamquam simus ° peripsema omnium. ‘ dicitur peripsema quodcumque purgamentum, puta vel pomi, vel ferri, vel cuiuscumque alterius rei. et hoc, ° usque adhuc, ‘ quia scilicet continue hoc patimur. sed quandoque deficiet, * secundum illud sap. v, 3, ubi ex ore impiorum dicitur: ° hi sunt, quos aliquando habuimus in derisum, et in similitudinem improperii. * et postea subditur: ° quomodo ergo computati sunt inter filios dei?

lc3 ‘ Postquam, apostolus reprehendit corinthios de hoc quod apostolos temere iudicabant, et praesumptuose contemnebant, hic instat ad eorum correctionem, et primo admonitionis verbo; secundo, exemplo, * ibi ° rogo ergo vos, fratres, ‘ etc.; tertio, correctionis flagello, * ibi ° tamquam non venturus sim, ‘ etc.. circa primum tria facit. primo ponit admonitionis modum, * dicens ° haec, ‘ scilicet quae in serie epistolae hucusque vobis dixi, ° scribo non ut confundam vos, ‘ scilicet mala confusione, quae in desperationem mittit, quamvis velim vos confundi confusione, quae peccatum vitat, * secundum illud eccli. iv, 25: ° est confusio adducens peccatum, et est confusio adducens gratiam et gloriam. ‘ sed praedicta moneo vos, ° ut filios. * eccle. vii, 25: ° filii tibi sunt? erudi illos, et cura illos a pueritia eorum. ‘ secundo ostendit debitum admonendi modum, * dicens ° nam si decem millia paedagogorum habeatis in christo, sed non |25| multos patres. ‘ ubi considerandum est quod pater est qui primo generat: paedagogus autem est qui iam natum nutrit et erudit. * gal. iii, 24: ° lex paedagogus noster fuit in christo. ‘ dicit ergo apostolus se patrem eorum in christo, quia eis primo evangelium praedicavit. unde, assignans rationem eius quod dixerat, * subdit ° nam in christo iesu per evangelium vos genui. ‘ est autem generatio processus ad vitam, homo autem vivit in christo per fidem. * gal. ii, 20: ° quod autem nunc vivo in carne, in fide vivo filii dei. ‘ fides autem, * ut dicitur rom. x, 17, ‘ est ex auditu, auditus autem per verbum. unde verbum dei est semen, quo apostolus eos genuit in christo. * unde iac. i, 18: ° voluntarie nos genuit verbo veritatis. ‘ alios autem dicit paedagogos, quia postquam fidem receperant, eos adiuvarunt: ut intelligatur esse eadem comparatio, quantum ad praedicationem evangelii, paedagogi ad patrem, * quae supra iii, 6 ss. posita est, ‘ rigatoris ad plantatorem, et superaedificatoris ad fundatorem. |50| * deinde, cum dicit ° rogo ergo vos, fratres, ‘ instat ad corrigendum eos suo exemplo. et primo hortatur eos ad imitandum suum exemplum, dicens: ergo ex quo estis filii, cum bonorum filiorum sit imitari patres, ° rogo vos, imitatores mei estote, ‘ scilicet ut non temere iudicetis, sicut nec ego, quia neque meipsum iudicare praesumo, et de vobis humilia sentiatis, et de aliis maiora. * unde non sine causa tali modo loquendi usus est: ° nos infirmi, vos fortes. * ii thess. c. iii, 9: ° ut formam nosmetipsos daremus vobis ad imitandum. ‘ advertendum est autem quod eosdem, quos supra filios nominavit, nunc nominat fratres. dixerat autem suos filios in christo, quia eos non sibi, sed christo genuerat, et quia ipse genitus erat a christo, ex consequenti eos habebat ut fratres et filios. intantum ergo debebant eum imitari ut patrem, inquantum et ipse christum imitabatur, qui est omnium principalis pater. et per hoc subtrahitur subditis occasio de adhaerendo malis exemplis praelatorum. unde |75| in hoc subditi solum praelatos imitari debent, in quo ipsi christum imitantur, qui est infallibilis regula veritatis; unde seipsum apostolis in exemplum posuit. * io. xiii, 15: ° exemplum dedi vobis, ut quemadmodum ego feci, ‘ etc.. quod quidem exemplum paulus sequebatur, * secundum illud iob xxiii, 11: ° vestigia eius secutus est pes meus, viam eius custodivi, et non declinavi ab ea. ‘ secundo removet excusationem ignorantiae, * dicens ° ideo misi ad vos timotheum, qui est filius meus charissimus et fidelis in domino, * secundum illud phil. ii, v. 20, de timotheo loquens: ° neminem habeo ita unanimem, qui sincera affectione pro vobis sollicitus sit. qui vos commonefaciat vias meas, ‘ id est, qui vos doceat meos processus, id est, omnia opera, et moneat vos ad ea sequendum, * secundum illud ier. c. vi, 16: ° interrogate de semitis antiquis, quae sit via bona, et ambulate in ea. quae ‘ quidem viae ° sunt in christo, ‘ et ideo non debetis dedignari eas sequi, * secundum illud ps. xxiv, 4: ° vias tuas, domine, demonstra mihi. ‘ et non videatur vobis hoc onerosum, |100| quia hoc communiter omnibus impono. * unde subdit ° sicut ubique in ecclesia doceo. * col. i, 5 s.: ° audistis veritatis evangelium, quod pervenit ad vos, sicut et in universo mundo. * vel hoc quod dicit ° vias meas, ‘ referendum est ad opera, * quod vero dicit ° sicut et ubique, ‘ ad documenta. ad hoc enim missus erat timotheus, ut induceret eos ad imitanda opera, et tenenda apostoli documenta. * deinde, cum dicit ° tamquam non venturus sim ad vos, ‘ comminatur eis correctionis flagellum. et primo ostendit eos esse dignos correctionis flagello, * dicens ° tamquam non venturus sim ad vos, inflati sunt quidam, ‘ scilicet vestrum, quasi non timentes per me de sua superbia convinci, et tamen digni sunt flagellis: nam humiles solis verbis corriguntur, superbi flagellis indigent, * secundum illud iob c. xl, 7: ° respice cunctos superbos, et confunde eos. ‘ secundo praenuntiat eis suum adventum quo veniet ad iudicandum, * ubi primo praenuntiat adventum, dicens ° veniam autem |125| cito ad vos. * et quia dicitur prov. xvi, v. 9: ° cor hominis disponit viam suam, sed domini est dirigere gressus eius, * ideo subdit ° si dominus voluerit. * iac. iv, 15: ° si dominus voluerit, et si vixerimus, faciemus hoc aut illud. ‘ secundo praenuntiat eis suam iudiciariam cognitionem, * cum dicit ° et cognoscam, ‘ scilicet ordine iudiciario, * secundum illud iob c. xxix, 16: ° causam, quam nesciebam, diligentissime investigabam. non sermonem eorum, qui inflati sunt, sed virtutem, ‘ quasi dicat: non propter haec ex mea examinatione approbabuntur, qui abundant in verbis, sed si abundarent in virtute; * quia, ut dicitur prov. xiv, 23, ° ubi verba sunt plurima, ibi frequenter egestas. ‘ tertio rationem assignat, * dicens ° non enim in sermone est regnum dei, sed in virtute, ‘ id est, non ideo aliqui pertinent ad regnum dei, qui abundant in sermone, * secundum illud matth. vii, 21: ° non omnis qui dicit mihi: domine, domine, intrabit in regnum caelorum, sed qui facit voluntatem patris mei. |150| ‘ ultimo comminatur eis correctionem, reservans tamen correctionem arbitrio eorum, * dicens ° quid vultis? in virga, ‘ scilicet disciplinae, ° veniam ad vos, ‘ scilicet castigandos, ° an in charitate, ‘ id est, ostensione amoris, ° et in spiritu mansuetudinis ‘ ut scilicet nihil durius vobiscum agam? hoc enim pendet ex vobis; nam si vos in via stultitiae permanetis, oportet me ad vos cum virga venire, * secundum illud prov. xxii, 15: ° stultitia colligata est in corde pueri, et virga disciplinae fugabit eam. ‘ si vero vos correxeritis, ostendam vobis charitatem et mansuetudinem, * gal. ult.: ° vos qui spirituales estis, instruite huiusmodi in spiritu lenitatis. ‘ hoc autem non dicit quin si in virga veniens, non cum charitate veniret, * cum scriptum sit prov. c. xiii, 24: ° qui parcit virgae, odit filium suum: qui autem diligit illum, instanter erudit, ‘ sed quia ille qui castigatur virga, non sentit interdum dulcedinem charitatis, sicut illi quos blande consolatur.

076 C1C cp5

lc1 ‘ Postquam apostolus prosecutus est ea, quae pertinent ad baptismi sacramentum, hic incipit prosequi ea quae pertinent ad matrimonium. et primo arguit peccatum contrarium matrimonio, scilicet fornicationem; secundo agit de ipso matrimonio, * c. vii, ibi ° de quibus autem scripsistis, ‘ etc.. circa primum duo facit. primo ponit culpam; secundo redarguit eam, * ibi ° non est bona gloriatio, ‘ etc.. circa primum duo facit. primo ponit culpam cuiusdam fornicarii; secundo culpam aliorum, qui peccatum fornicarii tolerabant, * ibi ° et vos inflati estis, ‘ etc.. circa primum, primo ponit tria, quae pertinent ad culpae gravitatem. primo namque ostendit peccatum esse notorium, dicens: non sine causa quaesivi, an velitis quod in virga veniam ad vos. est enim in vobis aliquid dignum virga disciplinae, quia ° fornicatio auditur inter vos omnino, |25| ‘ secundum publicam formam; * contra quod dicitur eph. v, 3: ° fornicatio autem nec nominetur in vobis; * is. iii, 9: ° peccatum suum quasi sodoma praedicaverunt, nec absconderunt. ‘ secundo aggravat peccatum ex comparatione, * cum dicit ° et talis fornicatio, qualis nec inter gentes ‘ licita reputatur vel invenitur. apud gentiles enim simplex fornicatio non reputabatur peccatum. unde apostoli * act. xv, 20, ‘ ad hunc errorem excludendum, gentilibus ad fidem conversis imposuerant, quod abstineant se a fornicatione. erat tamen quaedam fornicationis species, quae et apud gentiles illicita habebatur. * et ideo dicit ° ita ut uxorem patris aliquis habeat, * sicut dicitur gen. xlix, 4: ° effusus es sicut aqua, non crescas, quia ascendisti cubile patris tui, et maculasti stratum eius. ‘ hoc autem erat horribile etiam apud gentiles, utpote contrarium naturali rationi existens. per naturalem enim reverentiam filii ad parentes secundum omnem statum et legem pater et mater a matrimonio excluditur. ut sic etiam possit intelligi, * quod habetur gen. ii, 24: |50| ° propter hoc relinquet homo patrem et matrem, ‘ scilicet in contractu matrimonii, ° et adhaerebit uxori suae. * sicut autem ibi subditur: ° vir et mulier erunt duo in carne una. ‘ et ideo uxor patris repellitur a matrimonio: sicut persona patris vel matris, * secundum illud lev. xviii, 8: ° turpitudinem uxoris patris tui ne discooperias, turpitudo enim patris tui est. * deinde, cum dicit ° vos inflati estis, ‘ ponit culpam eorum qui hoc peccatum tolerabant. et primo reprehendit eorum tolerantiam; secundo supplet quod illi negligebant * ibi ° ego quidem, ‘ etc.. circa primum notat in eis tria vitia. primo superbiam, * cum dicit ° et vos inflati estis, ‘ scilicet vento superbiae, reputantes vos innocentes ex comparatione peccatoris, * sicut, lc. xviii, 11, pharisaeus dicebat: ° non sum sicut caeteri hominum, velut etiam hic publicanus. * sap. iv, 19: ° disrumpam illos inflatos sine voce. ‘ secundo tangit eorum iniustitiam, * cum dicit ° et non magis luctum habuistis, ‘ scilicet |75| patiendo causam peccatoris, * sicut ier. ix, 1 dicitur: ° quis dabit capiti meo aquam, et oculis meis fontem lacrymarum, ut plorem die ac nocte interfectos filiae populi mei? vera enim iustitia, * ut dicit gregorius, ° compassionem habet, non dedignationem. ‘ tertio tangit eorum iudicii negligentiam ° ut tollatur de medio vestrum qui hoc opus fecit. ‘ talis enim compassio viri iusti ad peccatorem vulnerat et liberat, * secundum illud prov. xxiii, 14: ° tu virga percutis eum, et animam eius de inferno liberabis. ‘ per hoc etiam alii corriguntur, * secundum illud prov. c. xix, 25: ° pestilente flagellato, stultus sapientior erit. * unde eccle. viii, 11: ° quia non profertur cito contra malos sententia, absque ullo timore filii hominum perpetrant mala. ' debet autem ad correctionem aliorum interdum peccator separari, ubi de contagione timetur, * secundum illud prov. xxii, 10: ° eiice derisorem, et exibit cum eo iurgium, cessabuntque causae et contumeliae. * deinde, cum dicit ° ego quidem absens corpore, ' etc., supplet eorum negligentiam, |100| sententiam proferens contra peccatorem. et circa hoc tria facit. primo ponit auctoritatem iudicantis; secundo modum iudicandi, * ibi ° congregatis vobis, ' etc.; tertio sententiam iudicis, * ibi ° tradere huiusmodi, ' etc.. circa primum duo facit. primo ponit auctoritatem ministri, scilicet sui ipsius. videbatur autem contra iudiciarium ordinem, ut condemnaret absentem, * secundum illud act. xxv, 16: ° non est consuetudo romanis condemnare aliquem, priusquam is qui accusatur, praesentes habeat accusatores; * sed hoc apostolus excusat, dicens ° ego quidem absens corpore, praesens autem spiritu, ' id est, affectu et sollicitudine mentis, * secundum illud col. ii, 5: ° et si corpore absens sum, sed spiritu vobiscum sum, gaudens et videns ordinem vestrum. ' vel ° praesens spiritu, ' quia per spiritum cognoscebat ea quae apud ipsos agebantur, ac si praesens esset, * sicut et eliseus dixit iv reg. v, 26: ° nonne cor meum in praesenti erat, quando reversus est homo de |125| cursu suo? ' et quia sum spiritu praesens, ° iam iudicavi, ' id est, sententiam condemnationis ordinavi in eum, qui sic operatus est. secundo ponit auctoritatem principalis domini, * dicens ° in nomine domini nostri iesu christi, ' id est, vice et auctoritate, seu cum virtute et invocatione nominis eius, * secundum illud col. iii, 17: ° omne quodcumque facitis verbo aut opere, in nomine domini nostri iesu christi facite. * deinde, cum dicit ° congregatis vobis in unum, ' ostendit modum iudicandi, ubi tria tangit: primo fidelium congregationem, * cum dicit ° congregatis vobis. ' ea enim, quae gravia sunt, multorum concordi deliberatione punienda sunt. unde et antiquitus iudices sedebant in portis, ubi populus congregabatur, * secundum illud deut. xvi, 18: ° iudices constitues in omnibus portis tuis. * unde dicitur in ps. cx, 1: ° in consilio iustorum et congregatione magna opera domini. * et matth. xviii, 20: ° ubi sunt duo vel tres congregati in nomine meo, ibi sum in medio. ' secundo adhibet suum assensum, * cum dicit ° et meo spiritu, ' id est, mea voluntate et |150| auctoritate, * secundum illud quod dixerat: ° praesens autem spiritu. ' tertio adhibet auctoritatem principalis domini, scilicet christi, * dicens ° cum virtute domini nostri iesu christi, ' ex qua iudicium ecclesiae habet robur firmitatis, * secundum illud matth. xviii, 18: ° quodcumque ligaveris super terram, erit ligatum et in caelis. * deinde, cum dicit ° tradere huiusmodi, ' etc., ponit condemnationis sententiam, circa quam tria ponit. primo poenam, * cum dicit ° tradere huiusmodi satanae ' supple: iudicavi. quod potest dupliciter intelligi. primo quod, * sicut dicitur matth. x, 8, ' dominus dedit apostolis potestatem spirituum immundorum, ut eiicerent eos, et per eamdem potestatem poterant imperare spiritibus immundis, ut vexarent corporaliter quos hac poena iudicabant dignos. mandavit ergo apostolus corinthiis in eius auctoritate tradere praedictum fornicarium satanae corporaliter vexandum. unde ponit, secundo, huius sententiae effectum, * cum dicit ° in interitum carnis, ' id est, ad vexationem carnis et afflictionem in qua |175| peccavit, * secundum illud sap. xi, 17: ° per quae peccat quis, per haec et torquetur. ' tertio ponit fructum, * cum dicit ° ut spiritus salvus sit in die domini nostri iesu christi, ' id est, ut salutem consequatur in die mortis, vel in die iudicii, * sicut supra tertio expositum est * et sic impletur quod ibi subditur: ° ipse autem salvus erit, sic tamen quasi per ignem, ' poenae scilicet temporalis. non enim apostolus satanae tradidit peccatorem, ut eius potestati perpetuo subiaceret, sed ut carnis vexatione ad poenitentiam convertatur, * secundum illud is. xxviii, 19: ° sola vexatio intellectum dat auditui. ' est autem haec sententia apostoli, * quam dominus servavit iob ii, 6, ubi satanae dixit: ° ecce in manu tua est, ' scilicet caro eius, ° verumtamen animam illius serva, ' scilicet illaesam. alio modo intelligi potest quod dicitur tradere huiusmodi satanae, scilicet per excommunicationis sententiam, per quam aliquis separatur a communione fidelium, et a participatione sacramentorum, et privatur ecclesiae suffragiis, quibus homo munitur |200| contra impugnationem satanae, * propter quod de ecclesia dicitur cant. iv, 9: ° terribilis ut castrorum acies ordinata, ' scilicet daemonibus. * quod autem subditur ° in interitum carnis, ' intelligitur, ut scilicet ab ecclesia separatus, et tentationibus satanae expositus liberius ruat in peccatum, * secundum illud apoc. ult.: ° qui in sordibus est, sordescat adhuc. ' vocat autem peccata mortalia ° carnis interitum, * quia, ut dicitur gal. ult., ° qui seminat in carne, de carne et metet corruptionem. * subdit autem ° ut spiritus salvus sit, ' ut scilicet peccatorum turpitudinem cognoscens confundatur et poeniteat, et sic sanetur, * secundum illud ier. xxxi, 19: ° confusus sum et erubui, quoniam sustinui opprobrium adolescentiae meae. ' potest etiam intelligi, ut spiritus eius, scilicet ecclesiae, id est spiritus sanctus ecclesiae salvus sit fidelibus in diem iudicii, ne scilicet perdant eum per contagium peccatoris, * quia, ut dicitur sap. i, 5. ° spiritus sanctus disciplinae effugiet fictum, ' etc..

lc2 ' Supra apostolus memoravit duplicem culpam, scilicet corinthii fornicatoris, et aliorum qui eius peccatum tolerabant, hic utramque culpam redarguit. primo culpam tolerantium eius peccatum; secundo culpam fornicatoris, * ibi ° corpus autem non fornicationi, ' etc.. circa primum duo facit. primo redarguit in corinthiis negligentiam iudicii; secundo redarguit in eis quaedam alia vitia circa iudicium, * vi cap. ° audet aliquis, ' etc.. circa primum duo facit. primo redarguit eos qui fornicatorem a se non separaverunt; secundo reprobat falsum intellectum quem ex verbis suis conceperant, * ibi ° scripsi vobis in epistola, ' etc.. circa primum duo facit. primo reprehendit quod fecerant; secundo ostendit quid faciendum sit, * ibi ° expurgate vetus fermentum, ' etc.. circa primum duo facit. primo |25| reprehendit culpam praeteritam quantum ad suam radicem. * dixerat enim supra quod ' ex inflatione sequitur in eis incompassio, et ex incompassione correctionis negligentia. arguit ergo primo corinthiorum elationem, * dicens ° non est bona gloriatio vestra, ' qua scilicet defectibus aliorum gloriamini, quasi vos sitis innocentes. debet enim unusquisque in domino gloriari de bonis sibi divinitus datis, non de aliis, * secundum illud gal. vi, 4: ° opus autem suum unusquisque probet, et sic in semetipso gloriam habebit, et non in alio. ' praecipue autem malum est de malis aliorum gloriari. * dicitur enim in ps. li, 3: ° quid gloriaris in malitia? ' secundo assignat rationem eius quod dixerat, * dicens ° an nescitis quod modicum fermentum totam massam corrumpit? ' quasi dicat: hoc ignorare non potestis. est autem sciendum quod in fermento duo possunt considerari. primo sapor quem tribuit pani, et secundum hoc per fermentum significatur sapientia dei, per quam omnia quae sunt hominis sapida redduntur, * et secundum |50| hoc dicitur matth. xiii, 33: ° simile est regnum caelorum fermento, quod acceptum mulier abscondit in farinae satis tribus, donec fermentatum est totum. ' secundo, in fermento potest considerari corruptio, et secundum hoc per fermentum potest intelligi uno modo peccatum, quia scilicet per unum hominis peccatum omnia opera eius corrupta redduntur, puta per peccatum simulationis, quod comparatur fermento. * lc. xii, 1: ° attendite a fermento pharisaeorum, quod est hypocrisis. ' alio modo per fermentum potest intelligi homo peccator, et ad hoc inducitur haec similitudo. sicut enim per modicum fermentum tota massa pastae corrumpitur, ita per unum peccatorem tota societas inquinatur. * unde eccli. xi, 34: ° ab una scintilla augetur ignis, et ab uno doloso augetur sanguis. ' et hoc quidem contingit, dum per peccatum unius alii provocantur aliqualiter ad peccandum. vel etiam dum peccanti consentiunt, saltem non corrigendo, dum possunt corrigere, * secundum illud rom. i, 32: ° digni sunt morte, non solum qui faciunt ea, sed etiam |75| qui consentiunt facientibus. ' et ideo corinthiis non erat gloriandum de peccato unius, sed magis cavendum, ne peccato unius omnes inquinarentur ex eius consortio, * secundum illud cant. ii, 2: ° sicut lilium inter spinas, sic amica mea inter filias, * ubi dicit glossa: ° non fuit bonus, qui malos tolerare non potuit. * deinde, cum dicit ° expurgate vetus fermentum, ' ostendit quid de caetero sit faciendum. et primo ponit documentum; secundo rationem assignat, * ibi ° pascha nostrum, * etc.. dicit ergo primo ° quia modicum fermentum totam massam corrumpit, ' ideo ° expurgate vetus fermentum, ' id est, expurgate vos, abiiciendo a vobis vetus fermentum, id est fornicarium, qui peccando rediit in vetustatem corruptionis antiquae, * secundum illud baruch iii, 11: ° inveterasti in terra aliena, coinquinatus es cum mortuis. ' quod quidem dicit, quia per separationem unius peccatoris tota societas expurgatur. * unde et, egresso iuda, dominus dixit io. xiii, 31: ° nunc clarificatus est filius hominis. |100| ' potest etiam per vetus fermentum intelligi antiquus error, * secundum illud is. xxvi, 3: ° vetus error abiit, ' vel etiam corruptio originalis peccati, * secundum illud rom. vi, 6: ° vetus homo noster simul crucifixus est, ' vel etiam quodcumque peccatum actuale, * secundum illud col. iii, 9: ° expoliantes vos veterem hominem cum actibus suis: ' horum enim admonitione homo expurgatur. ponit autem consequenter purgationis effectum, * dicens ° ut sitis nova conspersio. ' dicitur autem conspersio commixtio aquae et farinae novae, antequam admisceatur fermentum. remoto ergo fermento a fidelibus, id est peccatore, vel peccato, remanent sicut nova conspersio, id est, in puritate suae novitatis, * secundum illud ps. cii, 5: ° renovabitur ut aquilae iuventus tua; * eph. iv, v. 23: ° renovamini spiritu mentis vestrae. ' deinde ponit modum debitum expurgationis * cum dicit ° sicut estis azymi, ' id est, sine fermento peccati. dicitur enim ab a, quod est sine, et zyma, quod est fermentum. * unde dominus matth. xvi, 6 dicit discipulis ° cavete a fermento pharisaeorum et |125| sadducaeorum. * deinde, cum dicit ° etenim pascha nostrum, ' assignat rationem eius quod dixerat, scilicet quare fideles debent esse azymi, quae quidem ratio sumitur ex mysterio passionis christi. unde primo proponit ipsum mysterium; secundo concludit propositum, * ibi ° itaque epulemur, ' etc.. circa primum considerandum est quod inter caetera sacramenta legalia celeberrimum erat agnus paschalis, qui, * ut praecipitur ex. xii, 1 ss., ' immolabatur ab universa multitudine filiorum israel in memoriam illius beneficii, quo angelus percutiens primogenita aegypti pertransivit domos iudaeorum, quorum fores linitae essent sanguine agni. * unde nomen paschae sumitur, secundum quod ibi dicitur ° est enim phase, id est, transitus domini, ' et ultimo virtute huius beneficii transivit populus mare rubrum, * ut dicitur ex. xiv, 15 ss.. ' ille enim agnus figura fuit christi innocentis, * de quo dicitur io. i, 29: ° ecce agnus dei. ' sicut ergo ille agnus figuralis immolabatur |150| a filiis israel, ut populus dei liberaretur ab angelo percutiente, et ut transirent mare rubrum, liberati de servitute aegypti, ita christus est occisus a filiis israel, per cuius sanguinem populus dei liberatur a diaboli impugnatione et servitute peccati per baptismum quasi per mare rubrum. ille autem agnus figuralis pascha iudaeorum dicebatur, quia in signum transitus immolabatur. * unde dicitur matth. xxvi, 17: ° ubi vis paremus tibi comedere pascha? ' id est, agnum paschalem. dicit ergo apostolus: ideo debetis esse azymi, ° etenim, ' id est, quia, sicut figurale pascha veteris populi est agnus immolatus, ita ° pascha nostrum, ' id est, novi populi, ° est christus immolatus, ' cuius etiam immolationi convenit nomen paschae, tum significatione linguae hebreae, quod significat transitum, * ex. xii, 11: ° est enim phase, id est, transitus, ' tum significatione linguae graecae, prout nomen paschae significat passionem. christus enim per passionem, qua fuit immolatus, transivit ex hoc mundo ad patrem, * ut dicitur io. xiii, 1. deinde, cum dicit ° itaque epulemur, |175| ' concludit propositum. ad cuius evidentiam considerandum est, quod, * sicut legitur ex. xii, 8, ' agnus paschalis post immolationem manducabatur cum azymis panibus. sicut ergo agnus figuralis fuit figura nostri paschae immolati, ita figuralis observantia paschalis debet conformari observantiae novi paschae. ergo quia christus immolatus est pascha nostrum, ° itaque epulemur, ' scilicet manducantes christum, non solum sacramentaliter, * secundum illud io. vi, v. 54: ° nisi manducaveritis carnem filii hominis, et biberitis eius sanguinem, non habebitis vitam in vobis, ' sed spiritualiter fruendo sapientia eius, * secundum illud eccli. xxiv, v. 29: ° qui edunt me, adhuc esurient, et qui bibunt me, adhuc sitient, ' et sic cum gaudio spirituali, * secundum illud ps. xli, 5: ° in voce exultationis et confessionis, sonus epulantis. ' deinde determinat modum epulandi secundum conformitatem veritatis ad figuram, * dicens ° non in fermento veteri, neque in fermento malitiae, et nequitiae. * mandabatur enim ex. xii, 15, quod ' omne fermentum non inveniretur in domibus manducantium |200| agnum paschalem. fermentum autem habet et vetustatem et corruptionem. unde per remotionem fermenti, primo quidem potest intelligi amotio observantiae praeceptorum veteris legis, quae per passionem christi est mortificata, * secundum illud lev. c. xxvi, 10: ° vetera, novis supervenientibus, proiicietis. ' secundo, per remotionem fermenti potest intelligi remotio corruptionis peccati, * sicut supra dictum est, quod ° modicum fermentum totam corrumpit massam. * et quantum ad hoc subdit ° neque in fermento malitiae et nequitiae, ' ut malitia referatur ad perversitatem operis, * secundum illud iac. i, v. 21: ° abiicientes omnem immunditiam et abundantiam malitiae. ' per nequitiam vero intelligitur fraudulenta machinatio. * prov. xxvi, v. 25: ° quando sumpserit vocem suam, non credideris ei, quoniam septem nequitiae sunt in corde eius. * vel secundum glossam cum dicit ° non in fermento veteri, " removet vetustatem peccati in communi. * quod autem subdit ° neque in fermento malitiae et nequitiae, " explicat peccatum per partes; ut malitia |225| dicatur peccatum quod committitur in seipsum, nequitia peccatum quod committitur in alium. ' excluso ergo modo indebito epulandi, determinat modum convenientem, * subdens ° sed in azymis sinceritatis et veritatis, ' id est, sinceritate et veritate, quae significantur per azyma. ponitur autem sinceritas contra corruptionem peccati, quod significavit, * cum dixit ° non in fermento malitiae et nequitiae. ' nam sincerum dicitur quod est sine corruptione. * unde ii cor. ii, 17 dicitur: ° non sumus sicut plurimi adulterantes verbum dei, sed ex sinceritate in christo loquimur. ' veritas vero ponitur contra figuras veteris legis, * sicut io. i, v. 17 dicitur ° veritas et gratia per iesum christum facta est, ' quia scilicet verum pascha cum veritate et non cum figuris celebrare debemus. * unde secundum glossam " per sinceritatem intelligitur innocentia a vitiis, seu novitas vitae: per veritatem autem iustitia bonorum operum, vel rectitudo, quae fraudem excludit.

lc3 ' Induxerat supra apostolus corinthios ad hoc, quod a seipsis peccatorem separarent, quod quidem praetermiserant propter falsum intellectum cuiusdam verbi, quod continebatur in epistola quadam, quam eis prius miserat. et ideo pravum sensum, quem ex verbis conceperant, nunc excludit. unde circa hoc tria facit. primo resumit verbum prioris epistolae; secundo excludit falsum intellectum, * ibi: ° non utique fornicariis; ' tertio exponit verum intellectum, * ibi: ° nunc autem scripsi vobis. ' dicit ergo primo: dixi ° vobis in epistola ‘ quadam alia, quae in canone non habetur, ° ne commisceamini fornicariis, ‘ id est, non habeatis cum eis societatem, vel communionem, * secundum illud prov. i, 15: ° fili mi, ne ambules cum eis, prohibe pedem tuum a semitis eorum; * eccli. ix, 6: ° non des fornicariis animam tuam in ullo. * deinde, cum dicit ° non utique fornicariis, ‘ excludit falsum intellectum praedicti |25| verbi. et primo proponit quod intendit; secundo concludit propositum, * ibi ° alioquin debueratis, ‘ etc.. circa primum considerandum est, quod in praedicto verbo apostoli dupliciter falsum intellectum conceperant corinthii. primo quantum ad hoc, quod intelligebant illud esse dictum de fornicariis infidelibus. * sed illud excludit apostolus, dicens ° non utique ‘ intendo dicere quod non commisceamini ° fornicariis huius mundi. ‘ vocat autem infideles nomine mundi, * secundum quod dicitur io. i, 10: ° mundus eum non cognovit; * supra c. i, 21: ° non cognovit mundus per sapientiam deum. ‘ secundo conceperant falsum intellectum quantum ad hoc, quod putabant prohibuisse apostolum solum de fornicariis, non autem de aliis peccatoribus. * et ideo ad hoc excludendum subdit ° aut avaris, ‘ qui scilicet iniuste detinent aliena. * eph. v, 5: ° avaritia, quae est idolorum servitus, non habet haereditatem in regno christi et dei. aut rapacibus, ‘ qui scilicet violenter diripiunt aliena. * infra eodem: |50| ° neque rapaces regnum dei possidebunt. aut idolis servientibus, * contra quos dicitur sap. xiv, 27: ° nefandorum enim idolorum cultura omnis malitiae causa est, initium et finis. ‘ et est sensus: non solum vobis prohibui societatem fornicatorum, sed etiam omnium aliorum peccatorum. et est advertendum, quod per fornicationem quis peccat contra seipsum, per avaritiam autem et rapacitatem contra proximum, per idolorum autem culturam contra deum; et in his, quae ponit, omne peccati genus intelligitur. * deinde cum dicit ° alioquin, ‘ etc., assignat rationem propositi, * dicens ° alioquin, ‘ si scilicet sit intelligendum verbum praedictum de fornicariis huius mundi, ° debueratis de hoc mundo exisse, ‘ quia scilicet totus mundus talibus plenus est. unde non possetis tales fornicarios vitare, nisi de hoc mundo exeundo. * dicitur enim i io. v, 19: ° totus mundus in maligno positus est. ‘ vel aliter: debueratis de hoc mundo exisse, quasi dicat: a tempore conversionis vestrae debueratis ab infidelibus mundi separari. |75| unde non oportet vos super hoc moneri; * dicitur enim io. xv, 16: ° ego elegi vos de mundo. ‘ vel aliter: debueratis de hoc mundo exisse, scilicet per mortem. melius est enim hominibus mori, quam peccatoribus in peccatis consentire. * unde dicitur infra ix, 15: ° melius est enim mihi mori, quam ut gloriam meam quis evacuet. * deinde, cum dicit ° nunc autem scripsi vobis, ‘ exponit eis verum intellectum et primo proponit quod intendit; secundo rationem assignat, * ibi: ° quid enim mihi est?; ‘ tertio infert conclusionem intentam, * ibi ° auferte malum, * etc.. dicit ergo primo: ° nunc autem ‘ sic expono, quod olim ° scripsi vobis: non commisceamini, ‘ scilicet fornicariis et aliis peccatoribus. ° si is qui, ‘ inter vos, ° frater nominatur, ‘ eo modo quo dominus dicit, * matth. c. xxiii, 8: ° omnes vos fratres estis. ‘ non tamen dicit: si is qui frater est, sed: ° si is, qui frater nominatur, ‘ quia per peccatum mortale aliquis a charitate recedit, quae est |100| spiritualis fraternitatis causa. * unde hebr. ult. dicitur ° charitas fraternitatis maneat in vobis. ‘ nominatur ergo frater propter fidei veritatem, non autem est vere frater, propter charitatis defectum, qui est ex peccato. * unde subditur ° aut fornicator, aut avarus, aut idolis serviens, aut maledicus, aut rapax, aut ebriosus, cum huiusmodi nec cibum sumere, ‘ scilicet debetis, * secundum illud io. ii canon.: ° si quis venit ad vos, et hanc doctrinam non affert, nolite eum recipere in domo vestra, nec ave dixeritis ei; ‘ quasi dicat: per hoc quod dixi non debere vos misceri peccatoribus, intellexi de fidelibus qui nominantur fratres, et sunt inter vos. “ non autem per hoc intelligendum est, * sicut dicit augustinus in libro contra parmenianum, et habetur in glossa hic, “ quod aliquis extraordinario iudicio debeat a communione aliorum separari, quia frequenter posset errare, ‘ sed potius hoc debet fieri secundum ordinem ecclesiae, quando aliquis a communione repellitur, ut convictus, vel sponte confessus. * et ideo signanter dicit ° si is qui nominatur, ‘ ut eam nominationem intelligamus, |125| quae fit per sententiam ecclesiae ordine iudiciario contra aliquem prolatam. illi autem qui sic a communione pelluntur, sunt vitandi quantum ad mensam, * sicut hic dicitur, ‘ et quantum ad salutationem, * ut dicitur in praedicta auctoritate ioannis, ‘ et ulterius quantum ad sacram communionem. * unde in versu dicitur: ° os, orare, vale, communio, mensa negatur, ‘ scilicet excommunicato. sed notandum quod apostolus supra non numeravit nisi peccata mortalia, in signum, quod pro solo peccato mortali debet aliquis excommunicari. et de aliis quidem quae ponit manifestum est; * sed de ebrietate potest esse dubium, quae “ non semper videtur esse peccatum mortale. * dicit enim augustinus in sermone de purgatorio, quod “ ebrietas, nisi sit frequens, non est peccatum mortale. ‘ quod credo ideo esse, quia ebrietas ex suo genere est peccatum mortale. quod enim aliquis propter delectationem vini velit perdere usum rationis, exponens se periculo multa alia peccata perpetrandi, videtur esse contrarius charitati. contingit tamen per accidens |150| ebrietatem non esse peccatum mortale propter ignorantiam vini fortitudinis, vel debilitatis proprii capitis, quae tamen excusatio tollitur per frequentem experientiam: * et ideo apostolus signanter non dicit ebrius sed ° ebriosus. ‘ addit autem duo peccata his quae supra posuerat, scilicet ebriosum et maledicum. refertur autem ebrietas ad genus peccati quod committitur contra seipsum, sub quo continetur non solum luxuria, sed etiam gula; maledicus autem refertur ad genus peccati quod committitur contra proximum, cui nocet aliquis non solum facto, sed etiam verbo, mala imprecando, vel male diffamando: quod pertinet ad detractionem, vel mala in faciem dicendo: quod pertinet ad contumeliam, et hoc totum pertinet ad rationem maledici, * ut supra dictum est. * deinde, cum dicit ° quid enim mihi est, ‘ etc., assignat rationem eius quod dixerat. et circa hoc tria facit. primo assignat rationem, * dicens: ‘ dixi hoc esse intelligendum de fratribus, et non de infidelibus. ° quid enim mihi est, ‘ id est, quid ad me pertinet, |175| ° iudicare, ‘ id est, sententiam condemnationis ferre, ° de his qui foris sunt? ‘ id est, de infidelibus, qui sunt omnino extra ecclesiam? praelati enim ecclesiarum accipiunt spiritualem potestatem super eos tantum, qui se fidei subdiderunt, * secundum illud ii cor. x, 6: ° in promptu habentes ulcisci omnem inobedientiam, cum impleta fuerit vestra obedientia. ‘ indirecte tamen praelati ecclesiarum habent potestatem super eos qui foris sunt, inquantum propter eorum culpam prohibent fideles, ne illis communicent. secundo adhibet similitudinem, * dicens ° nonne de his qui intus sunt vos iudicatis? ‘ quasi dicat: eadem auctoritate vos iudicatis, qua et ego. unde nec vos non iudicatis nisi de vestris, ita et ego. * dicitur eccli. x, 1: ° iudex sapiens iudicabit populum suum. ‘ tertio respondet tacitae dubitationi. * posset enim videri, quod “ infideles essent meliores, qui propter peccata praedicta non condemnantur; * sed hoc excludit, dicens: ‘ ideo nihil mihi de his qui foris sunt iudicare, ° nam eos qui foris sunt, ‘ id est, infideles, ° iudicabit |200| deus, ‘ scilicet iudicio condemnationis, non examinationis; * quia, ut gregorius dicit in moralibus, “ infideles damnabuntur sine iudicio discussionis et examinationis. * et quantum ad hoc dicitur io. iii, 18: ° qui non credit, iam iudicatus est, ‘ id est, manifestam in se habet causam condemnationis, et hoc gravius reservatur dei iudicio, * secundum illud hebr. x, 31: ° horrendum est incidere in manus dei viventis. * deinde, cum dicit ° auferte malum, ‘ etc., infert conclusionem principaliter intentam, dicens: ex quo hoc quod dixi ° non commisceamini fornicariis, ‘ intelligendum est de fidelibus, non de his qui foris sunt. ergo ° auferte malum, ‘ scilicet hominem, ° ex vobis ipsis, ‘ id est, de vestra societate eiicite, * secundum illud deut. xiii, 5: ° auferes malum de medio tui. ‘ est ergo considerandum * ex praemissis apostoli verbis, quod ‘ non prohibemur communicare infidelibus, qui numquam fidem receperunt propter eorum poenam. est tamen hoc cavendum aliquibus, scilicet infirmis, propter eorum cautelam, ne seducantur. |225| illi vero qui sunt firmi in fide, possunt eis licite communicare, et dare operam conversioni eorum, * ut dicitur infra x, 27: ° si quis infidelium vocat vos ad caenam et vultis ire, omne quod appositum fuerit manducate. ‘ infidelibus autem qui aliquando fideles fuerunt, vel sacramentum fidei receperunt, sicut haereticis et apostatantibus a fide, subtrahitur omnino communio fidelium, et hoc in eorum poenam, sicut et caeteris peccatoribus qui adhuc subduntur potestati ecclesiae.

076 C1C cp6

lc1 ‘ Supra apostolus reprehenderat corinthios de negligentia iudicii, hic reprehendit in eis quaedam alia peccata circa iudicia. et primo quantum ad iudices eorum coram quibus litigabant; secundo quantum ad ipsa iudicia, * ibi ° iam quidem omnino. ‘ circa primum tria facit. primo arguit eos de inordinatione; secundo rationem reprehensionis assignat, * ibi ° an nescitis; ‘ tertio remedium adhibet, * ibi ° saecularia igitur iudicia. ‘ dicit ergo primo: ita negligitis in iudicando vestros, sed tamen praesumptuosi estis subire infidelium iudicia, * et hoc est quod dicit ° audet, ‘ id est, praesumit, ° aliquis vestrum habens negotium, ‘ scilicet saeculare, ° adversus alium, iudicari apud iniquos, ‘ id est, subire iudicium infidelium, ° et non apud sanctos, ‘ id est, apud fideles, qui sunt sacramentis fidei sanctificati. hoc enim est inordinatum multipliciter. |25| primo quidem, quia per hoc derogatur auctoritati fidelium; secundo, quia derogatur dignitati fidelium quantum ad hoc quod infidelium iudicia subeunt; tertio quia per hoc datur occasio infidelibus iudicibus contemnendi fideles, quos dissentire vident; quarto, quia per hoc datur occasio infidelibus iudicibus calumniandi et opprimendi fideles, quos odio habent propter fidem et ritus diversitatem. * et ideo dicitur deut. i, v. 15 s.: ° tuli de tribubus vestris viros sapientes et nobiles, praecepique eis, dicens: audite illos, et quod iustum est iudicate. * et eod. xvii, 15: ° non poteris alterius gentis facere regem, qui non sit frater tuus. * sed videtur esse contra id quod dicitur i petr. ii, 13: ° subditi estote omni humanae creaturae propter deum, sive regi tamquam praecellenti, sive ducibus tamquam ab eo missis: “ pertinet enim ad auctoritatem principis iudicare de subditis. est ergo contra ius divinum prohibere quod eius iudicio non stetur, si sit infidelis. ‘ sed dicendum quod apostolus non prohibet, quin fideles, sub infidelibus principibus |50| constituti, eorum iudicio compareant, si vocentur, hoc enim esset contra subiectionem, quae debetur principibus; sed prohibet quod fideles non eligant voluntarie infidelium iudicium. * deinde cum dicit ° an nescitis, ‘ etc., assignat rationem contra id, quod illi faciebant, sumptam ex hoc, quod derogabant auctoritati sanctorum. et primo quantum ad auctoritatem quam habent super res mundanas; secundo quantum ad auctoritatem quam habent ad res supermundanas, id est, super angelos, * ibi ° an nescitis, quoniam angelos iudicabimus? ‘ dicit ergo primo: inordinatum est iudicium apud infideles, quia fideles habent auctoritatem iudicandi, ° an nescitis, quia sancti de hoc mundo iudicabunt, ‘ id est, de hominibus mundanis huius mundi? quod quidem impletur tripliciter. primo quidem secundum comparationem, scilicet secundum quod non solum boni iudicabunt malos, et sancti mundanos; sed etiam secundum quod boni iudicabunt a melioribus, et |75| mali iudicabunt peiores, * secundum illud matth. c. xii, 41: ° viri ninivitae surgent in iudicio cum generatione ista, et condemnabunt eam. ‘ secundo iudicabunt approbando sententiam iudicis, scilicet christi, et hoc erit proprie iustorum, * secundum illud ps.: ° laetabitur iustus cum viderit vindictam. * unde sap. iii, 8 dicitur: ° iudicabunt sancti nationes. ‘ tertio modo per sententiae prolationem. et hoc erit apostolorum et similium, qui contemptis rebus mundi, solis spiritualibus inhaeserunt. spiritualis enim iudicat omnia, * ut dictum est supra ii, 15. * unde et matth. c. xix, 28 dicitur: ° vos qui secuti estis me, sedebitis super sedes, iudicantes duodecim tribus israel. * et in ps. cxlix, 6 s. dicitur: ° gladii ancipites in manibus eorum, ad faciendam vindictam in nationibus. ‘ intelligitur autem ista prolatio sententiae non vocalis, sed spiritualis, inquantum per superiores sanctos inferiores vel etiam peccatores spirituali quadam illuminatione illuminabuntur, quales poenae, et qualia praemia eis debeantur: sicut etiam nunc homines illuminantur |100| ab angelis, vel etiam inferiores angeli a superioribus. secundo ex hoc, * quod dictum est, ‘ argumentatur ad propositum, * dicens ° et si in vobis, ‘ id est, per vos, ° iudicabitur mundus, ‘ id est, mundani homines, numquid ° indigni estis, qui iudicetis de minimis, ‘ scilicet de negotiis saecularibus, * lc. xvi, 10: ° qui in modico iniquus est, et in maiori iniquus erit. * deinde cum dicit ° nescitis, ‘ etc., argumentatur ad idem ex auctoritate sanctorum super angelos. et primo ponit eam, * dicens ° an nescitis, quoniam ‘ nos, scilicet fideles christi, ° iudicabimus angelos? ‘ quod quidem potest intelligi de malis angelis, qui condemnabuntur a sanctis, quorum virtute sunt victi. * unde dominus, lc. x, 19, dicit: ° ecce dedi vobis potestatem calcandi super serpentes, et super omnem virtutem inimici. * et in ps. xc, 13: ° super aspidem et basiliscum ambulabis. ‘ potest etiam hoc intelligi de bonis angelis, quorum plurimi in comparatione quadam invenientur paulo et similibus sibi inferiores. unde signanter non dicit: iudicabitis, |125| sed ° iudicabimus. ‘ quamvis etiam dici possit, quod ex consequenti, si sancti iudicabunt homines bonos et malos, erit iudicium de bonis angelis, quorum accidentale praemium augetur ex praemio sanctorum per angelos illuminatorum, et etiam de malis angelis, quorum poena augetur ex poena hominum per eos seductorum. secundo argumentatur ad propositum, * dicens ° quanto magis saecularia, ‘ scilicet iudicia, idonei erimus iudicare: qui enim est idoneus ad maiora, multo magis est idoneus ad minora. unde et dominus, cui commiserat quinque talenta, postmodum commisit unum, * ut habetur matth. xxv, 28. deinde cum dicit ° saecularia igitur iudicia, ‘ adhibet remedium contra culpam eorum. et primo ponit remedium; secundo exponit, * ibi ° ad verecundiam vestram dico. ‘ dicit ergo primo: ergo ex quo sancti de hoc mundo iudicabunt, si habueritis inter vos saecularia iudicia, quae tamen habere non debetis, illos qui sunt contemptibiles |150| in ecclesia constituite ad iudicandum, potius scilicet quam iudicemini apud infideles. * unde et in ps. cxl, 5 dicitur: ° corripiet me iustus in misericordia, et increpabit me, oleum autem peccatoris non impinguet caput meum. * et eccle. ix, 4 dicitur: ° melius est canis vivus leone mortuo. * deinde cum dicit ° ad verecundiam vestram dico, ‘ exponit quo sensu * praedicta dixit. * posset enim aliquis credere, quod “ ad litteram essent eligendi contemptibiliores ad iudicandum; * sed hoc excludit, dicens ° ad verecundiam vestram dico. ‘ quasi dicat: non hoc dixi ut ita fiat, sed ut vos faciam verecundari, illa scilicet confusione, quae adducit gratiam et gloriam, * ut dicitur eccli. iv, 25. ‘ contemptibiles enim in ecclesia essent eligendi ad iudicandum, si non invenirentur inter vos sapientes, quod esset vobis verecundum. * unde subdit ° sic non est inter vos sapiens quisquam, qui possit iudicare inter fratrem et fratrem, sed frater cum fratre in iudicio contendit, et hoc apud infideles? ‘ potius autem quam hoc faceretis, deberetis constituere |175| contemptibiles, qui sunt in ecclesia, ad iudicandum et supplendum defectum sapientum, qui tamen non est apud vos, * secundum il-

 076 C1C cp6

lud quod supra primo, dixerat: ° divites facti estis in illo, in omni verbo et in omni scientia. ‘ vel aliter * ab illo loco ° saecularia, ‘ etc.. dixerat enim, quod sancti idonei sunt ad iudicandum saecularia, et ideo vult ostendere per quos iudicia saecularia debeant exerceri, scilicet per contemptibiles qui sunt in ecclesia. vocat autem contemptibiles illos, qui sunt sapientes in rebus mundanis, per comparationem ad illos, qui sunt sapientes in rebus divinis, quibus est reverentia exhibenda, qui in rebus temporalibus non occupantur, ut solis spiritualibus vacent. * et hoc est quod subditur ° ad verecundiam vestram dico; * secundum aliam litteram: ° ad reverentiam vestram. * unde et apostoli dixerunt act. c. vi, 2: ° non est aequum relinquere nos verbum dei, et ministrare mensis. ‘ postmodum autem redit ad id quod supra reprehenderat, scilicet quod corinthii sub infidelibus iudicibus litigabant, * dicens ° sic non est inter vos sapiens quisquam, ‘ scilicet in rebus temporalibus, quem supra contemptibilem dixit. * unde alia non mutantur a prima expositione, quae tamen videtur esse magis litteralis.

lc2 ‘ Postquam apostolus reprehendit corinthios de hoc quod coram infidelibus iudicibus litigabant, hic reprehendit eos quantum ad ipsa iudicia. et circa hoc duo facit. primo ponit in quo peccabant circa iudicia; secundo manifestat quod dixerat, * ibi ° an nescitis, ‘ etc.. circa primum duo facit. primo reprehendit in eis circa iudicia id quod est licitum, sed non expediens; secundo id quod est penitus illicitum, * ibi ° sed et vos, ‘ etc.. circa primum duo facit: primo ponit reprehensionem; secundo removet excusationem, * ibi ° quare non magis, ‘ etc.. dicit ergo primo: dictum est, quod frater cum fratre in iudicio contendit, quod non solum malum est quod apud infideles contenditis, sed ° iam quidem, ‘ post conversionem vestram, ° omnino delictum est in vobis, ‘ id est, ad delictum vobis reputatur, ° quod iudicia habetis inter vos, ‘ inter quos scilicet debet esse pax: * quia, ut dicitur ii tim. ii, 24, ° servum domini non oportet litigare, sed mansuetum esse ad omnes. * apparet autem ex hoc, ut dicit hic glossa augustini, quod ° peccatum est iudicium habere contra aliquem, * sed hoc videtur esse falsum: quia “ si peccatum est iudicium habere, videtur sequi quod etiam peccatum sit iudices constituere, cum hoc sit occasionem dare iudicium habentibus, * cum tamen dicatur deut. i, 16: ° audite illos, et quod iustum est iudicate, * et postea subditur, ° quia dei iudicium est. * solvitur enim in glossa quod “ infirmis permittitur in iudicio sua repetere, non autem perfectis: quibus licet sua repetere, sed non in iudicio. ‘ est autem sciendum hic, quod aliquid est perfectis illicitum, aliquid autem omnibus. perfecti quidem proprium non habent, * secundum illud matth. xix, 21: ° si vis perfectus esse, vade et vende omnia quae habes, et da pauperibus, et veni, sequere me; ‘ et ideo non licet eis in iudicio repetere quasi propria, cum eis non liceat habere proprium, licet tamen eis in iudicio repetere ea quae sunt communia. non enim hoc faciendo peccant, sed magis merentur. est enim opus charitatis defendere vel recuperare res pauperum, * secundum illud ps. lxxxi, 4: ° eripite pauperem, et egenum de manu peccatoris liberate. ‘ sed iudicium adversus aliquem est illicitum omnibus quantum ad tria. primo quidem quantum ad causam ex qua aliquis iudicium habet, puta ex cupiditate et avaritia. * unde, lc. xii, 13, cum quidam de turba domino dixisset: ° dic fratri meo ut dividat mecum haereditatem, * dominus dixit: ° quis me constituit iudicem ad dividendum inter vos? * postea subdit: ° videte et cavete ab omni avaritia. ‘ secundo quantum ad modum iudicii, quia scilicet cum contentione et detrimento pacis iudicium prosequuntur; * ut enim dicitur iac. c. iii, 16, ° ubi zelus et contentio, ibi inconstantia et omne opus pravum. * et hoc videtur apostolus in eis reprehendere, ut patet ex hoc quod supra dixit: ° frater cum fratre in iudicio contendit. ‘ tertio ex perversitate iudicii, puta cum aliquis iniuste et fraudulenter in iudicio procedit, * secundum illud is. x, 2: ° ut opprimerent pauperem, et vim facerent causae humilium populi mei. * et hoc etiam apostolus in eis reprehendit, ut patet per id quod subdit: ° sed vos iniuriam facitis. ‘ quarto propter scandalum quod sequitur. * unde et dominus mandat, matth. v, 40: ° qui vult tecum in iudicio contendere, et tunicam tuam tollere, dimitte ei et pallium. ‘ ex charitate vero, sua in iudicio repetere licitum est. * unde gregorius dicit in moralibus: ° cum curam rerum nobis necessitas imponit, quidam dum ea repetunt, solummodo sunt tolerandi: quidam vero servata charitate sunt prohibendi, scilicet ne rapientes non sua, semetipsos perdant. * deinde cum dicit ° quare non magis, ‘ etc., tollit excusationem. * possent enim dicere: “ necessitas nos inducit ad iudicia habenda, ut scilicet resistamus iniuriis et fraudibus aliorum; * sed hoc excludit, subdens, quantum ad primum, ° quare non magis iniuriam, ‘ scilicet manifestam, ° accipitis, ‘ scilicet patienter sustinendo, * secundum illud quod dominus dicit, matth. v, 39: ° si quis te percusserit in maxillam, praebe ei et alteram. * quantum vero ad secundum subdit ° quare non magis fraudem patimini, ‘ id est, dolosam seductionem, * secundum illud matth. v, 41: ° si quis te angariaverit mille passus, vade cum illo et alia duo. * sed, sicut augustinus dicit in libro de sermone domini in monte, “ haec praecepta domini non sunt semper observanda in executione operis, sed semper sunt habenda in praeparatione animi, ut scilicet simus parati hoc facere vel sustinere potius, quam aliquid agere contra charitatem fraternam. * deinde cum dicit ° sed vos, ‘ etc., reprehendit in eis id quod est omnino illicitum. et primo arguit in eis manifestam iniustitiam, * cum dicit ° sed vos iniuriam facitis, ‘ scilicet manifeste loquendo contra iustitiam aliorum, vel in iudicio, vel extra iudicium. * eccli. ix, 17: ° non placeat tibi iniuria iniustorum. ‘ secundo dolosam deceptionem, * cum subdit ° et fraudatis, * prov. xii, 5: ° consilia impiorum fraudulenta. ‘ tertio aggravat utrumque, * cum subdit ° et hoc fratribus, ‘ id est, fidelibus, ad quos debemus bonum maxime operari, * secundum illud gal. ult.: ° dum tempus habemus, operemur bonum ad omnes; maxime autem ad domesticos fidei. * et ideo contra quosdam dicitur ier. ix, 4: ° omnis frater supplantans, supplantabit, et omnis amicus fraudulenter incedet. * deinde, cum dicit ° an nescitis, ‘ etc., manifestat quod dixerat. et primo, quantum ad id quod est omnino illicitum; secundo, quantum ad id quod est licitum, sed non expediens, * ibi ° omnia mihi licent. ‘ circa primum duo facit. primo movet quaestionem; secundo determinat eam, * ibi ° nolite errare, ‘ etc.. dicit ergo primo: dixi quod vos iniuriam facitis, et defraudatis, quod est iniquitatem committere, sed ° an nescitis quod iniqui regnum dei non possidebunt? ‘ quasi dicat: videmini haec nescire, dum ab iniquitate non receditis, * cum tamen in ps. vi, 9 et matth. vii, 23 dicatur: ° discedite a me, omnes qui operamini iniquitatem. * deinde, cum dicit ° nolite errare, ‘ etc., determinat veritatem. et primo ostendit periculum quod imminet iniquis; secundo ostendit quomodo ipsi hoc periculum evaserunt, ut timeant iterum in ipsum incidere, * ibi ° et hoc quidem aliquando fuistis, * etc.. dicit ergo primo: ° nolite errare, * quod signanter dicit, quia circa impunitatem peccatorum aliqui multipliciter errabant, secundum illud sap. ii, 21: ° et cogitaverunt, et erraverunt. * quidam enim philosophi erraverunt credentes “ deum non habere curam rerum humanarum, * secundum illud soph. i, 12: ° non faciet dominus bene, et non faciet dominus male. * quidam vero credentes “ solam fidem sufficientem esse ad salutem, * secundum illud io. xi, 26: ° qui credit in me, non morietur in aeternum. * quidam vero credentes “ per sola christi sacramenta salvari, * propter id quod dicitur mc. ult.: ° qui crediderit et baptizatus fuerit, salvus erit, * et io. c. vi, 55: ° qui manducat meam carnem, et bibit meum sanguinem, habet vitam aeternam. * quidam vero “ propter sola opera misericordiae se impune peccare arbitrantur, * propter illud quod dicitur lc. xi, 41: ° date eleemosynam, et ecce omnia munda sunt vobis. * nec intelligunt quod ‘ haec omnia sine charitate non prosunt, * secundum illud quod dicitur infra xiii, 2 s.: ° si habuero omnem fidem, et distribuero in cibos pauperum omnes facultates meas, charitatem autem non habuero, nihil mihi prodest. * et ideo subdit quod ‘ peccata contraria charitati a regno dei excludunt, in quod sola charitas introducit, * dicens ° neque fornicarii, neque idolis servientes, neque adulteri * (de quibus dicitur hebr. ult.: ° fornicatores et adulteros iudicabit deus), neque molles, ‘ id est, mares muliebria patientes, ° neque masculorum concubitores, ‘ quantum ad agentes in illo vitio, * de quibus dicitur gen. xiii, 13: ° homines sodomitae pessimi erant et peccatores coram domino nimis, neque avari, neque fures * (de quibus dicitur zach. v, 3: ° omnis fur, sicut scriptum est, iudicabitur), neque ebriosi, neque maledici, neque rapaces regnum dei possidebunt. * dicitur enim is. xxxv, 8: ° via sancta vocabitur, non transibit per eam pollutus. * et apoc. xxi, 27: ° non intrabit in illam aliquid coinquinatum, faciens abominationem. ‘ et est advertendum quod hic enumerat eadem vitia * quae in praecedenti capitulo posuerat. ‘ addit autem quaedam in genere luxuriae, scilicet adulterium et vitium contra naturam, in genere autem iniustitiae, furtum. * deinde, cum dicit ° et haec quidem, ‘ etc., ostendit quomodo praedictum periculum evaserunt. et primo commemorat statum praeteritum, * dicens ° et quidem aliquando fuistis, ‘ scilicet fornicarii et idolis servientes, etc., et ideo specialiter haec vitia commemorat, quia in eis abundaverunt, * secundum illud eph. v, 8: ° eratis enim aliquando tenebrae, nunc autem lux in domino. ‘ secundo ostendit quomodo ab his intus fuerunt liberati, * dicens ° sed abluti estis, ‘ scilicet virtute sanguinis christi in baptismo, * secundum illud apoc. i, 5: ° lavit nos a peccatis nostris in sanguine suo. sed sanctificati estis ‘ virtute sanguinis christi per gratiam consecrati, * secundum illud hebr. ult.: ° iesus ut sanctificaret per suum sanguinem populum, extra portam passus est. sed iustificati estis, ‘ ad statum iustitiae et virtutis, * secundum illud rom. viii, 30: ° quos vocavit, hos et iustificavit. ‘ subditur autem horum beneficiorum causa. et primo ex parte humanitatis, christi, * cum dicit ° in nomine domini nostri iesu christi, ‘ id est, in fide et invocatione nominis christi, * secundum illud act. iv, 12: ° non est aliud nomen datum sub caelo hominibus, in quo oporteat nos salvos fieri. ‘ secundo ex parte divinitatis, cum subdit ° et in spiritu dei nostri, * secundum illud ez. xxxvii, v. 5: ° ecce ego mittam in vos spiritum, et vivetis. ‘ quia igitur tam potenti virtute liberati estis, ad eadem redire non debetis. * deinde, cum dicit ° omnia mihi licent, ‘ etc., manifestat id quod dixerat de prohibitione iudicii, ostendens quo sensu id reprehenderit, quia scilicet non reprehendit illud quasi omnino illicitum, sed quasi non expediens et nocivum. et circa hoc duo facit. primo proponit quod intendit; secundo rationem assignat, * ibi ° esca ventri, ‘ etc.. circa primum duo facit. primo proponit quod reprehenderat esse licitum, sed non expediens, * dicens ° omnia mihi licent. ‘ dicuntur autem illa licita quae homo facere non prohibetur; est autem duplex prohibitio, una coactionis, alia praecepti, * et secundum hoc quidam intellexerunt “ illa licere a quibus non prohibetur aliqua necessitate cogente; et ideo, quia arbitrium hominis naturaliter liberum est a coactione, intellexerunt apostolum eo sensu dicere: ° omnia mihi licent, “ quia scilicet libero arbitrio hominis subiacent, sive sint bona, sive sint mala, * secundum illud eccli. xv, 18: ° ante hominem bonum et malum, vita et mors, quodcumque voluerit, dabitur ei. * sed hic modus loquendi alienus est a scriptura sacra, in qua dicitur ‘ non licere ea quae divina lege prohibentur, * secundum illud matth. xiv, 4: ° non licet tibi habere uxorem fratris tui. * et ideo quod hic apostolus dicit ° omnia mihi licent, ‘ non potest absolute intelligi, sed ut sit accomoda distributio sub hoc sensu: omnia mihi licent, quae scilicet divina lege non prohibentur. et potest hoc ad tria referri, primo quidem ad id * quod dixerat ‘ de iudiciis, quia scilicet unicuique licet omnia sua iudicio repetere, cum non sit lege divina prohibitum. alio modo potest referri * ad id quod infra viii, 8 dicturus est ‘ de indifferenti usu ciborum, ut sit sensus: licitum est mihi omnes cibos comedere, * secundum illud tit. i, v. 15: ° omnia munda mundis. ‘ tertio potest referri * ad id quod dicturus est infra ix, 4 ss., ‘ de sumptibus accipiendis, ut sit sensus: ° omnia mihi licent, ‘ scilicet accipere ad necessitatem vitae, sicut coapostolis meis. * subdit autem ° sed non omnia expediunt. ‘ dicitur autem illud expedire, quod est sine impedimento finem consequendi. contingit autem quod aliquid non totaliter excludit finem, sed impedimentum aliquod affert, sicut matrimonium non excludit hominem a regno dei, impedimentum tamen affert, * quia scilicet, ut infra vii, 34 dicit ° quae sub viro est mulier, cogitat quomodo placeat viro. * unde, matth. xix, 10, discipuli dicunt: ° si ita est causa hominis cum uxore sua, non expedit nubere. ‘ sic ergo fornicari nec licet, nec expedit, quia totaliter excludit finem, qui est vita aeterna; matrimonium autem est licitum, sed non expediens. secundum igitur hunc modum, sua in iudicio repetere, indifferenter omnibus cibis uti, sumptus accipere ab his quibus praedicatur, est quidem licitum, quia non est contra iustitiam, nec aliqua prohibetur lege; non tamen est expediens, vel quia impeditur pax ad proximum, vel infirmis scandalum aliquod generatur, vel aliqua maledicendi occasio praebetur; * unde eccli. xxxvii, 31: ° non omnia omnibus expediunt. ‘ alio modo potest intelligi non absolute, sed sub conditione, ut sit sensus: dixi quod ° neque fornicarii, ‘ etc., ° regnum dei possidebunt, ‘ et ideo non licent, quia finem excludunt; sed si omnia licerent mihi, ° non omnia expediunt, ‘ quia per ea praestatur impedimentum vitae humanae. * unde in persona impiorum dicitur sap. v, 7: ° lassati sumus in via iniquitatis et perditionis, et ambulavimus vias difficiles. ‘ secundo ostendit esse nocivum id quod supra reprehendit, * dicens ° omnia mihi licent, * ut supra expositum est, ° sed ‘ tamen ° ego sub nullius redigar potestate, ‘ scilicet hominis. ille enim qui utitur eo quod non expedit, sive licitum, sive illicitum, quodammodo redigitur sub potestate rei alicuius, vel hominis. rei quidem, quia qui nimis rem aliquam amat, quodammodo servus illius rei efficitur, * secundum illud rom. ult.: ° huiusmodi non christo domino serviunt, sed suo ventri. ‘ hominis autem, quia dum aliquis facit quod non expedit, quodammodo subiicitur iudicio aliorum, et specialiter ille qui sua in iudicio repetit, subiicitur potestati iudicis. * infra x, 29: ° ut quid enim libertas mea iudicatur ab aliena conscientia? * deinde, cum dicit ° esca ventri, ‘ etc., assignat rationem eius quod dixerat. et primo quare omnia licent, dicens ° esca ventri, ‘ scilicet debetur, ut scilicet in ventre decocta in nutrimentum totius corporis cedat. ° et venter escis, ‘ scilicet recipiendis et decoquendis deservit. quia igitur ex dei ordinatione venter est sollicitus ad escas recipiendas, et escae ad hoc deputatae sunt, quod in ventre ponantur, * secundum illud gen. i, v. 29 s.: ° ecce dedi vobis omnem escam et cunctis animantibus, ut habeant ad vescendum, ‘ non est illicitum quod homo res suas repetat, vel praedicator stipendia accipiat propter necessitatem escarum, vel ut etiam homo omnibus escis utatur. secundo ibi ° deus autem, ‘ etc., assignat rationem quare omnia non expediunt. non enim expedit, quod homo patiatur aliquod detrimentum in eo quod numquam corrumpitur, scilicet in regno caelesti, propter id quod corrumpitur; et hoc accidit de esca et de ventre. cessabit enim post hanc vitam escarum usus et ventris, quia corpora resurgentium conservabuntur absque cibo, deo id faciente. * et hoc est quod dicit ° deus autem destruet, ‘ id est, cessare faciet, ° hunc, ‘ scilicet ventrem, non quidem quantum ad essentiam, sed quantum ad effectum, quem nunc habet; ° et has, ‘ scilicet escas, quantum pertinent ad usum hominis, quia in resurrectione homines erunt sicut angeli in caelo, * ut dicitur matth. xxii, 30.

lc3 ‘ Supra apostolus tripliciter reprehendit corinthios circa iudicia, nunc autem redit ad reprehendendum peccatum fornicarii, cuius * supra v, 1 ‘ mentionem fecerat, et in cuius iudicio corinthii negligentes erant; improbat autem fornicationem quatuor rationibus, quarum prima sumitur ex divina ordinatione; secunda ex unione ad christum, * ibi ° an nescitis quoniam corpora, ‘ etc.; tertia ex corporis inquinatione, * ibi ° fugite fornicationem; ‘ quarta ex gratiae dignitate, * ibi ° an nescitis, ‘ etc.. circa primum duo facit. primo ponit divinam ordinationem; secundo ordinationis finem, * ibi ° deus enim, ‘ etc.. circa primum considerandum est quod * aliqui argumentum suae lasciviae sumunt ex ordinatione dei. “ qui enim fornicantur, utuntur suo corpore ad usum a deo institutum. * sed hoc excludit, dicens quod ‘ esca est ordinata ad ventrem, et venter ad |25| escas, ° corpus autem ‘ hominis ° non fornicationi, ‘ id est, non est ordinatum ad fornicandum, ° sed domino, ‘ id est, ad hoc est ordinatum, ut sit domini nostri iesu christi, ° et dominus corpori, ‘ id est, dominus iesus christus ad hoc datus est hominibus, ut humana corpora suae gloriae conformet, * secundum illud phil. iii, 21: ° reformabit corpus humilitatis nostrae, configuratum corpori claritatis suae. * sed contra hoc videtur esse quod “ sicut venter ordinatus est a deo ad usum ciborum; ita quaedam membra humani corporis sunt ordinata a deo ad usum generationis, quibus fornicatio exercetur. ‘ sed attendenda est differentia quantum ad duo. primo quidem quod apostolus supra locutus est de uno corporis membro, scilicet de ventre, hic autem loquitur de toto corpore, quod sicut non est ordinatum ad fornicandum, ita nec ad escas sumendum; sed potius usus escarum est propter corpus, corpus autem propter animam, a qua percipit vitam secundum eius conditionem. et quia omnia ordinantur in deum sicut in finem, ideo corpus |50| debet esse subiectum domino et ei dedicatum. et quia supra locutus est de usu escarum in communi absque inordinatione, fornicatio autem est usus inordinatus ex membro fornicatoris. unde nec ipsa membra sunt propter fornicationem, sed propter usum generationis ordinata ratione, cui omnia membra corporis deservire debent, sicut etiam venter non propter crapulam et ebrietatem, sed propter convenientem usum ciborum. * deinde, cum dicit ° deus vero, ‘ etc., ponit finem ordinationis praedictae. et primo ponit quid deus circa dominum fecerit, * dicens ° deus vero et dominum, ‘ scilicet dominum iesum christum, ° suscitavit ‘ a mortuis, * a quo ipse christus petit in ps. xl, v. 11: ° tu autem, domine, miserere mei, et resuscita me. ‘ deus autem est et pater, et filius, et spiritus sanctus, unde et ipse christus, qui est filius dei, se suscitavit, et sua virtute resurrexit, * secundum illud ps. iii, 6: ° ego dormivi, et soporatus sum, et exsurrexi, quia dominus suscepit me; * et ii cor. ult.: ° si crucifixus est ex infirmitate, sed |75| vivit ex virtute dei. ‘ secundo ponit quid circa nos facturus sit, * dicens quod ° nos suscitabit deus per virtutem suam, ‘ per quam scilicet christum suscitavit, * secundum illud rom. viii, 11: ° qui suscitavit iesum christum a mortuis, vivificabit et mortalia corpora vestra. ‘ et est advertendum, quod supra de escis et ventre loquens, quae pertinent ad usum animalis vitae, dixit eas a deo destruendas; nunc autem loquens de corpore et domino, facit mentionem de resurrectione, quia scilicet animali vita cessante natura corporis in melius reformabitur. unde patet quod non est utendum corpore ad fornicationem, quae impedit futuram incorruptionem, * secundum illud gal. ult.: ° qui seminat in carne, de carne et metet corruptionem. * deinde, cum dicit ° nescitis, ‘ etc., ponit secundam rationem, quae sumitur ex affinitate humani corporis ad christum, quae talis est: membra hominis fornicantis sunt membra meretricis; sed membra hominis sunt membra christi; ergo per fornicationem fiunt membra christi membra meretricis, quod |100| est inconveniens. circa quod quatuor facit. primo ponit maiorem, dicens ° an nescitis quoniam corpora vestra sunt membra christi? ‘ quasi dicat: hoc non debetis nescire, quia quicumque estis regenerati in christo, membra christi estis effecti, * secundum illud infra xii, 27: ° vos estis corpus christi, et membra de membro. ‘ et hoc non solum quantum ad animas quae ab eo iustificantur, sed etiam quantum ad corpora quae ab eo resuscitabuntur, * ut dictum est. ‘ secundo ponit conclusionem, * dicens ° tollens ergo membra christi, ‘ id est, iuste subtrahens servitio christi, cui debent deputari * (secundum illud rom. vi, 13: ° exhibeatis membra vestra, arma iustitiae, deo), faciam, ‘ scilicet eadem, ° membra meretricis ‘ esse fornicando? ° absit: ‘ hoc enim est horrendum sacrilegium. * unde dicitur mal. ii, v. 11: ° contaminavit iudas sanctificationem domini quam dilexit, et habuit filiam dei alieni. ‘ tertio ponit minorem, * dicens ° an nescitis quia qui adhaeret meretrici, ‘ scilicet |125| fornicando, ° unum corpus efficitur? ‘ scilicet per immundam commixtionem. * et ad hoc probandum, inducit auctoritatem genesis, dicens: ° inquit, * enim scriptura, scilicet gen. ii, 24: ° erunt duo, ‘ scilicet vir et mulier, ° in carne una, ‘ id est, per mixtionem carnalem una caro efficiuntur, et sic membra unius fiunt membra alterius. sunt enim haec verba adae de viro et uxore loquentis, quae apostolus hic etiam ad fornicationem refert, quia secundum speciem naturae non differunt utriusque actus. est autem intelligendum, quod, * sicut dicit philosophus in libro de generatione animalium, “ in masculo est principium activum generationis, in foemina est passivum. et sicut in planta, cuius vita principaliter ordinatur ad generationem, semper est unum corpus, in quo utrumque principium unitur; ita in animalibus quae ordinantur ad altiores actus vitae, non semper est unum corpus habens haec duo principia, sed ex duobus fit unum in actu generationis. * quod quidem non est tantum viri, quia, sicut infra cap. vii, 4 dicitur, ° vir non habet potestatem sui corporis, |150| sed mulier. ‘ secundo probat minorem, * dicens ° qui autem adhaeret domino, ‘ etc., scilicet per fidem et charitatem, ° est unus spiritus cum illo, ‘ quia scilicet unitur ei unitate spirituali, non corporali. * unde et rom. viii, 9 dicitur: ° si quis spiritum christi non habet, hic non est eius; * et io. xvii, 21 s.: ° ut sint unum in nobis, sicut nos unum sumus, ‘ scilicet per connexionem spiritus: et quia corpus deservit spiritui, consequens est ut etiam corpora nostra, membra eius sint, cui per spiritum unimur, non quidem carnali coniunctione, sed spirituali. potest autem ex praemissis duabus rationibus una ratio conflari, ut scilicet quia corpus nostrum non est deputatum fornicationi, sed domino, hoc scilicet modo quod membra nostra sunt membra christi, * ut postmodum exponit, ‘ non faciamus ea membra meretricis fornicando. * deinde, cum dicit ° fugite fornicationem, ‘ etc., ponit tertiam rationem, quae sumitur ex corporis inquinatione. primo ponit conclusionem intentam, * dicens |175| ° fugite fornicationem. ‘ ubi notandum quod caetera vitia vincuntur resistendo, quia quanto magis homo particularia considerat et tractat, tanto minus in eis invenit unde delectetur, sed magis anxietur: sed vitium fornicationis non vincitur resistendo, quia quanto magis ibi homo cogitat particulare, magis incenditur; sed vincitur fugiendo, id est, totaliter vitando cogitationes immundas, et quaslibet occasiones, * ut dicitur zach. ii, 6: ° fugite de terra aquilonis, dicit dominus. ‘ secundo assignat rationem, * dicens ° omne peccatum ‘ aliud ° quodcumque fecerit homo, ‘ etc.. ad cuius evidentiam sciendum quod quaedam peccata non consummantur in carnali delectatione, sed in sola spirituali, ideo spiritualia vitia dicuntur, sicut superbia, avaritia, acedia; fornicatio autem completur maxime in carnali delectatione, * et secundum hoc posset intelligi quod hic dicitur ° omne peccatum quodcumque fecerit homo, extra corpus est, ‘ quia scilicet completur praeter sui corporis delectationem. ° qui autem fornicatur, in corpus suum peccat, ‘ quia scilicet eius peccatum in carne consummatur. |200| * sed huic expositioni contrarium videtur esse, quod “ etiam peccatum gulae consummatur in delectatione corporis. ‘ ad quod posset dici quod peccatum gulae sub luxuria continetur, inquantum ad ipsam ordinatur, * secundum illud eph. v, 18: ° nolite inebriari vino, in quo est luxuria. ‘ sed melius potest dici, quod apostolus non dicit ° qui fornicatur ‘ corpore suo peccat, quod congrueret primae expositioni; sed ° peccat in corpus suum, ‘ id est, contra corpus suum, corrumpendo et inquinando illud praeter usum rationis. * unde et apoc. iii, 4: ° habes pauca nomina in sardis, qui non inquinaverunt vestimenta sua, “ id est, corpus; * et apoc. xix, 4: ° hi sunt qui cum mulieribus non sunt coinquinati. * vel aliter secundum augustinum, hic in glossa, “ qui fornicatur, in corpus suum peccat, quia anima eius totaliter carni in illo actu subiicitur, ita quod non possit aliud ibi cogitare. * unde in ps. xxxi, 9 dicitur: ° nolite fieri sicut equus et mulus, quibus non est intellectus. ‘ vel aliter: in corpus suum peccat, id est, |225| contra uxorem suam, quae dicitur corpus viri, contra quam non ita directe sunt alia peccata, sicut viri fornicatio. * unde et i thess. c. iv, 4 dicitur: ° ut sciat unusquisque vestrum possidere vas suum in sanctificatione, ‘ id est, uxorem suam. * vel secundum augustinum potest intelligi “ de fornicatione spirituali, per quam anima adhaeret per amorem mundo, et recedit a deo, * secundum illud ps. lxxii, 27: ° perdes omnes qui fornicantur abs te. ‘ est ergo sensus ° qui fornicatur, ‘ recedens a deo propter amorem mundi, ° in corpus suum peccat, ‘ id est, per corporalem concupiscentiam. omne autem aliud peccatum, puta quod homo committit ex oblivione, vel ex ignorantia, seu negligentia, ° est extra corpus, ‘ id est, corporalem concupiscentiam. * deinde, cum dicit ° an nescitis, ‘ etc., ponit quartam rationem, quae sumitur ex dignitate gratiae, quae quidem ex duobus consurgit, scilicet ex gratia spiritus sancti, et ex redemptione sanguinis christi. circa hoc igitur tria facit. primo proponit dignitatem corporis nostri, quam habet ex |250| gratia spiritus sancti, * dicens ° an nescitis, ‘ quasi dicat, ignorare non debetis, ° quoniam membra vestra, ‘ scilicet corporalia, ° templum sunt spiritus sancti? * sicut supra iii, 16 dictum est: ° nescitis quia templum dei estis. ‘ et huius rationem assignat * subdens ° qui in vobis est. ‘ dicitur autem templum, domus dei; quia igitur spiritus sanctus deus est, conveniens est, quod in quocumque est spiritus sanctus, templum dei dicatur. est autem spiritus sanctus principaliter quidem in cordibus hominum, in quibus charitas dei diffunditur per spiritum sanctum, * ut dicitur rom. v, 5. ‘ sed secundario etiam est in membris corporalibus, inquantum exequuntur opera charitatis. * unde in ps. lxxxiii, 3 dicitur: ° cor meum et caro mea exultaverunt in deum vivum. ‘ et ne hanc dignitatem sibi ascriberent, * subdit ° quem habetis a deo, ‘ non ex vobis. * unde ioel. ii, 28: ° effundam de spiritu meo super omnem carnem; * et act. v, 23: ° spiritum suum dedit obedientibus sibi. ‘ secundo ponit dignitatem, quam habent corpora nostra ex redemptione sanguinis |275| christi, * dicens ° et non estis vestri ‘ sed iesu christi, * secundum illud rom. xiv, 8: ° sive vivimus, sive morimur, domini sumus; * ii cor. v, 15: ° qui vivit, iam non sibi vivat. ‘ rationem huius assignat, * dicens ° empti estis pretio magno, ‘ et ideo servi estis eius, qui vos redemit de servitute peccati. * unde infra vii, 22 dicitur: ° qui liber vocatus est, servus est christi; pretio enim empti estis; * et in ps. xxx, 6: ° redemisti me, domine deus veritatis. ‘ dicitur autem pretium redemptionis magnum, quia non est corruptibile, sed aeternam habens virtutem, cum sit sanguis ipsius dei aeterni. * unde i petr. i, 18 s.: ° redempti estis de vana vestra conversatione, non corruptibilibus auro vel argento, sed sanguine agni immaculati et incontaminati, iesu christi. ‘ tertio infert conclusionem intentam, * dicens ° glorificate ergo et portate deum in corpore vestro. ‘ quia enim membra vestra sunt templum dei, in corpore vestro nihil debet apparere, nisi quod ad gloriam dei pertinet, et hoc est glorificare deum in corpore vestro, * quia in ps. xxviii, 9 dicitur: |300| ° in templo eius omnes dicent gloriam. * ex. ult. dicitur: ° operuit nubes tabernaculum testimonii, et gloria domini implevit illud. ‘ quia vero non estis vestri, sed estis servi dei, debet corpus vestrum portare deum, sicut equus vel aliud animal portat dominum suum. * unde in ps. lxxii, 23 dicitur: ° ut iumentum factus sum apud te. ‘ portat autem corpus nostrum dominum, inquantum divino ministerio deputatur. sic ergo homo debet vitare, ne in corpus suum peccet fornicando, quod est contra gloriam dei, et contra ministerium quod corpus nostrum debet deo.

076 C1C cp7

lc1 ‘ Postquam apostolus reprehendit fornicarium et sustinentes eum, hic accedit ad tractandum de matrimonio. et circa hoc tria facit. primo determinat de coniugatis et matrimonio iunctis; secundo, de virginibus, * ibi ° de virginibus autem, ‘ etc.; tertio, de viduis, * ibi ° mulier alligata est, ‘ etc.. circa primum duo facit. primo instruit eos qui non sunt matrimonio iuncti, utrum scilicet debeant matrimonium contrahere; secundo manifestat quod dixerat, * ibi ° hoc autem dico, ‘ etc.. circa primum duo facit. primo manifestat quid circa hoc sit per se bonum; secundo, quid necessarium, * ibi ° propter fornicationem autem, ‘ etc.. circa primum considerandum quod in detestationem fornicationis, contra quam locutus iam fuerat, aliqui non habentes |25| zelum dei secundum scientiam, intantum procedebant, quod etiam matrimonium condemnabant, * secundum illud i tim. iv, 2 s.: ° in hypocrisi loquentium mendacium, prohibentium nubere. ‘ et quia hoc durum corinthiis videbatur fidelibus, super hoc apostolo scripserunt, eius sententiam requirentes, et ideo apostolus eis respondet: ita reprehendi ea quae facitis. ° de quibus autem scripsistis mihi, ‘ respondeo, quantum ad matrimonium, ° bonum est homini mulierem non tangere. ‘ circa quod notandum quod mulier data est viro ad adiutorium generationis: et in hoc differt vis generativa a nutritiva, quia vis nutritiva deservit homini ad conservationem individui; unde bonum est homini nutrimento uti, quia per hoc eius vita conservatur; generativa autem non deservit homini ad conservationem individui, sed ad conservationem speciei. unde non potest dici quod ° bonum est homini, ‘ ad suum individuum, ° mulierem tangere, ‘ primo quidem quantum ad animam, * quia, ut augustinus dicit in soliloquiis, ° nihil sic deiicit animam ab arce virtutis suae, sicut contactus ille |50| corporum, sine quo uxor haberi non potest; * et ideo ex. xix, 15 dicitur populo accepturo legem dei: ° estote parati in diem tertium, et ne appropinquetis uxoribus vestris. * i reg. xxi, 4 dixit abimelech ad david: ° si mundi sunt pueri, maxime a mulieribus, manducent panem sanctum. ‘ secundo quantum ad corpus, quod vir subiicit per matrimonium potestati uxoris, se ex libero servum constituens. servitus autem haec prae omnibus aliis est amara. * unde et eccle. vii, 27 dicitur: ° inveni amariorem morte mulierem. ‘ tertio quantum ad res exteriores, quarum occupatione necesse est hominem implicari, qui habet uxorem et filios nutriendos, * cum tamen dicatur ii tim. ii, 4: ° nemo militans deo implicat se negotiis saecularibus, ut ei placeat cui se probavit. * deinde cum dicit ° propter fornicationem, ‘ etc., ostendit quid circa hoc sit necessarium. primo quantum ad contractum matrimonii; secundo quantum ad actum matrimonii |75| iam contracti, * ibi ° uxori vir debitum, ‘ etc.. circa primum considerandum est, quod actus generativae virtutis ordinatur ad conservationem speciei per generationem filiorum, et quia mulier data est viro in adiutorium generationis, prima necessitas tangendi mulierem est propter procreationem filiorum. * unde gen.

i, 27 s. dicitur: ° masculum et foeminam creavit eos, et benedixit eis deus, et ait: crescite et multiplicamini, et replete terram. ‘ sed haec necessitas fuit circa institutionem humani generis, quamdiu oportuit multiplicari populum dei per successionem carnis. sed apostolus, considerans humanum genus iam multiplicatum et populum dei iam esse augmentatum, non propagatione carnis, sed generatione quae est ex aqua et spiritu sancto, * ut dicitur io. iii, 5, ‘ praetermisit hanc necessitatem, qua scilicet primitus institutum fuerat matrimonium in officium naturae, et proponit secundam necessitatem secundum quam institutum est in remedium culpae. quia enim carnalis concupiscentia adhuc post baptismum in fidelibus remanet, licet non dominetur, instigat homines maxime ad actus venereos propter vehementiam delectationis. et quia maioris virtutis est totaliter hanc concupiscentiam superare, quam possit hominibus convenire, * secundum illud matth. xix, v. 11: ° non omnes capiunt verbum hoc, ‘ necessarium est quod in parte concupiscentiae cedatur, et in parte superetur; quod quidem fit dum actus generationis ratione ordinatur, et non totaliter homo concupiscentia ducitur, sed magis concupiscentia subditur rationi. habet autem hoc ratio naturalis, quod homo utatur generationis actu, secundum quod convenit generationi et educationi filiorum. hoc autem in brutis animalibus invenitur, quod in quibuscumque speciebus animalium sola foemina non sufficit ad educationem prolis, masculus simul nutrit prolem cum foemina; et ad hoc exigitur, quod masculus cognoscat propriam prolem. et ideo in omnibus talibus animalibus, ut patet in columbis, turturibus et huiusmodi, naturaliter indita est sollicitudo de educatione prolis. et propter hoc in huiusmodi non sunt vagi et indifferentes concubitus, ex quibus sequeretur incertitudo prolis; sed masculus determinatus determinatae foeminae coniungitur, non indifferenter quaelibet cuilibet, sicut accidit in canibus et aliis huiusmodi animalibus, in quibus sola foemina nutrit prolem. maxime autem in specie humana masculus requiritur ad prolis educationem, quae non solum attenditur secundum corporis nutrimentum, sed magis secundum nutrimentum animae, * secundum illud hebr. xii, 9: ° patres quidem carnis nostrae habuimus eruditores et reverebamur eos; ‘ et ideo ratio naturalis dictat quod in specie humana non sint vagi et incerti concubitus, quales sunt concubitus fornicarii, sed sint determinati viri ad determinatam foeminam, quae quidem determinatio fit per legem matrimonii. sic igitur triplex bonum habet matrimonium, primum quidem quod est in officium naturae, prout scilicet ordinatur ad generationem et educationem prolis, et hoc bonum est bonum prolis. secundum bonum habet prout est in remedium concupiscentiae, quae scilicet coarctatur ad determinatam personam, et hoc bonum dicitur fides, quam scilicet vir servat uxori suae, non accedens ad aliam, et similiter uxor viro. tertium bonum habet, prout in fide contrahitur christi, quod quidem bonum dicitur sacramentum, inquantum significat coniunctionem christi et ecclesiae, * secundum illud eph. v, 32: ° sacramentum hoc magnum est, ego autem dico in christo, et ecclesia. ‘ hoc est ergo quod dicit: * dictum est quod ° bonum est homini mulierem non tangere, ‘ sed quia ad hoc bonum non sunt omnes homines idonei, ° unusquisque vir, propter fornicationem, ‘ scilicet vitandam, ° suam uxorem habeat, ‘ id est, sibi determinatam, ut tollantur vagi et incerti concubitus, quod pertinet ad fornicationem. * unde et prov. v, 18: ° laetare cum muliere adolescentiae tuae, * et postea subditur: ° quare seduceris, fili mi, ab aliena? * deinde cum dicit ° uxori vir debitum reddat, ‘ etc., agit de usu matrimonii contracti. et primo agit de debito reddendo; secundo de debiti intermissione, * ibi ° nolite fraudare, ‘ etc.. circa primum duo facit. primo proponit quod intendit, dicens: dictum est quod vir habeat uxorem, et uxor virum; habendi autem haec est ratio, ut ° vir reddat debitum uxori, ‘ scilicet de suo corpore per carnalem commixtionem, ° similiter autem et uxor viro, ‘ quia quantum ad hoc ad paria iudicantur. unde mulier non est formata de pedibus viri tamquam ancilla, nec de capite tamquam domina, sed de latere tamquam socia, * ut legitur gen. ii, 21. ‘ unde et mutuo debent sibi debitum reddere, * secundum illud rom. xiii, 7: ° reddite omnibus debita. ‘ secundo assignat debiti rationem, dicens ° mulier non habet potestatem sui corporis, ‘ scilicet ad actum generationis, ut scilicet possit proprio arbitrio vel continere, scilicet vel alteri se tradere; ° sed vir, ‘ scilicet habet potestatem sui corporis, quantum scilicet ad usum carnalis copulae, et ideo uxor debet viro proprii corporis officium offerre. ° similiter autem et vir sui corporis potestatem non habet, sed mulier, ‘ etc.. unde et ipse debet sui corporis officium offerre uxori, legitimo impedimento cessante. * unde et gen. c. ii, 24 dicitur: ° adhaerebit uxori suae, et erunt duo in carne una. * deinde cum dicit ° nolite fraudare invicem, ‘ etc., agit de intermissione debiti reddendi. et primo ostendit qualiter intermitti debeat actus coniugalis. circa quod docet unum esse cavendum, ne scilicet hoc per fraudem fiat, * dicens ° nolite fraudare invicem, ‘ ut scilicet velit vir continere, invita uxore, aut etiam e converso. quod apostolus fraudem nominat, quia unus subtrahit alteri quod ei debetur, quod ad fraudem pertinet, non minus in actu matrimonii, quam in aliis rebus. * unde et prov. c. xii, 27 dicitur: ° non inveniet fraudulentus lucrum, ‘ quia scilicet ille, qui tali fraude continentiam deo offert, non lucratur meritum vitae aeternae. * sicut enim dicit augustinus “ non vult deus tale lucrum tali damno compensari, ut dum unus coniugum continet, altero invito, ille incidat in damnabiles corruptelas. ‘ tria autem docet observanda in tali intermissione: quorum primum est ut fiat ex communi consensu. * unde dicit ° nisi forte ex consensu. * unde dicitur eccli. xxv, 1 s.: ° in tribus beneplacitum est spiritui meo, quae sunt probata coram deo et hominibus: concordia fratrum, et amor proximorum, vir et mulier bene sibi consentientes. ‘ secundum est, ut sit ad certum tempus. * unde subdit ° nisi forte ad tempus, * secundum illud eccle. c. iii, 5: ° tempus amplexandi, et tempus longe fieri ab amplexibus. ‘ tertium est, ut hoc fiat propter debitum finem, scilicet causa spiritualium actuum, ad quos continentia reddit magis aptos. * unde subdit ° ut vacetis orationi, * secundum illud ioel. ii, 14: ° sacrificium et libamen domino deo nostro, * et postea subdit: ° egrediatur sponsus de cubili suo, et sponsa de thalamo suo. ‘ secundo agit de reiteratione coniugalis actus; et primo ponit documentum, * dicens ° iterum revertimini in idipsum, ‘ ut scilicet vobis invicem debitum reddatis, finito tempore orationis. * unde et iii reg. viii, 66 dicitur, quod “ celebratis dedicationis solemniis, ° profecti sunt in tabernacula sua laetantes. ‘ secundo assignat rationem documenti. non enim hoc dicit, quasi sit necessarium ad salutem, sed ad periculum vitandum. * unde subdit ° ne tentet vos satanas, ‘ id est, ne sua tentatione vos prosternat; * sicut etiam dicitur i thess. iii, 5: ° ne forte vos tentaverit is qui tentat, et inanis sit labor noster. ‘ tentatio autem satanae non est fortibus timenda, * de quibus dicitur i io. ii, 14: ° scribo vobis, iuvenes, quoniam fortes estis, et verbum dei manet in vobis, et vicistis malignum. ‘ est autem timenda debilibus, * unde subdit ° propter incontinentiam vestram, ‘ id est, propter pronitatem ad incontinentiam, ex quo contingit, quod diabolus hominem tentando prosternit, et provocatur ad tentandum, * secundum illud i petr. ult.: ° circuit quaerens quem devoret. * deinde cum dicit ° hoc autem dico, ‘ etc., manifestat quo sensu praedicta sunt accipienda, et primo facit quod dictum est; secundo, rationem assignat, * ibi ° volo autem, ‘ etc.; tertio, exponit quod dixerat, * ibi ° dico autem, ‘ etc.. dicit ergo primo: dixi, quod unusquisque suam uxorem habeat, et unaquaeque mulier virum suum, et iterum quod post continentiam determinati temporis, iterum revertamini in idipsum. ° hoc autem dico secundum indulgentiam, ‘ id est, parcens infirmitati vestrae, ° non secundum imperium, ‘ quasi scilicet vobis necessarium ad salutem. subditis enim sunt quaedam eorum infirmitati indulgenda, et non ad bona imperio cogendi. * unde contra quosdam praelatos dicitur ez. xxxiv, 4 s.: ° cum austeritate imperabatis eis, et cum potentia, et dispersi sunt greges mei. * sed videtur apostolus inconvenienter loqui; “ indulgentia enim non est nisi de peccato. per hoc ergo quod apostolus, secundum indulgentiam se dicit matrimonium concessisse, videtur exprimere quod matrimonium sit peccatum. ‘ sed ad hoc potest responderi dupliciter. uno modo ut indulgentia sumatur hic pro permissione. est autem duplex permissio: una quidem de minus malo, * sicut dicitur matth. c. xix, 8, quod ° moyses permisit iudaeis dare libellum repudii propter duritiam cordis eorum, ‘ scilicet ad vitandum uxoricidium, ad quod erant proni. talis enim permissio non fit in novo testamento propter sui perfectionem, * secundum illud hebr. vi, 1: ° ad perfectum feramur. ‘ alia autem est permissio de minus bono, cum scilicet homo praecepto non cogitur ad maius bonum; et hoc modo apostolus hic indulget, id est, permittit matrimonium, quod est minus bonum quam virginitas, quae non praecipitur, quae est maius bonum. alio modo potest accipi indulgentia prout respicit culpam, * secundum illud is. xxvi, 15: ° indulsisti, domine, indulsisti genti. ‘ et secundum hoc indulgentia refertur ad actum coniugalem secundum quod habet annexam culpam venialem, tamen propter bona matrimonii sine quibus esset mortalis. unde considerandum est quod actus coniugalis quandoque quidem est meritorius, et absque omni culpa mortali vel veniali, puta cum ordinatur ad bonum prolis procreandae et educandae ad cultum dei: sic enim est actus religionis; vel cum fit causa reddendi debitum: sic enim est actus iustitiae. omnis autem actus virtutis est meritorius, si sit cum charitate. quandoque vero est cum culpa veniali, scilicet cum quis ad actum matrimonialem ex concupiscentia excitatur, quae tamen infra limites matrimonii sistit, ut scilicet cum sola uxore sit contentus. quandoque vero est culpa mortalis, puta cum concupiscentia fertur extra limites matrimonii, scilicet cum aliquis accedit ad uxorem, aeque libenter vel libentius ad aliam accessurus. primo ergo modo actus matrimonii non requirit indulgentiam; secundo modo habet indulgentiam inquantum aliquis consentiens concupiscentiae in uxorem, non fit reus peccati mortalis; tertio modo omnino indulgentiam non habet. * deinde cum dicit ° volo autem ‘ etc., assignat rationem eius quod dixerat, et primo quare non loquatur secundum imperium; secundo quare loquatur secundum indulgentiam, * ibi ° sed unusquisque, ‘ etc.. circa primum considerandum est quod nullus sapiens praecipit illud cuius contrarium magis vult fieri. ideo apostolus non praecipit quod homines matrimonium contrahant, vel matrimonio contracto utantur, quia magis vult quod homines contineant. * et hoc est quod dicit ° volo autem omnes, ‘ homines, ° esse sicut meipsum, ‘ ut scilicet contineant, sicut ego contineo. * et similiter dicit act. xxvi, 29: ° opto apud deum omnes qui audiunt, fieri tales qualis ego sum. * sed contra hoc videtur esse, quia “ si omnes homines continerent, sicut apostolus continebat, cessasset generatio, et sic non fuisset impletus numerus electorum, quod erat contra dispositionem divinam. * dicunt quidam quod “ apostolo revelatum erat, quod si omnes homines salvarentur in continentia viventes, sicut ipse vivebat, sufficiebat ad implendum numerum electorum. * sed hoc nulla auctoritate fulcitur; ‘ et ideo potest dici, quod apostolus volebat omnes esse continentes, quia scilicet volebat hoc de singulis, non tamen volebat quod omnes simul continerent. vel potest dici, et melius, quod volebat omnes homines esse continentes voluntate antecedente, * sicut ipse dicit i tim. ii, 4, quod ° deus vult omnes homines salvos fieri, ‘ non autem voluntate consequente, qua deus vult quosdam salvare, scilicet praedestinatos, et quosdam damnare, scilicet reprobatos, * secundum illud mal. i, 2 s.: ° iacob dilexi, esau autem odio habui. ‘ est autem voluntas antecedens de eo, quod absolute consideratum est melius, sicut omnes homines esse salvos, vel continentes: voluntas autem consequens est de eo, quod est melius, consideratis circumstantiis personarum et negotiorum, et secundum hoc deus vult quosdam damnare, et apostolus quosdam matrimonio iungi. * deinde cum dicit ° sed unusquisque, ‘ assignat rationem quare secundum indulgentiam matrimonium permiserit, quia scilicet non quilibet tantae virtutis donum accepit a deo, ut scilicet possit totaliter continere, * sicut et dominus dixit matth. xix, 11: ° non omnes capiunt verbum hoc, sed qui capere potest, capiat. ‘ et hoc est quod dicit: vellem quidem omnes esse continentes, ° sed unusquisque proprium, ‘ id est, secundum certam mensuram, ° habet donum ex deo, alius quidem sic, ‘ puta ut in virginitate deo serviat, ° alius vero sic, ‘ id est, ut deo serviat in matrimonio, * secundum illud matth. xxv, v. 15: ° uni dedit quinque talenta, alii vero duo, alii vero unum, unicuique secundum propriam virtutem. * et sap. viii, 21: ° scivi quoniam aliter non possum esse continens, nisi deus det, et hoc ipsum erat sapientiae scire cuius esset hoc donum. * deinde cum dicit ° dico autem, ‘ etc., exponit quod obscure dixerat. * et primo quantum ad hoc quod dixerat: ° volo omnes homines esse sicut meipsum, ‘ quia scilicet hoc est absolute melius. * unde dicit ° dico autem, ‘ scilicet exponendo, ° non nuptis, ‘ id est, virginibus, ° et viduis: bonum est illis si sic permanserint, ‘ scilicet continentes, ° sicut ego, * secundum illud sap. c. iv, 1: ° quam pulchra est casta generatio cum claritate. * secundo quantum ad hoc quod dixerat: ° sed unusquisque, ‘ etc., quasi dicat: quia non quilibet hoc donum accepit a deo ut contineat. * unde dicit ° quod si non continent, ‘ id est, si donum continendi non acceperunt, ° nubant, ‘ id est, matrimonio iungantur, * secundum illud i tim. v, 14: ° volo iuvenes nubere. ‘ et assignat rationem, * subdens ° melius est enim nubere, quam uri, ‘ id est, concupiscentia superari. concupiscentia enim est calor quidam noxius; qui ergo concupiscentia impugnatur, calescit quidem, sed non uritur, nisi humorem gratiae perdat a concupiscentia superatus. * unde iob xxxi, 12 dicitur: ° ignis est usque ad consummationem devorans, et universa eradicans germina. ‘ est autem hic attendendum quod apostolus utitur abusiva comparatione; nam nubere bonum est, licet minus, uri autem est malum. melius est ergo, id est magis tolerandum, quod homo minus bonum habeat, quam quod incurrat incontinentiae malum; * et hoc est quod supra dixit ° propter fornicationem, ‘ scilicet vitandam, ° unusquisque suam uxorem habeat, * etc., et postmodum: ° ne tentet vos satanas propter incontinentiam vestram.

lc2 ‘ Supra apostolus posuit documenta de contractu matrimonii, hic instruit eos qui iam matrimonium contraxerunt de matrimonio non dissolvendo: et primo docet eos qui sunt in matrimonio iuncti, ut in matrimonio maneant; secundo ponit utilem doctrinam quantum ad omnes status vel conditiones hominum, * ibi ° unumquemque sicut vocavit deus, ‘ etc.. circa primum duo facit: primo agit de indissolubilitate matrimonii quantum ad eos qui sunt unius cultus; secundo quantum ad eos qui sunt in dispari cultu, * ibi ° nam caeteris ego dico, ‘ etc.. circa primum duo facit: primo ponit praeceptum de indissolubilitate matrimonii; secundo docet quid sit servandum quando matrimonium quodammodo separatur, * ibi ° quod si discesserit, ‘ etc.. dicit ergo primo: dixi non nuptis, id est, virginibus et viduis, quod melius est eis si sic permanserint, ° his autem qui matrimonio sunt iuncti ‘ non patet eadem conditio: his enim ° praecipio non ego, ‘ scilicet indicta mihi auctoritate, ° sed dominus, ‘ hoc praecepit.

TABULAE

1. “TITULI” ii sunt, sed abbreviati, quos editiones praemittunt partibus textus, quales sunt quaestiones et articuli, libri et lectiones etc. Non omnia opera habent titulos suarum partium: quare prorsus absunt a vol. 5.

2. Tabula “ERRATA CORRECTA” enumerat non quidem errores adhuc corrigendos, sed illos quos ipsi in textibus iam correximus, iudicantes eos esse mere typographicos.
In his propterea locis noster textus differt a suo fonte. In tabula autem non referuntur omnes quos reperimus, sed illi tantum qui produxerant vocem non in se impossibilem. Elenchus vero omnium asservatur in nostro archivo, communicabilis requirentibus.
Lectio errata tenet primum locum, alterum lectio correcta.
Littera indicat fontem lectionis correctae:

A = apparatus vel textus super quem fit commentum
B = Bulletin Thomiste
F = textus parmensis editionis Fiaccadori
G = P. - M. Gils OP, vide 006 ADL
L = Leonini Patres OP in editionibus aut in ad me epistolis
P = Piana editio 1570
R = redactores nostri proprio iudicio
V = Vulgata editio S. Scripturae.

3. Tabula “TEXTUS ISAIAE” ostendit in quibus locis textus leoninus Expositionis super Isaiam editus anno 1974 differat a praecedenti quem dactyloscriptum Leonini Patres nobis communicaverant anno 1969. Textus enim 1969 et non textus 1974 recensetur in Indice Thomistico et hic editur.
Differentiae textus definitivi tenent in tabula alterum locum,
indicatis pagina et linea editionis leoninae ubi occurrunt vel initium sumunt. Haec tabula adest in solo vol. 5

4. Tabula “NUMERI CONTINUI” praebet correspondentiam inter nostras ubicationes et numeros illos paragraphorum in quos dividuntur quaedam opera in quibusdam editionibus et iuxta quos interdum citationes fiunt. Hi autem numeri faciunt unam continuam seriem ab initio operis usque ad finem. Haec tabula adest in singulis voluminibus, excepto primo.

5. Tabula “LINEAE MULTAE” distribuit per paginas et columnas editionis unde sunt desumptae, illas lineas quarum numeri in pluries centenos crescunt. Haec tabula adest in solo vol. 7.

ERRATA CORRECTA

= = = = = = = = = = =

ERRATA CORRECTA

= = = = = = = = = = =

067 CIO
IN JOB

09 1.0617 (065b l. --)
R conquirat // acquirat
28 1.0114 (152b l. --)
V oculos // oculus
40 1.0364 (217b l. --)
V umbiculo // umbilico

069 CPH
IN HIEREMIAM

-- 01 1.0021 (577a l. 18)
P salvet // salvent
-- 01 1.0071 (577b l. 23)
P quidem // quidam
-- 01 1.0054 (577b l. 05)
P vestra // vestrae
01 01 1.0013 (579a l. 13)
P sciri // scire
01 05 1.0046 (581b l. 17)
P residendum // resistendum
02 07 1.0007 (585a l. 04)
P majorem // majorum
04 06 1.0006 (589b l. 10)
P succendentium // succedentium
04 08 1.0008 (590a l. 01)
P homines homines. // homines.
04 09 1.0018 (590b l. 08)
V ps. 7 // prov. 7
07 02 1.0029 (597a l. 61)
V nostis // nostris
07 04 1.0009 (598a l. 04)
P mea // mei
08 05 1.0005 (599b l. 42)
P avaritia // avaritiae
09 03 1.0012 (602a l. 08)
P succendat // succendit
09 06 1.0033 (602b l. 42)
P instat // inflat
10 04 1.0014 (604a l. 60)
P legis // tegis
13 02 1.0003 (611a l. 37)
P si // sic
14 03 1.0004 (614a l. 19)
P propheta // prophetae
15 01 1.0063 (615b l. 48)
P mendaci // mendacii
15 02 1.0015 (616a l. 07)
P furor et eius // furor eius
15 02 1.0024 (616a l. 16)
P aerea // area
15 03 1.0047 (616b l. 35)
P terra // terrae
16 01 1.0047 (618a l. 47)
P quae // quia
17 04 1.0001 (621b l. 08)
P revocet // revocat
18 01 1.0002 (622b l. 12)
P qui // quia
18 03 1.0052 (623b l. 39)
P filio // filiae
18 04 1.0055 (624a l. 32)
P de // ne
20 02 1.0022 (626b l. 38)
P comminabitur // comminabatur
20 03 1.0017 (627a l. 42)
P deducerentur // deduceretur
23 05 1.0016 (633b l. 03)
P ipsa // ipse
23 07 1.0035 (634a l. 53)
P mei // mea
23 09 1.0030 (634b l. 43)
P lapidum // lapidem
25 01 1.0038 (636b l. 38)
P derelinquit // derelinquat
28 02 1.0005 (642a l. 35)
P loqueretur // loquerer
29 01 1.0018 (643a l. 18)
P tertius // territus
29 01 1.0019 (643a l. 19)
P comminatione // comminationis
29 01 1.0077 (643b l. 54)
P paratam // paratum
29 02 1.0012 (644a l. 09)
P pessima // pessimae
29 02 1.0013 (644a l. 10)
P mala // malae
29 02 1.0024 (644a l. 21)
P ego // ergo
30 03 1.0023 (646a l. 66)
P inimicis // inimici
31 04 1.0022 (649a l. 37)
P divident // dividet
31 10 1.0027 (650a l. 59)
V veniet // venient
33 01 1.0069 (654b l. 40)
V terra // terrae
33 02 1.0003 (654b l. 47)
P laetitia // laetitiae
33 06 1.0002 (655b l. 16)
P et // si
33 07 1.0002 (655b l. 27)
P quae // duae
38 01 1.0011 (661b l. 21)
P principium // principum
41 02 1.0001 (665b l. 32)
P occasionem // occisionem

070 CTH
IN THRENOS

01 03 1.0020 (670b l. 66)
P sua chaldaeis // sua a chaldaeis
01 03 1.0026 (671a l. 06)
P habitabit // habitavit
01 05 1.0018 (671b l. 21)
P de // he
02 03 1.0005 (675a l. 21)
P descendebat // defendebat
02 12 1.0002 (676a l. 40)
P excitat // excitet
03 01 1.0025 (678b l. 25)
P de // me
03 02 1.0007 (678b l. 42)
P quo in // quod in
04 01 1.0013 (682a l. 13)
P cognitione // cognitionis

071 CMT
CAT. MATTH.

-- -- 1.0003 (003 l. 03)
F oscula // osculo
01 08 1.0078 (021b l. 57)
P deo // ideo
02 01 1.0066 (032a l. 41)
P quam // quem
02 01 1.0389 (034b l. 40)
P quodam // quondam
02 02 1.0197 (037a l. 16)
P regnat // regat
02 06 1.0010 (039a l. 54)
P sed ipsum // sed per ipsum
03 06 1.0130 (053b l. 33)
V modo sine // sine modo
04 01 1.0136 (058b l. 42)
P credibilis // incredibilis
04 04 1.0015 (061b l. 29)
P argumentum // argentum
04 04 1.0151 (062b l. 40)
P eum // eum non
04 05 1.0076 (063b l. 52)
P ipsam // ipsa
04 06 1.0006 (064b l. 62)
P exire // exinde
05 17 1.0093 (088b l. 30)
P nec // nos
06 02 1.0047 (102a l. 60)
P occulta // occulte
06 12 1.0028 (109b l. 59)
P pareant // appareant
06 15 1.0101 (113a l. 12)
P mala // malas
06 20 1.0121 (118a l. 47)
P festinet // festines
08 03 1.0026 (139a l. 33)
P eis // eius
09 02 1.0158 (152a l. 36)
P et // ut
09 03 1.0059 (153b l. 02)
P quae // qui
09 07 1.0099 (159a l. 37)
P is ipse // si ipse
10 03 1.0224 (167a l. 16)
P indigi // indigni
10 11 1.0020 (173a l. 47)
P capiti // capti
11 02 1.0039 (179a l. 43)
P his // hic
12 03 1.0141 (195a l. 58)
P desertum // deserto
13 03 1.0169 (215b l. 18)
F et // est
14 03 1.0021 (229a l. 38)
P postea // postes
14 05 1.0103 (233a l. 48)
P intentus // intensus
15 03 1.0004 (240b l. 41)
P abominandique // abominandisque
15 06 1.0064 (245a l. 41)
P ista // ita
18 04 1.0052 (272b l. 17)
P eum quem // eum qui
20 03 1.0180 (297a l. 65)
P passione // passionem
24 06 1.0278 (352a l. 32)
P spatii // spatiis
26 03 1.0080 (378b l. 03)
P indignatur // indignantur

072 CMC
CAT. MARC.

-- -- 1.0017 (429 l. 17)
P ministri // ministris
01 09 1.0106 (441b l. 60)
P eam // ea
03 03 1.0061 (455a l. 24)
P ioannis // ioanni
04 01 1.0252 (462a l. 07)
P divinae // divitiae
05 03 1.0010 (470b l. 30)
P confitendum // confidendum
05 03 1.0142 (471b l. 39)
P puella // puellam
06 02 1.0039 (474a l. 52)
P et // et ne
06 07 1.0044 (480a l. 06)
P abiecerit // abierit
08 02 1.0106 (491a l. 49)
P decreto // decreta
08 03 1.0022 (491b l. 33)
P operationis // operationi
09 01 1.0007 (496a l. 07)
P excelsum // excelsum seorsum
11 03 1.0068 (520a l. 37)
P te // et
15 03 1.0021 (553b l. 18)
P purpura // purpuram

073 CLC
CAT. LUC.

01 09 1.0048 (014b l. 05)
P disco // disce
02 14 1.0060 (043b l. 17)
P testes // teste
03 03 1.0094 (049a l. 55)
P quando // quanto
03 03 1.0178 (050a l. 09)
P reliquae // reliquiae
03 04 1.0123 (051a l. 42)
P dei // deo
03 05 1.0188 (052b l. 51)
P aerea // area
03 08 1.0163 (056b l. 20)
P salvatoris // salvator
04 02 1.0100 (063b l. 07)
P omne // omnes
06 02 1.0107 (085a l. 27)
R in fecunditate // infecunditate
06 06 1.0018 (088b l. 45)
P nesciat // nesciant
07 06 1.0384 (107b l. 12)
P examina // examinata
10 02 1.0095 (143b l. 60)
P castigas // castigat
11 01 1.0319 (160b l. 43)
P liberas // libera
11 05 1.0073 (164b l. 61)
P me in // in me
12 05 1.0125 (181b l. 01)
P corporis // corpori
12 09 1.0040 (184b l. 31)
P aliam // alium
12 12 1.0058 (189a l. 25)
P maior // maiori
16 03 1.0151 (226b l. 64)
P illius putas // illius tuum crimen est et quod coniugium putas
20 04 1.0127 (270a l. 22)
P propone // propono
21 05 1.0052 (276a l. 49)
P galliae // galilaeae
22 10 1.0059 (291a l. 06)
P tollat // tollant

074 CJO
CAT. JOAN.

01 11 1.0067 (336b l. 18)
P illuminat // illuminat omnem
01 12 1.0072 (337a l. 40)
P eum mundum non // eum mundus non
01 18 1.0190 (343b l. 19)
P finibus // sinibus
03 02 1.0091 (369b l. 14)
P sunt // fiunt
03 02 1.0092 (369b l. 15)
P enim // enim est
04 03 1.0137 (385b l. 10)
P forte // fonte
05 04 1.0147 (404b l. 55)
P sicut: honoratur // sic: honoratur
05 05 1.0034 (405a l. 55)
P discretionis // discretio
06 01 1.0038 (413b l. 10)
P erat // erant
06 01 1.0080 (414a l. 20)
P turba pavit // turbas pavit
14 08 1.0117 (526a l. 07)
V mundus diligo // mundus quia diligo
16 04 1.0022 (541b l. 42)
P erit et separatio // erit separatio
18 05 1.0020 (559b l. 54)
P gratiam // gratia
21 05 1.0090 (592a l. 43)
F deliciorem // feliciorem

075 CRO
AD ROM.

-- -- 1.0017 (001a l. 17)
P inveniuntur // invenitur
-- -- 1.0052 (001b l. 11)
P propinabit // propinavit
-- -- 1.0117 (002a l. 35)
F et quibusdam // et de quibusdam
-- -- 1.0165 (002b l. 19)
P aliam rationem // alia ratio
01 01 1.0024 (005a l. 25)
P quo // quod
01 01 1.0028 (005a l. 29)
P quo // quod
01 01 1.0036 (005b l. 04)
P admirabilis // admirabile
01 02 1.0055 (007b l. 06)
R illud // illum
01 02 1.0240 (009a l. 32)
F non immobiliter // immobiliter
01 04 1.0002 (013a l. 28)
P commendatur // commendat
01 04 1.0197 (015b l. 15)
P expressa // expresse
01 05 1.0057 (016a l. 14)
P in deo // in deum
01 05 1.0350 (018b l. 09)
P doctrina // doctrinas
01 06 1.0086 (020a l. 23)
P gratia // gratiam
01 06 1.0105 (020a l. 42)
F in fide // in fidem
01 06 1.0117 (020a l. 54)
F in fide // in fidem
01 06 1.0391 (022b l. 29)
P respondent // respondet
01 06 1.0468 (023b l. 14)
P nullum // nullus
01 06 1.0473 (023b l. 19)
P potuerunt // potuerint
01 07 1.0059 (024a l. 43)
P intendebant // impendebant
01 07 1.0176 (025a l. 45)
P principio // principium
01 07 1.0236 (025b l. 47)
P tradit // tradidit
01 07 1.0286 (026a l. 37)
P sicut // sicut si
01 08 1.0017 (028a l. 02)
P aliud // aliquid
01 08 1.0031 (028a l. 16)
P ignominia // ignominiam
01 08 1.0106 (028b l. 31)
P quoque // quosque
01 08 1.0130 (028b l. 57)
P habere // haberet
01 08 1.0259 (029b l. 64)
P occultae // occulte
01 08 1.0276 (030a l. 16)
P ergo // ergo haec
01 08 1.0278 (030a l. 18)
P dicit // differunt
01 08 1.0304 (030a l. 44)
P adveniant // adinveniant
01 08 1.0332 (030b l. 09)
P ei // eis
01 08 1.0373 (030b l. 49)
P laudandum // laudando
01 08 1.0376 (030b l. 52)
P praebendum // praebendo
02 01 1.0226 (033a l. 30)
F poenam? // poenam ad poenitentiam te adducit?
02 02 1.0270 (036b l. 43)
P locum // loco
02 02 1.0356 (037b l. 23)
P aequaliter // aliqualiter
02 03 1.0156 (039b l. 07)
P homini // homine
02 03 1.0246 (040b l. 04)
P deum // deus
03 01 1.0047 (045b l. 15)
P ps. lxxi // ps. lxxv
03 01 1.0179 (046b l. 53)
P enim // idem
03 02 1.0042 (049b l. 01)
P illa qui // illi qui
03 02 1.0172 (050b l. 28)
F foris // foris parent
03 02 1.0222 (051a l. 15)
F hic duo // haec duo
03 03 1.0186 (054a l. 36)
B propitiationem // propitiatorem
03 04 1.0184 (056b l. 49)
F per ea quae // per quae

04 02 l.0301 (063b l. 11)
P non dei efficiat, sed occasionaliter, quia praecipiant // non quidem quod legis praecepta moralia praecipiant
04 03 l.0266 (066b l. 27)
P differet // diffideret
04 03 l.0272 (066b l. 32)
P infirmitatis // firmitatis
04 03 l.0274 (066b l. 35)
P dei // deo
05 06 l.0097 (083a l. 31)
P prohibeat // prohibebat
06 01 l.0099 (086a l. 26)
F vita // vitae
07 01 l.0180 (097a l. 03)
P primo ponit utilitatem dicens // deinde cum dicit
07 03 l.0034 (101b l. 03)
P sancto // sancto est
07 03 l.0128 (102b l. 07)
P percipiente // praecipiente
07 03 l.0160 (102b l. 39)
P intelligi // intelligit
08 01 l.0021 (109a l. 22)
F et tollitur damnatio quantum // tollitur damnatio et quantum
08 04 l.0298 (121b l. 39)
P desinet // desinit
08 05 l.0289 (124b l. 44)
P qui // cui
08 06 l.0091 (126a l. 10)
P dictiores // doctiores
08 06 l.0351 (128a l. 41)
P percepit // pepercit
08 07 l.0179 (130b l. 38)
F me // me et
09 01 l.0158 (134b l. 31)
P scilicet fieri // scilicet si fieri
09 01 l.0172 (134b l. 44)
P effectus // affectus
09 01 l.0260 (135b l. 25)
P dicebant // dicebat
09 03 l.0018 (139a l. 26)
P distribuantur // distribuatur
09 03 l.0040 (139b l. 14)
P plus minus // plus vel minus
09 03 l.0091 (140a l. 24)
P iudicio // iudico
09 04 l.0083 (144a l. 07)
P sufficit // sufficis
09 05 l.0068 (146b l. 33)
P conferebantur // conferebatur
09 05 l.0160 (147b l. 25)
F quia omnia // qui omnia
10 02 l.0056 (155a l. 09)
P exposcit // exposcitur
10 02 l.0057 (155a l. 10)
F ut // vel
10 02 l.0136 (155b l. 27)
F ille enim // illa enim
11 02 l.0139 (165a l. 56)
P aliquid // aliqui
11 02 l.0285 (166b l. 31)
P quo si // quod si
11 02 l.0293 (166b l. 38)
P prohibuit // prohibet
11 04 l.0041 (170a l. 20)
P nunc // tunc
11 04 l.0045 (170a l. 24)
P dicitur // dicuntur
11 04 l.0138 (170b l. 56)
F auferantur // auferentur
11 04 l.0146 (171a l. 03)
P super me // super se
11 04 l.0192 (171a l. 51)
P iuravi // iuravit
11 05 l.0054 (173b l. 09)
P sapientiae // sapientia
11 05 l.0110 (174a l. 21)
P principium // principii
12 01 l.0087 (178a l. 16)
P in deo // in dei
12 01 l.0200 (179a l. 09)
P ad quos // per quos
12 02 l.0118 (182a l. 46)
P quod // quo
12 03 l.0300 (187a l. 54)
P si // sic
13 01 l.0359 (192b l. 16)
F considerandam // conservandam
13 01 l.0439 (193a l. 38)
P princeps // principes
13 02 l.0246 (196b l. 06)
P necessitatis // necessitati
13 03 l.0202 (198a l. 54)
F secundo, in // secundo, quia in
13 03 l.0307 (199a l. 41)
F omittit // omittit homo
14 01 l.0340 (204a l. 61)
R inter // inter et
14 02 l.0315 (210a l. 04)
P est ad // est et ad
14 03 l.0024 (211a l. 24)
P immundus // immundus ut
16 02 l.0167 (229b l. 35)
F evangelium // evangelium meum

076 C1C
I AD COR.

01 01 l.0022 (233a l. 22)
P est // es
01 01 l.0047 (233b l. 15)
P figura nubis nobis // figura nobis
01 01 l.0161 (234b l. 37)
P is. cxvii // ps. cxvii
01 02 l.0126 (237a l. 43)
P dicebat // dicebant
01 02 l.0361 (239b l. 08)
P donum // domum
01 02 l.0381 (239b l. 28)
P baptizaret // baptizarent
01 03 l.0030 (240a l. 30)
P rom. xiv // rom. xvi
01 03 l.0118 (241a l. 39)
P sapientiae // sapientiam
01 03 l.0286 (242b l. 35)
P prov. xx // prov. xxx
02 01 l.0168 (248b l. 42)
P quia // qui
02 02 l.0203 (252a l. 03)
P interiori // inferiori
02 03 l.0264 (255b l. 54)
F quia sicut sensus // quia sensus
04 01 l.0024 (269a l. 24)
F ad quos // ad quod
04 01 l.0079 (270a l. 07)
P lc. xiv // lc. xvi
05 03 l.0003 (281a l. 37)
P se pararent // separarent
05 03 l.0003 (281a l. 38)
P praetermiserat // praetermiserant
05 03 l.0162 (283a l. 25)
F committit // committitur
06 01 l.0125 (286a l. 61)
F enim // etiam
06 02 l.0357 (290b l. 21)
V ex cunctis // et cunctis

= = = = = = = = = = = =

TEXTUS ISAIAE

= = = = = = = = = = = =

-- 1 l. 043 (pr l.043)
sensibilibus // sensibus
-- 1 l. 046 (pr l.046)
sint // sunt
-- 1 l. 049 (pr l.049)
manuducentem // manuducentes
-- 1 l. 057 (pr l.058)
prologo et // prologo 2
-- 1 l. 065 (pr l.065)
tabulae scilicet legis // tabule legis
-- 1 l. 066 (pr l.067)
31 // xxi
-- 1 l. 077 (pr l.078)
libro legis // libro
-- 1 l. 067 (pr l.068)
multis misteriis // misteriis
-- 1 l. 111 (pr l.113)
absconditus // absconsum
-- 1 l. 122 (pr l.123)
enarravit: (ibidem). quod // enarrauit; quod
-- 1 l. 138 (pr l.139)
21 // xx
-- 2 l. 025 (pr l.024)
colus // colon
-- 2 l. 030 (pr l.029)
sit // fit
-- 2 l. 032 (pr l.032)
membrum sed toti // membrum toti
-- 2 l. 077 (pr l.078)
ipsius // eius
-- 2 l. 090 (pr l.091)
et sicut agnus // et agnus
-- 2 l. 118 (pr l.116)
respondeo // responsio
01 1 l. 022 (01 l.021)
apparitionem // apparitiones
01 1 l. 025 (01 l.024)
contrario // conuerso
01 1 l. 025 (01 l.025)
habent // habet
01 1 l. 034 (01 l.033)
diffugit cognoscentem // disiungitur a cognoscente
01 1 l. 042 (01 l.043)
ea in quibus // ea quibus
01 1 l. 048 (01 l.049)
spiritualitatis // spiritualis
01 1 l. 055 (01 l.056)
et quidam modus // et modus
01 1 l. 060 (01 l.061)
etiam et corporalis // etiam corporali
01 1 l. 068 (01 l.069)
sensibus // sensu
01 1 l. 092 (01 l.093)
naturale // nature
01 1 l. 095 (01 l.096)
tamen // autem
01 1 l. 104 (01 l.106)
qui // quia
01 1 l. 107 (01 l.108)
litteris // elementis
01 1 l. 126 (01 l.128)
joathan scilicet in // joathan in
01 1 l. 130 (01 l.132)
quae visa sunt // 1 - 3 - 2
01 1 l. 135 (01 l.137)
duas // duabus
01 2 l. 002 (01 l.151)
accipietur // accipiatur
01 2 l. 022 (01 l.172)
32 // xxii
01 2 l. 065 01 l.212)
haec // hoc
01 2 l. 087 01 l.233)
ne // non
01 2 l. 101 01 l.246)
exaltationem // electionem
01 2 l. 103 01 l.248)
me hic ponit ingratitudinis vitium // me jer.
01 2 l. 115 (01 l.260)
noverunt // cognouerunt
01 2 l. 130 (01 l.275)
in peccante; unde dicit populo gravi iniquitate gregorius // in peccando; gregorius
01 2 l. 155 (01 l.298)
propter propriam infirmitatem // propter infirmitatem
01 2 l. 164 (01 l.307)
ei // eis
01 2 l. 178 (01 l.320)
corrigere per // corrigere prouocando per
01 2 l. 193 (01 l.336)
leniente quantum ad tertium judith // leniente, judit
01 2 l. 203 (01 l.346)
primo // prima
01 2 l. 255 (01 l.399)
defendit // defendet
01 2 l. 277 (01 l.421)
illi christi genus // 1 - 3 - 2
01 2 l. 279 (01 l.424)
23 // xxii
01 3 l. 016 (01 l.445)
2 // iii
01 3 l. 028 (01 l.460)
ibi neomeniam et sabbatum. tertio // ibi neomenias uestras; tertio
01 3 l. 042 (01 l.474)
quaedam autem erant // quaedam erant
01 3 l. 082 (01 l.516)
offeram ei holocautomata // offeram holocaustomata
01 3 l. 086 (01 l.520)
oblationes // oblationem
01 3 l. 097 (01 l.533)
hominem // homines
01 3 l. 102 (01 l.538)
quia // quod
01 3 l. 103 (01 l.539)
se ipso habet // se habet
01 3 l. 105 (01 l.540)
amatur tantum // 2 - 1
01 3 l. 105 (01 l.541)
illius tantum // illius
01 3 l. 129 (01 l.567)
signum // signa
01 4 l. 014 (01 l.584)
psalterio canite // psalmo sumite
01 4 l. 024 (01 l.594)
humano de deo quia homini dicitur // humano, quia dicitur
01 4 l. 024 (01 l.594)
grave laborare // graue et laborare
01 4 l. 034 (01 l.604)
orationis, ibi; cum multiplicaveritis prov. // orationis, prou.
01 4 l. 057 (01 l.626)
impleat micheae // impleat: auferte malum, scilicet opus, mich.
01 4 l. 060 (01 l.628)
illud auferte malum, scilicet opus ut // illud; ut
01 4 l. 083 (01 l.651)
pupillis // pupillo
01 4 l. 089 (01 l.657)
quae // quod
01 4 l. 105 (01 l.673)
coloris matth.28 aspectus eius etc. dan. // coloris, dan.
01 5 l. 026 (01 l.715)
terrae purgantum septuplum. jer. // terre, jer.
01 5 l. 052 (01 l.741)
hoc haec dicit // hoc dicit
01 5 l. 059 (01 l.747)
multitudine // fortitudine
01 5 l. 095 (01 l.782)
ministrare // manifestare
01 5 l. 108 (01 l.795)
iudicium // iudicum
01 5 l. 124 (01 l.810)
qua // quo
01 5 l. 125 (01 l.811)
pro inflictione // per inflictionem
01 5 l. 161 (01 l.848)
eis propriae fortitudinis // eis fortitudinis
01 5 l. 172 (01 l.859)
20 // xix
02 1 l. 001 (02 l.001)
quod. hic // quod etc. . hic
02 1 l. 052 (02 l.050)
40 // xv
02 1 l. 077 (02 l.074)
vocant // uocantur
02 1 l. 078 (02 l.075)
dicit // dicunt
02 1 l. 085 (02 l.083)
nos // uos
02 1 l. 097 (02 l.095)
27 // xxix
02 2 l. 036 (02 l.132)
speciali, ibi, et // speciali: et
02 2 l. 108 (02 l.205)
accipiet // capiet
02 2 l. 110 (02 l.207)
eos // eis
02 2 l. 117 (02 l.213)
7 // viii
02 3 l. 002 (02 l.228)
comminatur eis poenam // comminatur penam
02 3 l. 075 (02 l 301)
qui magis de // qui de magnis
02 3 l. 114 (02 l.340)
ponit // ponitur
03 1 l. 005 (03 l.004)
opprimentium // opprimentis
03 1 l. 006 (03 l.005)
cap. iv // 2 - 1
03 1 l. 037 (03 l.035)
dicit: ideo moneo // dicit: moneo
03 1 l. 077 (03 l.076)
virtus per // uirtus, id est per
03 1 l. 127 (03 l.127)
electio inordinata // electio est inordinata
03 1 l. 134 (03 l.134)
numer. 17 // num. i
03 1 l. 142 (03 l.142)
centuriones etc. qui // centuriones qui
03 2 l. 072 (03 l.247)
11 // iii
03 2 l. 100 (03 l.275)
judicium // iudicandum
03 2 l. 106 (03 l.280)
3 // iv
03 2 l. 111 (03 l.286)
judex. fructus iusti quem reddit: suae // iudex. notandum super illo uerbo dicite iusto quoniam fructum etc. quod est fructus iusti: primo quem reddit, et hic sue
03 2 l. 117 (03 l.292)
laudis semper deo // laudis deo
03 2 l. 119 (03 l.293)
confessionis. quem // confessionis. secundo quem
03 2 l. 120 (03 l.294)
percipit, remissionis // percipit, et hic remissionis
03 2 l. 121 (03 l.295)
iniquitas domui jacob // 2 - 3 - 1
03 2 l. 124 (03 l.298)
gaudium etc. . contemplationis // gaudium;contemplationis
03 2 l. 127 (03 l.301)
eius. quem // eius. tertio quem
03 2 l. 133 (03 l.305)
populo meo israel. // populo israel;
03 3 l. 024 (03 l.329)
valens // ualent
03 3 l. 071 (03 l.375)
brachiorum // brachiarum
03 3 l. 073 (03 l.376)
armillas. et // armillas ad faciendum opus tabernaculi testimonii. et
03 3 l. 097 (03 l.403)
armillas, anulos. // armillas et anulo
03 3 l. 108 (03 l.414)
ponebant // reponebant
03 3 l. 127 (03 l.434)
primo ad induendum // primo induendum
03 3 l. 138 (03 l.447)
dei // celorum
03 3 l. 152 (03 l.461)
ligabisque // conligabisque
03 3 l. 170 (03 l.479)
dicit // dixit
03 3 l. 175 (03 l.483)
dissolvit // dissoluet
03 3 l. 207 (03 l.517)
ab eis accipere // 3 - 1 - 2
03 3 l. 213 (03 l.622)

TEXTUS ISAIAE

cognitione // precognitione
03 3 l. 231 (03 l.541)
adinventionem // inuentionem
03 3 l. 235 (03 l.545)
deitatis // diuinitatis
03 3 l. 240 (03 l.550)
quae ipsi sciunt // que sciunt
03 3 l. 282 (03 l.593)
propter // per
04 1 l. 029 (04 l.029)
deus // dominus
04 1 l. 046 (04 l.047)
contrario // conuerso
04 1 l. 047 (04 l.047)
aliquid potest // aliquid autem potest
04 1 l. 054 (04 l.055)
quantum de se est // 1 - 4 - 2 - 3
04 1 l. 057 (04 l.058)
plures (uxores): potest // plures: potest
04 1 l. 064 (04 l.066)
et mulierem uxorem, // et uxorem,
04 2 l. 012 (04 l.078)
germen. in // germen delectabile eius; in
04 2 l. 035 (04 l.099)
voce // nece
04 2 l. 042 (04 l.107)
1 cap. 2 // v
04 2 l. 054 (04 l.118)
supple (non). et // supple. et
04 2 l. 058 (04 l.122)
quibus ab // quibus aliquis ab
04 2 l. 062 (04 l.126)
erit etc. . circa // erit. circa
04 2 l. 103 (04 l.169)
sui. gradum // sui generis gradum,
04 2 l. 110 (04 l.175)
gubernatio, ibi, et // gubernatio: et
04 2 l. 134 (04 l.199)
nos sine // nos esse sine
04 2 l. 136 (04 l.200)
vobis. panis // nobis. nota super illo uerbo panem nostrum comedemus quod panis
04 2 l. 168 (04 l.230)
ornantur quia eis (---). tertio // ornantur. tertio
04 2 l. 191 (04 l.253)
52 // liii
04 2 l. 211 (04 l.272)
13. et infra // xiii, infra
04 2 l. 217 (04 l.278)
sancta // sancti
04 2 l. 229 (04 l.289)
per caritativam passionem // a caritativa passione
04 2 l. 239 (04 l.301)
tria scilicet eminentia // tria: eminentia
04 2 l. 248 (04 l.310)
proteget // protegit
04 2 l. 265 (04 l.327)
per // propter
05 1 l. 048 (05 l.046)
praeparatio loci primo describitur // preparatio autem loci ostenditur
05 1 l. 059 (05 l.057)
26 // xxvii
05 1 l. 119 (05 l.118)
genti, indulsisti genti. numquid // genti, numquid
05 1 l. 123 (05 l.122)
eius. vinea carnalis // eius. nota super illo uerbo: uinea facta est dilecto quod est uinea multiplex. primo carnalis
05 1 l. 125 (05 l.125)
sodomorum etc., vinum // sodomorum uinum eorum: et huius est primo uinum
05 1 l. 127 (05 l.127)
draconum venenum insanabile, luxuriae, apoc.18:de vino fornicationis eius etc., ineptae laetitiae, 3 esdr. 3: omnem mentem vertit in securitatem. fidelis animae, cant. 2; vinea nostra floruit,vinum paenitentiae, luc. 10: infundens oleum et vinum, corporalis munditiae, zach. 9: et vinum germinans virgines, spiritualis laetitiae, ps.: vinum laetificat cor hominis. militantis ecclesiae, cant. ult.: quae habet populos, vinum sacrae ablutionis, num. 15: et vinum ad liba, fructuosae praedicationis, ps.: a fructu frumenti, devotae confessionis, cant. 7: guttur tuum. caelestis patriae, 3 reg. 21 de naboth, vinum divinae fruitionis, cant. 8: comedi favum cum melle, interioris repletionis, esther 1: vinum quoque ut magnificentia regia, sanctorum // // draconum uinum eorum; secundo luxurie, apoc. xviii, 3: de uino fornicationis eius biberunt omnes gentes; tertio inepte letitie, ii esdre ix: omnem mentem uertit in securitatem et iocunditatem. secundo est uinea fidelis anime, cant. ii, 15: uinea floruit: huius uinee est uinum primo penitentie, luce x, 34: appropians alligauit uulnera eius, fundens uinum et oleum; secundo corporalis munditie, zach. ix, 17: quid enim bonum eius est, et quid pulcrum eius, nisi frumentum electorum et uinum germinans uirgines?; tertio spiritualis letitie, ps.: uinum letificat cor hominis. tertio est uinea militantis ecclesie, cant. ult.: uinea fuit pacifico in ea que habet populos: et huius uinee est uinum primo sacre ablutionis, num. xv, 10: et uinum ad liba fundenda eiusdem mensure; secundo fructuose predicationis, ps.: a fructu frumenti, uini et olei multiplicati sunt; tertio deuote confessionis, cant. vii,9: guttur tuum sicut uinum optimum. quarto est uinea celestis patrie, iii reg. xxi, 1: uinea erat naboth iezrahelite: et huius uinee est uinum primo diuine fruitionis, cant. viii: comedi fauum cum melle meo, bibi uinum cum lacte meo; secundo interioris repletionis, hester i, 7: uinum quoque, ut magnificentia regia dignum erat, habundans et precipuum ponebatur; tertio sanctorum
05 1 l. 157 (05 l.163)
hoc // hec
05 1 l. 234 (05 l.239)
unde dicit: vae // unde: ue
05 1 l. 247 (05 l.252)
interpellatio // interpretatio
05 1 l. 250 (05 l.254)
1 // v
05 1 l. 257 (05 l.262)
50 // i
05 1 l. 261 (05 l.266)
domorum dicit // domorum; unde dicit
05 1 l. 269 (05 l.275)
1 // ii
05 2 l. 054 (05 l.343)
tardabatis // tardabitis
05 2 l. 064 (05 l.353)
captivatione, // captiuitatem,
05 2 l. 098 (05 l.387)
sanctificabitur, idest sanctus // sanctificabitur, sanctus
05 2 l. 192 (05 l.482)
infra // ys.
05 3 l. 042 (05 l.527)
ea in quibus // ea quibus
05 3 l. 062 (05 l.547)
internecione majorum: conturbati // internecione: conturbati
05 3 l. 066 (05 l.551)
sumitur (hyperbolice) pro // sumitur pro
05 3 l. 080 (05 l.564)
idem // ier.
05 4 l. 040 (05 l.608)
dicit: et non // dicit: non
05 4 l. 048 (05 l.615)
ut non resipiscat // ut resipiscat
05 4 l. 059 (05 l.627)
maxime sunt consueta // 2 - 1 - 3
06 1 l. 034 (06 l.034)
accipere // concipere
06 1 l. 076 (06 l.079)
sedem // sedentem
06 1 l. 091 (06 l.094)
quidnam dicendum // quid autem dicendum
06 1 l. 103 (06 l.106)
1 joan. 4 // et jo. i
06 1 l. 115 (06 l.118)
chrysostomus) a quibusdam videtur // chrysostomus, non uidetur
06 1 l. 116 (06 l.119)
medio ad // medio, a quibusdam ad
06 1 l. 127 (06 l.130)
cognoverunt etiam deum // cognouerunt deum
06 1 l. 143 (06 l.146)
divina // infima
06 1 l. 181 (06 l.186)
subter // super
06 1 l. 227 (06 l.233)
qui // quod
06 1 l. 297 (06 l.304)
omissionis vae quia // omissionis: qui
06 1 l. 313 (06 l.320)
13 // xiv
06 1 l. 362 (06 l.369)
quod dicatur // quod seraphim dicatur
06 1 l. 372 (06 l.379)
carbunculos // carbunculus
06 2 l. 014 (06 l.394)
50 // i
06 2 l. 018 (06 l.398)
aegypto? jeremias etiam recusavit, jerem. 1: et // egypto? jer. i: et
06 2 l. 050 (06 l.429)
42 // xliii
06 2 l. 068 (06 l.448)
dixi, usquequo. hic // dixi. hic
06 2 l. 117 (06 l.495)
significatur. // signatur,
07 1 l. 019 (07 l.020)
ipsi // impii
07 1 l. 052 (07 l.053)
ponit denuntiationem // ponit huius denuntiationem
07 1 l. 143 (07 l.148)
18 // xxvii
07 1 l. 150 (07 l.156)
quia 4 reg. 16 achaz // quia achaz
07 2 l. 050 (07 l.213)
ipsam quia si per // ipsam quasi per
07 2 l. 108 (07 l.275)
manuel // emanuel
07 2 l. 112 (07 l.279)
10 // nouem
07 2 l. 137 (07 l.305)
mulier circumdabit // mulier - uel femina - circumdabit
07 2 l. 138 (07 l.306)
idest // unde
07 2 l. 141 (07 l.309)
aedificatum // edificatus
07 2 l. 179 (07 l.347)
3 // vi
07 2 l. 251 (07 l.420)
viri stulti // 2 - 1
08 1 l. 007 (08 l.007)
4 // iii
08 1 l. 011 (08 l.011)
28 // xxix
08 1 l. 015 (08 l.016)
est. hoc // est terra. hoc
08 1 l. 019 (08 l.019)
hoc // hac
08 1 l. 038 (08 l.037)
scribes // scribe
08 1 l. 082 (08 l.082)
primo // prius
08 1 l. 116 (08 l.117)
1 // ii
08 1 l. 163 (08 l.163)
dixit (cap. 7). derelinquitur // dixit derelinquetur
08 1 l. 174 (08 l.175)
signatur // signatus
08 1 l. 175 (08 l.176)
libro // libri
08 2 l. 006 (08 l.200)
hoc etiam potest // 1 - 3 - 2
08 2 l. 012 (08 l.206)
ascendet. dicit // ascendet super omnes. dicit
08 2 l. 039 (08 l.234)
etc.. regem // etc. . secundo exponit metaphoram: regem
08 2 l. 061 (08 l.256)
ponit // predicit
08 2 l. 068 (08 l.263)
dominum // dominium
08 2 l. 076 (08 l.272)
et // quasi
08 3 l. 031 (08 l.318)
3 // iv
08 3 l. 044 (08 l.331)
hieronymus // homerus
08 3 l. 067 (08 l.356)
ne // non
08 3 l. 075 (08 l.363)
50 // i
08 3 l. 087 (08 l.374)
obedientium // obedientie
08 3 l. 109 (08 l.394)
secunda est // secunda manus est
08 3 l. 153 (08 l.435)
24 // xxxiv
08 4 l. 004 (08 l.486)
hostium communicatio: et circa hoc tria facit. primo ponitur falsa communicatio: et cum // hostium communicatio: et cum
08 4 l. 016 (08 l.498)
strident // stridunt
08 4 l. 024 (08 l.506)
populus erat fidelis // populus fideli
08 4 l. 028 (08 l.510)
simulatus // simulacra
08 4 l. 030 (08 l.511)
vivis mortuis // uiuis et mortuis
08 4 l. 032 (08 l.514)
quidem expextandum // quid est expectandum
08 4 l. 050 (08 l.531)
ruit jerusalem // ruit enim jerusalem
08 4 l. 068 (08 l.549)
16 // vi
09 1 l. 008 (09 l.008)
dimidiam // dimidias
09 1 l. 070 (09 l.072)
ita fiet // ita faciliter hoc fiet
09 1 l. 085 (09 l.087)
recepimus autem in // recepimus enim eum in
09 1 l. 147 (09 l.150)
eius quod non // eius non
09 1 l. 149 (09 l.152)
dei // domini
09 1 l. 192 (09 l.197)
deus // dominus
09 2 l. 013 (09 l.217)
qui // que
09 2 l. 016 (09 l.221)
executionem // excusationem
09 2 l. 028 (09 l.232)
firmi // infirmi
09 2 l. 040 (09 l.245)
habere, ibi, et // habere: et
09 2 l. 088 (09 l.288)
seducti, et qui // seducti, qui
09 2 l. 142 (09 l.339)
ambo fuerunt filii // 1 - 3 - 2
10 - l. 008 (10 l.008)
cap. 13 // xiii cap.
10 - l. 036 (10 l.035)
amos 2 // abacuc ii
10 - l. 043 (10 l.042)
die. quantum // die etc.; de longe uenientis, quantum
10 - l. 067 (10 l.067)
hoc dicit // hoc hec dicit
10 - l. 080 (10 l.079)
flagellis // flagellationis
10 - l. 088 (10 l.086)
dominantium. ad // dominantium cedentem populos in indignatione. ad
10 - l. 097 (10 097)
imponit flagellis // imponit flagellationis
10 - l. 140 (10 l.136)
dixit // dicit
10 - l. 145 (10 l.141)
ez. 25 // ez. xxxv
10 - l. 194 (10 l.187)
quia etiam est // quia est
10 - l. 210 (10 l.205)
exercitus, prov. 9 subtus // exercitus; subtus
10 - l. 212 (10 l.207)
tua // vestra
10 - l. 225 (10 l.219)
libani, quia // libani; ab anima, quia
10 - l. 234 (10 l.228)
deut. 28 // deut. xviii
10 - l. 240 (10 l.235)
ezech. 29 // ez. xix
10 - l. 247 (10 l.243)
tuum(reliquias israel). et // tuum. et
10 - l. 273 (10 l.269)
speciali, veniet // speciali: transibit in magron uel ueniet
10 - l. 319 (10 l.315)
vinceretur // uincerentur
10 - l. 366 (10 l.362)
sap. 7 // sap. viii
11 - l. 057 (11 l.057)
quod beata virgo // quod uirgo
11 - l. 075 (11 l.075)
mea. ibidem: ecce // mea, cant. ii: ecce
11 - l. 076 (11 l.076)
infra cant. 11: ego // infra: ego
11 - l. 080 (11 l.079)
eccl. 39 // eccli. xxix
11 - l. 082 (11 l.081)
eccl. 50 // eccli. i
11 - l. 110 (11 l.108)
circa // iterum
11 - l. 130 (11 l.129)
humanarum // humanum
11 - l. 133 (11 l.133)
manet in // manet(imperfecta) in
11 - l. 136 (11 l.136)
dispositionem // diffinitionem
11 - l. 137 (11 l.137)
continue // cognitio
11 - l. 153 (11 l.153)
dilectione // delectatione
11 - l. 167 (11 l.166)
iuncti(et) dirigens // iuncti, dirige
11 - l. 169 (11 l.169)
difficilibus:(et) dirigens // difficilibus, dirigens
11 - l. 177 (11 l.178)
timor omnia, // timor(in) omnibus
11 - l. 184 (11 l.186)
hebr. 5 // hebr. iv
11 - l. 222 (11 l.223)
quis ei testimonium redderet de // quis interrogaret de
11 - l. 235 (10 l.236)
joan. 5 // jo. vi
11 - l. 279 (10 l.278)
est masculus et femina, gentilis // est gentilis
11 - l. 287 (11 l.285)
mei in-cubili. 1 cor. // mei, i cor.
11 - l. 325 (11 l.322)
job 41 // job xl
11 - l. 334 (11 l.332)
potestatem super omnia daemonia. marc. ult. // potestatem, marci ult.
11 - l. 345 (11 l.344)
dignationem // dignitatem
11 - l. 356 (11 l.354)
13 // iv
11 - l. 374 (11 l.371)
tyri // cyri
11 - l. 391 (11 l.390)
tyri // cyri

11 - l. 402 (11 l.401)
meum. et // meum, ez. xxxiv: predicabis etc. . et
11 - l. 418 (11 l.418)
ei // eis
11 - l. 420 (11 l.419)
humero // humeros
11 - l. 441 (11 l.438)
erit via.promittitur // erit.promittit
11 - l. 460 (11 l.458)
josue 3 // josue iv
11 - l. 468 (11 l.466)
aut // ut
11 - l. 473 (11 l.470)
divisum // diuisus
12 - l. 014 (12 l.013)
agant // agit
12 - l. 023 (12 l.023)
confitetur deo // confitetur de deo
12 - l. 025 (12 l.026)
matth. 1 // luce i
12 - l. 077 (12 l.076)
2 // vi
12 - l. 085 (12 l.085)
ei // et
12 - l. 090 (12 l.091)
50 // i
13 - l. 009 (13 l.008)
sacerdos: quod // sacerdos, dices quod
13 - l. 031 (13 l.029)
pugnandum, et ad // pugnandum. ad
13 - l. 043 (13 l.041)
50 // i
13 - l. 043 (13 l.042)
17 // xliii
13 - l. 044 (13 l.042)
turbarum veniet. dominus // turbarum. dominus
13 - l. 073 (13 l.070)
4 // x
13 - l. 130 (13 l.127)
non // nec
13 - l. 145 (13 l.142)
tentoria, qui // tentoria(arabs), qui
14 - l. 034 (14 l.033)
vestram. et // uestram in caput uestrum. et
14 - l. 079 (14 l.077)
infra 30: sperastis in calumnia in tumultu, et innixi estis super eo. item // infra xxx. item
14 - l. 086 (14 l.083)
potentes, surrexerunt. // potentes; sed surrexerunt.
14 - l. 096 (14 l.094)
spernetur. in // sternetur;(uermes),
14 - l. 098 (14 l.096)
et // in
14 - l. 134 (14 l.132)
aliarum // aliorum
14 - l. 146 (14 l.146)
corruit // caruit
14 - l. 150 (14 l.150)
22 // xxxii
14 - l. 248 (14 l.249)
occupaverant quosdam timentes de // occupauerant quasdam ciuitates de
14 - l. 280 (14 l.279)
65 // lv
14 - l. 286 (14 l.286)
naturalem // uniuersalem
14 - l. 295 (14 l.295)
furoris. et // furoris etc. . et
14 - l. 303 (14 l.302)
54 // xliv
15 - l. 025 (15 l.025)
litteram propter // litteram uel propter
15 - l. 037 (15 l.038)
(ululate in monte sancto meo). secundo // luctum unigeniti fac tibi. secundo
15 - l. 042 (15 l.042)
1 // ii
15 - l. 051 (15 l.051)
quinimo // que in imo
15 - l. 076 (15 l.077)
26 // xxvii
15 - l. 091 (15 l.093)
19 // x
15 - l. 117 (15 l.119)
eos ad // eum moab, ad
16 - l. 028 (16 l.028)
3 // xv
16 - l. 057 (16 l.057)
37 // xxxviii
16 - l. 068 (16 l.068)
9 // x
16 - l. 080 (16 l.080)
eccl. 26// eccli. xxxvi
16 - l. 083 (16 l.083)
29 // xxxix
16 - l. 088 (16 l.088)
1 // ii
16 - l. 093 (16 l.092)
filium quod pater misit filium primo /filium, primo

16 - l. 094 (16 l.092)
eccl. 43 // eccli. xlvi
16 - l. 116 (16 l.113)
33 // xxxvi
16 - l. 127 (16 l.124)
errorem // domini
17 - l. 056 (17 l.052)
dominus. tertio // dominus confringet laguneulam in terrore. tertio
17 - l. 059 (17 l.055)
tribus in abundantia // tribus habundantia
17 - l. 065 (17 l.062)
restiterit prima // restiterit a prima
17 - l. 068 (17 l.065)
30 // xxxi
17 l. 091 (17 l.086)
incerto // uento
17 - l. 102 (17 l.095)
illa percutiam. in // illa etc. . in
17 - l. 119 (17 l.110)
aut // an
17 - l. 136 (17 l.127)
assyriorum exercitui destructionem // assyriorum destructionem
17 - l. 162 (17 l.153)
29 // xxiv
18 - l. 029 (18 l.029)
papyri // papiriis
18 - l. 053 (18 l.051)
ponit // ostendit
18 - l. 058 (18 l.056)
30 // iii
18 - l. 071 (18 l.069)
tertio ibi, ante // tertio, ante
18 - l. 089 (18 l.086)
perfecta ab aegyptiis // perfecta egyptiis
18 - l. 090 (18 l.087)
abscindentur // abscidentur
18 - l. 092 (18 l.089)
paucae oleae(vel olivae) // pauce olinae
18 - l. 119 (18 l.115)
autem qui // ea que
18 - l. 121 (18 l.116)
sicut deus. quarto // sicut;(quarto)
19 - l. 004 (19 l.003)
tres: et primo describitur // tres; in prima describitur
19 - l. 016 (19 l.015)
apparuerunt homini. ez. // apparuerunt, ez.
19 - l. 016 (19 l.016)
etc. . cor // etc. ; hominum, cor
19 - l. 055 (19 l.055)
escam. supra 18; sicut nubes roris. de // escam; de
19 - l. 059 (19 l.058)
(ier. 4) // num. v
19 - l. 080 (19 l.076)
28 // xviii
19 - l. 161 (19 l.157)
17 // xxvii
19 - l. 166 (19 l.161)
20 // xii
19 - l. 167 (19 l.162)
altare etc.: de // altare; de
19 - l. 190 (19 l.187)
2 // i
20 - l. 012 (20 l.011)
senach // sennacherib
20 - l. 016 (20 l.016)
ezechiel in // ezechiel uobis in
20 - l. 022 (20 l.022)
significatum // significatione
21 - l. 007 (21 l.007)
vallis // etc.
21 - l. 016 (21 l.016)
solitudine // solitudinem
21 - l. 037 (21 l.038)
in ducentis // inductis
21 - l. 076 (21 l.077)
domini. scilicet // domini; principes, scilicet
21 - l. 077 (21 l.078)
dari, principes comedentes // dari, comedentes
21 - l. 094 (21 l.096)
specula // speculo
21 - l. 104 (21 l.106)
9 // x
21 - l. 121 (21 l.122)
primum // prius
21 - l. 126 (21 l.127)
quae ego ostendo // que ostendo
21 - l. 134 (21 l.135)
es // est
21 - l. 138 (21 l.139)
templum // templi
21 - l. 139 (21 l.140)
42 // xliii
21 - l. 147 (21 l.149)
arabia. circa primum duo facit. primo / arabia. primo
21 - l. 170 (21 l.171)
custos qui quod // custos, quod

21 - l. 180 (21 l.181)
adversitatis. primo // aduersitatis, ne frangatur: primo
21 - l. 200 (21 l.200)
58 // xlviii
22 - l. 034 (22 l.035)
aggravandum // grauandum
22 - l. 040 (22 l.041)
universae. interfecti. // uniuerse terre. interfecti.
22 - l. 109 (22 l.110)
restaurastis // instaurastis
22 - l. 115 (22 l.117)
antiquum, // antiquorum
22 - l. 140 (22 l.144)
sacerdotis // sacerdotum
22 - l. 169 (22 l.172)
gloriam // gloria
22 - l. 204 (22 l.208)
3 et 4 // ii et xxiv
22 - l. 222 (22 l.225)
4 // iii
23 - l. 025 (23 l.026)
est, ezech. 27 // est(negotiatio), ex. xxxvii
23 - l. 031 (23 l.031)
non parturivi ad defensionem tyri. vel aliter. sidon ait: o mare, fortitudo maris, idest terrae, erubesce: idest non valuit // non parturiui, id est: non ualuit
23 - l. 050 (23 l.049)
tria(ponit). primo // tria. primo
23 - l. 082 (23 l.079)
primo denuntiat divinam // primo diuinam
23 - l. 089 (23 l.085)
9 // x
23 - l. 099 (23 l.095)
5 // iii
23 - l. 114 (23 l.110)
circui. quantum // circui(ciuitatem); quantum
23 - l. 143 (23 l.137)
illo verbo, circui // illo circui
23 - l. 152 (23 l.146)
illo verbo, bene // illo bene
23 - l. 158 (23 l.152)
illo verbo, frequenta // illo frequenta
24 - l. 007 (24 l.006)
hic // hoc
24 - l. 066 (24 l.065)
14 // viii
24 - l. 068 (24 l.067)
non, supra // non(bibent), supra
24 - l. 072 (24 l.071)
8 // vii
24 - l. 075 (24 l.075)
babylonis // babilon
24 - l. 080 (24 l.080)
ps. // prou.
24 - l. 100 (24 l.100)
nec in cor hominis ascendit // etiam in cor hominis non ascendit
24 - l. 114 (24 l.114)
eius // eorum
24 - l. 115 (24 l.115)
fugit // fugiunt
24 - l. 116 (24 l.116)
ier.: vae terrenis. secundo // ier. iii: uocem terroris. secundo
24 - l. 124 (24 l.124)
tertio reparationis // tertio ostendit reparationis
24 - l. 163 (24 l.161)
aliam // (secundam)
24 - l. 173 (24 l.173)
terrae // etc.
24 - l. 184 (24 l.184)
illo verbo, secretum // illo secretum
24 - l. 191 (24 l.190)
dei. tertio // dei, ceteris autem in parabolis; tertio
24 - l. 192 (24 l.192)
idoneitatem // inydoneitatem
25 - l. 012 (25 l.012)
magna etc. . quantum // magna et inscrutabilia; quantum
25 - l. 027 (25 l.025)
eodem postea // eodem loco postea
25 - l. 029 (25 l.026)
desinat // desinet
25 - l. 029 (25 l.026)
3 // iv
25 - l. 055 (25 l.052)
quae // qua
25 - l. 066 (25 l.063)
dicitur // dicunt
25 - l. 071 (25 l.069)
ordinata // ordita
25 - l. 088 (25 l.085)
somnum // sompnia
25 - l. 105 (25 l.102)
illo verbo, amen // illo amen
25 - l. 119 (25 l.116)
quotiescumque manducabitis panem hunc, et calicem bibetis, mortem // quotiens hoc feceritis, mortem
25 - l. 132 (25 l.128)
depurationis(et hoc) ad // depurationis adhuc ad
25 - l. 133 (25 l.129)
1 pet. 2 // ii petri i
25 - l. 136 (25 l.132)
5 // iv
25 - l. 140 (25 l.135)
5 // iv
26 - l. 008 (26 l.007)
machabaeis // machabeo
26 - l. 009 (26 l.008)
machabaeus, urbs fortitudinis machabaea protectione // machabeus, est urbs fortitudinis; in ea, scilicet protectione
26 - l. 019 (26 l.017)
praedicat // predicit
26 - l. 037 (26 l.036)
semita justi recta est. in // (semita); in
26 - l. 048 (26 l.046)
hostium // hostes
26 - l. 100 (26 l.098)
determinando // determinanda
26 - l. 135 (26 l.133)
2 // i
26 - l. 146 (26 l.142)
illo verbo, pacem // illo pacem
26 - l. 155 (26 l.150)
illo verbo, semita // illo semita
26 - l. 157 (26 l.152)
5 // vi
26 - l. 195 (26 l.187)
jer. 2 // ez. vi
26 - l. 214 (26 l.207)
vox prophetae ad dominum: ezech. 37 // 5 - 6 - 1 - 2 - 3 - 4
26 - l. 219 (26 l.212)
ros, scilicet // (ros lucis), scilicet
26 - l. 220 (26 l.212)
6: et veniet etc. . tertio // vi. tertio
26 - l. 221 (26 l.213)
(et circa hoc tria ponit. primo ipsam destructionem). terra // (et primo ponit ipsam): terram
26 - l. 235 (26 l.227)
egredietur, et // egredietur, et omnes angeli eius cum eo; et
27 - l. 004 (27 l.003)
illa. unde // illa(uinea); unde
27 - l. 026 (27 l.024)
servo, infra // seruo eam, infra
27 - l. 044 (27 l.042)
egredimini etc. . secundo // egredietu ut ignis indignatio mea. secundo
27 - l. 048 (27 l.046)
avertet // auferet
27 - l. 055 (27 l.053)
35 // lv
27 - l. 078 (27 l.077)
civitas.(hic ponitur deliberati executio et circa hoc tria facit. primo ponit poenam destructionis: civitas) scilicet // ciuitas, scilicet
27 - l. 121 (27 l.119)
leviathan, nota, quod // leuiathan, quod
27 - l. 125 (27 l.122)
4 // iii
27 - l. 128 (27 l.126)
34 // xxxiii
27 - l. 130 (27 l.128)
illo verbo, serpentem // illo serpente
27 - l. 132 (27 l.130)
2 // i
28 - l. 008 (28 l.007)
verum hi quoque. circa // uerum. circa
28 - l. 011 (28 l.010)
prov. 14: in multitudine populi dignitas regis. secundo // prou. xiv; secundo
28 - l. 020 (28 l.018)
duo facit. primo // duo. primo
28 - l. 025 (28 l.022)
afflictionem // inflictionem
28 - l. 026 (28 l.023)
pedibus conculcabitur. hab. // pedibus, abacuc
28 - l. 069 (28 l.066)
26 // xvi
28 - l. 080 (28 l.076)
illo verbo, ebriis // illo ebriis
28 - l. 083 (28 l.079)
7 // viii
28 - l. 083 (28 l.079)
inebriemur. tertio // inebriemur uino; tertio
28 - l. 096 (28 l.091)
illo verbo, coronae // illo corona
28 - l. 106 (28 l.101)
sancti primo corona // 1 - 3 - 2
28 - l. 115 (28 l.110)
illo verbo, ablactatos // illo ablactatos
28 - l. 128 (28 l.122)
levit. 20 // iosue xx
28 - l. 134 (28 l.128)
13 // iii

28 - l. 142 (28 l.136)
obedientiam // inobedientiam
28 - l. 149 (28 l.144)
tuis. ut // tuis, te iudico serue nequam; ut
28 - l. 175 (28 l.170)
8 // iv
28 - l. 213 (28 l.205)
9 // x
29 - l. 018 (29 l.015)
occursum // occursus
29 - l. 022 (29 l.020)
1 reg. 17 // ii reg. v
29 - l. 029 (29 l.026)
4 // iii
29 - l. 039 (29 l.036)
dei et corporaliter // dei corporaliter
29 - l. 054 (29 l.051)
1 // ii
29 - l. 076 (29 l.073)
nocturna. quarto // nocturna, quando solet sopor occupare homines; quarto
29 - l. 111 (29 l.106)
duo ponit. primo culpam divini // duo facit. primo(ponit) culpam diuini
29 - l. 135 (29 l.131)
45 // lv
29 - l. 149 (29 l.144)
2 // x
29 - l. 150 (29 l.144)
in iudicium veni in hunc mundum // in iudicium veni in hunc mundum(ueni)
29 - l. 159 (29 l.154)
contingit in israel, rom. // contingit, ro.
29 - l. 170 (29 l.165)
mundi, propter // mundi, cum dicit: propter
29 - l. 185 (29 l.180)
fecerint // fecerunt
30 - l. 019 (30 l.019)
addere // adicere
30 - l. 098 (30 l.093)
interitum(repentinum) resumens // interitum, resumens
30 - l. 100 (30 l.095)
quod. poenam // quod reprobastis. penam
30 - l. 117 (30 l.112)
57 // xlvii
30 - l. 119 (30 l.114)
18 // viii
30 - l. 126 (30 l.121)
2 // xxviii
30 - l. 131 (30 l.126)
unus chaldaeus // unius caldei
30 - l. 141 (30 l.136)
tria(ponit). primo // tria. primo
30 - l. 154 (30 l.149)
duo(ponit). primo // duo. primo
30 - l. 164 (30 l.158)
tibi dabit // dabit ei
30 - l. 165 (30 l.159)
vitae initium // 2 - 1
30 - l. 182 (30 l.176)
temporalia(o isaia vel ieremia). et /temporalia. et
30 - l. 184 (30 l.178)
joel // osee
30 - l. 191 (30 l.185)
asinorum quantum // asinorum et quantum
30 - l. 198 (30 l.192)
significetur // significatur
30 - l. 219 (30 l.213)
illic // illuc
30 - l. 230 (30 l.223)
annuntiatum // prenuntiatum
30 - l. 264 (30 l.257)
laetitia etc. . judith // letitiam obtinebunt, et fugiet ab eis dolor et gemitus, judith
30 - l. 276 (30 l.269)
eccl. 30(ignis, grando, etc.). ps. 148: ignis // ps.: ignis grando, nix
30 - l. 295 (30 l.286)
heri: unde nudius // heri et non nudius
30 - l. 313 (30 l.304)
longe eas aspicientes // longe aspicientes
30 - l. 321 (30 l.312)
(nostrae lineae 321-333) // (in textu leonino sunt 324-336)
30 - l. 334 (30 l.324)
(nostrae lineae 334-343) // (in textu leonino sunt 313-323)
30 - l. 338 (30 l.317)
vitam. tertio // uitam; lata et spatiosa que ducit ad mortem, et multi uadunt per eam + tertio
30 - l. 340 (30 l.320)
vel(ps. 10) ignis // uel ignis
31 - l. 022 (31 l.021)
deus. et // deus, in manu odientium te; et
31 - l. 024 (31 l.022)
auxilium // auxiliator
31 - l. 038 (31 l.037)
23 // iii

31 - l. 043 (31 l.041)
promittens // premittens
31 - l. 055 (31 l.053)
timore et servitute // timorem et seruitutem
32 - l. 020 (32 l.019)
aures scilicet // aures audientium scilicet
32 - l. 022 (32 l.021)
prius idolis // prius in ydolis
32 - l. 029 (32 l.028)
24 // xxxiv
32 - l. 115 (32 l.119)
26 // xxv
32 - l. 126 (32 l.131)
9 // x
32 - l. 136 (32 l.140)
joan. 16 // matth. ult.
33 - l. 022 (33 l.021)
occiderit. secundo // occiderit, gladio ferietur. secundo
33 - l. 050 (33 l.047)
2 // i
33 - l. 111 (33 l.106)
deus tuus // deus, deus tuus
33 - l. 132 (33 l.126)
indignationem // in dignatione
33 - l. 136 (33 l.130)
etiam in triumphante // etiam triumphante
33 - l. 155 (33 l.149)
3 // iv
33 - l. 181 (33 l.173)
solvuntur // dissoluuntur
33 - l. 194 (33 l.185)
remigum // remigium
33 - l. 201 (33 l.193)
primo // post
33 - l. 215 (33 l.208)
justificastis // justificasti
34 - l. 124 (34 l.114)
aedificabant. et paliurus // edificabant, paliurus
34 - l. 143 (34 l.131)
quem ego a // quem a
34 - l. 152 (34 l.139)
sunt.(collatio in cap. 34). accedit /sunt. accedit
35 - l. 066 (35 l.062)
4 // v
35 - l. 072 (35 l.067)
21 // xx
35 - l. 081 (35 l.073)
aquae. propter // aque etc.; propter
36 - l. 004 (36 l.004)
cap. 38 // 2 - 1
37 - l. 022 (37 l.021)
nobis ad dominum // nobis dominum
37 - l. 081 (37 l.077)
9 // x
37 - l. 158 (37 l.144)
ut 4 reg. 20 // ut xx regum quarti libri
37 - l. 165 (37 l.151)
libr. 4 reg. 20 // libro regum ibidem
37 - l. 195 (37 l.179)
etc. .(collationes cap. 37). levatur // etc. . leuatur
38 - l. 024 (38 l.025)
quasdam // quedam
38 - l. 063 (38 l.059)
etc. . est verbum // etc. . et factum est uerbum
38 - l. 068 (38 l.065)
adjiciam. ps. // adiciam etc. . ps.
38 - l. 081 (38 l.077)
habente // habuisse
38 - l. 195 (38 l.184)
etc. .(collationes cap. 38). in // etc. . in
38 - l. 198 (38 l.186)
50 // primo
38 - l. 200 (38 l.187)
recedam // recedas
38 - l. 202 (38 l.188)
pluvia etc. . si // pluuia; si
39 - l. 030 (39 l.029)
sociis eius, non // sociis, non
40 - l. 078 (40 l.074)
58 // xlviii
40 - l. 105 (40 l.098)
58 // xlviii
40 - l. 124 (40 l.116)
babylonis. job 40: si // babilonis, si
40 - l. 155 (40 l.143)
qui est manus // qui manus
40 - l. 156 (40 l.144)
qui est manus // qui manus
40 - l. 157 (40 l.145)
26 // xxv
40 - l. 161 (40 l.148)
psalm. 103: super stabilitatem suam, quantum // super stabilitatem suam, in ps., quantum
40 - l. 183 (40 l.168)
quae est vas // que uas
40 - l. 217 (40 l.199)
14 // iv

40 - l. 278 (40 l.257)
reprobationem, primo // reprobationem, et primo
40 - l. 292 (40 l.269)
qui // que
40 - l. 309 (40 l.284)
etc. .(collationes cap. 40). adiuvatur // etc. . adiuuautur
41 - l. 091 (41 l.082)
41 // l
41 - l. 106 (41 l.098)
primus // prius
41 - l. 152 (41 l.143)
48 // xlix
41 - l. 167 (41 l.157)
11 // li
41 - l. 168 (41 l.158)
etc. .(collationes cap. 41). christus // etc. . christus
42 - l. 134 (42 l.119)
quo // quod
42 - l. 136 (42 l.122)
37 // xxxvi
42 - l. 159 (42 l.142)
4 // xi
42 - l. 175 (42 l.154)
5 // xv
42 - l. 236 (42 l.206)
etc. .(collationes cap. 42). clamor // etc. . clamor
43 - l. 059 (43 l.055)
idola // ydolatriam
43 - l. 173 (43 l.157)
accusandum // incusandum
43 - l. 185 (43 l.169)
etc. .(collationes cap. 43). dominus // etc. . dominus
44 - l. 057 (44 l.055)
48 // xlix
44 - l. 105 (44 l.101)
fecit // facit
44 - l. 161 (44 l.149)
etc. .(collationes cap. 44). datur etc. . datur
45 - l. 010 (45 l.010)
cap. 50 // 2 - 1
45 - l. 015 (45 l.016)
cap. 48 // 2 - 1
45 - l. 053 (45 l.052)
meis // uiris
45 - l. 066 (45 l.065)
divinitatis // deitatis
45 - l. 145 (45 l.137)
40 // lx
45 - l. 147 (45 l.139)
haec // hoc
45 - l. 174 (45 l.163)
63 // liii
46 - l. 024 (46 l.022)
opprobrium, nomina eorum // obprobrium: et anima eorum
46 - l. 038 (46 l.034)
31 // xxx
46 - l. 043 (46 l.038)
in // ad
46 - l. 081 (46 l.073)
quis // qui
46 - l. 097 (46 l.087)
etc. .(collationes cap. 46). peccatum // etc. . peccatum
47 - l. 030 (47 l.028)
1 reg. 2 // ps.
47 - l. 035 (47 l.033)
valens // uolens
47 - l. 084 (47 l.075)
dixerunt // dixerint
48 - l. 043 (48 l.038)
3 // ii
48 - l. 159 (48 l.140)
etc. .(collationes cap. 48). paupertas // etc. . paupertas
48 - l. 177 (48 l.152)
domini, ad // domini etc., ad
49 - l. 023 (49 l.020)
virtutis // seruitutis
49 - l. 088 (49 l.085)
placuerit // placuit
49 - l. 113 (49 l.108)
me. tertio // me etc. . tertio
49 - l. 130 (49 l.123)
duo // tria
49 - l. 156 (49 l.148)
induit me vestimento // induit uestimento
49 - l. 184 (49 l.175)
40 // lx
50 - l. 006 (50 l.007)
cap. 51 // 2 - 1
50 - l. 008 (50 l.008)
cap. 52 // 2 - 1
50 - l. 091 (50 l.087)
17 // xviii
50 - l. 096 (50 l.092)
vestimentum, vetustate // uestimentum(conterentur) uetustate
50 - l. 097 (50 l.094)

13 // xxiii
50 - l. 119 (50 l.115)
peccatum // peccandum
50 - l. 134 (50 l.130)
3 // ii
50 - l. 139 (50 l.135)
9 // xi
50 - l. 139 (50 l.135)
ei(etc.). tertio // ei; tertio
50 - l. 141 (50 l.136)
41 // xlix
50 - l. 142 (50 l.138)
4 // x
51 - l. 008 (51 l.007)
ego sum. circa // ego sum qui conturbo. circa
51 - l. 021 (51 l.019)
4 // x
51 - l. 025 (51 l.023)
33 // xxxiv
51 - l. 037 (51 l.036)
promulgatum // promulgata
51 - l. 074 (51 l.071)
prov. 21 // ps.
51 - l. 108 (51 l.103)
40 // xxxix
51 - l. 113 (51 l.108)
26 // xxxvi
51 - l. 134 (51 l.128)
tua,(abd.): inde detraham te. tertio /tua. tertio
51 - l. 144 (51 l.139)
conturbavi // conturbo
51 - l. 153 (51 l.147)
liberationem.(idcirco) circa // liberationem. circa
51 - l. 170 (51 l.162)
captivitatem // capite
52 - l. 031 (52 l.030)
21 // xx
52 - l. 040 (52 l.040)
26 // xxv
52 - l. 088 (52 l.087)
33 // xxiii
52 - l. 105 (52 l.103)
9 // x
52 - l. 109 (52 l.107)
illo verbo, solve // illo solue
52 - l. 114 (52 l.112)
mulierem, tertio // mulierem, et uincula eius etc.; tertio
52 - l. 139 (52 l.136)
ductorem praecedit // ductores: precedet
53 - l. 007 (53 l.006)
fruitionem,(cap. 55), omnes // fruitionem: omnes
53 - l. 012 (53 l.010)
3 // ii
53 - l. 014 (53 l.013)
40 // xxxix
53 - l. 046 (53 l.044)
hominum(psalm. 44). sed // hominum, sed
53 - l. 072 (53 l.069)
vivit virtute // uiuit in uirtute
53 - l. 100 (53 l.098)
24 // xxiii
53 - l. 119 (53 l.115)
dicit // dixit
53 - l. 149 (53 l.143)
23 // xxii
53 - l. 153 (53 l.147)
11 // xii
53 - l. 156 (53 l.151)
1 // iii
53 - l. 191 (53 l.186)
abscisus // abscissus
53 - l. 234 (53 l.229)
46 // xlv
54 - l. 015 (54 l.014)
prae // pro
54 - l. 107 (54 l.108)
integrae // integra
54 - l. 108 (54 l.108)
21 // xx
54 - l. 142 (54 l.142)
41 // xl
54 - l. 142 (54 l.142)
halitus // flatus
54 - l. 149 (54 l.147)
41 // xlix
55 - l. 029 (55 l.028)
dictum // dictam
55 - l. 083 (55 l.077)
in // cum
55 - l. 120 (55 l.114)
2 // i
56 - l. 042 (56 l.038)
ponetur // ponatur
56 - l. 075 (56 l.070)
3 // ii
56 - l. 076 (56 l.071)
filiis, idest // filiis(aduene), id est
56 - l. 110 (56 l.104)
eodem: apoc. 2: dabo // eodem: dabo

56 - l. 121 (56 l.113)
miserendum // miserandum
56 - l. 161 (56 l.151)
6 // viii
57 - l. 037 (57 l.033)
37 // xxvii
57 - l. 072 (57 l.067)
statuas. et // statuas, et fornicati sunt in eis. et
57 - l. 090 (57 l.085)
16 // xiii
57 - l. 093 (57 l.088)
7 // viii
57 - l. 098 (57 l.093)
23 // xxii
57 - l. 113 (57 l.107)
11 // v
57 - l. 117 (57 l.111)
idola. congregati // ydola: qui confidunt in ydolis, opera eorum non proderunt eis; congregati
57 - l. 118 (57 l.114)
surgent // surgant
57 - l. 125 (57 l.121)
restitutionem. qui confidunt in idolis, opera eorum non proderunt eis. qui autem terram // restitutionem: terram
57 - l. 134 (57 l.126)
50 // i
57 - l. 134 (57 l.127)
lapides, ps. // : lapides(in sancto habitans), ps.
57 - l. 143 (57 l.134)
subjungit // subiungens
57 - l. 166 (57 l.155)
41 // xl
57 - l. 168 (57 l.157)
48 // xlvii
58 - l. 044 (58 l.042)
consecutivum. iac. 4: litigatis et belligeratis. item culpa // consecutiuum; et cum culpa
58 - l. 152 (58 l.149)
36 // xxxvii
58 - l. 154 (58 l.150)
28 // xviii
59 - l. 016 (59 l.014)
50 // lvi
59 - l. 020 (59 l.018)
sint // sit
59 - l. 043 (59 l.042)
6 // v
59 - l. 044 (59 l.043)
laetamini // confiditis
59 - l. 070 (59 l.070)
ad eorum operationem // ad operationem
59 - l. 100 (59 l.100)
5 // vi
59 - l. 195 (59 l.194)
22 // xxi
60 - l. 023 (60 l.024)
oriens // orieris
60 - l. 025 (60 l.025)
lumine in fide christi apoc. 21 // lumine, fide christi, apoc. xx
60 - l. 032 (60 l.032)
restaurabunt // restaurabuntur
60 - l. 103 (60 l.101)
referendum est ad // referendum ad
60 - l. 143 (60 l.140)
21 // xx
60 - l. 152 (60 l.149)
adoror // adoratio
60 - l. 161 (60 l.158)
subjugaverant // subiugaverunt
60 - l. 170 (60 l.167)
3 // ii
60 - l. 173 (60 l.170)
in // et
60 - l. 181 (60 l.179)
55 // xli
60 - l. 197 (60 l.193)
res // agros
60 - l. 204 (60 l.199)
21 // xx
60 - l. 212 (60 l.207)
21 // xx
60 - l. 216 (60 l.211)
43 // xvii
60 - l. 243 (60 l.237)
et // ut
61 - l. 011 (61 l.011)
2 // i
61 - l. 035 (61 l.035)
accepit // accipit
61 - l. 062 (61 l.062)
postea // pecora
61 - l. 085 (61 l.086)
28 // xxix
61 - l. 128 (61 l.130)
duo facit. primo // duo, primo
62 - l. 024 (62 l.024)
protectionis: eris // protectionis: et eris
62 - l. 041 (62 l.042)
jacebo // tacebunt
62 - l. 049 (62 l.050)
5 // vi
62 - l. 078 (62 l.077)
4 // v
63 - l. 015 (63 l.012)
haec // hoc
63 - l. 039 (63 l.038)
minus // melius
63 - l. 052 (63 l.051)
corporeis // corporis
63 - l. 056 (63 l.055)
forma // formo
63 - l. 115 (63 l.113)
9 // x
63 - l. 177 (63 l.174)
autem afflixerunt spiritum // autem; spiritum
63 - l. 204 (63 l.201)
10 // xi
63 - l. 207 (63 l.204)
qui scidit, ubi est spiritus // 3 - 4 - 5 - 1 - 2
63 - l. 210 (63 l.206)
equum scilicet // equum(non impingentem), scilicet
63 - l. 211 (63 l.207)
curru // cursu
63 - l. 235 (63 l.231)
9 // viii
63 - l. 251 (63 l.247)
14 // xiii
64 - l. 016 (64 l.015)
montes. in // montes in fortitudine sua; in
64 - l. 020 (64 l.019)
17 // xvi
64 - l. 022 (64 l.022)
gentes. ad // gentes: a facie tua, ad
64 - l. 070 (64 l.067)
quod vento // quod a uento
64 - l. 097 (64 l.093)
quia // quod
64 - l. 113 (64 l.109)
tuus. quarto // tuus(fuerit simplex); quarto
65 - l. 015 (65 l.014)
6 // viii
65 - l. 029 (65 l.029)
ambulat. secundo // ambulat uiam non bonam. secundo
65 - l. 080 (65 l.078)
congregans. secundo // congregans racemos in uindemia. secundo
65 - l. 094 (65 l.093)
secundo bonis // secundo(promittit) bonis
65 - l. 118 (65 l.117)
jusjurando // iusiurandum
65 - l. 138 (65 l.136)
exultationem,emphatice //(exultatione id est) exultantem, emphatice
65 - l. 155 (65 l.155)
ps. et aedificaverunt domos // ez.: et edificabunt domos
65 - l. 162 (65 l.161)
aquarum. supra 49: in vacuum laboraverunt. tum // aquarum. tum
66 - l. 021 (66 l.021)
templi // templis
66 - l. 026 (66 l.025)
excelsis // excelsum
66 - l. 063 (66 l.061)
modo. vox // modo quia uox
66 - l. 067 (66 l.065)
primo quantum ad // primo ad
66 - l. 104 (66 l.102)
fluvius // flumen
66 - l. 107 (66 l.105)
in // id est
66 - l. 127 (66 l.124)
27 // xxviii
66 - l. 142 (66 l.139)
ad litteram // alia littera
66 - l. 161 (66 l.159)
praeparantes // preparatos
66 - l. 167 (66 l.165)
reverentes // reuertentes
66 - l. 193 (66 l.191)
emanationem // manifestationem
66 - l. 218 (66 l.216)
amen. // amen. explicit scriptum super ysayam ad litteram fratris thome de aquino ordinis fratrum predicatorum cum complemento auctoritatum. deo gratias.

= = = = = = = = = = =

NUMERI CONTINUI

= = = = = = = = = = =

075 CRO AD ROM.

-	- l.	1	=	1
-	- l.	173	=	8
1	1 l.	1	=	15
1	2 l.	1	=	25
1	2 l.	135	=	33
1	3 l.	1	=	42
1	3 l.	179	=	51
1	4 l.	1	=	60
1	4 l.	125	=	67
1	5 l.	1	=	74
1	5 l.	175	=	81
1	5 l.	315	=	88
1	6 l.	1	=	97
1	6 l.	154	=	105
1	6 l.	283	=	113
1	7 l.	1	=	123
1	7 l.	87	=	130
1	7 l.	219	=	137
1	8 l.	1	=	146
1	8 l.	118	=	153
1	8 l.	222	=	160
2	1 l.	1	=	169
2	1 l.	148	=	179
2	2 l.	1	=	189
2	2 l.	98	=	196
2	2 l.	252	=	203
2	3 l.	1	=	210
2	3 l.	132	=	217
2	4 l.	1	=	224
2	4 l.	131	=	231
2	4 l.	231	=	238
3	1 l.	1	=	246
3	1 l.	129	=	254
3	1 l.	278	=	262
3	2 l.	1	=	271
3	2 l.	128	=	280
3	2 l.	234	=	289
3	3 l.	1	=	299
3	3 l.	135	=	306
3	4 l.	1	=	313
4	1 l.	1	=	322
4	1 l.	187	=	331
4	2 l.	1	=	341
4	2 l.	179	=	350
4	3 l.	1	=	359
4	3 l.	127	=	366
4	3 l.	229	=	373
5	1 l.	1	=	381
5	1 l.	110	=	387
5	2 l.	1	=	394
5	3 l.	1	=	406
5	3 l.	193	=	413
5	4 l.	1	=	421
5	5 l.	1	=	430
5	5 l.	161	=	439
5	6 l.	1	=	448
5	6 l.	143	=	458
6	1 l.	1	=	468
6	2 l.	1	=	478
6	2 l.	94	=	485
6	3 l.	1	=	492
6	4 l.	1	=	504
6	4 l.	155	=	511
7	1 l.	1	=	518
7	1 l.	119	=	525
7	2 l.	1	=	532
7	2 l.	146	=	540
7	2 l.	294	=	548
7	3 l.	1	=	556
7	3 l.	144	=	565
7	3 l.	312	=	574
7	4 l.	1	=	583
8	1 l.	1	=	595
8	1 l.	160	=	603
8	1 l.	308	=	611
8	2 l.	1	=	619
8	2 l.	128	=	626
8	3 l.	1	=	634
8	3 l.	162	=	643
8	4 l.	1	=	652
8	4 l.	117	=	659
8	4 l.	220	=	666
8	5 l.	1	=	675
8	5 l.	132	=	685
8	6 l.	1	=	695
8	6 l.	226	=	705
8	7 l.	1	=	715
8	7 l.	234	=	725
9	1 l.	1	=	735
9	1 l.	172	=	741
9	2 l.	1	=	748
9	2 l.	136	=	756
9	3 l.	1	=	765
9	3 l.	98	=	771
9	3 l.	262	=	778
9	4 l.	1	=	786
9	5 l.	1	=	796
9	5 l.	189	=	804
10	1 l.	1	=	813
10	1 l.	153	=	821
10	2 l.	1	=	830
10	2 l.	134	=	837
10	3 l.	1	=	845
10	3 l.	159	=	852
11	1 l.	1	=	859
11	1 l.	106	=	868
11	2 l.	1	=	878
11	2 l.	158	=	886
11	3 l.	1	=	894
11	3 l.	160	=	903
11	4 l.	1	=	912
11	4 l.	93	=	919
11	4 l.	209	=	926
11	5 l.	1	=	933
11	5 l.	143	=	943
12	1 l.	1	=	953
12	1 l.	163	=	962
12	2 l.	1	=	972
12	2 l.	135	=	980
12	2 l.	289	=	988
12	3 l.	1	=	996
12	3 l.	225	=	1006
13	1 l.	1	=	1016
13	1 l.	152	=	1025
13	1 l.	288	=	1034
13	2 l.	1	=	1044
13	2 l.	125	=	1052
13	3 l.	1	=	1060
13	3 l.	128	=	1067
13	3 l.	241	=	1074
14	1 l.	1	=	1081
14	1 l.	146	=	1089
14	1 l.	297	=	1097
14	1 l.	491	=	1105
14	2 l.	1	=	1115
14	2 l.	204	=	1123
14	3 l.	1	=	1132
15	1 l.	1	=	1142
15	1 l.	140	=	1149
15	1 l.	238	=	1156
15	2 l.	1	=	1163
15	2 l.	173	=	1170
15	3 l.	1	=	1178
15	3 l.	135	=	1185
16	1 l.	1	=	1193
16	1 l.	155	=	1203
16	2 l.	1	=	1213
16	2 l.	136	=	1221

076 C1C I AD COR.

-	- l.	1	=	1
1	1 l.	1	=	3
1	1 l.	143	=	11
1	2 l.	1	=	19
1	2 l.	157	=	26
1	2 l.	270	=	33
1	3 l.	1	=	40
1	3 l.	135	=	47
1	3 l.	282	=	54
1	4 l.	1	=	63
2	1 l.	1	=	73
2	1 l.	151	=	80
2	2 l.	1	=	88
2	2 l.	201	=	98
2	3 l.	1	=	108
2	3 l.	153	=	117
3	1 l.	1	=	122
3	1 l.	117	=	130
3	2 l.	1	=	139
3	2 l.	137	=	146
3	2 l.	267	=	153
3	2 l.	501	=	160
3	3 l.	1	=	170
3	3 l.	124	=	177
4	1 l.	1	=	185
4	1 l.	118	=	191
4	2 l.	1	=	198
4	2 l.	132	=	205
4	2 l.	231	=	212
4	3 l.	1	=	219
5	1 l.	1	=	228
5	2 l.	1	=	238
5	3 l.	1	=	250
5	3 l.	115	=	257
6	1 l.	1	=	264
6	1 l.	102	=	270
6	2 l.	1	=	277
6	2 l.	223	=	287
6	3 l.	1	=	297
6	3 l.	123	=	304
7	1 l.	1	=	312
7	1 l.	171	=	320
7	1 l.	292	=	328
7	2 l.	1	=	336

= = = = = = = = = = =

OPERA QUAE IN INDICEM THOMISTICUM SUNT REDACTA

001-118 OPERA OMNIA IPSIUS S. THOMAE

codices operis	001-019 OPERA MAIORA	constat vocabulis
001 1SN	IN I SENTENTIARUM	268.965
002 2SN	IN II SENTENTIARUM	296.307 △
003 3SN	IN III SENTENTIARUM	334.431
004 4SN	IN IV SENTENTIARUM	597.821
001-004	textus ex ed. Prima Americana t. VI, VII-1 et VII-2 New York, 1948 (reimpressio editionis Parmensis t. VI, 1856 et t. VII, 1858).	1.497.524 △
005 SCG#	SUMMA CONTRA GENTILES . textus Leoninus (t. XIII, XIV, XV: 1918, 1926, 1930) ex ed. Marietti 1961.	325.820
006 ADL#	AUTOGRAPHI DELETA Coadunat: 1. P.-M. Gils OP: Textes inédits de St. Thomas: Les premières rédactions du Scriptum super Tertio Sententiarum. in Revue des Sciences Philosophiques et Théologiques: XLV-2 (Avril 1961) pp. 201-228; XLVI-3 (Juillet 1962) pp. 445-462: XLVI-4 (Octobre 1962) pp. 609-628. 2. Summae contra Gentiles Primae Redactiones Libri Primi, Secundi et Tertii. in appendicibus editionis Leoninae, vol. XIII (1918) pp. 6-61 et XIV (1926) pp. 5-49. 3. Expositionis super Librum Boethii De Trinitate Liturae in Autographo, ed. B. Decker 2ª ed. Leiden 1959, pp. 230-234. In nostris citationibus haec autographa repraesentantur respective symbolis 3S - G1, G2, G3 BT.	70.763
007 ST1	SUMMAE THEOLOGIAE PRIMA PARS	364.484 *
008 ST2	PRIMA SECUNDAE	358.954
009 ST3#	SECUNDA SECUNDAE	513.890
010 ST4#	TERTIA PARS	336.106
007 - 010	007: qu. 1-49, textus ed. Leoninae t. IV (1888) qu. 50 - finis, textus leoninus ex ed. Marietti 1948. 008: textus leoninus ex ed. Marietti 1948. 009: textus ed. Leoninae t. VIII (1895), IX (1897) et X (1899). 010: textus ed. Leoninae t. XI (1903) et XII (1905).	1.573.434 *
011 QDV#	QU. DISP. DE VERITATE - 1° Quaestio Disputata De Veritate, usque ad qu. XXII - art. 11 corpus, inclusive: textus Leonino aequiparatus, t. XXII (vol. 1 fasc. 2, vol. II fasc. 1 et 2: 1970-1972; reliqua ex plagulis leoninis de prelo emendatis). N.B. Ex qu. VII articulus 9 excerptus est, utpote authentiae disputabilis, ut fieret nostrum 118 DLV: Utrum aliquid de libro vitae deleri possit.	287.113 *
012 QDV	QU. DISP. DE VERITATE - 2° Quaestio Disputata De Veritate, a qu. XXII art. 11 resp. ad 1m, usque ad finem: textus ex editione Marietti 1953.	114.991
011 - 012		402.104 *
013 QDP	QU. DISP. DE POTENTIA textus ed. Marietti 1953. N.B. A qu. IV art. 2 corporis linea 61 (« Secundum vero alios Sanctos ») usque ad finem articuli, excerptum est nostrum 149 XQP Insertum in de Potentia, Vincentio de Castronovo OP tribuendum.	183.562
014 QDM	QU. DISP. DE MALO	180.464
015 QDS	QU. DISP. DE SPIRIT. CREATURIS	35.279
016 QDA	QU. DISP. DE ANIMA	59.920
017 QDI	QU. DISP. DE UNIONE VERBI	10.238
018 QDW	QU. DISP. DE VIRTUTIBUS textus ed Marietti 1953. N.B. a Quaestione Unica De Virtutibus in Communi inde ab art. 2° resp. ad 9m usque ad finem articuli, excerptum est nostrum 150 XQW Insertum in De Virtutibus, Vincentio de Castronovo OP tribuendum.	80.068 *
019 QDL	QUODLIBETA I - XI textus ed. Marietti 1956. N.B. Quodlibetum XII translatum est inter Reportationes: v. nostrum 077 RQD.	134.152 *
001 - 019		4.553.328 * △

	020 - 049 OPUSCULA	
020 OCE#	CONTRA ERRORES GRAECORUM	16.602
021 OCG#	DE RATIONIBUS FIDEI	9.446
022 OSF#	DE FORMA ABSOLUTIONIS	3.698
023 OTS#	DE SUBSTANTIIS SEPARATIS	21.615
024 O2D#	SUPER DECRETALEM textus leonino aequiparati, ed. Leoninae t. XL (1968).	7.420
025 OCI#	CONTRA IMPUGNANTES	66.700 *
026 OAP#	DE PERFECTIONE SPIRITUALIS VITAE	23.626
027 OCR#	CONTRA DOCTRINAM RETRAHENTIUM textus leonino aequiparati, ed. Leoninae t. XLI (1970).	19.402
028 OCA#	DE UNITATE INTELLECTUS textus. L. W. Keeler SI, Roma 1936, ex ed. Marietti 1954.	14.452
029 OEE#	DE ENTE ET ESSENTIA textus L. Baur, Münster 1933, a J. Koch emendatus et nobis communicatus dactyloscriptus anno 1956: nec adhuc editus.	7.318
030 OPN#	DE PRINCIPIIS NATURAE	4.335
031 OPC#	DE MOTU CORDIS	1.729
032 OPX#	DE MIXTIONE ELEMENTORUM	961
033 OPO#	DE OCCULTIS OPERIBUS NATURAE	1.917
034 OCM#	DE AETERNITATE MUNDI	2.188
035 OTR#	DE SORTIBUS	5.203
036 OTE#	DE JUDICIIS ASTRORUM textus aequiparati textui leonino, qui nobis dactyloscriptus et adhuc non editus est communicatus a. 1972.	351
037 ORI	DE REGIMINE JUDAEORUM textus ed. Marietti 1954.	1.660
038 ORP	DE REGIMINE PRINCIPUM textus ed. Marietti 1954. N.B. Continuatio operis, post libri II cap. 4 lineam 61, invenitur ut nostrum 147 XRP, Ptolomaeo Lucensi OP attributa.	13.504
039 OTT	COMPENDIUM THEOLOGIAE	69.896
040 OSS	DE ARTICULIS FIDEI ETC.	6.478
041 OPW	DE EMPTIONE ET VENDITIONE	546
042 OS1	RESP. AD LECT. VENETUM DE ART. 30	2.147
043 OS2	RESP. AD LECT. VENETUM DE ART. 36	3.877
044 OS3	RESP. AD LECT. VERCELL. DE ART. 42	3.719
045 OS4	RESP. AD LECT. VERCELL. DE ART. 108	8.077
046 OS5	RESP. AD LECT. BISUNTINUM textus ed. Marietti 1954.	773
047 OS6	RESPONSIO AD BERNARDUM textus ed. Marietti 1954, integratus lineis 131-136 ex ed. A. Tosti OSB Montis Casini, 1875.	754
048 OTC	PRINCIPIUM BIBLICUM	2.496
049 OTD	BREVE PRINCIPIUM textus ed. Marietti 1954.	1.271
020 - 049		322.161 *

050 - 076 COMMENTARIA

050 CCM# IN LIBROS DE CAELO ET MUNDO — 108.691
textus ed. Leoninae t. III (1886).
N.B. Continuatio operis, post libri III lect. 8 n. 9 lineam 17, ex ed. Parmensis t. XIX, 1865, invenitur ut nostrum 142 XCM, a Petro de Alvernia exarata.

051 CGC# IN LIBROS DE GENER. ET CORRUPT. — 21.979
textus ed. Leoninae t. III (1886).
N.B. Continuatio operis, post libri I lectionem 17, ex editionis Leoninae t III (1886), invenitur ut nostrum 153 XGC, ab ignoto auctore compilata.

052 CPY# IN LIBROS PHYSICORUM — 197.747
textus leoninus (t. II, 1884) ex ed. Marietti 1954.

053 CTC# SENTENTIA LIBRI ETHICORUM — 199.955
textus leonino aequiparatus, ex plagulis de prelo emendatis, ed. Leoninae t. XLVII (1969)

054 CTE# TABULA LIBRI ETHICORUM — 31.905
textus ed. Leoninae, t. XLVIII (1971).

055 CPO# SENTENTIA LIBRI POLITICORUM — 56.192
textus leonino aequiparatus, ex plagulis de prelo emendatis, ed. Leoninae t. XLVIII (1971).
N.B. Continuatio operis, post libri III lect. 6, ex ed. Marietti 1951, invenitur ut nostrum 143 XPO, a Petro de Alvernia exarata.

056 CPA IN LIBROS POSTER. ANALYT. — 86.684
textus ed. Leoninae t. I (1882).

057 CME IN LIBROS METEOROLOGICORUM — 34.673
textus ed. Leoninae t. III (1886).
N.B. Continuatio operis, post libri II lect. 10, ex ed. Leoninae eodem tomo, invenitur ut nostrum 154 XME, ab ignoto auctore conscripta.

058 CPE IN LIBROS PERIHERMENEIAS — 31.750
textus leoninus (t. I, 1882) ex ed. Marietti 1955.
N.B. Continuatio operis post libri II lect. 2, invenitur ut nostrum 152 XPE, a Caietano exarata.

059 CAN IN LIBROS DE ANIMA II ET III — 66.801 *
textus ed. Marietti 1959.
N.B. Operis liber I translatus est inter Reportationes: v. nostrum 078 RAN.

060 CSS IN LIBROS DE SENSU ET SENSATO — 33.118
061 CMR IN LIBROS DE MEMORIA ET REMIN. — 10.629
textus ed. Marietti 1949.

062 CMP IN LIBROS METAPHYSICORUM — 260.960
textus ed. Marietti 1950.

050 - 062 — 1.141.084 *

063 CDC# IN LIBRUM DE CAUSIS — 29.665
textus a H. D. Saffrey OP editus, Fribourg - Louvain 1954.

064 CBT# IN LIBRUM BOETHII DE TRINITATE — 41.502
textus a B. Decker editus, 2ª ed., Leiden 1959.

065 CBH IN BOETHII DE HEBDOMADIBUS — 6.596
textus ed. Marietti 1954.

066 CDN IN DIONYSII DE DIVINIS NOMINIBUS — 96.689
textus ed. Marietti 1950.

063 - 066 — 174.452

067 CIO# IN JOB — 115.239
textus ed. Leoninae t. XXVI (1965).

068 CIS# IN ISAIAM — 100.322 *
textus aequiparatus textui leonino, qui nobis dactyloscriptus communicatus est anno 1969.

069 CPH IN HIEREMIAM — 58.473
070 CTH IN THRENOS HIEREMIAE — 12.147
textus ed. Parmensis, t. XIV, 1863.

071 CMT CATENA AUREA IN MATTHAEUM — 269.016
072 CMC CATENA AUREA IN MARCUM — 78.115
073 CLC CATENA AUREA IN LUCAM — 191.638
074 CJO CATENA AUREA IN JOANNEM — 175.419
textus ed. Marietti 1953.

075 CRO SUPER EP. AD ROMANOS — 131.357
textus ed. Marietti 1953.

076 C1C SUPER I AD COR. I - VII L. 2. — 38.215
textus ed. Marietti 1953.
N.B. Continuatio operis, post cap. VII lect. 2 lineam 29, (scilicet post medietatem n.i 337 in ed. Marietti: non vero ab initio n.i 347 ut Marietti indicat) invenitur in aliis duobus nostris operibus: exinde usque ad cap. X inclusive, ut nostrum 146 X1C, a Petro de Tarantasia OP et Nicolao de Gorran OP exarata; a cap. XI ad finem, ut nostrum 088 R1C, inter Reportationes translata. Et cfr. etiam 087 RIL.

067 - 076 — 1.169.941 *
050 - 076 — 2.485.477 *

077 - 100 REPORTATIONES.

077 RQD QUODLIBETUM XII — 8.300
textus ed. Marietti 1956: vide 019 **QDL.**

078 RAN IN ARISTOTELIS DE ANIMA L. I — 23.798
textus ed. Marietti 1959: vide 059 CAN.

079 RSV IN SYMBOLUM APOSTOLORUM — 15.582
textus ed. Marietti 1954.

080 RSU IN ORATIONEM DOMINICAM — 8.254
textus ed. Marietti 1954.
N.B. Prima Petitio (Marietti nn. 1044-1050) inde excerpta est, utpote quae ab Aldobrandino de Toscanella inserta est, et invenitur ut nostrum 129 XSU.

081 RST IN SALUTATIONEM ANGELICAM — 1.668
082 RAC DE DUOBUS PRAECEPTIS CHARITATIS — 16.437
textus ed. Marietti 1954.

083 RSR SERMONES — 35.371
continet:
1. Puer Jesus. 2. Attendite a falsis. 3. Lux orta.
textus ed. Parmensis t. XXIV, 1869.
4. Celum et terra. 5. Abjiciamus opera. 5. Homo quidam. 7. Beata gens. 8. Beatus vir. 9. Ecce ego.
textus ed. Vivès t. XXXII, 1879.
10. Osanna Filio David. 11. Exiit qui seminat. 12. Beati qui habitant.
textus Th. Kaeppeli OP: Archivum Fratrum Praedicatorum, XIII (1943) pp. 72ss., 75ss., 88ss.
13. Ecce Rex tuus venit.
textus J. Leclercq OSB: Revue Thomiste, XLVI (1946) pp. 158ss.
14. Germinet terra.
textus P.A. Uccelli: I Gigli a Maria, XII 2-3 (Marzo 1874) pp. 126ss.
N.B. Alii sermones inveniuntur in nostris 113 DSR, 128 XAW, 173 XSR.

084 RPS IN PSALMOS — **193.567** △
usque ad Ps. LI, textus ed. Parmensis t. XIV, 1863; Psalmorum LII, LIII et LIV, textus 2ae editionis P.A. Uccelli, Romae, 1880, pp. 243-254.

085 REM SUPER EVANGELIUM MATTHAEI — 233.176
textus ed. Marietti, 1951.
N.B. Duo hinc excerpta sunt (1. a cap. V parte III ad cap. VI partem II inclusive: nn. 444-582; 2. cap. VI pars IV: nn. 603-610) quia a Petro de Scala inserta, et constituunt nostrum 144 XLM.

086 REI SUPER EVANGELIUM JOHANNIS — 320.019
textus ed. Marietti 1952.

087 RIL	REPORTATIONES INEDITAE LEONINAE textus adhuc inediti leonini qui nobis dactyloscripti communicati sunt a. 1969. Sunt autem: 1. ex lectura super Matth.: V,10-22. 2. ex lectura super Matth.: VI,9-15. 3. ex Super Epistolam 1 ad Cor.: XI,1 - XIII,11. 4. ex Super Epistolam ad Hebraeos Prologus.	34.363
088 R1C	SUPER I AD COR. XI - XVI textus ed. Marietti 1953. Vide 076 C1C.	54.098
089 R2C	SUPER II AD COR.	65.409
090 RGL	SUPER AD GALATAS	48.078
091 REP	SUPER AD EPH.	48.331
092 RPL	SUPER AD PHILIP.	18.068
093 RCL	SUPER AD COLOSS.	19.190
094 R1T	SUPER AD THESS. I	12.341
095 R2T	SUPER AD THESS. II	8.456
096 RT1	SUPER AD TIM I	27.755
097 RT2	SUPER AD TIM II	16.816
098 RTT	SUPER AD TITUM	12.484
099 RPM	SUPER AD PHILEMONEM	3.082
100 RHE	SUPER AD HEBRAEOS textus ed. Marietti 1953.	100.965
077 - 100		1.325.608 △
	101 - 118 DUBIAE AUTHENTICITATIS	
101 DTX	DE SECRETO	795
102 DTI	DE NATURA VERBI INTELLECTUS	2.912
103 DP5	DE INSTANTIBUS	4.622
104 DPM	DE NAT. MATERIAE ET DIM. INT.	9.030
105 DP9	DE PRINCIPIO INDIVIDUATIONIS	1.511
106 DPA	DE NATURA ACCIDENTIS	1.925
107 DPG	DE NATURA GENERIS	17.509
108 DP4	DE QUATUOR OPPOSITIS	6.839 △
109 DP3	DE FALLACIIS	9.820
110 DPP	DE PROPOSITIONIBUS MODALIBUS	753
111 DAS	EPISTOLA DE MODO STUDENDI	183
112 DSG	OFFICIUM DE FESTO CORPORIS CHRISTI textus ed. Marietti 1954.	2.144
113 DSR	SERMONES continet: 1. Hodiernae Festivitatis. textus ed. Vivès t. XXXII, 1879, qui etiam in ed. Parmensis t. XXIV pag. 230 reperitur. 2. Petite et accipietis. textus ed. Vivès t. XXXII, 1879. 3. Omnia parata. textus B. Hauréau: Notices et extraits de quelques manuscrits latins de la Bibliot. Nat., t. IV, Paris 1892. 4. Sapientia confortabit. 5. Adaperiat Deus. 6. Que autem in celis. textus A. Gardeil OP in Revue Thomiste I (1893) pp. 379-386. 7. Cecidit sors. textus G. Meerseman OP in Arch. Fratrum Praedicatorum XVIII (1948) pp. 159ss., a leoninis revisus.	6.249
114 DSP	PIAE PRECES textus ed. Parmensis t. XXIV, 1869.	2.050
115 DP2	DE CONCORDANTIIS SUIIPSIUS textus ed. Parmensis t. XVII, 1864.	7.290
116 DOA	UTRUM in CREATURIS SIT ORDO AGENDI textus H. Guillermin OP: Extrait de la Revue des Lettres Chrétiennes, Desclée, De Brower 1881.	457
117 DIA#	QU. DE IMMORTALITATE ANIMAE textus E. Gómez OP, Valencia 1935.	4.883
118 DLV#	UTRUM AL. DE LIBRO VITAE DELERI P. textus ed. Leoninae t. XXII vol. 1 fasc. 2 (1970). Vide 011 QDV.	2.302
101 - 118		81.274 △
001 - 118		8.767.848*△

119-179 OPERA ALIORUM AUCTORUM

	Haimo Altissiodorensis OSB † 850	
119 XCC	IN CANTICUM EXP. I « Salomon inspiratus » textus ed. Parmensis t. XIV, 1863.	26.958
	Richardus de Wedinghausen OPraem † c. 1180	
120 XEM	EXPOSITIO MISSAE textus ed. Parmensis t. XVII, 1864.	3.087
	Adamus de Buckfield † 1285	
121 XSV	IN DE SOMNO ET VIGILIA	6.955
122 XSM	IN DE SOMNIIS	4.437
123 XDS	IN DE DIVINATIONE PER SOMNUM textus ed. Parmensis t. XX, 1866.	2.396
	Aegidius de Lessinia OP † c. 1278	
124 XTU	DE USURIS IN COMMUNI textus ed. Parmensis t. XVII, 1864.	21.951
	Aegidius de Roma OESA † 1316	
125 XC2	IN CANTICUM EXP. II « In Principio » textus ed. Parmensis t. XIV, 1863.	31.238
	Albertus Magnus OP † 1280	
126 XDP	DE PULCHRO ET BONO textus P.A. Uccelli, Napoli 1869.	9.154
127 XPZ	DE FATO textus ed. Parmensis t. XVI, 1864.	5.759
	Aldobrandinus de Cavalcantibus OP † 1279	
128 XAW	SERMONES PRO DOMINICIS ETC. textus ed. Parmensis t. XV, 1864.	86.146 *
	Aldobrandinus de Toscanella OP † 1292	
129 XSU	INSERTUM IN OPUSC. IN PATER textus ed. Marietti 1954. Vide 080 RSU.	565
	Guillelmus Peraldus OP † c. 1271	
130 XRE	DE ERUDITIONE PRINCIPUM textus ed. Parmensis t. XVI, 1864.	75.552
	Guillelmus Wheatley † post 1317	
131 XBC	IN BOETHII DE CONSOL. PHILOS.	116.582 *
132 XBD	IN BOETHII DE SCHOLARIUM DISC. textus ed. Parmensis t. XXIV, 1869.	56.040
	Helvicus Theutonicus OP † 1300	
133 XAO	DE DILECTIONE DEI ET PROXIMI textus ed. Parmensis t. XVII, 1864.	44.831
	(inc.) Hugo de S. Caro OP † 1263	
134 X1A	SUPER APOCALYPSIM - I « Vidit Jacob » textus ed Parmensis t. XXIII, 1869.	182.111 *
	Jacobus de Benevento OP † 1260/70	
135 XTA	DE ADVENTU ETC. ANTICHRISTI	12.527
136 XTP	DE PRAEAMBULIS AD JUDICIUM ETC. textus ed. Parmensis t. XVII, 1864.	16.420

	Johannis Michaelis OFM † c. 1320	
137 XDA	IN DANIELEM	55.605
138 XMB	IN LIBROS MACHABAEORUM textus ed. Parmensis t. XXIII, 1869.	31.242
	Leonardus Pistoriensis OP † c. 1280	
139 XTZ	DE PRAESCIENTIA ET PRAEDESTIN. textus ed. Parmensis t. XXII, 1868.	9.204
	Nicolaus de Cotrone † c. 1260	
140 XFT	LIBER DE FIDE TRINITATIS textus ed. Leoninae t. XL (1967).	27.330
	Nicolaus de Gorran OP † 1295	
141 XEC	IN 7 EPISTOLAS CANONICAS textus ed. Parmensis t. XXIII, 1869.	89.394 *
	Petrus de Alvernia † 1304	
142 XCM	IN DE CAELO ET MUNDO CONTIN. textus ed. Parmensis t. XIX, 1865. Vide 050 CCM.	29.267
143 XPO	IN POLITICORUM CONTINUATIO textus ed. Marietti 1951. Vide 055 CPO.	150.392
	Petrus de Scala OP † 1295	
144 XLM	INSERTA IN LECTURA SUPER MATTH. textus ed. Marietti 1951. Vide 085 REM.	14.066
	Petrus Johannis Olivi OFM † 1298	
145 XGN	POSTILLA IN LIBRUM GENESEOS textus ed. Parmensis t. XXIII, 1869.	128.398
	Petrus de Tarantasia OP † 1295 (Nicolaus de Gorran)	
146 X1C	POSTILLA IN I AD CORINTHIOS textus ed. Marietti 1953. Vide 076 C1C.	23.711
	Ptolomaeus de Lucca OP † 1327	
147 XRP	DE REGIMINE PRINCIPUM CONTINUATIO textus ed. Marietti 1954. Vide 038 ORP.	44.545
	Thomas de Sutton OP † c. 1315	
148 XPF	DE PLURALITATE FORMARUM textus primae et secundae partis est ed. Parmensis t. XVII, 1864; inde a tertia parte est P. Mandonnet OP, Paris 1927.	15.078
	Matthaeus de Cracovia † 1410	
149 XSC	DE MODO CONFITENDI ET PUR. CONSC. textus ed. Parmensis t. XVII, 1864.	11.922
	Vincentius de Castronovo OP † 1506	
150 XQP	INSERTUM IN QU. DISP. DE POTENTIA textus ed. Marietti 1953. Vide 013 QDP.	11.962
151 XQW	INSERTUM IN QU. DISP. DE VIRTUTIBUS textus ed. Marietti 1953. Vide 018 QDW.	1.951
	Card. Cajetanus OP † 1533	
152 XPE	IN PERIHERMENEIAS CONTINUATIO textus leoninus (t. I, 1882) ex ed. Marietti 1955. Vide 058 CPE.	30.203
119 - 152		1.376.979 *

IGNOTI AUCTORIS.

153 XGC	IN DE GENER. ET CORR. CONTINUATIO textus ed. Leoninae t. III, 1886. Vide 051 CGC.	31.602
154 XME	IN METEOROLOGICORUM CONTIN. textus ed. Leoninae t. III, 1886. Vide 057 CME.	39.760
155 XPT	DE TEMPORE	5.240
156 XP6	DE NATURA LOCI	2.880
157 XPI	DE INTELLECTU ET INTELLIGIBILI	1.620
158 XP8	DE POTENTIIS ANIMAE	6.300
159 XPS	DE NATURA SYLLOGISMORUM	2.863
160 XPL	DE TOTIUS LOGICAE ARIST. SUMMA	55.779
161 XPV	DE INVENTIONE MEDII	555
162 XPU	DE UNIVERSALIBUS I: « Circa universalia »	3.272
163 XU2	DE UNIVERSALIBUS II: « Quoniam dicit »	2.688
164 XSA	DE VENER. SACRAMENTO ALTARIS	37.820
165 XSE	DE SACRAMENTO EUCHARISTIAE	7.285
166 XTH	DE HUMANITATE J.C.D.N.	44.809
167 XTM	DE DIVINIS MORIBUS	4.850
168 XTB	DE BEATITUDINE	13.743
169 XSO	DE OFFICIO SACERDOTIS	9.248
170 XAV	DE VITIIS ET VIRTUTIBUS textus ed. Parmensis t. XVII, 1864.	4.666
171 X2A	SUPER APOCALYPSIM - II « Vox Domini ». textus ed. Parmensis t. XXIII, 1869.	191.111 *
172 XPB	DE MOTORIBUS CORPORUM CAEL.	2.283
173 XSR	SERMO: « INTRAVIT REX ».	1.583
174 XSX	OFFICIUM DE FESTO S. AUGUSTINI textus ed. Parmensis t. XXIV, 1869.	1.581
175 XPD	DE DEMONSTRATIONE textus ed. Marietti 1954.	891
176 XNB	QU. DE NATURA BEATITUDINIS textus P. Mandonnet OP in Revue Thomiste, XXIII (1918) pp. 266-287 et 341-371.	1.371
177 XUN	DE UNIVERSALIBUS: «Universale esse satis». textus C. Ottaviano, Roma 1932.	6.456
178 XAM	DE ARTE MUSICA textus G. Amelli, Milano 1880.	1.866
179 XM2	ARS MUSYCE textus M. Di Martino, Napoli 1933.	5.024
153 - 179		487.146 *
119 - 179		1.864.125 *
001 - 179		10.631.973*△

Ipse forte iam animadvertisti, hoc signo # illorum S. Thomae operum symbola affici quorum textus adhibitus a nobis, critice editus iudicandus est. Aliorum vero auctorum opera tali signo discriminata non sunt, licet quaedam id mererentur, ut 140 XFT, 153 XGC, 154 XME et forte etiam 126 XDP atque 176 XNB.

Linea vero perpendiculari ad sui dexterum latus illa opera coniunguntur quorum summae in Conspectu Distributionis sive Lemmatum sive Formarum in unam consolidatae, spatii gratia, praebentur.

Juxta quae mihi Commissionis Leoninae Patres OP. benigne communicaverant, hunc operum indicem ordinaveram atque emendatum auctumque die 8 Decembris 1973 iterum edideram.

Posteriores quaedam mutationes in numeris vocabulorum, quae die 2 Februarii anni 1975 conclusae sunt, stellula consignatae inveniuntur.

Numeri vero qui mutati sunt annis 1975-1980 *indicantur signo* △.
Ut constat ex indicibus voluminum editionis leoninae 40, 41, 43 (*editorum*) *et* 42, 44 (*edendorum*), *hodie ex opusculis dubiae authenticitatis* 101-118, *solum* 101 DTX De secreto, 109 DP3 De fallaciis, 110 DPP De propositionibus modalibus *possunt annumerari inter scripta S. Thomae certo authentica.*
Animadvertes tandem opera S. Thomae hic ordinata esse, ut ita dicam, linguistice. Prius enim veniunt opera propria; dein commentaria stricto sensu, in quibus continue miscentur sermo et lexicon auctoris « commentantis et commentati »; tandem reportationes, in quibus praeterea scriba de ore loquentis Thomae reportans, aliquid sui forte in breviando interposuit. Alii vero auctores ordinantur iuxta saeculum atque intra saeculum alphabetice.

die 31 *Julii* 1980 *Robertus Busa SI*

DISTRIBUTIO OPERUM PER VOLUMINA

1
In quattuor libros Sententiarum

2
Summa contra Gentiles
Autographi Deleta
Summa Theologiae

3
Quaestiones Disputatae
Quaestiones Quodlibetales
Opuscula

4
Commentaria in Aristotelem et alios

5
Commentaria in Scripturas

6
Reportationes
Opuscula dubiae authenticitatis

7
Aliorum Medii Aevi Auctorum Scripta 61